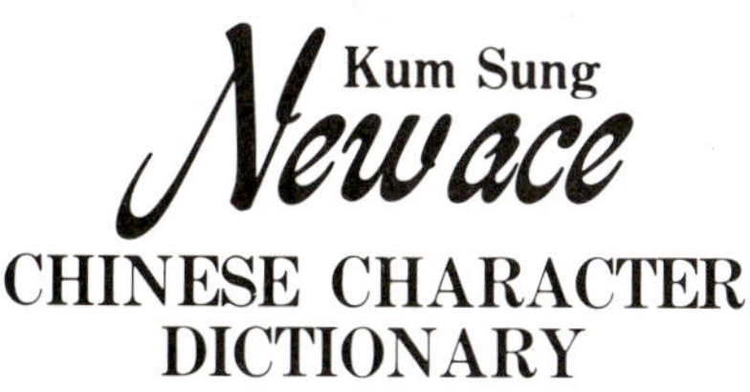

CHINESE CHARACTER DICTIONARY

漢韓辭典

금성판

漢韓辭典

監修：曺斗鉉·金星出版社 辭書部 編

辭書의 名門
金星教科書(株)

머 리 말

漢字는 우리 나라에 傳來된 이래 오랜 역사의 흐름과 함께 우리의 언어 생활의 중요한 기둥으로서 상당한 역할을 해 왔다. 현실적으로도 우리말 어휘의 과반수가 한자어로 되어 있어 고유의 한글과 함께 常用되고 있다. 뿐만 아니라, 지난날 한문으로 형성된 우리의 문화적 유산을 연구·발전시켜 나가기 위하여 漢文學習의 필요성은 절실한 것이다.

최근에 이르러서는, 과학 기술 개발로 인한 산업 구조의 개혁과 情報化 社會의 출현 및 괄목할 만한 사회 생활의 변화 등에 대처할 수 있도록 우리의 언어 생활면에도 새로운 인식을 갖게 되었다. 이에 따라서 常用漢字의 제정은 물론, 한자의 能率性을 결정적으로 改善한 워드 프로세서의 개발 등으로 한자의 사용은 우리의 생활과 더욱 가까워지게 되었다.

특히, 對中國 文化交流의 序幕이 열리고 있는 現時點에서, 점진적으로 多樣化하는 사회에 卽應하는 언어 생활을 고려하여 이 사전은 다음과 같은 점에 力點을 두고 엮었다.

1. 교육용 기초 한자 및 현대 국어로 사용되는 한자를 망라하여 학생은 물론 일반 사회인들이 한문 학습·古典讀解 및 일상 생활에 편리하게 사용할 수 있도록 中型 체재로 충실하게 엮었다.

2. 표제자의 풀이는 현대의 언어 생활에 있어서 이용 가치가 높은 실제적인 것을 위주로 해설하였고, 한자 본래의 字義와는 다른, 우리말로서의 자의도 보충 수록하였다.

3. 외국어의 同時多重學習이 도움이 되게 하기 위하여, 표제자에는 注音符號와 로마자로써 현대 중국어 발음을 倂記하였고, 일본 音訓 및 영어 同義語를 아울러 적었으며, 숙어에도 일본음을 달았다.

4. 숙어는 일상 생활과 직결되고 광범위하게 사용되는 빈도 높은 것을 선택하였으며, 用例는 우리의 우리말 한자어 및 중국 고전에서 採錄하였다.

5. 표제자가 語末에 붙는 참고 숙어를 숙어 항목 끝에 배열하여 활용에 편리하도록 하였다.

이상과 같은 특색과 내용으로 엮은 이 사전은 전에 없던 전혀 새로운 체재와 충실한 내용으로 일대 개선을 시도하였지만 아직도 부족한 점이 있으리라고 생각한다. 앞으로 애용자 여러분의 뜻에 맞도록 더욱 다듬어 나갈 것을 다짐하면서 학습과 일상 실용에 도움이 되기를 바란다.

1988 년 12 월

일 러 두 기

1. 標 題 字

① 殿版「康熙字典」에 준거하여「新修康熙字典」(1983년 臺灣版)과 中國辭典·日本辭典을 참조하여 部首·字形·畫數를 補正하고, 音은 과거 우리 나라의 각종 字典類 및 위 두「康熙字典」이 내세운 反切, 韻字, 中國音, 同音字 등을 참고하여 現實音, 本音, 俗音 등을 모두 들었다.

② 排列은 部首順으로 하였는데, 같은 部首에서는 다시 畫數順으로, 또 같은 畫數 안에서는 音의 ㄱㄴㄷ順으로 하였다.

③ 部首가 시작되는 첫머리에 그 부수에 속하는 표제자를 모두 보임으로써 부수만 알면 원하는 자를 쉽게 찾을 수 있도록 했다.

④ ㉮ 韻統에 따라 韻字를 □ 안에 넣고 平聲인 때는 □, 上聲은 □, 去聲은 □, 入聲은 □와 같이 나타내었다.

㉯ 韻統과 四聲은 漢詩를 지을 때뿐만 아니라 우리말 漢字語의 發音에도 길잡이가 된다. 즉, 우리말에서 대체로 平聲·入聲漢字로 된 말은 짧게, 去聲·上聲漢字로 된 말은 길게 소리난다. 예컨대,「文語」라는 우리말에서「文」은 平聲이므로 짧게,「語」는 上聲이므로 길게 발음해야 하는 것과 같다.

㉰ 注音符號와 로마字로써 현대 중국어 발음을 표시하였다.

⑤ ㉮ 標題字의 日本音을「히라카나」로, 訓 또는 訓과 같은 뜻의 日本語를「가타카나」로 적었다.

㉯ 訓과 같은 뜻의 英語를 들었다.

⑥ 六書法 중 해당되는 것을 字源欄(源으로 표시)에서 밝히어 根源的 구성 원리를 간략하게 설명하였다.

⑦ 혼동하기 쉬운 딴 글자, 갖은자, 混用字, 기타 參考 또는 注意事項을 參考欄(※로 표시)에 간략히 적었다.

⑧ 字解는 풀이 난에서 다음과 같이 하였다.

㉮ 韻統 및 音에 의한 뜻갈래에 따라 주요 字義를 밝히고, 각 뜻에 해당하는 用例를 현재 사용되는 우리말 漢字語 및 중국 古典에서 채록하였으며, 標題字는「—」로 나타내었다.

㉯ 같은 뜻으로 쓰이는 다른 漢字가 있을 때는 約號 ㉠ 다음에, 通用되는 漢字는 通 다음에 들었다.

⑨ 俗字가 오히려 많이 사용되는 字는 俗字에서 풀이하였다(例;「輭」은 本字임을 밝히고, 풀이는 俗字「軟」에서 함).

⑩ 古字, 本字, 略字, 俗字, 同字, 譌字 등 標題字와 관계되는 글자를 들었다.

⑪ 文章 속에서 관용적 句로서 기능하는 字는 句法 난에서 그 사

용법을 상세히 설명하였다.

⑫ 표제자 중에서 우리 나라에서 만든 國字 및 우리 나라에서만 통용되는 뜻갈래의 音에는 ㊙으로 표시하였다.

(보기) (위 ①~⑫ 설명 참조)

2【三】 1 석　삼 | 覃 ㄙㄢ(san) | さん(ミツ, ミ)
3　　　 2 자주 삼 | 勘 ㄙㄢˋ(san) | *three*
　　　㊄弎

源 指事. 세 개의 가로획으로 셋을 나타냄. 또는, 一과 二의 會意.
※參은 三의 갖은자로, 마음대로 고치지 못하도록 문서 따위에 三 대신 씀.

풀이 1 ①석. 세. 셋. ¶道生一 一生二 二生三<老子>/三秋/三餘. ②세 번. ¶三顧草廬. 2 자주. 거듭. 여러 번. ¶三思而後行<論語>

* 2……部首를 뺀 획수
  3……總畫數
  1 2……韻統 및 音에 따른 분류

2. 熟　語

① 標題字別로 그에 딸린 熟語를 싣되 표제자 다음에 오는 글자의 畫數順, ㄱㄴㄷ順으로 하고, 그 중 音이 같은 때는 畫數가 적은 것을 앞에 두었다.

② 音이 둘 이상인 때는 많이 쓰이는 쪽의 音을 먼저 풀이하였다.

(보기)

【一切】いっさい (일체) ①모든. 온갖. 모두. 남김없이. ②온갖 것.
　(일절) 한 번 끊어 자른 조각. 한 조각.

【道場】どうじょう (도장) ①무예(武藝)를 교습(敎習)하는 곳. ②수양, 훈련을 하며 단체 생활을 하는 곳.
　(도량) 불도(佛道)를 닦는 곳. 절.

③ 現實音이 本音과 다를 때는 現實音을 내세우고 그 관계를 「現實音←本音」과 같이 나타내었다.

(보기)

【許諾】きょだく (허락←허낙) 청원을 들어 줌.

④ 「塞翁之馬(새옹지 마)」와 같은, 助辭「之」가 들어가 위아래를 잇는 四字成語는 그 音을 「지」 다음에서 띄었다. 그러나 이는 띄어 읽어야 함을 나타낸 것이 아니라 그 語法的 구성을 보이어 뜻의 理解를 돕기 위해서이다.

⑤ ㉮ 熟語와 우리 音 사이에 日本音을 달되, 일본에서 音讀되는 것

은「히라카나」로, 訓讀되는 것은「가타카나」로 하였다.

㉯ 日本音이 둘 이상일 때는 그 중 더 많이 통용되는 것을 앞에, 그렇지 않은 것은 熟語 풀이 맨 뒤에 ※표를 하고 달았다. 다만, 비슷한 세력으로 통용되는 音은 나란히 적었다.

㉰ 用例 중 그 숙어에 해당되는 부분은「—」로 표시하였고, 또 出典을 밝히었다.

⑥ 故事成語는 단순한 뜻풀이에 그치지 않고 그 유래를 자세히 설명함으로써 字義를 보다 깊이 이해하도록 배려하였다.

3. 略 號

〖 〗	표제자에 사용하는 괄호
【 】	숙어에 사용하는 괄호
□ (왼쪽 아래 ○)	平聲
□ (왼쪽 위 ○)	上聲
□ (오른쪽 위 ○)	去聲
□ (오른쪽 아래 ○)	入聲
源	字源
※	參考·注意事項, 參考語, 딴 자 등
¶	用例
☞	제 部首로 보내거나, 다른 숙어에서 풀이할 때
—	용례에서 표제자 또는 숙어의 생략
↔	相對語
< >	출전을 보일 때
풀이	字解
句法	표제자의 관용적 쓰임새를 보일 때
▷	標題字가 뒤에 오는 熟語
《佛》	불교 용어
《册》	册名
《人》	人名
㊀古	표제자의 古字
㊀本	표제자의 本字·本音
㊀略	표제자의 略字
㊀俗	표제자의 俗字·俗音
㊀同	표제자와 同字
㊀같	같은 뜻의 다른 漢字
㊀通	通用字
㊀韓	우리 나라에서만 쓰이는 漢字, 音, 뜻, 國字
㊀中	현대 중국어

部 首 名 稱

一	한일
丨	위아래로통할곤
丶	점주
丿	삐침
乙	새을
亅	갈고리궐
二	두이
亠	돼지해머리
人 亻	사람인
儿	어진사람인
入	들입
八	여덟팔
冂	멀경
冖	민갓머리
冫	이수변
几	안석궤
凵	위튼입구
刀 刂	칼도
力	힘력
勹	쌀포
匕	비수비
匚	터진입구
匸	감출혜
十	열십
卜	점복
卩 㔾	병부절
厂	민엄호
厶	마늘모
又	또우
口	입구
囗	큰입구
土	흙토
士	선비사
夂	뒤져올치
夊	천천히걸을쇠
夕	저녁석
大	큰대
女	계집녀
子	아들자
宀	갓머리
寸	마디촌
小	작을소
尢 尣 兀	절름발이왕
尸	주검시
屮	왼손좌
山	메산
巛 川	개미허리
工	장인공
己	몸기
巾	수건건
干	방패간
幺	작을요
广	엄호
廴	민책받침
廾	스물입발
弋	주살익
弓	활궁
彐 ⺕ 彑	튼가로왈
彡	삐친석삼
彳	두인변
心 忄 ⺗	마음심
戈	창과
戶	지게호
手 扌	손수
支	버틸지
攴 攵	등글월문
文	글월문
斗	말두
斤	도끼근
方	모방
无	없을무
日	날일
曰	가로왈
月	달월
木	나무목
欠	하품흠
止	그칠지
歹 歺	죽을사변
殳	갖은등글월문
毋	말무
比	견줄비
毛	터럭모
氏	각시씨
气	기운기
水 氵 氺	물수
火 灬	불화
爪 爫	손톱조
父	아비부
爻	효효
爿	장수장
片	조각편
牙	어금니아
牛 牜	소우
犬 犭	개견
玄	검을현
玉 王	구슬옥
瓜	오이과
瓦	기와와
甘	달감
生	날생
用	쓸용
田	밭전
疋	짝필
疒	병질
癶	필발머리
白	흰백
皮	가죽피
皿	그릇명
目 罒	눈목
矛	창모
矢	화살시
石	돌석
示 礻	보일시
禸	자귀유
禾	벼화
穴	구멍혈
立	설립
竹	대죽
米	쌀미
糸	실사
缶	장군부
网 罓 罒 四	그물망
羊 ⺷	양양
羽	깃우
老 耂	늙을로
而	말이을이
耒	쟁기뢰
耳	귀이
聿	붓율
肉 月	육달월
臣	신하신
自	스스로자
至	이를지
臼	절구구
舌	혀설
舛	어그러질천
舟	배주
艮	괘이름간
色	빛색
艸 艹 艹	초두머리
虍	범호엄
虫	벌레충
血	피혈
行	갈행
衣 衤	옷의
襾	덮을아
見	볼견
角	뿔각
言	말씀언
谷	골곡
豆	콩두
豕	돼지시
豸	갖은돼지시
貝	조개패
赤	붉을적
走	달릴주
足	발족
身	몸신
車	수레거
辛	매울신
辰	별진
辵 辶	책받침
邑 阝(右)	고을읍
酉	닭유
釆	분별할변
里	마을리
金	쇠금
長 镸	길장
門	문문
阜 阝(左)	언덕부
隶	미칠이
隹	새추
雨	비우
靑	푸를청
非	아닐비
面	낯면
革	가죽혁
韋	다룸가죽위
韭	부추구
音	소리음
頁	머리혈
風	바람풍
飛	날비
食	밥식
首	머리수
香	향기향
馬	말마
骨	뼈골
高	높을고
髟	터럭발머리
鬥	싸울투
鬯	울창주창
鬲	다리굽은솥력
鬼	귀신귀
魚	고기어
鳥	새조
鹵	염전로
鹿	사슴록
麥	보리맥
麻	삼마
黃	누를황
黍	기장서
黑	검을흑
黹	바느질치
黽	맹꽁이맹
鼎	솥정
鼓	북고
鼠	쥐서
鼻	코비
齊	가지런할제
齒	이치
龍	용룡
龜	거북귀
龠	피리약

一<한 일>部

一 ① 丁 七 ② 万 三 上 与 丈 下 ③ 丐 丏 不 丑 ④ 丘 丙 丕 世 丗 丗 且 ⑤ 両 丞 ⑥ 两 丽 亚 ⑦ 並 ⑧ 竝

0
1 【一】 한 일 | 質 ｌ (yi) | いち, いつ(ヒトツ) *one, first*

古 弌

源 指事. 가로로 한 획을 그어 「하나」의 뜻을 나타냄.

※壹은 一의 갖은자로, 서류 따위에서 수를 고치지 못하게 一 대신 씀.

풀이 ①하나. ㉮한. 하나. ¶一犬吠形 百犬吠聲<潛夫論>/一個. ㉯하나하나. 낱낱. ¶逐一點檢<朱子語錄>/一擧手一投足<韓愈> ②처음. 첫째. ¶一見如舊<唐書>/一位. ③모조리. 온통. ¶萬人爲一軍<國語>/一生. ④같다. 동일함. ¶先聖後聖 其揆一也<孟子>/一貫. ⑤어떤. 어느. 혹은. ¶一夕自恨死<柳宗元>/一名. ⑥만일. ¶彼一見秦王<戰國策>/一旦. ⑦작다. 소량. 보잘것없다. ¶見一芥掇之<淮南子>/一刻. ⑧어조사. ¶君一過多矣<左氏傳>/今楚王之善寡人 一甚矣<管子>

【一家】いっか(일가) ①한 집안. ②온 집안. ③한 집. 하나의 가옥. ④성(姓)이 같은 친척. ⑤학술, 예술 등 한 분야에서 독자적인 경지를 이룬 상태. 또는, 그 경지. ⑥한 유파(流派).

【一家見】いっかけん(일가견) 어떤 분야나 문제에 대한 독자적인 견해.

【一家富貴千家怨】いっかふうきスレバせんかウラム(일가부귀 천가원) 어떤 한 집이 부귀해지면 많은 사람들이 이를 시기하고 미워함. 一家煖飽 千家怨(일가난포 천가원). ¶一 半世功名 百世愆<草木子>

【一刻】いっこく(일각) ①한 시간의 4분의 1. 곧, 15분. ②아주 짧은 시간.

【一刻如三秋】(일각 여삼추)韓 일각 곧 아주 짧은 시간이 삼 년처럼 여겨진다는 말로, 몹시 애타게 기다려 시간이 길게 느껴짐을 이름. 「大聲一.

【一喝】いっかつ(일갈) 한 번 큰 소리를 내지름. ¶

【一介】いっかい(일개) ①한 개. ②한 사람. ③작음. 보잘것없음. 介는 芥. ④통틀어. 모두. 一槪(일개). ¶惟一斷斷焉無他技<公羊傳>

【一個】いっこ(일개) 하나. 一箇(일개). 一介(일개).

【一介書生】いっかいノしょせい(일개서생) 한낱 서생이란 뜻으로, 변변치 않은 선비를 이르는 말. ¶勃三尺微命 一<王勃>

【一擧】いっきょ(일거) ①한 번의 행동. ②단번에.

【一去無消息】(일거무소식) 한 번 간 뒤 소식이 없음.

【一擧手一投足】いっきょしゅいっとうそく(일거수 일투족) 손 한 번 들고 발 한 번 내딛는 것. 곧, 모든 동작. ¶蓋一之勞也<韓愈>

【一擧兩得】いっきょりょうとく(일거양득) 한 번의 거동이나 일로 두 가지 이득을 봄. 一擧二得(일거이득). ¶一 外實內寬<晋書>

【一擧一動】いっきょいちどう(일거일동) 하나하나의 동작. 곧, 모든 동작 또는 사소한 동작.

【一件】いっけん(일건) ①한 벌. ②하나의 사건. ③관계 있는 한 동아리의 물건. ¶一書類.

【一擊】いちげき(일격) ①한 번의 공격. ②한 번 날개를 침. ¶一九萬里<莊子>

【一見】いっけん(일견) ①한 번 봄. ②잠깐 스쳐 봄. ¶一不忘<梁簡文帝> ③처음 봄.
(일현) ①한 번 나타남. ②임금을 한 번 뵘.

【一見如舊】いっけんきゅうノゴトシ(일견여구) 한 번 만나자 옛 벗처럼 친밀해짐. ¶一識 一言知道心<王維> 「7~9시 사이.

【一更】いっこう(일경) 오경 중 첫째 시각. 곧, 하오

【一經之儒】いっけいノじゅ(일경지 유) 하나의 경서만 아는 선비란 뜻으로, 융통성이 없는 학자를 이름. ¶近代守一 多暗於時務<後周書>

【一系】いっけい(일계) ①한 계통. ②같은 계통.

【一計】いっけい(일계) ①한 꾀. ②한 계책.

【一考】いっこう(일고) ①한 번 생각함. ②잠깐 생각해 봄.

【一顧】いっこ(일고) ①한 번 돌아봄. ②잠깐 돌아봄. ③사소한 은혜나 편의. ¶一之恩 非望而至<梁書>

【一過】いっか(일과) ①한 번 지남. ¶颱風一/一性. ②하나의 허물. ③한 번 스침. ④하나의 생애. ¶猶蚊虻之一<淮南子>

【一貫】いっかん(일관) ①방법·태도 등을 한결같이 함. 일이관지(一以貫之)의 준말. ¶初志一/一性. ②1관. 3.75kg.

【一括】いっかつ(일괄) 개별적인 것들을 한데 묶음. ¶一契約/一處理/一上程. 「의 하나.

【一具】いちぐ(일구) 옷이나 기구 또는 시체 따위

【一口難說】(일구난설) 장황하거나 복잡하여 한 마디로 말하기 어려움.

【一口二言】いっこうにげん(일구이언) 한 입으로 두 말한다는 뜻으로, 이미 한 말을 번복함을 이르는 말. 一口三舌(일구삼설).

【一國】いっこく(일국) ①한 나라. ②온 나라. 전국. ¶一家仁 一興仁<大學>

【一軍】いちぐん(일군) ①몇으로 나눈 것 중의 한 부대. ②전군(全軍). 군대 전체. 모든 군사. ③주(周)대에 1만 2천 2백의 군사로 한 부

【一群】いちぐん(일군) 한 떼. 一團(일단). 「대.

【一饋十起】いっきジッタビタツ(일궤십기) 하(夏)의 우(禹)가 한 끼를 먹는 동안에 찾아온 사람을 맞이하고자 열 번이나 일어났다는 일에서 인재를 지극히 아낌을 이르는 말. 一饋七起(일궤칠기). 一飯三吐哺(일반 삼토포). 一沐三握髮(일목 삼악발).

【一基】いっき(일기) 묘비나 무덤 등과 같이 받침대나 토대 위에 놓여 있는 물건의 하나. ¶水東有冢 一三墳<水經>

【一期】いっき(일기) ①어느 시기를 몇으로 일정하게 나눈 때의 그 하나. ②《佛》 한 평생. 살아 있는 기간. ③일주년.

【一騎】いっき(일기) 한 사람의 말탄 병사.

【一騎當千】いっきとうせん(일기당천) 혼자 천 사람을 당해 냄의 뜻으로, 용맹이 몹시 뛰어남을 이르는 말. 一人當千(일인당천).

【一年之計莫如樹穀】いちねんノけいいこくヲウウルニシクハナシ(일년지계 막여수곡) 1년만에 결실을 보려면 곡식을 심는 것만한 것이 없음. ¶一 十年之計莫如樹木<管子>

【一年之計在于春】いちねんノけいいハルニアリ(일년지계 재우춘) 한 해의 계획은 봄에 세워야 함. ¶一 一日之計在于晨<通俗編>

【一念】いちねん(일념) ①한 마음. 一心(일심). ②변함 없는 오직 하나의 생각. ③《佛》 아주 짧은 시간. ¶九十刹那爲一<仁王經> ④《佛》 오직 부처만을 생각함.

【一念不生】いちねんふしょう(일념불생)《佛》 잡념이 일어나지 아니함. ¶一 卽是佛<五教章>

【一旦】いったん(일단) ①한 번. ②만일. ③어느 날 아침. 하루 아침. ④어느 날. 一朝(일조)①.

【一團】いちだん(일단) ☞一群(일군).

【一段落】いちだんらく(일단락) ①일을 일단 마무리 지음. 또는, 그 일. ②글의 한 단락.

【一簞食一瓢飮】いったんノシいっぴょうノいん(일단사 일표음) 대나무 밥그릇 하나에 담은 먹을 것과 표주박 하나의 마실 것. 곧, 적은 양의 음식. 簞食瓢飮(단사표음). 一簞食一豆羹(일단사 일두갱). ¶賢哉回也 一<論語>

【一黨】いっとう(일당) ①한 정당. ②목적과 행동을 같이 하는 한 동아리.

【一當百】いっひゃくニアタル(일당백) 혼자 백 사람을 당해 낸다는 뜻으로, 매우 용맹함 또는 능력이 뛰어남을 이름.

【一代】いちだい(일대) ①사람의 한 평생. 일생(一生). ¶一生一. ②그 시대. 當代(당대). ③이어져 내려오는 계통의 첫번째. ¶一教主/一王.

【一帶】いったい(일대) ①인근의 전지역. 일정한 어느 지역의 전부. 一圓(일원). ②한 줄기.

【一隊】いったい(일대) ①하나의 대열. ②한 부대.

【一大事】いちだいじ(일대사) ①하나의 커다란 일. ②중대한 일. ③《佛》 사람의 나고 죽는 일.

【一刀兩斷】いっとうりょうだん(일도양단) 한 칼에 두 동강이를 낸다는 뜻으로, 거침없이 결정하거나 결단을 내림을 이르는 말. 一刀割斷(일도할단).

【一讀】いちどく(일독) 한 번 읽음.

【一同】いちどう(일동) ①관계된 사람 전체. ②백리 사방. ¶列國一<左氏傳>

【一得一失】いっとくいっしつ(일득일실) 하나의 얻음이 있으면 동시에 하나의 잃음이 있음. 곧, 이해득실(利害得失)이 번갈아 나타남. 一利一害(일리일해).

【一覽】いちらん(일람) ①한 번 죽 훑어봄. ②어떤 것을 죽 훑어볼 수 있도록 정리하여 수록한 것. ¶一表.

【一覽輒記】(일람첩기) 한 번 보면 곧 기억함. 곧, 총기가 뛰어남. 또는, 그 총기. 一覽便諷(일람변풍).

【一臘】いちろう(일랍) ①사람이 난 지 이레 되는 날. ②《佛》 중이 득도(得道)한 후 일 년이 되는 것. 一法臘(일법랍).

【一輛】いちりょう(일량) 하나의 차량 또는 수레.

【一旅】いちりょ(일려) 주(周)대의, 군사 5백으로 된 부대의 일컬음.

【一聯】いちれん(일련) ①하나로 이어짐. 또는, 그 것. 一連(일련). ②한시(漢詩)의 한 대구(對句). ③시상(詩想)을 여러 연으로 나누어 나타낸 시의 첫째 연이나 어느 한 연.

【一蓮托生】いちれんたくしょう(일련탁생) ①《佛》 죽은 뒤에 극락정토의 한 연꽃 위에 남. ②남과 행동 또는 운명을 같이 함.

【一領】いちりょう(일령) 옷이나 갑옷 따위의 한 벌.

【一例】いちれい(일례) ①하나의 예. ②한결같음.

【一禮】いちれい(일례) ①한 번의 인사. ②의례(儀禮)·의식을 한가지로 함. ¶朝野一則家無殊俗<南史>

【一路邁進】いちろまいしん(일로매진) 곧장 힘차게 나아감.

【一縷】いちる(일루) ①한 오라기의 실. ¶一之任係千鈞之重<枚乘> ②끊어질 듯 겨우 이어지는 아주 약한 상태의 것. ¶一希望.

【一流】いちりゅう(일류) ①사물을 몇 등급의 부류로 나눌 때 그 첫째 부류. ¶一大學. ②강 따위의 한 줄기. ③학술·사상 등의 한 유파.

【一律】いちりつ(일률) ①같은 가락. ②내용이나 원리, 태도 등이 한결같음. ¶一的. ③하나의 법률이나 규율.

【一理】いちり(일리) ①하나의 도리 또는 이치. ②어떤 이치.

【一里一堠】いちりいっこう(일리일후) 1리마다 그 표시로 쌓은 돈대.

【一抹】いちまつ(일말) ①붓으로 한 번 지우거나 칠함. ②약간. 다소.

【一望無涯】いちぼうむがい(일망무애) ☞一望無際(일망무제).

【一望無際】いちぼうむさい(일망무제) 바라보니 아득히 넓고 멀어서 끝이 없음.

【一網打盡】いちもうだじん(일망타진) 한 그물에 모두 잡는다는 뜻으로, 범인 등의 일당을 한꺼번에 모두 잡음을 이름.

【一脈相通】いちみゃくアイツウズ(일맥상통) 생각이나 성질 따위가 한 가닥 서로 통함.

【一盲引衆盲】いちもうガしゅうもうヲヒク(일맹인 중맹)《佛》 한 어리서은 자가 여러 사람을 그릇되게 이끎을 이름.

【一面】いちめん(일면) ①한쪽 면. 한 방면. 한 측면. ②면(面)인 한 행정 구역의 전체. 또는, 하나의 면(面).

【一面識】いちめんしき(일면식) 한 번 대하여 본 정도로 조금 아는 일. 一面交(일면교). 一面之交(일면지 교). 一面之分(일면지 분).

【一面如舊】いちめんきゅうノゴトシ(일면여구) 처음으로 만났으나 옛벗처럼 친함. 一見如舊(일견여구).

【一名】いちめい(일명) ①한 사람. 一人(일인). ②딴이름. 별명. 별칭. ③과거에 장원 급제함. 또는, 그 사람.

【一鳴驚人】ヒトタビナカバヒトヲオドロカサン(일명경인) 새가 한 번 울면 사람을 놀라게 한다는 뜻으로, 한 번 어떤 일을 하면 사람들이 놀랄 만한 일을 함을 나타낸 말. ¶不鳴則已 一<史記>

【一目瞭然】いちもくりょうぜん(일목요연) 보면 곧 알 수 있도록 분명함.

【一門】いちもん(일문) ①하나의 문. ②한집안. 一族(일족). 一家(일가). ¶一清貴古今稀<李中> ③한 종류. 同類(동류). ¶白事方根 皆出一<淮南子> ④학문 따위의 일파. ⑤대포 하나.

【一門普門】いちもんふもん(일문보문)《佛》 한 교리(教理)에 통하면 모든 교리에 다 통할 수 있다

는 말.

【一問一答】いちもんいっとう(일문일답) 한 번의 물음에 한 번 대답함. 하나씩 묻고 대답함.

【一味】いちみ(일미) ①㊥ 제일 좋은 맛. ¶天下一. ②음식의 맛이 같음. ③색다른 한 가지 음식. ④오직. ¶力改故習 一勤謹<朱子全書>

【一泊】いっぱく(일박) 하룻밤을 잠. ¶一二日.

【一般】いっぱん(일반) ①특정 또는 일부가 아닌, 전체에 두루 해당되는 것. ②특정인이 아닌, 널리 보통의 사람들. ¶一社會. ③온통. 일체. ④같은 상태. 마찬가지의 경우. ¶每一.

【一飯三吐哺】いっぱんみたびほをはく(일반 삼토포) 주공(周公)이 찾아온 사람을 맞이하기 위하여 입에 든 음식을 세 번 토해 냈다는 일에서, 어진 이 또는 인재를 두터이 대함을 이르는 말. 一沐三握髮(일목 삼악발). 吐哺握髮(토포악발).

【一飯千金】いっぱんせんきん(일반천금) 한(漢)의 한신(韓信)이 귀하게 된 후, 전에 밥 한 끼로 허기를 면하게 해 준 노파에게 천금을 주었다는 일에서, 밥 한 끼도 천금의 은혜가 됨을 이름. 「爲.

【一方】いっぽう(일방) 한쪽. 한쪽 편. ¶他一/一行

【一方的】いっぽうてき(일방적) 어느 한편으로 치우치는 (것).

【一方之藝】いっぽうのげい(일방지 예) 한 가지 또는 어느 한쪽으로 뛰어난 기예(技藝).

【一方之任】いっぽうのにん(일방지 임) 한 지방을 맡은 벼슬자리. 관찰사 따위.

【一杯酒】いっぱいのさけ(일배주) 한 잔 술. 술 한잔.

【一變】いっぺん(일변) 아주 달라짐. 싹 바뀜. ¶魯一 至於道<論語>

【一邊倒】いっぺんとう(일변도) 한쪽으로만 치우침.

【一瞥】いちべつ(일별) 한 번 스쳐 봄.

【一步】いっぽ(일보) ①한 걸음. 약간. ¶一前進. ②면적의 단위로, 한 평을 이름.

【一本】いっぽん(일본) ①책 한 권. ②같은 내용을 담은 딴 책. ③어느 책. ④나무 따위의 한 그루. ⑤근본이 하나임. ¶一不差 萬物皆正<晉書>

【一封】いっぷう(일봉) 상금이나 사례금 또는 격려금 등으로 얼마의 돈을 넣은 봉투. ¶金一. ※ぽう

【一夫從事】(일부종사) 한 남편만을 섬김.

【一夫終身】(일부종신) 한 남편만으로 생을 마침. 곧, 남편이 죽은 후에도 개가하지 않고 생을 마침. 「덤.

【一抔土】いっぽうのつち(일부토) ①한 줌의 흙. ②무

【一分】いっぷん(일분) ①한 시간의 60분의 1. 60초. ②하나를 몇 부분으로 똑같이 나눈 것 중의 하나. ※いちぶ

(일푼) ①한 돈쭝의 10분의 1의 무게. ②한 치의 10분의 1의 길이. 「간.

【一分一秒】いっぷんいちびょう(일분일초) 아주 짧은 시

【一舍】いっしゃ(일사) ①중국에서 하루의 행군(行軍) 거리인 30리를 이름. ②하나의 성수(星宿). 「등분한 첫째 부분.

【一四分期】(일사분기) 한 해를 네 기간으로

【一絲不亂】いっしふらん(일사불란) 질서나 명령 체계 또는 단결 등이 잘 되어 조금도 흐트러짐이나 얼크러진 데가 없음.

【一瀉千里】いっしゃせんり(일사천리) ①강물이 단번에 천 리를 간다는 뜻으로, 어떤 일이 거침없이 빠르게 진행됨을 이르는 말. ②글이나 말이 힘차고 거침없음을 이름.

【一色】いっしょく(일색) ①㊥ ☞絕色(절색). ¶天下一. ②한 가지의 빛깔. ③모두가 똑같음. 한 가지.

【一生】いっしょう(일생) 살아 있는 동안. ※いっせい

【一書】いっしょ(일서) ①하나의 편지나 글. ②한 권의 책.

【一黍】いっしょ(일서) ①기장 한 알. ②기장 한 알의 무게. 곧, 아주 적은 무게.

【一石】いっせき(일석) ①하나의 돌. ②열 말. 한 섬. ③4 균(鈞). 곧 120근. 「거양득).

【一石二鳥】いっせきにちょう(일석이조) ☞一擧兩得(일

【一線】いっせん(일선) ①한 줄. ②맨 앞장. 先鋒(선봉). ③어떤 일이 이루어지는 현장. ④적과 가장 가까이 마주 보고 있는 곳. 最前線(최전선). 最前方(최전방).

【一說】いっせつ(일설) ①한 학설. 하나의 주장. ②어떠한 주장. 어떠한 말. ③다른 하나의 주장.

【一成】いっせい(일성) ①하나를 이룸. ②사방 10리의 땅. 인가 3백 호가 있는 땅. ¶三百戶者 一之地也<易經> ③음악이 한 곡 끝남. ¶孔子之謂集大成 樂一變爲一<凝齋筆語>

【一成一旅】いっせいいちりょ(일성일려) 땅이 작고 사람이 적음. 一成은 사방 10리의 땅. 一旅는 5백 명.

【一世】いっせい(일세) ①한 세대. 30년을 기준으로 함. ②그 시대. ③온 세상. 擧世(거세). ¶一人失家 一非之<列子> ④일생. 평생. ⑤한 임금의 치세(治世).

【一世紀】いっせいき(일세기) 백 년을 이름.

【一笑】いっしょう(일소) ①웃음. 一은 어세를 돕기 위하여 첨가한 말. ②한 번 웃음. ¶一一少. ③비웃음. ④무시함.

【一掃】いっそう(일소) 모조리 없앰.

【一瞬】いっしゅん(일순) ①눈 한 번 깜짝이는 동안. 곧, 아주 짧은 시간. ¶一間. ②한 번 스쳐 봄. 一見(일견).

【一襲】いっしゅう(일습) 옷 한 벌.

【一時】いちじ(일시) ①한 때. 잠시. 한동안. ¶一中斷. ②같은 때. 동시. ③한때. 어느 때. 일찌기. ④한 계절 동안. 석 달. ¶三月乃爲一<左氏傳·注> 「사랑함.

【一視同仁】いっしどうじん(일시동인) 누구나 똑같이

【一身】いっしん(일신) ①한 몸. ②온 몸. ¶子龍一都是膽也<蜀志> ③자신. 자기. ¶一上.

【一新】いっしん(일신) 전적으로 새로와짐. 또는, 새롭게 됨. ¶官舍帑廩一<宋史>/一紀元.

【一心】いっしん(일심) ①한 마음. ②한결같은 마음. ③한 곳으로만 기울이는 마음. 一念(일념). ¶一可以得百人<淮南子>

【一心同體】いっしんどうたい(일심동체) 모두 한 마음으로 행동을 같이함.

【一心不亂】いっしんふらん(일심불란)《佛》 오로지 한 곳으로만 마음을 기울여 어지러움이 없음. 三昧(삼매).

【一心專力】いっしんせんりょく(일심전력) 마음을 한 곳에 쏟아 온 힘을 기울임.

【一惡】いちあく(일악) ①하나의 나쁜 일. ¶賞一則衆惡歸<三略> ②제일 나쁜 사람. 또는, 나쁜 일.

【一安】いちあん(일안) ①한결같이 모두가 편안함. ¶一萬康. ②작은 평안. ¶天下大器 一難傾<晋書>

【一躍】いちやく(일약) ①한 번 뛰어오름. ②지위나 형세가 갑자기 뛰어오르는 모양.

【一陽來復】いちようらいふく(일양내복) ①하나의 양기가 돌아옴. 겨울이 가고 봄이 옴. 새해. ②음(陰)이 성한 음력 10월을 지나 동짓달이 되어 비로소 양(陽)이 돌아옴. ③동지(冬至)의 별칭. ④길운(吉運)이 다시 옴.

【一魚濁水】いちぎょミズヲニゴス(일어탁수) 한 물고기가 물 전체를 흐린다는 뜻으로, 한 사람이 잘못하여 여럿이 피해를 입음을 이름.

【一言居士】いちげんこじ(일언거사) 어떤 일에든 꼭 참견하여 말하는 사람을 비꼬아 이르는 말.

【一言半句】いちげんはんく(일언반구) 극히 짧은 말. 一言半辭(일언반사).

【一言以蔽之】いちげんモッテコレヲオオウ(일언이 폐지) 한 마디로 전체를 다 말함. ¶詩三百 一 曰 思無邪<論語>

【一言之下】いちげんノシタ(일언지 하) 한 마디의 말로. 한 마디 말을 하자마자.

【一如】いちにょ(일여)《佛》진리는 하나여서 다름이 없음. 「(일엽주).

【一葉片舟】いちようへんしゅう(일엽편주) 조각배. 一葉舟

【一隅】いちぐう(일우) 한 구석. 한 모퉁이.

【一員】いちいん(일원) 어떤 조직이나 단체의 구성

【一圓】いちえん(일원) ☞一帶(일대)①. [원.

【一月三舟】いちげつさんしゅう(일월삼주)《佛》달은 하나이나 세 척의 배에 탄 사람들에 제각기 달리 보이듯이 부처도 보는 사람들에 따라 다름을 이르는 말. 「傳>

【一應】いちおう(일응) 모두. 일체. ¶一費用<水滸

【一衣帶水】いちいたいすい(일의대수) 한 줄기 띠와 같은 물. 서로 그러한 좁은 물을 사이에 두고 있음을 이름. ¶豈限一 而不徑度乎<宋史>

【一以貫之】いつモッテコレヲツラヌク(일이관지) ☞一貫(일관)①. ¶吾道一<論語>

【一翼】いちよく(일익) ①하나의 날개. ②여러 임무나 분야 중 하나. 「(各自). ③모두.

【一一】いちいち(일일) ①낱낱이. 하나하나. ②각자

【一日難再晨】いちにちフタタビアシタナリガタシ(일일 난재신) 하루에 아침은 두 번 오지 않는다는 뜻으로, 지난 시간은 되돌릴 수 없음을 이르는 말. ¶盛年不重來 一<陶潛>

【一日三秋】いちにちさんしゅう(일일삼추) ☞一日如三秋(일일 여삼추).

【一日如三秋】いちにちさんしゅうノゴトシ(일일 여삼추) 하루가 가을 석 달 또는 삼 년처럼 여겨진다는 뜻으로, 간절히 기다림 또는 몹시 그리워함을 이름. 一日三秋(일일삼추).

【一日之計在于晨】いちにちノけいアシタニアリ(일일지계 재우신) 하루 계획은 아침에 세워야 함. ¶一年之計在于春 一<梁元帝>

【一日之雅】いちにちノが(일일지 아) 하루의 사귐. 곧, 오래지 않은 교제. 깊지 않은 친분. 雅는 평소의 사귐.

【一日之長】いちにちノちょう(일일지 장) ①하루 위임. 곧, 나이가 조금 위임. ②조금 뛰어남.

【一任】いちにん(일임) 아주 맡김. 「(同字).

【一字】いちじ(일자) ①한 글자. ②같은 자. 동자

【一字無識】いちじモシルナシ(일자무식) 글자 하나도 모름. 아무것도 아는 것이 없음. 目不識丁(목불식정). 全無識(전무식). 判無識(판무식). 一字不識(일자불식).

【一字數義】いちじすうぎ(일자수의) 한 글자에 여러 뜻이 있음. ↔一字一義(일자일의).

【一字一義】いちじいちぎ(일자일의) 한 글자에 하나의 뜻만 있음. ↔一字數義(일자수의).

【一字之師】いちじノし(일자지 사) 글자 한 자를 고쳐 준 사람을 이르는 말. 오대(五代) 때 제기(齊己)란 중이 자기의 조매(早梅)라는 시의 글자 하나를 고쳐 준 정곡(鄭谷)에게 존경의 뜻으로 절을 하였다는 일에서 온 말.

【一字千金】いちじせんきん(일자천금) 글씨나 문장이 더할 데 없이 훌륭함을 칭찬하여 이르는 말.

【유래】 전국(戰國)시대 진(秦)의 재상 여불위(呂不韋)는 인재를 얻으려고 천하의 선비며 논객(論客)을 후대했다. 그래서 그의 집에는 평소에도 삼천을 넘는 식객이 붐볐는데, 여불위는 이들에게 견문한 바를 기록하게 하여 책으로 엮었다. 20만 자가 넘는 방대한 이 기록이 바로 「여씨춘추」(呂氏春秋)인데, 여불위는 이것을 도성 정문에 진열하고는 일자천금(一字千金), 즉 누구든지 이에 한 자를 능히 가감하는 사람에게는 상금 천 냥을 주겠다고 광고했다. 이는 훌륭한 인재를 많이 거느리고 있음을 자랑할 겸 더 뛰어난 사람을 찾으려는 것이었는데, 결국 「여씨춘추」의 문장을 단 한 자 흠 잡고 나선 사람은 없었다고 한다.<史記>

【一字疊用】いちじじょうよう(일자첩용) 한시(漢詩)에서 같은 글자를 여러 번 쓰는 일. 疊用(첩용). 「맞히는 명포수.

【一字砲手】いちじほうしゅ(일자포수) 한 방에 목표를

【一字褒貶】いちじほうへん(일자포폄) 글자 한 자를 가려 씀으로써 사람을 좋게도 나쁘게도 말함. 「춘추」(春秋)의 필법.

【一字行】いちじこう(일자행) 일직선으로 감. 똑바로 감. ¶幾度朝廻一<劉禹錫>

【一勺】いっしゃく(일작) ①한 번 떠냄. 또는, 그 양. ②1홉의 10분의 1.

【一壯】いっそう(일장) 한 번의 뜸질. 뜸질 양의 단위를 장년을 표준으로 하는 데서 이름. ¶醫用艾一灼 謂之一者<夢溪筆談>

【一場】いちじょう(일장) ①한 자리. 잠시. ②한바탕. ¶ 訓示.

【一將功成萬骨枯】いっしょうこうなりテばんこつかル(일장공성 만골고) 한 장수의 공은 만 사람의 병졸의 죽음으로 이루어진 것인데 공이 장수에게만 돌아감을 한탄한 말. ¶憑君莫話對侯事 一<曹松>

는 말.
【一問一答】いちもんいっとう(일문일답) 한 번의 물음에 한 번 대답함. 하나씩 묻고 대답함.
【一味】いちみ(일미) ①㊇ 제일 좋은 맛. ¶天下一. ②음식의 맛이 같음. ③색다른 한 가지 음식. ④오직. ¶ 力改故習 一勤謹<朱子全書>
【一泊】いっぱく(일박) 하룻밤을 잠. ¶一二日.
【一般】いっぱん(일반) ①특정 또는 일부가 아닌, 전체에 두루 해당되는 것. ②특정인이 아닌, 널리 보통의 사람들. ¶一社會. ③온통. 일체. ④같은 상태. 마찬가지의 경우. ¶每一.
【一飯三吐哺】いっぱんミタビホヲハク(일반 삼토포) 주공(周公)이 찾아온 사람을 맞이하기 위하여 입에 든 음식을 세 번 토해 냈다는 일에서, 어진 이 또는 인재를 두터이 대함을 이르는 말. 一沐三握髮(일목 삼악발). 吐哺握髮(토포악발).
【一飯千金】いっぱんせんきん(일반천금) 한(漢)의 한신(韓信)이 귀하게 된 후, 전에 밥 한 끼로 허기를 면하게 해 준 노파에게 천금을 주었다는 일에서, 밥 한 끼도 천금의 은혜가 됨을 이름. 「爲.
【一方】いっぽう(일방) 한쪽. 한쪽 편. ¶他一/一行
【一方的】いっぽうてき(일방적) 어느 한편으로 치우치는 (것).
【一方之藝】いっぽうノげい(일방지 예) 한 가지 또는 어느 한쪽으로 뛰어난 기예(技藝).
【一方之任】いっぽうノにん(일방지 임) 한 지방을 맡은 벼슬자리. 관찰사 따위.
【一杯酒】いっぱいノサケ(일배주) 한 잔 술. 술 한잔.
【一變】いっぺん(일변) 아주 달라짐. 싹 바뀜. ¶魯一 至於道<論語>
【一邊倒】いっぺんとう(일변도) 한쪽으로만 치우침.
【一瞥】いちべつ(일별) 한 번 스쳐 봄.
【一步】いっぽ(일보) ①한 걸음. 약간. ¶一前進. ②면적의 단위로, 한 평을 이름.
【一本】いっぽん(일본) ①책 한 권. ②같은 내용을 담은 딴 책. ③어느 책. ④나무 따위의 한 그루. ⑤근본이 하나임. ¶一不差 萬物皆正<晋書>
【一封】いっぷう(일봉) 상금이나 사례금 또는 격려금 등으로 얼마의 돈을 넣은 봉투. ¶金一. ※いっぽう
【一夫從事】(일부종사) 한 남편만을 섬김.
【一夫終身】(일부종신) 한 남편만으로 생을 마침. 곧, 남편이 죽은 후에도 개가하지 않고 생을 마침. 「덤.
【一抔土】いっぽうノツチ(일부토) ①한 줌의 흙. ②무
【一分】いっぷん(일분) ①한 시간의 60분의 1. 60초. ②하나를 몇 부분으로 똑같이 나눈 것 중의 하나. ※いちぶ
(일푼) ①한 돈쭝의 10분의 1의 무게. ②한 치의 10분의 1의 길이. 「간.
【一分一秒】いっぷんいちびょう(일분일초) 아주 짧은 시
【一舍】いっしゃ(일사) ①중국에서 하루의 행군(行軍) 거리인 30리를 이름. ②하나의 성수(星宿). 「등분한 첫째 부분.
【一四分期】(일사분기) 한 해를 네 기간으로
【一絲不亂】いっしふらん(일사불란) 질서나 명령 체계 또는 단결 등이 잘 되어 조금도 흐트러짐이나 얼크러진 데가 없음.
【一瀉千里】いっしゃせんり(일사천리) ①강물이 단번에 천 리를 간다는 뜻으로, 어떤 일이 거침없이 빠르게 진행됨을 이르는 말. ②글이나 말이 힘차고 거침없음을 이름.
【一色】いっしょく(일색) ①㊇ ☞絕色(절색). ¶天下一. ②한 가지의 빛깔. ③모두가 똑같음. 한 가지.
【一生】いっしょう(일생) 살아 있는 동안. ※いっせい
【一書】いっしょ(일서) ①하나의 편지나 글. ②한 권의 책.
【一黍】いっしょ(일서) ①기장 한 알. ②기장 한 알의 무게. 곧, 아주 적은 무게.
【一石】いっせき(일석) ①하나의 돌. ②열 말. 한 섬. ③4 균(鈞). 곧 120근. 「거양득).
【一石二鳥】いっせきにちょう(일석이조) ☞一擧兩得(일
【一線】いっせん(일선) ①한 줄. ②맨 앞장. 先鋒(선봉). ③어떤 일이 이루어지는 현장. ④적과 가장 가까이 마주 보고 있는 곳. 最前線(최전선). 最前方(최전방).
【一說】いっせつ(일설) ①한 학설. 하나의 주장. ②어떠한 주장. 어떠한 말. ③다른 하나의 주장.
【一成】いっせい(일성) ①하나를 이룸. ②사방 10리의 땅. 인가 3백 호가 있는 땅. ¶三百戶者 一之地也<易經> ③음악이 한 곡 끝남. ¶孔子之謂集大成 樂一變爲一<凝齋筆語>
【一成一旅】いっせいいちりょ(일성일려) 땅이 작고 사람이 적음. 一成은 사방 10리의 땅. 一旅는 5백 명.
【一世】いっせい(일세) ①한 세대. 30년을 기준으로 함. ②그 시대. ③온 세상. 擧世(거세). ¶一人失家 一非之<列子> ④일생. 평생. ⑤한 임금의 치세(治世).
【一世紀】いっせいき(일세기) 백 년을 이름.
【一笑】いっしょう(일소) ①웃음. 一은 어세를 돕기 위하여 첨가한 말. ②한 번 웃음. ¶一一少. ③비웃음. ④무시함.
【一掃】いっそう(일소) 모조리 없앰.
【一瞬】いっしゅん(일순) ①눈 한 번 깜짝이는 동안. 곧, 아주 짧은 시간. ¶一間. ②한 번 스쳐 봄. 一見(일견).
【一襲】いっしゅう(일습) 옷 한 벌.
【一時】いちじ(일시) ①한 때. 잠시. 한동안. ¶一中斷. ②같은 때. 동시. ③한때. 어느 때. 일찌기. ④한 계절 동안. 석 달. ¶三月乃爲一<左氏傳·注> 「사랑함.
【一視同仁】いっしどうじん(일시동인) 누구나 똑같이
【一身】いっしん(일신) ①한 몸. ②온 몸. ¶子龍一都是膽也<蜀志> ③자신. 자기. ¶一上.
【一新】いっしん(일신) 전적으로 새로와짐. 또는, 새롭게 됨. ¶官舍帑廪一<宋史>/一紀元.
【一心】いっしん(일심) ①한 마음. ②한결같은 마음. ③한 곳으로만 기울이는 마음. 一念(일념). ¶一可以得百人<淮南子>
【一心同體】いっしんどうたい(일심동체) 모두 한 마음으로 행동을 같이함.
【一心不亂】いっしんふらん(일심불란)《佛》 오로지 한 곳으로만 마음을 기울여 어지러움이 없음. 三昧(삼매).

【一心專力】いっしんせんりょく(일심전력) 마음을 한 곳에 쏟아 온 힘을 기울임.

【一惡】いちあく(일악) ①하나의 나쁜 일. ¶賞一則衆惡歸<三略> ②제일 나쁜 사람. 또는, 나쁜 일.

【一安】いちあん(일안) ①한결같이 모두가 편안함. ¶一萬康. ②작은 평안. ¶天下大器 一難傾<晋書>

【一躍】いちやく(일약) ①한 번 뛰어오름. ②지위나 형세가 갑자기 뛰어오르는 모양.

【一陽來復】いちようらいふく(일양내복) ①하나의 양기가 돌아옴. 겨울이 가고 봄이 옴. 새해. ②음(陰)이 성한 음력 10월을 지나 동짓달이 되어 비로소 양(陽)이 돌아옴. ③동지(冬至)의 별칭. ④길운(吉運)이 다시 옴.

【一魚濁水】いちぎょミズヲニゴス(일어탁수) 한 물고기가 물 전체를 흐린다는 뜻으로, 한 사람이 잘못하여 여럿이 피해를 입음을 이름.

【一言居士】いちげんこじ(일언거사) 어떤 일에든 꼭 참견하여 말하는 사람을 비꼬아 이르는 말.

【一言半句】いちげんはんく(일언반구) 극히 짧은 말. 一言半辭(일언반사).

【一言以蔽之】いちげんモッテコレヲオオウ(일언이 폐지) 한 마디로 전체를 다 말함. ¶詩三百 一 曰 思無邪<論語>

【一言之下】いちげんノシタ(일언지 하) 한 마디의 말로. 한 마디 말을 하자마자.

【一如】いちにょ(일여)《佛》 진리는 하나여서 다름이 없음.

【一葉片舟】いちようへんしゅう(일엽편주) 조각배. 一葉舟(일엽주).

【一隅】いちぐう(일우) 한 구석. 한 모퉁이.

【一員】いちいん(일원) 어떤 조직이나 단체의 구성원.

【一圓】いちえん(일원) ☞一帶(일대)①.

【一月三舟】いちげつさんしゅう(일월삼주)《佛》 달은 하나이나 세 척의 배에 탄 사람들에 제각기 달리 보이듯이 부처도 보는 사람들에 따라 다름을 이르는 말.

【一應】いちおう(일응) 모두. 일체. ¶一費用<水滸傳>

【一衣帶水】いちいたいすい(일의대수) 한 줄기 띠와 같은 물. 서로 그러한 좁은 물을 사이에 두고 있음을 이름. ¶豈限一 而不徑度乎<宋史>

【一以貫之】いっモッテコレヲツラヌク(일이관지) ☞一貫(일관)①. ¶吾道一<論語>

【一翼】いちよく(일익) ①하나의 날개. ②여러 임무나 분야 중 하나.

【一一】いちいち(일일) ①낱낱이. 하나하나. ②각자(各自). ③모두.

【一日難再晨】いちにちフタタビアシタナリガタシ(일일 난재신) 하루에 아침은 두 번 오지 않는다는 뜻으로, 지난 시간은 되돌릴 수 없음을 이르는 말. ¶盛年不重來 一<陶潛>

【一日三秋】いちにちさんしゅう(일일삼추) ☞一日如三秋(일일 여삼추).

【一日如三秋】いちにちさんしゅうノゴトシ(일일 여삼추) 하루가 가을 석 달 또는 삼 년처럼 여겨진다는 뜻으로, 간절히 기다림 또는 몹시 그리워함을 이름. 一日三秋(일일삼추).

【一日之計在于晨】いちにちノけいアシタニアリ(일일지계 재우신) 하루 계획은 아침에 세워야 함. ¶一年之計在于春 一<梁元帝>

【一日之雅】いちにちノが(일일지 아) 하루의 사귐. 곧, 오래지 않은 교제. 깊지 않은 친분. 雅는 평소의 사귐.

【一日之長】いちにちノちょう(일일지 장) ①하루 위임. 곧, 나이가 조금 위임. ②조금 뛰어남.

【一任】いちにん(일임) 아주 맡김.

【一字】いちじ(일자) ①한 글자. ②같은 자. 동자(同字).

【一字無識】いちじモシルナシ(일자무식) 글자 하나도 모름. 아무것도 아는 것이 없음. 目不識丁(목불식정). 全無識(전무식). 判無識(판무식). 一字不識(일자불식).

【一字數義】いちじすうぎ(일자수의) 한 글자에 여러 뜻이 있음. ↔一字一義(일자일의).

【一字一義】いちじいちぎ(일자일의) 한 글자에 하나의 뜻만 있음. ↔一字數義(일자수의).

【一字之師】いちじノし(일자지 사) 글자 한 자를 고쳐 준 사람을 이르는 말. 오대(五代) 때 제기(齊己)란 중이 자기의 조매(早梅)라는 시의 글자 하나를 고쳐 준 정곡(鄭谷)에게 존경의 뜻으로 절을 하였다는 일에서 온 말.

【一字千金】いちじせんきん(일자천금) 글씨나 문장이 더할 데 없이 훌륭함을 칭찬하여 이르는 말.

유래 전국(戰國)시대 진(秦)의 재상 여불위(呂不韋)는 인재를 얻으려고 천하의 선비며 논객(論客)을 후대했다. 그래서 그의 집에는 평소에도 삼천을 넘는 식객이 붐볐는데, 여불위는 이들에게 견문한 바를 기록하게 하여 책으로 엮었다. 20만 자가 넘는 방대한 이 기록이 바로 「여씨춘추」(呂氏春秋)인데, 여불위는 이것을 도성 정문에 진열하고는 일자천금(一字千金), 즉 누구든지 이에 한 자를 능히 가감하는 사람에게는 상금 천 냥을 주겠다고 광고했다. 이는 훌륭한 인재를 많이 거느리고 있음을 자랑할 겸 더 뛰어난 사람을 찾으려는 것이었는데, 결국 「여씨춘추」의 문장을 단 한 자 흠 잡고 나선 사람은 없었다고 한다.<史記>

【一字疊用】いちじじょうよう(일자첩용) 한시(漢詩)에서 같은 글자를 여러 번 쓰는 일. 疊用(첩용).

【一字砲手】いちじほうしゅ(일자포수) 한 방에 목표를 맞히는 명포수.

【一字褒貶】いちじほうへん(일자포폄) 글자 한 자를 가려 씀으로써 사람을 좋게도 나쁘게도 말함. 「춘추」(春秋)의 필법.

【一字行】いちじこう(일자행) 일직선으로 감. 똑바로 감. ¶幾度朝廻一<劉禹錫>

【一勺】いっしゃく(일작) ①한 번 떠냄. 또는, 그 양. ②1홉의 10분의 1.

【一壯】いっそう(일장) 한 번의 뜸질. 뜸질 양의 단위를 장년을 표준으로 하는 데서 이름. ¶醫用艾一灼 謂之一者<夢溪筆談>

【一場】いちじょう(일장) ①한 자리. 잠시. ②한바탕. ¶一訓示.

【一將功成萬骨枯】いっしょうこうナリテばんこつカル(일장공성 만골고) 한 장수의 공은 만 사람의 병졸의 죽음으로 이루어진 것인데 공이 장수에게만 돌아감을 한탄한 말. ¶憑君莫話對侯事 一<曹松>

【一場說話】(일장설화) 한바탕의 이야기.
【一長一短】いっちょういったん(일장일단) 장점과 단점.
【一張一弛】いっちょういっし(일장일이) 활 시위를 죄었다 늦추었다 한다는 뜻으로, 나라를 다스리는 데도 백성을 엄하게 혹은 너그럽게 다스려야 한다는 말.
【一場春夢】いちじょうのしゅんむ(일장춘몽) 한바탕의, 또는 잠시 지나가 버리는 봄날 밤의 꿈이란 뜻으로, 인생의 모든 일이 덧없음을 이르는 말. 南柯一夢(남가일몽). 一炊之夢(일취지 몽). ¶內翰昔日富貴 一＜侯鯖錄＞
【一戰】いっせん(일전) 한바탕의 싸움. ¶可以一 戰則請從＜左氏傳＞/一不辭.
【一轉】いってん(일전) 아주 달라짐. 또는, 다름. 一變(일변). ¶心機一.
【一節】いっせつ(일절) ①한 마디. ②글이나 악곡의 한 구절. ③한결같은 절조. ④보름 동안. ¶十五日爲一＜淮南子＞ ⑤한 줄기의 대. ¶一動而百枝搖＜鹽鐵論＞
【一點一畫】いってんいっかく(일점일획) 글자 한 점 한 획. ¶冥冥不知一＜顏氏家訓＞
【一點血肉】(일점혈육) 자기의 피를 받은 단 하나의 자식.
【一點紅】いってんこう(일점홍) ☞紅一點(홍일점). ¶念詩座上若有一＜王齋詩話＞
【一定】いってい(일정) 하나로 정해져 있음. ¶一量.
【一齊】いっせい(일제) ①가지런함. 평등함. ¶萬物一 孰長孰短＜莊子＞ ②동시(同時). ③하나처럼 똑같이 함. ¶一團束.
【一朝】いっちょう(일조) ①☞一旦(일단)③④. ¶一有事時. ②온 조정.
【一朝一夕】いっちょういっせき(일조일석) 하루 아침과 저녁. 곧, 짧은 시간.
【一族】いちぞく(일족) 한 집안. 일가. 같은 혈통.
【一肘】いっちゅう(일주) 가운뎃손가락 끝에서 팔꿈치까지의 길이. 1자 8치.
【一周】いっしゅう(일주) 한 바퀴 돎. ¶世界一.
【一周忌】いっしゅうき(일주기) 사람이 죽은 지 1년이 되는 날. 또는, 그날 지내는 제사. 小祥(소상).
【一陣狂風】いちじんのきょうふう(일진광풍) 한바탕의 사나운 바람.
【一帙】いっちつ(일질) 여러 권으로 이루어진 전집 따위의 한 벌.
【一次】いちじ(일차) ①한 차례. 우선 한 번. ¶一的. ②첫 번. ¶一試圖.
【一着】いっちゃく(일착) ①맨 먼저 닿음. 또는, 그것. ②바둑 등에서, 돌을 한 점 놓음. 일수(一手).
【一策】いっさく(일책) ①한 가지 계책. 一計(일계). ②하나의 문서.
【一切】いっさい(일체) ①모든. 온갖. 모두. 다. 남김없이. ②온갖 것. いっせつ(일절) 한 번 끊어 자른 조각. 한 조각.
【一體】いったい(일체) ①하나의 몸. ②한 몸. 같은 몸. 同體(동체). ¶夫婦一也＜儀禮＞ ③같음. 同類(동류). ¶君師父一.
【一切衆生】いっさいしゅじょう(일체중생)《佛》 이 세상 모든 인간. 또는, 생명 있는 모든 것.
【一觸卽發】いっしょくそくはつ(일촉즉발) 건드리기만 하면 곧 터짐. 곧, 아주 위급함을 이름.
【一寸】いっすん(일촌) ①1자의 10분의 1의 길이. ②짧은 것. ③아주 작은 것.
【一寸肝腸】(일촌간장) 한 토막의 간과 창자란 뜻으로, 몹시 슬프거나 애가 탈 때의 마음을 이름.
【一寸光陰不可輕】いっすんのこういんかろんずべからず(일촌광음 불가경) 아무리 짧은 시간이라도 가볍게 여겨서는 안 된다는 뜻으로, 시간을 소중하게 쓰라는 말. ¶少年易老學難成 一＜朱熹＞
【一軸】いちじく(일축) 미역·족자 따위의 기다란 것의 한 개.
【一蹴】いっしゅう(일축) ①한 번 걷어참. ②가볍게 그 자리에서 물리침.
【一炊之夢】いっすいのゆめ(일취지 몽) ☞邯鄲之夢(한단지 몽).
【一層】いっそう(일층) ①여러 층으로 된 것의, 땅에서 가장 가까이 있는 층. ②한층. 한결 더. 더욱.
【一致】いっち(일치) ①하나로 됨. ②하나로 딱 들어맞음. ¶上下一/一團結.
【一鍼】いっしん(일침) ①하나의 침. ②한 대의 침. ③잘못 등을 날카롭게 한 번 지적하는 일. 一針(일침). ¶頂門一.
【一派】いっぱ(일파) ①하나의 파벌. ②학술·종교·단체 따위의, 내부에서 갈라진 한 유파.
【一波】いっぱ(일파) ①하나의 물결. ②하나의 파문. ¶一萬波.
【一牌】(일패)㊥ 태의원(太醫院)에 딸렸던 일급 기생.
【一敗塗地】いっぱいちにまみる(일패도지) 전쟁에 져서 으깨어진 간(肝)과 뇌가 땅바닥에 쏟아짐의 뜻으로, 다시 일어날 수 없도록 참패함을 이르는 말.
【一片丹心】いっぺんのたんしん(일편단심) 한 토막 심지의 붉은 불똥이라는 뜻으로, 정성된 마음을 이르는 말.
【一片氷心】いっぺんのひょうしん(일편빙심) 지극히 맑은 마음.
【一品】いっぴん(일품) ①가장 뛰어난 품질. ②아주 좋은 것. 逸品(일품). ③정 1품·종 1품의 벼슬.
【一匹】いっぴき(일필) ①말 따위의 한 마리. ②4장(丈)의 길이. ③4장(丈) 길이의 옷감.
【一筆揮之】いっぴつこれをふるう(일필휘지) 단숨에 글씨를 써 내려감.
【一行】いっこう(일행) ①같이 가는 사람. 동행(同行). ②한 번 감. ③하나의 행위. ④여섯 달. ¶三月爲一時 兩時爲一＜異文錄＞ ⑤한 줄. ⑥《佛》 하나의 일에만 마음을 쏟는 일. ⑦《人》 당(唐)대의 중. 속성은 장(張), 시호는 대혜선사(大慧禪師). 밀교(密敎)를 엶.
【一向】いっこう(일향) ①오직 하나를 향함. ¶蓄力待時 併兵一＜鍾會＞ ②오로지. 꾸준히. 한결같이. ¶一專念 無量壽佛＜無量壽經＞/一萬康. ③모두 다. ¶彼佛國土 一淸淨＜藥師經＞ ④㊥ 지금까지. 그 후.
【一餉】いっしょう(일향) ①한 끼를 먹는 시간. ②짧은 시간. 한식경. 一食頃(일식경).
【一攫千金】いっかくせんきん(일확천금) 한꺼번에 많은 재물을 얻음.
【一環】いっかん(일환) ①하나의 고리. ②이어져 있는 사물의 한 과정.
【一回戰】いっかいせん(일회전) ①한 번의 싸움. ②

첫번째의 싸움. ③한 번만의 싸움.

【一喜一悲】いっきいっぴ(일희일비) ①한편 기뻐하고 한편 슬퍼함. ②기쁨과 슬픔이 갈마듦.

▷歸一, 均一, 單一, 大一, 同一, 萬一, 不一, 三一, 小一, 純一, 如一, 唯一, 專一, 正一, 精一, 靜一, 主一, 知行合一, 執一, 總一, 逐一, 太一, 泰一, 統一, 合一, 混一, 畫一

1
2【丁】 ①네째천간 정 ②소리 정 | 㝵ㄉㄧㄥ (ding) 庚ㄓㄥ (zheng) | てい

源象形. 못의 모양을 본뜸.

※흔히「고무래 정」이라 칭하는 것은 글자 모양에 따른 속칭임.

풀이 1 ①네째 천간. ㉮10간(干)의 네번째. 오행으로는 화(火), 방위로는 남(南)에 해당함. ¶太歲在一 曰彊圉<爾雅>/一未年. ㉯제4위. ¶一夜. ②장정. ㉮성년 남자. 젊은 남자. ¶赤手求一修險隘<劉克莊>/一男. ㉯남자 일꾼. 하인. ¶畦一負籠至<杜甫>/園一. ㉰부역에 동원된 남자. ¶每月役一二百萬人<隋書>/一役. ③성하다. 왕성함. 씩씩함. ¶一者 言萬物之丁壯也<史記> ④만나다. 당함. 通當. ¶寧一我窮<詩經>/一憂. 2소리의 형용. ¶一一.

【丁口】ていこう(정구) 인구. 호구(戶口).

【丁男】ていだん·ていなん(정남) 장정(壯丁).

【丁女】ていじょ(정녀) 한창때의 여자.

【丁年】ていねん(정년) ①태세(太歲)의 천간(天干)이 정(丁)인 해. ②남자의 만 20세.

【丁方】(정방) 24방위의 하나. 정남(正南)에서 서쪽으로 30° 안.

【丁夜】ていや(정야) 상오 1~3시. 四更(사경). 丑時(축시).

【丁憂】ていゆう(정우) 친상(親喪)을 당함. ¶一不得離任<北史>

【丁月】ていげつ(정월) 월건(月建)의 천간이 정(丁)인 달.

【丁日】ていじつ(정일) 일진(日辰)이 정(丁)인 날.

【丁字閣】ていじかく(정자각) 정(丁)자 모양으로 된 건물. 능(陵) 앞에 있음.

【丁匠】ていしょう(정장) 관청에서 물건을 만들던 사람. 工匠(공장).

【丁壯】ていそう(정장) ①아주 성함. ②장정(壯丁).

【丁丁】ちょうちょう(정정) ①나무 찍는 소리. ②말뚝 박는 소리. ③바둑 두는 소리. ④현악기 타는 소리. ⑤새 소리. ⑥빗방울 듣는 소리. ⑦구슬 울리는 소리. ⑧문 두드리는 소리. ※ていてい

【丁祭】ていさい(정제) 공자(孔子)를 받드는 제사. 음력 2월·8월의 첫번째 정일(丁日)에 지냄. 釋奠祭(석전제).

【丁坐癸向】(정좌계향) 집터·묘 따위의, 정방(丁方)을 등지고 계방(癸方)을 향한 자리.

【丁布】ていふ(정포) ☞軍布(군포).

▷吉一, 馬一, 目不識一, 白一, 梵一, 兵一, 成一, 押一, 役一, 園一, 六一, 肉一, 壯一, 正一, 添一, 庖一, 畦一

1
2【七】 일곱 칠 | 質ㄑㄧ (qi) | しち(ナナツ) *seven*

※갖은자로 柒, 漆을 쓰기도 했음.

풀이 ①일곱. ㉮일곱. ¶一百. ㉯일곱 번. ¶一縱一擒<蜀志>/一顚八起. ②문체 이름. 한문(漢文)의 한 체.「초사」(楚辭)의 七諫을 비롯, 七發, 七啓 등 30가지가 있음. ¶一者文章之一體也<文體明辯>

【七去之惡】しちきょノあく(칠거지 악) 옛날, 아내를 내쫓을 수 있던 일곱 가지 나쁜 행실. 아내가 부모에게 순종하지 않는 것, 아들이 없는 것, 음란한 것, 질투, 나쁜 병이 있는 것, 말이 많은 것, 도둑질하는 것. 七去(칠거). 七出(칠출).

【七見】しちけん(칠견)《佛》옳지 못한 일곱 가지 견해. 사견(邪見)·아견(我見)·상견(常見)·단견(斷見)·계도견(戒盜見)·과도견(果盜見)·의견(疑見).

【七經】しちけい(칠경) ☞七書(칠서)①.

【七教】しちきょう(칠교) ①부자(父子)·형제·부부·군신·장유(長幼)·붕우(朋友)·빈객(賓客)의 일곱 가지 경우에 지켜야 할 교훈. ②백성을 다스리는 데에 근본이 되는 일곱 가지 교훈. 경로(敬老)·존치(尊齒)·낙시(樂施)·친현(親賢)·호덕(好德)·오탐(惡貪)·염양(廉讓).

【七垢】しちく(칠구)《佛》마음을 더럽히는 일곱 가지. 곧, 욕(欲)·견(見)·의(疑)·만(慢)·교(憍)·타면(惰眠)·간(慳).

【七國】しちこく(칠국) ☞戰國七雄(전국칠웅).

【七竅】しちきょう(칠규) ①사람 얼굴에 있는 일곱 개의 구멍. 귀·눈·코의 여섯 구멍과 입. ②성인(聖人)의 가슴에 있다는 일곱 구멍. 은(殷)의 주왕(紂王)이 이를 시험해 보자고 하며 간신(諫臣) 비간(比干)을 해부(解剖)하여 죽였다 함. ¶吾聞聖人心有一 剖比干 觀其心<史記>

【七難八苦】しちなんはっく(칠난팔고) 온갖 고난.

【七律】しちりつ(칠률) ①칠언 율시(七言律詩)의 준말. ②음악의 일곱 가지 가락. 궁(宮)·상(商)·각(角)·치(徵)·우(羽)·변치(變徵)·변궁(變宮).

【七望】しちぼう(칠망) 음력 17일에 뜨는 만월(滿月).

【七廟】しちびょう(칠 묘) 주실(周室)의 종묘(宗廟). 중앙에 태조의 묘를 두고 좌우에 삼소(三昭)와 삼목(三穆)을 배치함.

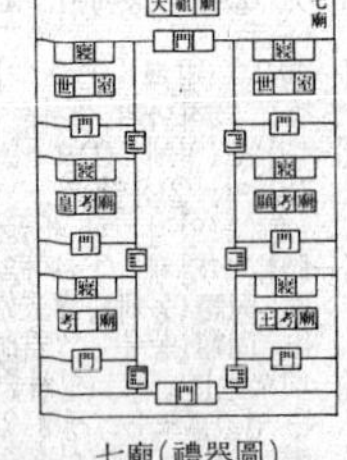

七廟(禮器圖)

【七魄】しちはく(칠 백) ①《佛》죽은 사람 몸에 남아 있는 일곱 가지 정령. ②도교(道教)에서 말하는, 몸 속의 일곱 가지 탁귀(濁鬼).

【七寶】しちほう(칠보)《佛》①일곱 가지 보배. 금·

은·유리·파리(玻璃)·마노(瑪瑙)·거거(硨磲)·산호. 또는, 금·은·마노·유리·거거·진주·매괴(玫瑰). ②전륜성왕(轉輪聖王)이 가지고 있다는 금륜(金輪)·백상(白象)·마(馬)·주(珠)·여(女)·주병신보(主兵臣寶)·주장신보(主藏臣寶)의 일곱 가지. 七珍(칠진).

【七寶丹粧】(칠보단장) 칠보 곧, 여러 패물로 몸을 단장함. 또는, 그 단장.

【七步詩】しちほし(칠보시) 위(魏)의 조식(曹植)이 자신을 미워하는 형 문제(文帝)로부터 일곱 걸음 만에 시를 짓지 못하면 죽인다는 말을 듣고 그 시간 안에 지었다는 시. 七步之詩(칠보지 시). ¶煮豆持作羹 漉菽以爲汁 萁在釜下然 豆在釜中泣 本自同根生 相煎何太急<世說新語>

【七步才】しちほさい(칠보재) 뛰어난 시문을 빨리 짓는 재주. ※七步詩(칠보시).

【七書】しちしょ(칠서) ①사서(四書)와 삼경(三經). 주역(周易)·서경(書經)·시경(詩經)·논어(論語)·맹자(孟子)·중용(中庸)·대학(大學). 七經(칠경). ②무경(武經) 칠서.

【七夕】しちせき(칠석) 음력 7월 7일 밤. 이때 견우와 직녀가 오작교에서 만난다고 함.

【七星】しちせい(칠성) ①북두칠성(北斗七星). ②피부에 별 모양으로 난 일곱 개의 점.

【七星閣】しちせいかく(칠성각) 칠원성군(七元星君)을 받드는 집. 七星殿(칠성전). 七星堂(칠성당).

【七星劍】しちせいけん(칠성검) 춘추시대 초(楚)의 오자서(伍子胥)가 차던 칼.

【七星壇】しちせいだん(칠성단) 칠원성군(七元星君)을 모신 제단.

【七星板】しちせいばん(칠성판) 관(棺) 밑바닥에 까는 나무판. 북두칠성을 상징하여 일곱 구멍을 뚫음. 또, 먹칠을 하기도 함.

【七旬】しちじゅん(칠순) ①일흔 살. ②70일.

【七順】しちじゅん(칠순) 사람의 덕을 높이는 일곱 가지 순종(順從). 곧, 천(天)·지(地)·민(民)·이(利)·덕(德)·인(仁)·도(道)에 따르는 일.

【七十二候】しちじゅうにこう(칠십이후) 일년의 기후를 72개로 나눈 것. 또는, 그 기후. 5일을 1후로 하고 3후를 하나의 절기(節氣), 6후를 한 달로 함. 음력으로 72후를 보이면 다음과 같음.

월	절기	72후(候)
1월	立春	東風解凍. 蟄蟲始振. 魚上氷.
	雨水	獺祭魚. 鴻雁來. 草木萌動.
2월	驚蟄	桃始華. 倉庚鳴. 鷹化爲鳩.
	春分	玄鳥至. 雷乃發聲 始電.
3월	淸明	桐始華. 田鼠化爲鴽. 虹始見.
	穀雨	萍始生. 鳴鳩拂其羽. 戴勝降于桑.
4월	立夏	螻蟈鳴. 蚯蚓出. 王瓜生.
	小滿	苦菜秀. 靡草死. 麥秋至.
5월	芒種	螳螂生. 鵙始鳴. 反舌無聲.
	夏至	鹿角解. 蜩始鳴. 半夏生.
6월	小暑	溫風至. 蟋蟀居壁. 鷹乃學習.
	大暑	腐草爲螢. 土潤溽暑. 大雨時行.
7월	立秋	涼風至. 白露降. 寒蟬鳴.
	處暑	鷹祭鳥. 天地始肅. 禾乃登.
8월	白露	鴻雁來. 玄鳥歸. 群鳥養羞.
	秋分	雷收聲. 蟄蟲坏戶. 水始涸.
9월	寒露	鴻雁來賓. 雀入大水爲蛤. 菊有黃華.
	霜降	豺祭獸. 草木黃落. 蟄蟲咸俯.
10월	立冬	水始氷. 地始凍. 雉入大水爲蜃.
	小雪	虹藏不見. 天氣上騰地氣下降. 閉塞成冬.
11월	大雪	鶡旦不鳴. 虎始交. 荔挺出.
	冬至	蚯蚓結. 麋角解. 水泉動.
12월	小寒	雁北鄕. 鵲始巢. 雉始雊.
	大寒	鷄始乳. 征鳥厲疾. 水澤腹堅.

【七十子】しちじゅうし(칠십자) 육예(六藝)에 통한, 공자(孔子)의 72제자. 77명이라고도 함. ¶如一之服孔子也<孟子>

【七言】しちごん(칠언) ①칠언고시(七言古詩). ②칠언율시(七言律詩). ③칠언절구(七言絶句).

【七言古詩】しちごんこし(칠언고시) 한 구가 일곱 자로 된 고시. 구수(句數)가 일정하지 않음. 七古(칠고). 「언고시).

【七言古風】しちごんこふう(칠언고풍) ☞七言古詩(칠

【七言排律】しちごんはいりつ(칠언배율) 칠언율시의 연구(聯句) 여섯 이상으로 된 한시(漢詩).

【七言律詩】しちごんりっし(칠언율시) 한 구가 일곱자로 된 율시. 七律(칠률)①.

【七言絶句】しちごんぜっく(칠언절구) 각각 일곱 자로 된 구 넷으로 이루어진 한시. 七絶(칠절).

【七葉】しちよう(칠엽) 일곱 대(代). 七代(칠대).

【七曜】しちよう(칠요) ①해·달과 수(水)·화(火)·목(木)·금(金)·토(土)의 다섯 별. 七政(칠정). ②일·월·화·수·목·금·토의 일곱 요일. 七曜日(칠요일).

【七雄】しちゆう(칠웅) ☞戰國七雄(전국칠웅).

【七元星君】しちげんせいくん(칠원성군) 북두(北斗)의 일곱 별을 민간신앙에서 일컫는 말.

【七緯】しちい(칠위) ①☞七曜(칠요)①. ②일곱 가지의 위서(緯書). 역위(易緯)·서위(書緯)·시위(詩緯)·예위(禮緯)·악위(樂緯)·춘추위(春秋緯)·효경위(孝經緯).

【七顚八起】しちてんはっき・ナナコロビヤオキ(칠전팔기) 일곱 번 넘어지고 여덟 번 일어남. 곧, 수많은 실패를 무릅쓰고 해냄.

【七顚八倒】しちてんはっとう(칠전팔도) ①수없이 넘어짐. 곧, 실패를 거듭함. ②고통을 참지 못하여 몸부림 침. ③몹시 어지러움.

【七井】しちせい(칠정) 각각 14명씩 양쪽에서 메게 되어 있는 큰 상여.

【七政】しちせい(칠정) ①☞七曜(칠요)①. ②28수(宿)의, 사방에 있는 각각의 일곱 별. ③북두 칠성. ④천(天)·지(地)·인(人)과 네 계절. ⑤사마 병법에서의 인(人)·정(正)·사(辭)·교(巧)·화(火)·수(水)·병(兵)의 일곱 가지.

【七情】しちじょう(칠정) ①사람의 희(喜)·노(怒)·애(哀)·구(懼)·애(愛)·오(惡)·욕(欲)의 일곱 가지 감정. ¶四端—. ②(佛) 희(喜)·노(怒)·우(憂)·구(懼)·애(愛)·오(惡)·욕(欲)의 감정.

【七條】しちじょう(칠조) ①일곱 조목. ② 일곱 번째 조항. ③☞七絃琴(칠현금). ④《佛》 삼의(三衣) 중 중의(中衣)인, 일곱 폭으로 된 가사(袈裟).

【七縱七擒】しちしょうしちきん(칠종칠금) 촉(蜀)의 제갈양(諸葛亮)이 남만왕(南蠻王)인 맹획(孟獲)을 일곱 번 풀어주고 일곱 번 다시 잡은 일에서 자유 자재로 적을 다룸을 이름.

【七衆】しちしゅ(칠중)《佛》 불제자(佛弟子)의 일곱 종류. 곧, 출가(出家) 제자인 비구(比丘)·비구니(比丘尼)·사미(沙彌)·사미니(沙彌尼)·식차마나(式叉摩那)와 재가(在家)의 우바새(優婆塞)·우바이(優婆夷).

【七支】しちし(칠지)《佛》 십악(十惡) 중 신삼(身三)과 구사(口四)의 칠악(七惡). 신삼은 살생(殺生)·투도(偸盜)·사음(邪淫), 구사는 망어(妄語)·기어(綺語)·악구(惡口)·양설(兩舌). 십악(十惡)에서 갈려 나갔으므로 지(支)라 함.

【七志】しちし(칠지) ①책의 종류를 경전(經典)·제자(諸子)·문한(文翰)·군서(軍書)·음양(陰陽)·술예(術藝)·도보(圖譜)의 일곱 가지로 나누는 것. ②송(宋)의 왕검(王儉)이 위의 방법으로 책을 분류하고 도불(道佛)에 관한 것을 부록하여 낸 책. 전 40권.

【七珍】しちちん(칠진) ☞七寶(칠보).

【七尺去不踏師影】しちしゃくさってしのかげをふまず(칠척거 부답사영) 제자는 걸을 때 스승에게서 일곱 자 떨어져 스승의 그림자를 밟지 않도록 조심한다는 말로, 스승에 대한 공경을 이름.

【七出】しちしゅつ(칠출) ☞七去之惡(칠거지 악).

【七七齋】しちしちさい(칠칠재)《佛》 사람이 죽은 지 49일 되는 날 지내는 재. 사십구일재. 사십구재. 七七(칠칠). 七七日(칠칠일). 七齋(칠재).

【七絃琴】しちげんきん(칠현금) 일곱 줄이 있는 거문고. 七條(칠조)③.

▷累一, 望一

3【卄】部首 글자

2/3【万】 1 일만 만 | 中メㄢ(wan) | まん, ばん
2 성 묵 | 中ㄇㄛˋ(mo) | ten thousand

※①萬(p.1291)의 약자로 주로 쓰임. ②서역(西域)에서는 萬의 수를 卍을 써 나타냄. 이 卍의 변한 꼴이 万임.

풀이 1 일만. 2 성(姓). 중국에는 묵기(万俟)라는 복성(複姓)이 있음.

2/3【三】 1 석 삼 | 中ㄙㄢ(san) | さん (ミッ, ミ)
2 자주 삼 | 中ㄙㄢ(san) | three

古 弎

源 指事. 세 개의 가로 획으로 셋을 나타냄. 또는, 一과 二의 會意.

※叄(p.253)은 三의 갖은자로, 마음대로 고치지 못하도록 문서 따위에 씀.

풀이 1 ①석. 세. 셋. ¶道生一 一生二 二生一<老子>/一秋/一餘. ②세번. ¶一顧草廬. 2 자주. 거듭. 여러 번. ¶一思而後行<論語>

【三駕】さんが(삼가) ①세 번 군사를 일으킴. ②세 번 거마(車馬)를 탐. ¶六舟一<顔氏家訓>

【三刻】さんこく(삼각) ①일각(一刻)의 3배. 약 45분간. 일각은 일주야의 백분의 일. ②어떤 시간의 세째 시각. ③세 시각.

【三覺】さんかく(삼각) ①《佛》 각(覺)의 삼상(三相). 자각(自覺)·각타(覺他)·각행 원만(覺行圓滿). ②본각(本覺)·시각(始覺)·구경각(究竟覺)의 총칭.

【三脚架】さんきゃくか(삼각가) 망원경·화판·사진기·측량판 따위의 세 발 달린 받침대. 三脚(삼각).

【三角關係】さんかくかんけい(삼각관계) ①세 사람 또는 세 단체 사이의 관계. ②세 사람의 남녀 사이에 얽힌 연애 관계. 三角戀愛(삼각연애).

【三竿】さんかん(삼간) ①세 개의 낚싯대. ¶一之竹. ②아침 해가 삼간을 이어 세운 높이 정도로 솟아 오른 모양. 오전 여덟시 경. 늦잠의 비유로도 이름. ¶花非一種 日上一<歲華紀麗>

【三間斗屋】(삼간두옥)韓 몇 간 안 되는 작은 오두막집.

【三監】さんかん(삼감) ①옛날에 천자가 방백(方伯)의 나라를 감독하게 한, 세 사람의 벼슬아치. ②주(周)대에 은(殷)의 유민 통치를 맡긴 세 벼슬아치. ③여자가 부모·남편·자식의 감독을 받고 이를 좇는 일. 삼종(三從)의 이칭.

【三鑑】さんかん(삼감) 세 가지의 거울. 곧, 사람의 심신(心身)을 바르게 하는 거울이 되는 동경(銅鏡), 고대(古代), 타인(他人).

【三綱】さんこう(삼강) 세 가지 벼리. 유교에서 군신(君臣)·부자(父子)·부부(夫婦)의 도(道)를 말함. 인도(人道)의 세 기본인 군위신강(君爲臣綱)·부위자강(父爲子綱)·부위부강(夫爲婦綱).

【三綱領八條目】さんこうりょうはちじょうもく(삼강령 팔조목) 대학(大學)의 삼강령(三綱領)인 명명덕(明明德)·친민(親民)·지어지선(止於至善)과 팔조목(八條目)인 격물(格物)·치지(致知)·성의(誠意)·정심(正心)·수신(修身)·제가(齊家)·치국(治國)·평천하(平天下)를 이름. 주희(朱熹)가 대학(大學) 전편(全篇)의 강요(綱要)로서 뽑아낸 것으로 그 내용은 유교의 주의와 목적을 가장 조직적으로 서술한 것임.

【三綱五倫】さんこうごりん(삼강오륜) 삼강(三綱)과 오륜(五倫).

【三綱五常】さんこうごじょう(삼강오상) 삼강(三綱)과 오상(五常). 곧, 군신(君臣)·부자(父子)·부부(夫婦)의 도(道)와 인(仁)·의(義)·예(禮)·지(智)·신(信).

【三愆】さんけん(삼건) 어른과 말할 때의 세 가지 잘못. 어른보다 먼저 말하는 조(躁), 어른이 말을 걸어도 잠자코 있는 은(隱), 어른의 안색도 보지 않고 멋대로 말하는 고(瞽).

【三傑】さんけつ(삼걸) 세 사람의 뛰어난 인물. 한(漢) 고조(高祖) 삼걸인 장양(張良)·소하(蕭何)·한신(韓信).

【三更】さんこう(삼경) 병야(丙夜). 하오 11시에서 상오 1시 사이. 한밤중. ¶一三點萬家眠<李商隱> ※五更(오경).

【三庚】さんこう(삼경) ☞三伏(삼복).

【三徑】さんけい(삼경) 뜰에 있는 세 가닥의 소로(小路). 은자(隱者)의 뜰을 비유하는 말. ¶一就荒 松菊猶存<陶潛>

【三卿】さんけい(삼경) 주(周)대의 사도(司徒)·사마(司馬)·사공(司空)의 세 벼슬.

【三敬】(삼경) 천도교에서 말하는 경천(敬天), 경인(敬人), 경물(敬物).

【三經】さんけい(삼경) ①세 가지 경서. 「역경」(易經)·「시경」(詩經)·「춘추」(春秋). 또는, 「시경」·「서경」(書經)·「역경」. ¶四書一. ②나라를 유지하는 데 필요한 세 가지 대강(大綱).

【三戒】さんかい(삼계) ①세 가지 경계해야 할 일. 젊었을 때의 색욕(色慾), 장년 때의 투쟁(鬪爭), 늙었을 때의 물욕(物慾). ¶君子有一<論語> ②《佛》 재가계(在家戒)·출가계(出家戒)·도속공수계(道俗共守戒).

【三季】さんき(삼계) 하(夏)·은(殷)·주(周) 삼대의 말세(末世). ¶一之末非皆愚<魏志>

【三界】さんがい(삼계)《佛》 ①일체 중생이 생사 윤회(生死輪廻)하는 세 세계. 욕계(欲界)·색계(色界)·무색계(無色界). 三天(삼천). ②과거·현재·미래의 삼세(三世). ③이 세상. 이승.

【三界一心】さんがいいっしん(삼계일심)《佛》 삼계(三界)의 모든 현상은 오직 한 마음의 작용에 의함.

【三界火宅】さんがいかたく(삼계화택)《佛》 인간계에 고뇌가 많음을 불난 집에 비유하여 이르는 말.

【三古】さんこ(삼고) 고대(古代)인 상고(上古)·중고(中古)·하고(下古).

【三考】さんこう(삼고) 3년에 한 번씩, 9년에 세 번, 관리의 현부(賢否)와 정사(政事)의 득실(得失)을 고사(考査) 평가(評價)하던 일. 三年大比(삼년대비).

【三孤】さんこ(삼고) ①소사(小師)·소부(小傅)·소보(小保). 삼공(三公)의 다음 가는, 천자를 보좌하는 세 벼슬임. 三少(삼소)①. ②세 사람의 고아. ¶妾幸有一<風俗通>

【三苦】さんく(삼고)《佛》 고고(苦苦)·괴고(壞苦)·행고(行苦)의 세 가지 고통. 고(苦)의 인연에서 받는 고(苦)로 즐거움이 사라지는 고(苦), 일체의 무상유전(無常流轉)에서 받는 고(苦).

【三顧草廬】さんこそうろ(삼고초려) 초옥을 세 번 찾음. 옛날, 촉한(蜀漢)의 임금 유비(劉備)가 제갈양(諸葛亮)의 집을 세 번 방문하여 군사(軍師)로 맞아 들인 일에서 온 말. 인재를 맞아들이기 위해 참을성 있게 정성을 다함을 이름. ¶三顧臣於草廬之中<諸葛亮>

【三骨】(삼골)㊞ 신라 시대의 왕족과 귀족의 세 가지 혈통. 성골(聖骨)·진골(眞骨)·제이골(第二骨)을 이름.

【三公】(삼공) ①㊞ 조선 때의 가장 높은 벼슬인 영의정(領議政)·좌의정(左議政)·우의정(右議政)의 삼정승(三政丞). ②주(周)대의 벼슬인 태사(太師)·태부(太傅)·태보(太保). 또는, 사마(司馬)·사도(司徒)·사공(司空). ③한(漢)대의 대사도(大司徒)·대사마(大司馬)·대사공(大司空). 三司(삼사)②.

【三公九卿】(삼공구경) ①㊞ 조선 시대에 삼정승과 의정부 좌우참찬·육조 판서·한성부윤을 통틀어 이르던 말. ②☞三槐九棘(삼괴구극).

【三公六卿】(삼공육경)㊞ 조선 때의 영의정과 좌·우의정, 육조(六曹) 판서(判書)의 총칭.

【三公兄】(삼공형)㊞ 조선 때 각 고을의 호장(戶長)·이방(吏房)·수형리(首刑吏)의 세 관속.

【三過其門不入】(삼과기문불입) 우(禹)임금이 황하 치수에 동분서주할 때, 세 번이나 자기 집앞을 지나면서 들르지 않았다는 옛일에서, 맡은 직무에 열중함을 뜻함.

【三關】さんかん(삼관) 신체 중 가장 중요한 세 곳인 귀·눈·입.

【三光】さんこう(삼광) ①해와 달과 별. 또는, 그 빛. 삼정(三精). ②방(房)·심(心)·미(尾)의 삼성(三星).

【三魁】さんかい(삼괴) 과거에 첫째로 급제한 장원(壯元), 둘째로 급제한 방안(榜眼), 세째로 급제한 탐화(探花).

【三槐九棘】さんかいきゅうきょく(삼괴구극) 삼공구경(三公九卿). 주(周)대에 조정에 세 그루의 괴목(槐木)을 심고 삼공(三公)은 이 나무 밑에서 다스리고, 구경(九卿)은 가시나무 밑에서 다스렸던 데서 나온 말. 나아가, 외조(外朝)·금정(禁庭)의 뜻으로도 쓰임.

【三教】さんきょう(삼교) ①유교·도교·불교의 세 교(教). ②《佛》 소승교(小乘教)·대승천교(大乘淺教)·대승심교(大乘深教).

【三丘】さんきゅう(삼구) 삼신산(三神山).

【三垢】さんく(삼구)《佛》 사람의 마음을 더럽히는 탐욕(貪慾)·진에(瞋恚)·우치(愚癡). 三毒(삼독).

【三九之位】さんきゅうのい(삼구지 위) 삼공구경(三公九卿)의 지위.

【三國鼎立】さんごくていりつ(삼국정립) 세 나라가 솥발과 같이 대립함. 신라·고구려·백제 또는 위(魏)·오(吳)·촉(蜀)이 대립하였던 일 따위. 三分鼎立(삼분정립). 三分鼎足(삼분정족).

【三軍】さんぐん(삼군) ①주(周)대 대제후(大諸侯)가 소유한 상·중·하군(上中下軍). ②육·해·공군(陸海空軍)의 총칭. ③좌·우·중군(左右中軍). 곧, 대군(大軍) 또는 전군(全軍).

【三權】さんけん(삼권) 국가 통치의 세 가지 권력. 입법권(立法權)·사법권(司法權)·행정권(行政權). ¶一分立.

【三歸】さんき(삼귀)《佛》 삼보(三寶) 곧 불·법·승(佛法僧) 세 가지에 귀의(歸依)하는 일. 三歸依(삼귀의).

【三極】さんきょく(삼극) 천(天)·지(地)·인(人). 極은 지극(至極). 三才(삼재).

【三器】さんき(삼기) ①나라를 다스리는 세 가지

수단. 호령(號令), 부월(斧鉞), 녹상(祿賞). ②천문관측에 필요한 세 가지 기구. 혼천의(渾天儀)·동후의(銅候儀)·혼천상(渾天象).

【三南】(삼남)韓 충청도(忠淸道)·전라도(全羅道)·경상도(慶尙道) 세 남부지방의 총

【三年大比】(삼년대비) ☞三考(삼고). 〔칭.

【三年無改於父之道可謂孝】(삼년무개어부지도 가위효) 아버지가 죽은 뒤 3년 동안, 아버지가 생전에 하던 일을 변경하지 않는 것은 효자의 행위라 할 수 있음. ¶父在觀其志 父沒觀其行 一矣<論語>

【三年不窺園】さんねんふきえん(삼년 불규원) 한(漢)의 동중서(董仲舒)가 방안에 들어앉아 3년 동안이나 뜰을 내다보지도 않고 공부에 힘쓴 일.

【三年不蜚不鳴】さんねんとばずなかず(삼년 불비불명) 3년간 날지 않고 울지 않음. 곧, 오랜 동안 무위(無爲)로 지냄의 비유. 또는, 후일의 웅비(雄飛)를 기다리고 있음의 비유. 蜚는 飛. 「喪). 곧, 부모의 거상.

【三年喪】さんねんそう(삼년상) 삼년 동안의 거상(居

【三年不雨】さんねんあめふらず(삼년불우) 제(齊)의 한 효부(孝婦)에게 원죄(冤罪)를 입힌 유사(有司)의 잘못을 책하여, 하늘이 3년간 비를 내리지 않았다는 옛일. ¶齊婦含寃 一<故事成語考>

【三農】さんのう(삼농) ①평지농(平地農)·산농(山農)·택농(澤農)의 세 가지 농사. ¶一生九穀<周禮> ②춘경(春耕)·하운(夏耘)·추수(秋收)의 세 가지 농사일. ¶百穀登場 一畢務<楊士奇>

【三多】さんた(삼다) ①韓 제주도(濟州島)의 세 가지 많은 것. 여자, 돌, 바람. ②좋은 문장을 쓰기 위해서 해야 할 세 가지. 곧, 많이 읽고, 많이 짓고, 많이 구상하는 일.

【三端】さんたん(삼단) 세 가지의 날카로운 끝. 문사(文士)의 붓끝[筆端], 무사(武士)의 창끝[鋒端], 변사(辯士)의 혀끝[舌端]. ¶君子避一<韓詩外傳>

【三達德】さんたつとく(삼달덕) 온천하 어디에서나 통하는 최고의 덕 세 가지, 지·인·용(知仁勇). ¶知仁勇三者 天下之一也<中庸>

【三大】さんだい(삼대) ①삼재(三才) 또는 삼공(三公). ②《佛》진여(眞如)의 세 가지 요소. 곧, 본래의 성질인 체(體), 나타난 모습인 상(相), 작용인 용(用).

【三代】さんだい(삼대) ①아버지·아들·손자의 세 대(代). 또는, 조부와 아비와 아들. ②중국 상대(上代)의 세 왕조. 하·은·주(夏殷周).

【三到】さんとう(삼도) 독서에 필요한 세 가지 일인 안도(眼到)·구도(口到)·심도(心到). 도(到)는 전일(專一)의 뜻. 주희(朱熹)가 제창한 독서법. ¶讀書有一<訓學齋規>

【三道】さんどう(삼도) ①세 가지 길. 세 가지 방면. ②韓 충청·전라·경상도의 총칭. ③부모를 섬기는 세 가지 길. 곧, 살아서는 봉양하고, 돌아가면 장사지내고, 상(喪)이 끝나면 제사를 받드는 일. 三行(삼행). ④세 편의 문장. 도(道)는 수미(首尾)가 완결된 사장(詞章). ¶答時務策一<唐書>

【三途】さんず(삼도)《佛》☞三惡道(삼악도).

【三島】さんとう(삼도) 선인(仙人)이 산다는 세 바다의 섬. 봉래(蓬萊)·방장(方丈)·영주(瀛洲). ※三神山(삼신산).

【三都賦】さんとふ(삼도부) 진(晋)의 좌사(左思)가 십 년을 구상하여 지었다는 촉도부(蜀都賦)·오도부(吳都賦)·위도부(魏都賦)의 총칭. 사람들이 이를 다투어 베껴 낙양의 종이값이 올랐다 함.

【三途川】さんずのかわ(삼도천)《佛》사람이 죽어서 염마청으로 가는 도중에 있다는 내. 세 여울이 있는데, 각각 그 완급(緩急)을 달리하며, 생전의 업(業)에 따라 건너는 여울을 할당받게 된다 함.

【三毒】さんどく(삼독)《佛》착한 마음을 해하는 셋. 탐독(貪毒)·진독(瞋毒)·치독(癡毒). ¶一爲一切煩惱根本<智度論>

【三冬】さんとう(삼동) ①겨울 석 달. 초동(初冬) 또는 맹동(孟冬)인 음력 10월, 중동(仲冬)인 음력 11월, 계동(季冬)인 음력 12월. ②세 번 겨울을 지냄. 3년.

【三洞】さんどう(삼동) 불교의 삼장(三藏)을 모방하여, 도교의 여러 경전을 셋으로 구분한 동진부(洞眞部)·동현부(洞玄部)·동신부(洞神部).

【三樂】さんらく(삼락) 세 가지 즐거움인 일가 단란함, 공명 정대함, 천하 영재를 교육함. ¶君子有一<孟子>

さんよう(삼요) 세 가지 좋아하는 것. ※益者三樂(익자삼요)·損者三樂(손자삼요).

【三略】さんりゃく(삼략) 병서(兵書)의 이름. 세 권으로 되어, 흔히 육도(六韜)와 아울러 일컬어짐. ¶六韜一.

【三閭】さんりょ(삼려) 벼슬 이름. 춘추 시대 초(楚)의 삼려대부(三閭大夫) 굴원(屈原)을 가리킴. 초의 세 왕족인 소(昭)·굴(屈)·경(景)을 다스렸음.

【三靈】さんれい(삼령) ①천(天)·지(地)·인(人). ②일(日)·월(月)·성(星). ③천신(天神)·지기(地祇)·인귀(人鬼). ④영대(靈臺)·영유(靈囿)·영소(靈沼).

【三令五申】さんれいごしん(삼령오신) 세 번 명령하고 다섯 번 거듭 말함. 곧, 재삼 훈령을 내려서 계고(戒告)함. ¶一旣畢 遂禱戰 祈克於上帝<孔叢子>

【三禮】さんれい(삼례) ①책 이름. 곧, 의례(儀禮)·주례(周禮)·예기(禮記)를 이름. ②천신(天神)·지기(地祇)·인귀(人鬼)의 삼령(三靈)을 제사하는 예(禮). ③《佛》세 번 절함. 三拜(삼배).

【三老】さんろう(삼로) ①세 사람의 장로(長老). ②백 세인 상수(上壽), 구십 세인 중수, 팔십 세인 하수를 이름. 三壽(삼수). ③한(漢)대에 한 마을의 장로(長老)로서 교화를 맡은 사람. ④공로(工老)·상로(商老)·농로(農老). ⑤제주(祭酒). 옛날에 빈객(賓客)이 주인의 술을 받을 때, 그 중의 한 장로가 술을 들어 땅에 제사한 데서 온 말. ⑥뱃사공.

【三老五更】さんろうごこう(삼로오경) 주(周)대에 천자가 연로하여 벼슬에서 물러난 사람을 부

형(父兄)의 예로써 대접한 일. 삼로(三老)와 오경(五更)이 각각 한 사람이란 설과 삼로는 세 사람, 오경은 다섯 사람이란 설이 있음. 삼덕(三德) 곧 직(直)·강(剛)·유(柔)와 오사(五事) 곧 모(貌)·언(言)·시(視)·청(聽)·사(思)를 아는 늙은이란 뜻.

【三流】さんりゅう(삼류) ①어떤 부류(部流)에 있어 가장 낮은 층. 아류(亞流)의 아래. ②2천 리(里)·2천 5백 리·3천 리의 유형(流刑).

【三輪】さんりん(삼륜)《佛》①부처가 몸을 자재(自在)로 바꾸어 나타나고, 입으로 교법(教法)을 설파하고, 의지(意志)에 의하여 중생의 역량을 헤아려 설법(說法)하는 일. ②지하(地下)의 세계를 유지하는 금륜(金輪)·수륜(水輪)·풍륜(風輪). ③세 개의 바퀴. ¶—車.

【三忘】さんぼう(삼망) 출정(出征)한 자가 가질 각오. 곧, 명령을 받고는 집을 잊고, 싸움에 임하여는 어버이를 잊고, 전고(戰鼓)의 급함을 듣고는 몸을 잊는 일.

【三昧】さんまい(삼매) ①학문이나 기예 등의 오묘한 경지. 妙處(묘처). 極致(극치). 蘊奧(온오). ¶得妙處 曰得—<書言故事> ②《佛》오직 한 가지 일에만 집중하는 경지. 三昧境(삼매경). ¶讀書—.

【三明】さんめい(삼명) ①해와 달과 별. ②《佛》과거 생사의 상(相)을 아는 숙명명(宿命明), 미래 생사의 상(相)을 아는 천안명(天眼明), 현재의 고상(苦相)을 알고 일체의 번뇌를 끊는 누진명(漏盡明).

【三木】さんぼく(삼목) 옛날에, 죄인의 목과 손과 발에 씌우던 세 형구(刑具). 우리 나라의 칼·차꼬·족쇄 따위. 桎梏(질곡).

【三苗】さんびょう(삼묘) 요순(堯舜)시대 중국 남방에 있었던 오랑캐.

【三廟】さんびょう(삼묘) ①세 사당(祠堂). ②대부(大夫)를 모신 사당. 곧, 일소(一昭)·일목(一穆)과 대조(大祖)의 묘. ¶大夫立—<禮記>

【三無私】さんむし(삼무사) 하늘과 땅과 일월(日月)의 공평함. 곧, 하늘에 사복(私覆)이 없고, 땅에 사재(私載)가 없고 일월에 사조(私照)가 없음을 이름.

【三門】さんもん(삼문) ①정문(正門)과 그 좌우 동협문(東夾門)·서협문(西夾門) 이 나란히 연하여 있는, 대궐이나 관청의 문. ②사람이 그의 정욕(情欲)·예의(禮儀)·독지(獨智)의 행(行)에 따라 들어가는 각기 다른 세 문. 금문(禽門)·인문(人門)·성문(聖門). ③《佛》㉮산문(山門)의 제도로서, 3해탈문(解脫門)을 이루는 공문(空門)·무상문(無相門)·무작문(無作門). ㉯지혜문(智慧門)·자비문(慈悲門)·방편문(方便門). ㉰교(教)·율(律)·선(禪).

【三密】さんみつ(삼밀)《佛》신밀(身密)·어밀(語密)·의밀(意密). 곧, 신(身)·어(語)·의(意)의 삼업(三業). 이 3업이 모두 깊고 은밀하여 알기 어려우므로 이름.

【三兵】さんぺい(삼병) ①세 가지 병기, 창·칼·도끼. ②보병(步兵)·기병(騎兵)·포병(砲兵)의 총칭.

【三輔】さんぽ(삼보) ①한무제(漢武帝) 때 세 구역으로 나누어 장안(長安) 부근의 땅을 맡은 경조윤(京兆尹)·좌풍익(左馮翊)·우부풍(右扶風)의 총칭. 또는, 그 땅. ②도읍에 인접한 땅.

【三寶】さんぽう(삼보) 세 가지 보배. ㉮나라에 있어, 토지·인민·정사(政事). ㉯도가(道家)에서 이르는 귀·눈·입. ㉰대농(大農)·대공(大工)·대상(大商). ㉱《佛》불(佛)·법(法)·승(僧).

【三伏】さんぷく(삼복) 초복·중복·말복의 총칭.

【三福田】さんふくでん(삼복전)《佛》복덕(福德)이 생긴다는 세 가지 착한 행위. 삼보(三寶)의 덕을 공경하는 경전(敬田), 부모의 은혜를 갚는 은전(恩田), 남을 불쌍히 여기는 비전(悲田).

【三本】さんぽん(삼본) ①예(禮)의 근본인 천지·선조·군사(君師). ②정치의 근본인 작위(爵位)·축록(蓄祿)·정령(政令). ③치란(治亂)의 근본인 덕(德)·공(功)·능(能). ④서책(書冊)에서 정본(正本), 부본(副本), 저본(貯本). ¶皆有— 一日正 二日副 三日貯<唐書>

【三部經】さんぶきょう(삼부경)《佛》각별히 존중하는 삼부의 경문(經文). 미타(彌陀)삼부, 대일(大日)삼부, 진호국가(鎭護國家)삼부, 법화(法華)삼부, 미륵(彌勒)삼부 등이 있음.

【三釜之養】さんぷのよう(삼부지 양) 어버이에게 효양(孝養)을 다하기 위해 박봉(薄俸)을 마다 않고 벼슬사는 일. 일부(一釜)는 6말 4되. ¶仕宦而親在 曰—<書言故事>

【三分五裂】さんぶんごれつ(삼분오열) 여러 갈래로 갈라짐.

【三墳五典】さんぷんごてん(삼분오전) 고서(古書)의 이름. 삼황(三皇)과 오제(五帝)의 전적. 오늘날은 전하지 않음.

【三分鼎足】さんぶんていそく(삼분정족) 솥발처럼 천하를 셋으로 나누어 서로 대립함. 鼎立(정립). ¶欲— 連衡合從<漢書>

【三不去】さんふきょ(삼불거) 아내를 쫓아낼 수 없는 세 가지 경우. 곧, 돌아가서 의지할 데가 없거나, 부모의 삼년상(三年喪)을 함께 치렀거나, 가난할 때 함께 고생하여 뒤에 부귀하게 된 경우.

【三不祥】さんふしょう(삼불상) ①나라에 있어서, 어진 이가 있는 것을 모르는 일, 어진 이가 있는 줄 알면서도 등용하지 않는 일, 어진 이를 등용하고서도 신임하지 않는 일. ¶國有—<晏子> ②나이 어리면서도 연장자를 섬기려 하지 않는 일, 천하면서도 귀한 이를 섬기려 하지 않는 일, 불초(不肖)하면서도 어진 이를 섬기려 하지 않는 일. ¶人有—<荀子>

【三不孝】さんふこう(삼불효) 세 가지의 불효가 되는 일. 곧, 어버이를 불의(不義)에 빠지게 하는 일, 가난하고 어버이가 연로하여도 벼슬하지 않는 일, 아들이 없어 후사(後嗣)가 끊어지게 하는 일.

【三不朽】さんふきゅう(삼불후) 세 가지 썩지 않는

일, 입덕(立德)·입공(立功)·입언(立言).

【三司】さんし(삼사) ①韓 조선 때의 사헌부(司憲府)·사간원(司諫院)·홍문관(弘文館). ②한(漢)대의 삼공(三公).

【三事】さんじ(삼사) ①하늘과 땅과 사람을 섬기는 일. ¶治爲天地人之一<書經> ②시정(施政)의 중요한 세 가지. 정덕(正德)·이용(利用)·후생(厚生). 또는, 창덕(倡德)·화란(和亂) 종제(終齊). ③사람으로서 섬겨야 할 군(君)·사(師)·부(父). ④임관(任官)하는 사람의 세 가지 마음가짐. 곧, 청(淸)·신(愼)·근(勤). ⑤《佛》 몸·입·마음. 이 세 가지를 삼가는 일을 삼사계(三事戒)라 함.

【三思】さんし(삼사) ①세 번 생각함. 신중히 생각함. ¶季文子一而後行<論語> ②장(長)·사(死)·궁(窮)의 세 가지를 생각함. 곧, 어렸을 적에 자란 뒤를 생각하여 힘써 배우고, 늙어서는 죽은 뒤의 일을 생각하여 자손을 가르치고, 부유할 때에는 훗날 곤궁에 빠질 때 일을 생각해 남에게 베풂.

【三赦】さんしゃ(삼사) 죄를 범하여도 용서받을 수 있는 세 종류의 사람. 유약(幼弱；7세 이하), 노모(老耄；80세 이상), 용우(庸愚).

【三事大夫】さんじたいふ(삼사대부) 삼공(三公)·육경(六卿)·대부(大夫). 곧, 공경대부(公卿大夫). ¶一 莫肯夙夜<詩經>

【三沙彌】さんしゃみ(삼사미)《佛》 연령별로 나눈 세 가지 사미승(沙彌僧). 7～13세의 구오(驅烏)사미, 14～19세의 응법(應法)사미와 20세 이상의 명자(名字)사미. 사미는 비구(比丘)가 되기 전의, 수행이 덜 된 중.

【三煞方】(삼살방) 세살(歲煞)·겁살(劫煞)·재살(災煞)에 해당하는 불길한 방향. 煞은 사람이나 물건 등을 해치는 독하고 모진 기운.

【三三五五】さんさんごご(삼삼오오) 삼사인 혹은 사오인씩 여기저기 흩어져 떼지어 있는 모양.

【三上】さんじょう(삼상) ①시문 등을 평할 때 세째 등급의 첫째 급. ②글을 생각하기에 좋은 세 곳. 마상(馬上)·침상(枕上)·측상(厠上).

【三殤】さんしょう(삼상) ①미성년으로 죽은 사람을 나이에 따라 구별한 세 가지. 곧, 16～19세에 죽은 장상(長殤), 12～15세에 죽은 중상(中殤), 8～11세에 죽은 하상(下殤). ②횡사(橫死)한 세 사람.

【三生】さんしょう(삼생)《佛》 ①전세(前世)·현세(現世)·내세(來世)의 삼세로 전생(轉生)하는 일. ②성불(成佛)하기까지의 세 단계. 초생(初生)에 불법을 듣고 불도(佛道)에 뜻을 두고, 제이생(第二生)에 수행(修行)하고, 제삼생(第三生)에 깨달아 아라한(阿羅漢)이 되는 일.

【三生緣分】(삼생연분)《佛》 삼생(三生)에 걸치어 끊을 수 없는 깊은 인연이란 뜻으로, 부부의 인연을 말함.

【三善】さんぜん(삼선) 세 가지 착한 일. 신하가 임금을 섬기고, 자식이 부모를 섬기고, 어진 사람이 어른을 섬기는 일. 곧, 군신(君臣)·부자(父子)·장유(長幼)의 도.

【三世】さんせい(삼세) ①조(祖)·부(父)·자(子)의 삼대. 또는, 부(父)·자(子)·손(孫)의 삼대. ②《佛》 전세(前世)·현세(現世)·내세(來世).

【三少】さんしょう(삼소) ①☞三孤(삼고)①. ②세 번 젊어짐.

【三蘇】さんそ(삼소) 북송(北宋)의 대문장가 소순(蘇洵)과 그의 두 아들 식(軾)·철(轍)의 병칭. 각각 노소(老蘇)·대소(大蘇)·소소(小蘇)라 함. ¶眉山生一 蜀中草亦枯<群書拾唾>

【三損友】さんそんゆう(삼손우) 사귀어서 손실(損失)을 보는 세 가지 벗. 편벽(便辟)한 벗, 선유(善柔)한 벗, 편녕(便佞)한 벗. ¶損者三友… 友便辟 友善柔 友便佞 損矣<論語> ↔三益友(삼익우).

【三獸渡河】さんじゅうカワヲワタル(삼수도하)《佛》 같이 설법을 들어도 그 깨달음이 얕고 깊은 차(差)를 보임을 토끼와 말과 코끼리 세 짐승이 강을 건너는 데 비유한 말. 곧, 코끼리의 발이 물 밑바닥에까지 닿는 것은 보살(菩薩)에, 말의 발이 물 중간에 떠 있는 것은 연각(緣覺)에, 토끼의 발이 물 위에 떠 있는 것은 성문(聲聞)에 비유함.

【三旬】さんじゅん(삼순) ①상순(上旬), 중순(中旬), 하순(下旬). ②30일간. ¶一而成月<春秋繁露>

【三旬九食】さんじゅんきゅうしょく(삼순구식) 서른 날에 겨우 아홉 끼니밖에 밥을 못 먹는다는 뜻으로, 가세(家勢)가 매우 빈곤함을 이르는 말. 공자의 손자인 자사(子思)가 그날그날의 식사에도 어려움을 겪었다는 일에서 온 말.

【三乘】さんじょう(삼승) ①《佛》 대승(大乘)의 세 가지 교법(教法). 성문승(聲聞乘)·연각승(緣覺乘)·보살승(菩薩乘)의 총칭. ②세제곱.

【三始】さんし(삼시) ①정월(正月) 원단(元旦). 이 때는 한 해와 달과 날이 시작되므로 이름. 三元(삼원). 三朝(삼조). ②예의의 시초가 되는 세 가지 몸 가짐. 용모를 단정하게 함, 안색을 화하게 함, 말을 순하게 함을 이름. ¶禮儀之始 在於正容體 齊顏色 順辭令<禮記>

【三施】さんし(삼시)《佛》 재시(財施)·법시(法施)·무외시(無畏施)의 세 보시(布施).

【三時】さんじ(삼시) ①농사에 중요한 세 때. 춘경(春耕)·하운(夏耘)·추수(秋收)의 때. ②아침, 낮, 저녁.

【三豕金根】さんしきんこん(삼시금근) 글자를 잘못 읽거나 잘못 씀을 이르는 말. 己亥를 三豕로 金銀을 金根으로 쓴 옛일에서 온 말. ※三豕渡河(삼시도하).

【三豕渡河】さんしとか(삼시도하) 문자를 잘못 읽음. 己亥渡河를 三豕渡河라고 읽었다는 옛일에서 온 말. ※三豕金根(삼시금근).

【三辰】さんしん(삼신) 일(日)·월(月)·성(星). ¶天有一 地有五行<左氏傳>

【三身】さんしん(삼신)《佛》 ①부처가 변신하여 세상에 나타난 세 가지 모습. ②사람이 각자의 공덕(功德)에 의하여 얻는 세 가지 불위(佛

位). ㉮법신(法身)·보신(報身)·응신(應身). ㉯법신(法身)·보신(報身)·화신(化身). ㉰자성신(自性身)·수용신(受用身)·변화신(變化身).

【三神】さんしん(삼신) ①韓 상고 시대에 조선(朝鮮)의 국토를 열었다는 환인(桓因)·환웅(桓雄)·환검(桓儉) 세 신인(神人)의 총칭. 三聖(삼성). ②韓 아이를 점지한다는 세 신령(神靈). ③천신(天神)·지기(地祇)·산악(山嶽) 삼위의 신.

【三神山】さんしんさん(삼신산) 중국 전설에 나오는, 발해(渤海) 가운데의 신선이 살고 있다는 봉래(蓬萊)·방장(方丈)·영주(瀛洲)의 세 산. ¶海中有一 名曰蓬萊 方丈 瀛洲<史記>

【三心具足】さんしんぐそく(삼심구족)《佛》 지성심(至誠心)·심심(深心)·회향 발원심(廻向發願心)의 세 마음을 갖춤. 이로써 정토(淨土)에 왕생(往生)한다 함.

【三十棒】さんじゅうぼう(삼십봉)《佛》 선승(禪僧)이 제자를 훈계할 때 서른 번을 곤봉으로 때리는 엄한 매질. 과오(過誤)를 알리는 뜻으로 씀.

【三十六計】さんじゅうろっけい(삼십육계) ①전쟁을 하는 데의 여러 가지 많은 계책(計策). ②뺑소니치는 일. ※三十六計不如逃(삼십육계불여도).

【三十六計不如逃】さんじゅうろっけいニゲルニシカズ(삼십육계 불여도) 싸움터에서 불리할 경우, 도망할 기회를 보아 달아나는 것이 상책이라는 뜻. 三十六策走爲上計(삼십육책 주위상계).

【三十六宮】さんじゅうろっきゅう(삼십육궁) 한(漢)의 궁전 수. 널리 제왕의 궁전을 이름. ¶漢家離宮三十六<駱賓王>

【三十六策走爲上計】さんじゅうろくさくハシルヲコレじょうけい(삼십육책 주위상계) ☞三十六計不如逃(삼십육계불여도).

【三十而立】さんじゅうニシテタツ(삼십이립) 나이 삼십에 움직이지 않는 신념이 섬. 공자가 자신을 두고 한 말. ¶吾十有五而志于學 一<論語>

【三惡道】さんあくどう(삼악도) 중생이 현세의 악업(惡業) 때문에 죽은 후에 간다는 세 괴로운 길. 지옥도(地獄道)·아귀도(餓鬼道)·축생도(畜生道). 三惡趣(삼악취). 三途(삼도).

【三壤】さんじょう(삼양) 세 등급으로 나눈 논밭. 상전(上田)·중전(中田)·하전(下田). 壤은 간 땅.

【三易】さんえき(삼역) 역(易)의 세 가지, 연산(連山)·귀장(歸藏)·주역(周易).

さんい(삼이) 문장을 지을 때 내용을 알기 쉽게, 문자를 알기 쉽게, 읽어 외기 쉽게 하는 일. ¶文章當從一<顔氏家訓>

【三五之隆】さんごのりゅう(삼오지 융) 삼황 오제(三皇五帝)의 융성한 세상. ¶周秦之末一<谷永>

【三五七言詩】さんごしちげんし(삼오칠언시) 삼언(三言)과 오언(五言)과 칠언(七言)으로 된 시. 당(唐)의 이백(李白)으로부터 비롯됨. 이백(李白)의 秋風淸 秋月明 落葉聚還散 寒鴉棲復驚 相思相見知何日 此時此夜難爲情 따위.

【三瓦戒】さんがノイマシメ(삼와계) 가득 참을 경계하기 위해 지붕을 일 때 일부러 기와 석 장을 모자라게 하는 일. ¶世爲屋 不成三瓦而陳之<史記>

【三畏】さんい(삼외) ①군자가 두려워하여 삼가야 할 세 가지. 천명(天命)·대인(大人)·성인(聖人)의 말씀. ¶君子有一<論語> ②원(元)의 배주(拜住)가 두려워한 세 가지 일. 조상을 욕되게 하는 일, 식견이 부족한 일, 연소해서 재간이 모자라는 일. ¶臣有所畏者三<元史>

【三虞】さんぐ(삼우) ①장사지낸 후에 세 번 지내는 우제. 시우(始虞)·재우(再虞)·삼우(三虞). 또는, 세번째 우제. 三虞祭(삼우제). ②세 사람의 우인(虞人). 虞는 천택(川澤)을 관장하던 중국 고대의 벼슬.

【三虞祭】さんぐさい(삼우제) ☞三虞(삼우)①.

【三元】さんげん(삼원) ①천(天)·지(地)·인(人). 삼재(三才). ②도가(道家)에서는 천(天)·지(地)·수(水). ③연·월·일이 시작되는 정월(正月) 원단(元旦). ④향시(鄕試)·회시(會試)·정시(廷試)에 수석(首席) 급제한 사람. 또는, 명(明)대 진사(進士)시험에 수석에서 제 3 위까지 든 사람.

【三宥】さんゆう(삼유) ①주(周)대에 죄를 용서하던 세 가지 경우. 곧, 불식(不識)과 과실(過失)과 유망(遺忘). ②왕족이 죄를 범하였을 때, 임금이 세 번까지 용서하고 형(刑)을 베풀던 일. ¶古者公族有罪 一後制刑<蘇軾>

【三揖一辭】さんゆういちじ(삼읍일사) 세 번 읍(揖)하고 나아가며, 한 번 사양하고 물러난다는 뜻으로, 군자가 벼슬길에 나아감은 신중하게, 물러남은 가볍고 쉽게 해야 함을 이르는 말. ¶事君難進而易退<禮記>

【三益友】さんえきゆう(삼익우) 사귀어서 도움이 되는 세 가지 벗. 정직한 벗, 성실한 벗, 박식(博識)한 벗. ↔三損友(삼손우).

【三仁】さんじん(삼인) 은(殷)나라 말엽의 세 사람의 충신. 미자(微子)·기자(箕子)·비간(比干). ¶一去而殷墟<揚雄>

【三人成虎】さんにんトラヲナス(삼인성호) 터무니없는 소리도 여럿이 말하면 곧이 듣게 됨을 이르는 말. 市虎(시호). 市虎成於三人(시호성어삼인).

유래 전국(戰國) 시대 위(魏)의 혜왕(惠王) 때 일이다. 태자와 함께 볼모로 조(趙)에 가게 된 방총(龐葱)이 왕에게 물었다. 「지금 누군가가 와서 말하기를, 거리에 호랑이가 나왔다 하면, 그 말을 믿으시겠읍니까?」「아니, 신용 못하지. 그럼, 두 사람이 와서 그렇게 말하면?」「긴가민가하겠지」「세 사람이 와서 그렇게 말하면 어찌 하겠읍니까?」「그러면야 믿을 수 밖에 없지」 이 말에 방총은 자세를 가다듬으면서 간절히 말했다. 「대저, 거리에 호랑이가 나올 리 없음은 너무나 빤한데도, 세 사람이 하는 말이고 보면 곧이 들리게 됩니다. 이제 제가 떠나면 사실과 다르게 말하는 사람이 셋뿐 아니라 많을 것입니다」 방총은 이렇게 간신들의 말을 경계하도록 왕에게 간하고 떠났으나, 그가 볼모에서 풀려 돌아왔을 때는 왕은 간신들에게 에워싸여 방총을 외면했다. <戰國策>

【三人行必有我師】さんにんオコナエバカナラズワガシアリ(삼인행 필유아사) 나와 함께 다른 두 사람이 일을 행할 때, 다른 사람의 선(善)을 보고는 좇고, 다른 사람의 불선(不善)을 보고는 스스로를 반성하게 되므로, 모두 나의 스승이 된다는 말.

【三日哭】さんじつノこく(삼일곡) ①사당(祠堂)이 탔을 때 사흘 동안 곡하는 일. ②오랫동안 곡함.

【三日不讀書語言無味】さんじつしょヲヨマザレバごげんアジワイナシ(삼일부독서 어언무미) 사흘 동안 독서하지 아니하면 하는 말이 아취(雅趣)가 없음.

【三日雨】みっかあめ(삼일우) 사흘 동안 계속 내리는 비.

【三日遊街】(삼일유가) 과거에 급제한 사람이 사흘 동안 좌주(座主)나 선진자(先進者), 친척 들을 찾아보던 일. 「장사.

【三日葬】(삼일장) 죽은 지 사흘 만에 지내는

【三日點考】(삼일점고)㊥ 수령(守令)이 부임한 지 사흘 만에 관속을 점고하던 일.

【三日天下】みっかてんか(삼일천하) 삼일 동안 천하를 다스린다는 뜻으로, 잠시 정권을 잡았다가 잃음을 비유한 말.

【三日香】さんじつこう(삼일향) 향기도 사흘 동안이라는 뜻으로, 신기한 것도 곧 싫증이 남을 이르는 말.

【三長】さんちょう(삼장) ①세 가지 장점(長點). 사가(史家)가 지녀야 할 재지(才智)·학문(學問)·식견(識見). ②세 종류의 수장(首長). 당장(黨長)·이장(里長)·인장(隣長).

【三章】さんしょう(삼장) ①문장의 세 단락. ②한(漢) 고조(高祖)가 제정한 3개 조의 법률. 뜻이 바뀌어, 간명한 규칙. 法三章(법삼장). ③세 가지 모양. ¶其衣—<周禮>

【三藏】さんぞう(삼장)《佛》 ①경(經)·율(律)·논(論)의 총칭. 藏은 일체 법의(法義)를 포함한다는 뜻. 三藏에는 소승(小乘)의 삼장, 대승(大乘)의 삼장, 대소승(大小乘)을 통한 삼장 등이 있음. ②성문장(聲聞藏)·연각장(緣覺藏)·보살장(菩薩藏). ③삼장 삼학(三學)에 통달한 사람.

【三才】さんさい(삼재) ①천(天)·지(地)·인(人). 三材(삼재). 三極(삼극). ②천지의 만물. ③재능 있는 사람 셋. ¶時稱 東海王越府有— 潘滔大才 劉輿長才 裵邈淸才<晋書>

【三災八難】さんさいはちなん(삼재팔난) 수재(水災)·풍재(風災)·화재, 또는 전쟁·돌림병·흉년 따위 세 가지 재앙과 여덟 가지의 재난(災難)이란 뜻으로, 모든 재난을 이르는 말.

【三傳】さんでん(삼전) 「춘추」(春秋)의 세 가지 해설서(解說書). 「좌씨전」(左氏傳)·「공양전」(公羊傳)·「곡량전」(穀梁傳).

【三絕】さんぜつ(삼절) ①세 가지의 뛰어난 존재. ②뛰어난 재주를 가진 세 사람. 三才(삼재). ③☞韋編三絕(위편삼절). ④세 수의 절구(絕句). ⑤글·글씨·그림 세 가지에 뛰어남. 또는, 그 사람.

【三正】さんしょう(삼정) ①천(天)·지(地)·인(人)의 정도(正道). ②하(夏)·은(殷)·주(周)의 3대(代). 또는, 그 역법(曆法). ③삼강(三綱)의 도(道)가 바름. ¶夫婦別 父子親 君臣嚴 三者正則庶者從之矣<禮記>

【三精】さんせい(삼정) ☞三光(삼광)①.

【三朝】さんちょう(삼조) ①☞三始(삼시)①. ¶正月朔日 是爲—<漢書> ②사흘. ¶日食于—<晋書> ③삼대(三代)의 왕조 또는 군주. ¶元老事—<劉長卿> ④어린아이가 태어나서 사흘째 되는 날. ¶—與兒落臍灸顖<夢粱錄> ⑤주(周)대의 내조(內朝)·치조(治朝)·외조(外朝). ⑥하루 세 번 입조(入朝)함. ¶文王之爲世子 朝於王季日三<禮記>

【三族】さんぞく(삼족) ①부모·형제·처자. ②부족(父族)·모족(母族)·처족(妻族).

【三足烏】さんそくう(삼족오) 해 속에 있다는 세 발 가진 까마귀. 태양의 별칭. ¶幸有—爲之使<史記>

【三尊】さんぞん(삼존) ①사람이 공경해야 할 세 귀한 사람. 임금과 아버지와 스승. ¶人有—君父師<白虎通> ②《佛》 불(佛)·법(法)·승(僧). 또는, 미타(彌陀)의 삼존인 아미타(阿彌陀)·관음(觀音)·세지(勢至). 또는, 석가 삼존인 석가(釋迦)·문수(文殊)·보현(普賢).

【三尊來迎】さんぞんらいごう(삼존내영)《佛》 염불 행자(行者)의 임종(臨終)에 미타(彌陀)·세지(勢至)·관음(觀音)의 삼존이 나타나 정토(淨土)로 영도(迎導)하는 일.

【三從之義】さんじゅうノぎ(삼종지 의) 여자가 어릴 적에는 어버이를, 출가해서는 지아비를, 늙어서는 자식을 따라야 하는 일. 三從(삼종). 三從之道(삼종지 도).

【三從兄弟】さんじゅうけいてい(삼종형제) 고조(高祖)가 같은 형제. 삼종(三從). 팔촌 형제. 同高祖八寸(동고조 팔촌).

【三知】さんち(삼지) ①도(道)를 알게 되는 세 단계. 나면서부터 아는 생지(生知), 배워서 아는 학지(學知), 힘써서 아는 곤지(困知). ②명(命)·예(禮)·언(言) 세 가지를 앎.

【三旨相公】さんししょうこう(삼지상공) 송(宋)의 재상 왕규(王珪)가 첫째도, 둘째도, 세째도 성지(聖旨)가 지당하다고 하여, 무슨 일에나 천자의 뜻만 좇은 옛일에서, 무능한 재상을 비웃는 말.

【三枝之禮】さんしノれい(삼지지 례) 비둘기는 어미새가 앉는 가지에서 세째 가지 아래에 앉는다는 뜻으로, 새도 예양(禮讓)이 있음을 이르는 말. ¶烏有反哺之孝 鳩有—<學友抄>

【三枝槍】さんしそう(삼지창) 끝이 세 갈래진 창.

【三晋】さんしん(삼진) 전국 시대에 진(晋)을 분할하여 세운, 한(韓)·위(魏)·조(趙) 세 나라.

【三徵七辟】さんちょうしちへき(삼징칠벽) 세 번 천자가 부

르고, 일곱 번 주군(州郡)에서 부른다는 뜻으로, 벼슬을 주려고 조정 또는 지방 관아에서 자주 부름을 이르는 말. ¶一 皆不就<晋書>

【三蒼】さんそう(삼창) ①한초(漢初)의 사서(辭書). 본래 창힐편(蒼頡篇)·원력편(爰歷篇)·박학편(博學篇) 3편이었던 것을 뒤에 합하여 창힐편이라 하고, 이를 삼창(三蒼)이라 함. ②위진(魏晋) 이후는 창힐편(蒼頡篇)을 상권, 양웅(揚雄)의 훈찬편(訓纂篇)을 중권, 가방(賈訪)의 방희편(滂喜篇)을 하권으로 하여 삼창이라 함.

【三尺童子】さんじゃくどうじ(삼척동자) 대여섯 살의 어린 아이. 三尺은 작다는 뜻.

【三尺法】さんじゃくほう(삼척법) 옛날에 길이가 석 자 되는 죽찰(竹札)에 법문(法文)을 적었으므로, 법 또는 법률을 뜻함.

【三遷之教】さんせんノおしえ(삼천지 교) 맹자(孟子) 어머니가 맹자의 교육을 위해 묘지 근처에서 저자, 다시 학교 근방으로, 좋은 환경을 찾아 세 번 옮긴 교훈. 三遷(삼천). ¶孟母一<列女傳>

【三體】さんたい(삼체) ①역(易)의 괘(卦)의 의의를 탄상(歎賞)하는 세 가지 양식. 곧, 첫째는 시(時)를, 둘째는 시(時)와 용(用)을, 세째는 시(時)와 의(義)를 탄(歎)함. ②「시경」(詩經)의 풍(風)·아(雅)·송(頌). ③문장(文章) 작법에서 느슨한 기분으로 기필(起筆)하고, 교묘한 대구(對句)를 구사하고, 문세(文勢)가 해이(解弛)하지 않도록 하는 일. ④서체(書體)의 세 가지. 해서(楷書)·행서(行書)·초서(草書).

【三焦】さんしょう(삼초) 육부(六腑)의 하나로 상초(上焦)·중초·하초의 총칭. 상초는 위(胃)의 상구(上口)에 있어 음식을 위에 넣는 일을 맡고, 중초는 위의 중완(中腕)에 있어 소화(消化)를 맡고, 하초는 방광(膀胱)의 상구에 있어 배설(排泄)을 맡음.

【三寸舌】さんずんノした(삼촌설) 세 치 길이의 혀라는 뜻으로, 언어(言語)·변설(辯舌)을 이름. ¶毛先生以三寸之舌 强于百萬之師<史記>/掉一.

【三秋】さんしゅう(삼추) ①가을 석 달. 곧, 초추(初秋)·중추(仲秋)·만추(晩秋). ¶一迭運 初寒履霜<胡濟> ②3개월인 가을이 셋이란 뜻에서 아홉 달. 또는, 세 번의 가을이란 뜻에서 3년을 이르기도 함. ¶一日不見 如一兮<詩經>/一刻如一.

【三春】さんしゅん(삼춘) ①봄 석 달. 맹춘(孟春)·중춘(仲春)·계춘(季春). ¶一之季 孟夏之初<班固> ②세 번의 봄. 곧, 3년. ¶一別星橋夜 三移斗柄春<杜甫>

【三親】さんしん(삼친) ①세 가지 극친한 것. 부부·부자(父子)·형제. ¶自茲以往 至于九族 皆本於一焉 <顏氏家訓> ②부(父)·모(母)·처(妻)의 삼족(三族).

【三七日】さんしちにち(삼칠일) ①해산(解産)한 지 21일 되는 날. ②사람이 죽은 지 21일 되는 날. ③21일 동안.

【三台星】さんたいせい(삼태성) ①자미궁(紫微宮)의 주위에 있는 세 별. 상태성(上台星), 중태성, 하태성. ¶三台六星 兩兩而居<晋書> ②삼공(三公). 태위(太尉)·사도(司徒)·사공(司空)을 삼태지 좌(三台之座)라 함.

【三巴戰】さんぱせん(삼파전) 세 경쟁자가 서로 어울려서 패권을 다투는 일.

【三品】さんぴん(삼품) ①벼슬의 세째 품계(品階). 정삼품(正三品)·종삼품(從三品)의 구별이 있음. ②회화(繪畫)의 세 가지 등급. 신품(神品)·묘품(妙品)·능품(能品). ③선비의 세 가지 품위. 곧, 도덕(道德)에 뜻을 두는 선비, 공명(功名)에 뜻을 두는 선비, 부귀(富貴)에 뜻을 두는 선비. ④인성(人性)의 세 가지. 당(唐)의 한유(韓愈)는 상품은 선(善)만 있고, 하품은 악(惡)만 있으며, 중품은 어느 쪽으로도 될 수 있다 함.

【三夏】さんか(삼하) ①여름 석 달. 맹하(孟夏)·중하(仲夏)·계하(季夏). ¶情知一熱 今日偏獨甚<子夜> ②세 번의 여름. 곧, 3년. ¶凡新墨不過一 殆不堪用<墨經>

【三澣】さんかん(삼한) ①☞三旬(삼순)①. 澣은 목욕하는 일. 한·당(漢唐)의 관리에게 열흘에 하루씩 목욕을 위한 휴가를 준 데서 旬의 뜻으로 바뀜. ②세 번 의복을 씻음. 당(唐) 문종(文宗)이 검약(儉約)을 존중한 일.

【三寒四温】さんかんしおん(삼한사온) 겨울에 사흘 가량 추운 날씨가 계속되다가, 나흘 가량 따뜻한 날씨가 계속되는 일.

【三解脫】さんげだつ(삼해탈) 해탈의 세 가지. 만유(萬有)의 공(空)을 깨닫는 공해탈(空解脫), 만유의 차별상(差別相)이 없음을 깨닫는 무상해탈(無相解脫), 이들의 해탈을 좇아 다시 원구(願求)의 염(念)을 초월하는 무원해탈(無願解脫).

【三絃】さんげん(삼현) ①줄 셋을 맨 악기. 三絃琴(삼현금). ②거문고·가야금·당비파의 세 현악기.

【三絃琴】さんげんきん(삼현금) 줄 셋을 맨 거문고.

【三壺】さんこ(삼호) 신선이 산다는 바다 가운데의 방호(方壺)·봉호(蓬壺)·영호(瀛壺)의 삼신산(三神山). 三島(삼도). ¶一則海中三山也<拾遺記>

【三皇】さんこう(삼황) 중국 고대의 세 제왕(帝王). 천황(天皇)·지황(地皇)·인황(人皇). 또는, 복희(伏羲)·신농(神農)·황제(黃帝). 황제(黃帝) 대신 수인(燧人)이나 여와(女媧) 혹은 축융(祝融)을 넣기도 함. ¶一五帝. 「五帝(오제).

【三皇五帝】さんこうごてい(삼황오제) ☞三皇(삼황).

【三回忌】さんかいき(삼회기)《佛》죽은 뒤 만 2년이 되는 제삿날. 三周忌(삼주기).

【三孝】さんこう(삼효) 세 가지 효행(孝行). 곧, 존친(尊親)·불욕(不辱)·능양(能養). 또는, 양친(養親)·치상(治喪)·봉제사(奉祭祀). ▷擧一反一, 再一, 朝一暮四, 初一

2
3【上】1위 상 2오를 상 ㄕㄤˋ (shang) 養 じょう(ウエ) *upper*

源指事. 기준 가로선 위에 짧은 하나의 선(뒷날에 세로선으로 되고, 세로선과 점을 합한 꼴이 됨)을 그어 위쪽을 가리킴.

풀이 **1** ①위. ㉮위쪽. 꼭대기. 높은 데. ¶天—/—流/頂—/—體. ㉯질이 나은 쪽. ¶—品. ㉰계급 따위가 높은 쪽. ¶—官. ②표면. 거죽. ¶海—/地—. ③임금. ¶主—. ④처음. 앞. 이전. 옛. ¶—篇/—古/—午/—日. ⑤손위. 존장. ¶長—/年—/—下老少. ⑥가. 곁. ¶大同江—樓<奇大升>/子在川—<論語> ⑦(韓) 음력 10월. 상달. ⑧…에서. ¶理論—/歷史—. **2** ①오르다. 탐. 그 장소에 감. ¶雲—於天<易經> ②가하다. ¶草—之風必偃<論語> ③숭상하다. ¶—賢以崇德<禮記> ④올리다. 드림. ¶毋—於面<儀禮>/—訴. ⑤간절히 바라건대. (通)尙. ¶—愼旃哉 猶來無止<詩經> ⑥비싸다. ¶—價. ⑦상성(上聲). ¶平—去入.

【上監】(상감)(韓) 임금의 존칭.

【上甲】じょうこう(상갑) ①초하루. 삭일(朔日). 甲은 始. ¶六月— 始庀牲<穀梁傳> ②과거(科擧) 성적이 상(上)에 속한 부류. ¶—第二第三人 初除上簿<金史>

【上客】じょうかく(상객) 상등 빈객(賓客). 중요한 손님. 上賓(상빈). ¶擧其—<荀子> ↔下客(하객).

【上京】じょうきょう·じょうけい(상경) ①서울로 올라감. 上洛(상락). ②천자가 있는 도읍(都邑). ¶東夷始通—<後漢書>

【上界】じょうかい(상계) ①천상(天上)의 세계. ¶能傳—春消息 若到蓬山莫放歸<賈島> ②《佛》부처가 있는 곳. 天上界(천상계). 天國(천국). ¶—投佛影 中天揚梵音<張九齡>

【上啓】じょうけい(상계) 문서로 임금에게 아룀. 上書(상서). ¶苟有愚心 願得—<梁昭明太子>

【上古】じょうこ(상고) ①아주 옛날. 太古(태고). 上世(상세). 上代(상대). ¶—結繩而治<易經> ②역사의 시대 구분의 하나. 문헌이 있는 한에서 가장 오랜 시대. 국사에서는 단군조선에서 삼한(三韓)까지.

【上工】じょうこう(상공) ①기능이 뛰어난 직인(職人). ¶—以有餘 下工以不足<周禮> ②훌륭한 의사. 良醫(양의). ¶解五藏爲—<史記> ③공사(工事)를 시작함. 着工(착공). ¶二月初二日 東作興 俗謂之—日<農政全書>

【上公】じょうこう(상공) 주(周)대 삼공(三公)의 수령(首領) 및 이왕(二王)의 후예. ¶尊— 謂之宰<漢書>

【上官】じょうかん(상관) ①자기보다 계급이 높은 관리. 또는, 자신을 지휘·감독하는 관리. 上司(상사)①. ¶善事— 無失名譽<後漢書> ↔下官(하관). ②전국 시대 초(楚)의 벼슬 이름. ¶—大夫與之同列<史記> ③중국 복성(複姓)의 하나.

【上卦】じょうけ(상괘) 역(易)의 육효(六爻)에서 위쪽에 있는 세 효. ¶三是—之下 下體之極<易經·注> ↔下卦(하괘).

【上交】じょうこう(상교) ①손윗사람과의 사귐. 또는, 상류 사람과 교제함. ¶君子—不諂 下交不瀆<易經> ②선량한 교제. 깊은 사귐. ¶秦與韓爲—<戰國策>/—者 不失其祿<說苑>

【上九】じょうきゅう(상구) ①괘(卦)의 맨 위의 양효(陽爻). ②매월 29일. ※中九(중구)·下九(하구).

【上求菩提】じょうぐぼだい(상구보리)《佛》위로는 보리(菩提)의 도(道)를 구함. ↔下化衆生(하화중생).

【上局】じょうきょく(상국) 상관(上官). 또는, 상관이 있는 곳.

【上國】じょうこく(상국) ①춘추 시대의 중원(中原) 곧 황하(黃河) 유역. ②왕도(王道)에 가까운 나라. 또는, 옛 중국의 자칭. ③상류에 있는 나라. ④속국(屬國)이 종주국(宗主國)을 이르는 말. ※大國(대국).

【上卷】じょうかん(상권) 두 권 또는 세 권으로 된 책의 첫째 권. ※下卷(하권)·中卷(중권).

【上根】じょうこん(상근)《佛》근기(根氣)가 강한 것. 뛰어난 성질. 뛰어난 기근(機根). 上機(상기). ¶—人爲大乘 則修六度<魏書> ↔下根(하근).

【上級】じょうきゅう(상급) 윗 등급. 높은 등급. ¶—生/—學校.

【上納】じょうのう(상납) ①정부에 조세를 바침. ②웃사람에게 금품을 바침.

【上年】じょうねん(상년) ①(中) 지난해. 작년. ②좋은 해. 풍년. ¶春海鏡長天 青郊麗—<林滋> ③도가(道家)에서 20세·30세 된 사람을 이르는 말.

【上端】じょうたん(상단) 위쪽 끝. ↔下端(하단).

【上丹田】じょうたんでん(상단전) 도가(道家)에서 일컫는 3단전(丹田)의 하나로 사람의 뇌(腦)를 이르는 말.

【上達】じょうたつ(상달) ①윗사람에게 말이나 글로 여쭈어 알게 함. ¶下意—. ②좋은 방향으로 숙달함. 고명(高明)한 경지에 이름. ¶君子— 小人下達<論語>/下學—. ↔下達(하달).

【上畓】(상답) 토질·물길이 좋아 농사가 잘되는 논. ↔下畓(하답).

【上答】じょうとう(상답) ①윗어른에게 대답함. ②좋은 해답.

【上代】じょうだい(상대) 아주 옛날. 上古(상고). 上世(상세). ¶通—之不通 服前王之未服<晋書>

【上德】じょうとく(상덕) ①최상의 덕(德). ¶—若谷 大白若辱<老子> ②제왕의 훌륭한 덕. ③덕을 숭상함. ¶胥臣佐下軍 —也<左氏傳>

【上德不德】じょうとくふとく(상덕부덕) 최상의 덕을 지닌 사람은 그 덕을 자랑하지 않음. ¶—是以有德<老子>

【上途】じょうと(상도) 여행길을 떠남. 출발함.

【上都】じょうと(상도) ①천자의 도읍. 京師(경사). ¶車駕至—<北史> ②《佛》제석전(帝釋殿). 천제(天帝)가 있는 곳.

【上棟】じょうとう(상동) ☞上梁(상량).

【上頭】じょうとう(상두) ①여자가 15세에 달하여, 비로소 머리에 비녀를 꽂는 예(禮). 남자의 관례(冠禮)에 해당됨. ②기녀(妓女)가 처음으로 객을 접함. 머리를 얹음. ¶娼女初

薦寢於人 亦曰一<委巷叢談> ③선두(先頭). 첫머리. ¶在前列一也<詩經·注> ④위쪽. 上方(상방). ¶無限神仙在一<顧況>

【上等】じょうとう(상등) ①높은 등급. 위의 등급. ¶公於一 侯伯於中等 子男於下等<周禮> ②좋은 지위. 상위(上位). ¶爵班一 秩擬台光<宋書> ③물건이 가장 좋은 것. ¶一品.

【上騰】じょうとう(상등) ①위로 오름. ¶天氣下降 地氣一<禮記> ②시세(時勢)가 오름. 등귀(騰貴)함. ¶物價一. ↔下落(하락).

【上洛】じょうらく(상락) 상경(上京). 洛은 옛날 중국의 도읍지 낙양(洛陽). ¶司徒高昻等 趣一<北史>

【上覽】じょうらん(상람) 임금이 열람함. 天覽(천람). ¶一以第優劣<詩話總龜>

【上略】じょうりゃく(상략) ①상책(上策). ②말이나 글의 윗 부분을 줄임. 前略(전략). ※中略(중략)·後略(후략)·下略(하략).

【上梁】じょうりょう(상량) 집을 세울 때 마룻대를 올리는 일. 上棟(상동). 上樑(상량). ¶一式.

【上梁文】じょうりょうぶん(상량문) 문체 이름. 상량식의 축문.

【上梁不正】じょうりょうふせい(상량부정) 윗사람이 부정(不正)함을 이름.

【上流】じょうりゅう(상류) ①하천(河川)의 수원(水源)에 가까운 부분. ¶滿盛沙 雍水一 <史記> ②신분·지위·생활 정도가 높은 부류. ¶一社會/一家庭/一層. ※中流(중류).

【上陸】じょうりく(상륙) 배에서 육지로 오름. ¶一作戰.

【上馬】じょうば(상마) ①좋은 말. 駿馬(준마). ②승마(乘馬). ¶被甲一.

【上命】じょうめい(상명) ①임금의 명. 君命(군명). ¶我受一 來隨臨淄<邯鄲淳> ②명령을 존중히 함. ¶一糾守<周禮> ③장수(長壽). ¶習壽命者 一也<白虎通>

【上木】じょうぼく(상목) ①☞上梓(상재). ②목판(木版)에 팜. 목판으로 인쇄함.

【上聞】じょうぶん(상문) 임금이 들음. 또는, 아래의 일이 조정에 들림. 상청(上聽). ¶天下已亂 姦不一<史記>

【上文右武】じょうぶんゆうぶ(상문우무) 문무(文武)를 모두 숭상함. 上·右 모두 숭상한다는 뜻.

【上味】じょうみ(상미) 좋은 맛. 가장 맛있는 것. ¶酥酪醍醐 名爲一<楞嚴經>

【上半】じょうはん(상반) ①절반으로 나눈 위쪽. 前半(전반). ¶一期/一身. ②어조(語調) 관계로 미음(尾音)을 잘라낸 상성(上聲)의 음(音).

【上方】じょうほう(상방) ①위쪽. 천상(天上). ¶圓月一明<溫庭筠> ②지세(地勢)가 가장 높은 곳. ¶一重閣晩 百里見纖毫<杜甫> ③임금이 쓰는 물건을 만들고 간직하는 관아. ¶一珍寶<漢書> ④북쪽과 동쪽. 양기(陽氣)가 생기는 곳이므로 이름. ↔下方(하방). ⑤기내 지방(畿內地方). ⑥《佛》㉮산사(山寺). ¶一高處禪<韋應物> ㉯주지(住持).

【上番】じょうばん(상번) ①당번 임무에 임함. 당직(當直). ②당직자 중 윗자리에 있는 사람이거나, 전반의 임무를 맡은 당번. ③제1번. 당(唐)대의 방언임.

【上輔】じょうほ(상보) 재상(宰相)의 존칭. 上宰(상재).

【上奉下率】(상봉하솔)㊐韓 위로 부모를 받들고, 아래로 처자를 거느림.

【上府】じょうふ(상부) 자기가 소속하는 관청의 상사(上司). 또는, 격(格)이 높은 관청. ¶能欺一者<漢書>

【上賓】じょうひん(상빈) ①상석(上席)에 앉을 빈객(賓客). 上客(상객). 貴賓(귀빈). ②고위자(高位者)의 시중을 드는 사람. ¶天子九賓 宗伯爲一<徐灝>

【上士】じょうし(상사) ①덕이 높고 훌륭한 선비. ¶一聞道 勤而行之<老子> ②주(周)대 사(士)의 계급 중 가장 높은 신분. ③《佛》보살의 이칭. 자리(自利)와 이타(利他)의 행위에 뛰어난 자. ¶有二利 名一<釋氏要覽>

【上巳】じょうし(상사) 음력 3월의 첫 사일(巳日). ¶是月一 官民皆絜於東流水上<後漢書>

【上司】じょうし(상사) ①☞上官(상관)①. ¶以不事一左遷<魏志> ②윗 등급의 관청. 上府(상부). ③직장에서 자기를 지휘, 감독하는 사람.

【上庠】じょうしょう(상상) 윗학교라는 뜻으로, 옛날의 대학(大學)을 이르는 말. 귀인의 자제가 배웠음. 右學(우학). ¶有虞氏養國老于一<禮記> ↔下庠(하상).

【上相】じょうしょう(상상) ①韓 영의정(領議政). 영상(領相). ②재상(宰相)의 존칭. 또는, 가장 지위가 높은 재상. ③궁중의 조회에 예(禮)를 도와 시중드는 사람. ¶朝覲會同 則爲一<周禮>

【上書】じょうしょ(상서) ①아랫사람이 윗사람에게 글을 올림. ¶父主前一. ②韓 조신(朝臣)이 동궁(東宮)에게 글을 올림. 또는, 그 글. ③☞上疏(상소). ¶一諫寡人者 受中賞<戰國策>

【上席】じょうせき(상석) 윗자리. 높은 자리. 上坐(상좌). ¶常升以一 甚加禮焉<南史>

【上船】じょうせん(상선) 배에 탐. 승선(乘船). ¶天子呼來不一 自稱臣是酒中仙<杜甫>

【上僊】じょうせん(상선) ①속세를 피해 선인(仙人)이 됨. 上仙(상선). ¶千歲厭世 去而一<莊子> ②제왕(帝王)의 죽음. 또는, 이 세상을 떠남. 서거함. ¶後二日 宜仁一<行營雜錄>

【上善】じょうぜん(상선) 최상의 선. 至善(지선). ¶一若水 水善利萬物而不爭<老子>

【上聲】じょうせい(상성) ①사성(四聲)의 하나로 처음이 낮고 끝이 높은 소리. 우리말 옛글에서, 글자에 표할 때에는 왼편에 점 둘을 찍었음. ②한자(漢字) 사성(四聲)의 하나. 높고 맹렬한 소리. 이에 딸린 것들은 거성(去聲)·입성(入聲)의 글자들과 함께 측자(仄字)라 함. 한자 상성에는 동(董)·종(腫)·강(講) 등 29운(韻)이 이에 속함.

【上疏】じょうそ(상소) 임금에게 자기의 의견·주장을 써서 올림. 또는, 그 글. 上書(상서)

③. ¶一皇帝陛下<史記>

【上手】じょうしゅ・じょうず(상수) ①학문, 기능 등이 남보다 뛰어남. 또는, 그 사람. 윗수. 高手(고수). ↔下手(하수). ②일에 착수함. ③《佛》 상방(上方).

【上壽】じょうじゅ(상수) ①사람의 수명을 상·중·하로 나눈 때 상(上)에 속하는 나이. 상의 표준은 90세·100세·120세 등 일정하지 않음. ¶百歲曰一<故事成語考> ②술을 권하여 생일을 축하하며 오래 살기를 비는 일. 獻壽(헌수). ¶奉觴一<史記>

【上孰】じょうじゅく(상숙) 풍년을 상·중·하 세 등급으로 나눈 그 첫번째. 평년작의 네 곱일 때를 이름. 上熟(상숙). ¶一其收自四 餘四百石<漢書>

【上旬】じょうじゅん(상순) 초하루부터 초열흘까지의 사이. 上澣(상한). 上浣(상완). 初旬(초순). ¶天子郊 以夏正一之日<周禮> ※中旬(중순)·下旬(하순).

【上述】じょうじゅつ(상술) 위 또는 앞 부분에서 서술함. 또는, 그것. 前述(전술).

【上昇】じょうしょう(상승) 위로 올라감. 上升(상승). ¶載靑雲兮一<楚辭>

【上乘】じょうじょう(상승) ①《佛》 ㉮일체의 번뇌를 떠나 진리를 깨달음. 또는, 깨달은 것. ¶瞑目忘塵慮 談空入一<李中> ㉯대승(大乘). ↔下乘(하승). ②네 필의 말이 끄는 수레. ¶蓋以四馬爲一<左氏傳>

【上食】じょうしょく(상식) ①[韓] 상가(喪家)에서 조석으로 올리는 궤연(几筵)의 음식. ②음식을 받들어 올림. 진식(進食).

【上申】じょうしん(상신) 의견이나 사정을 관청이나 웃사람에게 말이나 글로 여쭘. 上陳(상진).

【上葉】じょうよう(상엽) 아주 먼 옛날. 上古(상고). 上代(상대). 上世(상세). ¶昔在一 深鑒玆道<宋書>

【上午】じょうご(상오) 오전(午前). 자정(子正)부터 정오(正午)까지의 시간. ↔下午(하오)·午後(오후).

【上用目則下飾觀】カミメヲモチウレバシモかんヲカザル(상용목 즉하식관) 웃사람이 지나치게 명찰(明察)하면, 아랫사람은 외관을 거짓 꾸미게 된다는 뜻으로, 너무 살피면 도리어 참된 모습을 볼 수 없게 됨. ¶一 上用耳 則下飾聲<韓非子>

【上雨】じょうう(상우) ①때에 알맞게 오는 비. 단비. 甘雨(감우). ②비가 샘. ※上雨旁風(상우방풍).

【上雨旁風】じょううぼうふう(상우방풍) 위에서는 비가 새고 옆으로는 바람이 들어온다는 뜻으로, 지붕과 벽이 헌 낡은 집의 모양을 이르는 말. ¶一 無所蓋障<韓愈>

【上愚】じょうぐ(상우) 바보는 아니면서 편벽된 의견을 가진 사람. ※下愚(하우).

【上元】じょうげん(상원) ①음력 정월 보름. 대보름. ②고대 의학에서 뇌(腦)를 말함. ¶一丹田腦也<雲笈七籤>

【上苑】じょうえん(상원) 천자(天子)의 정원. 대궐 안에 있음. ¶寶閣珠樓臨一 百卉弄春柔<宋史>

【上援下推】じょうえんかすい(상원하추) 윗사람은 아랫사람을 끌어 올리고 아랫 사람은 윗사람을 밀어 줌. 推輓(추만). ¶豈上之人無可援 下之人無可推歟<韓愈>

【上位】じょうい(상위) ①높은 자리. 上座(상좌). ¶君客也 請就一<新書> ②높은 지위. 높은 벼슬. ¶居一而不驕<易經>

【上諭】じょうゆ(상유) ①조칙(詔勅). ¶一伯顏<元史> ②청(淸)대 황제 또는 태후(太后)가 내린 윤지(綸旨).

【上衣】じょうい(상의) ①윗옷. ↔下衣(하의). ②겉에 입는 옷. 上服(상복). ¶必表而出之 加一也<論語> ③《佛》 삼의(三衣)중의 하나인 대의(大衣).

【上意】じょうい(상의) ①임금의 마음. 上旨(상지). ¶量一 察國本<管子> ②윗사람 또는 상부 기관의 의사. ¶一下達.

【上醫】じょうい(상의) 의술이 뛰어난 의사. ¶一醫國 其次醫人<國語>

【上人】じょうじん①②·しょうにん③(상인) ①훌륭한 사람. ¶寡人聞之 有一者<新書> ②종이 주인을 부르는 호칭. ③《佛》 ㉮덕이 훌륭한 사람이란 뜻으로, 중을 높여 부르는 말. ¶僧曰一<書言故事> ㉯법안(法眼) 다음 가는 승려의 직위를 이르는 말. 법교(法橋)에 해당함.

【上日】じょうじつ(상일) ①초하루. 朔日(삭일). ¶正月一 受終于文祖<書經> ②좋은 날. 良日(양일). ¶開筵一思芳草<杜甫> ③어제. 昨日(작일). 前日(전일). ④근무일. 혹은, 당번날.

【上梓】じょうし(상자) ☞上梓(상재).

【上章】じょうしょう(상장) ①군주 또는 관부(官府)에 글을 올리는 일. 또는, 그 표문(表文). ¶凡吏民一 四方貢獻<晋書> ②앞에 있는 장(章). 前章(전장). ③12지(支) 중 경(庚)의 별칭. ¶太歲在庚曰一<爾雅>

【上才】じょうさい(상재) 뛰어난 재능. 또는, 그런 인물. ¶西園游一<沈約>

【上宰】じょうさい(상재) ①재상(宰相). 上輔(상보). ¶天子命一<棗據> ②별 이름. ¶第二星爲一<宋史>

【上梓】じょうし(상재) 문서를 출판함. 梓는 가래나무로, 판목(板木)의 좋은 재료임. 上木(상목)①.

【上田】じょうでん(상전) 상등의 좋은 전답(田畓). 땅이 좋아서 소출(所出)이 많은 논밭. ¶以爲一<史記> ↔下田(하전).

【上程】じょうてい(상정) ①길을 떠남. ②의안(議案)을 의회에 내는 일. ¶法律案 一.

【上帝】じょうてい(상제) ①하늘의 신. 天帝(천제). ¶有皇一 伊誰云憎<詩經> ②임금. 왕자(王者). 천자(天子). ¶一板板<詩經> ③상고(上古)의 제왕. ④조물주(造物主).

【上足】じょうそく(상족) ①뛰어난 제자. 高弟(고제). ¶一弟子<無畏口經> ②좋은 말. 良馬(양마). ¶馬八千匹 一者 置之內廏<南史> ③윗사람이 풍족함. ¶一而下不困<唐書>

【上佐】じょうさ(상좌) ①옛 중국의 벼슬 이름. 한(漢)·당(唐) 대의 별가(別駕)·장사(長

史)·사마(司馬) 따위를 이름. ②《佛》 ㉮ 행자(行者). ㉯스승의 뒤를 이을 승려 중에서 가장 위의 사람. ③㊞ 상여(喪輿)가 나갈 때 상제를 모시고 가는 사내종.

【上坐】じょうざ(상좌) 높은 자리. 上席(상석). 上座(상좌). ¶遂坐一 無所詘＜史記＞

【上座】じょうざ(상좌) ①☞上坐(상좌). ②석가의 제자 중 학행이 뛰어난 사람들. ③승직(僧職)의 하나. 연장(年長)·고재(高才) 가운데에서 불사(佛事) 등을 맡는 중. 座首(좌수). 上首(상수).

【上奏】じょうそう(상주) 임금에게 어떤 사실이나 의견을 올림. 奏上(주상). ¶遂一以聞＜說苑＞

【上柱國】じょうちゅうこく(상주국) 전국 시대에 초(楚)에서 적장(敵將)을 죽인 전공(戰功)이 있는 사람에게 주던 대신급의 벼슬 이름. 수(隋)·당(唐) 이후는 명예직으로, 훈관(勳官)의 최상위가 됨.

【上尊】じょうそん(상준) ①상등의 술. 상준주(上尊酒). 쌀 한 말로 술 한 말을 빚음. 上酒(상주). 미주(美酒). ②제사 때, 윗자리에 놓는 술통. ¶尊者 以酌者之左 爲一＜禮記＞

【上旨】じょうし(상지) 임금의 뜻. 上意(상의). 上志(상지)②. 上指(상지)①.

【上志】じょうし(상지) ①상대(上代)의 기록. 고기(古記). 志는 誌. ¶嘗試觀于一＜呂覽＞ ②☞上旨(상지). ¶常伺一 隨而行＜墨子＞

【上知】じょうち(상지) 태어날 때부터 아는 사람. 최상의 지혜. 上智(상지).

【上肢】じょうし(상지) 양 팔. ↔下肢(하지).

【上指】じょうし(상지) ①☞上旨(상지). ②위를 치켜듦. ¶瞋目視項王 頭髮一＜史記＞

【上智】じょうち(상지) ☞上知(상지). ¶一不敎而成＜顔氏家訓＞

【上池水】じょうちすい(상지수) 아직 땅에 떨어지지 아니한, 댓잎·연잎 따위에 괸 이슬. 약으로 썼음.

【上知與下愚不移】じょうちとかぐとはうつらず(상지여하우불이) 선천적으로 아는 사람과 지극히 어리석은 사람은 변하지 않는다는 뜻으로, 上知는 환경 등 어떤 경우에도 나빠지지 않으며, 下愚는 현자(賢者)가 될 수 없음을 이르는 말. ¶子曰 唯一＜論語＞

【上策】じょうさく(상책) 훌륭한 계책. 上計(상계). 上略(상략). ¶千載無患 故謂之一＜漢書＞

【上天】じょうてん(상천) ①하늘. 天空(천공). ¶一同雲 雨雪雰雰＜詩經＞ ②하느님. 天帝(천제). 上帝(상제). ¶一孚佑下民＜書經＞ ③하늘에 오름. ¶乘赤龍一＜後漢書＞ ④겨울 하늘. ¶冬陰氣在上 萬物伏藏 故曰一＜爾雅·注＞

【上天下地】じょうてんかち(상천하지) 하늘과 땅. 곧, 온 세상. 옛날에는 천지(天地)가 상하로 나누어져 있다고 봄. ¶重實上天 黎實下地＜國語＞

【上聽】じょうちょう(상청) ☞上聞(상문). ¶得通一 一「悟主心＜唐書＞

【上體】じょうたい(상체) 몸의 윗부분. 대개 배꼽 위의 부분을 가리킴. ↔下體(하체).

【上焦】じょうしょう(상초) ☞三焦(삼초). ¶一在心下下鬲在胃上口也＜史記·注＞

【上秋】じょうしゅう(상추) 초가을. 음력 7월. 初秋(초추). 孟秋(맹추). ¶七月曰孟秋首秋初秋一＜梁元帝纂要＞

【上春】じょうしゅん(상춘) 초봄. 음력 정월. 孟春(맹춘). ¶羅與綺兮嬌一＜江淹＞

【上廁】じょうし(상측) 뒷간에 감.

【上層】じょうそう(상층) ①위층. ¶登樓至一 去地四五丈＜北史＞ ②윗계급. 上流(상류). ↔下層(하층).

【上濁下不淨】カミニゴラバシモキヨカラズ(상탁 하부정) 웃물이 흐리면 아랫물이 깨끗할 수 없다는 뜻으로, 웃사람의 자숙을 경고하는 말. ※上梁不正(상량부정).

【上通天文下達地理】じょうつうてんぶんかたつちり(상통천문하달지리) 위로는 천문, 아래로는 지리에 통달한다는 뜻으로, 세상 이치를 훤하게 잘 앎을 이르는 말.

【上篇】じょうへん(상편) 두세 편으로 된 책 등의 앞 편. ¶武帝使誦之 卽誦一＜南史＞

【上平】じょうへい(상평) ①편지에서, 남을 높일 때 글줄을 바꾸어 앞줄 높이와 같게 쓰는 형식. ¶諸稱燕王者 可皆一＜魏志＞ ②사성(四聲) 중의 평성(平聲) 30운(韻)을 상·하 두 부류로 가를 때 그 상부류에 해당되는 15운. ↔下平(하평).

【上表】じょうひょう(상표) 임금이나 글을 정부에 올림. 또는, 그 글. 上書(상서). ¶每歲一 願駕幸＜唐書＞

【上品】じょうひん(상품) ①좋은 문벌. ¶一無寒門 下品無勢族＜晋書＞ ②품위가 고상함. ¶如此諸賢 故爲一＜顔氏家訓＞ ③질이 가장 좋은 물품. 上等品(상등품).

【上風】じょうふう(상풍) 바람이 불어 오는 쪽. ¶蟲雄鳴於一＜莊子＞ ↔下風(하풍).

【上下】じょうげ·かじょう(상하) ①위와 아래. 높음과 낮음. ②상위자와 하위자. ¶有君臣然後有一＜易經＞ ③임금과 신하. 또는, 벼슬에 있는 사람과 백성. ¶治神人 和一＜書經＞ ④늙은이와 젊은이. 長幼(장유). ⑤하늘과 땅. ¶一神祇＜書經＞ ⑥산과 못. 산과 평지. ¶一和 草木茂＜漢書＞ ⑦풍년과 흉년. ¶禮之薄厚與年之一＜禮記＞ ⑧상품(上品) 중의 하위(下位). 上之下品(상지하품). ⑧오름과 내림. 올림과 내림. ¶從其爵而一之＜周禮＞

【上學】じょうがく(상학) ①학교에 감. 登校(등교). ②입학함. ③최상의 배우는 방법. 최상의 학문. ¶一以神聽 中學以心聽 下學以耳聽＜文子＞

【上澣】じょうかん(상한) ☞上旬(상순). ¶俗以一中澣下澣 爲上旬中旬下旬＜古今詩話＞

【上玄】じょうげん(상현) ①하늘. ¶受命一 廓淸區宇＜隋書＞ ②마음. ¶心爲一＜黃庭經＞

【上弦】じょうげん(상현) 음력 8, 9일경의 달. 활시위 꼴이 되는데, 직경의 위쪽으로 달이 이뤄짐. 상현달. ¶一如半璧 初魄似蛾眉＜王褒＞ ↔下弦(하현).

【上賢】じょうけん(상현) ①뛰어나게 어짊. 또는, 그 사람. ¶當世取士 務先權謀 以爲一＜趙岐＞ ②현인(賢人)을 숭상함. ¶兼愛一 右

鬼非命<淮南子>
【上血】じょうけつ(상혈) 토혈(吐血). 대개, 위(胃)·식도(食道) 등의 질환에서 옴. ※喀血(객혈).
【上刑】じょうけい(상형) 극형(極刑). ¶善戰者 服一<孟子>
【上戶】じょうご(상호) ①술을 많이 마시는 사람. 酒豪(주호). 大戶(대호). ¶俗謂多飮酒者爲一<翠雨軒詩話> ↔下戶(하호). ②부민(富民). 부자(富者). ③연호법(煙戶法)의 등급에 있어, 서울에서는 호주가 일·이품(一二品)인 집, 시골에서는 식구가 15명 이상 되는 집을 이름.
【上皇】じょうこう(상황) ①천제(天帝). 상제(上帝). ¶天下戴之 此謂一<莊子> ②양위(讓位)한 생존 황제. 태상황(太上皇). ¶太子卽位 … 一還京師<元結> ③상고(上古)의 제왕.
【上候】じょうこう(상후) ①임금의 안신(安信). ②편지로 웃어른께 안부를 여쭘.
▷極一, 今一, 無一, 史一, 世一, 身一, 年一, 零一, 陸一, 以一, 引一, 呈一, 頂一, 奏一, 地一, 誌一, 至一, 進一, 最一, 向一, 獻一, 形而一

3【与】與(p. 1255)의 略字

2 3【丈】어른 장 | 𡿪 ㄓㄤˋ (zhang) | じょう(オトナ) *elder, length*
㊗丈
풀이 ①어른. ②장. 길이 단위. 주척(周尺). ¶白髮三千一<李白> ③남자. 뛰어난 남자. ¶一夫. ④존칭. 남자의 칭호·직함·호 등의 끝에 붙임. ¶老人一/椿府一. ⑤지팡이. ㊚杖. ¶老人持杖 故曰一人<六書正譌> ⑥길. 어른 키의 길이. ¶一六佛. ⑦측량하다. ¶一量.
【丈勘】(장감)㊥ ☞丈量(장량).
【丈量】じょうりょう(장량) 토지의 넓이를 잼. 또는, 토지의 넓이를 재어 장(丈)의 단위로 나타냄.
【丈六】じょうろく(장륙)《佛》일장 육척(一丈六尺)의 길이. 또는, 그 길이의 불상.
【丈六佛】じょうろくぶつ(장륙불)《佛》 ☞丈六(장륙).
【丈夫】じょうぶ(장부) ①성인 남자. ②씩씩하고 기개가 높은 남자. ③남편 또는 성인 남자에 대한 미칭(美稱).
【丈夫女】じょうふじょ(장부녀) ☞女丈夫(여장부).
【丈夫子】じょうふし(장부자) 남자.
【丈人】じょうじん(장인) ①아내의 친아버지. 가시아버지. 岳父(악부). ②어른의 존칭. ③노인.
【丈人行】じょうじんこう(장인항) 장인뻘 되는 어른이란 뜻으로, 상대 어른의 존칭.
【丈丈】じょうじょう(장장) ☞尊長(존장).
【丈尺】じょうしゃく(장척) 10자 길이로 된 자.
▷老一, 墨一, 方一, 百一, 查一, 石一, 我一, 岳一, 嶽一, 吾一, 尊一, 尺一, 淸一, 椿府一, 函一

2 3【下】 1 아래 하 2 내릴 하 | 馬 ㄒㄧㄚˋ 禡 (xia) | か, げ(シタ) *lower part*
源 指事. 기준이 되는「一」아래에 짧은 선(뒷날에 긴 세로 선과 점을 합한 꼴이 됨)을 두어「아래」를 가리킴.
풀이 1 ①아래. ㉮낮은 곳. ¶天一. ㉯머리 반대쪽. 허리 아래쪽의 몸. ¶一體. ②손아래. 아랫사람. ¶上一階級. ③뒷부분. 끝부분. ¶一午. ④백성. 신하. ¶上之化一<韓愈> ⑤임금의 거처. ¶閣一. 2 ①내리다. ㉮탈것 등에서 내리다. ¶一船. ㉯낮은 데로 내려가다. ¶一山. ㉰눈·비 따위가 땅에 떨어지다. ¶一雨. ㉱명령 따위를 내리다. ¶一命. ㉲값 따위가 내리다. ¶一落. ②지방으로 내려가다. ¶一鄕. ③낮추다. ¶卑一. ④낮아지다. ⑤내려 주다. ¶一書. ⑥관직 등에서 떠나다. ¶一野. ⑦접미사. 조건·환경 등을 나타냄. ¶目一.
【下嫁】かか(하가) 임금의 딸이 귀족이나 평민의 집으로 시집감.
【下瞰】かかん(하감) ☞俯瞰(부감).
【下鑑】かかん(하감) 아랫사람이 올린 글을 웃사람이 읽음.
【下降】かこう(하강) 아래로 내려가거나 옴. ↔上昇(상승).
【下計】かけい(하계) ☞下策(하책).
【下界】かかい·げかい(하계) ①하늘에 대해, 지상 세계. 下世(하세). ②《佛》인간 세계. 娑婆(사바). ↔上界(상계). ③하늘에서 인간 세계로 내려옴.
【下顧】かこ(하고) 아랫사람을 돌보아 줌. 愛顧(애고).
【下工】かこう(하공) ①볼 만한 것이 없는 손재주. 또는, 그런 솜씨의 사람. ②공사(工事)를 그만둠.
【下官】かかん·げかん(하관) ①지위가 낮은 벼슬아치. ↔上官(상관). ②부하 관리. ※小官(소관).
【下棺】(하관) 장사지낼 때 관을 광중(壙中)에 내림.
【下顴】かかん(하관) 얼굴의 아랫부분.
【下棺布】(하관포) 관을 광중(壙中)에 내릴 때 그것을 들기 위하여 거는 삼베 끈.
【下卦】かけ(하괘) 육효(六爻)의 아래쪽 세 효(爻). ↔上卦(상괘).
【下交】かこう(하교) 자기보다 못하거나 신분이 낮은 사람과의 사귐.
【下敎】かきょう(하교) ①웃사람이 아랫사람을 가르쳐 줌. ②☞傳敎(전교).
【下校】げこう(하교) 수업을 끝내고 학교에서 집으로 돌아감. ↔登校(등교). ※下學(하학).
【下九】かきゅう(하구) 음력 19일. ※上九(상구)·中九(중구).
【下國】かこく(하국) ①온 세상. 천하. ②☞小國(소국). ③시골. 서울에서 떨어진 작은 지방. ④자기 나라의 겸칭. 弊國(폐국).
【下卷】かかん(하권) 둘 또는 세 권으로 된 책의 끝권. ※上卷(상권)·中卷(중권).
【下剋上】げこくじょう(하극상) 아랫사람이 웃사람을 꺾어누름.
【下根】かこん(하근)《佛》불도(佛道)를 닦기에는 힘이 미치지 못하는 근기(根機). 또는, 그

사람. ↔上根(상근).
【下級】かきゅう(하급) ①등급이 낮음. ②아래 등급이나 그 지위에 있는 사람. ③품질이 낮음. ↔上級(상급).
【下技】かぎ(하기) ①평범한 재주. ②하찮은 재주. 末技(말기). 「↔上記(상기).
【下記】かき(하기) 본문 다음에 덧붙여 적은 글.
【下氣】かき(하기) ①흥분된 기운을 가라앉힘. ②기색을 부드럽게 함.
【下女】げじょ①·かじょ②③(하녀) ①계집종. ↔下奴(하노). ②신분이 낮은 여자. 낮은 지위에 있는 현인(賢人)의 비유. ③일을 가장 적게 하는 여자. 「함. 下慮(하려).
【下念】かねん(하념) 웃사람이 아랫사람을 염려
【下奴】かど(하노) ①사내종. ↔下女(하녀). ②남을 욕하여 하는 말. 그놈. 이놈. ③☞小人(소인).
【下段】かだん·げだん(하단) ①여러 단계나 계단이 있는 것의 끝 단. ②문장의 끝 단락. ↔上段(상단). 「단).
【下端】かたん(하단) 밑부분의 끝. ↔上端(상
【下壇】かだん(하단) 단에서 내려옴. ↔登壇(등단).
【下丹田】かたんでん(하단전) 삼단전(三丹田)의 하나. 배꼽에서 한 치쯤 아래쪽의 부분. 氣海(기해).
【下達】かたつ(하달) ①웃사람의 뜻이 아랫사람에 이름. 또는, 이르게 함. ②상급 기관의 의사를 하급 기관에 내림. ③재리(財利) 따위에 밝음. ¶君子上達 小人―<論語> ↔上達(상달).
【下達地理】かたつちり(하달지리) 아래로, 지리에 환함. ↔上通天文(상통천문).
【下答】かとう(하답) 웃사람이 아랫사람에게 답함. 또는, 그 편지.
【下畓】かとう(하답) 토질이나 물길이 좋지 아니하여 농사가 잘 안 되는 논. ↔上畓(상답).
【下堂】かどう(하당) ①당에서 내려옴. ②대청에서 내려옴. ③이혼하여 아내를 보내버림. ¶糟糠之妻不―<後漢書> ④㊥퇴청(退廳)함. ⑤㊥교실에서 나옴.
【下待】かたい(하대) ①낮춤말을 씀. ↔尊待(존대). ②소홀히 대접함. 薄待(박대).
【下道】かどう(하도) ①조선 때 충청(忠淸)·전라(全羅)·경상(慶尙)의 세 도를 이르던 말. 下三道(하삼도). ②샛길.
【下等】かとう(하등) ①질이 낮음. ↔上等(상등). ②등급이 낮음.
【下落】からく(하락) ①어떤 것의 정도나 등급이 떨어짐. ②물품 값 따위가 내림. ↔上昇(상승)·上騰(상등).
【下略】かりゃく(하략) ①문장 따위에서 아랫부분을 줄임. ※前略(전략)·中略(중략). ②☞下策(하책).
【下諒】かりょう(하량) 웃사람이 아랫사람의 마음을 살피어 알아줌. 주로, 편지에서 쓰는
【下慮】かりょ(하려) ☞下念(하념). 「말.
【下令】かれい(하령) 명령을 내림. 下命(하명).
【下隷】かれい(하례) 남자 종. 下人(하인).
【下僚】かりょう(하료) 지위가 낮은 벼슬아치.
【下流】かりゅう(하류) ①하천이나 강 따위의 아래편. ②사회에서, 신분이나 자산(資産) 정도가 낮은 계층. 下層(하층). ※上流(상류)·中流(중류).
【下吏】かり(하리) ①낮은 계급의 벼슬아치. 下僚(하료). ②옛날, 각 관아에 딸린 구실아치의 총칭. 胥吏(서리).
【下里】かり(하리) ①아랫마을. ↔上里(상리). ②시골. ③죽은 사람의 혼이 모인다는 곳.
【下俚】かり(하리) ①상스러움. 천함. ②옛중국의 속된 노래. 「이질(痢疾).
【下痢】げり(하리) ①설사. 또는, 설사를 함. ②
【下里巴人】かりはじん(하리파인) ①옛 중국의 속된 노래. ②시골의 속요.
【下馬榜】げばぼう(하마방) 하마비(下馬碑)에 적힌 문구. 大小人員皆下馬 따위.
【下馬碑】げばひ(하마비) 능(陵)·종묘(宗廟)·성균관(成均館)·향교 등의 앞에 비석처럼 세운 푯돌. 하마방(下馬榜)이 새겨져 있음.
【下馬評】げばひょう(하마평) 어떤 직위에 오를 후보자로서 사람들 입에 오르내리는 소문 또는 평판. 「下令(하령).
【下命】かめい(하명) 명령을 내림. 또는, 그 명령.
【下錨】かびょう(하묘) 닻을 내림. 碇泊(정박).
【下文】かぶん(하문) 아래에 있는 글. 다음의 글.
【下門】かもん(하문) 보지. 陰門(음문). 玉門(옥문).
【下問】かもん(하문) ①아랫사람에게 물음. ¶不恥―<論語> ②남을 높이어, 그의 물음을 이르는 말. 「치하문).
【下問不恥】かもんふち(하문불치) ☞不恥下問(불
【下物】かぶつ(하물) ①천한 물건. ②술을 내려보내는 음식물 곧 술안주. 下酒物(하주물).
【下民】かみん(하민) 하늘 아래의 백성. 곧, 세상 사람.
【下薄石】かはくせき(하박석) 비(碑)·탑(塔) 따위의 맨 밑에 까는 얇은 돌.
【下班】かはん(하반) 끝의 서열이나 석차.
【下飯】かはん(하반) 반찬. 부식(副食).
【下半期】しもはんき(하반기) 어떤 기간을 둘 또는 셋으로 나눈 경우, 그 중 뒤의 기간.
【下半部】かはんぶ(하반부) 일정한 땅이나 물건의 중간에서 아래쪽 부분.
【下半身】かはんしん(하반신) 사람 몸의 허리 아래 부분. ↔上半身(상반신).
【下方】かほう(하방) ①아래쪽. ②높이가 낮은 곳. ③지상 세계. ④남쪽과 서쪽. 음기(陰氣)가 싹트는 곳이라 하여 이르는 말. ↔上方(상방). 「배).
【下輩】かはい·げはい(하배) 하인들. 下人輩(하인
【下番】かばん(하번) ①뒷차례. ②당직 또는 당번을 마침. 또는, 그 사람. ↔上番(상번).
【下伏】かふく(하복) ☞末伏(말복).
【下服】かふく(하복) ①아랫사람이 복종함. ②전날, 사람 몸의 아랫부분에 과하던 형벌. 궁형(宮刑) 따위.
【下僕】げぼく(하복) ①하인. 남자 종. ②자기의 비칭(卑稱). 下奴(하노). 「분.
【下腹部】かふくぶ(하복부) 사람 몸의 아랫배 부
【下付】かふ(하부) ①관청에서 증명·허가·인가·면허 따위를 내 줌. ②☞下送(하송)①.

【下府】かふ(하부) ☞下司(하사).
【下部】かぶ(하부) 어떤 물건의 맨 아래쪽 부분.
【下邳】かひ(하비) 중국 강소성(江蘇省) 비현(邳縣) 지방의 옛이름.
【下卑】かひ(하비) 보잘것없고 비천함.
【下司】げす(하사) 하급 관청. ↔上司(상사).
【下士】かし(하사) ①어리석은 사람. ②사(士) 중 신분이 낮은 계급.
【下賜】かし(하사) 임금이 신하에게 물품을 내려 줌. ¶一品. 「산).
【下山】げざん(하산) 산에서 내려옴. ↔登山(등
【下三聯】かさんれん(하삼련) 한시(漢詩)에서, 아래 석자를 모두 평자(平字)나 측자(仄字)로 쓰는 일. 평자 석 자로 된 것을 평삼련(平三聯), 측자로 된 것을 측삼련이라 함. 대개 이를 꺼림.
【下上】かじょう(하상) 품질이나 등급이 하(下) 중에서 제일 나음. 또는, 그것. 下之上(하지상). 「학교. ↔上庠(상상).
【下庠】かしょう(하상) 옛 중국에서 서민을 교육한
【下殤】かしょう(하상) ☞三殤(삼상).
【下生】かせい(하생) ①자기의 비칭(卑稱). ②《佛》 부처가 이 세상에 태어남.
【下書】かしょ(하서) 웃사람이 보낸 편지. ↔上書(상서).
【下石上臺】(하석상대)㊥ 밑돌을 빼어 윗돌을 굄. 곧, 근본적인 해결이 아닌 임시로 둘러댐을 이름. 「(승선).
【下船】げせん(하선) 배에서 육지로 내림. ↔乘船
【下世】かせい(하세) ①죽음. ②다음 세계 곧 후세(後世). ③☞下界(하계).
【下消】(하소) 소갈증(消渴症)의 하나. 입이 바싹 마름. 심하면 얼굴빛이 검어지고 오줌이 흐림. 「屬(후속).
【下屬】かぞく(하속) ①부하들. ②하인들. ③☞後
【下送】かそう(하송) ①서한문 등에서, 아랫사람에게 물건을 보냄. 下付(하부)②. ②남이 자기에게 물건을 보냄을 높이어 이르는 말.
【下手】かしゅ·げしゅ(하수) ①바둑·장기 등의 수가 낮은 사람. 또는 그 수. ②어떤 일을 직접 함. 着手(착수). ¶一人.
【下水】げすい①·かすい(하수) ①더러운 물이나 도랑. ②물의 흐름을 따라 내려감. ③물을 아래쪽으로 흐르게 함. ④땅 밑으로 흐르는 더러운 물. ¶一道/一溝/一渠. ↔上水(상
【下垂】かすい(하수) 아래로 드리워짐. 「수).
【下壽】かじゅ(하수) 사람의 수명을 세 등급으로 나눈 것의 하나. 60세 또는 70세를 이름.
【下手人】げしゅにん(하수인) 주로, 남의 나쁜 지시 따위를 받아 직접 행하는 사람. 下手者(하수자).
【下旬】げじゅん(하순) 매월 21일부터 그믐날까지의 기간. 下澣(하한). 下浣(하완).
【下濕】かしつ(하습) 지대가 낮고 습함.
【下乘】かじょう(하승) ①느린 말 또는 못난 말이란 뜻으로, 못난 사람을 이름. ②《佛》 ☞小乘(소승).
【下視】かし(하시) ①얕잡아 봄. 蔑視(멸시). ②내려다 봄. 「관).
【下野】げや(하야) 관직에서 물러남. ※掛冠(괘
【下午】かご(하오) 정오 이후에서 자정 전까지. 午後(오후). ↔上午(상오).
【下獄】かごく(하옥) 죄인을 감옥에 넣음. 投獄(투옥). ※げごく
【下愚】かぐ(하우) ①아주 어리석음. 또는, 그런 사람. ②자기의 비칭(卑稱). ※大愚(대우).
【下愚不移】かぐウツラズ(하우불이) 하우는 발전하지 못하고 언제나 그대로임. ¶上知與一<論語> 「원).
【下元】かげん(하원) 음력 시월 보름. ※三元(삼
【下位】かい(하위) ①낮은 지위. 下秩(하질). ②아랫자리 또는 그 부분. ↔上位(상위).
【下儒】かじゅ(하유) ①변변하지 못한 학자. ②선비가 스스로를 낮추어 일컫는 말. ③술사(術士)의 일컬음. ¶一 術士之類<稱謂
【下衣】かい(하의) 바지. ↔上衣(상의). 「錄>
【下意】かい(하의) 아랫사람 또는 하급 기관의 의견이나 생각. ¶一上達. ↔上意(상의).
【下人】かじん(하인) 종. ¶一輩.
【下裝】かそう(하장) 가마나 상여(喪輿) 따위의 아랫부분.
【下節】かせつ(하절) ①평범한 절조(節操). 또는, 그 사람. ②천박한 곡조. ③아랫마디. ↔ 上節(상절).
【下丁】(하정)㊥ 음력 하순의 일진의 천간이 정(丁)으로 된 날. 이날에 연제(練祭), 담제(禫祭) 등을 지냄.
【下情】かじょう(하정) ①아랫사람들의 마음이나 형편. ②민심(民心) 또는 민정(民情). ③자신의 사정이나 심사를 낮추어 일컫는 말. 下懷(하회).
【下庭拜】(하정배) 웃사람이나 신분이 높은 사람에게 뜰 아래에서 하는 절. 「제).
【下第】かだい(하제) ☞落第(낙제). ↔及第(급
【下劑】げざい(하제) 설사를 하게 하는 약.
【下坐】げざ(하좌) 아랫자리. 末席(말석). ↔上坐(상좌).
【下注】かちゅう(하주) ①아래로 쏟아짐. 또는, 쏟음. ②아래쪽에 붙인 주해(注解). 脚注(각주). 「비칭(卑稱).
【下走】かそう(하주) ①심부름꾼. 하인. ②자기의
【下酒物】かしゅぶつ(하주물) ☞下物(하물)②.
【下中】かちゅう(하중) 하지중(下之中). 곧, 품질이나 등급의 하(下) 중의 중간. ※下下(하하)·下上(하상).
【下地】かち(하지) ①땅. ↔上天(상천). ②메마른 농지. 薄土(박토). 下土(하토).
【下肢】かし(하지) 사람의 다리. 팔을 위쪽에 있는 다리로 보아, 아래쪽에 있는 다리라는 뜻. ↔上肢(상지).
【下直】かちょく(하직) 웃어른에게 작별을 아룀. 또는, 작별함.
【下陳】かちん(하진) ①뒷줄. 後列(후열). ②후궁(後宮). ③궁녀가 있는 방. 또는, 궁녀.
【下秩】かちつ(하질) ☞下位(하위)①.
【下車】げしゃ(하차) 차에서 내림. ↔乘車(승차).
【下采】かさい(하채) ☞納幣(납폐).
【下策】げさく(하책) 그 중 떨어지는 계책. 下計(하계). 下略(하략)②.
【下妻】かさい(하처) 첩(妾). 小室(소실).
【下泉】かせん(하천) ☞黃泉(황천).

【下賤】げせん(하천) ①신분이 낮은 사람. 하천인의 준말. ※卑賤(비천). ②아랫사람에게 겸양함.

【下遷】かせん(하천) 좌천(左遷) 또는 강등(降等)됨. ¶後稍斥疏—<史記>

【下請】シタウケ(하청) 어떤 사람이 청부 맡은 일을 다시 딴 사람이 청부 맡는 일. 하청부(下請負)의 준말. ↔原請(원청).

【下體】かたい(하체) ①사람 몸의 허리 아랫부분. 아랫도리. ②사람의 음부(陰部).

【下焦】かしょう(하초) ☞三焦(삼초).

【下側】かそく(하측) 아래쪽.

【下層】かそう(하층) ①건물 따위의 아래층. ②☞下流(하류)②.

【下土】かど(하토) ☞下地(하지).

【下版】かはん(하판) ①인쇄에서 조판(組版)을 지형기(紙型機)·인쇄기로 옮기는 일. ②《佛》절 큰방의 아랫목. 桁頭(항두).

【下篇】かへん(하편) 둘 또는 세 편으로 된 책 따위의 마지막 것. ※中篇(중편)·上篇(상편).

【下平】かひょう(하평) 짧고 끝이 높은 소리. 평성(平聲) 30운(韻)을 상하로 나눈 하나. 下平聲(하평성).

【下品】かひん·げひん(하품) ①질이 낮은 물건. 또는, 그 질. ②《佛》구품(九品) 정토의 맨 아래쪽 세 품. ※中品(중품)·上品(상품).

【下筆成章】フデヲクダセバしょうヲナス(하필성장) 붓을 대기만 하면 글을 이룸. 글재주가 뛰어남을 이름. ¶言出爲論 —<魏志>

【下下】かか·げげ(하하) 맨 아래. 下之下(하지하). ※下中(하중)·下上(하상).

【下學】かがく(하학) ①학교에서, 그날 수업을 마침. ¶—鐘. ②수준이 낮은 학문. ③비근(卑近)한 것부터 배움. ¶—而上達<論語> ↔上學(상학).

【下學上達】かがくじょうたつ(하학상달) 인사(人事)를 배우고 나아가 천리(天理)에 도달함. 곧, 쉽고 비근한 것에서 배우기 시작하여 깊은 이치에 도달함.

【下行】かこう(하행) ①아래쪽으로 내려감. ②지방으로 내려감. ¶—列車. ↔上行(상행).

【下向】げこう(하향) ①아래쪽으로 향함. ②품질이나 등급 따위가 떨어짐. ¶—調整. ↔上向(상향).

【下鄕】かきょう(하향) ☞落鄕(낙향).

【下弦】かげん(하현) 음력 매월 23일경에 뜨는 반달. ↔上弦(상현).

【下血】かけつ·げけつ(하혈) 항문(肛門)이나 하문(下門)으로 피를 쏟음. 또는, 그 일. ※吐血(토혈)·上血(상혈).

【下戶】げこ(하호) ①가난한 백성. 貧民(빈민). ②주량(酒量)이 적은 사람. ↔上戶(상호).

【下化衆生】げけしゅじょう(하화중생)《佛》아래로 중생을 교화제도(敎化濟度)함. 下化冥闇(하화명암). ↔上求菩提(상구보리).

【下回】かかい(하회) ☞次回(차회).

【下廻】シタマワル(하회) 수량 따위가 낮거나 적음. ↔上廻(상회).

【下懷】かかい(하회) ☞下情(하정)②.

【下厚上薄】かこうじょうはく(하후상박) 임금(賃金) 인상 등에서 올리는 율을 아래 계급에 더 후하게 하는 일.

【下恤】かじゅつ(하휼) 아랫사람 또는 백성의 어려움을 구제함.

▷却—, 脚—, 閣—, 降—, 瓜田李—, 闕—, 貴—, 廊—, 駑—, 帶—, 幕—, 目—, 門—, 負—, 部—, 卑—, 上—, 手—, 膝—, 臣—, 言—, 月—, 以—, 邸—, 殿—, 足—, 地—, 直—, 天—, 泉—, 陛—, 閤—, 形而—, 麾—

3/4【丐】빌 개 | 圈ㄍㄞˋ (gai) | かい(コウ) *beg, beggar*

풀이 ①빌다. 빎. ¶飢寒無所貸—<唐書> ②거지. 비럭질. ¶阜隸庸— 皆得上父母之邱墓<柳宗元>

【丐命】かいめい(개명) 목숨을 구걸함. ¶賊呼—<宋史>

【丐養】かいよう(개양) 양아들. 養子(양자).

【丐子】かいし(개자) 걸인. 거지.

【丐戶】かいこ(개호) 옛 중국 강소성(江蘇省) 지방의 천민의 하나.

3/4【丏】가릴 면 | 銑ㄇㄧㄢˇ (mian) | べん, めん *cover*

3/4【不】
1 아니 불 | 月ㄅㄨˋ (bu)
2 아닌가 부 | 宥ㄈㄡˇ (fou)
3 클 부 | 虞
4 새이름 부 | 尤ㄈㄡ (fou)
ふ, ぶ (ズ, ザル) *not*

※국어에서, 「ㄷ·ㅈ」음 위에 올 때에는 「부」로 읽음.

풀이 1 ① 通弗 否. ㉮아니다. 通非. ¶—利益. ㉯아니하다. ¶—變. ②금지. ☞句法 ③없다. 通無. ¶—根. ④못하다. 모자람. ¶—具. 2 아닌가. 의문사. ☞句法 3 크다. 通丕. ¶—顯惟德<詩經> 4 새 이름. 오디새. 대승(戴勝). ㉠ 鴀.

句法

①부정
㉮[不…] …하지 아니하다. …가 아니다. ¶人不知而不慍<論語>
㉯[不可…] 해서는 안 된다. 할 수는 없다.
㉰[不能…] (능력이 없어서)할 수 없다.
㉱[不得…] (기회가 없어서)할 수 없다.
㉲[不足…] …할 가치가 없다.
㉳[不敢…] 감히 …하지 못한다. ¶側目不敢視<十八史略>

②부분 부정
㉮[不必…] 반드시 …하는 것은 아니다. ¶勇者不必有仁<論語>
㉯[不常…] 항상 …하는 것은 아니다.
㉰[不俱…] 함께는 …할 수 없다. ¶兩虎共鬪 其勢不俱生<史記>

③이중 부정
[不可不…] …하지 아니하면 아니 된다. ¶父母之年 不可不知也<論語>

④비교

[不如…] [不若…] …에 미치지 못한다. …하는 편이 좋다. ¶百聞不如見<漢書>
⑤반어(反語)
[不亦…乎] 어찌 …하지 아니한가. ¶不亦樂乎<論語>
⑥가정
[不…則…] …하지 아니하면 …하다. ¶君子不重則不威<論語>
⑦누가(累加)
[不唯…] 다만 …할 뿐만 아니라. ¶不唯忘歸可以終老<白居易>
⑧의문
…인가, 또는 … 아닌가. 「否」와 쓰임이 같음. ¶視吾舌 尙在不<史記>
⑨금지
[不…] …하지 말라. ¶夷子不來<孟子>

【不斷】ふだん(부단) ①계속됨. 끊이지 않고 이어짐. ②과단성이 없음. ¶優柔—.
【不達時變】ふたつじへん(부달시변) 시대의 변화 또는 그때그때의 변화에 적응하지 못함. 완고하여 융통성이 없음을 이름. 不達時宜(부달시의).
【不達時宜】ふたつじぎ(부달시의) ☞不達時變(부달시변). 「↔正當(정당).
【不當】ふとう(부당) 옳지 아니함. 失當(실당).
【不大不小】ふだいふしょう(부대불소) 크지도 작지도 아니함. 적당함.
【不德】ふとく(부덕) 덕이 없음.
【不道】ふどう(부도) ☞無道(무도).
【不圖】ふと(부도) 의외. 뜻밖에. ¶—爲樂之至於斯也<論語>
【不渡】フワタリ(부도) 예금 잔고가 없어 어음·수표에 적힌 금액을 지불일에 받지 못하는 일. ¶—手票.
【不倒翁】ふとうおう(부도옹) 오뚝이.
【不同】ふどう(부동) 같지 않음. 다름.
【不動】ふどう(부동) ①움직이지 아니함. ¶—姿勢. ②마음이 흔들리지 아니함. ¶搖之—. ③☞不動尊(부동존).
【不同戴天】ふどうたいてん(부동대천) ☞不俱戴天(불구대천). 「동존).
【不動明王】ふどうみょうおう(부동명왕) ☞不動尊(부
【不動心】ふどうしん(부동심) 흔들리지 않는 마음. ¶我四十—<孟子>
【不同意】ふどうい(부동의) 동의하지 아니함. 不贊成(불찬성).
【不動尊】ふどうそん(부동존)《佛》 5대 명왕의 하나. 대일(大日) 여래가 모든 악마를 항복시키기 위하여 변신한 것이라 하며, 성낸 모습으로 오른손에는 항마(降魔)의 검(劍)을, 왼손에는 오라를 쥐고 있음. 不動明王(부동명왕).
【不凍港】ふとうこう(부동항) 얼지 아니하여 겨울에도 배가 드나들 수 있는 항구.
【不得不】(부득불) ☞不可不(불가불).
【不得不失不來不去】ふとくふしつふらいふこ(부득불실 불래불거)《佛》 일체법(一切法)은 본래 공(空)으로서, 얻는 것도 잃는 것도, 오는 것도 가는 것도 없음. ¶卽知一切法 —<智度論>
【不得要領】ふとくようりょう(부득요령) ☞要領不得(요령부득). 「하여.
【不得已】ヤムヲエズ(부득이) 어쩔 수 없이. 마지못
【不實】ふじつ(부실) ①실속이 없음. ②곡식의 알이 잘 들지 아니함. ③몸이나 마음이 옹골차지 못함. ④어떤 것의 내용이 제대로 갖추어지지 아니함. ¶—企業.
【不字】ふじ(부자) 정혼(定婚)하지 아니함. ¶女子貞— 十年乃字<易經>
【不自量】ふじりょう(부자량) 자신을 스스로 헤아리지 못함. ↔自量(자량).
【不作】ふさく(부작) ①농사 짓지 아니함. 不耕(불경). ¶一日— 百日不食<史記> ②떨쳐 일어나지 아니함. 세상에 나가지 아니함. ¶聖主— 諸侯放恣<孟子>
【不作爲】ふさくい(부작위) ①행위를 하지 아니함. ②하여야 할 일을 하지 않는 일. ¶—犯. ↔作爲(작위).
【不將】ふしょう(부장) ①보내지 않음. 將은 送. ¶—不迎<莊子> ②음양(陰陽)의 힘이 같은 날. 길일(吉日)이라 함.
【不杖朞】ふじょうき(부장기) 오복(五服)의 하나. 지팡이는 짚지 아니하고 1년 동안 복(服)을 입는 일. 아버지가 살아 있을 때의 어머니 상(喪)과 아내가 부모보다 먼저 죽은 경우의 복 따위. 「칭.
【不才】ふさい(부재) ①재주가 없음. ②자기의 비
【不在】ふざい(부재) 없음. ¶—地主/—證明.
【不在者】ふざいしゃ(부재자) 주소·거소·농토 기타 재산과 떨어져 있어 정상적인 법률 행위를 못하는 사람. ¶—投票.
【不爭】ふそう(부쟁) 다투지 아니함. 「—.
【不敵】ふてき(부적) 상대가 되지 아니함. ¶衆寡
【不適】ふてき(부적) 부적당(不適當)의 준말.
【不適當】ふてきとう(부적당) 알맞지 아니함.
【不傳】ふでん(부전) ①전하지 아니함. ②전해 오지 아니함. 없어짐. ¶—歌謠.
【不腆】ふてん(부전) 후하지 못함의 뜻으로, 남에게 물건을 보낼 때 겸사로 쓰는 문구. 腆은 厚. ※寸志(촌지).
【不戰】ふせん(부전) 싸우지 아니함. ¶—勝.
【不絶】タエズ(부절) 끊이지 않고 계속됨. ¶連絡—.
【不節制】ふせっせい(부절제) ☞無節制(무절제).
【不正】ふせい(부정) 바르지 아니함. ¶—行爲.
【不定】ふてい(부정) ①일정하지 아니함. ↔特定(특정). ②《佛》 덧없음.
【不貞】ふてい(부정) 정조(貞操)를 지키지 아니함. ¶配偶者—.
【不亭】ふてい(부정) ①바르지 못한 사람. ②내조(來朝)하지 않는 사람. ¶以征—<史記>
【不淨】ふじょう(부정) ①깨끗하지 아니함. ¶人食—之物/上濁下—. ②사악함이 끼어듦.
【不正競爭】ふせいきょうそう(부정경쟁) 바르지 않은 수단으로 동업자의 이익을 해치는 일. 不正競業(부정경업).
【不定期】ふていき(부정기) 시기 또는 기한이 정하여져 있지 아니함. ¶—刊行物.
【不淨燒紙】ふじょうしょうし(부정소지) 몸소지를 사르기 전에 부정한 것을 없애기 위하여 살라 올리는 것.

【不正品】ふせいひん(부정품) 옳지 않은 방법으로 만들었거나 차지하고 있는 물품.
【不定風】ふていふう(부정풍) 방향이나 풍속(風速) 등이 일정하지 아니한 바람.
【不定形】ふていけい(부정형) 일정한 모양이 없음. 또는, 그러한 것.
【不弔】ふちょう(부조) ①박정(薄情)함. ②조문(弔問)하지 아니함. ¶三年—. 「지).
ふてき(부적) 도착하지 못함. 不至(부
【不祧】ふちょう(부조) 길이 제사지냄의 뜻으로, 영구히 폐하지 아니하는 것의 비유.
【不調】ふちょう(부조) 고르지 못함.
【不祧之典】ふちょうノてん(부조지 전) 나라에 공이 큰 사람의 신주를 길이 사당에 모시게 하던 특전. 不遷之典(불천지 전).
【不調和】ふちょうわ(부조화) 서로 잘 어울리지 아니함. 失調(실조).
【不足】ふそく(부족) ①모자람. ②만족하지 못함.
【不足可論】(부족가론) ①의논할 만한 것이 못됨. ② 더불어 이야기할 거리가 되지 못함. 「이 못됨.
【不足掛齒】(부족괘치) 더불어 말할 만한 것
【不存之地】ふそんノち(부존지 지) 죽음의 땅.
【不住】ふじゅう(부주) ①그치지 아니함. 계속됨. ¶兩岸猿聲啼—<李白> ②《佛》 머무르지 아니함.
【不周】ふしゅう(부주) 남과 두루 어울리지 아니함. ¶小人比而—<論語>
【不注意】ふちゅうい(부주의) 주의하지 아니함.
【不周風】ふしゅうノかぜ(부주풍) 서북풍.
【不中】ふちゅう(부중) ①들어맞지 않음. ②치우침. 중용(中庸)이 안 됨.
【不卽不離】ふそくふり(부즉불리)《佛》 붙지도 떨어지지도, 가깝지도 멀지도 않음.
【不增不減】ふぞうふげん(부증불감)《佛》 모든 법은 공(空)이므로 더할 것도 덜할 것도 없음.
【不知甘苦】かんくヲシラズ(부지감고) 달고 쓴 것도 알지 못함. 곧, 극히 쉬운 것도 모름.
【不知去處】サルトコロヲシラズ(부지거처) 간 곳을 모름. 행방불명이 됨.
【不知輕重】けいちょうヲシラズ(부지경중) 경중을 모름. 사물을 제대로 파악하지 못함.
【不知其數】ソノカズヲシラズ(부지기수) 그 수를 알 수 없음. 곧, 무수히 많음. ※不可勝數(불가승수). 「불식).
【不知不覺】ふちふかく(부지불각) ☞不知不識(부지
【不知不識】(부지불식) 알아차리지 못함.
【不蹟山蹟垤】(부지산 지질) 사람은 산에는 걸려 넘어지지 않으나 개밋둑에는 걸려 넘어진다는 뜻으로, 오히려 작은 일로 그르침을 이름.
【不知所向】(부지소향) 갈 곳을 모름.
【不知中】(부지중) 알지 못하는 사이. 不知不識間(부지불식간).
【不知何歲月】(부지 하세월) 언제 이루어질지 알 수 없음. ※百年河淸(백년하청).
【不職】ふしょく(부직) 맡은 일을 감당하지 못함.
【不振】ふしん(부진) 떨쳐 일어나지 못함.
【不進】ふしん(부진) 나아가지 못함. 진전이 없음. ¶遲遲—.
【不盡】ふじん(부진) ①다하여 없어지지 아니함. ②☞不悉(불실).
【不盡意】ふじんノい(부진의) 품은 뜻을 다 표현하지 못함. ¶言—<易經>
【不疾】ふしつ(부질) 동작이 빠르지 못함. 게으름. ¶事人而不順者 —者也<荀子>
【不可】ふか(불가) ①옳지 아니함. ②해서는 안 됨. ③하지 못함.
【不可缺】ふかけつ(불가결) 없어서는 안 됨.
【不可近不可遠】ふかきんふかえん(불가근 불가원) ①가까이 해서도, 멀리 해서도 안 됨. ②가까이 할 수도, 멀리 할 수도 없음.
【不可當】(불가당) 당해 낼 수가 없음.
【不可無】(불가무) 없어서는 안 됨. 또는, 그러한 것.
【不可分】ふかぶん(불가분) 구분할 수가 없음. 나눌 수가 없음. 「득불).
【不可不】(불가불) 어쩔 수 없이. 不得不(부
【不可不念】(불가불념) 마음에 두지 않을 수가 없음.
【不可思議】ふかしぎ(불가사의) 사람의 생각으로는 헤아려 알 수가 없음. 또는, 그 일. 不可解(불가해).
【不可說】ふかせつ(불가설)《佛》 참된 이치는 체득(體得)하여야 하는 것이며, 말로는 다 나타낼 수 없음.
【不可勝數】(불가승수) 많아 이루 다 셀 수가 없음. ※不知其數(부지기수).
【不可信】ふかしん(불가신) ①믿을 수 없음. ②믿어서는 안 됨. 「한 것.
【不可知】ふかち(불가지) 알 수 없음. 또는, 그러
【不可侵】ふかしん(불가침) ①침범하지 못함. ②침범해서는 안 됨. ¶—權.
【不可避】ふかひ(불가피) 피할 수 없음. 어쩔 수 없음. ※不可抗力(불가항력).
【不可抗力】ふかこうりょく(불가항력) 사람의 힘으로써는 어떻게 할 수 없음. 또, 그 일.
【不可解】ふかかい(불가해) ☞不可思議(불가사의). 「없음.
【不可形言】(불가형언) 말로는 표현할 수가
【不可諱】ふかき(불가휘) 기피할 수 없다는 뜻으로, 죽음을 이름.
【不恪】ふかく(불각) 삼가지 않음. 恪은 敬.
【不刊】ふかん(불간) ①깎아 없애지 못함. 곧 영원히 전할 책. 刊은 削. ②닳아 없어지지 아니함. 「—主義.
【不干涉】ふかんしょう(불간섭) 간섭하지 아니함. ¶
【不感】ふかん(불감) 느끼지 못함. ¶—症.
【不敢生意】(불감생의) 감히 엄두도 내지 못함. 焉敢生心(언감생심).
【不敢贊一辭】(불감찬일사) 너무 뛰어나 감히 칭찬 한 마디도 할 수 없음.
【不敢毁傷孝之始】アエテきしょうセザルハこうノはじメナリ(불감훼상 효지시) 자기 몸을 욕되게 하거나 상하게 하지 않도록 삼가고 조심하는 것이 효의 시초임.
【不去小利則大利不得】(불거소리즉 대리부득) 작은 이익을 버리지 못하면 큰 이익을 얻지 못함.
【不潔】ふけつ(불결) 더러움. ↔純潔(순결)·淨潔(정결).
【不敬】ふけい(불경) ①공손하지 못함. ②군주

(君主) 등에게 무례를 범함. ¶一罪.
【不耕】ふこう(불경) ☞不作(부작)①.
【不景氣】ふけいき(불경기) 경제 상태 즉 경기가 좋지 못함. ↔好景氣(호경기).
【不經事少年】ふけいじしょうねん(불경사 소년) 경험이 없는 애송이.
【不經之談】ふけいノだん(불경지 담) ☞不經之說(불경지 설).
【不經之說】ふけいノせつ(불경지 설) 도리에 어긋나는 말. 不經之談(불경지 담).
【不計】ふけい(불계) ①옳고 그름이나 이해(利害) 관계를 생각하지 아니함. ②헤아리지 아니함. ③바둑에서 승패가 확연하여, 집 수를 셈하지 아니함. 또는, 그 일. ¶一勝/一敗.
【不繫之舟】ふけいノしゅう(불계지 주) 잡아매지 아니한 배란 뜻으로, 구애를 벗어난 자유로운 마음 또는 정처없이 떠돌아 다니는 몸의 비유. ¶汎若一 盧而遨遊者也<莊子>
【不辜】ふこ(불고) ☞無辜(무고).
【不顧】ふこ(불고) ①돌아보거나 돌보지 아니함. ¶一而去. ②생각하지 아니함. 따지지 아니함. ¶一利害.
【不顧家事】ふこかじ(불고가사) 집안 일을 돌보지 아니함.
【不穀】ふこく(불곡) 불선(不善)의 뜻으로, 제후(諸侯)가 자기를 낮추어 일컫던 말. 穀은 善. ※寡人(과인).
【不恭】ふきょう(불공) 공손하지 아니함.
【不共戴天之讐】ふきょうたいてんノしゅう(불공대천지 수) ☞不俱戴天之讐(불구대천지 수).
【不公正】ふこうせい(불공정) 공평하고 바르지 아니함. ¶一去來.
【不過】ふか(불과) 그에 지나지 않음.
【不愧屋漏】ふきおくろう(불괴옥루) 군자는 사람이 없는 곳에서도 행동을 삼가고 바르게 하여 부끄러움이 없음. 屋漏는 집의 서북쪽 귀퉁이로, 가장 깊숙하고 어두운 자리인데, 사람이 보지 않는 곳을 뜻함. ※不欺闇室(불기암실).
【不久】ふきゅう(불구) ☞未久(미구).
【不拘】かかわらず(불구) 거리끼지 아니함. 구애받지 아니함. 勿拘(물구).
【不具】ふぐ(불구) ①갖추어지지 아니함. ②모자람. ③몸에 결함이 있음. ¶一者. ④☞不備(불비).
【不俱戴天】ふぐたいてん(불구대천) 하늘을 함께 일 수 없음. 곧, 같은 하늘 아래에서 함께 살 수 없음.
【不俱戴天之讐】ふぐたいてんノしゅう(불구대천지 수) 한 하늘 아래에서 함께 살 수 없는 원수. 곧, 부모나 임금을 죽인 자로, 살려 둘 수 없는 원수. 不共戴天之讐(불공대천지 수).
【不求聞達】ふきゅうぶんたつ(불구문달) 세상에 이름이 드날리기를 바라지 아니함.
【不拘小節】(불구소절) 소소한 예절에 얽매이지 아니함.
【不拘束】ふこうそく(불구속) ①얽매거나 얽매이지 아니함. ②피의자를 구속하지 아니함. ¶一立件.
【不求甚解】(불구심해) 깊은 뜻을 파고들려 하지 아니함.
【不群】ふぐん(불군) ☞拔群(발군).
【不屈】ふくつ(불굴) 굽히지 아니함. 꺾이지 아니함. ¶不撓一/百折一.
【不軌】ふき(불궤) ①상궤(常軌)에서 벗어남. ②모반(謀反)을 꾀함. ¶一之心.
【不歸】ふき(불귀) ①돌아오지 아니함. ②뜻이 바뀌어, 죽음을 이름. ¶一客.
【不均衡】ふきんこう(불균형) 균형을 잃음.
【不近人情】(불근인정) 인정과는 멂.
【不根持論】(불근지론) 근거가 없는 것을 지론으로 함. 또는, 그 지론.
【不禁】ふきん(불금) ①금할 수 없음. ②금하지 아니함.
【不及】ふきゅう(불급) 미치지 아니함.
【不急】ふきゅう(불급) 급하지 않음. ¶不要一.
【不及馬腹】(불급마복) 채찍이 아무리 길어도 말의 뱃속에는 닿지 않는다는 뜻으로, 세상의 일에는 사람의 힘이 미치지 못하는 곳이 있음을 이르는 말.
【不急之察】ふきゅうノさつ(불급지 찰) 쓸데없는 성찰(省察).
【不肯】ふこう(불긍) ①응낙하지 않음. ②쾌히 하고자 하지 아니함.
【不欺】ふき(불기) 속이지 아니함.
【不起】ふき(불기) 병으로 일어나지 못하고 죽음.
【不器】ふき(불기) 그릇처럼 한 곳에만 쓰이지는 않음. 곧, 학덕과 재예(才藝)가 갖추어져 어떠한 것에도 다 능함. ¶君子一<論語>
【不羈】ふき(불기) 남에게 구속되지 아니함. ¶元曉一<三國遺事>
【不欺闇室】ふきあんしつ(불기암실) 어두운 곳 즉 남이 보지 않는 곳에서도 행동을 삼가 양심을 속이지 아니함. 不侮闇室(불모암실). ※不愧屋漏(불괴옥루).
【不緊】ふきん(불긴) 긴하지 아니함. ¶一之事.
【不吉】ふきつ(불길) 상서롭지 못함. 不祥(불상). ¶一之兆.
【不念舊惡】ふねんきゅうあく(불념구악) 남의 지난 허물을 염두에 두지 아니함.
【不佞】ふねい(불녕) ①구변(口辯)이 없음. ②재능이 없음. ③저. 제. 자기의 비칭(卑稱).
【不能】ふのう(불능) ①능하지 못함. ②능히 하지 못함. ¶再起一. ③능력이 없음. 無能(무능). ¶性的一.
【不良】ふりょう(불량) ①착하지 아니함. ¶一少年. ②품질 따위가 좋지 아니함. ¶一品.
【不逞】ふてい(불령) ①불평을 품고 마음대로 행동함. ¶一之徒. ②불만을 가짐. 불만스럽게 여김.
【不勞】ふろう(불로) ①일하지 아니함. ¶一所得. ②힘들이지 아니함.
【不老不死】ふろうふし(불로불사) 늙지도 죽지도 아니함. 不老長生(불로장생).
【不老長生】ふろうちょうせい(불로장생) 늙지 아니하고 오래 삶. 不老不死(불로불사).
【不老草】ふろうそう(불로초) 먹으면 늙지 않는다는 상상의 풀. ※不死藥(불사약).
【不祿】ふろく(불록) ①녹봉을 다 타지 못한다는 뜻으로, 사(士)의 죽음을 이름. 士는 평민의 위이며 대부(大夫)의 아랫계급임. ②제후의 죽음을 타국에 고할 때 겸손하게 이르던 말.
【不了】ふりょう(불료) ①끝내지 못함. ¶有小市井事一<晉書> ②완전하게 이해하지 못함.
【不聊生】ふりょうせい(불료생) 마음놓고 살 수가 없

음.

【不類】(불류) ①착하지 아니함. ②악한 사람. 類는 善.

【不倫】(불륜) ①인륜(人倫)에 어그러짐. 悖倫(패륜). ②같은 또래가 아님. ¶年齒一<漢書>

【不利】(불리) ①이롭지 못함. ②조건이 상대방에 비하여 좋지 못함. ↔有利(유리).

【不立文字】(불립문자)《佛》도(道)는 마음으로 깨달아야 하는 것이므로, 문자 곧 불경에 의지하지 않음. ¶一 敎外別傳<法寶丹經>

【不蔓不支】(불만부지) 덩굴도 가지도 내지 않는다는 뜻으로, 군자가 잡념 없이 오직 하나를 지켜나감을 이름.

【不忘】(불망) ①잊지 않음. ②잊지 못함. ¶寤寐一/一之恩.

【不眠】(불면) ①자지 아니함. ②잠들지 못함. 不寐(불매). ¶一症.

【不眠不休】(불면불휴) 자지도 쉬지도 않고 힘써 함.

【不滅】(불멸) 사라지지 않고 영원함.

【不明】(불명) ①분명하지 아니함. ②밝지 아니함. ¶燈下一. ③흐림. ④사리에 어두움.

【不名譽】(불명예) 명예롭지 못함.

【不毛】(불모) ①땅이 메말라 풀이 나지 아니함. 또는, 그러한 땅. ¶一地. ②사막. ③어떤 분야의 활동이나 수확이 전혀 없음.

【不謀利不計功】(불모리 불계공) 이익을 꾀하거나 공을 따지지 아니함. 곧, 공리(功利)를 생각하지 아니하고 정도(正道)를 걸음.

【不侮闇室】(불모암실) ☞不欺闇室(불기암실).

【不睦】(불목) 집안이나 일가가 서로 의(誼)가 좋지 아니함. ↔和睦(화목).

【不文】(불문) ①학문이 없음. ②글자로 나타내지 아니함. 글자로 나타냄이 없음. ¶一法. ↔成文(성문).

【不問】(불문) 묻지 아니하고 덮어 둠.

【不問可知】(불문가지) 분명하여 묻지 않아도 알 수 있음.

【不問曲直】(불문곡직) 사실을 캐물어 따져보지도 아니하고 곧바로 함. 다짜고짜.

【不文律】(불문율) 관례·관행(慣行) 등으로 행하여져 온, 구성원간에 법률처럼 지켜지고 있는 것.

【不聞之聞】(불문지 문) 들리지 않는 것을 듣는다는 뜻으로, 마음으로 들음을 이르는 말.

【不美】(불미) 추하거나 부도덕하여 아름답지 못함.

【不敏】(불민) ①어리석음. ②기민하지 못함. ③남에게 대한 제 자식의 비칭(卑稱).

【不發】(불발) ①화살을 쏘지 아니함. ②포탄 따위가 폭발하지 아니함. ¶一彈. ③꾀한 일이 이루어지지 않고 무산됨. ④계발(啓發) 또는 촉발·유발되지 아니함. ¶不憤不啓 不悱一 <論語>

【不凡】(불범) ☞非凡(비범).

【不法】(불법) ①법에 어긋남. ¶一行爲. ②도리에 맞지 아니함.

【不法化】(불법화) 법에 어긋나는 정당·사회 단체나 어떤 행동을 합법적인 것으로 인정하지 아니하여 무효화시킴. ↔合法化(합법화).

【不辨】(불변) 분별하지 못함. ¶魚魯一.

【不變】(불변) ①변하지 아니함. ②바뀌지 아니함. ¶萬古一.

【不辨菽麥】(불변숙맥) 콩과 보리를 분간하지 못함의 뜻으로, 아주 어리석은 사람을 이름. 菽麥(숙맥).

【不寶金玉】(불보금옥) 군자는 금옥 따위를 보배로 여기지 아니함. 군자의 마음가짐을 뜻함.

【不服】(불복) ①복종하지 아니함. 따르지 않음. ②판결이나 행정 처분 등에 승복하지 아니함. ¶一上訴. ③불만을 가짐.

【不卜日】(불복일) 혼인이나 장례를 택일하지 아니하고 급히 치름.

【不分東西】(불분동서) 동서를 분별하지 못함. 곧, 매우 어리석음을 이르는 말. 不辨菽麥(불변숙맥).

【不分明】(불분명) 분명하지 아니함. 不明瞭(불명료).

【不憤不啓】(불분불계) 학문이나 구도(求道)에 있어서 분발함이 없으면 계발됨도 없음. ¶一 不悱不發<論語>

【不分上下】(불분상하) 위아래 사람이나 신분의 높고 낮음을 분별하지 못함. 곧, 버릇없음을 이름.

【不備】(불비) 예의나 할 말을 다 하지 못하였다는 뜻으로, 편지의 본문 끝에 쓰는 상투어. 不具(불구)④. 不宣(불선). ¶餘一禮.

【不費之惠】(불비지 혜) 제것을 축내지 아니하고, 남에게 베푸는 은혜.

【不賓之士】(불빈지 사) 임금의 잘못을 그대로 따르지 아니하고 바로잡으려 하는 사람. 賓은 좇음, 따름의 뜻. ¶自古明王聖主 必有一<後漢書>

【不仕】(불사) 벼슬을 아니 함. ※致仕(치사).

【不死】(불사) 죽지 아니함. 永生(영생). 無量壽(무량수). ¶一鳥.

【不似】(불사) 비슷하지 아니함. 같지 아니함. ※似而非(사이비).

【不死身】(불사신) 어떤 고통이나 곤란에도 쓰러지지 아니하고 이겨내는 사람.

【不死藥】(불사약) 먹으면 죽지 않고 오래 산다는 상상의 약. ※不老草(불로초).

【不事二君】(불사이군) 충신은 두 임금 곧 계통이 다른 두 조정을 섬기지 아니함.

【不死鳥】(불사조) ①이집트 신화에 나오는 새. 스스로 불에 타 죽고, 그 재에서 다시 태어나 영원히 없어지지 않는다 함. ②뜻이 바뀌어, 영원한 것을 이름.

【不舍晝夜】(불사주야) 밤낮으로 쉬지 아니함. ¶逝者如斯矣 一<論語>

【不祥】(불상) 상서롭지 못함. 不吉(불길). ¶一事.

【不詳】(불상) 자세하게 밝혀져 있지 아니함. 자세히 모름. 未詳(미상). ¶姓名一者.

【不相得】(불상득) 피차가 서로 뜻이 맞지 아니함.

【不祥事】(불상사) 좋지 못한 일.

【不相容】ふそうよう(불상용) 서로 용납되지 아니함. 정반대임. 不相能(불상능). ¶氷炭―.
【不相應】ふそうおう(불상응) 상응하지 아니함.
【不相合】ふそうごう(불상합) 서로 부합하지 아니함.
【不生不滅】ふしょうふめつ(불생불멸)《佛》우주의 본체인 도(道)는 생겨남도 소멸함도 없음.
【不生不死】ふしょうふし(불생불사)《佛》나지도 죽지도 않는다는 뜻으로, 열반의 세계를 이름.
【不釋卷】ふしゃっけん(불석권) 손에서 책을 떼지 아니함. 곧, 늘 독서함. 手不釋卷(수불석권).
【不惜身命】ふしゃくしんみょう(불석신명) ①몸과 목숨을 아끼지 않음. ②《佛》몸과 목숨을 아끼지 않고 불도(佛道)에 정진함.
【不宣】ふせん(불선) ☞不備(불비).
【不善】ふぜん(불선) ①잘하지 못함. ②착하지 아니함. ③좋지 못함.
【不先不後】ふせんふご(불선불후) 이러지도 저러지도 못할 좋지 못한 경우를 맞음.
【不善人善人之資】ふぜんにんハぜんにんノタスケ(불선인 선인지자) 착하지 못한 사람은 그를 보고 착한 사람이 반성하고 스스로를 경계하므로 수행의 자료가 됨.
【不設城府】ふせつじょうふ(불설성부) 사람을 대함에 담을 쌓지 아니함.
【不成貌樣】ふせいぼうよう(불성모양) ①형체를 이루지 못함. ②살림이 가난하여 꼴이 아님. ③옷차림이 말이 아님.
【不誠無物】ふせいむぶつ(불성무물) 성(誠)은 모든 사물의 근본이므로, 정성이 없는 곳에는 아무것도 없음. ¶誠者物之終始 ―<中庸>
【不成文】ふせいぶん(불성문) ☞不文(불문).
【不成文律】ふせいぶんりつ(불성문율) ☞不文律(불문율).
【不省人事】ふせいじんじ(불성인사) ☞人事不省(인사불성).
【不世之功】ふせいノこう(불세지 공) 세상에서 보기 드문 큰 공.
【不世之材】ふせいノざい(불세지 재) 세상에서 보기 드문 뛰어난 재주.
【不世出】ふせいしゅつ(불세출) 세상에 다시 나지 않을 것이라는 뜻으로, 극히 뛰어남을 이르는 말.
【不少】ふしょう(불소) 적지 아니함.
【不孫】ふそん(불손) ☞不遜(불손).
【不遜】ふそん(불손) 공손하지 아니함. 오만함. 不孫(불손). ¶傲慢―.
【不首】ふしゅ(불수) 복죄(服罪)하지 아니함. 不服(불복).
【不隨】ふずい(불수) ①마음대로 되지 아니함. ②팔다리가 마음대로 움직이지 아니함. 不仁(불인). ※半身不隨(반신불수).
【不數年】ふすうねん(불수년) 몇 해가 지나지 아니하여. 또는, 몇 해 지나지 아니함.
【不須多言】たげんヲヨウセズ(불수다언) 여러 말이 필요 없음.
【不隨意】ふずいい(불수의) ☞不如意(불여의).
【不淑】ふしゅく(불숙) ①착하지 아니함. 不善(불선). ②나라가 망함. ③재능이 없음. ④사람이 죽음.
【不熟】ふじゅく(불숙) ①☞未熟(미숙). ②과실, 곡식 따위가 여물지 아니함. ③음식물이 익지 아니함. ④사이가 나쁨. ⑤의론이 결말이 나지 아니함.
【不純】ふじゅん(불순) ①딴 것이 섞임. ¶―物. ②딴 마음을 품음. ¶―分子.
【不順】ふじゅん(불순) ①순조롭지 못함. ¶日氣―. ②순하지 아니함. 공손하지 아니함. ③순리에 따르지 아니하고 거역함.
【不崇朝】ふすうちょう(불숭조) 아침 때를 넘기지 아니함. 곧, 아침 동안.
【不拾遺】ふしゅうい(불습유) ☞道不拾遺(도불습유).
【不勝】ふしょう(불승) 격정을 못 누름. 곧, 분노나 기쁨 등의 감정이 격하여 참지 못함.
【不勝數】ふしょうすう(불승수) 이루 다 셀 수 없음.
【不時】ふじ(불시) ①갑자기. ②뜻밖. ③무시(無時)로. ④제 때가 아님.
【不翅】ふし(불시) 뿐만이 아님. 不啻(불시).
【不時着】ふじちゃく(불시착) 비행기나 배 따위가 고장이나 기후 조건의 악화 등으로 예정지가 아닌 곳에 갑자기 착륙하는 일. 不時着陸(불시착륙).
【不息】ふそく(불식) 쉬지 아니함. ¶自強―.
【不識】ふしき(불식) 알아차리지 못함. ※不知不識間(부지 불식간).
【不識不知】ふしきふち(불식부지) ☞不知不識(부지불식).
【不食之地】ふしょくノち(불식지 지) 부쳐 먹을 수 없는 땅.
【不信】ふしん(불신) ①믿지 아니함. 不信任(불신임). ②믿지 못함. ¶―行爲.
【不悉】ふしつ(불실) 편지 끝에 말을 다 쓰지 못했다는 뜻으로 쓰는 말. 不備(불비). 不具(불구)④. 不宣(불선).
【不失其本】ふしつきほん(불실기본) 본분을 잃지 않음. 본분을 앎.
【不失正鵠】ふしつせいこく(불실정곡) 정곡을 잃지 아니함. 바로 맞춤. 바로 말함.
【不審】ふしん(불심) ①자세히 알지 못함. ②신분이나 정체를 잘 모름. 不詳(불상). ¶―者.
【不審檢問】ふしんけんもん(불심검문) 수사 기관이나 초소 근무자 등이 정체를 알 수 없는 사람을 의심스럽게 여기어 조사하고 물음.
【不夜城】ふやじょう(불야성) ①한(漢)대, 동래군 불야현(不夜縣)에 있던 성. 밤에도 해가 떠 있었다 함. ②밤에도 대낮처럼 환한 곳의 일컬음.
【不夜侯】ふやこう(불야후) 많이 마시면 밤에 잠이 오지 않는다는 데서, 차(茶)의 이칭.
【不言可想】ふげんかそう(불언가상) 말하지 아니해도 능히 상상할 수 있음.
【不言可知】ふげんかち(불언가지) 말하지 아니해도 능히 알 수 있음.
【不言之教】ふげんノオシエ(불언지 교) 문자로써 나타내지 않는 가르침. 곧, 노자(老子)·장자(莊子)의 교(教)를 이르는 말.
【不言之化】ふげんノか(불언지 화) 말이 아닌, 덕(德)에 의한 감화. 德化(덕화).
【不如歸】ふにょき(불여귀) 소쩍새. 자규(子規). 귀촉도(歸蜀道).
【不如意】ふにょい(불여의) 뜻대로 되지 아니함. 不隨意(불수의).
【不易】ふえき(불역) ①변하지 아니함. 不變(불변). ②변역(變易), 간역(簡易)과 함께 역

(易)의 세 가지 뜻 중의 하나. ¶易一名而含三義 易也 變易也 一也<易經·注>
　ふい(불이) 쉽지 아니함. 어려움. ¶爲君難 爲臣一<論語>

【不易之論】ふえきのろん(불역지 론) 변경할 수 없는 바른 언론.

【不易之典】ふえきのてん(불역지 전) 변경할 수 없는 법. 영구 불변의 법.

【不然】ふぜん(불연) ①그러하지 아니함. 대답하는 말 등에서 씀. ②타지 아니함. 不燃(불연). ③명령을 따르지 아니함. ④「不然이면」 따위로 써서 그렇지 않으면의 뜻을 나타냄.

【不連續】ふれんぞく(불연속) 이어지지 아니함. 끊어짐.

【不豫】ふよ(불예) ①마음에 기꺼워하지 아니함. ②임금의 환후(患候).

【不穩】ふおん(불온) ①온당하지 아니함. ¶一冊子. ②평온하지 아니함. 분위기 등이 험악함.

【不穩思想】ふおんしそう(불온사상) 국시(國是)에 어그러지거나 국가 전복을 꾀하는 따위의 사회 불안을 조성할 우려가 있는 사상.

【不枉法】ふおうほう(불왕법) 법을 굽히지 아니하고 바르게 시행함.

【不要】ふよう(불요) 필요하지 아니함. ¶一不急.

【不撓不屈】ふとうふくつ(불요불굴) 의지가 굳어 어떤 어려움에도 흔들리거나 굽히지 아니함.

【不辱君命】ふじょくくんめい(불욕군명) 임금 또는 임금의 명령을 욕되게 하지 않는다는 뜻으로, 외국에 사신(使臣)으로 나가 임무를 완수함을 이름.

【不用】ふよう(불용) ①쓰지 아니함. ②소용이 없음. ¶一之物.

【不容】ふよう(불용) ①용납할 수 없음. ②세상에 쓰이지 못함.

【不用說】ふようせつ(불용설) 말이 필요 없음. 그대로임. 勿論(물론).

【不溶性】ふようせい(불용성) 용해(溶解)되지 아니하는 성질. ↔可溶性(가용성).

【不用意】ふようい(불용의) 인공(人工)을 가함이 없음. 곧, 자연 그대로임.

【不遇】ふぐう(불우) 세상에 쓰이지 못하여 재능을 가지고도 어렵게 지냄.

【不虞之備】ふぐノソナエ(불우지 비) 뜻밖의 환난에 대비하는 준비.

【不運】ふうん(불운) ①운이 없음. ②운수가 좋지 아니함.

【不願】ふがん(불원) 원하지 아니함. 바라지 아니함.

【不遠間】ふえんノアイダ(불원간) 앞으로 멀지 않은 동안. 오래지 아니하여.

【不遠千里】ふえんせんり(불원천리) 천 리 길도 멀다 하지 않음. 곧, 먼 길을 마다하지 않고 오거나 감.

【不怨天不尤人】ふえんてんふゆうじん(불원천 불우인) 하늘을 원망하거나 사람을 허물하지 않음. 곧, 어떠한 역경에 처하여도 남을 탓하지 아니함.

【不遺餘力】ふいよりょく(불유여력) 힘을 남기지 아니하고 다 씀.

【不愉快】ふゆかい(불유쾌) 유쾌하지 아니함.

【不允】ふいん(불윤) 윤허(允許)하지 아니함.

【不應】ふおう(불응) 응하지 아니함.

【不意】ふい(불의) 미처 생각하지 못함. 뜻밖. 意外(의외). 不時(불시). 不慮(불려). ¶一之變.

【不義】ふぎ(불의) 옳지 아니함.

【不二】ふじ(불이) ①둘이 아님. 오직 하나임. ②다르지 아니함. ③달리 하지 아니함. ④달리 보지 아니함. ⑤둘도 없음. 함께 나란히 못함. 無雙(무쌍). 無比(무비).

【不貳過】ニドアヤマチヲオカサズ(불이과) 같은 허물을 다시 저지르지 아니함.

【不易得】ふえきとく(불이득) 쉬이 얻을 수 없음.

【不二法門】ふにほうもん(불이법문)《佛》 大乘(대승)의 이칭.

【不夷不惠】ふいふけい(불이불혜) 백이(伯夷)와 같이 치우치지도 않고 유하혜(柳下惠)처럼 불공(不恭)하지도 아니함. 곧, 편벽되지 아니하여 행위에 잘못됨이 없음.

【不以言擧人不以人廢言】(불이언거인 불이인폐언) 그 사람의 하는 말만 듣고 그를 천거하지 아니하고, 신분이 낮더라도 그의 말이 옳으면 버리지 아니함. ¶君子一<論語>

【不人】(불인) 사람답지 못함. 또는, 그러한 사람.

【不仁】ふじん(불인) ①어질지 아니함. ②☞不隨(불수). ¶兩手一<後漢書>

【不忍見】ふにんけん(불인견) ☞目不忍見(목불인견).

【不忍正視】ふにんせいし(불인정시) 차마 바로 쳐다볼 수가 없음.

【不忍之政】ふにんのせい(불인지 정) 참을 수 없는 학정.

【不一】ふいつ(불일) ①한결같지가 않음. 같지 않음. ②일일이 다 말하지 못한다는 뜻으로, 흔히, 한문 편지 본문 끝에 쓰는 말. 不乙(불을).

【不日】ふじつ(불일) ①날짜가 없음. 날짜를 정하지 아니함. ②☞不日間(불일간).

【不日間】ふじつかん(불일간) 며칠 안 되는 사이에. 不日內(불일내).

【不一其端】ふいつソノたん(불일기단) 일의 실마리가 하나가 아님. 곧, 사건 따위가 복잡하게 얽힘.

【不日內】ふじつない(불일내) ☞不日間(불일간).

【不日成之】ふじつせいし(불일성지) 멀지 아니하여 이루거나 이룩함.

【不一致】ふいっち(불일치) 일치하지 아니함.

【不妊】ふにん(불임) 임신하지 못함. ¶一症. ↔可妊(가임).

【不入虎穴不得虎子】ふにゅうこけつふとくこし(불입호혈 부득호자) 호랑이 굴에 들어가지 않고는 호랑이 새끼를 잡지 못함. 곧, 위험을 무릅쓰고 뛰어들어야 목적을 이룰 수 있다는 말.

【不次】ふじ(불차) ①순서에 어그러짐. 순서에 의하지 아니함. ¶一擢用. ②불선(不宣).

【不察】ふさつ(불찰) 잘 살피지 아니한 탓으로 일어난 잘못.

【不參】ふさん(불참) 참석하지 아니함. ↔參席(참석)·同參(동참).

【不遷怒】ふせんど(불천노) 노여움을 다른 사람에게 옮기지 아니함. 곧, 엉뚱한 사람에게 화풀이를 하지 아니함.

【不踐迹】ふせんせき(불천적) 선인(先人)의 행적을 따르지 아니함. 곧, 선례를 따르지 아니함.

【不哲】ふてつ(불철) 현명하지 못함.

【不撤晝夜】ふてつちゅうや(불철주야) 밤낮 그만두지

아니함. 곧, 일이나 공부 따위를 꾸준하게 힘써 함. 不舍晝夜(불사주야).

【不聽】ふちょう(불청) ①듣지 아니함. ②들어주지 아니함.

【不請客】ふせいきゃく(불청객) ①초청하지 않았는데 온 손. ②반갑지 아니한 손. ③푸대접 받는 손.

【不肖】ふしょう(불초) ①부조(父祖)의 덕망이나 유업(遺業)을 이어받지 못함. 또, 그러한 사람. ②못난 사람이란 뜻으로, 자기를 낮추어 일컫는 말.

【不肖孤】ふしょうこ(불초고) 불초한 고자(孤子) 또는 고애자(孤哀子)라는 뜻으로, 졸곡(卒哭) 때까지 상제가 스스로를 일컫는 말.

【不肖男】ふしょうだん(불초남) ☞不肖子(불초자).

【不肖子】ふしょうし(불초자) 부모에게 자기를 낮추어 일컫는 말. 不肖男(불초남).

【不出】ふしゅつ(불출) ①못난 사람을 조롱하여 이르는 말. ¶八一. ②외출하지 아니함. ※杜門不出(두문불출).

【不出凡眼】ふしゅつぼんがん(불출범안) 범인의 눈으로도 알 수 있을 만큼 선악이 뚜렷함.

【不出所料】(불출소료) 미리 생각한 것과 꼭 같음.

【不出戶知天下】ふしゅつこちてんか(불출호 지천하) 집 밖에 나가지 않고도 천하의 일을 앎. 천리안(千里眼)을 가진 사람. 곧, 천리(天理)를 터득한 사람의 경지를 이름.

【不忠】ふちゅう(불충) ①임금에게 충성하지 못함. ②정성을 다하지 아니함.

【不娶同姓】ドウセイヲメトラズ(불취동성) 동성(同姓)의 처녀에게 장가들지 아니함. 同姓不婚(동성불혼).

【不測】ふそく(불측) ①헤아려 짐작하기 어려움. ②마음이 음흉함.

【不治】ふち(불치) 병을 다스릴 수 없음. ¶一病.

【不齒】ふし(불치) ①호적에 올리지 아니함. ②남과 나란히 서지 아니함. 남과 똑같이 대접하지 아니함. 「지 아니함.

【不齒人類】ふしじんるい(불치인류) 사람으로 여기

【不恥下問】ふちかもん(불치하문) 아랫사람에게 묻는 것을 부끄럽게 여기지 아니함. 곧, 모르는 것은 누구에게나 묻고 배워야 한다는 말. 下問不恥(하문불치).

【不寢番】ふしんばん(불침번) 밤에 잠을 자지 아니하고 임무를 수행하는 당번.

【不托】ふたく(불탁) 떡국.

【不通】ふつう(불통) ①소통이 되지 아니함. 교제가 안 됨. ¶固執一. ②통신 등이 끊어짐. ③글이나 말을 알지 못함.

【不通水火】ふつうすいか(불통수화) 이웃과 교제를 끊음. 水火無交(수화무교).

【不退轉】ふたいてん(불퇴전) ①바꾸거나 물러서지 아니함. ②《佛》 불도에 정진(精進)하여, 이미 얻은 공덕을 잃지 아니함.

【不透明】ふとうめい(불투명) ①투명하지 아니함. ②빛을 통과시키지 못함. 「지 못함.

【不便】ふべん(불편) ①편리하지 못함. ②편안하

【不偏不黨】ふへんふとう(불편부당) 어느 쪽에도 치우치지 아니함. 곧, 공평 무사하여 중립을 지킴. 無偏無黨(무편무당).

【不平分子】ふへいぶんし(불평분자) 불만을 가지고 앙앙불락하는 사람을 나쁘게 이르는 말.

【不必再言】ふひつさいげん(불필재언) 재언을 요하지 아니함. 다시 말할 필요가 없음.

【不必他求】ふひつたきゅう(불필타구) ①남에게서 구할 필요가 없음. ②다른 데에서 구할 필요가 없음.

【不學亡術】ふがくむじゅつ(불학무술) 학식도 꾀도 없음. 또는, 학문·예술에 대한 소양이 없음. 不學無術(불학무술). 「식함.

【不學無識】ふがくむしき(불학무식) 배운 것이 없어 무

【不汗黨】(불한당) ㊌ ①떼 지어 다니며 재물을 강탈하는 도적. 明火賊(명화적). 火賊(화적). ②떼 지어 다니며 행패를 부리는 무리. 「니하고 알맞음.

【不寒不熱】ふかんふねつ(불한불열) 춥지도 덥지도 아

【不咸】ふかん(불함) ①뜻이 같지 않음. ②마음에 차지 아니함. ③골고루 미치지 못함.

【不咸文化】ふかんぶんか(불함문화) 백두산을 중심으로 이루어졌던 고대 문화.

【不咸山】ふかんさん(불함산) 백두산의 별칭.

【不合理】ふごうり(불합리) 이치에 어그러짐.

【不解衣帶】ふかいいたい(불해의대) 의관을 풀지 아니함. 곧, 잠을 자지 않는다는 말.

【不許】ふきょ(불허) 허락하지 아니함. 금함. 반대함.

【不許複製】ふきょふくせい(불허복제) 글이나 그림 따위를, 저자 또는 판권 소유자의 허락 없이 복제하는 것을 금함.

【不許葷酒入山門】ふきょくんしゅにゅうさんもん(불허훈주 입산문) 《佛》 훈채(葷菜)는 부정(不淨)하고 술은 마음을 어지럽히는 것이므로 산문(山門), 즉 절 안으로 들여 오는 것을 금함. 흔히, 절 입구 옆 돌계단에 새기는 글.

【不血食】ふけっしょく(불혈식) 희생(犧牲)을 올려 제사 지내지 못함. 곧, 나라가 망함. ¶社稷一<管子>

【不挾長】ふきょうちょう(불협장) 자기가 연장임을 뽐내지 아니함. ¶一 不挾貴 不挾兄弟而友<孟子>

【不協和音】ふきょうわおん(불협화음) ①협연(協演), 합창 등에서 화음을 이루지 못함. ②의견이나 이해(利害)가 엇갈리어 시끄러움.

【不惑】ふわく(불혹) ①미혹(迷惑)되지 아니함. ②남자의 나이 40세를 일컬음. 不惑之年(불혹지 년). ¶四十而一<論語>

【不和】ふわ(불화) 서로 화합하지 못함. 사이가 나쁨. 不合(불합).

【不換】ふかん(불환) 서로 바꾸지 아니함. 서로 바꾸지 못함. 또는, 그러한 것. ¶一紙幣. ↔交換(교환)·兌換(태환).

【不患無位】ふかんむい(불환무위) 벼슬자리에 오르지 못함을 근심하지 않음. ¶一 患所以立<論語>

【不況】ふきょう(불황) 경기(景氣)가 좋지 아니함. 不景氣(불경기). ↔好況(호황)·活況(활황).

【不孝】ふこう(불효) ①자식이 부모를 잘 공양하지 아니함. ¶一父母死後悔<朱熹> ②상제(喪制)가 자기를 일컫는 말.

【不曉事】ふぎょうじ(불효사) 사리(事理)를 잘 모

【不正品】ふせいひん(부정품) 옳지 않은 방법으로 만들었거나 차지하고 있는 물품.
【不定風】ふていふう(부정풍) 방향이나 풍속(風速) 등이 일정하지 아니한 바람.
【不定形】ふていけい(부정형) 일정한 모양이 없음. 또는, 그러한 것.
【不弔】ふちょう(부조) ①박정(薄情)함. ②조문(弔問)하지 아니함. ¶三年一. 「지).
ふてき(부적) 도착하지 못함. 不至(부
【不祧】ふちょう(부조) 길이 제사지냄의 뜻으로, 영구히 폐하지 아니하는 것의 비유.
【不調】ふちょう(부조) 고르지 못함.
【不祧之典】ふちょうノてん(부조지 전) 나라에 공이 큰 사람의 신주를 길이 사당에 모시게 하던 특전. 不遷之典(불천지 전).
【不調和】ふちょうわ(부조화) 서로 잘 어울리지 아니함. 失調(실조).
【不足】ふそく(부족) ①모자람. ②만족하지 못함.
【不足可論】(부족가론) ①의논할 만한 것이 못됨. ②더불어 이야기할 거리가 되지 못함. 「이 못됨.
【不足掛齒】(부족괘치) 더불어 말할 만한 것
【不存之地】ふぞんノち(부존지 지) 죽음의 땅.
【不住】ふじゅう(부주) ①그치지 아니함. 계속됨. ¶兩岸猿聲啼一<李白> ②《佛》 머무르지 아니함.
【不周】ふしゅう(부주) 남과 두루 어울리지 아니함. ¶小人比而一<論語>
【不注意】ふちゅうい(부주의) 주의하지 아니함.
【不周風】ふしゅうノカゼ(부주풍) 서북풍.
【不中】ふちゅう(부중) ①들어맞지 않음. ②치우침. 중용(中庸)이 안 됨.
【不卽不離】ふそくふり(부즉불리)《佛》 붙지도 떨어지지도, 가깝지도 멀지도 않음.
【不增不減】ふぞうふげん(부증불감)《佛》 모든 법은 공(空)이므로 더할 것도 덜할 것도 없음.
【不知甘苦】かんくヲシラズ(부지감고) 달고 쓴 것도 알지 못함. 곧, 극히 쉬운 것도 모름.
【不知去處】サルトコロヲシラズ(부지거처) 간 곳을 모름. 행방불명이 됨.
【不知輕重】けいちょうヲシラズ(부지경중) 경중을 모름. 사물을 제대로 파악하지 못함.
【不知其數】ソノカズヲシラズ(부지기수) 그 수를 알 수 없음. 곧, 무수히 많음. ※不可勝數(불가승수). 「불식).
【不知不覺】ふちふかく(부지불각) ☞不知不識(부지
【不知不識】(부지불식) 알아차리지 못함.
【不躓山躓垤】(부지산 지질) 사람은 산에는 걸려 넘어지지 않으나 개밋둑에는 걸려 넘어진다는 뜻으로, 오히려 작은 일로 그르침을 이름.
【不知所向】(부지소향) 갈 곳을 모름.
【不知中】(부지중) 알지 못하는 사이. 不知不識間(부지불식간).
【不知何歲月】(부지 하세월) 언제 이루어질지 알 수 없음. ※百年河淸(백년하청).
【不職】ふしょく(부직) 맡은 일을 감당하지 못함.
【不振】ふしん(부진) 떨쳐 일어나지 못함.
【不進】ふしん(부진) 나아가지 못함. 진전이 없음. ¶遲遲一.
【不盡】ふじん(부진) ①다하여 없어지지 아니함. ②☞不悉(불실).
【不盡意】ふじんノい(부진의) 품은 뜻을 다 표현하지 못함. ¶言一<易經>
【不疾】ふしつ(부질) 동작이 빠르지 못함. 게으름. ¶事人而不順者 一者也<荀子>
【不可】ふか(불가) ①옳지 아니함. ②해서는 안 됨. ③하지 못함.
【不可缺】ふかけつ(불가결) 없어서는 안 됨.
【不可近不可遠】ふかきんふかえん(불가근 불가원) ①가까이 해서도, 멀리 해서도 안 됨. ②가까이 할 수도, 멀리 할 수도 없음.
【不可當】(불가당) 당해 낼 수가 없음.
【不可無】(불가무) 없어서는 안 됨. 또는, 그러한 것.
【不可分】ふかぶん(불가분) 구분할 수가 없음. 나눌 수가 없음. 「득불).
【不可不】(불가불) 어쩔 수 없이. 不得不(부
【不可不念】(불가불념) 마음에 두지 않을 수가 없음.
【不可思議】ふかしぎ(불가사의) 사람의 생각으로는 헤아려 알 수가 없음. 또는, 그 일. 不可解(불가해).
【不可說】ふかせつ(불가설)《佛》 참된 이치는 체득(體得)하여야 하는 것이며, 말로는 다 나타낼 수 없음.
【不可勝數】(불가승수) 많아 이루 다 셀 수가 없음. ※不知其數(부지기수).
【不可信】ふかしん(불가신) ①믿을 수 없음. ②믿어서는 안 됨. 「한 것.
【不可知】ふかち(불가지) 알 수 없음. 또는, 그러
【不可侵】ふかしん(불가침) ①침범하지 못함. ②침범해서는 안 됨. ¶一權.
【不可避】ふかひ(불가피) 피할 수 없음. 어쩔 수 없음. ※不可抗力(불가항력).
【不可抗力】ふかこうりょく(불가항력) 사람의 힘으로써는 어떻게 할 수 없음. 또, 그 일.
【不可解】ふかかい(불가해) ☞不可思議(불가사의). 「없음.
【不可形言】(불가형언) 말로는 표현할 수가
【不可諱】ふかき(불가휘) 기피할 수 없다는 뜻으로, 죽음을 이름.
【不恪】ふかく(불각) 삼가지 않음. 恪은 敬.
【不刊】ふかん(불간) ①깎아 없애지 못함. 곧 영원히 전할 책. 刊은 削. ②닳아 없어지지 아니함. 「一主義.
【不干涉】ふかんしょう(불간섭) 간섭하지 아니함. ¶
【不感】ふかん(불감) 느끼지 못함. ¶一症.
【不敢生意】(불감생의) 감히 엄두도 내지 못함. 焉敢生心(언감생심).
【不敢贊一辭】(불감찬일사) 너무 뛰어나 감히 칭찬 한 마디도 할 수 없음.
【不敢毁傷孝之始】アヘテきしょうセザルハこうノハジメナリ(불감훼상 효지시) 자기 몸을 욕되게 하거나 상하게 하지 않도록 삼가고 조심하는 것이 효의 시초임.
【不去小利則大利不得】(불거소리즉 대리부득) 작은 이익을 버리지 못하면 큰 이익을 얻지 못함.
【不潔】ふけつ(불결) 더러움. ↔純潔(순결)·淨潔(정결).
【不敬】ふけい(불경) ①공손하지 못함. ②군주

(君主) 등에게 무례를 범함. ¶一罪.
【不耕】ふこう(불경) ☞不作(부작)①.
【不景氣】ふけいき(불경기) 경제 상태 즉 경기가 좋지 못함. ↔好景氣(호경기).
【不經事少年】ふけいじしょうねん(불경사 소년) 경험이 없는 애송이.
【不經之談】ふけいノだん(불경지 담) ☞不經之說(불경지 설).
【不經之說】ふけいノせつ(불경지 설) 도리에 어긋나는 말. 不經之談(불경지 담).
【不計】ふけい(불계) ①옳고 그름이나 이해(利害) 관계를 생각하지 아니함. ②헤아리지 아니함. ③바둑에서 승패가 확연하여, 집수를 셈하지 아니함. 또는, 그 일. ¶一勝/一敗.
【不繫之舟】ふけいノふね(불계지 주) 잡아 매지 아니한 배란 뜻으로, 구애를 벗어난 자유로운 마음 또는 정처없이 떠돌아 다니는 몸의 비유. ¶汎若一 虛而遨遊者也<莊子>
【不辜】ふこ(불고) ☞無辜(무고).
【不顧】ふこ(불고) ①돌아보거나 돌보지 아니함. ¶一而去. ②생각하지 아니함. 따지지 아니함. ¶一利害.
【不顧家事】ふこかじ(불고가사) 집안 일을 돌보지 아니함.
【不穀】ふこく(불곡) 불선(不善)의 뜻으로, 제후(諸侯)가 자기를 낮추어 일컫던 말. 穀은 善. ※寡人(과인).
【不恭】ふきょう(불공) 공손하지 아니함.
【不共戴天之讐】ふきょうたいてんノしゅう(불공대천지 수) ☞不俱戴天之讐(불구대천지 수).
【不公正】ふこうせい(불공정) 공평하고 바르지 아니함. ¶一去來.
【不過】ふか(불과) 그에 지나지 않음.
【不愧屋漏】ふきおくろう(불괴옥루) 군자는 사람이 없는 곳에서도 행동을 삼가고 바르게 하여 부끄러움이 없음. 屋漏는 집의 서북쪽 귀퉁이로, 가장 깊숙하고 어두운 자리인데, 사람이 보지 않는 곳을 뜻함. ※不欺闇室(불기암실).
【不久】ふきゅう(불구) ☞未久(미구).
【不拘】カカワラズ(불구) 거리끼지 아니함. 구애받지 아니함. 勿拘(물구).
【不具】ふぐ(불구) ①갖추어지지 아니함. ②모자람. ③몸에 결함이 있음. ¶一者. ④☞不備(불비).
【不俱戴天】ふぐたいてん(불구대천) 하늘을 함께 일 수 없음. 곧, 같은 하늘 아래에서 함께 살 수 없음.
【不俱戴天之讐】ふぐたいてんノしゅう(불구대천지 수) 한 하늘 아래에서 함께 살 수 없는 원수. 곧, 부모나 임금을 죽인 자로, 살려 둘 수 없는 원수. 不共戴天之讐(불공대천지 수).
【不求聞達】ふきゅうぶんたつ(불구문달) 세상에 이름이 드날리기를 바라지 아니함.
【不拘小節】(불구소절) 소소한 예절에 얽매이지 아니함.
【不拘束】ふこうそく(불구속) ①얽매거나 얽매이지 아니함. ②피의자를 구속하지 아니함. ¶一立件.
【不求甚解】(불구심해) 깊은 뜻을 파고들려 하지 아니함.
【不群】ふぐん(불군) ☞拔群(발군).
【不屈】ふくつ(불굴) 굽히지 아니함. 꺾이지 아니함. ¶不撓一/百折一.
【不軌】ふき(불궤) ①상궤(常軌)에서 벗어남. ②모반(謀反)을 꾀함. ¶一之心.
【不歸】ふき(불귀) ①돌아오지 아니함. ②뜻이 바뀌어, 죽음을 이름. ¶一客.
【不均衡】ふきんこう(불균형) 균형을 잃음.
【不近人情】(불근인정) 인정과는 멂.
【不根持論】(불근지론) 근거가 없는 것을 지론으로 함. 또는, 그 지론.
【不禁】ふきん(불금) ①금할 수 없음. ②금하지 아니함.
【不及】ふきゅう(불급) 미치지 아니함.
【不急】ふきゅう(불급) 급하지 않음. ¶不要一.
【不及馬腹】(불급마복) 채찍이 아무리 길어도 말의 뱃속에는 닿지 않는다는 뜻으로, 세상의 일에는 사람의 힘이 미치지 못하는 곳이 있음을 이르는 말.
【不急之察】ふきゅうノさつ(불급지 찰) 쓸데없는 성찰(省察).
【不肯】ふこう(불긍) ①승낙하지 않음. ②쾌히 하고자 하지 아니함.
【不欺】ふき(불기) 속이지 아니함.
【不起】ふき(불기) 병으로 일어나지 못하고 죽음.
【不器】ふき(불기) 그릇처럼 한 곳에만 쓰이지는 않음. 곧, 학덕과 재예(才藝)가 갖추어져 어떠한 것에도 다 능함. ¶君子一<論語>
【不羈】ふき(불기) 남에게 구속되지 아니함. ¶元曉一<三國遺事>
【不欺闇室】ふきあんしつ(불기암실) 어두운 곳 즉 남이 보지 않는 곳에서도 행동을 삼가 양심을 속이지 아니함. 不侮闇室(불모암실). ※不愧屋漏(불괴옥루).
【不緊】ふきん(불긴) 긴하지 아니함. ¶一之事.
【不吉】ふきつ(불길) 상서롭지 못함. 不祥(불상). ¶一之兆.
【不念舊惡】ふねんきゅうあく(불념구악) 남의 지난 허물을 염두에 두지 아니함.
【不佞】ふねい(불녕) ①구변(口辯)이 없음. ②재능이 없음. ③저. 제. 자기의 비칭(卑稱).
【不能】ふのう(불능) ①능하지 못함. ②능히 하지 못함. ¶再起一. ③능력이 없음. 無能(무능). ¶性的一.
【不良】ふりょう(불량) ①착하지 아니함. ¶一少年. ②품질 따위가 좋지 아니함. ¶一品.
【不逞】ふてい(불령) ①불평을 품고 마음대로 행동함. ¶一之徒. ②불만을 가짐. 불만스럽게 여김.
【不勞】ふろう(불로) ①일하지 아니함. ¶一所得. ②힘들이지 아니함.
【不老不死】ふろうふし(불로불사) 늙지도 죽지도 아니함. 不老長生(불로장생).
【不老長生】ふろうちょうせい(불로장생) 늙지 아니하고 오래 삶. 不老不死(불로불사).
【不老草】ふろうそう(불로초) 먹으면 늙지 않는다는 상상의 풀. ※不死藥(불사약).
【不祿】ふろく(불록) ①녹봉을 다 타지 못한다는 뜻으로, 사(士)의 죽음을 이름. 士는 평민의 위이며 대부(大夫)의 아랫계급임. ②제후의 죽음을 타국에 고할 때 겸손하게 이르던 말.
【不了】ふりょう(불료) ①끝내지 못함. ¶有小市井事一<晋書> ②완전하게 이해하지 못함.
【不聊生】ふりょうせい(불료생) 마음놓고 살 수가 없

음. 「람. 類는 善.

【不類】ふるい(불류) ①착하지 아니함. ②악한 사

【不倫】ふりん(불륜) ①인륜(人倫)에 어그러짐. 悖倫(패륜). ②같은 또래가 아님. ¶年齒—<漢書>

【不利】ふり(불리) ①이롭지 못함. ②조건이 상대방에 비하여 좋지 못함. ↔有利(유리).

【不立文字】ふりつもんじ·ふりゅうもんじ(불립문자)《佛》도(道)는 마음으로 깨달아야 하는 것이므로, 문자 곧 불경에 의지하지 않음. ¶— 教外別傳 <法寶丹經>

【不蔓不支】ふまんふし(불만부지) 덩굴도 가지도 내지 않는다는 뜻으로, 군자가 잡념 없이 오직 하나를 지켜나감을 이름.

【不忘】ふぼう(불망) ①잊지 않음. ②잊지 못함. ¶寤寐—/—之恩.

【不眠】ふみん(불면) ①자지 아니함. ②잠들지 못함. 不寐(불매). ¶—症.

【不眠不休】ふみんふきゅう(불면불휴) 자지도 쉬지도 않고 힘써 함.

【不滅】ふめつ(불멸) 사라지지 않고 영원함.

【不明】ふめい(불명) ①분명하지 아니함. ②밝지 아니함. ¶燈下—. ③흐림. ④사리에 어두

【不名譽】ふめいよ(불명예) 명예롭지 못함. ㄴ움.

【不毛】ふもう(불모) ①땅이 메말라 풀이 나지 아니함. 또는, 그러한 땅. ¶—地. ②사막. ③어떤 분야의 활동이나 수확이 전혀 없음.

【不謀利不計功】ふぼうりふけいこう(불모리 불계공) 이익을 꾀하거나 공을 따지지 아니함. 곧, 공리(功利)를 생각하지 아니하고 정도(正道)를 걸음. 「기암실).

【不侮闇室】ふぶあんしつ(불모암실) ☞不欺闇室(불

【不睦】ふぼく(불목) 집안이나 일가가 서로 의(誼)가 좋지 아니함. ↔和睦(화목).

【不文】ふぶん·ふもん(불문) ①학문이 없음. ②글자로 나타내지 아니함. 글자로 나타냄이 없음. ¶—法. ↔成文(성문).

【不問】ふもん(불문) 묻지 아니하고 덮어 둠.

【不問可知】(불문가지) 분명하여 묻지 않아도 알 수 있음.

【不問曲直】ふもんきょくちょく(불문곡직) 사실을 캐물어 따져보지도 아니하고 곧바로 함. 다짜고짜.

【不文律】ふぶんりつ(불문율) 관례·관행(慣行) 등으로 행하여져 온, 구성원간에 법률처럼 지켜지고 있는 것.

【不聞之聞】ふぶんノぶん(불문지 문) 들리지 않는 것을 듣는다는 뜻으로, 마음으로 들음을 이르는 말. 「지 못함.

【不美】ふび(불미) 추하거나 부도덕하여 아름답

【不敏】ふびん(불민) ①어리석음. ②기민하지 못함. ③남에게 대한 제 자식의 비칭(卑稱).

【不發】ふはつ(불발) ①화살을 쏘지 아니함. ②포탄 따위가 폭발하지 아니함. ¶—彈. ③꾀한 일이 이루어지지 않고 무산됨. ④계발(啓發) 또는 촉발·유발되지 아니함. ¶不憤不啓 不悱— <論語>

【不凡】ふぼん(불범) ☞非凡(비범).

【不法】ふほう(불법) ①법에 어긋남. ¶—行爲. ②도리에 맞지 아니함.

【不法化】ふほうか(불법화) 법에 어긋나는 정당·사회 단체나 어떤 행동을 합법적인 것으로 인정하지 아니하여 무효화시킴. ↔合法化(합법화).

【不辨】ふべん(불변) 분별하지 못함. ¶魚魯—.

【不變】ふへん(불변) ①변하지 아니함. ②바뀌지 아니함. ¶萬古—.

【不辨菽麥】ふべんしゅくばく(불변숙맥) 콩과 보리를 분간하지 못함의 뜻으로, 아주 어리석은 사람을 이름. 菽麥(숙맥).

【不寶金玉】ふほうきんぎょく(불보금옥) 군자는 금옥 따위를 보배로 여기지 아니함. 군자의 마음가짐을 뜻함.

【不服】ふふく(불복) ①복종하지 아니함. 따르지 않음. ②판결이나 행정 처분 등에 승복하지 아니함. ¶—上訴. ③불만을 가짐.

【不卜日】ふぼくじつ(불복일) 혼인이나 장례를 택일하지 아니하고 급히 치름.

【不分東西】ふぶんとうざい(불분동서) 동서를 분별하지 못함. 곧, 매우 어리석음을 이르는 말. 不辨菽麥(불변숙맥). 「(불명료).

【不分明】(불분명) 분명하지 아니함. 不明瞭

【不憤不啓】ふふんふけい(불분불계) 학문이나 구도(求道)에 있어서 분발함이 없으면 계발됨도 없음. ¶— 不悱不發<論語>

【不分上下】ふぶんじょうげ(불분상하) 위아래 사람이나 신분의 높고 낮음을 분별하지 못함. 곧, 버릇없음을 이름.

【不備】ふび(불비) 예의나 할 말을 다 하지 못하였다는 뜻으로, 편지의 본문 끝에 쓰는 상투어. 不具(불구)④. 不宣(불선). ¶餘—禮.

【不費之惠】ふひノけい(불비지 혜) 제것을 축내지 아니하고, 남에게 베푸는 은혜.

【不賓之士】ふひんノし(불빈지 사) 임금의 잘못을 그대로 따르지 아니하고 바로잡으려 하는 사람. 賓은 좇음, 따름의 뜻. ¶自古明王聖主 必有—<後漢書> 「사).

【不仕】ふし(불사) 벼슬을 아니 함. ※致仕(치

【不死】ふし(불사) 죽지 아니함. 永生(영생). 無量壽(무량수). ¶—鳥.

【不似】ふじ(불사) 비슷하지 아니함. 같지 아니함. ※似而非(사이비).

【不死身】ふじみ(불사신) 어떤 고통이나 곤란에도 쓰러지지 아니하고 이겨내는 사람.

【不死藥】ふしノくすり(불사약) 먹으면 죽지 않고 오래 산다는 상상의 약. ※不老草(불로초).

【不事二君】にくんにつかえず(불사이군) 충신은 두 임금 곧 계통이 다른 두 조정을 섬기지 아니함.

【不死鳥】ふしちょう(불사조) ①이집트 신화에 나오는 새. 스스로 불에 타 죽고, 그 재에서 다시 태어나 영원히 없어지지 않는다 함. ②뜻이 바뀌어, 영원한 것을 이름.

【不舍晝夜】ちゅうやヲおかズ(불사주야) 밤낮으로 쉬지 아니함. ¶逝者如斯矣 —<論語>

【不祥】ふしょう(불상) 상서롭지 못함. 不吉(불길). ¶—事.

【不詳】ふしょう(불상) 자세하게 밝혀져 있지 아니함. 자세히 모름. 未詳(미상). ¶姓名—者.

【不相得】ふそうとく(불상득) 피차가 서로 뜻이 맞지 아니함.

【不祥事】ふしょうじ(불상사) 좋지 못한 일.

【不相容】ふそうよう(불상용) 서로 용납되지 아니함. 정반대임. 不相能(불상능). ¶氷炭一.

【不相應】ふそうおう(불상응) 상응하지 아니함.

【不相合】ふそうごう(불상합) 서로 부합하지 아니함.

【不生不滅】ふしょうふめつ(불생불멸)《佛》우주의 본체인 도(道)는 생겨남도 소멸함도 없음.

【不生不死】ふしょうふし(불생불사)《佛》나지도 죽지도 않는다는 뜻으로, 열반의 세계를 이름.

【不釋卷】ふしゃっけん(불석권) 손에서 책을 떼지 아니함. 곧, 늘 독서함. 手不釋卷(수불석권).

【不惜身命】ふしゃくしんみょう(불석신명) ①몸과 목숨을 아끼지 않음. ②《佛》몸과 목숨을 아끼지 않고 불도(佛道)에 정진함.

【不宣】ふせん(불선) ☞不備(불비).

【不善】ふぜん(불선) ①잘하지 못함. ②착하지 아니함. ③좋지 못함.

【不先不後】ふせんふご(불선불후) 이러지도 저러지도 못할 좋지 못한 경우를 맞음.

【不善人善人之資】ふぜんにんハぜんにんノタスケ(불선인 선인지자) 착하지 못한 사람은 그를 보고 착한 사람이 반성하고 스스로를 경계하므로 수행의 자료가 됨.

【不設城府】ふせつじょうふ(불설성부) 사람을 대함에 담을 쌓지 아니함.

【不成貌樣】ふせいぼうよう(불성모양) ①형체를 이루지 못함. ②살림이 가난하여 꼴이 아님. ③옷차림이 말이 아님.

【不誠無物】ふせいむぶつ(불성무물) 성(誠)은 모든 사물의 근본이므로, 정성이 없는 곳에는 아무것도 없음. ¶誠者物之終始 一<中庸>

【不成文】ふせいぶん(불성문) ☞不文(불문).

【不成文律】ふせいぶんりつ(불성문율) ☞不文律(불문율).

【不省人事】ふせいじんじ(불성인사) ☞人事不省(인사불성).

【不世之功】ふせいノこう(불세지 공) 세상에서 보기 드문 큰 공.

【不世之材】ふせいノざい(불세지 재) 세상에서 보기 드문 뛰어난 재주.

【不世出】ふせいしゅつ(불세출) 세상에 다시 나지 않을 것이라는 뜻으로, 극히 뛰어남을 이르는 말.

【不少】ふしょう(불소) 적지 아니함.

【不孫】ふそん(불손) ☞不遜(불손).

【不遜】ふそん(불손) 공손하지 아니함. 오만함. 不孫(불손). ¶傲慢一.

【不首】ふしゅ(불수) 복죄(服罪)하지 아니함. 不服(불복).

【不隨】ふずい(불수) ①마음대로 되지 아니함. ②팔다리가 마음대로 움직이지 아니함. 不仁(불인). ※半身不隨(반신불수).

【不數年】ふすうねん(불수년) 몇 해가 지나지 아니하여. 또는, 몇 해 지나지 아니함.

【不須多言】たげんヲヨウセズ(불수다언) 여러 말이 필요 없음.

【不隨意】ふずいい(불수의) ☞不如意(불여의).

【不淑】ふしゅく(불숙) ①착하지 아니함. 不善(불선). ②나라가 망함. ③재능이 없음. ④사람이 죽음.

【不熟】ふじゅく(불숙) ①☞未熟(미숙). ②과실, 곡식 따위가 여물지 아니함. ③음식물이 익지 아니함. ④사이가 나쁨. ⑤의론이 결말이 나지 아니함.

【不純】ふじゅん(불순) ①딴 것이 섞임. ¶一物. ②딴 마음을 품음. ¶一分子.

【不順】ふじゅん(불순) ①순조롭지 못함. ¶日氣一. ②순하지 아니함. 공손하지 아니함. ③순리에 따르지 아니하고 거역함.

【不崇朝】ふすうちょう(불숭조) 아침 때를 넘기지 아니함. 곧, 아침 동안.

【不拾遺】ふしゅうい(불습유) ☞道不拾遺(도불습유).

【不勝】ふしょう(불승) 격정을 못 누름. 곧, 분노나 기쁨 등의 감정이 격하여 참지 못함.

【不勝數】ふしょうすう(불승수) 이루 다 셀 수 없음.

【不時】ふじ(불시) ①갑자기. ②뜻밖. ③무시(無時)로. ④제 때가 아님.

【不翅】ふし(불시) 뿐만이 아님. 不啻(불시).

【不時着】ふじちゃく(불시착) 비행기나 배 따위가 고장이나 기후 조건의 악화 등으로 예정지가 아닌 곳에 갑자기 착륙하는 일. 不時着陸(불시착륙).

【不息】ふそく(불식) 쉬지 아니함. ¶自強一.

【不識】ふしき(불식) 알아차리지 못함. ※不知不識間(부지 불식간).

【不識不知】ふしきふち(불식부지) ☞不知不識(부지불식).

【不食之地】ふしょくノち(불식지 지) 부쳐 먹을 수 없는 땅.

【不信】ふしん(불신) ①믿지 아니함. 不信任(불신임). ②믿지 못함. ¶一行爲.

【不悉】ふしつ(불실) 편지 끝에 말을 다 쓰지 못했다는 뜻으로 쓰는 말. 不備(불비). 不具(불구)④. 不宣(불선).

【不失其本】ふしつきほん(불실기본) 본분을 잃지 않음. 본분을 앎.

【不失正鵠】ふしつせいこく(불실정곡) 정곡을 잃지 아니함. 바로 맞춤. 바로 말함.

【不審】ふしん(불심) ①자세히 알지 못함. ②신분이나 정체를 잘 모름. 不詳(불상). ¶一者.

【不審檢問】ふしんけんもん(불심검문) 수사 기관이나 초소 근무자 등이 정체를 알 수 없는 사람을 의심스럽게 여기어 조사하고 물음.

【不夜城】ふやじょう(불야성) ①한(漢)대, 동래군 불야현(不夜縣)에 있던 성. 밤에도 해가 떠 있었다 함. ②밤에도 대낮처럼 환한 곳의 일컬음.

【不夜侯】ふやこう(불야후) 많이 마시면 밤에 잠이 오지 않는다는 데서, 차(茶)의 이칭.

【不言可想】ふげんかそう(불언가상) 말하지 아니해도 능히 상상할 수 있음.

【不言可知】ふげんかち(불언가지) 말하지 아니해도 능히 알 수 있음.

【不言之教】ふげんノオシエ(불언지 교) 문자로써 나타내지 않는 가르침. 곧, 노자(老子)·장자(莊子)의 교(教)를 이르는 말.

【不言之化】ふげんノか(불언지 화) 말이 아닌, 덕(德)에 의한 감화. 德化(덕화).

【不如歸】ふにょき(불여귀) 소쩍새. 자규(子規). 귀촉도(歸蜀道).

【不如意】ふにょい(불여의) 뜻대로 되지 아니함. 不隨意(불수의).

【不易】ふえき(불역) ①변하지 아니함. 不變(불변). ②변역(變易), 간역(簡易)과 함께 역

(易)의 세 가지 뜻 중의 하나. ¶易一名而含三義 易也 變易也 一也<易經·注>
　ふい(불이) 쉽지 아니함. 어려움. ¶爲君難 爲臣一<論語>　「바른 언론.
【不易之論】ふえきノろん(불역지 론) 변경할 수 없는
【不易之典】ふえきノてん(불역지 전) 변경할 수 없는 법. 영구 불변의 법.
【不然】ふぜん(불연) ①그러하지 아니함. 대답하는 말 등에서 씀. ②타지 아니함. 不燃(불연). ③명령을 따르지 아니함. ④「不然이면」 따위로 써서 그렇지 않으면의 뜻을 나타냄.　「어짐.
【不連續】ふれんぞく(불연속) 이어지지 아니함. 끊
【不豫】ふよ(불예) ①마음에 기꺼워하지 아니함. ②임금의 환후(患候).
【不穩】ふおん(불온) ①온당하지 아니함. ¶一冊子. ②평온하지 아니함. 분위기 등이 험악함.
【不穩思想】ふおんしそう(불온사상) 국시(國是)에 어그러지거나 국가 전복을 꾀하는 따위의 사회 불안을 조성할 우려가 있는 사상.
【不枉法】ふおうほう(불왕법) 법을 굽히지 아니하고 바르게 시행함.
【不要】ふよう(불요) 필요하지 아니함. ¶一不急.
【不撓不屈】ふとうふくつ(불요불굴) 의지가 굳어 어떤 어려움에도 흔들리거나 굽히지 아니함.
【不辱君命】ふじょくくんめい(불욕군명) 임금 또는 임금의 명령을 욕되게 하지 않는다는 뜻으로, 외국에 사신(使臣)으로 나가 임무를 완수함을 이름.
【不用】ふよう(불용) ①쓰지 아니함. ②소용이 없음. ¶一之物.　「쓰이지 못함.
【不容】ふよう(불용) ①용납할 수 없음. ②세상에
【不用說】ふようせつ(불용설) 말이 필요 없음. 그대로임. 勿論(물론).
【不溶性】ふようせい(불용성) 용해(溶解)되지 아니하는 성질. ↔可溶性(가용성).
【不用意】ふようい(불용의) 인공(人工)을 가함이 없음. 곧, 자연 그대로임.
【不遇】ふぐう(불우) 세상에 쓰이지 못하여 재능을 가지고도 어렵게 지냄.
【不虞之備】ふぐノそなえ(불우지 비) 뜻밖의 환난에 대비하는 준비.
【不運】ふうん(불운) ①운이 없음. ②운수가 좋지 아니함.　「함.
【不願】ふがん(불원) 원하지 아니함. 바라지 아니
【不遠間】トオカラヌアイダ(불원간) 앞으로 멀지 않은 동안. 오래지 아니하여.
【不遠千里】ふえんせんり(불원천리) 천 리 길도 멀다 하지 않음. 곧, 먼 길을 마다하지 않고 오거나 감.
【不怨天不尤人】ふえんてんふゆうじん(불원천 불우인) 하늘을 원망하거나 사람을 허물하지 않음. 곧, 어떠한 역경에 처하여도 남을 탓하지 아니함.　「니하고 다 씀.
【不遺餘力】ふいよりょく(불유여력) 힘을 남기지 아
【不愉快】ふゆかい(불유쾌) 유쾌하지 아니함.
【不允】ふいん(불윤) 윤허(允許)하지 아니함.
【不應】ふおう(불응) 응하지 아니함.
【不意】ふい(불의) 미처 생각하지 못함. 뜻밖. 意外(의외). 不時(불시). 不慮(불려). ¶一之變.
【不義】ふぎ(불의) 옳지 아니함.
【不二】ふじ(불이) ①둘이 아님. 오직 하나임. ②다르지 아니함. ③달리 하지 아니함. ④달리 보지 아니함. ⑤둘도 없음. 함께 나란히 못함. 無雙(무쌍). 無比(무비).
【不貳過】ニドアヤマチヲオカサズ(불이과) 같은 허물을 다시 저지르지 아니함.
【不易得】ふえきとく(불이득) 쉬이 얻을 수 없음.
【不二法門】ふにほうもん(불이법문)《佛》大乘(대승)의 이칭.
【不夷不惠】ふいふけい(불이불혜) 백이(伯夷)와 같이 치우치지도 않고 유하혜(柳下惠)처럼 불공(不恭)하지도 아니함. 곧, 편벽되지 아니하여 행위에 잘못됨이 없음.
【不以言擧人不以人廢言】(불이언거인 불이인폐언) 그 사람의 하는 말만 듣고 그를 천거하지 아니하고, 신분이 낮더라도 그의 말이 옳으면 버리지 아니함. ¶君子一<論語>
【不人】(불인) 사람답지 못함. 또는, 그러한 사람.
【不仁】ふじん(불인) ①어질지 아니함. ②☞不隨(불수). ¶兩手一<後漢書>　「견).
【不忍見】ふにんけん(불인견) ☞目不忍見(목불인
【不忍正視】ふにんせいし(불인정시) 차마 바로 쳐다볼 수가 없음.　「정.
【不忍之政】ふにんノせい(불인지 정) 참을 수 없는 학
【不一】ふいつ(불일) ①한결같지가 않음. 같지 않음. ②일일이 다 말하지 못한다는 뜻으로, 흔히, 한문 편지 본문 끝에 쓰는 말. 不乙(불을).
【不日】ふじつ(불일) ①날짜가 없음. 날짜를 정하지 아니함. ②☞不日間(불일간).
【不日間】ふじつかん(불일간) 며칠 안 되는 사이에. 不日內(불일내).
【不一其端】ふいつソノたん(불일기단) 일의 실마리가 하나가 아님. 곧, 사건 따위가 복잡하게 얽힘.
【不日內】ふじつない(불일내) ☞不日間(불일간).
【不日成之】ふじつせいし(불일성지) 멀지 아니하여 이루거나 이룩함.
【不一致】ふいっち(불일치) 일치하지 아니함.
【不妊】ふにん(불임) 임신하지 못함. ¶一症. ↔可妊(가임).
【不入虎穴不得虎子】ふにゅうこけつふとくこし(불입호혈 부득호자) 호랑이 굴에 들어가지 않고는 호랑이 새끼를 잡지 못함. 곧, 위험을 무릅쓰고 뛰어들어야 목적을 이룰 수 있다는 말.
【不次】ふじ(불차) ①순서에 어그러짐. 순서에 의하지 아니함. ¶一擢用. ②불선(不宣).
【不察】ふさつ(불찰) 잘 살피지 아니한 탓으로 일어난 잘못.
【不參】ふさん(불참) 참석하지 아니함. ↔參席(참석)·同參(동참).
【不遷怒】ふせんど(불천노) 노여움을 다른 사람에게 옮기지 아니함. 곧, 엉뚱한 사람에게 화풀이를 하지 아니함.
【不踐迹】ふせんせき(불천적) 선인(先人)의 행적을 따르지 아니함. 곧, 선례를 따르지 아니
【不哲】ふてつ(불철) 현명하지 못함.　⌊함.
【不撤晝夜】ふてつちゅうや(불철주야) 밤낮 그만두지

아니함. 곧, 일이나 공부 따위를 꾸준하게 힘써 함. 不舍晝夜(불사주야).

【不聽】ふちょう(불청) ①듣지 아니함. ②들어주지 아니함.

【不請客】ふせいきゃく(불청객) ①초청하지 않았는데 온 손. ②반갑지 아니한 손. ③푸대접 받는 손.

【不肖】ふしょう(불초) ①부조(父祖)의 덕망이나 유업(遺業)을 이어받지 못함. 또, 그러한 사람. ②못난 사람이란 뜻으로, 자기를 낮추어 일컫는 말.

【不肖孤】ふしょうこ(불초고) 불초한 고자(孤子) 또는 고애자(孤哀子)라는 뜻으로, 졸곡(卒哭) 때까지 상제가 스스로를 일컫는 말.

【不肖男】ふしょうだん(불초남) ☞不肖子(불초자).

【不肖子】ふしょうし(불초자) 부모에게 자기를 낮추어 일컫는 말. 不肖男(불초남).

【不出】ふしゅつ(불출) ①못난 사람을 조롱하여 이르는 말. ¶八一. ②외출하지 아니함. ※杜門不出(두문불출).

【不出凡眼】ふしゅつぼんがん(불출범안) 범인의 눈으로도 알 수 있을 만큼 선악이 뚜렷함.

【不出所料】(불출소료) 미리 생각한 것과 꼭 같음.

【不出戶知天下】ふしゅつこちてんか(불출호 지천하) 집 밖에 나가지 않고도 천하의 일을 앎. 천리안(千里眼)을 가진 사람. 곧, 천리(天理)를 터득한 사람의 경지를 이름.

【不忠】ふちゅう(불충) ①임금에게 충성하지 못함. ②정성을 다하지 아니함.

【不娶同姓】どうせいヲメトラズ(불취동성) 동성(同姓)의 처녀에게 장가들지 아니함. 同姓不婚(동성불혼).

【不測】ふそく(불측) ①헤아려 짐작하기 어려움. ②마음이 음흉함.

【不治】ふち(불치) 병을 다스릴 수 없음. ¶一病.

【不齒】ふし(불치) ①호적에 올리지 아니함. ②남과 나란히 서지 아니함. 남과 똑같이 대접하지 아니함.

【不齒人類】ふしじんるい(불치인류) 사람으로 여기지 아니함.

【不恥下問】ふちかもん(불치하문) 아랫사람에게 묻는 것을 부끄럽게 여기지 아니함. 곧, 모르는 것은 누구에게나 묻고 배워야 한다는 말. 下問不恥(하문불치).

【不寢番】ふしんばん(불침번) 밤에 잠을 자지 아니하고 임무를 수행하는 당번.

【不托】ふたく(불탁) 떡국.

【不通】ふつう(불통) ①소통이 되지 아니함. 교제가 안 됨. ¶固執一. ②통신 등이 끊어짐. ③글이나 말을 알지 못함.

【不通水火】ふつうすいか(불통수화) 이웃과 교제를 끊음. 水火無交(수화무교).

【不退轉】ふたいてん(불퇴전) ①바꾸거나 물러서지 아니함. ②《佛》 불도에 정진(精進)하여, 이미 얻은 공덕을 잃지 아니함.

【不透明】ふとうめい(불투명) ①투명하지 아니함. ②빛을 통과시키지 못함.

【不便】ふべん(불편) ①편리하지 못함. ②편안하지 못함.

【不偏不黨】ふへんふとう(불편부당) 어느 쪽에도 치우치지 아니함. 곧, 공평 무사하여 중립을 지킴. 無偏無黨(무편무당).

【不平分子】ふへいぶんし(불평분자) 불만을 가지고 앙앙불락하는 사람을 나쁘게 이르는 말.

【不必再言】ふひつさいげん(불필재언) 재언을 요하지 아니함. 다시 말할 필요가 없음.

【不必他求】ふひつたきゅう(불필타구) ①남에게서 구할 필요가 없음. ②다른 데에서 구할 필요가 없음.

【不學亡術】ふがくむじゅつ(불학무술) 학식도 꾀도 없음. 또는, 학문·예술에 대한 소양이 없음. 不學無術(불학무술).

【不學無識】ふがくむしき(불학무식) 배운 것이 없어 무식함.

【不汗黨】(불한당)㊅ ①떼 지어 다니며 재물을 강탈하는 도적. 明火賊(명화적). 火賊(화적). ②떼 지어 다니며 행패를 부리는 무리.

【不寒不熱】ふかんふねつ(불한불열) 춥지도 덥지도 아니하고 알맞음.

【不咸】ふかん(불함) ①뜻이 같지 않음. ②마음에 차지 아니함. ③골고루 미치지 못함.

【不咸文化】ふかんぶんか(불함문화) 백두산을 중심으로 이루어졌던 고대 문화.

【不咸山】ふかんさん(불함산) 백두산의 별칭.

【不合理】ふごうり(불합리) 이치에 어그러짐.

【不解衣帶】ふかいいたい(불해의대) 의관을 풀지 아니함. 곧, 잠을 자지 않는다는 말.

【不許】ふきょ(불허) 허락하지 아니함. 금함. 반대함.

【不許複製】ふきょふくせい(불허복제) 글이나 그림 따위를, 저자 또는 판권 소유자의 허락 없이 복제하는 것을 금함.

【不許葷酒入山門】ふきょくんしゅにゅうさんもん(불허훈주 입산문)《佛》 훈채(葷菜)는 부정(不淨)하고 술은 마음을 어지럽히는 것이므로 산문(山門), 즉 절 안으로 들여 오는 것을 금함. 흔히, 절 입구 옆 돌계단에 새기는 글.

【不血食】ふけっしょく(불혈식) 희생(犧牲)을 올려 제사 지내지 못함. 곧, 나라가 망함. ¶社稷一＜管子＞

【不挾長】ふきょうちょう(불협장) 자기가 연장임을 뽐내지 아니함. ¶一 不挾貴 不挾兄弟而友＜孟子＞

【不協和音】ふきょうわおん(불협화음) ①협연(協演), 합창 등에서 화음을 이루지 못함. ②의견이나 이해(利害)가 엇갈리어 시끄러움.

【不惑】ふわく(불혹) ①미혹(迷惑)되지 아니함. ②남자의 나이 40세를 일컬음. 不惑之年(불혹지 년). ¶四十而一＜論語＞

【不和】ふわ(불화) 서로 화합하지 못함. 사이가 나쁨. 不合(불합).

【不換】ふかん(불환) 서로 바꾸지 아니함. 서로 바꾸지 못함. 또는, 그러한 것. ¶一紙幣. ↔交換(교환)·兌換(태환).

【不患無位】ふかんむい(불환무위) 벼슬자리에 오르지 못함을 근심하지 않음. ¶一 患所以立＜論語＞

【不況】ふきょう(불황) 경기(景氣)가 좋지 아니함. 不景氣(불경기). ↔好況(호황)·活況(활황).

【不孝】ふこう(불효) ①자식이 부모를 잘 공양하지 아니함. ¶一父母死後悔＜朱熹＞ ②상제(喪制)가 자기를 일컫는 말.

【不曉事】ふぎょうじ(불효사) 사리(事理)를 잘 모

름. 또는, 잘 알지 못하는 일.

【不孝有三】ふこうゆうさん (불효유삼) ☞三不孝(삼불효).

【不孝子】ふこうノこ (불효자) 부모를 잘 섬기지 못하는 자식.

【不朽】ふきゅう (불후) 썩지 아니함. 곧, 영원히 그대로 남아 전함. ¶一之功.

【不朽之盛事】ふきゅうノせいじ (불후지 성사) 영구히 남을 훌륭한 일이라는 뜻으로, 문장(文章)을 이름. ¶文章 經國之大業 一<曹丕>

【不諱】ふき (불휘) ①임금이나 아버지의 이름자를 피하지 아니하고 함부로 씀. ②거리낌 없이 말함. 직간(直諫)함. ③☞不可諱(불가휘).

【不恤】ふじゅつ (불휼) 구휼하지 아니함.

【不恤緯】ふじゅつい (불휼위) 주(周)대에 어떤 베 짜는 과부가 씨줄 모자라는 것은 제쳐 두고 나라가 망하는 것을 걱정했다는 옛일에서, 주제넘은 생각을 한다는 말.

【不歆非類】ふきんひるい (불흠비류) 귀신은 자기 족속 이외의 사람이 지내는 제사는 받지 아니함. ¶鬼神非其族類 不歆其祀<左氏傳>

4【卅】 ☞十部 2 획 (p. 236)

4【与】 ☞一部 2 획 (p. 20)

4【五】 ☞二部 2 획 (p. 59)

4【丈】 丈(p. 20)의 俗字

3/4【丑】 1소 축 本추 2이름 추 | 宥ㄔㄡˇ (chou) | ちゅう (ウシ) cattle

源象形. 굽힌 손가락 또는 물건을 쥐고 있는 손가락의 모양을 본뜸.

풀이 1①소. 둘째 지지. 띠로는 소, 시간으로는 오전 1시부터 3시 사이, 방위로는 북동, 오행(五行)으로는 토(土). ②수갑(手匣). 2이름. 사람 및 땅 이름. ¶公孫一.

【丑年】ウシノトシ (축년) 태세(太歲)의 지지(地支)가 丑인 해. 소띠의 해. ¶乙一.

【丑末】(축말) 축시(丑時)의 끝. 곧, 오전 3시경. ↔丑初(축초).

【丑方】ウシノカタ (축방) 24방위(方位)의 하나. 정북(正北)에서 동쪽으로 30°의 방위를 중심으로 좌우 15°의 방위.

【丑時】ウシノトキ (축시) 자시(子時) 다음으로, 오전 1~3시.

【丑月】ウシノツキ (축월) 월건(月建)이 축(丑)인 달. 곧, 음력 섣달.

【丑日】ウシノヒ (축일) 일진(日辰)이 축(丑)인 날.

【丑正】ちゅうせい (축정) 축시(丑時)의 한가운데. 곧, 오전 2시.

【丑坐】ちゅうざ (축좌) 묘·집터 따위의 축방(丑方)을 등지고 앉은 자리.

【丑初】(축초) 축시(丑時)의 처음. 곧, 오전 1시 경. ↔丑末(축말).

4【互】 ☞二部 2 획 (p. 66)

4/5【丘】 언덕 구 | 因ㄑㄧㄡ (qiu) | きゅう (オカ) hill

古㐀 俗坵 同北

※공자(孔子)의 이름자이므로, 피하여 邱로 쓰기도 함.

풀이 ①언덕. ¶一陵. ②동산. ¶狐死正一首 仁也<禮記> ③무덤. ¶不斬於一木<禮記> ④마을. 옛 중국에서, 4 읍(邑) 128가(家)가 사는 구역. ¶四邑爲一<漢書> ⑤크다. 通巨. ¶一老不通<管子> ⑥손위. 연장자. ¶過其一嫂食<漢書> ⑦비다. ¶寄居一亭<漢書>

【丘壟】きゅうろう (구롱) ①☞丘陵(구릉). ②무덤.

【丘陵】きゅうりょう (구릉) ①언덕. ②언덕과 같은 작은 산. 丘岡(구강). 丘阜(구부).

【丘里之言】きゅうりノげん (구리지 언) 시골 사람들의 말. 곧, 상말. 속된 말. 俚言(이언). 丘言(구언).

【丘木】きゅうぼく (구목) 무덤 주위에 둘러 서 있는 나무. 도래솔 따위. 墓木(묘목). ¶爲宮室不斬於一<禮記>

【丘墓】きゅうぼ (구묘) 무덤. 墳墓(분묘).

【丘民】きゅうみん (구민) 시골에 사는 백성.

【丘阜】きゅうふ (구부) ☞丘陵(구릉)②.

【丘賦】きゅうふ (구부) 한 구(丘)에서 바치던 세금. 말 1필과 소 3마리였음.

【丘墳】きゅうふん (구분) ①무덤. ②언덕. ③구구(丘九)와 삼분(三墳). 모두 중국의 옛 책들.

【丘索】きゅうさく (구삭) 구구(九丘)와 팔삭(八索). 모두 중국의 옛 책들.

【丘壻】オカムコ・きゅうせい (구서) 죽은 딸의 남편. ¶西方謂亡女壻曰一<漢書·注>

【丘首】きゅうしゅ (구수) ☞狐死丘首(호사구수).

【丘嫂】きゅうそう (구수) 맏형수.

【丘言】きゅうげん (구언) ☞丘里之言(구리지 언).

【丘井】きゅうせい (구정) 옛 중국의 마을 구획 단위인 구(丘)와 정(井). 丘는 16정, 井은 900 묘(畝)의 넓이.

▷九一, 陵一, 東家一, 蓬一, 比一, 砂一, 三一, 小一, 首一, 阿一

5【旦】 ☞日部 1 획 (p. 709)

5【末】 ☞木部 1 획 (p. 744)

5【未】 ☞木部 1 획 (p. 745)

4/5【丙】 남녘 병 | 梗ㄅㄧㄥˇ (bing) | へい (ヒノエ) south

풀이 ①남녘. 십간(十干)의 세째. 방위로는 남쪽, 오행(五行)으로는 화(火). ¶一午年. ②세째. 제삼위. ¶一科/一種. ③불. 환함. 밝음. ¶一火.

【丙科】へいか (병과) 과거 성적에 의한 등급의 하나. 문과 과거 급제 중 제3위. 곧, 최하위의 성적임. 병과 출신자에는 종9품을 주었음. ※甲科(갑과)·乙科(을과).

【丙吉牛喘】へいきつぎゅうぜん (병길우천) 한(漢)의 재상 병길(丙吉)이, 소가 헐떡이는 것을 보고

시후(時候)가 조화를 잃은 것을 알고 치국(治國)에 더욱 주의를 기울였다는 옛일.

【丙方】ヒノエノカタ(병방) 24방위의 하나. 정남(正南)으로부터 동쪽으로 15° 되는 방위를 중심으로 한 15° 각도의 안.

【丙部】へいぶ(병부) 제자류(諸子類)의 서적. 중국에서 서적을 경(經)·사(史)·자(子)·집(集) 또는 갑·을·병·정으로 구분한 세째.

【丙舍】へいしゃ(병사) ①궁중의 세째 등급에 드는 건물. ②무덤 남쪽에 있는 묘막(墓幕).

【丙夜】へいや(병야) 하룻밤을 갑·을·병·정·무의 오경(五更)으로 나눈 것 중의 세째. 하오 11시에서 이튿날 상오 1시 사이. 三更(삼경).

【丙午丁未】へいごていび(병오정미) 병오년과 정미년. 재난이 많이 일어나는 액년(厄年). 예로부터 이 해에는 재난·전란이 많이 일어난다 하여 꺼렸음.

【丙魏】へいぎ(병위) 한(漢) 선제(宣帝) 때의 명재상 병길(丙吉)과 위상(魏相)의 병칭.

【丙種】へいしゅ(병종) 등급을 갑종, 을종, 병종으로 나눈 때의 그 세째.

【丙坐】へいざ(병좌) 묏자리·집터 따위의 병방(丙方)을 등진 좌향(坐向).

【丙坐壬向】へいざじんこう(병좌임향) 병방(丙方)을 등지고 임방(壬方)을 향한 집터·묏자리 따위. 또는, 그 방향.

【丙枕】へいしん(병침) 임금이 잠자리에 들던 병야(丙夜). 또는, 병야에 잠자리에 듦.

【丙火】へいか(병화) 불빛.

5【本】 ☞ 木部 1획(p. 746)

4 5【丕】 클 비 | 因ㄆㄧ (pi) | ひ(オオキイ) *great*

同丕

풀이 ①크다. ¶嘉乃一績<書經>/一基. ②으뜸. 처음. 通元. ¶一子. ③받들다. 봉행함. ¶一天之大律<漢書> ④엄숙하다. 장중함.

【丕基】ひき(비기) 큰 터전. 제업(帝業)을 이루는 큰 바탕. 丕丕基(비비기). 鴻基(홍기).

【丕丕基】ひひき(비비기) ☞丕基(비기). ¶嗚呼天明畏 弼我一<書經>

【丕業】ひぎょう(비업) 큰 사업. 大業(대업). 丕構(비구). 偉業(위업). 洪業(홍업).

【丕子】ひし(비자) ☞元子(원자).

【丕績】ひせき(비적) 큰 공적. 丕緖(비서). 丕烈(비열). 「祚(성조).

【丕祚】ひそ(비조) 제왕의 자리. 寶祚(보조). 聖

【丕休】ひきゅう(비휴) 큰 경사(慶事). 커다란 기쁨. 休는 美의 뜻.

4 5【世】 인간 세 | 國ㄕ (shi) | せい, せ(ヨ) *world*

古卋 俗世 同丗

源 會意. 서른[卅] 해를 하나[一]로 곧 30년을 1세(世: 世代)로 친다는 뜻.

풀이 ①인간. 인간 세상. ㉮인류 사회. ¶一界/後一. ㉯세상 사람. ¶一論. ②대(代). ㉮한 왕조의 어떤 임금의 재위기간. 또는, 즉위 차례. ¶治一/五一. ㉯가계(家系)의 차례. ¶五一孫. ㉰대대로. ¶一有哲王<詩經>/一一孫孫. ③대를 잇다. ¶一子. ④세대. 30년. ¶必一而後仁<論語> ⑤해. 한 해. ¶去國三一<禮記> ⑥시대. ¶中一. ⑦평생. ¶終一.

【世家】せいか(세가) 대를 이어 작위와 녹을 받는 집안. 世門(세문).

【世間】せけん(세간) ①인간 세상. ②《佛》 중생이 서로 어우러져 사는 이 세상. 이승. 俗世(속세). ↔出世間(출세간).

【世降俗末】せいこうぞくまつ(세강속말) 세상이 내려올수록 풍속이 어지러움.

【世居】せいきょ(세거) 어떤 곳에 대대로 살고 있음. ¶一之地.

【世卿】せいきょう(세경) 춘추 시대의 대대로 세습되던 경(卿). 또는, 그 사람.

【世系】せいけい(세계) ①한 조상에서 대대로 이어져 내려오는 계통. ②한 왕조의 여러 임금의 차례.

【世界】せかい(세계) ①지구 위의 모든 나라. ¶一史. ②우주. ③어떤 분야의 사회. ¶文學一. ④이 세상. 世間(세간). ⑤땅. ¶新一. ⑥《佛》 우주. 과거·현재·미래 삼세(三世)를 세(世), 상하(上下)·동서남북을 계(界)라 함.

【世告】せいこく(세고) 옛 중국의 번국(蕃國)들이 새 추장이 오를 때마다 천자(天子)에게 아뢰던 일. ¶四塞一至<禮記>

【世官】せいかん(세관) 세습하여 하는 벼슬.

【世交】せいこう(세교) 대대로 사귀어 관계를 맺어 오는 집안. 또는, 그 사귐. ※世誼(세의).

【世仇】せいきゅう(세구) ☞世讐(세수).

【世紀】せいき(세기) ①서력 기원 원년부터 100년씩을 묶어 차례로 세는 단위. ¶五一. ②시대. 연대. ¶今一. ③100년. 100년간. ¶一的作家. 「잡음. ¶一差.

【世代】せだい(세대) 한 시대. 30년을 한 세대로

【世帶】せたい(세대) 독립적으로 생계를 꾸려 가는 각 가호의 최소 단위. ¶一主.

【世代交替】せだいこうたい(세대교체) 기성 세대의 자리에 신진 세대가 들어서는 일. 또는, 두 세대가 서로를 번갈아 대신하는 일.

【世途】せいと(세도) 세상. 세상을 험한 길에 비유하여 이르는 말. 世路(세로).

【世道人心】せいどうじんしん(세도인심) 행해지는 세상의 도의와 사람들의 마음씨.

【世羅】せいら(세라) 세상의 그물이란 뜻으로, 법 따위를 이름. ※世網(세망).

【世亂識忠臣】ヨミダレテちゅうしんヲシル(세란 식충신) 세상이 어지러워지면 충신을 알게 됨.

【世路】せいろ(세로) ☞世途(세도). ¶秋風唯苦吟 一少知音<崔致遠>

【世祿】せいろく(세록) 대대로 나라에서 녹을 받음. 또는, 그 녹. ¶一之臣.

【世論】せいろん(세론) 세상 사람들의 주장·의견. 輿論(여론). ※國論(국론).

【世吏】せいり(세리) 세습 관리.

【世網】せいもう(세망) 세상의 그물이라는 뜻으로,

세상의 번거로운 일을 뜻함. 世累(세루). 世纓(세승). ¶一嬰吾身<陸機> ※世羅(세라).
【世母】せいぼ(세모) ☞伯母(백모).
【世務】せいむ(세무) ☞時務(시무).
【世門】せいもん(세문) ☞世家(세가).
【世譜】せいふ(세보) 대대의 계통(系統)을 적은 표나 책.
【世父】せいふ(세부) 큰아버지. 대를 잇는 아버지라는 뜻. 伯父(백부).
【世婦】せいふ(세부) ①옛 중국에서, 천자의 후궁(后宮) 중 부인(夫人) 다음 지위의 여관(女官). ¶天子有后 有夫人 有一<禮記> ②옛 중국의 후궁의 여관(女官). ¶一 后宮官也<周禮·注>
【世祀】せいし(세사) 대대로 모시는 제사.
【世事】せいじ(세사) ①세속의 일. ②당세에 해야 할 일.
【世嗣】せいし(세사) ①☞世子(세자)①. ②몇 대가 지난 뒤의 자손.
【世事難測】せいじなんそく(세사난측) 세상 일은 헤아리기 어려움.
【世上】せじょう(세상) ①사람이 살고 있는 땅 위. 世間(세간). 俗世(속세). ②절, 감옥 등에 있는 사람들이 바깥 사회를 일컫는 말. ③사람이 자기 뜻을 세우고 펴나갈 수 있는 곳.
【世相】せそう(세상) 세상의 되어 있는 형편이나 모양. 世態(세태).
【世說】せせつ(세설) 세상에 떠도는 풍설. 소문.
【世世】せせ·よよ(세세) 대대(代代). ¶一孫孫.
【世世相傳】せせそうでん(세세상전) 대대로 전함.
【世世生生】せぜしょうじょう(세세생생)《佛》다시 태어날 때마다 몇 번이고.
【世俗】せぞく(세속) ①평범한 사람들이 사는 이 세상. 속세. ②세상 풍속.
【世孫】せそん(세손) 왕위를 이을 손자. 왕세손(王世孫)의 준말.
【世守】せしゅ(세수) 대대로 지켜 옴.
【世讐】せしゅう(세수) 여러 대에 걸친 원수. 世仇(세구).
【世襲】せしゅう(세습) 대(代)를 이어 물려받음. 世及(세급).
【世縄】せいじょう(세승) ☞世網(세망).
【世臣】せいしん(세신) 대대로 벼슬하는 신하.
【世室】せいしつ(세실) ①천자(天子)의 종묘(宗廟). ②천자가 오제(五帝)의 혼령을 모시고 제후를 인견(引見)하던 정전(正殿).
【世業】せいぎょう(세업) 대대로 물려받아 하는 일.
【世外】せがい(세외) 세상 밖. 곧, 속세를 떠난 곳. 別世界(별세계). 仙境(선경).
【世雄】せゆう(세웅) 부처의 이칭.
【世儒】せいじゅ(세유) ①속된 세상에서 행세하는 유학자. ②대대로 가학(家學)을 이어받은 유학자.
【世蔭】せいいん(세음) 대대로 나라에 공훈이 있는 좋은 문벌.
【世誼】せいぎ(세의) 가문(家門) 간에 대대로 사귀어 오는 정의. 世交(세교).
【世醫】せいい(세의) 가업(家業)으로서 대대로 이어 하는 의원(醫員).
【世議】せいぎ(세의) ☞世評(세평).
【世人】せじん(세인) 세상 사람.
【世子】せいし(세자) ①왕·제후의 대를 이을 아들. 왕세자(王世子)의 준말. 世嗣(세사). ※太子(태자). ②진(陳)의 세석(世碩)이 지은 책.
【世子宮】せいしぐう(세자궁) ①왕세자(王世子)의 존칭. ②왕세자의 궁전.
【世子嬪】せいしひん(세자빈) 왕세자의 정실부인(正室夫人).
【世爵】せいしゃく(세작) 대대로 세습하는 작위.
【世箴】せいしん(세잠) 세상의 교훈.
【世葬】せいそう(세장) 선산 따위에 대대로 장사 지냄. ¶一之地.
【世嫡】せいてき(세적) 가문의 대를 잇는 사람. 嫡嗣(적사). 冢嫡(총적).
【世傳】せいでん(세전) 대대로 전함. 世世相傳(세세상전). ¶一之物/一之寶.
【世情】せじょう(세정) ①세태와 인정. ②세상의 물정.
【世諦】せたい(세제) ☞俗諦(속제). 諦의 본음은 체.
【世濟其美】せいさいきび(세제기미) 전대(前代) 사람을 계승하여 대대로 그 미덕(美德)을 완성함. ¶一 不隕其名<左氏傳>
【世族】せいぞく(세족) ☞世家(세가).
【世尊】せそん(세존)《佛》석가의 높임말.
【世主】せいしゅ(세주) ☞君主(군주).
【世智】せち(세지) 세상을 살아가는 지혜.
【世塵】せじん(세진) ☞俗塵(속진).
【世稱】(세칭) 세상 사람들이 흔히 일컬음. 또는, 그것.
【世態】せたい(세태) 세상의 돌아가는 형편.
【世態炎涼】せたいえんりょう(세태염량) 이해 관계에 따라 세상 인심이 덧없이 변함. ※炎涼世態(염량세태).
【世波】(세파) 세상살이에서 겪는 풍파. 세상살이의 험난함.
【世評】せひょう(세평) 세상 사람들의 입에 오르내리는 평판. 世議(세의).
【世嫌】せけん(세혐) 가문(家門) 사이에 대대로 내려오는 증오.
【世兄】せいけい(세형) 세교(世交)가 있는 사람의 자제를 높이어 이르는 말. ※令息(영식).
【世婚】せいこん(세혼) 대대로 혼인 관계를 맺음.
▷蓋一, 擧一, 隔一, 經一, 季一, 繫一, 高一, 過一, 曠一, 救一, 近一, 今一, 亂一, 來一, 累一, 短一, 當一, 遯一, 萬一, 末一, 沒一, 百一, 辟一, 竝一, 逢一, 浮一, 不一, 三一, 上一, 先一, 盛一, 聖一, 世一, 俗一, 衰一, 夙一, 叔一, 宿一, 時一, 身一, 阿一, 歷一, 閱一, 厭一, 永一, 往一, 憂一, 遺一, 人一, 一一, 前一, 轉一, 絕一, 濟一, 早一, 中一, 塵一, 處一, 千一, 淸一, 超一, 出一, 治一, 濁一, 奕一, 現一, 後一

5〖丗〗世(p.32)의 俗字

5〖卋〗世(p.32)와 同字

5〖正〗☞ 止部 1획(p.806)

4 5〖且〗
1 또 차 | 馬ㄑㄧㄝˇ | しゃ
2 도마 저 | 魚(qie) | (カツ)
3 공경할 저 | 語ㄐㄩ(ju) | しょ

[源]象形. 신전(神殿)의 희생물(犧牲物)을 차려놓은 대(臺) 모양을 본뜸.

[풀이][1]①또. 또한. ¶孔子貧一賤<史記> ②하면서. 이어. ¶一馳一射<漢書> ③우선. 잠시. 얼마간. ¶一以喜樂一以永日<詩經> ④비록. ¶一予縱不得大葬 予死於道路乎<論語> ⑤만일. 만약. 이 뜻으로 且如를 쓰기도 함. ¶君一欲霸王 非吏吾其不可<史記> ⑥장차. [通]將. ¶城一拔矣<戰國策> ⑦이. [通]此. ¶匪一有一<詩經> ⑧구차하다. 구구함. [2]①도마. 희생물을 올려놓는 대(臺). [같]俎. ¶俎本作一<正字通> ②어조사. ☞[句法] ③머뭇거리다. [같]趄. ¶其行次一<易經> ④많다. 많은 모양. ¶籩豆有一<詩經> [3]공경하다. 삼가는 모양. ¶有萋有一<詩經>

[句法]
①접속
㉮…한 위에 또 더하여. ¶不義而富且貴於我如浮雲<論語>/且爾言過矣<論語>
㉯대체. 혹은. ¶且天下非小弱也<史記>
㉰…하기도 하고, 또 …하기도 하고. ¶且怒且喜<史記>
②억양(抑揚)
[…且] …마저도. …까지도. ¶臣死且不避 卮酒安足辭<史記>
③재석 문자(再釋文字)
[且…] 장차…하려하다. 바야흐로…이 되려 하다. 將과 쓰임이 같음. ¶且爲所虜<史記>
④부사
[且…] 잠깐 사이. 좀. ¶我醉欲眠君且去<李白>

【且看】しょかん(차간) 잠깐 봄.
【且驚且喜】しゃけいしゃき(차경차희) 한편 놀라고 한편 기뻐함.
【且得】しょとく(차득) 그건 그렇다 치더라도. 且喜(차희).
【且末】しょまつ(차말) 한(漢)대에 서역(西域)에 있던 나라.
【且月】しょげつ(차월) 음력 6월의 이칭.
【且戰且走】しょせんしょそう(차전차주) 한편으로 싸우고 한편으로 달아남. 싸우면서 달아남.
【且千】しょせん(차천) 많은 모양.
【且置】しょち(차치) 제쳐 놓음. 논외(論外)로 함. 차치물론(且置勿論)의 준말.
【且喜】しゃき(차희)《佛》☞且得(차득).
▷姑一, 苟一, 卽一, 次一, 巴一

5【冊】☞冂部 3획(p.183)
6【両】兩(p.165)의 俗字
6【吏】☞口部 3획(p.273)
6【百】☞白部 1획(p.1042)
6【西】☞西部 0획(p.1358)
6【吉】☞十部 4획(p.238)

5
6【丞】[1]도울 승 [2]나아갈 증 | [蒸]ㄔㄥˊ (cheng) [迥] | じょう (タスケル) *aid*

[同]丞

[풀이][1]①돕다. 보좌함. ¶一天子<漢書> ②벼슬 이름. ¶遣一請還<古詩> ③받들다. [通]承. ¶於是一上指<史記> [2]①나아가다. 나아짐. ¶一一. ②구원하다. 도움. [通]拯. ¶一民於農桑<揚雄>

【丞史】じょうし(승사) 승(丞)과 사(史). 중국의 벼슬 이름. 장관의 뜻을 받들어 일함.
【丞相】じょうしょう(승상) 천자를 보좌하던 중국의 대신. 宰相(재상). 政丞(정승).
【丞掾】じょうえん(승연) 승(丞)과 연(掾). 장관에 딸리어 있던 중국의 벼슬이름.
▷郡一, 御史中一, 驛一, 縣一

6【而】部首 글자
6【再】☞冂部 4획(p.183)
7【更】☞曰部 3획(p.731)
7【两】兩(p.165)의 俗字
7【所】所(p.612)의 俗字
7【丣】酉(p.1517)의 古字
8【並】竝(p.1121)과 同字
8【事】☞亅部 7획(p.54)
9【竝】竝(p.1121)과 同字

丨<위 아래로 통할 곤>部

丨 ② 个 丫 ③ 丰 中 ④ 丱 ⑥ 串 ⑦ 丳

0
1【丨】위 아래로 통할 곤 | [阮]ㄍㄨㄣˇ (gun) | こん

[源]指事. 세로로 내리그어, 위 아래로 통함을 나타냄.

2
3【个】낱 개 | [箇]ㄍㄜ (ge) | か, こ(カズ) *a piece*

[源]指事. 人밑에 「丨」을 그어 한 개를 나타냄.
※介(p.78)의 속자(俗字)라고도 하나 별개의 글자로 씀.

[풀이]①낱. 우리 나라에서는 주로 個를 씀. [같]個 箇. ②곁방. ¶君居右一<禮記> ③한 사람. ¶又有一一焉<左氏傳>

2
3【丫】가닥 아 | [麻]ㄧㄚ (ya) | あ(フタマタ) *strand*

3
4【丰】[1]어여쁠 봉 [2]풍채 풍 | [冬]ㄈㄥ (feng) [東] | ぼう *pretty, mien*

源指事. 生자의 세로획을 아래로 길게 그어 뿌리가 깊고 우거진 모양을 나타냄.

풀이 1 ①예쁘다. 아름다운 모양. ¶子之—兮 俟我乎巷兮<詩經> ②우거지다. 무성함. 2 풍채(風采). ¶—采.
▷淸—, 風—

4 〖弔〗 ☞弓部 1획 (p.530)

3/4 〖中〗 1 가운데 중 2 맞을 중 | 東 ㄓㄨㄥ 送(zhong) | ちゅう (ナカ) *midst*

源指事. 口의 한가운데를 그어 중심·중앙을 가리킴.

풀이 1 ①가운데. ㉮안. 속. 내부. ¶心—/府—. ㉯한가운데. 어느쪽으로도 치우치지 않는 것. ¶—央. ㉰일의 계속되는 과정. ¶工事—. ㉱동아리. 무리. ¶冊—. ②마음. ¶情動於—<史記> ③치우침이 없는 것. 과불급이 없는 것. 치우침이 없는 올바른 덕. ¶—也者 天下之大本也<中庸> ④좋지도 나쁘지도 아니한 것. ¶—級/—品. ⑤둘째. 버금. 通仲. ¶—男/—士. ⑥차다. 通充. 2 ①맞다. ㉮과녁에 맞다. ¶百發百—<史記> ㉯예상, 점(占) 따위가 들어맞다. ¶所言多—<三國志> ㉰계책 따위가 맞다. ¶是秦之計—也<戰國策> ㉱뜻에 맞다. ¶—吾志<左氏傳> ②병들다. 입음. 빠져듦. ¶—毒/—風. ③적당하다. ¶刑罰—則民畏死<禮記> ④응하다. 일치함. ⑤급제하다. 합격함. ¶武成親試之 皆—<北齊書> ⑥맞히다. 맞게 됨. 걸림. ¶危法—之<唐書> ⑦사이가 떨어져 있다.

【中間】ちゅうかん (중간) ①한가운데. ②사이. ③중도(中途). ④☞紹介(소개). 「칭.
【中諫】ちゅうかん (중간) 당(唐)대 보궐(補闕)의 이
【中甲】ちゅうこう (중갑) 과거의 두번째 성적의 급제. 또는, 그 성적.
【中堅】ちゅうけん (중견) ①조직이나 어떤 분야에서 중심이 되는 위치에 있는 사람. ②정예 군사가 모여 있는 중군(中軍).
【中徑】ちゅうけい (중경) ☞直徑(직경).
【中景】ちゅうけい (중경) 그림에서 원경(遠景)과 근경(近景)의 중간 부분.
【中經】ちゅうけい (중경) 경서(經書)를 분량에 따라 대·중·소로 나눈 중간 것으로, 「시경」(詩經)·「의례」(儀禮)·「주례」(周禮)를 이름.
【中扃外閉】ちゅうけいがいへい (중경외폐) 속의 욕심을 겉으로 드러내지 아니하고 외부의 사악(邪惡)함이 마음 속으로 들어오지 못하게 하는 일. 扃은 閉의 뜻. 「(중책).
【中計】ちゅうけい (중계) ①계략에 빠짐. ②☞中策
【中繼】ちゅうけい (중계) 중간에서 받아 이어줌. ¶—放送.
【中古】ちゅうこ (중고) ①역사상 시대 구분의 하나. 상고(上古)의 뒤. ②중국의 은(殷)에서 주초(周初)까지의 시대. ③조금 낡은 것. 또는, 그러한 물건. 中古品(중고품).

【中梱】ちゅうこん (중곤) 옛날, 죄인의 볼기를 치던 곤장의 한 가지. 「빔.
【中空】ちゅうくう (중공) ①☞中天(중천). ②속이
【中官】ちゅうかん (중관) ①중앙의 관원. 京官(경관). 朝官(조관). ②궁중의 환관(宦官).
【中冓】ちゅうこう (중구) ①궁중이나 집의 깊숙한 곳. 또는, 부부가 거처하는 내실(內室). ②남녀의 음란한 일.
【中軍】ちゅうぐん (중군) 좌우 또는 전후 부대의 가운데에 위치하는 군대. 대개 삼군(三軍) 중 최정예 부대로 주장(主將)이 위치함. 中權
【中帬】ちゅうくん (중군) ☞內衣(내의). 「(중권).
【中宮】ちゅうぐう (중궁) ①천자의 정실(正室). 皇后(황후). ②북극성(北極星).
【中宮殿】ちゅうきゅうでん (중궁전) 왕비의 존칭. 坤殿(곤전). 「운데. 네거리.
【中逵】ちゅうき (중규) 사방으로 뚫린 큰 길의 가
【中氣】ちゅうき (중기) ①24절기(節氣) 중 양력으로 중순 이후에 드는 절기. ②중풍(中風).
【中畿】ちゅうき (중기) 주(周)대 구기(九畿)의 중앙. 도읍을 중심으로 사방 천 리의 땅.
【中男】ちゅうなん (중남) ①둘째아들. 次男(차남). ②당(唐)대에 15세에서 20세까지의 남자를 이르던 말.
【中年】ちゅうねん (중년) ①노년과 청년의 중간. 곧, 사오십 세의 나이. 中歲(중세)②. ②☞平年(평년). ③한 해를 건너 뜀. 한 해를 가운데에 둠. 隔年(격년).
【中農】ちゅうのう (중농) 많지도 적지도 않은 농지를 가진 농민. 또는, 그 규모의 농사. 스스로 농사에 종사하며 머슴 한둘을 두기도 함. ※小農(소농)·富農(부농)·大農(대농).
【中段】ちゅうだん (중단) ①가운데 층. 또는, 그 부분. ②한 편의 글의 중간 부분.
【中單】(중단)韓 상복(喪服) 속에 입는, 소매가 넓은 두루마기. 「中絶(중절).
【中斷】ちゅうだん (중단) 중도에서 끊거나 그만 둠.
【中堂】ちゅうどう (중당) ①당상(堂上)의 남북의 중간. ②당(唐)대 중서성(中書省)에서 재상이 정사를 보던 곳. 그에서 재상(宰相)을 이름. ③《佛》 천태종(天台宗) 사원의 본당.
【中唐】ちゅうとう (중당) ①묘(廟)의 문(門)에서 신위를 모신 본전(本殿)에 이르는 중정(中庭)의 길. ②한시체(漢詩體)의 변천에 따라 당(唐)대를 초당(初唐)·성당(盛唐)·중당(中唐)·만당(晩唐)의 네 시기로 나눈 세 번째. 서기 765년부터 80여 년간으로 백거이(白居易), 한유(韓愈), 유종원(柳宗元) 등이 활약함.
【中代】ちゅうだい (중대) 어떤 시대의 중간 시기. 고대(古代)와 근대(近代)의 중간 시대. 中世(중세). 中葉(중엽). 「치하는 대.
【中臺】ちゅうだい (중대)《佛》 본존불(本尊佛)을 안
【中途】ちゅうと (중도) ①길 가는 동안. 中行(중행)①. ②일이 되어 가는 과정 또는 동안. 中間(중간)③. 中道(중도)②.
【中都】ちゅうと (중도) 중국 산동성 문상현(汶上縣)의 서쪽. 공자(孔子)가 이곳의 장(長)이 된 일이 있음.
【中道】ちゅうどう (중도) ①치우침이 없는 중용의 바

른 도(道). ②☞中途(중도)②. ③길의 한 가운데. 中路(중로).
【中毒】ちゅうどく (중독) ①독성의 물질이 몸에 들어가 기능 장애 또는 정신 장애를 일으키는 일. ②어떤 것에 빠져 들어 헤어나지 못함.
【中頭】ちゅうとう (중두) 책문(策問) 때 중간에 논지(論旨)를 바꾸어 서술하는 형식. 또는, 그 문체.
【中等】ちゅうとう (중등) ①중간의 등급. ※上等(상등)·下等(하등). ②두번째 등급. ※初等(초등)·高等(고등).
【中略】ちゅうりゃく (중략) ①글 가운데의 어떤 부분을 줄임. ※前略(전략)·後略(후략). ②병서(兵書)인 「삼략」(三略) 중의 하나. ③☞中策(중책).
【中呂】ちゅうりょ (중려) ①12율(律)의 하나. 仲呂(중려). ¶律中一<禮記> ②달로는 4월에 해당하므로 음력 4월을 가리키는 말로도 쓰임.
【中老】ちゅうろう (중로) 오륙십 세 전후의 사람을 이르는 말. 중늙은이. ※初老(초로).
【中路】ちゅうろ (중로) 中道(중도)③.
【中流】ちゅうりゅう (중류) ①신분이나 경제적인 생활 정도가 그 사회에서 중간쯤 되는 계층. ②강이나 내 따위의 길이의 중간. ※上流(상류)·下流(하류).
【中流擊楫】ちゅうりゅうげきしゅう (중류격즙) 굳은 결심을 나타내느라 노로 뱃전을 침. ¶一而誓曰<晋書>
【中流砥柱】ちゅうりゅうのしちゅう (중류지주) 砥柱는 중국 황하(黃河) 중류의 강 가운데 솟아 있는 기둥 모양의 돌로, 격류(激流) 속에서도 조금도 흔들리지 않는 데서, 굳은 절개를 지닌 사람을 비유함. 砥는 厎로도 씀.
【中立】ちゅうりつ (중립) ①어느 쪽에도 가담하지 아니함. ¶一國/一地帶. ②치우치지 아니함.
【中門】ちゅうもん (중문) ①안마당으로 들어가는 대문. ②대궐 정문(正門) 안의 문.
【中飯】ちゅうはん (중반) ☞中食(중식)①②.
【中房】ちゅうぼう (중방) 지방의 수령(守令)이 데리고 있던 심부름꾼.
【中保】ちゅうほ (중보) 둘 사이에서 일을 주선 하는 사람.
【中伏】ちゅうふく (중복) 삼복(三伏)의 하나. 초복(初伏)과 말복(末伏) 사이.
【中腹】ちゅうふく (중복) 산 따위의 불룩하게 나온 중턱. 山腹(산복).
【中覆】ちゅうふく (중복) 안에서 아룀. 覆은 말씀 드림의 뜻.
【中鋒】ちゅうほう (중봉) 붓글씨를 쓸 때 붓 끝을 바로 세우는 일.
【中部】ちゅうぶ (중부) ①가운데 부분. ②어떤 지역의 중앙이 되는 곳. ※上部(상부)·下部(하부).
【中分】ちゅうぶん (중분) ☞半分(반분).
【中批】ちゅうひ (중비) 과거를 거치지 않고 왕의 특지(特旨)로 등용함.
【中士】ちゅうし (중사) ①하사관 계급의 하나. 상사의 아래, 하사의 위. ②사(士)를 상·중·하로 나눈 것의 둘째. 사(士)는 대부(大夫)의 아래 계급. ③《佛》 보살과 범부(凡夫)의 중간. 곧, 성문(聲聞)·연각(緣覺)을 이름.
【中使】ちゅうし (중사) ☞密使(밀사).
【中射】ちゅうしゃ (중사) 전국 시대에 제후의 궁궐을 지키던 무인(武人).
【中謝】ちゅうしゃ (중사) ①관직 임명을 받고 입궐하여 사례하던 일. ②임금에 올리는 표문(表文)을 베끼는 경우에 그에 있는 「誠惶誠懼頓首頓首」의 여덟 자를 생략하고 대신 그 표시로 적는 말. 中賀(중하). 中慰(중위).
【中山】ちゅうざん (중산) ①전국 시대에 있던 나라 이름. ②중국 광동성(廣東省)의 향산(香山)을 고친 이름.
【中山狼】ちゅうざんろう (중산랑) 중산에 사는 이리. 자기를 살려준 사람을 잡아먹으려 한 데서 배은망덕한 사람의 비유로 씀.
【中傷】ちゅうしょう (중상) 근거 없는 말 따위로 누명을 씌움. ¶一謀略.
【中殤】ちゅうしょう (중상) ☞三殤(삼상).
【中庶】(중서)㊎ 중인(中人) 계급과 서자(庶子) 출신.
【中書】ちゅうしょ (중서) ①천자의 조칙(詔勅)이나 궁중의 문서 등을 맡아보던 벼슬 이름. ②궁중에 비장(秘藏)된 책.
【中書君】ちゅうしょくん (중서군) 붓의 아칭(雅稱).
【中夕】ちゅうせき (중석) ☞中宵(중소).
【中世】ちゅうせい (중세) 역사상 시대 구분의 하나. 고대(古代)와 근세(近世)의 사이. ¶一暗黑期.
【中歲】ちゅうさい (중세) ①☞平年(평년). ②☞中年(중년)①.
【中宵】ちゅうしょう (중소) 밤중. 中夕(중석). 中夜(중야). 中昔(중석). 夜半(야반).
【中消】ちゅうしょう (중소) 구갈(口渴)이 심하고, 음식을 탐하며 오줌이 자주 마려운 병.
【中霄】ちゅうしょう (중소) ☞中天(중천).
【中壽】ちゅうじゅ (중수) 사람의 천수(天壽)를 상·중·하로 나누었을 때 그 두번째. 80세를 이름. 일설에는 100세. ※上壽(상수)·下壽(하수).
【中旬】ちゅうじゅん (중순) 매달 11일부터 20일까지의 열흘 동안. 中浣(중완). 中澣(중한). ※上旬(상순)·下旬(하순).
【中始祖】ちゅうしそ (중시조) 중간에 가문을 다시 일으킨 조상. 中興祖(중흥조).
【中食】ちゅうしょく (중식) ①점심. ②식사중. 中飯(중반). ③식중독에 걸림.
【中心】ちゅうしん (중심) ①한복판. 中央(중앙). ②사물의 가장 요긴한 곳. 中樞(중추). ③마음. 마음 속. 心中(심중). 中情(중정). ④줏대. ⑤조직 따위의 가장 중요한 위치. ¶一人物.
【中丞相】ちゅうじょうしょう (중승상) 환관(宦官)으로서 승상의 지위에 있는 사람.
【中阿】ちゅうあ (중아) ①큰 언덕의 한가운데. ②중앙 아프리카의 약칭.
【中嶽】ちゅうがく (중악) 숭산(嵩山)의 이칭. 中岳(중악).
【中央】ちゅうおう (중앙) ①한가운데. ②사물의 중심이 되는 곳. ③서울을 이름. ④단체나 조직의 본부. ¶一黨/一政府.
【中夜】ちゅうや (중야) ☞中宵(중소).
【中嚴】ちゅうげん (중엄) 궁중의 경비.
【中葉】ちゅうよう (중엽) 어느 시대의 중간쯤 되는 때. ¶朝鮮一.
【中午】ちゅうご (중오) ☞正午(정오).
【中脘】ちゅうかん (중완) 침을 놓는 혈(穴)의 하나.

위(胃)가 있는 곳.

【中外】ちゅうがい(중외) ①나라의 안과 밖. ②☞朝野(조야). ③내외(內外). ④중앙과 지방.

【中用】ちゅうよう(중용) ①소용에 닿음. ②도장을 복판에 찍음. ¶至上下封口 俱當—<福惠全書>

【中庸】ちゅうよう(중용) ①치우침이 없는 바른 도(道). ¶—之道. ②보통의 재능. ③범상(凡常)한 것. ④유가(儒家)의 경전으로, 사서(四書)의 하나. 본래는「예기」(禮記)의 49편 중 제31편으로, 자사(子思)가 지었다고 함.

【中元】ちゅうげん(중원) 삼원(三元)의 하나로, 음력 7월 보름. 百中(백중).

【中原】ちゅうげん(중원) ①들판. ②세계 중심의 땅. 한족(漢族)이 자기들의 발상지인 황하(黃河) 유역 또는 자기들의 땅을 일컫는 말. ¶—制霸.

【中原之鹿】ちゅうげんのシカ(중원지 록) 사냥꾼들이 노리는 들판의 사슴. 곧, 군웅(群雄)이 노리는 천자(天子)의 자리 또는 여러 사람이 노리는 목적물의 비유.

【中原逐鹿】ちゅうげんシカヲオウ(중원축록) ①중원에서 사슴을 쫓음. 곧, 군웅(群雄)이 천자의 자리를 노림의 비유. ②여러 사람들이 어떤 것을 차지하려고 다투는 것.

【中位】ちゅうい(중위) 성적이나 형세 따위가 중간에 위치하는 것. ¶—圈. ※上位(상위)·下位(하위).

【中有】ちゅうう(중유)《佛》 사유(四有)의 하나. 사람이 죽은 후 다음의 생을 받을 때까지의 49일간. 中陰(중음). ¶—之旅. ※生有(생유)·本有(본유)·死有(사유).

【中隱】ちゅういん(중은) 한가한 벼슬자리에 숨어 지냄. ¶不如作— 隱在留司間<白居易> ※上隱(상은)·下隱(하은).

【中人】ちゅうにん(중인) ①양반과 상민(常民)의 중간 계급의 사람. 기술직에 근무했음. ②학문·재능·재산 등이 보통인 사람. ③권세가 있는 사람. ④환관·궁녀 등 궁중에서 일하는 사람. ⑤중매·중개를 하는 사람.

【中日】ちゅうにち(중일) 춘분(春分)·추분(秋分)을 이름.

【中章】ちゅうしょう(중장) 3개의 장(章)으로 이루어진 문장·시·시조 따위의 가운데 장.

【中場】ちゅうじょう(중장) 3일에 걸쳐 보던 과거의 둘째 날 시험.

【中腸】ちゅうちょう(중장) ①창자. ¶向風長歎息 斷絕我—<魏文帝> ②마음 속. 中情(중정). 心中(심중). ¶愛至望苦深 豈不愧—<曹植>

【中才】ちゅうさい(중재) 평범한 재주. 中材(중재)②.
「(중재).

【中材】ちゅうざい(중재) ①평범한 인물. ②☞中才

【中典】ちゅうてん(중전) 무겁지도 가볍지도 않은 형벌.

【中殿】(중전)(韓) 중궁전(中宮殿)의 준말.

【中絶】ちゅうぜつ(중절) 도중에서 끊어짐. 또는, 끊음. 中斷(중단). ¶妊娠—.

【中節】ちゅうせつ(중절) 규칙·법도·장단·선율 등에 맞음. ¶發而皆— 謂之和<中庸>

【中正】ちゅうせい(중정) ①치우치지 않고 올바름. ②한가운데. 中央(중앙).

【中庭】ちゅうてい(중정) 건물의 바깥채와 안채 사이에 있는 뜰.

【中情】ちゅうじょう(중정) 속 마음. 속 뜻. 內心(내심). 中懷(중회).

【中際】ちゅうさい(중제)《佛》 삼제(三際)의 하나로 현세(現世)를 이름. ※前際(전제)·後際(후제).

【中朝】ちゅうちょう(중조) ①조정 안. 조정 안에 있음. ②중국. ③중엽(中葉).

【中尊】ちゅうそん(중존)《佛》 안치한 삼존불 중 가운데 부처. 석가모니불 또는 아미타여래. 本尊(본존).

ちゅうそん(중준) 중간 정도 크기의 술통. 또는, 중품(中品)의 술.

【中坐】ちゅうざ(중좌) ①좌중(座中). ②임금의 자리를 범함. ¶— 犯帝坐也<史記·注>

【中主】ちゅうしゅ(중주) 평범한 군주.

【中州】ちゅうしゅう(중주) ①중국(中國). ②하남성(河南省)의 옛이름.

【中酒】ちゅうしゅ(중주) ①주연(酒宴) 중. ¶—亞父謀欲殺沛公<史記> ②술에 만취함. 中飮(중음). ③밥 먹은 후 술을 마심. 또는, 그 술. ¶飯後飮 謂之—<酒茶論>

【中雋】ちゅうしゅん(중준) ①투호(投壺)의 재주가 뛰어남. ②고시(考試) 따위에 합격함.

【中止】ちゅうし(중지) 중도에서 그침.

【中旨】ちゅうし(중지) 천자의 뜻. 諭旨(유지).

【中池】ちゅうち(중지) ①마음의 이칭. 方寸(방촌). ¶—謂心也<事物異名錄> ②연못 속. 연못 가운데. ③쓸개. ¶膽爲—<黃庭內景經·注>

【中指】ナカユビ(중지) 가운뎃손가락.

【中智】ちゅうち(중지) 보통의 지혜. ※上智(상지)·下智(하지).

【中直】ちゅうちょく(중직) 치우치지 아니하고 곧음.

【中質】ちゅうしつ(중질) 품질이 중간인 것. 보통의 품질. 中帙(중질). ¶—紙/—油.

【中餐】ちゅうさん(중찬) ☞午餐(오찬).

【中站】ちゅうたん(중참) 일 도중에 쉬는 참. 또는, 그때 먹는 간단한 음식.

【中倉】ちゅうそう(중창) 궁중의 창고.

【中策】ちゅうさく(중책) 보통의 계책. 中略(중략)③. 中計(중계)②. ※上策(상책)·下策(하책).

【中天】ちゅうてん(중천) 하늘 한복판. 中霄(중소). 中空(중공)①. 天心(천심).

【中焦】ちゅうしょう(중초) ☞三焦(삼초).

【中村】ちゅうそん(중촌) ①어느 지역의 중간에 있는 마을. ②조선 때 중인(中人) 계급이 모여 살던 곳.

【中秋】ちゅうしゅう(중추) ①가을의 중간 무렵. ②음력 8월. 또는, 음력 8월 보름. 仲秋(중추).

【中樞】ちゅうすう(중추) 사물의 중심이 되는 긴요한 곳. 中心(중심). ¶—神經/—的人物.

【中軸】ちゅうじく(중축) ①바퀴 따위의 중심에 있는 굴대. ②사물의 중심이 되는 긴요한 곳.

【中層】ちゅうそう(중층) ①건물(建物) 따위의 중간 부분. ②중류 계층. 中間層(중간층).

【中台】ちゅうだい(중태) 삼태(三台) 곧 3공(公)의 하나인 사도(司徒)를 이름.

【中土】ちゅうど(중토) ①㊌ 토질이 썩 좋지도 나쁘지도 않은 농토. ※上土(상토)·下土(하토). ②중국의 이칭. ③중원(中原)의 이칭. ④중국의 구주(九州)의 하나인 기주(冀州)를 이름.
【中篇】ちゅうへん(중편) ①세 편으로 된 글의 가운데 편. ※上篇(상편)·下篇(하편). ②소설 양식의 하나. 장편 소설보다는 짧고 단편 소설보다는 긺. 「理—<宋史>
【中平】ちゅうへい(중평) 평범함. 平平(평평). ¶文
【中表】ちゅうひょう(중표) 내외종(內外從). ¶—兄弟.
【中品】ちゅうひん(중품) ①질이 중간 정도인 물건. 中質(중질). 中帙(중질). ※上品(상품)·下品(하품). ②《佛》 구품정토(九品淨土)의 중간에 위치하는 곳. 이곳을 다시 상·중·하의 삼품(三品)으로 나눔.
【中風】ちゅうふう(중풍) 바람을 맞았다는 뜻으로, 반신 불수, 신체 마비, 언어 장애 등을 일으키는 병. 대개 뇌일혈로 인함.
【中夏】ちゅうか(중하) ①여름의 중간 무렵. 한여름. 仲夏(중하). ¶—貯清陰<陶潛> ②한족(漢族)이 자기 나라를 세계의 중앙에 있는 큰 나라라는 뜻으로 일컫는 말. 中華(중화). 中州(중주)①.
【中賀】ちゅうが(중하) ☞中謝(중사)②.
【中學】ちゅうがく(중학) ①보통 또는 중간 정도 수준의 학문. ②중학교의 약칭. ③조선 때 사학(四學)의 하나. 서울 중앙에 있던 학교.
【中寒】ちゅうかん(중한) 추위로 팔다리가 굳거나 심장에 통증이 오는 등 인사불성에 빠지는 병. 中寒症(중한증).
【中海】ちゅうかい(중해) ☞內海(내해).
【中行】ちゅうこう(중행) ①☞中途(중도)①. ②치우침이 없는 바른 행실. 「¶—站.
【中火】ちゅうか(중화) 길 가는 도중에 먹는 음식.
【中和】ちゅうわ(중화) ①다른 성질의 물질이 서로 융합·작용하여 본래의 특성이나 작용을 잃고 중성 등 새로운 성질을 띠는 일. ¶—作用. ②성정(性情)이 치우침이 없이 조화를 이룸. ¶—之氣.
【中華】ちゅうか(중화) 세계 중앙에 있는 문명국이라는 뜻으로, 한족(漢族)이 자기 나라를 일컫는 말. 中夏(중하)②. ¶—民國.
【中和節】ちゅうわせつ(중화절) 당(唐)대의 명절의 하나. 음력 2월 초하루.
【中懷】ちゅうかい(중회) ☞中情(중정). ¶—正無悰 <白居易>
【中興】ちゅうこう(중흥) 쇠퇴하던 집안이나 나라 또는 어떤 일이 중간에 다시 일어남. 또는, 일으킴. ¶—祖/—主.
▷居—, 空—, 關—, 壙—, 口—, 國—, 軍—, 宮—, 闕—, 貴—, 閨—, 禁—, 其—, 忌—, 郎—, 囊—, 當—, 途—, 道—, 命—, 夢—, 門—, 微—, 盤—, 房—, 百—, 病—, 伏—, 服—, 府—, 喪—, 船—, 省—, 城—, 市—, 侍—, 時—, 試—, 心—, 夜—, 陽—, 億—, 言—, 弇—, 域—, 熱—, 五里霧—, 伍—, 渦—, 宇—, 雨—, 禺—, 偶—, 雲—, 隆—, 陰—, 人—, 日—, 場—, 掌—, 在—, 的—, 折—, 接—, 井—, 正—, 卒—, 宗—, 座—, 地—, 陣—, 集—, 車—, 天—, 村—, 叢—, 就—, 醉—, 治—, 胎—, 寒—, 漢—, 陷—, 海—, 行—, 鄕—, 虛—, 湖—, 會—, 懷—, 胸—

5〖甲〗 ☞田部 0획(p.1012)

4〖丱〗 쌍상투 관 | 諫ㄍㄨㄢˋ (guan) | かん(アゲマキ) *two topknots*
5
▷丱—, 童—, 方—

5〖旧〗 ☞日部 1획(p.709)
5〖申〗 ☞田部 0획(p.1013)
5〖出〗 ☞凵部 3획(p.192)

6〖串〗 1 꿸 천 | 霰ㄔㄨㄢˋ (chuan) | せん *thread*
7 2 익숙할 관 | 諫 | かん *skilled*
3 ㊌곶 곶
▷貫—, 大—, 魚—, 月—, 長山—, 竹—, 親—

7〖丳〗 꼬챙이 찬 | 潸ㄔㄢ (chan) | さん(クシ) *spit*
8

丶<점 주>部
丶 ①丶 ②丸 凡 々 ③丹 ④丼 主

0〖丶〗 점 주 | 麌 | ちゅう(テン) *comma*
1

1〖〻〗 같은 자를 연달아 쓸 때 그 글자 대신에 쓰는 부호. ㊇々.
2

2〖丸〗 알 환 | 寒ㄨㄢˊ (wan) | がん(マル) *pill*
3 ㊍丸
풀이 ①알. 작고 둥글게 생긴 것. ¶有鳳之—<呂覽>/—藥. ②잘고 둥근 것을 세는 단위. ¶藥——. ③자루. 먹 따위를 세는 단위. ¶墨三—. ④먹이나 약의 이름. ⑤둥글다. 둥글게 함. ¶使婢—藥<晋書> ⑥꼿꼿하다. ¶松栢——<詩經>
【丸鋼】がんこう(환강) 단면(斷面)이 둥근 쇠.
【丸髻】がんけい(환계) 둥글게 틀어올린 상투.
【丸泥封關谷】がんでいかんこくをふうず(환니 봉관곡) 한 덩이의 흙으로 함곡관을 봉쇄함의 뜻으로, 적은 군사로 굳게 지킴의 비유.
【丸藥】がんやく(환약) 작고 둥글게 빚은 알약.
【丸劑】がんざい(환제) ☞丸藥(환약).
【丸彫】がんちょう(환조) 물체의 모양을 모두 두드러지게 새기는 조각법의 한 가지.
▷箠—, 弄—, 蠟—, 牢—, 雷—, 犢—, 摶—, 飛—, 蘇合—, 詩—, 紫—, 推—, 彈—, 砲—

3〖丸〗 丸(p.38)의 本字

2 3 〚々〛 같은 자를 연달아 쓸 때 그 글자 대신 적는 부호. ㊟ 〻.

3 4 〚丹〛 붉을 단 | 㦤ㄉㄢ (dan) | たん(アカ) *red*

㊀彬

㊁**指事**. 땅을 판 구덩이[井] 속의 붉은 광석[朱砂]을 「丶」으로 나타냄.

풀이①붉다. 붉은 빛. ¶一青. ②붉게 하다. ③정성. ㉮성실하다. ¶旣秉一石心<謝眺> ㉯마음. 정성스런 마음. ¶剖心輸一雪胸臆<李白>/一心. ④붉은 빛 흙. ㉮주사(朱砂). 진사(辰砂). ¶礪砥砮一<書經> ㉯도교(道敎)에서 주사(朱砂)로 불사약을 만들려고 한 데서 영약(靈藥) 또는 선도(仙道)의 뜻으로 씀. ¶藥爐有火一應伏<白居易>/一房.

【丹可磨也而不可奪其赤】たんミガクベシシカレドモソノせきヲウバフベカラズ(단가마야이 불가탈기적) 주사(朱砂)는 갈아서 그 모양을 다르게 할 수 있으나 그 붉은 빛은 빼앗을 수 없다는 뜻으로, 본성은 바꿀 수 없음을 이르는 말. ¶石可破也 而不可奪其堅 一<呂覽>

【丹經】たんけい(단경) 신선의 글. 道經(도경). ¶法寶一.

【丹丘】たんきゅう(단구) 신선이 산다는 곳. 밤에도 낮처럼 밝다고 함. 丹邱(단구).

【丹禁】たんきん(단금) 붉은 빛의 궁성.

【丹臺】たんだい(단대) 신선이 산다는 곳.

【丹毒】たんどく(단독) 피부의 헌 데나 상처에 균이 들어가 피부가 붉어지며 통증, 종창(腫瘡), 고열(高熱)을 일으키는 급성 전염병.

【丹彤】たんとう(단동) 붉은 칠.

【丹良】たんりょう(단량) 개똥벌레의 이칭. 丹鳥(단조)②. ¶螢火 一名一<古今注>

【丹礫】たんれき(단력) ☞朱砂(주사).

【丹方】たんぽう(단방) 단약(丹藥)의 처방.

【丹房】たんぼう(단방) 신선이 사는 곳. 또는, 단약(丹藥)을 만드는 곳.

【丹碧】たんぺき(단벽) ①☞丹青(단청)①. ②고운 빛깔을 형용하는 말.

【丹鳳】たんぽう(단봉) ①천자의 조칙. ②천자의 궁궐. ③난(鸞)의 일종인 새의 이름.

【丹鳳朝陽】たんぽうちょうよう(단봉조양) 붉은 봉황과 아침 해의 돋는 모습을 그린, 화제(畫題)의 한 가지.

【丹砂】たんしゃ(단사) ☞朱砂(주사).

【丹書】たんしょ(단서) ①붉은 색으로 쓴 글씨. ②붉은 글씨로 된 천자의 조칙(詔勅). 丹詔(단조). ③붉은 글씨로 죄명을 적은 문서. ④주작(朱雀)이 물고 왔다는, 황제(黃帝) 전욱(顓頊) 때의 도(道)를 적은 글. ⑤금석(金石)에 새긴 글.

【丹石心】たんせきしん(단석심) ☞丹心(단심).

【丹誠】たんせい(단성) 진심에서 우러나는 정성. 赤誠(적성). ¶但見一赤如血<白居易>

【丹脣】たんしん(단순) ①붉은 입술. ②미인 또는 소년을 이름.

【丹脣皓齒】たんしんこうし(단순호치) 붉은 입술과 흰 이. 미인의 용모를 형용하는 말.

【丹心】たんしん(단심) 진정에서 우러나는 정성된 마음. 丹慊(단겸). 丹款(단관). 丹府(단부). 丹情(단정). 誠心(성심). 赤心(적심). 丹石心(단석심). ¶一片一.

【丹液】たんえき(단액) 도교(道敎)의 불사약(不死藥). 丹藥(단약).

【丹藥】たんやく(단약) 도교(道敎)의 장생 불사의 약. 靈藥(영약). 丹劑(단제).

【丹鉛】たんえん(단연) ①단사(丹砂)와 연분(鉛粉). ②잘못된 글자를 고치는 데 쓰였으므로 교정(校正)의 뜻으로도 쓰임.

【丹愚】たんぐ(단우) 자신의 성의(誠意)를 낮추어 일컫는 말.

【丹扆】たんい(단의) 천자가 제후를 인견(引見)할 때, 뒤에 치는 붉은 병풍. ¶一六箴.

【丹粧】たんしょう(단장) 화장. 또는, 모양을 곱게 꾸밈.

【丹田】たんでん(단전) 배꼽에서 아래로 한 치쯤 되는 곳. 下腹部(하복부). ¶一呼吸.

【丹頂】たんちょう(단정) 머리 꼭대기가 붉은 학(鶴). 또는, 그 붉은 부위. 두루미. 丹頂鶴(단정학).

【丹鳥】たんちょう(단조) ①봉황의 이칭. 丹鳳(단봉). ②☞丹良(단량).

【丹詔】たんしょう(단조) 천자의 조칙(詔勅). 丹書(단서)②.

【丹朱】たんしゅ(단주) ①붉은 빛. 또는, 붉은 색의 안료. ②《人》요임금의 아들.

【丹墀】たんち(단지) ①붉은 칠을 한 천자의 궁전 뜰. ②궁전. 대궐. 丹陛(단폐)②.

【丹青】たんせい(단청) ①붉은 색과 푸른 색. 丹碧(단벽)①. ¶一所畫<漢書> ②채색을 함. 또는, 그 채색.

【丹忠】たんちゅう(단충) 진심어린 충성 또는 충정.

【丹陛】たんぺい(단폐) ①붉은 칠을 한 궁전의 돌계단. ②천자의 궁전. 대궐.

【丹穴】たんけつ(단혈) ①단사(丹砂)를 캐는 구덩이. ②금강산에 있다는, 신선이 사는 굴.

【丹黃】たんこう(단황) 붉은 색과 누런 색. 책의 글자를 고치는 데에 씀.

▷激一, 卷一, 契一, 金一, 內一, 木一, 牧一, 牡一, 美一, 山一, 賽一, 仙一, 神一, 渥一, 鉛一, 煉一, 外一, 紫一, 朱一, 還一

4 〚之〛 ☞丿部 3획(p.43)

5 〚氷〛 ☞水部 1획(p.838)

5 〚永〛 ☞水部 1획(p.840)

5 〚丼〛 井(p.66)의 本字

4 5 〚主〛 주인 주 | 㦤ㄓㄨˇ (zhu) | しゅ(ヌシ, オモ) *host, lord*

㊁**象形·形聲**. 등잔[王] 위에 켠[丶] 등불을 본뜸. 밤에 등불은 방 한가운데에 두므로 주인, 군주를 나타냄.

풀이①주인. ㉮가장(家長). ¶戶一. ㉯손님을 청하고 접대하는 사람. ¶一客. ㉰소유자. ¶物各有一<蘇軾> ㉱섬기는 사람. ②주되다. ¶一從/一力. ③주장(主掌)하다. 맡음. 관장함. ¶一宰.

④우두머리. ¶―峰/盟―. ⑤자아. 자기. ¶―體. ⑥신주(神主). 위패. ¶措之廟 立之―<禮記> ⑦임금. ¶―倡而臣和 ―先而臣從<史記> ⑧공주. ¶帝令―坐屛風後<後漢書> ⑨주로 하다. ¶―知主義. ⑩높이다. 존중함.

【主家】しゅか(주가) 주인의 집. 주인집.

【主幹】しゅかん(주간) 어떤 일을 주장(主掌)하여 처리함. 또는, 그 사람. 主宰(주재). ¶編輯―.

【主客】しゅかく(주객) ①주인과 손. ②주체와 객체. ③주관과 객관. ④주요한 일과 사소한 일. 또는, 주요 부분과 그렇지 아니한 부분. 本末(본말). ⑤한(漢)대 이래 오랑캐의 조공·사절 접대를 맡아 하던 벼슬 이름.

【主客顚倒】しゅかくてんとう(주객전도) 주인과 손이 거꾸로 되었다는 뜻으로, 일의 경중(輕重), 선후, 완급(緩急) 따위가 뒤바뀜을 이르는 말. 本末顚倒(본말전도).

【主見】しゅけん(주견) 주장이 되는 뚜렷한 의견.

【主敬存誠】しゅけいそんせい(주경존성) 공경(恭敬)을 주로 하고 성의를 가짐. 정이천(程伊川)·주희 등 송(宋)의 유학자들이 이를 수신(修身)의 근본으로 삼음. ¶古之聖賢 戒愼恐懼―<王鼎>

【主計】しゅけい(주계) 한(漢)대에 회계를 맡아 보던 벼슬 이름.

【主考】しゅこう(주고) 명(明)·청(淸) 때 향시(鄕試)의 시험관.

【主穀】しゅこく(주곡) 쌀, 보리, 밀 등 주식으로 하는 곡식. ※雜穀(잡곡).

【主公】しゅこう(주공) 신하나 하인이 임금이나 상전을 일컫는 말.

【主管】しゅかん(주관) 일을 주장(主掌)하여 관리함.

【主觀】しゅかん(주관) ①대상을 인식·사고하는 주체. ↔客觀(객관). ②물건 그 자체. ③자기대로의 생각. ¶―的判斷.

【主國】しゅこく(주국) 서로 사신을 보내고 있는 각 나라. ¶―待客<禮記>

【主君】しゅくん(주군) ①임금. ②자기가 섬기는 주인을 높이어 일컫는 말.

【主權】しゅけん(주권) ①국가를 통치하는 최고·독립·절대의 권력. 통치권. ¶―恢復/―國/―在民. ②임금의 권력.

【主饋】しゅき(주궤) 집안에서 음식에 관한 일을 주관하는 여자.

【主記】しゅき(주기) 기록을 맡음. ¶―君所與客語問 親戚居處<史記>

【主器】しゅき(주기) ①사당이나 묘(廟)의 제기(祭器)를 관리하는 사람. ②맏아들. ¶長子曰―<書言故事>

【主腦】しゅのう(주뇌) ☞首腦(수뇌).

【主德】しゅとく(주덕) 으뜸이 되는 덕. 元德(원덕).

【主都】しゅと(주도) ①으뜸이 되는 도시. ②☞首都(수도). ③주요한 도시.

【主導】しゅどう(주도) 주가 되어 이끎. ¶民間―型經濟.

【主櫝】(주독) 신주를 모신 궤.

【主動】しゅどう(주동) 어떤 일을 위하여 앞장서 움직임.

【主力】しゅりょく(주력) ①중심이 되는 세력. ②주가 되는 힘. ③가장 강력한 부대. ¶―部隊.

【主禮】しゅれい(주례) 예식을 맡아 진행, 지휘하는 일. 또는, 그 사람. 主禮者(주례자). ¶―辭.

【主龍】しゅりゅう(주룡) ☞主山(주산)①.

【主流】しゅりゅう(주류) ①☞本流(본류). ②어떤 사조(思潮)나 유행 따위를 이끄는 큰 흐름. 主潮(주조).

【主脈】しゅみゃく(주맥) ①산맥 따위의 주가 되는 줄기. ②잎의 한가운데에 있는 큰 엽맥(葉脈).

【主盟】しゅめい(주맹) ①동맹(同盟), 회맹(會盟) 등을 이끎. ②☞盟主(맹주).

【主命】しゅめい(주명) 임금의 명령. 君命(군명). 丕命(비명). 大命(대명).

【主名不知】しゅめいふち(주명부지) 사건 따위의 주모자, 주동자의 이름을 알지 못함. ¶有賊殺人―<唐書>

【主母】しゅぼ(주모) ①☞主婦(주부)①. ②첩이 본처(本妻)를 부르는 말. ↔主父(주부). ③☞太后(태후)·大妃(대비).

【主謀】しゅぼう(주모) 주동(主動)하여 일을 꾀함. 모의(謀議)를 앞장서서 이끎. ¶―者.

【主務】しゅむ(주무) 어떤 일을 맡음. 또는, 그 사람. 主務者(주무자).

【主文】しゅぶん(주문) ①문장 중 주요한 부분. ②법원 판결문 중 그 요지를 적은 글. 判決主文(판결주문). ③과거(科擧) 시관(試官)의 별칭. ④대제학(大提學)의 별칭.

【主犯】しゅはん(주범) 한 사건의 여러 범인 중 주동이 되어 범죄 행위를 한 사람. 正犯(정범). ↔從犯(종범).

【主壁】しゅへき(주벽) ①양쪽으로 벌여 앉은 사람들을 마주 보게 된, 한가운데의 윗자리. 또는, 그 자리에 앉은 사람. ②사당의 위패 중 으뜸이 되는 신주(神主). ③㊕ 문쪽에서 정면으로 바라보이는 방안의 벽.

【主父偃】しゅふえん(주보언) 한(漢)대 초의 학자이자 문신. 벼슬이 한 해에 네 번 뛰어 중대부(中大夫)가 되었음.

【主僕】しゅぼく(주복) 주인과 노복(奴僕).

【主父】しゅふ(주부) 첩이 남편을 일컫는 말.

【主婦】しゅふ(주부) ①집안의 살림을 맡아 다스리는 부인. 주인의 아내. 主母(주모)①. ¶―治北堂<韓愈> ②한 집의 제사를 받드는 사람의 아내.

【主簿】しゅぼ(주부) 한(漢)대 이래 각 관서의 문서·장부를 맡아보던 벼슬.

【主佛】しゅぶつ(주불)《佛》①법당 주벽(主壁)에 안치한 본존불. 主世佛(주세불). 中佛(중불). ②염주의 큰 구슬.

【主賓】しゅひん(주빈) ①손님 중 중심이 되는 사람. 上客(상객). ②주인과 손님. 主客(주객).

【主祀】しゅし(주사) ☞奉祀(봉사).

【主事】しゅじ(주사) ①일을 주장(主掌)하여 처리함. ②㊕ 6급 공무원. ③㊕ 성(姓) 다음에 붙이는 경칭. ¶金―.

【主辭】しゅじ(주사) 주가 되는 말. 주어가 되는 말. 主槪念(주개념). ↔賓辭(빈사).

【主山】しゅざん(주산) ①㊕ 도읍, 마을, 집, 무덤 따위의 바로 북쪽에 있는 산 중 가장 큰 산. ↔客山(객산). ※按山(안산). ②산수화(山水畫) 등에서 중심이 되는 산.

【主上】しゅじょう(주상) 임금을 높여 이르는 말. 上
【主喪】しゅそう(주상) ☞喪主(상주). ⌊(상).
【主壻】しゅせい(주서) 임금의 사위. 駙馬都尉(부마도위).
【主祏】しゅせき(주석) 목주(木主)를 넣어둔 돌궤. ¶使祝史都徙ー於周廟 告於先君<左氏傳>
【主席】しゅせき(주석) ①주되는 자리. 윗자리. 上席(상석). ②주인의 자리. ③단체나 기관의 우두머리. 「사람.
【主膳】しゅぜん(주선) 반찬 만드는 일을 맡아보는
【主世佛】しゅせいぶつ(주세불) ☞主佛(주불)①.
【主帥】しゅすい(주수) ☞主將(주장)①.
【主食】しゅしょく(주식) ①주가 되는 음식. ↔副食(부식). ②임금의 음식을 맡아보던 벼슬.
【主審】しゅしん(주심) 심판원의 우두머리.
【主我】しゅが(주아) ①자기만을 생각하고 제 욕심만을 채우려는 마음. ¶ー主義. ②주관적인 나.
【主眼】しゅがん(주안) 주요한 점. 주가 되는 목표. 眼目(안목). 要點(요점). ¶ー點.
【主業】しゅぎょう(주업) 주되는 직업. 本業(본업). ↔副業(부업).
【主役】しゅやく(주역) ①어떠한 일에서의 주요한 역할. ②극이나 영화 따위의 주인공 역할. ↔助役(조역).
【主演】しゅえん(주연) 극이나 영화 따위에서 주인공의 역할을 연기함. 또는, 그 배우. ↔助演(조연).
【主媼】しゅおう(주온) 늙은 주부(主婦).
【主要】しゅよう(주요) 주되고 긴요함.
【主辱臣死】しゅじょくしんし(주욕신사) 임금이 치욕을 당하면 신하는 목숨을 바쳐 그를 설욕(雪辱)하여야 함.
【主恩】しゅおん(주은) ①임금의 은혜. 君恩(군은). ¶流離ー厚<杜甫> ②주인의 은혜.
【主音】しゅおん(주음) 음계(音階)의 첫 음. 「뜻.
【主意】しゅい(주의) ①☞主旨(주지). ②임금의
【主義】しゅぎ(주의) ①어떤 사물에 대하여 가지는 일정한 방침이나 주장. ¶民主ー. ②의(義)를 주로 삼음.
【主翼】しゅよく(주익) 비행기의 큰 날개.
【主人】しゅじん(주인) ①☞家長(가장). ②물건 따위의 임자. ③손님을 맞아들여 대접하는 사람. ④남편을 달리 이르는 말. ⑤섬기는 사람. 上典(상전). ↔下人(하인).
【主因】しゅいん(주인) 주되는 원인.
【主人公】しゅじんこう(주인공) ①주역(主役)을 맡은 사람. ¶映畫ー. ②주인의 존칭. 主人翁(주인옹).
【主一無適】しゅいつむてき(주일무적) 마음을 한 곳으로 기울여 잡념을 없이 함. ¶敬者ー之謂<論語·注>
【主任】しゅにん(주임) 어떤 일을 주관하여 맡음. 또는, 그 사람. ¶ー敎師.
【主子】しゅし(주자) ①천자. ②주인. ③음식을 맡아 하는 사람. ¶謂主炊者爲ー<稱謂錄>
【主將】しゅしょう(주장) ①군대를 총지휘하는, 가장 지위가 높은 장수. 主帥(주수). ②운동 경기에서 한 조(組)의 동료 선수들을 통솔하는 사람.
【主張】しゅちょう(주장) 자기 의견을 내세움. 또는, 그 의견이나 주의(主義).
【主掌】しゅしょう(주장) 주체가 되어 맡아 함.
【主材】しゅざい(주재) ①주가 되는 재료. ②위패(位牌)를 만드는 나무.
【主宰】しゅさい(주재) 맡아서 자기 관할하에 처리함. 主裁(주재).
【主戰】しゅせん(주전) 전쟁을 주장함. ¶ー論/ー派. ↔主和(주화).
【主靜】しゅせい(주정) 잡념을 버리고 마음을 고요히 함. ¶以中正仁義而ー<周敦頤>
【主題】しゅだい(주제) 예술 작품이나 말, 글 따위의 중심적인 사상. 테마. ※素題(소제).
【主潮】しゅちょう(주조) 사상이나 사회 현상의 주된 흐름. 主流(주류)②.
【主調音】しゅちょうおん(주조음) 한 악곡의 바탕을 이루는 음. 주조(主調). 기조(基調).
【主從】しゅじゅう(주종) ①주인과 종. ②임금과 신하. ③주가 되는 것과 그에 딸린 것.
【主旨】しゅし(주지) ①말이나 글 따위의 중심이 되는 뜻. ②내세우는 주된 생각. 主意(주의).
【主知】しゅち(주지) 지성(知性), 이성(理性)을 주로 하고 숭상함. ¶ー說/ー詩/ー主義. ↔主情(주정).
【主進】しゅしん(주진) 예전(禮錢; 축하 때 보내는 돈)을 맡음. ¶蕭何爲主吏ー<史記>
【主唱】しゅしょう(주창) ①앞장 서서 외침. ②사람들의 호응을 얻기 위하여 자기의 생각을 높이 외침.
【主鬯】しゅちょう(주창) 태자(太子)의 이칭.
【主體】しゅたい(주체) 의사, 행위를 일으키는 쪽 또는 부분. ↔客體(객체).
【主催】しゅさい(주최) 행사 따위를 열고 맡아 치름. 또는, 그 단체나 사람. ¶ー者. ※主管(주관)·後援(후원).
【主軸】しゅじく(주축) ①어떤 사물을 지탱하거나 이루는 중심적인 것. ②도형이나 어떤 물체에서 주가 되는 축.
【主治】しゅち(주치) 병을 맡아 다스림. ¶ー醫.
【主台】しゅたい(주태) 객(客)이 종2품 이상인 주인을 높이어 일컫던 말.
【主土】しゅど(주토) 제후(諸侯)가 처음으로 천자에게서 받은 봉토(封土).
【主筆】しゅひつ(주필) ①신문사나 잡지사에서 논설, 사설(社說)을 맡은 기자. 또는, 그 직위. ②과거(科擧) 시관(試官)의 우두머리. 上試官(상시관).
【主刑】しゅけい(주형) ①독립적으로 과할 수 있는 형벌. 사형, 징역형, 금고형, 벌금, 구류 따위. ↔附加刑(부가형). ②전에 형법 대전에 규정되었던 사형, 유형(流刑), 역형(役刑), 금옥(禁獄), 태형(笞刑) 따위.
【主戶】しゅこ(주호) 토착민. 土戶(토호).
【主婚】しゅこん(주혼) 혼례(婚禮)를 주관함. 또는, 그 사람. 主禮(주례).
【主和】しゅわ(주화) 화해, 화평, 화약(和約)을 주장함. ¶ー論/ー派. ↔主戰(주전).
▷家ー, 假ー, 客ー, 孤ー, 公ー, 敎ー, 救ー, 舊ー, 國ー, 鬼ー, 金ー, 匣ー, 堂ー, 幢ー, 大長公ー, 大ー, 貸ー, 萬機一, 買一, 賣一, 盟一, 明一, 母一, 謀一, 木一, 無一, 法一, 兵一, 本一, 父一, 副一, 常一, 喪一, 塞一, 船一, 城一, 聖一, 世一, 宿一, 施一, 神一, 心一, 暗一, 弱一, 兩一, 女一, 英一, 領一, 翁一, 竊一, 王一, 庸一, 幼一, 誼一, 人一, 自一, 慈一, 長公一, 典一, 亭一, 帝一, 祭一, 宗一, 座一, 株一, 地一, 眞一, 震一, 車一, 借一, 天一, 親一, 太公一, 統一, 伯一, 荷一, 賢一, 戶一, 火一

丿<삐 침>部

丿 乀 ① 乃 乂 ② 久 么 乇 ③ 之 ④ 乍 乏 乎 ⑦ 乖 ⑧ 乘 ⑨ 乘

0 1【丿】 삐침 별 | 屑 | へつ (マガル)

풀이 삐침. 오른쪽 위에서 왼쪽 아래로 굽게 삐친 모양의 획.

0 1【乀】 파임 불 | 物 | ふつ (マガル)

풀이 파임. 丿과 반대로, 왼쪽 위에서 오른쪽 아래로 굽게 삐치는 획.

2【九】 ☞ 乙部 1획 (p. 45)

1 2【乃】 이에 내 | 賄 ㄋㄞˇ (nai) | だい, ない (スナワチ) *here upon*

풀이 ①이에. ☞ 句法 ②너. 2인칭대명사. ㉠汝. ¶一祖一父<書經> ③접때. 저번에. 이전에. ¶一者我使諫君也<漢書>

句法
①접속
㉮[… 乃…] 그리하여. ¶堯子丹朱不肖 乃薦舜於天<十八史略>
㉯[… 乃…] 그럼에도. 오히려. ¶大禹聖人 乃惜寸陰<晉書>
㉰[…乃…] 그리하여. 비로소. 이에. ¶平明漢軍乃覺之<史記>
㉱[… 乃…] 뜻밖에도. 어찌면. ¶問今是何世 乃不知有漢<陶潛>
②강조
[…乃…] 이야말로. 참으로. ¶是乃仁術也<孟子>

【乃公】だいこう (내공) ①임금의 신하에 대한 자칭. 너의 임금이란 뜻. ②아비의 자식에 대한 자칭. 내부(乃父). 내부(迺父). ③손윗사람의 손아랫사람에 대한 자칭. 내공(迺公). ④韓 그 사람. 저이. 3인칭대명사.

【乃武乃文】スナワチぶ スナワチぶん (내무내문) 문무(文武)를 갖춘 천자의 덕을 칭송하던 말. 文은 천지를 경위(經緯), 武는 화란(禍亂)을 감정(戡定)함. 允文允武(윤문윤무). ¶乃聖乃神 一<書經>

【乃父】だいふ (내부) 아비의 자식에 대한 자칭. 너의 아비라는 뜻. ¶古我先后 既勞乃祖一<書經>

【乃翁】だいおう (내옹) ①아비의 자식에 대한 자칭. 너의 아비의 뜻. 乃公(내공)②. 乃父(내부). ②남의 아버지를 이름. ¶子不知一與我友邪<明史> ③노인(老人)의 자칭. 이 늙은이의 뜻.

【乃祖】だいそ (내조) ①너의 할아버지·너의 선조란 뜻으로, 손자에 대한 할아비의 자칭. ②선조(先祖).

【乃至】ないし (내지) ①무엇무엇에서 무엇무엇에 이르기까지의 뜻으로, 중간 생략의 말. ¶天下之卿相人臣 一布衣之士<戰國策> ②또는. 혹은. ¶釜山一大邱.

【乃後】だいご (내후) 너의 자손. 나아가, 자손의 뜻. ¶克勤無怠 以垂憲一<書經>
▷無一, 欸一, 若一

1 2【乂】 1 벨 예 | 隊 ㄧˋ (yi) | 2 징계할 애 | 泰 ㄞˋ (ai) | がい (カル)

源 象形. 풀 베는 가위 모양.

풀이 1 ①베다. 풀을 깎음. 通 刈 艾. ②다스리다. 다스려짐. ¶戰戰惟恐不能一<大戴禮>/朝野安一<北史> ③현재(賢才). 어진 사람. ¶俊一左官<書經> ④쓸쓸하다. ¶山澤含哀 天地蕭一<陸雲> 2 징계하다. ¶懲一霍氏<漢書>/屢懲一而不改<楚辭>
▷康一, 保一, 蕭一, 安一, 英一, 俊一, 懲一, 創一, 統一

2 3【久】 오랠 구 | 有 ㄐㄧㄡˇ (jiu) | きゅう, く (ヒサシイ) *enduring*

풀이 ①오래다. ㉮오랫동안. 언제까지나. ¶一而不絕<素問>/長一. ㉯변치 않다. ¶不息則一<中庸>/恒一. ②오래 기다리다. ¶盟主之故 是以一子<左氏傳> ③늦다. ¶一而至<史記> ④침체하다. 멈춤. ¶遊都邑以永一<張衡> ⑤막다. 가림. ¶冪用疏布一之<儀禮>

【久故】きゅうこ (구고) 오랜 벗. 舊友(구우). ¶無一之事<韓愈>

【久聞】きゅうぶん (구문) 오랫동안 들어 옴. 유명함. ¶一高陽勝 近在汝州側<韓愈>

【久病】きゅうびょう (구병) 오래된 병. 긴 병. 久疾(구질). 長病(장병). ¶牛有一 則角裏傷<周禮>

【久視】きゅうし (구시) ①오래 계속해서 봄. ¶動心駭目 不可一<蘇轍> ②언제까지나 봄. 장생불사(長生不死)의 뜻. ¶孰長生而一<潘岳>

【久安】きゅうあん (구안) 오랫동안 평안함. 영구 태평(永久泰平). ¶建一之勢 成長治之業<史記>

【久仰】きゅうぎょう (구앙) 오랫동안 우러러 존경하였다는 뜻으로, 초대면의 인사말. ¶原來是藍田老 一向一<桃花扇>

【久仰山斗】きゅうぎょうさんと (구앙산두) 오랫동안 태산 북두(泰山北斗)와 같이 귀명(貴名)을

우러러 왔다는 뜻으로, 일찌기 고명(高名)을 앙모(仰慕)하고 있었다는 말. 久仰(구앙).

【久延】きゅうえん(구연) 장명(長命)함. 오래 삶. ¶涓子以久精—<嵇康>

【久遠】きゅうえん(구원) 길고 오램. 아득히 멀고 오램. 永久(영구). ¶舜禹益 相去—<孟子>

【久逸】きゅういつ(구일) 오랫동안 평안하게 즐김. 久佚(구일). ¶期於— 無憚一勞<呂溫>

【久懷】きゅうかい(구회) ①오랫동안 품고 있던 생각. 오래된 회포(懷抱). ¶愁何可兮—<魏文帝> ②오래 사모함.

【久懷慕藺】きゅうかいぼりん(구회모린) 한(漢)의 사마상여(司馬相如)가 조(趙)의 인상여(藺相如)를 사모하여 스스로 상여(相如)라고 개명했듯이, 사모함이 절실함을 이름. ¶想望殷日—<故事成語考>

▷稽—, 耐—, 彌—, 耶—, 良—, 淹—, 永—, 迂—, 悠—, 長—, 積—, 遲—, 持—, 天長地—, 恒—

3【么】 幺(p.512)의 俗字

3【刃】 ☞ 刀部 1획(p.196)

3【千】 ☞ 十部 1획(p.235)

2/3【乇】 잎 탁 / ㊍척 | 陌 | たく, ちゃく (クサノハ) *leaf*

풀이 ①잎. 풀잎. 꽃 모양. ②부탁하다. ㊌託.

4【午】 ☞ 十部 2획(p.236)

4【夭】 ☞ 大部 1획(p.380)

4【壬】 ☞ 士部 1획(p.362)

3/4【之】 갈 지 | 支ㄓ (zhi) | し(ユク, イク) *go, this*

풀이 ①가다. ㉮걸어가다. ¶至姬—車<詩經> ㉯이르다. ¶—死矢靡他<詩經> ②변하여 가다 ¶遇觀—否<左氏傳> ③이용하다. ¶—其所短<戰國策> ④끼치다. ¶—後世君子<法言>

句法

①관형격 조사
[…之] …의. ¶秦始皇有虎狼之心<史記>

②주격 조사
[…之] …이(가). ¶孤之有孔明 猶魚之有水也<史記>

③대명사
[…之] 그것. ¶學而時習之<論語>/使子路問之<禮記>

④강조
[…之] ¶言之不出<論語>/未之見/未見之.

【之東之西】しとうしせい(지동지서) 동으로 갈까 서로 갈까 갈팡질팡함을 이르는 말.

【之無】しむ(지무) 갈 지자와 없을 무자. 몇 안 되는 글자라는 뜻. 당(唐)의 백거이(白居易)가 난 지 일곱 달이 되어서, 之와 無 두 글자를 익혀서 틀리지 않았다 함. 무식장이를 업신여겨 불식지무(不識之無)라 함.

▷加—, 頃—, 久—, 無—, 易地思—, 有—

4/5【乍】 1 잠깐 사 2 차라리 작 | 禡ㄓㄚˋ 藥 (zha) | さ (タチマチ)

풀이 1 ①잠깐. 잠시. ¶燈滅而—明<淮南子> ②갑자기. 졸지에. 돌연히. ¶今人—見孺子入於井<孟子> 2 차라리. ㊌作. ¶—可沈爲香<元稹>

【乍見】(사견) ①처음 만남. 乍會(사회). ②뜻하지 않게 만남.

【乍可】(작가) 차라리. ¶—狂歌草澤中<歐陽脩>

5【失】 ☞ 大部 2획(p.386)

4/5【乏】 모자랄 핍 | 洽ㄈㄚˊ (fa) | ぼう (トボシイ) *lack*

풀이 ①모자라다. ㉮돈이 부족하다. 가난함. ¶貧—. ㉯임식 직위. ¶承—. ②내버리다. 폐(廢)함. ¶不敢以—國事<戰國策> ③고달프다. 피곤함. 쇠(衰)함. ¶勞—. ④살가림. 화살을 막는 기구. ¶大射 共三—<周禮>

乏④ (禮器圖)

【乏月】ぼうげつ(핍월) 음력 4월의 별칭. 양식이 떨어지는 달 곧 보리고개에 해당하는 달임에서 이름. ¶四月 日之—<四時纂要>

【乏盡】ぼうじん(핍진) 다 없어짐. ¶資糧旣— 薇蕨安可食<劉琨>

▷缺—, 困—, 空—, 寡—, 窮—, 闕—, 匱—, 耐—, 勞—, 貧—, 餓—, 人—, 絶—, 欠—

4/5【乎】 온 호 | 虞ㄏㄨ (hu) | こ(カ, ヤ)

풀이 온. …니. …거든. 온(는). ☞ 句法

句法

①의문·반어
[…乎] …는가. …인가. ¶將有以利吾國乎<孟子>/學而時習之 不亦說乎<論語>/王侯將相寧有種乎<史記>

②가정
[…乎 …] …고 …하면. ¶能以禮讓爲國乎 何有<論語>

③영탄
[…乎] …(로)구나. …도다. 哉와 쓰임이 같음. ¶中庸之爲德也 其至矣乎<論語>

④전치사 于, 於와 쓰임이 같음.
㉮장소·대상
[乎…] …에. …에서. …을. ¶浴乎沂 風乎舞雩 詠而歸<論語>/攻乎異端 斯害也已<論語>

㉯비교

[乎…] …보다(도). ¶莫大乎尊親<孟子>

⑤호격(呼格)

[…乎] …아. …이여. ¶參乎 吾道一以貫之<論語>

⑥형용

[…乎] 접미사로, 상태를 나타냄. ¶蕩蕩乎民無能名焉<論語>

7 8 〖乖〗 어그러질 괴 | 囯ㄍㄨㄞ (guai) | かい (ソムク)

풀이 ①어그러지다. 빗나가 틀어짐. 맞지 않음. ¶機失而謀—<後漢書>/—舛. ②거스르다. 배반함. ¶楚執政衆而—<左氏傳>/—離. ③떨어지다. 분리됨. ¶官失學微 六家分—<漢書>/—人. ④교활하다.

【乖亂】かいらん(괴란) 어그러져 어지러움. 乖濫(괴람). ¶天下— 而民不親也<管子>

【乖戾】かいれい(괴려) 사리에 어그러져 온당하지 않음. 乖舛(괴천). 乖悖(괴패). ¶與意—動擧失便<易林>

【乖離】かいり(괴리) 등지고 떨어져 나감. 어그러져 동떨어짐. 乖貳(괴이). ¶父子相疑 上下—<荀子>

【乖叛】かいはん(괴반) 배반(背反)함. 배치(背馳)함.

【乖背】かいはい(괴배) 배치함. 배반함. ¶使與前勅不相—<舊唐書>

【乖僻】かいへき(괴벽) 성질이 괴팍하고 편벽됨. 성질이 비꼬임. ¶殘忍—之邪氣<紅樓夢>

【乖散】かいさん(괴산) 배반하여 도망감. 이산(離散)함. ¶故謀臣猛將 稍有—<後漢書>

【乖迕】かいご(괴오) 배반하여 거역함. 어긋남. 乖忤(괴오).

【乖違】かいい(괴위) 어그러져 벗어남. 乖異(괴이). ¶—禮意<論衡>

【乖貳】かいじ(괴이) 배반함. 두 마음을 품음. 乖離(괴리). ¶王敎旣與朝廷—<晋書>

【乖舛】かいせん(괴천) ☞乖戾(괴려). ¶多或—<顏氏家訓>

【乖悖】かいはい(괴패) ☞乖戾(괴려).

【乖愎】かいふく(괴퍅←괴팍) 성질이 까다롭고 별남.

▷乖—, 睽—, 分—, 中—, 醜—

9 〖乗〗 乘(p.44)의 俗字

9 10 〖乘〗 1 탈 승 2 수레 승 | 圏ㄔㄥˊ (cheng) 徑ㄕㄥˋ (sheng) | じょう (ノル) *ride*

㊀乗

풀이 1 ①타다. ㉮차나 배에 탐. ¶—肥馬<論語> ㉯기회를 틈탐. ¶—亂不祥<左氏傳>/便—/—閑. ②셈하다. ㉮계산하다. ¶—其財用之出入<周禮> ㉯곱셈. ¶—法. 2 수레. 탈 것. 신 것. ㉮병거(兵車)를 세는 단위. ¶萬—之國<孟子> ㉯네 개를 한 벌로 하는 물건을 세는 단위. ¶—矢. ㉰역사. 기록(記錄)을 실은 책. ¶晋之—<孟子>/家—. ㉱《佛》 불법(佛法). 중생(衆生)을 열반(涅槃)에 이르게 하는 가르침. ¶小—/大—佛教.

【乘間】じょうかん(승간) ☞乘隙(승극). ¶—作禍<魏志>

【乘客】じょうきゃく(승객) 차나 배를 탄 손님.

【乘堅策肥】じょうけんさくひ(승견책비) 견고하게 만든 수레나 길이 잘 든 안장에 타고 살진 말을 채찍질함. ¶—履絲曳縞<漢書>

【乘轎】じょうきょう(승교) 가마.

【乘隙】じょうげき(승극) 틈을 탐. 乘間(승간). ¶玄覽時—<李德林>

【乘機】じょうき(승기) 좋은 기회를 탐. ¶—奮發義不圖全<南史>

【乘龍】じょうりゅう(승룡) ①용을 타고 하늘에 오름. 때를 만나 귀하게 됨을 이름. ¶昔者秦穆公—而理天下<晏子> ②네 마리의 용. ¶四頭爲乘<會箋> ③좋은 사위를 얻음. 동한(東漢)의 환숙원(桓叔元)이 두 사람의 훌륭한 사위를 맞이하자, 세상에서 평(評)하기를 그의 두 딸은 용을 탔다고 한 옛일에서 유래.

【乘馬】じょうば(승마) ①타는 말. 승용마(乘用馬). 또는, 말을 타는 일. 乘匹(승필). ¶服牛—<易經>/—競技. ②네 필의 말. 駟馬(사마). ¶—在廐<詩經>

【乘望風旨】じょうぼうふうし(승망풍지) 남의 눈치를 보아가며 윗사람의 비위를 잘 맞추어 줌.

【乘船】じょうせん(승선) 배에 오름. 배를 탐. 타는 배.

【乘勝長驅】じょうしょうちょうく(승승장구) 싸움에 이긴 기세를 타고 멀리까지 적을 몰아 쫓음.

【乘時】じょうじ(승시) 기회를 이용함. 때를 탐.

【乘夜】じょうや(승야) 밤을 이용함. 밤을 탐. ¶—逃走/—越墻.

【乘輿】じょうよ(승여) 천자의 거마. 어가(御駕). 또는, 거둥 때의 임금. ¶—乃出<班固>

【乘運】(승운) 좋은 운수를 이용함.

【乘人之車者載人之患】(승인지거자 재인지환) 남의 은혜를 입으면 장차 그 사람의 근심거리를 떠맡아 힘을 쓰지 않으면 아니됨을 비유한 말. ¶— 衣人之衣者 懷人之憂<史記>

【乘田】じょうでん(승전) 춘추 시대 노(魯)에서 가축을 사육하는 일을 맡은 벼슬아치. ¶孔子嘗爲—矣<孟子>

【乘傳】じょうでん(승전) 역마(驛馬)에 타는 일. 또는, 그 역마. 곧, 역참(驛站)에 비치하는 네 마리의 말이 끄는 수레. ¶—詣洛陽<漢書>

【乘志】じょうし(승지) 역사(歷史)를 이름. 사승(史乘). ¶—顯于晋鄭 陽秋著乎魯史<宋書>

【乘車】じょうしゃ(승차) ①수레를 탐. 차에 오름. ¶—感/—場. ②승용(乘用)하는 차. ¶乘君之— 不敢曠左<禮記>

【乘弊】じょうへい(승폐) 피폐(疲弊)한 기회를 이용함. 피폐한 틈을 타서 부정한 일을 함을 이름.

【乘風先影】じょうふうせんえい (승풍선영) 바람을 타고 그림자를 앞세운다는 뜻으로, 큰 일이 닥쳐올 조짐이 언뜻 보임을 이르는 말.
【乘風破浪】じょうふうはろう (승풍파랑) 장풍(長風)을 타고, 만리의 파도를 차고 멀리 감. 원대한 뜻이 있음을 이름. ¶願乘長風 破萬里浪<宋書>
【乘匹】じょうひつ (승필) ☞乘馬(승마)①.
【乘鶴】じょうかく (승학) 학을 타고 하늘로 올라감. 곧, 속세를 떠나 신선이 되어 승천(昇天)함을 이름. ¶四面有風 群仙常駕龍─ 遊戲其間<拾遺記>
【乘虛】じょうきょ (승허) 상대의 허술한 틈을 탐. ¶將軍簡其精銳 分爲奇兵 ─迭出<魏志>
【乘軒】じょうけん (승헌) 대부(大夫)가 수레에 오름. 또는, 대부(大夫)가 됨. 軒은 대부(大夫)의 수레. ¶縞衣─<列子>
【乘黃】じょうこう (승황) ①네 필의 누런 말. ¶何以贈之 路車─<詩經> ②신마(神馬). ¶地出─<管子> ③환상의 짐승 이름. 여우와 비슷하며 등에 뿔이 있는데, 이것을 타면 2천 년의 장수를 누릴 수 있다 함.
【乘興】じょうきょう (승흥) 흥이 나서 마음이 내킴.
▷家─, 駕─, 騎─, 大─, 萬─, 陪─, 百─, 副─, 史─, 三─, 上─, 相─, 小─, 野─, 二─, 自─, 搭─, 便─, 合─

乙<새 을>部

乙 乚 ① 九 乜 ② 乞 也 ④ 乭 ⑥ 乱 ⑦ 乳 ⑩ 乾 ⑫ 亂

0
1 【乙】 새 을 | 質 ǐ (yi) | おつ, いつ(トリ) *bird*

源象形. 봄철이 가까와져 초목의 싹이 땅 위로 나오려다가, 한기(寒氣)를 느끼고 주춤하고 있는 모양을 나타냄.
풀이①새. 제비. 通乚. ¶道佛兩殊 非鳧則─<張融> ②둘째 천간(天干). 오행(五行)으로는 목(木), 방위로는 남(南). ¶其日甲─<呂覽>/太歲在─曰旃蒙<爾雅> ③둘째. ¶河亶甲崩 子帝祖─立<史記> ④굽어지다. 굴곡. ¶─ 屈也<京房易傳> ⑤표하다. ㉮구절(句節)을 나누다. ㉯오자(誤字)를 표하다. ¶─ 文字有遺落 勾其傍而添之亦曰─<字彙> ⑥아무개. 모(某). 이름 대신 쓰는 글자. ¶奪長子建 次子甲 次子─<史記> ⑦하나. 通一. ¶太─天─<續字彙報> ⑧물고기의 창자. ¶魚腸 謂之─ <爾雅> ⑨을골. 범의 양쪽 피하에 있는 을자형(乙字形) 뼈. ¶─骨.
【乙科】おつか·いつか (을과) ①韓조선 때 문과 복시(文科覆試)의 합격자를 예조(禮曹)에서 전시(殿試)를 보여, 성적에 따라 나눈 등급의 둘째. ②과거 시험 중 향시(鄕試)에 합격한 사람[擧人]. 전시(殿試)에 합격한 사람[進士]을 갑과(甲科)라 함. 乙榜(을방).
【乙覽】おつらん·いつらん (을람) 임금의 독서. 낮에는 정무에 바빠 을야(乙夜) 곧 이경(二更)에 독서함에서 온 말. 乙夜之覽(을야지 람). ¶緝綴遺文 薦於─<蔡襄>
【乙方】キノトノカタ (을방) 24 방위(方位)의 하나. 정동(正東)에서 남으로 15°의 방위를 중심으로 한 15° 각도 안.
【乙榜】いつぼう (을방) 거인(擧人)의 일컬음. 진사(進士)를 갑방(甲榜)이라 함에 대한 말. 乙科(을과)②. ¶辛勤幾逐英雄後 ─猶然姓氏虛<殷堯藩>
【乙部】おつぶ (을부) 전적(典籍)을 갑(甲 : 經), 을(乙 : 史), 병(丙 : 子), 정(丁 : 集)의 네 종류로 구분한 4부서(部書)의 둘째 부. 곧, 사부(史部 ; 역사의 서적류)를 이름. ¶─爲史 其類一十有三<唐六典>
【乙夜】いつや (을야) 오후 10시. 하룻밤을 갑·을·병·정·무의 다섯으로 나눈 둘째. 二更(이경).
【乙乙】いついつ (을을) ①생각이 잘 떠오르지 않아 안타까와하는 모양. ¶思─其若抽<陸機> ②하나하나. 一一(일일). ¶不復─<王羲之>
【乙第】いってい·いつだい (을제) ①별저(別邸). 별장. ¶命舍之于永昌─<晋書> ②☞乙科(을과)②. ¶策通四帖 過四以上爲─<唐書>
【乙鳥】いっちょう (을조) 제비의 별칭. 乚禽(을금).
【乙種】おつしゅ (을종) 사물의 제2류에 해당하는 종류. 갑종(甲種)의 다음. ¶─合格.
【乙坐辛向】おつざしんこう (을좌신향) 을방(乙方)을 등지고 신방(辛方)으로 향한 좌향.
▷甲─, 塗─, 某─, 不─, 太─

0
1 【乚】 제비 을 | 質 | いつ (ツバメ) *swallow*

源象形. 제비가 날개를 펴고, 목을 움츠리고 나는 모양을 본뜸.
풀이제비[燕]. 通乙. ¶齊魯謂之─ 取其鳴自呼 象形也<說文>
【乚鳥】(을조) 제비의 이칭. 乙鳥(을조).

1
2 【九】 1 아홉 구 2 모을 규 | 有 ㄐㄧㄡˇ 尤 (jiu) | きゅう, く (ココノツ) *nine*

풀이1 ①아홉. 아홉 번. ¶中國之外 有赤縣神州者─<史記> ②극수(極數). 수효의 끝. ¶天地之至數 始於一 終於─焉<素問> ③주역에서의 양효(陽爻). ¶─ 潛龍 勿用<易經> 2 ①모으다. 모임. 通聚. ¶─雜天下之川<莊子> ②합하다. 通糾. ¶桓公─合諸侯<論語>
【九家】きゅうか (구가) 전국 시대의 아홉 학파(學派). ¶儒道陰陽法名墨縱橫雜農 凡─<漢書·注>
【九江】きゅうこう (구강) 중국 동정호(洞庭湖)의 옛 이름. 동정호로 흘러드는 강(江)이 아홉이므로 그렇게 부른다 함. 이설(異說)이 여럿 있음. ¶─ 今之洞庭也<書經·注>
【九乾】きゅうかん (구건) ①☞九天(구천). ¶仰探遠於─<後漢書> ②궁전(宮殿). ¶會司儀於有始兮 延嘉賓於─<摯虞>

【九卿】きゅうけい (구경) ①삼공(三公) 다음 가는, 9명의 장관. 시대에 따라 명칭이 다름. 주(周)에는 소사(少師)·소부(少傅)·소보(少保)와 총재(冢宰)·사도(司徒)·사공(司空)·사마(司馬)·사구(司寇)·종백(宗伯). 九賓(구빈). 九品(구품). ②韓 의정부(議政府) 좌·우참찬(左右參贊)과 육조 판서(六曹判書) 및 한성 판윤(漢城判尹).

【九經】きゅうけい (구경) ①천하를 다스리는 아홉 가지 대도(大道). 수신(修身)·존현(尊賢)·친친(親親)·경대신(敬大臣)·체군신(體群臣)·자서민(子庶民)·내백공(來百工)·유원인(柔遠人)·회제후(懷諸侯). ②아홉 가지 경서(經書). ③주(周)대에 국도(國都) 안에 설치한 아홉 개의 세로로 통한 큰 길. ¶國中—<周禮>

【九經庫】きゅうけいこ (구경고) ①구경(九經)에 정통하고 있음을 이름. 庫는 온축(蘊蓄)이 깊음을 뜻함. ②책 이름. 당(唐)의 곡나율(谷那律)이 저술함. ③곡나율의 별명.

【九曲】きゅうきょく (구곡) 아홉 굽이. 굴곡(屈曲)이 많음의 비유. 산형(山形)이 구곡(九曲)된 곳에는 승경(勝景)이 많아 시가(詩歌)의 소재가 됨. 송(宋) 주희(朱熹)의 무이구곡시(武夷九曲詩), 조선 이이(李珥)의 고산구곡가(高山九曲歌) 등. ¶折一之迂廻 瀉千里於一快<李祁>

【九曲肝臟】(구곡간장) 굽이굽이 사무치는 깊은 마음속.

【九功】きゅうこう (구공) ①아홉 가지의 덕. 곧, 민생의 기본이 되는 육부(六府; 水·火·金·木·土·穀)와 삼사(三事; 正德·利用·厚生)를 정비하는 일. ¶六府三事 謂之—<左氏傳> ②☞九職(구직).

【九空】きゅうくう (구공) 하늘의 가장 높은 곳. 九天(구천)②.

【九官】きゅうかん (구관) ①옛날, 국정(國政)을 집행하던 아홉 대관(大官). 사공(司空)·후직(后稷)·사도(司徒)·사(士)·공공(共工)·우(虞)·질종(秩宗)·전악(典樂)·납언(納言). 주(周) 이후의 구경(九卿)에 해당함. ¶舜命—<漢書> ②새 이름. 구관조(九官鳥).

【九官鳥】きゅうかんちょう (구관조) 찌르레기과의 새. 몸빛이 검고, 앵무새처럼 사람의 말을 잘 흉내냄. 秦吉了(진길료).

【九丘】きゅうきゅう (구구) ①옛책 이름. 구주(九州) 곧 중국 전토의 지리(地理)를 기록한 서적. 丘는 聚. ¶九州之志 謂之—<孔安國> ②「서경」(書經) 구공(九共)편의 이칭.

【九衢】きゅうく (구구) ①국도(國都) 안의 아홉 개의 큰길. 九逵(구규). ②도읍(都邑). 서울. ¶皆通達—<三輔黃圖>

【九國】きゅうこく (구국) 중국 전국 시대의 아홉 나라. 곧, 제(齊)·초(楚)·연(燕)·조(趙)·한(韓)·위(魏)·송(宋)·위(衛)·중산(中山). ¶可以從服— 橫制八戎<張協>

【九軍】きゅうぐん (구군) 천자(天子)의 육군(六軍)과 제후의 삼군(三軍). 대군(大軍)을 뜻함. ¶勇士一人 雄入于—<莊子>

【九逵】きゅうき (구규) 여러 갈래로 갈라진 도시의 큰길. 九衢(구구)①.

【九竅】きゅうきょう (구규) 사람 몸에 있는 아홉 구멍. 눈·귀·코의 여섯 구멍과 입·항문·요도(尿道)의 세 구멍. 입 이상의 일곱 구멍을 양규(陽竅), 아래의 배설하는 두 구멍을 음규(陰竅)라 함. ¶五臟—<淮南子>

【九棘位】きゅうきょくい (구극위) ①임금이 국정(國政)을 듣는 곳. 가시나무 아홉 그루를 심어서 조신(朝臣)의 열위(列位)를 정한 데서 유래. ¶右九棘 公 侯 伯 子 男位焉 群吏在其後<周禮> ②☞九卿(구경)①.

【九禁】きゅうきん (구금) ①구법(九法)의 금령(禁令). ¶一之難<周禮> ※九法(구법). ②아홉겹의 금문(禁門)이란 뜻으로, 대궐(大闕)을 이르는 말. 九重宮闕(구중궁궐). 禁中(금중). ¶望堯雲於一之中<宋史>

【九畿】きゅうき (구기) 주(周)대에 기내(畿內)를 천리 사방으로 하고, 그 밖을 각 5백 리마다 1기(畿)로 세던 구획. 후(侯)·전(甸)·남(男)·채(采)·위(衛)·만(蠻)·이(夷)·진(鎭)·번(蕃) 등이 머릿글자로 들어가는 아홉 구역임. 九服(구복). ¶王畿四面 皆有—<周禮>

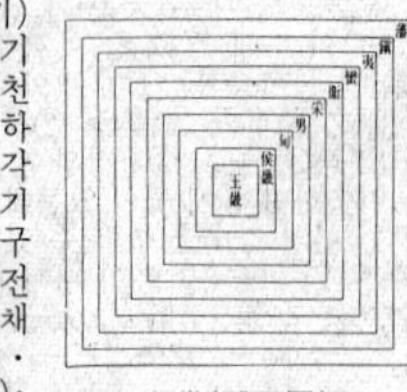
九畿(禮器圖)

【九年面壁】くねんめんぺき (구년면벽) 달마(達摩)가 소림사(少林寺)에서 아홉 해 동안 벽을 향하여 좌선(坐禪)한 옛일. 面壁九年(면벽구년). 面壁(면벽). ¶終日面壁而坐九年<釋法顯神僧傳>

【九冬】きゅうとう (구동) 겨울 90일간을 이름. ¶一有隙 三餘暇時 <劉峻>/一飄遠雪<張正見> ※三冬(삼동).

【九禮】きゅうれい (구례) ①구의(九儀)의 예. ¶九稅之利 一之親<周禮> ②아홉 가지의 예(禮). 관(冠)·혼(婚)·조(朝)·빙(聘)·상(喪)·제(祭)·빈주(賓主)·향음주(鄕飮酒)·군려(軍旅).

【九黎】きゅうれい (구려) 중국 상고(上古) 소호(少昊) 때의 제후(諸侯). 종족이 번다(繁多)하여 그렇게 불림. 후의 삼묘씨(三苗氏). ¶一害德 顓頊征之<唐書>

【九龍吐水】きゅうりゅうとすい (구룡토수)《佛》 석가가 탄생할 때 아홉 마리의 용이 물을 뿜어 어린 그를 목욕시켰다는 일.

【九旒冕】きゅうりゅうべん (구류면) 앞뒤에 아홉 개의 옥을 꿴 장식끈을 늘어뜨린 면류관(冕旒冠). ¶九旒之冕 散燿垂文<曹植>

【九六】きゅうりく (구륙) 아홉과 여섯. 주역에서 양효(陽爻)를 九, 음효(陰爻)를 六이라 함. 뜻이 바뀌어, 음양(陰陽)이 판합(判合)하고 만물이 생생(生生)하는 도(道)를 이름. ¶一陰陽 夫婦子母之道也<漢書>

【九輪】くりん (구륜)《佛》 탑 위의 중앙 기둥에 구중(九重)의 쇠고리를 연결하여, 마치 엽전을 꿴 듯한 모양으로 만든 것. ※相輪(상륜).

【九萬里】きゅうまんり (구만리) 매우 먼 거리. ¶上下一 洗淨無纖埃<楊載>/一長天.

【九貊】きゅうはく (구맥) ☞九夷(구이)②. ¶四夷八蠻七閩一五戎六狄之人民<周禮>

【九門】きゅうもん (구문) ①고대에 대궐 주위의 아홉 문. ¶毋出一<禮記> ②청(清)대에는 도성(都城) 주위의 아홉 문.

【九尾狐】きゅうびのキツネ (구미호) ①아홉 개의 꼬리가 달려 있다는 여우. 사람을 잘 호린다 함. ¶青丘奇獸 九尾之狐<山海經> ②교활한 사람의 비유.

【九民】きゅうみん (구민) 여러 계급의 백성. 또는, 각종 직업에 종사하는 백성.

【九旻】きゅうびん (구민) ①가을 하늘. ¶重陽佳辰一暮月<歲華紀麗> ②높은 하늘. 九天(구천). ¶樹石一 泥金八幽<文心雕龍>

【九拜】きゅうはい (구배) ①아홉 번 절함. 여러 번 절함. ¶三拜一. ②아홉 가지의 절. 계수(稽首)·돈수(頓首)·공수(空首)·진동(振動)·길배(吉拜)·흉배(凶拜)·기배(奇拜)·포배(褒拜)·숙배(肅拜). ③편지 끝에 경의를 나타내기 위해 쓰는 말.

【九百】きゅうひゃく (구백) ①어리석거나 모자라는 사람을 일컫는 은어(隱語). ¶俗以神氣不足名曰一<可談> ②말이 잘고 장황한 사람. ¶今以較論細項人 爲一<通俗編>

【九法】きゅうほう (구법) ①☞九疇(구주). ¶聖賢之道不明 則三綱淪而一斁<韓愈> ②주(周)대에 대사마(大司馬)가 천하를 다스리는데 준수해야 했던 아홉 가지 법칙. ③《佛》 불법을 닦는데 과거·현재·미래에 있어 장애가 되는 아홉 가지. 「<陸機>

【九服】きゅうふく (구복) ☞九畿(구기). ¶一徘徊

【九府】きゅうふ (구부) ①주(周)대에 재화(財貨)를 맡은 아홉 관부(官府). ¶管子修之 設輕重一<史記> ②전국의 보물을 저장한 곳집. 府는 보고(寶庫). 九州(구주). ③관중(管仲)이 지은 책 이름.

【九死一生】きゅうしいっしょう (구사일생) 여러 번 죽을 고비를 넘기고 겨우 살아남.

【九暑】きゅうしょ (구서) 여름 석 달. 곧 음력 4·5·6월 90일간의 더위. ¶一 謂九夏之暑也<管子·注>

【九錫】きゅうせき (구석) 천자가 공로나 덕이 있는 신하에게 하사한 아홉 가지 물품. 거마(車馬)·의복(衣服)·악기(樂器)·주호(朱戶)·납폐(納陛)·호분(虎賁) 100인·부월(鈇鉞)·궁시(弓矢)·거창(秬鬯). ¶今又加君一<潘勖>

【九世同居】きゅうせいどうきょ (구세동거) 9대(代) 손이 한집에 살았던 당(唐)의 장공예(張公藝)의 옛일에서 유래. 대가족이 화목하게 지냄을 이름. ¶張公藝一 北齊隋唐 皆旌表其門<唐書>

【九韶】きゅうしょう (구소) 순(舜)임금이 지은 악곡 이름. 소소(簫韶)가 아홉째 곡(曲)으로 끝나므로 그렇게 불림. ¶舜一<淮南子>/禹乃興一之樂<說苑>

【九藪】きゅうそう (구수) 중국에 있던 9개의 큰 연못. 九澤(구택).

【九寺】きゅうじ (구시) 구경(九卿)이 근무하던 관아(官衙). 寺는 관서(官署). ¶一可并於尚書<晉書>

【九式】きゅうしき (구식) 제사(祭祀)·빈객(賓客)·장황(葬荒)·수복(羞服)·공사(工事)·폐백(幣帛)·추말(芻秣)·비반(匪頒)·호용(好用) 등 아홉 가지의 예(禮)를 행하는 비용의 절도(節度). 式은 용재(用材)의 절도를 뜻함. ¶以一均節用一曰 祭祀之式<周禮>

【九十春光】くじゅうのしゅんこう (구십춘광) 봄 석달. 곧 음력 1·2·3월 90일간의 화창한 경치. ¶落花飛絮滿烟波 一去似梭<吳錫麟>

【九野】きゅうや (구야) ①구주(九州)의 들. 또는, 그 땅. ¶遙目一<何晏> ②☞九天(구천)①. ¶八紘一之水<列子> ③천하(天下). ¶一清泰<海錄碎事>

【九陽】きゅうよう (구양) ①해가 돋는 곳. 日出處(일출처). ¶夕晞余身於一<楚辭> ②해. 태양. ¶一代燭<後漢書>

【九御】きゅうぎょ (구어) 천자의 시중을 드는 아홉 여관(女官). 九嬪(구빈). ¶日入監一<列女傳>/內官不過一<國語>

【九域】きゅういき (구역) ☞九州(구주)①. ¶今又加君一<潘勖> 「徙一<吳志>

【九列】きゅうれつ (구열) 구경(九卿)의 지위. ¶後

【九五】きゅうご (구오) ①역(易)에서 괘(卦)의 여섯 효(爻) 중, 아래에서 다섯 번째의 양효(陽爻). ②군주(君主)의 지위.

【九五之位】きゅうごのい (구오지 위) ☞九五至尊(구오지 존).

【九五之尊】きゅうごのそん (구오지 존) 천자(天子)의 지위. 九五之位(구오지 위). 九五(구오)②. ¶足居一<謝觀>

【九醞酒】きゅううんしゅ (구온주) 한(漢)대에 나라 제사에 쓰던 술. 정월에 빚어 8월에 익음. 醇酎(순주). ¶有九醞春酒法<魏武帝>

【九牛一毛】きゅうぎゅうのいちもう (구우일모) 많은 소의 털 가운데서 한 개의 털이란 뜻으로, 매우 많은 가운데서 극히 적은 부분 또는 극히 적은 것. ¶舊書益遺忘 九牛存一毛<楊載>

【九原】きゅうげん (구원) ①전국 시대 진(晋)의 경대부(卿大夫)의 묘지 이름. 뜻이 바뀌어, 묘지(墓地). 九京(구경). 黃泉(황천). ¶西有雲中一<史記>/晋平公過一而歎<新序> ②저승길. ③구주(九州)의 땅. ¶汨越一<國語>

【九圍】きゅうい (구위) ①☞九州(구주)①. ¶帝命式于一<禮記> ②아홉 아름. ¶以竹落長四丈大一<漢書> ③여러 겹으로 둘러쌈. 重圍(중위). ¶楚關開六塞 吳兵入一<梁元帝>

【九有】きゅうゆう (구유) ①☞九州(구주)①. ¶有一之師<書經>/所以代夏王而受一也<荀子> ②《佛》 삼계(三界)를 아홉으로 나눈 것으로, 욕계(欲界)가 일지(一地), 색계(色界)·무색계(無色界)가 각각 넷으로 나뉘어짐. 九地(구지)④.

【九垠】きゅうぎん (구은) 구천(九天)의 끝. 천지(天地)의 끝. 九垓(구해). ¶漂龍淵而還一兮窺地底而上回<漢書>

【九夷】きゅうい (구이) ①많은 오랑캐. ¶遂通道於

一八蠻<書經> ②아홉의 동방 오랑캐. 견이(畎夷)·우이(于夷)·방이(方夷)·황이(黃夷)·백이(白夷)·적이(赤夷)·현이(玄夷)·풍이(風夷)·양이(陽夷). 九貊(구맥). ¶孔子欲居一也<後漢書> ③미개한 나라. 야만국.

【九夷八蠻】きゅういはちばん(구이팔만) 중국에서 자기들 나라를 중심으로, 동방과 남방의 모든 민족을 얕잡아 이르는 말.

【九仞功虧一簣】きゅうじんこうヲいっきニカク(구인 공휴일궤) 높이가 아홉 길인 산을 쌓는데, 한 삼태기의 흙을 얹지 못하여 완성하지 못한다는 뜻으로, 적년(積年)의 공(功)도 최후 한 번의 실수로 실패로 돌아감의 비유. ¶尙念山九仞虧于一簣<白居易>

【九齋日】くさいにち(구재일)《佛》 계법을 엄밀히 지키지 않으면 안 되는 아홉 재일.

【九轉靈砂】きゅうてんれいしゃ(구전영사) 어린아이의 간기(癎氣)약으로, 수은에 유황을 넣어 아홉 번 고아 만듦.

【九折羊腸】きゅうせつようちょう(구절양장) 꼬불꼬불하고 험한 모양.

【九折臂】くタビヒジヲオル(구절비) 의사는 사람의 팔을 아홉 번 부러뜨려 보아야 비로소 양의(良醫)가 된다는 뜻으로, 경력(經歷)의 중요함을 이르는 말. ¶一而成醫兮<楚辭>

【九鼎】きゅうてい(구정) 우(禹)임금 때 구주(九州)의 구리를 모아 만든 솥. 하(夏)·은(殷)·주(周) 삼대(三代)의 천자의 보물이었음. ¶武王克商 遷一於洛邑<書經>

【九鼎大呂】きゅうていたいりょ(구정대려) 구정(九鼎)과 대려(大呂). 大呂는 대려조(大呂調)에 협화(協和)하는 주묘(周廟)의 큰 종(鐘). 중요한 지위나 명망 등의 비유. 鼎呂(정려). ¶毛先生一至楚 使趙重於一<史記>

【九州】きゅうしゅう(구주) ①옛날, 중국 전토를 아홉으로 나눈 행정 구역. 시대에 따라 명칭이 다르나, 요·순·우(堯舜禹) 때에는 기(冀)·연(兗)·청(靑)·서(徐)·형(荊)·양(揚)·예(豫)·양(梁)·옹(雝)이었음. 뜻이 바뀌어, 중국 전토를 이름. 九土(구토). 九有(구유)①. 九圍(구위). 九域(구역). ②통일 신라 때의 아홉 행정 구역.

【九疇】きゅうちゅう(구주) 천하를 다스리는 아홉 가지의 법. 기자(箕子)가 무왕(武王)의 물음에 답한 것이라 함. 곧, 오행(五行：水·火·木·金·土), 오사(五事：貌·言·視·聽·思), 팔정(八政：食·貨·祀·司空·司徒·司寇·賓·師), 오기(五紀：歲·月·日·星辰·曆數), 황극(皇極), 삼덕(三德：正直·剛克·柔克), 계의(稽疑：雨·霽·蒙·驛·克·貞·悔), 서징(庶徵：雨·暘·燠·寒·風·時), 오복(五福：壽·富·康寧·攸好德·考終命) 및 육극(六極：凶短折·疾·憂·貧·惡·弱)을 이름. 九章(구장). 九法(구법)①. 洪範九疇(홍범구주). ¶天乃錫禹洪範一 彝倫攸敍<書經>

【九重】きゅうちょう(구중) ①궁중(宮中). 왕성(王城)의 문이 겹겹으로 둘려 있으므로 이름. ¶君之門以一<楚辭>/一深鎖禁城秋<盧綸> ②천자(天子). 또는, 하늘. ¶九陽數之極 故天子稱一<稱謂錄>/天有一<淮南子>

【九重宮闕】きゅうちょうきゅうけつ(구중궁궐) 문이 겹겹이 있는 깊숙한 대궐. 九重深處(구중심처).

【九重天】きゅうちょうてん(구중천) ①하늘의 가장 높은 곳. 九天(구천). ②궁정(宮廷). ¶一封朝奏一 夕貶潮州路八千<韓愈>

【九地】きゅうち(구지) ①손자 병법에서 말하는 아홉 가지 땅. 곧, 산지(散地：사졸이 이산하기 쉬운 곳), 경지(輕地：적지의 아직 깊숙하지 않은 곳), 쟁지(爭地：적과 아군이 서로 빼앗으려는 곳), 교지(交地：적과 아군이 함께 교통하는 곳), 구지(衢地：여러 나라의 왕래의 통로가 되는 곳), 중지(重地：적지의 깊숙한 곳), 비지(圮地：험준한 곳), 위지(圍地：막다른 곳), 사지(死地：진퇴가 곤란한 곳). ②아홉 가지의 땅. 곧, 사니(沙泥)·택지(澤地)·지애(沚崖)·하전(下田)·중전·상전·하산(下山)·중산·상산. ③적에게 발견되기 어려운 깊숙한 곳. 극히 낮은 곳. ¶善守者 藏於一之下<孫子> ↔九天(구천)②. ④《佛》 삼계(三界)를 아홉으로 나눈 것. 九有(구유)②.

【九枝燈】きゅうしとう(구지등) 등 이름. 한 줄기에 아홉 가지가 나와 그 곳에 초 같은 것을 꽂게 된 등. 九枝(구지). ¶一在瑣窓空<溫庭筠>/陳九枝之華燭<沈約>

【九職】きゅうしょく(구직) ①요(堯)임금 때의 아홉 관직. 사도(司徒)·사마(司馬)·사공(司空)·전주(田疇)·악정(樂正)·공사(工師)·질종(秩宗)·대리(大理)·구금(毆禽). ¶堯知一之事<說苑> ②주(周)대 아홉 가지의 직업. 삼농(三農)·원포(園圃)·우형(虞衡)·수목(藪牧)·백공(百工)·상고(商賈)·빈부(嬪婦)·신첩(臣妾)·한민(閑民).

【九秩】きゅうちつ(구질) ①아흔 살. 90세. 秩은 10년간의 일컬음. ¶九十有秩<禮記> ②벼슬 이름. 맨 아래 계급의 관작(官爵).

【九采】きゅうさい(구채) ①구주(九州)의 장관. 九牧(구목). ¶一之國 應門之外 北面東上<禮記> ②아홉 채색. 아홉 색. 九色(구색). ¶揚輝發藻一雜糅<劉楨>

【九川】きゅうせん(구천) 우(禹)임금이 치수(治水)한 아홉 큰 강. 약수(弱水)·흑수(黑水)·하수(河水)·양수(瀁水)·강수(江水)·윤수(沇水)·회수(淮水)·위수(渭水)·낙수(洛水). ¶一滌源<書經>

【九天】きゅうてん(구천) ①하늘을 방위에 의해서 중앙·사정(四正)·사우(四隅)의 아홉으로 구분하여 이름. 곧, 균천(鈞天：중앙)·창천(蒼天：동)·변천(變天：동북)·현천(玄天：북)·유천(幽天：서북)·호천(昊天：서)·주천(朱天：서남)·염천(炎天：남)·양천(陽天：동남). 九野(구야)②. ②하늘의 가장 높은 곳. 九霄(구소). 九重天(구중천). ↔九地(구지)③. ③궁중. 九重(구중). ¶一閶闔開宮殿<王維>/萬歲聲長動一<王建> ④《佛》 지구를 중심으로 회전하는 아홉 별. 월천(月天)·수성천·금성천·일륜천(日輪天)·화성천·목성천·토성천·항성천(恒星天)·종동천(宗動天).

【九泉】きゅうせん(구천) ①저승. 황천(黃泉). 九原(구원). ¶冥冥一室<阮瑀> ②묘지(墓

地). 땅 밑. ¶龍潛一＜晉書＞

【九天直下】きゅうてんちょっか(구천직하) 하늘에서 땅을 향해 수직으로 떨어져 내림. ¶飛流直下三千尺 疑是銀河落九天＜李白＞

【九天玄女】きゅうてんげんじょ(구천현녀) 현녀(玄女)의 별칭. 황제(黃帝)가 치우(蚩尤)를 칠 때 그에게 병법(兵法)을 내려 주었다는 선녀. ¶一猶無聖＜羅隱＞

【九寸】きゅうすん(구촌) ①아홉 치. ②韓 삼종(三從) 숙질간의 촌수.

【九秋】きゅうしゅう(구추) 가을 석 달 90일간. ¶丹脣含一＜陸機＞

【九春】きゅうしゅん(구춘) 봄 석 달 90일간. 또는, 3년. 곧, 봄 석 달이 세 번 거듭됨의 뜻. ¶自期三年歸 今已歷一＜曹植＞

【九層之臺起於累土】きゅうそうのだいもるいどよりおこる(구층지대기어누토) 높은 대(臺)도 얼마 안 되는 흙이 쌓이고 쌓여 이룬 것이라는 뜻으로, 일은 작은 데서 비롯해 큰 것에 이르게 됨의 비유. ¶一 千里之行 始於足下＜老子＞

【九通】きゅうつう(구통) ①아홉 가지 일에 통함. ¶十問一離義牀＜黃滔＞ ②중국 역대 제도를 기록한 아홉 가지 책. 당(唐) 두우(杜佑)의 「통전」(通典), 송(宋) 정초(鄭樵)의 「통지」(通志), 송(宋) 마단림(馬端臨)의 「문헌통고」(文獻通考) 및 청(淸) 찬선(勅撰)의 「황조문헌통고」(皇朝文獻通考)·「황조통전」(皇朝通典)·「황조통지」(皇朝通志)·「속통전」(續通典)·「속통지」(續通志)·「속문헌통고」(續文獻通考). ¶余之棐一也＜席裕福＞

【九伯】きゅうはく(구패·구백) 구주(九州)의 장(長). 패(伯)는 지방장관. ¶五侯一＜潘勖＞

【九品】きゅうひん(구품) ①☞九卿(구경). ¶外官不過一＜國語＞ ②관리의 구등급(九等級). 제1품에서 제9품까지 있음. ¶魏官置一＜通典＞ ③옥(玉)의 아홉 등급. ¶威寧縣有穿州 其上多珠 有一＜南越志＞

【九夏】きゅうか(구하) ①여름 석 달 90일간. 구서(九暑). ¶三伏漸終 一將謝＜梁昭明太子＞ ②주(周)대 조정의 아홉 가지 큰 음악. 夏는 큼[大]의 뜻. 연주되는 경우에 따라 곡(曲)이 아홉 가지로 나누임. ¶夏 大也 樂之大歌有九＜周禮·注＞

【九陔】きゅうがい(구해) 하늘 끝. 땅 끝. 九垠(구은). 九垓(구해)①.

【九垓】きゅうがい(구해) ①☞九陔(구해). ¶上暢一下泝八埏＜漢書＞ ②구주(九州)①. ¶猖狂震楚翻一＜柳宗元＞

【九行】きゅうこう(구행) ①아홉 가지의 좋은 행실. 곧, 인(仁)·행(行)·양(讓)·신(信)·고(固)·치(治)·의(義)·의(意)·용(勇). 일설에는, 효(孝)·자(慈)·문(文)·신(信)·언(言)·충(忠)·공(恭)·용(勇)·의(義). ¶使一之士 以統萬國＜拾遺記＞ ②달이 운행하는 아홉 길. 흑도(黑道)·적도(赤道)·백도(白道)·청도(靑道) 각각 둘씩과 황도(黃道). ③구주(九州)의 길. 곧, 중국에서의 전국의 길. ¶帝收一＜穆天子傳＞ ④아홉 순배. ¶大宴于廣德殿 酒一而罷＜宋史＞ ⑤아홉 줄.

【九獻】きゅうけん(구헌) 옛날 향례(饗禮). 주객이 아홉 번 술을 주고받는 일. ¶饗禮一＜周禮＞/楚子入饗于鄭一＜左氏傳＞

【九玄】きゅうげん(구현) ①☞九天(구천)①. ¶一著象 七曜甄明＜舊唐書＞ ②도교(道敎)의 신선 이름. ¶迎一於金闕 謁三素於玉淸＜陶弘景＞

【九穴】きゅう(구혈) ①☞九竅(구규). ②물이 머무는 곳의 이름. 중국 산동성 고밀현(高密縣) 서북에 있음. ¶一泊…泊有九溝 故名＜明一統志＞

【九刑】きゅうけい(구형) ①주(周)대의 아홉 가지 형벌. 묵형(墨刑)·의형(劓刑)·비형(剕刑)·궁형(宮刑)·대벽(大辟)·유형(流刑)·속형(贖刑)·편형(鞭刑)·복형(扑刑). ¶周有亂政而作一＜漢書＞ ②주(周)대 형서(刑書) 이름.

【九華】きゅうか(구화) ①궁실, 기물(器物) 등의 아름다운 장식. ②산 이름. 중국 안휘성 청양현(靑陽縣) 서남에 있음. 명(明)의 왕수인(王守仁)이 치양지(致良知)의 이치(理致)를 깨달은 곳.

【九華燈】きゅうかとう(구화등) 옛 중국에서 음력 원단(元旦) 저녁에 다는, 아름답게 장식한 등롱(燈籠). ¶雕章五色筆 紫殿一＜杜甫＞

【九回腸】きゅうかいちょう(구회장) ①심히 걱정하여, 창자가 여러 번 비틀림. 근심과 고민이 심한 형용. ¶悶結一＜白居易＞ ②강·언덕 따위의 굴곡이 심한 모양. ¶西上隴阪 羊腸九回＜沈約＞ ③가곡의 이름. ¶紅手素絲千字錦 故人新曲一＜蘇軾＞

【九合】きゅうごう(규합) ☞糾合(규합). ¶一諸侯 一匡天下＜管子＞

▷三一, 上一, 十中八一, 重一, 初一

1 2【七】 성 먀 | 馬ㄇㄧㄝ(mie) ㄋㄧㄝ̀(nie) | ば

풀이 ①성(姓). 변방 민족의 한 성. 우리나라에도 있음. ②무당. ③눈 흘기다.

2 3【乞】 1 빌 걸 2 줄 기 | 物ㄑㄧˇ(qi) 困 | きつ(コウ) *beg*

풀이 1 ①빌다. 구걸함. ¶行一於市＜史記＞/一人/門前一食. ②구하다. 청함. 바람. ¶以病上書一身＜後漢書＞/公子遂如楚一師＜春秋＞/一期待. 2 주다. ¶以墅一汝＜晉書＞

【乞丐】きっかい(걸개) ①거지. 乞人(걸인). ¶一孤獨＜無量壽經＞/至於一亦有規格＜東京夢華錄＞ ②청원함. ¶就姊夫劉緩 一客刺書翰＜顔氏家訓＞

【乞巧】きっこう(걸교) 옛 중국에서, 칠석(七夕)날 밤에 견우 직녀 두 별에 여아(女兒)가 오색실을 바치고 수예(手藝) 솜씨가 숙달해지기를 빌던 일. ¶七夕 牛女渡河 家家穿一之針＜故事成語考＞

【乞郡】(걸군) 韓 조선 때, 수령(守令) 자리를 주청(奏請)하던 일. 흔히, 늙은 부모를 고향에서 모시기 위해서였음.

【乞粒】(걸립) 韓 ①절에서 특별히 경비를 쓸

일이 있을 때, 중들이 패를 짜 각처로 돌아다니면서 집집의 문전에서 꽹과리를 치며 축복하는 염불을 하고 돈이나 쌀을 구걸하던 일. 또는, 그 패거리. ②동네에 특별히 경비 쓸 일이 있을 때, 여러 사람이 패를 짜 각처로 다니면서 풍물을 치고 재주를 부리어 돈과 곡식을 얻던 일. 또는, 그 일행. ③무당이 굿할 때 위하는, 하위 신(神)의 하나. 전에는 집집마다 위하였음.

【乞士】こつじ(걸사)《佛》 중을 일컫는 말. 범어로 비구(比丘)의 뜻. 위로는 제불(諸佛)에게 법을 구걸하고, 아래로는 시주(施主)에게 밥을 구걸하는 사람이란 뜻. ¶比丘名一 清淨活命 故名爲一<智度論>

【乞食】こつじき(걸식) ①밥을 구걸함. 빌어먹음. ¶持鉢一<癸辛雜識>/門前一. ②거지. 乞人(걸인). 乞丐(걸개)①. ¶案 乞丐 閩省呼之爲一<稱謂錄> ③《佛》 비구(比丘) 자신의 색신(色身)을 돕기 위해 밥을 남에게 비는 일로, 이것을 청정(清淨)의 생활법(生活法)이라 함. ¶行一者 破一切憍慢<法集經>

【乞身】きっしん(걸신) 사직을 원함. 乞骸(걸해). 乞骸骨(걸해골). ¶以病上書一<後漢書>

【乞言】きつげん(걸언) 노인에게 좋은 말의 가르침을 구하는 일. ¶凡養老 五帝憲 三王有一<禮記>

【乞人】きつじん(걸인) 거지. 비렁뱅이. 乞食(걸식)②. ¶蹴爾而與之 一不屑也<孟子>/聞一歌於門下而悲之<呂覽>

【乞借】きっしゃ(걸차) 빌어 얻음. 빌려 주기를 바람. 차용(借用)함. 乞貸(걸특). ¶一春陰護海棠<陸游>

【乞貸】きっとく(걸특) ☞乞借(걸차). ¶游說一 不可以爲國<史記>

【乞與】きよ(기여) 줌. 시여(施與)함. ¶好鞍好馬一人 十千五千旋沽酒<李白>

▷丐一, 求一, 陳一, 寒一, 行一

2
3 〖也〗 [1]잇기 야 | [2]또 야 | [3]잇닿을 이 | 馬 禡 紙 | ㅣㅔ̌ (ye) | や(ナリ) *also*

풀이 [1] [2] ☞ 句法 [3]잇닿다. 같 池.

句法

①단정
〔…也〕…이다. ¶羞惡之心 義之端也<孟子>

②의문이나 반어
〔…也〕…냐. 耶(邪)·歟·乎와 같게 씀. ¶何前倨而後恭也<史記>/君子何患乎無兄弟也<論語>

③영탄
〔…也〕…냐 …이여. ¶何楚人之多也<史記>

④제시
〔…也…〕…은. …인 때에는. ¶子之哭也 壹似重有患者<禮記>

⑤강조
㉮〔…也〕…이야말로. …실로. ¶必也正名乎<論語>
㉯〔…也者〕…란. …라 함은. ¶孝弟也者 其爲仁之本歟<論語>

⑥호격
〔…也〕…아. …여. ¶賜也 始可與言詩已矣<論語>

⑦발어사
[也]시, 속어 따위에 씀. 亦보다는 뜻이 가벼움. ¶也知鄉 信日應疏<岑參>

【也帶】(야대)韓 문무과(文武科)의 방(榜)이 났을 때 급제한 사람이 띠던 띠. 한 끝이 아래로 늘어져 也자 모양이 됨에서 이르는 말. 「一<通俗編>.

【也得】やとく(야득) 그도 또한 좋음. ¶去一 不去

【也夫】やふ・かな(야부) 영탄종결사(詠歎終結辭). ¶子臧之服 不稱一<左氏傳>

【也耶】やや(야야) 영탄의 어조사. ¶汝其知一 其不知一<韓愈>

【也與】やよ・かな(야여) 강한 단정 또는 영탄의 어조사. 也哉(야재)①. ¶無爲而治者 其舜一<論語>

【也有】やゆう(야유) 또한 있음. 무엇무엇도 있음. ¶一春愁鶴髮翁<詩法詳論語解>

【也矣】やい(야의) 단정을 나타내는 어조사. ¶其亦庶乎知所以爲尊經一<王守仁>

【也哉】やさい(야재) ①☞也與(야여). ¶嗚呼 增亦人傑一<蘇軾> ②반어(反語)를 나타내는 어조사. ¶是豈人之情一<孟子>

【也乎】やこ(야호) 강조하는 어조사. ¶其爲未卒事於齊故一<左氏傳>

【也乎哉】やこさい(야호재) ①반어를 나타내는 어조사. ¶文子曰 我王者一<國語> ②영탄을 나타내는 어조사.

4 〖孔〗 ☞子部 1획(p.415)

4
5 〖㐌〗 오랑캐이름 이 | 支 | ㅣ́ (yi) | い(エビス)

풀이 오랑캐 이름. 廣東(광동) 지방에 살던 만족(蠻族)의 하나.

5 〖尻〗 ☞戸部 1획(p.611)

7 〖乱〗 亂(p.52)의 俗字

7
8 〖乳〗 젖 유 | 麌 | ㅁㅓ̌ (ru) | にゅう(チチ) *milk*

풀이 ①젖. ㉮젖통이에서 분비되는 액체. 또는, 젖처럼 희고 흐린 액체. ¶常飮牛一 色如處子<魏書>/母一. ㉯젖통이. 유방(乳房). 젖통이나 젖꼭지같이 생긴 것. ¶鍾一石. ②젖 먹이다. 양육함. ¶虎一之 …見之懼而歸<左氏傳>/豈無阿一之恩<後漢書> ③낳다. ¶懷子不一<史記>/其十一月一<漢書>/雞一<呂覽>

【乳氣】にゅうき(유기) ①어린이다운 티. 稚氣(치기). ¶一初離㲉<白居易> ②유즙(乳汁) 같은 것. ¶玉澧甘渾一浮<范成大>

【乳頭】にゅうとう(유두) ①젖꼭지. 乳首(유수). ②동물의 혀나 피부에 있는 젖꼭지 모양의 작

은 돌기. ¶一屬厥陰經<瘡瘍全書>

【乳酪】にゅうらく(유락) 우유의 지방분을 굳힌 식품. 버터. ¶一養性 人無妬心<晋書>

【乳名】にゅうめい(유명) 어릴 때 이름. 兒名(아명). ¶凡無官宗子 應擧初生 則用一<宋史>

【乳母】にゅうぼ(유모) 젖어미. 乳嫗(유구). 乳婢(유비). 乳媼(유온).

【乳鉢】にゅうばち(유발) 막자 사발. 약을 이기거나 갈아서 가루를 만드는 데 쓰는 그릇.

【乳房】にゅうぼう(유방) 젖. 젖통이. ¶一屬陽明經<瘡瘍全書>

【乳餅】にゅうへい(유병) 우유를 굳혀 만든 과자. 乳腐(유부)③.

【乳棒】にゅうぼう(유봉) 유발(乳鉢)에 딸린 막자로, 약을 갈 때 씀.

【乳腐】にゅうふ(유부) ①젖이 썩어 굳어진 것. ②용렬하고 완고한 사람의 비유. ¶賞爲一 言最凡固也<唐國史補> ③유락(乳酪)의 한 가지. 우유를 끓여 두부처럼 굳힌 것. 乳餅(유병).

【乳婢】にゅうひ(유비) ☞乳母(유모). ¶賜一一口 穀一百石 雜綵四十匹<晋書>

【乳石】にゅうせき(유석) 종유석(鍾乳石)의 별칭. ¶一必須土地淸白 光潤羅紋 鳥翮蟬翼<本草綱目>

【乳首】にゅうしゅ(유수) ☞乳頭(유두)①.

【乳液】にゅうえき(유액) 식물체의 유관(乳管) 및 유기(乳器) 가운데 들어 있는 흰 액체.

【乳藥】にゅうやく(유약) ①흰 빛깔의 약. ②독약(毒藥). ¶豈有一求死乎<後漢書>

【乳牛】にゅうぎゅう(유우) 젖소. 우유를 취하기 위해 기르는 소. ¶一及犢牛<法苑珠林>

【乳醫】にゅうい(유의) 산파(産婆) 또는 산과의(産科醫)의 별칭. ¶史氏誕子 先出雙足 一推上之<稱謂錄>

【乳牸】にゅうじ(유자) 새끼 가진 암소. ¶一放牧<宣和書譜>

【乳汁】にゅうじゅう(유즙) 젖.

【乳雛】にゅうすう(유추) ①새가 새끼를 기르는 일. ¶百鳥一畢<白居易> ②새새끼.

【乳臭】にゅうしゅう(유취) ①젖내. ②젊어서 경험이 적고 서투른 사람을 조롱하는 말. ¶口尙一 謂世人年少無知<故事成語考>

【乳齒】にゅうし(유치) 젖니. 배냇니.

【乳虎】にゅうこ(유호) 새끼 밴 범. 이 때가 가장 사나우므로 무서운 것의 비유로도 쓰임. ¶兩展其足 案劍瞋目 聲如一<莊子>

▷ 母一, 粉一, 産一, 石鍾一, 石灰一, 授一, 阿一, 羊一, 煉一, 牛一, 離一, 鍾一, 哺一

10 11 【乾】 1 마를 건 本간 2 하늘 건 | 粵ㄍㄢ (gan) 囲ㄑㄧㄢˊ (qian) | かん(カワク) けん(ソラ) *dry,sky*

古漧 俗乹 同湕

풀이 1 ①마르다. ㉮물이 마르거나 습기가 없다. ¶碧海有一<梁元帝>/一燥. ㉯목이 마르다. ¶一喉燋脣<說苑> ㉰결핍하다. 생기가 없어지다. ¶供給軍需民力一<華功武> ㉱말리다. 말린 것. ¶將被髮而一<莊子>/一魚物. ②몰수하다. ¶湯始爲小吏一沒<史記> ③건성으로 하다. ¶何須一啼濕笑<北史>/一酒酊. 2 ①하늘. 뜻이 바뀌어, 천자(天子)·군(君)·부(父)를 뜻함. ¶乘一之剛<太玄經>/一以君之<易經>/一坤一擲. ②건괘(乾卦). 8괘의 하나. ☰. 순양(純陽)의 괘로 양(陽)·남(男)을 뜻하며, 방위로는 서북(西北). ③굳세다. 부지런하다. ¶一健也 健行不息也<釋名>/君子終日一一<易經>

【乾綱】けんこう(건강) ①하늘의 법강(法綱)과 풍기(風紀). ¶聖人之臨天下也 祖一以流化<晋書> ②군주의 대권(大權). ¶昔周道衰陵 一絶紐<范甯> ③中 지아비를 이름.

【乾啓】けんけい(건계) 하늘의 계시(啓示). 하늘의 가르침. 天啓(천계). ¶可謂一 神機授之于我<晋書>

【乾皐】けんこう(건고) 앵무새의 별칭.

【乾坤】けんこん(건곤) ①하늘과 땅. 天地(천지). ¶俯仰乎一<班固> ②해와 달. ¶吳楚東南坼 一日夜浮<杜甫> ③음(陰)과 양(陽). 또는, 남과 여. 방향으로는 서북과 서남. ④역(易)의 건괘(乾卦)와 곤괘(坤卦). ¶天尊地卑 一定矣<易經>

【乾坤一擲】けんこんいってき(건곤일척) 천하를 걸고 운명에 맡기어 일을 결행(決行)함. ¶眞成一擲賭乾坤<韓愈>

【乾坤洞然】けんこんどうぜん(건곤통연) 천지가 환하게 열려 거칠 것이 없음. ¶劫燒終訖 一<仁王經>

【乾卦】けんか(건괘) 8괘의 하나. 순양(純陽)의 괘로, 양(陽)과 남(男)을 뜻하며, 방위로는 서북.

【乾基】けんき(건기) 제업(帝業)의 터전. ¶闡崇一 纂成先志<慕容德>

【乾斷】けんだん(건단) 천자가 스스로 정사를 재결함. ¶伏乞一.

【乾闥婆城】けんだつばじょう(건달바성)《佛》 범어(梵語). 건달바가 만든 성이라는 뜻으로, 신기루(蜃氣樓)를 일컬음. 곡두와 같이 실체가 없는 것의 비유. ¶但可眼見而無有實 是一<宗鏡>

【乾畓】(건답)韓 조금만 가물어도 물이 마르는 논.

【乾德】けんとく(건덕) ①천자(天子)의 덕. ¶一博好<吳志> ↔坤德(곤덕). ②자강 불식(自彊不息)하는 덕. ¶扶陽之政 以保一<易林>

【乾圖】けんと(건도) 천체(天體)의 현상. 천상(天象). ¶仰則一<舊唐書>/能握一之休徵<曹植>

【乾道】けんどう(건도) 하늘의 도(道). 뜻이 바뀌어, 남성된 도. ¶一變化 各正性命<易經> ↔坤道(곤도).

【乾糧】かんりょう(건량) ①말린 밥. 乾飯(건반). 乾糒(건비). ②모든 먹을 것. ↔飮料(음료).

【乾靈】けんれい(건령) 하늘의 신. 양(陽)의 정기(精氣). ¶世祖體一之休德<曹植>

【乾命】けんめい(건명) ①☞天命(천명). ¶恭承一 有何不可<晋書> ②《佛》 축원문(祝願文)

에 쓰는 남자의 일컬음. ↔坤命(곤명). ③ 민속에서 남자의 생년. ↔坤命(곤명).

【乾沒】かんぼつ(건몰) ①요행히 이익을 얻음. 일설에, 乾은 이익을 얻음, 沒은 잃음. ②매점(買占) 또는 범과(犯科)한 물건을 관청에서 거저 빼앗음.

【乾杯】かんぱい(건배) ①술잔의 술을 다 마시어 비움. 乾盃(건배). ②연회(宴會)에서 건강을 비는 뜻에서, 술잔을 들어 비우는 서양식 주도(酒道).

【乾符】けんぷ(건부) 천자의 부서(符瑞). 天符(천부). ¶聖皇乃握―<班固>

【乾蔘】かんじん(건삼) 말린 삼. ↔水蔘(수삼).

【乾澁】かんじゅう(건삽) 말라서 윤기가 없음.

【乾三連】けんさんれん(건삼련) 건괘(乾卦)의 상형(象形)인 ☰의 일컬음. ↔坤三絕(곤삼절).

【乾象】けんしょう(건상) 천체의 현상. 天象(천상). 天文(천문). ¶夜觀― 晝察人事<後漢書>

【乾石魚】かんせきぎょ(건석어) 말린 조기. 굴비.

【乾癬】かんせん(건선) 마른버짐.

【乾性】かんせい(건성) ①공기 중에서 쉽사리 건조하는 성질. ¶―皮膚. ↔濕性(습성). ②수분이 그다지 필요하지 않은 성질. ¶―植物.

【乾笑】かんしょう(건소) ①건성으로 웃음. 선웃음. 억지 웃음. ②냉소(冷笑)함. ¶世言笑之不情者爲―<能改齋漫錄>

【乾愁】かんしゅう(건수) 공연히 일어나는 근심. ¶―漫解坐自累<韓愈>

【乾濕】かんしつ(건습) 건조함과 습함. ¶―計.

【乾柹】かんし(건시) 곶감.

【乾時】けんじ(건시) ①춘추 시대 제(齊)의 지명. ②24시(時)의 22째. 하오 8시 반부터 9시 반 사이.

【乾兒】かんじ(건아) ①양아들. 양자. ②부하. ¶― 門生 布滿天下<留青日札>

【乾魚】かんぎょ(건어) 말린 물고기. 枯魚(고어). ¶―物. 「<元史>

【乾曜】けんよう(건요) 해. 태양. ¶明同貞於―

【乾浴】かんよく(건욕) 잠자리에 들기 전에 두 손으로 몸을 문지르는 양생법(養生法)의 한 가지.

【乾元】けんげん(건원) 하늘의 도(道). 천덕(天德)의 시초. 乾은 天, 元은 大. ¶大哉― 萬物資始<易經> 「男剛<阮籍>

【乾圓】けんえん(건원) 하늘이 둥긂. ¶―坤方女柔

【乾維】けんい(건유) 하늘을 유지하는 큰 바. 곧 하늘의 대본(大本). ¶載化撫―<李義府>

【乾儀】けんぎ(건의) 하늘의 법칙. 뜻이 바뀌어, 천자의 법. ¶定彼―<王起>

【乾材】かんざい(건재) 조제하지 않은 그대로의 한 약재. ¶―藥局.

【乾啼】かんてい(건제) 건성으로 욺.

【乾燥】かんそう(건조) ①마름. ②말림. ¶―器. ③재미 없음. ¶無味―.

【乾坐巽向】けんざそんこう(건좌손향) 묏자리나 집터 따위가 서북방에서 동남방을 바라보는 좌향(坐向). 「풀. ↔生草(생초).

【乾草】かんそう(건초) 베어서 말린 풀. 말라 죽은

【乾竺】けんじく(건축) 인도(印度)의 옛 이름. 天竺(천축). ¶姓疑―古先生<宋元>

【乾唾】かんだ(건타) 치욕을 참는 일. 남이 네 얼굴에 침을 뱉거든 닦지 말고 그대로 마르게 하라고, 당의 누사덕(婁師德)이 그의 아우에게 말한 옛일에서 유래.

【乾打碑】(건타비) ㊥ 탑본(搨本)을 하는 데 쓰는 먹.

【乾統】けんとう(건통) 제왕의 계통. 천자의 혈통. ¶道符― 躬啓皇圖<姚登孫>

【乾脯】かんぽ(건포) 고기, 생선 따위를 손질하여 말린 포. 魚脯(어포). 肉脯(육포).

【乾吃】かんきつ(건흘) 말을 더듬음.

▷九―, 口燥脣―, 未―, 靈―, 萎―, 風―, 旱―, 暵―, 皇―

11〖亀〗 龜(P.1706)의 俗字

12 13〖亂〗 어지러울 란 | 韻ㄌㄨㄢˋ(luan) ㄌㄢˋ(lan) | らん(ミダレル) *confuse*

㊉乱 釠

풀이 ①어지럽다. ㉮흩어지다. 뒤섞여 혼잡함. ¶收敗―之兵<史記> ㉯질서가 문란하다. 폭동 따위로 세상이 시끄러움. ¶制治於未―<書經>/紊―/騷―. ㉰마음이 어수선하다. ¶春思―如麻<鮑照>/心―. ㉱행동이 거칠다. 품행이 단정하지 못함. ¶―暴/淫―. ㉲반역하다. ¶―臣賊子/叛―. ㉳어지럽히다. 어지럽게 함. ¶不軌之臣…―法<史記> ②다스리다. 어지러움을 바로잡음. ¶予有―臣十人 同心同德<書經> ③건너다. 강을 건넘. ¶呼風―流而渡<白孔六帖>/―于河. ④함부로. ¶―言/―入. ⑤난리. 전쟁. ¶兵―/戰―. ⑥풍류 끝가락. 시가의 전편 대지(大旨)를 요약한 끝 장. ¶―曰 已矣哉 國無人兮<楚辭>/―辭.

【亂階】らんかい(난계) ①소란(騷亂)의 단서. 소란해진 실마리. 亂緖(난서). 亂梯(난제). ②위계를 따르지 않고 건너뜀.

【亂供】らんきょう(난공) ☞亂招(난초).

【亂局】らんきょく(난국) 어지러운 판국. ¶―打開.

【亂君】らんくん(난군) 무도한 군주. 亂主(난주). 暴君(폭군). ¶生於亂世 事―<戰國策>

【亂軍】らんぐん(난군) ①반란을 일으킨 군대. 叛軍(반군). ②규율이 문란한 군대. ③적과 서로 뒤섞여 하는 싸움. 亂戰(난전). 混戰(혼전). ¶―中. 「럽힘.

【亂氣】らんき(난기) 어지러운 마음. 마음을 어지

【亂刀】らんとう(난도) ①함부로 쓰는 칼. ②칼로 잘게 다짐. 난도질.

【亂道】らんどう(난도) ①사설(邪說)로써 도(道)를 어지럽힘. ¶―悞人 宜無信用<漢書> ②시문(詩文)이 무잡(蕪雜)함. 졸작(拙作). 자작(自作)의 겸칭. ¶――兩首 在謝丈處<歐陽脩>

【亂動】らんどう(난동) 문란한 행동.

【亂倫】らんりん(난륜) ①인륜(人倫)에 어긋난 행위. 특히, 남녀 관계에 대해 이름. ¶義不爲―之始<世說新語> ②도(道)를 어지럽

힘. ¶欲絜其身而亂大倫<論語>

【亂離】らんり(난리) ①세상 소란(騷亂)을 만나 뿔뿔이 헤어짐. ¶悠悠世路 —多阻<王粲> ②전쟁 또는 화란(禍亂)의 근심. ¶—斯瘼 日月其稔<潘岳>

【亂立】らんりつ(난립) ①질서 없이 뒤섞여 섬. ¶危礁—. ②후보자들이 한꺼번에 여럿이 나섬.

【亂麻】らんま(난마) 이리 저리 얽힌 여러 가닥의 삼실이란 뜻으로, 혼란한 세상이나 어지러운 사태의 비유. ¶外攘四夷 死人如—<史記>/快刀—.

【亂脈】らんみゃく(난맥) 사물이 어지러워 조리가 서지 않음. 질서나 규율이 조금도 없음. 亂雜(난잡). ¶—相.

【亂命】らんめい(난명) 죽음에 임박해서 의식이 혼란한 때, 유언(遺言)으로서의 명령. ↔治命(치명).

【亂舞】らんぶ(난무) 질서 없이 날뛰거나 어지럽게 뒤섞여 춤을 춤.

【亂民】らんみん(난민) ①백성을 다스림. 亂은 治. ¶不惟逸豫 惟以—<書經> ②안녕·질서를 어지럽히는 사람. ¶—之刑<周禮>

【亂髮】らんぱつ(난발) ①흐트러진 머리. 빗질 하지 않은 머리털. 蓬髮(봉발). ¶白頭—垂過耳<杜甫>/蓬頭—. ②머리를 흔들어 흐트러뜨림. ¶入則—壞形<後漢書>

【亂邦】らんぽう(난방) 어지러운 나라. 亂國(난국). ¶危邦不入 —不居<論語>

【亂飛】らんぴ(난비) 질서 없이 뒤섞여 낢. ¶梁園日暮—鴉<岑參>

【亂射】らんしゃ(난사) 함부로 쏘아댐. 겨냥도 하지 않고 화살, 탄환 따위를 발사함.

【亂辭】らんじ(난사) ①시가(詩歌) 끝에 그 편의 대지(大旨)를 요약해 붙인 말. 「초사」(楚辭)에서 많이 썼음. ②조리(條理)가 없는 말. ¶此天下之悖言—也<公孫龍子>

【亂山】らんざん(난산) 높낮이가 일정하지 않은 산. 亂峰(난봉). ¶—啼蜀魂 孤棹宿巴陵<姚揆>

【亂想】らんそう(난상) 어지러운 생각. ¶善思理 勿起—<梁武帝>

【亂序】らんじょ(난서) 순서가 문란함. 또는, 순서를 문란하게 함. 亂次(난차).

【亂緒】らんしょ(난서) ☞亂階(난계)①.

【亂世】らんせい(난세) 어지러운 세상. ¶苟全性命於—<諸葛亮>

【亂俗】らんぞく(난속) ①어지러운 풍속. ¶遇亂世得—<荀子> ②풍속을 어지럽게 함. ¶敗常— 三細不有<書經>

【亂愁】らんしゅう(난수) 얽힌 수심. 또는, 그런 수심에 잠김. ¶—縈困滿春暉<韓琦>

【亂視】らんし(난시) 각막(角膜)의 각 방면에 있어서, 굴절률(屈折率)에 강약(強弱)의 차가 생기어, 망막(網膜)에 바른 상(像)을 만들지 못해 물체가 바로 보이지 않는 일. 또는, 그런 눈. 亂視眼(난시안).

【亂臣】らんしん(난신) ①국가를 잘 다스리는 신하. 亂은 治. ¶武王曰 予有—十人<論語> ②나라를 어지럽히는 나쁜 신하. ¶君爲倒君 臣爲—<管子>

【亂臣賊子】らんしんぞくし(난신적자) 임금을 시해(弑害)하는 신하와 아비를 죽이는 아들. ¶孔子成春秋 而—懼<孟子>

【亂言】らんげん(난언) ①난잡한 말. ②난폭한 말.

【亂餘】らんよ(난여) 전란 뒤. 亂後(난후). ¶江上停舟問客蹤 亂前相別—逢<高啓>

【亂獄】らんごく(난옥) 불공평한 재판. 부정(不正)한 옥사(獄事). ¶—滋豐 賄賂並行<左氏傳>

【亂用】らんよう(난용) 함부로 씀. 濫用(남용).

【亂雲】らんうん(난운) ①어지럽게 뒤섞여 떠도는 구름. ②비나 눈을 내리게 할 듯한 구름. 비구름. 난층운(亂層雲)의 구용어(舊用語). ③부인(婦人)의 검은 머리를 형용하는 말.

【亂入】らんにゅう(난입) 난폭하게 여럿이 마구 밀고 들어감. ¶今還作賊 乃知卿—耳<魏志>

【亂刺】らんし(난자) 아무 데나 함부로 찌름.

【亂雜】らんざつ(난잡) 불규칙하게 어지러이 뒤섞임. 정돈되어 있지 않고 어수선함. ¶明金— 細寶交陳<梁簡文帝>

【亂杖】らんじょう(난장) 장형(杖刑)에서, 마구 때리는 매.

【亂場】(난장)㊕ ①과거 보는 마당에서 선비들이 떠뜰어대는 판. ②여러 사람들이 어지러이 뒤섞여 마구 떠들어대거나 뒤죽박죽이 된 판. 난장판의 준말.

【亂戰】らんせん(난전) ☞亂鬪(난투).

【亂政】らんせい(난정) ①어지러운 정치. 또는, 정치를 문란하게 함. ¶法敗而政亂 以—治敗民 未見其可也<韓非子> ②정사(政事)를 다스림. 亂은 治의 뜻. ¶茲予有—同位 具乃貝玉<書經>

【亂主】らんしゅ(난주) ☞亂君(난군). ¶三后淫妃 —<王延壽>

【亂中】らんちゅう(난중) 난리중. 난리가 벌어져 있는 동안. ¶—日記.

【亂眞】らんしん(난진) 가짜로써 진짜를 어지럽혀, 양자를 구별하기 어렵게 하는 일. ¶尤工臨移 至—不可辨<宋史>

【亂帙】らんちつ(난질) 서책을 흐트려 놓음. 난잡하게 늘어 놓은 책갑. ¶—任牀風亂書帙<高啓>

【亂次】らんじ(난차) 차례를 어지럽힘. 깔끔하지 못함. ¶—以濟其水<左氏傳>

【亂招】らんしょう(난초) 죄인이 신문(訊問)에 대하여 함부로 꾸며서 말함. 亂供(난공).

【亂醉】らんすい(난취) 정신을 차릴 수 없을 정도로 크게 취함. 大醉(대취). 酩酊(명정).

【亂打】らんだ(난타) 잇따라 마구 침. 함부로 때림. ¶樵童—金吾鼓<林寬>

【亂鬪】らんとう(난투) 서로 뒤섞여 싸움. 亂戰(난전). ¶皆自— 中兵而死<漢書>

【亂鬪劇】らんとうげき(난투극) 난투하는 광경이나 장면.

【亂暴】らんぼう(난폭) 거칠고 사나움. 또는, 그 짓.

【亂筆】らんぴつ(난필) 함부로 쓴 글씨. 또는, 자기 글씨의 겸칭.

【亂行】らんこう·らんぎょう(난행) ①난폭한 짓. ②어지러운 행위. ¶內無—<晏子> ③진영(陣營)의 행렬을 어지럽힘. ¶揚干—於曲梁<左氏傳>

【亂婚】らんこん(난혼) 일정한 상대를 정하지 아니하고 행하는 혼인. 雜婚(잡혼).

【亂花】らんか(난화) 어지러이 피어 있는 꽃. ¶—織錦柳撚線 粧點池臺畫屛田<秦韜玉>

【亂後】らんご(난후) 난리가 끝난 뒤. 전란 후. 亂餘(난여). ↔亂前(난전).
▷霍—, 狂—, 攪—, 軍—, 內—, 大—, 動—, 紊—, 民—, 反—, 叛—, 撥—, 變—, 不—, 拂—, 散—, 逆—, 擾—, 繚—, 淫—, 理—, 一心不—, 自中之—, 雜—, 戰—, 酒—, 錯—, 僭—, 治—, 暴—, 駭—, 胡—, 惑—, 昏—, 混—, 禍—, 患—, 荒—, 殽—

亅＜갈고리 궐＞部

亅 ① 了 ③ 予 ⑦ 事

0
1〖亅〗 갈고리 궐 | 㘝ㄐㄩㄝˋ (jue) | けつ(カギ) *hook*

풀이 갈고리. 부수(部首)로만 쓰임.

1
2〖了〗 마칠 료 | 篠ㄌㄧㄠˇ(liao) ㄌㄜ(le) | りょう(オワル) *finish*

풀이 ①마치다. 끝남. ¶齊魯靑未—＜杜甫＞/完—. ②깨닫다. 잘 이해함. 通憭. ¶—解/—悟. ③분명하다. 똑똑함. ¶明—/—快. ④마침내. 속어(俗語)로는「결국」의 뜻. ¶—復何益＜唐書＞ ⑤어조사. 문말(文末)에 붙어 결정, 과거, 완료 등의 뜻을 나타냄.
【了覺】りょうかく(요각) 깨달음. 了解(요해).
【了勘】りょうかん(요감) 끝막음. 결료(結了)함. 了結(요결).
【了結】(요결) ☞了勘(요감). ¶却怎麼—此案「＜紅樓夢＞
【了得】りょうとく(요득) ☞了解(요해). ¶却不能—他事＜朱子全書＞
【了了】りょうりょう(요료) ①현명한 모양. 똑똑하고 약은 모양. ¶覓——令史 得法興 使爲之＜宋書＞ ②명확한 모양. 判然(판연). 了然(요연). 瞭然(요연). ③필경. 드디어. ¶—無可得＜五燈會元＞
【了不得】(요부득)㊥ ①감당할 수 없음. 견딜 수 없음. ②경탄하는 말. 멋짐. 그럴 듯함.
【了事】りょうじ(요사) ①사물의 이치를 환히 깨달아 앎. ¶卿殊不—＜南史＞ ②㊥ 일을 끝냄. 일의 마무리를 지음.
【了意】りょうい(요의) 의미를 깨달음. ¶皆了其意而文彩蔚然＜蔡襄＞
【了解】りょうかい(요해) 분명히 깨달음. 환하게 앎. 了得(요득). 會得(회득).
▷校—, 訖—, 讀—, 魅—, 明—, 未—, 不—, 修—, 悟—, 完—, 終—, 責—, 解—

3〖于〗 ☞二部 1획(p.58)

3
4〖予〗 1 나 여 / 2 줄 여 | 魚ㄩˊ(yu) 語ㄩˇ(yu) | よ(ワレ) *I*

源象形. 손으로 물건을 밀어 주는 모양을 본뜸.
※豫(p.1415)의 속자로 씀은 잘못.

풀이 1 나. 일인칭 대명사 通余. ¶今—忘孝之道＜禮記＞ 2 ①주다. ㉠與. ¶君子來朝 何錫—之＜詩經＞ ②함께 하다. ㉠與. ¶有所共—也＜荀子＞ ③용서하다. ¶春秋—之＜漢書＞
【予告】よこく(여고) ①한(漢)대에, 녹미(祿米) 2천 석 받는 벼슬아치로서 공훈이 큰 자에게 주던 휴가. ②청(淸)대에 관리가 고령(高齡)으로 사직을 원하거나, 부모의 상(喪)을 당했을 때 주던 휴가.
【予勾】よこう(여구) 천자(天子)가 상주문(上奏文)에 대하여 비준(批准)을 내리는 일. ¶得旨則—＜淸會典＞/進黃册於上及期—＜嘉慶會典＞
【予寧】よねい(여녕) ①부 또는 모상으로 휴가를 받는 제도. ¶父母亡—三年＜山堂肆考＞/博士弟士 父母死 —三年＜漢書＞ ②부모 상중에 있음.
【予小子】よしょうし(여소자) ①천자가 상중에 있을 때 쓰던 자칭. ¶天子未除喪 曰—＜禮記＞ ②천자의 자칭. 또는, 천자 이외에도 쓰임. ¶— 新命于三王＜書經＞/維— 夙夜敬止＜詩經＞
【予一人】よいちにん(여일인) 천자의 자칭. 짐(朕)도 일개 사람으로서 다른 사람과 다름이 없다는 겸사(謙辭). ¶嗟 爾萬方有衆 明聽—誥＜書經＞
▷起—, 分—, 賜—, 施—

8〖争〗 爭(p.961)의 略字

7
8〖事〗 일 사 | 寘ㄕˋ (shi) | じ(コト) *work, affair*
㊟吏 ㊕事

풀이 ①일. ㉮직분. 임무. ¶先—後得＜論語＞ ㉯생업. 직업. ¶—業. ㉰정치. ¶禮以行—＜左氏傳＞/政—. ㉱사물. ¶物有本末 —有終始＜大學＞ ㉲사건. 모반(謀叛). 변고(變故). ¶秦有荊軻之—＜史記＞/—變/無—/擧—. ②일삼다. 전념함. ¶請 —斯語矣＜論語＞ ③부리다. 사역(使役)함. ¶非—而自然謂之性＜荀子＞ ④섬기다. ¶—父母能竭其力＜論語＞/出則—公卿 入則—父兄＜論語＞ ⑤세우다. ¶— 猶立也＜禮記·注＞ ⑥다스리다. 경영함. ¶詳—下吏＜戰國策＞/—五穀＜呂覽＞
【事件】じけん(사건) ①뜻밖에 일어난 변고. 事故(사고). ¶爆發物—. ②일이나 일거리. ③새·짐승의 내장. ¶諸色點心—附＜夢粱錄＞
【事故】じこ(사고) ①평시와 다른 불길한 일이나 고장(故障). ¶治其—及其萬民之利害＜周禮＞ ②일이 일어난 연유(緣由). 事由(사유). ¶少無宦情有箕潁之心 —仕世 多素辭＜謝靈運＞
【事功】じこう(사공) 사업의 성적. 功勞(공로). 成果(성과). ¶民勞— 旣鏤文於鐘鼎＜王巾＞
【事官】じかん(사관) 주례(周禮)의 동관(冬官)의 별칭. 백공(百工)을 관장(管掌)하던 벼슬아치. 「光＞/—以自顯也＜禮記＞
【事君】じくん(사군) 임금을 섬김. ¶—以忠＜圓
【事端】じたん(사단) 일의 시작. 일의 단서. 다툼

이나 소동(騷動)의 불씨. ¶以匿一<史記>

【事大】じだい(사대) 약자가 강자를 따름. 또는, 약소국이 강대국을 섬김. ¶惟智者爲能以小一<孟子>/一主義/一思想.

【事力】じりょく(사력) ①하인이나 종과 같이 체력(體力)을 써서 일하는 사람. ¶有舫十餘一二三百人<宋書> ②옛 중국의 태재수(太宰帥) 따위 고관(高官)의 직분전(職分田) 경작(耕作)을 위해 조정에서 딸려 주던 농민.

【事例】じれい(사례) 일의 전례. 實例(실례). 先例(선례). ¶欲依蔡謨一<南史>

【事理】じり(사리) 일의 이치. ¶思慮熟則得一<韓非子>

【事理無礙】じりむげ(사리무애)《佛》사(事)와 리(理)는 배치(背馳)됨이 없음. 곧, 본체는 본질상 같음.

【事脈】(사맥) 일의 갈피와 내력.

【事務】じむ(사무) ①주로 문서 따위를 처리하는 일. ¶一管理. ②다루는 일. 職務(직무). ¶料一 察民俗<管子>

【事無常師】コトニじょうしナシ(사무상사) 사물(事物)에는 일정 불변의 표준이 될 것이 없음. ¶世無常貴 一<鬼谷子>

【事務的】じむてき(사무적) ①실제 사무에 관한(것). ②형식적이거나 상투적.

【事物】じぶつ(사물) ①유형 무형의 모든 일과 물건. ¶一齊紀綱<阮籍> ②《佛》세속(世俗)의 일. 世事(세사).

【事半功倍】コトナカバニシテこうバイス(사반공배) 적은 노력으로 많은 효과를 거둠. ¶事半古之人 功必倍之<孟子>

【事倍功半】コトばいニシテこうナカバナリ(사배공반) 많은 노력을 치러도 효과는 적음.

【事煩】じはん(사번) 일이 번거로움. ¶食少一.

【事犯】じはん(사범) 처벌을 받을 만한 행위. ¶經濟一.

【事變】じへん(사변) ①천재지변(天災地變) 같은 변고(變故). ¶一多故. ②변란(變亂), 소동(騷動), 폭동(暴動) 따위, 나라의 큰 변사(變事). ¶六二五一. ③경찰력으로 진압할 수 없을 정도의 소란(騷亂). ④선전 포고 없이 상대국에 대해 무력을 행사하고 있는 상태. ⑤세사(世事)의 변화. ¶達於一而懷其舊俗者也<詩經>

【事不如意】(사불여의) 일이 뜻대로 되지 아니함.

【事不厭省】コトハせいヲイトワズ(사불염생) 일은 적을수록 다스리기 쉬우므로, 아무리 생략(省略)해도 좋음.

【事事】じじ(사사) ①일마다. 每事(매사). ¶惟一乃有備 有備無患<書經>/一件件/一無成. ②일을 열심히 함. 일을 일답게 정성껏 함. ¶無一之心<晋書>/見參不一 皆欲有言<史記>

【事事物物】じじぶつぶつ(사사물물) 모든 사물. 모든 현상. ¶一 皆有定理<傳習錄>

【事死如事生】(사사 여사생) 죽은 사람 섬기기를 살아 있을 때와 같이 하라는 뜻으로, 장례나 제사를 정성껏 모실 것을 이르는 말.

【事狀】じじょう(사상) 일의 상태. 事相(사상). ¶辯詰一<隋書>

【事象】じしょう(사상) 여러 사물과 현상.

【事上磨鍊】じじょうまれん(사상마련) 실제의 사물에 부딪쳐 정신의 수양을 쌓고 의지를 단련시킴. ¶人須在一做功夫<傳習錄>

【事勢】じせい(사세) ①일의 형세나 추세(趨勢). ¶一之流 相激使然<史記>/一不得已. ②정치 따위에서의 세력. ¶內黨 外援 以爭一者 可亡也<韓非子>

【事勢固然】じせいこぜん(사세고연) 일의 형세를 보아 그러함이 실로 당연함. 事勢當然(사세당연). ¶事有必至理由固然 君知之乎<戰國策>

【事守】じしゅ(사수) 일. 업무. 직무. ¶杞之郊也 禹也 宋之郊也 契也 是天子之一也<禮記>

【事實】じじつ(사실) 실제로 있거나 일어난 일. 진실한 일. ¶考驗一<史記>

【事實婚】じじつこん(사실혼) 혼인 신고 없이 사실상의 부부관계를 가지는 일. ↔法律婚(법률혼).

【事業】じぎょう(사업) ①일. 하는 일. ¶發於一<易經> ②일정한 목적과 계획에 의해 경영하는 일. 특히 경제적 활동. 企業(기업). 實業(실업). ¶社會一家/開拓一/一體.

【事緣】じえん(사연) 사정과 연유(緣由).

【事由】じゆう(사유) 일의 까닭. 事情(사정)②. ¶誰向穹蒼問一<方干>

【事育】じいく(사육) 어버이를 섬기고 자식을 기름.

【事宜】じぎ(사의) ①일이 합당함. 적당함. ¶總百官之職 各稱一 而爲之節文<漢書> ②사정. 문제. 사항. ¶一切因革一 貴定之于始<福惠全書>/各房經營一 務逐項開造<福惠全書>

【事以密成】コトハみつヲモッテナル(사이밀성) 무릇 사업은 치밀하게 하면 잘 이루어짐. ¶一 語以泄敗<韓非子>

【事已至此】コトスデニここニいたル(사이지차) 일이 이미 이 지경에 이름. 후회하여도 미치지 못할 경우에 하는 말. 事已如此(사이여차).

【事已如此】コトスデニかくノゴトシ(사이여차) 일이 이미 이와 같이 됨. ¶一 無可奈何<漢書>

【事跡】じせき(사적) ☞事蹟(사적).

【事蹟】じせき(사적) 일의 자취. 事跡(사적). 事迹(사적). ¶借名人之碑傳 存名人之一<曾國藩>/一地.

【事績】じせき(사적) 이루어 놓은 일. 功績(공적).

【事前】じぜん(사전) 일이 벌어지기 전. ↔事後(사후). ¶一協議.

【事情】じじょう(사정) ①일의 정상(情狀). 일의 동향. ¶臣不得復過矣 請謁一<戰國策>/切一 明是非<史記> ②☞事由(사유).

【事蹤】じしょう(사종) 일의 자취. 事蹟(사적). ¶一筆跡 皆可推較<陸機>

【事酒】じしゅ(사주) 일이 있을 때 마시는 술. 삼주(三酒)의 하나로 겨울에 빚어서 봄에 먹음. ¶辨三酒之物 一曰一 二曰昔酒 三曰淸酒<周禮>

【事體】じたい(사체) ①일의 형편. 事情(사정). ②일의 체통(體統). 일의 대체(大體). ¶練達一 明解朝章<後漢書>

【事親】じしん(사친) 부모를 섬김. ¶事孰爲大

一爲大<孟子>/一以孝. 「一.
【事態】じたい(사태) 일의 상태. ¶非常一/緊急
【事弊】じへい(사폐) 일의 폐단.
【事必歸正】コトカナラズせいにきス(사필귀정) 모든 일은 반드시 옳은 데로 돌아감.
【事項】じこう(사항) 어떤 일의 조항. ¶指示一.
【事效】じこう(사효) 공(功). 보람. ¶一見前 故使臣助來諭王意<漢書>
【事後】じご(사후) 일이 지난 뒤. ¶一處理/一承認. ↔事前(사전).
▷家一, 幹一, 檢一, 慶一, 古今一, 故一, 工一, 公一, 國一, 軍一, 記一, 吉一, 樂一, 錄一, 農一, 能一, 多一, 大一, 萬一, 無一, 民一, 百一, 兵一, 鄙一, 私一, 師一, 常一, 敍一, 成一, 盛一, 世一, 俗一, 時一, 王一, 往一, 外一, 用一, 有一時, 遺一, 議一, 理一, 人一, 逸一, 政一, 情一, 從一, 主一, 卽一, 知一, 指一, 執一, 春一, 致一, 他一, 通一, 判一, 學一, 行一, 刑一, 好一, 火一, 後一, 凶一

二<두 이>部

二 ① 于 ② 五 云 元 井 互 ④ 亘 ⑤ 些 亜 况 ⑥ 亞 ⑦ 亟

0 2 【二】 두 이 | 中 儿(er) | に(フタツ) two
古 弍
源 指事. 가로로 두 선을 그어 둘을 가리킴.
풀이 ①둘. ¶一生一<老子> ②같다. 대등함. 짝함. ¶功無一於天下<史記> ③다음. 둘째. 버금. ¶一位. ④두 마음. 딴 마음. ¶有死無一<左氏傳> ⑤거듭. 두 번. ¶連一勝. ⑥둘로 나누다. 두 가지로 함. 다르게 함. ¶市無一價<後漢書> ⑦의심하다. ¶臣共而不一<左氏傳>
【二價】にか(이가) 두 가지 값. 또는, 다른 값의 뜻으로, 에누리를 이름. ¶市無一 道不拾遺<後漢書>
【二更】にこう(이경) 하룻밤을 오경(五更)으로 나눈 세째. 하오 9시에서 11시 사이. 乙夜(을야). 亥時(해시). 二鼓(이고).
【二季】にき(이계) 두 계절. ¶春秋一/夏冬一.
【二桂】にけい(이계) ①두 그루의 계수나무. ②뛰어난 사람 둘. ¶許家一聯翩秀<孫鎭>
【二鼓】にこ(이고) ☞二更(이경).
【二功】にこう(이공) 소공(小功)과 대공(大功). 功은 상복(喪服)에 관한 제도.
【二喬】にきょう(이교) 후한(後漢)말 교(喬)씨의 두 딸. 절세 미인으로, 각각 오(吳)의 손책(孫策)과 주유(周瑜)의 부인이 됨. 喬는 橋로도 씀. ¶東風不與周郎便 銅雀春深鎖一<杜牧> 「등함을 이름.
【二貴】にき(이귀) 신하의 권세가 임금의 것과 대
【二極】にきょく(이극) ①양극(陽極)과 음극(陰極). ②남극과 북극. ③두 지극한 도(道). 곧, 충과 효 또는 임금과 아버지.
【二根】にこん(이근)《佛》 ①의근(意根)과 신근(身根). ②이근(利根)과 둔근(鈍根). 곧, 불도를 닦는 근성이 예리한 것과 둔한 것. ③정근(正根)과 부근(扶根). 곧, 신경과 육체. ④남근(男根)과 여근.
【二級】にきゅう(이급) 둘째 등급. 「의 기운.
【二氣】にき(이기) ①음(陰)과 양(陽). ②음양
【二難】になん(이난) ①두 가지 얻기 어려운 것. 곧, 현명한 임금과 뛰어난 정치 고문. ¶四美具 一并<王勃> ②두 가지 이루기 어려운 것. ③두 가지의 어려움.
【二男】になん(이남) ①두 아들. ②둘째아들. 次男(차남). 次子(차자). 「녀).
【二女】にじょ(이녀) ①두 딸. ②둘째딸. 次女(차
【二端】にたん(이단) ①두 마음. 兩端(양단). ¶西周之欲入寶 持一<戰國策> ②기(氣)와 백(魄). ¶一旣立 報以二禮<禮記>
【二桃殺三士】にとうさんしヲコロス(이도 살삼사) 기계(奇計)로써 세 용사를 죽임. 제(齊)의 안영(晏嬰)이 경공(景公)에게 건의한 계책으로, 방자한 세 신하들에게 두 개의 복숭아를 주어 공이 많은 사람이 먹으라고 하여 서로 다투다 모두 죽게 하였다는 옛일에서, 계책으로 사람을 죽임을 뜻함.
【二等】にとう(이등) 둘째 등급.
【二樂】にがく(이락) 군자의 삼락(三樂) 중 둘째. 곧, 하늘과 사람에게 부끄러워할 것이 없는 것.
【二力】にりょく(이력) 옛날 군사 선발 시험에서 매기던, 힘의 둘째 등급. 양 손에 각각 50근을 들고 130보를 걷는 힘.
【二六時中】にろくじちゅう(이륙시중) ①일주야(一晝夜). 밤과 낮을 각기 6시간으로 했던 데서 이름. ②밤낮. 항상. 「他).
【二利】にり(이리)《佛》 자리(自利)와 이타(利
【二盟】にめい(이맹) ①거짓 맹세. ②동맹과 다른 맹세. 동맹 관계 외의 제삼자와 맺는 일.
【二明】にめい(이명) 해와 달. 二曜(이요).
【二命】にめい(이명) 다른 명령. ¶陪臣干掫有淫者 不知一<左氏傳>
【二溟】にめい(이명) 남해(南海)와 북해(北海).
【二毛】にもう(이모) 두 가지 머리털. 곧, 흰 머리털이 섞인 반백(半白·斑白)의 머리털. 또는, 그 사람. ¶七千里外一人<蘇軾>
【二毛作】にもうさく(이모작) 한 토지에서 1년에 두 번 농사를 지음. 「기기 시작하는 나이.
【二毛之年】にもうノトシ(이모지 년) 흰 머리털이 생
【二味】にみ(이미) 두 가지 맛. 또는, 번다한 음식. ¶不好珍麗 食不一<北史>
【二夫】にふ(이부) 두 남편. 다른 남편. ¶貞女不更一<史記> 「②춘분과 추분.
【二分】にぶん(이분) ①둘로 나눔. 兩分(양분).
【二寺狗】にじこう(이사구) 두 절의 개. 두 절에 속한 개가 양쪽으로 다니다가 오히려 굶는다는 뜻으로, 두 곳에 이름을 걸어 놓으면 어느 쪽에서도 대우를 받지 못함을 이름.
【二四不同】にしふどう(이사부동) 한시(漢詩)에서 매구(每句)의 둘째 자와 네째 자의 평측(平仄)을 다르게 하는 일.
【二四不同二六對】にしふどうにろくつい(이사부동 이륙대) 한시(漢詩) 칠언 절구(絕句)나 율시(律

詩)에서 매구(每句) 둘째 자와 네째 자는 평측(平仄)을 달리 하고 둘째 자와 여섯째 자는 같게 하는 일.

【二三】にさん(이삼) ①약간. 두셋. ②이렇게 저렇게 자주 바꿈. ¶士也罔極 一其德<詩經>

【二三子】にさんし(이삼자) 너희들. 스승이 두셋의 제자를 가리키는 말. ¶一 何患於喪乎<論語>

【二色】にしょく(이색) ①두 가지 빛깔. ②두 마음. 二心(이심). ¶榮悴交而下無一<後漢書>

【二鼠】にそ(이서)《佛》 흑백의 두 마리 쥐란 뜻으로, 해와 달 또는 낮과 밤의 비유.

【二鼠齧藤】にそとうヲカム(이서설등)《佛》 생명(生命)의 무상함을 나타낸 말. 밤 낮이 흘러가서 죽을 때에 이르는 모양을 두 쥐가 번갈아 등나무 덩굴을 쏠아 끊어 내는 것에 비유한 것. 二鼠는 밤과 낮, 藤은 사람의 목숨에 비유. 二鼠嚙藤(이서교등). ¶一喩<淨名經>

【二姓之合】にせいノごう(이성지 합) 서로 다른 두 성(姓)의 결합. 결혼을 이름.

【二世】にせい①~③・にせ④(이세) ①세대. ②2세 국민. 곧, 어린이. ¶一教育. ③제 2 대의 제왕. ④《佛》 현세(現世)와 내세(來世).

【二疏散金】にそさんきん(이소산금) 한(漢) 선제(宣帝) 때의 소광(疏廣)과 소수(疏受)가 분수를 지켜 벼슬에서 물러나며 받은 재물을 여러 사람들에게 나누어 준 일.

【二垂】にすい(이수) 중국 서북의 두 변경.

【二豎】にじゅ(이수) 병(病). 진(晉) 경공(景公)이 앓아 누웠을 때 꿈에 병마(病魔)의 화신으로 두 아이가 나타났다는 일에서 유래.

【二水邊】(이수변) 한자(漢字)의 부수(部首) 왼쪽에 붙는 「冫」의 이름.

【二乘】にじょう(이승) ①두 같은 수를 서로 곱함. ②《佛》 대승(大乘)과 소승. 또는, 성문승(聲聞乘)과 연각승(緣覺乘).

【二信】にしん(이신) 신의(信義)가 한결같지 아니함. 이심(二心)을 품음. ¶義無一 信無二命<左氏傳>

【二實二虛】にじつにきょ(이실이허) 二實은 쌀과 비단, 二虛는 은(銀)과 돈.

【二心】にしん(이심) ①다른 마음. 딴 마음. 異心(이심). 二志(이지). 外心(외심)①. ②《佛》 두 마음. 곧, 진심(眞心)과 망심(妄心). 또는, 정심(定心)과 산심(散心).

【二十四氣】にじゅうしき(이십사기) ☞二十四節氣(이십사절기).

【二十四般武藝】にじゅうしはんぶげい(이십사반 무예) 18기(技)에 기창(騎槍)·월도(月刀)·쌍검(雙劍)·편곤(鞭棍)·격구(擊毬)·원기(猿騎)의 6종을 더하여 일컫는 말.

【二十四方位】にじゅうしほうい(이십사 방위) 스물 넷으로 나눈 방위. 12지(支)의 각 방위 사이에 계(癸)·간(艮)·갑(甲)·을(乙)·손(巽)·병(丙)·정(丁)·곤(坤)·경(庚)·신(辛)·건(乾)·임(壬)의 열 두 방위를 둠.

【二十四番風】にじゅうしばんノかぜ(이십사번 풍) ☞二十四番花信風(이십사번 화신풍).

【二十四番花信風】にじゅうしばんかしんノかぜ(이십사번 화신풍) 소한(小寒)에서 곡우(穀雨)까지 사이의 일후(一候) 곧 닷새마다 부는 각기 다른 바람. 각 바람에 따라 새로운 꽃이 차례로 핀다고 하며, 그 꽃이 핌을 알리는 바람이라는 뜻으로 화신풍(花信風)이라 함. ※花信(화신).

【二十四節氣】にじゅうしせっき(이십사 절기) 15일간을 일기(一氣)로 하여 1년을 스물 넷으로 나눈 것. 태양이 황도(黃道)상의 0°에 오는 때를 춘분(春分)으로, 90°일 때를 하지(夏至)로, 180°일 때를 추분으로, 270°일 때를 동지(冬至)로 하여, 그 사이를 각각 6 등분함. 二十四氣(이십사기). 二十四節(이십사절). 二十四氣節(이십사기절). 二十四節候(이십사절후).

계절	이름	양력	음력
봄	立春	2월 4~5일	正月節氣
	雨水	2월 19~20일	正月中氣
	驚蟄	3월 5~6일	二月節氣
	春分	3월 21~22일	二月中氣
	清明	4월 5~6일	三月節氣
	穀雨	4월 20~21일	三月中氣
여름	立夏	5월 6~7일	四月節氣
	小滿	5월 21~22일	四月中氣
	芒種	6월 6~7일	五月節氣
	夏至	6월 21~22일	五月中氣
	小暑	7월 7~8일	六月節氣
	大暑	7월 23~24일	六月中氣
가을	立秋	8월 8~9일	七月節氣
	處暑	8월 23~24일	七月中氣
	白露	9월 8~9일	八月節氣
	秋分	9월 23~24일	八月中氣
	寒露	10월 8~9일	九月節氣
	霜降	10월 23~24일	九月中氣
겨울	立冬	11월 7~8일	十月節氣
	小雪	11월 22~23일	十月中氣
	大雪	12월 7~8일	十一月節氣
	冬至	12월 22~23일	十一月中氣
	小寒	1월 6~7일	十二月節氣
	大寒	1월 20~21일	十二月中氣

【二十四節候】にじゅうしせっこう(이십사절후) ☞二十四節氣(이십사절기).

【二十八星】にじゅうはっせい(이십팔성) ☞二十八宿(이십팔수).

【二十八宿】にじゅうはっしゅく(이십팔수) 옛날, 하늘을 4궁(宮)으로 나누고 각 궁마다 다시 일곱씩 배치하여 총 28개의 성수(星宿)로 나눈 것의 일컬음. 二十八星(이십팔성).

四宮	四神	성수(星宿)의 이름
동	青龍	각(角)·항(亢)·저(氐)·방(房)·심(心)·미(尾)·기(箕)
서	白虎	규(奎)·누(婁)·위(胃)·묘(昴)·필(畢)·자(觜)·삼(參)
남	朱雀	정(井)·귀(鬼)·유(柳)·성(星)·장(張)·익(翼)·진(軫)

북	玄武	두(斗)·우(牛)·여(女)·허(虛)·위(危)·실(室)·벽(壁)

二十八宿

【二雅】にが(이아)「시경」(詩經)의 대아(大雅)와 소아(小雅).

【二言】にごん(이언) 두 말. 딴 말. ¶一口一.

【二五】にご(이오) ①2와 5. 또는, 2와 5를 곱한 수. 곧, 10. ②음양과 오행(五行).

【二曜】にようう(이요) ☞二明(이명).

【二元】にげん(이원) ①두 개의 요소. ②두 개의 원리. ¶一論.

【二院】にいん(이원) ☞兩院(양원). 「두 사람.

【二位】にい(이위) ①둘째 지위. ②둘째 등급. ③

【二酉】にゆう(이유) ①중국 호남성에 있는 대유(大酉)·소유(小酉)의 두 산. ②동굴에 고서(古書) 천 권을 두었었다는 옛일에서, 장서(藏書)가 많음을 이름.

【二律背反】にりつはいはん(이율배반) 똑같이 타당하다고 여겨지는 두 명제(命題)가 서로 대립하여 논리상 모순이 일어나는 일.

【二儀】にぎ(이의) ①하늘과 땅. ②음(陰)과 양(陽). 兩儀(양의).

【二人同心其利斷金】(이인동심 기리단금) 두 사람의 마음이 합해지면 그 날카로움이 쇠를 자를 수 있다는 뜻으로, 힘을 합하면 무엇이든 할 수 있음을 비유. ¶一 同心之言其臭如蘭<易經> ※金蘭之交(금란지 교).

【二日瘧】(이일학) 학질의 일종. 이틀 걸러 발작하며 좀처럼 낫지 아니함. 당고금. 이틀거리. 兩日瘧(양일학). 老瘧(노학). 唐瘧(당학). 痎瘧(해학). 「자택일).

【二者擇一】にしゃたくいち(이자택일) ☞兩者擇一(양

【二迹】にせき(이적) 선인(先人)의 선행(善行)을 따르는 일. ¶一阿衡 克光其則<後漢書>

【二篆】にてん(이전) 대전(大篆)과 소전(小篆).

【二停】にてい(이정) 서법(書法)에서 한 글자를 두 부분으로 나누는 일. 곧, 詩를 言과 寺로 나누는 따위. 「심). 外心(외심).

【二情】にじょう(이정) 두 마음. 딴 마음. 二心(이

【二程】にてい(이정) 송(宋)의 정호(程顥)와 정이(程頤) 형제의 병칭. ¶一全書.

【二諦】にたい(이제)《佛》진제(眞諦)와 속제(俗諦). 「주(西周).

【二周】にしゅう(이주) 중국의 동주(東周)와 서

【二中】にちゅう(이중) ①두 개가 들어맞음. ②시문(詩文) 따위의 평가에서 중간 등급 중의 중간. 中之中(중지중).

【二重】にじゅう(이중) ①겹침. ②거듭됨. 重複(중복). ¶一國籍/一母音/一唱.

【二至】にし(이지) 하지(夏至)와 동지(冬至).

【二志】にし(이지) ☞二心(이심)①.

【二天】にてん(이천) ①또 다른 하늘이란 뜻으로, 큰 은인(恩人)을 일컫는 말. ②한시(漢詩) 등을 두번째로 지어 바침.

【二千石】じせんせき(이천석) 2천 석의 녹(祿). 한(漢)대의 구경(九卿)·낭장(郎將)에서 군수위(郡守尉)까지의 벼슬아치들을 이르던 말. 후에는 태수(太守) 또는 지방 장관의

【二親】にしん(이친) ☞兩親(양친). 「별칭이 됨.

【二七日】にしちにち(이칠일) 사람이 태어나거나 죽은 지 14일째 되는 날. 두이레.

【二七天癸至】にしちてんきし(이칠 천계지) 이칠 곧 14세가 되면 여자는 경수(經水)가 통함.

【二八三八】にはちさんぱち(이팔삼팔) 우물. 井자를 갈라보면 十이 넷이고, 二八三八 역시 五八로 40인 데서 이름. ¶一 飛泉仰流<樂府解題> 「또는, 그런 젊은이.

【二八青春】にはちせいしゅん(이팔청춘) 16살의 젊음.

【二牌】にはい(이패) ①노는 계집의 한 종류. 일패(一牌)보다 낮음. ②상의원(尙衣院) 소속의 이류(二流) 기생.

【二下】にげ(이하) 시문(詩文) 따위 평가에서 아랫 등급 중 중간. 下之中(하지중).

【二行】にぎょう(이행) ①두 줄. 두 열(列). ②오행(五行) 중의 두 행. ③《佛》자리행(自利行)과 이타행(利他行).

▷九一, 莫一, 無一, 百一, 凡聖不一, 不一, 巽一, 臣一主一, 什一, 六一

1 3 〖于〗 1 어조사 우 虞ㅁ | う(ココニ)
2 탄식할 우 魚(yu) | *at, in, on*

源 指事. 숨이 막힘을 나타내어 탄식하는 숨임을 뜻함.

※干(p. 507)은 딴 자.

풀이 1 ①어조사. ☞句法 ②가다. ¶之子一歸 遠一將之<詩經> ③크다. 넓고 큼. 通訏. ¶易則易 一則一<禮記> ④굽히다. 通迂. ¶況一其身<禮記> ⑤하다. 행함. ¶宜之一假<儀禮> ⑥말하다. ¶王一出征 以匡王國<詩經> ⑦만족하다. ¶泰氏其臥徐徐 其覺一一<莊子> 2 탄식하다. 通吁. ¶一嗟麟兮<詩經>

句法

①어조사

[…于] 구두(句頭)나 구중(句中)에서 어조(語調)를 고르게 함. ¶黃鳥于飛<詩經>/之子于歸<詩經>

②전치사「于」나「於」와 마찬가지로 쓰임.

㉮[于…] …에. …을. …에서. 장소, 대상, 때 따위를 나타냄. ¶吾十有五而志于學<論語>/貪于飮食. 「子>

㉯[于…] …보다(도). ¶病于夏畦<孟

③의문·반어

[…于]…는가. …느냐. …인가. ¶然則先生聖于<呂覽>

④영탄

[…于] …(로)구나. …도다. ¶孝于惟孝

<論語>
⑤감탄
[于嗟] 아아. ¶于嗟 徂兮 命之衰矣<十八史略>

【于公高大門閭】うこうこうだいもんりょ(우공 고대문려) 우공(于公)이 이문(里門)을 높임. 우공은 한(漢)대의 명판관으로, 우정국(于定國)의 아버지. 그는 이문(里門)을 높여 사마(駟馬)가 끄는 수레 덮개가 닿지 않게 해 놓고, 형옥(刑獄)을 바르게 다스렸으니 그 음덕으로 내 후손 중에 흥(興)하는 자가 나오리라 하였는데, 그의 아들 정국이 승상이 됨.
【于今】うこん(우금) 지금까지.
【于飛】うひ(우비) 봉황이 사이좋게 날아간다는 시구에서 온 말로, 부부가 화합함의 비유. ¶鳳凰一<詩經>
【于思】うし・うさい(우사) 수염이 많이 난 모양. 또는, 머리가 흰 모양.
【于役】うえき(우역) ①부역(賦役)을 감. ②다른 나라에 사자(使者)로 감. 行役(행역).
【于喁】うぐ(우우) 앞뒤의 소리가 서로 가락이 맞음. ¶一之聲.
【于越】うえつ(우월) ①월(越)나라. 于는 어세(語勢)를 돕는 발어사. ②오(吳)와 월.
【于闐】うてん(우전) 한(漢)대 서역 지방의 나라 이름. 당(唐)대에는 도호부(都護府)가 있었음. 于寘(우전).

4【亓】其(p.181)의 古字

2
4【五】 다섯 오 | 㶣ㄨˇ (wu) | ご(イツツ) *five*
㊂ㄨ
源 指事. 「二十ㄨ」. 곧, 「二」의 아래위를 이어 교차시켜 합하여 다섯이 이루어짐을 가리킴.
※伍(p.91)는 「五」의 갖은자.
풀이 ①다섯. ¶一名. ②다섯째. ¶一等. ③다섯 번. ¶一敗荆八<說苑>/一重.
【五稼】ごか(오가) ☞五穀(오곡).
【五家作統】(오가작통)韓 ①조선 숙종 때 다섯 집을 한 통(統)으로 한 호적 제도. ②조선 헌종 때 한 통에서 천주교를 믿는 자가 나오면, 그 통의 다섯 집이 모두 책임을 지도록 한, 자치적 인보(隣保) 제도.
【五加皮酒】ごかひしゅ(오가피주) 오갈피나무의 껍질로 담근 술.
【五覺】ごかく(오각)《佛》 깨달음의 다섯 종류. 곧, 본각(本覺)·시각(始覺)·상사각(相似覺)·수분각(隨分覺)·구경각(究竟覺). 또는, 중생각(衆生覺)·성문각(聲聞覺)·삼승각(三乘覺)·보살각(菩薩覺)·불각(佛覺).
【五諫】ごかん(오간) 다섯 종류의 간언(諫言). ㉮정간(正諫)·강간(降諫)·충간(忠諫)·당간(戇諫)·풍간(諷諫). ㉯휼간(譎諫)·강간(降諫)·당간(戇諫)·직간(直諫)·풍간(諷諫). ㉰풍간(諷諫)·순간(順諫)·규간(闚諫)·지간(指諫)·함간(陷諫).
【五感】ごかん(오감) 시각(視覺)·청각(聽覺)·후각(嗅覺)·미각(味覺)·촉각(觸覺).
【五蓋】ごがい(오개)《佛》 선량한 마음 바탕을 가리어 정도(正道)에 들지 못하게 하는 다섯 가지 번뇌. 탐욕(貪慾)·진에(瞋恚)·수면(睡眠)·의법(疑法)·도회(掉悔).
【五車書】ごしゃのしょ(오거서) 다섯 수레의 책. 곧, 많은 책. ¶男兒須讀一<杜甫>
【五劍難名】ごけんなんめい(오검난명) 다섯 자루 칼이 모두 명검(名劍)이어서 우열을 가릴 수 없다는 설촉(薛燭)의 옛일에서, 시비를 가리기 어려움을 이름.
【五更】ごこう(오경) ①오경의 끝 부분. 인시(寅時). 상오 3시에서 5시까지. ②하룻밤을 경(更)을 단위로 다섯 부분으로 나누는 것. 또는, 그렇게 나눈 초경(初更)·이경·삼경·사경·오경의 총칭. 五夜(오야).
【五硬】ごこう(오경) 어린아이의 손·다리·허리·살·목이 뻣뻣해지는 병.
【五經】ごけい・ごきょう(오경) ①「역경」(易經), 「서경」(書經), 「시경」(詩經), 「예기」(禮記), 「춘추」(春秋)의 다섯 가지 경서의 총칭. 五典(오전)①. ②길(吉)·흉(凶)·군(軍)·빈(賓)·가(嘉)의 오례(五禮).
【五經庫】ごけいこ(오경고) 오경이 들어 있는 서고(書庫)란 뜻으로, 그것에 밝은 사람을 이르는 말.
【五經博士】ごきょうはかせ(오경박사) 오경(五經)에 밝은 학자.
【五戒】ごかい(오계)《佛》 살생(殺生)·투도(偸盜)·사음(邪淫)·망어(妄語)·음주(飮酒)를 금하는 일. 이를 범하는 것을 오악(五惡)이라 함.
【五季】ごき(오계) 중국 후량(後粱)·후당(後唐)·후진(後晋)·후한(後漢)·후주(後周) 오대(五代)의 문란한 시대. 季는 말세(末世), 망하게 된 때의 뜻.
【五古】ごこ(오고) ☞五言古詩(오언고시).
【五苦】ごく(오고)《佛》 ①인생에서 생(生)·노(老)·병(病)·사(死)·애별리(愛別離)의 다섯 가지 고통. ②천(天)·인(人)·축생(畜生)·아귀(餓鬼)·지옥(地獄)의 다섯 미계(迷界)의 괴로움. ③생로병(生老病)·애별리(愛別離)·원증회(怨憎會)·구부득(求不得)·오음성(五陰盛)의 다섯 가지 고통.
【五羖大夫】ごこたいふ(오고대부) ☞百里奚(백리해).
【五穀】ごこく(오곡) ①주식이 되는 다섯 가지 주요한 곡식. 쌀·수수·보리·조·콩. 또는, 쌀·보리·콩·수수·기장. ②곡식의 총칭. ¶一百果.
【五穀】ごこく(오곡) 토질(土質)을 상·중·하로 구분한 때의 하토(下土)의 하나.
【五穀不升】ごこくみのらず(오곡불승) 오곡이 여물지 아니함. 곧, 흉년. 升은 익음의 뜻. ¶一爲大饑<穀梁傳>
【五果】ごか(오과) ①다섯 가지 과일. 봉숭아·오얏·살구·밤·대추. ②모양에 따라 분류한 다섯 가지 과일. ③열매의 모양에 따라 분류한 다섯 종류의 과실. 곧, 핵과(核果)·부과(膚果)·각과(殼果)·회과(檜果)·각과(角果).
【五官】ごかん(오관) 사람 몸의 다섯 감각 기관

(器官). 곧, 눈·귀·코·혀·피부. 五慮(오려).

【五交】ごこう(오교) 다섯 가지 좋지 아니한 사귐. 곧, 세교(勢交)·회교(賄交)·담교(談交)·궁교(窮交)·양교(量交).

【五教】ごきょう(오교) ①오상(五常)의 교훈. ②군자(君子)가 자애·덕성·재능·감화 및 의문에 답해 주는 등, 다섯 가지를 활용 또는 계발하여 교육하는 일. ③병졸(兵卒)의 훈련에서 기(旗)로써 눈을, 호령(號令)으로써 귀를, 진퇴(進退)로써 발을, 군악 장단(長短)의 조화로써 몸을, 상벌(賞罰)로써 마음을 단련하는 일. ④《佛》 신라 때 대승불교의 다섯 교파인 율종(律宗)·열반종(涅槃宗)·법성종(法性宗)·화엄종(華嚴宗)·법상종(法相宗).

【五國城】ごこくじょう(오국성) 요(遼)의 오국부(五國部) 절도사가 있던 성(城). 지금의 길림성(吉林省) 지방으로, 송(宋) 휘종(徽宗)이 이곳에서 피살됨.

【五均】ごきん(오균) ①오성(五聲)의 가락. 또는, 가락을 고른다는 뜻으로, 악관(樂官)을 이르는 말. ②옛 중국에서 물가(物價)를 고르게 하는 일을 맡은 관리. 五均官(오균관).

【五極】ごきょく(오극) 사람이 지켜야 할 다섯 가지 지극한 도리. 五常(오상)②.

【五根】ごこん(오근)《佛》 ①외계(外界)를 인식하는 다섯 기관. 곧, 사람 몸의 오관(五官). ②번뇌에서 벗어나 도(道)에 나아가게 하는 다섯 가지 근원. 곧, 신근(信根)·진근(進根)·염근(念根)·정근(定根)·혜근(慧根).

【五金】ごきん(오금) 금·은·동·철·석의 다섯 가지 주요 금속.

【五禽戲】ごきんぎ(오금희) 도가(道家)에서 다섯 종류 짐승의 놀이. 범·사슴·곰·원숭이·새의 흉내를 내어 사지(四肢)를 펴거나 뻗고 몸을 굽히고 머리를 드는 동작 따위로 피가 잘 돌게 하는 양생법(養生法). 五禽之戲(오금지 희).

【五紀】ごき(오기) 세(歲)·월(月)·일(日)·성신(星辰)·역수(曆數)의 총칭.

【五氣】ごき(오기) ①다섯 가지의 일기(日氣). 온(溫)·양(涼)·한(寒)·조(燥)·습(濕). 또는, 한(寒)·서(暑)·조(燥)·습(濕)·풍(風). ②동·서·남·북·중앙의 기(氣). ③화(火)·수(水)·목(木)·금(金)·토(土)의 오행(五行)의 기운. ④심(心)·간(肝)·비(脾)·폐(肺)·신(腎) 에서 나오는 기운.

【五囊】(오낭)㊙ 염할 때, 죽은 이의 좌우 손발톱과 머리털을 잘라 넣은 다섯 개의 붉은 주머니.

【五內】ごない(오내) ☞오장(五臟).

【五疸】ごたん(오달) 황달(黃疸)·곡달(穀疸)·주달(酒疸)·황한(黃汗)·여로달(女勞疸)의 다섯 가지 달증(疸症)의 총칭.

【五大】ごだい(오대) ①하늘, 땅, 임금, 어버이, 스승. ②☞五體(오체)②. ③☞五輪(오륜)②.

【五大明王】ごだいみょうおう(오대명왕)《佛》 부동(不動)·강삼세(降三世)·군다리(軍荼利)·대위덕(大威德)·금강야차(金剛夜叉)의 다섯 명왕.

【五大夫】ごたいふ(오대부) ①소나무의 이칭. 진시황(秦始皇)이 폭풍우를 피한 소나무에게 오대부의 벼슬을 내린 옛일에서 유래. ②진(秦)대에 생긴 작위(爵位)의 하나.

【五代祖】ごだいそ(오대조) 고조(高祖)의 아버지. 玄祖(현조). ※來孫(내손).

【五德】ごとく(오덕) ①유교에서, 총명 예지(聰明叡智)·관유온유(寬裕溫柔)·발강강의(發強剛毅)·제장중정(齊莊中正)·문리밀찰(文理密察)의 다섯 가지 덕. ②장수가 갖추어야 할 지(智)·신(信)·인(仁)·용(勇)·엄(嚴)의 다섯 가지 덕. ③《佛》 포마(怖魔)·걸사(乞士)·정계(淨戒)·정명(淨命)·파악(破惡) 등 비구(比丘)가 중히 여기는 다섯 가지.

【五度】ごど(오도) ①길이의 단위인 분(分)·촌(寸)·척(尺)·장(丈)·인(引)의 다섯 가지. ②☞五行(오행). ¶詘伸不獲—<淮南子>

【五同】ごどう(오동) 옛날 술잔의 한 가지.

五同(金石索)

【五斗米】ごとべい(오두미) 닷 말의 쌀. 곧, 적은 봉록(俸祿)을 일컬음. ¶我不能爲—折腰 … 卽日解印綬去職<宋書>

【五斗米道】ごとべいどう(오두미도) 후한(後漢)말 장능(張陵)에 의하여 창시된 도교(道教). 신도에게 쌀 닷 말을 내게 했으므로 이 이름이 붙음. 天師道(천사도).

【五等】ごとう(오등) ①다섯째의 등급. ¶勳—. ②☞五等爵(오등작). ③옛 중국에서 부인(婦人)의 다섯 등급. 곧, 천자(天子)의 아내인 후(后), 제후(諸侯)의 아내인 부인(夫人), 대부(大夫)의 아내인 유인(孺人), 사(士)의 아내인 부인(婦人), 서민의 아내인 처(妻). ④죽음에 대한 칭호의 다섯 등급. 천자(天子)의 죽음은 붕(崩), 제후(諸侯)는 훙(薨), 대부는 졸(卒), 사는 불록(不祿), 서민은 사(死).

【五等爵】ごとうしゃく(오등작) 다섯 등급의 작위. 공(公)·후(侯)·백(伯)·자(子)·남(男). 五等(오등)②. 五爵(오작).

【五樑閣】ごりょうかく(오량각) 보를 다섯 줄로 놓아 두 간 통 되게 지은 집.

【五慮】ごりょ(오려) ☞五官(오관).

【五力】ごりき(오력)《佛》 수행(修行)에 필요한 다섯 가지 힘. 곧, 신력(信力)·정진력(精進力)·염력(念力)·정력(定力)·혜력(慧力).

【五靈】ごれい(오령) 다섯 가지 영묘한 동물. 기린·봉황·거북·용·백호.

【五靈脂】ごれいし(오령지) 산박쥐의 똥. 이질, 하혈, 산증(疝症), 학질 등에 씀.

【五禮】ごれい(오례) ①다섯 가지 의식. 제사(祭祀)의 길례(吉禮), 장의(葬儀)의 흉례(凶禮), 손님을 대접하는 빈례(賓禮), 관혼(冠婚)의 가례(嘉禮) 및 군례(軍禮). ②공

(公)·후(侯)·백(伯)·자(子)·남작(男爵) 다섯 등급의 제후(諸侯)의 예(禮). ③천자(天子)·제후·경대부(卿大夫)·사(士)·서인(庶人)의 예(禮).

【五路】ごろ(오로) 천자(天子)의 다섯 가지 수레. 옥로(玉路)·금로(金路)·상로(象路)·혁로(革路)·목로(木路).

【五勞】ごろう(오로) ☞五臟(오장).

【五鹿】ごろく(오록) 중국 하북(河北)의 한 지방. 진(晋) 문공(文公)이 유랑 중 이곳에서 한 야인(野人)이 바치는 흙덩이를 나라를 보전할 징조라 하여 받았다 함.

【五流】ごりゅう(오류) 다섯 등급의 유형(流刑).

【五柳先生】ごりゅうせんせい(오류선생)《人》 진(晋)의 도잠(陶潛)의 이칭. 문 앞에 다섯 그루의 버드나무를 심고 자호(自號)함.

【五倫】ごりん(오륜) 인간 관계에서 지켜야 할 다섯 가지 도리. 부자유친(父子有親)·군신유의(君臣有義)·부부유별(夫婦有別)·장유유서(長幼有序)·붕우유신(朋友有信). 五常(오상)①. 오교(五敎). ¶一歌.

【五輪】ごりん(오륜) ①다섯 바퀴. ②《佛》 우주를 구성하고 있는, 지(地)·수(水)·화(火)·풍(風)·공(空)의 다섯 가지 요소. 五大(오대)③. ③《佛》 ☞五體(오체). ④오륜기(五輪旗)의 다섯 고리. 5대륙의 평화와 협력을 상징.

【五輪觀】ごりんかん(오륜관)《佛》 우주를 구성하는 지(地)·수(水)·화(火)·풍(風)·공(空)이 제각기 원만한 중덕(衆德)을 갖추었으므로 각기 윤(輪)이라 하며, 자신의 요하(腰下)·제륜(臍輪)·심상(心上)·액(額)·정상(頂上)에 오륜을 달관하는 것을 이름. 또, 오륜은 오지(五智)이므로 오륜관이 성취되면 오지여래(五智如來)가 됨.

【五輪塔】ごりんとう(오륜탑)《佛》 밑에서부터 네모·원형·삼각형·반달·여의주 모양으로 돌을 쌓아 만든 오층탑. 지(地)·수(水)·화(火)·풍(風)·공(空)의 형상을 나타냄. 五重塔(오중탑).

五輪塔
(三才圖會)

【五里霧中】ごりむちゅう(오리무중) 안개 속에서 길을 잃은 것처럼, 일의 갈피를 잡지 못함을 이름.

유래 후한(後漢)의 장해(張楷)는 도술(道術)이 능하여, 사방 5리(里)를 짙은 안개로 덮곤 하였다. 같은 무렵, 비우(裴優)라는 사람도 안개를 피우는 도술을 부렸는데, 사방 3리를 넘지 못하여 삼리무(三里霧)라 불렸다. 비우는 장해에게 도술을 배우려했으나 장해는 그의 오리무(五里霧) 속에 숨어 만나 주지 않았다. 그 뒤, 비우는 안개 피우는 재주를 나쁜 짓에 악용하다가 붙들려 처형되었고, 장해는 70까지 장수했다. 그는 벼슬을 권하는 사람들을 피하여 자주 오리무를 피웠다 한다. <後漢書>

【五馬】ごば(오마) 태수(太守). 옛 중국에서 태수의 수레를 다섯 마리의 말이 끎.

【五魔】ごま(오마)《佛》 사람의 마음을 해치는 다섯 아귀(餓鬼). 천마(天魔)·죄마(罪魔)·행마(行魔)·뇌마(惱魔)·사마(死魔).

【五馬作隊】ごばさくたい(오마작대) 기병(騎兵)의 행군 때 오열 종대(五列縱隊)로 하는 일.

【五明】ごめい(오명) 고대 인도의 바라문이 연구한 다섯 가지 명(明). 문학의 성명(聲明), 기술의 공교명(工巧明), 의술(醫術)의 의방명(醫方明), 논리학의 인명(因明), 철학의 내명(內明).

【五明馬】ごめいば(오명마) 온 몸이 검고, 네 발과 이마가 흰 말.

【五廟】ごびょう(오묘) 제후(諸侯)의 조상 다섯을 모신 사당(祠堂). 시조를 중앙에 모시고 이소(二昭) 곧 2세·4세를 왼편에, 이목(二穆) 곧 3세·5세를 오른편에 모심.

【五味】ごみ(오미) 다섯 가지 맛. 시고 쓰고 맵고 달고 짠 것.

【五美】ごび(오미) 공자(孔子)가 말한 다섯 가지 미덕(美德). 혜이불비(惠而不費) 곧 은혜를 베풀되 낭비하지 않고, 노이불원(勞而不怨) 곧 수고를 하되 원망하지 않고, 욕이불탐(欲而不貪) 곧 욕망을 갖되 탐하지 않으며, 태이불교(泰而不驕) 곧 태연하되 교만하지 않고, 위이불맹(威而不猛) 곧, 위엄이 있되 사납지 않은 일.

【五味子】ごみし(오미자) 오미자나무의 열매. 기침·갈증 등에 약으로 씀.

【五民】ごみん(오민) 온 백성. ①사(士)·농(農)·공(工)·상(商)·고(賈). 상(商)은 행상, 고(賈)는 좌상(坐商). ②동·서·남·북·중앙의 백성.

【五方】ごほう(오방) ①다섯 방면. 동·서·남·북과 중앙. ②중국과 그 주변의 남만(南蠻)·북적(北狄)·동이(東夷)·서융(西戎).

【五方土龍祭】ごほうどりょうさい(오방토룡제) 다섯 개의 토룡단(土龍壇)을 사방과 중앙에 쌓고 한날 한시에 지내던 기우제. 기우제를 열 한 번 지내도 비가 안 올 때 지내는 기우제.

【五百】ごひゃく(오백) 한(漢)대 벼슬 이름. 귀인의 수레를 전도(前導)함.

【五百戒】ごひゃっかい(오백계)《佛》 비구니가 지켜야 할 모든 계율.

【五百羅漢】ごひゃくらかん(오백나한)《佛》 석가가 죽은 후, 그가 남긴 불경을 모으기 위하여 모인 제자 오백 명의 아라한(阿羅漢).

【五百生】ごひゃくしょう(오백생)《佛》 수없이 되풀이하여 모습을 바꾸어 태어남을 이름.

【五兵】ごへい(오병) 옛날 다섯 가지 병기(兵器). 과(戈)·수(殳)·극(戟)·추모(酋矛)·이모(夷矛). 또는, 도(刀)·검(劍)·모(矛)·극(戟)·시(矢). 五戎(오융)①.

【五服】ごふく(오복) ①다섯 가지의 상복(喪服). 죽은 이와의 친척 관계, 촌수 등에 따라 3년 입는 참최(斬衰), 1년 입는 재최(齊衰), 9개월 입는 대공(大功), 5개월 입는 소공(小功), 3개월 입는 시마(緦麻). ②고대 중국에서 왕기(王畿) 밖을 500리마다 둥그렇게 구역을 정한 각 지역의 이름. 가까운 데서부터 차례로 전복(甸服)·후복(侯服)·수복(綏服)·요복(要服)·황복(荒

服)이라 함. 주(周)대에 와서는 후복(侯服)·전복(甸服)·남복(男服)·채복(采服)·위복(衛服)이라 함. ③천자·제후·경(卿)·대부(大夫)·사(士)의 제복(制服).

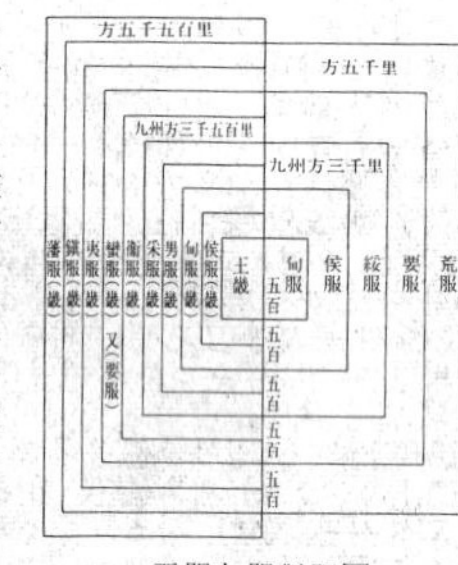

五服九服對照圖

【五福】ごふく(오복) 옛날의 다섯 가지 복. 수(壽)·부(富)·강녕(康寧)·유호덕(攸好德)·고종명(考終命). 또는, 수(壽)·부(富)·귀(貴)·강녕(康寧)·다남(多男).

【五父】ごふ(오부) 아버지 및 아버지처럼 섬겨야 할 사람. 실부(實父), 양부(養父), 계부(繼父), 의부(義父), 사부(師父).

【五府】ごふ(오부) 한(漢)대의 태부(太傅)·태위(太尉)·사도(司徒)·사공(司空)·대장군(大將軍)의 총칭.

【五不取】ごふしゅ(오불취) 아내로 삼아서는 안 되는 다섯 가지 경우. 역가자(逆家子) 곧 역적 집안의 딸, 난가자(亂家子) 곧 음란한 집안의 딸, 세유형인(世有刑人)의 자(子) 곧 대대로 형(刑)을 받은 집안의 딸, 세유악질(世有惡疾)의 자(子) 곧 대대로 나쁜 유전병이 있는 집안의 딸, 아비 없이 막 자란 과부의 맏딸.

【五不孝】ごふこう(오불효) 다섯 가지의 불효. 게으름, 도박과 술, 처자와 재화(財貨)만을 좋아하여 부모를 돌보지 않는 일, 유흥으로 부모를 욕되게 하거나 싸움 등으로 불안하게 하는 일.

【五士】ごし(오사) 전에 민간에서 뽑아 수학시킨 후 임관(任官)하던 수사(秀士)·선사(選士)·준사(俊士)·조사(造士)·진사(進士).

【五史】ごし(오사) 태사(太史)·소사(小史)·내사(內史)·외사(外史)·어사(御史)의 다섯 사관(史官).

【五事】ごじ(오사) ①홍범 구주(洪範九疇)의 하나로, 예절에 있어서 중요한 일 다섯 가지. 모(貌)·언(言)·시(視)·청(聽)·사(思). ②병법(兵法)에 있어서 중요한 다섯 가지 근본 조건인 도(道)·천(天)·지(地)·장(將)·법(法). ③《佛》 일상 생활에서 조심하여야 할 다섯 가지. 심(心), 신(身), 식(息), 면(眠), 식(食). ④다섯 가지 중요한 일. 세(歲), 월(月), 일(日), 성신(星辰), 역수(曆數) 따위.

【五祀】ごし(오사) 중국에서 지내던, 나라의 다섯 가지 제사.

【五蛇】ごだ(오사) 진(晉)의 문공(文公)을 용(龍)에 비유한 데 대하여, 그를 따라 천하를 떠돌던 개지추(介之推) 등 다섯 사람을 뱀에 비유하여 이르는 말. ¶龍欲上天 一輔之<史記>

【五射】ごしゃ(오사) 활을 쏠 때의 다섯 가지 방법. 백시(白矢), 삼련(參連), 염주(剡注), 양척(襄尺), 정의(井儀).

【五相】ごしょう(오상)《佛》 초발심(初發心)에서부터 성불(成佛)까지 다섯 단계의 수행. 곧, 통달보리심(通達菩提心)·수보리심(修菩提心)·성금강심(成金剛心)·증금강심(證金剛心)·불신원만(佛身圓滿). ¶一成佛.

【五常】ごじょう(오상) ①☞五倫(오륜). ②사람으로서 지켜야 할 다섯 가지 도리인 인(仁)·의(義)·예(禮)·지(智)·신(信). 또는, 부의(父義)·모자(母慈)·형우(兄友)·제공(弟恭)·자효(子孝). 五行(오행)③. 五品(오품). ③다섯의 뛰어난 형제. 후한(後漢)말 출중했던 마양(馬良)의 다섯 형제가 모두 자(字)에 상(常)자를 쓴 데서 이름. ¶馬氏一.

【五色】ごしょく·ごしき(오색) 근간이 되는 다섯 가지의 색. 청(靑)·황(黃)·적(赤)·백(白)·흑(黑). 또는, 모든 색이나 여러 가지 색의 일컬음. 五采(오채).

【五色無主】ごしょくむしゅ(오색무주) 두려움으로 안색이 갖가지로 변함. ¶濟于江 黃龍負舟 舟中之人 一<淮南子>

【五色玲瓏】ごしきれいろう(오색영롱) 온갖 색이 한데 어우러져 찬란함.

【五色筆】ごしきひつ(오색필) 오색의 영롱한 붓이란 뜻으로, 글 재주가 뛰어난 사람의 비유. ¶母夢神人授以一 九歲能屬文<宋史>

【五牲】ごせい(오생) 희생(犧牲)으로 바치는 다섯 가지 짐승. 소·양·돼지·개·닭.

【五瑞】ごずい(오서) 천자가 제후에게 봉작(封爵)의 증거로 주던 다섯 가지의 홀(笏). 곧, 공(公)에는 환규(桓圭), 후(侯)에는 신규(信圭), 백(伯)에는 궁규(躬圭), 자(子)에는 곡벽(穀璧), 남(男)에는 포벽(蒲璧). 五玉(오옥)②.

【五仙酒】ごせんしゅ(오선주) 오가피, 어아리, 쇠무릎, 삽주, 소나무의 마디를 넣어 빚은 술.

【五性】ごせい(오성) ①사람의 다섯 가지 성정(性情). 희(喜)·노(怒)·욕(欲)·구(懼)·우(憂). ②오장(五臟)의 성질. 간장(肝臟)의 정(靜), 심장(心臟)의 조(躁), 비장(脾臟)의 역(力), 폐장(肺臟)의 견(堅), 신장(腎臟)의 지(智).

【五星】ごせい(오성) 오행(五行)의 정(精)으로 여기는 동(東)의 목성(木星 : 歲星), 남(南)의 화성(火星 : 熒惑星), 서의 금성(金星 : 太白星), 북의 수성(水星 : 辰星), 중앙의 토성(土星 : 鎭星).

【五聖】ごせい(오성) ①고대 중국의 다섯 성군(聖君). 황제(黃帝)·요(堯)·순(舜)·우(禹)·탕(湯). ②문묘(文廟)에 함께 모시는 공자(孔子)·안회(顏回)·증삼(曾參)·자사(子思)·맹자(孟子).

【五聲】ごせい(오성) ①☞五音(오음). ②한자(漢字) 음의 다섯 소리. 사성 중 평성을 음평(陰平)·양평(陽平)으로 나눔. ③사람 마음을 알 수 있는 다섯 가지. 사(辭)·색

(色)·기(氣)·이(耳)·목(目).

【五細】ごさい(오세) 천한 행실 다섯 가지. 또는, 그런 행실을 하는 사람. 천방귀(賤妨貴), 소능장(少陵長), 원간친(遠間親), 신간구(新間舊), 소가대(小加大). 즉 천한 자가 귀한 사람을 훼방하는 일, 어린 자가 어른을 업신여기는 일, 친한 사이를 그렇지 않은 자가 갈라 놓는 일, 새로 온 사람이 오래된 사람을 제쳐 놓는 일, 작은 것이 큰 것을 범하는 일 따위. ¶一不在庭<左氏傳>

【五世親盡】ごせいニシテしんつクシテ(오세친진) 오대(五代)부터는 친족 관계가 끝남. 고조(高祖) 이상과 현손(玄孫) 이하의 친족은 유복친(有服親)에서 벗어난다는 뜻. ¶一別爲公族<孔子家語>

【五俗】ごぞく(오속) 시작(詩作)에 있어서의 다섯 가지 습속. 곧, 속체(俗體)·속의(俗意)·속구(俗句)·속자(俗字)·속운(俗韻).

【五銖錢】ごしゅせん(오수전) 옛 중국 화폐의 한 가지. 무게가 5수(銖)였음.

東漢五銖錢 (金石索)

【五侍】ごじ(오시)《佛》 장로(長老)를 좌우에서 모시는 시향(侍香)·시장(侍狀)·시객(侍客)·시약(侍藥)·시의(侍衣).

【五巡節製】(오순절제) 조선 때 철 따라 보이던 다섯 가지의 과거(科擧). 인일제(人日製), 삼일제(三日製), 칠석제(七夕製), 구일제(九日製), 황감제(黃柑製).

【五習】ごしゅう(오습) 군인이 길러야 할 다섯 가지 습관. 목습(目習), 이습(耳習), 심습(心習), 수습(手習), 족습(足習).

【五乘】ごじょう(오승)《佛》 교법(敎法)의 다섯 종류인 인승(人乘)·천승(天乘)·성문승(聲聞乘)·연각승(緣覺乘)·보살승(菩薩乘).

【五始】ごし(오시) 춘추공양가(春秋公羊家)에서, 기(氣)의 시초로 원년(元年), 사시(四時)의 시초로 봄, 수명(受命)의 시초로 왕(王), 정교(政敎)의 시초로 정월(正月), 나라의 시초로 즉위(卽位)를 일컫던 말.

【五時敎】ごじきょう(오시교)《佛》 천태종의 개조(開祖)인 지의(智顗)가 석가의 설법을 다섯 시기로 나눈 것. 곧, 화엄시(華嚴時)·아함시(阿含時)·방등시(方等時)·반야시(般若時)·법화열반시(法華涅槃時).

【五尸病】ごしびょう(오시병) 사귀(邪鬼)가 몸에 덮쳐서 한열(寒熱)이 일어나고 정신이 어지러워져서 죽게 된다는 병.

【五識】ごしき(오식)《佛》 사람의 오관(五官)에 의한 다섯 가지 지각(知覺) 작용.

【五心熱】ごしんねつ(오심열) 위(胃)의 경락(經絡)에 화기(火氣)가 뭉쳐 손발 같은 곳이 몹시 더워지는 병.

【五十步百步】ごじっぽひゃっぽ(오십보 백보) 오십 보 달아난 자가 백 보 물러선 자를 비웃었으나, 달아난 것은 마찬가지라는 뜻으로, 별 차이가 없음을 이르는 말. 大同小異(대동소이).

【五十而知四十九年非】(오십이지 사십구년비) 49세 때의 허물을 50세 때에 알게 되었다는 뜻으로, 늦게야 과거의 잘못을 깨달음을 이름.

【五岳】ごがく(오악) ☞五嶽(오악).

【五惡】ごあく(오악)《佛》 오계(五戒)를 범하는 「일.

【五樂】ごがく(오악) 금비(琴琵)·생우(笙竽)·고(鼓)·종(鐘)·경(磬) 따위 다섯 가지 음악.

【五嶽】ごがく(오악) ①사람의 이마·코·턱·좌우 광대뼈를 역술가(易術家)에서 이르는 말. ②중국에서 나라의 진산(鎭山)으로 받들어 국가에서 제사를 지낸, 동의 태산(泰山), 서의 화산(華山), 남의 형산(衡山), 북의 항산(恒山), 중앙의 숭산(嵩山). 五鎭(오진). 五岳(오악).

【五眼】ごげん(오안)《佛》 성도(成道)에 이르는 단계로서, 다섯 가지 눈 또는 안력(眼力). 육안(肉眼)·천안(天眼)·법안(法眼)·혜안(慧眼)·불안(佛眼).

【五夜】ごや(오야) ☞五更(오경).

【五言】ごげん·ごごん(오언) ①한 구(句)가 다섯 자로 된 한시(漢詩). 곧, 오언 고시(五言古詩)·오언 절구(五言絶句)·오언 율시(五言律詩). ②인(仁)·의(義)·예(禮)·지(智)·신(信)의 오덕(五德)의 언어.

【五言古詩】ごごんこし(오언고시) 구수(句數) 제한 없이 한 구가 다섯 자로 된 한시(漢詩). 五古(오고).

【五言金城】ごごんきんじょう(오언금성) ☞五言長城「(오언장성).

【五言詩】ごごんし(오언시) 한 구가 다섯 자로 된 한시(漢詩).

【五言律詩】ごごんりっし(오언율시) 한 구에 다섯 자씩, 여덟 구(句)로 된 한시(漢詩). 五律(오율).

【五言長城】ごごんちょうじょう(오언장성) 오언 시체(五言詩體)에 능한 사람. 五言金城(오언금성).

【五言絶句】ごごんぜっく(오언절구) 한 구에 다섯 자씩 네 구로 된 한시(漢詩). 五絶(오절).

【五逆】ごぎゃく(오역)《佛》 무간 지옥(無間地獄)에 떨어지게 되는 다섯 가지 큰 악행. 아버지나 어머니를 죽이는 일, 득도자(得道者)인 나한(羅漢)을 죽이는 일, 교단(敎團)의 화합을 깨는 일, 불신(佛身)을 상하게 하는 일.

【五軟】ごなん(오연) 어린아이의 다섯 가지 물컹한 병. 고개를 가누지 못하거나, 서지 못하거나, 팔다리를 움직이지 못하거나, 살에 힘이 없어 피부가 팽팽하지 못하거나, 말을 못하는 증세.

【五玉】ごぎょく(오옥) ①다섯 가지 빛깔의 구슬. 창옥(蒼玉)·적옥(赤玉)·황옥(黃玉)·백옥(白玉)·현옥(玄玉). 또는, 모든 구슬. ②☞五瑞(오서).

【五蘊】ごうん(오온)《佛》 심신(心身) 또는 정신과 물질을 이루는 다섯 가지 요소. 육체인 색(色), 고락(苦樂)을 느끼는 수(受), 제법(諸法)을 상상하는 상(想), 모든 작용의 행(行), 분별(分別)하는 식(識)의 일컬음.

【五壅】ごよう(오옹) 간신(奸臣)이 임금의 총명 또는 위령(威令)을 가려 문란하게 하는 다섯 가지 일. 곧, 임금의 이목(耳目)을 막아 하정(下情)을 모르게 하는 신폐기주(臣閉

其主), 신하가 재리(財利)와 권세를 휘두르는 신제재리(臣制財利), 임금의 이름으로 멋대로 영(令)을 내리는 신천행령(臣擅行令), 의(義)를 내세워 사리(私利)를 꾀하는 신득행의(臣得行義), 요직에 자기 당파 사람을 앉히는 신득수인(臣得樹人).

【五欲】ごよく(오욕) ①다섯 가지 욕망. 이목구비(耳目口鼻)에 의한 욕망과 애증(愛憎)으로 인(因)한 욕망. ②《佛》 오관(五官)의 욕망. 五塵(오진). ③《佛》 재(財)·색(色)·음(飮)·명(名)·수면(睡眠)의 욕망.

【五友】ごゆう(오우) 다섯 가지 벗. 옛 사람이 더불어 즐길 만한 절조가 있다고 보는, 난(蘭)·국(菊)·연(蓮)·매(梅)·죽(竹)의 다섯 식물. 또는, 도우(道友) 곧 명월 청풍(明月淸風), 의우(義友) 곧 고전금문(古典今文), 자래우(自來友) 곧 고운야학(孤雲野鶴), 오락우(娛樂友) 곧 괴석유수(怪石流水), 상보우(相保友) 곧 산과상률(山果橡栗).

【五雲車】ごうんしゃ(오운거) 오색 구름으로 된 신선의 수레. 또는, 오색의 운기(雲氣)가 서린, 선인(仙人)이 타는 수레.

【五猶】ごゆう(오유) 토질(土質)에 따라 상·중·하로 나눈 때의, 하토(下土)의 하나. ¶下土曰—<管子>

【五律】ごりつ(오율) ☞五言律詩(오언율시).

【五戎】ごじゅう(오융) ①☞五兵(오병). ②다섯 종류의 수레. 융로(戎路)·광거(廣車)·궐거(闕車)·평거(苹車)·경거(輕車).

【五音】ごおん(오음) 궁(宮)·상(商)·각(角)·치(徵)·우(羽)의 다섯 음률(音律). 五聲(오성)①.

【五義】ごぎ(오의) 다섯 가지 도의. 부의(父義)·모자(母慈)·형우(兄友)·제공(弟恭)·자효(子孝).

【五儀】ごぎ(오의) 다섯 등급의 의용(儀容) 또는 품위(品位). ㉮공(公)·후(侯)·백(伯)·자(子)·남(男). ㉯용인(庸人)·사인(士人)·군자(君子)·현인(賢人)·성인(聖人). ㉰☞五士(오사).

【五刃】ごじん(오인) 다섯 가지의 날카로운 병기. 도(刀)·검(劍)·모(矛)·극(戟)·시(矢).

【五日京兆】ごじつけいちょう(오일경조) 한(漢)의 장창(張敞)이 경조윤(京兆尹)에 임명된 후 닷새 만에 면직된 옛일에서, 관직의 수명이 짧음을 이르는 말. 또는, 오래 지속되지 못하는 것의 비유로도 쓰임.

【五日一風十日一雨】(오일일풍 십일일우) ☞五風十雨(오풍십우).

【五日葬】(오일장) 죽은 지 닷새 만에 지내는 장사(葬事).

【五葬】ごそう(오장) 옛 중국의 토장(土葬)·수장(水葬)·화장(火葬)·야장(野葬)·임장(林葬)의 다섯 가지 장사(葬事).

【五障】ごしょう(오장)《佛》 ①계집의 다섯 가지 장애. 범천(梵天)·제석(帝釋)·마왕(魔王)·전륜왕(轉輪王)·불신(佛身)이 되지 못하는 일. ②수행에 장애가 되는 것 다섯 가지. 곧, 번뇌장(煩惱障)·업장(業障)·생장(生障)·법장(法障)·소지장(所知障).

【五臟】ごぞう(오장) 폐장(肺臟)·심장(心臟)·비장(脾臟)·간장(肝臟)·신장(腎臟)의 다섯 내장. 五內(오내). 五勞(오로). 五中(오중).

【五丈原】ごじょうげん(오장원) 제갈양(諸葛亮)이 위(魏)의 사마의(司馬懿)와 대치 중 병사(病死)한 옛 싸움터. 섬서성(陝西省)에 있음.

【五臟六腑】ごぞうろっぷ(오장육부) ①내장(內臟)의 총칭. 오장과 육부. ②분개하는 마음이나 자존심.

【五材】ござい(오재) 금(金)·목(木)·수(水)·화(火)·토(土)의 다섯 가지 재료. 또는, 금(金)·목(木)·피(皮)·옥(玉)·토(土). 五才(오재).

【五典】ごてん(오전) ①☞五經(오경)①. ②오상(五常)의 가르침.

【五絶】ごぜつ(오절) ☞五言絶句(오언절구).

【五鼎】ごてい(오정) ①소·양·돼지·물고기·순록(馴鹿)의 고기를 담은 다섯 개의 솥. 또는, 호사스런 음식. ②대부의 제례(祭禮)에 올리는 제수(祭需).

【五鼎食】ごていしょく(오정식) 옛 중국에서, 대부(大夫)는 오정(五鼎)의 고기로 제사를 지냈으므로 명예로운 관직에 나아감을 이름.

【五精酒】ごせいしゅ(오정주) 다섯 가지 식물의 정수(精髓)로 담근 술. 솔잎·구기자·천문동(天門冬)·백출(白朮)·황정(黃精) 등 다섯 가지를 넣어 빚음.

【五帝】ごてい(오제) ①옛날, 중국에서 삼황(三皇)에 이어 있었다는 다섯 황제. 소호(少昊)·전욱(顓頊)·제곡(帝嚳)·요(堯)·순(舜). 또는, 황제(黃帝)·전욱·제곡·요·순. ②오방(五方)을 주재한다는 천상(天上)의 다섯 신. 동의 창제(蒼帝), 남의 적제(赤帝), 중앙의 황제(黃帝), 서의 백제(白帝), 북의 흑제(黑帝). ③춘·하·추·동·중앙의 5시(時)의 기(氣).

【五宗】ごしゅう(오종) ①고조(高祖)까지의 다섯 대. 또는, 현손(玄孫)까지의 다섯 대. ②《佛》 대승(大乘)의 다섯 종파. 천태종, 화엄종, 법상종, 삼론종, 율종.

【五中】ごちゅう(오중) ☞五臟(오장).

【五衆】ごしゅう(오중)《佛》 출가자(出家者)의 다섯 부류. 비구(比丘)·비구니(比丘尼)·식차마나니(式叉摩那尼)·사미(沙彌)·사미니(沙彌尼).

【五中陰】ごちゅういん(오중음)《佛》 사람이 죽은 후 내생(來生)을 얻지 못하여 생사(生死)의 중간에 있는 오칠일(五七日) 곧 35일 동안.

【五重塔】ごじゅうのとう(오중탑)《佛》☞五輪塔(오륜탑).

【五指】ごし(오지) ①다섯 손가락. 거지(巨指), 식지(食指), 장지(將指), 무명지(無名指), 소지(小指). ②중국의 산 이름.

【五指書】ごししょ(오지서) 다섯 손가락으로 붓대를 잡고 쓴 글씨.

【五塵】ごじん(오진)《佛》 진성(眞性)을 더럽히는 색(色)·성(聲)·향(香)·미(味)·촉(觸)의 다섯 가지. 五欲(오욕).

【五借物】ごしゃくもつ(오차물)《佛》 사람이 이 세상에 사는 동안 빌어 쓰는 다섯 가지. 흙·물·

바람·공기·불.

【五鑿】ごさく (오착) 사람의 이(耳)·목(目)·구(口)·비(鼻)·심(心)의 다섯 구멍.

【五采】ごさい (오채) ☞五彩(오채). 「지 색채.

【五彩】ごさい (오채) 청·황·적·백·흑의 다섯 가

【五菜】ごさい (오채) 오미(五味)에 맞는, 아욱·콩잎·염교·파·부추의 다섯 가지 채소. ※五味(오미).

【五彩粑栢】ごさいはばい (오채파배) 술잔의 한 가지. 손잡이가 있고 거죽에 5색으로 그림을 그려 넣었음.

【五天竺】ごてんじく (오천축) 다섯 구획으로 나누었던, 고대 인도의 동·서·남·북·중의 다섯 천축. 五印度(오인도). 五天(오천).

【五體】ごたい (오체) ①머리·목·가슴·손·발 또는 근(筋)·맥(脈)·육(肉)·골(骨)·살갗 따위로 나눈 사람 몸의 다섯 부분. 혹은 전신(全身)을 일컬음. ②전(篆)·팔분(八分)·진(眞)·행(行)·초(草) 또는 고문(古文)·대전(大篆)·소전(小篆)·예서(隷書)·초서의 다섯 가지 서체(書體).

【五體投地】ごたいとうち (오체투지)《佛》불교의 절하는 법의 한 가지. 두 무릎을 꿇고 이어 두 팔을 땅에 대고 머리를 푹 숙임.

【五寸】ごすん (오촌) ①아버지의 사촌(四寸). 종숙질(從叔姪) 사이. ②다섯 치.

【五寸之鍵制開闔之門】(오촌지건 제개합지문) 조그만 열쇠가 대문을 열고 닫는다는 뜻으로, 보잘것없는 직위도 요로(要路)에 있으면 그 세력의 미치는 바가 큼을 이르는 말.

【五畜】ごちく (오축) 소·양·돼지·닭·개 또는 말·소·양·돼지·개의, 주요 다섯 가축.

【五蟲】ごちゅう (오충) 모양에 따라 나눈 동물의 다섯 종류. 우충(羽蟲)·인충(鱗蟲)·모충(毛蟲)·개충(介蟲)·나충(裸蟲).

【五臭】ごしゅう (오취) 다섯 가지 냄새. 전(羶)·초(焦)·향(香)·성(腥)·후(朽). 노린내·탄내·향내·비린내·썩는 냄새.

【五濁】ごじょく (오탁)《佛》다섯 가지 더러움. 이 세상의 명(命)·견(見)·겁(劫)·중생(衆生)·번뇌(煩惱).

【五濁惡世】ごじょくあくせ (오탁악세)《佛》오탁으로 가득 찬 악한 세상.

【五土】ごど (오토) 모양과 쓰임에 따른 토지의 다섯 종류. 산림(山林)·천택(川澤)·구릉(丘陵)·분연(墳衍)·원습(原隰).

【五通】ごつう (오통) 부녀자를 잘 매혹시킨다는 음사(淫邪)의 신(神). 五聖(오성).

【五伯】ごはく (오패) ☞五霸(오패).

【五霸】ごは (오패) 춘추 전국 시대의 다섯 패자(霸者). 제(齊) 환공(桓公), 진(晋) 문공(文公), 진(秦) 목공(穆公), 송(宋) 양공(襄公), 초(楚) 장왕(莊王). 五伯(오패·오백).

【五品】ごひん (오품) ①관위의 다섯째 품계. 또는, 다섯째 등급. ¶正一/從一. ②공로(功勞)의 다섯 등급. 훈(勳)·노(勞)·공(功)·벌(伐)·열(閱). ③☞五倫(오륜).

【五風十雨】ごふうじゅうう (오풍십우) 닷새마다 한 번 바람이 불고, 열흘마다 비가 온다는 뜻으로, 기후가 순조로와 풍년이 듦을 이름. 五日一風 十日一雨(오일일풍 십일일우).

【五虐】ごぎゃく (오학) 옛 중국의 다섯 가지 혹독한 형벌. 이(刵)·의(劓)·월(刖)·부(腐)·묵(墨). 五刑(오형)②. 五虐刑(오학형).

【五害】ごがい (오해) 흉년의 원인이 되는 다섯 가지. 수해(水害)·한해(旱害)·풍무 박상해(風霧雹霜害)·여해(厲害)·충해(蟲害).

【五行】ごぎょう (오행) ①다섯 줄. ②서로 끊임없이 관계하여, 만물을 낳고 기르고 소멸시킨다는 금(金)·목(木)·수(水)·화(火)·토(土)의 다섯 원소. ③☞五常(오상). ④《佛》수행의 다섯 가지. 보시(布施)·지계(持戒)·인욕(忍辱)·정진(精進)·지관(止觀).

【五行相剋】ごぎょうそうこく (오행상극) 오행(五行)이 서로 이기는 일. 목극토(木剋土)·토극수(土剋水)·수극화(水剋火)·화극금(火剋金)·금극목(金剋木) 따위.

【五行相生】ごぎょうそうしょう (오행상생) 오행이 서로 돌면서 관계하여 서로를 낳는 일. 곧, 목생화(木生火)·화생토(火生土)·토생금(土生金)·금생수(金生水)·수생목(水生木) 따위.

【五行五音表】ごぎょうごおんひょう (오행오음표) 오행과 궁(宮)·상(商)·각(角)·치(徵)·우(羽)의 오음(五音)을 배정하여, 서로 응하여 60갑자(甲子)의 납음(納音)의 기초가 되는 것을 적은 표.

【五香】ごこう (오향) ①감인(芡仁)·복령(茯苓)·백출(白朮)·인삼·사인(砂仁)의 다섯 가지 약재(藥材). ②《佛》다섯 가지 향. 전단향(栴檀香)·계설향(鷄舌香). 침수향(沈水香)·정자향(丁子香)·안식향(安息香).

【五絃琴】ごげんきん (오현금) 순(舜)이 처음 만들었다는, 줄이 다섯 개인 거문고.

【五刑】ごけい (오형) ①韓 조선 때, 태형(笞刑)·장형(杖刑)·도형(徒刑)·유형(流刑)·사형(死刑)의 다섯 가지 형벌. ②☞五虐(오학).

【五胡】ごこ (오호) 한(漢)·진(晋)대에 중국 서북쪽에서 그 본토에 들어온 흉노(匈奴)·갈(羯)·선비(鮮卑)·저(氐)·강(羌)의 다섯 민족.

【五胡十六國】ごこじゅうろくこく (오호십육국) 진(晋)의 말기에서 남북조(南北朝) 시대까지 약 130년간에 5호(胡)가 세운 13국과 한(漢)족이 세운 3국의 총칭.

【五虎將軍】ごこしょうぐん (오호장군) 5명의, 호랑이처럼 무서운 장수. 촉(蜀)의 관우(關羽)·장비(張飛)·조운(趙雲)·마초(馬超)·황충(黃忠)을 일컬음.

【五孝】ごこう (오효) 천자·제후·경대부(卿大夫)·사(士)·서인(庶人)의, 신분에 따라 다른 다섯 가지 효도.

【五葷菜】ごくんさい (오훈채) 다섯 가지 특이한 냄새 나는 채소. 음욕(陰欲)이 일어난다 하여 종교 수행(修行) 집단에서 꺼렸음. 불가(佛家)에서는 마늘·달래·무릇·김장파·골파, 도교(道敎)에서는 부추·고수·마늘·평지·달래. 五辛菜(오신채).

▷九一, 端一, 三三一一, 三一, 什一, 六一, 二一

²₄【云】 이를 운 |図ㄩㄣˊ (yun)|うん(イウ) *tell*

源象形. 구름이 하늘로 오르는 모양을 본뜸.

※雲(p.1600)의 古字.

풀이①이르다. 通曰. ㉮말하다. ¶一謂. ㉯일컫다. 가로되. ¶故人一. ㉰말·글 따위를 인용할 때 끝을 생략하고 대신 씀. ¶幸福一一. ②어조사. 어조(語調)를 고르기 위해 씀. ¶伊誰一憎<詩經> ③돌아오다. 돌아감. ④흥성하게 일어나는 모양. ¶威武紛一<漢書> ⑤구름.

【云云】うんうん·うんぬん(운운) ①여러 말. ②말이 많은 모양. ③소문. ④말·글 따위를 인용할 때 생략하는 부분에 쓰는 말. 이러저러함. 여차여차함. ⑤흥성하게 일어나는 모양. ¶萬物一 各復其根<莊子>

【云爲】うんい(운위) ①말과 행동. 言動(언동). ②세태와 인정. 세상 물정.

【云謂】うんい(운위) 말함. 일컬음.

【云爾】うんじ·シカイウ(운이) 앞에 말한 것과 같다는 뜻으로, 문장의 끝에 쓰는 말. ¶不行王政一<孟子>

【云何】イカン(운하) 어떠한가. 어찌하여. 如何(여하). ¶一不樂<史記>

▷紛一, 言一

₄【元】 ☞儿部 2획(p.148)

²₄【井】 우물 정 |梗ㄐㄧㄥˇ (jing)|せい(イド) *well*

本丼

源象形. 사방의 난간 안에 물그릇이나 물이 있는 모양을 본뜸.

풀이①우물. ②우물 난간의 모양. ¶天一/一田. ③저자. 시장. ¶在國曰 市一之臣<孟子> ④괘(卦) 이름. 64괘의 하나. 손하감상(巽下坎上). ䷯. 견고하여 변함이 없는 상(象). ¶水風一<易經> ⑤별 이름. 28수(宿)의 하나로 물과 법(法)을 맡고 있다 함. ¶一 南方火宿也<後漢書·注> ⑥가지런하다. 반듯함. ⑦법. ¶一 法也<易經·注>

【井間】せいかん(정간) 井자 모양으로 가로 세로의 여러 줄로 된 간. 또는, 그런 간살. 絲欄(사란). ¶一紙.

【井幹】せいかん(정간) 井자 모양의 우물 난간. 또는, 그 형상.

【井卦】せいか(정괘) 64괘의 하나. 감(坎)·손(巽)의 두 괘가 겹쳐진 것으로 견고하여 변하지 않는 상(象)을 나타냄.

【井臼】せいきゅう(정구) ①우물과 절구. ②☞井臼之役(정구지 역). ¶兒女皆自操一<後漢書>

【井臼之役】せいきゅうノえき(정구지 역) 물 긷고 방아 찧는 일. 곧 집안 일을 이름. 또는, 힘든 살림살이의 일을 뜻함.

【井宿】せいしゅく(정수) 28수(宿)의 하나. 수(水)와 법(法)을 맡고 있다 함.

【井魚】せいぎょ(정어) ☞井底蛙(정저와).

【井蛙】せいあ(정와) ☞井底蛙(정저와).

【井邑】せいゆう(정읍) 마을. 주(周)대에 사방 1리(里)의 토지를 정(井), 그 넷을 읍(邑)이라 하였음.

【井底蛙】せいていノあ(정저와) 우물 안 개구리. 견문(見聞)이 좁아 세상 물정을 모르는 사람을 이름. 井蛙(정와). 井魚(정어).

【井田】せいでん(정전) 사방 1리(里) 곧 900묘(畝)의 토지. 은(殷)·주(周)대에 이를 井자형으로 아홉 등분하여 주위를 각 100묘씩 여덟 집에 나누어 주고 가운데 있는 100묘는 공전(公田)으로 하여, 여덟 집이 공동 경작하여 그 수확을 나라에 바치게 했음. 井田法(정전법). ¶方里而井 井九百畝<孟子>

【井中觀天】せいちゅうかんてん(정중관천) 우물 안에서 하늘을 본다는 뜻으로, 좁은 견문이나 좁은 소견으로 세상을 봄을 이름.

【井中視星】せいちゅうホシヲミル(정중시성) 우물 속에서 별을 보면 몇 개밖에 보이지 않는다는 뜻으로, 사심(私心)이 가리면 대상을 제대로 보지 못함. 또는 사심으로 한쪽에 치우쳐 소견이 좁음을 이름.

【井戶】せいこ(정호) 저자 거리에 있는 집. 우물을 중심으로 하여 집들이 모여 있었으므로 井은 시장·도회지의 뜻이 됨.

【井華水】せいかすい(정화수) 이른 새벽에 사람의 손이 닿기 전에 길어 온 우물물. 기도나 약을 달이는 데에 씀. 井華(정화). ¶平旦第一汲爲一<本草綱目>

▷枯一, 橘一, 綺一, 同一, 東一, 水一, 市一, 閭一, 鹽一, 温一, 習一, 油一, 藻一, 天一, 湯一, 火一

²₄【互】 서로 호 |遇ㄏㄨˋ (hu)|ご(タガイ) *mutually*

源象形. 실·새끼줄 따위를 이리저리 감은 모양을 본뜸.

※瓦(p.)는 딴 자.

풀이①서로. 함께. 같이. ¶一有得失<何晏>/一讓. ②뒤섞이다. 通牙. ¶聚沙合舊港 連一如片石<許謙> ③어긋매껴지다. 교차함. ¶一生. ④고기 시렁. 通枑. ⑤울타리. ¶國中宿一櫝者<周禮>

互④(禮器圖)

【互角】ごかく(호각) 소의 두 뿔이 서로 비슷하다는 데서, 서로 비슷하여 우열(優劣)을 가릴 수 없음을 이름. ¶一之勢.

【互郎】ごろう(호랑) 거간꾼. 仲介人(중개인).

【互文】ごぶん(호문) 두 문장의 뜻이 상통(相通)하여 서로 보완, 전체 뜻이 완전하게 통하게 하는 문장 구성법.

【互物】ごぶつ(호물) ①게·새우·조개·거북 따위처럼 딱지가 있는 동물의 총칭. ②서로 보완되어야 완전하게 되는 물건.

【互相】ごそう(호상) 서로. 相互(상호). ¶一感應.

【互生】ごせい(호생) 식물의 잎이나 눈이 줄기·가

지의 각 마디에 번갈아 이쪽 저쪽으로 어긋남. 어긋나기. ↔對生(대생).
【互選】ごせん(호선) 회원(會員) 등, 특정인들이 서로 투표하여 자기들 중에서 뽑는 일.
【互市】ごし(호시) ①☞貿易(무역). ②악인들이 서로 뜻이 맞아 결탁하는 일.
【互讓】ごじょう(호양) 서로 사양함. ¶一精神.
【互用】ごよう(호용) 이쪽 저쪽으로 서로 넘나들며 씀. 또는, 그렇게 쓰임.
【互有長短】ごゆうちょうたん(호유장단) 서로 장단점이 있음.
【互助】ごじょ(호조) 서로 도움. 상호부조(相互扶助)의 준말.
【互稱】ごしょう(호칭) 서로 일컬음. 또는, 그 이름.
【互鄕】ごきょう(호향) 강소성(江蘇省) 패현(沛縣)의 옛이름. 풍기가 문란한 곳이었다 함. ¶一難與言<論語>
【互惠】ごけい(호혜) 서로 혜택을 베풂. ¶一條約/一平等.
▷交一, 磐一, 紛一, 相一, 連一, 障一, 錯一, 參一, 舛一

5〖示〗部首 글자

4
6〖亘〗 1 건널 긍 2 돌 선 | ㊥ㄍㄣˋ (gen) ㄍㄥˋ (geng) ㊥ㄒㄩㄢ (xuan) | こう (ワタル) across せん (メグル) revolve

풀이 1 ①건너다. ¶一雄虹之長梁<張衡> ②걸치다. 뻗침. 통함. 잇닿음. ¶第舍聯一<唐書>/延一十餘里<李薦> ③극하다. 끝남. ¶敻其邈兮 一地界<後漢書> 2 ①돌다. 구해 돌아다님. ②펴다. 널리 알림. ㊀宣.
【亘古】こうこ(긍고) 예부터. 永遠(영원). 永久(영구). ¶一通今 明鮮晦多<鮑照>
▷經一, 綿一, 聯一, 連一, 延一

6〖亙〗亘 1 (p. 67)의 本字

6〖亘〗亘 2 (p. 67)의 本字

5
7〖些〗 1 적을 사 2 어조사 사 | ㊥ㄒㄧㄝ (xie) | しゃ, さ (ワズカ) little

㊀尖

풀이 1 적다. 잔닮. ¶著一箇缺一兒底月<辛棄疾>/一少. 2 어조사. 구말(句末)에 놓아서 여정(餘情)을 더함. ¶何爲乎四方一<楚辭>
【些末】さまつ(사말) 조금. 근소.
【些少】さしょう(사소) 하잘 것 없이 적거나 작음. 些些(사사).

7〖亜〗亞(p. 67)의 俗字

7〖𠑽〗況(p. 865)의 訛字

6
8〖亞〗버금 아 | ㊥ㄧㄚˋ (ya) | あ(ツグ) next

㊗亜

풀이 ①버금. 차위(次位). 버금 감. ¶此子可一其父<北夢瑣言>/一流/一聖. ②보기 흉하다. 보기싫음. ③동서(同壻)끼리의 호칭(呼稱). ㊀婭. ¶兩壻相謂爲一<爾雅> ④사람의 호칭에 붙는 접두사. ¶一父/一母. ⑤아세아(亞細亞)의 약칭. ¶一洲/東南一/一阿大陸. ⑥무리. 동아리. ¶顔冉之一<後漢書>
【亞卿】あけい(아경) 경(卿)의 다음 벼슬. 공(公)·정경(正卿) 등에 상대하여 이르는 말. 육조(六曹)의 참판(參判)·좌우윤(左右尹) 등. ¶燕昭王 以爲一<史記>
【亞槐】あかい(아괴) 삼괴(三槐). 곧, 의정(議政) 다음 가는 벼슬아치. 亞相(아상).
【亞歐】あおう(아구) 아세아(亞細亞)와 구라파(歐羅巴)의 병칭. 유라시아. ¶一大陸.
【亞旅】ありょ(아려) 상대부(上大夫)의 이칭. ¶請承命於一<左氏傳>
【亞流】ありゅう(아류) ①둘째 가는 사람이나 사물. ②동아리. 동류. ③어떤 학설이나 주의를 맹목적으로 따르거나 모방(模倣)하는 사람. 流亞(유아).
【亞麻】あま(아마) 아마과의 1년생 재배 식물.
【亞母】あぼ(아모) 백모(伯母)와 숙모(叔母)를 호칭하는 말. ↔亞父(아부)②.
【亞父】あふ·あほ(아부) ①아버지 다음으로 존경하고 친애하는 사람. 초(楚)의 항우(項羽)가 범증(范增)에 대한 호칭으로 씀. ¶一南嚮坐 一者 范增也<史記> ②백부(伯父)·숙부(叔父)를 호칭(呼稱)하는 말. ↔亞母(아모).
【亞相】あしょう(아상) 버금 재상이란 뜻으로, 한(漢)대 어사대부(御史大夫)의 별칭. 亞卿(아경). ¶御史大夫 名爲一<容齋四筆>
【亞聖】あせい(아성) 성인(聖人) 다음 가는 대현인(大賢人). 안회(顔回) 또는 맹자(孟子)를 이름. ¶孟子大賢 一之次也<朱熹>
【亞歲】あさい(아세) 동지(冬至). 이 날에 세조(歲朝)에 버금가는 조하(朝賀)를 받았음. ¶一迎祥 履長納慶<曹植>
【亞元】あげん(아원) 청(淸)대의 과거의 둘째 급제자(及第者). 亞魁(아괴).
【亞子】あし(아자) 둘째아들. 次子(차자).
【亞將】あしょう(아장) ①버금 장수. 副將(부장). 次將(차장). ¶平爲一 屬韓王<漢書> ②㊕ 조선 때 포도대장(捕盜大將)·용호별장(龍虎別將)·도감(都監)·금위(禁衛)와 어영(御營)의 중군(中軍). 병조참판(兵曹參判)의 총칭.
【亞洲】あしゅう(아주) 아세아주(亞細亞洲)의 약칭.
【亞匹】あひつ(아필) 필적(匹敵)할 만한 동아리. 儕輩(제배). 匹亞(필아). ¶亮之器 能理政 抑亦管蕭一也<蜀志>
【亞獻】あけん(아헌) 제사 때 초헌(初獻) 다음에 잔을 올리는 일. ¶太尉公一人 凡郊祀之事 掌一<後漢書>/一官.
▷歐一, 東南一, 東一, 流一, 匹一

7
9〖亟〗 1 빠를 극 2 자주 기 | 職 ㄐㄧˊ (ji) 寘 ㄑㄧˋ (qi) | きょ(スミヤカ) quick き(シバシバ)

풀이 1 ①빠르다. 성급함. ¶經始勿一<詩經>/公孫之一也<左氏傳> ②빨리. 급속히. ¶乃一去之<左氏傳> ③받다. ¶先一犇佚<列子> 2 자주. 누누이. ¶一行暴虐<書經>/仲尼一稱水<孟子>

亠<돼지해 머리>部

亠 ① 亡 ② 亢 ④ 交 亦 亥 ⑤ 亨 ⑥ 京 享 ⑦ 京 亮 亭 ⑧ 亳 ⑪ 亶 ⑳ 亹

0
2〖亠〗 음(音)은 「두」인데, 훈(訓)은 알 수 없음. 亥(돼지 해) 자의 머리 「亠」와 같으므로 부수 명칭을 「돼지 머리 해」라 부름.

1
3〖亡〗 1 잃을 망 2 없을 무 | 陽 ㄨㄤˊ (wang) 虞 ㄨˊ (wu) | ぼう, もう (ホロブ) lose む, ぶ

本 亾

풀이 1 ①잃다. 분실함. ¶一其地則不祭<禮記>/逝者其一<詩經>/一失. ②멸망하다. 멸망시킴. ¶國家將一 必有妖孼<中庸>/一國之民. ③죽다. ¶事一如事存 孝之至也<中庸>/死一. ④도망하다. 달아남. ¶蕭何聞信一 自追之<漢書>/逃一. ⑤경멸하다. 업신여김. ¶一其言 臣者賤而不可用乎<史記> ⑥잊다. 기억에서 사라지다. 通 忘. ¶知而一情<列子> ⑦빠지다. 탐닉함. ¶樂酒無厭 謂之一<孟子> 2 없다. 같 無. ¶厚葬 誠一益於死者<漢書>/一識/一窮.

【亡缺】ぼうけつ(망결) ☞亡闕(망궐). ¶今多所一<後漢書>

【亡骨】(망골) 韓 언행(言行)이 매우 주착 없는 사람. 亡物(망물)①.

【亡國】ぼうこく(망국) ①나라를 멸망시킴. ¶一戮民<莊子> ②멸망한 나라. ¶不恤一<左氏傳>/收一 聚散民<韓非子>

【亡國之大夫不可以圖存】(망국지대부 불가이도존) 나라를 망하게 했거나 망한 나라의 대부(大夫)는 나라의 존속(存續) 문제를 도모할 자격이 없음. ¶敗軍之將 不可以言勇 一<史記>

【亡國之聲】ぼうこくノこえ(망국지 성) ☞亡國之音(망국지 음). ¶援琴鼓之 未終 師曠撫而止之曰 此一也<史記>

【亡國之臣】ぼうこくノしん(망국지 신) 나라를 망하게 한 신하. 또는, 망한 나라의 신하. ¶一 不可言智<說苑>

【亡國之音】ぼうこくノおん(망국지 음) 망한 나라의 음악. 또는, 나라를 망칠 음악. 음탕한 음악. 亡國之聲(망국지 성). ¶一 不得至於廟<呂覽>

【亡闕】ぼうけつ(망궐) 일부를 망실(亡失)함. 잃어버려 갖추지 못함. 亡缺(망결). 亡逸(망일)②. ¶經書實多所一<舊唐書>

【亡戟得矛】ぼうげきとくむ(망극득모) 극(戟: 창의 일종)을 잃고, 그 대신 모(矛: 창의 일종)를 얻었다는 뜻으로, 결국 손해가 없다는 말.

【亡年交】ぼうねんノマジワリ(망년교) 나이의 장유(長幼)를 가리지 않고, 재덕(才德)으로써 사귀는 벗. 주로, 연장자 쪽에서 하는 말. 亡年友(망년우). ¶融亦深愛其才 衡初弱冠 而融年四十 遂與爲交友<後漢書>

【亡靈】ぼうれい(망령) 죽은 사람의 영혼. 亡魂(망혼)②. ¶謝一<後漢書>

【亡命】ぼうめい(망명) ①혁명 또는 기타 사정으로 남의 나라로 몸을 피함. ¶數犯法一<漢書>/一政府/一逃走. ②망명자(亡命者). 亡命客(망명객). ¶收山澤一 得精兵數千人<魏志>

【亡命客】ぼうめいかく(망명객) 나라 밖으로 나가 피해 사는 정객(政客). 亡客(망객). 亡人(망인)②. 亡命者(망명자). 「부).

【亡母】ぼうぼ(망모) 죽은 어머니. ↔亡父(망

【亡物】ぼうぶつ(망물) ①☞亡骨(망골). ②《佛》죽은 중의 유물(遺物).

【亡父】ぼうふ(망부) 죽은 아버지. ↔亡母(망모). ¶一近親<漢書>

【亡夫】ぼうふ(망부) 죽은 남편. ↔亡妻(망처).

【亡散】ぼうさん(망산) 도망하여 흩어짐. ¶餘一得歸漢者四百餘人<史記>

【亡身】ぼうしん(망신) 잘못하여 자기의 지위나 명예를 망침. 창피를 당함. ¶進兗龔勝一之禍<桓溫>/敗家一.

【亡失】ぼうしつ(망실) 잃어버림. ¶所一以十萬數<史記>/一物/一品.

【亡室】ぼうしつ(망실) ☞亡妻(망처). ¶奠一曾孺人文<羅洪先>

【亡羊】ぼうよう(망양) 두 사람의 양치기가 하나는 독서를 하고, 하나는 도박을 하다가, 둘이 다 양을 잃었다는 옛일. 본무(本務)를 게을리하다가 실패함의 비유.

【亡羊得牛】ぼうようとくぎゅう(망양득우) 양(羊)을 잃고, 그 대신 소를 얻었다는 뜻으로, 작은 손해를 보고 큰 이익을 얻음의 비유.

【亡羊補牢】ぼうようほろう(망양보뢰) 양을 잃어버린 뒤에 우리를 고침. 우리 속담의 「소잃고 외양간 고치기」란 말과 뜻이 같음. ¶亡羊而補牢 未爲遲也<戰國策>

【亡羊之歎】ぼうようノたん(망양지 탄) 잃어버린 양을 찾는데 갈림길이 많아서 끝내 찾을 수 없게 됨을 한탄하였다는 뜻으로, 학문의 길이 여러 갈래여서 깨닫기가 어려움을 비유한 말. 多岐亡羊(다기망양). ¶大道以多岐亡羊 學者以多方喪生<列子>

【亡運】ぼううん(망운) 망할 운수. 망하게 된 운수.

【亡義】ぼうぎ(망의) 불의(不義). 「亡兆(망조).

【亡人】ぼうじん(망인) ①죽은 사람. 亡者(망자). ②☞亡命客(망명객). ¶誘天下一 謀作亂<史記>

【亡軼】ぼういつ(망일) 망실하여 전하지 아니함. 흩어져 없어짐. 散逸(산일). ¶亦復一<東觀

餘論>
【亡逸】ぼういつ(망일) ①달아나 없어짐. ②☞亡軼(망일). ¶考正一<北史>
【亡子】ぼうし(망자) 죽은 아들.
【亡者】ぼうじゃ(망자) ①죽은 사람. 死者(사자). ¶一有靈<風俗通> ②《佛》 죽은 이의 혼백이 성불(成佛)하지 못하고 명도(冥途)에서 헤매고 있는 것. ③망하는 자. ¶一侮之 亂者取之<左氏傳>
【亡兆】ぼうちょう(망조) 망할 징조. 亡徵(망징).
【亡種】ぼうしゅ(망종) 몹쓸 종자라는 뜻으로, 못된 사람을 욕으로 이르는 말.
【亡酒】ぼうしゅ(망주) 술자리에서 몰래 피해 달아남. ¶諸呂有一人 醉一<漢書>
【亡徵敗兆】ぼうちょうはいちょう(망징패조) 결딴날 징조. 亡兆(망조).
【亡竄】ぼうざん(망찬) 도망쳐 숨음. 亡匿(망닉).
【亡妻】ぼうさい(망처) 죽은 아내. 亡室(망실). ↔ 亡夫(망부). 「일.
【亡祝】ぼうしゅく(망축) 죽은 사람의 명복을 비는
【亡八】ぼうはち(망팔) 인간의 기본 도덕 여덟 가지를 잃었다는 뜻으로, 남을 욕할 때 쓰는 말. 바보 자식, 멍청이, 무뢰한(無賴漢) 따위를 가리킴. 忘八(망팔).
【亡兄】ぼうけい(망형) 죽은 형. ¶一天下人 爲天下人所殺<晉書>
【亡魂】ぼうこん(망혼) ①정신을 잃음. 혼비백산(魂飛魄散)함. ¶矢貫大眼右臂 一而走<南史> ②☞亡靈(망령). ¶以慰忠將之一<後漢書>
【亡後】ぼうご(망후) 죽은 뒤. 사후(死後). 몰후(歿後).
【亡思不服】ぶしふく(무사불복) 은혜를 사모하여 좇지 아니하는 자가 없음. 無思不服(무사불복). ¶一 皇王烝哉<詩經>
▷缺一, 俱一, 逃一, 滅一, 死一, 脣一, 流一, 遺一, 存一, 陣一, 逋一, 敗一, 荒一, 興一

4【六】 ☞八部 2획(p.175)

4【文】 部首 글자

4【卞】 ☞卜部 2획(p.243)

2/4【亢】 ①목 항 ㊍강 | 陽《尢 (gang) | こう(ノド) neck
②오를 항 ㊍강 | 漾丂尢̀ (kang) | こう(アガル)

풀이 ① ①목. 경동맥(頸動脈). ㉮頏. ¶乃仰絶一而死<漢書> ②목구멍. ㉮吭肮. ¶搤其一<史記> ② ①오르다. 높이 오름. ¶一龍有悔<易經> ②거만하다. 자부함. ¶一傲迷東西<王維> ③극진하다. ¶可以一寵<左氏傳> ④가리다. 엄폐함. ¶吉不能一身<左氏傳> ⑤겨루다. ⑥막다. ㊂抗. ¶以一其讐<左氏傳>/一大國之討<左氏傳> ⑦가뭄. ¶一旱之災<後漢書> ⑧마룻대. ¶咸有四阿重一重廊<北史> ⑨별 이름. 28수(宿)의 하나. ¶一四星 名天府<易經>/一宿.
【亢強】こうきょう(항강) 굳셈. ¶諸侯一 聘享不上<管子>
【亢羅】こうら(항라) 여름 피륙으로, 씨를 세 올이나 다섯 올씩 비우고 짜서 구멍이 송송 뚫어지게 한 피륙의 일종. 대개 모시실·명주실·무명실 등으로 짬. 주로, 여자의 적삼·치마 따위 옷을 만들었음.
【亢龍有悔】こうりゅうかいあり(항룡유회) 끝까지 높이 오른 용은 후회할 날이 있을 것이라는 뜻으로, 극히 존귀한 자리에 있는 사람은 그 몸가짐을 경계하지 않으면 실패하기 쉬움을 이르는 말. ¶一 盈不可久也<易經>
【亢星】こうせい(항성) 28수(宿)의 둘째 별. 동쪽에 있음. 亢宿(항수).
【亢宿】こうしゅく(항수) ☞亢星(항성).
【亢顔】こうがん(항안) 거만한 얼굴. 대항하여 굴하지 않는 얼굴 표정. 抗顔(항안).
【亢陽】こうよう(항양) ①가뭄. 亢旱(항한). ¶水則爲一之操<論衡> ②높은 건물. ¶一臺於陰基 擬華山之削成<左思>
【亢直】こうちょく(항직) 강직하여 남에게 굴하지 않음. 抗直(항직). ¶其論議一 皆此類也<魏志>
▷角一, 強一, 蹇一, 矯一, 久一, 搤一, 絶一

5【立】 部首 글자

5【市】 ☞巾部 2획(p.496)

5【主】 ☞丶部 4획(p.39)

5【玄】 部首 글자

4/6【交】 사귈 교 | 看ㄐㄧㄠ (jiao) | こう(マジワル) *company*

풀이 ①사귀다. 사귐. ¶上一不諂 下一不瀆<易經>/一際/結一. ②엇갈리다. ¶一叉點/一錯. ③바꾸다. 바꿈. ¶一換/一易. ④오가다. 왕래함. ¶一通. ⑤섞이다. ¶一流/一爭. ⑥주고 받다. ¶獻酬一錯<詩經>/男女不一爵<禮記> ⑦흘레하다. ¶性一/一尾. ⑧서로. 함께. ¶君臣上下 一得其志<國語>/一互.
【交加】こうか(교가) ①뒤섞임. ¶綠樹一山鳥啼<歐陽脩> ②서로 오고감. 왕래함. ¶未嘗一士類<後漢書> ③교제(交際)함.
【交感】こうかん(교감) 서로 접촉되어 감응(感應)함. ¶二氣一 化生萬物<周敦頤>/一神經.
【交蓋】こうがい(교개) ☞傾蓋(경개). ¶一春風汝水邊<黃庭堅>
【交結】こうけつ(교결) 서로 사귀어 정(情)을 맺음. 交際(교제). ¶布衣韋帶 相與一<吳志>
【交契】こうけい(교계) ☞交分(교분).
【交款】こうかん(교관) ☞交歡(교환). ¶一面一 便若平生<晉書>
【交關】こうかん(교관) ①왕래함. 교통함. ¶使南北不得一<後漢書> ②남녀가 상관(相關)함. ③의지(意志)를 통함.

【交媾】こうこう(교구) 음양(陰陽)이 서로 어울림. 성교(性交). 交合(교합). 交接(교접). 交構(교구)②. ¶造化合元符 一騰精魄<李白>
【交搆】こうこう(교구) 서로 끌어당김. 거래(去來)함. ¶姦臣一 遂令陛下龍潛蕃國<後漢書>
【交構】こうこう(교구) ①결합(結合)함. ¶因事一 遂致疑隙<吳志> ②☞交媾(교구). ¶二儀一 乃生萬物<後漢書>
【交戟】こうげき(교극) ①서로 맏붙어 싸움. 交戰(교전). ②경비병이 창을 십자형(十字形)으로 엇걸리게 함. 또는, 그렇게 하는 일.
【交拏】こうだ(교나) 드잡이함. 맞잡고 싸움. ¶當彼忠佞一之際 旣皆判別而不疑<朱熹>
【交單】こうたん(교단) 금전의 영수증이나 송장(送狀) 따위. 單은 증서·적바림·계산서 따위를 기록한 쪽지.
【交代】こうたい(교대) ①갈마듦. 交替(교체). ¶陰陽一. ②관리의 임기가 차서 구관(舊官)과 신관이 갈마듦. ¶及歲盡一 自請願復留<漢書> 「미쌍관).
【交頭結尾】こうとうけつび(교두결미) ☞首尾雙關(수
【交流】こうりゅう(교류) ①근원이 다른 두 물줄기가 만나서 흐름. ¶望河洛之一兮<曹昭> ②다른 관할 계통끼리 서로 교체됨. ¶人事一. ③문화·사상 등의 조류가 서로 통함. ¶文化一.
【交隣】こうりん(교린) 이웃 나라와 사귐. ¶一之誼/事大一. 「尾).
【交尾】こうび(교미) 암수의 교접. 흘레. 자미(孳
【交拜】こうはい(교배) ①서로 절함. ¶援入一<後漢書> ②재래 혼인식 때, 신랑 신부가 교대로 절하는 일. 交拜禮(교배례). ¶引婦升西階入室 一訖<通禮>
【交配】こうはい(교배) 동식물에서 종류가 다른 자웅(雌雄)을 배합시켜 인공적으로 수정(受精)하는 일. ¶一雜種.
【交番】こうばん(교번) 번갈아 듦. 遞番(체번). 輪番(윤번). ¶一仗.
【交番仗】こうばんじょう(교번장) 번갈아 서는 호위(護衛) 병사. ¶分三番而立 號曰一<宣和遺事> 「<吳子>
【交兵】こうへい(교병) ☞交戰(교전). ¶一接刃
【交鋒】こうほう(교봉) ☞交戰(교전). ¶戰無一之虜<陸機>
【交付金】こうふきん(교부금) ①내어주는 돈. ②국가가 공공 단체에 내려주는 돈. 보조금(補助金).
【交分】こうぶん(교분) 친구 사이의 정의(情誼). 交契(교계). 交誼(교의). ¶終論平生一<白居易>
【交朋】こうほう(교붕) 벗. 朋友(붕우). 交友(교우)①. ¶四海之內 誰無一<白居易>
【交臂】こうひ(교비) ①죄인의 두 팔을 뒤로 묶음. ¶一歷指. ②서로 손을 마주 잡음. 친밀한 사람과 서로 만남의 비유. ③팔짱을 끼고 아무 일도 아니함. 拱手(공수). ④공경(恭敬)하는 뜻을 표하기 위하여 두 손을 마주 잡음. ¶整襟一<越絶書>
【交臂歷指】こうひれきし(교비역지) 속박(束縛)당해 신체가 자유롭지 못한 모양. ¶則是罪人一而虎豹在於囊檻 亦可以爲得矣<莊子>
【交牀】こうしょう(교상) ☞交椅(교의).
【交涉】こうしょう(교섭) ①일을 처리하기 위해 상대편에 절충함. ②관계(關係). ③담판(談判). 절충(折衝).
【交疏】こうそ(교소) 정분이 탐탁하지 않은 사귐. ¶一結綺窗 阿閣三重階<古詩>
【交市】こうし(교시) ①☞交易(교역). ¶西域諸胡 多至張掖一<資治通鑑> ②서로 시장을 개설함. 互市(호시). ¶與安息天竺一<後漢書>
【交易】こうえき(교역) ①물물 교환(物物交換)함. 또는, 거래(去來)함. 交市(교시). 互市(호시). ¶一有無之路通<史記> ②왕래(往來). ¶一紛擾 百姓不寧<後漢書>
【交友】こうゆう(교우) ①벗. 친구. ¶人臣剛 則一絶<說苑> ②벗과 사귐. ¶一以信<三國史記>
【交游】こうゆう(교유) ☞交遊(교유). ¶其一也 緣義而有類<荀子>
【交遊】こうゆう(교유) ①☞交友(교우)①. ¶辭其一 去其弟子<莊子> ②사귀어 옴. 교제함. 또는, 그러한 일. ¶憑重一 尙氣節然諾 「<唐書>
【交倚】こうい(교의) ☞交椅(교의).
【交椅】こうい(교의) 앉는 기구. 다리가 교차되어 접을 수 있게 된 의자. 交倚(교의). 交牀(교상). ¶讓第一把一 教小弟坐了<水滸傳>
【交誼】こうぎ(교의) ☞交分(교분). ¶臨別提斯語 少盡交朋誼<樓鑰>
【交引】こういん(교인) 송(宋)대에 군량(軍糧) 징발에 쓴 증권. 또는, 다상(茶商)에 교부하여 출경(出境) 교역을 허가한 감찰(鑑札).
【交印】こういん(교인) 관인(官印)을 후임자에게 양도하여, 사무를 넘기던 일. ¶一君相次 褰帷我在前<白居易>
【交一臂】(교일비) 두 사람이 어깨를 나란히 함의 뜻으로, 정답게 벗함을 이름.
【交子】こうし(교자) ①중국에서 가장 오래 된 지폐. 송(宋)의 진종(眞宗) 때 만듦. ②韓 교자상(交子床)에 차린 음식. 「식상.
【交子床】(교자상)韓 긴 네모꼴로 만든 큰 음
【交雜】こうざつ(교잡) ①한데 어울리어 뒤섞임. ②계통이나 품질. 또는, 성질이 다른 생물체의 자웅(雌雄)의 교배(交配). ¶一育種法.
【交戰】こうせん(교전) 서로 맞붙어 싸움. 交兵(교병). 交鋒(교봉). 交戟(교극). 交火(교화). ¶一大破之<魏志>/一國.
【交節】こうせつ(교절) ☞換節(환절). ¶一期攝生.
【交絶不出惡聲】マジワリヲタツモあくせいヲイダサズ(교절 불출악성) 군자(君子)는, 절교(絶交)를 하여도 그 사람의 험담을 하지 아니함. ¶古之君子 一<史記>
【交接】こうせつ(교접) ①사귐. 交際(교제). 交遊(교유)②. ¶不好一俗人<後漢書> ②성교(性交). 交合(교합). 交媾(교구). ¶一成和 而萬物生焉<淮南子>
【交情】こうじょう(교정) 사귀는 정분. 우정(友情). 交誼(교의). ¶一死一生 乃知一<史記>
【交精】こうせい(교정) 새 이름. 푸른 백로(白鷺). 교청(鵁鶄). ¶一旋目 煩騖庸渠<漢書>

【交際】こうさい(교제) ①예물을 주고받으며 사귐. ¶敢問 一何心也 孟子曰 恭也<孟子> ②☞交遊(교유)②·交接(교접)①.
【交照】こうしょう(교조) 친구가 서로 진정을 터놓고 사귐. ¶非夫一之本 未可語失得之原也<後漢書>
【交趾】こうし(교지) 한(漢)대의 군명(郡名). 지금의 베트남 북부 동낀·하노이 지방의 옛 명칭. ¶支那一.
【交織】マゼオリ(교직) 두 가지 이상의 실을 섞어 짠 피륙. 특히, 명주실로 날을 삼고, 무명실로 씨를 삼아 짠 것. 混紡(혼방).
【交迭】こうてつ(교질) 갈마듦. 交替(교체). 交代(교대). 遞代(체대). 更迭(경질).
【交叉】こうさ(교차) 종횡(縱橫)으로 엇걸림. 열십(十)자로 엇걸림. ¶一點/一路.
【交錯】こうさく(교착) 서로 뒤섞이어 혼잡함. ¶禮樂一於中<禮記>/一狀態.
【交窓】こうそう(교창) 분합문(分閤門) 위에 가로 길게 짜서 끼우는 빛받이 창으로 창살이 효(爻)자 모양으로 되어 있음. ¶複道一作合歡<盧照鄰>
【交淺言深】マジワリアサクコトバフカシ(교천언심) 사귄 지 얼마 안 되어, 상대의 사람됨을 잘 모르면서 제 속을 터놓고 이야기함. ¶交淺而言深者 愚也<後漢書>
【交睫】こうしょう(교첩) 속눈썹을 합친다는 뜻으로 잠자기 위해 눈을 감음. ¶太后嘗病三年 陛下不一解衣<史記>
【交替】こうたい(교체) ☞交迭(교질). ¶當直一.
【交鈔】こうしょう(교초) 금(金)·원(元) 때의 지폐(紙幣). ¶諸路置一庫官<正字通>
【交通】こうつう(교통) ①서로 오가는 일. 來往(내왕). ¶一左右 以結主知<蘇轍> ②사귀어 통함. 사방으로 통함. ¶阡陌一 鷄犬相聞<陶潛> ③사람의 왕복, 화물의 운반, 의사 전달 등의 총칭. ¶一網/一機關.
【交互】こうご(교호) ①서로 어긋매낌. ②번갈아 듦. ¶陰陽一 陽爲陰 陰爲陽<京房易傳>/一作用.
【交火】こうか(교화) ☞交戰(교전).
【交換】こうかん(교환) ①서로 바꿈. ¶物物一/一教授. ②서로 주고받음. 증답(贈答)함. ¶禮物一. ③경제적인 방법에 의한, 재화의 주고받음. ④전화 교환(電話交換)의 준말. ¶一員.
【交歡】こうかん(교환) ☞交驩(교환). ¶握手一<後漢書>/一競技.
【交驩】こうかん(교환) 서로 즐거움을 교환함. 같이 즐김. 서로 사귀며 사이 좋게 즐김. 交歡(교환).
【交會】こうかい(교회) ①서로 사귐. 서로 만남. ¶待人意慮之一<鬼谷子> ②교자(交子)와 회자(會子). 송(宋)대의 화폐.
【交橫綢繆】こうおうちゅうびゅう(교횡주무) 종횡(縱橫)으로 얽힘.
▷結一, 舊一, 國一, 蘭一, 面一, 貧一, 死一, 社一, 私一, 上一, 石一, 善一, 性一, 世一, 素一, 市一, 神一, 深一, 外一, 隣一, 絕一, 情一, 至一, 締一, 親一, 下一

4
6【亦】 또 역 | 中 yì (yi) | えき, やく(マタ) also
同 㑊

풀이 ①또. 또한. ¶柔一不茹 剛一不吐<詩經> ②어찌. 영탄의 뜻을 나타냄. ¶有朋自遠方來 不一樂乎<論語> ③그래도. ¶一少有佳趣<蘇軾> ④크다. 通奕. ¶一服爾耕<詩經>

句法
①부사
[…亦…] 또한 …도 마찬가지로. ¶生亦我所欲也 義亦我所欲也<孟子>
②반어
[不亦…乎] 어찌 …한 일이 아니겠는가. ¶死而後已 不亦遠乎<論語>

【亦步亦趨】えきほえきすう(역보역추) 남이 걸으면 나도 걷고, 남이 달리면 나도 달린다는 뜻으로, 제자가 스승의 하는 바를 배움을 이르는 말. ¶顏淵問於仲尼曰 夫子步亦步 趨亦趨<莊子>
【亦是】(역시) 마찬가지로. 또한.
【亦如是】(역여시) 또한 이와 같음.
【亦然】(역연) 또한 그러함.
【亦越】えきえつ(역월) 앞것을 잇는 말. 承前(승전). ¶一成湯<書經>
【亦參其中】えきさんきちゅう(역참기중) 남의 일에 참여함.
▷不一說乎, 臂一, 是一, 柔一不茹

6【衣】 部首 글자

4
6【亥】 돼지 해 | 中 hài (hai) | がい(ブタ) pig

풀이 ①돼지. ②열두째 지지(地支). 시각으로는 하오 9시에서 11시 사이, 방향으로는 북북서, 달로는 음력 10월, 오행으로는 수(水). ¶辛一生.
【亥囊】(해낭) 정월 첫째 해일(亥日)에 임금이 근신(近臣)들에게 내리던 비단 주머니. 궁낭(宮囊).
【亥年】イノトシ(해년) 태세(太歲)의 지지(地支)가 亥로 된 해. 곧, 을해(乙亥)·정해(丁亥)·기해(己亥)·신해(辛亥)·계해(癸亥). 돼지해.
【亥方】イノカタ(해방) 북북서 방향.
【亥步】がいほ(해보) 우(禹)임금의 신하 수해(竪亥)의 건각(健脚). ¶輶軒巡履 聲芳一<江總>
【亥生】がいせい(해생) 해년(亥年)에 태어남. 또는, 그 사람.
【亥市】がいし(해시) 해일(亥日)에 서는 장. 혹은, 하루 건너 서는 장을 이르기도 함.
【亥豕】がいし(해시) ☞亥豕之譌(해시지 와). ¶以己爲三 以亥爲豕<白孔六帖> ②12지(支)의 해(亥)와 가축의 시(豕).
【亥時】がいじ(해시) 하오 9~11시.
【亥豕之譌】がいしノか(해시지 와) 己亥(기해)의 두 자를 三豕(삼시)로 잘못 쓴 옛일에서, 오기(誤記)를 이르는 말.
【亥月】がいげつ(해월) 월건(月建)이 해(亥)인 달. 음력 10월.
【亥日】イノヒ(해일) 일진(日辰)의 지지(地支)가 해(亥)로 된 날.

【亥坐巳向】がいざしこう(해좌사향) 뒷자리. 집터 따위가 북북서를 등지고 남남동을 바라보는 곳. 亥坐(해좌).
▷癸—, 已—, 辛—, 乙—, 丁—

7〖辛〗部首 글자

5 7〖亨〗 1 형통할 형 2 드릴 향 3 삶을 팽
㊥ㄏㄥ (heng) こう (トオル) *go well*
㊥ㄒㄧㄤ (xiang) きょう (モテナス) *dedicate*
㊥ㄆㄥ (peng) ほう

풀이 1 형통하다. 아래 위로 통함. ¶元—利貞<易經>/—通. 2 드리다. ㉠享. ¶公用—于天子<易經>/—宴. 3 삶다. ㉠烹. ¶割—煎和之事<周禮>/—魚.
【亨嘉】こうか(형가) 좋은 시기(時機)를 만남. ¶早遘—之會<歐陽脩>
【亨途】こうと(형도) 평탄한 길. ¶自許—在<鄭谷>
【亨通】こうつう(형통) 모든 일이 뜻과 같이 잘 됨. ¶元亨者 於相隨之世 必大得—<易經·注>/萬事—.
▷元—利貞, 志—, 彭—, 豊—

6 8〖京〗 서울 경 ㊥ㄐㄧㄥ (jing) けい, きょう (ミヤコ) *capital*
㊐京 尌 梟

풀이 ①서울. 수도(首都). ¶裸將于—<詩經>/—都. ②언덕. 높고 큰 언덕. ¶如坻如—<詩經>/—陵. ③크고 높다. ¶整行伍 燎—薪<張衡>/—丘. ④수(數)의 이름. 조(兆)의 10배. 지금은 조의 1만배로 함. ¶十億曰兆 十兆曰—<太平御覽> ⑤창고. ¶新成囷—者<管子> ⑥고래. ㉢鯨. ¶騎—魚<漢書> ⑦근심하는 모양. ¶念我獨兮 憂心——<詩經>

京⑤ (三才圖會)

【京江】(경강) ①㊥ 뚝섬에서 양화진(楊花津)까지의 한강(漢江)을 이르는 말. ②㊥ 경기도와 강원도의 병칭. ③양자강의 별칭.
【京京】きょうきょう(경경) 근심이 좀체로 떠나지 않는 모양. ¶憂心—<後漢書>
【京觀】けいかん(경관) 큰 구경거리. 뜻이 바뀌어, 무공(武功)을 보이기 위해 적의 시체 더미 위에 흙을 높이 덮은 큰 무덤을 이름. 京丘(경구). ¶君盍築武軍而收晋尸 以爲—<左氏傳>
【京官職】(경관직)㊥ 서울에서 근무하는 재상(宰相) 이하의 모든 관원. 京職(경직). 內官職(내관직). ↔外官職(외관직).
【京郊】けいこう(경교) 수도(首都)의 교외(郊外).
【京劇】けいげき(경극) ①수도(首都)의 번화한 곳. ¶故人吏— 每事多閑放<李頎> ②중국의 고전극(古典劇)으로, 악기(樂器)의 반주(伴奏)가 따르는 음악극. 청(淸)대 이후 가장 많이 행해짐. 가창(歌唱) 중심의 문희(文戲), 동작을 주로 한 무희(武戲), 두 가지를 절충한 문무희(文武戲) 등이 있음. 京戲(경희).
【京畿】けいき(경기) ①수도(首都) 및 그 곳을 중심으로 한 가까운 지역. ¶我思國家兮 遠遊—<杜淹> ②경기도의 준말.
【京都】きょうと(경도) ☞京師(경사). ¶顯禍敗 及—<漢書>
【京洛】けいらく(경락) 서울. 옛날, 낙양(洛陽)이 중국의 수도(首都)이었음에서 유래. 京師(경사). ¶余有行于—<蔡邕>
【京輦】けいれん(경련) ☞京師(경사). ¶臣備公族子弟生長—<陳琳>
【京陵】けいりょう(경릉) 높은 언덕이나 큰 능(陵). ¶鳩藪澤 辨—<左氏傳>
【京耗】けいもう(경모) ☞京信(경신). 耗는 소식(消息).
【京坊】けいぼう(경방) 서울의 거리. ¶棲身客—<歐陽脩>
【京府】けいふ(경부) ①☞京師(경사). ②☞京畿(경기)①. ¶—浩穰<宋史>
【京師】けいし(경사) 임금이 살고 있는 도읍. 서울. 京都(경도). 京輦(경련). 京華(경화). 京洛(경락). ¶融去—踰年<馬融>
【京城】けいじょう(경성) ①궁성(宮城). 대궐. ②서울. 京師(경사). ③주(周)대 제후(諸侯)의 자제와 경대부(卿大夫)의 봉지(封地). ④㊥ 우리 나라 서울의 일정(日政) 때 이름.
【京所】(경소)㊥ 각 지방의 덕망 높은 사람을 서울에 불러 같은 고을 사람끼리 묶게 하고, 그 지방 일을 주선하거나 의논하게 하던 회소(會所).
【京信】けいしん(경신) 서울에서 온 편지나 소식. 京耗(경모).
【京樣】けいよう(경양) ①화미(華美)한 용자(容姿). 풍치 있는 모양. ②서울 풍속. 서울티. 京風(경풍).
【京魚】けいぎょ(경어) 고래. 본래는 큰 물고기라는 뜻. 鯨魚(경어). ¶乘巨鱗 騎—<漢書>
【京尹】けいいん(경윤) ☞京兆尹(경조윤)②. ¶封畿千里 統以—<張衡>
【京邑】けいゆう(경읍) ☞京師(경사). ¶興駕還—朋友滿帝畿<杜審言>
【京兆】けいちょう(경조) ①☞京兆尹(경조윤)①. ¶初爲—<後漢書> ②궁성이 있는 도시. 서울. ③명(明)·청(淸)대의 순천부(順天府). 지금의 북경(北京) 부근.
【京調】けいちょう(경조) ①서울의 풍속과 습관. ②㊥ 서울에서 특별히 부르는 시조의 창법(唱法). ※嶺調(영조)·完調(완조). ③청(淸)대 극곡(劇曲) 중의 서피(西皮)·이황(二黃).
【京兆尹】けいちょういん(경조윤) ①경사(京師)의 태수(太守). 수도(首都)의 장관(長官). 京兆(경조)①. ②㊥ 조선 때 한성 판윤(漢城判尹)의 별칭. 京尹(경윤).
【京種】(경종)㊥ ①서울 지방에서 나는 채소 종자. ②서울나기.

【京中】けいちゅう (경중) 서울 안. 경사(京師) 안.
【京職】きょうしょく (경직) 경관직(京官職)의 준말. 수도(首都)에서 근무하는 벼슬. 內職(내직).
【京唱】(경창) 서울에서 부르는 노래.
【京風】きょうふう (경풍) ☞京樣(경양).
【京鄕】けいきょう (경향) 서울과 시골. 都鄙(도비). ¶—各地.
【京華】けいか (경화) 서울. 華는 번화(繁華)함의 뜻. 京師(경사). ¶昔余游— 未嘗廢丘壑 <謝靈運>
【京戲】けいぎ (경희) ☞京劇(경극)②.
▷九—, 舊—, 歸—, 南—, 洛—, 東—, 三—, 上—, 西—, 離—, 入—, 在—, 帝—, 出—, 退—, 下—, 華—, 皇—

8〖夜〗 ☞夕部 5획(p.370)

6 8〖享〗 누릴 향 | 圖Tㅣㄤˇ (xiang) | きょう(ウケル) *enjoy*
本亯 同亨
풀이 ①누리다. 받음. 응함. ¶—其生祿 <左氏傳>/百神—之<孟子> ②드리다. 진헌(進獻)함. ¶諸侯以—天子<周禮> ③제사지내다. ¶死則敬—<禮記> ④대접하다. ¶—以訓共儉<左氏傳>
【享穀】きょうこく (향곡) 곡식을 신(神)에게 올림. ¶—食氣者 皆受焉<淮南子>
【享官】(향관) 韓 ☞제관(祭官).
【享國】きょうこく (향국) ①나라를 향유(享有)해 재위(在位)한 햇수. ¶肆中宗之— 七十有五年<書經> ②왕위를 계승하여 그 자리에 있음. ¶—日淺<賈誼>
【享年】きょうねん (향년) 한평생 누린 나이. 왕조(王朝)의 연수(年數) 등에도 씀. 중년 이상 살았을 때 한함. ¶稟命不融 —四十有二<蔡邕>
【享德】きょうとく (향덕) 덕을 이어받음. ¶世世— 萬邦作式<書經>
【享樂】きょうらく (향락) 즐거움을 누림. ¶—主義.
【享福】きょうふく (향복) 복을 누림. 복을 받음. 享祉(향지). ¶夫婦— 歡笑忻忻<通俗篇>
【享祀】きょうし (향사) 제물을 갖추어 신에게 제사 지냄. 享祭(향제). 祭祀(제사). ¶百世—<史記>
【享嘗】きょうしょう (향상) ①춘제(春祭)와 추제(秋祭). ¶遠廟爲祧 有二祧 —乃止<禮記> ②사시제(四時祭)의 별칭.
【享受】きょうじゅ (향수) ①받아들여 제 것으로 함. ②예술품 따위를 즐기고 음미함.
【享壽】きょうじゅ (향수) 천수(天壽)를 누림. 장수(長壽)함. ¶—千億 傳無窮兮<徐彦伯>
【享宴】きょうえん (향연) 아랫사람에게 내리는 주연. 饗宴(향연). ¶於是乎 有—之禮<左氏傳>
【享右】きょうゆう (향우) 신에게 주식(酒食)을 권함. 享侑(향유). ¶以—祭祀<周禮>
【享祐】きょうゆう (향우) 신의 도움을 받음. ¶專用己之私 而能—者哉<揚雄>
【享有】きょうゆう (향유) 태어날 때부터 몸에 받아서 지님. 천성으로 가지고 있음.
【享侑】きょうゆう (향유) ☞享右(향우). ¶旣享旣侑 誠申禮擧<宋史>
【享祭】きょうさい (향제) ☞享祀(향사). ¶安鄕樂宅—<管子>
▷敬—, 來—, 大—, 配—, 不—, 世—, 時—, 祭—, 朝—, 秋—, 春—

9〖京〗 京(p.72)과 同字

7 9〖亮〗 밝을 량 | 圖カㅣㄤˋ (liang) | りょう(アキラカ) *bright*
俗亮
풀이 ①밝다. ¶寸心若不—<謝靈運>/—月/—然. ②돕다. ¶勳格四海 翼—三世<晋書>/—翼. ③미쁘다. 通諒. ¶君子不— 惡乎執<孟子> ④진실로. ¶君—執高節 賤妾亦奚爲<古詩>/—章. ⑤임금의 거상(居喪). ¶—陰.
【亮達】りょうたつ (양달) 환히 사리(事理)에 통달함. ¶聰明— 文武兼姿<後漢書>
【亮陰】りょういん (양음) 임금이 상중(喪中)에 있음. 諒闇(양암). 「<史記>
【亮翼】りょうよく (양익) 도움. ¶衆明— 近可遠在己
【亮章】りょうしょう (양장) 참으로 분명한 일. 信明(신명). ¶夫圖書 —天哲也<班固>
【亮濟】りょうさい (양제) 밝아서 막힘이 없음. ¶爲人—<魏志>
【亮直】りょうちょく (양직) 마음이 공명 정대(公明正大)함. ¶性剛健— 不能容人之短<晋書>
【亮察】りょうさつ (양찰) 남의 사정을 잘 살펴줌. 동정함. 편지 따위에 쓰는 말. 諒察(양찰). ¶不敢不以正對 幸— <王守仁>
▷高—, 明—, 瀏—, 翼—, 直—, 淸—, 忠—, 弼—

9〖哀〗 ☞口部 6획(p.292)

7 9〖亭〗 정자 정 | 圖ㄊㅣㄥˊ (ting) | てい(アズマヤ) *arbo(u)r*
俗亭
풀이 ①정자. ¶林—秋已晚<李珥>/—閣. ②역말. 역참(驛站). ¶爲泗上—長<漢書>/驛—. ③주막집. 음식점. ¶敗官—民舍<漢書>/旗—. ④평정하다. 고름. ¶決河—水<史記> ⑤조망대. ¶—候. ⑥멈추다. 通停. ¶其水—居<漢書> ⑦우뚝 솟다. ¶——高山栢<河敬祖> ⑧이르다. 어느 시각에 이름. ¶羲和—午<孫綽>

亭① (三才圖會)

【亭閣】ていかく (정각) ☞亭子(정자).
【亭父】ていふ (정부) ☞亭長(정장). ¶亭吏舊名負弩 改爲亭長 或謂—<王念孫>
【亭榭】ていしゃ (정사) ☞亭子(정자). ¶有—竹樹之勝 優游自得<宋史>
【亭午】ていご (정오) 정오(正午). 한낮. ¶羲和—遊氣高褰<孫綽>
【亭育】ていいく (정육) 양육(養育)함. 亭毒(정독). 化育(화육). ¶中孚及物 —爲心<舊唐書>

【亭子】ていし(정자) 산수 좋은 곳에 놀기 위해 지은 아담한 건물. 子는 접미사. 亭閣(정각). 亭榭(정사). ¶帝於江山造一十二所 其最上名翠微亭<大業雜記>
【亭長】ていちょう(정장) 역참(驛站)의 장(長). ¶爲泗上一<漢書>
【亭障】ていしょう(정장) 변방 요새(要塞)에 설치하여 사람의 출입을 검사하고 척후(斥候)의 업무를 띤 초소(哨所). ¶一靜而煙塵銷<白居易>
【亭主】ていしゅ(정주) ①정(亭)을 관리하는 사람. ②집주인. 주인. ¶來往戶外 呼一<搜神記>
【亭主八杯客三杯】(정주팔배 객삼배) 손을 대접할 때, 주인이 도리어 많이 먹음의 비유.
【亭次】ていじ(정차) 역참(驛站). ¶杏不爲留 驫送至一<後漢書>
【亭戶】ていこ(정호) 당(唐)·송(宋) 때 관명(官命)에 의해 소금을 제조한 집. ¶游民業鹽者 爲一<唐書>
【亭侯】ていこう(정후) 한(漢)대의 열후(列侯) 중 비교적 훈공이 적은 자. 공(功)이 큰 자는 현(縣)을 식읍(食邑)으로 하고, 적은 자는 향정(鄕亭)을 식읍으로 하였음. ¶勳等七人爲一<後漢書>
【亭候】ていこう(정후) 변경에 높이 쌓아 올려 적의 동정을 살피던 망대(望臺). ¶築一 修烽燧<後漢書>
▷江一, 客一, 官一, 丘一, 旗一, 短一, 松一, 水一, 涼一, 旅一, 驛一, 郵一, 林一, 子一, 長一, 齋一, 青一, 平一, 鄕一

10〖高〗 部首 글자

10〖畝〗 ☞田部 5획(p.1017)

8
10〖亳〗 땅 이름 박 | 圞ㄅㄛˋ (bo) | はく, ばく

※毫(p.828)는 딴 자.

풀이 ①땅 이름. 은(殷)의 탕왕(湯王)이 도읍한 곳. 지금의 하남성(河南省) 귀덕부(歸德府) 상구현(商邱縣). ②나라 이름. 춘추 시대의 나라 이름인데 뒤에 박주(亳州)로 고침.
【亳社】はくしゃ(박사) 은(殷)대의 사(社). 또는, 은(殷)을 이름. 옛날에는, 나라를 세우면 반드시 먼저 사를 세웠고, 은은 박(亳)땅에 도읍하였으므로, 박사(亳社)라 하였음. ¶六月辛丑 一災<春秋>
【亳州】はくしゅう(박주) 북주(北周) 때 두었던 주(州) 이름.

11
13〖亶〗 1 미쁠 단 | 旱 ㄉㄢˇ (dan) | たん (マコト)
2 멋대로할 선 | 霰
3 날 선 | 先 | せん

풀이 1 ①미쁘다. 신의(信義). ¶不實于一<詩經> ②진실로. ¶嘉薦一時<儀禮> ③많다. 곡식이 넉넉함. ¶一 多穀也<說文> ④다만. 오직. ㊀通 但. ¶非一倒懸而已<漢書> ⑤도탑다. 도탑게 함. ¶一厥心<國語> 2 멋대로 하다. 제멋대로. 通 擅. ¶相國之於勝人之勢一有之矣<荀子> 3 날다. ¶一翔.
【亶父】たんぽ(단보) 주(周)의 태왕(太王). 문왕(文王)의 할아버지. 단보(亶甫)로 쓰기도 함. 고공 단보(古公亶父). ¶大王一居邠 翟人攻之<淮南子>
【亶甫】たんぽ(단보) ☞亶父(단보). ¶古公 大王之本號 一 大王名也<孟子·注>
【亶時】マコトニトキナリ(단시) 참으로 알맞은 때임. ¶旨酒旣淸 嘉薦一<儀禮>
▷路一, 屯一, 非一, 夷一之州

13〖雍〗 ☞隹部 5획(p.1594)

14〖齊〗 部首 글자

20
22〖亹〗 1 힘쓸 미 | 尾 ㄨㄟˇ (wei) | び
2 물문 문 | 元 | もん

풀이 1 ①힘쓰다. 근면한 모양. ¶政事一一 不舍晝夜<漢書> ②눈썹. 같 眉. ¶一壽. ③문채 있는 모양. ¶斐一. 2 물문. 수문(水門). 물이 흐르는, 양 기슭이 마치 문(門)처럼 마주 대한 곳. ¶鳧鷖在一<詩經>

人<사람 인>部

人 亻 ① 个 ② 介 仇 今 仂 仆 仏 什 仁
仍 从 仄 ③ 代 仝 令 付 仕 仙 仚 以 仞
仔 仗 仟 他 仡 ④ 仮 价 件 伋 企 伎 仿
伐 伏 仳 份 伜 伈 仰 伃 仵 伍 伊 任 伀
仲 伉 伙 会 休 ⑤ 伽 佉 估 佝 佞 你 佘
但 伶 伴 伯 体 佛 伾 似 伺 伸 余 佑 位
佚 作 佇 低 佃 佔 佐 住 佌 佗 佟 伻 佈
何 ⑥ 佳 侃 供 侉 侊 佼 佹 佶 來 例 侖
侔 侎 佰 併 使 侚 侍 侁 佯 侹 侑 依 佴
佾 佺 佻 侏 侜 侘 佽 侈 侙 侂 侗 佩 佷
侅 侐 佸 佪 ⑦ 係 侹 俅 俍 侶 俐 俚 俛
侮 保 俘 俟 俗 信 俄 俑 俥 俋 侹 俎 侳
俊 俏 促 侵 侻 便 俔 俠 侯 ⑧ 個 倨 倹
倞 倥 倌 俱 倔 倦 倛 倓 倘 倒 倮 倈 倆
倫 們 倣 倍 俳 倂 俸 俯 俾 俷 俥 修 俶
倏 條 倅 俺 倪 倭 倚 借 倉 倡 倀 倜 倩
倰 倢 值 倬 俵 倖 候 倠 ⑨ 假 健 偈 偭
偵 偰 偹 偲 偓 偃 偞 偎 偠 偶 偊 偉 偯
停 偵 做 偬 側 偨 偸 偝 偄 偏 偪 偕 偟
⑩ 傢 傕 傑 傔 傀 傋 傍 傅 備 傞 傘 傃
傛 傖 傒 傚 ⑪ 傾 傴 僅 僂 傪 傷 備 傻
傷 傯 僳 傿 傲 傭 僔 傳 傺 債 僉 傯 催
僄 ⑫ 僪 僱 僑 僛 僮 僚 僕 僰 僨 像 僧
僥 僞 僝 僔 僭 僢 僣 僬 僦 僤 僓 僩 僖
⑬ 價 僵 儉 儆 僸 儂 儋 僶 僻 儃 僾 億
儀 儁 儃 儈 儇 ⑭ 儓 儛 儐 儒 儗 儕 儔
儘 ⑮ 儡 償 優 儥 儦 ⑯ 儴 儱 儲 儭 ⑰
儳 儵 儶 ⑲ 儺 儸 儷 ⑳ 儻 儼 ㉑ 儽

0 2 【人】 사람 인 | 圓ㄖㄣˊ (ren) | じん, にん(ヒト) *man, people*

源 象形. 서 있는 사람 모양을 본뜸.

풀이 ①사람. 인간(人間). ¶惟一萬物之靈＜書經＞ ②백성(百姓). ¶勤恤一隱＜後漢書＞ ③남. 타인(他人). ¶修己以安一＜論語＞/一我. ④어떤 사람. ¶今有一 見君則眏其一目＜韓非子＞

【人家】じんか(인가) 사람이 사는 집. 민가(民家). ¶白雲生處有一＜杜牧＞

【人各有能有不能】ヒトオノオノのうアリふのうアリ(인각유능 유불능) 사람은 각자 제 나름의 능함이 있고 능하지 못함이 있음.

【人各有耦】ヒトオノオノぐうアリ(인각유우) 사람은 각자 걸맞은 짝이 있기 마련임. 耦는 偶와 통함. ¶一 齊大 非吾耦也＜左氏傳＞

【人間】にんげん(인간) ①사람이 사는 세상. 속세(俗世). ¶天上一會相見＜白居易＞ ②사람. 인류. ¶一界/一味.

【人間萬事塞翁馬】(인간만사 새옹마) ☞새옹마(塞翁馬).

【人綱】じんこう(인강) 인도(人道)의 대본(大本). 인륜(人倫)의 강기(綱紀).

【人皆有一癖】ヒトミナいっぺきアリ(인개유일벽) 사람은 저마다 한 가지 나쁜 버릇이 있음.

【人傑】じんけつ(인걸) 사람 중의 걸물(傑物). 걸출(傑出)한 인물. ¶劉備 一也＜魏志＞

【人傑地靈】じんけつニシテちれいナリ(인걸지령) 인물이 걸출한 데다, 또 그 고장의 형세(形勢)가 뛰어남. ¶一 徐孺下陳蕃之榻＜王勃＞

【人格】じんかく(인격) ①사람의 품격. 人品(인품). ②고상한 인품. ¶一者. ③도덕적 행위의 주체(主體). 자각(自覺)·통일(統一)·이상(理想)의 세 특성을 지님. ④법률상 독립의 자격. ¶法一.

【人格化】じんかくか(인격화) 사람 이외의 사물을 사람과 같이 의사(意思)가 있는 것으로 보는 일. ※擬人化(의인화).

【人境】じんきょう(인경) 사람이 사는 곳. 속인이 사는 인간 세계. 人寰(인환). ¶結廬在一 而無車馬喧＜陶潛＞

【人界】じんかい(인계)《佛》 불교 10법계(法界)의 하나. 사람이 살고 있는 세계. 이 세상. 人間界(인간계).

【人口】じんこう(인구) ①사람의 입. ②세상 소문. 世評(세평). ③어느 구역 안에 사는 사람의 수. ¶一密度.

【人君】じんくん(인군) 임금. 君主(군주). ¶爲一止於仁＜大學＞

【人權蹂躪】じんけんじゅうりん(인권유린) 인권을 무시하고, 그 사람의 자유를 속박하여 불법적 행위를 가하는 일.

【人鬼相半】じんきそうはん(인귀상반) 사람이 죽을 지경에 이르러, 그 몰골이 귀신같이 됨.

【人琴俱亡】じんきんトモニホロブ(인금구망) 사람도 거문고와 함께 죽는다는 뜻으로, 사람의 죽음을 매우 슬퍼함을 비유하는 말. 진(晋)의 왕헌지(王獻之)가 죽으니, 그의 애용물 거문고의 상태가 고르지 않게 되었다는 옛일에서 유래. 人琴之歎(인금지 탄).

【人琴之歎】じんきんノたん(인금지 탄) ☞人琴俱亡(인금구망).

【人給家足】ヒトビトきゅうシイエイエタル(인급가족) 어느 사람이나 어느 집이나 의식주(衣食住)에 부족이 없는 일. ¶彊本節用 則一之道也＜史記＞

【人紀】じんき(인기) 사람으로서 지켜야 할 도리. 倫理(윤리). ¶先王肇修一＜書經＞

【人氣】じんき·にんき(인기) ①사람의 마음. 人心(인심). ¶知一盛衰 而養其氣志＜鬼谷子＞ ②사람의 냄새. 人香(인향). ¶腥臊汙垢 時則爲一＜文天祥＞ ③인기척. ④세상에 훌륭한 인물이 태어나는 기운. 인망(人望). ⑤어떤 대상에 대해서 쏠리는, 세상 사람들의 평판. ¶一歌手.

【人器】じんき(인기) ①사람의 됨됨이. 사람의 국량(局量). ②죽은 사람을 묻을 때 그와 함께 묻는 제기(祭器).

【人乃天】(인내천) 천도교(天道敎)의 종지(宗旨)로서, 사람이 곧 하늘이란 뜻.

【人奴】じんど(인노) 노예(奴隷). 뜻이 바뀌어, 남을 업신여겨 하는 말. ¶一之生 得無笞罵卽足矣＜漢書＞

【人德】じんとく(인덕) ①그 사람에게 갖추어진 덕(德). ②남의 도움을 많이 받는 복.

【人道】じんどう(인도) ①사람으로서 행해야 할 도리. ②사람이 갖추고 있는 품성. ③도로 양편에 사람이 걸어갈 수 있게 구획한 부분. 步道(보도). ↔車道(차도). ④《佛》인간계(人間界). 육도(六道)의 하나로 사람이 미망(迷妄)에서 깨달음에 이르는 여섯 단계 중 다섯째에 해당.

【人力車】じんりきしゃ(인력거) 사람이 끄는 두 바퀴의 수레. 주로, 사람이 타고 다녔음.

【人籟】じんらい(인뢰) ①인위적으로 내는 소리. 악기 소리 따위. ¶一則比竹是已＜莊子＞ ↔天籟(천뢰)·地籟(지뢰). ②인간 세계의 소리. 또는, 인기척.

【人類】じんるい(인류) 사람. 인간을 다른 동물과 구별해서 하는 말. ¶已化而生 又化而死 生物哀之 一悲之＜莊子＞

【人倫】じんりん(인륜) ①사람. 인류. ¶一竝處 同求而異道 同欲而異知＜荀子＞ ②사람으로서 지키고 행해야 할 도리. 人道(인도)①. 五倫(오륜). ¶行仁義之道 以治一＜淮南子＞ ※天倫(천륜).

【人倫大事】じんりんだいじ(인륜대사) 인간 생활에서 지켜야 하는 큰일. 곧, 혼인이나 장례 따위.

【人莫若故】ヒトハフルキニシクハナシ(인막약고) 사귐에는 오래전부터 아는 사이만큼 좋은 것이 없음. 人不厭故(인불염고). ¶晏子稱曰 衣莫若新 一＜晏子＞

【人望】じんぼう(인망) ①뭇사람들이 바라는 것. ¶一所歸＜南史＞ ②세상 사람들로부터 받는 신뢰(信賴)나 존경. 人氣(인기). 衆望(중망). ¶迫於一 遂抑予懷＜白居易＞

【人亡家廢】ヒトナクイエスタル(인망가폐) 사람은 죽고 집은 결딴나 아주 망해 버림을 이르는 말. 敗家亡身(패가망신).

【人面獸心】じんめんじゅうしん(인면수심) 사람의 얼굴을 하고 있지만, 마음은 짐승과 같다는 뜻으로, 마음이나 행동이 흉악함을 이름. ¶降

附之徒 皆一<晋書>

【人命在天】じんめいざいてん(인명재천) 사람의 목숨은 하늘에 달려 있음.

【人謀難測】じんぼうなんそく(인모난측) ①사람의 꾀는 다양하여 헤아리기 어려움. ②사람의 마음은 간사(奸詐)하여 예측하기 어려움.

【人牧】じんぼく(인목) 인민(人民)을 기르고 다스리는 사람. 천자, 제후, 지방장관 등. ¶今夫天下之一 未有不嗜殺人者也<孟子>

【人文】じんぶん(인문) ①천문(天文)·지문(地文)에 대한, 인류 사회의 문화. ¶觀乎一 以化成天下<易經>/一科學. ②인간 사회의 도리. 윤리. 人倫(인륜). ③인물(人物)과 문물(文物).

【人物】じんぶつ(인물) ①사람과 물건. 또는, 사람과 새·짐승·벌레·물고기 등. ¶一禽獸奇形異貌<李白> ②재능이나 능력이 있는 뛰어난 사람. 人材(인재). ¶紹興一嗟誰在<陸游> ③인품(人品). 인격(人格). ¶門地一文學 皆當世第一<唐書> ④사람. 또는, 사람 형상.

【人別】じんべつ(인별) ①한 사람 한 사람. 사람마다. ¶一不同<法苑珠林> ②호적(戶籍). 인별장(人別帳)의 준말.

【人士】じんし(인사) 교양과 지위가 있는 사람. ¶彼都一 狐裘黃黃<詩經>/著名一.

【人事】じんじ(인사) ①안면 없는 사람끼리 서로 통성명 하는 일. 또는, 의례적으로, 남과 만났을 때 주고받는 말이나 동작. ②사람으로서 해야 할 일. 또는, 사람의 힘으로 할 수 있는 일. ¶盡一 待天命. ③개인의 능력이나 신분에 관한 사무. ¶一行政. ④세상일. 世態(세태). ¶離別家鄕歲月多 近來一半消磨<賀知章> ⑤남에게 보내는 예물(禮物). ¶上須進奉 下須一 其來已久<白居易>

【人師】じんし(인사) 스승. 또는, 스승됨에 족한 사람.

【人師難遇】じんしハアイガタシ(인사난우) 스승으로서 우러를 만한 사람은 만나기 어려움. ¶經師易遇 一<資治通鑑>

【人事蓋棺定】じんじハかんヲオオイテサダマル(인사 개관정) 사람의 진정한 평가는 그 사람이 죽은 뒤에라야 내릴 수 있다는 뜻. ¶丈夫蓋棺事方定<晋書>

【人事不省】じんじふせい(인사불성) ①사람으로서 할 일을 살피지 못한다는 뜻으로, 의식을 잃은 상태를 이름. ¶暑風者 夏月卒倒不省人事者是也<朱震亨心法> ②韓 사람으로서의 예절을 차릴 줄 모름.

【人事性】じんじせい(인사성) 예의 발라서 손윗 사람을 잘 알아보고 인사를 차리는 습성.

【人山人海】じんさんじんかい(인산인해) 사람으로 이룬 산과 바다라는 뜻으로, 사람들이 수없이 많이 모인 상태를 이름.

【人相】にんそう(인상) ①사람의 얼굴 모양. 容貌(용모). ¶大凡觀人之相貌 先觀骨格<神相全編> ②《佛》 중생이 망령되이 실재(實在)라고 믿는 네 가지 상(相) 중의 하나. 나는 사람이다 하는 아집(我執)을 가지는 것.

【人生】じんせい(인생) ①사람이 이 세상에 살아 있는 동안. 곧, 사람의 일생. ¶一如朝露<漢書> ②사람이 살아가는 일. ¶一行路.

【人生感意氣】じんせいいきニかんズ(인생 감의기) 사람은 지우(知遇)에 감격해서 일을 해야 할 것이라는 뜻. 또는, 사람은 의기상투(意氣相投)를 귀히 여긴다는 뜻으로도 쓰임. ¶一功名誰復論<魏徵>

【人生識字憂患始】じんせいじヲしルハゆうかんノハジメ(인생식자 우환시) 사람이 학문을 함으로써 인생의 여러 가지 모순을 알게 되어 삶에 대한 고민이 비롯된다는 말.

【人生五十愧無功】じんせいごじゅうこうナキヲはズ(인생오십 괴무공) 쉰 살 동안 살도록 이뤄 놓은 일이 없음을 부끄러워한다는 뜻으로, 허송세월한 것을 뉘우친 말.

【人生自古誰無死】じんせいイニシエヨリタレカしナカラン(인생자고 수무사) 사람은 옛적부터 죽지 않는 자는 아무도 없다는 뜻으로, 살아 생전에 보람이 있어야 함을 암시한 말.

【人生七十古來稀】じんせいしちじゅうこらいマレナリ(인생칠십 고래희) 칠십의 나이를 누린 자는 예로부터 드물다는 뜻. 두보(杜甫)의 곡강시(曲江詩)의 한 귀. 古稀(고희).

【人生何處不相逢】(인생하처 불상봉) 어디에선가 서로 만나지 않겠는가. 곧, 사람은 어느 곳에서든지 만나기 마련이라는 뜻.

【人庶】じんしょ(인서) 백성. 庶民(서민). ¶一群入野澤<後漢書>

【人選】じんせん(인선) 많은 사람 중에서 적당한 사람을 가려 뽑음.

【人性】じんせい(인성) 사람의 성품. 사람의 천성. ¶一各有所修短<淮南子>

【人所不堪】じんしょふかん(인소불감) 인력으로 감당할 수 없음. 또는, 그런 형편.

【人時】じんじ(인시) 경작(耕作)·수확(收穫) 등을 해야 하는, 백성의 생업에 필요한 시기. ¶一 謂耕穫之候<書經·注>

【人臣】じんしん(인신) 신하(臣下). ¶一出萬死 不顧一生之計<司馬遷>

【人身】じんしん(인신) ①사람의 몸. 肉體(육체). ¶一難得 如優曇花<涅槃經>/一賣買. ②인품(人品). ¶王郞逸少之子 一亦不惡 汝何以恨迺爾<世說新語>

【人身攻擊】じんしんこうげき(인신공격) 남의 일신상에 대한 일을 쳐들어 비난함.

【人神共憤】じんしんトモニイキドオル(인신공분) 사람도 분노하고 신(神)도 분노함. 天人共怒(천인공로). ¶肆行暴虐 一 法令不容<舊唐書>

【人心】じんしん(인심) ①사람의 마음. ¶聖人感一而天下和平<易經> ②인정. 애정. ③육체의 욕구에서 생기는 마음. ↔道心(도심).

【人心難測】じんしんハカリガタシ(인심난측) 사람의 마음은 헤아리기 어려움. ¶患生於多欲 而一也<史記>

【人心世態】じんしんせたい(인심세태) 세상 사람들의 마음과 세상 돌아가는 형편.

【人心所關】じんしんしょかん(인심소관) 사람의 마음에 따라 각각 취의(趣意)를 달리함.

【人心若面】じんしんハめんノゴトシ(인심약면) 사람의 마음은 각기 그 얼굴이 다른 것과 같이 같지 않음. 人心如面(인심여면). ¶人心之不同 如其面焉<左氏傳>

【人心惟危道心惟微】じんしんコレアヤフク どうしんコレびナリ (인심유위도심유미) 육체적 욕망에서 생기는 마음은 물욕에 매혹되어 사도(邪道)에 빠질 위험이 있고, 인간 본래의 도의심은 물욕에 가리어 분명히 드러내기 어려움. ¶— 惟精惟一 允執厥中<書經>

【人我】じんが (인아) ①남과 나. ¶—之養 畢足而止<莊子> ②《佛》 사람에게 불변(不變)의 실체(實體 : 我)가 있다는 뜻. ¶—之相. ↔法我(법아).

【人語】じんご (인어) 사람이 하는 말. 또는, 사람의 말소리. 人言(인언)①. ¶狂奔疊石吼重巒 —難分咫尺間<崔致遠>

【人言】じんげん (인언) ①☞人語(인어). ¶石池辨春色 林獸知—<儲光羲> ②어떤 사람의 말. 세상 사람의 평판이나 소문. ¶果若—<史記>

【人妖】じんよう (인요) ①상도(常道)에 어긋나는 일을 하는 사람. 남장여인(男裝女人)이나 여장남인(女裝男人) 따위. ②인체에 일어나는 변태적 현상. 남자가 여자로 화하고, 여자가 남자가 되는 따위. ¶物之已至者 —則可畏也<荀子>

【人妖物怪】じんようぶっかい (인요물괴) 요사스럽고 간악(奸惡)한 사람. 妖物(요물).

【人欲】じんよく (인욕) 사람의 욕망(欲望)에서 나오는 사심(私心). ¶滅天理而窮—者也<禮記>

【人員】じんいん (인원) ①사람의 수효. ¶—數. ②단체를 이룬 여러 사람. ¶—補充.

【人位】じんい (인위) 천지에 대한 사람의 지위. 또는, 신하의 위계(位階). ¶作文五行 以正天時 五官以正—<管子>

【人爲】じんい (인위) 사람의 힘으로 하는 일. ¶命者 天之命也 非—也<法言>/—淘汰. ↔自然(자연).

【人惟求舊】ヒトハタダ きゅうヲモトム (인유구구) 인물을 구하려면, 여러 대에 걸쳐 벼슬하는 가문에서 구함. ¶— 器非求舊 惟新<書經>

【人有三怨】ヒトニ さんえんアリ (인유삼원) 남으로부터 원망을 사는 세 가지. 높은 작위[高爵], 큰 벼슬[大官], 많은 녹[厚祿]. ¶— 子知之乎<列子>

【人肉市場】じんにくイチバ (인육시장) 매음부(賣淫婦)들이 몸을 파는 거리나 지대.

【人意】じんい (인의) 사람의 뜻. 民心(민심). 人心(인심). ¶上當天心 下合—<蜀志>

【人義】じんぎ (인의) 사람으로서 행해야 할 도리. ¶父慈 子孝 兄良 弟弟 夫義 婦聽 長惠 幼順 君仁 臣忠 十者謂之—<禮記>

【人人】ひとびと (인인) 사람사람. 각인. ¶—各如其意所出<漢書>/—惜其情<陶潛>

【人日】じんじつ (인일) 음력 정월 초이레의 아칭(雅稱). 정월 초하루부터 초엿새까지는 가축을 점치고, 초이렛날은 사람을 점쳤기 때문임. ¶正月初七日爲— 以七種菜爲羹 剪綵爲人<荊楚歲時記>

【人一能之己百之】ヒトヒトタビシテコレヲヨクセバ オノレコレヲひゃくタビス (인일능지기백지) 남이 한 번 해낼 수 있는 일을 자기는 백 번을 한다는 뜻으로, 남보다 훨씬 많이 노력함을 이름. 人一己百(인일기백). ¶— 人十能之己千之<中庸>

【人子】じんし (인자) ①사람의 아들. 또는, 남의 아들. ¶—用心 要求親之意 而盡養道也<禮記> ②「성경」(聖經)에 나오는 말로, 예수의 자칭(自稱).

【人作】じんさく (인작) ☞人造(인조).

【人爵】じんしゃく (인작) 사람으로부터 주어진 작위(爵位)나 관위(官位). ¶公卿大夫 此—也<孟子> ↔天爵(천작).

【人才】じんさい (인재) ☞人材(인재). ¶—登用.

【人材】じんざい (인재) 재능이 있는 사람. 人才(인재). ¶君子能長育—<詩經>

【人迹】じんせき (인적) ☞人跡(인적). ¶—所及<漢書>

【人跡】じんせき (인적) 사람의 발자취. 人迹(인적). ¶限以高山 —所絶<漢書>

【人跡不到處】じんせきふとうしょ (인적 부도처) 인적이 이르지 않은 곳이란 뜻으로, 궁벽한 곳을 이름.

【人丁】じんてい (인정) ①정년(丁年)이 된 사람. 壯丁(장정). ¶租庸調之法 以—爲本<唐書> ②인부(人夫).

【人定】じんてい (인정) ①밤에 통행을 금하기 위해 종을 치던 일. 큰 도시에서 이경(二更 : 하오 10시)에 28수(宿)를 상징하여 28번의 큰 종을 쳤는데 이에 따라 성문(城門)을 닫았음. ¶—鐘. ↔罷漏(파루). ②열성껏 노력함.

【人情】にんじょう (인정) ①남을 동정하는 갸륵한 마음씨. ②사람이 본디 가지고 있는 온갖 욕망. ¶—難豫觀<歐陽建> ③세상 사람의 다사로운 마음. ¶此非—<史記> ④옛날, 벼슬아치가 아랫사람에게 정(情)으로 주던 선물. ¶以禮物相遺 曰送—<通俗編>

【人情佳話】にんじょうかわ (인정가화) 외롭고 불쌍한 사람을 따뜻한 마음으로 돌보아준 아름다운 이야기.

【人情味】にんじょうみ (인정미) 인정이 깃들인 맛.

【人情所不能免】(인정 소불능면) 인정상 어쩔 수 없는 일.

【人定勝天】ヒトサダマッテ てんニカツ (인정승천) 인력(人力)이 능히 운명을 극복할 수 있다는 뜻으로, 열성껏 노력하면 어떤 곤란도 이겨낼 수 있음을 이름. 人強勝天(인강승천). ¶天定能勝人 人定亦能勝天<歸潛志>

【人定鐘】じんていしょう (인정종) 옛날, 통행 금지를 알리는 인정(人定) 때 울린 종. ¶至—鳴 始就寢<海錄碎事>

【人造】じんぞう (인조) 사람이 만듦. 사람이 만든 물건. 人作(인작). ¶天生日鹵 —曰鹽<字彙>/—絹. ↔天生(천생).

【人足】じんそく (인족) ①사람마다 넉넉함. 모든 사람의 생활이 풍족함. ¶家給— 安業樂產<後漢書> ②사람의 발. ¶其狀如鴟而—<山海經>

【人主】じんしゅ (인주) 임금. 天子(천자). 人牧(인목). ¶以道佐—<老子>

【人主必信】じんしゅひっしん (인주필신) 임금은 반드시 신의가 있어야 함. ¶凡— 信而又信 誰人不親<呂覽>

【人中】じんちゅう (인중) ①코와 윗입술 사이에 오목

하게 들어간 곳. ¶—長—寸 壽—百<相書> ②사람 가운데. ¶佛爲—師子<智度論>

【人中騏驥】じんちゅうノきき(인중기기) 재능이 무리에서 뛰어난 사람. 양(梁)의 서면(徐勉)을 두고 한 말. ¶此所謂— 必能致千里<南史>

【人中師子】じんちゅうノしし(인중사자) 많은 사람 중에서 뛰어난 사람. 師子는 獅子.

【人衆者勝天】ヒトオオケレバてんニかツ(인중자 승천) 사람이 많아 악한 세력이 강성하면 하늘도 누름. ¶吾聞之 — 天定亦能勝人<史記>

【人中之末】じんちゅうノまつ(인중지 말) 사람 가운데서 가장 못난 사람.

【人地】じんち(인지) ①재능·품격과 문벌. ¶—兼美<南齊書> ②사람과 땅.

【人智】じんち(인지) 사람의 지능(智能). ¶博聞強志 口辯辭給 —之美也<淮南子>

【人之常情】ヒトノじょうじょう(인지 상정) 사람이 보통 가질 수 있는 마음.

【人地生疏】じんちせいそ(인지생소) 땅이 생소할 뿐 아니라, 사람도 낯섦. 아는 이도 없고, 지리에도 어두움.

【人之安宅】ヒトノあんたく(인지 안택) 인덕(仁德)이 있으면 아무에게도 해침을 당하지 않으므로, 인덕은 사람이 편안히 살 수 있는 곳이란 뜻. 仁人之安宅也(인 인지안택야). ¶夫仁 天之尊爵也 —也<孟子>

【人之水鏡】ヒトノすいきょう(인지 수경) 사람 가운데의 수경(水鏡)이란 뜻으로, 정신이 맑고 깨끗한 사람의 비유. ¶此— 見之瑩然 若披雲霧而睹青天也<晋書>

【人之將死其言也善】ヒトノマサニしセントスルソノげんやヨシ(인지장사 기언야선) 사람이 죽음에 이르러서는 하는 말이 착하다는 뜻. ¶曾子曰 鳥之將死 其鳴也哀 —<論語>

【人聽】じんちょう(인청) ①사람이 듣는 일. 또는, 사람의 귀에 들려 오는 것. ②사람의 귀. ¶事雖昭明 未達—<後漢書>

【人彘】じんてい(인체) 돼지 같은 사람이란 뜻. 한(漢)의 여후(呂后)가 고조(高祖)의 총희(寵姬) 척부인(戚夫人)의 손발을 자르고 눈알을 빼고 농아(聾啞)로 만들어, 뒷간에서 살게 하고 人彘라 일컬었음. ¶太后遂斷戚夫人手足 去眼 煇耳 飮瘖藥 使居厠中 稱爲—<史記>

【人總】じんそう(인총) 인구(人口).

【人畜】じんちく(인축) 사람과 가축. ¶兵來道遠 —罷極<漢書>

【人波】ヒトなみ(인파) 사람의 물결. 모인 사람들의 움직이는 모습을 물결에 비유.

【人平不語】じんへいふご(인평불어) 사람은 만족하면 아무 말도 하지 않음. ¶— 水平不流<通俗編>

【人表】じんぴょう(인표) 남의 사표(師表). 남의 모범. ¶行爲— 經任人師者<魏志>

【人品】じんぴん(인품) ①사람의 품위(品位). 人格(인격). 人物(인물). 品格(품격). ②풍채(風采). ¶—庸陋<沈約>

【人形】じんけい·にんぎょう(인형) ①사람의 형상(形像). ¶八公山草木 皆類—<晋書> ②사람 모양을 본떠 만든 장난감. ¶—劇.

【人戶】じんこ(인호) 민가(民家). 人家(인가).

【人和】じんわ(인화) 사람이 화합(和合)함. 또는, 사람의 화합. ¶天時不如地利 地利不如—<孟子>/—團結.

【人禍】じんか(인화) 사람으로부터 받는 재앙. ¶不有— 則有天刑<韓愈>

【人寰】じんかん(인환) 사람이 사는 곳. 人境(인경). ¶回頭下望—處 不見長安見塵霧<白居易>

【人皇】じんこう(인황) 옛 중국의 삼황(三皇)의 하나. ¶昔者— 蛇身九首<拾遺記>

【人凶】じんきょう(인흉) 사람이 저지른 재앙. ¶然則國不得耕 此非天凶也 此—也<管子>

▷佳—, 家—, 歌—, 各—, 奸—, 間—, 個—, 客—, 巨—, 擧—, 古—, 故—, 公—, 寡—, 官—, 狂—, 校—, 舊—, 軍—, 弓—, 宮—, 今—, 奇—, 畸—, 吉—, 南—, 浪—, 內—, 老—, 路—, 達—, 當—, 黨—, 大—, 道—, 同—, 東—, 萬—, 蠻—, 亡—, 妄—, 盲—, 名—, 牧—, 武—, 文—, 未亡—, 邦—, 傍—, 白—, 凡—, 犯—, 法—, 病—, 卜—, 本—, 夫—, 婦—, 卑—, 鄙—, 貧—, 舍—, 死—, 私—, 絲—, 詞—, 山—, 散—, 殺—, 商—, 西—, 庶—, 石—, 昔—, 碩—, 仙—, 先—, 船—, 善—, 成—, 聖—, 世—, 小—, 騷—, 俗—, 囚—, 時—, 詩—, 神—, 新—, 惡—, 樂—, 愛—, 野—, 良—, 女—, 旅—, 麗—, 戀—, 佞—, 藝—, 吾—, 外—, 要—, 友—, 偶—, 偉—, 孺—, 義—, 擬—, 里—, 異—, 仁—, 逸—, 作—, 丈—, 才—, 全—, 罪—, 主—, 中—, 衆—, 證—, 至—, 知—, 眞—, 讒—, 天—, 哲—, 超—, 他—, 廢—, 風流—, 下—, 何—, 行—, 賢—, 胡—, 好—, 豪—, 黑—

0 2 【亻】 人자가 변으로 올 때의 자체.

3 【个】 ☞ 丨部 2획(p.34)

2 4 【介】 끼일 개 | 国ㄐㄧㄝˋ (jie) | かい (ハサマル)

풀이 ①끼이다. 사이에 끼어짐. ¶以—於大國<左氏傳>/—意. ②끼우다. ③중개하다. 또는, 그 사람. ¶—者不拜<禮記>/媒—. ④구획짓다. 나눔. 격리(隔離)함. ¶—而離川<莊子>/後—大河<漢書> ⑤돕다. 양측에서 사이에 있는 것을 도움. ¶以—眉壽<詩經>/—助. ⑥갑옷. 또는, 갑각(甲殼). 조개껍데기 따위. 通甲. ⑦굳다. 또는, 그런 지조(志操). ¶不以三公易其—<孟子>/耿—. ⑧홀로. 구별지어 고립하는 모양. ¶九皐之—鳥兮<張衡> ⑨단위(單位). 하나. 또는, 하찮은 것을 셀 때의 말. ¶——之士. ⑩머물다. 멈춤.

¶攸一攸止<詩經>/不用一意<列子> ⑪버금. 둘째. ¶一卿之葬<左氏傳> ⑫가. 곁. 경계(境界). 通 界. ¶悲江一之遺風<楚辭> ⑬의지하다. 의뢰함. ¶一人之寵 非勇也<左氏傳> ⑭작다. ¶一丘.

【介甲】かいこう(개갑) ①게나 거북 따위의 딱딱한 껍데기. ②갑옷. ¶一而馳 不飮不秣<宋史>

【介介】かいかい(개개) 마음이 결백하여 세속(世俗)과 어울리지 않는 모양. 耿耿(경경). ¶一獨惡是耳<後漢書>

【介居】かいきょ(개거) ①☞介在(개재). ¶一二大國之間<左氏傳> ②남의 도움 없이 독립하여 있음. 介立(개립)②. ¶獨一河北<史記>

【介潔】かいけつ(개결) 스스로 굳게 지킴이 깨끗함. ¶一而周流 苞涵而淸寧<柳宗元>

【介卿】かいけい(개경) 경(卿 : 중앙관서의 장)을 보좌하는 벼슬아치. 次卿(차경). ¶冢卿無路 一以葬<左氏傳>

【介丘】かいきゅう(개구) ①작은 언덕. ¶升東嶽而知衆山之峛崺也 況一乎<法言> ②큰 언덕. 泰山(태산). ¶以登一不亦恧乎<司馬相如>

【介圭】かいけい(개규) 큰 홀(笏). 길이 한 자 두 치. 천자가 제후를 봉할 때 내려 줬음. ¶太保承一<書經>

【介獨】かいどく(개독) ☞介特(개특)①. ¶自持一輕貨珍<梅堯臣>

【介鱗】かいりん(개린) ①패류(貝類)와 어류(魚類). 또는, 갑각(甲殼)과 비늘. ¶一者 夏食而冬蟄<淮南子> ②멀리 있는 오랑캐에 비유한 말. ¶章帝 建初元年 不以一易我衣裳<資治通鑑>

【介立】かいりつ(개립) ①고립무원(孤立無援). 介居(개거). 獨立(독립). 介特(개특). ②굳게 지조(志操)를 지켜서 영합(迎合)하지 않음. ¶性廉直一 行不合己者 雖貴不與交<後漢書>

【介僻】かいへき(개벽) 성질이 외곬인 것. 옹고집이어서 남과 안 어울리는 것. 狷介(견개). ¶性一 不與人往還<道山淸話>

【介夫】かいふ(개부) ☞介士(개사)①. ¶陽門之一死 司城子罕入而哭之<禮記>

【介士】かいし(개사) ①갑옷과 투구를 갖추어 입은 병사(兵士). 介者(개자)①. 介兵(개병). 介夫(개부). ¶國平養儒俠 難至用一<韓非子> ②굳게 마음에 지키는 바가 있는 사람. 耿介之士(경개지 사).

【介使】かいし(개사) 정사(正使)를 수행하는 사신. 副使(부사). ¶正使不能答 則一助之<論語大全>

【介山】かいざん(개산) ①중국 산서성(山西省)에 있는 산. 춘추 시대 진(晋)의 개지추(介之推)가 그의 어머니와 함께 은거하던 곳. 介美山(개미산). 緜山(면산). ②산서성에 있는 산. 한(漢)의 무제(武帝)가 후토(后土)를 제사지냈음. 汾山(분산).

【介山之志】かいざんノし(개산지 지) 개결(介潔)한 뜻. 춘추 시대 진(晋)의 개지추(介之推)가 자신의 공을 자랑하지 않고, 문공(文公)이 주는 녹(祿)을 사양한 옛일에서 유래.

【介石】かいせき(개석) 절의(節義)를 지키는 마음이 돌과 같이 굳음. ¶時來之機 悟先于一<宋書>

【介壽】かいじゅ(개수) 장수(長壽)를 돕는다는 뜻으로, 축수(祝壽)할 때 쓰는 말. ¶爲此春酒 以介眉壽<詩經>

【介心】かいしん(개심) ①굳은 마음. ¶似貞士之一<曹植> ②☞介意(개의).

【介意】かいい(개의) 마음에 두고 걱정함. 介心(개심)②. 介懷(개회). ¶所亡少少 何足一<後漢書>

【介入】かいにゅう(개입) 사이에 끼어듦. 제삼자가 사건에 관계함.

【介者】かいしゃ(개자) ①☞介士(개사)①. ②갑각(甲殼)이 있는 것. 甲蟲(갑충). ¶一生於庶龜<淮南子>

【介者不拜】かいしゃはいせず(개자불배) 갑옷을 입은 자는 배례(拜禮)를 하지 않는다는 뜻으로, 군영(軍營)에서는 마음을 오로지 군사(軍事)에만 쓰고 다른 일은 돌보지 않아야 함을 이름.

【介子推】かいしすい(개자추) ☞介之推(개지추).

【介在】かいざい(개재) 사이에 끼어 있음. 또는, 끼임. 介居(개거)①. ¶一蠻夷<左氏傳>

【介絶】かいぜつ(개절) 고립(孤立). ¶道理遼遠 人物一 人事所不至<前漢紀>

【介弟】かいてい(개제) 남의 아우에 대한 경칭. 介는 大. 大弟(대제). ¶寡君之貴一也<左氏傳>

【介冑】かいちゅう(개주) ①갑옷과 투구. 甲冑(갑주). ¶一則有不可犯之色<禮記> ②갑옷을 입음. 또, 그것을 입은 사람. ¶一執枹立於軍門<管子>

【介冑之間】かいちゅうノかん(개주지 간) 전쟁 중. 또는, 싸움터. ¶高祖死於一<蘇洵>

【介之推】かいしすい(개지추)《人》 춘추시대 진(晋) 문공(文公)의 충신. 19년간 망명 유랑하는 문공을 따라다니며 받들었으나 문공이 귀국 후 부르지 않으므로 면산(緜山)에 은거함. 문공이 후회하고 산에서 나오게 하기 위해 불을 질렀으나 나오지 않고 타 죽었다 함. 한식(寒食)은 문공이, 이 날 타 죽은 개지추를 애석히 여겨 불 때는 것을 금한 데서 유래한 것이라 하나 사실이 아님. 介子推(개자추).

【介次】かいじ(개차) 시(市)의 관아(官衙)에 딸린 자그마한 별관. ¶涖于一 而聽小治小訟<周禮>

【介蟲】かいちゅう(개충) 딱정벌레 따위, 갑각(甲殼)을 가진 곤충의 총칭.

【介特】かいとく(개특) ①고립무원(孤立無援)함. 또는, 그 사람. 介獨(개독). ¶養老疾 收一<左氏傳> ②지조(志操)를 지켜 고고(孤高)하게 지내는 일. 또는, 그러한 사람. ¶察淫侈之華譽 顧一之實功<後漢書>

【介懷】かいかい(개회) ☞介意(개의). ¶生資皆盡不以一<南史>

▷狷一, 耿一, 孤一, 謹一, 媒一, 紹一, 魚一, 鱗一, 一一, 節一, 仲一, 淸一

2/4【仇】원수 구 | 宄イヌ́(chou) くㅣヌ́(qiu) | きゅう (カタキ) *enemy*

풀이 ①원수. 원망. ¶父母之—<禮記>/忘民怨之爲—<張衡>/—讐. ②짝. 상대. ¶君子好—<禮記>/—偶. ③원망하다. 적시(敵視)함. ¶萬姓—予<書經> ④해치다. 탈취(奪取)함. ¶—餉. ⑤교만한 모양. ¶執我——<詩經>

【仇家】きゅうか(구가) ①원한이 있는 집. ②원수. 仇人(구인). ¶—欲燒其尸<史記>

【仇校】きゅうこう(구교) 두 책을 대조하여, 그 잘못된 데를 바로잡음. 讐校(수교). 校正(교정). 校合(교합). ¶喜藏異書 皆手自—<事類全書>

【仇隙】きゅうげき(구극) 원수처럼 벌어진 사이. ¶恩阿所私 罰枉—<後漢書>

【仇矛】きゅうぼう(구모) 삼지창(三枝槍). 구적(仇敵)을 칠 수 있는 창이라 하여 이르는 말. ¶— 頭有三叉 言可以討仇敵之矛也<釋名>

【仇讐】きゅうしゅう(구수) ☞仇敵(구적). ¶今令尹不尋諸—<韓非子>/—敵戰之國.

【仇敵】きゅうてき(구적) 원수(怨讐). 仇讐(구수). ¶晋吾—也<左氏傳>/楚 齊之—也 魏 齊之與國也<戰國策>

▷強—, 仇—, 報—, 雪—, 好—

2/4【今】이제 금 | 侵ㄐㄧㄣ(jin) | きん, こん(イマ) *now*

풀이 ①이제. 오늘. 현재. ¶—也不然<孟子>/—世. ②곧. 조만간. ¶吾屬—爲之虜矣<史記>/方—. ③만일. 혹은. 어떤 사태를 가정해서 하는 말. ¶—夫升高 以望松梓<陳師道> ④이. 이에. ¶—有殺人者<孟子>

【今旦】こんたん(금단) ☞今朝(금조). ¶—代從外來<史記>

【今代】こんだい(금대) 지금의 세대. 현대. 今世(금세). ¶古來無人境 —橫戈矛<杜甫>

【今來古往】こんらいこおう(금래고왕) 옛날부터 지금까지의 동안. 古往今來(고왕금래).

【今夫】こんぷ(금부) 혹은, 만일 따위의 발어사. ¶—升高 以望松梓<陳師道>

【今上】きんじょう(금상) 현재의 천자. 당대의 임금. ¶—陛下.

【今生】こんじょう(금생) 살고 있는 동안. 이 세상. 今世(금세). ¶—今世.

【今夕】こんせき(금석) 오늘 저녁. 오늘 밤. 今宵(금소). ¶樂飮— —醉累月<左思>

【今昔】こんせき・こんじゃく(금석) ①지금과 옛날. 今古(금고). ¶此人情之所榮 而—之所同也<歐陽脩> ②어젯밤. 昨夜(작야). ¶北面再拜曰 — 臣夢受之<呂覽>

【今昔之感】こんじゃくノかん(금석지 감) ①오늘의 처지에서 지나간 옛날을 그리워하는 감개. ②시세(時世)나 경우(境遇)의 변천에 대한 경이적(驚異的) 감정.

【今夕何夕】こんせきナニノユウベゾ(금석하석) 오늘 밤은 얼마나 좋은 밤인가. 또는, 오늘밤은 얼마나 쓸쓸한 밤인가. ¶三星在天 —<詩經>/—歲云徂 更長燭明不可孤<杜甫>

【今世】きんせい・こんせい(금세) ☞今生(금생). ¶生乎—反古之道<中庸>

【今歲】こんさい(금세) 올해. 今年(금년). ¶堯年始— 方欲瑞千齡<元稹>

【今愁古恨】こんしゅうここん(금수고한) 이제 사람의 근심과 옛사람의 한(恨). 이제 사람과 옛사람의 슬픔. ¶—入絲竹<白居易>

【今時發福】(금시발복) 당장에 복이 나타나 부귀를 누리게 됨.

【今是昨非】こんぜさくひ(금시작비) 오늘은 옳고 어제는 그름. 과거의 잘못을 오늘 비로소 깨달음. ¶實迷途其未遠 覺—<陶潛>

【今時初面】(금시초면) 이제야 처음 대면함.

【今時初聞】(금시초문) 이제야 처음 들음.

【今也】こんや(금야) 지금. 오늘. 也는 글머리의 말을 강조하는 허사(虛辭).

【今如古】こんにょこ(금여고) 지금이나 옛날이나 같음.

【今吾】きんご(금오) 지금의 나. 전일의 나에 대하여 오늘의 나. ¶心事—非故吾<王炎> ↔故吾(고오).

【今友】こんゆう(금우) 새로 사귄 벗. 今雨(금우)

【今雨】きんう(금우) ☞今友(금우). 雨는 友와 음통(音通)함. ¶尋常車馬之客 舊雨來—不來<杜甫>

【今人】こんじん・きんじん(금인) 지금 세상의 사람. ¶古人無復洛城東 —還對落花風<劉廷芝> ↔古人(고인).

【今日之顏子】こんにちノがんし(금일지 안자) 오늘의 안자(顏子)라는 뜻으로, 덕이 높은 이를 이름. 진(晋)대 양호(羊祜)의 덕을 칭찬한 말. 안자는 공자의 수제자 안회(顏回).

【今者】きんしゃ(금자) 지금. 요즈음. 近者(근자). ¶— 有小之言 令將軍與臣有隙<史記>

【今茲】きんじ・こんじ(금자) ①금년(今年). ¶昔歲入陳 —入鄭<左氏傳> ②이 때에. 이에. ↔來茲(내자).

【今纔】こんざい(금재) 이제 겨우.

【今朝】こんちょう(금조) 오늘 아침. 今旦(금단). ¶慈恩春色—盡 終日徘徊倚寺門<白居易>

【今之急】イマノイソギ(금지 급) 당면한 현재의 급무. ¶欲知死者有知與無知 非—<孔子家語>

【今次】こんじ(금차) 이번. 今回(금회).

【今體】きんたい・こんたい(금체) ①육조(六朝) 시대의 시문에 대해, 당(唐)대 이후의 시문을 이름. ¶小詩精絕 多以—作之<金史> ②서법(書法)에서, 근체(近體). 近體(근체). ¶制成— 乃窮奧旨<法書要錄> ↔古體(고체).

【今體詩】きんたいし(금체시) 율시(律詩)와 절구(絕句)를 이름. 近體詩(근체시).

【今秋】こんしゅう(금추) 올 가을. ¶去秋三五月 —還照房<沈約>

【今春】こんしゅん(금춘) 올 봄. ¶—看又過 何日是歸年<杜甫>

【今夏】こんか(금하) 올 여름. ¶—草木長 脫身得西走<杜甫>

【今回】こんかい(금회) 이번. 今次(금차).

【今曉】こんぎょう(금효) 오늘 아침. 今朝(금조). ¶—還差暖 淸寒退尙遲<楊萬里>

【今後】こんご(금후) 이 뒤.

▷古—, 當—, 目—, 方—, 如—, 而—, 自—, 昨—, 卽—, 只—, 至—, 現—

2
4【仂】 1 나머지 륵 2 힘쓸 력 | 國ㄌㄜˋ (le) | ろく(アマリ) *rest* りょく

풀이 1 ①나머지. 수(數)의 나머지. 通 阞. ¶祭用數之一<禮記> ②10분의 1. 또는, 3분의 1. ¶喪用三年之一<禮記> 2 힘쓰다. 通 力. ¶一 勤也<廣雅>

2
4【仆】 엎어질 부 복 | 國ㄈㄨˋ (fu) 國ㄆㄨ (pu) | ふ, ほく (タオレル) *fall down*

풀이 ①엎어지다. 앞으로 고꾸라짐. ¶顚一/前一後繼. ②쓰러지다. 쓰러져 죽음. ¶黍稷一於中田<陸雲>/日以一滅<漢書>/一伏. ③뒤집히다. 전복함. ¶名頹位一<韓愈>
▷僵一, 頓一, 偃一, 殪一, 曳一, 蹎一, 顚一, 推一, 醉一

4【仏】 佛(p.96)의 古字

4【仐】 傘(p.132)의 略字

2
4【什】 1 열사람 십 2 韓 세간 집 | 國ㄕˊ (shi) | じゅう (トウ) *furniture*

풀이 1 ①열 사람. 열 집. 옛 중국 군대에서 10인(人) 1조(組)의 단위. 또는, 10가(家) 1조의 단위. ¶十家爲一<管子>/一長. ②열. 通 十. ¶一三. ③10배(倍). ¶一佰. ④10등분(等分). ¶逐一一之利<史記> ⑤시편(詩篇). 「시경」(詩經) 아(雅)·송(頌)의 각 열 편. 후에 뜻이 바뀌어 시편(詩篇)을 이름. ¶託情風一<任昉>/詩一/篇一. 2 세간. 가구(家具). ¶帳帷一物<後漢書>/一器.

【什吏】じゅうり(십리) 10인의 우두머리. 什長(십장).

【什麼】じゅうま・イカン(십마) 의문사로, 무엇·어떻게의 뜻. 소설에 쓰이는 속어(俗語).

【什長】じゅうちょう(십장) ①군사(軍士) 10명 1조의 우두머리. 什吏(십리). ②韓 인부를 직접 지시·감독하는 사람. 「一<唐書>

【什具】じゅうぐ(집구) ☞什器(집기). ¶列館宇儲

【什器】じゅうき(집기) 살림살이에 쓰는 온갖 기구. 세간. 家藏什物(가장집물). 什具(집구). ¶舜作一於壽丘<史記>

【什物】じゅうぶつ・じゅうもつ(집물) ①☞什器(집기). ¶贈送一 無不充備<後漢書> ②비장(祕藏)의 보물. 什寶(집보).

【什寶】じゅうほう(집보) 가보(家寶)로서 비장(祕藏)한 집물(什物).
▷家一, 近一, 小一, 詩一, 新一, 章一, 篇一, 風一

2
4【仁】 어질 인 | 國ㄖㄣˊ (ren) | じん, にん (イツクシム) *merciful*

古 忎

源 會意. 두 사람이 친밀함을 뜻함.

풀이 ①어질다. ¶博愛之謂一<韓愈>/一心/一義. ②어진 이. 인덕(仁德)을 갖춘 사람. ¶汎愛衆而親一<論語> ③사람. ¶井有一焉<論語> ④사람의 마음. ¶一者 人心也<孟子> ⑤모든 덕(德)의 총칭. ¶渾然與物同體 義禮智信皆一也<識仁篇> ⑥동정(同情). 불쌍히 여김. ¶人皆有所不忍 達之於其所忍一也<孟子> ⑦과실의 씨. ¶杏一/桃一. ⑧오행(五行)에서, 동(東)·건(乾)·춘(春)·목(木)에 해당. ⑨벗에 대한 경칭. ¶一兄.

【仁簡】じんかん(인간) 인자하고 대범(大汎)함. ¶政惟一 以身率物<後漢書>

【仁公】じんこう(인공) 남에 대한 존칭. 明公(명공). ¶抑亦一之翼佐<王儉>

【仁君】じんくん(인군) ①어진 임금. ¶開惠觀見一<易林> ②남을 존경하여 부르는 호칭. ¶一年壯氣盛 緒信所孌<阮瑀>

【仁達】じんたつ(인달) 인정이 많고 도리에 통달함. ¶唯仁與達 吾二子有焉<晋書>

【仁德】じんとく(인덕) 어진 덕(德). ¶君有一 天之所奉也<新序>

【仁道】じんどう(인도) 유교의 근본이 되는 인(仁)의 도(道). ¶一不遐<張華>

【仁免】じんめん(인면) 불쌍히 여겨 죄를 용서함.

【仁牧】じんぼく(인목) 인정 많은 장관(長官). ¶未嘗不望賢侯一<福惠全書>

【仁聞】じんぶん(인문) 인덕에 대한 소문. 인정(仁政)의 평판. 仁聲(인성). ¶今有仁心一 而民不被其澤<孟子>

【仁祠】じんし・にんし(인사) 절의 이칭. ¶精舍所踞號曰一<釋門正統>

【仁山智水】じんざんちすい(인산지수) 인자(仁者)는 산을 좋아하고, 지자(智者)는 물을 좋아함. ¶知者樂水 仁者樂山<論語>

【仁恕】じんじょ(인서) 인자해서 남의 딱한 사정을 잘 알아줌. ¶寬明而一<漢書>

【仁瑞】じんずい(인서) 성인이 임금 자리에 있을 때 나타난다는 상서로운 것. 봉황, 용, 기린 따위.

【仁聲】じんせい(인성) ☞仁聞(인문). ¶仁言不如一之入人深也<孟子>

【仁術】じんじゅつ(인술) ①인(仁)의 도를 행하는 방법. ¶無傷也 是乃一也<孟子> ②의술(醫術)의 별칭.

【仁信智勇嚴】(인신지용엄) 대장(大將)된 자가 몸에 갖추어야 할 다섯 가지의 덕. ¶將者一也<孫子>

【仁愛】じんあい(인애) 어질며 남을 사랑함. 慈愛(자애). 仁親(인친). ¶調爲隴西都尉 一士卒<史記>

【仁言利博】じんげんりはく(인언이박) 인덕(仁德)이 있는 이의 말은 널리 민중에게 좋은 영향을 미침. ¶仁人之言 其利博哉<左氏傳>

【仁王】におう(인왕)《佛》 불법(佛法)을 지키는 신(神). 金剛神(금강신). 二王(이왕).

【仁勇】じんゆう(인용) 어질고도 용맹스러움. ¶質行正直 一得衆心<漢書>

【仁育】(인육) 자애(慈愛)로써 기름.

【仁義】じんぎ(인의) 인(仁)과 의(義). 인의는 덕목(德目) 중에 대표적인 것이므로, 뜻이 바뀌어 도덕(道德)의 의미로도 쓰임. 仁誼(인의).
【仁義禮智信】じんぎれいちしん(인의예지신) 사람이 갖추어야 할 다섯 가지 덕(德). 五常(오상). ¶五常者何 謂一也<白虎通>
【仁人之安宅也】じんじんのあんたくなり(인 인지안택야) ☞人之安宅(인지 안택).
【仁人之言其利博】じんじんのげんそのりひろし(인인지언 기리박) ☞仁言利博(인언이박).
【仁者】じんしゃ(인자) ①어진 사람. 仁人(인인). ¶一不憂<論語> ②유모(乳母). ¶成王生一養之<大戴禮> ③《佛》너·자네 따위, 사람을 부르는 호칭.
【仁慈】じんじ(인자) 어질고 자애스러움. 仁惠(인혜).
【仁者無敵】じんしゃにてきなし(인자무적) 어진 사람은 널리 사람을 사랑하므로, 천하에 적대하는 자가 없음. ¶一 王請勿疑<孟子>
【仁者不憂】じんしゃはうれえず(인자불우) 어진 사람은 도리(道理)에 따라 행하고 불미스러움이 없으므로 근심이 없음. ¶一 知者不惑 勇者不懼<論語>
【仁者樂山】じんしゃはやまをたのしむ(인자요산) 어진 사람은 의리(義理)에 안거(安居)하여 행동이 중후(重厚)하므로, 그 심경이 산과 같아서 자연히 산을 즐김. ¶知者樂水 一<論語>
【仁者之勇】じんしゃのゆう(인자지 용) 인자는 사심(私心)이 없고, 누(累)가 없으므로 의(義)를 실천하는 데에 주저하지 아니하는 용기가 있음.
【仁者好生】じんしゃせいをこのむ(인자호생) 인자(仁者)는 만물이 생생(生生)함을 좋아함.
【仁政】じんせい(인정) 어진 정치. 왕자(王者)가 백성을 사랑하는 정사(政事). ¶夫一 必自經界始<孟子>
【仁弟】じんてい(인제) 손윗사람이 손아랫사람을 부를 때의 존칭. 형이 아우에게, 스승이 제자에게, 연장자가 연소자를 부르는 따위. ↔仁兄(인형).
【仁鳥】じんちょう(인조) 봉황(鳳凰)의 별칭.
【仁智居】じんちきょ(인지거) 인자(仁者), 지자(智者)가 요산요수(樂山樂水)할 수 있을 만한 자리. ¶所占於此土 是謂一<應璩>
【仁風】じんぷう(인풍) ①인덕(仁德)의 풍화(風化). ¶一行於千載<後漢書> ②부채의 아칭(雅稱). 진(晋)의 원굉(袁宏)이 전별(餞別)하는 선물로 부채를 받고, 마땅히 인풍(仁風)을 힘써 고양(高揚)하여 저 백성들을 위로하겠다고 한 옛일에서 유래.
【仁兄】じんけい(인형) 편지 따위에서, 친구끼리 상대방을 높여 부르는 말. 雅兄(아형). 尊兄(존형). 大兄(대형).
【仁誨】じんかい(인회) 깊은 인정에서 우러나온 좋은 가르침. ¶加承一 益以側棲<陸雲>
【仁孝】じんこう(인효) 인자하고 효성스러움. 또는, 남에게는 인정을 쓰고, 부모에게는 효심이 두터움. ¶今太子一 天下皆聞之<漢書>
【仁厚】じんこう(인후) 인정 많고 후덕(厚德)함. ¶其一 豈有量哉<漢書>
【仁洽】じんこう(인흡) 인덕(仁德)이 널리 고루 미침. ¶一兼濟 愛深善誘<王儉>
▷寬一, 能一, 桃一, 同一, 輔一, 不一, 三一, 里一, 慈一, 至一, 杏一

2/4 【仍】 인할 잉 | 國ㄖㄥˊ (reng) | じょう(ヨル) *cause*

풀이 ①인하다. 그대로 따름. ¶一舊貫<論語> ②거듭되다. 거듭. 자주. ¶一世. ③몇 겹으로 겹쳐져 많은 모양. ¶一一. ④오히려. 여전히. ¶一然. ⑤7대손(代孫). ¶一孫. ⑥이에. ¶一父子再亡國<史記>
【仍貫】じょうかん(잉관) 낡은 관습(慣習)을 좇아 고치지 아니함. 仍舊(잉구).
【仍舊】じょうきゅう(잉구) 전례(前例)를 좇음. 또는, 의연(依然)히. 仍舊貫(잉구관).
【仍世】じょうせい(잉세) 누대(累代). 代代(대대). ¶一多故 幾於顚墜<晋書>
【仍孫】じょうそん(잉손) 7대손(代孫).
▷異一, 因一, 仍一, 重一, 荐一

4 【从】 從(p.549)의 本字

2/4 【仄】 기울 측 | 國ㄗㄜˋ (ze) | そく(カタムク) *incline*

源 會意. 언덕[厂] 아래에 두어 사람[人]이 비스듬히 서 있음을 뜻함.
풀이 ①기울다. ㉮비스듬하다. ¶險道傾一 且馳且前<漢書> ㉯기울어지다. 同昃. ¶日一乃罷<後漢書> ②옆. 곁. 通側. ¶罷退外親 及旁一素餐之人<漢書> ③희미하다. 어렴풋함. ¶帝至尊嚴 鬼至幽一<陸龜蒙> ④측운. 운(韻)을 평(平)과 측(仄)으로 크게 나눈 것의 하나. 사성(四聲) 중 상성(上聲)·거성(去聲)·입성(入聲). ¶上去入爲一聲<沈約>/平一. ⑤돈 이름.
【仄起】そっき(측기) 한시(漢詩)에서 기구(起句)의 둘째 글자에 측운(仄韻)을 쓰는 일. 또는, 그 글자. ↔平起(평기).
【仄陋】そくろう(측루) 아주 낮은 신분. 側陋(측루).
【仄目】そくもく(측목) 곁눈. 또는, 그 눈으로 봄. ¶衆畏其口 見之一<漢書>
【仄聞】そくぶん(측문) 어렴풋이 들음. 풍문에 들음. ¶一屈原兮 自湛汨羅<漢書>
【仄斜】そくしゃ(측사) ☞傾斜(경사).
【仄聲】そくせい(측성) 한자의 상성(上聲)·입성(入聲)·거성(去聲). 또는, 그에 해당하는 76 운자(韻字). ↔平聲(평성).
【仄室】そくしつ(측실) ①옛날 경대부(卿大夫)의 서자(庶子). ②첩(妾). 側室(측실).
【仄韻】そくいん(측운) 상(上)·거(去)·입(入) 삼성(三聲)에 속하는 운(韻). ↔平韻(평운).
【仄日】そくじつ(측일) 기울어진 해. 곧, 지는 해. 斜日(사일). 夕陽(석양).
【仄入】そくにゅう(측입) 한시(漢詩)의 변격(變格). 율시(律詩) 여덟 구의 첫 자를 측운(仄韻)의 글자로 하는 일.
【仄字】そくじ(측자) 상(上)·거(去)·입(入) 삼

성(三聲)에 딸린 글자.

【仄注冠】そくちゅうかん(측주관) 양 옆이 우뚝 솟아나고 끝이 아래로 숙은 관. 側注(측주).

【仄慝】そくとく(측특) 달과 해의 운행(運行)이 어긋나, 음력 초하루에 달이 동쪽에 솟는 일. ¶朔而月見東方 謂之一<漢書>
▷傾一, 攲一, 反一, 旁一, 湢一, 稫一, 幽一, 日一, 平一, 偪一

4〖化〗 ☞匕部 2획(p.228)

5〖佪〗 1 個(p.117)의 略字 2 信(p.113)의 古字

5〖수〗 今(p.80)의 俗字

3 5〖代〗 대신 대 | 隊ㄉㄞˋ (dai) | だい(カワル, ヨ) *in place of, generation*

※伐(p.89)은 딴 자.

풀이 ①대신. ㉮대신하다. ¶友人有疾 … 寧以我身一友人命<世說新語>/一贖. ㉯대리하다. ¶彼可取而一也<史記>/一行. ㉰갈리다. 교체함. ¶及瓜而一<左氏傳>/一官. ②번갈다. ¶一興. ③세상. ㉮번갈아 드는 세상. ¶亂臣賊子 何一無之<十八史略>/現一. ㉯한 왕조의 치세. ¶宋一. ④대. ㉮사람의 한평생. ¶當一. ㉯가계(家系)의 혈통. ¶四一奉祀. ㉰계승의 차례. ¶古之王者易一改號<孔子家語>/累一/初一.

【代價】だいか(대가) ①노력이나 일에 대한 보수. ②베푼 은혜나 희생 따위의 대신으로 받는 것.

【代講】だいこう(대강) 남 대신으로 하는 강의나 강연. 또는, 그 일.

【代決】だいけつ(대결) 대신하여 하는 결재.

【代耕】だいこう(대경) ①경작의 대신 다른 일로 사는 일. 농사 짓지 않고 사는 것 곧 벼슬살이. 또는, 그로써 받는 봉록(俸祿). ¶一非所望 所業在田桑<陶潛> ②☞小作料(소작료).

【代哭】だいこく(대곡) 곡성(哭聲)이 끊이지 않도록 상주(喪主) 대신 곡(哭)하는 일. 또는, 그 곡.

【代官】だいかん(대관) 교체되어 온 관리. 곧, 신관(新官). ¶一已到<明律>

【代納】だいのう(대납) ①돈 따위를 남을 대신하여 냄. ②다른 물건으로 대신하여 냄.

【代代】だいだい(대대) 여러 대. 累代(누대). ¶一孫孫.

【代讀】だいどく(대독) 남을 대신하여 읽음.

【代理】だいり(대리) 남을 대신하여 처리함. 또는, 그러한 직무를 가진 사람이나 직위의 일컬음. 代辨(대변). 代辦(대판). ¶一公使/法定一/委任一/一人/一權.

【代立】だいりつ(대립) ①韓 공역(公役)에 다른 사람을 대신 보내는 일. ②☞代位(대위)②.

【代馬】だいば(대마) 중국 북방, 대군(代郡)에서 나는 좋은 품종의 말. ¶一不思越<李白> ※胡馬(호마).

【代脈】だいみゃく(대맥) ①혈맥(血脈)의 결체(結滯). 代絶(대절). ②☞代診(대진)②.

【代命】(대명)韓 ①☞代死(대사). ②☞代殺(대살).

【代拜】だいはい(대배) ①남을 대신하여 참배(參拜)함. ②남을 대신하여 관직을 받음.

【代番】かわりばん(대번) 남을 대신하여 번(番)을 듦. 또는, 그 번.

【代辨】だいべん(대변) ☞代理(대리).

【代辯】だいべん(대변) 남의 말을 대신하여 함. ¶一者/一人.

【代捧】(대봉)韓 꾸어준 돈이나 물품 대신에 다른 것을 받음.

【代不乏人】だいふぼうじん(대불핍인) 어느 시대에나 인재가 없는 것은 아님.

【代死】だいし(대사) 대신 죽음. 代命(대명)①. 替死(체사). ¶命有定分 非可一<書經>

【代謝】だいしゃ(대사) 새 것으로써 낡은 것을 대신함. 新陳代謝(신진대사). ¶一機能.

【代殺】(대살)韓 사람을 죽인 자를 사형(死刑)에 처함. 代命(대명)②.

【代償】だいしょう(대상) ①다른 것으로 대신 물어줌. ¶一行爲. ※代捧(대봉). ②대신 갚아줌.

【代序】だいじょ(대서) 차례대로 바꿈.

【代書】だいしょ(대서) 대신하여 글이나 글씨를 씀. 代筆(대필). ¶一人/一士/一所.

【代署】だいしょ(대서) 대신 서명함.

【代訴】だいそ(대소) 당사자를 대신하여 송사(訟事)함. 代理訴訟(대리소송).

【代贖】だいしょく(대속) ①남을 대신하여 그의 죄를 속죄(贖罪)함. ②예수가 십자가에 못박혀 죽음으로써 인류의 죄를 씻어 구원했다는 일.

【代送】だいそう(대송) 대신 보냄.

【代囚】だいしゅう(대수) 죄수 대신 다른 사람을 볼모로 가두어 둠.

【代數】だいすう(대수) ①이어 내려 오는 대(代)의 수. ②수자(數字) 대신 문자나 부호를 써서 하는 산수(算數). ¶一學.

【代身】だいしん(대신) ①어떤 일에서 남의 자리에 듦. ②딴 것으로 갈음함.

【代案】だいあん(대안) ①어떤 안(案)에 대신할 생각이나 의견 또는 안건. ②다른 방도(方途).

【代役】だいやく(대역) ①당사자를 대신하여 그의 구실을 하는 일. 또는, 그 사람. ②극이나 영화 따위에서, 원래의 출연자를 대신하여 그가 맡았던 역을 연기하는 일. 또는, 그 사람.

【代用】だいよう(대용) 본래의 것 대신에 다른 것을 사용함. ¶一品/一物.

【代位】だいい(대위) ①타인의 지위에 대신하여 그의 권리 따위를 받거나 행사하는 일. ¶一相續. ②대를 이어 왕위(王位)에 오름. 代立(대립)②.

【代議】だいぎ(대의) ①다른 사람을 대신하여 그 대표로서 어떤 일을 논의함. ¶一員. ②국민을 대신하여 그 대표자가 의회 또는 국정(國政)에 참여하여 의논함. ¶一機關/一政治.

【代印】だいいん(대인) 대신 찍는 도장. 또는, 도장을 대신 찍는 일.

【代赭】だいしゃ(대자) 광택이 없고 흑적색(黑赤色)을 띤, 가루 안료(顏料). 물감으로 씀.

¶一石.

【代作】だいさく(대작) ①남을 대신하여 글을 지음. 또는, 그 글. ②번갈아 나옴.

【代田】だいでん(대전) 번갈아 바꾸어 가며 묵히거나 경작하는 토지.

【代絶】だいぜつ(대절) ☞代脈(대맥)①.

【代存代亡】だいそんだいぼう(대존대망) 번갈아 가며 존망(存亡)이 거듭됨. ¶一 相爲雌雄耳<荀子>

【代指】だいし(대지) 손가락 끝에 나는 독한 부스럼. 蛇頭瘡(사두창).

【代診】だいしん(대진) ①의사를 대신하여 진찰함. 또는, 그 사람. ②의원(醫員)을 대신하여 진맥(診脈)함. 代脈(대맥)②.

【代盡】だいじん(대진) 제사를 지내는 대수(代數)가 다 됨. 서민은 4대(代) 곧 고조(高祖)까지, 왕은 5대조까지 지냄. ※五世親盡(오세친진).

【代撰】だいせん(대찬) 대신 펴냄.

【代聽】(대청)㊥ 세자(世子)가 왕을 대신하여 정치를 하던 일.

【代替】だいたい(대체) 다른 것으로 바꿈. 다른 것으로 대신함. ¶一物/一效果.

【代促】だいそく(대촉) 한 세대(世代)의 기간이 짧음.

【代充】だいじゅう(대충) 딴 것으로 대신 채움.

【代置】だいち(대치) 다른 것으로 바꾸어 놓음. 또는, 다른 것으로 바꿈.

【代土】だいど(대토) ①팔거나 넘긴 본래 땅의 대신으로 받거나 장만하는 토지. ②바꾸어 받는 소작지(小作地).

【代播】だいは(대파) 가뭄 따위로 모를 못 낸 논에, 벼 대신 다른 곡식의 씨를 뿌림. 또는, 그 일.

【代辦】だいべん(대판) ☞代理(대리).

【代表】だいひょう(대표) 개인이나 단체 또는 여러 사람을 대신하여 그 의사를 결정하고 처리하는 일. 또는, 그 사람. ¶一者/一委員.

【代表作】だいひょうさく(대표작) 어떤 사람 또는 어느 시대나 단체 등의 작품 중 가장 낫다고 내세울 만한 것.

【代筆】だいひつ(대필) ☞代書(대서).

【代行】だいこう(대행) 남을 대신하여 함. 대신하여 집행함.

【代翕代張】だいきゅうだいちょう(대흡대장) 세력의 오그라지고 펴짐이 번갈아 일어남. ¶一 代存代亡<荀子>

【代興】だいこう(대흥) 번갈아 떨쳐 일어남.

▷更一, 古一, 冠一, 交一, 近一, 累一, 屢一, 當一, 代一, 萬一, 綿一, 明一, 上一, 先一, 聖一, 世一, 韶一, 時一, 歷一, 年一, 永一, 五一, 往一, 一一, 前一, 絶一, 中一, 重一, 地一, 迭一, 遞一, 初一, 總一, 濁一, 奕一, 現一, 換一, 後一, 稀一

5【仝】同(p.270)과 同字

3
5【令】 1하여금 령 ㊥カ丨ㄥ̀ れい(ノリ)
2명령 령 ㊥(ling) order
㊥今

㊥會意. 옛 중국의 천자(天子)가 제후장상(諸侯將相)·사신에게 신표[卩]를 내릴 때 그들을 모아[亼] 명령함을 뜻함.

※今(p.80)은 딴 자.

풀이 1 ①하여금. ㉮☞句法 ㉯부리다. ¶使一於前<孟子> ㉰부림을 당하는 사람. ¶寺人之一<詩經>/使一. ②가령. ☞句法 ③벽돌. 通瓴. ④소리. 개목에 단 방울 소리. 2 ①명령. ㉮법령. 규칙. ¶一苛則不聽<呂覽>/閣一. ㉯명령. 명령을 내림. 지시함. ¶天子之言曰一<新書>/軍一. ㉰포고(布告). ¶發號施一<書經> ㉱훈계. 경계. ¶子從父之一 可謂孝乎<孝經> ②장관. 우두머리. ¶守一/國務院一. ③착하다. 좋음. 아름다움. ¶一聞廣譽施於身<孟子> ④높임말. ¶一夫人. ⑤철. 때. ¶月一歌.

句法

①사동

[令…] …로 하여금 하게 하다. 使·敎·俾 등과 같게 쓰임. ¶吾令人望其氣<史記>

②가정

[令…] 만일…이…이었다면. 使와 같게 쓰임. ¶如令子當高帝時 萬戶侯豈足道哉<史記>

【令監】(영감)㊥ ①정3품·종2품의 벼슬아치에 대한 호칭. ②나이 많은 남편을 부인이 부르는 말. ③늙은이를 일컫는 말.

【令甲】れいこう(영갑) 율령(律令)의 제1장(章). 곧, 법전(法典)이나 법령의 맨 앞에 있는 규정.

【令价】(영개) 남을 높이어 그의 하인을 일컫는 말.

【令格】れいかく(영격) 규칙(規則). 법(法).

【令公】れいこう(영공) 중서령(中書令)의 존칭.

【令嬌】れいきょう(영교) ☞令愛(영애).

【令君】れいくん(영군) 한(漢)말 때부터의 상서령(尙書令)의 이칭.

【令閨】れいけい(영규) ☞令夫人(영부인).

【令旗】れいき(영기) 군령(軍令)을 전할 때 사용하던 깃발. 또는, 영(令)자를 쓴 깃발.

【令器】れいき(영기) 좋은 그릇 곧 훌륭한 인재(人材). ¶張紘 文理意正爲世一<吳志>

【令娘】れいじょう(영낭) ☞令愛(영애).

【令女之節】れいじょのせつ(영녀지 절) 여자의 뛰어난 정절(貞節). 영녀(令女)는 남편 조문숙(曹文叔)이 일찍 죽고 아이가 없으므로, 친정에서 그를 개가(改嫁)시켜려 하자 제 두 귀를 잘랐으며 그 뒤, 또 강권하니 코를 베고 정절을 지켰다 함.

【令堂】れいどう(영당) 남의 어머니를 높이어 일컫는 말. 令母(영모). 令慈(영자). 慈堂(자당). 萱堂(훤당).

【令德】れいとく(영덕) 훌륭한 덕. 美德(미덕).

【令圖】れいと(영도) 훌륭한 계책. 令謨(영모). 令猷(영유). ¶一 天所贊也<左氏傳>

【令郞】れいろう(영랑) ☞令息(영식).

【令令】れいれい(영령) 개의 목에 단 방울이 울리는 소리. ¶盧一<詩經>

【令望】れいぼう(영망) 좋은 평판.

【令妹】れいまい(영매) 남의 누이동생을 높이어 이르는 말.

【令名】れいめい(영명) 소문난 훌륭한 이름. 곧, 인품·덕망·재능 따위가 뛰어나 떨치는 이

름. 令聞(영문). 英名(영명). 佳名(가명). 高名(고명). 盛名(성명). ¶夫— 德之輿也<左氏傳> ※威名(위명).
【令母】れいぼ(영모) ☞令堂(영당).
【令謨】れいぼ(영모) ☞令圖(영도).
【令聞】れいぶん(영문) ☞令名(영명). ¶—嘉譽.
【令伯】れいはく(영백) 남의 큰아버지나 큰어머니를 높이어 일컫는 말. 「射)의 병칭.
【令僕】れいぼく(영복) 상서령(尚書令)과 복야(僕
【令夫人】れいふじん(영부인) 남의 아내를 높이어 일컫는 말. 令閨(영규). 令正(영정)①. 令室(영실).
【令士】れいし(영사) 훌륭한 선비. 「치.
【令史】れいし(영사) 문서 따위를 다루던 구실 아
【令嗣】れいし(영사) 남의 장남 또는 사자(嗣子)의 존칭. 令緖(영서).
【令色】れいしょく(영색) ①아름다운 얼굴빛. ②남에게 잘 보이려고 짓는 얼굴빛. ¶巧言—鮮矣仁<論語>
【令書】れいしょ(영서) ①韓 왕을 대신하여 정사를 맡은 왕세자가 내리던 명령을 적은 문서. 令旨(영지)①. ②황태자(皇太子), 황후 등 황족의 편지의 일컬음.
【令壻】れいせい(영서) 남의 사위를 높이어 일컫는
【令緖】れいしょ(영서) ☞令嗣(영사). ⌊말.
【令孫】れいそん(영손) 남을 높이어 그의 손자를 일컫는 말. 令抱(영포).
【令叔】れいしゅく(영숙) 남의 작은 아버지나 작은 어머니를 높이어 이르는 말.
【令淑】れいしゅく(영숙) 착함. 훌륭함. 「書>
【令諡】れいし(영시) 시호(諡號). ¶賜之—<漢
【令息】れいそく(영식) 남을 높이어 그의 아들을 일컫는 말. 令胤(영윤). 令郞(영랑). 令子(영자)②.
【令辰】れいしん(영신) 좋은 때 또는 좋은 날. 吉日(길일). 佳辰(가신). 令日(영일). 令節(영
【令室】れいしつ(영실) ☞令夫人(영부인). ⌊절).
【令愛】れいあい(영애) 남을 높이어 그의 딸을 일컫는 말. 令嬌(영교). 令孃(영양). 令媛(영원). 令千金(영천금). 令娘(영낭).
【令孃】れいじょう(영양) ☞令愛(영애).
【令嚴】れいげん(영엄) ①명령이 엄함. ¶—政行<戰國策> ②남의 아버지를 높이어 일컫는 말. 令尊(영존).
【令月】れいげつ(영월) 음력 2월의 이칭.
【令猷】れいゆう(영유) ☞令圖(영도).
【令尹】れいいん(영윤) ①춘추 시대 초(楚)의 최고 벼슬인 상경(上卿). ②지방 장관인 영(令)과 윤(尹)의 병칭.
【令胤】れいいん(영윤) ☞令息(영식).
【令尹子文】れいいんしぶん(영윤자문)《人》춘추 시대 초(楚)의 사람. 자문은 자(字). 영윤(令尹)에 세 번 등용되고 세 번 쫓겨났으나 한 번도 마음의 동요가 없었다 함.
【令儀】れいぎ(영의) ①훌륭한 의용(儀容). ¶豈弟君子 莫不—<詩經> ②의식(儀式).
【令人】れいじん(영인) ①좋은 사람. 훌륭한 사람. ②조선 때 종사품(從四品) 관원 아내의 봉작(封爵).
【令日】れいじつ(영일) ☞令辰(영신).
【令子】れいし(영자) ①훌륭한 아들. ②☞令息(영식). 「컫는 말.
【令姉】れいし(영자) 남의 손위누이를 높이어 일
【令慈】れいじ(영자) ☞令堂(영당).
【令狀】れいじょう(영장) ①명령을 적은 문서. ②구속이나 수색 등을 할 수 있도록 법원이 발행한 문서. ¶拘束—/搜索—.
【令箭】れいせん(영전) 옛날, 떨어져 있는 부대에 명령을 적은 종이와 함께 쏘아 보내던 화
【令節】れいせつ(영절) ☞令辰(영신). ⌊살.
【令正】れいせい(영정) ①☞令夫人(영부인). ②서장(書狀)이나 명령 따위를 작성하는 부서의 장(長).
【令弟】れいてい(영제) 남의 아우를 높이어 일컫는 말. 季氏(계씨).
【令尊】れいそん(영존) ☞令嚴(영엄)②.
【令終】れいしゅう(영종) 훌륭히 죽음. 아름답게 생(生)을 마침. 考終命(고종명). 善死(선사).
【令準】れいじゅん(영준) 훌륭한 본보기. ¶近代之—式遠之鴻規<宋書>
【令旨】れいし(영지) ①☞令書(영서)①. ②황태자·황후·태후 등의 명령. ¶以皇太后命爲—<金史>
【令姪】れいてつ(영질) 남의 조카를 높이어 이르는 말. 咸氏(함씨).
【令妻】れいさい(영처) ☞良妻(양처).
【令寵】れいちょう(영총) 남을 높이어, 그의 첩을 이르는 말. ※寵妾(총첩).
【令出多門】れいしゅつたもん(영출다문) 기강이나 계통이 어지러워져서, 명령이 여러 곳에서 나
【令飭】れいちょく(영칙) 훈계함. ⌊옴.
【令抱】れいほう(영포) ☞令孫(영손).
【令票】(영표)韓 각 영문(營門)에 주장(主將)의 명령을 전한 나무패.
【令閤】れいこう(영합) ☞令夫人(영부인).
【令兄】れいけい(영형) ①편지 따위에서, 벗을 높이어 일컫는 말. ②남을 높여, 그 형을 이르는
【令慧】れいけい(영혜) 총명함. ⌊말.
【令狐】れいこ(영호) 지금의 산서성(山西省)에 있던, 춘추 시대의 성(城).
▷苛—, 家—, 假—, 格—, 戒—, 功—, 敎—, 口—, 軍—, 禁—, 德—, 命—, 法—, 司—, 使—, 辭—, 設—, 笑—, 手—, 守—, 時—, 暗—, 嚴—, 月—, 威—, 違—, 遺—, 律—, 頤—, 傳—, 政—, 詔—, 縱—, 旨—, 指—, 勅—, 憲—, 縣—, 懸—, 號—, 訓—

5【令】令(p.84)의 俗字

3 5【付】줄 부 | 週ㄈㄨˋ (fu) | ふ(アタエル, ツケル) give, stick

풀이 ①주다. 건넴. 넘기어 줌. ¶分—諸客<漢書>/給—. ②붙다. 붙임. 通附. ¶—着. ③부치다. ¶送—. ④부탁하다. 청함. ¶恐—託不效 以傷先帝之明<諸葛亮>/—囑.
【付渡】ふと(부도) 넘겨 줌. 건네줌. 付度(부도). 「위. ¶—書.
【付壁】ふへき(부벽) 벽에 붙이는 글씨나 그림 따

【付丙】ふへい(부병) 불에 태워 버린다는 뜻으로, 비밀 편지 따위의 끝에 쓰는 말. 付火(부화).
【付書】ふしょ(부서) 편지를 부침.
【付送】ふそう(부송) ☞送付(송부).
【付與】ふよ(부여) 줌. 授與(수여).
【付梓】(부재) 인쇄에 붙인다는 뜻으로, 출판을 이르는 말. 上梓(상재).
【付種】ふしゅ(부종) ☞播種(파종).
【付紙】ふし(부지) 얇은 종이를 겹으로 붙인 것.
【付之榜末】(부지 방말) 과거에서, 초시(初試)에만 오른 사람을 왕의 특지(特旨)로 방(榜) 끝에 별도로 써 붙여 급제시키던 일.
【付之一笑】ふしいっしょう(부지일소) 일소(一笑)에 붙임. 같잖아 상대하지 아니함.
【付處】ふしょ(부처) ☞中途付處(중도부처).
【付囑】ふしょく(부촉) 부탁하여 맡김. 付屬(부촉).
【付託】ふたく(부탁) 의뢰함. 청함. 請託(청탁).
【付票】ふひょう(부표) 쪽지를 붙임. 또는, 그 쪽지.
【付火】ふか(부화) ☞付丙(부병).
【付黃】ふこう(부황) 왕의 재가(裁可)를 받은 문서에서, 고칠 데나 표를 할 곳에 누런 종이를 붙이던 일.
▷交一, 給一, 寄一, 分一, 送一, 手一, 受一, 委一, 責一, 天一, 囑一, 託一, 下一, 還一

3 5 〖仕〗 벼슬 사 | 紙 ㄕˋ (shi) | し, じ(ツカエル) *official rank*

풀이 ①벼슬. ㉮벼슬살이. ¶退而致一<公羊傳>/一宦. ㉯벼슬하다. ¶孔子不一而退<朱熹> ②섬기다. 通事. ¶一于家曰僕<禮記> ③살피다. ¶弗問弗一 勿罔君子<詩經> ④배우다.
【仕官】しかん(사관) ☞仕宦(사환).
【仕途】しと(사도) ☞宦路(환로).
【仕歷】しれき(사력) ①벼슬살이한 이력. ②여러 벼슬을 삶.
【仕路】しろ(사로) ☞宦路(환로).
【仕進】ししん(사진) 벼슬길에 나아감.
【仕退】したい(사퇴) 벼슬아치가 퇴근함. 罷仕(파사).
【仕學竝長】しがくへいちょう(사학병장) 사(仕)와 학(學)을 아울러 잘한다는 뜻으로, 정치와 학문에 두루 능함을 이르는 말.
【仕宦】しかん(사환) 벼슬살이. 仕官(사관).
【仕宦家】しかんか(사환가) 대대로 내려오며 벼슬한 집안.
▷強一, 貴一, 給一, 祿一, 膴一, 奉一, 筮一, 養一, 縱一, 進一, 出一, 致一, 罷一

3 5 〖仙〗 신선 선 | 先 ㄒㄧㄢ (xian) | せん(センニン) *hermit*

同 仚 僊

源 **會意·形聲**. 산 속에 숨어 살면서 도를 이룬 사람이란 뜻. 山의 변음이 음을 이룸.

풀이 ①신선. ¶聖人不師一<揚雄>/一人. ②신선스럽다. ¶自稱臣是酒中一<杜甫>/詩一. ③선교(仙教). 도교(道敎)의 별칭. ¶儒佛一. ④가볍게 나는 듯한 모양. ¶行遲更覺一<杜甫> ⑤센트. 미국 화폐 단위의 하나. 불(弗)의 100분의 1.
【仙家】せんか(선가) ①☞道家(도가). ②선도(仙道)를 닦는 사람. ③신선이 산다는 집. 仙莊(선장).
【仙駕】せんが(선가) ①신선이 타고 다닌다는 수레. ②천자(天子)의 수레.
【仙客】せんかく(선객) ①☞仙家(선가)②. ②학(鶴)의 별칭. 仙禽(선금). ③두견새의 이칭.
【仙居】せんきょ(선거) ①☞仙家(선가)③. ②☞仙境(선경)②.
【仙境】せんきょう(선경) ①신선이 사는 곳. ②속세를 떠난 듯한 맑고 아름다운 곳. 仙界(선계).
【仙界】せんかい(선계) ☞仙境(선경).
【仙桂】せんけい(선계) ①월계수(月桂樹)의 이칭. ②과거 급제의 비유.
【仙骨】せんこつ(선골) ①신선의 골상(骨相)이란 뜻으로, 뛰어난 풍채를 이름. ②척추 하단부 뼈의 하나.
【仙果】せんか(선과) ①전설상의 나무 열매. ②복숭아의 별칭. 仙桃(선도). ¶昔人謂桃爲一<本草綱目>
【仙官】せんかん(선관) ①신선 세계의 관직. ②여자 무당의 이칭.
【仙館】せんかん(선관) 도교(道敎)에서 선인(仙人)이 수도(修道)한다는 곳.
【仙敎】せんきょう(선교) 도교(道敎)의 이칭.
【仙窟】せんくつ(선굴) ☞仙境(선경).
【仙禽】せんきん(선금) ☞仙客(선객)②.
【仙女】せんじょ·せんにょ(선녀) ①여자 신선. 신선계의 여자. 仙娥(선아). ②속세의 사람이 아닌 듯한 아름다운 여자.
【仙丹】せんたん(선단) 신선이 만든, 불로장생의 환약(丸藥). 金丹(금단). 仙藥(선약).
【仙桃】せんとう(선도) ①복숭아의 이칭. 仙果(선과). ②헌선도무(獻仙桃舞)를 출 때 드리는, 만든 복숭아.
【仙道】せんどう(선도) 신선의 도(道).
【仙洞】せんどう(선동) 신선이 산다는 산골.
【仙童】せんどう(선동) ①신선 세계의 아이. ②신선의 심부름을 하는 아이.
【仙娥】せんが(선아) ①☞仙女(선녀). ②달의 이칭.
【仙藥】せんやく(선약) ①☞仙丹(선단). ②효험이 뛰어난 신비한 약.
【仙緣】せんえん(선연) ①신선 세계와의 인연. ②귀인을 만나게 된 인연.
【仙翁】せんおう(선옹) ①나이 많은 신선. ②신선 같은 노인.
【仙遊】せんゆう(선유) ①신선이 놂. 또는, 그 놀이. ②임금의 행차. 거둥. ③남의 죽음의 존칭.
【仙人】せんにん(선인) ①늙지 않고 죽지 않으며 온갖 도술을 마음대로 행한다는 사람. 깊은 산속에 산다고 함. 神仙(신선). 仙郞(선랑). 仙子(선자). ②고구려의 벼슬 이름. 先人(선인).
【仙姿玉質】せんしぎょくしつ(선자옥질) 모습이 신선 같고 됨됨이가 구슬 같다는 뜻으로, 미인(美人)을 이르는 말.
【仙風道骨】せんぷうどうこつ(선풍도골) 신선 같은 풍채와 도인과 같은 골격이란 뜻으로, 뛰어나게

고상한 풍채를 이름. 「文)의 비유.
【仙筆】せんぴつ(선필) 범속하지 아니한 시문(詩
【仙化】せんか(선화) 신선이 되었다는 뜻으로, 늙어 병 없이 죽음을 이름.
【仙寰】せんかん(선환) ☞仙境(선경).
▷金一, 大一, 得一, 登一, 鳳一, 飛一, 上一, 水一, 睡一, 昇一, 詩一, 神一, 儒佛一, 謫一, 酒一, 胎一, 筆一, 花一, 希一

3/5〖仚〗 날 듯할 선 |囷| けん / fly

5〖以〗 ☞ 口部 2획(p. 324)

3/5〖以〗 써 이 |紙| yǐ (yi) | い(モッテ) / with
本 㠯

풀이 ① ☞ 句法 ②하다. 됨. 通爲. ③거느리다. 인솔함. ¶ 一其後行<左氏傳> ④닮다. 비슷함. 通似. ⑤생각하다. ¶ 伏一 佛者夷狄之一法耳<韓愈>

句法
①[以+명사] 수단, 방법, 재료, 대상, 내용, 이유, 조건, 때, 경우 등을 나타냄.
㉮[以…] …을 써서. …으로써. ¶ 以子之矛 陷子之楯 何如<韓非子>
㉯[以…] …에 의하여. 때문에. ¶ 君子不以言擧人<論語>
㉰[以…] …에. …에 있어. 於와 쓰임이 같음. ¶ 孟嘗君以五月五日生<史記>
②접속
㉮[…以…] …에 의하여. ¶ 行有餘力 則以學文<論語>
㉯[…以…] …하여, 그리고. 而와 쓰임이 같음. ¶ 聊乘化以歸盡<陶潛>
㉰[…以…] …과. …와 함께. ¶ 不我以歸<詩經>
③동사
㉮[以…] …을 쓴다. …을 부린다. ¶ 道之以德<論語>
㉯[以爲…] 생각하건대…. …라고 생각하다. ¶ 以爲畏狐也<戰國策>
㉰[以…爲…]
㉠…을 …로 삼다. ¶ 以信爲左丞相<史記>
㉡…을 …로 생각하다. …을 …로 여기다. ¶ 吾以汝爲死矣<論語>
④부사. 已와 쓰임이 같음.
㉮[以…] 이미…. 벌써…. ¶ 秦宮室皆以燒<史記>
㉯매우. ¶ 不以急乎<孟子>

【以空補空】いくうほくう(이공보공) 공(空)으로써 공(空)을 기움. 곧, 제 살로 제 것을 기움.
【以管窺天】いかんきてん(이관규천) 대롱 구멍으로 하늘을 봄의 뜻으로, 아주 좁음을 이르는 말. ※以蠡測海(이려측해).
【以德報怨】いとくほうえん(이덕보원) 덕으로써 원한을 갚음의 뜻으로, 원한이 있는 자에게 도리어 덕을 베풂을 이름.
【以毒制毒】いどくせいどく(이독제독) 독으로써 독을 제어함의 뜻으로, 악인·적(敵) 따위를 누르는 데에, 다른 악인이나 적을 이용함을 이르는 말. 以夷制夷(이이제이).
【以頭濡墨】いとうじゅぼく(이두유묵) 머리로써 먹물을 묻힘. 초서(草書)의 대가 장욱(張旭)이 몹시 취할 때마다 머리에 먹을 묻혀 초서를 쓴 옛일.
【以卵擊石】いらんげきせき(이란격석) 알로 돌을 친다는 뜻으로, 되지 않을 일이나 어리석은 일을 이름. 以卵投石(이란투석). 「후.
【以來】いらい(이래) 어느 기준이 되는 때부터 그
【以蠡測海】いれいそっかい(이려측해) 소라 껍데기로 바닷물을 헤아린다는 뜻으로, 좁은 식견으로 큰일을 다루려 함을 이르는 말. 以管窺天(이관규천).
【以類相應】いるいそうおう(이류상응) 끼리끼리 호응함. 類類相從(유유상종). ¶ 天地之氣 一<漢書>
【以微知明】いびちめい(이미지명) ①미세(微細)한 것으로써 큰 사실을 앎. ②작은 것을 통하여 위대한 진리를 발견함. ③처음을 보고 결과를 미루어 앎. ¶ 以一知萬 一<荀子>
【以升量石】いしょうりょうせき(이승양석) 되로 섬의 양을 잰다는 뜻으로, 소인이 군자의 마음을 헤아리려 하나 불가능함을 이름. 「을 침.
【以臣伐君】いしんばっくん(이신벌군) 신하로서 임금
【以身殉利】いしんじゅんり(이신순리) 이익을 위하여 생명을 내던짐. 「직고).
【以實告之】いじつこくし(이실고지) ☞以實直告(이실
【以實直告】いじつちょっこく(이실직고) 사실을 가지고 그대로 아룀. 以實告之(이실고지).
【以心傳心】いしんでんしん(이심전심) ①서로 글자나 말 따위를 쓰지 않고 의사를 전하거나 통함. ②《佛》 불도(佛道)의 깨달음은 말로 설명하기 어려운 것이므로 마음에서 마음으로 전함. 「림.
【以熱治熱】いねつちねつ(이열치열) 열로써 열을 다스
【以爲】オモヘラク(이위) 생각하건대. 생각하기를. 以謂(이위).
【以義制事】いぎせいじ(이의제사) 바른 도리로 일을 처결함. ¶ 一 以禮制心<書經>
【以夷制夷】いいせいい(이이제이) 적의 힘을 이용하여 또 다른 적을 억제함. 以夷攻夷(이이공이). 以毒制毒(이독제독).
【以人爲鑑】いじんいかん(이인위감) 다른 사람을 거울로 삼음. 타인의 잘잘못 등을 보고 자신의 행실을 바로잡음. 他山之石(타산지 석). ¶ 一 可明得失<唐書>
【以逸待勞】いいつたいろう(이일대로) 아군을 편안하게 휴식시켜 피로한 적을 기다린다는 뜻으로, 성 등지에서 쉬면서 공격해 오는 피로한 적을 기다려 싸움. ¶ 走而追之 一<魏志>
【以長擊短】いちょうげきたん(이장격단) 장점으로써 단점을 친다는 뜻으로, 아군의 우수한 부분을 활용하여 적의 허(虛)를 공략함. ¶ 善用兵者 … 而一<史記>
【以長補短】いちょうほたん(이장보단) 남의 장점을 취하여 나의 단점을 보충함.
【以前】いぜん(이전) 그 전. 以往(이왕). 往時(왕시). ↔以後(이후).

【以下】いか(이하) 앞에 말한 것의 아래 또는 다음. ↔以上(이상).
【以孝傷孝】いこうをもってこうをそこなう(이효상효) 효로써 효를 해친다는 뜻으로, 부모의 죽음을 너무 슬퍼하다 병이 나거나 죽음을 이름.
【以後】いご(이후) ①이 뒤. ②그 후. 以來(이래). 以還(이환). ↔以前(이전).
▷可一, 伏一, 所一, 是一, 何一

3 5【仞】 길 인 | 震ㄖㄣˋ (ren) | じん(ヒロ)

풀이 ①길. 어른 키의 한 길이. 높이나 길이를 재는 단위. ¶千一絕壁. ②재다. 측량함. ¶一溝洫<左氏傳> ③높다. 깊음. ¶峭一聳巍<鄭谷> ④가득 차다. 通牣. ¶充一其中<司馬相如> ⑤알다. 인정함. 通認. ¶天地萬物不相離一而有之者惑也<列子>
▷九一, 肯一, 萬一, 育一, 千一, 峭一

5【仭】 仞(p.88)의 俗字

3 5【仔】 자세할 자 | 紙ㄗˇ (zi) ㄗㄞˇ (zai) | し(コマカイ) *detailed*

풀이 ①자세하다. 잘다. 通子. ¶世路風波一細諳<白居易>/一詳. ②견디다. 임무를 잘해 나감. ¶佛時一肩<詩經> ③中 새끼. 벌레 따위의 새끼. ¶一蟲.
【仔詳】しょう(자상) ①꼼꼼하고 상세함. ②어떤 사물에 퍽 자세함. ↔未詳(미상).
【仔細】しさい(자세) ①속속들이 구체적으로 분명함. 子細(자세). ②찬찬하고 빈틈없음.
▷肩一, 蚧一

5【仢】 彴(p.540)과 同字

3 5【仗】 무기 장 | 漾ㄓㄤˋ (zhang) | じょう(ツエ) *arms*

풀이 ①무기. 칼·창 따위의 병기. ¶被甲持一<晉書>/兵一器. ②호위. 궁궐이나 임금의 호위. ¶朝罷放一<唐書>/一衛. ③기대다. 의지함. ¶一策謁天子驅馬出關門<魏徵>/倚一. ④지팡이. 通杖.
▷開一, 鎧一, 據一, 器一, 兵一, 馮一, 信一, 委一, 倚一, 儀一, 停一, 玄一

3 5【仟】 일천 천 | 先ㄑㄧㄢ (qian) | せん *thousand*

풀이 ①천. 通千. ¶有一佰<漢書> ②천 사람의 우두머리. ¶俛仰一佰之中<史記> ③밭두둑. 두둑에 난 길. 通阡. ¶開一佰<漢書> ④무성하다. 초목 따위가 무성한 모양. 通芊. ¶稻栽蕭一一<潘岳>

3 5【他】 1 다를 타 2 겹칠 타 | 歌ㄊㄚ (ta) 圖ㄊㄨㄛ (tuo) | た(ホカ) *different*

풀이 1 ①다르다. 딴. ¶一客得至此耶<群談採餘>/一國. ②남. ㉮자기 이외의 사람. ¶一人. ㉯혈육 이외의 사람. ③다른 곳. ¶光遠而自一有耀者也<左氏傳> ④딴 마음. ¶之死矢靡一<詩經> ⑤간사하다. ¶君子正而不一<法言> ⑥그. 저. 그 사람. 저 사람. ¶一也道好<朱子語錄> ⑦누구. 2 ①겹치다. ②짐 싣다. 通駄.
【他家】たけ(타가) ①남의 집. ②그. 그이. 그 사람.
【他界】たかい(타계) ①다른 세계. ②다른 세계로 감. 귀인의 죽음을 이름. ③(佛) 십계(十界) 중 인간계 이외의 세계.
【他關】たかん(타관) 다른 곳. 다른 지방. 他鄉(타향).
【他校】たこう(타교) ①다른 학교. ②자기 학교 이외의 학교. ↔本校(본교).
【他國】たこく(타국) ①다른 나라. ②자기 나라 이외의 나라. 他邦(타방) ↔自國(자국).
【他郡】たぐん(타군) 다른 군(郡).
【他端】たたん(타단) 다른 좋은 생각. 다른 수단이나 방책. ¶今有難 無一<史記>
【他道】たどう(타도) ①행정 구역이 다른 도(道). ②다른 길. ③다른 종류의 도(道). ④다른 방법.
【他洞】(타동) ①다른 동네. ②자기 마을 외의 마을.
【他動】たどう(타동) ①다른 것에 동작이 미침. ¶一詞. ②다른 것에 의하여 움직임. ↔自動(자동).
【他力】たりき(타력) ①남의 힘. ②다른 힘. ③(佛) 아미타여래의 힘. 중생이 그 힘에 의하여 극락으로 간다 함. ↔自力(자력).
【他力本願】たりきほんがん(타력본원)(佛) 중생을 교화하고자 하는 아미타여래의 서원(誓願). 또는, 그에 의하여 극락에 왕생(往生)함.
【他面】ためん(타면) ①다른 면. ②다른 쪽. ③딴 방면. 他方面(타방면). ④행정 구역이 다른 면.
【他物】たぶつ(타물) 다른 물건. 다른 것.
【他方】たほう(타방) ①다른 쪽. 他方面(타방면). ②다른 상대. ③다른 곳. ④한편.
【他邦】たほう(타방) ☞他國(타국).
【他事】たじ(타사) 다른 일.
【他社】たしゃ(타사) ①다른 회사. ②자기 회사 이외의 회사. ↔自社(자사).
【他山之石】たざんノイシ(타산지 석) 다른 산의 돌도 자기의 옥(玉)을 가는 데 도움이 된다는 말로, 남의 잘못이나 못난 언동도 자신의 인격을 닦는 데에 도움이 됨을 이름. ¶一可以攻玉<詩經>
【他殺】たさつ(타살) ①남이 죽임. ②남에게 죽음을 당함. ↔自殺(자살).
【他生】たしょう(타생)(佛) ①현생(現生) 이외의 생. 곧, 전생(前生)이나 후생(後生). ②내세에 다시 남.
【他說】たせつ(타설) 다른 설(說). 다른 주장. 異說(이설).
【他姓】たせい(타성) 딴 성. 異姓(이성).
【他心】たしん(타심) ☞他意(타의).
【他我】たが(타아) 사람마다 제 속에 자아(自我)와 함께 가지고 있는, 타인의 아(我). ↔自我(자아).

【他愛】たあい(타애) 남을 사랑함. 愛他(애타).
【他言】たげん·たごん(타언) ①다른 말. 딴 말. ②남의 말. ③헐뜯음. 이간함. 또는, 그 말.
【他律】たりつ(타율) ①다른 규율. ②남의 규제·지시에 따라 행동함. ¶—的. ↔自律(자율).
【他邑】たゆう(타읍) ①다른 읍. ②다른 고을.
【他意】たい(타의) ①다른 생각. ②딴 마음. 他心(타심).
【他人】たにん(타인) 남.
【他日】たじつ(타일) ①다른 날. ②다른 어느날. 나중. 後日(후일). ③이전. 전날. 前日(전일).
【他腸】たちょう(타장) ☞他意(타의)②.
【他店】たてん(타점) ①다른 가게. ②다른 은행.
【他族】たぞく(타족) 다른 족속.
【他地】たち(타지) 다른 곳. 다른 지방. 他關(타관). 他地方(타지방).
【他紙】たし(타지) 다른 신문.
【他誌】たし(타지) 다른 잡지.
【他處】たしょ(타처) 다른 곳.
【他薦】たせん(타천) 다른 사람이 추천함. 또는, 그 추천. ↔自薦(자천).
【他他】たた(타타) 겹쳐 많이 쌓여 있는 모양. ¶—藉藉 塡坑滿谷＜司馬相如＞
【他行】たこう(타행) ①밖에 나감. ②다른 곳에 감.
【他鄕】たきょう(타향) 제 고향이 아닌 곳. 他關(타관).
▷覺—, 排—, 負—, 愛—, 由—, 利—, 自—, 從—, 出—

3 5〖仡〗 1 날랠 흘 2 흔들릴 올 | 物 ㄧˋ 月(yi) | きつ *nimble, shake*

풀이 1 ①날래다. 씩씩하고 용감한 모양. ¶—然從乎趙盾而入＜公羊傳＞ ②높다. ③머리를 들다. 2 흔들리다. 흔들려 불안한 모양.

6〖仮〗 假(p.124)의 略字

4 6〖价〗 착할 개 | 卦ㄐㄧㄝˋ (jie) | かい(ヨイ) *good*

풀이 ①착하다. ②크다. ③심부름하는 사람. ¶走—馳書來詣＜宋史＞ ④갑옷을 입은 사람.

4 6〖件〗 것 건 | 銑ㄐㄧㄢˋ (jian) | けん(クダリ) *thing*

풀이 ①것. 사건. 일. 조건. ¶物—/用—. ②구분하다. 구별함. ¶具—階級數＜北史＞ ③건. 사물의 수를 세는 단위. ¶—數.
【件件事事】けんけんじじ(건건사사) ☞事事件件(사사건건).
【件名】けんめい(건명) ①어떤 일이나 사물의 이름. ②서류 이름.
【件名簿】けんめいぼ(건명부) 어떤 일이나 사물을 하나하나 적은 장부.
【件數】けんすう(건수) 사물의 수.
▷物—, 事—, 事事——, 要—, 用—, 人—, 條—

4 6〖伋〗 생각할 급 | 緝ㄐㄧˊ (ji) | きゅう *think*

풀이 ①생각하다. ②속이다. 거짓. 허위.

4 6〖企〗 도모할 기 | 寘ㄑㄧˋ 紙(qi) | き(クワダテル) *scheme*

源 會意. 사람[人]이 발돋움하여[止] 멀리 바라봄을 뜻함.
풀이 ①도모하다. 꾀함. ¶可以—之＜唐書＞/—圖. ②발돋움하다. ¶甘疲心於—想 分捲目以寓視＜潘岳＞ ③두다. 잊지 아니함. ¶仰—碧霞仙＜孟郊＞
【企待】きたい(기대) 발돋움하여 기다림. 곧, 몹시 기다림. ※期待(기대).
【企圖】きと(기도) 꾀함. 計圖(계도). 計畫(계획). ¶自殺—.
【企業】きぎょう(기업) ①사업을 하려고 꾀함. ②영리를 목적으로 생산·판매 등의 사업을 계속적으로 하는 활동. 또는, 그 경영의 주체. ¶—家/—體.
【企畫】きかく(기획) ☞企劃(기획).
【企劃】きかく(기획) 일을 꾀함. 企畫(기획).
▷翹—, 隥—, 鳴—, 發—, 仰—, 延—, 鶴—, 鵠—

4 6〖伎〗 1 재주 기 2 천천히 걸을 기 | 紙ㄐㄧˋ (ji) 支 | き, ぎ (ウデマエ) *ability*

풀이 1 ①재주. 기술. 通技. ¶人多—巧＜老子＞ ②재능. ③기생. 광대. 같妓. ¶名妹異—＜唐書＞ 2 천천히 걷다.
【伎巧】ぎこう(기교) ☞技巧(기교).
【伎能】ぎのう(기능) ☞技能(기능). ¶無他—＜史記＞
【伎倆】ぎりょう(기량) 솜씨. 수완. 技倆(기량).
【伎妾】ぎしょう(기첩) 기생. 또는, 기생 첩.
▷工—, 方—, 聲—

4 6〖仿〗 1 배회할 방 2 비슷할 방 | 陽 養 ㄈㄤˇ (fang) | ほう (サマヨウ) *wander, similar*

※倣·彷·方·放·抗·髣 등은 서로 뒤섞어 썼음.
풀이 1 배회하다. 떠돎. 헤맴. ¶消搖—佯＜後漢書＞ 2 ①비슷하다. ¶—佛. ②모방하다. 通倣.
【仿佛】ほうふつ(방불) ☞彷佛(방불).
【仿宋本】ほうそうほん(방송본) 송(宋)대에 나온 책을 모방하여 낸 책.
【仿徨】ほうこう(방황) ☞彷徨(방황).

4 6〖伐〗 칠 벌 | 月ㄈㄚˊ (fa) | ばつ(ウツ) *hit*

源 會意. 사람[人]이 창[戈]을 가지고 있음을 뜻함.
풀이 ①치다. ㉮적을 치다. ¶征—. ㉯물건 따위를 두드리다. ¶—鼓. ㉰죄 있는 자를 치다. ¶—罪. ②베다. 자름. ¶—木. ③공적. ¶且旌君—＜左氏傳＞ ④자랑하다. ¶願無—善 無施勞＜論語＞ ⑤방

패. ¶蒙一有苑<詩經> ⑥일구다. 갈아 일군 땅. ¶一耦之一<周禮>

【伐柯】ばっか(벌가) 자루를 벰의 뜻으로, 도끼자루로 쓸 나무를 벨 때는 쥐고 있는 도끼자루를 표준으로 함을 이름. 진리는 가까운 데에 있음을 비유한 말.

【伐木】ばつぼく(벌목) 나무를 벰. 伐採(벌채). ¶一丁丁山更幽<杜甫>

【伐氷】ばっぴょう(벌빙) 얼음장을 떠냄.

【伐氷之家】ばつぴょうのいえ(벌빙지 가) 경대부(卿大夫) 이상의 존귀한 가문. 주(周)대에 경대부 이상의 집에서만 상사(喪事)·제사 음식에 얼음을 사용했던 데서 유래. ¶一不畜牛羊<大學>

【伐善】ばつぜん(벌선) 자기의 선행이나 장점을 뽐냄.

【伐性之斧】ばっせいのおの(벌성지 부) 천성을 끊는 도끼란 뜻으로, 사람의 본심을 어지럽게 하는 것. 여색(女色)·사행(射倖) 따위를 이름. ¶務以自樂 命之曰一<呂覽>

【伐閱】ばつえつ(벌열) 공훈과 경력. 또는, 그것이 뛰어난 가문. 閥閱(벌열). ¶却至驟稱其一<左氏傳>

【伐齊爲名】ばっさいいめい(벌제위명) 제(齊)를 침을 명분으로 삼음의 뜻으로, 겉으로는 어떤 일을 하는 체하고 속으로는 딴 짓을 함을 이름. 전국 시대 연(燕)의 장수 악의(樂毅)와 제의 장군 전단(田單)의 옛일에서 유래.

【伐採】ばっさい(벌채) ☞伐木(벌목).

【伐草】(벌초)㊕ 무덤의 잡초를 벰. 또는, 그 일. 禁草(금초).

▷擊一, 功一, 攻一, 克一, 剋一, 矜一, 濫一, 盜一, 放一, 不一, 殺一, 攘一, 自一, 殘一, 翦一, 戰一, 征一, 誅一, 斬一, 采一, 採一, 侵一, 討一

4/6【伏】

1 엎드릴 복	國ㄈㄨˊ	ふく	
2 길 복	職(fu)	(フス)	
3 알품을 부	宥	*prostrate*	

源 會意. 개가 사람 옆에 엎드려 있으면서 눈치를 살핀다는 뜻.

풀이 **1** ①엎드리다. 엎어짐. ¶果一劍而死<呂覽>/一拜. ②굴복하다. 복종함. 通服. ¶旣一其罪矣<左氏傳>/降一. ③자백하다. ④숨다. 숨김. 감춤. ¶豪惡吏一匿 而善 吏不能爲治<史記>/一兵. ⑤살피다. ⑥복. ¶三一/越一. **2** 기다. 通匐. **3** 알을 품다. ¶謂一鷄曰抱<方言>

【伏甲】ふっこう(복갑) ☞伏兵(복병).

【伏乞】(복걸) 엎드려 빎. ¶哀乞一.

【伏劍】ふっけん(복검) 칼에 엎어져 자살함. 自刃(자인). 伏刃(복인).

【伏寇】ふっこう(복구) 숨어 있는 적.

【伏氣】ふっき(복기) ①숨을 죽이고 움츠려 듦. ¶抑首一 不敢出一語以對<韓愈> ②싸움 따위에 짐. ③㊥ 진심으로 즐거워함.

【伏弩】ふくど(복노) 활을 가진 복병.

【伏臘】ふくろう(복랍) 복일(伏日)과 납일. 가장 더운 날과 가장 추운 날.

【伏龍】ふくりゅう(복룡) ①숨어 있는 용이란 뜻으로, 세상에 나가지 않고 숨어 있는 큰 인물을 이름. ②세상에 나오기 전의 제갈양(諸葛亮)을 이름. 臥龍(와룡).

【伏龍肝】ぶくりゅうかん(복룡간) 오랫동안 불기운을 받아 누렇게 된, 아궁이의 바닥 흙. 지혈제(止血劑) 등으로 씀.

【伏流】ふくりゅう(복류) 땅 속으로 흐르는 물.

【伏魔殿】ふくまでん(복마전) ①악마가 숨어 있는 곳. 곧, 악마의 소굴. ②나쁜 짓을 하는 사람들이 많은 곳의 비유.

【伏望】ふくぼう(복망) 웃사람의 처분을 삼가 바란다는 뜻으로, 한문투 편지 등에 상투적으로 쓰는 말.

【伏慕區區】ふくぼくく(복모구구) 삼가 사모하는 마음 견딜 수 없다는 뜻으로, 한문투 편지 등의 서간문에 상투적으로 쓰는 말.

【伏慕無任】ふくぼむにん(복모무임) 사모하여 어쩔 수 없습니다의 뜻으로, 한문투 편지에 쓰는 말.

【伏拜】ふくはい(복배) 엎드려 절함.

【伏法】(복법) ☞伏誅(복주).

【伏兵】ふくへい(복병) 적을 기습하기 위하여 그 지나는 길에 군사를 숨겨둠. 또는, 그 군사. 伏甲(복갑). 伏士(복사). 伏戎(복융).

【伏士】ふくし(복사) ☞伏兵(복병). ¶靈公一未會<史記>

【伏暑】ふくしょ(복서) ①복더위. ②더위를 먹음. 飮暑(음서). ¶一症.

【伏線】ふくせん(복선) ①뒷일에 대비하여 미리 마련해 두는, 겉으로 드러낸 내용과는 다른 것. ②소설 따위에서 뒤에 일어날 일을 미리 암시하는 일.

【伏審】(복심) 삼가 살핌의 뜻으로, 한문 편지 등에서 쓰는 말.

【伏熱】ふくねつ(복열) 복더위. 庚熱(경열).

【伏炎】ふくえん(복염) 복더위. 庚炎(경염). 伏熱(복열).

【伏爲】ふくい(복위)《佛》 영혼이 정토(淨土)로 가도록 재(齋)를 올릴 때에, 그 자손이나 부모가 부르는 소리.

【伏惟】フシテオモウ(복유) 엎드려 생각하옵건대.

【伏戎】ふくじゅう(복융) ☞伏兵(복병).

【伏刃】ふくじん(복인) ☞伏劍(복검).

【伏日】ふくじつ(복일) 복날.

【伏節】ふくせつ(복절) ①삼복(三伏)의 철. 곧, 한여름. ②절개를 굳게 지킴.

【伏罪】ふくざい(복죄) ①죄에 따라 형벌을 받음. ②드러나지 않은 죄. ※餘罪(여죄).

【伏奏】ふくそう(복주) 삼가 아룀.

【伏誅】ふくちゅう(복주) 형벌에 복종하여 죽음을 당함. 伏法(복법).

【伏中】(복중) 삼복중. 한여름.

【伏地流涕】ふくちりゅうてい(복지유체) 땅에 엎드려 눈물을 뿌림. 엎드려 사죄하는 일 따위의 형용.

【伏竄】ふくざん(복찬) 자취를 감춤. 숨음. ¶罪重於郊甸 無所一<左氏傳>

【伏處】ふくしょ(복처) ①숨어 있는 곳. ②순라군이 지키고 있는 곳.

【伏醋】ふくさく(복초) 복날에 술을 삭히어 만든 식초.

【伏祝】(복축) 삼가 축원함.

【伏波將軍】ふくはしょうぐん(복파장군) ①한(漢) 무제(武帝) 때의 수군(水軍) 벼슬. ②후한(後漢) 마원(馬援)의 칭호.

【伏豹】ふくひょう(복표) 옛 중국에서, 벼슬한 뒤 처

음으로 번듦. 다른 관리들이 퇴근하여 돌아가는 것을 혼자 남아 바라보는 꼴이, 표범이 숨어서 먹이를 노리는 모습과 흡사했다고 한 옛일에서 유래. 豹直(표직).

【伏虎】ふっこ (복호) ①웅크리고 엎드려 있는 범. ②요강의 이칭. 虎子(호자).

【伏羲】ふっき (복희) 중국의 전설상의 임금. 삼황(三皇)의 한 사람으로, 사람들에게 사냥·고기잡이·목축 등을 처음으로 가르치고 팔괘(八卦)를 만들었다 함. 伏犧(복희). 抱犧(포희). 太昊(태호). 太皓(태호).

▷嘔―, 屈―, 跪―, 起―, 踏―, 末―, 埋―, 拜―, 俯―, 覆―, 三―, 棲―, 消―, 首―, 睡―, 馴―, 慴―, 壓―, 畏―, 慙―, 委―, 淪―, 隱―, 倚―, 雌―, 潛―, 藏―, 折―, 調―, 中―, 竄―, 慙―, 初―, 黜―, 沈―, 蟄―, 歎―, 平―, 怖―, 蒲―, 降―

4 6 〖仳〗 1 떠날 비 | 紙 ㄆㄧˇ | ひ(ワカレル)
2 추할 비 | 支 (pi) | *leave, ugly*

풀이 1 떠나다. 이별함. ¶有女―離 條其歗矣＜詩經＞ 2 추하다. 못생긴 여자. ¶嫫母 ―倠＜淮南子＞

6 〖份〗 彬(p. 539)의 古字

6 〖伜〗 倅(p. 121)의 俗字

4 6 〖伈〗 두려워할 심 | 寑 ㄒㄧㄣˇ | しん
침 | 沁 (xin)

4 6 〖仰〗 1 우러를 앙 | 養 ㄧㄤˇ | ぎょう
2 의지할 앙 | 漾 (yang) | (アオグ)
3 높을 앙 | 陽 | *respect*

풀이 1 ①우러르다. ㉮존경하다. 사모함. 그리워함. ¶―之彌高＜論語＞/―慕. ㉯고개를 쳐들다. 위를 봄. ¶欲―首伸眉＜司馬遷＞/―天. ②마시다. 들이킴. ¶―藥而伏刃＜漢書＞/―毒. ③명령. 분부. 2 의지하다. 믿음. ¶衣食皆―給於縣官＜漢書＞ 3 ①높다. ㊟昂. ¶―――低＜摯虞＞ ②성내다.

【仰感俯愧】ぎょうかんふき (앙감부괴) 우러러서는 남의 높은 덕에 감격하고, 굽어보아서는 자신의 용렬함을 부끄러워함. ¶誠蒙厚恩…不勝―＜吳越春秋＞

【仰見】ぎょうけん (앙견) 우러러봄. 仰觀(앙관). 仰視(앙시). 仰望(앙망)②.

【仰聯】ぎょうれん (앙련) 제물(祭物) 또는 잔치의 큰상 음식을 차릴 때, 높이 괸 음식이 무너지지 않게 접시 가에 둘러싸는 두꺼운 종이.

【仰弄】(앙롱)㊕ 손윗사람에게 실없이 구는 일.

【仰望】ぎょうぼう (앙망) ①우러러 바란다는 뜻으로, 편지 등에서 쓰는 말. ②☞仰慕(앙모).

【仰慕】ぎょうぼ (앙모) 우러러 사모함. 仰望(앙망)②. 仰思(앙사). 仰戀(앙련).

【仰壁】ぎょうへき (앙벽) ☞仰土(앙토).

【仰奉】ぎょうほう (앙봉) 우러러 받듦. 받들어 섬김. ¶―慈親＜晉書＞

【仰釜日晷】ぎょうふにっき (앙부일구) ☞仰釜日影(앙부일영).

【仰釜日影】ぎょうふにちえい (앙부일영) 해시계의 한 가지. 仰釜日晷(앙부일구).

【仰不愧於天】アオイデてんニハジズ (앙 불괴어천) 우러러 하늘에 부끄럽지 아니함. ¶― 俯不怍於人＜孟子＞

【仰事父母下育妻子】ぎょうじふぼかいくさいし (앙사부모 하육처자) ☞仰事俯畜(앙사부휵).

【仰事俯畜】ぎょうじふちく (앙사부휵) 우러러 섬기고 구부려 기른다는 뜻으로, 위로는 부모를 섬기고 아래로는 처자를 거느림을 이름.

【仰成】ぎょうせい (앙성) ①되어 가는 형편을 지켜봄. ②성공하기를 기다림. ¶予小子 垂拱―＜書經＞

【仰視】ぎょうし (앙시) ☞仰見(앙견).

【仰瓦】ぎょうが (앙와) 암키와.

【仰友】ぎょうゆう (앙우) 재주나 학식이 자기보다 나은 벗.

【仰議】ぎょうぎ (앙의) 여러 신하에게 명하여 의논하게 함.

【仰帳】ぎょうちょう (앙장) 천장이나 상여 따위의 위에 치는 장막.

【仰障】ぎょうしょう (앙장) 종이 반자·반자틀 따위의 총칭.

【仰奏】ぎょうそう (앙주) 임금에게 아룀. ¶大鴻臚稱臣 ―拜―請行事＜宋書＞

【仰止】ぎょうし (앙지) 우러러 봄. 사모함. 止는 허사(虛辭). 仰之(앙지).

【仰天大笑】ぎょうてんたいしょう (앙천대소) 고개를 치켜 들고 크게 웃음.

【仰請】ぎょうせい (앙청) 우러러 청함의 뜻으로, 웃사람에게 청원할 때 쓰는 말.

【仰祝】ぎょうしゅく (앙축) 우러러 축원함. 또는, 축하함.

【仰土】ぎょうど (앙토) 천장 산자 안쪽에 흙을 바르는 일. 또는, 그 흙. 치받이. 仰壁(앙벽).

【仰婚】ぎょうこん (앙혼) 신분이 위인 사람과 혼인함. ↔降婚(강혼).

【仰欽】ぎょうきん (앙흠) ☞欽仰(흠앙).

▷渴―, 景―, 敬―, 俛―, 俯―, 崇―, 信―, 偃―, 宗―, 鑽―, 瞻―, 推―, 鄕―

4 6 〖伃〗 아름다울 여 | 魚 ㄩˊ (yu) | よ *beautiful*

6 〖伇〗 役(p. 540)의 古字

4 6 〖仵〗 짝 오 | 麌 ㄨˇ (wu) | ご(アイテ) *partner*

풀이 ①짝. 필적하는 상대. ②같다. ¶以觭偶不―之辭相應＜莊子＞ ③거스르다. 다른 방향을 취함. ¶陰氣從下上與陽相―逆也＜淮南子＞ ④검시(檢屍)하다.

【仵作】ごさく (오작) 검시(檢屍)를 맡은 관리.

4 6 〖伍〗 대오 오 | 麌 ㄨˇ (wu) | ご(クミ) *file*

풀이 ①대오. ㉮항오(行伍). 5인을 1조(組)로 한 군대 편제상의 단위. ¶先偏後―＜左氏傳＞ ㉯대열. 행렬. 군대.

¶全一爲上<孫子>/落一. ②다섯으로 된 것. ㉮다섯 사람. ¶五人爲一<周禮> ㉯다섯 집을 한 반(班)으로 한 행정상의 단위. ¶五家爲一<管子>/一長. ㉰다섯. 五의 갖은자. ㉤五. ③섞이다. 서로 벗함. ④벗. 한동아리.

【伍伴】ごはん(오반) 또래. 친구. 동아리. 伴侶(반려).

【伍子胥】ごししょ(오자서)《人》 춘추 시대 초(楚)의 장수. 이름은 원(員). 자서는 자(字). 아버지와 형을 초의 평왕(平王)이 죽였으므로, 오(吳)를 도와 초를 치고 평왕의 무덤을 파헤쳐 시체를 300번 두들겼다 함.

【伍長】ごちょう(오장) ①주(周)대, 군졸 다섯으로 된 군대의 우두머리. ②송(宋)대, 다섯 집으로 된 반(班)의 우두머리.

【伍候】ごこう(오후) 백성에게 조합을 만들게 하고 그 상황을 살피던 일. 또는, 조합이나 반(班).

▷軍一, 群一, 落一, 隊一, 兵一, 保一, 部一, 比一, 士一, 什一, 闔一, 曹一, 卒一, 陣一, 偏一, 行一

4 6 【伊】 저 이 | 因 | (yi) | い (カレ, コレ) *that*

源 **會意**. 「尹」은 천하를 다스림이며 「人」을 덧붙여 천하를 다스리는 저 사람을 뜻하고, 거기에서 저의 뜻이 생김.

풀이 ①저. 그. ¶所謂一人 在 水一方<詩經> ②이. ㉠是. ¶一年暮春<漢書> ③어조사. ㉮발어사. ¶一余來墍<詩經> ㉯어조를 고름. ¶嘉薦一脯<儀禮> ④인하다. 의거함. ⑤이탈리아의 약호.

【伊皐】いこう(이고) 은(殷) 탕왕(湯王) 때의 이윤(伊尹)과 요(堯)임금 때의 고요(皐陶).

【伊霍之事】いかくノコト(이곽지 사) 이윤(伊尹)과 곽광(霍光)의 일이란 뜻으로, 나쁜 임금을 내쫓고 어진 임금을 세우는 일. 이윤이 태갑(太甲 : 태종)을 동궁(桐宮)으로 내쫓아 악행을 고치게 한 후 다시 임금으로 복귀시킨 일과, 한(漢)의 곽광(霍光)이 하(賀)를 폐(廢)하고 선제(宣帝)를 세운 옛일에서 유래.

【伊呂】いりょ(이려) 은(殷) 탕왕 때의 이윤(伊尹)과 주(周) 문왕 때의 여상(呂尙) 곧 태공망(太公望). 모두 나라의 기초를 닦은 현신(賢臣). 伊望(이망).

【伊傅】いふ(이부) 은(殷)의 이윤(伊尹)과 부열(傅說). 모두 현신(賢臣)임.

【伊昔】いせき・ムカシ(이석) 옛날. 在昔(재석).

【伊吾】いご(이오) 글 읽는 소리. 또는, 흥얼거리는 소리. 吾伊(오이). 咿唔(이오). ¶南窓讀書聲一<黃庭堅>

【伊鬱】いうつ(이울) ①울적한 모양. ¶永一其誰愬<班彪> ②무더운 모양. ¶感乎溽暑之一<何晏>

【伊尹】いいん(이윤)《人》 은(殷)의 명상(名相). 이름은 지(摯). 탕왕(湯王)을 도와 하(夏)의 걸(桀)을 쳐 없애고, 탕이 죽은 후 그 손자인 태갑(太甲)이 무도(無道)하므로 동궁(桐宮)에 내쳤다가 뉘우침을 보고 3년 만에 다시 임금으로 세움. ※伊霍之事(이곽지 사).

【伊川】いせん(이천) 송(宋)의 성리학자(性理學者) 정이(程頤)의 호(號).

▷木乃一, 軋一, 吾一, 郁一, 鬱一

4 6 【任】 1 맡길 임 | 沁 ㄖㄣˋ(ren) | にん
2 맞을 임 | 侵 ㄖㄣˊ(ren) | (マカス)

풀이 1 ①맡기다. ¶不自祇肅 笑唾一情<北史>/一務. ②주다. 관직 따위를 줌. ¶一用. ③일. 직무. ¶有司惰一<後漢書> ④마음대로 하다. 멋대로 함. ¶咸一達不拘<晋書> ⑤능하다. 해냄. ⑥공을 세우다. ⑦아이를 배다. ㉤妊 姙. ¶周后妃一成王於身<大戴禮> 2 ①맞다. ②당하다. 저항함. ¶衆怒難一<左氏傳> ③견디다. 버티어 냄. ④메다. 짊어짐. 맡음. 짐. ¶是一是負<詩經> ⑤보따리. ⑥미쁘다. ¶孝友睦嫺一恤<周禮> ⑦재능. ⑧사내다운 기개. ¶剛勇一氣<吳志>

【任幹】にんかん(임간) 감당하여 해냄. ¶一之事<吳志>

【任官】にんかん(임관) ①관직에 임명됨. ②장교 등으로 임명됨.

【任期】にんき(임기) 어떤 직책을 맡는 기간.

【任滿】にんまん(임만) 임기가 참. 임기 만료.

【任免】にんめん(임면) 임관과 면관(免官). 관직 따위에 임명함과 면직함.

【任命】にんめい(임명) 관직을 줌. 관직을 맡김.

【任務】にんむ(임무) 맡은 일. 職務(직무).

【任放】にんぽう(임방) ①제멋대로 행동함. ②제멋대로 내버려 둠.

【任使】にんし(임사) ☞任用(임용)①.

【任姒】にんじ(임사) 주(周) 문왕의 어머니인 태임(太任)과 무왕(武王)의 어머니인 태사(太姒). ¶慣誦女史詩 頗知一訓<柳夢寅>

【任所】にんしょ(임소) ☞任地(임지).

【任率】にんそつ(임솔) 솔직하여 꾸밈이 없음.

【任術】にんじゅつ(임술) 술책을 씀. ¶棄道一<陸機>

【任用】にんよう(임용) ①임무를 주어 씀. 任使(임사). ②관직을 주어 등용함.

【任員】(임원) 어떤 조직이나 단체의 일을 맡은 사람. 役員(역원).

【任意】にんい(임의) 마음에 맡김. 마음대로 함. 任心(임심).

【任人】にんじん(임인) ①맡은 사람. ②간사하고 아첨을 잘하는 사람. 佞人(영인). ¶難一<書經>

【任子】にんし(임자) 부조(父祖)의 힘 또는 공훈에 의하여 관직에 오른 자손.

【任地】にんち(임지) 직무를 맡아 행하는 곳. 勤務地(근무지). 任所(임소). 任處(임처).

【任職】にんしょく(임직) ①직무를 맡김. ②맡은 직무.

【任眞】にんしん(임진) 자연 그대로 둠. ¶一自得 爲鄕隣之所貴<晋書>

【任置】(임치) 남에게 물건 따위를 맡기어 둠.

【任他】にんた(임타) 내버려 둠. 어찌 되었든.

【任便】(임편) 편리한 대로 따름.

【任賢使能】にんけんしのう(임현사능) 어진 사람에게 직무를 맡기고 능한 사람을 부림. 곧, 인재를 뽑아 씀.

【任俠】にんきょう(임협) 의협심에 맡김. 곧, 의협심이 있음. ¶爲氣一<史記>

▷幹一, 兼一, 槐鼎一, 擔一, 大一, 獨一, 棟梁一, 萬里一, 放一, 背一, 保一, 補一, 復一, 赴一, 負一, 事一, 辭一, 選一, 所一, 信一, 榮一, 外一, 委一, 留一, 移一, 離一, 一劍一, 一一, 自一, 杖一, 在一, 再一, 載一, 適一, 專一, 轉一, 縱一, 重一, 職一, 責一, 千里一, 親一, 退一, 解一

6〖伝〗 傳(p.135)의 略字

4/6〖伀〗 두려워할 종 | 㘝 | しょう | *be afraid of*

풀이 ①두려워하다. 通恐. ¶一朦狼狽<吳志> ②허겁지겁하다. 당황함. ③여러. 널리.

4/6〖仲〗 버금 중 | 㘝ㄓㄨㄥˋ (zhong) | ちゅう(ツギ) | *next*

풀이 ①버금. 둘째. ¶伯一/一兄. ②가운데. 通中. ¶一月. ③韓 거간. ¶一介.

【仲介】ちゅうかい(중개) 두 당사자 사이에서 일을 주선하는 일. ¶一業/一人.

【仲舅】ちゅうきゅう(중구) 어머니의 남동생. 外三寸(외삼촌).

【仲尼】ちゅうじ(중니) 공자(孔子)의 자(字).

【仲尼之徒】ちゅうじのと(중니지 도) 공자(孔子)의 문인(門人). 곧, 공자의 도를 따르는 사람

【仲冬】ちゅうとう(중동) 음력 11월. ⌊들.

【仲呂】ちゅうりょ(중려) ①12율(律)에서, 음(陰)에 속하는 음. ②음력 4월의 이칭.

【仲媒】ちゅうばい(중매) 혼인을 맺도록 양쪽을 주선하는 일. 중신.

【仲父】ちゅうほ(중보) 춘추 시대 제(齊) 환공(桓公)이 관중(管仲)을 높여 부르던 이름.
ちゅうふ(중부) 아버지의 아우.

【仲朔】ちゅうさく(중삭) 음력 2·5·8·11월. 곧, 중춘(仲春)·중하(仲夏)·중추(仲秋)·중동(仲冬). 仲月(중월).

【仲商】ちゅうしょう(중상) ☞仲秋(중추).

【仲氏】ちゅうし(중씨) 남의 둘째형을 높여 일컫는 말. ※仲兄(중형).

【仲陽】ちゅうよう(중양) ☞仲春(중춘).

【仲月】ちゅうげつ(중월) ☞仲朔(중삭).

【仲由】ちゅうゆう(중유)(人) ☞子路(자로).

【仲子】ちゅうし(중자) 둘째아들. 次男(차남).

【仲裁】ちゅうさい(중재) 분쟁의 사이에서 화해를 시킴.

【仲秋】ちゅうしゅう(중추) 음력 8월. 仲商(중상).

【仲秋節】ちゅうしゅうせつ(중추절) 추석(秋夕)을 명절로 이르는 말.

【仲春】ちゅうしゅん(중춘) 음력 2월. 仲陽(중양).

【仲夏】ちゅうか(중하) 음력 5월.

【仲兄】ちゅうけい(중형) 자기의 둘째형. 仲氏(중씨).

▷伯一, 翁一

6〖合〗 ☞ 口部 3획(p.276)

4/6〖伉〗 1 짝 항 / 本 강 / 2 정직할 항 | 漢ㄎㄤˋ (kang) 陽 | こう(ツレアイ) | *mate*

풀이 1 ①짝. 배우자. ¶一配. ②겨루다. 맞섬. 필적(匹敵)함. 通抗. ¶莫之敢一<張衡> ③굳세다. 通抗. ④높다. 높임. ⑤교만하다. ¶一以違衆<淮南子> ⑥소박하다. 2 정직하다. ¶力志一直<史記>

【伉厲】こうれい(항려) 굳세고 의기가 충천함. ¶黯一守高不能屈<史記>

【伉儷】こうれい(항려) 부부(夫婦). 伉配(항배).

【伉禮】こうれい(항례) 대등한 예(禮)로 서로 대함. 또는, 그 예.

【伉直】こうちょく(항직) 정직하고 곧음.

▷簡一, 驕一, 比一

4/6〖伙〗 세간 화 | ㄏㄨㄛˇ (huo) | か | *furniture*

풀이 ①세간. 가장 집물(家藏什物). ¶傢一. ②불. 갈火.

6〖会〗 會(p.734)의 略字

4/6〖休〗 쉴 휴 | 尤ㄒㄧㄡ (xiu) | きゅう(ヤスム) | *rest*

풀이 ①쉬다. ¶吾乃一吾民矣<左氏傳>/一 憩/一息. ②편안한 경지로 들어가다. ¶感吾生之行一<陶潛>/歸一. ③그만두다. 작업이나 일을 그만둠. ¶官應老病一<杜甫>/一止. ④말라. 그만두라는 명령의 뜻. ¶一問梁園舊賓客<李商隱>/一道. ⑤휴가(休暇). 사가(賜暇). ¶長一百日<後漢書>/一沐. ⑥기뻐하다. 복록(福祿). ¶一咎. 通喜. ¶以禮承天一<國語>/爲晋一戚<國語> ⑦좋다. 선미(善美)함. ¶允一允烈<蜀志>/一命. ⑧입김을 불어넣어 따스하게 하다. ¶釁於腦而一於氣<周禮>

【休暇】きゅうか(휴가) 근무 따위를 일정 기간 쉬는 일. 또는, 그 겨를. ¶定期一.

【休刊】きゅうかん(휴간) 신문·잡지 등의 정기 간행물 발행을 한동안 쉼. 停刊(정간).

【休講】きゅうこう(휴강) 강의(講義)를 한때 쉼.

【休憩】きゅうけい(휴게) 일 또는 공부를 하다가 잠깐 쉼. 休息(휴식). ¶一室.

【休慶】きゅうけい(휴경) 경사(慶事). 嘉慶(가경). ¶迎和氣招致一<後漢書>

【休告】きゅうこく(휴고) ①☞休沐(휴목). ¶一 從家還<漢書> ②사직(辭職)을 출원(出願)함.

【休官致仕】きゅうかんちし(휴관치사) ☞休致(휴치).

【休光】きゅうこう(휴광) ①훌륭한 공훈(功勳). 休烈(휴열). ¶能垂一<韓愈> ②아름다운 빛. ¶吸日月之一<嵆康>

【休咎】きゅうきゅう(휴구) 기쁜 일과 재앙. 복(福)과 화(禍). 吉凶(길흉). ¶積善餘慶 積惡餘殃 豈非一耶<北史>

【休德】きゅうとく(휴덕) 훌륭한 덕. 美德(미덕). ¶奉至尊之一<史記>

【休圖】きゅうと(휴도) 훌륭한 계책(計策). 良謨(양모). 良謀(양모).

【休名】きゅうめい(휴명) 좋은 평판. 美名(미명). 令名(영명). 佳名(가명). ¶是故骨直氣淸 則一生焉<人物志>

【休命】きゅうめい(휴명) 하늘 또는 천자의 명령. 大命(대명). ¶俟天一<書經>

【休沐】きゅうもく(휴목) 관리의 휴가. 이 날은 집에 들어가 목욕하였음. 한(漢)대에는 닷새에 하루, 당(唐)대에는 열흘에 하루였음. 休告(휴고)①. 休浴(휴욕).

【休問】きゅうもん(휴문) ①좋은 소식. ¶承此一 且悲且憙<魏志> ②묻지 말라. ¶一梁園舊賓客<李商隱>

【休務】きゅうむ(휴무) 근무를 쉼. 停務(정무).

【休兵】きゅうへい(휴병) 병사에게 적당한 휴식을 취하게 하여 사기(士氣)를 북돋음. 또는, 그 병사(兵士).

【休書】きゅうしょ(휴서) 남편이 아내에게 주는 이혼(離婚) 증서.

【休養】きゅうよう(휴양) ①쉬어서 몸을 보양(保養)함. ②민력(民力)이나 병력(兵力)을 기르기 위해, 백성에게는 조세를 가볍게 하여 경제력을 풍부하게 하고, 병사에게는 적당한 휴가를 주어 사기(士氣)를 북돋는 일.

【休偃】きゅうえん(휴언) 쉼. 휴식(休息)함. 休憩(휴게).

【休業】きゅうぎょう(휴업) 학업이나 영업을 얼마 동안 중지하고 쉼. ¶冬季一.

【休浴】きゅうよく(휴욕) ☞休沐(휴목).

【休廷】きゅうてい(휴정) 재판 도중에 쉼.

【休兆】きゅうちょう(휴조) 좋은 징조. 길조(吉兆). 休徵(휴징). ¶聖人啓運 一必彰<全唐詩話>

【休蹤】きゅうしょう(휴종) 훌륭한 공적. 큰 공적. ¶揚芳烈播一<張華>

【休止】きゅうし(휴지) ①쉼. 끝남. 그만둠. ②당사자의 의사나 태도에 의하여 소송 절차의 진행을 정지(停止)하는 일. ¶一期間.

【休祉】きゅうし(휴지) 경사. 행복. 休祐(휴우).

【休職】きゅうしょく(휴직) ①일정 기간 동안 현직을 가지면서 직무를 쉬는 일. ②장교로서 보임(補任)을 받지 않고 있는 일.

【休診】きゅうしん(휴진) 의료 기관에서 한동안 진찰을 하지 아니함. 또는, 의료 기관의 휴업.

【休徵】きゅうちょう(휴징) ☞休兆(휴조). ¶懸象著明 而一表於列宿<晋書>

【休戚】きゅうせき(휴척) 기쁨과 근심. 休慼(휴척). 喜憂(희우). ¶爲晋一 不背本也<國語>

【休致】きゅうち(휴치) 늙어서 그 직(職)을 그만둠. 휴관 치사(休官致仕)의 준말.

【休廢】きゅうはい(휴폐) 쇠퇴함. ¶時鳳不至 而有一之氣<魏志>

【休閑】きゅうかん(휴한) 토양 개량을 위해 어느 기간 재배를 중지하고 지력(地力)을 기르는 일. ¶一地.

【休歇】きゅうけつ(휴헐) 그침. 쉼. 休止(휴지)①.

【休會】きゅうかい(휴회) ①회의를 일시 중지하고 쉼. ②의회가 의결(議決)로 의사(議事)를 중지하고 쉬는 일.

【休勳】きゅうくん(휴훈) 훌륭한 공훈. ¶一顯祥 永永無疆<班固>

【休休】きゅうきゅう(휴휴) ①안한(安閑)하게 도(道)를 즐기는 모양. ¶好樂無荒 良士一<詩經> ②마음이 너그러운 모양. 또는, 선(善)을 좋아하는 모양. ¶其心一焉 其如有容<書經> ③관직을 물러나 쉼. ④아름답고 큰 모양. ¶其心一<公羊傳> ⑤검소한 모양. ¶瞿瞿一 儉也<爾雅> ⑥기운이 없어지는 모양. ¶酒淸不醉一暖<蘇軾>
▷假一, 告一, 公一, 歸一, 萬事一, 無一, 丕一, 旬一, 連一, 遊一, 長一, 定一, 週一, 退一, 罷一, 行一

5 7 〖伽〗 절 가 | 簡ㄑㄧㄝˊ (qie) | か, が(テラ) *temple*

풀이 ①절. 범어(梵語)의 ka, ga를 음역(音譯)하기 위해 만든 자. ¶僧一藍今浮屠所居也<梵書>/一藍. ②가지. 通茄. ¶舊菜增一<揚雄>/一子.

【伽藍】がらん(가람)《佛》 범어(梵語) 승가람마(Saṅghārāma : 僧伽藍摩)의 음역(音譯). 사원(寺院)의 건물 전체를 이름. 절. 精舍(정사). ¶一淨土<魏書>

【伽倻琴】かやきん(가야금)韓 우리 나라 고유 현악기의 한 가지. 신라 진흥왕 때 가야 출신의 악성(樂聖) 우륵(于勒)이 만든 12현금(絃琴).
▷稜一, 摩一, 頻一, 僧一, 阿一, 郁一, 瑜一

5 7 〖佉〗 1 나라 이름 거 2 신 이름 가 | 簡ㄑㄩ 繁(qu) | きょ きゃ

풀이 1 ①나라 이름. ②사람 이름. ¶一樓. 2 ①신(神) 이름. ¶儴一. ②부처 이름. ③나라 이름.

【佉沙】きゃしゃ(가사) 당(唐)대 서역(西域)의 소륵국(疏勒國)의 이칭. ¶疏勒 一日一<唐書>

【佉樓】きゃろ(거루) 선인(仙人)의 이름. 범어 Kharasthi의 생역(省譯). 문자를 만든 사람이라고 함. 또는, 그가 만든 문자.
▷佉一, 薄一羅, 儴一

5 7 〖估〗 값 고 | 簡ㄍㄨ (gu) | こ(アタイ) *price*

풀이 ①값. ¶一價. ②값 놓다. ¶高一其價<五代史> ③팔다. ¶一之哉我待買者也<論語>/一賣. ④장수. 장사꾼. ¶商一交入<北史>/一客. ⑤장세. 시세(市稅). ¶高鹽價 賤帛一<唐書>
▷價一, 擡一, 帛一, 商一, 市一

5 7 〖佝〗 1 꼽추 구 2 거리낄 구 | 簡ㄎㄡˋ (kou) 繁 | く, こう(セムシ) *hunchback*

源 會意・形聲. 등이 勹 모양으로 굽은 사람[亻]이란 뜻. 句가 음을 이룸.

풀이 **1** ①꼽추. 곱사등이. ¶僂—. ②짧고 보기 싫은 모양. ③약하다. ¶—陬. ④어리석다. ¶—瞀. **2** 거리끼다. 通拘.
【佝僂】くる(구루) ①곱사등이. 꼽추. ¶—承蜩<列子> ②노쇠하여 등이 굽음.

5 7【佞】아첨할 녕 | 㕯ㄋㄧㄥˋ (ning) | ねい(オモネル) *flatter*
풀이 ①아첨하다. 남의 비위를 잘 맞춤. ¶友便—損矣<論語>/—言. ②간사하다. ¶以邪導人 謂之—<鹽鐵論>/—猾. ③재능(才能). 영리함. ¶我不—雖不識 亦不可感<國語> ④구재(口才). 말재주가 있음. ¶是故惡夫—者<論語>/—人.
【佞姦】ねいかん(영간) 간사하고 마음이 바르지 못함. 또는, 그 사람. 佞奸(영간). 佞邪(영사).
【佞巧】ねいこう(영교) 구변(口辯)이 좋음. 또는, 남의 비위에 맞도록 말을 잘 둘러댐. 佞給(영급). ¶上篤厚 下—<漢書>
【佞辯】ねいべん(영변) 좋은 말솜씨로 아첨함. 또는, 그 변설(辯舌). 佞舌(영설). ¶不式故訓 而好此—<潘尼>
【佞佛】ねいぶつ(영불) 명복(冥福)을 얻으려고 부처에게 아첨함. ¶莊宗由此又—<五代史>
【佞邪】ねいじゃ(영사) ☞佞姦(영간). ¶—不忠<漢書>
【佞舌】ねいぜつ(영설) ☞佞辯(영변). ¶—呥喔<陸龜蒙>
【佞臣】ねいしん(영신) 간사하여 아첨을 잘하는 신하. ¶直諫從如流 —惡如疵<白居易>
【佞人】ねいじん(영인) 구변이 좋아 아첨을 잘하는 사람. 佞者(영자). ¶毋用—也<管子>
【佞枝】ねいし(영지) 풀 이름. 황제(黃帝) 때 섬돌에 나 있어, 영인(佞人)이 입조(入朝)하면 굽어 그 사람을 가리켰다고 함. ¶—植歷草滋<王融>
【佞幸】ねいこう(영행) 아첨하여 임금의 총애를 받음. 또는, 그 사람. ¶—之徒<論衡>
▷奸—, 姦—, 權—, 辯—, 不—, 邪—, 婉—, 柔—, 便—

5 7【你】너 니 | 㕯ㄋㄧˇ (ni) | に, じ(ナンジ) *you*

7【伱】你(p. 95)와 同字

5 7【但】다만 단 | 㕯ㄉㄢˋ 𩐠(dan) | たん(タダ) *only*
풀이 ①다만. ㉮오직. 같唯 只. ¶—聞人語響<王維> ㉯앞서 말한 것에 조건을 붙이는 말. ¶公幹有逸氣 —未遒耳<魏志>/—書. ②한갓. 부질없이. ¶—見長江送流水<張若虛> ③허사(虛辭). ¶—看古來歌舞地<劉廷芝>
【但書】タダシガキ(단서) 但자를 붙여 앞서 서술한 내용에 대한 예외(例外)나 조건(條件)의 뜻을 나타내는 글. 법률 조문, 영수증 등에 많이 쓰임.
【但只】(단지) 다만. 한갓.

5 7【伶】악공 령 | 㕯ㄌㄧㄥˊ (ling) | れい(ワザオギ) *court musician*
源 會意·形聲. 「令」은 청아한 신불의 계시이며, 음을 이름. 맑은 음(音)을 아뢰는 사람. 곧 악공(樂工)을 뜻함.
풀이 ①악공(樂工). 음악을 아뢰는 사람. 배우. ¶—人/—官. ②영리하다. 通怜. ¶—俐. ③하인. 관노(官奴). ¶使—. ④홀로. 외로운 모양. ¶—俜.
【伶工】れいこう(영공) ☞伶人(영인)①.
【伶官】れいかん(영관) 음악 연주를 맡은 벼슬아치. ※伶人(영인).
【伶倫】れいりん(영륜) 전설상의 인물. 황제(黃帝)의 신하로, 해곡(嶰谷)의 대나무로 악률(樂律)을 만들었다 함. 泠倫(영륜).
【伶樂】れいがく(영악) 음악. 영륜(伶倫)이 처음 악(樂)을 만들었으므로 이름.
【伶優】れいゆう(영우) 배우(俳優). ¶伎窮老—<蘇軾>
【伶人】れいじん(영인) ①음악을 연주하는 사람. 伶工(영공). ②배우(俳優).
▷府—, 使—, 女—, 憂—

7【巫】☞工部 4획(p. 492)

5 7【伴】짝 반 | 㕯ㄅㄢˋ (ban) | はん, ばん(トモナウ) *companion*
풀이 ①짝. 동반자(同伴者). ¶青春作—好還鄉<杜甫>/—侶. ②따르다. 따라감. ¶暫—月將影<李白>/隨—. ③한가하거나 느긋한 모양. ¶—奐爾游矣<詩經> ④뚱뚱한 사람. 비대한 모양. 같胖.
【伴起】ばんき(반기) 어떤 사물에 곁따라 생김. 伴生(반생).
【伴倘】(반당) ①韓 옛날, 서울의 각 관청에서 부리던 사환(使喚). ②중국에 가는 사신이 자비(自費)로 데리고 가던 하인. ③왕자, 공신(功臣), 당상관(堂上官)에게 내리는 병졸.
【伴當】ばんとう(반당) 인부나 사환 등, 사람에게 부림을 당하는 사람. 원래 안휘성(安徽省) 지방에 있는 천민(賤民)으로, 사람에게 사역되던 일에서 뜻이 바뀜.
【伴讀】ばんどく(반독) ①종실(宗室)의 교육을 맡던 송(宋)·요(遼)·명(明)대의 벼슬 이름. ②귀족이나 부호 자제의 독서 상대가 됨. 또는, 그런 벼슬.
【伴侶】はんりょ(반려) 짝이 되는 친구. 동반자. ¶落日深山—稀<戴叔倫>/—者.
【伴生】ばんせい(반생) ☞伴起(반기).
【伴星】ばんせい(반성) 연성(連星) 중 빛이나 질량이 열세(劣勢)한 별. ↔主星(주성).
【伴送】ばんそう(반송) ①다른 물건에 붙여서 함께 보냄. ②수행(隨行)하여 보냄. 또는, 수행하는 사람. ¶聞已差—<宣和遺事>
【伴食】ばんしょく(반식) ①주객(主客)과 함께 음식 대접을 받음. 伴飯(반반). 伴接(반접). 陪食(배식). ②뜻이 바뀌어, 무능한 대관(大

官)을 비웃어 하는 말.
【伴吟】はんぎん(반음) 따라 읊음.
【伴接】はんせつ(반접) 손님을 접대함. 또는, 그 일. 接伴(접반).
【伴奏】ばんそう(반주) 성악(聲樂)이나 기악(器樂)의 주주부(主奏部)에 맞추어 다른 악기를 보조적으로 연주하여 음악적 효과를 내는 일.
【伴直】はんちょく(반직) 두 사람이 함께 번을 듦.
【伴寢】ばんしん(반침) 한 방에서 같이 잠. 同宿(동숙).
【伴行】はんこう(반행) ☞同行(동행).
【伴奐】はんかん(반환) 느긋하게 즐김. 덕(德)이 넓고 큰 모양. ¶一爾游矣＜詩經＞
▷待一, 道一, 同一, 相一, 隨一, 詩一, 侶一, 接一, 酒一, 行一

5/7【伯】 1 맏 백 2 길 맥 3 우두머리 패 | 陌ㄅㄛˊ(bo) 陌ㄅㄞˇ(bai) 禡ㄅㄚˋ(ba) | はく (オサ) the eldest は (ハタガシラ) street, chief

풀이 1 ①맏. 연장의 남자에 대한 존칭. ¶願一具言臣之不敢倍德也＜史記＞ ②맏형. ¶鄕人長於一兄一歲＜孟子＞/一氏. ③큰아버지. ¶一父. ④작위(爵位)의 하나. ¶一爵. 2 길. 거리. 동서로 통하는 밭두둑길. 通陌. ¶正千一＜管子＞/阡一. 3 우두머리. 제후의 통솔자. 맹주(盟主). 같霸. ¶五官之長曰一＜禮記＞
【伯舅】はくきゅう(백구) ①천자가 이성(異姓)의 제후를 또는 제후가 이성의 대부(大夫)를 부르는 존칭. ※伯父(백부)②. ②어머니의 오라버니. ¶理家煩一＜元稹＞ ※叔舅(숙구).
【伯娘】はくじょう(백낭) 맏딸. 큰딸. ¶一仲娘＜舊唐書＞
【伯樂】はくらく(백락) ①(人) 주(周)대의 사람. 성은 손(孫), 이름은 양(陽). 말의 좋고 나쁨을 잘 감별하였다 함. ②말을 잘 감별하고 또, 그 매매 주선을 업으로 하는 사람. ¶世有一 然後有千里馬＜韓愈＞ ③별 이름. 천마(天馬)를 거느린다 함.
【伯樂一顧】はくらくのいっこ(백락일고) 명마(名馬)가 백락(伯樂)을 만나 가치를 인정받았다는 옛일에서, 명군(名君)·현상(賢相)에게 지우(知遇)를 받음의 비유. ¶辱知遇伯樂之一顧之重＜書言故事＞
【伯母】はくぼ(백모) 큰어머니. 백부의 아내. 世母(세모). ¶事一 以孝聞＜晋書＞ ※叔母(숙모).
【伯父】はくふ(백부) ①큰아버지. 아버지의 형. ¶父之兄曰一＜釋名＞/一叔父. ※叔父(숙부). ②천자가 동성(同姓)의 제후를, 제후가 동성의 대부(大夫)를 부르던 존칭. ※伯舅(백구)①.
【伯叔】はくしゅく(백숙) ①백부와 숙부. 아버지의 형과 아우. ②형과 아우. 또는, 네 형제 곧 백(伯)·중(仲)·숙(叔)·계(季) 중 첫째와 셋째. ③백이(伯夷)와 숙제(叔齊).
【伯氏】はくし(백씨) 남의 맏형의 존칭. ↔季氏(계씨).
【伯牙絶絃】はくがぜつげん(백아절현) 춘추 시대 거문고의 명인(名人) 백아(伯牙)가 지기(知己) 종자기(鍾子期)의 죽음을 슬퍼하여 거문고 줄을 끊었다는 옛일에서, 참다운 벗의 죽음을 슬퍼함을 이르는 말. ¶鍾子期死 伯牙破琴絶絃 終身不復鼓琴＜呂覽＞
【伯夷叔齊】はくいしゅくせい(백이숙제) 고죽군(孤竹君)의 두 아들. 고죽군이 죽은 후 서로 왕위를 사양하다가 끝내 주(周)로 달아남. 뒤에 주 무왕(武王)이 은(殷) 주왕(紂王)을 치려 할 때 형제가 말고삐를 잡고 말려도 듣지 않으므로 둘 다 주의 곡식 먹기를 부끄럽게 여겨 수양산(首陽山)에 들어가 고사리로 연명하다가 굶어 죽었다 함. ※采薇歌(채미가).
【伯姊】はくし(백자) 맏누이. ¶問我諸姑 遂及一＜詩經＞
【伯仲】はくちゅう(백중) ①형과 아우. 형제(兄弟). 또는, 맏이와 지차. ¶幼名冠字 五十以一＜禮記＞ ②기량(技倆) 등이 서로 비슷하여 우열(優劣)이 없음. 伯仲之間(백중지간). 難兄難弟(난형난제).
【伯仲叔季】はくちゅうしゅくき(백중숙계) 형제의 서열. 맏형을 伯, 차례로 仲, 叔, 끝의 아우는 季라 함.
【伯仲之間】はくちゅうのかん(백중지 간) ☞伯仲(백중)②. ¶一見伊呂＜杜甫＞
【伯兄】はっけい(백형) 맏형. 長兄(장형). ¶鄕人長於一一歲 則誰敬＜孟子＞ ※伯氏(백씨).
【伯首】はしゅ(패수) ☞霸者(패자). ¶錄其功以爲一＜漢書＞
【伯主】はしゅ(패주) ☞盟主(맹주). ¶四國迭起 更爲一＜史記＞
▷冥一, 方一, 詞一, 水一, 詩一, 河一, 火一, 畫一, 侯一

5/7【体】 1 용렬할 분 2 몸 체 | 阮ㄅㄣˋ(ben) | ほん, たい (オトル)

풀이 1 ①용렬하다. 못생김. ¶一漢. ②거칠다. 조잡함. 같笨. ③상두꾼. ¶一夫. 2 몸. 體의 속자(俗字). ¶一 俗作肢體之體 非＜字彙＞
【体夫】ほんぷ(분부) 출상(出喪) 때 상여를 메는 인부. 상두꾼.
【体漢】ほんかん(분한) 우둔한 자. 산동(山東) 지방 방언임.

5/7【佛】 1 부처 불 2 도울 필 3 성할 발 | 物ㄈㄛˊ(fo) 質ㄅㄧˋ(bi) 月ㄅㄛˊ(bo) | ぶつ (ホトケ) Buddha ひつ (タスケル) ほつ

源 形聲. 弗을 빌어 Buddha의 음을 나타냄.

풀이 1 ①부처. ¶一陀. ②불교(佛敎). ¶儒一仙三敎. ③불상(佛像). ¶燒臂照一＜南史＞/一工. ④자비심이 깊은 사람. ¶一處士. ⑤어렴풋하다. 비슷함.

㉠佛. ¶仿一. ⑥침울하다. ¶一鬱. ⑦어기다. ㉠拂. ⑧프랑스의 약칭. ¶一語/美英一. **2**돕다. ㉠弼. ¶一時仔肩 示我顯德行＜詩經＞ **3**성하다. ㉠勃艴. ¶一然.

【佛家】ぶっけ(불가)《佛》①불교를 믿는 사람. 또는, 그들의 사회. 佛門(불문). 佛法界(불법계). ②절. 불교의 사원(寺院). 또는, 불교의 승려(僧侶).

【佛家書】ぶっけしょ(불가서)《佛》☞佛書(불서).

【佛閣】ぶっかく(불각)《佛》☞佛堂(불당).

【佛龕】ぶつがん(불감)《佛》불상(佛像)을 안치하는 감실(龕室). 佛藏(불장).

【佛偈】ぶつげ(불게)《佛》불가(佛家)의 시(詩). 부처를 찬미하는 시로서, 그 체(體)가 4구였으므로 사구게(四句偈)라고도 함. 偈頌(게송).

【佛經】ぶっきょう(불경)《佛》①불교의 경전(經典). 佛典(불전). ¶悉課讀一＜吳志＞ ②불상(佛像)과 경전(經典).

【佛戒】ぶっかい(불계)《佛》불도(佛道)의 계율(戒律). 5계·10계·500계 따위. 淨戒(정계).

【佛界】ぶっかい(불계)《佛》①제불(諸佛)이 사는 세계. 10계(界)의 하나. 淨土(정토). ②부처의 경지(境地). ¶仙苗壽日月 一承雨露＜黃庭堅＞

【佛骨】ぶっこつ(불골)《佛》부처의 유골(遺骨). 佛舍利(불사리).

【佛工】ぶっこう(불공)《佛》불상·불구(佛具) 등을 만드는 사람. 佛師(불사).

【佛供】ぶっく(불공)《佛》부처 앞에 공양(供養)하는 일. 佛享(불향).

【佛果】ぶっか(불과)《佛》부처를 신앙함으로써 얻는 좋은 결과. 極樂往生(극락왕생). 成佛(성불). ¶下度衆生 上求一＜隋煬帝＞

【佛具】ぶつぐ(불구)《佛》불사용(佛事用)의 기구. 佛器(불기)①.

【佛國】ぶっこく(불국) ①《佛》부처의 나라. 극락 정토(極樂淨土) 또는 천축(天竺). ¶淨穢等土 無非一＜維摩經＞ ②프랑스. 佛蘭西(불란서).

【佛紀】ぶっき(불기)《佛》불가(佛家)에서 쓰는 연기(年紀). B.C. 565년이 불기 1년임.

【佛器】ぶっき(불기)《佛》①☞佛具(불구). ②부처의 공양미를 담는 그릇. 모양이 불발(佛鉢)과 같음.

【佛壇】ぶつだん(불단)《佛》불상(佛像)이나 위패(位牌)를 안치(安置)하여 모시는 단.

【佛堂】ぶつどう(불당)《佛》부처를 모신 대청. 佛閣(불각). 佛宇(불우). 佛殿(불전).

【佛徒】ぶっと(불도)《佛》불교를 믿는 신도(信徒).

【佛道】ぶつどう(불도)《佛》불법(佛法)의 도(道). 부처의 가르침. 佛教(불교). ¶審求根實 至於一＜後漢書＞

【佛圖】ぶっと(불도)《佛》절. 또는, 부도(浮圖·浮屠). ¶庾公嘗入一 見臥佛＜世說新語＞

【佛頭着糞】ぶっとうふんヲック(불두착분)《佛》부처 머리에 똥을 묻힌다는 뜻으로, 훌륭한 저서에 변변치 않은 서문(序文)을 붙이는 것을 비유한 말. ¶佛頭上豈可着糞乎＜典籍便覽＞

【佛燈】ぶっとう(불등)《佛》부처에게 올리는 등불. ¶一初上報黃婚＜蘇軾＞

【佛力】ぶつりき(불력)《佛》부처의 통력(通力). ¶宜承一 弘慈寬大＜梁武帝＞

【佛滅】ぶつめつ(불멸)《佛》①불타의 입적(入寂). 부처의 열반(涅槃). ¶佛此夜滅度 如薪盡火滅＜法華經＞ ②불멸일(佛滅日)의 준말.

【佛名】ぶつみょう(불명)《佛》①부처의 이름. 佛號(불호). ②불법에 귀의한 신남(信男)·신녀(信女)에게 붙이는 이름.

【佛母】ぶつも(불모)《佛》①석가의 어머니 곧 마야부인(摩耶夫人). 정반왕(淨飯王)의 비(妃)임. ②불가에서 법을 이름. ¶法是一＜大方便佛報恩經＞

【佛門】ぶつもん(불문)《佛》부처의 길. 불법계(佛法界). 佛道(불도). 釋門(석문). ¶歸依一.

【佛法】ぶっぽう(불법)《佛》부처의 교법(敎法).

【佛法僧】ぶっぽうそう(불법승)《佛》①부처, 부처의 교법, 그 가르침을 행하는 승려(僧侶). 三寶(삼보). ②불법승과에 속하는 새 이름. 우는 소리가 불법승이라고 들린다 하여, 일본인들이 붙인 이름.

【佛菩薩】ぶつぼさつ(불보살)《佛》부처와 보살.

【佛事】ぶつじ(불사)《佛》①불법(佛法)의 행사. 절 등에서 행하는 불교의 의식. ②불법(佛法)에 관한 사항.

【佛師】ぶっし(불사)《佛》☞佛工(불공).

【佛舍利】ぶっしゃり(불사리)《佛》석가의 유골. 사리(舍利)는 범어의 sarira[靈骨]의 음역(音譯).

【佛像】ぶつぞう(불상)《佛》부처의 형상을 조각한 것이나 그린 것.

【佛書】ぶっしょ(불서)《佛》불교에 관한 책. 佛家書(불가서).

【佛說】ぶっせつ(불설)《佛》부처의 설법(說法).

【佛性】ぶっしょう(불성)《佛》①불(佛) 본래의 성질. 곧, 부처의 본성. ¶空是一 一卽大涅槃＜佛性論＞ ②성불(成佛)할 수 있는 성질.

【佛成道日】ぶつじょうどうび(불성도일)《佛》석가가 도(道)를 대오(大悟)한 날. 음력 12월 8일.

【佛所】ぶっしょ(불소)《佛》①부처가 있는 곳. 곧, 극락 세계. ②불상을 안치한 곳.

【佛樹】ぶつじゅ(불수)《佛》보리수(菩提樹)의 이칭(異稱). 석가는 이 나무 밑에서 정각(正覺)을 얻었다 함. ¶始在一 力降魔＜無量壽經＞

【佛手散】(불수산) 해산(解産)을 쉽게 하는 한 방약. 궁귀탕(芎歸蕩).

【佛乘】ぶつじょう(불승)《佛》일체 중생이 모두 성불(成佛)할 도(道)를 말한 교법. ¶如來但以一一故 爲衆生說法＜法華經＞

【佛式】ぶっしき(불식)《佛》불교의 의식(儀式). 혼례(婚禮)·장례(葬禮) 등에서의 불교의 의식. 佛儀(불의).

【佛身】ぶっしん(불신)《佛》부처의 몸. 또는, 불법(佛法)의 이상(理想)을 나타낸 부처의 화신(化身). ¶何當百億蓮花上 一一蓮花見一＜李商隱＞

【佛心】ぶっしん(불심)《佛》부처의 마음. 또는, 부처와 같은 자비로운 마음. ¶理到忘機近一＜司空圖＞

【佛心印】ぶっしんいん(불심인)《佛》①중생이 본래 갖추고 있는 하나의 마음. ②부처의 심인(心印). 이것으로써 곧바로 중생의 마음에 자국을 남기는 것을 이심전심(以心傳心)이라 함. ¶師曰 吾傳一 安放違於佛經<六祖壇經>

【佛眼】ぶつげん(불안)《佛》①부처의 반쯤 뜬 눈. ②사물의 본질을 이해하는 힘을 갖춘 다섯 가지 눈의 하나로, 불법(佛法)을 깨달은 사람의, 사물의 본질을 꿰뚫어 보는 힘.

【佛語】ぶつご①·ぶつご②(불어) ①《佛》 부처의 말. 또는, 불교의 전문어. ②프랑스 말.

【佛緣】ぶつえん(불연)《佛》부처의 인연. 또는, 불교에의 인연.

【佛宇】ぶつう(불우)《佛》☞佛堂(불당). ¶因成兩一<蘇舜欽>　「한 모양.

【佛鬱】ふつうつ(불울) 근심·걱정으로 마음이 침울

【佛願】ぶつがん(불원)《佛》 일체 중생을 구하겠다는 부처의 서원(誓願).

【佛月】ぶつげつ(불월)《佛》 ①부처의 광명(光明)함을 달에 비유하여 이르는 말. ¶一滅度後 煩惱痴諍闇世間<大集經> ②중생의 마음이 맑으면 부처가 이에 응(應)하여 나타나는 일. 그것이 물속에 비친 달과 같으므로 이

【佛儀】ぶつぎ(불의)《佛》☞佛式(불식).　ㄴ름.

【佛子】ぶっし(불자)《佛》 불계(佛戒)를 받고 불교의 신자가 된 사람. 佛敎徒(불교도). 佛弟子(불제자). ¶今日乃知 眞是一<法華經> ②불성(佛性)을 갖춘 일체 중생.

【佛者】ぶっしゃ(불자)《佛》 석가(釋迦). 또는, 불도(佛道)를 수행(修行)하는 승려(僧侶). ¶一本號釋迦<魏志>

【佛藏】ぶつぞう(불장)《佛》☞佛龕(불감).

【佛齋】ぶっさい(불재)《佛》 불사(佛事) 때 중에게 올리는 식사. 또는, 절에서 신도에게 주는

【佛跡】ぶっせき(불적) 부처의 유적.　ㄴ식사.

【佛典】ぶってん(불전)《佛》☞佛經(불경)①.

【佛前】ぶつぜん(불전)《佛》 ①부처의 앞. 불단의 앞. ②부처가 이 세상에 나기 이전.

【佛殿】ぶつでん(불전)《佛》☞佛堂(불당).

【佛錢】ぶっせん(불전)《佛》부처 앞에 바치는 돈. ※賽錢(새전).

【佛弟子】ぶつでし(불제자)《佛》부처의 제자. 또는, 불교에 귀의한 사람. 佛子(불자).

【佛祖】ぶっそ(불조)《佛》①불교의 개조(開祖) 곧 석가모니(釋迦牟尼). ¶今年洗心參一<蘇軾> ②부처와 조사(祖師). ③소중한 것. ¶搖頭吐舌道 我的一<紅樓夢>

【佛座】ぶつざ(불좌)《佛》①부처를 모신 자리. 불상을 안치하는 대(臺). ¶堂中間置高廣一<白居易> ②좌선(坐禪)할 때의 앉는 모양. 곧, 결가부좌(結跏趺坐)한 모습.

【佛智】ぶっち(불지)《佛》부처의 지혜. 선천적 근본지(根本智)와 후천적 후득지(後得智)가 있음. ¶一慧有二者<智度論>

【佛刹】ぶっさつ(불찰)《佛》①☞佛堂(불당). ②부처가 사는 나라. 극락 정토(極樂淨土).

【佛處士】ぶっしょし(불처사) 부처같이 어진 사람.

【佛諦】ぶったい(불체)《佛》 불교의 진리. 불법(佛法)의 묘체(妙諦). ¶深造一<煎燈餘話>

【佛勅】ぶっちょく(불칙)《佛》부처의 말씀.

【佛陀】ぶつだ(불타)《佛》 범어 Buddha의 음역(音譯). 각자(覺者) 곧 깨달음을 열어 참된 도(道)를 얻은 사람. 특히, 석가(釋迦)를 가리킴.

【佛誕日】ぶつたんじつ(불탄일)《佛》 석가의 탄생일. 음력 4월 8일. 초파일.　「堂).

【佛塔】ぶっとう(불탑)《佛》 ①절의 탑. ②불당(佛

【佛土】ぶつど(불토)《佛》부처가 사는 나라. 淨土(정토). ¶十方一中 唯有一乘法<法華經>

【佛學】ぶつがく(불학)《佛》 불법(佛法)의 학문. ¶晋初爲一者 皆從其師姓<石林詩話>

【佛海】ぶっかい(불해)《佛》 부처의 도(道). 곧, 불도(佛道)를 광대한 바다에 비유한 말. 法海(법해). ¶一者 能化之佛 非一如海<探玄

【佛享】ぶっきょう(불향)《佛》☞佛供(불공).　ㄴ記>

【佛號】ぶつごう(불호)《佛》 ①부처의 명호(名號). ②불교에 귀의한 사람의 호(號). 중의 호. 法號(법호).

【佛畫】ぶつが(불화)《佛》 불교사(佛敎史)상의 일이나, 불교의 교리(敎理)를 나타낸 그림. 幀畫(탱화).

▷見一, 古一, 灌一, 金一, 老一, 大一, 銅一, 木一, 仿一, 奉一, 生一, 石一, 成一, 神一, 阿彌陀一, 念一, 佞一, 禮一, 溺一

5
7【伾】 힘셀 비 | 因ㄆㄧ (pi) | ひ strong

풀이 ①힘세다. 힘센 모양. ¶以車一一<詩經> ②많다. 떼 지은 모양.

5
7【似】 같을 사 | 紙ㄙ(si) ㄕ(shi) | じ(ニル) same

古 㠯 本 佀

풀이 ①같다. ㉮유사(類似)하다. ¶望之不一人君<孟子>/相一. ㉯…인 듯하다. …것 같다. ¶壹一重有憂者<禮記> ㉰…같이. …처럼. ¶緣愁一箇長<李白> ②…보다. 비교의 기준을 나타내는 말. ¶本寺遠於日 新詩高一雲<姚合> ③흉내내다. ¶一而非. ④잇다. 상속함. 通嗣.

【似續】じぞく(사속) 뒤를 잇거나, 대(代)를 이음. 似는 嗣와 통함. ¶以似以續 續古之人<詩經>/一妣祖 築室百堵<詩經>

【似而非】にてひなり(사이비) 비슷해 보이지만 실제로는 같지 않음. 似非(사비). ¶惡一者<孟子>

【似虎】じこ(사호) ①범 비슷하다는 뜻으로, 겉은 닮았으나 실제는 다른 사물을 비유하여 이르는 말. ¶犂牛之駁一<魏志> ②고양이의 이칭.

▷近一, 相一, 類一, 擬一, 肖一, 匹一, 酷一, 恰一

7【佀】 似(p.98)의 本字

5
7【伺】 엿볼 사 | 因ㄙ(si) 廣ㄘ(ci) | し(ウカガウ) peep

俗 覗

풀이①엿보다. ㉮남모르게 가만히 보다. ¶夜一之 魚浮水側赤光＜水經＞/一窺. ㉯몰래 기회를 노리다. ¶密一其過＜魏書＞/一間. ㉰몰래 정상(情狀)을 살피다. ¶使人微一之＜史記＞/一察. ②방문하다. 심방(尋訪)함. ¶一候. ③듣다. ¶臥一金柝響＜顔延之＞ ④맡다. ㉦司. ¶一晨.

【伺間】しかん(사간) 틈을 노림. 伺隙(사극). ¶命儔嘯侶 一候隙＜晋書＞

【伺晨】ししん(사신) ①새벽을 기다림. ¶起攝帶以一＜陶潛＞/鳳闕一之功＜梁書＞ ②새벽 시간을 알리는 일을 맡음. ③수성(水星)의 이칭. 辰星(진성). 伺星(사성).

【伺晨鳥】ししんちょう(사신조) 새벽 시간을 알리는 일을 맡은 새라는 뜻으로, 닭의 이칭. 司晨(사신)②. ¶譬彼一 揚聲當及旦＜陸機＞

【伺風鳥】しふうちょう(사풍조) 풍향계(風向計)의 일종. 장대 끝에 새를 조각해 달아 바람의 방향을 봄.

【伺候】しこう(사후) ①웃사람을 방문하여 안부를 물음. ¶一於公卿之門＜韓愈＞ ②웃어른의 옆에서 분부를 기다림. 待候(대후)

▷闕一, 窺一, 眄一, 奉一, 狙一, 偵一, 候一

5 7〖伸〗 펼 신 |圓ㄕㄣ (shen)|しん(ノバス) *stretch out*

㊗會意·形聲. 사람[亻]이 허리를 편다[申]는 뜻.

풀이①펴다. ㊂申. ㉮굽은 것을 곧게 펴다. ¶引而一之＜易經＞/屈一. ㉯늘다. 발전함. ¶終當大一＜南史＞/一長性. ㉰비뚤어진 마음을 품다. ¶使蜀見知己別顔始一一＜杜甫＞/一恨. ②기지개. ¶君子欠一＜儀禮＞ ③㊥ 사뢰다. 여쭘. ¶冀一己志以悟君心＜朱熹＞/追一.

【伸救】しんきゅう(신구) 남의 죄가 없음을 사실대로 들어서 구원함.

【伸眉】しんび(신미) 눈썹을 폄. 곧, 근심이 가셔 짐을 이르는 말.

【伸雪】しんせつ(신설) ☞伸冤雪恥(신원설치).

【伸冤雪恥】しんえんせっち(신원설치) 원한을 풀고, 치욕을 씻어버림. 伸雪(신설).

【伸張】しんちょう(신장) 물체·세력 따위를 늘려 넓게 펴거나 뻗침. 늘어나 넓게 펴지거나 뻗음. ¶國力一.

【伸縮】しんしゅく(신축) 펴짐과 오그라짐. 늘어남과 줄어듦. ¶一自在/一性.

【伸欠】しんけん(신흠) 기지개와 하품. 欠伸(흠신).

▷屈一, 眉一, 引一, 追一, 欠一

5 7〖余〗 나 여 |魚ㄩˊ (yu)|よ, しょ(ワレ) *I*

㊗假借. 余는 지붕을 기둥으로 받치고 있는 건물의 모양을 본뜸. 「舍」의 본자. 1인칭 대명사 「나」로 씀은 가차(假借).

풀이①나. 1인칭 대명사. ㊂予. ¶伊一來塈＜詩經＞ ②음력 4월의 별칭. ㊂除. ¶四月爲一＜詩經＞/一月. ③나머지. ㊂餘. ¶凡其一 聚以待頒賜＜周禮＞

【余等】よとう(여등) 우리들. 吾等(오등).

【余月】よげつ(여월) 음력 4월의 별칭.

▷告一, 名一, 負一, 比一, 接一, 避一

5 7〖佑〗 도울 우 |宥ㄧㄡˋ 宥(you)|ゆう(タスケル) *aid, assist*

풀이①돕다. 곁에서 감싸 도움. ㉦祐. ¶一啓我後人＜孟子＞/一助. ②도움. ¶靈威神一＜班固＞/天一神助.

【佑命】ゆうめい(우명) ①하늘의 도움. 행운(幸運). 天佑(천우). ¶我有周一＜書經＞ ②왕명(王命)을 도움. ¶天惟純一 則商實百姓＜書經＞

▷啓一, 保一, 神一, 隣一, 佐一, 天一

5 7〖位〗 자리 위 |寘ㄨㄟˋ (wei)|い(クライ) *seat, rank*

㊗會意. 사람[亻]이 땅 위에 서 있다[立]는 뜻.

풀이①자리. ㉮사람이나 물건이 있어야 할 장소. ¶材非長也 一高也＜韓非子＞/一置. ㉯지위, 신분, 관직의 자리. ¶不患無一＜論語＞/一階. ㉰천자나 제후의 자리. ¶春 王正月 公卽一＜春秋＞/在一. ㉱지위(地位) 또는 수(數)를 나타내기 위해 붙이는 자릿수. ¶見季子一 高金多也＜史記＞/單一. ②자리잡다. 자리를 정함. ¶一列將＜漢書＞/天地一焉 萬物育焉＜中庸＞/定一. ③높여서 어떤 사람을 가리키는 말. ¶各一/諸一/神一.

【位階】いかい(위계) 계급·지위의 등급. ¶一秩序.

【位記】いき(위기) 서위(敍位)하는 취지를 쓴 기록.

【位高望重】いこうぼうじゅう(위고망중) 지위가 높고 명망이 두터움.

【位極人臣】クライジンシンヲキワム(위극인신) 신하로서 최고의 벼슬자리에 오름. ¶因緣肺腑 一＜吳志＞

【位畓】(위답)㊙ 소출(所出)을 향사(享祀)에 쓰기 위하여 따로 설정한 논. 位土畓(위토답). ※位田(위전)①.

【位望】いぼう(위망) 지위와 명망(名望).

【位不期驕】クライアレバキョウセズシテオゴル(위불기교) 높은 지위에 오르면 저도 모르는 사이에 자연히 교만한 마음이 생김. ¶一 祿不期侈＜書經＞

【位卑言高】クライヒククゲンタカシ(위비언고) 지위가 낮은데, 신분에 어울리지 않는 언설(言說)로써 웃사람의 정치를 비평함. ¶位卑而言高 罪也＜孟子＞

【位田】いでん(위전) ①㊙ 소출(所出)을 향사(享祀)에 쓰기 위해 설정한 밭. 位土田(위토전). ※位畓(위답). ②관위(官位)에 따라 하사한 전지(田地).

【位置】いち(위치) ①사람이나 물건이 있는 장소. ②사람의 신분이나 지위.

【位土】いど(위토) 위답(位畓)과 위전(位田)의 통칭.

【位牌】いはい(위패) 단(壇)·묘(廟)·원(院)·사찰(寺刹) 등에 모시는, 신주(神主)의 이름을 적은 나무 패.

【位品】いひん (위품) 관직의 품계.
【位號】いごう (위호) 작위와 명호(名號).
【位勳】いくん (위훈) 벼슬과 훈등(勳等). 勳位(훈위).
▷各一, 高一, 官一, 祿一, 單一, 盜一, 等一, 方一, 復一, 本一, 貧一, 上一, 盛一, 順一, 崇一, 讓一, 列一, 榮一, 王一, 爵一, 在一, 竊一, 諸一, 地一, 卽一, 次一, 退一, 廢一, 品一, 下一, 學一, 虛一, 顯一

7【攸】 ☞ 攴部 3획(p. 677)

5/7【佚】 ①편안할 일 ②방탕할 질 本절 | 質 丨 (yi) 屑 | いつ(ヤスイ) easy てつ

풀이 ①①편안하다. ¶心欲綦一<荀子>/安一/一樂. ②숨다. 빠져 달아남. 속세를 떠남. 通逸. ¶遺一而不怨<孟子>/一民. ③빠져 나가 없어지다. ¶亡一/一書. ④태평스럽다. 느슨함. ¶以一道使民<孟子> ②①방탕하다. 사물의 알맞은 정도를 넘음. ¶一蕩. ②갈마들다. 번갈아 듦. 通迭. ¶一宕中國<穀梁傳>
【佚女】いつじょ (일녀) ①☞美女(미녀). ¶見有娀之一<楚辭> ②행실 따위가 문란한 여자. 婬女(음녀). ¶有一私倡 令方甲嚴行驅逐<福惠全書>
【佚樂】いつらく (일락) ☞逸樂(일락).
【佚民】いつみん (일민) ①그 나라에서 도망해 간 백성. ②속세를 떠나 은둔하고 있는 백성. 隱者(은자). 逸民(일민).
【佚罰】いつばつ (일벌) 실정(失政)에 대한 벌. 또는, 잘못 벌하는 일. ¶惟予一人 有一<書經>
【佚書】いつしょ (일서) ☞逸書(일서).
【佚宕】いつとう (질탕) ①성질이 칠칠찮음. 자상하지 못하고 조잡함. 佚蕩(질탕). ②번갈아 들며 해를 끼침. ¶兄弟三人一中國<穀梁傳>
【佚蕩】いつとう (질탕) ☞佚宕(질탕)①. ¶爲人簡易一<漢書>
▷久一, 亡一, 奢一, 散一, 安一, 遏一, 遊一, 遺一, 淫一, 沈一

5/7【作】 ①지을 작 ②만들 자 ③원망할 주 古𠆯 | 藥 ㄗㄨㄛˋ (zuo) 箇 御 | さく (ツクル) make

풀이 ①①짓다. 새로 창안해 만들어 냄. ¶述而不一<論語>/創一. ②하다. ¶自一孽不可逭<書經>/一爲/動一. ③되다. 변화하여 그 상태가 됨. ¶翻手一雲覆手雨<杜甫> ④일어나다. 일함. ¶蚤一而夜思<柳宗元> ⑤동작이 일어나다. 생겨남. ¶有聖人一<韓非子>/發一. ⑥만든 것. ¶傑一/快心一. ⑦작황(作況). ¶豊一/平年一. ⑧저작(著作). ¶田舍翁火爐頭之一<江南野錄> ⑨하게 하다. ¶小臣一下大夫二人媵爵<儀禮> ②만들다. 하다. 같做. ¶不禁火 民夜一<後漢書> ③원망하다. 通詛. ¶侯一侯祝<詩經>
【作家】さっか・さっけ (작가) ①작품을 만든 사람. 또는, 문예 작품 따위를 전문으로 만드는 사람. ¶大一在那邊<盧氏雜記> ②집을 다스림. 또는, 재산을 모아서 훌륭한 가업을 세움. ¶桓帝不能一 曾無私蓄<晋書> ③(佛) 선가(禪家)에서, 상등근기(上等根機)의 사람. 「를 부림.
【作奸】さっかん (작간) 간사한 짓을 함. 간계(奸計)
【作客】さっきゃく (작객) 타향살이를 하거나 남의 집에 묵음. ¶萬里悲秋長一<杜甫>
【作故】さっこ (작고) ①韓 죽음. 死亡(사망). ¶一詩人. ②고사(故事)의 선례(先例)를 만듦. ¶自君一 何禮之拘<張衡>
【作官】さっかん (작관) ①관리가 됨. ¶羨君身作在家官<楊萬里> ②중국에서, 수리직(修理職)의 장관.
【作畓】(작답) 韓 땅을 개간하여 논을 일굼. 起畓(기답).
【作黨】さくとう (작당) 떼를 지음.
【作亂】さくらん (작란) ①난리를 일으킴. ¶不好犯上而好一者<論語> ②韓 장난.
【作例】さくれい (작례) 시가(詩歌)·문장 따위를 짓는 본보기. 「내는 속어.
【作麼】そも (작마) 어찌하여. 의문의 뜻을 나타
【作末】さくまつ (작말) 찧거나 갈아서 가루를 만듦. 분말(粉末)이 되게 함.
【作物】さくもつ・さくぶつ (작물) ①농작물(農作物). ②제작한 물건. 作品(작품).
【作伴】さくはん (작반) 길동무가 됨. 또는, 길동무로 삼음. 동행(同行)함. 作侶(작려). 同伴(동반).
【作坊】さくぼう (작방) 일터. 작업장. ¶隱帝夜聞一鍛甲聲 以爲兵至<五代史>
【作配】さくはい (작배) ①짝을 지음. 배필을 정함. ②배향(配享)함.
【作伐】さくばつ (작벌) 중매(仲媒)함.
【作法】さほう・さくほう (작법) ①글이나 시 따위를 짓는 법. ¶小說一. ②법을 제정함. ③만드는 방식. ¶製一.
【作變】さくへん (작변) 변란을 일으킴.
【作別】さくべつ (작별) 서로 헤어짐. 이별.
【作病】さくびょう (작병) 꾀병. 佯病(양병).
【作福】さくふく (작복) 남에게 은혜를 베풂.
【作舍道傍】さくしゃどうぼう (작사도방) 집을 길가에 짓는다는 뜻으로, 오가는 여러 사람의 이견(異見)으로 결정을 짓지 못함을 이르는 말. ¶諺言 一三年不成<後漢書>
【作色】さくしょく (작색) 불쾌한 낯빛을 드러냄.
【作善】さくぜん (작선) ①선(善)을 행함. ¶一 降之百祥<書經> ②(佛) 불사 공양(佛事供養)을 영위(營爲)하며, 불상의 조각이나 사경(寫經) 등을 하는 일. ¶一得善 爲道得道<無量壽經>
【作善降之百祥】さくぜんこうしひゃくしょう (작선 강지백상) 선을 행하면 하늘에서 온갖 복을 내린다는 뜻.
【作心】さくしん (작심) 어떤 일을 하기로 마음을 단단히 먹음. 또는, 그런 마음.
【作心三日】(작심삼일) 한번 결심한 것이 사흘 가지 못한다는 뜻으로, 결심이 굳지 못

함을 이름.

【作用】さよう(작용) ①어떤 사물이 딴 사물에 영향을 미침. ②물리학에서, 물체가 딴 물체에 힘을 미쳐 영향을 주는 일.

【作爲】さくい(작위) ①만들어 냄. ②형편에 맞게 적당히 인위(人爲)를 가함. ③적극적 의지에서 비롯한 행동.

【作意】さくい(작의) ①창작(創作) 의도(意圖). ¶爲之序 言其一＜漢書＞ ②마음을 씀. ¶也能一向詩人＜蘇軾＞ ③《佛》 마음을 일깨워 깨닫게 하는 것.

【作人】さくじん·さくにん(작인) ①㊗ 소작인(小作人)의 준말. ②경작(耕作)하는 사람. ③악인을 교화하여 새 사람을 만드는 일. ¶德者一＜魏志＞

【作者】さくしゃ(작자) ①시가(詩歌)·문장(文章)·소설(小說)·희곡(戲曲)·미술품 따위를 만든 사람. ¶與世一背＜黃庭堅＞ ②제도(制度)를 처음 만든 사람.

【作者文】さくしゃぶん(작자문) 기교를 부려 지은 산문(散文).

【作者謂聖】さくしゃいせい(작자위성) 예악(禮樂)을 창작하는 이를 성인(聖人)이라 함.

【作宰】さくさい(작재) 고을의 원(員)이 됨.

【作戰】さくせん(작전) 싸우는 방법과 계략(計略).

【作定】(작정) 일을 결정함. 또는, 그 결정·결심.

【作之不已】さくしふい(작지불이) 끊임없이 있는 힘을 다함.

【作妾】(작첩) 첩을 얻음. 蓄妾(축첩).

【作態】さくたい(작태) ①맵시를 냄. ¶出則窈窕一＜後漢書＞ ②하는 짓거리.

【作破】(작파) 어떤 계획이나 하던 일을 그만둠.

【作弊】さくへい(작폐) ①폐단(弊端)을 만듦. 폐를 끼침. ②직권을 남용해 부정한 짓을 함.

【作品】さくひん(작품) 만든 물건 또는 시가·문장·예술품 따위.

【作嫌】さくけん(작혐) 서로 혐의를 지음.

【作興】さっこう(작흥) ①떨쳐 일으킴. 振興(진흥). ¶率一事 愼乃憲＜書經＞ ②오만 불손하게 함.

【作戱】さくぎ(작희) 남의 일을 방해함.

▷佳一, 改一, 巨一, 傑一, 耕一, 工一, 句一, 舊一, 近一, 亂一, 勞一, 農一, 大一, 動一, 名一, 摸一, 發一, 上一, 小一, 述一, 習一, 詩一, 試一, 新一, 力一, 連一, 原一, 愚一, 賃一, 自一, 著一, 制一, 製一, 造一, 操一, 拙一, 振一, 借一, 創一, 處女一, 天一, 打一, 馱一, 豊一, 下一, 合一, 凶一

5/7 【佇】 우두커니 설 저 | 語ㄓㄨˋ (zhu) | ちょ(タタズム) *stand blankly*

풀이 ①우두커니 서 있다. 얼마 동안 한곳에 머물러 있음. ¶結幽蘭 以延一＜楚辭＞/一立. ②기다리다. 바라며 기다림. ¶虛襟以一 側席以求＜陸贄＞ ③쌓다. 저축함. ¶惠風一芳於陽林＜孫綽＞

【佇立】ちょりつ(저립) 우두커니 한곳에 멈추어 섬. ¶一空傷魂＜高啓＞

▷眷一, 企一, 夢一, 延一, 凝一, 臨一, 停一, 躊一, 鶴一, 欽一

5/7 【低】 낮을 저 | 語ㄉㄧ (di) | てい(ヒクイ) *low*

풀이 ①낮다. ㉮키나 높이 따위가 작은 모양. ¶香風起白日一＜梁簡文帝＞/一空. ㉯음조(音調)나 벼슬이 낮은 모양. ¶一唱. ㉰물건값 따위가 적은 모양. ¶不見鱸魚賈自一＜蘇軾＞/一物價. ②숙이다. ¶垂楊一復擧＜謝脁＞/黍熟頭一＜談藪＞ ③머무르다. ¶軒轅旣一＜楚辭＞

【低價】ていか(저가) 싼값. 헐값. ¶遂至一估貨＜大學衍義補＞

【低空】ていくう(저공) 땅 위의 가까운 하늘. ¶一飛行. ↔高空(고공).

【低級】ていきゅう(저급) 낮은 등급. ↔高級(고급).

【低能】ていのう(저능) 지능(知能)이 보통 사람보다 낮음. ¶一兒.

【低頭】ていとう(저두) ①머리를 숙임. ¶一思故鄕＜李白＞ ②머리 숙여 절함. ¶肅拜 拜一也＜禮記＞

【低頭平身】ていとうへいしん(저두평신) ①삼가는 기분이나 경의(敬意)를 나타내기 위해 머리를 숙이고 몸을 낮춤. ②사죄하기 위해 머리를 숙이고 꿇어 엎드림. 平身低頭(평신저두).

【低廉】ていれん(저렴) 값이 쌈.

【低迷】ていめい(저미) ①머리를 떨구고 헤매는 모양. ②희미하여 분명하지 않은 모양. ¶一思寢＜嵇康＞ ③구름·안개 따위가 낮게 떠돌아 다님. ¶雲氣一海氣昏＜朱彝尊＞

【低色】ていしょく(저색) 질이 나쁜 은(銀). 조악(粗惡)한 화폐(貨幣).

【低俗】ていぞく(저속) 품격이 낮고 속됨. 또는, 취미나 기호(嗜好)가 저열(低劣)함.

【低濕】ていしつ(저습) 지대가 낮고 습함. ¶一地帶.

【低語】ていご(저어) 낮은 소리로 말함. 속삭임. ¶青娥一指東方＜曹松＞

【低溫】ていおん(저온) 낮은 온도. 低溫度(저온도).

【低率】ていりつ(저율) 비율이 낮음. 특히, 이율(利率)이 낮음. ¶一金利.

【低音】ていおん(저음) 낮은 소리.

【低姿勢】ていしせい(저자세) ①낮은 몸가짐. ②굽실거리며 낮추는 자세. ↔高姿勢(고자세).

【低調】ていちょう(저조) ①낮은 음의 가락. ②사물의 진전 상태가 활발하지 않음. ③능률이 오르지 않음.

【低下】ていか(저하) ①수준(水準)이 내려감. 낮아짐. ②정도가 나빠짐.

【低回】ていかい(저회) ①머리를 숙이고, 생각에 잠겨 이리저리 서성거림. 低徊(저회). ¶一留之 不能去＜史記＞ ②이곳 저곳 돌아다님. ¶大道一＜揚雄＞

▷高一, 最一, 下一

5/7 【佃】 밭갈 전 | 語ㄉㄧㄢˋ (dian) | でん(ツクダ) *till*

풀이 ①밭갈다. 밭을 경작함. ¶方一作時 請且罷屯＜漢書＞/一戶. ②개간한 밭. ¶一 作田也＜唐韻＞ ③소작인(小作人). ¶訂其主一＜宋史＞/一客. ④사냥. 사냥함. ㊐畋 田. ¶以一以漁＜易經＞/一漁.

【佃具】でんぐ(전구) ☞農具(농구). ¶市耕牛一給農<唐書>
【佃漁】でんぎょ(전어) 사냥하고 고기잡음. 사냥과 고기잡이. ¶作結繩爲罔罟 以佃以漁<易經>
【佃戶】でんこ(전호) 소작인(小作人). 佃客(전객).
▷耕一, 竝一

5 7〖佔〗 엿볼 점 | 鹽ㄓㄢ (zhan) | てん peep
풀이 ①엿보다. 봄. ㉠覘. ¶一畢. ②늘어뜨린 모양. ¶一佰. ③속삭이는 모양. ¶一一. ④㊥ 차지하다. 通占.
【佔畢】てんぴつ(점필) 책의 글자만 읽을 뿐, 그 깊은 뜻은 통하지 못함. 畢은 간책(簡冊). ¶視簡一<書言故事>

5 7〖佐〗 도울 좌 | 箇ㄗㄨㄛˇ 哿(zuo) | さ(タスケル) aid, assist
풀이 ①돕다. 옆에서 손으로 붙듦. ¶一王均邦國<周禮>/補一. ②도움. 보필(輔弼)하는 일. 또는, 그 사람. ¶有瑕伯以爲一<左氏傳>/一僚. ③권하다. ¶召故人父老子弟一酒<漢書>/一食. ④다스리다. ¶以一其下<大戴禮> ⑤부(副). 곁들임. ¶掌一車之政<周禮>
【佐僚】さりょう(좌료) 옛날, 상관을 보좌하는 속관(屬官). 佐吏(좌리). ※補佐官(보좌관).
【佐理】さり(좌리) ①군주를 도와 나라를 다스림. 佐治(좌치). ②도와서 처리함. ¶一員.
【佐命】さめい(좌명) 임금을 도움. 또는, 건국 대업(大業)을 도움. ¶一功臣/一之士.
【佐史】さし(좌사) 한(漢)대 자사(刺史)의 속관(屬官).
【佐戎】さじゅう(좌융) 군주나 장관을 보좌하는 일. 또는, 그 사람. 戎은 相. ¶是年 吾一徐州<韓愈>
【佐酒】さしゅ(좌주) 술을 권하여 마시게 함. 곧, 술 대접하는 일.
▷匡一, 輔一, 屬一, 王一, 僚一, 翼一, 將一, 酒一, 證一, 參一, 賢一

7〖坐〗 ☞土部 4획(p.341)

5 7〖住〗 살 주 | 遇ㄓㄨˋ (zhu) | じゅう(スム) live
풀이 ①살다. ¶妾一易州<搜神記>/一所. ②생활. 살아가는 일. 주거(住居). ¶一近湓江地低濕<白居易>/衣食一. ③머무르다. 멈춤. ¶不爲愁人一少時<戴叔倫> ④그치다. 계속하지 아니함. ¶兩岸猿聲啼不一<李白>
【住居】じゅうきょ(주거) ①☞住宅(주택). ②머물러 삶. 住止(주지). ③☞住所(주소). ¶一不明.
【住民】じゅうみん(주민) 일정한 지역에 머물러 사는 백성. ¶一證.
【住所】じゅうしょ(주소) 살고 있는 곳. 住址(주지). 住處(주처). 住居(주거)③. ¶一地.
【住止】じゅうし(주지) 머물러 삶. 거주함. 住居(주거)②.
【住址】じゅうし(주지) ☞住所(주소). ¶查考其年貌一<政刑大觀>
【住持】じゅうじ(주지) ①한 절의 주승(主僧). 住職(주직). ②(佛) 세상에 안주(安住)하여 불법(佛法)을 보호하고 지키는 일. ¶正覺阿彌陀 法王善一<淨土論>
【住職】じゅうしょく(주직) ☞住持(주지)①.
【住處】じゅうしょ(주처) ☞住所(주소). ¶一名愚谷何煩問是非<王維>
【住宅】じゅうたく(주택) 사람이 사는 집. 住家(주가). 主居(주거)①.
▷居一, 寄一, 常一, 安一, 永一, 移一, 轉一, 定一

5 7〖佌〗 작을 차 | 紙ㄘˇ (ci) | し small
풀이 ①작다. ¶一諸侯 度百里<管子> ②가지런하지 아니하다. 길이 따위가 고르지 않음.

5 7〖佗〗 1다를 타 2더할 타 3끌 타 | 歌ㄊㄨㄛ 箇(tuo) 哿 | た(ホカ) different
풀이 1 ①다르다. 차이. ㉠他. ¶況於一物乎<呂覽> ②지다. 짊어짐. ㉠駝 馱. ¶以一馬自一負<漢書> 2더하다. 보탬. ¶舍彼有罪 予之一矣<詩經> 3①끌다. ㉠拕. ②덮어 가리다. ¶醮酒一髮<史記>
【佗背】たはい(타배) 꼽추.
▷不一, 委一, 佗一

5 7〖佟〗 성 퉁 | 冬ㄊㄨㄥˊ (tong) | とう
풀이 ①성(姓). ②강 이름.

5 7〖伻〗 부릴 팽 | 庚ㄅㄥ (beng) | ほう(ツカウ) make one do
풀이 ①부리다. 사람을 부림. 또는, 심부름하는 사람. 사환. ㉠併 抨. ¶公旣定宅 一來來<書經>/一當. ②하여금. …로 하여금 하게 함. 시킴. ¶乃一我有夏 式商受命奄甸萬姓<書經>
【伻當】ほうとう(팽당) 심부름하는 사람. 奴隸(노예).

5 7〖佈〗 펼 포 | 遇ㄅㄨˋ (bu) | ほ, ふ(シク) diffuse
▷公一, 宣一

5 7〖何〗 1어찌 하 2멜 하 | 歌ㄏㄜˊ 哿(he) | か(ナニ) how, what
풀이 1 ①어찌. ㉮의문사. 반어사(反語詞). ¶且許子一不爲陶冶<孟子> ㉯감탄사. ¶一其多能也<論語> ②무엇. 어떤. 무슨. ¶是誠一心哉<孟子>/一事非君 一使非民<孟子> ③어느. 어느것. 어느곳. 어느 누구. ¶吾一執<論語>/牛一之<孟子> ④왜냐하면. 허

두(虛頭)에 써서 이유의 설명을 이끌어 내는 말. ¶一者 積威約之勢也<司馬遷> ⑤힐문하다. ¶陳利兵而誰一<史記> 2메다. ㉮荷. ¶一校滅耳<易經>

句法

①의문

㉮[何爲…] 어떠한 …. 어째서 …는가. ¶客何爲者<史記>/何不去也<禮記>

㉯[何以…] 어찌 …할 것인가. 어떻게 …할 것인가. ¶其何以行之哉<論語>/何以利吾國<孟子>

㉰[如何, 奈何, 如…何, 奈…何] 어찌할까. …을 어찌하면 좋을까. ¶爲之如何<史記>/匠匡人其如豫何<論語>

㉱[何如, 何若] 어떠한가. 어떤가. ¶貧而無諂 富而無驕 何如<論語>

㉲[何許, 何所] 어디. ¶先生不知何許人也<陶潛>

②반어

[何不…] 어찌 … 아니할 것인가. 盍과 쓰임이 같음. ¶凡可以得生者 何不用也<孟子>

【何暇】(하가) 어느 겨를. 어느 때.

【何幹】(하간) 무슨 볼일. 무슨 용무.

【何故】ナニユヱ・ナゼ(하고) 무슨 까닭.

【何等】ナンラ(하등) ①아무런. 아무. ②얼마만큼. 어느 정도.

【何樓】かろう(하루) 조잡한 물건. 엉터리 물품. 송(宋)대, 서울에 하가루(何家樓)가 있었는데, 그 아래서 파는 물건 중에 엉터리가 많았던 데서 유래.

【何事】ナニゴト(하사) 무슨 일. 어떠한 일. ¶精神一到 一不成<朱子語類>

【何誰】かすい・タレゾ(하수) 누구냐. 무엇하는 자냐. 誰何(수하).

【何首烏】かしゅう(하수오) 박주가리과(科)의 여러해살이 덩굴풀. 뿌리는 강장제로 씀. 새박덩굴.

【何時】イヅレノトキ・イツ(하시) 어느 때. 언제.

【何也】ナンゾヤ(하야) ①무엇 때문이냐. 왜냐. ②왜 그러냐 하면.

【何如間】(하여간) 어쨌든. 하여튼. 어찌하였든지.

【何爲者】ナンスルモノゾ(하위자) 무엇하는 사람이냐. 누구냐.

【何者】ナニモノ・ナントナレバ(하자) ①왜냐하면. ②어떤자. 누구.

【何處】イヅレノトコロ(하처) 어느 곳. 어디. 何所(하소). 何許(하허). ¶借問酒家一有 牧童遙指杏花村<杜牧>

【何特】(하특) 어찌 특히. 奚特(해특).

【何必】ナンゾカナラズシモ(하필) 무슨 필요가 있어서. 어찌 반드시.

【何況】かきょう・イハンヤ(하황) 하물며.

▷幾一, 奈一, 無一, 誰一, 若一, 如一, 云一

6
8 〖佳〗 아름다울 가 | 㑆ㄐㄧㄚ (jia) | か(ヨイ) *beautiful*

풀이 ①아름답다. 세련되게 모양이 잘 잡힘. 모양이나 질(質)이 좋음. ¶山氣日夕一<陶潛>/一人. ②좋다. ¶一作/節一. ③좋아하다. ¶夫一兵者 不祥之器也<老子>

【佳境】かきょう(가경) ①재미있는 판. ¶漸入一. ②묘미를 느끼는 고비. 妙境(묘경). ③경치가 좋은 곳. 佳景(가경).

【佳句】かく(가구) 좋은 글귀. ¶池塘草綠無一<白居易>

【佳氣】かき(가기) ①길상(吉祥)의 기운. ②화창한 날씨. ¶春日一多<儲光羲>

【佳期】かき(가기) ①좋은 시절. 佳節(가절). ②미인과 만나는 날. 뜻이 바뀌어, 혼인날. ¶風花日將老 一猶渺渺<薛濤>

【佳器】かき(가기) ①좋은 그릇. ②선량하고 유용한 인물. ¶此子長大 必爲一<晋書>

【佳對】かたい(가대) ☞佳配(가배). ¶可爲求一<晋書>

【佳郎】かろう(가랑) 얌전한 자제. 또는, 얌전한 신랑.

【佳名】かめい(가명) 아름다운 이름. 좋은 평판. 佳聞(가문). 令命(영명).

【佳茗】かめい(가명) 맛이 좋은 차(茶). 嘉茗(가명). ¶從來一似佳人<蘇軾>

【佳聞】かぶん(가문) ☞佳名(가명).

【佳味】かみ(가미) 좋은 맛. 또는, 맛이 좋은 음식. 嘉味(가미).

【佳配】かはい(가배) 좋은 배우자. 좋은 짝. 佳對(가대).

【佳詞】かし(가사) 좋은 말. 아름다운 시문(詩文). 嘉詞(가사).

【佳城】かじょう(가성) 무덤의 미칭. 무덤의 견고함을 성에 비유. ¶誰當九原上 鬱鬱望一<沈約>

【佳辰】かしん(가신) 좋은 철. 좋은 날. 吉日(길). 佳日(가일)①. ¶一愛重九 芳菊起自尋<蘇軾>

【佳什】かじゅう(가십) ☞佳篇(가편).

【佳兒佳婦】かじかふ(가아가부) 좋은 아들과 며느리. 곧, 좋은 아들 부부.

【佳約】かやく(가약) 가인(佳人)과 만날 약속. 또는, 부부가 되는 약속. 婚約(혼약). ¶百年一.

【佳釀】かじょう(가양) 맛좋은 술. 佳酒(가주).

【佳音】かおん・かいん(가음) ①아름다운 소리. 듣기 좋은 소리. ②좋은 소식. 좋은 회답. ¶佳人果有一否<長生殿>

【佳人】かじん(가인) ①아름다운 여자. 美人(미인). ¶絕世一. ②훌륭한 남자란 뜻으로, 아내가 남편을, 신하가 임금을 가리켜 하는 말. ③충의(忠義)로운 신하. ¶懷一兮不能忘<漢武帝> ④좋은 벗. ¶携一兮步遲遲<宋之問>

【佳人薄命】かじんはくめい(가인박명) ☞美人薄命(미인박명). ¶自古佳人多薄命 閉門春盡楊花落<蘇軾>

【佳日】かじつ(가일) ①☞佳辰(가신). ②덥지도 춥지도 않고 청명한 날. ¶春秋多一 登高賦新詩<陶潛>

【佳作】かさく(가작) ①당선작으로 인정하기는 어려우나 잘 된 작품. 선외가작(選外佳作). ②☞佳篇(가편).

【佳絶】かぜつ(가절) 뛰어나게 좋음. 絶佳(절가). ¶環城三十里 處處皆—<蘇軾>
【佳節】かせつ(가절) 경사스러운 날. 吉辰(길신). 名節(명절). ¶獨在異鄕爲異客 每逢—倍思親<王維>
【佳趣】かしゅ(가취) 아름다운 운치. 재미있는 흥취. ¶詩成傲雲月 —滿吳洲<李白>
【佳稱】かしょう(가칭) 좋은 명칭. 좋은 평판. 嘉稱(가칭).
【佳篇】かへん(가편) 좋은 시문(詩文). 佳什(가십). 佳作(가작)②. 「<許有壬>
【佳品】かひん(가품) 좋은 물건. ¶世傳銅雀亦—
【佳話】かわ(가화) 아름다운 이야기. 세상에서 인기 있는 좋은 이야기. ¶人情—.
【佳肴】かこう(가효) 좋은 안주. 嘉肴(가효). ¶玉盤—萬姓膏<春香傳> 「維>
【佳興】かきょう(가흥) 좋은 흥취. ¶秋色有—<王
▷殊—, 麗—, 幽—, 絶—

8〖価〗價(p. 141)의 略字

6/8〖侃〗강직할 간 | 旱 ㄎㄢˇ (kan) 翰 | かん(ツヨク タダシイ) *upright*

풀이 ①강직하다. ¶—諤. ②화락하다. 通衎. ¶傍聽鐘鼓—之樂<吳志>
【侃侃諤諤】かんかんがくがく(간간악악) 권세에 굽히지 않고, 옳다고 믿는 바를 직언하는 모양. 侃諤(간악).

6/8〖供〗이바지할 공 | 冬 ㄍㄨㄥˋ (gong) 宋 | きょう, く (ソナエル) *contribute*

풀이 ①이바지하다. ㉮바치다. 올림. ¶—養. ㉯대어 주다. 공급함. ¶一日之—以錢二萬爲限<晉書>/—給. ②받들어 모시다. ¶—養/—奉. ③국가, 사회를 위하여 힘쓰다. ¶奉—. ④공초(供招)하다. 죄인이 범죄 사실을 진술함. ¶—述. ⑤공손하다. 通恭. ¶至無而—其求<莊子>
【供饋】きょうき(공궤) 음식을 드림.
【供給】きょうきゅう(공급) 수요(需要)에 응하여 물품을 대어 줌. ↔需要(수요).
【供單】きょうたん(공단) 공술(供述)한 조서(調書). 심문(審問)한 공술을 적은 글.
【供頓】きょうとん(공돈) ①손님에게 술을 대접하는 일. ②☞供帳(공장)①.
【供覽】きょうらん(공람) 관람에 이바지함. 돌려보게 함. 「건.
【供物】くもつ(공물) 신불(神佛) 앞에 바치는 물
【供奉】きょうほう・ぐぶ(공봉) 병력(兵力), 식량(食糧) 등을 제공해서 도움. ②천자나 신분이 높은 사람의 옆에 있으면서 보좌함. ③당(唐)대의 벼슬 이름. ④韓고려 예문관(藝文館)·춘추관(春秋館)의 응교(應教) 다음가는 벼슬. 「는 말. 供招(공초).
【供辭】きょうじ(공사) 죄인이 범죄 사실을 진술하
【供膳】きょうぜん(공선) 음식. 또는, 음식을 올림. ¶有魚遂得以—<北史>
【供贍】きょうせん(공섬) 재물을 주어 구제함. ¶未嘗—<南史>
【供需】きょうじゅ(공수) ①물자의 공급과 수요. ¶東南民力 困于—<史璟卿> ②절에서 손에게 거저 대접하는 음식. 「서류.
【供案】きょうあん(공안) 죄인이 진술한 말을 기록한
【供養】くよう・きょうよう(공양) ①음식 시중을 들며 어버이를 봉양함. ②사당(祠堂)에 음식을 올림. ③《佛》죽은이의 영혼이나 부처를 위로하기 위해 음식, 등명(燈明), 향화(香華) 따위를 올림. 이를 재공양(財供養)이라 함.
【供御】きょうぎょ・ぐご(공어) 임금에게 물건을 바침. 進上(진상). ¶皆以上品薦義康 以次者—上<宋書>
【供億】きょうおく(공억) 가난한 사람을 구휼(救恤)하여 안정시킴. 億은 安의 뜻. ¶寡君惟是一二父兄 不能—<左氏傳>
【供帳】きょうちょう(공장) ①연회나 휴식 장소를 마련하기 위해 물건을 준비하고 막을 침. 供頓(공돈)②. 供張(공장). ②옛날, 관(官)에 바치던 승적(僧籍)의 장부(帳簿).
【供張】きょうちょう(공장) ☞供帳(공장)①. ¶於時公卿設— 祖道東都門外<韓愈>
【供進】きょうしん(공진) 신이나 천자에게 음식을 올림. 또는, 천자에게 물건을 헌상(獻上)함.
【供薦】きょうせん(공천) 신불(神佛)에게 음식물 등을 차려 올림. ¶凡—新味 多非其節<後漢書>
【供招】きょうしょう(공초) ☞供辭(공사). ¶汝從實—免受刑罰<福惠全書>
【供出】きょうしゅつ(공출) 국가의 수요에 의하여, 국민이 곡식, 기물 따위를 공정 가격에 의해 의무적으로 정부에 내놓음.
▷口—, 給—, 佛—, 自—, 資—, 提—, 獻—

6/8〖侉〗자랑할 과 | 馬 ㄎㄨㄚˇ (kua) | か(ホコル) *be proud of*

풀이 자랑하다. 뽐냄. 同誇. ¶驕淫矜—<書經>/—大.

6/8〖侊〗성할 광 | 陽 ㄍㄨㄤ (guang) | こう *prosperous*

풀이 성하다. 큰 모양. ¶— 盛貌<廣韻>/— 大也<集韻>

6/8〖佼〗1 예쁠 교 2 사귈 교 | 巧 ㄐㄧㄠˇ 肴 (jiao) | こう (ミメヨイ) *pretty*

풀이 1 ①예쁘다. 同姣. ¶養壯—<禮記>/—麗. ②교활하다. 通狡. ¶好—反而行私請<管子>/—黠. ③잘난 체하다. 업신여김. ¶草木不搖 而燕雀—之<淮南子> 2 사귀다. 同交. ¶群臣皆忘主而趨私—<管子>
▷肥—, 私—, 壯—

6/8〖佹〗괴이할 궤 | 紙 ㄍㄨㄟˇ (gui) | き(アヤシイ) *strange*

풀이 ①괴이하다. ¶天下不治 請陳—詩<荀子>/—辯. ②어긋나다. ¶菑與爪

不相—<周禮·注> ③겹치다. ④의지하다. ⑤우연히. ¶—得—失. ⑥[中] 거의.

6 8 〖佶〗 건장할 길 | [質]ㄐㄧˊ (ji) | きつ(スコヤカ) *strong*

[풀이]①건장하다. 헌걸참. ¶旣—且閑<詩經>/—閑. ②올바르다. ③굽다. [通]詰. ④막히다.

【佶屈聱牙】きっくつごうが(길굴오아) ①말이 격식에 치우쳐서 듣기에 거북함. ②글이 몹시 어려워서 읽기 힘듦. 佶屈聱牙(길굴오아).

8 〖俠〗 俠(p. 95)의 俗字

6 8 〖來〗 [1]올 래 [2]위로할 래 | [灰]ㄌㄞˊ [隊](lai) | らい(クル) *come*

[略]来

[源]象形. 이삭이 늘어진, 여문 보리를 본뜸.

[풀이][1]① 오다. ¶有朋自遠方—<論語>/—往. ②오게 하다. 불러옴. ¶—百工<中庸>/修文德以—之<論語> ③앞으로의 일. ¶擧往以明—<漢書>/將—/未—. ④그 다음. 그 뒤. ¶由孔子而— 至於今 百有餘歲<孟子> ⑤보리. 밀. [通]秾. ⑥5대손(孫). [같]倈. ¶—孫. [2]위로하다. [같]勑 徠. ¶放勳曰 勞之—之<孟子>/勞—.

[句法]
①접속
[…한즉.] ¶舊曲聞來似斂眉<曾鞏>
②권유
[…하자.] ¶歸去來兮<陶潛>
③강조 ¶盍歸乎來<孟子>

【來駕】らいが(내가) 남의 내방(來訪)을 높이어 이르는 말. 枉駕(왕가).
【來去】らいきょ(내거) ☞來往(내왕).
【來格】らいかく(내격) 옴. 이름. 특히, 제사 때 귀신이 강림(降臨)함. 來莅(내리). ¶祖考—<書經>
【來貢】らいこう(내공) 딴 나라나 속국에서 내조(來朝)하여 공물(貢物)을 바침.
【來寇】らいこう(내구) 외적이 쳐들어와 해침. ¶匈奴掃境—<蘇洵>
【來紀】らいき(내기) 오는 세월. 내년(來年). ¶今歲忽已暮 —奄復仍<曹毘>
【來談】らいだん(내담) 찾아와서 이야기함. 또는, 그 이야기.
【來到】らいとう(내도) 와 닿음. 도착함.
【來歷】らいれき(내력) ①겪어 지나온 자취. 由來(유래). 經歷(경력). ¶用事不必拘—<滄浪詩話> ②내림. 곧, 혈통적으로 유전되어 내려오는 특성(特性).
【來莅】らいり(내리) ☞來格(내격).
【來臨】らいりん(내림) 찾아옴의 높임말. 枉臨(왕림). ※來到(내도).
【來脈】らいみゃく(내맥) ①일이 이루어진 경과나 경로. ②풍수지리에서 이르는, 종주산(宗主山)에서 내려오는 산줄기.
【來牟】らいぼう(내모) 밀과 보리. 來麰(내모).
【來訪】らいほう(내방) 찾아옴. ¶重—惠休<張喬> ↔往訪(왕방).
【來報】らいほう(내보) ①와서 알림. ②내세(來世)의 응보(應報).
【來服】らいふく(내복) ☞來附(내부). ¶莫敢不—<戰國策>
【來復】らいふく(내복) 왔다가 되돌아 감. 또는, 갔다가 옴. ¶反復其道 七日—<易經>
【來附】らいふ(내부) 와서 붙좇음. 來服(내복). 歸順(귀순).
【來奔】らいほん(내분) 도망하여 옴.
【來賓】らいひん(내빈) 주로 식장이나 회장 따위 공식적인 자리에 온 손. ¶—席.
【來聘】らいへい(내빙) ①☞招聘(초빙). ②제후(諸侯)가 조정에 와서 자기 영지(領地)의 산물(産物)을 바침. 來享(내향).
【來生】らいせい(내생)《佛》죽은 후에 다시 태어날 일생(一生). 불교 삼생(三生)의 하나. 來世(내세). 後生(후생). ↔前生(전생).
【來書】らいしょ(내서) ☞來信(내신).
【來世】らいせい·らいせ(내세) ①다음 시대. 後世(후세). ②☞來生(내생). ※現世(현세)·前世(전세).
【來蘇】らいそ(내소) 인덕(仁德)을 갖춘 훌륭한 인물이 나와서 선정(善政)을 베풀어 고달픈 백성이 소생하는 일.
【來孫】らいそん(내손) 5대손(孫).
【來襲】らいしゅう(내습) 적이 습격해 옴. 襲來(습래).
【來信】らいしん(내신) 남에게서 온 편지. 來書(내서).
【來謁】らいえつ(내알) 와서 뵘. 와서 알현(謁見)함.
【來如】らいじょ(내여) 옴. 如는 조자. ¶突如其—<易經>
【來迎】らいげい·らいごう(내영) ①마중 나옴. ②《佛》부처의 영(靈)이 나타나서 사람을 극락정토로 맞이해주는 일. 특히, 사람이 죽을 때 나타남을 이름.
【來裔】らいえい(내예) 후세의 자손. 後孫(후손). 來胤(내윤).
【來王】らいおう(내왕) ①제후(諸侯)들이 즉위하여 중국 천자에게 와서 알현한 일. ②오랑캐족이 중국 조정에 귀순함. ¶四夷—<書經>
【來往】らいおう(내왕) 오고 가고 함. 往來(왕래). 來去(내거).
【來援】らいえん(내원) 와서 도움. 도우러 옴.
【來胤】らいいん(내윤) ☞來裔(내예).
【來儀】らいぎ(내의) ①봉황(鳳凰)이 아름답게 춤추며 날아 옴. ②남이 옴을 높이어 이르는 말.
【來者】らいしゃ(내자) ①찾아온 사람. ②금후(今後)의 일. ↔往者(왕자). ③자기에게 붙좇아오는 자. ④저보다 뒤에 나온 자. 後生(후생).
【來者可追】らいしゃおうべし(내자가추) 지난 날의 잘못된 일은 어쩔 수 없지만, 앞으로의 일은 고칠 수 있음. ¶往者不可諫 來者猶可追<論語>
【來朝】らいちょう(내조) ①옛 중국에서, 제후(諸侯)나 속국(屬國)의 임금이나 사신이 천자를 알현하기 위하여 조정에 옴. ②외국 사절이 우리 나라에 옴.
【來侵】らいしん(내침) 침범해 옴.
【來學】らいがく(내학) ①스승한테 와서 배움. ②후

세의 학자. 後學(후학).
【來降】らいこう(내항) 와서 항복(降服)함.
【來享】らいきょう(내향) ☞來聘(내빙)②.
【來現】らいげん(내현) 와서 나타남. ¶忽形來而影現＜王季友＞
▷去一, 古一, 捲土重一, 到一, 渡一, 晩一, 未一, 舶一, 復一, 本一, 飛一, 生一, 襲一, 夜一, 如一, 年一, 迎一, 往一, 外一, 元一, 遠一, 由一, 以一, 將一, 在一, 再一, 傳一, 從一, 天一, 招一, 後一

6/8【例】 법식 례 | 圈ㄌㄧˋ (li) | れい(タトエ) *rules and forms*

풀이 ①법식. 규정. 규칙. ¶規一/條一. ②비류(比類). 비슷한 종류. ¶故集罪一以爲刑名＜晋書＞/類一. ③관례(慣例). 늘 해 오던 전례(前例). ¶一出爲刺史＜韓愈＞/常一. ④본보기. ¶發凡以言一＜杜預＞/凡一. ⑤구체적인 사항. ¶事一/擧一. ⑥대개. 거의 다. 대부분. ¶家有舊書 一皆殘蠹＜南史＞
【例擧】れいきょ(예거) 예(例)를 듦.
【例格】れいかく(예격) 전례(前例)의 격식.
【例規】れいき(예규) ①관례(慣例)로 되어 있는 준거할 규칙. ②관례에 따른 일정한 방법. 例法(예법).
【例事】れいじ(예사) 세상에 흔히 있는 일.
【例示】れいじ(예시) 예를 들어 보임.
【例言】れいげん(예언) ☞凡例(범례).
【例外】れいがい(예외) 규정이나 정례에 어긋나는 일.
【例題】れいだい(예제) ①연습이나 이해(理解)를 돕기 위해 예로서 내는 문제. ②정례(定例)로 내리는 제사(題辭).
【例證】れいしょう(예증) 예를 들어 증명함. 또는, 증거가 될 전례(前例).
【例出】れいしゅつ(예출) 전례에 따라 지방관으로 전출되는 일.
【例解】れいかい(예해) 예를 들어 풀이함.
【例話】れいわ(예화) 예를 들어 하는 이야기.
▷家一, 擧一, 古一, 慣一, 舊一, 文一, 凡一, 法一, 比一, 事一, 常一, 先一, 實一, 用一, 類一, 異一, 引一, 一一, 適一, 典一, 前一, 定一, 條一, 準一, 通一, 特一, 判一, 恒一

6/8【侖】 조리세울 륜 | 园ㄌㄨㄣˊ 圓(lun) | ろん, りん(ツイデル)

풀이 ①조리(條理)를 세우다. ②생각하다. ③둥글다. ④빠지다. 通淪.
【侖胥】(윤서) 침닉(沈溺)함.
▷昆一

6/8【侔】 가지런할 모 | 因ㄇㄡˊ (mou) | ぼう(ソロウ) *equal, similar*

풀이 ①가지런하다. 같은 크기로 가지런한 모양. ¶畸於人 而一於天＜莊子＞ ②해충 이름. 벼의 모를 갉아 먹는 벌레. 같蛑 蟊
【侔迹】ぼうせき(모적) 선인(先人)과 같은 행동을 함.
▷比一, 敵一

6/8【侎】 어루만질 미 | 紙 | び, み(ナデル) *stroke*

6/8【佰】 백사람 백 | 陌ㄅㄛˊ (bo) | ひゃく, はく

풀이 ①백 사람. 또는, 100명의 두목. ¶有什一之器＜老子＞ ②일백. 百의 갖은자. ③밭두둑. 通陌. ¶南以閩一爲界＜漢書＞
▷什一, 仟一

6/8【併】 아우를 병 | 敬ㄅㄧㄥˋ (bing) | へい(アワセル) *unite*
本倂

풀이 ①아우르다. 같幷. ¶後爲晋所一＜趙岐＞/合一. ②나란하다. 같竝. ¶行肩而不一＜禮記＞/一進. ③다투다. 경쟁함. ¶高皇帝與諸侯一起＜賈誼＞ ④버리다. 通屛. ¶一己之私欲＜荀子＞ ⑤덜다. 通姘.
【併倨】へいきょ(병거) ①나란히 앉음. 併踞(병거). ②中대항함.
【併兼】へいけん(병겸) 어떤 일을 한데 아울러서 겸함.
【併起】へいき(병기) 함께 일어남. 서로 다투어 일어남. 蜂起(봉기).
【併發】へいはつ(병발) 동시에 발생함.
【併有】へいゆう(병유) 한데 아울러 가짐. ¶一天下＜史記＞
【併置】へいち(병치) 함께 둠.
【併呑】へいどん(병탄) 남의 물건을 한데 아울러 제 것으로 만듦. 죄다 삼켜버림. 併有(병유). 併略(병략). ¶一八荒之心＜史記＞
【併合】へいごう(병합) 둘 이상을 합하여 하나로 만듦. 合併(합병).
▷兼一, 速一, 合一

6/8【使】 1부릴 사 2사신 사 | 紙ㄕˇ(shi) 寘ㄕˋ(shi) | し(ツカウ) *manage, envoy*

源會意. 실무를 맡은 아전[吏] 같은 사람[亻] 곧 일하는 사람이란 뜻.
풀이 1 ①부리다. 시킴. ¶一役. ②하여금. ☞句法 ③좇다. ④행하다. ⑤제멋대로 굴다. 2 ①사신(使臣). ¶吳使一問仲尼＜史記＞/副一. ②심부름꾼. 하인. ¶留一女廬瓊在家＜列仙傳＞ ③사신으로 가다. ¶一于四方＜論語＞ ④사신으로 보내다. ⑤벼슬 이름. 지방에 파견되던 관리. ¶少正一之數＜文獻通考＞/統制一.

句法
①사동
[使…] …에게 …시키다. …을 …하게 하다. 令·敎·俾 따위와 같게 쓰임. ¶使子路問津焉＜論語＞
②가정
[使…] 만약. 설사. …이(가) …한다면. ¶使我有洛陽負郭田二頃 豈能佩六國相印乎＜史記＞
【使介】しかい(사개) ☞使者(사자)②. ¶卑詞厚

禮 一相望＜宋史＞

【使客】しかく(사객) 수령(守令)이 자기 고을을 지나는 봉명 사신(奉命使臣)을 이르던 말.

【使君】しくん(사군) ①외직(外職) 곧 지방관인 남편을 그 부인이 이르던 말. ②사신(使臣)의 존칭. ③한(漢)대 자사(刺史)의 존칭.

【使鬼錢】しきせん(사귀전) 귀신도 부리는 돈이란 뜻으로, 재력(財力)을 이름. ¶旣無一 又無封侯骨＜黃庭堅＞

【使能】しのう(사능) 능력 있는 사람을 부림.

【使童】しどう(사동) 관청이나 회사 등에서 심부름을 하는 아이. 使喚(사환)①.

【使令】しれい(사령) ①부리어 시킴. ②㊕ 관청에서 심부름하던 사람. ③영(令)을 발함. ¶一旗.

【使命】しめい(사명) ①당연히 해야 할, 주어진 임무. ¶一感. ②사자(使者)나 사신이 받은 명령이나 직무. ③사신(使臣).

【使無訟】(사무송) 선정(善政)으로 세상이 태평하여 백성들 사이에 시비나 송사(訟事)가 없도록 함.

【使臂使指】しひしし(사비사지) 부리는 것이 자유자재함을 이르는 말.

【使聘】しへい(사빙) 사자(使者)를 통하여 안부를 묻거나 예물을 보냄. 聘問(빙문).

【使相】ししょう(사상) 당(唐)·송(宋)대에 절도사(節度使)로서 재상을 겸한 사람.

【使星】しせい(사성) 사자(使者)의 이칭. 전한(前漢) 화제(和帝) 때 이합(李郃)이 천문을 보고 두 사신(使臣)이 오고 있는 것을 알았다는 옛일에서 유래. 星使(성사).

【使孫】しそん(사손) 자녀가 없는 사람의 유산을 그의 가까운 친척으로서 물려받는 사람.

【使臣】ししん(사신) 임금의 명령을 받들어, 외국에 나가 임무를 수행하는 신하. 使節(사절)①. 使者(사자)①. 使幣(사폐)①.

【使役】しえき(사역) 일을 시킴. ¶一兵.

【使用】しよう(사용) ①어떤 목적을 위하여 물건을 씀. ¶一權. ②사람을 써서 일을 시킴. ¶一者/一人.

【使院】しいん(사원) 당(唐)대 절도사(節度使)의 관아. ¶玄宗 天寶六載 常淸至一＜資治通鑑＞

【使人】しじん(사인) 심부름꾼. 使者(사자)②.

【使者】ししゃ(사자) ①☞使臣(사신). ¶凡國之一＜周禮＞ ②어떤 임무를 띠고 파견되는 사람. 심부름꾼. 使介(사개). 使人(사인).

【使節】しせつ(사절) ①☞使臣(사신). ②국가를 대표하여 어느 외국에 나가 군사·통상 등의 외교를 수행하는 사람. ¶外交一. ③사자(使者)가 가지는 부절(符節).

【使丁】してい(사정) 남자 심부름꾼.

【使酒】ししゅ(사주) 술의 힘을 빌어 기세를 부림. ¶灌夫爲人剛直 一不好面諛＜史記＞

【使嗾】しそう(사주) 남을 부추기어 나쁜 일을 하게 함. 지주(指嗾)를 잘못 쓴 데서 굳어진 말. 唆囑(사촉).

【使指】しし(사지) 손가락을 부린다는 뜻으로, 지시 또는 명령함을 이르는 말. ¶如身之使臂 臂之一＜漢書＞

【使疾】しっ(사질) 꾀병을 부림. ¶陳氏方睦 一而遺之潘沐＜左氏傳＞

【使幣】しへい(사폐) ①☞使臣(사신)①. ②사자(使者)와 예물(禮物).

【使鶴】しかく(사학) 두루미를 부려라의 뜻. 위(衛) 의공(懿公)이 신하보다 두루미를 더 사랑하였는데, 전쟁이 나자, 신하가 두루미를 부려 전쟁하라고 했다는 옛일.

【使喚】(사환) ①☞使童(사동). ②일을 하게 함. 부림.

▷假一, 間一, 介一, 客一, 輕一, 公一, 官一, 觀察一, 郊一, 驅一, 國一, 軍一, 權一, 急一, 給一, 器一, 勞一, 大一, 僮一, 髦節一, 目一, 密一, 汎一, 邊一, 報一, 僕一, 奉一, 副一, 臂一, 星一, 小一, 巡一, 巡察一, 信一, 雁一, 按撫一, 按察一, 役一, 譯一, 驛一, 頤一, 人一, 任一, 轉運一, 節度一, 節制一, 正一, 制一, 縱一, 走一, 重一, 指一, 持節一, 天一, 體察一, 招討一, 樞密一, 馳一, 勅一, 探花一, 特一, 布政一, 行一, 華一, 花鳥一, 皇一

8【舍】☞舌部 2획(p.1258)

6/8【侚】재빠를 순 | 震 ㄒㄩㄣˋ (xun) | しゅん (スミヤカ) *rapid*

풀이 ①재빠르다. ②깊다. 通濬. ③따라 죽다. 通殉. ④외치다. 나타내 보임.

6/8【侍】모실 시 | 寘 ㄕˋ (shi) | じ (ハベル) *attend*

풀이 ①모시다. 곁에서 시중 듦. ¶一膳曾調鼎＜劉禹錫＞/一者. ②모시는 사람. 시중드는 사람. ¶解官充一＜唐書＞/近一. ③기르다. 양육함. ¶以養疾一老也＜呂覽＞ ④임(臨)하다. ¶大夫之喪大胥一之＜禮記＞ ⑤기다리다. 通待. ⑥믿다. 의탁함. 通恃. ⑦권하다. 애써 권함. ¶一以節財儉用＜史記＞

【侍講】じこう(시강) 임금이나 동궁(東宮) 앞에서 경서(經書) 등의 강의를 함. 또는, 그 일이나 그 벼슬아치. 侍讀(시독). 侍講官(시강관).

【侍女】じじょ(시녀) ①궁녀. 女官(여관). ②곁에서 시중드는 계집종. 侍婢(시비).

【侍讀】じどく(시독) ☞侍講(시강).

【侍童】じどう(시동) 곁에서 모시며 시중드는 아이. 侍豎(시수).

【侍輦】じれん(시련)《佛》연(輦) 안에 불상(佛像)이나 죽은 이의 위패(位牌)를 모시고 절 안을 세 번 도는 일.

【侍立】じりつ(시립) 곁에 모시고 섬.

【侍墓】じぼ(시묘) 어버이의 거상(居喪) 중에 무덤 옆에 막을 짓고 모시는 일. ※廬墓(여묘).

【侍奉】じほう(시봉) ①부모를 모시고 봉양함. ②곁에 있으면서 명령을 받들어 모심. 또는, 곁에 모시고 있으면서 음식 등을 받들어 올

림. ¶一趨承.

【侍婢】じひ(시비) ☞侍女(시녀)②.

【侍史】じし(시사) ①좌우에서 모시며 문서 또는 기록을 맡아 보는 사람. ②곁에서 모시는 관리. ③상대를 공경하는 뜻으로 편지 겉봉의 받는 이 이름 밑에 쓰는 말. ※足下(족하). ④고려·조선 때 사헌부의 벼슬 이름.

【侍生】じせい(시생) 윗사람이나 윗어른에 대한 자기의 겸칭.

【侍豎】じじゅ(시수) ☞侍童(시동).

【侍食】じしょく(시식) 윗어른과 함께 음식을 먹음. 또는 그 일. 陪食(배식). 侍膳(시선).

【侍臣】じしん(시신) 임금을 가까이서 모시는 신하. 近臣(근신).

【侍養】じよう(시양) 곁에서 모시면서 봉양함.

【侍衛】じえい(시위) 임금을 가까이서 모시며 호위함. 또는, 그 무관.

【侍飮】じいん(시음) 윗어른과 함께 술을 마심.

【侍醫】じい(시의) 궁중에 있으면서 임금과 그 일족의 병을 보는 의원(醫員).

【侍子】じし(시자) ①곁에서 모시며 봉양하는 아들. ②천자(天子)를 입시(入侍)하는 제후. 또는, 그 제후의 아들.

【侍者】じしゃ(시자) ①윗사람, 귀인 등을 곁에서 모시는 사람. ②(佛) 장로(長老)를 가까이서 모시는 중. 侍人(시인).

【侍丁】じてい(시정) 옛날, 부역(夫役)에서 면제되어 부모를 모시던 장정.

【侍定知】(시정지) 천도교 수도(修道)에서, 한울님 모심을 侍, 한울과 사람이 하나되는 것을 定, 한울님의 지혜 받음을 知라 함.

【侍從】じじゅう(시종) ①윗사람을 가까이 모시면서 시중듦. 또는, 그 사람이나 벼슬. ¶一臣/一院. ②천주교에서 차부제(次副祭) 다음가는 이로서, 주교(主教)로부터 품(品)을 받은 전도사.

【侍坐】じざ(시좌) 윗사람을 모시고 앉음.

【侍妾】じしょう(시첩) ①☞侍女(시녀)②. ②귀인의 시중을 드는 첩.

【侍湯】じとう(시탕) 부모의 병환에 약 시중을 하는 일.

【侍下】(시하) 부모나 조부모 등을 모시고 있는 처지. 또는, 그 사람. ¶慈一.

▷供一, 近一, 禁一, 內一, 防一, 陪一, 奉一, 扶一, 嬪一, 尙一, 常一, 隨一, 嚴一, 娛一, 衛一, 媵一, 慈一, 典一, 妾一, 趨一, 偏一, 俠一, 宦一, 環一

6/8〖侁〗 떼지어 걸을 신 圓ㄕㄣ(shen) しん

풀이 ①떼 지어 걷다. 떼지어 다니는 모양. ②말이 앞다투어 가는 모양. 通駪. ③많은 모양. ¶一一.

6/8〖佯〗 거짓 양 陽|ㄧㄤˊ(yang) よう(イツワル) *lie*

풀이 ①거짓. ¶此善爲詐一者也＜淮南子＞ ②…하는 체하다. 속임. ¶一狂而爲奴＜史記＞/一怒. ③노닐다. 헤매다. 어정거림. 通徉. ¶倘一.

【佯狂】ようきょう(양광) 미친 체함.

【佯病】ようびょう(양병) ☞稱病(칭병).

【佯言】ようげん(양언) 거짓말. 詐言(사언).

▷仿一, 詐一, 尙一, 相一, 倚一, 倡一

6/8〖侊〗 절름발이 왕 陽 おう(アシナエ) *lame person*

6/8〖侑〗 권할 유 宥|ㄧㄡˋ(you) ゆう(ススメル) *exhort*

풀이 ①권하다. ¶以樂一食＜周禮＞/執板奏歌一觴＜齊東野語＞ ②돕다. 음식을 들 때 흥을 돋움. ¶賜詩燕嬉 賜金帛一歡＜唐書＞ ③갚다. 보답함. ¶民有報一＜宋史＞ ④용서하다. 通宥. ¶文有三一 武無一赦＜管子＞

【侑宴】ゆうえん(유연) ☞饗宴(향연).

【侑巵】ゆうし(유치) 잔의 한 가지로, 곁에 놓고 감계(鑑戒)로 삼는 그릇. 물을 가득 부으면 엎어지고 물이 없으면 옆으로 기울어져 알맞게 물을 담아야 바로 놓임. ¶三皇五帝 有戒之器 命曰一＜文子＞

▷勸一, 獨一, 璧一, 報一, 亨一

6/8〖依〗 1 의지할 의 2 병풍 의 微|ㄧ(yi) 尾 い, え(モタレル) *lean, folding screen*

풀이 1 ①의지하다. 물건 따위에 기댐. ¶是旣登乃一＜詩經＞ ②의탁하다. 의뢰함. ¶知小人之一＜書經＞/歸一. ③따르다. 좇음. 준거함. ¶一法. ④전과 같다. ¶一然. ⑤우거지다. 초목 따위가 무성한 모양. 通鬱. ¶一彼平林＜詩經＞ ⑥말미암다. ⑦돕다. 2 ①병풍. 通扆. ¶天子設斧一于戶牖之間＜儀禮＞ ②사랑하다. ¶有一其士＜詩經＞ ③편안하다. 편함. ¶于京斯一＜詩經＞ ④비유하다. ¶不學博一 不能安詩＜禮記＞

【依據】いきょ(의거) ①근거로 삼음. ②어떤 것을 의지하여 웅거함. ③증거·근거에 따름.

【依舊】いきゅう(의구) ①옛날과 같음. ¶山川一. ②예전대로 함. ¶如一.

【依例】いれい(의례) 전례에 따름. 依遵(의준).

【依例件】(의례건)韓 마땅히 할 일. 마땅히 그렇게 될 일. ¶一心.

【依賴】いらい(의뢰) 의지함. 부탁함. 依憑(의빙).

【依倣】いほう(의방) 흉내냄. 본뜸.

【依法】(의법) 법에 의함. 법에 따름. ¶一措置/一處斷.

【依數】(의수) 정한 수효대로 함. 準數(준수).

【依數當然】(의수당연) 거짓임을 알면서도 그대로 묵인함.

【依然】いぜん(의연) 종전(從前) 그대로. 전과 다름 없는 모양.

【依願免職】いがんめんしょく(의원면직) 본인의 청에 따라 직위를 해임함. 또는, 그 일.

【依違】いい(의위) ①확정하지 못하고 우물쭈물함. ②명확하지 못함. 依韋(의위).

【依正行邪】(의정행사) 바른 듯하면서 실제로는 바르지 못함. ¶因公假私 一＜後漢書＞

【依存】いそん(의존) 기댐. 의지함. ↔自立(자립).

【依準】いじゅん(의준) ☞準據(준거).
【依支】いし(의지) 기댐. 또는 기댈 대상.
【依草附木】いそうふぼく(의초부목) ①요귀(妖鬼) 따위가 초목에 붙어 있음. 권세 따위에 빌붙어 나쁜 짓을 함을 이름. ②《佛》영혼이 갈 곳을 정하지 못하고 초목에 의지하고 있다는 뜻으로, 아직 철저히 깨닫지 못함의 비유.
【依囑】いしょく(의촉) 부탁함.
【依他】いた(의타) 남에게 의지함. ¶一心.
【依託】いたく(의탁) 부탁함. 의지하여 맡김.
▷歸一, 博一, 斧一, 憑一, 相一, 屬一, 因一, 瞻一

6/8〖佴〗 1 버금 이 2 성 내 | 寘 儿(er) 隊 | じ(ナラブ) next
풀이 1 ①버금. ②잇다. ¶僕又一之蠶室<司馬遷> ③돕다. 2 성(姓).

6/8〖佾〗 줄춤 일 | 質 丨(yi) | いつ(マイノレツ) rank of dance
풀이 줄춤. 가로 세로 늘어서서 추던 춤으로 수는 종횡이 같음. 제사(祭祀) 때 추었는데, 주제(周制)의 경우, 천자는 가로 세로 8일(佾), 곧 각 8인씩 64인, 제후는 6일 곧 각 6인 씩 36인, 대부는 4일 곧 각 4인씩 16인, 사(士)는 2일 곧 각 2인씩 4인이었음. ¶八一舞於庭<論語>
【佾舞生】いつぶせい(일무생) 궁정이나 문묘(文廟)의 제사 때 춤을 추던 사람. 佾生(일생).
▷四一, 六一, 二一, 八一

6/8〖佺〗 신선 이름 전 | 先 | せん

6/8〖佻〗 1 경박할 조 2 늦출 요 | 蕭 ㄊㄧㄠ(tiao) 蕭 ㄧㄠ(yao) | ちょう(カルガルシイ) rash
풀이 1 ①경박하다. 언동이 가벼움. 방정맞음. ¶躁一反覆 謂之智<韓非子>/一志. ②도둑질하다. ¶郤至一天之功以爲己力<國語> ③고단하게 길을 걷는 모양. 또는, 혼자 걷는 모양. ¶一一公子 行彼周行<詩經> ④구차하다. ¶雄鳩之鳴逝兮 余猶惡其一巧<楚辭> 2 늦추다. 연기함. 通 傜. ¶一其期日<荀子>
【佻巧】ちょうこう(조교) ①겉만 그럴 듯하고 경박함. ②구차하게 때움.
【佻薄】ちょうはく(조박) 경박함. 輕佻浮薄(경조부박).
▷輕一, 不一, 猜一, 愚一, 躁一

6/8〖侏〗 난장이 주 | 虞 ㄓㄨ(zhu) | しゅ(コビト) dwarf
풀이 ①난장이. ②속이다. 通 侜. ③어리석다. ④무도하다. 버릇없음.
【侏離】しゅり(주리) ①서융(西戎)의 음악. 朱離(주리). 株離(주리). ②오랑캐의 말. 중국에서 외국어를 천시하여 이르는 말.
【侏儒】しゅじゅ(주유) ①난장이. ¶一國. ②광대. 난장이들이 흔히 광대가 되므로 생긴 말. ¶優倡一<史記> ③쪼구미. ¶欂櫨一<韓愈> ④거미. 蜘蛛(지주). 朱儒(주유).

6/8〖侜〗 속일 주 | 尤 ㄓㄡ(zhou) | ちゅう(イツワル) deceive
풀이 속이다. 가림. 通 譸 侏. ¶誰一予美<詩經>

6/8〖侘〗 낙망할 차 | 禡 ㄔㄚ(cha) | た(ワビル) despair
풀이 ①낙망하다. 실의(失意)함. ¶忳鬱邑余一傺兮<楚辭> ②뽐내다. 자랑함. 같 詫. ¶即欲以一鄙縣<史記>

6/8〖佽〗 재빠를 차 | 寘 ㄘ(ci) | し(スバシコイ) nimble
풀이 ①재빠르다. 몸이 가볍고 빠름. ¶募一飛射士<漢書> ②돕다. ¶人無兄弟胡不一焉<詩經>/一助. ③나란하다. 벌여 놓아 가지런한 모양. ¶決拾旣一<詩經> ④버금. 通 次. ⑤대신하다. 바꿈.

6/8〖侈〗 사치할 치 | 紙 ㄔ(chi) | し(オゴル) extravagant
源 會意. 재물이 많다[多]고 여기어 분수를 넘는 사람[人]을 뜻함.
풀이 ①사치하다. 사치. ¶祟一恣情<舊唐書> ②거만하다. 오만함. ¶於是晋侯一<左氏傳>/傲一. ③크다. 넓음. ¶莽爲人一口<漢書>/一麗. ④많다. 넉넉함. 通 多. ¶一一隆富<左思> ⑤음란하다. 난잡함. ¶邪一. ⑥벌리다. 펴서 엶. ¶哆兮一兮<詩經>
【侈大】したい(치대) 넓고 큼.
▷驕一, 浮一, 邪一, 奢一, 庶一, 傲一, 饒一, 雄一, 踰一, 淫一, 專一, 汰一, 泰一, 弘一, 華一

6/8〖侙〗 두려워할 칙 | 職 | ちょく(オソレル) fear
풀이 두려워하다. 조심함. 같 惕.

6/8〖侂〗 부탁할 탁 | 藥 ㄊㄨㄛ(tuo) | たく request

6/8〖侗〗 1 미련할 통 2 정성 동 | 東 ㄊㄨㄥ(tong) 送 | とう(オロカ) stupid, sincerity
풀이 1 ①미련하다. 어리석음. 유치함. 通 僮 詷. ¶一而不愿<論語> ②크다. 키가 큼. ③아프다. 괴로움. 通 恫. 2 정성. 성실함. ¶翛然而往 一然而來<莊子>

6/8〖佩〗 찰 패 | 隊 ㄆㄟ(pei) | はい(オビル) wear
풀이 ①차다. ㉮몸에 지니다. ¶農夫一耒耜 工匠一斧<白虎通>/一物. ㉯끈을

달아 몸에 차다. ¶古之君子 必一玉 <禮記>/一劍. ②마음 먹다. 마음에 새겨 잊지 아니함. ¶鄙人奉末眷 一服自早年<杜甫> ③노리개. 조복(朝服)의 띠에 차던 구슬. 천자는 백옥(白玉), 제후는 현옥(玄玉), 대부는 창옥(蒼玉)을 참. ④푸르다. ¶鮑丘水 北一謙澤<水經>

佩
(禮器圖)

【佩劍】はいけん(패검) 허리에 칼을 참. 또는, 그 칼. 佩刀(패도).
【佩物】おびもの(패물) 주로 여자들이 몸에 차는 장식물. 노리개.
【佩服】はいふく(패복) ①몸에 참. 佩用(패용). ②마음에 새겨 잊지 아니함. 또는, 그 일. 服膺(복응). ③감복(感服)함.
【佩符】はいふ(패부) 부신(符信)을 참. 곧, 수령(守令)이 됨을 이름.
【佩綬】はいじゅ(패수) 인끈을 참. 곧, 벼슬아치가 됨.
【佩玉】はいぎょく(패옥) ①허리에 차는 구슬. ②임금, 제후, 벼슬아치 들이 조복의 좌우에 늘이어 차는 옥. 佩珂(패가).
【佩用】はいよう(패용) 명찰·훈장·기장·표찰 따위를 옷에 닮.
【佩韋】はいい(패위) 무두질한 가죽을 가지고 다님. 전국 시대 위(魏)의 서문표(西門豹)가 자신의 성급함을 고치기 위하여 무두질한 부드러운 가죽을 늘 지니고 다니며 반성했다는 옛일에서 유래. ※佩弦(패현).
【佩恩】はいおん(패은) 은혜를 잊지 아니함.
【佩弦】はいげん(패현) 활시위를 가지고 다님. 춘추 시대 진(晋)의 동안우(董安于)가 자신의 느린 마음을 고치려고 시위를 늘 차고 다니며 반성했다는 옛일에서 유래. ※佩韋(패위).

6/8【很】 1고을 이름 한 2어길 한 | 圈ㄏㄥˊ (heng) 阮 | こう こん *break*

풀이 1고을 이름. 한(漢)대에 무릉(武陵)에 있던 현(縣). ¶一山. 2어기다. 어그러짐. ㉠很.
【很子】こんし(한자) 부모의 말을 어기는 아들. 한(漢)대에, 아버지의 말과는 늘 반대로만 하는 아들이 있었는데, 아버지가 죽을 때 또 아들이 자기의 말을 어길 것으로 여기고 산 위에 묻어 달라고 할 것을 거꾸로 물가에 묻어 달라 했더니, 아들이 그 동안의 불효를 후회하여, 아버지의 뜻대로 한다고 물가에 묻었다 함.

6/8【侅】 이상할 해 本개 | 灰ㄍㄞ (gai) | かい *abnormal*

풀이 ①이상하다. 기이함. ¶非常曰一事<方言>/奇一. ②목메다. 목이 막힘. ¶一溺於馮氣<莊子>

6/8【侐】 고요할 혁 | 職ㄒㄩˋ (xu) | きょく(シズカ) *quiet*

풀이 고요하다. 쓸쓸함. 적막함.

8【侀】 刑(p.200)·型(p.345)과 同字

6/8【佸】 이를 활 | 曷ㄏㄨㄛˊ (huo) | かつ(イタル) *arrive*

풀이 ①이르다. 다다름. ②모이다. 모음. 만남.

6/8【佪】 어정거릴 회 | 灰ㄏㄨㄞˊ (huai) | かい(サマヨウ) *wander*

풀이 ①어정거리다. 떠돎. ㉠徊. 通回. ¶俳一. ②어두운 모양. 사리에 밝지 못한 모양. ¶一一.

7/9【係】 맬 계 | 霽ㄒㄧˋ (xi) | けい(ツナグ) *fasten*

源 **會意·形聲**. 사람[亻]이 사물을 이음[系]의 뜻.
※경우에 따라서는 繫(p.1191), 繼(p.1192) 등과 통용됨.

풀이 ①매다. ㉮잡아 매다. 연결함. ㉯묶다. 결박함. ¶一輿人 以圍商密<左氏傳> ②매이다. 걸림. 관계됨. ¶一小子 失丈夫<易經>/關一. ③끌다. 질질 끎. ¶一履而過魏王<莊子> ④韓 계. 관청 등 조직의 사무 분장에 의한 갈래 중 가장 아래 단위. ¶一員/局課一.
【係戀】けいれん(계련) 몹시 연연해 하여 잊지 못함.
【係累】けいるい(계루) ①얽어 맴. ②얽매임. 係纍(계루). ③얽매는 것이라는 데서 가족(家族)을 이름. 家累(가루).
【係嗣】けいし(계사) ☞後嗣(후사).
【係數】けいすう(계수) ①어떤 양의 단위에 대한 크기를 이름. ②대수(代數)에서, 적(積)의 인수(因數) 중 앞에 있는 것을 뒤에 있는 인수에 대하여 일컫는 말.
【係爭物】けいそうぶつ(계쟁물) 분쟁의 목적이 되는 물건. 곧, 민사 소송 따위의 목적물.

7/9【俇】 1허둥거릴 광 2멀리갈 광 | 養ㄍㄨㄤˇ (guang) 漾ㄎㄨㄤˋ (kuang) | きょう(アワタダシイ) *be flustered*

풀이 1허둥거리다. 허둥지둥하는 모양. ¶魂一一而南行兮<楚辭> 2멀리 가다. 원행(遠行)함.

7/9【俅】 공손할 구 | 尤ㄑㄧㄡˊ (qiu) | きゅう *polite*

풀이 ①공손하다. ¶一一. ②이다. 입다. 머리에 이거나 몸에 걸침. 通絿.

9【俉】 窘(p.1117)과 同字

7/9【俍】 어질 량 | 陽ㄌㄧㄤˊ (liang) | りょう(ヨイ) *generous*

풀이 ①어질다. 착함. ㉠良. ¶工乎天 而一乎人者 惟全人能之<莊子> ②떠돌다. 헤맴. 通浪. ¶一倡.

7/9 〖侶〗 짝 려 | 語カㄩˇ (lü) | りょ(トモガラ) *companion*

풀이 ①짝. 동반자. ¶相與結一<王褒>/伴一. ②벗. 친구. 벗함. ¶一魚蝦<蘇軾>/一行.

【侶儔】りょちゅう(여주) 벗. 동무.

▷故一, 官一, 挂一, 宮一, 斷金一, 徒一, 同一, 伴一, 方外一, 法一, 賓一, 僧一, 詩一, 僚一, 遊一, 義一, 儔一, 塵縛一, 醉一, 緇一, 親一, 行一, 好一, 花下一, 會心一

7/9 〖俐〗 똑똑할 리 | 寘カ丨ˋ (li) | り(サカシイ) *bright*

7/9 〖俚〗 속될 리 | 紙カ丨ˇ (li) | り(イヤシイ) *vulgar*

源 **會意·形聲**. 마을[里]. 곧, 세속을 뜻함.

풀이 ①속되다. 상스러움. 비속함. ¶詞旨一淺<宋史>/一鄙. ②속요. 상스러운 노래. ¶淫祠鼓舞 心歌一辭<唐書> ③의뢰. 부탁함. ¶其畫無一之至耳<漢書> ④시골. 通 里.

【俚婦】りふ(이부) ①시골 여자. ②천한 여자.

【俚俗】りぞく(이속) 촌스럽고 속됨. 鄙俗(비속).

【俚語】りご(이어) ☞俚言(이언).

【俚言】りげん(이언) 속된 말. 상스러운 말. 俗言(속언). 俚語(이어).

【俚諺】りげん(이언) 통속적으로 유행되는 속담. 俗諺(속언).

【俚謠】りよう(이요) 민간의 속된 노래. 俗謠(속요). 俚歌(이가).

【俚耳】りじ(이이) 속인의 귀. 곧, 듣고도 참뜻을 알아듣지 못하는 귀. 俗耳(속이). ¶大聲不入于一<莊子>

▷蕪一, 鄙一, 哇一, 庸一, 淺一, 巴一, 下一

7/9 〖俛〗 1 힘쓸 면 2 숙일 부 | 銑ㄇ丨ㄢˇ (mian) 麌ㄈㄨˇ (fu) | べん,めん(ツトメル) *exert* ふ

풀이 1 ①힘쓰다. 애씀. 같 勉. ¶一焉日有孳孳<禮記> ②숙이다. 2 숙이다. 고개를 숙임. 같 俯 頫. ¶在一卬之間耳<漢書>

【俛僂】ふる(부루) ①몸을 숙이거나 웅크림. ¶貌似老嫗 行步一<漢書> ②곱추. 곱사등이. 佝僂(구루). 痀瘻(구루). 駝背(타배).

【俛出胯下】ふしゅつこか(부출과하) 한(漢)의 한신(韓信)이 젊었을 때, 굴욕을 참고 불량배들이 시키는 대로 그들의 사타구니 밑을 기어나간 일로, 큰 일을 위해서는 작은 욕쯤은 참을 줄 알아야 함을 일깨운 옛일.

▷眉一, 僶一, 拜一, 偃一

7/9 〖侮〗 업신여길 모 | 麌ㄨˇ (wu) | ぶ(アナドル) *despise*

俗 侮

풀이 ①업신여기다. 경멸함. 경멸. ¶今商王受 狎一五常<書經>/一辱. ②앓다. 병듦. ③참고 견디다.

【侮蔑】ぶべつ(모멸) 업신여기고 얕잡아 봄.

【侮辱】ぶじょく(모욕) 업신여기고 욕을 보임.

▷倨一, 輕一, 納一, 內一, 淩一, 陵一, 慢一, 卑一, 受一, 狎一, 御示一, 外一, 抵一, 賤一, 侵一, 戲一

7/9 〖保〗 보전할 보 | 晧ㄅㄠˇ (bao) | ほ(タモツ) *keep*

同 呆

풀이 ①보전하다. 보호하여 안전하게 함. ¶一邦于未危<書經>/一健. ②지키다. 유지함. ¶矜夸館室 一河山<班固>/一國. ③보증 서다. 책임짐. ¶令五家爲比 使之相一<周禮>/一證. ④기르다. 보호하고 양육함. ¶以一息六養萬民<周禮> ⑤편안하다. ¶京兆尹王嘉爲一拂<漢書> ⑥돕다. ¶一隣. ⑦심부름꾼. 머슴. 고용인. ¶爲酒人一<史記>/酒一. ⑧보. ㉮일정한 호(戶)수로 조직되어 공사(公事)에 대한 연대 책임을 지던 반이나 조합 따위. ㉯송(宋)대의 의용병 부대. ⑨보루. 通 堡. ⑩포대기. 기저귀. 通 緥 褓. ⑪알다. 판단함. ¶羌不可一<楚辭> ⑫믿다. ¶一君父之命<左氏傳>

【保甲】ほこう(보갑) 송(宋)대의 지방 자위 조직. 10호(戶)를 보(保)라 하고 보정(保丁)에게는 무예를 가르침. 왕안석(王安石)의 신법(新法)의 하나.

【保介】ほかい(보개) ①주(周)대에 농사를 장려하는 일을 맡던 벼슬. ②병거(兵車) 오른쪽에 서는 무사(武士). ¶一 車右也<詩經·注> ③곁에서 돕는 사람.

【保健】ほけん(보건) 건강을 보전함.

【保辜】ほこ(보고) 남에게 상처를 입혔을 때, 그 상처의 정도를 확인할 때까지 가해자를 가두어 둔 일.

【保管】ほかん(보관) 남의 물품 등을 맡아 두는 일. ¶一品/一料/一所.

【保菌】ほきん(보균) 병균을 몸 속에 지니고 있음. ¶一者.

【保鑾】ほらん(보란) 천자의 수레를 보호함의 뜻으로, 천자의 친병(親兵)이나 근위병. 禁兵(금병). 保鸞(보란). ¶京師秪有一五百騎<新五代史>

【保留】ほりゅう(보류) 결정, 처분 따위를 미루어 둠. 留保(유보).

【保姆】ほぼ(보모) ①아동 복지 시설이나 육아 시설 등에서 어린 아이를 돌보는 여자. 女師(여사). 保母(보모). 保傅(보부). 傅母(부모). ②유치원 여교사. ③왕세자를 가르치고 돌보던 여자.

【保庇】ほひ(보비) ☞庇護(비호).

【保社】ほしゃ(보사) ①서로를 보호하는 조합. ¶父老漸來同一<元好問> ②보건 사회부(保健社會部) 또는 그 장관의 약칭.

【保釋】ほしゃく(보석) 보증금이나 다른 사람의 보증서 등을 받고 피고인을 석방하는 일. 保放(보방). ¶一金/病一.

【保線】ほせん(보선) 철도의 선로(線路)를 수리하여 보전함. ¶一事務.

【保手】ほしゅ(보수) 보증 수표(保證手票)의 약칭. 자기앞수표·지급보증수표 따위.
【保守】ほしゅ(보수) ①보호하여 지킴. ②재래의 풍습이나 전통 또는 현재의 상태를 보전하여 지킴. ¶一派/一黨/一的/一主義/一反動. ↔革新(혁신). 「명).
【保身】ほしん(보신) 몸을 보전함. 保身命(보신
【保身策】ほしんさく(보신책) 외부 또는 주위의 변전(變轉) 등으로부터 자신을 지켜 보전하고자 하는 꾀. 保身之策(보신 지책). 護身策(호신책).
【保安】ほあん(보안) 국가 사회의 안녕 질서를 보전함. ¶一司令部.
【保養】ほよう(보양) 몸을 보전하여 기름.
【保温】ほおん(보온) 일정한 온도를 유지함. ¶一瓶.
【保庸】ほよう(보용) ①공이 있는 사람을 편안하게 함. ②고용인. 保傭(보용). 「우).
【保佑】ほゆう(보우) 보살피어 도와 줌. 保右(보
【保衛】ほえい(보위) 보호하고 지킴. ¶國家一.
【保有】ほゆう(보유) 가짐. 가지고 있음. 保持(보지). 領有(영유).
【保育】ほいく(보육) 어린아이를 돌보아 기름. 또는, 그 일. ¶一院. 「람을 보증함.
【保人】ほじん(보인) ①☞保證人(보증인). ②사
【保子】ほし(보자) 젖먹이. 어린아이.
【保障】ほしょう(보장) ①보호하여 위험이 없도록 함. ¶安全一理事會. ②조세를 가볍게 하여 백성을 편안하게 하는 정치. ¶以爲一乎＜史記＞ ③성채(城砦). 保壘(보루). ④틀림 또는 잘못되는 일이 없도록 보증함.
【保全】ほぜん(보전) 온전하게 유지함.
【保定】ほてい(보정) 안정을 유지함. 「一登記.
【保存】ほぞん(보존) 원상(原狀)대로 유지함. ¶
【保佐】ほさ(보좌) 도움. 또는, 그 일.
【保重】ほじゅう(보중) 몸을 잘 지켜 소중히 함.
【保證】ほしょう(보증) 일이 잘못되지 않을 것을 증명하여 책임짐. ¶一金/連帶一/身元一/財政一.
【保持】ほじ(보지) ☞保有(보유).
【保布】(보포)(韓) 조선 때 군포(軍布)의 하나로 거두어 들이던 삼베나 무명.
【保合】ほごう(보합) ①시세(時勢)가 변동없이 지속되는 일. ¶一勢. ②편안하고 화합하게 함. ¶彖曰 一大和 乃利貞＜易經＞
【保衡】ほこう(보형) 은(殷)대 재상의 이칭. 阿衡(아형).
【保護】ほご(보호) 돌보아 지킴. ¶一色/一林/一者/一條約.
▷康一, 襁一, 格一, 擔一, 師一, 城一, 收一, 神一, 牙一, 阿一, 連一, 永一, 靈一, 庸一, 留一, 隣一, 任一, 全一, 定一, 酒一, 天一, 合一, 惠一, 護一, 確一, 懷一

7 9 【俘】 사로잡을 부 | (國)ㄈㄨˊ (fu) | ふ(イケドル) *capture*

풀이 ①사로잡다. 적을 산 채로 잡음. 포로. ¶子爲公侯 母乃一隷 熱不見母熱 寒不見母寒＜北史＞ ②빼앗다. 탈취함. ¶胡子盡一楚邑之近胡者＜左氏傳＞ ③가지다. 취(取)함. ¶一厥寶玉＜書經＞ ④벌(罰).
【俘馘】ふかく(부괵) ①☞俘級(부급). ②적을 사로잡아 그 귀를 벰. 또는, 그 귀.
【俘級】ふきゅう(부급) 포로와 수급(首級). 수급은 적의 벤 머리. 俘馘(부괵)①. ¶番禺之功 一萬數＜南史＞
【俘虜】ふりょ(부로) ☞捕虜(포로).
▷禽一, 生一, 囚一, 執一, 獻一

7 9 【俟】 [1] 기다릴 사 [2] 성 기 | (紙)ㄙˋ (si) (支)ㄑㄧˊ (qi) | し(マツ) *await* き

풀이 [1] ①기다리다. 바람. 기대함. (通)竢. ¶君子行法 以一命而已矣＜孟子＞ ②떼를 지어 가다. 떼를 지어 천천히 가는 모양. ¶儦儦一一 或群或友＜詩經＞ ③크다. 성(盛)하다. [2] 성(姓). ¶万一.

7 9 【俗】 풍속 속 | (沃)ㄙㄨˊ (su) | ぞく(ナラワシ) *custom*

풀이 ①풍속. 풍습. 시속. ¶卿鄕一惡＜南史＞/民一. ②속되다. 천박함. ¶士一不可醫＜蘇軾＞ ③범속하다. 평범함. ¶有雪無詩一了人＜方岳＞/凡一. ④세상. ㉮세상 사람. ¶九百年來混一埃＜劉道昌＞/一說. ㉯출가하지 않은 사람. ¶還一. ⑤기대. 바람. ⑥잇다. 옛것을 따름.
【俗家】ぞっか(속가) ①속인들이 사는 집. ②《佛》 중이 되기 전에 살던 집.
【俗間】ぞっかん(속간) 세상. 세속.
【俗客】ぞっかく(속객) ①《佛》 속세의 손님. ②속된 사람. 천박한 사람. ③오얏꽃의 이칭.
【俗見】ぞっけん(속견) 속된 사람의 견해.
【俗界】ぞっかい(속계) 속인(俗人)이 사는 이 세계. 俗寰(속환). 塵地(진지). ↔仙界(선계).
【俗氣】ぞっき(속기) 속된 기풍.
【俗念】ぞくねん(속념) 속된 생각. 俗情(속정).
【俗談】ぞくだん(속담) ①예로부터 민간에서 전해 내려오는 격언. ②속된 이야기. ③세속의 이야기. 俗說(속설). 「박한 의견.
【俗論】ぞくろん(속론) ①세속의 의론(議論). ②천
【俗陋】ぞくろう(속루) 속되고 천박함.
【俗累】ぞくるい(속루) 세속의 일에 얽매임. 또는, 그 일. 俗塵(속진). 塵累(진루). 世累(세루).
【俗流】ぞくりゅう(속류) 속된 무리. 俗輩(속배).
【俗名】ぞくめい(속명) ①학명(學名) 따위 외에 민간에서 불리는 이름. ②《佛》 출가(出家)하기 전의 이름. ↔法名(법명).
【俗物】ぞくぶつ(속물) ①세상살이에만 얽매여 식견이 천박하거나 풍류를 모르는 사람. ¶一根性. ②속된 물건.
【俗士】ぞくし(속사) ①식견이나 안목이 낮고 천박한 사람. ②평범한 선비. ③세속 일에 능한 사람.
【俗事】ぞくじ(속사) 이 세상의 여러 가지 일. 속된 세상의 번거롭고 잡다한 일.
【俗書】ぞくしょ(속서) ①천박한 책. ②《佛》 불경 이외의 책.

【俗說】ぞくせつ(속설) ①세상 사람들 사이에 떠도는 말이나 의견. ②☞俗談(속담)③.
【俗姓】ぞくせい(속성)《佛》 중이 되기 전, 속세에서의 성.
【俗世】ぞくせい(속세) 일반인들이 사는 이 세상. 俗世間(속세간).
【俗世間】ぞくせけん(속세간) ☞俗世(속세).
【俗惡】ぞくあく(속악) 속되고 나쁨.
【俗樂】ぞくがく(속악) 속세에서 유행되는 저속한 음악. ↔正樂(정악)·雅樂(아악).
【俗眼】ぞくがん(속안) 속인의 평범한 안목.
【俗語】ぞくご(속어) 일반 사회에서 생겨나 쓰이는 저속한 말. 상말. 俚言(이언). 俚語(이어). ↔雅語(아어).
【俗諺】ぞくげん(속언) ☞俗談(속담).
【俗緣】ぞくえん(속연)《佛》 속세의 인연.
【俗謠】ぞくよう(속요) 민간인들 사이에서 불려지는 노래. 民謠(민요).
【俗韻】ぞくいん(속운) 속된 노래.
【俗儒】ぞくじゅ(속유) 식견이나 행실이 저속한 유학자. 속된 유생(儒生).
【俗音】ぞくおん(속음) 한자(漢字) 등에서, 본음과는 달리 대중에 널리 퍼져 통용되고 있는 음.
【俗人】ぞくじん(속인) ①속세에 사는 일반 사람. ②풍류를 알지 못하는 사람. ③《佛》 출가(出家)하지 않은 사람.
【俗字】ぞくじ(속자) 한자(漢字) 등의, 본자(本字)와는 다른 꼴로 통용되는 글자. 內를 内, 船을 舡, 往을 徃, 辭를 辞로 쓰는 따위.
【俗腸】ぞくちょう(속장) ☞俗情(속정)②.
【俗才】ぞくさい(속재) 세속의 일에 대한 재주. 또는, 그 재주가 뛰어난 사람. 世才(세재).
【俗傳】ぞくでん(속전) ①세상 사람들 사이에 널리 전함. ②민중들 사이에 전해져 내려옴. 또는, 그것.
【俗情】ぞくじょう(속정) ①세상 사람들의 인정. ②명리만 밝히는 마음. 俗慮(속려). 俗念(속념). 俗腸(속장). 俗懷(속회).
【俗諦】ぞくたい(속제)《佛》 세간의 실상에 따라 알기 쉽게 설명한 진리. 자타(自他)의 차별이 있는 인간 세계에 기초를 둔 가르침. 世諦(세제). ↔眞諦(진제).
【俗衆】ぞくしゅう(속중) ①중에 대하여 일반인들을 가리키는 말. ②속인들.
【俗智】ぞくち(속지) ①속세의 일에 대한 지혜. ②범속한 지혜.
【俗塵】ぞくじん(속진) 속세의 티끌. 인간 세계의 번거로움과 때. 世塵(세진).
【俗體】ぞくたい(속체) ①고상하지 아니한 속된 체재(體裁). ②주로 붓글씨에서, 민간에 퍼져 있는 서체. ③《佛》 속인의 태도나 풍모.
【俗臭】ぞくしゅう(속취) 세속의 냄새. ※俗氣(속기).
【俗趣】ぞくしゅ(속취) 속된 취미.
【俗稱】ぞくしょう(속칭) 정식 명칭이 아닌, 일반인들 사이에 일컬어지는 호칭.
【俗化】ぞっか(속화) 세속화함. 저속하게 됨.
【俗寰】ぞっかん(속환) ☞俗界(속계).
▷改一, 牽一, 獷一, 拘一, 舊一, 國一, 歸一, 陋一, 蠻一, 末一, 美一, 民一, 拔一, 方一, 凡一, 負一, 卑一, 世一, 疏一, 殊一, 習一, 時一, 雅一, 厲一, 謠一, 庸一, 流一, 遺一, 異一, 俚一, 離一, 絶一, 塵一, 賤一, 超一, 脫一, 貪一, 土一, 通一, 風一, 還一

9〖修〗 修(p. 120)의 古字

9〖食〗 部首 글자

7/9〖信〗 1 믿을 신 2 펼 신 | 震 T丨ㄣ 眞(xìn) | しん (シンズル) *believe*

古 㐰

源 **會意**. 사람[亻]의 말[言]은 심중에서 나오는 것이므로, 믿을 수 있다는 데서 「믿음」의 뜻이 됨.

풀이 1 ①믿다. ㉮믿음. ¶朋友有一＜孟子＞/一義. ㉯믿다. ¶盡一書 則不如無書＜孟子＞/一心. ㉰미쁘다. 믿음직함. ¶一實. ②신표. ㉮도장. 부신(符信). ¶印一. ㉯표지. ¶一物. ③소식. 편지. ¶以爲登科之一＜劇談錄＞/一書. ④심부름꾼. 사자. ¶一使. ⑤진실로. 참됨. ⑥맡기다. 하는 대로 둠. ¶歸帆但一風＜王維＞ ⑦이틀밤을 자다. ¶一宿爲舍 再宿爲一＜左氏傳＞ ⑧밝히다. 명백히 함. ¶一罪之有無＜左氏傳＞ ⑨징험하다. ¶其中有一＜老子＞ ⑩㉮오음의 궁(宮). ㉯오행의 토(土). 2 ①펴다. 늘어남. 通伸. ¶往者屈也來者一也＜易經＞ ②말하다. 진술함. 通申. ③몸. 通身. ¶侯執一圭＜周禮＞

【信管】しんかん(신관) 폭탄 등 폭발물의 도화관(導火管).
【信教】しんきょう(신교) 종교를 믿음. 또는, 그 종교. ¶一自由.
【信口】しんこう(신구) 말을 되는 대로 함.
【信圭】しんけい(신규) 주(周)대에 후(侯)가 지니던 홀(笏). 오서(五瑞)의 하나.
【信禽】しんきん(신금) 기러기. 기러기 다리에 편지를 매어 날려 보내 소식을 전한 옛일에서 유래. ¶一法天運＜郝經＞
【信及豚魚】しんきゅうとんぎょ(신급돈어) 믿음이 돼지나 물고기에도 미친다는 뜻으로, 신의가 지극함을 이르는 말.
【信男】しんなん(신남)《佛》 남자 신자. 信士(신사)①. 優婆塞(우바새). ↔信女(신녀).
【信女】しんにょ(신녀)《佛》 여자 신자. 優婆夷(우바이). ↔信男(신남).
【信念】しんねん(신념) 옳다고 굳게 믿고 있는 마음. 信條(신조)①.
【信徒】しんと(신도) 종교를 믿는 사람들의 무리. 신자들. 教徒(교도).
【信力】しんりょく(신력) 신앙의 힘.
【信賴】しんらい(신뢰) 남을 믿고 의지함. 信憑(신빙). ¶一感/一性/一度.
【信陵君】しんりょうくん(신릉군)《人》 전국 시대 위(魏) 소왕(昭王)의 아들. 자(字)는 무기(無忌). 식객(食客)이 3천 명이었음.
【信望】しんぼう(신망) 믿고 바람. 또는, 믿음과 기대.
【信物】しんぶつ(신물) 증명. 또는, 믿을 수 있도록

표가 되는 물건. 信符(신부). 信標(신표).
【信眉】しんび(신미) 눈썹을 치킴. 伸眉(신미). ¶印首一 論列是非<漢書>
【信美】しんび(신미) ☞眞美(진미).
【信奉】しんぽう(신봉) 믿고 받듦.
【信否】しんぴ(신부) 믿을 것인가, 안 믿을 것인가. 또는, 그것. ¶聞諸道路 不知一<左氏傳> 「(신물).
【信符】しんぷ(신부) ①☞符節(부절). ②☞信物
【信憑】しんぴょう(신빙) 믿어서 의지함. 곧, 믿어서 그것을 증거나 근거로 삼음. 信頼(신뢰). 憑信(빙신). ¶一性.
【信士】しんし(신사) ①(佛) ☞信男(신남). ②신의가 있는 남자. 信人(신인).
【信使】しんし(신사) ☞使者(사자).
【信賞必罰】しんしょうひつばつ(신상필벌) 공(功)에는 반드시 상을 주고, 죄는 반드시 벌함. 곧, 상벌(賞罰)을 공정하게 함.
【信書】しんしょ(신서) 편지. 書簡(서간). 書狀(서장). 「세.
【信誓】しんせい(신서) 신의로 맹세함. 또는, 그 맹
【信水】しんすい(신수) ①㊥ 몸엣것. 月經(월경). ②늘어나는 물이란 뜻으로, 황하(黃河)를 이르는 말.
【信宿】しんしゅく(신숙) 이틀을 묵음. 再宿(재숙). ¶公歸亦復 於女一<詩經> 「신).
【信息】しんそく(신식) 소식이나 편지. 音信(음
【信實】しんじつ(신실) 믿음직하고 알참. 거짓이 없음. 眞實(진실).
【信心】しんじん(신심) 믿는 마음. 특히, 종교를 믿는 마음. ¶一諸子邪見 都無一<觀佛三昧經>
【信仰】しんこう(신앙) 종교를 믿고, 신(神) 또는 교의(敎義)를 받드는 일.
【信言不美】しんげんふび(신언불미) 참된 말은 꾸미지 않음. ¶一 美言不信<老子>
【信用】しんよう(신용) ①믿고 씀. ②경제 활동 등에 서로 믿음을 이용함. 또는, 그런 경제 활동. ¶一去來/一貸付/一調査/一狀. ③좋은 평판이나 인망. ④믿어 의심하지 않음.
【信義】しんぎ(신의) ①믿음과 의리. ②참되고 올바름.
【信人】しんじん(신인) ①신의가 있는 사람. 信士(신사)②. ¶善人也 一也<孟子> ②☞使者(사자).
【信任】しんにん(신임) 믿고 맡김. ¶一狀.
【信者】しんじゃ(신자) 종교를 믿는 사람. 敎人(교인). 信徒(신도). 敎徒(교도).
【信章】しんしょう(신장) 도장. 印章(인장).
【信條】しんじょう(신조) ①옳다고 믿어 굳게 지키고 있는 것. ②신앙의 조목.
【信潮】しんちょう(신조) 밀물. ¶孤帆限一<嚴維>
【信託】しんたく(신탁) ①믿고 의탁함. ¶一統治. ②부동산이나 증권 등의 관리·활용·이용 등을 금융 기관에 맡기는 일.
【信標】しんぴょう(신표) ☞信物(신물).
【信風】しんぷう(신풍) ①계절풍. ②동북풍. ¶東北風 謂之一<國史補>
【信號】しんごう(신호) 어떤 부호로 서로의 의사를 통하는 일. 또는, 그 부호. ¶交通一/停止一/一燈.
▷家一, 輕一, 過一, 寡一, 謹一, 來一, 篤一, 惇一, 梅一, 明一, 迷一, 發一, 芳一, 背一, 符一, 憑一, 相一, 書一, 瑞一, 受一, 純一, 崇一, 安一, 雁一, 嚴一, 驛一, 委一, 威一, 恩一, 音一, 倚一, 義一, 二一, 印一, 立一, 自一, 杖一, 電一, 轉一, 節一, 貞一, 至一, 徵一, 彰一, 秋一, 春一, 忠一, 親一, 通一, 偏一, 風一, 鄕一, 花一, 確一, 喜一

7/9 【俄】 잠시 아 | 㘃 ㄜˊ (e) | が(ニワカ) *moment*

풀이 ①잠시. ㉮잠시 후. ¶一而季梁之疾自瘳<列子> ㉯잠시 동안. ¶一頃. ②갑자기. ¶一有群女 持酒<列仙傳>/一刻. ③기울다. 기울어짐. ¶側弁之一<詩經> ④헌걸차다. ¶傀一若玉山之將崩<世說新語> ⑤러시아의 약칭.
【俄館】(아관) 러시아 공사관. ¶一播遷.
【俄國】がこく(아국) 러시아. 露西亞(노서아).
【俄羅斯】ロシア(아라사) 노서아(露西亞).
【俄然】がぜん(아연) 갑자기. ¶一楚兵登牆而歎<晉書>
▷傀一

7/9 【俑】 허수아비 용 | 腫 ㄩㄥˇ (yong) | よう(ヒトガタ) *scarecrow*

풀이 ①허수아비. 우인(偶人). 죽은 이와 함께 묻는 인형. ¶始作一者 其無後乎<孟子> ②아프다. 괴로움.

7/9 【俁】 얼굴 클 우 | 麌 ㄩˊ (yu) | ぐ

7/9 【俋】 밭 갈 읍 | 緝 ㄧˋ (yi) | ちゅう *till*

풀이 ①밭 갈다. ②날래고 씩씩하다.

7/9 【侹】 평평할 정 | 迥 ㄊㄧㄥˇ (ting) | てい (タイラカ) *flat*

풀이 ①평평하다. 평탄함. ¶一一. ②긴 모양. ③꼿꼿하다. ④대신하다.

7/9 【俎】 도마 조 | 語 ㄗㄨˇ (zu) | そ(マナイタ) *chopping board*

풀이 ①도마. ¶如今人方爲刀一 我爲魚肉<史記> ②적대(炙臺). 제향(祭享)에 희생을 담는 그릇. ¶一 載牲之器<後漢書·注>
【俎豆】そとう(조두) ①제기(祭器) 이름. 俎에는 고기, 豆에는 채소를 담음. ¶一之事 則嘗聞之矣<論語> ②어떤 반열(班列)에 들어감. ¶欲一予于賢人之間<莊子>
【俎上肉】そじょうのにく(조상육) 도마 위에 오른 고기란 뜻으로, 어찌할 수 없이 된 운명. 또는, 죽음을 면할 수 없게 된 때를 비유한 말.
【俎實】そじつ(조실) 적대(炙臺)에 담아 놓은 제물(祭物).
▷嘉一, 牢一, 刀一, 登一, 芳一, 燔一, 素一, 越一, 雜一, 折一, 鼎一, 阻一, 彫

一, 尊一, 樽一

7/9 【侳】 욕보일 좌 圖 さ(ハズカシメル) 厥 humiliate

풀이 ①욕보이다. 치욕(恥辱)을 줌. ②편안하다.

7/9 【俊】 준걸 준 震 ㄐㄩㄣˋ (jun) しゅん (スグレル) superior

풀이 ①준걸. 재주나 슬기가 뛰어난 사람. ㉮ 儁 雋 駿 畯 舜. ¶一乂在官<書經> ②준수하다. 뛰어남. ¶司徒論選士之秀者 而升之學 曰一士<禮記> ③크다. 높음. ㉩ 峻 駿. ¶克明一德<書經>

【俊傑】しゅんけつ(준걸) 재주나 역량이 뛰어난 사람. 俊彥(준언). 俊英(준영). 俊豪(준호). 俊骨(준골).

【俊器】しゅんき(준기) 뛰어난 인물. 偉器(위기). 「雋器(준기).

【俊達】しゅんたつ(준달) 품성이 빼어나 사리에 통달함. ¶足下性一堅明<杜牧>

【俊德】しゅんとく(준덕) 높은 덕. 高德(고덕). 峻德 「(준덕).

【俊良】しゅんりょう(준량) ①아주 어진 사람. ②재능이 뛰어난 사람 또는 상마(上馬) 등을 이름. 儁良(준량).

【俊民】しゅんみん(준민) 뛰어난 민간인. 곧, 재야에 묻혀 있는 뛰어난 인물.

【俊敏】しゅんびん(준민) 재주가 뛰어나고 판단력이 민첩함.

【俊士】しゅんし(준사) 뛰어난 선비.

【俊聲】しゅんせい(준성) 높은 명망(名望). 俊望(준망). 俊譽(준예).

【俊秀】しゅんしゅう(준수) 재주나 슬기, 풍채 등이 빼어남.

【俊英】しゅんえい(준영) 여럿 중 뛰어난 사람.

【俊乂】しゅんがい(준예) 재주와 슬기가 아주 뛰어난 사람. ¶一密勿<千字文>

【俊異】しゅんい(준이) 재주나 슬기가 남달리 뛰어남. 卓異(탁이).

【俊逸】しゅんいつ(준일) 재주나 슬기가 뛰어남.

【俊才】しゅんさい(준재) 뛰어난 재능. 또는, 그러한 사람.

【俊造】しゅんぞう(준조) 준사(俊士)와 조사(造士)의 병칭으로, 훌륭한 선비들. 준사는 뛰어난 선비, 조사는 학문을 성취한 사람.

【俊彩】しゅんさい(준채) 뛰어난 사람.

【俊哲】しゅんてつ(준철) 뛰어나고 슬기로움. 또는, 그러한 사람. 雋哲(준철).

【俊弼】しゅんぴつ(준필) 뛰어난 보필. 또는, 훌륭하게 보필하는 신하.

【俊兄】しゅんけい(준형) 자기 형의 존칭.

▷傑一, 輕一, 洛中一, 得一, 髦一, 敏一, 良一, 英一, 雄一, 才一, 青衿一, 寒一, 賢一, 豪一

7/9 【俏】 1 닮을 초 2 거문고 소리 소 嘯 ㄑㄧㄠˋ (qiao) 蕭 しょう (ニル) similar

풀이 1 ①닮다. 같음. 본뜸. ㉩ 肖. ¶人一天地之類<列子> ②예쁘다. 2 거문고 소리. 거문고 뒤짚는 소리. ¶孔子一然 反琴而絃歌<莊子>

7/9 【促】 1 재촉할 촉 2 악착스러울 착 沃 ㄘㄨˋ (cu) 覺 そく (ウナガス) urge

풀이 1 ①재촉하다. 독촉함. ¶一趙兵亟入關<史記> ②절박하다. 시기 등이 닥침. ¶吳國之命斯一矣<吳越春秋> ③빠르다. 급함. ¶大絃聲遲小絃一<歐陽脩> ④짧다. ⑤좁다. 2 악착스럽다. 모짊. ㉮ 齪. ¶踵常途之一一<韓愈>

【促急】そっきゅう(촉급) ①몹시 급함. 성급함. ②몹시 독촉함. 재촉함.

【促迫】そくはく(촉박) 기한 따위가 바짝 닥쳐 여유가 없음.

【促數】そくさく(촉삭) ①예의가 번거로움. ②사물이 번잡함.

【促成】そくせい(촉성) 서둘러 빨리 이루어지게 함. ¶獨立一.

【促杵】そくしょ(촉저) 자주 쿵쿵거리는 방아공이 소리.

【促坐】そくざ(촉좌) ①바싹 다가앉음. ②촘촘히 다가앉음. 促席(촉석).

【促織】そくしょく(촉직) 귀뚜라미의 이칭. 그 우는 소리를, 추워지기 전에 옷감을 짜라는 재촉으로 보았음. 蟋蟀(실솔).

【促進】そくしん(촉진) ①재촉하여 빨리 나아가게 함. ②어떤 상태나 일이 빠르게 진척됨. ※促成(촉성).

▷局一, 窘一, 急一, 短一, 督一, 迫一, 煩一, 歲一, 刺一, 切一, 戚一, 催一, 追一, 褊一, 偪一, 逼一, 惶一

7/9 【侵】 1 침범할 침 2 초라할 침 侵 ㄑㄧㄣ (qin) 寢 しん (オカス) invade

풀이 1 ①침범하다. ㉮침략하다. 침략. ¶齊師一魯<史記>/敵一. ㉯엄습하다. 불의에 습격함. ¶負固不服 則一之<周禮> ㉰능멸하다. ¶語一之<漢書> ㉱해를 끼치다. ¶加以風雨所一<北齊書> ㉲법을 어기다. ¶一臣事小察 以折法令<管子> ②점진(漸進)하다. ¶天子始巡郡縣 一尋於泰山<史記> ③흉년. 흉작(凶作). ㉩ 祲. ¶五穀不升 謂之大一<穀梁傳> ④번지다. 스며 들어감. ㉩ 浸. 2 초라하다. 보잘것 없는 모습. ㉮ 寢. ¶貌一而體弱<漢書>

【侵刻】しんこく(침각) 침범하여 해를 입힘. 괴롭힘. ¶一百姓<後漢書>

【侵耕】しんこう(침경) 남의 땅이나 국유지 등을 불법으로 개간하거나 경작하는 일.

【侵境】しんきょう(침경) 국경을 침범함. 侵疆(침강). 侵越(침월).

【侵攻】しんこう(침공) 침입하여 공격함. 침입하여 공략함.

【侵寇】しんこう(침구) ①침입하여 노략질함. ②쳐들어감.

【侵略】しんりゃく(침략) 남의 나라를 침입하여 약탈함. 侵掠(침략). 侵抄(침초). ¶一行爲/一主義.

【侵犯】しんぱん(침범) ①남의 영토 등을 쳐들어가 해를 끼침. ②신분, 재산, 명예 등을 침해함.
【侵尋】しんじん(침심) ①점차 앞으로 나아감. ②차츰 넓어짐. 侵潯(침심).
【侵越】しんえつ(침월) ☞侵境(침경).
【侵入】しんにゅう(침입) 침범해 들어감. 「어).
【侵奪】しんだつ(침탈) 침입하여 빼앗음. 侵漁(침
【侵害】しんがい(침해) 침범하여 해를 입힘. 또는, 그 피해.
▷輕—, 欺—, 南—, 來—, 大—, 不可—, 不—, 襲—, 敵—, 貪—

7
9〖侻〗 경박할 탈 | 圓ㄊㄨㄛ (tuo) | たつ (ケイソツダ) *rash*

풀이 ①경박하다. 가벼움. ¶劉表以粲體弱而通— 不甚重也<魏志> ②맞다. 합당함. ¶荀卿非數家之書—也<法言> ③소략(疏略)하다. ¶其行—而順情<淮南子> ④추하다. 못생기고 흉함. ⑤벗다. 벗어남. ㊢脫.

7
9〖便〗 1 편할 편 2 똥오줌 변 | 㐲ㄅㄧㄢˋ (bian) 𦥑ㄆㄧㄢˊ (pian) | べん, びん (ヤスラカ) *comfortable* べん

㊍㑅
풀이 1 ①편하다. ㉮편안하다. ¶養病而私自—<漢書>/不—. ㉯편리하다. ¶范毀削先令 … 百姓爲—<後漢書> ②편의. ㉮유리한 방법. ¶士莫敢言一朝之— 皆有終歲之計<國語> ㉯좋은 기회. ¶據五勝之— 而列六國<吳越春秋> ㉰이용하기 쉽다. ¶憩—房以偃息<潘尼>/簡—. ③익히다. 숙달함. ¶謹其所—<大戴禮> ④소식. ¶行雨東南 思假飛山之—<徐陵>/郵—. ⑤편. 전하는 방편. ¶人—. ⑥아첨. ⑦말 잘하다. ¶——言<論語> ⑧뚱뚱하다. 배가 뚱뚱함. ¶腹——<後漢書> ⑨아리땁다. 아담함. ¶—云閑雅之貌<韓詩外傳>/—娟. ⑩㊥ ㉮쪽. 방향. ¶東—. ㉯몇 패로 갈라진 것들의 하나하나. ¶相對—. 2 ①똥오줌. 분뇨(糞尿). ¶大—/小—. ②곧. 즉(卽). ¶匡廬—是逃名地<白居易> ③문득. 바로. ¶林盡水源 —得—山<陶潛>
【便器】べんき(변기) 사람의 똥오줌을 받아 내는 그릇. 便壺(변호). 虎子(호자).
【便祕】べんぴ(변비) 똥이 잘 나오지 않는 병. 便閉(변폐). 便結(변결).
【便所】べんじょ(변소) 뒷간.
【便是】(변시)㊥ 다름이 아니라. 즉.
【便通】べんつう(변통) 막혔던 대소변이 뚫림.
【便痛】べんつう(변통) 대변 볼 때의 통증.
【便香附】べんこうふ(변향부) 어린 사내 아이의 오줌에 오래 담가 두었다가 꺼낸 향부자(香附子). 월경 불순에 씀. 「직.
【便官】べんかん(편관) ①알맞은 관직. ②한가한 관
【便巧】べんこう(편교) ①교묘하게 남의 비위를 맞춤. ¶由其— 善爲辨佞之言<書經·注> ②날쌤. 몸이 잽쌈. 敏捷(민첩). ¶體力—<說苑> ③편리함.
【便口】べんこう(편구) 말을 잘함.
【便佞】べんねい(편녕) 아첨을 잘함. 또는, 그런 사람. ¶友— 損矣<論語> 「<墨子>
【便寧】べんねい(편녕) ☞安寧(안녕). ¶—無憂
【便道】べんどう(편도) ①지름길. 捷徑(첩경). ②편한 길. 便路(편로).
【便覽】べんらん(편람) 어떤 일을 쉽게 보고 알 수 있도록 정리하여 엮은 책.
【便路】べんろ(편로) ☞便道(편도)②.
【便利】べんり(편리) ①편하고 손쉬움. ②몸이 잽쌈.
(변리) 똥오줌을 무의식 중에 쌈. ¶— 大小便<漢書·注>
【便蒙】べんもう(편몽) 초학자(初學者)가 알기 쉽게 만든 책.
【便文】べんぶん(편문) ①글 내용을 자기 형편에 좋도록 함. ②편리한 법문(法文). ¶事有非—者<曾鞏>
【便門】べんもん(편문) 드나들기 편한 곳에 낸 문. 뒷문 따위. 通用門(통용문).
【便媚】べんび(편미) ①아름다운 자태. ¶—鞠悪兮 美愈西施<柳宗元> ②춤추는 모양. ¶動容轉曲 —擬神<淮南子>
【便房】べんぼう(편방) 쉬는 방. 휴게실.
【便法】べんぽう(편법) ①편리한 방법. ②임시로 둘러댄, 보다 손쉬운 방법.
【便辟】べんぺき(편벽) ①남에게 알랑거리며 비위를 잘 맞춤. 便은 남의 좋아하는 것에 붙좇음, 辟은 남이 싫어하는 것을 피함의 뜻. ②☞便嬖(편폐). 「의).
【便服】べんぷく(편복) 간편하게 만든 옷. 便衣(편
【便私】べんし(편사) ☞利己(이기).
【便射】べんしゃ(편사) 두 편으로 나누어 활을 쏨. 또는, 그 일.
【便辭】べんじ(편사) ①교묘하게 남의 비위를 맞추는 말. ②방편을 위한 언설(言說).
【便船】べんせん(편선) 가볍고 편리한 배.
【便乘】びんじょう(편승) ①남이 타고 가는 차·수레 따위의 한 자리를 얻어 탐. ②남의 세력이나 사회 변화 등을 이용하여 자기의 이익을 취함.
【便安】べんあん(편안) 편하고 걱정이 없음.
【便孼】べんげつ(편얼) 구변은 좋으나 마음이 악한 사람.
【便宜】べんぎ(편의) ①편리하고 적당함. ②형편이 좋음. 便易(편이).
【便易】べんい(편이) 편리하고 손쉬움. 便宜(편
【便益】べんえき(편익) 편리하고 유익함. ˪의)②.
【便人】べんじん(편인) 세속 일에 익은 사람. 곧, 속인이란 뜻으로 자기의 겸칭. 「전.
【便殿】べんでん(편전) 임금이 평상시 거처하는 궁
【便嬖】べんぺい(편폐) 아첨으로 임금의 총애를 받는 신하. 便辟(편벽)②.
▷ 簡—, 輕—, 巧—, 權—, 近—, 大—, 方—, 不—, 船—, 小—, 溲—, 信—, 安—, 兩—, 用—, 郵—, 隱—, 利—, 人—, 車—, 快—, 形—

7/9 〖俔〗 1 엿볼 현 2 비유할 견 | 錢ㄒㄧㄢˋ (xian) 霰ㄑㄧㄢˋ (qian) | けん (ヌスミミル) steal a glance

풀이 1 ①엿보다. ㉮몰래 보다. ㉯염탐꾼. 간첩. ¶一 諜也<字彙> ②바람개비. 배 따위에 설치한 풍향계. ¶辟若一之見風也 無須臾之間定矣<淮南子> ③두려워하다. ¶一一. 2 비유하다. ¶一天之妹<詩經>

7/9 〖俠〗 1 호협할 협 2 곁 협 本곁 | 葉ㄒㄧㄚˊ (xia) 洽 | きょう (オトコダテ) きょう

풀이 1 ①호협하다. 의협심이 많음. ¶爲任一有名<漢書>/一氣. ②끼다. 끼움. 사이에 낌. 通挾. ¶殿下郎中一陛<漢書> ③젊다. 2 ①곁. 옆. 通夾. ②아우르다.

【俠客】きょうかく(협객) 의협심이 많은 사나이. 俠士(협사). 俠者(협자).
【俠骨】きょうこつ(협골) ☞俠氣(협기).
【俠魁】きょうかい(협괴) 협객 중의 우두머리.
【俠氣】きょうき(협기) 호탕하고 의로운 장부의 기상. 俠骨(협골). 義俠心(의협심).
▷佳一, 姦一, 輕一, 氣一, 大一, 鋒一, 勇一, 遊一, 義一, 任一, 節一, 抗一, 豪一, 凶一

7/9 〖侯〗 제후 후 | 因ㄏㄡˊ (hou) | こう (ショコウ) feudal lords
本矦
※候(p. 124)는 딴 자.

풀이 ①제후. ¶射中者獲封爵 故因謂之諸一<康熙字典> ②후작. 오등작(五等爵)의 둘째. ¶公一伯子男. ③과녁. 솔. 소포(小布). ¶天子熊一白質<儀禮> ④후. 도성(都城)에서 5백 리 떨어진 사방. ¶五百里一服<書經> ⑤아름답다. ¶洵直且一<詩經> ⑥어조사. ㉮오직. 이. 이에. 通惟 維 伊. ¶一誰在矣<詩經> ㉯어찌. 어느. 무엇. 通何. ¶君乎君乎 一不邁哉<漢書> ㉰의미 없는 조사. 通兮. ¶高祖過沛詩 有三一之章<史記>

【侯鵠】こうこく(후곡) 활터 과녁의 둘레와 한가운데 점. ※正鵠(정곡).
【侯畿】こうき(후기) 후복(侯服)에 드는, 사방 500리의 땅. ※五服(오복)①.
【侯牧】こうぼく(후목) 제후와 지방 수령.
【侯服】こうふく(후복) ☞侯畿(후기).
【侯爵】こうしゃく(후작) 오등작(五等爵)의 둘째.
▷君一, 大一, 萬里一, 萬戶一, 孟一, 藩一, 辟一, 封一, 射一, 小一, 素一, 陽一, 列一, 王一, 熊一, 諸一, 卽墨一, 徹一, 通一, 好畤一

8/10 〖個〗 낱 개 | 圖ㄍㄜˋ (ge) | こ (ヒトツ) piece
略们 同箇 个

풀이 ①낱. 셀 수 있게 된 물건의 하나하나. ¶一人. ②개. 낱개로 된 물건을 세는 단위. ¶一一.

【個個】ここ(개개) 낱낱. 하나하나. 各個(각개). 箇箇(개개).
【個物】こぶつ(개물) 독립하여 존재하는 낱낱의 물체. 個體(개체).
【個別】こべつ(개별) 낱낱이 따로 나눔.
【個性】こせい(개성) 개개인이 가진 특유한 성질.
【個所】かしょ(개소) 군데. ¶一的.
【個中】こちゅう(개중) ①여럿 있는 그 가운데. ②《佛》선도(禪道)의 범위 안.
【個體】こたい(개체) 낱낱의 물체.
▷各一, 單一, 每一, 別一, 一一

8/10 〖倨〗 거만할 거 | 御ㄐㄩˋ (ju) | きょ (オゴル) haughty

풀이 ①거만하다. 뽐냄. 불손함. ¶一傲. ②걸터앉다. 通踞. ¶高祖箕一<漢書> ③멍하다. ¶一一. ④굽다. ¶一中矩<禮記>/一曲.

【倨氣】きょき(거기) 거만한 기색. ¶無一矜色<新唐書>
【倨慢】きょまん(거만) 뽐냄. 잘난 체하고 남을 업신여김. 倨傲(거오). ¶一不臣<漢書>
▷簡一, 驕一, 句一, 箕一, 倂一

10 〖倹〗 儉(p. 141)의 略字

8/10 〖倞〗 1 굳셀 경 2 밝을 량 | 敬ㄐㄧㄥˋ (jing) 漾ㄌㄧㄤˋ (liang) | けい (ツヨイ) strong りょう

풀이 1 ①굳세다. 강함. 㓞勍. ②다투다. 겨룸. 通競. ¶秉心無一<詩經> 2 ①밝다. 㓞亮. ②찾다. 구함. 通諒.

8/10 〖倥〗 1 바쁠 공 2 어리석을 공 3 괴로울 공 | 董ㄎㄨㄥˇ 東 (kong) 送 | こう busy

풀이 1 바쁘다. ¶一傯. 2 어리석다. ¶一侗. 3 괴롭다. 곤궁함. ¶將隆大位 必先一傯之也<後漢書>

8/10 〖倌〗 관인 관 | 諫ㄍㄨㄢ (guan) | かん (トネリ)

풀이 ①관인(倌人). 수레를 관장하는 사람. ②벼슬. 通官. ③中기생.

【倌人】かんじん(관인) 수레를 관장하던 벼슬아치. ¶命彼一 星言夙駕<詩經>

8/10 〖俱〗 함께 구 | 虞ㄐㄩˋ (ju) | ぐ (トモニ) together

풀이 ①함께. 다. 모두. ¶父母一存兄弟無故 一樂也<孟子> ②함께하다. ③갖추다. ¶兩馬一豎子一<史記> ④같다.

【俱慶】ぐけい(구경) 부모가 모두 살아 계시어 경사스러움. ¶一侍下.
【俱存】ぐそん(구존) 부모가 모두 살아 계심. ¶父母一. ↔俱沒(구몰).

8
10〖倔〗 고집셀 굴 | 物ㄐㄩㄝˊ (jue) | くつ *obstinate*

풀이①고집 세다. ¶一彊. ②몸을 일으키다. 입신(立身)함. ¶一起. ③굽다. 通屈. ¶一信.

【倔強】くっきょう(굴강) 고집이 세어 남에게 굽히지 아니함. 倔彊(굴강). ¶一猶昔<宋史>/一倨傲<鹽鐵論>

8
10〖倦〗 게으를 권 | 霰ㄐㄩㄢˋ (juan) | けん(ウム) *lazy*
本 券

풀이①게으르다. 싫증남. 태만함. ¶敎行而不一<禮記>/一怠. ②피로하다. 고달프다. ¶致遠復食而不一<呂覽>/一德. ③쉬다. 걸터앉음. ¶方一龜殼 而食蛤梨<淮南子>/一憩.

【倦怠】けんたい(권태) 싫증이 나 게을러짐.

【倦筆】けんぴつ(권필) 마지못해 잡는 붓. ¶墨入紅絲點漆濃 閒將一寫秋容<陸游>

▷口一, 饑一, 勞一, 忘一, 目一, 耳一, 怠一, 疲一, 懈一, 休一

8
10〖倛〗 탈 기 | 支ㄑㄧˊ (qi) | き(カメン) *mask*

풀이①탈. 가면. 구나(驅儺) 때 쓰는 탈로, 눈이 넷이면 方相, 눈이 둘이면 倛라 함. ¶仲尼之狀 面如蒙一<荀子> ②속이다. 속음. 같欺.

8
10〖倓〗 1 고요할 담 2 움직일 담 | 覃ㄊㄢˊ (tan) 勘 | たん(シズカ) *quiet*

풀이 1 고요하다. 편안함. 같倓. ¶一然. 2 ①움직이다. 두려워하다. 같憺. ②재물로써 속죄하다. 또는, 그 재화. ¶以一錢贖罪<後漢書>

【倓錢】たんせん(담전) 살인한 사람이 죽은 사람의 가족에게 속죄하기 위하여 주는 돈. ¶殺人者 得以一贖死<後漢書>

8
10〖倘〗 1 혹시 당 2 어정거릴 상 | 養ㄊㄤˇ (tang) 陽 | とう(モシ) *if* しょう

풀이 1 ①혹시. 아마. 같儻. ¶一來. ②갑자기 멈추는 모양. ¶一然. 2 어정거리다. 배회함. 같徜.

【倘來】(당래) 혹은. 만약에.

【倘佯】しょうよう(상양) 어정거림. 배회함. ¶一中庭<宋玉>

8
10〖倒〗 1 넘어질 도 2 거꾸로 도 | 皓ㄉㄠˇ (dao) 號 | とう (タオレル) *fall*

풀이 1 넘어지다. 넘어뜨림. ¶發即應弦而一<漢書>/卒一/一死. 2 ①거꾸로. 거꾸로 함. ¶顚之一之 自公召之<詩經>/顚一/一懸. ②거스르다. 반역함. ¶至言忤于耳 而一于心<韓非子>

【倒見】とうけん(도견) 거꾸로 보임. ¶影則一<西京雜記>

【倒戈】とうか(도과) 제편을 배반하고 적과 내통함. 변절. 반역함. ¶前徒一 攻于後以北<書經>

【倒君】とうくん(도군) 도리에 어긋난 임금. ¶君爲一 臣爲亂臣 國家衰也<管子>

【倒囷】とうきん(도균) 곳간의 쌀을 털어 냄. 소유물을 다 내놓음. ¶人人皆一以應之<宋史>

【倒道】とうどう(도도) 도리에 어긋남. 悖理(패리). ¶一而言 迕道而說者 人之所治也<莊子>

【倒流】とうりゅう(도류) 거슬러 흐름. 逆流(역류). ¶一曲悲歌水一 尊前何計緩千憂<范成大>

【倒屣】とうし(도사) 신을 거꾸로 신고 사람을 영접한다는 뜻으로, 반가운 손님을 환영함을 이름. 倒屧(도섭).

【倒產】とうさん(도산) ①파산함. ②아이를 거꾸로 낳음. 逆產(역산).

【倒想】とうそう(도상) 도리에 어긋난 생각. ¶狂心迷惑 一自欺<梁武帝>

【倒生】とうせい(도생) 초목(草木). 초목이 머리를 땅에 붙이고 자라기 때문에 이르는 말.

【倒押韻】とうおういん(도압운) 한시(漢詩)에서, 관습으로 쓰는 문자를 전도(顚倒)하여 운(韻)을 맞춤. 특히, 한유(韓愈)의 시에 많음. ¶一 如韓愈 碧流滴瓏玲 光景何鮮新<詩評>

【倒景】とうえい(도영) ①해·달이 아래에서 위로 비춤과 같은, 하늘의 지극히 높은 곳을 이름. ¶登遐一<漢書> ②햇빛이 서쪽에서 동쪽으로 되비침. 夕陽(석양). 倒影(도영). ¶仙壇一鳳麟州<元好問> ③거꾸로 비친 그림자. ¶人過橋邊一來<溫庭筠>

【倒葬】とうそう(도장) 조상의 묘 윗자리에 자손의 묘를 씀.

【倒錯】とうさく(도착) 상하 또는 바른 위치가 거꾸로 되어 뒤섞임. ¶性一.

【倒置】とうち(도치) 거꾸로 함. 순서를 뒤바꿈. ¶一法.

【倒置干戈】とうちかんか(도치간과) 병기를 거꾸로 세워 둔다는 뜻으로, 세상이 평화로움을 비유하여 이르는 말. ¶一 覆以虎皮 以示天下不復用兵<史記>

【倒橐】とうたく(도탁) 주머니를 거꾸로 한다는 뜻으로, 가진 돈을 죄다 내놓음의 비유. ¶一猶堪買釣舟<陸游>

【倒行逆施】とうこうぎゃくし(도행역시) 차례를 바꾸어서 시행함. 상도(常道)를 벗어남. ¶吾日暮途遠 吾故倒行而逆施之<史記>

【倒懸】とうけん(도현) 손발을 묶어 거꾸로 매닮. 심한 곤경이나 위험한 고비가 닥침을 이름. ¶民之悅之 猶解一也<孟子>

【倒婚】とうこん(도혼) 아우나 누이동생이, 형이나 언니보다 먼저 혼인함. 逆婚(역혼).

▷傾一, 驚一, 旣一, 捧腹絕一, 壓一, 顚一, 絕一, 卒一, 七轉八一, 打一, 抱腹絕一

8
10〖倮〗 1 알몸 라 2 좁을 과 | 哿ㄌㄨㄛˇ (luo) 哿 | ら(ハダカ) *naked body* か(セマイ) *narrow*

풀이 1 알몸. 발가숭이. 발가벗음. ㉖ 裸. ¶中央土 其蟲ー<禮記> 2 좁다.

【倮國】らこく(나국) 중국 서쪽에 있던 나라. 온 국민이 나체로 생활했다는 데서 붙은 이름. ¶西方之ー<淮南子>

10〖倈〗 徠(p. 548)와 同字

8
10〖倆〗 재주 량 | 㶊 ㄌㄧㄤˇ(liang) ㄌㄧㄚˇ(lia) | りょう (ワザ) *talent*

풀이 ①재주. 솜씨. 재능. ¶天孤伎ー本無多<陸游>/技ー. ②둘. 두 사람. ㉖ 兩.

8
10〖倫〗 인륜 륜 | 圓 ㄌㄨㄣˊ(lun) | りん(ミチ) *moral*

풀이 ①인륜. 윤리. 도리. ¶言中ー<論語>/彝ー攸 敍<書 經>/五ー. ②무리. 또래. ¶儗人必於其ー<禮記>/絶ー. ③차례. ¶行同ー<中庸>/ー序. ④나뭇결. ¶折幹必ー<周禮> ⑤가리다. 선택함. ㉥ 掄. ¶雍人ー膚九<儀禮>

【倫紀】りんき(윤기) ①윤리와 기강. ②사람이 지켜야 할 도리. 人道(인도). 人倫(인륜). 倫常(윤상). ¶下以敍ー之常<元史>

【倫類】りんるい(윤류) ①인륜(人倫)의 종류. ¶ー不通<荀子> ②같은 종류. ③친구. 동년배.

【倫理】りんり(윤리) ①윤기(倫紀). ②인륜 도덕의 원리. ¶樂者通ー者也<禮記>

【倫比】りんぴ(윤비) ①무리. 同流(동류). 倫匹(윤필). ②동등함.

【倫擬】りんぎ(윤의) 비슷함. ¶勢不ー<唐書>

【倫次】りんじ(윤차) 신분의 차례.

【倫匹】りんぴつ(윤필) ①나이나 신분이 서로 같거나 비슷한 사람. 倫比(윤비). 倫儔(윤주). 等輩(등배). 儕輩(제배). ¶太子伎藝多能獨拔ー<大唐西域記> ②배우자. 아내. ¶ー飄離浮江湘<蘇蕙>

▷冠ー, 大ー, 同ー, 等ー, 反ー, 不ー, 比ー, 常ー, 傷ー, 五ー, 異ー, 人ー, 絶ー, 儕ー, 儔ー, 天ー, 超ー, 悖ー, 匹ー, 扈ー

8
10〖們〗 들 문 | 园 ㄇㄣˊ(men) | もん (トモガラ)

풀이 들. 무리. 인칭대명사에 붙어서 복수를 나타냄. ¶我ー /他ー.

8
10〖倣〗 본받을 방 | 㶊 ㄈㄤˇ(fang) | ほう(ナラウ) *imitate*

※倣 仿 彷 髣 등은 서로 혼용됨.

풀이 ①본받다. ¶學者率模ー焉<宣和書譜> ②준거하다. 의지함. ㉥ 方 放.

【倣刻】ほうこく(방각) 본떠서 새김.

【倣古】ほうこ(방고) 옛것을 모방함. 고인(古人)의 작품을 모방하여 만듦. ¶ー作六經<唐書>

【倣木釉】ほうぼくゆう(방목유) 청(淸)의 건륭요(乾隆窯)에서 자단(紫檀)·흑단(黑檀)의 목기(木器)를 모방하는 데에 쓰던 도자(陶瓷)의 잿물.

▷模ー, 慕ー, 寫ー, 依ー, 臨ー

8
10〖倍〗 곱 배 | 賄 ㄅㄟˋ(bei) | ばい(アツツカウ) *double*

㉤ 俖

풀이 ①곱. 갑절. ¶近利市三ー<易經>/ー加. ②등지다. 배반함. 사이가 벌어짐. ㉖ 偝. ¶民不ー<禮記> ③더하다. 증가함. 곱함. ¶焉用亡鄭以ー隣<左氏傳> ④외다. 암송함. ¶讀書ー文<韓愈> ⑤점점 더. 더욱더. ¶今來ー歎傷<溫庭筠>

【倍加】ばいか(배가) ①갑절을 더함. ②점점 더 함. ¶公才與曹丕 豈止十ー<蘇軾>

【倍達】(배달)㊔ 대종교(大倧敎)에서 말하는 상고 시대의 우리 나라 이름. ¶ー民族.

【倍道兼行】ばいどうけんこう(배도겸행) 이틀 걸릴 길을 하루에 걷는다는 뜻으로, 갑절의 속도로 행군함. ¶日夜不處 ー<孫子>

【倍騰】(배등) 물건 값이 곱으로 오름.

【倍蓰】ばいし(배사) 갑절 이상 댓 갑절 가량. 여러 갑절. 倍는 갑절, 蓰는 다섯 갑절.

【倍勝】(배승) 갑절이나 더 나음.

【倍義】ばいぎ(배의) 정도(正道)에 어긋남. ¶吾豈可以鄕利ー乎<史記>

【倍日并行】ばいじつへいこう(배일병행) ☞晝夜兼行(주야겸행).

▷加ー, 兼ー, 過ー, 累ー, 萬ー, 百ー, 事半功ー, 數ー, 十ー, 利ー, 增ー, 千ー, 懸ー

8
10〖俳〗 1 광대 배 2 어정거릴 배 | 佳 ㄆㄞˊ(pai) 灰 | はい (ワザオギ) *actor*

풀이 1 ①광대. 배우. ¶ー優侏儒戲於前<孔子家語> ②장난. 농담. 익살. ¶爲賦廼ー<漢書> ③쓰러지다. 쇠퇴함. ㉥ 廢. 2 어정거리다. 배회함. ㉖ 徘. ¶坐ー而歌謠<淮南子>

【俳歌】はいか(배가) 산악(散樂)의 이름.

【俳笑】はいしょう(배소) ①광대, 풍각장이 따위. 優笑(우소). ②희롱하여 웃음. 俳는 戲의 뜻. ¶人有聞者 共ー之<史記>

【俳優】はいゆう(배우) ①광대. ¶ー侏儒婦女之請謁<荀子> ②영화·연극 따위에서 어떤 인물로 분장하여 연기하는 사람.

【俳體】はいたい(배체) 장난에 가까운 시문(詩文).

【俳諧】はいかい(배해) 우스갯소리. 弄談(농담). 戲言(희언). 俳謔(배학). ¶緊本善詩 語多ー<唐書>

▷優ー, 坐ー, 倡ー, 詼ー

10〖倂〗 併(p. 106)의 本字

8
10〖俸〗 녹 봉 | 宋 ㄈㄥˋ(feng) | ほう(タマモノ) *salary*

풀이 녹. 봉급. 급료. ㉖ 奉. ¶小史勤事而

一薄<漢書>

【俸給】ほうきゅう(봉급) 직무에 대한 보수(報酬)로 주는 돈. 俸秩(봉질). 給料(급료). ¶歲賜以爲一<宋史>

【俸祿】ほうろく(봉록) 벼슬아치에게 주던 봉급. 祿俸(녹봉).

【俸銀】ほうぎん(봉은) 관리에게 봉급으로 주던 돈. 俸錢(봉전).

【俸秩】ほうちつ(봉질) 벼슬아치에게 주던 급료. 俸祿(봉록). 秩祿(질록). ¶祿賜一 散之親故<晉書>

▷加一, 減一, 公一, 給一, 祿一, 薄一, 本一, 分一, 績一, 料一, 月一, 日一, 增一, 秩一, 推一, 學一, 厚一

8
10【俯】 구부릴 부 | 㵅ㄈㄨˇ (fu) | ふ(フス) *bend*

풀이 ①구부리다. 머리를 숙임. ㉠俛 頫. ¶仰不愧於天 一不怍於地<孟子> ②숨다. ¶蟄蟲咸一<易經> ③드러눕다. ¶三一三起<荀子>

【俯瞰】ふかん(부감) 굽어봄. 아래를 내려다 봄. 下瞰(하감). 俯觀(부관). 俯覽(부람). 俯視(부시). 下臨(하림)①.

【俯擗】ふへき(부벽) 엎드려 가슴을 치며 곡(哭)을 함. ¶一天倫 踊絶于地<任昉>

【俯首】ふしゅ(부수) 고개를 숙임. ¶一流涕<史記>

【俯仰不愧天地】ふぎょうてんちにはじず(부앙 불괴천지) 천지에 대해서도 부끄러울 것이 없음. 공명정대(公明正大)하여 세상에 부끄러울 것이 없음. ¶仰不愧於天 俯不怍於人<孟子>

【俯察仰觀】ふさつぎょうかん(부찰앙관) 아랫사람의 형편을 굽어 살피고, 윗사람을 우러러 봄.

▷拜一, 卑一, 仰一, 畏一, 陰一

8
10【俾】 1 시킬 비 2 흘겨볼 비 ㊍폐 | 紙ㄅㄧˋ (bi) 霽 | ひ(シム) *make one do*

풀이 1 ①시키다. …하게 함. ¶一晝作夜<詩經> ②더하다. 보탬. ㊣裨. ③좇다. 따름. ¶罔不率一<書經> 2 ①흘겨보다. ㊣睥. ¶一倪 故久立與其客語<史記> ②성가퀴. ¶一倪.

8
10【俷】 등질 비 | 未ㄈㄟˋ (fei) | ひ(ソムク) *fall out with*

풀이 ①등지다. 서로 어그러짐. 배반함. ¶無作怨 無一德<史記> ②지다. 패배함.

8
10【倳】 찌를 사 | 寘ㄗˋ (zi) | し(サス) *pierce*

풀이 ①찌르다. 칼을 꽂음. ㉠剚. ¶不敢一刃於公之腹<史記> ②세우다. 서다.

8
10【修】 닭을 수 | 尤ㄒㄧㄡ (xiu) | しゅう(オサメル) *cultivate*

㊉修

풀이 ㊣脩. ①닦다. ㉮익히다. 배움. ¶一其身<大學>/一學. ㉯기르다. ¶一養. ②다스리다. ㉮집·터·길 따위를 다져 만들다. ¶宮室已一<禮記> ㉯다듬어 정리하다. 잘 처리함. ¶內一政事<詩經> ③고치다. 손질함. ¶一理. ④꾸미다. ㉮엮어 만들다. 책을 편찬함. ¶一國史<唐書>/一撰. ㉯수식하다. 겉모양이나 언어 형식을 꾸밈. ¶一飾. ⑤행하다. 거행함. ⑥갖추다. 베풂. ⑦길다. 높다. 길이. 높이. ¶陜而一曲曰樓<爾雅>/一劍. ⑧뛰어나다. 훌륭함. 훌륭한 사람. 현인(賢人). ¶吾法夫前一兮<楚辭>

【修禊】しゅうけい(수계) 고사(告祀)를 지냄. 삼월 상사(上巳)날에 물가에서 지내는 제사.

【修古】しゅうこ(수고) ①상고(上古). ¶聖人不期一<韓非子> ②옛것을 배워 닦음.

【修交】しゅうこう(수교) 교제(交際)를 맺음. 나라 사이에 국교를 맺음. 修好(수호). ¶一條約.

【修構】しゅうこう(수구) 손질함. ¶一三臺<晉書>

【修己】しゅうき(수기) ①자기 몸을 닦음. ¶一以敬<論語> ②하(夏) 우왕(禹王)의 어머니. ¶鯀妻一<帝王世紀>

【修多羅】しゅだら(수다라)《佛》 범어(梵語) Sutra의 음역(音譯)으로, 경전(經典). 또는, 가사(袈裟) 위에 장식으로 늘어뜨리는 붉고 흰 네 개의 끈.

【修道】しゅうどう(수도) 도를 닦음. ¶一之謂敎<中庸>

【修得】しゅうとく(수득) 닦아 체득함.

【修羅】しゅら(수라)《佛》 ①아수라(阿修羅)의 준말. ②용감하게 잘 싸운다는 귀신.

【修羅場】しゅらじょう(수라장) ①《佛》 아수라왕(阿修羅王)이 제석천(帝釋天)과 싸우던 곳. ②난장판.

【修鍊】しゅうれん(수련) ①마음과 몸을 닦아 단련함. 修煉(수련). ②배운 것을 잘 익힘. ③도교(道敎)에서 행하는 연단(鍊丹)의 술법(術法).

【修了】しゅうりょう(수료) 일정한 학과를 다 배움.

【修理】しゅうり(수리) 고장난 데나 허름한 데를 고침. 修繕(수선). 修治(수치). ¶衆職一<漢書>

【修墓】しゅうぼ(수묘) ①묘를 손질함. ②묘를 만듦. ¶一立碑 四時祠祭<晉書> ③성묘(省墓)함. ¶一暇.

【修文】しゅうぶん(수문) ①문덕(文德)을 닦음. ¶偃武一<書經> ②문인(文人)의 죽음. ¶挽文人死 言一地下<書言故事> ③법(法)을 다스림. ¶有不享則一<國語>

【修眉】しゅうび(수미) 긴 눈썹. ¶一覆目<元史>

【修史】しゅうし(수사) 역사를 편수(編修)함. ¶一勖所職也<司空圖>

【修辭】しゅうじ(수사) ①말이나 문장을 묘하고 아름답게 수식함. ②문교(文敎)를 수행함. ¶一立其誠 所以居業也<易經>

【修飾】しゅうしょく(수식) ①겉모양을 꾸밈. ¶令一而窺鏡兮<楚辭> ②행실을 닦아 삼감. 修敕(수칙). 修飭(수칙). ¶其所爲身也 謹一而不危<荀子> ③수선(修繕)함. ④체언이나 용언에 딸려, 뜻을 자세히 설명함. 또

는, 그 일.
【修飾邊幅】しゅうしょくへんぷく (수식변폭) 겉모양을 꾸밈. 표면의 체제만을 꾸밈. ¶一 如偶人形<後漢書>
【修身】しゅうしん (수신) 몸을 닦아 행실을 바르게 함. 修養(수양). ¶是以一爲本<大學>
【修身齊家】しゅうしんせいか (수신제가) 심신을 닦고, 집안을 다스림. 修齊(수제). ¶一治國平天下<大學>
【修養】しゅうよう (수양) 도를 닦고 덕을 기르는 일. 곧, 심신을 단련하여 품성이나 지덕을 닦음.
【修業】しゅうぎょう (수업) ①학문·기예 등을 배우고 익힘. 또는, 그 일. ¶君子進德一<易經> ②책을 뗌. 독서·강학(講學)함. ¶一不息版<管子> ③가업(家業)을 영위함. ¶子孫一而息之 遂至巨萬<史記>
【修人事待天命】じんじをおさめててんめいをまつ (수인사 대천명) ☞盡人事待天命(진인사 대천명). 「꾸밈.
【修粧】(수장)韓 집·기구 등을 수리하거나
【修正】しゅうせい (수정) ①바로잡아 고침. 修訂(수정). ¶少立 自一愼其位也<儀禮> ②몸을 닦아 행실이 바름. ¶一爲笑 至忠爲賊<荀子> ③정도(正道)를 닦음. ¶改過一 立信布德<漢書>
【修撰】しゅうせん (수찬) ①글을 지어 서책(書册)을 만듦. 編纂(편찬). 編修(편수). ②㉮사서(史書)를 편찬하던 벼슬 이름. ㉯고려 때 예문관(藝文館)·춘추관(春秋館)의 정 7품 벼슬. ㉰조선 때 홍문관(弘文館)의 정 6품 벼슬.
【修築】しゅうちく (수축) ①방축 따위의 헐어진 데를 고쳐 쌓음. ②집을 고쳐 지음.
【修治】しゅうち (수치) ①수리(修理). ②약방문(藥方文)대로 약을 지음. 法製(법제).
【修學】しゅうがく (수학) 학업을 닦음. ¶束髮一<漢書> 「도를 닦음.
【修行】しゅうこう (수행) ①행실을 닦음. ②(佛) 불
【修好】しゅうこう (수호) 친하게 지냄. 사이 좋게 지냄. 修交(수교). ¶魏王使相國 一隣國<孔叢子>/一條約.
▷監一, 改一, 潔一, 謹一, 同一, 補一, 復一, 繕一, 束一, 修一, 逆一, 靈一, 帷薄一, 聿一, 自一, 前一, 靜一, 彫一, 肇一, 進一, 追一, 退一, 編一

8/10【俶】 1 비롯할 숙 2 뛰어날 척 | 圓 ㄔㄨˋ (chu) 錫 ㄊㄧˋ (ti) | しゅく(ハジメル) begin てき

풀이 1 ①비롯하다. 비로소. 처음. ¶一擾天紀<書經>/一獻. ②정돈하다. 정리함. ¶簡元辰而一裝<張衡> ③일하다. 움직임. 2 뛰어나다. 通 倜. ¶好奇偉一儻之畫策<史記>
【俶獻】しゅくけん (숙헌) 진귀한 신물(新物)을 처음으로 바침. ¶禽羞一<儀禮>
【俶儻】てきとう (척당) 재기(才氣)가 뛰어남. 拔群(발군). 卓異(탁이). 倜儻(척당).

8/10【倏】 갑자기 숙 | 屋 ㄕㄨˋ (shu) | しゅく(ニワカ) suddenly
本 儵 俗 倐 倏 倐

풀이 ①갑자기. 문득. 잠깐. 언뜻. ¶一忽之間<吳志>/一瞬. ②빛. 빛나다. ¶一一. ③개가 재빨리 내닫는 모양.
【倏忽】しゅっこつ (숙홀) ①갑자기. 재빨리. ②극히 짧은 시간. 순간(瞬間). 倏瞬(숙순). ¶指顧一<班固>

10【倐】 倏(p. 121)의 俗字

8/10【倅】 1 버금 쉬 本 췌 2 백사람 졸 | 隊 ㄘㄨㄟˋ (cui) 月 | さい(ソエ) next そつ

풀이 1 버금. 다음. 通 萃. ¶一車之政<周禮>/一馬. 2 백 사람. 백 사람 1조(組)의 병사. 通 卒.
【倅貳】さいじ (쉬이) 지휘관의 명을 받아 보좌하는 관리. 副官(부관). 輔佐官(보좌관). 佐貳官(좌이관). ¶提刑憚行 悉委一<宋史>
▷郡一, 副一, 守一, 遊一

8/10【俺】 나 엄 本 암 | 豔 ㄢˇ (an) | えん(ワレ) I

풀이 ①나. 자신(自身). ②크다. ③어리석다.

10【倈】 倈(p. 127)과 同字

8/10【倪】 어린이 예 | 齊 ㄋㄧˊ (ni) | げい(オサナイモノ) child

풀이 ①어린이. 소아(小兒). 通 兒 婗. ¶反其旄一<孟子> ②가. 끝. ¶和之以天一<莊子>/端一. ③흘겨보다. 곁눈질. 通 睨. ¶馬知介一<莊子>/俾一. ④더하다. 보탬. ⑤성가퀴. 通 堄.
▷介一, 乾一, 端一, 旄一, 僻一, 俾一, 右一, 危一, 左一, 天一, 墮一

8/10【倭】 1 왜국 왜 本 와 2 두를 위 | 歌 ㄨㄛ (wo) 支 ㄨㄟ (wei) | わ(ヤマト) Japan い

풀이 1 왜국. 일본. ¶樂浪海中有一人 分爲百餘國<漢書>/一寇. 2 ①두르다. 빙 돌아서 먼 모양. ¶周道一遲<詩經> ②순박하다. 순한 모양. ③추하다. 보기 흉함. 通 佹.
【倭寇】わこう (왜구) 고려 말, 조선 초에 이르는 동안, 우리 나라와 중국 동남 연안을 노략질하던 왜적(倭賊). ¶王上表以征東立省本爲鎭遏一<東國通鑑>
【倭國】わこく (왜국) 일본을 낮게 일컫는 말.
【倭器】わき (왜기) 일본에서 만든 도자기.
【倭女】わじょ (왜녀) 일본 여자.
【倭奴】わど (왜노) 옛 중국 사람들이 일본 사람을

멸시하여 부르던 말. 倭夷(왜이).

【倭亂】わらん(왜란) ①왜인(倭人)이 일으킨 전란. ②임진왜란(壬辰倭亂).

【倭式】わしき(왜식) 일본식(日本式).

【倭人】わじん(왜인) 일본 사람. ¶一在帶方東南大海中<魏志>

【倭將】わしょう(왜장) 일본의 장수(將帥). 「인.

【倭敵】わてき(왜적) 적으로서의 일본이나 일본

【倭政】(왜정)[韓] 일본 식민지 시대의 일본인 통치를 얕잡아 이르는 말. 日政(일정). ¶一時代.

【倭傀】わき(위괴) 보기 흉한 여자. 仳倠(비휴). ¶嫫姆一 善譽者不能掩其醜<王褒>
▷大一, 北虜南一

8 10 〖倚〗 [1]의지할 의 [2]기이할 기 | [紙] [支] ǐ (yi) | い(ヨル) rely き

[풀이][1] ①의지하다. 기댐. ¶設机而不一<左氏傳> ②치우치다. ¶中立而不一<中庸>/一傾. ③인연하다. ¶禍兮福之所一<老子>/一伏. ④가락을 맞추다. ¶一瑟而歌<漢書> ⑤맡기다. 위임함. ¶一其所私<荀子> [2] ①기이하다. 이상야릇함. [通]奇. ¶一魁之行<荀子> ②불구(不具). 장애자. [通]畸 踦. ¶南方有一人焉<莊子>

【倚官仗勢】(의관장세) ①벼슬아치가 직권을 남용하여 민폐를 끼침. ②벼슬아치가 세도를 부림.

【倚几】いき(의궤) ①책상에 기댐. ¶一有誦訓之諫<國語> ②기대는 대(臺). 사방침(四方枕).

【倚廬】いろ(의려) 상중(喪中)에 상주가 거처하던 막. 중문(中門) 밖 한구석에 지었음. ¶父母之喪 居一不塗<禮記>

【倚馬可待】いばかたい(의마가대) 빠르게 잘 짓는 글재주를 찬양하는 말. ¶淸日試萬言 一<李白>

【倚馬才】いばさい(의마재) 말에 기대 서서 기다리는 짧은 시간에 만언(萬言)의 문장을 지었다는 진(晋)의 원호(袁虎)의 옛일에서, 탁월한 문재(文才)를 이르는 말. 倚馬七紙(의마칠지). ¶落筆元非一<吳融> ※八斗才(팔두재)·七步才(칠보재).

【倚門倚閭】いもんいりょ(의문의려) 자녀가 돌아오기를 애타게 기다리는 마음. 倚閭之望(의려지 망). 倚門而望(의문이 망).

【倚伏】いふく(의복) 화(禍)와 복(福)은 서로 인과(因果) 관계를 가지고 기복(起伏)함. ¶禍兮福之所倚 福兮禍之所伏<老子>

【倚附】いふ(의부) 의지하여 따름. 依附(의부). ¶一法制<書經·注>

【倚玉之榮】いぎょくのえい(의옥지 영) 혼인(婚姻)을 맺음을 이름. ¶得爲親姻 言諧一<書言故事>

【倚草附木】いそうふぼく(의초부목) 남에게 의지함.
▷傾一, 交一, 眷一, 磨一, 攀一, 眦一, 邪一, 徙一, 隱一, 依一, 切一, 叢一, 親一, 蕩一, 頹一, 跛一, 偏一

8 10 〖借〗 빌 차 | [禡] ㄐㄧㄝˋ (jie) | しゃく, しゃ (カリル) borrow

[풀이]①빌다. 남한테서 빌어 옴. ¶一客報仇<漢書>/一用. ②빌리다. 빌려 줌. ¶特以布帆一之<晋書>/假一. ③가령. 시험삼아. [通]藉. ¶一曰未知<詩經>/一問.

【借家】しゃっか(차가) 셋집. 借宅(차택). 借屋(차옥).

【借公濟私】(차공제사) 공적(公的)인 명의를 빌어 자기의 편리를 도모함. 또는, 직권(職權)을 남용하여 사복(私腹)을 채움.

【借款】しゃっかん(차관) 돈을 빎. 정부나 회사·은행이 타국으로부터 돈을 비는 일.

【借光】しゃっこう(차광) ①암체(暗體)가 발광체의 빛을 받아 빛을 내는 일. ②남의 덕을 입음. 叨光(도광). ③[中] 감사합니다, 실례합니다 따위의 인사말.

【借金】しゃっきん(차금) 돈을 빎. 또는, 그 돈. 꾼돈. 借錢(차전). 借財(차재). 借銀(차은). 債金(채금). 「여).

【借給】しゃっきゅう(차급) 물건을 빌려 줌. 借與(차

【借得】しゃくとく(차득) 빌어 얻음. 남의 물건을 빌어서 가짐.

【借覽】しゃくらん(차람) 빌어 봄. 借見(차견).

【借來】しゃくらい(차래) 빌어 옴. 꾸어 옴.

【借力】(차력)[韓] 신령의 힘을 빌어 몸과 기운을 굳세게 함. ¶一士/一術.

【借文】しゃくぶん(차문) 남에게 시문(詩文)을 대신 짓게 함. 또는, 그 글. 借作(차작).

【借問】しゃもん·しゃくもん(차문) ①시험삼아 물음. ¶一爲誰悲 懷人在九冥<陶潛> ②남에게 물음. ¶一酒家何處有 牧童遙指杏花村<杜牧> 「빌어 온 사람.

【借手】カリテ(차수) ①남의 손을 빎. ②물건을

【借如】タトエ(차여) 가령(假令). 假使(가사). 假如(가여). 「一證書.

【借用】しゃくよう(차용) 물건, 돈 따위를 빌어씀. ¶

【借字】カリじ(차자) ①빌어다 쓰는 남의 나라 글자. ②뜻에만 의하지 않고 뜻과 음(音)을 섞어서 쓴 글자. 향찰(鄕札), 이두(吏讀)

【借作】しゃくさく(차작) ☞借文(차문). ⌊따위.

【借助】しゃくじょ(차조) 도움. 원조(援助). ¶寡君是以願一焉<左氏傳>

【借地】しゃくち(차지) 토지를 빎. 또는, 그 토지. ※賭地(도지).

【借廳入室】(차청입실) 마루를 빌어 있다가 방으로 듦의 뜻으로, 남에게 얹혀 있던 사람이 나중에는 그의 것을 빼앗음을 이름.

【借風使船】(차풍사선)[中] ①바람을 타고 배를 부림. ②돈을 빌어 임시 변통함. 借水行舟(차수행주).

【借筆】しゃくひつ(차필) 글씨를 남에게 대신 쓰게 함. 또는, 그 글씨.

【借銜】(차함)[韓] 실제로 근무하지 아니하고 이름만을 빌던 벼슬. 借名(차명). 借啣(차함). 影職(영직). ※散官(산관).

【借花獻佛】しゃっかけんぶつ(차화헌불)《佛》 남의 꽃을 빌어 부처에게 바침. 남의 물건으로 자기의

이익을 꾀함을 이르는 말.
▷假一, 彊一, 乞一, 貸一, 拜一, 不一, 恩一, 賃一, 前一

8 10【倉】 1곳집 창 2슬퍼할 창 | 陽ㄘㄤ (cang) 漾 | そう(クラ) warehouse

㊄仺 仧

풀이 1 ①곳집. 창고. ¶一廩實則知禮節<管子>/一庫. ②갑자기. 당황하다. 총망함. ¶一卒之難<漢書> ③푸르다. ㊣蒼. ¶一頭盧兒<漢書> ④바다. ㊣滄. ¶東獨一海<漢書> 2슬퍼하다. 마음 아파함. ㊣愴. ¶一兄塡兮<詩經>

【倉庫】そうこ(창고) 물자를 저장·보관하기 위한 건물. 곳집. ¶城郭一空虛<史記>

【倉公】そうこう(창공)《人》 한(漢)의 명의(名醫). 성은 순우(淳于), 이름은 의(意). 태창(太倉)의 장(長)이었으므로 창공(倉公)이라 하며, 편작(扁鵲)과 아울러 명의로 일컬어짐. ※倉扁(창편).

【倉囷】そうきん(창균) 쌀 곳간. 倉은 사각형, 囷은 원형의 곡창(穀倉). 倉庾(창유). 米倉(미창). ¶因發一賜貧窮<韓非子>

【倉頭】そうとう(창두) 종. 노비. 옛날, 하인이 청포(青布)를 머리에 쓴 데서 나온 말.

【倉龍】そうりゅう(창룡) ☞蒼龍(창룡). ¶乘鸞輅駕一<禮記>

【倉廩】そうりん(창름) ①곡물 창고. ¶闢草木 實一<墨子> ②비장(脾臟)과 위장(胃臟).

【倉忙】そうぼう(창망) 황급함. 부산함.

【倉卒】そうそつ(창졸) 급작스러움. 倉皇(창황). 倉黃(창황). ¶前書一 未盡所懷<李陵>

【倉扁】そうへん(창편) 창공(倉公)과 편작(扁鵲)의 병칭. 옛 중국의 명의(名醫)들임.

【倉怳】そうきょう(창황) 슬퍼하고 조심하는 모양. 愴怳(창황).

【倉頡】そうけつ(창힐)《人》 옛 중국 황제(黃帝) 때의 좌사(左史). 한자(漢字)를 처음으로 만들었다 함. 蒼頡(창힐). ¶好書者衆矣 而一獨傳者壹也<荀子>

▷監一, 穀一, 空一, 官一, 囷一, 禁一, 米一, 社一, 常平一, 神一, 十指一, 營一, 義一, 太一, 扁一

8 10【倡】 1광대 창 2창도할 창 | 陽ㄔㄤˋ (chang) 漾 | しょう(ワザオギ) player

풀이 1 ①광대. 배우. ¶孝武李夫人 本以一進<漢書>/一優. ②기생. ㊀娼. ¶一樓紛色紅<駱賓王> ③미치다. 미치광이. ㊀猖. ㊣倀. ¶一狂妄行<莊子> 2 ①창도(唱導)하다. 외침. ㊣唱. ¶壹一而三嘆<禮記>/一義. ②성하다. 창성함. ㊣昌.

【倡家】しょうか(창가) 창부(倡婦)의 집. 기생(妓生)의 집. 妓樓(기루). 妓家(기가). 娼家(창가). 倡樓(창루). 청루(青樓).

【倡伎】しょうぎ(창기) 가무(歌舞)로써 술자리의 흥을 돋우는 계집. 기생(妓生). ¶欲聘一<白居易>

【倡夫】しょうふ(창부) ①사내 광대. ②무당 굿거리의 한 가지. ¶一打令.

【倡佯】しょうよう(창양) 어정거리며 거닒. 徜徉(상양). 徘徊(배회). ¶歸我百山河 逍遙以一<郭遐周>

【倡優】しょうゆう(창우) 광대. 배우. 倡은 소리를, 優는 놀이를 하는 광대. 娼優(창우). ¶楚之鐵劍利 而一拙<史記>

【倡義】しょうぎ(창의) 앞장서서 의(義)를 외침의 뜻으로, 국란을 당하여 의병을 일으킴을 이름.

【倡被】しょうひ(창피) ①옷을 입고 허리띠를 띠지 않은 모양. ②㊥ ☞猖披(창피).

▷歌一, 名一, 俳一, 夫一, 姸一, 優一, 天一

8 10【倀】 1미칠 창 2홀로 설 창 3성길 창 | 陽ㄔㄤ 庚(chang) 敬 | ちょう(クルウ) mad

풀이 1 ①미치다. 미친 듯이 갈팡질팡 걷는 모양. ②넘어지다. 자빠짐. ③귀신 이름. ¶一可謂鬼之愚者也<聽雨記談>/一鬼. 2홀로 서다. 홀로 서 있는 모양. 3 ①성기다. 조잡함. ②길을 잃다. ¶一一.

【倀鬼】ちょうき(창귀) ①귀신 이름. 범한테 물려 죽은 사람의 귀신. 범한테 붙어 다니며 그 심부름을 한다 함. ¶人或罹虎口 其神魂被虎所役 往往爲之前導 俗謂之一<事物異名錄> ②남을 유인하여 못된 짓을 하게 하는 사람.

8 10【倜】 대범할 척 | 錫ㄊㄧˋ (ti) | てき(スグレル) large-hearted

풀이 ①대범하다. 얽매이지 않음. ¶一然無所歸宿<荀子>/一儻. ②뛰어나다. 높이 빼어난 모양. ㊣俶. ③먼 모양. 아득하고 높은 모양. ¶一然乃擧太公於州人而用之<荀子>

【倜儻不羈】てきとうふき(척당불기) 인물됨이 뛰어나서 남에게 눌려 지내지 않음.

8 10【倩】 1예쁠 천 2사위 청 | 霰ㄑㄧㄢˋ (qian) 敬ㄑㄧㄥˋ (qing) | せん(ウルワシイ) pretty せい

풀이 1 예쁘다. 웃는 입 모양이 예쁨. ¶柳眉梅額一粧新<吳融>/巧笑一兮<詩經> 2 ①사위. 여서(女壻). ¶黃氏諸一<史記> ②빌다. 청함. 남을 대신하게 함. ③고용하다. 고용한 사람. ¶汝一人耶<魏書>/一工.

【倩草】(천초←청초)㊥ 남을 시켜서 글을 쓰게 함.

【倩工】(청공)㊥ 일시적인 용인(傭人). 임시의 대서(代書) 고용인.

▷盼一, 盻一

8 10【俴】 엷을 천 | 銑ㄐㄧㄢˋ (jian) | せん(アサイ) thin

풀이 ①엷다. ¶一馴孔群<詩經> ②갑옷을 안 입다. 맨몸. ¶一者.

10 〖倢〗 捷(p. 648)과 同字

8 10 〖值〗 값 치 |直ㄓˊ (zhi) | ち(ネ, アタイ) *value*

풀이 ①값. ㉮가치. 가격. 물건의 값. ¶翡翠鮫鮹何所一<唐彦謙>/價一. ㉯수. 수치. ¶數一. ②값하다. 값어치가 있음. ③가지다. 지님. ¶一其鷺羽<詩經> ④만나다. ¶一侯景之亂<南史>/一遇. ⑤당하다. 어떤 일을 겪음. ¶適一時來還<陸機> ⑥두다. ㊎置.

【值遇】ちぐう(치우) 우연히 만남. 뜻밖에 서로 만남. 邂逅(해후). ¶運窮兩一<韓愈>

▷價一, 高一, 近似一, 數一, 安一, 允一, 絕對一, 遭一, 觸一

8 10 〖倬〗 클 탁 |覺ㄓㄨㄛˊ (zhuo) | たく(オオキイ) *large*

풀이 ①크다. ¶一彼雲漢<詩經>/著一. ②밝다. 명백함. 두드러짐. ㊎焯. ¶有一其道<詩經> ③높다. ㊎卓. ④뛰어나다. 남보다 나음.

8 10 〖俵〗 나누어 줄 표 |嘯ㄅㄧㄠˇ (biao) | ひょう (タワラ)

▷米一, 砂一, 土一, 炭一

8 10 〖倖〗 요행 행 |梗ㄒㄧㄥˋ (xing) | こう(サイワイ) *fluke*

풀이 ①요행. ¶識者譏其過一<後漢書>/一祿. ②간사하다. 아첨함. ③괴다. 사랑함. ㉠婞. ㊎幸. ¶素餐私一 必加榮擢<後漢書>

【倖免】こうめん(행면) 좋지 못한 일을 운 좋게 벗어남. 倖脫(행탈). 倖而得免(행이득면).

【倖門】こうもん(행문) 관리가 되는 뜻밖의 연줄. ¶武宗詔減冗官 一頓塞<舊唐書>

【倖偷】こうとう(행투) 요행을 바람. ¶行姦軌以一世者 數御<韓非子>

【倖嬖】こうへい(행폐) 임금의 사랑을 받는 여자.

▷姦一, 薄一, 私一, 射一, 侫一, 僥一, 恩一, 嬖一

10 〖倣〗 傚(p. 133)의 俗字

8 10 〖候〗 철 후 |宥ㄏㄡˋ (hou) | こう(ウカガウ) *season*

㊍ 㑂

※侯(p.117)는 딴 자.

풀이 ①㉮철. 계절. 절기. ¶五日一一<魏書>/節一. ㉯시기. ¶欲知農桑之一<宋史>/時一. ㉰날씨. ¶氣一. ②염탐. ㉮척후. 적의 상황을 살핌. 또는, 그 사람. ¶得賊羅一<魏志>/斥一/伺一. ㉯망루. 적의 상황을 살피는 장소. ㉠堠. ¶築亭一<後漢書> ③살피다. 염탐함. ¶一寒溫<物理論> ④진찰하다. ⑤조짐. 징조. ¶是風雨之一也<晉書>/兆一. ⑥상태. 모양. ¶頃刻異狀一<韓愈>/氣體一. ⑦맞이하다. 기다림. ¶稚子一門<陶潛>/一補. ⑧안부를 묻다. 찾아 문안함. ¶上臨一禹<漢書>/一問. ⑨시중들다.

【候官】こうかん(후관) ①주(周)대에 빈객(賓客)의 송영(送迎)을 맡아보던 벼슬. 候吏(후리). 候人(후인). ②척후(斥候)하는 일을 맡은 관원. ③점치는 관인(官人). 占官(점관).

【候兵】こうへい(후병) ①적의 동정을 살피는 병사. 斥候兵(척후병). 候卒(후졸). ¶北落置一之門<張衡> ②병란(兵亂)의 조짐을 엿봄. ¶北落師門一星 主非常以一<晋書>

【候補】こうほ(후보) ①장차 어떤 신분·지위에 나아갈 자격이 있음. ¶一生. ②장차 어떤 직위나 신분을 얻으려고 바람. 또는, 그 사람. ¶一者/立一. ③결원된 직위에 인재를 뽑아 채움.

【候儀】こうぎ(후의) ①천상(天象)을 그린 천문도(天文圖). 渾天儀(혼천의). ¶靈臺一 是後魏遺範<舊唐書> ②문후(問候)하여 보내는 선물.

【候人】こうじん(후인) ①☞候官(후관)①. ¶一各掌其方之道治與禁令<周禮> ②척후. ¶豈敢辱一<左氏傳>

【候鳥】こうちょう(후조) 계절에 따라 옮겨 사는 새. 철새.

【候鐘】こうしょう(후종) 시계. ¶一應時 自擊有節<帝京景物略>

【候蟲】こうちゅう(후충) 철에 따라 생겨나는 벌레. 봄철의 나비, 가을철의 귀뚜라미 따위. ¶門掩一秋<柳宗元>

【候風】こうふう(후풍) ①바람 부는 방향을 살핌. 또는, 그 일을 맡은 벼슬. ②배가 떠날 무렵에 순풍을 기다림.

▷警一, 季一, 關一, 軍一, 闕一, 氣一, 機一, 待一, 屯一, 問一, 拜一, 病一, 奉一, 烽一, 伺一, 狀一, 色一, 雪一, 承一, 時一, 視一, 謁一, 迎一, 伍一, 臨一, 刺一, 障一, 狙一, 節一, 占一, 覘一, 偵一, 兆一, 潮一, 存一, 證一, 祗一, 診一, 徵一, 察一, 參一, 斥一, 天一, 諜一, 測一, 探一, 表一, 風一, 詗一, 火一

8 10 〖倠〗 추할 휴 |支 | き(ミニクイ) *ugly*

9 11 〖假〗

1 거짓 가	馬ㄐㄧㄚˇ		か, け(カリ)
2 끝날 가	禡(jia)		*falsehood*
3 바꿀 가	禡		か(ハルカ)
4 이를 격	陌		かく

㊏ 仮

풀이 1 ①거짓. 가짜. ¶明眞照一<江總>/一名. ②임시적. ¶一建物. ③빌다. ¶祭器不一<禮記>/一借. ④빌리다. ¶唯名與器不可以一人<左氏傳> ⑤너그럽다. 용서함. ¶大臣犯法 無所寬一<北史>/容一/一貸. ⑥잠시. ㉮

잠깐. ¶不遑一寐＜詩經＞ ㉯일시. 잠정(暫定). ¶何以一爲＜史記＞ ⑦가령. 만일. ¶一令晏子而在＜史記＞/一使. ⑧크다. 부피가 많음. ¶一哉天命＜詩經＞ ⑨복. 행복. 通嘏. ¶是謂大一＜禮記＞ 2 ①끝나다. 죽음. ②멀다. 멀리. 通遐. ¶世以爲登一＜列子＞ 3 ①바꾸다. 교환함. ②겨를. 여가. 휴일. 通暇. ¶請一還都＜南史＞ ③아름답다. 좋음. 通嘉. ¶一樂君子＜詩經＞ ④타다. 거마에 오름. 通駕. 4 이르다. 다다름. ㉠格. ¶王一有廟＜易經＞

【假家】カリイエ(가가) ①임시로 지은 집. ②가게. ③조선 때, 가게의 한 가지. 전(廛). ④노점(露店).

【假髻】かけい(가계) 부인(婦人)의 머리숱을 더하기 위하여 사용하는 머리털. 다리. 假頭(가두). ¶一 或名假頭＜晋書＞

【假官】かかん(가관) ①대리로 사무를 보는 관리. 假版官(가판관). ②조선 때에 둔 임시 관직.

【假橋】カリバシ(가교) 임시로 놓은 다리.

【假量】かりょう(가량) 어림짐작. 수량을 대강 나타내는 말.

【假令】モシ·タトイ(가령) 가정(假定)하여. 예를 들어. 이를테면. 假使(가사).

【假吏】(가리)韓 그 지방에서 세습적으로 맡아 하는 아전(衙典)이 아닌, 다른 고을에서 온 아전. ↔鄕吏(향리).

【假寐】かび(가매) ①☞假寢(가침). ¶一永嘆 惟憂用老＜詩經＞ ②韓 ㉮거짓으로 자는 체함. ㉯잠자리를 안 보고 그냥 잠. ㉰낮잠의 궁중어.

【假面】かめん(가면) ①나무·흙·종이 등으로 만든 얼굴의 형상. 탈. ②속마음을 감추고 거짓으로 꾸미는 태도나 행위.

【假名】かめい①·かみょう②·カナ③(가명) ①거짓으로 일컫는 이름. 또는, 남의 이름을 빎. ↔實名(실명). ②《佛》 제법(諸法)의 이름은 다만 사람들이 붙였을 뿐, 본디는 이름이나 실체가 없음. ③일본의 글자 이름. 가나.

【假母】かぼ(가모) 생모(生母)가 아닌 어머니. 계모(繼母)·양모(養母)·서모(庶母) 따위. ¶中人有賊傷后一者＜漢書＞

【假冒】かぼう(가모) 남의 이름을 제 이름으로 씀. 僞稱(위칭). 詐稱(사칭).

【假法】かほう(가법)《佛》 인연 화합(因緣和合)을 따라서 나온 거짓된 법.

【假本】かほん(가본) 옛 책이나 글씨·그림 따위를 임시로 또는 가짜로 꾸민 것. ↔眞本(진본).

【假縫】カリヌイ(가봉) 시침바느질.

【假父】かふ(가부) 생부(生父)가 아닌 아버지. 의부(義父), 계부(繼父), 양부(養父) 따위. ¶呂不韋曰 吾乃皇帝一也＜說苑＞

【假死】かし(가사) 정신을 잃고 죽은 듯이 있는 상태. ¶一狀態.

【假山】かざん(가산) 돌을 모아 조그맣게 만든 산. 石假山(석가산). ¶兒僮不許驚幽鳥 藥草須敎上一＜皮日休＞ ※造山(조산).

【假相】かそう(가상)《佛》 덧없고 헛된 현실 세계. ↔實相(실상).

【假想】かそう(가상) 가정하여 생각함.

【假設】かせつ(가설) ①임시로 설치함. ②이를테면. 가령. ③실제로는 없는 것을 있는 것으로 가정함.

【假說】かせつ(가설) ①어림짐작으로 하는 말. ②편의상 가정적으로 세운 설(說).

【假攝】かせつ(가섭) 임시로 대신하여 직무를 봄. ¶一此州 以全性命＜晋書＞

【假聲】かせい(가성) 일부러 내는 거짓 목소리.

【假蘇】かそ(가소) 해산(解産) 직후에 산모의 피를 맑게 하고 숨을 고르게 하는 한약재. 荆芥(형개).

【假手】かしゅ(가수) 남의 힘을 빎. 남을 수고롭게 함. ¶一于我寡人＜左氏傳＞

【假睡】かすい(가수) 거짓으로 자는 체함.

【假廝兒】かし(가시아) 금(金)대에 남자의 의관 차림으로 궁중에서 시중들게 한 궁녀. ¶宮婢服男子衣冠 號一＜金史＞

【假植】かしょく(가식) 제자리에 심을 때까지 임시로 심음. ↔定植(정식).

【假飾】かしょく(가식) 거짓 꾸밈.

【假若】タトイ(가약) 만약. 假令(가령). 假如(가여). ¶一不言 其能止乎＜梁書＞

【假言】かげん(가언) ①어떤 조건을 가정한 말. ②거짓말. ③뜻이 깊은 말. ¶一周于天地＜漢書＞

【假熱】かねつ(가열) 신열(身熱)이 없는데도 있는 듯이 느껴지는 열.

【假臥】かが(가와) ☞假寢(가침). ¶韶口辯 曾晝日一＜後漢書＞

【假寓】かぐう(가우) 임시로 거처함. 또는, 그 곳. 寓居(우거).

【假意】かい(가의) ①잠시 동안의 생각. ¶序此一二篇＜潛夫論＞ ②中 ㉮거짓 마음. ¶將眞心眞意瞞了起來 只用一＜紅樓夢＞ ↔眞意(진의). ㉯일부러. 고의로.

【假子】かし(가자) ①수양아들. 養子(양자). ¶告一不孝＜漢書＞ ②아내의 전남편의 아들. 덤받이. 의붓아들. 加捧子(가봉자). ¶隨母男曰一＜獻帝春秋＞

【假作】かさく(가작) ①거짓으로 하는 행동. ②임시적인 제작.

【假裝】かそう(가장) ①거짓으로 꾸밈. ②가면으로 분장함. 假扮(가분). ¶一舞蹈.

【假葬】かそう(가장) ①임시로 매장함. ②어린이의 매장. 애장.

【假定】かてい(가정) ①임시로 정함. ②사실 여부는 분명하지 않으나 추측하여 임시로 인정함. 또는, 그렇게 한 것.

【假縱】かじゅう(가종) 용서함. ¶法僧皆召爲卒伍 無所一＜魏書＞

【假借】かしゃ·かしゃく(가차) ①남의 도움이나 물건을 빎. ②용서함. 寬容(관용). ③육서(六書)의 하나. 다른 글자의 음과 뜻을 빌어 쓰는 법. 羅城, 香港, 和蘭 등. ¶六書之難明者 爲一之難明也＜通志＞

【假醉】かすい(가취) 취한 체함. ¶這武松一佯顚斜著眼看了＜水滸傳＞

【假寢】かしん(가침) 선잠. 假寐(가매)①. 假臥(가와).

【假稱】かしょう(가칭) ①임시로 일컬음. ②거짓으로 속여 일컬음.

【假託】かたく(가탁) 거짓 핑계.

【假合】かごう(가합) ①임시로 모임. 임시로 합쳐짐. ¶騰轉風火來 一作容貌＜李白＞ ②억지로 이론을 끌어냄. 견강부회(牽強附會). ¶彊 牽彊 一也＜字彙＞

【假花】かか(가화) 종이·헝겊 따위로 만든 가짜꽃. 造花(조화). ↔生花(생화).

【假鬟】かかん(가환) 부인이 성장(盛裝)할 때, 쪽진 머리에 얹던 큰머리. 어여머리. 假頭(가두).

▷乞一, 告一, 權一, 貸一, 滿一, 番一, 私一, 賜一, 寫一, 容一, 優一, 恩一, 長一, 請一, 虛一

9/11 **〖健〗** ① 튼튼할 건 ② 어렵게 여길 건 | 願 ㄐㅣㄢ̀ (jian) 銑 | けん(スコヤカ) *healthy*

풀이 ① ①튼튼하다. 건강함. ¶郞一否＜太平廣記＞/一康. ②굳세다. ㉮건장(健壯)하다. ¶募一兒百餘人＜南史＞/一壯. ㉯꿋꿋하다. ¶諸將非不一鬪＜後漢書＞/一戰. ㉰꾸준하다. ¶天行一 君子以自強不息＜易經＞ ③잘. 매우. 몹시. ¶一忘症. ④교만하다. ¶一黠. ⑤탐하다. 탐냄. 通羨. ⑥군사. 병사. ¶官一虛費衣糧 無所事＜唐書＞ ②어렵게 여기다. 어렵게 대함.

【健脚】けんきゃく(건각) ①튼튼한 다리. ②잘 걷거나 잘 달리는 사람. 健步(건보).

【健忘】けんぼう(건망) 듣거나 본 것을 잘 잊어 버림. 잊기 쉬움. 善忘(선망). ¶老來多一 惟不忘相思＜白居易＞/一症.

【健武】けんぶ(건무) 용감하고 굳셈. 毅武(의무). 剛武(강무).

【健羨】けんせん(건선) 탐욕스러움. 시새움이 많음. ¶去一絀聰明＜史記＞

【健訟】けんしょう(건송) 싸우기를 좋아함. 소송하기를 좋아함. ¶上剛下險 險而一者＜易經＞

【健勝】けんしょう(건승) 기분이 늘 좋고 건강함.

【健食】けんしょく(건식) 음식을 많이 잘 먹음.

【健實】けんじつ(건실) 건전하고 착실함.

【健兒】けんじ(건아) 혈기가 왕성한 사나이. 용감한 남아(男兒).

【健胃】けんい(건위) ①튼튼한 위. ②위를 튼튼하게 함. ¶一劑.

【健壯】けんそう(건장) 씩씩하고 굳셈.

【健在】けんざい(건재) 아무 탈 없이 잘 있음.

【健全】けんぜん(건전) ①튼튼하고 온전함. ②건강하고 병이 없음. ③감정에 치우치지 않고 분별이 있음.

【健卒】けんそつ(건졸) 튼튼한 병졸.

【健捷】けんしょう(건첩) 굳세고 빠름.

【健鬪】けんとう(건투) ①용감하게 싸움. 씩씩하게 싸움. ¶諸將非不一＜後漢書＞ ②건강하고 꿋꿋이 살아감.

【健筆】けんぴつ(건필) ①글씨를 잘 쓰는 일. 健毫(건호). ②시문(詩文)을 잘 짓는 일. ¶雄辭一皆如飛＜岑參＞

▷剛一, 康一, 強一, 勁一, 輕一, 官一, 魁一, 佼一, 趫一, 驍一, 奇一, 緊一, 老一, 武一, 瞥一, 保一, 雅一, 穩一, 頑一, 勇一, 雄一, 壯一, 精一, 遒一, 至一, 淸一, 伉一, 豪一

9/11 **〖偈〗** ① 쉴 게 ② 굳셀 걸 | 霽 ㄐㅣ̀ (ji) 屑 ㄐㅣㄝ́ (jie) | げ, けい(イコウ) *rest* けつ(タケシイ)

풀이 ① ①쉬다. 휴식함. 通憩. ¶度三巒兮一棠梨＜揚雄＞ ②불경(佛經) 귀글. 인도의 문학이나 불경 가운데 성가(聖歌)나 운문. ¶一頌. ② ①굳세다. 사나움. 튼튼함. 헌걸참. ¶伯兮一兮＜詩經＞ ②빠르다. 질주함. ¶匪風發兮 匪車一兮＜詩經＞/一一. ③힘쓰는 모양. ¶一一乎揭仁義而行＜莊子＞

【偈句】げく(게구)〔佛〕 가타(伽陀)의 글귀. 부처의 공덕을 찬미한 시구.

【偈頌】げじゅ(게송) 부처의 공덕을 찬양하는 노래. 讚佛歌(찬불가). 梵唄(범패).

▷歌一, 梵一, 法一, 寶一, 遺一

9/11 **〖偭〗** 향할 면 | 霰 ㄇㅣㄢ̌ (mian) | べん, めん(ムカウ) *face*

풀이 ①향하다. 마주 대함. 通面. ¶尊壺者一其鼻＜禮記＞ ②등지다. 어김. ¶一規矩而改錯＜楚辭＞

【偭規越矩】めんきえっく(면규월구) 규구(規矩)에 반대됨. 법도와 예절에 어긋남.

9/11 **〖偩〗** 본뜰 부 | 宥 ㄈㄨ̀ (fu) | ふ(カタドル) *imitate*

풀이 ①본뜨다. 준거하여 따름. ¶禮樂一天地之情＜禮記＞ ②자랑하다. 자부함. 通負. ¶自一而辭助＜淮南子＞

9/11 **〖偰〗** 맑을 설 | 屑 ㄒㅣㄝ́ (xie) | せつ(キヨイ) *clear*

풀이 ①맑다. 깨끗함. ②사람 이름. 同契.

11 **〖脩〗** ☞ 肉部 7획 (p. 1236)

11 **〖倏〗** 倏(p. 121)의 俗字

11 **〖儵〗** 倏(p. 121)의 俗字

9/11 **〖偲〗** 굳셀 시 | 支 ㄙ (si) | し, さい(ツヨイ) *strong*

풀이 ①굳세다. 힘이 셈. ②똑똑하다. 재능이 있음. ③책선(責善)하다. ¶朋友切切一一＜論語＞ ④수염이 많이 난 모양. ¶其人美且一＜詩經＞

9/11 **〖偓〗** 거리낄 악 | 覺 ㄨㄛ̀ (wo) | あく(ハバカル) *hesitate*

풀이 ①거리끼다. ②신선 이름. ¶一佺. ③악착하다. 通齷. ¶一促.

9/11 【偃】 누울 언 | 阮 丨ㄢˇ (yan) | えん(フス) *lie down*

풀이 ①눕다. ¶或息一在牀<詩經>/一臥. ②쓰러지다. 엎드림. ¶牆之立 不若其一也<淮南子>/一仆. ③쏠리다. 한쪽으로 기욺. ¶草上之風必一<論語>/一草. ④쉬다. 그침. ¶天下一兵 百姓安寧<漢書>/一武修文<書經> ⑤사물의 모양. ¶一蹇. ⑥막다. 흐르는 물을 막음. 방죽. 通 堰. ¶規一豬<左氏傳> ⑦변소. 측간. ¶又適其一焉<莊子> ⑧두더지. 通 鼴. ⑨숨다. 감춤.

【偃蹇】えんけん(언건) ①뽐내고 거만함. 교만함. 偃傲(언오). ¶一反俗 立致咎殃<後漢書> ②높은 모양. 偃却(언각). ¶望瑤臺之一兮<楚辭> ③위곡(委曲)한 모양. 자세한 모양. ¶掉指橋以一兮<漢書> ④춤추는 모양. ¶靈一兮姣服<楚辭> ⑤성대한 모양. ¶一列於四隅<張衡> ⑥몸이 불구이어서 일을 못하는 사람. ⑦기괴한 암석의 형용. ¶石之突怒一 負土而出<柳宗元> ⑧날아오름. ¶一旗旆卷以舒<韓愈> ⑨고생함. 괴로와함.

【偃旗息鼓】えんきそっこ(언기식고) ①전쟁터에서 군기(軍旗)를 눕히고, 북을 쉰다는 뜻으로, 휴전함을 이름. ¶敵還 更大開門 一<蜀志> ②전비(戰備)를 갖추지 않음.

【偃武】えんぶ(언무) 무기를 쓰지 않음의 뜻으로, 천하가 태평해짐을 이름. 偃甲(언갑). 偃革(언혁). ¶一行文之美<魏志>

【偃武修文】えんぶしゅうぶん(언무수문) 전쟁을 그치고 문사(文事)를 닦아 밝힘. ¶王來自商 至于豊 乃一<書經>

【偃師】えんし(언사) 주(周) 목왕(穆王) 때에 꼭두각시를 바친 사람. 뜻이 바뀌어, 인형 따위를 조종하는 사람. 꼭두각시 놀음을 하는 사람. 傀儡師(괴뢰사). ¶周穆王時 巧人有一者 爲木人能歌舞<列子>

【偃鼠】えんそ(언서) 두더지.

【偃溲】えんしゅう(언수) 변소. ¶當其一 則寢廟之是移於屛廁矣<莊子>

【偃息】えんそく(언식) ①누워서 편히 쉼. ¶一衡門<後漢書> ②그침. ¶天下太平 干戈一<拾遺記>

【偃月】えんげつ(언월) ①활 모양의 달. 초승달. 弦月(현월). ②골상학(骨相學)상으로, 이마에 나타난 부귀의 상(相). ¶此所謂日角一相之極貴<後漢書> ③진형(陣形)의 이름. 초승달 모양으로 중간이 쑥 들어가 좌우 두 날개가 앞으로 튀어나온 모양의 진. 偃月營(언월영). 偃月陣(언월진). ¶文宗大和七年 一則曰必爲一 一則曰必爲魚麗<資治通鑑>

【偃月刀】えんげつとう(언월도) 긴 자루의 끝에 폭이 넓고 뒤로 젖혀진 칼날을 붙인 무기. 關刀(관도). ¶今所用惟四種 曰一<武備志>/青龍一.

偃月刀

【偃豬】えんちょ(언저) 방죽. 저수지(貯水池). 偃瀦(언저). ¶規一<左氏傳>

【偃草】えんそう(언초) 백성을 교화하는 일. 풀이 바람 부는 방향으로 쏠림과 같음에서 이름. ¶和風吹林 一扇樹<晋書>

【偃柝】えんたく(언탁) 딱다기를 엎어 놓고 쓰지 않는다는 뜻으로, 도둑이 없음을 이름. ¶農商野廬 邊城一<鮑照>

▷僵一, 傾一, 仆一, 棲一, 息一, 奪一, 休一

9/11 【偞】 ①가벼울 엽 ②천할 협 | 葉 丅丨ㄝˋ (xie) 葉 | よう(カルイ) きょう

풀이 ①①가볍다. ②아름답다. 용모가 이쁜 모양. 通 偞. ②①천하다. 낮음. ②억누르다. 탄압함.

9/11 【偎】 어렴풋할 외 | 灰 ㄨㄟ (wei) | わい(ホノカ) *faint*

풀이 ①어렴풋하다. 어렴풋한 모양. ¶不一不愛<列子> ②친근하다. 친숙해짐. ¶相一相倚不勝春<羅隱> ③가까와지다. 다가옴.

9/11 【偠】 호리호리할 요 | 篠 丨ㄠˇ (yao) | よう(シナヤカ) *slender*

풀이 ①호리호리하다. 가냘픔. ¶一優. ②단아하고 얌전한 모양. ¶一紹.

9/11 【偶】 짝 우 | 有 ㄡˇ (ou) | ぐう(トモガラ) *spouse*

풀이 ①짝. ㉮배필. ¶配一者. ㉯짝수. 둘로 나누어지는 수. ¶一數. ㉰짝짓다. ¶以合一男女<孔子家語> ㉱무리. 또래. ¶曹一. ㉲짝이 되어 나란히 가다. ¶時與道人一<韋應物> ②인형(人形). 허수아비. ¶一像/土一. ③뜻하지 않게 만남을 나타내는 말. ¶一至都城南<孟棨>/一對/一然.

【偶發】ぐうはつ(우발) 일이 우연히 발생하거나 일어남. ¶一的.

【偶詞】ぐうし(우사) ①문득 생각나서 지은 시문. ②간간히 하는 말.

【偶像】ぐうぞう(우상) ①나무·돌·흙·쇠붙이 등으로 만든 상(像). 허수아비, 토우(土偶), 목우(木偶) 따위. ②신앙의 대상으로 삼기 위해, 신의 모습을 나타낸 상(像). ¶一崇拜. ③비판할 수 없는 권위를 가진, 존경과 동경의 대상이 되는 것. ¶一崇拜.

【偶詠】ぐうえい(우영) ☞偶吟(우음).

【偶吟】ぐうぎん(우음) 우연히 떠오른 생각을 시가(詩歌)로 지어 읊음. 주로, 한시(漢詩)에서 쓰는 말.

【偶人】ぐうじん(우인) 허수아비. 인형(人形). 偶像(우상)①.

【偶日】ぐうじつ(우일) 짝수 날. ↔奇日(기일).

▷奇一, 對一, 木一, 伴一, 配一, 喪一, 曹一, 土一, 匹一, 合一

9/11 【偊】 혼자 걸을 우 | 麌 ㄩˇ (yu) | う

풀이 ①혼자 걷다. 또는, 그 모양. ¶ 一一而步<列子> ②몸을 구부리는 모양. ㉠踽. ¶ 行步一旅<漢書>/一僂.

【偊僂】うろう (우루) 곱사등이.

9 11 〖偉〗 거룩할 위 | 圕ㄨㄟˇ (wei) | い(スグレル) *holy*

풀이 ①거룩하다. 뛰어남. ¶ 足爲一器<後漢書>/一功/一人. ②크다. 장대(壯大)함. ¶ 一材. ③성하다. 성대함. ¶ 儀觀甚一<韓愈>

【偉擧】いきょ (위거) 뛰어난 행위. 훌륭한 계획이나 사업.

【偉功】いこう (위공) 훌륭한 공적(功績). 위대한 공로(功勞).

【偉觀】いかん (위관) 굉장한 경치나 구경거리. 壯觀(장관). 雄觀(웅관).

【偉男子】いだんし (위남자) ☞偉丈夫(위장부).

【偉力】いりょく (위력) 위대한 힘.

【偉岸】いがん (위안) 용모가 빼어나고 헌칠한 모양. 魁岸(괴안). ¶ 風骨一 瞬目如電<宋史>

【偉彦】いげん (위언) 뛰어난 인물. 俊彦(준언).

【偉業】いぎょう (위업) 위대한 사업이나 업적.

【偉烈】いれつ (위열) ①☞偉功(위공). 偉績(위적). 偉勳(위훈). ②큰 공을 세운 사람.

【偉容】いよう (위용) 훌륭하고 뛰어난 모습. 당당한 모양.

【偉丈夫】いじょうぶ (위장부) 체격이 장대하고 훌륭한 남자. 偉男子(위남자).

【偉勳】いくん (위훈) 위대한 공훈.

▷魁一, 奇一, 秀一, 英一, 温一, 雄一, 俊一, 卓一, 弘一

9 11 〖偯〗 훌쩍거릴 의 | 圕ㄧˇ (yi) | い(ナゲク) *grieve*

9 11 〖停〗 머무를 정 | 圕ㄊㄧㄥˊ (ting) | てい(トドマル) *stay*

풀이 ①머무르다. ㉮정지하거나 쉬다. ¶ 一車坐愛楓林晩<杜牧>/一留/一務. ㉯지체하다. ¶ 主者淹一不時施行者<梁書>/一滯. ②멈추다. 머무르게 함. ¶ 將進酒君莫一<李白>/一馬. ③그만두다. 잠시 중지함. ¶ 琵琶聲一欲語遲<白居易>

【停刊】ていかん (정간) 신문·잡지 따위의 정기 간행물의 발행을 한때 중지함.

【停擧】ていきょ (정거) 얼마 동안 과거에 응하지 못하도록 유생(儒生)에게 가하던 벌의 한 가지.

【停年】ていねん (정년) 법률이나 기타 규정에 의한 연령 제한에 따라, 그 직에서 물러나게 된 나이.

【停頓】ていとん (정돈) 한 곳에 머물러서 움직이지 않음. 침체되어 나아가지 않음. ¶ 一狀能.

【停僮】ていどう (정동) 그늘져 어둑어둑한 모양. ¶ 一葱翠 綠栢參差<潘岳>

【停留】ていりゅう (정류) 수레, 차 따위가 가다가 머무름. ¶ 一場.

【停望】ていぼう (정망) 죄 지은 사람을 벼슬에서 물러나게 함.

【停業】ていぎょう (정업) 생업(生業)을 쉼.

【停雲】ていうん (정운) ①움직이지 않고 멈춰 있는 구름. ②도잠(陶潛)의 시제(詩題). 나중에 친한 벗을 생각함을 이름. ③가는 구름도 멈추게 한다는 뜻으로, 노래 소리가 아름다움을 이름. 遏雲(알운).

【停戰】ていせん (정전) 전투 행위를 중지함. 休戰(휴전). ¶ 一協定/一會談.

【停朝市】(정조시) 국상(國喪)이나 원로(元老) 대신의 장례 때 또는 비상 재변(災變) 때에 각 아문(衙門)에서는 공사(公事)를 보지 않고, 상인들은 저자를 보지 않던 일.

【停止】ていし (정지) ①하던 일을 중도에서 그침. 움직이고 있는 것이 멈춤. 또는, 움직이고 있는 것을 멈추게 함. ②한곳에 머무름. ¶ 是暫駐之事 非久一<周禮>

【停職】ていしょく (정직) 공무원에게 무슨 사고가 있을 때 일정 기간 그 직무를 정지하는 처분. ※休職(휴직).

【停滯】ていたい (정체) ①사물이 머물러 쌓이거나, 일이 진행되지 않고 밀림. 遲滯(지체). ※沈滯(침체). ②먹은 음식물이 소화되지 않고 위 속에 몰려 뭉쳐 있음.

【停寢】(정침) 하던 일을 중도에서 그만둠. 停廢(정폐).

【停退】ていたい (정퇴) 기한을 뒤로 물림.

【停會】ていかい (정회) ①회의를 한 때 중지함. ②의회의 개회 중에 그 활동을 정지함.

▷居一, 息一, 淹一, 停一, 調一, 沈一, 休一

9 11 〖偵〗 염탐할 정 | 圕ㄓㄣ (zhen) | てい(ウカガウ) *spy, scout*

풀이 ①염탐하다. 몰래 탐지함. ¶ 內使御者一伺得失<後漢書>/一探/一察. ②염탐꾼. ¶ 給其衣食遂爲漢一察<後漢書>/探一/一候. ③곧다. 바름. ㉠貞.

【偵客】ていかく (정객) 偵探客(정탐객).

【偵察】ていさつ (정찰) 척후를 보내어 적의 형편을 탐지함. ¶ 一隊.

【偵探】ていたん (정탐) ①몰래 남의 비행이나 형편을 알아 봄. ¶ 一客. ②작전상 필요해서 비밀리에 적의 내정을 살펴봄.

【偵候】ていこう (정후) 적(敵)의 형편을 탐지함. 또는, 그런 직책을 맡은 사람. 斥候(척후).

▷內一, 密一, 探一

11 〖條〗 ☞木部 7획(p.771)

11 〖偅〗 踵(p.1449)·僮(p.138)과 同字

9 11 〖做〗 지을 주 | 圕ㄗㄨㄛˋ (zuo) | さ(ナス) *make*

풀이 짓다. 만듦. ㉠作. ¶ 一作/一工.

【做工】さこう (주공) 공부나 일을 힘써 함.

【做作】さく (주작) 없는 사실을 꾸며냄. 做出(주출).

▷看一

11 〖偬〗 傯(p.137)의 俗字

9/11 〖側〗 곁 측 | 職ㄘㄜˋ(ce) ㄗㄜˋ(ze) | そく(カタワラ) *side*

풀이 ①곁. 옆. ¶子食於有喪者之—＜論語＞/左—/—近. ②기울다. ㉮한쪽으로 치우치다. ¶無反無—＜書經＞/日—. ㉯기울이다. ¶—聽—其看以撞＜史記＞ ③정면에서 떨어져 구석진 곳에 있는 상태. ¶—地. ④엎드리다. 뒤척거리다. ¶反—. ⑤미천하다. ¶虞舜—微＜書經＞/—陋. ⑥어렴풋하다. ¶—聞屈原兮 自沈汨羅＜史記＞ ⑦영자 팔법(永字八法)의 하나. 永자의 윗점.

【側近】そっきん(측근) ①매우 가까운 곳. ②신분 높은 이 등을 가까이서 섬기는 사람. 側近者(측근자).

【側女】そくじょ(측녀) ☞側室(측실)②.

【側闥】そくだつ(측달) ☞側門(측문).

【側麗】そくれい(측려) 날씬하고 아름다움.

【側陋】そくろう(측루) 지체가 낮음. 또는, 그러한 사람. 仄陋(측루). 側微(측미).

【側理紙】そくりし(측리지) 털처럼 가는 이끼를 섞어서 뜬 종이. 苔紙(태지).

【側面】そくめん(측면) ①정면에 대하여 좌우의 면. ¶—攻擊. ②모뿔 따위의 옆면.

【側目】そくもく・ソバメ(측목) ①곁눈질함. ¶—不敢仰視＜史記＞ ②☞仄目視之(측목시지).

【側目視之】そくもくしし(측목시지) 곁눈질하여 봄.

【側目重足】そくもくじゅうそく(측목중족) 무섭고 두려워서 곁눈질하며 움츠림.

【側門】そくもん(측문) 옆쪽으로 낸 문. 側闥(측달). ↔正門(정문).

【側聞】そくぶん(측문) 곁에서 듣는다는 뜻으로, 어렴풋이 듣거나 풍문으로 들음. 仄聞(측문).

【側媚】そくび(측미) 사곡(邪曲)된 짓으로 아첨함. ¶無以巧言令色 便辟—＜書經＞

【側微】そくび(측미) ☞側陋(측루).

【側席】そくせき(측석) ①좌석(座席)을 하나만 베풂. 또는, 그런 자리. 상중(喪中)에 있는 사람은 사람들과 만나지 않으므로 남의 좌석을 만들지 않고 자기 혼자만의 좌석을 만듦을 이름. ¶有憂者—而坐＜禮記＞ ②현자(賢者)를 두터이 예우하기 위해, 자기 자리를 비우고 옆자리에 비껴 앉음. 仄席(측석).

【側室】そくしつ(측실) ①옆방. 건넌방. ②첩(妾). 적은집. 側女(측녀). 小室(소실). 小家(소가). ③적자(嫡子)에 대하여 서자(庶子)를 이름.

【側言】そくげん(측언) 한쪽으로 치우쳐 중정(中正)을 잃은 말. 편벽된 의론.

【側耳】そくじ(측이) ☞傾聽(경청). ¶—而聽.

【側酌】そくしゃく(측작) 혼자서 술을 마심. 獨酌(독작). 自酌(자작).

【側注】そくちゅう(측주) ①옆으로 물을 댐. ②가로쓰기에서, 본문 옆에 단 주석(注釋). 傍注(방주). ※割注(할주)・脚注(각주).

【側側】そくそく(측측) ①슬퍼하는 모양. 惻惻(측측). ¶—力力 念君無極＜古樂歌＞ ②사무치게 느끼는 모양.

【側行】そっこう(측행) ①경의(敬意)의 표시로, 겸손하게 길 옆으로 비켜서 감. ¶適趙 平原君—撇席＜史記＞ ②모로 걸음. 비뚜로 걸음. 仄行(측행).

▷傾—, 君—, 反—, 旁—, 僻—, 卑—, 兩—, 右—, 左—, 坐—, 頗—, 偏—

9/11 〖傂〗 가지런하지 않을 치 | 紙 | し(ソロワナイ) *uneven*

풀이 가지런하지 않다. ㉠差. ¶—傂參差＜揚雄＞/—池.

【傂池】(치지) 가지런하지 않은 모양. 傂傂(치치). 差池(치지). 參差(참치).

9/11 〖偸〗 훔칠 투 | 尤ㄊㄡ(tou) | とう, ちゅう(ヌスム) *steal*

풀이 ①훔치다. 슬쩍 남의 물건을 빼냄. ¶存者且—生＜杜甫＞/—竊. ②날치기꾼이나 도둑. ¶—盜. ③남모르게. 살며시 하는 모양. ¶—看. ④경박하다. 인정이 없음. ¶故舊不遺 則民不—＜論語＞/—薄.

【偸卷度紙】とうかんとし(투권도지) ①책을 띄엄띄엄 가려 읽음. ②건성으로 읽음.

【偸懦】とうだ(투나) 구차하게 편안한 것만 탐하는 나약함. ¶苟怠惰—之爲安＜荀子＞

【偸桃】とうとう(투도) 복숭아를 훔침. 한(漢)의 동방삭(東方朔)이 천국의 복숭아를 훔쳐 먹고 불로장생(不老長生)하는 신선이 되었다 함.

【偸盜】とうとう(투도) ①남의 물건을 훔침. 또는, 그 사람. 도둑. ②《佛》 10악(惡)의 하나. 또는, 5계(戒)의 하나로서, 금지되어 있는 일.

【偸賣】とうばい(투매) ①같은 물건을 두 번 팖. ②☞盜賣(도매).

【偸免】とうめん(투면) 게을러서 빈둥거림. 苟免(구면).

【偸眠】とうみん(투면) 틈을 타서 몰래 잠.

【偸生】とうせい(투생) 구차하게 살기를 탐함. 偸活(투활).

【偸兒】とうじ(투아) 도둑. 좀도둑. 절도.

【偸安】とうあん(투안) 장래 일을 생각하지 않고 눈앞의 안락만을 꾀함. ¶—旦夕 迷而不反＜鍾會＞

【偸眼】とうがん(투안) 남의 눈을 피해 몰래 봄.

【偸長】とうちょう(투장) 절도의 우두머리.

【偸葬】とうそう(투장) 남몰래 지내는 장사. 暗葬(암장).

【偸情】とうじょう(투정) 부부가 아닌 남녀가 몰래 정을 통함. 密通(밀통).

【偸處】とうしょ(투처) 하는 일 없이 놀며 게으름을 피움.

【偸春體】とうしゅんたい(투춘체) 율시체(律詩體)의 한 가지. 주로 오언율(五言律)에서, 제1・2구(句)는 대구로 하고 제3・4구는 자유로이 함.

【偸取】とうしゅ(투취) 남의 물건을 훔쳐 가짐. 竊取(절취).

【偸閒】とうかん(투한) 바쁜 가운데 틈을 냄. ¶將謂—學少年＜程顥＞

【偸香】とうこう(투향) 향(香)을 훔친다는 뜻으로,

남녀간의 밀통(密通)을 이르는 말.
▷巧—, 狗—, 苟—, 寇—, 猫—, 小—, 惰—

9/11〖偝〗 등질 패·배 | 隊 | はい(ソムク) *against*

풀이 ①등지다. 배반함. ㉠背. ¶毋—立<禮記> ②버리다. ㉠棄.

11〖𠊷〗 便(p. 116)의 本字

9/11〖偏〗 치우칠 편 | 先 ㄆㄧㄢ (pian) | へん (カタヨル) *incline*

풀이 ①치우치다. 한쪽으로 기욺. ¶雲髻半—新睡覺<白居易>/—重/—向. ②궁벽한 곳. 한쪽에 몰려 있는 모양. ¶心遠地自—<陶潛>/—僻. ③외곬으로. 수준을 넘어 한쪽으로 치우친 모양. ¶—守新城 存民苦矣<史記> ④변. 한자 부수(部首)에서 왼쪽에 붙는 부수. ㉠扁. ¶—傍.

【偏見】へんけん(편견) 한쪽으로 치우쳐서 공정(公正)하지 못한 의견.
【偏境】へんきょう(편경) 중앙에서 멀리 떨어져 있는 곳. 두메. 僻境(벽경).
【偏孤】へんこ(편고) 홀어머니 슬하의 아이.
【偏枯】へんこ(편고) ①반신불수(半身不隨). ②은혜가 한 쪽으로만 치우쳐 불공평함. ③서법(書法)에서, 금지되어 있는 용필(用筆). 한 글자를 한 쪽은 해서(楷書), 한 쪽은 초서(草書)로 쓰는 일.
【偏苦之役】へんくのやく(편고지 역) 남보다 괴로움을 더 받으면서 하는 일.
【偏狂】へんきょう(편광) 어떤 사물에 집착하여 상식에 어긋나는 짓을 예사로 하는 사람. 偏執狂(편집광).
【偏國】へんこく(편국) ①멀리 떨어진 나라. ②중앙에서 떨어져 구석진 지방. 偏土(편토). 僻地(벽지).
【偏袒】へんたん(편단) ①한 쪽 어깨를 벗는다는 뜻으로 힘을 냄을 이름. ②한 쪽을 두둔함. 佐袒(좌단). 右袒(우단). ③《佛》 스승에게 공경을 표할 때나, 일을 할 때에 한 쪽 어깨를 벗는 예법의 하나. ¶—右肩.
【偏黨】へんとう(편당) 한 당파(黨派)에 치우침. 또는, 편파적인 당파.
【偏盲】へんもう(편맹) ①애꾸눈. 또는, 애꾸눈이. ②일식·월식 때 일부분이 어두워지는 일. ¶其月有薄蝕 有暉珥 有—<呂覽>
【偏母】へんぼ(편모) 홀어미. ¶—膝下.
【偏母侍下】(편모시하) 홀어머니를 모시고 있는 처지. 慈侍下(자시하).
【偏旁】へんぼう(편방) 한자 구성에서, 왼쪽 부분인 偏과 오른쪽 부분인 旁을 이름. 扁傍(편방). 偏傍(편방). ¶—冠脚.
【偏僻】へんぺき(편벽) ①마음이 한 쪽으로 치우쳐 비뚤어짐. ②도시에서 멀리 떨어져 외짐. 또는, 그러한 곳.
【偏鋒】へんぽう(편봉) ①필봉(筆鋒)의 편측(偏側)에서 힘을 취하는 운필 방법(運筆方法)의 한 가지. ↔中鋒(중봉). ②언론·문장 따위에서, 그 주지(主旨)나 논조(論調)가 한 쪽으로 치우치는 태도.
【偏私】へんし(편사) ☞偏頗(편파).
【偏辭】へんじ(편사) 중정(中正)을 잃어 한 쪽으로 치우친 말. ¶—巧言<莊子>
【偏小】へんしょう(편소) 땅이나 장소 등이 구석지고 작음.
【偏侍下】へんじか(편시하) 부모 중 한 쪽만 살아 있는 처지.
【偏食】へんしょく(편식) 음식을 가려 먹음. ↔混食(혼식)함.
【偏愛】へんあい(편애) 한 쪽 또는 한 사람만을 사랑함.
【偏譯】へんやく(편역) 먼 외국. 그 말을 번역해야 알아들을 수 있는 나라.
【偏倚】へんい(편의) ①한 쪽으로 치우쳐 있음. ②수치(數値)·위치·방향 등이 일정한 기준에서 벗어남. 偏差(편차).
【偏意】へんい(편의) 한쪽으로 치우친 마음. 편벽된 마음.
【偏人】へんじん(편인) ①성질 따위가 보통 사람과 달라서 좋지 않은 사람. ②문재(文才)가 매우 출중(出衆)한 사람. ¶劉楨卓犖— 文最有氣<謝靈運>
【偏長】へんちょう(편장) 당파의 어른. 편짝의 우두머리.
【偏將】へんしょう(편장) 부장(副將). 또는, 전군(全軍)에 대해서의 일군(一軍)의 장(將). 將佐(장좌). ¶—軍.
【偏在】へんざい(편재) ①편벽된 곳에 있음. ②한 곳에 치우쳐 있음. ↔遍在(편재).
【偏提】へんてい(편제) 술을 담는 병 따위 그릇. ¶賜酒玉—<韓☆>
【偏舟】へんしゅう(편주) ☞片舟(편주).
【偏重】へんちょう(편중) ①치우치게 소중히 여김. ¶知識—. ②중심이 한 쪽으로 치우침.
【偏執】へんしゅう(편집) 편견을 고집함. 偏狹(편협). ¶—狂.
【偏聽】へんてい(편청) 한 쪽 말만 듣거나 믿음.
【偏頗】へんぱ(편파) 한 쪽으로 치우쳐 불공평함. 偏私(편사). 偏陂(편피). ¶勿使—<魏志>/—報道.
【偏陂】へんぴ(편피) ☞偏頗(편파).
【偏狹】へんきょう(편협) 편벽되고 도량이 좁음.
【偏諱】へんき(편휘) 두 자 이름에서 한 자만을 피함. ¶二名不—<禮記>
▷無—無黨, 不—不黨, 頗—

9/11〖偪〗 다가올 핍 | 職 ㄅㄧ (bi) | ひょく(セマル) *approach*

풀이 ①다가오다. 핍박함. ㉠逼. ¶禽獸—人<孟子>/—側. ②행전(行纏). 각반(脚絆). ¶—屨. ③배가 부르다. 만복(滿腹). ¶腹滿曰—<方言>
▷邪—, 勅—

9/11〖偕〗 함께 해 | 佳 ㄐㄧㄝ (jie) ㄒㄧㄝˊ (xie) | かい (トモニ) *together*

풀이 ①함께. 다 같이. ¶予及汝—亡<孟子>/—老. ②함께 행동하다. ¶行役夙夜必—<詩經> ③굳세다. ¶——士子

<詩經> ④적합하다. ¶五言詩成卷 清新少得一<賈島>

【偕老】かいろう(해로) 부부가 함께 늙음.

【偕老同穴】かいろうどうけつ(해로동혈) ①살아 생전에는 함께 늙고, 죽어서는 한 무덤에 묻힌다는 뜻으로, 부부의 굳은 언약을 이르는 말. ②해면 동물(海綿動物)의 한 가지. 바다수세미.

▷計一, 與一, 偺一

9 11 〖偟〗 노닐 황 | 陽 ㄏㄨㄤˊ (huang) | こう(サマヨウ) *stroll*

풀이 ①노닐다. 방황함. ㉠徨 皇. ¶彷一不能去<史記> ②겨를. ㉠皇. ¶忠臣孝子 一乎不一<法言>

▷仿一, 傍一

10 12 〖傢〗 세간 가 | ㄐㄧㄚ (jia) | か(カグ) *furniture*

풀이 세간. 가구(家具). 기물(器物)·집기(什器). ㊀伙. ¶一伙.

10 12 〖傕〗 성 각 | 覺 ㄐㄩㄝˊ (jue) | かく

풀이 ①성(姓). ②사람 이름. ¶一 人名 漢有李一<集韻>

10 12 〖傑〗 뛰어날 걸 | 屑 ㄐㄧㄝˊ (jie) | けつ(ヌキンデル) *eminent*

풀이 ①뛰어나다. 출중(出衆)함. ¶一出/一作. ②뛰어난 사람. 지덕이 출중한 사람. ¶人俊一在位<孟子>/一士. ③볏모 따위가 빼어나게 웃자라다. ¶有厭其一<詩經>

【傑閣】けっかく(걸각) 장대(壯大)한 누각. ¶隆樓一磊嵬高<韓愈>

【傑魁】けっかい(걸괴) ①훌륭하고 큼. 또는, 인물이 매우 훌륭함. ②위대한 인물.

【傑氣】けっき(걸기) 호걸스러운 기상(氣象).

【傑立】けつりつ(걸립) 높이 우뚝하게 솟음. ¶三峰一插雲間<陸游>

【傑物】けつぶつ(걸물) ①걸출(傑出)한 인물. 人傑(인걸). ②☞逸物(일물).

【傑士】けっし(걸사) 뛰어난 사람. 걸출한 선비.

【傑作】けっさく(걸작) ①썩 훌륭하게 잘된 작품. 名作(명작). ↔拙作(졸작). ②말이나 행동이 유별나게 우스워 남의 눈에 띄는 사람.

【傑出】けっしゅつ(걸출) 남보다 훨씬 뛰어남. 또는, 그러한 사람.

【傑特】けっとく(걸특) 특별히 걸출함. ¶始皇之英偉一<秦觀>

▷高一, 怪一, 魁一, 名一, 三一, 時一, 女一, 英一, 雄一, 人一, 俊一, 豪一

10 12 〖傔〗 시중들 겸 | 鹽 ㄑㄧㄢ (qian) | けん(ツカエル) *attend*

풀이 ①시중들다. 또는, 그 사람. 시종(侍從). 종자(從者). ¶一人. ②족하다. ¶一 足也<呂覽·注>

【傔人】けんじん(겸인) ①㊕ 청지기. ②사자(使者)의 심부름꾼. 傔從(겸종). ¶大使副使 皆有一別奏<通雅>

10 12 〖傀〗 1 꼭두각시 괴 2 클 괴 | 賄 ㄎㄨㄟˇ 灰 (kui) | かい(デク) *puppet*

풀이 1 꼭두각시. 허수아비. 인형(人形). ¶一儡. 2 ①크다. 위대함. 커서 눈에 띔. ㉠魁. ¶一然. ②괴이하다. 또는, 그러한 것. ㉠怪. ¶一奇/大一異災.

【傀儡】かいらい(괴뢰) ①꼭두각시. ¶一師. ②확고한 주견(主見)이나 자주성이 없이, 남의 앞잡이가 되어 이용당하는 사람. ¶一政權.

【傀儡師】かいらいし(괴뢰사) ①꼭두각시를 놀리는 사람. ②남을 부추겨서 못된 짓을 하게 하는 사람. 傀儡子(괴뢰자).

【傀儡子】かいらいし(괴뢰자) ☞傀儡師(괴뢰사).

【傀然】かいぜん(괴연) 대오(大悟)한 모양. ¶一大悟解之貌<莊子>

10 12 〖溝〗 1 어리석을 구 2 아첨하지 않을 항 | 宥 ㄍㄡˋ (gou) 講 | こう(オロカ) *stupid* (コビナイ)

10 12 〖傍〗 1 곁 방 2 기댈 방 | 陽 ㄆㄤˊ (pang) 漾 | ぼう(カタワラ) *side*

풀이 1 ①곁. 옆. ㉠旁. ¶去舍市一<列女傳>/路一/一人. ②방(旁). 한자의 오른쪽에 붙는 부수(部首). ㉠旁. ¶偏一之書 死有歸煞<顏氏家訓> 2 ①기대다. 바싹 달라붙다. ㉠傍. ¶兩兔一地走<古樂府> ②시중들다. 좌우에서 시중듦. ¶四聖一之<新書>

【傍系】ぼうけい(방계) ①직계(直系)에서 갈려 나간 친계(親系). 支系(지계). ¶一會社. ↔直系(직계). ②모태(母胎)가 되는 데에서 갈라져 나온 계통.

【傍系親】ぼうけいしん(방계친) 친족. 같은 조상에서 갈려 나온 혈족.

【傍觀】ぼうかん(방관) 직접 관계하지 않고 제삼자의 처지에서 보기만 함. ¶袖手一.

【傍觀者審】ぼうかんしゃつまびらかなり(방관자 심) 본인보다 제삼자가 사물의 시비·곡절을 더 잘 앎. ¶當局稱迷 傍觀必審<唐書>

【傍生】ぼうせい(방생) ①곁에서 남. ¶甘蔗種之則一<癸辛雜識> ②《佛》 새와 짐승 따위의 축생(畜生).

【傍孫】ぼうそん(방손) 방계(傍系)의 자손. ↔傍祖(방조).

【傍臣】ぼうしん(방신) 측근 신하.

【傍室】ぼうしつ(방실) 곁방. 건넌방. 旁室(방실).

【傍若無人】ぼうじゃくぶじん(방약무인) 곁에 사람이 없는 듯이 제멋대로 행동함. 旁若無人(방약무인). ¶漸離擊筑 一<後漢書>

【傍羽】ぼうう(방우) 주립(朱笠)을 꾸미는 데에 쓴 공작(孔雀)의 깃.

【傍點】ぼうてん(방점) ①㊕ 사성점(四聲點). ②특히 주의를 요하는 글귀나 글자 옆에 찍는

점. 「(방손).
【傍祖】ぼうそ(방조) 직계가 아닌 조상. ↔傍孫
【傍證】ぼうしょう(방증) 간접적인 증거. ¶一蒐集.
【傍妻】ぼうさい(방처) 첩(妾). 側室(측실).
【傍聽】ぼうちょう(방청) ①옆에서 들음. ②회의·연설·재판 등을 당사자 아닌 사람이 듣는 일. ¶一客.
【傍親】ぼうしん(방친) ☞傍系親(방계친).
【傍統】ぼうとう(방통) 본가(本家)에서 갈려 나간 혈통. 支統(지통). ¶大宗絶緖 命臣出纘一＜任昉＞
【傍灰】ぼうかい(방회) 매장(埋葬)할 때 관(棺)의 언저리를 메우는 석회.
▷近一, 岐一, 路一, 道一, 無一, 四一, 水一, 兩一, 依一, 偏一

10 〖傅〗 [1]스승 부 | 遇ㄈㄨˋ | ふ(カシズキ)
12 [2]펼 부 | 虞(fu) | *teacher*
※傳(p. 135)은 딴 자.
[풀이][1]①스승. 곁에 있으면서 받들어 돌보는 사람. ¶太子丹患之 問其一鞠武＜史記＞/師一. ②받들다. 시중들다. 돕다. ¶使齊人一之＜孟子＞/一佐/一婢. ③수표. 증거. ¶一別. [2]펴다. 베풂. ㊂敷. ¶奉職奏事 一奏其言＜漢書＞/一納.
【傅母】ふぼ(부모) ☞保母(보모). ¶婦人之義 一不在 宵不下堂＜穀梁傳＞
【傅別】ふべつ(부별) 수표(手票).
【傅輔】ふほ(부보) 보좌(輔佐).
【傅婢】ふひ(부비) 여종. 侍婢(시비).
【傅相】ふしょう(부상) 궁중에서 보육(保育)을 맡은 벼슬아치.
【傅說】ふえつ(부열)《人》①은(殷)의 현신(賢臣). 전설에 의하면, 은(殷) 고종(高宗)이 꿈에서 본 사람을 부암(傅巖) 들에서 찾아낸 이가 부열이었다 함. ②별 이름. 후궁(後宮)에서 아들 낳기를 원할 때 이 별에 제사 지냄.
▷姆一, 保一, 師一, 少一, 王一, 友一, 二一, 帝一, 太一, 姬一

10 〖備〗 갖출 비 | 寘ㄅㄟˋ | び(ソナエル)
12 (bei) | *provide*
㊄俻 ㊍僃
[풀이]①갖추다. ㉮구비하다. 구유(具有)함. ¶才一文武＜唐書＞/財以一器＜國語＞/一品. ㉯미리 설치하거나 부족한 것을 채우다. ¶補一之＜漢書＞/準一. ②갖추어지다. 구비됨. ¶凡樂成則告一＜周禮＞/易之爲書也 廣大悉一＜易經＞ ③한 무리 속에 참가하거나 참가시키다. ¶願君卽以遂一員行矣＜史記＞ ④준비. 대비(對備). ¶因爲之一＜韓非子＞/有一無患. ⑤모두. 죄다. ¶一述其本末＜離魂記＞
【備家】びか(비가) 부자집. 富家(부가).
【備擧】びきょ(비거) ①예나 조목 따위를 빠짐없이 듦. ②모든 악기로 연주함. ¶簫管一 金石竝隆＜馬融＞
【備警】びけい(비경) 경계하여 대비(對備)함.
【備考】びこう(비고) 부기(附記)하여 본문의 설명을 보충·참고가 되게 함. 또는, 그 기사.
【備急】びきゅう(비급) 급할 때를 위하여 대비함.
【備忘】びぼう(비망) 잊어버릴 경우에 대비함. ¶一錄.
【備味】びみ(비미) 갖추어진 맛. 맛있는 음식.
【備榜】びぼう(비방) 향시(鄕試)의 부방(副榜). 명·청(明淸) 때 향시에 합격한 자 중 국자감(國子監)에 천거되는 자격을 얻지 못한 사람.
【備三望】(비삼망)㊀ 관리 한 사람을 뽑을 때에 후보자 세 사람의 성명을 갖추어 왕에게 추천하던 일.
【備悉】びしつ(비실) 충분히 갖춤. 세세한 데까지 갖추어져 있음. 備具(비구). 具備(구비). 完備(완비).
【備樂】びがく(비악) 선미(善美)를 다한 음악.
【備員】びいん(비원) 인원을 갖춤. 또는, 채워 갖춘 인원.
【備位】びい(비위) 그 자리를 메우고 있음. 관직(官職)에 있음을 일컫는 겸칭. 充位(충위). ¶臣相 幸得一＜漢書＞
【備衛】びえい(비위) 뜻밖의 재난에 대한 방비.
【備擬】びぎ(비의) ①대비하여 둠. ¶多屯士卒 廣爲一＜舊唐書＞ ②관원을 임명할 때 이조(吏曹)·병조(兵曹)에서 세 사람의 후보자를 내던 일. ※備三望(비삼망).
【備置】びち(비치) 갖추어 놓음. 마련해 둠.
【備篇】びへん(비편) 생원·진사를 뽑는 과거에서, 시권(詩卷) 뒤에는 해서(楷書)로 부(賦)를, 부권(賦卷) 뒤에는 초서(草書)로 시(詩)를 쓰게 하던 일.
【備荒植物】びこうしょくぶつ(비황식물) 흉년에 대비한 대용식(代用食) 식물(植物). 救荒植物(구황식물).
▷兼一, 警一, 攻一, 具一, 軍一, 對一, 武一, 未一, 防一, 邊一, 兵一, 不一, 常一, 設一, 守一, 豫一, 完一, 有一無患, 裝一, 戰一, 整一, 籌一, 準一, 充一, 豊一, 後一

10 〖傞〗 춤출 사 | 歌ㄙㄨㄛ | さ(ヨッテマウ)
12 (suo) | *dance*

10 〖傘〗 우산 산 | 旱ㄙㄢˇ | さん(カサ)
12 (san) | *umbrella*
㊅仐 ㊐繖
[풀이]우산. 일산. ¶雨一/陽一.
【傘下】さんか(산하) ①우산 아래. ②어떤 인물이나 세력 아래에 동지 또는 부하로서 모이어 지도나 지배를 받는 일. 또는, 그 사람들. ¶一機關/一團體.
▷落下一, 洋一, 陽一, 雨一, 油一, 日一, 紙雨一, 核雨一

10 〖傃〗 향할 소 | 遇ㄙㄨˋ | そ(ムカウ)
12 (su) | *face to*
[풀이]①향하다. ¶暮則一東山而歸＜蘇軾＞ ②분수를 지키다. ¶循其常分曰一＜字彙＞

12〖傻〗 叟(p.259)와 同字

12〖傜〗 徭(p.553)와 同字

10/12〖傛〗 불안할 용 |图 厘| よう (ヤスンジナイ) *uneasy*

풀이 ①불안하다. ¶──. ②한(漢)대의 여관(女官) 이름. ¶─華. ③익숙한 모양. ¶──.

10/12〖傖〗 1 천할 창 2 문란할 창 |庚 ㄘㄤ (cang) 陽| そう (イヤシイ) *base*

풀이 1 ①천하다. 촌스러움. 또는, 그러한 사람. ¶─人/─父. ②중국 북방 중주(中州)의 사람. 오(吳)의 사람이 중주 사람을 부르는 호칭. ¶─楚. 2 문란한 모양. ¶─囊.

【傖人】そうじん (창인) 천한 사람. 또는, 오(吳)의 사람이 중부 중국인을 천하게 부르는 호칭. 傖楚(창초).

【傖荒】そうこう (창황) 북방 중국인을 천하게 부르는 호칭.

▷饑─, 老─

10/12〖傒〗 1 가둘 혜 2 기다릴 혜 |齊 ㄒㄧˋ (xi) 薺| けい (ツナグ) *chain*

풀이 1 ①가두다. 매어 가둠. 通繫. ¶─人之子女<淮南子> ②중국 동북방 오랑캐 이름. 또는, 중국 강서인(江西人). 2 기다리다. 通徯.

【傒狗】けいこう (혜구) 강서인(江西人)을 욕하는 말. 개새끼.

【傒音】けいおん (혜음) 사투리. ¶─不正<南史>

10/12〖傚〗 본받을 효 |效 ㄒㄧㄠˋ (xiao)| こう (ナラウ) *imitate*

俗 俲

源 會意·形聲. 사람과 사람 사이의 가르치고 배우는 교류(交流)를 뜻함. 效가 음을 이룸.

풀이 ①본받다. 배우다. 흉내냄. 같效. ¶民胥─矣<詩經>/─法/學─. ②가르치다.

【傚慕】こうぼ (효모) 흉내냄. 배워 본받음. ¶他植者 雖窺伺─ 莫能如也<柳宗元>

▷法─, 則─

11/13〖傾〗 기울 경 |庚 ㄑㄧㄥ (qing)| けい (カタムク) *incline*

源 會意·形聲. 頃은 머리를 갸우뚱하게 하여 수직 상태에서 변화시키는 뜻을 보이는 회의 문자. 「人」과 합하여 기울다의 뜻을 나타냄.

풀이 ①기울다. ㉮기울어지다. ¶檣─楫摧<范仲淹>/─斜. ㉯위태롭게 하다. ¶─國. ②중정(中正)상태에서 어느 한 쪽으로 기울다. ¶杯盡壺自─<陶潛>/─向/左─. ③기울이다. ㉮서 있는 것을 비스듬히 쓰러뜨리다. ¶─覆/─陷. ㉯잔이나 병을 기울여 술을 따라 마시다. ¶往往取酒還獨─<白居易> ㉰그릇 속의 있는 것을 기울여 다 비우다. ④다하다. 탕진함. 없앰. ¶─身破產.

【傾家】けいか (경가) ①가산을 탕진(蕩盡)함. 파산(破產)함. ②온 집안이 모두. ¶─時作樂<陶潛>

【傾蓋】けいがい (경개) 우연히 노상에서 만나 수레 덮개를 젖히고 서로 이야기함. 잠시 만나 보고도 친해짐을 이르는 말. ¶─而語 終日甚親<孔子家語>

【傾巧】けいこう (경교) 마음이 비뚤어 교묘하게 아첨함. 傾巧(편교).

【傾國】けいこく (경국) ①국운(國運)을 위태롭게 함. ¶─危主. ②전 국력을 기울임. 국민을 모두 징발함. ¶─來寇. ③요염한 미인. ¶─之色.

【傾國之色】けいこくのいろ (경국지 색) 나라를 기울어 뜨릴 미인의 뜻으로, 임금이 나라가 망하여도 돌아보지 않을 정도로 심취(心醉)할 만한 미인을 이르는 말. 오왕(吳王) 부차(夫差)가 서시(西施)와의 사랑에 빠져 월(越)에 나라를 빼앗긴 옛일에서 온 말. 傾城(경성)①. 傾城之色(경성지 색).

【傾囷倒廩】けいきんとうりん (경균도름) ①재산을 모두 내 놓음. ②韓 마음속에 품은 생각을 모두 드러내어 말함. 傾倒(경도)④.

【傾倒】けいとう (경도) ①기울어 쓰러짐. 또는, 기울여 쓰러뜨림. ②깊이 존경하여 마음을 기울임. ③술항아리를 기울여 쓰러뜨림. 곧, 술을 많이 마심. ④마음 속에 품었던 하고 싶은 말을 모두 말함. 傾囷倒廩(경균도름)②.

【傾濤】けいとう (경도) 거센 파도. 밀어닥치는 거센 물결.

【傾弄】けいろう (경롱) 마음껏 농락함. ¶─朝權<晉書>

【傾命】けいめい (경명) 늙어서 여명(餘命)이 얼마 있지 않음.

【傾斜】けいしゃ (경사) 비스듬히 기울어짐. 또는 그러한 상태. 기울기. 물매. ¶─角/─度/─面/─地.

【傾城】けいじょう·けいせい (경성) ①☞傾國之色(경국지 색). ②성의 전체를 기울임. 성 안의 전부. ¶─遠追送<孫楚>

【傾膝】けいしつ (경슬) 무릎을 맞댐. 편히 앉음. ¶─接酬<晉書>

【傾身】けいしん (경신) ①몸을 망침. ¶不事家人居業 ─破產<後漢書> ②일신을 기울여 힘껏 다함. ¶湯─事之 交結天下雄俊<漢書>

【傾耳】けいじ (경이) ☞傾聽(경청). ¶─而聽之<禮記>

【傾座】けいざ (경좌) 만좌(滿座)의 마음을 쏠리게 함.

【傾注】けいちゅう (경주) ①호수나 바다 따위로 강물이 힘차게 흘러 들어감. ②물을 기울여 쏟듯이 비가 세차게 쏟아짐. ¶暴雨忽─<☆賢> ③열중하여 한 가지 일에 마음을 기울임. 일심불란(一心不亂)이 됨. ¶實深─<徐陵>

【傾聽】けいちょう (경청) 귀를 기울이고 들음. 주의 깊게 들음. 傾耳(경이). 側耳(측이). ¶明發成浩歌 誰能少─<陸龜蒙>

【傾河】けいか(경하) ①강물을 다 마심. 초인적인 힘을 가지고 있음을 나타내는 말. ②은하수. 특히 날 샐 무렵 서쪽으로 기운 은하수를 말함. 또는, 날이 샐 무렵. 곧, 새벽을 이름.

【傾向】けいこう(경향) ①생각이나 기분이 어느 방향으로 쏠림. ②일이 진행되어가는 동향. 趨勢(추세).

▷葵―, 倒―, 半―, 斜―, 右―, 倚―, 左―, 側―

11 13 〖傴〗 구부릴 구 本우 | 麌ㄩˇ (yu) | う(カガム) *bow*

풀이 ①구부리다. ¶―命而僂 再命而― 三命而俯 循牆而走＜左氏傳＞/―身. ②곱사등이. 꼽추. ¶―僂. ③공경하다. ¶柔色―僂＜新書＞

【傴僂】うろう(구루) ①몸을 굽힘. ¶―入君門＜白居易＞ ②곱사등이. 傴背(구배). ③공손하고 삼가는 모양.

▷變―, 俯―, 伸―, 厎―

11 13 〖僅〗 겨우 근 | 震ㄐㄧㄣˇ (jin) | きん(ワズカ) *barely*

풀이 ①겨우. 간신히. ¶―至於魯司寇＜呂覽＞/――扶持. ②조금. ③거의. 거의 됨. ¶山城―百層＜杜甫＞

【僅僅】きんきん(근근) 겨우. 근근히. 간신히.

【僅僅得生】きんきんとくせい(근근득생) 겨우 삶을 이어감.

【僅少】きんしょう(근소) 조금. 아주 적음.

11 13 〖僂〗 구부릴 루 | 尤ㄌㄡˊ (lou) | ろう, ろ (マゲル) *bend*

풀이 ①구부리다. 둥글게 굽힘. ¶雖有聖人之知 未能―指也＜荀子＞ ②삼가는 모양. ¶一命而―＜左氏傳＞ ③꼽추. 곱사등이. ¶郤克―＜史記＞/傴―.

【僂背】るはい(누배) 곱사등이. 꼽추.

▷佝―, 痀―, 傴―, 僂―, 背―

11 13 〖僇〗 1 욕 륙 2 병 류 | 屋ㄌㄨˋ 宥(lu) | りく(ハジ) りゅう(ヤマイ)

풀이 1 ①욕. 욕보이다. ¶―越大夫常壽過＜史記＞/―辱. ②죽이다. 같 戮. ¶爲天下大―＜荀子＞/―死. 2 병. 일설에, 행동이 느리고 완만한 모양. ¶――.

11 13 〖僈〗 얕볼 만 | 諫ㄇㄢˋ (man) | まん(カロンズル) *make light*

풀이 ①얕보다. 남을 업신여김. ¶上功用大儉約 而―差等＜荀子＞ ②흘게늦다. 방심함. 같 慢. ¶君子寬而不―＜荀子＞ ③어지럽히다. 通 漫. ¶汗―突盜常危之術也＜荀子＞

13 〖僃〗 備(p. 132)의 本字

11 13 〖傻〗 약을 사 | 馬ㄕㄚˇ (sha) | さ(コザカシイ) *shrewd*

풀이 ①약다. 약삭빠름. ②인정이 없다. ③ 中 어리석다. 또는, 그런 사람. ¶―角.

11 13 〖傷〗 다칠 상 | 陽ㄕㄤ (shang) | しょう (キズツク) *wound*

源 會意·形聲. 殤의 약체(略體)인 「𥏫」이 음을 이룸. 人과 합하여, 세게 물건에 부딪고 상처를 입음을 뜻함.

풀이 ①다치다. 몸을 다침. ¶―人乎＜論語＞/―害. ②상처. 피부나 살에 손상을 입은 부분. ¶負―/凍―. ③해치다. 남을 해함. ¶中―謀略. ④근심하다. 걱정하고 애태움. ¶行宮見月―心色＜白居易＞/―哀/―感. ⑤가엽게 여기다. ¶天下莫不―＜戰國策＞

【傷弓之鳥】しょうきゅうのとり(상궁지 조) 활에 맞아 다친 적이 있는 새는 활만 보면 놀랜다는 뜻으로, 먼저 한번 당한 일에 질리어 매사에 겁을 지레 먹는 사람의 비유.

【傷肌犯骨】しょうきはんこつ(상기범골) 살갗이 상하고 뼈에 멍이 들 정도로 가혹한 체형(體刑)을 당함.

【傷目】しょうもく(상목) ①눈을 다침. ②눈을 슬프게 함. 볼수록 슬픔을 자아내게 함. ¶痛心― 豈伊―事＜王僧孺＞

【傷病】しょうびょう(상병) 상처가 나거나 앓는 일. ¶―兵/―者.

【傷貧】しょうひん(상빈) 가난에 쪼들리어 마음이 상함.

【傷生】しょうせい(상생) ①사람의 생명을 손상함. ¶君固愁身―＜莊子＞ ②사람을 상하게 함. ¶古者不以死―＜文中子＞

【傷逝】しょうせい(상서) 사람의 죽음을 애타게 슬퍼함.

【傷神】しょうしん(상신) ☞傷心(상심).

【傷心】しょうしん(상심) 마음을 상함. 傷神(상신).

【傷泣】しょうきゅう(상읍) 상심하여 울. 傷涕(상체).

【傷痍】しょうい(상이) 상처(傷處). 또는, 상처를 입음. 傷創(상창). 負傷(부상). ¶帥―吏民 決圍得出＜魏志＞/―軍警.

【傷挫】しょうざ(상좌) 다치고 접질림. 또는, 그 일. ¶脫有― 爲損不少＜宋書＞

【傷創】しょうそう(상창) ☞傷痍(상이).

【傷嘆】しょうたん(상탄) 슬퍼하며 탄식함. 悲歎(비탄).

【傷風】しょうふう(상풍) ①좋은 풍습을 해침. ②감기(感氣). 感冒(감모).

【傷風敗俗】しょうふうはいぞく(상풍패속) 좋은 풍속을 해치고 문란하게 함.

【傷寒】しょうかん(상한) 추위에 상해서 생긴 병. 감기, 폐렴 따위.

【傷害】しょうがい(상해) 남의 몸에 상처를 입혀 해함. ¶―保險/―罪.

【傷痕】しょうこん(상흔) 다친 자리의 흔적. 傷瘢(상반).

▷感―, 輕―, 公―, 落―, 凍―, 負―, 殺―, 損―, 愁―, 食―, 挫―, 中―, 重―, 擦―, 創―, 銃―, 致命―, 歎―, 火―, 毀―

11 13 〖僊〗 신선 선 | 先ㄒㄧㄢ (xian) | せん(ヤマビト) *hermit*

源會意. 「䙴」은 높이 오름의 의 뜻. 人과 합하여 장생(長生)하여 높이 오르는 사람 곧 선인을 뜻함.
풀이①신선. 선인(仙人). 같仙. ¶一人. ②춤추는 모양. ¶一一. ③가벼이 좇는 모양.

11
13〖㑿〗 작을 소 |巧| そう(チイサイ) *small*
풀이①작다. ¶一宇. ②길다. ¶一一.

13〖僧〗 僧(p. 139)의 略字

11
13〖傿〗 고을 이름 언 |㊥ㄧㄢˋ (yan)| えん
풀이①고을 이름. 중국 하남성(河南省)에 있었음. 같鄢. ②나라 이름. 중국 호북성(湖北省)에 있었음. ③에누리. 실제보다 비싸게 부르는 값. ¶悔不小一＜後漢書＞

11
13〖傲〗 거만할 오 |號ㄠˋ (ao)| ごう(オゴル) *haughty*
源會意·形聲. 젠체하고 당당하게 걸어감의 뜻인 敖가 음을 이룸.
풀이①거만하다. 같敖. ㉮거만하다. ¶一慢不遜/倨一. ㉯거만. ¶一不可長＜禮記＞ ㉰남을 멸시하다. ¶一少物而志屬於大＜呂覽＞ ②놀다. ¶倚南牕以寄一＜陶潛＞/一遊.
【傲骨】ごうこつ(오골) ①굳은 뼈. 이백(李白)의 허리에 있었다 함. ②스스로 높은 체하여 남에게 굽히지 않는 의기.
【傲氣】ごうき(오기) ①오만스러운 의기. ②남에게 지기 싫어하는 마음.
【傲慢】ごうまん(오만) 교만함. 거만한 태도.
【傲散】ごうさん(오산) 오만하고 방자스러움.
【傲霜孤節】ごうそうこせつ(오상고절) 모진 서리에도 굴하지 않고 홀로 지키는 절개란 뜻으로, 국화(菊花)의 아칭(雅稱).
【傲世】ごうせい(오세) 오만하여 세상 사람을 업신여김.
▷倨一, 驕一, 放一, 奢一, 疏一, 縱一, 侈一, 惰一, 亢一

11
13〖傭〗 1품팔이할 용 2고를 종 |图ㄩㄥ (yong) 图| よう(ヤトウ) *work for wages* ちょう
源會意·形聲. 庸은 한 가운데를 꿰뚫어 전체를 고르게 한다는 뜻. 傭은 본래 일정한 기간을 통해서 일을 시키고, 전체를 고르게 품삯을 지급하는 일. 뒤에 널리 고용하다의 뜻이 됨.
풀이1①품팔이하다. 품사다. 고용됨. 고용함. ¶嘗與人一耕＜史記＞/雇一/一兵. ②품팔이꾼. 품팔이 하는 사람. ¶爲治家一＜後漢書＞/一人. ③품삯. 노작(勞作)의 임금(賃金). ¶厚其錢一 以餉饑人＜李翺＞ 2①고르다. 공정(公正)함. ¶一 均也 直也＜說文＞ ②쓰다. 짓다. ¶色不及一 而可以養羽＜荀子＞
【傭客】ようかく(용객) ☞傭人(용인). ¶一致力而疾耘＜韓非子＞
【傭工】ようこう(용공) 고용된 직공(職工). 또는, 남을 고용하여 일을 시킴.
【傭兵】ようへい(용병) 봉급을 주고 병역(兵役)에 복무하게 함. 또는, 그 병사(兵士).
【傭保】ようほ(용보) 고용됨. 또는, 그 사람. 保는 보증인(保證人)을 세우고 고용됨의 뜻.
【傭聘】ようへい(용빙) 예(禮)를 후히 하여, 청하여 고용함.
【傭船】ようせん(용선) 세를 내고 배를 빎. 또는, 그 배.
【傭役】ようえき(용역) 고용하여 부림. 또는, 고용되어 일함. ¶一會社.
【傭員】よういん(용원) ①관청에서 임시로 채용(採用)한 사람. ②품팔이꾼.
【傭儒】ようじゅ(용유) 평범한 유생(儒生). 또는, 평범한 학자.
【傭人】ようにん(용인) 남에게 고용된 사람. 傭客(용객). 傭徒(용도). 傭者(용자). 고용인(雇傭人).
【傭賃】ようちん(용임) 품삯. 傭錢(용전).
【傭者】ようしゃ(용자) ☞傭人(용인).
【傭錢】ようせん(용전) ☞傭賃(용임).
▷家一, 客一, 耕一, 雇一, 老一, 保一, 書一, 流一, 賃一

11
13〖傽〗 놀랄 장 |陽ㄓㄤ (zhang)| しょう(オトロキオソレル)
풀이①놀라다. 놀라고 두려워하는 모양. ¶一偟. ②시숙(媤叔). 남편의 형에 대하여 씀.

11
13〖傳〗 1전할 전 2전기 전 |㊥ㄔㄨㄢˊ (chuan) 霰ㄓㄨㄢˋ (zhuan)| でん(ツタエル) *convey*
略伝
源會意·形聲. 叀은 둥근 방추형의 추를 늘어뜨린 모양을 그린 상형(象形) 문자로, 둥글게 구르다는 뜻을 지니며, 음을 이룸. 人과 합하여 둥근 물건을 굴리듯이 다음 다음으로 전함을 뜻함.
풀이1①전하다. ㉮전수(傳授)하다. ¶一不習乎＜論語＞/一道. ㉯전달하다. ¶置郵而一命＜孟子＞/一達. ㉰세상에 퍼뜨리다. ¶由來天下一＜楊烱＞/宣一. ㉱사람을 거쳐 보내다. ¶一言. ㉲물려 내리다. ¶父子相一＜漢書＞/家一. ㉳옮기어가다. ¶一乘而歸＜左氏傳＞ ②전하여지다. ㉮이어받다. ¶玉杯幾時一＜錢起＞/一受. ㉯두루 퍼지다. ¶盛一於世＜陳書＞ ㉰전해 내려오다. ¶一說/口一. 2①전기. 사람의 일대기. ¶創爲列一 以紀一人之始終＜文體明辯＞/一記/偉人一. ②경전(經典)의 주해. ¶詩一/春秋左氏一. ③역마을. ¶遂發一出＜史記＞/一馬/驛一. ④부신(符信). 통관 증명. ¶投一而去＜後漢書＞ ⑤고대의 기록. 고서(古書). ¶於一有之＜孟子＞/經一.

【傳家】でんか(전가) ①대대로 가문에 전함. ¶一寶刀. ②가업을 자식에게 물려 줌.
【傳家之寶】でんかのほう(전가지 보) 집안에 대대로 전해 내려오는 보물.
【傳看】でんかん(전간) ☞回覽(회람).
【傳簡】でんかん(전간) 인편으로 편지를 전함. 또는, 그러한 편지.
【傳喝】(전갈)(韓) 사람을 시켜서 안부를 묻거나 말을 전하는 일.
【傳遽之臣】でんきょのしん(전거지 신) 선비의, 자기의 겸칭(謙稱). 원뜻은 역참(驛站)에서 종사하던 하급 구실아치.
【傳經】でんけい(전경) 경학(經學)을 전수(傳授)하는 일.
【傳啓】でんけい(전계) 이미 처벌한 죄인의 인적 사항이나 죄명을 적어 사간원·사헌부 등에 상주(上奏)하던 일.
【傳繼】でんけい(전계) 전의 사람의 것을 이어받음.
【傳館】でんかん(전관) 객사(客舍). ¶一是飾 旅忘其歸<柳宗元>
【傳教】でんきょう(전교) ①(韓) 임금의 명령. ②정교(政教)를 전함. ③전도(傳道).
【傳教灌頂】でんきょうかんちょう(전교관정)《佛》밀교(密教)의 한 의식. 학습을 성취하여 대아사리(大阿闍梨)의 지위를 받는 중에게 행하는 의식.
【傳國璽】でんこくじ(전국새) 임금의 자리에 나아가는 사람이 물려 받는 인(印). 곧, 대대로 전하는 천자의 어보(御寶)로, 진시황 때 옥으로 만들었다 함.
【傳奇】でんき(전기) ①기이한 사실을 전하는 일. 또는, 그 이야기. ②당(唐)대에 생긴 단편소설. 유령 따위의 괴상한 제재(題材)가 많았음. 傳奇小說(전기소설). ③당(唐)대의 전기에서 재료를 취한, 명(明)·청(靑)대에 성행하던 연극. 남곡(南曲) 따위.
【傳單】でんたん(전단) 선전의 취지를 적은 종이쪽지. 선전 삐라. 광고 삐라.
【傳代】でんだい(전대) ①세세 대대(世世代代)로 전함. ②혼례에서 신부가 신랑집 대문에 들어설 때, 땅을 밟지 않도록 지면에 까는 부대(負袋).
【傳道】でんどう(전도) ①옛 성현의 교훈을 설명하여 세상에 전함. ②종교 특히 기독교의 교리를 널리 전파시킴. ¶一師/一婦人.
【傳得】でんとく(전득) 상속이나 유증(遺贈)에 의해 재산을 취득하는 일.
【傳燈】でんとう(전등)《佛》불법의 전통(傳統)을 스승으로부터 제자에게 전하는 일. 전법(傳法)을, 세상을 밝게 하는 등(燈)에 비유한 말.
【傳來】でんらい(전래) ①외국에서 전하여 옴. ¶佛教一. ②조상으로부터 대대로 전해져 옴. ¶一之物.
【傳令】でんれい(전령) ①명령을 전함. 또는, 그 명령이나 사람. ②군(軍) 부대와 부대 사이에 명령을 전달하는 일. 또는, 그 병사.
【傳馬】でんま(전마) 체전(遞傳)하는 말. 역말. 擺撥馬(파발마). ※てんま
【傳聞】でんぶん(전문) 전하는 말을 들음. 또는, 전해 오는 소문. ¶一證據.
【傳聞不如親見】でんぶんはしんけんにしかず(전문 불여친견) ☞百聞不如一見(백문 불여일견).
【傳榜】でんぼう(전방) 과거의 급제자와 관원의 초임자 및 수령(守令)에의 임명이 있을 때, 그 관직·성명을 적어 방군(榜軍)을 시켜 본인에게 통지하던 일.
【傳法】でんぽう(전법) ①《佛》불법(佛法)을 전하여 줌. ②법 또는 방법을 전수(傳授)함. ③비전(秘傳)의 법.
【傳寫】でんしゃ(전사) 옮기어 베낌.
【傳書】でんしょ(전서) 편지를 전함.
【傳書鳩】でんしょばと(전서구) 통신이나 군사상의 이용을 위해 훈련된 비둘기. 비둘기의 귀소성(歸巢性)을 이용해 교통이 불편한 지역의 통신에 쓰임.
【傳說】でんせつ(전설) ①예로부터 전해 내려오는 이야기. 口碑(구비). ②소문. 風說(풍설).
【傳世】でんせい(전세) ①자손 대대로 물려서 전해 감. ②후세에 전함.
【傳世古】でんせいこ(전세고) 세상에 유전(流傳)하여 수토(水土)에 묻혀진 적이 없는 고동기(古銅器).
【傳疏】でんそ(전소) 전(傳)과 소(疏). 경서(經書) 따위를 자세히 주석한 것.
【傳送】でんそう(전송) 차례로 전하여 보냄. 遞傳(체전). 遞送(체송).
【傳受】でんじゅ(전수) 전하여 받음.
【傳授】でんじゅ(전수) 전하여 줌. 전하여 가르침.
【傳習】でんしゅう(전습) 스승의 가르침을 받아 배움. 곧, 전수(傳受)하여 익힘.
【傳承】でんしょう(전승) 옛날부터 있어온 문화 유산 따위를 중단 없이 전수(傳受)함. 또는, 그것. ¶民間一.
【傳乘】でんじょう(전승) ①다른 수레에 옮아 탐. ¶一而歸<左氏傳> ②역참(驛站)에 비치해 둔 수레.
【傳信】でんしん(전신) ①소식을 전함. 편지를 전함. ②고대의 신실(信實)한 것은 이를 그대로 전함. ¶信以一<史記>
【傳神】でんしん(전신) 사물의 신수(神髓)를 전하는 일. 초상(肖像) 등에서 그 그림솜씨가 진수(眞髓)를 묘사해 내는 따위.
【傳神寫照】でんしんしゃしょう(전신사조) 사람의 상을 그려 그 정신까지 나타내는 일.
【傳薪】でんしん(전신) 불이 땔감에 차례로 옮겨 붙듯이, 사제(師弟)의 도가 차례로 전승되어 끊이지 않음의 비유.
【傳心】でんしん(전심) 마음에서 마음으로 전해져 자연히 터득되는 일. ¶以心一.
【傳言】でんごん·でんげん(전언) ①말을 냄. 말함. ②전갈(傳喝)함. ③옛부터 전해 오는 말.
【傳硯】(전연) 조선 때, 대제학(大提學)의 경질(更迭)을 이르던 말. 대제학 직위의 상징인 벼루를 물려 주던 관례(慣例)에서 유래.
【傳位】でんい(전위) 왕위(王位)를 후계자에게 전하여 줌.
【傳胤】でんいん(전윤) 계통(系統)을 전승(傳承)함.
【傳疑】でんぎ(전의) 고사(故事)의 의심스러운 것은 이를 그대로 전함. ¶信以傳信 疑以一<穀梁傳> ↔傳信(전신)②.
【傳衣鉢】でんいはつ(전의발) ①의발(衣鉢)을 전한

다는 말로, 선종(禪宗)에서 불사(佛師)가 제자에게 법통(法統)을 전하여 줌을 이름. 傳衣(전의). ②학문이나 기예 등을 제자에게 전수함.

【傳人】でんじん(전인) ①세상에 전할 만한 사람. ②사람을 소환함. ¶—問話<紅樓夢>

【傳掌】でんしょう(전장) 전임자가 후임자에게 사무와 소관물(所管物)을 전하는 일. 事務引繼(사무인계).

【傳祖】でんそ(전조) 전하여 본받음. ¶皆專相—莫或訛雜<後漢書>

【傳祚】でんそ(전조) ①복록(福祿)을 후세에 전함. ¶—萬世<晋書> ②천자의 자리를 전함. ¶享國彌久 —無彊<舊唐書>

【傳注】でんちゅう(전주) 서적의 주석(注釋). 「시경」(詩經)의 모전(毛傳)·삼례(三禮)의 정주(鄭注) 따위.

【傳重】でんじゅう·でんちょう(전중) 조상의 제사를 적자손(嫡子孫)에게 전하여 받들어 잇게 함. 또는, 그 자손. 「전함.

【傳旨】でんし(전지) 칙지(勅旨)나 왕지(王旨)를

【傳誌】でんし(전지) 묘지명(墓誌銘)·행장(行狀) 따위의 개인적인 기문(記文). 「화.

【傳眞】でんしん(전진) 초상(肖像)을 그림. 초상

【傳贊】でんさん(전찬) 사가(史家)가 전기(傳記)로 각인(各人)의 사실을 기재한 후에 붙이는 평론(評論). 論贊(논찬).

【傳遞】でんてい(전체) ①역참(驛站)에서 이어 받아 차례로 보냄. ②물건을 주고 받음. ¶入試日 一切不許—<宋書>

【傳稱】でんしょう(전칭) 전하는 사람마다 칭송함. ¶其德—<魏武帝>

【傳統】でんとう(전통) ①혈통이나 학문의 계통을 이어받음. ②예로부터 전해 내려온 도덕·생활·양식 등의 총칭. 「짐.

【傳播】でんぱ(전파) 전하여 널리 퍼뜨리거나 퍼

【傳香】でんこう(전향) ①향을 피움. 焚香(분향). ②불법을 전함. 傳法(전법). ③왕실 제향 때 임금이 헌관(獻官)에게 향과 축문을 친히 전하던 일.

▷家—, 口—, 記—, 別—, 祕—, 史—, 書—, 宣—, 小—, 承—, 略—, 驛—, 列—, 誤—, 外—, 流—, 遺—, 自—, 稱—

11 13 〖傺〗 묵을 제 | 㢟ㄔˋ (chi) | てい,たい(トマル) stay

풀이 ①묵다. 머묾. ¶忳鬱邑余侘—兮<楚辭> ②낙망하는 모양. ¶侘—.

13 〖條〗 ☞ 糸部 7획 (p. 1174)

11 13 〖債〗 빚 채 | 国ㄓㄞˋ (zhai) | さい(カリ) debt

源 會意·形聲. 責는 피로 보상할 대차로, 음을 이루며, 人과 합하여 대차(貸借)의 책임을 뜻함.

풀이 ①빚. ㉮청산되지 않은 대차 관계. ¶血—/—權. ㉯빚돈. 빌려 준 금품. ¶宜可令收—<史記> ②빌리다.

【債家】さいか(채가) ①채권자(債權者). ②채무자(債務者).

【債權】さいけん(채권) 채권자가 채무자에게 급부(給付)를 청구할 수 있는 권리. ¶—者. ↔債務(채무).

【債鬼】さいき(채귀) 빚을 몹시 조르는 빚장이를 욕하여 이르는 말.

【債務】さいむ(채무) 남에게 빚을 갚아야 하는 의무. 특정인에게 어떤 급부(給付)를 행하여야 할 의무. ↔債權(채권).

▷公—, 國—, 起—, 文—, 負—, 私—, 社—, 書—, 詩—, 外—, 酒—, 畫—

11 13 〖僉〗 다 첨 | 㘝ㄑㄧㄢ (qian) | せん(ミナ) all

源 會意. 人[모임]과 口口[두입]과 人人[두 사람]의 뜻.

풀이 ①다. 모두. 여러 사람. ¶—曰 於鯀哉<書經>/—位. ②도리깨. 곡식을 두드려 떠는 농구.

【僉君子】せんくんし(첨군자) 여러 점잖은 사람.

【僉謀】せんぼう(첨모) ☞ 僉議(첨의).

【僉員】せんいん(첨원) ☞ 僉位(첨위).

【僉位】せんい(첨위) 여러분. 僉員(첨원).

【僉議】せんぎ(첨의) 여러 사람의 의논. 僉謀(첨모).

【僉尊】せんそん(첨존) 첨위(僉位)의 존칭.

【僉知】(첨지) 韓 ①조선 때, 정 3품 무관인 첨지중추부사(僉知中樞府事)의 약칭. ②나이 많은 사람을 낮추어 일컫는 호칭. ¶朴—.

11 13 〖傯〗 바쁠 총 | 董ㄗㄨㄥˇ (zong) | そう(セワシイ) busy

풀이 ①바쁘다. 황망하여 마음이 안정되지 않음. ¶兵馬倥—. ②괴로와하다. ¶愁倥—於山陸<楚辭>

11 13 〖催〗 재촉할 최 | 灰ㄘㄨㄟ (cui) | さい(ウナガス) urge

풀이 ①재촉하다. 빨리 하도록 다그침. ¶車騎大怒—使持去<世說新語>/—促/—眠. ②시일이 닥쳐오다. ¶流年—我自堪嗟<羅隣>/—迫. ③일어나다. 발(發)함. ¶歲時歸思—<孟浩然> ④韓 모임을 열다. ¶開—/主—.

【催告】さいこく(최고) ①재촉하는 뜻의 통지. ②법적으로 상대방에게 대하여 일정한 행위를 청구하는 일. ¶—狀. 「촉도).

【催歸】さいき(최귀) 소쩍새의 이칭. 歸蜀道(귀

【催淚】さいるい(최루) 눈물이 나게 함. ¶—彈.

【催眠】さいみん(최면) ①잠이 오게 함. 잠을 재촉함. ¶—劑. ②인위적으로 유치(誘致)된 일종의 수면 상태. ¶—術.

【催趲】さいさん(최찬) ①쉬지 않고 정진(精進)함. ¶著力—功夫<朱子文集> ②청(淸)대 조운(漕運)제도의 하나. 「<後漢書>

【催促】さいそく(최촉) 재촉하고 서둚. ¶—發遣

【催花雨】さいかう(최화우) 꽃 피기를 재촉하는 비. 봄비. ¶夜深錯認—<華幼武>

▷開—, 共—, 年—, 雨—, 主—, 興—

11 13【慓】 가벼울 표 | 嘯ㄆㄧㄠ (piao) | ひょう (カルイ)

源會意·形聲. 票는 가늘게 불꽃 모양으로 가볍게 오름의 뜻.

풀이①가볍다. 민첩하다. 通剽. ¶一佼/一悍. ②얕보다. ¶一棄. ③경솔하고 사납다. ¶今謂人性情輕暴爲一<新方言>

12 14【僪】 1햇무리 결 2미칠 굴 | 屑 けつ (ヒガサ) halo | 質 きつ (クルウ) mad

풀이1햇무리. 通矞. ¶其日有闕蝕 有倍一 有暈珥<呂覽> 2미치다. 미치광이. 기괴한 모양. 같屈. ¶一 狂也<字彙>/一佹.

14【僱】 雇(p.1591)의 俗字

12 14【僑】 우거할 교 | 蕭ㄑㄧㄠ (qiao) | きょう (カリズマイ)

源會意·形聲. 喬는 높은 집의 정상(頂上)이 굽은 모양을 나타내는 자로서 음을 이루며, 人과 합하여 높이 빼어나 자립(自立)하는 사람, 타향에서 자활(自活)하는 사람으로 뜻이 바뀜.

풀이①우거하다. 타향 또는 타국에서 임시로 삶. ¶我初辭家從軍一<鮑照>/一居/一民/韓一. ②높다. 키가 큰 모양. ¶一 高也<說文>

【僑居】きょきょ(교거) ☞寓居(우거).
【僑軍】きょうぐん(교군) 다른 곳에서 온 객병(客兵). 遠征軍(원정군).
【僑民】きょうみん(교민) 해외(海外)에 거류(居留)하는 국민.
【僑商】きょうしょう(교상) ①교포 상인. ②행상인(行商人).
【僑中】きょうちゅう(교중) 타향에 있는 동안. 客中(객중).
【僑胞】きょうほう(교포) 외국에 나가 사는 동포.
▷日一, 韓一, 華一

12 14【僛】 춤출 기 | 支 き (オドル) dance

풀이①춤추다. 술에 취해 춤추는 모양. ¶屢舞一一<詩經> ②엄포 놓다. 겉으로 위압감을 줌.

12 14【僮】 아이 동 | 東ㄊㄨㄥ (tong) | どう (ワラベ)

풀이①아이. 通童. ㉮아무것도 모르는 아이. 어리석은 자. ¶一子/一蒙. ㉯잔심부름하는 사동. 하인. ¶一手指千<史記>/一僕. ②중국 서남부에 사는 타이계의 원주민. ③두려워 삼가다. ¶一一. ④어리석다. 通瞳.

【僮僕】どうぼく(동복) 종. 하인. 僮御(동어).
【僮豎】どうじゅ(동수) 심부름하는 아이.
【僮昏】どうこん(동혼) 어리석어 도리에 어두움. 또는, 그런 사람. 僮蒙(동몽).
▷家一, 官一, 僕一, 使一, 山一, 侍一, 宦

12 14【僚】 1동료 료 2예쁠 료 | 蕭ㄌㄧㄠ (liao) 篠 | りょう (アイヤク) companion

源會意·形聲. 「尞」는 섶나무가 연속적으로 타는 것을 나타내며 人과 합하여 동렬(同列)을 뜻함.

풀이1①동료. 동렬(同列)의 벗. ¶同官爲一<左氏傳>/一友/幕一. ②벼슬아치. ¶百一師師 百工惟時<書經>/官一. 2예쁘다. 예쁜 모양. ¶佼人一兮<詩經>

【僚故】りょうこ(요고) ☞同僚(동료). ¶永言一載懷罔已<何遜>
【僚官】りょうかん(요관) ①☞僚屬(요속). ②동료(同僚).
【僚堂】りょうどう(요당) 자기가 근무하는 관청의 당상관(堂上官).
【僚侶】りょうりょ(요려) ☞同僚(동료). ¶興言集一<宋江>
【僚輩】りょうはい(요배) ☞僚友(요우).
【僚朋】りょうほう(요붕) 벗. 同僚(동료). ¶權詭時倡 揮金一<後漢書>
【僚相】りょうしょう(요상) 동료 정승. 정승끼리 서로 상대방을 일컫던 말.
【僚壻】りょうせい(요서) 자매(姊妹)의 남편끼리 서로 부르는 말. 同壻(동서).
【僚船】りょうせん(요선) 함대나 선단(船團)에서 그 대열에 딸린 선박을 이름.
【僚屬】りょうぞく(요속) 자기 밑에 딸린 벼슬아치. 僚官(요관).
【僚友】りょうゆう(요우) 같은 일자리에 있는 벗. 同僚(동료). 僚侶(요려). 僚輩(요배). ¶顯譽成於一<後漢書>
【僚誼】りょうぎ(요의) 동료 사이의 정분.
【僚佐】りょうさ(요좌) ☞僚官(요관).
【僚艦】りょうかん(요함) 같은 임무를 띤 다른 군함.
▷閣一, 官一, 大一, 同一, 幕一, 末一, 百一, 庶一, 屬一, 佐一, 職一

12 14【僕】 종 복 | 沃ㄆㄨˊ (pu) | ぼく (シモベ) servant

古蹼 本僕 同䑑

源會意·形聲. 「菐」은 귀찮은 모양으로 人과 합하여 남의 귀찮은 일에 종사하는 사람. 곧, 종을 뜻함.

풀이①종. 하인. ¶遂命一人過湘江<柳宗元>/奴一. ②마부(馬夫). ¶冉有一<論語>/一夫. ③저. 자기의 겸칭(謙稱). ¶一所以留者<史記>/一輩. ④무리. 같徒. ¶是聖人一也<莊子> ⑤귀찮은 모양. 通菐. ¶一一煩猥貌<正字通> ⑥관리하다. ¶一射.

【僕僮】ぼくどう(복동) ☞使僮(사동). ¶一侍偪仄<黃庭堅>
【僕旅】ぼくりょ(복려) 수행하는 무리. ¶朝整一<陸雲>
【僕隸】ぼくれい(복례) 종. 하인. 奴僕(노복). ¶御妻子制一<列子>
【僕虜】ぼくりょ(복로) 포로 출신의 종.
【僕婢】ぼくひ(복비) 사내종과 계집종. 奴婢(노비).
【僕遬】ぼくそく(복속) 범용(凡庸)하고 단소(短小)한 모양.

【僕射】ぼくや (복야) 진(秦)의, 활 쏘는 것을 맡은 상서성(尙書省)의 차관(次官). 좌우 복야(左右僕射)가 있었음. 「者(어자).
【僕御】ぼくぎょ (복어) 말이나 마차를 모는 종. 馭
【僕圉】ぼくぎょ (복어) 마부. 말구종. ¶丈夫以爲一胥靡<墨子>
▷家一, 公一, 奴一, 老一, 僮一, 門一, 陪一, 僕一, 臣一, 隷一, 傭一, 從一, 太一, 下一

12
14〖僰〗 오랑캐 이름 북 |職|ぼく
풀이 오랑캐의 이름. 지금의 중국 운남(雲南)·귀주(貴州)·사천(四川) 지방에 살던 만족(蠻族). ¶羌一/一僮.

12
14〖僨〗 1 넘어질 분 2 세찬기세 분 |問|ㄈㄣˋ (fen)|园| ふん, ほん (タオレル) *fall*
源 **會意·形聲.** 급격히 내뿜는 듯이 사태가 일어남을 뜻함.
풀이 1 ①넘어지다. 갑자기 푹 쓰러짐. ¶鄭伯之車一于濟<左氏傳> ②뒤집히다. ㉮전복되다. ㉯갑자기 실패하다. ¶一事. ③움직이다. ¶張脈一興<左氏傳> 2 세찬 기세. 막을 수 없는 기세. ¶一驕.
【僨驕】ふんきょう (분교) 제지할 수 없는 기세.
▷傾一, 孤一, 一起一一, 疾一

12
14〖像〗 형상 상 |養|ㄒㄧㄤˋ (xiang)| ぞう(カタチ) *figure*
源 **會意·形聲.** 象은 코끼리의 형상. 코끼리는 크고 눈에 잘 띄어 뚜렷하므로 모습이나 형상의 뜻으로 바뀌었음. 人과 합하여 사람의 형상을 이름.
풀이 ①형상. 모습. ¶映一/想一. ②본뜬 형상. 실제 인물이나 사물을 본뜬 그림이나 조각. 또는, 주물(鑄物). ¶佛一/銅一. ③닮다. 모양이 비슷함. ¶一人/一似.
【像教】ぞうきょう (상교) 불교(佛敎). 像法(상법).
【像法】ぞうほう (상법) 석가(釋迦)가 입멸(入滅)한 후 5백 년간의 불교를 정법(正法)이라 하고, 그 후 천 년간의 불교를 상법(像法)이라 함. 부처가 설교한 법은 있으나 사람들의 신앙이 형식화하여 불상(佛像)이나 사탑(寺塔) 등의 건축물을 주로 함.
▷假一, 銅一, 木一, 佛一, 想一, 瑞一, 石一, 釋一, 聖一, 塑一, 實一, 映一, 影一, 偶一, 泥一, 立一, 彫一, 坐一, 鐵一, 肖一, 現一, 畫一

12
14〖僧〗 중 승 |蒸|ㄙㄥ (seng)| そう(ボウズ) *monk, bonze*
俗 僧
源 **形聲.** 범어(梵語)의 Sangha를 음역하기 위해 만든 글자. 후한(後漢) 때에는 상문(桑門)으로 적었고 삼국(三國) 시대 이후 僧으로 씀.
풀이 ①중. 불도를 수행하는 사람. ¶一敲月下門<賈島>/一侶. ②마음이 편안한 모양. ¶一僂.
【僧伽】そうか·そうぎゃ (승가)《佛》 범어 Sangha의 음역으로, 많은 중. 곧, 교단(敎團). 뒤에 중 개개인을 이름. 僧徒(승도). 「는 집.
【僧伽藍】そうがらん (승가람)《佛》 중이 살며 도를 닦
【僧伽梨】そうがり (승가리)《佛》 범어 Saṅghāti의 음역. 중이 입는 붉은 가사(袈裟)의 하나.
【僧軍】そうぐん (승군) 중으로 조직된 군사. 僧兵(승병).
【僧祇】そうぎ (승기)《佛》 ①대다수. 無數(무수). 無量(무량). ②아승기야(阿僧祇耶)의 준말. 「(比丘尼).
【僧尼】そうに (승니)《佛》 비구(比丘)와 비구니
【僧堂】そうどう (승당) ①중이 거처하는 집. 僧房(승방). ②절. 사찰(寺刹). ¶夜到一門敲門而喚<智度論>
【僧徒】そうと (승도) 중의 무리. 중들. 중. ¶一多悵望<白居易>
【僧頭扇】そうとうせん (승두선) 꼭지를 둥글게 만든 부채.
【僧臘】そうろう (승랍) ☞法臘(법랍). ¶法號大覺仍賜一五十<元眺>
【僧侶】そうりょ (승려) 중들. 僧徒(승도).
【僧名】そうめい (승명) ☞法名(법명).
【僧舞】そうむ (승무) 춤의 한 가지. 중의 복색(服色)을 하고 추는 춤.
【僧門】そうもん (승문) 불도를 닦는 사람의 사회. 佛門(불문). ¶予一一士也<張又新>
【僧坊】そうぼう (승방) 중의 거소(居所). 僧房(승방). 「찰(寺刹).
【僧房】そうぼう (승방) ①☞僧坊(승방). ②절. 사
【僧兵】そうへい (승병) ☞僧軍(승군).
【僧譜】そうふ (승보) 승니(僧尼)의 보첩(譜牒).
【僧俗】そうぞく (승속) 승려와 속인(俗人). 중과 일반 사람.
【僧院】そういん (승원) ①절. 사원(寺院). 僧房(승방)②. ②천주교의 수도원(修道院).
【僧正】そうじょう (승정) ①청(淸)대의 승관(僧官). 각 주(州) 승관의 우두머리. ②《佛》 중이 가지는 총채. 파리, 모기 등을 쫓았음.
▷高一, 老一, 帶妻一, 度一, 道一, 名一, 凡一, 梵一, 佛法一, 比丘一, 山一, 禪一, 聖一, 小一, 俗一, 愚一, 雲水一, 尼一, 托鉢一, 破戒一, 化主一

14〖僂〗 僂(p.142)의 本字

12
14〖僥〗 바랄 요 |蕭|ㄐㄧㄠˇ (jiao)| ぎょう(ネガウ) *desire*
源 **會意·形聲.** 堯는 유달리 높은 뜻을 품다의 뜻이며, 人과 합하여 지나치게 구하여 발돋움 함을 뜻함.
풀이 ①바라다. 분에 맞지 않게 높은 것을 구함. ¶上智不處危以一倖<後漢書> ②요행. ③난장이족 이름. 중국 서남 지방에 살던 키가 3척밖에 안 되던 인종. ¶焦一.
【僥倖】ぎょうこう (요행) ①행복을 바람. ②뜻하지 않은 복.

12 14 【僞】 ①거짓 위 ②사투리 와 | 㝢ㄨㄟˋ 㰷(wei) | ぎ (イツワル) *lie*

略偽

源 **會意·形聲**. 爲는 인위(人爲)를 가해 본래의 성질이나 모습을 고침의 뜻. 人과 합하여, 정체(正體)를 감추고 겉을 꾸밈. 곧, 거짓을 뜻함.

풀이 1 ①거짓. ㉮겉을 꾸미는 일. 허위. ¶國中無—<孟子>/詐—. ㉯사람의 작위(作爲). ¶人之性惡 其善者—也<荀子> ②속이다. 거짓말을 함. ¶—遊雲夢<史記>/—作. 2 사투리. ㉠訛. ¶以勸南—<漢書>

【僞經】ぎけい(위경) ①위작(僞作)한 경서(經書). ②(佛) 중국인에 의해 제작된 경전(經典). 인도에서 생긴 경전에 대하여 이르는 말. 「僞券(위권).

【僞契】ぎけい(위계) 위조(僞造)한 문권(文券).

【僞券】ぎけん(위권) ☞僞契(위계).

【僞本】ぎほん(위본) 고인(古人)의 이름을 빌거나, 고서(古書)처럼 위작(僞作)한 책. 僞書(위서). 假本(가본). ↔眞本(진본).

【僞書】ぎしょ(위서) ☞僞本(위본). ¶爲姦刻—<淮南子>

【僞善】ぎぜん(위선) 본심으로 하는 선행(善行)이 아니라, 표면상으로만 꾸미는 선(善). ¶—者.

【僞讓】ぎじょう(위양) 표면으로만 겸양(謙讓)한 체함. 「<國語>

【僞言】ぎげん(위언) ☞虛言(허언). ¶—誤衆死

【僞作】ぎさく(위작) 진짜처럼 보이기 위해 진짜 저작물이나 작품과 비슷하게 만듦. 또는, 그렇게 만든 물건.

【僞裝】ぎそう(위장) 거짓 꾸밈. ¶—平和.

【僞朝】ぎちょう(위조) 정통(正統)을 이어받지 아니한 거짓 조정(朝廷). 참위(僭位)한 조정.

【僞造】ぎぞう(위조) 진짜처럼 속여 만듦. 僞作(위작). ¶—品/—紙幣.

【僞證】ぎしょう(위증) ①증인(證人)·감정인(鑑定人) 등이 법정에서 거짓 증명을 하는 일. ¶—罪. ②위증문(僞證文).

【僞稱】ぎしょう(위칭) ☞詐稱(사칭).

【僞幣】ぎへい(위폐) 위조한 화폐. 僞錢(위전). 僞貨(위화).

【僞學】ぎがく(위학) ①조선 때, 성리학파(性理學派)의 유학자들이 사장파(詞章派)와 실학파(實學派)의 학문을 폄칭(貶稱)하던 말. ②정도(正道)에 어그러진 학문. 또는, 그 시대에 있어서 정통파(正統派)가 아닌 학문이나 학파. 異學(이학). ¶官專擊—<宋史>

▷假—, 姦—, 巧—, 狡—, 矯—, 大—, 妄—, 詐—, 情—, 眞—, 僭—, 虛—

12 14 【僝】 보일 잔 | 㵎ㄓㄨㄢˋ (zhuan) | せん(シメス) *show*

풀이 ①보이다. 나타내어 보임. ¶—功. ②갖추다. ㉠具. ¶—拱木於山林<左氏傳> ③꾸짖다.

12 14 【僔】 공경할 준 | 阮 | そん (ウヤウヤシイ)

풀이 ①공경하다. 공손하고 존경함. ¶主尊貴之 則恭敬而—<荀子> ②모이다. ¶—沓背憎<詩經> ③웅크리다. 通蹲. ¶—夷.

12 14 【僭】 참람할 참 | 㔷ㄐㄧㄢˋ (jian) | せん (ナゾラエル)

俗僣

풀이 ①참람하다. 분수에 지나친 행동을 함. ¶季氏亦—於公室<史記>/—越. ②어그러지다. 어긋남. ¶天命弗—<書經>/—離. ③신실(信實)하지 못하다. 불신(不信). ¶—始既涵<詩經> ④비난하다. 비방함.

【僭濫】せんらん(참람) 분수에 지나쳐 방자함. ¶不僭不濫<詩經>

【僭上】せんじょう(참상) 참람하게 웃사람을 범함. 신분에 맞지 않음. ¶民淫— 爲無法<孔叢子>

【僭越】せんえつ(참월) 분수에 지나쳐 방자함. ¶諸侯王—<漢書>

【僭擬】せんぎ(참의) 분수에 넘치게 웃사람의 흉내를 냄.

【僭竊】せんせつ(참절) 부정한 수단으로 지나치게 높은 자리를 얻음.

【僭主】せんしゅ(참주) ①무력으로 왕위를 빼앗아 군주(君主)가 된 사람. ②신하가 군주의 예법 따위를 흉내 내는 일. ③고대 그리스의 집정(執政) 전권자(專權者).

【僭差】せんさ(참차) 신분에 지나쳐 분수를 어김. ¶—無度<魏志>

【僭稱】せんしょう(참칭) 신하의 신분으로 제왕의 칭호(稱號)를 함부로 씀. 僭號(참호).

【僭號】せんごう(참호) ☞僭稱(참칭).

▷姦—, 驕—, 淩—, 奢—, 踰—

12 14 【僢】 등질 천 | 銑 | せん(ソムク) *go against*

풀이 ①등지다. ㉠舛. ¶分流—馳<淮南子> ②마주 향하다. ¶——.

12 14 【僣】 교활할 철 | 屑ㄊㄧㄝˋ (tie) | てつ せん

※僭(p. 140)의 俗字로도 씀.

12 14 【僬】 ①밝게살필 초 ②달릴 초 | 蕭ㄐㄧㄠ 嘯(jiao) | しょう *discern*

풀이 1 ①밝게 살피다. 명찰(明察)함. ¶——. ②옛 부족 이름. ¶—僥. 2 달리다. 질주하다. ¶庶人——<禮記>

【僬僥】しょうぎょう(초요) 중국 서남부에 살던 옛부족 이름. 키가 작았음. 焦僥(초요). ¶—氏三尺 短之至也<史記>

12 14 【僦】 세낼 추 | 宥ㄐㄧㄡˋ (jiu) | しゅう(カリル) *rent*

풀이 ①세내다. 임차(賃借). ¶—二千餘車<北齊書>/—舍. ②품삯을 주고 고용하다. ¶不償其—費<漢書>/—人.

▷賃一, 酬一

12 14 【僤】 두터울 탄 ⓗ翰 たん(アツイ) *thick*

풀이 ①두텁다. 크고 두꺼운 모양. ⓣ亶. ¶逢天一怒<詩經> ②빠르다. ¶句兵欲無一<周禮>

12 14 【僓】 좇을 퇴 ⓗ灰 たい(シタガウ) *obey*

풀이 ①좇다. 순종하는 모양. ¶於是乎有一然而道盡<莊子> ②우아한 모양. ¶一 嫺也<說文> ③길다란 모양. ¶一一日長貌<說文>

12 14 【僩】 용맹스러울 한 ⓗ潸 ㄒㄧㄢˇ (xian) かん(タケダケシイ) *fierce*

풀이 ①용맹스럽다. 굳세고 사나운 모양. ⓣ悍. ¶瑟兮一兮<詩經> ②우아하다. ⓣ嫺. ¶明一雅 以道之文<新書> ③노하다. 벌컥 화내는 모양. ¶一然以謂天下無人<唐書> ④엿보다. ⓣ瞯. ¶姦人一之<論衡>

12 14 【僖】 기쁠 희 ⓗ支 ㄒㄧ (xi) き(ヨロコブ) *glad*

풀이 ①기쁘다. 소리를 내어 기뻐하며 즐김. 또는, 그 모양. ㉠喜. ⓣ嬉. ②시호(諡號)에 쓰임. ¶一公.

13 15 【價】 값 가 ⓗ禡 ㄐㄧㄚˋ (jia) か(アタイ) *price*

略 価

풀이 ①값. ㉮시세. 가격(價格). ¶物一/呼一/好一. ㉯값어치. 가치. 평판. ¶一登龍門 則聲一十倍<李白>/評一. ㉰수(數). ¶原子一. ②상태나 수량을 나타내는 부사(副詞)에 붙는 말. 중세(中世)에 쓰였음. ⓣ的 地. ¶終日一淺酌輕謳<趙長卿>

【價折】かせつ(가절) 값을 흥정하거나 깎음.

【價增一顧】アタイいっこニマス(가증일고) 백낙(伯樂)이 한 번 돌아보자, 준마(駿馬)의 값이 열 배나 올랐다는 옛일에서 온 말.

【價直】かち(가치) ☞價値(가치).

【價値】かち(가치) ①사물의 유용성(有用性)의 정도나 중요성(重要性)의 정도. 값어치. 價直(가치). ②값. 가격.

▷減一, 估一, 高一, 公正一, 代一, 買一, 賣一, 物一, 聲一, 市一, 時一, 實一, 廉一, 原一, 低一, 正一, 定一, 增一, 地一, 眞一, 特一, 評一, 好一, 呼一, 換一

13 15 【僵】 쓰러질 강 ⓗ陽 ㄐㄧㄤ (jiang) きょう(タオレル) *fall*

풀이 ①쓰러지다. 신체가 경직되어 뻗어버림. 또는, 그 모양. ㉠殭. ¶道傍一臥滿纍囚<元好問>/一死. ②쓰러뜨리다. 넘어지게 함. ¶推而一之<莊子>

【僵立】きょうりつ(강립) 경직(硬直)된 몸으로 서 있음.

【僵尸】きょうし(강시) ☞僵屍(강시).

【僵屍】きょうし(강시) 쓰러져 있는 시체. 僵尸(강시). ¶一千里 流血頃畝<史記>

▷傾一, 枯一, 冷一, 凍一, 馬一, 仆一, 顚一, 卒一

13 15 【儉】 검소할 검 ⓗ琰 ㄐㄧㄢˇ (jian) けん(ツツマシイ) *thrifty*

略 倹

源 會意·形聲. 僉은 많은 물건을 한 곳에 모아놓음의 뜻이며, 人과 합하여 산만하지 않고 정연한 생활 태도를 나타냄.

풀이 ①검소하다. ¶禮與其奢也寧一<論語>/一薄. ②절약하다. ¶量入一用<白居易>/節一. ③넉넉하지 않다. 결핍하여 적음. ¶弘微家素貧一<南史> ④험하다. ⓣ險. ¶動乎一中<說文通訓定聲>

【儉簡】けんかん(검간) 검소함. ¶晋謙愿一<唐書>

【儉苦】けんく(검고) 빈곤에서 오는 괴로움. 貧苦(빈고).

【儉年】けんねん(검년) 흉년이 든 해. 儉歲(검세).

【儉朴】けんぼく(검박) 검소하고 꾸밈이 없음. ¶人情一<白居易>

【儉嗇】けんしょく(검색) 인색함. 儉吝(검린).

【儉省】けんせい(검생) ☞儉約(검약). ¶務遵一<宋史>

【儉素】けんそ(검소) 사치하지 않고 수수함.

【儉約】けんやく(검약) 절약하여 낭비하지 않음. 儉省(검생).

【儉月】けんげつ(검월) 곡식이 아직 여물기 전. 곧, 양곡이 부족한 시기. ¶此等竝宜助官 得過一<宋書>

【儉節】けんせつ(검절) ☞節儉(절검). ¶一則昌 淫佚則亡<墨子>

【儉存奢失】けんぞんしゃしつ(검존사실) 검약하는 사람은 번창하고, 사치하는 사람은 망함. ¶一今在目 安用高墻圍大屋<白居易>

▷簡一, 敬一, 恭一, 勤一, 饑一, 朴一, 貧一, 纖一, 素一, 約一, 廉一, 節一, 至一, 淸一

13 15 【儆】 경계할 경 ⓗ梗 ㄐㄧㄥˇ (jing) けい(イマシメル) *warn*

풀이 ①경계하다. 문득 긴장하여 주의함. ㉠警. ¶所以一人臣也<孔子家語>/一戒. ②위급한 일. ⓣ急. ¶有盧芳之一<後漢書>/一急.

▷儆一, 申一, 自一, 箴一

13 15 【㒄】 우러를 금 ⓗ沁 きん(アオグ) *look up*

풀이 ①우러르다. 고개를 쳐들다. ㉠仰. ¶一侵尋而高縱兮<漢書>/一一. ②북방 오랑캐의 음악 이름. ¶一 北夷樂名<字彙>/一佅兜離 罔不具集<班固>

13
15【儂】 나 농 | 图ㄋㄨㄥˊ (nong) | どう(ワレ) I

풀이 ①나. 중국 중세 속어의 자칭 대명사. ¶一家. ②당신. 오(吳) 지방에서 상대를 부르는 말. ¶勸一莫上北高峰<楊維楨> ③타칭(他稱). 삼인칭 대명사. 저. 그 사람. 아무개. ¶比聞此州囚 亦有生還一<韓愈> ④종족 이름. ¶一人其種在廣南 習俗大略與僰夷同<滇南雜志>

【儂家】どうか(농가) ①나의 집. 나. ¶一自有麒麟閣<司空圖> ②여자의 자칭. 奴家(노가).

【儂人】どうじん(농인) 운남 지방에 살던 묘족(苗族) 이름.

▷箇一, 渠一, 阿一, 他一, 懷一

13
15【儋】 멜 담 | 圜ㄉㄢ (dan) | たん(ニナウ) shoulder

풀이 ①메다. 어깨에 멤. 같 擔. ¶負任一何<國語> ②독. 항아리. ¶漿千一<史記> ③두 섬. 두 독에 들어갈 만한 용량(容量). ¶醯醬千瓨 漿千一<漢書>

儋②

【儋石之祿】たんせきのろく(담석지 록) 얼마 안 되는 봉록(俸祿). 儋石은 한두 섬의 적은 양. ¶守一者(農政全書)<史記>

【儋耳】たんじ(담이) ①북극(北極)의 나라. ¶有一之國 食穀北海之渚中<山海經> ②남만(南蠻) 팔종(八種)의 하나. ¶西南夷哀牢一僬僥<後漢書>

13
15【僶】 힘쓸 민 | 軫ㄇㄧㄣˇ (min) | びん(ツトメル) exert

풀이 ①힘쓰다. 같 敃. ¶舜一勉而加志<新書> ②잠깐 사이. ¶一俛見榮枯<顏延之>

13
15【僻】 1 후미질 벽 2 성가퀴 피 | 陌ㄆㄧˋ (pi) 寘 | へき(カタヨル) secluded ひ(ヒメガキ)

源 會意・形聲. 辟은 중심선에서 옆으로 빗나가 구석으로 치우침의 뜻.

풀이 1 ①후미지다. 궁벽함. ¶潯陽地一無音樂<白居易>/一地/荒一. ②치우치다. 편벽됨. ¶行不一矣<淮南子>/一性/一見. ③간교하다. 간사함. ¶民之多一<詩經>/一邪. ④성격이 비뚤어지다. 착실하지 못함. ¶性一/一戾. ⑤문장이나 어구가 성실치 않고 비꼬이다. ¶隱一. 2 성가퀴. 여장(女牆). 通 埤. ¶一倪.

【僻境】へききょう(벽경) ☞僻地(벽지).

【僻戾】へきれい(벽려) 성질이 비뚤어짐. ¶一躁妄<唐書>

【僻論】へきろん(벽론) 치우쳐 공정을 잃은 언론.

【僻陋】へきろう(벽루) ①궁벽하여 문화가 뒤떨어진 곳. ¶戎王之居 一而道遠<韓非子> ②견문이 좁고 괴벽스러움.

【僻事】へきじ(벽사) ①도리에 벗어난, 바르지 않은 일. 曲事(곡사). ②전거(典據)가 되는 고사(故事)를 모르는 사람. 또는, 고실(故實)에 벗어난 일. ¶能詩 喜用一 時人謂之狐穴詩人<誠齋雜記>

【僻邪】へきじゃ(벽사) 편벽되고 간사함. 辟邪(벽사).

【僻書】へきしょ(벽서) 편벽되고, 별 가치가 없는 책.

【僻說】へきせつ(벽설) ☞僻論(벽론). 「僻說(벽설).

【僻姓】へきせい(벽성) ☞稀姓(희성).

【僻儒】へきじゅ(벽유) 쓸모 없는 유자(儒者). 학식이 좁고 마음이 편벽된 학자. ¶必蒙一之養<宋書>

【僻邑】へきゆう(벽읍) 중앙에서 멀리 떨어져 있는 궁벽한 고을.

【僻字】へきじ(벽자) 흔히 쓰이지 않는 괴벽(乖僻)한 글자.

【僻者】へきしゃ(벽자) 마음이 비꼬이거나, 뜻이 바르지 못한 사람.

【僻材】へきざい(벽재) 썩 드물게 쓰이는 약재.

【僻地】へきち(벽지) 도시에서 멀리 떨어진 궁벽한 곳. 僻境(벽경). 僻土(벽토). 僻鄉(벽향). ¶遠居一 代爲右族<張說>

【僻志】へきし(벽지) 비꼬이거나 바르지 못한 마음. ¶是故一萌 則僻事作<申鑒>

【僻村】へきそん(벽촌) 외딴 곳에 떨어져 있는 궁벽한 마을. 「便<何晏>

【僻脫】へきだつ(벽탈) 몸이 가볍고 민첩함. ¶一承

【僻行】へきこう(벽행) 옳지 못한 행동. ¶然而弱者有一 使之隨師<韓非子>

【僻鄉】へききょう(벽향) ☞僻地(벽지).

【僻倪】へいげい・へいがい(피예) 성 위에 낮게 둘러 쌓은 담. 성가퀴. 埤倪(폐예). ¶僻一 卽倪埤 城上女牆也<字彙>

▷介一, 潔一, 怪一, 乖一, 奇一, 嗜一, 陋一, 秕一, 邪一, 生一, 性一, 疎一, 深一, 幽一, 隱一, 淫一, 謬一, 側一, 頗一, 偏一, 荒一

13
15【僿】 잘 새 사 | 隊ㄙㄞˋ 寘 (sai) | さい(コマカイ) minute

풀이 ①잘다. 자질구레함. ¶一說. ②무성의하다. ¶小人以一<史記> ③막다. 같 塞. ¶儉而好一者 君子不與也<大戴禮>

【僿說】さいせつ(새설・사설) 자질구레한 이야기. ¶星湖一.

13
15【僾】 어렴풋할 애 | 隊ㄞˋ (ai) | あい(ホノカ) faint

풀이 ①어렴풋하다. 희미한 모양. 같 曖. ¶一而不見<詩經>/一然. ②목이 메다. 흐느껴 욺. ¶亦孔之一<詩經>

【僾逮】あいたい(애체) 돋보기 안경. 凸光鏡(철광경). ¶一 眼鏡<事物異名錄>

13
15【億】 억 억 | 職ㄧˋ (yi) | おく hundred million

源 會意・形聲. 가득함의 意가 음을 이루며, 人과 합하여 만족함의 뜻이 됨. 나아가 萬萬 곧 억이 됨.

풀이 ①억. 수의 단위의 하나. 옛날에는 十萬이었으나 오늘날에는 萬萬 곧 億. ¶一兆蒼生/一恨. ②편안하다. 편안히 하다. ¶心一則樂<左氏傳>/一寧百神<國語> ③헤아리다. 추측함. ¶不一不信<論語>/一逞. ④다. 죄다. ¶不可一逞<左氏傳> ⑤가슴이 메다. ㉠通 臆. ¶餘悲馮一<漢平都侯相碑> ⑥아아. ㉠通 噫. ¶一喪貝<易經>

【億劫】おっこう(억겁)《佛》무한히 긴 시간. 일겁(一劫)은 천지 개벽에서 다음 천지 개벽까지의 동안. ¶死而復生於一之內<拾遺記>

【億庶】おくしょ(억서) 많은 인민. 億兆(억조).

【億丈】おくじょう(억장) 심히 높은 모양. ¶一之城<賈誼> 「億年(억년).

【億載】おくさい(억재) 아주 긴 세월. 載는 年의 뜻.

【億逞】おくてい(억정) 끝까지 다 헤아림. ¶不可一<左氏傳>

【億兆蒼生】おくちょうそうせい(억조창생) 수많은 백성. 億兆(억조).

【億千萬劫】おくせんまんごう(억천만겁)《佛》매우 긴 시간. 영원한 시간. 億劫(억겁). 「탁).

【億測】おくそく(억측) 미루어 헤아림. 億度(억

▷巨一, 幾一, 累一, 萬一, 兆一, 千一

13 15 〖儀〗 거동 의 |因 ㅣ́ (yi)| ぎ(ギョウギ) *manner*

㉠源 **會意·形聲.** 義는 알맞게 갖추어진 것, 人과 합하여 알맞게 갖추어져 본보기가 될 만한 사람의 행위를 나타냄.

풀이 ①거동. 행동하는 짓이나 태도. ¶其一不忒<詩經>/威一/禮一. ②법. 법도(法度). 준칙(準則). ㉮본보기. 모범(模範). 귀감(龜鑑). ¶上者下之一也<荀子>/一則. ㉯예식(禮式). 예(禮)의 전례(典例). ¶設一辨位<周禮>/一式. ③우주의 대본(大本). ¶兩一天地也 三一天地人也<康熙字典> ④짝. 배우자(配偶者). 짝지움. ¶實維我一<詩經>/丹朱馮身以一之<國語> ⑤본뜨다. 준하다. ¶一刑文王 萬邦作孚<詩經> ⑥헤아리다. 촌탁(忖度)함. ¶我一圖之<詩經> ⑦마땅하다. 선량(善良). ㉠通 宜. ¶一宜也 得事宜也<釋名> ⑧마땅히 …해야 한다. ¶一監于殷<大學> ⑨천체(天體)의 측기(測器). ¶作渾天一<後漢書> ⑩남에게 보내는 물품. ¶賻一/祝一/賀一.

【儀檢】ぎけん(의검) 예의 범절. 또는, 예의 범절에 의해 몸을 삼가는 일. ¶帝顧諸將多不閑一<唐書>

【儀觀】ぎかん(의관) 위엄이 있는 몸가짐. 威儀(위의). ¶一甚偉<曾鞏>

【儀鍠】ぎこう(의굉) 당(唐)대에 나무로 만든 도끼 모양의 의장(儀仗) 도구.

【儀矩】ぎく(의구) ☞儀範(의범).

【儀軌】ぎき(의궤) ①본보기. 법. ¶無百姓示一<蜀志> ②《佛》밀교(密敎)에서 염송(念誦)·공양(供養)의 의식에 대한 규칙.

【儀禁】ぎきん(의금) 예의 법도(禮儀法度).

【儀器】ぎき(의기) ①천체의 운행을 측정하는 기기(器機). 혼천의(渾天儀) 따위. ②과학의 실험·실측 따위에 쓰는 기구의 범칭.

【儀同三司】ぎどうさんし(의동삼사) 원훈자(元勳者)를 우대하여 임금이 내리는, 직책이 없는 높은 관직. 儀同(의동).

【儀禮】ぎれい(의례) ①예로서 지켜야 할 범절. 禮法(예법). 의식(儀式)과 전례(典禮). ¶國民一. ②중국의 유명한 고전(古典). 중국 고대 사회의 사회적 의식을 자세히 기록한 책.

【儀文】ぎぶん(의문) ①의례적인 문장. 또는, 공용문(公用文). ②의식(儀式)의 표(標). 儀章(의장).

【儀民】ぎみん(의민) 백성을 선도(善導)함. ¶堯能單均刑法以一<國語>

【儀範】ぎはん(의범) 예의의 규범. 儀矩(의구).

【儀法】ぎほう(의법) ☞儀典(의전).

【儀賓】ぎひん(의빈) 명(明)·청(淸)대, 친왕(親王)이나 군왕(郡王)의 사위.

【儀狀】ぎじょう(의상) 예의 범절. 또는, 행의(行儀)와 용자(容姿).
(의장) 용의(容儀)와 행장(行狀).

【儀象】ぎしょう(의상) ①본보기로 함. ②옛날에 쓰던 천문용(天文用) 기구. 渾天儀(혼천의).

【儀式】ぎしょく·ぎしき(의식) ①예식(禮式) 때의 범절(凡節). ②갖추어진 일정한 형식에 의해 행하는 행사. 式典(식전).

【儀容】ぎよう(의용) 몸가짐. 또는, 예의를 갖춘 태도.

【儀儀】ぎぎ(의의) 의용(儀容)이 갖추어져 덕성스러운 모양. ¶鳳之一 麟之師師<法言>

【儀章】ぎしょう(의장) ☞儀文(의문)②.

【儀仗】ぎじょう(의장) ①의식에 쓰이는 장식적(裝飾的)인 무기. ¶一器. ②천자 측근에서 호위하는 병사. 儀仗兵(의장병).

【儀狄】ぎてき(의적) 하(夏)대에, 처음 술을 만들었다는 사람. 뜻이 바뀌어, 술을 일컬음. ¶一之酒.

【儀的】ぎてき(의적) 과녁. 표적(標的). 목적하는 것. 目標(목표).

【儀典】ぎてん(의전) 의식에 대한 규범. 행사의 예법. 儀法(의법). 儀式(의식). 式典(식전). ¶一節次.

【儀節】ぎせつ(의절) ①규범. 규칙. ②음악의 절(節)에 맞추어 행위를 적절히 함. ¶君子之近琴瑟 以一也<左氏傳>

【儀制】ぎせい(의제) 예의에 관한 제도. 또는, 의식에 대한 규칙. ¶預修一 多少增損<宋史>

【儀注】ぎちゅう(의주) ①천문에 관한 일을 기록한 책. ②조정의 길흉(吉凶) 행사나 예식 범절에 관한 기록. 禮注(예주). 儀註(의주).

【儀註】ぎちゅう(의주) ☞儀注(의주)②.

【儀態】ぎたい(의태) ☞儀容(의용).

【儀表】ぎひょう(의표) ①본보기. 모범. 귀감(龜鑑). ¶人主天下之一也<漢書> ②의용(儀容). 겉보기. ¶承信身長八尺 美一<宋史> ③세워 놓고서 그 그림자의 길이를 재던, 천문 기구.

▷乾一, 公一, 晷一, 國一, 軍一, 軌一, 賻一, 辭一, 禮一, 容一, 威一, 律一, 葬一, 典一, 朝一, 地球一, 祝一, 太一, 表一, 風一, 行一, 渾天一

13 15 【儁】 준걸 준 | 震ㄐㄩㄣˋ (jun) | しゅん (スグレル)

풀이 준걸. 준걸하다. 재주와 슬기가 뭇사람보다 뛰어남. 또는, 그러한 사람. ㉠俊. ¶智過千人曰一<廣韻>/一秀/一異.

▷瑰一, 克一, 奇一, 時一

13 15 【儃】 1 머뭇거릴 천 2 찬찬할 탄 3 멋대로 탄 | 先ㄔㄢˊ (chan) 旱ㄊㄢˇ (tan) 翰 | せん (タタズム) linger たん (シズカ)

풀이 1 머뭇거리다. 주저하고 잘 나아가지 않는 모양. ¶入漵浦余一佪兮<楚辭> 2 찬찬하다. 동작이 찬찬하고 한가한 모양. ¶有一史後至者一一然不趨<莊子> 3 멋대로 하다. 행동이 방만하여 긴장미가 없는 모양. ¶一漫爲樂<莊子>

13 15 【儈】 거간 쾌 本 괴 | 泰ㄎㄨㄞˋ (kuai) | かい (ナカガイ) broker

풀이 通 會. ①거간. 장주릅. 중개함. ¶一牛自隱<後漢書>/市一. ②장사꾼. 상인(商人). ¶世謂商一 往來廣陵<唐書>/一夫.

13 15 【儇】 총명할 현 | 先ㄒㄩㄢ (xuan) | けん (カシコイ) wise

풀이 ①총명하다. ¶鄉曲之一子<荀子>/一巧. ②민첩하다. ¶靡之一之<荀子>/一佻. ③둘러 가리다. ¶設掩面一目<荀子>

▷輕一, 巧一, 便一

14 16 【儓】 하인 대 | 灰ㄊㄞˊ (tai) | たい (ケライ) retainer

풀이 ①하인. 가신(家臣). 종자(從者). ¶陪一/輿一. ②농부. 농사꾼을 천하게 이르는 말. ¶一 農夫之醜稱也<方言>

▷陪一, 輿一

14 16 【儛】 춤출 무 | 麌ㄨˇ (wu) | ぶ, む (マウ) dance

▷高句麗一師, 女一師, 雜一

14 16 【儐】 1 인도할 빈 2 찡그릴 빈 | 震ㄅㄧㄣˋ 眞 (bin) | ひん guide

풀이 1 ①인도하다. 손님을 안내하거나 대접함. 또는, 그 사람. ¶桓公命一者延而上<管子>/一相. ②공경하다. ¶山川所以一鬼神也<禮記> ③대등한 자끼리의 예. ¶上於下曰禮 敵者曰一<周禮·注> 2 눈살을 찡그리다. ¶一笑連便<枚乘>/一 同顰<康熙字典>

【儐畔】ひんぱん (빈반) 물리쳐 배반함. ¶六國從親以一秦<戰國策>

【儐者】ひんしゃ (빈자) 주인을 도와 손님을 안내하는 사람.

▷介一, 上一, 承一

14 16 【儒】 선비 유 | 虞ㄖㄨˊ (ru) | じゅ (ガクシャ) scholar

源 會意·形聲. 물에 적신 부드러운 수염의 需가 음을 이루며, 人과 합하여 참하고 숙부드러워 유화한 사람을 뜻함.

풀이 ①선비. ¶巨一/鴻一. ②유교. 유학. ¶一家/一佛仙. ③교양 있는 사람. 학자. ¶女爲君子一<論語> ④널리 문물에 관한 취미나 일. 윤기 있는 모양. 교양 있는 모양. ¶風流一雅 ⑤난장이. ¶一 短也<廣雅>/侏一.

【儒家】じゅか (유가) ①유교를 중심으로 하는 학파. 또는, 그것에 속하는 사람. ②유학자의 가문. 儒門(유문).

【儒巾】じゅきん (유건) 유생(儒生)이 쓰는 건(巾). 과거에 급제하지 아니한 유생이 쓰는 검은 두건(頭巾). 儒冠(유관).

儒巾 (三才圖會)

【儒經】じゅけい (유경) 유교의 경전. 儒書(유서).

【儒敎】じゅきょう (유교) 공자를 교조(敎祖)로 하는 가르침. 인의(仁義)·도덕(道德)·교양(敎養)을 중시함. 수신·제가·치국·평천하(修身齊家治國平天下)를 설(說)함. 儒學(유학).

【儒道】じゅどう (유도) ①유가(儒家)의 도(道). ②유교와 도교(道敎).

【儒林】じゅりん (유림) ①유자(儒者)들. 또는, 그들의 사회. 士林(사림). ②학문을 하는 사람들의 동아리.

【儒墨】じゅぼく (유묵) 유가와 묵가(墨家). 또는, 그것을 각각 수학하고 따르는 사람. ¶世之顯學 一也<韓非子>

【儒佛仙】じゅぶっせん (유불선) 유교와 불교와 선교.

【儒生】じゅせい (유생) 유학을 배우는 사람. 儒者(유자). ¶一俗士 豈識時務<蜀志>

【儒釋】じゅしゃく (유석) 유교와 불교.

【儒疏】じゅそ (유소) 유생들이 연명(連名)하여 올리는 상소(上疏).

【儒臣】じゅしん (유신) ①유학하는 신하. ②홍문관(弘文館) 관원의 통칭.

【儒雅】じゅが (유아) ①바른 유학. ②유학을 닦아, 교양이 높고 뛰어남. 또는, 그러한 사람. ¶風流一亦吾師<杜甫>

【儒案】じゅあん (유안) 성균관(成均館)·서원(書院)·향교(鄕校) 등에 비치하였던 유생들의 명부. 靑衿錄(청금록).

【儒儒】じゅじゅ (유유) 과단성 없이 우유 부단(優柔不斷)한 모양. ¶其與終身拘拘一于百里之內者 不亦異乎<楊奐>

【儒者】じゅしゃ (유자) ☞儒生(유생).

【儒宗】じゅそう (유종) ①유자의 스승으로 받드는 중심적 인물. 유학의 종사(宗師). ②유학계의 영수(領袖).

【儒哲】じゅてつ (유철) 유학에 뛰어난 사람.

【儒通】じゅつう (유통) 유생들의 통문(通文). 선비들 사이에서 전달하던 글.

【儒學】じゅがく (유학) ①중국 고래의 정교 일치(政敎一致)의 학문. 공자(孔子)가 집성(集成)함. ②유교(儒敎). ③옛 중국의 현(縣)이나 주(州)의 학교 교관(敎官).

【儒行】じゅこう(유행) 유학자의 행위. 선비의 행실.
【儒鄕】じゅきょう(유향) 선비가 많이 살고 있는 고을. 또는, 유학자가 많이 나온 고장.
【儒玄】じゅげん(유현) 유학(儒學)과 노장(老莊)의 학(學). ¶洞達一＜梁書＞
【儒賢】じゅけん(유현) 유학에 정통하고 행실이 바른 선비. 賢儒(현유).
【儒化】じゅか(유화) 유도(儒道)에 의한 교화. ¶一渙以融＜石崇＞
【儒訓】じゅくん(유훈) 유교에 의한 가르침. ¶上疏陳一之本＜魏志＞
▷犬一, 君子一, 耆一, 老一, 陋一, 大一, 名一, 文一, 腐一, 焚書坑一, 鄙一, 貧一, 碩一, 世一, 小人一, 俗一, 豎一, 宿一, 醇一, 崇一, 雅一, 迂一, 俚一, 侏一, 眞一, 通一, 寒一, 鴻一

14/16【儗】 1 망설일 의 2 참람할 의 | 寘ㄋㄧˇ (ni) | ぎ hesitate
풀이 1 망설이다. 주저함. ¶仡以佁一＜史記＞ 2 ①참람하다. 분수에 지나침. ¶一於天子＜漢書＞ ②비교하다. ¶一人必於其倫＜禮記＞ ③의심하다. ¶無所一㤰＜荀子＞ ④무성하다. ¶黍稷一一＜漢書＞
▷比一, 僭一 竊一

14/16【儕】 무리 제 | 佳ㄔㄞˊ (chai) | さい(トモガラ) company
源 會意・形聲. 齊는 ◇ 모양의 물건이 같은 길이로 모여 늘어선 모양이며 음을 이룸. 人과 합하여 동렬로 늘어선 사람들 곧 동아리의 뜻이 됨.
풀이 ①무리. 동배(同輩). ¶先王之喜怒皆得其一焉＜禮記＞/一輩. ②함께. 같이. ¶長幼一居＜列子＞ ③동행하다. 어울림. ¶一男女 使莫違＜漢書＞
【儕等】さいとう(제등) 동아리. 儕輩(제배). ¶恩寵超於一＜南史＞
【儕輩】さいはい(제배) ☞儕等(제등).
▷同一, 等一, 朋一, 汝一, 吾一, 爾一, 匹一

14/16【儔】 짝 주 | 尤ㄔㄡˊ (chou) | ちゅう(トモガラ) comrade
풀이 ①짝. 동배(同輩). 동아리. ¶玆若人之一乎＜陶潛＞/一類. ②누구. 누군가. ¶一克爾＜法言＞
【儔匹】ちゅうひつ(주필) 동무. 同輩(동배). 儔侶(주려). 儔倫(주륜). ¶悲聲命一 哀鳴傷我腸＜古樂府＞
▷故一, 同一, 朋一, 良一, 侶一, 異一, 絶一, 匹一

14/16【儘】 다할 진 | 軫ㄐㄧㄣˇ (jin) | じん(ツクス) run out
풀이 ①다하다. ㉠盡. ¶一收. ②어떻든. 그것은 그렇다 치고. ¶惟有落紅官不禁 一教飛舞出宮牆＜武衍＞ ③조금. ¶中間一聯 一有奇崛＜楊仲弘詩格＞

15/17【儡】 1 허수아비 뢰 2 영락할 뢰 | 賄ㄌㄟˇ 灰 (lei) | らい(クグツ) puppet
풀이 1 ①허수아비. 꼭두각시 ¶傀一. ②지친 모양. ¶桀跖鬻博 一以頓顇＜王褒＞ 2 영락(零落)하다. 망침. ¶然而不免於一身＜淮南子＞
▷傀一, 儡一, 對一, 水一

15/17【償】 갚을 상 | 陽ㄔㄤˊ (chang) | しょう(ツグナウ) repay
풀이 ①갚다. 보상함. ¶以百金一之＜史記＞/一還. ②보상. 속죄. 보답. ¶與其傭作 而不求一＜西京雜記＞/代一/賠一.
【償命】しょうめい(상명) 사람을 죽인 사람을 죽임.
【償復】しょうふく(상복) 물어 줌. 갚아 줌.
【償願】しょうがん(상원) 숙원(宿願)을 이룸. ¶儻得一至其處 竊寄目償所願焉＜韓愈＞
【償責】しょうさい(상채) ☞償債(상채). ¶有賣田宅鬻子孫 以一者矣＜漢書＞ 「갚음.
しょうせき(상책) 다 못한 책임을 보상하여
【償債】しょうさい(상채) 빚을 갚음. 償責(상채).
【償還】しょうかん(상환) 빚진 돈을 갚아 줌.
▷求一, 代一, 無一, 反一, 賠一, 辨一, 報一, 補一, 酬一, 有一

15/17【優】 부드러울 우 | 尤ㄧㄡ (you) | ゆう, う(ヤサシイ) tender
源 會意・形聲. 憂는 사람이 조용히 부드러운 몸짓을 하는 모양에다 心을 더해 마음이 차분하고도 부드러운 모습을 나타낸 것이며, 음을 이룸. 이에 人을 더하여 부드럽게 천천히 행동하는 배우를 뜻함.
풀이 ①부드럽다. ㉮온화(温和)하고 너그러운 모양. ¶一美/一雅. ㉯그러한 몸짓으로 연기하는 광대. ¶俳一/一倡. ②넉넉하다. 여유있는 모양. ¶仕而一則學 學而一則仕＜論語＞/一裕. ③뛰어나다. 우수함. ¶德一則行＜史記＞/一劣. ④도탑다. 인심이 후함. ¶維其一矣＜詩經＞/一渥. ⑤넉넉히. 충분하게. ¶周公一爲之＜禮記＞ ⑥주춤거리다. 정견(定見)이 없음. ¶一柔不斷.
【優假】ゆうか(우가) 관대한 처분을 함. 優待(우대). 寬待(관대). ¶肅宗美其義 特一之＜後漢書＞
【優貢】ゆうこう(우공) 청(淸)의 제도로, 3년마다 교관(教官)이 재학생 중에서 우수한 사람을 선출하여 임관시키던 일.
【優眷】ゆうけん(우권) 특별한 은고(恩顧). 두터운 은정(恩情).
【優曇華】うどんげ(우담화) ①《佛》 범어(梵語) Udumbara의 음역. 우담발라화(優曇跋羅華)의 약칭. 3천 년에 한 번 꽃을 피운다고 하는 상상의 식물. ②지방에 따라서는 파초(芭蕉) 또는 무화과(無花果)를 이르기도 함.

【優待】ゆうたい(우대) 특별히 잘 대우함. 優遇(우우). ¶一證/一席.
【優等】ゆうとう(우등) ①성적이 우수함. ¶一賞/一生. ②높은 등급. ↔劣等(열등).
【優良】ゆうりょう(우량) ①뛰어나게 좋음. ¶一種. ②성적 평가에 있어 우(優)와 양(良).
【優伶】ゆうれい(우령) 배우(俳優)와 악인(樂人). 優倡(우창).
【優孟衣冠】ゆうもうのいかん(우맹의관) 초(楚)의 명배우인 우맹이, 죽은 손숙오(孫叔敖)의 의관을 차리고, 손숙오 아들의 곤궁을 구해냈다는 옛일. 외형(外形)만이 같고, 그 실(實)은 다름을 이름. 사이비(似而非)의 비유.
【優免】ゆうめん(우면) 너그럽게 보아줌. 용서함. 또는, 그 일. ¶一租調＜北史＞
【優美】ゆうび(우미) 우아하고 아름다움.
【優敏】ゆうびん(우민) 뛰어나게 총명함. ¶機神穎悟 文學一＜周書＞
【優婆塞】うばそく(우바새)(佛) 범어 Upāsaka의 음역. 출가(出家)하지 않고 불교를 믿는 남자. ↔優婆夷(우바이).
【優婆夷】うばい(우바이)(佛) Upāsikā의 음역. 출가(出家)하지 않고 불제자(佛弟子)가 된 여자. ↔優婆塞(우바새).
【優報】ゆうほう(우보) ①후하게 보답함. ②정중한 대답. 優答(우답).
【優贍】ゆうせん(우섬) ①뛰어나게 풍부함. 贍富(섬부). ②국가가 문무관의 유족을 우대해서 보조하는 일. 「(열세).
【優勢】ゆうせい(우세) 남보다 나은 형세. ↔劣勢
【優笑】ゆうしょう(우소) 광대나 풍악장이 등, 좌흥(座興)을 돕는 사람. ¶一侏儒 左右近習＜韓非子＞ 「효.
【優數】ゆうすう(우수) 수효가 많음. 또는, 많은 수
【優勝】ゆうしょう(우승) ①가장 뛰어남. ②제일위로 승리함. 뛰어난 승리. ¶一候補.
【優勝劣敗】ゆうしょうれっぱい(우승열패) 생존 경쟁에 있어 강한 것은 이기고 약한 것은 패함. 곧, 강한 자는 발전하고 약한 자는 소멸하는 현상을 이름. ※弱肉強食(약육강식).
【優雅】ゆうが(우아) 품위가 있고 아름다움.
【優渥】ゆうあく(우악) 도타운 은택(恩澤). 주로, 임금의 은총을 이름. ¶委以將帥 恩寵一 超于儕等＜陳書＞ 「고 못함.
【優劣】ゆうれつ(우열) 우수함과 저열(低劣)함. 낫
【優遇】ゆうぐう(우우) ☞優待(우대).
【優優】ゆうゆう(우우) ①화평하게 즐기는 모양. ¶敷政一＜詩經＞ ②너그럽고 여유있는 모양. ¶一大哉＜中庸＞
【優越】ゆうえつ(우월) 다른 것보다 뛰어남. ¶一感/一性. 「↔劣位(열위).
【優位】ゆうい(우위) 여럿 가운데서 뛰어난 자리.
【優游】ゆうゆう(우유) ①한가롭게 느긋이 지내는 모양. 優遊(우유). ¶一爾休矣＜詩經＞ ②과단성 없이 어물거리는 모양. 優柔(우유). ③세사(世事)에 구애하지 않고 운(運)에 맡겨 따르는 모양. ④자득(自得)하여 만족해 하는 모양. ¶一偃仰 可以自娛＜後漢書＞
【優柔不斷】ゆうじゅうふだん(우유부단) 결단력 없이 어물거리고 있음. 優柔(우유). 優游不斷(우유부단).
【優游涵泳】ゆうゆうかんえい(우유함영) 서두르지 않고 느긋하게 조용히 학예(學藝) 등의 깊은 뜻을 음미(吟味)함.
【優恩】ゆうおん(우은) 융숭한 은혜. 優渥(우악).
【優毅】ゆうき(우의) 마음은 부드러우면서도 뜻이 굳셈. ¶温直一 孔孟之方也＜馬融＞
【優異】ゆうい(우이) 대우를 특별히 두텁게 함. 優殊(우수). ¶從一之命 表褒崇之禮＜白居易＞
【優子】ゆうし(우자) 배우의 패거리. 優倡(우창). ¶俳兒一 言辭無度＜唐書＞
【優場】ゆうじょう(우장) 극장. 무대.
【優奬】ゆうしょう(우장) 대단히 칭찬하고 권장함.
【優旃】ゆうせん(우전)(人) 진(秦)의 배우. 난장이로서 풍자적인 희언(戲言)을 잘하여 진시황의 사치스러운 여러 계획을 중지시켰다 함. 「록).
【優秩】ゆうちつ(우질) 후한 봉록(俸祿). 厚祿(후
【優僭】ゆうせん(우참) 제 분수에 지나친 것. ¶禮數一 不與諸王等＜顔氏家訓＞
【優倡】ゆうしょう(우창) 배우. 광대. 優伶(우령). 優子(우자).
【優遷】ゆうせん(우천) 높은 자리로 옮김. 영전(榮轉)함.
▷過一, 男一, 老一, 名一, 俳一, 聲一, 女一, 伶一, 優一, 倡一, 褒一

15 17 〖儥〗 팔 육 | 屋 | いく(ウル) *sell*
풀이 ①팔다. 갈 鬻. ¶一慝. ②사다. 또는, 살 사람. ¶以量度成賈而徵一＜周禮＞

17 〖儁〗 儁(p.144)과 同字

15 17 〖儦〗 많을 표 | 蕭 | ひょう(オオイ) *many*
풀이 ①많다. 떼지어 있는 모양. ¶一一俟俟 或群或友＜詩經＞ ②사람의 동작이 가볍게 움직여 가는 모양. ¶行人一一＜詩經＞

16 18 〖[亻+褭]〗 날씬할 뇨 | 篠 ㄋㄧㄠˇ (niao) | にょう(ウツクシイ) *slender*
풀이 ①날씬하다. 허리가 호리호리하고 예쁨. ¶僄一. ②예쁘다. ③몸을 굽히다. ¶舞者一身若環也＜韻會＞

16 18 〖儱〗 미숙한 모양 롱 | 董 ㄌㄨㄥˇ (long) | ろう *unskilled*
풀이 ①미숙한 모양. 기량(器量)이 미숙한 사람. ¶一而不愿＜論語＞ ②불우(不遇)한 모양. ③보행이 바르지 아니한 모양.
【儱侗】ろうとう(용동) ①아직 그릇이 되지 못함. 또는, 기량이 충분치 못한 사람. ②논설(論說)이 확실하지 못한 일. ¶昨見其直說 正疑其太一＜朱熹＞

【儱偅】ろうしょう(용동) ①불우한 모양. 또는, 유실(遺失)한 모양. ②보행이 바르지 아니한 모양.

16/18〖儲〗 쌓을 저 | 魚 ㄔㄨˇ (chu) | ちょ(タクワエル) store

源 會意・形聲. 많은 물건을 뜻하는 諸가 음을 이루며, 人과 합하여 만일의 경우에 대비한 저축을 뜻함.

풀이 ①쌓다. 저축함. ¶有九年之一＜淮南子＞/一蓄/一備. ②버금. 예비로서 대기하고 있는 것. ¶兩京皆有一書也＜大學衍義補＞ ③태자. 세자. 동궁. ¶一 副君也＜一切經音義＞/一宮. ④마련하다.

【儲械】ちょかい(저계) 준비해둔 무기. ¶士馬一 無不暗記＜唐書＞

【儲君】ちょくん(저군) 태자. 儲宮(저궁). ¶一 嗣主也＜白虎通＞

【儲宮】ちょきゅう(저궁) ☞儲君(저군).

【儲兩】ちょりょう(저량) ①버금. 제 2 인자. ②세자(世子). 太子(태자). ¶充華有孕 椒宮冀誕一＜魏書＞

【儲廩】ちょりん(저름) 미곡 창고. 쌀광.

【儲書】ちょしょ(저서) ①원본과 같이 꾸민 부본(副本). ②간직해둔 책. 藏書(장서).

【儲與】ちょよ(저여) ①서성거림. 이리저리 거닒. 소요함. ②오무라들어 펴지지 않는 모양. ¶衣攝葉以一兮＜楚辭＞

【儲位】ちょい(저위) 황태자의 지위.

【儲蓄】ちょちく(저축) ☞貯蓄(저축).

【儲峙】ちょじ(저치) 저축해 쌓아둠. ¶一米糒薪炭＜後漢書＞

▷戒一, 公一, 東一, 斗一, 兵一, 資一, 帝一, 倉一, 皇一

16/18〖儭〗 1 어버이 친 2 속옷 친 本 츤 | 震 ㄔㄣˋ (chen) 震 | しん(オヤ) parent

풀이 1 ①어버이. 通 親. ②베풀다. 2 속옷. 通 襯. ¶一錢.

17/19〖儳〗 교만할 건 | 銑 | けん(タカブル) proud

17/19〖儵〗 빠를 숙 | 屋 ㄕㄨˋ (shu) | しゅく(ハヤイ) fast

풀이 ①빠르다. 매우 짧은 시간. ¶一忽. ②잿빛. 청흑색(青黑色). 검푸른 빛.

【儵忽】しゅっこつ(숙홀) ①별안간. 갑자기. 忽然(홀연). ②번갯불. 電光(전광).

17/19〖儳〗 1 어긋날 참 2 참견할 참 | 咸 陷 ㄔㄢˊ (chan) | ざん(トトノワナイ)

풀이 1 어긋나다. 들쑥날쑥한 모양. ¶一互. 2 ①참견하다. 말참견함. ¶一言. ②억지로 빼개고 들어가다. 같 攙. ③빠르다. ¶一道. ④천하다. ¶一焉.

【儳言】ざんげん(참언) 딴 사람의 말이 끝나기 전에 딴 말로 끼어 드는 일.

19/21〖儺〗 역귀 쫓을 나 | 歌 ㄋㄨㄛˊ (nuo) | な,だ(オニヤライ) exorcise

풀이 ①역귀 쫓다. 역귀 쫓는 민간 행사. ¶先臘一日大一 謂之逐疫＜後漢書＞/一禮/驅一. ②절도 있게 걷다. ¶佩玉之一＜詩經＞ ③유순하다. 숙부드러움. ¶猗一其枝＜詩經＞

【儺禮】だれい(나례) 섣달 그믐날, 궁중에서 악귀(惡鬼)를 쫓던 의식. 儺儀(나의).

【儺者】だしゃ(나자) 나례(儺禮)를 거행하는, 방상시(方相氏)・초라니・진자(侲子)・지군(持軍)・소매(小梅) 따위의 총칭.

▷驅一, 猗一, 追一

19/21〖儸〗 간능할 라 | 歌 ㄌㄨㄛˊ (luo) | ら(サバク) be able, talented

풀이 ①간능하다. 재치있게 일을 처리함. ¶一 幹辨能事之稱＜康熙字典＞ ②부덕하다. ¶僆一 健而不德也＜玉篇＞

19/21〖儷〗 짝 려 | 霽 ㄌㄧˋ (li) | れい(ツレアイ) couple

源 會意・形聲. 麗는 사슴 뿔 두 개가 곱게 나란히 난 모습을 그린 상형문자이며, 음을 이룸. 人과 합하여 나란히 하는 사람 곧 부부・짝을 뜻함.

풀이 ①짝. ㉮부부(夫婦). ¶鳥獸猶不失一＜左氏傳＞/伉一/一匹. ㉯한쌍. ¶束帛一皮＜儀禮＞ ㉰견줄 만한 것. 맞수. ¶越古今而無一＜晋書＞ ②나란히 하다. 동렬(同列)로 늘어섬. ¶與俗一走而內行無繩＜淮南子＞/一行.

【儷文】れいぶん(여문) ☞駢儷文(변려문).

【儷辭】れいじ(여사) 대(對)가 되는 말. 수사법의 하나.

【儷皮】れいひ(여피) 한 쌍의 녹비(鹿皮). 혼례의 납폐(納品)으로 썼음. ¶始制嫁娶 以一爲禮＜史記＞ 「배필).

【儷匹】れいひつ(여필) 부부(夫婦). 伉儷配匹(항려

【儷偕】れいかい(여해) 동반(同伴)함. ¶陰陽不可與一＜楚辭＞

▷駢一, 魚一, 儔一, 伉一

21〖儺〗 儷(p.147)와 同字

20/22〖儻〗 뛰어날 당 | 養 ㄊㄤˇ (tang) | とう(スグレル) excel

풀이 ①뛰어나다. 훌륭함. ¶一 卓異也＜正字通＞ ②만일. 혹은. 어쩌다가. 같 倘. ¶一所謂天道是耶非耶＜史記＞ ③문득. 갑자기. ¶物之一來寄也＜莊子＞ ④구차하다. ¶時恣縱而不一＜莊子＞ ⑤실의하다. 실망함. ¶一然終日不言＜莊子＞

【儻朗】とうろう(당랑) 분명하지 않은 모양. ¶畏映日之一＜潘岳＞ 「物＜舊唐書＞

【儻來】とうらい(당래) 갑자기 굴러 들어옴. ¶一之

【儻蕩】とうとう(당탕) 마음이 넓어 사물에 구애되

지 않는 모양.
【儻乎】とうこ(당호) 뜻을 잃고 마음 붙일 곳이 없는 모양.
【儻或】とうわく(당혹) 만일. 만약. 혹시. 儻若(당약).
▷儻—, 俶—, 倜—, 淸—

20
22〖儼〗 의젓할 엄 | 㔾 ㄧㄢˇ (yan) | げん(オゴソカ) *dignified*

源 **會意·形聲**. 사람이 탄탄하고 실팍하게 딱 버티고 있는 모양.
풀이 ①의젓하다. 언행이 점잖고 무게가 있는 모양. ¶碩大且—<詩經>/—然/—恪. ②공손하다. 삼가고 정중함. ¶—若思<禮記>
【儼恪】げんかく(엄각) 근엄하고 조신(操身)함. ¶嚴威— 非所以事親也<禮記>
【儼雅】げんが(엄아) ①깔끔하고 바름. ¶被服—<宋史> ②엄숙함. ¶曾宮歔欷 陰事—<杜甫>
【儼然】げんぜん(엄연) 위엄있는 모양. 엄숙하고 품위 있는 모양. ¶— 人望而畏之<論語>
【儼乎】げんこ(엄호) 엄숙한 모양. ¶—其若思茫乎其若迷<韓愈>
▷神容—, 玉山—, 車從—

21
23〖儽〗 발가숭이 라 | 𥃩 | ら(ハダカ) *nude*

儿<어진사람 인>部

儿 ① 兀 ② 元 允 ③ 充 兄 ④ 光 先 兆 充 兇 児 ⑤ 克 売 免 児 兑 兎 ⑥ 兔 兕 兒 兒 兖 兎 兔 ⑦ 兗 ⑧ 党 尭 ⑨ 兜 ⑩ 兟 ⑫ 兢

0
2〖儿〗 사람 인 | 圓 ㄖㄣˊ (ren) | じん, にん(ヒト) *person*

源 **象形**. 우뚝 선 사람. 혹은 사람의 두 다리를 본뜸.
풀이 사람. 人과 같은 글자. 人은 변으로 쓰일 때는 亻, 兄·允 등과 같이 발로 쓰일 때는 儿이 됨.

1
3〖兀〗 우뚝할 올 | 月 ㄨˋ (wu) | ごつ, こつ (タカイ) *high*

源 **指事**. 一이 人 위에 있는 모양. 높고 평평함을 나타냄.
풀이 ①우뚝하다. ㉮높고 평평한 모양. ㉯우뚝 높이 내민 모양. ¶突—/—然. ②민둥산이 되다. ¶蜀山—阿房出<杜牧>/—山. ③무지한 모양. ¶—然造化忽如草木<張融> ④움직이지 아니하는 모양. 오로지 참고 계속 노력함. ¶常——以窮年<韓愈> ⑤월형(刖刑)하다. 발뒤꿈치를 베는 형벌. ¶魯有—者叔山 無趾踵<莊子> ⑥발어사. 원(元)대, 구어(口語)에서 쓰이던 감탄허사. ¶—的/—自.
【兀頭】ごつとう(올두) ☞禿頭(독두).
【兀良哈】(올량합) ☞兀良哈(우량하).
【兀然】ごつぜん(올연) ①무지한 모양. ②고립하여 움직이지 않는 모양. ③높이 내민 모양.
【兀傲】ごつごう(올오) 거만하게 우쭐거리는 모양. ¶—差若穎<陶潛> 「人(올인).
【兀者】ごっしゃ(올자) 올형(兀刑)을 받은 사람. 兀
【兀朮】ごつじゅつ(올출)《人》 금(金) 태조의 네째 아들. 용맹과 지략(智略)이 있었으며, 자주 송(宋)을 침범함. 「형).
【兀刑】(올형) 발꿈치를 베는 형벌. 刖刑(월
【兀良哈】ウリャンハ(우량하) 몽고 동부의 한 지명. 또는, 그곳에 살던 종족. 女眞族(여진족).
▷突—, 臬—, 傲—, 搖—

2
4〖元〗 으뜸 원 | 园 ㄩㄢˊ (yuan) | げん, がん (モト, ハジメ) *first, root*

源 **象形**. 사람 몸[兀]의 위에 머리[·]를 그림. 머리는 윗부분 끝에 있으므로 선단(先端), 으뜸, 처음의 뜻으로 바뀜.
풀이 ①으뜸. ㉮처음. 시초. ¶—初/歲之—. ㉯한 해의 첫째되는 날. ¶—旦/三—日. ㉰연호(年號) 및 연호의 제 1 년. ¶—年者何 君之始年也<公羊傳> ②근원. ¶—本/根—/大兇歸—. ③크다. ¶命于—龜<書經>/—老/—勳. ④머리. ¶狄人歸其—<左氏傳> ⑤백성. 민중. 창생(蒼生). ¶——萬民<史記> ⑥나라 이름. ¶大—/—朝. ⑦정실(正室). ¶—子/—妃. ⑧기운. 천지의 대덕(大德). ¶— 天地之大德 所以生生萬物也<六書精蘊> ⑨화폐단위. ㉮중국 화폐 단위의 하나. ㉯구한국 때 화폐 단위의 하나.
【元嘉體】げんかたい(원가체) 남조(南朝) 송(宋)대 원가(元嘉) 연간(年間)에 안연지(顔延之)·포조(鮑照)·사영운(謝靈運) 등이 지은 시문의 한 체. 염려(艶麗)·공정(工整)함이 특징임.
【元愷】げんがい(원개) 팔원 팔개(八元八愷)의 준말. 옛 태고 때, 고양씨(高陽氏)의 여덟 재사(才士)와 고신씨(高辛氏)의 여덟 재자. 현재(賢才)·현자(賢者)의 뜻.
【元輕白俗】げんけいはくぞく(원경백속) 원진(元稹)의 시는 경부(輕浮)하고 백거이(白居易)의 시는 천속(淺俗)함. ¶— 郊寒島瘦<蘇軾>
【元曲】げんきょく(원곡) 원(元)의 희곡(戲曲) 및 가곡(歌曲)의 총칭. 일반적으로 전자(前者)를 가리킴. 일명 북곡(北曲). 「훈).
【元功】げんこう(원공) 으뜸되는 공훈. 元勳(원
【元舅】げんきゅう(원구) 임금의 외숙(外叔).
【元君】げんくん(원군) ①도교에서 말하는 여자 선인(仙人)의 미칭. ↔眞人(진인). ②좋은 군주(君主). 힘이 있는 훌륭한 군주. 善君(선군). ¶抑人之有—<國語>
【元穹】げんきゅう(원궁) 하늘. 元霄(원소). 天空(천공). 蒼空(창공). ¶恩格—<梁書>
【元極】げんきょく(원극) 우주 만물의 원시(元始)로 극(極)에 다다른 곳. 또는, 하늘을 일컬음. ¶積淸寥兮成—<元結>

【元氣】げんき(원기) ①만물의 근본이 되는 기운. 玄氣(현기). ②사람의 정기. 또는, 심신의 정력. ③정신(精神). 威勢(위세).
【元吉】げんきち(원길) ①매우 길함. 大吉(대길). ¶黃裳一<易經> ②설날. 元日(원일). ¶伊月正之一兮<王沈>
【元年】がんねん(원년) ①첫 해. ②임금이 즉위한 첫 해. ¶世宗一. ③연호(年號)를 정한 첫 해. ¶光武一.
【元旦】がんたん(원단) 설날. 또는, 설날 아침. 元朔(원삭). 元辰(원신)①. 元日(원일)①. 元朝(원조)①.
【元德】げんとく(원덕) 모든 덕의 근원이 되는 덕. 또는, 큰 덕. 훌륭한 덕. ¶茲亦惟天若一<書經>
【元良】げんりょう(원량) ①큰 선(善). 또는, 그러한 선을 지닌 사람. ¶一人一 萬邦以貞<書經> ②천자(天子)·제후(諸侯)의 세자(世子). 太子(태자).
【元老】げんろう(원로) 국가에 공이 많은 늙은 신하. ¶一大臣.
【元利】げんり(원리) 원금(元金)과 이자(利子)를 아울러 이름. 밑천과 변리. ¶一合計.
【元麥】げんばく(원맥) 쌀보리. 나맥(裸麥)의 이칭.
【元謀】げんぼう(원모) 악당(惡黨)의 주모가 되는 장본인. 元惡(원악). 元兇(원흉).
【元味】げんみ(원미) 쌀로 쑨 미음.
【元配】げんぱい(원배) ☞元妃(원비).
【元別士】げんべっし(원별사) 원사와 별사. 원사는 실제로 근무한 날수, 별사는 특근 따위의, 특별히 고려하여 덧붙여 주는 날 수.
【元輔】げんぽ(원보) ①천자의 보좌(輔佐). ②영의정의 별칭.
【元服】げんぷく(원복) 남자가 성년(成年) 곧 스무살이 되어 처음으로 어른이 되는 의관을 착용하는 의식. 冠禮(관례).
【元本】げんぽん·がんぽん(원본) ①사물의 근본. ¶尚書百官之一<宋書> ②원(元)대에 판각한 서적. ¶宋本以下 一次之<書林淸話> ③과실을 낳는 밑이 되는 물건이나 권리.
【元符】げんぷ(원부) ①큰 상서(祥瑞). ②천자(天子)의 지위(地位).
【元妃】げんぴ(원비) 임금의 정실(正室). 元配(원배). 皇后(황후).
【元士】げんし(원사) ①선사(善士)의 뜻. ②주(周)대의 벼슬 이름으로, 상사(上士)·중사(中士)·하사(下士)의 통칭. 適士(적사). ¶天子之一視附庸<禮記> ③상사(上士). ¶一受地視子男<孟子>
【元朔】げんさく(원삭) ☞元旦(원단).
【元三】がんさん(원삼) ①연(年)·월(月)·일(日) 셋의 거듭된 처음. 곧, 정월 초하루. ②정월 초하루부터 사흘까지.
【元夕】げんせき(원석) ☞元宵(원소)①.
【元宵】げんしょう(원소) ①상원(上元). 곧, 음력 정월 보름날 밤. 元夕(원석). 元夜(원야). ¶一節. ②정월 대보름날 밤에 먹는 경단 이름. 元宵餠(원소병).
【元霄】げんしょう(원소) ☞元穹(원궁).
【元宵餠】(원소병)[韓] 정월 대보름날 밤에 먹는 떡. 元宵(원소)②.
【元孫】げんそん(원손) ①왕세자(王世子)의 맏아들. ②맏손자. 長孫(장손).
【元首】げんしゅ(원수) ①머리. ¶人之身體 頭爲一 四肢爲末<左氏傳> ②임금. 천자. 제왕. 국가의 대표자. ③처음. 근본. 原始(원시).
【元帥】げんすい(원수) ①가장 상위(上位)에서 사람들을 통솔하는 사람. 총대장(總大將)이나 상경(上卿). ②조선 말기 원수부(元帥府)에 딸린 벼슬의 하나.
【元始】げんし(원시) ①사물의 시작. 始元(시원). 原始(원시). ②한 해의 첫 달. 正月(정월).
【元是】げんし(원시) 본디. 元來(원래).
【元始天尊】げんしてんそん(원시천존) 도교에서 받드는 가장 높은 신(神)의 이름. ¶道家云 一生于太元之先<郡齋讀書志>
【元臣】げんしん(원신) 대신(大臣). ¶功高自棄漢一<李紳>
【元辰】げんしん(원신) ①☞元旦(원단). ②좋은 날. 吉辰(길신). ¶祈穀于上帝 乃擇一<禮記>
【元惡】げんあく(원악) 대악인(大惡人). 악당의 장본인. 元凶(원흉).
【元惡大憝】げんあくたいつい(원악대대) ①지극히 악한 사람. ②반역죄를 범한 사람.
【元夜】げんや(원야) ☞元宵(원소)①.
【元祐體】げんゆうたい(원우체) 송(宋) 원우(元祐) 연간(年間)의 소식(蘇軾)·황정견(黃庭堅) 등의 시체(詩體).
【元元】げんげん(원원) ①대근본(大根本). 또는, 근본으로 거슬러 올라감. ②사랑해야 할 대상인 백성(百姓). 蒼生(창생). ¶一萬民<史記>
【元月】げんげつ(원월) 정월(正月).
【元魏】げんぎ(원위) 후위(後魏)의 별칭. ※曹魏(조위).
【元戎】げんじゅう(원융) ①많은 병력. 大兵(대병). ¶一竟野<班固> ②큰 병거(兵車). ¶一十乘<詩經>
【元日】がんじつ(원일) ①정월 초하루. 元旦(원단). 元朔(원삭). ¶月正一<書經> ②좋은 날. 吉日(길일). ¶擇一 命人社<呂覽>
【元子】げんし(원자) ①임금의 적자(嫡子). 太子(태자). ②맏아들. 長子(장자). ③원자(原子).
【元作錢】げんさくせん(원작전) 작전(作錢)의 이칭. ↔別作錢(별작전).
【元宰】げんさい(원재) ①재상(宰相). 首相(수상). ②어떤 사건의 주모자(主謀者). ¶投竄一<蘇轍>
【元嫡】げんてき(원적) ①본처(本妻). ②사자(嗣子).
【元祖】げんそ(원조) ①시조(始祖). ②어떠한 일을 처음 시작한 사람.
【元朝】げんちょう(원조) ①☞元旦(원단). ②원(元)나라 조정(朝廷).
【元從功臣】げんじゅうこうしん(원종공신) 창업 때부터 따라다니며 큰 공을 세운 신하.
【元紬】げんちゅう(원주) 중국에서 나는 비단의 한 가지.
【元祉】げんし(원지) 큰 복. ¶四祀樂章 永錫一<宋史>
【元策】げんさく(원책) 큰 계책(計策). 大計(대계).
【元隻】げんせき(원척) ①피고(被告). ②원고(原

告)와 피고. 「의 형체.
【元體】げんたい(원체) 으뜸되는 형체. 또는, 본디
【元初】げんしょ(원초) 맨 처음.
【元版】げんぱん(원판) 원나라 때 간행된 책판.
【元亨利貞】げんきょうりてい(원형이정) 「주역」(周易) 건괘(乾卦)의 괘사(卦辭)로서, 하늘의 네 가지 덕(德)을 나타낸 말. 춘하추동(春夏秋冬)과 인의예지(仁義禮智)에 맞추어 사물의 근본 원리를 풂.
【元化】げんか(원화) ①조화(造化)의 위대한 작용. ¶筆鼓一 形分自然<李白> ②제왕의 덕화(德化). ¶一油油兮 孰知其然<元結> ③백성. 인민. ¶燮一以建勛庸<福惠全書>
【元和體】げんなたい(원화체) 원진(元稹)·백거이(白居易)를 대표로 하는 당(唐) 원화(元和) 연간의 시풍(詩風). 알기 쉬운 표현, 같은 운(韻)을 구사한 시(詩)의 증답(贈答), 장편시(長篇詩)의 유행 등이 그 특징임. 두 사람의 성(姓)을 따서 원백체(元白體)라고도 함. 「회(朝會).
【元會】げんかい(원회) 음력 설날 아침 대궐 안의 조
【元后】げんこう(원후) ①천자(天子). 제왕. ¶尊稱天子曰一<書言故事> ②천자의 적후(嫡后). 元妃(원비).
【元勳】げんくん(원훈) 나라를 세우거나 큰 사변에 임하여 이바지한 으뜸가는 공로. 또는, 그러한 공로를 세운 사람.
【元凶】げんきょう(원흉) 악인의 괴수. 큰 죄인. 元惡(원악). 元兇(원흉). ¶桴鼓一震 而一折首<孫楚>
▷改一, 乾一, 坤一, 群一, 根一, 紀一, 單一, 復一, 本一, 三一, 上一, 黎一, 元一, 二一, 一一, 壯一, 中一, 次一, 天一, 太一, 下一, 解一, 玄一, 混一

[2][4]〖允〗 진실할 윤 | 軫ㄩㄣˇ (yun) | いん(マコト) sincere

풀이 ①진실하다. 마땅하고 미쁜 모양. ¶一恭克讓<書經>/平一. ②진실로. 참으로. ¶一執其中<論語> ③승낙하다. 원만하게 상대의 의견을 들어줌. ¶一許. ④韓 아들. 通 胤. ¶一玉.
【允可】いんか(윤가) 임금의 재가(裁可). 允準(윤준). 允許(윤허).
【允嘉】いんか(윤가) 진실로 좋음. ¶度量一 氣齊允淑<王粲>
【允恭】いんきょう(윤공) 성실하고 공근(恭謹)함. 또는, 충심(衷心)으로 근신(謹愼)함. ¶一玄默<漢書>
【允君】いんくん(윤군) ☞允玉(윤옥). 「용함.
【允納】いんのう(윤납) 의심하지 않고 받아들임. 신
【允當】いんとう(윤당) 진실로 마땅함. 바른 도리에 맞음. ¶體淸神正 是非一<嵇康>
【允文允武】いんぶんいんぶ(윤문윤무) 문덕(文德)·무덕(武德)이 성(盛)함. 천자에게 문무의 덕이 갖추어져 있음을 찬양하는 말.
【允塞】いんそく(윤색) 참으로 가득함. 참으로 미쁘고 독실함. ¶温恭一<書經>
【允若】いんじゃく(윤약) 진심으로 순종함. 충심으로 복종함. ¶山川鬼神 鳥獸魚鼈 莫不一<唐玄宗>
【允玉】いんぎょく(윤옥) 남의 아들에 대한 존칭. 允君(윤군). 胤玉(윤옥).
【允友】いんゆう(윤우) 웃어른에 대하여 그의 장성한 아들을 이르는 말. 允兄(윤형).
【允臧】いんぞう(윤장) 참으로 좋음. ¶卜云其吉 終然一<詩經>
【允準】いんじゅん(윤준) ☞允可(윤가).
【允下】いんか(윤하) 윤가(允可)를 내림.
【允諧】いんかい(윤해) 참으로 화목함. 뭇사람이 충심으로 화합함. 允協(윤협). ¶庶尹一<書經>
【允許】いんきょ(윤허) 임금이 허가함. 允兪(윤유).
【允協】いんきょう(윤협) ☞允諧(윤해).
▷開一, 曲一, 矜一, 明一, 詳一, 哀一, 兪一, 察一, 聽一, 忠一, 稱一, 平一, 該一

[5]〖充〗 充(p. 155)의 本字

[3][5]〖兄〗 1 맏 형 2 하물며 황 | 庚ㄒㄩㄥ (xiong) 漾 | けい(アニ) elder brother きょう

源 象形. 머리가 큰 아이를 그림. 크다는 뜻을 포함하며, 형의 뜻으로 바뀜.
풀이 1 맏이. 형. ㉮동기간 중 먼저 난 사람. ¶以其一之子妻之<論語>/一弟. ㉯벗에 대한 경칭. ¶辱吾一眷厚<韓愈>/大一/貴一. ㉰형처럼 대접하다. ¶十年以長 則一事之<禮記> ㉱뛰어나다. 나음. ¶元方難爲一 季方難爲弟<世說新語> 2 ①하물며. 通 況. ¶君善必書 一乃盛德<樊毅> ②두려워하다. ¶不殄心憂 倉一塡兮<詩經> ③근심. 근심함. ¶職一斯引<詩經>
【兄公】けいこう(형공) 남편의 형을 부르는 경칭. 시아주버님.
【兄郎】けいろう(형랑) ☞兄夫(형부).
【兄亡弟及】けいぼうていきゅう(형망제급) 맏형이 죽고 그 아들이 없는 경우에, 다음 아우가 형 대신 계통을 이음.
【兄夫】けいふ(형부) 언니의 남편. 兄郎(형랑).
【兄肥弟瘦】アニハコエオトウトハヤス(형비제수) ①형제의 신분이 다름을 이름. ¶一 無復相見之期<南史> ②형은 아우 대신, 아우는 형 대신 형제가 서로 돕는 일.
【兄事】けいじ(형사) 남을 형의 예로써 섬김. 연상(年上)의 남을 형처럼 공경함. ¶十年以長 則一之<禮記>
【兄嫂】けいそう(형수) 형의 아내. ↔季嫂(계수)·弟嫂(제수).
【兄友弟恭】けいゆうていきょう(형우제공) 형은 아우를 우애하고, 아우는 형을 공경함. 형제간의 우애를 다함.
【兄丈】けいじょう(형장) 나이가 엇비슷한 친구 사이에 상대방을 높이어 이르는 말.
【兄章】けいしょう(형장) ☞兄公(형공).
▷家一, 貴一, 老一, 大一, 母一, 伯一, 舍一, 詞一, 庶一, 阿一, 雅一, 令一, 吾

一, 畏一, 義一, 仁一, 姻一, 姊一, 慈一, 長一, 尊一, 從一, 仲一, 學一

4/6 【光】 빛 광 | 陽ㄍㄨㄤ (guang) | こう (ヒカリ, ヒカル) *light, shine*

源 會意. 사람이 머리 위에 불을 이고 있는 모습으로, 빛·빛남의 뜻을 나타냄.

풀이 ①빛. ㉮밝게 빛나는 빛. ¶髣髴若有一<陶潛>/日一/一明. ㉯눈에 띄는 재능이나 명성. ¶和其一 同其塵<老子> ②빛나다. 빛냄. ¶日月一 星辰靜<漢書>/以一先帝遺德<諸葛亮> ③상대의 행위를 영광으로 생각하는 뜻에서 덧붙이는 말. ¶一臨/榮一. ④윤기. ¶玉一爭換 彩艶火龍<郭璞>/一澤. ⑤경치. ¶觀一/春一/風一明媚. ⑥㊥ 다하다. 없어짐. 발산(發散)이 다 끝났다는 뜻에서 이름. ¶用一.

【光價】こうか (광가) ①좋은 평가. 好評(호평). ¶吸引後生 爲其一<魏書> ②성가(聲價)를 넓힘. ¶毛氏一於河間<孔穎達>

【光駕】こうが (광가) ☞光臨(광림).

【光景】こうけい (광경) ①경치. 상태. ②덕이나 위엄이 있는 모양의 비유. ¶弟子被一<韓詩外傳> ③빛. 광선. ¶初廻一到桑麻<王安石>

【光顧】こうこ (광고) ☞光臨(광림).

【光冠】こうかん (광관) ①개기일식 때 태양 둘레에 보이는 광망(光芒). 코로나. ②햇무리나 달무리.

【光光】こうこう (광광) 빛나는 모양. 명성이 널리 퍼지는 모양. ¶元功盛勳 一如彼<阮籍>

【光唐馬】こうとうば (광당마) 덜렁말.

【光大】こうだい (광대) 번성한 모양. 光明盛大(광명성대). ¶含弘一<易經>

【光度】こうど (광도) 발광체(發光體)가 내는 빛의 강약의 정도.

【光爛】こうらん (광란) 밝음. 환함. ¶有星辰 見東方 一如火<南史>

【光臨】こうりん (광림) 상대편의 내방(來訪)을 일컫는 경칭. 光駕(광가). 光顧(광고). ¶不遠遐路 幸見一<曹植>

【光芒】こうぼう (광망) 빛. 광선. ¶連一於白日<後漢書>

【光明】こうめい (광명) ①빛. 밝은 빛. ¶日月之一<荀子> ②밝게 비춤. 현저하게 함. ¶天道下濟而一<易經> ③광명이 있는 사람. 뛰어난 현자(賢者). ¶學有緝熙于一<詩經> ④《佛》 부처의 덕광(德光). 또는, 불신(佛身)에서 나오는 빛. ¶佛一 是智慧相也<往生經論> ⑤희망(希望).

【光背】こうはい (광배) 《佛》 부처상이나 보살상의 등 뒤의 빛. 後光(후광).

【光輔】こうふ·こうほ (광보) 크게 도움. 光贊(광찬). ¶宜夫子一王君<左氏傳>

【光復】こうふく (광복) ①전의 사업을 다시 일으킴. 復興(부흥). ②잃었던 조국(祖國)을 되찾음. ¶一中華 永敦隣好<南齊書>/一軍/一節.

【光粉】こうふん (광분) 분. 白粉(백분).

【光色】こうしょく (광색) 윤기. 光澤(광택). 色澤(색택).

【光揚】こうよう (광양) 빛내어 드러냄. ¶一洪烈<蜀志>

【光演】こうえん (광연) 환하게 넓힘. 크게 폄. ¶先王一大業<後漢書>

【光艶】こうえん (광염) 고운 광택. ¶見有一<廬山記>

【光榮】こうえい (광영) 빛나는 영예. ¶卒升后位名聲一<列女傳>

【光影】こうえい (광영) ①빛. 햇볕. 햇발. ②기억에 남아 있는 옛 모습. 또는, 그것으로 상상할 수 있는 옛 유풍(遺風).

【光源】こうげん (광원) ①빛의 근원. ②☞發光體(발광체).

【光潤】こうじゅん (광윤) 윤기. 光澤(광택). ¶一玉顏<曹植>

【光陰】こういん (광음) 세월. 시간. 光은 낮, 陰은 밤. ¶一者 百代之過客<李白>/一如流.

【光濟】こうさい (광제) 크게 건짐. 또는, 훌륭히 성취함.

【光霽】こうせい (광제) ☞光風霽月(광풍제월). ¶若無一在 何以破朱炎<范梈>

【光彩】こうさい (광채) 찬란한 빛. 오색의 아름다운 빛. 光采(광채). ¶上天垂一 五色一何鮮<魏文帝>/可憐一生門戶<白居易>

【光天】こうてん (광천) 천하를 비춤. 또는, 천하에 가득하게 됨. ¶帝一之下 至于海隅蒼生<書經>

【光闡】こうせん (광천) 환히 나타냄. 분명하게 밝힘. ¶哲王繼軌 一徽風<晉書>

【光體】こうたい (광체) 빛을 내는 물체.

【光燭】こうしょく (광촉) 환히 비춤. ¶一鄰國<史記>

【光寵】こうちょう (광총) 총애(寵愛)를 받아 귀한 신분이 됨. 총애함. 恩寵(은총). ¶世荷一<吳志>

【光塔】こうとう (광탑) 등대(燈臺).

【光宅】こうたく (광택) 천자(天子)의 덕이 사방에 가득 차 비침. 천하를 밝게 다스림을 이름. ¶一天下<書經>

【光澤】こうたく (광택) ①빛의 반사에 의하여 물체 표면이 번쩍이는 현상. 윤. 潤澤(윤택). ¶面有一<後漢書> ②《佛》 부처의 광명(光明)으로 제도(濟度)되는 일.

【光風】こうふう (광풍) 비 갠 뒤에 부는 상쾌한 바람. 또는, 비 온 뒤의 상쾌한 풍경.

【光風霽月】こうふうせいげつ (광풍제월) 비 갠 뒤의 상쾌한 바람과 맑은 달이란 뜻으로, 천성이 깨끗하고 맑은 마음을 가진 사람의 비유. 光霽(광제). ¶其人人品甚高 胸懷灑落 如一<宋史>

【光被】こうひ (광피) 빛이 널리 비침과 같이, 밝은 덕이 세상에 널리 퍼짐. ¶一雲雨之渥澤<後漢書>

【光赫】こうかく (광혁) ☞光輝(광휘). ¶應期運而一<左思>

【光毫】こうごう (광호) 《佛》 부처의 양미간(兩眉間)에서 빛을 내는 흰 털. 부처 32상(相)의 하나. 白毫(백호).

【光華】こうか (광화) ①아름답게 빛남. 또는, 아름다운 빛. ②명예(名譽). 光榮(광영). ¶宗黨生一<鮑照>

【光勳】こうくん (광훈) 빛나는 공훈. ¶曜往昔之一<後漢書>

【光輝】こうき (광휘) ①빛나는 빛. 光赫(광혁). 光暉(광휘). ②영예(榮譽). ¶聲名一<史記>

▷脚一, 耿一, 景一, 觀一, 國一, 極一, 道

一, 末一, 明一, 微一, 發一, 白一, 分一, 山一, 散一, 瑞一, 曙一, 消一, 水一, 晨一, 神一, 夜一, 陽一, 餘一, 濾一, 年一, 烈一, 榮一, 靈一, 容一, 圓一, 月一, 威一, 流一, 幽一, 遺一, 燐一, 日一, 電一, 頂一, 晶一, 朝一, 採一, 燭一, 秋一, 春一, 風一, 含一, 顯一, 螢一, 火一, 和一, 曉一, 後一, 輝一

4
6 【先】 1 먼저 선 囲 ㄒㄧㄢ | せん(サキ)
2 앞설 선 霰 (xian) | *first*

풀이 1 ①먼저. ㉮먼저. ¶欲治其國者一齊其家＜大學＞ ㉯우선. ¶請一嘗沮之＜史記＞ ㉰앞서서. ¶一天下之憂而憂＜范仲淹＞ ②앞. ㉮시간이나 공간에 있어 뒤[後]의 대가 되는 것. ¶一頭/一端/機一/一王. ㉯조상. ¶荊軻者衛人也 其一乃齊人＜史記＞/一祖. 2 앞서다. ㉮시간적으로나 공간적으로 먼저 하다. ¶子將奚一＜論語＞/疾行一長者＜孟子＞ ㉯앞에 서서 인도하다. ¶二人執矛一焉＜國語＞

【先覺】せんかく(선각) ①무슨 일이 일어나기 전에 재빨리 알아차림. ¶抑亦一者是賢乎＜論語＞ ②보통 사람보다 앞서 깨달음. 또는, 그 사람. ¶使一覺後覺＜孟子＞/一者. ③학문이나 견식이 매우 뛰어남. 또는, 그 사람.

【先甲後甲】せんこうこうこう(선갑후갑) 제정한 법령을 공포하는 전후에, 백성에게 그 내용을 알리는 일. 先庚後庚(선경후경).

【先見】せんけん(선견) ①장래 일어날 일을 미리 통찰(洞察)하는 일. 豫知(예지). ②옛일을 생각해 보는 일. ¶惟尹躬 一于西邑夏＜書經＞

【先見之明】せんけんのめい(선견지 명) 앞일을 꿰뚫어 보는 눈. 선견(先見)할 수 있는 판단력. 先識(선식).

【先決】せんけつ(선결) 다른 일에 앞서서 결정하거나 해결함. ¶一問題.

【先庚後庚】せんこうこうこう(선경후경) ☞先甲後甲(선갑후갑). ¶先庚三日 後庚三日 吉＜易經＞

【先系】せんけい(선계) 선조의 계보(系譜). ¶智光少賤 失其一＜唐書＞

【先古】せんこ(선고) ①조상. ¶未嘗聞汝一之有貴者＜史記＞ ②상고(上古). ¶皇帝神聖通達一＜韓愈＞

【先姑】せんこ(선고) 돌아간 시어머니. ↔先舅(선구).

【先考】せんこう(선고) 죽은 아버지를 이르는 말. 先君(선군)①. 先君子(선군자). 先親(선친).

【先公後私】せんこうこうし(선공후사) 공사(公事)를 먼저 하고, 사사(私私)로운 일을 뒤에 함.

【先舅】せんきゅう(선구) 돌아간 시아버지. ↔先姑(선고).

【先驅】せんく(선구) ①다른 사람보다 앞서 어떤 일을 행함. 또는, 그런 사람. 開拓者(개척자). ¶一者. ②행렬의 앞장을 섬. 또는, 그 사람. 前驅(전구). ③군(軍)의 선봉(先鋒).

【先君】せんくん(선군) ①☞先考(선고). ②역대의 임금. 先王(선왕)①. ③자손이 그 선세(先世)를 일컬음. ¶一孔子 生于周末＜孔安國＞

【先君子】せんくんし(선군자) ☞先君(선군)①②.

【先軌】せんき(선궤) ①선제(先帝)의 법도. ¶光濟一＜魏志＞ ②韓 조상이 남긴 궤범(軌範).

【先給】せんきゅう(선급) 값이나 삯을 미리 치름. 또는, 그 일. 先下(선하).

【先己後人】せんきこうじん(선기후인) 자신의 일을 먼저 성실히 한 뒤에 남에게 미침.

【先拿後奏】せんなこうそう(선나후주) 범인을 먼저 잡아 놓고 나중에 임금에게 아뢰던 일. 죄 있는 주임관(奏任官)을 체포하던 절차(節次). ↔先奏後拿(선주후나).

【先難而後獲】せんなんじこうかく(선난이 후획) 하기 어려운 공사(公事)는 먼저 하고, 자신의 이익이 되는 사사(私事)는 나중에 함. ¶仁者 一＜論語＞

【先農壇】せんのうだん(선농단) 처음으로 농삿일을 가르친 신농씨(神農氏)와 후직(后稷)을 제사 지내던 단(壇). 매년 중춘(中春) 해일(亥日)에 지냄.

【先達】せんだつ(선달) ①韓 조선 때 무과(武科)에 급제하고 아직 벼슬하지 못한 사람. ②벼슬이나 학문이 자기보다 앞섬. 또는, 그런 사람. 先輩(선배). ③고승(高僧). ¶廣訪一＜梁高僧傳序＞

【先代】せんだい(선대) 조상의 대(代). 先世(선세).

【先大夫人】せんだいふじん(선대부인) 남의 돌아간 어머니의 존칭.

【先大王】せんだいおう(선대왕) 돌아간 선왕(先王)의 경칭.

【先大人】せんだいじん(선대인) 남의 돌아간 아버지의 경칭.

【先德】せんとく(선덕) ①선인(先人)의 덕. ②덕이 많은 선비. 선달(先達)의 유덕자. ③당(唐)대에, 남의 아버지의 경칭. ④은덕을 베푸는 일을 먼저 힘씀. ¶秉時養人 一後刑＜管子＞

【先導】せんどう(선도) 앞장 서서 인도함.

【先例】せんれい(선례) 지금까지 있어 온 예. 前例(전례).

【先壟】せんろう(선롱) ☞先塋(선영).

【先馬】せんば(선마) 임금의 거둥 때 앞장 서서 위의(威儀)를 인도함. 또는, 그 구실아치. 前馬(전마).

【先望】せんぼう(선망) 선보름. 곧, 한 달을 둘로 나누었을 때, 그 앞부분. ↔後望(후망).

【先忘後失】せんぼうこうしつ(선망후실) 자꾸 잊어 버리기를 잘함.

【先文】せんぶん(선문) 관리가 출장에 즈음하여 도착 기일을 목적지에 미리 알리는 공문(公文). 路文(노문).

【先墓】せんぼ(선묘) ☞先塋(선영).

【先民】せんみん(선민) ①선대(先代)의 사람. 옛 사람. ②옛 현인(賢人). ¶相古一有夏＜書經＞

【先發制人】せんぱつすればひとをせいす(선발제인) 일이란 남보다 앞서 착수하면 남을 누를 수 있음. 先則制人(선즉제인).

【先輩】せんぱい(선배) ①자기보다 나이가 위인 사람. ②자기보다 앞서서 학예(學藝)를 닦은

사람. 先進(선진)②. ③자기 출신 학교를 먼저 졸업한 사람. ↔後輩(후배)①②③.
【先邊】せんぺん(선변) 빚을 쓸 때에 먼저 주는 변리. 先利子(선이자).
【先病者醫】せんびょうしゃい(선병자 의) 병을 앓아 본 사람은 그 경험으로 뒤에 앓는 사람의 병을 고칠 수 있다는 뜻. 경험 있는 사람이 남을 인도할 수 있다는 말.
【先鋒】せんぽう(선봉) ①본대(本隊)에 앞서서 가는 부대(部隊). ¶一隊. ②맨 먼저 어떤 일을 행동하거나 주장하는 사람.
【先夫】せんぷ(선부) ①죽은 남편. 亡夫(망부). ②이전 남편. 前夫(전부). ↔後夫(후부).
【先父】せんぷ(선부) 죽은 아버지. 亡父(망부). 先親(선친). ¶先祖一<魏志>
【先府君】せんぷくん(선부군) 돌아간 아버지. 곧, 선고(先考)의 경칭.
【先墳】せんぷん(선분) ☞先塋(선영).
【先拂】さきばらい(선불) 미리 대가(代價)를 지불함. ¶一制. ↔後拂(후불).
【先非】せんぴ(선비) ☞前非(전비). ¶一而後是<劉峻>
【先妣】せんぴ(선비) ①돌아가신 어머니. 亡母(망모). ②선조(先祖)의 비(妣).
【先史】せんし(선사) 문헌에 의하여 알 수 있는 역사 이전의 시대. 역사가 있기 전. ¶一時代.
【先山】せんざん(선산) 조상의 무덤이 있는 곳. 先塋(선영).
【先上】せんじょう(선상) 물건값이나 빚의 일부만을 먼저 받음.
【先嗇】せんしょく(선색) 농사를 맡은 신(神)의 이름. 신농씨(神農氏) 또는 선농(先農), 전조(田祖)라고도 함.
【先生】せんせい(선생) ①먼저 태어남. 또는, 연장자(年長者). ↔後生(후생). ②부형(父兄). ③자기보다 먼저 도(道)를 닦은 사람. 또는, 학덕이 있는 사람. ④연장(年長)으로서 학문을 가르치는 사람. 뜻이 바뀌어, 교사(教師)나 사장(師匠). ⑤사람을 부르는 경칭.
【先緒】せんしょ(선서) 선대(先代)의 유업(遺業). 선인(先人)이 개척하여 후세에 남긴 일.
【先聖】せんせい(선성) 지난날의, 매우 뛰어난 인물. 또는, 옛 성인.
【先聲】せんせい(선성) ①이미 전부터 알려져 있는 명성(名聲). ②일이 있기 전에 전하여진 소문. 先聞(선문). ③실행(實行)에 앞서 선전을 먼저 함. ¶一後實<魏志>
【先世】せんせい(선세) ☞先代(선대).
【先手】せんしゅ(선수) ①남보다 먼저 착수함. 또는, 기선(機先)을 제압(制壓)하는 일. ②장기나 바둑 따위에서 상대보다 앞질러 두는 일.
【先勝】せんしょう(선승) ①먼저 필승의 계책을 세우는 일. ¶勝兵一而後求戰<孫子> ②여러 차례 대전(對戰)하게 된 경기(競技)에서, 먼저 이김. ③음양가(陰陽家)에서, 공사(公事) 등에 길한 날. 先勝日(선승일).
【先識】せんしき(선식) ☞先見之明(선견지 명).
【先臣】せんしん(선신) 죽은 신하. 임금에게 망부(亡父)를 이르는 말. ¶臣受一之命云<孔子家語>
【先約】せんやく(선약) 먼저 약속함. 또는, 먼저 맺은 약속.
【先嚴】せんげん(선엄) 돌아간 아버지. 亡父(망부). ↔先慈(선자).
【先業】せんぎょう(선업) ①선대(先代)의 사업. ¶纂修其身 以受一<國語> ②《佛》 전세(前世)의 업인(業因).
【先烈】せんれつ(선열) ①선조의 공훈(功勳). 遺勳(유훈). ②정의(正義)를 위해 싸우다 죽은 열사(烈士). ¶殉國一.
【先塋】せんえい(선영) 선조(先祖)의 묘역(墓域). 先墓(선묘). 先山(선산). 先墳(선분). 先壠(선롱). ¶啓自一 將祔于某陵<謝朓>/一下.
【先王】せんおう・せんのう(선왕) ①선대(先代)의 군왕(君王). 先君(선군)②. ②예전의 성왕(聖王). ¶則古昔稱一<禮記>
【先王朝】せんおうちょう(선왕조) 선왕(先王)이 나라를 다스리던 시대. 또는, 그때 세상.
【先外家】(선외가) 윗대의 외가.
【先容】せんよう(선용) ①갑옷을 만들기 위해 먼저 인형(人型)을 만드는 일. ¶凡爲甲必先爲容<周禮> ②사람을 천거하기 위해 우선 그 사람을 소개하거나 칭찬하는 일. ¶求薦達 曰爲之一<書言故事>
【先蔭】せんいん(선음) 조상의 숨은 은덕(恩德).
【先人】せんじん(선인) ①망부(亡父). 先考(선고). ¶故鄕一區田 自我一遺<高啓> ②조상(祖上). ③옛 사람. 前人(전인).
【先任】せんにん(선임) 먼저 어떤 임무를 받음. 또는, 그런 임무를 먼저 맡은 사람. 先任者(선임자). ↔後任(후임).
【先入感】せんにゅうかん(선입감) 어떤 사물에 대하여 먼저부터 마음 속에 가지고 있어 자유로운 사고(思考)를 구속할 만한 생각이나 견해. 先入見(선입견). 先入觀(선입관). 先入觀念(선입관념).
【先入見】せんにゅうけん(선입견) ☞先入感(선입감).
【先入觀】せんにゅうかん(선입관) ☞先入感(선입감).
【先子】せんし(선자) ①선조(先祖). ②돌아간 아버지. ¶一泯沒予誰依<王安石> ③돌아간 시아버지. 先舅(선구).
【先貲】せんし(선자) 물려받은 재산. 遺産(유산). ¶藉其一 家累萬金<列子>
【先慈】せんじ(선자) ①돌아간 어머니. 亡母(망모). 先妣(선비). ↔先嚴(선엄). ②자애(慈愛)를 제일 중요한 것으로 생각함. ¶所貴一<魏歸仁>
【先丈】せんじょう(선장) 남의 죽은 아버지의 존칭. 先考丈(선고장).
【先場】せんじょう(선장) 문과 과거 때, 장중에서 가장 먼저 글장을 바치던 일.
【先蹟】せんせき(선적) 선인(先人)의 사적. 조상의 사적.
【先占】せんせん(선점) ①먼저 차지함. ②소유자가 없는 물건이나 땅을 먼저 점유함. ¶一權.
【先正】せんせい(선정) 선현(先賢). 先哲(선철).
【先帝】せんてい(선제) 돌아간 선대(先代)의 임금. ¶一創業未半 而中道崩殂<諸葛亮>
【先祖】せんぞ(선조) 조상(祖上). 또는, 시조(始祖). ¶一崇拜.
【先朝】せんちょう(선조) 선왕(先王) 때의 조정(朝

廷). 前朝(전조).

【先主】せんしゅ(선주) ①먼저 주인(主人). ②먼저 군주(君主). 특히, 촉한(蜀漢)의 유비(劉備)를 일컬음.

【先疇】せんちゅう(선주) 유산으로 내려온 농토. 또는, 선대로부터의 유업(遺業).

【先奏後拿】せんそうこうだ(선주후나) 예전에, 칙임관(勅任官) 등 높은 벼슬아치를 잡던 절차로, 먼저 임금에게 아뢴 다음에 범인을 잡던 일. ↔先拿後奏(선나후주).

【先則制人】サキンズレバスナワチヒトヲせいス(선즉제인) 남보다 앞서 일을 꾀하면 남을 누를 수 있음. 先發制人(선발제인). ¶ー 後則爲人所制<史記>

【先知】せんち(선지) ①먼저 앎. ②보통 사람보다 빨리 도(道)를 깨달음. 또는, 그 사람. ③예언자(豫言者).

【先知者】せんちしゃ(선지자) ①남보다 먼저 깨달은 사람. 先覺(선각)②. ②예언자(豫言者). 특히, 기독교에서 예수 이전에 예수의 강림과 하나님의 뜻을 예언한 사람.

【先秦】せんしん(선진) ①진시황(秦始皇) 이전의 전국 시대의 진(秦). ②춘추 전국 시대를 이름.

【先陣】せんじん(선진) 본진(本陣) 앞에 포진(布陣)하거나, 앞장 서서 나간 군대. 先鋒(선봉).

【先進】せんしん(선진) ①문물(文物)이 앞섬. ②☞先輩(선배)②. ③앞서 깨달은 사람. 先覺者(선각자).

【先進國】せんしんこく(선진국) 다른 나라보다 문물이 앞선 나라. ↔後進國(후진국).

【先次】せんじ(선차) 먼젓번. 전번.

【先着】せんちゃく(선착) 먼저 도착함. ¶ー順.

【先站】せんたん(선참) 먼저 길을 떠남.

【先斬後啓】せんざんこうけい(선참후계) 예전에, 군율(軍律)을 어긴 사람을 먼저 처형한 후에 임금에게 아뢰던 일.

【先唱】せんしょう(선창) ①남보다 먼저 의견을 내세움. ②남에 앞서서 외침. 또는, 맨 먼저 노래를 부름.

【先綵】せんさい(선채) 신랑 집에서 신부 집에 혼인 전날에 보내는 채단(綵緞).

【先尺】せんしゃく(선척) 돈을 받기 전에 관아에 먼저 써주던 영수증.

【先天】せんてん(선천) ①태어날 적부터 몸에 갖추어짐. ¶ー性/ー的. ↔後天(후천). ②천지의 시초. 또는, 우주의 본체(本體). ③하늘의 운행을 미리 알고 행동함.

【先天事】せんてんじ(선천사) 나기 전의 일. 옛일.

【先哲】せんてつ(선철) 옛 현자(賢者). 先賢(선현). ¶賴ー以長懋<潘岳>

【先取】せんしゅ(선취) 남보다 먼저 취득(取得)함. ¶ー特權/ー點.

【先親】せんしん(선친) 자기의 돌아간 아버지. 先考(선고). 先人(선인). 先君(선군)①.

【先通】せんつう(선통) 미리 통지함.

【先下】せんか(선하) ☞先給(선급).

【先河】せんか(선하) 사물의 시초(始初). 嚆矢(효시). ¶ー而後海<禮記>

【先何心後何心】せんかしんこうかしん(선하심 후하심) 먼저는 무슨 마음이고, 나중에는 무슨 마음이냐는 뜻으로, 이랬다 저랬다 하는 변덕스러운 마음을 힐난하는 말.

【先學】せんがく(선학) 학문상의 선배. ↔後學(후학).

【先行】せんこう(선행) ①먼저 감. ②앞장 서서 선두(先頭)를 감. ③딴 일에 앞서 행함. ¶ー條件. 「(관향).

【先鄕】せんきょう(선향) 시조(始祖)가 난 땅. 貫鄕

【先驗】せんけん(선험) 경험에 앞서 인식을 규정하는 근거가 되는 원리.

【先賢】せんけん(선현) ☞先哲(선철).

【先獲我心】マズワガココロヲエタリ(선획아심) 나보다 앞서 내가 하고자 하던 바를 옛사람이 행한 것을 기뻐하여 한 말. ¶我思古人 實獲我心<詩經>

【先后】せんこう(선후) ①선대(先代)의 임금. 先王(선왕). ¶嗚呼古有夏ー 方懋厥德<書經> ②선제(先帝)의 황후(皇后).

【先後】せんこう・せんご(선후) ①앞과 뒤. 앞뒤. 前後(전후). ②먼저 함과 나중에 함. 또는, 앞섬과 뒤떨어짐. ③☞進退(진퇴). ¶未聞國家有所ー<後漢書> ④앞뒤에서 부축하는 일. 또는, 그 사람. 侍從人(시종인). ⑤형제의 처끼리 서로 부르는 말. 同壻(동서).

▷古ー, 機ー, 率ー, 于ー, 優ー, 爲ー, 祖ー, 忝ー, 最ー, 行ー, 後ー

4
6【兆】조짐 조 | ㊥ㄓㄠˋ (zhao) | ちょう(キザシ) *omen, billion*

㊀源 象形. 兆는 귀갑(龜甲)이나 수골(獸骨)이 갈라져서 터진 잔금의 형상. 잔금으로 갈라진 모양을 보고 점을 쳤기 때문에, 조짐의 뜻을 파생함.

풀이 ①조짐. 그리 될직한 징조(徵兆). ¶ー足以行矣 而不行而後去<孟子>/ー候/吉ー. ②점(占). 점상(占象). 귀갑을 그슬려서 나타나는 잔금의 모양을 보고 길흉(吉凶)을 판단하는 일. ¶ー得大橫<漢書>/ー占. ③조. ㉮수의 단위. 억(億)의 만 배. ¶二ー三千億. ㉯많은 수. ¶億ー蒼生/ー民. ④묘지(墓地)나 제단(祭壇). ¶終葬汝於先人之ー<韓愈>/ー域.

【兆卦】ちょうか(조괘) 점괘(占卦)에 나타난 조짐. 占象(점상).

【兆民】ちょうみん(조민) 많은 백성. 萬民(만민). 兆億(조억). 億兆(억조). 億民(억민). ¶行慶施惠 下及ー<禮記>

【兆祥】ちょうしょう(조상) ☞兆朕(조짐). ¶神靈之休祐福ー<漢書>

【兆域門】ちょういきもん(조역문) 산릉(山陵) 곧 천자의 묘역 경내에 세운 문.

【兆載永劫】ちょうさいえいごう(조재영겁) 《佛》 조(兆)로써 셀 만큼 극히 긴 세월. 載는 年.

【兆朕】ちょうちん(조짐) 길흉(吉凶)이 일어날 기세가 미리 드러나 보이는 변화 현상. 前兆(전조). 兆祥(조상). 徵候(징후). ¶ー振古萌柢疇昔<左思>

▷京ー, 卦ー, 吉ー, 萌ー, 夢ー, 卜ー, 祥ー, 瑞ー, 億ー, 前ー, 占ー, 朕ー, 徵

정금(正金)과 교환하는 일. ¶一券.
▷發一, 商一, 安一, 倭一, 折一, 和一

7【兎】兔(p. 157)의 俗字

8【兔】兔(p. 156)의 俗字

6/8【兕】 외뿔소 시 |韻ㄙˋ|じ(ヒトツツノ)
㊍사 (si)|*rhinoceros*

풀이 외뿔소. 옛날 중국 산야(山野)에 살고 있었다는 외뿔 들소를 닮은 짐승. 무소의 일종이라고도 함.

兕(古今圖書集成)

【兕甲】じこう(시갑) 외뿔소의 가죽으로 만든 갑옷. ¶矢之於十步貫一<淮南子>

【兕觥】じこう(시굉) 외뿔소의 뿔로 만든 큰 술잔. ¶我姑酌彼一 維以不永傷<詩經>

【兕中】じちゅう(시중) 사례(射禮) 때 산가지를 넣어 두는 기구. ¶大夫一各以其物獲<儀禮>

周兕觥(金石索)

6/8【兒】 ① 아이 아 |因ㄦˊ (er)|じ(コ) *child*
② 연약할 예 |齊ㄋㄧˊ (ni)|に(ヨワイ) *weak*

㊀兒 ㊁児

源 象形. 윗부분에 아직 두개(頭蓋)의 상부가 드러나지 않은 유아(幼兒)의 머리를 그리고, 아래에 인체의 모양을 더함.

풀이 ① ①아이. ㉮유아(幼兒). ¶一童/小一. ㉯사내 아이. ¶男曰一 女曰嬰<玉篇> ②아들. 어버이에 대한 자칭. 또는, 부녀(婦女)의 자칭. ¶送一還故鄕<古樂府>/歸來恐被一夫怪<月令廣義> ③젊은이. 장정. ¶健一/男一. ④사람을 경멸하는 말. ¶一輩. ⑤접미사. 작고 귀여운 물건의 명사에 붙는 접미사. ¶無限蜂一作隊飛<韓琦>/東池蝦蟆一<梅堯臣> ② ①연약하다. ㊂倪. ②늙어서 새로 나는 이[齒]. ㊂齯. ¶黃髮一齒<詩經>

【兒旗手】じきしゅ(아기수) 군영에서 장교가 부리던 아이.

【兒女子】じじょし(아녀자) ①사내아이와 계집아이. 또는, 아이들. ②여자를 얕잡아 이르는 말. 兒女(아녀). ¶反效一涕泣<後漢書> ③어린이와 여자.

【兒童走卒】じどうそうそつ(아동주졸) 아이와 심부름꾼. 뜻이 바뀌어, 철없고 어리석은 사람을 이름. ¶一 皆知司馬君實<宋史>

【兒童便射】じどうべんしゃ(아동편사) 예전에, 아이들로 동리마다 편을 짜 활 쏘는 기예를 겨루던 일.

【兒名】じめい(아명) 어릴 때의 이름. ↔冠名(관명).

【兒房】じぼう(아방) 대궐 안에 장신(將臣)이 때때로 묵는 곳.

【兒輩】じはい(아배) ①아이들. 兒曹(아조). ¶不憂一知此樂<蘇軾> ②사람을 경멸하여 이르는 말. 「弄一於襁褓<王勣>

【兒孫】じそん(아손) 아들과 손자. 子孫(자손). ¶

【兒息】じそく(아식) 아이. 子息(자식). ¶門衰祚薄 晩有一<李密>

【兒暈】じうん(아운) 두통, 현기증, 이명(耳鳴), 호흡곤란, 경련 따위를 일으키는 임산부(姙産婦)의 급한 병. 子癇(자간).

【兒子】じし(아자) ①갓난애. ②아이. 아이들. ¶教一<史記>

【兒豬】じちょ(아저) 어린 돼지. ¶一炙/一蒸.

【兒店】(아점) 지점(支店)이나 분점(分店). ↔本店(본점).

【兒曹】じそう(아조) ☞兒輩(아배). ¶光武笑曰 小一乃有大志哉<後漢書>

【兒塚】じちょう(아총) 어린 아이의 무덤.

【兒齒】じし(아치) 노인의 이가 빠지고 다시 난 이. 장수(長壽)의 조짐으로 봄. 齯齒(예치).

【兒孩】じがい(아해) 아이.

【兒戲】じぎ(아희) ①아이들의 희롱. 장난. ②가치 없는 일을 얕잡아 이르는 말.
▷家一, 健一, 乞一, 輕薄一, 孤一, 驕一, 麒麟一, 棄一, 男一, 大一, 豚一, 童一, 牧一, 迷一, 蜂一, 小一, 侍一, 愛一, 女一, 嬰一, 英雄一, 幼一, 乳一, 遺一, 育一, 寵一, 蕩一, 胎一, 偸一, 風雲一, 孩一, 幸運一

8【皃】兒(p. 157)의 古字

8【兗】兗(p. 158)의 俗字

6/8【兔】 토끼 토 |遇ㄊㄨˋ (tu)|と(ウサギ) *rabbit*

㊃兎 ㊄兔
※兔(p. 156)은 딴 자.

풀이 ①토끼. ㊂菟. ¶狡一/脫一. ②달의 이칭. 달에 토끼가 있다는 전설에서 유래됨. ¶一影高輝 榆光潛靄<韋琮>/玉一/一烏.

【兔斑釉】とはんゆう(토반유) 짚이나 겨를 태운 재를 장석(長石)·토회(土灰)와 섞어 만든 탁한 백색의 유약용(釉藥用) 잿물.

【兔魄】とはく(토백) 달의 이칭. ¶蟾蜍與一 日月氣雙明<參同契>

【兔死狗烹】ウサギシシテイヌニラル(토사구팽) ☞狡兔死走狗烹(교토사 주구팽).

【兔脣】とじん(토순) 언청이. 兔缺(토결). ¶生而一<事文類聚>

【兔影】とえい(토영) ①달의 이칭. ②달빛. 月影(월영).

【兔烏】とう(토오) ①달과 해. ②광음(光陰). 세월.

【兔園冊】とえんさつ(토원책) ①비근(卑近)한 책. 뜻이 바뀌어, 자기가 저술한 책의 비칭(卑稱). ②당(唐)대의 책으로 두사선(杜嗣先)이 펴낸 것과, 우세남(虞世南)이 펴낸 것이 있음.

【兔月】とげつ(토월) 달의 이칭. 兔魄(토백). 兔影(토영).

【兔走烏飛】とそううひ(토주오비) 세월의 빠름을 이름. 토끼 곧 달이 달리고, 까마귀 곧 해가 날아감의 뜻.

【兎毫】とごう(토호) ①토끼의 가는 털. ¶豈其作筆 必兎之毫<王隱> ②붓의 이칭. 토끼털로 만듦에서 이름.

【兎毫斑】とごうはん(토호반) 도자기의 검은 유약 위에 있는 토끼털 같은 가느다란 무늬. 兎毫花(토호화). 兎絲紋(토사문).

▷蹇—, 狡—, 蟾—, 烏—, 玉—, 月—, 銀—, 陰—, 脫—

8【免】兎(p. 157)와 同字

7 9【兗】강 이름 연 | 㝈 ㄧㄢˇ (yan) | えん

풀이 ①강 이름. 또는, 고대 중국 구주(九州)의 하나. 연주(兗州). ②바르다. 단정함. ③미쁘다.

10【党】黨(p. 1695)의 略字

10【尭】堯(p. 351)의 俗字

9 11【兜】투구 두 | 因 ㄉㄡ (dou) | とう, と(カブト) | helmet

源 會意. 白은 사람의 머리, 儿은 다리, 다시 그 머리 좌우를 둘러쌈을 뜻함.
※범어의 역어 兜率은 「도솔」로 읽음.

풀이 ①투구. ¶—鍪. ②둘러싸다. ¶半—玉鐙裹湘裛<楊維楨> ③두건(頭巾). 모자(帽子). ¶西僧皆戴紅—<瞿佑詩話> ④어리둥절하다. 당혹(當惑)함. ¶在列者獻詩使勿—<國語>

【兜率】とそつ(도솔)《佛》 범어 Tusita의 음역(音譯). 욕계(欲界) 6천(六天)의 제 4 천(第四天)으로, 욕계의 정토(淨土). 미륵보살이 여기 있다 함. 兜率天(도솔천).
(두솔) 도교(道敎)에서 말하는 태상노군(太上老君)이 있는 곳.

【兜率天】とそつてん(도솔천)《佛》 ☞兜率(도솔).

【兜籠】とうろう(두롱) 산에서 타고 다니는 가마의 일종.

【兜鍪】とうぼう(두무) 투구. 兜鉾(두모). ¶令三百人皆被甲— 操劍盾而立<吳越春秋>

【兜侵】とうしん(두침) 백성의 조세(租稅)를 중간에서 관리가 속여 가로챔. ¶其—派索<福惠全書>

10 12【兟】나아갈 신 | 眞 | しん(ススム) | advance

풀이 ①나아가다. 앞으로 나아감. ②많다. 많은 모양. ¶——.

12 14【兢】삼갈 긍 | 蒸 ㄐㄧㄥ (jing) | きょう(ツツシム) | careful

源 會意. 克은 무거운 투구를 떠받치고 전신을 긴장시키고 있는 모습. 兢은 克자 둘을 합하여 매우 긴장함의 뜻.

풀이 ①삼가다. 긴장하여 조심함. ¶——. ②긴장하여 몸을 흠칫흠칫하다. ¶戰戰——<詩經> ③무서워 떨다. ¶入淩—<漢書>

【兢悸】きょうき(긍계) 두려워 떪. ¶顧已— 何以克堪<宋書> 「—<西京雜記>

【兢慄】きょうりつ(긍률) ☞兢悸(긍계). ¶見者莫不

—入<들 입>部—

入 ① 亾 ② 内 ③ 仝 ④ 全 ⑥ 兩 ⑦ 兪 俞

0 2【入】들 입 | 緝 ㄖㄨˋ (ru) | にゅう, じゅ(イル, ハイル) | enter

源 指事. 위로부터 하나의 물건이 내려와 그것이 아래쪽으로 들어갈수록 양분(兩分)되어 크게 벌어지는 모양.

풀이 ①들다. ㉮안으로 들어가다. ¶爭門而—<史記>/—門/—場. ㉯어느 범위에 들다. ¶—選/—格. ㉰조정에서 벼슬하다. ¶出將—相<枕中記>/—官/—閣. ②들이다. ㉮납부하다. ¶—穀者補吏<漢書>/納—. ㉯들어오게 하다. ¶爲我呼—<史記> ㉰금품을 거두어들이다. ¶收—. ③수입(收入). 소득(所得). ¶量—儉用<白居易> ④빠지다. 정신이 쏠려 헤어나지 못함. ¶沒—/—神之境. ⑤입성(入聲). 사성(四聲)의 하나. 짧고 빨리 거두어들이는 소리. ¶—聲 直而促<釋神珙>

【入閣】にゅうかく(입각) ①내각(內閣)의 일원(一員)이 됨. 入臺(입대). ¶—說. ②천자가 편전(便殿)에 드는 일.

【入監】にゅうかん(입감) ①죄수가 감방에 들어가는 일. ↔出監(출감). ②국자감(國子監)에 입학하는 일.

【入鑑】にゅうかん(입감) 어른에게 보여드림.

【入渠】にゅうきょ(입거) 배를 선거(船渠)에 넣음.

【入格】にゅうかく(입격) ①격식에 들어맞음. ②시험에 합격하는 일. 「—<徐照>

【入京】にゅうきょう(입경) 서울로 들어옴. ¶東隅路

【入境問禁】にゅうきょうもんきん(입경문금) 남의 나라에 들어서면 우선 그 나라의 금령(禁令)을 물어야 한다는 말. 「(입향순속).

【入境問俗】にゅうきょうもんぞく(입경문속) ☞入鄕循俗

【入啓】にゅうけい(입계) 주문(奏文)을 올림.

【入庫】にゅうこ(입고) 물건을 창고에 넣음. ↔出庫(출고).

【入哭】にゅうこく(입곡) 제사 전에 먼저 곡하는 일.

【入貢】にゅうこう(입공) 조공(朝貢)을 바침. 또는, 공물(貢物)을 바치고 속국이 됨. 「(납관).

【入棺】にゅうかん(입관) 시체를 관 속에 넣음. 納棺

【入觀】にゅうかん(입관)《佛》 잡념을 가라앉히고 제법(諸法)의 이치를 관조(觀照)하는 경지에 듦.

【入關】にゅうかん(입관) ①관중(關中)의 땅에 들어감. ↔出關(출관). ②만리장성(萬里長城)에서 중국 본토로 들어감.

【入寇】にゅうこう(입구) 외적(外敵)이 쳐들어옴.

【入彀】にゅうこう(입구) ①일정한 법식에 들어맞음. 또는, 그렇게 함. ②범위 내에 듦. 또는, 시험에 급제함. ③뜻이 바뀌어, 사람을 농락(籠絡)함.

【入宮】にゅうきゅう(입궁) ①궁(宮)으로 들어감. 또는, 궁녀(宮女)가 됨. ②장기에서, 말이 상대방의 궁밭에 들어감.
【入闕】にゅうけつ(입궐) 대궐로 들어감.
【入納】にゅうのう(입납) 편지 봉투에 쓰는 말로, 편지를 드린다는 뜻. ¶本第—.
【入對】にゅうたい(입대) 대궐 안에 들어가 임금에게 아뢰고 자문(諮問)에 응하는 일.
【入臺】にゅうだい(입대) ☞入閣(입각)①.
【入道】にゅうどう(입도) ①《佛》 불도(佛道)에 들어간 사람. 또는, 불교를 신앙하여 출가(出家)하는 일. ②도교(道教)를 배워 도사(道士)가 되는 일.
【入洛】にゅうらく·じゅらく(입락) 서울로 들어옴. 洛은 옛 중국 후한(後漢)·진(晋)의 도읍지인 낙양(洛陽)으로, 보통명사로 바뀌어 수도(首都)의 뜻으로 쓰임. 入京(입경). 上洛(상락).
【入流】にゅうりゅう(입류) ①시류(時流)에 맞아 세상에 영합(迎合)함. ②신분이 낮은 유외관(流外官)이 유내관(流內官) 즉 9품(品)이상의 정식 관리로 승진하는 일. ③《佛》 지각(至覺)의 유(流)에 들어감.
【入幕】にゅうばく(입막) ①장막 안으로 듦. ②막료(幕僚)가 되어, 기밀(機密)을 상의하는 회의에 참여함. ¶—之賓.
【入梅】にゅうばい(입매) 매우(梅雨) 즉 장마철에 듦. 양력 6월 10일경이 됨. ¶芒種後壬日—＜癸辛雜識＞
【入滅】にゅうめつ(입멸) ☞入寂(입적).
【入木三分】じゅぼくさんぶ(입목삼분) 묵흔(墨痕)이 축판(祝版)에 세 푼이나 스며들었다는 왕희지(王羲之)의 옛일로, 필세(筆勢)가 힘참을 이르는 말.
【入廟】にゅうびょう(입묘) 대상(大祥)을 치른 뒤에 신주를 사당에 모시는 일.
【入墨】いれずみ(입묵) 살 속에 먹물을 넣어서 글자나 그림을 새기는 일. 文身(문신). 刺字(자자).
【入門】にゅうもん(입문) ①문으로 들어감. ②스승의 문인(門人)이 되는 일. ¶不得其門而入＜論語＞ ③초보(初步)를 가르치는 길잡이 책. 入門書(입문서). ④과거 볼 때, 유생(儒生)이 과장(科場)에 들어감.
【入門書】にゅうもんしょ(입문서) ☞入門(입문)③.
【入泮】にゅうはん(입반) 고대(古代)의 학사(學舍)인 반궁(泮宮)에 들어가는 일. 入學(입학).
【入番】にゅうばん(입번) ☞入直(입직)①.
【入仕】にゅうし(입사) 벼슬한 뒤에 처음으로 사진(仕進)함.
【入絲】にゅうし(입사) 놋그릇이나 쇠그릇 따위에 장식으로 은사(銀絲)를 박는 일.
【入山】にゅうざん(입산) ①산에 들어감. ¶—禁止. ②은거(隱居)하여 사관(仕官)하지 않는 일. ③《佛》 출가하여 중이 됨.
【入相】にゅうしょう(입상) 조정에 들어가 재상이 됨. ¶出將—.
【入選】にゅうせん(입선) 출품한 작품이나 물건이 심사의 표준권 내에 듦. ¶—作. ↔落選(낙선).
【入聲】にっしょう(입성) 사성(四聲)의 하나. 짧게 빨리 거두어 들이는 소리.
【入水】にゅうすい(입수) ①물에 들어감. ②몸을 물에 던져 죽음. ※投身(투신).
【入侍】にゅうじ(입시) ①들어가 곁에서 모심. ②대궐에 들어가 임금을 알현(謁見)하는 일.
【入神】にゅうしん(입신) ①사물의 본질을 확고히 파악하여 신의 경지에 이르는 일. ②기예(技藝)가 신기(神技)라고 생각될 정도로 숙달됨. 곧, 기예가 매우 뛰어난 것. ③망아(忘我)의 경지.
【入室】にゅうしつ(입실) ①방에 들어감. ②학문·기예(技藝)가 깊은 경지에 들어감. ¶由也升堂矣 未入於室也＜論語＞
【入室操矛】にゅうしつそうぼう(입실조모) 남의 무기로 그 사람을 공격한다는 뜻으로, 남의 학설로써 도리어 그 사람의 학설을 논박함을 이름. ¶康成入吾室 操吾矛 以伐我乎＜後漢書＞
【入養】にゅうよう(입양) 양자(養子)를 들임. 또는, 양자로 들어감. 入後(입후).
【入御】にゅうぎょ·じゅぎょ(입어) 천자가 궁중에 들어감.
【入營】にゅうえい(입영) 병정이 되기 위하여, 군문(軍門)에 들어감.
【入獄】にゅうごく(입옥) 감옥에 들어감. 감옥에 갇힘. ↔出獄(출옥).
【入浴】にゅうよく(입욕) 목욕탕에 들어감. 목욕을 함.
【入月】にゅうげつ(입월) ①달 가운데로 들어감. ②달이 들어가는 곳. 곧, 땅 끝. ¶四海出日—＜余靖＞ ③월경이 시작됨. 紅潮(홍조).
【入耳不煩】にゅうじふはん(입이불번) 귀에 들려도 번거롭지 않음. 곧, 알랑거리는 말이 듣기 싫지 않음.
【入耳着心】にゅうじちゃくしん(입이착심) 들은 바를 마음에 간직하여 잊지 않음.
【入耳出口】にゅうじしゅっこう(입이출구) 들은 말을 곧 남에게 말함. 또는, 남의 말을 제 주견(主見)인 양 그대로 옮김.
【入子】にゅうし(입자) ①남의 자식을 들여 자기 자식을 만듦. ②출가시키는 일.
【入丈】(입장)(韓) 장가 듦.
【入齋】にゅうさい(입재) ①(韓) 제사 전날에 재계(齋戒)하는 일. ②《佛》 재(齋)를 시작하는 일.
【入寂】にゅうじゃく(입적)《佛》 생사고계(生死苦界)를 벗어나 열반(涅槃)에 드는 일. 승려(僧侶)의 죽음을 이름. 入滅(입멸). 寂滅(적멸).
【入籍】にゅうせき(입적) 출생이나 혼인 따위에 의해 그 집 호적에 적(籍)을 올림.
【入定】にゅうじょう(입정)《佛》 ①마음을 한 곳에 집중하여 욕망에서 떠나는 일. 곧, 선정(禪定)에 듦. ②출가(出家)한 사람의 죽음. ¶—火水不能害 亦不命終＜智度論＞
【入鼎米】(입정미)(韓) 아주먹이. 精白米(정백미).
【入朝】にゅうちょう(입조) ①아침이 됨. ¶鳳—而舞＜埤雅＞ ②속국(屬國)이나 외국(外國) 사신 등이 내조(來朝)하여 천자를 알현하는 일. ¶漢兵臨境 嬰齊—＜史記＞
【入住】にゅうじゅう(입주) 새로 지은 집에 들어가 살기 시작함. ¶—者.
【入則孝出則弟】いりてはすなわちこう いでてはすなわちてい(입즉효 출즉제) 집에 들어가서는 부모에게 효도를 다하고, 밖에 나가서는 웃사람에게 공손함. ¶子曰 弟子—＜論語＞
【入直】にゅうちょく(입직) ①관청에 번들어서 숙직함.

入番(입번). ¶三人竝一 恩澤各不二 <杜甫> ②근무함. ¶官屬文武 皆一永福省<梁書>

【入倉】にゅうそう(입창) ①물건이나 곡식을 창고에 넣음. ②군대에서, 영창(營倉)에 넣음을 이름.

【入超】にゅうちょう(입초) 수입(輸入)이 수출(輸出)을 초과함. 輸入超過(수입초과). ↔出超(출초).

【入齒】イレバ(입치) 의치(義齒).

【入破】にゅうは(입파) 악곡 연주가 끝나려 할 때의 합주(合奏)를 일컬음. 그 소리가 갑자기 변하여 번쇄(繁碎)해지는 데서 이름. ¶宛轉柔聲一時<白居易>

【入荷】イリニ(입하) 물건이 들어옴. 하물이 도착함. ↔出荷(출하).

【入港】にゅうこう(입항) 배가 항구에 들어옴. ↔出港(출항).

【入鄕循俗】にゅうきょうじゅんぞく(입향순속) 다른 고장에 들어가서는 그 고장 풍속을 따름. 入境問俗(입경문속). 入鄕從鄕(입향종향). 入鄕隨俗(입향수속).

【入鄕從鄕】にゅうきょうじゅうきょう(입향종향) ☞入鄕循俗(입향순속). ¶入鄕而從鄕 入鄕而隨俗<童子教>

【入乎耳出乎口】にゅうこじしゅつここう(입호이 출호구) 귀로 듣고, 이내 입으로 말할 뿐 실천하지 않는 일.

【入會】にゅうかい(입회) ①예전에, 관리의 성적을 성적표에 적어넣는 일. ②어떤 회(會)에 가입함. 또는, 회원이 됨.

【入後】にゅうご(입후) ☞入養(입양).

▷加一, 介一, 購一, 記一, 亂一, 納一, 單刀直一, 導一, 突一, 斗一, 買一, 沒一, 搬一, 拂一, 四捨五一, 揷一, 先一, 歲一, 收一, 輸一, 量一計出, 悟一, 引一, 潜一, 轉一, 注一, 直一, 出一, 吹一, 侵一, 投一, 闖一, 編一, 陷一

3【亾】亡(p.68)의 本字

2
4【內】
1 안 내 | 㗊ㄋㄟˋ | だい, ない
2 들일 납 | 㗊(nei) | (ウチ)
3 ㊌ 여관 나 | | *inside*
俗內

源會意. 지붕 모양과 入을 합치어 덮개 속에 넣음을 뜻함.

풀이 1 ①안. 어느 범위 안. ¶四海之一 皆兄弟<論語>/以一/五步之一. ②가정 안. ¶一有余帛 外有贏財<蜀志> ③중앙의 조정. ¶侍衛之臣 不懈於一 忠志之士 忘身於外<諸葛亮> ④아내. 처(妻). ¶一子/一室. ⑤대궐 안. ¶大一/一宰. ⑥마음. 생각. ¶一無固守<潘岳> ⑦몰래. ¶一謁徑入<漢書>/一密. ⑧가까이 하다. 중히 여김. ¶外本一末<大學> ⑨들다. 받아들임. ¶惡一諸侯客<史記>/無不務一<禮記> 2 들이다. 通納. ¶婚姻娉一 送逆無禮<荀子> 3 ㊌여관(女官). ¶一人.

【內人】(나인) 고려·조선 때 궁궐에서 임금이나 비빈을 모시던 내명부의 총칭. 궁녀. 宮人(궁인). 女官(여관).

【內家】ないか(내가) ①궁인(宮人). ¶身是三千第一名 一叢裏獨分明<薛能> ②권법(拳法)의 하나. 방어를 주로 함.

【內閣】ないかく(내각) ①명·청(明淸)대의 정치 기관으로, 정무(政務)의 최고 기관. ②국가 행정권을 담당하는 최고 기관으로, 정부 각 장관 등으로 조직된 합의체 관청.

【內各司】ないかくし(내각사) 궁중에 있던 각 사(司). ↔外各司(외각사).

【內閣版】ないかくはん(내각판) 조선 때 규장각(奎章閣)에 있던, 철주자(鐵鑄字)로 판을 짜서 박은 책.

【內間】ないかん(내간) 부녀자가 거처하는 곳. 아낙. 內庭(내정).

【內簡】ないかん(내간) 부녀자의 편지. 안편지. 內札(내찰). ¶一體文章.

【內艱】ないかん(내간) 어머니나 승중(承重) 조모의 상(喪). 內憂(내우)①. ↔外艱(외간).

【內監】ないかん(내감) ①환관(宦官)의 이칭. ②청(淸)대에 중죄인을 가두던 감옥의 별실.

【內剛】ないごう(내강) 겉과는 달리 속마음이 굳고 단단함. ¶外柔一.

【內客】ないきゃく(내객) 안손님. 여자 손님.

【內擧】ないきょ(내거) 친척이나 연고자를 벼슬자리에 추천하거나 채용함. 內稱(내칭). ¶一無慚古所難<杜牧>

【內經】ないけい(내경) ☞黃帝內經(황제내경).

【內界】ないかい(내계)《佛》 심의(心意). 신체(身體)를 외계(外界)라 함에 대한 말. 또는, 육계(六界) 중 식계(識界)를 가리킴.

【內顧】ないこ(내고) ①뒤돌아 봄. ¶車中不一<論語> ②집안일을 생각하거나 처자를 돌봄. ¶一無斗儲<左思>

【內攻】ないこう(내공) ①안을 향해 공격함. ¶一外禦 戰無不捷<宋書> ②안의 일. ③병이 밖으로 발산되지 않고 체내에 잠복함.

【內供】ないぐ(내공) ①옷 안에 받치는 안감. 안찝. ↔外供(외공). ②☞內供木(내공목).

【內供木】(내공목) 옷의 안찝으로 쓰는 품질이 낮은 무명. 內供(내공)②.

【內官】ないかん(내관) ①한(漢)대에 천자 측근에서 호위(護衛)에 임하던 관리. ②궁중의 여관(女官). ③☞宦官(환관).

【內觀】ないかん(내관) ①반성함. 내성(內省)함. ¶務外游 不知務一<列子> ②《佛》 자아 그 자체를 자세히 관찰함.

【內教】ないきょう(내교) ①부인의 가르침. 內訓(내훈). ②《佛》 불교(佛教)를 이름. ¶釋氏爲一<佛祖統紀>

【內交涉】ないこうしょう(내교섭) 정식 교섭 이전에 상대방의 의사를 타진하거나, 일부만 먼저 해 보는 교섭. 幕後交涉(막후교섭).

【內疚】ないきゅう(내구) 마음 속의 근심. 또는, 마음의 병. ¶內省不疚<論語>

【內寇】ないこう(내구) 내부의 도둑. 또는, 국내의 폭동. ¶一外患. ↔外寇(외구).

【內舅】ないきゅう(내구) 외삼촌. 외숙(外叔). 편지 등에서 쓰는 말.

【內局】ないきょく(내국) ☞內醫院(내의원). ¶一修製藥餌<淸會典事例>

【內國】ないこく(내국) ①나라 안. 國內(국내). ②본국(本國). 我國(아국). ¶一稅/一法/一人. ↔外國(외국).
【內君】ないくん(내군) 상대편 아내를 높이어 이르는 말. 令閨(영규).
【內規】ないき(내규) 어떤 기관·회사 등에서 자체적으로 정하여 실시하는 규정. 內約(내약).
【內勤】ないきん(내근) 관청·회사 등의 안에서 하는 근무. ↔外勤(외근).
【內堂】ないどう(내당) ☞內室(내실)②.
【內臺】ないだい(내대) 관청의 명칭. 상서성(尙書省) 또는 어사대(御史臺)의 이칭.
【內道場】(내도량←내도장)《佛》대궐 안에서 불도를 닦던 집. 內願堂(내원당).
【內東軒】ないとうけん(내동헌) ☞內衙(내아)①.
【內諾】ないだく(내락) 내밀히 하는 승낙. 또는, 비공식적으로 승낙함.
【內亂】ないらん(내란) ①나라 안에서 일어난 난리. 內變(내변). ¶懦弱之君 不免於一＜管子＞/一罪. ②가정의 풍기가 문란함.
【內覽】ないらん(내람) 공개하지 않고 내밀히 봄. 집권자가 문서를 먼저 내밀히 보고 실행하는 일.
【內簾】ないれん(내렴) ①마음이 방정(方正)함. ②안에 있는 발. ¶前陪鼎 當一＜儀禮＞ ③정강이. ¶一屬足太陰脾經＜心法＞
【內陸】ないりく(내륙) 바다에서 멀리 떨어져 있는 육지. ¶一地方/一性氣候.
【內裏】だいり(내리) 천자의 궁전. 대궐. 禁裏(금리).
【內臨釋】(내림석) 민속에서, 굿을 시작할 때 공양을 받으라고 무당이 신에게 비는 일.
【內幕】ないまく(내막) 일의 속내. 내부의 실정.
【內妹】ないまい(내매) 처제(妻弟).
【內面】ないめん(내면) ①물건의 안쪽. ↔外面(외면)·表面(표면). ②사람의 정신이나 심리 방면. ¶一生活. ③얼굴을 향함. 복종의 뜻. ↔外面(외면).
【內面描寫】ないめんびょうしゃ(내면묘사) 인간의 정신 심리·감정·기분 따위의 내적인 면을 문장으로 그려내는 일.
【內明】ないめい(내명) ①마음이 총명함. ¶一而外昧＜白虎通＞ ②《佛》오명(五明)의 하나. 부처가 설(說)한 오승(五乘)의 묘리(妙理)를 밝히는 일. ¶一 究暢五乘 因果妙理＜翻譯名義集＞
【內命】ないめい(내명) 외조(外朝)를 거치지 않은, 군주의 내밀한 명령. 密旨(밀지).
【內命婦】ないめいふ(내명부) 궁중에서 봉사하는 삼부인(三夫人) 이하의 관녀(官女). 또는, 오위(五位) 이상의 여관(女官). ↔外命婦(외명부). ※ないみょうぶ
【內務】ないむ(내무) ①나라 안의 정무(政務). 또는, 내무 행정의 준말. ↔外務(외무). ②내무부 장관의 약칭. ¶朴一.
【內密】ないみつ(내밀) ①내부의 비밀. ②남몰래 넌지시 함.
【內坊】ないぼう(내방) 태자비(太子妃)의 궁(宮). ¶太子一＜唐書＞
【內房】ないぼう(내방) ☞閨房(규방). ¶一歌辭.
【內白虎】(내백호)(韓) 풍수지리설에서, 주산(主山)으로부터 우측으로 뻗어나간 여러 갈래의 산줄기 중 가장 안쪽 산줄기. 單白虎(단백호). ↔外白虎(외백호).
【內變】ないへん(내변) 나라 안에서 일어난 변란. 內亂(내란). ↔外變(외변).
【內報】ないほう(내보) 비밀히 알리는 보고.
【內輔】ないほ(내보) ☞內助(내조)②.
【內服】ないふく(내복) ①속옷. 內衣(내의). ②약을 먹음. 內用(내용)②. ¶一藥. ③제도(帝都) 지역으로, 오복(五服) 중 요복(要服) 이내의 지역.
【內附】ないふ(내부) 들어와 복속함. 복종해 옴. 內屬(내속). ¶西域諸國 納質一＜後漢書＞
【內傅】ないふ(내부) 보모(保母). 乳母(유모). ¶戚姬使舊趙王一趙媼傅之＜西京雜記＞
【內婦】ないふ(내부) ☞主婦(주부).
【內部分裂】ないぶぶんれつ(내부분열) 자체 내에서 불화(不和)로 인해 갈라짐.
【內紛】ないふん(내분) ☞內訌(내홍).
【內舍】ないしゃ(내사) ①집의 안채. 주로 부녀자가 거처하는 집채. ②송(宋)대 대학(大學) 삼사(三舍)의 하나.
【內查】ないさ(내사) 내밀히 조사함.
【內賜】ないし(내사) 임금이 신하에게 물건을 내림. 內下(내하).
【內史】ないし(내사) ①주(周)대에 국가의 법전(法典)을 맡던 벼슬. ②진·한(秦漢) 때, 서울을 다스리던 벼슬. ③고려 때 내의성(內議省)에 속하던 벼슬. 조서(詔書) 및 궁중에서 일어나는 모든 일의 기록을 맡았음.
【內喪】ないそう(내상) ①아낙네의 상(喪). 內艱(내간). ②동문(同門) 안에서 일어난 상사(喪事). ↔外喪(외상).
【內傷】ないしょう(내상) ①쇠약해져 몸 안에 생긴 병의 총칭. ②음식이 위에 걸려 내리지 않는 병.
【內城】ないじょう(내성) 외성(外城)으로 둘러싸여 있는 성. ↔外城(외성).
【內省】ないせい(내성) ①마음 속 깊이 자기를 돌아봄. 反省(반성). ②궁중(宮中)에 있는 관아(官衙).
【內省不疚】ウチニカエリミテヤマシカラズ(내성불구) 반성하여 부끄러울 바가 없음. ¶一 夫何憂何懼＜論語＞
【內聖外王】ないせいがいおう(내성외왕) 속으로는 성인(聖人)의 덕을, 겉으로는 왕자(王者)의 덕을 갖춘 사람. 학덕(學德)을 겸비한 사람을 이름. ¶一之道 闇而不明 鬱而不發＜莊子＞
【內疏薄】ないそはく(내소박) 아내가 남편을 소박함.
【內疏外親】ないそがいしん(내소외친) 속으로는 소원(疏遠)하나 겉으로는 친한 체함.
【內屬】ないぞく(내속) 외국이 항복하고 와서 속국이 됨. 內附(내부). 來服(내복).
【內訟】ないしょう(내송) 자신을 꾸짖어 책함. 자기를 비판함.
【內水】ないすい(내수) ①나라의 영역을 이루는 수역(水域)의 하나. 바다를 제외한 나라 안의 하천·호수·운하 따위. ②비가 올 때, 수문(水門)에 막혀 빠지지 못하고 괴어 있는 물. 또는, 낮은 지대의 늪 같은 데에 괸 물.

【內修道】ないしゅうどう(내수도) 아낙네의 특별한 수도(修道).

【內示】ないじ(내시) 겉으로 드러나지 않게 내밀히 알림.

【內侍】ないし・ないじ(내시) ①궁중에서 시봉(侍奉)하는 일. 또는, 그런 관직. ¶世名忠孝 七世一<漢書> ②궁중에서 섬기는 환관(宦官)이나 여관(女官).

【內視】ないし(내시) 자신의 안을 본다는 뜻으로, 반성(反省)함을 이름.

【內視反聽】ないしはんちょう(내시반청) 자기를 반성하고 남을 꾸짖지 않음. ¶夫一 則忠臣竭誠<後漢書>

【內息】ないそく(내식) 분가하지 않고 한 집안에서 동거(同居)함. ¶令民之父子兄弟 同室一者爲禁<史記>

【內申】ないしん(내신) 겉으로 드러내지 않고 상신(上申)함. ¶一書/一成績.

【內臣】ないしん(내신) ①외국이 내복(來服)하여 신하(臣下)로서의 예(禮)를 취하는 일. ¶我以鄭爲一<左氏傳> ②천자 측근에서 시봉(侍奉)하는 환관. ¶禁一出使預民政<宋史> ③직접 천자의 지휘·감독을 받는 신하. 「(외신).

【內腎】ないじん(내신) 신장(腎臟). 콩팥. ↔外腎

【內室】ないしつ(내실) ①아내. 처. 또는, 남의 아내의 경칭. ②안방. 內堂(내당). 內房(내방). 閨房(규방).

【內實】ないじつ(내실) ①내막의 사실. 실제. ¶一有姦心<吳志> ②내부가 충실함. ¶其國一其交外成<戰國策> ③집안의 진귀한 보물. 또는, 처첩(妻妾). ¶一 寶物妻妾也<左氏傳·注>

【內心】ないしん(내심) ①속마음. 또는, 마음 속에 품음. 心中(심중). ¶一淸淨 戒行潔白<淨印法門經> ②마음을 안으로 씀. ¶一 用心於內 其德在內<禮記> ③수학에서 내접원(內接圓)의 중심. ↔外心(외심).

【內衙】ないが(내아) ①㊕ 지방 관청의 안채. 內東軒(내동헌). ②궁정(宮廷) 안의 관아(官衙).

【內案山】ないあんざん(내안산) 풍수 지리에서, 가장 안쪽에 있는 안산(案山)을 이름. 單案山(단안산).

【內謁】ないえつ(내알) 내밀히 알현(謁見)함. ¶丞相史在傳舍 一徑入<漢書>

【內約】ないやく(내약) 내밀히 하는 약속.

【內藥】ないやく(내약) ①내복약(內服藥). ↔外藥(외약). ②처음 나오는 월경혈(月經血)을 이름.

【內譯】ウチワケ(내역) 계산(計算)의 자세한 내용. 明細(명세). ¶一書/經費一.

【內宴】ないえん(내연) ☞內進宴(내진연). ¶有詔定一儀<五代史>

【內緣】ないえん(내연) ①《佛》 외계(外界)의 자극에 의하지 않고, 스스로의 의식 속에서 법(法)을 깨닫는 일. ↔外緣(외연). ②《佛》 하나의 사물을 생기게 하는 직접적인 내재인(內在因). ③정식 법적 절차를 밟지 아니한 부부 관계. ¶一妻/一關係. ④안쪽 가장 자리. ↔外緣(외연).

【內營】ないえい(내영) 대궐 안에 주둔하던 병영(兵營). 「法醞(법온).

【內醞】ないうん(내온) 임금이 신하에게 내리던 술.

【內蘊】ないうん(내온) 마음 속에 차곡차곡 간직해 둠. ¶一雄圖<北史>

【內外】ないがい(내외) ①안팎. ¶一情勢. ②부부(夫婦). ¶一間. ③㊕ 부녀자가 외간 남자와 바로 얼굴을 대하지 않고 피함.

【內外間】(내외간)㊕ 부부 사이.

【內外艱】ないがいノかん(내외간) 부모나 승중(承重) 조부모의 상(喪). 내간(內艱)과 외간(外艱). 「從).

【內外從】(내외종)㊕ 내종(內從)과 외종(外

【內用】ないよう(내용) ①안살림의 소용(所用). ②☞內服(내복)②. ↔外用(외용).

【內容】ないよう(내용) ①사물의 속내. 그 속에 포함되어 있는 실질. ¶一美. ↔形式(형식). ②☞內包(내포)①.

【內憂】ないゆう(내우) ①☞內艱(내간). ②마음 속의 근심. ③나라 안의 근심이나 분쟁. 內亂(내란). ↔外患(외환).

【內憂外患】ないゆうがいかん(내우외환) 나라 안의 근심과 나라 밖에서 오는 환란. 내란(內亂)과 외구(外寇). 「(금원).

【內苑】ないえん(내원) 궁성 안의 정원(庭苑). 禁苑

【內願堂】ないがんどう(내원당) ☞內道場(내도량).

【內柔外剛】ないじゅうがいごう(내유외강) 속은 부드러우나 겉은 강하게 보임. ¶內柔而外剛 內小人而外君子<易經> ↔外柔內剛(외유내강).

【內潤外朗】ないじゅんがいろう(내윤외랑) 인물의 재덕(才德)을 이르는 말. 內潤은 옥(玉)의 광택이 안으로 배어 있는 것, 外朗은 옥의 광택이 밖으로 발(發)하는 것임.

【內應】ないおう(내응) 내밀히 적(敵)과 통함. 또는, 몰래 도와 줌. 內主(내주)③.

【內意】ないい(내의) 속뜻. 內心(내심).

【內醫院】(내의원) 조선 때 대궐 안의 의약(醫藥)을 맡은 관아. 內局(내국).

【內移】ないい(내이) 외직(外職)에서 내직(內職)으로 곧 지방 관직에 있다가 중앙으로 옮김. 內遷(내천). 內轉(내전)①.

【內人】ないじん(내인) ☞內人(나인).

【內因】ないいん(내인) 내부의 원인. 外因(외인).

【內子】ないし(내자) ①옛날 경대부(卿大夫)의 아내. ②남에 대하여 자기 아내를 일컫는 말.

【內臟】ないぞう(내장) 고등 척추 동물의 흉강(胸腔)과 복강(服腔) 속에 있는 여러 기관(器官)의 총칭. 곧, 오장육부.

【內粧】ないしょう(내장) 집안을 모양 있게 꾸미는 일. 집안의 꾸밈새. 內裝(내장). ¶一工事.

【內障】ないしょう(내장) ①《佛》 마음 속의 번뇌(煩惱)와 장애(障碍). ②안구(眼球)에 탈이 나서 잘 보이지 않는 증세. 시력(視力)이 나빠지거나 명암(明暗)을 구별하지 못하는 따위. ¶白一/綠一.

【內藏】ないぞう(내장) ①마음 속에 간직함. ¶聖人一 不爲物先唱<淮南子> ②궁중(宮中)에 있는 관고(官庫). 內庫(내고).

【內在】ないざい(내재) ①어떤 사물이나 성질이 자체 안에 포함되어 있음. ¶一律/一因. ↔外在(외재). ②㉮신(神)이 세계의 본질로서

세계 안에 존재한다는 사고 방식. ㉯가능적 경험의 범위 안에 있음을 이름. ㉰정신 작용은 반드시 그 속에 대상을 가지고 있음을 이름.
【內爭】ないそう(내쟁) ☞內訌(내홍).
【內轉】ないてん(내전) ①☞內移(내이). ②한 관서 안에서 자리를 옮기는 일.
【內殿】ないでん(내전) ①궁궐 안의 임금이 거처하는 집. ②왕비의 존칭.
【內廷】ないてい(내정) 궁정(宮廷)의 내부. 금정(禁庭) 안.
【內定】ないてい(내정) 속으로 작정함. 내밀히 결정함. ¶先一之<春秋繁露>
【內政】ないせい(내정) ①집안 살림살이. ②국내의 정치. ¶一干涉. ③내무(內務) 행정.
【內庭】ないてい(내정) ①안뜰. ②☞內廷(내정). ¶一外衢<柳宗元>
【內偵】ないてい(내정) ☞內探(내탐).
【內情】ないじょう(내정) ①내부 사정. 속의 형편. ↔外情(외정). ②마음속. 內心(내심). ¶外示殊禮 一甚薄<隋書>
【內制】ないせい(내제) ①외조(外朝)를 거치지 않는 천자의 제지(制旨). 內命(내명). ②송(宋)때 한림 학사(翰林學士)의 이칭. ¶翰林學士官 謂之一<朝野類要>
【內題】ないだい(내제) 책의 속표지나 본문 첫머리에 쓴 제목. ↔外題(외제).
【內助】ないじょ(내조) ①아내가 남편을 돕는 일. 뜻이 바뀌어, 아내를 이름. ②내부의 도움. 內輔(내보). ¶得賢一 非細事也<宋史>
【內朝】ないちょう(내조) 주(周)대 삼조(三朝)의 하나. 천자가 하루의 정사를 마친 뒤 퇴거하는 곳. 燕朝(연조). 路寢(노침).
【內從】(내종)㊕ 내종사촌(內從四寸)의 준말. 姑從(고종). ¶一兄弟.
【內主】ないしゅ(내주) ①주부(主婦). 부인(夫人). ②천자(天子)의 정처(正妻). 또는, 황녀(皇女). ③☞內應(내응). ¶殺其一 背其外賂<國語>
【內主張】ないしゅちょう(내주장) 아내가 남편을 젖혀 놓고 집안일을 주장하여 처리함.
【內證】ないしょう(내증) ①내밀한 증거. ¶一先出<褚氏遺書> ②《佛》 말로 표현하기 어려운 불도의 진리를 체험으로 깨달음. 自內證(자내증).
【內地】ないち(내지) ①해안(海岸)에서 멀리 들어간 안쪽 지방. 內陸(내륙). ②변경(邊境) 지방에 대한, 중심의 땅. ③속국이나 식민지에 대한, 본국. 나라 안. ↔外地(외지). ④기내(畿內)의 땅.
【內旨】ないし(내지) 임금이 내밀히 내리는 명령. 內意(내의).
【內智】ないち(내지)《佛》세 가지 지혜의 하나. 자기 마음의 번뇌(煩惱)를 끊는 일. ↔外智(외지).
【內職】ないしょく(내직) ①궁중이나 조정에서 일하는 관직. ↔外職(외직). ②본직 외에 사사로이 가지는 부업. ↔本職(본직). ③내명부(內命婦)·외명부(外命婦)의 벼슬. ④서울 안 각 관아의 벼슬.
【內進宴】ないしんえん(내진연) 내빈을 모아 베푸는 잔치. 內宴(내연).
【內疾】ないしつ(내질) 속병. 內症(내증).
【內札】ないさつ(내찰) ☞內簡(내간).
【內遷】ないせん(내천) ☞內移(내이). ¶不習朝儀 聞當一<南齊書>
【內青龍】ないせいりゅう(내청룡) 풍수 지리에서, 주산(主山)에서 왼쪽으로 갈라져 나온 산줄기 중 맨 안쪽에 있는 산. 單青龍(단청룡). ↔內白虎(내백호).
【內寵】ないちょう(내총) 군주에게 각별히 총애(寵愛)를 받는 궁녀(宮女)나 신하. ¶因一 以殺群吏<左氏傳>
【內出血】ないしゅっけつ(내출혈) 조직이나 체강(體腔) 내에서 출혈하는 일. ↔外出血(외출혈).
【內側】ないそく(내측) 안쪽. ↔外側(외측).
【內廁】ないし(내측) 안쪽에 있는 부녀자만이 쓰는 뒷간. 안뒷간. ↔外廁(외측).
【內層】ないそう(내층) 내부의 층. 안쪽 켜. ↔外層(외층).
【內治】ないち(내치) ①나라 안의 정치. ↔外交(외교). ②가정을 다스리는 일. 또는, 부인의 할 일. ③내복약으로 병을 고침.
【內痔】ないじ(내치) 암치질. ↔外痔(외치).
【內則】ないそく(내칙) 집안의 규칙. 家憲(가헌).
【內勅】ないちょく(내칙) ☞密勅(밀칙).
【內稱】ないしょう(내칭) 친척이나 연고자를 관(官)에 천거하는 일. 內擧(내거).
【內托】ないたく(내탁) 종기를 짼 뒤에 쇠약해진 몸을 약으로 보하는 일.
【內探】ないたん(내탐) 내밀히 염탐함. 內偵(내정).
【內帑】ないど(내탕) ①☞內帑庫(내탕고). ②☞內帑金(내탕금).
【內帑庫】ないどこ(내탕고) 임금의 사사 재물을 넣어두던 곳간.
【內帑金】ないどきん(내탕금) 내탕고(內帑庫)에 둔 돈. 內帑錢(내탕전).
【內通】ないつう(내통) ①남녀가 은밀히 정을 통함. 私通(사통). ②적과 은밀히 통함. 內應(내응).
【內篇】ないへん(내편) ①흔히 중국 서적에서, 그 정교하고 심오한 부분을 이르는 말. ↔外篇(외편). ②신선가(神仙家)의 설(說).
【內評】ないひょう(내평) 겉으로 드러나지 않는 평판이나 비평.
【內嬖】ないへい(내폐) 임금의 총애를 받는 여자. 內寵(내총). ¶多內寵 一如夫人者六人<左氏傳>
【內包】ないほう(내포) ①여러 사물을 제시하는 어떤 개념에 있어서, 그 함유(含有)하는 여러 사물에 두루 통하는 속성의 총화. 內容(내용)②. ↔外延(외연). ②어떤 뜻을 그 속에 포함함. ③식용하는 짐승의 내장.
【內皮】ないひ(내피) ①겉가죽 속에 있는 속껍질. ↔外皮(외피). ②밤 같은 것 속에 있는 얇은 껍질. 보늬.
【內逼】ないひょく·ないひつ(내핍) ①변이 마려움. ¶馬上一急詣一空宅<北夢瑣言> ②외적이 국내로 닥쳐옴. ¶彊寇一<宋書>
【內下】(내하)㊕ ☞內賜(내사).
【內學】ないがく(내학) ①참위(讖緯)의 학문. ↔外學(외학). ②불학(佛學). ¶龍樹創其源 除一之偏是<陳書>
【內翰】ないかん(내한) ①송(宋)대 한림학사(翰林學士)의 이칭. ②청(清)대 내각중서(內閣

中書)의 이칭.
【內合】ないごう(내합) ①내밀히 한통속이 됨. ②행성(行星)이 지구와 해 사이에 들어와서 일직선이 되는 일. 內率(내율). ↔外合(외합).
【內港】ないこう(내항) 항만(港灣) 안쪽에 있는 항구(港口). ↔外港(외항).
【內海】ないかい・うちうみ(내해) 육지와 육지 사이에 끼여 있는 좁은 바다. 中海(중해). ¶守一次之<武備要略> ↔外洋(외양).
【內行】ないこう(내행) ①집에서의 몸가짐. ¶舜居嬀汭 一彌謹<史記> ②나라 안의 비밀. ¶善爲計者 不見一<戰國策> ③속어로, 숙련자(熟練者)·전문가(專門家)를 이름.
【內虛外飾】ないきょがいしょく(내허외식) 속은 비고 겉만 꾸밈.
【內兄弟】ないけいてい(내형제) ①외사촌(外四寸) 형제. 모계(母系)의 사촌. ②아내의 형제. 妻男(처남).
【內慧】ないけい(내혜) 마음이 총명하고 슬기로움. ¶資識一 七歲始言 言必合度<宋史>
【內訌】ないこう(내홍) 내부에서 저희끼리 일으키는 분쟁. 內紛(내분). 內爭(내쟁).
【內患】ないかん(내환) ①아내의 병. ②나라 안의 환란(患亂). 內憂(내우). ↔外患(외환).
【內訓】ないくん(내훈) ①부녀의 가르침. 內敎(내교). ②조선 성종 때, 인수대비(仁粹大妃)가 여러 문헌에서 부덕(婦德)에 관한 내용을 추려 언해(諺解)한 책. 3권.
【內諱】ないき(내휘) ①나라나 집안의 나쁜 일을 숨기는 일. ¶緣一 無貶公文<公羊傳> ②부인(婦人)을 이르는 말. ¶一不出門 餘無所諱<晋書>
【內凶】ないきょう(내흉) 겉으로는 온유해 보이나 속은 비꼬여 음흉함. 내숭.
▷家一, 疆一, 境一, 管一, 郊一, 區一, 構一, 國一, 郡一, 圈一, 闕一, 閨一, 禁一, 畿一, 期限一, 堂一, 大一, 對一, 宅一, 道一, 洞一, 面一, 方一, 坊一, 房一, 封一, 部一, 線一, 省一, 城一, 市一, 室一, 案一, 域一, 年一, 營一, 宇一, 院一, 邑一, 以一, 場一, 第一, 車一, 參一, 體一, 胎一, 港一, 海一

5【尒】 ☞小部 2획(p.461)

5【仝】 全(p.164)의 本字

4/6【全】 온전할 전 | ㊥ㄑㄩㄢˊ (quan) | ぜん (マッタク) *entire*

㊍亼 ㊔仝
㊓會意. 王은 玉. 옥은 순옥(純玉)이라 하여 이지러지지 않고 순결한 옥(玉)을 뜻함. 곧, 완전한 것을 의미하며, 全은 그 완전한 경지에 들어감의 뜻.
풀이 ①온전하다. ㉮결함이 없다. ¶望之似木鷄矣 其德一矣<莊子>/完一無缺. ㉯무사하다. ¶鄕里賴一者 以百數<後漢書> ㉰손실이 없다. ¶寇滅而兵一<周朗> ②온전히 하다. 결함이 없이 보전함. ¶一師而還<李華>/安一. ③온통. 전체. 일체. ¶欲一宥之<後漢書>/一國/一擔.
【全甲】ぜんこう(전갑) ①전군(全軍)이 무사함. ¶一獲醜<漢書> ②완전하게 무장한 군사. ¶斬盧胡王 誅一<史記> ③학과 성적이 전부 갑(甲)임.
【全景】ぜんけい(전경) 한눈에 조망할 수 있는 전체의 경치. 또는, 모든 경치.
【全卷】ぜんかん(전권) ①책 한 권의 모두. ②완전한 한 질(帙)의 책.
【全權】ぜんけん(전권) ①일체의 권한이나 권리. 또는, 충분한 권력이나 권리. ②전권 공사(全權公使) 또는 전권위원(全權委員)의 준말.
【全歸】ぜんき(전귀) 상해됨이 없이 온전하게 되돌림.
【全歸全受】ぜんきぜんじゅ(전귀전수) 자식은 부모로부터 완전한 몸을 받았으므로, 몸을 삼가서 보전하였다가 죽음에 이르러 온전히 되돌려야 한다는 말. ¶父母全而生之 子全而歸之<禮記>
【全能】ぜんのう(전능) 모든 일을 다 할 수 있는 절대의 능력. ¶全知一.
【全擔】ぜんたん(전담) 전부 부담함. 전부 담당함. 「↔分擔(분담).
【全德】ぜんとく(전덕) 완전 무결한 덕.
【全昧】ぜんまい(전매) 사리를 전혀 분별할 수 없을 정도로 어리석음.
【全面】ぜんめん(전면) ①어떤 범위의 전체. ¶一的/一攻擊/一戰爭. ②전체의 면.
【全滅】ぜんめつ(전멸) 모조리 없어지거나 망함.
【全貌】ぜんぼう(전모) 전체의 모습.
【全無】ぜんむ(전무) 전혀 없음. 아주 없음.
【全無識】ぜんむしき(전무식) ☞判無識(판무식).
【全文】ぜんぶん(전문) 글의 전체. 기록의 전부.
【全物】ぜんぶつ(전물) 흠이 없는 완전한 물건.
【全美】ぜんび(전미) 완전한 미. 전혀 결점이 없는 아름다움. 「¶一的.
【全般】ぜんぱん(전반) 통틀어. 모두. 全體(전체).
【全璧歸納】ぜんぺききのう(전벽귀납) 소유자에게 본디대로의 물건을 돌려 주는 일. ¶元物還人曰一<書言故事>
【全福】ぜんぷく(전복) 충분한 행복. 또는, 행복을 온전히 누림. ¶一遠禍<魏志>
【全生】ぜんせい(전생) ①온 생애. 한 평생. ②생명을 보전함. ¶一之說勝 則廉恥不立<管子>
【全書】ぜんしょ(전서) ①한 질(帙)이 갖추어진 서책. ¶百科一. ②어떠한 사람의 저작(著作)이나, 어떠한 일에 관한 학설을 망라하여 체계화한 책. 全集(전집). ¶弘濟一.
【全盛】ぜんせい(전성) ①한창 왕성함. ¶一期/一時代. ②한창 유행함.
【全燒】ぜんしょう(전소) 죄다 타 없어짐. ¶家屋一.
【全壽】ぜんじゅ(전수) 수(壽)를 다함. 몸의 손상이 없이 장수함. ¶盡天年則全而壽<韓非子>
【全身不隨】ぜんしんふずい(전신불수) 중풍(中風)으로 온 몸을 쓰지 못하는 병. ※半身不隨(반신불수).
【全身像】ぜんしんぞう(전신상) 전신(全身)의 소상(塑像)이나 화상(畫像). ※半身像(반신상).

【全身塔】ぜんしんとう(전신탑)《佛》 열반(涅槃)한 사람의 전신(全身)을 넣고 쌓은 탑. 「償.

【全額】ぜんがく(전액) 전부의 액수(額數). ¶—補

【全域】ぜんいき(전역) 전체의 지역. ¶極東—.

【全譯】ぜんやく(전역) ☞完譯(완역). ↔抄譯(초역). 「議體.

【全員】ぜんいん(전원) 전체의 인원. ¶—出席/—合

【全院】ぜんいん(전원) 한 원(院)의 전체. ¶—委員

【全癒】ぜんゆ(전유) ☞完快(완쾌). ⌊會.

【全人】ぜんじん(전인) ①지·정·의(知情意)가 모두 갖추어진 원만한 사람. ¶—教育. ②신체가 완전한 사람. ↔不具者(불구자). ③백성을 보호하여 그들의 생활을 온전하게 함. ¶立功—<後漢書>

【全一】ぜんいつ(전일) 완전한 모양. 통일성이 있는

【全長】ぜんちょう(전장) 전체의 길이. ⌊모양.

【全載】ぜんさい(전재) 소설이나 논문 따위를 연재(連載)하지 않고 전부 한꺼번에 실음. ↔連載(연재)·分載(분재).

【全的】ぜんてき(전적) 전체에 걸친 (것). 전체를 통틀어서의 (것). ¶—責任.

【全丁】ぜんてい(전정) 한 성인으로서의 구실을 할 수 있는 젊은이.

【全精】ぜんせい(전정) 온전하게 정신을 가짐. ¶—者忘 是非忘得失<關尹子>

【全知】ぜんち(전지) ①모든 것을 다 앎. ¶—的存在. ②천주(天主)의 적극적 품성(稟性)의 하나.

【全紙】ぜんし(전지) ①온 장의 종이. ②한 신문의 지면 전체. ③모든 신문.

【全知全能】ぜんちぜんのう(전지전능) 모든 것을 알고 모든 것에 능한, 완전한 지력(知力)과 능력(能力). 全智全能(전지전능).

【全眞】ぜんしん(전진) 자기의 천성(天性)을 완전히 보전함. ¶—養和<晋書> 「부.

【全帙】ぜんちつ(전질) 한 질로 이루어진 책의 전

【全集】ぜんしゅう(전집) ☞全書(전서)②. ¶春園—.

【全天候】ぜんてんこう(전천후) 어떠한 기상 상태에서도 활동할 수 있는 것. ¶—飛行/—農業.

【全體需】ぜんたいじゅ(전체수) ①통째로 익힌 음식. ②닭이나 꿩 따위를 통째로 양념하여 구운 적(炙). 全體熟(전체숙).

【全體熟】ぜんたいじゅく(전체숙) ☞全體需(전체수).

【全治】ぜんち(전치) ①완전히 다스려짐. ¶—而無闕者<韻府引> ②완쾌(完快).

【全土】ぜんど(전토) 국토 전체. 온 나라의 안. 또는, 그 지방 전체. 「함.

【全破】ぜんぱ(전파) 완전히 파괴됨. 전부 파괴

【全判】ぜんぱん(전판) ①전지(全紙). ②전지(全紙)를 인쇄할 수 있는 크기의 인쇄 기계.

【全敗】ぜんぱい(전패) 모조리 패함. 完敗(완패). ↔全勝(전승).

【全篇】ぜんぺん(전편) 한 편의 시문(詩文). 또는, 서적의 전부. ¶天竺老師留一句 曹溪行者答—<李山甫> 「지함.

【全廢】ぜんぱい(전폐) 완전히 없애 버림. 모두 폐

【全幅的】ぜんぷくてき(전폭적) 신뢰나 찬성의 정도가 전면적인 (것). 있는 대로의 전부. 全幅(전폭). ¶—支持. 「全家(전가).

【全戶】ぜんこ(전호) 일가(一家) 전체. 온 집안.

▷曲—, 苟—, 大—, 萬—, 保—, 純—, 十—, 雙—, 安—, 兩—, 穩—, 瓦—, 完—, 自—, 周—

6 8 〖兩〗 ①두 량 ②량 량 ③㊐냥 냥 | 養 ㄌㄧㄤˇ (liang) 漾 | りょう (フタツ) *two*

㊗両

源象形. 좌우(左右) 두 편이 대(對)를 이루어 평형을 이룬 저울 모양을 본뜸.

풀이 ① ①두. 둘. ¶—馬之力與<孟子>/—分. ②짝. 비견할 만한 것. ¶—手/—眼. ③필(匹). 피륙 길이의 단위. ¶幣錦三十—<左氏傳> ④무게의 단위. 1량은 24수(銖). ¶斤—. ⑤25인으로 구성된 옛 군제의 한 대(隊). ¶五人爲伍 五伍爲—<周禮> ②량. 수레를 세는 단위. ㉠輛. ¶百—御之<詩經> ③㊐냥. ㉮무게의 단위. 1냥은 37.5g. ㉯옛날 엽전(葉錢)의 단위. 1냥=10돈=100푼.

【兩可】りょうか(양가) 쌍방이 다 좋음. 어느 것도 괜찮음. ¶是有不是 可有不可 是名—<晋

【兩家】りょうか(양가) 두 집. 양편 집. ⌊書>

【兩脚書廚】りょうきゃくしょちゅう(양각서주) 두 발 달린 서궤(書櫃)란 뜻으로, 학문은 하였으나 운용할 줄 모르는 사람을 풍자한 말.

【兩脚野狐】りょうきゃくやこ(양각야호) 두 발의 여우라는 뜻으로, 간교하고 아첨 잘하는 사람을 욕으로 이르는 말.

【兩肩】りょうけん(양견) ①양쪽 어깨. 두 어깨. 雙肩(쌍견). ②두 마리의 세 살 난 짐승. 肩은 세 살 난 짐승.

【兩觀】りょうかん(양관) 궁문 좌우에 있는 망루(望樓). ¶周置— 以表宮門<三輔黃圖>

【兩廣】りょうこう(양광) 중국의 광동성(廣東省)과 광서성(廣西省).

【兩極】りょうきょく(양극) ①지구의 북극(北極)과 남극(南極). ②음극(陰極)과 양극.

【兩極端】りょうきょくたん(양극단) 양쪽 끝. 두 사물 사이의 거리가 매우 심하게 멀거나, 의견이 대립적으로 다름.

【兩難】りょうなん(양난) 이러기도 어렵고 저러기도 어려운 난처한 처지. ¶進退—. 「병칭.

【兩南】りょうなん(양남) 호남(湖南)·영남(嶺南)의

【兩袒】りょうたん(양단) 양쪽 소매를 다 벗는다는 뜻으로, 두 가지 일을 겸해서 하거나, 두 가지 일을 아울러 얻음을 이르는 말. ※左袒(좌단).

【兩端】りょうたん(양단) ①물건의 양쪽 끝. ②상반(相半)하는 상태의 두 극한(極限). ③사물의 처음과 끝. 首尾(수미). 本末(본말). ④두 가지 마음. 또는, 어느 쪽에도 붙지 않는 애매한 태도.

【兩端間】(양단간) 어찌 되든지. 左右間(좌우간). 「말.

【兩堂】りょうどう(양당) 남의 부모를 높여 이르는

【兩當】りょうとう(양당) ①둘 다 맞음. ¶—其實<宋史> ②소매는 없고 가슴과 등만 걸치는 옷. 兩襠(양당). ¶唯着絳衲—衫<南史>

【兩度】りょうど(양도) 두 번. 再次(재차). ¶燕子來時一新<杜甫>

【兩都賦】りょうとふ(양도부) 한(漢)의 서도(西都) 장안(長安)을 노래한 서도부(西都賦)와 동도(東都) 낙양(洛陽)을 노래한 동도부(東都賦)의 병칭. 반고(班固)의 작(作). 「문선」(文選)에 수록되어 전함.

【兩頭】りょうとう(양두) ①두 개의 머리. 또는, 양쪽 끝. 兩首(양수). ¶鼓譟而起 一俱發<魏志> ②우두머리가 둘임. ¶一政治.

【兩得】りょうとく(양득) 한 가지 일로써 두 가지 이익을 얻음. ¶一擧一.

【兩論】りょうろん(양론) 두 가지의 서로 대립되는 의론. ¶斥和一.

【兩立】りょうりつ(양립) 쌍방(雙方)이 함께 존립(存立)함. 兩存(양존). ¶忠孝之節 道不一<後漢書>

【兩麥】りょうばく(양맥) 보리와 밀.

【兩面】りょうめん(양면) ①앞면과 뒷면. 두 면. ②두 가지 방면. ¶一作戰. ③두 마음이 있는 사람.

【兩髦】りょうぼう(양모) 두 갈래로 갈라 양쪽으로 늘어뜨린 어린 아이의 머리. ¶髡彼一 實維我儀<詩經>

【兩眉】りょうび(양미) 두 눈썹. ¶一間.

【兩半】りょうはん(양반) ①반짜리 두 개. ②㊗韓 예전 화폐에서, 한 냥 닷 돈의 금액.

【兩班】りょうはん・ヤンバン(양반) ①㊗韓 동반(東班)과 서반(西班). ②지체나 신분이 높은 사람 또는 계급을 일컫던 말. ¶一階級.

【兩方】りょうほう(양방) 양쪽. 雙方(쌍방).

【兩榜】りょうぼう(양방) 진사 급제(進士及第)한 갑방(甲榜)과 거인 급제(擧人及第)한 을방(乙榜)을 이르던 말.

【兩邊】りょうへん(양변) 양편 가장자리. 두 편. 兩側(양측).

【兩鳳連飛】りょうほうれんぴ(양봉연비) 두 마리의 봉황새가 날개를 나란히 하여 난다는 뜻으로, 형제가 함께 영달(榮達)함을 비유한 말. 북제(北齊) 최능(崔㥄) 형제의 옛일.

【兩分】りょうぶん(양분) 둘로 가름. ¶人必曰貪 不如一之<史記>

【兩司】りょうし(양사) 사헌부(司憲府)와 사간원(司諫院).

【兩辭】りょうじ(양사) 원고(原告)와 피고(被告) 양쪽의 말.

【兩三行淚】りょうさんこうるい(양삼행루) 두세 줄로 흐르는 눈물. ¶三十年來長在客 一忽然垂<賈島>

【兩西】(양서) 황해도와 평안도. ¶一地方.

【兩舌】りょうぜつ(양설)(佛) 두 개의 혀라는 뜻으로, 거짓말이나 식언(食言)을 이름. 10악(惡)의 하나.

【兩性】りょうせい(양성) ①남성과 여성. 웅성(雄性)과 자성(雌性). ¶一花/一生殖. ②두 가지 성질.

【兩手据地】りょうしゅきょち(양수거지) ①절을 한 뒤에 두 손을 땅에 대고 꿇어 엎드림. ②두 손을 마주 잡고 서 있음.

【兩手兼將】(양수겸장)㊗韓 장기에서 두 개의 말이 동시에 장(將)을 부르게 되는 일.

【兩袖机】りょうしゅうき(양수궤) 양측에 여러 층의 서랍이 있는 책상.

【兩失】りょうしつ(양실) ①두 가지를 다 잃음. 또는, 두 가지 일에 다 실패함. ②쌍방이 다 그름.

【兩心】りょうしん(양심) ①두 사람의 마음. ¶昔君與我 一相結<傅玄> ②☞二心(이심). ¶聖人無一<荀子>

【兩岸】りょうがん(양안) 양쪽 기슭. ¶一猿聲啼不住<李白>

【兩眼】りょうがん(양안) 양쪽 눈. 兩目(양목). ¶一明且光<杜牧>

【兩曜】りょうよう(양요) 두 개의 광채(光彩). 곧, 해와 달. ¶日月謂之一<梁元帝纂要>

【兩院】りょういん(양원) 국회를 이루는 두 원(院). 곧, 민의원(民議院)과 참의원(參議院). 또는, 상원(上院)과 하원(下院). ¶一制. ↔單院(단원).

【兩位】りょうい(양위) ①☞兩位分(양위분). ②(佛) 죽은 부부(夫婦).

【兩位分】りょういぶん(양위분) 부모나 부모처럼 섬기는 사람의 내외분(內外分).

【兩意】りょうい(양의) ①두 마음. 二心(이심). ¶聞君有一 故來相決絕<宋書> ②두 가지 뜻으로 생각할 수 있는 것. 곧, 두 가지 의미.

【兩儀】りょうぎ(양의) ①음(陰)과 양(陽). ¶易有太極 是生一<易經> ②하늘과 땅. ¶玄德通於神明 聖姿合於一<劉琨>

【兩翼】りょうよく(양익) ①새의 양쪽 날개. ¶取大鳥翮爲一<漢書> ②군대나 팀에서 양쪽에 있는 대열. ¶重威先以左右隊 擊其一<五代史>

【兩刃】りょうじん(양인) 쌍날. ¶一幽壤鐵<元稹>

【兩日】りょうじつ(양일) ①두 날. 이틀. ②두 개의 태양. ¶梁太清初 帝夢一鬪<南史>

【兩者】りょうしゃ(양자) 두 사람. 또는, 두 사물. ¶一合意.

【兩者擇一】りょうしゃたくいつ(양자택일) 두 가지 가운데서 한 가지를 선택함.

【兩場】りょうじょう(양장) ①과거의 초시(初試)와 복시(覆試). ¶一進士/一初試. ②전시(殿試)의 초장(初場)과 종장(終場).

【兩全】りょうぜん(양전) ①두 가지가 다 온전함. 兼全(겸전). ¶文武一. ②쌍방이 다 무사함. 또는, 양쪽 다 완전히 이룸. ¶忠孝之道 安得一<晉書>

【兩浙】りょうせつ(양절) 중국 전당강(錢塘江)의 이남인 절동(浙東)과 이북인 절서(浙西)의 병칭.

【兩造】りょうぞう(양조) ①죄인과 증인. 또는, 원고와 피고. ¶以一禁民訟<周禮>/一具備. ②두 방면. 雙方(쌍방).

【兩朝】りょうちょう(양조) ①두 나라 왕조. ¶一聘好百年矣<宋史> ②전후 두 임금의 시대. 2대(代)의 조정(朝廷). ¶一開濟老臣心<杜甫>

【兩足尊】りょうそくそん(양족존)(佛) 부처의 존호(尊號). ¶無上一 願說第一法<法華經>

【兩主】りょうしゅ(양주) 부부(夫婦)의 속칭.

【兩中】りょうちゅう(양중) 남자 무당의 하나.

【兩陣】りょうじん(양진) 서로 대치하고 있는 두 진(陣). 아군의 진과 적군의 진. ¶一對峙.

【兩晉】りょうしん(양진) 서진(西晉)과 동진(東晉).

【兩次】りょうじ (양차) 두 번. 兩度(양도).

【兩隻】りょうせき (양척) 원고와 피고.

【兩親】りょうしん (양친) 부모. 아버지와 어머니. ¶一父母.

【兩便】りょうべん (양편) ①두 편. ②쌍방의 편리.

【兩漢】りょうかん (양한) 전한(前漢)과 후한(後漢). 서한(西漢)·동한(東漢)이라고도 함.

【兩湖】(양호) 호남(湖南)과 호서(湖西). 곧, 전라도와 충청도 지방.

【兩虎】りょうこ (양호) 두 마리의 범. 역량이 비슷한 두 영웅(英雄)을 이름. ¶一相鬪 其勢不俱生＜史記＞

【兩淮】りょうわい (양회) 중국의 회수(淮水) 남쪽인 회남(淮南)과 북쪽인 회북(淮北) 지방.

▷假一, 斤一, 罔一, 兩一, 銖一, 儲一, 參一

7 9【兪】 ①더욱 유 ②나을 유 | 廣ㄩˊ(yu) 廣ㄩˋ(yu) | ゆ(イヨイヨ) *more*

풀이 ① ①더욱. 점점. 通逾. ¶辭一卑 禮一尊＜國語＞ ②그렇다. 예. 응낙(應諾)하는 말. ¶帝曰 一＜書經＞/男唯女一＜禮記＞ ③통나무배. ¶一 空中木爲舟也＜說文＞ ④넘다. 때가 지남. 通踰. ¶若知賢而一不立＜史記＞ ⑤편안하다. 안정됨. ¶無爲則一一＜莊子＞ ②낫다. 낫게 함. 通愈. ¶未有一疾之福也＜荀子＞

【兪兒】ゆじ (유아) ①《人》 황제(黃帝) 때의 일류 요리사. 맛을 잘 감식(鑑識)하였다 함. ②신(神)의 이름.

【兪扁】ゆへん (유편)《人》 옛 중국의 명의(名醫)인 유부(兪跗)와 편작(扁鵲). ¶一之門 不拒病夫＜柳宗元＞

9【俞】 兪(p. 167)의 俗字

八＜여덟 팔＞部

八 ② 公 六 兮 ④ 共 兴 ⑤ 㒵 兵 兵 ⑥ 具 其 典 ⑦ 兴 ⑧ 兼 ⑩ 兾 ⑪ 巽 ⑭ 冀 ⑱ 顚 顛

0 2【八】 ①여덟 팔 ②나눌 배 | 國ㄅㄚ 廣(ba) | はち(ヤツ, ヤ) *eight*

源 指事. 좌우(左右) 둘로 나눈 모양을 보여, 첫째, 둘로 나누어지는 수중에서 가장 큰 여덟을 뜻하고, 둘째, 서로 나누어져 배반한다는 뜻이 있음. 이때는 음(音)이 「배」가 됨.

풀이 ① ㉮여덟. ¶一口之家 可以無飢矣＜孟子＞/一方/一景. ㉯여덟째. 차례 수로서의 여덟. ¶一月一日. ㉰여덟 번. ¶一回/七顚一起. ②나누다. 나누어짐. ¶一 音背 分異也＜六書本義＞

【八思巴文字】パスパもじ (파스파 문자) 티벳 사람 파스파(八思巴)가 원(元) 세조(世祖) 쿠빌라이의 명(命)에 따라 만들어 1269년 공포한 몽고 문자(蒙古文字). 공용(公用)으로만 쓰였고 일반화되지는 못했음. 八思巴는 hPhags-pa의 음역(音譯).

【八日】(파일←팔일)《佛》 석가가 탄생한 음력 4월 8일. 이 날에는 관등(觀燈)을 하고 느티떡과 검은 콩을 쪄서 먹는 민속이 있음. 파일은 관용음(慣用音).

【八家文】はっかぶん (팔가문) 당송(唐宋) 팔대가(八大家)의 문장. 그것을 편집한 것으로는 명(明)의 모곤(茅坤)이 엮은 「당송팔대가문초」(唐宋八大家文鈔)와 청(清)의 심덕잠(沈德潛)이 엮은 「당송팔가문독본」(唐宋八家文讀本)이 있음.

【八角把杯】はっかくははい (팔각파배) 8모가 지고 손잡이가 달린 술잔.

【八景】はっけい (팔경) 어느 지역에 있어서, 경치 좋은 여덟 곳. 중국의 소상 팔경(瀟湘八景)이나 우리 나라의 관동 팔경(關東八景) 따위.

【八苦】はっく (팔고)《佛》 사람이 일생 동안 겪는 여덟 가지 괴로움. 생고(生苦)·노고(老苦)·병고(病苦)·사고(死苦)·애별리고(愛別離苦)·원증회고(怨憎會苦)·구불득고(求不得苦)·오음성고(五陰盛苦).

【八股文】はっこぶん (팔고문) 명(明)·청(清)대의 과거(科擧) 답안에 쓰인 문장 형식. 그 결구(結構)는 대구법(對句法)에 의하여 여덟로 나뉨. 制藝(제예). 制義文(제의문).

【八高祖圖】はちこうそノず (팔고조도) 4대(代)까지의 조(祖) 및 외조의 계보를 적은 도표.

【八關齋】はちかんさい (팔관재)《佛》 팔악(八惡)을 금하고 모든 죄과(罪過)가 생기지 않도록 하는 계(戒). 八關齋戒(팔관재계).

【八卦】はっか·はっけ (팔괘) 주역의 여덟 가지 괘(卦). 건(乾 : ☰)·태(兌 : ☱)·이(離 : ☲)·진(震 : ☳)·손(巽 : ☴)·감(坎 : ☵)·간(艮 : ☶)·곤(坤 : ☷). 이 중 두 가지씩을 짝지어서 64괘로 하고, 삼라만상을 상징하여 길흉화복(吉凶禍福)을 점침.

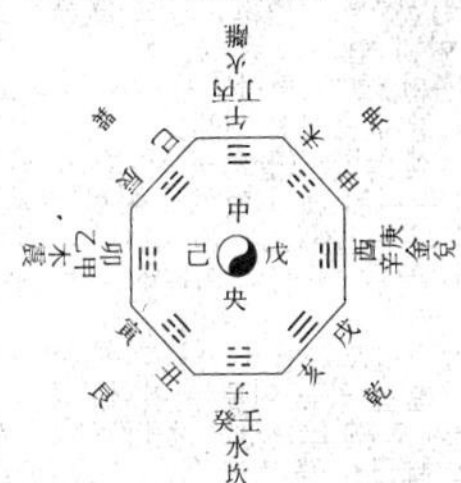

八卦方位之圖(卜筮全書)

【八紘】はっこう (팔굉) 팔방(八方)의 멀고 너른 범위. 곧, 온 세상. 八極(팔극). 八荒(팔황). ¶一之外 乃有八極＜淮南子＞

【八區】はっく (팔구) 팔방(八方)의 구역. 곧, 천하.

【八極】はっきょく (팔극) ☞八荒(팔황).

【八旗】はっき (팔기) 청(清)의 병제(兵制). 청조(清朝) 창업에 공로가 있는 공신의 후예로, 만주인·몽고인·한인 각 8기(旗)로 조직한 군대. 기의 빛깔로 구별하였음. 합계 24

기(旗).

【八年兵火】はちねんへいか (팔년병화) 항우(項羽)와 유방(劉邦)의 패권 싸움이 8년 걸린 옛일에서 나온 말로, 승패(勝敗)가 오랫동안 결정되지 않음 또는 오랜 동안의 전쟁을 이름. 八年風塵(팔년풍진). 「년병화」.

【八年風塵】はちねんふうじん (팔년풍진) ☞ 八年兵火(팔

【八達】はったつ (팔달) ①팔방으로 통함. 교통이 매우 편리함. ¶四通—. ②모든 일에 정통함. 또는, 8인의 달사(達士).

【八到】はちとう (팔도) 여덟 방향. 동·서·남·북·동남·서남·동북·서북. 八鎭(팔진). ¶九霄回棧路 —覗并州<歐陽詹>

【八道】(팔도)㊏韓 ①옛날 우리 나라의 행정 구역인 여덟 도. 곧, 경기·충청·전라·경상·황해·평안·함경·강원도. ②우리 나라 전국. ¶—江山/—遊覽.

【八頭身】はっとうしん (팔두신) ☞ 八等身(팔등신).

【八斗作米】はちとさくまい (팔두작미) 벼 한 섬을 찧게 하여 여덟 말은 받고, 그 나머지는 찧는 삯으로 주는 일.

【八斗才】はっとのさい (팔두재) 시문(詩文)에 재주가 풍부함을 이르는 말. 송(宋)의 사영운(謝靈運)이 위(魏)의 조식(曹植)을 두고 칭찬한 데서 온 말. ※倚馬才(의마재)·倚馬可待(의마가대)·七步才(칠보재).

【八等身】はっとうしん (팔등신) 머리가 키의 8분의 1쯤 되는 균형 잡힌 몸집. 미인의 표준으로 삼음. 八頭身(팔두신).

【八蠻】はちばん (팔만) 중국 남쪽 지방에 있던 여덟 종족의 오랑캐. 천축(天竺)·해수(咳首)·초요(僬僥)·파종(跛踵)·천흉(穿胸)·담이(儋耳)·구지(狗軹)·방춘(旁春).

【八面】はちめん (팔면) ①각 방면. 八方(팔방). ¶—峰巒秀<黃滔> ②여덟 개의 평면. ¶雷鼓— 路鼓四面<風俗通>/—體. ③여덟 개의 얼굴. ¶—九口長舌<易林>

【八面鼓】はちめんこ (팔면고) 영고(靈鼓) 모양으로, 여덟 면으로 된 북.

【八面不知】はちめんふち (팔면부지) 어느 모로 보나 전혀 알지 못하는 사람.

【八面六臂】はちめんろっぴ (팔면육비) ①불상(佛像) 따위의 여덟 개의 얼굴과 여섯 개의 팔. ②전후 좌우에서 오는 적(敵)이나 사물에 대하여 날쌔게 응하여 처리해 내는 사람을 이름.

【八母】はちぼ (팔모) 친어머니 외에 복제(服制)의 구별이 있는 여덟 어머니. 곧, 적모(嫡母)·계모(繼母)·양모(養母)·자모(慈母)·가모(嫁母)·출모(黜母)·서모(庶母)·유모(乳母).

【八目】はちもく (팔목) 사람·물고기·새·꿩·노루·별·말·토끼 따위를 그린 투전. 數鬪牋(수투전).

【八門】はちもん (팔문) ①여덟 문. ¶王軍啓— 行同上帝居<宋書> ②술수가(術數家)에서 하는, 휴(休)·생(生)·상(傷)·두(杜)·경(景)·사(死)·경(驚)·개(開)의 여덟 문. 구궁(九宮)에 맞추어 길흉(吉凶)을 점침.

【八門金蛇陣】はちもんきんだじん (팔문 금사진) 팔문을 이용한 옛 진법(陣法)의 하나.

【八物湯】はちぶつとう (팔물탕) 사물탕(四物湯)과 사군자탕(四君子湯)을 합한 탕약. 여덟 가지 약재를 배합하여 기혈(氣血)을 보(補)하는 데 쓰는 보약. 八珍湯(팔진탕).

【八眉】はちび (팔미) ①팔자(八字) 모양의 눈썹. 八字眉(팔자미). ②팔색(八色)의 눈썹. 요(堯)임금이 팔색의 눈썹을 가졌었다 함.

【八味元】はちみげん (팔미원) ☞ 八味丸(팔미환).

【八味菜】はちみさい (팔미채) 생선을 기름하게 썰고 배추와 오이채를 섞어서 소금·설탕·겨자·초 같은 것을 치고 버무려 만든 나물.

【八味丸】はちみがん (팔미환) 육미환(六味丸)에 부자(附子)와 육계(肉桂)를 섞어 만든 보약. 八味元(팔미원).

【八方】はっぽう (팔방) 사방(四方)과 사우(四隅). 八到(팔도). 八際(팔제). 八鎭(팔진). ¶四面—.

【八方美人】はっぽうびじん (팔방미인) ①어느 모로 보나 흠이 없이 아름다운 사람. ②누구에게나 잘 보이도록 처세하는 사람. ③아무 일에나 능통한 사람. ④깊이가 없이 여러 방면에 조금씩 손을 대는 사람을 조롱하여 이르는 말.

【八方塞】はっぽうふさがり (팔방색) 음양가(陰陽家)에서 어느 방향이나 다 불길(不吉)함을 이르는 말.

【八方天】はっぽうてん (팔방천)《佛》하늘을 여덟 방위로 나눈 이름. 제석천(帝釋天：東方), 이사나천(伊舍那天：東北), 염마천(閻魔天：南方), 화천(火天：東南), 수천(水天：西方), 나찰천(羅刹天：西南), 비사문천(毘沙門天：北方), 풍천(風天：西北).

【八拜之交】はちはいのまじわり (팔배지 교) 이성(異姓)의 사람들이 서로 형제의 의를 맺고 사귀는 일. ¶俺二人以— 同三軍之事<紫釵記>

【八白】はっぱく (팔백) 음양가에서 토성(土星)을 일컫는 말. 본위(本位)는 동북(東北). 生門(생문). ¶生門爲—<協紀辨方書>

【八法】はっぽう (팔법) ①고대(古代)의 여덟 가지 법제(法制). 관속(官屬)·관직(官職)·관련(官聯)·관상(官常)·관성(官成)·관법(官法)·관형(官刑)·관계(官計). 八灋(팔법). ②永자로 예를 들어 보인 여덟 가지 운필법(運筆法). 永字八法(영자팔법).

【八辟】はちへき (팔벽) ☞ 八議(팔의).

【八病】はちへい (팔병) 시(詩)를 지을 때 여덟 가지 꺼리는 일. 곧, 평두(平頭)·상미(上尾)·봉요(蜂腰)·학슬(鶴膝)·대운(大韻)·소운(小韻)·방뉴(傍紐)·정뉴(正紐).

【八寶糖】はちほうとう (팔보당) 사탕 가루에 여러 가지 물감을 들여 끓인 뒤에, 다섯 모의 꽃잎을 새긴 판에 부어서 만든 중국식 사탕.

【八分】はち①·はっぷん② (팔분) ①10분의 8. ②서체(書體)의 이름. 곧, 전서(篆書)와 예서(隸書)의 중간체.

(팔푼) 한 치의 10분의 8.

【八不用】はちふよう (팔불용) 몹시 어리석은 사람을 이르는 말. 八不出(팔불출).

【八不出】はちふしゅつ (팔불출) ☞ 八不用(팔불용).

【八朔童】はっさくどう (팔삭동) ①제 달을 다 채우지

못하고 여덟 달만에 낳은 아이. ②똑똑하지 못한 사람을 조롱하는 말.

【八象】はっしょう(팔상) 역(易)의 8괘(卦)의 상(象). 곧, 건(乾)은 천(天)에, 곤(坤)은 지(地)에, 감(坎)은 수(水)에, 이(離)는 화(火)에, 간(艮)은 산(山)에, 태(兌)는 택(澤)에, 손(巽)은 풍(風)에, 진(震)은 뇌(雷)에 해당함. 八卦(팔괘). ¶結繩闡化一成文<潘岳>

【八相成道】はっそうじょうどう(팔상성도)《佛》 석가모니 불이 일생에 나타낸 여덟 가지의 변상(變相). 강도솔(降兜率)·입태(入胎)·주태(住胎)·출태(出胎)·출가(出家)·성도(成道)·전법륜(轉法輪)·입멸(入滅). 이설(異說)도 있으나 대동소이(大同小異)함.

【八相殿】はっそうでん(팔상전)《佛》 석가 팔상(釋迦八相)의 그림과 존상(尊相)을 각각 나누어 모신 법당(法堂).

【八書】(팔서) 팔체서(八體書)의 준말.

【八仙糕】はっせんこう(팔선고) 섣달에, 볶은 찹쌀과 백출(百朮)·백복령(白茯苓)·산약(山藥)·연실(蓮實)·감인(芡仁)·진피(陳皮)·감초(甘草) 따위를 한데 갈아서 냉수에 타 먹는 음료의 일종.

【八仙床】はっせんしょう(팔선상) 여덟 사람이 둘러앉을 만하게 만든 네모 반듯한 큰 상. 八仙交子(팔선교자).

【八仙燒酒】はっせんしょうしゅ(팔선소주) 소방목(蘇方木)·방풍(防風)·창출(蒼朮)·송절(松節)·선모(仙茅)·모과(木瓜)·우슬(牛膝)·하수오(何首烏) 따위를 한데 달여 낸 물에 찹쌀을 섞어서 내린 소주. 八仙酒(팔선주).

【八仙酒】はっせんしゅ(팔선주) ☞八仙燒酒(팔선소주).

【八世譜】はっせいふ(팔세보) 문(文)·무(武)·음(蔭)의 관원(官員)을 고사(考査)하기 위하여, 그의 팔대조(八代祖)까지를 적은 보첩(譜牒).

【八手舞】ャッテマイ(팔수무) 진연(進宴) 때 추던 춤의 한 가지.

【八識】はっしき(팔식)《佛》 오관(五官)과 몸을 통하여 외계의 사물을 인식할 수 있는 여덟 가지의 심적 작용. 안식(眼識)·이식(耳識)·비식(鼻識)·설식(舌識)·신식(身識)·의식(意識)·말나식(末那識)·아뢰야식(阿賴耶識).

【八神將】はっしんしょう(팔신장) 점술가(占術家)에서, 길흉(吉凶)의 방위(方位)를 맡는다는 팔주(八柱)의 신장(神將). 태세(太歲)·대장군(大將軍)·태음(太陰)·세형(歲刑)·세파(歲破)·세살(歲殺)·황번(黃幡)·표미(豹尾).

【八域誌】(팔역지) ☞擇里志(택리지).

【八埏】はちえん(팔연) 팔방(八方)의 끝닿은 곳. 八殥(팔인). ¶考之四隈 則一之中<左思>

【八裔】はちえい(팔예) 팔방(八方)의 아득히 먼 끝. ¶大鵬飛兮振一<李白>

【八王日】はちおうにち(팔왕일)《佛》 인간을 맡아 다스리는 모든 왕신(王神)이 교대한다는 날. 입춘(立春)·춘분(春分)·입하(立夏)·하지(夏至)·입추(立秋)·추분(秋分)·입동(立冬)·동지(冬至). 八節(팔절).

【八元八愷】はちげんはちがい(팔원팔개) 중국 고대 전설에 나오는 16인의 선량하고 온화한 재자(才子), 팔원(八元)과 팔개(八愷). 元은 善, 愷는 和·樂. ¶昔 高陽氏有才子八人 世得其利 謂之八愷 高辛氏有才子八人 世謂之八元<史記>

【八月仙】はちげつせん(팔월선) 8월이 되면 농부들이 한가하여 신선 같다는 뜻에서, 8월의 농부를 이름.

【八喩】はちゆ(팔유)《佛》 여덟 가지 비유. 순유(順喩)·역유(逆喩)·현유(現喩)·비유(非喩)·선유(先喩)·후유(後喩)·선후유(先後喩)·편유(徧喩).

【八垠】はちぎん(팔은) ☞八荒(팔황). ¶賦詩賓客間 揮灑動一<杜甫>

【八議】はちぎ(팔의) 죄(罪)를 감면하는 재판상의 여덟 가지 은전(恩典). 의친(議親)·의고(議故)·의현(議賢)·의능(議能)·의공(議功)·의귀(議貴)·의근(議勤)·의빈(議賓). 八辟(팔벽).

【八殥】はちいん(팔인) ☞八埏(팔연). ¶一地域.

【八佾】はちいつ(팔일) 주(周)대 천자의 무악(舞樂). 팔일무(八佾舞)는 여덟 사람씩 여덟 열을 지어 64명이 추는 춤. ¶一以舞大武<公羊傳>

【八字】はちじ(팔자) ①출생한 연(年)·월(月)·일(日)·시(時)의 네 간지(干支)의 여덟 글자. ¶四柱一. ②사람의 평생 운수. ¶一奇薄. ③《佛》 열반경(涅槃經)에 나오는 설산(雪山)의 여덟 글자. 生滅滅已 寂滅爲樂(생멸멸이 적멸위락).

【八字眉】はちじび(팔자미) ☞八眉(팔미)①. ¶漢武帝宮人 掃一<粧臺記>

【八字青山】はちじせいざん(팔자청산) ☞八字春山(팔자춘산).

【八字春山】はちじしゅんざん(팔자춘산) 미인의 고운 눈썹을 비유. ※蛾眉(아미).

【八字打開】はちじだかい(팔자타개) 팔자(八字) 모양으로 열어 젖힘. 명료하게 어떤 사실이나 사리를 해명함을 이르는 말. ¶聖賢已是一了<朱熹>

【八字打鈴】(팔자타령)韓 불우한 자신의 신세를 한탄하는 일.

【八將神】はっしょうじん(팔장신) ☞八神將(팔신장).

【八材】はちざい(팔재) 그릇을 만드는 여덟 가지 재료. 주(珠)·상(象)·옥(玉)·석(石)·목(木)·금(金)·초(草)·우(羽). ¶百工飭化一<周禮>

【八專】はっせん(팔전) 임자(壬子)에서 계해(癸亥)까지의 열 이틀 가운데, 축(丑)·진(辰)·오(午)·술(戌)의 나흘을 제외한 여드레 동안. 이 기간에 비가 많이 온다고 하여 출진(出陣)·혼인을 꺼림.

【八節】はっせつ(팔절) ☞八王日(팔왕일). ¶炎席分一 以始農功<晉書>

【八正】はっしょう(팔정) ①《佛》 8가지 바른 길. 곧, 정견(正見)·정사유(正思惟)·정어(正語)·정업(正業)·정명(正命)·정정진(正精進)·정념(正念)·정정(正定). 八聖道(팔성도). 八正道(팔정도). ②팔절(八節)의 기운이 팔방 바람에 응하는 일. ¶天所以通五行一之氣<史記>

【八正道】はっせいどう(팔정도) ☞八正(팔정)①.

【八際】はっさい(팔제) ☞八方(팔방). ¶鼓洪流于一＜晋書＞

【八條禁法】(팔조금법) 우리 나라 고대 사회에서 시행되었던 여덟 가지의 금법(禁法). 살인·상해(傷害)·투도(偸盜)·금간(禁姦) 등을 내용으로 함. 八條之敎(팔조지 교).

【八條之敎】(팔조지 교) ☞八條禁法(팔조금법).

【八駿】はっしゅん(팔준) 주(周) 목왕(穆王)이 사랑하던 여덟 마리의 준마(駿馬). 절지(絕地)·번우(翻羽)·분소(奔宵)·초영(超影)·유휘(踰輝)·초광(超光)·등무(騰霧)·협익(挾翼). 또는, 적기(赤驥)·도려(盜驪)·백의(白義)·유륜(踰輪)·산자(山子)·거황(渠黃)·화류(華騮)·녹이(綠耳). 八駿馬(팔준마). ¶周穆王馳一＜柳宗元＞

【八駿馬】はっしゅんめ(팔준마) ☞八駿(팔준).

【八珍】はっちん(팔진) ①여덟 가지의 진미(珍味). 순오(淳熬)·순모(淳母)·포돈(炮豚)·포장(炮牂)·도진(擣珍)·지(漬)·오(熬)·간료(肝膋). 이설(異說)이 있음. ②맛있는 음식. 또는, 아주 잘 차린 음식. 八珍味(팔진미).

【八陣】はちじん(팔진) 군진(軍陣)의 여덟 가지 형식. 또는, 팔각형의 진형(陣形). 풍후(風后)·손자(孫子)·제갈양(諸葛亮) 등이 창안(創案)하였다고 하나, 이설(異說)이 많고, 내용도 분명치 않음. 가장 유명한 것은 제갈양의 동당(洞當)·중황(中黃)·용등(龍騰)·조상(鳥翔)·연횡(連衡)·악기(握機)·호익(虎翼)·절충(折衝).

【八鎭】はっちん(팔진) ☞八到(팔도).

【八珍糕】はっちんこう(팔진고) 묵은 쌀과 찹쌀에, 백복령(白茯苓)·산약(山藥)·율무·백편두(白扁豆)·연육(蓮肉)·감인(芡仁) 등을 섞어 가루를 만들고 설탕을 쳐서 버무려 쪄 낸 다음 다식판(茶食板)에 박은 음식.

【八陣圖】はちじんず(팔진도) ①제갈양(諸葛亮)이 만든 팔진(八陣)의 도형. ②8괘의 방위에 맞추어 설치한 진형(陣形).

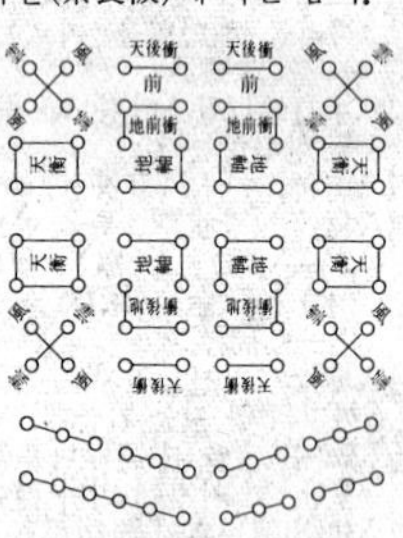

八陣圖(圖書編)

【八珍味】はっちんみ(팔진미) ☞八珍(팔진)①②.

【八珍湯】はっちんとう(팔진탕) ☞八物湯(팔물탕).

【八耋】はってつ(팔질) 여든 살. 八帙(팔질). 八袠(팔질).

【八叉手】はっさしゅ(팔차수) 여덟 번 팔짱 끼는 동안 팔운(八韻)을 지었다는 온정균(溫庭筠)의 옛일에서 온 말로, 시문(詩文)을 재빨리 짓는 재주를 이름. ※八斗才(팔두재)·七步才(칠보재)·倚馬才(의마재).

【八體】はったい(팔체) ①사람 몸의 여덟 군데. 머리·배·발·다리·귀·눈·손·입. ②한자의 여덟 가지 서체(書體). ㉮대전(大篆)·소전(小篆)·각부(刻符)·충서(蟲書)·모인(摹印)·서서(署書)·수서(殳書)·예서(隷書). ㉯고문(古文)·대전(大篆)·소전(小篆)·예서(隷書)·초서(草書)·비백(飛白)·팔분(八分)·행서(行書). 八體書(팔체서). 八書(팔서).

【八體書】はったいしょ(팔체서) ☞八體(팔체)②.

【八草】はっそう(팔초) 창포(菖蒲)·애엽(艾葉)·차전(車前)·하엽(荷葉)·창용(蒼茸)·인동(忍冬)·마편(馬鞭)·번루(蘩蔞)의 여덟 가지 약초.

【八寸】はっすん(팔촌) ①여덟 치. ②삼종 형제(三從兄弟)되는 촌수. ¶一兄.

【八則】はっそく(팔칙) 주례(周禮)에서, 서울과 지방을 다스리는 여덟 가지 규칙. 곧, 제사(祭祀)·법칙(法則)·폐치(廢置)·녹위(祿位)·부공(賦貢)·예속(禮俗)·형상(刑賞)·전역(田役). ¶以一治都鄙＜周禮＞

【八包大商】(팔포대상)㊐ ①생활에 걱정이 없는 사람을 가리키는 말. ②예전에 중국으로 사신을 따라 가 홍삼을 팔던 의주(義州) 상인. ※灣商(만상).

【八表】はっぴょう(팔표) ①팔방 먼 땅의 끝. ¶遠之一 近憩雲岑＜陶潛＞ ②온세계. 八荒(팔황). 八方(팔방).

【八風】はっぷう(팔풍) ①팔방(八方)의 바람. 조풍(條風 : 東)·혜풍(惠風 : 東南)·거풍(巨風 : 南)·양풍(涼風 : 西南)·요풍(飂風 : 西)·여풍(麗風 : 西北)·한풍(寒風 : 北)·염풍(炎風 : 東北). ②《佛》 인심을 선동하는 바람 여덟. 애(哀)·이(利)·훼(毁)·예(譽)·칭(稱)·기(譏)·고(苦)·낙(樂). 八法(팔법). ¶四順四違 能動物情 名爲一＜行宗記＞

【八垓】はちがい(팔해) 팔방의 끝. ¶一可接於咫尺 萬象無逃於寸眸＜任公叔＞

【八行】はっこう(팔행) 여덟 가지의 선행(善行). 효(孝)·제(悌)·목(睦)·인(婣)·임(任)·휼(恤)·중(中)·화(和). 中대신 忠을 넣기도 함.

(팔항) 여덟 줄의 서간전(書簡箋). ¶一飛札老成人＜元稹＞

【八刑】はっけい(팔형) 불효(不孝)·불목(不睦)·불인(不婣)·부제(不悌)·불임(不任)·불휼(不恤)·조언(造言)·난민(亂民)의 여덟 가지 비행(非行)에 대한, 주(周)대의 형벌. ¶以鄕一糾萬民＜周禮＞

【八荒】はっこう(팔황) 팔방의 끝. 온 세계. 八垠(팔은). 八極(팔극). 八表(팔표). 八垓(팔해). ¶將往走乎一＜後漢書＞

▷亡一, 望一, 三一, 晉一, 二一, 丈一, 初一

2
4 【公】 공변될 공 | 中ㄍㄨㄥ (gong) | こう (オオヤケ) *fair, public*

풀이 ①공변되다. 사(私)가 없이 공평함.

¶何可以—論乎<淮南子>/—正/—平. ②드러내다. 숨기지 않고 나타냄. ¶—穿軍垣 以求賈利<漢書>/——然/—開. ③공적(公的). ㉮여러 사람에게 관계되는 일. ¶天下爲—<禮記>/奉—/—事. ㉯관무(官務). ¶夙夜在—<詩經>/—職/—務員. ㉰관청. 마을. ¶退食自—<詩經>/—家. ④임금. 천자. 제후. ¶掌—墓之地<周禮> ⑤공작(公爵). ㉮ 5 등작의 첫째. ¶—侯伯子男. ㉯천자의 보필. ¶—卿大夫/三—. ⑥존칭어. ㉮노인·장자(長者)의 존칭. ¶此六七—皆亡恙<漢書> ㉯그대. 당신. 동배(同輩)의 호칭. ¶—等碌碌<史記> ㉰부친·시부(媤父)의 존칭. ¶家—執席<列子> ㉱남자의 성(姓)·시호(諡號)·아호(雅號)·관작(官爵) 밑에 씀. ¶忠武—/判書—. ㉲자연물, 신(神) 등을 높여 점잖게 이르는 말. ¶犬—/天—.

【公家】こうか·こうけ·くげ(공가) ①조정(朝廷)이나 왕실(王室)을 이르는 말. 公室(공실). ②《佛》중이 절을 이르는 말.

【公暇】こうか(공가) 공무원에게 공식(公式)으로 주는 휴가(休暇).

【公刊】こうかん(공간) 책을 간행(刊行)하여 널리 폄.

【公幹】こうかん(공간) 관청의 사무. 또는, 공무를 띠고 있음. 公務(공무). 公事(공사).

【公開】こうかい(공개) 공중(公衆)에 대하여 개방함. 널리 중인(衆人)에게 견문(見聞)하게 함. ¶—狀/—入札.

【公車】こうしゃ(공거) ①병거(兵車). ¶—千乘<詩經> ②관거(官車). ¶掌—之政令<周禮> ③한(漢)대의 관서(官署) 이름. ¶令待詔—<漢書>

【公車文字】こうしゃもんじ(공거문자) 응시(應試)·응제(應製)·소장(疏章) 등에서의 시문(詩文)의 총칭. 公車文(공거문).

【公潔】こうけつ(공결) 사심(私心)이 없이 깨끗함. ¶爲相— 請托不行<漢書>

【公卿】こうけい(공경) 삼경(三卿)과 구경(九卿). 뜻이 바뀌어, 고위 고관을 이름. ¶出則事— 入則事父兄<論語>

【公卿大夫】こうけいたいふ(공경대부) 공(公)과 경(卿)과 대부(大夫). 나아가, 벼슬이 높은 이들을 이름. ↔士庶人(사서인).

【公告】こうこく(공고) ①널리 세상에 알림. ②국가나 공공 단체가 광고·게시 및 그 밖의 방법으로 일반 공중에게 알리는 일. ¶—文.

【公共】こうきょう(공공) ①사회일반(社會一般). 公衆(공중). ②공동의 이익을 위해 힘을 함께 함. ¶—生活/—團體/—事業.

【公共善】こうきょうぜん(공공선) 국가나 사회 또는 인류에 대한 선. 公衆善(공중선).

【公公然】こうこうぜん(공공연) ①지극히 공변되고 떳떳한 모양. ②거리낌 없이 드러내 놓아 조금도 숨김이 없는 모양. 公然(공연).

【公課】こうか(공과) 국가나 공공 단체가 국민에게 부과하는 조세(租稅) 및 그 밖의 공법상(公法上)의 부담. ¶—金.

【公館】こうかん(공관) ①지방관의 집무소(執務所)나 관사(官舍). ②외국에 있는 대사관(大使館)·공사관(公使館)·영사관(領事館)의 총칭.

【公槐】こうかい(공괴) 삼공(三公) 곧 삼정승의 자리. ¶位極— 勢冠今古<玉照新志> ※三槐(삼괴).

【公國】こうこく(공국) 국가 원수를 공(公)으로 부르는 유럽의 작은 나라. 룩셈부르크 공국 따위. ※侯國(후국).

【公宮】こうきゅう(공궁) ①왕후(王侯)의 궁전. ¶以兵入—<史記> ②조상의 사당.

【公隙】こうげき(공극) 공무의 여가. 公餘(공여).

【公金】こうきん(공금) 정부나 공공 단체에 속한 돈. 公錢(공전).

【公金流用】こうきんりゅうよう(공금유용) 공금을 사사로이 다른 데로 돌려 쓰는 위법 행위.

【公金橫領】こうきんおうりょう(공금횡령) 공금을 가로채어 사사로이 착복(着服)하는 범법(犯法) 행위.

【公器】こうき(공기) ①공중에서 쓰는 기구. ②사회의 공유물(公有物). ¶—也 不可多取<莊子> ③공공 기관(公共機關)을 이름.

【公女】こうじょ(공녀) 제후(諸侯)의 딸. ¶以其子更— 而嫁公子<左氏傳>

【公談】こうだん(공담) ①공평한 말. 公言(공언). ②공무에 관한 말. ↔私談(사담).

【公畓】(공답)㊁ 나라의 논. ↔私畓(사답).

【公堂】こうどう(공당) ①공무를 보는 곳. ②특히 법정(法廷)을 이름. 또는, 제1심(審)의 공판정(公判廷). ¶管赴—<燕子箋> ③학교(學校). ¶躋彼— 稱彼兕觥<詩經>

【公黨】こうとう(공당) 주의·방침·정책 따위를 공개하는 정당(政黨) ↔私黨(사당).

【公德】こうとく(공덕) ①공중(公衆)에 대한 도덕. 공중도덕. ②사(私)가 없는 공명 정대(公明正大)한 덕.

【公德心】こうとくしん(공덕심) 공중 도덕을 지키고 행하는 마음씨.

【公塗】こうと(공도) 공정 무사(公正無私)한 길. 公道(공도)①. ¶嘗職不干私義 出心必由—<晋書>

【公盜】こうとう(공도) 공무원이 그 직무를 이용하여 공금이나 공물(公物)을 횡령하는 일. 또는, 그런 사람. 公賊(공적).

【公道】こうどう(공도) ①☞公塗(공도). ¶—達而私門塞矣<荀子> ②공중이 통행하는 도로. 公路(공로)①. ¶棄灰于—者 斷其手<韓非子>

【公都會】こうとかい(공도회) 관찰사(觀察使)나 유수(留守)가 매년 관할 지방의 유생(儒生)에게 실시하던 소과 초시(小科初試).

【公領】こうりょう(공령) ①관청에서 소유하는 땅. ↔私領(사령). ②공중(公衆)에서 받아들임. 또는, 그 일.

【公路】こうろ(공로) ①공중이 다니는 길. 公道(공도)②. ②옛날에 임금의 노거(路車)를 관장(管掌)한 벼슬아치. 公行(공행)③.

【公論】こうろん(공론) ①공적(公的)으로 의논함. 또는, 널리 일반인이 정당하다고 여기는 의견. ②사회의 일반 여론.

【公廩】こうりん(공름) 정부의 창고. 관(官)의 쌀곳간.

【公吏】こうり(공리) ①공공 단체의 사무를 맡아 보는 사람. ②관리가 아니면서 나라 일을 맡아 보는 사람. 공증인(公證人)·집달리(執達吏) 따위. 「↔私利(사리).

【公利】こうり(공리) 공공(公共)의 이익. ¶一的.

【公理】こうり(공리) ①모든 사람이 공정하다고 인정하는 도리. ②수학에서, 증명을 하지 않아도 자명(自明)한 진리.

【公立】こうりつ(공립) 공공 단체에서 설립 또는 유지함. ¶一學校. ↔私立(사립).

【公賣】こうばい(공매) ①관공서(官公署)에서 팖. 또는, 그 일. ②세금의 체납(滯納)이나 채무의 불이행 등으로 당사자의 의사에 의하지 않고, 법률 규정에 따라 재산을 압류하여 공공 기관이 강제로 행하는 매각. ¶一處分. 「라 사사로움이 없음.

【公明正大】こうめいせいだい(공명정대) 공평하고 올발

【公募】こうぼ(공모) 공개적으로 모집함. 또는, 그 일. ¶一公債/一發行/一株.

【公務】こうむ(공무) ①국가나 공공 단체의 사무. ¶一妨害/一執行. ②여러 사람에 관한 일. ↔私務(사무).

【公務所】こうむしょ(공무소) 공무원이 소관 사무를 맡아보는 곳.

【公文】こうぶん(공문) ①관청에서 내는 문서. 公牒(공첩). 公貼(공첩). ②공무원이 그 직무상 작성한 서류. 公文書(공문서). ↔私文(사문).

【公門】こうもん(공문) ①임금이 출입하는 문. 君門(군문). ¶不入一<禮記> ②관청과 그 보조 기관. 官衙(관아).

【公文書】こうぶんしょ(공문서) 공무에 관한 일체의 서류. ¶一僞造. ↔私文書(사문서).

【公物】こうぶつ(공물) 국가나 공공 단체의 물건. ↔私物(사물).

【公民】こうみん(공민) ①국가나 공공 단체의 공무에 참가할 자격이 있는 국민. 市民(시민). ②독립하여 생활을 영위하는 자유민(自由民).

【公民權】こうみんけん(공민권) 공민으로서의 권리. 선거권·피선거권을 통하여 국가나 지방자치 단체의 정치에 참여할 수 있는 지위와 자격.

【公報】こうほう(공보) ①일반 국민에게 알리는 관청의 보고. ¶一館. ※弘報(홍보). ②지방 관청이 관보(官報)에 준하여 내는 보고. ③관청에서 다른 관청으로 내는 보고.

【公輔】こうほ(공보) 삼공(三公)과 사보(四輔). 모두 천자(天子)를 보좌(輔佐)하는 대관(大官). ¶家臣之良 則升于一<魏志>

【公服】こうふく(공복) 옛날, 대소 관원(大小官員)의 제복(制服). 또는, 조정에 나아가는 데 입는 예복(禮服). ↔私服(사복).

【公僕】こうぼく(공복) 일반 국민에 대한 봉사자(奉仕者)란 뜻으로, 공무원(公務員)을 이르는 말. ¶民衆之一. ↔私僕(사복).

【公府】こうふ(공부) ①임금이 정사(政事)를 보던 곳. ②삼공(三公)이 정사를 보던 관부(官府). 또는, 삼공(三公)의 벼슬. ¶一臺閣 亦復默然<後漢書>

【公簿】こうぼ(공부) 관공서에서 법령의 규정에 의해 만든 장부.

【公憤】こうふん(공분) 정의를 위한 분개. 또는, 대중의 분노(憤怒). ¶蓋國家之大恥 而天下之一也<宋史>

【公憑】こうひょう(공빙) 관(官)에서 내는 어음. ¶自給一日爲始<文獻通考> 「¶新韓一.

【公司】こうし(공사) 회사(會社)의 중국식 이름.

【公私】こうし(공사) ①공공(公共)의 일과 개인의 일. ¶必明於一之分 明法制去私恩<韓非子> ②정부와 민간.

【公事】こうじ(공사) 관청이나 공공 단체의 일. 公務(공무). ↔私事(사사).

【公社】こうしゃ(공사) ①임금이 백성(百姓)을 위해 세운 대사(大社)나, 제후(諸侯)가 백성을 위하여 세운 국사(國社)를 이름. 곧, 사직신(社稷神)에게 풍년을 기원하는 신전(神殿). ¶巫必近一 必敬神之巫卜<墨子> ②공공 기업체(公共企業體)의 한 가지. ¶電氣通信一. 「시 바쁨.

【公私多忙】こうしたぼう(공사다망) 공·사의 일로 몹

【公私立】こうしりつ(공사립) 공립(公立)과 사립(私立). ¶一大學.

【公私賤】こうしせん(공사천) 공천(公賤)과 사천(私賤). 곧, 관청의 종과 사갓집 종.

【公算】こうさん(공산) 어떤 일의, 그렇게 될 확실성. 確率(확률). 蓋然性(개연성).

【公上】こうじょう(공상) 군주(君主). 또는, 관부(官府). ¶治產以給一<楊惲>

【公相】こうしょう(공상) 삼공재상(三公宰相)의 준말로, 최고의 벼슬을 이름.

【公傷】こうしょう(공상) 공무집행 중 입은 상처.

【公生涯】こうしょうがい(공생애) 한 생애 중에서, 공공(公共)의 일에 관계하여 활동한 동안. ↔私生涯(사생애).

【公署】こうしょ(공서) ①관공서(官公署). 公衙(공아). ②공공단체(公共團體)의 기관(機關). 公務所(공무소).

【公序良俗】こうじょりょうぞく(공서양속) 공공(公共)의 질서와 좋은 풍속.

【公設】こうせつ(공설) 관청이나 공공 단체에서 설립함. 또는, 그렇게 설립한 것. ¶一運動場/一市場.

【公訴】こうそ(공소) 검사가 형사 사건에 관하여 법원에 재판을 청구하는 일. ¶一狀. ↔私訴(사소).

【公孫】こうそん(공손) ①왕후(王侯)의 손자. 公姓(공성). ¶內外一<漢書> ②공자(公子)의 아들. ¶公子之子稱一<儀禮>

【公孫布被】こうそんふひ(공손포피) 전한(前漢) 때, 공손홍(公孫弘)이 삼공(三公)의 자리에 있으면서 검약(儉約)을 몸소 행하여 베옷을 입었던 옛일. 「함.

【公誦】こうしょう(공송) 공론을 좇아 사람을 천거

【公需】こうじゅ(공수) 지방 관청에서 쓰던 공적인 경비.

【公輸子】こうしゅ·こうゆ(공수자)(人) 춘추시대 노(魯)의 장인(匠人). 公輸盤(공수반).

【公須田】こうすでん(공수전) ①중앙에서 지방으로 나가는 관리가 숙박할 때, 공선(供膳) 등의

접대비를 충당하기 위해 부(府)·군(郡)·현(縣) 등에 지급하던 전지(田地). ②역(驛)의 여러 가지 경비에 쓰기 위해 지급하던 전지(田地).

【公示】こうじ(공시) ①널리 일반에게 보임. ②공공(公共) 기관이 일정한 사실을 여러 사람에 주지(周知)시키는 일. 公布(공포). ¶—送達/—催告.

【公式】こうしき(공식) ①정당한 절차를 밟은 방식. 正式(정식). ¶—的. ②수(數)의 계산 법칙. 또는, 일반적 수량 법칙. 특수한 변화 과정 따위를 수학상의 기호를 써서 표시한 것.

【公信力】こうしんりょく(공신력) 외형적 표상(表象)을 신뢰하는 대상에 대하여, 그 표상에 진실한 권리가 없을 경우에도 그것이 실제로 있는 경우와 같은 법률상의 효력을 부여하는 것.

【公室】こうしつ(공실) ☞公家(공가)①. ¶公族—之枝葉也<左氏傳>

【公安】こうあん(공안) 공공(公共)의 안녕 질서. ¶—局/—事犯.

【公眼】こうがん(공안) 공중(公衆)의 공평하게 보는 눈.

【公案】こうあん(공안) ①관청의 조서(調書). ②공사(公事)의 안문(案文). 또는, 공론(公論)에 의해 결정한 안건(案件). ③《佛》 선종(禪宗)에서 수행자의 깨달음을 시험하기 위하여 내는 문제. ¶百則— 從頭—串穿來<碧巖集>

【公冶長】こうやちょう(공야장)《人》 춘추 시대 제(齊)의 사람. 자는 자장(子長). 공자(孔子)의 제자이자 사위.

【公約】こうやく(공약) ①공법상(公法上)의 제약. ②공중(公衆)에 대하여 약속하는 일. 또는, 그 약속. ¶選擧—.

【公養】こうよう(공양) 임금이 현자(賢者)를 대우하는 예(禮). ¶— 國君養賢之禮也<孟子·注>/—之仕.

【公羊傳】くようでん(공양전) 제(齊)의 공양고(公羊高)가 펴낸 「춘추」(春秋) 주석서(注釋書). 좌씨전(左氏傳)·곡량전(穀梁傳)과 함께 춘추 삼전(春秋三傳)으로 일컬어짐. 春秋公羊傳(춘추공양전). 11권.

【公養之仕】こうようのし(공양지 사) 임금의 우대(優待)에 감동하여 어진 사람이 출사(出仕)하는 일. ¶有際可之仕 有—<孟子>

【公言】こうげん(공언) ①공개적(公開的)으로 말함. 숨김 없이 말함. ¶獨居思仁 —仁義<孔子家語> ②공평한 의론. 公論(공론). ¶凡吾所謂道德云者 合仁與義言之也 天下之—也<韓愈>

【公餘】こうよ(공여) ☞公隙(공극). ¶近日秋雨足 —試新蒭<蘇軾>

【公役】こうえき(공역) 병역(兵役)이나 부역(賦役) 따위. 국가나 공공 단체에서 과하는 역무(役務).

【公然】こうぜん(공연) ☞公公然(공공연). ¶忍能對面爲盜賊 —抱茅入竹去<杜甫>/—淫亂罪.

【公演】こうえん(공연) 음악·연극·무용 따위를 여러 사람 앞에서 공개적으로 연출함. ¶創團記念—.

【公營】こうえい(공영) 국가나 공공 단체에서 경영함. 또는, 그 사업. ¶—事業體. ↔私營(사영).

【公用】こうよう(공용) ①세상에서 널리 사용함. ¶—語. ②공적(公的)으로 사용함. ¶—物. ↔私用(사용). ③관청이나 공공 단체의 용무(用務). 公務(공무). ④관청의 비용. ↔私用(사용).

【公用物】こうようぶつ(공용물) ①공용되는 물건. ↔私用物(사용물). ②공공 용물(公共用物)의 준말.

【公園】こうえん(공원) ①공중의 보건·휴양·유락(遊樂) 등을 위해 시설한 동산. ¶奬忠壇—. ②관(官)이 소유하는 정원(庭園). ¶減—之地 以給無業貧口<魏書>

【公有】こうゆう(공유) ①공중의 소유. ②국가 또는 공공 단체의 소유. ¶—物/—林. ↔私有(사유).

【公邑】こうゆう(공읍) 임금이 직할하는 땅. ¶以—之田 任甸地<周禮>

【公意】こうい(공의) 군주의 마음. 또는, 공공(公共)의 뜻. ¶今吳楚反乎—何如<漢書>

【公醫】こうい(공의) 관청의 촉탁으로 그 구역 안의 시료(施療)를 맡은 의사.

【公議】こうぎ(공의) ①사심 없는 공정한 의론. ②공론(公論). 輿論(여론). ¶不以私怒傷天下—<漢紀>

【公移】こうい(공이) 공용 문서의 총칭. 상의 하달(上意下達)의 공문(公文), 하의 상달(下意上達)의 공문, 관청 상호 간의 공문 등 여러 종류가 있음.

【公益】こうえき(공익) ①국가나 사회 공공의 이익. ②널리 세상 사람들에게 도움을 주는 일. ¶—事業. ↔私益(사익).

【公人】こうじん(공인) ①관리(官吏). 관인(官人). ②사람을, 국가나 공공 단체 기관(機關)에 소속된 자격으로서 부르는 말. ↔私人(사인).

【公認】こうにん(공인) 국가나 사회 또는 단체 등이 공개적으로 인정함. ¶—團體/—記錄/—仲介士.

【公任】こうにん(공임) ①공무(公務)에 관한 직임(職任). ②많은 사람이 하나의 일을 분담해서 함. ¶宜長單落甲—分催<福惠全書>

【公子】こうし(공자) ①제후(諸侯)의 자제. 귀족의 자제. ¶諸侯之子稱—<儀禮·注> ②제후의 딸. 女公子(여공자). ③천자(天子)나 제후의 서자(庶子). ④귀한 집안의 나이 어린 자제.

【公子家】こうしか(공자가) 도박꾼들의 숙소. ¶塵史 世之糾率蒲博者 謂之—<書言故事>

【公爵】こうしゃく(공작) 오등작(五等爵:公·侯·伯·子·男)의 첫째. ¶—自二級已上至不更<商子>

【公狀】こうじょう(공장) 수령(守令)이나 찰방(察訪)이 감사(監司)·병사(兵使)·수사(水使)를 공식으로 만날 때 관직명을 적어서 내던 서장.

【公才公望】こうさいこうぼう(공재공망) 정승이 될 만한 재능(才能)과 명망(名望).

【公的】こうてき(공적) ①공공(公共)에 관한(것). ②공변된 (것). ¶一行爲. ↔私的(사적).
【公敵】こうてき(공적) 국가 사회 전체의 적(敵).
【公田】こうでん(공전) ①옛 중국의 정전법(井田法)에서, 사전(私田)에 둘러싸인 중앙의 전답. 공동 경작하여 그 수확은 조세로 했음. ②국가 소유의 전답.
【公戰】こうせん(공전) 나라를 위한 싸움. ¶民勇於一 怯於私鬪<史記> ↔私鬪(사투).
【公錢】こうせん(공전) ☞公金(공금).
【公轉】こうてん(공전) 한 천체(天體)가 다른 천체의 주위를 도는 운동. 유성(遊星)이 태양을 중심으로 하여 주기적 회전을 하는 따위. ↔自轉(자전).
【公正】こうせい(공정) 공평하고 올바름. ¶一性.
【公定】こうてい(공정) ①일반 사람의 공론에 의해 정함. ②관청에서 정함. ¶一價格.
【公正無私】こうせいむし(공정무사) 공평하고 발라 사심(私心)이 없음. ¶一 反見縱橫<荀子>
【公除】こうじょ(공제) 왕이나 왕비가 죽은 뒤 장사가 끝나고 천하가 상복(喪服)을 벗는 일. ¶一者 以天下爲公而除服也<資治通鑑·注>
【公租】こうそ(공조) 정부에 바치는 조세. 官租(관조).
【公調】こうちょう(공조) ☞貢物(공물).
【公族】こうぞく(공족) 왕후(王侯)의 동족(同族). 제후(諸侯)의 일족(一族). ¶麟之角 振振一<詩經>
【公主】こうしゅ(공주) ①왕후가 낳은 임금의 딸. ¶平康一. ※翁主(옹주). ②韓 고려 때, 정 2 품 이상 문무관의 부인. 또는, 원(元)나라 출신의 왕비를 일컬음. ¶魯國大長一.
【公準】こうじゅん(공준) 공리(公理)처럼 절대적으로 확실하지는 않으나, 어떤 이론 체계를 연역으로 전개하는 시초로서, 승인을 필요로 하는 근본 명제(命題).
【公衆】こうしゅう(공중) 사회의 여러 사람. 민중.
【公衆道德】こうしゅうどうとく(공중도덕) 사회의 구성원들이 공존하기 위해 서로 지켜야 할 도덕. 公德(공덕).
【公衆善】こうしゅうぜん(공중선) ☞公共善(공공선).
【公衆衛生】こうしゅうえいせい(공중위생) 사회 일반의 공동 건강(健康)을 위한 위생.
【公中有私】こうちゅうゆうし(공중유사) 공적인 일을 하는 가운데에도 개인적인 정실(情實)이 있을 수 있음을 이르는 말.
【公證】こうしょう(공증) ①겉으로 드러난 공변된 증거. ②사권(私權)의 효과를 확실히 하기 위해, 공증인이 그 직권에 의해 어떤 사물을 증명하는 일.
【公知】こうち(공지) 널리 알리거나 알려짐. 周知(주지). ¶一事項.
【公札】こうさつ(공찰) ☞公函(공함)①.
【公察】(공찰)韓 충청도(忠淸道) 관찰사(觀察使)의 이칭.
【公倉】こうそう(공창) 정부의 쌀을 비축해 두는 창고. ¶百姓曰 我疾農 先實一<商子>
【公娼】こうしょう(공창) 관청의 허가를 얻어 매음(賣淫)하는 여자. ¶一制度/一街. ↔私娼(사창).
【公賤】こうせん(공천) 관청에 딸린 남녀 종. ¶一爲輕 私賤爲重<戶令> ↔私賤(사천).
【公薦】こうせん(공천) ①여러 사람의 합의에 의해 천거함. ②정당 단체에서 공적으로 후보자를 내세움. ¶候補一.
【公貼】こうちょう(공첩) ☞公文(공문)①.
【公牒】こうちょう(공첩) 공사(公事)에 관한 편지. 公文(공문).
【公聽】こうちょう(공청) 공론(公論)을 들음. 또는, 공평한 마음으로 들음. ¶一會.
【公廳】こうちょう(공청) ①공무를 집행하는 곳. 官廳(관청). 公廨(공해)①. ¶坐一正煩暑<徐鉉> ②☞公聽(공청). ¶潛神默思一竝觀<魏志>
【公淸道】(공청도) 충청도(忠淸道)의 옛이름.
【公聽竝觀】こうちょうへいかん(공청병관) 공평한 마음으로 듣고 쌍방을 아울러 봄의 뜻으로, 공평한 태도를 이름. ¶一 垂明當世<漢書>
【公稱】こうしょう(공칭) ①공식(公式) 명칭. 공적(公的)인 이름. ②공개하여 일컬음.
【公台】こうたい(공태) ☞三公(삼공). ¶一 三公象應三台<書言故事>
【公婆】こうば(공파) 시아버지와 시어머니. 곧, 남편의 부모. ¶丈夫出外 一乏食<琵琶記>
【公判】こうはん(공판) 형사(刑事) 피고인의 죄의 유무·경중(輕重)을 공중 앞에서 심리·판결하는 소송 절차.
【公判廷】こうはんてい(공판정) 공판(公判)을 행하는 법정.
【公平】こうへい(공평) 한 편으로 치우치지 아니하고 공정함. ¶一者 職之衡也<荀子>
【公平無私】こうへいむし(공평무사) 공평하여 사사로움이 없음.
【公布】こうふ(공포) ①일반에게 공표(公表)해서 널리 알림. ②이미 확정된 법률·조약·명령·예산 따위를 온 국민이 따르도록 의무지우기 위해 고시함.
【公表】こうひょう(공표) 널리 알게 발표함.
【公翰】こうかん(공한) 공적인 편지. ↔私翰(사한).
【公函】こうかん(공함) ①동등한 관청이나 서로 예속되지 아니한 관청 사이에서 왕복하는 공문서. 公札(공찰). ②많은 사람의 연명(連名)으로 내는 편지.
【公害】こうがい(공해) 기업이나 개인의 생활 활동, 곧 인위(人爲)에 의한 생활 환경(生活環境)의 파괴를 이름. ¶一業所/騷音一.
【公海】こうかい(공해) 특정한 국가의 주권에 속하지 않고, 각국이 평등하게 사용하며 항해(航海)의 자유를 가지는 바다. ↔領海(영해).
【公廨】こうかい(공해) ①공청(公廳). 관청(官廳). 公署(공서). ②관청 문 밖의 건물. ¶公衙門外餘屋 謂之一<品字箋>
【公廨田】こうかいでん(공해전) 관청의 소유로 되어 그 수입을 공비(公費)에 쓰도록 지급(支給)한 논밭.
【公行】こうこう(공행) ①공공연하게 거리낌 없이 행하여짐. ¶盜賊一 而天厲不戒<左氏傳> ②공무로 하는 여행. ③옛날에 군주를 따르는 병거(兵車)의 행렬을 관장하던 벼슬 이름. ¶美如英 殊異乎一<詩經>
【公憲】こうけん(공헌) 나라의 법. 國法(국법). ¶

今申一 以執私恩<後漢書>

【公兄】(공형) 조선 시대, 각 고을의 호장(戶長)·이방(吏房)·수형리(首刑吏)의 세 관속(官屬)을 이름. 三公兄(삼공형).

【公會】こうかい(공회) ①공사(公事)를 토의하기 위하여 모이는 모임. 또는, 공중(公衆)의 모임. ②공개적으로 면회하는 일. ¶劉備與其弟亮 俱一相見<吳志> ③중대한 문제를 의결하려고 연 국제 회의.

【公會堂】こうかいどう(공회당) 공중의 회합에 쓰기 위하여 지은 집.

【公侯】こうこう(공후) 공작(公爵)과 후작(侯爵). 또는, 제후(諸侯). ¶皆非一之後 非長官之吏也<史記>

【公侯伯子男】こうこうはくしだん(공후백자남) 고대 제후(諸侯)의 다섯 계급 이름. 한(漢) 이후에는 공(公) 위에 왕(王)을 두고 백자남(伯子男)은 폐하여 왕공후(王公侯)의 삼등작으로 하였음.

【公休】こうきゅう(공휴) ①공적(公的)인 휴가(休暇). 公暇(공가). ②공휴일의 준말.

【公休日】こうきゅうび(공휴일) ①사회 구성원 모두에게 주어지는 휴일. 국경일(國慶日)이나 일요일(日曜日) 따위. ②동업자의 정기(定期) 휴일.

▷家一, 犬一, 郭一, 貴一, 乃一, 老一, 雷一, 陶朱一, 明一, 僻一, 奉一, 三一, 相一, 先一, 王一, 牛一, 愚一, 愚狙一, 尊一, 宗一, 主人一, 至一, 天一, 太一, 黃石一

2/4〖六〗 여섯 륙 | 圕ㄌㄧㄡˋ(liù) ㄌㄨˋ(lu) | ろく, りく (ムツ, ム) *six*

源象形. 덮개를 씌운 구멍[穴]을 본뜸. 수자(數字)의 六은 가차(假借).

풀이 ①여섯. ¶三兩爲一<增韻>/天五地一<易經>/一卿. ②여섯 번. 6회(回). ¶一黜淸能 一進否劣<晉書> ③역(易)의 음효(陰爻). ¶初一/一四.

【六家】りっか(육가) 중국 고대, 음양(陰陽)·유(儒)·묵(墨)·명(名)·법(法)·도(道)의 여섯 학파. ¶一要指.

【六角】ろっかく(육각) ①육모. 또는, 육각형(六角形). ②악기 중 북·장구·해금·피리 및 태평소 한 쌍의 총칭. ¶三絃一.

【六間大廳】(육간대청) 여섯 간이나 되는 너른 대청마루.

【六感】(육감) 영감(靈感)처럼 순간적으로 직감하여 깨닫는 오관(五官) 이외의 감각. 第六感(제육감).

【六甲】りっこう(육갑) ①60갑자(甲子)의 준말. ②시일(時日)의 간지(干支). 갑자(甲子)·갑술(甲戌)·갑신(甲申)·갑오(甲午)·갑진(甲辰)·갑인(甲寅). ③쌍륙(雙六) 비슷한 도박의 일종. ④오행(五行)의 방술(方術). 또는, 악귀를 물리치는 신부(神符).

【六庚】りっこう(육경) ①간지(干支)를 짝지을 때, 경(庚)이 붙는 여섯 날. 경자(庚子)·경인(庚寅)·경진(庚辰)·경오(庚午)·경신(庚申)·경술(庚戌). ②천수(天獸)의 이름.

【六卿】りっきょう(육경) ①주(周)의 관제(官制)로서, 천(天)·지(地)·춘(春)·하(夏)·추(秋)·동(冬)의 6관(官)의 장(長)인 여섯 대신(大臣).

官名	長 官	職 責
天官	冢宰(총재)	모든 정사를 총리함
地官	司徒(사도)	교화(敎化)·농상(農商)
春官	宗伯(종백)	제사·전례(典禮)
夏官	司馬(사마)	군려(軍旅)·병마
秋官	司寇(사구)	옥송(獄訟)·형벌
冬官	司空(사공)	수토(水土)

②춘추 시대, 진(晉)·정(鄭)·송(宋)에도 각각 육경이 있었음. ③육군(六軍)의 주장(主將).

【六境】ろっきょう(육경)《佛》 육식(六識)이 인식하는 여섯 경계(境界). 색(色)·성(聲)·향(香)·미(味)·촉(觸)·법(法).

【六經注我】りっけいワレヲちゅうス(육경주아) 자기의 마음은 천지 만물을 갖추고 있으므로, 여섯 경전은 곧 자기 마음의 주석(注釋)이 되고, 또한 자기의 마음은 그 경전의 마음이기도 함. 송(宋)의 육구연(陸九淵)이 문득 깨달아 얻었다는 말.

【六界】ろっかい(육계) ①《佛》 지옥(地獄)·아귀(餓鬼)·축생(畜生)·수라(修羅)·인간(人間)·천상(天上)의 여섯 계(界). ②지(地)·수(水)·화(火)·풍(風)·공(空)·식(識)의 여섯 요소. 六大(육대).

【六工】りっこう(육공) 여섯 종류의 장인(匠人). 토공(土工)·금공(金工)·석공(石工)·목공(木工)·수공(獸工)·초공(草工).

【六功】りっこう(육공) 여섯 가지의 공(功). 왕공(王功)·국공(國功)·민공(民功)·사공(事功)·치공(治功)·전공(戰功). 이를 각각 훈(勳)·공(功)·용(庸)·노(勞)·역(力)·다(多) 등으로 이르기도 함.

【六科】りっか(육과) ①당(唐)대 관리 등용 시험의 여섯 과목. 수재(秀才)·명경(明經)·진사(進士)·명법(明法)·명서(明書)·명산(明算). ②명·청(明淸)대의 육부(六部)인 이(吏)·호(戶)·예(禮)·병(兵)·형(刑)·공(工).

【六官】りっかん(육관) 주(周)대 중앙 정부 육부(六部)의 여섯 장관으로, 각각 치(治)·교(敎)·예(禮)·병(兵)·형(刑)·사(事)를 관장하였음. 六卿(육경).

【六館】りっかん(육관) 당(唐)대에 국자감(國子監) 안에 설치한 여섯 학관(學館). 국자학관(國子學館)·태학관(太學館)·사문학관(四門學館)·율관(律館)·서관(書館)·산관(算館). 六學館(육학관).

【六觀音】ろくかんのん(육관음)《佛》 여섯 관음(觀音). 곧, 천수 관음(千手觀音)·성관음(聖觀音)·마두 관음(馬頭觀音)·준지 관음(准胝觀音)·십일면 관음(十一面觀音)·여의륜 관음(如意輪觀音).

【六軍】りくぐん(육군) ①천자(天子)의 군대. 주(周)의 제도에서, 일군(一軍)은 12,500

명. 六師(육사). ¶—不發無奈何<白居易> ②주(周)대 군대 편제(編制)의 오(伍)·양(兩)·졸(卒)·여(旅)·사(師)·군(軍)의 일컬음.

【六宮】りっきゅう(육궁) ①황후(皇后)의 여섯 궁전(宮殿). ②후궁(後宮). ¶—粉黛無顏色<白居易>

【六極】りっきょく(육극) ①상하 사방(上下四方). 六合(육합). ¶天有—五常<莊子> ②여섯 가지의 대불길(大不吉). 흉단절(凶短折)·질(疾)·우(憂)·빈(貧)·악(惡)·약(弱). ¶愍余命兮遭—<楚辭>

【六根】りっこん·ろっこん(육근) ①여섯 가지의 뿌리. ¶參核— 五花九實<謝靈運> ②《佛》 안(眼)·이(耳)·비(鼻)·설(舌)·신(身)·의(意) 등 사람을 미혹하게 하는 여섯 가지 근원. ¶以六識緣六塵 偏染—<法華經科注>

【六根清淨】ろっこんしょうじょう(육근청정)《佛》 육근(六根)의 욕(欲)을 깨끗이 끊음. ¶— 善欲心生<智度論>

【六紀】りっき(육기) 사람의 도리를 바르게 갖추고, 상하의 질서를 세우는 여섯 가지 도리. 곧, 제부(諸父)·형제(兄弟)·족인(族人)·제구(諸舅)·사장(師長)·붕우(朋友)에 대한 도리(道理).

【六棊】りっき(육기) ☞六博(육박).

【六道】りくどう·ろくどう(육도)《佛》 ①중생이 각기 업(業)에 의해 가는 여섯 세계. 천상(天上)·인간(人間)·수라(修羅)·지옥(地獄)·아귀(餓鬼)·축생도(畜生道). 六趣(육취). ②머리 부분에 있는 이(耳)·목(目)·비(鼻)·구(口)의 네 구멍과, 하체(下體)에 있는 앞뒤의 두 구멍을 이름. ¶四肢— 身之體也<管子>

【六韜】りくとう(육도) 주(周)의 강태공(姜太公)이 지은 병서(兵書). 문도(文韜)·무도(武韜)·용도(龍韜)·호도(虎韜)·표도(豹韜)·견도(犬韜)로 나뉘어 있음. 韜는 비결의 뜻.

【六韜三略】りくとうさんりゃく(육도삼략) 병서(兵書). 「육도」(六韜)와 「삼략」(三略)을 이름. 「삼략」(三略)은 황석공(黃石公)이 펴낸 것으로 상·중·하로 됨. 두 책 다 후세의 위작(僞作)이라고도 함. ¶五車書史豈勞力 —無不通<耶律楚材>

【六臘都政】りくろうとせい(육랍도정) 매년 6월과 섣달 두 차례의 도목정사(都目政事)를 합쳐서 일컫는 말.

【六臘殿最】りくろうでんさい(육랍전최) 매년 유월과 섣달에 각 관아의 우두머리가 부하의 치적(治績)을 조사하여 그 성적에 따라서 벼슬자리를 떼어 버리거나 더 좋은 자리로 올리던 일. 殿은 고과(考課) 성적의 가장 아랫등급.

【六呂】りくりょ(육려) 12율(律) 중 음성(陰聲)에 속하는 여섯 소리. 대려(大呂)·협종(夾鐘)·중려(仲呂)·임종(林鐘)·남려(南呂)·응종(應鐘). ↔六律(육률).

【六禮】りくれい(육례) ①선비의 여섯 가지 예법(禮法). 관례(冠禮)·혼례(婚禮)·상례(喪禮)·제례(祭禮)·향례(鄕禮)·상견례(相見禮). ②제후가 천자를 알현할 때의 여섯 가지 예. 조(朝)·종(宗)·근(覲)·우(遇)·회(會)·동(同). ③혼인의 여섯 단계의 의식. 납채(納采)·문명(問名)·납길(納吉)·납징(納徵)·청기(請期)·친영(親迎). ¶盧生備— 親迎爲妻<杜子春>

【六律】りくりつ(육률) 12율(律) 중 양성(陽聲)에 속하는 여섯 음. 황종(黃鐘)·대주(大簇)·고선(姑洗)·유빈(蕤賓)·이칙(夷則)·무역(無射). ↔六呂(육려).

【六幕】りくばく(육막) 천지 사방(天地四方). 또는, 상하 사방(上下四方). 六合(육합). ¶臨制八方 揮霍—<董應擧>

【六夢】りくむ(육몽) 여섯 가지의 꿈. 정몽(正夢; 편안한 꿈)·악몽(噩夢; 놀라는 꿈)·사몽(思夢; 생각하던 바를 꾸는 꿈)·오몽(寤夢; 비몽사몽간에 꾸는 꿈)·희몽(喜夢; 기뻐하는 꿈)·구몽(懼夢; 두려워하는 꿈).

【六味】ろくみ(육미) ①여섯 가지 맛. 고(苦)·산(酸)·감(甘)·신(辛)·함(鹹)·담(淡). ¶其食甘味 有六種味<南本涅槃經> ②온갖 맛.

【六味湯】(육미탕) 숙지황·산약·산수유·백복령·목단피·택사의 여섯 약재로 된, 달여 먹는 보약.

【六波羅蜜】ろくはらみつ(육바라밀)《佛》 깨달음의 경지에 이르기 위해 보살이 닦아야 할 여섯 가지 행위. 보시(布施)·지계(持戒)·인욕(忍辱)·정진(精進)·선정(禪定)·지혜(智慧). 바라밀은 범어의 Paramita의 음역.

【六博】りくはく(육박) 쌍륙(雙六) 종류의 노름놀이의 하나. 백(白)과 흑(黑) 여섯 개씩의 패나 돌을 사용하였음. 六棊(육기). ¶連呼五白行—<李白>

【六房】ろくぼう(육방) ①韓 승정원(承政院)과 각 지방 관아에 두었던 여섯 관방(官房). 이방(吏房)·호방(戶房)·예방(禮房)·병방(兵房)·형방(刑房)·공방(工房). ②송(宋)대의 여섯 관서.

【六房官屬】ろくぼうかんぞく(육방관속) 지방 관청의 육방(六房)에 딸려 있던 구실아치.

【六柄】りくへい(육병) 정치를 행하는 여섯 가지 권력. 곧, 백성의 생(生)·살(殺)·빈(貧)·부(富)·귀(貴)·천(賤)을 자유로이 하는 권력. 六秉(육병). ¶愼用其—焉<國語>

【六腑】ろっぷ(육부) 인체 내의 여섯 기관(器官). 위(胃)·대장(大腸)·소장(小腸)·담(膽)·방광(膀胱)·삼초(三焦). 六府(육부).

【六邪臣】りくじゃしん(육사신) 여섯 종류의 사악한 신하. 구신(具臣)·유신(諛臣)·간신(姦臣)·참신(讒臣)·적신(賊臣)·망국신(亡國臣). 六邪(육사). ↔六正臣(육정신).

【六牲】りくせい(육생) 희생(犧牲)으로 쓰이는 여섯 가지 동물. 말, 소, 양, 돼지, 개, 닭. 六畜(육축). ¶凡王之饋 食用六穀 膳用—<周禮>

【六瑞】りくずい(육서) 왕(王) 및 다섯 등급의 제후(諸侯)가 가지는 여섯 가지 서옥(瑞玉). 곧, 진규(鎭圭 : 王)·환규(桓圭 : 公)·신

규(信圭 : 侯)·궁규(躬圭 : 伯)·곡벽(穀璧 : 子)·포벽(蒲璧 : 男).

【六書】りくしょ(육서) ①한자(漢字)의 자형(字形)·자음(字音)·의미(意味)를 이루는 여섯 가지 원리. 곧, 상형(象形)·지사(指事)·회의(會意)·형성(形聲)·전주(轉注)·가차(假借). 六義(육의)②. ②한자(漢字)의 여섯 종류의 서체(書體). 고문(古文)·기자(奇字)·전서(篆書)·예서(隸書)·무전(繆篆)·조충서(鳥蟲書). 六體(육체)①.

遂大夫每遂中大夫一人
鄙正每縣下大夫一人
鄙師每鄙一人
酇長每酇一人
里宰每里一人
鄰長一人
萬二千五百家爲遂
二千五百家爲縣
五百家爲鄙
百家爲酇
二十五家爲里
五家爲鄰

六遂圖(三才圖會)

【六遂】りくすい(육수) 주(周) 때 왕국(王國) 기외(畿外)의 행정 구역으로, 수인(遂人)이 관장하던 여섯 수(遂). 1수는 1만 2천 5백 가(家). ※六鄕(육향).

【六旬】りくじゅん(육순) ①60일. ¶朞三百有一有六日<書經> ②60세. ¶一猶健亦天憐<白居易>

【六詩】りくし(육시) ☞六義(육의)①.

【六識】ろくしき(육식)《佛》육근(六根)에 의하여 대상을 지각하는 여섯 가지 작용.

【六十甲子】ろくじっこうし(육십갑자) 천간(天干 : 甲乙丙丁戊己庚辛壬癸)과 지지(地支 : 子丑寅卯辰巳午未申酉戌亥)를 차례로 짝지어 60을 일주(一周)로 한 것.

【六十四卦】ろくじゅうしか(육십사괘) 역(易)의 괘. 8괘(卦)의 각 괘를 둘씩 겹쳐 만든 64개의 괘. ¶蓋益易之八卦 爲一<史記>

【六樂】りくがく(육악) 황제(黃帝) 이하 6대(代)의 악(樂). 곧, 운문(雲門 : 黃帝)·함지(咸池 : 堯帝)·대소(大韶 : 舜帝)·대하(大夏 : 禹王)·대호(大濩 : 殷 湯王)·대무(大武 : 周 武王).

【六言詩】ろくごんし(육언시) 한 구(句)가 여섯 자로 이루어진 시의 한 체(體). 한(漢)대에 비롯되었으며, 당(唐)대는 육언절구(六言絕句)를 지었음. 육언 절구의 평측식(平仄式)은 칠언절구(七言絕句)의 평측식에서 제 5자를 생략한 형태.

【六逆】りくぎゃく(육역) 도덕에 어긋나는 여섯 가지 행동. 천방귀(賤妨貴)·소릉장(少凌長)·원간친(遠間親)·신간구(新間舊)·소가대(小加大)·음파의(淫破義). ↔六順(육순).

【六藝】りくげい(육예) 선비의 교양으로서의 여섯 가지 기예(技藝). 예(禮)·악(樂)·사(射)·어(御)·서(書)·수(數). ¶身通一者 七十有二人<史記>

【六擾】りくじょう(육요) ☞六畜(육축).

【六位】りくい(육위) ①인륜(人倫)의 여섯 가지 자리. 곧, 군(君)·신(臣)·부(父)·자(子)·부(夫)·부(婦). ¶五紀一 將何以爲別乎<莊子> ②역(易)의 여섯 괘효(卦爻). 초(初)·이(二)·삼(三)·사(四)·오(五)·상(上). 음양(陰陽)·강유(強柔)·인의(仁義)를 상징. ¶象曰 大明終始 一時成<易經>

【六義】りくぎ(육의) ①「시경」(詩經)에 보이는 세 가지 시체(詩體)인 풍(風)·아(雅)·송(頌)과, 세 가지 표현법(表現法)인 부(賦)·비(比)·흥(興)을 이름. 六詩(육시). ¶詩有一<詩經> ②☞六書(육서)①.

【六儀】りくぎ(육의) ①여섯 일에 관한 예의(禮儀). 곧, 제사(祭祀)·빈객(賓客)·조정(朝廷)·상기(喪紀)·군려(軍旅)·거마(車馬) 등에서의 몸가짐. ②당(唐)대 후궁(後宮)의 관명(官名). ¶一六人 正二品 淑儀德儀 賢儀 順儀 婉儀 芳儀<稱謂錄>

【六矣廛】(육의전) 조선 때 서울 백각전(百各廛) 중 으뜸되던 여섯 점포. 선전(縇廛)·포전(布廛)·면포전(綿布廛)·면주전(綿紬廛)·지전(紙廛)·저포전(苧布廛). 六注比廛(육주비전).

【六二】りくじ(육이) 역괘(易卦)에서 아래 둘째 괘인 음효(陰爻). ¶一 直方大 不習无不利<易經>

【六耳不同謀】ろくじにハカリゴトヲオナジクセズ(육이 부동모) ①여섯 귀 곧 세 사람이 비밀을 지켜 함께 일을 꾀하기는 어려움을 말함. ②《佛》마조(馬祖) 선사가 늑담법회선사(泐潭法會禪師)의 도(道)를 깨닫지 못함을 꾸짖으며, 특히 귀를 잡아당기어 귀로 배운 학문이 쓸모 없음을 가르친 말.

【六一居士】りくいつこじ(육일거사) 송(宋)의 구양수(歐陽脩)의 별호(別號). 六一은 구양수가 가진, 一자(字)가 들어가는 여섯 가지 물건.

【六字名號】ろくじみょうごう(육자명호)《佛》정토종(淨土宗)에서 염불할 때 외는, 나무아미타불(南無阿彌陀佛)의 여섯 자.

【六場】(육장)韓 ①한 달에 여섯 번씩 열리는 장. ②늘. 항상.

【六材】りくざい(육재) 기물(器物)을 만드는 여섯 가지 재료. 흙·쇠·돌·나무·가죽·풀[草].

【六齋日】ろくさいにち(육재일)《佛》한 달 중 깨끗이 재계(齋戒)하는 여섯 날. 곧, 음력 8·14·15·23·29·30일.

【六賊】りくぞく(육적)《佛》☞六塵(육진).

【六典】りくてん(육전) ①주(周) 때 나라를 다스리던 여섯 가지 법전. 치전(治典)·교전(教典)·예전(禮典)·정전(政典)·형전(刑典)·사전(事典). ②육조(六曹)의 집무 규정. 곧, 이전(吏典)·호전(戶典)·예전(禮典)·병전(兵典)·형전(刑典)·공전(工典)의 총칭.

【六正臣】りくせいしん(육정신) 여섯 가지 정도(正道)를 갖춘 신하. 성신(聖臣)·양신(良臣)·충신(忠臣)·지신(智臣)·정신(貞臣)·직신(直臣). ¶人臣之行 有六正六邪<說

苑> ↔六邪臣(육사신).
【六祖】ろくそ·りくそ(육조) ①《佛》 ㉮선종(禪宗)에서, 파(派)가 생기기 전의 여섯 조사(祖師). 달마(達摩)·혜가(慧可)·승찬(僧璨)·도신(道信)·홍인(弘忍)·혜능(慧能). ㉯제 6대 조(祖)인 혜능(慧能)을 이름. ② 6대째의 선조(先祖). ¶以一李仝祐嗣五祖李居壽祭斗<元史>
【六詔】りくしょう(육조) 지금의 중국 운남(雲南) 및 사천(四川) 서남에 있던 나라. 詔는 만어(蠻語)로 왕(王). 여기에 여섯 만족(蠻族)이 있었으므로 이름.
【六種力】りくしゅりき(육종력)《佛》 여섯 가지의 힘. 곧, 어린애는 욺, 계집은 성냄, 왕은 교만함, 나한(羅漢)은 정진(精進)함, 비구(比丘)는 인욕(忍辱)함, 부처는 자비로써 그 힘을 삼음.
【六注比廛】(육주비전) ☞六矣廛(육의전).
【六摯】りくし(육지) 고대에 회견(會見) 때 쓰이던 여섯 가지 예물. 제후(諸侯)는 피백(皮帛), 경(卿)은 양, 대부(大夫)는 기러기, 사(士)는 꿩, 서인(庶人)은 집오리, 상공인(商工人)은 닭.
【六職】りくしょく(육직) ①사람의 여섯 가지 천직(天職). 왕공(王公)·사대부(士大夫)·백공(百工)·상려(商旅)·농부(農夫)·부공(婦功). ②육관(六官)의 직(職). 치직(治職)·교직(教職)·예직(禮職)·정직(政職)·형직(刑職)·사직(事職). ※六官(육관).
【六塵】ろくじん(육진)《佛》 지혜를 해치고 공덕을 덜게 하는 여섯 가지. 색(色)·성(聲)·향(香)·미(味)·촉(觸)·법(法). 六賊(육적). 六盜(육도). ¶於此一 起憎惡心<金剛經>
【六鎭長布】(육진장포) 함경북도 육진(六鎭)에서 나는 삼베로, 한 필(疋)의 척수(尺數)가 긺. 六鎭布(육진포).
【六尺】りくせき(육척) ①1척의 여섯 배. ¶一長身. ②나이 15세. 1척은 두 살 반.
【六戚】りくせき(육척) ①☞六親(육친). ②모든 혈족(血族).
【六尺之孤】りくせきのこ(육척지 고) ①14~5세의 고아(孤兒). 뜻이 바뀌어, 어린 후사(後嗣). ②아버지를 잃은 어린 임금. 孤는 임금이 상중(喪中)에 있을 때의 자칭(自稱). ¶孔安國曰 一 幼少之君<論語·注>
【六尺之託】りくせきのたく(육척지 탁) 어린 임금의 후견(後見)을 부탁받는 일. ¶豈可以受一<後漢書>
【六體】りくたい(육체) ①☞六書(육서)②. ②사람의 머리와 몸통과 사지(四肢). ③여섯 가지 과목. 시(詩)·부(賦)·표(表)·책(策)·논(論)·의(疑).
【六寸】(육촌) ①여섯 치. ②㊕ 사촌(四寸)의 아들 딸 사이의 친족 관계. 곧, 재종간(再從間) 형제 자매의 총칭.
【六畜】りくちく(육축) 여섯 가지 가축. 소·말·양·닭·돼지·개. 六擾(육요).
【六親】りくしん(육친) 여섯 친척. 부(父)·모(母)·형(兄)·제(弟)·처(妻)·자(子). 六戚(육척)①. ¶一不和 有孝慈<老子>
【六合】りくごう(육합) ①천지(天地)와 사방(四方). 天下(천하). 宇宙(우주). 世界(세계). 六極(육극). ¶以一爲家<賈誼> ②권술(拳術)에서, 정(精)·기(氣)·신(神)이 합하는 내삼합(內三合)과, 손·눈·몸의 작용이 통일하는 외삼합(外三合)의 병칭.
【六合同風】りくごうどうふう(육합동풍) 천하가 통일되어 풍속교화(風俗教化)를 같이 함을 이름. ¶一 九州共貫也<漢書>
【六鄕】りくきょう(육향) 주(周)의 제도에서, 왕기(王畿) 백 리 안에 있는, 대사도(大司徒)가 관장(管掌)하던 행정 구역. 7만 5천 가(家)를 이름. 1향(鄕)은 1만 2천 5백 가(家). ※六遂(육수).
【六虛】りくきょ(육허) 상하(上下)와 사방(四方). 천하. 우주. ¶用之彌滿一 廢之莫知其所<列子>
【六花】りっか(육화) 눈[雪]의 이칭. 六出(육출). ¶自着衣偏暖 誰愛雪一<賈島>
【六爻】りくこう(육효) 64괘의 각 괘의 여섯 획. ▷駕一, 九一, 滕一, 駢四儷一, 雙一, 陽一, 一一, 丈一, 藏一, 初一

4【分】 ☞ 刀部 2획 (p.196)

2 4【兮】 어조사 혜 | 唐ㄒㄧ (xi) | けい

源會意. 八은 나뉘어져 분산됨을 나타내고, 兮는 기운이 퍼져 오르다가 어떤 장애를 받는 모양을 나타냄. 그래서 목에 걸린 숨이 혜! 하고 발산되어 나옴을 뜻함.

풀이 어조사. ㉮주어나 문(文) 뒤에 붙어서 감탄이나 강조를 나타내는 조사. ¶福一禍之所伏<老子>/巧笑倩一<論語> ㉯주로 시부(詩賦)에서, 어기(語氣)가 일단 그쳤다가 다시 음조가 올라감을 나타내는 조사. ¶大風起一雲飛揚<漢高祖> ㉰형용사에 붙는 접미사. 通乎. ¶淵一似萬物之宗<老子> ▷樂一, 爛一, 蕭蕭一, 儼一, 綽一, 渙一, 一悅

5【半】 ☞ 十部 3획 (p.236)
5【只】 ☞ 口部 2획 (p.268)

4 6【共】 1함께 공 2공손할 공 3맞을 공 | 困ㄍㄨㄥˋ (gong) 图ㄍㄨㄥ 匯(gong) | きょう (トモ) *together, polite, welcome*

源會意. 스물의 廿과 팔을 펴 올린 모양의 八을 합하여 함께를 뜻함.

풀이 1①함께. 모두. ¶天下一立義帝<史記>/一同. ②함께 하다. ¶與朋友一<論語> 2①공손하다. 通恭. ¶一承嘉惠兮<史記> ②바치다. 通供. ¶不一是懼<左氏傳> ③규칙. 법도. ¶

受小一大一<詩經> 3①맞다. 맞아들임. ¶衆星一之<論語> ②팔짱을 끼다. 通拱. ¶聖人一手<荀子>

【共感】きょうかん(공감) ①남의 의견이나, 주장에 공명(共鳴)함. ②남과 함께 같은 느낌을 받음.

【共工】きょうこう(공공) ①요(堯)임금 때, 치수(治水)를 맡은 벼슬. ②순(舜)임금 때, 백공(百工)을 관장하던 벼슬. ③한(漢)대 소부(少府)의 벼슬. ④천신(天神)의 이름.

【共國】きょうこく(공국) ①나라 일을 함께 담당함. ¶誠得賢士 以一<史記> ②나라가 같음. 同國(동국). ¶逢一人<方干>

【共軌】きょうき(공궤) 수레의 폭을 같게 함. 뜻이 바뀌어, 법도·규칙을 같이 함. 同軌(동궤)①. ¶同文一<隋書>

【共氣】きょうき(공기) ☞同氣(동기). ¶一摧其同欒<謝莊>

【共倒同亡】きょうとうどうぼう(공도동망) 넘어져도 같이 넘어지고, 망해도 함께 망한다는 말로, 운명을 같이함을 이름.

【共料】きょうりょう(공료) 함께 도모함. ¶與卿一四海之士<蜀志>

【共立】きょうりつ(공립) ①함께 섬. ¶一於朝<詩經> ②두 사람 이상이 뜻을 같이하여 설립함.

【共鳴】きょうめい(공명) ①남의 의견·주장 등에 찬동하여 함께 주장함. ②같은 진동수를 가진 두 발음체(發音體) 중 하나가 울리면 다른 하나도 따라 울리는 현상. ¶一管/一器.

【共謀】きょうぼう(공모) 함께 일을 꾸밈. ¶合黨一<漢書>/一者. 「盟.

【共守】きょうしゅ(공수) 공동으로 방어함. ¶一同

【共譯】きょうやく(공역) 공동으로 번역함. 또는, 그 번역문. ¶一者. 「↔專用(전용).

【共用】きょうよう(공용) 공동으로 사용함. ¶一物.

【共韻】きょういん(공운) 시(詩)에서 각 구(句)의 운이 모두 같은 것을 이름. ¶聯句一<文心雕龍>

【共有】きょうゆう(공유) 공동으로 소유함. 또는, 누구나 가지고 있음. ¶賢愚所一<陸機>

【共人】きょうじん(공인) ①그 자리[位]를 삼가고 현인(賢人)을 기다리는 임금. ¶念彼一<詩經> ②동료(同僚).

【共著】きょうちょ(공저) 공동으로 저술함. 또는, 그 책. ¶一者.

【共濟】きょうさい·きょうせい(공제) 서로 도움. 또는, 힘을 모아 같이 일함. ¶好一世業<蜀志>/一組合/一會.

【共存】きょうぞん(공존) ①함께 존재함. ②서로 도우면서 함께 생존함.

【共存共榮】きょうぞんきょうえい(공존공영) 서로 협력하여 함께 생존하며 함께 번영함.

【共主】きょうしゅ(공주) 온 천하가 종주(宗主)로 섬기는 임금. ¶夫弑一 臣世君<史記>

【共通】きょうつう(공통) 다 같이 통함. ¶一語/一分母/一點.

【共學】きょうがく(공학) ①함께 공부함. 同學(동학). ¶可與一<論語> ②성(性)·인종을 달리하는 학생들이 한 학교에서 같이 배움. ¶男女一/黑白一.

【共和】きょうわ(공화) ①서주(西周) 때 여왕(厲王)이 출분(出奔)한 뒤 14년 동안 주공(周公)과 소공(召公)이 협의하여 행한 정치. ②한(漢)대 여관(女官)의 관명. ③두 사람 이상이 화합하여 정무(政務)를 시행함. ¶一國/一政治.

▷公一, 滅一, 反一, 防一, 勝一, 容一, 中一, 親一

6【兴】興(p.1255)의 略字

7【皃】貌(p.1417)와 同字

5/7【兵】군사 병 | 庚ㄅㄧㄥ (bing) | へい, ひょう (ツワモノ) *soldier*

源會意. 무기의 斤와 양손의 廾의 합자.

풀이①군사. 군인. ¶能用一<史記>/一士. ②무기. ¶掌五一<周禮>/一器. ③전쟁. ¶一者詭道也<孫子>/一火. ④치다. 죽임. ¶士一之<左氏傳> ⑤재앙. ¶反以自一<呂覽> ⑥병법(兵法). 전술.

【兵家】へいか(병가) ①병법(兵法)에 밝은 사람. 兵法家(병법가). ¶一所忌<後漢書> ②제자 백가(諸子百家)의 하나로, 전술·전략을 논하는 학파(學派). 손자(孫子)·오자(吳子) 등.

【兵家常事】(병가상사) 싸움에 이기고 짐은 전쟁에서 누구나 흔히 겪는 일이라는 말로, 실패했다고 하여 낙심할 것은 아님을 이름.

【兵家者流】(병가자류) 병법(兵法)에 밝은 사람. 兵家(병가).

【兵甲】へいこう(병갑) 무기와 갑주(甲胄). 나아가, 군대·전쟁을 이름. 兵革(병혁). ¶一不多<孟子>

【兵車】へいしゃ(병거) 전투에 쓰는 수레. 戰車(전거). 戎車(융거). ¶以一趣<漢書>

【兵戈】へいか(병과) 창(槍). 나아가, 전쟁을 이름. 干戈(간과). 兵革(병혁). ¶止息一<漢書>

兵車 (禮器圖)

【兵寇】へいこう(병구) ①군대의 침입. 무력 침공. ¶連被一<後漢書> ②전란. 전쟁.

【兵權】へいけん(병권) ①군대를 통할(統轄)하는 권한. 兵馬之權(병마지 권). ¶改易一<漢書> ②군대의 권력. ¶若賴一 滅亡可待矣<列子> ③☞兵書(병서). ④작전(作戰)의 권한과 능력. ¶戰術一<北齊書>

【兵戟】へいげき(병극) 무기. 병기. 兵戈(병과). ¶持一而衛者甚衆<戰國策>

【兵忌】へいき(병기) 싸움에 불리한 일진이라 하여 병가(兵家)에서 꺼리는 날.

【兵器】へいき(병기) 전쟁에 쓰이는 기구. 무기. 兵仗(병장). 兵仗器(병장기). ¶簡練一<六韜>/一庫.

【兵隊】へいたい(병대) 군대(軍隊).

【兵亂】へいらん(병란) ①전란(戰亂). 戰火(전화). ¶流離—<後漢書> ②군대의 반란. 兵變(병변).

【兵力】へいりょく(병력) ①군대의 힘. 軍力(군력). ¶憚—之損<後漢書> ②병사의 수. ¶小—.

【兵馬】へいば(병마) ①무기와 군마(軍馬). 나아가 군비(軍備)·군사(軍事)를 이름. ¶—權. ②전란.

【兵馬倥偬】へいばこうそう(병마공총) 전란으로 세상이 어지럽고 고난이 많은 상태.

【兵無常勢】へいにじょうせいナシ(병무상세) 전쟁은 적의 형세에 따라 알맞은 작전을 써야 하는 것이지, 적용할 방식이 정해져 있는 것은 아님. ¶— 水無常形<孫子>

【兵法】へいほう(병법) ①전쟁에 이기는 방법. 戰術(전술). 兵術(병술). ¶—之教<戰國策> ②☞兵書(병서).

【兵變】へいへん(병변) ☞兵亂(병란)②.

【兵符】へいふ(병부) ①군대 출동 때 쓰는 표적. 두 쪽을 내어 하나는 병마의 책임자가, 한 쪽은 임금이 가지고 있다가 군대를 낼 때에 교서와 함께 책임자에게 내리면, 책임자가 자기의 반쪽과 맞추어 보고 군대 출동에 응함. 발병(發兵)이라 씌어 있음. 發兵符(발병부). ¶公子之盜其—<史記> ②용병(用兵)에 관하여 기록한 것.

【兵不厭詐】へいさヲイトワズ(병불염사) 작전(作戰)에서는 적을 속여도 무방함.

【兵批】(병비) 조선 때 병조(兵曹)에서 무관(武官)을 골라 뽑던 일.

【兵士】へいし(병사) 군사(軍士). 兵丁(병정). 兵卒(병졸).

【兵舍】へいしゃ(병사) 군대의 막사(幕舍). 兵營(병영)①.

【兵書】へいしょ(병서) 병법(兵法)에 관한 책. 軍書(군서). 兵法書(병법서). 兵訣(병결). 兵經(병경). 兵權(병권)③.

【兵船】へいせん(병선) 전쟁을 위한 배. 軍船(군선). 軍艦(군함). 戰艦(전함). 戰船(전선). ¶講—<舊唐書>

【兵術】へいじゅつ(병술) ☞戰術(전술).

【兵役】へいえき(병역) ①병사로 징발, 사용됨. ¶—連年<後漢書> ②전쟁. ¶秣陵—後<鄭谷> ③병사가 되어 군사 일에 종사함. 군사 일. ¶—免除/—法/—義務.

【兵營】へいえい(병영) ①군대가 주둔하는 건물. 兵舍(병사). ②조선 때 병마 절도사(兵馬節度使)가 있던 영문(營門).

【兵猶火】へいハなおひノごとシ(병유화) 전쟁은 불과 같아 모든 것을 태워 없앰.

【兵者不祥之器】へいハふしょうノき(병자 불상지기) 병기(兵器)는 사람을 살상하는 것이므로, 불길한 물건임. 또는, 전쟁은 사람을 죽이는 일이므로 흉한 행위임. 兵者凶器(병자흉기). ¶— 非君子之器<老子>

【兵者凶器】へいハきょうき(병자흉기) ☞兵者不祥之器(병자 불상지기).

【兵仗】へいじょう(병장) 무기. 兵器(병기). 兵仗器(병장기). ¶收—<漢書>

【兵仗器】へいじょうき(병장기) ☞兵仗(병장).

【兵丁】へいてい(병정) 병역에 복무하는 장정(壯丁).

【兵制】へいせい(병제) 군사·병무에 관한 제도. 軍制(군제).

【兵主】へいしゅ(병주) ①군대의 사령관. 兵首(병수). 將帥(장수). ¶—不足畏 國之危也<管子> ②전쟁의 신(神). 군신(軍神).

【兵站】へいたん(병참) 일선 군대에 군수품을 보급하는 일. 또는, 그 일을 맡은 부서 또는 기관. ¶—所/—部/—線.

【兵判】(병판) 병조판서(兵曹判書)의 약칭.

【兵學】へいがく(병학) 군사·병법(兵法)에 관하여 연구하는 학문. 軍事學(군사학).

【兵革】へいかく(병혁) ☞兵戈(병과). ¶—竝起<禮記>

【兵革滿道】へいかくみちニみツ(병혁만도) 무기와 갑주(甲冑)가 길에 가득 널렸다는 말로, 전쟁이 잦음의 비유. ¶諸侯相伐 —<論衡>

【兵火】へいか(병화) 전쟁으로 말미암은 화재. ¶—之後<舊五代史>

【兵禍】へいか(병화) 전쟁으로 말미암은 재앙. 戰禍(전화).

▷簡—, 甲—, 強—, 客—, 擧—, 輕—, 工—, 官—, 觀—, 驕—, 國民—, 軍—, 禁—, 奇—, 起—, 騎—, 短—, 大—, 徒—, 屯—, 民—, 白—, 步—, 補充—, 伏—, 士—, 私—, 散—, 傷—, 選—, 水—, 新—, 神—, 弱—, 養—, 練—, 閱—, 銳—, 豫備—, 用—, 勇—, 衛—, 義—, 疑—, 利—, 殘—, 雜—, 將—, 敵—, 精—, 卒—, 從—, 駐屯—, 志願—, 徵—, 斥候—, 天—, 出—, 親—, 派—, 廢—, 砲—, 海—, 護衛—

7【冋】 興(p. 1255)의 略字

6 8【具】 갖출 구 | 選 ㄐㄩˋ (ju) | く, ぐ(ソナエル) prepare

풀이 ①갖추다. ¶—體而微<孟子>/—備. ②그릇. 기구. ¶索得釀—<蜀志>/農—. ③함께. 모두. 通俱. ¶民—爾瞻<詩經>/—慶. ④자세히. ¶—中. ⑤힘. 활동. ¶抱將相之—<李陵>/—量.

【具格】ぐかく(구격) 격식을 갖춤.

【具慶】ぐけい(구경) ①함께 임금을 경축함. ¶莫怨—<詩經> ②부모가 다 생존함. ¶若—者可矣<程氏遺書>

【具戒】ぐかい(구계)《佛》 구족계(具足戒)의 준말.

【具官】ぐかん(구관) ①관리의 정원(定員)을 갖춤. 또는, 관리의 일원이 됨. ¶—待問<漢書> ②관작(官爵)의 기재(記載)를 생략할 때 쓰는 말. 문서 초안 등에 쓰임.

【具文】ぐぶん(구문) ①형식만을 갖춤. 또는, 형식뿐이고 내용이 없는 글. ¶其㪅徒—<史記> ②문장을 다듬음. ¶—見意<杜預>

【具備】ぐび(구비) 빠짐없이 갖춤. 具足(구족). 具滿(구만). ¶文武—<淮南子>

【具象】ぐしょう(구상) 형체를 갖춤. 具體(구체). ¶—畫/—藝術. ↔抽象(추상).

【具色】(구색) ①갖가지 빛깔을 다 갖춤. ②필

요한 물건을 고루 갖춤. 또는, 그 물건들.
【具申】ぐしん(구신) 일의 내용이나 상황을 빠짐없이 아룀. 具陳(구진). ¶略一臺前<福惠全書>
【具臣】ぐしん(구신) 인원수(人員數)만 채울 뿐인 신하. 곧, 무능한 신하. ¶今由與求也 可謂一矣<論語>
【具眼】ぐがん(구안) 사리(事理)를 분별하는 눈이 있음. 또는, 식견(識見)이 높은 사람. ¶求一<宋史>/一之士/一者.
【具足戒】ぐそくかい(구족계)《佛》 비구(比丘)와 비구니(比丘尼)가 지켜야 하는 계율(戒律). 비구의 250계, 비구니의 348계가 있음.
【具體】ぐたい(구체) ①완전한 신체를 가짐. 또는, 전체를 완전하게 갖춤. ¶一而微<孟子> ②형체를 갖춤. 具象(구상). ¶一化/一的. ↔抽象(추상).
【具現】ぐげん(구현) 전체를 갖추어 표현함. 또는, 구체적으로 실현함.
▷家一, 敬一, 輕一, 戒一, 工一, 供一, 校一, 敎一, 器一, 機一, 農一, 道一, 馬一, 武一, 文一, 文房一, 不一, 喪一, 夜一, 漁一, 禮一, 玩一, 用一, 雨一, 運動一, 戎一, 裝一, 葬一, 裝身一, 祭一, 諸一, 座一, 什一, 饌一, 治一, 寢一

6/8〖其〗 1그　기|因ㄑㄧˊ(qi)|き(ソレ)
2어조사 기|寘ㄐㄧ(ji)|it, that
源象形. 키 [甘]와 키를 얹는 대 [丌]를 본뜸.
풀이 1①그. 사람이나 사물을 지시하는 대명사. ¶融從一遊<後漢書>/一間. ②감탄·강조의 조사. ¶溫一如玉<詩經> ③키. 같 箕. ④발어사. 2어조사. 어세(語勢)를 고르는 조사로, 뜻은 없음. 通記 忌 已. ¶夜如何一<詩經>
【其實】ソノジツ(기실) ①그 실상. 그 사실. ②사실은. 실제는. ¶一皆什一也<孟子>
【其亦】ソレモマタ(기역) 그것도 또. 그것 역시.
【其然豈其然乎】ソレシカク アニソレシカランヤ(기연 기기연호) 그럴지도 모르지만, 설마 그렇기야 하겠는가. ¶子曰 一<論語>
【其人】(기인) ①그 사람. ②신라·고려 때 중앙에 볼모로 뽑혀 와서 그 지방 행정의 고문을 맡아본 지방 유력자. ¶一制度.

6/8〖典〗 법 전|銑ㄉㄧㄢˇ(dian)|てん(ノリ) law
同 典
源會意. 책 [冊]과 물건을 얹는 대 [丌]의 합자.
풀이①법. 규정. ¶建國之六一<周禮> ②책. ¶有一有則<書經>/法一. ③가르침. ¶五一<書經> ④의식. ¶肅祭一<隋書> ⑤바르다. ¶一雅. ⑥관장하다. ¶一婦功<周禮> ⑦전당잡다. ¶民間質一<金史>/一當鋪.
【典客】てんかく(전객) 진(秦)대의 벼슬. 구경(九卿)의 하나로, 제후(諸侯) 및 만이(蠻夷)에 관한 일을 맡아봄.
【典據】てんきょ(전거) ①바른 증거. 出典(출전). 典證(전증). ¶咸有一<大唐新語> ②어떤 것을 근거로 하여 시행함. ¶一守宰<後漢書>
【典決】てんけつ(전결) 재판을 관장함. ¶一京師獄訟<魏書>
【典戒】てんかい(전계) 계명(戒命). 경계하여 삼감. ¶憲女史之一<潘岳>
【典故】てんこ(전고) 전례(典例)와 고실(故實). 慣例(관례). ¶熟于朝廷一<宋史>
【典誥】てんこう(전고) ①전(典)과 고(誥). 「서경」(書經)의 요전(堯典)·탕고(湯誥) 등 제왕의 언행 기록. ②☞古書(고서). ¶留心一<劉歆> ③조명(詔命). 조서(詔書). ¶一不及<吳志>
【典器】てんき(전기) 도량형(度量衡)의 기구(器具).
【典當】てんとう(전당) 물건을 담보로 하여 돈을 빎. 抵當(저당). ¶一鋪/一票.
【典麗】てんれい(전려) 바르고 아름다움. ¶文辭一<南史>
【典例】てんれい(전례) 정해져 있는 규범(規範). 법칙. ¶厥有一<白居易>
【典禮】てんれい(전례) ①전법(典法)과 예의(禮儀). ¶一不易<左氏傳> ②예를 담당하던 벼슬 이름.
【典賣】てんばい(전매) ①원가(原價)를 치르고 환매(還買)할 것을 조건으로 물건을 팖. 活賣(활매). ↔絕賣(절매). ②전당(典當)잡힌 물건을 매각(賣却)함.
【典謨訓誥】てんぼくんこう(전모훈고) 「서경」(書經)에 있는 전(典:堯典 등)·모(謨:大禹謨 등)·훈(訓:伊訓)·고(誥:湯誥 등)의 문체(文體).
【典物】てんぶつ(전물) ①식전(式典). 고사(故事). ¶頗識一<後漢書> ②전당 잡힌 물건.
【典範】てんぱん(전범) 규칙. 법(法). 본보기. 규범(規範).
【典墳】てんぷん(전분) 삼분 오전(三墳五典)의 준말. 나아가, 고서(古書)를 이름.
【典式】てんしき(전식) 규칙. 법식(法式). 규범(規範). ¶爲世一<漢書>
【典實】てんじつ(전실) 예전에 있었던 일. 故實(고실). ¶屬書一<晋書>
【典雅】てんが(전아) ①우아함. 단정하고 고상함. ②옛 서적. ¶博覽一<馬融>
【典午】てんご(전오) ①사마(司馬)의 벼슬. 午는 馬. ②진(晋) 임금의 성(姓)이 사마씨(司馬氏)인 데서 진(晋)대를 이름.
【典獄】てんごく(전옥) ①옛날, 송사(訟事)와 옥사(獄事)를 맡아 처리하던 벼슬. ②형무관(刑務官)의 하나. ③죄인을 가두던 곳.
【典醫】(전의) 구한국 때 태의원(太醫院)의 주임 벼슬.
【典籍】てんせき(전적) ①중요한 옛 서적. 典書(전서). 典志(전지). ¶守宗廟之一<孟子> ②조선 때 성균관(成均館)의 한 벼슬.
【典制】てんせい(전제) ①관장함. ¶一六材<禮記> ②법도. 규칙. 또는, 규칙을 만듦. ¶雖有一<吳志>
【典主】てんしゅ(전주) ①관장함. ¶我一東地<戰國策> ②전당 잡힌 사람. 또는, 질권자(質權者).

【典質】てんしつ(전질) 물건을 전당 잡힘.
【典型】てんけい(전형) 같은 부류의 특징을 잘 나타내고 있는 형(型). 본. ¶一的.
▷經一, 古一, 寬一, 敎一, 舊一, 國一, 內一, 大一, 文一, 邦一, 法一, 寶一, 墳一, 佛一, 事一, 辭一, 上一, 常一, 書一, 盛一, 聖一, 式一, 樂一, 藥一, 語一, 外一, 原一, 六一, 恩一, 儀一, 吏一, 字一, 掌一, 政一, 祭一, 操一, 體一, 出一, 通一, 刑一, 訓一

9【典】 典(p.181)과 同字

9【酉】 ☞ 西部 2획(p.1518)

8/10【兼】 겸할 겸 |圖ㄐㄧㄢ (jian)| けん(カネル) *combine*
俗 兼

源 會意. 「禾+禾+又」. 又는 손[手]. 따라서 벼 두 포기를 한 손에 쥐고 있는 모양에서 아우르다, 겸하다의 뜻이 됨.

풀이 ①겸하다. ¶一擧而一兩虎<戰國策>/一職. ②다하다. ¶一其情<荀子> ③쌓다. 포갬. ¶重金一紫<後漢書> ④아울러. ¶講堂一劇場.

【兼官】けんかん(겸관) ①본디 관직 외에 다른 관직을 겸함. 또는, 그 관직. 兼職(겸직). ②조선 때, 수령(守令) 자리가 비었을 때 이웃 고을의 수령이 임시로 그 업무를 겸해 맡아보던 일.
【兼金】けんきん(겸금) 값이 보통 금의 갑절 나가는 좋은 금. ¶良訊代一<陸機>
【兼奴上典】(겸노상전) 가난하여 하인이 할 일까지 몸소 하는 양반을 이르던 말.
【兼達】けんたつ(겸달) 여러 가지 일에 아울러 통달함.
【兼務】けんむ(겸무) 본래의 직무 외에 겸해서 하는 일.
【兼并】けんぺい(겸병) ①한데 합쳐 하나로 함. ¶攻伐一<墨子> ②합쳐 소유함. ¶一之地/土地一.
【兼備】けんび(겸비) 아울러 갖춤. 兼存(겸존).
【兼床】(겸상) 두 사람이 함께 먹도록 차린 상. ↔各床(각상).
【兼善】けんぜん(겸선) 자기와 함께 다른 사람도 감화시켜 착하게 만듦. ¶達則一天下<孟子>
【兼愛】けんあい(겸애) 모든 사람을 평등하게 사랑함. ¶一無私<莊子>/一主義/一思想.
【兼業】けんぎょう(겸업) 본업 외에 겸해서 하는 사업이나 일. ※兼務(겸무).
【兼用】けんよう(겸용) ①하나로써 여러 가지를 겸하여 씀. ②여러 가지를 함께 씀. 併用(병용).
【兼人】けんじん(겸인) 남보다 뛰어남. 혼자서 두 사람을 당함. ¶一之勇<漢書>
【兼任】けんにん(겸임) 두 가지 이상의 직무를 겸하여 맡아 봄. 兼職(겸직).
【兼全】けんぜん(겸전) 아울러 갖춤. 여러 가지를 갖춤. ¶學行一<沈約>
【兼職】けんしょく(겸직) 본래의 직무 외에 다른 직무도 겸함. 兼官(겸관). 兼任(겸임). 兼管(겸관). 兼攝(겸섭).
【兼秋】けんしゅう(겸추) 가을 석달 동안. 三秋(삼추). ¶俄思甚一<鮑照>
【兼銜】けんかん(겸함) ①겸관(兼官)의 경우, 그 겸해 가진 직함(職銜). ②관리에게 그 직무보다 격을 높이기 위해 따로 관명(官名)을 붙임.
【兼行】けんこう(겸행) ①낮에 이어 밤에도 계속하여 걸음. 兼程(겸정). 兼步(겸보). 兼路(겸로). ¶倍道一<管子> ②여러 가지 일을 겸하여 행함.

12【兼】 兼(p.182)의 俗字

12【奠】 ☞ 大部 9획(p.393)

12【曾】 ☞ 曰部 8획(p.733)

13【冀】 冀(p.182)와 同字

14【興】 ☞ 臼部 7획(p.1255)

14【爾】 ☞ 爻部 10획(p.964)

14/16【冀】 바랄 기 |圖ㄐㄧˋ (ji)| き(コイネガウ) *hope, desire*
同 兾

풀이 ①바라다. ¶不可一也<左氏傳>/一望. ②바라건대. ¶一一見而復歸<東方朔> ③땅 이름. ¶一州.

【冀望】きぼう(기망) 희망(希望). ¶一成就<後漢書>
【冀州】きしゅう(기주) 중국 옛 구주(九州)의 하나. 지금의 하북성(河北省)·산서성(山西省)의 대부분과 하남성(河南省) 일부.

16【興】 ☞ 臼部 9획(p.1255)

20【顛】 顚(p.1628)의 俗字

20【巓】 顚(p.1628)과 同字

冂<멀 경>部

冂 ② 冉 円 ③ 冉 册 冊 回 ④ 冎 再 ⑤ 冏 ⑥ 冐 ⑦ 冒 冑 ⑧ 冓 冔 ⑨ 冕

0/2【冂】 멀 경 |圖ㄐㄩㄥ (jiong)| けい, きょう *remote*
古 冋

源 象形. 변경의 경계처럼 멀리 이어진 길을 본뜸.

4【內】 ☞ 入部 2획(p.160)

4【丹】 ☞ 丶部 3획(p.39)

4【冄】 冉(p.182)과 同字

4【円】 圓(p.331)의 略字

3/5【冉】 나아갈 염 |圖ㄖㄢˇ (ran)| ぜん, ねん *advance*
同 冄

源象形. 부드러운 터럭이 아래로 드리워져 있는 모양을 본뜸.
풀이①나아가다. ¶老一一其將至兮<楚辭> ②연약하다. ¶一一. ③귀갑(龜甲)의 가장자리. ¶元龜岠一<漢書>

3
5【册】 책 책 | ㊥ㄘㄜˋ(ce) ㄔㄞˋ(chai) | さく, さつ(フミ) *book*

同冊

源象形. 왕명이 적힌 패찰을 엮은 것을 본뜸.
풀이①책. ¶史乃一祝<書經>/書一. ②칙서(勅書). 봉록(封祿)·작위 등을 내리는 칙서. ¶一封/一立. ③권. 책을 세는 단위. ④계책. 通 策. ¶安邊之一<漢書>
【册卷】さっかん(책권) 서책의 권질(卷帙).
【册曆】さくれき(책력) 책으로 된 역서(曆書).
【册禮】(책례)韓 글방에서 학생이 배우던 책을 다 마친 때 스승에게 감사하고 학우에게 한턱을 내던 일. 책씻이.
【册立】さくりつ(책립) 조칙(詔勅)을 내려 황후·왕후·태자·세자 등을 세우는 일.
【册命】さくめい(책명) 책립(册立)·책봉(册封)의 칙명(勅命).
【册房】さくぼう(책방) ①서점(書店). ②고을 원의 비서역(祕書役)을 맡아보던 아전.
【册拜】さくはい(책배) 칙서(勅書)를 내려 관직에 임명함. ¶三公一<晉書>
【册封】さくほう(책봉) 왕세자·세손(世孫)·왕후·비(妃)·빈(嬪) 등을 세우는 일. ¶册立一則授節<淸會典>
【册妃】さくひ(책비) 후비(后妃)를 책립(册立)함. ¶一前一日<唐書> 「사).
【册肆】(책사) 책방. 書店(서점). 書肆(서
【册床退物】(책상퇴물) 책상물림. 글만 배우다 만, 세상 물정을 모르는 사람.
【册書】さくしょ(책서) ①당(唐)대 중서성(中書省)에서 내는 사령서(辭令書). ②천자가 신하에게 명하는 글. ¶天子以一答<漢書>
【册葉】(책엽) 책의 면수(面數).
【册子】さくし(책자) 책. 書册(서책).
【册張】(책장) 책의 낱장.
【册欌】(책장)韓 책을 꽂아 두는 장.
▷簡一, 大一, 方一, 別一, 分一, 書一, 手一, 楮一, 詔一

5【冊】 册(p.183)과 同字

5【冋】 回(p.325)의 本字

6【冎】 剮(p.212)와 同字

6【同】 ☞口部 3획(p.270)

4
6【再】 두 재 | ㊥ㄗㄞˋ(zai) | さい(フタタビ) *twice*

풀이①두. 둘. 두 번. ¶無一失<逸周書>/一拜. ②거듭하다. 반복. ¶朕言不一<書經>/一犯.
【再嫁】さいか(재가) 과부나 이혼한 여자가 결혼함. 再緣(재연). 再醮(재초).
【再刊】さいかん(재간) ☞再版(재판)①.
【再開】さいかい(재개) 다시 엶.
【再建】さいけん(재건) 다시 세움.
【再檢討】さいけんとう(재검토) 한 번 검토한 것을 다시 검토함. 「갈이.
【再耕】さいこう(재경) 논·밭을 한 번 더 갊. 두번
【再啓】さいけい(재계) 다시 아룀. 편지에 추가로 적은 사연의 첫머리에 쓰는 말.
【再考】さいこう(재고) 다시 생각함. 고쳐 생각함. 또는, 그 생각. ¶一隨其品第<魏志>
【再顧】さいこ(재고) ①다시 돌아봄. ¶一重千金<李白> ②거듭하여 정성스럽게 찾음.
【再校】さいこう(재교) ①다시 살펴봄. ②두번째의 교정(校正). 再準(재준).
【再教育】さいきょういく(재교육) 소정의 교육을 마친 사람을 다시 교육함.
【再歸】さいき(재귀) 원래 위치로 다시 돌아옴.
【再起】さいき(재기) 다시 일어남. 다시 일을 시작함. 「叔(재종숙).
【再堂叔】(재당숙) 아버지의 육촌 형제. 再從
【再堂姪】(재당질) 육촌 형제의 아들. 再從姪
【再度】さいど(재도) ☞再次(재차). ⌊(재종질).
【再錄】さいろく(재록) 다시 수록(收錄)함. 다시 기록함. 「명년).
【再明年】さいみょうねん(재명년) 내후년. 來明年(내
【再明日】さいみょうにち(재명일) 모레.
【再武裝】さいぶそう(재무장) 무장이 해제된 나라나 군대가 다시 무장함.
【再發】さいはつ(재발) ①질병·사고 따위가 다시 발생함. ②두번째 화살을 쏨. 활을 다시 쏨. ¶一之樂<史記> ③공문서를 다시 보냄.
【再拜】さいはい(재배) ①두 번 절함. 또는, 그 절. ¶一而送之<論語> ②편지 끝에 써서 경의를 표하는 말. ¶恐懼一<韓愈>
【再燔】(재번) 도자기를 두번째 구움.
【再犯】さいはん(재범) 죄를 다시 범함. 두 번째 범죄. ¶一笞 三犯杖<元史>
【再壁】(재벽) 건축에서 초벽을 바른 뒤에 다시 바르는 일.
【再逢春】(재봉춘) ①1년에 입춘(立春)이 두 번 듦. ②불우한 처지에서 다시 행운을 만남.
【再削】さいさく(재삭)《佛》 환속(還俗)한 사람이 다시 중이 됨. 또는, 그 중. 還削(환삭).
【再三】さいさん(재삼) 몇 번이나. 여러 차례. ¶往觀一<史記> 「번 거듭하여.
【再三再四】さいさんさいし(재삼재사) 두세 번. 여러
【再生】さいせい(재생) ①되살아남. 蘇生(소생). 復活(부활). ¶伯英一<蘇軾> ②다시 남. ¶稻一曰稻孫<番禺志> ③다시 떳떳하게 살게 됨. 更生(갱생). 再活(재활). ④폐품을 다시 쓸 만한 물건으로 만듦. ⑤기억을 되살려 냄.
【再選】さいせん(재선) ①두 번 선거함. ②다시 당선·선임됨. 두 번 뽑힘. ¶一議員.
【再手術】さいしゅじゅつ(재수술) 다시 수술함.
【再試驗】さいしけん(재시험) 다시 시험해 봄. 또는, 그 시험.
【再室】(재실)韓 재취(再娶)로 맞은 아내.
【再審】さいしん(재심) ①다시 심리·심사함. ②소

송에서, 판결이 확정된 뒤 사실 인정의 잘못이 의심될 때 다시 심리하는 일.
【再審査】さいしんさ(재심사) 다시 심사함.
【再言】さいげん(재언) 다시 말함. 重言(중언).
【再演】さいえん(재연) ①연극 따위를 다시 상연(上演)함. ②한 번 있었던 일을 다시 되풀이함.
【再燃】さいねん(재연) ①꺼졌던 불이 다시 탐. ②그치려 하던 일이 다시 일어남.
【再縁】さいえん(재연) 재혼(再婚). 再嫁(재가).
【再虞】(재우) 장사 지낸 뒤 두번째 지내는 우제(虞祭).
【再議】さいぎ(재의) ①다시 협의함. ②두번째의 논의.
【再認識】さいにんしき(재인식) ①다시 인식함. ②종래의 인식을 고쳐 새롭게 함.
【再昨】さいさく(재작) ☞再昨日(재작일).
【再昨年】さいさくねん(재작년) 그러께. 지지난해.
【再昨日】さいさくじつ(재작일) 그저께. 再昨(재작).
【再煎】(재전) ☞再湯(재탕)①.
【再祚】さいそ(재조) 물러난 임금이 다시 왕위에 오름. 重祚(중조).
【再從】さいじゅう(재종) 육촌 형제.
【再從嫂】さいじゅうそう(재종수) 육촌 형제의 아내.
【再從叔】さいじゅうしゅく(재종숙) 아버지의 육촌 형제. 再堂叔(재당숙).
【再從氏】さいじゅうし(재종씨) ①남에 대하여 자기 재종형을 이르는 말. ②남의 재종 형제의 경칭.
【再從祖】さいじゅうそ(재종조) 할아버지의 종형제.
【再從姪】さいじゅうてつ(재종질) 재종 형제의 아들. 再堂姪(재당질).
【再準】さいじゅん(재준) ☞再校(재교)②.
【再次】さいじ(재차) 다시. 두번째. 再度(재도).
【再唱】さいしょう(재창) 다시 노래 부름.
【再請】さいせい(재청) ①다시 청함. ②회의에서 다른 사람의 동의(動議)에 찬동하여 그것을 의논하도록 거듭 청함.
【再醮】さいしょう(재초) ☞再嫁(재가).
【再出發】さいしゅっぱつ(재출발) ①다시 출발함. ②새로운 계획으로 일을 다시 시작함.
【再娶】さいしゅ(재취) 다시 장가듦. 또는, 그 아내. 繼娶(계취). ¶諸侯不一<公羊傳>
【再侵】さいしん(재침) 다시 침범함.
【再湯】(재탕) ①달여 먹은 약재를 다시 달임. 두번째 달임. 再煎(재전). ②한 번 사용한 것을 다시 씀.
【再版】さいはん(재판) ①다시 출판함. 두번째 간행(刊行). 再刊(재간). ②과거의 어떤 일이 되풀이된 것. 특히 좋지 못한 일의 되풀이 때에 씀.
【再編】さいへん(재편) ①책 따위를 다시 엮음. ②재편성.
【再評價】さいひょうか(재평가) 다시 평가함.
【再現】さいげん(재현) 다시 나타남. 또는, 되살려 다시 나타냄.
【再婚】さいこん(재혼) 다시 혼인함. 두번째 결혼. 再縁(재연).
【再會】さいかい(재회) 다시 만남. 또는, 두번째 모임. ¶一而盟<左氏傳>

5/7〖冏〗 빛날 경 | (jiong) | けい, きょう | *shine*
同 囧

풀이 ①빛나다. 通 烱. ¶一然鳥逝<木華> ②밝다. ③창(窓).
【冏冏】けいけい(경경) 빛나는 모양. ¶一秋月明<江淹>

8〖岡〗 ☞山部 5획(p.477)
8〖罔〗 ☞网部 3획(p.1196)
8〖冐〗 冒(p.184)의 俗字
8〖周〗 ☞口部 5획(p.288)

7/9〖冒〗 1 무릅쓸 모 / 2 묵돌 묵 / 3 대모 모 / 本 매 | ㄇㄠˋ (mao) / ㄇㄛˋ (mo) | ぼう *risk* / ぼく / ばい
俗 冐

풀이 1 ①무릅쓰다. 범함. ¶一白刃<漢書>/一險. ②가리다. 덮음. ¶一天下之道<易經> ③쓰개. 모자. ¶着黃一<漢書> ④수의(壽衣). ⑤탐하다. ¶一於貨賄<左氏傳> ⑥시기하다. 通 媢. 2 묵돌(冒頓). 흉노(匈奴)인 선우(單于)의 이름. 3 대모(玳瑁). 거북의 이름. 같 瑁. ¶毒一<漢書>

冒③ (三禮圖)

【冒年】ぼうねん(모년) 나이를 속임. ※冒名(모명).
【冒瀆】ぼうとく(모독) 더럽혀 욕되게 함. 冒黷(모독). ¶敢再一<福惠全書>
【冒突】ぼうとつ(모돌) 침범하여 찌름. ¶一白刃<魏志> (묵돌) 옛 중국의 전함(戰艦) 이름.
【冒頭】ぼうとう(모두) 말·글의 첫머리.
【冒濫】ぼうらん(모람) ①함부로 범하여 어지럽힘. 冒亂(모란). ¶以革一<宋史> ②약탈함. ¶一工食<福惠全書>
【冒錄】ぼうろく(모록) 사실이 아닌 것을 사실인 것처럼 기록함. 또는, 그 기록.
【冒萬死】ばんしヲオカス(모만사) 죽음도 무릅씀. 온갖 어려움을 무릅쓰고 감행함.
【冒名】ぼうめい(모명) 이름을 거짓으로 꾸며 댐. 이름을 속임. ¶非但僞階一<魏書>
【冒白刃】はくじんヲオカス(모백인) 적진에 돌격함. ¶士張空弮一<漢書>
【冒死】ぼうし(모사) 죽음을 무릅씀. ¶一以聞<魏志>
【冒絮】ぼうじょ(모서) 노인이 쓰는, 솜을 둔 건(巾).
【冒耏】ぼうじ(모이) ①서역(西域) 사람들의 용모. ②구레나룻이 많은 모양. ¶一之類<後漢書>
【冒險】ぼうけん(모험) 위험을 무릅씀. ¶一求得之<北史>/一小說/一心.
【冒頓】ぼくとつ(묵돌)《人》한(漢) 초의 흉노(匈奴)의 선우(單于). 아버지를 죽이고 자립하여 동호(東胡)·월지(月氏)를 격파하고 한(漢) 고조(高祖)로 하여금 굴욕적인 화친책(和親策)을 쓰게 했음.
▷干一, 感一, 欺一, 陵一, 毒一, 覆一, 僞

一, 抵一, 觸一, 侵一, 貪一, 布一

7/9【冑】투구 주 ｜㊥ㄓㄡˋ (zhou)｜ちゅう(カブト) *helmet*

8/10【冓】짤 구 ｜㊥ㄍㄡˋ (gou)｜こう *construct*

풀이 ①짜다. 얽어맴. ¶材木交一<六書故> ②지밀(至密). 궁중에서 여관들이 거처하는 방. ¶中一之言 不可道也<詩經>

8/10【冔】관 후 ｜㊥ㄒㄩ (xu)｜く *hat*

풀이 관(冠). 은(殷)대에 쓰던 관.

9/11【冕】면류관 면 ｜㊥ㄇㄧㄢˇ (mian)｜べん, めん *crown*

【冕旒】べんりゅう(면류) 면류관 앞뒤에 늘어뜨리는 주옥(珠玉). 천자는 12줄, 제후(諸侯)는 9줄, 상대부(上大夫)는 7줄, 하대부는 5줄임.

【冕旒冠】べんりゅうかん(면류관) 옛날, 임금이 정장(正裝)에 갖추어 쓰던 관. 冕冠(면관). 玉冠(옥관).

【冕服】べんぷく(면복) ①제왕의 정복인 면류관과 곤룡포(袞龍袍). ②대부(大夫) 이상의 귀인(貴人)이 예복으로 입는 옷과 관. ¶以一奉嗣王<書經>

▷袞一, 挂一, 九端一, 端一, 麻一 絻一, 裨一, 釋一, 旒一, 玄一, 希一

冖<민 갓머리>部

冖 ② 冗 ③ 写 ⑤ 冝 ⑥ 罙 ⑦ 冠 ⑧ 冦 冥 冢 冤 冡 ⑨ 富 ⑩ 冪 ⑫ 寫 ⑭ 冪

0/2【冖】덮을 멱 ｜㊥ㄇㄧˋ (mi)｜べき, みゃく *cover*

源 象形. 물건을 덮어 씌운 모양을 본뜸. 부수 이름으로는 민 갓머리.

2/4【冗】쓸데없을 용 ｜㊥ㄖㄨㄥˇ (rong)｜じょう *useless*

풀이 ①쓸데없다. 무익함. ¶罷一費<唐書>/一務. ②한가롭다. 한산함. ¶一官居其中<漢書> ③번거롭다. 번잡함. ¶文一事迂<師友談記> ④바쁘다. ¶知君束裝一 不敢折簡致<劉宰> ⑤떠다니다. 유랑함. ¶流一道路<後漢書> ⑥가외. 군더더기. ¶一從僕射一人<後漢書>

【冗官】じょうかん(용관) ①일이 없어 한가로운 관리. ※散官(산관). ②불필요한 관원이나 관직.

【冗談】じょうだん(용담) ☞客談(객담).

【冗長】じょうちょう(용장) 말이나 글 따위가 쓸데없이 길고 너절함. 冗漫(용만). 冗長文(용장문).

▷孔一, 空一, 舊一, 濫一, 墓一, 煩一, 凡一, 浮一, 散一, 三一, 纖一, 疎一, 巢一, 流一, 疲一, 寒一, 閑一, 虛一

5【写】寫(p.448)의 略字

7【冝】宜(p.428)의 俗字

7【罕】☞网部 3획(p.1197)

6/8【罙】점점 미 ｜㊥ㄇㄧˊ (mi)｜び, み *gradually*

풀이 ①점점. 더욱 더. ¶爲州一多<馬端臨> ②두루 다니다. ¶一入其阻<詩經>

7/9【冠】1 갓 관 2 관례 관 ｜㊥ㄍㄨㄢ (guan) ㊥ㄍㄨㄢˋ (guan)｜かん (カンムリ) *hat*

풀이 1 ①갓. 관. ¶裂一毁冕<左氏傳>/衣一. ②볏. ¶鳥獸有一角<後漢書>/鷄一. 2 ①관례(冠禮). ¶聖王重一<禮記>/弱一. ②성년(成年). ③으뜸되다. 뛰어남. ¶位一群臣<漢書>/一絕. ④갓을 쓰다. 덮음. ¶一南山<張衡>

【冠蓋相望】かんがいそうぼう(관개상망) 사신(使臣)이 쓴 관과 수레가, 다른 관과 수레를 바라본다는 말로, 사신을 잇달아 파견함을 이름. 冠蓋相屬(관개상속). ¶一 秦救不出<新序>

【冠笄】かんけい(관계) ①성인례(成人禮). 冠은 남자의 관례, 笄는 여자가 15세에 머리를 쪽짓는 예식. ②관에 꽂는 비녀.

【冠軍】かんぐん(관군) ①무공(武功)이 전군에서 가장 큼. ¶布常一<漢書> ②군의 대장군. ③무관의 산관(散官). ④시험에서 수석(首席)을 차지한 사람.

【冠帶】かんたい(관대) ①관과 띠. ¶受一 祠春秋<史記> ②관을 쓰고 띠를 두르는 신분. 곧, 관리. ③㊕ 관디. 옛날의 공복(公服).

【冠帶之國】かんたいのくに(관대지 국) 예의가 밝은 나라. 오랑캐와 구별하여 중국을 이름. ¶威行一<韓非子>

【冠童】かんどう(관동) 어른과 아이.

【冠禮】かんれい(관례) 남자의 성인례(成人禮). 20세가 되어 처음으로 관을 쓰는 예식. 冠事(관사). ※冠笄(관계).

【冠履倒易】かんりとうえき(관리도역) 관과 신 놓는 자리를 바꿈. 상하 위치를 거꾸로 함. 冠履顚倒(관리전도). ¶一 陵谷代處<後漢書>

【冠履顚倒】かんりてんとう(관리전도) ☞冠履倒易(관리도역).

【冠網】(관망)㊕ 갓과 망건.

【冠名】かんめい(관명) 관례(冠禮) 때 아명을 버리고 새로 지은 이름.

【冠弁】かんべん(관변) 고깔 모양의 관. 옛날, 제후(諸侯)가 조례(朝禮) 때 썼음. ¶一衣裳<荀子>

【冠玉】かんぎょく(관옥) ①관의 장식에 쓰이는 구슬. ¶貌美如一<書言故事> ②예쁜 남자의 얼굴.

【冠子】かんし(관자) ①진시황(秦始

冠弁 (三禮圖)

皇) 때의 부녀(婦女)의 관. ¶一梳頭雙眼長<王涯> ②관례(冠禮)를 마치고 성인이 된 아이. ¶一不言<韓詩外傳>
【冠字】かんし(관자) 관례(冠禮)를 올리고 자(字)를 가짐. ¶男子二十 冠而字<禮記>
【冠者】かんじゃ(관자) 관례(冠禮)를 마친 남자. ¶後饗一<禮記>
【冠前絶後】かんぜんぜつご(관전절후) 전세(前世)와 후대에 걸쳐 탁월함. 冠絶(관절).
【冠絶】かんぜつ(관절) 가장 뛰어남. 卓絶(탁절). ¶一時輩<晋書>
【冠族】かんぞく(관족) 훌륭한 집안. 名門(명문). 門閥(문벌). ¶河間一<晋書>
【冠婚喪祭】かんこんそうさい(관혼상제) 관례·혼례·상례·제례의 사례(四禮).
▷加一, 笄一, 桂一詩人, 鷄一, 掛一, 金一, 戴一, 冕旒一, 沐猴一, 法一, 寶一, 成一, 素一, 弱一, 榮一, 纓一, 王一, 月桂一, 儒一, 衣一, 緇布一, 卓一, 皮一, 荊一, 花一

9【軍】 ☞ 車部 2획(p.1457)

10【冦】 寇(p.438)의 俗字

8/10【冥】 어두울 명 | 圕ㄇㄧㄥˊ (ming) | べい, みょう, めい(クライ) *dark*

풀이 ①어둡다. 어둠. ¶其廟獨一<漢書>/晦一. ②밤. ¶增其光一<詩經> ③깊숙하다. 아득함. ¶據青一而攄虹兮<楚辭> ④하늘. ¶青一. ⑤바다. 通溟. ⑥저승. ¶一賊傒天<太玄經>/一福. ⑦숨다. ¶白道而一窮<荀子>
【冥境】めいきょう(명경) ☞冥途(명도).
【冥界】みょうかい(명계) ☞冥途(명도).
【冥契】めいけい(명계) ①무언중에 서로 마음이 합치함. ¶君臣一之重<晋書> ②죽은 남녀가 결혼함. 冥婚(명혼). ¶與汝有一<宣和書譜>
【冥官】みょうかん(명관) 명부(冥府)의 관원.
【冥鬼】めいき(명귀) 명도(冥途)의 귀신.
【冥器】めいき(명기) 장례 행렬에 쓰이거나 무덤에 묻는 물건. 종이로 만든 돈·인형 따위. ¶古之一 神明之也<雲麓漫鈔>
【冥途】めいど(명도) 사람이 죽어서 가는 곳. 冥境(명경). 冥界(명계). 冥府(명부). 冥路(명로). 冥土(명토). 黃泉(황천). ¶一小吏<太平廣記>
【冥冥】めいめい(명명) ①어두운 모양. ¶深林杳以一兮<楚辭> ②아득하고 희미함. ¶夢寐復一<江淹> ③사람 눈에 띄지 않음. ¶行乎一<荀子> ④앞이 보이지 않음. ¶維塵一<詩經> ⑤어둔 밤. ⑥저승. ¶下合一<素問> ⑦먼 하늘. ¶鴻飛一<法言> ⑧무지한 모양. 「子>
【冥伯】めいはく(명백) 죽은 사람. ¶一之丘<莊
【冥福】めいふく(명복) 사후(死後)의 행복. ¶追奉一<北史> 「천).
【冥府】めいふ(명부) 저승. 冥途(명도). 黃泉(황
【冥府殿】めいふでん(명부전)《佛》 지장 보살(地藏菩薩)을 주로 삼고 10대왕(大王)을 함께 봉안한, 절의 전각(殿閣). 「각함.
【冥想】めいそう(명상) 고요한 가운데 눈을 감고 생
【冥土】めいど(명토) ☞冥途(명도). ※みょう
【冥行】めいこう(명행) 어둠 속을 감. 사리(事理)를 깨닫지 못하고 방황함의 비유. 「護).
【冥護】みょうご(명호)《佛》 신불(神佛)의 가호(加
【冥婚】めいこん(명혼) 죽은 남녀를 결혼시킴. 冥契(명계)②. 冥配(명배). 幽婚(유혼). 鬼婚(귀혼). ¶爲一合葬<舊唐書>
【冥鴻】めいこう(명홍) 속세를 벗어나 뜻을 고상하게 가지는 사람의 비유. ¶天驥一<白居易> 「一<南史>
【冥會】めいかい(명회) 무언 중에 이해함. ¶出處
▷高一, 空一, 北一, 頑一, 窈一, 幽一, 青一, 玄一, 混一, 晦一

8/10【冡】 덮어쓸 몽 | 圕ㄇㄥˊ (meng) | ぼう, もう *cover*

풀이 通蒙. ①덮어쓰다. ②어둡다.

10【冤】 寃(p.440)의 本字

8/10【冢】 무덤 총 | 圕ㄓㄨㄥˇ (zhong) | ちょう(ツカ) *grave*

※冡(p.186)은 딴 자.

풀이 ①무덤. ¶還祭黃帝一<史記>/古一. ②봉토(封土). ¶乃立一土<詩經> ③산꼭대기. ¶山一崒崩<詩經> ④크다. ¶友邦一君<書經> ⑤맏. ¶一子則大牢<禮記>
【冢卿】ちょうけい(총경) 최고의 신하. 重臣(중신). ¶王乃召一<逸周書>
【冢君】ちょうくん(총군) 대군(大君)·제후(諸侯)에 대한 경칭. ¶其一侈驕<國語>
【冢婦】ちょうふ(총부) 적장자(嫡長子)의 아내. 맏며느리. ¶介婦請於一<禮記>
【冢子】ちょうし(총자) ①적장자(嫡長子). ¶父沒母存 一御食<禮記> ②태자. 세자(世子). 冢嗣(총사).
【冢藏】ちょうぞう(총장) 묘혈(墓穴). 冢壙(총광).
【冢宰】ちょうさい(총재) 주(周)대 육관(六官)의 우두머리. 재상(宰相). ¶一掌邦治<書經>
【冢弟】ちょうてい(총제) 천자의 아우. 王弟(왕제). ¶天子一 禮絶群公<庾信>
【冢中枯骨】ちょうちゅうのここつ(총중고골) 무덤 속의 백골. 무능한 사람의 비유. ¶一 何足介意<蜀志>
【冢土】ちょうど(총토) 토지의 수호신으로, 임금이 백성을 위해 세운 대사(大社). ¶宜于一<書經>
【冢弼】ちょうひつ(총필) 태자의 보필(輔弼). 太師(태사).
▷古一, 枯一, 丘一, 舊一, 汲一, 發一, 相一, 守一, 義一, 蟻一, 堆一, 筆一, 荒一

11【富】 富(p.441)의 俗字

12【冪】 冪(p.187)과 同字

14【寫】 寫(p.448)의 俗字

㊐象形. 부드러운 터럭이 아래로 드리워져 있는 모양을 본뜸.
풀이 ①나아가다. ¶老──其將至兮<楚辭> ②연약하다. ¶──. ③귀갑(龜甲)의 가장자리. ¶元龜岏─<漢書>

3 5 〖册〗 책 책 | 㗊ㄘㄜˋ(ce) ㄔㄞˋ(chai) | さく, さつ(フミ) *book*
㊐冊
㊐象形. 왕명이 적힌 패찰을 엮은 것을 본뜸.
풀이 ①책. ¶史乃─祝<書經>/書─. ②칙서(勅書). 봉록(封祿)·작위 등을 내리는 칙서. ¶─封/─立. ③권. 책을 세는 단위. ④계책. ㊐ 策. ¶安邊之─<漢書>
【册卷】さっかん(책권) 서책의 권질(卷帙).
【册曆】さくれき(책력) 책으로 된 역서(曆書).
【册禮】(책례)㊐ 글방에서 학생이 배우던 책을 다 마친 때 스승에게 감사하고 학우에게 한턱을 내던 일. 책씻이.
【册立】さくりつ(책립) 조칙(詔勅)을 내려 황후·왕후·태자·세자 등을 세우는 일.
【册命】さくめい(책명) 책립(册立)·책봉(册封)의 칙명(勅命).
【册房】さくぼう(책방) ①서점(書店). ②고을 원의 비서역(祕書役)을 맡아보던 아전.
【册拜】さくはい(책배) 칙서(勅書)를 내려 관직에 임명함. ¶三公─<晋書>
【册封】さくほう(책봉) 왕세자·세손(世孫)·왕후·비(妃)·빈(嬪) 등을 세우는 일. ¶册立─則授節<淸會典>
【册妃】さくひ(책비) 후비(后妃)를 책립(册立)함. ¶─前一日<唐書> 「사).
【册肆】(책사) 책방. 書店(서점). 書肆(서
【册床退物】(책상퇴물) 책상물림. 글만 배우다 만, 세상 물정을 모르는 사람.
【册書】さくしょ(책서) ①당(唐)대 중서성(中書省)에서 내는 사령서(辭令書). ②천자가 신하에게 명하는 글. ¶天子以─答<漢書>
【册葉】(책엽) 책의 면수(面數).
【册子】さくし(책자) 책. 書册(서책).
【册張】(책장) 책의 낱장.
【册欌】(책장)㊐ 책을 꽂아 두는 장.
▷簡─, 大─, 方─, 別─, 分─, 書─, 手─, 楮─, 詔─

5 〖冊〗 册(p. 183)과 同字

5 〖囘〗 回(p. 325)의 本字

6 〖冎〗 剮(p. 212)와 同字

6 〖同〗 ☞口部 3획(p. 270)

4 6 〖再〗 두 재 | ㊐ㄗㄞˋ(zai) | さい(フタタビ) *twice*
풀이 ①두. 둘. 두 번. ¶無─失<逸周書>/─拜. ②거듭하다. 반복. ¶朕言不─<書經>/─犯.
【再嫁】さいか(재가) 과부나 이혼한 여자가 결혼함. 再緣(재연). 再醮(재초).
【再刊】さいかん(재간) ☞再版(재판)①.
【再開】さいかい(재개) 다시 엶.
【再建】さいけん(재건) 다시 세움.
【再檢討】さいけんとう(재검토) 한 번 검토한 것을 다시 검토함. 「갈이.
【再耕】さいこう(재경) 논·밭을 한 번 더 갊. 두번
【再啓】さいけい(재계) 다시 아룀. 편지에 추가로 적은 사연의 첫머리에 쓰는 말.
【再考】さいこう(재고) 다시 생각함. 고쳐 생각함. 또는, 그 생각. ¶─隨其品第<魏志>
【再顧】さいこ(재고) ①다시 돌아봄. ¶─重千金<李白> ②거듭하여 정성스럽게 찾음.
【再校】さいこう(재교) ①다시 살펴봄. ②두번째의 교정(校正). 再準(재준).
【再教育】さいきょういく(재교육) 소정의 교육을 마친 사람을 다시 교육함.
【再歸】さいき(재귀) 원래 위치로 다시 돌아옴.
【再起】さいき(재기) 다시 일어남. 다시 일을 시작함. 「叔(재종숙).
【再堂叔】(재당숙) 아버지의 육촌 형제. 再從
【再堂姪】(재당질) 육촌 형제의 아들. 再從姪
【再度】さいど(재도) ☞再次(재차). 〔(재종질).
【再錄】さいろく(재록) 다시 수록(收錄)함. 다시 기록함. 「명년).
【再明年】さいみょうねん(재명년) 내후년. 來明年(내
【再明日】さいみょうにち(재명일) 모레.
【再武裝】さいぶそう(재무장) 무장이 해제된 나라나 군대가 다시 무장함.
【再發】さいはつ(재발) ①질병·사고 따위가 다시 발생함. ②두번째 화살을 쏨. 활을 다시 쏨. ¶─之樂<史記> ③공문서를 다시 보냄.
【再拜】さいはい(재배) ①두 번 절함. 또는, 그 절. ¶─而送之<論語> ②편지 끝에 써서 경의를 표하는 말. ¶恐懼─<韓愈>
【再燔】(재번) 도자기를 두번째 구움.
【再犯】さいはん(재범) 죄를 다시 범함. 두 번째 범죄. ¶─笞 三犯杖<元史>
【再壁】(재벽) 건축에서 초벽을 바른 뒤에 다시 바르는 일.
【再逢春】(재봉춘) ①1년에 입춘(立春)이 두 번 듦. ②불우한 처지에서 다시 행운을 만남.
【再削】さいさく(재삭)《佛》 환속(還俗)한 사람이 다시 중이 됨. 또는, 그 중. 還削(환삭).
【再三】さいさん(재삼) 몇 번이나. 여러 차례. ¶往觀─<史記> 「번 거듭하여.
【再三再四】さいさんさいし(재삼재사) 두세 번. 여러
【再生】さいせい(재생) ①되살아남. 蘇生(소생). 復活(부활). ¶伯英─<蘇軾> ②다시 남. ¶稻─曰稻孫<番禺志> ③다시 떳떳하게 살게 됨. 更生(갱생). 再活(재활). ④폐품을 다시 쓸 만한 물건으로 만듦. ⑤기억을 되살려 냄.
【再選】さいせん(재선) ①두 번 선거함. ②다시 당선·선임됨. 두 번 뽑힘. ¶─議員.
【再手術】さいしゅじゅつ(재수술) 다시 수술함.
【再試驗】さいしけん(재시험) 다시 시험해 봄. 또는, 그 시험.
【再室】(재실)㊐ 재취(再娶)로 맞은 아내.
【再審】さいしん(재심) ①다시 심리·심사함. ②소

송에서, 판결이 확정된 뒤 사실 인정의 잘못이 의심될 때 다시 심리하는 일.
【再審査】さいしんさ(재심사) 다시 심사함.
【再言】さいげん(재언) 다시 말함. 重言(중언).
【再演】さいえん(재연) ①연극 따위를 다시 상연(上演)함. ②한 번 있었던 일을 다시 되풀이함.
【再燃】さいねん(재연) ①꺼졌던 불이 다시 탐. ②그치려 하던 일이 다시 일어남.
【再緣】さいえん(재연) 재혼(再婚). 再嫁(재가).
【再虞】(재우) 장사 지낸 뒤 두번째 지내는 우제(虞祭). 「논의.
【再議】さいぎ(재의) ①다시 협의함. ②두번째의
【再認識】さいにんしき(재인식) ①다시 인식함. ②종래의 인식을 고쳐 새롭게 함.
【再昨】さいさく(재작) ☞再昨日(재작일).
【再昨年】さいさくねん(재작년) 그러께. 지지난해.
【再昨日】さいさくじつ(재작일) 그저께. 再昨(재작).
【再煎】(재전) ☞再湯(재탕)①.
【再祚】さいそ(재조) 물러난 임금이 다시 왕위에 오름. 重祚(중조).
【再從】さいじゅう(재종) 육촌 형제.
【再從嫂】さいじゅうそう(재종수) 육촌 형제의 아내.
【再從叔】さいじゅうしゅく(재종숙) 아버지의 육촌 형제. 再堂叔(재당숙).
【再從氏】さいじゅうし(재종씨) ①남에 대하여 자기 재종형을 이르는 말. ②남의 재종 형제의 경칭.
【再從祖】さいじゅうそ(재종조) 할아버지의 종형제.
【再從姪】さいじゅうてつ(재종질) 재종 형제의 아들. 再堂姪(재당질).
【再準】さいじゅん(재준) ☞再校(재교)②.
【再次】さいじ(재차) 다시. 두번째. 再度(재도).
【再唱】さいしょう(재창) 다시 노래 부름.
【再請】さいせい(재청) ①다시 청함. ②회의에서 다른 사람의 동의(動議)에 찬동하여 그것을 의논하도록 거듭 청함.
【再醮】さいしょう(재초) ☞再嫁(재가).
【再出發】さいしゅっぱつ(재출발) ①다시 출발함. ②새로운 계획으로 일을 다시 시작함.
【再娶】さいしゅ(재취) 다시 장가듦. 또는, 그 아내. 繼娶(계취). ¶諸侯不—<公羊傳>
【再侵】さいしん(재침) 다시 침범함.
【再湯】(재탕) ①달여 먹은 약재를 다시 달임. 두번째 달임. 再煎(재전). ②한 번 사용한 것을 다시 씀.
【再版】さいはん(재판) ①다시 출판함. 두번째 간행(刊行). 再刊(재간). ②과거의 어떤 일이 되풀이된 것. 특히 좋지 못한 일의 되풀이 때에 씀. 「재편성.
【再編】さいへん(재편) ①책 따위를 다시 엮음. ②
【再評價】さいひょうか(재평가) 다시 평가함.
【再現】さいげん(재현) 다시 나타남. 또는, 되살려 다시 나타냄. 「再緣(재연).
【再婚】さいこん(재혼) 다시 혼인함. 두번째 결혼.
【再會】さいかい(재회) 다시 만남. 또는, 두번째 모임. ¶—而盟<左氏傳>

5/7【冏】 빛날 경 | [唐]ㄐㄩㄥˇ (jiong) | けい, きょう shine
[同]囧
[풀이]①빛나다. [通]烱. ¶—然鳥逝<木華> ②밝다. ③창(窓).
【冏冏】けいけい(경경) 빛나는 모양. ¶—秋月明<江淹>

8【岡】 ☞山部 5획(p.477)
8【罔】 ☞网部 3획(p.1196)
8【冐】 冒(p.184)의 俗字
8【周】 ☞口部 5획(p.288)

7/9【冒】 [1]무릅쓸 모 [2]묵돌 묵 [3]대모 모 [本]매 | [號]ㄇㄠˋ (mao) [職]ㄇㄛˋ [隊](mo) | ぼう risk ぼく ばい
[俗]冐
[풀이][1]①무릅쓰다. 범함. ¶—白刃<漢書>/—險. ②가리다. 덮음. ¶—天下之道<易經> ③쓰개. 모자. ¶着黃—<漢書> ④수의(壽衣). ⑤탐하다. ¶—於貨賄<左氏傳> ⑥시기하다. [通]媢. [2]묵돌(冒頓). 흉노(匈奴)인 선우(單于)의 이름. [3]대모(玳瑁). 거북의 이름. [같]瑁. ¶毒—<漢書>

冒③ (三禮圖)

【冒年】ぼうねん(모년) 나이를 속임. ※冒名(모명).
【冒瀆】ぼうとく(모독) 더럽혀 욕되게 함. 冒黷(모독). ¶敢再—<福惠全書> 「<魏志>
【冒突】ぼうとつ(모돌) 침범하여 찌름. ¶—白刃 (묵돌) 옛 중국의 전함(戰艦) 이름.
【冒頭】ぼうとう(모두) 말·글의 첫머리.
【冒濫】ぼうらん(모람) ①함부로 범하여 어지럽힘. 冒亂(모란). ¶以革—<宋史> ②약탈함. ¶—工食<福惠全書>
【冒錄】ぼうろく(모록) 사실이 아닌 것을 사실인 것처럼 기록함. 또는, 그 기록.
【冒萬死】ばんしヲおかス(모만사) 죽음도 무릅씀. 온갖 어려움을 무릅쓰고 감행함.
【冒名】ぼうめい(모명) 이름을 거짓으로 꾸며 댐. 이름을 속임. ¶非但偸階—<魏書>
【冒白刃】はくじんヲおかス(모백인) 적진에 돌격함. ¶士張空拳 —<漢書>
【冒死】ぼうし(모사) 죽음을 무릅씀. ¶—以聞<魏志> 「(巾).
【冒絮】ぼうじょ(모서) 노인이 쓰는, 솜을 둔 건
【冒耏】ぼうじ(모이) ①서역(西域) 사람들의 용모. ②구레나룻이 많은 모양. ¶—之類<後漢書>
【冒險】ぼうけん(모험) 위험을 무릅씀. ¶—求得之<北史>/—小說/—心.
【冒頓】ぼくとつ(묵돌)《人》한(漢)초의 흉노(匈奴)의 선우(單于). 아버지를 죽이고 자립하여 동호(東胡)·월지(月氏)를 격파하고 한(漢) 고조(高祖)로 하여금 굴욕적인 화친책(和親策)을 쓰게 했음.
▷干—, 感—, 欺—, 陵—, 毒—, 覆—, 僞

15【鼏】 ☞鼎部 2획(p.1697)

14 16【冪】 덮을 멱 | 錫ㄇㄧˋ (mi) | べき(オオウ) *cover*
同羃 幂

冫<이수변>部

冫 ③冬 ④决 冰 冲 冱 冴 ⑤冷 冸 冹 冶 况 ⑥冽 洛 ⑦浗 ⑧凅 凍 凉 凌 凇 凊 凋 准 凄 涬 ⑨減 ⑩凓 溧 凒 凖 滄 ⑪漻 凗 潷 ⑫潔 凘 ⑬襟 凜 凛 ⑭凝

0 2【冫】 얼음 빙 | 蒸 | ひょう(コオリ) *ice*
源象形. 얼음의 형상을 본뜸. 부수 이름으로는 이수변.

3 5【冬】 겨울 동 | 图ㄉㄨㄥ (dong) | とう(フユ) *winter*
풀이①겨울. ¶立—/—至. ②월동(越冬). 겨울을 남. ¶漢馬不能—<史記>
【冬季】とうき(동계) ①겨울철. 冬期(동기). ②겨울의 끝. 季冬(계동).
【冬瓜子】とうがし(동과자) 동아의 씨. 부종 등의 약재로 쓰임.
【冬官】とうかん(동관) ①주(周)대 육관(六官)의 하나. ※司空(사공). ②당(唐)대 공부성(工部省)의 고친 이름. ③명(明)대의 사보(四輔)의 하나. 「이칭.
【冬官衙門】(동관아문) 조선 때 공조(工曹)의
【冬期】とうき(동기) 겨울철. 冬季(동계).
【冬氷可折】とうひょうかせつ(동빙가절) 흐르는 물도 얼음이 되면 쉽게 깨진다는 뜻으로, 사물을 다룸에 있어서 때를 맞추어야 함을 이름. ¶— 夏木可結 時難得而易失<淮南子>
【冬三朔】とうさんさく(동삼삭) 겨울철 석 달. 곧, 음력 시월, 동짓달, 섣달.
【冬月】とうげつ(동월) ①겨울. ②동짓달의 이칭.
【冬日】とうじつ(동일) ①겨울날. ¶—則飮湯<孟子> ②겨울의 햇볕. ¶—可愛<左氏傳·注>
【冬藏】とうぞう(동장) ①수확한 것을 겨울에 저장함. ¶秋收—<千字文> ②겨울에 숨어 지냄.
【冬節】とうせつ(동절) ①동지(冬至). ¶—問訊諸王<南齊書>/—期. ②겨울철.
【冬至】とうじ(동지) 24절기(節氣)의 하나. 낮이 가장 짧은 날. ↔夏至(하지).
【冬天】とうてん(동천) ①겨울 하늘. ¶—陰氣多<晋書> ②겨울날. 冬日(동일).
【冬葱】とうそう(동총) 움파. 움 속에서 자란 파. ¶出—與戎菽<管子>
【冬寒】とうかん(동한) 겨울 추위.
【冬烘先生】とうこうせんせい(동홍선생) 진부하여 시속에 통하지 않는 시골 서당의 훈장. 당(唐)의 정훈(鄭薰)의 옛일에서 온 말.
▷去—, 季—, 九—, 舊—, 晩—, 孟—, 暮—, 三—, 盛—, 嚴—, 越—, 隆—, 忍—, 立—, 昨—, 仲—, 初—

6【决】 決(p.845)의 俗字
6【冰】 氷(p.840)의 本字
6【次】 ☞欠部 2획(p.801)
6【冲】 沖(p.851)의 俗字

4 6【冱】 찰 호 | 週ㄏㄨˋ (hu) | こ(サエル) *cold, freeze*
풀이①차다. ¶固陰—寒<左氏傳> ②얼다. 通涸. ¶河漢—而不能寒<莊子> ③단단하다. ¶下氷室而—冥<左思>

6【冴】 冱(p.187)의 俗字

5 7【冷】 찰 랭 | 梗ㄌㄥˇ (leng) | れい(ヒヤヤカ) *cool, cold*
※泠(p.853)은 딴 자.
풀이①차다. ¶露濃山氣—<隋煬帝>/—凍. ②식히다. ¶燒斧勿令—<後漢書> ③맑다. ¶心清—其若水<梁武帝> ④쓸쓸하다. ¶切切夜閨—<徐彦伯> ⑤업신여기다. ¶—笑. ⑥쇠하다. ¶門前—落車馬稀<白居易>
【冷却】れいきゃく(냉각) 식혀 차게 함.
【冷疳】(냉감) 감병(疳病)의 하나. 열이 나고 설사나 곱똥을 누며 여위는 병.
【冷官】れいかん(냉관) ☞閑職(한직).
【冷氣】れいき(냉기) ①찬 기운. 감기. ¶—不知春<蘇軾> ②한랭한 기후.
【冷淡】れいたん(냉담) ①인정이 없음. ¶—少知音<李中> ②사물에 대하여 열의가 없음. ③담백함. ¶白花—無人愛<白居易> ④쇠퇴함.
【冷待】れいたい(냉대) 푸대접. 차갑게 대함. 薄待(박대). 冷遇(냉우).
【冷堗】(냉돌)韓 불기 없는 온돌방.
【冷凍】れいとう(냉동) 인공적으로 얼게 함. ¶—機/—食品/—船.
【冷冷】れいれい(냉랭) ①맑고 시원한 모양. ¶下—而來風<東方朔> ②물 소리나 바람 소리가 맑은 모양. ¶淸淸—<宋玉> ③음정이 낭랑한 모양.
【冷房】れいぼう(냉방) 찬 방. 冷堗(냉돌). 冷室(냉실). ↔煖房(난방). 「벽).
【冷僻】れいへき(냉벽) 인적이 드문 벽지. 冷辟(냉
【冷病】(냉병) 하체를 차게 했을 때 생기는 병. 冷症(냉증).
【冷笑】れいしょう(냉소) 멸시하여 비웃음. ¶見余大言皆—<李白> 「수).
【冷水】れいすい(냉수) 찬물. ¶—摩擦. ↔溫水(온
【冷濕】れいしつ(냉습) ①차고 누짐. ②냉기·습기로 생기는 병증(病症).
【冷罨法】れいあんぽう(냉엄법) 찬물이나 찬 약으로 아픈 데를 식히어 낫게 하는 법. ↔溫罨法(온엄법).
【冷藏】れいぞう(냉장) 찬 곳에 저장함. ¶—庫.
【冷材】れいざい(냉재) 찬 성질을 가진 약재. 涼材(양재). ↔溫材(온재).
【冷箭】れいせん(냉전) ①기습적으로 날아오는 화

살. 流矢(유시). ②살을 에는 듯한 찬 바람. ¶一何處來<孟郊>

【冷戰】れいせん(냉전) 무기를 쓰지 않는 전쟁. 국제정치·외교 등에서의, 국가간의 심한 대립상태를 이름. ↔熱戰(열전).

【冷節】れいせつ(냉절) 한식(寒食)의 이칭.

【冷情】れいじょう(냉정) 매정하고 쌀쌀한 마음. ↔溫情(온정).

【冷靜】れいせい(냉정) 침착하여 감정에 흔들리지 않음.

【冷疔瘡】(냉정창) 피부에 좁쌀 같은 것이 번지고 곪아 살과 뼈에까지 미치는 악성 부스럼.

【冷劑】れいざい(냉제) ①찬 성질을 띤 약제. 寒劑(한제). ②먹의 이칭. ¶一休誇漆點成<元好問>

【冷症】れいしょう(냉증) ☞冷病(냉병).

【冷茶】れいちゃ(냉차) 차게 하여 마시는 차.

【冷菜】れいさい(냉채) 차게 하여 먹는 채.

【冷泉】れいせん(냉천) ①찬물이 솟아 나는 샘. ②광물질을 많이 함유하고 있는 샘. 鑛泉(광천). ¶丹井一虛易到<徐賁> ↔溫泉(온천).

【冷徹】れいてつ(냉철) 냉정하고 투철함.

【冷汗】れいかん(냉한) 식은땀.

【冷害】れいがい(냉해) ①한랭(寒冷)으로 인한 피해. ②갑작스런 서리나 눈 따위로 농작물이 입는 피해.

【冷血】れいけつ(냉혈) ①찬 기운으로 말미암아 뱃속에 뭉치는 피. ②냉혈 동물. ↔溫血(온혈). ③인정이 없고 냉혹함. ¶一漢.

【冷酷】れいこく(냉혹) 냉정하고 가혹함. 無慈悲(무자비).

▷涼一, 溫一, 秋一, 寒一, 解一, 曉一

5 7 〖冸〗 녹을 반 | 翰 ㄆㄢˋ (pan) | はん *melt*

5 7 〖冹〗 찰 불·발 | 物 月 | ふつ, へつ *cold*

5 7 〖冶〗 불릴 야 | 馬 ㄧㄝˇ (ye) | や(イル) *temper, forge*

源**會意**. 열을 받은 얼음[冫]이 녹는 것에서, 쇠에 열을 가하여 주물을 만듦을 뜻함.

※治(p.861)는 딴 자.

풀이 ①불리다. ㉮쇠붙이를 녹여 주조하다. ¶閩越王一鑄地<宋書>/一金. ㉯붓다. 끓여 부음. ㉰단련하다. 몸, 정신 등을 단련함. ¶陶一賴詩篇<杜甫> ②대장간. ¶鑪一/一坊. ③대장장이. ¶以造化爲大一<莊子> ④꾸미다. 장식함. ¶一容誨淫<易經> ⑤예쁘다. 요염함. 通野. ¶艶一.

【冶工】やこう(야공) ☞冶匠(야장).

【冶金】やきん(야금) 광석에서 쇠붙이를 분석해냄. 또는, 합금을 만드는 일. ¶一術.

【冶郞】やろう(야랑) 방탕한 남자. 오입장이. 冶遊郞(야유랑). ¶岸上誰家遊一 三三五五映垂楊<李白>

【冶鍊】やれん(야련) 단련함. ¶帝問神仙一法<唐書>

【冶爐】やろ(야로) 풀무.

【冶坊】やぼう(야방) 대장장이가 일하는 곳. 대장간.

【冶氏】やし(야씨) ☞冶匠(야장).

【冶鎔】やよう(야용) 거푸집.

【冶容誨淫】やよういんヲオシウ(야용회음) 여자가 지나치게 용모를 단장함은 남자에게 음욕을 가르치는 것이 됨. 冶容之誨(야용지 회). ¶慢藏誨盜 一<易經>

【冶遊】やゆう(야유) 주색으로 방탕하게 놂. 遊冶(유야).

【冶夷】やい(야이) 요염함.

【冶匠】やしょう(야장) 대장장이. 冶工(야공). 冶氏(야씨).

▷佳一, 鑪一, 鍛一, 陶一, 姸一, 艶一, 妖一, 姚一, 隅一

7 〖况〗 況(p.865)의 俗字

6 8 〖冽〗 찰 렬 | 屑 ㄌㄧㄝˋ (lie) | れつ(ツメタイ) *cold*

풀이 ①차다. 매섭게 추움. 몹시 차가움. 通洌. ¶寒一/一泉. ②차가운 바람. 매운 바람. ¶一一氣遂嚴<陶潛>

▷凜一, 嚴一, 凝一, 慘一

6 8 〖⿰冫各〗 얼 학 | 藥 | かく(コオル)

7 9 〖⿰冫求〗 얼 구 | 尤 | きゅう(コオル)

8 10 〖凅〗 얼 고 | 遇 | こ(コオル)

8 10 〖凍〗 얼 동 | 送 ㄉㄨㄥˋ (dong) | とう(コオル) *freeze*

풀이 ①얼다. ㉮물이 얼어붙다. 굳어짐. ¶一結. ㉯추위, 냉기로 몸이 굳어지다. ¶一死. ②춥다. 참. ¶一氷寒雪. ③옥, 돌 등이 아름답고 투명한 모양. ¶一石. ④움직이다. 나타남. 通動. ⑤세차게 퍼붓는 비.

【凍結】とうけつ(동결) ①얼어 붙음. 氷結(빙결). ②자산·자금 등의 사용 및 이동을 금지함. 또는, 그 상태.

【凍簾】とうれん(동렴) 무덤 속의 송장이 얼어서 오래도록 썩지 않는 일.

【凍梨】とうり(동리) ①언 배. ②노인(老人)을 이르는 말. 또는, 90세의 노인. ¶九十曰鮐背或曰一<釋名>

【凍氷祭】とうひょうさい(동빙제) 음력 섣달에 얼음을 떠 곳간에 보관할 때 지내던 제사.

【凍氷寒雪】とうひょうかんせつ(동빙한설) 얼어붙은 얼음과 차가운 눈. 심한 추위를 이름.

【凍死】とうし(동사) 얼어 죽음.

【凍傷】とうしょう(동상) 얼어서 살갗이 상함. 또는, 그 상처. 凍裂(동렬). 凍瘡(동창).

【凍足放尿】とうそくほうにょう(동족방뇨) 언 발에 오줌누기란 속담과 같은 뜻으로, 금방 효력이 없어지는 임시 미봉책을 이름.

【凍太】(동태)韓 얼린 명태. 凍明太(동명태).

【凍土】とうど(동토) 얼어붙은 땅. 언 땅.

【凍港】とうこう(동항) 바닷물이 얼어서 선박 출입

이 불가능한 항구. ↔不凍港(부동항).
【凍害】とうがい(동해) 식물이 추위로 얼거나 말라 죽는 일. 또는, 그에 의한 손해. ※冷害(냉해).
▷呵—, 噤—, 饑—, 冷—, 氷—, 凝—, 殘—, 寒—, 解—

10【凉】 涼(p.883)의 俗字

8/10【凌】 업신여길 릉 | ㄌㄧㄥˊ (ling) | りょう(シノグ) *scorn*

풀이 ①업신여기다. ㊂夌 陵. ¶—蔑/—侮. ②능가하다. ㊂夌. ¶—霄志. ③범하다. 침범함. ㊂陵. ¶—犯. ④얼음. 얼음을 넣어 두는 집. ¶未央宮—室<漢書>/—人. ⑤떨다. 두려워함. ¶—亂. ⑥지나다. 넘음. ㊂陵. ⑦타다. 오름. ㊂乘.
【凌駕】りょうが(능가) ①남을 제압하고 그 위에 오름. ②다른 것에 비하여 훨씬 뛰어남. 陵駕(능가).
【凌蔑】りょうべつ(능멸) 업신여겨 깔봄. 陵蔑(능멸).
【凌霄之志】りょうしょうのこころざし(능소지 지) ☞陵雲之志(능운지 지). ¶遇風塵之會 必有—<晋書>
【凌室】りょうしつ(능실) 얼음을 저장하는 방. 氷室(빙실). 凌陰(능음).
【凌煙閣】りょうえんかく(능연각) 당(唐) 태종(太宗)이 24 공신의 초상을 그려 둔 누각.
【凌辱】りょうじょく(능욕) ①업신여겨 욕보임. ②무례한 짓을 가함. ¶—毆打<白居易> ③폭력으로 여자를 범함.
【凌雨】りょうう(능우) 몹시 퍼붓는 비. 猛雨(맹우). 暴雨(폭우).
【凌雲之志】りょううんのこころざし(능운지 지) 속세를 떠나 살고자 하는 마음. 陵霄之志(능소지 지). 陵霄志(능소지). ¶不求苟得 常有—<後漢書>
【凌人】りょうじん(능인) ①주(周)대의 벼슬 이름. 천관(天官)에 속하고 빙실(氷室)을 관장함. ②남을 깔봄. 陵人(능인).
【凌遲】りょうち(능지) ①점차 쇠퇴함. ¶今是仁義之— 久矣<說苑> ②사지(四肢)를 찢은 후 목을 베던 극형. 陵遲(능지). ¶—處斬.

8/10【凇】 상고대 송 | しょう

8/10【凊】 서늘할 정 ㊍청 | ㄐㄧㄥˋ (jing) | せい, しょう(スズシイ) *cool*

풀이 ①서늘하다. 선선함. ¶冬溫而夏—<禮記> ②춥다. 차가움.
▷溫—, 夏—

8/10【凋】 시들 조 | ㄉㄧㄠ (diao) | ちょう(シボム) *wither*

풀이 ①시들다. ㉮이울다. 시듦. 초목이 마름. ¶莁弱易—<盧諶>/—落. ㉯기력, 기세 등이 쇠하여 줄어들다. ¶今秦有敝甲—兵<史記> ②마음 아파하다. 슬퍼함.
【凋枯】ちょうこ(조고) 시들어 말라 버림. 彫枯(조고).
【凋槁】ちょうこう(조고) ☞凋枯(조고).
【凋落】ちょうらく(조락) ①시들어 떨어짐. 凋零(조령). 凋謝(조사). ②죽음. ¶—已盡<陸機> ③쇠퇴함. 타락함. ¶朱顏—盡 白髮—何新<李白>
▷枯—, 零—, 榮—, 後—

8/10【准】 승인할 준 | ㄓㄨㄣˇ (zhun) | じゅん(ナゾラエル) *grant*

※准(p.894)는 딴 자.
풀이 ①승인하다. 허락함. ¶批—. ②견주다. 비김. ¶—敎師. ③따르다. 의거함. ㊂準.
▷批—, 認—

8/10【凄】 쓸쓸할 처 | ㄑㄧ (qi) | せい(スサマジイ) *dreary*

同淒
풀이 ①쓸쓸하다. 스산함. ¶秋日—且厲<陶潛>/—涼. ②춥다. 차가움. ¶—其以風<詩經>/——.
【凄涼】せいりょう(처량) 쓸쓸함. 초라하고 구슬픔. ¶覽古情—<李白>
【凄辰】せいしん(처신) 가을. 霜辰(상신). ¶秋曰白藏時 曰— 曰霜辰<梁元帝纂要>
【凄然】せいぜん(처연) 구슬픈 모양. 凄凄(처처). ¶—似秋 煖然似春<莊子>
【凄艶】せいえん(처염) 대단히 요염함.
【凄日】せいじつ(처일) ☞秋日(추일). ¶春日遲日 夏日畏日 秋日— 冬日愛日<梁元帝纂要>
【凄切】せいせつ(처절) 몹시 처량함. ¶月堂—勝龍吟<羅鄴>
【凄絶】せいぜつ(처절) 몹시 처참함.
【凄慘】せいさん(처참) 몹시 참혹함.

8/10【涬】 찰 행 | けい(ツメタイ) *cold*

11【减】 減(p.894)의 俗字

11【飡】 ☞食部 2획(p.1636)

10/12【㓒】 살얼음 렴 | れん *thin ice*

10/12【凓】 찰 률 | ㄌㄧˋ (li) | りつ

12【馮】 ☞馬部 2획(p.1647)

10/12【凒】 눈 서리 흰 모양 의·애 | ぎ, げ, がい

12【凖】 準(p.906)의 俗字

10/12【凔】 찰 창 | ㄘㄤ (cang) | そう(サムイ)

11
13【漻】 곱을 류 |因| りゅう *benumb*

11
13【凗】 눈 서리 쌓이는 모양 최 |因| さい

11
13【滭】 찰 필 |質| ひつ

14【㓈】 潔(p.915)의 俗字

12
14【凘】 성엣장 시 |支ム (si)| し(コオリ) *ice drifts*

13
15【凚】 차가울 금 |寢| きん

13
15【凜】 찰 름 |寢カ丨ㄣˇ (lin)| りん(ツメタイ) *cold*

풀이 ①차다. 차가움. ¶遺涼淸且一<陸機>/一冽. ②늠름하다. 위풍이 있는 모양. ¶一以爭先<溫子昇>/一然. ③두려워하다. 삼감. ¶一一.

【凜然】りんぜん(늠연) ①매우 엄한 모양. ②기세가 대단한 모양. 위엄이 있는 모양. 凜乎(늠호). 凜凜(늠름). ③무서워서 몸을 떠는 모양.

▷慘一, 凄一, 淸一, 寒一

15【凛】 凜(p.190)의 俗字

14
16【凝】 엉길 응 |蒸ㄋ丨ㄥˊ (ning)| ぎょう(コル) *congeal*

源 會意·形聲. 얼어서[冫] 잘 떨어지지 않는다[疑]는 데서 엉기다, 굳어지다의 뜻.

풀이 ①엉기다. 한데 뭉치어 붙음. ¶膚如一脂<詩經>/一結. ②모으다. 집중함. ¶以一思<陸機>/一視. ③머무르다. 한 곳에 멈춤. ¶一滯. ④바르다. 올바름. ¶體局貞一<上官儀>/一厲. ⑤굳다. 굳어지게 함. ¶一土以爲器<周禮> ⑥엄하다. 준엄함. ¶豈不羅一寒<劉楨> ⑦차갑다. 추움. ¶其侯一肅<素問>

【凝結】ぎょうけつ(응결) ①한데 엉기어 뭉침. ②기체가 액체로, 액체가 고체로 변함. ③콜로이드(colloid) 입자(粒子)가 모여서 침전하는 현상. ¶一力.

【凝固】ぎょうこ(응고) ①액체가 고체로 변함. ¶一熱/一點. ②엉기어 뭉쳐짐. ③뭉쳐 굳어짐. 凝合(응합).

【凝留】ぎょうりゅう(응류) ☞凝滯(응체). 「志愔>

【凝網】ぎょうもう(응망) 법이 엄중함. ¶一重罰<王

【凝視】ぎょうし(응시) 시선을 한 곳에 집중해서 바라봄. 凝睛(응정). 凝眺(응조). 凝望(응망).

【凝集】ぎょうしゅう(응집) 엉기어 모임. 凝聚(응취). ¶一力. 「(응류).

【凝滯】ぎょうたい(응체) 일이 막히거나 걸림. 凝留

【凝縮】ぎょうしゅく(응축) ①엉기어 줄어듦. ②기체가 액체로 변하는 일. ¶一熱.

【凝血】ぎょうけつ(응혈) 피가 엉기어 뭉침. 또는, 그 피.

▷堅一, 露華一, 凍一, 氷一, 纖歌一, 月影一

18【澟】 凜(p.190)과 同字

几<안석 궤>部

几 ① 凡 九 ② 凤 ③ 凥 処 ⑤ 凪 ⑥ 刹 凭 ⑨ 凰 ⑩ 凱 ⑫ 凳 凴

0
2【几】 안석 궤 |紙ㄐ丨ˇ (ji)| き(ツクエ) *back rest, desk*

源 象形. 안석·책상 따위의 모양을 본뜬 글자. 제사 지낼 때 희생(犧牲)을 얹는 기구.

풀이 ①안석. 앉을 때 몸을 기대는 방석. ¶憑玉一<書經>/隱一. ②제사에 쓰는 기구의 한 가지. 희생을 올려 놓음. 같 俎. ③韓 명기(明器)의 한 가지. ④책상. 通 机. ¶一案. ⑤사물의 왕성한 모양. ¶一一. ⑥함께 지내는 모양. ¶一一.

几①(禮器圖)

【几席】きせき(궤석) 안석과 자리.

【几案】きあん(궤안) 책상. ¶供奉一紙筆<唐書>

【几硯】きけん(궤연) 책상과 벼루.

【几筵】きえん(궤연) ①죽은 이의 혼백이나 신주를 모셔 두는 기구. 靈座(영좌). ②안석과 자리. 几는 제향 때 희생을 올려 놓는 기구, 筵은 제향 때 땅에 펴는 것.

【几杖】きじょう(궤장) 안석과 지팡이.

【几下】(궤하) 韓 편지 겉봉 상대편 이름 아래 쓰는 경칭. 机下(궤하).

▷曲一, 書一, 案一, 玉一, 椅一, 淨一

1
3【凡】 무릇 범 |咸ㄈㄢˊ (fan)| はん, ぼん (オヨソ) *in general*

俗 凢

源 象形. 「二」와 「儿」을 합친 자. 「二」는 하늘과 땅을 뜻함. 땅에서부터 하늘에 미친다는 데서, 천지간의 만물을 포괄하는 의미로 「모두」 「다」의 뜻.

풀이 ①무릇. 대체로 보아. ¶一爲天下國家 有九經<中庸> ②대강. 개요(槪要). ¶請略擧一<漢書>/一例. ③모두. 다. ¶一節. ④보통. 예사로움. ¶平一. ⑤상도(常道). 관습. 관례. ¶喪禮之一<荀子> ⑥속계(俗界). 이 세상. ¶物外尋眞頓離一<趙抃>/塵一.

【凡骨】ぼんこつ(범골) 평범한 사람. ¶欲換一 無金丹<蘇軾> ↔仙骨(선골).

【凡近】ぼんきん(범근) 재식(才識)이 용렬함.

【凡短】ぼんたん(범단) 평범하고 재능이 적음.

【凡例】はんれい(범례) 일러두기. ※ぼんれい

【凡流】ぼんりゅう(범류) 평범한 사람. 평범한 계급. ¶臣素門一<任昉>

【凡類】ぼんるい (범류) 평범한 사람의 무리.
【凡物】ぼんぶつ (범물) 천지간의 모든 물건.
【凡民】ぼんみん (범민) 평범한 백성. 모든 백성. 庶民(서민).
【凡輩】ぼんぱい (범배) 평범한 사람들. ¶豈與此外戚一 耽榮好位者 同日而論哉<後漢書>
【凡百】ぼんぴゃく (범백) ①모든 사물. ¶一事. ②모든 사람. ※はんぴゃく
【凡夫】ぼんぷ (범부) ①평범한 사람. 凡人(범인). ②《佛》 번뇌에 얽매여서 생사를 초월하지 못하는 사람. 在俗(재속). 衆生(중생).
【凡事】ぼんじ (범사) ①모든 일. ②평범한 일.
【凡常】ぼんじょう (범상) 대수롭지 않고 예사로움. 普通(보통). 尋常(심상).
【凡聖一如】ぼんしょういちにょ (범성일여)《佛》 사람은 범인과 성인의 구별이 있지만, 본성은 일체 평등하다는 말. 凡聖不二(범성불이). ¶一豈有衆生可度<金剛經>
【凡世】ぼんせい (범세) 속세(俗世).
【凡俗】ぼんぞく (범속) 평범하고 속됨. 또는, 그러한 사람.
【凡僧】ぼんそう (범승) ①평범한 중. 俗僧(속승). ②수행이 모자라 법호(法號)를 받지 못한 중.
【凡眼】ぼんがん (범안) 범상한 사람의 안목. 낮은 견식(見識). ↔慧眼(혜안).
【凡庸】ぼんよう (범용) 평범하고 용렬함. 凡俗(범속).
【凡人】ぼんじん (범인) ☞凡夫(범부).
【凡材】ぼんざい (범재) 평범한 인물. 凡才(범재). ¶金眸玉爪不一<杜甫>
【凡節】ぼんせつ (범절) 법도에 맞는 모든 질서나 절차. ¶禮儀一.
【凡鳥】ぼんちょう (범조) ①평범한 새. ②못난 사람. 鳳을 파자(破字)하면 凡鳥가 되므로 남을 욕할 때 鳳이라 부르기도 함.
【凡衆】ぼんしゅう (범중) 범인(凡人)의 무리. ¶一之動得其宜<禮記>
【凡智】ぼんち (범지) 평범한 지혜.
【凡蟲】ぼんちゅう (범충) ①평범한 벌레. ②못난 사람. 風을 파자(破字)하면 凡虫이 되므로, 남을 욕할 때 風이라 부름.
【凡下】ぼんげ (범하) 천한 사람. 下等(하등).
▷大一, 不一, 非一, 愚一, 塵一, 超一

3【九】 凡(p. 190)의 俗字

4【凨】 鳳(p. 1676)의 略字

4【冗】 ☞冖部 2획(p. 185)

5【凥】 居(p. 466)와 同字

5【処】 處(p. 1318)의 略字

6【机】 ☞木部 2획(p. 748)

6【夙】 ☞夕部 3획(p. 370)

7【凬】 風(p. 1630)의 古字

6/8【剋】 게으를 극 | 陌 | けき

6/8【凭】 기댈 빙 | 蒸 ㄆㄧㄥˊ (ping) | ひょう(ヨル) *lean*

9【風】 部首 글자

9/11【凰】 봉황새 황 | 陽 ㄏㄨㄤˊ (huang) | こう, おう (オオトリ)
源 會意·形聲. 오색 찬란한 깃[几]을 가져, 뭇 새 가운데 황제[皇]처럼 거룩하다는 뜻.
풀이 봉황새. 봉황새의 암컷. 수컷은 鳳. 通 皇. ¶鳳兮鳳兮求其一<古詩>

10/12【凱】 개선할 개 | 賄 ㄎㄞˇ (kai) | かい, がい (カチドキ) *triumph*
源 會意·形聲. 전쟁에 이겨 북장구[豈]를 상[几] 위에 올려 놓고 치면서 노래함의 뜻.
풀이 ①개선하다. 이김. ②승리의 함성. 전투에 이기고 부르는 노래. ¶一歌. ③즐기다. 화락함. 같 愷. ¶天下旣平 天子大一<漢書>/一弟.
【凱歌】がいか (개가) 개선 때 부르는 노래. 승리를 축하하는 노래. 개선가(凱旋歌)의 준말.
【凱旋】がいせん (개선) 싸움에서 이기고 돌아옴. 凱歸(개귀). ¶一門/一將軍.
【凱弟】がいてい (개제) 화평하고 즐거움. 樂易(낙이). 豈弟(개제). 愷弟(개제). ¶一君子 民之父母<詩經>
【凱悌】がいてい (개제) ☞凱弟(개제).
【凱風】がいふう (개풍) ①온화한 바람. 마파람. 南風(남풍). ②「시경」(詩經) 패풍(邶風)의 편 이름.
▷大一, 元一, 振一, 秦一, 八一

12/14【凳】 평상 등 | 徑 ㄉㄥˋ (deng) | とう(コシカケ) *wooden bed*

14【凲】 ☞鳥部 3획(p. 1676)

14【凴】 凭(p. 191)·憑(p. 594)과 同字

凵<위 튼 입 구>部

凵 ② 凶 ③ 凵 凹 凸 出 ⑥ 函 画 ⑦ 凾 ⑩ 凿

0/2【凵】 입 벌릴 감 | 謙 ㄎㄢˇ 勘 (kan) | かん, こん
풀이 ①입을 벌리다. ②위가 터진 그릇. 물건을 담는 기구.

2/4【凶】 흉할 흉 | 冬 ㄒㄩㄥ 腫 (xiong) | きょう(ワルイ) *evil omen*
源 指事. 「凵」은 땅이 꺼져 폭 들어간 모양으로, 함정을 뜻함. 「メ」은 그 함정 가운데로 엇갈려 들어감을 나타냄. 사람이 함정에 빠지는 최악의 상태라는 데서,

「흉함」, 「운수 사나움」 등의 뜻이 됨.
풀이 ①흉하다. 운수가 나쁨. 通兇. ¶明吉一<易經>/一兆. ②재앙. 재난. ¶一災. ③젊어서 죽다. 요사(夭死). ¶六極 一日 一短折<書經> ④흉년. 기근. ¶一年免於死亡<孟子>/一豐. ⑤해치다. 사람을 죽임. ¶一器. ⑥두려워하다. 근심함. 通兇. ¶敵入而一<國語> ⑦부정(不正)하다. 사악함. 흉칙함. ¶一惡. ⑧다투다. 시비를 벌임.

【凶家】きょうか(흉가) 들어 사는 사람에게 흉한 일이 생긴다는 불길한 집. 흉가집.
【凶計】きょうけい(흉계) 흉측한 계책.
【凶寇】きょうこう(흉구) 불한당. 악당.
【凶器】きょうき(흉기) ①사람을 살상하는 데 쓰는 연장. 武器(무기). ②범인이 사람을 살상할 목적으로 휴대하거나 사용하는 도구. ③장례 때 무덤 속에 함께 넣는 여러 가지 도구. 明器(명기). 凶具(흉구). ¶喪服一 不入宮<周禮>
【凶年】きょうねん(흉년) ①농작물이 잘 안 된 해. 凶歉(흉겸). 凶饉(흉근). 凶歲(흉세). ¶一饑歲<孟子> ↔豐年(풍년). ②재해(災害)가 많은 해.
【凶短折】きょうたんせつ(흉단절) ①凶은 움직여서 길(吉)을 얻지 못하는 일, 短은 60살 미만에 죽는 일, 折은 30살 미만에 죽는 일. ②사람을 상하게 함을 凶, 금수(禽獸)를 상하게 함을 短, 초목을 상하게 함을 折이라 함.
【凶徒】きょうと(흉도) 무뢰배. 건달패. 凶黨(흉당). 逆徒(역도).
【凶毒】きょうどく(흉독) ①맹렬한 독. ②흉악하고 악독함.
【凶戾】きょうれい(흉려) 거칠고 도리에 어긋남. 난폭함. 凶逆(흉역). 凶悖(흉패). 暴戾(폭려). ¶渾少一<南史>
【凶禮】きょうれい(흉례) 초상 때의 예식. 喪禮(상례).
【凶類】きょうるい(흉류) 간악한 무리.
【凶謀】きょうぼう(흉모) ☞凶計(흉계).
【凶夢】きょうむ(흉몽) 불길한 꿈. ↔吉夢(길몽).
【凶門】きょうもん(흉문) ①상가(喪家)의 북문. ②장군이 출진할 때 나가는 문. 출진 때 북문으로 나감은 필사(必死)의 뜻을 나타내는 것임.
【凶物】きょうぶつ(흉물) 성질이 음흉한 사람.
【凶犯】きょうはん(흉범) 흉악한 범죄.
【凶變】きょうへん(흉변) 사람이 죽는 등의 불길한 일. 兇變(흉변). ¶詳一<左氏傳>
【凶報】きょうほう(흉보) ①사망 통지. ②불길한 소식. 凶音(흉음).
【凶服】きょうふく(흉복) ①상중(喪中)에 입는 옷. 喪服(상복). 凶衣(흉의). ②불길한 복장. 곧, 무장(武裝).
【凶事】きょうじ(흉사) ①불길한 일. ②사람이 죽는 일. ↔吉事(길사).
【凶煞】きょうさつ(흉살) ①나쁘고 사나운 기(氣). 邪氣(사기). ②운수가 매우 불길한 것.
【凶相】きょうそう(흉상) ①보기 흉한 외모. ②좋지 못한 상격(相格).
【凶手】きょうしゅ(흉수) ①악인이 한 짓. 또는, 악인. ¶父死一<唐書> ②사람을 제 손으로 직접 살해한 사람. ※下手人(하수인).
【凶惡】きょうあく(흉악) ①성질이 거칠고 사나움. ②겉모양이 흉하고 무서움.
【凶漁】きょうぎょ(흉어) 물고기가 아주 적게 잡힘. ↔豊漁(풍어).
【凶逆】きょうぎゃく(흉역) 마음이 비뚤어져 도리를 거스름. 또는, 그러한 사람. 惡逆(악역). 凶悖(흉패).
【凶頑】きょうがん(흉완) 마음이 흉해서 사람을 따르지 않음. 사악하고 고집이 셈.
【凶音】きょういん(흉음) ☞凶報(흉보).
【凶日】きょうじつ(흉일) 불길한 날. ↔吉日(길일).
【凶作】きょうさく(흉작) 농작물이 잘 되지 못함. ↔豊作(풍작).
【凶兆】きょうちょう(흉조) 불길한 조짐. 凶證(흉증). ↔吉兆(길조).
【凶終】きょうしゅう(흉종) ①수·화재(水火災), 교통사고 등으로 인한 참혹한 죽음. ②끝이 나쁨.
【凶札】きょうさつ(흉찰) ①기근과 전염병. ②흉작(凶作)의 해. 또는, 전염병이 도는 해. ¶一則無力政 無財賦<周禮>
【凶測】きょうそく(흉측) 몹시 흉악함. 흉악 망측(凶惡罔測)의 준말.
【凶豊】きょうほう(흉풍) 흉년과 풍년.
【凶悍】きょうかん(흉한) 흉악하고 사나움. 凶獷(흉광).
【凶會日】くえにち(흉회일) 음양가(陰陽家)에서, 음양이 상극(相剋)하여 모든 일에 흉하다는 날.
▷吉一, 大一, 閔一, 妖一, 陰一, 豊一

5【凷】 塊(p. 352)와 同字

3 5【凹】 오목할 요 | 肴 ㄠ (ao) | おう(クボム) hollow

源象形. 복판이 오목하게 들어간 모양을 본뜸.

【凹面鏡】おうめんきょう(요면경) 오목거울. ↔凸面鏡(철면경).
【凹彫】おうちょう(요조) ☞陰刻(음각).
【凹凸】おうとつ(요철) ①들쭉날쭉함. ②오목함과 볼록함. 凸凹(철요).

3 5【凸】 볼록할 철 | 月 屑 ㄊㄨ (tu) | とつ, てつ(デコ) protuberant

源象形. 중앙이 볼록하게 불거진 모양을 본뜸.

【凸面鏡】とつめんきょう(철면경) 볼록거울. ↔凹面鏡(요면경).
▷窊一, 凹一

3 5【出】 날 출 | 質 ㄔㄨ (chu) | しゅつ, すい(デル, ダス) come out

俗出

源象形. 초목이 움터 자라나는 모양을 본뜸. 그래서 「성장하다」, 「출생하다」 등의 뜻을 나타냄.
풀이 ①나다. ㉮태어나다. ¶一產. ㉯나타나다. 드러남. ¶一現. ㉰발생하다. 생겨서 이루어짐. ¶萬物一乎震<易經> ㉱뛰어나다. 우수함. ¶一衆. ㉲샘솟다. 생겨남. ¶醴泉從地一<漢書> ②나가다. ㉮안이나 속에서 겉이나 밖으로 나가다. ¶外一. ㉯나아가다. ¶進一. ㉰일정한 곳을 떠나다. ¶死徙無一鄕<孟子> ㉱달아나다. ¶脫一. ㉲일을 하러 가거나 다니다. ¶一勤. ㉳퍼져서 알려지게 되다. ¶一世. ③내다. ㉮내보내다. ¶一師. ㉯내놓다. 남에게 주거나 바침. ¶提一. ㉰간행하다. ¶一版. ④지출(支出). ¶量入以爲一<禮記> ⑤양자가다. ¶一系. ⑥시집가다. 시집 보냄. ¶一嫁. ⑦생질. 누이의 아들. ⑧자손. 후예. ¶帝母鮮卑一也<十八史略>

【出家】しゅっけ (출가) ①집을 떠나감. ②《佛》 집을 나와 불문(佛門)에 들어감. 중이됨.

【出嫁】しゅっか (출가) 처녀가 시집을 감.

【出嫁外人】しゅっかがいじん (출가외인) 시집 간 딸은 자기 집 사람이 아니고, 남이나 다름 없다는 말.

【出脚】しゅっきゃく (출각) 은퇴했다가 다시 벼슬에 나아감.

【出閣】しゅっかく (출각) ①황자(皇子)가 제후가 되어 나감. ②공주(公主)가 출가함. ¶雖穠華可尙 一未期<元稹>

【出刊】しゅっかん (출간) ☞出版(출판).

【出監】しゅっかん (출감) 감옥 등에서 석방되어 나옴.

【出降】しゅっこう (출강) ☞下嫁(하가).

【出格】しゅっかく (출격) ①옛날, 응제(應制)나 표장(表章)을 쓸 때, 경의를 표하기 위하여 다른 줄보다 한 자 올려 쓰던 일. ②격식에서 벗어나는 일. 別格(별격). 破格(파격).

【出缺】しゅっけつ (출결) ①관(官)에 결원이 생겼을 때, 딴 사람으로 보충하는 일. ②출석과 결석. ¶一狀況.

【出系】しゅっけい (출계) 양자(養子)로 들어가서 그 집의 대를 이음.

【出庫】しゅっこ (출고) 물품을 창고에서 꺼냄. ¶一證.

【出告反面】しゅっこくはんめん (출곡반면) 부모에게 외출할 때 고하고, 돌아와서 돌아왔음을 아룀. ¶爲人子者 出必告 反必面 所遊必有常 所習必有業<禮記>

【出恭】しゅっきょう (출공) 변소에 감. ¶今人謂如廁曰一 殊不可解<直語補證>

【出口】しゅっこう (출구) ①나가는 곳. ②입에서 나옴. 곧, 말. ③멀리 귀양 보냄. ④㊥ 수출함. 항구를 나감.

【出口入耳】クチヨリイデミミニイル (출구입이) 갑의 입에서 나와 을의 귀로 들어감. 당사자 외에는 아무도 모름. ¶言出於余口 入於爾耳<左氏傳>

【出軍】しゅつぐん (출군) 싸움터에 나아감. 군대가 출동함.

【出群】しゅつぐん (출군) ☞出衆(출중).

【出金】しゅっきん (출금) 돈을 냄. 또는, 그 돈.

【出給】しゅっきゅう (출급) 물건을 내어 줌.

【出其不意】ソノフイニイズ (출기불의) 일이 뜻밖에 일어남.

【出納】すいとう (출납) 돈·물품 등을 내어 주거나 받아들임. ¶金錢一簿. ※すいとう

【出動】しゅつどう (출동) 군대·경찰 등이 소임을 수행하기 위하여 현지로 나아감.

【出頭】しゅっとう (출두) ①두각을 나타냄. ②어떤 장소에 몸소 나아감. ③호출을 받아 관청에 나가는 일. ④어사 출두(御史出頭)의 준말.

【出頭地】しゅっとうち (출두지) 두각을 나타냄.

【出頭天】しゅっとうてん (출두천) 한자의 천(天) 자가 머리를 내밀면 부(夫)자가 되므로, 불량배들이 유부녀에게 그 남편을 가리킬 때 쓰던 곁말.

【出藍】しゅつらん (출람) 쪽에서 뽑아낸 청색이 쪽빛보다 더 푸르다는 뜻으로, 제자가 스승보다 뛰어남을 이름. 靑出於藍(청출어람). ¶學不可已 取之於藍 而靑於藍<荀子>

【出廬】しゅつろ (출려) 초려(草廬)를 나옴. 은거하던 사람이 세상에 나옴.

【出力】しゅつりょく (출력) ①힘을 냄. 노력함. ②돈을 내어 사업을 도움.

【出斂】しゅつれん (출렴) 여러 사람이 돈이나 물건을 내어 거둠. 추렴의 본말.

【出獵】しゅつりょう (출렵) 나가서 사냥함.

【出禮入刑】れいよりイズレバけいにイル (출례입형) 행실이 예에 벗어나면 형벌의 범위에 들게 됨. ¶禮之所去 刑之所取 失禮則入刑<後漢書>

【出六】(출륙) ㊐ 육품(六品)의 벼슬에 오름.

【出馬】しゅつば (출마) ①말을 타고 나아감. ②싸움터로 나감. 출진(出陣). 出征(출정). ③선거에 입후보함.

【出末】しゅつまつ (출말) 일이 끝남. 出梢(출초).

【出梅】しゅつばい (출매) 매우기(梅雨期)의 끝. 곧, 장마철의 막바지. 음력 7월 2일 경. ↔入梅(입매).

【出母】しゅつぼ (출모) 이혼한 친어미.

【出沒】しゅつぼつ (출몰) 나타났다 숨었다 함. 隱見(은현). ¶一望平原<魏徵>

【出沒鬼關】きかんにしゅつぼつす (출몰귀관) ①귀관(鬼關)에 드나듦. 죽었다 살았다 함. ②죽을 지경을 당함.

【出文】しゅつぶん (출문) 장부상으로 내어 준 돈.

【出班奏】しゅつはんシテそうス (출반주) ①여러 사람이 모인 자리에서 맨 처음으로 말을 꺼냄. ②많은 신하 중 혼자 나아가 임금에게 아룀.

【出帆】しゅっぱん (출범) ①선박이 돛을 달고 떠남. 開帆(개범). 拔錨(발묘). 解纜(해람). ↔歸帆(귀범). ②단체, 기관 따위 발족의 비유.

【出兵】しゅっぺい (출병) 군사를 전장으로 내보냄. 出師(출사). ↔撤兵(철병).

【出府】しゅっぷ (출부) ☞上京(상경).

【出奔】しゅっぽん (출분) 도망쳐 달아남. 외국으로 도망감. 亡命(망명). 逃亡(도망).

【出費】しゅっぴ (출비) ①소비된 금액. ②비용을 냄.

【出仕】しゅっし (출사) 관리가 됨.

【出師】すいし (출사) ☞出兵(출병).

【出師表】すいしひょう (출사표) 출병할 때 그 뜻을 적어 임금에게 올리던 글. 제갈량(諸葛亮)의 출사표가 유명함. ¶讀孔明一 而不墮淚者 其人必不忠<文章軌範>

【出產】しゅっさん (출산) ①생겨 남. 만들어짐. ¶一在四時 極美宜於秋<唐彥謙> ②아이를 낳음.

【出喪】しゅっそう (출상) 상가에서 상여가 떠나감.

【出色】しゅっしょく (출색) 출중(出衆)함.

【出世】しゅっせい·しゅっせ(출세) ①이 세상에 태어남. ②속계(俗界)를 떠남. 신선의 경지에 들어감. ③입신함. 훌륭한 지위·신분에 오름. 出身(출신)④. 立身(입신). ¶一作. ④《佛》 ㉮번뇌를 떠나서 불도로 들어감. 出家(출가). ㉯중생을 제도하기 위하여 속세로 나옴. 出世間(출세간). ㉰부처가 나타남.

【出世間】しゅっせけん(출세간) ①《佛》 세상을 초월한 경계. 세속을 떠난 깨달음의 세계. 또는, 출가하여 중이 되는 일. ②세상과의 교제를 끊음. 세상 일에 초연한 경계.

【出所】しゅっしょ(출소) ①교도소에서 나옴. 出監(출감). ②☞出處(출처).

【出身】しゅっしん(출신) ①태어난 곳, 졸업한 학교, 거쳐 온 신분 등을 이름. ¶大學一. ②관직에 등용됨. ③신명(身命)을 내던짐. ¶伯夷叔齊 此二士皆一棄生<呂覽> ④☞出世(출세)③.

【出漁】しゅつぎょ(출어) 고기잡이를 나감. ¶一期.

【出言有章】しゅつげんスレバしょうアリ(출언유장) 하는 말이 아름답고 훌륭함을 이름. ¶其容不改 一<詩經>

【出役】しゅつやく(출역) 역사(役事)에 동원됨.

【出捐】しゅつえん(출연) 금품(金品)을 내어 원조함. ¶一數萬斤金<史記> ※義捐(의연).

【出演】しゅつえん(출연) 연설·음악·연극 등에 나감.

【出迎】しゅつげい(출영) 나가서 맞음.

【出獄】しゅつごく(출옥) 죄를 용서받거나 형기(刑期)가 끝나 감옥을 나옴. 出監(출감). 出牢(출뢰). ¶及一 京師市里 皆稱萬歲<後漢書>

【出願】しゅつがん(출원) ①원서를 냄. ②특허·면허·허가 등을 국가에 신청함. 또는, 그 일.

【出入】しゅつにゅう(출입) ①나감과 들어옴. 드나듦. ¶利用一 民咸用之 謂之神<易經> ②수입과 지출. ③나들이. ④출장입상(出將入相)의 준말.

【出資】しゅっし(출자) 밑천으로 할 돈을 냄. 자본금을 냄. ¶一金.

【出張】しゅっちょう(출장) 공무(公務)를 띠고 다른 곳으로 나감. ¶一所.

【出場】しゅつじょう(출장) ①어떤 장소에 나감. ②운동 경기에 참가함.

【出將入相】イデテハしょう イッテハしょう(출장입상) 나가서는 장수가 되고 들어와서는 재상(宰相)이 된다는 뜻으로, 문무(文武)를 겸전(兼全)한 사람을 이름. ¶一位未班<賴山陽>

【出典】しゅってん(출전) ①나가서 관장함. ¶入侍華幄 一禁闈<應璩> ②고사성어(故事成語) 따위의 출처가 되는 책. 典據(전거).

【出戰】しゅっせん(출전) ①싸우러 나감. 나가서 싸움. 出征(출정). 出陣(출진). ②경기 시합에 나가서 싸움.

【出廷】しゅってい(출정) 법정에 나가거나 나옴.

【出征】しゅっせい(출정) ☞出戰(출전)①. ¶王子一 以佐天子<詩經>

【出題】しゅつだい(출제) 시가(詩歌)의 제목이나 시험 문제 따위를 냄. ¶從內一 以試進士<唐書>

【出衆】しゅっしゅう(출중) 뭇사람 중에서 뛰어남. 出凡(출범). 出群(출군). 出類(출류). 出倫(출륜). 出尤(출우). 出萃(출췌). 傑出(걸출). 出類離倫(출류이륜). 出於類拔乎萃(출어류 발호췌). 出類拔萃(출류발췌). 拔群(발군). 絶倫(절륜). 超倫(초륜). 不群(불군).

【出陣】しゅつじん(출진) ☞出戰(출전)①.

【出札】しゅっさつ(출찰) 표를 냄. 표를 팖. ¶一口. ↔集札(집찰).

【出處】しゅっしょ(출처) ①관직에 나아감과 물러나 집에 있음. 去就(거취). 進退(진퇴). ②사물의 나온 근거. 由來(유래). 出典(출전). 出據(출거). 來處(내처). ¶押韻不必有一 用事不必拘來歷<滄浪詩話>

【出處語默】しゅっしょごもく(출처어묵) 나아가 벼슬자리에 있음과 물러나 집에 있음. 또는, 말함과 침묵함. ¶易設四料 一<風俗通>

【出天之孝】しゅってんノこう(출천지 효) 하늘이 낸 효의 뜻으로 지극한 효성 또는 그런 효자.

【出梢】しゅっしょう(출초) ☞出末(출말).

【出贅】しゅつぜい(출췌) ①양자(養子)가 됨. ②데릴사위가 됨. 처가살이. ※しゅっせい

【出他】しゅった(출타) ①다른 지방에 감. 出行(출행). ②밖으로 잠시 나감. 外出(외출). 他出(타출). ¶一中.

【出土】しゅつど(출토) 땅속에 파묻혀 있던 물건이 땅밖으로 나옴. ¶一品.

【出版】しゅっぱん(출판) 서적 등을 발행함. 刊行(간행). 出刊(출간). ¶一記念會/一物.

【出品】しゅっぴん(출품) ①뛰어난 물건. 逸品(일품). ②진열, 전람을 위하여 물건을 내어놓음. ¶一作.

【出荷】しゅっか(출하) ①하물(荷物)을 내어 보냄. ②상품(商品)을 시장에 내놓음. ¶系統一. ↔入荷(입하).

【出港】しゅっこう(출항) 배가 항구를 떠남. 發港(발항). ↔入港(입항). ※出帆(출범).

【出鄕】しゅっきょう(출향) 고향을 떠남.

【出現】しゅつげん(출현) 나타남. 나타나 보임. ¶時時一<搜神記>

【出血】しゅっけつ(출혈) ①피가 혈관 밖으로 나옴. ¶腦一. ②지나치게 손해를 봄의 비유. ¶一競爭.

▷醵一, 傑一, 屆~, 突一, 描一, 搬一, 倍一, 排一, 輩一, 百一, 噴一, 四一, 査一, 射一, 產一, 生~, 選一, 歲一, 輸一, 躍一, 譯一, 演一, 捻一, 外一, 湧一, 遠一, 流一, 日一, 逸~, 挺一, 除一, 提一, 重一, 支一, 進一, 逐一, 脫一, 退一, 特一, 派一, 橫一

6 8 【函】 1 함 함 2 갑옷 함 (廣)ㄏㄢˊ (han) | かん(ハコ) | *box*
㊗凾

풀이 1 ①함. ㉮상자. ¶竟達空一<晋書>/一籠. ㉯㊕ 함. 혼인 때 신랑 쪽에서 채단과 예장(禮狀)을 넣어 신부집에 보내는 나무 그릇. ②편지. ¶書一. ③관(關) 이름. 함곡관(函谷關)의 준말. 2 ①갑옷. ㊀甲. ¶一人唯恐傷人<孟子> ②혀. ③넣다. 사이에 끼움. ④품다. 머금음. ㊀含. ¶實一斯活<詩

經> ⑤싸다. 겉을 쌈. ⑥너그럽다. ¶ 一宏. ⑦큰 소리의 형용. ¶ 一胡. ⑧스승. ¶ 一丈.

【函谷】かんこく(함곡) 관문 이름. 함곡관(函谷關). 하남성(河南省) 영보현(靈寶縣) 서남에 있던, 진(秦)의 동쪽 관문.

【函谷鷄鳴】かんこくけいめい(함곡계명) 맹상군(孟嘗君)이 진(秦)에서 도망할 때, 밤중에 함곡관에 이르러 식객(食客)으로 하여금 닭 우는 소리를 내게 하여 관문을 빠져 나간 옛일.

【函人】かんじん(함인) ①갑옷과 투구를 만드는 장인(匠人). 函工(함공). ②주(周)대 의 벼슬 이름. 동관(冬官)으로, 갑옷과 투구 만드는 일을 맡음. ¶ 一爲甲 犀甲七屬 兕甲六屬 合甲五屬<周禮>

【函丈】かんじょう(함장) ①제자가 스승과 1장(丈) 가량 떨어져 앉는 일. ②스승에게 올리는 서한에서, 스승 이름 밑에 쓰는 말. ③스승. ¶ 老守厭簿書 先生罷一<蘇軾>

【函招】かんしょう(함초) 편지로 사람을 초대함.

【函夏】かんか(함하) 중국의 별칭. 中夏(중하). ¶ 以一之大漢兮<揚雄>

【函胡】かんこ(함호) ①큰 소리의 형용. ②모호하여 똑똑하지 않은 모양. ¶ 南聲一 北音清越<蘇軾>

【函和】かんわ(함화) 온화함. 깨끗함. ¶ 天地一 日月光曜<魏書>

▷經一, 空一, 密一, 本一, 書一, 石一, 玉一, 郵便一, 投票一, 投一

8〖画〗 畫[1](p. 1021)의 略字

9〖凾〗 函(p. 194)의 俗字

12〖凾〗 齒(p. 1701)의 俗字

―― 刀<칼 도>部 ――

刀 刁 ① 刃 刄 刅 ② 分 刈 切 刅 ③ 刊 刋 刌 刎 刧 刑 刓 ④ 刔 刕 列 刘 刕 刎 刐 刓 刖 刑 ⑤ 刦 刧 利 別 别 刜 删 刪 初 判 刨 ⑥ 刻 刻 刮 刴 刳 刮 券 刲 到 刵 刪 刷 刵 刺 制 刹 刱 刹 刑 ⑦ 剄 剋 剌 貟 削 剆 前 剃 剉 則 剎 剏 剃 ⑧ 剛 剣 剢 剕 剖 剝 剖 剚 剕 剚 剡 剜 剗 剤 剏 剔 剟 ⑨ 剨 剮 剫 剬 副 剭 剩 剪 ⑩ 剻 剴 剳 剰 剸 剄 創 割 剳 ⑪ 剾 剸 剺 剼 剹 ⑫ 劀 劂 剿 劄 劄 劃 劄 劃 ⑬ 劍 劎 劇 劇 劇 劉 劈 劋 劅 劊 ⑭ 劒 劕 劑 劉 ⑮ 劗 ⑰ 劖 ⑲ 劘 劗 ㉑ 劙

0/2〖刀〗 칼 도 | 㕱ㄉㄠ (dao) | とう(カタナ) *knife*

源象形. 「ㄱ」자 꼴로 굽은 칼의 모양을 본뜸.

※방(旁)으로 쓰일 때의 자형은 「刂」인데, 「刀」와 구별하여 「선 칼도」라 함.

풀이 ①칼. ¶ 未能操一而使割也<左氏傳>/一劍. ②거룻배. 작은 배. 通舠. ¶ 誰謂河廣 曾不容一<詩經> ③돈의 이름. ¶ 一錢.

刀①(禮器圖) 刀③(金石索)

【刀車】とうしゃ(도거) 전차(戰車)의 한 가지. 바퀴가 둘 있으며, 전면에 많은 창과 칼을 꽂게 되어 있음.

【刀鋸】とうきょ(도거) ①칼과 톱. ②옛 형구(刑具)의 한 가지. 칼은 할형(割刑), 톱은 월형(刖刑)에 씀. ③형벌(刑罰). ¶ 車服不維 一不加<韓愈>

【刀鋸鼎鑊】とうきょていかく(도거정확) 형벌(刑罰). 도거와 정확이 옛 형구(刑具)였음에서 이름. 刀鋸는 칼과 톱. 鼎鑊은 사람을 삶던 가마솥. ¶ 以一 待天下之士<蘇軾>

【刀鋸之餘】とうきょのよ(도거지 여) ①궁형(宮刑)·월형(刖刑)의 형벌을 당하여 불구자로서 사는 일. 또는, 그 사람. ②환관(宦官).

【刀劍】とうけん(도검) 칼. 칼과 검.

【刀圭】とうけい(도규) ①한약국에서, 가루약을 뜨는 숟가락. ¶ 此是神丹 飮者不死 夫婦各一一<神仙傳> ②의약. ③의술(醫術).

【刀圭家】とうけいか(도규가) 의사(醫師).

【刀圭界】とうけいかい(도규계) 의사들의 사회.

【刀戟】とうげき(도극) 칼과 창.

【刀途】とうず(도도)《佛》 3도(途)의 하나. 축생도(畜生道)의 이칭. 축생은 사람에게 죽임을 당하므로 刀자를 쓴 것임.

【刀銘】とうめい(도명) 도검에 새긴 명문(銘文).

【刀墨】とうぼく(도묵) 칼로 이마를 파서 먹으로 문신(文身)하는 형벌. 黥刑(경형). ¶ 有斧鉞一之民<國語>

【刀兵】とうへい(도병) ①칼. 軍器(군기). ②군사(軍事). ③전쟁(戰爭).

【刀斧手】とうふしゅ(도부수) ①큰 칼과 큰 도끼를 쓰던 군사. ②㊥ 사형을 집행하는 사람. 망나니.

【刀山劍水】とうざんけんすい(도산검수) 몹시 험악하고 위태로운 지경의 비유.

【刀山劍樹】とうざんけんじゅ(도산검수) 칼을 거꾸로 세워, 그 위를 건너가게 한다는 뜻으로, 혹독한 형벌을 이름. ¶ 作燒煮剝剔 一之刑<宋史>

【刀室】とうしつ(도실) 칼집. 刀鞘(도초).

【刀眼】とうがん(도안) 환도(環刀)가 자루에서 빠지지 않도록 슴베와 비녀장 등을 박는 구멍.

【刀煙】(도연)㊐ 칼이나 도끼를 달구어, 참대의 껍질에 대었을 때 나오는 진. 약으로 씀. 鐵爇(철설).

【刀子】とうし(도자) 작은 칼. 손칼. 短刀(단도).

【刀匠】とうしょう(도장) 칼을 만드는 장인(匠人). 刀工(도공).

【刀擦】とうさつ(도찰) 잘못된 글자 따위를 칼로 긁어 냄.

【刀尺】とうしゃく(도척) ①가위와 자. ②바느질. 裁縫(재봉). ③사람의 재능을 헤아려 진퇴·임면(任免)함의 비유. ¶ 毋令騰得妄弄一<晉書>

【刀泉】とうせん(도천) 돈. 刀는 칼처럼 만든 옛 중국의 화폐. 샘물이 흐르듯 돈이 유통됨의 비유. 通貨(통화). 刀幣(도폐). 刀布(도

포).
【刀幣】とうへい(도폐) ☞刀泉(도천). 「<史記>
【刀布】とうふ(도포) ☞刀泉(도천). ¶一之幣
【刀筆】とうひつ(도필) ①옛 중국에서, 죽간(竹簡)에 문자를 기록하던 붓과 틀린 글자 따위를 깎아내던 칼. 붓을 이름. ②문서를 초(草)하는 낮은 관리. 또는, 그런 관리들이 보는 사무. ③문서. 장부.
【刀環】とうかん(도환) ①칼자루 끝에 단 옥(玉)고리. ②環과 還의 음이 같으므로 통용하여 고향으로 돌아감의 뜻으로 쓰임. ③머리에 고리가 달린, 칼 모양의 화폐.
▷軍一, 短一, 帶一, 名一, 木一, 眉尖一, 拔一, 寶一, 霜一, 笑中一, 食一, 雙一, 鉛一, 牛一, 銀裝一, 儀一, 利一, 長一, 粧一, 錢一, 竹一, 陣一, 青龍一, 剃一, 快一, 太一, 佩一

0 2 【刁】 바라 조 | 團ㄉㄧㄠ (diao) | ちょう small cymbal
풀이 ①바라. 동라(銅鑼)의 한 가지. ¶一斗. ②머리털이 헝클어진 모양. ¶一騷. ③흔들리어 움직이는 모양. ¶獨不見之調調之一一乎<莊子> ④속이다. 간사함. ¶一惡.
【刁斗】ちょうと(조두) 옛날, 군대에서 야경을 돌 때에 쓰던 바라. 구리로 솥처럼 만들었는데, 군중(軍中)에서 낮에는 밥을 짓고 밤에는 징으로 썼음. ¶不擊一以自衛<史記>
▷斗一, 鳴一, 夜一, 調一

1 3 【刃】 칼날 인 | 震ㄖㄣˋ (ren) | じん(ヤイバ) blade
풀이 ①칼날. ¶白一可蹈也<中庸> ②칼. ③칼질하다. 벰. ¶拔刀將手一之<晋書>/自一. ④병기(兵器)의 총칭. ¶兵一.
【刃迎縷解】じんげいるかい(인영누해) 칼날로 실을 끊어 푸는 것과 같이 손쉽게 도리(道理)를 밝힘. ¶一 鉤章棘句<韓愈>
▷堅一, 露一, 踏一, 刀一, 芒一, 白一, 兵一, 伏一, 鋒一, 氷一, 霜一, 手一, 矢一, 兩一, 五一, 利一, 自一, 智一, 眞一, 尺一, 寸一, 推一, 吹毛一, 合一, 虐一, 弦一, 血一

3 【刄】 刃(p.196)의 俗字

3 【刅】 刃(p.196)의 俗字

2 4 【分】 1 나눌 분 2 분수 분 | 因ㄈㄣ(fen) 問ㄈㄣ(fen) | ふん, ぶん (ワケル) divide
源 會意. 칼[刀]로써 나눔[八]의 뜻.
풀이 1 ①나누다. 가름. ¶一軍爲三<史記>/一斷. ②나누어지다. 갈라짐. ¶晝夜各一<列子> ③나누어 주다. 베풀어 줌. ¶配一. ④구별하다. 명백하게 함. ¶一別. ⑤헤어지다. 떨어져 나감. ¶一散. ⑥다르다. 구별. ¶是君子小人之一也<荀子> ⑦24절기의 하나. 밤과 낮의 길이가 같을 때. ¶秋一. ⑧단위. 길이, 무게, 시간, 각도, 넓이, 화폐에 쓰임. ¶五一. 2 ①분수(分數). ㉮신분. ¶一限. ㉯명분(名分). ㉰한도. 정도. 경계(境界). ¶各守其一<淮南子>/命一. ㉱뜻. 마음가짐. 지조. ㉲맡은 일. ¶職一. ㉳세금. ¶一稅. ②몫. ¶四國皆有一<左氏傳>
【分家】ぶんけ(분가) 한 가계(家系)에서 갈라져 나온 집. 큰집에서 나와 딴 살림을 차림. 分戶(분호). ↔本家(본가).
【分揀】ぶんかん(분간) ①사물의 선악·시비·정도 따위를 헤아림. ②범죄의 정상을 살펴 죄를 용서함.
【分甘共苦】かんヲワカチくヲトモニス(분감공고) 고락을 함께 함. ¶詹與一 情若弟兄<晋書>
【分遣】ぶんけん(분견) 나누어 보냄. 갈라서 파견함. ¶一隊.
【分界】ぶんかい(분계) 경계를 나눔. 또는, 나누인 지역의 경계. 分境(분경). ¶各保一<吳志>/一線.
【分功】ぶんこう(분공) ①공(功)이나 수확물을 나눔. ②분업(分業).
【分科】ぶんか(분과) ①과목별로 나눔. 또는, 그 과목. ↔合科(합과). ②따로 갈라 놓은 학과(學科).
【分館】ぶんかん(분관) ①본관(本館)에서 갈라져 나간 관. ②韓 새로 문과에 급제한 사람으로서 승문원(承文院)·성균관·교서관(校書館)의 박사(博士) 추천이 되지 못하고 다음 추천을 기다리던 사람.
【分校】ぶんこう(분교) ①본교(本校)의 소재지 이외의 곳에 따로 나누어 세운 학교. ②여러 사람들이 나누어서 교정(校正)을 봄. ③과거(科擧) 시험에서 답안을 조사하던 시험관.
【分局】ぶんきょく(분국) ①본국(本局)에서 갈라 따로 세운 국(局). 支局(지국). ②나누어서 구획을 지움. ¶曹伍相保 各有一<後漢書>
【分權】ぶんけん(분권) 권력을 분산함. ¶地方一.
【分金】ぶんきん(분금) ①돈을 나눔. ¶洞庭柑熟客一<蘇舜欽> ②韓 무덤에 관(棺)을 묻을 때에 그 위치를 똑바로 정하는 일.
【分襟】ぶんきん(분금) ☞分袂(분메). ¶秋庭悵望別君初 折枝一十載餘<羅鄴>
【分給】ぶんきゅう(분급) 나누어서 줌. 分與(분여). 配給(배급).
【分岐】ぶんき(분기) 몇 갈래로 나누어짐. 또는, 그 갈래. ¶一點.
【分期】ぶんき(분기) 회계의 편의상 1년을 몇 기간으로 나눈 것의 한 기간.
【分納】ぶんのう(분납) 몇 차례로 나누어서 냄.
【分內】ぶんない(분내) ①당연히 할 일. 직분으로 할 일. ②분수에 맞는 일. 신분에 상응하는 일. ③中 같은 패. 同僚(동료).
【分段】ぶんだん(분단) ①여러 단으로 나눔. 또는, 그 나눈 단. ②문장을 뜻에 따라 몇으로 나눈 토막. 大文(대문).
【分團】ぶんだん(분단) 큰 단체를 여러 단으로 나눔. 또는, 그 나눈 각 조각.

【分擔】ぶんたん(분담) 각각 갈라서 맡음. 分掌(분장). ↔全擔(전담).

【分黨】ぶんとう(분당) ①패를 가름. 갈라진 패. ②정당(政黨)이 갈라짐.

【分隊】ぶんたい(분대) ①대(隊)를 나눔. ②군대 편제의 최소 단위. 소대(小隊)의 아래인데, 9명의 사병으로 이루어짐. ¶一員. ③본대(本隊)에서 나뉘어 나온 부대. ↔本隊(본대).

【分度】ぶんど(분도) 일정한 한도. 分限(분한). ¶一器.

【分桃】ぶんとう(분도) 위(衛)의 미자하(彌子瑕)가 복숭아를 그 임금 영공(靈公)에게 나누어 준 옛일에서, 남색(男色)의 관계, 또는, 애증(愛憎)의 변화가 그치지 않음의 비유.

【分頭稅】ぶんとうぜい(분두세) ☞人頭稅(인두세).

【分量】ぶんりょう(분량) 부피나 수효의 적고 많은 정도.

【分龍雨】ぶんりょうノアメ(분룡우) 음력 5월에 내리는 소나기.

【分流】ぶんりゅう(분류) ☞支流(지류).

【分類】ぶんるい(분류) 종류에 따라 나눔. 類別(유별). ¶別生一＜書經＞

【分厘】ぶんりん(분리) ①1분(分)과 1리(厘). 적은 것. 些少(사소). ②돈·저울·자 따위의 단위.

【分理】ぶんり(분리) ①변명함. ②나누어진 줄기. 分脈(분맥). ¶山川土地 各有一＜南史＞

【分離】ぶんり(분리) ①서로 나뉘어 떨어짐. 分乖(분괴). ②결정(結晶)·승화·증류(蒸溜) 등에 의하여 물질을 나누어 떼어냄. ¶一器. ↔結合(결합).

【分立】ぶんりつ(분립) 갈라져 따로 섬. ¶三權一.

【分娩】ぶんべん(분만) 아이를 낳음. 出產(출산). 解產(해산). 分身(분신)②.

【分袂】ぶんべい(분메) 옷깃을 나눈다는 뜻으로, 헤어짐을 이름. 分襟(분금). 分手(분수). 分首(분수). 分背(분배). ¶一二年勞夢寐＜白居易＞

【分門】ぶんもん(분문) ①분류함. ②여러 문(門)으로 나눔. ¶以數千騎 一突出＜金史＞

【分門書】ぶんもんじょ(분문서) 많은 책들의 사항을 분류 편찬해서 검색(檢索)하는 데에 편하도록 한 책. 「고금도서집성」(古今圖書集成), 「사문유취」(事文類聚) 따위. 類書(유서).

【分門異戶】ぶんもんシこヲコトニス(분문이호) 분가함. 또는, 별거함. 分門別戶(분문별호).

【分半】ぶんぱん(분반) ☞半分(반분).

【分撥】ぶんぱつ(분발) ①조보(朝報)를 발행하기 전에 그 요긴한 사항을 먼저 베껴 돌리던 일. ②☞分配(분배).

【分配】ぶんぱい(분배) 몫몫이 고르게 나누어 줌. 配分(배분). 分撥(분발)②.

【分辨】ぶんべん(분변) 사리를 생각하여 변별(辨別)함. 分別(분별)③. ※判別(판별).

【分別】ぶんべつ(분별) ①가름. 區別(구별). ②경계를 세워서 나눔. ③☞分辨(분변).

【分福】(분복) ㊌ 타고난 복.

【分封】ぶんぽう(분봉) ①옛 군주가 토지를 나누어 주어 제후(諸侯)를 봉하던 일. ②☞分蜂(분봉).

【分蜂】(분봉) 벌통의 벌의 일부를 딴 통으로 갈라 옮김. 分封(분봉)②.

【分付】ぶんぷ(분부) ①나누어 줌. ②아랫 사람에게 명령을 내림. 吩咐(분부).

【分司】ぶんし(분사) ①일을 나누어 맡음. ②당(唐)대의 분사어사(分司御史).

【分散】ぶんさん(분산) 이리저리 흩어짐. 離散(이산). ¶子弟一＜史記＞

【分書】ぶんしょ(분서) 서체의 하나. 예서(隷書).

【分析】ぶんせき(분석) ①나눠서 가름. ②화합물에 있는 원소를 갈라 내고 또 그 양의 비(比)를 찾는 일. ③개념을 그 속성(屬性)으로 분해함. ↔綜合(종합).

【分線】ぶんせん(분선) 본선(本線)이나 지선(支線)에서 갈라진 작은 선.

【分設】ぶんせつ(분설) 나누어서 따로 설치함.

【分歲】ぶんさい(분세) ①음력 섣달 그믐날에 온 집안 식구가 모이어 잔치를 베풀던 일. ②《佛》 제야(除夜)를 이름.

【分疏】ぶんそ(분소) 스스로 사리를 분석(分析)하여 밝힘. ¶世俗謂自辨解曰一＜賓退錄＞

【分速】ぶんそく(분속) 1분간의 속도. ※時速(시속).

【分屬】ぶんぞく(분속) 나누어 붙임.

【分碎】ぶんさい(분쇄) 잘게 부스러뜨림. 粉碎(분쇄).

【分銖】ぶんしゅ(분수) ①푼과 수(銖). 푼은 돈쭝의 10분의 1, 수는 냥(兩)의 24분의 1의 뜻으로, 매우 작은 분량 또는 근소한 이익을 이름. ¶善市賈 爭一＜史記＞ ②무게 단위. 銖는 냥(兩)의 24분의 1. ③노(弩)의 눈금. 사거리(射距離) 원근을 재는 것.

【分數】ぶんすう(분수) ①사물을 분별하는 슬기. ②자기 신분에 알맞은 분한(分限). ③절기(節氣) 순환의 구분. ¶起五部 建氣物一＜漢書＞ ④1을 몇 개로 등분한, 그 낱낱 또는 그 몇을 모은 수. ¶假一.

【分水嶺】ぶんすいれい(분수령) ①물줄기가 갈라지는 산마루나 산맥. 分水山脈(분수산맥). ②어떤 사물이 발전하는 데에 있어서의 전환점의 비유.

【分乘】ぶんじょう(분승) 나누어 탐. 따로 탐.

【分身】ぶんしん(분신) ①몸을 나눔. 또는 한 주체(主體)에서 갈라져 나간 지체(支體). ②☞分娩(분만). ③《佛》 부처가 중생을 제도하기 위하여 나타내는 여러 가지의 모습.

【分秧】ぶんおう(분앙) ☞移秧(이앙). ¶一及初夏＜蘇軾＞

【分野】ぶんや(분야) ①어떤 사물의 범위나 방면. 領域(영역). ②전국(戰國) 시대의 천문가가 중국 전토(全土)를 하늘의 28수(宿)에 배당하여 구별한 말.

【分讓】ぶんじょう(분양) 큰 덩어리를 여럿으로 갈라서 넘겨 줌. ¶住宅一.

【分業】ぶんぎょう(분업) ①일을 나누어서 함. ②각자가 전문으로 하는 일에 종사함. 分功(분공)②.

【分與】ぶんよ(분여) ☞分給(분급). ¶盡散其財以一知友鄉黨＜史記＞

【分餘光】よこうヲワカツ(분여광) 남는 빛을 나누어 준다는 뜻으로, 남는 힘을 남에게 빌려 줌의 비유. ¶子可分我餘光＜史記＞

【分列】ぶんれつ(분열) 나누어서 줄섬. ¶一式.

【分裂】ぶんれつ(분열) 찢어져 갈라짐.
【分院】ぶんいん(분원) ①병원이나 학원 따위에서 분설한 하부 기관. ②㊗韓 조선 때 사기 그릇을 만들던 직소(職所). 分廚院(분주원). ¶廣州—.
【分陰】ぶんいん(분음) 촌분(寸分)의 광음(光陰)이란 뜻으로, 매우 짧은 시간을 이름. 寸陰(촌음). ¶至於衆人 當惜—<晉書>
【分義】ぶんぎ(분의) 분수에 맞음. 분수를 지켜 의(義)를 행함.
【分異】ぶんい(분이) ①따로따로 함. ②따로따로 삶. 別居(별거). 分居(분거).
【分日】ぶんじつ(분일) 한나절. 半日(반일). ¶凡三軍 人戒— 人禁不息<司馬法>
【分掌】ぶんしょう(분장) 일을 서로 나누어서 맡음. 分擔(분담). ¶—乘輿服<後漢書>
【分財】ぶんざい(분재) ①재화(財貨)를 분배함. ②재산을 식구, 친척 등에게 나누어 줌.
【分錢】ぶんせん(분전) 돈을 분배함.
(푼전←분전) 푼돈.
【分節】ぶんせつ(분절) 사물을 구분지어 나눔. 또는, 그 구분.
【分劑】ぶんざい(분제) 약 조제(調劑)에서 약재의 가감 정도. ¶心解— 不復稱量<魏志>
【分朝】(분조)㊗韓 임진왜란 때 세자 광해군(光海君)이 강원도 이천(伊川)에 설치했던 임시 조정.
【分之】ぶんし(분지) 한자(漢字)로 된 수사(數詞)와 수사 사이에 쓰이어, 몇 몫으로 가른 가운데 얼마라는 뜻을 나타냄. ¶四—三.
【分至】ぶんし(분지) 춘분(春分)·추분(秋分)과 하지(夏至)·동지(冬至). ¶—啓閉 必書雲物<左氏傳>
【分徵】ぶんちょう(분징) ①몇 사람들로 나누어서 거둬들임. ②두 번 이상으로 나누어서 거둬들임.
【分册】ぶんさつ(분책) 한 책을 몇 책들로 갈라서 제본함. 또는, 그렇게 만든 책.
【分綴】ぶんてつ(분철) ①한 가지 물건을 나누어 꿰맴. 또는, 그 꿰맨 것. ②언어학에서, 체언과 조사(助詞), 용언의 어간(語幹)과 어미를 구별하여 철자(綴字)하는 일. ↔連綴(연철).
【分貼】ぶんちょう(분첩) 약재를 나누어 첩약(貼藥)을 만듦.
【分秒】ふんびょう(분초) ①시간의 단위인 분과 초. ②매우 짧은 시간.
【分寸】ぶんすん(분촌) ①한 푼과 한 치. ②매우 적음. 些少(사소). 僅少(근소).
【分出】ぶんしゅつ(분출) 갈려 나옴. 나뉘어 나옴. ¶簡練精騎 —江淮<北史>
【分置】ぶんち(분치) 나누어서 설치함. ¶—武威張掖 敦煌<漢書>
【分針】ふんしん(분침) 시계의 분(分)을 가리키는 바늘. 刻針(각침). 長針(장침).
【分派】ぶんぱ(분파) ①나뉘어 갈라짐. 또는, 그 갈래. ②혈통(血統) 등에서, 나뉘어 나와 다른 한 파를 이룸. 또는, 그 나뉘어 나온 한 파. 支流(지류). ※宗派(종파). ③나누어 파견함.
【分布】ぶんぷ(분포) ①나뉘어 널리 퍼져 있음. ②널리 퍼뜨림.
【分限】ぶんげん(분한) ①상하 신분의 한계. 分數(분수)②. 分際(분제). ②자기의 직분을 지킴.
【分割】ぶんかつ(분할) 갈라서 나눔. ¶古者先王—而等異之也<荀子>
【分合】ぶんごう(분합) ①나누었다 합하였다 함. ②나누는 것과 합하는 것. ③나뉘어짐과 합하여짐. 離合(이합). ¶以—爲變<孫子>
【分形連氣】ぶんけいれんき(분형연기) 친 형제. 형제는 같은 부모에게서 났으므로, 형체는 나뉘어 있지만 그 기맥은 서로 이어져 있음을 이름. 同氣連枝(동기연지). ¶兄弟者 —之人也<顏氏家訓>
【分毫】ぶんごう(분호) 조금. 매우 적은 것. 一分一毫(일분일호). 些少(사소).
【分會】ぶんかい(분회) 한 회의 하부 조직체.
【分畫】ぶんかく(분획) 여러 구획으로 나눔.
【分曉】ぶんぎょう(분효) ①새벽. 동틀 무렵. 어둠을 가르고 날이 샜다는 뜻. ②상쾌하고 밝음.
▷檢—, 瓜—, 過—, 區—, 氣—, 多—, 大—, 等—, 名—, 命—, 半—, 本—, 剖—, 常—, 成—, 性—, 銖—, 身—, 十—, 安—, 涯—, 餘—, 才—, 定—, 情—, 中—, 職—, 處—, 戚—, 天—, 秋—, 春—, 平—

2 4 〖刈〗 벨 예 | 隊 ㄧˋ (yi) | がい, かい(カル) mow

풀이 ①베다. 풀·곡식 따위를 벰. ¶—禾/—除. ②자르다. 베어 죽임. ¶—人如草. ③낫. ¶時雨旣至 挾其槍—耨鎛<國語>/—刀.
▷芟—, 斫—, 揃—, 斬—, 穫—

2 4 〖切〗 1 끊을 절 2 모두 체 | 屑 ㄑㄧㄝˋ (qie) 霽 | せつ(キル) cut さい all

㊗俗 切

풀이 1 ①끊다. 벰. 자름. 썲. ¶—之爲膾<禮記>/—斷. ②갈다. 문지름. ¶—齒腐心. ③정성스럽다. 지성스러움. ¶親—. ④적절하다. 절실함. ¶適—. ⑤매우. 몹시. ¶—親. ⑥삼가다. 깊이 생각함. ¶——. ⑦꾸짖다. ¶—免公台<後漢書> ⑧가까와지다. 가까이 닥침. ¶州期—促<後漢書>/—雲. ⑨소리의 구슬픈 모양. ¶——. ⑩부지런한 모양. ⑪진맥하다. 누름. ¶不待—脈<史記> ⑫반절(反切). ⑬문지방. ¶—皆銅沓 冒黃金塗<漢書> ⑭㊗韓 떨어지다. 없어짐. ¶—品. 2 모두. 온통. ¶——.
【切感】せっかん(절감) 절실하게 느낌.
【切開】せっかい(절개) 치료하기 위하여 피부나 근육 등을 째어 갈라 젖힘.
【切斷】せつだん(절단) 끊음. 잘라냄.
【切迫】せっぱく(절박) ①시기나 기한이 아주 가까이 닥침. ②여유가 없고 급함. 切促(절촉). 迫切(박절).
【切免】(절면) 문책(問責) 면관(免官)시킴.

【切實】せつじつ(절실) ①알맞아서 실제에 꼭 들어맞음. 適切(적절). ②친절. 정성. ③확실(確實).
【切玉刀】せつぎょくとう(절옥도) 보검(寶劍)의 이름. ¶昆吾獻一<博物志>
【切要】せつよう(절요) 적절하고 중요함. 매우 중요함. 緊要(긴요).
【切韻】せついん(절운) ①반절(反切)에 의하여 나타낸 한자(漢字)의 운(韻). ②수(隋)의 육법언(陸法言)·안지추(顔之推) 등 8인이 지은 운서(韻書). 5권.
【切肉】せつにく(절육) ①고깃점. ②편육(片肉)을 양념 간장에 재어 익힌 것.
【切切】せつせつ(절절) ①근신하는 모양. ②매우 정중한 모양. ③간절히 생각하는 모양. ④소리가 가늘게 계속되는 모양.
【切除】せつじょ(절제) 잘라 냄. ¶一手術.
【切磋琢磨】せっさたくま(절차탁마) 돌, 옥 따위를 쪼고 갊. 사람이 덕을 쌓고 학문을 닦는 것의 비유. 切磨(절마).
【切草】きざみ(절초) 칼 따위로 썬 담배. 살담배. 刻煙草(각연초). 刻草(각초).
【切齒腐心】せっしふしん(절치부심) 이를 갈고 속을 썩인다는 뜻으로, 굳은 결심을 이름. ¶此臣之日夜一也<史記>
【切親】(절친) 아주 친근함.
【切痛】せつう(절통) ①몹시 원통하고 분함. ¶懷憤激以一<曹植> ②심하게 고통을 느낌. 몹시 아픔.
【切品】(절품) 물품이 동이 남. 品切(품절).
▷苛一, 懇一, 剴一, 激一, 勁一, 急一, 摩一, 迫一, 反一, 酸一, 深一, 嚴一, 一一, 適一, 精一, 瑳一, 慘一, 凄一, 悄一, 親一, 痛一

²₄【刅】 해칠 창 陽 しょう wound
풀이 해치다. 상처를 입힘. 같 創 荆 刱.

³₅【刊】 책 펴낼 간 寒 ㄎㄢ (kan) かん(ケヅル) publish
源 會意·形聲. 나무[干]에 칼[刂]로 글자를 새김을 뜻함. 干이 음을 이룸. ※刋(p.199)은 딴 자.
풀이 ①책을 펴내다. 출판함. ¶一行. ②깎다. 새김. ¶一其柄與末<禮記>/一石. ③자르다. 벰. ¶夏日至 令一陽木而火之<周禮> ④덜다. 없앰. ¶一定.
【刊刻】かんこく(간각) ①글자를 새김. 彫刻(조각). ②책을 펴냄. 刊行(간행). 上梓(상재). ¶眞宗然之 遂命一<宋史>
【刊校】かんこう(간교) 문장이나 문자의 잘못을 고쳐 정본(定本)으로 삼음. 刊定(간정). ¶俾加一<談苑>
【刊落】かんらく(간락) 잘라 냄. ¶其書一不盡<後漢書>
【刊本】かんぽん(간본) 인쇄된 서책. 刊行本(간행본). ↔寫本(사본).
【刊削】かんさく(간삭) 판목(版木)을 깎아 내거나 붓으로 지워 버림. ¶一皆一<南史>
【刊刪】かんさん(간산) 깎아 버림.
【刊誤】かんご(간오) 문자 등의 틀린 곳을 깎아 내어 올바르게 함. 또는, 그렇게 한 책. ¶一本.
【刊印】かんいん(간인) 간행물을 인쇄함.
【刊定】かんてい(간정) ☞刊校(간교).
【刊行】かんこう(간행) 책 따위를 인쇄하여 세상에 널리 펴냄. 印行(인행). 發行(발행). ¶一物/一本.
▷改一, 旣一, 發一, 不一, 續一, 新一, 月一, 日一, 停一, 週一, 創一, 追一, 廢一, 休一

³₅【刓】 가지칠 곤 阮 こん trim

³₅【刯】 낫 공 東 こう sickle

₅【另】 ☞口部 2획(p.264)
₅【叨】 ☞口部 2획(p.265)
₅【召】 ☞口部 2획(p.267)
₅【刅】 幼(p.512)의 俗字
₅【切】 切(p.198)의 俗字

³₅【刋】 끊을 천 霰 せん cut

³₅【刌】 저밀 촌 阮 そん slice

⁴₆【刔】 도려낼 결 屑 けつ cut out

⁴₆【刏】 벨 기 微 き cut

⁴₆【列】 벌일 렬 屑 ㄌㄧㄝˋ (lie) れつ(ツラナル) display
풀이 ①벌이다. 늘어 놓음. 나란히 함. ¶陳一. ②줄. 행렬. ¶不鼓不成一<左氏傳>/隊一. ③여러. ¶一強. ④차례. 등급. 반열. 위차(位次). ¶陳力就一<論語>/序一. ⑤나누다. 가름. 같 刿. ¶分一天下<史記> ⑥덧붙이다. ¶擢一樞府<金史>
【列強】れっきょう(열강) 여러 강대한 나라들.
【列擧】れっきょ(열거) 여러 가지 예(例)를 듦.
【列姑射】れっこや(열고야) 신선이 산다는 산.
【列國】れっこく(열국) ①여러 나라. 諸國(제국). 列邦(열방). ②강성한 제후국(諸侯國).
【列棘】れっきょく(열극) 주(周)대의 경대부(卿大夫)의 지위. ¶遂登一<南史>
【列島】れっとう(열도) 줄 지어 있는 여러 개의 섬들. ※群島(군도).
【列書】(열서).
【列錄】れつろく(열록) 죽 벌여 적음. 列記(열기).
【列席】れっせき(열석) 자리에 죽 벌이어 앉음.
【列聖朝】れっせいちょう(열성조) 역대 임금의 시대.
【列禦寇】れつぎょこう(열어구)《人》전국(戰國) 시대의 사상가. 열자(列子). 황로학(黃老學)을 근본으로 하였으며 저서에 「열자」(列子) 8권이 있음.

【列外】れつがい(열외) ①늘어선 줄의 바깥. ②어떠한 몫이나 축에 들지 않는 부분.
【列位】れつい(열위) ①차례. 序列(서열). 位次(위차). 諸位(제위). 諸公(제공). ②벼슬에 오름. ③여러분.
【列邑】れつゆう(열읍) 여러 고을.
【列子】れっし(열자) ①《人》☞列禦寇(열어구). ②열어구가 지은 책. 8권.
【列傳】れつでん(열전) ①많은 사람들의 전기(傳記)를 차례로 배열한 책. ②기전체(紀傳體)에서, 각 개인의 전기를 적어 벌여 놓은 것. 사마천(司馬遷)이 「사기」(史記)에서 처음으로 그 목(目)을 설정함. ¶史記―. ↔本記(본기).
【列祖】れっそ(열조) 대대의 선조. 역대(歷代)의 조상.
【列朝】れっちょう(열조) 열성조(列聖朝)의 준말.
【列坐】れつざ(열좌) ☞列座(열좌).
【列座】れつざ(열좌) 여러 사람이 벌여 앉음. 列坐(열좌). ¶公卿皆―殿上＜後漢書＞
【列車】れっしゃ(열차) ①줄을 지은 수레. ②기관차에 객차나 화차의 칸을 연결한 차량.
【列戶】れっこ(열호) 늘어선 집.
【列侯】れっこう(열후) 여러 제후. 각 분봉국(分封國)의 군주(君主). 諸侯(제후).
▷警―, 官―, 羅―, 隊―, 同―, 班―, 排―, 騈―, 竝―, 分―, 森―, 序―, 順―, 前―, 戰―, 整―, 齊―, 直―, 陳―, 參―, 齒―, 行―, 後―

6〖刘〗 劉(p. 216)의 略字

4 6〖刕〗 가를 리·례 |因|画| り, れい(サク) divide

4 6〖刎〗 목 벨 문 |吻| ㄨㄣˇ (wen) | ふん(クビキル) behead
【刎頸之交】ふんけいのまじわり(문경지 교) 목이 떨어져도 원망하지 않을 만큼 친한 사귐. 또는, 그런 벗. 刎頸之友(문경지우). ¶卒相與驩 爲―＜史記＞

4 6〖刋〗 벨 삼 |陷| さん cut

4 6〖刓〗 깎을 완 |寒| ㄨㄢˊ (wan) | がん(ケズル) round off
同 刓
풀이 ①깎다. 모난 데를 깎아 둥글게 함. ¶―方以爲圜兮＜楚辭＞/―削. ②닳다. 닳아 없어짐. ¶民力―敝＜唐書＞/―缺.
【刓缺】がんけつ(완결) 나무, 돌 따위에 새긴 것이 닳아서 없어짐.
▷神―, 鑽―

4 6〖刖〗 벨 월 |月| ㄩㄝˋ (yue) | げつ(キル) cut
풀이 ①베다. 자름. ②발꿈치를 자르다. 발꿈치를 베는 형벌. ¶―罪五百＜周禮＞/―刑.
【刖者】げっしゃ(월자) 발뒤꿈치를 잘린 죄인.

▷雙―, 搖―, 殘―, 挺―

4 6〖刑〗 형벌 형 |青| ㄒㄧㄥˊ (xing) | けい(シオキ) punishment
本 刑
源 **會意·形聲.** 형틀 모양[开]은 법(法), 법을 집행할 때 칼[刂]을 사용함에서 형벌을 뜻함.
풀이 ①형벌. 죄인에게 가하는 제재. ¶折獄致―＜易經＞/―法. ②형벌을 주다. 벌함. ¶利用―人＜易經＞ ③죽이다. 살해함. ¶―人之父子也＜呂覽＞ ④법. 정해져 있는 규칙. ¶天地之―＜國語＞/典―. ⑤본받다. 준거하여 따름. ¶―于寡妻＜詩經＞/儀―. ⑥이루어지다. 성취됨. ¶教之不―＜禮記＞ ⑦다스리다. 제어함. ¶―下如影＜荀子＞ ⑧꼴. 모양. 通 形. ¶―范正＜荀子＞ ⑨국그릇. 通 鉶. ¶啜土―＜史記＞
【刑劫】けいきょう(형겁) 형벌권(刑罰權)을 남용함. ¶禁制刑罰 人臣擅之 此謂―＜韓非子＞
【刑科】けいか(형과) 형벌의 조항. ¶清滇不鑑―＜唐高僧傳＞
【刑教】けいきょう(형교) 법률과 도덕. 법률과 교육.
【刑具】けいぐ(형구) 체형(體刑)에 쓰는 제구(諸具).
【刑期】けいき(형기) 형에 처하는 기간. 자유형(自由刑)의 집행 기간. ¶―于無刑.
【刑徒】けいと(형도) 죄수. 囚人(수인). ¶孫臏以―陰見 說齊使＜史記＞
【刑律】けいりつ(형률) ☞刑法(형법)①.
【刑吏】けいり(형리) 지방 관청의 형방(刑房)에 속한 아전.
【刑網】けいもう(형망) 형법(刑法). 法網(법망). ¶使我民農多陷―＜周書＞
【刑名】けいめい(형명) ①형벌의 종류와 명칭. ②중국(中國) 옛 법의 총칙. ③청(淸)대 형법. 또는, 재판 사무의 고문(顧問). ④☞刑名學(형명학).
【刑名學】けいめいがく(형명학) 명실일치(名實一致)의 방법. 말한 바와 그 실적(實績)이 반드시 일치해야 한다는 법가의 이론. 한비(韓非) 등이 주장.
【刑務所】けいむしょ(형무소) 교도소(矯導所)의 구칭(舊稱).
【刑配】けいはい(형배) 죄인을 벌하여 귀양 보냄.
【刑罰】けいばつ(형벌) ①형(刑)과 벌(罰). ②국가가 죄를 지은 사람에게 법률에 의하여 주는 제재(制裁).
【刑法】けいほう(형법) ①형벌의 법칙·규범. 刑律(형률). ②육법(六法)의 하나. 범죄와 형벌에 관한 법률.
【刑不厭輕】けいはかるきをいとわず(형불염경) 형(刑)은 가벼운 것을 싫어하지 않는다는 뜻으로, 형벌은 관대하게 내릴수록 좋음을 이르는 말. ¶設刑者不厭輕 爲德者不厭重＜新語＞
【刑餘】けいよ(형여) ①형을 받아 불구가 된 사람. ②고자. 옛 형벌에 궁형(宮刑 : 생식 기능을 없애는 형)이 있었는데, 고자는 생식 기능이 없으므로 그에 비유하여 일컬음. 宦官(환관). 閹人(엄인). ③중. 옛 형벌에 곤형(髡刑 : 머리를 깎는 형)이 있었는데,

중은 머리를 깎으므로 그에 비유.
【刑獄】けいごく(형옥) ①형벌. ②감옥.
【刑場】けいじょう(형장) 사형(死刑) 집행장. 「법).
【刑典】けいてん(형전) 형벌에 관한 법. 刑法(형
【刑判】(형판) 형조판서(刑曹判書)의 준말.
▷減—, 輕—, 極—, 徒—, 無期—, 罰金—, 斧鑕—, 死—, 私—, 常—, 賞—, 嚴—, 五—, 寃—, 流—, 肉—, 儀—, 自由—, 杖—, 典—, 主—, 峻—, 重—, 處—, 天—, 體—, 峭—, 秋—, 笞—, 炮烙—, 行—, 火—

7【刦】 劫(p.219)과 同字

7【刧】 劫(p.219)과 同字

5 7【利】 날카로울 리 | 圓ㄌㄧˋ (li) | り(トシ) *sharp*

古 𥝢

源 會意. 벼[禾]를 베는 낫[刂]에서 날카로운 것의 뜻.

풀이 ①날카롭다. ㉮날이 서 있다. ¶子之劍 蓋—劍也<公羊傳>/銳—. ㉯날래다. 재빠름. ¶輕士多—<淮南子> ②편하다. 편리함. 형편이 좋음. ¶—涉大川<易經>/便—. ③이롭다. 이익이 됨. ¶—用厚生<書經>/—生. ④이익. 물질적인 수입. ¶營—. ⑤이자. 변리. ¶逐什一之—<史記> ⑥요해(要害). ¶天時不如地—<孟子>/水—. ⑦통하다. 매끈매끈함. ¶—尿. ⑧탐하다. 욕심을 부림. ¶先財而後禮 則民—<禮記> ⑨이기다. 전승(戰勝). ¶乘—席卷<史記>/勝—. ⑩세력. 기운. ¶國之—器<老子>/權—. ⑪맞다. 조화를 이룸. ¶元亨—貞<易經> ⑫구하다. 취함. ¶不憎人之—之也<淮南子>
【利國便民】りこくべんみん(이국편민) 나라를 이롭게 하고 국민을 편안하게 함.
【利權】りけん(이권) ①유리한 권력. ②이익을 얻을 수 있는 권리. ③재정을 관장하는 벼슬. ¶晩年多病 乞解—<東軒筆錄>
【利根】りこん(이근)《佛》 영리하게 태어남. ¶心淨柔軟 亦—<法華經>
【利金】りきん(이금) ①날카로운 날붙이. ¶堅箭—<戰國策> ②벌어들인 돈. 利益(이익). ③이자. 利息(이식).
【利己】りこ(이기) 자기의 이익을 차림. ¶—心/—主義. ↔利他(이타).
【利器】りき(이기) ①날카로운 날이 있는 연장. 예리한 무기. ②편리한 기계. ¶文明—. ③쓸모있는 인물. 비상한 재능. ¶懷抱—<韓愈> 「(이수)②. ¶—劑.
【利尿】りにょう(이뇨) 오줌을 잘 나오게 함. 利水
【利達】りたつ(이달) 입신 출세(立身出世). 榮達(영달). ¶人之所以求富貴—者 其妻妾不羞也<孟子> 「도).
【利刀】りとう(이도) 날카로운 칼. ↔鈍刀(둔
【利得】りとく(이득) 이익. ↔損失(손실).
【利文】(이문) 이익으로 남은 돈. 利錢(이전).
【利病】りびょう(이병) ☞利害(이해). ¶好詆訶文章 掎摭—<曹植>
【利涉】りしょう(이섭) ①항해(航海)에 편리함. ②하는 일에 이익이 있음.
【利水】りすい(이수) ①물의 이용. 또는, 물을 잘 통하게 함. 물을 논밭에 대는 일. ¶—組合. ②☞利尿(이뇨).
【利水道】りすいどう(이수도) 약재(藥材)를 써서 소변을 잘 나오게 함. 利尿(이뇨). 利水(이수).
【利市】りし(이시) ①☞利得(이득). ¶爲近—三倍 其究爲躁卦<易經> ②운이 좋음. 佳運(가운).
【利息】りそく(이식) ☞利子(이자). 「림.
【利殖】りしょく(이식) 이(利)를 낳음. 재물을 불
【利眼】りがん(이안) ①날카로운 눈. ②해와 달. ③임금을 비유하여 이름.
【利欲】りよく(이욕) 이익을 탐내는 마음. ¶不爲—動<抱朴子> 「계.
【利用】りよう(이용) ①이롭게 씀. ②편리한 기
【利用厚生】りようこうせい(이용후생) 이용을 잘하여 살림에 부족이 없도록 함. ¶正德—<書
【利運】りうん(이운) 좋은 운수. 행운. 」經>
【利源】りげん(이원) 이익이 생기는 근원. ¶慚愧野花知—<蘇轍>
【利潤】りじゅん(이윤) ①장사하여 남은 돈. ②기업의 총수익에서 모든 비용을 제한 나머지. 利益(이익).
【利益】りえき・りやく④(이익) ①이(利). 이득. ↔損害(손해). ②유익한 일. ③기업의 결산 결과 일체의 부채와 경비를 제한 뒤, 증가된 금액. ④《佛》 남을 이롭게 함. 은덕.
【利刃】りじん(이인) 날카로운 칼. 利刀(이도). ¶—駿足<張協>
【利子】りし(이자) 남에게 돈을 빌어 쓴 댓가로 치르는 돈. 길미. 利息(이식).
【利敵】りてき(이적) 적을 이롭게 함. ¶—行爲.
【利點】りてん(이점) 이로운 점.
【利他】りた(이타) 남을 이롭게 하여 주는 일. ¶—心/—主義. ↔利己(이기).
【利害】りがい(이해) 이익과 손해. 利病(이병). ¶—關係/—得失/—相半.
▷巨—, 公—, 功—, 國—, 權—, 奇—, 單—, 末—, 名—, 謀—, 薄—, 邊—, 複—, 福—, 不—, 私—, 舍—, 射—, 奢—, 商—, 犀—, 細—, 水—, 勝—, 市—, 漁夫之—, 榮—, 穎—, 營—, 銳—, 有—, 遺—, 財—, 征—, 調—, 重—, 地—, 抽—, 便—, 貨—, 厚—

5 7【別】 나눌 별 | 圓ㄅㄧㄝˊ (bie) | べつ(ワケル) *part*

古 𠔁 本 𠛬 俗 别

풀이 ①나누다. 몇 부분으로 가름. ¶宰庖之切割分—也<淮南子>/識—. ②떠나다. 따로 떨어짐. ¶告—莫怱怱<杜甫>/—居. ③헤어지다. 이별. ¶黯然銷魂者惟—而已矣<江淹>/惜—. ④구별하다. 구분. ¶我又欲與若—之<列子> ⑤다르다. 틀림. ¶群物皆—<禮記>/—途. ⑥갈래. 계통. ¶繼—爲宗

<禮記>/種一. ⑦따로. 달리. ¶一西擊章西軍<史記>

【別駕】べつが(별가) ①한(漢)대에 설치된, 자사(刺使)를 보좌하는 벼슬 이름. ②조선 시대 승정원(承政院)의 서리(書吏).

【別個】べっこ(별개) 서로 구별이 되어 다른 것.

【別居】べっきょ(별거) 따로 떨어져 삶.

【別件】べっけん(별건) ①보통 것보다 매우 다른 물건. ②☞別事件(별사건)②.

【別乾坤】べっけんこん(별건곤) ☞別天地(별천지).

【別故】べつこ(별고) 다른 탈.

【別曲】(별곡)㊕ 중국의 한문 시가(詩歌)에 대하여 운(韻)이나 조(調)가 없이 된 것이란 뜻으로, 우리 나라의 독특한 시가를 이르는 말. 한림별곡(翰林別曲), 청산별곡(靑山別曲), 관동별곡(關東別曲) 따위.

【別科】べっか(별과) 본과(本科) 외에 따로 설치한 과.

【別館】べっかん(별관) 본관(本館) 외에 따로 지은 집. ↔本館(본관).

【別軍】べつぐん(별군) ①본군(本軍) 이외의 별개의 군대. ②군대를 통솔하는 관리. ¶經三日 一始至 城中乃定<宣和遺事>

【別宮】べつぐう(별궁) ①다른 궁. ②임금이나 왕세자(王世子)의 가례(嘉禮) 때 빈(嬪)을 맞아들이던 궁(宮).

【別記】べっき(별기) 따로 적음. 또는, 그 것.

【別納】べつのう(별납) 따로 냄. ¶料金一.

【別單】べつたん(별단) 임금에게 올리는 글에 덧붙이던 문서나 인명부(人名簿).

【別堂】べつどう(별당) ①본채의 곁이나 뒤에 따로 지은 집. ②《佛》 절의 주지나 강사(講師) 등이 거처하는 곳. 堆雪堂(퇴설당).

【別途】べっと(별도) ①길을 달리함. 또는, 딴 길. ②딴 방면이나 방도. ¶一支出.

【別動隊】べつどうたい(별동대) 본대(本隊)에서 따로 떨어져 독립 행동을 하는 부대.

【別離】べつり(별리) 헤어짐. 離別(이별).

【別名】べつめい(별명) 본 이름이 아닌 딴 이름.

【別廟】べつびょう(별묘) ①왕실에서 사친(私親)의 신주(神主)를 모시던 사당(祠堂). ②가묘(家廟)에서 받들 수 없는 신주(神主)를 모시던 사당.

【別墨】べつぼく(별묵) 묵자(墨子)의 논리학을 기초로 하여 궤변을 잘하고, 소박한 유물론(唯物論)을 주장한 학파(學派).

【別味】べつみ(별미) ①특별한 맛. ②맛을 감별함. ③특별히 만든 음식.

【別般】(별반)㊕ 일반적인 것과 다름. 별다른 차림. 別段(별단).

【別般擧措】(별반거조)㊕ 별달리 차리는 노릇. 특별한 행동.

【別杯】べっぱい(별배) 이별의 술. 別酒(별주)①.

【別陪】べっぱい(별배) 높은 벼슬아치 집에서 사사로이 부리던 하인.

【別腹】べっぷく(별복) 첩의 소생. 서자. 異腹(이복).

【別本】べっぽん(별본) ①다른 종류의 책. 異本(이본). ②예비의 책이나 서류 따위. 副本(부본). ↔正本(정본).

【別封】べっぷう(별봉) ①따로 봉한 편지. ②따로 싸서 봉함. ③외직(外職) 벼슬아치가 정례(定例)로 서울 각 관아에 바치는 토산물에 더 첨부하여 보내던 일.

【別史】べっし(별사) 정사(正史)와 잡사(雜史)의 중간에 드는 사서(史書).

【別使】べっし(별사) ①특별한 사명을 띤 사신(使臣). ②다른 사자(使者).

【別辭】べつじ(별사) 이별의 말. 헤어질 때의 인사. 離別辭(이별사).

【別事件】べつじけん(별사건) ①보통과 다른, 특별한 사건. ②관련되지 않은 다른 사건. 別件(별건)②.

【別緖】べっしょ(별서) 헤어질 때의 슬픈 심정. ¶尊酒可以慰一 雜珮可以申永懷<獨孤及>

【別星】(별성) ①봉명사신(奉命使臣). ¶一行次. ②집집이 찾아다니며 천연두를 앓게 한다는 여자 귀신. 戶口別星(호구별성). 別星媽媽(별성마마).

【別世】べっせい(별세) 세상을 떠남. 죽음.

【別歲】(별세)㊕ ①음력 섣달 그믐날 밤에 등불을 집안 구석구석에 밝히고 온밤을 새우는 풍습. 守歲(수세). ②세말(歲末)의 주연(酒宴). 分歲(분세). 送年會(송년회).

【別世界】べっせかい(별세계) ☞別天地(별천지).

【別數】(별수)㊕ ①특별히 좋은 운수. ②별다른 방법. ③여러 방법.

【別試】べっし(별시) ①귀족의 친고자(親故者)나 멀리 떨어져 있는 자를 위해 실시하던 특별 시험. 別頭試(별두시). ¶宋朝謂之一<通俗編> ②㊕ 나라에 경사가 있을 때, 또는 병년(丙年)마다 실시한 문무과(文武科)의 과거.

【別食】べっしょく(별식) ①딴 식읍. ¶一任城縣一千戶<北史> ②따로따로 식사를 함. ③㊕ 별다르게 만든 좋은 음식.

【別室】べっしつ(별실) ①따로 있는 방. 他室(타실). ¶父母有疾 置之一<五代史> ②첩(妾). 別房(별방).

【別宴】べつえん(별연) 이별의 술자리. 송별의 연회(宴會). 別筵(별연).

【別有天地】べつゆうてんち(별유천지) 딴 세상. ¶桃花流水窅然去 一非人間<李白>

【別銀】べつぎん(별은) 황금의 이칭.

【別人】べつじん(별인) 당사자가 아닌, 다른 사람.

【別字】べつじ(별자) ①별개의 문자. ②잘못하여 다른 문자로 쓰이는 글자. 白字(백자). ③문자의 구성을 분석함. 析字(석자). ④달리 불리는 이름. 別號(별호).

【別莊】べっそう(별장) 본가(本家) 이외의 다른 집. 別墅(별서). 別業(별업). 別第(별제). 別邸(별저). 別宅(별택).

【別奠】(별전)㊕ 임시로 지내는 조상 제사.

【別傳】べつでん(별전) ①㊕ 특별히 이어받음. ②일화(逸話)·기문(奇聞)을 소설화한 문학 작품. 일명 전기 소설(傳奇小說). 당(唐)대에 가장 성행하였음.

【別殿】べつでん(별전) 본전(本殿) 외에 따로 지은 궁전. ¶離宮設衛 一周徼<顏延之>

【別種】べっしゅ(별종) 다른 종류.

【別座】べつざ(별좌) ①좌석을 달리함. ②《佛》 불사(佛事)가 있을 때, 불전(佛前)에 예물을 차리는 일. 또는, 그런 일을 맡아 하는 사람.

【別酒】べっしゅ(별주) ①☞別杯(별배). ②韓 별다르게 빚은 술. 特酒(특주).
【別紙】べっし(별지) 서류·편지 따위에서 따로 적어 덧붙인 종이쪽. ¶一添附.
【別差】(별차)韓 ①별다른 차이. ②동래(東萊)와 초량(草梁)의 시장(市場)에 파견하던 일본어(日本語) 통역.
【別冊】べっさつ(별책) 따로 된 책. ¶一附錄.
【別天地】べってんち(별천지) 속세에서 맛볼 수 없는 아주 좋은 분위기의 세상. 別乾坤(별건곤). 別世界(별세계).
【別體】べったい(별체) ①체(體)를 달리함. 또는, 그 체. ②한자의 정자(正字) 이외의 속자(俗字)·고자(古字)·약자(略字)등의 총칭.
【別稱】べっしょう(별칭) 달리 일컫는 이름.
【別表】べっぴょう(별표) 따로 붙인 도표나 표시.
【別風淮雨】べっぷうわいう(별풍회우) 別과 列, 淮와 淫이 서로 비슷하여 열풍음우(列風淫雨)를 별풍회우로 잘못 쓴 일에서, 문자의 잘못 사용을 이르는 말. ¶尚書大傳有一 帝王世紀云 列風淫雨 別 列 淮 淫字似<文心雕龍>
【別恨】べっこん(별한) 이별할 때의 애달픈 마음. 「離恨(이한).
【別項】べっこう(별항) 딴 조항이나 사항.
【別行】べっこう(별행) ①따로따로 감. ¶知漢末猶自一<四庫提要> ②특별한 행위. ¶道術中有天狐一法<酉陽雜俎> ③글의 따로 잡은 줄.
【別號】べつごう(별호) 본 이름 외에 따로 지어 부르는 이름. 別字(별자)④.
【別後】べつご(별후) 떠난 뒤. 헤어진 뒤.
▷格一, 甄一, 訣一, 界一, 告一, 區一, 袂一, 辨一, 分一, 死一, 生一, 敍一, 性一, 送一, 識一, 遠一, 有一, 留一, 類一, 離一, 一一, 作一, 餞一, 種一, 支一, 差一, 特一, 派一, 判一, 行一, 環一, 後一

7〖別〗 別(p. 201)의 俗字

5/7〖刜〗 칠 불 | 物 | ふつ attack

풀이 ①치다. 공격함. ¶苑子一林雍 斷其足<左氏傳> ②가르다. 쪼갬. ¶一 斫也<廣雅> ③끊다. 단절함.

5/7〖刪〗 깎을 산 | 刪アㄢ (shan) | さん(ケズル) cut

古 删 同 删

源 會意. 옛날, 대쪽에 글씨를 써서 책(册)을 엮을 때, 불필요 부분을 칼[刂]로 깎은 데서 깎음의 뜻이 됨.

풀이 ①깎다. 삭제함. ¶一削. ②정하다. 골라 잡음. ¶奇博通經典 作春秋左氏一<後漢書>
【刪改】さんかい(산개) 깎아서 고침. 또는, 글귀를 지우고 고쳐 바로잡음. 刪革(산혁). ¶一舊文 撰定晋禮<晋書>
【刪蔓】さんまん(산만) 덩굴처럼 잡다한 말은 잘라 버린다는 뜻으로, 편지 첫머리에 인사는 빼고 바로 할 말로 들어 갈 때 쓰는 말. 除煩(제번).
【刪削】さんさく(산삭) 쓸데없는 문자나 어구를 삭제함. 刪去(산거). 刪省(산생).
【刪修】さんしゅう(산수) 불필요한 자구(字句)를 깎고 잘 정리함. 刪定(산정). 「서술함.
【刪述】さんじゅつ(산술) 쓸데없는 것을 깎아낸 후에
【刪定】さんてい(산정) ☞刪修(산수). ¶若開後嗣不若一律令<漢書>
【刪次】さんじ(산차) 삭제하여 차례를 세움. ¶一梁陳以後名臣述作<宋史>
【刪撰】さんせん(산찬) 쓸데없는 것을 깎고 필요한 것을 보탬. 刪敍(산서).
▷加一, 刊一, 比氏一, 野人一, 採一, 擇一, 討一

7〖删〗 刪(p. 203)과 同字

5/7〖初〗 처음 초 | 魚イㄨ (chu) | しょ(ハジメ) beginning

源 會意. 옷[衣]을 만들 때, 맨 처음 옷감을 칼[刀]로써 마름질하는 데서 처음의 뜻이 됨.

풀이 ①처음. 시작. ¶夫禮之一 始諸飮食<禮記>/最一. ②첫. 처음의. ¶一春. ③비로소. 처음으로. ¶年少一學<史記> ④이전. 지난번. 옛날. ¶遂爲母子如一<左氏傳> ⑤묵은 일. 옛일. ¶伯父帥乃一事<儀禮> ⑥코. ¶梁益之間 謂鼻爲一<方言>
【初假量】(초가량)韓 처음의 어림짐작.
【初刊】しょかん(초간) 처음으로 간행함. 또는, 그 간행물(刊行物). 原刊(원간). 「온 책.
【初刊本】しょかんぼん(초간본) 초간(初刊)으로 나
【初揀擇】(초간택) 임금 또는 그 아들이나 딸의 배우자를 첫번째로 고르는 일.
【初更】しょこう(초경) 하룻밤을 오경(五更)으로 나눈 첫째의 경(更). 오후 7시 9시 사이. 初夜(초야)①. 甲夜(갑야). ¶春前五日一後<范成大>
【初耕】しょこう(초경) 논밭을 애벌로 갊.
【初經】しょけい(초경) ☞初潮(초조).
【初校】しょこう(초교) 인쇄물의 맨 첫번 교정(校正). 또는, 그 교정지. 初準(초준).
【初九】しょきゅう(초구) 64괘(卦)에서 각 괘의 6효 중 최하위(最下位)의 양효(陽爻).
【初級】しょきゅう(초급) ①맨 첫째의 등급. ②맨 아랫 등급. ※中級(중급)·上級(상급).
【初期】しょき(초기) 어떤 기간의 처음이 되는 시기. 또는, 그 동안. ↔末期(말기).
【初吉】しょきつ(초길) ①처음에 길리(吉利)를 얻는 일. ¶一終亂<易經> ②음력 매월 초하루. ¶二月一 載離寒暑<詩經>
【初年】しょねん(초년) ①한 해의 처음. 봄. ②첫째의 해. ③일생의 초기. ¶一苦生. ④첫 시절. ¶一生/一兵.
【初唐】しょとう(초당) 당(唐)대를 시학상(詩學上)으로 나누었을 때의 초기(初期). 태조(太祖) 때부터 현종(玄宗)의 개원 연간(開元年間)에 이르기까지의 사이.
【初代】しょだい(초대) 어떠한 계통의 첫머리. 또

는, 역대의 처음. ¶一校長.

【初對面】しょたいめん(초대면) 처음으로 만나 봄.

【初度】しょど(초도) ①갓났을 때. ②생일. ③☞初度日(초도일). ④첫번째. ¶一巡視.

【初度日】しょどび(초도일) ①생일. ②韓 환갑날을 예스럽게 이르는 말. 還甲日(환갑일). 甲日(갑일). 「孟冬(맹동).

【初冬】しょとう(초동) 초겨울. 음력 10월의 이칭.

【初頭】しょとう(초두) ①애초. ②일의 첫머리.

【初等】しょとう(초등) ①맨 처음의 등급. ②맨 아랫 등급. ¶一教育. ↔高等(고등).

【初老】しょろう(초로) ①노년기(老年期)의 초기. 45~50세의 시기. ②옛날, 40세를 달리 이르던 말. 「(구면).

【初面】しょめん(초면) 처음으로 대하여 봄. ↔舊面

【初聞】しょぶん(초문) 처음으로 들음. 처음 듣는 말. ¶今時一. ↔舊聞(구문).

【初發心】しょほっしん(초발심)《佛》 처음으로 불도(佛道)에 들어가고자 하는 결심. ¶從一乃至成佛<宜律師感應記> 「(후배).

【初配】(초배)韓 첫번 혼인한 아내. ↔後配

【初褙】(초배)韓 초벌 도배. 「벽.

【初壁】(초벽) 흙벽을 칠 때 애벌로 바르는

【初步】しょほ(초보) ①첫걸음. ②사물의 시초. 入門(입문). ③학문·기술의 가장 낮은 정도. ¶一者.

【初本】しょほん(초본) ①처음. 근본. 초행(初行). ¶易一迪兮 君子所鄙<楚辭> ②시문(詩文)의 초를 잡은 원고. 草件(초건).

【初產】しょさん(초산) 첫 아기를 낳음.

【初喪】(초상)韓 ①사람의 죽음. ②사람이 죽어서 장사 지내는 날까지의 동안.

【初旬】しょじゅん(초순) 월초의 10일간. 上旬(상순). 上浣(상완). 上澣(상한).

【初試】しょし(초시) ①갓지은 옷을 입음. ②과거의 맨 처음 시험. 복시(覆試)에 응할 사람을 뽑는 과거. 또는, 이 시험에 급제한 사람. 鄕試(향시).

【初心者】しょしんしゃ(초심자) 처음 배우는 사람. 어떤 일에 익숙하지 않은 사람. 「날밤.

【初夜】しょや(초야) ①☞初更(초경). ②결혼 첫

【初葉】しょよう(초엽) 어떤 시대의 초기. ¶高麗一.

【初虞】しょぐ(초우) 장사를 지내고 돌아와서 지내는 첫번째 제사. ※三虞(삼우).

【初有】しょゆう(초유) 처음으로 있음.

【初衣】しょい(초의) 관직에 오르기 전에 입던 옷. 初服(초복). ¶久辭榮祿遂一 曾同長生說息機<李白> 「첫날.

【初日】しょにち(초일) ①아침 해. 旭日(욱일). ②

【初任】しょにん(초임) 처음으로 어떤 자리에 임명됨. 「로 들어서는 어귀.

【初入】しょにゅう(초입) ①처음 들어감. ②처음으

【初章】しょしょう(초장) ①음악·가곡의 첫째 장. ②3장(章)으로 된 시조에서, 첫째 장.

【初場】(초장) ①韓 장이 서기 시작한 처음의 동안. ②韓 일의 첫머리. ③과거(科擧)에서 첫날의 시험장.

【初祖】しょそ(초조) ①초대의 선조(先祖). ②《佛》 선종의 원조인 달마(達摩).

【初潮】しょちょう(초조) 월경을 처음으로 시작함. 또는, 첫 월경. 初經(초경).

【初終葬事】(초종장사)韓 초상이 난 때부터 졸곡(卒哭)까지를 이름. 初終葬禮(초종장 「례).

【初準】しょじゅん(초준) ☞初校(초교).

【初志】しょし(초지) 처음에 먹은 생각. 初心(초심). 初一念(초일념). 初意(초의).

【初創】しょそう(초창) ①태고(太古) 초매(草昧)의 때. 草創(초창). ¶肇自一 二儀烟熅<潘岳> ②처음으로 시작함. ¶一期. ③《佛》 처음으로 절을 지음.

【初秋】しょしゅう(초추) 첫가을. 「것.

【初出】しょしゅつ(초출) 처음으로 나옴. 또는, 그

【初娶】しょしゅ(초취) 첫번 장가로 맞아들인 아내. 初室(초실).

【初擇】しょたく(초택) 공도회(公都會)에 응시할 선비를 먼저 소관 감영(監營)에서 시험 보이던 일.

【初八日】(초파일←초팔일)《佛》 음력 사월 초여드렛날. 석가의 탄생일. 八日(파일).

【初版】しょはん(초판) 서적의 첫 출판. ※再版(재판)·重版(중판).

【初夏】しょか(초하) 첫여름.

【初學】しょがく(초학) 처음으로 학문을 함. 또는, 그 사람. ¶一入德之門也<朱熹>

【初學者】しょがくしゃ(초학자) ①처음으로 배우는 사람. ②학문이 얕은 사람.

【初行】しょこう(초행) 처음으로 감. 또는, 그 길.

【初獻】しょけん(초헌) 제전(祭典) 또는 빈객(賓客)을 접대하는 예식에서 첫번째의 술을 바치는 일. ¶主人一<儀禮> ※しょこん

【初弦】しょげん(초현) 음력 매달 상순(上旬) 7·8일경에 뜨는 달. 上弦(상현).

【初婚】しょこん(초혼) 처음으로 하는 결혼. 初昏(초혼). ※再婚(재혼).

【初爻】しょこう(초효) 괘(卦)의 맨 아래의 효. ¶請看屏上一旨 便識名齋用意深<朱熹>

▷古一, 國一, 當一, 歲一, 始一, 年一, 虞一, 週一, 最一, 太一, 泰一

5/7 〖判〗 뻐갤 판 | 韻文ㄢ (pan) | はん, ばん (ワケル) *judge*

源 會意·形聲. 칼[刀]로 반(半)을 나눈다는 뜻. 半의 변음이 음을 이룸.

풀이 ①뻐개다. 가름. ②판가름하다. 판단함. ¶但第一能否<唐書>/裁一. ③나누다. 구별함. ¶區一文體<南齊書>/分一. ④떨어지다. 흩어짐. 떠남. ¶上下既有一矣<國語> ⑤반쪽. 쪽. 일편(一片). ¶掌萬民之一<周禮> ⑥문체(文體)의 한 가지. 옛날, 단죄(斷罪)의 이유를 밝혀 적은 글. ⑦판. 인쇄판. 활판. 通版.

【判決】はんけつ(판결) ①시비 곡직(是非曲直)을 바로 가려냄. ¶灼見眞僞 立爲一<宋史> ②법원에서 법규를 적용하여 소송 사건을 결정·종결하는 판정.

【判斷】はんだん(판단) ①사물의 진위(眞僞)·선악·미추(美醜) 등을 가리어 정함. ¶一力. ②길흉을 점침.

【判讀】はんどく(판독) 뜻을 판단하면서 읽음.

【判例】はんれい(판례) 소송 사건에 관한 판결의 실

례. 판결례(判決例)의 준말.
【判明】はんめい(판명) 판단하여 분명히 밝힘. 또는, 밝혀짐.
【判無識】(판무식)㊑ 아주 무식함. 全無識(전무식). 一字無識(일자무식).
【判別】はんべつ(판별) 시비·선악을 구별함. 분명히 가름. 구별함.
【判示】はんじ(판시) 판결하여 내보임.
【判押】はんおう(판압) ☞手決(수결). ¶躬至恕第請一<宋史>
【判然】はんぜん(판연) 확실함. 명확함. 瞭然(요연). 明瞭(명료). 「(천양지판).
【判異】はんい(판이) 아주 다름. 딴판. 天壤之判
【判定】はんてい(판정) 판별하여 결정함. ¶一勝.
▷公一, 菊一, 談一, 名啣一, 剖一, 批一, 詳一, 身言書一, 審一, 誤一, 印一, 自一, 裁一, 銓一, 通一

5
7 〖刨〗 깎을 포 | [肴]ㄆㄠˊ(pao) ㄅㄠˋ(bao) | ほう cut

6
8 〖刻〗 새길 각 | [職]ㄎㄜˋ (ke) | こく(キザム) carve
㊐ 刻
[源]**會意·形聲.** 돼지[亥]를 칼[刂]로 난도질하는 데에서, 새기다의 뜻.
[풀이]①새기다. ㉮파다. 글자나 그림이 나타나도록 함. ¶板一. ㉯아로새기다. ¶一骨難忘. ②새김. 새겨놓은 솜씨. 그릇의 각명(刻銘). ¶已而按其一<漢書> ③깎다. 벗김. ¶一意尙行<莊子>/一削. ④심하다. 엄함. ¶深一. ⑤모질다. 몰인정함. ¶用法益一<史記>/一薄. ⑥때. 시각(時刻). ¶正一三時. ⑦해치다. 괴롭힘. ¶我舊云一子<書經>/一害. ⑧꾸짖다. ¶懼然自一<後漢書> ⑨다하다. 있는 힘을 다 들임. ¶人主賢 則人臣之言一<呂覽>
【刻苦】こっく(각고) 고생을 이겨 내면서 무척 애씀. ¶一爲學<宋史>/一勉勵.
【刻骨難忘】こくこつなんぼう(각골난망) 남의 은혜에 대한 고마운 마음이 깊이 새겨져 잊혀지지 않음. 「는 사람.
【刻工】こっこう(각공) 각수장이. 조각을 업으로 하
【刻漏】こくろう(각루) 물시계. 漏刻(누각). ¶縣壺以盛水 分一也<周禮>
【刻銘】こくめい(각명) 금석(金石)에 글자나 그림을 새김. 또는, 그 글자나 그림.
【刻薄】こくはく(각박) 모나고 인정이 없음. 冷酷(냉혹). 殘忍(잔인). ¶商君 其天資一人也<史記>
【刻本】こくほん(각본) 판(版)에 새겨 찍은 책. 인쇄하여 출판한 책. 刊本(간본). 版本(판본).
【刻符】こくふ(각부) 진(晋)대의 서체인 팔체(八體)의 셋째 서체. 부신(符信)에 사용하였음. 刻府(각부). ¶古之有八體 三曰一<晋書>
【刻手匠】(각수장)㊑ 문자, 도화(圖畫) 등을 새기는 일을 업으로 하는 사람.
【刻印】こくいん(각인) 도장을 새김.
【刻一刻】こくいっこく(각일각) 시간이 지남에 따라 더욱더. 「자.
【刻字】こくじ(각자) 글자를 새김. 또는, 그 글
【刻章琢句】こくしょうたっく(각장탁구) 갈고 닦아 수식한 시문(詩文)의 장구(章句). ¶一獻天子<王安石>

【刻舟求劍】フネニキザミテけんヲモトム(각주구검) 배에 표하여 검을 찾음의 뜻으로, 세월의 변천이나 사물의 변화를 도외시하고 지난 일에만 집착하는 어리석음을 이름. 刻舟(각주). 刻舷(각현). 守株(수주).
[유래] 옛날, 양자강(揚子江)을 건너는 나룻배에서 초(楚)의 사람이 실수로 안고 있던 검을 강물에 빠뜨렸다. 그러자 그는 얼른 뱃전에 창칼로 표를 하고는, 사람들을 둘러보며 말했다. 「내 검은 바로 이 밑으로 떨어졌죠. 여기 표해 두었으니 이따가 찾으면 되죠.」 그리하여, 배가 강을 건너 나루터에 닿기가 바쁘게 그는 배에 표시해 둔 밑을 더듬었다. 그러나 강 가운데서 빠뜨린 검이 나루터까지 따라와 있을 리는 없었다. <呂覽>

【刻板】こくはん(각판) ①판각(板刻)에 쓰는 널조각. ②판목(版木)을 새김. 간행(刊行)함.
【刻版】こくはん(각판) 판각을 하여 박은 인쇄물. 각판본(刻版本)의 준말.
【刻舷】こくげん(각현) ☞刻舟求劍(각주구검). ¶一沙門 守株道士<南齊書>
▷苛一, 刊一, 頃一, 景一, 晷一, 忌一, 漏一, 鏤一, 銘一, 飜一, 石一, 織一, 時一, 深一, 嚴一, 印一, 篆一, 鐫一, 彫一, 峻一, 慘一, 峭一, 板一

8 〖刻〗 刻(p.205)과 同字

6
8 〖𠛮〗 벗길 갈 | [黠] | かつ

8 〖刦〗 劫(p.219)과 同字

6
8 〖刳〗 가를 고 | [虞]ㄎㄨ (ku) | こ(サク) part
[풀이]①가르다. 쪼갬. 빠갬. ¶與巧屠共一剝之<漢書>/一腹. ②파다. 파냄. 덜어 냄. ¶一木爲舟<易經>/一船.

6
8 〖刮〗 깎을 괄 | [黠]ㄍㄨㄚ (gua) | かつ(ケズル) scrape
[풀이]①깎다. 깎아냄. 도려냄. ¶采椽不一茅茨不剪<史記>/一削. ②비비다. 눈을 비빔. ¶一目相待<吳志> ③닦다. 갈다. 갈고 닦음. ¶一垢摩光<韓愈>/一磨. ④파헤치다. 폭로함. ¶乃知畫師妙 巧一造化窟<杜甫>
【刮垢摩光】かつこうまこう(괄구마광) 때를 벗기고 갈아서 빛을 낸다는 뜻으로, 사람의 부족한 점을 없애고 착한 덕을 길러 인재를 만듦을 이름.

【刮目相待】かつもくシテアイマツ(괄목상대) 눈을 비비고 봄의 뜻으로, 남의 학식이나 재주가 갑자기 는 것에 대한 경탄을 이름. 여몽(呂蒙)의 옛일에서 유래. 우리 나라에서는 주로 刮目相對로 씀. 웃사람에게는 사용하지 않음. ¶士別三日 則更一<吳志> ※阿蒙(아몽).
▷磨一, 篦一, 洗一, 淸一, 寒一

6/8【券】 문서 권 | 圓ㄑㄩㄢˋ (quan) | けん(テガタ) bond

풀이 ①문서. 증서. 증표. ¶證一. ②어음 쪽. 어음을 쪼갠 한 쪽. ¶公常執左一<史記> ③분명히 하다. 약속함. ¶一內者行乎無名<莊子>
【券面】けんめん(권면) 증권의 액수를 적은 겉면.
【券書】けんしょ(권서) 증서(證書). 차용 증서 따위. 券符(권부).
【券帖】けんじょう(권첩) 어음.
▷契一, 銅一, 賣一, 文一, 符一, 誓一, 身一, 押一, 驛一, 要一, 右一, 楮一, 左一, 株一, 證一, 地一, 債一, 鐵一, 宅一

6/8【刲】 찌를 규 | 圓ㄎㄨㄟ (kui) | けい(サス) stab

풀이 ①찌르다. 잡음. 죽임. ¶士一羊 無血<易經> ②뻐개다. 베어 가름. ¶一割. ③취하다. 빼앗아 가짐. ¶一魏之東野<戰國策>
【刲宰】けいさい(규재) 음식을 만듦. 요리함. ¶厚奉養 侈飮食 躬視一<唐書>

6/8【到】 이를 도 | 號ㄉㄠˋ (dao) | とう(イタル) reach

풀이 ①이르다. 닿음. 도달함. ¶一於天 猶之無益也<戰國策>/一着. ②빈틈없이 찬찬하다. 주밀함. ¶周一. ③속이다. 기만함. ¶不如出兵以一之<史記> ④거꾸로. 通倒.
【到達】とうたつ(도달) 정한 곳에 이름.
【到頭】とうとう(도두) ①결국. 마침내. 畢竟(필경). ②과연. ③가장 좋은. 가장 큰.
【到來】とうらい(도래) 그 곳에 이름. 와 닿음. ¶一逢歲酒<岑參>
【到任】とうにん(도임) 임지(任地)에 이름. 취임함.
【到底】とうてい(도저) ①밑바닥에 닿음. ②마침내. 필경. 결국. ③끝까지. 철저히. ④끝끝내. 아무리 하여도.
【到着】とうちゃく(도착) 목적지에 다다름.
【到處】とうしょ(도처) 이르는 곳. 가는 곳마다.
▷懇一, 來一, 讀書三一, 迫一, 深一, 一一, 精一, 筆一

8【剆】 別(p.201)의 本字

8【刪】 刪(p.203)의 古字

6/8【刷】 인쇄할 쇄 本솰 | 點ㄕㄨㄚ (shua) | さつ(スル) print

풀이 ①인쇄하다. 박음. 등사함. ¶印一. ②쓸다. 털고 닦음. 깨끗하게 함. ¶夏頒氷掌事秋一<周禮>/一掃. ③씻다. 없앰. ¶欲一恥改行<漢書>/一洗. ④솔. 쓸거나 터는 데 쓰는 물건. ¶一子. ⑤정돈하다. 가지런하게 함. ¶振一.
【刷新】さっしん(쇄신) 묵은 것을 없애고 새롭게 함. 새로운 것으로 고침. 革新(혁신).
【刷還】さっかん(쇄환) 외국에서 유랑하는 동포를 본국으로 데려옴.
▷刮一, 拘一, 根一, 掃一, 漱一, 牙一, 印一, 翦一, 燥一, 振一, 箒一

6/8【刵】 귀벨 이 | 寘ㄦˋ (er) | じ cut ear

【刵刑】じけい(이형) 귀를 베는 형벌.

6/8【刺】 1 찌를 자 | 寘ㄘ (ci) | し(サス)
2 찌를 척 | 陌 | せき
3 나무랄 체 | 霽 | pierce
4 韓 수라 라 | | せい
俗 刾
※剌(p.208)은 딴 자.

풀이 1 ①찌르다. ㉮찔러 죽이다. ¶不卒成一之<左氏傳> ㉯자극하다. 흥분시킴. ¶一戟. ②가시. 침, 창 끝 따위. ¶有一鐵線. ③나무라다. 헐뜯음. 꾸짖음. 비난함. ¶天何以一<詩經>/諷一. ④명함(名啣). ¶一字漫滅<後漢書>/名一. ⑤취하다. 마땅한 것으로 골라 가짐. ¶一六經中 作王制<史記> ⑥끊다. 절단함. 通斯. ¶一左殖穀<荀子> ⑦묻다. 알아봄. 문의함. ¶至公車一取<漢書> ⑧간하다. 충고함. 通諫. ¶面一寡人之過者<戰國策> 2 ①찌르다. ㉮칼로 베다. 칼로 상해(傷害)를 입힘. ¶一人而殺之<孟子> ㉯바느질하다. 바늘로 누빔. ¶一繡. ㉰문신(文身)을 하다. ¶一字. ②배를 젓다. 상앗대질함. ¶乃一舟而去<史記> ③살피다. 알아봄. ¶陰一候朝廷事<漢書> ④베어버리다. 덜어 없앰. ¶一草之臣<儀禮> ⑤잔소리하다. 말이 많음. ¶語一一不能休<韓愈> 3 나무라다. 비난함. 꾸짖음. ¶維是褊心 是以爲一<詩經> 4 韓 수라. ¶水一.
【刺客】しかく(자객) 사람을 몰래 찔러 죽이는 사람. 暗殺者(암살자).
せきかく(척객) 미옥(美玉)의 이름. 불구슬. 玫瑰(매괴).
【刺劍】しけん(자검) 격검(擊劍).
【刺戟】しげき(자극) ①정신을 흥분시키는 일. ②외적(外的) 조건의 변화가 감각 기관을 흥분시켜 독특한 감각을 일으키게 하는 작용.
【刺文】しぶん(자문) ☞刺字(자자)②.
【刺殺】しさつ·せきさつ(자살·척살) 찔러 죽임. ¶一俠累<史記>
【刺傷】ししょう(자상) 칼 따위로 찔러서 상처를 입힘. 또는, 그 상처. 刺創(자창).
【刺舌】しぜつ(자설) 말을 삼가라는 뜻. 북주(北周)의 하약돈(賀若敦)이 송곳으로 자기 아들의 혀를 찔러 말을 삼가도록 경계한 옛일에서 온 말.
【刺繡】ししゅう(자수←척수) 수를 놓음. 또는, 그 수. 刺는 바느질, 繡는 뜨개질.

【刺字】しじ・せきじ(자자・척자) ①명함의 글씨. 명함. 名字(명자). ②죄인의 팔뚝이나 얼굴에 문신(文身)을 하던 일. 刺文(자문). ¶諸盜賊 赦前去所— 不再犯＜元史＞

【刺創】しそう(자창) 바늘・송곳・칼・창 따위의 날카로운 것에 찔린 상처.

【刺青】しせい(자청) 살갗을 바늘로 찔러 먹물 따위를 넣은 글씨・그림・무늬. 또는, 그렇게 만든 몸. 文身(문신). 刺文(자문). 刺字(자자・척자).

【刺草之臣】せきそうのしん(척초지 신) 풀을 베는 천한 신하라는 뜻으로, 백성이 임금에게 대하여 자기를 낮추어 이르는 말. ¶庶人則曰 —＜儀禮＞

▷擧—, 擊—, 乖—, 構—, 論—, 芒—, 面—, 名—, 剝—, 補—, 縫—, 負—, 粉—, 相—, 水—, 手—, 殊—, 繡—, 襲—, 怨—, 肉—, 斫—, 持—, 指—, 瘡—, 刪—, 招—, 黜—, 探—, 撐—, 貶—, 諷—, 俠—, 詷—, 虎—

6
8【制】 마를 제 | 中 zhì (zhi) | せい(キル) *cut*

㊄制

풀이 ①마르다. 재료를 필요한 규격대로 베거나 자름. ¶巧工之—木也＜淮南子＞/裁—. ②만들다. 지음. ㊐製. ¶—彼裳衣＜詩經＞/—造. ③누르다. 억제함. 못 하게 함. ¶—慾. ④법도. 규정. ¶今京不度 非—也＜左氏傳＞/規—. ⑤정하다. 판가름하다. ¶—服. ⑥다스리다. 주장(主掌)함. ¶—空權. ⑦임금의 말. ¶—詔. ⑧분부. 명령. ¶士死—＜禮記＞ ⑨절제하다. 절약함. ¶—節謹度＜孝經＞ ⑩마음대로 하다. ¶專—. ⑪묶다. 속박함. ¶抑—. ⑫좇다. 복종함. ¶聖人作法 而萬物—焉＜淮南子＞ ⑬등급. 등차. ¶處國有—＜荀子＞ ⑭꾀. 술 수(術 數). ¶威王好—＜呂覽＞ ⑮문체(文體)의 한 가지. 옛날 칙명(勅命)을 전하던 문서. ¶矯—.

【制決】せいけつ(제결) ☞制定(제정). ¶勅丕—＜魏志＞

【制度】せいど(제도) ①제정된 법규. 나라의 법. ②사회적으로 정해져 있는 구조나 규칙. ③법도(法度)를 세움.

【制毒】せいどく(제독) 미리 해독을 막음.

【制令】せいれい(제령) ①제도(制度)와 법령. ②법제(法制)에서 정해진 명령.

【制禮】せいれい(제례) 예법을 제정함.

【制命】せいめい(제명)㊙ 임금의 명령.

【制服】せいふく(제복) ①구성원이 모두 입도록 된 일정한 모양의 복장. ②상례(喪禮)에 복(服)을 입는 규정.

【制使】せいし(제사) 임금의 사자(使者). 勅使(칙사).

【制煞】せいさつ(제살) 살풀이를 하여 재액(災厄)을 미리 막음.

【制書】せいしょ(제서) 제왕(帝王)의 뜻을 일반에게 알릴 목적으로 적은 문서. 詔書(조서). 詔勅(조칙). 制詔(제조).

【制勝】せいしょう(제승) ①승리함. ¶兵因敵而—＜孫子＞ ②세자(世子)가 섭정(攝政)할 때 군무(軍務)의 문서에 찍던 나무 도장.

【制壓】せいあつ(제압) 위력이나 위엄으로 남을 눌러서 통제함.

【制約】せいやく(제약) ①어떤 사물의 성립에 반드시 있어야 할 조건이나 규정. ②어떤 조건을 붙임. 制限(제한).

【制御】せいぎょ(제어) 억눌러서 억제함. 지배함. 制馭(제어). ¶—海內＜史記＞

【制馭】せいぎょ(제어) ☞制御(제어).

【制作】せいさく(제작) ①지음. 만듦. ②제도(制度)・문물(文物) 등을 이름. ¶乃採風俗 定—＜史記＞ ③만듦새. ¶其—之陋＜南方草木狀＞

【制裁】せいさい(제재) 법이나 규율을 위반하는 행위에 대하여 가하는 처벌. 「法律—.

【制定】せいてい(제정) 제도를 정함. 制決(제결). ¶

【制詔】せいしょう(제조) 임금의 명령. 制書(제서). 制誥(제고). 制勅(제칙). ¶命爲制 令爲詔＜史記＞

【制止】せいし(제지) 못하게 말림. 制禁(제금).

【制覇】せいは(제패) 패권(霸權)을 잡음.

【制限】せいげん(제한) ①정해진 한도. ②어느 한도를 벗어나지 못하게 억제함.

【制憲】せいけん(제헌) 헌법을 제정함. ¶—國會/—議員/—節.

▷檢—, 劫—, 格—, 結—, 拑—, 經—, 控—, 官—, 匡—, 拘—, 舊—, 軍—, 軌—, 詭—, 規—, 禁—, 矜—, 羈—, 內—, 斷—, 達—, 待—, 法—, 服—, 索—, 細—, 囚—, 殊—, 馴—, 壓—, 兩—, 抑—, 力—, 禮—, 外—, 容—, 威—, 維—, 遺—, 應—, 儀—, 擬—, 臨—, 姿—, 宰—, 裁—, 典—, 專—, 節—, 條—, 操—, 峻—, 體—, 總—, 統—, 捕—, 品—, 風—, 學—, 扞—, 限—, 緘—, 虛—, 憲—, 脅—, 刑—, 形—, 豪—

6
8【剎】 절 찰 | 中 chà (cha) | せつ(テラ) *temple*

풀이 ①절. 사찰. ¶古—. ②탑. 불탑(佛塔). ¶列—相望＜王巾＞ ③짧은 시간. ¶—那. ④짐대. 절 입구에 당(幢)을 달아 세우는 대(臺). ¶—竿. ⑤나라. 국토. ¶—土.

【剎竿】せっかん(찰간) ☞幢竿(당간).

【剎那】せつな(찰나)《佛》범어(梵語) Ksana의 음역. 지극히 짧은 시간. 瞬間(순간). ¶時之極少者 名—＜俱舍論＞

【剎土】せつど(찰토)《佛》국토(國土)를 달리 이르는 말.

▷古—, 羅—, 名—, 寶—, 佛—, 寺—, 僧—, 淨—

8【刱】 創(p. 213)과 同字

6
8【剁】 자를 타 | 中 duò (duo) | た

8〖兎〗 ☞儿部 6획(p. 157)

8〖刑〗 刑(p. 200)의 本字

7/9〖剄〗 목벨 경 | 迴ㄐㄧㄥˇ (jing) | けい(クビキル) *behead*

7/9〖剋〗 이길 극 | 職ㄎㄜˋ (ke) | こく(カツ) *overcome*
俗尅
풀이 ①이기다. 通克. ㉮승부를 겨루어 이기다. ¶何征不一<後漢書>/一勝. ㉯억누르다. 잘라 냄. ¶至伐大木 非斧不一<淮南子> ㉰능히 참고 견디어 내다. ¶一己. ②잘하다. 능함. ¶留思柔一之政<後漢書> ③정하다. 판단하여 잡음. ¶一期. ④깎다. 삭제함. ¶一減. ⑤심하다. 급함. 通刻. ¶性嚴一<宋書>/一核.
▷儉一, 忌一, 相一, 嚴一

7/9〖剌〗 어그러질 랄 | 曷ㄌㄚˋ (la) | らつ(モトル) *go against*
源會意. 묶은[束] 물건을 칼[刂]로 베어 흐트린다는 뜻.
※刺(p. 206)는 딴 자.
풀이 ①어그러지다. 서로 반대됨. ¶無乖一之心<漢書>/一謬. ②고기 뛰는 소리. ¶金鱗跋一跳晴空<温庭筠>/潑一. ③바람 부는 소리. ④어지럽다. 시끄러워짐. ¶睢一. ⑤마음이 바르지 아니하다.
▷痨一, 牢一, 潑一, 撥一, 操一, 弧一, 睢一

9〖貟〗 負(p. 1419)의 俗字

7/9〖削〗 1 깎을 삭 2 칼집 초 本소 | 藥ㄒㄩㄝ (xue) 嘯ㄑㄧㄠˋ (qiao) | さく(ケズル) *cut, scabbard*
풀이 1 ①깎다. ㉮잘라 내다. 베어 내거나 밀어 냄. ¶一髮. ㉯덜어 버리다. 떼어 냄. ¶夫齊一地 而封田嬰<戰國策>/一奪. ②범하다. 해침. ¶無或敢侵一衆庶兆民<呂覽> ③재다. 헤아림. ¶公輸一墨<王褒> ④약하다. 약하게 만듦. ¶魏國從此一矣<呂覽> ⑤조각칼. 창칼. ¶築氏爲一 長尺博寸<周禮> ⑥모질다. 모나고 인정이 없음. ¶刻一. 2 ①칼집. 通鞘. ¶質氏以洒一而鼎食<漢書> ②험하다. 위태로움. 通峭. ③거문고를 돌려 놓는 소리. 같俏. ¶一然.
【削減】さくげん(삭감) 깎아서 줄임. ↔添加(첨가).
【削髮】さくはつ(삭발) ①머리를 깎음. 剃髮(체발). 落飾(낙식). ②중이 됨. ¶一爲僧.
【削杖】さくじょう(삭장) 상제가 짚는 오동나무 지팡이. 재최(齊衰)의 복(服)을 입을 때 씀. ¶一桐也<儀禮>
【削籍】さくせき(삭적) ①면직(免職)을 당함. ②기적(妓籍)에서 빠짐. 落籍(낙적). ¶削去娼籍 而挈之南海<房千里>
【削正】さくせい(삭정) 문장이나 시가(詩歌)를 고침. 刪正(산정). 添削(첨삭).
【削除】さくじょ(삭제) 지워버림. 깍아 없앰.
【削地】さくち(삭지) ①땅을 깎아 줄임. ②땅을 나눔. ③삭감당한 땅.
【削職】さくしょく(삭직) 삭탈 관직(削奪官職)의 준말.
【削黜】さくちゅつ(삭출) 영지(領地)를 깎고 관위(官位)를 떨어뜨림. 削絀(삭출). ¶輕玆一<漢書>
【削奪官職】さくだつかんしょく(삭탈관직) 죄 지은 사람의 벼슬과 품계를 빼앗는 일. 削奪官爵(삭탈관작). 削職(삭직).
【削哺】さくほ(삭포) 나무를 깎아 만든 얇은 널 조각. 간막이, 병풍 따위. 削胏(삭자). ¶風吹一<後漢書>
【削然】しょうぜん(초연) 거문고를 돌려놓는 소리. ¶孔子一反琴而弦歌<莊子>
▷刻一, 刊一, 減一, 壞一, 剝一, 刪一, 抑一, 刓一, 危一, 翦一, 雕一, 瘠一, 穿一, 添一, 侵一

9〖刾〗 刺(p. 206)의 俗字

7/9〖前〗 앞 전 | 先ㄑㄧㄢˊ (qian) | ぜん(マエ) *front, the former*
古歬
풀이 ①앞. ㉮위치상으로 본 앞. ¶門一. ㉯시간상으로 본 앞. ¶一人. ②앞서다. 남보다 먼저. ¶一導. ③나아가다. ④韓…에게. 편지·청첩장 따위에서, 받는 사람이나 기관의 이름 밑에 씀. ¶洪吉童一.
【前呵】ぜんか(전가) ☞辟除(벽제).
【前鑑】ぜんかん(전감) 전인(前人)이 남긴 본받을 만한 일. 前監(전감).
【前拒】ぜんきょ(전거) 전면(前面)의 방비. 前衛(전위).
【前景】ぜんけい(전경) ①앞에 보이는 경치. ②그림·사진·무대 장치 등의, 앞쪽에 놓인 광경. ↔後景(후경).
【前戒】ぜんかい(전계) 선인(先人)의 경계. 경계로 삼을 만한 이전의 일.
【前古】ぜんこ(전고) 지나간 옛날.
【前功】ぜんこう(전공) 전에 쌓은 공. 前勳(전훈).
【前功可惜】ぜんこうおしむべし(전공가석) 전에 들인 공이 아까움. 지난날에 애써 한 일이 보람 없이 됨.
【前過】ぜんか(전과) 앞서 저지른 과실. 이전의 허물. 前愆(전건). 前失(전실).
【前官】ぜんかん(전관) ①전에 관리로 있었던 사람. 舊官(구관). ¶一禮遇. ②전에 지냈던 관직.
【前矩】ぜんく(전구) 옛사람이 남겨 놓은 모범. ¶克光一<蔡邕>
【前驅】ぜんく(전구) 말을 타고 행렬을 선도(先導)함. 또는, 그 사람. 先驅(선구). 前馬(전마). ¶爲王一<詩經>

【前軍】ぜんぐん(전군) 선봉(先鋒)의 군대.

【前記】ぜんき(전기) 앞에 적음. 또는, 그 기록.

【前期】ぜんき(전기) ①전후로 나눈 두 시기 중 앞 시기. ↔後期(후기). ②기한보다 앞섬.

【前納】ぜんのう(전납) 미리 납부함. 豫納(예납).

【前年】ぜんねん(전년) 지난 해. 昨年(작년). 往年(왕년). 先年(선년).

【前段】ぜんだん(전단) 앞의 단(段). ↔後段(후단).

【前端】ぜんたん(전단) 앞쪽의 끝. ↔後端(후단).

【前代】ぜんだい(전대) 지나간 시대. 前世(전세).

【前代未聞】ぜんだいみもん(전대미문) 지금까지 들어 본 적이 없음. 未曾有(미증유).

【前途】ぜんと(전도) ①가는 앞길. 前道(전도). ②장래. 미래. 前程(전정).

【前導】ぜんどう(전도) ①선도(先導)함. ¶誤衝其一＜五代史＞ ②앞 줄의 의장병(儀仗兵).

【前途遼遠】ぜんとりょうえん(전도요원) 앞으로 갈 길이 아득히 멂. 목적한 바에 이르기에는 아직도 멂.

【前略】ぜんりゃく(전략) ①문장의 첫 일부분을 생략함. ②편지 첫머리의 안부를 생략할 때 쓰는 말. ※删蔓(산만)·除煩(제번).

【前良】ぜんりょう(전량) 옛 현량(賢良)한 사람들. 先哲(선철). 先賢(선현). ¶尙一之遺風＜張衡＞

【前涼】ぜんりょう(전량) 중국 진(晋)대의 5호16국(五胡十六國) 중 하나.

【前歷】ぜんれき(전력) 과거의 경력.

【前聯】ぜんれん(전련) 시(詩)의 칠언율·오언율에서 제3·제4의 구(句).

【前例】ぜんれい(전례) 이미 있었던 사례(事例).

【前面】ぜんめん(전면) 앞쪽. 前方(전방).

【前無後無】マエニモナクアトニモナシ(전무후무) 그 전에도 없었고, 앞으로도 없음. 空前絶後(공전절후).

【前文】ぜんぶん(전문) ①전인(前人)의 문장. 옛 기록. 古文(고문). ②편지에서 시후(時候)·안부 따위를 적은 모두(冒頭)의 글. ③법령 조항 앞에 붙여 그 법령의 목적이나 기본 원칙 등을 밝히는 글.

【前方】ぜんぽう(전방) ①앞쪽. 前面(전면). ②일선. 前線(전선). ↔後方(후방).

【前陪】ぜんばい(전배) 벼슬아치가 길을 갈 때 그 앞에서 길잡이하는 하인.

【前配】ぜんぱい(전배) 죽은 아내.

【前輩】ぜんぱい(전배) ☞先輩(선배).

【前番】ぜんばん(전번) 지난번. 前回(전회).

【前夫】ぜんぷ(전부) 먼저 남편. 이혼한 전 남편.

【前婦】ぜんぷ(전부) 먼저의 아내. 前妻(전처).

【前不得進 後不得退】マエススムコトヲエズウシロシリゾクコトヲエズ(전부득진 후부득퇴) 앞으로 나아갈 수도, 뒤로 물러설 수도 없음. 進退維谷(진퇴유곡).

【前非】ぜんぴ(전비) 이전의 잘못. 先非(선비). 昨非(작비). 前罪(전죄). ¶事往覺一＜崔湜＞

【前史】ぜんし(전사) ①전대(前代)의 역사. ②역사 이전. 先史(선사).

【前朔】ぜんさく(전삭) 지난달. 前月(전월).

【前生】ぜんしょう(전생)《佛》현세에 태어나기 전의 세상. 前世(전세)②. ¶今日如許貧 總是一作＜寒山詩＞ ※今生(금생)·後生(후생).

【前書】ぜんしょ(전서) ①전대(前代)의 글이나 서적. ②「전한서」(前漢書). ③전번의 편지.

【前緖】ぜんしょ(전서) 선인(先人)이 남겨 놓은 사업. 先業(선업). 遺業(유업). ¶恢崇一光濟遺業＜魏志＞

【前線】ぜんせん(전선) 전장에서 적과 접촉하는 최전열(最前列). 또는, 투쟁이나 운동의 선두. 第一線(제일선).

【前星】ぜんせい(전성) 태자(太子)의 이칭. ¶中星曰明堂 天子位一爲太子＜晋書＞

【前聖】ぜんせい(전성) 옛날의 성인. 先聖(선성). ¶改一法度兮＜楚辭＞

【前世】ぜんせい(전세) ①전대(前代). ②☞前生(전생).

【前述】ぜんじゅつ(전술) 앞에서 이미 논술함. 또는, 그 논술.

【前時代】ぜんじだい(전시대) 이미 지나간 시대.

【前身】ぜんしん(전신) ①《佛》전세(前世)의 몸. ②변하기 이전의 본체.

【前室】ぜんしつ(전실) ①주되는 방 옆에 있는 방. ②전취(前娶)에 대한 존칭.

【前夜】ぜんや(전야) ①전날 밤. ②어떠한 시기나 단계의 앞이 되는 단계.

【前言】ぜんげん(전언) 전에 한 말. ¶一戲之耳＜論語＞

【前燕】ぜんえん(전연) 중국 진(晋)대 5호16국의 하나.

【前列】ぜんれつ(전열) ①앞 줄. ②앞선 대오(隊伍).

【前五代】ぜんごだい(전오대) 진(晋)이 망한 뒤 일어난 송(宋)·제(齊)·양(梁)·진(陳)·수(隋)의 5대(代)를 이르는 말.

【前王】ぜんおう(전왕) 전대(前代)의 임금. ¶於乎一不忘＜詩經＞

【前月】ぜんげつ(전월) 지난달. 前朔(전삭).

【前衛】ぜんえい(전위) ①앞에서 먼저 나가는 호위. ②본대(本隊)의 전방을 경위하는 부대. ↔後衛(후위). ③예술 운동에서 가장 선구적인 역할을 하는 집단. 아방가르드(avant-garde). ¶一藝術.

【前人未踏】ぜんじんみとう(전인미답) 이전 사람이 아직 가보지 못하거나 해보지 못함.

【前人未發】ぜんじんみはつ(전인미발) 이전 사람이 아직 밝히지 않았거나 발명하지 않은 일. ¶此等議論 頗能發前人所未發＜經學歷史＞

【前日】ぜんじつ(전일) ①지난 날. 先日(선일). ②바로 앞날.

【前任】ぜんにん(전임) 이전에 그 직위에 있었던 일. 또는, 그 사람. 先任(선임). ↔後任(후임).

【前者】ぜんしゃ(전자) ①지난번. ②먼저 지적한 사물이나 사람. ↔後者(후자).

【前作】ぜんさく(전작) 먼젓번의 작품.

【前酌】ぜんしゃく(전작) 딴 술자리에서 이미 술을 마신 일. 前杯(전배).

【前定】ぜんてい(전정) ①미리 정함. ②전생의 인연.

【前庭】ぜんてい(전정) 앞뜰. ¶逍遙于一＜曹植＞

【前情】ぜんじょう(전정) 옛정.

【前程】ぜんてい(전정) ☞前途(전도)②. ¶向夕問舟子 一復幾多＜孟浩然＞

【前提】ぜんてい(전제) ①어떠한 사물을 먼저 내세움. ¶一條件. ②추리를 할 때, 결론의 기초가 되는 판단.

【前兆】ぜんちょう(전조) 사건 발생의 조짐. 미리 나타나는 조짐. ¶那知此相遇 乾鵲果一<韓駒>

【前朝】ぜんちょう(전조) ①전일(前日)의 아침. ②전대(前代)의 조정(朝廷)·왕조(王朝). 先朝(선조). 「하나.

【前趙】ぜんちょう(전조) 중국 진(晋)대 5호16국의

【前蹤】ぜんしょう(전종) 옛사람의 행적. ¶追闡一者實在殿下<晋書>

【前主】ぜんしゅ(전주) ①전의 주인. ②전의 임금. 先主(선주).

【前奏】ぜんそう(전주) ①곡의 첫머리. 또는, 가극(歌劇) 따위의 막을 열기 전에 하는 연주. ¶一曲. ※間奏(간주)·後奏(후주). ②사물의 시초. 「하나.

【前秦】ぜんしん(전진) 중국 진(晋)대 5호16국의

【前妻】ぜんさい(전처) ☞前娶(전취).

【前轍】ぜんてつ(전철) 앞에 지나간 수레바퀴 자국이란 뜻으로, 전인(前人)의 실패나 잘못을 이름. 前車(전거).

【前瞻後顧】マヘヲミウシロヲカヘリミル(전첨후고) 일에 부닥쳐 결단하지 못하고 앞뒤를 재며 어물거림.

【前哨】ぜんしょう(전초) 전방(前方)에 세운 초소. 또는, 그 병사. ¶一基地.

【前娶】ぜんしゅ(전취) 재혼 전의 아내. 先妻(선처). 前妻(전처). ↔後娶(후취).

【前篇】ぜんぺん(전편) 책·영화·희곡 등을 둘 또는 셋으로 나누었을 때의 앞 편. ↔後篇(후편).

【前漢】ぜんかん(전한) 유방(劉邦)이 세운 한(漢)을 후한(後漢)과 구별하여 이르는 이름. 서한(西漢)이라고도 함.

【前銜】ぜんかん(전함) ①문서의 첫머리에 쓰는 관직과 성명. ②이전의 벼슬.

【前項】ぜんこう(전항) 앞에 적혀 있는 사항.

【前號】ぜんごう(전호) 앞의 번호나 호수(號數).

【前回】ぜんかい(전회) 먼젓번. 前番(전번).

【前後】ぜんご(전후) ①앞과 뒤. 먼저와 나중. 일의 순서. ②대강 그 정도. 안팎.

【前後曲折】ぜんごきょくせつ(전후곡절) ☞前後事緣(전후사연).

【前後矛盾】ぜんごむじゅん(전후모순) 앞에 한 말과 뒤에 한 말이 서로 일치하지 아니함.

【前後事緣】ぜんごじえん(전후사연) 일의 앞뒤의 자세한 사정이나 내용. 前後曲折(전후곡절).

▷空一, 紀元一, 馬一, 目一, 門一, 佛一, 產一, 生一, 食一, 眼一, 御一, 午一, 以一, 庭一, 直一, 最一, 風一, 向一

9〖剬〗 制(p. 207)의 古字

7
9〖剉〗 꺾을 좌 | 圕ㄘㄨㄛˋ (cuo) | ざ(クジク) *break*

풀이 ①꺾다. 꺾임. 通挫. ¶銳而不一<淮南子>/一折. ②쪼개다. 자름. ¶一絲.

【剉折】ざせつ(좌절) 의지나 기세 등이 꺾임. 挫折(좌절).

▷擣一, 猛一, 粉一, 細一, 摧一

7
9〖則〗 1 곧 즉 2 법 칙 本 측 | 圕ㄗㄜˊ (ze) | そく(スナワチ, ノリ) *rule*

源會意. 화폐[貝] 곧 물화를 일정한 법칙에 의하여 나눈다[刂]는 뜻.

풀이 1 곧. ☞句法 2 ①법. ㉮규칙. 법률. 제도. 표준. ¶明哲實作一<書經>/校一. ㉯자연의 이법. 천리(天理). ¶有物有一<詩經>/天一. ②본받다. ¶惟堯一之<論語>/一效.

句法

접속

㉮[…則…] …면 그 때에는…. 만일…이면. ¶君子不重則不威<論語>/物盛則衰<老子>

㉯[…則…] …한 경우에는…. …에 대해서는…. ¶出則事公卿 入則事父兄<論語>

㉰[…則] …은(이), 결국. ¶言則是也.

㉱[…則…] 바로 곧, 그 자리에서, 다만. ¶莊則入爲壽<史記>

【則效】そくこう(칙효) 본받음. 모범으로 삼아 배움. 則倣(칙효). ¶孟僖子可謂一已矣<左氏傳>

▷矩一, 軌一, 規一, 內一, 模一, 法一, 常一, 聖一, 原一, 儀一, 定一, 帝一, 天一, 通一, 憲一

9〖剎〗 刹(p. 207)과 同字

9〖剏〗 創(p. 213)의 俗字

7
9〖剃〗 머리깎을 체 | 圕ㄊㄧˋ (ti) | てい(ソル) *cut hair*

풀이 머리를 깎다. 배코를 침. 同鬀. ¶一髮披法服<南史>/一刀.

【剃髮】ていはつ(체발) ①머리털을 깎음. ②《佛》출가(出家)함. 剃頭(체두). 削髮(삭발).

8
10〖剛〗 굳셀 강 | 圕ㄍㄤ (gang) | ごう(ツヨイ) *firm*
古 㓻 信

源會意·形聲. 칼[刂]로 위협해도 산[岡]처럼 버티고 서서 굴하지 않는다는 뜻. 岡이 음을 이룸.

풀이 ①굳세다. ㉮의지가 굳세다. ¶吾未見一者<論語>/柔能制一. ㉯힘차고 튼튼하다. ¶旅力方一<國語>/一健. ②굳다. 단단함. ¶一性. ③강철. 通鋼. ④성하다. 왕성함. ¶王之春秋方一<漢書> ⑤지금. 바야흐로. 通方. ¶一爲浮名事事乖<皮日休> ⑥기수(奇數)의 날. 일진(日辰)의 천간(天干)이 갑(甲)·병(丙)·무(戊)·경(庚)·임(壬)에 해당하는 날. ¶外事以一日<禮記> ⑦양(陽). 수컷. ¶一柔相推<易經> ⑧임금. ¶得中而應乎一<易經>

【剛健】ごうけん(강건) ①뜻이 굳세며 굴하지 아니함. ②필력(筆力)·문세(文勢)가 강하고 힘참. ③몸이 건전함.

【剛耿】ごうこう(강경) ①강하고 명확함. ②웅대

함. ¶參差相疊重 一凌宇宙＜韓愈＞

【剛果】ごうか(강과) ①마음이 강하여 결단력이 있음. 剛決(강결). ②㊥ 나라 이름. 콩고(Congo)의 음역.

【剛氣】ごうき(강기) 굳세고 용감한 기상. ¶一不怒＜禮記＞

【剛卯】ごうぼう(강묘) 한(漢)대의 관리들이 재액(災厄)을 피하기 위하여 차고 다니던 장식품.

【剛性】ごうせい(강성) 단단한 성질.

【剛勇】ごうゆう(강용) 굳세고 용감함.

【剛柔】ごうじゅう(강유) ①단단함과 부드러움. ②양(陽)과 음(陰). ③남자와 여자. ④낮과 밤. ¶一者 晝夜之象也＜易經＞

【剛柔日】ごうじゅうじつ(강유일) 강일(剛日)과 유일(柔日).

【剛毅】ごうき(강의) 강직하여 굴하지 않음.

【剛毅木訥】ごうきぼくとつ(강의목눌) 마음이 강직하고 태도가 소박함. ¶子曰 一近仁＜論語＞

【剛 日】ごうじつ(강 일) 10간(干)의 갑(甲)·병(丙)·무(戊)·경(庚)·임(壬)에 해당하는 양일(陽日). 剛辰(강신). ¶外事以一＜禮記＞ ↔柔日(유일).

【剛直】ごうちょく(강직) 마음이 굳세고 곧음.

【剛愎】ごうふく(강퍅) 성미가 까다롭고 고집이 셈. 剛戾(강려). ¶一不仁 未肯用命＜左氏傳＞

▷乾一, 金一, 內柔外一, 柔能制一, 貞一, 至一, 至大至一

10〖剣〗 劍(p. 215)의 略字

8/10〖剠〗 1 자자할 경 | 庚 | けい
2 노략질할 략 | 藥 | りゃく

8/10〖剮〗 쪼갤 과 | 哿 | か

10〖剧〗 劚(p. 215)과 同字

8/10〖剞〗 새김칼 기 | 支 ㄐㄧ (ji) | き graver

8/10〖剝〗 벗길 박 | 覺 ㄅㄛ(bo) ㄅㄠ(bao) | はく(ハグ) strip

㊂刅 ㊐卜

源 會意·形聲. 칼[刂]로 나무를 깎는다[彔]는 뜻.

풀이 ①벗기다. ㉮가죽이나 껍질을 벗기다. ¶一陰木＜周禮＞ ㉯가리거나 덮은 것을 벗기다. ¶喪不一奠也與＜禮記＞ ②벗겨지다. 벗겨져 떨어져 나감. ¶苔蘚一落＜李邕＞ ③괴롭히다. 상처를 입힘. ¶一民. ④괘(卦) 이름. 64괘의 하나. 곤하간상(坤下艮上). ䷖. 소인이 성하여 군자가 어려움을 겪는 상(象). ¶一不利有攸往＜易經＞

【剝落】はくらく(박락) ☞剝脫(박탈).

【剝民】はくみん(박민) 과중한 세금과 부역 따위로 백성을 괴롭힘.

【剝復】はくふく(박복) 박괘(剝卦)와 복괘(復卦). 곧, 치란(治亂)·흥망의 기운(機運). ¶極論世運一之機＜宋史＞

【剝喪】はくそう(박상) 깎이어 잃음. ¶一元良＜書經＞

【剝製】はくせい(박제) 새나 짐승의 가죽을 벗기고 속을 솜 따위로 채워 표본을 만드는 일. 또는, 그렇게 만든 것.

【剝脫】はくだつ(박탈) 벗겨짐. 벗겨냄. 剝落(박락). 離脫(이탈). ¶不一 不砥礪＜荀子＞

【剝奪】はくだつ(박탈) 강제로 빼앗음. 벗겨 빼앗음. ¶地位一.

【剝皮】はくひ(박피) 껍질을 벗김.

▷刻一, 刊一, 倮一, 鉤一, 屯一, 否一, 圯一, 生一, 切一, 摧一, 黜一, 呑一, 貶一, 剽一, 解一

8/10〖剖〗 쪼갤 부 | 有 ㄆㄡˇ (pou) | ぼう, ほう(サク) cut

㊂劃

풀이 ①쪼개다. 둘 또는 여러 조각으로 나눔. ¶一符封功臣＜史記＞ ②가르다. 깨뜨림. ③쪼개어져 열리다. ¶一卵成禽＜木華＞ ④명확하다. 명백함. ¶豈惛惑而能一＜張衡＞ ⑤다스리다. 다루어 처리함. ¶安得良工而一之＜楚辭＞

【剖棺斬屍】(부관참시) 무덤을 파헤쳐 관을 쪼개고 시체의 목을 벰.

【剖符】ぼうふ(부부) 부표(符票)를 나눔. 부를 양분(兩分)하여 그 한쪽의 쪼갠 부를 주던 일. 한(漢)대에 길이 6치의 대[竹]를 둘로 나눠 쌍방이 각각 그 반을 가져, 임명·봉작(封爵)·계약 등의 증표로 삼았음. 割符(할부).

【剖心】ぼうしん(부심) ①마음을 드러내 보임. 진심을 보임. ②가슴을 가름. 은(殷) 주왕(紂王)의 폭정(暴政)을 비간(比干)이 굳게 간(諫)하니, 주왕이 성을 내어 성인(聖人)의 가슴 속에는 7구멍이 있다는데 봐야겠다 하고 그의 가슴을 쪼개었다는 옛일에서 유래. ¶紂怒曰…剖比干 觀其心＜史記＞

▷刀一, 豆一, 不一, 裁一, 坼一, 啄一, 評一, 解一

8/10〖剕〗 발꿈치 벨 비 | 未 ㄈㄟˋ (fei) | ひ(アシキル) cut heel

8/10〖剆〗 깎을 비 | 齊 | へい(ケズル)

8/10〖剚〗 찌를 사 | 寘 ㄗˋ (zi) | し(サス) stab

8/10〖剡〗 1 날카로울 염 | 琰 ㄧㄢˇ (yan) | えん(スルドイ) sharp
2 땅 이름 섬 | 琰 ㄕㄢˋ (shan) | せん

풀이 1 ①날카롭다. ㉮날이 서거나 끝이 뾰족하다. 날카롭게 함. ¶一木爲矢＜漢書＞ ㉯사물의 처리 능력이 빠르다. ¶一手以衝仇人之胸＜漢書＞ ②창끝. 칼날. ¶大喪大亂之一也 不可犯也＜國語＞ ③깎다. 삭제함. ¶一削. ④침범하다. ¶一然. ⑤빛나는 모양. 일어서는 모양. ¶一一. ⑥화살이 나는 모양. ¶一注. 2 땅 이름. 중국의 현(縣) 이름.
【剡藤】せんとう(섬등) 종이의 한 가지. 중국 섬계(剡溪) 지방에서 나는 등나무를 원료로 하여 만든 것. 剡紙(섬지).
▷刻一, 剸一, 磨一, 翠一

8 10〖剜〗 깎을 완 | 寒 ㄨㄢ (wan) | わん(ケズル)

8 10〖剗〗 깎을 잔 / 전 | 潸 銑 ㄔㄢˇ (chan) | さん, せん(ケズル)

10〖剤〗 劑(p.216)의 略字

10〖剏〗 刱(p.207)의 俗字

8 10〖剔〗 1 바를 척 / 2 깎을 체 | 錫 霽 ㄊㄧ (ti) | てき(エグル) gouge out てい

풀이 1 ①바르다. 뼈를 발라 냄. ¶刳一孕婦＜書經＞/屠一. ②깎다. 풀 따위를 벰. ¶攘之一之＜詩經＞ ③없애버리다. 파헤쳐 폭로함. ¶一除. 2 깎다. 通 鬀剃. ¶婦人皆剪一 以着假髻＜北史＞
【剔抉】てっけつ(척결) 파냄. 후벼 냄.
【剔出】てきしゅつ(척출) 발라 냄. 도려 냄.

8 10〖剟〗 깎을 철 | 屑 ㄉㄨㄛˊ (duo) | てつ(ケズル) *peel*

풀이 ①깎다. 날붙이로 거죽을 벗기어 냄. ¶一定. ②찌르다. 날카로운 것으로 찌름. ¶吏治榜笞數十刺一 身無可擊者＜史記＞
【剟定】てってい(철정) ☞訂定(정정). ¶有敢一法令 損益一字以上 罪死不赦＜商子＞
▷刊一, 削一, 刺一

9 11〖㓞〗 새길 결 | 屑 | けつ *sculpture*

9 11〖剮〗 바를 과 | 馬 ㄍㄨㄚˇ (gua) | か

풀이 바르다. 뼈에서 살을 발라 냄.

9 11〖剨〗 자끈할 괵 | 陌 ㄏㄨㄛˋ (huo) | かく *snap short*

9 11〖剬〗 판가름할 단 | 寒 | たん(サバク) *judge*

풀이 ①판가름하다. 중재함. ②가지런하다. 단정함. ¶藺相如一而不傷＜法言＞ ③제재(制裁)하다. 다스림. ¶依鬼神以一義＜史記＞

9 11〖副〗 1 버금 부 / 2 쪼갤 복 | 宥 屋 ㄈㄨˋ (fu) | ふく(ソウ) *second, split*

풀이 1 ①버금. 다음. ¶一總裁. ②돕다. 도움. 보좌함. ¶爲萬民一＜素問＞ ③시중들다. ¶一車. ④원본의 등사. ¶一本. ⑤알맞다. 합당함. ¶修短相一＜蔡邕＞ ⑥부인의 머리 꾸미개. 머리를 땋아 꾸밈. ¶一笄六珈＜詩經＞ 2 쪼개다. 가름. 나눔. ¶爲天子 削瓜者一之＜禮記＞

【副介】ふくかい(부개) 시중듦. 또는, 그 사람.
【副車】ふくしゃ(부거) 거가(車駕)에 여벌로 딸리는 수레. 副乘(부승). 副輅(부로). ¶誤中一＜史記＞
【副件】(부건) 여벌. 餘件(여건).
【副笄】ふくけい(부계) 옛날 귀부인의 머리 장식품. 비녀.
【副啓】ふくけい(부계) ☞追啓(추계).
【副君】ふくん(부군) 임금의 상속자. 太子(태자). 王世子(왕세자). 副后(부후). ¶太子國儲一 師友必於天下英俊＜漢書＞
【副讀本】ふくどくほん(부독본) 보조적으로 쓰이는 독본. ↔正讀本(정독본).
【副輦】ふくれん(부련) 거둥 때 임금이 탄 연(輦) 앞에 가는 빈 연. 空輦(공련).
【副木】ふくぼく(부목) 다친 팔다리 등을 안정(安靜)시키기 위해 대는 나무.
【副墨】ふくぼく(부묵) ①문자(文字). ¶一之子 聞諸洛誦之孫＜莊子＞ ②명(明)의 왕도곤(汪道昆)이 지은 책. 8권.
【副本】ふくほん(부본) 정본(正本)과 동일한 사항을 기재한 문서. 정본의 예비와 사무 정리를 위하여 만듦. 副書(부서). ↔正本(정본).
【副使】ふくし(부사) ①정사(正使)를 보좌하는 사신. ②정사(正使)의 속료(屬僚). ③명(明)대 안찰사(按察使)의 차관(次官).
【副產物】ふくさんぶつ(부산물) ①주산물(主產物)에 따라 덧생기는 물건. ②어떤 일을 할 때, 따라서 일어나는 사건 등을 가리켜 이르는 말.
【副賞】ふくしょう(부상) 상장과 정식 상품 외에 따로 주는 상품.
【副書】ふくしょ(부서) ☞副本(부본).
【副署】ふくしょ(부서) 국가 원수의 서명에 부가(附加)하여, 국무 총리와 관계 국무 위원이 서명하는 일. 또는, 그 서명.
【副收入】(부수입) 정규(正規) 수입 이외에 가외로 생기는 수입.
【副食】ふくしょく(부식) 주식물(主食物)에 딸린 음식물. 반찬 따위. 부식물(副食物)의 준말. ↔主食(주식).
【副室】ふくしつ(부실) 적은집. 小室(소실). 副妾(부첩). 妾(첩). ↔正室(정실).
【副業】ふくぎょう(부업) 본업 외에 여가를 이용하여 하는 벌이. ↔本業(본업).
【副應】ふくおう(부응) 무엇에 좇아서 응함.
【副貳】ふくじ(부이) ①부축하여 도움. 貳도 副의 뜻. ②장관(長官)의 보좌관. ③부본(副本). 寫本(사본). ④첩(妾). ¶妻爲正適 妾爲一＜左氏傳＞ ⑤왕후(王后)의 머리 장식품.
【副作用】ふくさよう(부작용) 어떤 일에 부차적으로 일어나는 작용.
【副葬】ふくそう(부장) 옛날, 임금이나 귀족의 장례 때 패물, 그릇 따위를 무덤에 함께 묻던 일. ¶一品. ※殉葬(순장).
【副題】ふくだい(부제) 서적·논문 등 주된 제목에 덧붙이는 제목. ↔主題(주제).

【副主】ふくしゅ(부주) 황태자(皇太子).
【副妾】ふくしょう(부첩) ☞副室(부실).
▷兼一, 國一, 軍一, 寫一, 厭一, 儲一, 正一, 次一, 冢一

9 11 〖剭〗 ① 목벨 옥 ② 죄줄 악 | 屋 おく decapitate | 覺 あく punish

11 〖剰〗 剩(p. 213)의 略字

9 11 〖剪〗 벨 전 | 銑 ㄐㄧㄢˇ (jian) | せん(キル) shear
㊍翦 剃
풀이 ①베다. ㉮가지런하게 베다. 깎음. 끊음. 자름. ¶勿一勿伐<詩經>/一枝. ㉯치다. 죽임. 없애 버림. ¶一夷. ②가위. ¶一刀. ③얕다. 생각이 깊지 아니함. ¶一一.
【剪刀】せんとう(전도) ①가위. 翦刀(전도). ②칼.
【剪裁】せんさい(전재) ①옷감 마름질. ②꽃의 아름다움의 비유. ¶珠蘂瓊花鬪一<徐凝>
【剪定】せんてい(전정) ①☞剪枝(전지). ②토벌하여 평정함. ¶發州兵 一之<唐書>
【剪爪斷髮】せんそうだんぱつ(전조단발) 은(殷)의 탕왕(湯王)이 7년 동안의 큰 가뭄 때 손톱과 머리를 깎고 기우제를 올렸다는 옛일에서, 재계(齋戒)함을 이르는 말. ¶七年大旱 … 遂齋戒一<十八史略>
【剪枝】せんし(전지) 초목의 가지를 가위질하여 벰. 剪定(전정)①.
【剪綵】せんさい(전채) ①채단(綵緞)을 말라 옷을 지음. ②조화(造花).
▷開一, 闢一, 剋一, 禽一, 刪一, 碎一, 夷一, 除一, 誅一, 剔一

12 〖剻〗 剛(p. 210)의 俗字

10 12 〖剴〗 알맞을 개 | 灰 ㄎㄞˇ 賄 (kai) | がい, かい proper
풀이 ①알맞다. 잘 어울림. ¶一備. ②큰 낫. ③베다. 문지름. ④가깝다. 가까이 옴. ⑤알리다. 풍자함.
【剴切】がいせつ(개절) 알맞고 적절함.

10 12 〖剳〗 낫 답 | 合 ㄉㄚˊ (da) | とう(カマ) sickle

10 12 〖剩〗 남을 잉 | 徑 ㄕㄥˋ (sheng) | じょう(アマル) surplus
略剰
源 會意·形聲. 조금 더 잘라[刂] 올려[乘] 놓은 부분. 덤을 뜻함.
풀이 ①남다. 나머지. 남음. ¶一餘. ②그 위에. 더군다나. 게다가. ¶尋經一欲翻<高適>
【剩餘】じょうよ(잉여) 나머지. 餘剩(여잉). 餘分(여분). ¶一金.
▷過一, 餘一, 足一

12 〖剏〗 剪(p. 213)의 本字

12 〖剸〗 斲(p. 699)과 同字

10 12 〖創〗 비롯할 창 | 漾 ㄔㄨㄤˋ (chuang) | そう(ハジメル) begin
俗刱 剏 同刅
풀이 ①비롯하다. ㉮시작하다. ¶一業垂統<孟子> ㉯만들다. 이룩함. ¶禮儀是一<漢書> ㉰혼이 나다. 놀람. ¶予一若時<書經> ②상처를 입다. 괴롭힘. ¶一傷. ③상처. 부스럼. 通瘡. ¶頭有一則沐<禮記>
【創刊】そうかん(창간) 정기 간행물인 신문, 잡지 따위를 처음으로 간행함. ¶一辭/一號. ↔廢刊(폐간).
【創建】そうけん(창건) ☞創立(창립).
【創毒】そうどく(창독) 상처를 입힘. ¶數爲羌所一<後漢書>
【創立】そうりつ(창립) 처음으로 세움. 創建(창건). 創設(창설). 刱立(창립).
【創設】そうせつ(창설) ☞創立(창립).
【創世】そうせい(창세) 신(神)이 세계를 만듦. 천지개벽하여 만물이 나는 일. ¶一紀. 「개).
【創始】そうし(창시) 처음으로 시작함. 創開(창
【創氏】そうし(창씨) 일제(日帝)가 우리의 성(姓)을 왜식(倭式)으로 고치게 한 일. ¶一改名.
【創案】そうあん(창안) 처음으로 생각해 냄. 또는, 그 고안(考案).
【創業】そうぎょう(창업) ①사업을 시작함. ②기초를 세움. 나라의 기틀을 세움. 創統(창통).
【創業守文】そうぎょうしゅぶん(창업수문) ☞創業守成(창업수성).
【創業守成】そうぎょうしゅせい(창업수성) 나라를 세움과 이를 지켜 나가는 일. 創業守文(창업수문). ¶上嘗問侍臣 一孰難<十八史略>
【創業垂統】そうぎょうすいとう(창업수통) 나라를 세우고 자손에게 전함. ¶君子一 爲可繼也<孟子>
【創乂】そうがい(창예) 삼가고 경계함. 創艾(창예). ¶羌虜破散一<漢書>
【創意】そうい(창의) 새로운 생각. 새로운 고안. 新案(신안).
【創痍未瘳】そういイマダイエズ(창이미추) 칼에 벤 상처가 아직 아물지 않았다는 뜻으로, 전란(戰亂)의 여독(餘毒)이 가시지 않았음을 이름. ¶陳勝等起 于今一<史記>
【創作】そうさく(창작) ①생각해 내어 처음 만듦. 새로이 책을 저술함. ②예술상의 작품을 독창적으로 만드는 일. 또는, 그 작품. ¶一物/一品.
【創制】そうせい(창제) ①처음으로 법률, 규칙 등을 만듦. ¶革命一 改正易服<逸書> ②☞創製(창제). 「創制(창제)②.
【創製】そうせい(창제) 창안하여 만듦. 創造(창조).
【創造】そうぞう(창조) 처음으로 만듦. 創製(창제). ¶一物/一的.
【創出】そうしゅつ(창출) ①처음으로 생겨남. ②처

음으로 만들어 내거나 지어 냄.
▷金一, 瘢一, 傷一, 始一, 刃一, 重一, 草一

10
12 【割】 나눌 할 圓《さ かつ(ワル) ㊍갈 (ge) *divide* ㊛割

源形聲. 칼[刂]로 베어 해친다[害]는 뜻. 「害」이 음을 이룸.

풀이 ①나누다. 쪼갬. ¶陰陽一昏曉<杜甫>/一據. ②가르다. 갈라서 찢음. ¶一腹. ③빼앗다. 나누어 일부분을 빼앗음. ¶然後王可以多一地<戰國策>/一耕. ④해치다. 손상함. ¶湯湯洪水方一<書經> ⑤자르다. 끊음. ¶惟一旣往謬妄之失<後漢書> ⑥재앙. 불행. ¶天降一於我家<書經> ⑦할. 비율. ¶三一.

【割據】かっきょ(할거) 땅을 나누어 차지하고 막아 지킴. 한 지방을 점령하여 웅거함. ¶席卷三秦 一河山<漢書>

【割鷄焉用牛刀】けいヲサクニイズクンゾぎゅうとうヲモチイル(할계 언용우도) 닭을 잡는 데에 소를 잡는 큰 칼을 쓸 필요가 없다는 뜻으로, 조그만 일을 처리하는 데에 지나치게 큰 수단을 쓸 필요가 없음을 이름. ¶夫子莞爾而笑曰 一<論語>

【割刀】かっとう(할도) 청(淸)대 무기의 한 가지. 모양은 낫 비슷하며, 자루의 길이 5자, 날의 길이 1자 4치.

【割名】かつめい(할명) 명예를 더럽힘. ¶東方朔一於細君<漢書>

【割剝】かっぱく(할박) ①가죽을 벗기고 살을 베어 냄. ②잔인함. 포악함. ③韓 탐관 오리(貪官汚吏)가 백성의 재물을 빼앗는 짓을 비유하는 말. ¶一之政.

【割半之痛】かっぱんノイタミ(할반지 통) 몸의 반을 베어 내는 고통이란 뜻으로, 동기(同氣)가 죽은 슬픔을 이르는 말.

【割譜】(할보)韓 족보에서 이름을 삭제하여 친족의 관계를 끊음.

【割腹】かっぷく(할복) 배를 가름. ¶一自殺.

【割符】ワリ(할부) 나무 쪽이나 종이 쪽에 글을 적고 증인(證印)을 찍은 뒤, 둘로 쪼개어 각각 보관하였다가 뒷날에 증거로 삼는 물건. 符節(부절).

【割賦】かっぷ(할부) ①과세(課稅)를 줄임. ¶隨口一<漢書> ②분할하여 배당함. ¶一金.

【割席】かっせき(할석) 자리를 달리함. 절교함.

【割席分座】かっせきぶんざ(할석분좌) 절교하고 같은 자리에 앉지 아니함.

【割愛】かつあい(할애) 아깝게 여기는 것을 기꺼이 내어 줌.

【割讓】かつじょう(할양) ①토지의 일부를 나누어서 다른 이에게 넘겨 줌. 割地(할지). 割土(할토). ②국가간의 합의에 의해 영토의 일부를 딴 나라에 넘겨 줌.

【割與】かつよ(할여) 베어 줌. 쪼개어 줌.

【割恩斷愛】かつおんだんあい(할은단애) 은정(恩情)을 끊음. 割恩斷情(할은단정).

【割引】ワリビキ(할인) 일정한 가격에서 얼마간의 돈을 감함. 減價(감가). ¶一券/一率.

【割印】ワリいん(할인) ☞契印(계인).

【割注】ワリちゅう(할주) 본문 밑에 두 줄로 잘게 나누어 갈라 쓴 주(注). 注脚(주각).
▷剨一, 斷一, 屠一, 分一, 鉛刀一一, 宰一, 裁一, 切一, 中一, 烹一

12 【割】 割(p.214)의 略字

13 【剾】 剨(p.205)와 同字

11
13 【剸】 1 벨 단 2 오로지 전 | 圓ㄊㄨㄢˊ (tuan) 旣ㄓㄨㄢ (zhuan) | たん(キル) *cut* せん(モッパラ)

풀이 1 ①베다. 목을 벰. 나무를 벰. ¶其刑罪則纖一<禮記> ②가르다. 쪼갬. 절단함. ¶燔魚一蛇<後漢書> 2 ①오로지. 通專. ②마음대로. 通摶. ¶一行.

【剸決】せんけつ(전결) ☞專斷(전단).

【剸行】せんこう(전행) ☞專行(전행).
▷斷一, 纖一, 裁一

11
13 【剺】 벗길 리 因 り(ハグ)

11
13 【剷】 깎을 산 ㊍찬 㶚ㄔㄢˇ (chan) さん(ケズル)

13 【剿】 勦(p.225)와 同字

13 【剹】 剿(p.214)와 同字

11
13 【剽】 빠를 표 | 嘯ㄆㄧㄠˋ (piao) | ひょう (スバヤイ) *fast*

源會意·形聲. 칼[刂]을 날쌔게[票] 휘두름. 「票」가 음을 이룸.

풀이 ①빠르다. 재빠름. 通慓 僄. ¶其爲獸必一<周禮>/一疾. ②사납다. 거칢. 표독함. ¶患其一悍<漢書>/一狡. ③위협하다. 협박함. 通勡. ¶一掠. ④깎다. 자름. ¶一賣. ⑤찌르다. 침. 通慓. ¶攻一爲群盜<史記> ⑥훔치다. 벗김. ¶一竊. ⑦끝. 첨단(尖端). ¶長而無本一者<莊子> ⑧표. 표를 함.

【剽劫】ひょうきょう(표겁) 협박함. 剽刦(표겁).

【剽輕】ひょうけい①②·ひょうきん③(표경) ①재빠름. ②경박(輕薄)함. ¶其俗一 易發怒<史記> ③거칠고 경박함.

【剽姚】ひょうよう(표요) ①굳세고 날램. ②한(漢)대 무관(武官)의 이름. 嫖姚(표요).

【剽竊】ひょうせつ(표절) ①훔침. 노략질함. 剽賊(표적). ②남의 시가(詩歌)·문장 등을 도용하여 제가 지은 것처럼 함. 剿襲(초습).

【剽悍】ひょうかん(표한) 몹시 사나움. 날쌤. ¶厥性一<爾雅>
▷剛一, 輕一, 攻一, 鹵一, 剝一, 浮一, 殘一, 推一

12
14 【劀】 궂은살 잘라낼 괄 黠 かつ

풀이①궂은살을 잘라 내다. 고름을 짜고 근을 뽑아 냄. ¶—殺. ②깎다. 문지름. 通刮. ¶—拭.
【劀殺】かつさつ(괄살) 고름을 짜고 근을 죽이는 일. ¶—之齊<周禮>

12/14【劂】 새김칼 궐 |月ㄐㄩㄝˊ (jue)| けつ *graver*

12/14【⿰粟刂】 저밀 속 |因| そく *slice*

12/14【⿰朁刂】 찌를 잠 |感|感| さん *stab*

14【⿰替刂】 ⿰朁刂(p.215)의 俗字

12/14【⿰尊刂】 덜 준 |阮| そん *reduce*

14【劄】 箚(p.1136)의 俗字

12/14【劃】 그을 획 |陌ㄏㄨㄚˋ (hua)| かく(カギル) *draw*
古劃 同畫
풀이①긋다. ㉮나누다. 구분함. ¶平洲島嶼天所—<洪希文>/區—. ㉯줄 따위를 긋다. ¶——. ②꾀하다. 계책 따위를 세움. ¶故願大王審—<鄒陽>/參—. ③획. 한자의 획. ¶字—. ④쪼개다. 칼 따위로 가름. ⑤새기다. ¶—花.
【劃期的】かっきてき(획기적) 한 시기를 그을 만한의 뜻으로, 새롭고 대단한 일을 형용하는 말.
【劃然】かくぜん(획연) 분명히 구별된 모양. 분명한 모양.
【劃一】かくいつ(획일) 一자를 그은 듯이 모두가 하나 같음. ¶—化/—主義.
【劃定】かくてい(획정) 갈라 정함. 구획을 지음.
▷計—, 區—, 企—, 字—, 點—, 參—, 天—

13/15【劍】 칼 검 |豔ㄐㄧㄢˋ (jian)| けん(ツルギ) *sword*
略剣 同劒 劔
源會意·形聲. 여럿이 모인 자리[僉]에 나아갈 때 호신용으로 지니는 무기.
풀이①칼. ㉮검. 날이 양쪽에 있는 칼. ¶爲—鎧矛戟<管子>/—舞. ㉯비수(匕首). ②검법. 칼 쓰는 법. ¶與蓋聶論—<史記> ③찌르다. 칼로 찌름. 벰. ¶手—父讐<潘岳>

劍①(禮器圖)

【劍閣】けんかく(검각) 옛날, 장안(長安)에서 촉(蜀)으로 가는 길의 대검(大劍)·소검(小劍) 두 산(山)의 요해지(要害地).
【劍客】けんかく·けんきゃく(검객) 검술을 잘하는 사람. 劍士(검사).
【劍光】けんこう(검광) 칼날의 빛. 劍影(검영). ¶—揮作電 旗影列成虹<唐書>
【劍戟】けんげき(검극) ①창과 칼. 劍槊(검삭). ②무기. 병기. 戎器(융기). 「한 부문.
【劍道】けんどう(검도) 검술(劍術)을 닦는 무도의
【劍頭】けんとう(검두) 칼 끝. 劍鋩(검망).
【劍舞】けんぶ(검무) 칼춤. 칼을 들고 추는 춤. ¶以李白詩歌 裵旻— 張旭草書 爲三絶<唐書>
【劍法】けんぽう(검법) 검술에서 칼을 쓰는 법식.
【劍士】けんし(검사) ☞劍客(검객). ¶昔趙文王喜劍 —夾門而客三千餘人<莊子>
【劍璽】けんじ(검새) 제위(帝位)의 표시로 임금이 가진 검과 옥새(玉璽). ¶—朝讓寶位 —傳無窮<李白>
【劍術】けんじゅつ(검술) 칼을 쓰는 법. 劍伎(검기). 劍法(검법). 劍道(검도). ¶—無前<唐書> 「環(검환).
【劍鐔】けんたん(검심) 칼코등이. 劍鼻(검비). 劍
【劍匠】けんしょう(검장) 칼을 만드는 사람. 劍工(검공). 「(검협).
【劍把】けんぱ(검파) 칼자루. 劍夾(검협). 劍鋏
【劍俠】けんきょう(검협) 검술에 능한 협객(俠客).
▷刻舟求—, 孤—, 短—, 刀—, 木—, 寶—, 三尺之—, 手—, 手裏—, 御—, 腰—, 利—, 一—, 長—, 斬馬—, 懷—

15【劒】 劍(p.215)과 同字

13/15【劌】 상처입힐 귀 |霽ㄍㄨㄟˋ (gui)| けい *wound*
풀이①상처를 입히다. 찔러 상처 나게 함. ¶—目鉥心<韓愈> ②쪼개다. 가름. ¶廉而不— 義也<禮記> ③만나다. 通會. ¶日月相—<太玄經>

13/15【劇】 심할 극 |陌ㄐㄩˋ (ju)| げき(ハゲシイ) *violent, drama*
俗劇
풀이①심하다. ㉮보통의 정도보다 더하다. ¶比得軟脚病 往往而—<韓愈>/—甚. ㉯혹독하다. 성함. 通極. ¶時方—暑<宋史>/—塞. ②번거롭다. 바쁨. 힘듦. ¶任繁—之任<郭璞>/轉運難—<後漢書> ③빠르다. 재빠름. ¶口吃不能—談<漢書> ④연극. ¶戲—. ⑤교통의 요충지. ¶—旁.
【劇壇】げきだん(극단) ①연극하는 무대. ②연극인들의 사회. 演劇界(연극계). 劇界(극계). 梨園(이원).
【劇毒】げきどく(극독) 맹렬한 독(毒).
【劇孟】げきもう(극맹)《人》전한(前漢) 때의 낙양(洛陽) 사람. 용맹하기로 유명함.
【劇旁】げきぼう(극방) 세 방향으로 통하는 길.
【劇本】げきほん(극본) ①☞脚本(각본). ②시나리오(scenario).
【劇性】げきせい(극성) 극렬한 성질.
【劇藥】げきやく(극약) 사용량을 초과하면 생명이 위험하거나 기능에 장해를 일으키는 독한 약. 劇劑(극제).

【劇子】げきし (극자) ①연극 배우. 광대. ②《人》 전국(戰國) 시대 조(趙)의 법가(法家).
【劇作】げきさく (극작) 연극의 각본을 쓰는 일. ¶一家.
【劇的】げきてき (극적) 연극을 보는 것과 같은 긴장·감격을 주는 (것). ¶一 場面.
【劇駗】げきさん (극참) 7방(方)으로 통하는 도로. ¶七達 謂之一＜爾雅＞
【劇戲】げきぎ (극희) 광대가 하는 연극.
▷歌一, 狂一, 博一, 繁一, 紛一, 悲一, 演一, 要一, 雄一, 猿一, 雜一, 慘一, 譃一, 活一, 喜一, 戲一

15〖劚〗 劇(p.215)의 俗字

13/15〖劉〗 죽일 류 | 因 ㄌㄧㄡˊ (liu) | りゅう *kill*

풀이 ①죽이다. 사람을 죽임. ¶重我民無盡一＜書經＞ ②베풀다. 벌여 놓음. ③이기다. 이겨냄. ¶則咸一商王紂＜逸周書＞ ④여기저기를 보다. 여기저기 들름. ¶一覽偏照＜淮南子＞ ⑤아름다운 모양. 通瀏. ⑥칼. ⑦도끼. ¶一人冕執一＜書經＞
【劉邦】りゅうほう (유방)《人》 전한(前漢)의 고조(高祖). 자는 계(季). 강소성(江蘇省) 패현(沛縣) 사람. 沛公(패공). (B.C.247~B.C.195).
【劉備】りゅうび (유비)《人》 촉한(蜀漢)의 시조. 자는 현덕(玄德). (161~223).
【劉禪】りゅうぜん (유선)《人》 촉한(蜀漢)의 2대 임금. 자는 공사(公嗣). 비(備)의 아들. 後主(후주).
【劉宋】りゅうそう (유송) 남송(南宋)의 이칭. 유(劉)씨가 세운 송. ※趙宋(조송).
【劉伶】りゅうれい (유영)《人》 진(晉)의 시인. 자는 백륜(伯倫). 술을 즐기며 주덕송(酒德頌)을 지었음. 죽림 칠현(竹林七賢)의 한 사람.

13/15〖劈〗 쪼갤 벽 | 錫 ㄆㄧ (pi) | へき(ツンザク) *divide*

풀이 ①쪼개다. 가름. 깨뜨림. ¶一開. ②천둥. ¶一歷.
【劈頭】へきとう (벽두) ①글이나 말의 첫머리. ②일의 첫머리.

13/15〖剿〗 끊을 초 | 篠 | しょう

13/15〖劅〗 불깔 탁 | 覺 | たく *castrate*

13/15〖劊〗 끊을 회 | 泰 ㄎㄨㄞˋ (kuai) ㄍㄨㄟˋ (gui) | かい *cut*

16〖劒〗 劍(p.215)과 同字

14/16〖劓〗 코벨 의 | 寘 ㄧˋ (yi) | ぎ(ハナキリ) *cut the nose*

14/16〖劑〗 ①약 지을 제 ②엄쪽 자 | 霽 ㄐㄧˋ 支 (ji) | ざい,せい すい *bill*

풀이 ①약을 짓다. 조합(調合)함. 조제한 약. ¶此助陽奇一也＜輟耕錄＞/藥一. ②①엄쪽. 어음. 매매 거래의 증권. ¶以質一結信而止訟＜周禮＞ ②가지런히 자르다. 가지런히 함. ¶內若一焉＜唐書＞
▷强心一, 藥一, 錠一, 調一, 淸涼一, 湯一, 丸一

16〖劚〗 斸(p.213)과 同字

15/17〖劕〗 엄쪽 질 | 質 | しつ(ワリフ)

17/19〖劖〗 새길 참 | 咸 ㄔㄢˊ (chan) | さん *sculpture*

19/21〖劘〗 깎을 마 | 歌 ㄇㄛˊ (mo) | ま

19/21〖劗〗 깎을 전 | 銑 | さん

21/23〖劙〗 가를 리 | 支 ㄌㄧˊ (li) | り *divide*

力＜힘 력＞部

力 ② 劝 办 ③ 加 功 ④ 劸 劤 劣 劦 ⑤ 劫 劬 努 劢 劳 劭 助 ⑥ 劻 劵 势 劼 劾 効 ⑦ 勁 勉 勃 勇 勅 ⑧ 勍 勎 勑 勐 勔 ⑨ 勘 動 勒 勔 務 勖 勗 ⑩ 勞 勝 勛 ⑪ 勧 勤 勠 募 勢 勣 勦 勡 ⑫ 勩 ⑬ 勮 勯 勱 勰 勳 ⑭ 勷 ⑮ 勵 ⑰ 勸 ⑱ 勸

0/2〖力〗 힘 력 | 職 ㄌㄧˋ (li) | りょく,りき(チカラ) *strength*

源 象形. 팔에 힘을 줄 때 근육이 불거진 모양을 본뜸.

풀이 ①힘. ㉮근육의 운동. 체력. ¶或勞心或勞一＜孟子＞/腕一. ㉯운동·작용·활동·기능 등을 가능하게 하는 힘. ¶信爲造化一＜宋之問＞/國一. ㉰효험. 어떤 작용의 보람. ¶効一. ㉱물체 상호간의 작용. ¶原子一. ②힘쓰다. 부지런히 일함. ¶農服田一穡＜書經＞ ③애쓰다. 있는 힘을 다함. ¶戰方一＜後漢書＞/一作. ④심하다. 어려움. 매우 힘듦. ¶今病一＜漢書＞ ⑤일꾼. 인부. ¶立宅於吳 多役公一＜宋書＞ ⑥병사(兵士). ¶率見一決戰＜宋書＞
【力諫】りっかん (역간) 힘을 다하여 간함.
【力攻】りっこう (역공) 힘을 다하여 공격함.
【力技】りょくぎ (역기) 역도(力道). ※りきぎ
【力農】りょくのう (역농) 농사에 힘씀. 力田(역전).
【力道】りきどう (역도) 역기(力器)를 들어올리는 운동. 力技(역기).

【力量】りきりょう(역량) 일을 해낼 수 있는 힘의 정도.
【力拔山氣蓋世】チカラハヤマヲヌキキハヨヲオオウ(역발산 기개세) 힘은 산을 뽑을 만하고, 의기(意氣)는 세상을 뒤덮을 만하다는 뜻으로, 기력이 뛰어난 모양을 이름. 항우(項羽)를 두고 한 말. 拔山蓋世(발산개세). ¶力拔山兮氣蓋世<史記>
【力不及】チカラオヨバズ(역불급) 힘이 미치지 못함.
【力士】りょくし·りきし(역사) ①힘이 센 사람. 壯士(장사). ②명(明)대의 관명(官名). 금고기치(金鼓旗幟)를 들고 어가(御駕)의 출입 때 수행하며, 사문(四門)을 수위했음. ③《佛》 금강역사(金剛力士)의 약칭.
【力說】りきせつ(역설) 힘써 말함. 극력 주장함.
【力役】りょくえき(역역) ☞力政(역정)①. ※りきえき
【力役之征】りょくえきのせい(역역지 정) 부역(夫役).
【力作】りょくさく(역작) ①부지런히 일함. ②힘들여 만듦. 또는, 그러한 작품.
【力爭】りょくそう(역쟁) ①무력(武力)으로 싸움. 힘으로 싸움. ②힘써 간(諫)함. 힘을 다하여 충고함. 苦諫(고간). 極諫(극간).
【力著】りょくちょ(역저) 힘들여 지은 책. 훌륭한 저서. ※りきちょ
【力戰】りょくせん(역전) ☞力鬪(역투). ¶臨敵—<後漢書> ※りきせん
【力點】りょくてん(역점) ①힘을 들이는 곳. 사물에서 중점이 되는 곳. ②지레로 물체를 움직일 때 힘이 모이는 점. ※りきてん
【力政】りょくせい(역정) ①부역(賦役). 力役(역역). ②무단 정치(武斷政治). ③무력으로 정벌함. 政은 征. 力征(역정).
【力走】りょくそう(역주) 힘껏 달림. ※りきそう
【力鬪】りょくとう(역투) 힘껏 싸움. 力戰(역전).
【力學】りょくがく①·りきがく②(역학) ①학문에 힘씀. 勉學(면학). ②물체끼리 작용하는 힘과 이로 인해 일어나는 운동과의 관계를 연구하는, 물리학의 한 분과.
【力行】りょっこう(역행) ①힘써 행함. 노력함. 勉行(면행). ②실제로 행함. 實行(실행). 躬行(궁행). ¶—近乎仁<中庸>
▷角—, 脚—, 強—, 苦—, 骨—, 功—, 怪—, 國—, 權—, 氣—, 努—, 勞—, 能—, 膽—, 馬—, 勉—, 武—, 物—, 微—, 佛—, 死—, 勢—, 速—, 水—, 身—, 心—, 量—, 有—, 人—, 引—, 自—, 資—, 才—, 財—, 全—, 戰—, 精—, 助—, 主—, 重—, 智—, 盡—, 車—, 體—, 他—, 惰—, 彈—, 通—, 風—, 筆—, 學—, 協—

4〖劝〗 勸(p. 226)의 俗字

4〖办〗 辦(p. 1471)의 俗字

3
5〖加〗 더할 가 | 麻ㄐㄧㄚ (jia) | か(クワエル) *add*

풀이 ①더하다. ㉮더 보태어 많게 하다. ¶旣富矣 又何—焉<論語>/倍—. ㉯더 심하여지다. 더 성하여짐. ¶馬蘭踸踔而日—<楚辭> ㉰뽐내다. 높은 체함. ¶不敢以富貴—於父兄<禮記> ㉱수량·분량을 더하거나 합함. ¶—減乘除. ㉲들다. 들어감. 보탬. ¶—入. ②살다. 거처함. ¶夫子—齊之卿相<孟子> ③베풀다. 베풀어 미치게 함. ¶老有—惠<左氏傳> ④입다. 입힘. 몸에 붙임. ¶—之衣服<禮記>/—冠. ⑤업신여기다. 헐뜯음. ¶我不欲人之—諸我也<論語> ⑥치다. 공격함. ¶宵—於鄙<左氏傳>

【加減】かげん(가감) ①더함과 뺌. 늚과 줆. ②더하거나 덜어서 알맞게 함. ③가법(加法)과 감법(減法).
【加減乘除】かげんじょうじょ(가감승제) 더하기·빼기·곱하기·나누기. 四則(사칙).
【加階】かかい(가계) 품계(品階)를 올림. 또는, 품계가 높아짐. 加級(가급).
【加工】かこう(가공) 자연물에 인공을 가하여 모양이나 성질을 바꾸는 일. ¶—品.
【加功】かこう(가공) ①남의 일을 거듦. 또는, 그 사람. 加勢(가세). ②죄 되는 일을 거드는 행위. 또는, 그 사람. ¶凡謀殺人 造意者斬 從而—者絞<明律>
【加級】かきゅう(가급) ☞加階(가계).
【加納】かのう(가납) 세금이나 공물(貢物)을 정수(定數) 이상으로 더 바침.
【加年】かねん(가년) ①나이를 더 먹음. 加齒(가치). 加齡(가령). ②㊙ 일정한 나이가 안 된 사람이 과거나 벼슬 등을 하려 할 때 나이를 속여 올림.
【加擔】かたん(가담) 찬성함. 한패가 됨.
【加療】かりょう(가료) 병을 고침. 治療(치료).
【加麻】(가마) 소렴(小殮) 때 상제가 처음으로 머리에 수질(首絰)을 쓰는 일.
【加盟】かめい(가맹) 동맹이나 연맹에 가입함.
【加味】かみ(가미) ①음식에 향료 따위를 넣어 맛을 냄. ②일정한 약방문에 다른 약재를 더 넣음.
【加捧女】(가봉녀) 개가한 여자가 데리고 온 전남편의 딸. 의붓딸.
【加捧子】(가봉자) 개가한 여자가 데리고 온 전남편의 아들. 의붓아들.
【加算】かさん(가산) 덧셈. ↔減算(감산).
【加勢】かせい(가세) 힘을 보탬. 거듦. 원조함.
【加速】かそく(가속) 속도를 더함. 속도가 빨라짐. ¶—度. ↔減速(감속).
【加外】(가외)㊙ ①생각 밖의 것. ②일정한 것 외에 더함. ③신분에 넘침.
【加一層】かいっそう(가일층) 더 한층. 한층 더. 더욱 더.
【加入】かにゅう(가입) 단체에 듦.
【加資】(가자) ①정삼품(正三品) 통정대부(通政大夫) 이상의 품계. ②정3품 통정대부 이상의 품계로 올리던 일.
【加除】かじょ(가제) ①더하는 일과 버리는 일. ②가법(加法)과 제법(除法). ③원고를 첨삭하는 일.
【加重】かじゅう(가중) ①더 무거워짐. 더 무겁게 함. ②범죄의 정상에 따라 형벌을 무겁게 함. ↔減輕(감경).
【加檐石】(가첨석)㊙ 빗돌 위에 지붕 모양으로 만들어 덮어 얹은 돌. 蓋頭(개두).

【加土】かど(가토) ①초목의 뿌리가 묻힌 위에 흙을 북돋아 줌. 또는, 그 흙. ②무덤에 흙을 더하여 보수하는 일.
【加鞭】かべん(가편) 채찍질하여 걸음을 재촉함. ¶走馬一.
【加筆】かひつ(가필) 붓을 대어 글씨를 고치거나 글을 첨삭함. ¶舊稿一.
【加虐】かぎゃく(가학) 학대를 가함.
【加害】かがい(가해) 남에게 해를 끼침. 남에게 상해를 입힘.
【加護】かご(가호) ①정성을 들여 지킴. 소중히 보호함. 擁護(옹호). ¶便似隔天涯 玉躬子一<陸倕> ②《佛》부처가 중생을 도와 줌. ¶由諸天一 得作於國王<最勝王經>
【加畫】かかく(가획) 글자의 획수를 더함.
▷累一, 冥一, 倍一, 附一, 增一, 參一, 添一, 追一

3/5 【功】 공 공 | 中ㄍㄨㄥ (gong) | こう, く(イサオ) *merits*

풀이 ①공. ㉮공로. 국가에 대한 공. ¶一勳/獨立有一者. ㉯공력. 일의 보람. ¶相陳以一<國語>/勞而無一. ②공치사하다. 공을 자랑함. ¶公子自驕而一之<史記> ③일. 직무. 사업. ¶婦容婦一<周禮> ④명예. 성적. ⑤공교하다. 좋고 단단함. ¶一苦. ⑥복(服). 오복(五服) 제도의 하나. 대소공(大小功)이 있음. 대공은 9개월, 소공은 5개월 복임. ¶小一 十升若十一升<儀禮>/大一. ⑦경대부(卿大夫)가 입는 옷. ¶一裘.
【功幹】こうかん(공간) 뛰어난 솜씨. 伎倆(기량). 才幹(재간). ¶公恪有一<魏志>
【功苦】こうく(공고) ①노고(勞苦). ②그릇의 단단한 것과 여린 것. ¶論百工 審時事 辨一<荀子>
【功過】こうか(공과) 공로와 허물. 功罪(공죄).
【功課】こうか(공과) ①일의 성적. 사업의 진행 정도. ②학생의 과업. 學課(학과).
【功過相半】こうかあいなかばす(공과상반) 공로와 허물이 서로 반반임.
【功狗】こうく(공구) 사냥에 공이 있는 개라는 뜻. 곧, 남의 지시를 받아서 일하여 공을 세운 사람을 이름.
【功裘】こうきゅう(공구) 주(周)대에 경대부(卿大夫)가 입던 갖옷. ¶季秋 獻一<周禮>
【功能】こうのう(공능) ①기량(技倆). 手腕(수완). ②효력. 효능.
【功德】こうとく(공덕) ①공업(功業)과 인덕(仁德). 공적(功績)과 덕업(德業). ②《佛》불도(佛道)를 수행한 덕.
【功德心】こうとくしん(공덕심)《佛》공덕을 소중하게 여기는 마음.
【功略】こうりゃく(공략) 공적과 계략. 功謀(공모).
【功力】こうりょく(공력) ①효력. 효험. ¶神速一倍<白居易> ②큰 공로. 功業(공업). ③사람의 힘. 人工(인공). ④《佛》공덕의 힘. 수행에 의하여 얻는 힘.
【功烈】こうれつ(공렬) 훌륭한 공적. 大功(대공). 功業(공업). ¶銘其一<左氏傳>
【功令】こうれい(공령) ①학문의 공과(功課)에 관한 규칙. 學令(학령). ②한(漢)대에, 공로자를 선거하던 법. ③韓 과문(科文)의 별칭. 「(詩體).
【功令詩】こうれいし(공령시) 과거 볼 때 쓰는 시체
【功勞】こうろう(공로) 힘쓴 공덕. 勳業(훈업). 功業(공업). 「<歐陽脩>
【功料】こうりょう(공료) 수고비. ¶治堤修埽 一浩大
【功利】こうり(공리) ①공적과 이익. ②영달과 이득. ③행복과 이익. ¶一主義.
【功名】こうめい(공명) ①공훈과 명예. 功譽(공예). ②공을 세워 얻은 이름. 또는, 그 이름이 널리 알려짐. ¶一心. ※こうみょう
【功伐】こうばつ(공벌) ☞功績(공적). ¶自矜一<史記>
【功閥】こうばつ(공벌) ☞功績(공적). ¶迹其一之最 陟于城雉之聯<蔡襄>
【功服】こうふく(공복) 상복(喪服)의 한 가지. 굵은 베로 지은 대공(大功)과 가는 베로 지은 소공(小功)의 총칭. 「수단.
【功夫】こうふ(공부) ①일. 工役(공역). ②방법.
【功簿】こうぼ(공부) 공적을 적은 장부.
【功緖】こうしょ(공서) ☞功績(공적).
【功成名遂】こうなりなとぐ(공성명수) 훌륭한 공업(功業)을 이루고 명성을 크게 떨침. ¶一 身退天之道也<老子>
【功成身退】こうなりみしりぞく(공성신퇴) 공을 이룬 뒤에 그 자리를 물러남.
【功臣】こうしん(공신) 나라에 공로가 있는 신하. ¶尊一 盛其爵祿<史記> 「<易經>
【功業】こうぎょう(공업) ☞功績(공적). ¶一見乎變
【功役】こうえき(공역) 토목 공사의 부역(賦役). ¶一繁興<後漢書>
【功用】こうよう(공용) ①실제로 소용되는 것. 實用(실용). ②공. 공적. 功效(공효). ¶一既興然後授政<漢書> ③《佛》몸·입·뜻으로 하는 짓. 곧, 동작·말·생각을 이름.
【功人】こうじん(공인) 공훈(功勳)이 있는 사람.
【功績】こうせき(공적) 쌓은 공로. 勳功(훈공). 功伐(공벌). 功閥(공벌). 功庸(공용). 成績(성적). 勳績(훈적). 功業(공업). ¶一銘乎金石<呂覽>
【功曹】こうそう(공조) ①한(漢)대에 서사(書史)를 맡던 하급 관리. ②별 이름. 12월장(月將) 중 10월장. 12월장은 음양가(陰陽家)에서, 해와 달이 서로 만난다고 하는 열 두 곳.
【功罪】こうざい(공죄) ☞功過(공과). ¶善惡要乎一<後漢書>
【功最】こうさい(공최) 공적이 첫째임. 또는, 가장 큰 공로. 功首(공수).
【功致辭】(공치사) 韓 자기의 공로를 남 앞에서 스스로 자랑함. 생색을 냄.

功布② (三禮圖)

【功布】こうふ(공포) ①관(棺)을 묻을 때 관을 닦는 데 쓰는 삼베 헝겊. ②장사 때 명정(銘旌)과 함께 상여 앞에 서서 길을 인도하는 데 쓰는 흰 기(旗).
【功效】こうこう(공효) 공을 들인 보람. 業績(업

적).
【功候】こうこう(공후) 진보의 정도.
【功勳】こうくん(공훈) 공로(功勞). 殊勳(수훈). 勳功(훈공).
【功虧一簣】こうきいっきニカク(공휴일궤) 산을 쌓아 올리는 데 한 삼태기의 흙을 게을리하여 드디어는 완성을 보지 못한다는 뜻. 곧, 거의 성취하여 가는 일을 마지막 판에 그만둠을 이름. ¶爲山九仞 —＜書經＞
▷論—, 農—, 大—, 武—, 邊—, 婦—, 成—, 歲—, 小—, 首—, 王—, 元—, 有—, 奏—, 天—, 顯—, 螢雪之—, 勳—

5【另】 ☞ 口部 2획(p.265)

5【幼】 ☞ 幺部 2획(p.512)

4/6【[illegible]】 피곤할 귀 寘 き(トボシ) *tired*

4/6【劤】 힘셀 근 問 きん *strong*

4/6【劣】 못할 렬 屑 ㄌㄧㄝˋ(lie) れつ(オトル) *inferior*

源 會意. 힘[力]이 모자람[少]을 뜻함.
풀이 ①못하다. 남보다 뒤떨어짐. ¶安綦常—于玄＜晉書＞/拙—. ②적다. 많지 아니함. ¶知慧淺—＜吳志＞ ③낮다. 수준·정도·지위 등이 낮음. ¶—等. ④약하다. 힘·마음 등이 약함. ¶哀其羸—＜蔡邕＞/弱—. ⑤어리다. 어리석음. ¶庸—. ⑥겨우. 간신히. ¶使其中—通車軸＜宋書＞
【劣等】れっとう(열등) 낮은 등급. ¶—感/—意識. ↔優等(우등).
【劣勢】れっせい(열세) 세력이 뒤짐. 또는, 약한 세력. ↔優勢(우세).
【劣惡】れつあく(열악) 저열하고 나쁨. 몹시 질이 낮음.
【劣位】れつい(열위) 다른 것보다 떨어져 있는 지위. ↔優位(우위).
【劣敗】れっぱい(열패) 힘이 남보다 못하여 짐. 또는, 힘이 모자라는 쪽이 패함. ¶—感. ↔優勝(우승).
▷怯—, 寡—, 駑—, 陋—, 微—, 卑—, 鄙—, 弱—, 庸—, 愚—, 優—, 拙—, 淺—, 賤—, 下—

4/6【劦】 힘 합할 협 葉 きょう(アワス) *cooperate*

풀이 ①힘을 합하다. 通協. ②갑자기. 급히. 빨리. ③바람이 잔잔해지다. 通颬.

5/7【劫】 으를 겁 業 ㄐㄧㄝˊ(jie) きょう, こう, ごう(オビヤカス) *threaten*

同 刧 刦
源 會意·形聲. 힘[力]으로써 물건을 빼앗아 간다[去]는 뜻.
풀이 ①으르다. 위협함. ¶—之以衆＜禮記＞/—奪. ②빼앗다. 힘으로써 빼앗음. ¶剽—行者＜漢書＞/—盜. ③부지런하다. 부지런히 일하는 모양. ¶人皆——＜韓愈＞ ④어수선하다. 분주함. ¶從容得志不—＜傳毅＞ ⑤섬돌. 계단. 탑. ¶浩—因王造 平臺訪古遊＜杜甫＞ ⑥패(覇). 바둑에서 한 점의 득실로 한 국면의 사활이 좌우될 때, 서로 한 수씩 걸러 잡는 한 집. ¶有征有—＜碁經＞ ⑦겁. 오랜 세월. 불교에서, 하늘과 땅이 한 번 개벽할 때부터 다음 개벽할 때까지의 동안. ¶永—.
【劫姦】ごうかん(겁간) 폭력으로 간음함. 強姦(강간). 劫奪(겁탈)②.
【劫劫】きょうきょう(겁겁) ①부지런히 힘쓰는 모양. 汲汲(급급). 孜孜(자자). ②성미가 급하여 참을성이 적음. ③《佛》 세세(世世). 代代(대대). ¶生生— 長爲我師＜白居易＞
【劫年】ごうねん(겁년) 겁운(劫運)이 닥친 해. 厄年(액년).
【劫掠】きょうりゃく(겁략) ☞劫奪(겁탈)①. ¶吏士—者 皆徙敦煌郡＜漢書＞
【劫迫】きょうはく(겁박) 협박함. 위력으로 으르댐.
【劫運】ごううん(겁운) 큰 액운. 겁기(劫氣)가 낀 운수. 劫數(겁수). 劫會(겁회).
【劫奪】ごうだつ(겁탈) ①위협하여 빼앗음. 劫掠(겁략). ②☞劫姦(겁간).
【劫火】ごうか(겁화) 《佛》 세계가 파멸할 때에 일어난다는 큰 화재(火災).
▷盜—, 萬—, 燔—, 焚—, 四—, 掠—, 億—, 永—, 威—, 塵—, 鈔—, 剽—

5/7【劬】 수고로울 구 虞 ㄑㄩˊ(qu) く(ツカレル) *laborious*

7【男】 ☞ 田部 2획(p.1014)

5/7【努】 힘쓸 노 麌 ㄋㄨˇ(nu) ど(ツトメル) *endeavor*

源 會意·形聲. 종[奴]처럼 힘들여[力] 일을 한다는 뜻.
풀이 ①힘쓰다. 있는 힘을 다함. ¶—力崇明德＜李陵＞ ②영자 팔법(永字八法)의 하나. 永자의 여덟 가지 필법 중 세째 필순(筆順)인 세로획. 通弩.
【努力】どりょく(노력) 힘을 들이고 애를 씀. 힘을 다함. ¶棄捐勿復道 —加餐飯＜古詩＞
【努目】どもく(노목) 성을 내어 눈을 부라림. 張目(장목).
【努肉】どにく(노육) 궂은살.

7【励】 勵(p.226)의 俗字

7【労】 勞(p.223)의 略字

5/7【劭】 힘쓸 소 嘯 ㄕㄠˋ(shao) しょう(ハゲム) *exert*

풀이 ①힘쓰다. ②권하다. ¶先帝—農＜漢書＞ ③아름답다. ¶令名患不—＜潘岳＞

5/7【助】 도울 조 御 ㄓㄨˋ(zhu) じょ(タスケル) *help*

풀이 ①돕다. 도움. ¶得道者多—<孟子>/援—. ②이롭다. ¶非—我者也<論語> ③은(殷)·주(周)대의 수세법(收稅法). ¶殷人七十而—<孟子>

【助桀爲惡】じょけつ いあく(조걸위악) ☞助桀爲虐(조걸위학).

【助桀爲虐】じょけつ いぎゃく(조걸위학) 걸왕 같은 폭군을 도와 백성을 못살게 군다는 말로, 나쁜 무리와 한 동아리가 되어 악을 저지름을 이름. 助桀爲惡(조걸위악). ¶劫之以兵 爲君將 是—也<史記>

【助力】じょりょく(조력) 힘으로 도와 줌. 援助(원조). 加勢(가세). ¶幾得其—<漢書>

【助幇】(조방)㊥ 주색 잡기를 주선하여 심부름을 해주는 일.

【助法】じょほう(조법) 은(殷)대의 조세법(租稅法). 정전(井田) 방식에 따라 여덟 집이 중앙의 땅을 공동 경작하여 그 수확으로써 세를 내는 제도.

【助産】じょさん(조산) 해산(解産) 때 산모를 돕고 아이를 받는 일. 또는, 그 사람. 助産員(조산원). 産婆(산파).

【助戍】じょじゅ(조수) 도와서 지킴. ¶—彭城 爲魏軍所獲<南史>

【助言】じょげん(조언) 말로써 거들어 줌. 남에게 도움되는 말을 함. 助語(조어).

【助演】じょえん(조연) 연극·영화 등에서 주역(主役) 이외의 연기자. ↔主演(주연).

【助字】じょじ(조자) 한문(漢文)의 토씨. 助辭(조사).

【助長】じょちょう(조장) ①도와서 빨리 자라게 함. ¶—炎虐<文天祥> ②속성시키려고 무리하게 힘을 가하여 도리어 해침. 춘추 시대 송(宋)의 어느 농부가 곡식이 빨리 자라게 도와 준다며 그 묘를 잡아 당겨 놓아 오히려 말라 죽게 했다는 옛 일에서 유래. ¶勿—也 無若宋人然 宋人有閔其苗之不長而揠之者<孟子>

【助護】(조호) 돕고 보호함.

【助婚錢】(조혼전)㊥ 옛날 혼인 때 신부집이 가난한 경우 신랑집이 혼례 비용으로 신부집에 보내던 돈.

▷共—, 救—, 內—, 冥—, 補—, 扶—, 神—, 祐—, 援—, 一—, 自—, 天—, 互—

6/8〖劻〗 급할 광 | 陽ㄎㄨㄤ (kuang) | きょう urgent

8〖劵〗 倦(p.118)의 本字

8〖势〗 勢(p.225)의 俗字

6/8〖劼〗 삼갈 할 | 黠ㄐㄧㄝˊ (jie) | かつ (ツツシム)

6/8〖劾〗 1 캐물을 핵 2 힘쓸 해 | 職ㄏㄜˊ 隊(he) | がい inquire, exert

풀이 1 ①캐묻다. ¶考—其實也<六書故> ②관리의 죄를 고발하다. ¶彈—. ③신문 조서. ¶投—去<後漢書> 2 힘쓰다.

【劾論】がいろん(핵론) 허물을 책하여 논함.

【劾按】がいあん(핵안) 죄를 조사하여 고발함. 劾案(핵안). ¶寶臣請—無狀<唐書>

▷告—, 鞫—, 糾—, 誣—, 排—, 按—, 奏—, 推—, 彈—

8〖協〗 ☞十部 6획(p.239)

8〖効〗 效(p.680)의 俗字

7/9〖勁〗 굳셀 경 | 敬ㄐㄧㄣˋ (jin) | けい(ツヨイ) strong

풀이 ①굳세다. ¶筋力越—<荀子> ②힘. ¶孔子之—<列子> ③강건하다. 단단함. ¶其氣急疾堅—<素問> ④날카롭다. ¶其政—肅<素問>

【勁弓】けいきゅう(경궁) 센 활. 強弓(강궁). ¶—利矢<漢書>

【勁弩】けいど(경노) 센 쇠뇌. 強弩(강노). ¶良將—<史記>

【勁兵】けいへい(경병) ①예리한 무기. ②날래고 강한 병사. ¶精卒—<魏志>

【勁敵】けいてき(경적) 강한 적. 強敵(강적). ¶皆吾前歲之—也<舊五代史>

▷剛—, 堅—, 古—, 高—, 果—, 奇—, 猛—, 肥—, 雄—, 貞—, 捷—, 淸—, 忠—, 豪—, 後—

7/9〖勉〗 힘쓸 면 | 銑ㄇㄧㄢˇ (mian) | べん(ツトメル) exert

풀이 ①힘쓰다. ¶—之矣<公羊傳>/—學. ②권하다. 격려함. ¶—諸侯<禮記>/勸—. ③억지로 하게 하다. ¶—從.

【勉強】べんきょう(면강) 힘을 다하여 노력함. 勉彊(면강). ¶—而行之<中庸>

【勉勵】べんれい(면려) 힘써 함. 또는, 힘쓰도록 격려함. 勉厲(면려). 勉礪(면려). ¶在位者咸自—<後漢書>

【勉學】べんがく(면학) 힘써 공부함. 학문에 힘씀. ¶弟子—<荀子>

【勉行】べんこう(면행) 힘써 행함. 力行(역행). ¶子其—<史記>

▷彊—, 勸—, 勤—, 勞—, 力—, 慰—, 弔—, 策—

7/9〖勃〗 우쩍 일어날 발 | 月ㄅㄛˊ (bo) | ぼつ(オコル) happen suddenly

풀이 ①우쩍 일어나다. ¶其興也—焉<左氏傳>/—然. ②갑자기. ¶—發. ③발끈하다. ¶色—如也<論語> ④다투다. ¶婦姑—谿<莊子> ⑤성하다. ¶氣噴—以布覆兮<馬融> ⑥바다 이름. 通 渤. ¶—海.

【勃姑】ぼっこ(발고) 비둘기의 이칭.

【勃起】ぼっき(발기) 불끈 일어남. 勃興(발흥). ¶異豊沛之—<隋書>

【勃律】ぼつりつ(발률) 당(唐)대 서역(西域)에 있던 나라. ¶大— 或曰布露<唐書>

【勃發】ぼっぱつ(발발) 갑자기 일어남. 突發(돌발). ¶戰爭—.

【勃然】ぼつぜん(발연) ①발끈하여 안색이 달라짐. ¶王—不說＜史記＞ ②갑작스런 모양. 卒然(졸연). ¶忽然出—動＜莊子＞ ③왕성하게 일어나는 모양. ¶聖人—而起＜淮南子＞

【勃然大怒】ぼつぜんたいど(발연대로) 벌컥 성을 냄.

【勃然變色】ぼつぜんへんしょく(발연변색) 발끈하여 안색이 변함. 勃然作色(발연작색).

【勃鬱】ぼつうつ(발울) ①바람이 회오리치는 모양. ¶—煩寃＜宋玉＞ ②가슴이 답답해지는 모양. 鬱結(울결). ¶—詩情啄三尺＜陳造＞

【勃興】ぼっこう(발흥) 갑자기 왕성하게 일어남. 勃起(발기). ¶武夫—＜後漢書＞

▷狂—, 馬—, 蓬—, 坌—, 鬱—, 咆—, 暴—, 凶—

7/9 【勇】 날랠 용 | 腫ㄩㄥˇ (yong) | ゆう(イサマシイ) *brave*

풀이 ①날래다. 용감함. ¶民—於公戰＜史記＞/—猛. ②기력이 있다. 과감함. ¶—槍之—＜歐陽脩＞ ③병사(兵士). ¶非——所抗＜蔡邕＞ ④韓 용 쓰다.

【勇敢無雙】ゆうかんむそう(용감무쌍) 용감하기 짝이 없음.

【勇斷】ゆうだん(용단) 용기있게 결단함. 勇決(용결). ¶非有—＜說苑＞

【勇略】ゆうりゃく(용략) 용기와 지략(智略). ¶以—選＜漢書＞

【勇力】ゆうりょく(용력) 용기 있고 힘이 셈. 또는, 용기(勇氣). ¶—強武＜墨子＞

【勇猛】ゆうもう(용맹) 날쌔고 사나움. 勇武(용무). ¶氣力—＜後漢書＞

【勇猛精進】ゆうみょうしょうじん(용맹정진)《佛》용맹하게 불도(佛道)를 수행함. ¶— 志願無倦＜無量壽經＞

【勇名】ゆうめい(용명) 용맹하다는 명성. ¶賁育不量敵 則無—＜韓非子＞

【勇士】ゆうし(용사) ①용기있는 사람. 勇者(용자). ¶—輕其死＜管子＞ ②용맹한 병사.

【勇士不忘喪其元】ゆうしハソノゲンヲウシナウヲワスレズ(용사 불망상기원) 용사는 자기 목이 달아날 때가 있을 것을 잊지 않는다는 말로, 항상 죽을 각오가 되어 있음을 이름.

【勇躍】ゆうやく(용약) 용기있게 뜀.

【勇者】ゆうしゃ(용자) 용기있는 사람. 勇士(용사)①. ¶—不懼＜論語＞

【勇將】ゆうしょう(용장) 용맹한 장수. 담력이 센 장군. ¶智臣—＜魏書＞

【勇將下無弱卒】ゆうしょうノモトニじゃくそつナシ(용장하 무약졸) 용맹한 장수의 밑에는 허약한 병사가 없음. 強將下無弱兵(강장하 무약병).

【勇戰】ゆうせん(용전) 용맹하게 싸움. ¶擧力以成—＜商子＞

【勇退】ゆうたい(용퇴) 관직에서 쾌히 물러남. ¶—不敢進＜謝瞻＞

▷剛—, 健—, 膽—, 大—, 蠻—, 猛—, 武—, 小—, 英—, 義—, 仁—, 猪—, 忠—, 沈—, 剽—, 匹夫之—, 悍—, 驍—

7/9 【勅】 조서 칙 | 職ㄔˋ (chi) | ちょく(ミコトノリ) *edict*

同敕

풀이 ①조서(詔書). ¶便溫子昇草—＜北史＞/—旨. ②타이르다. ¶戒—/—勸. ③삼가다. ¶—身率下＜後漢書＞ ④바루다. ¶憚—天＜班固＞ ⑤갖추다. ¶賢者—其才＜韓非子＞ ⑥견고하다. 通飭. ¶既匡既—＜詩經＞ ⑦급하다. ¶數加譴—＜後漢書＞

【勅答】ちょくとう(칙답) ①천자가 신하에게 대답함. 또는, 그 대답. ¶—曰 此是主者守株＜南史＞ ②천자의 하문(下問)에 대답함.

【勅令】ちょくれい(칙령) ①천자의 명령. 詔勅(조칙). ②부하에게 훈계하여 명함. 訓諭(훈유).

【勅命】ちょくめい(칙명) 천자의 명령. 勅旨(칙지). 詔勅(조칙).

【勅問】ちょくもん(칙문) 천자의 하문(下問). ¶詔書—＜後漢書＞

【勅使】ちょくし(칙사) 천자의 사신(使臣). 칙신(勅信). 칙차(勅差).

【勅書】ちょくしょ(칙서) 천자의 분부를 기록한 문서. 詔書(조서). 勅宣(칙선). 勅牒(칙첩).

【勅宣】ちょくせん(칙선) ☞勅書(칙서).

【勅語】ちょくご(칙어) 천자의 분부. 勅言(칙언). 訓諭(훈유).

【勅諭】ちょくゆ(칙유) 천자의 가르침. 임금의 훈유(訓諭). 詔諭(조유). 勅教(칙교).

【勅任】ちょくにん(칙임) 천자의 명령에 의한 임명(任命). ¶—官.

【勅裁】ちょくさい(칙재) 천자의 재결(裁決). 勅斷(칙단).

【勅詔】ちょくしょう(칙조) 천자의 분부. 詔勅(조칙). 勅命(칙명).

【勅撰】ちょくせん(칙찬) ①천자가 몸소 시문(詩文)을 짓거나 책을 저술함. 또는, 천자의 저술. 欽定(흠정). ②천자의 명에 의하여 책을 만듦. 또는, 그 책.

【勅牒】ちょくちょう(칙첩) ☞勅書(칙서).

▷檢—, 警—, 戒—, 告—, 教—, 謹—, 墨—, 密—, 奉—, 手—, 修—, 申—, 神—, 約—, 嚴—, 違—, 僞—, 制—, 詔—

10 【哿】 ☞口部 7획(p.295)

8/10 【勍】 굳셀 경 | 庚ㄑㄧㄥˊ (qing) | けい(ツヨイ) *strong*

8/10 【勌】 1 게으를 권 2 권할 권 | 霰ㄐㄩㄢˋ 願(juan) | けん *lazy, persuade*

8/10 【勑】 1 위로할 래 2 조서 칙 | 隊、職ㄔˋ (chi) | らい(イタワル) *comfort* ちょく *warning*

10 【勐】 猛(p.979)의 俗字

10 【勉】 勉(p.220)과 同字

9/11 〖勘〗 헤아릴 감 | 勘ㄎㄢˋ (kan) | かん (カンガエル) *consider*

풀이 ①헤아리다. ¶無可檢—<左氏傳>/—定. ②국문하다. 죄인을 신문함. ¶推—不實者<宋史>

【勘契】かんけい(감계) ①부절(符節). ¶如古之—也<夢溪筆談> ②옛날, 대궐 문을 여닫던 열쇠.

【勘考】かんこう(감고) 살펴 생각함. 考慮(고려). 「熟考(숙고).

【勘校】かんこう(감교) 조사·대조하여 잘못된 데를 바로잡음. 校勘(교감). 校正(교정). ¶書寫—<通典>

【勘鞫】かんきく(감국) 범인을 신문하여 죄의 유무를 판결함. ¶掌獄訟—之事<文獻通考>

【勘案】かんあん(감안) 헤아려 생각함.

【勘誤】かんご(감오) 글자나 문장의 착오를 교정(校正)함.

【勘葬】(감장)韓 장사(葬事)를 치름.

【勘合】かんごう(감합) ①부절(符節)을 맞추어 봄. 대조하여 진부(眞否)를 조사하던 일. ¶俞可—<宋史> ②옛날에 외국 교통의 허가증으로 주던 부절. 符契(부계). ③명(明)대 관아에서 전량(錢糧)을 출납할 때 쓰던 부절(符節). ④청(淸)대 관리의 출장 증명서.

▷檢—, 校—, 鞫—, 磨—, 覆—, 點—, 推—, 勅—

9/11 〖動〗 움직일 동 | 董ㄉㄨㄥˋ 送(dong) | どう(ウゴク) *move*

古 勭

풀이 ①움직이다. ¶風勝則—<素問>/運—. ②놀라다. ¶使人心—<宋玉> ③변하다. 바뀜. ¶變—. ④생기다. 살아남. ¶草木繁—<呂覽> ⑤다투다. ¶—不可禁<呂覽> ⑥동물. ¶群—咸遂<梁巘> ⑦자칫하면. ¶—輒得咎<韓愈> ⑧벼슬하다. 관직에 나아감. ¶—息無兼遂<謝朓>

【動悸】どうき(동계) 가슴이 두근거림. ¶覺悟心中—<後漢書>

【動機】どうき(동기) 행동의 원인이나 계기. 일의 실마리. ↔結果(결과).

【動亂】どうらん(동란) 세상이 소란함. 戰亂(전란). ¶欲以—人耳<魏志>

【動力】どうりょく(동력) 물체를 움직이는 힘. 原動力(원동력). ¶—源/—計.

【動類】どうるい(동류) 동물. 禽獸(금수). ¶—亦繁<謝靈運>

【動脈】どうみゃく(동맥) ①심장에서 나오는 혈액을 체내 모든 기관으로 보내는 혈관. ↔靜脈(정맥). ②옛날 의가(醫家)의 용어로 양맥(陽脈)의 하나.

【動兵】どうへい(동병) 군사를 움직임. 전쟁을 일으킴. ¶難以—<漢書>

【動産】どうさん(동산) 금전·가구 등 이동할 수 있는 재물. ↔不動産(부동산).

【動色】どうしょく(동색) ①안색이 변함. ¶君臣—<後漢書> ②경치를 변화시킴. ¶千巖爲之—<李邕>

【動息】どうそく(동식) ①활동과 휴식. ②관직에 나아감과 벼슬을 사양하고 야인(野人)으로 있음. 進退(진퇴). ¶—自遺身<王維>

【動搖】どうよう(동요) ①흔들려 움직임. ¶—而不逆天之道<尙書大傳> ②떠들썩하고 어지러움. ③마음이 불안함.

【動員】どういん(동원) ①군대를 전시 편제로 바꿈. ②전시에 국내 자원을 정부가 집중 관리함. ③행사 등을 위해 사람을 출동하게 함.

【動議】どうぎ(동의) 회의(會議)에서 토의에 붙이도록 의견을 제출하는 일. 또는, 그 의견. 「(동기).

【動因】どういん(동인) 사건이나 변화의 원인. 動機

【動作】どうさ(동작) 몸의 움직임. 행동. ¶助己—<墨子>

【動靜】どうせい(동정) ①움직임과 가만히 있음. ¶—不失其時<易經> ②사물의 변화. 형편. 상황. ¶—有常<禮記> ③기거(起居). 動止(동지). ④세상의 평안함과 어지러움. 治亂(치란). ¶—有變<漢書> ⑤동물과 식물. ¶—之物<史記>

【動靜云爲】どうせいうんい(동정운위) 사람의 언동(言動). 云爲는 언행(言行).

【動則思禮】ウゴケバスナワチれいヲオモウ(동즉사례) 움직일 때는 먼저 예를 생각함. 곧, 예에 벗어나지 않도록 행동을 조심함. ¶君子— 行則思義<左氏傳>

【動天】どうてん(동천) ①하늘을 감동시킴. ②하늘을 뒤흔들 만큼 기세가 성함. ¶勇力—<宋書> 「리가 아픈 증상.

【動胎】どうたい(동태) 태아가 놀라 움직여, 배와 허

【動態】どうたい(동태) 활동이나 변화의 상태.

【動風】どうふう(동풍) 몸에 경련이 일어나는 병.

【動向】どうこう(동향) ①마음의 움직임. ②행동의 방향. 傾向(경향). ③형편. 상태.

【動蛔】(동회)韓 ①회(蛔)가 꿈틀거림. ②먹고 싶음을 속되게 이르는 말.

【動喙】どうかい(동훼) ①말을 함. ¶別語毋—<陳造> ②음식을 먹음.

▷稼—, 感—, 擧—, 激—, 鼓—, 群—, 亂—, 鳴—, 微—, 反—, 發—, 變—, 不—, 浮—, 生—, 騷—, 竦—, 言—, 搖—, 運—, 流—, 律—, 移—, 自—, 蠢—, 地—, 震—, 天—, 他—, 胎—, 暴—, 行—, 活—

9/11 〖勒〗 굴레 륵 | 勒ㄌㄜˋ(le) ㄌㄟ(lei) | ろく(クツワ) *bridle*

풀이 ①굴레. 재갈. ¶弓矢鞍—<後漢書> ②억누르다. ¶不能敎—子孫<後漢書> ③억지로 하다. ¶—令追解<福惠全書> ④다스리다. ¶親—六軍<後漢書> ⑤새기다. 通刻. ¶物—工名<禮記>

【勒買】ろくばい(늑매) ☞強買(강매).

【勒銘】ろくめい(늑명) 금석(金石)에 명문(銘文)을 새김. 또는, 그 명문. 刻銘(각명). ¶上有—<晉書>

【勒文】ろくぶん(늑문) 문장을 돌에 새김. ¶翠石—

<梁簡文帝>
【勒絆】ろくはん(늑반) 말의 고삐. ¶持一立後<通典>
【勒兵】ろくへい(늑병) 군사를 다스려 정돈함. 군사를 훈련함. ¶上親勞軍一申教令<漢書>
【勒碑】ろくひ(늑비) 석비(石碑)에 글을 새김.
【勒石】ろくせき(늑석) 돌에 글자를 새김. 刻石(각석).
【勒紲】ろくせつ(늑설) 말고삐.
【勒韻】ろくいん(늑운) 운자(韻字)와 그 순서를 정하여 놓고 시를 짓는 일.
【勒葬】ろくそう(늑장) 남의 땅에 억지로 장사를 지냄.
【勒停】ろくてい(늑정) 강제로 벼슬을 그만두게 함. 파면함.
【勒住】ろくじゅう(늑주) 억지로 머무르게 함. 또는, 억지(抑止)함. ¶天寒一花<陸游>
【勒徵】ろくちょう(늑징) 강제로 징수·징발함.
【勒草】ろくそう(늑초) 한삼덩굴. 율초(葎草). 열매는 건위제(健胃劑).
【勒奪】ろくだつ(늑탈) 폭력이나 위력으로 빼앗음. 強奪(강탈).
【勒婚】ろくこん(늑혼) 강제로 하는 혼인.
【勒痕】ろくこん(늑흔) 목졸라 죽인 흔적.
▷誡一, 銘一, 彌一, 剖一, 整一, 銜一

9 11 【勔】 권할 면 | 銑ㄇㄧㄢˇ 軫(mian) | べん, めん, びん *persuade*

9 11 【務】 1 힘쓸 무 2 업신여길 모 | 遇ㄨˋ (wu) 虞 | む (ツトメル) *exert, despise*

풀이 1 ①힘쓰다. ¶一其業<荀子> ②일. ¶教之以一<左氏傳>/事一. ③직분. ¶無過一<呂覽> ④향하다. ¶君子一本<論語> 2 업신여기다. 通 侮. ¶外禦其一<詩經>
【務光】むこう(무광)(人) 하(夏)의 현인(賢人). 탕왕(湯王)이 걸왕(桀王)을 친 후, 천하를 무광에게 넘기려고 하자, 이를 사양하여 물에 빠져 죽었다 함.
【務望】むぼう(무망) 간절히 바람.
【務成子】むせいし(무성자)(人) 요(堯)임금의 스승. 이름은 소(昭).
【務施】むし(무시) 힘써 베풂. ¶欲以一者仁人之偶也<孔子家語>
【務實力行】むじつりょっこう(무실역행) 참되고 실속 있도록 힘쓰고 행함.
▷家一, 激一, 兼一, 公一, 國一, 軍一, 劇一, 勤一, 急一, 機一, 內一, 農一, 煩一, 邊一, 本一, 事一, 常一, 庶一, 先一, 世一, 俗一, 時一, 業一, 外一, 要一, 用一, 義一, 任一, 財一, 專一, 政一, 主一, 職一, 執一, 債一, 特一, 學一

9 11 【勖】 힘쓸 욱 | 沃ㄒㄩˋ (xu) | きょく *exert*

11 【勗】 勖(p.223)의 俗字

10 12 【勞】 1 일할 로 2 위로할 로 | 豪ㄌㄠˊ (lao) 號ㄌㄠˋ (lao) | ろう (ネギラウ) *work, comfort*

略 労

풀이 1 ①일하다. ¶任士之所一<莊子>/一動. ②애쓰다. 힘을 다함. ¶犧牲不一 則牛馬育<管子> ③근심하다. ¶一萬民<淮南子>/心一. ④수고. 고난. ¶先一後祿<禮記> ⑤공로. 공적. ¶事功曰一 治功曰力<周禮> ⑥농구(農具)의 하나. 써레. 2 ①위로하다. ¶以一王爵<左氏傳> ②돕다. ¶神所一矣<詩經>

勞⑥
(農政全書)

【勞歌】ろうか(노가) ①노역자(勞役者)가 부르는 노래. ¶亦可以代一耳<黃庭堅> ②손을 보내는 노래.
【勞劍】ろうけん(노검) 날이 무딘 검. ¶一無龍光<鮑溶>
【勞苦】ろうく(노고) ①애쓰고 고생함. 또는, 괴롭히고 지치게 함. 苦勞(고로). 作苦(작고). ②수고를 위로함. ¶一如平生歡<漢書>
【勞困】ろうこん(노곤) 고달프고 고단함. 疲困(피곤). ¶加以一<吳志>
【勞動】ろうどう(노동) ①몸을 움직여 일함. ¶人體欲得一<後漢書>/一三權/一節/一組合. ②인심을 동요시킴. ¶一我邊境<鍾會>
【勞務】ろうむ(노무) ①힘써 일함. ②육체적 힘을 들여 하는 일. ¶其苦愁一<呂覽>/一者/一出資.
【勞使】ろうし(노사) ①부려서 일을 시킴. ②노동자와 사용자. ¶一合意.
【勞心焦思】ろうしんしょうし(노심초사) 애쓰고 속태움.
【勞役】ろうえき(노역) 수고하여 일함. 苦役(고역). ¶戮力一<白虎通>
【勞而無功】ろうしてこうなし(노이무공) 수고뿐이고 애쓴 효과가 없음. ¶任數者一<淮南子>
【勞而不怨】ろうしてうらみず(노이불원) 효자는 부모를 위해 어떤 고생을 해도 결코 부모를 원망하지 않음. ¶又敬不違 一<論語>
【勞賃】ろうちん(노임) 품삯. 노동에 대한 보수.
【勞資】ろうし(노자) 노동과 자본. 또는, 노동자와 자본가.
【勞作】ろうさく(노작) ①힘써 일함. 勞動(노동). ②애써서 만듦. 또는, 그 작품. 力作(역작).
【勞組】ろうそ(노조) 노동 조합의 약칭.
【勞瘁】ろうすい(노췌) 고생함. 몸이 지쳐 쇠약해짐. 勞悴(노췌). ¶民物一<吳志>
【勞乏】ろうぼう(노핍) 피로. ¶因其一<五代史>
【勞瘧】(노학) 만성 학질의 하나. 가벼운 오한과 신열이 계속됨. 氣瘧(기학).
【勞咳】ろうがい(노해) 폐결핵(肺結核). 勞症(노증). 勞欬(노해).
▷苦一, 功一, 過一, 劬一, 勤一, 徒一, 煩一, 辛一, 心一, 慰一, 疲一

10 12 〖勝〗 ①이길 승 ②견딜 승 | 徑ㄕㄥˋ (sheng) 蒸ㄕㄥ (sheng) | しょう(カツ) win, bear

풀이 ① ①이기다. ¶一一一負<唐書>/一戰. ②낫다. 뛰어난 것. ¶一境名山<南史> ③지나치다. ¶樂一則流<禮記> ④성하다. 많음. ¶獨一而止耳<素問> ⑤곧다. 바름. ¶訟而不一者<淮南子> ⑥이겨서 멸망시키다. ¶一國. ②①견디다. ¶武王靡不一<詩經> ②모두. ¶不可一讀<宋玉> ③타다. 通乘. ¶靡人弗一<詩經>

【勝概】しょうがい(승개) 좋은 경치. 勝槩(승개). 勝景(승경). ¶昔遺一<柳宗元>
【勝景】しょうけい(승경) ☞勝概(승개).
【勝境】しょうきょう(승경) 경치 좋은 곳. ¶一名山<南史>
【勝果】しょうか(승과)《佛》 뛰어난 깨달음의 경지. ¶欲感一 非戒不生<淨住子>
【勝國】しょうこく(승국) 멸망한 전대(前代)의 왕국. 勝朝(승조). 亡國(망국). ¶一之社<周禮>
【勝氣】しょうき(승기) ①뛰어난 기상(氣象). ¶一朔雲平<宋璟> ②패기(霸氣).
【勝機】しょうき(승기) 승리의 기회.
【勝癖】しょうへき(승벽) 남을 꼭 이기고자 하는 성벽(性癖).
【勝負兵家常勢】しょうぶはへいかのじょうせい(승부 병가상세) 이기기도 하고 지기도 하는 것은 병가(兵家)에 늘 있는 일임.
【勝算】しょうさん(승산) 적에게 이길 가망.
【勝常】しょうじょう(승상) 건강이 평소보다 좋다는 뜻으로, 안부를 묻는 말. ¶尊候一<東坡尺牘>
【勝勢】しょうせい(승세) ①뛰어난 지세(地勢). ¶山川之一<歐陽脩> ②이길 형세.
【勝訴】しょうそ(승소) 소송하여 이김. 得訟(득송). ↔敗訴(패소).
【勝因】しょういん(승인) ①《佛》 좋은 인연. ¶一生善道<佛說無常經> ②승리의 원인.
【勝日】しょうじつ(승일) ①오행설(五行說)에서 수레를 타면 악귀를 피할 수 있다는 날. ¶遇有一<晋書> ②전쟁에 이기는 날.
【勝者】しょうしゃ(승자) 이긴 사람. 이긴 편. ¶一爲直<五代史>
【勝者所用敗者棋】しょうしゃのもちうるははいしゃのご(승자소용 패자기) 승자가 쓴 것은 전에 패자가 쓰던 바둑돌이라는 말로, 같은 도구라도 쓰는 사람에 따라 성과에 차이가 생김을 이름.
【勝迹】しょうせき(승적) 유명한 고적. 또는, 뛰어난 사적(事蹟). 勝跡(승적). 勝蹟(승적). ¶江山留一<孟浩然>
【勝蹟】しょうせき(승적) ☞勝迹(승적).
【勝戰】しょうせん(승전) ☞勝捷(승첩). ↔敗戰(패전).
【勝戰鼓】しょうせんこ(승전고) 싸움에 이겼을 때 치는 북. 또는, 그 북 소리.
【勝情】しょうじょう(승정) 좋은 경치를 즐기고자 하는 마음. ¶許非徒有一<世說新語>
【勝朝】しょうちょう(승조) ☞勝國(승국).
【勝地】しょうち(승지) ①경치가 좋은 곳. 勝所(승소). 勝境(승경). ¶求一 爲構第<唐書> ②지형이 좋은 곳. 勝壤(승양). ③반드시 이길 땅. 生地(생지).
【勝地本來無定主】しょうちほんらいていしゅなし(승지 본래 무정주) 명승지는 본래 임자가 없어 누구나가 완상할 수 있다는 말.
【勝捷】しょうしょう(승첩) 전쟁에 이김. 勝戰(승전).
▷健一, 決一, 景一, 奇一, 氣一, 大一, 名一, 百戰百一, 常一, 殊一, 連一, 優一, 全一, 戰一, 絕一, 快一, 必一

12 〖勛〗 勳(p.225)의 古字

13 〖舅〗 ☞臼部 7획(p.1255)

13 〖勧〗 勸(p.226)의 略字

11 13 〖勤〗 부지런할 근 | 図ㄑㄧㄣˊ (qin) | きん, ごん(イソシム) diligent

풀이 ①부지런하다. ¶四體不一<論語>/一勞. ②일. 직무. ¶服一至死<禮記> ③근심하다. ¶一天下之難<呂覽> ④위로하다. ¶杕杜以一歸也<詩經> ⑤괴로워하다. ¶或問民所一<法言> ⑥바라다. ¶一而無怨<詩經>

【勤儉】きんけん(근검) 부지런하게 일하고, 검소하게 지내며 절약함. ¶居備一 躬兼貧病<顏延之>
【勤苦】きんく(근고) 애써 부지런히 일함. 근로와 신고(辛苦). ¶一如此<漢書>
【勤勤孜孜】(근근자자) 부지런하고 정성스러운 모양.
【勤勉】きんべん(근면) 부지런히 노력함. 勤力(근력). ↔怠惰(태타).
【勤務】きんむ(근무) 일을 맡아 봄. 또는, 그 일. 勤仕(근사). ¶一者.
【勤民】きんみん(근민) ①백성을 부지런하게 함. ¶以食一 天奉我也<左氏傳> ②임금이 백성을 위해 부지런히 힘씀. ¶奕世一<班固> ③부지런한 백성.
【勤續】きんぞく(근속) 여러 해 계속하여 근무함.
【勤實】きんじつ(근실) 부지런하고 착실함.
【勤王】きんのう(근왕) 임금을 받들어 충성을 다함. ¶一之師<後漢書>
【勤怠】きんたい(근태) ①부지런함과 게으름. ¶以奉行一<宋史> ②출근과 결근. 勤慢(근만). 勤惰(근타).
【勤學】きんがく(근학) 학문에 힘씀. 열심히 공부함. 勉學(면학). ¶一累載<隋書>
▷恪一, 皆一, 缺一, 內一, 篤一, 夜一, 外一, 在一, 精一, 出一, 忠一, 通一, 退一, 特一

11 13 〖勠〗 합할 륙 | 屋ㄌㄨˋ (lu) | りく(アワセル) unite

11 13 〖募〗 모을 모 | 遇ㄇㄨˋ (mu) | ぼ(ツノル) collect

풀이 ①모으다. ¶謹一選閱材伎之士<荀

子>/一兵. ②부름. 모집. ¶自奮應一<漢書>

【募金】ぼきん(모금) 기부금을 모음.

【募兵】ぼへい(모병) 병사를 모집함. 또는, 그 병사. 募軍(모군). ¶一於市<唐書>

【募緣疏】ぼえんそ(모연소) 교량, 절 등을 짓기 위한 기부금을 모집하는 글.

【募集】ぼしゅう(모집) 널리 구하여 모음.

▷公一, 急一, 賞一, 召一, 應一, 增一, 徵一, 招一

11 13【勢】 기세 세 | 圖ㄕˋ (shi) | せい(イキオイ) *spirit, influence*

俗 势

풀이 ①기세. ¶毋倚一<易經>/時一. ②세력. 힘. ¶各有其自然之一<淮南子>/權一. ③기회. ¶乘一起隴畝之中<史記> ④무리. ¶敵一旣迫<五代史> ⑤불알. ¶去一.

【勢家】せいか(세가) 권세 있는 집안. 勢門(세문). ¶毋爲一所奪<漢書>/權門一.

【勢窮力盡】イキオイキワマリチカラツク(세궁역진) 형세가 궁하고 힘이 다함.

【勢均力敵】イキオイヒトシクチカラテキス(세균역적) 세력이 서로 같아서 어금지금함. 勢力匹敵(세력필적).

【勢道】(세도) ①韓 조선 후기 척신(戚臣)이 왕의 정권을 행사하던 일. ¶一政治. ②정치적 권세.

【勢力】せいりょく(세력) 남을 누르는 기세나 힘. ¶群英之一<後漢書>/一家/一圈.

【勢門】せいもん(세문) ☞勢家(세가).

【勢不得已】イキオイヤムヲエズ(세부득이) 형세에 몰려 부득이함. 事勢不得已(사세 부득이).

【勢不兩立】イキオイりょうりつせズ(세불양립) 세력이 있는 양편이 동시에 존재할 수는 없음. ¶孤與老賊 一<吳志>

【勢子】せこ(세자) ①놈들. ¶响馬的一降著俺甚麼<福惠全書> ②바둑에서, 네 귀와 천원(天元)에 놓은 돌. ¶分定一<棋經>

【勢族】せいぞく(세족) 겨레붙이. 권세가 있는 가문. ¶法禁屈撓于一<趙壹>

【勢至菩薩】せいしぼさつ(세지보살)《佛》지혜문(智慧門)을 관장하는 보살. 아미타(阿彌陀)의 오른쪽에 위치함. 大勢至菩薩(대세지보살).

▷家一, 去一, 攻一, 功一, 國一, 軍一, 權一, 均一, 氣一, 騎虎一, 大一, 無一, 事一, 水一, 守一, 隨一, 乘一, 勝一, 時一, 劣一, 優一, 威一, 姿一, 情一, 地一, 趨一, 破竹之一, 虛一, 形一, 怙一, 豪一

11 13【勣】 공 적 | 錫ㄐㄧ (ji) | せき(イサオ) *merits*

11 13【勦】 노곤할 초 | 圖ㄐㄧㄠˇ (jiao) | そう(ツカレル) *languid*

同 剿 勦

풀이 ①노곤하다. ¶心一形瘵<趙岐> ②죽이다. 끊다. ¶斷一姦回之偪<後漢書> ③빼앗다. 通 剿. ¶毋一說<禮記> ④다하다. ¶好一民以婾樂<張衡> ⑤재빠르다. ¶得淸一之聲<晉書>

【勦滅】そうめつ(초멸) 모두 잡아 죽임. 勦殄(초진).

【勦襲】そうしゅう(초습) ①남의 것을 훔쳐 제것으로 만듦. ②학설, 문장 등을 표절(剽竊)함. 勦說(초설). ③행인 등을 습격하여 재물을 빼앗음.

【勦討】そうとう(초토) 쳐서 멸망시킴. 勦滅(초멸). 討滅(토멸). ¶一亂民<淸國行政法汎論>

11 13【勡】 으를 표 | 嘯 | ひょう *threaten*

12 14【勩】 수고로울 예 本이 | 圖ㄧˋ 寘(yi) | えい *laborious*

13 15【勮】 부지런할 거 | 御 | きょ *diligent*

13 15【勯】 힘 다할 단 | 寒 | たん

13 15【勱】 힘쓸 매 | 国ㄇㄞˋ (mai) | ばい(ツトメル) *exert*

13 15【勰】 뜻 맞을 협 | 葉ㄒㄧㄝˊ (xie) | きょう *congenial*

15【勲】 勳(p.225)의 俗字

16【辦】 ☞辛部 9획(p.1471)

14 16【勳】 공 훈 | 文ㄒㄩㄣ (xun) | くん(イサオ) *merits*

古 勛 俗 勲

풀이 ①공(功). ¶王功曰一<周禮>/功一. ②이끌다. ¶祿一以痛<後漢書>

【勳階】くんかい(훈계) ☞勳等(훈등).

【勳功】くんこう(훈공) 나라를 위하여 세운 공로. 임금을 위한 공로를 勳, 나라를 위한 공로를 功이라 함. 勳勞(훈로).

【勳官】くんかん(훈관) 일정한 직분이 없는 벼슬. 숭록대부(崇祿大夫), 절충장군(折衝將軍), 통사랑(通仕郎) 따위. 散官(산관).

【勳舊】くんきゅう(훈구) 대대로 훈공(勳功)이 있는 집안. 또는, 누대(累代)의 공로자. ¶帝以其一耆老<晉書>/一大臣.

【勳記】くんき(훈기) 서훈자(敍勳者)에게 훈장과 함께 주는 증서.

【勳等】くんとう(훈등) 훈공의 등급. 勳階(훈계).

【勳門】くんもん(훈문) 훈공이 있는 집안. 勳閥(훈벌). ¶卿以一世一<南史>

【勳閥】くんばつ(훈벌) ☞勳門(훈문).

【勳緖】くんしょ(훈서) 훈공. 勳業(훈업). ¶光此一<傅毅> ¶國戚一<宋書>

【勳臣】くんしん(훈신) 공훈이 있는 신하나 부하.

【勳烈】くんれつ(훈열) 큰 공훈. 勳列(훈열). ¶追惟一<後漢書>

【勳位】くんい(훈위) ①훈공을 치하하기 위해 마

렌한 위계(位階). ②훈공에 따른 위계를 받은 사람.
【勳章】くんしょう(훈장) 훈공을 표창하여 수여하는 휘장. 勳牌(훈패).
【勳績】くんせき(훈적) 공훈. 공적. 勳業(훈업). ¶一惟光<漢書> 「기록.
【勳籍】くんせき(훈적) 공훈 있는 자의 공적을 적은
【勳戚】くんせき(훈척) 임금의 친척으로 훈공이 있는 사람. 勳親(훈친). ¶仰惟一 震動于厥心<宋書>
【勳號】くんごう(훈호) 훈공 있는 사람에게 주는칭호. 勳名(훈명).
【勳華】くんか(훈화) 요(堯)임금과 순(舜)임금. 요임금은 방훈(放勳), 순임금은 중화(重華)라 부른 데서 온 말.
【勳效】くんこう(훈효) ①공훈을 세움. ¶以一之<晋書> ②훈공. 공적. ¶忌敦一<潘岳>
▷功一, 舊一, 大一, 武一, 茂一, 賞一, 盛一, 聖一, 首一, 殊一, 樹一, 元一, 前一, 策一, 忠一, 洪一

15 17 【勵】 힘쓸 려 | 霽カ丨ˋ (li) | れい(ハゲム) *exert, urge*
略励
풀이 ①힘쓰다. ¶夙夜勤一<南史>/奮一. ②권면하다. ¶以義相一<魏志>/督一.
【勵聲】れいせい(여성) 소리를 높여 격려함. 厲聲(여성).
【勵節】れいせつ(여절) 지조(志操)를 지키도록 권장함. 厲節(여절). 勵操(여조). ¶一亢高以絶世俗<淮南子>
【勵行】れいこう(여행) 힘써 행함. 또는, 행하기를 장려함. 厲行(여행). ¶後改過一 卒爲善士<北史>
▷恪一, 激一, 警一, 誡一, 剋一, 勤一, 督一, 勉一, 奮一, 慰一, 奬一, 精一, 振一

17 19 【勷】 달릴 양 | 陽ㄖㄤˊ(rang) ㄒㄧㄤ(xiang) | じょう *run*

18 20 【勸】 권할 권 | 願ㄑㄩㄢˋ (quan) | かん(ススメル) *advise*
略勧 俗劝 同勌
풀이 ①권하다. ¶懲惡而一善<左氏傳>/一勉. ②힘쓰다. ¶許救甚一<戰國策> ③나아가다. 더함. ¶楚之應之也必一<戰國策> ④싫증나다. 通倦. ¶淫樂而一是<莊子>
【勸諫】かんかん(권간) 격려하고 충고함. ¶一上皇言語切<元稹>
【勸戒】かんかい(권계) 선을 권장하고 악을 징계함. 勸誡(권계). ¶一後人<漢書>
【勸誡】かんかい(권계) ☞勸戒(권계).
【勸告】かんこく(권고) 권면하고 충고함. 諭告(유고). 忠告(충고).
【勸農】かんのう(권농) ①농사를 권장함. ¶帝耕以一<魏志>/一日. ②지방의 방(坊), 면(面)에 소속되어 농사를 장려하던 유사(有司). 「一百姓<管子>
【勸勉】かんべん(권면) 노력하도록 권함. 격려함. ¶
【勸分】かんぶん(권분) ①나누어 베풀 것을 권함. 서로 융통하여 도움. ¶務穡一<左氏傳> ②고을 원이 부자에게 가난한 사람을 구제하도록 권하던 일.
【勸善】かんぜん(권선) ①선한 일을 권장함. ¶一刑暴<漢書> ②《佛》 신자에게 보시(布施)를 청함.
【勸善文】かんぜんぶん(권선문) 《佛》 불가에서 신자에게 보시(布施)를 권하는 글.
【勸善懲惡】かんぜんちょうあく(권선징악) 선을 권장하고 악을 징계함. 勸懲(권징).
【勸業】かんぎょう(권업) 일에 힘씀. 또는, 일하기를 권장함. ¶民安性一<新書>
【勸誘】かんゆう(권유) 권하고 이끎. 勸引(권인). ¶略重一爾<顏氏家訓>
【勸奬】かんしょう(권장) 권면하여 장려함. ¶善友一<淨住子>
【勸酒】かんしゅ(권주) 술을 권함. 勸盃(권배).
▷強一, 激一, 競一, 戒一, 教一, 督一, 勉一, 率一, 誘一, 諭一, 奬一, 勅一, 褒一, 風一, 諷一

勹<쌀 포>部

勹 ① 勺 勺 ② 勾 匀 勻 勿 ③ 匃 匄 匆 包 ④ 匈 ⑥ 匊 匋 匌 ⑦ 匍 ⑨ 匐 匏 ⑩ 匑 匒 ⑭ 匔

0 2 【勹】 쌀 포 | 肴 | ほう(ツツム) *wrap*
源 象形. 보따리를 안고 서 있는 사람의 모양을 본뜸.

1 3 【勺】 구기 작 | 藥ㄕㄠˊ(shao) ㄓㄨㄛˊ(zhuo) | しゃく *ladle*
俗勺
源 象形. 자루 있는 그릇에 음식을 담은 모양을 본뜸.
풀이 ①구기. ¶一飮不入口<左氏傳> ②작. 10작이 1홉(合). ③적은 분량. ④잔질하다. 通酌. ¶一椒漿<漢書> ⑤주공(周公)이 만든 악장(樂章) 이름. ¶若舞則一<儀禮>
【勺水不入】(작수불입) 韓 한 모금의 물도 마시지 못함. 곧, 음식을 전혀 먹지 못함.
▷圭一, 鼻一, 升一, 觸一

3 【勺】 勺(p. 226)의 俗字

2 4 【勾】 굽을 구 | 尤ㄍㄡ (gou) | こう, く(マガル) *bend*
풀이 ①굽다. ¶一配. ②갈고리. 通鉤. ③잡다. 通拘. ¶有務而一領者矣<荀子> ④표를 하다.
【勾當】こうとう(구당) 일을 담당함. 구당(句當). ¶推尋一<北史>
【勾留】こうりゅう(구류) ☞拘留(구류).
【勾配】こうばい(구배) 경사의 정도. 기울기. 傾斜(경사).
【勾引】こういん(구인) ☞拘引(구인).

2 4 【勻】 ①적을 균 ㊥윤 ②고를 균 | 眞 ㄩㄣˊ (yun) 眞 | いん(スクナイ) きん *little, even*

【勻旨】(균지) 의정(議政)이 내리는 명령이나 지시. 勻敎(균교).
【勻體】(균체)㊕ 편지에서 정승의 기체(氣體)를 이르는 말.

4 【匀】 勻(p. 227)의 俗字

2 4 【勿】 ①말 물 ②문지를 물 | 物 ㄨˋ (wu) 月 | ぶつ, もち (ナカレ) *rub off*
源象形. 옛날, 백성을 소집할 때 세우던 기(旗)를 본뜸.
풀이 ① ①말다. ☞句法 ②기(旗). ¶—旗也＜說文通訓定聲＞ ③창황한 모양. ② 문지르다. 쓰다듬다. ¶國中以策彗卹—驅 塵不出軌＜禮記＞
句法
①부정
[勿…] …하지 아니하다. …없다. 無, 非와 쓰임이 같음. ¶雖欲勿用 山川其舍諸＜論語＞/立心勿恒＜易經＞
②금지
[勿…] …지 말라. …해서는 아니 되다. ¶過則勿憚改＜論語＞/己所不欲 勿施於人＜論語＞
【勿驚】オドロクナカレ(물경) 놀라지 말라. 놀랍게도. 엄청남을 이르는 말.
【勿禁】ぶっきん(물금) 금지된 일을 관아에서 특별히 허가하여 하게 함.
【勿吉】ぶっきつ(물길) 종족 이름. 주(周)대의 숙신(肅愼), 한(漢)대의 읍루(挹婁), 위(魏)대의 말갈(靺鞨)을 이름.
【勿論】もちろん(물론) 더 말할 나위 없음. 無論(무론).
【勿失好機】こうきヲウシナウナカレ(물실호기) 좋은 기회를 놓치지 말라.
【勿藥自效】ぶつやくじこう(물약자효) 약을 쓰지 않아도 저절로 나음.
【勿入】ハイルナカレ(물입) 들어가지 말라. ¶閒人—.
【勿翦之歡】ぶっせんノかん(물전지 환) 주(周)의 백성이 소공(召公)의 덕을 그리어, 그가 아끼던 나무를 베지 않고 보존하며 즐겼다는 옛일.
【勿照之明】ぶっしょうノめい(물조지 명) 비추지 않아도 저절로 밝음. 진실은 저절로 드러남을 이름.
▷蜜—, 四—, 恤—

3 5 【匃】 빌 개 | 曷 ㄍㄡ 泰 (gou) | かつ, かい(コウ) *ask*
풀이 ①빌다. 구함. ㊀丐. ②주다. ¶我—若馬＜漢書＞/—施.

5 【匄】 匃(p. 227)와 同字

5 【句】 ☞口部 2획(p. 264)

5 【匆】 悤(p. 572)과 同字

3 5 【包】 쌀 포 | 肴 ㄅㄠ (bao) | ほう(ツツム) *wrap*
源象形. 물건을 싼 모양. 또는, 태아의 모양을 본뜸.
풀이 ①싸다. 감쌈. ¶白茅—之＜詩經＞/—裝. ②겸하다. 포함함. ¶—蒙 吉＜易經＞ ③들이다. 취함. ¶—擧宇內＜漢書＞ ④꾸러미. ¶香—解盡＜黃庭堅＞ ⑤아이 배다. ⑥초목이 무성하다. 通苞. ¶草木漸—＜書經＞ ⑦푸주. 通庖. ¶—有魚＜易經＞ ⑧㊕ ㉮일정한 양으로 싼 인삼. ㉯포은(包銀). ㉰촛가지.
【包莖】ほうけい(포경) 우멍거지. ¶—手術.
【包括】ほうかつ(포괄) 여러 사물을 한데 묶음. 苞括(포괄). 總括(총괄). ¶—無外＜蔡邕＞
【包袋】ツツミブクロ(포대) 종이, 피륙, 가죽 등으로 만든 자루. 負袋(부대).
【包攝】ほうせつ(포섭) ①포용하여 끌어넣음. ¶—工作. ②포괄하여 지님. 內包(내포).
【包容】ほうよう(포용) 너그럽게 받아들임. 寬容(관용). ¶—臣下＜漢書＞/—性.
【包圍】ほうい(포위) 사방을 에워쌈. ¶—攻擊.
【包有】ほうゆう(포유) 속에 지니고 있음.
【包銀】(포은)㊕ 조선 때, 외국에 가는 사신(使臣)에게 비용으로 나라에서 대어 준 돈. 포(包).
【包子】ほうし(포자) ①은전(銀錢)을 싸서 봉한 것. ¶賜—＜武林遺事＞ ②소가 든 만두.
【包裝】ほうそう(포장) 물건을 운반하기 편하도록 싸서 꾸림. ¶—紙.
【包藏】ほうぞう(포장) ①속에 숨김. 마음에 품음. ¶—禍心＜魏志＞ ②싸서 간직함. ¶—置廚簏＜蘇軾＞
【包皮】ほうひ(포피) ①물건을 싼 거죽. ②음경의 귀두를 덮어싼 껍질.
【包含】ほうがん(포함) 일정한 사물 속에 함께 넣음. 또는, 그 속에 들어 있음. 包容(포용). 含有(함유). ¶—萬有＜傳燈錄＞
【包荒】ほうこう(포황) ①잘못을 용서하여 포용함. ¶度豁—＜宋史＞ ②결점을 감춤. ¶—匿瑕＜李白＞ ③옛날 황전(荒田)의 조세를 포괄하여 납입하던 일.
【包犧】ほうぎ(포희)〔人〕☞伏羲(복희).
▷兼—, 牢—, 并—, 小—, 總—, 荷—, 含—

6 【旬】 ☞日部 2획(p. 710)

4 6 【匈】 오랑캐 흉 | 冬 ㄒㄩㄥ (xiong) | きょう
풀이 ①오랑캐. ¶—奴. ②가슴. 通胸胷肖. ¶其於—中＜漢書＞ ③두려워하다. 무서워함. 通恟. ④소란하다. ¶天下——＜漢書＞
【匈奴】きょうど(흉노) 중국 북부에 살던 종족. 기원전 3세기경부터 한(漢)족과 자주 충돌하였으며, 북위(北魏) 때 한족에 동화되었음.
【匈詈腹詛】(흉리복저) 가슴으로 욕하고 배로

저주함. 즉, 마음속으로 비난함.
【匈中】きょうちゅう(흉중) ☞胸中(흉중).
【匈匈】きょうきょう(흉흉) ①세상이 어수선하여 인심이 어지러운 모양. ¶天下一數世者<史記> ②시끄럽게 떠드는 소리. ¶其音一<呂覽>

7【甸】☞田部 2획(p.1015)

8【匊】掬(p.642)의 本字

8【匋】[1]陶(p.1578)의 古字 [2]窯(p.1119)와 同字

6/8【匌】돌 합 | 음 | こう turn

풀이 ①돌다. 만나다. ②사물이 겹 쌓이는 모양. ③숨이 막히다.

7/9【匍】길 포 | ㄆㄨˊ (pu) | ほ(ハウ) crawl

풀이 ①기다. ¶一匐. ②힘을 다하다. ③문지르다.
【匍匐】ほふく(포복) ①땅에 배를 깔고 김. 匍伏(포복). 扶伏(부복). ¶赤子一<孟子> ②넘어져서 뒹굶. ¶一而哭之<禮記> ③힘을 다하여 서두르는 모양. ¶一救之<詩經>

9/11【匐】길 복 | ㄈㄨˊ (fu) | ほく, ふく(ハウ) crawl

9/11【匏】박 포 | ㄆㄠˊ (pao) | ほう(ヒサゴ) gourd

풀이 ①박. ¶一有苦葉<詩經> ②바가지. ¶酌之用一<詩經> ③악기. ¶一竹. ④별 이름. ¶一瓜.
【匏繫】ほうけい(포계) 열리기는 하나 먹지 못하는 박. 쓸모없는 사람의 비유. ¶吾豈匏瓜也哉焉能繫而不食<論語>
【匏瓜】ほうか(포과) ①박. 바가지. ¶質非一<南齊書> ②별 이름. ¶一五星<宋史>
【匏蘆】ほうろ(포로) 조롱박.
【匏竹】ほうちく(포죽) 생황(笙簧)과 피리. ¶歌者在上 一在下<禮記>
【匏尊】ほうそん(포준) 박으로 만든 술그릇. 匏樽(포준).
【匏樽】ほうそん(포준) ☞匏尊(포준). ¶擧一以相屬<蘇軾>
【匏菜】ほうさい(포채) 박나물.
▷繫一, 苦一, 金一, 陶一, 無口一, 匐一, 鳳一, 靑一, 弦一

10/12【匑】공경할 궁 | 음 | きゅう respect

10/12【匼】머리꾸미개 압 | 음 | おう

16【匔】匑(p.228)의 本字

—匕<비수 비>部—
匕 𠤎 ② 化 ③ 北 ⑨ 匙

0/2【匕】비수 비 | ㄅㄧˇ (bi) | ひ(アイクチ) dagger

源 象形. 숟가락 모양을 본뜸.

풀이 ①비수. ¶一首. ②숟가락. ¶失一箸<蜀志> ③살촉. ¶一入者三寸<左氏傳>
【匕首】ひしゅ(비수) 단도. ¶手一刺王僚<史記>
【匕鬯】ひちょう(비창) 종묘 제사에 쓰는 기물과 향주(香酒). ¶不喪一<易經>
▷食一, 失一, 玉一

2【𠤎】化(p.228)의 古字

4【比】部首 글자

2/4【化】화할 화 | ㄏㄨㄚˋ (hua) | か, け(バケル) change

古 匕 佔

풀이 ①화하다. 변함. ¶變則一<中庸>/一石. ②가르치다. ¶愼謹畏一<呂覽> ③태어나다. 자라다. ¶百物皆一<禮記> ④죽다. ¶形有摩而神未嘗一者<淮南子> ⑤요술. ¶有一人來<列子> ⑥다르다. ¶五味之一<淮南子>
【化客】けきゃく(화객)《佛》시주 구하러 다니는 객승(客僧).
【化去】かきょ(화거) 죽음.
【化工】かこう(화공) 조화(造化)의 교묘함. 天工(천공). ¶碎剪明霞役一<張瓚>
【化膿】かのう(화농) 상처 따위가 곪음. 成膿(성농).
【化度】けど(화도)《佛》중생을 감화시켜 고뇌에서 구원함. ¶一有情<傳法正宗紀>
【化導】けどう(화도) 덕으로 사람을 인도함. 德化(덕화). ¶隨俗一<後漢書>
【化力】かりょく(화력) 조물주(造物主)의 힘. 하늘의 힘. ¶神謀一<揮麈後錄>
【化民成俗】かみんせいぞく(화민성속) 백성을 교화하여 좋은 풍속을 이루게 함. ¶君子如欲一<禮記>
【化飯】かはん(화반) 진(晉)의 갈원(葛元)이 선술(仙術)을 써서 밥알을 벌[蜂]로 화하게 한 일로, 중·도사(道士) 등의 탁발(托鉢)을 이름. ¶蟻王一爲臣妾<白居易>
【化飯道人】けはんどうにん(화반도인)《佛》탁발(托鉢)하며 다니는 거지 중.
【化生】かせい(화생) ①천지·음양·남녀의 정(精)이 합하여 새로운 것이 태어남. 出生(출생). ¶萬物一<列子> ②칠석날 인형을 물에 띄우고 즐기는 부녀들의 놀이. ③《佛》사생(四生)의 하나. 또는, 요괴(妖怪).
【化石】かせき(화석) ①변화하여 돌이 됨. ¶鶴老離巢松一<鄭元祐> ②지층에 묻혀 돌이 된 동물·식물의 유체(遺體).
【化成】かせい(화성) ①화하여 좋은 것으로 됨. 改良(개량). ¶天下一<易經> ②새로운 것으로 됨. ¶神器一<張協>
【化城】けじょう(화성)《佛》①번뇌를 막아 주는 안식의 성. ¶無色之外 方爲一<徐陵> ②절. 사원. ¶雙林指一<孟浩然>

【化俗】かぞく(화속) ①풍속을 바꿈. ¶以德一<後漢書> ②교화(敎化)와 풍속. ③㊊ 속세 사람들을 교화함.
【化俗結緣】けぞくけつえん(화속결연)《佛》 속인(俗人)을 교화하여 불연(佛緣)을 맺게 함.
【化順】かじゅん(화순) 감화받아 순응함.
【化身】けしん(화신)《佛》 중생을 위해 형상을 바꾸어 나타나는 부처의 몸. ¶變一者<佛地論>
【化神】かしん(화신) ①신으로 화함. ②교화가 현저함.
【化外之氓】かがいのぼう(화외지 맹) 교화가 미치지 못하는 지방의, 어리석은 백성.
【化雨】かう(화우) 교화가 사람에 미침을 비에 비유한 말. 교화의 비.
【化育】かいく(화육) 천지자연이 만물을 낳고 길러 자라게 함. ¶一如神<淮南子>
【化人】かじん①②·けにん③(화인) ①선인(仙人). ¶有一來<列子> ②죽은 사람. ③《佛》 부처나 보살이 형체를 바꾸어 사람으로 된 것. 또는, 그 통력(通力)으로 사람 형체를 만든 것.
【化者】かしゃ(화자) ①죽은 사람. ¶且比一<孟子> ②변화하는 것. 유형(有形)의 만물.
【化蝶】かちょう(화접) ①변화하여 나비가 됨. ¶菜蟲一<本草綱目> ②장자(莊子)가 꿈에 나비가 되어 색다른 경험을 했다는 옛일.
【化主】けしゅ(화주)《佛》 ①부처. ②고승(高僧). ③사람들에게서 시물(施物)을 얻어 부처와 인연을 맺어주는 중. 化主僧(화주승). ④시주(施主).
【化合】かごう(화합) 두 가지 이상의 물질이 화학 변화를 일으켜 새로운 물질이 되는 현상. ¶一物.
【化向】かきょう(화향) 감화되어 귀순하여 옴. ¶莫不一<後漢書>
【化現】けげん(화현)《佛》 부처가 중생을 위해 모습을 바꾸어 이 세상에 나타나는 일. ¶諸佛世尊 皆垂一<法苑珠林>
▷感一, 改一, 開一, 敎一, 歸一, 德一, 陶一, 萬一, 慕一, 無爲一, 文一, 物一, 變一, 孵一, 宣一, 善一, 所一, 消一, 俗一, 純一, 醇一, 施一, 惡一, 王一, 羽一, 恩一, 理一, 仁一, 轉一, 政一, 造一, 進一, 遷一, 退一, 風一, 弘一, 洪一, 皇一, 懷一

5〖尼〗 ☞尸部 2획(p.465)

3/5〖北〗 1 북녘 북 2 달아날 배 — ㄅㄟˇ (bei) ほく(キタ) *north* / ㄅㄟˋ (bei) はい *run away*

源 會意. 서로 등진 두 사람을 뜻함.
풀이 1 ①북녘. ¶一方/一風. ②북으로 가다. ¶候雁一<呂覽> 2 ①달아나다. ¶以戰而一<左氏傳>/敗一. ②배반하다. ¶士無反一之心<史記> ③나누다. ¶分一三苗<書經>
【北家】ほっか(북가) 북쪽에 있는 집. ¶南家飮酒一眠<白居易>
【北京官話】ぺきんかんわ(북경관화) 북경을 중심으로 한 중국 북부 지방의 말. 중국의 표준어로 쓰임.
【北郭】ほっかく(북곽) ①북쪽의 외곽. ¶靑山橫一<李白> ②낙양(洛陽) 북쪽의 뜻으로, 묘지. 北邙(북망)②. ¶一之悲<庾信> ③중국 복성(複姓)의 하나.
【北關】ほっかん(북관) ①북쪽의 관문. ¶宋人果焚一<元史> ②㊊ 함경도 지방을 일컫는 별칭.
【北歐】ほくおう(북구) 북유럽.
【北國】ほっこく(북국) 북쪽 나라. ¶奄受一<詩經> ↔南國(남국).
【北端】ほくたん(북단) 북쪽 끝.
【北堂】ほくどう(북당) ①안방. 또는, 주부. ¶主婦治一<韓愈> ②어머니. 남의 어머니의 경칭. 母堂(모당). 萱堂(훤당). ③종묘·가묘(家廟)에서 신주(神主)를 모신 곳.
【北道】ほくどう(북도) ①북쪽으로 나 있는 길. ↔南道(남도). ②㊊ 경기도 북쪽에 위치한 지방. 또는, 함경도 지방. ③대종교(大倧敎)에서 백두산 북쪽의 지방을 이름.
【北道主人】ほくどうのしゅじん(북도주인) 주인으로서 손님의 시중을 드는 사람. 또는, 길을 안내하는 사람. ¶爲我一<後漢書>
【北斗】ほくと(북두) ①별 이름. 北斗星(북두성). 北斗七星(북두칠성). ②숭앙받는 사람의 비유. ¶如泰山一<唐書>
【北斗七星】ほくとしちせい(북두칠성) 대웅좌(大熊座)에서 가장 뚜렷하게 보이는 일곱 개의 별. 北斗星(북두성). 北斗(북두).
【北路】ほくろ(북로) ①북쪽으로 가는 길. ②㊊ 서울에서 함경도로 통한 길.
【北虜】ほくりょ(북로) 북쪽 오랑캐. ¶一南倭<五雜組>
【北麓】ほくろく(북록) 산의 북쪽 기슭.
【北里】ほくり(북리) ①북쪽에 있는 마을. ¶一有賢兄<李賀> ②은(殷)의 주왕(紂王)이 지은 음탕한 무악(舞樂) 이름. ③창녀(娼女)가 있는 곳.
【北馬】ほくば(북마) ①북쪽 지방에서 나는 말. ②㊊ 함경북도에서 나는 말.
【北邙】ほくぼう(북망) ①산 이름. 하남성(河南省) 낙양(洛陽) 북쪽에 있음. 北邙山(북망산). 芒山(망산). 北芒(북망). ②묘지.
【北邙山】ほくぼうさん(북망산) ☞北邙(북망).
【北面】ほくめん(북면) ①북쪽을 향함. ¶一而不見冥山<莊子> ②신하의 자리. 또는, 신하가 됨. ¶終無一之心<漢書> ↔南面(남면). ③제자의 자리. 또는, 제자가 됨. ¶一受業<南史>
【北冥】ほくめい(북명) 북쪽에 있는 큰 바다. 北溟(북명). 北海(북해)③. ¶一有魚<莊子>
【北美】(북미) 북아메리카.
【北方之強】ほっぽうのきょう(북방지 강) 기질이 거세어 강용(強勇)만으로 밀고 나가는 사람을 이름. ¶死而不厭 一也<中庸>
【北伯】(북백)㊊ 함경도 관찰사(觀察使)의 이칭.
【北伐】ほくばつ(북벌) 북쪽의 세력·나라를 정벌함. ¶一山戎<史記>
【北邊】ほくへん(북변) 북쪽 변방. 北疆(북강). 北陲(북수). 北垂(북수). ¶侵擾一<漢書>
【北司】ほくし(북사) ①당(唐)대 환관이 일보던 관아. ②환관(宦官). 北寺(북시).

【北山之感】ほくざんのかん (북산지 감) 임금을 섬기느라고 부모를 봉양하지 못하는 신세의 한탄. ¶— 鵠羽之嗟<曾鞏>
【北上】ほくじょう (북상) ①북쪽을 상좌(上座)로 함. ¶三公北面東上 孤東面—<周禮> ②북쪽으로 감. ¶—玉堂<宋玉>
【北宋】ほくそう (북송) 왕조 이름. 송(宋) 태조(太祖)에서 흠종(欽宗)까지의 치세. 남송(南宋)과 구별하여 이르는 호칭임.
【北水】ほくすい (북수) 《佛》 절에서 뒷물을 이름.
【北首】ほくしゅ (북수) ①머리를 북쪽으로 둠. 곧, 사자(死者)를 눕히는 방식. ¶死者—<禮記> ②북으로 향함. ¶但願—舊邱<後漢書> ③㊗ 함경도에서 만드는 기와의 이름.
【北垂】ほくすい (북수) ☞北邊(북변).
【北辰】ほくしん (북신) 북극성(北極星)의 이칭.
【北岳】ほくがく (북악) ①중국 오악(五岳)의 하나. 항산(恒山)의 이칭. ②서울 북쪽에 있는 산.
【北洋】ほくよう (북양) ①청(清)대 직례(直隸)·봉천(奉天)·산동(山東)의 각 성을 이르던 말. ¶—大臣. ②중국에서 우리 나라 서해(西海)와 발해(渤海)를 이름. ¶皆由— 水極險惡<西溪叢語>
【北魚】(북어)㊗ 마른 명태. 乾明太(건명태).
【北原】(북원)㊗ 원주(原州)의 옛 이름.
【北轅適楚】ほくえんてきそ (북원적초) 수레의 끌채를 북쪽으로 향하고 남쪽 초나라로 가려 함. 곧, 뜻하는 바와 행하는 바가 서로 어긋남의 비유. 北轍南轅(북철남원). 北行至楚(북행지초).
【北緯】ほくい (북위) 지구 적도 이북의 위도(緯度). ↔南緯(남위).
【北狄】ほくてき (북적) 중국 북쪽의 오랑캐. 匈奴(흉노). 大戎(대융).
【北庭】ほくてい (북정) ①북쪽의 뜰. ②성균관(成均館) 명륜당(明倫堂)의 북쪽 마당. ③서역(西域)의 이칭. ④선우(單于)의 조정(朝廷). ¶掩破—<後漢書>
【北朝】ほくちょう (북조) 남북조(南北朝) 때 양자강 이북에 있던 여러 나라들. 곧, 북위(北魏)·동위·서위·북제(北齊)·북주(北周) 등을 가리킴. ¶—自魏以還<北史> ↔南朝(남조).
【北宗】ほくしゅう (북종) ①《佛》 선종(禪宗)의 한 갈래. ②☞北宗畫(북종화). ③금(金)의 왕희(王喜)를 교조로 하는 선가(仙家)의 한 파. ※ほくそう
【北宗畫】ほくしゅうが (북종화) 송(宋)대에 성한 동양화의 한 유파. 당(唐)의 이사훈(李思訓)의 화풍을 따른 것으로, 물체의 표현과 색채가 선명함이 특징임. 北宗(북종). 北畫(북화). ↔南宗畫(남종화).
【北至】ほくし (북지) 하지(夏至). ↔南至(남지).
【北地】ほくち (북지) 북방의 토지. 北邑(북읍). 北州(북주). ¶逃於—<後漢書>
【北進】ほくしん (북진) 북쪽으로 나아감. ¶—政策.
【北窓三友】ほくそうさんゆう (북창삼우) 거문고와 술과 시를 이름. 백거이(白居易)의 북창삼우시(北窓三友詩)에서 온 말.
【北村】ほくそん (북촌) ①북쪽에 있는 마을. ②㊗ 서울의 북쪽 지대. 조선 때의 남인·북인은 이에서 유래됨. ↔南村(남촌).
【北漆】ほくしつ (북칠) 돌에 글을 새길 때 글씨를 쓴 종이에 밀을 칠하여 돌에 붙이고 문질러서 글자를 내려 앉히는 일.
【北便】ほくべん・きたびん (북편) ①북쪽. ②북쪽으로 가는 인편.
【北平】ほくへい (북평) 북경(北京). ※ぺいぴん
【北布】(북포)㊗ 함경 북도에서 나는 삼베.
【北風】ほくふう・きたかぜ (북풍) ①북쪽에서 불어오는 찬바람. 朔風(삭풍). ②「시경」(詩經) 패풍(邶風)의 편 이름.
【北學】ほくがく (북학) ①북쪽에 있는 학교. ¶帝入—<新書> ②조선 영조·정조 때 실학(實學)의 한 파가 청(清)의 문물을 연구하던 학문. ③남북조(南北朝) 때 북조에서 성한 학문. 고문학적 경학(經學)을 묵수(墨守)하고 정밀한 실증을 숭상했음.
【北海】ほっかい (북해) ①북쪽 바다. ¶君處—<左氏傳> ②함경도 북쪽 바다. ③☞北冥(북명). ④시베리아의 바이칼호(湖). ⑤발해(渤海)의 이칭.
【北行】ほっこう (북행) 북쪽으로 감. ¶二子—<呂覽>
【北杏】ほくきょう (북행) 춘추(春秋) 시대 제(齊)의 땅. 환공(桓公)이 제후들과 회맹(會盟)한 곳.
【北向】きたむき (북향) ①북쪽을 향함. ②임금 있는 곳을 향함. ↔南向(남향).
【北畫】ほくが (북화) ☞北宗畫(북종화). ↔南畫(남화).
▷ 江—, 窮—, 極—, 冀—, 南—, 逃—, 東—, 遁—, 幕—, 反—, 奔—, 分—, 朔—, 西—, 研—, 硯—, 挫—, 直—, 崔—, 敗—, 河—, 漢—

6〖老〗 部首 글자
6〖牝〗 ☞牛部 2획(p.968)
6〖死〗 ☞歹部 2획(p.815)
6〖旨〗 ☞日部 2획(p.710)
6〖此〗 ☞止部 2획(p.810)
10〖能〗 ☞肉部 6획(p.1233)
10〖眞〗 ☞目部 5획(p.1062)
10〖鬯〗 部首 글자
11〖頃〗 ☞頁部 2획(p.1619)

9/11 〖匙〗 숟가락 시 | 国 ㄔˊ(chi) ㄕ(shi) | し(サジ) | *spoon*

풀이 ①숟가락. ¶—楪. ②열쇠. ¶玉—金鑰<黃庭經>
▷茶—, 飯—, 鎖—, 鑰—, 玉—, 銀—, 停—

匚<터진 입 구>部

匚 ③ 匜 匝 ④ 匡 匠 ⑤ 匣 ⑦ 医 ⑧ 匪 ⑨ 匭 ⑪ 匯 ⑫ 匱 匰 匲 ⑬ 匳 ⑭ 匴 ⑮ 匵 ⑱ 匶

0
2 【匚】 상자 방 |陽ㄈㄤ (fang)| ほう(ハコ) box
源象形. 네모진 상자를 옆으로 눕힌 모양을 본뜸.

3
5 【匜】 주전자 이 |支ㄧˊ (yi)| い kettle

3
5 【帀】 돌 잡 |合ㄗㄚ (za)| そう(メグル) go around
풀이 ①돌다. 두름. ②둘레. ③두루. 널리.
【帀旬】そうじゅん(잡순) 열흘간. 一旬(일순). 「함.
【帀洽】そうこう(잡흡) ①두루 윤택함. ②모두 화합

5 【叵】 ☞口部 2획(p.269)

4
6 【匡】 바룰 광 |陽ㄎㄨㄤ (kuang)| きょう(タダス) correct
풀이 ①바루다. 通方. ¶一一天下<論語> ②바르다. 바르게. ¶一坐而弦歌<莊子> ③구원하다. ¶一乏困<左氏傳> ④돕다. 보좌함. ¶以一朕之不逮<漢書> ⑤굽다. 휨. 비뚦. 通枉. ¶輪雖敝不一<周禮> ⑥두려워하다. 通恇. ¶衆不一懼<禮記> ⑦눈자위. 通眶. ¶涕滿一而橫流<史記> ⑧편안하다. ¶一牀蒻席<淮南子>
【匡諫】きょうかん(광간) 바로잡아 간(諫)함.
【匡矯】きょうきょう(광교) ☞匡正(광정).
【匡救】きょうきゅう(광구) 잘못을 바로잡고 어려움을 도와 줌.
【匡謬正俗】きょうびゅうせいぞく(광류정속) ①그릇된 것을 바로잡고 풍속을 바르게 함. ②당(唐)의 안사고(顏師古)가 한자의 자의(字義)·음석(音釋) 등을 고증한 책. 8권.
【匡補】きょうほ(광보) 바로잡고 보충함.
【匡輔】きょうほ(광보) 바로잡아 보필함.
【匡復】きょうふく(광복) 바로잡아서 회복함. ¶一漢室<孔融>
【匡言】きょうげん(광언) 잘못된 말을 바룸. 간(諫)함.
【匡正】きょうせい(광정) 바로잡음. 匡矯(광교).
【匡佐】きょうさ(광좌) 임금을 바르게 도움.
【匡坐】きょうざ(광좌) 바르게 앉음. 正坐(정좌). 端坐(단좌).
【匡衡】きょうこう(광형)〖人〗 전한(前漢) 때 사람. 자는 치규(稚圭). 관(官)은 태자 소부(太子少傅). 「시경」(詩經)의 주해에 특히 능함. 젊었을 때 집이 가난하여, 벽을 뚫어 이웃집에서 새어 나오는 불빛으로 글을 읽었다 함.
▷畏一, 一一, 靖一, 弼一

4
6 【匠】 장인 장 |漾ㄐㄧㄤˋ (jiang)| しょう(タクミ) artisan
源會意. 도끼[斤]로 상자[匚]를 만드는 사람.
풀이 ①장인. 장색. 바치. ¶能斲削柱梁謂之木一<論衡> ②목수. ¶巫一亦然<孟子> ③고안. 궁리. ¶皆出其目營心一<洛陽名園記> ④가르침. ¶念私門之正一兮<楚辭> ⑤우두머리. ¶豪梁之宗一<晉書>
【匠伯】しょうはく(장백) ☞匠石(장석).
【匠師】しょうし(장사) 주(周)대의 벼슬 이름. 장례(葬禮) 때에 백공(百工)의 일을 감독하였음.
【匠色】(장색)韓 물건 만드는 일을 업으로 삼는 사람. 匠人(장인).
【匠石】しょうせき(장석)〖人〗 옛 중국의 명공(名工). 이름은 석(石), 자는 백(伯).
【匠石運斤】しょうせきうんきんヲメグラス(장석운근) 장석(匠石)이 자귀를 휘둘러 물건을 만드는 데에 조금의 착오도 없다는 데서, 기예(技藝)가 오묘한 경지에 이름을 이르는 말.
【匠氏】しょうし(장씨) ☞匠人(장인)①.
【匠人】しょうじん(장인) ①목수. 대목. 匠氏(장씨). ②직공(職工)의 총칭. ③주(周)대의 벼슬 이름. 장례(葬禮) 때 백공(百工)의 일을 맡아 보았음.
【匠宰】しょうさい(장재) 재상(宰相).
【匠戶】しょうこ(장호) 나라의 부역(賦役)에 응하는 각종 직업인의 호적(戶籍).
▷巨一, 鋸一, 工一, 巧一, 大一, 都一, 名一, 師一, 心一, 良一, 意一, 宰一, 梓一, 拙一, 宗一, 筆一, 火一

5
7 【匣】 갑 갑 |洽ㄒㄧㄚˊ (xia)| こう(ハコ) case
풀이 ①갑. 작은 상자. ¶秦舞陽奉地圖一以次進<史記> ②韓 단위. 갑으로 된 것을 세는 양수사(量數詞).
【匣劍帷燈】(갑검유등) 갑 속의 검과 휘장안의 등불. 검의 날카로움과 불빛은 가릴 수 없음의 비유.
▷劍一, 鏡一, 寶一, 玉一, 妝一, 漆一, 虛一

9 【匧】 篋(p.1138)과 同字

8
10 【匪】 1 비적 비 2 결마 비 3 나눌 분 |尾ㄈㄟˇ 微(fei) 文ㄈㄣ (fen)| ひ(ヒゾク) bandit ふん divide
풀이 1 ①비적. 도적. ¶嘉義縣一徒洪四老等<東華錄> ②대상자. 폐백을 담던 상자. 通篚. ¶其君子實玄黃于一<孟子> ③아니다. 通非 不. ¶我心一石不可轉也<詩經> ④발어사(發語辭). 이. 저. 通彼. ¶一交一舒 天子所予<詩經> ⑤문채 나는 모양. 通斐. ¶有一君子<詩經> 2 ①결마. 같騑. ②거마 행렬이 빛나는 모양. ¶一一. 3 나누다. 通分. ¶一頒之式<周禮>
【匪頒】ふんぱん(분반) 여러 신하에게 하사품을 나누어 줌.
【匪魁】ひかい(비괴) 비적(匪賊)의 괴수.
【匪躬之節】ひきゅうノせつ(비궁지 절) 제 몸을 돌보지 않고 나라 일에만 진력하는 충절.
【匪徒】ひと(비도) 비적의 무리. 匪類(비류).

【匪匪】ひひ(비비) 거마(車馬)의 행렬이 아름답고 정연히 나아가는 모양.
【匪擾】ひじょう(비요) 비적의 소요(騷擾).
【匪夷所思】ひイオモウトコロニタラズ(비이소사) 보통 사람의 생각이 미칠 바가 아님. 평범하지 않은 생각. 「탈하는 도둑. 匪徒(비도).
【匪賊】ひぞく(비적) 떼를 지어 다니며 재물을 약
【匪他】ひた(비타) 남이 아님. 형제를 이름. ¶豈伊異人 兄弟—<詩經>
【匪風】ひふう(비풍) ①천지의 조화를 잃은 비도(非道)의 풍속. ②「시경」(詩經)의 편명(篇名). 주실(周室)이 쇠미(衰微)했을 때에 문왕·무왕·주공(周公)의 정령(政令)을 사모하여 지은 시.

9/11 〖匭〗 상자 궤 |紙ㄍㄨㄟˇ (gui) | き(ハコ) case

풀이 ①상자. 궤. ¶包—菁茅<書經> ②동이다. 동여맴. ¶職貢納其句—<左氏傳> ③제기 이름.
【匭院】きいん(궤원) 당(唐)대에 민의(民意)를 청취하던 기관. 지금의 여론함, 민성함 같은 것을 두어 백성의 투서를 받던 곳.
▷銅—, 法—, 延恩—, 招諫—, 土—, 包—

11/13 〖滙〗 물돌 회 |賄ㄏㄨㄟˋ 賄(hui) | かい water whirl

풀이 ①물이 돌다. 물이 돌아 나감. 通回. ¶東—澤爲彭蠡<書經> ②어음. ¶—票.

12/14 〖匱〗 함 궤 |寘ㄎㄨㄟˋ (kui) | き(ハコ) chest

풀이 ①함. 궤. 갑. 같櫃. ②삼태기. 通簣. ¶竝開迹於——<後漢書> ③모자라다. 다하여 없어짐. 通潰. ¶孝子不—<詩經> ④우리. 짐승을 가둬 두는 곳. ¶發—之盜<莊子>

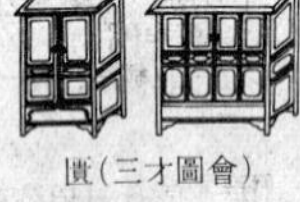
匱(三才圖會)

▷罄—, 困—, 空—, 窘—, 窮—, 金—, 饑—, 乏—, 偪—, 虛—, 篋—, 恤—

12/14 〖匰〗 주독 단 |寒ㄉㄢ (dan) | たん (ズシ)

풀이 주독(主櫝). 신주(神主)를 넣어 두는 나무궤.

14 〖匲〗 奩(p.232)의 俗字

13/15 〖奩〗 경대 렴 |鹽ㄌㄧㄢˊ (lian) | れん(クシゲ) mirror stand

풀이 ①경대. 거울 상자. ¶鏡—中物<後漢書> ②향그릇.
【奩幣】れんへい(염폐) 혼수(婚需).

14/16 〖匴〗 관 상자 산 |旱ㄙㄨㄢˇ (suan) | さん hat-case

15/17 〖匵〗 궤 독 |屋ㄉㄨˊ (du) | とく(ヒツ) case

18/20 〖匶〗 널 구 |宥ㄐㄧㄡˋ (jiu) | きゅう(ヒツギ) coffin

匸<감출 혜>部

匸 ②区 匹 ⑤医 ⑥匼 ⑦匽 ⑨區 匿 匾

0/2 〖匸〗 감출 혜 |霽ㄒㄧˋ (xi) | けい(カクス) hide

源 會意. 가운데의 빈 곳에 물건을 넣어 「숨김」, 「덮음」을 뜻함.

4 〖区〗 區(p.233)의 略字

2/4 〖匹〗 1 필 필 2 집오리 목 |質ㄆㄧˇ (pi) | ひつ(ヒキ) ぼく roll, mate

풀이 1 ①필. 通疋. ㉮피륙 길이의 단위. ¶長四丈爲—<漢書> ㉯마소를 세는 단위. ¶馬四—<書經·注> ②짝. ㉮배우자. ¶雄狐行求— 耦於南山<詩經> ㉯짝패. 벗. ¶率由群—<詩經> ㉰짝하다. ¶作豊伊—<詩經> ③상대. 적수가 됨. ¶秦晋—也<左氏傳> ④한 쌍의 한 쪽. ¶獨無—兮<楚辭> ⑤혼자. 한낱. 천한 사람. ¶君所爲輕身以先於—夫者<孟子> 2 집오리. ¶庶人之摯 —<禮記>
【匹對】ひったい(필대) ☞匹敵(필적)①.
【匹練】ひつれん(필련) ①하얗게 바랜 한 필의 명주. ②폭포의 형용. ③백마(白馬)의 형용.
【匹馬】ひつば(필마) 한 필의 말. 「疋練(필련).
【匹馬單鎗】ひつばたんそう(필마단창) 한 필의 말과 한 자루의 창. 간단한 무장을 이름.
【匹夫】ひっぷ(필부) 한 사람의 사내. 신분이 낮은 사람. 평민은 첩을 가지지 못하고 처(妻)만 짝하기 때문에 이름.
【匹婦】ひっぷ(필부) 한 사람의 계집. 신분이 낮은 사람의 지어미.
【匹夫不可奪志】ひっぷモココロザシヲウバウベカラズ(필부 불가탈지) 지체가 낮은 사람일지라도 그 뜻은 억지로 빼앗을 수 없음. ¶三軍可奪帥也 —也<論語>
【匹夫之勇】ひっぷノゆう(필부지 용) 혈기만 믿고 날뛰는 분별 없는 용기. 小人之勇(소인지용). ¶此— 敵一人者也<孟子>
【匹夫匹婦】ひっぷひっぷ(필부필부) 한 사람의 지아비와 한 사람의 지어미. 평범하고 미천한 남녀.
【匹似】ひつじ(필사) 비슷함. 이를테면 …과 같음. 匹如(필여). ¶莫嫌春夜短 —楚襄王
【匹庶】ひっしょ(필서) 백성. 「<徐鉉>
【匹亞】ひつあ(필아) 무리. 동류(同類).
【匹如】ひつじょ(필여) ☞匹似(필사).
【匹如身】ひつじょしん(필여신) 무일푼. 백거이(白居易)의 시에서 유래. ¶處分貧家殘活計 —後莫相關<白居易>
【匹敵】ひってき(필적) ①어깨를 견줌. 맞상대. 匹

對(필대). ②짝. 배우자. 匹耦(필우).
【匹鳥】ひっちょう(필조) 원앙의 이칭.
【匹儔】ひっちゅう(필주) ①부부(夫婦). ②대등한 상대. ③무리. 동아리.
【匹馳】ひっち(필치) 나란히 하여 말을 달림. 竝馳(병치).
▷仇―, 馬―, 配―, 乘―, 亞―, 良―, 佘―, 偶―, 倫―, 儔―, 好―

5
7【医】 동개 예 | 霽 ㄧˋ (yi) | えい(ウツボ) quiver

源 會意. 화살[矢]을 간직해 두는 그릇[匚]을 나타냄.
풀이 ①동개. 활과 화살을 넣어 메는 기구. ②醫의 略字.

6
8【匼】 아첨할 암 | 感 ㄢˇ (an) | あん(コビヘツラウ)

풀이 ①아첨하다. ¶盧杞諂諛阿―<唐書> ②두르다. 빙 둘러쌈. ¶車頭金―匝<杜甫>

7
9【匽】 엎드릴 언 | 阮 ㄧㄢˇ (yan) | えん(フス) prostrate oneself

풀이 ①엎드리다. 쓰러짐. 通偃. ¶風寒之所―薄<漢書> ②도랑. ¶爲之井―<周禮> ③창(槍). ¶―戟.

9
11【區】 1 갈피 구 2 숨길 우 | 虞 ㄑㄩ (qu) | く(サカイ) district | 尤 ㄡ (ou) | おう(カクス) hide

略 区
源 會意. 여러 가지 물건[品]을 일정한 자리[匚]에 갖추어 둔다는 데서, 「지경」, 「숨기다」, 「작은 방」을 뜻함.
풀이 1 ①갈피. 지경. ¶鏡水―<左思> ②나누다. 경계를 갈라 정함. ¶―分書體<魏書> ③거처. 사는 곳. ¶發起賊主名―處<漢書> ④따로따로. 서로 다름. ¶物性既―<後漢書> ⑤자질구레하다. 잔단 모양. ¶秦以――之地 致萬乘之權<賈誼> ⑥숨기다. ¶作僕―之法<左氏傳> ⑦공허하다. 텅 빔. ¶不用其―<管子> ⑧韓 구. ㉮행정 구역의 하나. ㉯어떤 기구에 의하여 설정된 구역이나 지역. ¶選擧―. 2 ①숨기다. 숨기는 곳. ¶在乎―蓋之間<荀子> ②용량의 단위. 16되. ¶豆―釜鍾<左氏傳>
【區間】くかん(구간) 일정한 지구(地區)의 안.
【區區】くく(구구) ①작은 모양. 잔단 모양. ②득의(得意)한 모양. ③사랑함. ④부지런한 모양. ⑤변변하지 못한 마음. ⑥제각기 다름.
【區區之心】くくしん(구구지 심) 보잘것없는 마음. 자기 마음의 겸칭.
【區極】くきょく(구극) 구역의 끝. 천하를 이름.
【區內】くない(구내) ①천하. 領內(영내). ②어떤 지역의 안. ¶―食堂.
【區別】くべつ(구별) ①종류를 따라 갈라 놓음. ②차별.
【區分】くぶん(구분) 구별하여 나눔.
【區士】くし(구사) 궁(宮) 밖에서 숙위(宿衛)하는 무사. 衛士(위사).
【區域】くいき(구역) 갈라 놓은 지역.
【區宇】くう(구우) ①구역의 안. 區內(구내). ②천하.
【區甸】くでん(구전) 경계(境界).
【區夏】くか(구하) 천하. 중국의 전역(全域)을 이르는 말. 夏는 화하(華夏).
【區劃】くかく(구획) 경계를 갈라 정함.
【區脫】おうだつ(우탈) 중국의 북쪽 오랑캐가 그들의 국경에 만든 척후용 토담집.
▷管―, 肆―, 選擧―, 市―, 奭―, 奧―, 外―, 地―, 學―

9
11【匿】 1 숨을 닉 2 사특할 특 | 職 ㄋㄧˋ (ni) | とく(カクレル) hide | 職 ㄊㄜˋ (te) | とく

풀이 1 ①숨다. ㉮도피하다. ¶適―其家<漢書> ㉯숨다. 엎드림. ¶鼎角―犀<後漢書> ②숨기다. ㉮감추다. ¶乃―其家 竊出上書<史記> ㉯덮어 가리다. ¶文不可―<國語> ㉰나타내지 않다. ¶―怨而友其人<論語> ③숨은 죄. ¶百―傷上威<管子> 2 사특하다. 通慝.
【匿年】とくねん(익년) 나이를 숨김.
【匿名】とくめい(익명) 본이름을 숨김. ¶―批評/―書/―人.
【匿跡消聲】とくせきしょうせい(익적소성) 숨어 살며, 세상 일을 알려 하지 않음.
【匿爪】とくそう(익조) 손발톱을 숨긴다는 뜻으로, 재주를 드러내지 않음을 이름.
【匿竄】とくざん(익찬) 도망가서 숨음.
【匿戶】とくこ(익호) 호구부(戶口簿)에 이름을 숨겨서 조세(租稅)를 포탈하는 집.
▷逃―, 亡―, 辟―, 伏―, 服―, 祕―, 隱―, 潛―, 藏―, 竄―, 退―, 貶―, 蔽―, 避―, 晦―

9
11【匾】 얇은 그릇 편 本 변 | 銑 ㄅㄧㄢˇ (bian) | へん

풀이 ①얇은 그릇. ②모지다. 네모짐.

十<열 십>部

十 ① 廿 千 ② 卅 升 午 卆 ③ 半 卉 ④ 卍 卋 𠦃 卌 𠦂 ⑤ 𠦪 ⑥ 卑 𠦝 𠦜 卒 卓 協 ⑦ 南 単 ⑩ 博

0
2【十】 열 십 | 緝 ㄕˊ (shi) | じゅう, じっ(トオ) ten

源 指事. 동서[一], 남북[丨] 사방 및 중앙을 모두 갖추었다는 뜻. 갖추어진 수는 열이므로 열[十]을 나타냄.
풀이 ①열. 通什. ¶一年尙猶有臭<左氏傳> ②열 번. ¶人一能之 己千之<中庸> ③열 곱절. ¶利不一者 不易業<漢書> ④완전하다. ¶花柳功勳已一成<許月卿> ⑤전부. 일체(一切). ¶大王還兵疾歸 尙得一半<漢書>

【十方世界】じっぽうせかい (시방세계←십방세계)《佛》 동·서·남·북·동남·서남·동북·서북·상(上)·하(下), 시방의 전세계.
【十王】じゅうおう (시왕←십왕)《佛》 저승의 10왕.
【十王廳】じゅうおうちょう (시왕청←십왕청)《佛》 시왕이 있는 곳. 저승. 冥府(명부).
【十干】じっかん (십간) 천간(天干)의 갑(甲)·을(乙)·병(丙)·정(丁)·무(戊)·기(己)·경(庚)·신(辛)·임(壬)·계(癸)의 총칭. 十幹(십간).
【十界】じっかい (십계)《佛》 미오(迷悟)의 10계급. 곧, 불계(佛界)·보살계(菩薩界)·연각계(緣覺界)·성문계(聲聞界)·천상계(天上界)·인간계(人間界)·아수라계(阿修羅界)·축생계(畜生界)·아귀계(餓鬼界)·지옥계(地獄界). 十法界(십법계).
【十科】じっか (십과) 인재를 뽑는 열 가지 법. 송(宋)대에 사마광(司馬光)의 주청(奏請)으로 설치된 제도. 곧, 사표과(師表科; 行義純固)·헌납과(獻納科; 節操方正)·장수과(將帥科; 智勇過人)·감사과(監司科; 公正聰明)·강독과(講讀科; 經術精通)·고문과(顧問科; 學問淵博)·저술과(著述科; 文章典麗)·진공득실과(盡公得實科; 善聽獄訟)·공사구편과(公私俱便科; 善治財賦)·청언과(請讞科; 練習法令).
【十年減壽】(십년감수)㊕ 십년의 목숨이 준다는 뜻으로, 대단한 고통·위험을 당하여 놀라거나 했을 때에 쓰는 말.
【十年之計】じゅうねんのけい (십년지 계) 십년을 목표로 한 계획. ¶一 莫如樹木<管子>
【十年知己】じゅうねんのちき (십년지기) 오래 전부터 사귀어 온 친구.
【十分】じゅうぶん (십분) ①한 시간의 6분의 1. ②부족함이 없음. 충분함. ③열로 나눔.
【十朋】じっぽう (십붕) 열 짝[十對]의 패화(貝貨). 나아가, 귀중한 보물을 이름. 朋은 고대에 통화(通貨)로 쓰던 짝으로 된 두 개의 조가비.
【十常八九】じゅうはっく ニツネニ (십상팔구) 열이면 여덟 아홉은 그러함. 거의 그러함.
【十手所指】じっしゅのゆびさすトコロ (십수소지) 열 사람이 손가락질한다는 뜻으로, 세상 사람들의 비판은 엄정하고 공명함을 이름. ¶十目所視 一 其嚴乎<大學>
【十匙一飯】(십시일반)㊕ 열 사람이 한 수저씩 모은 밥이 한 사람분의 끼니가 된다는 뜻으로, 여럿이 힘을 합하면 한 사람을 돕기는 쉬움을 이름.
【十惡】じゅうあく (십악) ①특사(特赦)가 미치지 않는 열 가지 중죄. 모반(謀反)·모대역(謀大逆)·모반(謀叛)·악역(惡逆)·부도(不道)·대불경(大不敬)·불효(不孝)·불목(不睦)·불의(不義)·내란(內亂). ②《佛》 입[口]·몸[身]·마음[意]이 짓는 열 가지 죄악. 살생(殺生)·투도(偸盜)·사음(邪淫)·망어(妄語)·악구(惡口)·양설(兩舌)·기어(綺語)·탐욕(貪慾)·사견(邪見)·진에(瞋恚). ¶一大罪. ↔十善(십선).
【十五夜】じゅうごや (십오야) 음력 보름날 밤.
【十雨】じゅうう (십우) 열흘에 한 번 비가 옴. 곧, 풍년이 들, 알맞은 강우(降雨).
【十二分】じゅうにぶん (십이분) 적당한 정도를 넘는 모양. 대만족.
【十二獸】じゅうにじゅう (십이수) 술가(術家)에서 12지(支)에 배당한 12종류의 동물. 쥐[子]·소[丑]·범[寅]·토끼[卯]·용[辰]·뱀[巳]·말[午]·양[未]·원숭이[申]·닭[酉]·개[戌]·돼지[亥].
【十二時】じゅうにじ (십이시) 하루를 12로 나눈, 자(子)·축(丑)·인(寅)·묘(卯)·진(辰)·사(巳)·오(午)·미(未)·신(申)·유(酉)·술(戌)·해(亥)의 각 시(時).
【十二律】じゅうにりつ (십이율) 12음의 악률(樂律). 곧, 양륙(陽六)의 육률(六律)과 음륙(陰六)의 육려(六呂)의 총칭. 줄여서 율려(律呂)라 함. 육률은 황종(黃鐘 : 十一月)·태주(太簇 : 正月)·고선(姑洗 : 三月)·유빈(蕤賓 : 五月)·이칙(夷則 : 七月)·무역(無射 : 九月), 육려는 대려(大呂 : 十二月)·협종(夾鐘 : 二月)·중려(仲呂 : 四月)·임종(林鐘 : 六月)·남려(南呂 : 八月)·응종(應鐘 : 十月).
【十二支】じゅうにし (십이지) 육갑(六甲) 중의 12지지(地支). 자(子)·축(丑)·인(寅)·묘(卯)·진(辰)·사(巳)·오(午)·미(未)·신(申)·유(酉)·술(戌)·해(亥).
【十翼】じゅうよく (십익) 공자가 지었다고 하는 「역경」(易經)의 10가지 주석(註釋). 상·하단전(彖傳), 상·하상전(象傳), 상·하계사전(繫辭傳), 문언전(文言傳), 설괘전(說卦傳), 서괘전(序卦傳), 잡괘전(雜卦傳).
【十字路】じゅうじろ (십자로) 네거리.
【十長生】(십장생)㊕ 장생 불사한다는 열 가지 물건. 해·산·물·돌·구름·소나무·불로초·거북·학·사슴.
【十全】じゅうぜん (십전) ①조금도 결함이 없음. 완전함. ②㊕ 조금도 위험이 없음.
【十全大補湯】(십전 대보탕) 원기를 돕는, 중년기 이후에 먹는 보약.
【十中八九】じっちゅうはっく ①·じゅうニはっくヲアッ ②(십중팔구) ①열 가운데 여덟 아홉. 대부분. ②열 가운데서 여덟 아홉은 맞힘.
【十指】じっし (십지) ①열 손가락. ②열 발가락. ③바느질·자수 등 여자가 하는 일.
【十七史】じゅうしちし (십칠사) 17가지의 중국 역사서. 사기(史記)·한서(漢書)·후한서(後漢書)·삼국지(三國志)·진서(晋書)·송서(宋書)·남제서(南齊書)·양서(梁書)·진서(陳書)·후위서(後魏書)·북제서(北齊書)·후주서(後周書)·수서(隋書)[이상은 十三史]·남사(南史)·북사(北史)·당서(唐書)·오대사(五代史).
【十八史】じゅうはっし (십팔사) 18가지의 정사(正史). 곧, 17사(史)와 「송사」(宋史).
【十八史略】じゅうはっしりゃく (십팔사략) 원(元)대 증선지(曾先之)가 지은 역사서. 원간본(元刊本) 2권, 명(明)대 진은(陳殷)의 음석본(音釋本) 7권. 18사에서 뽑아 초학자용으로 편찬함.
【十風五雨】じっぷうごう (십풍오우) 열흘에 한 번 바람이 불고, 닷새에 한 번 비가 온다는 뜻으

로, 곧, 때맞게 비가 오고 바람이 고르게 부는 것을 이름. 五風十雨(오풍십우).
▷得一忘一, 聞一知一, 一當一, 重一

3〖卄〗 廿(p. 236)과 同字

1/3〖千〗 일천 천 | 㽞くーㄢ (qian) | せん(セン, チ) *thousand*

풀이 ①일천. 열의 백 곱. ②천 번. ¶人十能之 己一之<中庸> ③많다. ¶周廬一列<後漢書> ④반드시. 꼭. ¶一萬不復全<古詩> ⑤밭두둑. ㊀阡. ¶正一伯<管子> ⑥초목이 우거진 모양. ㊀芊.

【千古】せんこ(천고) ①먼 옛날. ②먼 후세. ¶激淸一時 流譽一<蘇頲> ③영원한 이별. 죽은 이를 애도하는 말. ¶豈期一朝成一也<唐書>

【千斤】せんきん(천근) ①한 근의 천 배. 한 근은 열여섯 냥(兩). ②매우 무거움.

【千金】せんきん(천금) ①많은 돈이나 높은 값. 1 금(金)은 10 냥(兩). ②부자. 富豪(부호).

【千慮一得】せんりょいっとくノ(천려일득) 어리석은 사람이라도 많은 생각 속에는 어쩌다 좋은 것이 있음. ↔千慮一失(천려일실).

【千慮一失】せんりょいっしつノ(천려일실) 지혜로운 사람이라도 많은 생각 속에는 어쩌다 실책이 있음. ↔千慮一得(천려일득).

【千里鏡】せんりきょう(천리경) 망원경(望遠鏡).

【千里駒】せんりノく(천리구) ①☞千里馬(천리마). ②어리면서 재지(才智)가 뛰어난 사람의 비유. ③조카를 이름.

【千里同風】せんりどうふう(천리동풍) ①먼 데까지 같은 바람이 붊. 세상이 태평한 모양. ②천리간의 풍속이 같음.

【千里馬】せんりノウマ(천리마) 하루에 천 리 먼 길을 달릴 만큼 썩 빠른 명마. 千里駒(천리구) ①. ¶世有伯樂然後 有一<韓愈>

【千里眼】せんりがん(천리안) 먼 곳의 것을 볼 수 있는 안력(眼力)의 뜻으로, 사물을 꿰뚫어 보는 능력을 이름. 또는, 그 사람.

【千里之任】せんりのにん(천리지 임) 먼 곳에서 하는 근무. 지방관(地方官)의 직임(職任).

【千里行始於足下】せんりノこうモそっかヨリハジマル(천리행 시어족하) 천 리의 먼 길도 한 걸음부터 시작한다는 뜻으로, 쉬지 않고 힘쓰면 큰 일을 이룸의 비유.

【千萬】せんばん(천만) ①만(萬)의 천 곱절. ②썩 많은 수. ③썩 많은 돈이나 재산. ④매우. 아주. ⑤반드시. 꼭. ※せんまん

【千變萬化】せんぺんばんか(천변만화) 천 가지 만 가지로 변화함. 변화가 끝이 없음.

【千兵萬馬】せんぺいばんば(천병만마) 많은 군사와 말. 千軍萬馬(천군만마).

【千佛】せんぶつ(천불) 과거·현재·미래의 3 겁(劫)에 각각 나타나는 천의 부처.

【千佛洞】せんぶつどう(천불동) 육조(六朝) 때부터 당(唐)·5 대(代) 때는 시냇가 암벽(巖壁)에 굴을 파고 절을 세워 부처를 모시는 풍습이 성행했는데, 그 암굴 사원(寺院)의 유적이 많은 곳을 이르는 말. 감숙성(甘肅省) 돈황현(敦煌縣) 명사산록(鳴沙山麓) 일대, 하북성(河北省) 방산현(房山縣) 석경산(石經山) 석경동(石經洞) 일대 등.

【千佛山】せんぶつざん(천불산) 중국 산동성(山東省) 역성현(歷城縣) 남쪽에 있는 산. 산꼭대기의 바위에 수많은 대소의 불상이 조각되어 있음. 순(舜) 임금의 경작지였다 함. 歷山(역산).

【千歲曆】(천세력)㊀韓 백중력(百中曆)과 만세력(萬世曆) 등의 총칭.

【千手觀音】せんじゅかんのん(천수관음)《佛》 27면(面)과 천수 천안(千手千眼)이 있는 관음 보살(觀音菩薩). 관음 보살이 과거세에서 모든 중생을 구제하기 위하여, 천 개의 손과 눈을 얻고자 빌어서 되었다는 몸.

【千乘】せんじょう(천승) ①천 대의 병거(兵車). 乘은 수레를 세는 단위. 주(周)대에는 전시(戰時)에 천자는 만승(萬乘), 제후는 천승(千乘)을 내도록 되어 있었음. ②제후국. 또는, 제후의 지위. 「의 나라.

【千乘之國】せんじょうノクニ(천승지 국) 제후(諸侯)

【千辛萬苦】せんしんばんく(천신만고) 천만 가지의 신고라는 뜻으로, 온갖 고생을 이름.

【千耶萬耶】(천야만야)㊀韓 매우 높거나 깊어서 천 길·만 길이나 되는 듯한 모양.

【千言萬語】せんげんばんご(천언만어) 말을 수없이 함. 또는, 그 말.

【千仞斷崖】せんじんだんがい(천인단애) 천 길이나 되는 높은 낭떠러지.

【千紫萬紅】せんしばんこう(천자만홍) 울긋불긋한 여러 가지 꽃. 또는, 그 빛깔.

【千字文】せんじもん(천자문) 양(梁)의 주홍사(周興嗣)가 지은 책. 다른 1천 자로 절구(絶句) 2백 50구를 만듦.

【千載一遇】せんざいいちぐう(천재일우) 천 년에 한 번 만남. 곧, 좀처럼 만나기 어려운 좋은 기회. 千歲一時(천세일시). 千載一會(천재일회). 「각색.

【千差萬別】せんさばんべつ(천차만별) 가지가지. 가지

【千斬萬戮】せんざんばんりく(천참만륙) 천만 동강으로 베어 죽임.

【千秋】せんしゅう(천추) ①천 년. 긴 세월. 千載(천재). ②귀인의 탄생일. 남의 생일에 대한 경칭.

【千秋萬代】せんしゅうばんだい(천추만대) 후손 만대에 이르기까지의 오랜 기간.

【千秋萬歲】せんしゅうばんざい(천추만세) ①천 년 만 년. 영구한 세월. ②오래 살기를 축원하는 말.

【千秋萬歲後】せんしゅうばんざいノノチ(천추만세후) 오래도록 별고 없이 지내고 가신 뒤. 곧, 어른이 죽은 뒤를 일컫는 경어.

【千秋遺恨】せんしゅうノいこん(천추유한) 오랜 세월을 두고 잊지 못할 원한.

【千秋節】せんしゅうせつ(천추절) 천자의 탄생일. 당(唐) 현종(玄宗) 때에 비롯하였으며, 후에 천장절(天長節)로 바뀌었음.

【千層萬層】せんそうばんそう(천층만층) ①수없이 많이 포개진 켜. ②사물의 매우 많은 층등(層等). 「태.

【千態萬狀】せんたいばんじょう(천태만상) 천차 만별의 형

【千波萬波】せんぱばんぱ(천파만파) 넓은 물에 일어나는 수많은 물결.

【千篇一律】せんぺんいちりつ(천편일률) 색다른 바 없이 대동소이하여 변화가 없음.

【千戶】せんこ(천호) ①천 집. ②원(元)·명(明) 때의 벼슬 이름. 군사 천 명을 거느렸으며, 대개는 세습(世襲)이었음.

【千戶侯】せんここう(천호후) 천 호가 사는 넓은 땅을 영유하는 제후.

▷巨一, 大一, 萬一, 百一, 數一, 億一, 一騎當一, 一念三一, 一人當一

2/4〖卅〗 서른 삽 | ㄙㄚˋ (sa) | そう(サンジュウ) *thirty*

2/4〖升〗 되 승 | ㄕㄥ (sheng) | しょう(マス) *measure*

풀이 ①되. ㉮곡식·액체의 분량을 헤아리는 데에 쓰는 그릇. ¶爲銅一用頒天下<隋書> ㉯용량의 단위. 홉[合]의 10배. ¶龠十爲合 合十爲一<漢書> ②새. 피륙의 날을 세는 단위. 1새가 우리 나라는 40올, 중국은 80올. 通總. ¶冠六一<儀禮> ③승괘. 64괘의 하나. 손하곤상(巽下坤上). ䷭. ④오르다. 올림. 通登 昇 陞. ¶攝齊一堂<論語> ⑤바치다. 드림. ¶一觴擧燧<張衡> ⑥번영하다. 융성함. ¶道有一降<書經> ⑦익다. 곡식이 익음. ¶五穀不一<穀梁傳> ⑧이루어지다. 通成. ¶男女無辨則亂一<禮記>

漢銅升①
(西淸續鑑)

【升鑑】しょうかん(승감) 편지 겉봉의 받는 사람의 이름 아래에 쓰는 존칭어.

【升降】しょうこう(승강) ①오름과 내림. 昇降(승강). ②성(盛)함과 쇠(衰)함. 榮枯(영고). ③韓 자기 주장을 서로 고집하여 옥신각신함. 撕捱(시애).

【升啓】しょうけい(승계) 편지 겉봉의 받는 사람의 이름 아래에 쓰는 존칭어.

【升斛】しょうこく(승곡) ①분량. 또는, 분량을 되는 그릇. 되나 말 따위. ②한 되와 한 섬.

【升卦】しょうけ(승괘) 64괘(卦)의 하나. 전진 향상하는 상(象).

【升堂入室】どうにのぼりしつにはいる(승당입실) 먼저 마루에 오른 뒤에 방으로 들어감. 학문의 나아가는 순서. 升堂은 고명 정대(高明正大)한 경지, 入室은 오묘하고 정미(精微)한 경지.

【升斗】しょうと(승두) ①용량의 단위. 되[升]와 말[斗]. ②얼마 되지 않는 녹(祿).

【升聞】しょうぶん(승문) 웃사람에게 알려짐.

【升揚】しょうよう(승양) ①오름. ②벼슬이 오름.

【升引】しょういん(승인) 발탁하여 등용함.

【升沈】しょうちん(승침) ①승(升)과 침(沈). 옛날, 산에 제사 지낼 때 제물을 산에 두는 것을 승(升) 또는 기현(庪縣), 물에 제사 지낼 때 제물(祭物)을 강물에 던지는 것을 침(沈) 또는 부침(浮沈)이라 하였음. ②오름과 가라앉음. ③벼슬의 진퇴(進退). ④영고성쇠(榮枯盛衰). 窮達(궁달). 浮沈(부침).

【升平】しょうへい(승평) ①나라가 태평함. ②곡식이 잘 익어 곡가(穀價)가 안정됨. ③해가 돋듯, 풍족하게 번영하는 세상.

▷斗一, 昭一, 躍一, 陽一, 延一, 盈一, 陰一, 躋一, 朝一, 陟一, 超一, 黜一, 特一, 褒一

2/4〖午〗 낮 오 | ㄨˇ (wu) | ご(ウマ, マヒル) *noon, day*

풀이 ①낮. ②일곱째 지지(地支). 방위로는 정남(正南), 달로는 음력 5월, 오행으로는 화(火), 동물로는 말. ③가로 세로로 엇걸리다. 종횡으로 교차함. ¶使者旁一<漢書> ④거스르다. ¶一其衆 以伐有道<禮記>

【午供】ごく(오공) 중의 점심 공양. 午齋(오재).

【午年】ごねん(오년) 태세(太歲)가 오(午)인 해.

【午末】ごまつ(오말) 오시(午時)의 끝 시각. 하오 1시경.

【午方】ごほう(오방) 24방위(方位)의 하나. 정 남방(正南方).

【午上】ごじょう(오상) 남쪽. 남쪽 방향.

【午睡】ごすい(오수) 낮잠. 午寢(오침).

【午時】ごじ(오시) 상오 11시부터 하오 1시 사이.

【午溽】ごじょく(오욕) 한낮의 무더위.

【午齋】ごさい(오재) ☞午供(오공).

【午坐】ござ(오좌) ①낮 참선(參禪). ②오방(午方)을 등지고 앉음.

【午坐子向】ござしこう(오좌자향) 오방(午方)에서 자방(子方)을 향하여 앉은 형세.

【午餐】ごさん(오찬) 보통보다 잘 차리어 손을 대접하는 점심 식사. 中餐(중찬). 午餉(오향). 午飯(오반). 午食(오식).

【午初】ごしょ(오초) 오시(午時)의 첫 시각. 오전 11시경.

【午寢】ごしん(오침) ☞午睡(오수).

【午風】ごふう(오풍) ①점심 때쯤 부는 바람. ②남쪽에서 불어오는 바람. 마파람.

【午下】ごか(오하) 오후(午後). 下午(하오).

▷端一, 上一, 正一, 下一

4〖廿〗 ☞廾部 1획(p.527)

4〖卆〗 卒(p.238)의 俗字

4〖支〗 部首 글자

5〖古〗 ☞口部 2획(p.262)

3/5〖半〗 반 반 | ㄅㄢˋ (ban) | はん(ナカバ) *half*

源 會意. 몸집이 큰 소[牛]를 둘로 나눈다[八]는 뜻.

풀이 ①반. ㉮똑같이 둘로 나눈 것의 한 부분. ¶尙得十一<漢書> ㉯한가운데. 중앙. ¶以月一爲望<書經·注> ㉰가운데쯤. 도중. ¶日暮中流一<杜甫> ㉱한창. 절정. ¶酒一相顧<歸田錄> ②조각. 通片. ¶一一氷<漢書> ③나누다. 똑같이 나눔. ¶悉割一爲薪<世說新語>

【半價】はんか(반가) 절반 값.

【半跏趺坐】はんかふざ(반가부좌)《佛》한 쪽 발을 다른 쪽의 허벅다리에 얹고 앉는 앉음새. ※結跏趺坐(결가부좌).
【半間】はんかん(반간) 한 칸의 절반.
【半減】はんげん(반감) 절반을 덞. 절반으로 줆.
【半開】はんかい(반개) ①절반쯤 엶. ②절반쯤 갬. 半晴(반청). ③절반쯤 핌. ④개화(開化)가 다 되지 못함.
【半徑】はんけい(반경) 반지름.
【半頃】はんけい(반경) 50묘(畝)의 밭. 얼마 되지 않는 밭을 이름.
【半空】はんくう(반공) 그리 높지 않은 공중. 半天(반천).
【半官半民】はんかんはんみん(반관반민) 정부와 민간이 공동으로 출자하는 사업 형태.
【半句】はんく(반구) ①한 구(句)의 반. ②적은 말. 짧은 말. ¶一言一.
【半弓】はんきゅう(반궁) 둥근 것이 반쯤 이지러져 궁형(弓形)으로 된 꼴.
【半規】はんき(반규) 반원(半圓). 規는 걸음쇠.
【半旗】はんき(반기) 조의(弔意)를 표하여 보통보다 내려 다는 국기. ¶韓一.
【半島】はんとう(반도) 3면이 바다로 둘러싸인 육지.
【半途而廢】はんとにしてはいす(반도이 폐) 일을 중도에서 그만둠. 中途而廢(중도이 폐). 半塗而廢(반도이 폐).
【半半】はんはん(반반) 절반씩.
【半白】はんぱく(반백) ①절반이 센 머리. 斑白(반백). ②韓 현미(玄米)와 백미가 반반인 쌀.
【半百】はんぴゃく(반백) 백의 반. 50. 쉰.
【半步】はんぽ(반보) 반 걸음. 頃步(경보).
【半分】はんぶん(반분) 절반으로 나눔. 또는, 그 분량. (반푼)韓 한 푼의 절반.
【半朔】はんさく(반삭) 반 달. 보름 동안.
【半山】はんざん(반산) ①산의 중턱. ②송(宋)대 왕안석(王安石)의 호.
【半産】はんざん(반산) 낙태 또는 유산. 小產(소산).
【半牀】はんしょう(반상) ①침상의 절반. 半床(반상). ②미혼자. 일부일처(一夫一妻)를 일상(一牀)이라 이름.
【半晌】(반상)中 잠깐. 반나절.
【半生】はんせい(반생) ①한평생의 절반. ②빈사 상태. 초목 따위가 반쯤 마른 상태. ③반쯤 발생함. ※はんしょう
【半生半死】はんせいはんし(반생반사) 거의 죽게 되어 생사가 확실하지 않은 지경.
【半生半熟】はんせいはんじゅく(반생반숙) 반쯤 설고 반쯤 익었다는 뜻으로, 기예(技藝)가 미숙함의 비유.
【半仙】はんせん(반선) ①당(唐) 현종(玄宗)이 한식날 궁녀들에 시킨 그네놀이를 이르던 말. ②무당, 의사, 관상가(觀相家)의 이칭.
【半世紀】はんせいき(반세기) 한 세기의 절반.
【半睡半醒】はんすいはんせい(반수반성) 자는 둥 마는 둥 아주 얕은 잠을 잠.
【半熟】はんじゅく(반숙) ①곡식이 절반쯤 여묾. ②음식물을 절반쯤 익힘.
【半僧半俗】はんそうはんぞく(반승반속) ①반은 중이요 반은 속인이라는 뜻으로, 얼간이 중을 이름. ②무어라고 뚜렷한 명목을 붙이기 어려운 어중간한 것의 비유.
【半信半疑】はんしんはんぎ(반신반의) 반은 믿고 반은 의심함.
【半身不隨】はんしんふずい(반신불수) 몸의 절반을 쓰지 못하는 상태. 반쪽을 못 씀.
【半身像】はんしんぞう(반신상) 가슴 이상을 묘사한 초상이나 소상(塑像).
【半額】はんがく(반액) 전액의 반. 절반 값.
【半圓】はんえん(반원) 원(圓)의 절반. 半輪(반륜).
【半月】はんげつ(반월) 반달. ¶一形.
【半人】はんじん(반인) ①한 사람 몫의 반. ②남의 반박에 되지 않음. ※はんにん
【半印】はんいん(반인) ①반쯤 찍힌 도장. ②방인(方印)의 반. 낮은 벼슬아치가 쓰던 장방형의 도장. 또는, 그 벼슬아치.
【半日】はんじつ(반일) ①반나절. ②한동안.
【半字】はんじ(반자) ①편(偏)이나 방(旁)이 없는 독체(獨體)의 글자. ②한자(漢字)의 약자.
【半刺】はんし(반자) ①군(郡)의 보좌관. 곧, 장사(長史)·별가(別駕)·통판(通判) 등을 이르는 말. ②명함. 명찰.
【半切】はんせつ(반절) ①절반으로 자름. ②당지(唐紙)를 세로로 절반 자른 한 쪽. ③전지(全紙)의 절반.
【半製品】はんせいひん(반제품) 미완성의 제품.
【半天】はんてん(반천) ①하늘의 절반. ②천지의 중간. 중천. 半空(반공).
【半醉半醒】はんすいはんせい(반취반성) 술이 얼근히 취한 상태.
【半透明】はんとうめい(반투명) 투명도가 낮은 상태.
【半風子】はんぷうし(반풍자) 이[虱]의 은어. 虱은 風에서 한 획을 뺀 자이므로 이름.
【半夏】はんげ(반하) ①약초 이름. 끼무릇. ②반하생(半夏生)의 준말. ③벼의 이름. 9월에 익는 벼. ④《佛》하안거(夏安居)의 중간인 45일째를 이름.
【半夏生】はんげしょう(반하생) 72후(候)의 하나. 하지에서 11일째 되는 날. 모내기의 끝 무렵. 半夏(반하)②.
【半漢】はんかん(반한) 천마(天馬)가 힘이 넘쳐 못 견디어 하는 모양.
【半楷】はんかい(반해) 해서(楷書)보다 부드럽게 행서(行書)에 가깝게 쓰는 글씨체.
【半行】はんぎょう(반행) ①반 줄. ②행서(行書)보다 더 흘리어 반흘림에 가깝게 쓰는 글씨체.
【半回裝】(반회장)韓 여자 저고리의 끝동·깃·고름만을 자줏빛 또는 남빛의 헝겊으로 꾸민 회장.
▷強一, 居一, 過一, 大一, 得失一, 上一, 夜一, 一一, 前一, 折一, 太一, 殆一, 下一, 夏一, 後一

5〖平〗☞ 干部 2획(p.507)

5〖叶〗☞ 口部 2획(p.269)

5〖卉〗卉(p.238)의 俗字

4/6〖卍〗만자 만 | 國メㄢˋ (wan) | ばん, まん *fylfot*

풀이 만자. 범어(梵語)의 만자(萬字). 석

가(釋迦)의 가슴에 있었다는 형상으로서, 불경 번역 때「萬」자의 뜻으로 번역하였음.

【卍字】まんじ(만자) ①불심(佛心)에 나타나는 길상 만덕(吉祥萬德). ②만(卍)과 같은 형상의 무늬. ¶一旗/一欄.

【卍字窓】まんじまど(만자창) 창살이 卍자 모양으로 된 창. 완자창.

6【卋】世(p.32)의 古字

6【𠀍】世(p.32)와 同字

4/6【卌】마흔 십 | 緝 ㄒㄧˋ (xi) | しょう *forty*

6【早】☞ 日部 2획(p.710)

4/6【卉】풀 훼 | 尾 未 ㄏㄨㄟˋ (hui) | き(クサ) *plant*

7【克】☞ 儿部 5획(p.155)

7【尗】叔(p.258)의 俗字

8【阜】部首 글자

6/8【卑】1 낮을 비 2 하여금 비 | 支 紙 ㄅㄟ (bei) | ひ(イヤシイ) *lowly*

俗 卑 𤰞

풀이 1 ①낮다. ㉮높지 아니하다. ¶天尊地一<易經> ㉯천하다. 신분·인격·지위 등이 낮음. ¶居尊若一<柳宗元> ②낮은 사람. 오늘날은 자신의 겸칭으로 씀. ¶養一者否<禮記> ③천하다. 저속함. ¶野一. ④치뜰다. 비루함. ¶一屈. ⑤업신여기다. ¶何以一我<國語> ⑥가깝다. ¶德薄者流一<穀梁傳> ⑦알기 쉽다. 비근(卑近)함. ¶論一而易行<史記> ⑧낮은 곳. ¶譬如登高必自一<中庸> ⑨쇠하다. ¶王室其將一乎<國語> 2 하여금. 사역의 뜻을 나타냄. 通 俾. ¶一民不迷<荀子>

【卑怯】ひきょう(비겁) ①용기가 없음. 겁이 많음. ②심사(心思)가 야비함.

【卑屈】ひくつ(비굴) 줏대가 없고 하는 짓이 치뜲.

【卑近】ひきん(비근) ①고상하지 아니함. ②가까운 곳. 생활 주변. ③알기 쉬움.

【卑陋】ひろう(비루) ①낮고 좁음. ②더러움. 하는 짓이 야비하고 더러움. ③비천한 지위. 卑賤(비천).

【卑俗】ひぞく(비속) 낮고 속됨. 촌스러움.

【卑下】ひげ(비하) ①지대가 낮음. ②지위가 낮음. ③자기를 낮춤. ④얕봄.

▷謙一, 高一, 男尊女一, 陋一, 辭一, 鮮一, 野一, 禮一, 尊一, 天尊地一

8【𤰞】卑(p.238)의 俗字

8【𠦃】卌(p.238)과 同字

6/8【卒】1 군사 졸 2 마칠 졸 本 줄 3 버금 취 | 月 ㄗㄨˊ (zu) 質 ㄘㄨˋ (cu) 隊 | そつ(シモベ) *servant* そつ, しゅつ *finish* さい

本 卒

源 會意. 옛 자형(字形)은「衣+一」. 표지[一]가 있는 옷[衣]을 입는 사람은 하인이었으므로, 하인이나 군인 따위 최하 계급을 뜻함.

풀이 1 ①군사. 병졸. ¶一四十萬人<史記> ②하인. 심부름꾼. ¶斷輿之一<漢書> ③집단. ㉮100명의 군졸. ¶合其一伍<禮記> ㉯30의 제후국. ¶天子於千里之外設方伯三十國以爲一<禮記> ㉰300호(戶). ¶三十家爲邑 … 十邑爲一<國語> ④갑자기. 通 猝. ¶不可以應一<史記> 2 ①마치다. ¶恐未能一業<司馬相如> ②죽다. ¶壽考曰一<禮記> ③대부(大夫)의 죽음. ¶大夫死曰一<禮記> ④죄다. 모두. 通 悉. ¶稼穡一痒<詩經> ⑤마침내. 드디어. ¶一爲善士<孟子> 3 버금. 通 倅. ¶庶子官 職諸侯卿大夫士之庶子之一<禮記>

【卒去】しゅっきょ(졸거) 오품(五品) 이상 삼품 이하 사람의 죽음. 오늘날에는 서민(庶民)에 대해서도 씀. ※そっきょ

【卒哭】そっこく(졸곡) 삼우제(三虞祭) 뒤 석 달 만에, 정일(丁日)이나 해일(亥日)에 지내는 제사. 卒哭祭(졸곡제).

【卒年】そつねん(졸년) ①죽은 해. 歿年(몰년). ②그 해의 마지막.

【卒倒】そっとう(졸도) 갑자기 정신을 잃고 쓰러짐. 또는, 그런 일.

【卒逝】そっせい(졸서) 상대방을 높이어, 그의 죽음을 정중하게 이르는 말.

【卒業】そつぎょう(졸업) ①학교에서 전과목을 수료(修了)함. 畢業(필업). ②일정한 일을 마침.

【卒伍】そつご(졸오) ①병졸들의 대오(隊伍). ②주(周)대의 주민의 편제(編制). 5명 1조(組)를 伍, 100伍를 卒이라 함.

【卒中風】そっちゅうふう(졸중풍) 갑자기 일어나는 뇌일혈(腦溢血). 卒中(졸중).

【卒篇】そっぺん(졸편) 시문의 전편(全篇)을 모두 짓거나 욈. 終篇(종편).

▷甲一, 勁一, 輕一, 軍一, 騎一, 邏一, 徒一, 兵一, 士一, 戍一, 驛一, 銳一, 獄一, 從一, 倉一

8【直】☞ 目部 3획(p.1056)

6/8【卓】높을 탁 | 覺 ㄓㄨㄛˊ (zhuo) | たく(タカイ) *high*

源 會意. 「人+早」. 「早」는 유달리 빨리 눈에 띔의 뜻으로, 卓은 사람이 뛰어나서 유달리 눈에 띔을 뜻함.

풀이 ①높다. ㉮뛰어나다. 우월함. ¶一越/一見. ㉯높이 서 있다. ¶江山嚴厲

而峭一<臥游錄>/一峙. ㉰높고 먼 모양. ¶使一然可觀<漢書> ②탁자. ¶兩一合八尺<徐積>/食一/教一.
【卓見】たっけん(탁견) 뛰어난 식견(識見). 卓識(탁식).
【卓犖】たくらく(탁락) 월등하게 뛰어남. 卓越(탁월). ¶照坐光一<蘇軾>
【卓論】たくろん(탁론) 뛰어난 이론. 卓說(탁설).
【卓文君】たくぶんくん(탁문군)《人》 한(漢)대 촉(蜀)의 부호(富豪) 탁왕손(卓王孫)의 딸. 젊어서 과부가 되어 사마상여(司馬相如)와 재혼하였으나, 그가 첩을 들이려 하므로, 이혼(離婚)의 뜻을 담아 백두음(白頭吟)을 지었다 함.
【卓上】たくじょう(탁상) 탁자나 책상 따위의 위. ¶一日記/一時計.
【卓上空論】たくじょうくうろん(탁상공론) 현실성이 없는 허황한 말이나 의론. 「론).
【卓說】たくせつ(탁설) 탁월한 설(說). 卓論(탁
【卓識】たくしき(탁식) ☞卓見(탁견).
【卓午】たくご(탁오) 한낮. 正午(정오). ¶頭戴笠子日一<李白>
【卓越】たくえつ(탁월) 월등하게 뛰어남. 卓犖(탁락). 卓拔(탁발). 卓逸(탁일). ¶英才一 超踰倫匹 則諸葛恪<吳志>
【卓衣】たくい(탁의) ①탁자에 씌우는 보. 책상보. 案衣(안의). ②《佛》 가사(袈裟)의 이칭.
【卓子】たくし(탁자) 물건을 올려 놓는 가구. 책상, 식탁 따위. 几案(궤안). 卓案(탁안).
【卓節】たくせつ(탁절) 높은 절조(節操).
【卓行】たっこう(탁행) 뛰어난 행실. 高行(고행). ¶一殊遠 而糧不絕<漢書>
【卓效】たっこう(탁효) 뛰어난 효험.
▷奇一, 守一, 食一, 圓一, 淸一, 峭一, 超一, 卓一, 特一, 鴻一, 恢一

6
8【協】 합할 협 | 漢ㄒㄧㄝˊ (xie) | きょう(カナウ) unite

源會意·形聲 劦은 力을 셋 합친 회의문자로, 많은 힘을 합함을 뜻함. 十의 변음이 음을 이룸.

풀이 ①합하다. ¶有衆率怠不一<書經>/一議/一力. ②일치하다. 화합. ¶親屬一和<史記>/君臣不一<左氏傳>/一調. ③좇다. 복종함. ¶下民祗一<書經> ④청(淸)의 군대 이름. 여단(旅團)에 해당함.
【協同】きょうどう(협동) ①여럿이 마음과 힘을 합하여 어떤 일을 함. ¶一精神/一事業. ②일치함. ¶考之於經傳 咸得其實 靡不一<漢書>
【協力】きょうりょく(협력) 어떤 일을 이루기 위해 힘을 합함. 合力(합력). 戮力(육력). 協戮(협륙).
【協律】きょうりつ(협률) ①음률(音律)을 고름. ¶上頗作歌詩 欲興一之事<漢書> ②한(漢)대에 음악에 관한 일을 맡아보던 벼슬 이름. ¶一都尉.
【協理】きょうり(협리) ①협조하여 처리함. ¶選擧保正 以一保務<福惠全書> ②청(淸)대의 부관(副官).
【協商】きょうしょう(협상) 협의하여 일을 꾀함.
【協成】きょうせい(협성) 힘을 합하여 일을 이룸.
【協心】きょうしん(협심) 여럿이 마음을 합함. ¶一戮力. 「神一<陸雲>
【協愛】きょうあい(협애) 마음을 합해 사랑함. ¶民
【協業】きょうぎょう(협업) 어느 생산 과정에서 많은 노동자가 계획적으로 협동하여 일함. ¶一生產.
【協韻】きょういん(협운) 중국 운문(韻文)에서 같은 운에 속하지는 않지만 서로 통용하는 운. 또는, 그 글자. 合韻(합운). 叶韻(협운).
【協議】きょうぎ(협의) 여럿이 함께 의논함. ¶一會.
【協定】きょうてい(협정) ①협의하여 결정함. 또는, 그렇게 결정한 사항. ②두 나라 이상의 나라 사이에 체결하는 비공식적이고 잠정적인 조약. ¶關稅一/軍事一.
【協助】きょうじょ(협조) 힘을 합해 서로 도움.
【協調】きょうちょう(협조) 힘을 합해 서로 조화를 이룸. 격의 없이 서로 도움. 協同調和(협동조화).
【協奏】きょうそう(협주) 여러 가지 악기로 조화 있게 연주(演奏)함. 合奏(합주). ¶一曲.
【協贊】きょうさん(협찬) 힘을 합하여 도와 줌. 協讚(협찬). 協扶(협부). ¶天人一 社稷是依<舊五代史> 「大計<唐書>
【協判】きょうはん(협판) 서로 상의하여 정함. ¶一
【協會】きょうかい(협회) 같은 목적을 가진 사람들이 목적 달성을 위하여 협동하여 설립, 유지하는 모임. ¶獨立一.
▷不一, 允一, 妥一, 諧一, 和一, 翕一

8【㔙】 協(p. 239)의 俗字

7
9【南】 남녘 남 | 漢ㄋㄢˊ (nan) | なん(ミナミ) south

풀이 ①남녘. ¶凱風自一<詩經>/一國. ②남으로 향하다. ¶日一 則景短多暑<周禮>/圖一. ③임금. 군주. ¶聖人一面而聽天下<禮記> ④남이(南夷)의 무악(舞樂). ¶以雅以一<詩經>/胥鼓一<禮記>
【南無三寶】なむさんぼう(나무삼보←남무삼보)《佛》 ①삼보, 곧 불(佛)·법(法)·승(僧)에 귀의하는 일. ②삼보를 기념(祈念)하는 말.
【南無阿彌陀佛】なむあみだぶつ(나무 아미타불←남무아미타불)《佛》 아미타불에 귀의한다는 뜻. 정토종(淨土宗)에서는 육자명호(六字名號)라 함. ¶具足十念 稱一<觀無量壽經>
【南柯夢】なんかのゆめ(남가몽) ☞南柯一夢(남가일몽).
【南柯一夢】なんかいちむ(남가일몽) 부귀·득실의 무상(無常)을 비유하는 말. 당(唐) 이공좌(李公佐)가 지은 「남가기」(南柯記)의 순우분(淳于棼) 이야기에서 유래. 南柯夢(남가몽). 槐安夢(괴안몽).
【南梗北頑】(남경북완)韓 옛날에 우리나라의 근심거리가 되었던 남쪽의 일본과 북녘의 야인(野人)을 이르던 말.

【南曲】なんきょく(남곡) 명(明)대에 성행하던 일종의 희곡(戲曲). 「비파기」(琵琶記)는 그 대표적 작품. ※北曲(북곡).
【南冠】なんかん(남관) ①옛날 중국 초인(楚人)이 쓰던 관(冠). ②포로(捕虜). 또는, 고국을 생각하는 정이 두터운 수인(囚人). 초(楚)의 종의(鍾儀)가 남관을 쓰고 포로가 된 옛일에서 온 말. ¶見鍾儀問之曰 一而縶者誰也 有司對曰 鄭人所獻楚囚也<左氏傳>
【南交】なんこう(남교) 안남(安南) 교지(交趾)의 땅. 지금의 베트남 북쪽.
【南歐】なんおう(남구) 남부 유럽. ↔北歐(북구).
【南國】なんこく(남국) 남쪽에 위치한 나라. ↔北國(북국).
【南軍】なんぐん(남군) ①남쪽에 진을 친 군대. ②남국(南國)의 군사(軍士).
【南宮】なんきゅう(남궁) ①남방(南方)의 건물. 또는, 남쪽의 궁전(宮殿). ②성좌(星座)의 이름. 朱鳥星(주조성). ③당(唐)대에 예부(禮部)를 이르던 말. ¶一 禮部也<書言故事>
【南橘北枳】なんきつほっき(남귤북지) 강남(江南)의 귤을 강북(江北)으로 옮겨 심으면 탱자나무로 퇴화한다는 뜻으로, 사람이 사는 환경에 따라 변함을 비유한 말.
【南極】なんきょく(남극) ①남쪽 끝. 또는, 지축(地軸)의 남단(南端). ¶一大陸. ↔北極(북극). ②남극성(南極星). 사람의 수명을 맡은 별이라 함. ¶壽如一 子孫千億<崔駰>/一老人.
【南極老人】なんきょくろうじん(남극노인) 남극성(南極星)의 화신(化身). ¶一自有星 北山移文誰勒銘<杜甫>
【南金】なんきん(남금) 중국 남부의 형주(荊州)·양주(揚州)에서 산출되는 황금(黃金). 순도(純度)가 높아 유명함.
【南金東箭】なんきんとうせん(남금동전) 화산(華山)의 금석(金石)과 회계(會稽)의 죽전(竹箭). 귀하게 여기는 물건의 비유. ¶東南之美者 有會稽之竹箭焉 西南之美者 有華山之金石焉<爾雅>
【南男北女】(남남북녀)㊞ 우리 나라에서 남쪽 지방은 남자가, 북쪽 지방은 여자가 아름답다고, 예로부터 일러 오는 말.
【南端】なんたん(남단) ①남쪽 끝. 또는, 남쪽. ¶植于圭之一<元史> ②남쪽 정문(正門). 南門(남문). ¶皎皎窓中月 照我室一<潘岳>
【南唐】なんとう(남당) 중국 5대 10국의 하나.
【南臺】なんだい(남대) ①남쪽에 있는 누대(樓臺). ¶江樓到夜登 還見一月<賈島> ②어사대(御史臺). ③학덕(學德)이 뛰어나 이조(吏曹)에서 사헌부(司憲府) 대관(臺官)으로 천거한 사람.
【南大門入納】(남대문 입납)㊞ 주소가 분명하지 않은 편지나, 이름도 모르고 집을 찾는 것을 조롱하는 말.
【南道】なんどう(남도) ①남쪽으로 난 길. 또는, 남쪽에 있는 주군(州郡). ②㊞ 경기도 이남의 땅을 이르는 말. 곧, 충청·경상·전라도 지방. ↔北道(북도). ③대종교(大倧敎)에서 백두산 이남의 땅 곧 한반도(韓半島)를 이르는 말.
【南頓北漸】なんとんほくぜん(남돈북점)《佛》 중국의 선종(禪宗)에서, 혜능(慧能)이 전한 남종(南宗)은 돈오(頓悟)를, 신수(神秀)가 전한 북종(北宗)은 점수(漸修)를 종풍으로 한 것을 이름.
【南董】なんとう(남동) 우수한 사가(史家). 제(齊)의 남사(南史)와 진(晋)의 동호(董狐)가 직필(直筆)의 사가(史家)로 이름이 높았던 데서 이름.
【南斗】なんと(남두) 남쪽 하늘에 있는 말[斗] 모양으로 된 여섯 개의 별. 南斗六星(남두육성). ¶一六星 在南也<史記·注> ↔北斗(북두).
【南呂】なんりょ(남려) ①육려(六呂)의 다섯째, 12율(律)의 열째 음계의 소리. 陰調(음조). ¶乃奏姑洗 歌一 舞大磬<周禮> ②음력 8월의 이칭.
【南蠻】なんばん(남만) 남쪽 오랑캐. 옛날 중국 사람이 자기 나라 남쪽에 사는 족속을 얕잡아 이르던 말. 南夷(남이). ↔北狄(북적).
【南蠻鴃舌】なんばんげきぜつ(남만격설) 남쪽 미개인의 말은 왜가리 소리와 같다는 뜻으로, 뜻이 통하지 않는 외국인의 말을 얕잡아 이르는 말. ¶今世一之人<孟子>
【南蠻北狄】なんばんほくてき(남만북적) 남쪽 오랑캐와 북쪽 오랑캐.
【南蠻北狄之敎】なんばんほくてきノオシエ(남만북적지 교) 불교(佛敎)를 이름. 본래 남만 곧, 인도에서 일어나 북적(北狄) 호인(胡人)에 의해 중국에 전하여졌기 때문에 하는 말. ¶不啻溺於西土之文 乃或信一<弘道館記述義>
【南面百城】なんめんひゃくじょう(남면백성) 임금의 자리와 성이 백 개나 되는 넓은 영토.
【南面之賊】なんめんノぞく(남면지 적) 임금에게 해가 되는 자. ¶北面之禍也 一也<莊子>
【南面之尊】なんめんノそん(남면지 존) 천자(天子)의 지위(地位). ¶處一 乘萬乘之權<漢書>
【南面稱孤】なんめんシテこトしょうス(남면칭고) 임금이 됨을 이름. 孤는 임금의 자칭(自稱) 겸사(謙辭). ¶劉澤卒 一者三也<史記>
【南班】なんぱん(남반) ①황족(皇族) 자제에게 특별히 내리는 벼슬. ②고려 때 동서 양반(兩班)의 다음 가는 반열(班列). 칠품(七品) 벼슬에 한함. ③조선 정조(正祖) 때, 성균관에 수용된 서출(庶出)의 생원(生員), 진사(進士).
【南方】なんぽう(남방) 남쪽. 또는, 남쪽의 땅. ¶一有比翼鳥焉<爾雅>
【南方之強】なんぽうノきょう(남방지 강) 중국 남쪽 지방 사람의 강점(強點). 곧, 인내로 사람을 이겨 냄. 군자(君子)의 용기를 이름. ↔北方之強(북방지 강).
【南北朝】なんぼくちょう(남북조) ①동진(東晋) 말엽에 중국은 남북으로 대립되어, 남쪽에서 흥망한 한민족(漢民族)의 네 왕조[宋·齊·梁·陳]를 남조(南朝), 북방에서 흥망한 선비족(鮮卑族)의 왕조[北魏·東魏·西魏·北齊·北周]를 북조(北朝)라 함. 수(隋)에 의해 통일됨. ②우리 나라가 남쪽에 통일

신라(統一新羅), 북쪽에 발해(渤海)로 분립되었던 227년간을 이름.

【南北宗】なんぼくしゅう (남북종) ①중국 회화(繪畫)의 2대 유파(流派). 산수화법(山水)에서, 남종은 왕유(王維)의 묵화 산수(墨畫山水)를 주종으로 한 것으로, 남화(南畫)라 하고, 북종은 이사훈(李思訓) 부자(父子)의 채색 산수(彩色山水)를 주종으로 한 것으로, 북화(北畫)라 하였음. ②《佛》 중국 선종(禪宗)의 두 파(派). 달마(達磨) 이후 5세(世)에 와서 나뉜, 점수(漸修)를 주로 하는 신수(神秀)의 북종(北宗)과, 돈오(頓悟)를 내세우는 혜능(慧能)의 남종(南宗).

【南北派】なんぼくは (남북파) ①청(淸)대 완원(阮元)이 나눈 중국 서법의 2대 유파(流派). 남북조 시대의 글씨를 대별하였는데, 남파(南派)의 글씨는 소방(疎放)하고 연묘(姸妙)하여 법첩(法帖)으로 많이 전하고, 북파는 졸박(拙朴)하고 주경(遒勁)하여 석비(石碑)에 많이 남아 있음. ②중국 소림 권술(少林拳術)의 두 파(派). 남파(南派)는 권(拳)을, 북파는 퇴(腿)를 중시함.

【南北學】なんぼくがく (남북학) 중국 남북조 시대 학술(學術)을 말함. 남학(南學)인 남조(南朝)는 문학·예술을 숭상하였고, 북학(北學)인 북조(北朝)는 경학(經學)을 중시하여 각각 특색 있는 학풍을 이루었음.

【南司】なんし (남사) 벼슬 이름. 남조(南朝) 시대의 어사 중승(御使中丞). 또는, 당(唐)대 재상(宰相)의 이칭.

【南史】なんし (남사) ①《人》 춘추(春秋) 시대 제(齊)의 사관(史官). 직필(直筆)로 유명하였음. ②당(唐)대에 이연수(李延壽)가 엮은 역사책. 송(宋)에서 진(陳)까지 남조(南朝) 170년간의 사실을 기록함. 80권.

【南山之壽】なんざんのじゅ (남산지 수) 종남산(終南山)이 무너지지 않듯이 사업이 장구함을 이르는 말. 또는, 장수(長壽)를 비는 말. ¶如一 不騫不崩<詩經>

【南船北馬】なんせんほくば (남선북마) 중국의 남쪽은 강이 많아 배를 타고, 북쪽은 평지가 많아 말을 탄다는 뜻으로, 항상 여행(旅行)하거나 분주히 돌아다님을 이름.

【南宋】なんそう (남송) 고종(高宗)이 금(金)을 피해 변경(汴京)에서 임안(臨安)으로 천도(遷都)한 때부터 멸망한 때까지의 송(宋)을 이름. (1127~1279) ↔北宋(북송).

【南巡】なんじゅん (남순) 임금이 남쪽으로 나라 안을 보살피며 두루 돌아다님. 南狩(남수).

【南岸】なんがん (남안) 남쪽 강안(江岸)이나 해안(海岸).

【南洋】なんよう (남양) ①태평양 중 적도(赤道) 남북의 해양(海洋). ¶一群島. ②중국에서, 강소(江蘇)·절강(浙江)·복건(福建)·광동(廣東) 등 해안 지대의 각 성(省) 및 양자강 연안. ¶海防股 掌南北洋海防之事<清會典>

【南洋群島】なんようぐんとう (남양군도) 적도(赤道)이북 태평양에 산재하는 수많은 섬들. 南洋諸島(남양제도).

【南倭北虜】なんわほくりょ (남왜북로) 15~19세기에 명(明)을 괴롭힌 남쪽의 왜구(倭寇)와 북쪽의 몽고족(蒙古族).

【南威】なんい (남위) ①《人》 춘추 전국 시대 진(晋)의 미인(美人). 진(晋) 문공(文公)이 그에게 반하여 사흘간 정사(政事)를 소홀히 했으나 마침내 그를 멀리하고, 후세에 반드시 여색(女色)으로 나라를 망치는 자가 있을 것이라고 말하였다 함. 南之威(남지위). ¶晋文公得南之威 三日不聽朝<戰國策> ②남쪽의 땅. 더위가 심하므로 이름. ¶西江風候接一 暑氣常多秋氣微<白居易> ③감람나무의 이칭. ¶廣志 東向枝曰橄欖 南向枝曰木威 又名一<事物異名錄>

【南緯】なんい (남위) 지구의 적도(赤道)로부터 남극(南極)까지의 위도(緯度). ↔北緯(북위).

【南子】なんし (남자)《人》 춘추 시대 위(衛) 영공(靈公)의 부인. 부덕(婦德)이 없어서 후에 주살(誅殺)됨.

【南田北畓】(남전북답)㊙韓 남북의 전답. 또는, 소유하고 있는 전답이 여기 저기 흩어져 있음.

【南鄭】なんてい (남정) 섬서성(陝西省)에 있는 현(縣). 정(鄭) 환공(桓公)이 견융(犬戎)에게 살해되자, 백성들이 남쪽으로 쫓기어 이곳에 정주(定住)하여 부른 이름.

【南征北伐】なんせいほくばつ (남정북벌) 남쪽을 정복하고 북쪽을 토벌한다는 뜻으로, 여기저기 전쟁에 종사하여 편안한 날이 없음의 비유.

【南齊】なんせい (남제) 소도성(蕭道成)이 세운 남조(南朝)의 제(齊).

【南朝】なんちょう (남조) 남북조 시대에 중국 남방에서 흥망한 한민족(漢民族)의 네 왕조. 송(宋)·제(齊)·양(梁)·진(陳). ↔北朝(북조).

【南宗】なんしゅう (남종) ①당(唐)의 왕유(王維)를 원조(元祖)로 하는 동양화의 한 파(派). ↔北宗(북종). ※남북종(南北宗)①. ②《佛》 중국 선종(禪宗)의 일파. 당(唐)의 혜능(慧能)을 개조(開祖)로 함. ↔北宗(북종). ※남북종(南北宗)②.

【南宗畫】なんしゅうが (남종화) ☞南宗(남종)①. ↔北宗畫(북종화).

【南酒北餠】(남주북병)韓 옛날, 서울 남촌(南村)은 술맛이 좋았고, 북촌은 떡맛이 좋았던 데서 생긴 말.

【南中】なんちゅう (남중) ①韓 남도(南道). 경기도 이남의 충청도·전라도·경상도. 三南(삼남). 下三道(하삼도). ②조선 때의 사색파(四色派) 가운데 남인(南人) 일파를 이르던 말. ③천체가 자오선(子午線) 남쪽을 통과하는 일. 이때 천체의 높이는 가장 높으며, 태양의 남중은 정오에 해당됨. ④남녘 땅. ¶崇在一<晋書>

【南支】なんし (남지) 외국 사람이 중국 남쪽 지방을 일컫는 말. 華南(화남). ↔北支(북지).

【南至】なんし (남지) 동지(冬至)의 이칭. ¶日一<左氏傳> ↔北至(북지).

【南進】なんしん (남진) 남쪽으로 나아감. ¶一政策. ↔北進(북진).

【南窓】なんそう(남창) 남쪽으로 향한 창문. ¶竹葉響一 月光照東壁＜何遜＞
【南帖】なんじょう(남첩) 중국 남조(南朝) 서가(書家)의 법첩(法帖). 청(清)의 완원(阮元)이 서법(書法)을 나누어 남북파로 하고, 남조는 비갈(碑碣)이 적으므로 법첩에 무게를 두어 일컬은 말. ↔北碑(북비). ※南北派(남북파)①.
【南村】なんそん(남촌) ①남쪽에 있는 마을. ②韓 예전에 서울 장안 남쪽에 있는 동네를 이름. ↔北村(북촌).
【南風不競】なんぷうふきょう(남풍불경) 남방 가요(歌謠)의 음조(音調)가 활기가 없다는 뜻으로, 남방의 세력이 부진함을 이름.
【南下】なんか(남하) ①남쪽으로 감. 남쪽으로 옴. ②북방의 나라가 남방의 나라를 잠식함. ¶百姓隨騰一＜晋書＞
【南漢】なんかん(남한) 옛 중국의 5대 10국의 하나.
【南閤】なんこう(남합) 재상(宰相)의 관서(官署).
【南向】なんこう(남향) ①남쪽 방향. 남쪽을 향함. 南嚮(남향). ¶馬首一＜後漢書＞ ②남쪽을 향해 감. 또는, 남쪽을 침. ¶匈奴不敢一＜後漢書＞
【南畫】なんが(남화) ☞南宗(남종)①. 「경).
【南華經】なんかきょう(남화경) ☞南華眞經(남화진
【南華眞經】なんかしんきょう·なんげしんきょう(남화진경) 장주(莊周)가 지은 「장자」(莊子)의 이칭. 南華經(남화경).
【南華眞人】なんかしんじん·なんげしんじん(남화진인) 당(唐) 천보(天寶) 원년(元年 : 909)에 장주(莊周)에게 추증(追贈)된 호(號).
▷江一, 極一, 圖一, 東一, 朔一, 山一, 西一, 城一, 召一, 嶺一, 二一, 日一, 終一, 周一, 指一, 河一, 湖一

9【単】 單(p. 304)의 略字
9【卑】 卑(p. 238)의 俗字
10【單】 單(p. 304)의 略字
11【率】 ☞玄部 6획(p. 988)
11【章】 ☞立部 6획(p. 1122)

10
12【博】 넓을 박 | 圈ㄅㄛˊ (bo) | はく(ヒロイ) *extensive*

풀이 ①넓다. ㉮학식이나 견문이 많다. ¶君子一學於文＜論語＞/一學/一識. ㉯너르다. ¶壤土之一＜史記＞/一遠. ㉰두루 미치다. ¶一愛之謂仁＜韓愈＞ ㉱크다. 많다. ¶爲利一矣＜呂覽＞/其懸日也一＜荀子＞ ②넓히다. ¶一我以文＜論語＞ ③도박. 노름함. ¶不有一弈者乎＜論語＞/賭一. ④넓이. 폭. ¶純一寸＜儀禮＞
【博徒】ばくと(박도) 노름꾼.
【博覽強記】はくらんきょうき(박람강기) 널리 책을 읽어 학식이 넓고 기억력이 좋음.
【博覽會】はくらんかい(박람회) 산업을 진흥시키기 위해 갖가지 산물을 전시하여 여러 사람에게 관람시키는 모임.
【博浪沙】はくろうしゃ(박랑사) 중국 하남성(河南省) 원양현(原陽縣) 남쪽에 있는 땅 이름. 장양(張良)이 역사(力士)를 시켜 진시황(秦始皇)을 저격하려다 실패한 곳. 博狼沙(박랑사).
【博聞強記】はくぶんきょうき(박문강기) 견문(見聞)이 넓고 기억력이 좋음.
【博物】はくぶつ(박물) ①널리 사물을 알고 있는 일. 博識(박식). ¶一洽聞＜漢書＞ ②여러 가지 사물. 百科(백과). ③동물·식물·광물·생리학의 총칭. 博物學(박물학).
【博物館】はくぶつかん(박물관) 여러 사람의 관람·연구에 이바지하기 위해 문화, 자연에 관한 자료를 수집, 정리해 놓은 시설.
【博士】はくし·はかせ(박사) ①옛날 교학(教學)을 맡았던 벼슬. 진(秦)대에 두었음. ②조선 시대 성균관(成均館)·홍문관(弘文館)의 정칠품(正七品) 벼슬. ③학문적 성과를 심사하여 주는 학위의 한 가지. 전공 분야에 따라 문학 박사, 공학 박사 등이 있음.
【博施濟衆】はくしさいしゅう(박시제중) 널리 사랑과 은혜를 베풀어 뭇 사람을 구제함. ¶博施於民而能濟衆＜論語＞
【博識】はくしき(박식) 보고 들은 것이 넓어서 많이 앎. 또는, 그러한 사람.
【博愛】はくあい(박애) 모든 사람을 널리 사랑함. 汎愛(범애). ¶一精神/一主義.
【博而不精】ひろくしてくわしからず(박이부정) 널리 알되 정밀하지 못함.
【博引旁證】はくいんぼうしょう(박인방증) 어떤 사물을 설명하는데, 널리 유례(類例)를 인용하고 두루 전거(典據)를 끌어 댐.
【博者不知】ひろきものはしらず(박자부지) 여러 방면에 두루 통하는 사람은 한 가지에도 정통하지 못하므로, 아무것도 모르는 것과 마찬가지임. 「앎.
【博通】はくつう(박통) 여러 가지 사물을 통하여 잘
【博學】はくがく(박학) ①널리 배움. ②널리 여러 학문에 통함. ¶一廣覽/一多聞/一多識.
【博學審問】はくがくしんもん(박학심문) 널리 배우고 자상하게 물음. 「중용」(中庸)에서 말한, 학문 연구의 태도.
▷褐寛一, 廣一, 宏一, 賭一, 富一, 淵一, 精一, 豊一, 學一, 該一, 浩一, 洽一

12【傘】 ☞人部 10획(p. 132)
13【準】 ☞水部 10획(p. 906)
14【兢】 ☞儿部 12획(p. 158)

卜＜점 복＞部

卜 ② 卝 卞 ③ 卡 占 ⑤ 卣 ⑥ 卦 卧

0
2【卜】 점 복 | 圈ㄅㄨˇ (bu) | ぼく(ウラナイ) *divination*

源 象形. 거북의 등껍데기를 불에 구울 때, 갈라진 금의 모양을 본뜸. 옛날에는 거북을 구워, 그 등껍데기에 나타난 금으로 점을 쳤기 때문에 점 또는 점치다의 뜻을 가짐.

풀이①점. 거북점. 길흉화복(吉凶禍福)의 판단. ¶龜爲—策爲筮<禮記>/占—/龜—/—筮. ②점치다. ¶試之—數<史記>/—仕/—日. ③점장이. ¶祝史射御—及百工<禮記>/—者. ④주다. ⑤바라다. 기대함. ¶—爾百福<詩經> ⑥사태를 살피다. ¶可—所學之深淺<近思錄>/—居. ⑦미리 알다. ¶定—/未—. ⑧㊗ 짐바리. ¶—駄.

【卜師】ぼくし(복사) ①주(周)대에 귀갑(龜甲)을 태워 점을 치는 일을 맡아보던 벼슬 이름. ②점장이.

【卜辭】ぼくじ(복사) ①거북점의 점괘를 적은 글. ②은허(殷墟)의 갑골 문자(甲骨文字). 갑골 문자가 복사(卜辭)인 데서 이르는 말.

【卜商】ぼくしょう(복상) ☞子夏(자하).

【卜筮】ぼくぜい(복서) 길흉(吉凶)을 점침. 또는, 그 점.

【卜術】ぼくじゅつ(복술) 점치는 술법.

【卜占】ぼくせん(복점) 점. 길흉을 점치는 일. 卜筮(복서). ¶帝王立—之官 故曰官占<書經·注>

【卜債】(복채) 점을 쳐 준 값으로 점장이에게 주는 돈.

▷龜—, 枚—, 賣—, 問—, 筮—, 占—, 定—, 推—

4〖卝〗 [1]丱(p.38)과 同字 [2]礦(p.1086)의 古字

2 4〖卞〗 법 변 |𠫔ㄅㄧㄢˋ (bian)|へん, べん(ノリ) *law*

풀이①법. 규칙. 법제. ¶臨君周邦 率循大—<書經> ②관(冠). 고깔. 通弁. ¶—射. ③조급하다. ¶邾莊公 —急而好潔<左氏傳>

【卞隨】べんずい(변수)《人》하(夏)대의 고사(高士). 탕왕(湯王)이 나라를 물려 주려 하자, 더러운 말을 들은 것이 부끄럽다 하여 주수(椆水)에 몸을 던져 죽었다 함.

【卞和】べんか(변화) ☞和氏之璧(화씨지 벽).

5〖𣥂〗 部首 글자

5〖外〗 ☞夕部 2획(p.365)

3 5〖卡〗 [1]관 잡 [2]기침할 가 |㊥ㄎㄚˇ (ka)|そう(セキ)

풀이[1]①관(關). 국경이나 요충에 설치하여 경비하는 곳. ¶—倫. ②꼭 끼이다. 틈에 박힘. [2]①기침하다. ②㊥ 카드, 칼로리 따위의 음역자(音譯字)로 씀.

3 5〖占〗 점칠 점 |𠫔ㄓㄢ (zhan)|せん(ウラナイ) *divine*

源會意. 거북을 구워서 껍데기의 갈라진 금을 보고 길흉을 판단하는 뜻을 나타냄.

풀이①점치다. 점치는 일. ¶不—而已矣<論語>/—卜/—筮. ②차지하다. ¶—小善者 率以錄<韓愈>/獨—/—領. ③지키다. ¶遣中黃門 —護其妻子<後漢書> ④입으로 부르다. ¶馮几口—<漢書> ⑤엿보다. ¶上—天心<後漢書> ⑥보다. 자세히 살펴봄. ¶未—有孚<易經>

【占據】せんきょ(점거) 일정한 곳을 차지하여 자리 잡음.

【占卦】(점괘) 점을 쳤을 때 나타나는 괘.

【占領】せんりょう(점령) ①☞占有(점유). ②적의 토지, 진영 등을 무력으로 빼앗음.

【占卜】せんぼく(점복) 점을 침. 또는, 점. 卜筮(복서).

【占星術】せんせいじゅつ(점성술) 별의 운행(運行)으로 길흉(吉凶)을 점치는 술법.

【占術】せんじゅつ(점술) 점치는 술법(術法).

【占用】せんよう(점용) 점유(占有)하여 사용함.

【占有】せんゆう(점유) 물건을 자기 지배 아래에 둠. ¶—權.

▷官—, 口—, 龜—, 獨—, 買—, 卜—, 私—, 先—, 星—, 兆—, 天—

5 7〖卣〗 술통 유 |𠫔ㄧㄡˇ (you)|ゆう(サケダル) *wine barrel*

6 8〖卦〗 괘 괘 |𠫔ㄍㄨㄚˋ (gua)|か, け(ウラカタ) *trigram for divination*

源會意·形聲. 음(陰)과 양(陽)의 효(爻)를 겹친 모양을 내세워 점 치는 일을 뜻함.

풀이①괘. 점괘. 음양의 효(爻)가 거듭하여 사상(四象)을, 3번 거듭하여 8괘를, 다시 중복해서 64괘를 이룸. ¶周易 其經—皆八 其別皆六十四<周禮>/八—/泰—. ②점치다. ¶—者在左<儀禮>

【卦辭】かじ(괘사) 「역경」(易經)의, 64괘에 대하여 설명한 말. 건괘(乾卦) 설명에 乾은 元亨利貞이라 한 따위. 彖辭(단사).

【卦象】かしょう(괘상) 점괘에 나타난 길흉(吉凶)의 상. 卦兆(괘조).

【卦爻】かこう(괘효) 음양(陰陽)의 두 효(爻: —, --)와 그것이 겹쳐서 되는 8괘와 64괘. 역(易)에서 길흉 판단의 기초가 됨.

▷吉—, 內—, 筮—, 蓍—, 神—, 陽—, 外—, 六十四—, 陰—, 兆—, 八—

8〖卧〗 臥(p.1247)의 俗字

8〖卓〗 ☞十部 6획(p.238)

11〖鹵〗 部首 글자

卩(㔾)<병부 절>部

卩 㔾 ② 卬 ③ 卭 卯 卮 ④ 危 印 ⑤ 却 卵 卲 ⑥ 卺 卷 卸 卹 巹 ⑦ 卻 卿 卽 ⑨ 卾 ⑩ 卿

0 2〖卩〗 병부 절 |𠫔ㄐㄧㄝˊ (jie)|せつ

源象形. 병부(兵符)를 반으로 나눈 것을 본뜸.

2〖㔾〗 卩(p.243)과 同字

3〖卪〗 卩(p.243)과 同字

2
4〖卬〗 1 나 앙 / 2 우러러볼 앙 | 陽尢 (ang) | ごう *I* | 養ㅣ尢ˇ (yang) | ぎょう *look up*

풀이 1 ①나. 자기. 通姎. ¶不一自恤<書經> ②높다. ③오르다. 물가가 오름. ④성한 모양. 2 우러러 보다. 通仰. ¶瞻一昊天<詩經>

5〖卭〗 邛(p.1504)의 訛字

3
5〖卯〗 네째지지 묘 | 巧ㄇㄠˇ (mao) | ぼう(ウ)

풀이 ①네째 지지(地支). 달로는 음력 2월, 방위로는 동쪽, 시각으로는 상오 5시~7시. 오행(五行)으로는 목(木), 동물로는 토끼. ②문동개. 대문의 아래 지도리를 꽂아 받치는 둔테의 구멍. ¶笱頭一眼<直語補證>

【卯末】ぼうまつ(묘말) 묘시(卯時)의 맨 끝. 상오 7시 직전.

【卯方】ぼうほう(묘방) 24 방위(方位)의 하나로, 정동(正東)을 중심으로 15° 안의 방위.

【卯生】ぼうせい(묘생) 묘년(卯年)에 난 사람. 토끼띠.

【卯時】ぼうじ(묘시) 오전 6시 전후의 두 시간.

【卯月】ぼうげつ(묘월) 음력 2월의 이칭.

【卯正】ぼうせい(묘정) 묘시(卯時)의 한가운데. 곧, 상오 6시.

【卯坐酉向】ぼうざゆうこう(묘좌유향) 집터나 묏자리 등이 동쪽을 등지고 서쪽을 바라보는 좌향(坐向).

【卯酒】ぼうしゅ(묘주) 이른 아침이나 조반 전에 마시는 술. 곧, 해장술.

【卯初】ぼうしょ(묘초) 묘시(卯時)의 처음. 곧, 상오 5시.

▷剛一, 木一, 犯一, 瑤一, 應一, 子一, 點一, 破一

3
5〖卮〗 잔 치 | 因ㄓ (zhi) | し(サカズキ) *wine cup*

풀이 ①잔. 넉 되들이의 둥근 큰 술잔. ¶賜之一酒<史記>/一酒/玉一. ②잇. 연지(臙脂)의 원료가 되는 풀. 잇꽃. 通梔. ¶地沃野 地饒一薑<史記>

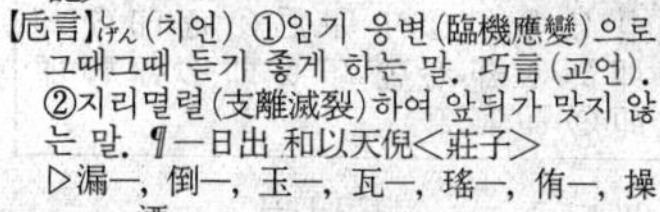

漢玉螭首卮① (古玉圖譜)

【卮言】しげん(치언) ①임기 응변(臨機應變)으로 그때그때 듣기 좋게 하는 말. 巧言(교언). ②지리멸렬(支離滅裂)하여 앞뒤가 맞지 않는 말. ¶一日出 和以天倪<莊子>

▷漏一, 倒一, 玉一, 瓦一, 瑤一, 侑一, 操一, 酒一

4
6〖危〗 위태할 위 | 因ㄨㄟˊ (wei) | き(アヤウイ) *dangerous*

古 厃

源 會意. 「벼랑[厂]」위와 아래에 사람이 웅크리고 있는 모양을 뜻함.

풀이 ①위태하다. ㉮안정되지 않고 무너질 듯한 모양. ¶國一矣<孟子>/傾一. ㉯위험한 상태. ¶去一. ㉰위태롭게 느끼다. 불안을 느낌. ¶處之一之<荀子> ②위태롭게 하다. 안전을 위협함. ¶一士臣<孟子>/博辯廣大 一其身<史記> ③위태롭게도. 아슬아슬하게. ¶今兒安在 一殺之矣<漢書> ④험하다. 높이 솟아 있는 모양. ¶獨上一樓凭曲欄<白居易>/一岩. ⑤바르다. ¶一坐. ⑥준엄하게 하다. ¶邦有道 一言一行<論語> ⑦28수(宿)의 하나. 북방에 있음. ¶旦一中<淮南子>/一宿. ⑧병이 중하다. 죽음에 다다름. ¶少氣不足以息者一<素問>/一篤/一重.

【危境】ききょう(위경) ①위태한 지경. ②노경(老境). ¶年涉一 而家貧養薄<魏書>

【危空】きくう(위공) 높은 하늘. 上天(상천). ¶棧道響一<盧綸>

【危懼】きく(위구) 두려움. 두려워함. 危怖(위포). ¶慄慄一 若將隕于深淵<書經>

【危局】ききょく(위국) 위험한 국면(局面). 危機(위기).

【危急】ききゅう(위급) 위난(危難)이 절박함.

【危急存亡之秋】ききゅうそんぼうノトキ(위급 존망지추) 존망(存亡)이 걸려 있는 중요한 때. 秋는 만물이 성숙한 때. 그러므로 중요한 때. ¶今天下三分 益州疲弊 此一也<諸葛亮>

【危機】きき(위기) 위험한 고비. 위급한 기회.

【危機一髮】ききいっぱつ(위기일발) 극히 위급한 경우. ¶其危如一髮引千鈞<韓愈>

【危難】きなん(위난) 위급한 재난. ¶涉一而害萬物<漢書>

【危篤】きとく(위독) 병세가 매우 중하여 생명이 위태로움. 瀕死(빈사).

【危亡】きぼう(위망) 형세가 위급하여 거의 망하게 됨.

【危邦不入亂邦不居】きほうニハイラズらんぽうニハオラズ(위방불입 난방불거) 곧 멸망할 듯한 나라에는 들어가지 아니하며, 정치·풍속이 어지러운 나라에는 머무르지 아니함. ¶一 天下有道則見 無道則隱<論語>

【危星】きせい(위성) 28수(宿)의 하나. 危宿(위수). ¶危三星主天府天市架屋<晉書>

【危宿】きしゅく・きしゅう(위수) ☞危星(위성).

【危重】きじゅう(위중) 병세가 위험할 정도로 중태임. ¶病勢一.

【危地】きち(위지) ①위험한 곳. 死地(사지). ②죽을 고비. ¶今使人於危難之地 急而棄之<後漢書>

【危殆】きたい(위태) 위험함. 형세가 매우 어려움. ¶士卒盡 則軍一<韓非子>

【危害】きがい(위해) ①위험한 재난. ②몸에 상해를 입을 만한 큰 액(厄). ¶視險阻一 不可勝言<漢書>

【危險】きけん(위험) ①위태하고 험함. 또는, 안전하지 못함. ¶民心惟甚一<書經>/一水位/一視/一人物. ②요해(要害). 요해지(要害地). ¶勵以南江一 宜立重鎭<南史>

▷居安思一, 去一, 傾一, 敲一, 累卵之一, 守一, 安一, 殆一, 險一

4 6 **【印】** 도장 인 | ㊍ㄧㄣˋ (yin) | いん(シルシ) *sign*

풀이 ①도장. 임금의 도장은 璽 또는 寶. ¶佩六國相一<史記>/一章/一鑑/官一/私一. ②찍다. ㉮도장을 찍다. ¶以墨印一之<舊唐書> ㉯책 따위를 찍어 내다. ¶一行拈提<無門關>/一刷. ㉰마음속에 어떤 심상(心象)을 남기다. ¶一象/一入甚深/心心相一. ③《佛》 ㉮부처나 보살이 지니는 여러 가지 도구. ㉯교의(敎義)의 규범. ㉰손가락을 특정한 모양으로 구부리어 깨달음을 표시하는 일. 또는, 그 모양. ¶結一.

【印刻】いんこく(인각) 글자나 물상(物象)을 새김. 또는, 그 새긴 것. 彫刻(조각). 篆刻(전각). ¶但若一字耳<東觀餘論>

【印刊】いんかん(인간) 책을 박아 냄. 또는, 그 책.

【印鑑】いんかん(인감) ①도장의 진위(眞僞)를 대조·확인하기 위해 미리 관공서에 비치하여 둔 인영(印影)의 견본(見本). ¶一證明. ②도장. 印章(인장).

【印檢】いんけん(인검) 도장을 찍고 봉함. 또는, 그 봉한 데. 封印(봉인). ¶故鄕有書信 縱橫一開<何妥> 「☞印相(인상).

【印契】いんけい(인계) ①토지 소유의 증서. ②《佛》

【印泥】いんでい(인니) ☞印朱(인주). ¶用筆如一畫沙 貴藏鋒也<墨藪>

【印堂】いんどう(인당) 관상가(觀相家)에서, 미간(眉間)을 이름. 양 눈썹 사이가 넓으면 소년등과(少年登科)한다 함.

【印文】いんぶん(인문) ①도장에 새긴 글자. 인발. 印影(인영). ¶皇后一曰 皇后敎印<遼史> ②상관(上官)의 인을 찍은 문서. ¶用一移送法司衙門書題<淸會典事例>

【印譜】いんぷ(인보) 고금(古今)의 여러 가지 인영(印影)을 모은 책. 「寫本(사본).

【印本】いんぽん(인본) 인쇄한 책. 印書(인서). ↔

【印符】いんぷ(인부) 인장(印章)과 병부(兵符).

【印相】いんそう(인상)《佛》 손가락을 여러 가지로 끼워 맞추어 불(佛)·보살(菩薩)의 내증(內證)의 덕을 표시한 것. 印契(인계)②.

【印象】いんしょう(인상) ①사물을 보거나 들을 때, 마음에 와 닿는 느낌. 또는, 외계의 자극으로 생성된 감각이 마음에 새겨지는 작용. ¶一的/一派. ②《佛》 인장(印章)을 찍은 듯이 형상이 뚜렷이 나타나는 일.

【印上加書】いんノウエニしょヲかス(인상가서) 인발 위에 글자를 써서 표적함.

【印璽】いんじ(인새) ①도장(圖章). 印(인). ②임금의 인(印). 玉璽(옥새). ¶宣帝始賜單于一 與天子同<漢書>

【印稅】いんぜい(인세) 서적의 발행자가 저자에게 발행 부수나 판매 부수에 따라 저작권의 사용료로 지급하는 돈.

【印刷】いんさつ(인쇄) 문자나 그림을 나타낸 판면(版面)에 잉크를 칠해서 종이 따위에 박아 내는 일. ¶一所/活版一.

【印綬】いんじゅ(인수) 인(印)과 인끈. 옛날에 벼슬아치로 임명될 때 임금으로부터 받던 표장(標章). ¶其諸臧過者 望風解一去<後漢書>

【印信】いんしん(인신) ①옛날에 관리가 몸에 차던 인(印). 공문서(公文書)에 인(印)을 찍어 신(信)을 사방에 전하기 때문에 이름. ¶凡盜各衙門一者皆斬<明律> ②증거(證據). 證印(증인). ¶斂縉儉一 傳箭作符繻<元

【印影】いんえい(인영) ☞印形(인형). 「稹>

【印章】いんしょう(인장) ①도장. ②인영(印影). 곧, 찍어 놓은 도장의 형적. 인발.

【印材】いんざい(인재) 도장을 만드는 재료.

【印朱】いんしゅ(인주) 도장을 찍을 때, 도장에 묻히는 붉은 도장밥. 印泥(인니).

【印紙】いんし(인지) ①도장을 찍은 종이. ②세금이나 수수료를 냈다는 증거로, 서류나 장부 등에 붙이는, 정부에서 발행하는 증표(證票). 「¶一拈提<無門關>

【印行】いんこう(인행) 출판물을 인쇄하여 간행함.

【印形】いんぎょう(인형) 찍어 놓은 도장의 형적. 인발. 印影(인영).

【印畫】いんが(인화) 음화(陰畫)의 원판을 감광지(感光紙) 위에 올려 놓고 양화(陽畫)인 사진을 만드는 일. ¶一紙.

▷刻一, 檢一, 結一, 官一, 金一, 烙一, 捺一, 銅一, 拇一, 法一, 封一, 私一, 社一, 相一, 信一, 實一, 心一, 押一, 玉一, 僞一, 銀一, 認一, 節一, 調一, 證一, 佩一, 血一

5 7 **【却】** 물리칠 각 | ㊍ㄑㄩㄝˋ (que) | きゃく(シリゾケル) *reject*

㊟卻

풀이 ①물리치다. 좇아 버림. 받지 아니하고 퇴함. ¶一之爲不恭 何哉<孟子>/一諫者<說苑>/一退/一下/棄一. ②물러나다. 뒤로 물러남. 돌아감. ¶一立倚柱<史記>/退一. ③어조사(語助辭). ¶一片花飛減一春<杜甫>/忘一. ④되돌아가다. 뒤돌아봄. ¶返一/一望. ⑤도리어. 예기(豫期)한 바와는 달리. ¶月行一與人相隨<李白>/窮鼠一齧猫. ⑥발어사(發語辭).

【却望】きゃくぼう(각망) 뒤돌아 바라봄.

【却非冠】きゃくひかん(각비관) 한(漢)대에 궁전의 문을 지키던 복야(僕射)라는 벼슬아치가 쓰던 관. ¶宮門僕射冠却非<獨斷>

却非冠
(三禮圖)

【却說】きゃくせつ(각설) 말머리를 돌릴 때, 허두로 쓰는 말. ¶一 王都尉<水滸傳>

【却敵冠】きゃくてきかん(각적관) 한(漢)대 위사(衛士)의 관.

却敵冠
(三禮圖)

【却下】きゃっか(각하) ①소송(訴訟), 원서(願書) 등을 형식상의 부적함을 이유로 받지 아니하고 물리침. ②아래로 내림. ¶一水晶簾 玲瓏望秋月<李白>

▷減一, 擊一, 棄一, 忘一, 賣一, 滅一, 沒一, 反一, 返一, 償一, 消一,

燒一, 攘一, 前一, 退一, 破一, 敗一

5/7【卵】 알 란 | 㘣ㄌㄨㄢˇ (luan) | らん(タマゴ) egg

源象形. 알을 밴 벌레의 배가 볼록하게 나온 모양을 본뜸.

풀이①알. 새·물고기·벌레 따위의 알. ¶危於累一＜史記＞/風至苕折 一破子死＜荀子＞/一生. ②크다. 굵음. ¶一鹽 大鹽也＜禮記·注＞

【卵白】らんぱく(난백) 알의 흰자. ¶一粉. ↔卵黃(난황).

【卵生】らんせい(난생) ①알이 부화(孵化)되어 새끼가 나옴. ¶一動物. ↔胎生(태생). ②《佛》사생(四生)의 하나. 새처럼 알에서 부화되어 나오는 방식.

【卵胎】らんたい(난태) 새의 알과 짐승의 태아(胎兒). ¶其餘鳥獸之一＜禮記＞

【卵形】らんけい(난형) ①달걀의 형상. 卵圓形(난원형). ②잎 모양의 한 가지. 달걀의 단면(斷面)과 같이 한쪽이 넓고 갸름하게 둥근 모양. 卵狀(난상).

【卵黃】らんおう(난황) 난세포(卵細胞) 안에 있는 누른빛의 양분. 노른자. ¶一粉.

▷鷄一, 累一, 排一, 孵一, 產一, 重一

5/7【卲】 높을 소 | 㘣ㄕㄠˋ (shao) | しょう(タカイ) *eminent, lofty*

8【却】 卻(p. 247)의 俗字

6/8【卷】 1말 권 2책 권 3굽을 권 | 銑ㄐㄩㄢˇ (juan) 霰ㄐㄩㄢˋ (juan) 先ㄑㄩㄢˊ (quan) | けん, かん (マク, マキ) *roll, volume, crooked*

俗巻

源會意. 사람이 몸을 둥글게 굽혀 흩어지려는 물건을 둥글게 둘러 싸 두 손으로 받는 모양. 둥글게 만다는 뜻.

풀이1말다. ㉮축(軸)을 중심으로 둘둘 말다. 通捲. ¶漫一詩書喜欲狂＜杜甫＞ ㉯말리다. ¶早荷向心一＜唐太宗＞ 2①책. 옛날에는 댓조각이나 나무조각에 글을 써서 꿰어 말았음. ¶書一/不釋一. ②권(卷). 책을 세는 단위. 또는, 편장(篇章)의 차례. ¶一一/一二/擁書萬一. ③두루마리. 주지(周紙). ¶一軸. 3①굽다. 구부정함. ¶其小枝一曲 不中規矩＜莊子＞/一髮. ②두르다. 싸서 가림. 감아 돌림. ¶白雲四一天無河＜韓愈＞/薜蘿可一＜江淹＞ ③아름답다. 같婘. ¶有美一人 碩大且一＜詩經＞

【卷甲】けんこう(권갑) 갑옷을 쓰지 않고 말아 둔다는 뜻으로, 전쟁을 그만둠을 이름.

【卷頭】かんとう(권두) 책이나 두루마리 같은 것의 첫머리. 卷首(권수). ¶一言.

【卷末】かんまつ(권말) 책의 맨 끝이나 마지막 권. 卷尾(권미). ↔卷頭(권두).

【卷髮】けんぱつ(권발) ①고수머리. ②머리털을 머리 위로 말아 올린 모양.

【卷首】かんしゅ(권수) ☞卷頭(권두). ¶一均別爲宋板書目＜書林淸話＞

【卷雲】けんうん(권운) 상층운(上層雲)의 하나. 하얀 깃털 모양의 구름으로, 가장 높은 하늘에 나타남. 새털구름.

【卷雲冠】けんうんかん(권운관) ☞通天冠(통천관).

【卷子】けんし·かんす(권자) ①두루마리. ②시험 답안지. ③☞卷子本(권자본).

【卷子本】かんすぼん(권자본) 두루마리로 된 책. 당(唐)대의 제본 양식(樣式). 卷子(권자)③. 卷軸(권축)②.

【卷帙】けんちつ·かんちつ(권질) ①책. 또는, 책의 편수와 부수. ②권(卷)과 질(帙). 卷은 두루마리 모양의 책, 帙은 매어서 상자에 넣은 책.

【卷軸】かんじく(권축) ①표장(表裝)하여 말아 놓은 서화(書畫). 또는, 그 축. ②두루마리 모양의 책. 卷子本(권자본).

【卷土重來】けんどじゅうらい·けんどちょうらい(권토중래) 흙을 말아 쌓아 온다는 뜻으로, 한번 패한 자가 세력을 복구하여 다시 쳐 들어옴을 이름. 捲土重來(권토중래). ¶江東子弟多豪俊 一未可知＜杜牧＞

【卷煙】(궐련←권연) 종이로 만 담배.

▷開一, 檢一, 卷一, 萬一, 別一, 上一, 書一, 席一, 試一, 壓一, 全一, 中一, 焦一, 廢一, 披一, 下一, 懷一

6/8【卺】 술잔 근 | 㘣ㄐㄧㄣˇ (jin) | きん *wine cup*

풀이①술잔. 합환주(合歡酒) 잔. ¶四爵合一＜儀禮＞ ②따르다. 순종함. ③삼가다.

【卺禮】きんれい(근례) 혼인 예식. 卺儀(근의).

【卺杯禮】(근배례)韓 전통 혼례 때 신랑과 신부가 합환주를 바꾸어 마시는 일.

6/8【卸】 풀 사 | 禡ㄒㄧㄝˋ (xie) | しゃ(オロス) *unbind*

풀이①풀다. ㉮수레를 멈추고 말을 풀어 놓다. ㉯안장을 풀다. ¶一 舍車解馬也＜說文＞ ㉰옷 따위를 벗다. ¶脫衣解甲曰一＜增韻＞/一甲. ㉱임무(任務)를 그만두다. ¶一事/一任. ②떨어지다. ¶俟花凋一 即以酥煎食之＜復齋漫錄＞

8【卷】 巻(p. 495)의 本字

6/8【卹】 1가엾이여길 휼 2먼지떨 솔 | 質ㄒㄩˋ (xu) 月 | じゅつ (アワレム) *pity*

풀이1①가엾이 여기다. 진휼(賑恤)함. 通恤. ¶以一凶荒＜周禮＞/一典/救一. ②정제(整齊)되어 있다. 깔끔함. ¶一削. 2먼지 떨다. 문질러 깨끗이 함. ¶一勿驅＜禮記＞

▷救一, 勞一, 撫一, 賦一, 賜一, 賑一

9〖卻〗 却(p.245)의 本字

9〖卿〗 卿(p.247)과 同字

9〖昂〗 ☞日部 5획(p.715)

7
9〖卽〗 곧 즉 | 職 ㄐㄧˊ (ji) | そく(スナワチ) *namely*

俗即 卽

풀이 ①곧. 즉시. ¶項伯一入見沛公＜史記＞ ②☞ 句法 ③가까이하다. ¶子不我一＜詩經＞ ④자리에 나아가다. ¶漢王一黃帝位＜十八史略＞/一席. ⑤불똥. 같 堲. ¶左手執燭 右手折一＜禮記＞

句法

①접속

㉮[…卽…] …은, 곧 …. ¶儋卽老子也＜史記＞/色卽是空.

㉯[…卽…] …(으)면, 그때에는 …. 則과 쓰임이 같음. ¶先卽制人＜史記＞

②가정

㉮[卽…] 만약에 …하면. 如, 若과 쓰임이 같음. ¶吾卽沒 若必師之＜史記＞

㉯[卽令…] 가령 …할지라도. 卽, 使와 쓰임이 같음. ¶卽令是盜 何妨詭供＜福惠全書＞

【卽刻】そっこく(즉각) 그때 바로. 卽時(즉시). 當刻(당각). 「一處分/一審判.

【卽決】そっけつ(즉결) 곧 결정함. 즉시 처결함. ¶

【卽今】そっこん(즉금) 곧. 이제. 지금 당장. ¶一河畔氷開日＜張敬忠＞

【卽納】そくのう(즉납) 금품을 그 자리에서 바침.

【卽答】そくとう(즉답) 질문이나 요구에 대해서 바로 그 자리에서 대답함. 直答(직답).

【卽得往生】そくとくおうじょう(즉득왕생)《佛》육신(肉身) 그대로 곧바로 극락정토(極樂淨土)에 왕생(往生)하는 일.

【卽滅】そくめつ(즉멸) 당장 망하게 됨.

【卽命】そくめい(즉명) ①천명(天命)을 따름. 또는, 정리(正理)를 좇음. ¶九四 不克訟復一＜易經＞ ②죽음. ¶而後一＜左氏傳＞

【卽墨侯】そくぼくこう(즉묵후) 벼루의 이칭. ¶拜一＜文房四譜＞

【卽物】そくぶつ(즉물) 구체적인 그 물건에 대하여 생각하는 일. ¶在一而窮其理也＜大學·注＞/一的.

【卽死】そくし(즉사) ①그 자리에서 죽음. ¶弦斷矢激 誤中之一＜後漢書＞ ②죽음을 따름. 곧, 죽음. ¶是時九卿罪死一＜史記＞

【卽席】そくせき(즉석) ①바로 그 자리. ¶一演說. ②자리에 앉음. 卽坐(즉좌).

【卽身成佛】そくしんじょうぶつ(즉신성불)《佛》산 채로 부처가 될 수 있다는 진언 밀교(眞言密敎)의 가르침. 불법(佛法)의 깊은 경지(境地)를 깨달음을 이름. ¶是眞言法中 一故＜菩提心論＞

【卽心是佛】そくしんぜぶつ(즉심시불)《佛》내 마음이 곧 부처이고, 그 밖에 부처가 없다는 말. ¶卽心卽佛 卽心是法＜傳燈錄＞

【卽夜】そくや(즉야) 그 밤. ¶項伯許諾 一復去＜漢書＞

【卽位】そくい(즉위) ①제왕(帝王)의 자리에 오름. 곧, 제왕이 됨. ¶陛下初一 謙讓未皇＜漢書＞/一式. ↔退位(퇴위). 讓位(양위). ②자리에 앉음. 卽席(즉석)②. ¶一于門東西面＜儀禮＞

【卽應】そくおう(즉응) ①바로 그 자리의 사물에 적응함. ②기회를 따라 곧 응함.

【卽自】そくじ(즉자) ①현상(現象)에서 독립한 그 스스로의 존재(存在) 자체(自體). ②변증법적 운동에 있어서 아직 대립 의식이 없는 상태. ↔對自(대자).

【卽前】そくぜん(즉전) ☞直前(직전). ↔卽後(즉후).

【卽傳】そくでん(즉전) 그 자리에서 곧 전함.

【卽錢】そくせん(즉전) 맞돈. 곧, 즉석에서 치르는 물건 값.

【卽智】そくち(즉지) 그 자리에서 바로 나오는 슬기. 機智(기지). 頓智(돈지). 卽知(즉지).

【卽刑】そっけい(즉형) 형벌(刑罰)을 가함. ¶寡君不以一＜左氏傳＞

【卽興】そっきょう(즉흥) 즉석에서 일어난 흥취(興趣). 또는, 그로 인하여 지은 시가(詩歌). 卽吟(즉음). ¶一詩/一幻想曲/一的.

▷廷一, 往一, 六一, 移一, 卽一

9〖即〗 卽(p.247)의 俗字

11〖卿〗 卿(p.247)의 俗字

11〖卿〗 卿(p.247)의 俗字

9
11〖卾〗 위턱 악 | 藥 がく(アゴ)

10
12〖卿〗 벼슬 경 | 庚 ㄑㄧㄥ (qing) | けい, きょう *sir*

俗卿 卿 同卿

풀이 ①벼슬. 고대 관제(官制)에서 각 성(省)의 장관 이상의 벼슬. 대신(大臣). 장관(長官). ¶三公九一盡會立＜史記＞/公一/六一. ②귀족. 춘추 시대 경(卿)—대부(大夫)—사(士)—민(民)의 신분 사회에서 상류계급. ③호칭(呼稱). ㉮천자의 중신(重臣)에 대한 경칭. ㉯관리들간의 경칭. 또는, 자칭. ㉰부부간의 호칭. ㉱장로에 대한 존칭. ¶燕人謂之荊一＜史記＞/荀一/虞一.

【卿卿】けいけい(경경) ①사람을 친근하게 부르는 말. ②아내가 남편을 부르는 말.

【卿大夫】けいたいふ(경대부) 경(卿)과 대부(大夫). 곧, 집정자(執政者). ¶四郊多壘此一之辱也＜禮記＞

【卿輩】けいはい(경배) ☞卿曹(경조). ¶此中空洞無物 然足容一數百人＜晉書＞

【卿輔】けいほ(경보) 삼정승(三政丞)과 육판서(六判書). 卿相(경상). ¶入作一 出將三軍＜晉書＞

【卿尹】けいいん(경윤) 왕을 보필하고 백관(百官)을 지휘 감독하는, 정3품(品) 이상 벼슬의 통칭. 宰相(재상). ¶純以凡才 備立一

＜晋書＞
【卿宰】けいさい(경재) 천자(天子)를 보필하여 집정(執政)하는 대신(大臣). 卿相(경상). 卿尹(경윤).
【卿曹】けいそう(경조) 임금이 여러 신하를 부르는 호칭(呼稱). 경(卿)들. 卿等(경등). 卿輩(경배).
▷客一, 卿一, 公一, 九一, 國一, 三一, 上一, 世一, 亞一, 月一, 六一, 冢一

13〖厀〗 膝(p. 1243)의 本字

厂＜민엄호＞部

厂 ② 厄 ③ 历 ⑤ 厎 ⑥ 厓 ⑦ 厘 厖 厚 ⑧ 厜 原 厝 ⑨ 厠 ⑩ 厥 厤 厨 厧 厦 ⑪ 厩 厪 ⑫ 厮 厭 ⑬ 厲 ⑮ 厳

0 2〖厂〗 언덕 한 |[旱]ㄏㄢˇ (han)|かん(ガケ) *hill*
[源]**象形.** 언덕의 윗부분이 튀어나와 그 밑에서 사람이 살 수 있는 곳을 본뜬 글자. 덮거나 가리어 엄호(掩護)한다는 뜻.
[풀이] ①언덕. 구릉(丘陵) 또는 낭떠러지. ¶一 山石之厓巖 人可居＜說文＞ ②민엄호. 부수(部首) 이름.

4〖反〗 ☞ 又部 2획(p. 255)

2 4〖厄〗 재앙 액 |[陌]ㄜˋ (e)|やく(ワザワイ) *calamity*
㊀同 戹
[源]**會意.** 낭떠러지[厂]에 다다른 사람[㔾]이 진퇴 양난(進退兩難)에 처함을 뜻함.
[풀이] ㊀通 戹. ①재앙. 불행한 일. 변고. ¶悼屈子兮遭一＜楚辭＞/一年/一運. ② ㊀韓 사나운 운수.
【厄難】やくなん(액난) 재앙과 어려움. 厄災(액재). ¶廣濟衆一＜無量壽經＞
【厄年】やくドシ(액년) ①운수가 사나운 해. ②음양가(陰陽家)에서, 사람의 일생 중에 재난이 많다고 하여 꺼리는 나이. 남자의 25, 42, 60(50)세와 여자의 19, 33, 37세.
【厄運】やくうん(액운) 액을 당할 운수. 불행한 운수. ¶今漢遭一＜蜀志＞
【厄月】やくツキ(액월) 운수가 사나운 달. 액달.
【厄禍】やっか(액화) 액으로 당하는 화(禍).
▷困一, 災一, 遭一, 橫一

4〖仄〗 ☞ 人部 2획(p. 82)
5〖历〗 厲(p. 51)의 略字
5〖圧〗 ☞ 土部 2획(p. 336)
6〖灰〗 ☞ 火部 2획(p. 932)

5 7〖厎〗 숫돌 지 |[紙]ㄓˇ (zhi)|し(トイシ) *whetstone*
[풀이] ①숫돌. ㊀같 砥. ¶一 柔石也＜說文＞/一石. ②갈다. 숫돌에 갊. ¶一厲鋒鍔＜漢書＞ ③이르다. 다함. ¶天祚明德有所一止＜左氏傳＞/一告.
【厎厲】しれい(지려) ①날쟁기를 숫돌에 갊. 砥礪(지려). ②학업에 힘쓰거나 지조(志操)를 굳게 함.

7〖辰〗 部首 글자

6 8〖厓〗 언덕 애 |[佳]ㄧㄞˊ (yai)|かい(ガケ) *cliff, hill*
[풀이] ①언덕. 낭떠러지. ㊀같 崖. ¶一峭水狹＜唐書＞/際一. ②물가. ㊀같 涯. ¶望一洒而高岸＜爾雅＞/水一. ③끝. 제한(際限). ¶洞無一兮＜揚雄＞ ④성난 눈초리로 노려보다. ㊀같 睚. ¶一眥莫不誅傷＜漢書＞
▷枯一, 丹一, 斷一, 無一, 霜一, 水一, 陰一, 絶一, 際一, 珠一, 峻一, 層一, 懸一

9〖厘〗 釐(p. 1529)·廛(p. 522)의 俗字

7 9〖厖〗 클 방 |[江]ㄆㄤˊ (pang) ㄇㄤˊ (mang)|ぼう(オオキイ) *massive*
[풀이] ①크다. 텁수룩하게 큼. ¶民生敦一＜左氏傳＞/一大. ②풍족하다. 넘칠 만큼 많은 모양. ③도탑다. 순후(純厚)함. ¶爲下國駿一＜詩經＞ ④뒤섞이다. 흑백이 뒤섞임. ¶一眉.
【厖大】ぼうだい(방대) 매우 큼.
【厖眉】ぼうび(방미) 흰 털이 섞인 눈썹. 노인의 눈썹. 뜻이 바뀌어, 노인을 이름. ¶一耆耇之老＜王褒＞
【厖鴻】ぼうこう(방홍) 높고 큰 모양. 또는, 넓고 큰 모양. 厖洪(방홍).
▷奇一, 敦一, 蒙一, 紛一, 駿一, 豊一

7 9〖厚〗 두터울 후 |[有]ㄏㄡˋ (hou)|こう(アツイ) *thick, warm*
[源]**會意.** 厚의 본자는 高 자를 거꾸로 한 모양에다 厂[낭떠러지 흙]을 더한 것임. 위로 높이 솟은 것을 高라 하고, 아래로 두껍게 쌓인 것을 厚라 함.
[풀이] ①두텁다. ㉮두껍다. ¶不臨深谿 不知地之一也＜荀子＞ ㉯도탑다. 정중하고 공손한 모양. ¶陵與子卿素一＜漢書＞/一意. ㉰중하다. 정도가 심한 모양. ¶一者爲戮 薄者見疑＜韓非子＞/一賦. ②두께. ¶其一三寸＜禮記＞/以無一入有間＜莊子＞
【厚眷】こうけん(후권) 두터운 혜택. 厚澤(후택). ¶答人神之一＜唐玄宗＞
【厚待】こうたい(후대) 두터운 대우. 厚遇(후우).
【厚德】こうとく(후덕) ①두터운 덕행(德行). ¶行一 遠佞人＜史記＞ ②두터운 은덕(恩德). ¶薄其要結 而一之 以示之信＜國語＞
【厚斂】こうれん(후렴) ☞苛斂(가렴). ¶公一 而田氏厚施焉＜晏子＞

【厚問】こうもん(후문) ①예(禮)를 두터이 하여 방문함. ¶君一以召呂甥<國語> ②경조(慶弔) 때 부조(扶助)를 후히 하는 일.
【厚貌深情】こうぼうしんじょう(후모심정) 외모는 후한 체하고 본심은 깊게 감춘다는 뜻으로, 겉으로는 친절하나 속마음을 알 수 없음을 이름.
【厚味】こうみ(후미) 맛있는 음식. ¶識一之害性<嵇康>
【厚朴】こうぼく(후박) ①인정이 두텁고 꾸밈이 없음. 敦厚純朴(돈후순박). 厚樸(후박). ②후박나무. 껍질은 한약재로 위한(胃寒), 구토(嘔吐) 따위에 씀.
【厚謝】こうしゃ(후사) 정중히 사례하거나 또는 그 사례. 深謝(심사). ¶更爲遜言一 乃去坐<唐書>
【厚賞】こうしょう(후상) 후(厚)한 상급(賞給). ¶君受一 處尊位<史記>
【厚生】こうせい(후생) ①백성의 살림을 넉넉하게 함. ¶利用一. ②몸을 소중히 하여 건강을 증진함.
【厚顔無恥】こうがんむち(후안무치) 낯가죽이 두꺼워 부끄러운 줄을 모름. 鐵面皮(철면피).
【厚恩】こうおん(후은) 두터운 은혜. 큰 혜택(惠澤). 厚澤(후택). ¶思盡臣節 以報一<吳志>
【厚意】こうい(후의) 두터운 마음. 정성스러운 뜻. 厚情(후정). ¶不忘卿一<漢書>
【厚誼】こうぎ(후의) 두터운 정의(情誼).
【厚葬】こうそう(후장) 후하게 장례를 치름. ¶顔淵死 門人欲一之<論語>
【厚載】こうさい(후재) 대지(大地). 땅은 두터워서 만물을 그 위에 싣고 있으므로 이름.
▷寬一, 謙一, 謹一, 濃一, 端一, 篤一, 敦一, 樸一, 富一, 醇一, 深一, 温一, 優一, 仁一, 重一, 寵一, 忠一, 親一, 沈一, 豊一

8/10【厜】 산꼭대기 수 | 囡 | し mountain top

8/10【原】 언덕 원 | 园ㄩㄢˊ (yuan) | げん(ハラ, モト) hill, origin
㊍原
源 會意. 낭떠러지[厂] 밑에서 솟는 샘[泉]을 뜻함.
풀이 ①언덕. 들. 넓고 평평한 땅. ¶青血化爲一上草<曾鞏>/平一/田一. ②근원. ㉮바위 구멍에서 물이 솟는 샘. 사물의 기원(起源). ㉠源. ¶窺仁義之一<司馬光>/一泉/一因. ㉯처음. 시초. ¶道之大一 出於天<司馬光>/一初. ㉰본디. 처음부터. ¶險夷一不滯胸中<王陽明>/一來. ③찾다. 근본을 거슬러 올라가 캠. ¶一始要終<易經> ④고지식하다. 지나치게 착실하여 융통성이 없음. ¶一鄕皆稱一人焉<孟子>/鄕一. ⑤용서하다. 정상을 참작해 죄를 용서함. ¶特一不理罪<後漢書>/一諒. ⑥문체(文體) 이름. 근본을 캐어 추론하는 글. ¶一道<韓愈>
【原價】げんか(원가) ①본값. 사들인 값. ②생산가(生産價).
【原稿】げんこう(원고) 인쇄 또는 구두로 발표하기 위하여 쓴 글. 草稿(초고).
【原鑛】げんこう(원광) ①주(主)가 되는 광산. ②제련하기 전, 채광(採鑛)한 그대로의 광석(鑛石).
【原器】げんき(원기) ①같은 종류의 물건의 표준이 되는 기구(器具). ②도량형(度量衡)의 표준이 되는 기구.
【原道】げんどう(원도) ①원래의 길. 인도(人道)의 근본. ②당(唐) 한유(韓愈)의 주요 논문. 「원의(原義)의 도(道)란 무엇인가」를 논한 것으로, 도가 불교, 도가(道家) 따위의 도에 의하여 어지럽혀졌다고 비판한 뒤, 본래의 도는 인의(仁義)의 가르침을 중심으로 하는 유교(儒教)에 있음을 뚜렷이 하고자 한 글.
【原圖】げんず(원도) 모사(模寫)·복제(複製)의 기본이 되는 그림. 본그림.
【原頭】げんとう(원두) 들 가. ¶一火燒靜兀兀<韓愈> 「本來(본래).
【原來】げんらい(원래) 본디. 전부터. 元來(원래).
【原量】げんりょう(원량) 본디의 분량.
【原諒】げんりょう(원량) 양찰(諒察)하라는 뜻으로, 편지 등에 쓰는 말. 原宥(원유)③.
【原論】げんろん(원론) 근본이 되는 이론.
【原料】げんりょう(원료) 생산에 쓰이는 소재(素材). 감. 거리. 材料(재료).
【原流】げんりゅう(원류) 물이 흐르는 원천(源泉). 源流(원류). ¶遏一<管子>
【原理】げんり(원리) ①만상(萬象)의 근원이 되는 본질적인 것. ②사물의 근본이 되는 이치.
【原綿】げんめん(원면) 면사(綿絲) 방직의 원료가 되는 목화(木花).
【原名】げんめい(원명) 본래 이름. 「털.
【原毛】げんもう(원모) 모직의 원료가 되는 짐승의
【原木】げんぼく(원목) 가공하지 않은 나무.
【原廟】げんびょう(원묘) ①원 종묘(宗廟). 으뜸되는 종묘. ②정묘(正廟) 외에 세운 묘(廟). 原은 거듭함의 뜻. ③한(漢) 혜제(惠帝)가 고조(高祖)를 위해 고조의 고향에 세운 묘
【原文】げんぶん(원문) 본래의 문장. 「(廟).
【原本】げんぽん(원본) ①근본(根本). 根源(근원). ②등본(謄本), 초본(抄本) 등의 근본이 되는 문서. ¶戶籍一. ③사본(寫本)·번역·재발행된 것들에 대해 본디의 서적이나 서류.
【原簿】げんぼ(원부) ①부부(副簿)에 대한 본디의 장부(帳簿). ②부기(簿記)에서 모든 계정(計定)을 일괄해 기재하는 장부. 元帳(원장). ↔補助簿(보조부).
【原絲】げんし(원사) 가공하지 아니한 실. 「건.
【原產】げんさん(원산) 최초로 생산됨. 또는, 그 물
【原產地】げんさんち(원산지) ①본래의 산지나 최초의 산지(產地). ②동식물의 최초의 서식지(棲息地).
【原狀】げんじょう(원상) 본디의 상황(狀況).
(원장) 처음의 소장(訴狀). 「스.
【原象】げんしょう(원상) ①☞原像(원상). ②맘모
【原像】げんぞう(원상) 본래의 형상. 原象(원상)①.

【原嘗春陵】げんしょうしゅんりょう(원상춘릉) 전국 시대, 수많은 식객(食客)을 두고 호협(豪俠)한 행동을 한 네 사람. 조(趙)의 평원군(平原君), 제(齊)의 맹상군(孟嘗君), 초(楚)의 춘신군(春申君), 위(魏)의 신릉군(信陵君).

【原狀回復】げんじょうかいふく(원상회복) 본래의 상태로 돌아감.

【原色】げんしょく(원색) ①모든 빛깔의 근원이 되는 색깔. 곧, 빨강·파랑·노랑. 三原色(삼원색). ②복제화(複製畫)나 인쇄물 따위에서, 본래의 빛깔. ③들판의 경치. 또는, 들판의 빛. ¶錫聲遙隔塵 一不分路＜張籍＞

【原生】げんせい(원생) 진화하지 않은 본래의 상태. 原始(원시)②. ¶一林/一動物.

【原恕】げんじょ(원서) 정상을 참작하여 용서함.

【原書】げんしょ(원서) ①번역한 책에 대하여 원본(原本)이 되는 책. ↔譯書(역서). ②복사하거나 위조한 책에 대하여, 본래의 책. 原本(원본)③.

【原雪】げんせつ(원설) ①죄를 용서하여 오명(汚名)을 씻어 줌. ②원죄(寃罪)가 판명되어 무죄가 되는 일. ¶雖被一 而子孫殆盡＜唐書＞

【原始】げんし(원시) ①사물의 시초나 근원을 캠. ¶一反終 故知死生之說＜易經＞ ②☞原生(원생). ¶一林/一生活/一時代/一宗教.

【原詩】げんし(원시) 번역이나 개작(改作)의 바탕이 된 본디의 시(詩).

【原案】げんあん(원안) 회의의 주제가 되는 처음의 안. 本案(본안). ↔修正案(수정안).

【原壤】げんじょう(원양)(人) 춘추 시대 노(魯)나라 사람. 공자의 친구. 웅크리고 앉아서 공자를 기다리고 있었으므로, 공자가 지팡이로 정강이를 때렸다 함. 또 어머니가 죽었는데도 나무에 올라 노래를 불렀다 함.

【原語】げんご(원어) ①고치거나 번역한 말에 대해 그 본디의 말. ②외국어(外國語).

【原油】げんゆ(원유) 채취한 그대로의 석유.

【原宥】げんゆう(원유) ①죄를 용서함. 또는, 그 일. 原赦(원사). ②범인에게 돈을 바치게 하고 속죄시키는 일. ③☞原諒(원량).

【原音】げんおん(원음) ①글자의 본디의 음(音). 특히 한자음(漢字音)에서, 관음(慣音)이나 속음(俗音)에 대하여 하는 말. 本音(본음). ②음악상의 표준음(標準音). ③물리학 용어로, 발음체(發音體)가 낼 수 있는 가장 낮은 음(音).

【原意】げんい(원의) ①전의(轉意)에 대하여, 원래의 의미. 原義(원의). ②최초의 의사(意思)나 의견(意見).

【原義】げんぎ(원의) ☞原意(원의)①.

【原人】げんじん(원인) ①원시 시대의 사람. 인류의 조상(祖上). 原始人(원시인). ¶北京一. ②가식이 없는 소박한 사람. ③고지식한 사람.

【原因】げんいん(원인) ①사실의 근본이 되는 까닭. ②사물이 변화하는 근거. ↔結果(결과).

【原任】げんにん(원임) 본래의 관직(官職). 前官(전관). 前任官(전임관). 元官(원관). ¶辭職退聞之人 當初所做之官曰一＜六部成語＞

【原立子】げんりっし(원입자) 대를 이을 아들이 없어 동종(同宗)의 조카를 양자로 맞은 후에 득남(得男)하였을 때, 그 양자를 이르는 말.

【原作】げんさく(원작) 소설·각본·영화·회화(繪畫) 따위의 번역이나 각색·복제한 것에 대하여 본디의 작품. 原著作(원저작).

【原著】げんちょ(원저) ☞原作(원작).

【原籍】げんせき(원적) 전적(轉籍)하기 전의 호적. ※本籍(본적).

【原典】げんてん(원전) 기준이 되는 본디의 서적이나 물건.

【原田每每】げんでんばいばい(원전매매) 고원(高原)의 전답에 풀이 무성한 모양의 형용으로, 병사(兵士)가 많음의 비유.

【原點】げんてん(원점) 기준이 되는 점.

【原情】げんじょう(원정) 사정(事情)을 물음. 또는, 사물의 실정을 거슬러 올라가서 조사함. ¶一比迹＜後漢書＞

【原種】げんしゅ(원종) ①원종자(原種子). 개량 되지 않은 재래 종자. ②원산지에서 난 종자.

【原罪】げんざい(원죄) ①죄를 용서하여 형벌하지 않음. ¶有詔一＜後漢書＞ ②기독교에서, 인류의 조상인 아담과 이브가 금단(禁斷)의 열매를 따 먹어 인류에게 끼친 죄. 宿罪(숙죄).

【原株】げんしゅ(원주) 곁가지에 대한 원그루.

【原註】げんちゅう(원주) 본디의 주석(註釋)이나 주해(註解).

【原住民】げんじゅうみん(원주민) 본디부터 살고 있는 사람. ↔移住民(이주민).

【原紙】げんし(원지) ①등사판 원판(原版)에 쓰는 초먹인 종이. ②닥나무 껍질로 만든 두껍고 질긴 종이. 잠란지(蠶卵紙)로 쓰임.

【原質】げんしつ(원질) ①밑바탕이 되는 물질. ②본래의 성질. 또는, 소질(素質).

【原則】げんそく(원칙) 많은 경우에 적용되는 근본 법칙. ¶一的. ↔例外(예외).

【原版】げんぱん(원판) ①발행의 근본이 되는 인쇄판. ②초판(初版).

【原爆】げんばく(원폭) 원자폭탄(原子爆彈)의 준말. ¶一被害者.

【原鄕】げんきょう(원향) 그 지방에서 여러 대를 이어 살아오는 향족(鄕族). ¶一人.

【原鄕吏】げんきょうり(원향리) 원향인(原鄕人)으로 관아(官衙)의 아전 노릇을 하는 사람.

【原憲】げんけん(원헌) ☞子思(자사).

【原憲貧】げんけんノひん(원헌빈) 춘추 시대 공자의 제자 원헌(原憲)이 청빈(淸貧)을 감수한 데서, 청빈한 생활을 이름.

【原形】げんけい(원형) ①본디의 형상(形狀). ②변화 없는 본디의 상태.

【原型】げんけい(원형) 근본이 되는 거푸집. 또는, 본보기.

【原形質】げんけいしつ(원형질) ①동식물의 세포를 구성하는 기초 물질. ②세포질(細胞質)의 구칭(舊稱).

【原活】げんかつ(원활) 죽을 죄를 용서함. ¶虛心惟論啻長死 一其餘＜唐書＞

▷高一, 九一, 根一, 起一, 病一, 本一, 雪一, 始一, 語一, 燎一, 邑一, 中一, 草一, 平一, 鄕一, 洪一, 荒一

8/10 〖厝〗 1 숫돌 착 2 둘 조 | 藥 遇 ㄘㄨㄛˋ (cuo) | さく (トイシ) *whetstone* そ(オク)

풀이 1 ①숫돌. 날을 가는 돌. ¶佗山之石可以爲一＜詩經＞/一石. ②섞다. 섞임. ¶五方雜一 風俗不純＜漢書＞ 2 두다. ㊂措. ¶何一心于其間＜莊子＞
▷擧一, 安一, 雜一

11 〖原〗 原(p. 249)의 本字

11 〖厠〗 廁(p. 520)과 同字

10/12 〖厥〗 1 그 궐 2 오랑캐 이름 궐 | 月 物 ㄐㄩㄝˊ (jue) | けつ (ソノ) *that, he* くつ

풀이 1 ①그. 그 사람. 그것. ¶一民析＜書經＞/一者. ②상기(上氣). 피가 머리로 몰려 홍조(紅潮), 두통 등을 일으키는 병(病). ㊂瘚. ¶凝於足者爲一＜素問＞/一氣/一逆. ③숙이다. 몸을 앞으로 기울임. ¶一角. ④파다. 발굴함. ¶一爲澤溪＜山海經＞ ⑤다하다. ¶一陰根 起於火敦＜素問＞ ⑥짧다. 동경이. ¶今人呼禿尾狗爲一尾 犬之短後者亦曰一＜中山詩話＞ 2 ①오랑캐 이름. ¶突一/韓一. ②굴복하다. ㊂屈.

【厥角】けっかく(궐각) ①이마를 땅에 대고 절을 함. 角은 額. ¶若崩一稽首＜孟子＞ ②그뿔. ¶若崩一＜書經＞

【厥鑑惟不遠】(궐감 유불원) 그 귀감(龜鑑)은 먼 데 있지 않음.

【厥公】けっこう(궐공) ☞厥者(궐자).

【厥女】けつじょ(궐녀) 그 여자. 그녀.

【厥冷】けつれい(궐랭) 체온이 식는 병.

【厥明】けつめい(궐명) ①날이 밝을 무렵. ¶一獻賢能＜正字通＞ ②이튿날. 翌日(익일).

【厥也】けつや(궐야) ☞厥者(궐자).

【厥者】けつしゃ(궐자) 그 자(者). 「그 사람」을 좀 홀하게 이르는 말. 厥公(궐공). 厥也(궐야).
▷突一, 憤一, 熟一, 甚一, 劣一, 貽一, 韓一

12 〖厤〗 曆(p. 727)의 古字

12 〖厜〗 ☞隹部 4획(p. 1592)

12 〖厨〗 廚(p. 522)의 俗字

12 〖厝〗 嵯(p. 484)와 同字

12 〖厦〗 廈(p. 521)의 俗字

13 〖厩〗 廄(p. 521)의 俗字

11/13 〖厪〗 작은 집 근 | 震 ㄐㄧㄣˇ (jin) | きん (ワズカ)

14 〖厮〗 廝(p. 525)의 俗字

12/14 〖厭〗 1 싫을 염 2 누를 엽 3 젖을 읍 4 빠질 암 | 鹽 葉 緝 感 ㄧㄢˋ (yan) | えん(アキル) *dislike* よう ゆう あん

풀이 1 ①싫다. 싫어함. 꺼림. ¶海不一深＜曹操＞/一世/勝己者一. ②미워하다. ¶無一惡心＜智度論＞ ③물리다. ¶原憲不一糟糠＜史記＞/一飽. ④족하다. ¶求索無一＜呂覽＞/一滿. ⑤실컷. 언제까지나. ¶弟子一觀之＜莊子＞ 2 ①누르다. ㊂壓. ㉮위에서 눌러 무너뜨리다. ¶地震隴西 一四百餘家＜漢書＞ ㉯진압하다. ¶於是因東游以一之＜史記＞ ㉰억압하다. ¶將以一衆＜左氏傳＞ ②들이닥치다. ¶荊一晋軍＜國語＞ ③숨기다. 위에서 아래의 것을 덮음. ¶一然揜其不善＜大學＞ ④가위눌리다. ¶服之 使人不一＜山海經＞ 3 젖다. ¶一浥晨夜 道多湛露＜易林＞ 4 ①빠지다. ¶其一也如緘＜莊子＞ ②날이 샐 무렵의 희미한 어둠. ㊂晻. ¶一旦於牧之野＜荀子＞

【厭忌】えんき(염기) 싫어하고 꺼림.

【厭離】えんり(염리)《佛》 속세(俗世)가 싫어져 떠남. 세상을 버림. 出離(출리).

【厭離穢土】えんりえど(염리예토) 더러운 사바(娑婆) 세계가 싫어 속세를 떠남. ¶一者 夫三界無安 最可厭離＜往生要集＞

【厭世】えんせい(염세) 세상을 싫어하거나 비관함. ¶一樂尋仙＜鮑照＞/一家/一觀/一主義/一自殺.

【厭症】えんしょう(염증) 싫증.

【厭勝】えんしょう(엽승) 주술(呪術)로 사람을 굴복시켜 좋게 함. 또는, 사람을 엽복(厭伏)시키는 주술. ¶畫瓦書符 作諸一＜顏氏家訓＞

【厭挹】ゆうゆう(엽읍) 경례(敬禮). 厭은 두 손을 가슴에 대고 하는 절, 揖은 두 손을 맞잡아 앞으로 내밀고 하는 절. ¶推手曰揖 引手曰厭＜儀禮·注＞
▷可一, 倦一, 禁一, 無一, 勝己者一之, 抑一, 厭一, 鎮一, 推一, 彈一, 頹一, 嫌一

14 〖愿〗 ☞心部 10획(p. 588)

13/15 〖厲〗 1 사나울 려 2 문둥병 라 本 뢰 | 霽 泰 ㄌㄧˋ (li) | れい (イカメシイ) *wild* らい

풀이 1 ①사납다. 맹렬함. ¶不一而威＜禮記＞/一風. ②숫돌. 거센 숫돌. 거칭숫돌. ㉠礪. ③갈다. ㊂磨. ¶鈍金必將待礱 一然後利＜荀子＞ ④문지르다. ¶飢鷹一吻＜鮑照＞ ⑤힘쓰다. 분발함. ㉠勵. ¶兵弱而士不一＜管子＞/精一. ⑥심하다. 엄격함. ¶溫而一＜論語＞/嚴一. ⑦가혹하다. ⑧폭군에게 붙이는 시호(諡號). ¶一民以自養也＜孟子＞/一王. ⑨옷자락을 걷고 물을 건너다. ¶深則一 淺則揭＜論語＞ ⑩징벌을 받다.

동티가 남. ¶一鬼/一氣. ⑪드날리다. ¶是以威一而不試<禮記> **2**문둥병. 문둥이. ㉠癩. ¶漆身爲一<史記>

【厲揭】れいけい(여게) 물이 깊은 곳은 띠를 맨 데까지 걷어 올려 건너고, 얕은 곳은 무릎까지 올리고 건넌다는 뜻으로, 임기응변(臨機應變)의 처세(處世)를 비유한 말.

【厲鬼】れいき(여귀) 역질(疫疾)을 퍼뜨리는 귀신. 惡鬼(악귀).

【厲色】れいしょく(여색) 노기(怒氣)로 얼굴빛을 매섭게 함. 핏대를 올림.

【厲聲】れいせい(여성) 성이 나서 음성을 높임. 성난 목소리로 꾸짖음.

【厲世摩鈍】れいせいまどん(여세마둔) 세상 사람을 격려하여 인재를 진작(振作)함. ¶爵祿束帛者 天下之底石 高祖所以一也<漢書>

【厲俗】れいぞく(여속) 세속 사람을 격려함. ¶激貪一<漢書>

【厲風】れいふう(여풍) ①사나운 바람. 烈風(열풍). ②서북풍. ¶西北曰一<呂覽>

【厲行】れいこう(여행) ①행실을 닦음. ¶砥節一 秉心不回<魏志> ②엄중히 시행함.

▷苛一, 揭一, 激一, 矯一, 敦一, 奮一, 揚一, 嚴一, 夭一, 壯一, 災一, 峻一, 振一, 疾一, 札一, 暴一

15【鴈】 ☞ 鳥部 4획(p.1677)

16【曆】 ☞ 日部 12획(p.727)

16【歷】 ☞ 止部 12획(p.813)

17【勵】 ☞ 力部 15획(p.226)

17【壓】 ☞ 土部 14획(p.359)

17【厳】 嚴(p.316)의 略字

厶<마늘 모>部

厶 ② 厹 ③ 去 厺 ⑥ 叄 参 厽 ⑦ 叅 ⑨ 參 ⑩ 絫 ⑬ 魏

2【厶】 **1** 私(p.1101)의 古字 **2** 某(p.759)와 同字

4【公】 ☞ 八部 2획(p.170)

4【勾】 ☞ 勹部 2획(p.226)

2/4【厹】 세모창 구 | ㊥ㄑㄧㄡˊ (qiu) | きゅう triangular

4【云】 ☞ 二部 2획(p.66)

4【允】 ☞ 儿部 2획(p.150)

3/5【去】 **1** 갈 거 **2** 덜 거 | ㊥ㄑㄩˋ ㊝(qu) | きょ、こ(サル) go away
㊍厺

㊌象形. 뚜껑이 있는 오목한 그릇을 본뜸. 「오목하다」「안으로 들어가다」의 뜻에서, 현장에서 물러가다, 모습을 감추다 등의 뜻이 됨.

풀이 **1** ①가다. 떠나감. ¶壯士一兮 不復還<史記>/退一. ②떠나다. 자리에서 물러남. ¶一留/一任. ③없애다. ¶一關市之征<孟子>/除一. ④떨어지다. 공간적 또는 시간적으로 사이를 둠. ¶邯鄲之一魏也 遠於市<韓非子>/離一. ⑤피하다. ¶武子一所<左氏傳> ⑥저버리다. ¶人所畔者 天所一也<後漢書> ⑦거성(去聲). 4성(聲)의 하나. ¶平上一入. ⑧어조사. 동사 밑에 두어 동작의 계속을 나타냄. ¶卷絲眠一月初沈<杜荀鶴> **2**①덜다. 제외함. ¶泰秋 國穀一參之一<管子> ②쫓다. 내몲. ¶夏帝卜殺之一之止之<漢書> ③거둬들이다. 수장(收藏)함. ¶一草實而食之<漢書> ④버리다. ¶得漢食物 皆一之<漢書>

【去去年】きょきょねん(거거년) 지지난해. 再昨年(재작년).

【去去番】(거거번) 지지난번.

【去去月】きょきょげつ(거거월) 지지난 달. 전전 달. 前前月(전전월).

【去去益深】(거거익심) 갈수록 더욱 심함.

【去去日】きょきょじつ(거거일) 그저께.

【去國】きょこく(거국) 태어난 나라를 떠남. 또는, 그 나라. 故國(고국). ¶不悲一悲流年<蘇軾>

【去冷】きょれい(거냉←거랭) 좀 데워서 찬 기운만 없앰.

【去年】きょねん(거년) 지난 해. 昨年(작년). 前年(전년). ¶自一來多事故<白居易>

【去痰】きょたん(거담) 가래가 없어지게 함. ¶一劑.

【去冬】きょとう(거동) 지난 겨울.

【去頭截尾】(거두절미) 머리와 꼬리를 잘라버린다는 뜻으로, 앞뒤의 잔 사설은 빼놓고 요점(要點)만 말함.

【去來】きょらい(거래) ①감과 옴. 往來(왕래). ②한 번 떠났다가 다시 내항(來降)함. ¶一者亦赦之<漢書> ③행동을 재촉할 때 하는 말. ¶歸一兮 田園將蕪 胡不歸<陶潛> ④상인간의 영리를 위한 매매 행위. ¶商一.

【去來今】こらいこん(거래금)《佛》 과거, 미래, 현재의 삼세(三世). ¶無起無滅 無一<圓覺經>

【去來處】(거래처) 돈이나 물건을 계속적으로 거래하는 곳.

【去般】(거반) 지난번.

【去番】(거번)㊓ 지난번.

【去姓】(거성)㊓ 조선 때, 대역죄(大逆罪) 범인을 부를 때, 그 성(姓)은 빼고 이름만 부르던 일.

【去聲】きょしょう(거성) ①명성(名聲)을 멀리함. 또는, 명성을 버림. ¶一而懷道<北史> ②한자(漢字)의 사성(四聲)의 하나. 음(音)이 애원(哀遠)함. 이에 속하는 자는 모두 측자(仄字). ¶一 分明哀遠道<康熙字典>

【去勢】きょせい(거세) ①세력을 제거함. 권력이나 위력을 버림. ¶一如脫屣 路人爲之隕涕<晋書> ②동물의 불알이나 난소(卵巢)를 제거함.

【去歲】きょさい(거세) 지난 해. 去年(거년). 昨年(작년). ¶一荆南梅似雪 今年蘇北雪如梅<張說>

【去心】きょしん(거심) ①약재로 쓰려고 약초 따위의 심을 빼어 버림. ②그 곳을 떠나고 싶은 마음. 또는, 딴 곳으로 가는 마음. ¶重耳愛齊女 毋一<史記>

【去夜】きょや(거야) 지난 밤. 간밤. 昨夜(작야).

【去月】きょげつ(거월) 전달. 지난 달. 前月(전월). ¶一十六日 皇后陵前有黑雲起<陔餘叢考>

【去日】きょじつ(거일) 지나간 날. ¶譬如朝露一苦多<魏武帝>

【去者日疎】サルモノハヒビニウトシ(거자일소) ①죽은 사람은 날이 갈수록 잊혀짐. ②멀리 떠나간 사람은 점차로 소원해짐. ¶去者日以疎 來者日以親<古詩>

【去處】きょしょ(거처) 간 곳. 또는, 갈 곳. ¶愁來無一<岑參>

【去就】きょしゅう(거취) ①물러남과 관도(官途)에 나섬. 또는, 일신(一身)의 진퇴(進退). ¶是故君子愼其所一<大戴禮> ②저편을 떠나 이편에 붙음. ¶同生死輕一<漢書>

【去弊生弊】(거폐생폐) 폐단(弊端)을 없애려다가 도리어 폐단이 생김.

▷過一, 逃一, 拔一, 放一, 死一, 辭一, 三不一, 逝一, 離一, 除一, 卒一, 撤一, 七一之惡, 退一, 薨一

5〖厺〗 去(p.252)의 本字

5〖弁〗 ☞ 廾部 2획(p.527)

5〖台〗 ☞ 口部 2획(p.269)

5〖弘〗 ☞ 弓部 2획(p.531)

6〖牟〗 ☞ 牛部 2획(p.968)

7〖矣〗 ☞ 矢部 2획(p.1072)

8〖叅〗 參(p.253)의 俗字

8〖参〗 參(p.253)의 略字

8〖亝〗 齊(p.1700)의 古字

9〖曑〗 參(p.253)의 古字

9〖怣〗 ☞ 心部 5획(p.566)

10〖能〗 ☞ 肉部 6획(p.1233)

10〖畚〗 ☞ 田部 5획(p.1017)

9 11〖參〗 1 참여할 참 2 별이름 삼 3 빽빽할 삼 | 国ㄘㄢ (can) ㄘㄣ (cen) 侵ㄙㄢ 感(san) | さん (マイル) *participate* しん *close*

古曑 略参 俗叅叅

풀이 1 ①참여하다. 간여함. ¶始一鎭東軍事<晋書>/一禪/一政權. ②뵈다. ¶欲一楊素<侯白>/一謁/謹一. ③뒤섞이다. 교착(交錯)함. ¶立則見其一於前也<論語>/一伍. ④헤아리다. 비교함. ¶一稽治亂<荀子>/一酌. ⑤셋이 서로 나란하다. 정립(鼎立). ¶三王之德 一於天地<禮記> ⑥가지런하지 않다. ¶雪膚花貌一差是<白居易>/一差. 2 ①별이름. 28수(宿)의 하나. 오리온좌(座)의 세 별. ¶五月 一則見<大戴禮>/一宿. ②셋. 三의 갖은자. ¶一分天下有其二<論語>/壹貳一肆伍. ③인삼(人蔘)의 약칭. ¶百濟一白堅且圓<本草綱目> 3 빽빽하다. ¶一譚.

【參商】しんしょう(삼상) 삼성(參星)과 상성(商星). 삼성은 서남방에 있고, 상성은 동방에 있어 동시에 두 별을 볼 수 없으므로, 오래 만나지 못함의 비유. 혹은 형제간에 화목하지 못함의 비유. ¶人生不相見 動如參與商<杜甫>

【參商之歎】しんしょうのたん(삼상지 탄) 서로 만나지 못하는 한탄. ※參商(삼상).

【參星】しんせい(삼성) 별 이름. 28수(宿)의 하나. 오리온좌의 세 별.

【參星旗】しんせいき(삼성기) 옛날, 의장기(儀仗旗)의 하나.

【參夷】さんい(삼이) 삼족(三族)을 멸함. 삼족 연좌(三族連坐)의 형벌. ¶商鞅造一之誅<漢書>

【參加】さんか(참가) 어떤 모임이나 일에 간여함. ¶一者/一申請.

【參見】さんけん(참견)韓 남의 일에 간섭함. (삼현) 삼성(參星)이 나타남. ¶鴻來雀化 一火斜<梁明堂白帝歌>

【參考】さんこう(참고) 이것저것 대조하여 생각함. 또는, 그런 일을 하는 데 도움이 될 만한 자료. ¶一書.

【參考人】さんこうにん(참고인) 범죄 수사를 위하여 수사 기관에서 조사를 받은 사람 가운데 피의자(被疑者) 이외의 사람.

【參觀】さんかん(참관) ①그 자리에 가서 실상을 봄. ¶一人. ②이것저것 대조하여 봄. ¶衆端以一<韓非子>

【參究】さんきゅう(참구) 참조하여 고증을 하면서 연구함.

【參軍】さんぐん(참군) ①후한말(後漢末)의 참군사(參軍事)의 준말. 군사상의 일을 봄. ¶諸葛亮以謖爲一<稱謂錄> ②당(唐)·오대(五代)의 극(劇)에서 관원(官員)으로 분장(扮裝)한 배우. 뒤에 정(淨)이라 하였음.

【參列】さんれつ(참렬) ①의식(儀式) 따위에 참가함. ②韓 반열(班列)에 참여함.

【參禮】さんれい(참례) ①韓 예식에 참여함. ②알현(謁見)하는 의식(儀式).

【參謀】さんぼう(참모) ①모의(謀議)에 참여함. 또는, 계획에 참가함. ②군대에서 작전 계획을 세워 지도하는 장교.

【參拜】さんぱい(참배) 신불(神佛)에 예배함. ¶高居限一<韓愈>

【參奉】(참봉)韓 조선 시대 능(陵)·원(園)·종친부(宗親府)·돈령부(敦寧府)·봉상시(奉常寺)·사옹원(司饔院)·내의원(內醫院)·군기시(軍器寺) 등에 딸린 종구품(從九品) 벼슬.

【參事】さんじ(참사) ①어떤 일에 참여함. 또는, 그 사람. ②은행·기업체 등의, 직위의 하나. ③참사관(參事官)의 약칭.

【參上】さんじょう(참상) 육품(六品) 이상, 당하(堂下) 삼품(三品)까지의 관직을 이르던 말. 參上職(참상직).
【參席】(참석) 어떤 모임의 자리에 참가함.
【參禪】さんぜん(참선)《佛》선도(禪道)에 들어가 선법(禪法)을 추구(追究)함. 또는, 좌선(坐禪)함. ¶尋師訪道 爲―＜證道歌＞
【參涉】さんしょう(참섭) 남의 일에 참견하여 나섬. 參見(참견).
【參與】さんよ(참여) 참가하여 관여함. 의논에 가담함. 參預(참예). ¶―意識.
【參詣】さんけい(참예) ①손윗 사람을 찾아가 문안(問安)함. ②신불(神佛)앞에 나아가 참배하는 일.
【參預】さんよ(참예) ☞參與(참여). ¶朝有疑議 每―焉＜晋書＞
【參議】さんぎ(참의) ①대정(大政)에 참여하여 의논함. 또는, 그 벼슬. ②조선 시대 육조(六曹)의 정삼품(正三品) 벼슬.
【參酌】さんしゃく(참작) 참고하여 알맞게 헤아림. ¶情狀―.
【參戰】さんせん(참전) 전쟁에 참가함. ¶―勇士.
【參政】さんせい(참정) ①정치(政治)에 참여함. ¶―權. ②의정부(議政府)의 한 벼슬.
【參照】さんしょう(참조) 참고로 마주 대해 봄.
【參佐】さんさ(참좌) 하급 관리. 屬官(속관). 屬僚(속료). ¶歸功―＜魏志＞
【參集】さんしゅう(참집) 많은 사람이 모여 참가함. 參會(참회).
【參贊】さんさん(참찬) ①일에 참여하여 도움. ¶―大政＜胡銓＞ ②청(淸)대에 외몽고(外蒙古), 신강(新疆) 지방에 두었던 장군의 보좌관. ③조선 시대 의정부(議政府)의 한 벼슬. 좌참찬(左參贊)과 우참찬(右參贊)이 있었음.
【參天】さんてん(참천) 시선이 하늘에까지 이름. 하늘을 바라봄. 또는, 하늘 높이 솟은 모양. ¶―而飛＜論衡＞
(삼천) 역(易)에서, 기수(奇數)를 하늘[天]로 잡음을 이름. 옛날에는 하늘[天]의 수(數)를 홀수[奇]로 생각하였음. ¶―兩地而倚數＜易經＞
【參天貳地】さんてんじち(참천이지) 천지(天地)와 덕을 나란히 함. ¶― 秉竝神明＜揚雄＞
【參差】しんし(참치) ①가지런하지 않은 모양. ¶―荇菜 左右流之＜詩經＞ ②뒤섞인 모양. 세 가지 것이 섞임을 參, 두 가지 것이 섞임을 差라 함. ③이어져 늘어선 모양. ¶瓦縫―＜杜牧＞ ④뿔뿔이 흩어져 있는 모양. ⑤악기(樂器)의 하나. 洞簫(퉁소←통소). ¶吹―其誰思＜楚辭＞
【參會】さんかい(참회) ☞參集(참집).
【參畫】さんかく(참획) 계획에 참여함. 參議(참의). 參劃(참획). ¶初專―軍務 後遂握內閣之實權＜淸國行政法汎論＞
【參候】さんこう(참후) 가서 안부를 물음. 參伺(참사). 伺候(사후). ¶遣人― 果如其言＜後漢書＞
▷見―, 古―, 謹―, 暮―, 不―, 參―, 新―, 月―, 日―, 早―, 朝―, 持―, 遲―, 差―, 降―

12【叅】 參(p.253)의 俗字

13
15【㕙】 토끼 준|囻|しゅん(ウサギ)

又＜또 우＞部

又 ① 叉 ② 及 反 収 双 友 ③ 収 ④ 叏
⑤ 叓 ⑥ 受 叔 取 ⑦ 叚 叛 叙 ⑧ 叟 ⑭ 叡
⑯ 叢

0
2【又】 또 우|囿ㄧㄡˋ (you)|ゆう(マタ) *again*
源象形. 오른손과 그 손가락을 본뜸. 또는, 물건을 감싸는 모양을 한 오른손을 본뜸.
풀이①또. ㉮거듭. ¶―敗之＜左氏傳＞ ㉯그 위에 다시. ¶―其次也＜論語＞ ㉰정도가 한층 심하다. ¶―從爲之辭＜孟子＞ ②또 하다. 재차 함. ¶天命不―＜詩經＞ ③조자(助字). 수사(數詞)의 끝수 위에 붙임. 갈有. ¶二十―五. ④돕다. 감쌈. 通佑. ⑤오른쪽. 갈右.
【又生一秦】マタいっしんヲしょうズ(우생일진) 이미 진(秦)이라는 강적(強敵)이 있는데, 또 새로 하나의 적을 만든다는 뜻으로, 스스로 새 적을 만듦을 이름. ¶自增仇敵曰―＜書言故事＞
【又重之】マタコレヲカサネテ(우중지) 더우기.
【又況】(우황) 하물며.
▷多―, 三―, 一―, 將―, 從―, 且―

1
3【叉】 깍지낄 차|麻ㄔㄚ (cha)|さ *clasp one's hands*
풀이①깍지 끼다. ¶― 手指相錯也＜說文＞ ②가닥지다. ¶―竿. ③가닥. 분기(分岐). ¶溪邊古路三―口＜蘇軾＞ ④작살. 물고기를 찔러 잡는 기구. ¶挺―來往＜潘岳＞ ⑤찌르다. ¶柳塘持燭―魚＜高啓＞ ⑥어긋나다. ¶交―卽爲馬槍＜隋書＞
▷交―, 戟―, 矛―, 三―, 野―, 夜―, 魚―, 音―, 支―, 吒―, 俠―, 畫―

2
4【及】 미칠 급|緝ㄐㄧˊ (ji)|きゅう(オヨブ) *reach*
源會意. 도망하는 사람의 등에 뒤좇는 사람의 손이 미친다는 뜻.
풀이①미치다. ㉮뒤좇아 따라가다. ¶往言不可―＜國語＞ ㉯능력을 견줄 만하다. ¶非爾所―也＜論語＞ ㉰그 곳 또는 그 시각에 대다. ¶―是時明其政刑＜孟子＞ ㉱일정한 기한에 맞게 하다. ¶―其未旣濟也 請擊之＜左氏傳＞ ㉲그런 일까지 행하다. ¶父死不葬 爰―干戈＜史記＞ ②미치게 하다. ¶老吾老 以―人之老＜孟子＞ ③및. 사물을 열거할 때에 쓰는 접속사. 通與. ¶斬其使―從士三十余級＜後漢書＞/予―女偕亡＜孟子＞ ④더불어 하다. ¶周王于邁 六

師一之<詩經> ⑤급제(及第)의 준말. ¶一落.
【及瓜】きゅうか(급과) 임기가 다 됨. 춘추시대 제(齊)에서 참외가 익을 무렵 지방에 관리를 파견하여 이듬해에 교체시켰던 일에서 옴. ¶任滿曰一<書言故事>
【及其時】(급기시) 그 때에 이르러.
【及其也】(급기야) 필경에는.
【及落】きゅうらく(급락) 급제(及第)와 낙제. 합격(合格)과 불합격. ¶一判定.
【及門】きゅうもん(급문) 문하(門下)에 참여한다는 뜻으로, 문하생 곧 제자(弟子)가 됨을 이름. ¶一之士千餘人<元史>
【及第】きゅうだい(급제) 과거에 합격함. 登第(등제). 「종. 급창이.
【及唱】(급창) 군아(郡衙)에서 부리던 사내
【及逮】きゅうたい(급체) 사물의 범위가 거기까지 다다름. ¶恐見禁制 不相一耳<魏志>
▷過一, 過不一, 論一, 普一, 世一, 言一, 連一, 追一, 波一, 下一

2
4 〖反〗

1 돌이킬	반	阮 ㄈㄢˇ	はん(カエル)
2 반절	반	刪 (fan)	ほん
3 뒤칠	번	元	*return*
4 팔	판	願	たん

源 **會意.** 덮어 가린 것[厂]을 손[又]으로 뒤친다는 뜻.

풀이 1 ①돌이키다. ㉮돌이켜 생각하다. ¶一而求之<孟子>/不一其過<淮南子>/一省. ㉯본디대로 되돌아가다. 되돌림. ¶報本一始<禮記>/吾自衛一魯<論語> ②거듭하다. ¶願聞一辭<荀子>/一復. ③배반하다. 거역함. 通叛. ¶豈敢一乎<史記>/謀一. ④뒤척거리다. 누워서 뒹굶. ¶輾轉一側<詩經> ⑤도리어. 거꾸로. 반대로. ¶一相賊害<歐陽脩> 2 반절(反切). 3 ①뒤치다. 뒤엎음. ¶何以知其不一水漿邪<漢書> ②죄상을 재심하여 형벌을 가볍게 하다. ¶獄少一者<史記>/平一. ③나부끼다. 펄럭거림. ¶唐棣之華 偏其一而<論語> 4 팔다. 같 販. ¶積一貨而爲商賈<荀子>
【反間】はんかん(반간) ①적(敵)의 첩자(諜者)를 역이용하여 적정(敵情)을 살피거나, 우군(友軍)을 위해 도움이 되도록 함. ②거짓 적국 사람이 되어 적정을 탐지하거나 적을 혼란에 빠지게 함. 또는, 그 일. ③하리놀아 사이를 벌어지게 함. 離間(이간). ¶一計.
【反感】はんかん(반감) 딴 사람의 의견에 반대함. 또는, 그런 심정이나 생각. 「¶一戰.
【反擊】はんげき(반격) 쳐들어오는 적을 도리어 침.
【反古】ほご·ほぐ(반고) ①옛날로 돌아감. ¶然則一未可非<戰國策> ②조상의 제사를 지냄. ¶教民一復始<禮記> ③☞反故(반고).
【反故】ほご·ほぐ(반고) 서화(書畫)를 쓰거나 그리다가 못 쓰게 된 종이. 휴지. 反古(반고)③. ¶以一抄寫<南史>
【反顧】はんこ(반고) ①뒤를 돌아다 봄. 자기가 없는 뒤의 일을 걱정함. 後顧(후고). ¶令人無一憂<北史> ②고향을 생각함. 思鄕(사향). ¶絕其一之望<後漢書> ③거역함. 배반함. ¶一其上<荀子>
【反哭】はんこく(반곡) 고대 상례(喪禮) 의식에서 장사를 지내고 돌아와 사당에서 곡하는 일. ¶文子退一<禮記>
【反共】はんきょう(반공) 공산주의에 반대함. ¶一政策. ↔親共(친공). ※容共(용공).
【反攻】はんこう(반공) 수세(守勢)를 취하다가 공세(攻勢)로 바꾸어 상대를 침. 逆襲(역습).
【反求】はんきゅう(반구) 일의 원인을 자기 반성에서 찾음. 反省(반성). ¶失諸正鵠 一諸其身<中庸>
【反旗】はんき(반기) ①반란을 일으킨 자가 드는 기(旗). 叛旗(반기). ②반대 의사를 나타내는 행동이나 표시.
【反黨】はんとう(반당) ①반역을 꾀하는 무리. ②자기 당(黨)의 노선(路線)에 반대하는 행동이나 표시. ¶一行爲.
【反對】はんたい(반대) ①사물이 아주 상반(相反)됨. ¶青白不相與而相與 一也<公孫龍子> ②찬성하지 않음. 거역함. ¶一票.
【反對訊問】はんたいじんもん(반대신문) 증인 신문(證人訊問) 방식의 하나. 신청한 당사자가 증인을 신문한 후, 반대쪽 당사자가 행하는 신문.
【反動】はんどう(반동) ①작용한 힘과 반대의 방향으로 작용하는 현상. 反作用(반작용). ②역사의 흐름에 거스르고자 하는 움직임. 또는, 그러한 움직임을 하는 사람. ¶一分子.
【反騰】はんとう(반등) 떨어졌던 시세가 갑자기 올라감. ¶一勢. ↔反落(반락).
【反落】はんらく(반락) 올랐던 시세가 갑자기 떨어짐. ¶一勢. ↔反騰(반등).
【反亂】はんらん(반란) ☞叛亂(반란).
【反論】はんろん(반론) ①남의 논설이나 비난에 대하여 반박함. 또는, 그 논설(論說). ②기왕에 따르던 색론(色論)을 배반하고 다른 색론을 좇음.
【反倫】はんりん(반륜) ①인륜(人倫)에 어그러짐. ¶一行爲. ②동료(同僚)를 배반함. ¶其負類一 不可勝言也<列子>
【反面】はんめん(반면) ①반대되는 쪽. 또는, 어떤 다른 방면. ②밖에서 돌아와서 임금이나 부모를 뵈고 인사하는 일. ¶出必告 反必面<禮記>/出告一.
【反命】はんめい(반명) ①명령을 따르지 않거나 거역함. ¶不敢一<蜀志> ②사자(使者)가 돌아와서 보고(報告)하는 일. 復命(복명). ¶凡使者歸一曰 某既得將事矣<儀禮>
【反目】はんもく(반목) 서로 눈을 흘김. 곧, 사이가 좋지 않음. ¶一嫉視. 「고 되물음.
【反問】はんもん(반문) 물음에 대하여 대답하지 않
【反駁】はんぱく(반박) 남의 의견을 반대하여 논박(論駁)함. ¶一聲明.
【反反】はんはん(반반) ①신중하고 무게가 있음. ¶威儀一<詩經> ②되풀이하여 익힘.
【反撥】はんぱつ(반발) ①되받아 퉁김. ¶一力. ②남

의 행위나 의사(意思) 등에 대하여 반대하고 나섬. ¶一心.

【反報】はんぽう(반보) ①복명(復命)함. ②보답함.

【反復】はんぷく(반복) ①되풀이함. 反覆(반복)②. ②올라감과 내려감. 昇降(승강). ¶終日乾乾 一道也<易經> ③거역함. 배반함. ¶一爲後世患<漢書>

【反覆】はんぷく(반복) ①본디대로 돌아감. ¶其存君興國 而欲一之<史記> ②☞反復(반복)①. ③☞反復(반복)③. ¶豈不懷歸 畏此一<詩經> ④뒤엎음. ¶欲一齊國而不能<戰國策> ⑤☞反復(반복)②. ⑥뒤집음. ¶殺王降漢 如一手耳<漢書> ⑦왕복(往復)함. ¶吳一六十里<韓非子>

【反辭】はんじ(반사) ①앞의 뜻을 반복하여 서술하는 말. ¶願聞一<荀子> ②모반(謀反)의 공술서(供述書). ¶皆妄爲一<史記>

【反殺】はんさつ(반살) 자신을 죽이려는 자를 도리어 죽임. ¶有一者 邦國交讐之<柳宗元>

【反相】はんそう(반상) 반역을 일으킬 상(相). 역적질할 상(相). 叛相(반상).

【反常】はんじょう(반상) 상도(常道)에 어긋남. ¶權者 一者也<後漢書>

【反生】はんせい(반생) ①싹이 아래에서 위로 향함. ¶凡稼之始生 皆爲一<易經·注> ②되살아남. 回生(회생). 再生(재생). ¶使死者一 生者不愧乎<公羊傳>

【反舌】はんぜつ(반설) ①오랑캐의 말. 혀가 안으로 말려 발음이 분명하지 않아 잘 알아들을 수 없다는 뜻. ¶一國. ②지빠귀과의 새. 백설(百舌)의 이칭. 다른 새의 소리를 잘 흉내냄. ¶一鳥 春始鳴 至五月稍止<禮記·注> ③두꺼비.

【反省】はんせい(반성) 자기가 한 일을 스스로 돌이켜 살핌. 反求(반구).

【反受其殃】カエッテソノワザワイヲウク(반수기앙) 도리어 재앙을 받음.

【反首拔舍】はんしゅばっしゃ(반수발사) 머리를 흩뜨리고 들에서 잠. 난발(亂髮)한 몰골로 야숙(野宿)하는 신세.

【反掖之寇】はんえきのこう(반액지 구) 측근(側近)에서 일어난 반란자. ¶夫棄城而敗軍 則一 必襲城矣<韓非子>

【反語】はんご(반어) 겉으로 나타난 뜻과는 반대되는 뜻으로 쓰는 말. ¶一法.

【反逆】はんぎゃく(반역) ①나라나 군주·지배자 등에 거역하여 체제(體制)를 어지럽히는 일. 叛逆(반역). 謀反(모반). ¶一罪. ②뒤집힘. 역(逆)으로 됨.

【反映】はんえい(반영) ①빛이나 빛깔이 되쏘아 비침. 반사하여 수면 따위에 비침. 反照(반조). ②어떤 영향이 다른 것에 미치게 하여 나타냄. ¶時代相一.

【反影】はんえい(반영) ①반사하여 되비치는 그림자. 反景(반영). ②어떤 일에 따라서 나타나는 다른 현상.

【反宇】はんう(반우) ①네 귀퉁이가 번쩍 들린 처마 모양. 飛宇(비우). 飛檐(비첨). ¶上一以蓋戴<班固> ②머리의 가운데가 오목하게 들어간 것. 공자(孔子)의 정수리 모양. 反羽(반우). ¶孔子頂如一<史記>

【反應】はんおう(반응) ①어떤 자극을 받아서 일어나는 변화 현상. ¶心理的 一. ②한쪽을 배반하고 다른 쪽에 따라 붙음. 內通(내통). 內應(내응).

【反意】はんい(반의) ①의지(意志)에 반함. ¶言忠 必一<國語> ②모반(謀叛)하는 마음. 叛心(반심). ¶無一也<漢書>

【反張】はんちょう(반장) 뒤틀림. 꼬여서 비틀림. ¶夾庾一多<周禮>

【反掌】はんしょう(반장) 손바닥을 뒤집음. 일이 매우 쉬움을 비유함. 反手(반수). ¶易於一 安於泰山<漢書>/如一.

【反葬】はんそう(반장) 객지(客地)에서 죽은 사람을 고향으로 옮겨다가 장사지내는 일. ¶一故鄕<北史>

【反賊】はんぞく(반적) 반역자(反逆者). 謀叛人(모반인).

【反轉】はんてん(반전) ①진행 방향과 반대로 구름. ②형세가 뒤바뀜. 逆轉(역전).

【反戰】はんせん(반전) 전쟁을 반대함. 또는, 그 일. ¶一思想/一主義.

【反切】はんせつ(반절) ①옛적부터 행해 오던 한자음(漢字音) 표기법의 하나. 古를 果五切로 표시하는 따위. 즉, 과(果)의 자음「ㄱ」과 오(五)의 모음「ㅗ」를 짝 짓는 방법. ②한글을 반절식(反切式)으로 배열한 본문. 反切本文(반절본문).

【反坫】はんてん(반점) 흙으로 만든 술잔을 올려 놓는 대(臺). 주(周)대 제후(諸侯)의 회견(會見) 때 헌수(獻酬)한 술잔을 이 대에 엎어 놓았음.

【反正】はんせい(반정) ①정도(正道)로 돌이킴. ¶中宗一. ②바른 규준(規準)에 반함. 곧, 정도에 어긋남. ¶文一爲乏<左氏傳> ③부정(不正)과 정(正). 속과 겉[表裏]. ¶一互用賓主錯綜<紫紹炳>

【反照】はんしょう(반조) ①되비침. 反映(반영). 反射(반사). ¶日光一<論衡> ②저녁 놀. 返照(반조). ¶明宜一中<白居易>

【反左書】はんさしょ(반좌서) 글자를 음양(陰陽) 반대 방향으로 쓰는 것. 이를테면, 右를「式」로, 左를「式」로 쓰는 따위.

【反證】はんしょう(반증) ①어떤 증명(證明)이 거짓임을 증명하는 일. ②증거를 들어서 어떤 논술이 성립되지 않음을 입증(立證)하는 일. 또는, 그 증거.

【反芻】はんすう(반추) ①소나 양 같은 짐승이 한번 삼킨 음식을 올려 다시 씹는 일. ¶一動物. ②거듭 생각하여 음미하는 일.

【反側】はんそく(반측) ①누운 자리가 편치 않거나 근심에 싸여 잠 못 이루고 몸을 뒤척임. ¶輾轉一. ②바른 원리에 어긋남. ③모반(謀叛)을 일으킴. 反仄(반측). ④반복 무상함. ¶天命一 何罰何佑<楚辭>

【反則】はんそく(반칙) ①법칙에 어그러짐. ¶一減點. ②법칙에 어긋난 일을 하던 자가 법칙을 따르게 됨. ¶其吉 則困而一也<易經>

【反託】はんたく(반탁) 신탁 통치(信託統治)를 반대함. ¶一示威. ↔贊託(찬탁).

【反哺】はんぽ(반포) 양육해 준 자에게 그 보답으로써 음식을 드리어 봉양함. 어버이의 은혜에 보답하는 일. ¶慈烏一以報親<梁武帝>/一之孝.

【反哺鳥】はんぽちょう(반포조) 반포(反哺)하는 새라는 뜻으로, 까마귀를 가리킴. 慈烏(자오).
【反汗】はんかん(반한) 나온 땀을 되들어가게 한다는 뜻으로, 일단 내린 명령을 고치거나 취소하는 일.
【反抗】はんこう(반항) 순종하지 않고 대듦. 反拒(반거). ¶一期.
【反行兩燈】はんこうりょうとう(반행양등) 서로 반대되는 일을 하면서 쌍방이 다 이득이 있음. ¶此一之計也<商子>
【反響】はんきょう(반향) ①음파(音波)가 무엇에 부딪쳐 반사하여 되돌아오는 현상. 곧, 음향(音響)의 반사. ②어떤 언동(言動)이 사회에 미치는 영향.
【反耕】はんこう(번경) 논을 여러번 갈아 뒤집음.
【反庫】はんこ(번고) ①창고 안의 물건을 뒤적거려 조사함. ②구역질하여 토함.
【反畓】はんとう(번답) 밭을 논으로 만듦.
【反水不收】はんすいおさまらず(번수불수·반수불수) 엎질러진 물은 다시 담을 수 없다는 뜻으로, 일단 저질러진 일은 돌이킬 수 없음의 비유. 覆水難收(복수난수). ¶一 後悔無及<後漢書>
【反胃】はんい(번위) 구역질이 나고 위에 들어갔던 음식을 토하는 증세.
【反貨】はんか(판화) 팔 물건. 商品(상품). 販貨(판화). ¶積一而爲商賈<荀子>
▷謀一, 背一, 相一, 往一, 違一, 離一, 悖一, 回一

4〖収〗收(p.675)의 俗字

4〖双〗雙(p.1595)의 略字

2/4〖友〗벗 우 | ㊥ㄧㄡˇ (you) | ゆう(トモ) *friend*
㊁㕛
㊎**會意**. 구부린 손[又]과 손을 맞잡고 의좋게 감싸 주는 사이를 뜻함.
풀이①벗. 동무. ¶同門曰朋 同志曰一<公羊傳·注>/親一/一人. ②벗하다. ¶無一不如己者<論語> ③우애. ¶一愛甚篤<吳志>/惟孝 一于兄弟<書經>
【友軍】ゆうぐん(우군) 자기 편 군대. ↔敵軍(적군).
【友黨】ゆうとう(우당) 서로 제휴(提携)하는 당파(黨派). 한패. ¶已而啓與一攻益 而奪之天下<韓非子>
【友邦】ゆうほう(우방) 서로 사이 좋은 나라. 友邦國(우방국). ¶嗟我一冢君<書經>
【友愛】ゆうあい(우애) ①형제간의 애정. ②친구간의 정분(情分)이 두터움. ¶少與高祖同受業於國子 甚相一<隋書>
【友誼】ゆうぎ(우의) 친구 사이의 정의. 友情(우정).
【友人】ゆうじん(우인) 벗. 친구. 友生(우생). ¶謂其一曰 古人有言<後漢書>
【友情】ゆうじょう(우정) ☞友誼(우의).
【友弟】ゆうてい(우제) ①형제간에 우애가 있음. 友悌(우제). ¶性敎篤 以一知名<北史> ②문하생(門下生)에 대한 자칭(自稱). 友生(우생). ¶有云一亨貞書者<恒言錄>
【友風子雨】ゆうふうしう(우풍자우) 바람을 벗하고 비를 아들로 삼는다는 뜻으로, 구름을 일컫는 말. ¶託地面遊宇 一<荀子>
【友好】ゆうこう(우호) 친구간에 우애가 있음. 또는, 그러한 사귐. ¶一的/一條約.
▷嘉一, 故一, 交一, 校一, 敎一, 舊一, 規一, 級一, 老一, 同一, 盟一, 朋一, 四一, 死一, 社一, 師一, 損一, 詩一, 惡一, 良一, 畏一, 僚一, 益一, 戰一, 諍一, 知一, 忠一, 親一, 學一, 鄕一, 賢一, 好一

4〖㕛〗友(p.257)의 古字

5〖収〗收(p.675)의 俗字

6〖㕜〗史(p.266)의 本字

7〖叓〗事(p.54)의 古字

6/8〖受〗받을 수 | ㊥ㄕㄡˋ (shou) | じゅ(ウケル) *receive*
풀이①받다. ㉮손에 받아 쥐다. ¶拜而一之<論語>/一領. ㉯받아 들이다. ¶太子一而舍之<史記>/一諾. ㉰좋은 물건이나 업(業)을 받다. ¶一學. ㉱어려운 경우를 맞다. ¶幽囚一辱<史記>/一罰. ②당하다. 입음. ¶忘一欺於姦諛<唐書>
【受講】じゅこう(수강) 강습(講習)이나 강의(講義)를 받음. ¶一生/一申請.
【受檢】じゅけん(수검) 검사(檢査)나 검정(檢定)을 받음. ¶一者/一將兵.
【受戒】じゅかい(수계) ①훈계를 받음 ¶歸恩一<漢書> ②《佛》불계(佛戒)를 받음. 불계를 받고 불문에 들어감. ¶年少未一<姚合>
【受難】じゅなん(수난) 어려움을 당함. ¶民族一史/當一.
【受納】じゅのう(수납) 받아들임. 들어줌. ¶一貨遺以巨萬計<後漢書>
【受茶】じゅちゃ(수다) 아내를 맞아들임. 고대(古代)에, 혼례 때 차를 많이 사용한 데서 온 말. ※じゅう
【受動】じゅどう(수동) 남에게서 동작을 받음. 被動(피동). ¶一形. ↔能動(능동).
【受領】じゅりょう(수령) 물건이나 금전을 받음. 受取(수취). 領收(영수). ¶代金一.
【受理】じゅり(수리) 소장(訴狀)이나 원서(願書) 따위를 접수해 처리함. ¶辭表一.
【受命】じゅめい(수명) ①명령을 받음. ¶一而出<左氏傳> ②천명(天命)을 받고 천자(天子)가 됨. ¶王者易姓一<史記> ③가르침을 받거나 받아들임. ¶敬一 願聞餘敎<說苑>
【受命而不辭家】めいをうけていえをじせず(수명이 불사가) 장군이 출정(出征) 명령을 받으면 그 길로 곧 떠나야 하며, 집에 돌아와 가족들과 석별의 정을 나누지 않음. ¶一 敵破而後言返 將之禮也<吳子>
【受侮】じゅぶ(수모) 모욕을 당함.
【受法】じゅほう(수법)《佛》스승에게서 불법(佛法)을 받음.
【受賞】じゅしょう(수상) 상을 받음. ¶一作/一者.
【受禪】じゅぜん(수선) 임금의 자리를 물려받음. ¶

一于漢 君臨萬邦＜曹植＞

【受授】じゅじゅ(수수) 받음과 줌. 학문 등의 전승(傳承). 授受(수수). ¶山經及地志 茫昧非一＜韓愈＞

【受信】じゅしん(수신) ①편지·전보 따위의 통신을 받음. ↔發信(발신). ②금융 기관이 고객(顧客)에게 신용을 받는 일. ↔與信(여신). 「一＜書言故事＞

【受室】じゅしつ(수실) 아내를 얻음. ¶自言娶妻曰

【受業】じゅぎょう(수업) ①제자가 스승으로부터 학업을 받음. 受學(수학). ②업무(業務)가 주어짐. ¶士朝而一＜國語＞

【受辱】じゅじょく(수욕) 남에게 치욕을 당함. 욕을 봄.

【受容】じゅよう(수용) 받아들임. ¶一姿勢.

【受由】(수유)㊗ 말미를 받음. 말미.

【受益】じゅえき(수익) 이익을 얻음. ¶一權/一者.

【受任】じゅにん(수임) ①임무를 맡음. 또는, 임무를 전임자로부터 인수(引受)함. ②임무를 줌. ③위임(委任)을 받음. ¶一者.

【受精】じゅせい(수정) 암컷의 난자(卵子)가 수컷의 정충(精蟲)과 결합하여 생식 작용(生殖作用)을 하는 현상. ¶一卵.

【受取】じゅしゅ①·ウケトリ②(수취) ①받음. 受領(수령). ¶一賕賄＜漢書＞/一人. ②영수증(領收證).

【受託】じゅたく(수탁) 부탁을 받음. 위탁(委託)을 받음. ¶荷物一.

【受胎】じゅたい(수태) 아이를 밴. 妊娠(임신).

【受驗】じゅけん(수험) 시험을 치름. ¶一生.

【受刑】じゅけい(수형) 형벌을 받음. ¶一者.

【受話】じゅわ(수화) 말을 듣거나, 전화를 받음. ¶一機/一者. ↔送話(송화).

【受和受采】じゅわじゅさい(수화수채) 단맛은 다른 맛과 잘 조화되고, 흰 색은 다른 색을 받아들인다는 뜻으로, 진실한 성품을 가진 사람은 예를 잘 익혀 행할 수 있음을 비유한 말. ¶甘受和 白受采＜禮記＞

▷甘一, 感一, 口一, 納一, 拜一, 收一, 授一, 心一, 領一, 容一, 膺一, 引一, 傳一, 接一, 聽一

6
8 〖叔〗 아재비 숙 | 屋ㄕㄨˊ (shu) | しゅく(オジ) *uncle*

㊗尗 同村

풀이 ①아재비. 아저씨. ㉮아버지의 아우. ¶ 吾父吾一皆黎明卽起＜曾國藩＞/一父. ㉯4형제 서열 중 세째. ¶伯仲一季. ㉰시동생. ¶夫之弟爲一＜爾雅＞/嫂一. ②어리다. 젊은이. ¶一 少也 幼者稱也＜釋名＞ ③끝. 말세(末世). ¶皆一世也＜漢書＞ ④줍다. ㉠拾. ¶九月一苴＜詩經＞ ⑤콩. 通尗. ¶得以一粟當賦＜漢書＞

【叔季】しゅくき(숙계) ①끝의 형제. 막내 아우. 末弟(말제). ②숙세(叔世)와 계세(季世). 도덕이 쇠퇴한 말세(末世).

【叔舅】しゅくきゅう(숙구) ①모계(母系)의 아저씨. 外叔(외숙). ②천자가 이성(異性)의 제후(諸侯)를 부르는 말.

【叔梁紇】しゅくりょうこつ(숙량흘) 공자(孔子)의 아버지. 숙량은 자(字).

【叔妹】しゅくまい(숙매) 시누이.

【叔母】しゅくぼ(숙모) 숙부(叔父)의 아내. 작은어머니.

【叔父】しゅくふ(숙부) ①아버지의 아우. 작은 아버지. ②천자가 동성(同姓)의 제후(諸侯)를 부르던 말. ↔叔舅(숙구)②.

【叔世】しゅくせい(숙세) 쇠퇴해 망해 가는 시대. 末世(말세). ¶三辟之興 皆一＜左氏傳＞

【叔氏】しゅくし(숙씨) 남의 세째 형이나 세째 아우의 존칭.

【叔齊】しゅくせい(숙제) ☞伯夷叔齊(백이숙제).

【叔姪】しゅくてつ(숙질) ①아저씨와 조카. 叔은 아버지의 아우. 姪은 형제의 자녀. 또는, 아내의 형제의 자녀. ②조카.

【叔行】(숙항) 아저씨 뻘의 항렬.

▷堂一, 伯一, 外一

6
8 〖取〗 취할 취 | 麌ㄑㄩˇ (qu) | しゅ(トル) *take*

源會意. 전공(戰功)의 표로서 적군의 귀[耳]를 잘라 손[又]에 쥔 것을 뜻함.

풀이 ①취하다. ㉮움켜 쥐고 놓지 아니하다. ¶一捨. ㉯손에 넣다. ¶攻必一＜史記＞ ㉰가려 잡다. ¶無所一材＜論語＞/採一/一友. ㉱그 일을 즐겨 제 것으로 하다. ¶一暖. ②장가들다. ㉠娶. ¶君一於吳＜論語＞ ③…당하다. 입음. ¶朴者以不足一信矣＜後漢書＞/一欺/一笑. ④조사(助辭). 동작의 진행을 뜻함. ¶聽一. ⑤《佛》12인연(因緣)의 하나. 애욕의 대상에 마음이 향하는 것. ¶從二十歲後 貪欲轉盛…是名爲一＜大藏法數＞

【取得】しゅとく(취득) ①손에 넣음. 자기 소유로 만듦. ¶一稅. ②어떤 자격증을 얻게 됨. ¶資格一/免許一.

【取捨選擇】しゅしゃせんたく(취사선택) 쓸 것을 쓰고 버릴 것은 버려 골라잡음.

【取色】(취색) 헐고 낡은 세간을 닦고 손질하여 윤이 나게 함.

【取善輔仁】しゅぜんほじん(취선보인) 남의 선행(善行)을 본받아 자기의 인덕(仁德)을 기름. 친구의 유익함을 이르는 말. ¶一皆資朋友＜故事成語考＞

【取笑】しゅしょう(취소) 남의 웃음거리가 됨. ¶獨醒空一＜劉長卿＞

【取消】トリケシ(취소) ①일단 적거나 진술한 사실을 말살함. ②법률 행위의 효력을 소급하여 소멸시키는 행위. ¶契約一.

【取水塔】しゅすいとう(취수탑) 강이나 저수지 따위에서 물을 끌어 올리기 위한 관이나 수문의 설비가 되어 있는 탑 모양의 구조물.

【取食之計】しゅしょくのけい(취식지 계) 근근이 밥이나 먹고 살아갈 계책.

【取音】しゅおん(취음) 한자어에서, 말의 뜻은 생각하지 않고 그 음만을 취하는 일. 곧, 생각을 生覺, 어음을 於音으로 적는 따위. 軍都目(군두목). ¶一字.

【取義】しゅぎ(취의) ①가리어 의(義)를 취함. ¶舍生而一者也＜孟子＞ ②의미(意味)를 취함. ¶斷章一 上下相成＜孝經＞

【取而不貪】トルモムサボラズ(취이불탐) 취할 것은 취하지만 탐하지는 않음. ¶施而不費一＜史

記>
【取人】しゅじん(취인) 인재를 가려 씀.
【取才】しゅさい(취재) ①재주를 시험하여 뽑는 일. 특히, 조선 때 하급 관리의 용인법(用人法). ②☞取材(취재)①.
【取材】しゅざい(취재) ①어떤 사물에서 작품이나 기사(記事)의 재료 또는 제재(題材)를 얻음. ¶ㅡ記者/ㅡ活動. ②재량(裁量)함.
【取適非取魚】ウオヲトルニアラズ(취적 비취어) 낚시에서 즐거움을 취함이지 고기를 취함이 아니라는 뜻으로, 어떤 행동의 목적이 다른 데 있음을 이르는 말.
【取種】しゅしゅ(취종) 동식물의 씨를 받음.
【取次】しじ①②·とりつぎ③(취차) ①한때. 한동안. 잠시. ②차차로. 점차. ¶夾路漫山ㅡ紅<范成大> ③쌍방 중간에 서서, 어떤 사물을 한 쪽에서 다른 한 쪽으로 권하는 일.
【取妻】しゅさい(취처) 아내를 맞음. 장가듦.
【取擇】しゅたく(취택) 가려 뽑음. 선택함. 取捨選擇(취사선택).
【取土】しゅど(취토) 장사 지낼 때 광중(壙中) 네 귀에 조금씩 놓는, 길방(吉方)에서 떠 온 흙. 관(棺)의 굄 구실로 하관한 뒤 바를 빼기 쉽게 하느라고 넣음.
【取下】しゅか①·とりさげ②(취하) ①겸손하게 남의 뜻을 받아들여 거스르지 아니함. ②관청에 제기한 소송이나 출원 따위를 취소하는 일. ¶告訴ㅡ.
【取汗】しゅかん(취한) 한방(韓方)에서, 병을 고치려고 땀을 내는 일. 發汗(발한).
【取禍之本】しゅかの(취화지 본) 재앙을 가져오는 근본.
▷去ㅡ, 攻ㅡ, 詐ㅡ, 攝ㅡ, 受ㅡ, 逆ㅡ, 爭ㅡ, 竊ㅡ, 進ㅡ, 搾ㅡ, 採ㅡ, 聽ㅡ, 奪ㅡ, 捕ㅡ, 獲ㅡ

7 9 〖叚〗 1 빌 가 2 성 하 | 馬ㄐㄧㄚˇ (jia) | か(カリル) borrow

7 9 〖叛〗 배반할 반 | 翻ㄆㄢˋ (pan) | はん, ほん (ソムク) go against

源會意·形聲. 하나의 패거리가 둘로 갈림의 뜻. 半과 反 어느 쪽도 음이 될 수 있음.
풀이 ①배반하다. 通反. ¶天下皆ㅡ之<史記>/李密ㅡ唐<十八史略>/離ㅡ. ②배반하는 일. ¶謀ㅡ. ③배반하는 사람. ¶受詔討ㅡ<晉書>
【叛軍】はんぐん(반군) 배반한 군사. 반란군.
【叛旗】はんき(반기) 반란을 일으킨 표시로 드는 기치(旗幟).
【叛奴】はんど(반노) 자기 상전(上典)을 배반한 종.
【叛徒】はんと(반도) 반란을 꾀하였거나 반란을 일으킨 무리.
【叛亂】はんらん(반란) 모반(謀叛)하여 난리를 일으킴.
【叛相】はんそう(반상) ☞反相(반상).
【叛心】はんしん(반심) 배반하는 마음. 背心(배심). 叛意(반의). 二心(이심).
【叛逆】はんぎゃく(반역) 배반하여 군사를 일으킴.
【叛意】はんい(반의) ☞叛心(반심).
【叛將】はんしょう(반장) 반란을 일으킨 장수.
【叛賊】はんぞく(반적) 반역한 사람. 逆賊(역적).
▷謀ㅡ, 背ㅡ, 逆ㅡ, 擾ㅡ, 離ㅡ

9 〖敍〗 敍(p.683)의 俗字
9 〖叜〗 叟(p.259)의 古字

8 10 〖叟〗 1 늙은이 수 2 쌀씻는소리 수 | 宥ㄙㄡˇ (sou) 尤 | そう (トシヨリ) old man
古叜
풀이 1 ①늙은이. ②여윈 노인. ③장로(長老). ¶ㅡ不遠千里而來<孟子> 2 쌀 씻는 소리. ¶釋之ㅡㅡ 蒸之浮浮<詩經>
▷國ㅡ, 耆ㅡ, 老ㅡ, 山ㅡ, 垂白ㅡ, 釣ㅡ, 蒼髯ㅡ, 樵ㅡ, 出ㅡ

10 〖隻〗 ☞隹部 2획(p.1591)
11 〖曼〗 ☞曰部 7획(p.733)
12 〖最〗 ☞曰部 8획(p.734)
14 〖叡〗 壑(p.360)과 同字

14 16 〖叡〗 밝을 예 | 霽ㄖㄨㄟˋ (rui) | えい(サトイ) clear
同叡 睿
풀이 ①밝다. 사리(事理)에 깊이 통함. ¶ㅡ哲玄覽<張衡>/ㅡ智. ②천자(天子)의 언행. ¶ㅡ覽/ㅡ感.
【叡聖文武】えいせいぶんぶ(예성문무) 천자가 현명하여 문무 두 길에 아울러 통함. 곧, 문무가 겸비된 임금의 성덕을 이름.
【叡知】えいち(예지) ☞叡智(예지)①.
【叡智】えいち(예지) ①뛰어나게 총명한 지혜. 叡知(예지). ②이성(理性).
▷明ㅡ, 敏ㅡ, 神ㅡ, 英ㅡ, 精ㅡ, 聰ㅡ, 慧ㅡ

16 〖叡〗 叡(p.259)와 同字
18 〖雙〗 ☞隹部 10획(p.1595)

16 18 〖叢〗 모일 총 | 東ㄘㄨㄥˊ (cong) | そう(ムラガル) crowd
풀이 ①모이다. 한 곳으로 집합함. ¶是ㅡ于厥身<書經>/ㅡ集. ②모으다. ¶ㅡ珍怪<漢書> ③떨기. ¶玉樹ㅡ<庾信> ④초목이 더부룩하게 난 곳. ¶ㅡ薄之中<淮南子> ⑤더부룩하다. 빽빽히 들어섬. ¶ㅡ生. ⑥번거롭다. 번잡함. ¶元首ㅡ脞哉<書經>/ㅡ煩.
【叢棘】(총극) ①빽빽하게 들어선 가시나무. ②죄수를 잡아가두는 곳.
【叢談】そうだん(총담) 여러 곳에서 모은 이야기. 또는, 그런 내용의 책.
【叢論】そうろん(총론) 갖가지 논설. 또는, 그것을 모아 놓은 책.

【叢林】そうりん(총림) ①잡목이 우거진 숲. ②《佛》 중들이 모여 있는 곳. 僧園(승원). 寺院(사원).
【叢煩】そうはん(총번) 사물이 많고 번거로움. ¶功役一<唐書>
【叢生】そうせい(총생) 풀이나 나무가 덤불지게 남. 簇生(족생). 群生(군생).
【叢書】そうしょ(총서) ①일정한 형식에 따라 계속해서 간행되는 출판물. ②갖가지 책을 모아 한 질(帙)로 한 책. ③번잡하고 통일성이 없는 책이란 뜻으로, 자기 저서의 겸칭(謙稱).
【叢說】そうせつ(총설) 여러 학설을 모아 놓은 책. 또는, 모아 놓은 많은 학설.
【叢中】そうちゅう(총중) 한 떼의 가운데. 또는, 뭇 사람이 떼를 이룬 속. ¶萬綠一紅一點 動人春色不須多<王安石>
▷論一, 談一, 芳一, 淵一, 幽一, 林一, 竹一, 榛一, 攢一, 叢一

口<입 구>部

口 ② 可 古 叩 另 句 叫 叨 另 司 史 召
右 叮 只 叱 台 叵 叭 叶 号 ③ 各 吉 同
吋 吏 名 吁 吊 吒 吐 合 向 后 吃 ④ 告
君 吽 吶 呂 吝 呆 吵 吻 否 吩 吮 吾 吳
吪 吘 听 吟 呈 吹 吞 吠 呀 含 吭 吼 吸
⑤ 呵 呿 呱 咎 呴 呶 呢 咀 咄 命 味 咐
咈 咋 呻 咜 咏 呭 呦 呰 咀 呪 周 呫 咆
咇 呷 咍 呟 呼 和 咽 ⑥ 咯 咬 咷 咩 咪
咲 虽 哂 咢 哀 咼 哇 咿 咡 咽 咨 哉 咮
咫 哆 咤 品 咸 哈 咳 哄 咺 咻 咰 咥 ⑦
哿 哥 哽 哭 哪 唐 唏 哩 哱 哤 唆 哦 唉
唁 唔 員 唈 哫 唇 唽 哲 哨 唄 哺 唫 哮
唏 ⑧ 啓 唫 唸 啖 啗 啀 問 唪 啚 商 售
啞 唲 唵 啀 啎 唯 啇 啁 唱 啃 啜 啐 唾
啄 啅 啍 啣 ⑨ 喝 喈 喀 喬 喫 喃 單 喁
喇 喨 喪 善 啻 喔 喭 喑 喏 喁 喎 喓 喟
喻 喑 啼 喞 喘 喆 喋 啾 喊 喚 喤 喉 喣
喧 喙 喜 ⑩ 嗛 嗜 嗎 嗣 嗅 嗇 嗦 嗚 嗢
嗌 嗁 嗔 嗟 嗤 嗒 嗃 嗀 嗑 嗆 嗅 ⑪ 嘉
嘅 嘔 嘍 嘛 嘗 嗽 嗾 嘎 嗺 嗎 嗷 嗸 嘈
嘖 嗺 嘆 嗿 嘌 嘏 嘒 嘑 嘐 ⑫ 嘰 嘂 噇
嘮 嘹 嘸 嘿 噴 噀 嘶 噎 啞 嘳 嘲 噂 噆
噍 噣 噉 嘴 嘽 嘘 嘷 嘩 嘵 噏 嘻 ⑬ 噱
噭 噤 器 噥 噠 噴 噬 嘯 噩 噯 噞 噴 噢
噪 噣 噡 噲 噦 噫 ⑭ 嚀 嚂 嚊 嚷 嚅 嚌
嚧 嚃 嚇 嚄 嚆 ⑮ 嚙 嚠 嚜 嚘 嚚 嚏 ⑯
嚨 嚭 嚬 嚥 嚫 嚮 ⑰ 嚳 嚶 嚴 嚵 嚲 囈
⑱ 囁 嚼 囀 囉 囂 ⑲ 囊 囈 囋 囅 囍 ㉑
囓 囑

0
3【口】 입 구 | 中 ㄎㄡˇ (kou) | こう, く (クチ) *mouth*

源象形. 사람의 입 모양을 본뜸.

풀이①입. ㉮오관(五官)의 하나. ¶耳目一鼻. ㉯먹는 입. ¶糊一之策. ㉰말하는 입. ¶衆一難防. ②어귀. 관문(關門). ¶出入一/港一/河一. ③구멍 난 곳. ¶山有小一<陶潛>/噴火一. ④아가리. 주둥이. ¶鶴之上相 隆鼻而短一<埤雅>/瓶一. ⑤식구 또는 사람을 세는 단위. ¶八一之家可以無飢<孟子>/戶一. ⑥칼 따위를 세는 단위. ¶跪獻劍一一<晋書> ⑦말하다. ¶吾爲子一隱矣<公羊傳>/一外.
【口渴症】こうかつしょう(구갈증) 목이 마르는 증세. 燥渴症(조갈증).
【口疳】こうかん(구감) 입 안이 허는 병.
【口腔】こうこう(구강) 입 안. 입에서 목구멍에 이르는 소화관(消化管)의 가장 앞 부분. ¶一衛生週間.
【口蓋】こうがい(구개) 입천장. ¶一音.
【口訣】こうけつ・くけつ(구결) ①구수(口授)의 비결. 말로 직접 비결을 전수(傳授)함. ¶方士傳一<岑參> ②韓 한자(漢字)의 한 구절 끝에 다는 토. 「𠯈(하고)」, 「丷(하야)」, 「厂(에)」 따위.
【口徑】こうけい(구경) 원통형(圓筒形) 물체의 아가리 지름. ¶一二寸半<禮記>/四五一拳銃.
【口供】こうきょう(구공) 죄인(罪人)의 자백서(自白書). ¶審其一 是反是叛<未信篇>/一書.
【口頭】こうとう(구두) 직접 입으로 하는 말. ¶一試驗/一契約.
【口頭交】コウトウノマジワリ(구두교) 말만 앞서는, 진실하지 못한 사귐. ¶面結一 肚裏生荊棘<孟郊>
【口頭禪】こうとうぜん(구두선) ①《佛》 경문(經文)의 글귀만 외고 참된 선리(禪理)를 닦지 않는 수도(修道). 口頭三昧(구두삼매). ②실행이 따르지 않는 빈 말.
【口鈍】こうどん(구둔) 말하는 입이 둔함. 곧, 입이 「굼뜸.
【口令】こうれい(구령) 군대 조련(調練)에서와 같이, 어떤 동작을 하도록 지휘자가 부르는 호령(號令).
【口無完人】クチニかんじんナシ(구무완인) 그 입에 오르면 완전한 사람이 없다는 뜻으로, 남의 흠만을 들추어내는 사람을 이르는 말.
【口文】(구문) 흥정을 붙여 주고 받는 돈. 口錢(구전)②. 紹介料(소개료).
【口吻】こうふん(구문) ①입술. 입시울. ②말. 또는, 말하는 투. ¶榮枯生于一<唐書>
【口味】こうみ(구미) 입맛. ¶忘其一 以啗寡人<韓非子>
【口糜】こうび(구미) 입안이 벌겋게 허는 병.
【口蜜腹劍】こうみつふくけん(구밀복검) 입에는 꿀을 바르고 뱃속에는 칼을 품었다는 뜻으로, 말은 달콤하나 마음속은 악랄함. 口有蜜腹有劍(구유밀 복유검). 蛇心佛口(사심불구).
【口辯】こうべん(구변) 말솜씨. 언변(言辯) 또는 변설(辯舌)이 능숙함. ¶淮南王有女陵慧有一<史記>
【口腹之計】こうふくノ(구복지 계) 살아가는 방도(方途). 生計(생계). 糊口之策(호구지책).

【口腹之累】(구복지 누) 생활상의 괴로움.
【口賦】こうふ(구부) 사람수대로 부과하는 세금. 口錢(구전)①. 人頭稅(인두세). ¶田租一鹽鐵之利 二十倍於古<漢書>
【口分】こうぶん・くぶん(구분) ①사람마다 균등하게 나누어 줌. ¶聖人利井田之法而一之<公羊傳> ②식량(食糧). ¶一生一兩無爭<楊萬里>
【口不可道】(구불가도) 입 밖에 낼 수 없음.
【口碑】こうひ(구비) ☞口傳(구전). ¶路上行人口似碑<五燈會元>/一文學.
【口尚乳臭】クチナオにゅうしゅうアリ(구상유취) 입에서 아직 젖내가 난다는 뜻으로, 나이 어리거나 풋나기를 이르는 말. ¶是一 安能當吾韓信<史記>
【口舌】こうぜつ(구설) ①입과 혀. 또는, 말. 辯舌(변설). ¶釋本而事一<史記> ②남의 입에 오르내리는 말. 비방하는 말.
【口舌數】(구설수) 구설을 듣게 되는 운수. 口舌福(구설복). ※舌禍(설화).
【口受】こうじゅ・くじゅ(구수) 직접 말로써 가르침을 받음. 구수(口授)를 받음. ¶七十子之徒一其傳指<史記>
【口授】こうじゅ・くじゅ(구수) 말로써 전하여 줌. 직접 가르침. ¶一弟子 弟子退而異言<漢書> ※心授(심수). 「¶一試驗.
【口述】こうじゅつ(구술) 말로 진술함. 口陳(구진).
【口承】こうしょう(구승) ☞口傳(구전).
【口是傷人斧】クチハコレヒトヲキズツクルオノナリ(구시 상인부) 말은 사람을 해치는 도끼와 같은 것이란 뜻으로, 말조심하라는 말. ¶一語傷人 痛如刀割一<寶鑑>
【口實】こうじつ(구실) ①핑계 삼을 밑천. 변명할 거리. 託言(탁언). ②이야깃거리. 話題(화제). ¶黎庶追思 以爲一<蜀志> ③먹을 것. ¶自求一<易經> ④녹봉(祿俸). 호구(糊口)의 밑천. ⑤시체(屍體)의 입에 물리는 구슬. 飯含(반함).
【口語】こうご(구어) ①문어(文語)에 대하여 구두어(口頭語). 口語體(구어체). ②비판(批判). 비방. ¶橫被一<漢書> ③입 밖에 낸 말. 이미 한 말. ¶僕以一 遇遭此禍<司馬遷>
【口業】こうぎょう①・くごう②(구업) ①시문(詩文)을 지음. ¶些些一尚誇詩<白居易> ②《佛》입으로 말미암아 짓는 죄업(罪業). 망어(妄語), 기어(綺語), 악구(惡口), 양설(兩舌). 「술). ¶一童話.
【口演】こうえん(구연) 말로 사연을 말함. 口述(구
【口有蜜腹有劍】クチニミツアリハラニケンアル(구유밀 복유검) ☞口密腹劍(구밀복검). ¶世謂林甫一<唐書>
【口耳之學】こうじのがく(구이지 학) 귀로 들은 것을 입으로 말하는 천박한 학문. 들은 것을 잘 소화하기 전에 지껄이는 학문은 자신을 이롭게 하지 못함을 이름. ¶小人之學也 入乎耳 出乎口<荀子>
【口者關也】クチハかんナリ(구자관야) 입은 관문(關門)이라는 뜻으로, 함부로 입을 열지 말라는 경계. ¶一 舌者兵也 出言不當 反自傷也<說苑>
【口傳】こうでん・くでん(구전) 입에서 입으로 전함. 또는, 그 일. 口承(구승). 口碑(구비). ¶一不同耳<皇侃>/一祕事/一文學.
【口錢】こうせん(구전) ①☞口賦(구부). ②☞口文(구문).
【口誅筆伐】こうちゅうひっぱつ(구주필벌) 말이나 문장으로 권선징악(勸善懲惡)의 뜻을 나타냄. 또는, 말이나 문장으로 사람의 죄악을 폭로함.
【口臭】こうしゅう(구취) 입 안에서 나는 나쁜 냄새. 구강(口腔)의 악취. ¶遂病一<吳越春秋>
【口筆】こうひつ(구필) 입에 붓을 물고 쓰는 글씨.
【口血未乾】こうけつイマダカワカズ(구혈미건) 입에 묻은 피가 아직 마르지 않았다는 뜻으로, 맹세한 지 얼마 되지 않음을 이름. 옛날에 제후가 동맹할 때 희생의 피를 마시고 서로의 맹세를 다짐했음. ¶前盟一 足以結信矣<國語>
【口號】こうごう(구호) ①시(詩) 양식(樣式)의 하나. 글자로 적지 않고 머리에 떠오르는 대로 읊는 시. ②시체(詩體)의 하나. 송(宋), 원(元)대에 궁중 악인(樂人)이 천자에게 올린 송덕시(頌德詩). ③군대에서 쓰는 호령. ④슬로건.
▷可一, 江一, 開一, 缺一, 箝一, 鷄一, 關一, 訥一, 杜一, 忘一, 默一, 發一, 防一, 辯一, 甁一, 噴火一, 守一, 囊一, 有一, 吟一, 利一, 異一, 人一, 入一, 藉一, 適一, 絶一, 衆一, 讒一, 銃一, 出一, 閉一, 浦一, 河一, 緘一, 港一, 海一, 戶一, 虎一, 糊一

4〖中〗 ☞ 丨部 3획(p. 35)
5〖加〗 ☞ 力部 3획(p. 217)

2
5〖可〗 1 옳을 가 / 2 오랑캐임금 극 | 㽞 ㄎㄜˇ (ke) / ㄎㄜˋ (ke) | か (ベシ, ヨイ) *right* / こく

풀이 1 ①옳다. ㉮좋다. 괜찮음. ¶子曰一也<論語>/一否. ㉯인정하다. 수긍함. ¶大夫辭之不一<國語>/一之/許一. ②정도. …쯤. ¶飮一五六斗<史記> ③☞ 句法 2 오랑캐 임금. ¶一汗.

句法
①가능·허용·인정·추측·당연
㉮[可…]…할 수 있다. ¶可使足民<論語>
㉯[可…]…해도 좋다. ¶可與否<史記>
㉰[可…]…할 만한 값어치가 있다. ¶可以爲師矣<論語>
㉱[可…]…할 것이다. ¶數口之家 可以無饑矣<孟子>
㉲[可…]…해야 한다. ¶可急使守函谷關<漢書>
②불가능·금지
㉮[不可…]…할 수 없다. ¶民可使由之 不可使知之<論語>

㉯[不可…]…해서는 아니 된다. ¶一寸光陰不可輕<朱熹>
③이중 부정
[不可不…]…하지 않을 수 없다. ¶父母之年 不可不知也<論語>
④정도
[可…]…정도. …쯤. ¶飮可五六斗<史記>
【可居之地】かきょのち(가거지 지) 살 만한 곳.
【可決】かけつ(가결) 의안(議案)을 시인하여 결정함. ↔否決(부결).
【可高可下】かこうかか(가고가하) 인자(仁者)는 높은 지위에 있어도 교만하지 아니하고, 낮은 지위에 있어도 비굴하지 않음. ¶唯仁者 可好也可惡也 可高也可下也<國語>
【可恐】かきょう(가공) 두려워할 만함. ¶威力一.
【可觀】かかん(가관) ①볼 만함. 볼 가치가 있음. ②韓 꼴다와 비웃을 만함.
【可矜】かきょう(가긍) 가련함. 불쌍함. ¶身世一.
【可期】かき(가기) 기약(期約)할 만함. 기대할 수 있음.
【可能】かのう(가능) ①될 수 있거나, 할 수 있음. ¶成就一. ②참음. 견딜 수 있음. 可堪(가감). ¶我未成名君未嫁 一俱是不如人<羅隱>
【可當】かとう(가당) ①사리에 합당함. ②당할 수 있음.
【可東可西】かとうかせい(가동가서) 이렇게 할 만도 하고, 저렇게 할 만도 함. 可以東可以西(가이동 가이서).
【可憐】かれん(가련) ①모양이 어여쁘고 아름다움. 귀여움. ¶毛色奇一<陶潛> ②신세가 딱하고 가엾음. 可矜(가긍).
【可望】かぼう(가망) 이루어질 희망. 가능성 있는 희망.
【可變】かへん(가변) 변할 수 있거나, 변하게 할 수 있음. ¶一性. ↔不變(불변).
【可否】かひ(가부) ①옳은가 그른가의 여부(與否). 可不可(가불가). 是非(시비). ¶使謀一<左氏傳> ②표결(票決)에서, 가(可)와 부(否), 찬성과 반대. ¶一表決/一同數.
【可視距離】かしきょり(가시거리) 방해를 받지 아니하고 눈으로 목표물을 볼 수 있는 수평 거리.
【可燃】かねん(가연) 불에 탈 수 있음. ¶一性/一物質.
【可溶】かよう(가용) 액체에 잘 녹음. ¶一性/一物.
【可鎔】かよう(가용) 금속이 비교적 낮은 온도에서 잘 녹음. ¶一金/一性.
【可謂】かい(가위) ①말할 수 있음. ¶三年無改於父之道 一孝矣<論語> ②가히 이르자면. 가히 이르는 바.
【可意】かい(가의) ①마음에 맞음. 마음에 듦. ¶與賓客談論 有不一<魏志> ②생각대로 됨. 뜻한 대로 됨. ¶每得諸葛筆 則宛轉一<黃庭堅>
【可以東可以西】かいとうかいせい(가이동 가이서) ☞可東可西(가동가서).
【可人】かじん(가인) 좋은 사람. 쓸모 있는 사람. ¶君信一 必能辨賊者也<蜀志>
【可憎】かぞう(가증) 알미움. 또는, 미워할 만함. ¶誠可嫉而一<歐陽脩>
【可知】かち(가지) 알 만함. 알 수 있음. ¶不問一.
【可聽】かちょう(가청) ①들을 만함. ②들을 수 있음. ¶一距離. ↔難聽(난청).
【可票】かひょう(가표) 찬성을 나타내는 표. ↔否票(부표).
【可合】かごう(가합) 합당함.
【可汗】こくかん・かかん(극한) 몽고어로 황제를 뜻하는 Khaghan의 음역(音譯). 줄여서 汗이라고도 함. ¶一大點兵<木蘭辭>
▷可一, 未一, 不一, 宜一, 印一, 認一, 裁一, 許一

2 5 【古】 예 고 | 圏 ㄍㄨˇ (gu) | こ(イニシエ, フルイ) *old days*

풀이 ①예. ㉮옛날. 예전. ¶慨長思而懷一<張衡>/一今/一代. ㉯옛일. 옛것. ¶信而好一<論語>/尙一. ②낡다. 오래 묵음. ¶樹石千年一<陳子昻>/一書/一式. ③선인(先人). 선조. 선왕. ¶一訓是式<詩經>/以事天地山川社稷先一<禮記> ④예스럽다. 고풍(古風)이 있음. ¶行一時人笑<高啓>/一雅/高一.
【古家】こか(고가) 지은 지 오래 된 집. 古屋(고옥).
【古歌】こか(고가) 옛 노래. 고인(古人)의 노래. ¶一舊曲君休聽<白居易>
【古公亶父】ここうたんぽ(고공단보) 주(周) 문왕(文王)의 조부. 古公은 호(號), 亶父는 이름. 기산(岐山) 기슭에 나라를 세우고, 국호를 주(周)라 함. 무왕(武王)이 은(殷) 주왕(紂王)을 정벌한 뒤 태왕(太王)으로 추존(追尊)함.
【古宮】こきゅう(고궁) 옛 궁궐.
【古規】こき(고규) 옛 규칙. 옛날 법칙.
【古今】ここん(고금) 옛날과 지금. 또는, 예로부터 지금까지. 今古(금고). ¶一之所壹也<禮記>/觀一於須臾<陸機>
【古今獨步】ここんどっぽ(고금독보) 고금을 통하여 견줄 만한 것이 없음. 古今無雙(고금무쌍). 古今無比(고금무비).
【古記】こき(고기) 옛날의 기록. 舊記(구기).
【古氣】こき(고기) 예스러운 운치. 古韻(고운)①. ¶文體淸拔有一<梁書>
【古基】こき(고기) ①옛 터. ②옛날에 성, 집 등이 있던 터. 舊基(구기).
【古器】こき(고기) 고대의 기물(器物). 낡은 기물.
【古淡】こたん(고담) 예스럽고 담백한 정취가 있음. ¶一而不鄙<白居易>
【古談】こだん(고담) ①옛날 이야기. 옛이야기. ②고대 소설.
【古代】こだい(고대) ①옛날. 옛적. 上古(상고). ②역사 연대 구분의 하나. 국사(國史)에서는 신라(新羅) 멸망 이전.
【古德】ことく(고덕)《佛》 덕행(德行)이 높은 옛 중. ¶先賢一 碩學高人<傳燈錄>
【古都】こと(고도) 옛 도읍. 故都(고도).
【古董】こどう(고동) ①역사적, 예술적으로 가치가 있는 물건. 古玩(고완). 骨董(골동). ②시대에 뒤진 사람을 비웃어 이르는 말. 古董先生(고동선생).
【古銅】こどう(고동) 고대의 동기(銅器). 낡은 구리쇠. ¶一聲微而淸<輟耕錄>
【古銅色】こどうしょく(고동색) 검누른빛.

【古董先生】こどうせんせい(고동선생) ☞古董(고동)②. ¶一誰似我<桃花扇>

【古來】こらい(고래) 예로부터 지금까지. 自古以來(자고이래). ¶酒債尋常行處有 人生七十一稀<杜甫>

【古例】これい(고례) 옛날의 사례(事例). 예로부터 내려오는 관례(慣例).

【古隷】これい(고례) 한(漢)대의 예서(隷書). ↔今隷(금례).

【古老】ころう(고로) ①나이가 많아 시대에 뒤진 사람. 늙은이. 노인. ②경험 많고 옛일을 잘 아는 노인. 고사(故事)에 밝은 노인. 故老(고로). ¶一向余言 言是上留田<李白> ③못된 자식이 제 부모를 업신여겨 이르는 말.

【古老相傳】ころうそうでん(고로상전) 늙은이들의 말로 전하여 옴.

【古論】ころん(고론) 고문(古文)「논어」(論語)의 별본(別本). 노(魯) 공왕(恭王)이 공자 옛 집의 벽장 속에서 얻은 책. 21편(篇). ※魯論(노론)·齊論(제론).

【古名】こめい(고명) 옛날 이름. 舊名(구명). ¶猶有古時名<范梈>

【古木】こぼく(고목) 썩 오래된 나무. 老樹(노수).

【古墓】こぼ(고묘) 옛 무덤. 古塚(고총). 古墳(고분).

【古廟】こびょう(고묘) 오래 된 사당. ¶一收貞魄<孟郊>

【古文】こぶん(고문) ①옛날 문자. ㉮선진(先秦)의 문자. 古字(고자). ¶孔氏有一尙書<史記> ↔今文(금문). ㉯당(唐)대에 통용하던 속자(俗字)에 대하여 예서(隷書)를 이름. 古隷(고례). ㉰선진(先秦)의 문자로 씌어진 전적(典籍). ②학파(學派)의 이름. 고문학(古文學)의 약칭. ③옛 문장. ④문체(文體)의 이름. 선진(先秦)·한(漢)대의 문체. ※騈儷文(변려문). ⑤그 이전의 글. ↔時文(시문).

【古物】こぶつ(고물) ①옛 물건. ¶邳公好一 鍾鼎什物<文中子> ②헐거나 낡은 물건. ¶一商/一車.

【古朴】こぼく(고박) 예스럽고 질박함.

【古法】こほう(고법) ①옛날의 법률이나 법식. ②성인(聖人)이 만든 법도(法度).

【古本】こほん·フルホン(고본) ①헐거나 낡은 책. ↔新本(신본). ②고서(古書).

【古墳】こふん(고분) 옛 무덤. 古塚(고총). 古墓(고묘).

【古佛】こぶつ(고불) ①옛날의 불상(佛像). 오래된 부처. ②《佛》과거세(過去世)의 부처. 또는, 고승(高僧)의 존칭. ③극히 나이 많은 늙은이. ④문과에 급제한 사람의 아버지. 名士古佛(명사고불).

【古碑】こひ(고비) 옛 비석. 오래 된 비석.

【古寺】こじ(고사) 옛 절. 古刹(고찰).

【古事】こじ(고사) 옛일. 옛 사례(事例). 故事(고사).

【古色】こしょく(고색) ①낡은 빛. ②옛 정취. ¶一蒼痕宛自然<錢起>

【古色蒼然】こしょくそうぜん(고색창연) 오래 세월을 겪은 옛 정취가 역력이 나타나는 모양.

【古書】こしょ(고서) 옛날 책. 옛날 글씨.

【古石】こせき(고석) 이끼 낀 오래 된 돌. ¶竹瘦藤枯一斜<錢大昕>

【古城】こじょう(고성) ①옛 성. ②옛 거리. ¶黃蒿一雲不開<杜甫>

【古聖】こせい(고성) 옛 성인. ¶一同符.

【古巢】フルス(고소) ①옛 보금자리. ②옛날에 자기가 살던 집.

【古俗】こぞく(고속) 옛 풍속. 故俗(고속).

【古松】こしょう(고송) ☞老松(노송).

【古詩】こし(고시) ①고대의 시. 특히, 작자 미상의 시를 가리키는 경우가 있음. ②한시체(漢詩體)의 하나. 당(唐)대의 근체시(近體詩)에 대하여, 수(隋) 이전의 시를 이름. 운(韻)은 따르지만 평측(平仄)이나 구수(句數)에 제한이 없음. 古風(고풍). 古體(고체).

【古雅】こが(고아) 예스럽고 아취(雅趣)가 있음. ¶臺閣一 人物幽閒<圖畫見聞記>

【古語】こご(고어) ①옛말. 古言(고언). ¶一多妙字<蘇軾> ②옛 이야기.

【古言】こげん(고언) ①옛 사람의 언사(言辭). ②옛말. 古語(고어).

【古諺】こげん(고언) 예로부터 전해 오는 속담. ¶脣亡齒寒 蓋一也<譚苑醍醐>

【古屋】こおく·フルヤ(고옥) 낡은 집. 古家(고가). ¶一夜無燈<徐夤>

【古往今來】こおうこんらい(고왕금래) 예로부터 이제까지. 古來(고래). ¶一只如此<杜牧>

【古韻】こいん(고운) ①옛 정취. 古氣(고기). ¶筆落靑山飄一<杜牧> ②☞古音(고음)①.

【古園】こえん(고원) 옛 정원. 낡은 정원. 古苑(고원).

【古猶今】イニシヘイマノゴトシ(고유금) 예나 이제나 변함이 없음.

【古音】こおん(고음) ①진(秦), 한(漢) 이전 한자의 음운(音韻). 上古音(상고음). 古韻(고운)②. ↔今韻(금운). ②고악(古樂). ¶一命韶護 旗旆流日月<韓愈·孟郊>

【古邑】こゆう(고읍) 옛 고을. 옛날 군아(郡衙)가 있던 곳.

【古意】こい(고의) ①예스러운 정취. 古氣(고기). 古韻(고운)①. ¶幽居有一<蘇軾> ②회구(懷舊)의 정(情). ¶悵然懷一<李密>

【古義】こぎ(고의) ①옛날의 바른 도리. 古誼(고의). ②옛날에 지니고 있던 원래의 뜻.

【古誼】こぎ(고의) ☞古義(고의)①. ¶收采一<唐書>

【古人】こじん(고인) ①옛 사람. ¶一惜寸陰<陶潛> ②죽은 사람. 故人(고인).

【古字】こじ(고자) 옛 체(體)의 글자.

【古跡】こせき(고적) 남아 있는 옛 물건. 또는, 옛날 축조물이 있던 자리. 古蹟(고적).

【古蹟】こせき(고적) ☞古跡(고적).

【古典】こてん(고전) ①고대(古代)의 서적(書籍). ②옛날의 문물 제도. ③오랜 시대를 거쳐 전해진, 예술적 가치가 높은 작품. 특히, 문예 작품을 이름.

【古甎】こせん(고전) 옛 기와나 벽돌. 古磚(고전). ¶修壇掘地… 又獲一<唐會要·注>

【古磚】こせん(고전) ☞古甎(고전).

【古篆】こてん(고전) 전서(篆書). 옛날 서체(書體)이므로 이르는 말.

【古井無波】こせい ナミナシ (고정무파) 오래 된 우물에는 물결이 일지 않음. 마음이 흔들리지 않는, 절개가 굳은 여자를 이름. ¶妾心古井水 波瀾誓不起<孟郊>
【古制】こせい (고제) 옛 제도(制度).
【古拙】こせつ (고졸) 서화(書畫) 따위에서, 기교는 유치하나 예스럽고 소박한 정취가 있는 것.
【古注】こちゅう (고주) 한(漢)·당(唐)대에 경서(經書)에 붙인 주석(注釋). 古註(고주). ↔新注(신주).
【古註】こちゅう (고주) ☞古注(고주).
【古籒】こちゅう (고주) 고문(古文)과 주문(籒文). 주문은 종정문(鐘鼎文).
【古址】こし (고지) 옛날, 건축물 따위가 있던 터. 역사상의 유적. 古跡(고적). 古蹟(고적). 舊址(구지). 舊跡(구적).
【古刹】こさつ·こせつ (고찰) 옛 절. 古寺(고사). ¶一訪禪祖<蘇軾>
【古參】こさん (고참) 오래 전부터 그 일에 참여해 온 사람. ↔新參(신참).
【古鐵】こてつ (고철) 낡은 쇠. 헌 쇠.
【古體】こたい (고체) ①고풍(古風)의 문체. 또는, 고문(古文)의 체(體). ②한시(漢詩)에서 근체시(近體詩) 이전의 시체. 古詩(고시). 古體詩(고체시). ↔近體(근체).
【古體詩】こたいし (고체시) ☞古體(고체)②. ↔近體詩(근체시).
【古塚】こちょう (고총) ①자손이 끊어져 사초를 못하는, 묵은 무덤. ②오래 된 무덤. 古墓(고묘). 古墳(고분).
【古稱】こしょう (고칭) 옛날에 부르던 이름.
【古塔】ことう (고탑) 옛 탑. 오래 된 탑.
【古版】こはん (고판) ①옛 판각(版刻)의 책. ②오래 된 판목(版木).
【古品】こひん (고품) 낡은 물품. 옛 물건.
【古風】こふう (고풍) ①고대적(古代的)인 풍격(風格). 또는, 예스러운 정취. ¶衣冠簡朴一存<陸游> ②☞古詩(고시).
【古墟】こきょ (고허) 오래 된 폐허(廢墟).
【古賢】こけん (고현) 옛 현인(賢人). ¶一作冠<盧植>
【古號】ここう (고호) 옛 이름.
【古畫】こが (고화) 옛 그림. 고대의 회화.
【古訓】こくん (고훈) ①선왕(先王)이 남긴 훌륭한 가르침. 또는, 예로부터 전해 오는 훌륭한 도(道). ¶不由一 于何其訓<書經> ②옛날 훈독(訓讀).
【古稀】こき (고희) 고래로 드물다는 뜻으로, 70세를 이름. 두보(杜甫)의 곡강시(曲江詩) 「人生七十古來稀」에서 유래.
【古稀宴】こきえん (고희연) 고희(古稀)의 장수(長壽)를 기리는 잔치. 70세 생일에 함.
▷講一, 考一, 近一, 萬一, 復一, 上一, 尙一, 往一, 擬一, 前一, 中一, 千一, 最一, 太一, 好一, 懷一

2
5 〖叩〗 두드릴 고 | 看ㄎㄡˋ (kou) | こう(タタク) knock

同扣

풀이 ①두드리다. 툭툭 침. ¶我一其兩端<論語>/一門. ②조아리다. ¶一頭自請<漢書>/一首. ③잡아당기다. 못 가도록 뒤에서 끌어당김. ¶伯夷叔齊一馬而諫<史記> ④묻다. ¶一問.
【叩其兩端而竭】ソノリョウタンヲタタイテツクス (고기양단이 갈) 두 방면을 반문(反問)·심구(尋求)하여 남김이 없다는 뜻으로, 사물의 종시(終始)·본말(本末)·상하·정조(精粗)를 죄다 구명함을 이르는 말.
【叩頭】こうとう (고두) ①머리를 조아림. 이마가 땅에 닿게 하는 절. 사죄하는 경우 등에 하는 예(禮). 扣頭(고두). ¶一指口惟言饑<吳偉業> ②청(淸)대에 어른이나 상관에게 하던 예법. 叩首(고수). 稽首(계수).
【叩勒】こうろく (고륵) 출병(出兵)하여 침. ¶一祁連<後漢書>
【叩門】こうもん (고문) 문을 두드리며 방문함. ¶一拙言辭<陶潛>
【叩問】こうもん (고문) 질문함. 물어봄.
【叩首】こうしゅ (고수) ☞叩頭(고두). ¶稽顙曰一<正字通>
▷擊一, 叩一, 雙一, 瞻一

2
5 〖另〗 살바를 과 | 團 | か(ニクヲエグル)

2
5 〖句〗 1 글귀 구 2 굽을 구 3 거리낄 구 4 지명 구 | 選ㄐㄩˋ (ju) 九ㄍㄡ 看(gou) 處 | く(クギリ) phrase く く く,こう

풀이 1 글귀. 구절. ¶此一 他人尙不可聞<白居易>/章一/一讀. 2 굽다. 같勾. ¶據一枉<淮南子>/一戟. 3 거리끼다. 통拘. ¶祇記春風一管來<却掃篇> 4 땅 이름. ¶取須一<左氏傳>
【句讀】くとう (구두) 글의 뜻을 분명히 하기 위해 쉼표나 마침표를 찍는 일. 또는, 그 법(法). ※口訣(구결)②.
【句讀法】くとうほう (구두법) ☞句讀(구두).
【句讀點】くとうてん (구두점) 구두법(句讀法)에 따라 찍는 점. 句點(구점).
【句麗】こうり (구려) 고구려(高句麗). ¶朱蒙 … 建國 號曰一 以高爲氏<通典>
【句履】くり·こうり (구리) ①코에 장식을 한 신. ②기두(岐頭)신. 즉, 앞이 두 갈래 진 신. ③긴 네모꼴 신.
【句芒】こうぼう (구망) ①나무를 주관하는 벼슬. ②봄에 나무를 주관하는, 오행신(五行神)의 하나. 木正(목정). ¶孟春之月 … 其神一<禮記> ③초목이 처음 싹틀 때의 모양. 句萌(구맹).
【句法】くほう (구법) ①시문 등의 구(句)를 구성하는 법. 作詩法(작시법). ②시문의 구(句)를 짓는 법. 造句法(조구법).
【句眼】くがん (구안) 한시(漢詩)에서, 한 구(句) 가운데 가장 중요한 한 자. 그 구를 결정짓는 주된 곳. ¶一何愁著點塵<楊萬里> ※詩眼(시안).
【句嬰】きゅうえい·くえい (구영) 중국 북쪽에 있던 나라. 백성들이 곱사였다 함.
【句吳】こうご (구오)《人》주(周) 태왕(太王)의

아들 태백(太伯)의 호. 또는, 태백이 세운 오(吳).

【句節】くせつ(구절) 구(句)와 절(節). 곧, 한토막의 말이나 글.

【句點】くてん(구점) ☞句讀點(구두점).

【句卒】くそつ(구졸) 옛 중국에서, 삼군(三軍) 좌우에 진을 친 별대(別隊). 허장성세(虛張聲勢)로 적을 분열시킴.

【句踐】こうせん(구천)《人》춘추(春秋) 시대 월(越)의 제2대 임금. 오왕(吳王), 합려(闔閭)의 아들 부차(夫差)와 격전 끝에 한 번 붙잡히기도 하였으나, 명신(名臣) 범여(范蠡)의 도움으로 오를 멸망시킴. ※臥薪嘗膽(와신상담).

【句號】くごう(구호) ☞口讀點(구두점).

▷佳—, 傑—, 結—, 警—, 禁—, 起—, 寄—, 難—, 短—, 對—, 名—, 妙—, 文—, 半—, 發—, 死—, 成—, 秀—, 首—, 承—, 詩—, 語—, 麗—, 聯—, 字—, 章—, 轉—, 絶—, 節—, 集—

5【叴】厹(p.252)와 同字

2 5【叫】부르짖을 규 | 嘯 ㄐㄧㄠ 肴(jiao) | きょう(サケブ) cry

同 叫 呌

풀이 ①부르짖다. ¶或不知—號<詩經>/絶—. ②부르다. …라고 부름. …라고 명명(命名)함. ¶—我友兮配耦<楚辭> ③울다. 짐승이 욺. 큰소리로 욺. ¶候扇擧而淸—<潘岳>/—吟. ④사동(使動), 수동(受動)을 나타내는 보조사.

【叫天子】きょうてんし(규천자) 종달새. 告天子(고천자). 雲雀(운작).

【叫呼】きょうこ(규호) ①☞叫號(규호)①. ②비웃음. ¶芸夫牧竪 已—之矣<後漢書>

【叫號】きょうごう(규호) ①새된 목소리로 부르짖음. 높고 날카로운 소리로 부름. ¶田夫睡中時 —<元好問> ②큰 소리로 욺.

【叫喚】きょうかん(규환) 새된 목소리로 부르짖음. 아우성침. ¶單騎追尋 緣道—<宋書>/阿鼻—.

【叫喚地獄】きょうかんじごく(규환지옥)《佛》8대 지옥(地獄)의 하나. 여러 죄인들이 옥졸(獄卒)의 꾸짖음을 듣고 괴로와 부르짖는다는 사후(死後)의 세계.

▷大—, 絶—, 呼—, 號—, 喚—

5【叫】叫(p.265)와 同字

2 5【叨】탐낼 도 | 豪 ㄊㄠ(tao) ㄉㄠ(dao) | とう(ムサボル) covet

풀이 ①탐내다. ㉮탐심을 내다. ¶貪—凶淫<後漢書>/—貪. ㉯함부로 차지하다. ¶小人—竊 遂忝名位<魏書> ②함부로. 외람되게. ¶—逢慈獎<梁簡文帝>/—思.

▷叨—, 重—, 貪—, 橫—

2 5【另】헤어질 령 | 徑 ㄌㄧㄥ(ling) | れい(ワカレル, サク) part from

풀이 ①헤어지다. ②가르다. 분리함. ¶—剔人肉置其骨<玉篇>/—居. ③따로. 그 밖에. ¶—外/—有.

2 5【司】맡을 사 | 支 ㄙ(si) | し(ツカサドル) manage, control

源 指事. 后자를 반대로 써서 안에 있는 임금과는 반대로 바깥에서 일을 맡는 신하를 뜻함. 회의(會意)로 보기도 함.

풀이 ①맡다. 구실을 담당하여 관리함. 하나의 일에 통함. ¶欽乃攸—<書經>/—法/—會. ②벼슬. 관리(官吏). 공무(公務). ¶籩豆之事則有—存<論語>/所—/—務. ③관아(官衙). 마을. ¶三—/布政—/按察—. ④엿보다. 살펴봄. ¶居虎門之左 —王朝<周禮>

【司空】しくう(사공) ①韓 고려 때 삼공(三公)의 하나. 정일품. ②공조판서(工曹判書)의 이칭. ③주(周)대에 토지나 민사(民事)를 맡아보던 벼슬. ④한(漢)대 삼공의 하나.

【司寇】しこう(사구) ①주(周)대에 형벌·경찰의 일을 맡아 보던 벼슬로, 6경(卿)의 하나. ②한(漢)대 형벌의 하나. 2년간의 노역형(勞役刑).

【司農】しのう(사농) 한(漢)대 9경(卿)의 하나. 재정, 양식을 담당했음. 뒤에 대사농(大司農)이라고도 함.

【司徒】しと(사도) ①주(周)대 6경(卿)의 하나. 교육을 담당함. ②후한(後漢) 이후 수(隋)·당(唐)대 3공(公)의 하나.

【司令】しれい(사령) ①원(元)대에 염전(鹽田)을 감독하던 벼슬. ②군대나 함대를 지휘·감독하는 일. 또는, 그 사람.

【司令官】しれいかん(사령관) 사령부의 장(長). 통솔권을 행사함. ¶艦隊—.

【司祿】しろく(사록) ①주(周)대 봉록(俸祿)에 관한 일을 맡은 벼슬. ②조선 때 의정부의 정8품 벼슬. ③별 이름. 인구와 곡수(穀數)를 천자에게 아뢸 때 사민(司民)과 함께 제사 지낸 별.

【司馬】しば(사마) ①주(周)대 6경(卿)의 하나. 군사를 담당하였음. ②왕궁의 외문(外門)인 사마문(司馬門)의 준말.

【司馬榜目】(사마방목) 조선 때 새로 합격한 진사와 생원(生員)의 성명·연령·본적·주소 및 부(父)·조부·증조부·외조부의 4부조(父祖)를 기록한 책.

【司馬相如】しばしょうじょ(사마상여)《人》전한(前漢)의 문인. 무제(武帝) 때 상림부(上林賦) 등을 지음. 그의 화려한 부(賦)는 한(漢)·위(魏)·육조(六朝) 시대 문인들의 모범이 됨. (BC 179~BC 117).

【司馬試】(사마시) 조선 때 과거(科擧)의 하나. 일종의 자격 시험으로, 생원과(生員

科)와 진사과(進士科)가 있었음.

【司馬穰苴】しばじょうしょ(사마양저)《人》 춘추 시대 제(齊)의 장군. 본성은 전(田). 대사마(大司馬)가 되었으므로 이름. 저서로「사마법」(司馬法)이 있음.

【司馬懿】しばい(사마의)《人》 서진(西晋)의 선제(宣帝). 자는 중달(仲達). 처음 조조(曹操)의 막하에 있을 때, 촉(蜀)의 제갈양(諸葛亮)과 대전(對戰)한 일로 유명함. (179~251).

【司馬遷】しばせん(사마천)《人》 전한(前漢)의 역사가(歷史家).「사기」(史記)의 저자. 아버지 담(談)의 뒤를 이어 태사령(太史令)이 됨. 흉노에게 항복한 장군 이능(李陵)을 변호하였다가 무제(武帝)의 노여움을 사서 궁형(宮刑)을 당함. 뒤에 대사(大赦)에 의하여 출옥하여 중서령(中書令)이 됨. 궁형의 굴욕을 견디어 낸 것은「사기」의 완성을 위해서였다 함. (BC 145~BC 86).

【司命】しめい(사명) ①생살권(生殺權)을 가지는 사람. ¶知兵之將 民之—<孫子> ②의사(醫師). ¶其在骨髓 雖— 無奈之何<史記> ③군사(軍事)를 담당한 벼슬. 왕망(王莽)이 설치함. ④별 이름. ⑤귀신 이름.

【司命旗】しめいき(사명기) 각 영(營)의 대장·유수(留守)·순찰사(巡察使)·통제사(統制使)가 휘하 군대를 지휘하던 기.

【司牧】しぼく(사목) ①백성을 맡아서 기른다는 뜻으로, 임금이나 지방 장관을 이르던 말. ②가톨릭에서, 사제(司祭)가 신자(信者)를 통솔하여 구원의 길로 인도하는 일.

【司方】しほう(사방) ①방위(方位)를 관장함. ¶祝融—發其英<古繇辭> ②☞指南車(지남거).

【司法】しほう(사법) ①한(漢)·당(唐)·송(宋) 때 형법(刑法)을 관장하던 벼슬. ②사법권(司法權)의 약칭. 또는, 사법권을 행하는 민사(民事)·형사(刑事) 재판.

【司士】しし(사사) ①은(殷)대 오관(五官)의 하나. ②당(唐)대에 공역(工役)을 맡아 보던 벼슬.

【司書】ししょ(사서) ①조선 때 시강원(侍講院)의 정6품 벼슬. ②도서관에서 도서의 정리·보존·열람 따위를 맡아 보는 사람. ③주(周)대에 회계 장부를 맡아보던 벼슬.

【司成】しせい(사성) ①옛날, 태자(太子)에게 덕행(德行)을 가르치던 벼슬. ¶父師—<禮記> ②당(唐)의 국자감(國子監). 곧 대학. ¶國子監 亦曰—<書言故事> ③(韓) 좨주(祭酒)의 개칭.

【司稅】しぜい(사세) 세금에 관한 일을 맡아 보는 일. ¶—廳.

【司晨】ししん(사신) ①새벽을 알리는 일을 맡아 본다는 뜻으로, 첫닭이 울어 새벽을 알리는 일. 또는, 닭의 이칭. ¶鷄主—<襄陽記> ②벼슬 이름. 당(唐)대 사천대(司天臺)의 속관. 시각을 재고 혼명(昏明)을 알리는 일을 맡음.

【司直】しちょく(사직) ①공명 정직(公明正直)을 맡았다는 뜻으로, 법에 의해 정사곡직(正邪曲直)을 판단하는 사람. 곧, 재판관(裁判官)을 이르는 말. ¶—當局. ②당(唐)대의 대판사(大判事).

【司察】しさつ(사찰) 동정(動靜)을 살피어 불법(不法)을 문초하는 일. 또는, 그 사람. ¶—機關.

【司貨】しか(사화) ①은(殷)대 천자의 6부(府)의 하나. 화폐를 맡아보던 벼슬아치. ②장제(葬祭) 때 비용의 출납을 맡는 사람.

【司會】しかい(사회) ①(韓) 모임의 진행을 맡아 보는 일. 또는, 그 사람. ¶—者/—棒. ②주(周)대에 회계를 맡은 벼슬아치.

▷公—, 島—, 三—, 上—, 有—, 里—, 祭—

2
5 〖史〗 사기 사 [紙]ㄕˇ (shi) | し(フミ) *history*

[源]會意.「中[똑바름 : 中正]+又[오른손]」. 기록을 맡은 사관(史官)은 중정, 공평해야 함을 뜻함.

[풀이] ①사기. 역사. ¶國—以裁前記<謝靈運>/—乘/—實. ②사관(史官). ¶動則左—書之 言則右—書之<禮記> ③문필 종사자. 문장가. 서화가. ¶宋元君將畫圖 衆—皆至<莊子> ④화사하다. 화려함. ¶文勝質則—<論語> ⑤장관 밑에 딸린 벼슬아치. ¶府六人 —十有二人<周禮>

【史家】しか(사가) 역사에 정통한 사람. 歷史家(역사가).

【史庫】(사고) 고려 말과 조선 때, 나라의 사기(史記)와 주요한 문서를 보관해 두던 정부의 곳집. 조선 때는 마리산[摩尼山], 적상산(赤裳山), 태백산(太白山), 오대산(五臺山)에 있었음.

【史官】しかん(사관) ① 역사서의 편집을 맡아 보던 벼슬아치. 史臣(사신). ②고려와 조선 때 왕의 언행과 정치, 백관의 행적 등 모든 시정(時政)의 기록을 맡아 보던 벼슬아치. ③옛날, 중국에서 기록 및 문서 작성을 맡은 벼슬아치.

【史觀】しかん(사관) 역사 발전의 법칙에 대하여 가지는 관점. 歷史觀(역사관). ¶唯物—.

【史劇】しげき(사극) 사실(史實)에서 취재하여 만든 극작품. 歷史劇(역사극).

【史記】しき(사기) ①역사상의 사실을 기록한 책. ②한(漢)의 사마천(司馬遷)이 지은 중국 역사책. 황제(黃帝)로부터 한(漢) 무제(武帝) 때까지 3천여 년의 일을 적은 기전체(紀傳體)의 역사책. 130권.

【史略】しりゃく(사략) 사실(史實)을 간략하게 쓴 역사책. ¶十八—<曾先之>

【史錄】しろく(사록) 역사상의 기록.

【史論】しろん(사론) 역사에 관한 평론. 사실(史實)이나 기술법(記述法)에 대한 비평 따위를 포함함.

【史料】しりょう(사료) 역사의 연구나 편찬에 필요한 재료.

【史法】しほう(사법) 역사를 직필(直筆)로 쓰는 원칙.

【史部】しぶ(사부) 중국 서적을 경(經)·사(史)·자(子)·집(集)의 4부(部)로 분류하였을

때, 사에 해당하는 부문. 역사·지리·관직에 관한 책이 이에 듦.

【史書】しょ(사서) ①역사책. 史籍(사적). ②주(周) 선왕(宣王) 때 태사(太史) 주(籒)가 대전(大篆)의 서체(書體)를 정하기 위해 만든 책. 또는, 그 서체.

【史乘】しじょう(사승) 역사책. 춘추 시대 진(晋)에서 역사기록을 乘이라 함. 史書(사서).

【史臣】ししん(사신) 사초(史草)를 쓰는 신하. 곧, 예문관 검열(檢閱), 승정원(承政院) 주서(注書). 史官(사관). ¶直筆在—＜杜甫＞

【史實】しじつ(사실) 역사상의 사실(事實).

【史眼】しがん(사안) 역사적 안식(眼識). 역사상의 이법(理法)으로 사물을 판단할 수 있는 식견.

【史獄】しごく(사옥) 사필(史筆)에 관계된 옥사(獄事). ※史禍(사화).

【史有三長】しにさんちょうアリ(사유삼장) 역사를 쓰는 사람은 재(才)·학(學)·식(識) 세 가지에 뛰어나야 함. 당(唐) 유지기(劉知幾)의 말.

【史二體】しにたい(사이체) 역사를 서술하는 두 가지 체재(體裁). 곧 기년체(紀年體)와 편년체(編年體). ※史體(사체).

【史蹟】しせき(사적) 역사상 중요한 사건이나 시설의 자취. 역사상의 유적(遺蹟). 古蹟(고적).

【史籍】しせき(사적) 역사책. 史書(사서).

【史傳】しでん(사전) ①사서(史書)와 전기(傳記). ②역사서.

【史前學】しぜんがく(사전학) 역사 이전의 일을 연구하는 학문. 先史學(선사학).

【史籒】しちゅう(사주)《人》 주(周) 선왕(宣王) 때의 태사(太史). 그 이전의 고문(古文)을 고치어 통일된 서체인 대전(大篆)을 만들었으므로, 대전(大篆)을 주문(籒文)이라고도 함.

【史體】したい(사체) 사서(史書)의 체제. 편년체(編年體), 기전체(紀傳體) 및 기사본말체(紀事本末體)를 3대 사체라 함.

【史草】しそう(사초) 사서(史書)의 초고(草稿).

【史筆】しひつ(사필) ①역사를 기록하는 붓. ②역사를 기록하는 일.

【史話】しわ(사화) 역사에 관한 이야기. 역사 이야기.

【史禍】しか(사화) 사필(史筆)로 말미암아 입는 화. 또는, 사필에 관계되는 옥사(獄事). ¶戊午—.

【史皇】しこう(사황)《人》 ①☞蒼頡(창힐). ②춘추 시대 초(楚)의 대부(大夫).

▷家—, 經—, 國—, 內—, 巫—, 文學—, 文化—, 墳—, 悲—, 先—, 小—, 召—, 侍—, 哀—, 野—, 略—, 御—, 女—, 麗—, 歷—, 外—, 右—, 刺—, 正—, 情—, 左—, 青—, 太—, 稗—

2/5 〖召〗 1 부를 소 2 韓 대추 조 | 團 ㄓㄠˋ (zhao) | しょう(メス) *call*

풀이 1 ①부르다. ㉮입으로 불러내다. ¶—門弟子＜論語＞/—致/—喚. ㉯초대하다. 通招. ¶況陽春—我以煙景＜李白＞/—請. ㉰초래하다. 어떤 결과를 불러옴. ¶—禍/遠禍—福. ②부름. ¶徵—/不應—. 2 韓 대추. 한약의 화제(和劑)에 씀. 通棗. ¶干三—二.

【召公】しょうこう(소공)《人》 주(周) 문왕(文王)의 서자. 무왕(武王)을 도와 주(紂)를 멸하고 북연(北燕)에 봉해짐. 성왕(成王) 때 삼공(三公)이 되어 섬서성(陝西省) 이서(以西) 땅을 맡아 선정을 베풂. 召伯(소백).

【召對】しょうたい(소대) ①왕명을 받고 대궐에 들어가 정사(政事)에 관한 의견을 말함. ¶臣謬蒙—便殿＜蘇轍＞ ②경연청(經筵廳)의 참찬관(參贊官) 이하를 불러 임금이 몸소 글을 강론함.

【召命】しょうめい(소명) ①신하를 부르는 왕명. ②어떤 일에 헌신하도록, 신의 부름을 받음. ¶—意識.

【召募】しょうぼ(소모) 병사 따위를 불러 모음. 모집함.

【召拜】しょうはい(소배) 임금이 불러서 중임(重任)을 맡기는 일. ¶於是天下乃—廣＜史記＞

【召辟】しょうへき(소벽) 임금이 초야(草野)에 있는 사람을 예(禮)로 불러 벼슬시킴. 招辟(초벽). 徵辟(징벽).

【召集】しょうしゅう(소집) 불러 모음. ¶—豪傑＜後漢書＞

【召禍】しょうか(소화) 화를 부름. 招禍(초화). ¶言有— 行有召辱＜荀子＞

【召喚】しょうかん(소환) 관청에서 사인(私人)에게 일정한 날 일정한 장소에 나올 것을 명하는 일. ¶—狀.

【召還】しょうかん(소환) ①돌아오라고 부름. 불러 돌아오게 함. ②파견국의 명령으로 외교 사절이 본국으로 귀환하는 일.

▷擧—, 辟—, 聘—, 宣—, 應—, 徵—, 採—, 號—

2/5 〖右〗 오른쪽 우 | 團 ㄧㄡˋ (you) | ゆう, う(ミギ) *the right*

源 會意·形聲. 감싸듯이 물건을 쥔 손. 곧, 오른손 및 그 손으로 입을 감쌈을 뜻함.

풀이 ①오른쪽. ¶不攻于—＜書經＞/座—/—列. ㉮서쪽. ¶陳三鼎于門外之—＜儀禮＞ ㉯위. 상위(上位). ¶九卿之—＜漢書＞ ②오른쪽으로 가다. ¶子反將—＜左氏傳＞ ③숭상하다. ¶—賢左戚＜史記＞/崇儒—文＜宋史＞ ④중요하고 편리하다. ¶斷天下—臂＜後漢書＞ ⑤돕다. 通祐. ¶復—我漢國也＜漢書＞

【右傾】うけい(우경) ①오른쪽으로 기욺. ②수구파(守舊派). 보수파(保守派). 右派(우파). 右翼派(우익파). ↔左傾(좌경). ③☞右券(우권).

【右契】ゆうけい(우계) ☞右券(우권).

【右軍】ゆうぐん(우군) ①천자가 거느리는 삼군(三軍) 중에서, 오른쪽에 자리잡은 군(軍). 또는, 일반적으로 우익(右翼)의 군대. ↔左軍(좌군). ②《人》 왕희지(王羲之)의 이칭. 일찌기 그가 우군(右軍) 장군이 되었던 일이 있음. ③거위의 이칭. 우군 곧 왕희지가 그것을 좋아하였으므로 이름.

【右軍習氣】ゆうぐんしゅうき(우군습기) 왕희지(王羲

之)의 냄새라는 뜻으로, 남의 필법(筆法)을 흉내만 내고 그 범위를 벗어나지 못함을 이르는 말. ¶既脫於腕 仍養於心 方無— <宋曹>

【右券】ゆうけん(우권) 병부(兵符), 증서(證書) 따위를 둘로 쪼갠 오른쪽. 右契(우계).

【右揆】うき(우규) ①우의정(右議政)의 이칭. ②당(唐)대의 우대신(右大臣). 右槐(우괴).

【右記】ゆうき(우기) 본문의 오른쪽에 씀. 또는, 그 글. ↔左記(좌기).

【右袒】ゆうたん(우단) ①소매를 걷어 바른쪽 어깨를 내놓음. ¶爲呂氏— 爲劉氏左袒<漢書> ②편들어 가세(加勢)함.

【右黨】ゆうとう(우당) 보수적 정당. 守舊黨(수구당). ↔左黨(좌당).

【右武】ゆうぶ(우무) 무(武)를 숭상함. 尙武(상무). ¶守成尙文 遭遇—<史記>

【右文】ゆうぶん(우문) ①문(文)을 숭상함. ②한자(漢字)의 오른쪽 반. 곧, 방(旁).

【右文左武】ゆうぶんさぶ(우문좌무) 문(文)을 우(右)로 하고, 무(武)를 좌(左)로 함. 문무(文武)의 도(道)로써 천하를 다스림. 곧, 문무를 겸비함.

【右方】うほう(우방) ①오른쪽. 오른손. ②아악(雅樂)의 2대별(大別)의 하나. 당악(唐樂)에 대한 고려악(高麗樂). ↔左方(좌방).

【右白虎】(우백호) 민속에서, 주산(主山)의 오른쪽을 뜻하는 백호(白虎)를 달리 이르는 말. 백호는 범으로, 서쪽 방위의 금(金) 기운을 맡은 태백신(太白神)을 상징함. ↔左青龍(좌청룡).

【右邊】うへん(우변) ①오른쪽 가장자리. 오른편. ↔左邊(좌변). ②우포도청(右捕盜廳)의 이칭. ③등식(等式)·부등식(不等式)에서 등호(等號)나 부등호(不等號)의 오른쪽에 있는 수 또는 식(式). ↔左邊(좌변).

【右阜傍】(우부방) 한자 부수의 하나. 오른쪽에 붙는 부수「⻖」의 속칭. 바른 이름은 읍방(邑傍). ↔左阜傍(좌부방).

【右扶風】ゆうふふう(우부풍) ①한(漢)대의 군(郡) 이름. 지금의 섬서성(陝西省) 서쪽. ②벼슬 이름. 삼보(三輔)의 하나로 우부풍 지역을 다스렸음.

【右史】ゆうし(우사) 주(周)대에 임금의 말을 기록하던 관리. ↔左史(좌사).

【右師】ゆうし(우사) 춘추 시대의 벼슬 이름. 사향(四鄕)을 좌·우로 나누어 우(右) 2군(郡)을 맡았음. ↔左師(좌사).

【右相】(우상) 조선 때 우의정(右議政)의 이칭. ↔左相(좌상).

【右旋】うせん(우선) 오른쪽으로 돎. ↔左旋(좌선).

【右旋龍】(우선룡) 민속에서, 산줄기가 왼쪽에서 오른쪽으로 내려간 것을 이름. ↔左旋龍(좌선룡).

【右姓】ゆうせい(우성) 지체가 높은 겨레붙이. 세력이 있는 훌륭한 가문. 右族(우족). 名門(명문).

【右手】ゆうしゅ・みぎて(우수) 오른손. ¶孫子曰 前則視心 左視左手 右視—<史記> ↔左手(좌수).

【右列】ゆうれつ(우열) ①오른쪽 줄. ②뛰어난 동아리. ③조관(朝官)의 반차(班次)에서, 무관(武官)을 이름.

【右往左往】うおうさおう(우왕좌왕) 오른쪽으로 갔다 왼쪽으로 갔다 함. 어쩔 바를 모르는 모양. 또는, 사람들이 이리저리 어지럽게 흩어지는 모양. 左往右往(좌왕우왕).

【右翼】うよく(우익) ①오른쪽 진(陣). 진의 모양을 새가 날개를 편 것에 비유하여 이름. ②군대나 함대의 오른쪽에 자리잡는 것. 또는, 그 군대나 함대·비행대 따위. ↔左翼(좌익). ③사회 운동·정치 운동 따위에서, 점진파(漸進派) 또는 보수파(保守派)를 이르는 말. 右派(우파). ↔左翼(좌익).

【右族】ゆうぞく(우족) ①☞右姓(우성). ②적자(嫡子)의 계통.

【右地】ゆうち(우지) ①서쪽 땅. ¶擊—破白山<後漢書> ↔左地(좌지). ②요지(要地).

【右職】ゆうしょく(우직) 지위가 높은 직책. 고관(高官). 추요(樞要)의 벼슬.

【右側】うそく・みぎがわ(우측) ①오른쪽. ↔左側(좌측). ②필법(筆法)의 하나로, 오른쪽으로 기울여 점을 찍는 일.

【右台】(우태) 우의정(右議政).

【右派】うは(우파) ☞右翼(우익)③. ↔左派(좌파).

【右便】うへん(우편) 오른편. 오른쪽. ↔左便(좌편).

【右弼】ゆうひつ(우필) 옛날, 임금 오른쪽에서 임금을 보필하던 사람. ¶在輔—<晋書> ↔左弼(좌필).

【右學】ゆうがく(우학) 은(殷)대의 태학(太學). 수도(首都) 서교(西郊)에 있었는데, 경대부(卿大夫)로 늙어서 벼슬을 그만둔 사람을 보양하던 곳. ↔左學(좌학).

【右閤】ゆうこう(우합) 우의정(右議政)의 이칭. ↔左閤(좌합).

【右舷】うげん(우현) 배의 고물에서 이물을 향하여 오른쪽 뱃전.

▷江—, 祖—, 端—, 如—, 折—, 朝—, 座—, 豪—

5【占】 ☞卜部 3획(p.243)

2 5【叮】 정성스러울 정 | 圕ㄉㄧㄥ (dīng) | てい (ネンゴロ) *intimate*

2 5【只】 다만 지 | 紙ㄓˇ (zhǐ) | し(タダ) *simply*

풀이 ①다만. 단지. ¶但—. ②어조사. 구(句)의 가운데나 끝 등에 붙여 어조(語調)를 고르게 함. ¶樂—君子<詩經>/母也天—<詩經> ③뿐. 그것만. 같耳. ¶諸侯歸晋之德—<左氏傳>

【只管】しかん(지관) 단지. 그것만을 외곬으로. ¶—怕人曉不得 故重疊說<朱子語錄>

【只今】しこん(지금) 이제. 시방. 現在(현재). ¶—惟有西江月 曾照吳王宮裏人<李白>

【只且】しょ(지차) 어미(語尾)나 구말(句末)에 붙이는 조사. ¶其樂—<嵇康>
▷樂—, 但—

2/5〖叱〗 꾸짖을 질 | 質ㄔˋ (chi) | しつ(シカル) *scold*

源 **會意**. 匕은 切의 본자. 날카로운 쟁기로 싹 자름. 叱은 큰 소리로 날카롭게 호통침을 뜻함.

【叱正】しっせい(질정) 꾸짖어 바로잡음. 자기의 시문(詩文) 등에 대해 남의 첨삭(添削)을 바랄 때 쓰는 말. 「을 물음.
【叱責】しっせき(질책) 꾸짖으며 나무라거나 책임
▷驅—, 怒—, 憤—, 廷—, 叱—, 咤—, 虎—

2/5〖台〗 1 별 이름 태 2 나 이 3 거친살갗 대 | 灰ㄊㄞˊ (tai) 支ㄧˊ 灰 (yi) | たい い(ワレ) *I* だい

※臺(p.1253)의 약자로 씀은 잘못.

풀이 1 별 이름. ㉮삼태성(三台星). ㉯삼공(三公)의 자리. 또는, 남의 높임말. ¶—輔/—臨/—覽. 2 ①나. 일인칭 대명사. 通予. ¶非—小子 敢行稱亂<書經> ②기뻐하다. 같 怡. ¶諸呂不—<史記>/——. 3 거친 살갗. 늙어서 거칠어진 피부. ¶黃耇—背<詩經>

【台閣】たいかく(태각) 한 나라를 다스리는 최고의 관부(官府). 內閣(내각). 「이르던 말.
【台監】(태감) 대감(大監)을 편지 따위에서
【台鑑】たいかん(태감) 아경(亞卿) 이상의 벼슬아치에게 보내는 편지나 보고서 겉봉에, 살펴 보시라는 뜻으로 존대하여 쓰던 말. ※台覽(태람).
【台啓】たいけい(태계) 편지 봉투의 수신인(受信人) 이름 밑에 쓰는 말.
【台階】たいかい(태계) ①별 이름. 三台星(삼태성). ②삼공(三公)의 지위. 泰階(태계). ③남의 집의 경칭.
【台槐】たいかい(태괴) 삼태(三台)와 삼괴(三槐). 3정승에 비유. 주(周) 때 궁궐 앞뜰에 세 그루의 홰나무를 심고, 삼공이 그것을 향해 앉은 데서 나온 말. 三公(삼공). 宰相(재상).
【台覽】たいらん(태람) 아경(亞卿) 이상의 벼슬아치나 존장(尊丈)에게 글·그림 따위를 보낼 때, 살펴보시라는 뜻으로 높여 쓰던 말. ※台鑑(태감).
【台嶺】たいれい(태령) 중국 천태산(天台山)의 이칭. 台嶽(태악). 北山嶺(북산령). ¶苟—之可攀<孫綽>
【台臨】たいりん(태림) 고귀한 이의 임석(臨席).
【台命】たいめい(태명) ①조정의 명령. 朝命(조명). ②지체 높은 이의 명령을 높여 이르는 말.
【台墨】たいぼく(태묵) 남의 편지의 존칭. 台書(태서). 台翰(태한).
【台輔】たいほ(태보) 천자를 도와 백관을 통솔하는 대신. 三公(삼공). 宰相(재상).
【台傅】たいふ(태부) ☞台宰(태재). ¶不出宮省 坐致—<北史>
【台司】たいし(태사) 삼공(三公). ¶拔臣使同—
【台相】たいしょう(태상) 재상(宰相). 「<羊祜>
【台席】たいせき(태석) ☞台位(태위).
【台安】たいあん(태안) 건강·평안 등의 뜻으로, 편지 따위에서 상대의 안부를 물을 때 쓰는 말.
【台位】たいい(태위) 삼공(三公)의 지위. 宰相(재상). 台席(태석). 台座(태좌).
【台宰】たいさい(태재) 임금을 돕고 백관(百官)을 거느리는 대신(大臣). 宰相(재상). 台輔(태보). 台傅(태부).
【台鼎】たいてい(태정) 삼공(三公)의 지위. 삼태성(三台星)과 솥의 세 발에 비유한 말. ¶位登—<後漢書>
▷輔—, 三—, 上—, 台—, 中—, 天—, 下—, 鉉—

2/5〖叵〗 어려울 파 | 哿ㄆㄛˇ (po) | は(カタイ) *impossible*

풀이 ①어렵다. 불가(不可)함. 부정하는 말. ¶懷故—新歡<謝靈運>/—測/—信. ②드디어. 마침내. ¶帝知其終不爲用 —欲討之<後漢書>

2/5〖叭〗 1 입벌릴 팔 2 나팔 팔 | 黠ㄅㄚ (ba) | は, はつ (ラッパ)

2/5〖叶〗 화합할 협 | 葉ㄒㄧㄝˊ (xie) | きょう (カナウ) *harmonize*

5〖兄〗 ☞儿部 3획(p.150)

5〖号〗 號(p.1320)의 略字

3/6〖各〗 각각 각 | 藥ㄍㄜˋ (ge) | かく(オノオノ) *each*

源 **會意**. 걸어가고 있는 사람의 발이 네모난 돌이나 장애물에 가로막힌 모양. 또는, 각자의 말이 서로 달라 맞지 않음의 뜻.

풀이 ①각각. 제각기. 따로따로. ¶人—有能 有不能<韓愈>/—員/—位. ②여러. ¶—樣—色.

【各個】かっこ(각개) 낱낱. 하나하나. ¶—戰鬪/—躍進.
【各界】かっかい(각계) 사회의 각 방면. ¶—人士.
【各級】かっきゅう(각급) 여러 급으로 되어 있는 조직 체계에서 각각의 급.
【各其所長】オノオノソノちょうトスルトコロ(각기소장) 각각 저마다의 장점(長點).
【各論】かくろん(각론) 논설문이나 책 등의 각 제목에 대한 논설. ↔總論(총론).
【各部】かくぶ(각부) ①각 부분. ②여러 부(部)로 나눈 각각의 부. ③《佛》시왕(十王)이나 나한(羅漢)을 따로따로 그린 탱화(幀畫).
【各司】かくし(각사) 경각사(京各司)의 준말. 서울에 있던 관아(官衙)의 총칭.
【各社】かくしゃ(각사) ①각 회사. ②마을마다. 各

村(각촌). ¶將一災黎 婉言撫慰<福惠全書>

【各色】かくしょく(각색) ①여러 가지 빛깔. ¶一丹青. ②색다른 여러 가지. ¶區區一/一俱全.

【各生】かくせい(각생) 바둑에서 양편이 서로 잡으려다가 다 같이 살아남.

【各樣】かくよう(각양) 여러 가지 모양. ¶一各色.

【各員】かくいん(각원) 각각의 사람. 各人(각인). 各自(각자). ¶若令承追一賠補 不免偏枯<清會典事例>

【各自】かくじ(각자) 제각각. 제각기. ¶一一家.

【各自圖生】かくじせいをはかる(각자도생) 제각기 살아갈 길을 도모함.

【各種】かくしゅ(각종) 여러 가지. 각가지. ¶一業務/一商品.

【各從其類】おのおのそのるいにしたがう(각종기류) 만물은 각기 같은 종류끼리 서로 따름.

【各從其志】おのおのそのこころざしにしたがう(각종기지) 각자 제 좋을 대로의 뜻을 따름. ¶道不同 不相爲謀 亦一也<史記>

【各地】かくち(각지) 각 지방. 각 지점(地點).

【各體】かくたい(각체) ①여러 가지 체재(體裁). ②여러 가지 자체(字體)·서체(書體)·문체(文體) 따위.

【各層】かくそう(각층) 각각의 층. ¶各界一.

【各派】かくは(각파) ①각각의 파벌(派閥). ②한 조상에서 갈려 나온 각 친족.

【各項】かっこう(각항) ①각 항목(項目). ②각가지.

【各戶】かっこ(각호) ①호적상(戶籍上)의 각 집. ②각 세대(世帶).

▷各一, 屠一, 盍一

3/6 【吉】 길할 길 | 質ㄐㄧˊ (ji) | きつ, きち(ヨイ) *lucky*

源 象形. 가득 채운 항아리에 뚜껑을 덮은 모양. 내용이 충실한 것. 반대로, 공허(空虛)한 것을 흉(凶)이라 함.

풀이 ①길하다. 상서로움. ¶一凶由人<左氏傳>/一祥/一日. ②좋다. 바람직하고 좋은 상태. ¶應之以治則一<荀子>/一士. ③음력 초하루. ¶正月之一<周禮>/初一. ④오례(五禮)의 하나. ¶一禮.

【吉光】きっこう(길광) 신마(神馬)의 이름. 吉皇(길황). ¶西國王使至獻一毛裘 色黃色 蓋神馬之類<海內十洲記>

【吉光片羽】きっこうへんう(길광편우) 서화(書畫) 등의 우수한 소품(小品).

【吉期】きっき(길기) 혼인날.

【吉年】きちねん(길년) 민속에서 혼인하기에 좋다고 하는 해 또는 나이.

【吉旦】きったん(길단) ①좋은 날. 吉日(길일). ②음력 초하루. 初吉(초길).

【吉禮】きつれい(길례) ①오례(五禮)의 하나. 천지·조상 등에 제사지내는 의식. ②관례(冠禮)나 혼례(婚禮) 따위의 경사스러운 예식.

【吉夢】きつむ(길몽) 좋은 꿈. ¶獻一于王<周禮> ↔凶夢(흉몽).

【吉問】きちもん(길문) ☞吉報(길보).

【吉報】きっぽう(길보) 좋은 소식. 吉問(길문). 吉音(길음). ↔凶報(흉보).

【吉服】きっぷく(길복) ①경사스러울 때 입는 예복. 혼인 때 신랑·신부가 입는 옷 따위. ②3년상(喪)을 마친 뒤에 입는 평상복.

【吉士】きっし(길사) ①착한 사람. 훌륭한 사람. ②韓 운수가 좋은 사람. ③신라의 17관등의 열 네째 등급. 吉次(길차).

【吉事】きちじ(길사) 좋은 일. 경사스러운 일. 관례(冠禮)나 혼례(婚禮) 따위. ↔凶事(흉사).

【吉相】きっそう(길상) ①복 받을 좋은 상격(相格). ②좋은 일이 있을 조짐.

【吉祥】きっしょう·きちじょう(길상) 상서로운 일이 있을 전조(前兆). 또는, 경사스러운 일. 吉瑞(길서).

【吉瑞】きちずい(길서) ☞吉祥(길상).

【吉辰】きっしん(길신) 좋은 날. 吉日(길일)①. 令辰(영신).

【吉月】きちげつ(길월) ①음력 초하룻날. 吉日(길일). ¶一 必朝服而朝<論語> ②좋은 달. 길한 달.

【吉音】(길음) ☞吉報(길보).

【吉日】きちじつ(길일) ①좋은 날. 경사스러운 날. 吉辰(길신). ②초하룻날. 朔日(삭일). 吉月(길월)①.

【吉祭】きっさい(길제) ①길례(吉禮)에 의한 제사. 조상을 제사지내는 따위. ②韓 죽은 지 27일 만에 지내는 제사.

【吉兆】きっちょう(길조) ①좋은 일이 있을 전조(前兆). 佳兆(가조). 吉徵(길징). 嘉祥(가상). ↔凶兆(흉조). ②좋은 곳. 안전한 장소.

【吉凶】きっきょう(길흉) ①길함과 흉함. 행복과 재앙. 禍福(화복). ¶與鬼神合其一<易經> ②길례(吉禮)와 흉례(凶禮). 혼례(婚禮)와 장례(葬禮). 사철의 제사와 군주의 장례.

▷納一, 大一, 卜一, 不一, 小一, 初一, 擇一

3/6 【同】 한가지 동 | 東ㄊㄨㄥˊ (tong) | どう(オナジ) *alike*

同 仝

풀이 ①한가지. 서로 같은 모양. ¶歲歲年年人不一<劉廷芝> ②같이하다. 공유(共有)함. 균일하게 함. ¶與民一之<孟子>/一席. ③모이다. ¶福祿攸一<左氏傳>/會一. ④화(和)하다. 상응함. ¶離世別群 而無不一<呂覽>/附和雷一. ⑤함께. 같이. ¶踏花一惜少年春<白居易>

【同價】どうか(동가) 같은 값.

【同價紅裳】どうかこうしょう(동가홍상) 같은 값이면 다홍치마라는 뜻으로, 같은 조건이면 좀 낫고 마음에 드는 것으로 함을 이름.

【同感】どうかん(동감) 같은 느낌. 남과 같이 느낌.

【同甲】どうこう(동갑) 같은 나이. 또는, 그 사람. 甲은 나이. 同庚(동경). 同年(동년)①. 甲長(갑장). ¶一契.

【同居】どうきょ(동거) 한집에서 같이 삶. ¶一人.

【同格】どうかく(동격) ①같은 자격. ②韓 한 문장에서, 어떤 단어나 문장이 다른 단어나 문장과 구성상 같은 기능을 갖는 일.

【同庚】どうこう(동경) ☞同甲(동갑). ¶一契.

【同慶】どうけい(동경) 같이 즐거워하고 축하함.

【同系】どうけい(동계) 같은 계통.

【同契】どうけい(동계) ①☞同符(동부). ②서로 인연을 맺고 깊이 사귐. ¶南北迥邈 一一致 萬里之外 心存咫尺＜晋書＞

【同工異曲】どうこういきょく(동공이곡) ①음악을 연주하는 기량은 같으나, 연주된 가곡의 은근한 정취는 다름. ②시문에 있어서 그것을 지은 기량은 같아도, 작품의 정취가 다름. 同工異體(동공이체). ③대동소이(大同小異)의 뜻으로도 쓰임.

【同工異體】どうこういたい(동공이체) ☞同工異曲(동공이곡)①②.

【同官】どうかん(동관) 같은 관청의 같은 지위에 있는 관원. ¶一爲寮＜左氏傳＞

【同軌】どうき(동궤) ①좌우의 수레바퀴 사이의 폭을 일정하게 함의 뜻으로, 천하 통일을 이름. 同轍(동철). ②같은 수레바퀴를 사용함. 곧, 왕조의 세력 범위 내의 여러 제후국(諸侯國). ¶天子七月而葬 一畢至＜左氏傳＞ ③같은 성질이나 범주.

【同歸殊塗】どうきしゅと(동귀수도) 귀착점은 같으나 경로는 다름.

【同歸一轍】どうきいってつ(동귀일철) 결과가 마찬가지로 돌아감.

【同根】どうこん(동근) ①뿌리가 같음. ¶一聯幹＜宋史＞/一同生. ②어버이를 같이하는 형제. 同氣(동기). 同胞(동포). ¶本是一生 相煎何太急＜曹植＞

【同級】どうきゅう(동급) ①같은 등급이나 같은 계급. ②같은 학년. ¶一生.

【同氣】どうき(동기) 같은 기를 받고 태어났다는 뜻에서, 형제 자매. 同胞(동포). 氣는 음양 오행의 기. ¶父母之於子也 子之於父母也 一體而兩分 一而異息＜呂覽＞/一間.

【同期】どうき(동기) ①같은 시기. ②동기 동창(同期同窓)의 준말. 同期生(동기생).

【同氣相求】どうき アイモトム(동기상구) 같은 기(氣)를 가진 자는 서로 찾아서 모임. 同氣共類(동기공류). ¶同聲相應 一＜易經＞

【同年】どうねん(동년) ①같은 나이. 同甲(동갑). 同庚(동경). ②같은 해. 同歲(동세). ③같은 해에 진사(進士) 시험에 급제한 사람. 同年生(동년생).

【同年輩】どうねんぱい(동년배) 같은 나이 또래의 사람.

【同堂】どうどう(동당) ①당(堂)을 같이함. 같은 당에 있음. ¶社稷二神功同 故一別壇＜獨斷＞ ②같은 조부의 친족. 또는, 아버지 쪽의 사촌형제. 당형제. 同堂兄弟(동당형제).

【同黨伐異】どうとうばつい(동당벌이) 옳고 그름을 가리지 않고 뜻이 맞는 사람끼리는 한패가 되고, 그렇지 아니한 사람은 배척함. 黨同伐異(당동벌이).

【同道】どうどう(동도) ①한 도(道). 같은 도. ¶天人一＜論衡＞ ②☞同行(동행)①.

【同等】どうとう(동등) 같은 등급. 같은 품위(品位). ¶見一不起＜禮記＞

【同侶】どうりょ(동려) 벗. 同類(동류). ¶一未及前＜南史＞

【同列】どうれつ(동렬) ①같은 항렬(行列). ②같은 반열(班列). 같은 지위. ③같은 줄.

【同牢宴寡婦】(동뢰연 과부) 결혼한 지 얼마 안 된 홀어미.

【同僚】どうりょう(동료) 같은 직장에서 지위가 비슷한 사람. 친구. 同寮(동료). 同事(동사)②. 同寅(동인).

【同流】どうりゅう(동류) ①동류(同類)①. ②두 강물이 합류(合流)하는 일. ③세속(世俗)에 따름.

【同類】どうるい(동류) ①같은 무리. 同流(동류)①. ②같은 종류. ③동성(同姓)의 친족.

【同流合汙】どうりゅうごうお(동류합오) 세속(世俗)에 맞추어 처세함. ¶同乎流俗 合乎汙世＜孟子＞

【同率】どうりつ(동률) 같은 비율(比率).

【同盟】どうめい(동맹) 개인, 단체, 국가 들이 공동의 목적을 위하여 같이 행동을 하기로 맹세한 약속. ¶一國/一條約/一罷業/一休學.

【同名】どうめい(동명) 같은 이름. 이름이 같음. ¶一異人.

【同明相照】どうめい アイテラス(동명상조) 사물은 끼리끼리 서로 좇음.

【同母】どうぼ(동모) ①생모(生母)가 같음. 同腹(동복). ¶一兄/一異父/一弟. ↔異母(이모). ②분수(分數)에서 분모(分母)가 같음. 同分母(동분모).

【同謀】どうぼう(동모) ☞共謀(공모).

【同文】どうぶん(동문) ①같은 문자. 같은 문장. ¶以下一. ②천하가 통일되어 한 왕조 치하에 들어감. ※同文同軌(동문동궤).

【同門】どうもん(동문) ①같은 학교나 같은 스승의 문하(門下)에서 배우는 일. 또는, 그 사람. ②같은 문중(門中)이나 종파(宗派). ③동서(同壻).

【同文同軌】どうぶんどうき(동문동궤) 왕자(王者)가 천하를 통일하는 일. 同文은 각국이 사용하는 문자를 일정하게 함이고, 同軌는 수레의 규격을 일정하게 함. ¶今天下車同軌 書同文 行同倫＜中庸＞

【同文同種】どうぶんどうしゅ(동문동종) 두 나라의 문자와 인종이 같음. 한문 문화권 안의 각 나라와 중국과의 관계에서 쓰는 말. 同種同文(동종동문).

【同門受學】どうもんじゅがく(동문수학) 한 스승에게서 함께 배움. 同門(동문)①. 同門修學(동문수학).

【同門修學】どうもんしゅうがく(동문수학) ☞同門受學(동문수학).

【同門異戶】どうもんいこ(동문이호) ①대체로 같으나 다소 차이가 있음. 大同小異(대동소이). ②한 스승 밑에서 배웠으나 그 지취(旨趣)를 달리함. ¶吾於孫卿與 見同門而異戶也＜法言＞

【同伴】どうはん(동반) 함께 데리고 다님. 길을 같이 감. 同行(동행). ¶一者.

【同班】どうはん(동반) ①서로 같은 반. 또는, 반을 같이함. ②같은 지위(地位). 班은 반열(班列) 곧 서열의 뜻.

【同輩】どうはい(동배) 나이나 신분이 서로 비슷한 사람. 同儕(동제). 同儔(동주).

【同病相憐】どうびょう アイアワレム(동병상련) 같은 병을 앓는 사람들이 서로 불쌍히 여김의 뜻으로, 곤란한 처지에 있는 사람들끼리 서로 딱하게 여겨 동정함을 이름. ¶一 同憂相救＜吳越春秋＞

【同腹】どうふく(동복) 같은 어머니가 낳음. 또는,

그 형제 자매. ↔異腹(이복).
【同父】どうふ(동부) ①같은 아버지. 아버지가 같음. ↔異父(이부). ②형제. ¶豈無他人 不如我—<詩經>
【同符】どうふ(동부) 부절(符節)을 맞춤. 또는, 부절을 맞춘 것같이 일치함. 同契(동계)①.
【同夫人】(동부인)㊖ 아내와 함께 나들이 함. 아내와 동행함.
【同事】どうじ(동사) ①동일한 일. 또는, 일을 같이 함. ¶五方殊俗 —異號<嵇康> ②☞同僚(동료).
【同產】どうさん(동산) 한 배 소생(所生). 同腹兄弟(동복형제). 「(상동).
【同上】どうじょう(동상) 위에 적힌 것과 같음. 上同
【同牀各夢】どうしょうオノオソユメム(동상각몽) ☞同床異夢(동상이몽).
【同床異夢】どうしょうユメヲコトニス(동상이몽) 같은 잠자리에서 다른 꿈을 꾼다는 뜻으로, 겉으로는 함께 행동하면서 속으로는 각각 딴 생각을 함을 이름. 同牀各夢(동상각몽).
【同色】どうしょく(동색) ①같은 빛깔. ¶草綠—. ②㊖ 같은 파벌.
【同生】どうせい(동생) ①아버지가 같은 사람. 兄弟(형제). ②㊖ 아우나 누이.
【同壻】(동서)㊖ ①자매의 남편간의 호칭(互稱). ②형제의 아내간의 호칭. 同門(동문)③.
【同棲】どうせい(동서) ①정식(定式)으로 혼인하지 아니한 남녀가 부부 관계를 맺고 삶. ¶—生活. ②동물 따위가 함께 삶.
【同席】どうせき(동석) 같이 앉음. 또는, 같은 자리.
【同船】どうせん(동선) 같은 배. 한 배에 탐. 同舟(동주). ¶—共濟. 「같은 해석.
【同說】どうせつ(동설) 같은 학설. 같은 의견이나
【同性】どうせい(동성) ①성질이 같음. ②성별(性別)이 같음. ¶—戀愛.
【同姓同本】(동성동본) 같은 성(姓)에다 같은 본(本). ¶—不婚.
【同姓不婚】どうせいふこん(동성불혼) 부계(父系)와 같은 혈족 사이의 결혼을 피하는 일. 不娶同姓(불취동성). ¶— 惡不殖也<國語>
【同性愛】どうせいあい(동성애) 사내와 사내 또는 계집과 계집 사이의 변태적인 사랑.
【同聲異俗】どうせいいぞく(동성이속) 태어날 때의 우는 소리는 같으나, 성장함에 따라 풍속·언어를 달리하게 됨의 뜻으로, 사람의 본성은 같으나 교육이나 환경에 따라서 선악·현우(賢愚)의 차가 생김을 이름. ¶生而同聲 長而異俗<荀子>
【同宿】どうしゅく(동숙) ①한 방에서 같이 잠. ②《佛》 같은 절에 우거(寓居)하는 중.
【同乘】どうじょう(동승) 함께 탐. 合乘(합승). ¶公孫—兄弟也<左氏傳> 「二千石<史記>
【同時】どうじ(동시) 같은 때. 같은 시간. ¶—至
【同心】どうしん(동심) ①같은 마음. 서로가 마음을 합침. ¶—合力/—戮力/—協力. ②언약을 맺음. ¶不結一人 空結同心草<薛濤> ③여러 가닥을 하나로 꼰 등잔불의 심지. ¶挂—之明燭<梁簡文帝> ④같은 중심(中
【同額】どうがく(동액) 같은 액수. 「心). ¶—圓.
【同業】どうぎょう(동업) ①같은 직업이나 업종(業種). 또는, 같은 업에 종사함. ②같이 하는 영업. ¶—者. ③동학(同學)하는 사람. 同窓(동창). ¶與董仲舒—<漢書>
【同硯】どうけん(동연) 연석(硯席) 곧 공부하는 자리를 함께 함의 뜻으로, 같은 스승 밑에서 배운 사람. 同學(동학). ¶與晋武帝同年 少—席<梁元帝>
【同王】どうおう(동왕) 같은 임금.
【同源異派】どうげんいは(동원이파) 근본은 같으면서 끝이 다름. 나아가 한 근원에서 갈라진 여러 파를 이름. 「—同日<卓異記>
【同月】どうげつ(동월) 같은 달. ¶憲宗誅三賊 皆
【同位】どうい(동위) 열위(列位). 또는, 계급을 같이함. 또는, 그 사람. 同朝(동조). ¶侍中—<風俗通>
【同意】どうい(동의) ①같은 마음. 또는, 뜻을 같이함. 찬성함. ②응낙함. ③같은 뜻. 同義(동의)①.
【同義】どうぎ(동의) ①같은 뜻. 同意(동의)③. ②인의(仁義)의 도(道)를 함께 함. 또는, 같은 인의의 도에 의함. ¶—者王 同功者霸<文子>
【同議】どうぎ(동의) 의견이나 주의(主義)가 같은 의론(議論). ↔異議(이의).
【同義語】どうぎご(동의어) 어형(語形)은 다르지만, 뜻이 같은 말.
【同異】どうい(동이) 같음과 다름. 또는, 同과 異를 섞는 일. 異同(이동).
【同而不和】どうじてわせず(동이불화) 부화뇌동(附和雷同)하되 마음 속으로는 화합하지 않음의 뜻으로, 소인(小人)의 사귐을 이름. ¶君子和而不同 小人—<論語>
【同人】どうじん(동인) ①같은 뜻을 가진 사람. 同志(동지). ¶—誌. ②「역경」(易經)의 괘(卦) 이름. 공평 무사(公平無私)하여 만인이 협력하면, 어떠한 난관도 극복할 수 있는 상(象). 이하건상(離下乾上). ¶—于野亨<易經>
【同仁】どうじん(동인) ①차별 없이 평등하게 사랑함. 평등하게 혜택을 줌. ¶一視—. ②인애(仁愛)의 마음을 가지고 있는 사람들. 同志(동지). ③☞同人(동인)①.
【同寅】どういん(동인) 신하끼리 함께 협력하여, 천자를 위해 삼가 근무하는 일이란 뜻으로, 동료(同僚)를 이르는 말. ¶—協恭 和衷哉<易經>
【同人卦】どうじんか(동인괘) ☞同人(동인)②.
【同一】どういつ(동일) ①합쳐서 하나로 함. ②서로 같음. 또는, 같은 것. ¶—性/—條件/—原理.
【同一視】どういつし(동일시) ①똑같게 보거나 평등하게 다룸. 同視(동시). ②좋아하거나 동경하는 인물에 감정을 이입하여 같게 생각하는 일. 同一化(동일화).
【同前】どうぜん(동전) 앞 것과 같음. 먼저와 같음.
【同接】どうせつ(동접)㊖ 같은 곳에서 함께 공부함. 또는, 그 동무. 同硯(동연). 同學(동학).
【同情】どうじょう(동정) ①남의 불행을 가엾게 여겨 따뜻한 마음을 씀. ②남을 이해하여 같이 느낌. ¶—的. 「이 같음. ¶—同根.
【同祖】どうそ(동조) 같은 할아버지. 또는, 조상

【同調】どうちょう(동조) 같은 가락. 또는, 가락을 같이함의 뜻으로, 남의 주의나 주장에 찬성하여 행동을 같이함을 이르는 말. ¶誰謂古今殊 異代可—<謝靈運>
【同族】どうぞく(동족) ①같은 겨레. 동일한 족속. ¶—愛. ②같은 혈통의 사람. 同宗(동종). ¶凡王之— 有罪不卽市<周禮> ↔異族(이족).
【同族相殘】どうぞくそうざん(동족상잔) 동족끼리 서로 싸우고 죽임. 民族相殘(민족상잔).
【同宗】どうそう(동종) ①같은 종파(宗派). 또는, 같은 종지(宗旨). ②같은 혈통의 사람. 성(姓)이 같은 사람. 同族(동족)②. ¶天下—<資治通鑑>
【同種】どうしゅ(동종) ①같은 종류. 同類(동류). ②같은 인종. 또는, 그 종류.
【同罪】どうざい(동죄) 같은 죄. 또는, 같은 죄를 범함. ¶—異罰 非刑也<左氏傳>
【同志】どうし(동지) 뜻을 같이함. 같은 뜻을 가짐. 또는, 그 사람. ¶— 雖遠男女不相及<國語>
【同知】(동지) ㊥ ①조선 때 동지중추부사(同知中樞府事)의 준말. ②직함(職銜)이 없는 노인의 존칭.
【同質】どうしつ(동질) 본질을 같이함. 또는, 같은 본질. ¶仁孝—而生<後漢書>
【同參】どうさん(동참) ①함께 참여함. ②《佛》 중과 신도가 한 법회(法會)에 참례하여 같이 정업(淨業)을 닦는 일.
【同窓】どうそう(동창) ☞同門(동문)①. ¶—生/—會/同期—.
【同齒】どうし(동치) 같은 연령. 同年(동년).
【同寢】どうしん(동침) 부부 또는 남녀가 한자리에서 같이 잠.
【同胞】どうほう(동포) ①같은 어머니에서 태어난 형제 자매. ②한 민족. 같은 국민. ¶—愛.
【同袍】どうほう(동포) ①옷을 서로 바꿔 입을 만큼 가까운 사이. 곧, 벗을 이름. ¶萬里別—<許渾> ②전우(戰友). ¶—同澤.
【同學】どうがく(동학) 같이 배움. 한 스승 밑에서 배움. 同門(동문)①. 同硯(동연).
【同行】どうこう(동항) 항렬이 같음. 같은 항렬.
どうこう(동행) ①길을 같이 감. 또는, 그 사람. 同道(동도)②. ②수행(修行)이나 신앙을 같이하는 사람.
【同鄕】どうきょう(동향) 같은 고향. 고향이 같음. 또는, 그런 사람. ¶—人.
【同穴】どうけつ(동혈) ①같은 구멍이나 같은 구덩이. ②죽은 뒤 부부가 같은 무덤에 묻힌다는 뜻으로, 금실(琴瑟)이 좋음을 이르는 말. ¶死則—<後漢書>/—契.
【同形】どうけい(동형) ①같은 모양. 모양이 같음. ②몸을 같이함. 같은 몸. ¶目與頭—<論衡>
【同號】どうごう(동호) 칭호를 같이함. 같은 칭호.
【同好人】どうこうじん(동호인) 기호나 취미가 같은 사람. 同好者(동호자).
【同化】どうか(동화) ①자기와 다른 것을 같게 변화시킴. ¶—政策. ②생물이 외계의 물질을 섭취하여, 자신의 영양분으로 변화시키는 작용. ¶炭素—作用.
【同和】どうわ(동화) ①일치 화합함. ¶居同樂 行—<國語> ②누짐. 날씨가 풀림. ¶春日—秋霜其冽<李商隱>
▷共—, 苟—, 雷—, 大—, 不—, 符—, 異—, 一—, 贊—, 合—, 協—, 混—, 和—, 會—

3/6 〖吋〗 ①꾸짖을 두 ②인치 촌 | 㽞 | とう(シカル) *scold* すん(インチ) *inch*

풀이 ①꾸짖다. ②인치(inch). 영·미(英美)의 길이 단위. 1척(尺)의 12분의 1. 약 2.54 cm.

3/6 〖吏〗 벼슬아치 리 | 㽞 カ丨(lì) | り(ツカサ) *official*

源 **會意**. 나랏일을 기록하는[史] 사람은 오로지[一] 법령을 지켜야 한다는 뜻.

풀이 ①벼슬아치. 우리 나라에서는 벼슬아치를 官, 구실아치를 吏라 하기도 함. ¶州部之— 操官兵 推公法<韓非子>/胥—/官—. ②다스리다. ¶是爲長—<漢書> ③㊥ 구실아치. 아전(衙前).
【吏校】りこう(이교) 조선 때 이서(吏胥)와 군교(軍校)의 통칭. 관료 계급과 평민 계급의 중간이었음.
【吏校奴隸】りこうどれい(이교노예) 지방 관청에 속하였던, 아전(衙前)·장교(將校)·관노(官奴)·사령(使令)의 총칭.
【吏道】りどう①·りと②(이도) ①관리로서 지켜야 할 도리. ¶—何其迫 窘然坐自拘<張華> ②☞吏讀(이두).
【吏頭】(이두) ☞吏讀(이두).
【吏讀】りと(이두)㊥ 삼국 시대부터 한자(漢字)의 음(音)과 뜻을 빌어 우리 말을 표기하는 데에 쓰던 문자. 吏吐(이토). 吏道(이도). 吏頭(이두). 吏套(이투). 吏札(이찰).
【吏文】りぶん(이문) 조선 때 중국과 주고 받는 문서에 쓰던 특수한 문체. 자문(咨文)·서계(書契)·관자(關子)·감결(甘結)·보장(報狀)·제사(題辭) 등에 쓰던 글. 한문으로 썼으나 중국의 속어를 가미 하였음.
【吏民】りみん(이민) ①관리(官吏)와 서민(庶民). 官民(관민). ¶予節募— 無問所從來<漢書> ②지방의 아전과 백성.
【吏房】りぼう(이방) ①조선 때 승정원(承政院) 육방(六房)의 하나. 승지(承旨) 밑에서 인사(人事)·비서(祕書) 및 기타 사무를 맡아봄. ②지방 관아의 육방의 하나. ③이방 아전(吏房衙前)의 준말.
【吏房衙前】(이방아전) 군아(郡衙)에 속하여 인사(人事)·비서(祕書) 등의 사무를 맡아보던 아전. 首吏(수리)·由吏(유리)·體吏(체리)·夷房(이방).
【吏士】りし(이사) 벼슬아치. 관리. ¶—奉法而愈明<舊唐書>
【吏胥】りしょ(이서) ☞胥吏(서리).
【吏屬】りぞく(이속) 관아에 딸린 구실아치들. 吏輩(이배).
【吏習】りしゅう(이습) 아전(衙前)의 풍습.
【吏員】りいん(이원) ①하급 관리. ②관리의 수(數). ③아전(衙前).
【吏隱】りいん(이은) 낮은 관직에 숨음. 또는, 오

랜 세월 낮은 관직에 머물러 있음. ¶政成堪一 免負府公恩<崔峒>
【吏才】りさい(이재) 관리로서의 뛰어난 재능. 또는, 그런 재능을 지닌 사람. 吏能(이능). 吏幹(이간). ¶明於政體 一有餘<後漢書>
【吏卒】りそつ(이졸) 하급 관리. 小吏(소리).
【吏判】りはん(이판) 이조판서(吏曹判書)의 준말.
▷苛一, 姦一, 公一, 官一, 軍一, 老一, 能一, 文一, 石壕一, 小一, 俗一, 良一, 汚一, 獄一, 長一, 執達一, 逋一, 捕一, 酷一

3/6 【名】 이름 명 | 㞢ㄇㄧㄥˊ (ming) | めい, みょう name, famous

源 會意. 「夕[초승달]+口」. 어스름한 어둠 속에서 자신의 존재를 소리로 알림. 잘 모르는 것을 알게 한다는 뜻.

풀이 ①이름. 사람의 이름. 사람의 본명(本名). 옛날, 우리 나라와 중국에서는 관례(冠禮)를 하면, 아명(兒名) 외에 관명(冠名)인 자(字)를 붙여 웃어른에게는 본명을, 벗 사이에는 자를 불렀음. ¶姓李氏 一耳 字伯陽<史記> ②외형(外形). 뜻이 바뀌어, 명분·칭호·언어·문자·표현 따위. ¶必也正一乎<論語>/一實相符/一學. ③평판(評判). ¶立身揚一於後世<孝經>/文一. ④유명하다. 뛰어난 모양. ¶一山大川<書經>/一勝. ⑤이름 붙이다. 명명(命名)함. ¶自一秦羅敷<古樂府> ⑥부르다. 이름을 부름. ¶國君不一卿老世婦<禮記> ⑦사람 수를 세는 단위. ¶十姓百一<莊子> ⑧공(功). 공적. ¶勸百姓以爲已一<國語> ⑨학파 이름. 전국 시대에 일어남. ¶一家.
【名家】めいか(명가) ①주(周)대 제자 백가(諸子百家)의 하나. 명실(名實)의 관계를 분명히 하려고 하던 학파. 또는, 그 학파 사람. ¶一者流 蓋出於禮官<漢書> ②명망(名望)이 높은 가문. 名門(명문). ③명망이 높은 사람. 名人(명인).
【名劍】めいけん(명검) 이름난 칼. 名刀(명도). ¶請干將鑄作一二枚<吳越春秋>
【名檢】めいけん(명검) ①명의(名義). 명예(名譽). 또는, 법도(法度). ¶心爲一縛<白居易> ②윤리에 어긋나지 않도록 언행을 조심함.
【名曲】めいきょく(명곡) 이름난 악곡(樂曲). 뛰어나게 잘된 악곡. ¶一鑑賞.
【名工】めいこう(명공) 이름난 장인(匠人). 기량(技倆)이 뛰어난 공인(工人). 名匠(명장). ¶國之一<周禮>
【名公】めいこう(명공) ①훌륭한 임금. ②이름난 귀족. ¶以謙一之胄 欲與爲婚<魏志>/一賢者.
【名公鉅卿】めいこうきょけい(명공거경) 이름이 높은 재상(宰相). 존귀한 공경(公卿).
【名過其實】ナソノじつニスグ(명과기실) 명성이 실지의 내용보다 지나치다는 뜻으로, 실제가 평판보다 못함을 이르는 말. 名過實(명과실).
【名官】めいかん(명관) ①이름난 관리. ②관(官)에 이름을 붙임. ¶少皡氏 鳥一 何故也<左氏傳>
【名教】めいきょう(명교) ①인륜·도덕에 관한 가르침. ②유교(儒教)의 이칭. 노자(老子)의 무명(無名)의 가르침에 대한 상대어. ¶一通於天下<管子>
【名教內自有樂地】めいきょうノウチオノズカラらくちアリ(명교내 자유락지) 인륜의 가르침을 행하면, 저절로 즐거운 경지가 있다는 뜻.
【名句】めいく(명구) 이름난 글귀. 잘된 글귀.
【名君】めいくん(명군) 훌륭한 임금.
【名弓】めいきゅう(명궁) ①유명한 활. 유서(由緖) 깊은 활. ②활 잘 쏘기로 이름난 사람. 名弓手(명궁수).
【名妓】めいぎ(명기) 이름난 기생. 평판이 좋은 기생. ¶錢塘一也<西湖志餘>
【名器】めいき(명기) ①진귀한 그릇. 유명한 기물. ②작호(爵號)와 거복(車服). ¶愚聞爲國者愼器與名<後漢書>
【名單】めいたん(명단) ①명부(名簿). ②명함(名銜).
【名答】めいとう(명답) 어떤 물음에 대한 훌륭한 대답. 또는, 교묘한 대답. ¶得三公不可忘 拍張時以爲一<南史>
【名堂】めいどう(명당) ①임금이 조현(朝見)받는 정전(正殿). ②韓 무덤 아래 있는 평지. 또는, 썩 좋은 묏자리.
【名刀】めいとう(명도) ☞名劍(명검). ¶陰市一 挾長持短<魏志>
【名論】めいろん(명론) ①유명한 언론이나 논문. ②명예와 여론. 칭찬과 소문. 名望(명망).
【名論卓說】めいろんたくせつ(명론탁설) 훌륭하고 뛰어난 논설이나 학설.
【名利】めいり(명리) ①명예와 이익. 공명(功名)과 이록(利祿). ¶人卒未有不興名就利者<莊子> ②(佛) 명문이양(名聞利養)의 준말.
【名馬】めいば(명마) 이름난 좋은 말. 駿馬(준마). ¶獻一以奉軍<魏志>
【名滿天下】ナてんかニミツ(명만천하) 명성이 천하에 널리 알려짐. ¶名滿於天下 不若其已也<管子>
【名望】めいぼう(명망) ①명예와 인망(人望). ②평판이 높아 인망이 있는 사람. 名望家(명망가). ¶所與周旋 皆一時一<北史>
【名望家】めいぼうか(명망가) 명망이 있는 사람. 名望(명망)②.
【名目】めいもく(명목) ①사물의 이름. 名稱(명칭). ¶諸國山川 未有一<隋書> ②구실이나 이유.
【名文】めいぶん(명문) 이름난 글. 썩 잘 지은 글.
【名門】めいもん(명문) 문벌이 좋은 집안. 名家(명가). ¶余見一右族 莫不由祖先忠孝勤儉以成立之<柳氏家訓>
【名聞】めいぶん(명문) 세상에 이름을 떨치는 것. 名義(명의)②. 名聲(명성). ¶一不爭 未達人心<莊子>
【名門巨族】めいもんきょぞく(명문거족) 이름난 집안과 크게 번창한 겨레붙이.
【名聞利養】みょうもんりよう(명문이양)(佛) 명문과 이

양. 명예가 세상에 퍼지고, 이(利)로써 몸을 기름. 「드날림.
【名聞天下】めいぶんてんか(명문천하) 이름이 세상에
【名物】めいぶつ(명물) ①☞名產(명산). ②특징이 있어 인기 있는 사람. 또는, 좋은 물건. ③토지의 등급과 그 산물.
【名簿】めいぼ(명부) 이름을 적은 장부. ¶會員—.
【名不知】(명부지)㊗ 이름을 모름. 또는, 그러한 사람. ¶— 姓不知.
【名分】めいぶん(명분) ①이름과 그에 따르는 내용·직분. ②인륜상의 분한(分限). ③지위나 일에 따라 지켜야 할 본분.
【名不虛傳】なきょでんニアラズ(명불허전) 이름은 헛되이 퍼지지는 않음. 곧, 명예는 그만한 실상(實狀)이 있어서 전하여짐.
【名士】めいし(명사) ①명성이 있거나 재덕(才德)이 뛰어난 사람. ¶聘— 禮賢者<禮記>/—風流. ②명가(名家)·법가(法家)의 사람.
【名師】めいし(명사) ①우수한 군대. ¶方數千里 —數百萬<戰國策> ②훌륭한 교사(敎師). ③훌륭한 기술자.
【名辭】めいし(명사) 사물의 명칭. 「<禮記>
【名山】めいざん(명산) 유명한 산. ¶—大澤不以封
【名產】めいさん(명산) 그 지방에서 나는 이름난 산물. 名產物(명산물). 名物(명물)①.
【名山大刹】めいざんたいさつ(명산대찰) 이름난 산과 큰 절. 「강.
【名山大川】めいざんたいせん(명산대천) 이름난 산과 큰
【名相】めいしょう(명상) ①훌륭한 재상. 유명한 재상. 名宰相(명재상). ②㊗ 유명한 관상가(觀相家)나 지관(地官).
【名色】めいしょく①②·みょうしき③(명색) ①㉮ 미인(美人). ¶以名士配—<異聞錄> ㉯명기(名妓). ②㉮명목(名目). 口實(구실). ¶請假歸里省親—<福惠全書> ㉯어떠한 부류(部類)에 쓸어 넣고 부르는 이름. ¶—大丈夫. ③《佛》 오온(五蘊)의 총칭. 수(受)·상(想)·행(行)·식(識)의 사온(四蘊)을 名, 색온(色蘊)을 色이라 함.
【名聲】めいせい(명성) 세상에 떨친 이름. 명예. 평판. 聲名(성명). 聲聞(성문).
【名所】めいしょ(명소) 이름난 곳. 뛰어나게 경치가 좋은 곳. 名勝(명승).
【名手】めいしゅ(명수) 어떤 일에 훌륭한 솜씨나 소질이 있는 사람. 名人(명인)①.
【名數】めいすう(명수) ①호적(戶籍). ¶民前或相聚保山澤 不書—<漢書> ②숫자가 붙는 명사. 삼공(三公)·사서(四書)·오경(五經) 따위. ③수학에서, 단위명이 붙는 수(數).
【名勝】めいしょう(명승) ①경치가 좋아서 이름난 곳. ②명망이 있는 인사(人士). 名士(명사). ¶敎導及諸—皆從騎<晋書>
【名僧】めいそう(명승) 학식과 덕망이 있는, 이름난 중. 高僧(고승). ¶見有—高行 棄而不說<顏氏家訓>
【名臣】めいしん(명신) 이름난 신하. 훌륭한 신하. ¶—文武<漢書>/—錄.
【名實】めいじつ(명실) ①드러난 이름과 속내. 명목(名目)과 실제(實際). ¶—未加於上下<孟子> ②명예와 실리(實利).
【名實相符】めいじつそうふ(명실상부) 이름과 실상이 서로 부합(符合)됨. 명실이 들어맞음. 名符其實(명부기실).
【名案】めいあん(명안) 좋은 생각. 뛰어난 계책.
【名言】めいげん①·みょうごん②(명언) ①좋은 말. 또는, 이치에 맞는 훌륭한 말. ¶帝稱之曰 天下—也<晋書> ②《佛》 불법(佛法)의 명목과 내용을 이루는 문구(文句). 「작품.
【名譯】めいやく(명역) 훌륭하게 된 번역. 또는, 그
【名譽】めいよ(명예) ①사회적으로 평가를 받는, 떳떳한 이름이나 자랑. 좋은 평판. 名聲(명성). ¶矜功能 修—<列子>/—心/—慾. ②봉급을 받지 않는 명목상의 지위. ¶—職/—總長. ③체면(體面).
【名儒】めいじゅ(명유) 학덕이 높아 이름난 선비. 훌륭한 유학자. ¶—有師傅舊恩<漢書>
【名義】めいぎ(명의) ①명칭과 그에 따르는 도리. 명예와 도의(道義). 또는, 명분(名分). ②☞名聞(명문). ¶—至重<唐書> ③표면상의 이름. 名目(명목). 名儀(명의).
【名醫】めいい(명의) 의술이 용하여 이름난 의사. 良醫(양의). ¶昭帝末 徵天下—<漢書>
【名義變更】めいぎへんこう(명의변경) 명의 곧 표면상의 이름을 고침.
【名義人】めいぎにん(명의인) 어떤 일에서 공식적으로 이름을 내세우는 사람.
【名人】めいじん(명인) ①기예에 뛰어난 사람. 名手(명수). ②이름난 사람. 명성이 높은 사람. ¶魁士—<呂覽>
【名日】(명일) ①㊗ 한 해 동안에 특별히 지키는 날. 곧, 설·한식·단오·백중·추석·동지 등. 명질. ②명절(名節)과 국경일(國慶日)의 총칭.
【名字】みょうじ(명자) ①이름과 자(字). ②명예(名譽). ¶齊—於天地兮<楚辭> ③이름. 名稱(명칭). 名目(명목). ④작위(爵位)와 칭호(稱號). 특히, 천자의 칭호. ¶盜—者不可勝數<後漢書>
【名刺】めいし(명자) 명함(名銜)①.
【名字比丘】みょうじびく(명자비구)《佛》 비구(比丘)라는 이름만 있고, 그 실(實)이 없는 중. 無戒僧(무계승).
【名者實之賓】なはじつのひん(명자 실지빈) 명예는 실덕(實德)의 손[賓]이라는 뜻으로, 명예보다는 실덕이 중요함을 이름.
【名作】めいさく(명작) 뛰어난 작품.
【名匠】めいしょう(명장) ①이름난 장인(匠人). 훌륭한 공인(工人). 名工(명공). ¶上方—寶以合成<劉潛> ②뛰어난 학자. ¶卷中風雅句 —亦難如<翁卷>
【名將】めいしょう(명장) 훌륭한 장군. 이름난 장수. ¶攻項籍 誅殺—<史記>
【名著】めいちょ(명저) ①훌륭한 저서(著書). ②명성(名聲)이 드러남.
【名田】めいでん(명전) 사전(私田)의 일종. 옛날, 개간지나 논밭에 소유자의 이름을 붙여 독점 경작하던 땅. ¶限民— 以贍不足<漢書>
【名節】めいせつ(명절) ①㊗ 명일(名日). 명질. ②명예와 절조(節操). ¶二人相友 竝著—<漢書>

【名正言順】ナタダシケレバげんじゅんナリ(명정언순) 사물의 이름을 바르게 하여 말과 실제가 어긋나지 않음. ¶名不正 則言不順<論語>
【名族】めいぞく(명족) ①문벌이 높은 집안. 名門(명문). ②이름과 성. 곧, 성명(姓名). ¶有與曾子同一者<戰國策>
【名酒】めいしゅ(명주) 맛이 좋기로 이름난 술. ¶偶有一 無夕不飮<陶潛>
【名札】なふだ(명찰) 이름표. 名牌(명패).
【名刹】めいさつ(명찰) 이름난 절.
【名唱】めいしょう(명창) 잘 부르는 노래. 또는, 노래를 썩 잘 부르는 사람.
【名帖】めいちょう(명첩) 명함(名銜). 名牌(명패). 名牒(명첩).
【名牒】めいちょう(명첩) ☞名帖(명첩).
【名稱】めいしょう(명칭) ①부르는 이름. ②명예(名譽). 名聲(명성).
【名板】めいばん(명판)이름을 적어 달아 놓은 판. 또는, 패쪽.
【名片】めいへん(명편) 명함. 명찰.
【名筆】めいひつ(명필) ①썩 잘 쓴 글씨. 또는, 글씨를 잘 쓰는 사람. ②좋은 붓. 유명한 붓. ③훌륭한 문장. ¶乃作二百句 述己志 岳因取次比 便成一<晋書>
【名下無虛士】めいかきょしナシ(명하 무허사) 명성(名聲)이 있는 사람은 반드시 그만한 실력이 있음. ¶臻謂所親曰 名下定無虛士<陳書> ※名不虛傳(명불허전).
【名銜】めいかん(명함) ①성명·주소 등을 적은 종이쪽. 名片(명편). 名刺(명자). ②이름과 관위(官位). ¶書其一<文獻通考>
【名賢】めいけん(명현) 이름난 현인(賢人). ¶邈一之高風<後漢書>
【名號】めいごう(명호) ①명예. 名聲(명성). ②이름과 별호(別號). ③부르는 이름. 稱號(칭호). ¶一不美 與暴爲隣<荀子>
【名花】めいか(명화) ①이름난 꽃. ②모란(牡丹)이나 해당(海棠)을 이름. ③여자의 미칭. 또는, 유명한 기생(妓生). 名妓(명기). ¶一傾國兩相歡 長得君王帶笑看<李白>/一有主.
【名華】めいか(명화) 명성이 있는 문벌. 名門(명문). ¶一爲一時冠<舊唐書>
【名畫】めいが(명화) ①그림의 명인(名人). 또는, 훌륭한 그림. ¶唐吳道子鄭虔 皆一<名畫記> ②훌륭한 영화(映畫).
【名宦】めいかん(명환) ①명예 있는 벼슬. ¶太淸之季 一蓋微<南史> ②명성이 높은 벼슬아치. 名官(명관). ¶一祠.
【名諱】めいき(명휘) 생전의 이름과 사후(死後)의 이름.
▷家一, 假一, 嘉一, 沽一, 高一, 功一, 空一, 記一, 大一, 賣一, 滅一, 命一, 無一, 物一, 美一, 變一, 本一, 浮一, 署一, 成一, 姓一, 聖一, 盛一, 小一, 俗一, 損一, 實一, 雅一, 惡一, 揚一, 御一, 連一, 令一, 英一, 榮一, 汚一, 威一, 偉一, 僞一, 有一, 匿一, 人一, 一一, 立一, 藏一, 才一, 著一, 傳一, 竊一, 除一, 題一, 釣一, 尊一, 罪一, 重一, 地一, 知一, 指一, 淸一, 託一, 通一, 標一, 品一, 學一, 虛一, 顯一, 嫌一, 呼一, 華一, 諱一

3 6 【吁】 탄식할 우 | 國ㄒㄩ (xu) | く, う(アア) *sigh, Alas!*

풀이 ①탄식하다. ㉮아아. 탄식하는 소리. ¶曾子聞之曰 一<禮記>/一嗟. ㉯한탄하는 모양. 근심하는 모양. ¶云何一矣<詩經> ②숨을 내쉬다. ¶陽盛則一荼萬物<尙書大傳>/一呼.
【吁咈】くふつ(우불) 아! 틀렸도다 하고 불찬성을 나타내는 말. 咈은 戾. ¶帝曰 一哉<書經>
▷吁一, 長一, 嗟一

6 【吊】 弔(p.530)의 俗字

6 【吒】 咤(p.294)의 本字

3 6 【吐】 토할 토 | 國ㄊㄨˇ ㄊㄨˋ (tu) | と(ハク) *vomit*

풀이 ①토하다. ㉮입 안의 것을 뱉어 내다. ㉠嘔. ¶周公一哺 天下歸心<曹操>/一血. ㉯소리를 내다. 말함. ¶啞啞一哀音<白居易>/實一/誤一. ㉰게운 것. ¶掬一盡瞰之<魏書> ②드러내다. 드러내 보임. ¶新月一半規<黃庭堅> ③뱃속에서 숨을 내쉬다. 신선의 수양술(修養術). 納은 신선한 바깥 공기를 들이쉼을 이름. ¶一納. ④버리다. ㉠棄. ¶神其一之乎<左氏傳>
【吐氣】とき①·はき②(토기) ①억눌린 기분을 푼다는 뜻으로, 의기 양양하여 뽐냄을 이르는 말. ②욕지기.
【吐器】とき(토기) 음식을 먹을 때 씹어 삼키지 못할 것을 뱉는 그릇. 吐具(토구).
【吐露】とろ(토로) 마음에 있는 것을 다 말함. ¶愈敢不一情實<韓愈>
【吐蕃】とばん(토번) 당(唐)대 서역(西域) 종족의 하나. 지금의 서장(西藏). 티베트.
【吐瀉癨亂】としゃかくらん(토사곽란) 위로는 토하고 아래로는 설사하는 급성 위장병.
【吐說】とせつ(토설) 일의 내용을 사실대로 말함. 吐實(토실). 實吐(실토).
【吐屬】とぞく(토속) ①말. 말투. ②자구(字句)의 사용법.
【吐心】(토심)韓 불쾌하고 아니꼬운 마음.
【吐逆】とぎゃく(토역) 게움. 또는, 그 일. 嘔吐(구토).
【吐情】とじょう(토정) 진정을 다 털어 놓음.
【吐哺握髮】とほあくはつ(토포악발) 먹던 밥을 뱉고 감던 머리를 거머쥐고 즉시 나가 손님을 맞았다는 주공(周公)의 옛일로, 어진 선비를 환영하고 우대함을 이름. 吐哺捉髮(토포착발). ¶一沐三握髮 一飯三吐哺 猶恐失天下之士<韓詩外傳> ※一飯三吐哺(일반삼토포)·一沐三握髮(일목삼악발)·一饋十起(일궤십기).
▷嘔一, 談一, 辭一, 實一, 逆一, 音一, 呑一

3 6 【合】 1 합할 합 2 홉 갑 | 㫖ㄏㄜˊ (he) 㫖ㄍㄜˇ (ge) | ごう, がつ (アウ) *join*

풀이 1 ①합하다. 하나가 되거나, 하나로

되게 함. ¶九一諸侯<左氏傳>/倂一/一意/混一. ②들어맞다. 일치함. ¶若一符節<孟子>/符一. ③모이다. 만남. ¶會一/集一/離一集散. ④맞다. 적합함. ¶駕出行狩 一格有獲<易林>/一法/一理. ⑤짝하다. 교합함. ¶鵠喜一<埤雅>/配一/交一. ⑥전체. 전체의. ¶一朝賞歎<舊唐書>/一族/一鄕. ⑦겨루다. 싸움. 또는, 그 횟수. ¶一日數一<梁書>/楚挑戰三一<史記> ⑧응당. 반드시. 당연성을 나타냄. ¶今一醒矣<搜神記> ⑨대답하다. ¶旣一而來奔<左氏傳> ⑩합(盒). 음식을 담는 놋그릇. **2**①홉. 용량의 단위. 1되[升]의 10분의 1. ②화(和)하다. ③부르다.

【合格】ごうかく(합격) ①규격이나 격식의 기준에 맞음. ¶駕出行狩 一有獲<易林>/不一品. ②시험에 통과함. ¶一者.

【合計】ごうけい(합계) ①합하여 계산함. 또는, 그 수. ②회계(會計). ¶凡曰會計者 謂一之也<說文>

【合啓】ごうけい(합계) 사간원(司諫院)·사헌부(司憲府)·홍문관(弘文館) 중 두세 군데에서 연합하여 올리는 계사(啓辭).

【合谷】ごうこく(합곡) 침 놓는 자리의 하나. 엄지손가락과 집게손가락의 사이.

【合矩】ごうく(합구) 말이나 행동 따위가 바르다는 비유에서, 규칙에 들어맞음을 이름. ¶動容一 吐言被律<沈約>

【合宮】ごうきゅう(합궁) ①㊕ 부부간의 동침(同寢). 合衾(합금). 同衾(동금). ②황제(黃帝)가 집정(執政)하던 궁. ¶黃帝有一之聽<文中子>

【合巹】ごうきん(합근) 술잔을 맞춘다는 뜻으로 혼례(婚禮)를 이르는 말. 巹은 두개로 쪼갠 표주박 술잔. ¶四爵一<儀禮>

【合金】ごうきん(합금) 두 가지 이상의 금속을 합하여 만든 금속. 合成金(합성금).

【合當】ごうとう(합당) 알맞음.

【合黨】ごうとう(합당) ①두 개 이상의 정당을 하나로 합침. ↔分黨(분당). ②한 패가 됨. ¶一共謀 違善依惡<漢書>

【合同】ごうどう(합동) 둘 이상의 것이 하나가 됨. 또는, 둘 이상의 것을 하나로 함.

【合力】ごうりょく(합력) ①힘을 합침. 協力(협력). 戮力(육력). ¶與共一<後漢書> ②무슨 일을 할 때의 노력의 결합. ③물리(物理)에서, 동시에 작용하는 둘 이상의 힘과, 완전히 효과가 동등한 하나의 힘.

【合禮】ごうれい(합례) ①예절에 맞음. ¶動而一 言必有經<女孝經> ②㊕ 신랑 신부가 합금(合衾)하여 첫날밤을 치르는 일. 正禮(정례).

【合路】ごうろ(합로) 둘 이상의 길이 한데 합침. 또는, 그런 길.

【合流】ごうりゅう(합류) ①냇물 따위가 한데 합쳐져 흐름. ¶四水一而入河<書經> ②합하여 행동을 같이 함.

【合理】ごうり(합리) 이치에 합당함. ¶一化/一性/一主義/一的.

【合謀】ごうぼう(합모) 지혜를 모아서 계획이나 계략을 세우는 일. 계략을 서로 의논하는 일. ¶應圖一 光我帝業<喬彝>

【合名】ごうめい(합명) ①이름을 함께 죽 씀. ②공동으로 책임을 지기 위하여 이름을 함께 사용함. 連名(연명). ¶一會社.

【合木】ごうぼく(합목) 세공물(細工物)을 만들 때, 나뭇조각을 모아 마주 붙이는 일. 「一性.

【合目的】ごうもくてき(합목적) 목적에 적합함. ¶

【合邦】がっぽう(합방) 두 개 이상의 나라를 합병하는 일. 또는, 그렇게 해서 성립된 나라. 合倂(합병)②.

【合法】ごうほう(합법) 법령이나 법식에 맞음. ¶一性/一的. ↔不法(불법).

【合壁】がっぺき(합벽) ①맞벽. ②가까운 이웃. ¶一 隣家之義也<下學集>

【合倂】がっぺい(합병) ①둘 이상을 합쳐 하나로 함. 合并(합병). ②☞合邦(합방).

【合倂症】がっぺいしょう(합병증) 한 가지 병에 관련하여 일어나는 다른 병증.

【合本】がっぽん(합본) ①여러 권의 책을 합쳐서 하나로 맴. 또는, 그러한 책. 合冊(합책). ②합자(合資).

【合祀】ごうし(합사) ①한 사당에 둘 이상의 신주(神主)를 모셔 제사 지냄. ②천지의 신(神)을 함께 제사 지냄. ③대대의 조상을 함께 제사 지냄.

【合絲】ごうし(합사) 실을 겹쳐 드림. 또는, 그 실. ¶一機/三一/一紬.

【合朔】がっさく(합삭) ①해와 달이 만나는 일. 매월 음력 초하루 전후에 일어남. ②삭(朔)을 같이 함. 곧, 같은 역법(曆法)을 씀. ¶三元一 九州同軌<楊炯>

【合算】がっさん(합산) ①모두 합하여 계산함. 合計(합계). ②들어맞는가를 비교하여 계산함.

【合席】ごうせき(합석) ①한 자리에 같이 앉음. ②좌중(座中) 모두.

【合線】ごうせん(합선) ①선이 합침. ②음양(陰陽)의 전기선이 한데 붙음. ¶電氣一.

【合設】ごうせつ(합설) 한 곳에 합쳐 설치함.

【合成】ごうせい(합성) 하나가 됨. 또는, 둘 이상의 것이 결합하여 하나의 물건이 됨. ¶一物/一樹脂/一語.

【合性】アイしょう(합성) 오행 역학(五行易學)에서, 성(性)이 서로 맞음. 또는, 그러한 성. 나무와 불, 불과 흙, 흙과 금 따위.

【合成酒】ごうせいしゅ(합성주) 알콜에 갖가지 술맛이 나는 성분을 섞어서 만든 술. ↔釀造酒(양조주)·穀酒(곡주).

【合勢】ごうせい(합세) 둘 이상의 세력을 합하여 하나로 함. 또는, 힘을 합침.

【合水】ごうすい(합수) 몇 갈래의 물이 한데 합쳐짐. 또는, 그 물.

【合宿】がっしゅく(합숙) 같은 목적을 가진 사람들이 같은 숙사(宿舍)에 묵으며 함께 지내는 일. 특히, 연구나 운동 연습 따위를 위해 함. ¶一訓練. 「차.

【合乘】アイノリ(합승) 여럿이 함께 탐. 또는, 그런

【合心】ごうしん(합심) ①여럿이 서로 마음을 합함. ¶中與人一<越絕書> ②마음에 맞음. ¶適眼一<梁武帝>

【合意】ごうい(합의) ①뜻이 맞음. 마음에 듦. ②마음을 합함. 同心(동심). ¶與卿同心—<漢書>/—管轄.
【合議】ごうぎ(합의) 여럿이 모여 의논함. ¶—於衆寡<王禹偁>/—制/—裁判.
【合一】ごういつ(합일) 합하여 하나가 됨. 또는, 합해서 하나로 함.
【合字】ごうじ(합자) 둘 이상의 글자를 합하여 하나의 글자를 만듦. 또는, 그 글자.
【合資】ごうし(합자) 두 사람 이상이 자금을 합치는 일. 合本(합본)②. ¶—會社.
【合作】がっさく(합작) ①두 사람 이상이 협력하여 하나의 물건을 만듦. 또는, 그 물건. ¶小序是子夏毛公—<詩經·注> ②시나 문장이 법식(法式)에 맞음. 평어(評語)에 많이 씀. 佳作(가작).
【合掌】がっしょう(합장)《佛》 두 손바닥을 마주 댐. 또는, 그렇게 하고 절함. ¶—安禪 端坐示滅<隋煬帝>
【合葬】がっそう(합장) 부부를 동혈(同穴)에 장사지내는 것. 合窆(합폄). ¶武子曰 —非古也<禮記>
【合掌拜禮】がっしょうはいれい(합장배례)《佛》 두 손바닥을 마주 대고 절함.
【合著】ごうちょ(합저) 힘을 합하여 책을 지음. 또는, 그 책. 共著(공저).
【合卒】ごうそつ(합졸) 장기를 둘 때 졸(卒)을 나란히 한데 모음. 또는, 그 일.
【合從】がっしょう(합종) ①남북을 합친다는 뜻. 從은 세로[縱]로, 남북을 이름. 전국 시대의 한(韓)·위(魏)·조(趙)·연(燕)·초(楚)·제(齊)의 여섯 나라가 남북으로 동맹을 맺어 서쪽의 강국 진(秦)에 대항한 외교책. 소진(蘇秦)이 주창(主唱)함. 合從說(합종설). ↔連衡(연횡). ②큰 세력에 대항하는 공수 동맹(攻守同盟).
【合奏】がっそう(합주) 두 가지 이상의 악기로 함께 연주함. 協奏(협주). ¶—曲. ↔獨奏(독주).
【合酒】(합주)(韓) 찹쌀로 빚는, 여름에 먹는 막걸리의 일종.
【合竹扇】(합죽선) 얇게 깎은 겉대를 맞붙여서 살을 만든 접부채. 合歡扇(합환선).
【合唱】がっしょう(합창) 두 사람 이상이 소리를 맞추어서 노래함.
【合致】がっち(합치) 서로 일치함.
【合編】がっぺん(합편) 두 편 이상의 글이나 책을 합쳐 엮음. 또는, 그 책.
【合窆】(합폄) ☞合葬(합장).
【合評】がっぴょう(합평) 여럿이 한자리에 모여서 하는 비평(批評). ¶—會.
【合歡】ごうかん(합환) ①모여서 함께 즐김. 合驩(합환). ¶昔時—場 今見高塚草<袁宏道> ②부부 또는 남녀의 동침(同寢).
【合歡酒】ごうかんしゅ(합환주) 혼례 때 신랑 신부가 서로 잔을 바꾸어 마시는 술.
▷結—, 競—, 交—, 鳩—, 糾—, 談—, 都—, 配—, 百—, 併—, 複—, 符—, 暗—, 野—, 連—, 聯—, 烏—, 瓦—, 遇—, 雲—, 癒—, 六—, 融—, 離—, 一—, 接—, 調—, 綜—, 集—, 統—, 好—, 混—, 和—, 會—

3/6 【向】 ①향할 향 ②성 상 (漢) ㄒㄧㄤˋ (xiang) (漢) | こう, きょう (ムカウ) *face*

풀이 ① ①향하다. 어떤 방향을 향해 나아감. ¶師之所— 無不披靡<後漢書>/—上. ②북창(北窓). ¶塞—墐戶<詩經> ③향방(向方). 향하는 방향. ¶進不知—<柳宗元> ④접때. 이전에. 과거를 나타내는 부사. (通) 嚮. ¶尋—所誌<陶潛>/—者. ⑤동작이 향하는 곳을 보이는 전치사. ¶洒—枝上花<王安石> ② ①성(姓). ¶—秀. ②옛 중국의 땅 이름. 나라 이름.
【向國之誠】きょうこくのせい(향국지 성) 조국을 생각하는 마음. 나라에 대한 정성.
【向念】きょうねん(향념) ☞向意(향의)②.
【向來】きょうらい(향래) 이제까지. 從來(종래).
【向發】きょうはつ(향발) 향하여 출발함.
【向方】きょうほう(향방) ①향하는 곳. ②바른 길로 향함. ¶求明察以官之 篤慈愛以固之 故衆知—<干寶>
【向背】こうはい(향배) 따름과 등짐. 복종(服從)과 배반(背叛). ¶以—爲變通<李康>
【向上】こうじょう(향상) ①위로 오름. 승천(昇天)함. ¶—之機緣. ②차차 나아짐. 점점 진보함. ¶—心/—發展. ③《佛》 끝[末]에서 밑[本]으로 나아감. ¶於生滅 門 有二種位 云何爲二 一者—門 二者向下門<釋摩訶衍論>
【向時】きょうじ(향시) 접때. 지난번. 向者(향자).
【向隅】きょうぐう(향우) 방의 구석으로 향한다는 뜻으로, 평등하게 대우 받지 못하고, 한 패로부터 따돌림을 당하여 슬퍼함. ¶衆滿堂而飮酒 獨—以掩淚<潘岳>
【向意】きょうい·こうい(향의) ①쏠리는 마음. 意向(의향). ②마음을 기울임. 생각을 둠. 向念(향념).
【向日】きょうじつ①·こうじつ②(향일) ①지난날. 지난번. 전일(前日). 嚮日(향일). ¶—論事 至誠懇切<唐書> ②태양을 향함. ¶—分千笑 迎風共—香<唐太宗>
【向日葵】こうじつき(향일규) 해바라기. 向日花(향일화).
【向自】こうじ(향자) 철학에서, 다른 것과의 관계로써 자기를 자각함. 또는, 그 존재방식. 對自(대자). 卽自(즉자).
【向者】きょうしゃ(향자) 접때. 지난번. 嚮者(향자). ¶—夫子仰天而嘆<列子>
【向前】きょうぜん(향전) ①지난번. 여태까지. 從來(종래). ¶凄凄不似—聲<白居易> ②마주 향함.
【向點】こうてん(향점) 한 천체가 운동하는 앞방향이 천구(天球)와 교차되는 점.
【向學】こうがく(향학) 학문에 마음을 향하고 그 길로 나아감. 학문에 뜻을 둠. ¶—心/—熱.
【向後】きょうご·こうご(향후) ①이제부터. 이 뒤. 今後(금후). ¶—須敎酒領來<皮日休> ②뒤로 향함. ¶却使蒼鷹飜—<岑參>
▷傾—, 歸—, 內—, 動—, 發—, 方—, 背—, 上—, 性—, 外—, 意—, 一—, 轉

一, 趣一, 風一, 下一, 回一, 懷一, 希一

6【回】☞ 口部 3 획 (p. 325)

3
6【后】 임금 후 | 简ㄏㄡˋ (hou) | こう(キサキ) *king, queen*

풀이 ①임금. ¶我一不恤我衆<書經>/一王/群一. ②황후. ¶天子有一<禮記>/呂一/皇一. ③토지의 신. ¶皇天一土<書經>/一祇. ④뒤. 通後. ¶知止而一有定<大學>/君還而一退<儀禮>/一宮.

【后宮】こうきゅう(후궁) ①임금의 첩. 後宮(후궁). ↔正宮(정궁). ②별 이름. 북극 오성(北極五星)의 네째 별. 「地祇(지기).

【后祇】こうぎ(후기) 토지의 신. 后土(후토)①.

【后辟】こうへき(후벽) ☞후왕(后王). ¶明明一仁以爲政<東晳> 「(황후).

【后妃】こうひ(후비) 임금의 정실(正室). 皇后

【后王】こうおう(후왕) 천자. 군주. 後辟(후벽). ¶一命冢宰<禮記>

【后帝】こうてい(후제) ①하늘. ②하느님. 天帝(천제). ¶皇皇一<詩經>

【后稷】こうしょく(후직) ①(人) 중국 농업의 개조(開祖). ②고대(古代)에 농사를 맡아 보던 장관. ③(人) 주(周)의 시조(始祖)라는 전설상의 인물. 이름은 기(棄). 요(堯)임금 때 농사(農師)의 직(職)을, 순(舜)임금 때 후직의 벼슬을 하여 이름.

【后土】こうど(후토) ①☞后祇(후기). ¶告于皇天一 所過名山大川<書經> ②토지. 국토. ③중국 고대의 수토(水土)를 맡아 보던 벼슬.

▷群一, 母一, 王一, 元一, 立一, 太一, 皇一

3
6【吃】 말더듬을 흘 本글 | 简ㄔ (chi) | きつ(ドモル) *stammer*

풀이 ①말을 더듬다. 말더듬이. ¶昌爲人一<漢書>/口一. ②껄껄 웃는 모양. ¶聞唉聲一一不止<通俗編>/一一. ③머뭇거리다. ¶凍馬四蹄一<孟郊> ④먹다. 같喫. ¶越王之窮 至乎一山草<新書> ⑤받아들이다. 감수(感受)함. ¶一驚.

【吃舌】きつぜつ(흘설) ☞吃音(흘음).

【吃逆】きつぎゃく(흘역) 딸국질.

【吃音】きつおん(흘음) 말더듬이. 吃舌(흘설).

▷蹇一, 口一, 老一, 吶一, 吃一

7【启】 啓(p. 299)와 同字

4
7【告】 1 알릴 고 2 청할 곡 3 국문할 국 | 简ㄍㄠˋ (gao) 又ㄍㄨˋ (gu) | こく, こう(ツゲル) *tell, ask*

풀이 1 ①알리다. 아룀. ¶一諸往而知來者<論語>/一厥成功<書經>/報一. ②고발하다. 호소함. ¶不一姦者 腰斬<史記>/一訴/一發. ③타이르다. 깨우침. 通誥. ¶上敕下曰一<釋名>/燕居 一溫溫<禮記>/忠一. 2 ①청하다. 뵙고 청함. ¶出必一 反必面<禮記> ②안부를 묻다. ¶八十 月一存<禮記> 3 국문하다. 通鞫. ¶一于甸人<禮記>

【告歸】こっき(고귀) 처녀가 시집가라는 말을 들음. ¶言告言歸<詩經>
(곡귀) ①임금에게 고하고 고향으로 돌아감. ¶伊尹既復政厥辟 將一<書經> ②벼슬아치가 길사(吉事)로 휴가를 청하여 집으로 돌아감. ※告寧(곡녕).

【告急】こっきゅう(고급) 위험이 절박해 있음을 알리고 도움을 청함. ¶賑窮一之意<白虎通>

【告寧】こくねい(고녕) 난(亂)이 평정되었음을 알림. ¶衛侯一於齊<左氏傳>
(곡녕) 흉사(凶事)로 관리가 휴가를 얻어 집으로 돌아감. ※告歸(곡귀)②.

【告廟】こくびょう(고묘) 큰 일이나 변고가 있을 때, 조상의 사당에 아뢰는 일. ¶王者出必一何<白虎通>

【告發】こくはつ(고발) ①죄를 들추어 내어 고소함. ②범죄에 대하여, 피해자 이외의 사람이 범죄자 및 범인 소재지를 검사·경찰관에게 신고하여 범인의 처벌을 요구하는 일.

【告白】こくはく(고백) ①숨김 없이 사실대로 솔직하게 말함. ②기독교에서 자기의 신앙을 공개적으로 표명하는 일. ¶信仰一.

【告變】こくへん(고변) ①변사(變事), 재변(災變)을 알림. ¶頃日蝕一 水旱不適<晉書> ②반역(叛逆)을 고발함.

【告別】こくべつ(고별) 작별(作別)을 고함. ¶於是一而去<後漢書>

【告訃】こくふ(고부) 사람의 죽음을 알림. 訃告(부고). 通訃(통부). 凶報(흉보).

【告祀】(고사)韓 한 몸이나 집안에 탈이 없기를 비는 제사.

【告辭】こくじ(고사) ①알리는 말. 고시(告示)하는 문사(文辭). ②작별 인사를 함. 告別(고별). ③의식(儀式) 때 글로써 훈계하는 말.

【告朔】こくさく(고삭) 주(周)대에 매월 초, 천자나 제후가 선조의 사당에 제사지내고, 거기에 넣어 둔 그 달의 책력을 꺼내어 나라 안에 편 의식(儀式).

【告朔餼羊】こくさくきよう(고삭희양) 고삭 때 바치는 희생양(犧牲羊)이라는 뜻으로, 비록 형식뿐인 예(禮)라 할지라도 없애는 것보다는 나음의 비유.

【告賽】こくさい(고새) 신(神)에게 고하고 제사지냄. ¶建廟春秋一 尊爲家神<遼史>

【告訴】こくそ(고소) ①사정을 고하여 청원(請願)함. ¶無所一<韓詩外傳> ②범죄의 피해자 또는 법정 대리인이, 검사나 경찰관에게 범죄 사실을 서면, 구두로 신고하여 범인의 처벌을 요구하는 일.

【告示】こくじ・こくし(고시) ①고하여 알림. ②관청에서 모든 사람에게 알릴 사항을 글로 게시함.

【告身】こくしん(고신) 당(唐)대에 임관(任官)된 사람이 웃사람으로부터 받은 사령 문서(辭

令文書). 告命(고명). 職牒(직첩).
【告由】こくゆう(고유) 사삿집이나 나라에서 큰일을 치른 뒤에, 그 까닭을 사당이나 신명(神明)에게 아뢰는 일. 「<漢書>
【告諭】こくゆ(고유) 말하여 타이름. ¶一秦父兄
【告引】こくいん(고인) 자기의 죄를 면하려고 상대방이 죄지었다고 고하여 남을 끌어넣는 일. ¶諸生傳相一 乃自除<史記>
【告子】こくし(고자) ①《人》 전국 시대 사람. 이름은 불해(不害). 맹자와 논쟁하여, 성(性)에는 선(善)·불선(不善)의 구별이 없음을 주장. ②「맹자」의 편 이름. 상·하로 되어 있음.
【告者】こくしゃ(고자) 남의 잘못이나 비밀을 일러바치는 사람.
【告傳旗】こくでんき(고전기) 과녁 옆에 두고, 화살이 맞고 떨어지는 방향을 알릴 때 쓰는
【告知】こくち(고지) 통지함. ¶一書/一板. 「기.
【告天文】こくてんぶん(고천문) 혼례(婚禮) 따위의 예식에서 하느님에게 아뢰는 글.
【告天子】こくてんし(고천자) 종달새. 告天鳥(고천조). 雲雀(운작). 「職)함.
【告休】こっきゅう(고휴) ①휴가를 얻음. ②사직(辭
【告存】こくそん(곡존) 안부를 물음. 문안(問安)함. ¶八十 月一<禮記>
▷諫一, 讒一, 警一, 戒一, 啓一, 公一, 廣一, 誣一, 密一, 報一, 普一, 訃一, 社一, 上一, 宣一, 申一, 豫一, 原一, 諭一, 傳一, 詔一, 陳一, 催一, 忠一, 勅一, 通一, 布一, 佈一, 被一, 抗一, 訓一, 休一

7【串】☞ 丨部 6획(p.38)
7【呈】 1 狂(p.975)의 古字 2 呈(p.283)의 俗字
7【局】☞ 尸部 4획(p.465)

4 7【君】 임금 군 | 図ㄐㄩㄣ (jun) | くん(キミ) *sovereign*

풀이 ①임금. 백성을 다스리는 왕. ¶一哉舜也<孟子>/一主. ②한 영지(領地)의 소유자. 제후(諸侯)·경대부(卿大夫) 등. ¶樹后王一公<書經> ③봉호(封號). ¶忠寧大一/王昭一/孟嘗一. ④아내가 남편을 호칭하는 말. ¶一爾妾亦然<古詩> ⑤아내. 부인(夫人). ¶歸遺細一<漢書> ⑥부모에 대한 존칭. ¶家人有嚴一焉 父母之謂也<易經> ⑦선조에 대한 존칭. ¶先一孔子生于周末<孔安國> ⑧동배(同輩) 사이나 손아랫사람에 대한 호칭. ¶諸一/李一. ⑨어진이. 현자(賢者). ¶一子. ⑩남에 대한 존칭. ¶臣非知一<史記> ⑪귀신에 대한 존칭. ¶湘一. ⑫임금의 구실을 다하다. 임금으로서 임함. ¶君不一<論語>
【君公】くんこう(군공) 제후(諸侯).
【君國】くんこく(군국) ①임금과 나라. ②군주 국가(君主國家). ③나라에 임금으로서 임함. ¶一可以濟百姓<國語>
【君臨】くんりん(군림) ①군주로서 나라를 다스림. ②남을 누르고 세력을 떨침.
【君命】くんめい(군명) 임금의 명령. 王命(왕명).
【君父】くんぷ(군부) 임금과 아버지. ¶奉安一忠孝之至也<漢書> 「¶一一體.
【君師父】くんしふ(군사부) 임금과 스승과 아버지.
【君臣】くんしん(군신) 임금과 신하.
【君臣水魚】くんしんすいぎょ(군신수어) 임금과 신하는 물과 물고기란 뜻으로, 지극히 친밀함을 이르는 말.
【君臣有義】くんしんぎアリ(군신유의) 오륜(五倫)의 하나로, 임금과 신하 사이는 의(義)를 첫째로 삼음.
【君臣佐使】くんしんさし(군신좌사) 약방문(藥方文)에서 주약(主藥)과 보조약. 가장 주된 약인 군제(君劑), 그리고 그에 배합하여 쓰는 다른 약을 작용의 강약·경중에 따라 구별한 신약(臣藥)·좌약(佐藥)·사약(使藥).
【君王】くんおう(군왕) ①임금. 국왕. 군주. ②제후와 천자.
【君辱臣死】キミハズカシメラルレバしんしス(군욕신사) 임금이 치욕을 당하면 신하는 결사적으로 설욕(雪辱)해야 한다는 뜻으로, 신하는 죽음으로써 충성해야 함을 이르는 말. ¶爲人臣者 君憂臣勞 一<國語>
【君恩】くんおん(군은) 임금의 은혜. ¶一如水向東流 得寵憂移失寵愁<李商隱>
【君子】くんし(군자) ①덕이 높은 훌륭한 사람. ¶人不知不慍 不亦一乎<論語>↔小人(소인). ②지체나 관직이 높은 사람. ③군주(君主). ④아내가 지아비를 부르는 호칭. ¶一 謂夫也<後漢書·注> ⑤군주나 주군의 측근자. ⑥학문·수양에 뜻을 둔 사람. ¶一之學 入乎耳 著乎心<荀子> ⑦매(梅)·난(蘭)·국(菊)·죽(竹)·연(蓮) 따위의 기품이 높은 식물. ¶一花/四一.
【君子不器】くんしきナラズ(군자불기) 군자는 그릇이 아니라는 뜻으로, 그릇의 용도는 한 가지이나 군자의 덕은 온갖 방면에 통함을 이르는 말. ¶子曰 一<論語>
【君子儒】くんしじゅ(군자유) 도를 배우고 덕을 닦는 훌륭한 학자. ¶女爲一 無爲小人儒<論語> ↔小人儒(소인유).
【君子有三樂】くんしさんらくアリ(군자 유삼락) 군자에게는 세 가지 즐거움이 있음. 첫째, 부모가 살아 계시고 형제가 탈 없는 것. 둘째, 하늘과 사람에게 부끄러울 게 없는 것. 세째, 세상의 영재를 얻어 가르치는 것. ¶一 而王天下不與存焉 父母俱存 兄弟無故 一樂也 仰不愧於天 俯不怍於人 二樂也 得天下英才而教育之 三樂也<孟子>
【君子禍至不懼】くんしわざわいイタルモおそレズ(군자 화지불구) 군자는 평상시 말을 삼가고 행실을 다하여, 천명(天命)에 만족하므로 화(禍)가 닥쳐도 두려워하지 않음. ¶一 福至不喜<孔子家語>
【君長】くんちょう(군장) ①군주와 장상(長上). 또는, 군주. ②추장(酋長). 頭目(두목). 頭領(두령).
【君劑】くんざい(군제) 약화제(藥和劑)에서 가장 주장된 약제. 육미탕(六味湯)에서 숙지황(熟地黃) 따위. ※君臣佐使(군신좌사).

【君主】くんしゅ(군주) 임금. 나랏님. 君長(군장). ¶一制/一國家.

【君唱臣和】くんしょうしんわ(군창신화) 임금이 주창하고 신하는 그것에 맞추어 정무(政務)를 집행한다는 뜻으로, 군신이 화협(和協)하여 정치함을 이르는 말. ¶一 主先臣隨<漢書>

【君號】くんごう(군호) 왕족이나 공신 등을 군(君)으로 봉할 때 붙이는 이름.

【君侯】くんこう(군후) ①제후(諸侯)의 존칭. ②고관(高官)·귀인(貴人)에 대한 존칭.
▷家一, 寡一, 國一, 貴一, 郞一, 大一, 名一, 明一, 父一, 夫一, 府一, 使一, 先一, 聖一, 細一, 小一, 暗一, 嚴一, 幼一, 諸一, 主一, 天一, 暴一, 賢一

7〖叫〗 吅(p.265)의 俗字

4 7〖吶〗 1 말더듬을 눌 2 고함지를 납 | 㒰ㄋㄚˋ (na) 圍 | とつ (ドモル) *stammer*

풀이 1 말을 더듬다. ㉠訥. ¶一鈍于辭<漢書>/一口少言<漢書> 2 고함 지르다. 숨을 죽였다가 큰 소리로 외침. ¶一喊.

4 7〖呂〗 등뼈 려 | 語ㄌㄩˇ (lü) | りょ(セボネ) *backbone*

源 象形. 등뼈가 한 줄로 이어진 모양을 본뜸.

풀이 ①등뼈. 척추(脊椎). ¶一 脊骨也<說文> ②음(陰)의 음률(音律). 육려(六呂). 음률(陰律). ¶律十有二 陽六爲律 陰六爲一<漢書>

【呂鉅】りょきょ(여거) 교만한 모양.

【呂公枕】りょこうちん(여공침) 영화(榮華)의 무상함을 비유하는 말. ※邯鄲之夢(한단지몽).

【呂傅】りょふ(여부) 주(周)의 태공망(太公望) 여상(呂尙)과 은(殷)의 부열(傅說). 모두 명신(名臣)으로 전해 옴.

【呂不韋】りょふい(여불위)《人》 중국 전국 시대의 거상(巨商). 진(秦)의 장양왕(莊襄王)을 섬기어 문신후(文信侯)로 봉해짐. 시황제(始皇帝)는 실은 그의 아들이라 함. 「여씨춘추」(呂氏春秋)를 펴냄. (?~B.C.235).

【呂尙】りょしょう(여상)《人》 중국 주(周)의 동해(東海) 사람. 본성(本姓)은 강(姜). 그의 선조가 여(呂)에 봉해졌으므로 여상(呂尙)이라 이름. 문왕(文王)의 스승으로, 강태공(姜太公)·태공망(太公望)·사상보(師尙父) 등으로 일컬어짐. 무왕(武王)을 도와 은(殷) 주왕(紂王)을 멸하고, 천하를 평정한 공으로 제(齊)에 봉해짐.

【呂氏鄕約】りょしきょうやく(여씨향약) 송(宋)의 여대균(呂大鈞)이 창시(創始)한 향리(鄕里)의 규약(規約). 덕업상권(德業相勸)·과실상규(過失相規)·예속상교(禮俗相交)·환난상휼(患難相恤)을 강령으로 하여, 후세 향약의 규범이 됨.

【呂律】りょりつ(여율) 육려(六呂)와 육률(六律). 律呂(율려).

【呂后】りょこう(여후) 한(漢) 고조(高祖)의 비(妃). 아들 혜제(惠帝)가 죽은 뒤 정권을 쥐고 여씨(呂氏)를 여러 왕에 봉하여, 여씨 난(亂)의 원인이 됨. (?~B.C.180).
▷九鼎大一, 南一, 六一, 律一, 伊一, 中一, 脊一

4 7〖吝〗 아낄 린 | 震ㄌㄧㄣˋ (lin) | りん(オシム) *stingy*

源 會意. 文은 꾸밈을 뜻함. 입에 발린 말로 핑계만 대고 재물을 내놓지 않는다는 뜻.

풀이 ①아끼다. 재물에 대하여 다랍게 굶. ㉠悋. ¶使驕且一<論語>/一嗇. ②소중하게 여기다. ¶去者 雖多不足一<唐書> ③주저하다. ¶改過 不一<書經>/一情. ④도량이 좁고 깔끔하지 못하다. ¶鄙一. ⑤한(恨)하다. 원망함. ¶無悔一之心<後漢書> ⑥부끄러워하다. ¶得之不休 不獲不一<後漢書>

【吝嗇】りんしょく(인색) 체면을 돌아보지 않고 재물을 지나치게 아낌. ¶性一 貨殖至鉅萬<宋史>

【吝惜】りんせき(인석) 재물을 몹시 아낌. 吝愛(인애).
▷慳一, 儉一, 慊一, 不一, 鄙一, 惜一, 悔一

4 7〖呆〗 1 어리석을 매 本 태 2 지킬 보 | 灰ㄉㄞ (dai) 皓ㄞˊ (ai) | たい (オロカ) *stupid* ほう

▷阿一, 癡一

4 7〖吵〗 1 지저귈 묘 2 소리 초 | 篠 巧ㄔㄠˇ (chao) | びょう (サエズル) *chirrup* そう(コエ)

풀이 1 지저귀다. 꿩이 울다. 2 ①소리. ②中 ㉮떠들다. 시끄럽다. ㉯언쟁하다.

4 7〖吻〗 입술 문 | 吻ㄨㄣˇ (wen) | ふん(クチビル) *lips*

풀이 ①입술. 입가. ¶接一/一合. ②뾰족하게 내민 물건의 끝. ¶雲依殿一浮<孔平仲>
▷口一, 怒一, 罵一, 脣一, 接一, 血一, 虎一, 黃一

4 7〖否〗 1 아닐 부 2 막힐 비 | 有ㄈㄡˇ (fou) 紙ㄆㄧˇ (pi) | ひ(イナ) *not, deny, be closed*

源 會意·形聲. 「口+不」. 그렇지 않다고 말하다[口]의 뜻.

풀이 1 ①☞ 句法 ②부정하다. 거절함. ¶予所一者<論語> 2 ①막히다. 통하지 않음. ¶信人事之一泰<潘岳>/一運/一塞. ②비괘(卦). 64괘의 하나. ☷☰. 곤하건상(坤下乾上). 음양(陰陽)이 화합하지 못함을 나타냄. ③나쁘다. ¶利出一<易經>

句法

①의문
[…否] 혹은, 그렇지 않은가. ¶視吾舌尙在否<十八史略>

②부정
㉮[…否…] …하지 않다. 非와 쓰임이 같음. ¶或師焉 或否焉<韓愈>
㉯[…否…] …한 일은 없다. 無와 쓰임이 같음. ¶其本亂而末治者 否矣<大學>

③접속
[…否則] …하지 않다면. ¶否則威之<書經>

【否決】ひけつ(부결) 제출한 의안(議案)을 성립시키지 않는 의결.

【否認】ひにん(부인) ①인정하지 아니함. ↔是認(시인). ②좋지 않다고 함. 「정).

【否定】ひてい(부정) 아니라고 함. ↔肯定(긍

【否票】ひひょう(부표) 옳지 않다는 뜻을 나타낸 표. 반대를 나타내는 표. ↔贊票(찬표).

【否卦】ひか(비괘) 64괘의 하나. 건괘(乾卦)와 곤괘(坤卦)가 겹친 것으로, 하늘과 땅이 사귀지 못함을 보이는 괘. ↔泰卦(태괘).

【否極反泰】ひきわまればたいにかえる(비극반태) 비운(否運)이 극한에 달하면 행운이 돌아옴. 천운(天運)의 순환을 이름. ※苦盡甘來(고진감래).

【否剝】ひはく(비박) 운이 나쁜 것. 否, 剝 모두 「주역」의 괘명(卦名)으로, 剝은 음기(陰氣)가 성하여 양기가 괴로와하는 괘. 不運(불운).

【否塞】ひそく(비색) ①꽉 막힘. ¶乾坤一<魏志> ②불행하게 됨. ¶平人生心 而賢良一矣<亢倉子>

▷可一, 拒一, 傾一, 困一, 能一, 成一, 安一, 然一, 臧一, 適一, 存一, 眞一, 贊一, 出一, 黜一, 通一, 顯一, 休一

4/7【吩】 1 뿜을 분 2 분부할 분 | 問 因ㄈㄣ (fen) | ふん(イイツケル) *spout, command*

【吩咐】(분부) 아랫사람에게 명령을 내림. 또는, 그 명령. 分付(분부).

7【亜】 ☞二部 5획(p.67)

4/7【吮】 빨 연 | 銑ㄕㄨㄣˇ (shun) | せん(スウ) *suck, lick*

【吮犢之情】せんとくのじょう(연독지 정) 어미소가 송아지를 핥는 정이란 뜻으로, 제 자녀나 부하에 대한 사랑을 이르는 말.

【吮墨】せんぼく(연묵) 붓을 빪. 또는, 시문(詩文)을 지으려고 생각에 잠기는 일. ¶一摛詞 詠日月之光華<李商隱>

【吮癰舐痔】せんようしじ(연옹지치) 종기와 치질을 핥는다는 뜻으로 몹시 아첨함을 이르는 말.

【吮疽之仁】せんそのじん(연저지 인) 상사(上司)가 자기 부하를 극진히 사랑함을 이름. 전국(戰國) 시대, 위(衛)의 오기(吳起)가 부하 병사의 종기 고름을 빨아 주었다는 옛일에서 온 말.

4/7【吾】 1 나 오 2 소원할 어 3 땅이름 아 | 虞 魚 麻 ㄨˊ (wu) | ご(ワレ) *I, estranged*

源 **會意·形聲**. 語의 본자로, 말을 주고받는다는 뜻. 가차(假借)하여, 자칭대명사로 쓰임.

풀이 1 ①나. ¶日三省一身<論語>/草庵寂默我忘一<陸游> ②우리. ¶我張一三軍<左氏傳>/一等. ③글 읽는 소리. ¶一伊. 2 소원하다. 친하지 않거나 친하려 하지 않는 모양. ¶暇豫之一一 不如鳥烏<國語>/一一. 3 땅 이름. ¶允一.

【吾家所立】(오가소립) 자기가 도와 주어 입신(立身)을 하게 한 사람.

【吾黨】わがとう(오당) 우리 또래. 우리 편. 우리 당파(黨派). 우리 향당(鄕黨). ¶已乎已乎 非一之士乎<左氏傳>

【吾等】われら(오등) 우리들. ¶一所居<稽神錄>

【吾不關焉】われかんせず(오불관언) 나는 그 일에 상관하지 아니함.

【吾伊】ごい(오이) 글 읽는 소리. 伊吾(이오). 唔咿(오이). 咿唔(이오). ¶南窓讀書聲一 北窓見月歌竹枝<黃庭堅>

吾人】ごじん(오인) 나. 우리.

【吾子】ごし(오자) ①내 아들. ¶今一又死焉<禮記> ②동년배의 상대를 친숙하게 이르는 말. ¶一與子路孰賢<孟子>

【吾兄】ごけい(오형) 내 형이란 뜻으로, 벗에 대한 경칭. ¶一旣鳳翔 王子亦龍飛<傅咸>

▷故一, 今一, 忘一, 番一, 伊一, 從一, 支一, 知一

4/7【吳】 나라 이름 오 | 虞ㄨˊ (wu) | ご

源 **會意**. 고개를 왼쪽으로 기울여 바르지 않은 모양으로, 올바른 이치가 아님을 뜻함. 가차(假借)하여, 나라 이름으로 쓰임.

풀이 ①나라 이름. ㉮춘추 시대에 지금의 강소(江蘇)·절강(浙江) 지방에 세력을 뻗친 나라. ¶一越同舟. ㉯중국 삼국 시대에 손권(孫權)이 건업(建業)에 도읍한 나라. ②큰소리로 말하다. 떠들썩함. ¶不一不揚<詩經>

【吳干之劍】ごかんのけん(오간지 검) 명검(名劍) 오(吳)의 간장(干將)이 만듦. ¶一 肉試則斷牛馬<戰國策> ※干將莫邪(간장막야).

【吳兒】ごじ(오아) 오(吳)나라 소년. 뜻이 바뀌어, 무정한 사람을 이름. ¶賈充稱統 此一石人木腸也<晋書>

【吳牛喘月】ごぎゅうつきにあえぐ(오우천월) 담(膽)이 작아 미리 겁을 먹음을 이르는 말. 더위에 지친 오(吳)의 소가 해로 착각하여 달을 보고

숨을 헐떡거린다는 뜻.

【吳越同舟】ごえつどうしゅう(오월동주) 서로 적대하는 사이끼리 같은 위험에 빠져 일시적으로 함께 협력하게 되는 처지를 이름.
【유래】전국 시대 병법가 손무(孫武)가 한 말이다. 싸움에 이기려면 군사들의 용기를 하나로 단합하여 발휘하게 하는 일이 무엇보다 중요하다. 그리고 이 단합은 같은 위험을 인식시키는 데서 가능하다. 예를 들어 오나라와 월나라 사람은 서로 앙숙이지만, 만일 한배에 타고 바다에서 풍랑을 만난다면 그들은 목숨을 건지려는 본능에서 서로 한몸처럼 단합하여 풍랑과 싸우게 되는 것이다. <孫子>

【吳吟】ごぎん(오음) 오(吳)나라 사람이 오(吳)의 노래를 부른다는 뜻으로, 고향을 그리워함을 이르는 말. ¶今軫將爲王一<戰國策>
【吳音】ごおん(오음) ①중국 오(吳) 지방에서 행하여진 발음 또는 언어. ¶吳興丘深之及琛一不變<南史> ↔漢音(한음). ②오(吳) 지방의 음악. ¶一 清樂也<吳都志>
【吳中】ごちゅう(오중) 춘추 시대 오(吳)의 서울. 지금의 강소성(江蘇省) 오현(吳縣). ¶避仇於一<史記> 「우. 火神(화신).
【吳回】ごかい(오회) 불의 신. 축융(祝融)의 아
▷句一, 孫一

7〖呉〗 吳(p. 282)의 俗字

7〖吴〗 吳(p. 282)의 俗字

4/7〖吪〗 움직일 와 | 歐ㄜˊ (e) | が(ウゴク) move
源 會意·形聲. 化는 모습을 바꾼다는 뜻. 또 음을 이룸. 吪는 묘하게 변한 말을 뜻함.
풀이 ①움직이다. ¶尙寐無一<詩經> ②변화하다. 변함. 通 化. ¶四國是一<詩經> ③사투리. 같 訛. ¶一言.

7〖㕧〗 1 吪(p. 283)와 同字 2 化(p. 228)의 古字

4/7〖吽〗 1 물어뜯을 우 2 짖을 후 3 범어 훔 | 尤ㄡ(ou) 宥ㄏㄨㄥ (hong) | ごう こう うん
풀이 1 물어뜯다. 두 마리 개가 다툼. ¶一牙. 2 짖다. 또는, 크게 노한 소리. 같 吼. 3 《佛》 범어(梵語) hniū의 음역. 입을 다물고 쉬는 숨소리가 吽인데, 모든 교리(敎理)가 이 글자에 담겨 있다고 함. ¶一哆教.

4/7〖听〗 1 웃을 은 2 들을 청 | 軫ㄧㄣˇ (yin) ㄊㄧㄥ (ting) | きん laugh てい hear

4/7〖吟〗 1 읊을 음 2 입다물 금 | 侵ㄧㄣˊ (yin) 沁 | ぎん(ウタウ) recite きん
源 會意·形聲. 今은 물건을 긁어 모아 덮개를 덮어 감춤. 또, 음을 이룸. 吟은 입을 가려 나직이 내는 입 안의 소리라는 뜻.
풀이 1 ①읊다. 나직이 읊조림. ¶行一澤畔<楚辭>/一詩. ②신음하다. 괴로와서 끙끙거림. ¶其音如一<山海經>/呻一. ③시체(詩體)의 하나. 소리를 끌어서 읊기 위해 만든 시체. ¶好爲梁甫一<蜀志>/遊子一. 2 입을 다물다. 通 噤. ¶一而不言<史記>

【吟客】ぎんきゃく(음객) 시가(詩歌)를 짓는 사람. 詩人(시인).
【吟蛩】ぎんきょう(음공) 귀뚜라미. ¶蟋蟀隨陰迎陽一名一<埤雅>
【吟壇】ぎんだん(음단) ①시가 작자들의 모임. ¶歸來曳屨上一<歐陽玄> ②시인 중의 영수(領袖). 뜻이 바뀌어, 시인의 경칭.
【吟弄】ぎんろう(음롱) 시가를 읊음. 吟詠(음영). ¶一夕陽明<黃庭堅>
【吟味】ぎんみ(음미) ①시가를 읊조리며 그 정취(情趣)를 맛봄. ¶持甌默一 搖膝空咨嗟<李群玉> ②음영(吟詠)의 흥취. ¶雨聲雖到夜 一不如秋<禪月> ③사물의 의미를 새겨서 깊이 연구함.
【吟社】ぎんしゃ(음사) 시인들의 모임. 또는, 그 단체. ¶好與高陽結一<高駢>
【吟殺】ぎんさつ(음살) 시를 읊음. 殺은 강조하는 어조사. ¶夕陽一倚樓人<韋莊>
【吟咏】ぎんえい(음영) 시가를 읊음. 또는, 그 시가. 吟詠(음영).
【吟詠】ぎんえい(음영) ☞吟咏(음영).
【吟風弄月】ぎんぷうろうげつ(음풍농월) 맑은 바람을 쐬며 노래를 읊기도 하고, 명월을 관상(觀賞)하기도 함. 또는, 풍월(風月)을 제재(題材)로, 혹은 달을 바라보며 시를 지음. 吟風咏月(음풍영월). 「풍농월).
【吟風咏月】ぎんぷうえいげつ(음풍영월) ☞吟風弄月(음
▷苦一, 朗一, 名一, 默一, 微一, 詩一, 呻一, 詠一, 吳一, 謠一, 沈一

7〖邑〗 部首 글자

7〖㖩〗 咞(p. 293)와 同字

4/7〖呈〗 1 나타낼 정 2 뽐낼 정 3 쾌할 정 | 庚ㄔㄥˊ (cheng) 敬 梗 | てい(アラワス) reveal, boast
源 會意·形聲. 呈은 입으로 숨김없이 진술 또는 표현하는 일.
※呈(p. 280)은 딴 자.
풀이 1 ①나타내다. 드러내 보임. ¶星斗一祥<晉書>/露一/一現. ②드리다. 웃사람에 바침. ¶先以所業進一<宋史>/贈一. ③상급 관청에 올리는 문서. 일반인이 관청에 내는 원서. ¶一文. 2 뽐내다. 자랑하여 일부러 보임. ¶恐無一身御史<唐書> 3 쾌하다. 마음이 상쾌함. 通 逞. ¶殺人以一<左氏傳>

【呈示】ていじ(정시) ①나타내어 보임. 또는, 내놓아 보임. ②경제 용어로서, 제시(提示)의 옛 용어.

【呈才】ていさい(정재) 대궐 안 잔치 때에 베푸는 춤과 노래.

▷敬—, 謹—, 露—, 拜—, 奉—, 上—, 贈—, 進—, 獻—

4 7 〖吹〗 1 불 취 2 바람 취 | 支 ㄔㄨㄟ (chui) | すい(フク) *blow* | 寘 すい(カゼ)

源 **會意**. 입으로 하품을 하면 입김이 입 밖으로 나온다는 데서, 불다의 뜻.

풀이 1 ①불다. ㉮입김을 급히 내보내다. ¶—呼. ㉯피리·나팔 따위를 불다. ¶伯氏—壎 仲氏—篪<詩經> ㉰바람이 불다. ¶薄暮東南—<李白> ②부추기다. ¶鼓—. 2 ①바람. ¶夕—生寒浦<李嶠> ②피리 따위의 부는 악기. 또는, 취주악(吹奏樂). ¶上丁 命樂正 入學習—<禮記>

【吹鳴】すいめい(취명) 기적(汽笛)이나 사이렌 따위를 불어 울림.

【吹毛】すいもう(취모) ①털을 분다는 뜻으로, 극히 쉬운 일의 비유. 또는, 숨어 있는 작은 죄과(罪過)를 들추어 내는 일. 취모구자(吹毛求疵)의 준말. ②바람에 불리고 있는 털도 베어 끊을 정도로 잘 드는 칼. 名劍(명검). ¶騎突劍—<杜甫>

【吹毛求疵】ケヲフイテキズヲモトム(취모구자) 흉터를 찾으려고 털을 불어 헤친다는 뜻으로, 억지로 남의 작은 허물을 들추어냄을 이르는 말. 吹毛覓疵(취모멱자). ¶有司— 笞服其臣<漢書>

【吹雲】すいうん(취운) ①구름이 일게 함. ¶—吐潤<曹植> ②구름을 묘사하는 화법(畫法). 젖은 종이에 먹물을 뿜어 그림. ③북의 이칭. ¶鼓 一名—<煙花記>

【吹笛】すいてき(취적) 피리를 붊. 吹竹(취죽).

【吹奏】すいそう(취주) 저·피리·나팔 따위의 관악기를 불어 연주함.

【吹奏樂】すいそうがく(취주악) 관악기에 의한 음악.

【吹皺一池春水】フイテいっちのしゅんすいヲシワム(취추일지춘수) 봄바람이 건듯 불어 못물이 일렁거린다는 뜻으로, 쓸데없는 일에 참견함을 놀려 이르는 말. 남당(南唐) 때 풍연기(馮延己)가 「風乍起吹皺一池春水」라는 문구를 좋아하니, 그 문구가 너와 무슨 관계가 있느냐고 원종(元宗)이 조롱했다는 옛일에서 유래됨.

【吹打】すいだ(취타) 군중(軍中)에서 나발·소라·대각(大角)·호적(號笛) 등을 불고, 징·북·나(鑼)·바라 따위를 치는 군악(軍樂). 대취타(大吹打)·소취타(小吹打)의 두 가지가 있음. ¶—手.

▷歌—, 鼓—, 濫—, 倒—, 獨—, 妙—, 繁—, 蛙—, 齊—, 橫—

4 7 〖呑〗 삼킬 탄 | 元 ㄊㄨㄣ (tun) | どん(ノム) *swallow*

풀이 ①삼키다. 씹지 않고 넘김. ¶銜遠山—長江<范仲淹>/—聲. ②안중에 두지 아니하다. 상대를 문제시하지 않음. ¶慷慨—胡羯<文天祥>/—敵. ③싸서 감추다. ¶江—天際白吹潮<吳師道>

【呑刀刮腸】どんとうかっちょう(탄도괄장) 칼을 삼켜 창자를 도려낸다는 뜻으로, 잘못된 마음을 없애고 새 사람이 됨을 이르는 말. ¶必— 飮灰洗胃<南史>

【呑鳳】どんぽう(탄봉) 봉황(鳳凰)을 삼킨다는 뜻으로, 문장의 재주가 뛰어남을 이르는 말. 한(漢)의 양웅(揚雄)이 꿈에 흰 봉을 삼키고「태현경」(太玄經)을 지었다는 옛일에서 유래됨.

【呑聲】どんせい(탄성) ①소리를 삼킨다는 뜻으로, 울음을 참고 흐느낌을 이름. ¶少陵野老—哭<杜甫> ②침묵함. ¶死者—<吳志>

【呑牛之氣】どんぎゅうのき(탄우지 기) 소를 삼킬 만한 기개란 뜻으로, 기상(氣象)이 뛰어나서 의기(意氣)가 왕성함을 이르는 말. ¶小兒五歲氣呑牛 滿堂賓客皆回頭<杜甫>

▷兼—, 鯨—, 竝—, 噬—, 聲—

4 7 〖吠〗 짖을 폐 | 隊 ㄈㄟˋ (fei) | はい, べい (ホエル) *bark*

풀이 짖다. 개 짖는 소리. ¶無使尨也—<詩經>/鷄鳴狗—<孟子>

【吠堯】はいぎょう(폐요) 도척(盜跖)의 개가 요(堯) 임금을 보고 짖는다는 뜻으로, 선악의 구별 없이 주인에게만 충성을 다함을 이르는 말. ¶跖之狗—<史記>

【吠日】はいじつ(폐일) 촉(蜀)에서는 비가 자주 내려 해를 보는 날이 적으므로, 해를 본 개가 이상해서 짖는다는 뜻으로, 견식이 좁은 자가 현인(賢人)의 언행을 의심하여 비난함을 비유한 말. 폐일지 괴(吠日之怪)의 준말.

▷狗—, 群—, 鳴—, 搏—, 遠—, 取—

7 〖品〗 品(p. 294)의 俗字

4 7 〖呀〗 입벌릴 하 | 麻 ㄧㄚ (ya) | が

풀이 ①입을 벌리다. 입이 벌어진 모양. ¶無聲但——<白居易> ②휑하다. 텅 비어 훤히 트인 모양. ¶—豁. ③감탄사. 문말(文末)에 붙어 감탄·의문을 나타내는 조사. ¶— 歎息聲<通俗編>

▷開—, 驚—, 笑—, 喘—, 呀—, 歡—, 咋—

4 7 〖含〗 1 머금을 함 2 무궁주 함 | 覃 ㄏㄢˊ (han) | 勘 ㄏㄢˋ (han) | がん (フクム) *contain*

源 **會意·形聲**. 今은 속에 넣어서 감춘다는 뜻을 지닌 회의(會意) 문자. 含은 입 안에 넣어 감춤의 뜻.

풀이 1 ①머금다. ㉮입 안에 넣어 입술을 다물다. ¶—哺鼓腹<史記>/子有—菽縕絮<法言> ㉯속에 넣어 겉으로 드러내지 아니하다. ¶ 一情凝睇謝君王<白居易>/一涙. ②넣다. 속에 넣음. 수용하거나 저장함. ¶ 一萬物而化光<易經>/一蓄/一藏. **2** 무궁주(無窮珠). 옛날, 염(殮)할 때 주검의 입에 넣던 구슬. ¶ 王使榮叔歸一<左氏傳>

【含氣】がんき (함기) 천지간의 기운을 머금은 것이라는 뜻으로, 생물(生物)을 이르는 말. ¶ 一之物<漢書>/天地之一 和者爲雨<淮南子>

【含量】がんりょう (함량) 들어 있는 분량(分量). ¶ 一不足.

【含靈】がんれい①・がんりょう② (함령) ①영묘(靈妙)한 덕을 가짐. 또는, 훌륭한 덕. ¶ 一獨秀 謂之聖人<宋書> ②《佛》 영혼을 가지고 있는 것. 사람이나 그 밖의 생물. 有情(유정).

【含淚】がんるい (함루) 눈물을 머금음. ¶ 綠珠一舞<江總>

【含默】がんもく (함묵) 입을 다물고 침묵(沈默)을 지킴.

【含憤蓄怨】がんぷんちくえん (함분축원) 분노와 원한을 품음.

【含雪】がんせつ (함설) ①눈을 머금음. 눈이 남아 있음. ②설경(雪景)이 창에 비쳐 드는 모양. ¶ 窓含西嶺千秋雪 門泊東吳萬里船<杜甫>

【含笑】がんしょう (함소) ①웃음을 머금음. ②꽃이 피기 시작함. ¶ 野桃一竹籬短<蘇軾>

【含羞】がんしゅう (함수) 수줍어함. 부끄러운 기색을 띰. ¶ 一隱媚<沈約>

【含英咀華】がんえいしょか (함영저화) 문장의 묘한 곳을 잘 음미하여 가슴 속에 새겨둠. ¶ 沈浸醲郁 一<韓愈>

【含怨】がんえん (함원) 원한(怨恨)을 품음. ¶ 一呼天<後漢書>

【含有】がんゆう (함유) 물질이 어떤 성분을 포함하고 있음. ¶ 一量.

【含飴弄孫】がんいろうそん (함이농손) 엿을 물고 손자를 어른다는 뜻으로, 은퇴한 노인이 아무 일 없이 마음 편안히 소일함을 이르는 말. ¶ 吾但當一 不能復關政矣<後漢書>

【含蓄】がんちく (함축) ①깊이 간직하여 드러내지 아니함. ②깊이가 있음. 깊은 뜻을 내포함. ¶ 一性/一的.

【含哺鼓腹】がんぽこふく (함포고복) 실컷 먹고 배를 두드린다는 뜻으로, 백성이 배불리 먹고 삶을 즐기는 평화로운 정경을 이르는 말. ¶ 有老人 一 擊壤而歌<十八史略>

▷內一, 飯一, 容一, 包一

4 7 〖吭〗 목 항 | [陽] ㄏㄤˊ (hang) | こう(ノド) *neck*

풀이 ①목. 꼿꼿이 뻗은 목구멍 부분. 通 亢. ¶ 仰首伸一<柳宗元> ②새의 목구멍. ¶ 鳴則引一<禽經> ③요해처(要害處). 통로의 좁은 곳. ¶ 搤天下之一<史記>

▷哢一, 伸一, 搤一, 引一, 絕一, 喉一

7 〖杏〗 ☞ 木部 3획(p.752)

4 7 〖吼〗 울 후 | [有] ㄏㄡˇ (hou) | こう(ホエル) *roar*

풀이 ①울다. 짐승이 성내어 으르렁거림. 큰 소리로 욺. ¶ 其一覛恢鳴一<後漢書>/一號/獅子一. ②아우성치다. 요란한 소리를 냄. ¶ 夜蒲吳潮一<羅隱>

▷叫一, 雷一, 鳴一, 獅子一, 哮一

4 7 〖吸〗 숨들이쉴 흡 | [緝] ㄒㄧ (xi) | きゅう(スウ) *inhale*

源 會意・形聲. 입[口]이 어떤 물건에 닿아 착 달라붙음을 뜻함.

풀이 ①숨을 들이쉬다. ¶ 一引/呼一. ②마시다. 빨다. ¶ 飮如長鯨一百川<杜甫>/一煙. ③끌다. 잡아당김. ¶ 一着.

【吸氣】きゅうき (흡기) 숨을 들이마심. 들숨.

【吸力】きゅうりょく (흡력) 빨아들이는 힘.

【吸收】きゅうしゅう (흡수) ①빨아들임. 바깥에 있는 것을 안으로 끌어들임. ¶ 一力. ②지식 따위를 받아들여서 제 것으로 소화함. ③액체・고체가 기체를 빨아들여 녹이는 현상. ④소화된 음식물이 소화관의 벽을 통하여 혈관 또는 림프관 속으로 들어가는 현상. ¶ 一作用.

【吸煙】きゅうえん (흡연) 담배를 피움. 喫煙(끽연). ¶ 一禁止/一室.

【吸引】きゅういん (흡인) ①빨아들임. ¶ 一力. ②제 편으로 끌어들임.

【吸着】きゅうちゃく (흡착) ①달라붙음. ¶ 一力. ②계면 현상(界面現象)의 하나. 기체나 액체 속에 들어 있는 어떤 물질이 이와 접하는 물체의 표면에서 매우 짙은 농도를 나타내는 현상.

【吸醋】きゅうさく (흡초) 코로 초를 마신다는 뜻으로, 참기 어려운 것을 꾹 참고 잘 견딤을 비유하여 이르는 말.

【吸血鬼】きゅうけつき (흡혈귀) 사람의 피를 빨아먹는 귀신이란 뜻으로, 남의 고혈을 착취하는 사람을 이르는 말.

▷鯨一, 歙一, 啾一, 呼一, 吸一

5 8 〖呵〗 **1** 꾸짖을 가 ㊍하 **2** 어조사 아 | [歌] ㄏㄜ (he) ㄜ(o) | か(セメル) *scold* あ

풀이 **1** ①꾸짖다. 책망함. 비난함. 같 訶. ¶ 霸陵尉醉 一止廣<史記>/一斥/一叱. ②웃다. 껄껄 웃음. ¶ 不滿一笑一<范成大>/一一大笑. ③불다. 「하」하고 입김을 내붊. ¶ 夜寒手凍無人一<蘇軾>/一欠/一凍. **2** 어조사. 감탄・놀람의 뜻을 나타냄.

【呵呵】かか (가가) 껄껄 웃는 소리. 또는, 그 모양. 呵然(가연). ¶ 一大笑. 「음.

【呵呵大笑】かかたいしょう (가가대소) 껄껄 크게 웃

【呵壁問天】かへきもんてん (가벽문천) 벽화를 꾸짖고 하늘을 나무람의 뜻으로, 자기 분(憤)을 풂을 뜻하는 말. 굴원(屈原)의 「초사」(楚辭)에 나오는 이야기.

【呵責】かせき①・かしゃく② (가책) ①엄하게 꾸짖음. 苛責(가책). ②《佛》 비구(比丘)를 벌하는 일곱 가지 법의 하나. 여러 중들 앞에서 가

책을 선고하여 35사(事)의 권리를 박탈하는 일.
▷呵―, 譏―, 怒―, 道―, 咄―, 笑―, 受―, 叱―, 筆―, 嘘―, 護―

5/8〖呿〗 입벌릴 거 |圕ㄑㄩ(qu)|きょ

5/8〖呱〗 울 고 |圆《ㄨ(gu) 《ㄨㄚ(gua)|こ cry

5/8〖咎〗 1 허물 구 2 성 고 |圕ㄐㄧㄡ(jiu) 圈《ㄠ(gao)|きゅう(トガメ) fault こう

源會意. 各은 格[걸리다]의 본자. 걷는 사람의 발이 단단한 돌에 걸린 모양.

풀이 1 ①허물. 죄과(罪過). 과실(過失). ¶以督厥―<蜀志> ②재앙(災殃). 재화(災禍). ¶自遺其―<老子>/休―. ③나무라다. 책망함. ¶旣往不―<論語> ④미움. 미워함. ¶殷始―周<書經>/怨―. 2 성(姓). 通皐. ¶―陶.

【咎殃】きゅうおう(구앙) 재앙(災殃). ¶萬民喜樂無―<京房易傳>

【咎言】きゅうげん(구언) 허물을 나무라는 말.

▷謝―, 誰―, 殃―, 怨―, 遣―, 引―, 災―, 謫―, 罪―, 天―, 害―, 悔―, 後―, 休―, 凶―

5/8〖呴〗 1 숨내쉴 구 本후 2 울 후 |圆 圕|く(イキヲハク) exhale (ホエル)

源會意・形聲. 몸을 구부리고「하」하고 숨을 내쉰다는 뜻.

풀이 1 ①숨을 내쉬다. 더운 입김을 내쉼. ¶或―或吹<老子>/―吁. ②말이 온화(溫和)한 모양. ¶愉愉――<漢書> ③꾸짖다. 같呵. ¶―藉叱咄<戰國策> 2 ①울다. 닭・꿩 따위가 욺. ¶雉晨―<大戴禮>/――. ②부르짖다. 같吼.

▷吹―

5/8〖呶〗 지껄일 노 |圕ㄋㄠˊ(nao)|ど(カマビスシイ) jabber

▷酣―, 叫―, 呶―, 紛―, 號―, 喧―

5/8〖呢〗 소곤거릴 니 |圆ㄋㄧˊ(ni) ㄋㄜ(ne)|じ, に whisper

풀이 ①소곤거리다. ¶―喃. ②제비가 지저귀는 소리. ¶見梁上雙燕―喃<摭言> ③조사. 구말(句末)에서 어조를 강조함.

5/8〖呾〗 1 서로 꾸짖을 달 圆 2 말 바르지 않을 달 圕 たつ

5/8〖咄〗 꾸짖을 돌 |圆ㄉㄨㄛˋ(duo)|とつ(シカル) scold

풀이 ①꾸짖다. 혀를 차다. ¶朔笑之曰 ―<漢書>/叱―. ②피이쩍어 놀라는 소리. ¶――怪事<晋書> ③크게 부르는 소리. ¶―少卿良苦<漢書>

▷呵―, 驚―, 苦―, 叱―, 嗟―

5/8〖命〗 목숨 명 |國ㄇㄧㄥˋ(ming)|めい, みょう (イノチ) life, fate, order

源會意. 令은 임금이 내리는 명령인데, 이를 말[口]로써 내리는 것이 命이라는 뜻. 임금은 생살여탈권(生殺與奪權)을 가진 존재이므로 목숨, 운명의 뜻도 있음.

풀이 ①목숨. 수명. 생명. ¶見危授―<論語>/生―. ②운수. 운명. ¶今又遇難於此 ―也<史記>/天―/運―. ③명령. 분부. 교령(教令). ¶子從父之―<孝經>/御―. ④명하다. 명령을 내림. ¶乃―義和<書經> ⑤이름 붙이다. 이름 지음. 같名. ¶―曰和氏之璧<韓非子>/―名. ⑥말. ¶我於辭―則不能也<孟子>/誓―/諾―. ⑦천명(天命). 하늘의 뜻. ¶天―/召―意識. ⑧도(道). 자연의 이법(理法). ¶維天之―<詩經> ⑨표적. ¶射―中<漢書> ⑩문체의 하나. 정명(政命)의 글.

【命巾】めいきん(명건) 신령이나 부처에게 소원을 비는 사람의 생년월일을 써서 걸쳐 놓는 무명. 명다리. 命橋(명교).

【命橋】(명교) ☞命巾(명건).

【命宮】めいきゅう(명궁) ①사람의 생년월일시(生年月日時)와 방위(方位). ②관상가(觀相家)에서, 두 눈썹 사이를 일컬음.

【命途】めいと(명도) 운명(運命). ¶嗚呼時運不齊 ―多舛<王勃>

【命令】めいれい(명령) ①웃사람이 아랫사람에게 내리는 분부. ②행정 기관에서 제정한 법의 형식. 대통령령, 총리령, 부령(部令) 따위.

【命脈】めいみゃく(명맥) 생명의 근본이 되는 목숨과 맥. 곧, 목숨 또는 생명.

【命名】めいめい(명명) 사물의 이름을 지음. 이름을 붙임. ¶―式.

【命門】めいもん(명문) ①오른쪽 콩팥. 정신과 원기(元氣)가 머무는 곳이라 함. ②인체 경혈(經穴)의 이름. 두 콩팥의 중간. ③가슴 한가운데 오목하게 들어간 곳. 명치.

【命服】めいふく(명복) 일명(一命)에서 구명(九命)까지의 각 계급에 따라 색깔을 달리한 사대부의 정복(正服).

【命夫】めいふ(명부) 임금으로부터 작위(爵位)와 관복(冠服)을 받는 경(卿), 대부(大夫), 사(士)를 이름. 내명부(內命夫)・외명부(外命夫)의 구별이 있음.

【命婦】めいふ(명부) 부인(婦人)으로서 봉호(封號)를 받은 사람. 내명부(內命婦)와 외명부의 구별이 있음.

【命分】めいぶん(명분) 운명. 命運(명운). ¶由來―爾 泯滅豈足道<韓愈>

【命世】めいせい(명세) 그 시대에 가장 저명한 사람. 名世(명세). ¶―之才/―之雄.

【命數】めいすう(명수) ①운명(運命). 天命(천명). ②목숨. 생명. 壽命(수명).

【命緣義輕】めいヨリテ ぎニカロシ(명연의경) 정의(正義)에 비하면 목숨도 가볍다는 뜻으로, 의(義)를 위해서는 생명도 아끼지 말아야 함을 이르는 말.

【命運】めいうん(명운) 운명(運命).

【命在頃刻】めいけいこくニアリ(명재경각) 목숨이 경각에 달려 있다는 뜻으로, 금방 숨이 끊어질 지경에 이름을 이르는 말. 거의 죽게 됨. 命在旦夕(명재단석). 命在朝夕(명재조석).

【命題】めいだい(명제) ①논리학에서 하나의 판단 내용을 언어나 식(式) 따위의 기호에 의해서 나타낸 것. ②과(課)해진 문제. 또는, 제목을 정하거나, 그 제목. ③수학에서 정리(定理)와 작도제(作圖題)의 통칭.

【命中】めいちゅう(명중) 겨냥한 곳을 바로 맞힘. 的中(적중).

▷奸一, 竭一, 改一, 乞一, 輕一, 告一, 誥一, 顧一, 官一, 光一, 國一, 君一, 貴一, 歸一, 寄一, 吉一, 落一, 內一, 祿一, 短一, 大一, 待一, 末一, 亡一, 薄一, 反一, 拜一, 報一, 復一, 賦一, 奔一, 奮一, 丕一, 非一, 聘一, 司一, 使一, 俟一, 塞一, 生一, 誓一, 惜一, 宣一, 性一, 受一, 授一, 壽一, 宿一, 承一, 申一, 身一, 安一, 嚴一, 餘一, 年一, 延一, 捐一, 靈一, 佑一, 寓一, 運一, 殞一, 委一, 威一, 遺一, 恩一, 人一, 一一, 任一, 立一, 自一, 殘一, 長一, 將一, 臧一, 謫一, 全一, 專一, 傳一, 竊一, 正一, 定一, 制一, 朝一, 存一, 佐一, 重一, 知一, 徵一, 竄一, 策一, 天一, 擅一, 請一, 寵一, 出一, 治一, 致一, 勅一, 投一, 特一, 稟一, 革一, 賢一, 懸一, 休一

5 8 〖味〗 1맛 미 2성 말 | 困ㄨㄟˋ 圓(wei) | み(アジ) taste

源 **會意・形聲**. 未는 가느다란 나뭇가지 끝을 강조한 상형 문자로 잘다[微]의 뜻. 그래서, 味는 입[口]으로 미세한 감각을 맛본다는 뜻.

풀이 1 ①맛. 풍미(風味). 맛의 감각. ¶三月不知肉一＜論語＞/一覺/五一/含一. ②영양(營養). ¶陽爲氣 陰爲一＜黃帝內經＞ ③마음에 느끼는 멋. ¶潛心道一＜晋書＞/趣一/滋一. ④《佛》 육진(六塵)의 하나. 입으로 들어와서 깨끗한 마음을 더럽히는 것. ⑤맛보다. 뜻을 음미함. ¶一無味＜老子＞/含一經籍＜後漢書＞ 2 ①성(姓). ②오랑캐의 음악. ¶西夷之樂曰一＜白虎通＞

【味覺】みかく(미각) 맛을 아는 감각. 味感(미감). ¶一器官.

【味盲】みもう(미맹) 미각의 감수성이 병든 상태. 또는, 그런 사람.

▷佳一, 家一, 嘉一, 甘一, 古一, 苦一, 高一, 怪一, 奇一, 氣一, 單一, 澹一, 道一, 妙一, 無一, 美一, 芳一, 百一, 法一, 貧一, 酸一, 嘗一, 禪一, 世一, 醇一, 時一, 食一, 辛一, 新一, 尋一, 藥一, 餘一, 靈一, 五一, 玩一, 六一, 吟一, 意一, 異一, 一一, 滋一, 絶一, 正一, 情一, 精一, 醍醐一, 調一, 重一, 至一, 地一, 脂一, 珍一, 眞一, 淸一, 臭一, 趣一, 耽一, 品一, 風一, 諷一, 含一, 海一, 香一, 鄕一, 好一, 華一, 宦一, 肴一, 厚一, 興一

5 8 〖咐〗 1분부할 부 2숨내쉴 부 | 虞ㄈㄨˋ (fu) | ふ(イイツケル) order

【咐囑】ふしょく(부촉) 부탁하여 맡김. 請囑(청촉).

▷嘔一, 吩一

5 8 〖咈〗 어길 불 | 物ㄈㄨˊ (fu) | ふつ(タガウ) break

8 〖尙〗 ☞小部 5획(p.461)

5 8 〖咋〗 1깨물 색 2잠깐 사 | 陌ㄗㄜˊ (ze) 禡 | さく(カム) bite さ(シバラク)

풀이 1 ①깨물다. 씹음. ¶猶孤豚之一虎＜漢書＞ ②떠들썩하다. 시끄러움. 갈 唶. ¶嘵嘵讙一＜劉峻＞ ③큰 소리. 큰 소리를 냄. ¶嘄呱啞一＜太玄經＞ ④혀를 차면서 칭찬하다. ¶好評一一. 2 잠깐. 잠시. 通 乍. ¶桓子一謂林楚＜左氏傳＞

【咋咋】さくさく(색색) 큰 소리. ¶鬼大呼 聲一然＜通俗編＞

【咋舌】さくぜつ(색설) 혀를 깨묾. 놀라며 뉘우침.

▷啖一, 咋一, 讙一, 喧一, 齕一

5 8 〖呻〗 끙끙거릴 신 | 眞ㄕㄣ (shen) | しん(ウメク) groan

풀이 ①끙끙거리다. 신음함. ¶一呼無賴＜魏志＞/一吟. ②읊조리다. 웅얼거림. ¶一其佔畢＜禮記＞

【呻吟】しんぎん(신음) ①병이나 고통으로 끙끙거리며 앓는 소리를 냄. 呻呼(신호). ②읊조림. ¶終朝點綴 分夜一＜鍾嶸＞

▷嘅一, 嚬一, 酸一, 哀一, 吟一, 寒一

5 8 〖呝〗 울 액 | 陌ㄜˋ (e) | あく(ナク) cry

풀이 ①울다. 새가 지저귀는 소리. 갈 呃. ¶良遊一喔＜潘岳＞/一一. ②딸꾹질. ¶一逆.

8 〖咏〗 詠(p.1378)과 同字

5 8 〖呭〗 1수다스러울 예 2즐길 설 | 霽 屑 | えい(シャベル) talkative せつ

5 8 〖呦〗 울 유 | 尤 | ゆう cry

5 8 〖呰〗 꾸짖을 자 | 紙 支 | し(ソシル) scold

풀이①꾸짖다. 비방함. 通訾. ¶噏噏一一<詩經> ②흠. 재앙. 通疵. ¶闒尹之一 穢我明德<漢書>/我國有一災<漢書> ③약하다. 게으르다. ¶他州或一窳 貧富不難評<王安石> ④어조사. 通些.

5/8〖咀〗 씹을 저 | 語ㄐㄩˇ (ju) | そ, しょ (カム) *chew*

源會意·形聲. 「且」는 차곡차곡 쌓기를 거듭함을 뜻함.

풀이①씹다. 씹어 맛을 봄. ¶生爲天下所一嚼<後漢書> ②음미하다. 느낌. ¶一嚼文義<文心雕龍> ③저주하다. ¶一呪.

【咀啖】そたん (저담) 씹어 먹음.

【咀嚼】そしゃく (저작) ①음식을 입에 넣고 잘 씹음. 咀噍(저초). ②글의 뜻을 깊이 파고 들어가 그것을 감상함.

【咀噍】そしょう (저초) ☞咀嚼(저작)①. ¶一其膏味<蘇軾>

5/8〖呪〗 저주할 주 | 國ㄓㄡˋ (zhou) | じゅ, ず (ノロウ) *curse*

源會意. 본래는 신에게 빈다는 뜻. 뒷날, 祝은 다행을, 呪는 불행을 비는 글자로 갈라짐.

풀이①저주하다. 저주함. ¶一曰 有何枉狀<後漢書>/咀一. ②빌다. 소원 성취를 빎. ¶一願. ③《佛》 다라니(陀羅尼). 불법(佛法)을 지키는 힘.

【呪力】じゅりょく (주력) 미개인 사이에서 주술(呪術) 및 종교의 기초를 이루는 초자연적, 비인격적인 힘의 관념.

【呪文】じゅもん (주문) ①《佛》 다라니(陀羅尼)의 문구(文句). ②술법을 부리거나 귀신을 쫓으려 할 때에 읊는 일정한 문구.

【呪物】じゅぶつ (주물) 고대 종교에서 어떤 물건에 영검이 있다고 믿어 숭배하던 것. 物神(물신).

【呪辭】じゅじ (주사) 주술(呪術)을 행할 때 외는 말.

【呪誦】じゅしょう (주송) 주문(呪文)을 욈. 또는, 그 일.

【呪術】じゅじゅつ (주술) ①무당 따위가 신령이나 부처의 불가사의(不可思議)한 힘을 빌어 길흉을 점치고 재액을 물리치거나 복을 달라고 비는 술법(術法). ②마력(魔力)에 의해 사람의 마음을 미혹하게 하는 술법. 魔術(마술).

【呪術師】じゅじゅつし (주술사) ①주술(呪術)로써 신과 통한다는 사람. 무당 따위. ②마법(魔法)을 부리는 사람.

【呪願】じゅがん (주원) 《佛》 주문(呪文)을 외며 기원(祈願)하는 일. ¶時佛勅十方衆僧皆先爲施主家一<盂蘭盆經>

▷經一, 禁一, 巫一, 密一, 誦一, 神一, 隱一, 咀一, 詛一

5/8〖周〗 두루 주 | 㐀ㄓㄡ (zhou) | しゅう (アマネク) *all around*

풀이①두루. 널리. 골고루 미침. ¶知一於萬物<易經>/一遊. ②둘레. ¶一圍/圓一/一回. ③돌다. 한 바퀴 돎. ¶一軍飭壘<國語>/一忌. ④구하다. 도움. ¶一急不繼富<論語> ⑤친하다. ¶一仁. ⑥신의. 진실. ¶忠信爲一<國語> ⑦찬찬하다. 치밀함. ¶主道利一<荀子>/一到綿密. ⑧지극하다. 더할 나위 없음. ¶雖有一親 不如仁人<書經> ⑨굳히다. 굳게 함. ¶盟所以一信也<左氏傳> ⑩합당하다. 알맞다. ¶雖不一於今之人兮<楚辭> ⑪모퉁이의 구부러진 곳. ¶生于道一<詩經> ⑫중국 왕조(王朝)의 이름. ㉮무왕(武王)이 은(殷)을 멸하고 세운 왕조. (B.C.1122~B.C.249). ㉯남북조 시대의 북조(北朝)의 하나. 우문각(宇文覺)이 세운 나라. 북주(北周)라고도 함. (557~580). ㉰오대(五代)의 곽위(郭威)가 세운 나라. 후주(後周)라고도 함. (951~959).

【周甲】しゅうこう (주갑) 만 60세를 이름. 還甲(환갑). 回甲(회갑).

【周誥殷盤】しゅうこういんばん (주고은반) 「서경」(書經) 주서(周書)의 대고(大誥)·강고(康誥)·주고(酒誥)·소고(召誥)·낙고(洛誥)의 5편과, 상서(商書)의 반경(盤庚) 상·중·하 3편을 이름. 매우 난해(難解)한 문장의 대표적인 것으로 일컬어짐.

【周公】しゅうこう (주공) 주(周) 무왕(武王)의 아우, 이름은 단(旦). 무왕을 도와서 주왕(紂王)을 치고, 무왕이 죽은 뒤, 조카 성왕(成王)을 도와서 주(周)왕조의 기초를 굳힘. 유가(儒家)에서 성인(聖人)의 한 사람으로 일컬음. 주공(周公) 단(旦)이라고도 함.

【周孔】しゅうこう (주공) 주공(周公)과 공자(孔子).

【周郭】しゅうかく (주곽) 주위의 윤곽(輪郭). 外郭(외곽).

【周忌】しゅうき (주기) ①죽은 뒤 해마다 돌아오는 기일(忌日). 週忌(주기). ②일주기(一周忌).

【周期】しゅうき (주기) ①☞週期(주기). ②같은 현상이 일정한 시간마다 되풀이 될 때의 그 일정한 시간. ¶一的.

【周內】しゅうない (주내) 두루 받아들임.

【周年】しゅうねん (주년) ①만 1년. 일주년(一週年). ②죽은 사람의 일주기(一周忌). ③주(周)대. ¶七人作乎一<隋書>

【周到】しゅうとう (주도) 주의(注意)가 두루 미쳐 실수가 없음. ¶一綿密/用意一.

【周敦頤】しゅうとんい (주돈이) 《人》 북송(北宋)의 유학자로 송학(宋學)의 개조(開祖). 염계(濂溪)에 살았으므로 염계선생이라 일컬음. 저서에 「태극도설」(太極圖說)·「통서」(通書) 등이 있음. (1017~1073).

【周覽】しゅうらん (주람) 두루 돌아다니며 봄. 周見(주견). ¶親巡天下 一遠方<史記>

【周郞】しゅうろう (주랑) ☞周瑜(주유).

【周禮】しゅうらい(주례) ①주(周)대의 예법. ¶一盡在魯矣<左氏傳> ②주공(周公)이 지었다는 책. 천·지·춘·하·추·동을 상징하는, 육관(六官)에 속하는 직장(職掌)을 자세히 기록하였음. 일명 「주관」(周官). 42권.

【周流】しゅうりゅう(주류) ①널리 유포(流布)됨. 普及(보급). ②천하를 두루 돌아다님. 周旋(주선). 遍歷(편력). ¶一游說七十餘國<論衡>

【周牢】しゅうろう(주리←주뢰) 형벌의 하나. 죄인을 심문(審問)할 때, 두 발목을 한데 묶고 다리 사이에 주릿대를 끼워 비트는 형벌.

【周密】しゅうみつ(주밀) 도모하는 일에 빈 구석이 없고 자세함. 또는, 생각이 찬찬함.

【周鉢】しゅうはち(주발) 위가 조금 벌어지고 뚜껑이 있는, 놋쇠로 만든 밥그릇. 食器(식기).

【周邊】しゅうへん(주변) 주위의 가. 또는, 변두리. ¶都市一/一國家.

【周髀】しゅうひ(주비) 고대 중국에서 만든 천문 산술서(天文算術書). 周髀算經(주비산경).

【周庠】しゅうしょう(주상) 주(周)대의 학교. 하(夏)대에는 교(校), 은(殷)대에는 서(序), 주(周)대에는 상(庠)이라 함.

【周旋】しゅうせん(주선) ①일이 잘 되도록 이리저리 힘을 써서 변통해 주는 일. 斡旋(알선). ②국제 분쟁의 평화적 처리 방법의 하나. 제3국이 외부에서 분쟁 당사국간의 교섭을 돕는 일. ③기거 동작(起居動作). ¶一序順威儀有則<國語> ④☞周流(주류)②.

【周召】しゅうしょう(주소)《人》 주공(周公) 단(旦)과 소공(召公) 석(奭). 둘 다 주(周)의 성왕(成王)을 보좌함. 周邵(주소).

【周悉】しゅうしつ(주실) 두루 미침. ¶必令一<南史>

【周兒】しゅうじ(주아) 해금(奚琴)의 줄 끝을 감아 매는 부분. 주감이.

【周易】しゅうえき(주역) ①주(周)대의 역법. ¶以一見陳侯<左氏傳> ②오경(五經)의 하나. 주(周)대 문왕(文王), 주공(周公), 공자(孔子)에 의하여 이루어졌다는 역학(易學). 또는, 그 책. 9권. 易經(역경).

【周易先生】しゅうえきせんせい(주역선생) 8괘(卦)를 풀어 남의 길흉 화복(吉凶禍福)을 점치는 사람.

【周圍】しゅうい(주위) ①둘레. ¶山半湧泉 一五尺<讀史方輿紀要> ②환경(環境). 外界(외계). ③일주(一周)함. ¶我遷於南日一<韓愈>

【周遊】しゅうゆう(주유) 여기저기 두루 돌아다니며 여행함. 周游(주유). 周流(주류)②. ¶一天下.

【周瑜】しゅうゆ(주유)《人》 중국 삼국 시대, 오(吳)의 명장. 건위중랑장(建威中郞將)을 지내 주랑(周郞)이라고도 불림. 위(魏)의 조조(曹操)를 적벽(赤壁)에서 격파(擊破)함. (175~210).

【周而不比】しゅうシテひせず(주이불비) 두루 사귀되 붕당을 만들지 않아야 한다는 뜻으로, 널리 공평하게 친교해서 특정한 사람에게만 치우치지 아니함을 이르는 말. ¶君子一 小人比而不周<論語>

【周章】しゅうしょう(주장) ①여기저기 두루 다니며 놂. 周流(주류). 周遊(주유). ②당황함. 또는, 그러한 모양. ¶步騎抄其後 賊一方結陣<魏志>

【周知】しゅうち(주지) 여러 사람들이 두루 앎. 또는, 여러 사람들이 두루 알게 함. ¶一九州之地域<周禮>

【周尺】しゅうしゃく(주척) ①韓 자의 한 가지. 주척 한 자는 곡척(曲尺) 6치 6푼. ②주(周)대의 척도(尺度). ¶古者 以一六尺四寸爲步<禮記>

【周天】しゅうてん(주천) ①해·달·별이 그 궤도(軌道)를 일주하는 일. ¶皆左行 一日一夜一<禮記> ②하늘의 둘레. ¶一三百六十五度<後漢書>

【周親】しゅうしん(주친) 절친한 사이. 至親(지친). ¶雖有一 不如仁人<書經>

【周航】しゅうこう(주항) 여러 곳을 두루 항해함.

【周行】しゅうこう(주행) ①한길. 큰길. 도로. ¶嗟我懷人 寘彼一<詩經> ②최상(最上)의 도(道). 至道(지도). ¶人之好我 示我一<詩經> ③주(周) 조정의 열위(列位).

【周環】しゅうかん(주환) ①한 바퀴 돌아서 제자리에 옴. ②둥그렇게 돎. ¶一中規<禮記> ③행동 거지(行動擧止). 周旋(주선)③.

【周回】しゅうかい(주회) ①둘레. 周圍(주위). ②주위를 빙 두름. 또는, 둘레를 돎.

【周興嗣】しゅうこうし(주흥사)《人》 남북조 시대 양(梁)의 학자. 자(字)는 사찬(思纂). 무제(武帝)의 명에 의해 동표명(銅表銘) 따위의 글을 지어 가납(嘉納)됨. 저서에 「천자문」(千字文), 「황제실록」(皇帝實錄), 「황덕기」(皇德記) 등 100여권과 문집(文集)이 있음.

▷孔一, 東一, 武一, 北一, 比一, 四一, 西一, 成一, 列一, 外一, 圓一, 一一, 宗一, 編一, 環一, 回一, 後一, 姬一

8【知】 ☞ 矢部 3획(p. 1072)

5/8【呫】 소곤거릴 첩 / 첨 | 㝯 / 匯ㄓㄢ (zhan) | しょう, てん (ササヤク) *whisper*

풀이 ①소곤거리다. ¶一囁. ②지껄이다. 말을 많이 함. ¶一一. ③작은 모양. 하찮은 모양. ¶一一. ④맛보다. ¶未嘗有一血之盟<穀梁傳>

5/8【咆】 으르렁거릴 포 | 㝯ㄆㄠˊ (pao) | ほう (ホエル) *roar*

源 會意·形聲. 둥글게 싸인 입을 벌리고 으르렁거리는 동작. 包가 음을 이룸.

풀이 ①으르렁거리다. ¶虎豹襲穴 而不敢一<淮南子> ②성내다. 불끈 성내는 모양. ¶何猛氣之一勃<潘岳>

【咆哮】ほうこう(포효) ①맹수가 성내어 울부짖음. 으르렁거림. ②대단한 기세로 외침. ¶群雄一<范仲淹>

▷嗚—, 哮—

5
8 【咇】 1 향기로울 필 [質] ひつ (カグワシイ) *fragrant*
2 슬피 울 비 [寘] ひ

풀이 1 향기롭다. 방향(芳香)이 있음. 通 苾. ¶—茀. 2 슬피 울다. ¶——.

5
8 【呷】 마실 합 [洽] ㄒㄧㄚˊ (xia) こう(ノム) *drink*

풀이 ①마시다. 술 따위를 단숨에 들이킴. ¶朝——口水＜鄭震＞ ②울다. 오리 울음 소리의 의성어. ¶鴨鳴——＜通俗編＞ ③여럿이 떠드는 소리. ¶哮—呟喚＜王褒＞
▷呀—, 呷—, 喤—, 哮—, 吸—

5
8 【咍】 비웃을 해 [灰] ㄏㄞ (hai) かい, たい (ワラウ) *laugh at*

풀이 ①비웃다. 조소(嘲笑)함. ¶又衆兆之所—也＜楚辭＞/—爾. ②기뻐하다. 즐거워함. ¶昔民嗷嗷 今民——＜皇甫湜＞/——.

5
8 【呟】 소리 현 [銑] けん(ツブヤク) *sound*

5
8 【呼】 부를 호 [虞] ㄏㄨ (hu) こ(ヨブ) *call*

源 會意·形聲. 乎는 날숨이 위로 뻗치어 분산하는 모양. 본래 乎와 呼는 같은 계통의 말인데, 乎는 거의 어조사로 쓰임.

풀이 ①부르다. ㉮소리 내어 부르다. ¶欲—張良與俱去＜史記＞/—名. ㉯이름 짓다. 명명(命名)함. ¶—稱/—爲君子. ②부르짖다. 큰 소리를 냄. ¶城上不—＜禮記＞/—號. ③숨을 내쉬다. ¶—吸/—噓. ④아아. 탄식하거나 피곤할 때 내는 소리. ¶曾子聞之 瞿然曰 —＜禮記＞/嗚—.

【呼價】こか(호가) 값을 부름. 또는, 값을 정함.
【呼名】こめい(호명) 이름을 부름.
【呼不給吸】こスルモきゅうヲきゅうセズ(호불급흡) 너무 놀라서 숨을 내쉬고 나서 들이쉬지는 못함의 뜻으로, 사물의 진행이 빨라서 미처 대응할 시간적 여유가 없음을 비유하는 말. ¶眯不給撫 —＜淮南子＞
【呼訴】こそ(호소) 억울한 사정을 남에게 하소연함. ¶—力.
【呼應】こおう(호응) ①부르면 대답한다는 뜻으로, 기맥(氣脈)이 통함을 이르는 말. ②문장법에서, 웃말과 아랫말이 서로 관계하여 문맥의 앞뒤가 통함. 照應(조응).
【呼唱】こしょう(호창) 불러 외침. 또는, 그 일. 벽제(辟除)하는 소리. ¶行—于朝廷而已耶＜柳宗元＞
【呼戚】(호척) 韓 인척(姻戚)간의 척의(戚誼)를 대어 항렬(行列)을 찾아 부름.
【呼天不聞】てんニこヨベドキカズ(호천불문) 하늘을 부르며 원통함을 하소연하여도 들어 주지 않음. 더 호소할 곳이 없음을 이름. ¶今— 叩心無益 誠自痛傷＜後漢書＞
【呼天痛哭】てんニこビテつうこくス(호천통곡) 하늘을 부르며 소리 높여 크게 욺.
【呼出】ヨビダシ(호출) ①불러냄. 특히, 전화 등에서 상대방을 부르는 일. ¶—電話. ②소환(召喚)을 속되게 이르는 말. ¶—狀.
【呼稱】こしょう(호칭) 이름을 지어 부름. 또는, 그 이름.
【呼風喚雨】こふうかんう(호풍환우) 요술(妖術)로 바람과 비를 부름.
【呼兄】こけい(호형) 형(兄)이라고 부름.
【呼兄呼弟】こけいこてい(호형호제) 형이라 부르고 아우라 부른다는 뜻으로, 매우 가까운 벗 사이를 이르는 말.
【呼號】ごう(호호) 부르짖음. 외침. ¶晝夜— 車騎滿門＜漢書＞
【呼喚】こかん(호환) ①불러냄. 呼出(호출). ¶有—不到者重責＜福惠全書＞ ②큰 소리로 부름. 아우성침. ¶—則應＜洽聞記＞
【呼吸】こきゅう(호흡) ①숨을 쉼. 또는, 숨. 날숨은 呼, 들숨은 吸. ②한 번 숨쉬는 사이. 극히 짧은 동안. 순간. ¶—萬里 吐納靈潮＜郭璞＞ ③생물이 산소를 몸 속으로 들이마시고, 탄산 가스를 내보내는 작용. ¶—作用/—器官. ④기세(氣勢). 意氣(의기). ¶風雲劍—合 一期萬里＜元稹＞
▷叫—, 騰—, 山—, 嘯—, 手—, 呻—, 夜—, 連—, 嗚—, 傳—, 點—, 指—, 疾—, 嗟—, 唱—, 招—, 吹—, 號—, 喚—, 歡—, 嚾—, 喧—

5
8 【和】 1 고를 화 [歌] ㄏㄜˊ(he) わ, か *even*
2 답할 화 [箇] ㄏㄜˋ(he)

源 會意·形聲. 禾는 조 이삭이 둥글게 숙어진 모양을 본뜬 글자로, 모나지 않음의 뜻.

풀이 1 ①고르다. 조화됨. 알맞음. ¶—不堅不柔也＜廣韻＞/調—/陰陽相—. ②화목하다. 화평함. ¶地利不如人—＜孟子＞/—睦. ③온화하다. 온순하고 인자함. ¶君子—而不同＜論語＞/—色. ④절도에 맞는 것. ¶—也者 天下之達道也＜中庸＞ ⑤화해하다. ¶割地求—＜戰國策＞/—解. ⑥방울 소리. ¶錫鸞—鈴＜左氏傳＞ ⑦유순하다. 조용하다. ¶吾馬賴柔—＜史記＞/風—綠野烟＜杜審言＞/—風. ⑧따뜻하다. ¶春風扇微—＜陶潛＞/溫—/—暢. 2 ①답하다. 응함. 화답. ¶王—之＜列子＞/小大嚮—＜漢書＞/更唱迭—＜宋玉＞ ②화답하다. ㉮서로 응하여 대답하다. ¶—答. ㉯남의 운(韻)을 따서 시(詩)를 짓다. ¶詩成遣誰—＜白居易＞/—韻. ③섞다. 탐. 혼합함. ¶胡粉白石灰等 以水—之＜博物志＞/五味六—＜禮記＞ ④나라 이름. 일본의 이칭. ¶—食.

【和姦】わかん(화간) 부부 아닌 남녀가 화합하여 육체적으로 관계함. ↔強姦(강간).
【和羹】わこう·かこう(화갱) ①여러 가지 양념을 하

여 간을 맞춘 국. ②임금을 보좌하여 정무를 조리(調理)하는 재상. ¶位竊一重<張說>

【和羹鹽梅】わこうえんばい(화갱염매) 맛 좋은 국은 소금과 식초를 알맞게 넣어 만든다는 뜻으로, 천하를 다스리는 재상을 이르는 말. ¶若作和羹 爾惟鹽梅<書經>

【和弓】かきゅう①·わきゅう②(화궁) ①화(和)가 만든 활. 和는 옛날, 활을 잘 만드는 사람. ②활을 조절함. ¶一觳摩<周禮>

【和氣】わき(화기) ①평온한 기분. 누그러진 마음. ¶一藹藹. ②서로 화합한 음양의 기(氣). ③온화한 기후. ¶青陽暢一<郭璞>

【和氣藹藹】わきあいあい(화기애애) 온화한 기색이 넘쳐 흐르는 모양. ¶和氣藹兮充寓<李邕>

【和談】わだん(화담) ①화목하게 주고받는 말. ②화해하려는 상의. ¶一提議.

【和答】わとう(화답) 시가(詩歌)에 시가로 응답함.

【和同】わどう(화동) ☞和合(화합)①.

【和同相誘】わどうシテアイサソウ(화동상유) 남녀가 서로 짜고 집을 나감.

【和樂】わらく(화락) 함께 모여서 사이 좋게 즐김. ¶兄弟既翕 一且湛<詩經>
　わがく(화악) 가락이 고른 음악. 또는, 가락을 조절함. ¶聲以一 律以平聲<國語>

【和蘭】オランダ(화란) 네덜란드.

【和睦】わぼく(화목) 서로 뜻이 맞고 정다움. 和親(화친). 和合(화합). ¶民相與一<詩經>

【和璧】かへき(화벽) ☞和氏之璧(화씨지 벽).

【和色】わしょく(화색) 온화한 안색(顔色).

【和碩】かせき(화석) ①만주어(滿洲語) 호쇼의 음역(音譯)으로, 부락(部落)의 뜻. ②청(清)대에 친왕(親王)·공주(公主) 등의 이름 위에 붙이던 미칭(美稱). ¶一公主/一親王.

【和酬】わしゅう(화수) 남이 지은 시에 화운(和韻)하여 답함. 흔히 한시(漢詩)를 증답(贈答)할 때 함.

【和順】わじゅん(화순) ①온화하고 순량(順良)함. 또는, 그러한 성질이나 덕. ¶一道德 而理於義<易經> ②기후가 온화함.

【和氏之璧】かしノへき(화씨지 벽) 옛날 중국에 있었다는 명옥(名玉)의 이름. 많은 어려움을 겪은 후에야 보옥(寶玉)임이 알려진 데서, 뛰어난 자질은 인정받기 어려움의 비유로 쓰임. 和璧(화벽).

유래 전국 시대 초(楚)의 변화(卞和)는 산에서 진귀한 보옥의 원석을 얻자 여왕(厲王)에게 바쳤다. 그러나 여왕은 보옥인 줄 모르고 임금을 속였다 하여 화의 왼 다리를 자르게 했다. 화는 다음에 즉위한 무왕(武王)에게 다시 이를 바쳤으나, 그 역시 보옥을 몰라보고 화의 남은 다리를 자르게 했다. 무왕이 죽고 그 아들 문왕(文王)이 즉위하자, 화는 초산(楚山) 기슭에서 사흘을 울었다. 문왕이 까닭을 묻자, 화는 형(刑)을 받은 억울함 때문이 아니라, 천하의 명옥이 막돌로 버림받는 것이 야속해서 통곡한다고 대답했다. 문왕이 곧 그 원석을 갈고 닦게 하니 과연 명옥이었으므로 화씨지벽이라 이름붙여 국보로 삼았다.<韓非子>

【和顔】わがん(화안) 유화(柔和)한 안색. 또는, 안색을 부드럽게 함. ¶一悅色 以盡歡心<陶潛>

【和約】わやく(화약) 화목하자는 약속. 평화 조약.

【和韻】わいん(화운) ①남이 지은 시의 운자(韻字)를 써서 화답하는 시를 지음. ②운치에 조화됨.

【和議】わぎ(화의) 화해하기 위해 하는 의논. 강화(講和)의 의론(議論). ¶直諫斥一<宋史>

【和易】わい(화이) 온화하고 상냥함.

【和而不同】わシテどうセズ(화이부동) 남과 화목하게는 지내되, 의(義)를 굽혀 좇지는 아니함. ¶君子一 小人同而不和<論語>

【和而不壯】わシテそうセズ(화이부장) 문장의 필치가 온화하기는 하나 웅장하지는 못함.

【和戰】わせん(화전) 화친(和親)과 전쟁(戰爭). ¶一兩面策.

【和劑】わざい(화제) ①약방문(藥方文). ②약화제(藥和劑)의 준말.

【和暢】わちょう(화창) ①날씨가 따뜻하고 맑음. ¶惠風一<晋書> ②마음이 온화하고 상쾌함. ¶一我心<韓詩外傳>

【和親】わしん(화친) ①☞和睦(화목). ¶父子兄弟同聽之 則莫不一<禮記> ②강화(講和)함. 또는, 그 일. ¶與胡一 毋起兵<漢書>

【和平】わへい(화평) ①화목하여 평온함. 또는, 전쟁이 없어 평화로움. 平和(평화). ¶聖人感人心 而天下一<易經> ②《人》사람 이름. ¶北海王一 性好道術<後漢書>

【和表】かひょう(화표) 무덤 따위의 앞에 세우는 표주(表柱).

【和合】わごう(화합) ①화목하여 합하게 함. 또는, 화목하게 합함. 和同(화동). ¶一故能習 習故能諧<管子> ②서로 조화(調和)함. ¶能一五教<國語> ③섞어서 조합(調合)함. ¶一其注藥<墨子> ④결혼시킴. ¶一使成婚姻<周禮>

【和解】わかい(화해) ①싸움을 그만두고 불화(不和)를 풂. ¶一調通<荀子> ②위장(胃腸)을 편하게 하여 외기(外氣)를 풂.

▷講一, 共一, 同一, 不一, 溫一, 緩一, 違一, 柔一, 融一, 應一, 人一, 齊一, 調一, 中一, 唱一, 斥一, 淸一, 晴一, 總一, 親一, 平一, 飽一, 合一, 諧一, 協一, 歡一

8 【味】 和(p. 290)의 古字

5
8 【呬】 쉴 희 圓 き(イコウ) *repose*

풀이 ①쉬다. 휴식함. ¶一河林之蓁蓁兮<張衡> ②숨쉬다. 숨. ¶犬夷一矣<詩經>

8 【呺】 呬(p. 291)와 同字

9 【架】 ☞木部 5획(p. 758)

6 9〖咯〗 1 토할 각 2 말다툼할 락 | 廣ㄍㄜˋ (ge) | かく(ハク) *vomit* | 廣ㄌㄨㄛˋ (luo) | らく *quarrel*

풀이 1 ①토하다. 게움. 뱉음. ㉠喀. ¶一血/一痰. ②트림. ¶一兒. ③꿩 울음소리. ¶一 雉聲＜集韻＞ 2 ①말다툼하다. 언쟁함. ¶一訟. ②조사(助詞).
【咯血】かっけつ(각혈) 피를 토함. 喀血(객혈). ¶吐血 欬血 一等＜明醫雜著＞

6 9〖咬〗 1 물 교 2 새소리 교 3 음란한소리 요 | 巧ㄧㄠˇ 肴(yao) 肴 | ごう(カム) *bite* こう おう

풀이 1 물다. 입에 넣어 깨묾. ¶人常一得菜根 則百事可做＜小學＞/一傷. 2 새소리. ¶一一黃鳥＜嵇康＞ 3 음란한 소리. ¶一哇.
▷咬一, 哇一

9〖亟〗 ☞ 二部 7획(p.68)

6 9〖咷〗 울 도 | 豪ㄊㄠˊ (tao) | とう(ナク)

6 9〖咩〗 양이 울 미 | 紙ㄇㄧㄝ (mie) | び(ナク)

9〖咪〗 咩(p.292)와 同字

9〖咲〗 笑(p.1126)의 古字

9〖虽〗 雖(p.1595)의 俗字

6 9〖咶〗 1 핥을 시 2 숨쉴 활 | 紙 卦ㄏㄨㄚˋ (hua) | し(ネブル) *lick* かつ(イキ) *breathe*

풀이 1 핥다. ㉠舐. ¶十口之家 十人一鹽＜管子＞ 2 숨쉬다. 숨. ¶一 息也＜廣雅＞

6 9〖哂〗 비웃을 신 | 軫ㄕㄣˇ (shen) | しん(アザワラウ) *laugh at*

풀이 ①비웃다. 조소(嘲笑)함. ¶將爲後代所一＜晉書＞/一笑. ②웃다. 빙그레 웃음. ¶夫子一之＜論語＞
▷微一, 鼻一, 笑一, 一一, 嘲一, 衆一, 銜一

6 9〖咢〗 말다툼할 악 | 藥ㄜˋ (e) | がく(イイアラソウ) *dispute*

풀이 ①말다툼하다. 시끄럽게 언쟁함. ②놀라다. ㉥愕. ¶驚一. ③북치다. 노래는 않고 북만 침. ¶徒擊鼓 謂之一＜爾雅＞/或歌或一＜詩經＞ ④직언(直言)하는 모양. ㉥諤. ¶一一黃髮＜漢書＞ ⑤관(冠)이 높은 모양. ¶冠一一其映蓋兮＜張衡＞
【咢咢】がくがく(악악) ①거리낌 없이 바른 말을 하는 모양. ②관(冠)이 높은 모양.
▷驚一, 咢一

6 9〖哀〗 슬플 애 | 灰ㄞ (ai) | あい(カナシイ) *sad, sorrow*

源 **會意·形聲**. 「口+衣」. 衣는 감춘다는 뜻이므로, 생각을 가슴에 품고 입을 가리고 흐느낌.

풀이 ①슬프다. 슬픔. ¶嗚呼一哉＜王儉＞/悲一/喜怒一樂. ②불쌍하게 여기다. 딱하게 여김. 동정함. ㉥憐. ¶一其窮而運轉之＜韓愈＞/一此鰥寡＜詩經＞/一矜/一乞. ③슬퍼하다. 서러워함. ¶一而不傷＜論語＞ ④복(服). 상중(喪中). ¶崇喪遂一＜史記＞/孤一子.
【哀歌】あいか(애가) ①슬픈 심정을 나타낸 노래. 슬픈 가락의 노래. ②슬프게 노래함. ¶獨弦一＜莊子＞
【哀乞】(애걸) 슬프게 하소연하여 빎. ¶一伏乞.
【哀乞伏乞】(애걸복걸) 갖은 수단으로 머리 숙여 자꾸 빌고 원함.
【哀慶】あいけい(애경) 슬픈 일과 경사스러운 일.
【哀啓】あいけい(애계) 사람의 죽음을 알리는 편지. 죽은 이의 생시(生時)·약력(略歷) 및 임종 때의 병상(病狀) 등을 적음. 訃告(부고).
【哀哭】あいこく(애곡) 슬피 욺.
【哀悼】あいとう(애도) 사람의 죽음을 슬퍼함. 哀戚(애척). 哀弔(애조).
【哀憐】あいれん(애련) 가엾고 애처롭게 여김. 哀矜(애긍).
【哀戀】あいれん(애련) ①슬픈 사랑. 이루지 못한 연애. 悲戀(비련). ②슬픈 연모(戀慕).
【哀誄】あいるい(애뢰) ☞哀辭(애사).
【哀慕】あいぼ(애모) 죽은 사람을 슬퍼하며 사모함. 특히 죽은 어버이에 대한, 슬퍼하고 사모하는 정.
【哀史】あいし(애사) ①슬픈 역사. ②불행한 신상(身上) 이야기. ¶端宗一.
【哀詞】あいし(애사) ☞哀辭(애사).
【哀辭】あいし(애사) 문체의 이름. 사람의 죽음을 슬퍼하는 글. 일정한 형식이 있고 운어(韻語)를 씀. 哀詞(애사). 哀誄(애뢰). ¶按一者 哀死之文也＜文體明辯＞
【哀傷】あいしょう(애상) 사람의 죽음을 슬퍼하여 상심함.
【哀傷的】あいしょうてき(애상적) 슬퍼하고 가슴 아파하는 (것).
【哀惜】あいせき(애석) 슬프고 아깝게 여김.
【哀訴】あいそ(애소) 탄식하여 하소연함. 슬프게 호소함. 愁訴(수소).
【哀愁】あいしゅう(애수) 가슴에 스며드는 슬픈 시름.
【哀願】あいがん(애원) 통사정하여 간절히 원함. 哀求(애구). 歎願(탄원).
【哀怨聲】あいえんせい(애원성) ①슬프게 원망하는 소리. ②韓 함경도 민요(民謠)의 하나.
【哀而不傷】カナシンデヤブラズ(애이불상) 슬퍼하되 그 정도를 지나치지 아니함. ¶樂而不淫 一＜論

語＞

【哀子】あいし (애자) 슬픈 아들이라는 뜻. ㉮부모의 상중(喪中)에 있는 아들. 졸곡(卒哭) 후에는 효자(孝子)라 칭함. ㉯어머니가 죽고 아버지만 살아 있는 아들. ¶母死曰一＜故事成語考＞

【哀哉】あいさい (애재) 슬프구나. 슬퍼라. 탄식하는 말. ¶嗚呼一＜王儉＞

【哀弔】あいちょう (애조) ☞哀悼(애도).

【哀調】あいちょう (애조) 슬픈 곡조. 애절한 가락.

【哀痛】あいつう (애통) 몹시 슬퍼함. 哀傷(애상). ¶一未盡 思慕未亡＜禮記＞

【哀慟】あいどう (애통) 몹시 슬퍼함. 슬퍼 한탄함. ¶望哭一＜後漢書＞

【哀號涕泣】あいごうていきゅう (애호체읍) 슬프게 부르짖으며 눈물을 흘림.

【哀話】あいわ (애화) 슬픈 이야기. 悲話(비화).

【哀歡】あいかん (애환) 슬픔과 기쁨.

▷告一, 矜一, 悲一, 哀一, 餘一, 吐一, 含一

6 9 〖咼〗 1 입 비뚤어질 와 ㊍과 2 성 화 | 㑌ㄎㄨㄞ (kuai) 歌 | かい (クチガユガム) か

풀이 1 입이 비뚤어지다. 입매가 바르지 않음. ¶一 口戾不正也＜說文＞ 2 성(姓). ㊟和. ¶一氏之璧.

6 9 〖哇〗 1 토할 와 2 목멜 화 | 麻ㄨㄚ (wa) 佳 | わ, あい (ハク) *vomit* かい (ムセブ)

풀이 1 ①토하다. 게움. 또는, 그 소리. ¶出而一之＜孟子＞ ②음란한 소리. 또는, 그런 음악. ¶中正則雅 多一則鄭＜法言＞/一俚. ③아첨하는 소리. ¶利口一一＜太玄經＞ ④아이 소리. ¶小兒一不美＜黃庭堅＞ 2 목메다. 목구멍이 막힘. ¶其嗌言若一＜莊子＞

▷咬一, 哇一, 流一, 淫一

6 9 〖咿〗 선웃음칠 이 | 支ㄧ (yi) | い

풀이 ①선웃음치다. 억지로 웃음. ¶吾將喔一嚅唲 以事婦人乎＜楚辭＞/喔一. ②소리를 나타내는 말. ㉮글 읽는 소리. ¶一唔. ㉯사람의 소리. ¶一嚶. ㉰어린 아이가 말 배우는 소리. ¶一啞. ㉱벌레나 돼지 우는 소리 ¶一一. ㉲닭 우는 소리. 노 젓는 소리. ¶一喔. ㉳수레 따위가 삐걱거리는 소리. ¶一軋.

▷咻一, 呻一, 啞一, 喔一, 唔一, 嗚一, 郁一, 嗟一

6 9 〖咡〗 입 이 | 寘ㄦ (er) | じ *mouth*

풀이 ①입. ¶循一覆手＜管子＞ ②입가. 입 언저리. ¶負劍辟一詔之＜禮記＞

6 9 〖咽〗 1 삼킬 연 2 목멜 열 3 목구멍 인 4 북소리 인 | 霰ㄧㄢˋ (yan) 屑ㄧㄝˋ (ye) 先ㄧㄢ (yan) 眞 | えん (ノミクダス) *swallow* えつ (ムセブ) えん(ノド) *throat* いん

源 **會意·形聲.** 因은 사람이 口꼴의 깔개 위에 누워 위에서 아래로 누르는 모습. 그러므로 咽은 위에서 아래로 꽉 눌러서 삼키는 일.

풀이 1 삼키다. 목에 걸린 것을 꿀꺽 삼킴. ㊀嚥 呑. ¶三一然後 耳有聞＜孟子＞ 2 ①목메다. 목이 메어 말을 못함. ¶嗚聲幽一＜漢隴頭歌＞/嗚一. ②막히다. ¶雲霞充一 則奪日月之明＜新序＞ 3 ①목구멍. ¶一已絕＜漢書＞/一喉. ②급소(急所). 사물의 요처(要處). ¶漢中益州一喉＜蜀志＞ 4 북소리. ¶鼓一一＜詩經＞

【咽喉之地】いんこうのち (인후지 지) ①목. ②매우 요긴한 곳. 요해처(要害處).

▷感一, 哽一, 悲一, 啞一, 哀一, 搤一, 咽一, 嗚一, 怨一, 呦一, 幽一, 慘一, 充一, 呑一, 下一, 含一

6 9 〖咨〗 물을 자 | 支ㄗ (zi) | し(ハカル) *ask, consult*

源 **會意·形聲.** 次는 대충 늘어놓는다는 뜻. 咨는 여러 갈래의 의견으로 서로 격론하는 일.

풀이 ①묻다. 물어서 꾀함. ㊀諮. ¶營中之事 事無大小 悉以一之＜諸葛亮＞/一問. ②아아. 감탄하여 혀를 차는 의성어. ㊀嗟. ¶一爾舜＜論語＞ ③이. 이것. ㊟此. ¶一 此也＜爾雅＞ ④청(淸)대 공문서(公文書)의 하나.

【咨文】しぶん (자문) 청(淸)대 및 민국 시대에 대등한 지위에 있는 사람끼리 주고받던 공문서. 일명 이문(移文). 흔히 글머리에 위자정사(爲咨呈事) 또는 위자복사(爲咨復事) 따위 문구를 쓰고, 끝에 차자(此咨)라는 문구를 씀.

▷詢一, 仰一, 怨一, 咨一, 嗟一, 欽一

6 9 〖哉〗 어조사 재 | 灰ㄗㄞ (zai) | さい(…カナ, …ヤ)

풀이 ①어조사(語助辭). ②비로소. 처음으로. ㊟才. ¶一生魄＜書經＞ ③재앙. ㊟災. ¶一兆.

句法

①반문(反問)

[…哉] …일 것인가. …리오. 흔히, 安·豈·何 따위와 함께 쓰임. ¶不仁者可與言哉＜孟子＞/燕雀安知鴻鵠之志哉＜史記＞/今安在哉＜蘇軾＞

②영탄

[…哉] …로구나. …도다. ¶賢哉 回也＜論語＞/快哉.

【哉生明】さいせいめい (재생명) 달이 처음 빛을 발하는 일. 곧, 음력 초사흘을 일컬음. 哉는 처음.

【哉生魄】さいせいはく (재생백) 달에 처음으로 백(魄)이 생긴다는 뜻. 곧, 음력 16일. 哉는 처음, 魄은 달 둘레의 어두운 부분. ¶惟四月一<書經>

▷哀一, 也一, 矣一, 嗟一, 快一, 乎一

6/9〖咮〗 부리 주 | 圖ㄓㄡˋ (zhou) | ちゅう (クチバシ)

풀이 ①부리. 새의 주둥이. ¶不濡其一<詩經> ②별 이름. 28수(宿)의 하나. 주조좌(朱鳥座)의 입에 해당하는 별. 유(柳)의 이칭. ¶一 謂之柳<爾雅>

6/9〖咫〗 길이 지 | 紙ㄓˇ (zhi) | し (アタ) *length*

풀이 길이. 주(周)대 길이의 단위. 여덟 치[八寸]. 뜻이 바뀌어, 짧음. 또는, 짧은 거리의 비유. ¶一尺之書/一尺千里.

【咫尺】しせき (지척) ①여덟 치[八寸]와 한 자[一尺]. 곧, 매우 짧은 거리나 길이. ¶一之間/一之書. ②바로 옆까지 접근함. ¶天威不違顏一<左氏傳>

【咫尺之書】(지척지 서) 짤막한 편지. 尺書(척서). ¶發一乘之使 奉一<史記>

6/9〖哆〗 1 클 치 2 입술처질 차 | 紙ㄉㄨㄛ (duo) 馬 | し *large* しゃ

풀이 1 ①크다. 큰 모양. ㉠侈. ¶一兮侈兮<詩經> ②입을 크게 벌리다. 큰 입. ¶食飲嘘一<蔡讓> ③많다. ¶一然. ④관대하다. 마음이 너그러운 모양. ¶一然外齊侯也<穀梁傳> 2 입술이 처지다. 입술이 늘어진 모양. ¶一脣下垂貌<廣韻>/一嗚.

▷喬一, 吽一教

6/9〖咤〗 꾸짖을 타 | 禡ㄓㄚˋ (zha) 麻 | た (シカル) *scold*

源 形聲. 宅은 혀를 차는 소리의 의성어.

풀이 ①꾸짖다. 질책함. 또는, 그 소리. ㉠吒. ¶項王喑啞叱一<史記>/一叱. ②입맛 다시다. 입맛을 다시며 맛있게 먹음. ㉠吒 咜. ¶毋一食<禮記>/一食. ③수상히 여기다. 의아해함. ㉠詫. ¶杉篁一蒲蘇<韓愈> ④슬퍼하다. 비탄함. ¶怛一靡肝肺<蔡琰> ⑤자랑하다. 뽐냄. ㉠詫. ¶誇一孟子<孟子·注>

▷憤一, 悲一, 嘯一 啞一, 叱一, 咤一, 歎一, 恨一, 赫一

6/9〖品〗 물건 품 | 寢ㄆㄧㄣˇ (pin) | ひん (シナ) *goods, class*

源 會意. ロ 세 개를 늘어놓아 여러 가지 물건을 나타냄.

풀이 ①물건. 여러 가지 물품. ¶一物流形<易經>/商一/物一/一種. ②가지. 종류를 세는 말. ¶厥貢惟金三一<書經>/一一. ③사람의 등급이나 사람됨. ¶王一不遜<書經>/人一/一格. ④관위(官位)의 등급. 1품(品)에서 9품까지 있고, 각각 정(正)·종(從)으로 나눔. ¶正二一/從三一. ⑤등급을 매기다. 평가함. ¶空一甲乙煩題鐫<高啓>/一評 會/一題. ⑥《佛》 같은 유(類)의 것을 일단(一段)으로 뭉뚱그린 것. 불전(佛典)의 장(章)·편(篇)을 이름. 범어(梵語) Varga의 한역(漢譯). ¶法華經譬喩一.

【品格】ひんかく (품격) ①물건의 좋고 나쁜 정도. ¶論畫一<韓愈> ②사람된 바탕과 타고난 성질. 품성(品性)과 인격(人格).

【品階】ひんかい (품계) 직품(職品)과 관계(官階). 品秩(품질).

【品官】ひんかん (품관) ①작위(爵位) 외에 품위(品位)로 나눈 아홉 관등(官等). 1품(品)에서 9품까지 있었음. ②당(唐)대의 환관(宦官).

【品名】ひんめい (품명) 품종의 명칭. 물품의 이름.

【品庶】ひんしょ (품서) 백성. 서민. ¶一馮生<史記>

【品石】ひんせき (품석) 대궐 안 정전(正殿) 뜰에 품계(品階)를 새겨 세운 돌.

【品席】ひんせき (품석) 옛날, 품계에 따라 표피(豹皮)·호피(虎皮)·양피(羊皮)·구피(狗皮) 따위가 깔렸던 관원(官員)의 좌석(座席).

【品性】ひんせい (품성) 사람의 됨됨이. 人品(인품).

【品位】ひんい (품위) ①사람이 갖추고 있는 인격적 가치(人格的價值). 品格(품격). ②직품(職品)과 지위(地位). ③광석(鑛石) 속에 들어 있는 금속의 비율. ④지금(地金)·금화(金貨)·은화(銀貨) 따위에 포함되어 있는 금이나 은의 비율.

【品種】ひんしゅ (품종) ①물품의 종류. ②같은 종류에 속하는 동식물에 있어서 유전 형질을 같이하는 최소의 분류 단위. ¶一改良/新一.

【品秩】ひんちつ (품질) ☞品階(품계). ¶職僚一<後漢書>

【品質】ひんしつ (품질) 물건의 성질과 바탕.

【品評】ひんぴょう (품평) 물품의 좋고 나쁨을 평가함. 品藻(품조). ¶一會. 「正.

【品行】ひんこう (품행) 몸가짐. 行實(행실). ¶一方

▷佳一, 景一, 九一, 極一, 氣一, 名一, 妙一, 物一, 部一, 備一, 上一, 賞一, 商一, 性一, 小一, 神一, 新一, 藥一, 儀一, 人一, 一一, 逸一, 資一, 作一, 爵一, 殘一, 絶一, 製一, 題一, 粗一, 中一, 職一, 珍一, 眞一, 賤一, 特一, 下一, 現一

6/9〖咸〗 1 다 함 2 덜 감 | 咸ㄒㄧㄢˊ (xian) 豏 | かん (ミナ) *all* けん (ヘル)

源 會意. 날쟁기로 강한 충격을 가해서 입을 봉하는 일. 이것저것 다 휩쓸어서 봉해 버린다는 뜻.

풀이 1 ①다. 모두. 通 皆. ¶村中聞有此人 一來問訊<陶潛>/一服. ②64괘(卦)의 하나. 함괘(卦). 간하 태상(艮下兌上). ䷞. 음양이 교감하는 상(象). ③같다. 마음이 같음. ¶周公弔二叔之不一<左氏傳> ④두루 미치다. 널리 미침. ¶小賜不一<國語> 2 덜다. 줄임. 같 減. ¶戶口一半<漢書>

【咸京】かんけい(함경) 함양(咸陽). 또는, 장안(長安).

【咸卦】かんか(함괘) 64괘(卦)의 하나. 간하 태상(艮下兌上)의 상(象)으로 산[艮] 위에 못[兌]이 있음을 나타냄. 음양이 교감함을 상징함.

【咸服】かんぷく(함복) 다 복종함. ¶刑不試 而民一<禮記>

【咸氏】(함씨) 韓 남을 높이어 그의 조카를 일컫는 말.

【咸陽】かんよう(함양) 옛 진(秦)의 서울. 지금의 섬서성(陝西省)에 있음. 咸京(함경).

【咸營】(함영) 함경도(咸鏡道)의 감영(監營). 北營(북영).

【咸池】かんち(함지) ①해가 목욕을 한다는 하늘에 있는 못. 또는, 해가 진다는 서쪽 바다. ↔扶桑(부상). ②황제(黃帝)가 지었다는 악(樂)으로 요(堯)임금 때 의식에 쓰였음. 大咸(대함). ③하늘의 신. ④별 이름. 오곡(五穀)을 관장한다 함.

【咸興差使】(함흥차사) 韓 심부름 간 사람이 소식이 없거나 회답이 더딤의 비유.
유래 조선 태조 이성계는 두 차례의 왕자의 난에 화가 나 왕위에서 물러나 함흥(咸興)으로 가서 소식을 끊었다. 태종 방원은 아버지의 노여움을 풀고자 사신(使臣)을 거듭 보냈으나, 이성계는 사신을 죽이거나 잡아 가두어 돌려 보내지 않았으므로 함흥으로 간 사신은 소식도 없고 돌아오지도 않았다.

6/9 【哈】 1 물고기 많은 모양 합 2 마실 합 | 合 ㄏㄚ (ha) | ごう

풀이 1 ①물고기가 많은 모양. ¶一 魚多貌<玉篇> ②물고기가 입을 오물거리는 모양. 물고기의 입 모양. ¶一 魚動口貌<正字通>/一 魚口貌<集韻> ③속어로 웃음 소리를 나타내는 의성어. ¶一一. 2 마시다. 입을 대고 훌쩍 마심. ¶嘗一一水而甘苦知矣<淮南子>

6/9 【咳】 1 기침 해 2 방긋 웃을 해 | 隊 ㄎㄜˊ (ke) がい (セキ) | 灰 ㄎㄞ (kai) cough がい

풀이 1 기침하다. 기침. ¶不敢噦噫嚏一<禮記>/一喘/一嗽. 2 ①방긋 웃다. 어린 아이가 웃음. ¶一 小兒笑也<說文>/一嬰. ②겸하다. 포괄함. ¶頸尾一於天地乎<晏子>

【咳嗽】がいそう(해수) 기침. 또는, 기침을 함. 咳는 가래가 없고 소리만 나는 기침, 嗽는 기침 소리는 나지 않고 가래만 나오는 것.

【咳唾】がいだ(해타) ①기침과 침. ②어른 말의 경칭. 말씀.

【咳唾成珠】がいだタマヲナス(해타성주) ①기침과 침이 다 구슬이 된다는 뜻으로, ㉮일언 일구(一言一句)가 다 귀중함의 비유. ㉯권세가(權勢家)의 형용. ②시문(詩文)의 재주가 뛰어남을 이르는 말. ¶咳唾落九天 隨風生珠玉<李白>
▷奇一, 聲一, 嚔一

6/9 【哄】 떠들썩할 홍 | 送 ㄏㄨㄥˋ (hong) | こう(ドヨメキ) noisy

源 會意・形聲. 일제히 큰 소리를 냄의 뜻.

풀이 ①떠들썩하다. 여럿이 시끄럽게 내는 소리. 通 轟. ¶一笑. ②여러 사람이 함께 웃다. ¶一堂.

【哄笑】こうしょう(홍소) 크게 입을 벌리고 웃음. 큰 웃음. ¶遊人一觀俳優<孔平仲>

6/9 【咺】 의젓할 훤 | 阮 ㄒㄩㄢˇ (xuan) | けん dignified

풀이 ①의젓하다. 용자(容姿)가 위엄 있음. ¶赫兮一兮<詩經> ②울거나 울부짖어 시끄러운 모양. 같 喧 喚. ¶朝鮮謂兒泣不止曰一<說文>

6/9 【咻】 1 떠들 휴 2 따뜻이 할 후 | 尤 遇 | きゅう (カマビスシイ) く

풀이 1 ①떠들다. 떠들썩하게 함. 여러 사람들이 와글거리며 시끄럽게 함. ¶衆楚人一之<孟子> ②신음 소리. ¶一 口病聲也<廣韻>/一一. 2 따뜻하게 하다. 입김으로 따뜻하게 함. ¶爲一呴溫暖之政<蘇軾>

6/9 【哅】 1 떠들 흉 2 큰소리 흉 | 宋 東 | きょう(ワメク) こう(オオゴエ)

6/9 【咥】 1 웃음소리 희 2 깨물 절 | 宋 ㄒㄧˋ (xi) 屑 | き laughter てつ

7/10 【哿】 좋을 가 | 哿 ㄍㄜˇ (ge) ㄎㄜˇ (ke) | か(ヨイ) good

풀이 ①좋다. 옳음. 같 可 嘉. ¶一矣能言<左氏傳> ②머리 꾸미개. 부인의 머리 장식. 通 珈. ¶婦人易一<太玄經> ③106운(韻)의 하나. 상성(上聲).

7/10 【哥】 노래 가 | 歌 ㄍㄜ (ge) | か(ウタ) song

源 會意・形聲. 歌의 본자로, 可는 ㄱ형으로 숨을 돌려 소리를 내는 일.

풀이 ①노래. 노래함. 같 歌. ¶一永言<漢書>/一詠之<史記> ②호칭. ㉮형제중 손위 남자. ㉯친밀한 남자간의 애칭. ¶一一. ㉰동물에 대한 애칭. ¶鸚一. ③韓 성(姓) 밑에 붙이는 접미사.

¶朴—/李—.
【哥哥】かか(가가) ①형(兄). ②비슷한 또래의 연상 남자에 대한 애칭. ③자식에 대한 아버지의 자칭.
▷哥—, 大—, 阿—, 鸚—, 八—, 洪—

7 10〖哽〗 목멜 경 |梗ㄍㄥˇ (geng)| こう(ムセブ) be choked
풀이 ①목이 메다. 목구멍이 막힘. ¶南望慟哭 左右莫不哀—<南史>/—咽. ②숨이 막히다. 음식이 목에 걸림. ¶—咽塞也<韻會>/祝—在前 祝噎在後<後漢書>
▷哽—, 悲—, 哀—, 嗚—

7 10〖哭〗 울 곡 |屋ㄎㄨ (ku)| こく(ナク) wail
源 會意. 犬은 큰 소리로 짖는 대표적인 동물. 口가 두 개 있음은 시끄럽다는 뜻.
풀이 ①울다. ㉮슬퍼 큰 소리를 내어 울다. ¶歌於斯 —於斯<禮記>/慟—/—聲. ㉯곡하다. ¶湯使人—之<淮南子> ②韓 곡. 상사(喪事)나 제사 때 일정한 소리를 내어 우는 울음. ¶—則不歌<論語>/—班.
【哭岐泣練】こっききゅうれん(곡기읍련) 양주(楊朱)는 갈림길을 보고, 묵적(墨翟)은 흰 실을 보고 울었다는 옛일에서, 세상일이 본래는 같은데 뒤에 달라지고 갈라져 버림을 탄식하여 슬퍼함을 이른 말.
【哭臨】こくりん(곡림) 장례 때 여러 사람이 슬피 욺. 臨은 장례식에 가서 영전(靈前)에 섬.
【哭班】(곡반) 국상(國喪) 때 망곡(望哭)하는 백관(百官)의 반열(班列). 「계집종.
【哭婢】(곡비) 장례 때 울면서 행렬 앞에 가는
【哭聲】こくせい(곡성) 곡하는 소리.
▷強—, 嗷—, 鬼—, 大—, 悲—, 三日—, 送—, 哀—, 僞—, 絶—, 啼—, 痛—, 慟—, 號—

7 10〖哪〗 역귀 쫓는 소리 나 |歌ㄋㄚˇ (na)| な, だ
풀이 역귀 쫓는 소리. 나례(儺禮) 때 추나(追儺)하는 소리. ¶——.
【哪哪】なな(나나) 추나(追儺)할 때 악사(樂師)나 기생, 또는 악공(樂工)들이 지르는 소리.

7 10〖唐〗 당나라 당 |陽ㄊㄤˊ (tang)| とう
풀이 ①당나라. 중국의 왕조(王朝) 이름. ㉮이연(李淵)이 수(隋)를 멸하고 세운 왕조. ㉯5대(代)의 하나. 이존욱(李存勖)이 후량(後梁)의 뒤를 이어 세움. (923~935). 후당(後唐). ㉰5대(代) 10국(國)의 하나. 이변(李昪)이 5대말에 세움. 남당(南唐). (937~975). ㉱도당(陶唐). 당우(唐虞). ②중국. 당(唐)대에 국위를 떨쳤으므로 후세에 중국을 당이라 부름. ¶—材/—鞋/—筆/—布. ③황당하다. 황탄무계(荒誕無稽)함. ¶荒—之言<莊子> ④둑. 제방. 같 塘. ¶—有萬穴<淮南子>/—堤. ⑤길. 도로. 뜰 안의 길. ¶中—有甓<詩經>
【唐家】とうか(당가) ①당(唐)의 왕실. ¶—有得賢之盛<歐陽脩> ②韓 왕좌(王座)나 불좌(佛座) 따위 위에 장식으로 다는 집의 모형. 닫집.
【唐擧】とうきょ(당거)《人》전국 시대 양(梁)의 점술가. 唐莒(당거). ¶梁有— 相人之形狀顏色 而知其吉凶妖祥<荀子>
【唐巾】とうきん(당건) 관(冠) 이름. 당인(唐人)의 화상(畫像)에서는, 제왕이 많이 쓰고 있으나, 뒤에는 사인(士人)의 관이 됨.
【唐古特】タングート(당고특) 종족(種族) 이름. 지금의 사천성(四川省) 북서부, 청해(青海)·서강(西康) 동부, 감숙(甘肅) 일부에 살던 티베트족(族). 청(清)대에는 티벳과 같은 뜻으로 쓰였음.
【唐弓】とうきゅう①·とうゆみ②(당궁) ①힘의 강약(強弱)이 알맞은 활. 곧, 왕체(往體; 밖으로 휜 곳)와 내체(來體; 안으로 굽은 곳)가 같은 활. ②솜을 타는 도구.
【唐机】とうづくえ(당궤) 중국풍의 책상.
【唐女】とうじょ(당녀) 중국 여자의 비칭(卑稱).
【唐突】とうとつ(당돌) ①부딪침. ②갑자기. 돌연히. ③韓 꺼리거나 어려워함이 없이 올차고 다부짐.
【唐律】とうりつ(당률) ①당(唐)대에 확립된 율시(律詩). 또는, 금체시(今體詩)를 일컫기도 함. ②당(唐)대의 법률. 개황률(開皇律)·무덕률(武德律)·정관률(貞觀律) 등 종류가 많음.
【唐麪】(당면)韓 감자 가루로 만들어 말린 국수.
【唐明皇】とうめいこう(당명황) 당현종(唐玄宗).
【唐木】カラキ②·とうぼく②(당목) ①韓 되게 드린 무명실로 짠, 바닥이 고운 피륙의 한 가지. 처음에 서양에서 중국을 통하여 들어왔고, 뒤에 우리 나라에서도 짜게 됨. ②흔히, 열대 지방에서 생산되는 목재. 자단(紫檀)·흑단(黑檀) 등.
【唐墨】とうぼく(당묵) 중국에서 만든 먹. 또는, 중국에서 들어온 먹. 「실.
【唐白絲】とうはくし(당백사) 중국에서 나는 흰 명주
【唐本】とうほん(당본) ☞唐册(당책).
【唐絲】とうし·からいと(당사) 중국에서 나는 명주실.
【唐三彩】とうさんさい(당삼채) 당(唐)대 도자기(陶瓷器)의 하나. 잿물이 녹·황·백 또는 녹·황·남색(藍色)의 세 가지 빛으로 되었음.
【唐扇】とうせん(당선) 중국에서 만든 부채.
【唐宋八大家】とうそうはちだいか(당송 팔대가) 당(唐)·송(宋)대의 대문장가(大文章家) 여덟 사람. 당대의 한유(韓愈)·유종원(柳宗元)과 송대의 구양수(歐陽脩)·소순(蘇洵)·소식(蘇軾)·소철(蘇轍)·증공(曾鞏)·왕안석(王安石).
【唐手】とうしゅ·からて(당수) 맨손과 맨발 그리고 신체의 여러 부분을 써서 찌르기·치기·차기 등 세 가지 방법을 기본으로 자기 몸을

방어하는 무예의 하나.

【唐詩】とうし (당시) 당(唐)대의 시(詩). 당대는 시가(詩歌)가 융성하여 시인의 수, 작품 수에서 단연 다른 시대가 따르지 못함. 연대에 따라 초당(初唐)·성당(盛唐)·만당(晩唐)으로 구별됨.

【唐樂】とうがく (당악) ①당(唐)대의 음악. ②삼악(三樂)의 하나. 당송(唐宋) 이후 중국의 음률에 의거하여 제정한 풍류. 보허자(步虛子)·낙양춘(洛陽春) 등의 가곡(歌曲)이 있음. ↔鄕樂(향악).

【唐硯】とうけん (당연) 중국에서 만든 벼루. 또는, 중국풍의 벼루.

【唐堯】とうぎょう (당요)《人》 중국의 옛 성황(聖皇) 제요(帝堯)를 이르는 말.

【唐虞】とうぐ (당우) 도당(陶唐)과 유우(有虞). 요(堯)와 순(舜)의 시대. 唐은 요임금의 호. 虞는 순임금의 호.

【唐韻】とういん (당운) ①당(唐)대의 음운(音韻). ②당(唐)의 손면(孫愐)이 지은 운서(韻書). 수(隋)의 육법언(陸法言) 등의 절운(切韻)을 고친 것. 5권.

【唐園】とうえん (당원) 채마밭. 남새밭. ¶以一爲本「利<管子>

【唐衣】とうい (당의) 여자 예복의 한 가지. 거죽은 초록, 안은 연분홍빛이며, 뒷자락이 앞자락보다 길. 당저고리.

【唐人】とうじん (당인) 당(唐)대의 사람. 또는, 외국인이 중국인을 이르는 말.

【唐材】とうざい (당재) 중국에서 나는 약재(藥材).

【唐苧】とうちょ (당저) 중국에서 생산되는 모시. 당모시.

【唐笛】とうてき (당적) 당악(唐樂)에 쓰이던 저의 한 가지. 취공(吹孔) 하나에 지공(指孔) 일곱이 뚫려 있으며, 소금(小笒)보다는 소리가 높음. 당저.

【唐制】とうせい (당제) 당(唐)의 제도. 당의 율령제「(律令制).

【唐只】(당지) ㊙ 댕기의 취음(取音).

【唐紙】とうし (당지) 중국에서 만든 종이의 일종. 주로 서화(書畫)에 많이 씀.

【唐瘡】とうそう (당창) 매독(梅毒). 楊梅瘡(양매창). 瘡病(창병).

【唐册】とうさつ (당책) 중국에서 박아 낸 책. 唐本(당본). 唐書(당서).

【唐靑】とうせい (당청) 중국에서 만든 푸른 물감.

【唐體】とうたい (당체) ①한문 글씨체의 한 가지. ②인쇄에서, 명조체(明朝體).

【唐草紋】からくさもん (당초문) 덩굴이 뻗은 모양의 무늬. 직물, 조각, 도기(陶器) 등에 쓰임.

【唐楸子】とうしゅうし (당추자) 호두.

【唐板】とうはん (당판) 중국에서 새긴 목판(木板). 또는, 그것으로 박아 낸 책.

【唐筆】とうひつ (당필) 중국에서 만든 붓.

【唐鞋】とうあい (당혜) 울이 깊고 코가 작은 가죽신의 한 가지. 앞뒤에 당초문(唐草紋)을 새긴 마른 신으로, 남녀 공용이었음.

【唐貨】とうか (당화) 중국에서 들어온 물품. 唐物貨(당물화).

【唐慌】(당황) 놀라서 어리둥절함. 唐惶(당황). 惝怳(당황).

▷南一, 唐一, 陶一, 晩一, 旁一, 盛一, 虞一, 李一, 入一, 中一, 初一, 頹一, 浩一, 荒一, 後一

7/10 〖哢〗 지저귈 롱 | 送カメㄥˋ (long) | ろう (サエズル) *chirp*

풀이 ①지저귀다. 새가 아름다운 소리로 조잘거리며 욺. ¶雲飛水宿 一吭淸渠 <左思>/一吭. ②웃다. 선웃음 침. ¶毋笑不嗔還一咿<鐳崧>

7/10 〖哩〗 어조사 리 | 寘カ丨˙ (li) | り

풀이 ①어조사. 「이러하다」고, 문말(文末)에 붙여 강조의 뜻을 나타내는 조사(助辭). 중세 이후의 구어문(口語文)에 씀. ¶一 語餘聲<正字通> ②마일(mile). 육지의 거리를 재는 단위. 1마일은 약 1.6km.

10 〖哶〗 芈(p. 1202)와 同字

7/10 〖哱〗 어지러울 발 | 月 | ほつ(ミダレル) *confused*

풀이 ①어지럽다. ¶一 亂也<類編> ②숨을 내쉬는 소리. ¶一 吹氣聲<廣韻> ③군대에서 쓰는 취악기. 나발·소라 따위. ¶一囉 軍器<正字通>

【哱囉】ほつら (바라←발라) ①군대에서 쓰는 나발·소라 따위. 소라나 소라고둥 껍데기로 만든 악기. 法螺(법라). ¶凡吹一 是要衆兵起身執器站立<戚繼光> ②자바라(嗜哱囉). 국악기의 하나. 두 짝으로 된 둥글넓적한 타악기.

7/10 〖哤〗 난잡할 방 | 江 | ぼう(ミダレル) *messy*

7/10 〖唆〗 부추길 사 | 歌ムメㄛ (suo) | さ (ソソノカス) *incite*

▷敎一, 使一, 示一

7/10 〖哦〗 읊을 아 | 歌ㄜˊ(e) ㄛˊ(o) | が (ヨム, ウタウ) *recite*

풀이 ①읊다. 낮은 목소리로 글을 읽거나 노래함. 읊조림. ㊣吟. ¶殘書且自一<袁宏道> ②시. 노래. ¶聽渠七字一<陳師道> ③가볍게 놀라 지르는 소리의 의성어. ¶一 也罷了麼<紅樓夢>

▷口一, 微一, 吟一, 長一

7/10 〖唉〗 대답하는 소리 애 | 灰ㄞ (ai) | あい

풀이 ①대답하는 소리. 예 또는 오냐 하고 대답하는 소리. ¶狂屈曰 一 吾知之<莊子> ②놀라며 묻다. ¶禹立諫鼓於朝 而備訊一<管子> ③아아. 목구멍을 죄며 탄식하는 의성어. ¶一 豎子不足與謀<史記>

7/10 〖唁〗 위문할 언 | 霰 ㄧㄢˋ (yan) | げん(トムラウ) *console*

풀이 위문하다. 弔는 죽은 사람에 대한 조위, 唁은 슬픈 일을 당한 이를 찾아가 위로하는 것. ¶歸一衛侯<詩經>
▷慶一, 門一, 問一, 慰一, 弔一

7/10 〖唔〗 글 읽는 소리 오 | 虞 | ご

7/10 〖員〗 1 수효 원 2 더할 운 | 先 ㄩㄢˊ (yuan) 文 ㄩㄣˊ (yun) | いん(カズ) *number* いん(マス)

풀이 1 ①수효. ㉮사람의 수. 일정 범위에 들어가는 사람. ¶人一/定一/冗一. ㉯둥그런 물건. 뜻이 바뀌어, 개체(個體)를 이룬 물건을 세는 단위. ¶數物曰一<說文·注> ②둘레. 너비. ¶幅一. ③동그라미. 둥글다. ㉠圓. ¶不以規矩不能成方一<孟子>/方一/一石. ④벼슬아치. ¶累聖曠不置一<唐書>/官一. 2 ①더하다. 늘림. ¶無棄爾輔 一于爾輻<詩經> ②이르다. 通云. ¶景一維河<詩經> ③어세를 돕는 조사. 通云. ¶聊樂我一<詩經>
【員官】いんかん(원관) 별 이름. 28수(宿)의 하나. 주조칠수(朱鳥七宿)의 네째 별. 星宿(성수).
【員數】いんすう(원수) 인원(人員)의 수효.
【員役】(원역) 지방 관아의 이속(吏屬). 衙前(아전).
【員外】いんがい(원외) ①정한 인원 이외. ②정원(定員) 외의 벼슬. 원외랑(員外郎)의 준말. ¶一之官 本爲冗秩<日知錄>
【員員】いんいん(원원) 사람이 많으면서 예의가 있는 모양. ¶一 衆多而有禮儀也<石鼓文·注> (운운) 갑자기. 급히. ¶逆則頭痛一<素問>
▷各一, 看護一, 減一, 客一, 缺一, 工一, 公務一, 官一, 敎一, 闕一, 黨一, 隊一, 動一, 滿一, 方一, 復一, 事務一, 社一, 生一, 船一, 隨行一, 成一, 役一, 要一, 委一, 議一, 人一, 任一, 全一, 店一, 正一, 定一, 助產一, 增一, 職一, 總一, 充一, 海一, 行一, 會一

7/10 〖唈〗 한탄할 읍·압 | 緝 合 | おう, ゆう *sob*

7/10 〖哫〗 아첨할 족 | 沃 | しょく *flatter*

7/10 〖唇〗 1 놀랄 진 2 입술 순 | 眞 ㄔㄨㄣˊ (chun) 眞 | しん(フルエル) しん(クチビル)

7/10 〖哳〗 지저귈 찰 | 黠 ㄓㄚ (zha) | たつ *twitter*

7/10 〖哲〗 밝을 철 | 屑 ㄓㄜˊ (zhe) | てつ(アキラカ) *wise*
同 喆

풀이 ①밝다. 언동이 지혜롭고 총명함. ¶旣明且一 以保其身<詩經>/明一保身. ②도리(道理)에 밝은 사람. ¶數求一人<書經>/先一.
【哲理】てつり(철리) ①현묘(玄妙)한 이치. ¶一精深. ②철학상의 이론.
【哲辟】てっぺき(철벽) 어질고 현명한 임금. 辟은 천자(天子), 군주(君主) 또는 제후.
【哲士】てっし(철사) ☞哲人(철인).
【哲嗣】てっし(철사) 남의 후사(後嗣)의 미칭(美稱). 令息(영식).
【哲聖】てっせい(철성) 재덕(才德)이 완전한 성인이란 뜻으로, 천자(天子)를 이르는 말. ¶翼我一<蔡邕>
【哲人】てつじん(철인) 사물의 이치에 밝고 식견(識見)이 뛰어난 사람. 哲士(철사).
【哲匠】てっしょう(철장) ①현명하고 재예(才藝)가 있는 사람. ②도리에 밝은 재상. ¶一感蕭晨<殷仲文> ③문인(文人). 또는, 화가(畫家). ¶辭華一能<杜甫>
【哲學】てつがく(철학) 자연과 인생, 현실과 이상에 관한 근본 원리를 연구하는 학문.
【哲兄】てっけい(철형) 벗이나 남을 존경하여 부르는 말. 賢兄(현형).
▷明一, 西一, 先一, 聖一, 淑一, 十一, 良一, 英一, 穎一, 睿一, 儒一, 才一, 前一, 俊一, 聰一, 賢一, 後一

7/10 〖哨〗 1 망볼 초 2 수다스러울 초 | 效 ㄕㄠˋ (shao) 嘯 | しょう(ミハリ) *keep watch* しょう *talkative*

풀이 1 ①망보다. 파수 봄. ¶一戒/步一/一騎. ②망 보는 곳. 망 보는 사람. ¶巡一襄樊<元史>/一兵. ③가늘고 날카롭다. ¶大匈一後<馬融> 2 ①수다스럽다. ¶禮義一一 聖人不取也<法言> ②비뚤어지다. 병의 아가리가 비뚦. ¶某有枉矢一壺<禮記>
【哨戒】しょうかい(초계) 적의 기습에 대비하여 망보며 경계하는 일. ¶一艇/一網.
【哨兵】しょうへい(초병) 초계(哨戒) 임무를 띤 병사.
【哨哨】しょうしょう(초초) ①말이 많은 모양. ¶禮義一 聖人不取也<法言> ②작은 소리의 형용. ¶紛一以驚節<張隨>
▷步一, 巡一, 立一, 哨一, 懸一

7/10 〖唄〗 찬불 노래 패 | 卦 ㄅㄞˋ (bai) | ばい

풀이 찬불 노래. 범패(梵唄). 부처의 공덕을 기리는 노래. 인도 영법(詠法)을 따른 가창(歌唱)이란 뜻.
【唄聲】ばいせい(패성) 독경(讀經)소리. 唄音(패음).
【唄音】ばいおん(패음) ☞唄聲(패성). ¶松關掩一<姚廣>

【唄讚】ばいさん(패찬)《佛》부처의 공덕을 찬미하는 노래. 梵唄(범패). 梵唱(범창).

7/10 **〖哺〗** 먹일 포 | 遇 ㄅㄨˇ (bu) | ほ(クワセル) *feed*

풀이 ①먹이다. 먹여 기름. ¶生—鷇<爾雅>/—乳/—兒. ②먹다. 음식을 입 속에 머금음. ¶緩帶咽—<漢書>/含—. ③입 안에 머금은 음식물. ¶一飯三吐—<史記>/反—.

【哺養】ほよう(포양) 먹이어 기름. 양육(養育)함. ¶親自—<後漢書>

【哺乳】ほにゅう(포유) 젖을 먹임. 젖을 먹여 기름. ¶—動物.

【哺乳多則生癎病】(포유다즉 생간병) 젖을 지나치게 먹이면 경풍(驚風)을 일으킨다는 뜻으로, 부모의 자애심이 지나치면 도리어 자식에게 해로움을 이르는 말. ¶— 富貴盛而致驕疾<潛夫論>

▷反—, 削—, 咽—, 吐—, 含—

7/10 **〖唅〗** 머금을 함 | 覃 勘 ㄏㄢˊ (han) | かん *swallow*

풀이 ①머금다. ㉖含. ¶—菽飮水<漢書> ②반함옥(飯含玉). 염습할 때 죽은 사람의 입에 물리던 구슬. ㉖琀. ¶殯—之物<晉書> ③입 벌리다. ¶有二大白蛇 長丈餘 ——有聲<南史>/—呀.

7/10 **〖哮〗** 으르렁거릴 효 | 肴 ㄒㄧㄠ (xiao) | こう(ホエル) *roar*

풀이 ①으르렁거리다. 사나운 짐승이 큰소리로 울부짖음. ㉖吼. ¶猛虎自—<唐書>/咆—. ②큰소리 치다. ¶怒—/嘲—. ③천식. 해수병. ¶—喘.

▷嗷—, 怒—, 嘲—, 咆—, 哮—

7/10 **〖唏〗** 1 슬퍼할 희 2 탄식할 희 | 尾 未 | き(カナシム) *be sad about* き

풀이 1 슬퍼하다. 눈물을 흘리지 않고 슬퍼함. ¶哀痛不泣曰—<說文>/嘘—. 2 탄식하다. 탄식하는 소리. ¶紂爲象箸 而箕子—<史記>

8/11 **〖啓〗** 열 계 | 薺 ㄑㄧˇ (qi) | けい(ヒラク) *open*

풀이 ①열다. ㉮닫힌 것을 열어 보다. ¶—予手 —予足<論語> ㉯일깨우다. 슬기·생각 따위를 깨우쳐 이끌어 냄. ¶不憤不— 不悱不發<論語>/—發. ㉰시작하다. ②열리다. ㉮운이 트다. ¶臣聞天之所—<左氏傳> ㉯동이 트고 날이 밝다. ¶—明. ③양기(陽氣)가 열리는 계절. 입춘(立春)·입하(立夏) 무렵. ¶—開. ④여쭈다. 입을 열어 의향을 아룀. ¶堂上—阿母<古樂府>/謹—/—白. ⑤아뢰다. ⑥상주(上奏)하는 글. ¶狀—.

【啓居】けいきょ(계거) 집에서 편안하게 지냄. 啓處(계처). ¶王事多難 不遑—<詩經>

【啓告】けいこく(계고) 아룀. 여쭘.

【啓達】けいたつ(계달) ☞啓奏(계주).

【啓導】けいどう(계도) 몽매(蒙昧)를 깨우쳐 알도록 이끌어 줌. 啓發誘導(계발유도).

【啓明】けいめい(계명) ①새벽. ②샛별. 啓明星(계명성). 金星(금성).

【啓明星】けいめいせい(계명성) ☞啓明(계명)②.

【啓蒙】けいもう(계몽) 어린애나 몽매(蒙昧)한 사람을 깨우침. ¶農村—/—主義.

【啓發】けいはつ(계발) ①식견(識見)을 열어 줌. 또는, 식견이 열림. ¶—憤懣<班固>/心田—. ②일을 처음으로 일으킴.

【啓發誘導】けいはつゆうどう(계발유도) ☞啓導(계도).

【啓辭】けいじ(계사) 논죄(論罪)에 관하여 임금에게 아뢰는 글.

【啓上】けいじょう(계상) 윗사람에게 말씀드림. 啓白(계백).

【啓聖祠】けいせいし(계성사) ①공자(孔子)의 아버지 숙양흘(叔梁紇)을 제사지내는 사당. 문묘(文廟) 안에 있음. 뒤에 숭성사(崇聖祠)로 고침. ②공자·안회(顔回)·자사(子思)·증삼(曾參)·맹자의 아버지를 제사지내는 사당. 서울 성균관(成均館) 문묘(文廟) 안에 있음.

【啓示】けいじ(계시) ①열어 보임. ②신(神)이 사람의 마음을 열어 진리를 교시(教示)하는 일. 默示(묵시).

【啓程】(계정) 길을 나섬.

【啓奏】けいそう(계주) 임금에게 아룀. 천자에게는 奏, 황후에게는 啓라 함. 啓達(계달). 啓稟(계품).

【啓蟄】けいちつ(계칩) ☞驚蟄(경칩).

【啓土】けいど(계토) ①토지를 개척함. ②영토를 확장함. ¶晋之— 不亦宜乎<左氏傳>

【啓閉】けいへい(계폐) ①엶과 닫음. 開閉(개폐). ¶以時—<周禮> ②啓는 입춘(立春)·입하(立夏), 閉는 입추(立秋)·입동(立冬). ¶時乖—<陸倕>

【啓稟】(계품) ☞啓奏(계주).

【啓下】(계하) 임금의 재가(裁可)를 받음. ¶—公事.

【啓行】けいこう(계행) ①길을 선도(先導)함. 벽제(辟除)함. ¶率先—<蜀志> ②여행길을 떠남.

▷謹—, 勅—, 拜—, 復—, 覆—, 上—, 首—, 佑—, 狀—, 陳—, 天—, 行—

8/11 **〖唫〗** 1 입다물 금 2 읊을 음 | 寢 侵 ㄧㄣˊ (yin) | きん(ツグム) ぎん

풀이 1 ①입 다물다. ㉨噤. ¶君呿而不—<呂覽>/—口. ②말 더듬다. 다급해서 말이 제대로 나오지 않음. ¶— 口急也<說文> 2 ①읊다. ㉨吟. ¶秋風爲我—<漢書> ②험준하다. ㉨崟. ¶必於殽之巖—之下<穀梁傳>

8/11 **〖唸〗** 신음할 념 ㊄점 | 霰 ㄋㄧㄢˋ (nian) | てん(ウナル) *groan*

8
11〖啖〗 1 먹을 담 2 속일 담 | 國ㄉㄢˋ 斷(dan) | たん(クウ, アザムク)

풀이 1 먹다. 입을 크게 벌리고 음식을 게걸스럽게 먹음. ¶相一食略盡<魏志>/一嘗/健一. 2 ①속이다. ¶以利一之<唐書> ②먹이다. 덥석 먹임. ㉠啗. ¶取棗栗 一我<蘇洵> ③싱겁다. 담미(淡味). ㉢淡. ¶攻苦食一<史記>
▷健一, 啖一, 噬一, 飧一, 食一, 咀一, 快一, 虎一, 齕一

8
11〖啗〗 1 먹을 담 2 먹일 담 | 國ㄉㄢˋ 斷(dan) | たん(クウ, クワス) eat, feed

풀이 1 먹다. 게걸스럽게 먹음. ㉢啖. ¶噲拔劍 切而一之<史記> 2 ①먹이다. 먹게 함. ㉠啖. ¶一我以余桃<韓非子> ②속이다. ¶多以金一豨將<史記>
▷剸一, 膳一, 飲一, 餌一, 酒一, 呑一

8
11〖唳〗 울 려 | 國ㄌㄧˋ (li) | れい(ナク) cry

8
11〖問〗 물을 문 | 問ㄨㄣˋ (wen) | もん(トウ) ask

풀이 ①묻다. 물어 밝힘. 남에게 물어봄. ¶一禮于老子<史記>/尋一. ②사람을 찾다. 안부를 물음. ¶一人於他邦 再拜而送之<論語>/訪一/一病. ③죄상(罪狀)을 알아보다. ¶淑一如皐陶<詩經>/訊一/一招. ④묻는 일. 묻기. 물음. ¶舜好一而好察邇言<中庸> ⑤보내다. 선사함. ¶雜佩以一之<詩經> ⑥분부하다. 명령함. ¶公一不至<左氏傳> ⑦부르다. 불러들임. ⑧소식. 음신(音信). ¶久無家一<晋書>

【問答】もんどう(문답) ①물음과 대답. ②두 사람 이상이 서로 묻고 대답하는 일을 되풀이함.
【問病】もんびょう(문병) 앓는 사람을 찾아보고 위로함.
【問卜】もんぼく(문복) 점장이에게 길흉(吉凶)을 물음.
【問喪】もんそう(문상) 초상집에 가서 슬픔을 나타내는 인사를 함. 또는, 그 인사. 弔喪(조상).
【問世】もんせい(문세) ①세상에 물음. 그에 대한 평가를 기대하여 저작물(著作物)·언론(言論)을 발표하는 일. ②세상을 방문한다는 뜻으로, 속계(俗界)에 나가서 세상 사람들과 사귐을 이름.
【問安】もんあん(문안) 웃어른에게 안부를 여쭘. ¶鷄鳴而起 一視膳<資治通鑑>/一人事.
【問安婢】もんあんび(문안비) 정초(正初)에 새해 문안을 전하러 다니던 계집종.
【問安使】もんあんし(문안사) 문안하러 보내던 사신.
【問安視膳】もんあんしぜん(문안시선) 안부를 묻고, 음식을 살핀다는 뜻으로, 어른을 잘 받듦을 이르는 말.
【問牛喘】もんぎゅうぜん(문우천) 한(漢)의 병길(丙吉)이 소가 숨이 차서 헐떡임을 보고, 그 소의 걸어온 이수(里數)를 묻고는 천하의 치평(治平)을 근심했다는 옛일에서, 나라의 정치를 근심함을 이름.
【問議】もんぎ(문의) 물어보고 의논함.
【問鼎】もんてい(문정) 초(楚) 장왕(莊王)이 천하(天下)를 빼으려는 야심을 품고, 주(周) 정왕(定王)에게 제위(帝位)의 상징이며 전국(傳國)의 보물인 구정(九鼎)의 무게를 물었다는 옛일에서, 남의 실력이나 내막(內幕)을 엿봄을 이름.
【問題】もんだい(문제) ①대답을 얻기 위한 물음. ¶試驗一. ②당면한 연구 사항. 또는, 논쟁(論爭)거리가 되는 사건.
【問題兒】もんだいじ(문제아) 지능·성격·행동 따위가 보통 아이와 현저하게 달라 특별히 다룰 필요가 있는 아동.
【問罪】もんざい(문죄) ①죄를 캐내어 밝힘. ②죄지은 자를 성토(聲討)하고 정벌(征伐)함.
【問罪之師】もんざいのし(문죄지 사) 죄를 따져 묻기 위해 파견하는 군대. 역적(逆賊)을 치는 군대.
【問津】もんしん(문진) 나루터를 묻는다는 뜻으로, 학문에 들어가는 길을 물음을 이르는 말. ¶使子路一焉<論語>
【問責】もんせき(문책) 일의 잘못을 물어 책망함. 또는, 책임을 물음. 責問(책문).
【問招】(문초) 죄인을 신문(訊問)함.
【問學】もんがく(문학) 모르는 것을 물어서 배움. 또는, 그 일. 學問(학문). ¶尊德性而道一<中庸>
【問候】もんこう(문후) 웃어른에게 안부(安否)를 물음. 候問(후문).
▷講一, 拷一, 顧一, 鞫一, 糾一, 難一, 訪一, 不一, 聘一, 査一, 設一, 省一, 詢一, 訊一, 審一, 尋一, 慰一, 疑一, 切一, 弔一, 質一, 借一, 察一, 責一, 請一, 推一, 通一, 下一, 學一, 候一, 詰一

8
11〖唪〗 껄껄 웃을 봉 | 圖ㄈㄥˇ (feng) | ほう guffaw

풀이 ①껄껄 웃다. ②열매가 많이 여는 모양. ¶瓜瓞一一<詩經> ③큰소리. 크게 지르는 소리.

11〖啚〗 1 鄙(p. 1514)와 同字 2 圖(p. 333)의 俗字

8
11〖唼〗 1 쪼아 먹을 삽 2 헐뜯을 첩 | 國ㄕㄚˋ (sha) 國ㄗㄚ (za) | そう(ツイバム) peck at しょう

풀이 1 ①쪼아 먹다. 물새가 먹이를 먹는 모양. ㉠啑. ¶一喋菁藻<史記> ②훌쩍 마시다. ¶一血而盟<漢書> 2 헐뜯다. 고자질함. ㉠捷. ¶靈修既信椒蘭之一佞兮<漢書>

11〖啑〗 唼(p. 300)과 同字

8 11 〖商〗 헤아릴 상 | 陽ㄕㄤ (shang) | しょう (アキナウ) *consider*

풀이 ①헤아리다. 짐작하여 앎. ¶虜必一軍進退<漢書> ②장사하다. ¶一販游食之民<新書> ③장수. 장사하는 사람. ¶一賈百族<張衡> ④오음(五音)의 하나. 강하고 맑은 음색(音色)의 소리. 계절로는 가을, 오행으로는 금(金), 방위로는 서(西). ¶在音爲一<素問> ⑤몫. 어떤 수를 다른 수로 나누어서 얻은 수. ¶一除. ⑥별 이름. 동쪽에 있는 별의 이름. ¶辰爲一星<左氏傳> ⑦상(商)나라. 탕(湯)이 하(夏)를 멸하고 세운 나라. 반경(盤庚)이 박(亳)에 도읍하여 국호를 은(殷)으로 고침.

【商街】しょうがい (상가) 가게가 늘어선 거리. 장사거리.

【商鑑不遠】しょうかんふえん (상감불원) 나라가 멸망한 선례(先例)는 멀리 옛날에서 찾지 않아도 가깝게 있다는 뜻. 은(殷)은 바로 앞의 왕조(王朝)인 하(夏)의 멸망을 거울 삼았다는 옛일에서 유래. 殷鑑不遠(은감불원).

【商界】しょうかい (상계) 상업의 사회. 상업계(商業界)의 준말.

【商工】しょうこう (상공) ①장사와 공장(工匠). ②상업(商業)과 공업(工業).

【商科】しょうか (상과) 상업에 관한 학과.

【商館】しょうかん (상관) 상가(商家). 상점. 주로 개항장(開港場)에 있는 외국인 상점을 이름.

【商君】しょうくん (상군) ☞商鞅(상앙).

【商圈】しょうけん (상권) 특정 상업상의 세력 범위.

【商權】しょうけん (상권) 상업상의 권리. 상업상의 주도권.

【商均】しょうきん (상균) 순(舜)임금의 아들. 불초(不肖)하다 하여 제위(帝位)를 이어받지 못함.

【商氣】しょうき (상기) 가을 기운. 秋氣(추기).

【商略】しょうりゃく (상략) ①책략(策略)을 꾸밈. 또는, 그 책략. 計策(계책). ②토론함. 논의함. 논의하여 정함. ③장사하는 계략. 商計(상계). ④평가함. 비교함.

【商量】しょうりょう (상량) ①협의함. ②헤아림. 비교하여 헤아림. 商度(상탁).

【商暮】しょうぼ (상모) ①가을날의 저녁 때. ②가을이 끝남. 商이 오행(五行)에서 가을에 해당하는 데서 이름.

【商務】しょうむ (상무) 상업상의 용무. 또는, 상업.

【商法】しょうほう (상법) ①장사의 이치. ②상업상의 일에 관하여 규정한 법률.

【商社】しょうしゃ (상사) ①상업상의 결사(結社). ②상사 회사(商事會社)의 준말.

【商事】しょうじ (상사) 상업에 관한 일. 상법으로 규제(規制)된 일.

【商山四皓】しょうざんしこう (상산사호) 진(秦) 말에 전란을 피하여 섬서성(陝西省) 상산(商山)에 은거한 네 노인. 동원공(東園公)·하황공(夏黃公)·녹리 선생(甪里先生)·기리계(綺里季). 후에 모두 한(漢) 혜제(惠帝)의 스승이 되었음.

【商船】しょうせん (상선) 장삿배. 상업용 선박.

【商術】しょうじゅつ (상술) 장사하는 솜씨.

【商鞅】しょうおう (상앙)《人》전국 시대 위(衛)의 정치가. 본명은 공손앙(公孫鞅). 형명가(刑名家)로 진(秦)의 효공(孝公)을 도와 상군(商君)에 봉해짐. 저서「상자(商子)」15권. 商君(상군).

【商羊鼓舞】しょうようこぶ (상양고무) 상양이 기뻐 춤춘다는 뜻으로, 수해(水害)를 미리 알린다는 말. 상상의 새인 상양이 날아다니면 큰비가 온다는 전설에서 유래.

【商用】しょうよう (상용) ①상업상의 용무. ②장사하는 데 씀. ¶一旅券.

【商意】しょうい (상의) 가을 기운. 商氣(상기).

【商議】しょうぎ (상의) 서로 의논함.

【商才】しょうさい (상재) 장사하는 재능.

【商店】しょうてん (상점) 상품을 파는 가게. 商鋪(상포).

【商紂】しょうちゅう (상주) 은(殷)의 끝 임금. 제을(帝乙)의 아들. 이름은 신(辛). 폭군으로 주(周) 무왕(武王)에게 나라를 빼앗김. 재위 33년.

【商秋】しょうしゅう (상추) 가을. 商은 오행에서 금(金)으로, 가을에 해당함.

【商娶】しょうしゅ (상취) 중매인. 거간꾼.

【商儈】しょうかい (상쾌) 중간 상인. 居間(거간).

【商湯】しょうとう (상탕) 은(殷)의 탕왕(湯王). 이름은 이(履). 하(夏)의 걸왕(桀王)을 남소(南巢)로 쫓고 나라를 세워 상(商)이라 일컬었음. 재위 30년.

【商鋪】しょうほ (상포) ☞商店(상점).

【商標】しょうひょう (상표) 상공업자가 자기의 상품임을 표시하기 위하여 쓰는 일정한 표. ¶登錄一/一權. 一陳列/高級一/一券.

【商品】しょうひん (상품) 팔고 사는 물건. ¶一生產/

【商風】しょうふう (상풍) 가을바람. 金風(금풍).

【商港】しょうこう (상항) 상선이 드나드는 항구. 商埠(상부).

【商行爲】しょうこうい (상행위) 영리를 위하여 행하여지는 매매, 교환, 운수(運輸), 임대(賃貸) 따위의 행위.

【商戶】しょうこ (상호) ①장사하는 집. ②장사집의 수효.

【商號】しょうごう (상호) 상인이나 회사가 영업상 자기를 표시하는 명칭.

【商魂】しょうこん (상혼) 이익을 추구하는 상인의 심리.

【商會】しょうかい (상회) ①영업상의 조합. 商社(상사). ②상점에 쓰는 칭호. 상점.

▷巨一, 季一, 宮一, 隊一, 都賣一, 萬一, 暮一, 貿易一, 負一, 富一, 蔘一, 素一, 申一, 紳一, 良一, 殷一, 仲一, 通一, 海一, 行一, 協一, 豪一

8 11 〖售〗 팔 수 | 宥ㄕㄡˋ (shou) | しゅう (ウル) *sell*

풀이 ①팔다. 팔림. ¶賈用不一<詩經> ②행하여지다. ¶挾邪作蠱 於是不一<張衡>

8 11 〖啞〗 1 벙어리 아 | 馬 | Ỳ | あ (オシ)
2 웃을 액 | 陌 (ya) | あく
3 놀라 지르는 소리 아 | 禡 さ (e) | あ

풀이 1 ①벙어리. ㉮瘂. ¶漆身爲厲 呑炭爲—<史記> ②까마귀 울음 소리. ¶烏之——<淮南子> 2웃다. 웃음 소리. ¶禹乃—然而笑<吳越春秋> 3놀라서 지르는 소리. ¶— 是非君人者之言也<韓非子>

【啞鈴】あれい(아령) ①아령. 영어 dumbbell의 역어. ②수다장이.

【啞羊僧】あようそう(아양승)《佛》파계는 하지 않으나 우둔하고 정진력(精進力)이 없는 중.

【啞然】あぜん(아연) 어이가 없어 말이 나오지 않는 모양. 「②껄껄 웃는 모양.

あくぜん(액연) ①말하는 소리. 도란도란.

【啞子】あし(아자) 벙어리.

▷嘔—, 聾—, 盲—, 嗚—, 笑—, 喑—

8 11 【唲】 1 선웃음칠 아 因 じ 2 응석부리는 말 애 囯 あい

풀이 1 선웃음치다. ¶喔伊嚅—<楚辭> 2 ①응석부리는 말. 어린아이가 응석부리는 서투른 말. ¶拊循之 —嘔之<荀子> ②어긋나다. 엇갈림.

8 11 【唵】 움켜먹을 암 |感 ㄢˇ(an)| あん

풀이 ①움켜먹다. 손으로 움켜먹음. ②《佛》범어 om의 음역자. 주문(呪文)이나 진언(眞言)에 쓰는 발어사.

11 【唖】 啀(p. 312)와 同字

8 11 【啎】 만날 오 |遇 ㄨˇ(wu)| ご

풀이 ①만나다. ¶重華不可—兮<楚辭> ②거스르다. 거역함. ¶好惡乖—<漢書>

8 11 【唯】 1 오직 유 2 대답할 유 3 누구 수 |支 ㄨㄟˊ(wei) 紙 ㄨㄟˇ(wei) 支| ゆい, い (タダ) ゆい, い (ハイ) すい

풀이 1 ①오직. ②이. ③☞ 句法 2 대답하다. 「예」하고 공손히 대답하는 말. ¶—而起<禮記> 3 누구. ㉮誰.

句法

①강조

[唯…] 오직. …뿐. 다만…한. ¶唯我與爾有是夫<論語>/唯君子爲能通天下之志<易經>

②접속

[不唯…] 다만… 뿐만 아니라. ¶不唯忘歸 可以終老<白居易>

[唯…] …라 하더라도, …일지라도. 雖와 쓰임이 같음. ¶然則唯禹 不知仁義法正<荀子>

【唯隣是卜】(유린시복) 살 곳을 정하는데는 이웃을 가려야 한다는 말.

【唯識】ゆいしき(유식)《佛》범어(梵語) 唯는 mātratā, 識은 vijnapti의 역어. ㉮삼라 만상 중에 실존(實存)하는 것은 오직 심식뿐이라고 하는 말. 심식이란, 소승교(小乘敎)의 구사(俱舍)에서는 심(心)과 식(識)은 동체 이명(同體異名)이라 하고, 대승교(大乘敎)에 속하는 유식(唯識)에서는 심과 식을 나누어 제 8 식(第八識)을 心, 제 5 식(第五識)과 제 6 식(第六識)은 識이라 함. ㉯유식종(唯識宗)의 준말.

【唯心】ゆいしん(유심) ①《佛》일체의 법(法)은 그것을 인식하는 마음의 표현이며, 존재하는 것은 오직 마음뿐이라는 생각. ②정신적인 것만이 진실한 실재(實在)라는 생각. ↔唯物(유물).

【唯我獨尊】ゆいがどくそん(유아독존) ①이 세상에서 오직 나만이 존귀함. 석가(釋迦)가 이 세상에 태어나자마자 천상천하 유아독존(天上天下 唯我獨尊)이라 말했다 함. ②자기만 잘난 체하는 태도를 이름.

【唯唯】いい(유유) ①예, 예하고 공손히 대답하는 소리. ②아첨하여 순순히 따르는 모양. ③줄을 지어 따르는 모양. ④자유로이 드나드는 모양. 「둘도 없음.

【唯一無二】ゆいいつむに(유일무이) 오직 하나뿐이고

【唯一神敎】ゆいいつしんきょう(유일신교) 오직 하나의 신을 신앙·예배의 대상으로 하는 종교. 예수교·유태교·마호메트교 등이 그 대표적인 것. ↔多神敎(다신교).

▷諾—, 應—, 諸—

8 11 【啇】 1 밑동 적 錫 てき 2 화할 석 陌 せき

풀이 1 ①밑동. 근본. 뿌리. ②물방울. 물시계의 물방울. ㉠滴. ¶三—而眠<蘇舜欽> 2 화하다. 온화함.

8 11 【啁】 1 비웃을 조 肴 ㄓㄡ 2 새소리 주 尤 (zhou) |とう ちゅう

풀이 1 ①비웃다. 희롱함. ㉠嘲. ¶詼—而已<漢書> ②큰소리를 지르다. 시끄럽게 떠듦. ¶鵾鷄—哳而悲鳴<楚辭> 2 새소리. 새가 지저귀는 소리. ¶至于燕雀 猶有—噍之頃焉<禮記>

▷嘐—, 嘲—, 詼—, 戲—

8 11 【唱】 부를 창 |漾 ㄔㄤˋ (chang)| しょう (トナエル)

풀이 ①부르다. ㉮노래를 부르다. ¶千人—而萬人和<史記> ㉯먼저 부르다. 앞서 이끎. ¶我首—大義<南史> ㉰이름을 부르다. 점호함. ¶—籍. ㉱읊다. ¶樂人爭—卷中詩<韓翃> ②노래. ¶爲作小海—<晋書>

【唱劇】しょうげき(창극)韓 판소리나 그 형식을 빌어 만든 가극.

【唱劇調】しょうげきちょう(창극조) ①광대가 부르는 노래의 곡조. ②창극과 같은 투.

【唱道】しょうどう(창도) ①솔선하여 말함. 주창(主唱)함. ②창도사(唱道師)의 준말.

【唱導】しょうどう(창도) ①앞장서서 주장함. ②《佛》교의(敎義)를 제창하여 중생을 교화하고 인도함.

【唱和】しょうわ(창화) ①한쪽에서 부르고 다른 한쪽에서 이에 화답함. 호응(呼應)함. ②남의 시의 운(韻)에 맞추어 시(詩)를 지음. ③시가(詩歌)를 주고받음.
▷歌—, 高—, 鼓—, 謳—, 棹—, 道—, 萬—, 梵—, 先—, 首—, 酬—, 暗—, 漁—, 演—, 艷—, 流—, 吟—, 低—, 絕—, 提—, 主—, 淸—, 推—, 虛—, 呼—, 浩—

8 11 〖唶〗 1 부르짖을 책 陌 さく(サケブ) 2 감탄할 차 禡 しゃ
풀이 1 ①부르짖다. ¶自顧非金石 咄—令心悲<曹植> ②새가 지저귀는 소리. ¶鵲之——<淮南子> ③빨다. ¶—吮. 2 감탄하다. 감탄하는 소리.

8 11 〖啜〗 마실 철 屑 ㄔㄨㄛˋ (chuo) せつ, てつ (ススル)
풀이 ①마시다. 맛봄. ¶欲—汁者衆<史記> ②먹다. ¶—菽飮水<禮記> ③울다. 훌쩍훌쩍 욺. ¶—其泣矣<詩經> ④쉬지 않고 지껄이다.
▷飮—, 長—

8 11 〖啐〗 1 놀랄 쵀 隊 ㄘㄨㄟˋ 2 떠들 줄 質 (cui) さい (オドロク) しゅつ, そつ
풀이 1 ①놀라다. ②맛보다. 먹음. ¶衆賓兄弟則皆—之<禮記> ③꾸짖다. ¶咄—. 2 떠들다. 지껄임. ¶嘈—.
【啐啄】そったく(줄탁) ①닭이 알을 깔 때, 껍질 속에서 병아리 우는 소리를 啐, 어미닭이 쪼아 깨뜨리는 것을 啄이라 함. 즉 이 두 가지 일이 동시에 행하여져야 한다는 뜻으로, 놓쳐서는 안 될 좋은 시기(時機)의 비유. ②《佛》 선가(禪家)에서 두 사람의 대화가 상응하는 일.

8 11 〖唾〗 침 타 箇 ㄊㄨㄛˋ (tuo) だ(ツバ)
源 會意. 입 안[口]에 드리워지는 [垂] 것. 곧, 입 속의 침을 뜻함.
풀이 ①침. ¶涕—流沫<漢書> ②침뱉다. ¶在父母舅姑之所 不敢—洟<禮記>
【唾具】(타구) 韓 가래나 침을 뱉는 그릇.
【唾棄】だき(타기) 아주 더럽게 여겨 침을 뱉듯이 내버리고 돌아보지 않음.
【唾罵】だば(타매) 침을 뱉어 욕을 함.
【唾面自乾】(타면자건) 얼굴에 뱉은 침이 저절로 마른다는 뜻으로, 남이 내 낯에 침을 뱉었을 때, 이를 닦으면 그 사람의 뜻을 거스르는 것이 되므로 저절로 마를 때까지 기다린다. 처세에는 인내가 필요함을 이르는 말.
【唾手】だしゅ(타수) 손에 침을 뱉고 일을 시작함. 일이 쉽게 됨의 비유. 또는, 용기를 내어 일을 착수함의 비유.
【唾液】だえき(타액) 침. 口液(구액). 津唾(진타).
【唾壺】だこ(타호) ☞唾具(타구).

唾 壺 (三才圖會)

▷乾—, 口—, 棄—, 仰天—, 零—, 珠—, 止—, 津—, 涕—, 咳—, 欬—

8 11 〖啄〗 쪼을 탁 本 착 覺 ㄓㄨㄛˊ (zhuo) たく (ツイバム)
풀이 ①쪼다. 通 啅. ¶率場—粟<詩經> ②두드리다. 두드리는 소리. ¶豈有白衣來剝—<高啓> ③부리. ¶天狼呀—明煌煌<盧仝>
▷剝—, 餘—, 飮—, 彫—, 舐—, 餐—, 呀—

8 11 〖啅〗 1 쪼을 탁 本 착 覺 ㄓㄨㄛˊ (zhuo) たく (ツイバム) 2 지저귈 조 效 とう
풀이 1 ①쪼다. 通 啄. ¶雀—江頭黃柳花<杜甫> ②시끄러운 모양. ¶—噪. 2 지저귀다. ¶寄言燕雀莫相—<李白>

8 11 〖啍〗 1 느릿할 톤 元 ㄊㄨㄣ 2 거듭이를 순 眞 (tun) とん slow しゅん
풀이 1 ①느릿하다. 느릿느릿 가는 모양. ¶大車——<詩經> ②멋대로 가르치다. ¶——已亂天下矣<莊子> ③수다스럽다. 수다스러운 모양. ¶無取——<孔子家語> ④어리석은 모양. ¶悅夫——之意<莊子> 2 거듭 이르다. 거듭 일러 깨우침. 같 諄.

11 〖啣〗 銜(p. 1539)의 俗字

9 12 〖喝〗 1 꾸짖을 갈 曷 ㄏㄜˋ 2 목멜 애 卦 (he) かつ(シカル) あい
풀이 1 ①꾸짖다. 큰 소리로 나무람. ¶裕厲聲—之<晉書> ②으르다. 위협함. ¶恐—諸侯 以求割地<戰國策> ③고함치다. ¶煩則喘—<素問> ④벽제(辟除)하다. ¶—道. 2 ①목메다. 소리를 죽여 욺. ¶憲陰—不得對<後漢書> ②목쉰 소리. ¶音聲流—<後漢書>
【喝道】かつどう(갈도) ①귀한 사람이 행차할 때 별배(別陪)가 큰 소리로 길을 엶. ②큰 소리를 침. 꾸짖음.
【喝食】(갈식)《佛》 대중에게 끼니때를 알린다는 뜻으로, 절에서 「식사 심부름을 하는 아이」를 이르는 말.
【喝采】かっさい(갈채) 칭찬하거나 환영하여 큰 소리로 열렬히 외침.
【喝破】かっぱ(갈파) ①큰 소리로 남의 언론을 설파(說破)함. ②사설(邪說)을 물리치고 진리를 말하여 밝힘.
▷恐—, 大—, 一—, 殿—, 嗔—, 叱—, 喘—, 虛—, 呼—, 揮—

9 12 〖喈〗 새소리 개 佳 かい
풀이 ①새소리. 또는, 봉황의 울음 소리. ¶——. ②부드러운 소리. 온화한 소리. ③빠른 모양. ④누그러지다. 온화해짐.

¶——.

9/12〖喀〗 토할 객 |陌ㄎㄚˋ(ka)|かく(ハク)
同峈

풀이 通咯. ①토하다. 뱉음. ¶—血. ②토하는 소리. 뱉는 소리. ¶——.

【喀痰】かくたん(객담) 가래를 뱉음.

【喀血】かっけつ(객혈) 피를 토함. 咯血(각혈).

9/12〖喬〗 높을 교 |蕭ㄑㄧㄠˊ(qiao)|きょう(タカイ)

源會意・形聲. 높고 위가 굽어 있음. 곧, 높음을 나타냄. 高의 변음이 음을 이룸.

풀이 ①높다. ¶厥木惟—<書經> ②끝이 갈고리진 창. ¶二矛重—<詩經> ③위쪽으로 굽은 가지. ④교만하다. 通驕. ¶齊音敖辟—志<禮記>

【喬木】きょうぼく(교목) ①큰 나무. 喬樹(교수). 老樹(노수). ②키가 크고 줄기가 굵은 나무. ↔灌木(관목).

【喬木世家】きょうぼくせいか(교목세가) 대대로 문벌이 높아, 나라와 운명을 함께 하는 집안.

【喬木世臣】きょうぼくせいしん(교목세신) 여러 대를 두고 높은 지위에 있어, 국가와 운명을 같이하는 신하.

【喬松】きょうしょう(교송) ①키가 큰 소나무. ②喬는 왕자교(王子喬), 松은 적송자(赤松子). 둘 다 늙지도 죽지도 않는다는 선인(仙人). 장수(長壽), 장명(長命)을 뜻함.

【喬松之壽】きょうしょうのじゅ(교송지 수) ☞喬松(교송)②.

【喬嶽】きょうがく(교악) 높은 산. 高山(고산). 峻嶺「(준령).

【喬梓】きょうし(교자) 부자(父子)의 도(道)를 이름. 교목(喬木)은 우뚝하여 부도(父道)에, 자목(梓木)은 나직하여 자도(子道)에 비유. 백금(伯禽)과 강숙(康叔)이 함께 상자(商子)에게 도(道)를 물은 옛일에서 온 말.

【喬遷】きょうせん(교천) 높은 곳으로 옮긴다는 데서, 남의 이사, 사관(仕官), 영전을 축하하는 말.

▷淩—, 松—, 昇—, 遷—

9/12〖喫〗 먹을 끽 本긱 |錫ㄔ(chi)|きつ(クラウ) eat

源會意. 契는 칼로 새김. 口와 어울려 물어서 상처를 냄. 나아가, 먹음・마심을 나타냄.

풀이 ①먹다. 음식을 먹음. ¶梅熟許同朱老—<杜甫> ②마시다. ¶對酒不能—<杜甫> ③피우다. ¶飮酒—煙. ④당하다. 받음. ¶—這廝騙了<水滸傳>

【喫緊】きっきん(끽긴) 매우 긴요함.

【喫茶】きっさ・きっちゃ(끽다) ①차를 마심. ②혼인을 약속함. 차는 한 번 심으면 옮겨 심지 못하므로, 여자가 한 번 약혼하면 청혼을 받지 않음의 비유.

【喫飯】きっぱん(끽반) ①밥을 먹음. ②생활함. 호구(糊口)함.

【喫煙】きつえん(끽연) 담배를 피움.

【喫虧】きっき(끽휴) 손해를 봄. 결손이 남.

▷滿—

9/12〖喃〗 재잘거릴 남 |咸ㄋㄢˊ(nan)|なん

풀이 ①재잘거리다. ¶——細語<北史> ②글읽는 소리. ¶——.

9/12〖單〗
1 홑 단 |寒ㄉㄢ(dan)|たん(ヒトツ) single
2 오랑캐 임금 선 |先ㄔㄢˊ(chan)|
3 고을이름 선 |銑ㄕㄢˋ(shan)|せん
4 가볍게일 선 |霰|

略单 単 单

源象形. 먼지떨이를 본뜬 글자. 먼지떨이 끝이 엷고 넓적하므로 홑을 나타냄.

풀이 1 ①홑. 홑겹. 하나. ¶歲暮衣裳—<杜甫> ②오직. 다만. ¶唯—有一聲無餘聲相雜者<禮記> ③혼자. 외로움. ¶兩世—身 形—影隻<韓愈> ④단자(單子). 물목(物目)을 적은 종이. ¶食—. ⑤다하다. 나머지가 없음. 通殫. ¶歲旣—矣<禮記> ⑥한 벌의 옷. ¶卄年前此借僧—<方岳> ⑦죄다. 모두. ¶堯能—均刑法<國語> 2 오랑캐 임금. ¶—于. 3 ①고을 이름. 중국 산동성(山東省)에 있는 지명. ②느리다. 완만함. 4 가볍게 이는 모양. ¶墨尿—至<列子>

【單家】たんか(단가) 힘이 약하고 세력이 없는 사람. 고립 무원한 사람.

【單價】たんか(단가) 일정한 단위의 가격.

【單間】あんかん(단간) 단 한 간. ¶—房.

【單件】たんけん(단건) 단벌.

【單袴】たんこ(단고) 여름에 입는 홑옷. 袴衣(고의).

【單句】たんく(단구) ①고시(古詩)에서 압운(押韻)하지 않는 구. 절구(絶句)에서는 전구(轉句), 율(律)에서는 한 연(聯)의 상구(上句)에 해당됨. ②단일한 구. 짧은 구.

【單鉤】たんこう(단구) 엄지손가락과 집게손가락만으로 붓을 잡고 쓰는 필법. ↔雙鉤(쌍구).

【單軍】たんぐん(단군) 고립한 군대. 또는, 하나의 군대. 얼마 되지 않는 군대.

【單卷】たんかん(단권) 한 권으로 된 책.

【單衾】たんきん(단금) 한 채의 이불. 또는, 홑이불.

【單記】たんき(단기) ①낱말을 따로따로 적음. ②하나만을 적음. ③단기명 투표(單記名投票).

【單技】たんぎ(단기) 한 가지 재주.

【單騎】たんき(단기) ①혼자서 말을 타고 감. ②한 사람의 기병(騎兵).

【單刀】たんとう(단도) ①한 자루의 칼. ②단 한 사람. 單身(단신). ¶僧朔—步援<陳書>

【單都目】(단도목) 韓 고을 원으로 임명된 후, 첫번 임기에 파면되는 일.

【單刀直入】たんとうちょくにゅう(단도직입) ①한 자루의 칼만으로 적진에 쳐들어간다는 뜻으로 여러 말을 늘어 놓지 아니하고, 곧바로 본론(本論)을 말함.

【單獨】たんどく(단독) 단 하나. 혼자.

【單獨講和】たんどくこうわ(단독강화) 동맹국 가운데

한 나라가 적대국과 단독으로 하는 강화.
【單獨犯】たんどくはん(단독범) 혼자서 저지른 범죄. 또는, 그 범인. ↔共犯(공범).
【單利】たんり(단리) 원금에 대하여만 붙이는 이자. ↔複利(복리).
【單文】たんぶん(단문) ①간단한 문장. 짧은 문장. ②하나의 주어와 하나의 서술어로 된 문장. ↔複文(복문).
【單發】たんぱつ(단발) ①총알이나 포탄의 한 발. ②하나의 발동기. 「진 비행기.
【單發機】たんぱつき(단발기) 한 대의 발동기를 가
【單方】たんぽう(단방) ①단 한 가지 약을 쓰는 처방(處方). ②더없이 효력이 좋은 약.
【單放】(단방)㊕ ①단 한 방만을 쏨. ②단 한 번. 單番(단번). ③뜸을 한 번 뜨는 일.
【單兵】たんぺい(단병) 응원군이 없는 병사. 孤軍(고군).
【單複】たんぷく(단복) ①단수(單數)와 복수(複數). ②홑과 겹. ③간단함과 복잡함. ④단시합(單試合)과 복시합(複試合).
【單絲不成線】たんしせんをなさず(단사 불성선) 외가닥 실은 선을 이루지 못한다는 뜻으로, 단독으로는 아무런 소용에 닿지 않음의 비유. ¶一孤掌豈能鳴<水滸傳>
【單衫】たんさん(단삼) 적삼.
【單色】たんしょく(단색) 단일한 빛깔. 「軌道).
【單線】たんせん(단선) ①외줄. ②단선 궤도(單線
【單性】たんせい(단성) 생물의 생식 기관이 자웅(雌雄) 어느 한쪽만 가지는 일.
【單細胞】たんさいぼう(단세포) ①단 하나의 세포로 구성된 생물체의 세포. ¶一動物. ↔多細胞(다세포). ②하나밖에 생각하지 못하는 일. ¶一的.
【單純】たんじゅん(단순) ①복잡하지 아니함. ↔複雜(복잡). ②잡물이 섞이지 않고 순일(純一)함. ③제한이나 조건이 없음.
【單純概念】たんじゅんがいねん(단순개념) 더 이상 분석할 수 없는 단순한 개념. ↔複合概念(복합개념).
【單式】たんしき(단식) ①단순한 방식. ②단식 부기(單式簿記)의 준말. ③한 항(項)만으로 된 산식(算式).
【單食性】たんしょくせい(단식성) 동물이 어떤 한 종류의 생물만을 먹는 성질. ↔多食性(다식성).
【單身】たんしん(단신) ①홀몸. 獨身(독신). ②단 한 사람. 혼자. 「함.
【單弱】たんじゃく(단약) 외롭고 약함. 가냘프고 약
【單語】たんご(단어) 한 개 또는 몇 개의 음운으로 구성되어 완전한 의미를 가진 언어의 최소 단위. 낱말. 單字(단자).
【單元】たんげん(단원) ①통일되어 하나의 실체(實體)를 이루고 있는 것. ②어떤 주제의 단위. 경험 단원(經驗單元)과 교과 단원(教科單元), 대단원(大單元)과 소단원(小單元)의 구별이 있음.
【單院制】たんいんせい(단원제) 단원 제도(單院制度)의 준말. ↔兩院制(양원제).
【單院制度】たんいんせいど(단원제도) 단 하나의 의원(議院)으로 구성되는 의회 제도. ↔兩院制度(양원제도).
【單月】たんげつ(단월) 작은 달. 한 달이 30일인 달. ↔雙月(쌍월).
【單位】たんい(단위) ①길이·무게·수효 등을 헤아리는 기준이 되는 분량의 표준. ②모든 사물의 비교·계산의 기본이 되는 것. ③조직을 구성하는 기본적인 집단. ④학업의 연수(年數)를 헤아리는 기준. ⑤한 위(位)의 「신주(神主).
【單襦】たんじゅ(단유) 짧은 홑옷.
【單衣】たんい(단의) ①단벌 옷. ②홑옷.
【單一】たんいつ(단일) ①단 하나. ②복잡하지 아니함. ③다른 것이 섞여 있지 아니함.
【單一物】たんいつぶつ(단일물) 구성이 단일한 물건.
【單一民族】たんいつみんぞく(단일민족) 같은 종족으로만 이루어진 민족.
【單子】たんし(단자) ①우주 만물을 조직한 개체적(個體的) 실재(實在)의 요소. ②㊕ 남에게 보내는 물목(物目)을 적은 종이. ¶四柱一.
【單盞】たんさん(단잔) ①제사 때, 단헌(單獻)으로 드리는 잔. ②단 한 잔. 홑잔.
【單調】たんちょう(단조) ①변화가 없는 단순한 가락. ②사물이 단순하고 변화가 없어 싱거움. 「함. 단숨.
【單站】(단참)㊕ 중간에 쉬지 않고 곧장 계속
【單彩釉】たんさいゆう(단채유) 유약(釉藥)과 채색(彩色)이 한 빛깔로 된 자기(瓷器). 청자(靑瓷) 따위.
【單行本】たんこうぼん(단행본) 전집이나 정기 간행물이 아닌, 단독으로 출판된 책. ↔全集(전집)·叢書(총서).
【單獻】たんけん(단헌) 제사 때, 삼헌(三獻)할 술을 한 번에 그치는 일.
【單于】ぜんう(선우) ①흉노(匈奴)의 추장(酋長). 광대하다는 뜻. ②복성(複姓)의 하 「나.
【單至】ぜんし(선지) 가볍게 발하는 모양.
▷簡一, 煢一, 輕一, 孤一, 供一, 交一, 名一, 微一, 孀一, 食一, 傳一

9/12 〖喋〗 넉넉할 담 | ㊐たん

9/12 〖喇〗 나팔 라 | ㊥ㄌㄚˇ (la) | らつ, ら (ラッパ)
㊍랄

풀이 ①나팔. 악기 이름. ¶一叭. ②말하다. 말이 재다. ¶喝一. ③중. 티베트, 몽고 등지에서 승려(僧侶)를 이르는 말. ¶一嘛.
【喇叭】らっぱ(나팔) 금속으로 만든 관악기의 한 가지. 「람.
【喇叭手】らっぱしゅ(나팔수) 나팔을 맡아서 부는 사
【喇嘛】らま(라마) 라마(Lama). 티베트 말로, 최고 무상(最高無上)의 뜻. ②라마교의 중.

9/12 〖喨〗 소리 맑을 량 | ㊥ㄌㄧㄤˋ (liang) | りょう

9/12 〖喪〗 1 복입을 상 | ㊥ㄙㄤ (sang) | そう(モ)
2 잃을 상 | ㊥ㄙㄤˋ (sang) | そう (ウシナウ)

[本] 䘮

[源] **會意**. 죽음을 애도하고 복을 입음을 뜻함.

[풀이] [1] ①복입다. ¶子夏—其子 而喪其明<禮記> ②복(服). 복제(服制). ¶父母之— 無貴賤一也<中庸> ③널. 관. 곽. ¶送—不由徑<禮記> [2] ①잃다. ¶受祿無—<詩經> ②지위를 잃다. ¶—不若速貧之愈也<孔子家語> ③망침. 망치다. ¶天—予<論語> ④달아나다. ¶獻公好攻戰則國人多—矣<詩經>

【喪家】そうか(상가) ①초상 난 집. 또는, 상제의 집. ②집을 잃음.

【喪家之狗】そうかのいぬ(상가지 구) ①초상집 개. 돌볼 사람이 없어 매우 여윈 데서, 몹시 수척한 사람을 빈정거리는 말. ②주인 없는 개. 집이 없는 개.

【喪故】(상고) ☞喪事(상사).

【喪具】そうぐ(상구) 장례 때에 쓰이는 제구.

【喪國】そうこく(상국) 나라를 잃음. 또는, 망한 나라. 亡國(망국).

【喪期】そうき(상기) 복(服)을 입는 동안.

【喪禮】それい(상례) 상중(喪中)에 행하는 모든 예절. 凶禮(흉례).

【喪笠】(상립)[韓] 상제가 쓰는, 가는 대오리로 만든 삿갓. 방갓. 方笠(방립).

【喪明】そうめい(상명) ①실명(失明)함. 자하(子夏)가 아들을 잃고 장님이 되었다는 옛일에서 온 말. ¶—之痛. ②자식을 잃는 일.

【喪配】(상배) 상처(喪妻)를 점잖게 이르는 말.

【喪服】そうふく・もふく(상복) 상제가 입는 예복. 凶服(흉복).

【喪夫】(상부) 남편의 죽음을 당함. 과부가 됨. ↔喪妻(상처).

【喪事】そうじ(상사) 초상이 난 일. 喪故(상고).

【喪性】そうせい(상성) 본래의 성품을 잃음.

【喪失】そうしつ(상실) 잃어버림. 喪亡(상망). ¶記憶—.

【喪心】そうしん(상심) 본심을 잃음. 정신을 잃음. 喪神(상신). 失心(실심).

【喪輿】そうよ(상여) 시체를 운반하는 기구.

【喪人】そうじん(상인) ①타국으로 망명한 사람. ②☞喪制(상제)②.

【喪杖】そうじょう(상장) 상제가 짚는 지팡이. 부상(父喪)에는 대[竹], 모상(母喪)에는 오동(梧桐).

【喪章】そうしょう(상장) 평복에 붙이는 상(喪)의 표지(標識).

【喪制】そうせい(상제) ①장례에 관한 제도. ②부모 또는 아버지가 세상을 뜬 뒤에 조부모의 거상중에 있는 사람. 棘人(극인). 喪人(상인).

【喪祭】そうさい(상제) ①장사 뒤에 지내는 제사. 虞祭(우제). ②장례(葬禮)와 제례.

【喪主】そうしゅ・もしゅ(상주) 주장이 되는 상제.

【喪中】もちゅう(상중) 상제로 있는 동안.

【喪妻】(상처) 아내의 죽음을 당함. 홀아비가 됨. ↔喪夫(상부).

【喪廳】(상청) 궤연(几筵)의 비칭. 영궤(靈几)와 혼백·신주를 모셔 두는 곳.

【喪布】(상포) 초상 때에 쓰는 포목.

【喪布契】(상포계) 상포 비용을 서로 돕기 위하여 만든 계.

【喪行】そうこう(상행) 장사 지내기 위해 묘지(墓地)로 가는 행렬.

【喪魂落膽】そうこんらくたん(상혼낙담) 혼이 날 정도로 몹시 놀람. 落膽喪魂(낙담상혼).

▷國—, 悼—, 得—, 問—, 剝—, 稅—, 送—, 心—, 哀—, 淪—, 沮—, 除—, 弔—, 杌—, 初—, 脫—, 敗—, 好—, 護—, 婚—

12〖䘮〗 喪(p. 306)의 本字

9
12〖善〗 [1] 착할 선 [2] 좋게 여길 선 [鍵]ㄕㄢˋ (shan) [音]ぜん [訓](ヨイ) [漢]ぜん

[源] **會意**. 「羊+口」. 羊은 길상(吉祥)을 뜻함. 곧, 군자의 아름답고 바른 말.

[풀이] [1] ①착하다. 좋음. ¶隱惡而揚—<中庸> ②선(善). 덕목(德目)의 이름. ¶又盡其—<論語> ③높다. 후함. ¶求—賈而沽諸<論語> ④잘. ㉮교묘히. ¶故—戰者服上刑<孟子> ㉯많이. ¶女子—懷<詩經> ㉰크게. ¶覆背—詈<詩經> ㉱자주. ¶慶氏之馬—驚<左氏傳> ㉲자칫하면. ¶苦忽忽—忘不樂<漢書> ㉳친절히. 공손히. ¶齊—待之<史記> ⑤친하다. ¶齊楚之交—<戰國策> ⑥쾌하다. ¶象牀甚—<戰國策> ⑦닦다. 훔침. ¶—刀而藏之<莊子> ⑧좋아하다. 즐김. ¶—善及子孫<後漢書> ⑨길(吉)하다. 행복. ¶—必先知之<中庸> [2] ①좋게 여기다. ¶王如—之<孟子> ②아끼다. 소중히 함. ¶—日者王 —時者霸<荀子> ③다스리다. [通]繕. ¶有—邇而遠至<易經>

【善價】ぜんか(선가) 좋은 값. 후한 값.

【善供無德】ぜんきょうむとく(선공무덕) 부처에게 공양을 잘 하여도 아무런 공덕(功德)이 없다는 뜻으로, 남을 위하여 힘을 써도 아무런 보람이 없음을 이름.

【善果】ぜんか(선과)《佛》선행(善行)에 의한 좋은 과보(果報). 善報(선보).

【善巧】ぜんこう①・ぜんぎょう②(선교) ①썩 교묘함. ②《佛》교묘한 방법으로 남에게 이익을 줌.

【善巧方便】ぜんぎょうほうべん(선교방편)《佛》부처가 임기 응변으로 사람의 타고난 성품을 따라서 쓰는 교묘한 방법.

【善根】ぜんこん(선근)《佛》좋은 과보(果報)를 받을 좋은 행위. 善本(선본).

【善男善女】ぜんなんぜんにょ(선남선녀) ①《佛》불교에 귀의한 남녀. 또는, 나한(羅漢)과 보살(菩薩). 善男信女(선남신녀). ②젊은 남녀의 미칭.

【善導】ぜんどう(선도) 바른 길로 이끎.

【善良】ぜんりょう(선량) 착하고 어짊. 또는, 그 사람.

【善隣】ぜんりん(선린) 이웃 사람 또는 이웃 나라와 사이 좋게 지내는 일.

【善文】ぜんぶん(선문) ①좋은 문장. ②문장을 잘 지음.

【善美】ぜんび(선미) 착함과 아름다움.

【善防】ぜんぼう(선방) 잘 막아냄. 방어를 잘함.
【善不善】ぜんふぜん(선불선) 착함과 착하지 아니함.
【善手】(선수)㊥ 솜씨가 뛰어난 사람. 達人(달인).
【善始善終】ぜんしぜんしゅう(선시선종) ①생(生)과 사(死)를 인정하여 대자연의 뜻에 맡김. 始는 生, 終은 死. ②㊗ 처음이나 끝이나 한결같이 잘함.
【善心】ぜんしん(선심) ①착한 마음. 良心(양심). ②㊗ 남에게 베푸는 착한 마음.
【善惡】ぜんあく(선악) 선함과 악함.
【善惡相半】ぜんあくアイナカバ(선악상반) 선과 악이 서로 반반임.
【善語】ぜんご(선어) ①말을 잘함. ②옛 나라 이름. 勒畢國(늑필국).
【善言】ぜんげん(선언) ①훌륭한 말. 유익한 말. ②교묘하게 말함. 말솜씨가 교묘함.
【善業】ぜんぎょう(선업) ☞善根(선근).
【善與人同】ぜんヒトトトモニス(선여인동) 선(善)을 남과 함께 함. 선을 세상 사람과 함께 하며, 남의 선을 보면 자기 고집은 버리고 즉시 그를 따름.
【善用】ぜんよう(선용) 알맞게 잘 씀.
【善友】ぜんゆう·ぜんう·ぜんぬ(선우) 선행(善行)을 같이 하는 좋은 벗.
【善意】ぜんい(선의) ①착한 마음. ②남을 위하는 마음. 好意(호의). ③사정을 모르고 법률 행위를 할 경우의 의사(意思).
【善醫】ぜんい(선의) 병을 잘 고치는 의사. 名醫(명의).
【善人】ぜんにん(선인) ①착한 사람. ↔惡人(악인). ②종이나 첩(妾)에 대하여 보통 신분의 사람을 이름.
【善因】ぜんいん(선인)《佛》 선과(善果)를 가져 오는 원인이 되는 선행(善行). ↔惡因(악인).
【善人能受盡言】ぜんにんハよくじんげんヲウク(선인 능수진언) 착한 사람은 곧잘 남의 충고를 받아들임. 盡言은 기탄 없는 말. 또는, 기탄 없이 말함.
【善因善果】ぜんいんぜんか(선인선과)《佛》 선업(善業)을 닦으면 그로 말미암아 반드시 좋은 업과(業果)를 받음. ↔惡因惡果(악인악과).
【善哉】ぜんざい(선재) 좋구나. 좋다고 탄미하는 말.
【善政】ぜんせい(선정) 좋은 정치. 잘하는 정치. 佳政(가정). ¶—碑. ↔惡政(악정).
【善終】ぜんしゅう(선종) ①끝을 잘 맺음. 또는, 천수(天壽)를 다함. ②남의 죽음에 애도(哀悼)의 정을 다하여 곡읍(哭泣)하는 일. ③죽음을 두려워하지 아니하고 이를 초월함. ※善始善終(선시선종)①.
【善知識】ぜんちしき(선지식)《佛》 덕이 높은 중. 大德(대덕).
【善處】ぜんしょ(선처) ①좋은 지위. ②잘 처리함.
【善行】ぜんこう(선행) 착한 행실. ↔惡行(악행).
【善後策】ぜんごさく(선후책) 뒷갈망을 잘하려는 계책.
▷嘉—, 慶—, 勸—, 多多益—, 徒—, 獨—, 不—, 上—, 祥—, 性—, 聖—, 小—, 十—, 完—, 友—, 僞—, 仁—, 慈—, 積—, 至—, 珍—, 遷—, 最—, 追—, 忠—, 親—

9 12【啻】 뿐 시 | 寘 ㄔˋ(chi) ㄊㄧˋ(ti) | し(タダニ) *besides*

풀이 뿐. 不—, 豈—, 奚— 등 부정어(否定語)나 반어(反語)와 함께 쓰여 「…뿐 아니라 더」의 뜻을 나타냄. ¶不—如自其口出<書經>

9 12【喔】 닭소리 악 | 覺 ㄨㄛˋ(wo) | あく

풀이 ①닭 소리. 닭이 우는 소리. ¶——鷄下樹<白居易> ②선웃음치다. 아첨하여 억지로 웃음. ¶剛強嫉—咿<白居易> ③악착스럽다. 이악함. ¶豈特委瑣—齪<司馬相如>

9 12【喭】 1 거칠 안 2 조상할 언 | 翰 霰 ㄧㄢˋ(yan) | がん げん (トムラウ)

풀이 1 ①거칠다. 예의 바르지 않음. ¶由也—<論語> ②굳세다. 강직함. 2 조상(弔喪)하다. 위문함. ㊀唁.

9 12【嗿】 코 골 암 | 覃 | たん(イビキ) *snore*

풀이 ①코 골다. 코 고는 소리. ¶—囈. ②입을 다물다. ¶—默.

9 12【喏】 대답하는소리 야 | 馬 ㄖㄜˇ(re) | じゃ

풀이 ①대답하는 소리. 예. ¶子發曰—<淮南子> ②인사말을 하며 인사하다. ¶唱—.

12【営】 營(p. 957)의 略字

12【嗢】 嘔(p. 310)의 俗字

9 12【喁】 숨쉴 옹 우 | 冬 ㄩㄥˊ(yong) 虞 | ぎょう, ぐ (アギトウ) *breathe*

풀이 ①숨쉬다. 물고기가 주둥이를 물 위에 내밀고 숨쉼. ¶水濁則魚—<韓詩外傳> ②쳐다보다. 우러름. ¶——然皆爭歸義<史記> ③화답하는 소리. 맞장구치는 소리. ¶前者唱于 而隨者唱—<莊子>

12【喎】 咼(p. 293)와 同字

9 12【喓】 벌레소리 요 | 蕭 ㄧㄠ(yao) | よう

9 12【喟】 한숨 위 ㊅귀 | 寘 ㄎㄨㄟˋ(kui) 卦 | き, かい (タメイキ) *sigh*

9 12【喩】 1 깨우칠 유 2 기뻐할 유 | 遇 ㄩˋ(yu) 虞 | ゆ(サトス) *realize* ゆ(ヨロコブ)

풀이 1 ①깨우치다. ¶作書以—意<淮南

子> ②깨치다. ¶君子一於義<論語> ③고(告)하다. ¶今將一子五篇詩<後漢書> ④비유. 비유함. ¶取一以諫上<左氏傳> 2①기뻐하다. ¶一一. ②기쁘다. 쾌함. ¶一一.
▷諫一, 告一, 教一, 比一, 譬一, 詳一, 善一, 諭一, 隱一, 陰一, 引一, 直一, 風一, 解一, 曉一, 訓一

9 12 〖喑〗 1 벙어리 음 2 외칠 음 本암 | 侵 ㄧㄣ (yin) 覃 | いん (オシ) あん

풀이 1 ①벙어리. 입을 다묾. ¶近臣則一<墨子>/一啞. ②어린애가 울음을 안 그치다. 2①외치다. 부르짖음. ②목이 쉬도록 울다.
▷口一, 聾一, 坐一

9 12 〖啼〗 울 제 | 齊 ㄊㄧˊ (ti) | てい(ナク) cry

풀이 ①울다. 새·짐승 따위가 욺. ¶能先百鳥一<王維> ②울부짖다. 같 嗁. ¶丁壯號哭 老人兒一<史記>
【啼號】ていごう(제호) 울부짖음.
▷悲一, 愁一, 深一, 偸一, 含一, 銜一

9 12 〖喞〗 두런거릴 즉 | 職 ㄐㄧˊ (ji) | しょく, そく murmur

풀이 ①두런거리다. 여럿이 낮게 말하는 소리. ¶一一. ②탄식하는 소리. ¶一一. ③새·벌레·쥐 따위의 소리. ¶一一. ④물을 붓는 소리.
▷啁一, 嘈一, 啾一, 喧一

12 〖唧〗 喞(p. 308)과 同字

9 12 〖喘〗 헐떡거릴 천 | 銑 ㄔㄨㄢˇ (chuan) | せん, ぜん (アエグ)

풀이 ①헐떡거리다. 숨이 참. ¶牛一吐舌<漢書>/一一. ②숨. 호흡. ¶殆及餘一<隋書> ③천식. ¶一息. ④속삭이다. 소곤거림. ¶一而言<荀子> ⑤잠깐. 잠시.
【喘息】ぜんそく(천식) ①숨차서 헐떡거리다. ②기관지에 경련이 생기는 병.
▷假一, 窮一, 憊一, 息一, 餘一, 吳牛見月一, 臥一, 殘一, 呀一, 咳一, 號一, 荒一

12 〖喆〗 哲(p. 298)과 同字

9 12 〖喋〗 1 재잘거릴 첩 2 쪼을 잡 | 葉 ㄉㄧㄝˊ (die) 洽 | ちょう (シャベル) ちょう

풀이 1 ①재잘거리다. 수다스레 말을 잘 함. ¶一一而佔佔<史記>/一一利口. ②피가 흐르는 모양. ¶夏楚血常一<王安石> ③밟다. 通 蹀. ¶新一血京師<漢書> ④마시다. 通 唼. ¶一血乘勝<史記> 2쪼다. 쪼는 모양. ¶唼一菁藻<史記>/一呷.
▷嗟一, 噈一

9 12 〖啾〗 뭇소리 추 | 尤 ㄐㄧㄡ (jiu) | しゅう

풀이 ①뭇소리. 새·벌레·말·원숭이 따위의 우는 소리. ¶一咋嘈啐<馬融> ②어린애의 소리. 작은 소리. ③읊조리다. 웅얼거림. ¶夫一發投曲 感耳之聲<班固>
▷聊一, 啁一, 嘲一, 號一, 喧一

12 〖啉〗 啾(p. 308)의 本字

9 12 〖喊〗 1 소리칠 함 2 다물 함 | 豏 ㄏㄢˇ (han) 感 | かん (ツグム) shout

풀이 1 ①소리치다. 화를 내는 소리. ¶跳踉大一<柳宗元> ②고함 지르다. 힘이 솟아 지르는 소리. ¶各兵吶一<戚繼光> 2다물다. 입을 다묾.
【喊聲】かんせい(함성) 여럿이 함께 지르는 소리.
▷高一, 鼓一, 吶一

12 〖喞〗 ☞ 口部 8획 (p. 303)

9 12 〖喚〗 부를 환 | 翰 ㄏㄨㄢˋ (huan) | かん(ヨブ) call

풀이 ①부르다. ㉮큰 소리를 지르다. ¶哮呷呟一<王褒> ㉯불러 오다. 소환(召喚)함. ¶窮措大一妓女<李商隱> ②불러일으키다. ¶一想.
【喚起】かんき(환기) ①불러일으킴. ②새 이름. 흙때까치. 催明鳥(최명조).
【喚醒】かんせい(환성) ①잠자는 사람을 깨움. ②어리석은 사람을 깨우쳐 줌. ③〈人〉 조선 영조(英祖) 때의 중. 속명(俗名)은 정지안(鄭志安). 현재 우리 나라 중들의 계통(系統)은 거의 이에서 비롯 됨.
▷叫一, 宣一, 召一, 招一, 追一, 勅一, 通一, 呼一

9 12 〖喤〗 1 어린애 울음소리 황 2 갈도소리 횡 3 시끄러울 횡 | 陽 ㄏㄨㄤˊ (huang) 庚 養 | こう noisy

풀이 1어린애의 울음 소리. ¶其泣一一<詩經> 2갈도(喝道)하는 소리. ¶引一. 3시끄럽다. 떠들썩함. ¶一呷.

9 12 〖喉〗 목구멍 후 本 㬋 | 尤 ㄏㄡˊ (hou) | こう(ノド) throat

풀이 ①목구멍. ¶搤其一<左氏傳>/一頭. ②목. 긴한 곳. 요소(要所). ¶天下之咽一<戰國策>
【喉衿】こうきん(후금) ①목과 깃. ②요해지(要害地). ③주안(主眼)이 되는 것. 중요한 곳. 綱要(강요).
【喉舌】こうぜつ(후설) ①목과 혀. ②중요한 곳. ③

말. ¶非將勤勞其— 而利其脣吻也<墨子> ④임금의 말을 아랫사람에게 전하고, 신하의 말을 임금에게 전하는 벼슬아치. 宰相(재상). 喉舌之臣(후설지 신).

【喉舌之臣】こうぜつノしん(후설지 신) ①☞喉舌(후설)④. ②韓 승지(承旨)를 이름.

▷歌—, 乾—, 結—, 嬌—, 衿—, 心—, 咽—

12〖喉〗 喉(p.308)의 本字

9
12〖呴〗 불 후 |廣 く(フク) |廣 blow

풀이①불다. 입김을 불어 따뜻하게 함. 같 煦. ¶若彭祖—嘘呼吸<王褒> ②숨. 입김. ¶衆—漂山<漢書> ③따뜻하게 하다. 보호함. ¶護民之勞 —之若子<唐書>/—嫗. ④선웃음치다. 아첨하여 웃음. ¶——趄趄<柳宗元>

9
12〖喧〗 1 떠들썩할 훤 2 울어댈 훤 |元 ㄒㄩㄢ (xuan) 阮 |けん(カマビスシイ) noisy

풀이1 ①떠들썩하다. 시끄러움. ¶諸侯—譁<史記>/—嘩. ②위의(威儀)가 드러나는 모양. ¶赫兮—兮者 威儀也<大學> 2 울어대다. ¶—不可止兮<漢書>

【喧騷】けんそう(훤소) 시끄러움. 또는, 시끄럽게 떠듦.

【喧擾】けんじょう(훤요) 떠들썩함. 소란함.

【喧藉】けんしゃ(훤자) 시끄럽게 말을 퍼뜨림.

▷浮—, 紛—, 諍—, 塵—, 啾—, 絃—, 囂—

9
12〖喙〗 부리 훼 |隊 ㄏㄨㄟˋ (hui) |かい(クチバシ) bill

源 會意. 彖은 주둥이가 나온 돼지의 모양을 본뜬 글자. 돼지의 주둥이처럼 내민 입 곧 부리를 뜻함.

풀이①부리. 주둥이. 새·짐승의 입. ¶蚌合而箝其—<戰國策> ②숨. 호흡. 通 呬. ¶丘願有—三尺<莊子> ③말[語]. ¶贊香譽味萬—同<劉克莊> ④괴롭다. 괴로와함. ¶維其—矣<詩經>

▷交—, 萬—, 豕—, 銳—, 烏—, 容—, 長—, 衆—, 虎—

9
12〖喜〗 기쁠 희 |紙 ㄒㄧˇ (xi) |き(ヨロコブ) delightful

古 欯 歖 憘 同 憙

源 會意. 壴는 그릇에 음식물을 수북이 담은 모양. 口와 아울러 맛나는 음식을 먹고 기뻐한다는 뜻.

풀이①기쁘다. 기쁨. ¶君子禍至不懼 福至不—<史記> ②즐겁다. ¶我心則—<詩經> ③좋아하다. ¶問中庶子—方者<史記> ④기쁨. 즐거움. ¶慶其—而弔其憂<國語>

【喜劇】きげき(희극) ①익살과 풍자(諷刺)가 섞인 연극. ↔悲劇(비극). ②웃음거리가 될 만한 행동이나 사건.

【喜怒哀樂】きどあいらく(희로애락) 사람의 모든 감정. 기쁨·노여움·슬픔·즐거움.

【喜報】きほう(희보) 기쁜 기별. 기쁜 소식.

【喜悲】きひ(희비) 기쁨과 슬픔.

【喜捨】きしゃ(희사) ①어떤 사업에 물건이나 재물을 냄. ②《佛》 기쁘게 신불(神佛)에게 재물을 베풂. 淨施(정시).

【喜色】きしょく(희색) 기뻐하는 빛. ¶—滿面.

【喜消息】(희소식) 기쁜 소식.

【喜壽】きじゅ(희수) ①혼례와 탄생의 경사. ②77살. 喜의 초서(草書) 모양에서 온 말.

【喜悅】きえつ(희열) 즐거워함. 즐거움.

【喜鵲】きじゃく(희작) 까치의 이칭. 경사를 전해준다고 믿는 데서 이름.

【喜喜樂樂】ききらくらく(희희낙락) 매우 기뻐하고 즐거워함.

▷嘉—, 慶—, 驚—, 大—, 福—, 善—, 隨—, 失—, 懌—, 說—, 溢—, 賀—, 和—, 歡—, 欣—

10
13〖嗛〗 1 겸손할 겸 2 모자랄 겸 3 머금을 함 4 족할 협 |鹽 ㄑㄧㄢ (qian) 琰 感 ㄒㄧㄢˊ (xian) 葉 ㄑㄧㄝˋ (qie) |けん(ヘリクダル) modest けん かん きょう

풀이1 ①겸손하다. 通 謙. ¶—讓. ②싫어하다. 通 嫌. ¶—韓嫣<漢書> 2 ①모자라다. 通 歉. ¶滿則慮—<荀子> ②흉년 들다. ¶—穀不升 謂之—<穀梁傳> ③볼. 원숭이나 쥐가 먹이를 머금은 입안. ¶寓鼠曰—<爾雅> 3 ①머금다. ¶鳥—肉<漢書> ②원한을 품다. ¶心—之而未發也<史記> 4 족하다. 마음이 흐뭇함. 通 慊. ¶齊桓公夜半不—<戰國策>/—然/—志.

▷寡—, 饑—, 衰—

10
13〖嗜〗 즐길 기 |寘 ㄕˋ (shi) |し(タシナム) like

풀이즐기다. 좋아함. ¶不—殺人者<孟子>/—愛.

【嗜玩】しがん(기완) 좋아하여 가지고 놂.

【嗜好】しこう(기호) 음식물이나 어떤 사물을 즐기고 좋아함. 또는, 그 일.

【嗜好品】しこうひん(기호품) ①술·담배·차·고추 따위, 사람이 즐기는 음식물. ②즐기고 좋아하는 물품.

▷甘—, 愛—, 情—, 耽—, 貪—, 和—

10
13〖嗎〗 아편 마 |ㄇㄚˇ (ma) |ば opium

풀이①아편(阿片). 모르핀(morphine). ¶—啡. ②꾸짖다. ③의문조사. 通 麼.

10
13〖嗣〗 이을 사 |寘 ㄙˋ (si) |し(ツグ) succeed to

源形聲. 제후가 나라를 이어받을 때는 반드시 종묘(宗廟)에 고제(告祭)하여 사관(史官)에게 천자가 내린 책봉(册封)의 명령[册]을 읽게[口] 하였다는 데서 만들어진 글자. 「司」가 음을 이룸.
풀이 ①잇다. ㉮뒤를 잇다. 계승함. ¶將使—位＜書經＞/—君/—續. ㉯뒤를 잇달다. 계속함. ¶所不—事於齊者 有如河＜左氏傳＞ ②상속자. 임금의 자리나 가계(家系)를 잇는 사람. ¶罰弗及—＜書經＞ ③후임자. 직무를 이어맡을 사람. ¶晋侯問—焉＜左氏傳＞ ④새. 다음의. 뒤의. ¶以興—歲＜詩經＞ ⑤익히다. 연습함. ¶不—音＜詩經＞
【嗣歲】しさい(사세) 새 해. 新年(신년).
【嗣子】しし(사자) 대를 이을 아들. 長子(장자).
▷家—, 係—, 繼—, 國—, 法—, 聖—, 守—, 令—, 遺—, 日—, 儲—, 嫡—, 天—, 追—, 統—, 血—, 後—

10 13 【嗄】 1목쉴 사 2목멜 애 | 禡ㄕㄚˋ(sha) 卦ㄚˊ(a) | さ(シワガレル) わい
풀이 1목이 쉬다. 2①목메다. ㉠嗌. ¶終日號而不—＜老子＞ ②울어 목이 잠기다. ¶兒子終日嗥而嗌不—＜莊子＞

13【𠷔】 喪(p.306)의 本字

13【甞】 嘗(p.312)의 略字

13【嘗】 嘗(p.312)의 俗字

10 13 【嗇】 아낄 색 | 職ㄙㄜˋ(se) | しょく(オシム) *spare*
源會意. 「㐭」은 쌀광. 쌀광에 넣을 줄만 알고 낼 줄을 모르는 구두쇠를 뜻함.
풀이 ①아끼다. ㉮재물을 다랍게 아끼다. ¶愈於織—＜史記＞/吝—. ㉯사랑하여 아끼다. ¶—其大寶＜呂覽＞ ②탐하다. 탐냄. ¶—于禍＜左氏傳＞ ③거두다. 거두어들임. ¶順天—地＜大戴禮＞ ④아껴 쓰다. 존절히 씀. ¶治人事天 莫若—＜老子＞ ⑤농사. ㉠穡. ¶服田力—＜漢書＞
【嗇夫】しょくふ(색부) ①농부(農夫). ②벼슬 이름. ㉮옛날, 사공(司空)의 속관. ㉯옛날, 화폐를 맡아 보던 벼슬. ㉰전국 시대의 이색부(吏嗇夫)와 인색부(人嗇夫). 이색부는 모든 이속(吏屬)을 검속(檢束)하는 일을 맡았으며, 인색부는 서민을 단속하였음. ㉱한(漢)대에 고을에서 소송과 조세를 담당하던 관리. ③지위가 낮은 벼슬.

10 13 【嗉】 멀떠구니 소 | 遇ㄙㄨˋ(su) | そ(エブクロ) *crop*

10 13 【嗚】 1탄식소리 오 2탄식할 오 | 虞ㄨ(wu) 遇 | お お
풀이 1①탄식하는 소리. ¶—呼哀哉尼父＜禮記＞ ②흐느껴 울다. ¶—唈. ③새소리. ¶—啞. 2탄식하다. 탄식하며 가슴 아파함. ¶噫—流涕＜後漢書＞
【嗚咽】おえつ(오열) 흐느껴 욺.
【嗚呼】ああ(오호) ①슬플 때나 탄식할 때 내는 소리. ②어리석음. ③말을 걸기 위하여 부르는 말. 여보시오 따위.
【嗚呼史】おこし(오호사) 송(宋)의 구양수(歐陽脩)가 지은 「오대사」(五代史)의 이칭. 편(篇)마다 논찬(論贊)의 첫머리가 嗚呼로 시작됨에서 이름.
▷噫—

10 13 【嗢】 목멜 올 | 月ㄨㄚˋ(wa) | おつ(ムセブ) *choke*
풀이 ①목메다. 목이 잠김. ¶—咽. ②크게 웃다. 목이 멜 정도로 웃음. ¶—噱.

10 13 【嗌】 1목구멍 익 本억 2웃을 악 3흐느낄 애 | 陌ㄧˋ(yi) 覺 卦ㄞˋ(ai) | えき(ノド) *throat* あく あい
풀이 1①목구멍. ¶—痛. ②아첨하는 소리. ¶譏譏兮—喔＜楚辭＞ 2웃다. 웃는 모양. ¶疾笑——＜韓詩外傳＞ 3흐느끼다. ¶—不容粒＜穀梁傳＞

10 13 【嗁】 울 제 | 齊ㄊㄧˊ(ti) | てい(ナク) *cry*

13【戢】 ☞ 戈部 9획(p.608)

10 13 【嗔】 1성낼 진 2기운성할 전 | 眞ㄔㄣ(chen) 先 | しん(イカル) てん
풀이 1성내다. 通瞋. 2기운이 성(盛)하다. 기운이 성한 모양. 通塡 顚.

10 13 【嗟】 탄식할 차 | 麻ㄐㄧㄝ(jie) ㄐㄩㄝ(jue) | さ(ナゲク)
풀이 ①탄식하다. ¶士君子之所—痛也＜漢書＞ ②감탄하다. ¶見其所爲文—賞之＜宋史＞ ③발어사(發語辭). ㉮아아. 탄식하거나 감탄할 때 내는 소리. ¶—乎奈何＜詩經＞ ㉯자! 남에게 일정한 행동을 권할 때 내는 소리. ¶予唯不食—來之食＜禮記＞
【嗟來】ああ①·さらい②(차래) ①한탄하는 소리. 來는 조사(助辭). ②발어사. 자!
【嗟來之食】さらいのし(차래지 식) 자! 와서 먹어라라는 뜻으로, 무례한 태도로 주는 음식을 이름. 경멸하는 대접.
▷咄—, 悲—, 傷—, 哀—, 于—, 憂—, 怨—, 咨—, 長—, 稱—, 嘆—, 呼—

10 13 【嗤】 웃을 치 | 支ㄔ(chi) | し(ワラウ) *laugh*
풀이 ①웃다. 비웃음. 냉소함. ¶時人—之＜後漢書＞/—侮. ②웃음거리. ¶受—於拙目＜陸機＞

▷巨—, 謗—, 笑—, 嘲—

10 13 〖嗒〗 멍할 탑 | 合 ㄊㄚˋ (ta) | とう *vacant*

10 13 〖嗃〗 ① 엄할 학 | 藥 ㄏㄜˋ (he) | かく
② 피리소리 효 | 肴 ㄒㄧㄠˋ (xiao) | こう *strict*

풀이 ① ①엄하다. 엄한 모양. ¶家人——<易經> ②엄하고 큰 소리. 기뻐하며 즐김. 덥고 답답함. ¶——. ② ①피리 소리. ¶夫吹筦也 猶有—也<莊子> ② 부르짖는 소리.

10 13 〖嗀〗 토할 학 | 覺 | かく(ハク) *vomit*

풀이 토하다. 토하는 모양. ¶君將—之<左氏傳>/——.

10 13 〖嗑〗 ① 말많을 합 本갑 | 合 ㄎㄜˋ (ke) | こう(オシャベリ) *talkative*
② 웃는소리 합 | 洽 ㄒㄧㄚ (xia) | こう

풀이 ① ①말이 많다. 수다스러움. ¶子路——<孔叢子> ②입을 다물다. ② 웃는 소리. ¶—然.

10 13 〖嗋〗 숨쉴 협 | 葉 | きょう *breathe*

풀이 ①숨쉬다. 숨을 들이쉼. ¶—呷氣甚危<梅堯臣> ②입을 다물다. ¶予口張而不能—<莊子> ③으르다. ¶—嚇.

13 〖嗥〗 嘷(p.314)의 本字

10 13 〖嗅〗 맡을 후 | 宥 ㄒㄧㄡˋ (xiu) | きゅう(カグ) *smell*

풀이 맡다. 냄새를 맡음. ¶—管.

【嗅覺】きゅうかく(후각) 냄새를 맡는 감각.

11 14 〖嘉〗 아름다울 가 | 麻 ㄐㄧㄚ (jia) | か(ヨイ) *beautiful*

풀이 ①아름답다. ㉮예쁘다. 고움. ¶凡祭宗廟之禮 玉曰—玉<禮記>/—卉. ㉯훌륭하다. 뛰어남. 좋음. ¶採公卿之—議<上官儀>/—名. ②기리다. 칭찬함. ¶—乃丕績<書經>/—尙. ③경사스럽다. 기쁨. 좋음. ¶山川降—歲<韋應物>/—辰. ④기뻐하다. 즐김. ¶—樂君子 憲憲令德<中庸> ⑤맛이 좋다. 또는, 좋은 음식. ¶飮旨食—<歐陽脩>/—羞. ⑥오례(五禮)의 하나. ¶—禮.

【嘉慶】かけい(가경) ☞慶事(경사).

【嘉納】かのう(가납) ①충고나 간언을 기꺼이 들음. ②바치는 물건을 기꺼이 받음.

【嘉禮】かれい(가례) ①경사스러운 일을 위한 예식. ②길(吉)·흉(凶)·군(軍)·빈(賓)과 함께 오례(五禮)의 하나. 혼례 따위. ③韓 임금의 혼인이나 즉위, 세자·세손의 혼인이나 책봉 등의 예식.

【嘉俳】(가배) 신라 유리왕(儒理王) 때 한가윗날 궁중에서 행해졌다는 놀이.

【嘉俳日】(가배일)韓 한가윗날의 이칭. 嘉俳節(가배절).

【嘉賞】かしょう(가상) 칭찬함.

【嘉石】かせき(가석) 주(周)대에 가벼운 죄인이 보고 뉘우치게 하는 글이 씌어 있던 바위. ¶以—平罷民<周禮>

【嘉辰】かしん(가신) 경사스러운 날. 佳辰(가신).

【嘉釀】かじょう(가양) ☞美酒(미주).

【嘉月】かげつ(가월) 음력 3월의 이칭. 桃月(도월). 喜月(희월).

【嘉節】かせつ(가절) ☞佳節(가절).

【嘉靖】かせい(가정) 나라를 잘 다스리어 편안하게 함.

【嘉禎】かてい(가정) 복. ¶—幽祕 一朝粉委<魏收>

【嘉招】かしょう(가초) 남을 높이어 그의 초청을 이름. 寵招(총초).

【嘉平】かへい(가평) ①음력 섣달의 이칭. 臘月(납월). 極月(극월). ②음력 섣달에 지내는 제사 이름. 臘祭(납제). 嘉平節(가평절). ¶更名臘曰—<史記>

【嘉肴】かこう(가효) 맛 좋은 술안주. 嘉殽(가효).

▷眷—, 柔—, 靖—, 靜—, 珍—, 淸—, 寵—, 歎—, 褒—, 休—, 欣—

11 14 〖嘅〗 탄식할 개 | 隊 ㄎㄞˇ (kai) | かい, がい(ナゲク)

11 14 〖嘔〗 ① 토할 구 本우 | 有 ㄡˇ (ou) | おう(ハク) *vomit*
② 노래할 구 本유 | 尤 ㄡ (ou) | おう
③ 기뻐할 후 | 虞 | く

풀이 ① 토하다. 게움. ㉠歐. ¶吾伏弢—血<左氏傳>/—吐. ② ①노래하다. ㉠謳. ¶毋歌—道中<漢書>/—歌. ②소리. 노래. 또는, 어린애의 소리. ¶——. ③ 기뻐하다. 기꺼이 말함. ¶上下相—<揚雄>

【嘔氣】おうき(구기) 토할 듯한 기분. 吐氣(토기).

【嘔心】おうしん(구심) 심혈(心血)을 토함. 곧, 노심초사 또는 심사숙고함을 이름.

【嘔逆】おうぎゃく(구역) 토함. 욕지기.

【嘔吐】おうと(구토) 토함. ¶—症.

▷歌—, 相—, 噫—, 于—

14 〖嗚〗 叫(p.265)와 同字

11 14 〖嘍〗 도둑 루 | 尤 ㄌㄡˊ (lou) | ろう *thief*

풀이 ①도둑. ㉠僂. ¶—囉. ②시끄럽다. ③어조사. 了와 비슷함.

11 14 〖嘛〗 나마교 마 | ㄇㄚˊ (ma) | ま *Lamaism*

14〖鳴〗 ☞ 鳥部 3 획 (p. 1676)

11 14〖嘗〗 맛볼 상 陽ㄔㄤˊ (chang) しょう (ナメル)
略甞 俗甞

풀이①맛보다. ㉮음식 따위의 맛을 보다. ¶臥薪一膽<史記> ㉯먹다. ¶農乃登穀 天子一新<禮記> ㉰겪다. 직접 체험함. ¶險阻艱難 備一之<左氏傳> ②시험하다. ¶一食. ③일찌기. 通曾. ¶余一西至空峒<史記> ④늘. 언제나. ¶奢者心一貧<譚子化書> ⑤가을 제사. 햇곡식으로 지내는 제사. ¶未一不食新<禮記>

【嘗膽】しょうたん (상담) ☞臥薪嘗膽 (와신상담).
【嘗味】しょうみ (상미) 맛을 봄.
【嘗糞】しょうふん (상분) 똥을 맛본다는 뜻으로, ㉮지나친 아첨을 이르는 말. 당(唐)의 곽홍패(郭弘霸)가 위원충(魏元忠)의 병세(病勢)를 알려고 그의 똥을 맛본 옛일에서 유래. ㉯지극한 효성을 이름. 남북조(南北朝) 때 유금루(庾黔婁)가 아버지의 병세를 알려고 똥을 맛본 옛일에서 유래.
【嘗糞之徒】しょうふんのと (상분지 도) 똥을 맛보는 무리라는 뜻으로, 염치나 부끄러움 없이 아첨하는 무리.
【嘗試之說】しょうしのせつ (상시지 설) 시험삼아 하는 말. 곧, 짐짓 딴 일을 빌어 상대방 마음을 떠보는 따위의 말.
【嘗禾】しょうか (상화) 햇곡식으로 신에게 제사지냄. 또는, 그 제사.
▷啖一, 奉一, 新一, 禘一, 享一, 歆一

11 14〖嗽〗 1 기침 수 2 빨 삭 宥ㄙㄡˋ (sou) 覺 そう (セキ) cough そく

풀이1 ①기침. 기침함. ¶冬時有一 上氣疾<周禮>/咳一. ②양치질하다. 같 漱. ¶日一三升<史記> 2 빨다. 마심. 빨아들임. 같 欶 吮. ¶一吮甘液<杜甫>
▷含一, 咳一

11 14〖嗾〗 1 부추길 수 주 2 개부르는 소리 촉 宥ㄙㄡˇ (sou) 屋 そう (ソソノカス) そく incite

풀이1 부추기다. 선동함. ¶一囑. 2 개 부르는 소리.
▷使一, 指一

11 14〖嘎〗 학 우는소리 알 本갈 黠ㄍㄚ (ga) かつ

11 14〖啀〗 으르렁거릴 애 佳ㄧㄚˊ (ya) がい roar

11 14〖嗎〗 웃는모양 언 本 헌 阮 えん

풀이①웃는 모양. 빙그레 웃는 모양. ②즐기다. 즐거워함.

11 14〖嗷〗 시끄러울 오 豪ㄠˊ (ao) ごう noisy
▷哀一, 嗷一, 嘈一, 讙一

14〖嗸〗 嗷 (p. 312)와 同字

11 14〖嘈〗 시끄러울 조 豪ㄘㄠˊ (cao) そう noisy

11 14〖嘖〗 떠들썩할 책 陌ㄗㄜˊ (ze) さく noisy

풀이①떠들썩하다. 칭찬 또는 말다툼으로 시끄러움. ¶好評一一. ②새가 지저귀는 소리. ¶一一. ③처음. 으뜸. ④매우. 심히. 깊이.
▷怨一

11 14〖嗺〗 재촉할 최 本 새 灰ㄙㄨㄟ (sui) さい press

풀이재촉하다. 술 마시기를 재촉함. 권함. ¶一酒.

11 14〖嘆〗 탄식할 탄 翰ㄊㄢˋ (tan) たん (ナゲク) sigh
※숙어는 歎 (p. 805)을 참조.

풀이①탄식하다. ②한숨쉬다.
▷慨一, 憤一, 傷一, 賞一, 永一, 泣一, 嗟一, 痛一

11 14〖嗿〗 많을 탐 感ㄊㄢˇ (tan) たん many

11 14〖嘌〗 빠를 표 蕭ㄆㄧㄠ (piao) ひょう fast

11 14〖嘏〗 클 하 本가 馬ㄍㄨˇ (gu) か (オオキイ) big, great

풀이①크다. ¶凡物壯大 謂之一<方言>/一命. ②복. ③복을 받다.

14〖噓〗 ☞ 口部 12 획 (p. 313)

11 14〖嘒〗 작을 혜 霽ㄏㄨㄟˋ (hui) けい slight

풀이①작다. 희미함. ¶一彼小星<詩經> ②매미 우는 소리. ¶鳴蜩一一<詩經> ③가락에 맞아 듣기 좋은 소리. ¶鸞車一一<詩經>

11 14〖嘑〗 1 부르짖을 호 2 꾸짖을 호 虞ㄏㄨ 遇 (hu) こ こ

11 14〖嘐〗 1 뜻 클 효 2 소리 교 肴ㄒㄧㄠ 肴 (xiao) こう ほう

풀이1 뜻이 크다. 말의 내용 따위가 큼. 큰소리 침. ¶其志一一然<孟子> 2 소리. 닭 우는 소리, 새 우는 소리, 쥐가 쏘는 소리 따위.

12 15〖嘰〗 한숨쉴 기 微ㄐㄧ (ji) き sigh

[풀이]①한숨 쉬다. 탄식함. ¶一而哀<淮南子> ②쪽잘거리다. 께지럭거리며 먹음.

15【噐】器(p. 314)의 略字

15【噐】器(p. 314)의 俗字

12 15【噇】 먹을 당 | [江]ㄔㄨㄤˊ (chuang) | とう

12 15【嘮】 수다스러울 로 [本]초 | [肴]ㄌㄠˊ (lao) | とう こう

12 15【嘹】 먼소리 료 | [蕭]ㄌㄧㄠˊ (liao) | りょう

[풀이]①먼 소리. 소리가 멀리까지 들림. ¶一亮. ②새 우는 소리. ¶一唳. ③피리 소리. ¶一嘈.

12 15【嘸】 분명치않을 무 | [麌]ㄈㄨˇ (fu) | ぶ

15【嘿】 默(p. 1693)과 同字

12 15【噴】 뿜을 분 [本]噴 | [願]ㄆㄣˋ [元](pen) | ふん(ハク) *spray*

[풀이]①뿜다. 물, 불 따위를 뿜어냄. ②꾸짖다. ¶疾言一一<韓詩外傳> ③재채기하다. ¶一嚏.

【噴霧器】ふんむき(분무기) 물, 소독약 따위를 안개처럼 뿜어 내는 기구.

【噴飯】ふんぱん(분반) 밥알을 내뿜음. 곧, 웃음을 참을 수 없음을 이름.

【噴射】ふんしゃ(분사) 세차게 뿜음.

【噴水】ふんすい(분수) 물을 뿜어 냄. 또는, 물을 뿜어 치솟게 한 시설. ¶一臺/一器/一塔/一孔/一池.

【噴出】ふんしゅつ(분출) 내뿜음.

【噴火】ふんか(분화) ①불을 내뿜음. ②화산이 폭발하여 불을 내뿜는 일. ¶一口.

▷跳一, 飯一, 嚏一, 吼一

15【嘯】 ☞ 口部 13획(p. 314)

12 15【噀】 물뿜을 손 | [願]ㄒㄩㄣˋ (xun) | そん *spout*

12 15【嘶】 울 시 | [齊]ㄙ (si) | せい *cry*

[풀이]①울다. 짐승·새 따위가 애처롭게 욺. 흐느낌. ¶此日牛馬一<古詩>/一鴻. ②목이 쉬다. [通]廝.

▷驕一, 鳴一, 雄一, 長一

12 15【噎】 목멜 열 | [屑]ㄧㄝ (ye) | えつ *be choked*

12 15【噁】 [1]성낼 오 [2]새우는소리 악 | [遇]ㄜˇ [藥](e) | お あく

12 15【嘳】 한숨쉴 위 [本]귀 | [卦]ㄎㄨㄟˋ (kui) | き *sigh*

12 15【嘲】 조롱할 조 | [肴]ㄔㄠˊ (chao) ㄓㄠ (zhao) | ちょう(アザケル) *deride*

[풀이]①조롱하다. 비웃음. 경멸함. ②지저귀다. 새가 욺. [通]啁.

【嘲弄】ちょうろう(조롱) 깔보아 놀림. 비웃으며 희롱함.

【嘲笑】ちょうしょう(조소) 비웃음. 또는, 그런 웃음. 嘲哂(조신).

▷鶻一, 狂一, 群一, 譏一, 謗一, 善一, 笑一, 吟一, 自一, 好一, 詼一

12 15【噂】 수군거릴 준 | [阮]ㄗㄨㄣˇ (zun) | そん *whisper*

12 15【噆】 깨물 참 | [感]ㄗㄢˇ (zan) | さん

12 15【噍】 [1]씹을 초 [2]지저귈 초 | [嘯]ㄐㄧㄠˋ [蕭](jiao) | しょう(カム)

[풀이][1]씹다. 씹어 먹음. ¶一食. [2]①지저귀다. 새가 지저귀는 소리. ②소리가 애절하고 급한 모양.

【噍類】しょうるい(초류) 씹어먹고 사는 부류. 곧, 백성을 이름. 生民(생민).

▷數一, 餘一, 遺一, 咀一, 啁一

15【噣】 囑(p. 318)의 俗字

12 15【嘬】 깨물 최 | [卦]ㄔㄨㄞˋ (chuai) ㄗㄨㄛ (zuo) | さい *bite*

[풀이]①깨물다. 묾. ②한입에 넣다. 한입에 먹어 치움. ③탐욕을 부리다. ¶一兵以爭之<路史>

12 15【嘴】 부리 취 | [紙]ㄗㄨㄟˇ (zui) | し(クチバシ) *beak*

[풀이]①부리. 새의 주둥이. ②물건의 뾰족한 끝. [같]觜. ③사물의 뾰족하게 튀어나온 끝. ¶山一.

12 15【嘽】 [1]헐떡일 탄 [2]느릴 천 | [寒]ㄊㄢ (tan) [先]ㄔㄢˇ (chan) | たん せん

[풀이][1]①헐떡이다. 숨이 차 헐떡거림. ¶一一駱馬<詩經> ②왕성하다. ¶王旅一一<詩經> ③많다. ¶戎車一一<詩經> ④기뻐하다. ¶徒御一一<詩經> [2]①느리다. 유유(悠悠)함. ¶其聲一以緩<禮記> ②두렵다.

12 15【噓】 탄식할 허 | [魚]ㄒㄩ (xu) | きょ *sigh*

[풀이]①탄식하다. 탄식하는 소리. ¶一唏服臆<史記> ②불다. 입김 따위를 천천히 내붊. ③울다. 흐느껴 욺. ¶長一吸以於悒兮<楚辭>

▷呵一, 氣一, 吹一, 照一

12 15〖嘷〗 짖을 호 | 豪ㄏㄠˊ (hao) | こう howl
本 嗥
풀이 ①짖다. 짐승이 으르렁거림. ¶豺狼群―＜唐書＞ ②외치다. 부르짖음. 通 號. ¶兒子終日―＜莊子＞
▷群―, 猿―, 淸―, 吠―, 風―

15〖嘩〗 譁(p. 1405)와 同字

12 15〖嘵〗 겁낼 효 | 蕭ㄒㄧㄠ (xiao) | ぎょう

12 15〖噏〗 거둘 흡 | 緝ㄒㄧ (xi) | きゅう gather
풀이 ①거두다. 거두어들임. ②숨을 들이쉬다. 같 吸. ③가볍게 움직이다. 가볍게 움직이는 모양.

12 15〖噫〗 즐거울 희 | 支ㄒㄧ (xi) | き joyful
풀이 ①즐겁다. 화락함. ②웃다. 가기뻐서 웃다. ¶―笑. 나억지로 웃다. ¶―笑. ③놀라 지르는 소리. ④아아. 한숨·탄식·애통 등의 소리. ¶慶父聞之曰 ―＜公羊傳＞

13 16〖噱〗 껄껄웃을 갹 | 藥ㄐㄩㄝˊ (jue) | きゃく
풀이 ①껄껄 웃다. 크게 웃는 소리. ¶談笑大―＜漢書＞ ②입을 크게 벌리다. 입을 벌리고 헐떡임.

13 16〖噭〗 1 주둥이 교 2 거센 소리 격 | 嘯ㄐㄧㄠˋ (jiao) 錫 | きょう beak げき
풀이 1 ①주둥이. 동물의 입. ②부르짖다. 외침. 通 叫. ③엉엉 울다. 큰 소리로 우는 모양. ¶而我――然隨而哭之＜莊子＞ 2 거센 소리. 소리가 격함. ¶叫―之聲興而士奮＜史記＞

13 16〖噤〗 입다물 금 | 沁ㄐㄧㄣˋ (jin) | きん

13 16〖器〗 그릇 기 | 寘ㄑㄧˋ (qi) | き(ウツワ) vessel
略 器 俗 噐
源 會意. 口자 넷은 갖가지, 犬은 종류가 많다는 뜻으로, 여러 가지 그릇을 뜻함.
풀이 ①그릇. 가물건 따위를 담는 물건. ¶―受一升 以一升則平＜論衡＞/―物. 나재능이나 도량. ¶少敏惠有才藝 權―愛之＜吳志＞/―量. 다기관(器官). 생물체의 기관. ¶臟―. ②도구. ¶―械體操. ③중히 여기다. 쓸모 있는 사람으로 여김. ¶朝廷―之＜後漢書＞ ④재능으로 여겨 쓰다. 적재 적소에 씀. ¶其使人―之＜論語＞
【器幹】きかん (기간) ☞器量(기량).
【器械】きかい (기계) ①도구, 연장, 그릇, 기구 따위의 총칭. 구조가 간단하여 제조, 생산의 목적이 아닌 단순한 일에 사용하는 도구. ②☞機械(기계)①.
【器官】きかん (기관) 생물의 생명 유지에 필요한 작용을 하는 몸의 각 부분. ¶感覺―/消化―.
【器具】きぐ (기구) 그릇. 연장. 道具(도구). ¶實驗―.
【器局】ききょく (기국) ☞器量(기량).
【器機】きき (기기) 기구(器具)와 기계. ¶電氣―.
【器量】きりょう (기량) ①재능. ②재능과 국량(局量). 器幹(기간). 器局(기국).
【器皿】きべい (기명) ☞器物(기물).
【器物】きぶつ (기물) 그릇, 세간 따위의 물건. 器皿(기명).
【器世間】きせけん (기세간)《佛》 속세. 器世界(기세계).
【器樂】きがく (기악) 악기만으로 연주하는 음악. ¶―曲. ※聲樂(성악).
【器玩】きがん (기완) ①보고 즐기며 감상하는 기물(器物). ②장난감. 玩具(완구).
【器宇】きう (기우) 인물됨. 器觀(기관).
【器材】きざい (기재) 기구, 자재 등의 총칭.
▷佳―, 稼―, 耕―, 宏―, 國―, 吉―, 大―, 德―, 陶―, 鈍―, 名―, 明―, 茗―, 薄―, 凡―, 便―, 兵―, 寶―, 沙―, 砂―, 射―, 祠―, 生―, 石―, 褻―, 小―, 溲―, 數―, 食―, 飾―, 神―, 樂―, 燕―, 禮―, 銳―, 玉―, 甕―, 浴―, 用―, 容―, 庸―, 偉―, 戎―, 飮―, 應―, 利―, 瓷―, 才―, 材―, 田―, 佃―, 正―, 精―, 祭―, 酒―, 雋―, 重―, 珍―, 什―, 鐵―, 土―, 吐―, 形―, 火―, 皇―, 凶―

13 16〖噥〗 수군거릴 농 | 冬ㄋㄨㄥˊ (nong) | どう whisper
풀이 ①수군거리다. 작은 소리로 말을 많이 함. ②헛된 말을 하다.

13 16〖噠〗 1 오랑캐 이름 달 2 말 서투를 달 | 曷ㄉㄚˊ 黠 (da) | たつ

16〖噴〗 噴(p. 313)의 本字

13 16〖噬〗 씹을 서 | 霽ㄕˋ (shi) | ぜい bite
풀이 ①씹다. 물어뜯음. 깨묾. ¶―犬不露齒＜通俗編＞ ②미치다. 이름. 通 逝. ¶―肯適我＜詩經＞
【噬臍】ぜいせい (서제) 배꼽을 물어뜯음. 사냥꾼에게 잡힌 사향노루가 자신의 불행이 배꼽의 향내 때문이라 하여 배꼽을 물어뜯으나 이미 때는 늦었다는 데서, 어쩔 수 없음, 또는 때가 늦음을 이르는 말. 噬臍莫及(서제막급). ¶將―之不及＜揚雄＞
▷交―, 毒―, 搏―, 反―, 呑―, 攫―

13 16〖嘯〗 1 휘파람불 소 2 꾸짖을 질 | 嘯ㄒㄧㄠˋ 質 (xiao) | しょう しつ
풀이 1 ①휘파람 불다. ¶其―也歌＜詩

經＞ ②읊다. 읊조림. ¶長—哀鳴＜司馬相如＞/—詠. ③부르짖다. ¶虎—而風起＜孔安國＞/猿—. 2꾸짖다. ㉠叱. ¶不—不指＜禮記＞/—咤.
▷歌—, 高—, 叫—, 朗—, 曼—, 鳴—, 牧—, 悲—, 舒—, 永—, 遠—, 吟—, 長—, 淸—, 諷—, 海—

13 16 【噩】 놀랄 악 | 藥ㄜˋ (e) | がく be surprised
풀이 ①놀라다. ㉠愕. ¶—夢. ②엄숙하다. ¶——明直貌＜法言·注＞
【噩耗】がくもう(악모) 사망 통지. 訃告(부고). 噩音(악음).

13 16 【噯】 1내쉬는 숨 애 2감탄사 애 | 隊ㄞˋ (ai) | あい がい

13 16 【噞】 입 벌름거릴 엄 | 琰ㄧㄢˇ 鹽(yan) | げん

13 16 【噳】 많은 사슴 입 우 | 麌ㄩˇ (yu) | ぐ

13 16 【噢】 1슬퍼할 욱 2가엾이여겨 내는소리 우 | 屋ㄡˋ (ou) 虞ㄩˇ (yu) | いく う

13 16 【噪】 시끄러울 조 ㊍소 | 號ㄗㄠˋ (zao) | そう(サワグ) noisy
풀이 ①시끄럽다. 떠들썩함. ㉠譟. ②새가 시끄럽게 지저귀다.
【噪音】そうおん(조음) 조잡하고 불쾌한 소리. ↔樂音(악음).
▷叫—, 蟬—, 蛙—, 鵲—, 號—, 喧—

13 16 【噣】 1부리 주 2쪼을 탁 | 宥ㄓㄡˋ (zhou) 覺ㄓㄨㄛˊ (zhuo) | ちゅう beak たく
풀이 1①부리. 새 주둥이. ¶—鳥. ②별 이름. ¶三心 五—＜詩經·注＞ 2쪼다. 쪼아 먹음. ㉠啄.

13 16 【噡】 말 많을 첨 | 鹽ㄓㄢ (zhan) | せん

13 16 【噲】 1목구멍 쾌 2야윌 괄 | 卦ㄎㄨㄞˋ 曷(kuai) | かい かつ
풀이 1①목구멍. ②시원하다. 상쾌함. ㊟快. ¶——. ③밝다. 환함. 2야위다. 초췌함.
【噲伍】かいご(쾌오) 번쾌(樊噲)와 같은 무리란 뜻으로, 평범한 인물을 이르는 말. 한(漢)의 한신(韓信)이 번쾌와 같은 봉작을 받게 된 것을 탄식한 옛일에서, 못난 사람을 벗으로 사귀는 것을 부끄러워함을 이름. 與噲等伍(여쾌등오).

13 16 【噦】 1말방울소리 홰 2딸꾹질할 얼 | 泰ㄩㄝˇ 月(yue) | かい えつ
풀이 1①말방울 소리. ¶鸞聲——＜詩經＞ ②밝아지다. 날이 환해짐. ¶噲噲其正 ——其冥＜詩經＞ ③새 소리. ¶——. 2딸꾹질하다.

13 16 【噫】 1탄식할 희 2트림할 애 3문득 억 | 支ㄧ (yi) 卦ㄞˋ (ai) 職 | い あい よく
풀이 1①탄식하다. 탄식. 한숨 소리. ¶—嗚 歎傷之貌也＜後漢書·注＞/—乎. ②아아. 감탄사. ¶— 言游過矣＜論語＞ 2트림하다. 하품. ㊟噯. 3문득. ㊟抑億. ¶—亦要存亡吉凶＜易經＞

14 17 【嚀】 간곡할 녕 | 靑ㄋㄧㄥˊ (ning) | ねい

14 17 【嚂】 1게걸스레 먹을 람 2소리칠 함 3웃을 함 | 勘ㄌㄢˋ (lan) 感ㄏㄢˇ (han) 咸 | らん かん かん
풀이 1①게걸스레 먹다. ②탐하다. 심하게 즐김. ㉠懢. 2소리치다. 외치는 소리. ㉠喊. 3웃다. ¶—噓.

17【臨】 ☞臣部 11획(p.1248)

14 17 【嚊】 헐떡거릴 비 | 寘ㄆㄧˋ (pi) | ひ

17【雖】 ☞隹部 9획(p.1595)

14 17 【嚈】 오랑캐이름 엽 | 葉ㄧㄝˋ (ye) | よう
【嚈噠】ようたつ(엽달) 남북조(南北朝) 때 서역(西域)에 있던 나라. 挹怛(읍달).

14 17 【嚅】 선웃음칠 유 | 虞ㄖㄨˊ (ru) | じゅ
풀이 ①선웃음치다. 아첨하는 웃음. ②머뭇거리다. 말을 하다가 입을 다묾. ③떠들썩하다. 말이 많음.

14 17 【嚌】 1맛볼 제 2뭇소리 개 | 霽ㄐㄧˋ 佳(ji) | せい かい
풀이 1①맛보다. 음식 따위의 맛을 봄. ②제사 지내다. ③슬퍼하다. 근심함. 2뭇 소리. 여러 소리.

17【嚏】 嚔(p.316)의 俗字

14 17 【嚃】 그냥 삼킬 탑 | 合ㄊㄚˋ (ta) | とう

14 17 【嚇】 1으를 하 2성낼 혁 | 禡ㄒㄧㄚˋ (xia) 陌ㄏㄜˋ (he) | か(オドカス) threaten かく

풀이 1 ①으르다. 위협함. ②웃다. 큰 소리로 웃음. ¶田公笑——<稱謂錄> ③열다. 입을 엶. 2 성내다. 화를 냄. 通赫. ¶一怒.
▷恐一, 威一, 叱一, 喘一, 䲹一, 呀一, 奢一

17【嚆】 衜(p. 1539)과 同字

14 17【嚄】 외칠 획 | 陌ㄏㄨㄛˋ(huo) ㄛ̌(o) | かく cry
풀이 ①외치다. 부르짖음. ②시끄럽다. 말이 많음. ③깜짝 놀라다. 깜짝 놀라 지르는 소리.

14 17【嚆】 울릴 효 | 肴ㄏㄠ (hao) | こう
풀이 ①울리다. 소리가 진동함. 通嗃 嬌. ②외치다. 부르짖음.
【嚆矢】こう(효시) 우는 화살의 뜻에서, 어떤 사물의 시초를 이름. 옛날에 전쟁을 시작할 때 먼저 우는 화살을 쏘았음에서 유래된 말. 端緒(단서). 濫觴(남상). 權輿(권여).

15 18【嚙】 깨물 교 | 巧ㄧㄠˇ(yao) | ごう(カム) bite

18【嚠】 瀏(p. 926)와 同字

15 18【嚜】 거짓말할 묵 | 職ㄇㄛˋ(mo) | もく, ぼく lie
풀이 ①거짓말하다. 거짓말. 거짓. ②불만. 마음에 차지 않는 모양.

15 18【嚘】 탄식할 우 | 尤ㄧㄡ(you) | ゆう sigh
풀이 ①탄식하다. 한숨 쉼. ②목이 메다. ③얼버무리다.

15 18【嚚】 어리석을 은 | 眞ㄧㄣˊ(yin) | ぎん foolish
풀이 ①어리석다. 우둔함. ②말을 못하다. 벙어리. ③진실성이 없다. 말에 거짓이 많음.

15 18【嚔】 재채기할 체 | 霽ㄊㄧˋ(ti) | てい

16 19【嚨】 목구멍 롱 | 東ㄌㄨㄥˊ(long) | ろう throat

16 19【嚭】 클 비 | 紙ㄆㄧˇ(pi) | ひ big
풀이 ①크다. 큰 모양. ②크게 기뻐하다.

16 19【嚬】 찡그릴 빈 | 眞ㄆㄧㄣˊ(pin) | ひん
풀이 ①찡그리다. 눈살을 찌푸림. 같 顰 頻. ②웃다. 웃는 모양.
【嚬蹙】ひんしゅく(빈축) ①눈살과 얼굴을 찡그림. 嚬眉(빈미). ②못마땅해 하고 경멸함.

16 19【嚥】 삼킬 연 | 霰ㄧㄢˋ(yan) | えん(ノム) swallow

16 19【嚫】 베풀 친 | 震ㄔㄣˋ(chen) | しん

16 19【嚮】 향할 향 | 漾ㄒㄧㄤˋ(xiang) | きょう, こう (ムカウ)
풀이 ①향하다. 바라봄. 대함. 같 向. ②지난번. 접때. 通 向. ③누리다. 대접 따위를 받음. 같 饗. ¶已一其利者 爲有德<史記> ④흠향하다. 같 饗. ¶上帝嘉一<史記> ⑤권하다. ⑥메아리. 같 響. ¶聲之於一<莊子>
【嚮導】きょうどう(향도) 길을 인도함. 또는, 군대 따위의 길잡이. 嚮道(향도). ¶一官.
【嚮往】きょうおう(향왕) 향하여 감의 뜻으로, 숭배하여 복종함을 이름.
【嚮邇】きょうじ(향이) 가까이 다가감.
【嚮者】きょうしゃ(향자) 지난번.

19【嚱】 戲(p. 805)와 同字

17 20【嚳】 고할 곡 | 沃ㄎㄨˋ(ku) | こく inform
풀이 ①고하다. 급히 알림. ②제왕 이름. 같 俈. ¶帝一 黃帝曾孫<史記>

17 20【嚶】 새 우는 소리 앵 | 庚ㄧㄥ(ying) | おう
풀이 ①새 우는 소리. 새가 서로 정답게 지저귐. ②벗이 서로 격려하는 소리. ③방울 소리.

17 20【嚴】 엄할 엄 | 鹽ㄧㄢˊ(yan) | げん(キビシイ) strict
略 厳
풀이 ①엄하다. ㉮엄정하다. ¶一若朝典<世說新語>/一選. ㉯엄중하다. ¶以成一霜之誅<漢書>/一法. ㉰위엄이 있다. 의연함. ¶師一而後道尊<禮記>/莊一. ②삼가다. 공경하여 삼감. ¶無一. ③경계하다. 경비함. 경계. ¶槌一鼓爲一一<正字通>/戒一. ④차리다. 치장함. 꾸밈. 차비(差備). ¶具盥水 陳一具<後漢書> ⑤높다. 높임. ¶凡學之道 一師爲難<禮記>/一父. ⑥혹심하다. 모짊. ¶始知殺氣一<李白>/一冬. ⑦굳세다. 딱딱하고 강함. ¶寘於一之下<後漢書>
【嚴格】げんかく(엄격) ①언행의 흐트러짐이 없이 바름. ②잘못된 점을 용서함이 없이 엄중함.
【嚴禁】げんきん(엄금) 엄중하게 금지함. 또는, 그런 금령(禁令).
【嚴斷】げんだん(엄단) ①용서없이 처단함. 嚴處(엄처). ②엄하게 막음. 嚴禁(엄금).
【嚴冬】げんとう(엄동) 추위가 혹심한 겨울.
【嚴冬雪寒】げんとうせっかん(엄동설한) 눈이 내리고 추

위가 심한 겨울.
【嚴令】げんれい(엄령) 엄중한 명령. 「그 명령.
【嚴命】げんめい(엄명) 엄중한 명령을 내림. 또는,
【嚴密】げんみつ(엄밀) ①엄중하고 세밀함. ②매우 비밀스러움. 「벌.
【嚴罰】げんばつ(엄벌) 엄중한 처벌을 함. 또는, 그
【嚴父】げんぷ(엄부) ①아버지는 보통 엄하다는 데서 아버지를 일컫는 말. 嚴親(엄친). 嚴侍(엄시). ↔慈母(자모). ②아버지의 존칭. ③아버지를 존중함.
【嚴選】げんせん(엄선) 엄정하게 뽑음. ¶受賞作—.
【嚴守】げんしゅ(엄수) 어김없이 지킴. ¶時間—.
【嚴肅】げんしゅく(엄숙) 장엄하고 숙연함.
【嚴侍下】げんじか(엄시하) 아버지만 생존하여 있는 일. ↔慈侍下(자시하).
【嚴正】げんせい(엄정) 엄격하고 바름. ¶—中立.
【嚴重】げんじゅう(엄중) 몹시 엄격함. ¶—警告.
【嚴妻侍下】(엄처시하)㊕ 아내에 쥐어 지내는 사람을 농으로 이르는 말.
【嚴親】げんしん(엄친) ☞嚴父(엄부).
【嚴酷】げんこく(엄혹) 엄격하고 혹독함.
▷苛—, 家—, 剛—, 警—, 戒—, 謹—, 禁—, 矜—, 凜—, 端—, 森—, 崇—, 申—, 威—, 莊—, 整—, 靜—, 齊—, 尊—, 峻—, 淸—, 華—

17/20〖嚵〗 부리 참 | 咸 ㄔㄢˊ (chan) | さん *beak*
풀이 ①부리. 새의 주둥이. ②마시다. 먹음. 맛봄.

17/20〖嚲〗 휘늘어질 타 | 哿 ㄉㄨㄛˇ (duo) | た *droop*
풀이 ①휘늘어지다. 버들가지 따위가 늘어짐. ¶柳—鶯嬌花復殷<岑參> ②넓다. 두텁다.

17/20〖嚱〗 놀라는 소리 희 | 支 ㄒㄧ (xi) | き

18/21〖囁〗 소곤거릴 섭 ㊁녑 | 葉 ㄋㄧㄝˋ (nie) | しょう(ササヤク)
풀이 ①소곤거리다. 속삭임. ②말을 머뭇거리다. 말하기를 주저함.

18/21〖嚼〗 1 씹을 작 2 깨물 초 | 藥 ㄐㄩㄝˊ (jue) 嘯 ㄐㄧㄠˋ (jiao) | しゃく(カム) *chew* しょう
풀이 1 ①씹다. ㉮입에 넣고 씹다. ¶—殘魚肉置盤上<李義山雜纂> ㉯맛보다. ¶吟—五味<蘇軾> ㉰뜻을 음미하다. ¶咀—文義<文心雕龍> ②술을 권하다. 술을 억지로 권함. ¶一復一者 京都飮酒相強之辭也<後漢書> ③침식(浸蝕)하다. ¶水—沙洲樹出根<眞山民> 2 깨물다. ㉠噍.
【嚼蠟】しゃくろう(작랍) 밀랍을 씹는다는 뜻으로, 아무 재미가 없음을 이르는 말.
【嚼味】しゃくみ(작미) ①맛을 분간함. ②글 따위의 맛을 음미함.
【嚼復嚼】しゃくふくしゃく(작부작) 한 잔 또 한 잔의 뜻으로, 술을 억지로 권하는 말.
【嚼蛆】しゃくそ(작저) 구더기를 씹음의 뜻으로, 쓸데 없는 이야기를 함의 비유.
▷啗—, 吟—, 咀—, 呑—, 含—

18/21〖囀〗 지저귈 전 | 霰 ㄓㄨㄢˋ (zhuan) | てん(サエズル)
풀이 ①지저귀다. 새가 계속하여 욺. ¶鳥聲千種—<庾信> ②가락. 울림. ③소리가 바뀌다. 소리를 바꿈.

18/21〖嚾〗 부를 환 | 翰 ㄏㄨㄢ 寒 (huan) | かん *call*
풀이 ①부르다. 오라고 부름. ㉠喚. ②떠들썩하다. 시끄러움.

18/21〖囂〗 떠들썩할 효 | 蕭 ㄒㄧㄠ (xiao) | ごう(カマビスシイ)
풀이 ①떠들썩하다. 왁자지껄함. ②욕심이 없는 모양. ③공허한 모양. ④근심하는 모양. ⑤짐승 이름. ⑥새 이름.
【囂塵】ごうじん(효진) ①저자나 시가(市街) 따위에서 시끄럽고 먼지가 이는 것. ②시끄러운 세속의 일. 속세.
▷煩—, 浮—, 紛—, 塵—, 鬪—, 軒—, 譁—, 讙—

21〖嚻〗 囂(p. 317)와 同字

19/22〖囊〗 주머니 낭 | 陽 ㄋㄤˊ (nang) | のう(フクロ) *pocket*
풀이 ①주머니. ㉮자루. ㉯호주머니. ¶—刀. ㉰지갑. ㉱감추어 두다. ②주머니에 넣다. ③㊕ 불알.
【囊濕症】(낭습증) 불알이 축축해지는 병.
【囊腎】(낭신)㊕ 사람의 부자지.
【囊中】のうちゅう(낭중) 주머니 속. ¶—無一物.
【囊中物】のうちゅうぶつ(낭중물) 주머니 속의 물건이란 뜻으로, 자기 수중에 있는 물건. 곧, 제 것이 된 것을 이름.
【囊中之錐】のうちゅうノきり(낭중지 추) 주머니 속의 송곳이란 뜻으로, 뛰어난 인물은 여러 사람들 속에 섞여 있어도 그 재능이 곧 드러남을 이르는 말.
【囊中取物】のうちゅうノものヲとル(낭중취물) 주머니 속의 물건을 꺼낸다는 뜻으로, 아주 손쉽게 얻을 수 있음을 비유한 말.
【囊螢讀書】のうけいどくしょ(낭형독서) 진(晋)의 차윤(車胤)이 개똥벌레를 주머니에 넣어 그 빛으로 책을 읽었다는 옛일에서, 어렵게 공부함의 비유.
▷傾—, 括—, 錦—, 米—, 胚—, 背—, 浮—, 水—, 繡—, 詩—, 心—, 藥—, 牛—, 陰—, 衣—, 財—, 智—, 傖—, 枕—, 土—, 行—, 香—

22〖饔〗 ☞ 食部 13획(p. 1643)
22〖轡〗 ☞ 車部 15획(p.1469)

19
22〖囈〗 잠꼬대 예 | 寘 ㄧˋ (yi) | げい (ウワゴト)

19
22〖囋〗 1 도울 찬 / 2 지껄일 찰 | 寒 ㄗㄚˊ / 曷 (za) | さん help さつ

풀이 1 ①돕다. 같 讚. ¶問一而告二 謂之一<荀子> ②기리다. 같 讚. ③먹다. 마심. 같 餐. ④욕하다. 비난함. ⑤조롱하다. 2 ①지껄이다. 시끄럽게 떠듦. ②북소리.

19
22〖囅〗 웃는 모양 천 | 銑 ㄔㄢˇ (chan) | てん

19
22〖囍〗 韓 기쁨 희

源 會意. 「喜」를 합쳐 큰 기쁨을 나타냄. ※공예품, 가구, 그릇, 옷감 따위의 무늬나 축하와 기원의 뜻을 나타내는 연하엽서 따위에 쓰임.

24〖囓〗 齧(p. 1703)과 同字

21
24〖囑〗 부탁할 촉 | 沃 ㄓㄨˇ (zhu) | しょく(タノム) charge

【囑望】しょくぼう (촉망) 잘 되거나 잘 해 나아가리라는 기대를 함. 또는, 그러한 마음이나 기대. 屬望(촉망).

【囑託】しょくたく (촉탁) ①일을 부탁하여 맡김. 또는, 그 부탁이나 부탁을 받은 사람. ¶一殺人. ②임시직으로 기관, 회사 따위의 일을 맡아 함. 또는, 그 사람. ③韓 관청간, 또는 국가와 특정 개인간의 위임이나 계약의 일종. 囑托(촉탁).

▷懇一, 付一, 咐一, 委一, 噈一

囗<큰 입 구>部

囗	②	四	囚	囙	③	囝	団	囟	因	回	④	困
図	囤	囮	园	囲	囱	囫	⑤	固	国	囷	囹	⑥
圀	囿	⑦	圄	圃	圂	⑧	國	圈	圇	圉	圊	⑨
圍	⑩	圓	園	⑪	團	圖	⑬	圜	⑲	圞		

3〖囗〗 圍(p. 331)·國(p. 328)의 古字

2
5〖四〗 넉 사 | 寘 ㄙˋ (si) | し(ヨ, ヨツ, ヨン) four

源 指事. 「口」는 사방을, 「儿」은 나눔. 곧, 동·서·남·북 넷을 나타냄.

풀이 ①넷. ¶天有一殃<逸周書>/三寒一温. ②네 번. ¶嘉慮一回<陸機>/一乘. ③사방. ¶一野 一方之野也<後漢書·注>/一隣.

【四家】(사가) ①뛰어난 네 사람의 뜻으로, 조선 정조(正祖) 때의 문장의 대가 이덕무(李德懋)·유득공(柳得恭)·박제가(朴齊家)·이서구(李書九)를 가리킴. ②네 채의 집. ¶一爲隣 五家爲保<舊唐書>

【四角】しかく (사각) ①네모. ②네 개의 뿔. ¶一獸見於河間<宋書>

【四角巾】しかくきん (사각건) 상제가 머리에 쓰는 건(巾). 두건(頭巾)과 비슷하나 위를 막지 않음.

【四角帽】しかくぼう (사각모) 윗면이 네모진 모자. 대학생이 쓰는 모자. 학사모(學士帽) 따위. 四角帽子(사각모자). 角帽(각모).

【四脚置簿】(사각치부) 예부터 개성(開城)에서 발달한 치부 방법. 출납을 과목별로 나누어 장부에 기록하는 복식 부기의 하나. 사개(四介)다리 치부. 四介置簿(사개치부). 四介簿記(사개부기).

【四個大乘】しこだいじょう (사개대승)《佛》 대승(大乘)의 네 종파. 화엄종(華嚴宗)·천태종(天台宗)·진언종(眞言宗)·선종(禪宗).

【四箇法要】しこほうよう (사개법요)《佛》 법회(法會) 때 갖추는 네 가지. 범패(梵唄)·산화(散華)·범음(梵音)·석장(錫杖).

【四劫】しこう (사겁)《佛》 세계의 생성으로부터 소멸에 이르기까지의 네 시기. 성겁(成劫)·주겁(住劫)·괴겁(壞劫)·공겁(空劫).

【四更】しこう (사경) 하룻밤을 다섯으로 나눈 네째 시각. 곧, 새벽 1시에서 3시 사이. ¶一山吐月<杜甫>

【四季】しき (사계) ①봄·여름·가을·겨울의 네 계절. 사철. 사시(四時)①. 四節(사절). ②음력으로 사철의 말월(末月). 곧, 봄 3월, 여름 6월, 가을 9월, 겨울 12월의 총칭. 사계삭(四季朔). 四界(사계). ③월계화(月季花). 四季花(사계화)②.

【四界】しかい (사계) ①네 가지 세계. 천계(天界)·지계(地界)·수계(水界)·양계(陽界). ②《佛》 우주의 네 가지 본성(本性). 지(地)·수(水)·화(火)·풍(風). ¶大種謂一 卽地水火風<俱舍論> ③☞四季(사계)②.

【四季花】しきか (사계화) ①부인복에 장식하는, 사철을 대표하는 꽃. 살구꽃(봄)·연꽃(여름)·국화(가을)·매화(겨울). ②월계화(月季花).

【四苦】しく (사고)《佛》 사람이 겪어야 하는 네가지 고통. 생고(生苦)·노고(老苦)·병고(病苦)·사고(死苦). 四患(사환). ¶生老病死 一也<法華經科注>

【四庫】しこ (사고) 당(唐) 현종(玄宗) 때 둔 네 개의 서고(書庫). 경(經)·사(史)·자(子)·집(集)으로 나누어 보존함. 또는, 그 서적.

【四顧無親】しこむしん (사고무친) 사방을 돌아봐도 친척이 없다는 뜻으로, 의지할 데가 전혀 없음을 이르는 말.

【四骨】しこつ (사골) 소의 네 다리의 뼈. 약으로 씀.

【四郭】しかく (사곽) 사방의 마을. ¶遊一<後漢書>

【四館】(사관) 조선(朝鮮) 때 과거(科擧)에 관한 일을 맡아본 네 기관. 성균관(成均館)·예문관(藝文館)·승문원(承文院)·교서관(校書館).

【四關】しかん (사관) ①중하고 급한 병을 치료할 때, 침을 놓는 네 곳. 손의 합곡(合谷) 두 곳, 발의 태중 두 군데를 이름. ②사람 몸의 네 기관(器官). 귀·눈·심장(心臟)·입. ¶

故閉一止五遁 則與道淪<淮南子> ③옛 중국의 네 관문(關門). ㉮진(秦)대의 함곡관(函谷關)·무관(武關)·산관(散關)·소관(蕭關). ㉯한(漢)대 낙양(洛陽)의 성고관(成皐關)·이궐관(伊闕關)·함곡관(函谷關)·맹진관(孟津關).

【四郊】しこう(사교) 도성(都城). 사방의 교외(郊外). ¶一多壘 此卿大夫之辱也<禮記>

【四衢】しく(사구) ①네거리. ¶一道難闢<沈約> ②네 가닥. ¶其枝一 其葉大尺餘<山海經>

【四國】しこく(사국) ①사방의 여러 나라. ¶初登于天 照一也<易經> ②전국(全國).

【四君子】しくんし(사군자) ①네 군자란 뜻으로, 네 가지 식물을 사철로 나누어 군자에 비유한 말. 매화·난초·국화·대. ②묵화(墨畫)에서 매화·난초·국화·대를 그린 그림.

【四窮】しきゅう(사궁) 네 가지 곤궁한 신세. 늙은 홀아비, 늙은 홀어미, 어버이 없는 아이, 자식 없는 늙은이의 총칭. 鰥寡孤獨(환과고독).

【四窮之首】しきゅうノカシラ(사궁지 수) 사궁(四窮) 중 첫머리에 드는, 늙은 홀아비.

【四揆衫】(사규삼) 관례(冠禮) 때 입던 우리 예복의 하나.

【四極】しきょく(사극) 사방의 끝 닿은 곳에 있는 먼 나라. 四遠(사원). ¶覽相觀於一兮<楚辭>

【四近】しきん(사근) ☞四輔(사보)①.

【四氣】しき(사기) 사철의 기후와 기분. 봄·여름·가을·겨울의 따뜻함·더움·서늘함·추위와 이에 대응하는 희(喜)·노(怒)·애(哀)·락(樂).

【四畿】しき(사기) 사방의 국경.

【四難】しなん(사난) ☞四者難幷(사자난병).

【四端】したん(사단) 네 가지 실마리의 뜻으로, 사람의 본성에서 우러나는 네 가지 마음인 인(仁)·의(義)·예(禮)·지(智). 측은히 여기는 마음[仁], 부끄러워하고 미워하는 마음[義], 사양하는 마음[禮], 시비를 가리는 마음[智]. ¶惻隱之心 仁之端也 羞惡之心 義之端也 辭讓之心 禮之端也 是非之心 智之端也 人之有是一也<孟子>/一七情.

【四達】したつ(사달) ①길이 사방으로 통함. 네거리. ¶一謂之逵<爾雅> ②사방에 두루 미침. ¶禮樂刑政 一而不悖 則王道備矣<禮記>

【四唐】しとう(사당) 시체(詩體)를 기준으로 당(唐)대를 4기로 나눈 것. 초기부터 개원(開元)까지가 초당(初唐), 개원부터 대력(大曆)까지가 성당(盛唐), 대력부터 태화(太和)까지가 중당(中唐), 태화부터 말기까지가 만당(晚唐).

【四大】しだい(사대) ①《佛》 사람 및 만물을 이루는 네 가지 요소(要素). 지(地)·수(水)·화(火)·풍(風). 또는, 사람의 몸을 이름. ②도가(道家)에서, 도(道)·천(天)·지(地)·왕(王)을 말함. ¶道大 天大 地大 王亦大 域中有一<老子>

【四代】しだい·よだい(사대) 네 시대. ①우(虞)·하(夏)·은(殷)·주(周). ②북조(北朝)의 위(魏)·주(周)·제(齊)와 남조(南朝)의 진(陳).

【四大家】したいか(사대가) ①조선 선조(宣祖) 때 네 사람의 대학자. 이정구(李廷龜)·신흠(申欽)·장유(張維)·이식(李植). ②중국에서 그 시대를 대표하는 네 사람의 대가(大家). ㉮문장에, 당(唐)의 한유(韓愈)·유종원(柳宗元)과 송(宋)의 구양수(歐陽脩)·소식(蘇軾). ㉯서예에, 송(宋)의 소식(蘇軾)·황정견(黃庭堅)·미불(米芾)·채양(蔡襄). 四家(사가).

【四大奇書】しだいきしょ(사대기서) ①원(元)대의 소설「수호전」(水滸傳),「삼국지연의」(三國志演義)와 희곡「서상기」(西廂記),「비파기」(琵琶記). 元代四大奇書(원대 사대 기서). ②중국 소설의 4대 걸작.「수호전」,「삼국지연의」,「서유기」(西遊記),「금병매」(金瓶梅).

【四大門】(사대문) 서울을 둘러싸고 있던 네 대문. 홍인문(興仁門 : 동대문)·돈의문(敦義門 : 서대문)·숭례문(崇禮門 : 남대문)·숙정문(肅靖門 : 북문). 조선 때 축조, 현재 홍인·숭례 두 문만 남아 있음.

【四德】しとく(사덕) ①공문(孔門)에서 숭상하는 네 가지 덕행. 효(孝)·제(悌)·충(忠)·신(信). ②「역경」(易經)에서, 천지 자연의 네 덕. 원(元)·형(亨)·이(利)·정(貞). ③군주(君主)가 지켜야 할 네 가지 덕. 흠(欽)·명(明)·문(文)·사(思). ④부인(婦人)이 갖추어야 할 네 가지 덕. 부덕(婦德)·부언(婦言)·부용(婦容)·부공(婦功). ⑤물[水]의 네 덕. 인(仁)·의(義)·용(勇)·지(智). ¶水有一<尸子>

【四瀆】しとく(사독) ①韓 옛날, 나라에서 위하던 네 강. 동독(東瀆 : 낙동강)·서독(대동강)·남독(한강)·북독(용흥강). ②중국의 네 큰 강. 양자강(揚子江 : 동)·황하(黃河 : 서)·회수(淮水 : 남)·제수(濟水 : 북). ¶江河淮濟爲一<爾雅>

【四略】しりゃく(사략) 사방을 침략함. ¶走兵一以飽其志<唐書>

【四靈】しれい(사령) ①네 가지 신령한 동물. 기린·봉황·거북·용. 四物(사물)①. ¶麟鳳龜龍 謂之一<禮記> ②☞四神(사신). ¶天之一 以正四方<三輔黃圖>

【四禮】しれい(사례) ①네 가지 가례(家禮). 관(冠)·혼(婚)·상(喪)·제(祭)의 예식. ②네 가지 주요한 범절(凡節). 군신(君臣)·부자(父子)·형제(兄弟)·붕우(朋友) 사이에 지켜야 할 법도(法度).

【四六】(사륙) ☞四六文(사륙문).

【四六文】しろくぶん(사륙문) 육조(六朝) 시대에 유행한 문체(文體)로, 넉 자와 여섯 자의 대구(對句)로 엮은 화려한 문장. 騈儷文(변려문)·四六騈儷文(사륙변려문). 四六(사륙).

【四六騈儷文】しろくべんれいぶん(사륙변려문) ☞四六文(사륙문).

【四輪】しりん(사륜) ①사방으로 통함. 四通(사통). ¶趙僅存哉 然而一之國也<戰國策> ②네 바퀴. 또는, 네 바퀴가 있는 수레.

【四隣】しりん(사린) ①모든 이웃 나라. ¶一諸侯不聞令德<左氏傳> ②☞四輔(사보)①.

③사방의 이웃. 또는, 이웃집. ¶一爭娶之<列女傳>

【四末】しまつ(사말) 네 끝의 뜻으로, 두 손과 두 발 곧 사지(四肢)의 끝.

【四望】しぼう(사망) ①사방을 바라봄. 또는, 그 일. ②임금이 제사 지내던 해·달·별·바다.

【四孟】しもう(사맹) 사철의 첫 달. 봄의 정월[孟春], 여름의 4월[孟夏], 가을의 7월[孟秋], 겨울의 10월[孟冬]. 四孟朔(사맹삭). ¶辰星出於一<漢書>

【四孟朔】しもうさく(사맹삭) ☞四孟(사맹).

【四面】しめん(사면) ①사방. 주위(周圍). ¶一之坐 象四時也<禮記> ②네 면.

【四面受敵】しめんてきをうく(사면수적) 사방으로 적의 공격을 받음. ¶田地薄 一 非用武之國也<史記>

【四面楚歌】しめんそか(사면초가) 도움을 청할 만한 길이 모두 끊겨 혼자 고립된 처지를 말함.

【유래】 진(秦)을 멸망시킨 초(楚)의 항우(項羽)는 한(漢)의 유방(劉邦)과 천하를 차지하려는 싸움을 계속했다. 해하(垓下)에서 한군에게 포위되었을 때다. 밤이 이슥하자 항우는 성 밖에서 들려오는 병사들의 노래 소리가 초가(楚歌 : 초나라 민요)인 데 놀랐다. 그것은 적병의 대부분이 초나라 출신이고, 그의 부하들이 유방에 항복했음을 뜻했다. 항우는 운이 다했음을 알고, 시를 읊어 사랑하는 우미인(虞美人)과 작별하고 부하 8백 명과 함께 한의 추격병과 싸우다가 자살했다.

【四廟】しびょう(사묘) 고조(高祖)·증조·조부·부(父) 4대(代)의 신위를 모신 사당.

【四門學】しもんがく(사문학) 후위(後魏) 때, 서민을 위해 대학인 국자학(國子學)의 사방 문 옆에 세운 학사(學舍). 그 교관을 사문박사(四門博士), 학생을 사문학생(四門學生)이라 함.

【四勿】しぶつ(사물) 하지 말라는 네 가지. 공자(孔子)가 안회(顏回)에게 말한 계명(誡命). 예(禮)가 아니면 보지 말고, 듣지 말고, 말하지 말고, 행동하지 말라. ¶顏生躬一 曾子日三省<朱熹>/非禮勿視 非禮勿聽 非禮勿言 非禮勿動<論語>

【四物】しぶつ(사물) ①☞四靈(사령)①. ②《佛》 법고(法鼓)·운판(雲板)·목어(木魚)·대종(大鐘). ③《佛》 의식 때 반주로 쓰이는 북·징·목탁·호적(胡笛). ④꽹과리·징·북·장구.

【四美】しび(사미) ①네 가지 아름다운 것. ②음(音)·미(味)·문(文)·언(言). ¶之子之往 一不臻<劉琨> ③인(仁)·의(義)·충(忠)·신(信). ¶所以備一 而富道德也<柳宗元>

【四民】しみん(사민) ①백성의 네 계급. 사(士)·농(農)·공(工)·상(商). ¶掌邦土 居一<書經> ②모든 백성. ¶一有業<漢書>

【四密】しみつ(사밀) 사방이 막힘. 四蔽(사폐). ¶花巖一<王勃>

【四方】しほう(사방) ①동·서·남·북의 네 방향. 四平(사평)②. ¶明照于一<易經> ②중국 사방의 여러 나라. 四夷(사이). ¶使於一 不辱君命<論語> ③주변 일대. 주위(周圍). ④천하(天下). ¶神與化游 以撫一<淮南子> ⑤네모. ¶一而高 日臺<爾雅>

【四旁】しぼう(사방) ①전·후·좌·우. 四傍(사방). ¶欲近一<荀子> ②동·서·남·북. ¶一高下<墨子>

【四方上下】しほうじょうげ(사방상하) 동·서·남·북 및 하늘과 땅. 六合(육합). ¶一爲六合<淮南子>

【四方之樂】しほうのらく(사방지 락) ①사방을 다스리는 즐거움. ②사방으로 멀리 노는 재미.

【四方之志】しほうのこころざし①·しほうのし②(사방지 지) ①천하를 경영하려는 큰 뜻. ¶其無一 可知<魏志> ②여러 나라의 기록. ¶掌一<周禮>

【四配】しはい(사배) 공자묘(孔子廟)에 배향(配享)한 네 성현(聖賢). 안회(顏回)·증삼(曾參)·자사(子思)·맹자(孟子). 四侑(사유).

【四輩】しはい(사배) ①사방의 선비. ¶一冠蓋方隆隆<通俗編> ②《佛》 배례(拜禮)할 대상인 불(佛)·보살(菩薩)·원각(圓覺)·성문(聲聞). ③《佛》 ☞四衆(사중). ④인(人)·천(天)·용(龍)·귀(鬼).

【四百餘州】しひゃくよしゅう(사백여주) 중국 전토(全土)를 이름. 천하. ¶裁省天下一縣官<圖書編>

【四壁】しへき(사벽) ①사면의 벽. ②벽만 있고 세간이 없는 가난한 집. ③사방의 성벽(城壁). ¶全諷列一皆萬人<唐書>

【四邊】しへん(사변) ①네 변(邊). ②사방의 국경. 四境(사경). ¶一威勢 無不爲<鬼谷子> ③사방. 주위. ¶日光從一出<南齊書>

【四輔】しほ(사보) ①네 보좌관(輔佐官). 전의(前疑)·후승(後丞)·좌보(左輔)·우필(右弼). 四近(사근). 四隣(사린). ¶設一及三公<禮記> ②태사(太師)·태부(太傅)·태보(太保)·소부(少傅). ¶居一職 輔道于帝<漢書>

【四寶】しほう(사보) 네 가지 보배. ㉮붓·먹·종이·벼루. 文房四寶(문방사보). ㉯중국에서, 주(周)의 지액(砥厄), 송(宋)의 결록(結綠), 양(梁)의 현려(懸黎), 초(楚)의 화박(和璞). ¶此一者 工之所失也<戰國策> ㉰수후(隋侯)의 구슬·검보(劍寶)·옥보벽(玉寶璧), 주(周) 강왕(康王)의 보정(寶鼎).

【四府】しふ(사부) ①네 곳집. ②봄·여름·가을·겨울. 四季(사계). ③「역경」(易經), 「서경」(書經), 「시경」(詩經), 「춘추」(春秋). ¶聖人之一者 易書詩春秋之謂也<皇極經世書> ④네 관서(官署). 대장군부(大將軍府) 또는 태부부(太傅府)·태위부(太尉府)·사도부(司徒府)·사공부(司空府).

【四部】しぶ(사부) ①네 부서(部署). 또는, 네 부분. ¶漢選一精兵黃頭吳河等<後漢書> ②

☞四部書(사부서). ¶撰定元徽—書目<南齊書> ③악공(樂工)의 네 분류. 구자부(龜玆部)·대고부(大鼓部)·호부(胡部)·군악부(軍樂部). ¶凡樂三十工…分—<唐書> ④《佛》☞四衆(사중).

【四部書】しぶしょ(사부서) 네 부류로 나눈 책. 갑부(甲部)에 육예(六藝)·소학(小學), 을부(乙部)에 제자(諸子)·병서(兵書)·술수(術數), 병부(丙部)에 사기(史記)·기재(記載), 정부(丁部)에 시부(詩賦)·도찬(圖讚). 四部(사부)②.

【四分五裂】しぶんごれつ(사분오열) 여러 갈래로 어지럽게 분열됨. 四分五剖(사분오부). ¶洛乃—戰爭之地 難以自安<魏志>

【四史】しし(사사) ①황제(黃帝) 때의 네 사관(史官). 저송(沮誦)·창힐(蒼頡)·예수(隸首)·공갑(孔甲). ¶置— 以主圖籍<拾遺記> ②네 가지 역사책. 「사기」(史記), 「전한서」(前漢書), 「후한서」, 「삼국지」(三國志). ¶宜先讀—<輶軒語>

【四事】しじ(사사) 네 가지 일. ㉮도(道)·덕(德)·인(仁)·의(義). ¶人欲行— 不用禮無由得成<禮記> ㉯수(壽)·명(名)·위(位)·화(貨). ¶民之不得休息 爲—故<列子> ㉰네 가지 덕목(德目). 덕업 상권(德業相勸)·과실 상규(過失相規)·예속 상교(禮俗相交)·환난 상휼(患難相恤). 鄕約四事(향약사사). ㉱음식·의복·거처(居處)·언어. ¶爲學自—起<小學紺珠> ㉲네 가지 공양(供養). 침구(寢具)·의복·음식·탕약(湯藥).

【四相】しそう(사상) ①네 대신(大臣). ②《佛》만물의 변화를 나타내는 네 가지 상(相). 생(生)·주(住)·이(異)·멸(滅). ③《佛》네 가지 상(相). 생(生)·노(老)·병(病)·사(死). 果報四相(과보사상). ④《佛》아상(我相)·인상(人相)·중생상(衆生相)·수자상(壽者相). 我人四相(아인사상).

【四象】ししょう(사상) ①음양(陰陽)의 네 가지 상징. 음·양·강(剛)·유(柔). 또는, 노양(老陽)·소양(少陽)·노음(老陰)·소음(少陰). ¶兩儀生—<易經> ②역괘(易卦)의 네 형상. 실상(實象)·가상(假象)·의상(義象)·용상(用象). ¶易有— 所以示也<易經> ③사람의 네 가지 체질. 태양(太陽)·소양(少陽)·태음(太陰)·소음(少陰). ¶—醫學.

【四塞】しさい(사새) 사방 국경의 요새.
しそく(사색) ①사방이 막힘. 사방을 막음. ¶黃霧—終日<漢書> ②사방이 험준한 지세(地勢)로 둘러싸인 자연 요새의 나라. 四塞之國(사색지 국).

【四色】ししょく(사색) 조선 때 네 당파. 노론·소론·남인·북인. ¶—黨爭.

【四生】ししょう(사생)《佛》생물이 생기는 네 가지 형태. 태생(胎生)·난생(卵生)·습생(濕生)·화생(化生). ¶有— 有情<俱舍論>

【四序】しじょ(사서) ①사철의 순서. ¶—遷流<魏書> ②맹(孟)·중(仲)·숙(叔)·계(季)의 순서.

【四書】ししょ(사서) 네 경서(經書). ㉮「대학」(大學), 「중용」(中庸), 「논어」(論語), 「맹자」(孟子). ¶—三經. ㉯「서경」(書經)의 우서(虞書)·하서(夏書)·상서(商書)·주서(周書). ㉰「논어」·「효경」(孝經)·「대학」·「중용」. ㉱형법의 율(律)·영(令)·격(格)·식(式).

【四仙】(사선) 신라의 네 국선(國仙). 영랑(永郞)·술랑(述郞)·안상(安祥)·남석행(南石行).

【四禪】しぜん(사선)《佛》좌선(坐禪)의 초선(初禪)·이선·삼선·사선.

【四姓】しせい(사성) ①고려 때의 명문(名門)인 네 성(姓). 유(柳)·최·김·이(李). ②당(唐)대의 네 명문. 최·노(盧)·이(李)·정(鄭). ③《佛》인도(印度)의 네 신분 계급. 승려인 브라만[婆羅門], 왕족·무인(武人)인 크샤트리아[刹帝利], 평민인 바이샤[毗舍], 노예인 수드라[首陀羅]. ¶梵王生—<譬喩經>

【四星】しせい(사성) ①사주(四柱)①. ②사주단자(四柱單子).

【四聖】しせい(사성) ①네 성인(聖人). 공자(孔子)·석가(釋迦)·예수·소크라테스. ②《佛》성문(聲聞)·연각(緣覺)·보살(菩薩)·불(佛)의 사계(四界). 또는, 아미타불(阿彌陀佛)·관세음보살(觀世音菩薩)·대세지보살(大勢至菩薩)·대해중보살(大海衆菩薩)의 네 성자(聖者). ③네 성왕(聖王). ㉮요(堯)·순(舜)·우(禹)·탕(湯). ㉯복희(伏羲)·황제(黃帝)·제곡(帝嚳)·우(禹). ¶—敦仁<易林> ④중국의 네 명의(名醫). 황제(黃帝)·기백(岐伯)·진월인(秦越人)·장기(張機). ¶—心源十卷<淸史稿>

【四聲】しせい(사성) 한자(漢字) 음의 네 가지 성조(聲調). 처음과 끝이 고른 평성(平聲), 끝이 높은 상성(上聲), 처음이 또렷하고 끝이 약한 거성(去聲), 끝을 빨리 닫는 입성(入聲). 四音(사음).

【四術】しじゅつ(사술) ①선왕이 가르친 네 가지 도(道). 시(詩)·서(書)·예(禮)·악(樂). ¶樂正崇—<禮記> ②나라를 다스리는 네 가지 방법. 충애(忠愛)·무사(無私)·용현(用賢)·간능(簡能). ¶治國有—<小學紺珠> ③사방으로 통하는 길. ¶冠蓋蔭—<左思>

【四始】しし(사시) ①네 가지가 비롯되는 것. 정월 초하루. 원단(元旦). 이 날은 해[歲]·계절[時]·달[月]·날[日]의 시작임. ¶—者候之日<史記> ②「시경」의 국풍(國風)·소아(小雅)·대아(大雅)·송(頌). ③「서경」의 중훼지 고(仲虺之誥)의 인(仁), 탕고(湯誥)의 성(性), 태갑(太甲)의 성(誠), 열명(說命)의 학(學).

【四時】しじ(사시) ①☞四季(사계)①. ②아침·낮·저녁·밤.

【四時佳節】しじかせつ(사시가절) 사시의 명절(名節).

【四時長春】しじちょうしゅん(사시장춘) ①늘 봄날과 같음. 四時春(사시춘). ②늘 잘 지냄.

【四時之序成功者去】しじのじょこうをなすものはさる(사시지서성공자거) 계절은 저마다 할 일을 다하면 떠난다는 뜻으로, 공(功)을 세워 명예를 얻

으면 물러나야 함을 이르는 말. 功成身退(공성신퇴). ¶吁 君何見之晩也 夫一<史記>
【四時春】しじノハル(사시춘) ☞四時長春(사시장춘)①. ¶羅浮山下一<蘇軾>
【四神】しじん(사신) ①네 방위를 맡는 신령. 동의 청룡, 서의 백호, 남의 주작(朱雀), 북의 현무(玄武). 四靈(사령)②. ¶太廟初設一門<金史> ②사방.
【四十而不惑】しじゅうニシテマドワズ(사십이 불혹) 공자(孔子)가 나이 마흔에 모든 도리를 깨우쳐 어떤 일에도 의혹(疑惑)됨이 없었다고 한 말. ¶三十而立 一<論語>
【四阿】しあ(사아) ①사면에 들보를 두 개씩 더하여 지붕을 이은 집. ¶堂崇三尺 一重屋<周禮> ②지붕이 사각추(四角錐)꼴로 된 정자(亭子).
【四阿含】しあごん(사아함)《佛》 소승(小乘) 불교의 네 경전. 증일아함경(增一阿含經)·장아함경(長阿含經)·중아함경(中阿含經)·잡아함경(雜阿含經). 四阿含經(사아함경).
【四阿含經】しあごんきょう(사아함경) ☞四阿含(사아함).
【四岳】しがく(사악) 요(堯)임금 때 사방의 제후(諸侯)를 통솔한 관직.
【四惡】しあく(사악) ①네 가지 싫은 일. 요(夭)·위(危)·욕(辱)·노(勞). 또는, 우로(憂勞)·빈천(貧賤)·위추(危墜)·멸절(滅絕). ②네 가지 악(惡). 학(虐)·포(暴)·적(賊) 및 마땅히 줄 것을 기피하는 유사(有司). ¶尊五美 屛一<論語>
【四嶽】しがく(사악) ①중국의, 사방의 네 큰 산. 태산(泰山 : 동악)·화산(華山 : 서악)·형산(衡山 : 남악)·항산(恒山 : 북악). ¶一三塗<左氏傳> ②중국에서, 사방의 제후(諸侯). ¶堯曰 嗟一<史記>
【四惡道】しあくどう(사악도)《佛》 네 가지 괴롭고도 험한 길. 지옥(地獄)·아귀(餓鬼)·축생(畜生)·수라(修羅). 四惡趣(사악취). 四趣(사취).
【四殃】しおう(사앙) 네 가지 재앙(災殃). 홍수·가뭄·주림·흉년. ¶天有一<逸周書>
【四言詩】しげんし(사언시) 고시체(古詩體)의 한 가지. 한 구(句)가 넉 자로 이루어짐.「시경」(詩經)이 대표적임.
【四業】しぎょう(사업) 시(詩)·서(書)·예(禮)·악(樂)의 수업(修業). ¶一允備<晋書>
【四易】しえき①②·しい③(사역) ①공자(孔子)의 네 가지 역(易). 지역(地易)·인역(人易)·천역(天易)·귀역(鬼易). ②천지 자연의 네 가지 역(易). 복희(伏羲)의 역, 문왕(文王)의 역, 주공(周公)의 역, 공자의 역. ③군자(君子)의 도(道)에서 네 가지 쉬운 것. 곧 행하기 쉽고[易用], 지키기 쉽고[易守], 본받기 쉽고[易見], 설명하기 쉬움[易言]. ¶君子之道 有一<法言>
【四裔】しえい(사예) 사방의 끝. 사방의 국경이나 오랑캐 나라. 四荒(사황). ¶遷于一<史記>
【四友】しゆう(사우) ①네 벗. ②문방구의 네 가지. 붓·먹·종이·벼루. 筆墨紙硯(필묵지연). 文房四友(문방사우). ③눈 속에서 피는 네 가지 꽃. 옥매(玉梅)·납매(臘梅)·수선(水仙)·산다화(山茶花).
【四宇】しう(사우) ☞四海(사해)②.
【四隅】しぐう(사우) ①네 구석. ¶蟻結於一<禮記> ②나라의 사방 변경. ③사방. 천하. ¶經營一<淮南子>
【四運】しうん(사운) ☞四季(사계)①.
【四韻】しいん(사운) 네 곳에 운(韻)을 다는 시. 율시(律詩). 四韻詩(사운시). 四韻之詩(사운지 시). ¶一言均賦 一俱成<王勃>
【四圍】しい(사위) ①네 아름드리의 굵기. ②사방에서 둘러쌈. ¶寒日山城雪一<元好問> ③둘레. 주위(周圍). ¶殺氣似環城一<陳櫟>
【四威儀】しいぎ(사위의)《佛》 수행자(修行者)의 네 가지 몸가짐. 행(行)·주(住)·좌(坐)·와(臥).
【四侑】しゆう(사유) ☞四配(사배).
【四維】しい(사유) ①네 가닥의 벼리란 뜻으로, 나라를 유지하는 데에 최소 한도 필요한 네 가지 수칙(守則). 예(禮)·의(義)·염(廉)·치(恥). ¶國有一<管子> ②사방의 구석이란 뜻으로, 건(乾 : 서북)·곤(坤 : 서남)·간(艮 : 동북)·손(巽 : 동남)을 이르는 말.
【四音】しおん(사음) ①☞四聲(사성). ¶空字有一<丹鉛總錄> ②네 가지의 발음. 후음(喉音)·순음(脣音)·악음(顎音)·설음(舌音). ③네 가지 음악.
【四夷】しい(사이) 중국에서 사방의 오랑캐. 곧, 동이(東夷)·서융(西戎)·남만(南蠻)·북적(北狄). ¶一八蠻.
【四人轎】(사인교) 넷이 메는 가마.
【四者難并】ししゃアワセガタシ(사자난병) 네 가지는 아울러 얻기는 어렵다는 뜻으로, 양신(良辰)·미경(美景)·상심(賞心)·낙사(樂事)를 이르는 말. 四難(사난). ¶天下良辰美景賞心樂事 一<謝靈運>
【四障】ししょう(사장)《佛》 정도(正道)를 가로막는 네 가지 장애(障礙). 혹장(惑障)·업장(業障)·보장(報障)·견장(見障).
【四杖制】しじょうせい(사장제) 지팡이 짚는 네 가지 제도. 주(周)대에 나이에 따라 지팡이 짚기를 제한했는데, 50에는 집안에서만, 60에는 향리(鄕里)에서만, 70이면 왕궁을 제외한 국내 어디서나, 80이면 조정(朝廷)에서도 짚을 수 있었음.
【四宰】(사재) 조선 때 우참찬(右參贊)을 이르던 말.
【四節】しせつ(사절) ☞四季(사계)①.
【四絕】しぜつ(사절) ①네 가지에 아주 뛰어남. ②입춘·입하·입추·입동의 전날. 이 날에는 출군(出軍), 원행(遠行)을 피함. ¶一者 四立前一辰也<協紀辨方書>
【四正】しせい(사정) ①임금, 신하, 아버지, 아들. ¶一五官<管子> ②네 방위. 자(子 : 북), 오(午 : 남), 묘(卯 : 동), 유(酉 : 서).
【四正見】ししょうけん(사정견)《佛》 ①삼라만상(森羅萬象)을 고(苦)·공(空)·무상(無常)·무아(無我)의 네 가지로 보는 일. ②진리에 대한 네 가지 바른 견해. 고(苦)·집

(集)·멸(滅)·도(道). 四諦(사제).
【四祭】しさい(사제) 사철의 제사. 옛날, 천자·제후(諸侯)가 사철 종묘(宗廟)에 제사를 지냈음.
【四諦】したい(사제←사체)《佛》 네 가지의 진리. 고제(苦諦)·집제(集諦)·멸제(滅諦)·도제(道諦).
【四祖】しそ(사조) 부·조부·증조부·외조부.
【四朝】しちょう(사조) ①제후(諸侯)가 천자를 뵙는 일. ¶群后—<書經> ②네 임금이 재위(在位)한 동안. ¶柱石—<舊唐書>
【四鳥別】しちょうのワカレ(사조별) 중국 환산(桓山)에 사는 새가 새끼 넷을 키워 사방으로 날려 보내는 날, 슬피 울었다는 옛일에서, 부모와 자식간의 슬픈 별리(別離)를 비유하여 이름.
【四足】しそく(사족) ①네 발. ②네 발 달린 짐승. ¶—曰漬<禮記>
【四周】ししゅう(사주) ①사방 둘레. 주위. ¶—起樓棚<宋史>/—警戒. ②사방을 둘러쌈. ¶—芙蓉池<晋子夜四詩歌>
【四注】しちゅう(사주) ①사면에 복도를 두른 집. ¶高廊—<司馬相如> ②사방으로 흘러 들어감.
【四柱】しちゅう(사주) ①출생한 해·달·날·시의 네 간지(干支). 四柱八字(사주팔자). 四星(사성). ②집의 네 모퉁이 기둥처럼 사람 운명의 네 기둥이란 뜻. ③양(梁)대의 화폐. ¶鑄—錢<南史> ④네 기둥. ¶地下有—<博物志>
【四柱單子】(사주단자) 혼례(婚禮) 때 신랑집에서 신부집에 보내는, 사주를 적은 종이.
【四柱八字】(사주팔자) 사주의 간지(干支) 여덟 자. 타고난 운수. 八字(팔자). 四柱(사주)①.
【四仲】しちゅう(사중) 사철의 둘째 달[仲月]. 음력 2월[仲春]·5월[仲夏]·8월[仲秋]·11월[仲冬]. 四仲朔(사중삭). ¶用—之月大巡守<書經> ※四孟(사맹).
【四衆】ししゅう(사중)《佛》 비구(比丘)·비구니(比丘尼)·우바새(優婆塞)·우바이(優婆夷)의 총칭. 四輩(사배). 四部(사부). 四部衆(사부중). ¶諸天人民 一切—<無量壽經>
【四知】しち(사지) 넷이 앎. 후한(後漢)의 양진(楊震)이 동래 태수(東萊太守)로 부임할 때, 창읍(昌邑)의 수령 왕밀(王密)이 뇌물로 황금 열 근을 주면서, 밤이라 아무도 모른다고 말하자, 하늘이 알고, 땅이 알고, 내가 알고, 자네가 아는데 왜 아는 자가 없느냐고 꾸짖어 물리쳤다는 옛일에서, 두 사람만의 비밀도 언젠가는 드러난다는 말. ¶震畏— 秉知三惑<後漢書>
【四肢】しし(사지) 두 팔과 두 다리. 四體(사체)①. 四支(사지). ¶—六道 身之體也<管子> ※四足(사족).
【四支】しし(사지) ☞四肢(사지).
【四智】しち(사지)《佛》 모든 부처가 갖추고 있는 네 가지 지혜. 대원경지(大圓鏡智), 평등성지(平等性智), 묘관찰지(妙觀察智), 성소작지(成所作智).
【四診】ししん(사진) 병을 진찰하는 네 가지 방법. 보고 하는 신(神), 듣고 하는 성(聖), 물어 하는 공(工), 진맥하는 교(巧).
【四集】ししゅう(사집) ①사방에서 모여듦. ¶士馬—<後漢書> ②《佛》 네 가지 입문 과정. 서장(書狀)·도서(都書)·선요(禪要)·절요(節要).
【四天】してん(사천) ①사계(四季)의 하늘. 봄의 창천(蒼天), 여름의 호천(昊天), 가을의 민천(旻天), 겨울의 상천(上天). ②사방의 하늘. ¶—淨色寒如水<徐凝> ③《佛》☞四天王(사천왕).
【四天王】してんのう(사천왕)《佛》 사방 하늘에 있는 제석(帝釋)의 외신(外臣). 동쪽의 지국천왕(持國天王), 서쪽의 광목천왕(廣目天王), 남쪽의 증장천왕(增長天王), 북쪽의 다문천왕(多聞天王). 四天(사천)③. ¶—者 帝釋外臣 如武將也<法華經文句>
【四諦】したい(사체)《佛》 ☞四諦(사제).
【四體】したい(사체) ①☞四肢(사지). ¶—不勤 五穀不分<論語> ②손발이 되어 주는 사람. ¶令尹之偏 而王之—也<左氏傳> ③형제. ¶昆弟—也<儀禮> ④네 가지 서체(書體). 곧, 고문(古文)·전(篆)·예(隷)·초(草). 또는, 초·장초(章草)·예·산예(散隷). 四體書(사체서).
【四體書】したいしょ(사체서) ☞四體(사체)④.
【四出】ししゅつ(사출) ①사방으로 나감. ¶使者—<後漢書> ②네 번 나감. ¶其—以將軍<漢書>
【四通八達】しつうはったつ(사통팔달) 길이 사방 여러 갈래로 통함. 四通五達(사통오달). ¶其塗所出 —<子華子>
【四平】しへい(사평) ①사방이 평탄함. ¶地— 諸侯四通<戰國策> ②동·서·남·북.
【四表】しひょう(사표) ①사방의 바깥. 사방의 끝. 四方(사방). ¶光被—<書經> ②28수(宿) 바깥의 상하·동서의 끝.
【四品】しひん(사품) ①품위가 다른 네 가지. ¶凡—竝行<漢書> ②벼슬자리의 네째. ¶才任—聽留<宋書>
【四學】(사학) 네 교육 기관. 조선 태종(太宗)이 서울의 중앙·동·서·남에 세운 중학(中學), 동학, 서학, 남학. 또는, 송(宋) 문제(文帝)가 세운 유학(儒學), 현학(玄學), 사학(史學), 문학(文學) 등.
【四合】しごう(사합) ①사방에서 합침. 또는, 네 개가 합침. ¶神樂—<漢書> ②사방을 둘러쌈. ¶紅塵—<班固>
【四海】しかい(사해) ①사방의 바다. 四溟(사명). ¶橫絕—<漢高帝> ②천하. 四宇(사우). ¶—會同<書經> ③사방의 오랑캐. ¶澤及—也<詩經>
【四海同胞】しかいどうほう(사해동포) 온 세계 사람을 모두 한겨레처럼 여겨야 한다는 사상에서 나온 말. 四海兄弟(사해형제). ¶—主義.
【四海承風】しかいふうヲウク(사해승풍) 천하가 그 교화(敎化)를 받음. ¶其政好生而惡殺…是以—<孔子家語>
【四海靜謐】しかいせいひつ(사해정밀) ☞四海波靜(사해파정).
【四海波靜】しかいナミシズカ(사해파정) 풍파가 가라앉아 천하가 태평함. 四海靜謐(사해정밀). ¶

六合塵淸 一<楊萬里> 「해동포).
【四海兄弟】しかいけいてい(사해형제) ☞四海同胞(사
【四虛】しきょ(사허) ①사방의 하늘. 太虛(태허). ¶儵然立於一之道<莊子> ②한시체(漢詩體)의 하나. 율시(律詩)의 전련(前聯)과 후련(後聯)이 모두 풍경을 묘사하지 않고 정사(情思)를 읊은 것.
【四絃】しげん(사현) ①네 줄. ②비파(琵琶). ¶別離一聲<梁簡文帝>
【四皓】しこう(사호) ☞商山四皓(상산사호).
【四患】しかん(사환) ①네 가지 우환(憂患). ②정치를 망치는 네 가지. 거짓·사욕·방자함·사치. ¶先屛一<後漢書> ③《佛》 ☞四苦(사고). 「<楚辭>
【四荒】しこう(사황) ☞四裔(사예). ¶將馳兮一
▷騈一, 張三李一, 再三再一, 朝三暮一

2
5〖囚〗 가둘 수 | 囚ㄑㄧㄡˊ (qiu) | しゅう(トラエル) *imprison*

源 **會意**. 口에 人을 넣은 모양으로, 가둠을 뜻함.

풀이 ①가두다. 구속함. ¶斯卒一<史記>/一縛. ②갇히다. 구애됨. ¶反爲情所一<陸龜蒙>/一繫. ③죄인. ¶赦一徒材官<史記>/一衣. ④포로. 인질. ¶在泮獻一<詩經>/一虜.
【囚徒】しゅうと(수도) 囚는 금고(禁錮)에, 徒는 징역에 처한 죄인. 囚人(수인). ¶領錄一<釋名>
【囚服】しゅうふく(수복) ☞囚衣(수의).
【囚首喪面】しゅうしゅそうめん(수수상면) 죄수처럼 머리를 빗지 않고, 상제처럼 세수를 하지 않는다는 뜻으로, 용모(容貌)를 치장하지 않음을 이르는 말. ¶一而談詩書<蘇洵>
【囚衣】しゅうい(수의) 죄수 옷. 囚服(수복).
【囚人】しゅうじん(수인) 감옥에 갇힌 사람. 囚徒(수도). 罪囚(죄수). ¶非監當一 而有外入<唐律>
▷繫一, 孤一, 拘一, 窮一, 禁一, 擒一, 男一, 纍一, 徒一, 俘一, 死刑一, 女一, 獄一, 憂一, 幽一, 罪一, 重一, 執一, 楚一, 脫獄一, 閉一

5〖囙〗 因(p. 324)의 俗字

3
6〖囝〗 ①아이 건 ②달 월 | 廣ㄐㄧㄢˇ 月(jian) | けん(コ) *child* げつ(ツキ) *month*

6〖団〗 團(p. 332)의 略字

3
6〖囟〗 정수리 신 | 圓ㄒㄧㄣˋ 圓(xin) | しん(ヒヨメキ) *pate, vertex*

3
6〖因〗 인할 인 | 圓ㄧㄣ (yin) | いん(ヨル, チナム) *depend on*

俗囙

풀이 ①인하다. 종전대로 따름. ¶殷一夏禮<論語>/一襲. ②말미암다. ¶一天事天<禮記>/原一. ③의지하다. ¶一智而明之<呂覽>/一依. ④유래하다. 연고. ¶渡海有良一<劉長卿>/一緣. ⑤잇닿다. 겹침. ¶太倉之粟 陳陳相一<漢書> ⑥친하게 지내다. ¶一不失其親<論語> ⑦따르다. ¶必有一也<呂覽>/一循. ⑧부터. 通由.
【因果】いんが(인과) ①《佛》 인연(因緣)과 과보(果報). ¶深信一<北史> ②원인과 결과.
【因果應報】いんがおうほう(인과응보)《佛》 좋은 인연(因緣)에는 좋은 과보(果報)가, 악업(惡業)에는 나쁜 과보가 따른다는 말. ¶唯談玄論道 問一<慈恩傳>
【因國】いんこく(인국) ①전대(前代)의 나라. ¶祭一之在其地而無主後者<禮記> ②적국과 가까운 지역이면서 이쪽에 내응(內應)하는 나라. ¶桓內無一<穀梁傳>
【因利】いんり(인리) ①이익에 따라 움직임. ②유리한 시세(時勢)에 편승함. ¶一乘便 宰割天下<賈誼>
【因明】いんみょう(인명) 고대(古代) 인도의 논리학인 오명(五明)의 하나. 논증하려는 명제(命題)인 종(宗), 논정(論定)의 이치인 인(因), 예증(例證)인 유(喩)의 삼지작법(三支作法)에 의하여 사물을 논구(論究)함. ¶明此因義 故曰一<因明大疏>
【因母】いんぼ(인모) 친어머니. 實母(실모). ¶繼母之配父 與一同<儀禮>
【因事】いんじ(인사) ①사실에 근거를 둠. ¶一而制禮<史記> ②어떤 일을 핑계삼음. ¶慮爲後患 遂一殺之<後漢書>
【因山】(인산)㊥ 국왕(國王)·왕비 등의 장례. 因封(인봉). 國葬(국장).
【因循】いんじゅん(인순) ①옛 습관을 따름. ¶光一守職<漢書>/一姑息. ②우물쭈물 망설임. ¶一面墻<顏氏家訓> 「풍습.
【因習】いんしゅう(인습) 이전부터 전하여 몸에 밴
【因襲】いんしゅう(인습) 재래의 격식(格式)·풍습을 그대로 따름. ¶法度無所一<劉歆>
【因是】いんぜ(인시) 인간 사회의 상대적인 시비선악의 기준을 떠나, 천지 자연의 이치에 따른다는 말. 「장자」(莊子) 제물론(齊物論)의 근본을 이룸. ¶一因非<莊子>
【因時制宜】いんじせいぎ(인시제의) 때의 변함을 따라 그 때에 맞도록 함. 臨機應變(임기응변).
【因業】いんぎょう(인업)《佛》 ①과보(果報)의 원인이 되는 작업. ¶但從一起<大日經> ②인연이 있는 악업(惡業). 또는, 인연이 되는 악행. ¶佛以大慈救諸苦 廣起一<劉禹錫>
【因緣】いんえん·いんねん④(인연) ①연줄. 緣故(연고). ¶未有一也<史記> ②의지함. ¶一昔書<論衡> ③친척. 일가붙이. ¶一嬖倖<後漢書> ④《佛》 과보(果報)를 이루는 원인 관계.
【因緣爲市】いんえんいし(인연위시) 관리가 사정(私情)에 따라 부정한 재판(裁判)을 함. 爲市는 물건 값을 홍정하듯, 형량(刑量)을 가감하는 것. ¶姦吏得一<後漢書>
【因由】いんゆう(인유) ①일의 기원(起源). 由來(유래). ②원인. 까닭.
【因應】いんおう(인응) 사심(私心)을 버리고 자연

을 따름. ¶老子所貴道 虛無一＜史記＞
【因人成事】いんにんせいじ(인인성사) 남의 힘으로 일을 성취함. ¶公等碌碌 所謂一者也＜史記＞
【因再行】(인재행) 신랑이 처가(妻家)의 이웃에 묵었다가 재행(再行)하던 일.
【因早飯】(인조반) 먼 길을 가다가 주막에서 묵고, 새벽에 일어나자마자 먹는 밥.
【因陳】いんちん(인진) ①사철쑥. ②사철쑥의 어린 잎. 이뇨제(利尿劑)로 씀.
【因敗爲成】いんぱいいせい(인패위성) 실패를 돌려서 성공함. 轉敗爲功(전패위공).
【因忽不見】いんこつふけん(인홀불견) 언뜻 보이다가 사라져 보이지 않음.
▷結一, 舊一, 近一, 基一, 起一, 內一, 病一, 相一, 常一, 想一, 善一, 成一, 素一, 宿一, 襲一, 勝一, 惡一, 業一, 緣一, 往一, 外一, 了一, 要一, 原一, 遠一, 依一, 仍一, 一一, 積一, 前一, 正一, 證一, 敗一, 該一

3 6 【回】 돌 회 | 因ㄏㄨㄟˊ (hui) | かい, え(マワル) *turn*
古囘 俗囬 同廻 迴
源象形. 물이 소용돌이쳐 빙빙 도는 모양을 본뜸.
풀이 ①돌다. ¶昭一于天＜詩經＞/一轉. ②소용돌이치다. ¶水深則一＜荀子＞/旋一. ③구불구불하다. ¶東道少一遠＜漢書＞/一巖. ④돌아오다. ¶神轉不一＜素問＞/一鄕. ⑤돌아나가다. ¶一安邑＜漢書＞/迂一. ⑥돌리다. ¶圖一天下於掌上＜荀子＞/一覽. ⑦돌아다니다. ¶仙槎何處一＜沈佺期＞/一遊. ⑧방향을 바꾸다. ¶一朕車以復路兮＜楚辭＞ ⑨횟수. ¶幾一書札待潛夫＜杜甫＞/六一. ⑩간사하다. ¶厥德不一＜詩經＞/一邪. ⑪어기다. 어그러짐. ¶求福不一＜詩經＞ ⑫머뭇거리다. ¶低一留之不能去＜史記＞ ⑬피하다. ¶無所一避＜漢書＞/一隱. ⑭둘레. 주위. ¶周一垂三五百里＜廬山記＞
【回甲】(회갑) 나이 61세를 이르는 말. 還甲(환갑).
【回顧】かいこ(회고) ①뒤를 돌아봄. ②지난 일을 돌이켜 봄. 回想(회상). ¶眷然一＜魏志＞
【回曲】かいきょく(회곡) 간사하고 비뚤어짐. 사악(邪惡)함. ¶大國之君 蓋一之君也＜晏子＞
【回過】かいか(회과) ①과거를 돌아봄. ②돌아섬. 방향을 바꿈. ¶一臉來＜水滸傳＞
【回光反照】かいこうへんしょう(회광반조) ①석양빛이 반사함. ②등불이나 사람 목숨이 다하기 직전에 잠시 기운을 되차리는 일.
【回光返照】かいこうへんしょう(회광반조) ①도교(道敎)의 수련법(修鍊法)의 하나. ¶人能一＜參同契·注＞ ②《佛》회고 반성(回顧反省)하여 수도(修道)함. ¶一便歸來＜傳燈錄＞
【回國】かいこく(회국) 귀국(歸國). 還國(환국).
【回軍】かいぐん(회군) 군사를 돌이켜 돌아옴. 還軍(환군). ¶威化島一.
【回極】かいきょく(회극) 하늘 가운데. ¶徵九神於一兮＜楚辭＞
【回巹】(회근) ☞回婚(회혼).
【回忌】かいき(회기) ①꺼려 피함. 忌避(기피). ¶言無一＜唐書＞ ②《佛》사람이 죽은 뒤 해마다 돌아오는 기일(忌日). 年忌(연기).
【回德】かいとく(회덕) 바르지 못한 행실. ¶君無一方國將至＜論衡＞
【回棹】かいとう(회도) 배가 돛대를 돌린다는 뜻으로, 병이 차차 나아짐의 비유.
【回頭】かいとう(회두) ①머리를 돌이킴. ¶一下望人寰處＜白居易＞ ②반성함.
【回鑾】かいらん(회란) ①어가(御駕)를 돌림. 또는, 임금의 행차. ¶一遊福地＜唐太宗＞ ②임금이 대궐로 돌아옴. 還宮(환궁). 還幸(환행).
【回廊】かいろう(회랑) ①본채의 양옆에 있는 기다란 집채. ②사면으로 둘려 있는 복도. ¶小院一春寂寂＜杜甫＞
【回來】かいらい(회래) 돌아옴. 回還(회환). ¶一索酒公應厭＜蘇軾＞
【回曆】かいれき(회력) ①해가 바뀜. 새해가 됨. ②회교(回敎)의 역서(曆書). 回回曆(회회력).
【回禮】かいれい(회례) ①차례로 찾아 인사함. ②답례함. 返禮(반례). ¶知客尋往一＜勅修百丈淸規＞
【回路】かいろ(회로) ①돌아오는 길. 歸路(귀로). 返路(반로). ②도체(導體)의 한 점에서 시작하여 다시 되돌아오는 전류(電流)의 통로. ¶集積一. ③공자의 제자인 안회(顔回)와 자로(子路). ¶宣尼一 同諮泗水＜隋書＞
【回祿】かいろく(회록) ①불의 신(神). ¶一信於聆隧＜國語＞ ②화재(火災). ¶被火災曰遭一＜書言故事＞
【回鯉】かいり(회리) 춘추 시대 월(越)의 범여(范蠡)가 잉어의 배를 따고 그 속에 편지를 넣어 보냈다는 옛일에서 온 말로, 회답·답서(答書)의 뜻.
【回馬】かいば(회마) ①시집간 여자의 첫 근행(覲行). ②말을 돌아가게 함. 또는, 그 편. ¶一獨歸來＜白居易＞
【回毛】かいもう(회모) 머리의 가마. 旋毛(선모). ¶一在膺＜爾雅＞
【回文】かいぶん(회문) ①회답하는 글. 答書(답서). ②여럿이 차례로 돌려 보는 글. 回狀(회장). ③한시체(漢詩體)의 하나. 거꾸로·세로·가로, 어디서부터 읽어도 뜻이 통하는 시. 전진(前秦) 때 소백옥(蘇伯玉)의 아내가 지은 반중시(盤中詩)가 효시임. 回文詩(회문시). 回文體(회문체).
【回芳】かいほう(회방) 바람에 실려 퍼지는 향기. ¶一薄秀木＜陸機＞
【回報】かいほう(회보) ①답장(答狀). 回信(회신). ②돌아와서 여쭘.
【回復】かいふく(회복) 본래의 상태로 됨. 恢復(회복). ¶玄氣之精 一此都＜漢書＞/一期.
【回邪】かいじゃ(회사) 간사함. ¶一而不相害＜史記＞
【回書】かいしょ(회서) 대답하여 보내는 편지. 答狀(답장). ¶須責一＜夢溪筆談＞
【回蘇】かいそ(회소) 다시 살아남. 回生(회생). 蘇生(소생).
【回首】かいしゅ(회수) 고개를 돌림. 뒤를 돌아봄.

回頭(회두). ¶四方一 仰望京師<後漢書>

【回示】かいじ(회시) ①회답함. ¶倩伊一<長生殿> ②죄인을 끌고 다니며 여러 사람들에게 보임.

【回心】かいしん(회심) ①마음을 고침. 改心(개심). ¶天下一而向道<賈誼> ②지난날의 애정을 되찾음. 「권장하여 지은 노래.

【回心曲】かいしんきょく(회심곡)《佛》 선행(善行)을

【回陽】かいよう(회양) 양기(陽氣)를 회복시킴.

【回易】かいえき(회역) 외국으로 파견되는 사신(使臣)이 자국(自國)의 특산물을 가지고 가서 그 나라 임금에게 바치고, 그 나라의 산물을 받아 가지고 돌아오던 일. ¶立一庫于諸路<元史>

【回遊】かいゆう(회유) ①돌아다니며 유람함. ¶表裏一<謝靈運> ②물고기가 일정한 곳으로 떼지어 옮김.

【回子】かいし(회자) ①회교도(回教徒). ¶從前一充諸台吉之使<親征平定朔漠方略> ②㊥ 남을 욕하는 말.

【回章】かいしょう(회장) 여럿이 차례로 돌려 보도록 쓴 글. 回狀(회장). 回文(회문). 回覽文(회람문).

【回裝】かいそう(회장) ①병풍·족자·현판(懸板) 따위의 가장자리를 꾸밈. 또는, 그 가장자리. ②여자 저고리의 깃·끝동·곁대·고름을 자주·남빛 헝겊으로 꾸밈.

【回腸】かいちょう(회장) ①마음속으로 이리저리 생각함. 또는, 마음이 편하지 않음. ¶悲遙夜兮九一<梁簡文帝> ②소장(小腸)의 한 부분. ¶一大四寸<史記>

【回腸蕩氣】かいちょうとうき(회장탕기) 창자를 휘돌아 상기(上氣)시킨다는 뜻으로, 노래나 문장이 크게 사람을 감동시킴을 비유하는 말. ¶感心動耳 一<魏文帝>

【回籍】かいせき(회적) 본적지로 돌아감. 回里(회리). ¶聽其一<淸會典>

【回程】かいてい(회정) 가던 길을 다시 돌아옴. 歸路(귀로). 歸還(귀환). ¶須早辦一<琵琶記>

【回族】かいぞく(회족) 돌궐족(突厥族).

【回從】かいじゅう(회종) 아첨하여 좇음. 阿附(아부). ¶群臣莫不一<後漢書>

【回川】かいせん(회천) 소용돌이치는 내. ¶下有衝波逆折之一<李白>

【回天】かいてん(회천) ①임금의 뜻을 바꾸게 함. ②형세를 일변시켜 쇠했던 세력을 회복함. ¶張公論事 有一之力<唐書>

【回帖】(회첩) 회답의 글. 答書(답서).

【回春】かいしゅん(회춘) ①봄이 돌아옴. ②환자가 건강을 회복함. ③젊어짐. ④목숨을 구함. ¶更爲筆底一<福惠全書>

【回風】かいふう(회풍) ①회오리바람. 旋風(선풍). ¶一動地起<古詩> ②둘러 살핌. 巡視(순시). ¶各役一畢<福惠全書>

【回航】かいこう(회항) ①여러 항구를 도는 항해(航海). ②모항(母港)으로 배가 돌아옴.

【回向】えこう(회향) ①얼굴을 다른 쪽으로 돌림. ②《佛》 자신의 공덕(功德)을 돌려 죽은 이에게 도움되게 함. 독경(讀經)·염불(念佛)로써 죽은 이의 명복(冥福)을 빎. ¶言一者 回己善法 有所趣向<大乘義章>

【回向文】えこうもん(회향문)《佛》 법사(法事) 끝에, 그 공덕(功德)이 모든 중생(衆生)에게 돌려지도록 외는 기원문(祈願文).

【回婚】(회혼)(韓) 혼인 60주년(周年)을 이름. 回巹(회근). 回婚禮(회혼례).

【回黃轉綠】かいこうてんりょく(회황전록) 누렇게 낙엽졌던 초목이 봄에 신록으로 바뀜. ¶一無定期<晋休洗紅歌辭>

▷姦一, 今一, 挽一, 每一, 徘一, 私一, 旋一, 昭一, 數一, 巡一, 年一, 迂一, 紆一, 低一, 前一, 轉一, 周一, 遲一, 次一, 撤一, 初一, 奪一, 避一, 下一

7【囧】 冏(p. 184)과 同字

4 7【困】 곤할 곤 | 國ㄎㄨㄣˋ (kun) | こん(コマル) *distress*

풀이 ①곤하다. 괴로움. 난처함. ¶一而學之<論語>/一難. ②곤궁하다. ¶事前定則不一<中庸>/一苦. ③가난하다. ¶哀以思其民一<詩經·注>/貧一. ④기운이 빠지다. ¶菀濁一滯<管子>/一馬. ⑤위험한 처지에 빠지다. ¶一獸猶鬪<左氏傳>/一殆. ⑥곤괘. 64괘(卦)의 하나. 감하태상(坎下兌上). ䷮. 진퇴(進退)의 어려움을 상징.

【困境】こんきょう(곤경) 곤란한 처지. 몹시 힘든 지경. 「所一哉<莊子>

【困苦】こんく(곤고) 곤란하고 고생스러움. ¶安

【困窮】こんきゅう(곤궁) ①몹시 곤란함. ¶遂大一<後漢書> ②몹시 가난함. 생활고(生活苦)가 심함. ¶四海一<書經>

【困隘】こんあい(곤애) 고생. 苦痛(고통). ¶此言常思一之時 必不驕矣<新序>

【困厄】こんやく(곤액) ①화(禍). 災難(재난). ¶疾病一<漢書> ②곤궁에 시달림. ¶一之日久<鹽鐵論>

【困辱】こんじょく(곤욕) 심한 모욕(侮辱). ¶主雖一悉忠而不解<戰國策>

【困弊】こんぺい(곤폐) 곤궁하여 지침. ¶民之一 皆生于此<魏志>

【困乏】こんぼう(곤핍) ①가난함. 또는, 가난한 사람. ¶常恐之一<楊惲> ②고달파서 힘이 없음. 지쳐 쇠약해짐. 困憊(곤비). ¶一復臥<資治通鑑>

▷艱一, 苦一, 窮一, 飢一, 難一, 勞一, 病一, 貧一, 衰一, 愁一, 阨一, 春一, 疲一, 乏一

7【国】 國(p. 328)의 俗字

7【図】 圖(p. 333)의 略字

4 7【囤】 1 곳집 돈 2 모을 돈 | 1 國ㄉㄨㄣˋ (dun) 2 國ㄊㄨㄣˊ (tun) | とん(コメクラ) *warehouse, gather*

풀이 1 ①곳집. 곡식 창고. ¶一 小廩也<玉篇> ②소쿠리. ③사들이다. 2 모

으다. ¶— 屯聚之也<釋名>

7〖囦〗 淵(p.898)의 古字

4
7〖囮〗 후림새 와 / 유 | 歌ㄜ(e) / 尤ㄧㄡ(you) | か, が (オトリ) *decoy*

풀이①후림새. 미끼 새. ¶—者 誘禽鳥也<繫傳>/—鳥. ②바뀌다. 通化. ¶群類—育<元包經> ③中 속이다. 후리쳐 빼앗음. 通訛.
【囮子】(와자) ①후림새. 鳥媒(조매). ②미끼.
【囮鳥】かちょう(와조) ①후림새. 어리새. ②남을 꾀는 미끼.

4
7〖园〗 깎을 완 | 寒ㄨㄢ(wan) | がん(ケズル) *shave*

풀이①깎다. 모난 데를 없앰. ¶—而幾向<莊子> ②돈의 단위. 通圓.

7〖囲〗 圍(p.331)의 略字

4
7〖囱〗 1창 창 / 2굴뚝 총 | 江ㄔㄨㄤ(chuang) / 東ㄘㄨㄥ(cong) | そう(テンマド) *window* そう

4
7〖囫〗 온전할 홀 | 月ㄏㄨ(hu) | こつ(マッタシ)

풀이①온전하다. ¶物完曰—圇<俗書刊誤> ②막연하다. 분명하지 않음.

7〖囬〗 回(p.325)의 俗字

5
8〖固〗 굳을 고 | 遇ㄍㄨ(gu) | こ (カタイ, カタメル) *hard, harden*

풀이①굳다. 완고함. ¶稽首—辭<書經>/—體. ②굳히다. 안정시킴. ¶欲—諸侯<國語>/確—. ③단단하다. 견고함. ¶兵勁城—<荀子>/堅—. ④굳이. ¶毋—獲<禮記> ⑤본디. 원래. ¶臣—聞之<國語>/—有. ⑥진실로. ¶小—不可以敵大<孟子>/—所願. ⑦항상. ¶時—不易<呂覽>/—寵. ⑧쇠퇴하다. 같錮. ¶不識窮—<國語>
【固諫】こかん(고간) 굳이 간(諫)함. ¶管仲—不聽<史記>
【固拒】こきょ(고거) 단단히 막음. 굳이 거절함. 固辭(고사). ¶深閉—而不肯試<漢書>
【固結】こけつ(고결) ①단단히 맴. 굳게 단결함. ¶民心—<張衡> ②단단히 엉김.
【固嘔】こおう(고구) 겉으로만 유순한 모양. ¶其貌— 其言巧<大戴禮>
【固國】ここく(고국) 나라를 튼튼히 함. ¶夫—者 在親衆而善隣<國語>
【固窮】モトヨリキュウス(고궁) ①곤궁함을 잘 견딤. 또는, 곤궁한 처지에 빠짐. ¶君子— 小人窮斯濫矣<論語> ②몹시 곤궁함. ¶君子守—<張協>
【固陋】ころう(고루) ①완고하고 견식(見識)이 없음. ②말귀가 어둡고 고집이 셈. ¶鄙人—<司馬相如>
【固辭】こじ(고사) 굳이 사양함. 강경하게 거절함. ¶孟嘗君—不往也<戰國策>
【固所願】こしょがん(고소원) 진실로 바라는 바임. ¶不敢請 —<孟子>
【固守】こしゅ(고수) 굳게 지킴. 固持(고지). ¶以今伐之 趙必—<戰國策>
【固植】こしょく(고식) 굳은 의지(意志). ¶上無—下有疑心<管子>
【固然】モトヨリシカリ(고연) ①본디 그러함. 물론 그러함. ¶踐土—<左氏傳> ②고유(固有)의 모습. ¶因其—<莊子>
【固要】こよう(고요) 굳이 막음. 재삼 말림. ¶太后— 乃止<漢書>
【固有】こゆう(고유) ①본디부터 가지고 있음. ¶益用凶事 —之也<易經> ②그에만 있음. 特有(특유). ¶—名詞.
【固陰】こいん(고음) 응고한 음기(陰氣)라는 뜻으로, 겨울철의 몹시 추운 때를 이름. ¶—沍寒<左氏傳>
【固意】こい(고의) ①굳은 뜻. ②결심함. ¶專心—<漢書>
【固眞飮子】こしんいんし(고진음자) 정력을 돕는 약.
【固執】こしつ(고집) ①굳게 지니고 지킴. ¶—無違<漢書> ②제 의견을 굽히지 않음. ¶—不通.
【固請】こせい(고청) 단단히 청함. ¶使辯士—宜來<史記>
▷強—, 堅—, 膠—, 牢—, 敦—, 純—, 醇—, 深—, 安—, 頑—, 凝—, 貞—, 阻—, 滯—, 險—, 確—

8〖国〗 國(p.328)의 俗字

8〖[囗仝]〗 國(p.328)의 古字

5
8〖囷〗 곳집 균 | 眞ㄐㄩㄣ / 軫(jun) | きん, こん (クラ) *warehouse*

풀이①곳집. 둥근 곡식 창고. ¶—窌倉城<周禮>/倒—. ②꼬불꼬불한 모양. ¶輪—離奇<漢書>/——.
【囷京】きんけい(균경) 곡식 창고. 京은 네모진 곳집 또는 큰 곳집. ¶善廚處 大—<新書>
【囷鹿】きんろく(균록) 곡물 창고. 鹿은 네모진 창고. ¶市無赤米 而—空虛<國語>
【囷倉】きんそう(균창) 곡물 창고. ¶—空虛<韓非子>
▷空—, 傾—, 倒—, 盤—, 石—, 輪—, 倉—, 天—, 草—

囷①
(三才圖會)

5
8〖囹〗 옥 령 | 靑ㄌㄧㄥ(ling) | れい(ヒトヤ) *jail*

풀이옥(獄). 감옥. ¶— 獄也<說文>
【囹圄】れいご(영어) 감옥. ¶命有司 省—<禮

記>/一生活.

【囹圄】れいぎょ(영어) 감옥. ¶一空虛<漢書>

【囹圄空】れいごムナシ(영어공) 감옥이 비어 있다는 뜻으로, 나라가 잘 다스려지고 있음의 비유. ¶倉庫實而一<管子>

【囹圄生草】れいごクサヲしょうズ(영어생초) 감옥에 풀이 자란다는 뜻으로, 나라가 잘 다스려지고 있음의 비유. ¶獄中無繫囚 一<隋書>

▷空一, 囿一, 圜一, 幽一

9〖囶〗 國(p. 328)의 古字

6/9〖囿〗 동산 유 | 囿 | ㄡˋ (you) | ゆう(ソノ) garden

풀이 ①동산. 정원. ¶鴻集于一<呂覽>/苑一. ②구역(區域). ¶王在靈一<國語> ③얽매이다. 구애됨. ¶一其學之相非也<尸子>

【囿苑】ゆうえん(유원) 새나 짐승을 기르는 동산. ¶豢馴獸于一<張衡>

【囿人】ゆうじん(유인) ①궁중의 동물원을 지키는 벼슬아치. ¶一掌囿游之獸禁<周禮> ②정원사(庭園師). 園丁(원정). ¶遂爲湖南一冠<十國春秋>

▷廣一, 文一, 辯一, 蔬一, 深一, 淵一, 禮一, 苑一, 場一, 圃一, 墟一

7/10〖圄〗 옥 어 | 圄 ㄩˇ (yu) | ご, ぎょ(ヒトヤ) jail

풀이 ①옥(獄). 감옥. ¶一 周獄名<廣韻>/囹一. ②잡아 가두다. ¶一伯嬴于轑陽<左氏傳>

▷敦一, 囹一, 獄一, 幽一

7/10〖圃〗 밭 포 | 圃 ㄆㄨˇ (pu) | ほ, ふ(ハタケ) farm

풀이 ①밭. 채마밭. ¶折柳樊一<詩經>/農一. ②농사. 농사꾼. ¶吾不如老一<論語>/一丁. ③정원. ¶遊兮瑤之一<楚辭> ④들. 들판.

▷舊一, 禁一, 老一, 農一, 書一, 蔬一, 藥一, 苑一, 園一, 場一, 田一, 庭一, 花一

7/10〖圂〗 1 뒷간 혼 2 가축 환 | 圂 ㄏㄨㄣˋ (hun) | こん, かん(ブタゴヤ) lavatory

풀이 1 ①뒷간. 변소. 같 溷. ¶人廁或曰一<說文> ②돼지우리. 같 豢. ¶豕出一壞<漢書> ③괴롭히다. ¶不一君王<六書故> ④주늑 들다. 通 惲. ¶反威爲一<新書> 2 가축. 같 豢. ¶一腴.

8/11〖國〗 나라 국 | 國 ㄍㄨㄛˊ (guo) | こく(クニ) country

古 囗 囶 俗 国 国

源 會意·形聲. 무력[戈]으로 국경[口]을 지킨다는 뜻.

풀이 ①나라. ¶分一爲九州<周禮>/大一. ②도읍. 서울. ¶有狼人于一<呂覽> ③고향. ¶去一三巴遠<盧僎> ④지방. ¶山一用虎節<周禮> ⑤나라를 세우다. ¶子長一之<史記>

【國家】こっか(국가) ①나라의 법적인 호칭. ¶一觀. ②나라. 왕실과 국토. ¶一之敗 由官邪也<左氏傳> ③왕. 천자(天子). ¶一年少 不出胸懷<晉書> ④제후(諸侯)의 영지(領地)와 경대부(卿大夫)의 집. ¶皆曰天下一<孟子>

【國家干城】こっかノかんじょう(국가간성) 나라의 방패와 성곽이란 뜻으로, 군인을 이름. ¶用備一之選<周禮政要>

【國家柱石】こっかノちゅうせき(국가주석) 나라의 기둥과 주추란 뜻으로, 고위(高位)·요직(要職)을 이르는 말. ¶位歷將相 一臣也<漢書>

【國計】こっけい(국계) ①국가의 정책. ¶公欲沮一邪<後漢書> ②국가의 경제. ¶勞人又費之 一安能已<黃庭堅>

【國故】ここ(국고) ①국가의 사고. ¶有一則否<禮記> ②자기 나라의 글자.

【國工】こっこう(국공) ①나라에서 가장 뛰어난 공장(工匠). ¶謂之一<周禮> ②☞國手(국수)①. ¶公必爲一<史記>

【國公】こっこう(국공) ①고려 때 오등작(五等爵)의 첫째. ②벼슬의 하나로 수(隋)대에 비롯됨. 직위는 군왕(郡王) 바로 다음임. ¶隋文帝始封功臣爲一<事物紀原>

【國功】こっこう(국공) 국가에 대한 공로(功勞). 國勞(국로). ¶王功曰勳 一曰功<周禮>

【國冠】こっかん(국관) 나라에서 제일 높은 벼슬자리. ¶此一之上 不可以加矣<史記>

【國光】こっこう(국광) ①나라의 영광. 국가의 위광(威光). ¶觀國之光<易經> ②그 나라의 민정(民情)·풍속 따위의 상태.

【國教】こっきょう(국교) ①나라의 문교(文教). ¶海萍一異<孟郊> ②온 국민이 신봉하도록 국가가 지정한 종교.

【國狗】こっく(국구) ①나라에서 기르는 개. 또는, 전국 제일의 명견(名犬). ¶一之瘈<左氏傳> ②국정(國政)을 그르치는 간신(姦臣).

【國舅】こっきゅう(국구) ①임금의 장인(丈人). 府院君(부원군). ②천자·제후(諸侯)의 숙부(叔父).

【國君含垢】こっくんハジヲフクム(국군함구) 임금이 치욕(恥辱)을 참음. ¶一 天之道也<左氏傳>

【國均】こっきん(국균) ①국정(國政). 均은 평(平). ¶秉國之均 四方是維<詩經> ②국정을 맡은 사람. 大臣(대신). ¶已矣余何歎 輟春哀一<任昉>

【國禁】こっきん(국금) 국법으로 금하는 일. ¶犯一亂上制者<管子>

【國伎】こくぎ(국기) 그 나라 고유의 기예(技藝)나 무술. 國技(국기). 國能(국능). ¶咸重之 遂謂之一<海錄碎事>

【國忌】こっき(국기) 선제(先帝)·모후(母后)의 제삿날. ¶諸一廢務日<唐律>

【國紀】こっき(국기) ①나라의 질서를 위한 규율. 곧, 예(禮)를 이름. ¶朝章一<任昉> ②나라 안의 모범이 되는 사람. ¶是以爲一<管子> 「책. ¶述成一<魏書>

【國記】こっき(국기) 그 나라의 역사를 기록한

【國基】こっき(국기) 나라의 기초. 나라를 유지하는 기틀. 國綱(국강). 國維(국유). 國本(국본). 國礎(국초).

【國機】こっき(국기) 국가 성쇠의 조짐.

【國器】こっき(국기) ①국정(國政)을 맡길 만한 큰 인물. ¶從者皆一<史記> ②남의 자제(子弟)를 칭찬하여 하는 말. ¶稱譽人子曰一<書言故事>

【國難】こくなん(국난) 나라의 위난(危難). 國禍(국화). ¶竝赴一<後漢書>

【國能】こくのう(국능) ①☞國伎(국기). ②나라 안에서 으뜸가는 기능. ¶藝擅一<韋貫之>

【國度】こくど(국도) ①국비(國費). ¶一多乏<梁武帝> ②나라의 법도. 國法(국법). ¶一斯愆<崔駰>

【國棟】こくとう(국동) 나라의 마룻대라는 뜻으로, 태자(太子)를 이르는 말. ¶夫太子 國之棟也<國語>

【國亂】こくらん(국란) ①나라 안의 변란. 또는, 반란자(反亂者). ¶反不誅一<史記> ②나라가 어지러워짐. ¶一則思良相<史記>

【國良】こくりょう(국량) 나라 안의 훌륭한 인사(人士). ¶不聞敬老一<管子>

【國老】こくろう(국로) ①경대부(卿大夫)를 지낸 사람. ¶養一于上庠<禮記> ②국가의 원로(元老). ¶罵一諫臣<戰國策> ③감초(甘草)의 이칭.

【國勞】こくろう(국로) 나라에 이바지한 공로. 國功(국공). ¶無一毋專予祿<管子>

【國祿】こくろく(국록) 나라에서 주는 녹봉.

【國論】こくろん(국론) ①나라 안의 공론(公論). ②국가 대계(大計)에 관한 의론. ¶俾聞一<歐陽脩>

【國律】こくりつ(국률) 국법. ¶明一從大軍<韓非子>

【國利】こくり(국리) 국가의 이익. 國益(국익). ¶一民福.

【國馬】こくば(국마) ①나라에서 쓰는 말. 종마(種馬)·융마(戎馬)·제마(齊馬)·도마(道馬)의 총칭. ¶一竭粟豆<杜甫> ②나라 안에서 으뜸가는 말. ¶方者中矩 圓者中規 是一也<莊子>

【國命】こくめい(국명) ①나라의 정사(政事). ¶王氏始執一<漢書> ②국가의 명령. 또는, 사명. ¶陪臣執一 三世希不失矣<論語>

【國母】こくぼ·こくも(국모) 나라의 어머니라는 뜻으로, 황후(皇后)·왕후를 이르는 말.

【國文】こくぶん(국문) ①그 나라 고유의 문자. 또는, 그 문자로 쓴 문장. ②나라의 문물(文物). ¶出一而分天地<謝莊>

【國柄】こくへい(국병) ①나라의 정사(政事)를 좌우하는 권력. 國秉(국병). ¶專操一<後漢書> ②그 나라의 성격. 國體(국체).

【國步】こくほ(국보) 나라의 운명. 天步(천보). ¶於乎有哀 一斯頻<詩經>

【國寶】こくほう(국보) ①나라의 보배. ¶親仁善隣 國之寶也<左氏傳> ②문화재 보호법에 의거하여 지정되고 보호·관리되는 건축물·미술품·도자기·문서 등. ¶一第一號. ③국새(國璽).

【國步艱難】こくほかんなん(국보간난) 국운(國運)이 위태로움. ¶一 軍旅之事 日不暇給<大學衍義補>

【國本】こくほん(국본) ①☞國基(국기). ¶不察一<商子> ②태자(太子). ¶一未立<宋史> ③국민. ¶人爲一<南史>

【國費】こくひ(국비) 나라의 비용. 國用(국용). 國度(국도). ¶觀臺榭 量一<管子>

【國賓】こくひん(국빈) ①국왕으로부터 대접받는 손님. ¶筵一于牖前<周禮> ②나라의 손님으로서 대우를 받는 외국인.

【國士】こくし(국사) 나라 안에서 가장 뛰어난 인물. ¶至如信者 一無雙<史記>

【國史】こくし(국사) ①나라의 역사. ¶同修一<宋史> ②한국사(韓國史). ③나라의 사관(史官). ¶一明乎 得失之迹<詩經>

【國社】こくしゃ(국사) 제후(諸侯)가 백성을 위하여 세운 태사(太社). 토지신을 제사지냈음.

【國事】こくじ(국사) ①나라에 관계되는 일. 또는, 나라의 정사(政事). ¶與王圖議一<史記> ②☞國策(국책)②.

【國師】こくし(국사) ①한 나라의 사표(師表). ②지덕(智德)이 높은 중에게 조정에서 준 이름. 우리 나라는 신라·고려 때에 있었음. ¶大覺一. ③나라의 군대. ¶子殿一 齊之辱也<左氏傳> ④벼슬 이름. 임금의 스승. ⑤국자학(國子學)의 장관. 國子祭酒(국자좨주). ¶三世爲一 前代未之有也<梁書>

【國嗣】こくし(국사) 임금의 후사(後嗣). 太子(태자). ¶一不育<晋書>

【國庠】こくしょう(국상) 국도(國都)에 있는 학교. ¶豈有一 遂無圖繪<唐會要>

【國相】こくしょう(국상) 나라의 재상. 정승. 國宰(국재). ¶其從者皆一<史記>

【國常】こくじょう(국상) 나라의 법령. 國典(국전).

【國殤】こくしょう(국상) 나라 일로 죽은 사람.

【國璽】こくじ(국새) 임금의 도장. 玉璽(옥새). 御寶(어보). ¶璆得其盜一<後漢書>

【國色】こくしょく(국색) ①전국 제일의 미인. 國姝(국주). 國容(국용). 國香(국향). 國娥(국아). ¶驪姬者一也<公羊傳> ②모란꽃. 국색천향(國色天香)의 준말. ¶惟有牡丹眞一<劉禹錫>

【國壻】こくせい(국서) 임금의 사위. 駙馬都尉(부마도위). ¶身爲一<宣和畫譜>

【國書】こくしょ(국서) ①한 나라의 원수(元首)가 그 나라의 이름으로 다른 나라에 보내는 외교 문서. ②우리 나라의 서적. ③중국에서, 한자(漢字)에 대하여 요(遼)·금(金)·원(元)·청(淸) 등 각 부족의 글자를 이르는 말. ¶凡時憲書之以一<皇朝通典>

【國仙】(국선) 신라 때의 화랑(花郞). ¶王諱膺廉 年十八爲一<三國遺事>

【國姓】こくせい(국성) 임금의 성(姓). ¶有人云 馬者一 而自殺之<晋書>

【國勢】こくせい(국세) 나라의 세력. 나라의 형세(形勢). ¶一陵夷<胡銓>

【國俗】こくぞく(국속) 나라의 풍속. 國風(국풍). ¶聞王之一<韓非子>

【國手】こくしゅ(국수) ①명의(名醫)의 이칭. ②의국수(醫國手)의 준말로, 의사의 경칭. 國

工(국공). ¶問訊袖中醫一<朱熹> ③바둑 등 기예가 나라 안에서 으뜸가는 사람. ¶人心無算處 一有輸時<裵說>

【國叟】こくそう(국수) 나라 안에서 가장 덕(德)이 높은 노인.

【國讐】こくしゅう(국수) 나라의 원수. ¶一未復<宋史>

【國乘】こくじょう(국승) 나라의 역사를 기록한 책. 뜻이 바뀌어, 국사(國史)를 이름. 史乘(사승).

【國是】こくぜ(국시) ①나라가 옳다고 여기는 주의(主義)와 방침(方針). ②국정(國政)의 기본 방침. ¶君臣不合 則一無從定矣<後漢書>

【國語】こくご(국어) ①나라 고유의 말. ②주(周)의 좌구명(左丘明)이 춘추(春秋) 시대 여덟 나라의 역사를 엮은 책. 春秋國語(춘추국어). 春秋外傳(춘추외전).

【國辱】こくじょく(국욕) ☞國恥(국치).

【國用】こくよう(국용) ①☞國費(국비). ¶冢宰制一<禮記> ②나라에 이바지됨. 나라에 등용됨. 또는, 그 사람. ¶君子學之則爲一<韓詩外傳>

【國容】こくよう(국용) ①나라의 평시 의제(儀制). ¶一不入軍<司馬法> ②☞國色(국색). ¶一何赫然<李白>

【國威】こくい(국위) 나라의 위광(威光). ¶仗一以討之<後漢書>

【國維】こくい(국유) ☞國基(국기). ¶股肱一<論衡>

【國恩】こくおん(국은) 나라의 은혜. 임금의 은덕. 國德(국덕). ¶思報一 獨惟文章<柳宗元>

【國音】こくおん(국음) ①그 나라 고유의 말소리. ②국어의 발음. ¶審一于中寶<謝莊>

【國人】こくじん(국인) 나라의 백성. 國民(국민). ¶一亦曰危哉<書經>

【國姻】こくいん(국인) 임금의 인척(姻戚). ¶門爵一 一無貶絶<南史>

【國子】こくし(국자) 공경대부(公卿大夫)의 자제. ¶以三德 教一<周禮>

【國子祭酒】こくしさいしゅ(국자좨주) 국자학(國子學)의 장관(長官). ¶武帝初立國子學 定置一<晋書>

【國子學】こくしがく(국자학) ①국자감(國子監)에 딸린 학교 이름. 고려 때, 높은 벼슬아치들의 자제를 교육하였음. ②춘추(春秋) 시대 진(晋) 무제(武帝)가 창시한 학교. 귀족 자제나 영재를 가르쳤음. ¶武帝初立一<晋書>

【國宰】こくさい(국재) ☞國相(국상).

【國齋】(국재)《佛》 왕실에서 비용을 부담하여 죽은 임금을 천도(薦度)하는 재.

【國儲】こくちょ(국저) ①임금의 후계자. 太子(태자). 國嗣(국사). ¶太子一副君 師友必於天下英俊<漢書> ②나라의 비축 재산. ¶一有備<玉海>

【國典】こくてん(국전) 국가의 제도와 의식(儀式). 國常(국상). ¶共飭一<禮記>

【國正】こくせい(국정) 국세(國稅). ¶惟加田無一<周禮>

【國政】こくせい(국정) 나라의 정사(政事). ¶行乎一 如彼其久<孟子>

【國祚】こくそ(국조) ①나라의 경사(慶事). 나라의 번영. 國禎(국정). ¶反一者有矣<後漢書> ②왕위(王位). ¶令一移於外<漢書>

【國朝】こくちょう(국조) ①우리 나라의 조정(朝廷). 나아가, 우리 나라. 本朝(본조). 本邦(본방). ¶一寶鑑. ②나라의 조정. ¶一首祚萬葉所承<舊唐書>

【國族】こくぞく(국족) ①국빈(國賓)과 왕족. ¶聚一于斯<禮記> ②임금과 같은 본(本)과 성을 가진 사람.

【國主】こくしゅ(국주) ①임금. 國君(국군). 君主(군주). ②황제를 낮춰 부르는 호칭. ¶去帝號稱一<五代史>

【國冑】こくちゅう(국주) 임금의 맏아들. 世子(세자). 또는, 제후(諸侯)의 아들. ¶廣延一<南齊書>

【國中】こくちゅう(국중) ①나라 안. 國內(국내). ¶下令一<史記> ②왕성(王城) 안. 또는, 그 주위 100리 까지의 지역. ¶鄕士掌一<周禮>

【國策】こくさく(국책) ①국가의 정책. 國謀(국모). ¶以平一也<管子> ②「전국책」(戰國策)의 약칭. 國事(국사). ¶或曰一 或曰國事<劉向>

【國戚】こくせき(국척) 임금의 인척(姻戚). ¶愷既世族一<晋書>

【國遷】こくせん(국천) 수도(首道)를 옮김. 遷都(천도).

【國體】こくたい(국체) ①나라의 성격. 국가의 통치 형태. ¶通達一 故謂之博士<漢書> ②중신(重臣). ¶大夫一也<穀梁傳>

【國初】こくしょ(국초) 나라의 시초. 건국 초. ¶況一祀赤帝<宋史>

【國礎】こくそ(국초) ☞國基(국기).

【國恥】こくち(국치) 나라의 치욕. 國辱(국욕). ¶未能淸雪一<後漢書>/一民辱.

【國琛】こくちん(국침) 나라의 보배란 뜻으로, 현인(賢人)을 이르는 말. ¶結方丘祇一<傅玄>

【國泰民安】こくたいみんあん(국태민안) 나라가 태평하고 백성이 편안히 지냄. ¶以祈一 累錫美號<夢粱錄>

【國土】こくど(국토) ①나라. ¶七日不食 無一<管子> ②국가의 영토(領土). ③고향. 故國(고국).

【國統】こくとう(국통) ①신라 때 승려의 벼슬. 임금의 고문으로 불교 정책을 맡았음. ②임금의 혈통. ¶一三絶<後漢書>

【國破山河在】クニヤブレテさんがアリ(국파 산하재) 나라는 망했으나 강산은 남아 있음. ¶一 城春草木深<杜甫>

【國風】こくふう(국풍) ①☞國俗(국속). ¶政事決定於冢宰 以觀一<史記> ②「시경」(詩經) 6의(義)의 한 가지. 여러 나라의 민요(民謠). ③지방 백성들이 읊은 시가(詩歌). ¶篇篇高且眞 眞爲一陳<鄭谷>

【國學】こくがく(국학) ①자기 나라의 전통적인, 국민의 사상·신앙·문화에 관한 학문. 國學問(국학문). ②신라 때 교육을 맡은 곳. 예부(禮部)에 딸림. ③성균관의 예스러운 이름. ④옛 중국의 국도(國都)에 세운 학교. 國庠(국상).

【國香】こっこう(국향) ①☞國色(국색)①. ②난초의 이칭. ¶但知愛一 此外付鳥有<范成大> ③매화의 이칭. ¶一和雨入青苔<蘇

軾>
【國憲】こくけん(국헌) 나라의 기본 법도. 國法(국법). ¶釋之典刑 一以平<漢書>
【國號】こくごう(국호) 나라 이름. 國名(국명). ¶同姓而異其一<史記>
【國婚】こくこん(국혼) ①韓 왕실의 혼인. ②임금의 사위. 國壻(국서). ¶擬一之選<稱謂錄> 「(榮光). ¶以德榮爲一<國語>
【國華】こっか(국화) ①나라의 빛. ②나라의 영광
【國勳】こくくん(국훈) 나라에 이바지한 공훈. ¶一必書<江淹>
【國恤】こくじゅつ(국휼) ①나라의 근심. 國難(국난). ¶忘其一<左氏傳> ②임금·후비(后妃) 등의 죽음. 國喪(국상). 國哀(국애). ¶以一方新<元史>
▷強一, 開一, 擧一, 建一, 京一, 經一, 傾一, 孤一, 故一, 舊一, 軍一, 君子一, 貴一, 歸一, 樂一, 亂一, 內一, 大一, 萬一, 蠻一, 亡一, 賣一, 母一, 邦一, 蕃一, 報一, 本一, 富一, 山一, 上一, 相一, 先進一, 城一, 小一, 屬一, 殉一, 勝一, 新一, 我一, 安一, 愛一, 弱一, 與一, 列一, 王一, 外一, 憂一, 雄一, 異一, 隣一, 一一, 敵一, 全一, 戰一, 靖一, 祖一, 宗一, 州一, 中一, 千乘之一, 治一, 他一, 通一, 海一, 鄕一, 兄弟一, 興一

8 11 【圈】 1 우리 권 2 바리 권 | 覈ㄐㄩㄢˋ (juan) 先ㄑㄩㄢ (quan) | けん(カコイ) cage, circle

同圈

풀이 1 ①우리. 짐승을 가두어 두는 곳. ¶登虎一<漢書>/一牢. ②구역. 범위. ¶天下爲之一<淮南子>/勢力一. 2 ①바리. 술잔. 같 棬. ¶母沒而杯一不能飮焉<禮記> ②동그라미. ¶半一四週<漢書評林>/一點.
【圈內】けんない(권내) 테두리 안. ¶居一者 日入某宮<新法曆書> ↔圈外(권외). 「내).
【圈外】けんがい(권외) 일정한 구역 밖. ↔圈內(권
【圈點】けんてん(권점) ①글을 맺는 끝에 찍는 둥근 점. ②글의 요점을 표시하기 위하여 글자 옆에 찍는 둥근 점. 傍點(방점).
③조선 때 청관(淸官) 후보자들의 명단에 추천하는 사람을 표시하여 그 이름 아래 찍던 동그라미.
【圈檻】けんかん(권함) 우리. 圈牢(권뢰). ¶養虎豹犀象者 爲之一<淮南子>
▷共產一, 南極一, 當選一, 大氣一, 北極一, 商一, 成層一, 勢力一, 首都一, 優勝一, 一日生活一, 入賞一, 合格一

8 11 【圇】 완전할 륜 | 圓ㄌㄨㄣˊ (lun) | りん perfect

8 11 【圉】 마부 어 | 語ㄩˇ (yu) | ぎょ,ご(ウマカイ) groom

풀이 ①마부. 마굿간. ¶馬有一 牛有牧<左氏傳> ②감옥. ¶囹一空虛<漢書> ③변방. 국경. ¶我居一卒荒<詩經> ④막다. 방어함. 通禦. ¶終莫之一<太玄經>
▷疆一, 敦一, 馬一, 牧一, 邊一, 僕一, 囹一, 隷一, 下一

8 11 【圊】 뒷간 청 | 庚ㄑㄧㄥ (qing) | せい(カワヤ) toilet

12 【圏】 圈(p.331)과 同字

12 【圎】 圓(p.331)의 俗字

9 12 【圍】 둘레 위 | 國ㄨㄟˊ (wei) | い(カコム) circumference

略 囲

풀이 ①둘레. ¶參分其一<周禮>/範一. ②에워싸다. ¶楚一蔡<史記>/包一. ③사냥하다. ¶天子不合一<禮記> ④경계. 구역. ¶帝命式于九一<詩經> ⑤지키다. 通衛.
【圍攻】いこう(위공) 포위하여 공격함. 攻圍(공위). 圍擊(위격). ¶齊韓相方 兩國一焉<戰國策> 「<晉書>
【圍棊】いご(위기) ☞圍碁(위기). ¶一賭別墅
【圍碁】いご(위기) 바둑. 圍棊(위기).
【圍籬安置】(위리안치) 韓 조선 때, 배소(配所)에 가시 울타리를 치고 그 안에 죄인을 가두던 일.
【圍繞】いじょう(위요) ①빙 둘러쌈. 싸고 도는 일. 둘러 앉음. 圍環(위환). ¶賊一數十重<後漢書> ②韓 혼례 때 신랑 또는 신부를 데리고 가는 사람. 웃손. 上客(상객). 後行(후행). 「<宋史>
【圍場】いじょう(위장) 사냥터. ¶先出禁軍爲一
【圍地】いち(위지) 산이나 내에 둘러싸인 곳. ¶一則謀<孫子> 「城<晉書>
【圍陷】いかん(위함) 포위하여 함락시킴. ¶一郛
▷攻一, 範一, 四一, 外一, 障一, 周一, 重一, 包一, 胸一

10 13 【圓】 둥글 원 | 先ㄩㄢˊ (yuan) | えん(マルイ) round

略 円 俗 圎

풀이 ①둥글다. 같 圜. ¶天一而地方<大戴禮>/一形. ②동그라미. ¶左手畫一<韓非子>/半一. ③둘레. ¶一周. ④하늘. ¶戴一履方<淮南子> ⑤알. 새알. ¶有鳳之一<山海經> ⑥화폐 단위. 通元.
【圓覺】えんかく(원각)《佛》부처의 원만한 깨달음. ¶無復一之風<梁元帝>
【圓孔方木】えんこうほうぼく(원공방목) 둥근 구멍에 네모진 나무 자루란 뜻으로, 맞지 않음을 비유한 말. 方枘圓鑿(방예원조). ¶如將方木逗圓孔<傳燈錄>
【圓光】えんこう(원광) ①해나 달의 둥근 빛. ¶一含萬象<王維> ②《佛》부처 머리 위에 나타나는 원형의 빛. 輪後光(윤후광). ¶頂有一<觀無量壽經>
【圓丘壇】えんきゅうだん(원구단) 옛날, 임금이 하늘에 제사 지내던 원형의 단. 圜丘壇(원구

단). ¶祀天圓丘 祀地方丘<禮記>

【圓頓】えんとん(원돈)《佛》 ①원만하여 빨리 성불(成佛)하는 법이라는 뜻으로, 법화(法華)의 묘법(妙法)을 이르는 말. ②법화종(法華宗)의 이칭.

【圓滿】えんまん(원만) ①두루 충만함. ¶有神光 一壇上<南史> ②모난 데 없이 온화함. ¶一型. ③서로 의(誼)가 좋음. 사이가 구순함.

【圓夢】えんむ(원몽) 꿈으로 길흉을 점침. 解夢(해몽). 占夢(점몽). ¶長安有一堂<紀異錄>

【圓妙】えんみょう(원묘)《佛》 삼제(三諦)가 원융(圓融)하여 불가사의함. 또는, 매우 명민(明敏)함. ¶遺失本妙一明心<楞嚴經>

【圓舞】えんぶ(원무) ①원진(圓陣)을 이루어 춤을 춤. 또는, 그 춤. ②원무곡(圓舞曲)의 준말. 또는, 원무곡에 맞춰 추는 춤. 왈츠(waltz).

【圓盤】えんばん(원반) ①둥근 소반·쟁반 따위. ②운동 기구의 하나. 원반던지기 용구. ¶投一.

【圓扉】えんぴ(원비) 감옥. 圓土(원토). 圜土(원토). ¶鞠茂草於一<王融>

【圓衫】(원삼) 옛 부녀 예복의 하나. 연두빛 길에 자주색 깃을 달고 색동을 달아 지음.

【圓象】えんしょう(원상) 하늘에 있는 현상(現象). 해·달·별 따위. ¶上法一<孔穎達>

【圓熟】えんじゅく(원숙) ①무르익음. ②매우 숙달됨. ③인격·지식·기예(技藝) 따위가 충분히 발달하여 풍부한 내용을 가짐. ¶古今筆法一<圖繪寶鑑>

【圓影】えんえい(원영) 달의 이칭. 圓景(원영). ¶一隙中來<沈約>

【圓銳之操】えんえいのそう(원예지 조) 바늘이나 송곳처럼 날카로운 방법. ¶純持方正 無一<論衡>

【圓悟】えんご(원오) 사물의 이치를 완전히 깨달음. ¶唯有能仁獨一<慧淨>

【圓融】えんゆう(원융) ①널리 베풂. ②순탄하여 막힘이 없음. ¶境因一<符載> ③《佛》 고루 융화함. ¶本性一<楞嚴經>

【圓融無碍】えんゆうむげ(원융무애)《佛》 널리 융화하고 원만하여 막힘이 없음.

【圓音】えんおん(원음)《佛》 원만하고 완전한 음성이란 뜻으로, 부처의 말을 이름. ¶宣示一<楞嚴經>

【圓議】(원의)㊕ 조선 때, 사헌부(司憲府)나 사간원(司諫院)의 관원들이 좌우를 물리치고 둘러앉아 중대한 문제를 의논하던 방식.

【圓寂】えんじゃく(원적)《佛》 승려의 죽음. ¶我求一而除欲染<寶積經>

【圓柱】えんちゅう(원주) 둥근 기둥.

【圓錐】えんすい(원추) 원뿔. ¶一形.

【圓卓】えんたく(원탁) 둥근 탁자. ¶一會議.

【圓塔】えんとう(원탑) 위를 둥글게 쌓아 올린 탑.

【圓土】えんど(원토) 감옥. 圜土(원토). 圓扉(원비). ¶怨氣生一之中<太平御覽>

【圓通】えんつう(원통) ①두루 통달함. ②《佛》 불보살(佛菩薩)의 깨달음. ¶人人本自一<楞嚴正脈疏>

【圓通大士】えんつうだいし(원통대사)《佛》 관세음보살(觀世音菩薩)의 이칭.

【圓滑】えんかつ(원활) ①모난 데 없이 매끈매끈함. ②일이 막힘 없이 순조로움.

▷高一, 廣一, 穹一, 大團一, 半一, 方一, 一一, 周一, 楕一, 平一, 洪一

10
13 〖園〗 동산 원 | 园ㄩㄢˊ (yuan) | えん(ソノ) *garden*

㊐薗

풀이 ①동산. 정원. ¶有佳林一<舊唐書>/公一. ②밭. 과수원. ¶無踰我一<詩經>/菜一. ③원소(園所). ¶葬于一<禮記>/陵一. ④울. 담. 구역. ¶一圃 毓草木<周禮> ⑤별장. 절. ¶祇一.

【園監】えんかん(원감) 정원지기. ¶令一實覈上名<後漢書>

【園頭幕】(원두막)㊕ 원두막. 園頭는 밭에서 가꾸는 참외·수박·호박 따위의 총칭.

【園陵】えんりょう(원릉) 능. 임금·왕후의 묘. ¶先帝一寢廟 群臣莫能習<史記>

【園林】えんりん(원림) 동산에 있는 숲. ¶不願棲一<宋書>

【園廟】えんびょう(원묘) ☞園寢(원침).

【園所】(원소) 왕세자(王世子)·세자빈·임금의 사친(私親) 등의 산소.

【園藝】えんげい(원예) 화훼·채소·과목(果木) 따위를 심어 가꾸는 일.

【園囿】えんゆう(원유) 꽃·나무 따위를 가꾸고 짐승을 기르는 곳. ¶一汙池沛澤多 而禽獸至<孟子>

【園遊會】えんゆうかい(원유회) 여럿이 야외에 나가 즐기는 모임.

【園邑】えんゆう(원읍) 능 주위에 있는 능지기 마을. ¶置一三百家<史記>

【園丁】えんてい(원정) 정원을 손질하는 일꾼.

【園寢】えんしん(원침) 임금의 산소. 園廟(원묘). 陵寢(능침).

【園圃】えんぽ(원포) 과목·채소 따위를 심는 밭. 園은 나무를, 圃는 채소를 심는 곳.

【園戶】えんこ(원호) 차(茶)를 재배하는 농민. 園民(원민).

▷間一, 故一, 公一, 瓜一, 果一, 丘一, 禁一, 祇一, 樂一, 陵一, 動物一, 名一, 山一, 植物一, 御一, 苑一, 幼稚一, 梨一, 林一, 莊一, 田一, 庭一, 竹一, 菜一, 寢一, 學一, 虛一

11
14 〖團〗 둥글 단 | 团ㄊㄨㄢˊ (tuan) | だん(マルイ) *round*

㊎团 ㊐园

풀이 ①둥글다. ¶昱奕朝露一<謝靈運>/一扇. ②모이다. 모으다. ¶六法精深秀色一<吳鎭>/一結. ③덩어리. ¶年後六花仍作一<楊萬里>/一飯. ④통솔하다. ㊂摶. ¶一三國之兵<史記>/一束. ⑤가게. ¶青果一<都城紀勝>

【團結】だんけつ(단결) ①모여 한 덩어리를 이룸. 團合(단합). ¶一民社<宋史> ②당(唐)·송(宋)대에 지방 주민을 병정으로 징집하던 일. 또는, 그 병사. ¶一士兵爲備<金史>

【團團】だんだん(단단) ①둥근 모양. ¶一似明月

<班婕好> ②이슬이 엉겨 맺히는 모양. ¶
一滿葉露<謝惠連> ③드리워진 모양. ¶
志一以應懸兮<後漢書>
【團圞】だんらん(단란) ☞團欒(단란).
【團欒】だんらん(단란) ①모여서 즐김. 또는, 둘러
앉음. 團圓(단원)②. 團坐(단좌). ¶戀此小
一<孟郊> ②둥근 모양. 團團(단단). ③
단자(團子)를 빚음. 또는, 그 단자. ¶撚粉
一意<范成大>
【團領】だんりょう(단령) ①둥근 옷깃. 圓領(원령).
②조선 때의 깃이 둥근 공복(公服).
【團飯】だんぱん(단반) 주먹밥. ¶帶了一走路<說岳
全傳>
【團衫】だんさん(단삼) 옛날, 여자 웃옷의 하나. ¶
定命婦一之制<續文獻通考>
【團束】(단속)㊗ 잡도리를 단단히 함.
【團圓】だんえん(단원) ①둥긂. 團圜(단원). ¶一青
玉疊<元稹> ②가족이 화락함. 團欒(단
란)①. ¶眷屬幸一<白居易> ③연극의 종
막(終幕). 뜻이 바뀌어, 원만히 끝냄. 大團
圓(대단원). 大尾(대미).
【團子】だんご(단자) 떡의 한 가지. 찹쌀 가루를
반죽하여 끓는 물에 익혀 으깬 다음, 꿀에
섞은 팥이나 깨로 소를 넣고 둥글게 빚어 다
시 꿀을 바르고 고물을 묻힌 떡. 團餈(단
자). 團子餠(단자병). 「차.
【團茶】だんちゃ(단차) 찻잎의 가루를 이겨 굳힌
【團體】だんたい(단체) 공동 목적을 가지고 결성한
【團合】だんごう(단합) ☞團結(단결)①. ㄴ집단.
【團環】(단환) 배목이 달린 둥근 문고리.
【團黃】だんこう(단황) 차(茶)의 한 가지. 중국 기
주(蘄州)에서 나는 품질 좋은 차.
【團會】だんかい(단회) 원만한 모임.
▷結一, 曲馬一, 工一, 公一, 球一, 軍一,
劇一, 氣一, 代表一, 兵一, 師一, 使節
一, 選手一, 少年一, 視察一, 樂一, 旅
一, 一一, 集一, 蒲一, 解一

11 14 【圖】 그림 도 | ㊥ㄊㄨˊ (tu) | と, ず(ハカル) *draw, picture*

㊧図 ㊨啚 圗 ㊐圕

풀이 ①그림. 그리다. ¶自一宣尼像<南
史>/山水一. ②꾀하다. ¶君與卿一事
<儀禮>/企一. ③하도(河圖)의 약칭.
④법. 규칙. ㊋度. ¶前一未改<楚辭>
【圖經】とけい·ときょう(도경) ①도서와 경전(經典).
¶一未嘗說<蘇軾> ②산수(山水)의 지세
및 풍속 등을 그림과 곁들여 지은 책.
【圖工】ずこう(도공) ☞畫工(화공). ¶一好畫鬼
魅<淮南子>
【圖記】とき(도기) ①그림과 기록. ②지도와 기
록. ¶按其一<歐陽脩> ③청(淸)대 영대
대신(領隊大臣) 등이 쓴 네모진 도장.
【圖南】となん(도남) 붕(鵬)새가 남명(南冥)을
향하려 한다는 뜻으로, 큰 사업을 계획함을
이르는 말. ¶一未可料<杜甫>
【圖錄】とろく(도록) ①어떤 내용에 관한 그림·
사진 등을 실은 책 따위. ※圖說(도설). ②
☞圖讖(도참).
【圖面】ずめん(도면) 설계 따위의 내용을 제도기
로써 그린 그림. 圖本(도본).
【圖免】(도면) 책임 따위를 면하려고 꾀함. 圖
避(도피). 「<蜀志>
【圖謀】とぼう(도모) 꾀함. 또는, 계략. ¶一討操
【圖們江】とまんこう(도문강) 두만강(豆滿江)의 중
국 표기. 土門江(토문강).
【圖法】とほう(도법) ①도록(圖錄)과 법전(法
典). ¶出其一<呂覽> ②작도법(作圖法)
【圖本】(도본) ☞圖面(도면). ㄴ의 준말.
【圖生】(도생) 살기를 꾀함. ¶救命一.
【圖書】としょ(도서) ①서적. 책. ¶著名於一<韓
非子> ②지도와 장부(帳簿). ¶律令一
<漢書> ③하도낙서(河圖洛書)의 준말. ¶
聖王興 則出一<漢書>
【圖署】(도서) 도서(圖書)에 찍는 도장.
【圖說】ずせつ(도설) 그림을 넣어 설명함. 또는,
그 책. ¶後此一 流傳人間<妮古錄> ※圖
錄(도록).
【圖示】ずし(도시) 그림으로 그려 보임.
【圖式】ずしき(도식) ①그림으로 된 양식(樣式).
②사물의 관계를 설명하기 위해 고안한 그
림. 「匠). 디자인.
【圖案】ずあん(도안) 그림으로 나타낸 의장(意
【圖緯】とい(도위) 하도(河圖)와 위서(緯書).
미래의 일이나 점술(占術)에 관한 비결을
담은 책들. ¶儒者爭學一<後漢書>
【圖讚】ずさん(도찬) 그림의 여백에 써 넣는 평어
(評語)나 시가(詩歌). 畫讚(화찬). ¶此聖
歷中侍臣一<唐書>
【圖讖】としん(도참) 미래의 길흉을 예언하는 술
법. 또는, 그 책. 圖錄(도록)②. 圖籙(도
록). ¶以一說光武<後漢書> 「낸 표.
【圖表】ずひょう(도표) 선이나 그림으로 그려 나타
【圖避】(도피) ☞圖免(도면). 「풀이나 책.
【圖解】ずかい(도해) 그림으로 풀이함. 또는, 그
【圖形】ずけい(도형) ①초상(肖像)을 그림. 또
는, 그 그림. 畫像(화상). ¶一立廟者多矣
<宋書> ②도안 따위의 구성·모양.
【圖畫】ずが(도화) ①그림을 그림. ¶親戚一其形
<魏志> ②그림. 繪畫(회화). ¶觀古一
<列女傳>
▷乾一, 系一, 構一, 規一, 企一, 期一, 浮
一, 佛一, 設計一, 深一, 略一, 良一, 令
一, 雄一, 意一, 作一, 壯一, 製一, 地
一, 天氣一, 版一, 河一, 海一, 鴻一, 畫
一, 繪一, 橫一, 後一, 休一

14 【圗】 圖(p. 333)의 俗字

13 16 【圜】 1 두를 환 2 둥글 원 | ㊥ㄏㄨㄢˊ (huan) | かん(メグラス) *encircle* | ㊥ㄩㄢˊ (yuan) | えん(マルイ) *round*

풀이 1 두르다. 에워쌈. ㊋繯. ¶一悼惠王
家園邑<漢書>/一視. 2 ①둥글다. ㊋
圓. ¶袂一以應規<禮記>/一陣. ②하
늘. ¶乾爲一<易經>/一丘. ③널리 고
루 통함. ¶立九府一法<漢書> ④감
옥. ¶一土.
【圜視】えんし(원시) 놀라서 눈을 크게 뜨고 봄. ¶

余一大駭<柳宗元> 「誼>
(환시) 휘둘러 봄. ¶一而起<賈
【圜則】えんそく(원칙) 하늘. 圜宰(원재). ¶一九重
【圜流】かんりゅう(환류) ☞還流(환류). l<楚辭>
【圜法】かんぽう(환법) 화폐 제도. ¶齊太公爲周立九府一<漢書>
▷輪一, 轉一

19 22【圝】 둥글 란 |㊥ㄌㄨㄢˊ (luan) | らん(マルイ) round

土<흙 토>部

土 ① 圠 ② 圧 ③ 圭 圮 圬 圩 圯 壯 在
地 ④ 坎 坑 均 坅 圾 圻 坊 坏 坣 坌 坐
址 坂 ⑤ 坷 坩 坰 坤 坵 坭 坐 坺 坯 坿
垂 坱 坳 垚 坫 坻 坼 坦 坡 坪 ⑥ 垢 垝
垌 城 垚 垣 垠 垗 垤 垛 垓 型 ⑦ 埆 埒
埼 埌 埋 埒 城 埀 埃 埏 垸 ⑧ 堝 堅 堌
堁 堀 堇 基 堂 培 埠 堋 埤 埽 埴 堊 埜
域 場 堄 堉 執 埰 埵 埭 堆 ⑨ 堪 堺 堦
堝 堵 埜 堡 報 堨 堰 堧 堯 堙 場 堤 堲
堞 堉 堠 ⑩ 塙 堽 塏 塊 塘 塗 塚 塞 塑
塐 塍 塒 塩 塋 塢 塕 塟 塡 塉 塚 塔 塌
⑪ 境 墐 塹 塿 墁 墓 墅 塾 墉 塲 塼 墆
墊 增 塵 塹 墄 ⑫ 墩 墱 墦 墲 墨 墡 墣
墳 墠 墝 墫 墜 墮 墟 ⑬ 墾 壇 壈 壁 壅
壅 墻 ⑭ 壔 壓 壒 壖 壑 壕 壎 ⑮ 壙 壘
⑯ 壞 壚 壚 壟 壠 壝 ⑰ 壤 ㉑ 壩

0 3【土】 ① 흙 토 ② 뿌리 두 |㊥ㄊㄨˇ ㊥(tu) | と,ど(ツチ) soil, root

풀이 ① ①흙. 토양. ¶禹敷一<書經>/一砂. ②땅. 평지. 밭. ¶降丘宅一<書經>/沃一. ③나라. 지방. 고향. ¶年老思一<後漢書>/一俗. ④오행(五行)의 하나. ¶木火一金水. ⑤거주하다. ¶自一沮漆<詩經> ⑥토지의 신(神). ¶諸侯祭一<公羊傳> ⑦측량하다. ㊃度. ¶一其地<周禮> ⑧악기의 한 가지. 토제 악기. ② 뿌리. ㊃杜. ¶徹彼桑一<詩經>
【土坎】(토감) ☞土殯(토빈).
【土芥】どかい(토개) ①흙과 티끌. ¶君之視臣如一<孟子> ②하잘것없는 것.
【土梗】どこう(토경) ①☞土偶(토우). ¶一與木梗鬪<戰國策> ②위조품. 가짜. ¶吾所學者 直一耳<莊子>
【土階】どかい(토계) 흙 계단. 「器).
【土古】どこ(토고) 땅 속에서 파낸 옛 동기(銅
【土股】どこ(토고) ☞半島(반도).
【土鼓】どこ(토고) 악기의 한 가지. 흙을 구워 만든 틀에 가죽을 붙인 북. ¶掌一<周禮>
【土膏】どこう(토고) ①토지의 양분. ¶一其動<國語> ②땅이 기름짐. 또는, 그 땅.
【土工】どこう(토공) ①☞陶工(도공). ¶天子之六工 曰一<禮記> ②토목 공사. 또는, 그 일꾼. ③미장이.
【土功】どこう(토공) 토목 공사. ¶惟荒度一<書經>
【土貢】どこう(토공) 조정에 바치는 지방 특산물. ¶物一 制外內<漢書>
【土管】どかん(토관) 흙을 구워 만든 관. 배수관(排水管) 따위에 쓰임. 「叛<宋史>
【土寇】どこう(토구) ☞土匪(토비). ¶一周瓊等
【土圭】どけい(토규) 옛날, 해 그림자나 토지를 재는 데에 쓰던 기구. ¶一測景<張衡>
【土金】どきん(토금) ①흙·모래에 섞여 있는 금. ※沙金(사금). ②금빛이 나는 흙.
【土氣】どき(토기) ①땅 기운. 地氣(지기). ②위부(胃腑)의 작용. ¶凡思心傷者病一<漢書>
【土器】どき(토기) 질그릇. ¶野人盛一中進之<史記> ※甕器(옹기). 「하는 사람.
【土器匠】どきしょう(토기장) 토기 만들기를 업으로
【土斷】どだん(토단) 일정 지역의 호수(戶數)를 제한하는 일. ¶人不一而地著<唐書>
【土臺】どだい(토대) ①흙으로 쌓은 대. ¶邊方備警急作高一<後漢書·注> ※墩臺(돈대). ②건물의 기반. ③사물의 기초.
【土豚】どとん(토돈) 모래 부대. 흙·모래 따위를 담은 가마니나 섬. 土囊(토낭). 土庉(토둔). ¶豫作一 遏絶湖水<魏志>
【土屯】(토둔) 작은 언덕. 둔덕.
【土力】(토력) ☞地力(지력).
【土壟】どろう(토롱) ①밭두둑. ②임시로 만든 무덤. 土墳(토분).
【土龍】どりょう(토룡) ①흙으로 만든 용. 옛날 기우제(祈雨祭) 때 썼음. ¶爲一以求雨<淮南子> ②지렁이. ③두더지.
【土理】(토리)㊊ 흙의 기름짐과 메마름의 상태. 土質(토질). 地味(지미).
【土幕】(토막)㊊ 움집. 움막. 「一<蘇軾>
【土饅頭】どまんじゅう(토만두) ☞土墳(토분). ¶城外
【土昧】(토매) 미개하고 어리석음.
【土脈】どみゃく(토맥) ☞地脈(지맥).
【土毛】どもう(토모) ①땅의 터럭. ②채소와 곡식. ¶其一則權牧薦草<後漢書>
【土木】どぼく(토목) ①토목 공사. 土工(토공)②. 土木之役(토목지 역). ¶今一勝 臣懼其不安人也<國語> ②꾸밈이 없음. 粗野(조야). ¶一形骸 不自藻飾<晋書>
【土無二王】どにおうナシ(토무이왕) 한 나라에 두 임금이 없음. ¶天無二日 一<禮記>
【土門】どもん(토문) ①흙으로 만든 문. ¶一壁甚堅<杜甫> ②북방의 오랑캐. ¶其後曰一<北周書>
【土民】どみん(토민) 토박이. 土着民(토착민). 土公(토공). 土人(토인). ¶一統軍席廣度等 處處邀擊<北魏書>
【土薄】どはく(토박) 땅이 메마름. 土瘠(토척). ¶一水淺<左氏傳> 「이로 사는 양반.
【土班】(토반)㊊ 여러 대를 그 지방에서 붙박
【土房】どぼう(토방) ①국가(國家). ¶保其一<國語> ②흙으로 지은 집. 土屋(토옥). ¶一通火爲長炕<馬祖常> ③처마 밑의 흙바닥. 흙마루. 「번).
【土蕃】どばん(토번) 토착의 오랑캐. 吐蕃(토
【土兵】どへい(토병) 토착민 출신의 병사. ¶寧國

徽州 初用一<元史>
【土附子】どふし(토부자) 바곳의 뿌리. 적취(積聚)·심복통(心腹痛) 등에 약으로 쓰임. 草烏頭(초오두). 「흰 흙가루.
【土粉】(토분) 쌀을 쓿을 때 함께 넣어 찧는
【土墳】どふん(토분) 흙으로 봉분한 무덤. 土壟(토롱)②. 土饅頭(토만두).
【土佛】どぶつ(토불) 흙부처.
【土崩瓦解】どほうがかい(토붕와해) 흙이 무너지고 기와가 흩어진다는 뜻으로, 사물이 망그러져 걷잡을 수 없는 상태를 이르는 말. ¶一而相伐射<鬼谷子> 「적). 土寇(토구).
【土匪】どひ(토비) 난을 일으킨 지방민. 土賊(토
【土殯】(토빈) 장례 전에 임시로 관을 땅에 묻음. 土坎(토감).
【土思】どし(토사) ①고향을 그리워함. ②본국을 위하여 격정함. ¶年老一<資治通鑑>
【土砂】どしゃ(토사) ①흙과 모래. ②모래 섞인 흙. 土沙(토사). 「의 이칭.
【土師】どし(토사) 옛 중국에서 사공(司空) 벼슬
【土山】どざん(토산) ①돌이 적고 주로 흙으로 된 산. ②축산(築山). 假山(가산). ¶於一營墅 樓館林木甚盛<晉書>
【土産】どさん(토산) 그 지방의 산물. 土産物(토산물). 土實(토실). 土物(토물). ¶物非一<唐書>
【土生金】(토생금) 오행(五行) 상생(相生)의 하나. 토(土)가 금(金)을 낳는 운행.
【土姓】どせい(토성) ①옛 중국에서 지명(地名)을 딴 성. 덕망 높은 사람이 그 출신지명을 성으로 하사 받은 것. ¶錫一<書經> ②㊻ 오행(五行) 중 토(土)에 속하는 성. 송(宋)·권(權)·민(閔)씨 등.
【土城】どじょう(토성) ①흙으로 쌓은 성. ¶坌走一<宋史> ②㊻활터의 개자리 뒤에 흙을 쌓아 화살을 막는 둑. ③㊻무덤의 사성(莎城)을 홀하게 이르는 말.
【土俗】どぞく(토속) 그 지방의 풍습. 土習(토습). 土風(토풍). ¶一的.
【土神】どしん(토신) ①오행(五行)의 토(土)의 신. ②토지의 신. 地祇(지기). ¶害一之氣
【土室】どしつ(토실) ☞土屋(토옥)①. ⌊<禮記>
【土藥】(토약) 중국에서 나는 아편.
【土壤】どじょう(토양) ①흙. ¶一膏腴<後漢書> ②국토(國土). ¶故楚之一士民 非削弱<戰國策>
【土語】どご(토어) 지방의 언어. 사투리. 方言(방언). 土話(토화). 土白(토백).
【土役】(토역)㊻ 흙일.
【土屋】ツチヤ・どおく(토옥) ①토담집. 土室(토실). ¶其國地甚寒 一無瓦<宋史> ②변경 주민의 집. ¶一春風峭<梅堯臣>
【土旺】どおう(토왕) 토기(土氣)가 왕성함. 土王(토왕). ¶一在申酉戌亥<孟子·注>
【土王用事】(토왕용사) 토왕지 절(土王之節)의 첫날. 이 날은 흙일을 금함. 土用(토용).
【土旺之節】(토왕지 절) 오행(五行)으로 토기(土氣)가 왕성한 절기. 철마다 18일씩임.
【土浴】(토욕) ①㊻ 닭이 흙을 파헤치고 들어앉아 버르적거림. ②마소 따위가 땅에 딩굴며 몸을 비빔.
【土俑】(토용) 흙으로 구워 만든 허수아비. 옛날, 순사(殉死)해야 할 사람 대신 무덤에 묻음.
【土宇】どう(토우) ①토지와 가옥. 뜻이 바뀌어, 주민. ¶爾一皈章<詩經> ②국토. 領土(영토). ¶開拓一<後漢書> ③㊻ 천하. 나라. 「記>
【土雨】(토우)㊻ 흙비. ¶春正月雨土<三國史
【土偶】どぐう(토우) 흙으로 만든 인형. 土人(토인)②. 土梗(토경)①. ¶生如一身<皮日休>
【土牛木馬】どぎゅうもくば(토우목마) 흙으로 만든 소와 나무로 만든 말이란 뜻으로, 문벌은 있으나 재질이 없는 사람을 비웃는 말. ¶是則一 形似而用非<周書>
【土音】どおん(토음) ①그 지방의 발음. ¶但見一異 始知程路長<蕭穎士> ②오행(五行)의 토(土)에 속하는 음으로, 궁(宮)을 이름.
【土宜】どぎ(토의) ①그 토질에 맞는 농작물. ¶辨一 土化之法<周禮> ②그 땅의 산물.
【土人】どじん(토인) ①그 지방의 토박이. 土民(토민). ¶其一所以推鋒<後漢書>②☞土偶(토우). ¶亦有掘堀得一作臥形者<子不語> ③미개한 토착 인종.
【土葬】どそう(토장) 땅 속에 장사 지냄.
【土漿】(토장) 황토를 파고 거기서 나온 물을 흔들었다가 다시 가라앉힌 웃물. 해독(解毒)에 씀. 地漿(지장).
【土藏】どぞう(토장) ①흙으로 덮어 감춤. ¶葬爲一<魏志> ②오행(五行)의 토(土)에 속하는 장부(臟腑). 곧, 비장(脾臟).
【土醬】(토장)㊻ 된장. 「(官衙).
【土在官】(토재관)㊻ 제 땅이 있는 곳의 관아
【土賊】どぞく(토적) ☞土匪(토비).
【土積成山】ツチツモレバヤマヲナス(토적성산) ☞積土成山(적토성산).
【土店】(토점)㊻ 토금이나 사금(砂金)을 캐는
【土鼎】(토정) 질솥. ⌊광산.
【土亭祕訣】(토정비결) 조선 때 토정(土亭) 이지함(李之菡)이 지은 책. 그 해의 신수점 풀이에 쓰이는 데 뒷사람의 보충이 많다 함. 「본토박이의 낮춤말.
【土種】(토종) ①재래종. 土產種(토산종). ②
【土主官】(토주관)㊻ 옛날, 백성들이 자기 고을 원을 이르던 말. 土主(토주).
【土地】どち(토지) ①땅. 지면(地面). ¶乃經一而竝牧其田野<周禮> ②토지의 신(神). ¶今凡社神俱呼一<通俗編> ③땅을 측량함. ¶以一相宅<周禮>
【土直星】(토직성) 아홉 직성의 하나. 반흉반길(半凶半吉)의 직성인데, 9년 만에 한 번씩 돌아온다 함.
【土疾】(토질) 수질(水質)·토질(土質)이 몸에 맞지 않아 일어나는 병. 「리).
【土質】どしつ(토질) 농토 따위의 질. 土理(토
【土着】どちゃく(토착) 여러 세대 동안 그 지방에 살고 있음. ¶其俗或一 或移徙<史記>/
【土瘠】(토척) ☞土薄(토박). ⌊一民.
【土靑】(토청)㊻ 청화 자기(靑華瓷器)에 쓰는 물감. 우리 나라에서만 남.

【土體】(토체) 오행(五行)으로 사람의 체격을 나눌 때 토(土)에 속하는 체격.
【土炒】(토초) 약재를 벽토나 아궁이 흙의 물에 담갔다가 볶는 일.
【土炭】どたん(토탄) 탄화(炭化) 정도가 낮은 석탄의 일종.
【土敗】(토패) 한방에서, 위(胃)의 작용이 약함을 이르는 말.
【土風】どふう(토풍) ①지방의 민요. ¶樂操一<左氏傳> ②토속(土俗). ¶一淸且嘉<陸機>
【土筆】どひつ(토필) 소묘(素描)에 쓰는 붓. 나무끝을 태워 만듦.
【土豪】どごう(토호) 그 지방에서 세력이 있는 사람. 지방 호족(豪族). ¶州中有一<南史>
【土豪劣紳】どごうれっしん(토호열신) 그 지방에서 횡포를 부리는 불량배.
【土化】どか(토화) ①썩어 흙이 됨. ②토질에 맞는 거름을 주어 농작물을 가꿈.
【土花】どか(토화) ①조개류로, 미네굴. 또는, 가리맛. ¶一炙. ②땅에 묻은 기물(器物)이 진흙으로 인하여 빛깔이 변한 자국. ¶一碧血灑<王逢> ③이끼. 습기로 인하여 생기는 곰팡이의 한 가지. ¶人稀一碧<陸游>
【土話】(토화) ☞土語(토어).
▷疆一, 客一, 耕一, 輕一, 故一, 曠一, 壤一, 國一, 吉一, 樂一, 農一, 累一, 陶一, 凍一, 芋一, 方一, 邦一, 白一, 邊一, 本一, 封一, 腐一, 敷一, 糞一, 沙一, 床一, 盛一, 率一, 領一, 穢一, 沃一, 王一, 瓷一, 寂光一, 赤一, 田一, 全一, 粘一, 淨一, 塵一, 尺一, 拓一, 瘠一, 草一, 焦一, 寸一, 埴一, 風一, 下一, 鄉一, 黃一, 后一

1 4〖圠〗 편할 알 |黠 ㄧㄚˋ (ya)| あつ vast
풀이 ①편하다. 편편하고 넓음. 희미하다. 끝 없음. ¶芥粒視一坱<袁袠> ②산의 굽이. ③삐걱거리다. 通軋. ¶忽軮一而無垠<揚雄>

5〖去〗 ☞ 厶部 3획(p. 252)
5〖圤〗 墣(p. 357)과 同字
5〖圧〗 壓(p. 359)의 略字

3 6〖圭〗 홀 규 |齊 ㄍㄨㄟ (gui)| けい(タマ) mace
源 會意. 「土+土」. 땅을 차지했던 표징인 홀(笏)을 뜻함.
풀이 ①홀. ㉮천자가 제후(諸侯)를 봉할 때 내리던 신표(信標). 위는 뾰족하고 아래는 네모짐. ¶以靑一禮東方<周禮> ㉯조선 때, 조복(朝服)에 갖추어 손에 쥐는 물건. 품계에 따라 상아(象牙) 또는 나무로 만든 직사각형의 패. ②깨끗하다. ¶夫一田無征<禮記> ③부피나 무게의 단위. 좁쌀 열 알의 부피·무게. ④모. 모서리. ¶磨淬出角一<韓愈>

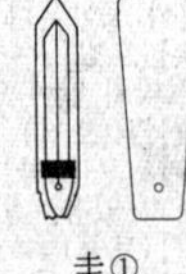
圭①

【圭角】けいかく(규각) ①홀의 모서리. ②말·행동이 모남. ¶才有英氣 便有一<朱熹>
【圭璧】けいへき(규벽) ①옛날, 제후가 천자를 알현할 때 표지로 지니던, 옥제(玉製) 홀(笏). ¶一幣帛<墨子> ②인품이 뛰어남의 비유. ¶如圭如璧<詩經>
【圭復】けいふく(규복) 받은 편지를 몇 번이고 되풀이 읽음. 남용(南容)이 백규(白圭)의 시를 반복하여 읽은 옛일에서 유래.
【圭臬】けいげつ(규얼) ①☞圭表(규표). ②법도(法度). 標準(표준). ¶陳一絜廣輪<黃佐>
【圭璋】けいしょう(규장) 예식에 장식으로 쓰는 구슬. 뜻이 바뀌어, 인품이 고결함을 비유. ¶一之質<蜀志>
【圭田】けいでん(규전) 임금이 사(士) 이상에게 하사한 땅. ¶卿以下必有一<孟子>
【圭瓚】けいさん(규찬) 종묘에서 쓰던, 옥으로 만든 술 국자. 珪瓚(규찬). ¶君執一<禮記>

圭瓚
(三才圖會)

【圭表】けいひょう(규표) 해시계. 圭臬(규얼)①. 儀表(의표). ¶可以一度也<新論>
▷刀一, 三復白一, 玉一, 簪一, 執一, 土一, 桓一

3 6〖圮〗 무너질 비 |紙 ㄆㄧˇ (pi)| ひ(ヤブル) collapse
풀이 ①무너지다. 무너뜨림. ¶五方一裂<魏書> ②쳐부수다. 격파당함. ¶方命一族<書經>

6〖寺〗 ☞ 寸部 3획(p. 451)

3 6〖圬〗 흙손 오 |虞 ㄨ (wu)| お, う(コテ) trowel

3 6〖圩〗 우묵할 우 |虞 ㄩˊ (yu)| う hollow, bank
풀이 ①우묵하다. ¶如一衺<尙書大傳> ②둑. ¶一堤. ③염전(鹽田).

3 6〖圯〗 흙다리 이 |支 ㄧˊ (yi)| い(ドバシ) mud bridge
【圯橋書】いきょうしょ(이교서) 장양(張良)이 강소성(江蘇省)의 이교(圯橋 : 흙다리) 위에서 황석공(黃石公)으로부터 받았다는 태공망(太公望)의 병서(兵書).
【圯上老人】いじょうろうじん(이상노인) 황석공(黃石公). ※圯橋書(이교서).

6〖壮〗 壯(p. 362)의 略字

3 6〖在〗 있을 재 |賄 隊 ㄗㄞˋ (zai)| ざい(アル) exist
풀이 ①있다. ¶無所不一<淮南子>/存

一. ②찾다. 방문함. ¶以君命一寡君<儀禮> ③살피다. ¶一璿璣玉衡<書經> ④제멋대로 하다. 그대로 둠. ¶聞一有天下<莊子>/自由自一. ⑤…에. 위치를 나타내는 조사.

【在家】ざいか·ざいけ(재가) ①집에 있음. ¶一貧亦好<戎昱> ②《佛》 불가에 입문하지 않은 사람. 俗人(속인). ↔出家(출가).

【在家戒】ざいけかい(재가계)《佛》 삼계(三戒)의 하나. 집에 있으면서 지킬 계(戒).

【在家無日】(재가무일) 분주하여 집에 있을 겨를이 없음.

【在家僧】ざいけそう(재가승)《佛》 ①집에 있으면서 불법을 닦는 사람. 火宅僧(화택승). ②옛날, 함경도 변두리에서 살던 대처승(帶妻僧).

「세속의 번뇌를 해탈함.

【在家出家】ざいけしゅっけ(재가출가) 중은 아니면서

【在監】ざいかん(재감) 감옥에 갇혀 있음. ¶一者.

【在京】ざいきょう(재경) 서울에 머물러 있음. ¶一同門.

「(在庫品).

【在庫】ざいこ(재고) ①창고에 있음. ②재고품

【在德不在鼎】(재덕 부재정) 덕에 달려 있는 것이지 솥에 있지 않다는 뜻으로, 임금될 자격은 덕이 높음에 달려 있고, 왕위에 있는 것이 아님을 이르는 말. 솥[鼎]은 왕위를 상징하는 보기(寶器). ¶楚王問鼎小大輕重焉 對曰一<史記>

「터.

【在來】ざいらい(재래) ①전부터 있어 옴. ②예로부

【在來種】ざいらいしゅ(재래종) 전부터 전해 오는 종자. ↔改良種(개량종).

【在留民】ざいりゅうみん(재류민) ☞居留民(거류민).

【在理】ざいり(재리) ①이치를 잘 앎. 도리를 구명함. ¶一致治<舊唐書> ②재판을 받음. 재판 받는 기간. ¶王之遭誣一<韓愈>

【在文】(재문) 셈하고 남은 돈. 在錢(재전).

【在席】ざいせき(재석) 자리에 있음. ¶一議員.

【在世】ざいせい(재세) ①살아 있음. 生存(생존). 存命(존명). ¶諸侯一<京氏易傳> ②살아 있는 동안.

「람.

【在所者】ざいしょしゃ(재소자) 교도소에 수감된 사

【在室】ざいしつ(재실) ①방 안에 있음. ②처녀. 또는, 이혼하고 친정에 있는 여자. ¶一之女可從父母之刑<大學衍義補>

【在野】ざいや(재야) 초야(草野)에 있음. 곧, 벼슬 없이 지냄. ¶君子一 小人在位<書經> ↔在朝(재조).

【在約思純】(재약사순) 가난한 처지에 있어도 마음을 티 없이 지님. ¶一 有守心矣<左氏傳>

【在位】ざいい(재위) ①임금의 자리에 있음. ②관직(官職)에 있음. ¶俊傑一<孟子>

【在任】ざいにん(재임) ☞在職(재직). ¶一十年 農戰竝修<魏書>/一期間.

【在在】ざいざい(재재) 곳곳. 到處(도처). 處處(처처). ¶新晴一野花香<楊萬里>

【在籍】ざいせき(재적) 호적·학적(學籍) 또는 명부 따위에 올라 있음. ¶有吾假一者<福惠

【在前】ざいぜん(재전) 이전(以前).

⌊全書>

【在錢】(재전) ☞在文(재문).

【在廷】ざいてい(재정) ①☞在朝(재조). ¶黃屋一<宋書> ②법정에 출두하여 있음.

【在朝】ざいちょう(재조) 조정에서 벼슬하고 있음. 在廷(재정). ¶一之士<孔叢子> ↔在野(재야).

【在中】ざいちゅう(재중) 속에 들어 있음의 뜻으로, 편지 봉투 따위에 쓰는 말. ¶寫眞一.

【在職】ざいしょく(재직) 직무를 맡고 있음. 在任(재임).

【在天】ざいてん(재천) ①하늘에 있음. ¶飛龍一<易經> ②하늘에 달려 있음. ¶人命一.

【在下】ざいか(재하) ①밑에 있음. ¶明明一<書經>/一者. ②저. 자기의 겸칭.

【在學】ざいがく(재학) 학교에 다니고 있음. ¶一生.

【在鄕軍人】ざいごうぐんじん(재향군인) 현역 복무를 마친 사람.

▷介一, 健一, 見一, 近一, 伏一, 不一, 散一, 所一, 實一, 留一, 遺一, 自一, 潛一, 點一, 存一, 駐一, 滯一, 偏一, 平一, 行一, 現一, 顯一, 好一

3/6 〖地〗 땅 지 | 圓ㄉㄧˋ (di) | ち, じ(ツチ) earth

古 埊

풀이 ①땅. ¶闕一及泉<左氏傳>/大一. ②국토. ¶漢一之廣<漢書>/領一. ③곳. 장소. ¶臨死亡之一<淮南子>/産一. ④지체. 지위. 신분. ¶以門一辟逑<晉書> ⑤토지의 신(神). 지기(地祇). ¶祀天祭一<禮記> ⑥바탕. ¶墨書粉一<金圖經>/素一. ⑦어조사. 무의미한 조사. ¶忽一. ⑧다만. 通 啻. ¶西曹一忍之<漢書>

【地價】ちか(지가) 땅 시세. 토지 가격.

【地家書】(지가서) 풍수 지리의 지술(地術)에 관한 책.

【地角】ちかく(지각) ①땅 끝. 대지의 구석. ¶一悠悠<徐陵> ②관상술에서, 광대뼈. ¶一邊腮末景<神相全編> ③곶(串). 地嘴(지취).

「반). 地皮(지피). ¶一運動.

【地殼】ちかく(지각) 지구의 껍데기 층. 地盤(지

【地客】ちかく(지객) 소작인(小作人).

【地境】ちきょう(지경) ①토지의 경계. 地界(지계). ¶澤霑一<宋書> ②처지. 형편.

【地界】ちかい(지계) ①☞地境(지경)①. ¶與死人爭一<吹劍錄> ②땅 끝. ③《佛》 삼계(三界)의 하나.

【地庫】ちこ(지고) ①잡동사니를 넣어 두는 움. 地窖(지고). ②관상술에서, 아래턱.

【地骨皮】ちこつぴ(지골피) 구기(枸杞) 뿌리의 껍

【地廓】ちかく(지곽) 위 아래 눈시울.

⌊질.

【地官】ちかん(지관) ①토지·인사에 관한 일을 맡아보던 벼슬. ②중원(中元) 곧 백중(百中) 날을 관장한다는 신(神)의 이름. ③묏자리·집터 따위를 잡는 사람. 地師(지사). 風水(풍수).

【地塊】ちかい(지괴) ①땅덩어리. 土塊(토괴). ②사면이 단층면(斷層面)으로 갈라져 있는 지각(地殼)의 일부.

【地溝】ちこう(지구) 땅이 꺼져 두 단층애(斷層崖) 사이에 내려앉은 지대.

【地溝帶】ちこうたい(지구대) 지각이 내려앉아 띠 모양으로 지구(地溝)를 이룬 지대.

【地球儀】ちきゅうぎ(지구의) 지구를 본뜬 작은 모형. 지축(地軸)과 동일한 경사를 이룬 축을 중심으로 돌게 되어 있음.
【地金】ちきん(지금) ①가공(加工)하지 않은 금. ②화폐·그릇 따위의 바탕 금속. ③도금(鍍金)한 바탕의 금속. 「記＞
【地祇】ちぎ(지기) ☞地神(지신). ¶修禮—＜史
【地氣】ちき(지기) ①땅의 기운. 음(陰)의 기운. 土氣(토기). ¶天氣上騰 —下降＜禮記＞ ②동식물이 땅에서 받는 생기. ③기후. 風土(풍토). ¶—寒不暢＜方干＞
【地德】ちとく(지덕) ①땅의 혜택. ¶祖識—＜國語＞ ②집터의 기운.
【地動】ちどう(지동) ①☞地震(지진). ¶市師—＜魏志＞ ②지구의 운동. ¶—說.
【地力】ちりょく(지력) 땅심. 토지의 생산력. 地勢(지세)③. ¶盡—而豐食＜柳宗元＞
【地靈】ちれい(지령) ①땅의 신령. ¶應—＜韓詩外傳＞ ②그 고장의 영기(靈氣).
【地牢】ちろう(지뢰) 땅을 파서 만든 감옥. 土牢(토뢰). ¶置—下數日＜魏書＞
【地雷】ちらい(지뢰) 적을 살상하거나 건물을 파괴할 목적으로 땅 속에 묻는 폭약. ¶製—穴地丈許 櫃藥於中＜兵略纂聞＞
【地籟】ちらい(지뢰) 땅에서 나는 소리. 숲·골짜기를 지나는 바람 소리 따위. ¶未嘗聞—也＜蘇軾＞ ※天籟(천뢰)·人籟(인뢰).
【地壘】ちるい(지루) 양면이 단층(斷層)을 이룬 고지대.
【地利】ちり(지리) ①유리한 지형. ¶天時不如—＜孟子＞ ②토지에서 나는 이익. 地產(지산).
【地理】ちり(지리) ①토지의 상태. ②지구상의 지형·기후·생물·인구 등의 상태. ③지리학(地理學)의 준말. ④풍수 지리(風水地理)의 준말.
【地理業】(지리업) 고려 때, 풍수학(風水學) 시험을 보던 잡과(雜科)의 하나.
【地脈】ちみゃく(지맥) ①지층(地層)의 맥락. 土脈(토맥). ②땅 속을 흐르는 물줄기. ¶—必開＜研北雜志＞
【地面】ちめん(지면) 땅의 표면. 地上(지상). 地表(지표). ¶春氣蒸炊出—＜王令原＞
【地鳴】ちめい(지명) ☞地震(지진).
【地毛】ちもう(지모) ①잔디. 土毛(토모). ②사초(莎草)의 이칭. 香附子(향부자).
【地目】ちもく(지목) 토지를 용도에 따라 나눈 종목. ¶—變更.
【地文】ちぶん(지문) ①땅의 생김새. 대지의 상태. ¶—失 則有崩竭之災＜新論＞ ②약초의 한 가지. 반하(半夏)의 이칭. ③희곡에서, 해설과 대사 이외의 글. ④바탕 무늬. ⑤지구와 다른 천체와의 관계 및 기타 지구상에서 일어나는 자연 현상을 연구하는 학문. 地文學(지문학). ↔天文(천문).
【地物】ちぶつ(지물) ①지상의 물체. ¶地形—. ②그 땅에서 나는 물건. 土產(토산). ¶道地慝以辨—＜周禮＞
【地盤】ちばん(지반) ①☞地殼(지각). ¶—運動. ②건물 따위의 기초가 되는 지면. ③활동의 발판. ④대지가 서림. 地蟠(지반). ⑤술가(術家)에서, 지상(地上) 12신(辰)의 방위.
【地方】ちほう(지방) ①어떤 방면의 땅. ¶蒲子—馬生人＜晉書＞ ②대지가 네모진 꼴. ③수도(首都) 이외의 곳. ¶—官/—分權/—自治. ↔中央(중앙).
【地方色】ちほうしょく(지방색) 그 지방 특유의 자연·풍습·분위기.
【地方時】ちほうじ(지방시) 그 지방의 자오선(子午線)을 기준으로 하여 정한 시각.
【地方版】ちほうばん(지방판) ①중앙에서 발행하는 신문을 지방으로 보내기 위하여 따로 편집한 것. ②지방의 기사만을 따로 모은 지면(紙面). 「아 하는 사람.
【地排】(지배)《佛》절의 도량(道場) 청소를 맡
【地番】ちばん(지번) 토지를 구분하여 붙인 번호.
【地變】ちへん(지변) 땅의 변고(變故). 지진·해일 따위. 地異(지이). 地妖(지요). ¶天災—＜魏書＞
【地步】ちほ(지보) ①자기의 지위·위치·처지. ¶周彭—＜西湖志餘＞ ②땅을 나누어 가른 조각. 地段(지단). ¶分—修築＜宋史＞
【地府】ちふ(지부) 도가(道家)에서 명부(冥府)를 이르는 말. 저승. 冥中(명중). ¶—除籍天錄名＜沖黃眞經＞
【地師】ちし(지사) ☞地官(지관)③.
【地煞】ちさつ(지살) 풍수상(風水上)의 위치가 나빠 생기는 살.
【地床】(지상) 지면보다 얕은 묘상(苗床).
【地相】(지상) ①토지의 모양. 地形(지형). ②무덤이나 집터로서 지술상(地術上) 그 지점이 지니는 길흉의 운세.
【地上軍】ちじょうぐん(지상군) 육지에서 전투 임무를 수행하는 군대.
【地貰】(지세) 땅을 빌어 쓴 세. 地料(지료).
【地稅】ちぜい(지세) 토지에 부과하는 세금. 地租(지조). 地征(지정).
【地勢】ちせい(지세) ①산·들 따위의 이루어진 모양. 地形(지형). ¶—便利＜漢書＞ ②지위. 처지. ¶不以—尙人＜後漢書＞ ③☞地力(지력).
【地衰】ちすい(지쇠) 지덕(地德)이 쇠퇴함.
【地髓】ちずい(지수) 지황(地黃)의 이칭.
【地水火風】ちすいかふう(지수화풍)《佛》우주를 구성하는 4대 원소인 흙·물·불·바람.
【地神】ちじん·じしん(지신) 대지의 신. 地祇(지기). 后土(후토). 祇魄(기백). ¶山川— 土色黃＜周禮·注＞ 「傳＞
【地室】ちしつ(지실) 지하실. ¶爲—而縣縣＜左氏
【地心】ちしん(지심) ①땅 속. 지구의 중심. ②지각(地殼)에 싸인 지구의 고열부(高熱部). 地核(지핵).
【地羊湯】(지양탕) 개장국. 보신탕.
【地役】ちえき(지역) 자기 땅의 권익을 위하여 인접한 남의 땅을 이용하는 일.
【地域】ちいき(지역) 땅의 구역. 행정·생활권 등으로 나누어진 구역.
【地緣】ちえん(지연) 살고 있는 고장이나 땅과의 연고(緣故). ※血緣(혈연).
【地熱】ちねつ(지열) ①지면이 뜨거움. 또는, 그 열기. ¶南方— 物易腐敗＜南方草木狀＞ ②땅속의 열. 地心熱(지심열).

【地獄】じごく(지옥) ①《佛》 생전의 죄로 인하여 사후(死後)에 고통을 받는다는 곳. 등활(等活)·흑승(黑繩)·중합(衆合)·규환(叫喚)·대규환(大叫喚)·초열(焦熱)·대초열(大焦熱)·아비(阿鼻)의 8대 지옥이 있다고 함. ¶受一畜生餓鬼之苦<法華經> ↔極樂(극락). ②심한 고통. 또는, 고통을 받는 처지. ¶生一.

【地褥】ちじょく(지욕) 관(官) 속에 까는 요. 지요.

【地位】ちい(지위) ①위치. 處地(처지). ②신분. 地分(지분). ¶自以一隆重<南齊書> ③토지의 형상. ¶一淸高隔風雨<虞仝>

【地油】ちゆ(지유) 석유(石油).

【地維】ちい(지유) 대지(大地)를 지탱하는 밧줄. 뜻이 바뀌어, 대지(大地)를 이름. ¶折天柱絕一<列子>

【地銀】ちぎん(지은) ①하천(河川)의 미칭. ②순도 90% 이상의 은. 九成銀(구성은).

【地異】ちい(지이) ☞地變(지변). ¶天變一.

【地漿】ちしょう(지장) ①땅에서 솟아나는 물. 地下水(지하수). ¶天河一<宋史> ②☞土漿(토장).

【地藏】ちぞう·じぞう④(지장) ①땅에 숨음. ¶是爲天望而一<孔子家語> ②움. 地窖(지고). ¶密從一<北史> ③대지(大地). ¶結秀極一<鄭善夫> ④《佛》 ☞地藏菩薩(지장보살).

【地藏菩薩】じぞうぼさつ(지장보살)《佛》 석가의 사후, 미륵불이 나올 때까지 부처 없는 세상에서 중생을 구제한다는 보살. 地藏(지장)④. ¶一一 肉白色 左手執蓮華<祕藏記>

【地底水】ちていすい(지저수) 지하수.

【地籍】ちせき(지적) ①토지의 소속(所屬). ②소속하는 가문. ¶一實爲膏腴<南齊書>

【地籍圖】ちせきず(지적도) 관청에서 지번(地番)·지목(地目) 등을 밝혀 만든 토지의 평면도.

【地點】ちてん(지점) 지상의 어느 한 곳. 특정한 장소.

【地精】ちせい(지정) ①토지의 정기(精氣). ¶下取一<雲笈七籤> ②인삼의 이칭. ③하수오(何首烏)의 이칭.

【地租】ちそ(지조) 토지에 부과하는 세금. 地稅(지세).

【地主】じしゅ(지주) ①땅 임자. ↔小作人(소작인). ②하늘. ¶淸晨蒙菜把 常荷一恩<杜甫> ③토지의 신(神). ④제후(諸侯)의 회합 장소로 정해진 나라의 영주. ¶一歸餼以相辭也<左氏傳>

【地中】ちちゅう(지중) ①땅 속. 地下(지하). 地內(지내). ¶水由一行<孟子> ②배꼽. 臍下(제하). ¶臍下爲一<雲笈七籤> ③무덤 속. 壙中(광중). ④땅에 둘러싸인 그 가운데. ¶一海.

【地支】ちし(지지) 12지(支). 곧, 자(子)·축(丑)·인(寅)·묘(卯)·진(辰)·사(巳)·오(午)·미(未)·신(申)·유(酉)·술(戌)·해(亥). ※天干(천간).

【地志】ちし(지지) ☞地誌(지지).

【地誌】ちし(지지) 고장의 지세·풍속·인구·산물 등을 기록한 책. 地志(지지). 地理書(지리서). 輿地書(여지서).

【地震】じしん(지진) 땅이 흔들리는 현상. 地鳴(지명). 地動(지동)①.

【地質】ちしつ(지질) ①땅의 성질. ¶極於一<易經> ②지각(地殼)을 구성하는 암석·지층(地層)의 상태.

【地軸】ちじく(지축) ①대지의 중심. 坤軸(곤축). ¶一亦名坤軸<谷響集> ②지구 자전(自轉)의 회전축. 남극과 북극을 잇는 축.

【地蟲】(지충) 땅 속에서 사는 벌레들.

【地嘴】ちし(지취) 곶. 갑(岬). 地角(지각)③.

【地層】ちそう(지층) 지각(地殼)을 이루는 층.

【地板】(지판) 관(棺)의 밑바닥 널.

【地平】ちへい(지평) ①땅이 평온하게 다스려짐. ¶此之謂天平一<越絕書> ②땅이 평평함. ¶井淺一<魏書> ③펼쳐진 곳. ④☞地平線(지평선)①.

【地平線】ちへいせん(지평선) ①하늘과 땅이 맞닿아 보이는 선. 地平(지평). ②지평면이 천구(天球)와 접하는 대원(大圓).

【地表】ちひょう(지표) ☞地面(지면). ¶勢雄超一<李中>

【地表水】ちひょうすい(지표수) 땅 위에 있는 물. 곧, 하천·못·늪 따위의 물. ↔地下水(지하수).

【地下】ちか(지하) ①땅 속. ↔地上(지상). ②저승. 九泉(구천). ¶何面目見高帝於一乎<漢書>

【地下工作】ちかこうさく(지하공작) 비밀리에 비합법적으로 숨어서 하는 공작.

【地下修文郎】ちかしゅうぶんろう(지하 수문랑) 죽은 문인(文人)을 이름. 진(晋)의 소소(蘇韶)가 죽었다가 소생하여, 안연(顏淵)과 자하(子夏)가 염마왕의 수문랑(修文郎)이 되어 있더라고 말한 옛일에서 유래됨. ¶顏淵卜商 今見在 爲修文郎<太平廣記>

【地下運動】ちかうんどう(지하운동) 숨어서 비합법적으로 하는 결사(結社)·집회 등의 운동.

【地陷】ちかん(지함) ①땅이 우묵하게 꺼짐. ②땅굴.

【地核】ちかく(지핵) ☞地心(지심).

【地險】ちけん(지험) 지세(地勢)가 험준함. 또는, 그런 곳. ¶一俗殊<宋書>

【地穴】ちけつ(지혈) ①대지(大地)의 구멍. 굴. ②위험한 장소. ¶頓於一<六韜>

【地峽】ちきょう(지협) 바다에 끼여 두 대륙을 잇는 잘록한 땅. ↔海峽(해협).

【地形】ちけい(지형) ☞地勢(지세)①.

【地皇】じおう(지황) 상고(上古)의 제왕. 천황씨(天皇氏)의 뒤를 이었다고 함. ¶一十一頭<史記>

【地黃】じおう(지황) 현삼과의 다년생 식물. 뿌리는 약재로 씀. 地髓(지수). ¶一酒.

【地黃湯】じおうとう(지황탕) ☞六味湯(육미탕).

▷干潟一, 間一, 干拓一, 居留一, 耕一, 經天緯一, 故一, 空一, 官有一, 舊一, 國有一, 窮一, 隙一, 根據一, 禁一, 高一, 落一, 樂一, 內一, 露一, 綠一, 祿一, 當一, 大一, 蕪一, 墓一, 無人一, 門一, 白一, 僻一, 壁一, 邊一, 別天一, 本一, 封一, 盆一, 不毛一, 私有一, 死一, 散一, 生一, 所有一, 素一, 掃一, 勝一, 植民一, 實一, 心一, 餘一, 輿一, 外一, 要一, 苑一, 陸一, 隱一, 意一, 因一, 任一, 瘴一,赤一, 田一, 戰一, 井一, 租借一, 震源一, 陣一, 菜一, 尺一, 拓一, 瘠一, 天一, 寸一, 宅一, 土一, 特一, 便一, 平一, 被害一, 閑一

4/7【坎】구덩이 감 | 國ㄎㄢˇ (kan) | かん, こん(アナ) *pit*

풀이 ①구덩이. ¶一井 ②험하다. ¶慶在坤宮 災在一路<顏延之> ③악기를 치는 소리. ¶一一鼓我<詩經> ④8괘(卦)의 하나. ☵. ⑤고생하다. ¶一一. ⑥근심하다. ¶一我西階<太玄經>

【坎肩】かんけん(감견) ①韓 저고리 위에 덧입는 여자옷. 褙子(배자). ②중국에서, 두루마기 비슷한 여자의 웃옷.

【坎卦】かんか(감괘) 8괘의 하나. 방위로는 정북(正北), 물질로는 물에 해당함.

【坎壇】かんだん(감단) 제사지내기 위해 판 구덩이와 땅에 쌓은 단. ¶郊爲一<隋書>

【坎方】(감방) 북쪽.

【坎井之蛙】かんせいのあ(감정지 와) ☞井底之蛙(정저지 와).

【坎中連】(감중련) 감괘(坎卦)의 상(象)을 이르는 말. 감괘의 상(象)은 가운데가 이어진 양효(陽爻)이므로 이름. 부처 수인(手印)의 한 가지로, 엄지손가락과 가운뎃손가락이 이어진 꼴.

【坎侯】かんこう(감후) 공후(箜篌)의 본디 이름.

4/7【坑】구덩이 갱 | 庚ㄎㄥ (keng) | こう(アナ) *pit*

同阬

풀이 ①구덩이. ¶窶民盛冬作長一<唐書>/一口. ②구덩이에 묻음. ¶焚書一儒<史記>/一殺.

【坑口】こうこう(갱구) 갱도(坑道)의 입구.

【坑內】こうない(갱내) 구덩이 안. 갱 속.

【坑道】こうどう(갱도) 땅 속으로 판 통로. 坑路(갱로).

【坑路】こうろ(갱로) ☞坑道(갱도).

【坑木】こうぼく(갱목) 갱도의 내벽에 버티어 대는 나무.

【坑夫】こうふ(갱부) ☞鑛夫(광부).

【坑殺】こうさつ(갱살) 구덩이에 잡아 넣어 죽임. 陷殺(함살). ¶挾詐而書一之<史記>

【坑儒】こうじゅ(갱유) 선비를 묻는다는 뜻으로, 진시황(秦始皇)이 그의 정치를 비판하는 유생(儒生) 460여 명을 생매장하여 죽인 옛일. ※焚書坑儒(분서갱유).

▷鑛一, 金一, 銅一, 焚一, 温一, 銀一, 炭一, 廢一

7【劫】☞力部 5획(p.219)

7【坚】堅(p.346)의 俗字

4/7【均】1고를 균 2운 운 3따를 연 | 眞ㄐㄩㄣ (jun) 問ㄩㄣˋ (yun) 先 | きん(ヒトシイ) *even* うん いん

풀이 1 ①고르다. 고르게 함. ¶賦丈一<淮南子>/平一. ②가꾸다. 경작함. ¶農率一田<大戴禮> ③양(量)을 되다. 도량(度量). ¶掌一萬民之食<周禮> ④악기 이름. ⑤고패. 녹로(轆轤). ¶運一之上<管子> 2운(韻). ¶音一不恒<成公綏> 3따르다. 通沿. ¶一于江海<書經>

【均等】きんとう(균등) ①차별이나 차이가 없이 평등함. 均一(균일). 均齊(균제)①. ②등급이 같음. 또는, 등급을 같게 함. ¶帝寵遇二后 禮數一<北史>

【均排】(균배) ☞均分(균분).

【均分】きんぶん(균분) 고르게 나눔. 均排(균배). ¶明道而一之<史記>

【均時差】きんじさ(균시차) 진태양시(眞太陽時)와 평균 태양시와의 차. 時差(시차).

【均役】きんえき(균역) 부역을 공평하게 함. ¶在五年一<福惠全書>/一法.

【均窯】きんよう(균요) 송(宋)대 균주(均州)에서 나던 질그릇.

【均一】きんいつ(균일) ☞均等(균등)①.

【均一制】きんいつせい(균일제) 차이를 두지 않고 모두를 똑같이 대하는 제도. ↔差等制(차등제).

【均字匠】(균자장) 식자(植字)할 때, 활자 사이에 공목(空木)을 끼우는 일을 하는 장인(匠人).

【均田】きんでん(균전) ①백성에게 고루 농토를 나누어 줌. 또는, 그 농토. ¶一之制 從此墮壞<漢書> ②밭을 갊.

【均霑】きんてん(균점) 균등하게 이익을 나눔. 혜택이 균등하게 돌아감. 均沾(균점).

【均齊】きんせい(균제) ①☞均等(균등)①. ¶一民之力<孔子家語> ②균형이 잡혀 있음. 均整(균정).

【均調】きんちょう(균조) ①바르게 조절함. ¶運用人材 一天下<宋史> ②고르게 조화시킴.

【均質】きんしつ(균질) ①성질·품질 따위가 같음. ②어느 부분을 취하여도 성분·성질 따위가 일정함.

【均割】(균할) 균등하게 나눔.

【均衡】きんこう(균형) 한쪽으로 치우침이 없이 고름. 平衡(평형).

▷國一, 陶一, 成一, 淑一, 齊一, 調一, 天一, 清一, 平一

4/7【坅】구덩이 금 | 寢ㄑㄧㄣˇ (qin) | きん(アナ) *hole*

4/7【圾】위태할 급 | 緝ㄐㄧˊ (ji) | きゅう(アヤフイ) *perilous*

4/7【圻】1경기 기 2변경 은 | 微ㄑㄧˊ (qi) 眞 | き, ぎん *boundary*

풀이 1 ①경기(京畿). 通畿. ¶封一之內<漢書> ②가장자리. 通碕. ¶臨一阻參錯<謝靈運> 2변경(邊境). 지경. 끝. 같垠. ¶通于無一<淮南子>

【圻內】きない(기내) ☞境內(경내).

【圻父】きほ(기보) 옛 중국의 벼슬 이름. 司馬(사마). 기보(祈父). ¶一薄違<書經>

▷封一, 涯一, 遐一, 華一

4/7【坊】 동네 방 | 陽ㄈㄤ (fang) | ぼう(マチ) *village*

풀이 ①동네. ¶一一曲曲/一民. ②저자. 가게. ¶置市一<唐書> ③집. 방. ¶屯一別署<何晏> ④절[寺]. ¶寶一<鷄跖集> ⑤관아(官衙)의 이름. ⑥둑. ㉠防. ¶察一與水<禮記> ⑦막다. ㉠防. ¶刑以一淫<禮記>

【坊曲】ぼうきょく(방곡) ①韓 방(坊)과 부곡(部曲). 곧, 리(里). ※坊坊曲曲(방방곡곡). ②당(唐)대에 기녀(妓女)가 있던 곳. ¶日短天陰一遙<白居易>

【坊內】(방내) 동네 안. ¶洞內一.

【坊閭】ぼうりょ(방려) ①마을의 문. 坊門(방문). ②마을. ¶剽劫一<唐書>

【坊里】ぼうり(방리) 마을. 村里(촌리).

【坊民】ぼうみん(방민) ①백성의 허물을 예방하는 일. ¶一之不足者<禮記> ②그 마을의 백성.

「到處(도처).

【坊坊曲曲】(방방곡곡) 모든 마을 구석구석.

【坊本】ぼうほん(방본) 민간에서 출판한 책. ↔官本(관본).

【坊市】ぼうし(방시) 거리. 坊間(방간). ¶一豪家<杜陽雜編>

【坊任】(방임) 조선 때 방(坊)의 공무를 맡아 보던 관원(官員).

【坊長】ぼうちょう(방장) ①방(坊)의 장. 坊正(방정). ¶唐之里正一<大學衍義補> ②마을의 노인.

【坊場】ぼうじょう(방장) 장터. 관설 시장. ¶今天下一 官收而官賣之<宋史>

【坊主人】(방주인)韓 조선 때, 주(州)·부(府)·군(郡)·현(縣)의 방(坊)과 연락 사무를 맡은 서리(胥吏).

【坊巷】ぼうこう(방항) 좁은 길. 골목길. ¶官府一近二百餘步<夢粱錄>

▷街一, 客一, 京一, 教一, 宮一, 內一, 馬一, 民一, 別一, 本一, 宿一, 僧一, 作一, 酒一, 村一, 春一, 孝一

4/7【坏】 1 언덕 배 2 무너질 괴 | 灰ㄆㄧ (pi) 國ㄏㄨㄞ (huai) | はい *hill* かい *collapse*

풀이 1 ①언덕. ②굽지 않은 기와. ③업신여기다. 게을리함. ¶柔則一<法言> ④틈새를 막다. 通培. ¶蟄蟲一戶<禮記> ⑤벽. 담장. 2 무너지다.

【坏土】はいど(배토) ①한 줌의 흙. ¶一塡巨壑<元好問> ②질그릇의 원료가 되는 흙.

▷堪一, 陶一, 一一

7【圭】 封(p. 451)의 古字

4/7【坋】 1 먼지 분 2 뿌릴 분 | 願ㄅㄣˋ (ben) 寘 | ほん, ふん *dust*, *sprinkle*

풀이 1 ①먼지. 티끌. ②나란히 서다. ¶一入曾宮之嵯峨<漢書> ③모이다. ¶一集京師<唐書> ④솟아오르는 모양. ¶溢氣一涌<後漢書> 2 뿌리다. ㉠坌.

7【坆】 1 墳(p. 357)의 俗字 2 梅(p. 770)의 古字

7【赤】 部首 글자

4/7【坐】 앉을 좌 | 箇ㄗㄨㄛˋ (zuo) | ざ(スワル) *sit*

本 㘴 同 坔 㘸

풀이 ①앉다. ¶男女雜一<漢書>/正一. ②무릎 꿇다. ¶一行而入<左氏傳> ③지키다. ¶楚人一其北門<左氏傳> ④죄에 빠지다. ¶及壯一法黥<史記>/連一. ⑤대질하다. 무릎맞춤. ¶便與郄大夫一<左氏傳> ⑥자리. 좌석. 通座. ¶與虎賁同一<後漢書>/一次. ⑦저절로. ¶蘭香一自凝<張華>

【坐更】ざこう(좌경) ①조선 때, 궁중의 보루각(報漏閣)에서 밤에 징과 북을 쳐서 시각을 알리던 일. ②야경(夜警).

【坐繫】ざけい(좌계) 남의 일에 휩쓸려 옥에 갇힘. ¶一兩月<宋史> ※連坐(연좌). 「痛.

【坐骨】ざこつ(좌골) 골반을 이루는 뼈. ¶一神經

【坐局】(좌국) 집터 등이 어느 방위를 등지고 앉은 자리.

【坐纛旗】(좌독기) 옛 중국의 사명기(司命旗)·인기(認旗) 등 중요한 군기(軍旗).

【坐忘】ざぼう(좌망) 저절로 물아(物我)의 구별을 잊음. 현실의 번뇌를 초월한 심경. ¶行禪與一<白居易>

【坐部伎】ざぶぎ(좌부기) 당(唐)대 당상(堂上)에 앉아서 주악하던 악대. 당하(堂下)에 서서 연주하는 악대는 입부기(立部伎)라 하였음.

【坐不安席】(좌불안석) 안절부절 못함. 마음이 몹시 불안·초조한 모양을 이름.

【坐思】ざし(좌사) ①앉아서 생각함. ¶一行歎成楚越 春風玉顏畏鎖歇<李白> ②부질없이 생각함. ¶一黃柑洞庭霜<黃庭堅>

【坐商】ざしょう(좌상) 가게를 차려 놓고 하는 장사. 坐賈(좌고). ↔行商(행상).

【坐像】ざぞう(좌상) ①앉아 있는 형상. ②앉은 모양의 그림이나 조각. 座像(좌상).

【坐禪】ざぜん(좌선)《佛》 앉아서 참선함. 坐證(좌증). ¶觀習經典 一於白渠北<魏書>

【坐守】ざしゅ(좌수) 앉아서 지킴. 소극적으로 지킴. ¶一都雒 存亡之勢照然 <蜀志>

【坐市】ざし(좌시) 가게를 벌이고 앉아서 물건을 파는 시장.

【坐視】ざし(좌시) ①앉아서 봄. ¶一靑苔滿<鮑照> ②돕지 않고 내버려 둠. 袖手傍觀(수수방관).

「신상담).

【坐薪懸膽】ざしんけんたん(좌신현담) ☞臥薪嘗膽(와

【坐藥】ざやく(좌약) 항문 따위에 넣는 약.

【坐褥】ざじょく(좌욕) 방석.

【坐隱】ざいん(좌은) 바둑의 이칭. ¶王中郎以圍棋爲一<世說新語>

【坐而待死】ざシテシヲマツ(좌이대사) 앉아서 죽음을 기다린다는 뜻으로, 어찌 할 수 없는 막다른 처지를 이르는 말.

【坐作】ざさ(좌작) 거동. 起居動作(기거동작). ¶一如初＜周禮＞
【坐作進退】ざさしんたい(좌작진퇴) 행동거지(行動擧止). ¶敎一 疾徐疏數之節＜周禮＞
【坐杖】(좌장)㊊ 노인이 쓰는 정(丁) 자 모양의 짧은 지팡이. 앉아서 겨드랑이에 괴어 의지함.
【坐齋】(좌재) 제사 전날부터 몸을 재계하는 일.
【坐定】ざてい(좌정) ①자리잡아 앉음. ¶賓客一＜史記＞ ②앉아서 평정(平定)함. ¶一梁益＜晋書＞
【坐井觀天】(좌정관천) 우물에 앉아 하늘을 본다는 뜻으로, 식견(識見)이 좁음을 비유하여 이르는 말. 井中觀天(정중관천). 井中之蛙(정중지 와). 井中視星(정중시성).
【坐鐘】(좌종) 탁상 시계.
【坐罪】ざざい(좌죄) ①죄를 짓고 처형됨. ¶一籍沒＜遼史＞ ②죄에 걸림. ③죄를 물음. 형벌을 가함. ¶亦不一＜金史＞
【坐地】ざち(좌지) ①땅에 앉음. ¶寡人自以一二三子皆一＜說苑＞ ②㊊ 나라를 통치하는 자리. ③㊊ 자리잡고 사는 곳. ④박격포 따위를 설치하는 자리.
【坐次】ざじ(좌차) ①앉아 있는 곳. 坐所(좌소). 座次(좌차). ¶夏高移一＜周賀＞ ②석차. 席順(석순). ¶百官會集一＜夢溪筆談＞
【坐唱】(좌창) 앉은 소리.
【坐處】ざしょ(좌처) 앉아 있는 곳. 坐所(좌소). ¶一不度 出入無節＜墨子＞
【坐礁】ざしょう(좌초) 배가 암초에 걸림.
【坐板】(좌판) ①땅에 놓고 앉게 해놓은 널빤지. ②㊊ 노점(露店). 또는, 그 판매대.
【坐向】(좌향) 묘지나 집터 따위에서, 정면으로 바라보이는 방향.
【坐化】ざげ(좌화)《佛》 앉은 채로 숨을 거둠.
▷居一, 結跏趺一, 跪一, 起一, 箕一, 露一, 端一, 團一, 對一, 末一, 蜜一, 班一, 盤一, 邊一, 別一, 上一, 禪一, 隨一, 侍一, 深一, 安一, 連一, 緣一, 列一, 穩一, 偶一, 圓一, 危一, 離一, 雜一, 正一, 鼎一, 靜一, 從一, 蹲一, 參一, 寢一, 彈一, 便一, 下一, 閑一, 虛一, 環一, 後一

4 7 〚址〛 터 지 | 紙ㄓˇ (zhi) | し(アト) *foundation*
풀이 터. 토대. ㉠阯. ¶立至化之基一＜後漢書＞/城一.
▷居一, 故一, 舊一, 基一, 城一, 餘一, 遺一, 廢一

4 7 〚坂〛 비탈 판 | 潸ㄅㄢˇ (ban) | はん(サカ) *slope*
㊞岅 阪
풀이 ①비탈. ¶出其一＜左思＞/丘一. ②고개. ¶赤土身熱之一＜漢書＞/一路. ③멧갓. ¶山一.
▷丘一, 急一, 山一, 絶一, 峻一, 險一

5 8 〚坷〛 험할 가 | 哿ㄎㄜˇ (ke) | か *uneven, rugged*
풀이 ①험하다. 길이 울퉁불퉁함. 평탄하지 않음. ¶豈覺山徑一＜蘇轍＞ ②고생하다. ¶空室自困一＜蘇軾＞
▷坎一, 困一

5 8 〚坩〛 도가니 감 | 覃ㄍㄢ (gan) | かん(ルツボ) *melting pot*

5 8 〚坰〛 들 경 | 靑ㄐㄩㄥ (jiong) | けい *field*
풀이 들. 국경에 가까운 곳. ¶在一之野＜詩經＞

5 8 〚坤〛 곤괘 곤 | 阮ㄎㄨㄣ (kun) | こん *earth*
풀이 ①곤괘. 8괘(卦)의 하나. ☷. 또는, 64괘의 하나. ䷁. ②땅. ¶乾一. ③황후(皇后). ¶一殿.
【坤卦】こんか(곤괘) ①8괘의 하나. 땅을 상징함. ②64괘의 하나. 땅·음(陰)·여(女)·황후·신(臣)·처·모(母)·유순·순종 등을 상징함.
【坤極】こんきょく(곤극) ☞坤位(곤위).
【坤德】こんとく(곤덕) 땅의 덕. 뜻이 바뀌어, 여성의 덕. ¶俯順一＜李尤＞ ↔乾德(건덕).
【坤道】こんどう(곤도) 대지의 도(道). 뜻이 바뀌어, 여자의 지킬 도리. 婦道(부도). ¶一其順乎＜易經＞ ↔乾道(건도).
【坤命】こんめい(곤명) ①《佛》 축원문에서 여자의 호칭. ②여자의 생년(生年). ↔乾命(건명).
【坤方】(곤방) 서남쪽.
【坤三絶】(곤삼절) 세 효(爻)가 끊겼다는 뜻으로, 곤괘의 상형(象形)을 이르는 말. ↔乾三連(건삼련).
【坤仙命】(곤선명) 죽은 여자의 생년(生年).
【坤時】(곤시) 24시간의 16째. 오후 2시 반부터 3시 반 사이. 坤(곤).
【坤申風】(곤신풍) 서남간에서 불어 오는 바람. 西南風(서남풍).
【坤輿】こんよ(곤여) 대지(大地). 輿地(여지). 坤儀(곤의).
【坤倪】こんげい(곤예) 대지(大地)의 끝. ¶乾端一＜韓愈＞
【坤位】(곤위) 왕후의 지위. 坤極(곤극). 壼位(곤위).
【坤育】こんいく(곤육) 대지가 만물을 고이 기른다는 뜻으로, 왕후의 은혜를 이르는 말.
【坤殿】(곤전) 왕후. 中宮殿(중궁전).
【坤坐】(곤좌) 묏자리나 집터가 곤방(坤方)을 등진 좌향(坐向).
【坤坐艮向】(곤좌간향) 곤방에서 간방(艮方)으로 향한 좌향(坐向).
【坤軸】こんじく(곤축) 땅의 추축(樞軸). 地軸(지축). ¶奄浸一＜宋史＞
【坤后】こんこう(곤후) 대지(大地). ¶一貴於安貞＜抱朴子＞

8 〚卦〛 ☞卜部 6획(p. 243)
8 〚坵〛 丘(p. 31)의 俗字
8 〚坔〛 丘(p. 31)와 同字
8 〚㘳〛 丘(p. 31)의 古字

8【坭】泥(p.852)와 同字

8【坔】泥(p.852)와 同字

8【坣】堂(p.347)의 古字

5/8【垈】㊥터 대|site

【垈地】(대지) 집터.

8【坮】臺(p.1253)의 古字

5/8【坺】일굴 발|圓ㄅㄚˊ(ba)|はつ raise topsoil

8【坯】坏(p.341)와 同字

5/8【坿】1 붙일 부 2 뗏목 부|遇ㄈㄨˋ 虞(fu)|ふ(ツケル, イカダ)

5/8【垂】드리울 수|支ㄔㄨㄟˊ(chui)|すい(タレル) hang down

㊗埀

源象形. 초목의 가지와 잎이 늘어진 모양을 본뜸.

풀이①드리우다. ¶一帶而厲<詩經>/懸一. ②가. 가장자리. 변경. ¶坐不一堂<史記> ③거의. 가까움. ¶一死病中<元稹>

【垂拱】すいきょう(수공) ①소매를 늘어뜨리고 두 손을 가슴 앞에서 포개어 하는 경례. ②팔짱을 끼고 아무 일도 하지 않음. ¶一而天下治<書經>

【垂拱之治】すいきょうノち(수공지 치) 저절로 천하가 잘 다스려지는 정치. 德治(덕치).

【垂教】すいきょう(수교) 좋은 교훈을 후세에 남김. 垂訓(수훈). ¶聖人一<南史>

【垂年】すいねん(수년) 늙어 죽을 때가 가까움. 또는, 그런 나이. ¶使一之母 銜羞入地<資治通鑑>

【垂簾聽政】すいれんちょうせい(수렴청정) 발을 드리우고 정사(政事)를 청단(聽斷)한다는 뜻으로, 임금이 어려서 태후(太后)·대비(大妃) 등이 정치에 관여함을 이르는 말. 垂簾之政(수렴지 정).

【垂老】すいろう(수로) 나이 일흔이 가까운 노인. ¶「一之年<宋史>

【垂露】すいろ(수로) ①방울져 떨어지는 이슬. ¶一成幃<後漢書> ②붓글씨에서 내리긋는 획을 삐치지 않고 붓을 눌러 멈추는 법. 垂針(수침).

【垂柳】すいりゅう(수류) ☞垂楊(수양).

【垂名竹帛】すいめいちくはく(수명죽백) 입신 양명(立身揚名)하여 이름을 역사에 남김. 垂于竹帛(수우죽백). 著於竹帛(저어죽백).

【垂範】すいはん(수범) 남에게 모범을 보임. ¶率先「一.

【垂成】すいせい(수성) 일이 거의 이루어지려 함. ¶欲使卒一之功<吳志>

【垂楊】すいよう(수양) 버드나무. 수양버들. 垂柳「(수류).

【垂迹】すいじゃく(수적)《佛》부처가 중생을 구하기 위하여 다시 이 세상에 화신(化身)하여 나오는 일. 垂跡(수적). ¶非本無以一 非迹無以顯本<法華經>

【垂釣】すいちょう(수조) 낚시를 드리움. 낚시질을 함. 垂綸(수륜). 垂鉤(수구). ¶下一於谿谷<楚辭>

【垂直】すいちょく(수직) ①똑바로 드리움. ②직선 평면에 대하여 직각을 이룸. ¶一線.

【垂髫戴白】すいちょうたいはく(수초대백) 다박머리를 드리움과 흰 빛을 인다는 뜻. 곧, 아이와 노인. ¶隣曲今年又有年 一各欣然<陸游>

【垂訓】すいくん(수훈) ①가르침을 줌. 垂教(수교). ¶山上一. ②교훈을 후세에 남김.

▷倒一, 邊一, 四一, 岸一, 低一, 下一, 懸一, 顯一

5/8【坱】먼지 앙|養ㅣㄤˇ 陽(yang)|おう(チリ) dust

풀이①먼지. 티끌. ¶高步謝塵一<柳宗元> ②평평하지 않은 모양. ③끝 없이 아득한 모양.

▷塵一

5/8【坳】우묵할 요|肴ㄠ(ao)|おう(ヘコミ) hollow

8【尭】堯(p.351)의 略字

5/8【坫】경계 점|豔ㄉㄧㄢˋ(dian)|てん boundary

풀이①경계. ¶設于無垓一之宇<淮南子> ②대(臺). 음식·술잔·홀(笏) 따위를 얹어두는 대. ¶有反一<論語>

8【坐】坐(p.341)의 本字

8【㘴】坐(p.341)와 同字

5/8【坻】1 모래톱 지 2 머물 지 3 무너질 저|支ㄔˊ(chi) 紙 薺ㄉㄧˇ(di)|ち sandy plain し stay てい

풀이1①모래톱. 작은 섬. ¶得一則止<史記> ②물가. 기슭. ③건물의 기초. 2①머물다. ¶物乃一伏<左氏傳> ②고개. ¶臨一注壑<司馬相如> 3무너지다. 산이 무너짐. ¶右有隴一之隘<張衡>

8【坧】坻(p.343)와 同字

8【坨】坻(p.343)와 同字

8【垾】坻(p.343)와 同字

5/8【坼】터질 탁|陌ㄔㄜˋ(che)|たく(サケル) break

풀이①터지다. 通拆. ¶天旱地一<淮南子> ②열리다. 갈라짐. ¶皆甲一<易經> ③갈라진 금. ¶卜人占一<周禮>

【坼榜】(탁방) ①과거 급제자의 이름을 게시함. ②일의 결말.

▷甲一, 開一, 龜一, 發一, 離一, 地一, 焦一

5 8 〖坦〗 평평할 탄 | 旱ㄊㄢˇ (tan) | たん(タイラカ) *flat*

풀이 ①평평하다. ¶箕山一而夷＜韓愈＞/平一. ②너그럽다. ¶君子一蕩蕩＜論語＞ ③크다. ¶雖斯宇之旣一＜張衡＞ ④뚜렷하다. ¶履道一一＜易經＞

【坦腹食】たんぷくしょく (탄복식) 배를 깔고 먹는다는 뜻으로, 사위를 이름. 진(晋)의 극감(郄鑒)이 왕도(王導)의 제자 중에서 사위를 택하려고 사람을 보내어 살피게 하자, 다들 잘 보이려고 점잔을 빼는데, 한 제자만이 아랑곳없이 엎드려서 음식을 먹고 있어, 극감이 그 젊은이를 사위로 삼았다는 옛일에서 유래됨. 그가 바로 왕희지(王羲之)였다 함. 坦腹(탄복).

【坦坦大路】たんたんたいろ (탄탄대로) 평단하고 넓은 길. 坦路(탄로). 坦道(탄도).

▷夷一, 平一

5 8 〖坡〗 고개 파 | 歐ㄆㄛ (po) | は(サカ) *slope*

풀이 ①고개. 비탈길. 通 坂. ¶朝登洪一巓＜阮籍＞ ②둑. 제방. ¶一上桑畦＜朝野僉載＞

【坡仙】はせん (파선) 소식(蘇軾)의 이칭. 坡老(파로).

5 8 〖坪〗 평평할 평 | 庚ㄆㄧㄥˊ (ping) | へい(ヒラチ) *flat, plain*

풀이 ①평평하다. 평지(平地). ②韓 지적(地積)의 단위. 6 척평방. 평. 보(步). ¶建一.

【坪刈法】ツボガリほう (평예법) 농산물의 작황을 조사할 때, 한 평 또는 몇 평을 검사하여 전체를 추정하는 방법. 평뜨기.

8 〖垩〗 坪(p. 344)과 同字

8 〖幸〗 ☞ 干部 5 획(p. 511)

9 〖垧〗 垌(p. 342)의 俗字

6 9 〖垢〗 때 구 | 宥ㄍㄡˋ (gou) | こう, く(アカ) *dirt*

풀이 ①때. 찌꺼기. ¶不纓一氛＜謝靈運＞/齒一. ②먼지. ③때묻다. 악(惡)함. ¶政令一翫＜後漢書＞ ④수치. 부끄러움. 通 詬. ¶國君含一＜左氏傳＞

▷面一, 無一, 浮一, 粉一, 纖一, 宿一, 身一, 汚一, 塵一, 汗一, 含一, 解一

6 9 〖垝〗 무너질 궤 | 紙ㄍㄨㄟˇ (gui) | き(クズレル) *collapse*

풀이 ①무너지다. ¶乘彼一垣＜詩經＞ ②무너진 담. ¶水深滅一＜荀子＞

6 9 〖垌〗 항아리 동 | 董 | とう(ホトギ) *jar*

풀이 ①항아리. 단지. ②韓 동막이. 동막이함.

【垌畓】(동답) 韓 간석지(干潟地)에 둑을 쌓고 바닷물을 퍼내어 일군 논.

9 〖封〗 ☞ 寸部 6 획(p. 451)

6 9 〖城〗 성 성 | 庚ㄔㄥˊ (cheng) | じょう(シロ) *castle*

本 城

풀이 ①성. 성벽. ¶作三仞之一＜淮南子＞/一郭. ②나라. 국도(國都). ¶哲夫成一＜詩經＞/都一. ③성을 쌓다. ¶請以令一陰里＜管子＞

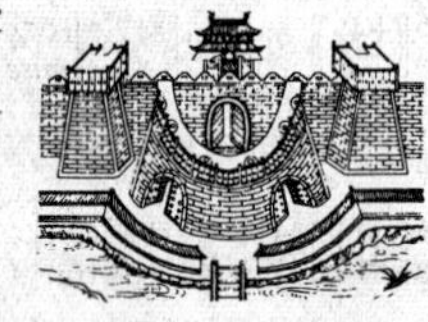

城圖①(三才圖會)

【城郭】じょうかく (성곽) ①내성과 외성. ¶一溝池＜周禮＞ ②성. 성의 둘레. 城廓(성곽).

【城闕】じょうけつ (성궐) ①성문(城門). ¶一天阻＜後漢書＞ ②도성(都城). ¶一夜千重＜戴叔倫＞ ③궁궐. ¶九重一 煙塵生 天乘萬騎西南行＜白居易＞

【城旦】じょうたん (성단) 형벌의 이름. 진(秦)에서는 포로 지키기, 장성(長城) 쌓기 등의 일을, 한(漢)에서는 아침에 일어나 성 쌓기 따위의 일을 4 년 동안 시켰음. ¶晝日伺寇虜 夜暮築長城 一 四歲刑也＜史記＞/一者旦起行治城＜漢書＞

【城廊】じょうろう (성랑) 성곽의 군데군데에 세운 누각.

【城壘】じょうるい (성루) ☞城堡(성보). ¶高爲一＜魏志＞

【城門】じょうもん (성문) 성의 문.

【城堡】じょうほ (성보) 작은 성. 산성(山城)의 하나. 城壘(성루). ¶據要險築一＜唐書＞

【城府】じょうふ (성부) ①성시(城市)에 있는 관아(官衙). ¶未嘗入一＜後漢書＞ ②남을 경계하는 마음이 강함. ¶性深阻 有如一＜晋書＞

【城塞】じょうさい (성새) ☞城砦(성채).

【城隅】じょうぐう (성우) ①성곽의 구석. 城角(성각). 城曲(성곡). ¶俟我於一＜詩經＞ ②성 귀퉁이에 세운 누각. ¶一之制九雉＜周禮＞

【城主】じょうしゅ (성주) ①성의 우두머리. 城大(성대). ¶一逃北＜六韜＞ ②신라 말 고려 초에, 지방 호족(豪族)으로서의 반독립적 영주(領主). ③韓 고을 원의 이칭.

【城池】じょうち (성지) ①성 둘레에 판 못. 城壕(성호). ¶一邑居＜漢書＞ ②성벽과 이를 에워싼 해자(垓字). ¶我一修＜墨子＞

【城址】じょうし (성지) 성터.

【城砦】じょうさい (성채) ①성과 진지. ②작은 성. 城塞(성새). 城壘(성루). ¶數寇一＜宋史＞

【城柵】じょうさく (성책) ①목책(木柵)을 두른 진지. ②작은 성. 城塞(성새). ¶立一以拒官軍＜陳書＞

【城下之盟】じょうかのちかい(성하지 맹) 성 아래서의 맹약이란 뜻으로, 도성 밑까지 쳐들어온 적군과의 굴욕적인 강화의 맹약. ¶大敗之爲一而還<左氏傳>

【城壕】じょうこう(성호) ☞城池(성지).

【城狐社鼠】じょうこしゃそ(성호사서) 성중(城中)에 사는 여우와 사당(祠堂) 속에 깃들이는 쥐. 곧, 임금 측근의 간신. 城狐(성호). ¶隗誠始禍 然一也<晋書>

【城化之分】(성화지 분)㊙ 고을 원과 백성 사이의 신분의 한계.

【城隍】じょうこう(성황) ①성 둘레에 판 호(壕). 塹壕(참호). ¶修一爲備禦<梁書> ②성황신(城隍神). ③㊙ 서낭신이 붙어있다는 나무.

【城隍堂】(성황당)㊙ 서낭신을 모신 당. 서낭「당.

▷干一, 堅一, 京一, 傾一, 古一, 孤一, 宮一, 金一, 禁一, 錦一, 羅一, 落一, 內一, 籠一, 壘一, 都一, 名一, 邊一, 不夜一, 小一, 牙一, 連一, 王一, 外一, 月一, 子一, 長一, 帝一, 築一, 平一, 皇一

9〖垚〗 堯(p. 351)와 同字

6 9〖垣〗 담 원 | 园ㄩㄢˊ (yuan) | えん(カキ) fence

풀이 ①담. ¶大師維一<詩經>/一墻. ②관아(官衙). ¶諫一郎署<白居易> ③별자리. ¶上一太微十星<小學紺珠>

▷諫一, 壘一, 門一, 複一, 三一, 星一, 省一, 城一, 掖一, 女一, 繚一, 踰一, 荒一

6 9〖垠〗 끝 은 | 圓ㄧㄣˊ (yin) | ぎん, ごん(カギリ) verge

古 埑 同 垦

풀이 ①끝. 가장자리. 通圻. ¶出於無一<太玄經> ②기슭. 낭떠러지. ¶山峻高以無一兮<楚辭> ③형상. 모양. ¶不見朕一<淮南子>

▷高一, 九一, 絶一, 地一, 天一

9〖埑〗 垠(p. 345)의 古字

9〖哉〗 ☞口部 6획(p. 293)

6 9〖垗〗 묏자리 조 | 篠ㄓㄠˋ (zhao) | ちょう grave site

풀이 ①묏자리. 장지(葬地). ②제(祭)터. 제사를 지내다. 通兆.

6 9〖垤〗 개밋둑 질 | 屑ㄉㄧㄝˊ (die) | てつ ant hill

풀이 ①개밋둑. ¶鸛鳴于一<詩經> ②작은 언덕. ¶泰山之於丘一<孟子>

▷丘一, 封一, 阜一, 蟻一

6 9〖垜〗 살받이 타 | 哿ㄉㄨㄛˇ (duo) | た, だ

풀이 ①살받이. 과녁 아래와 뒤에 흙을 쌓은 것. ¶射一. ②장벽. ¶常見城一<紀效新書> ③대문 옆의 별채.

9〖垛〗 垜(p. 345)와 同字

6 9〖垓〗 1 지경 해 本개 2 층계 해 本개 | 灰ㄍㄞ (gai) 佳 | がい(ハテ) boundary, stairway

풀이 1 ①지경. 끝. ¶重限累一<揚雄> ②넓은 땅. ③수(數)의 이름. 천억 또는 경(京)의 1억 배. 2 층계. 通陔. ¶太乙壇三一<史記>

【垓字】(해자) ①능이나 묘의 경계. ②성 밖을 둘러 판 못.

【垓下】がいか(해하) 유방(劉邦)이 초(楚)의 항우(項羽)를 멸망시킨 곳. 안휘성(安徽省) 영벽현(靈壁縣) 동남에 있음.

6 9〖型〗 거푸집 형 | 靑ㄒㄧㄥˊ (xing) | けい(カタ) mould, model

풀이 ①거푸집. ¶凝土亦能一<謝靈運>/模一. ②본. 모범. ¶儀一.

【型蠟】(형랍) 조각할 때, 본을 뜨는 데에 쓰는 재료. 송진·밀랍 따위.

▷金一, 大一, 模一, 木一, 小一, 原一, 類一, 儀一, 典一, 鑄一, 中一, 紙一

9〖垕〗 厚(p. 248)의 古字

7 10〖埆〗 메마를 각 | 覺ㄑㄩㄝˋ (que) | かく sterile

풀이 ①메마르다. ¶土地墝一<後漢書> ②가파르다. 험함. ¶石陵峭一<胡松> ③모자라다. 적음. ¶同年而議豊一<左思> ④시비를 가리다. ¶疑一之誠<蔡邕>

▷坑一, 儉一, 堅一, 墝一, 寒一

7 10〖埒〗 담 랄 | 屑ㄌㄧㄝˋ (lie) | らつ, らち fence

풀이 ①담. ¶爲壝一三重<魏書> ②둑. ¶丘邊有界一<爾雅·注> ③경계. 지경. ¶水潦所還 一丘<爾雅> ④형상. ¶以成一類<淮南子> ⑤같다. 동등함. ¶富一天子<史記> ⑥꼭대기에 못[池]이 있는 산.

▷界一, 等一, 放一, 場一

10〖埓〗 埒(p. 345)의 俗字

7 10〖埌〗 무덤 랑 | 漾ㄌㄤˋ (lang) | ろう(ツカ) grave

풀이 ①무덤. ②넓은 모양. ¶壙一之野<莊子>

7 10〖埋〗 묻을 매 | 佳ㄇㄞˊ (mai) ㄇㄢˊ (man) | まい(ウメル) bury

풀이 ①묻다. ¶狐一之<國語>/一葬. ②묻히다. ¶塵壁暗一悲舊札<元稹>

【埋立】うめたて(매립) ①우묵한 땅을 메움. ②하천

이나 바다를 메워 육지로 만듦.

【埋沒】まいぼつ(매몰) ①파묻음. ②파묻혀 보이지 않음. 埋湮(매인). 埋滅(매멸). ¶聲名— ＜庾信＞

【埋伏】まいふく(매복) ①숨어서 기다림. 潛伏(잠복). ②복병(伏兵)을 둠. 복병으로 숨어 있음.

【埋安】(매안)韓 신주(神主)를 무덤 앞에 묻는 것을 이름. ※埋魂(매혼).

【埋玉】まいぎょく(매옥) 옥을 땅에 묻는다는 뜻으로, 아까운 인재나 미인이 죽어 땅에 묻힘을 이르는 말. 埋香(매향). ¶—樹于土中＜世說新語＞

【埋葬】まいそう(매장) ①시체를 땅에 묻음. ②못된 짓을 한 사람을 사회에 용납되지 못하게 함.

【埋藏】まいぞう(매장) ①묻어서 감춤. ②묻혀 있음. ¶—量.

【埋魂】まいこん(매혼) 혼백(魂帛)을 무덤 앞에 묻음. ¶烈士— 即是將軍之墓＜庾信＞

▷暗—, 幽—, 狐—

7/10【垺】 1나성 부 虞ㄈㄨˊ(fu) ふ 2클 부 尤ㄆㄡˊ(pou)

풀이 1나성(羅城). 바깥 성. 같 郛. 2①크다. ②왕성하다.

10【埕】 城(p.344)의 本字

10【埀】 垂(p.343)의 俗字

7/10【埃】 티끌 애 灰ㄞ(ai) あい(ホコリ) *dust*

풀이 ①티끌. 흙먼지. ¶—冒雲雨＜素問＞/塵—. ②소수(小數)의 단위. 묘(渺)의 10배. ¶十渺爲— 十—爲塵＜九數通考＞

【埃及】エジプト(애급) 이집트. ¶出—記.

【埃氛】あいふん(애분) 먼지가 많은 대기. 뜻이 바뀌어, 더러워진 세태(世態)를 이름. 氛埃(분애). ¶蓬瀛宮闕隔—＜蘇軾＞

▷輕—, 浮—, 氛—, 砂—, 纖—, 涓—, 煙—, 塵—, 風—, 黃—

10【恚】 ☞心部 6획(p.568)

7/10【埏】 1땅끝 연 先ㄧㄢˊ(yan) えん 2이길 선 先ㄕㄢ(shan) せん (コネル)

풀이 1①땅끝. ¶下泝八—＜司馬相如＞ ②무덤으로 통하는 길. ¶葬親而不閉—隧＜後漢書＞ 2이기다. 흙을 이김. ¶—埴以爲器＜老子＞

▷九—, 隧—, 垓—, 寰—

7/10【垸】 바를 완 寒ㄏㄨㄢˊ(huan) かん 本환 翰ㄩㄢ(yuan)

풀이 ①바르다. 옻과 회를 섞어 바름. ②담장을 고치다. ③굴러가다. 通丸. ¶員而不—＜淮南子＞

10【袁】 ☞ 衣部 4획(p.1346)

10【栽】 ☞木部 6획(p.767)

10【垩】 坐(p.341)와 同字

10【埈】 陖(p.1577)과 同字

10【埊】 地(p.337)의 古字

10【垻】 壩(p.361)의 本字

10【坒】 陛(p.1578)와 同字

10【𡊱】 型(p.345)의 本字

8/11【堈】 언덕 강 陽 こう(オカ) *hill*

풀이 ①언덕. ②독. 항아리.

8/11【堅】 굳을 견 先ㄐㄧㄢ(jian) けん(カタイ) *hard* 俗坚

풀이 ①굳다. 단단함. ¶交—黨合＜漢書＞/—固. ②강하다. 굳셈. ¶小敵之—＜孫子＞/—剛. ③좋다. 낫다. ¶如天地之—＜管子＞ ④굳어지다. 단단하게 굳힘. ¶高壘—營＜史記＞/凝—. ⑤갑옷. ¶被—執銳＜漢書＞/—甲.

【堅甲利兵】けんこうりへい(견갑이병) 튼튼한 갑옷과 날카로운 병기(兵器). 뜻이 바뀌어, 강한 병력. 精兵(정병). 堅甲利刃(견갑이인). ¶— 不足以爲勝＜荀子＞

【堅強之辯】けんきょうのべん(견강지 변) 억지로 이치를 끌어대는 변명. 強辯(강변). ¶雖— 不能爲執事解也＜王安石＞

【堅固】けんご(견고) 굳고 단단함. 堅牢(견뢰). ¶在於—而不移＜漢書＞

【堅果】けんか(견과) 껍질이 단단한 나무 열매. 殼果(각과).

【堅白】けんぱく(견백) ①지조가 굳어 변함이 없음. ¶學行—＜魏志＞ ②견백 동이지변(堅白同異之辯)의 준말.

【堅白同異之辯】けんぱくどういのべん(견백 동이지변) 전국 시대 조(趙)의 공손용(公孫龍)이 내세운 궤변. 눈으로 돌을 보면 흰색만 보이고, 단단한지는 알 수 없으니 흰 돌이라 하고, 손으로 돌을 만져 보면 단단한 줄은 알되 흰 줄은 모르니 단단한 돌일 뿐이라는 데서, 단단함과 흰 것은 동시에 성립될 수 없는, 다른 개념이라는 논리. 堅白論(견백론). ¶趙有公孫龍 爲—＜史記＞

【堅守】けんしゅ(견수) 굳게 지킴. ¶僕不能—＜史記＞

【堅實】けんじつ(견실) ①딱딱한 열매. ②튼튼하고 착실함. 堅固確實(견고확실).

【堅靭】けんじん(견인) 단단하고 질김.

【堅忍不拔】けんにんふばつ(견인불발) 굳게 참고 견디어 마음이 흔들리지 아니함.

【堅敵】けんてき(견적) 강적. ¶前無—＜晋書＞

【堅持】けんじ(견지) 굳게 지님. 또는, 지킴.

▷剛—, 強—, 牢—, 冒—, 完—, 凝—, 貞—, 中—, 鐵—, 悍—

8/11【堌】 둑 고 遇ㄍㄨˋ(gu) こ(ツツミ) *bank*

풀이①둑. 방죽. ②무덤. 고총(古塚).

8 11 〖堁〗 1 먼지 과 2 먼지 일 과 | 㗊ㄎㄜˋ (ke) 㗊 | か, かい (チリ) *dust*

풀이1먼지. 티끌. ¶譬猶揚一<淮南子> 2①먼지가 이는 모양. ②언덕.

8 11 〖堀〗 1 굴 굴 2 팔 굴 | 月ㄎㄨ 物(ku) | こつ(アナ) くつ(ホル) *dig*

풀이1①굴. ㉰窟. ¶伏甲一室<左氏傳> ②먼지가 이는 모양. 2파다. ㉰掘. ¶一江.

8 11 〖堇〗 1 진흙 근 2 조금 근 | 文ㄑㄧㄣ (qin) 震ㄐㄧㄣˇ (jin) | きん (ネバツチ) *mud, little*

※菫(p. 1284)은 딴 자.

풀이1①진흙. ¶雜食一塊<五代史> ②때. 시기. ¶待乎天一<管子> 2조금. ㉗僅.

8 11 〖基〗 터 기 | 支ㄐㄧ (ji) | き(モト) *base*

풀이①터. 토대. 기초. ¶敬 身之一也<左氏傳>/一盤. ②비롯하다. 시초. ¶福生有一<漢書>/一本. ③업(業). ¶物失其一<太玄經> ④도모하다. ㉗謀. ¶周公初一<書經> ⑤쟁기. ㉗錤. ¶雖有鎡一<孟子> ⑥1주년(周年). ㉗朞. ¶於詩三一<後漢書> ⑦韓 단위. 탑·무덤·비석 따위를 세는 단위.

【基幹】きかん(기간) 중심·기초가 되는 부분. ¶一產業.

【基金】ききん(기금) 기본금(基本金). 어떤 일의 비용을 충당할 재원(財源)이 되는 자금.

【基壇】きだん(기단) 건물·탑·비석 따위의 밑에 받치는 돌.

【基盤】きばん(기반) 기초가 되는 지반. 터전.

【基本】きほん(기본) 사물의 가장 중요한 밑바탕. ¶一權.

【基本給】きほんきゅう(기본급) 봉급의 중심을 이루는 급여(給與). 本俸(본봉).

【基部】きぶ(기부) 기초가 되는 부분. 底部(저부).

【基色】(기색) ☞原色(원색).

【基線】きせん(기선) ①육지를 측량할 때 기준이 되는 선. ②☞幹線(간선).

【基業】きぎょう(기업) ①기초가 되는 사업. ¶一已定<後漢書> ②조상 전래의 가업(家業). ¶家無一<魏武帝>

【基宇】きう(기우) ①규모. 度量(도량). ¶一亦狹<蜀志> ②근본. 基礎(기초). ¶齊之一止在於此<北史>

【基因】きいん(기인) 기본이 되는 요인(要因).

【基底】きてい(기저) ①기초가 되는 밑바닥. ②☞底面(저면).

【基調】きちょう(기조) ①밑바탕. ②악곡(樂曲)의 중심을 이루는 음조(音調). ③기본 방침. ¶一演說.

【基準】きじゅん(기준) 기본이 되는 표준. ¶一線.

【基地】きち(기지) ①터전. ②활동의 근거지. ③군대의 보급(補給)·수송·통신·항공 등의 기점(基點)이 되는 곳. ¶一廠.

【基礎】きそ(기초) ①주춧돌. 基地(기지)①. 土臺(토대). ¶測量製造之一<周禮政要> ②사물의 밑바닥. 根底(근저).

▷開一, 國一, 根一, 大一, 德一, 福一, 崇一, 鹽一, 兆一, 創一, 弘一, 洪一

8 11 〖堂〗 집 당 | 陽ㄊㄤˊ (tang) | どう(タカドノ) *hall*

㊂坣

풀이①집. 터를 돋우어 지은 큰 집. ¶金玉滿一<老子>/公會一. ②당당하다. 의젓함. ¶容貌一一<後漢書> ③대소가(大小家). 8촌 안쪽의 친족. ¶一叔/一兄弟. ④문지방. ¶俟我乎一<詩經>

【堂姑母】(당고모)韓 아버지의 사촌 자매. 從姑母(종고모).

【堂構】どうこう(당구) ①부조(父祖)의 업을 계승하는 일. ¶不克一 朕甚慙焉<後漢書>/一之樂. ②궁전의 구조.

【堂內】(당내) ①韓 8촌 이내의 친족. ②사당(祠堂)·불당 따위의 안.

【堂內至親】(당내지친)韓 8촌 이내의 가까운 친족. 有服之親(유복지 친).

【堂堂】どうどう(당당) ①몸가짐이 헌칠한 모양. ¶一乎張也<論語> ②용기 있는 모양. ¶一乎忠<法言> ③출중(出衆)한 모양. ¶一處子<東晳> ④성대(盛大)한 모양. ¶建高基之一<何晏> ⑤숨김이 없는 모양. ¶露一<臨濟錄> ⑥물건이 삐걱거리는 소리. ⑦지대가 높고 전망이 좋은 모양. ⑧진용(陣容)이 정돈되어 있는 모양. ¶一之陣<魏志>

【堂老】どうろう(당로) ①재상(宰相)끼리 서로 부르는 호칭. ②어머니의 미칭. 萱堂(훤당).

【堂廡】どうぶ(당무) 본채 둘레에 딸린 거느림채. ¶一之上 不絕聲樂<列子>

【堂山】(당산)韓 토지나 부락의 수호신이 있다는 야산이나 언덕. 대개 중부 이남에 많은데, 마을 가까이에 있음.

【堂山祭】(당산제)韓 산신에 지내는 제사.

【堂上】どうじょう(당상) ①대청 위. ¶一不趨<禮記> ②부모의 미칭. ③관아의 장관. 堂官(당관). ④조선 때, 문관은 정3품인 통정대부(通政大夫)·명선대부(明善大夫)·봉순대부(奉順大夫) 이상, 무관은 절충장군(折衝將軍) 이상의 벼슬. 堂上官(당상관).

【堂上官】どうじょうかん(당상관) ☞堂上(당상)④.

【堂上繡衣】(당상수의)韓 당상관으로 암행어사(暗行御史)가 된 사람.

【堂叔】どうしゅく(당숙) 아버지의 사촌 형제. 동당숙부(同堂叔父)의 준말. 5촌이 됨. 從叔(종숙).

【堂叔母】どうしゅくぼ(당숙모) 당숙의 아내. 從叔母(종숙모).

【堂宇】どうう(당우) 전당(殿堂).

【堂長】(당장) 서원(書院)에 딸린 하인.

【堂除】どうじょ(당제) ①당하(堂下)의 계단. ②재상(宰相)으로 등용됨. 堂選(당선). ¶中書有一<宋史> 「소경.

【堂主】(당주) 옛날, 나라의 기도를 맡아보던

【堂姪】(당질) 사촌 형제의 아들. 從姪(종질).

【堂姪女】(당질녀) 사촌 형제의 딸. 從姪女(종질녀).

【堂姪婦】(당질부) 당질의 아내. 從姪婦(종질부). 「질서).

【堂姪壻】(당질서) 당질녀의 남편. 從姪壻(종

【堂下】どうか(당하) ①당(堂)의 아래. ②조선 때, 문관은 창선대부·정순대부·통훈대부 이하, 무관은 어모장군(禦侮將軍) 이하의 벼슬을 이름. 堂下官(당하관).

【堂下官】どうかかん(당하관) ☞堂下(당하)②.

【堂下繡衣】(당하수의)㊙당하관으로 암행어사(暗行御史)가 된 사람.

【堂兄弟】どうけいてい(당형제) 사촌 형제. 동당 형제. 從兄弟(종형제).

【堂號】どうごう(당호) ①당우(堂宇)의 호. ②별호(別號). ③천도교에서, 신앙 햇수가 10년 이상 된 여자에게 주는 교직(教職). ※道號(도호).

▷家一, 講一, 高一, 孔一, 空一, 公會一, 校一, 琴一, 金一, 滿一, 明一, 母一, 茅一, 廟一, 梵一, 法一, 北一, 佛一, 祠一, 書一, 禪一, 塾一, 僧一, 升一, 食一, 室一, 深一, 雁一, 影一, 令一, 玉一, 拗一, 殿一, 正一, 政事一, 朝一, 尊一, 中一, 天一, 青一, 草一, 椿一, 學一, 行一, 虛一, 後一, 萱一

8 11 〖培〗 [1]북돋울 배 [2]무덤 부 [3]탈 배 | 因ㄆㄟˊ (pei) 宥ㄆㄡˇ (pou) 賄 | ばい (ツチカウ) *hill up* ほう はい

풀이 [1]①북돋우다. 더함. ¶栽者一之<中庸>/栽一. ②손질하다. ¶墳墓不一<禮記> ③담. [2]①무덤. ②밭둑. ¶高一則拔<呂覽> ③언덕. [3]타다. 바람을 탐. 通馮. ¶乃今一風<莊子>

【培養】ばいよう(배양) 북돋아 기름. 생물의 발육·증식을 도움. 사물의 발달을 도움. ¶初陽萌動愼一<歐陽玄> 「흙.

【培養土】ばいようど(배양토) 거름을 섞어 걸게 한

【培土】ばいど(배토) 그루에 북을 돋움. 또는, 그 흙. 북주기. 「<左氏傳> ②자기의 겸칭.

【培塿】ほうろう(부루) ①작은 무덤. ¶一無松柏

▷啓一, 栽一, 轉一

8 11 〖埠〗 부두 부 | 遇ㄅㄨˋ (bu) | ふ(ハトバ) *wharf*

【埠頭】ふとう(부두) ①선창. ②항구의 거간꾼.

8 11 〖堋〗 [1]묻을 붕 [2]활터 붕 | 徑ㄅㄥˋ (beng) 蒸ㄆㄥˊ (peng) | ほう (ウズメル) *bury*

풀이 [1]①묻다. 하관(下棺)하다. ¶日中而一<左氏傳> ②둑. ③벗. 通朋. [2]활터. 살받이터. ¶橫弓先望一<庾信>

【堋淫】ほういん(붕음) 여럿이서 음탕한 짓을 함. 群淫(군음).

8 11 〖埤〗 [1]더할 비 [2]성가퀴 폐 | 支ㄆㄧˊ (pi) 霽ㄆㄧˋ (pi) | ひ(マス) *increase* へい *battlement*

풀이 [1]①더하다. 늘리다. ¶政事一一益我<詩經> ②낮은 담. ¶掖垣竹一梧十尋<杜甫> ③낮다. 通卑. ¶其流也一下<荀子> [2]성가퀴. 성벽 위의 낮은 담.

8 11 〖埽〗 쓸 소 | 皓ㄙㄠˇ (sao) | そう(ハク) *sweep*

풀이 ①쓸다. 같掃. ¶掌一門庭<周禮> ②흙부대.

▷箕一, 灑一, 淨一, 清一, 拔一

8 11 〖埴〗 찰흙 식 치 | 職ㄓˊ (zhi) 寘 | しょく (ハニ) *clay*

풀이 ①찰흙. 점토(粘土). ¶厥土赤一<書經> ②진흙. ¶若璽之抑一<淮南子> ③대지(大地).

8 11 〖堊〗 백토 악 | 藥ㄜˋ (e) | あく, あ *white clay*

풀이 ①백토. 석회. ¶其陽多一<山海經> ②흰 빛깔. ¶一次. ③희게 칠하다. ¶既祥黝一<禮記> ④악하다. 通惡.

【堊次】(악차)㊙ 상제가 거상(居喪) 중 무덤 옆에서 거처하는 뜸집.

▷丹一, 白一, 素一, 黝一, 赭一

11 〖埜〗 野(p.1528)의 古字

8 11 〖域〗 지경 역 | 職ㄩˋ (yu) | いき(サカイ) *boundary*

同 㚒

풀이 ①지경. 경계. ¶躋之仁壽之一<漢書>/區一. ②나라. 같或. ¶以保爾一<漢書> ③경계짓다. ¶一民不以封疆之界<孟子> ④묘지. ¶皆有一<周禮> ⑤유지하다. 지님. ¶正一彼四方<詩經>

【域內】いきない(역내) 일정한 장소의 안. ¶吾兄不過在一<黃宗羲> ↔域外(역외).

▷疆一, 境一, 區一, 國一, 檀一, 方一, 邦一, 邊一, 封一, 四一, 西一, 聖一, 殊一, 塋一, 領一, 靈一, 禹一, 月一, 流一, 異一, 日一, 絶一, 淨一, 地一, 遐一

8 11 〖埸〗 밭두둑 역 | 陌ㄧˋ (yi) | えき(アゼ) *ridge*

풀이 ①밭두둑. ¶疆一翼翼<詩經> ②국경. 변방. ¶君之疆一<左氏傳> ③길.

▷疆一, 竟一, 邊一

11 〖埶〗 藝(p. 1313)·勢(p. 225)와 同字

8 11 〖堄〗 성가퀴 예 | 霽 ㄋㄧˊ (ni) | げい battlement

8 11 〖堉〗 기름진 땅 육 | 屋 ㄩˋ (yu) | いく fertile land

풀이 기름진 땅. 옥토(沃土).

8 11 〖執〗 잡을 집 | 緝 ㄓˊ (zhi) | しゅう, しつ(トル) catch

풀이 ①잡다. 지킴. ¶一天下之器<禮記>/固一. ②처리하다. 다스림. ¶一獄牢者<淮南子>/一行. ③사귀다. 벗. 通 接. ¶見父之一 不問不敢對<禮記> ④두려워하다. ¶豪彊一服<漢書> ⑤위협하다.

【執綱】しゅうこう(집강) ①《佛》 그 종파의 기강을 맡아보는 역승(役僧). ②동학(東學) 교직(敎職)의 하나. ③동장·이장 등의 이칭.

【執巾櫛】(집건즐) 수건과 빗을 받들어 시중든다는 뜻으로, 처첩(妻妾)이 되겠다는 겸사. ¶寡君使婢子侍一<左氏傳>

【執權】しっけん(집권) 정권을 잡음. 執柄(집병). ¶乘坎一司冬<漢書>

【執圭】しっけい(집규) 초(楚)의 작위. 公爵(공작). ¶封之一<淮南子>

【執念】しゅうねん(집념) ①집착하여 떠나지 않는 생각. ②정신을 집중하여 생각함.

【執刀】しっとう(집도) ①칼을 쥠. ②수술이나 해부(解剖)를 함.

【執禮】しつれい(집례) ①예식을 집행함. ¶一者詔之<禮記> ②지켜 행할 예(禮). ¶詩書一皆雅言也<論語>

【執務】しつむ(집무) 업무를 맡아봄. ¶夙夜一<後漢書>

【執柄】しっぺい(집병) ①기구의 자루를 쥠. ②☞執權(집권).

【執事】しつじ(집사) ①일을 집행함. ¶居處恭一敬<論語> ②대관(大官) 등을 도와 사무를 보던 사람. 侍者(시자). ¶帥一而卜日<周禮> ③韓 노형(老兄)은 지나고 존장(尊長)에는 못 미치는 존칭. ④편지에서, 귀인의 이름 밑에 쓰던 말.

【執徐】しつじょ(집서) 고갑자(古甲子)의 하나. 12지(支)의 하나인 진(辰)의 이칭. 태세(太歲)에, 진(辰)이 든 해를 이름. ¶太歲在辰曰一 在巳曰大荒落<爾雅>

【執束】(집속) 타작하기 전에 곡식의 단[束]을 세어서 적음.

【執拗】しつよう(집요) 끈덕짐. 외고집으로 끈질김. ¶但不曉事又一耳<宋名臣言行錄>

【執牛耳】(집우이) 동맹자 가운데 우두머리가 됨. 제후(諸侯)가 모여 동맹할 때 우두머리가 쇠귀를 베어 피를 마시던 옛일에서 유래.

【執杖使令】(집장사령) 장형(杖刑)을 집행하던 사령(使令).

【執政】しっせい(집정) ①국정을 집행함. 또는, 그 사람. ¶竊盜者刑 此一之所司也<淮南子> ②정도(正道)를 지킴. 執正(집정). ¶典一無所回避<後漢書>

【執照】しっしょう(집조) ①증명서. 證票(증표). ②통장(通帳). 어음. ¶有納戶一<福惠全書> ③여행 허가증.

【執着】しゅうじゃく(집착) 《佛》 마음이 사물에 사로잡힘. ¶衆生一<雲笈七籤>

【執筆】しっぴつ(집필) ①글을 씀. ¶令佞臣一<後漢書> ②韓 땅·집 등의 서류를 기록한 사람.

【執行】しっこう(집행) ①직무를 실제로 행함. ¶強制一. ②일을 실행함.

【執行猶豫】しっこうゆうよ(집행유예) 3년 이하의 징역이나 금고형(禁錮刑)을 선고할 때, 일정 기간 집행을 미루어, 사고 없이 그 기간이 지나면 선고 효력이 상실되는 제도.

▷固一, 拘一, 禁一, 博一, 秉一, 父一, 朋一, 友一, 幽一, 宰一, 操一, 確一

8 11 〖埰〗 영지 채 | 隊 ㄘㄞˋ (cai) | さい feud

풀이 ①영지(領地). 채지(采地). 식읍(食邑). ②무덤.

8 11 〖埵〗 단단한 흙 타 | 哿 ㄉㄨㄛˇ (duo) | た hard soil

풀이 ①단단한 흙. 견토(堅土). ¶不見一塊<論衡> ②쌓아 올린 흙더미. 언덕. ③둑. 제방. ¶一防者便也<淮南子> ④풀무의 철통(鐵筒). 通 錘. ¶一坊.

8 11 〖埭〗 보 태 | 隊 ㄉㄞˋ (dai) | たい(セキ) dike

풀이 보. 선박으로부터 통행세를 받기 위하여 흙으로 쌓은 곳. ¶一程.

▷堰一, 津一

8 11 〖堆〗 언덕 퇴 | 灰 ㄉㄨㄟ (dui) | たい(オカ) heap つい

풀이 ①언덕. 흙더미. ¶激一埼<漢書> ②쌓다. ¶爛穀一荊囷<李商隱> ③놓다. ¶中旗一琴<戰國策>

【堆肥】たいひ(퇴비) 잡초 따위를 쌓아 썩힌 거름. 두엄.

【堆積】たいせき(퇴적) 높이 쌓임. ¶不許在內一<福惠全書>/一物.

【堆朱】ついしゅ(퇴주) ☞堆紅(퇴홍).

【堆紅】ついこう(퇴홍) 붉은 옻을 두껍게 칠하여 산수·화조(花鳥) 따위의 그림을 새긴 세공(細工). 堆朱(퇴주).

【堆花】たいか(퇴화) ①수북이 쌓인 꽃이나 눈. ¶一壓柳橋<白居易> ②자기(瓷器)의 표면에 도도록하게 무늬를 올리는 기법. 또는, 그 무늬.

【堆花粉彩】たいかふんさい(퇴화분채) 퇴화(堆花)를 조각하고, 위에 분채(粉彩) 무늬를 올린 세공.

▷培一, 土一

11〖型〗 型(p. 345)의 本字

9/12〖堪〗 견딜 감 | 圍ㄎㄢ (kan) | かん(タエル) endure

풀이 ①견디다. 감당함. ¶未一家多難<詩經>/一耐. ②이기다. 뛰어남. ¶無所一能<顔氏家訓> ③하늘. 천도(天道). ¶屬一輿以壁壘兮<揚雄>
【堪耐】かんたい(감내) 참고 견딤. 堪忍(감인).
【堪當】(감당) 능히 견뎌 냄. 일을 능히 해 냄.
【堪輿】かんよ・たんよ(감여) ①하늘과 땅. 천지(天地). 乾坤(건곤). ¶一徐行<淮南子> ②천지의 신(神).
【堪輿家】かんよか・たんよか(감여가) ①음양설(陰陽說)에 의하여 집터나 뫼자리를 잡는 사람. 風水家(풍수가). ②역상(曆象)을 풀이하여 점을 치는 사람.
【堪忍】かんにん(감인) ☞堪耐(감내). ¶多所一<魏書>
▷克一, 難一, 不一, 自一

12〖堺〗 界(p. 1015)와 同字

12〖堦〗 階(p. 1582)와 同字

9/12〖堝〗 도가니 과 | 歐ㄍㄨㄛ (guo) | か(ルツボ) crucible

9/12〖堵〗 1 담 도 2 성 자 | 圍ㄉㄨˇ (du) 馬 | と fence しゃ

풀이 1 ①담. ¶環一之宮<禮記> ②담처럼 빙 두르다. ③거처. ¶百姓安一<蜀志> ④막다. 2 ①성(城). ②성문의 대(臺). 같 闍.
【堵列】とれつ(도열) 많은 사람들이 죽 늘어섬. 또는, 그 줄.
▷防一, 粉一, 阿一, 安一, 案一, 完一, 周一, 環一

12〖堽〗 壘(p. 360)의 略字

9/12〖堥〗 언덕 무 | 尤ㄇㄡˊ (mou) | ぼう hill

풀이 ①언덕. 작은 언덕. ②질그릇병.

9/12〖堡〗 작은 성 보 | 皓ㄅㄠˇ (bao) | ほ(トリデ) fort ほう

풀이 ①작은 성. 성채(城砦). ¶拔連城一<唐書> ②언덕. ③둑. 제방.
【堡壘】ほうるい(보루) 성채(城砦). 堡壁(보벽). 堡障(보장). 堡砦(보채). 堡寨(보채).
▷屯一, 望一, 烽一, 城一, 營一, 戰一, 哨一, 海一

12〖堢〗 堡(p. 350)와 同字

9/12〖報〗 1 갚을 보 2 나아갈 부 | 號ㄅㄠˋ (bao) 遇 | ほう(ムクイル) repay

풀이 1 ①갚다. 보답. 보복. ¶有親不能一<荀子>/一復. ②알리다. 고함. 보고. ¶行泣一壺子<淮南子>/速一. ③재판하다. 죄를 논함. ¶竟未一<後漢書> ④제사하다. 제사. ¶有虞氏一焉<國語> ⑤간통하다. ¶鄭文公一鄭子之妃<左氏傳> 2 나아가다. 通 赴. ¶毋一往<禮記>
【報告】ほうこく(보고) ①알림. 通報(통보). ¶宜一天下<漢書> ②보고서(報告書). 報狀(보장).
【報果】ほうか(보과) 한 일의 보람. 한 일에 대한 「결과.
【報仇】ほうきゅう(보구) ☞報復(보복)①. ¶張良爲韓一<史記>
【報國】ほうこく(보국) 국은(國恩)에 보답함. 나라를 위해 충성함. ¶無以一<後漢書>
【報答】ほうとう(보답) ①대답. 回答(회답). ②은혜를 갚음. 報應(보응). 應報(응보).
【報德】ほうとく(보덕) ☞報恩(보은). ¶以德一<論語>
【報道】ほうどう(보도) ①알림. ¶一花時也不閑<李涉> ②사회의 새 소식을 널리 알림. ¶一機關/一員.
【報道管制】ほうどうかんせい(보도관제) 국가가 특정한 사항의 보도를 제한하여 관리하는 일.
【報服】(보복) 존속(尊屬)이 아들·아우 등의 비속(卑屬)에 대하여 입는 복(服).
【報復】ほうふく(보복) ①원수를 갚음. 報仇(보구). 報讐(보수). 復仇(복구). 報償(보상)②. ¶拘留漢使 以相一<漢書> ②보답함. ¶皆一焉<漢書> ③대답함. ¶接待一<北史> ④되돌아옴.
【報本反始】ほうほんはんし(보본반시) 천지·조상의 은혜에 보답함. 報本(보본). ¶社供粢盛 所以一也<禮記>
【報聘】ほうへい(보빙) 답례로 외국을 방문함. ¶一於蜀<蜀志>
【報償】ほうしょう(보상) ①손해를 배상함. ②보복함. ¶匈奴輒一<漢書>
【報酬】ほうしゅう(보수) ①보답함. 사례함. 사의(謝儀). ②노무 또는 물건 사용의 대가로 지급하는 금품.
【報讐】ほうしゅう(보수) ☞報復(보복)①. ¶何以爲之一之深也<史記>
【報施】ほうし(보시) 보답하여 베풂. ¶天之一善人<史記>
【報身】ほうしん(보신)《佛》 보신불(報身佛). 선행의 과보(果報)로 만덕원만(萬德圓滿)의 묘지(妙智)를 갖추어 나타나는 부처.
【報怨】ほうえん(보원) ①원수를 갚음. ②원수(怨讐)에게 은혜를 베풂. ¶何以報德 以直一<論語>
【報恩】ほうおん(보은) 은혜를 갚음. 報德(보덕). ¶一之義 莫大薦士<後漢書> ↔背恩(배은).
【報應】ほうおう(보응) ☞報答(보답)②. ¶一之勢各以類至<漢書>

【報狀】ほうじょう(보장) 보고서(報告書).
【報章】ほうしょう(보장) ①무늬를 짜 넣음. ¶不成一<詩經> ②답장(答狀). 답서. ¶何時有一<杜甫>
【報知】ほうち(보지) 알림. 보고. 報說(보설). ¶待師父回來一<西廂記>
【報罷】ほうはい(보파) ①의견을 들어 주지 않음. ②아뢰고 물러남. ¶條對急政 輒一<漢書>
▷警一, 啓一, 季一, 公一, 果一, 官一, 急一, 期一, 吉一, 朗一, 反一, 返一, 福一, 社一, 私一, 詳一, 賞一, 書一, 旬一, 申一, 新一, 雁一, 陽一, 年一, 豫一, 誤一, 月一, 應一, 日一, 雜一, 電一, 情一, 朝一, 罪一, 奏一, 週一, 天一, 捷一, 諜一, 通一, 顯一, 回一, 會一, 凶一

12【埀】垂(p. 343)의 本字

12【埁】塍(p. 353)와 同字

9/12【堨】 ①보 알 | 圖ㄜˋ(e) | あつ
②먼지 애 | 霽 | あい

12【埜】野(p. 1528)와 同字

9/12【堰】방죽 언 | 霰 ㄧㄢˋ (yan) | えん(セキ) *dam*

풀이 ①방죽. ¶東出千金一<沈約> ②물을 막음.
【堰堤】えんてい(언제) 방죽. 둑. 제언(堤堰). 댐.
▷硬一, 石一, 堤一, 廢一, 海一, 畦一

9/12【堧】빈터 연 | 先 ㄖㄨㄢˊ (ruan) | ぜん, ねん *vacant land*

풀이 ①빈터. 공지(空地). ¶田其宮一地<漢書> ②성하전(城下田). 성 밑에 있는 땅. ㉠壖. ③성곽에 잇닿은 땅. ④물가의 땅.

9/12【堯】요임금 요 | 蕭 ㄧㄠˊ (yao) | ぎょう *high*

略尭 俗尧 同垚

풀이 ①요임금. ¶古帝一<書經> ②높다. ③풍요하다.
【堯桀】ぎょうけつ(요걸) 요(堯)와 걸(桀). 나아가, 성군과 폭군. ¶一之分 在於利義而已<漢書>
【堯鼓舜木】ぎょうこしゅんぼく(요고순목) 요임금의 북과 순임금의 나무라는 뜻으로, 남의 충고를 잘 받아들임을 이르는 말. 요임금은 간(諫)하는 말을 듣기 위해 궐문에 북을 매달았고, 순임금은 잠목(箴木)을 세워 경계하는 말을 쓰게 한 옛일에서 유래됨. ¶堯鼓納諫 舜木求箴<舊唐書>
【堯年】ぎょうねん(요년) 요임금이 재위(在位)한 때. 태평 성대(太平聖代)의 비유. ¶遂蘊一<陳書>
【堯舜】ぎょうしゅん(요순) ①성군인 당요(唐堯)와 우순(虞舜). ¶一帥天下以仁<大學> ②성군(聖君).
【堯舜之民可比屋而封】ぎょうしゅんのたみはひおくにしてほうずべし(요순지민 가비옥이봉) 요순 때는 백성들이 한결같이 벼슬에 봉할 만하게 어질었다는 말. ¶一 桀紂之民 可比屋而誅<新語>
【堯長舜短】ぎょうちょうしゅんたん(요장순단) 요임금은 키가 크고 순임금은 작았다는 뜻으로, 성인은 외모와는 상관없음을 이르는 말. ¶帝一 文王長 周公短<荀子>
【堯渚】(요저) 요임금이 상서로운 귀문(龜文)을 얻었다는 물가.
【堯典】ぎょうてん(요전) 「서경」(書經) 우서(虞書)의 편명. 진고문(眞古文).
【堯天】ぎょうてん(요천) 요임금과 같은 성군(聖君). ¶萬國戴一<宋史>
【堯趨舜步】ぎょうすうしゅんぽ(요추순보) 요임금의 성큼성큼 걷는 걸음과 순임금의 천천히 걷는 걸음걸이라는 뜻으로 임금의 덕이 성대함을 이르는 말. ¶一 下躡天階<宋史>
【堯風舜雨】ぎょうふうしゅんう(요풍순우) 태평성대. 요·순의 덕이 널리 천하에 베풀어짐을, 비바람의 혜택에 비유한 말.
▷體一, 吠一

9/12【堙】막을 인 | 眞 ㄧㄣ (yin) | いん *intercept*

풀이 ①막다. 메움. ¶以一于東海<山海經> ②묻히다. ¶一替隸圉<國語> ③멸망하다. ¶冀闕緬其一盡<潘岳> ④사닥다리. ¶乘一而出見之<公羊傳> ⑤흙을 쌓다.
【堙滅】いんめつ(인멸) 묻혀 없어짐. 湮滅(인멸). ¶其儀闕然一<史記>
▷距一, 乘一

9/12【場】마당 장 | 陽 ㄔㄤˊ (chang) | じょう(バ) *ground*

同塲

풀이 ①마당. 뜰. 빈터. 밭. 곳. 타작 마당. ¶食我一苗<詩經>/廣一. ②제터. ¶築室於一<孟子> ③시험장. ¶登一應對<柳宗元> ④때. 경우. ⑤韓 장터. 시장. ¶一稅.
【場內】じょうない(장내) ①장소 안. 회장 내부. ②밭 가운데. 장중(場中).
【場面】ばめん(장면) ①광경. 情況(정황). 局面(국면). ②연극·영화 따위의 한 정경(情景).
【場邊】(장변)韓 한 장도막의 이자. 육장(六場)에서, 한 장도막인 닷새에 변리(邊利) 얼마로 꾸는 돈. 또는, 그 변리. 場邊利(장변리). 場賭地(장도지). ¶寡婦一.
【場稅】(장세)韓 시장 세. 시골 육장(六場)에서, 주로 가게 자리를 빌려 준 값으로 받는 돈. 場收稅(장수세).
【場所】ばしょ(장소) ①곳. 處所(처소). ②자리. 座席(좌석).
【場時勢】(장시세)韓 시장에서 매매되는 금새. 장금.
【場外】じょうがい(장외) ①장소 밖. ↔場內(장내). ②당(唐)대의 시험장 바깥. 場屋外(장옥

외).
【場園】じょうえん(장원) ☞場圃(장포)①.
【場圃】じょうほ(장포) ①남새밭. 菜田(채전). 場園(장원). ¶九月築— 十月納禾稼<詩經> ②정원. ¶—築前<漢書> ③옛 중국의 타작 마당.
▷擧—, 古戰—, 工—, 科—, 教—, 球—, 劇—, 農—, 道—, 獨擅—, 登—, 馬—, 滿—, 名—, 牧—, 文—, 飛行—, 沙—, 射—, 寫—, 上—, 市—, 試驗—, 式—, 漁—, 運動—, 入—, 立—, 磁—, 電—, 戰—, 齋—, 祭—, 職—, 退—, 罷—, 現—, 刑—, 會—, 戲—

12【裁】 ☞ 衣部 6획(p. 1349)

9 12【堤】 방죽 제 |齊ㄉㄧ (di)|てい(ツツミ) dike
풀이 ①방죽. 둑. 通隄. ¶修立—堰<南史>/—防. ②머물다. 지체함. ③실굽. 그릇 밑바닥에 가늘게 둘려 있는 받침. ¶瓶甌有—<淮南子>
【堤防】ていぼう(제방) 둑. 방죽. 堤塘(제당).
【堤堰】(제언) 댐.
▷防波—, 堰—

9 12【堲】 ①미워할 즉 ②불똥 즐 |職ㄐㄧˊ (ji) 質|しょく hate しつ spark
풀이 ①미워하다. ¶朕—讒說<書經> ② ①불똥. ¶右手折—<管子> ②불에 구은 흙. ¶夏后氏—周<禮記>
【堲周】しょくしゅう(즉주) 관(棺)을 쓰지 않고 흙을 구워 만든 벽돌로 광(壙) 안을 두르는 일. 하후씨(夏后氏) 때의 묘제(墓制)임. 土周(토주).

9 12【堞】 성가퀴 첩 |葉ㄉㄧㄝˊ (die)|ちょう
▷高—, 樓—, 粉—, 陴—, 城—, 危—, 雉—

12【塚】 塚(p. 354)의 俗字

9 12【堶】 돌팔매 타 |歌|た throwing stone

12【塔】 塔(p. 354)의 俗字
12【彭】 ☞ 彡部 9획(p. 539)

9 12【堠】 봉화대 후 |宥ㄏㄡˋ (hou)|こう beacon fire
풀이 ①봉화대. 망을 보는 돈대(墩臺). ¶玉門罷—<梁簡文帝> ②이정표(里程標). 길의 이수(里數)를 표시하는 돈대. ¶堆堆路傍—<韓愈>
▷孤—, 關—, 兵—, 封—, 烽—, 石—, 雙—, 里—, 亭—, 斥—, 隻—, 土—, 標—, 火—

10 13【塙】 ①단단할 각 ②자갈땅 교 |覺ㄑㄩㄝˋ 肴(que)|かく こう

13【堽】 岡(p. 477)과 同字

10 13【塏】 높고 건조할 개 |賄ㄎㄞˇ (kai)|かい

13【鼓】 部首 글자

10 13【塊】 흙덩이 괴 |卦ㄎㄨㄞˋ (kuai)|かい(ツチクレ) clod
풀이 ①흙덩이. ¶野人擧—<國語>/土—. ②덩이. ¶趙氏——肉<宋史>/金—. ③홀로 있는 모양. ¶—兮鞠<楚辭> ④편안한 모양. ¶—然受諸侯之尊<穀梁傳> ⑤소박한 모양. ¶大—噫氣<莊子>
【塊莖】かいけい(괴경) 덩이줄기. 땅밑줄기의 일부가 살져서 녹말을 저장, 덩이가 된 것. 감자·고구마 따위.
【塊狀】かいじょう(괴상) 덩이 모양.
【塊朱】(괴주) 천연의 빨간 가루 광석(鑛石). 환약 겉에 바르는 재료.
▷金—, 磊—, 累—, 壘—, 大—, 石—, 肉—, 粘—, 土—, 血—

10 13【塘】 못 당 |陽ㄊㄤˊ (tang)|とう(タメイケ) pond
풀이 ①못. 연못. ¶泛磻溪之小—<王勃>/春—. ②방죽. 둑. ¶立防海—<錢塘志> ③파수. 경비. ¶—報.
【塘池】とうち(당지) 둑을 쌓아 만든 못. 貯水池(저수지).
▷芳—, 蓮—, 堤—, 池—, 春—, 陂—

10 13【塗】 진흙 도 |虞ㄊㄨˊ (tu)|と(ドロ) mud
풀이 ①진흙. 진창. ¶坐於—炭<孟子>/—泥. ②칠하다. 꾸밈. ¶臺榭不—<穀梁傳>/—料. ③길. 길거리. 通途. ¶遇諸—<論語>/—說. ④더럽히다. ¶以—吾身<莊子>/—地. ⑤두꺼운 모양. ¶——.
【塗改】とかい(도개) ☞塗竄(도찬).
【塗壙紙】(도광지) 韓 장례 때 무덤 속의 벽에 대는 종이.
【塗料】とりょう(도료) ①물감. 채료(彩料). ②물건의 미화(美化)·보호를 위해 하는 칠.
【塗抹】とまつ(도말) ①칠함. 칠하여 지워 버림. ¶—有花從筆生<劉克莊> ②칠하여 미화함. ¶—青紅<宋史>
【塗抹詩書】とまつししょ(도말시서) 서적에 환칠함의 뜻으로, 철없는 어린아이를 이르는 말.
【塗褙】(도배) 韓 벽, 천장, 장지, 장판 등을 종이로 바름. ※美匠(미장).
【塗壁】とへき(도벽) 벽에 흙을 바름.

【塗不拾遺】ミチニオチタルヲヒロワズ (도불습유) 길에 떨어져 있는 물건을 줍는 사람이 없음의 뜻으로, 나라가 잘 다스려지고 있음을 비유한 말. ¶秦民大說 ―<史記>
【塗說】とせつ (도설) 길거리에서 얻어 들은 것을 곧장 그 길에서 말함. 가볍게 듣고 함부로 말함. ¶道聽而― 德之棄也<論語>
【塗乚】とちゅ (도은) 지우고 乚자 표를 한다는 뜻으로, 문장 교정(校訂)을 이름. 乚은 隱의 고자(古字). 塗乙은 잘못. 丹鉛(단연).
【塗裝】とそう (도장) 칠하여 치장함. ¶―工.
【塗地】とち (도지) ①흙투성이가 됨. ②피를 흘려 땅을 더럽힘. ③패전함. ¶壹敗―<史記> ④☞塗炭(도탄). ¶生人―<蜀志>
【塗竄】とざん (도찬) 문장의 어구(語句)를 지우고 고쳐 씀. 塗改(도개). 改竄(개찬).
【塗炭】とたん (도탄) ①흙탕과 숯불. ②몹시 고통스러운 지경. 塗地(도지). ¶有夏昏德 民墜―<書經> ③진흙과 숯. 더러운 것의 비유.
【塗布】とふ (도포) 바름. 칠함.
【塗巷】とこう (도항) 길. 거리. ¶好開―<南史>
▷客―, 孤―, 廣―, 曠―, 國―, 岐―, 當―, 道―, 晩―, 名―, 別―, 複―, 常―, 勝―, 榮―, 僞―, 義―, 泥―, 政―, 情―, 中―, 塵―, 淸―, 覇―, 巷―, 糊―

13〖𡎼〗 報(p. 350)의 訛字

10
13〖塳〗 먼지일 봉 |東| ほう

10
13〖塞〗 1 변방 새 |隊ㄙㄞˋ (sai)| さい frontier
2 막을 색 |職ㄙㄜˋ (se)| そく(フサグ) block
同 窒

풀이 1 ①변방. 변경. ¶築明堂於―外<荀子>/―翁. ②성채(城砦). ¶完要―<禮記>/要―. ③굿. 通賽. ¶詔令大官給―具<後漢書> ④주사위. 투자(骰子). ¶博―以遊<莊子> 2 ①막다. ¶瑱―耳<儀禮> ②막히다. ¶公道通而私道―矣<淮南子> ③충만하다. ¶其心―淵<詩經> ④절개가 굳다. ¶不變―焉<禮記> ⑤마음이 불안한 모양.
【塞關】さいかん (새관) 국경의 관문. ¶殺諸―之外<左氏傳>

【塞翁之馬】さいおうのうま (새옹지 마) 인생은, 화(禍)가 복(福)이 되기도 하고 복이 화를 가져오기도 하는 것이니 눈앞의 행불행에 지나치게 기뻐하거나 낙심하지는 말아야 한다는 말.
【유래】국경지대에 점 잘 치는 노인이 있었다. 어느날, 그 노인의 말이 오랑캐 땅으로 달아났다. 그런데, 몇달 뒤 노인의 말은 오랑캐의 준마를 하나 데리고 돌아왔다. 사람들은 축하했으나, 노인은 화(禍)가 될 수도 있다고 했다. 얼마 뒤, 노인의 아들이 그 준마를 타다가 떨어져 절름발이가 되었다. 사람들은 위로했으나 노인은 복이 될 수도 있다고 했다. 일년 뒤, 오랑캐가 쳐들어왔고 국경지대의 젊은이는 모두 싸움터로 징발되어 싸우다가 열에 아홉은 죽었다. 그러나 노인의 아들은 그 때문에 전장(戰場)에 나가지 않아서 무사했다.<淮南子>

【塞外】さいがい (새외) ①성채의 바깥. ¶兵不復出於―<荀子> ②장성(長城) 밖. 邊境(변경). ¶其在―<史記>
【塞源】そくげん (색원) 근원을 막아 버림. 塞原(색원). ¶拔本―<孟子·注>
▷疆―, 距―, 隔―, 堅―, 梗―, 硬―, 固―, 孤―, 關―, 窮―, 杜―, 博―, 防―, 壁―, 邊―, 報―, 否―, 四―, 朔―, 雁―, 遏―, 厄―, 扼―, 抑―, 掩―, 淵―, 盈―, 翳―, 壅―, 要―, 優婆―, 淪―, 疑―, 障―, 塡滯―, 充―, 沈―, 通―, 閉―, 蔽―, 廢―, 悍―, 險―

13〖勢〗 ☞ 力部 11획(p. 225)

10
13〖塑〗 토우 소 |遇ㄙㄨˋ (su)| そ clay icon

풀이 ①토우(土偶). 흙으로 만든 인형. ¶開元寺―像<五代史> ②흙을 이겨서 물건의 형상을 만들다. ¶彫―.
【塑像】そぞう (소상) 찰흙으로 만든 조상(彫像). ¶道家― 亦如此<琅琊代醉篇>
▷泥―, 彫―, 繪―

13〖塐〗 塑(p. 353)와 同字

10
13〖塍〗 밭두둑 승 |蒸ㄔㄥˊ (cheng)| しょう(アゼ) ridge

10
13〖塒〗 홰 시 |支ㄕˊ (shi)| し perch, coop

13〖塩〗 鹽(p. 1685)의 俗字

10
13〖塋〗 무덤 영 |庚ㄧㄥˊ (ying)| えい(ハカ) grave

풀이 ①무덤. 묘지. ¶非冢― 皆以賦貧民<漢書> ②경영하다. 通營. ¶―邱隴之大小<禮記>
【塋記】えいき (영기) 묘지(墓誌)의 한 가지. ¶―立名<碑版文廣例>
▷孤―, 故―, 丘―, 舊―, 墳―, 先―, 冢―

10
13〖塢〗 둑 오 |麌ㄨˋ (wu)| お(ドテ) bank

풀이 ①둑. ¶起―候<後漢書> ②성채(城砦). ¶帝幸北―<後漢書> ③마을. ¶依稀映村―<庾信>
▷村―, 築―

10
13〖塕〗 티끌 옹 |董| おう(チリ) dust

풀이①티끌. ¶風來亂吹―<柳貫> ②먼지 일다.

13【塟】 葬(p.1294)의 俗字

13【載】 ☞ 車部 6획(p.1461)

10 13【塡】 1 메울 전 2 누를 진 | 㐫ㄊㄧㄢˊ (tian) 震 | てん(ミタス) fill ちん press

풀이1①메우다. 채움. ¶以身―金隄<漢書>/充―. ②따르다. 좇음. ¶―流泉而爲沼<班固> ③만족하는 모양. ¶――然<荀子> ④북소리. ¶―然鼓之<孟子> 2①누르다. 평정함. 通鎭. ¶―國家<漢書>/―撫. ②오래되다. ¶倉兄―兮<詩經> ③다하다. 通殄. ¶哀我―寡<詩經>

【塡溝壑】てんこうがく(전구학) 도랑이나 구렁텅이를 메움의 뜻으로, 자기 죽음의 겸칭. ¶及未―而託之<戰國策>

【塡補】てんぽ(전보) ①채워서 메움. 塡充(전충). ¶挨次―<元史> ②기입함.

【塡篆】てんてん(전전) 전체(篆體)의 글씨를 촘촘하게 쓴 것. 方塡書(방전서).

【塡帖】てんちょう(전첩) 당(唐)대의 시사법(試士法)으로, 출제된 경서(經書)의 공백 부분에 글자를 써 넣는 시험. 帖經(첩경). ¶明經―<唐書>

【塡諱】てんき(전휘) 자기 선대(先代)의 비지(碑誌) 등의 글을 지을 때, 그 명호(名號)를 남에게 대신 쓰게 하는 일.

【塡星】てんせい(진성) 별 이름. 토성(土星). ¶―曰中央 季夏土信也<漢書>

▷配―, 補―, 委―, 裝―, 充―

10 13【塉】 박토 척 | 陌ㄐㄧˊ (ji) | せき barren soil

【塉薄】せきはく(척박) 메마른 땅. 塉埆(척각).

10 13【塚】 무덤 총 | 腫ㄓㄨㄥˇ (zhong) | ちょう(ツカ) tomb

本冢 俗塜

【塚主】ちょうしゅ(총주) 무덤을 관리하는 자손.

【塚中枯骨】ちょうちゅうここつ(총중고골) 무덤 속의 해골이라는 뜻으로, 무능한 사람의 비유.

▷古―, 義―, 擬―, 貝―

10 13【塔】 탑 탑 | 合ㄊㄚˇ (ta) | とう(トウ) tower

俗墖 同墶

풀이①탑. 탑파(塔婆). ②절. 불당(佛堂). ③언덕.

【塔頭】とう①·たっちゅう②③(탑두)《佛》①탑의 꼭대기. 塔尖(탑첨). ②탑 언저리. ③큰 절의 경내(境內)에 있는 작은 암자. ¶師到達磨―<臨濟錄>

【塔婆】とうば(탑파)《佛》범어(梵語) stūpa의 음역(音譯). ㉮불탑(佛塔)을 이름. ㉯부도(浮屠).

▷經―, 卵―, 燈―, 廟―, 梵―, 寶―, 佛―, 寺―, 石―, 五重―, 鐵―, 尖―, 層―

10 13【塌】 떨어질 탑 | 合ㄊㄚ (ta) | とう(オチル) fall

풀이①떨어지다. 떨어뜨림. ¶垂頭―翼<陳琳> ②땅이 낮다. ③애벌갈이.

13【塤】 壎(p.360)과 同字

14【嘉】 ☞ 口部 11획(p.311)

11 14【境】 지경 경 | 梗ㄐㄧㄥˋ (jing) | けい, きょう(サカイ) boundary

풀이①지경. 경계(境界). ¶至齊―<呂覽>/國―. ②경우. 형편. ¶卽―多所歡<戴良> ③곳. 장소. ¶行人與我翫幽―<李頎>

【境界】きょうかい(경계) ①지경. 境域(경역). 疆界(강계). 境宇(경우). ¶不知―之所接<列子> ②장소. 境地(경지). ③《佛》자기 힘이 미치는 범위. 또는, 자기가 얻은 응보(應報)의 세계. ¶非我―<無量壽經>

【境內】きょうない·けいだい(경내) ①지경 안. 구역 안. ②국내. 疆內(강내). ¶―之利<戰國策>

【境上斬】きょうじょうざん(경상참) 옛 사형 방법의 한 가지. 인접한 두 나라에서, 그들 나라에 관련된 죄인을 국경에서 처형한 일.

【境外】きょうがい(경외) 경계의 밖. ¶誅於―<史記>

【境遇】きょうぐう(경우) ①처지. 형편. ②현재의 신분. 境涯(경애).

【境地】きょうち(경지) ①경계가 되는 땅. ②환경과 처지. ③곳. 장소. ④분야(分野). ⑤도달하여 있는 곳.

▷佳―, 困―, 國―, 老―, 夢―, 妙―, 凡―, 邊―, 祕―, 悲―, 四―, 死―, 仙―, 聖―, 殊―, 順―, 詩―, 心―, 逆―, 靈―, 遠―, 幽―, 異―, 人―, 鄰―, 絕―, 淨―, 地―, 眞―, 進―, 塵―, 出―, 現―, 幻―, 環―

14【墎】 郭(p.1509)의 俗字

11 14【墐】 매흙질할 근 | 震ㄐㄧㄣˋ (jin) | きん plaster

풀이①매흙질하다. 벽을 칠함. ¶皆―其戶<禮記> ②묻다. 무덤. 通殣. ¶尙或―之<詩經> ③도랑. 옆길. ¶陸阜陵―<國語> ④점토(粘土).

11 14【墍】 맥질할 기 | 寘ㄐㄧˋ (ji) ㄒㄧˋ (xi) | き plaster

풀이①맥질하다. 벽을 바름. ¶惟其塗―茨<書經> ②쉬다. 通呬. ¶民之攸―<詩經> ③담다. 취(取)함. ¶頃筐―之<詩經>

▷塗―

11 14〖塿〗 언덕 루 |①ㄌㄡˇ (lou) |ろう, る *hill*

풀이 ①언덕. ②무덤. ③흙.

▷培一

11 14〖墁〗 흙손 만 |ㄇㄢˋ (man) |ばん, まん *trowel*

풀이 ①흙손. 通鏝. ②벽의 장식. ¶毁瓦畫一<孟子>

11 14〖墓〗 무덤 묘 |ㄇㄨˋ (mu) |ぼ(ハカ) *grave*

源 會意·形聲. 해가 풀숲에 숨음을 뜻함.

풀이 ①무덤. ¶古不修一<禮記>/墳一. ②묘지. 영역(塋域).

【墓碣】ぼけつ(묘갈) 묘 앞에 세우는 위쪽이 둥그스름한 묘비(墓碑). ¶廟碑一<司馬光>

【墓碣銘】ぼけつめい(묘갈명) 문체(文體)의 한 가지. 묘갈문의 끝에 들어가는 글. 무덤에 묻힌 사람의 인품·공적 등을 칭송하는 운문(韻文).

【墓界】ぼかい(묘계) 묘역(墓域)의 경계.

【墓道】ぼどう(묘도) ☞墓隧(묘수).

【墓道文字】ぼどうもじ(묘도문자) 묘소로 통하는 길을 알리는 문자란 뜻으로, 묘표(墓表)·묘지(墓誌)·묘비(墓碑)·묘갈(墓碣) 등에 새긴 글자.

【墓幕】(묘막) 묘를 지키기 위하여 그 가까이에 지은 작은 집. 丙舍(병사).

【墓木已拱】ぼぼくすでにきょうす(묘목이공) 무덤 가에 심은 나무가 이미 아름드리가 되었다는 뜻으로, 그 사람이 죽은 지 매우 오래 되었음을 이르는 말. ¶爾何知 中壽 爾墓之木拱矣<左氏傳>

【墓碑】ぼひ(묘비) 무덤 앞에 세우는 비석. 墓石(묘석).

【墓上閣】ぼじょうかく(묘상각) 장례 때 임시로 광(壙) 위에 짓는 뜸집.

【墓隧】ぼすい(묘수) 묘소(墓所)로 통하는 길. 墓道(묘도).

【墓域】ぼいき(묘역) 묘소(墓所)로 정한 구역. 塋域(영역). ¶蹕一 守墓禁<周禮>

【墓位畓】(묘위답) 韓 그 소출을 묘제(墓祭)의 비용으로 쓰는 논. 位土畓(위토답).

【墓位田】(묘위전) 韓 그 소출을 묘제의 비용으로 쓰는 밭. 位土田(위토전). 墓田(묘전)②.

【墓位土】(묘위토) 韓 그 소출을 묘제(墓祭)의 비용으로 쓰는 논밭 따위의 땅. 位土(위토). 位田(묘위전).

【墓田】ぼでん(묘전) ①☞墓地(묘지). ②☞墓

【墓祭】ぼさい(묘제) 산소에서 지내는 제사. 墓祀(묘사). ¶古無一之禮<晋書>

【墓地】ぼち(묘지) 묘소로 쓰는 땅. 墓田(묘전)

【墓誌】ぼし(묘지) 죽은 이의 사적(事蹟)과 생애 등의 기록을 돌에 새기거나 사발 따위에 써서 무덤에 묻는 것. 또는, 그 글.

【墓誌銘】ぼしめい(묘지명) 문체(文體)의 한 가지. 묘지(墓誌)의 글. 운문(韻文)으로 씀. 墓銘(묘명).

【墓表】ぼひょう(묘표) ①무덤 앞에 세우는 푯돌. 墓標(묘표). ②문체(文體)의 한 가지. 죽은 이의 사적(事蹟)과 덕행을 기리는 글.

【墓穴】ぼけつ(묘혈) 관을 묻는 구덩이. 壙穴(광혈). 壙中(광중). 窀穸(둔석).

▷古一, 丘一, 陵一, 封一, 墳一, 省一, 掃一, 野一, 廬一, 塋一, 展一, 淺一, 表一

14〖墨〗 墨(p. 356)의 俗字

11 14〖墅〗 1 농막 서 2 들 야 |語ㄕㄨˋ (shu) 馬 |しょ *farmer's hut* や

풀이 1 ①농막. ¶寄身於草一<曹植> ②별장. 별관(別館). 2 들. 교외. 같 野.

▷家一, 郊一, 舊一, 賭一, 別一, 山一, 幽一, 田一, 草一, 村一, 荒一

11 14〖塾〗 글방 숙 |屋ㄕㄨˊ (shu) |じゅく(マナビヤ) *private school*

同 闕 䦯

풀이 ①글방. 서당. ¶家有一<禮記>/村一. ②방. 대문 옆에 딸린 방. ¶負東一<儀禮> ③과녁.

【塾生】じゅくせい(숙생) 글방에 다니는 서생(書生).

▷家一, 門一, 私一, 義一, 里一, 村一, 鄉一, 橫一

11 14〖墉〗 담 용 |冬ㄩㄥ (yung) |よう(カキ) *wall*

풀이 ①담. ¶旣勤垣一<書經> ②벽. ¶負一南面<禮記> ③성채(城砦). ¶以伐崇一<詩經>

▷如一, 長一, 周一, 頹一

14〖塲〗 場(p. 351)과 同字

11 14〖塼〗 1 벽돌 전 2 둥글 단 |先ㄓㄨㄢ (zhuan) 寒 |せん(カワラ) *brick* たん

11 14〖墆〗 1 쌓을 절 2 높을 체 |屑 霽 |てつ(タククワエル) *pile* てい

풀이 1 ①쌓다. 비축함. ¶財無砥一<管子> ②멈추다. 2 ①높다. ②덮어 가리다. ③방죽.

14〖截〗 ☞ 戈部 10획(p. 608)

11 14〖墊〗 빠질 점 |豔ㄉㄧㄢˋ (dian) |てん(オチイル) *fall*

풀이 ①빠지다. ¶下民昏一<書經> ②파내려가다. ¶側足而一之<莊子> ③괴로워하다. ¶民愁則一隘<左氏傳> ④두려워하다. ⑤움츠리다. 틀어박힘. 通 蟄.

▷愁一, 濕一, 頹一, 昏一

14〖増〗 增(p. 357)의 略字

11
14 〖塵〗 티끌 진 | 圓ㄔㄣˊ (chen) | ちん, じん (チリ) *mote*

㊄尘

源 **會意**. 사슴이 떼지어 달릴 때 이는 먼지를 나타냄.

풀이 ①티끌. 흙먼지. ¶弄—復鬪草<白居易>/—埃. ②속세(俗世). ¶遂與—事冥<陶潛>/風—/紅—. ③묵다. 오래됨. 通陳. ④유업(遺業). 자국. ¶八慈繼—<後漢書>

【塵事】じんじ(진사) 세속의 번거로운 일. 塵務(진무). 世務(세무). 世事(세사). 俗事(속사). ¶—多忙.

【塵世】じんせい(진세) 더러운 세상. 俗世(속세). 俗界(속계). 塵界(진계). 塵寰(진환). ¶寄言—客<王維>

【塵埃】じんあい(진애) ①티끌과 먼지. ¶前有—<禮記> ②속세(俗世). ¶浮游—之外<史記> ③깊고 어두움. 窈冥(요명).

【塵外孤標】じんがいこひょう(진외고표) 속세를 벗어난 곳에서 홀로 빼어남. ¶— 雲間獨步<舊唐書> 「夢周>

【塵土】じんど(진토) 먼지와 흙. ¶白骨爲—<鄭

【塵寰】じんかん(진환) ☞塵世(진세).

▷輕—, 驅—, 垢—, 同—, 蒙—, 微—, 拜—, 粉—, 拂—, 沙—, 俗—, 承—, 埃—, 餘—, 涓—, 五—, 游—, 遺—, 六—, 離—, 一—, 絕—, 出—, 風—, 香—, 紅—, 幻—, 黃—, 荒—, 灰—, 後—, 喧—

11
14 〖塹〗 구덩이 참 | 圝ㄑㄧㄢˋ (qian) | ざん(ホリ) *depression*

풀이 ①구덩이. ¶高壘深—<史記>/—壕. ②파다. ¶—山堙谷<史記>

【塹壕】ざんごう(참호) ①성벽 밖 둘레의 구덩이. ※外濠(외호)·垓字(해자)·城池(성지). ②산병호(散兵壕), 교통호(交通壕) 따위.

▷坑—, 高—, 複—, 深—, 外—, 圍—, 長—, 重—, 天—, 隍—

14 〖塹〗 塹(p. 356)과 同字

11
14 〖墄〗 계단 척 | 圝ㄘㄜˋ (ce) | そく(カイダン) *stairs*

14 〖墖〗 塔(p. 354)과 同字

14 〖墉〗 罅(p. 1196)와 同字

14 〖墟〗 墟(p. 358)의 俗字

12
15 〖墩〗 돈대 돈 | 园ㄉㄨㄣ (dun) | とん *high ground*

【墩臺】とんだい(돈대) 조금 높직하고 평평한 땅.

15 〖墪〗 墩(p. 356)과 同字

12
15 〖墱〗 자드락길 등 | 圝ㄉㄥˋ (deng) | とう *hill path*

풀이 ①자드락길. 자드락에 있는 좁은길. ¶陵—道<後漢書> ②잔도(棧道). ③물흐름이 갈라지는 곳.

12
15 〖壿〗 뚝배기 류 | 圄 | りゅう *earthen bowl*

12
15 〖墲〗 묏자리 무 | 圓 | ぶ *grave site*

12
15 〖墨〗 먹 묵 | 圝ㄇㄛˋ (mo) | ぼく(スミ) *ink-stick*

풀이 ①먹. ¶紙筆—. ②형벌 이름. ¶—刑. ③검다. 검어짐. ¶面深—<孟子> ④더러워지다. ¶貪以敗官爲—<左氏傳> ⑤먹줄. ¶物仰其—<太玄經> ⑥옛 척도(尺度)의 단위. 5척(尺)의 길이. ⑦묵자(墨子)의 학파. 묵가(墨家). ⑧점 괘(占卦). ¶史占—<周禮> ⑨잠잠하다. 通默. ¶殷紂——以亡<史記>

【墨家】ぼっか(묵가) 묵적(墨翟)의 학파. 또는, 이를 따르는 사람. 전국 시대에 겸애(兼愛)·절검(節儉)을 주창함. ¶—儉而難遵<史記>

【墨客】ぼっかく(묵객) 서예가·화가·문인(文人)의 총칭. ¶騷人— 特注意焉<陳思>

【墨車】ぼくしゃ(묵거) 검게 칠한 수레. 주(周)대에 대부(大夫)가 탔음.

【墨光】ぼっこう(묵광) 글씨·그림의 먹의 광택.

【墨君】ぼっくん(묵군) 묵화(墨畫)의 대[竹]. ¶—秀潤瘦不枯 風枝雨葉筆筆殊<陸游>

【墨卷】ぼっけん(묵권) 과거(科擧)의 원 답안. 이를 필사(筆寫)한 것을 주권(硃卷)이라 함.

【墨器】ぼっき(묵기) 벼루의 이칭. 「최).

【墨帶】ぼくたい(묵대) 먹물 들인 베띠. ※墨衰(묵

【墨斗】ぼくと(묵두) 목수가 먹줄을 칠 때 쓰는 기구. 먹통. 墨池(묵지). 「관오리).

【墨吏】ぼくり(묵리) 부패한 관리. 貪官汚吏(탐

【墨笠】ぼくりゅう(묵립) 먹물을 들인 갓.

【墨名儒行】ぼくめいじゅこう(묵명유행) 묵가 명색에 유가(儒家) 행동이라는 뜻으로, 겉으로는 묵가인 체하면서 속으로는 유가를 따름.

【墨妙】ぼくみょう(묵묘) ①문사(文辭)의 교묘함. ②서법(書法), 화법(畫法)이 교묘함.

【墨紋】ぼくもん(묵문) 도자기의 잿물 올린 표면에 잘게 간 금.

【墨罰】ぼくばつ(묵벌) ☞墨刑(묵형).

【墨辟】ぼくへき(묵벽) ☞墨刑(묵형). ¶—疑赦 其罰百鍰<書經>

【墨寶】ぼくほう(묵보) 보배가 될 만한 훌륭한 글씨. 남의 글씨를 높여 이르는 말. ¶王羲之臨鍾繇書 南唐—堂石也<聞見錄>

【墨線】ぼくせん(묵선) 먹줄. 또는, 먹줄을 친 선. ※墨斗(묵두).

【墨守】ぼくしゅ(묵수) 옛 습관이나 자기 주장·의견 따위를 굳게 지킴. 墨翟之守(묵적지 수).

【유래】초(楚)의 군사(軍師) 공수반(公輸盤)이 운제(雲梯)를 만들어 아홉 번이나 무기를 바꾸면서 송(宋)을 공격했는데

도, 묵적(墨翟)이 송(宋)의 성(城)을 끝까지 지켰다는 옛일에서 유래. ¶時任城何休好公羊學 遂著公羊—<後漢書>

【墨水紙】(묵수지)㊑☞壓紙(압지)②. 吸墨紙(흡묵지).
【墨者】ぼくしゃ(묵자) ①묵형(墨刑)을 받은 사람. ¶—使守門<周禮> ②☞墨家(묵가). ¶—夷之<孟子>
【墨丈】ぼくじょう(묵장) 가까운 곳. 墨은 5척, 丈은 10척. 近距離(근거리). ¶不過—<國語>
【墨莊】ぼくそう(묵장) 장서(藏書)가 많음을 이름. ¶多文爲富號—<書言故事>
【墨豬】ぼくちょ(묵저) 먹으로 그린 멧돼지. 글씨가 굵기만 하고 뼈대가 없음을 이르는 말. ¶我書大俗如—<謝邁>
【墨翟】ぼくてき(묵적)《人》 전국 시대 노(魯)의 철학자. 초(楚) 또는 송(宋) 사람이라 함. 제자백가(諸子百家)의 하나인 묵가(墨家)의 시조. 겸애(兼愛)·상동(尙同)의 설을 주창하여, 당시 유가(儒家)와 쌍벽을 이룸. 저서에 「묵자」가 있음. 墨子(묵자).
【墨翟之守】ぼくてきノマモリ(묵적지 수) 묵적의 지킴이란 뜻으로, 자기의 의견·주장 등을 굳게 지킴을 이르는 말. 묵자(墨子)가 성을 굳게 지켜 적군을 막았다는 옛일에서 유래. 墨守(묵수).
【墨詔】ぼくしょう(묵조) 임금이 손수 쓴 조서(詔書). 墨勅(묵칙). ¶須—乃開<宋書>
【墨竹】ぼくちく(묵죽) ①먹으로 그린 대나무. ¶—亦起於唐 而源流未審<畫苑> ②대의 한 가지.
【墨汁】ぼくじゅう(묵즙) 먹물. 黑水(흑수). ¶筆法蒼老 —淋漓 奇作也<圖繪寶鑑>
【墨池】ぼくち(묵지) ①㊑ 먹통. 墨斗(묵두). ②벼루 앞쪽에 우묵하게 패어 먹물이 괴는 곳. 硯池(연지). 硯海(연해). ③붓·벼루를 씻는 못. ¶曰王羲之—者 荀伯子臨川記云也<曾鞏>
【墨紙】ぼくし(묵지) 복사에 쓰는 탄산지(炭酸紙).
【墨絰】ぼくてつ(묵질) ☞墨衰(묵최)②.
【墨尺】(묵척) 먹자. 목수가 쓰는 ㄱ자 꼴의 자.
【墨帖】ぼくじょう(묵첩) ☞書帖(서첩).
【墨衰】ぼくさい(묵최) ①㊑ 상복(喪服)의 한 가지. 아버지가 살아있을 때 돌아간 어머니의 담제(禫祭) 뒤나, 생가 부모의 소상(小祥) 뒤, 베 직령(直領)에 묵립(墨笠)과 묵대(墨帶)를 갖추어 입던 상복. ②부모 상중에 종군할 때, 상복에 검은 물을 들이는 일. 墨絰(묵질).
【墨勅】ぼくちょく(묵칙) 외정(外廷)을 거치지 않고 궁중에서 바로 내는 칙서(勅書). 墨詔(묵조). ¶凡有召者 降—<唐書>
【墨敗】ぼくはい(묵패) 뇌물로 벼슬을 더럽힘. ¶漢公旣以—<唐書>
【墨刑】ぼっけい(묵형) 주(周)대 오형(五刑) 중 가장 가벼운 것. 죄인의 이마나 팔뚝에 죄명을 문신(紋身)함. 墨罰(묵벌). 墨辟(묵벽). 墨罪(묵죄).
【墨畫】ぼくが(묵화) 먹으로 그린 그림.
【墨丸】ぼくがん(묵환) 먹의 한 가지. 아교(阿膠)를 녹인 물에 솔 그을음을 반죽하여 만듦.
【墨痕】ぼっこん(묵흔) ①붓글씨. ②붓자국. 墨迹(묵적). ¶—如臂<畫鑒>
▷佳—, 淚—, 淡—, 黛—, 名—, 文—, 白—, 副—, 粉—, 石—, 水—, 手—, 繩—, 深—, 楊—, 烟—, 煙—, 涅—, 詔—, 朱—, 卽—, 醉—, 親—, 沈—, 貪—, 筆—, 翰—, 香—, 昏—, 灰—

12 15 【墦】 무덤 번 | 元 ㄈㄢˊ (fan) | はん(ツカ) *grave*

12 15 【墣】 흙덩이 복·박 | 屋 覺 | ほく, はく *clod*

12 15 【墳】 무덤 분 | 文 ㄈㄣˊ (fen) | ふん(ハカ) *grave*
㊗坟 ㊐墳

풀이 ①무덤. 뫼. ¶古也墓而不—<禮記>/土—. ②언덕. 방죽. ¶崇—夷靡<潘岳> ③옛 서적. ¶三—. ④크다. ¶—燭庭燎<周禮> ⑤나누다. ㊝分. ¶何以—之<楚辭> ⑥기름진 흙. ¶厥土黑—<書經> ⑦지면이 높아지다. ¶公祭地 地—<國語>
【墳墓】ふんぼ(분묘) 무덤.
【墳史】ふんし(분사) ①고대의 서적. ②고서(古書)와 사서(史書). ¶篤好—<隋書>
【墳索】ふんさく(분삭) 삼분(三墳)과 팔삭(八索). 복희(伏羲)·신농(神農)·황제(黃帝)의 서적을 삼분, 팔괘(八卦)의 설을 팔삭이라 함. 이설(異說)도 있음. 뜻이 바뀌어, 옛 서적들. ¶伏羲神農黃帝之書 謂之三墳…八卦之說 謂之八索<左氏傳·注> ※墳典(분전).
【墳籍】ふんせき(분적) ☞墳典(분전).
【墳典】ふんてん(분전) 삼분 오전(三墳五典)의 준말. 삼황(三皇)·오제(五帝)의 서적들. 뜻이 바뀌어, 성현(聖賢)이 지은 책들. 이설(異說)도 있음. 古書(고서). 墳史(분사). 墳籍(분적). ※墳索(분삭).
▷古—, 孤—, 丘—, 舊—, 墨—, 方—, 三—, 先—, 汝—, 典—, 地—, 土—, 墟—, 皇—, 荒—

12 15 【墠】 제터 선 | 霰 ㄕㄢˋ (shan) | せん *altar site*

15 【壄】 野(p.1528)의 古字
15 【熬】 ☞ 火部 11획(p.952)
15 【獒】 ☞ 犬部 11획(p.982)
15 【墾】 垠(p.345)의 古字

12 15 【墽】 1 메마른 땅 요 ㊍교 2 평평하지않을 요 ㊍교 | 肴 效 | こう *barren land*

12 15 【增】 불어날 증 | 蒸 ㄗㄥ (zeng) | ぞう(マス) *increase*

㊕增

풀이 ①불어나다. 늚. ¶殘高一下<淮南子>/急一. ②더하다. ¶茫然一愧赧<韓愈>/一大. ③겹치다. ¶一宮參差駢嵯峨兮<揚雄> ④많다. 넉넉함. ⑤높다. ¶一構峩峩<左思>

【增加】ぞうか(증가) 많아짐. 增益(증익). 增多(증다). ¶一威勢<說苑> ↔減少(감소).

【增刊】ぞうかん(증간) 간행물(刊行物)의 부수·쪽수를 늘리거나, 정기(定期) 외에 더하여 간행함. 또는, 그 간행물. ¶一號.

【增減】ぞうげん(증감) 증가와 감소. 늘리거나 줄임. 加減(가감). ¶冬夏不一<漢書>

【增強】ぞうきょう(증강) 더 늘리어 강하게 함. ¶兵力一.

【增廣】ぞうこう(증광) ①조선 때 과거(科擧)의 하나인 증광시(增廣試)의 준말. 나라에 경사가 있을 때 봄. ②더하여 넓힘. ¶一郊祀<後漢書> ③명(明)·청(淸)대에 정원보다 더 뽑은 생원(生員). 增生(증생).

【增補】ぞうほ(증보) 보충하여 더함. 補足(보족). ¶一版.

【增俸】ぞうほう(증봉) 봉록(俸祿)을 올림. 봉급의 액수가 증가됨. 昇給(승급). 增秩(증질). 增奉(증봉).

【增删】(증산) 시문(詩文)을 다듬어 더하거나 뺌. 增削(증삭). 添削(첨삭).

【增產】ぞうさん(증산) 생산을 늘림.

【增設】ぞうせつ(증설) 더 늘려 설치함.

【增城】ぞうじょう(증성) ①여러 겹으로 된 성. ¶中有一九重<淮南子> ②한(漢)대의 궁전 이름. 增宮(증궁).

【增稅】ぞうぜい(증세) 조세(租稅)를 늘리거나 세율(稅率)을 높임.

【增修】ぞうしゅう(증수) ①정치, 도덕을 더욱 힘써 닦음. ¶一國政<左氏傳> ②책 따위를 증보, 수정함.

【增殖】ぞうしょく(증식) ①더하여 늘거나 늘림. ¶表其一<徐陵>/財產一. ②생물이 번식함. 또는, 그 세포가 증가함.

【增額】ぞうがく(증액) 금액을 늘림. ↔減額(감액).

【增員】ぞういん(증원) 인원을 늘림. ↔減員(감원).

【增進】ぞうしん(증진) 더하여 추진함. 더 나아가게 함. ¶食慾一. ↔減退(감퇴).

【增秩】ぞうちつ(증질) ☞增俸(증봉). ¶輒以璽書勉勵一賜金<漢書>

【增築】ぞうちく(증축) 건축물을 더 늘려 지음. ¶一建物.

【增派】ぞうは(증파) 인원을 늘리어 파견함. 또는, 인원을 다시 더 파견함.

【增幅】ぞうふく(증폭) 라디오 따위에서 전압·전류의 진폭을 늘려 감도(感度)를 세게 함. ¶一器.

▷加一, 激一, 急一, 倍一, 重一, 添一

12/15 〖墜〗 떨어질 추 | 寘ㄓㄨㄟˋ (zhui) | つい(オチル) *fall*

㊀磓

풀이 ①떨어지다. ¶賁星一<淮南子>/一落. ②떨어뜨리다. ¶擊一. ③잃다. 빠뜨리다. ¶敬不一命<國語>/失一. ④무너지다. ¶天地崩一.

【墜落】ついらく(추락) 높은 데서 떨어짐. 墜下(추하). ¶星有一<顏氏家訓>

▷擊一, 傾一, 潰一, 排一, 覆一, 崩一, 失一, 零一, 隕一, 危一, 淪一, 弛一, 顚一, 凋一, 墮一, 頹一, 飄一, 荒一, 橫一, 毁一

12/15 〖墮〗 떨어질 타 | 哿ㄉㄨㄛˋ (duo) | だ(オチル) *fall*

㊀墒憜

풀이 ①떨어지다. ¶兩瓦一地<魏志>/一落. ②무너지다. ¶皆殘一<鄭㟙> ③깨뜨리다. 무너뜨림. ¶一壞城郭<史記> ④들어가다. ¶而後一谿壑<淮南子> ⑤게을리하다. ㊂惰. ¶小者偸一<大戴禮> ⑥폐하다. 그만둠. ¶爲一武也<淮南子>

【墮落】だらく(타락) ①떨어짐. 落下(낙하). ¶角壽一<晋書> ②심신이나 생활을 망침. ③실패함. 패함. ¶徒壞一<荀子> ④《佛》도심(道心)을 잃고, 악도(惡道)에 떨어짐.

【墮淚碑】だるいひ(타루비) 진(晋)의 양양태수(襄陽太守) 양호(羊祜)의 덕을 사모하여 그 곳 백성들이 현산(峴山)에 세운 비. 비를 보는 사람이 모두 눈물을 흘린 데서 두예(杜預)가 붙인 이름.

【墮怠】だたい(타태) 게으름을 피움. 怠慢(태만). ¶作業一<鹽鐵論>

▷殘一, 顚一, 怠一, 頹一, 飄一, 解一

15 〖墒〗 墮(p. 358)와 同字

15 〖墤〗 隤(p. 1587)와 同字

12/15 〖墟〗 언덕 허 | 魚ㄒㄩ (xu) | きょ(オカ) *hill*

풀이 ①언덕. ㊁虛. ¶朝爲草而國爲一<呂覽>/丘一. ②옛터. 황폐한 터. ¶一墓之間<禮記>/廢一. ③산기슭. ¶崑崙一<山海經> ④저자. 시장. ¶集于市 曰亥一<嶺南志>

【墟曲】きょきょく(허곡) 황폐한 마을. ¶時復一中<陶潛>

【墟落】きょらく(허락) 황폐한 마을. 墟里(허리). ¶焚樓船殘一<唐書>

【墟里】きょり(허리) ☞墟落(허락).

▷孤一, 故一, 郊一, 丘一, 舊一, 歸一, 山一, 城一, 靈一, 遺一, 殷一, 天一, 村一, 廢一, 寒一, 荒一

13/16 〖墾〗 따비질할 간 | 阮ㄎㄣˇ (ken) | こん *cultivate*

풀이 ①따비질하다. 개간함. ¶土不備一<國語>/開一. ②힘쓰다. 노력함. ③다스리다. ④부서지다. 상함. ¶髻一薜暴<周禮>

▷開一, 耕一, 勤一, 新一, 再一

16 〖壃〗 疆(p. 1024)과 同字

16 〖壊〗 壞(p. 360)의 略字

13 16〖壇〗 단 단 | 圈ㄊㄢˊ (tan) | だん platform

풀이 ①단. ¶爲用作—＜左氏傳＞/講—. ②곳. 장소. ¶標擧終始之一也＜淮南子＞ ③특수 사회. ¶文—/畫—. ④뜰. 안뜰. ¶花—.

【壇經】(단경) ☞法寶壇經(법보단경).

【壇排】(단배)《佛》 불사(佛事)에 임시로 단을 설치하는 데 드는 제구. 「등의 위.

【壇上】(단상) 단 위. 교단·강단(講壇)

【壇宇】(단우) 단과 궁실(宮室). 뜻이 바뀌어, 범위·법칙·규칙 등을 이름. ¶君子言有—＜荀子＞

【壇場】(단장) ①제례(祭禮)를 올리기 위해 땅을 돋운 곳. 壇兆(단조). ¶增廣—俎弊俎豆＜史記＞ ②대장을 맞기 위해 땅을 돋운 곳. ③《佛》 설법(說法)하는 곳.

【壇坫】(단점) 제후(諸侯)들이 회맹(會盟)하는 장소. ¶枝桓公之心于—之上＜史記＞

▷歌—, 講—, 戒—, 教—, 劇—, 論—, 道—, 文—, 佛—, 祠—, 詞—, 石—, 騷—, 柴—, 詩—, 演—, 靈—, 齋—, 祭—, 天—, 杏—, 花—, 畫—, 荒—

13 16〖壈〗 불우할 람 | 感 | らん unfortunate

13 16〖壁〗 벽 벽 | 錫ㄅㄧˋ (bi) | へき(カベ) wall

풀이 ①벽. ¶蟋蟀在—＜禮記＞/土—. ②담. 성채(城砦). ¶觀—壘於北落兮＜張衡＞ ③벼랑. ¶靑—千尋＜馬岌＞ ④별 이름. ¶—星.

【壁經】(벽경) 「서경」(書經)의 이칭. 고문상서(古文尙書 : 書經)가 공자의 집 벽에서 나왔다고 하여 생긴 이름임. ¶漆書—＜千字文＞ ※壁中書(벽중서).

【壁觀】(벽관) ①벽을 향해 앉아 참선함. 面壁(면벽). ②진법(眞法)에만 뜻을 두어 일체의 망상이 침범하지 못함.

【壁光】(벽광) 고학(苦學)함을 이름. 한(漢)의 광형(匡衡)이 가난하여 등불을 켜지 못하고 벽을 뚫어 이웃집 불빛으로 책을 읽은 옛일에서 온 말.

【壁壘】(벽루) 성채(城砦). 壘壁(누벽). ¶深溝—＜史記＞

【壁立】(벽립) ①벽처럼 우뚝 섬. ¶林歷山四面—＜吳志＞ ②벽이 서 있을 따름임. 집이 가난함을 이름. ¶家徒—＜北史＞

【壁報】(벽보) 벽에 쓰거나, 써 붙여서 널리 알리는 것. 벽신문 따위.

【壁上觀】(벽상관) 앉아서 성패(成敗)를 구경할 뿐 구원할 수 없는 일. ¶諸侯皆從—＜史記＞ 「씨.

【壁書】(벽서) 벽에 써 붙인 글. 벽에 쓴 글

【壁星】(벽성) 28수(宿)의 열 네째 별. 壁宿(벽수).

【壁塑】(벽소) 벽에 양각(陽刻)한 조각.

【壁宿】(벽수) ☞壁星(벽성).

【壁欌】(벽장) 벽을 뚫어 만든 장.

【壁中書】(벽중서) 전한(前漢)대에 노(魯)의 공왕(恭王)이 공자의 강당 벽 속에서 발견한 「고문상서」(古文尙書)·「고문효경」(古文孝經) 등을 이름.

【壁紙】(벽지) 벽을 도배하는 종이.

【壁土】(벽토) 벽에 바르는 흙. ¶—不見泰山＜夏侯湛＞

【壁畫】(벽화) 벽에 그린 그림.

▷古—, 高—, 金城鐵—, 壘—, 丹—, 斷—, 東—, 面—, 剝—, 白—, 堡—, 複—, 粉—, 四—, 石—, 城—, 壍—, 岩—, 崖—, 塢—, 擁—, 籬—, 牆—, 赤—, 絶—, 塵—, 峭—, 層—, 土—, 破—, 敗—, 糊—

13 16〖墺〗 물가 오·욱 | 號ㄠˋ 屋 (ao) | おう beach

풀이 ①물가. ②언덕.

13 16〖壅〗 막을 옹 | 宋ㄩㄥˇ (yong) | よう(フセグ) stop up

풀이 ①막다. ¶業貫萬世而不—＜淮南子＞ ②덮다. ¶以晏首—塞之＜戰國策＞ ③북돋우다. ¶灌漑培—＜宋史＞ ④구석. ¶批巖衝—＜史記＞

【壅固執】(옹고집)㊙ 아주 심한 고집.

【壅塞】(옹색) ①막음. 막힘. 壅閉(옹폐). ¶道—而不通兮＜楚辭＞ ②㊙ 소견이 옹졸하고 답답함.

【壅拙】(옹졸) ①성품이 편협하고 소견이 좁음. ②됨됨이가 옹색하고 졸렬함.

▷梗—, 滿—, 誣—, 培—, 塞—, 五—, 積—, 沈—, 蔽—

16〖墉〗 壅(p. 359)과 同字

16〖墻〗 牆(p. 965)과 同字

17〖壙〗 簣(p. 1142)와 同字

17〖戴〗 ☞戈部 14획(p. 609)

14 17〖壔〗 성채 도 | 皓ㄉㄠˇ (dao) | とう

풀이 ①성채. ②언덕. 돈대. ③둑. 제방. ④기둥꼴의 입체.

▷角—, 圓—

14 17〖壓〗 누를 압 | 洽ㄧㄚ (ya) | あつ(オサエル) press

略 圧

풀이 ①누르다. 通 抑. ㉮내리 누르다. ¶擧傑—陛＜楚辭＞/—迫. ㉯제지하다. ¶抑—. ㉰윽박지르다. ¶—迫. ②항복받다. 진압함. ¶子以大國—之＜公羊傳＞ ③죽이다. ¶刑馬—羊＜戰國策＞

【壓驚】(압경) 놀란 마음을 가라앉힘. ¶此一盃與汝—＜輟耕錄＞

【壓卷】(압권) ①여럿 가운데 으뜸 가는 시문(詩文). 과거 때 가장 뛰어난 답안을 다른 답안 위에 얹은 일에서 온 말. ②책 가운데 가장 훌륭한 부분. ③가장 뛰어난 것.

【壓倒】(압도) ①눌러서 넘어뜨림. 굴복시

킴. ¶今日一元白＜唐書＞ ②남을 크게 능가함. ¶一的.

【壓力】あつりょく(압력) ①누르는 힘. ¶一計. ②억압하는 힘. ¶一團體.

【壓麥】(압맥) 납작보리.

【壓尾】あつび(압미) 끝. 最終(최종). 大尾(대미). ¶一桐花也作塵＜楊萬里＞

【壓迫】あっぱく(압박) ①내리누름. ②기운을 펴지 못하게 억누름.

【壓死】あっし(압사) 눌려서 죽음. ¶一者百餘人＜十六國春秋＞

【壓殺】あっさつ(압살) 눌러 죽임. ¶峰崩 盡一＜漢書＞

【壓膝】あっしつ(압슬) 죄인을 문초할 때 무거운 돌 따위로 무릎을 눌러 고문하던 일.

【壓視】(압시) 만만하게 봄. 蔑視(멸시).

【壓政】あっせい(압정) 국민을 억압하는 정치.

【壓制】あっせい(압제) 억압하고 통제함. 억눌러서 따르게 함.

【壓條】あつじょう(압조) 휘묻이. 取木(취목).

【壓紙】あっし(압지) ①종이를 누름. 鎭紙(진지). ②잉크나 붓글씨의 수분을 빨아들이는 종이. 押紙(압지). 墨水紙(묵수지).

【壓搾】あっさく(압착) ①눌러서 짜냄. ¶一機. ②압축함.

【壓軸】(압축)㊙ 하나의 시축(詩軸)에 실린 시 가운데에 가장 뛰어난 것.

【壓縮】あっしゅく(압축) ①눌러서 오그라뜨림. ¶一機. ②내용을 요약하여 줄임.

【壓痕】(압흔) 눌린 자국.

▷傾一, 高一, 氣一, 覆一, 水一, 抑一, 威一, 低氣一, 電一, 制一, 重一, 鎭一, 推一, 沈一, 彈一, 血一

14 17 【壒】 티끌 애 | [泰]ㄞˋ (ai) | あい *mote*

14 17 【壖】 빈 터 연 | [先]ㄖㄨㄢˊ (ruan) | ぜん *empty lot*

풀이 ①빈 터. 무덤, 궁궐, 성곽 따위에 딸린 빈 터. ¶田其宮一地＜漢書＞ ②강기슭의 땅. ¶盡河一棄地＜史記＞

17 【聱】 ☞ 耳部 11획 (p. 1221)

17 【螯】 ☞ 虫部 11획 (p. 1332)

17 【縶】 ☞ 糸部 11획 (p. 1187)

17 【壍】 塹(p. 356)과 同字

14 17 【壑】 골 학 | [藥]ㄏㄨㄛˋ (huo) | がく(タニ) *hollow*

同 叡

풀이 ①골. 골짜기. ¶陵巒超一＜張衡＞ ②도랑. 구렁. ¶谿一可盈＜國語＞ ③굴. ¶吾公在一谷＜左氏傳＞

▷澗一, 坑一, 巨一, 谿一, 丘一, 溝一, 大一, 洞一, 萬一, 岩一, 汚一, 幽一, 一邱一一, 絶一

14 17 【壕】 해자 호 | [豪]ㄏㄠˊ (hao) | ごう(ホリ) *moat*

풀이 해자(垓字). 도랑. ¶雁迷寒雨下空一＜許渾＞

▷空一, 待避一, 防空一, 邊一, 塹一

14 17 【壎】 질나발 훈 | [元]ㄒㄩㄣ (xun) | けん, くん

풀이 질나발. 흙을 구워 만든 옛 관악기.

【壎篪相和】けんちあいわす(훈지상화) 壎과 篪[피리]가 잘 어울림의 뜻으로, 형제의 의가 좋음의 비유.

15 18 【壙】 광 광 | [漾]ㄎㄨㄤˋ (kuang) | こう(ツカアナ) *burial hole*

풀이 ①광. 무덤. 구덩이. ¶望其一皐如也＜荀子＞ ②들. 들판. ¶獸之走一也＜孟子＞ ③넓다. 공허함. ㊟曠. ¶敬謀無一＜荀子＞

【壙中】こうちゅう(광중) 무덤 속. 壙內(광내).

【壙穴】こうけつ(광혈) ☞墓穴(묘혈).

18 【翹】 ☞ 羽部 12획 (p. 1210)

15 18 【壘】 1 진 루 | 2 이을 루 | 3 끌밋할 뢰 | 4 신이름 률 | [紙]ㄌㄟˇ [支](lei) [賄]ㄌㄩ [質](lü) | るい(トリデ) *camp* らい りつ

略 塁

풀이 1 ①진(鎭). 작은 성. ¶四郊多一＜禮記＞/城一. ②쌓다. 포갬. ¶胸中一塊＜世說新語＞ ③야구의 베이스. ¶進一. 2 잇다. 잇닿음. ㊟纍. ¶不憂其係一也＜荀子＞ 3 끌밋하다. 키가 크고 헌칠함. ¶魁一之士＜漢書＞ 4 신(神) 이름. ¶鬱一.

▷堅一, 故一, 孤一, 魁一, 軍一, 對一, 盜一, 摩一, 滿一, 壁一, 邊一, 堡一, 本一, 城一, 營一, 烏一, 鬱一, 敵一, 進一, 柵一, 峭一

18 【壥】 廛(p. 522)의 俗字

18 【疆】 ☞ 田部 14획 (p. 1024)

16 19 【壞】 1 무너질 괴 | 2 땅이름 회 | 3 앓을 회 | [卦]ㄏㄨㄞˋ [佳](huai) [賄] | かい(クズレル) *ruin*

略 壊

풀이 1 ①무너지다. 패함. ¶禮必一＜論語＞/崩一. ②무너뜨리다. ¶魯恭王一孔子宅＜漢書＞/破一. 2 땅 이름. ¶一隤. 3 앓다. ㊟瘣. ¶譬彼一木＜詩經＞

【壞滅】かいめつ(괴멸) 무너뜨려 멸함. 또는, 무너져 멸망함.

▷決一, 斷一, 倒一, 半一, 崩一, 碎一, 裂一, 弛一, 沮一, 全一, 震一, 打一, 墮一, 破一, 敗一, 廢一, 荒一, 朽一

16 19 【壜】 술병 담 | [覃] | たん, どん(ビン) *liquor bottle*

16 **【壚】** 흑토 로 | 廣カㄨˊㄌ (lu) | ろ *black soil*
19

풀이 ①흑토(黑土). 검은 석비레. ¶下土墳ー＜漢書＞ ②화로. 향로. 通鑪 爐. ③술집. 주막. ¶酒ー.
▷空ー, 茶ー, 當ー, 賣ー, 酒ー, 紅ー, 黃ー

16 **【壟】** 언덕 롱 | 匯カㄨㄥˇ (long) | りょう, ろう *hill*
19

풀이 ①언덕. ¶丘ー. ②밭두둑. ¶輟耕之ー上＜漢書＞ ③무덤. 뫼. ¶適墓不登ー＜禮記＞

【壟斷】ろうだん (농단) 깎아지른 듯이 솟은 언덕. 뜻이 바뀌어, 이익을 독점함을 이름. 隴斷(농단).
【유래】 옛날, 물물 교환으로 일용품을 구하던 때의 이야기다. 어떤 사나이가 장이 서는 날이면 재빨리 언덕에 올라 자리를 잡고는, 장터를 한눈에 둘러보아, 물건이 흔한 데서 헐값에 사다가 그 물건이 귀한 곳에 가서 비싸게 팔아 큰 이익을 독점하였다. 사람들은 그를 교활하다고 멀리했고 관원들도 얄밉게 여겨 그에게만은 세금을 거두었다고 한다. ＜孟子＞

▷高ー, 丘ー, 麥ー, 先ー, 疇ー, 峻ー, 頹ー, 厚ー

19 **【壠】** 壟(p. 361)과 同字

16 **【壝】** 제단 유 | 紙 | い *altar*
19

17 **【壤】** 흙 양 | 養ロㄤˇ (rang) | じょう(ツチ) *soil*
20

풀이 ①흙. ¶厥土惟白ー＜書經＞/土ー. ②땅. 구역. ¶齊之右ー＜戰國策＞ ③티끌. ④곡식이 익다. 通穰. ¶畏壘大ー＜莊子＞
【壤歌】じょうか (양가) ☞擊壤歌(격양가).
【壤子】じょうし (양자) 살찐 아들. 곧, 사랑스런 아들. 귀염둥이.
【壤奠】じょうてん (양전) 밭에서 난 야채 따위를 제상에 올림. 土貢(토공). ¶敢執ー＜書經＞
▷間ー, 擊ー, 枯ー, 故ー, 膏ー, 熕ー, 邊ー, 糞ー, 肥ー, 沙ー, 霄ー, 息ー, 礫ー, 沃ー, 幽ー, 蟻ー, 精ー, 瘠ー, 天ー, 土ー, 豊ー, 荒ー, 朽ー

24 **【鼇】** ☞黽部 11획(p. 1697)

21 **【壩】** 방죽 패 | 禡ㄅㄚˋ (ba) | は *dike*
24

士＜선비 사＞部

士 ① 壬 ③ 壯 ④ 壳 声 壱 壮 ⑧ 壼 ⑨ 壻 壹 壺 ⑩ 壸 ⑪ 壽

0 **【士】** 선비 사 | 紙ㄕˋ (shi) | し *scholar*
3

源 會意. 「十+一」. 뜻을 세우고 배운 열 사람 중 하나만이 선비가 되었다는 옛일에서 유래.

풀이 ①선비. 학식·덕행이 있는 사람. ¶ー見危致命＜論語＞/ー林. ②벼슬. 제후(諸侯)·경(卿)·가신(家臣)·속리(屬吏). ③전문적 기예를 닦은 사람. ¶魯多儒ー＜莊子＞/棋ー. ④남자. ¶ー不可以不弘毅＜論語＞/紳ー. ⑤무사(武士). 병사. ¶霸者富ー＜荀子＞/戰ー. ⑥일. 일을 처리하는 사람. ¶官謀ー＜管子＞
【士官】しかん (사관) ①재판관. 法官(법관). ¶準人平法 謂ー＜書經＞ ②병사를 지휘하는 무관(武官). 장교.
【士君子】しくんし (사군자) 학식이 있고 덕행이 높은 사람. 신사(紳士).
【士氣】しき (사기) ①선비의 기개(氣槪). ②병사의 기세. 意氣(의기). ¶ー震發＜國語＞/ー衝天. ③무슨 일을 하고자 하는 기세.
【士女】しじょ (사녀) ①남자와 여자. ¶綏厥ー＜書經＞ ②미인. 仕女(사녀). ¶世俗但知有周昉ー＜蘇軾＞
【士農工商】しのうこうしょう (사농공상) 봉건 시대의 선비, 농민, 장인(匠人), 상인의 네 계급.
【士大夫】したいふ (사대부) ①천자·제후를 섬기는 사람. ②군대의 장교. ③韓 문벌이 높은 집안의 사람. 士族(사족).
【士論】しろん (사론) 선비들의 주장.
【士類】しるい (사류) 학식(學識)을 갖춘 사람들. 士林(사림). ¶不得ー之名＜蜀志＞/新進ー.
【士民】しみん (사민) ①선비 계층의 사람. ②선비와 백성. 모든 사람들. ¶ー未合＜太平御覽＞
【士兵】しへい (사병) 하사관(下士官) 이하의 군인. ↔將校(장교).
【士夫】しふ (사부) ①젊은 남자. ¶老婦得其ー＜易經＞ ②남자의 통칭.
【士夫家】しふか (사부가) 사대부(士大夫) 집안.
【士夫鄕】しふきょう (사부향) 사대부가 많은 마을.
【士師】しし (사사) 주(周)대의 벼슬. 재판과 옥사(獄事)를 맡아보았음.
【士伍】しご (사오) ①병사의 대오(隊伍). 卒伍(졸오). ②벼슬이 없는 낮은 지위나 신분. ¶奪爵爲ー＜漢書＞
【士爲知己者死】シハオノレヲシルモノノタメニシス (사 위지기자사) 선비는 자기를 알아 주는 사람을 위하여는 목숨도 버림. ¶ー 女爲說己者容＜史記＞
【士人】しじん (사인) ①학문과 수양을 쌓은 사람. 선비. ¶公曰 何謂ー＜孔子家語＞ ②군사(軍士). 전투원. ③백성. 인민. ¶ー之衆＜後漢書＞
【士子】しし (사자) ①관리(官吏). ¶ー居朝＜宋書＞ ②과거(科擧) 공부를 하는 사람. 또는, 남학생.
【士族】しぞく (사족) 사대부(士大夫) 집안.
【士卒】しそつ (사졸) ①병사(兵士). 戰士(전사).

¶一不戰<管子> ②하사관과 병졸.
【士風】しふう(사풍) 선비의 기풍(氣風). 士氣(사기). ¶一淸且嘉<陸機>
【士禍】しか(사화) ①선비들이 입는 재난. ②조선 때 당쟁(黨爭)으로 말미암아 조신(朝臣)·학자들이 당한 옥사.
▷居一, 健一, 劍一, 計理一, 高一, 國一, 窮一, 金剛力一, 奇一, 騎一, 能一, 端一, 達一, 大一, 桃一, 道一, 猛一, 名一, 武一, 文一, 美一, 博一, 方一, 白一, 辨理一, 辯一, 兵一, 貧一, 死一, 上一, 碩一, 善一, 選一, 俗一, 秀一, 信一, 紳一, 雅一, 良一, 彦一, 女一, 力一, 烈一, 廉一, 英一, 銳一, 勇一, 偉一, 衛一, 儒一, 遊一, 隱一, 義一, 吏一, 異一, 人一, 壯一, 戰一, 節一, 濟濟多一, 造一, 朝一, 俊一, 中一, 志一, 智一, 進一, 徵一, 處一, 天下之一, 淸一, 靑雲之一, 通一, 鬪一, 下一, 學一, 寒一, 賢一, 俠一, 豪一

1
4【壬】북방 임 | 㑒ㄖㄣˊ (ren) | じん, にん north

풀이 ①북방. 북녘. ②아홉째 천간(天干). ㉮오행(五行)으로는 수(水). ㉯방위는 북녘. ③맡다. 通任. ④아첨하다. 通佞. ¶一人在位<漢書> ⑤애배다. 通妊. ⑥크다.
【壬公】じんこう(임공) 물의 이칭. 또는, 물의 신(神). 壬夫(임부). ¶一飛空丁女藏<蘇軾>
「으로 된 해.
【壬年】じんねん(임년) 태세(太歲)의 천간이 임(壬)
【壬方】(임방) 24방위(方位)의 하나. 정북에서 서(西)로 15° 방위.
【壬夫】じんぷ(임부) ☞壬公(임공).
【壬坐丙向】(임좌병향)韓 집터. 묏자리 따위가 임방(壬方)을 등지고 병방(丙方)을 향한 좌향.
▷孔一, 憸一

6【吉】☞ 口部 3획(p.270)
6【壮】壯(p.362)의 俗字
7【売】賣(p.1428)의 略字
7【声】聲(p.1220)의 略字
7【壱】壹(p.363)의 略字

4
7【壯】1 씩씩할 장 2 성 장 | 㑒ㄓㄨㄤˋ (zhuang) 陽 | そう (サカン) manly

俗壮

풀이 1 ①씩씩하다. 왕성함. 강건함. ¶老當益一<後漢書>/健一. ②젊다. 한창 나이. ¶迎官驚其一<後漢書>/靑一年. ③단단하다. ¶仲冬之月 氷始一<禮記> ④장하다. 웅대함. ¶克一其猶<詩經> ⑤상하다. 通戕. ¶女一<易經> ⑥음력 8월. 2 성(姓).
【壯健】そうけん(장건) 튼튼하고 건강함. 健壯(건장). ¶貴一 賤老弱<漢書>
【壯觀】そうかん(장관) ①굉장하고 볼 만한 광경. 경치. 偉觀(위관). ②훌륭한 일. ¶此天下之一<司馬相如>
【壯年】そうねん(장년) 한창 기운이 왕성한 나이. 30·40대의 나이를 이름. 壯大(장대). 壯齒(장치). 壯歲(장세). 壯齡(장령). ¶一徒爲空<袁淑>/一期.
【壯談】(장담) 자신있게 말함. 또는, 그 말. 壯語(장어). 壯言(장언).
【壯大】そうだい(장대) ①씩씩하고 큼. 웅장하고 훌륭함. 壯巨(장거). ¶筋骼一<唐書> ②장년(壯年).
【壯途】そうと(장도) ①큰 사명을 띤 장한 길. ②씩씩하게 출발함. 또는, 장한 출진(出陣).
【壯圖】そうと(장도) ☞雄圖(웅도).
【壯麗】そうれい(장려) 웅장하고 화려함. 壯美(장미). ¶上見其一<漢書>
【壯烈】そうれつ(장렬) 장하고 세참. 勇壯義烈(용장의열). ¶意氣一<後漢書>
【壯士】そうし(장사) ①젊은이. 청년. 壯丁(장정). ②기력이 왕성한 남자. 壯夫(장부). ¶蒲多一<史記>
【壯元】(장원) ①과거(科擧)에서 갑과(甲科)에 수석으로 급제함. 또는, 그 사람. ②조선 때, 갑과(甲科)에서 세째로 급제한 사람. 探花郞(탐화랑). ③성적이 가장 뛰어난 사람. 都壯元(도장원).
【壯元郞】(장원랑) 과거에 장원 급제(壯元及第)한 사람. 魁榜(괴방).
【壯月】そうげつ(장월) 음력 8월의 이칭.
【壯哉】そうナルカナ(장재) 장하도다! 굉장함을 감탄하는 말. ¶仙遊實一<宋之問> 「함.
【壯絶】そうぜつ(장절) 뛰어나게 장렬함. 매우 장대
【壯丁】そうてい(장정) ①성년(成年)에 달한 튼튼한 남자. 한창 나이의 남자. 壯卒(장졸). ②군역(軍役)·부역에 소집된 남자. ¶受檢一. 「거움.
【壯重】そうちょう(장중) 크고 정중함. 웅장하며 무
【壯快】そうかい(장쾌) 원기가 왕성하고 기분이 상쾌함.
【壯版】(장판) 기름먹인 종이로 바른 방바닥. 또는, 그 종이. ¶一紙.
【壯漢】(장한) 힘이 센 사나이.
【壯行】そうこう(장행) ①어릴 때 배운 것을 장년에 이르러 실행하려고 함. ②장한 출발. 장도(壯途)에 오름.
▷剛一, 強一, 彊一, 健一, 高一, 宏一, 老益一, 美一, 悲一, 肥一, 盛一, 少一, 英一, 勇一, 雄一, 丁一, 貞一, 豪一

7【志】☞ 心部 3획(p.559)
11【壷】壺(p.363)와 同字

9
12【壻】사위 서 | 㑒ㄒㄩˋ (xu) | せい, さい(ムコ) son-in-law

俗聟 同婿 埍

풀이 ①사위. ¶一執雁<禮記>/同一. ②지아비. ¶今年喜夫一<庾信> ③젊은이. ¶陛下勿以常一畜之<晉書>
【壻郞】(서랑) 남의 사위의 높임말.

【壻養子】むこようし(서양자) 사위를 양자로 삼음. 양자로 된 사위.
▷佳—, 姑—, 國—, 妹—, 夫—, 新—, 婭—, 良—, 兩—, 女—, 僚—, 友—, 姊—, 帝—, 贅—, 賢—

12〖[土+咠]〗 壻(p. 362)와 同字

9 12〖壹〗 한 일 |質 ㄧ (yi)| いつ, いち(ヒトツ) *one*
略 壱
풀이 ①하나. 一의 갖은자. ②오로지. ¶琴瑟之專一<左氏傳> ③모두. ¶一諸侯之相也<孔子家語> ④같다. ¶一用之<左氏傳> ⑤합일하다. ¶有所統一<漢書> ⑥막다. 닫음. ¶使民偸一<管子>
【壹是】いっし(일시) 모두. 한결같이. 오로지. ¶一皆以修身爲本<大學>
【壹意】いちい(일의) 한 가지 일에 전심(專心)함. ¶專心并力一<史記>
▷均—, 拜—, 誠—, 肅—, 醇—, 專—, 齊—, 混—, 和—

9 12〖壺〗 병 호 |虞 ㄏㄨˊ (hu)| こ(ツボ) *bottle*
同 壷
源 象形. 두껑 있는 단지 모양.
※壼(p. 363)은 딴 자.
풀이 ①병. 단지. ¶門內—<禮記> ②박. 通 瓠. ¶八月斷—<詩經> ③투호(投壺). ④물시계.

周貫耳壺 (博古圖)

【壺裏乾坤】(호리건곤) 항상 술에 취해 있는 상태를 이름. 乾坤은 해와 달 곧 늘·밤낮의 뜻.
【壺中物】こちゅうぶつ(호중물) 술. ¶唯是—<張祜>
【壺中天】こちゅうてん(호중천) ①별천지(別天地). 선경(仙境). 후한(後漢) 때 호공(壺公)이라는 선인(仙人)이 항아리 하나를 집으로 삼고 술을 즐기며 속세를 잊었다는 일에서 온 말. 壺中天地(호중천지). 壺天(호천). ②매우 협소함의 비유. ¶可三數丈 如壺中之天<王哲>
▷金—, 漏—, 茶—, 茗—, 方—, 蓬—, 氷—, 贏—, 銀—, 殘—, 箭—, 唾—, 投—, 瓠—

12〖[illegible]〗 喜(p. 309)의 俗字
12〖喜〗 ☞ 口部 9획(p. 309)

10 13〖壼〗 대궐안길 곤 |阮 ㄎㄨㄣˇ (kun)| こん *road in court*
※壺(p. 363)는 딴 자.
풀이 ①대궐 안의 길. ¶永巷—術<左思>/—政. ②넓다. 넓힘. ¶室家之—<詩經> ③문지방. 通 梱 閫. ④여자.
【壼範】こんぱん(곤범) 여자의 훌륭한 행실.
【壼奧】こんおう(곤오) ①궁중 깊숙한 곳. ②사물의 깊은 이치를 뜻함. ¶—指趣<白居易>
▷宮—, 奧—, 中—

14〖嘉〗 ☞ 口部 11획(p. 311)
14〖臺〗 ☞ 至部 8획(p. 1253)

11 14〖壽〗 목숨 수 |宥 ㄕㄡˋ (shou)| じゅ(イノチ) *life*
古 [illegible] 略 寿 俗 寿
풀이 ①목숨. 수명. ¶筆之—以日計<唐庚>/萬—. ②장수(長壽). ¶—則多辱<莊子> ③축수하다. 헌수함. ¶莊入爲—<漢書> ④별 이름. 28수(宿) 중, 각(角)과 항(亢).
【壽康】じゅこう(수강) 장수하며 편안함. 壽安(수안). ¶納斯民於—<蘇頌>
【壽客】じゅかく(수객) ①하객(賀客). ②나이가 많은 손님. ③국화의 이칭.
【壽考】じゅこう(수고) 오래 삶. 考는 老. 長壽(장수). ¶—維棋<詩經>
【壽骨】じゅこつ(수골) ①장수할 골상(骨相). ②머리털이 난 언저리의 뼈. ¶—欲得大<齊民要術>
【壽槨】じゅかく(수곽) 생전에 준비하는 곽(槨).
【壽具】じゅぐ(수구) 염습(殮襲)할 때 쓰는 옷이나 이불 따위.
【壽宮】じゅきゅう(수궁) ①침실. ¶絕乎—<呂覽> ②신(神)을 모신 곳. ¶置—神君<史記> ③생전에 미리 만든 묘. 壽穴(수혈). 生壙(생광). 壽堂(수당).
【壽紀】じゅき(수기) 나이. 수명. 1(紀)는 12년. ¶往往延—<程俱>
【壽器】じゅき(수기) ①관(棺)의 이칭. ②생전에 미리 마련해 두는 관. ¶晝梓—<後漢書>
【壽齡】じゅれい(수령) ①긴 수명. 長壽(장수). ②나이.
【壽陵】じゅりょう(수릉) 생전에 미리 마련해 두는 임금의 능. ¶初作—<後漢書>
【壽命】じゅみょう(수명) 생물의 살아 있는 연한(年限). 목숨. 命數(명수). ¶—延長.
【壽門】じゅもん(수문) 대대로 장수하는 집안.
【壽紋】じゅもん(수문) 장수할 상(相)의 손금.
【壽眉】(수미) 노인의 눈썹 가운데서 가장 긴 것.
【壽民】じゅみん(수민) ①백성의 생명을 보전하여 장수하게 함. ②장수하는 백성. 장수하는 남자. 노인. ¶向之—<海錄碎事>
【壽福】じゅふく(수복) 오래 살며 복을 누림. ¶振除災害 更與—<易林>
【壽福康寧】じゅふくこうねい(수복강녕) 오래 살고 다복하며 건강하고 편안함.
【壽星】じゅせい(수성) ①별 이름. 남극노인성(南極老人星). ¶—仍出<史記> ②韓 음력 8월의 이칭.
【壽域】じゅいき(수역) ①잘 다스려진 세상. 인수(仁壽)의 역(域). ¶八方開—<杜甫> ②생전에 만드는 묘. 壽穴(수혈). 壽宮(수궁). 壽堂(수당). 壽藏(수장). ③장수하는

사람이 많은 고장.

【壽筵】じゅえん (수연) 장수를 축하하는 잔치. 또는, 그 자리. 壽宴(수연).

【壽夭】じゅよう (수요) 오래 삶과 일찍 죽음. 壽短(수단). ¶一窮達＜列子＞/一長短.

【壽衣】じゅい (수의) 염습할 때 시체에 입히는 옷.

【壽則多辱】イノチナガケレバスナワチハジオオシ (수즉다욕) 오래 살면 곤욕도 그만큼 많이 겪기 마련이라는 말.

【유래】 요(堯)임금이 화(華)지방을 순시할 때의 일이다. 그 곳 태수가 아뢰기를 「삼가 폐하의 만수 무강과 부귀다남(富貴多男)을 기원하나이다.」하고 송축했다. 그러나 요(堯)는 이 축복을 받지 않겠다고 말했다. 태수가 당황하여 그 까닭을 묻자 요는 이렇게 대답했다. 「자식이 많으면 그만큼 걱정거리가 늘고, 부귀나 돈이 많으면 갖가지로 귀찮은 일이 따라붙고, 오래 살면 그만큼 망신스런 일을 많이 겪게 될 따름이오. 이 세 가지는 덕을 기르는 데 아무런 도움이 되지 않소」＜莊子＞

▷康一, 南山之一, 老一, 萬一, 無疆之一, 無量一, 米一, 眉一, 白一, 福一, 上一, 聖一, 延一, 靈一, 仁一, 長一, 中一, 天一, 椿一, 賀一, 鶴一, 喜一

16【隷】 ☞ 隶部 8획 (p. 1590)

16【憙】 ☞ 心部 12획 (p. 596)

17【聲】 ☞ 耳部 11획 (p. 1220)

19【嚭】 ☞ 口部 16획 (p. 316)

20【懿】 懿(p. 601)와 同字

20【馨】 ☞ 香部 11획 (p. 1645)

22【懿】 ☞ 心部 18획 (p. 601)

22【覿】 ☞ 見部 15획 (p. 1365)

24【蠹】 ☞ 虫部 18획 (p. 1336)

夂＜뒤져올 치＞部

夂 ② 夅 ③ 夆 ④ 麦 ⑥ 変 ⑦ 夐

0/3【夂】 뒤져 올 치 | 國ㄓˇ (zhi) | ち come after

5【冬】 ☞ 冫部 3획 (p. 187)

5【斉】 齊(p. 1700)와 同字

5【処】 ☞ 几部 3획 (p. 191)

6【各】 ☞ 口部 3획 (p. 269)

6【斈】 學(p. 420)과 同字

7【麦】 麥(p. 1688)의 略字

7【条】 ☞ 木部 3획 (p. 751)

9【変】 變(p. 1409)의 俗字

10【覍】 覺(p. 1365)과 同字

夊＜천천히 걸을 쇠＞部

夊 ⑤ 夌 ⑦ 夎 夏 ⑪ 夐 ⑰ 夔

0/3【夊】 천천히 걸을 쇠 | 國ㄙㄨㄟ (sui) | すい walk slowly

풀이 ①천천히 걷다. ②편안하게 걷다.

5/8【夌】 언덕 릉 | 國 | りょう(オカ) hill

풀이 ①언덕. 通陵. ②참고 견디다. 이겨 냄. 通凌.

8【長】 長(p. 1555)의 古字

7/10【夎】 절 좌 | 國 | さ bow

풀이 ①절. 무릎을 안 꿇는 거친 절. ②옷이 뻣뻣해지다.

7/10【夏】 1 여름 하 2 중국 하 | 國ㄒㄧㄚˋ (xia) 馬 | か(ナツ) summer, China

古昰 㚅

풀이 1 ①여름. ¶一季. ②(佛) 여름의 좌선(坐禪). 안거(安居). ¶結一. 2 ①중국. ㉮중국. ¶蠻夷猾一＜書經＞ ㉯중국 사람. ②나라 이름. ③크다. ¶一海之窮＜呂覽＞ ④채색. 무늬. 通華. ¶孤乘一篆＜周禮＞ ⑤나무 이름. 회초리를 만듦. 通檟.

【夏桀】かけつ (하걸) (人) 하(夏)의 왕. 이름은 계(癸). 포악 무도하여 은(殷)의 주(紂)와 함께 폭군의 전형으로 꼽힘.

【夏景】かけい (하경) 여름 경치. ¶新晴一好 復此池邊地＜白居易＞

(하영) ①여름 햇살. ¶朱樓一長＜李嶠＞ ②여름. 여름날. ¶須待一＜南史＞

【夏季】かき (하계) ☞ 夏期(하기).

【夏枯草】かこそう (하고초) 제비꿀의 줄기와 잎. 눈병·월경불순 등을 치료하는 약재로 씀.

【夏穀】かこく (하곡) 여름에 거두는 곡식. 보리, 밀 따위. ¶一收買.

【夏課】かか (하과) ①당(唐)대, 진사(進士) 시험에 낙방하고 다시 학업을 시작하여 이를 마침을 이름. ②고려 때, 선비들이 여름이면 절에 들어가 고문(古文) 등을 공부하던 일. ③韓 글방에서 여름에 하는 공부.

【夏官】かかん (하관) 주(周)대 육관(六官)의 하나. 사마(司馬)의 직(職). 군정(軍政)을 맡아보는 벼슬. ¶乃立一司馬＜周禮＞

【夏期】かき (하기) 여름 때. 여름철. 夏季(하계). ¶一休暇/一放學.

【夏臺】かだい (하대) ①하(夏)대의 감옥 이름. 鈞臺(균대). 夏宮(하궁). ¶囚之一＜史記＞ ②옥(獄).

【夏臘】かろう·げろう (하랍) (佛) 출가(出家)한 뒤부터 세는 중의 나이.

【夏曆】かれき(하력) ☞夏正(하정). ¶一七曜西行<宋書>
【夏半】かはん(하반) ①음력 4월의 이칭. 仲呂(중려). ¶一陰氣始<韓愈> ②韓 음력 7월의 이칭.
【夏三朔】(하삼삭) 음력 4·5·6월의 여름 석 달.
【夏上甲】(하상갑) 입하(立夏) 뒤에 처음으로 드는 갑자일(甲子日). 이 날 비가 오면 긴 장마가 든다 함.
【夏安居】げあんご(하안거)《佛》 중이 여름 장마 때 한 방에 모여서 수도하는 일.
【夏五郭公】かごかっこう(하오곽공) 글자의 누락. 「춘추」(春秋)의 환공(桓公) 14년 기사(記事) 중 하오(夏五) 밑의 월(月)자와, 장공(莊公) 24년 기사 중 곽공(郭公) 밑의 기사가 빠져 있음에서 유래. 闕文(궐문).
【夏屋】かおく(하옥) ①많은 음식을 차리고 예물을 마련함. ¶一渠渠<詩經> ②하(夏)대 건물의 지붕. ¶覆一者<禮記> ③넓고 큰 집. ¶一廣大<楚辭>
【夏禹】かう(하우)《人》 하(夏)의 첫 임금. 이름은 사문명(姒文命), 호는 우(禹). 순(舜)의 선양(禪讓)으로 임금이 되었으며, 성군(聖君)으로 꼽힘.
【夏翟】かてき(하적) 오색 깃을 가진 꿩. ¶羽畎一<書經>
【夏節】かせつ(하절) ①여름철. 夏季(하계). ¶一晝長<白虎通> ②단오절(端午節).
【夏正】かせい(하정) 하(夏)대에 쓰던 역법(曆法). 지금의 음력(陰曆). 夏曆(하력). ¶爰革一<書經>
【夏至】げし(하지) 24절기의 하나. 양력 6월 21일경. 일년 중 해가 가장 긴 날임.
【夏楚】かそ(하초) 회초리. 뜻이 바뀌어, 매를 들어 가르침을 이름. 夏는 榎. ¶一二物<禮記>
【夏蟲疑氷】かちゅうコオリヲウタガウ(하충의빙) 여름에만 사는 벌레는 얼음이 어는 겨울 추위를 믿지 않음의 뜻으로, 견문이 좁은 사람이 함부로 사물을 의심함의 비유.
【夏臭】(하취) 고린내.
【夏海】かかい(하해) 큰 바다. 大洋(대양). ¶一重譯<晉書>
【夏后氏】かこう(하후씨) 왕조(王朝) 이름. 우(禹)가 순(舜)으로부터 선양받아 일으킨 왕조. 하(夏)라고도 함.
▷季一, 九一, 大一, 晩一, 麥一, 孟一, 半一, 三一, 常一, 盛一, 銷一, 首一, 陽一, 炎一, 有一, 立一, 殘一, 諸一, 朱一, 中一, 仲一, 初一, 秋一, 春一, 火一, 華一

11 14 【夐】 멀 형 | 敬ㄒㄩㄥˋ (xiong) | けい(ハルカ) *far*
本 夐
풀이 ①멀다. 아득함. ¶一古/一然. ②길다. ③바라보는 모양. ¶一一.

17 20 【夔】 조심할 기 | 支ㄎㄨㄟˊ (kui) | き *heed*
同 夒
풀이 ①조심하다. 두려워 삼가는 모양. ¶一一. ②외발 도깨비. ¶木石之怪曰一<國語>

夕<저녁 석>部

夕 ② 外 ③ 多 夛 夙 ⑤ 夜 ⑧ 夠 够 梦 ⑪ 夥 夢 夣 夤

0 3 【夕】 저녁 석 | 陌ㄒㄧˋ (xi) | せき(ユウ, ユウベ) *evening*
源 指事. 月에서 한 획을 뺀 것. 달이 뜨기 시작할 무렵을 나타냄.
풀이 ①저녁. ¶朝一<禮記>/一陽. ②밤. ¶竟一不眠<後漢書>/日一. ③밤일. ¶莫敢當一<禮記> ④쏠리다. 기울. ¶坐于一室<呂覽> ⑤끝. ¶月一卜宅<荀子>
【夕刊】ゆうかん(석간) 석간 신문(新聞). ↔朝刊(조간).
【夕哭】(석곡) 상제가 저녁에 곡하는 일. 또는, 그 곡(哭).
【夕室】せきしつ(석실) ①묘지(墓地). 夜臺(야대). ¶葬諸一<左氏傳> ②비스듬히 기운 방.
【夕陽】せきよう(석양) ①저녁 해. 夕日(석일). 斜陽(사양). 夕照(석조). ②산의 서쪽. ¶度其一<詩經> ③늘그막. 노경(老境)의 비유. ¶一愛子孫<白居易>
【夕陰】せきいん(석음) 해질녘. 薄暮(박모). ¶秋岸澄一<謝靈運>
▷佳一, 經一, 旦一, 望一, 歲一, 宿一, 月一, 日一, 一朝一一, 除一, 終一, 秋一, 七一, 通一, 曉一

2 5 【外】 바깥 외 | 泰ㄨㄞˋ (wai) | がい, げ (ソト, ホカ) *outside*
源 會意. 「夕+卜」. 저녁에 점치는 일은 예외인 데서 「밖」을 뜻함.
풀이 ①바깥. 밖. 겉. ¶吉凶見乎一<易經>/校一. ②남. 타국. 타향. 지방. ¶暴內陵一<周禮>/一遊. ③처가. 외가. ¶一戚. ④언행. ¶一柔內剛. ⑤사랑채. ¶男子居一<禮記> ⑥앞. 이전(以前). ¶王帝之一<荀子> ⑦외대(外待)하다. 소홀히 대함. 싫어함. ¶一此其餘<淮南子> ⑧잊다. 망각함. ¶能一天下<莊子> ⑨벗어나다. 떠남. ¶貪汙之利一矣<呂覽>
【外家】がいか(외가) ①어머니의 친정. 외척의 집안. ②황후(皇后)의 생가. 왕비의 친정. ¶一擅朝<漢書> ③외과(外科) 의사. ④권법(拳法)의 한 파(派).
【外家書】(외가서) 경사(經史) 이외의 서적을 이름.
【外各司】(외각사) 대궐 밖에 있는 관아(官衙)의 총칭.
【外簡】がいかん(외간) 남자들끼리의 편지. ↔內簡(내간).
【外艱】がいかん(외간) ①부친상(父親喪). ↔內艱(내간). ②나라에 대한, 외부로부터의 위협. 外患(외환). 外難(외난).
【外間男子】(외간남자) 여자에 있어, 친척이 아닌 남자를 이르는 말.
【外艱喪】(외간상) 아버지나 승중조부(承重祖父)의 상사. ↔內艱喪(내간상).
【外感】がいかん(외감) ①고뿔. ②외부로부터의 자극으로 일어나는 감각. ¶情非一<宋史>/

一覺.

【外感內傷】がいかんないしょう(외감내상) 감기에 배탈이 겹친 증세.

【外剛內柔】がいごうないじゅう(외강내유) 겉으로는 굳세게 보이나 속은 부드러움. ↔外柔內剛(외유내강).

【外客】がいかく(외객) ①남자 손님. ②겨레붙이가 아닌 손님. ¶煩驚一<易林>

【外擧】がいきょ(외거) ①연고가 없는 사람을 채용함. ¶一旣頹<傅咸>/一不辟怨. ②외부에서 행동함. ¶威略一<陳書>

【外見】がいけん(외견) ☞外觀(외관)①. ¶一上.

【外界】がいかい(외계) ①외국. ¶使銀入一<金史> ②내 몸 이외의 사물. ③사물의 바깥쪽. ④감각·사유의 작용을 떠나 독립하는 일체의 사물. ↔內界(내계).

【外姑】がいこ(외고) 장모(丈母). ↔外舅(외구).

【外供】(외공) 옷의 거죽 감. ↔內供(내공).

【外廓】がいかく(외곽) ①바깥 테두리. ②성 밖으로 다시 두른 성. ¶累石一<墨子>

【外廓團體】がいかくだんたい(외곽단체) 기관·단체의 밖에서 이들과 제휴하여 그 사업·활동을 돕는 단체.

【外官】がいかん(외관) 지방관(地方官). 外職(외직). ↔京官(경관).

【外觀】がいかん(외관) ①겉으로 본 모양. 볼품. 外見(외견). ¶一上. ②외부에 있는 궁전. ¶食舊勞於一<王安石>

【外交】がいこう(외교) ①국가간의 교섭. 國交(국교). ¶一官. ②외국인과의 교제.

【外寇】がいこう(외구) 외국에서 쳐들어오는 적. 外敵(외적). 外役(외역). ¶留一而不害<國語>

【外舅】がいきゅう(외구) 장인(丈人). ↔外姑(외고).

【外軍】がいぐん(외군) ①전장으로 나가는 군대. ¶恢之所領一皆沒<魏書> ②㊙ 외국 군대.

【外勤】がいきん(외근) 바깥에서 근무하는 일. ↔內勤(내근).

【外金井】(외금정)㊙ 무덤 구덩이의 길이나 넓이를 금정틀에 맞추어 파낸 곳.

【外技】がいぎ(외기) 노름 따위의 좋지 못한 재주. 雜技(잡기).

【外記】げき(외기) ①본기(本記) 밖의 기록. ②《佛》 선종(禪宗)에서 문안(文案)을 맡아보는 직분.

【外氣】がいき(외기) 외계(外界)의 공기.

【外氣圈】がいきけん(외기권) 지구 대기권 밖의 우주.

【外待】(외대) 푸대접.

【外道】がいどう(외도) ①바깥 쪽의 길. ¶其月在一<宋書> ②《佛》 사법(邪法)으로서 진리를 벗어난 것. ③㊙ 노는 계집 따위와 상관하는 일. 誤入(오입). ④㊙ 경기도 이외의 지역. ⑤자기 일 외의 다른 것.

【外燈】がいとう(외등) 집 밖에 가설한 등.

【外郎】がいろう(외랑) ①한(漢)대의 벼슬 이름. 정원 외의 관리. ②하급 관리.

【外來】がいらい(외래) ①밖에서 옴. ¶書自一<後漢書>/一觀念. ②환자가 의사를 찾아 옴. ¶一患者. ↔往診(왕진).

【外力】がいりょく(외력) ①외부로부터 오는 힘. ¶借人之一<庾信> ②지각(地殼)의 바깥에서 작용하여 지각에 변화를 주는 힘의 총칭.

【外面】がいめん(외면) ①바깥쪽. ¶西爲一<雲笈七籤> ②겉. 표면. ↔內面(내면). ③㊙ 대면하기를 꺼려 얼굴을 돌림.

【外命婦】(외명부) 조선 때 왕족·종친의 여자·처 및 문무관의 처로서, 그 남편의 지위에 따라 봉작(封爵)을 받은 여자의 통칭. ↔內命婦(내명부).

【外侮】がいぶ(외모) ①밖으로부터 받는 모욕. 수모. ¶未嘗無一<宋書> ②외국을 멸시함. ¶一四隣<漢書>

【外貌】がいぼう(외모) 겉모습. ¶惑於一<新語>

【外務】がいむ(외무) ①외교에 관한 사무. ¶一部. ②밖에 나다니며 보는 사무. ↔內務(내무).

【外無主張】(외무주장)㊙ 집안에 바깥 살림을 주장할 만한 남자가 없음. ↔內無主張(내무주장).

【外門】がいもん(외문) 바깥쪽의 문. ¶列倡於一<後漢書>

【外問】(외문)㊙ 초상집에 가서 들어가지 않고 문 밖에서 조문하는 일.

【外聞】がいもん(외문) ①바깥 소문. 세상의 평판. ¶玷缺一<宋史> ②밖에 있으면서 정치 등에 참여함. ¶一政事<宋書> ③밖에 사실이 알려짐. ¶恐有一<隋書>

【外物】がいぶつ(외물) ①자기 심신(心身) 이외의 것. 부귀나 명리(名利) 따위. ¶一不可必<莊子> ②물욕(物慾)을 끊음. ¶邈然一<元稹>

【外米】がいまい(외미) 외국에서 들여온 쌀. 외국미.

【外泊】がいはく(외박) 자기 집 또는 숙소를 떠나 다른 데서 숙박함. 外宿(외숙).

【外方】がいほう(외방) ①바깥. 외부. 遠方(원방). ¶一小郡<南史> ②겉이 네모짐. ¶一內圓<宋史>

【外邦】がいほう(외방) 외국. 타국.

【外房出人】(외방출입)㊙ 자기 아내 외에 딴 여자를 보고 다님. 계집질을 하고 다님.

【外白虎】(외백호) 바깥쪽의 백호. 풍수지리에서, 산세(山勢)를 말할 때, 주산(主山)에서 갈려 나온 오른쪽 산맥의 바깥쪽 가닥.

【外藩】がいはん(외번) ①제후(諸侯). 봉국(封國). ¶人君起自一<宋史> ②방벽이 되는 속방(屬邦). ③구경(九卿). ④외국. ¶往一<宋史>

【外壁】がいへき(외벽) 바깥쪽의 벽.

【外邊】がいへん(외변) 바깥쪽. 바깥 둘레.

【外府】がいふ(외부) ①주(周)대의 벼슬. 나라의 재정을 맡아봄. ②국외에 있는 창고. ¶置之一<新序> ③나라의 재화(財貨)를 보관하는 창고. ¶財帛皆在一<宋書> ④지방의 관서(官署).

【外部】がいぶ(외부) ①바깥. 겉. 外方(외방). ↔內部(내부). ②㊙ 한말(韓末)의 외무부(外務部). ③내무부(內務部) 이외의 모든 관리. ¶謂之光祿一<宋書>

【外婦】がいふ(외부) 첩. 外宅(외택). ¶以宗室女爲一<唐書>

【外傅】がいふ(외부) 제 집 바깥에 나와서 가르치는 사람. 학교 교사 따위. ¶未就一<魏書>

【外部營力】がいぶえいりょく(외부영력) 지각(地殼)에 작용하여 변화를 주는 힘. 물·바람·동식물 따위의 작용을 이름. 外力(외력).

【外賓】がいひん(외빈) ①외국에서 온 귀한 손. ②나라 잔치에 참석하는 조신(朝臣).

【外史】がいし(외사) ①주(周)대의 벼슬. 춘관(春官). ②제후(諸侯)의 사관(史官). ③정사(正史) 이외의 역사 기록. ¶花郎一<金凡父>

【外使】がいし(외사) ①외국의 사절(使節). ②지방의 군마를 거느리던 무관(武官).

【外事】がいじ(외사) ①외국에 관한 일. ¶王曰 一汝陳時臬<書經> ②다른 일. 他事(타사). ¶諸曹時白一<後漢書> ③세상 일. 世事(세사). ¶羨君無一<鄭常> ④교외(郊外)의 제사. ¶一以剛日<禮記> ⑤밖에서 일함. ¶一征伐<五代史>

【外四寸】(외사촌) ☞外從(외종).

【外三寸】(외삼촌) ☞外叔(외숙).

【外傷】がいしょう(외상) 신체 표면의 손상(損傷). 창상(創傷), 찰과상(擦過傷) 등.

【外甥】がいせい(외생) ①韓 편지 따위에서 사위가 장인, 장모에게 자기를 이르는 말. ②처남. 外生(외생). ¶養一<魏書> ③외조카.

【外書】がいしょ(외서) ①외국 도서. ②《佛》 불서(佛書) 이외의 서적. 外典(외전).

【外線】がいせん(외선) ①바깥쪽에 있는 선. ¶赤一. ②집 밖에 가설된 전선(電線). ③외부에 통하는 전화선. ↔內線(내선).

【外城】がいじょう(외성) ①바깥 둘레의 성. 羅城(나성). ¶當修一<南齊書> ↔內城(내성)·在城(재성). ②외곽의 성. 外郭(외곽).

【外勢】がいせい(외세) ①외부의 세력. ¶民倍本行而求一<管子> ②외부의 형세.

【外屬】がいぞく(외속) 외족과 처족.

【外孫】がいそん(외손) 외손자와 외손녀.

【外孫奉祀】(외손봉사)韓 외손이 외가의 제사를 받듦.

【外數】(외수)韓 남을 속이는 꾀. 속임수.

【外叔】がいしゅく(외숙) 어머니의 남형제. 外三寸(외삼촌).

【外叔母】(외숙모)韓 외숙의 아내.

【外氏】がいし(외씨) 외가(外家). ¶一衰禍<隋書>

【外食】がいしょく(외식) 집 바깥에서 음식을 먹는 일. 또는, 그 음식.

【外飾】がいしょく(외식) 겉모양을 꾸밈. 겉치레. ¶平生去一<張九齡>

【外臣】がいしん(외신) 외국 사신이 그 나라 군주에게 자기를 이르던 말.

【外信】がいしん(외신) 해외의 통신. 外電(외전).

【外室】(외실) 남자가 거처하는 방. 舍廊(사랑). ↔內室(내실).

【外心】がいしん(외심) ①딴 마음. 배반하는 마음. 異心(이심). 二心(이심). ¶群臣皆有一<史記> ②삼각형·다각형의 외접원(外接圓)의 중심. ↔內心(내심).

【外案山】(외안산) 바깥 안산. 풍수지리설에서, 안산(案山) 중 바깥쪽의 산. ↔內案山(내안산).

【外洋】がいよう(외양) ①육지에서 멀리 떨어진 바다. 外海(외해). 遠洋(원양). ↔內海(내해). ②외국의 화폐(貨幣). ¶總不適一之多<周禮政要>

【外樣】とざま(외양) 겉 모양. 外貌(외모).

【外魚物廛】(외어물전)韓 조선 때, 서울 서소문 밖에 있던 어물전.

【外延】がいえん(외연) 논리학(論理學)에서, 개념이 적용될 수 있는 대상의 범위. ↔內包(내포).

【外宴】(외연)韓 외진연(外進宴)의 준말.

【外緣】がいえん(외연) ①韓 가장자리. ②밖으로부터 오는 물욕(物慾). ¶一兩絕<宋書> ③《佛》 밖으로부터 작용하여 사물의 생성을 돕는 인연. 增上緣(증상연). ↔內緣(내연).

【外熱】(외열) ①외부의 더운 기운. ②몸 거죽의 열기.

【外翁】がいおう(외옹) ①외할아버지의 자칭. ②외할아버지의 삼인칭. 外公(외공).

【外外家】(외외가)韓 어머니의 외가.

【外用】がいよう(외용) 외부에 사용함. ¶一藥.

【外憂】がいゆう(외우) ①아버지나 할아버지의 죽음. 外艱(외간). ②외국으로부터 받는 환난(患難). 外患(외환). ¶一遂侵誠<韓愈> ↔內憂(내우)·內患(내환).

【外苑】がいえん(외원) 궁전의 바깥쪽에 있는 정원. 外園(외원). ¶帝好微行 遊幸一<後漢書> ↔內苑(내원).

【外援】がいえん(외원) ①남의 도움. 外救(외구). ¶亦待一<唐書> ②외국의 원조.

【外園】がいえん(외원) ☞外苑(외원).

【外遊】がいゆう(외유) 외국에 여행함.

【外柔內剛】がいじゅうないごう(외유내강) 겉으로는 부드러워 보이나 속은 강직함. ↔內柔外剛(내유외강).

【外邑】がいゆう(외읍) 외딴 시골.

【外應】がいおう(외응) ①밖에서 호응함. ¶雖遠有一 未敢進<易經·注> ②밖에 내통함. ②밖에서 일어나는 반응. ↔內應(내응).

【外衣】がいい(외의) 겉옷. ↔內衣(내의)·內服(내복).

【外儀】がいぎ(외의) 겉으로 나타나는 위의(威儀).

【外議】がいぎ(외의) 세상의 여론. 外論(외론). ¶陰察一<五代史>

【外人】がいじん(외인) ①동료 이외의 사람. ¶一知之<新語> ②타인(他人). ¶公與一登高<隋書> ③외국인. 異邦人(이방인). ¶一之來從<管子> ④샛서방. 姦夫(간부). 情夫(정부). 私夫(사부).

【外姻】がいいん(외인) ①혼인 관계가 있는 타국. ¶士踰月 一至<左氏傳> ②외가. 처가 계통의 친척. 姻戚(인척).

【外任】がいにん(외임) ☞外職(외직).

【外資】がいし(외자) 외국인의 자본. 외국으로부터 도입하는 자금이나 물자. ¶一導入. ↔內資(내자).

【外字紙】がいじし(외자지) 국내에서 발행되는, 외국 문자로 된 신문. 外字新聞(외자신문). ※英字紙(영자지).

【外庄】がいしょう(외장) 먼 곳에 있는 소유지.

【外梓宮】(외재궁) 왕이나 왕후의 장사(葬事)에 쓰는 곽(槨).

【外賊】がいぞく(외적) 외부의 도적.

【外敵】がいてき(외적) 외부로부터 쳐 들어오는 적.

外寇(외구). ¶一必駭<新書>
【外典】がいてん(외전) ①밖의 일을 담당함. ¶未嘗一<宋書> ②☞外書(외서)②.
【外電】がいでん(외전) 외신(外信).
【外傳】がいでん(외전) ①본전(本傳) 이외의 전(傳). 「한시외전」(韓詩外傳), 「국어」(國語), 「춘추」(春秋)의 「좌씨전」(左氏傳)을 제외한 「공양전」(公羊傳)·「곡량전」(穀梁傳)을 이름. ¶春秋一曰 少昊氏衰<漢書> ↔內傳(내전). ②정사(正史) 이외에 따로 기록한 전기. ¶漢武一.
【外廷】がいてい(외정) ①외국의 조정. ¶令臣野次一<晋書> ②☞外朝(외조). ¶哀聞一<唐書>
【外征】がいせい(외정) 외국을 정벌함. 국외로 출진함.
【外除】(외제) 조선 때, 내직(內職)에 있던 사람을 외직(外職)에 제수(除授)함. 또는, 그 일.
【外朝】がいちょう(외조) 임금이 국정을 듣는 곳. 外廷(외정)②.
【外祖母】がいそぼ(외조모) 외할머니.
【外祖父】がいそふ(외조부) 외할아버지.
【外族】がいぞく(외족) ①외가나 처가의 친족. 外屬(외속). ¶刑及一<資治通鑑> ②외국의 민족.
【外從】(외종) 외종사촌(外從四寸)의 준말. 外四寸(외사촌). ¶一兄/一弟. ↔內從(내종).
【外從四寸】(외종사촌) 외숙의 아들이나 딸.
【外地】がいち(외지) ①외국. ②타향(他鄕). 他地(타지). ③새로 얻은 영토(領土). ↔內地(내지). ④시골. 지방. ¶蓋緣一不守通規<宋史>
【外紙】がいし(외지) 외국 신문.
【外誌】がいし(외지) 외국 잡지.
【外職】がいしょく(외직) 지방의 관직(官職). 外官(외관). 外任(외임). ¶每求一<北史> ↔內職(내직).
【外進宴】(외진연)㊊ 조선 때, 외빈(外賓)을 위해 베푼 진연. 진연은 나라에 경사가 있을 때 궁중에서 베푼 잔치. 外宴(외연).
【外執】(외집)㊊ 남의 물건을 훔쳐서 숨김.
【外次】がいじ(외차) 문 바깥쪽의, 의관을 정제하는 곳. ¶改服一<禮記> ↔內次(내차).
【外債】がいさい(외채) 국가가 외국에 진, 나라의 빚.
【外戚】がいせき(외척) ①외가의 친척. ¶亦有一之助<史記> ②같은 성(姓) 이외의 친척. 異姓親(이성친).
【外青龍】(외청룡) 풍수지리에서, 왼쪽으로 벋어 나간 산맥의 맨 바깥쪽 줄기를 이르는 말. ↔內青龍(내청룡).
【外鏃】(외촉) 화살촉의 더데 아래의 부분.
【外村】がいそん(외촌) ①고을 밖에 있는 마을. ¶一洞. ②자기 마을 이외의 마을.
【外出】がいしゅつ(외출) ①집에서 밖으로 잠시 나감. 出他(출타). ¶不復一<南齊書> ②외직(外職)으로 전출됨. ¶求一<南史>
【外側】がいそく(외측) 바깥쪽.
【外廁】(외측)㊊ 우리 나라 재래식 집 구조에서 남자 뒷간. ↔內廁(내측).
【外治】がいち(외치) ①나라의 정사(政事). 궁중의 사무와 구별하여 이름. 外政(외정). ¶天子聽一<禮記> ②피부병을 외과적으로 치료함.
【外便】(외편) 외가 쪽의 일가.
【外篇】がいへん(외편) 내용의 정조(精粗)에 따라 책을 내외로 나눈 것의 하나. 이론을 담아 정밀한 부분이 내편이 되고, 주로 사적(事迹)을 설명한 부분이 외편이 됨. ¶莊子一.
【外表】がいひょう(외표) ①겉. 표면. ②외국. 外方(외방). ¶一無塵<南齊書> ③겉의 안표(眼標). ④밖에 나타남. ¶毁悴一<宋書> ⑤널리 표창하여 모범으로 삼음. ¶一衆夏<宋書>
【外風】がいふう(외풍) ①밖에서 들어오는 바람. 윗바람. ②외국에서 들어온 유행 또는 경향. 外國風潮(외국풍조).
【外皮】がいひ(외피) 겉 껍질. ↔內皮(내피).
【外學】がいがく(외학) ①송(宋)대의 학교 이름. ¶出就一<宋史> ②불가(佛家)에서 유학(儒學)을 이르는 말. 外典(외전). ③후한(後漢) 때 위서(緯書) 신봉자들이 육경(六經)을 이르던 말.
【外合】がいごう(외합) ①부득이 타인의 요구에 따라 회합함. ¶以一爲文<左氏傳> ②위성이 태양을 사이에 두고 지구와 직선 위에 놓이는 것. ↔內合(내합).
【外港】がいこう(외항) ①선박이 입항하기 전에 일시 머무르는 항구. ②큰 도시의 외곽에서 물자를 집산하는 항구. ③항구가 깊숙하거나 방파제로 구분되어 있는 경우, 그 바깥쪽 구역.
【外海】がいかい(외해) ☞外洋(외양)①.
【外幸】がいこう(외행) 임금이 대궐 밖으로 거둥함. ¶劉顯謀逆 太祖一<魏書>
【外現】(외현) 외부에 나타남. 外見(외현).
【外兄】がいけい(외형) ①고종형(姑從兄). ¶與一宗少文竝有素業<南史> ②동모이부(同母異父)의 형.
【外形】がいけい(외형) 겉으로 보이는 형상.
【外兄弟】がいけいてい(외형제) ①고종형제. ②동모이부(同母異父)의 형제.
【外護】げご(외호) ①밖으로부터 보호함. ②(佛) 석가가 정한 계법(戒法). 이호(二護)의 하나. ↔內護(내호).
【外貨】がいか(외화) ①외국의 통화(通貨). ②외국의 물건. 수입품.
【外華】(외화) 겉이 화려함. ¶一內貧.
【外換】(외환) 외국환(外國換). ¶一管理.
【外患】がいかん(외환) 외국으로부터의 환난(患難). 外憂(외우). 外難(외난). ¶一弗辟也<禮記>/一罪. ↔內憂(내우).
▷格一, 閑一, 課一, 管一, 關一, 郊一, 校一, 構一, 國一, 圈一, 欄一, 內一, 論一, 對一, 度一, 等一, 望一, 方一, 法一, 分一, 社一, 選一, 城一, 疎一, 市一, 室一, 心一, 案一, 野一, 言一, 例一, 屋一, 員一, 院一, 意一, 場一, 在一, 除一, 中一, 塵一, 此一, 天一, 體一, 海一, 戶一, 號一

3/6 【多】 많을 다 | 國ㄉㄨㄛ (duo) | た(オオイ) *many, much*
俗夛 同㚲

풀이 ①많다. ¶未堪家一難<詩經>/一

數. ②많아지다. ¶溉田倍一＜後漢書＞ ③많게 하다. ¶一事好亂＜魏志＞ ④후하다. ¶爲我一謝＜漢書＞ ⑤낫다. 뛰어남. ¶孰與仲一＜史記＞ ⑥치하하다. ¶朕 甚一之＜漢 書＞ ⑦전공(戰功). ¶治功曰力 戰功曰一＜周禮＞ ⑧때마침. 通 啻. ¶一見其不知量也＜論語＞

【多角】たかく(다각) ①각이 많음. ¶一形. ②복잡함. ③여러 방면. 多方面(다방면). ¶一農/一描寫/一貿易/一的檢討.

【多感】たかん(다감) ①감수성이 강함. ¶聞君亦一＜杜牧＞/多情一. ②느낌이 많음. ¶平生每一＜韓愈＞ 「以知一＜管子＞

【多寡】たか(다과) 많고 적음. 多少(다소). ¶可

【多口】たこう(다구) ☞多辯(다변).

【多岐】たき(다기) 갈래가 많음. ¶複雜一.

【多岐亡羊】たきぼうよう(다기망양) 갈래가 많은 갈림길에서 양을 잃었다는 뜻으로, 너무 다방면에 걸치거나 지엽 말단에 집착하면 헛수고가 되기 쉬움의 비유. 뜻이 바뀌어, 방침이 너무 다양하게 많아 어리둥절해짐을 이르기도 함. 亡羊之歎(망양지탄).

유래 전국(戰國) 시대의 사상가 양주(楊朱)에 얽힌 옛일이다. 그의 이웃집에서 어느날 양 한 마리가 달아났다. 그 주인은 법석을 떨며 양주네 하인까지 빌어 양을 찾으러 나섰다. 그러나 온종일 사방으로 헤맨 끝에, 주인은 양 찾기를 단념하고 돌아와서 말했다.「길이 여러 갈래로 갈려 있길래 여럿이서 하나씩 맡아 좇아갔죠. 그런데, 그 길이 다시 여러 갈래로 갈리고 또 갈려 끝도 없으니 어쩝니까. 포기할 수밖에요…」

이 말을 들은 양주는 몹시 우울해하면서 제자들의 물음에 말이 없다가 뒷날 간접적으로 이렇게 말하였다.
「큰길은 갈래가 많아 양을 잃었고, 학문은 다방면에 걸침으로써 본성을 잃는다」 ¶大道以一 學者以多方喪生＜列子＞

【多難】たなん(다난) 어려움이 많음. 多艱(다간). 多故(다고). ¶多易必一＜老子＞

【多男】たなん(다남) ①아들을 많이 둠. ¶一子則多懼 富則多事＜莊子＞ ②남자가 많음. ¶山氣一澤氣多女＜淮南子＞

【多年】たねん(다년) 여러 해. 많은 세월. ¶用能享國一＜舊唐書＞

【多多益善】たたマスマスヨシ(다다익선) 많으면 많을수록 더욱 좋음. ¶上曰 於君如何 曰 臣多多而益善耳＜史記＞

【多端】たたん(다단) ①할일이 많음. ¶賈一則貧＜淮南子＞ ②가닥이 많음. ¶工匠之一＜何晏＞/複雜一.

【多大】ただい(다대) 많고 큼. 매우 많음. ¶一數.

【多忙】たぼう(다망) 일이 많아 바쁨. ¶公私一.

【多賣】たばい(다매) 많이 팖. ¶薄利一.

【多面】ためん(다면) ①면이 많음. ¶一體. ②여러 방면. 다방면.

【多聞】たぶん(다문) ①많이 들음. 또는, 견문이 많은 사람. ¶友直 友諒 友一 益矣＜論語＞ ②《佛》 법문(法文)을 많이 들어, 새겨 지님. ¶一是道場＜維摩經＞

【多聞多讀多商量】たぶんたどくたしょうりょう(다문 다독 다상량) 많이 듣고 많이 읽으며 많이 생각함. 글 잘 짓는 비결을 이름. ※三多(삼다).

【多聞天】たもんてん(다문천)《佛》 사천(四天)의 하나. 북쪽 하늘을 지배하며, 복덕(福德)을 수호하고 야차(夜叉) 나찰(羅刹)을 관장함. 多聞天王(다문천왕).

【多辯】たべん(다변) 말이 많음. 多口(다구). 多言(다언). ¶滑稽一＜史記＞

【多病】たびょう(다병) 자주 앓음. 병이 많음. 多疾(다질). ¶一志失＜史記＞ 「經＞

【多福】たふく(다복) 복이 많음. ¶自求一＜詩

【多分】たぶん(다분) ①많음. ¶我與汝一＜諸經要集＞ ②대개. 아마도.

【多事】たじ(다사) ①일이 많음. ②일이나 변고가 많음. 多故(다고). ¶富則一 壽則多辱＜莊子＞ ③쓸데없는 일을 함. ¶不泰一乎＜莊子＞

【多謝】たしゃ(다사) 후하게 사례함. 깊이 감사함. ¶爲我一＜漢書＞/妄言一. 「많음.

【多事多端】たじたたん(다사다단) 일이 많고 까닭도

【多私者不義】(다사자 불의) 사리 사욕이 많은 사람은 의리가 없음. ¶一 揚言者寡信＜逸周書＞ 「제다사).

【多士濟濟】たしせいせい(다사제제) ☞濟濟多士(제

【多事之秋】(다사지 추)韓 일이 많을 때. 한창 바쁜 시기.

【多產】たさん(다산) ①아이 또는 새끼를 많이 낳음. ②산물(產物)이 풍부함.

【多少】たしょう(다소) ①많고 적음. 多寡(다과). ¶以一爲異＜史記＞/一間. ②많음. ¶夜來風雨聲 花落知一＜孟浩然＞ ③조금. 얼마간. ¶有堪事者一＜南史＞

【多少不計】たしょうふけい(다소불계) ①수의 다소를 헤아리지 않음. ②많고 적음을 가리지 아니함.

【多數決】たすうけつ(다수결) 회의에서, 동의하는 인원수가 가장 많은 의견에 따라 결정하는 일. 「액).

【多額】たがく(다액) 액수가 많음. ↔少額(소

【多樣】たよう(다양) 여러 가지. 갖가지 모양. ¶一性.

【多言數窮】たげんシバシバきゅうス(다언삭궁) 말이 많으면 자주 궁지에 빠짐. ¶一 不如守中＜老子＞ 「용).

【多用途】たようと(다용도) 쓰임이 많음. 多用(다

【多元】たげん(다원) 근원이 많음. ¶一論/一的.

【多作】たさく(다작) ①글이나 그림 등, 작품을 많이 만듦. 駄作(태작). ②농산물 등 물품을 많이 생산함.

【多情】たじょう(다정) ①애정이 깊음. ②정감(情感)이 강함. ¶半朽臨風樹一＜白居易＞ ③교분이 두터움.

【多情多感】たじょうたかん(다정다감) 정감(情感)이 풍부함. ¶一自難忘＜陸龜蒙＞

【多情多恨】たじょうたこん(다정다한) 정감과 한이 많음. 「마음.

【多情佛心】たじょうぶっしん(다정불심) 다정하고 착한

【多足】たそく(다족) ①많고 넉넉함. 裕足(유족). ②발의 수효가 많음. ¶一類.

【多種多樣】たしゅたよう(다종다양) 종류가 많고 그 모양이 갖가지임.

【多衆】たしゅう(다중) 많은 사람들. 大衆(대중).

【多彩】たさい(다채) ①여러 가지 색채. ②종류가 풍부하며 호화스러움.

【多賤寡貴】たせんかき(다천과귀) 많으면 천하고 적으면 귀함. 「많음.

【多恨】たこん(다한) ①원한이 많음. ②아쉬움이

【多幸】たこう(다행) ①많은 행복. 多福(다복). ¶民之一＜左氏傳＞ ②㊇ 운수가 좋음. 일이 잘 풀려 좋음. ¶一多福.

【多血】たけつ(다혈) ①몸에 혈액이 많음. ↔貧血(빈혈). ②성격이 격하기 쉬움.

【多血質】たけつしつ(다혈질) 참을성이 약하여 쉽게 격하는 기질(氣質).

▷過一, 夥一, 波羅蜜一, 煩一, 繁一, 數一, 饒一, 衆一, 許一

6【夠】 多(p.368)와 同字

6【夛】 多(p.368)의 俗字

6【名】 ☞口部 3획(p.274)

3 6【夙】 일찍 숙 | 圖ㄙㄨˋ(su) | しゅく(ツト) early

풀이 ①일찍. 이른 아침. ¶一夜在公＜書經＞ ②삼가다. ¶載震載一＜詩經＞ ③옛날. 옛날부터. ¶盧芳一賊＜後漢書＞

【夙起】しゅっき(숙기) 아침 일찍 일어남. 夙興(숙흥). 早起(조기).

【夙昔】しゅくせき(숙석) ①예부터. 처음부터. 늘. ②옛날. 宿昔(숙석). ¶一夢佳期＜謝朓＞

【夙成】しゅくせい(숙성) ①일찍 이루어짐. 일찍 성취함. 早達(조달). ②조숙(早熟)함. ¶有一之德＜後漢書＞

【夙夜】しゅくや(숙야) ①이른 아침부터 밤 늦게까지라는 뜻으로, 어떤 일을 일관하여 행함을 이름. ¶戒之敬之 一毋違命＜儀禮＞ ②이른 아침. 새벽 동트기 전. ¶豈不一 謂行多露＜詩經＞

【夙志】しゅくし(숙지) 일찍부터 품어 온 뜻. 宿志(숙지). 夙心(숙심). 夙意(숙의). ¶永言一＜南史＞

【夙興夜寐】ツトニオキヨルニフス(숙흥야매) 아침에 일찍 일어나고 밤에는 늦게 잠자리에 든다는 뜻으로, 밤낮으로 정무(政務)에 힘씀을 이르는 말. ¶一 無忝爾所生＜詩經＞

6【舛】 部首 글자

5 8【夜】 1 밤 야 2 땅 이름 액 | 禡 ㄧㄝˋ(ye) 陌 | や(ヨル) night えき

풀이 1 ①밤. ¶星見爲一＜禮記＞/一間. ②새벽. ¶一嘑旦＜周禮＞ ③그늘. 어둠. 2 땅 이름. 제(齊)의 전단(田單)의 봉읍(封邑). 산동성 액현(掖縣). ¶一邑.

【夜間】やかん(야간) 밤. 밤새. ↔晝間(주간).

【夜景】やけい(야경) 밤 경치. ¶春風偏送柳 一欲洗山＜韋應物＞

【夜警】やけい(야경) 밤에 도둑이나 화재 따위를 경계하여 살핌. 또는, 그 사람. ¶伶工謂一爲嚴＜唐書＞

【夜光】やこう(야광) ①밤에 빛남. 또는, 밤의 빛. ¶河漢一流＜張喬＞ ②달의 이칭. ¶一何德＜楚辭＞ ③반딧불의 이칭. ¶抱一以淸遊＜潘岳＞ ④야광주(夜光珠)·야광벽(夜光璧)의 준말. ¶南海有珠 卽鯨目 夜可以鑑 謂之一＜述異記＞

【夜光明月】やこうめいげつ(야광명월) ①밤의 밝은 달. ②야광주와 명월주(明月珠).

【夜光珠】やこうノタマ(야광주) ①밤에도 빛을 내는 구슬. 옛 중국에 있었다 함. 夜珠(야주). 夜明珠(야명주). 夜光璧(야광벽). ②금강석(金剛石).

【夜勤】やきん(야근) 야간 근무.

【夜氣】やき(야기) ①밤의 대기. ¶一淸簫管＜劉孝儀＞ ②깨끗하고 조용한 마음. ¶一不足以存＜孟子＞ 「증세.

【夜尿症】やにょうしょう(야뇨증) 자면서 오줌을 싸는

【夜臺】やだい(야대) 무덤의 구덩이. 壙穴(광혈). 夜室(야실). 墳墓(분묘). ¶冥冥九泉路 漫漫長一＜李善＞

【夜對】やたい(야대) 숙직중인 신하가 임금의 갑작스러운 자문에 응하던 일. ¶一之益＜大學衍義補＞

【夜盲】やもう(야맹) 밤이면 시력이 줄어, 보이지 않는 눈. 또는, 그 사람. ¶一症.

【夜明砂】やめいさ(야명사) 박쥐똥. 안질·암내 따위에 약으로 씀.

【夜半】やはん(야반) 밤 12시쯤. 한밤중. 자정(子正) 무렵. ¶一 有力者負之而走＜莊子＞/一逃走.

【夜半無禮】やはんれいナシ(야반무례) 밤중에는 예의를 갖추지 못한다는 말.

【夜色】やしょく(야색) 밤의 경치. 夜景(야경). ¶誰能留一 來夕倍還梭＜沈佺期＞

【夜襲】やしゅう(야습) 야간에 적을 습격함. 夜攻(야공). ¶一大破之＜魏志＞

【夜市】ヨイチ(야시) 밤에 여는 시장. ¶仲秋節一駢闐 至于通曉＜東京夢華錄＞/一場.

【夜食】やしょく(야식) ①월식(月蝕). ②밤에 음식을 먹음. 또는, 그 음식. ¶曾待客一＜史記＞ 「甫＞

【夜深】やしん(야심) 밤이 깊음. ¶一露氣淸＜杜

【夜營】やえい(야영) 밤에 진영을 구축함. 또는, 그 진영. ¶一多鼓＜庾信＞ 「書＞

【夜陰】やいん(야음) 밤의 어둠. 밤. ¶一失道＜魏

【夜以繼日】ヨヲモッテヒヲツグ(야이계일) 밤낮의 구별 없이 계속함. 夜以繼晝(야이계주).

【夜以繼晝】ヨヲモッテヒルヲツグ(야이계주) ☞夜以繼日(야이계일).

【夜葬】やそう(야장) 밤에 지내는 장사.

【夜叉】やしゃ(야차) ①두억시니. ②《佛》 염라국에서 죄인을 가책하는 옥졸. 鬼卒(귀졸). 閻魔卒(염마졸). ③《佛》 범어 Yaksa의 음역(音譯). 모양이 흉하고 힘이 세며 사람을 해치나 바른 불법(佛法)을 지키는 악귀(惡

鬼). ¶西域記云 藥叉之訛曰一<名義集>
【夜學】やがく(야학) ①밤에 공부함. 夜課(야과). ¶一曉未休 苦吟神鬼愁<孟郊> ②야간에 수업하는 학교. ¶一生.
【夜合】(야합) 자귀나무. 合歡木(합환목). ¶一庭前花正開 輕羅小扇爲誰裁<唐彥謙>
【夜行】やこう(야행) 밤에 길을 감. ¶女子出門…一以燭<禮記>/一性.
【夜行被繡】ヨルユクニしゅうヲキル(야행피수) 밤에 수놓은 비단옷을 입고 길을 간다는 뜻으로, 공명(功名)이 세상에 알려지지 않음을 이르는 말. ¶一 不足爲榮<蘇武>
【夜壺】やこ(야호) 요강(尿鋼).
【夜話】やわ(야화) 밤에 나누는 이야기. 夜談(야담). ¶未敢叩門求一 時叨送米繼晨炊<蘇軾>
【夜會】やかい(야회) ①밤에 회합함. ¶與鄕人一<稽神錄> ②밤에 손을 초대하여 주연을 베풀고 춤추며 즐기는 서양식 모임. ¶一服.
▷佳一, 甲一, 經一, 禁一, 短一, 獨一, 冬一, 莫一, 暮一, 戊一, 半一, 白一, 丙一, 三五一, 星一, 夙一, 時一, 晨一, 深一, 闇一, 暗一, 良一, 涼一, 連一, 永一, 午一, 月一, 幽一, 乙一, 日一, 子一, 昨一, 殘一, 長一, 前一, 丁一, 靜一, 除一, 早一, 終一, 晝一, 徹一, 淸一, 初一, 秋一, 春一, 漆一, 夏一, 寒一, 玄一, 昏一, 後一, 黑一

9【怨】 ☞心部 5획(p.565)

8/11【夠】 1 모을 구 2 많을 구 | 囿《ㄡˋ 𠘧(gou) | こう gather, many

11【够】 夠(p.371)와 同字

11【梦】 夢(p.371)의 俗字

12【飧】 ☞食部 3획(p.1636)

11/14【夥】 많을 과 ㊍화 | 囿ㄏㄨㄛˇ (huo) | か many

14【夥】 夥(p.371)와 同字

11/14【夢】 꿈 몽 | 㒿ㄇㄥˋ 東(meng) | む(ユメ) dream
㊗夢 梦 ⓐ㝱

풀이 ①꿈. ¶神遇爲一<列子>/非一似一. ②꿈꾸다. ¶其寢不一<莊子> ③어둡다. 흐림. ¶視天一一<詩經> ④마음이 어지럽다. ¶一一.
【夢金尺】(몽금척) 이성계(李成桂)가 창업 전에 꿈에 신선에게서 받았다는 금빛 자. 금척무(金尺舞)에 쓰는 제구.
【夢裏】むり(몽리) 꿈속. 夢中(몽중). 夢裡(몽리). ¶所思如一<張九齡>
【夢寐】むび(몽매) ①꿈을 꿈. ②꿈꾸는 동안. 꿈결. ¶夙夜一<後漢書>/一間.
【夢死】むし(몽사) 아무 일도 않고 헛되이 죽음. ¶醉生一<程子語錄>
【夢想】むそう(몽상) ①꿈속에서 생각함. 또는, 그 생각. ¶忽寢寐而一兮<司馬相如> ②꿈과 생각. ¶一自消<列子> ③되지도 않을 일을 생각함. 空想(공상). ④《佛》 꿈속에서의 상념(想念).
【夢泄】(몽설) 잠자는 동안에 사정(射精)하는 일. 夢精(몽정). 夢色(몽색). 夢遺(몽유).
【夢魘】むえん(몽엽) 가위눌림. 夢厭(몽엽). ¶夜臥一 不能復覺<福惠全書>
【夢囈】むげい(몽예) 잠꼬대. 夢言(몽언).
【夢遺】むい(몽유) ☞夢泄(몽설).
【夢遊病】むゆうびょう(몽유병) 정신병의 하나. 자다가 일어나서 무의식중에 말이나 행동을 한 뒤, 전혀 기억하지 못하는 증상을 보임.
【夢兆】むちょう(몽조) 꿈에 나타나는 길흉의 조짐. 꿈자리. 夢徵(몽징). ¶不感于一<摯虞>
【夢中】むちゅう(몽중) ①꿈속. 꿈결. 夢裏(몽리). ¶以一所謂者實<列子> ②기뻐서 어쩔 줄 모름. 또는, 일이나 생각에 열중하여 여념이 없음.
【夢幻】むげん(몽환) ①꿈과 환상(幻想). ②사물의 덧없음의 비유.
【夢幻泡影】むげんほうえい(몽환포영)《佛》 꿈, 환상, 물거품, 그림자. 사물의 덧없음의 비유. 夢幻泡沫(몽환포말). ¶一切有爲法 如一<金剛經>
▷佳一, 客一, 綺一, 吉一, 南柯一, 盧生一, 瑞一, 惡一, 厭一, 靈一, 雲一, 異一, 一場春一, 春一, 邯鄲一, 鄕一, 胡蝶一, 昏一, 凶一

14【夣】 夢(p.371)의 俗字

11/14【夤】 조심할 인 | 圓ㄧㄣˊ(yin) | いん

大<큰 대>部

大 ①夬 夫 夭 天 太 ②失 央 夲 夯 ③夸 夷 ④夾 ⑤奇 奈 奉 奔 奄 ⑥契 奎 奏 奕 奐 ⑦奘 套 奚 ⑨奢 奡 奠 ⑩奧 奬 ⑪奩 奭 奪 ⑫奭 奯 ⑬奮 ⑮奰 ㉑奲

0/3【大】 1 큰 대 2 클 태 | 㒿ㄉㄚˋ(da) ㄉㄞˋ(dai) 圖ㄊㄞˋ(tai) | たい, だい (オオキイ) big, great た

源 象形. 활개 편 사람의 모양을 본뜸.

풀이 1 ①크다. ¶四一<老子>/一道. ②많다. ¶一家. ③고귀하다. 소중함. ¶畏一人<論語> ④훌륭하다. ¶子曰 一哉問<論語> ⑤거칠다. ¶衣一布<莊子> ⑥자랑하다. ¶不自一其事<禮記> ⑦지나다. 초과함. ¶殫盡一半<淮南子> ⑧늙다. ¶年一自踈隔<沈千運> ⑨무겁다. ¶必察小一之比<禮

記> ⑩대개. ¶一略/一要. ⑪하늘. ¶一時不齊<禮記> **2** ①크다. 거대함. ㉠太. ②심하다. ¶一風起兮雲飛揚<漢高祖>

【大家】たいか (대가) ①부귀한 집. 세력 있는 집. 大族(대족). ¶一攻小家<淮南子> ②근시(近侍)가 임금을 부르는 말. ¶唯願一萬歲<舊唐書> ③뛰어난 전문가. ¶唐宋八一<沈德潛> ④타인의 경칭. ⑤많은 사람. ¶一齊唱<金剛經注頌> ⑥시어머니. ⑦여자의 존칭. ⑧태후(太后) 또는 황후의 호칭.

【大哥】たいか (대가) 맏형. 큰형. 大兄(대형). ¶一好作主人<張九齡>

【大駕】たいが (대가) ①임금의 수레. 鳳駕(봉가). 龍駕(용가). ②임금. ¶一東遷<吳志>

【大家族】だいかぞく (대가족) ①식구가 많은 가족. ②방계 혈족(傍系血族)과 그 배우자 등도 포함하는 가부장적(家父長的) 가족. ↔核家族(핵가족).

【大角】たいかく (대각) ①큰 뿔. ¶一之獸<左氏傳> ②악기의 하나. 큰 각적(角笛). ③별 이름. 棟星(동성).

【大覺】たいかく①・だいかく②③ (대각) ①크게 깨달음. 또는, 그 사람. ¶今將有一<淮南子> ②(佛) 크게 진리를 깨달음. 大悟(대오). ¶惛夢惺而一明<翻譯名義集> ③부처의 이칭.

【大覺金仙】だいかくきんせん (대각금선) 송(宋)의 휘종(徽宗) 때 부처를 이르던 말. ¶佛改號一<宋史>

【大覺世尊】だいかくせそん (대각세존) 부처. 佛陀(불타).

【大姦】たいかん (대간) 심히 악한 일. 또는, 그런 사람. 大奸(대간). ¶首發一<漢書>

【大姦似忠】たいかんはちゅうににたり (대간사충) 매우 악한 사람은 겉으로는 충성스런 사람처럼 보임. ¶一 大詐似信<宋史>

【大喝】だいかつ (대갈) 큰 소리로 꾸짖음. ¶智深一一聲<水滸傳>

【大監】(대감)㊕ ①정이품(正二品) 이상인 관원의 존칭. ②신(神)을 높여 부르는 무당의 말.

【大江】たいこう (대강) ①큰 강. ②양자강(揚子江)의 이칭. 長江(장강). ¶月湧一流<杜甫>

【大綱】たいこう (대강) ①일의 가장 중요한 줄거리. 大本(대본). ¶人倫一<漢書> ②대충.

【大概】たいがい (대개) ①개략적인 줄거리. ②대강. 대충.

【大擧】たいきょ (대거) ①많은 사람이 한꺼번에 덤빔. 또는, 대군을 일으킴. ¶一之策<魏志> ②크게 등용(登用)함. ¶時開一<晋書>

【大經】たいけい (대경) ①☞大道(대도)②. ¶惟天下至誠 爲能經綸天下之一<中庸> ②「예기」(禮記)와 「춘추좌씨전」(春秋左氏傳). 구경(九經) 분류의 한 가지. 대・중・소경으로 나눔. ¶凡禮記春秋左氏傳爲一<唐書> ③당(唐)・송(宋)대 대학의 교과목.

【大驚】たいきょう (대경) 크게 놀람.

【大驚失色】たいきょうしっしょく (대경실색) 몹시 놀라 안색이 변함.

【大計】たいけい (대계) ①큰 계획. 큰 계략. ¶失於國家一<魏志>/百年一. ②회계(會計)의 총 계정. ③명(明)・청(淸)대에 관리의 성적을 3년마다 시험하던 일.

【大薊】たいけい (대계) 엉겅퀴 뿌리. 지혈제(止血劑) 등에 씀.

【大故】たいこ (대고) ①부모의 상(喪). 親喪(친상). 大憂(대우). 大喪(대상). ¶非有一 不宿於外<禮記> ②큰 사고나 재난. ¶一致餘子<周禮> ③큰 허물. 姦惡(간악). 大罪(대죄). ¶故舊無一則不棄也<論語>

【大姑母】たいこぼ (대고모) 할아버지의 자매(姊妹). 王姑母(왕고모).

【大古風】(대고풍)㊕ 운(韻)을 달지 않은, 우리나라 특유(特有)의 한시체(漢詩體).

【大哭】たいこく (대곡) 큰 소리로 욺. 痛哭(통곡). ¶是日也放聲一<張志淵>

【大功】たいこう (대공) ①큰 공. 大勳(대훈). ¶玆不妄一<書經> ②복제(服制)의 이름. 오복(五服)의 한 가지. 9개월복. ¶九月者傳曰 一布九升<儀禮> ↔小功(소공).

【大空】たいくう (대공) 하늘. 天空(천공).

【大功服】たいこうふく (대공복) 대공친(大功親)의 죽음에 입는 상복(喪服). 복기(服期)는 9개월.

【大功親】たいこうしん (대공친) 종형제, 출가 전의 종자매, 출가한 고모・자매, 지차 손자・손녀, 지차 며느리 등의 겨레붙이. ↔小功親(소공친).

【大科】たいか (대과) ①㊕ 과거(科擧)의 문과(文科). 또는, 문과에 급제함. ↔小科(소과). ②당(唐)대 임금이 친히 베푼 과거(科擧). 또는, 3품 이상의 관원이 입는 옷 모양.

【大過】たいか (대과) ①큰 실수. 大過失(대과실). ¶五十以學易 可以無一矣<論語> ②큰 재난. 大禍(대화). ③남보다 크게 뛰어남. ¶古之人所以一人者<孟子> ④역(易)의 64괘(卦)의 한 가지. 손하태상(巽下兌上)의 괘. 大過卦(대과괘).

【大科及第】(대과급제)㊕ 문과 전시(文科殿試)에 합격함. 文科及第(문과급제).

【大官】たいかん (대관) ①지위가 높은 관직. 또는, 그 관직에 있는 사람. 高官(고관). ¶皆以學至一<史記> ②한(漢)대에 임금의 음식을 주관하던 벼슬.

【大觀】たいかん (대관) ①사물의 도리를 깊이 터득함. ¶達人一兮<賈誼> ②대요(大要)의 관찰. ¶國史一. ③웅대한 경관. 壯觀(장관). ¶盡天下之一<蘇轍> ④널리 보임. 또는, 그 곳. ¶一在上<易經>

【大塊】たいかい (대괴) ①큰 흙덩이. ②대지(大地). 천지(天地). ③조화(造化). 조물주(造物主). ¶夫一噫氣 其名爲風<莊子>

【大魁】たいかい (대괴) ①큰 세력의 괴수. 巨魁(거괴). ¶殲彼一<韓愈> ②과거에 장원 급제한 사람. ③생황(笙簧) 따위의 피리 목에 대나무 대롱을 끼워 음조를 고르는 부분.

【大郊】たいこう (대교) 제후(諸侯)가 천지에 지내는 제사.

【大巧若拙】たいこうはせつのごとし (대교약졸) 뛰어난 슬기

가 속인의 눈에는 오히려 서투른 것으로 보임. ¶一 大辯若訥<老子>

【大局】たいきょく(대국) ①일의 전반적인 상황. 大勢(대세). ¶一觀. ②바둑에서 대략적인 형세.

【大國】たいこく(대국) ①큰 나라. ¶一民. ↔小國(소국). ②韓 옛날, 중국을 가리키는 속칭.

【大君】たいくん(대군) ①韓 고려 때 종친(宗親)의 정1품 봉작(封爵). ②韓 조선 때, 왕후가 낳은 아들의 칭호. ¶王子一/首陽一. ③임금. 天子(천자). ¶一有命<易經> ④천신(天神). ⑤맏아들.

【大權】たいけん(대권) 국가 원수가 나라를 다스리는 통치권(統治權). ¶一移讓.

【大歸】たいき(대귀) ①여자가 이혼하여 친정으로 돌아감. ¶歸于齊 一也<左氏傳> ②죽음. ③만물이 돌아가는 곳.

【大圭】たいけい(대규) 임금이 용포(龍袍)의 띠에 꽂아 홀(笏)로 쓰던 옥. ¶一不琢<禮記>

【大鈞】たいきん(대균) ①하늘. 또는, 조화(造化). 太鈞(태균). 造鈞(조균). ¶一無私力<陶潛> ②오음(五音) 중 궁(宮)·상(商)의 음.

【大極】たいきょく(대극) ①태극(太極). 大儀(대의). ②임금의 지위.

【大禁】たいきん(대금) 나라의 법도(法度). 禁令(금령). ¶問國之一<孟子>

【大忌】たいき(대기) ①큰 재난. 大災(대재). ¶不顧一<後漢書> ②韓 크게 꺼림.

【大期】たいき(대기) ①아이를 낳을 달. ¶至一時生子政<史記> ②아주 같음. ¶好榮惡辱有生之所一<陸機>

【大朞】(대기)韓 죽은지 두 돐 만에 지내는 제사. 大祥(대상)①.

【大器】たいき(대기) ①하늘. ②큰 기량(器量). 훌륭한 인물. 大才(대재). ¶管仲者 天下之賢人也 一也<管子> ③임금의 자리. ¶天下一<莊子> ④큰 그릇. 또는, 주요한 그릇. 寶器(보기).

【大機】たいき(대기) ①천하의 정사(政事). ¶參贊一<唐書> ②중대한 계기. ¶戰一也<呂覽>

【大器晚成】たいきばんせい(대기만성) 큰 그릇은 늦게 완성된다는 뜻으로, 큰 인물은 늦게 그 진면목을 발휘하게 됨의 비유.

【大器小用】たいきしょうよう(대기소용) 큰 그릇을 작은 데에 쓴다는 뜻으로, 뛰어난 인재를 낮은 지위에 등용함의 비유. 大才小用(대재소용).

【大吉】だいきち(대길) 매우 길함. 운수가 썩 좋음. ¶始終如一 是之謂一<荀子>/立春一.

【大儺】たいな(대나) ①납일(臘日) 전날 행하던 액막이 행사. ②옛날, 섣달 그믐 전날 밤 궁궐 뜰에서 악귀를 몰아내던 행사. ※だいな

【大難】たいなん(대난) ①큰 재난. ¶不知一<史記> ②☞大儺(대나). ※だいなん

【大內】たいだい(대내) ①임금의 침소(寢所). ②임금이 거처하는 곳. 禁裏(금리). ¶天子之禁中 則曰一<品字箋> ③임금의 부고(府庫). 또는, 그 곳간을 관리하는 벼슬. ¶以一爲二千石 置左右內官屬一<史記>

【大怒】たいど(대노) 크게 성냄. 몹시 노함. 震怒(진노).

【大腦】だいのう(대뇌) 큰골. 정신 작용을 맡은, 뇌수(腦髓)의 한 부분.

【大團圓】だいだんえん(대단원) ①맨 끝. 大尾(대미). ②연극 등에서 끝 장면.

【大膽】だいたん(대담) ①담이 큼. 뱃심이 좋음. ¶披一決大計<漢書> ②넉살 좋음.

【大戴禮】だたいれい(대대례) 전한(前漢)의 대덕(戴德)이 엮은 예법책. 고례(古禮) 204편을 줄여 85편을 실었음.

【大大的】だいだいてき(대대적) 대규모로.

【大德】だいとく(대덕) ①높은 덕. 또는, 덕이 높은 사람. ¶一若不足<淮南子> ②큰 작용. ¶小德川流 一敦化<中庸> ③중요한 절도. ¶一不踰閑<論語> ④큰 혜택. ¶忘我一<詩經> ⑤높은 자리. ¶一不至仁<管子> ⑥《佛》 고승(高僧). ¶行滿德高曰一<僧輝記>

【大度】たいど(대도) 도량이 큼. 또는, 그 사람. 大韻(대운). ¶常有一<史記>

【大都】たいと(대도) ①큰 도읍. ¶一小伯<書經> ②대개. 대략. 大抵(대저). ¶一爲水也風流<李山甫>

【大盜】たいとう(대도) 큰 도둑. 나라 도둑. 大賊(대적). ¶聖人不死 一不止<莊子>

【大道】だいどう(대도) ①큰 도로. 大塗(대도). ¶一坦坦<淮南子> ②사람이 행할 도리. 大儀(대의). 大經(대경). 常道(상도). ③우주의 본체(本體). ¶一能包之<莊子> ④바른 방법. ¶生財有一<大學>

【大纛】たいとう(대도) 절도사(節度使)가 행차할 때 드는 기. ¶高牙一<歐陽脩>

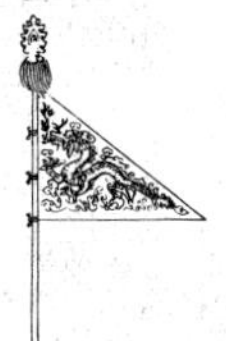

黃龍大纛
(淸會典圖)

【大刀頭】だいとうとう(대도두) 되돌아감의 은어(隱語). ¶何日一<高適>

【大同】だいどう(대동) ①차별 없이 동화(同化)함. ¶和者一於物<列子> ②옛날, 아주 공평하고 평화로왔다는 성세(盛世). ¶是謂一<禮記> ③인심이 화동(和同)함. ¶天下一<顏氏家訓> ④조선 때 공물(貢物)을 미곡으로 바치던 세제(稅制). ¶一米/一法.

【大東】だいとう(대동) ①동쪽 끝. 極東(극동). ¶小東一<詩經> ②우리 나라의 별칭. ③「시경」(詩經)의 편 이름.

【大洞契】(대동계) 동리에서 주민끼리 하는 계.

【大同團結】だいどうだんけつ(대동단결) 서로 다른 당파가 공통의 목적을 위하여 한 덩이로 뭉침.

【大同小異】だいどうしょうい(대동소이) 조금 다른 데도 있으나 전체적으로는 거의 같음.

【大同之論】だいどうノろん(대동지 론) 여러 사람의 공론(公論).

【大同之役】だいどうノやく(대동지 역) 모든 백성이 다 같이 하는 부역.

【大同之患】だいどうノかん(대동지 환) 모든 사람이 당하는 환난.

【大斗】だいと(대두) ①큰 국자. ¶酌以一＜詩經＞ ②큰 말.
【大豆】だいず(대두) 콩.
【大豆粕】だいずかす(대두박) 콩깻묵.
【大頭瘟】だいとうおん(대두온) 두통과 열이 심하고 얼굴과 귀밑, 목구멍이 붓는 병. 顱頭風(노두풍).
【大得】だいとく(대득) ①크게 이득을 봄. 또는, 큰 이득. 大利(대리). ②뛰어난 덕. 大德(대덕).
【大略】だいりゃく(대략) ①큰 계략. 뛰어난 지략(智略). ¶慷慨多一＜後漢書＞ ②대개. 대강. 槪略(개략).
【大呂】たいりょ(대려) ①주(周)의 종묘에 있던 대종(大鍾)의 이름. 구정(九鼎)과 함께 주(周)의 보기(寶器). 나아가, 귀중함의 뜻. ②제(齊)의 종 이름. ③12율(律)의 하나. 또는, 12월(月)의 이칭.
【大旅】たいりょ(대려) 천제(天帝)께 올리는 제사. ¶一亦如之＜周禮＞
【大斂】たいれん(대렴) 상례(喪禮)에서, 소렴을 한 다음날 시체에 옷을 더 입히고 이불로 싸서 베로 묶는 일.
【大禮】たいれい(대례) ①생애에서 가장 중요한 예식. 관, 혼, 상, 제 따위. ②조정의 중대한 의식. ¶今年一復擧＜後漢書＞ ③훌륭한 예(禮). ¶一與天地同節＜禮記＞ ④임금이 제후(諸侯)를 대접하는 예. ⑤커다란 법칙. 大法(대법). ⑥임금의 부름. ⑦임금이 친히 지내는 제사. ⑧군신 사이의 큰 예.
【大禮服】たいれいふく(대례복) 나라의 중대 의식에 입는 예복.
【大老】たいろう(대로) ①나이 많은 현인(賢人). 훌륭한 노인. ¶天下之一＜孟子＞ ②조부.
【大麓】たいろく(대록) ①산기슭의 광대한 숲. ¶旣入一＜淮南子＞ ②순(舜)임금이 뇌우(雷雨)를 만났던 들판. 또는, 요(堯)임금이 순(舜)에게 선위(禪位)한 곳. ③널리 통치함. 또는, 임금의 정사(政事)를 맡아 수행하는 관원. ¶納于一＜書經＞
【大牢】たいろう(대뢰) ①임금이 사직(社稷)을 제사지낼 때 제수(祭需)로서 소, 양, 돼지를 갖춤. ②기름지고 푸짐한 음식. ¶衆人熙熙如享一＜老子＞
【大麻仁】たいまにん(대마인) 삼씨 알갱이. 강장제로 쓰임.
【大名】たいめい(대명) ①훌륭한 이름. 명성. ¶死則擧一＜史記＞ ②남의 이름의 경칭. 高名(고명).
【大明】たいめい(대명) ①태양의 이칭. ¶一生於東＜禮記＞ ②해와 달. ¶視於一＜管子＞ ③지혜가 극히 명철함. ¶遂於一之上＜莊子＞ ④명(明) 조정의 존칭. ¶頒定一律＜明史＞
【大命】たいめい(대명) ①임금이 될 명운. 天命(천명). ¶一其傾＜國語＞ ②임금의 명령. ¶臣蒙一＜後漢書＞ ③수명(壽命). ¶卒一＜韓非子＞ ④명맥(命脈). ⑤군대를 출동시키는 명령. ¶國有一＜左氏傳＞
【大名日】(대명일) 큰 명절날.
【大明天地】(대명천지) 환하게 밝은 세상.
【大母】たいぼ(대모) ①조모(祖母). 太母(태모). ¶負其一＜墨子＞ ②태후(太后). ③땅의 이칭. ¶坤爲一＜通書＞ ③(韓) 유복친(有服親) 밖의 할머니뻘 되는 사람.
【大木】たいぼく(대목) 큰 나무. 巨木(거목). 大樹(대수).
【大武】たいぶ(대무) ①훌륭한 무덕(武德). ¶一三層＜管子＞ ②주(周) 무왕(武王)이 지은 악곡(樂曲) 이름. ③소[牛].
【大無之年】(대무지 년)(韓) 아주 심한 흉년. 大殺年(대살년).
【大文】たいぶん(대문) ①훌륭한 문덕(文德). ②대문장(大文章). ③큰 무늬. ¶一之飾＜梁簡文帝＞ ④(韓) 글의 한 토막 또는 한 단락.
【大文字】だいもんじ(대문자) ①위대한 문장. ②큰 형태의 글자. 大字(대자).
【大尾】たいび(대미) ①큰 꼬리. ②끝. 최종. 結尾(결미).
【大凡】たいはん(대범) ①개요. 대강의 줄거리. 大旨(대지). ¶禮之一＜荀子＞ ②대개. 대략.
【大汎】たいはん(대범) 매우 넓음. 광대(廣大)함.
【大辟】たいへき(대벽) ①옛날 오형(五刑)의 하나. 사형(死刑). 死罪(사죄). ¶一之計＜漢書＞ ②죽음.
【大別】たいべつ(대별) 크게 나눔. 대충 구분함. ¶二一.
【大兵】たいへい(대병) ①많은 병사. 大軍(대군). ②큰 싸움. 大戰(대전). ¶國有一＜禮記＞
【大本】たいほん(대본) ①같은 종류의 물건에서 가장 큰 본새. ②근본(根本). ¶誠爲政之一＜漢書＞
【大本山】だいほんざん(대본산)《佛》 같은 종지(宗旨)의 여러 말사(末寺)를 통할하는 큰 절.
【大父】たいふ(대부) ①조부(祖父). ¶一開地＜史記＞ ②외조부(外祖父). ③(韓) 유복친(有服親) 밖의, 할아버지 항렬의 겨레붙이 남자.
【大夫】たいふ(대부) ①주(周)대 벼슬 이름. 경(卿)의 아래, 사(士)의 위. ¶一食邑＜國語＞ ②벼슬이 있는 사람. ③태의원(太醫院)의 장관. 뜻이 바뀌어, 의사를 이름. ④소나무의 이칭.
【大府】たいふ(대부) ①조정의 부고(府庫). ②승상(丞相)의 부(府). ③상급 관청. 또는, 상관(上官). ④벼슬 이름. 국고(國庫) 재물을 관장함.
【大父母】たいふぼ(대부모) 조부모(祖父母). ¶諸有一＜漢書＞
【大夫人】たいふじん(대부인) 남을 높여 그의 어머니를 이르는 말.
【大父行】たいふこう(대부행) ☞祖行(조행).
【大分】たいぶん(대분) ①대강의 법도. 大綱(대강). ¶法之一＜荀子＞ ②큰 명분. 大道(대도). ¶存亡一＜後漢書＞ ③수명(壽命). 壽數(수수). ④친한 교분(交分). 親交(친교). ⑤(韓) 크게 나눔.
【大佛】だいぶつ(대불) 큰 부처. ¶中塑一＜行都紀事＞
【大鵬】たいほう(대붕) 상상의 큰 새. ¶萬里一飛＜李嶠＞
【大比】たいひ(대비) ①옛날, 3년마다 백성의 수를 조사하던 일. ¶及一登民數＜周禮＞ ②3년마다 관리의 성적을 매기던 일. ¶三年則一＜周禮＞ ③과거(科擧). 또는, 향시(鄕試).
【大妃】たいひ(대비) 선왕(先王)의 후비(后妃).
【大悲】だいひ(대비)《佛》 부처의 삼덕(三德)의 하

나로, 넓고 큰 자비심. ¶一爲根本<涅槃經>/大慈一.

【大士】だいし(대사) ①덕이 높은 사람. ②지위가 높은 사람. 또는, 권세 있는 사람. ¶高門一家<李白> ③제사를 맡아보던 벼슬. ④주(周)대에 형옥(刑獄)을 다스리던 벼슬. ⑤《佛》 보살(菩薩)의 통칭.

【大事】だいじ(대사) ①큰 사업. 또는, 큰 사건. ¶見小利 則一不成<論語> ②㊖ 혼사(婚事). ¶人倫一. ③상사(喪事). ¶一斂用昏<禮記> ④맹약(盟約). ¶一未成<左氏傳> ⑤부역. ⑥병사(兵事). 전쟁. ⑦농사. ¶民之一<國語>

【大師】だいし(대사) ①대군(大軍). ¶一克相遇<易經> ②조정이 고승(高僧)에게 내리는 존호(尊號). ③㊖ 중의 경칭.
(태사) ①주(周)대의 벼슬. 악공(樂工)의 장(長). ②삼공(三公)의 하나. 문관(文官)의 최고위. 太師(태사). ③대학자(大學者).

【大赦】たいしゃ(대사) ①임금이 십악(十惡) 이외의 죄수를 용서하는 일. ¶一天下<史記> ②은사(恩赦)의 하나. 일반사면(一般赦免)을 이름. 「제사 이름.

【大蜡】たいしゃ(대사) 주(周)대에, 12월에 지내던

【大司空】たいしくう(대사공) ①주(周)대 법관(法官)의 장(長). ②공부상서(工部尚書), 공조 판서의 별칭.

【大司寇】たいしこう(대사구) 주(周)대 법금(法禁)을 관장하던 추관(秋官)의 장(長).

【大司農】たいしのう(대사농) 한(漢)대 곡화(穀貨)에 관한 사무를 관장하던 장관. ¶一錢盡<資治通鑑>

【大司徒】たいしと(대사도) ①주(周)대 교화(教化)를 관장하던 지관(地官)의 장(長). ②호부상서(戶部尚書)의 별칭.

【大赦令】たいしゃれい(대사령) 대사(大赦)를 베푸는 국가 원수의 명령.

【大射禮】たいしゃれい(대사례) 임금이 선성(先聖)에게 제사지낼 때 베풀던 활쏘는 예.

【大司馬】たいしば(대사마) ①주(周)대 군사를 관장하던 하관(夏官)의 장(長). ②병부상서(兵部尚書)를 이름. 「칭. ②비구(比丘).

【大沙門】だいしゃもん(대사문)《佛》 ①석가모니의 경

【大司樂】たいしがく(대사악) 주(周)대 악관(樂官)의 장. 「년.

【大殺年】(대살년) 아주 큰 흉

【大祥】たいしょう(대상) ①초상을 치른 후 두 돌만의 제사. 大朞(대기). ②크게 상서로움. ③큰 변이(變異)의 기운. ④길흉이 먼저 크게 나타나는 일. ¶一而衆忌諱<史記>

【大常】たいじょう(대상) ①옛날, 중국에서 쓰던 천자의 기. 太常(태상). ¶王建一<周禮> ②한(漢)대 종묘의 의식을 맡은 벼슬.

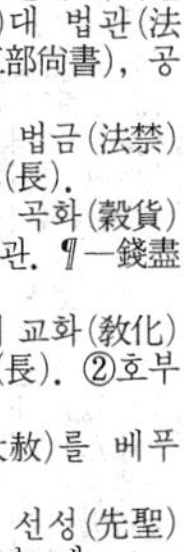

大 常
(名物圖)

【大序】たいじょ(대서) 「시경」(詩經) 전체의 서문. 관저(關雎) 앞에 있는 서문을 소서(小序)와 구별하여 이르는 호칭.

【大書】たいしょ(대서) 글씨를 크게 씀. 또는, 크게 쓴 글씨. ¶一周說<曹端>

【大書特筆】たいしょとくひつ(대서특필) 특히 드러나 보이도록 큰 글자로 씀. 大書特書(대서특서).

【大仙】たいせん(대선) ①훌륭한 선인(仙人). ②《佛》 여래(如來)의 별칭. ¶一尊位<般若經>

【大成】たいせい(대성) ①크게 이룸. 훌륭하게 완성함. ¶一若缺<老子> ②큰 화평. ¶必得一<左氏傳> ③크게 공을 이루어 세상을 태평하게 함. ¶展也一<詩經>

【大姓】たいせい(대성) 대대로 번창하는 집안. 豪門右族(호문우족). ¶名豪一<魏志>

【大聖】たいせい①·たいしょう②(대성) ①큰 성인. 至聖(지성). ¶孔子一<後漢書> ②《佛》 여래(如來). ¶無量一<無量壽經>

【大聲一喝】たいせいいっかつ(대성일갈) 큰 소리로 꾸짖음. 大聲叱號(대성질호).

【大成殿】たいせいでん(대성전) 공자묘(孔子廟)의 정전(正殿). 聖廟(성묘).

【大聲痛哭】たいせいつうこく(대성통곡) 목을 놓아 애통하게 욺. 放聲大哭(방성대곡).

【大勢】たいせい(대세) ①세상 돌아가는 형세. ¶一以見<魏志> ②지위가 높고 권력이 있음. ¶一難居<晋書> 「보살).

【大勢至】だいせいし(대세지) ☞大勢至菩薩(대세지

【大勢至菩薩】だいせいしぼさつ(대세지 보살)《佛》 삼불(三佛)의 하나로, 아미타불의 오른편에 있으며 지혜를 관장함.

【大小】だいしょう(대소) ①큰 것과 작은 것. ¶事無一<諸葛亮> ②크기. ¶問鼎之一<左氏傳>

【大笑】たいしょう(대소) 크게 웃음. 또는, 큰 웃음. 哄笑(홍소). ¶望見而一<史記>/仰天一.

【大韶】たいしょう(대소) 순(舜)임금이 지은 악곡(樂曲) 이름. ¶虞舜作一<通典>

【大蘇】たいそ(대소) 송(宋)의 문장가 소식(蘇軾)의 별칭. ※老蘇(노소)·小蘇(소소).

【大小家】(대소가)㊖ ①한 집안의 큰집과 작은집. ②본처(本妻)의 집과 소실(小室)의 집. 大小宅(대소댁).

【大小朞】(대소기) 사후 1주기에 지내는 제사를 소기·소상(小祥), 두 돌만에 지내는 제사를 대기·대상(大祥)이라 하며, 이를 합쳐 대소기라 함. 大小祥(대소상).

【大小事】だいしょうじ(대소사) 크고 작은 일. 「기).

【大小祥】だいしょうしょう(대소상) ☞大小朞(대소

【大樹】たいじゅ(대수) ①큰 나무. 大木(대목). 巨木(거목). ¶毋伐一<禮記> ②장군(將軍)의 별칭.

【大乘】だいじょう(대승)《佛》 모든 중생을 구원하는데 목적을 두는 교법(教法). ↔小乘(소승).

【大勝】たいしょう(대승) ①크게 이김. 大捷(대첩). ¶一利. ↔大敗(대패). ②크게 앞섬. 크게 더함. ¶陰氣一<禮記>

【大乘佛教】だいじょうぶっきょう(대승불교)《佛》 대승의 교리를 따르는 불교 교파. ↔小乘佛教(소승불교).

【大乘五部】だいじょうごぶ(대승오부)《佛》 대승 불교

의 경전인 화엄경(華嚴經)·대집경(大集經)·법화경(法華經)·반야경(般若經)·열반경(涅槃經)의 총칭.

【大乘的】だいじょう(대승적) ①《佛》 대승(大乘)의 정신에 맞는 모양이나 성질. ②사사로운 정이나 눈앞의 일에 매임이 없이 대국적 견지에서 판단, 행동하는 모양. ¶一見地.

【大食】たいしょく(대식) ①음식을 많이 먹음. ¶一家. ②사라센을 이름. Tazi의 음역. ¶一 本波斯地<唐書>/一國.

【大神】たいしん(대신) ①매우 밝은 신(神). 또는, 큰 신전. ¶封一<周禮> ②뛰어나게 큰 작용. ③韓 무서운 귀신.

【大牙】たいが(대아) ①큰 상아. ②임금이나 장군이 세우는 아기(牙旗).

【大我】たいが①·だいが②(대아) ①우주의 절대·유일한 실체(實體). ↔小我(소아). ②《佛》 아집(我執)을 벗어나 참되고 자유로운 경지에 이름. 眞我(진아).

【大兒】たいじ(대아) ①나이 많은 아이. 또는, 형(兄). ②훌륭한 두 인물 중의 연장자(年長者)를 이르는 말. ¶一長孺<楊萬里>

【大衙】たいが(대아) 지방관(地方官)으로 있는 아버지나 형에게 올리는 편지 겉봉에 쓰던 말.

【大雅】たいが(대아) ①극히 우아함. 또는, 그러한 사람. ¶一含弘<盧諶> ②학식 있는 사람. 또는, 문인(文人)의 경칭. ③「시경」(詩經)의 시의 한 체(體). 왕정(王政)의 흥망 자취를 읊은 것으로 연회에 쓰임. ※小雅(소아).

【大惡無道】たいあくむどう(대악무도) 몹시 악독하고 인륜에 어긋난 짓을 일삼음.

【大安】たいあん(대안) ①매우 편안함. ¶萬民一<漢書> ②당(唐)대 궁전의 이름. ③송(宋)의 악곡 이름.

【大洋】たいよう(대양) 큰 바다. 大海(대해).

【大言壯談】たいげんそうだん(대언장담) ①큰소리로 장담함. ②과장하여 말함. 허풍을 떪. 大言壯語(대언장어). 「언장담).

【大言壯語】たいげんそうご(대언장어) ☞大言壯談(대

【大業】たいぎょう(대업) ①위대한 사업. 偉業(위업). ②제왕(帝王)의 업. 帝業(제업). ¶一載之<後漢書> ③심원한 학업. ¶潛心一<漢書>

【大餘】たいよ(대여) 역법상(曆法上)의 용어. 1년의 일수를 60으로 나누어, 60미만의 일수를 대여(大餘), 하루 미만의 시간을 소여(小餘)라고 함. 「상여.

【大輿】たいよ(대여) 옛날, 국상(國喪) 때 쓰던 큰

【大役】たいえき·たいやく(대역) ①나라의 큰 역사(役事). 大工事(대공사). ②큰 전쟁. ③중대한 임무.

【大逆】たいぎゃく(대역) ①인륜(人倫)을 거스르는 죄악. ¶一不忠<戰國策> ②왕실, 왕릉을 범하는 죄.

【大逆無道】たいぎゃくむどう(대역무도) 신하로써 임금에게 반역하여 인륜을 짓밟음. 大逆不道(대역부도). ¶淮南王安 甚一<史記>

【大逆不道】たいぎゃくふどう(대역부도) ☞大逆無道(대역무도).

【大衍】たいえん(대연) ①50. 점치는 산대가 모두 50개인 데서 온 말. ②역법(曆法)의 한 가지. 당(唐)대 중[僧] 일행(一行)이 만든 것. ③광대한 늪.

【大宴】たいえん(대연) 규모가 큰 잔치.

【大衍數】たいえんすう(대연수) 역(易)에서 50을 이름. 大衍(대연)①.

【大淵獻】たいえんけん(대연헌) 해년(亥年)의 이칭. ¶太陰在亥歲 名曰一<淮南子>

【大瀛】たいえい(대영) ☞大海(대해).

【大禮懺】(대례참)《佛》 부처, 보살의 이름을 계속하여 부르며 절하는 예.

【大悟】たいご(대오) ①크게 깨달음. ¶常一日<後漢書>/一覺醒/一徹底. ②《佛》 번뇌를 벗어나 진리를 깨달음. ¶廓然一<傳法正宗記> 「칭. ¶一之雄風<宋玉>

【大王】だいおう(대왕) ①위대한 왕. ②임금의 경

【大王父】たいおうふ(대왕부) ①증조부(曾祖父). ②조부(祖父). 王大父(왕대부).

【大要】たいよう(대요) ①개요(概要). 大旨(대지). ¶一不易方<阮籍> ②대본(大本). 大綱(대강). ¶軍事一<晋書>

【大欲】たいよく(대욕) 큰 욕망이나 큰 욕심.

【大勇】たいゆう(대용) 참된 용기. 또는, 참된 용사. ¶一不鬪<淮南子>

【大勇不忮】たいゆうふぎ(대용불기) 참된 용기가 있는 사람은 함부로 사람을 해치거나 물건을 손상하지 않음. ¶大廉不嗛 一<莊子>

【大禹】たいう(대우) 하(夏)의 우(禹)임금. ¶一之戒<書經>

【大愚】たいぐ(대우) 매우 어리석음. 또는, 그러한 사람. ¶知其愚者 非一也<莊子>

【大運】たいうん(대운) ①천명. 天運(천운). ¶朕承一<後漢書> ②성명가(星命家)에서, 10년마다 한 번씩 바뀐다고 하는 운.

【大雄】だいゆう(대웅)《佛》 부처의 존칭.

【大熊星】たいゆうせい(대웅성) 큰곰자리의 별. 주된 것은 북두칠성. 「佛象)을 모신 법당.

【大雄殿】だいゆうでん(대웅전)《佛》 본존 불상(本尊

【大熊座】おおぐまざ(대웅좌) 별자리 이름. 큰 곰자리. 북극 가까이에 있으며, 북두칠성을 포함함. 「의 이름.

【大宛】たいえん(대원) 한(漢)대 서역에 있던 나라

【大員】たいいん·たいえん(대원) ①벼슬이 높은 사람. 大官(대관). ②하늘. 大圓(대원). ¶能戴一者<淮南子>

【大院君】たいいんくん(대원군)韓 왕실의 방계에서 대통(大統)을 이은 임금의, 살아있는 아버지의 존칭. ¶興宣一.

【大願本尊】だいがんほんぞん(대원본존)《佛》 지장보살(地藏菩薩). 모든 중생을 제도하고나서 부처가 되려는 대원(大願)을 지니고 있는 보살. 「이르는 말. ¶一大監.

【大院位】(대원위)韓 대원군(大院君)을 높여

【大月】たいげつ(대월) ①큰 달. ②일수가 많은 달. 음력은 30일, 양력은 31일이 되는 달.

【大越】だいえつ(대월) 11세기 초에 안남인(安南人)이 세운 나라.

【大月氏】だいげっし(대월지) 한(漢)대, 서역(西域)에 있던 나라. ¶一國 居藍氏城<後漢書>

【大尉】たいい(대위) ①진(秦)대 병사(兵事)를

관장하던 벼슬. 太尉(태위). ②최상급의 위관(尉官).

【大僞】たいぎ (대위) 큰 거짓. 곧, 자연 그대로가 아닌 인위(人爲). ¶智慧出有一<老子>

【大有卦】たいゆうか (대유괘) 64괘의 하나. 성대하고 풍요함을 상징함. 大有(대유). 건하이상(乾下離上).

【大有年】オオイニトシアリ (대유년) 큰 풍년이 든 해.

【大有爲】オオイニナスアリ (대유위) ①큰 사업을 함. ②재능이 있어 쓸모가 많음.

【大恩】だいおん (대은) 큰 은혜. 大惠(대혜). ¶加一<漢書>

【大恩教主】だいおんきょうしゅ (대은교주)《佛》 석가의 경칭.

【大隱隱朝市】だいいんちょうしニカクル (대은 은조시) 크게 깨달은 참된 은자(隱子)는 산중 같은 데에 숨지 않고, 도리어 시중에서 민중과 함께 지냄.

【大邑】だいゆう (대읍) ①큰 도읍(都邑). ¶其作一<書經> ②큰 봉강(封疆). ③큰 나라. 大國(대국). ④고을을 크게 함. ¶墾田一<呂覽>

【大意】たいい (대의) ①대강의 뜻. 大旨(대지). ¶苟一得<管子> ②큰 뜻. 大志(대지). ③큰 분노. ¶一無所拂悟<韓非子>

【大義】たいぎ (대의) ①사람으로서 지킬 바른 도리. 大議(대의). ¶興一<史記> ②대강의 뜻. ¶略通一<後漢書> ③경서(經書)의 요의(要義).

【大義滅親】たいぎめっしん (대의멸친) 대의(大義)를 위하여는 사사로운 정은 희생시킴.

【유래】 춘추(春秋)시대 위(衛)의 신하 석작(石碏)은 주우(州吁)의 역심을 꿰뚫어보고 아들 후(厚)에게 주우와의 접촉을 금했다. 마침내 주우는 위의 환공(桓公)을 죽이고 실권을 쥐었다. 그러자 후는 아버지더러 주우를 왕으로 추대하자고 청했다. 이때 석작은 아무리 쇠약했을망정 주(周)의 천자가 계시니, 진왕(陳王)의 주선으로 천자의 허락을 받도록 하자고 일러, 아들 후를 주우와 함께 진(陳)으로 출발시켰다. 석작은 뒤이어 진(陳)에 밀사를 급파하여 두 사람은 역적이니 붙잡아 처형해 달라고 부탁했다. 그리하여 두 사람은 진(陳)에 당도하는 길로 투옥되었고, 얼마 후 위의 사신이 입회하는 가운데 참수당했다.<左氏傳>

【大義名分】たいぎめいぶん (대의명분) 신하로서 지킬 도리와 본분. 또는, 사람으로서 지킬 절개와 분수.

【大人】たいじん (대인) ①어른. 成人(성인). ②유덕자(有德者)·연장자의 존칭. ③아버지·어머니의 경칭. ④벼슬이 높은 사람. ⑤부락의 장. 酋長(추장). ⑥몸이 큰 사람. ⑦옛날, 해몽을 맡은 벼슬. ⑧《佛》 불보살(佛菩薩).

【大人君子】たいじんくんし (대인군자) 덕이 있는 훌륭한 인사.

【大人無己】たいじんオノレナシ (대인무기) 큰 덕을 갖춘 사람은 남을 자기 몸과 같이 위해 줌. ¶至德不得 一<莊子>

【大一】たいいつ (대일) ①지극히 큼. ¶至大無外 謂之一<莊子> ②천지가 아직 나뉘지 않은 혼돈(混沌)한 기운.

【大任】たいにん (대임) 중대한 임무. 重任(중임). 大重(대중).

【大字】たいじ (대자) ①큰 글자. 크게 쓴 글자. 大文字(대문자). ②한자(漢字)의 갖은자. 一·二·三 등에 대하여 壹·貳·參 등의 글자를 이름.

【大慈大悲】だいじだいひ (대자대비)《佛》 크고 넓은 자비(慈悲). 관세음보살(觀世音菩薩)의 덕(德).

【大自在】だいじざい (대자재) ①장애나 속박이 없는 참된 자유. ②《佛》 광대한 신통력(神通力)을 지녀 무슨 일이든 할 수 있음을 이름. 대자재천(大自在天)의 준말.

【大自在天】だいじざいてん (대자재천)《佛》 대천 세계(大千世界)의 주(主). 自在天(자재천). 大自在(대자재).

【大作】たいさく (대작) ①큰 사업을 일으킴. ②성하게 일어남. ¶瘴疫一<南方草木狀> ③훌륭한 작품을 만듦. 또는, 그 작품. 傑作(걸작). ④큰 부피의 저서(著書). ⑤크게 토목공사를 일으킴. ¶北宮一<後漢書> ⑥대신(大臣)이 하는 일.

【大壯】たいそう (대장) ①매우 왕성함. ¶帝命赫而一<陸機> ②64괘(卦)의 하나. 건하진상(乾下震上). 곧, 하늘에서 우뢰가 이는 모습. 大壯卦(대장괘).

【大杖】たいじょう (대장) ①큰 채찍. ②수(隋)대, 오형(五刑)의 하나로, 장형(杖刑)의 최고형.

【大藏經】だいぞうきょう (대장경)《佛》 불교 성전의 전집. 一切經(일체경). 藏經(장경).

【大長公主】だいちょうこうしゅ (대장공주) 임금의 고모. 大主(대주)②.

【大壯卦】たいそうか (대장괘) ☞大壯(대장)②.

【大將軍】たいしょうぐん (대장군) ①전군을 통솔하는 무장(武將). 總大將(총대장). ②음양가(陰陽家)의 팔장신(八將神)의 하나.

【大將軍箭】(대장군전) 길이가 여섯 자인 큰 철전(鐵箭).

【大丈夫】だいじょうぶ (대장부) ①훌륭한 남자. 丈夫(장부). ②남자를 칭찬하여 하는 말.

【大氐】たいてい (대저) ☞大抵(대저).

【大抵】たいてい (대저) 대개. 대체로. 大氐(대저). ¶一皆襲秦故<史記>

【大適】たいてき (대적) ①아주 뜻에 맞음. 또는, 크게 즐김. ¶每醉則一<宋書> ②약초 이름. 두루미냉이. 葶藶(정력).

【大田】たいでん (대전) ①춘추(春秋) 시대 농사를 관장하던 벼슬 이름. 후세의 대사농(大司農)에 해당. 大司田(대사전). ②기름진 땅. 沃土(옥토). ③크게 사냥함. ④「시경」(詩經) 소아(小雅)의 편 이름.

【大全】たいぜん (대전) ①완전히 갖추어 모자람이 없음. 完璧(완벽). ②그 분야의 글을 모두 모아 엮은 책의 이름. ¶周易一/四書一/性理一.

【大典】たいてん (대전) ①중요한 전적(典籍). 또는, 부피가 많은 기록. ¶括囊一<後漢書> ②중대한 전례(典禮). 大儀(대의). ③중요

한 법전(法典). 또는, 훌륭한 법칙. ¶承天之一<漢書>

【大傳】だいでん(대전) ①「예기」(禮記)의 편명(篇名). ②역(易)의 계사전(繫辭傳)을 이름.

【大殿】だいでん(대전) ①후군(後軍). ②㉻ 임금을 높여 이르는 말.

【大篆】だいてん(대전) 서체(書體)의 하나. 주(周)대 사주(史籀)가 만들었다 함. 籀文(주문). ※小篆(소전).

【大前提】だいぜんてい(대전제) 큰 전제. 삼단논법(三段論法)에서 두 전제 가운데 큰 개념이 들어있는 전제를 이름. ↔小前提(소전제).

【大政】たいせい(대정) ①천하의 정치. ¶任其一<左氏傳> ②해마다 섣달에 관원들의 성적을 고과(考課)하던 일.

【大造】たいぞう(대조) 큰 공을 세움. 또는, 큰 공. ¶有一於操也<後漢書>

【大朝】たいちょう(대조) ①명절에 제후(諸侯)나 신하가 임금을 배알(拜謁)하는 일. 또는, 그 예(禮). ②자기가 섬기는 왕조(王朝)의 경칭. ③㉻ 섭정(攝政)하는 왕세자가 임금을 이르는 말.

【大宗】たいそう(대종) ①사물의 시초. 原始(원시). ¶無形者 物之大祖也 無聲者 聲之一也<淮南子> ②종가(宗家). ↔小宗(소종). ③천자(天子). ④세력 있는 일족. ¶一維翰<詩經>

(태종) 은(殷)대 벼슬 이름. 천관육태(天官六大)의 하나.

【大宗家】だいそうか(대종가) 가장 큰 종파의 종가(宗家).

【大宗伯】だいそうはく(대종백) 주(周)대 제사·전례(典禮)를 맡아보던 벼슬.

【大宗師】だいそうし(대종사) ①여러 사람의 스승으로 존경받는 사람. ②명(明)·청(淸)대 과거(科擧)를 관장하던 장관. 宗師(종사).

【大宗孫】だいそうそん(대종손) 종가(宗家)의 맏아들·맏손자.

【大主】たいしゅ(대주) ①큰 은인. ¶晋侯背一而忌小怨<左氏傳> ②임금의 고모. 大長公主(대장공주). ③㉻ 무당이 단골집의 바깥주인을 이르는 말.

【大註】だいちゅう(대주) 경서(經書)의 원주(原註).

【大簇】たいそう(대주) ☞太簇(태주).

【大衆】たいしゅう①②·だいしゅ③(대중) ①많은 사람. ¶雖有一 莫不驚動<吳子>/一文學/一性. ②노동자·농민 등 일반 근로자의 총칭. ③《佛》 많은 중[僧].

【大衆供養】だいしゅくよう(대중공양)《佛》 신도들이 여러 중에게 음식을 대접하는 일.

【大增廣】(대증광) 왕실에 경사가 있을 때 임시로 행하던 과거(科擧).

【大旨】たいし(대지) 대강의 뜻. 大要(대요). 大指(대지)①. 大意(대의).

【大地】だいち(대지) ①땅. 지상(地上). 全地(전지). ②나라의 영토. ¶一侵削則不振<商子> ※だいち

【大指】だいし(대지) ①대강의 뜻. 大旨(대지). ¶執其一<淮南子> ②엄지손가락. 拇指(무지).

【大秦】だいしん(대진) 나라 이름. ㉮한(漢)대에, 로마를 일컫던 말. ㉯16국(國)의 하나로, 부건(符健)이 세운 전진(前秦). 또는, 요장(姚萇)이 세운 후진(後秦).

【大盡】だいじん(대진) 음력 큰 달의 그믐날.

【大質】たいしつ(대질) 몸. 체구. ¶一已虧缺矣<司馬遷>

【大差】たいさ(대차) ①큰 차이. ②임금의 사자(使者).

【大借】(대차) 약차(藥借)의 한 가지. 독한 약을 먹어 힘을 굳세게 하는 일.

【大札】たいさつ(대찰) ①심한 전염병. 疫癘(역려). ¶一則不擧<周禮> ②남의 편지의 경칭. 貴札(귀찰).

【大刹】だいさつ(대찰) 큰 절. 巨刹(거찰). ¶詔起一於京西<元史> ※だいさつ

【大處】たいしょ(대처) ①뛰어나게 좋은 곳. ¶長安眞一<劉禹錫> ②㉻ 도회지.

【大千世界】だいせんせかい(대천세계)《佛》 광대 무변한 세계. 삼천 세계(三千世界)의 세째. 곧, 중천 세계(中千世界)의 천 갑절이 되는 세계.

【大捷】たいしょう(대첩) 크게 이김. 大勝(대승). ¶幸州一.

【大廳】たいちょう(대청) 방과 방 사이의 큰 마루.

【大禘】だいてい(대체) 임금이 조상을 위하여 천신(天神)에게 올리는 제사.

【大體】だいたい(대체) ①개요(槪要). 대개. 大局(대국). ¶未睹一<史記> ②큰 형체. ③완전함. 또는, 소박함. ¶古人之一<莊子> ④큰 체구. ¶一短脰<周禮> ⑤마음. ¶從其一爲大人<孟子> ↔小體(소체). ※だいたい

【大村】たいそん(대촌) 큰 마을.

【大冢宰】だいちょうさい(대총재) ①주(周)대 육관(六官)의 장. 천자를 보필하여 백관을 통솔하던 벼슬. ②이조 판서(吏曹判書)의 별칭.

【大祝】たいしゅく(대축) ①은(殷)대 천관 육태(天官六大)의 하나. ②주(周)대 춘관(春官)에 속하여 제사를 맡아보던 벼슬.

【大畜】たいちく(대축) ①64괘(卦)의 하나. 건하간상(乾下艮上). 곧, 하늘 위에 산이 있는 형상. ②많이 저장함.

【大椿】だいちん(대춘) ①태고 때 있었다는 나무 이름. 3만 2천 년을 인간의 일년 맞잡이로 장수했다고 함. ②남의 장수를 축하하여 이르는 말. ¶一之壽.

【大統】だいとう(대통) ①임금의 자리. 大系統(대계통). ¶奉承一<蜀志> ②국가 통일의 대업. ¶一未集<書經>

【大破】たいは(대파) 크게 부숨. 또는, 크게 깨짐.

【大旆】たいはい(대패) 큰 기(旗).

【大敗】たいはい(대패) ①적을 크게 쳐부숨. ¶一越人<莊子> ②크게 패함. ¶王卒一<左氏傳>

【大幅】だいふく(대폭) ①큰 족자(簇子). ②넓은 폭. 피륙의 폭이 무명 폭의 두 배인 것. ③썩 많이. ¶一增加.

【大風子】だいふうし(대풍자) 대풍나무 열매의 씨. 문둥병·매독을 치료하는 약재로 씀.

【大風瘡】(대풍창) 문둥병.

【大夏】たいか(대하) ①하(夏)의 우왕(禹王)이 지은 악곡 이름. ②여름. ¶一且至<管子> ③나라 이름. ㉮박트리아 왕국의 한자 표

기. ㉯진(晋)대 16국(國)의 하나. ㉰송(宋)대에 이원호(李元昊)가 세운 나라. 西夏(서하). ㉱원(元)대에 명옥진(明玉珍)이 세운 나라.

【大學】だいがく(대학) ①고등교육 기관. 전문대학, 단과대학, 종합대학 등. ¶一院. ②유교 경서(經書)의 하나. 증삼(曾參)의 저서라고 하나 확실치 않음. 윤리와 정치 이념을 담고 있음.

(태학) 임금이 세운 최고 학부.

【大壑】だいがく(대학) 바다. 大海(대해). ¶巨魚縱一<王褒>

【大學士】だいがくし(대학사) 벼슬 이름. 당(唐)대에는 수문관(修文館)에, 송(宋)대에는 소문관(昭文館)·집현전(集賢殿)에 두었음.

【大學三舍法】だいがくさんしゃノほう(대학 삼사법) 송(宋)대 왕안석(王安石)이 세운 학제(學制). 삼사(三舍)는 외사(外舍)·내사(內舍)·상사(上舍)이며, 매달 시험으로 우열을 정하여 사(舍)를 옮겼음.

【大行】たいこう(대행) ①널리 행하여짐. ②멀리 감. 遠行(원행). ③훌륭한 행위. 큰 사업. ④임금의 죽음. 또는, 시호가 정해지기 전의 임금의 칭호. ¶一皇帝. ⑤빈객의 접대를 맡아보던 벼슬.

【大賢】たいけん(대현) 지덕(智德)이 매우 높은 사람. ¶一之德長<管子>

【大兄】たいけい(대형) ①맏형. ②형의 존칭. ③동년배(同年輩)나 연장자에 대한 경칭.

【大戶】たいこ(대호) ①재산이 많은 사람. 富家(부가). ②술을 많이 마시는 사람. 酒豪(주호). ③널리 백성의 형편을 살핌.

【大昏】たいこん(대혼) 임금의 혼례. 大婚(대혼). ¶一爲大<禮記>

【大鴻臚】だいこうろ(대홍로) 한(漢)대에 외국 빈객의 접대를 담당하던 벼슬.

【大化】たいか(대화) ①큰 변화. ②큰 덕화(德化). ¶一咸熙<宋書>

【大患】たいかん(대환) ①큰 병. 大病(대병). 重患(중환). ②큰 근심. 大憂(대우). ¶能捍一<禮記> ③큰 결점. ¶此學者之一也<漢書>

【大寰】たいかん(대환) 천하. 온 세상.

【大荒】たいこう(대황) ①큰 흉년. ¶一荐饑<國語> ②중국에서 아주 먼 곳. 뜻이 바뀌어, 해외·원지(遠地)를 이름. ③하늘. 허공. 大皇(대황).

【大黃】たいこう(대황) ①빛깔이 누런 큰 활. ¶以一射其裨將<史記> ②약초의 한 가지. 하제(下劑)로 씀.

【大荒落】たいこうらく(대황락) 태세(太歲)에 사(巳)가 든 해. 뱀해.

【大會】たいかい①②·だいえ③(대회) ①많은 사람이 모임. 또는, 그 모임. ¶群臣一<後漢書> ②경제 정책을 이름. ¶其一可得而聞乎<管子> ③《佛》 규모가 큰 법회(法會).

【大孝】たいこう(대효) 큰 효행(孝行). 또는, 그 사람. ¶一尊親<禮記>

【大麾】たいき(대휘) ①하후씨(夏后氏)의 기(旗). ②큰 기. 대장기(大將旗).

【大凶】たいきょう①·だいきょう②③(대흉) ①심한 흉년. ②몹시 악함. 또는, 흉악한 범죄. ③운수가 몹시 사나움.

【大昕】たいきん(대흔) 새벽. 早晨(조신).

【大喜】たいき(대희) 크게 기뻐함. 또는, 큰 기쁨.

【大廟】たいびょう(태묘) ☞太廟(태묘).

【大卜】たいぼく(태복) ☞太卜(태복).

【大僕】たいぼく(태복) ☞太僕(태복).

【大史】たいし(태사) ☞太史(태사).

【大上】たいじょう(태상) ☞太上(태상).

【大宰】たいさい(태재) ☞太宰(태재).

▷強一, 彊一, 巨一, 高一, 夸一, 誇一, 寬一, 光一, 廣一, 宏一, 窮措一, 矜一, 老一, 多一, 膽一, 斗一, 莫一, 尾一, 博一, 尨一, 肥一, 事一, 碩一, 細一, 小一, 甚一, 雄一, 遠一, 自一, 壯一, 長一, 張一, 絕一, 措一, 尊一, 重一, 至一, 最一, 特一, 戶一, 弘一, 洪一, 鴻一, 廓一, 擴一

4〖犬〗 部首 글자

1
4〖夬〗 ①깍지 결 ②쾌괘 쾌 | 覺ㄎㄨㄞˋ 卦(kuai) | けつ decide かい

풀이 ①①깍지. 같 抉. ②결정하다. 通 決. ②①쾌괘. 64괘(卦)의 하나. 건하태상(乾下兌上). ䷪. ②나누다.

【夬卦】(쾌괘) 64괘(卦)의 하나. 못이 하늘 위에 있는 괘.

【夬夬】かいかい(쾌쾌) 결단성 있는 모양. 단호한 모양. ¶君子一<易經>

1
4〖夫〗 지아비 부 | 虞ㄈㄨ (fu) | ふ, ふう(オット) husband

풀이 ①지아비. 남편. ¶一者 天也<後漢書>/一婦. ②사내. 장정(壯丁). ¶射一旣同<詩經>/丈一. ③일꾼. ¶均一訂直<南齊書>/役一. ④병사. ¶一屯晝夜<左氏傳> ⑤다스리다. ¶一圭田<禮記> ⑥☞句法 ⑦100묘(畝)의 밭.

句法

① 발어

[夫…] 도대체…. 대개…. ¶夫天地者萬物之逆旅<李白>

② 지시

[夫…] 저…. 그…. ¶觀夫巴陵勝狀<范仲淹>

③ 감탄·영탄

[…夫] 참으로 …는구나. …일진저. ¶逝者如斯夫 不舍晝夜<論語>

【夫家】ふか(부가) ①남녀. ¶登其一之衆寡<周禮> ②남편과 아내. ¶司男女之無一者<周禮> ③남편의 집. 시집. ¶婦人內一<漢書>

【夫君】ふくん(부군) ①남편의 경칭. 郎君(낭군). 良人(양인). ②임금. ¶思一兮太息<楚辭> ③벗. ¶佇立望一<孟浩然>

【夫黨】ふとう(부당) 남편의 친족. ¶敦睦一<柳宗元>

【夫里之布】ふりノふ(부리지 포) 부포(夫布)와 이

포(里布). 夫布는 직업이 없는 사람에게, 里布는 뽕나무와 삼을 심지 않은 자에게 각각 부과하던 세금. 布는 錢.

【夫婦有別】ふうふゆうべつ (부부유별) 남편은 밖을 맡고, 아내는 안을 맡으며, 서로 범절을 지켜야 한다는 말. 오륜(五倫)의 하나.

【夫壻】ふせい (부서) 남편. 郎君(낭군). ¶一在上頭<古詩>

【夫役】ぶやき (부역) 국민의 의무로서 부담하는 노역(勞役). 賦役(부역). 負役(부역).

【夫瓦】(부와) 수키와.

【夫人】ふじん (부인) ①제후(諸侯)의 정처(正妻). ②왕후. 皇后(황후). ¶一以勞諸侯<周禮> ③자기 어머니의 호칭. ④정처(正妻)의 호칭. ⑤기혼 여성의 존칭. ⑥그 사람. ¶不能見一<左氏傳> ⑦많은 사람. 衆人(중인). ¶一愁痛<左氏傳>

【夫日】(부일)㊕ 부모의 제삿날.

【夫子】ふうし (부자) ①남자의 통칭. ¶婦人吉 一凶<易經> ②군인. 將士(장사). ¶勗哉一<書經> ③춘추(春秋) 시대, 태자(太子)·대부(大夫)·선생(先生)·장자(長者)의 존칭. ④공자의 존칭. 스승의 존칭. ⑤남편을 높여 이르는 말. ⑥아버지를 지칭할 때의 호칭. ¶一教我以正<孟子>

【夫子自道】ふうしミズカラユウ (부자자도) 공자가 자신의 일을 스스로 말한다는 뜻에서, 본인이 직접 자기 일을 말함을 이름.

【夫差】ふさ (부차)《人》 춘추(春秋) 시대 오(吳)의 왕. 월왕(越王) 구천(句踐)을 쳐 아버지 원수를 갚았으나, 후에 구천에 패하여 자살함. ※臥薪嘗膽(와신상담)·西施(서시).

【夫倡婦隨】ふしょうふずい (부창부수) 남편이 부르고 아내가 따른다는 말로, 남편이 주장하여 추진하면 아내는 이를 따라 행함을 이름. 夫唱婦隨(부창부수).

【夫唱婦隨】(부창부수) ☞夫倡婦隨(부창부수).

【夫妻】ふさい (부처) 남편과 아내. 夫婦(부부).

【夫布】ふふ (부포) 주(周)대에 일 없이 노는 사람에게 과한 세금. ※夫里之布(부리지포).

▷坑一, 健一, 故一, 工一, 狂一, 鑛一, 曠一, 轎一, 軍一, 窮一, 農一, 擔一, 大一, 大丈一, 獨一, 馬一, 萬一, 亡一, 武一, 美大一, 薄一, 凡一, 病一, 僕一, 鄙一, 貧一, 士大一, 士一, 先一, 膳一, 餓一, 御一, 馭一, 漁一, 餘一, 女丈一, 役一, 驛一, 廉一, 頑一, 庸一, 偉丈一, 儒一, 人一, 一一, 丈一, 壯一, 田一, 節一, 丁一, 征一, 情一, 車一, 哲一, 樵一, 貪一, 販一, 覇一, 匹一, 火一

1 4 〖夭〗

1어릴	요	篆 丨ㄠ (yao)	よう (ワカイ)
2일찍죽을	요		die young
3땅이름	옥	篆 丨ㄠˇ (yao)	よう
4부정할	야	沃	よく
	왜	篆	や, わい

源指事. 사람 모양을 본뜬 「大」의 머리가 구부러진 꼴로, 일찍 죽음을 나타냄.

풀이 1 ①어리다. 새끼. ¶毋殺孩蟲胎一<禮記> ②무성하다. ¶厥草惟一<書經> 2 ①일찍 죽다. ¶民不一札<左氏傳>/一折. ②구부리다. 꺾임. ③뽑다. 죽임. ④막다. ¶水遇一塞<左氏傳> 3 땅 이름. ¶諸一. 4 부정(不正)하다. ¶一斜.

【夭折】ようせつ (요절) 젊어서 죽음. 夭死(요사). 夭傷(요상). 夭殤(요상). 夭逝(요서). 夭惡(요악). 夭短(요단). 夭札(요찰). ¶一蚤沒<漢書>

【夭昏】ようこん (요혼) ①나서 이름도 짓기 전에 죽음. ¶一孤疾<晏子> ②요절(夭折)과 실성(失性).

▷桃一, 壽一, 早一, 蚤一, 胎一, 橫一

1 4 〖天〗 하늘 천 | 囲ㄊㄧㄢ (tian) | てん(アメ, ソラ) *sky, God*

源會意. 사람 [大] 위에 하늘 [一]을 얹은 것.

풀이 ①하늘. ¶一地. ②하느님. 조화(造化)의 주재자. ¶順一者存<孟子>/一罰. ③임금. ¶偸安一位<張衡> ④운명. ¶樂一知命<列子> ⑤기후. 계절. ¶雨一. ⑥세상. 경우. ⑦천성. 성질. ¶先一的. ⑧양(陽). ¶飛龍在一<易經> ⑨자연(自然).

【天假之年】てんコレニトシヲかス (천가지 년) 하늘이 목숨을 빌려주어 장생(長生)시킴. ¶一而除其害<左氏傳>

【天干】てんかん (천간) 갑(甲)·을(乙)·병(丙)·정(丁)·무(戊)·기(己)·경(庚)·신(辛)·임(壬)·계(癸)를 이름. 十干(십간).

【天蓋】てんがい (천개) ①하늘. 창공. ②《佛》 불감(佛龕)이나 관(棺) 위를 가리는 덮개. ③㊕ 관 뚜껑.

【天譴】てんけん (천견) 하늘의 책망. 天罰(천벌). ¶上答一<宋書>

【天經】てんけい (천경) ①하늘의 바른 길. ¶亂天之經<莊子> ②효(孝). ③예(禮). ④해[日]. ⑤월경.

【天經地緯】てんけいちい (천경지위) 영원 불변의 도리. ¶一 理有大歸<左思>

【天界】てんかい (천계) ①하늘. 天空(천공). ¶杳然一高<陶潛> ②《佛》 하늘에 있는 세계. 天上界(천상계).

【天癸】てんき (천계) ①월경(月經). ②정액(精液).

【天啓】てんけい (천계) ①하늘의 계시(啓示). ②하늘이 열림. 하늘의 도움으로 운수가 트임. ¶一聖姿<魏書>

【天鼓】てんこ (천고) ①천둥. ¶鳴一 飮玉漿<漢武帝內傳> ②《佛》 절에서 새벽에 치는 종. ③별 이름. 천고성(天鼓星).

【天高馬肥】ソラタカクウマコユ (천고마비) 하늘이 높고 말이 살찐다는 말로, 가을이 썩 좋은 철임을 일컫는 표현.

【天工】てんこう (천공) ①하늘이 하는 일. 천하를 다스리는 일. 天功(천공)①. ¶一罕代<陸倕> ②절묘한 세공(細工). 神技(신기). 天匠(천장).

【天公】てんこう (천공) ①☞天帝(천제). ②사도

(司徒). ¶霜雪不降 責於一<論衡>

【天功】てんこう(천공) ①천하를 다스리는 일. 天工(천공)①. ¶亮一<書經> ②하늘의 공적. ¶敢叨一<任昉>

【天空】てんくう(천공) 하늘. 蒼空(창공).

【天戈】てんか(천과) ①제왕(帝王)의 군대. 王師(왕사). ②별 이름. 천봉(天鋒). 玄戈(현과).

【天廓】てんかく(천곽) ①관상가(觀相家)에서, 왼쪽 귓불을 이름. ②(韓) 눈의 흰자위.

【天官】てんかん(천관) ①주(周)대의 육관(六官)의 하나. 그 장관은 수상(首相)에 해당됨. ②임금을 섬기는 관리. ¶一景從<後漢書> ③천문(天文)을 이름. ¶太史公 旣掌一<史記> ④청각·시각·후각·미각·촉각의 오관(五官). ⑤조선 때, 이조(吏曹)의 이칭.

【天巧】てんこう(천교) 하늘이 하는 일. 곧, 자연의 작용. 天工(천공). ¶文字覰一<韓愈>

【天驕】てんきょう(천교) 흉노(匈奴)를 이르는 말. ¶居延城外獵一<王維>

【天咎】てんきゅう(천구) 하늘이 내리는 재앙. 天殛(천극). ¶非有一<列女傳>

【天狗】てんこう(천구) ①별 이름. 혜성(彗星). ¶一西北行<後漢書> ②괴수(怪獸)의 이름.

【天衢】てんく(천구) ①하늘의 길. 天道(천도)①. ②국도(國都). 京師(경사). ¶竝乘一<漢書> ③별 이름.

【天國】てんごく(천국) 하늘 나라. 天堂(천당).

【天君】てんくん(천군) ①마음. ¶一泰然<范俊> ②천신(天神). ¶祭天神號一<海錄碎事> ③삼한(三韓) 시대, 천신에게 제사를 올리던 제관(祭官).

【天弓】てんきゅう(천궁) ①무지개의 이칭. ②별이름.

【天鈞】てんきん(천균) ①자연 평등의 이치. 天均(천균). ¶休乎一<莊子> ②북극의 추운 곳. ¶休于一而不僞<淮南子> ③악기 이름.

【天根】てんこん(천근) ①저성(氐星)의 이칭. ¶一見而水涸<國語> ②자연적인 바탕. 天性(천성). ¶非一著於形容<新書> ③다리에 있는 맥(脈).

【天衾】(천금) 관(棺) 안의 송장을 덮는 이불.

【天氣】てんき(천기) ①하늘의 기운. ↔地氣(지기). ②날씨. 天候(천후). ¶一圖/一豫報. ③천자의 심기(心氣).

【天機】てんき(천기) ①하늘의 비밀. ¶通于一<淮南子> ②저절로 갖추어져 있는 기관·기능(機能). ③천자의 자리. 天位(천위). ④나라의 정사(政事). ¶君臨萬國 秉統一<吳志> ⑤천자의 심기(心氣). ⑥별 이름.

【天機漏洩】てんきろうえい(천기누설) 하늘의 비밀이 샘. 곧, 중대한 기밀이 새어 나감.

【天女】てんにょ(천녀) ①직녀성(織女星)의 이칭. ②하늘의 선녀. 나아가, 미인을 이름. 天人(천인). ③제비의 이칭. ④《佛》 욕계 육천(欲界六天)에 사는 여인. ⑤여신(女神)의 이름에 붙이는 말. ¶吉祥一.

【天堂】てんどう(천당) ①하늘 나라. 天國(천국). 天宮(천궁). ②《佛》 극락 세계(極樂世界). ③관상가(觀相家)에서, 이마 위를 이름.

【天桃】(천도) 선가(仙家)에서, 하늘에서 난다고 하는 복숭아.

【天道】てんどう(천도) ①하늘의 도리. 天理(천리). 天統(천통). 天衢(천구)①. ②자연의 법칙. ③천지를 주관하는 신(神). ¶一無親<後漢書> ④하늘의 운행. ⑤하늘. ⑥《佛》 욕계(欲界)·색계(色界)·무색계(無色界)의 총칭.

【天道無心】(천도무심) 하늘도 너무하다고 불운·재해가 심함을 한탄하는 말.

【天動】てんどう(천동) ①하늘이 운행함. ¶一地靜<宋史>/一說. ②천둥.

【天羅地網】てんらちもう(천라지망) 하늘의 그물과 땅의 그물이란 뜻으로, 자연의 제재(制裁)를 이름.

【天臘】てんろう(천랍) 도가(道家)에서 정월 초하루를 이름. 天臘節(천랍절).

【天來】てんらい(천래) ①하늘에서 옴. ②기술 따위가 절묘하여 사람 솜씨 같지 않음을 이름.

【天路】てんろ(천로) ①천자의 정사(政事). ¶遂禔一<後漢書> ②하늘의 법칙. ¶仰一而同軌<班固> ③하늘 나라의 길. 또는, 아주 먼 길. ¶一遠兮無期<漢武帝>

【天祿】てんろく(천록) ①하늘이 주는 행복. 하늘의 은혜. 天惠(천혜). ¶一永終<書經> ②천자의 지위. 天位(천위). ¶越躋一<後漢書>

【天籟】てんらい(천뢰) ①바람 소리 따위의 자연 소리. ¶琴將一合<趙冬曦> ※人籟(인뢰)·地籟(지뢰). ②시문(詩文) 따위가 원숙·절묘함의 비유.

【天理】てんり(천리) ①하늘의 이치. 자연의 조리(條理). 天道(천도). 天倫(천륜). ¶順之以一<莊子> ②타고난 본성(本性). ¶滅一而窮人欲<禮記> ③별 이름.

【天馬】てんば(천마) ①하늘에서 상제(上帝)가 타고 달린다는 말. ②우수한 말을 이름. 駿馬(준마).

【天網】てんもう(천망) ①하늘의 그물. 자연의 징계. 天罰(천벌). 天罔(천망). 天羅(천라). ¶一之漏. ②천자가 내리는 벌(罰).

【天網恢恢疎而不漏】てんもうかいかいそニシテモラサズ(천망회회 소이불루) 하늘의 그물은 코가 크고 엉성해 보이지만 결코 놓치는 일이 없다는 말로, 악한 자는 반드시 천벌을 받음을 이름. ¶天網恢恢 疎而不失<老子>

【天命】てんめい(천명) ①하늘의 명령. 하늘로부터 받은 사명·운명. ¶一不易<書經> ②하늘이 준 목숨. 壽命(수명). 天壽(천수). ¶以保一<漢書> ③하늘이 부여한, 사람의 본성(本性).

【天無二日】てんににじつナシ(천무이일) 하늘에 해가 둘이 있을 수 없음. 곧, 한 나라에는 한 임금뿐임을 이름. ¶一 土無二王<禮記>/一 民無二王<孟子>

【天文】てんもん(천문) 천체(天體)의 모든 현상. ¶仰以觀于一<易經>/一臺/一學.

【天門】てんもん(천문) ①하늘의 문. ②대궐의 문. 宮門(궁문). ¶一日射黃金牓<杜甫> ③탑(塔)의 꼭대기. ④관상(觀相)에서, 콧구멍 또는 양미간(兩眉間)을 이름.
【天方地方】(천방지방) ☞天方地軸(천방지축).
【天方地軸】(천방지축)[韓] ①못난 사람이 주착없이 덤벙거림. ②매우 급하여 방향을 분별하지 못하고 허둥지둥 날뜀. 天方地方(천방지방).
【天翻地覆】てんヒルガエリちクツガエル(천번지복) 천지가 뒤집힘의 뜻으로, 질서가 매우 어지러워짐을 이름. ¶三辰失行 則必一<中庸或問>
【天罰】てんばつ(천벌) 하늘이 내리는 벌. 神罰(신벌). 天刑(천형). ¶龔行一<漢書>
【天變地異】てんぺんちい(천변지이) 일식·월식·운성(隕星) 따위의 하늘의 이변과, 지진·해일 따위의 땅의 이상한 현상.
【天兵】てんぺい(천병) 임금의 군대. 王師(왕사). 官軍(관군). ¶親率一<吳志>
【天步】てんぽ(천보) ①하늘의 운행(運行). 때·계절의 순환. ②나라의 운명. ¶一有常<後漢書>
【天步艱難】てんぽかんなん(천보간난) 하늘의 운행에 어려움이 있음. 나라의 운세와 세상 형편이 고달픔을 이름. ¶一 之子不猶<詩經>
【天保九如】てんぽうきゅうじょ(천보구여) 장수하기를 축복하는 말. 천보(天保)는「시경」(詩經) 소아(小雅)의 편 이름. 이 시는 임금의 장수와 다복을 비는 내용인데, 여(如)자가 아홉 번 쓰인 데서 온 말.
【天福】てんぷく(천복) 하늘이 준 복록(福祿). ¶可以生而生 一也<列子>
【天府】てんぷ(천부) ①자연의 보고(寶庫). 천연의 방벽이 튼튼하며 땅이 기름지고 재물이 많은 지방. ¶據一之地<後漢書> ②임금의 창고. ¶一虛散<宋書> ③천신(天神)의 관서(官署). ④학문의 심원(深遠)함을 이름. ⑤팔꿈치 뒤의 안쪽에 있는 맥(脈).
【天符】てんぷ(천부) ①하늘이 내리는 복된 기운. 天祥(천상). 天瑞(천서). ②하늘의 부명(符命). ¶一有吉凶<晉書> ③하늘을 운행하는 기운과 땅을 운행하는 기운이 부합된 때. ④풀 이름.
【天賦】てんぷ(천부) ①하늘이 줌. 하늘이 부여한 것. 天授(천수). ¶一機謀<舊唐書>/一人權說/一的. ②타고난 자질. 天性(천성). 天稟(천품).
【天覆地載】てんぷくちさい(천부지재) 하늘은 덮개가 되고 땅은 실어 보전해 줌의 뜻으로, 천지처럼 넓고 큰 사랑을 이름.
【天分】てんぶん(천분) 타고난 재능. 天賦(천부). 天稟(천품). ¶當出吾一<魏志>
【天崩之痛】(천붕지 통) 하늘이 무너지는 아픔의 뜻으로, 임금이나 아버지의 상(喪)을 당한 슬픔을 이름.
【天士】てんし(천사) 천문(天文)에 정통한 사람. ¶拔擢一 任以大職<漢書>
【天使】てんし(천사) ①천제(天帝)의 사자(使者). ②천자(天子)의 사자. 勅使(칙사). ¶載馳一<劉禹錫>
【天師】てんし(천사) ①임금의 군대. 天兵(천병). ¶稱一而退<莊子> ②뛰어난 도사(道士). 후한(後漢)의 장도릉(張道陵)을 이름.
【天嗣】てんし(천사) 임금의 후사(後嗣). 天胤(천윤).
【天上】てんじょう(천상) ①하늘 위. ¶雷在一<易經> ②천국(天國). ③《佛》 최선(最善)의 세계. 天上界(천상계). ④중국(中國)의 자칭(自稱).
【天象】てんしょう(천상) ①천체(天體)의 현상. ¶昏迷于一<書經> ②날씨.
【天上天下唯我獨尊】てんじょうてんげゆいがどくそん(천상천하 유아독존)《佛》 천지간에 내가 으뜸이라는 말. 석가가 태어나면서 한 말이라고 함.
【天色】てんしょく(천색) 하늘 빛. 또는, 날씨. ¶雨餘一改<劉禹錫>
【天生】てんせい(천생) ①저절로 남. 자연히 이루어짐. ②타고난 것. 天賦(천부). ¶一良史筆<姚發>
【天生配匹】(천생배필) 하늘이 마련해 준 배필. 하늘이 맺어 준 부부. 天定配匹(천정배필).
【天生緣分】(천생연분) 하늘이 마련해 준 연분. 天生因緣(천생인연).
【天性】てんせい(천성) 타고난 성질. 天素(천소). 天質(천질). ¶不虞一<書經>
【天孫】(천손) ①직녀성(織女星)의 이칭. ②천자의 제손(諸孫).
【天壽】てんじゅ(천수) 타고난 수명(壽命). 天年(천년). ¶今乃得以一<史記>
【天數】てんすう(천수) ①천체(天體)의 현상. 天文(천문). ②자연의 이치. 天運(천운)①. ¶無逆一<呂覽> ③기수(奇數). ↔偶數(우수).
【天水畓】(천수답) 천둥지기.
【天時】てんじ(천시) ①하늘의 때. ¶上律一<中庸> ②하늘이 내리는 재앙. 天災(천재). ③천자의 심기(心氣).
【天視自我民視】てんノミルハワガタミノミルニシタガウ(천시자아민시) 천제(天帝)는 눈이 없으나 백성의 눈을 통해 선악을 보고 화복(禍福)을 내림. ¶一 天聽自我民聽<書經>
【天神】てんじん(천신) 하늘의 신. ↔地祇(지기).
【天神地祇】てんじんちぎ(천신지기) 하늘의 신과 땅의 신. 호천상제(昊天上帝)와 후토(后土).
【天心】てんしん(천심) ①하늘의 마음. ¶克享一<書經> ②천자의 마음. 天意(천의). ¶無戰是一<王維> ③하늘의 중앙. ¶月到一處<邵雍>
【天鵝聲】(천아성)[韓] ①급히 군사를 모으기 위하여 불던 나팔 소리. ②임금의 행차 때 불던 대평소 소리.
【天眼】てんがん・てんげん(천안) ①《佛》 육안으로는 보이지 않는 것을 꿰뚫어 보는 눈. 千里眼(천리안). ②안구(眼球)가 위로 옥죄어진 눈.
【天涯】てんがい(천애) ①하늘 끝. 아주 먼 곳. ②온 세상. ¶一孤兒.
【天養】てんよう(천양) 자연이 생물을 나게 하여 사람을 기름.
【天壤之間】てんじょうノかん(천양지 간) ①천지간(天地間). ②☞天壤之差(천양지 차).
【天壤之差】てんじょうノさ(천양지 차) 엄청난 차이. 天壤之判(천양지 판). 天淵之差(천연지

차). 霄壤之差(소양지 차). 雲泥之差(운니 지 차).

【天然】てんねん(천연) ①자연 그대로의 상태. ¶一資源/一紀念物. ②천성(天性). 天稟(천품). ¶通一之明＜後漢書＞ ③인력으로 바꿀 수 없는 상태.

【天然色】てんねんしょく(천연색) 만물이 저절로 지니는 빛깔. 자연 그대로의 채색(彩色). ¶一映畫/一寫眞.

【天王】てんのう(천왕) ①천자(天子). ¶一親趨玉趾＜國語＞ ②별 이름. 천왕성(天王星). ③《佛》 욕계 육천(欲界六天)의 최하천(最下天)에 있는 지국(持國)·광목(廣目)·증장(增長)·다문(多聞)의 네 천왕.

【天王門】てんのうもん(천왕문)《佛》 절간 어귀에 사천왕(四天王)을 모신 문.

【天佑神助】てんゆうしんじょ(천우신조) 하늘과 신령의 도움. 天祐神助(천우신조).

【天運】てんうん(천운) ①타고난 운명. 天數(천수) ②. ¶舍諸一＜後漢書＞ ②천체(天體)의 운행(運行). ③하늘이 준 좋은 운. 天幸(천행).

【天雄】てんゆう(천웅) 오두(烏頭)의 홑뿌리. 부자(附子)보다 독성이 강한 약재(藥材).

【天元】てんげん(천원) ①임금의 호칭. ②하늘에 있는 원기(元氣)의 운행. ¶易服色 推本一＜史記＞ ③11월을 정월(正月)로 하는 주(周)의 역법(曆法). 天統(천통). ④바둑판 중앙의 점.

【天威咫尺】てんいしせき(천위지척) 임금의 위광(威光)이 지척에 있음. 천자를 가까이서 모셔 황송함을 이름. 天顏咫尺(천안지척).

【天維】てんい(천유) 하늘을 지탱하는 밧줄이라는 말로, 나라의 강기(綱紀)를 이름. 天綱(천강). ¶一陵弛＜後漢書＞

【天胤】てんいん(천윤) 천자의 후사(後嗣). 임금의 혈통. 天嗣(천사). ¶罔非一＜書經＞

【天邑】てんゆう(천읍) ①하늘이 세운 나라. ②국도(國都). 京師(경사). ¶宅茲一＜後漢書＞

【天衣無縫】てんいむほう(천의무봉) 천녀(天女)의 옷은 솔기가 없다는 말로, 그와 같이 시가(詩歌)나 문장이 흠잡을 데 없이 잘 되어 있음을 비유.

【天人共怒】(천인공노) 하늘과 사람이 함께 노함의 뜻으로, 분노를 참지 못함을 이름.

【天日】てんじつ(천일) ①태양. 해. ¶一是鑑＜吳志＞ ②천자(天子). ¶見一＜舊唐書＞

【天日之表】てんじつのひょう(천일지 표) 천하에 군림할 인상. 곧, 임금의 상(相). ¶龍鳳之姿 一＜唐書＞

【天子】てんし(천자) 천제(天帝)의 아들이라는 말로, 임금을 이름. 帝王(제왕). 天公(천공). 天后(천후). 天家(천가). ¶一惟君萬邦＜書經＞

【天姿】てんし(천자) ①천연의 모습. ¶一秀出＜魏志＞ ②천자(天子)의 용모. ¶一玉裕＜陸機＞ ③타고난 재능. 天資(천자). ¶一聰明＜吳志＞

【天資】てんし(천자) ☞天稟(천품).

【天長地久】てんちょうちきゅう(천장지구) 천지는 영원하고 무궁함. ¶一歲不留＜張衡＞

【天藏地祕】(천장지비) 하늘이 감추고 땅이 숨김. 세상에 드러나지 않고 묻혀 있음.

【天災】てんさい(천재) 자연 재해. 가뭄·홍수·해일·지진 따위. 天害(천해). 天禍(천화). 乾災(건재). ¶一流行 國家代有＜左氏傳＞

【天災地變】てんさいちへん(천재지변) 자연이 일으키는 재해(災害). 天變地異(천변지이).

【天庭】てんてい(천정) ①천제(天帝)의 궁정. 天廷(천정). ②태미성(太微星)을 이름. ③하늘. ¶未仰一＜班固＞ ④천자의 정원. 禁庭(금정). ¶擒藻掞一＜左思＞ ⑤관상술(觀相術)에서, 이마의 중앙을 이름.

【天井不知】(천정부지)㊗ 천장(天障)이 있음을 모름. 곧, 물가가 자꾸 오름의 비유.

【天帝】てんてい(천제) ①하느님. 上帝(상제). 天皇(천황). ¶明堂本祭一＜南齊書＞ ②별 이름. 帝星(제성).

【天祭】てんさい(천제) 천제(天帝)에게 올리는 제사.

【天祚】てんそ(천조) ①하늘이 내리는 복록. 天幸(천행). ②천자의 지위.

【天朝】てんちょう(천조) 조정(朝廷)의 존칭. ¶上奏一＜宋史＞

【天弔驚風】(천조경풍) 어린이 경풍(驚風)의 한 가지. 고개를 잦히고 눈을 뒤집어 뜨는 병.

【天造草昧】てんぞうそうまい(천조초매) 천지 개벽으로, 만물이 창조되기 시작한 때.

【天尊】てんそん(천존) ①하늘은 높아서 위에 있음. ②《佛》 부처의 이칭. ③신선(神仙)의 존칭. ¶穆穆一 降禮動容＜宋書＞

【天尊地卑】てんそんちひ(천존지비) 하늘은 높아서 위에 있고 땅은 낮아서 아래에 있음. 나아가 군신(君臣)·부부(夫婦) 등의 관계를 이름. ¶一 君臣定矣＜禮記＞

【天縱】てんしょう(천종) ①하늘이 허락하여 마음대로 하게 함. 선천적으로 자질이 뛰어남을 이름. ¶一英輔＜南齊書＞ ②윤월(閏月).

【天縱之大聖】(천종지 대성) 하늘이 그 사람에게 재능을 충분히 발휘시킨 성인(聖人). 공자(孔子)를 이름.

【天誅】てんちゅう(천주) 하늘이 내리는 주벌(誅罰). 天討(천토). ¶將義兵行一＜漢書＞

【天中佳節】てんちゅうかせつ(천중가절) 단오절(端午節). 天中節(천중절).

【天中之岳】てんちゅうのがく(천중지 악) 코의 이칭. 天中之山(천중지 산).

【天地】てんち(천지) ①하늘과 땅. 天壤(천양). 霄壤(소양). ¶一定位＜易經＞ ②크게 다름의 비유. 雲泥(운니). ③세상. 세계. ¶別有一非人間＜李白＞

【天地角】(천지각) 짐승의 뿔이 하나는 위로, 하나는 아래로 향한 것을 이름.

【天地開闢】てんちかいびゃく(천지개벽) 하늘과 땅이 처음으로 열림. 천지 만물이 창조됨.

【天之美祿】てんのびろく(천지 미록) 하늘이 내린 좋은 녹이라는 말로, 술을 이름.

【天地分格】(천지분격) 서로 매우 다름.

【天地神明】てんちしんめい(천지신명) 천지를 주관하는 신령. 또는, 하늘과 땅의 여러 신령.

【天之曆數】てんのれきすう(천지 역수) 제왕(帝王)이 되는 천운(天運). ¶一在汝躬＜書經＞

【天地板】(천지판) 관(棺)의 뚜껑과 바닥에 대는 널.
【天職】てんしょく(천직) ①하늘의 직분. 계절의 운행 따위. ②하늘이 준 직무(職務). 사람으로서 다해야 하는 직분. ¶弗與治一也<孟子>
【天眞】てんしん(천진) ①타고난 그대로의 순수함. 때묻지 않은 본성(本性). ¶一高潔<魏志> ②《佛》 불생 불멸(不生不滅)의 참된 마음.
【天眞爛漫】てんしんらんまん(천진난만) 거짓과 꾸밈이 없이 순진한 마음 그대로 언동에 나타나는 모양.
【天塹】てんざん(천참) 천연의 해자(垓字)라는 말로, 양자강(揚子江)을 이름.
【天體】てんたい(천체) 우주 공간에 떠 있는 물체. 해·달·별 등의 총칭. ¶一物理學/一寫眞/一力學.
【天寵】てんちょう(천총) ①천제(天帝)의 사랑. ②천자의 사랑. ¶州伯荷一<韋應物>
【天竺】てんじく(천축) 인도(印度)의 옛 이름.
【天秤】てんびん(천칭) ☞天平秤(천평칭).
【天統】てんとう(천통) ①하늘의 강기(綱紀). 天維(천유). 天道(천도). ¶逆一違人望<後漢書> ②천자의 혈통(血統). 천자의 지위. ¶奉承一<史記> ③주(周)의 역법(曆法).
【天平秤】(천평칭) 가로대 양쪽 끝에 같은 저울판이 달린 저울. 天秤(천칭).
【天陛】てんぺい(천폐) 대궐의 계단. 궁전의 섬돌. ¶高賢侍一<韋應物>
【天稟】てんぴん(천품) 타고난 성품. 天性(천성). 天授(천수). 天賦(천부). 天資(천자). ¶好古乃一<王安石>
【天下奇才】てんかのきさい(천하기재) 천하 제일의 재능. 매우 뛰어난 재주. 또는, 그 사람.
【天下大勢】てんかのたいせい(천하대세) 세상이 돌아가는 추세(趨勢).
【天下母】てんかのぼ(천하모) ①왕후(王后). 國母(국모). ¶吾爲一<後漢書> ②만물을 생육(生育)하는 어미라는 뜻으로, 도가(道家)에서 도(道)를 이름. ¶可以爲一<老子>
【天下無敵】てんかむてき(천하무적) 천하에 힘을 겨룰 만한 상대가 없음. 天下莫敵(천하 막적). ¶必宗此人一矣<孔叢子>
【天下士】てんかのし(천하사) 천하의 큰 인물. ¶不知一<高適>
【天下事】(천하사) ①천하의 갖가지 일. 천하 만사(天下萬事)의 준말. ②임금이 되려고 하는 일.
【天下壯士】てんかそうし(천하장사) 전국 제일의 장사.
【天下之大本】てんかのたいほん(천하지 대본) 천하를 다스리는 데 가장 중요한 근본. ¶農者一.
【天下太平】てんかたいへい(천하태평) 나라가 잘 다스려져 세상이 평화로움. 天下泰平(천하태평). ¶囹圄空虛 一<漢書>
【天下泰平】てんかたいへい(천하태평) ☞天下太平(천하태평).
【天漢】てんかん(천한) 은하수. 銀河(은하). 天河(천하).
【天幸】てんこう(천행) 하늘의 은덕. ¶軍亦有一<史記>
【天險】てんけん(천험) 천연으로 험난한 요해지(要害地). ¶一可得而登也<後漢書>
【天刑】てんけい(천형) ①천벌(天罰). ¶糾虔一<國語> ②거세(去勢)함. ¶一之人<後漢書> ③날 때부터의 질병이나 고질(痼疾) 따위의 비유.
【天惠】てんけい(천혜) ①천자의 은혜. ¶皇佐揚一<曹植> ②자연의 혜택.
【天祜】てんこ(천호) 하늘이 내리는 복록.
【天花粉】てんかふん(천화분) 하눌타리 뿌리의 가루. 담·땀띠 등의 약재로 씀.
【天皇】てんのう(천황) ①임금. ②☞天帝(천제)①. ③상고(上古) 때 삼황(三皇)의 한 사람.
【天潢】てんこう(천황) ①은하(銀河). ②천자의 일족. 皇族(황족).
【天灰】てんかい(천회) 광(壙)에 관을 넣고 그 가장자리와 관 위에 메우고 다지는 석회.
【天候】てんこう(천후) 날씨. 日氣(일기). 天氣(천기).
【天休】てんきゅう(천휴) 기릴 만한 하늘의 아름다움. 또는, 하늘의 훌륭한 도리. ¶承保一<漢書>
▷空一, 九一, 鈞一, 穹一, 今一, 金一, 樂一, 談一, 曇一, 戴一, 滔一, 冬一, 東一, 動一, 登一, 滿一, 梅一, 瞑一, 暮一, 旻一, 半一, 梵一, 碧一, 拂一, 氷一, 三一, 上一, 翔一, 先一, 雪一, 所一, 垂一, 昇一, 仰一, 炎一, 遙一, 雨一, 遠一, 有頂一, 六一, 人一, 中一, 至誠感一, 震一, 蒼一, 青一, 晴一, 秋一, 春一, 衝一, 則一, 寒一, 昊一, 壺中一, 皇一, 荒一, 回一, 曉一, 後一

1 4 【太】 클 태 | 圈ㄊㄞˋ (tai) | たい(フトイ) *great*

풀이 ①크다. 通泰 大. ②심하다. ¶旱旣一甚<詩經> ③통하다. ¶命險一其靡常<陸雲> ④韓 콩. ¶豆一. ⑤처음. 최초. ¶一初者 氣之始也<列子>
【太甲】たいこう(태갑) ①《人》 은(殷)의 제 2 대 임금 태종(太宗)의 이름. ②「서경」(書經) 상서(商書)의 편 이름.
【太姜】たいこう(태강) 《人》 주(周) 문왕(文王)의 조모(祖母). 태왕(太王)의 비(妃).
【太剛則折】たいごうそくせつ(태강즉 절) 너무 강하면 꺾어지기 쉬움. ¶一 太柔則廢<漢書>
【太康體】たいこうたい(태강체) 진(晋)대 좌사(左思)·반악(潘岳)·이장(二張)·이육(二陸) 등이 쓴 시체(詩體).
【太古】たいこ(태고) 아주 오랜 옛날. ¶一之時 則與人同處<列子>
【太公】たいこう(태공) ①조부(祖父)의 호칭. ¶李氏自一以來<後漢書> ②아버지의 호칭. ③남의 아버지의 존칭. ④고령자(高齡者)의 존칭. ⑤증조부(曾祖父)의 속칭.
【太空】たいくう(태공) 하늘. 天空(천공). 太虛(태허). ¶一冥冥<蘇軾>
【太公望】たいこうぼう(태공망) ①《人》 주(周)의 현신 여상(呂尙)의 호. 문왕(文王)의 조부 때부터 기다려진 인물이라는 데서 생긴 이름

임. ②낚시꾼의 속칭. 여상(呂尙)이 위수(渭水)에서 낚시질을 한 일에서 유래. 姜太公(강태공).

【太過】たいか(태과) 너무 지나침.

【太君】たいくん(태군) 관원(官員)의 어머니로서 봉읍(封邑)을 가진 사람의 호칭. 나아가, 남의 어머니에 대한 경칭.

【太極】たいきょく(태극) 역학(易學)에서 우주 만물을 구성하는 근원이 되는 본체(本體). 음양(陰陽) 두 원기의 근본이라고 함. 太易(태역). 太儀(태의). ¶易有一 是生兩儀<易經>

【太極圖】たいきょくず(태극도) 송(宋)의 주돈이(周敦頤)가 우주 만물의 근본인 태극(太極)을 도해(圖解)한 그림.

【太極圖說】たいきょくずせつ(태극도설) 송(宋)의 주돈이(周敦頤)가 우주의 근본인 태극을 도해(圖解)하여 해설한 성리학서(性理學書). 태극이 음양을 낳고, 음양 두 가지의 기(氣)가 나누어져 오행(五行)이 되며, 그것의 정수(精髓)가 응결되어 사람이 된다 함. 후에 주희(朱熹)에 의해 송학(宋學)의 연원으로 부각됨.

【太極扇】たいきょくせん(태극선) 태극 모양을 그린 둥근 부채.

【太極殿】たいきょくでん(태극전) 임금이 거처하는 정전(正殿)의 이름.

【太急】たいきゅう(태급) 매우 급함.

【太豆】(태두)㊕ 소의 콩팥을 식용으로 일컫는 말.

【太牢】たいろう(태뢰) 제사에 소·양·돼지의 세 가지 제물이 갖추어진 것. 나아가, 잘 차린 음식. 大牢(대뢰). ¶以一祠焉<史記>

【太母】たいぼ(태모) ①조모. 大母(대모). ②천자의 어머니. ¶居一之尊<稱謂錄>

【太廟】たいびょう(태묘) 종묘(宗廟). 역대 제왕의 위패를 모시는 사당(祠堂). 大廟(태묘).

【太戊】たいぼ(태무)《人》 상(商)의 7대 임금. 나라를 부흥시켜 75년간 재위함.

【太半】たいはん(태반) 3분의 2. 나아가, 대부분·과반(過半)을 뜻함. ¶漢有天下一<史記>

【太白】たいはく(태백) ①극히 결백함. 大白(대백). ②별 이름. 금성(金星).

【太保】たいほ(태보) 벼슬 이름. 삼공(三公)의 하나. ¶立太師太傅一 玆惟三公<書經>

【太僕】たいぼく(태복) 벼슬 이름. 주(周)대에는 군정(軍政)의 장관. 진(秦)·한(漢)에서는 여마(輿馬)·목축을 관장함. 구경(九卿)의 하나. 大僕(태복).

【太傅】たいふ(태부) ①삼공(三公)의 하나. 태사(太師)의 다음. ※太保(태보). ②고려 때 삼사(三師)의 하나.

【太夫人】たいふじん(태부인) ①대를 이은 제후(諸侯)가 그 어머니를 부르는 호칭. ②노모(老母).

【太妃】たいひ(태비) 제왕(諸王) 어머니의 경칭. ¶一伏氏 嘗有小疾<晋書>

【太史】たいし(태사) 사관(史官)이나 역관(曆官)의 우두머리. 또는, 한림(翰林)의 이칭.

【太姒】たいじ(태사)《人》 주(周) 문왕(文王)의 비(妃). 무왕(武王)의 어머니. ¶一最賢 號曰文母<列女傳>

【太社】たいしゃ(태사) 임금이 나라를 위해 제사지내는 사당. 大社(대사). ¶禮比一也<後漢書>

【太師】たいし(태사) ①삼공(三公)의 하나로, 문관의 최고위(最高位). ②악관(樂官)의 장. ¶子語魯一樂<論語> ③고려 때 삼사(三師)의 하나.

【太史簡】たいしかん(태사간) 춘추(春秋) 시대 제(齊)의 최서(崔杼)가 임금 장공(莊公)을 죽였을 때, 태사(太史)가 죽음을 무릅쓰고 그 사실을 사초(史草)에 그대로 기록한 옛 일.

【太史氏】たいし(태사씨) 사관(史官)의 직에 있는 사람. ¶一又能張大其事<韓愈>

【太上】たいじょう(태상) ①태고(太古). ¶一貴德<禮記> ②최상의 것. 至上(지상). 極上(극상). 至極(지극). ¶一修德 其次修政<史記> ③천자. 또는, 황후(皇后). ¶莫取犯一之禁<荀子> ④천자의 아버지. 太上皇(태상황).

【太常】たいじょう(태상) ①벼슬 이름. 종묘(宗廟)의 제사를 관장함. ¶漢初曰一<通典> ②해·달·교룡(交龍) 등을 그린 천자의 기(旗).

【太上老君】たいじょうろうくん(태상노군) 도교(道敎)에서 노자(老子)를 이르는 존칭. ¶一 姓李 名耳<老子內傳>

【太上王】たいじょうおう(태상왕) 선위(禪位)한 왕의 존칭. 太王(태왕). 上王(상왕).

【太上皇】たいじょうこう(태상황) 천자 아버지의 존칭. 太上(태상). 太皇帝(태황제).

【太上皇后】たいじょうこうごう(태상황후) 천자 적모(嫡母)의 존칭. 皇太后(황태후).

【太歲】たいさい(태세) ①그 해의 간지(干支). ②목성(木星)의 이칭. ③악당의 두목. ¶折股肱號爲一<福惠全書>

【太孫】たいそん(태손) 천자의 손자. 皇孫(황손). ¶宣帝愛之 字曰一<漢書>

【太室】たいしつ(태실) 종묘(宗廟) 중앙의 방. ¶王入一祼<書經>

【太甚】たいじん(태심) 매우 심함. ¶旱旣一<詩經>

【太阿】たいあ(태아) ①옛 보검(寶劍)의 이름. 泰阿(태아). ¶服一之劍<史記> ②한(漢)의 왕망(王莽) 때의 벼슬 이름.

【太陽】たいよう(태양) ①해. 태양계의 중심을 이루는 항성(恒星). ②양기(陽氣)뿐이고 음기(陰氣)가 전혀 없는 상태. ③남쪽. ④여름. ⑤머리. ⑥관자놀이. 太陽穴(태양혈). ⑦인체의 맥(脈)의 이름. ¶一色乾<史記> ⑧역(易)에서 사상(四象)의 하나.

【太陽經】(태양경) 12경락(經絡)의 하나.

【太尉】たいい(태위) 벼슬 이름. 군사(軍事)를 담당함. 후한(後漢) 때 삼공(三公)의 최고위였고, 명(明) 때 폐지됨. ¶天子乃遣一<史記>

【太乙】たいいつ(태을) ☞太一(태일)②.

【太陰】たいいん(태음) ①달. ②음기(陰氣)뿐이고 양기가 전혀 없는 상태. ③북쪽. ④겨울. ⑤천신의 이름. 靑龍(청룡). ⑥인체의 맥(脈) 이름. ¶在一脈口而希<史記> ⑦역

(易)에서 사상(四象)의 하나.
【太陰經】(태음경) 12경락(經絡)의 하나.
【太儀】たいぎ(태의) ①만물의 근원. 太極(태극). ¶一斡運<張華> ②당(唐)대 공주의 어머니를 부르던 호칭. ③천제(天帝)의 뜰. 위의(威儀)를 익히는 곳. ¶朝發軔於一<楚辭>
【太醫】たいい(태의) ①황제·황실(皇室)의 시의(侍醫). 御醫(어의). ②환약(丸藥) 이름.
【太一】たいいつ(태일) ①만유(萬有)의 근원. ¶夫禮必本於一<孔子家語> ②천신(天神) 이름. 또는, 천제(天帝). 太乙(태을). 太昊(태호). ¶天神貴者一<史記> ③별 이름. 태일성(太一星). 太乙星(태을성).
【太任】たいじん(태임)《人》 주(周)대 왕계(王季)의 비(妃). 문왕(文王)의 어머니.
【太子】たいし(태자) ①천자의 대를 이을 아들. 皇太子(황태자). ¶初入一家<漢書> ※世子(세자). ②별 이름.
【太宰】たいさい(태재) 벼슬 이름. 임금을 보필하여 국정을 총괄함. 大宰(태재). ¶一於殷爲六太<通典>
【太弟】たいてい(태제) 천자 아우의 존칭. 皇弟(황제). 皇太弟(황태제). ¶爲帝一<前趙錄>
【太祖】たいそ(태조) ①초대(初代) 임금의 묘호(廟號). 또는, 시조(始祖). ¶故王者天一<荀子> ②사물의 시초(始初). 始原(시원). ¶無形者 物之一<文子>
【太尊】たいそん(태존) ①고조(高祖)의 존칭. ¶奉一之烈<揚雄> ②별 이름.
【太宗】たいそう(태종) ①태조(太祖)에 이어 공덕이 가장 많은 임금의 묘호(廟號). ②사물의 근본. ¶無音者 類之一<文子>
【太宗雨】(태종우) 음력 5월 10일에 오는 비. 조선 태종(太宗)이 가뭄 때 병으로 누워 비를 빌다가 이날 죽은 옛일에서 온 말.
【太簇】たいそう(태주) ①음악에서, 6률(律)의 하나. 大簇(대주). ¶律中一<呂覽> ②정월(正月)의 이칭. ¶一之月 陽氣始生<呂覽>
【太眞】たいしん(태진) ①우주를 구성하는 음과 양의 두 원기(元氣). 太貞(태정). ②황금의 이칭.
【太初】たいしょ(태초) ①천지가 개벽하기 전. 기(氣)의 시초. 上古(상고). ¶形累不知一<莊子> ②도(道)의 근본.
【太沖】たいちゅう(태충) 만물을 구성하는 음과 양의 두 원기(元氣). 太虛(태허). 太極(태극). ¶向吾示之以一莫勝<列子>
【太太】たいたい(태태) ①명(明) 대, 관리 부인의 호칭. ②㊥ 남의 아내에 대한 존칭.
【太平】たいへい(태평) ①세상이 매우 평안함. 나라가 잘 다스려짐. ¶天下一<漢書> ②풍년(豐年).
【太平聖代】たいへいせいだい(태평성대) 어진 임금이 다스리는 태평한 세상.
【太平盛事】たいへいせいじ(태평성사) 나라가 잘 다스려져 세상이 태평하고 백성이 번성함.
【太平簫】(태평소)㊫ 우리 악기의 하나. 날라리.
【太學】たいがく(태학) ①고대부터 송(宋)대까지 국가가 중앙에 설치한 최고의 학교. ¶夏四月 立一<魏志> ②고구려 때 국립학교. ③고려 때 국립 학교. ④조선 때 성균관(成均館)의 이칭.
【太學士】(태학사) ①조선 때 홍문관(弘文館) 대제학(大提學)의 이칭. ②구한(舊韓)말, 홍문관(弘文館)의 으뜸 벼슬.
【太虛】たいきょ(태허) ①우주를 구성하는 음과 양의 두 원기(元氣). 太極(태극). ②하늘. 天空(천공).
【太昊】たいこう(태호) ①☞太皞(태호). ②☞太一(태일)②. ③봄의 신(神).
【太皞】たいこう(태호)《人》 복희씨(伏羲氏)의 이름. 팔괘(八卦)·서계(書契)·혼인 제도를 만듦. 太昊(태호). 太皓(태호). 太皥(태호).
【太和】たいわ(태화) ①만물을 생성하는 원기(元氣). ¶逢迎一<後漢書> ②세상이 매우 잘 다스려짐. 太平(태평). ③악부(樂府)의 이름.
【太皇】たいこう(태황) ①하늘. ¶登一<淮南子> ②태황태후(太皇太后).
【太皇帝】たいこうてい(태황제) ☞太上皇(태상황).
【太皇太后】たいこうたいごう(태황태후) 천자 조모(祖母)의 존칭.
【太后】たいこう(태후) 천자의 어머니. ¶文帝與一言之<史記>
▷豆一

2
5 〖失〗 1 잃을 실 2 달아날 일 | 質 ㄕ (shi) 質 | しつ(ウシナウ) *lose, miss* いつ

풀이 1 ①잃다. 놓침. 실수함. 잊음. 손상함. ¶不一其序<國語>/遺一. ②잘못. 착오. ¶奈有十一<漢書>/一禮. ③졸렬. 서투름. ¶察吏治得一<漢書> 2 ①달아나다. 벗어남. ㉫逸. ¶其馬將一<荀子> ②즐기다. ¶防其淫一<說文通訓定聲>
【失脚】しっきゃく(실각) ①발을 헛디딤. ②지위를 잃음. ¶當年一下漁磯<張詠>
【失格】しっかく(실격) 자격을 잃음. ¶一者.
【失計】しっけい(실계) ☞失策(실책). ¶策無一<鬼谷子>
【失權】しっけん(실권) 권력이나 권리를 잃음.
【失期】しっき(실기) 약정한 시기에 늦음.
【失機】しっき(실기) 기회를 놓침. 때를 놓침.
【失德】しっとく(실덕) 도의(道義)에 어긋남. 덕에 거슬리는 행동을 함. ¶一滅名<國語>
【失禮】しつれい(실례) 예의에 벗어남. 無禮(무례). 失儀(실의). 失敬(실경). ¶未嘗敢一<史記>
【失望】しつぼう(실망) ①희망을 잃음. 失意(실의). ¶莫不一<後漢書> ②기대(期待)에 어긋남. ¶策益一<吳志>
【失明】しつめい(실명) ①눈이 멂. 시력(視力)을 잃음. ¶皇后疾一<漢書> ②광채를 잃음. ¶陰一也<白虎通>
【失名氏】(실명씨) ☞無名氏(무명씨).
【失物】(실물) ①물건을 잃음. ②유실물(遺失物).
【失色】しっしょく(실색) ①몹시 놀라 안색이 변함.

¶官屬皆一＜後漢書＞ ②치신없이 아첨함. ¶君子戒愼 不一於人＜禮記＞ 「신).
【失性】(실성) 정신에 이상이 생김. 喪神(상
【失勢】しっせい(실세) 세력을 잃어 버림. ¶金犯之爲一＜後漢書＞ ↔得勢(득세).
【失笑】しっしょう(실소) ①저도 모르게 웃음. ¶諸生聞語定一＜蘇軾＞ ②어이없어 웃는 웃음.
【失手】しっしゅ(실수) ①일을 잘못하여 그르침. ②예의에 벗어남. 「호).
【失恃】しっじ(실시) 어머니의 죽음. ↔失怙(실
【失身】しっしん(실신) ①절조(節操)를 잃음. 失節(실절). ¶文君旣一＜漢書＞ ②정조를 잃음. ③목숨을 잃음. ¶臣不密則一＜易經＞
【失神】しっしん(실신) ①정신을 잃음. 기절함. ②정신에 이상이 생김. 喪神(상신). 失心(실심).
【失心】しっしん(실심) ①마음이 산란하여 멍청해짐. ¶一已數年＜類按＞ ②정신에 이상이 생김. 失性(실성). ¶荆公知其子一＜東軒筆錄＞ ③기절함. 失神(실신).
【失言】しつげん(실언) ①실수로 말을 잘못함. 또는, 그 말. 失辭(실사). 失口(실구). ¶自恨一＜漢書＞ ②실없거나 손해를 가져올 말을 함.
【失業】しつぎょう(실업) 직업을 잃음. 생계(生計)의 방도를 잃음. 失職(실직). ¶有罪一＜吳志＞/一者. 「랑을 이루지 못함.
【失戀】しつれん(실연) 원하는 이성(異性)과의 사
【失意】しつい(실의) ①기분이 상함. 화가 남. ¶嘗小一＜魏志＞ ②실망(失望). 失志(실지). ↔得意(득의).
【失人心】(실인심) 남에게 인심을 잃음.
【失跡】しっせき(실적) ☞失踪(실종).
【失傳】しつでん(실전) 고적(古跡) 따위의 전해 오던 내력을 알 수 없게 됨.
【失節】しっせつ(실절) 절조(節操)를 잃음. 지조와 절개를 잃음. 失身(실신). 失貞(실정). ¶一之鄙＜漢書＞
【失黏】しつねん(실점) 시귀(詩句)나 변려문(騈儷文)의 평측(平仄)이 고르지 못함.
【失政】しっせい(실정) 정치를 잘못함. 또는, 잘못된 정치. 秕政(비정). 惡政(악정). ¶怠禮一＜左氏傳＞
【失調】しっちょう(실조) 정상적인 상태를 벗어남. 고르지 못하게 됨. ¶闡緩一之聲＜沈約＞/營養一.
【失足】しっそく(실족) ①발을 헛디딤. 失脚(실각). ¶一死. ②행동을 잘못함. ¶君子不一於人＜禮記＞
【失踪】しっそう(실종) 종적을 잃음. 거처(居處)나 생사를 모르게 됨. 失跡(실적). ¶一宣告.
【失地】しっち(실지) 패전 등으로 국토를 잃음. 또는, 잃은 그 땅. ¶一回復.
【失職】しっしょく(실직) ☞失業(실업). ¶一者.
【失錯】しっさく(실착) 잘못함. 실수함. 失敗(실패). ¶恐事有一＜周禮＞
【失策】しっさく(실책) ①계획이나 방법을 그르침. 失計(실계). ¶謀及下者無一＜鹽鐵論＞ ②실패함. 실수. ¶慮無一＜後漢書＞
【失寵】しっちょう(실총) 총애를 잃음. ¶一則散者瓦解＜晋書＞
【失出】しっしゅつ(실출) 무거운 죄에 가벼운 벌을 가하여, 법 적용의 공정을 잃음. ¶一臣小過＜唐書＞ ↔失入(실입).
【失態】しったい(실태) ①면목을 잃음. ¶不從一＜宋史＞ ②표준 체재에 맞지 않음. 失體(실체). ¶吏書一＜北史＞
【失敗】しっぱい(실패) 일을 그르침. 목적을 이루지 못함. ↔成功(성공).
【失行】しっこう(실행) ①그릇된 행위. ¶今我有一＜新書＞ ②운행의 궤도를 벗어남. ¶其出西一＜史記＞ 「시).
【失怙】しっこ(실호) 아버지의 죽음. ↔失恃(실
【失火】しっか(실화) 잘못하여 화재를 냄. ¶一之家＜漢書＞/一罪. ↔放火(방화).
【失效】しっこう(실효) 효력을 잃음. 무효(無效)가 됨. 「희). ¶一先臨鏡＜宋之問＞
【失喜】しっき(실희) 미칠 듯이 기뻐함. 狂喜(광
▷過一, 闕一, 漏一, 大一, 得一, 亡一, 忘一, 茫一, 滅一, 耗一, 紛一, 喪一, 消一, 燒一, 銷一, 損一, 違一, 遺一, 逸一, 自一, 積一, 千慮一一, 墜一, 廢一, 荒一

2 5【央】 1 가운데 앙 2 선명한 모양 영 | 陽 ㅣ尢 (yang) 庚 | おう(ナカバ) *center* えい

풀이 1 ①가운데. 중앙. 중심. ¶今人或入其一瀆＜荀子＞/中一. ②다하다. 끝남. ¶時亦猶其未一＜楚辭＞ ③오래다. 멂. ¶精神乃一＜素問＞ ④넓은 모양. 2 선명한 모양. ¶白旆一一＜詩經＞
▷未一, 夜未一, 中一

2 5【夲】 나아갈 토 | 豪 | とう(ススム) *advance*

풀이 ①나아가다. ②本의 와자(訛字).

2 5【夯】 멜 항 | 養 厂尢 (hang) | こう(カツグ) *shoulder*

풀이 ①메다. 힘을 써 어깨에 멤. ¶反累及他人擔一＜禪林寶訓＞ ②나무로 달구질하다.
【夯砐】こうが(항아) 나무로 달구질하여 지면을 다짐.
▷擔一, 打一

3 6【夸】 자랑할 과 | 麻 ㄎㄨㄚ (kua) | こ(オゴル) *boast*

풀이 ①자랑하다. 과장함. ¶一者死權兮＜史記＞/一言. ②벋다. 넓힘. ¶一條直暢＜漢書＞ ③아름답다. 通華. ¶一容乃理＜傅毅＞ ④헛되다. ¶非一以爲名也＜呂覽＞ ⑤연약하다. 通侉. ¶形一骨佳＜淮南子＞

6【夶】 比(p.826)의 古字

3 6【夷】 오랑캐 이 | 支 ㅣ (yi) | い(エビス) *barbarian*
(古)夸

풀이 ①오랑캐. ¶守在四—<左氏傳>/東—. ②평평하다. 평온함. 通侇. ¶我心則—<詩經>/—坦. ③기뻐하다. 通恞 台. ¶旣—旣懌<詩經> ④보통. 범상함. ¶有億兆—人<書經> ⑤상처. 손상함. 通痍. ¶察—傷<左氏傳> ⑥무리. 동료. 通儕. ¶在醜—不爭<禮記> ⑦크다. ¶降福孔—<詩經> ⑧깎다. 풀을 벰. 멸함. 없애 버림. ¶夏日至而—之<周禮> ⑨무색(無色). ¶視之不見 名曰—<老子> ⑩어조사.

【夷庚】いこう(이경) ①수레가 다니는 평탄한 길. ¶披其地 以塞—<左氏傳> ②수레를 넣어 두는 곳. ③만물이 생성하는 불변의 원리. 임금의 덕을 비유하여 이르는 말. ¶蕩蕩—物則由之<束晳>

【夷考】いこう(이고) 공평하게 생각함. ¶—其行<孟子>

【夷光】いこう(이광) ☞西施(서시).

【夷蠻戎狄】いばんじゅうてき(이만융적) 사방의 오랑캐. 동이(東夷)·남만(南蠻)·서융(西戎)·북적(北狄).

【夷牟】いぼう(이모)《人》황제(黃帝) 때 사람. 처음으로 화살을 만듦. ¶—造矢<路史>

【夷服】いふく(이복) 주(周)대에 수도를 중심으로 5백 리씩 구획한 복(服)의 하나. 아홉 가운데 일곱째로, 만복(蠻服) 다음의 지역임. ※九畿(구기).

【夷羊】いよう(이양) ①신수(神獸)의 이름. ¶—在牧<國語> ②현자(賢者)의 비유. ¶—滿中野<李白>

【夷狄】いてき(이적) 오랑캐. 동방의 오랑캐와 북방의 오랑캐. 夷翟(이적). ¶—之有君 不如諸夏之亡<論語>

【夷齊】いせい(이제) 은(殷)의 현인 백이(伯夷)와 숙제(叔齊). ¶—無欲<孔叢子>

【夷跖】いせき(이척) 백이(伯夷)와 도척(盜跖). 선인(善人)과 악인(惡人)의 비유. ¶—可同朝<沈炯>

【夷則】いそく(이칙) ①음악에서 12율(律)의 하나. ¶以祭山川 乃奏—<周禮> ②음력 7월의 이칭.

【夷蕩】いとう(이탕) 평안하고 평온함. ¶八表—<晉書>

【夷夏】いか(이하) 오랑캐와 중국. 夏夷(하이). ¶綏集— 其得民和<陳書>

▷曠—, 九—, 陵—, 東—, 等—, 明—, 馮—, 四—, 芟—, 參—, 掃—, 燒—, 讐—, 辛—, 攘—, 女—, 裔—, 優婆—, 剪—, 征—, 鳥—, 創—, 醜—, 鴟—, 坦—, 盪—, 遐—, 蝦—, 險—, 荒—

6【夻】夷(p.387)의 古字

6【尖】☞小部 3획(p.461)

4 7【夾】 1 낄 협 2 곁 협 本 겹 | ㄐㄧㄚˊ (jia) | きょう(ハサム) *squeeze into, side*

풀이 1 ①끼다. 끼움. 좌우에 배치함. 通挾 鋏. ¶與賓主—之也<禮記>/—攻. ②부축하다. 보좌함. ¶—輔周室<左氏傳> ③좁은 곳. 임시 숙소. ¶莫宿蘆花—<陸游> 2 ①곁. ¶—房. ②손잡이. ¶韓魏爲—<莊子> ③좁다. 通狹. ¶其地東西—<後漢書>

【夾谷】きょうこく(협곡) 춘추시대의 땅 이름. 공자(孔子)가 노(魯)의 정공(定公)을 도와 제(齊)의 경공(景公)과 회견한 곳.

【夾袋】きょうたい(협대) 호주머니. ¶手書置—中<宋史>

【夾刀】きょうとう(협도) ①장검 비슷한 무기의 하나. 칼등에 상모를 달고 둥근 콧등이 있음. ②보졸(步卒)이 하는 검술의 한 가지.

【夾路】きょうろ(협로) 큰 길에서 갈린 좁은 길.

【夾錄】きょうろく(협록) 편지 속에 따로 넣은 쪽지에 적은 글.

【夾門】きょうもん(협문) ①문을 가운데 둠. ¶劍士—<莊子> ②韓 ㉮대문 옆에 붙은 작은 문. ㉯삼문(三門)의 좌·우편 문.

【夾榜】きょうぼう(협방). 성문이나 관문의 양옆에 내거는 팻말.

【夾侍】きょうじ(협시) ①좌우에서 모심. 또는, 그 사람. ¶侍臣—<唐書> ②《佛》불상 좌우에 모시는 사람. 挾侍(협시).

【夾室】きょうしつ(협실) 당(堂)의 안방 양옆에 딸린 방. 夾房(협방). ¶—中室<禮記>

【夾鐘】きょうしょう(협종) ①음악에서, 12율(律)의 하나. ¶歌— 舞大武<周禮> ②음력 2월의 이칭.

【夾戶】(협호) 본채와 떨어져 있는 집채.

▷鉗—, 梵—, 扶—

5 8【奇】 1 기이할 기 2 홀수 기 | ㄑㄧˊ (qi) ㄐㄧ (ji) | き(クスシ) *strange, uneven number*

풀이 1 ①기이하다. ¶珍怪—物<淮南子>/怪—. ②뛰어나다. ¶三尋黑稍—<皮日休>/—拔. ③몰래. 느닷없이. ¶分爲—兵<後漢書>/—襲. ④거짓. 속임. ¶以—勝<史記> ⑤달리 다루다. ¶欲—兩女<史記> ⑥부정하다. 바르지 못함. ¶不乘—車<禮記> 2 ①홀수. 역(易)에서의 양수(陽數). ¶陽數 —<白虎通> ②나머지. 通畸. ¶旁入—利<管子> ③불운하다. 실패. ¶李廣數—<漢書>/—薄.

【奇傑】きけつ(기걸) 드물게 보이는 인걸(人傑). 기이할 만큼 뛰어난 인물.

【奇經】きけい(기경) 인체 각 기관의 활동을 연락·조절하는 작용에 관계되는 경락(經絡).

【奇警】きけい(기경) 뛰어나며 총명함. ¶弱歲—出語驚人<宋史>

【奇計】きけい(기계) 기발한 계책. 기묘한 꾀. 奇策(기책). 奇謀(기모). 奇畫(기획). ¶凡六出—<史記>

【奇古】きこ(기고) 신기하고 옛스러움. ¶瑰邁—<唐書>

【奇骨】きこつ(기골) ①특이한 골상(骨相)이나 용모. ②절조(節操)를 굽히지 않는 준수(俊秀)한 인물. ¶何處埋—<白居易>

【奇功】きこう(기공) 특이한 공훈. 奇勳(기훈). 奇效(기효). ¶喜—<漢書>

【奇観】きかん(기관) 신기한 광경. 아주 훌륭한 경치. ¶都多—也＜論衡＞
【奇怪】きかい(기괴) 기이하고 괴상함. 또는, 그러한 것. ¶虞故神出—＜越絶書＞
【奇怪罔測】(기괴망측) 기괴하기 이를 데 없음. 심히 괴이함.
【奇句】きく(기구) 남다르게 절묘한 시구(詩句).
【奇崛】きくつ(기굴) ①산이 험하고 모양이 다양함. ¶懸崖抱—＜何遜＞ ②시문이 기발하고 뛰어난 모양. ¶其詩—＜金史＞
【奇奇妙妙】ききみょうみょう(기기묘묘) 몹시 기묘함.
【奇談】きだん(기담) ☞奇譚(기담). 「담).
【奇譚】きたん(기담) 진기한 이야기. 奇談(기
【奇談怪說】きだんかいせつ(기담괴설) 기이하고 괴상한 이야기.
【奇童】きどう(기동) 남달리 재주가 많은 아이.
【奇零】きれい(기령) 단위 이하의 단수(端數). 畸零(기령). ¶數旣—＜宋史＞
【奇謀】きぼう(기모) 절묘한 계교. 뛰어난 계략. 奇謨(기모). 奇策(기책). 奇畫(기획). 奇略(기략). ¶—之士＜漢書＞
【奇妙】きみょう(기묘) ①진기하고 이상함. ¶—之式＜晋書＞ ②유별나게 교묘함. ¶莫不—＜梁書＞ ③남다르게 뛰어남. ¶容顏甚—＜法華經＞
【奇文】きぶん(기문) 진귀한 글. 뛰어난 문장. ¶尙—貴異數＜後漢書＞
【奇門】きもん(기문) 술수(術數)의 이름. 둔갑술.
【奇聞】きぶん(기문) 진기한 이야기. 이상하거나 별난 소문. ¶求天下之—＜蘇轍＞
【奇門遁甲】きもんとんこう(기문둔갑) 둔갑술. 奇門(기문). 「귀한 책.
【奇文僻書】きぶんへきしょ(기문벽서) 특이한 글과 진
【奇薄】きはく(기박) 박복하고 불운함. ¶何遭命之—兮＜潘岳＞
【奇拔】きばつ(기발) ①남달리 뛰어남. ¶才藻—＜世說新語＞ ②퍽 신기하고 절묘함.
【奇僻】きへき(기벽) 특이한 성벽(性癖). 이상한 버릇. 奇辟(기벽). 偏僻(편벽). ¶朝無—之服＜晏子＞
【奇別】(기별) ①조선 때 승정원(承政院)에서 처리한 일을 적어 날마다 알리던 일. 또는, 그 적은 종이. ②소식을 전함. 알림.
【奇兵】きへい(기병) ①적을 기습하는 군사. ¶以—潛行＜魏志＞ ②도검(刀劍) 따위의 무기. ¶不載—＜韓非子＞ ③새끼손가락의 이칭. 「夏雲多—＜陶潛＞
【奇峰】きほう(기봉) 진기한 모양의 산봉우리. ¶
【奇邪】きじゃ(기사) 바르지 못함. 상리(常理)를 벗어나 그릇됨. ¶—乃恐＜管子＞
【奇事異蹟】きじいせき(기사이적) 기이한 사적(事蹟). 「각.
【奇想天外】きそうてんがい(기상천외) 극히 기발한 생
【奇書】きしょ(기서) 진기한 문서. 이상한 서적. 奇紀(기기). ¶腹中有—＜漢書＞
【奇聲】きせい(기성) 기이한 목소리. 수상한 음성. ¶調竽—＜荀子＞
【奇巖怪石】きがんかいせき(기암괴석) 진기한 바위와 이상한 모양의 돌.
【奇愛】きあい(기애) 특별히 사랑함. 특이한 사랑. ¶甚—之＜漢書＞
【奇緣】きえん(기연) 기이한 인연. 뜻밖의 관계.
【奇遇】きぐう(기우) 기이한 경위로 만남. 뜻밖에 만남. ¶把玩殷勤酒—＜鄧文原＞
【奇耦】きぐう(기우) ①홀수와 짝수. 奇偶(기우). ¶各有—＜孔子家語＞ ②시문(詩文) 중의 변려(騈儷)를 우(耦), 변려가 아닌 것을 奇라 함. 「—＜漢書＞
【奇偉】きい(기위) 뛰어나게 훌륭함. ¶其貌魁梧
【奇異】きい(기이) 특이하게 진기함. ¶本以有—得幸＜漢書＞
【奇人】きじん(기인) ①기질이나 거동이 보통 사람과 다른 사람. ¶其傍時有—＜後漢書＞ ②가업(家業)에 필요하지 않은 사람. 閒人(한인). ③성벽(性癖)이 이상한 사람. 괴짜. 「(우일).
【奇日】きじつ(기일) 기수(奇數)의 날. ↔偶日
【奇字】きじ(기자) 서체(書體)의 하나. 한(漢)의 양웅(揚雄)과 후한(後漢)의 위굉(衛宏) 등이 즐겨 쓴 것으로, 고문(古文)과 비슷함.
【奇才】きさい(기재) 특이하게 뛰어난 재질(才質). 또는, 그 사람. 奇材(기재). ¶天下—也＜蜀志＞
【奇蹟】きせき(기적) ①진귀한 사적(事蹟). ②상식을 초월한 불가사의한 현상.
【奇正相生】きせいそうせい(기정상생) 전쟁에서, 기습법(奇襲法)과 정공법(正攻法)은 절대적 구별이 있는 것이 아니며 서로 인과(因果)를 이루어 순환하는 것이라는 말. ¶—如循環之無端＜孫子＞
【奇儁】きしゅん(기준) 뛰어난 재주와 식견(識見). 또는, 그 사람. ¶超擢—＜北史＞
【奇智】きち(기지) 뛰어난 지혜. 기발한 생각. ¶是必有—＜新書＞
【奇策】きさく(기책) ☞奇計(기계). 「승).
【奇捷】きしょう(기첩) 보기 드문 승리. 奇勝(기
【奇特】きとく(기특) ①기이하게 독특함. 또는, 특이하게 뛰어남. ¶風骨—＜宋書＞ ②언행이 신통함.
【奇品】きひん(기품) 진기한 물품. 珍品(진품). 奇物(기물). ¶此書中—也＜癸辛雜識＞
【奇行】きこう(기행) 유별난 행동. 기발한 언행. ¶無偉服 無—＜管子＞
【奇形】きけい(기형) 진기한 형상. 이상한 형태. 奇狀(기상). 奇態(기태). ¶—異狀＜晋書＞
【奇貨】きか(기화) ①진귀한 물건. ¶此—可居＜史記＞ ②뜻밖의 좋은 기회.
【奇花異草】きかいそう(기화이초) 기이한 화초. 奇花瑤草(기화요초).
▷高—, 曠—, 怪—, 魁—, 權—, 數—, 神—, 新—, 獵—, 偉—, 珍—, 好—

5
8 〖奈〗 1어찌 내 2나라 나 | 㮈 ㄋㄞˋ (nai) 窗 | ない(イカン) *how* な *hell*

本柰

풀이 1어찌. 왜. 通那. ☞句法 2나락(奈落).

句法

①의문
㉮이유·원인
[奈何] 어찌. 왜. ¶奈何君去魯國之社稷<公羊傳>
㉯수단·방법
[奈何]·[奈…何] 어떻게 할 것인가. 如何와 쓰임이 같음. ¶爲之奈何<史記>/虞兮虞兮奈若何<史記>
②반어
[奈何] 어찌 …하는가. ¶奈何憂崩墜乎<列子>

【奈落】ならく(나락)《佛》naraka의 음역(音譯). 지옥. 那落(나락).

5
8【奉】받들 봉 | ㄈㄥˋ (feng) | ほう(タテマツル) *honor*

풀이 ①받들다. ¶後天而一天時<易經>/一命. ②바치다. 드림. ¶貢一不絕<後漢書>/一獻. ③기르다. ¶一之以仁<左氏傳>/一養. ④돕다. 편듦. ¶風雨一之<淮南子> ⑤힘쓰다. 일함. ¶春以一耕<漢書> ⑥녹봉(祿俸). ¶小吏勤事而一薄<漢書> ⑦천자·신불 등에 관한 경어(敬語). ¶一迎/一祠.

【奉檄】ほうげき(봉격) 소서(召書)를 받음. 후한(後漢)의 모의(毛義)가 벼슬에 나오라는 소서를 받고 얼굴에 기쁨을 나타낸 옛일에서, 관직에 취임함을 이름.
【奉公】ほうこう(봉공) 공사(公事)를 위하여 진력함. ¶憂國一<後漢書>/滅私一.
【奉畓】(봉답)韓 천둥지기.
【奉導】ほうどう(봉도) ①공손하게 인도함. ②존귀한 어른의 행차에 별배(別陪)가 소리질러 경계하던 일. 辟除(벽제). 「質>
【奉讀】ほうどく(봉독) 삼가 읽음. ¶一手命<吳
【奉命】ほうめい(봉명) 명령을 받듦. ¶皇子一<淸會典> 「국으로 가는 사신.
【奉命使臣】ほうめいししん(봉명사신) 왕명을 좇아 외
【奉別】(봉별) 웃사람과 이별함.
【奉仕】ほうし(봉사) ①공손히 시중듦. 곁에서 섬김. ②남을 위해 진력함. ③편의를 제공함.
【奉事】ほうじ(봉사) ①웃어른을 섬김. ¶以齊一王矣<史記> ②韓 ㉮소경. ㉯조선 때 관상감(觀象監)이나 사역원(司譯院) 등에 딸린 종8품 벼슬.
【奉祀】ほうし(봉사) ①신에게 제사지냄. ¶歲時一<漢書> ②韓 조상의 제사를 받듦. 奉祭祀(봉제사). ¶外孫一. 「書>
【奉祠】ほうし(봉사) 제사지냄. ¶四時一之<後漢
【奉祀孫】(봉사손) 조상의 제사를 맡아 지내는 자손. 祀孫(사손).
【奉朔】ほうさく(봉삭) 정삭(正朔)을 따름. 그 왕조(王朝)의 역법(曆法)을 따른다는 말로, 그 치하(治下)에 놓임을 이름.
【奉常】ほうじょう(봉상) 벼슬 이름. 진(秦)의 구경(九卿)의 하나. 종묘 제사를 관장.
【奉先】ほうせん(봉선) ①선조(先祖)의 덕업(德業)을 계승하여 지킴. 또는, 선조의 제사를 지냄. 奉祖(봉조). ¶一思孝<書經> ②송(宋)대 근위병(近衛兵)의 호칭.
【奉送】ほうそう(봉송) 공손히 배웅함.
【奉安】ほうあん(봉안) ①임금이나 아버지를 장사지냄. ¶此誠一君父<漢書> ②신주·불상·위패(位牌) 등을 안치함. ③청(淸)대 임금의 관을 산릉(山陵)에 장사지내던 일.
【奉養】ほうよう(봉양) ①부모 등 웃어른을 받들어 부양함. ¶一甚謹<漢書> ②기거(起居)의 일을 이름. ¶令其秩服一比太子<史記>
【奉迎】ほうげい(봉영) 삼가 영접함. 공손히 맞이함.
【奉邀】ほうよう(봉요) ①공손히 출영함. ¶龍王一<剪燈新話> ②웃어른을 초청함.
【奉呈】ほうてい(봉정) 올림. 헌상(獻上)함. 奉獻
【奉祭祀】(봉제사) ☞奉祀(봉사)②. 「(봉헌).
【奉朝請】ほうちょうせい(봉조청) ①조정에서 의식을 행할 때 임시로 임명하던 벼슬. ¶一本不爲官<晉書> ②조선 때 정3품 이상 관원(官員)이 퇴임한 뒤에 주는 벼슬. 의식이 있을 때만 출사(出仕)하고 종신토록 녹봉을 받음.
【奉朝賀】(봉조하)韓 조선 때 종이품(從二品) 이상의 관원이 퇴임한 뒤에 특별히 주는 벼슬. 의식 때만 출사(出仕)하고, 종신토록 녹봉을 받음. 삼자함(三字銜)이라는 별칭이 있음. 「一循理<史記>
【奉職】ほうしょく(봉직) 관직(官職)에 종사함. ¶
【奉祝】ほうしゅく(봉축) 받들어 축하함. ¶一行事.
【奉行】ほうこう(봉행) 명(命)을 받들어 행함. 군명(君命)을 시행함. ¶郡縣多不一<後漢書>
【奉獻】ほうけん(봉헌) ☞奉呈(봉정).
【奉還】ほうかん(봉환) 웃어른에게 돌려 드림.
【奉候】ほうこう(봉후) 웃어른에게 문안 드림. ¶一于新亭<宋書>
▷虔一, 供一, 貢一, 嗣一, 瞻一, 修一, 肅一, 順一, 信一, 仰一, 營一, 畏一, 資一, 傳一, 尊一, 遵一, 祗一, 進一, 參一, 推一, 統一

5
8【奔】달릴 분 | 元ㄅㄣ (ben) | ほん(ハシル) *run*
古犇 本奔 同[illegible] [illegible]

풀이 ①달리다. ¶駿一走在廟<詩經> ②향하다. 급히 가다. ¶攻難之士 將一走之<左氏傳> ③따라가다. ¶是以一父也<穀梁傳> ④빠르다. ¶忿執以一<周禮> ⑤야합(野合)하다. 예를 갖추지 않고 혼인함. ¶有三女一之<國語> ⑥패주(敗走)하다. 쓰러짐. 갈賁. ⑦유성(流星).

【奔女】ほんじょ(분녀) 혼례를 갖추지 않고 남자와 동거하는 여자. 淫奔女(음분녀). ¶使妾不受父母之教而隨大王 是一也<列女傳>
【奔流】ほんりゅう(분류) 빠른 흐름. 急流(급류). ¶北顧黃河之一<蘇轍>
【奔馬】ほんば(분마) 달아나는 말. 빨리 달리는 말. 逸馬(일마). ¶氣若一<越絕書>
【奔忙】ほんぼう(분망) 매우 부산하며 바쁨. ¶一之苦<紅樓夢>
【奔命】ほんめい(분명) ①왕명을 받들어 바쁘게 노력함. ¶罷於一<左氏傳> ②바쁘게 일함. ¶天下莫不一於仁義<莊子> ③국외로 도망함. 亡命(망명). ¶使禹發一<後漢書>

【奔放】ほんぽう(분방) ①힘차게 달림. ¶絶足一＜後漢書＞ ②물살이 셈. ¶北注何一＜韓愈＞ ③마음대로 행동함. ¶自由一. ④기세가 자유롭고 힘찬 모양. 시나 문장이 힘참을 이름. ¶一向路＜成公綏＞
【奔星】ほんせい(분성) 유성(流星).
【奔走】ほんそう(분주) ①바쁘게 뛰어다님. ¶駿一＜書經＞ ②몹시 바쁨. ③주선함. 도와 줌. ¶衣食於一＜韓愈＞
【奔竄】ほんざん(분찬) 달아남. 도망하여 숨음. ¶長驅一＜吳志＞
▷驚一, 狂一, 來一, 逃一, 跳一, 流一, 淫一, 出一

5 8【奄】 가릴 엄 | 國 ｜ㄢˇ (yan) | えん(オオウ) *hide*

풀이 ①가리다. 덮음. ¶知不足以一之＜淮南子＞ ②크다. ¶一有四方＜詩經＞ ③하품하다. 쉼. ④갑자기. 별안간. ¶一忽如神＜漢書＞ ⑤어루만지다. 위로함. ¶一受北國＜詩經＞ ⑥같다. 함께. ¶一有四海＜書經＞ ⑦오래다. 오래됨. ¶一觀銍艾＜詩經＞ ⑧환관(宦官).
【奄冉】えんぜん(엄염) ①우물쭈물함. 因循(인순). ¶時一而就過＜陶潛＞ ②세월 따위가 빨리 지나감. ¶不覺流光一 七夕又臨＜剪燈餘話＞
【奄尹】えんいん(엄윤) 환관(宦官)의 우두머리. 閹尹(엄윤). ¶命一 申宮令＜禮記＞
【奄人】えんじん(엄인) 환관(宦官).

8【奌】 點(p.1693)의 略字

8【𡗻】 走(p.1436)의 本字

8【奅】 礮(p.1087)와 同字

6 9【契】 1 맺을 계 | 霽 ㄑㄧˋ (qi) | けい *contract*
2 애쓸 결 | 屑 ㄑㄧㄝˋ (qie) | けつ *exert*
3 종족이름 글 | 物 | きつ
4 사람이름 설 | 屑 ㄒㄧㄝˋ (xie) | せつ

풀이 1 ①맺다. 인연·교분을 맺음. 약속함. 계약을 맺음. 또는, 계약서. ¶獨知之一也＜戰國策＞/默一. ②새기다. ¶一臂以誓＜列子＞ ③자르다. 벰. 갈 割. ¶一滅殄 絶也＜爾雅＞ ④韓 계(稧). ¶親睦一. 2 애쓰다. 애쓰며 고생함. ¶一一寤歎＜詩經＞ 3 종족 이름. 북이(北夷)의 칭호. ¶一丹. 4 사람 이름. 고신씨(高辛氏)의 아들. 우(禹)를 도와 치수(治水)에 공을 세움. 通 偰卨.
【契券】けいけん(계권)어음. 契照(계조). 契票(계표). 符節(부절). 符信(부신). ¶合符節別一者＜荀子＞
【契機】けいき(계기) 사물의 동기(動機). 움직이거나 결정하게 되는 전기(轉機).
【契刀】けいとう(계도) 한(漢)의 왕망(王莽) 때의 화폐.

契刀
(金石索)

【契分】けいぶん(계분) 인연. 緣分(연분). 情分(정분). 親分(친분). 交分(교분). ¶一四般同＜李摯＞
【契約】けいやく(계약) ①약정(約定). 약속. ¶一既固＜魏書＞ ②두 사람 이상의 합의로써 채권(債權)을 발생시키는 사법상(私法上)의 법률 행위.
【契員】(계원)韓 같은 계에 든 사람.
【契印】けいいん(계인) 두 장 이상으로 된 서류의, 지면에 걸친 날인. 또는, 그 일. 割印(할인).
【契子】(계자) 양아들. 系子(계자). 養子(양자).
【契主】(계주)韓 계를 책임지고 관리하는 사람.
【契舟】けいしゅう(계주) ☞刻舟求劍(각주구검).
【契合】けいごう(계합) 서로 일치함. 부합함. ¶參同一無不通＜律呂新書＞
【契丹】きったん・キタイ(거란·글안←글단) 동호(東胡)의 종족. 후위(後魏) 때 글안(契丹)이라 불렀고, 후진(後晋) 때는 요(遼)라는 국명으로 강성했으나 금(金)에 멸망당함.
▷勘一, 官一, 交一, 舊一, 券一, 金蘭之一, 金石之一, 斷金之一, 道一, 同一, 盟一, 冥一, 默一, 文一, 符一, 相一, 書一, 宿一, 神一, 心一, 深一, 魚水之一, 靈一, 要一, 友一, 右一, 印一, 情一, 齊一, 左一, 淸一, 親睦一, 合一, 花樹一

6 9【奎】 1 별 이름 규 | 齊 ㄎㄨㄟˊ (kui) | けい
2 걷는 모양 규 | 紙

풀이 1 ①별 이름. 규성(奎星). ②가랑이. 2 가랑이를 벌리고 걷는 모양. ¶一踽盤桓＜張衡＞
【奎文】けいぶん(규문) 학문과 문물(文物).
【奎璧】(규벽) ①제후(諸侯)가 천자를 뵐 때 손에 들던 홀(笏). ②잔 글씨로 된 경서(經書).
【奎星】けいせい(규성) 28수(宿) 가운데 문장을 관장하는 별.
【奎宿】けいしゅく(규수) 28수(宿)의 하나. 서방의 16개 별로 이루어짐.
【奎運】けいうん(규운) 문운(文運).
【奎章】けいしょう(규장) 임금의 시문(詩文). 또는, 조칙(詔勅). 奎翰(규한). 宸翰(신한). 宸筆(신필). ¶一閣.

9【美】 ☞羊部 3획(p.1202)

9【奔】 奔(p.390)의 本字

9【耎】 ☞而部 3획(p.1215)

6 9【奏】 아뢸 주 | 宥 ㄗㄡˋ (zou) | そう(カナデル) *inform*

풀이 ①아뢰다. 아뢰는 글. ¶軍書未一其利害＜後漢書＞/上一. ②연주(演奏)하다. ¶一而食＜禮記＞/合一. ③행동거지(行動擧止). ¶要其節一＜禮記＞ ④달리다. 通 走. ¶日磾一厠心動＜漢書＞ ⑤모이다. 모임. 通 湊. ¶一汾陰＜漢書＞ ⑥음악의 한 곡. ¶九一乃終＜周禮＞
【奏啓】そうけい(주계) 임금에게 올리는 글. 上奏文

(상주문).
【奏達】そうたつ(주달) ①임금에게 아룀. 上奏(상주). ②상급 관청에 보고·전달함.
【奏對】そうたい(주대) 임금에게 아룀. 또는, 임금의 물음에 대답함. ¶揆美風儀 善—<唐書>
【奏疏】そうそ(주소) 문체(文體)의 이름. 임금에게 올리는 상주문서(上奏文書). 한(漢)대에는 장(章)·주(奏)·표(表)·의(議)가, 당(唐)대에는 표(表)·장(狀)이 쓰임. 上疏(상소). 奏書(주서). 奏章(주장). ¶—凡數十<宋史>
【奏樂】そうがく(주악) 음악을 연주함. 또는, 그 음악. 奏曲(주곡). ¶皆—<後漢書>
【奏請】そうせい(주청) 상주(上奏)하여 임금의 재가(裁可)를 청함. ¶廷尉—<漢書>
【奏效】そうこう(주효) ①공적을 상주(上奏)함. ②효과(效果)를 얻음. 성공함. 奏功(주공).
▷間—, 擧—, 建—, 糾—, 內—, 錄—, 獨—, 伴—, 伏—, 封—, 四重—, 上—, 序—, 宣—, 疏—, 申—, 雅—, 仰—, 演—, 議—, 章—, 傳—, 前—, 賤—, 節—, 條—, 調—, 陳—, 進—, 執—, 薦—, 吹—, 彈—, 表—, 稟—, 合—, 劾—, 協—

6 9【奕】 클 혁 | 陌 丨ˋ (yi) | えき(オオキイ) *great*
풀이 ①크다. ¶往小來—<太玄經> ②아름답다. ¶士女悠—<何承天> ③익다. 숙달됨. ¶萬舞有—<詩經> ④겹치다. 이어짐. ¶—世載德<國語> ⑤바둑. 通弈.
【奕世】えきせい(혁세) 대대(代代)로. 누대(累代). 奕葉(혁엽). ¶不顯—<魏書>
【奕葉】えきよう(혁엽) ☞奕世(혁세).
▷博—, 英—, 婉—, 昱—, 遊—, 赫—

6 9【奐】 빛날 환 | 翰 ㄏㄨㄢˋ (huan) | かん(アキラカ) *shine*
풀이 ①빛나다. ¶美哉—焉<禮記> ②왕성하다. 큼. ¶惟懿惟—<漢書> ③흩어지는 모양. ¶—衍於其側<嵇康>
▷美—, 伴—, 伯—, 輪—, 雕—

10【畚】 ☞ 田部 5획(p.1017)

7 10【奘】 클 장 | 養 漾 ㄗㄤˋ (zang) | そう(オオキイ) *great*
풀이 ①크다. ②왕성하다. 건장함.

7 10【套】 덮개 투 | 號 ㄊㄠˋ (tao) | とう(オオイ) *cover*
本 㚐
풀이 ①덮개. ¶金鍍銅—<宋史>/封—. ②크고 길다. ③겹치다. ④한 벌. ¶——六箇<西湖志餘> ⑤韓 일의 방식. ¶舊—.
【套袖】(투수) 토시. 손목에 끼는 방한구(防寒具).
【套語】とうご(투어) ☞常套語(상투어).
▷舊—, 封—, 常—, 書—, 俗—, 外—, 陳—, 脫—, 筆—

7 10【奚】 어찌 해 | 齊 ㄒㄧ (xi) | けい(イカニ) *how*
풀이 ①어찌. 의문조사. 通何. ☞句法 ②계집 관노(官奴). 하인. ¶—奴. ③종족 이름. ¶—琴.
句法
의문·반어
㉮[奚…] 어찌하여. 왜. ¶子奚不爲政<論語>/樂夫天命 復奚疑<陶潛>
㉯[奚以] 무엇으로써. 어떻게. 何以와 쓰임이 같음. ¶奚以知其然也<莊子>
㉰[奚爲…] 何爲…, 胡爲…와 쓰임이 같음.
㉱[奚…] 무엇을 …. 어느 쪽을 …. ¶子將奚先<論語>
㉲[奚若] 어떠한가. 어떠한 것인가. 何若과 쓰임이 같음. ¶殺天子之民 苦罪奚若<孔子家語>
【奚官】けいかん(해관) ①벼슬 이름. 진(晋)대 목마(牧馬)를 담당함. ②관아 이름. 궁인(宮人)의 질병·형벌 등을 관장함.
【奚囊】けいのう(해낭) 시문(詩文)을 넣어 두는 주머니. 詩囊(시낭).
【奚奴】けいど(해노) 하인. 종. 해례(奚隷).
【奚毒】けいどく(해독) 초오두(草烏頭). 바곳의 덩이뿌리. 약재. 附子(부자).
【奚童】けいどう(해동) 아이 종. 僕童(복동).
【奚兒】けいじ(해아) 호인(胡人). 호아(胡兒). 해(奚)는 동호종(東胡種)의 하나.
【奚仲】けいちゅう(해중)(人) 하(夏)대 우왕(禹王)의 신하. 처음으로 마차를 만듦.
【奚特】(해특) 어찌 특히. 문두(文頭)에 쓰임. 何特(하특).
▷蒐—, 薄—, 小—, 羊—, 驒—, 孌—

11【爽】 ☞ 爻部 7획(p.964)
11【爽】 爽(p.964)의 俗字
11【㚐】 套(p.392)의 本字
11【匏】 ☞ 勹部 9획(p.228)
12【𡙇】 缺(p.1195)과 同字
12【敧】 ☞ 攴部 8획(p.675)
12【報】 報(p.350)의 本字

9 12【奢】 사치할 사 | 麻 ㄕㄜ (she) | しゃ(オゴル) *luxuriate*
풀이 ①사치하다. 호사. ¶去—則儉<後漢書>/—侈. ②자랑하다. 과장함. ¶—言淫樂<司馬相如> ③오만하다. ¶驕—淫泆<左氏傳>/—傲.
【奢侈】しゃし(사치) 지나친 치장. 분수를 지나친 소비나 향락. 사태(奢汰). ¶驕泰—<國語>
▷夸—, 嬌—, 驕—, 窮—, 蘭—, 繁—, 紛—, 肆—, 饒—, 縱—, 僭—, 侈—, 豊—,

華—, 豪—

9
12【奡】 오만할 오 | 號幺(ao) | ごう(アナドル) *haughty*

풀이 ①오만하다. 남을 깔봄. ㉠傲. ②힘이 세다. 헌걸참. ¶安貼力排—<韓愈>

▷吅—, 燾—, 排—

12【奧】 奧(p. 393)의 俗字

9
12【奠】 제사지낼 전 | 霰ㄉㄧㄢˋ(dian) | てん(マツル) *sacrifice*

源會意. 잘 빚은 술[酋]과 물건을 얹는 대[丌]라는 뜻.

풀이 ①제사지내다. 제수(祭需)를 올림. ¶—以素器<禮記> ②정하다. 通定. ¶—其錄<周禮> ③두다. 안치(安置)함. ¶于以—之<詩經>

【奠物】てんぶつ(전물) 제수(祭需). 제물(祭物).

【奠雁】てんがん(전안) 혼례(婚禮)의 절차로서, 신랑이 기러기를 가지고 신부 집에 가서 상 위에 놓고 절하는 예. ¶大夫—再拜<儀禮>

【奠儀】てんぎ(전의) 죽은 사람의 영전(靈前)에 바치는 물건. 賻儀(부의). 香奠(향전).

【奠菜】てんさい(전채) 제사에 청과(青果)를 올림. 또는, 그 청과. ¶三月乃—<儀禮>

▷饋—, 薄—, 捧—, 夕—, 釋—, 疏—, 遺—, 祭—, 助—, 進—, 川—, 香—

10
13【奧】 1 속 오 2 따뜻할 욱 | 號幺(ao) 屋 | おう(オク) *inside, warm*

俗奥 同奧 㮈

풀이 1 ①속. 깊숙한 곳. ¶經堂入—<楚辭>/—地. ②깊다. 그윽함. 은밀함. ¶冥反其—<太玄經>/深—. ③사북. 요점. ¶故人以爲—也<禮記> ④흐리다. 通澳. ¶有沈而—<班固> 2①따뜻하다. 通燠. ¶安且—兮<詩經> ②방안. 구석. ¶四—旣宅<漢書>

【奧境】おうきょう(오경) ①깊고 오묘한 경지. ②심오한 뜻. 奧義(오의). 奧旨(오지).

【奧區】おうく(오구) 깊숙한 곳. 나라의 중심이 되는 지역. ¶防禦之阻 則天地—焉<漢書> ↔邊境(변경).

【奧妙】おうみょう(오묘) ①고상하고 깊은 이치(理致). 奧義(오의). 奧祕(오비). 奧旨(오지). ¶親覽—<呂溫> ②심오하며 뛰어남. ¶靜某功—<賈島>

【奧密稠密】(오밀조밀)韓 ①솜씨 따위가 정교하고 세밀함. ②마음씨가 자상하고 꼼꼼함.

【奧義】おうぎ·オクぎ(오의) 높고 깊은 이치(理致). 심오한 뜻. 奧妙(오묘)①. 奧祕(오비). 奧旨(오지). ¶講論諸經—<宋史>

【奧旨】おうし(오지) ☞奧義(오의).

▷閫—, 關—, 窮—, 禁—, 奇—, 潭—, 房—, 祕—, 深—, 淵—, 蘊—, 隅—, 幽—, 精—, 樞—, 遐—, 險—, 玄—, 壺—, 弘

13【奨】 奬(p. 393)의 略字

11
14【奩】 화장품상자 렴 | 鹽ㄌㄧㄢˊ(lian) | れん

同匳 匲

源會意. 자질구레한 물건을 넣은 그릇[區]에 뚜껑[大]을 덮었다는 뜻.

풀이 ①화장품 상자. ¶帝視大后鏡—中物<後漢書> ②상자.

漢雲紋奩 (西淸古鑑)

【奩幣】れんぺい(염폐) 시집갈 때 지참하는 세간과 돈.

14【奫】 ☞ 大部 12획(p. 394)

11
14【奬】 권면할 장 | 養ㄐㄧㄤˇ(jiang) | しょう(ススメル) *exhort*

本奬 略奨 同獎

풀이 ①권면하다. 격려함. ¶—厲太子<漢書>/勸—. ②돕다. 도움. ¶皆—王室<左氏傳> ③이루다. 성취함. ¶以—王室<國語> ④칭찬하다. 표창함. 通妝.

【奬勵】しょうれい(장려) 권하여 힘쓰게 함. ¶—金/—賞.

【奬學】しょうがく(장학) 학문을 장려함. 학업을 격려함. ¶—官/—金/—生/—制度.

▷開—, 勸—, 殊—, 崇—, 愛—, 優—, 恩—, 慈—, 提—, 尊—, 超—, 寵—, 抽—, 推—, 褒—, 訓—

11
14【奪】 빼앗을 탈 | 曷ㄉㄨㄛˊ(duo) | だつ(ウバウ) *rob*

풀이 ①빼앗다. 훔침. ¶襲—齊王軍<史記>/強—. ②잃다. 빼앗김. ¶勿—其時<孟子> ③떠나다. 없어짐. ¶精氣—則虛也<素問> ④좁은 길. 通隧.

【奪告身】(탈고신) 죄를 지은 벼슬아치의 직첩(職帖)을 빼앗아 들임.

【奪氣】だっき(탈기) ①담기(膽氣)를 잃음. 기가 죽음. ¶軍容甚盛 魏人望之—<梁書> ②몹시 지쳐서 기운이 빠짐.

【奪色】だっしょく(탈색) 같은 종류 가운데서 특히 뛰어나 다른 것들을 압도함.

【奪情】だつじょう(탈정) 탈상(脫喪)하기 전에 출사(出仕)를 명하는 일. 복(服)을 입으려는 인정을 관부(官府)가 빼앗는다는 뜻. 奪禮(탈례). 起復(기복).

【奪胎換骨】だったいかんこつ(탈태환골) ☞換骨奪胎(환골탈태).

【奪還】だっかん(탈환) 도로 빼앗음. 빼앗겼던 것을 도로 찾음.

▷強—, 刦—, 譴—, 攻—, 矯—, 詭—, 漏—, 膽—, 剝—, 削—, 損—, 襲—, 略—, 掠—, 攘—, 漁—, 與—, 訛—, 枉—, 擾—, 褥—, 裁—, 爭—, 占—, 定—, 蹉—,

鈔一, 侵一, 剽一, 逼一

15〚樊〛 ☞ 木部 11획 (p. 787)

12/15〚奭〛 1 성할 석 2 붉은 모양 혁 | 陌ㄕˋ (shi) 陌 | せき perous かく

㊀奭

풀이 1 ①성하다. ②성내는 모양. ¶兩宮一將軍＜漢書＞ 2 붉은 모양. 通赫. ¶路車有一＜詩經＞

12/15〚奫〛 물깊고 넓을 윤 | 眞ㄩㄣ (yun) | いん

16〚器〛 ☞ 口部 13획 (p. 314)

13/16〚奮〛 떨칠 분 | 問ㄈㄣˋ (fen) | ふん(フルウ) spurt

源會意. 새[隹]가 날려고 들에서 홰를 친다[大]는 뜻.

풀이 ①떨치다. 분발함. ¶一疾而不拔也＜史記＞/一勵. ②성을 내다. 분격함. ¶怨秦破項梁軍一＜史記＞ ③휘두르다. 일으킴. ¶手一長刀＜宋書＞

【奮激】ふんげき (분격) 세차게 발분함. ¶莫不一競赴敵場＜北史＞

【奮擊】ふんげき (분격) 분발하여 공격함. ¶介冑而一＜吳志＞

【奮起】ふんき (분기) 분발함. ¶驢應聲一＜後漢書＞

【奮力】ふんりょく (분력) 힘을 떨침. 분발함. ¶列士樂有一之功＜人物志＞

【奮袂】ふんべい (분몌) 소매를 떨치며 일어남. 분발하는 모양. ¶一執銳＜淮南子＞

【奮發】ふんぱつ (분발) ①떨치고 일어남. 마음과 힘을 돋우어 일으킴. 분기(奮起). 發奮(발분). ②넘쳐 나옴. ¶春氣一＜楚辭＞

【奮然】ふんぜん (분연) 떨치고 일어나는 모양. ¶一自必 不少屈懈＜歐陽脩＞

【奮戰】ふんせん (분전) 분발하여 싸움. 역전(力戰). 奮鬪(분투). ¶一而死＜華陽國志＞

【奮鬪】ふんとう (분투) ☞奮戰(분전).

▷感一, 發一, 飛一, 自一, 爭一, 振一, 亢一, 虛一, 興一

17〚奭〛 奭(p. 394)의 古字

15/18〚奰〛 성낼 비 | 寘ㄅㄟˋ (bei) | ひ(イカル) get angry

풀이 ①성내다. ¶內一于中國＜詩經＞ ②장대(壯大)한 모양. ¶一屓而怒者＜吳儆＞

▷內一, 怨一

21/24〚奲〛 관대할 차 | 馬ㄔㄜˇ (che) | しゃ generous

女＜계집 녀＞部

女 ② 奴 ③ 奸 妄 妃 如 妖 妁 奼 好 ④ 妓 妠 妙 妨 妣 妤 姸 妖 妊 妝 妐 妥 妒 妎 ⑤ 姑 娄 妐 妮 妲 姏 妹 姆 妦 姒 姍 姓 始 妸 委 姊 姉 姐 妻 妾 妯 妬 姁 ⑥ 姦 姜 姱 姣 姤 姞 姥 姺 姸 姽 娃 姚 威 娍 姨 姻 姙 姿 姼 姝 姪 姹 姮 姡 姬 姫 ⑦ 娜 娚 娘 娩 娓 娉 娑 娠 娘 娥 娭 娟 娛 娣 娖 ⑧ 婘 婪 婁 婦 婓 婢 婴 婀 婭 娩 婑 婉 婬 婥 婧 娼 婕 娵 娶 婆 婞 婚 ⑨ 媧 媒 媢 媌 婺 媚 婿 媟 媤 媕 媛 媦 媔 婷 媠 媮 媥 ⑩ 嫁 媿 媾 嫋 媽 媜 嫐 媻 嫂 媳 媼 嫄 媵 嫉 嫋 嫌 嫌 ⑪ 嫗 嫩 嫰 嫕 嫪 嫠 嫚 嫫 嫣 嫛 嫕 嫜 嫡 嫖 嫦 嫭 嫮 ⑫ 嬌 嬀 嬈 嫽 嫵 嬋 嫶 嫺 嫻 嬞 嬉 ⑬ 嬝 嬗 嬐 嬴 嬙 嬖 嬛 ⑭ 嬭 嬲 嬪 嬰 嬬 嬥 ⑮ 嬻 ⑯ 嬾 嬿 ⑰ 孀 孅 孃 ⑲ 孌

0/3〚女〛 1 계집 녀 2 너 여 3 짝지을 녀 | 語ㄋㄩˇ (nü) 語ㄖㄨˇ (ru) 御ㄋㄩˋ (nü) | じょ, にょ (オンナ) woman, you, pair

源象形. 여자가 팔과 무릎을 굽히고 앉은 모양을 본뜸.

풀이 1 ① 계집. 여자. ¶貴一賤男＜晋書＞/一人. ②딸. 처녀. ¶一子附於王母＜禮記＞/一息. 2 너. 通汝. ¶一聞人籟＜莊子＞ 3 짝짓다. 시집보냄. ¶一于時＜書經＞

【女監】じょかん (여감) 여자 죄수를 수용하는 감방. ¶禁中原有一＜福惠全書＞

【女鑑】じょかん (여감) ☞女楷(여해).

【女傑】じょけつ (여걸) 걸출한 여자. 女丈夫(여장부).

【女莖】じょけい (여경) 국화(菊花)의 이칭.

【女系】じょけい (여계) 여자 계통. 여자쪽의 혈통(血統). ↔男系(남계).

【女戒】じょかい (여계) 여색(女色)에 대한 금계(禁戒). ¶深陳一＜漢書＞

【女公】じょこう (여공) 손위의 시누이. ¶夫之姊爲一＜爾雅＞

【女功】じょこう (여공) 여자의 수공(手工) 일. 女工(여공). 女紅(여공). 內職(내직). ¶太公勸其一＜史記＞

【女官】じょかん (여관) ①궁중에서 대전(大殿), 내전을 가까이 모시던 여자. 宮女(궁녀). ¶一在後＜漢書＞ ②도교(道教)의 여도사(女道士).

【女校書】じょこうしょ (여교서) 당(唐)대 촉(蜀)의 설도(薛濤)라는 문재(文才)있는 기녀(妓女)가 책을 교정하는 일을 한 데서, 기녀·예기(藝妓)를 이름.

【女麴】じょきく (여국) 찰수수 찐 것을 반죽하여, 쑥으로 덮어두었다가 볕에 말린 누룩.

【女君】じょくん (여군) ①첩이 본처를 부르는 호칭. ¶妾之事一＜儀禮＞ ②황후(皇后). 女主

(여주).
【女權】じょけん(여권) 여자의 정치상·사회상·법률상 권리. ¶—伸長/—運動.
【女妓】じょぎ(여기) ①의약, 재봉, 침구, 가무 등에 종사하는 관비(官婢)의 총칭. ②기녀(妓女). 妓生(기생).
【女難】じょなん(여난) ☞女禍(여화).
【女徒】じょと(여도) 죄를 지어 종이 된 여자. ¶即就驗—<後漢書>
【女郎】じょろう(여랑) ①소녀. ¶—折得殷勤看<鄭谷> ②㊍ 사나이 같은 기질·재주를 가진 여자.
【女伶】じょれい(여령) ①여자 악사(樂士). ¶帝制新曲 教—<唐書> ②진연(進宴)에 참가하는 기생. 또는, 의장(儀仗)을 드는 계집종.
【女勞疸】(여로달) 황달병의 하나로, 오한·신열이 나고 오줌이 잦으며, 이마가 검숭검숭하여지는 병. 色疸(색달). 黑疸(흑달).
【女流】じょりゅう(여류) ①여성 사회. ②여자. 여성. ¶—詩人/—畫家.
【女巫】じょふ(여무) ①주(周)대에 강신(降神)·기도 등을 하던 여자 무관(巫官). ②여자 무당.
【女犯】にょぼん(여범) ①《佛》 중이 사음계(邪淫戒)를 파하고 여자를 범하는 일. ②여자 범인.
【女卜】(여복) 여자 판수.
【女服】じょふく(여복) ①여자 옷. ②복색을 여자처럼 꾸민 차림새. ↔男服(남복).
【女士】じょし(여사) ①학문, 덕망이 있는 여자. ¶釐爾—<詩經> ②여자의 경칭.
【女史】じょし(여사) ①주(周)대 왕후의 예사(禮事)를 담당하던 여관(女官). 또는, 후궁의 여서기(女書記). ②출가했거나 사회적으로 이름있는 여성에 대한 경칭.
【女四書】オンナししょ・じょししょ(여사서) 청(清)의 왕상(王相)이 예로부터 여훈(女訓)으로서 유명한 여계(女誡), 내훈(內訓), 여논어(女論語), 여범(女範)을 모아 엮은 책.
【女牀】じょしょう(여상) 별자리 이름. 북쪽의 후궁(後宮)에 있는 세 별. 紀星(기성).
【女相】にょそう(여상) 여자같이 생긴 남자 얼굴. ↔男相(남상).
【女色】じょしょく(여색) ①여자의 용모. ¶目不視—<荀子> ②여자와의 정사(情事). ¶甚於—<晋書>
【女壻】じょせい(여서) 딸의 남편. 사위. 女婿(여서). 女倩(여청). ¶冬至後—謁之<顏氏家訓>
【女星】じょせい(여성) ①별자리의 하나. 女宿(여수). ②수선화(水仙花)의 이칭.
【女聲】じょせい(여성) 여자 목소리. ↔男聲(남성).
【女孫】じょそん(여손) ☞孫女(손녀).
【女囚】じょしゅう(여수) 여자 죄수.
【女宿】じょしゅく・じょしゅう(여수) 28수(宿)의 하나. 현무(玄武)의 세째 자리. 女星(여성)①.
【女叔】じょしゅく(여숙) ①손아래 시누이. ②숙모(叔母).
【女息】(여식) 딸.
【女兒】じょじ(여아) ①계집아이. ¶昔作—時<古詩> ②딸. ③누에의 속칭.
【女謁】じょえつ(여알) 궁녀가 임금의 총애를 믿고 권세를 남용하며 청탁하는 일. 나아가 여자의 은밀한 부탁을 뜻함. 婦謁(부알). ¶牽於— 有所畏難<漢書>
【女御】じょぎょ(여어) 주(周)대 천자의 숙식(宿食)을 시중들던 여관(女官). ¶—序于王之燕寢<後漢書>
【女媧氏】じょかし(여와씨)《人》 ①복희씨(伏羲氏)의 누이. 媧皇(와황). ②우(禹)의 비(妃).
【女優】じょゆう(여우) 여자 배우. 女嬌(여교).
【女垣】じょえん(여원) 성벽 위의 얕은 담. 성가퀴. 女墻(여장). ¶到— 鼓七<墨子>
【女醫】じょい・にょい(여의) 여자 의사.
【女夷】じょい(여이) ①바람의 신(神). ¶—鼓吹<淮南子> ②꽃의 신(神).
【女裝】じょそう(여장) 남자가 여자의 복색으로 외모를 꾸미는 일. ¶—男子. ↔男裝(남장).
【女將軍】じょしょうぐん(여장군) ①여자 장군. ②몸집이 크거나 힘이 센 여자를 놓으로 이르는 말.
【女丈夫】じょじょうふ(여장부) 남자같이 헌걸차고 기개가 있는 여자. 女傑(여걸). 丈夫女(장부녀).
【女狄】じょてき(여적)《人》 유신씨(有莘氏)의 딸. 하(夏) 우왕(禹王)의 어머니. 女嬉(여희).
【女賊】じょぞく(여적) ①여자 도적. ¶—鄭姜遂俱夷討<魏志> ②《佛》 선심(善心)을 해치는 여색(女色). ¶—害人<智度論>
【女節】じょせつ(여절) ①국화(菊花)의 미칭. ②《人》 옛 중국 방뢰씨(方雷氏)의 딸. 황제(黃帝)의 비(妃).
【女主】じょしゅ(여주) ①황후(皇后). 女君(여군). ¶陰精—<漢書> ②여자 임금. 女帝(여제). ③여자 주인.
【女直】じょちょく(여직) 여진(女眞)을 이름.
【女眞】じょしん(여진) 만주(滿洲) 동북에 살던 종족의 이름.
【女姪】じょてつ(여질) 조카딸.
【女唱】じょしょう(여창) ①여자가 부르는 노래. ②남자가 여자의 음조로 노래를 부름. 또는, 그 사람.
【女儈】じょかい(여쾌) ①중매하는 여자. 뚜쟁이. ②옛날, 인신매매를 업으로 하던 사람.
【女態】じょたい(여태) 여자다운 태도.
【女必從夫】(여필종부) 아내는 반드시 남편을 따라야 함.
【女楷】じょかい(여해) 여자의 본보기. 女鑑(여감).
【女兄】じょけい(여형) 누나. 누님.
【女婚】(여혼) 딸의 혼례(婚禮).
【女禍】じょか(여화) 여색(女色)으로 인한 재앙. 女難(여난). ¶至於中宗數十年間 再罹—<唐書>
【女皇】じょこう(여황) 여자 황제. 女帝(여제).
▷歌—, 季—, 工—, 嬌—, 宮—, 妓—, 機—, 童—, 美—, 婦—, 貧—, 石—, 善男善—, 仙—, 少—, 淑—, 侍—, 息—, 信—, 神—, 惡—, 養—, 麗—, 烈—, 艷—, 玉—, 王—, 妖—, 怨—, 幼—, 遊—, 妊—, 蠶—, 長—, 才—, 貞—, 織—, 姪—, 次—, 釆—, 處—, 天—, 村—, 醜—, 稚—, 針—, 下—, 海—, 賢—, 玄—, 好—

2/5【奴】종 노 |國ㄋㄨˊ (nu)| ど(ヤッコ) servant

풀이①종. 노예. ¶耕當問一<宋書>/男一. ②자기의 비칭(卑稱). ③남을 천시(賤視)하여 이르는 말. ¶狂一故態也<後漢書>/賣國一/倭一.

【奴輩】どはい(노배) ①하인들. ②저희들. 자기의 비칭. ③놈들. ¶一利吾財耳<晋書>

【奴僕】どぼく(노복) ①사내종. 僕夫(복부). 僕使(복사). 奴子(노자). ¶衛青奮于一<漢書> ②관상가에서 턱을 이르는 말.

【奴婢】ど·ぬひ(노비) 사내종과 계집종. 종의 총칭. 僕婢(복비). ¶罪人妻子 沒爲一<魏志>

【奴屬】どぞく(노속) 종의 신분에 매인 무리. 종의 족속.

【奴顏婢膝】どがんひしつ(노안비슬) 노비의 태도. 남에게 비굴한 태도를 보임을 이름. ¶俛首吐心 一<宋史>

【奴隸】どれい(노예) ①종. 종신토록 주인에게 예속된 하인. ¶一制度. ②물욕 따위에 사로잡혀 사람으로서의 본성을 잃은 상태를 이르는 말.

【奴子】どし(노자) ☞奴僕(노복)①.

【奴卒】どそつ(노졸) 종. 하인. ¶一就誅<宋史>

【奴畜】どちく(노축) 종처럼 천하게 양육함. ¶先母之子 皆一之<史記>

▷家一, 監一, 供一, 官一, 老一, 農一, 賣國一, 麥一, 錫一, 守錢一, 狎一, 女一, 倭一, 庸一, 人一, 芻一, 奚一, 豪一, 匈一, 黑一, 黠一

3/6【奸】1범할 간 2간악할 간 |國ㄐㄧㄢ (jian)| かん(オカス) wicked

풀이1①범하다. ¶臣敢一之<左氏傳> ②구하다. ¶以一直忠<漢書> 2①간악하다. 간사함. 通姦. ¶一臣. ②간음하다.

【奸計】かんけい(간계) 간교한 꾀. 간악한 계략. 간책(奸策). ¶授以一 畏憚天威<魏志>

【奸巧】かんこう(간교) 간악하고 교활함. ¶一不生<管子>

【奸佞】かんねい(간녕) 마음이 비뚤어지고 간사함. 또는, 그 사람. ¶一擅朝<後漢書>

【奸黨】かんとう(간당) 간악한 무리. 惡黨(악당). 奸徒(간도).

【奸徒】かんと(간도) ☞奸黨(간당).

【奸物】かんぶつ(간물) 부정한 물건. 또는, 간악한 사람.

【奸邪】かんじゃ(간사) 성품이 간교하고 행실이 바르지 못함. 간곡(姦曲)함. ¶一不容<史記>

【奸商】かんしょう(간상) 부정한 수단으로 이익을 취하는 상인. ¶一輩.

【奸臣】かんしん(간신) 간악한 신하. 姦臣(간신). ¶一交構<後漢書>

【奸臣賊子】かんしんぞくし(간신적자) 간악한 신하와 불효한 자식.

【奸惡】かんあく(간악) 간교하고 사악함. 姦惡(간악).

【奸雄】かんゆう(간웅) 간교한 꾀로 세력을 얻는 사람. 姦雄(간웅). ¶曹操 治世之能臣 亂世之一<魏志>

【奸智】かんち(간지) 간교한 꾀. 나쁜 일을 꾀미는 지혜. ¶民貪則一生<管子>

【奸慝】かんとく(간특) 간교하고 사특함. 邪惡(사악). ¶下無一<國語>

【奸譎】かんけつ(간휼) 간교한 꾀로 속임. 姦欺(간기).

【奸凶】かんきょう(간흉) 간사하고 흉악함. 또는, 그러한 사람.

▷弄一

3/6【妄】망령될 망 |國ㄨㄤˋ (wang)| もう,ぼう (ミダリ) be in dotage

풀이①망령되다. 법도에 어긋남. ¶法一恣也<太玄經> ②허망하다. 헛됨. ¶不敢一賀<戰國策>/一想. ③속이다. 그르침. ¶其動炎灼一擾<素問> ④대개. 무릇. ¶諸一校尉以下<漢書> ⑤잊다. 通忘. ¶物與无一<易經>

【妄動】もうどう(망동) 함부로 움직임. 妄擧(망거). ¶無得一<後漢書>/輕擧一.

【妄靈】もうれい(망령) 늙거나 정신이 흐려서 말과 행동이 정상을 벗어난 상태.

【妄發】もうはつ(망발) ①함부로 말함. ¶勿使一<春秋繁露> ②잘못하여 자기나 조상에게 욕이 되는 말을 함. ③망언(妄言). 틀린 말을 함.

【妄想】もうそう(망상) ①《佛》 망령되거나 허황한 생각. 妄念(망념). ②상상에 불과한 상태를 현실이라고 믿는 심리적 경향. ¶誇大一症.

【妄言】もうげん(망언) ①사리에 맞지 않는 말을 함. 함부로 말함. 또는, 그 말. 妄語(망어). ¶令無一者<史記> ②《佛》 망령된 말을 함. 또는, 그 말.

【妄人】もうじん(망인) 분별이 없는 사람. 함부로 날뛰는 사람. ¶子之客 一耳<史記>

【妄自尊大】ミダリニミズカラそんだいニス(망자존대) 자기만이 잘난 체하며 함부로 남을 얕봄. ¶子陽井底蛙耳 而一<後漢書>

【妄執】もうしゅう(망집) 《佛》 분별없는 집념(執念).

▷狂一, 怪一, 詭一, 無一, 迷一, 詐一, 譫妖一, 僞一, 誕一, 虛一, 幻一, 荒一, 謠一

3/6【妃】1왕비 비 2짝할 배 |國ㄈㄟ (fei) 國ㄆㄟ| ひ(キサキ) princess, pair

풀이1①왕비. ¶后一齋戒<呂覽>/大一. ②배우자(配偶者). ③신녀(神女)의 존칭. 2짝짓다. 通配. ¶子叔姬一齊昭公<左氏傳>

【妃耦】ひぐう(배우) ☞配偶(배우).

【妃嬪】ひひん(비빈) ①韓 비(妃)와 빈(嬪). ②여관(女官)의 하나. ¶今乃比于一<列女傳>

▷貴一, 嬪一, 湘一, 王一, 元一, 媛一, 正一, 天一, 太一, 后一

3/6【如】같을 여 |國ㄖㄨˊ (ru)| じょ,にょ (ゴトシ) same

풀이①같다. ¶有一皦日<詩經>/一前.

②같게 하다. ¶一舜而已矣<孟子> ③따르다. 좇음. ¶懷王曰 一約<史記> ④조사. ☞ **句法** ⑤음력 2월의 이칭.

句法

①비교

㉮[如…] …와 같다. ¶富貴而不歸故鄕 如衣繡夜行<史記>

㉯[不如…] …만 못하다. …에는 미치지 못하다. ¶百聞不如一見<漢書>/不如學也<論語>

②반어

[如…乎] …에 미칠 것인가. (미치지 못할 것이다.) ¶有喜而憂 如有憂而喜乎<左氏傳>

③가정

[如…] 만약 …라면. 혹…라면. ¶如有王者 必世而後仁<論語>

④접속

[…如…] …또는…. …혹은…. ¶方六七十 如五六十<論語>

⑤의문·반어

[如何·何如] ☞何의 **句法** ①.

⑥글의 가운데 또는 끝에 쓰인다.

㉮[…如…] 於와 쓰임이 같음. ¶固有執政焉如此哉<莊子>

㉯[…如] 乎와 쓰임이 같음. ¶善如 爾之問也<呂覽>

㉰[…如] 然과 쓰임이 같음. ¶恂恂如<論語>

【如鼓琴瑟】(여고금슬) 거문고와 비파를 타는 것과 같다는 말로, 부부 사이가 화락함을 비유하여 이르는 말.

【如狂如醉】(여광여취) 너무 기뻐서 어찌할 줄을 몰라함을 이름. 如醉如狂(여취여광).

【如今】じょこん(여금) 지금. 현재. ¶一爲學甚難<朱子全書>

【如來】にょらい(여래)《佛》 석가의 존칭. ¶是以一利見迦維<王巾> 「우 쉬움.

【如反掌】(여반장) 손바닥을 뒤집듯 일이 매

【如臂使指】(여비사지) 팔을 손가락 부리듯 한다는 뜻으로, 마음대로 사람을 부림을 이르는 말. ¶如身之使臂 臂之使指<漢書>

【如斯】(여사) ☞如是(여시)①. 「차).

【如斯如斯】(여사여사) ☞如此如此(여차여

【如上】じょじょう(여상) 위와 같음. 앞에서 설명한 바와 같음.

【如拾遺】(여습유) 땅에 떨어진 물건을 줍는 듯하다는 말로, 일이 매우 쉬움을 이름. ¶高祖取楚 一<漢書>

【如是】じょし・にょぜ(여시) ①이와 같이. 이처럼. 如斯(여사). ¶誠一也<孟子> ②지당함. 바로 그러함.

【如是我聞】にょぜがもん(여시아문)《佛》 이와 같이 내가 들었다는 뜻으로, 불경(佛經)의 첫머리에 쓰이는 말.

【如實】にょじつ(여실) ①사실 그대로임. ②《佛》 ☞如如(여여)①.

【如如】にょにょ(여여) ①《佛》 사려 분별(思慮分別)을 가하지 않은 본래 그대로의 모습. 如實(여실)②. 眞如(진여). 法界(법계). 實相(실상). ②음력 2월의 이칭. 如月(여월). ③변하지 않는 모양. ¶月色自一<賈島>

【如玉】じょぎょく(여옥) 옥과 같이 맑고 아름다움.

【如右】(여우) 오른쪽에 밝힌 바와 같음.

【如月】じょげつ(여월) 음력 2월의 별칭.

【如律令】(여율령) 법률·명령대로 따름. 옛날 공문서 끝에 쓰던 말.

【如意】にょい(여의) ①뜻대로 함. 마음대로 됨. ¶不得一<漢書> ②《佛》 법회(法會)나 강독(講讀) 때, 도사(導師)·강사가 가지는 막대기. 如意杖(여의장). ③도교(道教)에서 도사(道士)가 지니고 다니는 기물의 하나. ¶以一打唾壺爲節<晋書>

【如意輪】にょいりん(여의륜) 여의륜 관음(如意輪觀音)의 준말.

【如意輪觀音】にょいりんかんのん(여의륜 관음)《佛》 중생에게 복을 주는 관음보살. 몸이 황금색이며 팔이 6개임. 「(여의주).

【如意寶珠】にょいほうじゅ(여의보주)《佛》 ☞如意珠

【如意珠】にょいじゅ(여의주) ①도교(道教)의 환단(還丹). 일종의 연금술로 연단(鍊丹)의 순환 변화를 이름. 소환단, 대환단이 있음. ¶還丹或號一<雲笈七籤> ②《佛》 부처의 사리(舍利)에서 나왔다고 하는 구슬. 이 구슬을 지니면 모든 일이 뜻대로 이루어진다고 함. 摩尼珠(마니주). 如意寶珠(여의보주). 「服一<後漢書>

【如一】じょいつ(여일) 한결같음. 변하지 않음. ¶被

【如前】じょぜん(여전) 전과 다름이 없음.

【如此】じょし(여차) 이러함. 이와 같음. 如許(여허). ¶其自任以天下之重一<孟子>

【如此如此】じょしじょし(여차여차) 이러이러함. 如斯如斯(여사여사). 如是如是(여시여시). ¶猶言一<漢書>

【如出一口】じょしゅついっこう(여출일구) ☞異口同聲(이구동성). 광여취).

【如醉如狂】じょすいじょきょう(여취여광) ☞如狂如醉(여

【如何】いかん・いか(여하) ①어떤가. 어떻게. ②어찌하여. 어찌 그러랴. 반문(反問)의 뜻. ③어찌 할까. 奈何(내하). ¶於子房一<漢書> ④어찌. 왜. 무엇인가. 힐문(詰問)의 뜻. ¶非鼠一<左氏傳>

【如何間】(여하간) 어떻든간에. 어떻게 해서라도. 하여튼.

【如合符節】(여합부절) 부절을 맞추듯 사물이 꼭 들어맞음.

【如許】(여허) ☞如此(여차).

【如兄如弟】じょけいじょてい(여형여제) 친하기가 형제와 같음. 如兄若弟(여형약제).

【如或】(여혹) 만일. 혹시.

▷假一, 缺一, 廓一, 闕一, 澹一, 突一, 屯一, 蔑一, 穆一, 泊一, 班一, 勃一, 焚一, 不一, 肅一, 純一, 躍一, 繹一, 漣一, 婉一, 煒一, 愉愉一, 翼一, 一一, 自一, 正一, 齊一, 眞一, 粲一, 奚一, 穴一, 翕一

3 6 【妷】 궁녀 익 | 職 ì (yi) | よく court maid

3 6 【妁】 중매 작 | 藥 ㄕㄨㄛˋ (shuo) | しゃく matchmaking

3/6【奼】 자랑할 타 | 𠍋 ㄔㄚˋ (cha) | た(オゴル) *boast*

풀이 ①자랑하다. ¶子虛過一烏有先生<司馬相如> ②소녀. ③미녀.

3/6【好】 1 좋을 호 2 좋아할 호 | 皓 ㄏㄠˇ (hao) 號 ㄏㄠˋ (hao) | こう (ヨイ, スク) *good, like*

古 㚶 同 孜 㺃

源 會意. 여자가 아이를 소중하게 감싸며 귀여워함의 뜻.

풀이 1 ①좋다. ¶作此一歌<詩經>/一食. ②아름답다. ¶不可謂一<國語>/一女. ③우의. 교분. ¶知子之一之<詩經> ④흔히. 마음대로. ¶一爲之<宋史新編> ⑤끝내다. ¶粧一方長歎<韓偓> ⑥구멍. ¶璧羨度尺 一三寸<周禮> 2 ①좋아하다. 사랑함. ¶人之一我<詩經>/一色. ②심히. ¶甚快曰一快<新方言>

【好感】こうかん(호감) 좋은 느낌. 좋은 인상(印象).

【好景氣】こうけいき(호경기) 경기가 좋음. 好況(호황). ↔不景氣(불경기).

【好奇】こうき(호기) 기이(奇異)한 것을 좋아함. 好事(호사)⑤. ¶兼愛一<繁欽>/一心.

【好機】こうき(호기) 좋은 기회.

【好男兒】こうだんじ(호남아) 명랑 활달하여 호감을 주는 남자. 또는, 미남자.

【好文】こうぶん(호문) ①학문을 좋아함. ¶聖人一兼好武<錢起> ②매화의 별칭. 진(晋) 무제(武帝)가 학문에 힘쓸 때는 매화꽃이 피고, 학문을 그만두었을 때는 꽃이 피지 않았다는 일에서 유래. 好文木(호문목).

【好不好】こうふこう(호불호) 좋음과 좋지 않음. 좋아함의 여부. 好否(호부).

【好事】こうじ(호사) ①좋은 일. 유익한 일. ¶有一于四方<周禮> ②잘 섬김. ¶一隣國<左氏傳> ③경(經)을 읽고 불사(佛事)를 거행함. 法事(법사). ④기쁜 일. 慶事(경사). ¶敲門一多<桃花扇> ⑤진기(珍奇)한 것을 좋아함. 好奇(호기). ⑥일을 벌이기를 좋아함.

【好詞】こうし(호사) 좋은 글귀. 좋은 시가(詩歌).

【好辭】こうじ(호사) ①좋은 말. 훌륭한 말. 好言(호언). 好語(호어). 善言(선언). ¶從人之甘言一<戰國策> ②글을 좋아함. 글짓기를 즐김. ¶皆一而以賦見稱<史記>

【好事家】こうずか(호사가) ①진기한 것을 찾아 즐기는 사람. 사물에 깊은 관심을 쏟는 사람. ②일을 벌여 놓기를 좋아하는 사람.

【好事多魔】こうじまおおし(호사다마) 좋은 일에는 방해가 끼어들기 쉬움. ¶誰知道一起風波<琵琶記>

【好喪】(호상) 장수하며 복을 누리다가 죽은 사람의 상사(喪事).

【好色】こうしょく(호색) ①여색(女色)을 좋아함. 好內(호내). ¶不幸而一<管子> ②아름다운 빛깔. 또는, 미녀. ¶一人之所欲也<孟子>

【好生】こうせい(호생) ①생명을 소중히 함. ¶一而惡殺<孔子家語> ②심히. 매우. ③충분히.

【好生之德】こうせいのとく(호생지 덕) 남의 목숨을 아끼는 마음. ¶一 洽于民心<書經>

【好言】こうげん(호언) ①☞好辭(호사)①. ¶一自口<詩經> ②즐겨 말함. ¶一人之惡<莊子>

【好惡】こうあく(호오) 좋아함과 싫어함. 愛憎(애증). ¶與俗同一<史記>

【好意】こうい(호의) 친절한 마음. 厚情(후정).

【好衣好食】こういこうしょく(호의호식) 좋은 옷과 맛있는 음식. 잘 입고 잘 먹음.

【好人】こうじん(호인) ①일 솜씨가 좋은 사람. ¶一服之<詩經> ②남편. ③품행이 바르고 깨끗한 사람. ④착한 사람. 善人(선인). ¶何由知其一<北齊書> ↔惡人(악인).

【好敵手】こうてきしゅ(호적수) 좋은 적수. 알맞은 상대자.

【好戰】こうせん(호전) 전쟁을 즐김. 싸우기를 좋아함. ¶國雖大 一必亡<漢書>/一的.

【好轉】こうてん(호전) 형세·형편이 좋아짐. ↔惡化(악화).

【好調】こうちょう(호조) 좋은 상태. 형편이 순조로움.

【好條件】こうじょうけん(호조건) 좋은 조건. 유리한 조건. ↔惡條件(악조건).

【好時侯】こうじこう·こうしこう(호치후) 종이의 별칭. 楮先生(저선생).

【好評】こうひょう(호평) 좋은 평판. ↔惡評(악평).

【好學】こうがく(호학) 학문을 좋아함. ¶敏而一 不恥下問<論語>

【好學不倦】こうがくふけん(호학불권) 배우기를 즐겨 게을리하지 않음. 학문에 열중함. ¶一 好禮不變<禮記>

【好好爺】こうこうや(호호야) 마음씨 좋은 노인.

【好況】こうきょう(호황) 경기가 좋음. 또는, 증권의 시세가 오름. 好景氣(호경기). ↔不況(불황).

▷嘉一, 交一, 姣一, 嗜一, 同一, 美一, 朋一, 思一, 相一, 俗一, 殊一, 修一, 崇一, 時一, 雅一, 愛一, 良一, 姸一, 娟一, 悅一, 完一, 友一, 隣一, 絶一, 貞一, 情一, 精一, 靜一, 志一, 親一, 通一, 華一

4/7【妓】 기생 기 | 紙 ㄐㄧˋ (ji) | ぎ (アソビメ)

源 會意·形聲. 기예[支]를 지닌 여자를 뜻함. 支의 변음이 음을 이룸.

풀이 ①기생. 기녀(妓女). ¶光迎舞一動<白居易>/一夫. ②갈보. 창녀(娼女). ③미녀.

【妓女】ぎじょ(기녀) ①기생(妓生). ②옛날, 관비(官婢)로서 의약·침구·재봉·가무 등에 종사하던 여자. 女妓(여기).

【妓生】(기생) 韓 잔치나 술자리에서 노래나 춤 따위로 흥을 돋는 것을 업으로 하는 여자.

【妓案】ぎあん(기안) 옛날, 관아에서 그 지방 기생의 이름을 기록하여 두던 명부.

【妓籍】ぎせき(기적) 관아에서 기녀(妓女)를 관

할하던 때, 기녀의 소속을 등록한 적(籍). ¶移文首 罷—<宋史>
▷佳—, 歌—, 官—, 宮—, 童—, 名—, 舞—, 美—, 聲—, 小—, 愛—, 女—, 艷—, 藝—, 義—, 娼—, 賤—

4/7【妠】 1 장가들 납 2 살찔 날 | 合 黠 | どう take a wife だつ

7【努】 ☞ 力部 5획 (p. 219)

4/7【妙】 묘할 묘 | 嘯 ㄇㄧㄠˋ (miao) | みょう(タエ) strange
同 玅 竗

풀이 ①묘하다. 신묘함. 정묘(精妙)함. ¶所知者—矣<呂覽>/奇—. ②뛰어나다. ¶常無欲以觀其—<老子> ③젊다. 나이가 작음. ¶明公獨—年<杜甫>/—齡. ④아름답다. ¶—麗善舞<漢書>
【妙覺】みょうかく(묘각)(佛) ①좋은 깨달음. ②부처 이름. 비사파불(毗舍婆佛)의 아들.
【妙訣】みょうけつ(묘결) 뛰어난 방법. 신묘한 비결(祕訣). ¶欲度世人無—<葉適>
【妙境】みょうきょう(묘경) ①심오하고 신비로운 경지. ②절묘한 풍경. 또는, 그 곳.
【妙計】みょうけい(묘계) 묘한 꾀. 뛰어난 계략. 妙略(묘략). 妙算(묘산). 妙策(묘책).
【妙技】みょうぎ(묘기) 교묘한 기술. 뛰어난 재주. ¶才人— 遺世越俗<曹植>
【妙年】みょうねん(묘년) ☞妙齡(묘령).
【妙齡】みょうれい(묘령) 여자의 스물 안팎의 나이. 妙年(묘년). 妙齒(묘치). ¶崇禮—<宋史>
【妙理】みょうり(묘리) 현묘(玄妙)한 이치. 심오한 진리. ¶天下—至多<北史>
【妙味】みょうみ(묘미) 절묘한 맛. 진귀한 맛. ¶斯玉鏡之—<晉書>
【妙方】みょうほう(묘방) ①교묘한 방법. ②신통한 처방(處方). ¶所受—<史記>
【妙法】みょうほう(묘법) ①교묘한 방법. ②(佛) 심오한 이치의 불법(佛法). 특히 「묘법연화경」(妙法蓮華經)을 이름.
【妙相】みょうそう(묘상) 현묘한 모습. 뛰어난 용모. 妙姿(묘자). ¶山色水光呈—<耶律楚材>
【妙手】みょうしゅ(묘수) ①교묘한 수법(手法). ②뛰어난 솜씨. 또는, 그 사람. ¶命班倕之—<蔡洪>
【妙案】みょうあん(묘안) 썩 좋은 생각. 교묘한 방안(方案).
【妙藥】みょうやく(묘약) 썩 잘 듣는 약. 神藥(신약). 靈藥(영약). 妙劑(묘제).
【妙策】みょうさく(묘책) 교묘한 계책(計策). 妙計(묘계). 妙算(묘산).
【妙處】みょうしょ(묘처) 썩 좋은 곳. 妙所(묘소). 妙境(묘경). ¶本無關於—<世說新語>
【妙處不傳】みょうしょふでん(묘처부전) 현묘(玄妙)한 경지는 말로써는 전할 수 없다는 뜻으로, 스스로 터득해야 함을 이르는 말. ¶是其—<世說新語>
【妙諦】みょうてい(묘체) 심오한 이치. 祕訣(비결).
【妙態】みょうたい(묘태) 아름다운 자태(姿態). 妙姿(묘자). ¶絕倫之—<傅毅>
▷佳—, 勁—, 輕—, 高—, 巧—, 詭—, 奇—, 美—, 微—, 敏—, 纖—, 殊—, 勝—, 神—, 深—, 麗—, 姸—, 淵—, 英—, 靈—, 奧—, 妖—, 尤—, 絕—, 精—, 淨—, 衆—, 至—, 珍—, 淸—, 沖—, 玄—

4/7【妨】 방해할 방 | 陽 ㄈㄤˊ (fang) | ぼう(サマタゲル) obstruct

풀이 ①방해하다. ¶叉牙—食物<韓愈>/—害. ②손상하다. ¶敬而無—<楚辭> ③장애. 거리낌. ¶我大覺身—<隋書>/無—.
【妨害】ぼうがい(방해) 헤살 놓아 해롭게 함. 妨碍(방애). 妨礙(방애).
▷無—, 病—, 不—, 三—, 女—, 意—

4/7【妣】 죽은어미 비 | 紙 ㄅㄧˇ (bi) | ひ
▷考—, 先—, 祖—, 皇—

4/7【妤】 궁녀 여 | 魚 ㄩˊ (yu) | よ court maid

4/7【姸】 예쁠 연 | 先 ㄧㄢˊ (yan) | げん(ウルワシイ) beautiful
本 妍

풀이 ①예쁘다. 아름다움. ¶浪迹無—蚩<江淹>/—麗/—粧. ②영리하다. ③숙달되다.
▷嬌—, 纖—, 笑—, 娟—, 連—, 妖—, 幽—, 精—, 便—, 豊—, 華—

4/7【妖】 아리따울 요 | 蕭 ㄧㄠ (yao) | よう charming
同 媄

풀이 ①아리땁다. ¶—冶閑都<漢書>/—艷. ②괴이하다. 요망함. ¶辨—祥於謠<國語> ③요사한 귀신.
【妖怪】ようかい(요괴) ①요사한 귀신. 도깨비. 妖魅(요매). 妖鬼(요귀). 妖靈(요령). ¶宮中數有—<漢書> ②요사스럽고 괴이함.
【妖氣】ようき(요기) 요사한 기운. ¶太陽—<論衡>
【妖女】ようじょ(요녀) ①요염한 여자. 妖媛(요원). ¶名都多—<曹植> ②요망한 계집. 妖婦(요부).
【妖妄】ようもう(요망) ①요사스럽고 망녕됨. ¶此—之國耳<魏志> ②언행이 경망스러움.
【妖物】ようぶつ(요물) ①요망스러운 물건. 妖怪(요괴). ¶—妄生<荀悅> ②간악한 사람.
【妖變德】(요변덕)韓 요사스러운 변덕.
【妖婦】ようふ(요부) 요사스러운 계집. 妖女(요녀)②. ¶桀紂滅由—<吳志>
【妖邪】ようじゃ(요사) 요망하고 간사함.
【妖書】ようしょ(요서) 민심을 어지럽히는 요사스런 내용의 책.
【妖星】ようせい(요성) 재해(災害) 따위의 불길한

조짐을 나타내는 별. 옛날 혜성(彗星)을 이름. 祆星(요성).
【妖術】ようじゅつ(요술) 괴이(怪異)한 재주. 妖法(요법). 魔術(마술). ¶以—陰謀聚衆＜元史＞
【妖僧】ようそう(요승) 요사스러운 중.
【妖艶】ようえん(요염) 사람을 홀릴 만큼 매우 아름다움. 또는, 그러한 여자. ¶京洛多—＜盧思道＞
【妖精】ようせい(요정) 도깨비. 妖怪(요괴). 妖靈(요령). ¶—泣太陰＜高啓＞
▷姦—, 妄—, 面—, 氛—, 憑—, 人—, 災—

4 7【妊】 아이밸 임 | ㄖㄣˋ (ren) | にん(ハラム) *conceive*
同姙 娪
풀이 아이를 배다. 잉태함. 通任. ¶—娠.
【妊婦】にんぷ(임부) 아이를 밴 여자. 妊娠婦(임신부).
【妊姒之德】にんじノとく(임사지 덕) 주(周) 문왕(文王)의 어머니 태임(太任)과 그의 비(妃) 태사(太姒)가 부덕(婦德)이 뛰어났음에서 유래한 말로, 아내로서의 덕행(德行)을 이름. 妊은 任의 잘못.
【妊産婦】にんさんぷ(임산부) 임부(妊婦)와 산부(產婦).
【妊娠】にんしん(임신) 아이를 뱀. 懷妊(회임). 懷孕(회잉). 孕胎(잉태).
▷不—, 避—, 懷—

4 7【妝】 꾸밀 장 | ㄓㄨㄤ (zhuang) | そう(ヨソホウ) *adorn*
풀이 ①꾸미다. 㫖粧. ¶嘗於閣上靚—＜南史＞ ②화장하다. 치장. 단장(丹粧). ¶忍寒應欲試梅—＜李商隱＞
▷輕—, 淚—, 淡—, 明—, 墨—, 鮮—, 素—, 新—, 研—, 艷—, 凝—, 靚—, 整—, 紅—, 晝—

4 7【妐】 아주버니 종 | ㄓㄨㄥ (zhong) | しょう

4 7【妥】 평온할 타 | ㄊㄨㄛˇ (tuo) | だ(ヤスラカ) *serene*
풀이 ①평온하다. ¶語法就平—＜韓愈＞ ②편안하게 앉다. ¶以—以侑＜詩經＞ ③떨어지다. 通墮. ¶花—鶯捎蝶＜杜甫＞
【妥結】だけつ(타결) 서로가 좋도록 결말을 지음. ¶協商—.
【妥當】だとう(타당) 사리(事理)에 비추어 마땅함. 적절함. ¶—性.
【妥協】だきょう(타협) 서로 좋도록 의견을 절충함. 협의하여 해결함.
▷安—, 帖—, 平—

7【妒】 妬(p. 403)와 同字

4 7【妎】 시새울 해 | かい(ネタム) *be jealous of*
풀이 ①시새우다. 시기함. ②번거롭다. ③덮다. ¶—其讒慝＜國語＞

5 8【姑】 시어미 고 | ㄍㄨ (gu) | こ(シウトメ) *mother-in-law*
풀이 ①시어미. ¶親如母而非母者—也＜白虎通＞/—婦. ②고모. ¶姪其從—＜左氏傳＞/—從. ③여자의 통칭. ④잠시. ¶子—待之＜左氏傳＞/—息之語. ⑤어조사. ¶蠅蚋—嘬之＜孟子＞
【姑舅】こきゅう(고구) 시부모. 舅姑(구고).
【姑母】(고모) 아버지의 누이.
【姑母夫】(고모부) 고모의 남편.
【姑婦】こふ(고부) 시어머니와 며느리. 姑媳(고식).
【姑壻】こせい(고서) 고모부(姑母夫).
【姑洗】こせん(고세) ①음악의 12율(律)의 하나. ②음력 3월의 별칭.
【姑蘇】こそ(고소) 춘추(春秋) 시대 오(吳)의 도읍. 지금의 강소성(江蘇省) 오현(吳縣)에 있음.
【姑媳】こそく(고식) ☞姑婦(고부).
【姑息之計】こそくノけい(고식지 계) 임시 방편. 임시 모면을 위한 계책. 姑息策(고식책).
【姑子】こし(고자) ①시집가기 전의 여자. ②고종 사촌(姑從四寸).
【姑姊】こし(고자) 아버지의 누나. 큰 고모.
【姑妐】こしょう(고종) 시어머니와 시아버지. 시부모. 舅姑(구고). ¶—知之＜呂覽＞
【姑從】(고종) ☞姑從四寸(고종사촌).
【姑從四寸】(고종사촌) 고모의 자녀(子女). 內從四寸(내종사촌).
▷舅—, 先—, 小—, 少—, 外—, 慈—, 皇—

5 8【㚷】 비역 기 | ㄐㄧ (ji) | き *sodomy*

8【妳】 嬭(p. 413)와 同字
8【孥】 ☞子部 5획(p. 419)
8【帑】 ☞巾部 5획(p. 498)
8【弩】 ☞弓部 5획(p. 532)

5 8【妮】 몸종 니 | ㄋㄧˊ (ni) | じ(ハシタメ) *lady's maid*

5 8【妲】 여자 이름 달 | ㄉㄚˊ (da) | だつ
【妲己】だっき(달기)《人》은(殷)의 폭군 주왕(紂王)의 비(妃). 음락(淫樂)으로 주왕을 사로잡아 폭정을 더하게 함.

5 8【姏】 할미 담 本맘 | ㄇㄢˊ (man) | ばん(ババ) *old woman*

5 8【妺】 여자 이름 말 | ㄇㄛˋ (mo) | まつ
【妺喜】まつき(말희)《人》하(夏)의 폭군 걸왕(桀王)의 비(妃). 주지 육림(酒池肉林)으로 나날을 즐긴 요녀(妖女). 妺嬉(말희). 末喜(말희).

5 8【妹】 누이 매 | 國ㄇㄟˋ (mei) | まい(イモト) youger sister

풀이 ①누이. 손아래 누이. ¶後生爲—＜白虎通＞/姊—. ②소녀. 자기보다 나이가 아래인 여자의 애칭. ¶俔天之—＜詩經＞

【妹家】まいか(매가) 시집간 누이의 집.

【妹夫】まいふ(매부) 누이의 남편.

【妹氏】まいし(매씨) 남을 높이어 그 누이를 가리키는 호칭.

【妹弟】まいてい(매제) 손아래 누이의 남편. 妹壻(매서). ↔姊兄(자형).

▷歸—, 女—, 令—, 外—, 愚—, 幼—, 義—, 姊—, 弟—, 從—

5 8【姆】 여스승 모 무 | 國ㄇㄨˇ (mu) | ぼ(ウバ) female teacher

풀이 ①여자 스승. ¶待—也＜左氏傳＞/保—. ②손윗동서. ¶——.

▷姏—, 保—, 侍—

5 8【姅】 월경 반 | 國 | はん(ツキノモノ) menstruation

5 8【姒】 동서 사 | 國ㄙˋ (si) | し(アイヨメ)

풀이 ①동서. 여자 동서끼리의 호칭. 또는, 손윗동서. ¶長叔—生男＜左氏傳＞ ②언니. 여형(女兄).

【姒婦】じふ(사부) 손윗동서.

【姒娣】じてい(사제) 손윗동서와 손아랫동서. ¶—皆畏莫敢侍＜唐書＞

▷娣—, 太—, 褒—

8【姛】 姒(p.401)의 古字

5 8【姍】 1 헐뜯을 산 2 비틀거릴 선 | 國ㄕㄢ (shan) 囲 | さん(ソシル) defame せん

풀이 1 헐뜯다. 通訕. ¶—笑三代＜漢書＞ 2 비틀거리다.

【姍姍】せんせん(선선) 여자의 자늑자늑하게 걷는 모양. ¶偏何— 其來遲＜漢書＞

▷蹣—, 使—, 便—

5 8【姓】 성 성 | 國ㄒㄧㄥˋ (xing) | せい, しょう(カバネ) family name

풀이 ①성(姓). 혈통을 나타내는 칭호. ¶同—不得相娶＜白虎通＞/他—. ②씨족(氏族). 인민. ¶撫百—＜漢書＞ ③아들. ¶問其—＜左氏傳＞

【姓氏】せいし(성씨) 남의 성을 이르는 경칭.

【姓銜】(성함) 성씨(姓氏)와 함자(銜字). 곧, 성명(姓名)의 경칭.

【姓鄕】(성향) ☞貫鄕(관향).

▷改—, 舊—, 國—, 大—, 同—, 萬—, 名—, 百—, 本—, 四—, 小—, 右—, 異—, 子—, 著—, 族—, 宗—, 他—, 豪—

5 8【始】 처음 시 | 國ㄕˇ (shi) | し(ハジメ) beginning

풀이 ①처음. 시초. ¶君子愼—＜禮記＞/原—. ②시작하다. 비롯됨. ¶安—而可＜國語＞/開—. ③처음에. 처음으로. ¶天子—裘＜呂覽＞/—作. ④초하루. ¶凡十有二—＜太玄經＞ ⑤아침. ¶今日蝕於三—＜漢書＞

【始覺】しかく(시각)《佛》중생(衆生)의 본성인 자성 청정심(自性淸淨心)을 터득하기 시작함.

【始動】しどう(시동) ①움직이기 시작함. ¶—裝置. ②처음으로 움직임.

【始末】しまつ(시말) ①처음과 끝. 始終(시종). 本末(본말). ②처음부터 끝까지의 경위 또는 사정. 顚末(전말). ¶—不渝＜晋書＞/—記.

【始末書】しまつしょ(시말서) 잘못한 행위의 경위를 자세히 적은 서면. 顚末書(전말서).

【始發】しはつ(시발) 처음으로 출발함.

【始業】しぎょう(시업) 영업이나 학업을 시작함. 업무를 다루기 시작함. ¶—式.

【始元】しげん(시원) ☞始原(시원).

【始原】しげん(시원) 시초. 起源(기원). 始元(시원).

【始祖】しそ(시조) 맨 처음의 조상. 초대(初代)의 선조(先祖). 鼻祖(비조). ¶冬至祭—＜程子遺書＞

【始終】しじゅう(시종) ①처음과 끝. ②처음부터 끝까지. 항상. 끊임없이. ¶—相反乎無端＜莊子＞

【始終一貫】しじゅういっかん(시종일관) 처음부터 끝까지 한결같이 함. 始終如一(시종여일).

【始初】しょ(시초) 처음. 애초.

▷開—, 更—, 經—, 大—, 無—, 本—, 愼—, 年—, 元—, 原—, 正—, 造—, 終—, 創—, 太—

8【姛】 嫐(p.409)와 同字

5 8【婀】 여자 이름 아 | 國ㄜ (e) | あ

同婀

5 8【委】 1 맡길 위 2 옹용할 위 | 國ㄨㄟˇ (wei) 囡ㄨㄟ (wei) | い(マカセル) entrust, peaceful

풀이 1 ①맡기다. ¶—之常秩＜左氏傳＞/—任. ②버리다. ¶—而去之＜孟子＞ ③쌓이다. ¶詔書雲—＜唐書＞ ④자세하다. ¶—瑣握齪＜史記＞ ⑤끝. ¶或—也＜禮記＞ ⑥굽히다. ¶—質爲臣＜後漢書＞ ⑦시들다. 通萎. ¶時菊—嚴霜＜謝朓＞ ⑧창고. ¶門關之—積＜周禮＞ 2 옹용(雍容)하다. 편안함. ¶—佗—佗＜詩經＞

【委曲】いきょく(위곡) ①자상하고 세밀함. 委細(위세). 委詳(위상). 委悉(위실). ¶細意—＜後漢書＞ ②허리를 굽히고 따르는 모양. 隨從(수종). ¶—從順＜漢書＞

【委官】いかん(위관) 죄인을 추국(推鞫)할 때 의정 대신(議政大臣) 가운데서 임시로 선임하던 재판장.

【委付】いふ(위부) ①맡김. ¶先帝—之明<吳志> ②자기 소유물·권리를 상대방에게 넘김으로써 상대방과의 법률 관계를 소멸시키는 일.

【委員】いいん(위원) 일정한 직무를 위촉받은 사람. ¶—會/論說—.

【委任】いにん(위임) 권리·권한(權限)을 맡겨 대신 행사하게 함. ¶—而責成功<史記>/—狀.

【委質】いし(위지) 처음으로 벼슬하는 사람이 임금 앞에 예물을 바치는 일. ¶—爲臣<國語>

いち(위질) 임금에게 몸을 맡김.

【委囑】いしょく(위촉) 사무 처리 따위를 남에게 맡김. 委屬(위촉). 委託(위탁). ¶—狀.

【委託】いたく(위탁) 일정한 행위를 하여 주도록 부탁함. 의뢰하여 대신 행하게 함. ¶—者/—販賣. ↔受託(수탁).

【委巷】いこう(위항) 좁고 지저분한 거리. 陋巷(누항). ¶—之禮<禮記>

▷端—, 撫—, 分—, 紛—, 信—, 原—, 猗—, 任—, 積—, 典—, 塡—, 注—, 親—

5 8【姊】 손위누이 자 | 紙ㄐㄧㄝˇ (jie) ㄗˇ(zi) | し(アネ) *elder sister*

俗 姉

풀이 ①손위누이. ¶遂及伯—<詩經>/—妹. ②여자의 경칭(敬稱). ¶階前逢阿—<李商隱>

【姊妹】しまい(자매) ①여자 형제. ¶夫人—讓之<漢書> ②기녀(妓女). ¶都是有名—家<桃花扇> ③韓 같은 계통에 속하며 유사점이 많은 것들의 속칭. ¶—機關/—品.

【姊妹結緣】しまいけつえん(자매결연) ①자매 관계를 맺음. ②지역이나 단체 등이 서로 도우며 가까이 지내는 관계를 맺음.

【姊妹紙】しまい(자매지) 같은 기관에서 발행하는 두 신문. 姊妹新聞(자매신문).

【姊夫】しふ(자부) ☞姊兄(자형).

【姊兄】(자형) 손위 누이의 남편. 姊夫(자부).

▷貴—, 大—, 伯—, 小—, 阿—, 令—, 月—, 長—, 弟—, 從—, 處—, 賢—

8【姉】 姊(p.402)의 俗字

5 8【姐】 1 누이 저 2 교만할 저 | 馬ㄐㄧㄝˇ 㑺(jie) | しゃ, しょ (アネ)

풀이 1 ①누이. 누나. ¶稱女兄爲—<通俗編> ②어미. ③여자의 통칭. ¶小—/大—. 2 교만하다. ¶恃愛肆—<嵇康>

▷大—, 小—, 阿—

8【姝】 姪(p.405)과 同字

5 8【妻】 1 아내 처 2 시집보낼 처 | 齊ㄑㄧ (qi) 霽ㄑㄧˋ (qi) | さい (ツマ) *wife*

古 妛

풀이 1 아내. ¶娶—不取同姓<禮記>/夫—. 2 시집보내다. ¶以其子—之<論語>

【妻宮】さいきゅう(처궁) ☞妻妾宮(처첩궁).

【妻男】さいだん(처남) 아내의 남자 형제. 妻娚(처남).

【妻帑】さいど(처노) 아내와 자식. 妻子(처자). 妻孥(처노). ¶樂爾—<詩經>

【妻黨】さいとう(처당) 아내의 친족. 妻族(처족).

【妻邊】(처변) ☞妻族(처족).

【妻山】(처산) 아내의 무덤이 있는 곳.

【妻城子獄】(처성자옥) 아내와 자식이 있는 사람은 집안 일에 얽매여 자유롭게 활동할 수 없음을 이름.

【妻侍下】(처시하) 아내에게 눌려 지내는 사람을 놀려 이르는 말. ¶嚴—.

【妻子】さい(처자) ①아내와 자식. 妻帑(처노). ¶必敬其—<禮記> ②아내. ¶—好合<詩經>

【妻子眷屬】さいしけんぞく(처자권속) 가족과 일가.

【妻弟】さいてい(처제) 아내의 여동생.

【妻族】さいぞく(처족) 아내의 친정 겨레붙이. 妻黨(처당). 妻邊(처변). 妻便(처편).

【妻妾】さいしょう(처첩) 아내와 첩.

【妻妾宮】さいしょうきゅう(처첩궁) 점성술(占星術)에서, 12궁(宮)의 하나. 처첩에 대한 운수를 나타내는 궁. 妻宮(처궁).

【妻便】(처편) ☞妻族(처족).

【妻兄】さいけい(처형) 아내의 언니.

▷恐—, 寡—, 忌—, 萊—, 亡—, 夫—, 山—, 先—, 小—, 愛—, 良—, 艶—, 令—, 愚—, 嫡—, 前—, 糟糠之—, 拙—, 醜—, 賢—, 荆—, 後—

5 8【妾】 첩 첩 | 葉ㄑㄧㄝˋ (qie) | しょう(メカケ) *concubine*

풀이 ①첩. 측실(側室). ¶奔則爲—<禮記>/蓄—. ②몸종. ¶臣—逋逃<書經> ③여자의 겸칭. ¶爲老—語陵<史記>

【妾室】(첩실) 남의 첩을 모나지 않게 이르는 말. 작은집. 小室(소실). 小家(소가).

【妾媵】しょうよう(첩잉) 신부(新婦)의 몸종으로 따라가서 첩이 되는 여자. 妾婦(첩부). 妾嬖(첩폐). ¶多以—終家事<顔氏家訓>

▷宮—, 伎—, 內—, 陋—, 陵園—, 美—, 僕—, 副—, 妃—, 婢—, 鄙—, 侍—, 臣—, 愛—, 麗—, 外—, 媵—, 蠶—, 妻—, 處—, 賤—, 寵—, 蓄—, 嬖—, 下—, 姬—

5 8【妯】 1 동서 축 2 움직일 추 | 屋ㄓㄡˊ (zhou) 尤ㄔㄡ (chou) | ちく (アイヨメ) ちゅう (ウゴク) *move*

풀이 1 동서. 형제의 아내끼리의 관계. 또

는, 그 호칭(互稱). ¶屈己接一娌<楊奐> 2①움직이다. ¶憂心且一<詩經> ②슬퍼하다. 애도함. 通悼.

5 8 【妬】 강새암할 투 | 遇ㄉㄨˋ (du) | と(ネタム) *jealous*

同妒

풀이 ①강새암하다. 투기함. ¶嫉一. ②시기하다. ¶一心.

【妬忌】とき(투기) 질투. 강새암. ¶夫無一之行<詩經>

▷嬌一, 驕一, 同美相一, 憎一, 嫉一

5 8 【姁】 1 할미 후 2 예쁠 후 | 麌ㄒㄩˇ 虞(xu) | く(ババ) *old woman*

풀이 1할미. 노파. 2①예쁘다. 아름다움. ¶一媮. ②함께 즐거워하는 모양. ¶一一焉相樂也<呂覽>

6 9 【姦】 간사할 간 | 刪ㄐㄧㄢ (jian) | かん (ヨコシマ) *crafty*

同姧

풀이 ①간사하다. 속임. 간악함. 通奸. ¶及有一謀<漢書>/一雄. ②간음하다. 通奸. ¶一通/強一. ③어지럽히다. 훔치다. ¶一符節<淮南子> ④나쁘다. 악함. ¶多賊一些<楚辭>

【姦夫】かんぷ(간부) ①악인(惡人). ¶一犯害而求利<漢書> ②간통한 사내.

【姦婦】かんぷ(간부) 간통한 여자.

【姦邪】かんじゃ(간사) ☞奸邪(간사).

【姦詐】かんさ(간사) ☞奸邪(간사).

【姦臣】かんしん(간신) ☞奸臣(간신).

【姦雄】かんゆう(간웅) ☞奸雄(간웅). ¶亂世之一<魏志>

【姦淫】かんいん(간음) 남녀간의 부정한 교접(交接). 불륜(不倫)한 정사(情事). ¶一罪.

【姦智】かんち(간지) ☞奸智(간지). ¶民貪則一生<管子>

【姦通】かんつう(간통) 배우자 이외의 이성(異性)과 성적 교접을 하는 일. 密通(밀통). ¶瑕初與一<北史>/一罪.

【姦慝】かんとく(간특) 간교하고 사특함. 奸慝(간특). 邪惡(사악). ¶肆其一<漢書>

【姦猾】かんかつ(간활) 간사하고 교활함. 또는, 그 사람. 姦獪(간회). ¶一起叛<蜀志>

【姦回不軌】かんかいふき(간회불궤) 간악하며 법도를 따르지 않음. ¶若一 禍倍下民<左氏傳>

【姦凶】かんきょう(간흉) ☞奸凶(간흉). ¶攘除一<諸葛亮>

▷強一, 大一, 防一, 犯一, 辨一, 宿一, 陰一, 通一, 豪一, 和一

9 【姧】 姦(p. 403)과 同字

6 9 【姜】 성 강 | 陽ㄐㄧㄤ (jiang) | きょう

풀이 ①성(姓). ②강하다. 通彊. ¶鵲之一一<禮記>

【姜嫄】きょうげん(강원) 《人》 중국 상고(上古) 시대의 임금 제곡(帝嚳)의 비(妃). 후직(后稷)의 어머니. ¶時惟一<詩經>

6 9 【姱】 아름다울 과 | 麻ㄎㄨㄚ (kua) | か(ウツクシイ) *beautiful*

6 9 【姣】 1 예쁠 교 2 음란할 효 | 巧ㄐㄧㄠˇ (jiao) 肴 | こう (キレイ) *pretty, lewd*

풀이 1예쁘다. 아름다움. 요염함. ¶左右言其一好<漢書> 2음란하다. 음란한 행위. ¶棄位而一 不可謂貞<左氏傳>

▷夸一, 肥一, 娥一, 娃一, 夭一, 妖一, 至一, 天一

6 9 【姤】 만날 구 | 宥ㄍㄡˋ (gou) | こう(アウ) *meet*

풀이 ①만나다. ¶一其角<易經> ②아름답다. ¶其人夷一<管子> ③구괘(卦). 64괘의 하나. 손하건상(巽下乾上). ䷫. ④보기 흉하다.

6 9 【姞】 성 길 | 質ㄐㄧˊ (ji) | きつ, きち

6 9 【姥】 할미 모 | 麌ㄇㄨˇ (mu) ㄌㄠˇ (lao) | ぼ(ババ)

6 9 【姺】 1 나라이름 선 2 걸을 선 | 銑ㄒㄧㄢˇ 先(xian) | せん *walk*

9 【姸】 姸(p. 399)의 本字

9 【姷】 娟(p. 406)의 俗字

6 9 【姽】 예쁠 와 | 哿ㄨㄚˇ (wa) | が(ウツクシイ) *beautiful*

풀이 ①예쁘다. 아름다움. ②연약하다. ③작다.

6 9 【娃】 예쁠 왜 와 | 佳ㄨㄚˊ 麻(wa) | あい (ウツクシイ) *beautiful*

6 9 【姚】 1 예쁠 요 2 사람이름 도 | 蕭ㄧㄠˊ (yao) 豪 | よう (ウツクシイ) *beautiful* とう

풀이 1①예쁘다. ¶美麗一冶<荀子> ②멀다. 通遙. ¶雅聲遠一<漢書> ③날래다. ④성(姓). ¶一姒. 2사람 이름. 通桃.

【姚江學派】ようこうがくは(요강학파) 양명학파(陽明學派). 명(明)의 왕수인(王守仁)이 절강성(浙江省) 여요(餘姚) 사람이므로 그의 학문 계통을 이름.

【姚姒】ようじ(요사) 순(舜)임금과 우(禹)임금. 姚는 순, 姒는 우의 성.

▷輕一, 剽一, 嫖一

9【要】 ☞ 襾部 3획(p.1359)

6/9【威】 위엄 위 |㊣ㄨㄟ (wei)|い(イゲン) *dignity*

풀이 ①위엄. 존엄. ¶有一而可畏<左氏傳>/國一. ②세력. 권세. ¶一行南服<晋書> ③두려워하다. 두려움. ¶死喪之一<詩經> ④해치다. 침해함. ¶民不畏一<老子>/一嚇.

【威光】いこう(위광) 사람에게 외경심(畏敬心)을 일으키는 덕(德)의 힘. ¶一鼎內熹<參同契>

【威德】いとく(위덕) ①위엄이 있어 범하기 어려운 덕. ②무위(武威)와 덕화(德化). ¶一日盛<漢書>

【威斗】いと(위두) 동(銅)으로 만든, 북두칠성(北斗七星)의 모형. 왕망(王莽)이 군사들을 위압하는 데 썼음.

【威力】いりょく(위력) 남을 위압하는 세력. 강대한 힘.

【威令】いれい(위령) 위엄 있는 명령. 威命(위명). ¶一不聞<管子>

【威靈】いれい(위령) ☞威稜(위릉).

【威稜】いりょう(위릉) 신령(神靈)의 위력. 또는, 천자의 위광(威光). 威靈(위령). 稜威(능위). ¶一憺乎隣國<漢書>

【威望】いぼう(위망) 위세(威勢)와 명망(名望). ¶一素著<宋史>

【威名】いめい(위명) 크게 떨치는 명성(名聲). 威聲(위성). ¶一流聞<漢書>

【威命】いめい(위명) ☞威令(위령).

【威武】いぶ(위무) 위세와 무력(武力). 또는, 굳세고 용맹스런 힘. 武威(무위). 武勇(무용). ¶仁誼厲一<漢書>

【威服】いふく(위복) 두려워서 따르게 함. 두려워 복종함. 壓服(압복). ¶一海內<史記>

【威勢】いせい(위세) 위엄과 세력. 힘차고 용맹스러운 기세. ¶一輕而臣擅名<韓非子>

【威信】いしん(위신) ①위엄과 신망. ¶皆布一<後漢書> ②위엄이 있고 충실함. ¶聞伋一<後漢書>

【威壓】いあつ(위압) 위세(威勢)로 억누름.

【威嚴】いげん(위엄) 위세가 있고 엄숙함. ¶何必一哉<史記>

【威容】いよう(위용) ☞威風(위풍)①.

【威儀】いぎ(위의) ①예(禮)의 세칙(細則). 계율. ¶禮儀三百 一三千<中庸> ②반듯하며 예의 바른 용모 동작. ③《佛》 진퇴(進退)·거동이 규칙에 맞고 위덕(威德)이 있음.

【威風】いふう(위풍) ①위엄 있는 모습. 위용(威容). ¶宣振一<後漢書> ②왕성한 기세.

【威風堂堂】いふうどうどう(위풍당당) 위엄이 넘치며 당당함.

【威嚇】いかく(위하) ☞威脅(위협).

【威脅】いきょう(위협) 으르고 협박함. 위하(威嚇). ¶一朝廷<晋書>

▷國一, 軍一, 權一, 稜一, 德一, 猛一, 明一, 武一, 暑一, 聲一, 神一, 嚴一, 餘一, 炎一, 靈一, 恩一, 淫一, 重一, 天一, 寒一, 脅一, 狐假虎一

6/9【娀】 나라이름 융 ㊥숭 |㊥ㄙㄨㄥ (song)|しゅう

6/9【姨】 이모 이 |㊣ㄧ (yi)|い(オバ) *maternal aunt*

풀이 ①이모. 어머니의 누이. ¶一從. ②아내의 자매. ¶邢侯之一<詩經>

【姨妹】いまい(이매) 아내의 여동생. 妻弟(처제).

【姨母】いぼ(이모) 어머니의 자매.

【姨母夫】いぼふ(이모부) 이모의 남편. 姨父(이부).

【姨從】(이종) ☞姨從四寸(이종사촌).

【姨從四寸】(이종사촌) 이모의 자녀.

【姨姪】(이질) 이종(姨從)의 자녀.

▷堂一, 大一, 封家一, 小一, 阿一

6/9【姻】 혼인 인 |㊣ㄧㄣ (yin)|いん(コンイン) *marriage* ㊐婣

풀이 ①혼인. ¶昏一之禮<禮記> ②인척(姻戚). ③인연. 연고. ¶結夢南柯一<蘇軾>

【姻末】いんまつ(인말) ①韓 이질(姨姪)·처질(妻姪)에 대한 자칭(自稱). 姻下(인하). ②인척의 존장자(尊長者)에 대한 겸칭.

【姻亞】いんあ(인아) 사위쪽의 사돈과 남자편 동서간의 총칭. 집안 일가. 姻戚(인척). 姻婭(인아). ¶瑣瑣一<詩經>

【姻婭族戚】いんあぞくせき(인아족척) 일가 친척.

【姻弟】いんてい(인제) 처남 매부 사이에서, 자기의 겸칭.

【姻族】いんぞく(인족) 혼인에 따라 이루어진 인척(姻戚). 姻屬(인속). ¶一滿朝<後漢書>

【姻姪】いんてつ(인질) 고모부에 대한 자기의 겸칭.

【姻戚】いんせき(인척) 외가와 처가에 딸린 겨레붙이.

【姻親】いんしん(인친) 사돈(查頓).

【姻兄】いんけい(인형) 손위 처남에 대한 존칭.

▷舊一, 國一, 良一, 外一, 族一, 重一, 戚一, 天一, 親一, 昏一, 婚一

9【娞】 妊(p.400)과 同字

9【姙】 妊(p.400)과 同字

6/9【姿】 1 맵시 자 2 모양낼 자 |㊣ㄗ ㊥(zi)|し(スガタ) *figure*

풀이 1 ①맵시. 모습. 풍취(風趣). ¶自然鍾野一<陸龜蒙>/雄一. ②소질. ㊂資. ¶上主之一也<漢書> 2 모양내다. ¶小婦多一媚<徐防>

【姿色】ししょく(자색) 자태(姿態)와 용모. 容色(용색). ¶一端麗<後漢書>

【姿勢】しせい(자세) 취(取)하는 몸의 모양·태도.

【姿態】したい(자태) 몸가짐과 맵시. ¶以一見美<拾遺記>

▷瓊一, 高一, 瑰一, 奇一, 芳一, 鳳一, 仙一, 聖一, 殊一, 淑一, 神一, 麗一, 姸一, 艶一, 英一, 靈一, 玉一, 容一, 勇一, 雄一, 天一, 淸一, 風一

6/9【姼】 예쁠 제 |㊣ㄔˇ (chi)|てい *pretty*

[풀이]①아이 배다. 잉태함. ¶大任一文王＜國語＞/妊一. ②하인. ③움직이다.

10【娘】 娠(p. 406)과 同字

7 10【娥】 예쁠 아 | [國] ㄜ (e) | が(ウツクシイ) *beautiful*

[풀이]①예쁘다. 아름다움. ②미인. ¶秦一吳娃＜江淹＞ ③달. 항아(姮娥). ④여자의 자(字). ¶一皇.

【娥英】がえい(아영) ①순(舜)임금의 비(妃)인 아황(娥皇)과 여영(女英)의 병칭. ②여관(女官) 이름. ¶置左右一＜北史＞

【娥皇】がこう(아황)【人】 요(堯)임금의 장녀이며, 순(舜)임금의 아내.

▷國一, 宮一, 嬪一, 湘一, 仙一, 素一, 雲一, 帝一, 青一, 韓一, 姮一, 嫦一

7 10【娭】 희롱할 애 / 희 | [國] ㄒㄧ (xi) [支] | あい, き (タワムレル) *banter*

[풀이]①희롱하다. 데리고 놂. [같] 嬉. ②몸종. ③여자의 비칭(卑稱).

7 10【娟】 예쁠 연 | [先] ㄐㄩㄢ (juan) | えん (ウルワシイ) *beautiful*

[俗] 娟

[풀이]①예쁘다. 날씬하고 아름다움. ②숙부드럽다. 나긋나긋함. ¶形便一以嬋媛兮＜邊讓＞ ③아양떨다.

▷嬋一, 麗一, 連一, 聯一, 幽一, 便一

7 10【娛】 즐길 오 | [虞] [遇] ㄩ (yu) | ご(タノシム) *enjoy*

[略] 娯

[풀이]①즐기다. 즐거움. 즐겁게 함. ¶聊可與一＜詩經＞/一樂. ②편안하게 하다.

【娛樂】ごらく(오락) 놀이를 즐김. 취미로 즐겁게 어울려 놂. ¶心志一＜易林＞

【娛樂面】ごらくめん(오락면) 신문·잡지 등의, 주로 오락의 제공 또는 안내 등의 기사가 실린 면.

【娛樂室】ごらくしつ(오락실) 오락을 위해 필요한 기구·시설을 갖추어 놓은 방.

▷康一, 晏一, 宴一, 婾一, 遊一, 歡一, 嬉一, 戲一

10【娯】 娛(p. 406)의 略字

10【姫】 姬(p. 403)의 俗字

7 10【娣】 여동생 제 | [霽] ㄉㄧˋ (di) | てい (イモウト)

[풀이]①여동생. ②손아래 동서. 시동생의 아내. ③작은이모.

【娣婦】ていふ(제부) 시동생의 아내.

【娣姒】ていじ(제사) 자매(姊妹). 손아래 누이와 손위 누이. 또는, 손아래 동서와 손위 동서.

▷群一, 乳一

7 10【娖】 삼갈 착 | [覺] | さく(ツツシム) *be discreet*

[풀이]①삼가다. 조심함. ¶一一. ②정돈하다. ③재촉하다. [通] 促.

【娍】 ☞女部 6획(p. 405)

8 11【婘】 살붙이 권 | [霰] | けん(ミウチ) *relative*

8 11【婪】 탐할 람 | [覃] ㄌㄢˊ (lan) | らん(ムサボル) *covet*

[풀이]①탐하다. ¶貪一. ②점괘(占卦)를 속이다.

【婪尾酒】らんびしゅ(남미주) ①손님 모두에게 고루 돌아가는 술. ②마지막 잔.

【婪尾春】らんびしゅん(남미춘) 작약(芍藥)의 이칭.

8 11【婁】 [1] 별이름 루 [2] 끌 루 [3] 자주 루 | [尤] [虞] [遇] ㄌㄡˊ (lou) | ろう, る *drag, often*

[풀이][1] ①별 이름. 28수(宿)의 하나. ¶一宿. ②성기다. 듬성듬성함. 멀어짐. ¶五穀之狀一一然＜管子＞ ③거두다. 수렴(收斂). ¶一驕. [2] 끌다. [通] 摟. ¶弗曳弗一＜詩經＞ [3] 자주. [通] 數 屢. ¶一蒙嘉瑞＜漢書＞

【婁星】ろうせい(누성) 28수(宿)의 16째 별. 婁宿(누수).

▷黔一, 卷一, 部一, 摀一, 離一, 郱一

11【婁】 婁(p. 406)의 俗字

11【娬】 嫵(p. 412)와 同字

8 11【婦】 며느리 부 | [有] ㄈㄨˋ (fu) | ふ(ヨメ) *daughter-in-law*

[古] 㛂 [同] 媍

[풀이]①며느리. ¶三世爲一＜詩經＞/姑一. ②아내. ¶夫唱一隨. ③여자. ¶妊一. ④지어미. 주부(主婦). ¶一人. ⑤정숙하다. 아름다움. ¶其服組 其容一＜荀子＞

【婦家】ふか(부가) 아내의 친정. 妻家(처가). ¶其婚姻皆就一＜後漢書＞

【婦公】ふこう(부공) ☞婦翁(부옹).

【婦功】ふこう(부공) ☞女功(여공).

【婦女】ふじょ(부녀) 여자. 女人(여인). 婦女子(부녀자). ¶淫略一＜後漢書＞

【婦德】ふとく(부덕) 여자로서의 덕행(德行). 婦道(부도). ¶一尙柔＜張華＞

【婦道】ふどう(부도) 여자가 지켜야 할 도리. ¶化天下以一也＜詩經＞

【婦翁】ふおう(부옹) 장인(丈人). 婦公(부공).

【婦人】ふじん(부인) 여자. 婦女子(부녀자). ¶士曰一 庶人曰妻＜禮記＞

▷姦一, 介一, 去一, 寡一, 巧一, 驕一, 貴一, 嬾一, 農一, 毒一, 命一, 美一, 夫一,

産一, 桑一, 孀一, 石一, 世一, 少一, 新一, 良一, 外一, 妖一, 愚一, 怨一, 淫一, 嫠一, 姙一, 孕一, 子一, 酌一, 蠶一, 長一, 節一, 接待一, 貞一, 情一, 宗一, 主一, 織一, 倡一, 哲一, 妾一, 村一, 醜一, 販一, 匹一, 悍一, 賢一, 孝一

8 11 【婓】 오락가락할 비 | 微 ㄈㄟ (fei) | ひ(オボロダ) *wander*

풀이 ①오락가락하다. 방황함. 通 騑. ②얼굴이 매우 추하다. ③신녀(神女). ¶江一.

11 【婔】 婓(p. 407)와 同字

8 11 【婢】 여종 비 | 紙 ㄅㄧˋ (bi) | ひ(ハシタメ) *maid-servant*

풀이 ①여종. 하녀(下女). 천한 일을 하는 여자. ¶奴價倍一<世說新語>/官一. ②여자의 겸칭. 여자가 자기를 낮추어 일컫는 말. ¶一子. ③첩.

【婢僕】ひぼく(비복) 여종과 남종. 하녀와 남자 하인. 婢僮(비동). ¶一求容<顏氏家訓>

【婢夫】ひふ(비부) 여종의 남편.

【婢子】ひし(비자) ①여자의 자기 겸칭. ②하녀. 여종. 천한 업에 종사하는 여자. ③여종의 아들·딸. ④첩(妾). ¶使吾二一夾我<禮記>

【婢妾】ひしょう(비첩) 하녀와 첩. 또는, 종으로 첩이 된 계집.

▷官一, 奴一, 僕一, 侍一, 從一, 下一

8 11 【婀】 1 아리따울 아 | 哿 さ | あ *lovely,*
2 머뭇거릴 아 | 歌 (e) | *hesitate*

11 【婐】 婀(p. 407)와 同字

8 11 【婭】 동서 아 | 禡 ㄧㄚˋ (ya) | あ(アイムコ) *husband of wife's sister*

풀이 ①동서. 아내의 누이의 남편. ②아양을 떨다. ③몸종. 시녀(侍女).

▷姻一, 宗一, 親一, 婚一

8 11 【婗】 갓난아이 예 | 齊 | げい(エイジ) *new born baby*

8 11 【婑】 날씬할 와 | 哿 ㄨㄛˇ (wo) | わ *slim*

11 【婐】 婑(p. 407)와 同字

8 11 【婉】 순할 완 | 阮 ㄨㄢˇ (wan) | えん(タオヤカ) *obedient*

풀이 ①순하다. 순종함. ¶婦聽而一<左氏傳> ②아리땁다. 자늑자늑함. ¶清揚一兮<詩經> ③은근하다. 완곡. ¶一而成章<左氏傳> ④친애하다. ¶一彼二人<阮瑀>

【婉曲】えんきょく(완곡) 부드럽고 모나지 않음. 드러내지 않고 은근함. ¶文勢圓活而一<文章軌範>

▷微一, 纖一, 淑一, 阿一, 燕一, 妖一, 柔一, 貞一, 沈一, 諧一, 華一

11 【媄】 妖(p. 399)와 同字

8 11 【婬】 음탕할 음 | 侵 ㄧㄣˊ (yin) | いん(ミダラ) *harlot*

11 【媏】 ☞ 女部 9획(p. 409)

8 11 【婥】 예쁠 작 | 藥 ㄔㄨㄛˋ (chuo) | しゃく(ウルワシイ) *beautiful*

풀이 ①예쁘다. 작약(婥約). ¶便嬛一約<史記> ②여자의 병.

8 11 【婧】 날씬할 정 | 敬 ㄐㄧㄥˋ (jing) | せい(シナヤカ) *slender*

풀이 ①날씬하다. 아리따움. ②여자의 절개가 굳다. ③몸가짐이 단정하다.

11 【婙】 婧(p. 407)과 同字

8 11 【娼】 논다니 창 | 陽 ㄔㄤ (chang) | しょう(ショウギ) *prostitute*

本 倡

풀이 논다니. 노는 계집. 갈보. 창기(娼妓).

【娼家】しょうか(창가) 기생집. 妓樓(기루). ¶此時歌舞入一<劉廷芝>

【娼妓】しょうぎ(창기) ☞娼女(창녀).

【娼女】しょうじょ(창녀) 몸을 파는 계집. 갈보. 논다니. 娼妓(창기). 娼婦(창부).

【娼婦】しょうふ(창부) ☞娼女(창녀).

▷歌一, 街一, 公一, 名一, 俳一, 私一, 研一, 優一, 倡一

8 11 【婕】 아리따울 첩 | 葉 ㄐㄧㄝˊ (jie) | しょう(ウツクシイ)

8 11 【娵】 1 별 이름 추 | 虞 しゅ, しゅう
2 미녀 추 | 宥 そう

8 11 【娶】 장가들 취 | 遇 ㄑㄩˇ (qu) | しゅ(メトル) *take a wife*

源 會意·形聲. 여자를 취한다는 뜻. 取가 음을 이룸.

풀이 ①장가들다. ¶一嫁. ②차지하다. 通 取. ¶君一于吳<論語>

【娶妻】しゅさい(취처) 아내를 맞음. ¶一營業<金史>

▷嫁一, 外一, 前一, 婚一, 後一

8 11 【婆】 할미 파 | 歌 ㄆㄛˊ (po) | ば(ババ) *old woman*

풀이 ①할미. 늙은 여자. ¶呼爲春夢一

<侯鯖錄>/老一. ②어머니. 노모(老母). ③망설이다. ④《佛》범어 Bha의 음역자(音譯字). ¶一羅門.
【婆羅門】ばらもん(바라문)《佛》①범어 Brāhman의 음역으로, 주(呪)·기도를 뜻함. ②범어 Brāhmana의 음역으로, 바라문교(婆羅門教)의 승려. 또는, 그 부족. 인도 사성(四姓)의 하나.
【婆娑】ばさ(파사) ①춤추는 모양. ¶風回共作一舞<黃庭堅> ②방자한 모양. ③배회(徘徊)하는 모양. ④흩어지는 모양. ⑤시들어 처지는 모양. ⑥거문고 소리가 가늘고 억양이 있는 모양. ⑦안좌(安坐)하는 모양. ⑧망설임. ⑨휴식함. ⑩걸려 넘어짐. ⑪잎이 무성한 모양.
【婆心】ばしん(파심) 지나치게 친절한 마음. 老婆心(노파심). ¶老一切<無門關>
▷姑一, 公一, 耆一, 老一, 媒一, 孟一, 蓬一, 娑一, 闍一, 產一, 阿一, 穩一, 塔一, 湯一, 太一

8/11〖婞〗강직할 행 | 迥ㄒㄧㄥˋ (xing) | こう(キョウチョク) *upright*

풀이 ①강직하다. ②패려궂다. 도리에 어긋남. ¶一直. ③사랑받다.

8/11〖婚〗혼인할 혼 | 元ㄏㄨㄣ (hun) | こん(ヨメイリ) *marry*

同 婚

풀이 ①혼인하다. ¶結一. ②아내의 친정. 처가(妻家). ③장인(丈人). 또는, 아내의 친정 살붙이.
【婚家】こんか(혼가) 혼사를 치르는 신랑 신부의 집.
【婚嫁】こんか(혼가) ☞婚姻(혼인)①.
【婚簡】(혼간)韓 혼인 때 사주 및 택일(擇日)을 쓰는 간지(簡紙). 또는, 그 단자(單子).
【婚具】こんぐ(혼구) 혼례(婚禮)에 쓰이는 기구.
【婚期】こんき(혼기) 혼인하기에 적당한 나이.
【婚談】こんだん(혼담) 혼처(婚處)를 정하기 위해 서로 주고 받는 말. 緣談(연담).
【婚禮】こんれい(혼례) 혼인의 의례(儀禮). 혼인 예식. 結婚式(결혼식). 婚儀(혼의). 昏禮(혼례).
【婚配】こんぱい(혼배) 혼인하여 부부가 됨. 또는, 배우자(配偶者). ¶繕橋梁處一<盧柟>
【婚費】こんぴ(혼비) 혼인에 드는 비용.
【婚事】(혼사) 혼인에 관한 일. 또는, 혼례(婚禮).
【婚書】こんしょ(혼서) ①혼인 계약서. 約婚書(약혼서). 婚啓(혼계). ②韓 혼인 때, 신랑 집에서 예단(禮緞)에 붙여 신부 집으로 보내는 편지.
【婚需】こんじゅ(혼수) 혼인을 위해 마련하는 의복이나 의롱(衣籠) 따위의 물건이나 혼인에 드는 비용.
【婚夜】こんや(혼야) 혼인한 날의 밤. 첫날밤.
【婚約】こんやく(혼약) 약혼(約婚).
【婚姻】こんいん(혼인) ①결혼. 婚嫁(혼가). 婚娶(혼취). 昏姻(혼인). ¶相與爲一<漢書> ②사돈(査頓). 또는, 그 집·나라. ¶合讎國以伐一<戰國策>
【婚材】こんざい(혼재) 혼인할 만한 나이의 사람.
【婚處】(혼처) 혼인하기에 알맞은 상대방(相對方).
【婚娶】こんしゅ(혼취) ☞婚姻(혼인)①.
▷降一, 結一, 求一, 旣一, 大一, 晩一, 未一, 成一, 新一, 約一, 連一, 離一, 雜一, 再一, 定一, 早一, 重一, 初一, 破一, 許一

9/12〖媧〗여신 과·와 괘·왜 | 麻ㄨㄚ 佳(wa) | か(ジョシン) *goddess*

【媧皇】かこう(와황) ☞女媧(여와). ¶光浮石壁謂一之補天<湛賁>

9/12〖媒〗1중매 매 2어두울 매 | 灰ㄇㄟˊ (mei) 隊 | ばい(ナカダチ) *match-making*

풀이 1①중매. ¶男女無一不交<禮記>/一婆. ②매개하다. 중개(仲介). ③미끼. ④누룩. ¶一孽其短<漢書> 2어두운 모양. ¶一一.
【媒介】ばいかい(매개) 사이에 서서 양편의 관계를 맺어 줌. 仲介(중개). ¶古今用人 必因一<唐書>/一物.
【媒孽】ばいげつ(매얼) 죄를 짓도록 유도함. 죄의 함정에 빠뜨림. ¶隨而一其短<漢書>
【媒緣】ばいえん(매연) 매개하여 인연을 맺게 함.
【媒人】ばいじん(매인) 중매자. 특히 남자를 이름. ↔媒婆(매파).
【媒子】(매자) ①중매. ②중매인(仲媒人). 媒人(매인).
【媒質】ばいしつ(매질) 물리적 작용을 전하여 주는 물질. 媒體(매체).
【媒體】ばいたい(매체) ☞媒質(매질).
【媒婆】ばいば(매파) 중매하는 여자. 媒媼(매온). 媒婦(매부). ↔媒人(매인).
【媒合容止】ばいごうようし(매합용지) 남녀를 자기 집에 묵게 하여 정사(情事)를 매개함.
▷間一, 靈一, 龍一, 溶一, 鳥一, 仲一, 觸一, 蟲一, 風一, 合一, 行一

9/12〖媢〗강새암할 모 | 號ㄇㄠˋ (mao) | ぼう(ネタム) *envy*

9/12〖媌〗예쁠 모 | 肴 | みょう(ウツクシイ) *beautiful*

9/12〖婺〗별 이름 무 | 遇 | ぶ

9/12〖媚〗아첨할 미 | 寘ㄇㄟˋ (mei) | び(ヘツラウ) *flatter*

풀이 ①아첨하다. 아양을 떪. ¶非獨女以色一<史記>/一態. ②아리땁다. ¶自恨骨體不一<吳志>/明一. ③사랑하다. ¶一茲一人<詩經> ④순종하다. ¶

6/9 【姝】 예쁠 주 | 虞ㄕㄨ (shu) | しゅ(ウツクシイ)

풀이 ①예쁘다. 싱싱함. ¶靜女其一<詩經> ②순종하는 모양. ¶彼一者子<詩經> ③어둡다. 어리석음.
▷歌一, 國一, 名一, 舞一, 仙一, 侍一, 麗一, 艶一, 吳一, 莊一

6/9 【姪】 조카 질 | 質ㄓˊ (zhi) | てつ, ちつ(オイ) *nephew, niece*

同 妷

풀이 ①조카. ¶一其從姑<左氏傳>/一女. ②몸종.
【姪女】てつじょ (질녀) 형제의 딸. 조카딸. ¶一謂兄弟之女<明律>
【姪婦】てっぷ (질부) 조카며느리.
【姪壻】てっせい (질서) 조카사위.
【姪孫】てっそん (질손) 형제의 손자. 종손(從孫). ¶一謂兄弟之孫<明律>
【姪子】てっし (질자) 조카.
【姪行】(질항) 조카뻘.
▷堂一, 甥一, 世一, 叔一, 外一, 姨一, 長一, 從一, 親一

6/9 【姹】 1 자랑할 차 | 禡ㄔㄚˋ | た(ホコル)
2 소녀 차 | 馬 (cha) | *boast*

9 【妛】 妻(p.402)의 古字

6/9 【姮】 항아 항 | 蒸ㄏㄥˊ (heng) | こう(ツキ)
【姮娥】こうが (항아) ①달. ②달에 산다는 선녀.

6/9 【姡】 교활할 활 | 曷 | かつ(ワルガシコイ) *crafty*

6/9 【姬】 아씨 희 | 支ㄐㄧ (ji) | き(ヒメ) *madam*
풀이 ①아씨. 여자의 미칭. ¶母曰薄一<漢書>/舞一. ②첩. 측실(側室). ③의문을 나타내는 조사. 通居其. ¶一語之助也<禮記·注> ④성(姓).
【姬姜】ききょう (희강) ①큰 나라의 공주. 또는, 궁녀(宮女). 姬는 주(周)의, 姜은 제(齊)의 성(姓)으로, 다 같이 대국인 데서 온 말. ②미녀(美女). ¶室舞一<任昉>
【姬周】きしゅう (희주) 주(周)를 이름. 희(姬)는 주나라 왕실의 성. ¶一之樹國<魏志>
【姬妾】きしょう (희첩) 첩. 側室(측실).
▷歌一, 姣一, 貴一, 舞一, 美一, 淑一, 侍一, 麗一, 艶一, 王一, 妖一, 寵一, 幸一

9 【姫】 姬(p.405)의 略字

7/10 【娜】 아리따울 나 | 哿ㄋㄨㄛˇ (nuo) | だ(シナヤカ)
풀이 ①아리땁다. ¶華容婀一<曹植> ②한들한들 흔들리는 모양. 通那. ¶萬柳枝一一<梅堯臣>

10 【挐】 ☞ 手部 6획(p.635)

7/10 【娚】 1 韓 오라비 남
2 諵(p.1395)·喃(p.304)과 同字

7/10 【娘】 아가씨 낭 | 陽ㄋㄧㄤˊ (niang) | じょう(ムスメ) *young lady*
풀이 ①아가씨. 소녀. ¶喬之知婢窈一<唐書>/一子. ②어미. ¶爺一.
【娘娘】じょうじょう (낭낭) ①어미. ¶一年高<稱謂錄> ②왕비. 황후. ¶所喜妻子楊氏一<還魂記>
【娘子】じょうし (낭자) ①소녀. ②아내. 또는, 대관(大官)의 부인. ③어머니. ¶母爲一<溫公書儀> ④궁녀. ¶宮中號爲一<唐書> ⑤기녀(妓女). ⑥여자의 통칭.
【娘子軍】じょうしぐん (낭자군) ①여자들로 조직된 군대. 또는, 여자가 인솔하는 군대. ②여자로 이루어진 집단의 속칭.
▷嬌一, 老一, 大一, 夫一, 師一, 雪衣一, 小一, 愛一, 爺一, 村一, 花一

7/10 【娩】 해산할 만/면 | 阮ㄨㄢˇ (wan) / 銑ㄇㄧㄢˇ (mian) | ばん, べん(ウム) *deliver*
풀이 ①해산하다. 아이를 낳음. ¶分一. ②아양을 떨다. ¶說豫一澤<荀子> ③얌전하다. ¶一順.
▷分一, 婉一

7/10 【娓】 유순할 미 | 尾ㄨㄟˇ (wei) | び(スナオ) *obedient*
풀이 ①유순하다. 순종함. ②아름답다. 通媄. ③힘쓰다. 노력함. ④되풀이하여 가르치는 모양.

7/10 【娉】 1 장가들 빙 | 敬ㄆㄧㄣˋ (pin) | へい(メトル)
2 예쁠 빙 | 庚ㄆㄧㄥ (ping) | ほう(キレイ)

7/10 【娑】 1 춤출 사 | 歌ㄙㄨㄛ | さ(マウ)
2 사 사 | 哿 (suo) | *dance*
풀이 1 ①춤추다. 춤추는 모양. ②옷이 너풀거리는 모양. 2 범어(梵語) Sa의 음역자(音譯字).
【娑婆】しゃば (사바←사파) ①춤추는 모양. ②《佛》범어 sahā의 음역. 현세(現世). ¶一世界. ③감옥을 지옥에 비유하여, 감옥 이외의 자유로운 곳을 이름.
▷摩一, 馺一, 婆一

10 【恕】 ☞ 心部 6획(p.567)

7/10 【娠】 애밸 신 | 眞ㄕㄣ (shen) / 震ㄓㄣˋ (zhen) | しん(ハラム) *conceive*

同 㛛

一于天子<詩經>
【媚態】びたい(미태) 아양떠는 태도. 아첨하는 모양. ¶却月幽妾含章一<葛立方>
▷蠱一, 曲一, 綺一, 明一, 嫵一, 鮮一, 淑一, 阿一, 姸一, 軟一, 佞一, 婉一, 容一, 柔一, 諛一, 側一, 妒一, 幸一, 儇一, 狐一

12〖媍〗婦(p.406)와 同字

12〖婿〗壻(p.362)와 同字

12〖絮〗☞ 糸部 6획(p.1168)

9/12〖媟〗친압할 설 | 屑ㄒㄧㄝˋ (xie) | せつ (フザケル)
풀이 ①친압하다. 웃사람에게 버릇 없이 친함. ¶反恭爲一<新書> ②더럽히다. ③문란해지다. ¶夫妻不嚴玆謂一<漢書>
▷酣一, 交一, 慢一, 鄙一, 宴一, 淫一, 戲一

12〖㛐〗嫂(p.410)와 同字

9/12〖媤〗1 韓 시집 시 2 여자이름 사 | 支し
풀이 1 韓 시집. 남편의 집. 2 여자의 별칭. 같 姒.
【媤家】(시가) 시집. 남편의 집안.
【媤宅】(시댁) 시가(媤家)를 높여 이르는 말.
【媤父母】(시부모) 시아버지와 시어머니.
【媤三寸】(시삼촌) 남편의 삼촌.
【媤叔】(시숙) 남편의 형제. 시아주버니.

9/12〖媕〗머뭇거릴 암 | 覃ㄢ (an) | あん hesitate

12〖媪〗媼(p.410)의 俗字

9/12〖媛〗1 미녀 원 2 끌 원 | 霰ㄩㄢˋ (yuan) 元ㄩㄢˊ (yuan) | えん (タオヤメ) beauty, attract
源 會意·形聲. 남자를 이끌 만한[爰] 여자[女]란 뜻. 爰이 음을 이룸.
풀이 1 ①미녀. ¶邦之一也<詩經>/才一. ②우아하다. ¶妙好弱一<潘岳> ③여관(女官) 이름. ¶良一. 2 끌다. 끌리는 모양. ¶心嬋一而傷懷兮<楚辭>
▷歌一, 宮一, 名一, 班一, 妃一, 嬋一, 淑一, 良一, 英一, 才一, 貞一, 賢一

9/12〖媦〗여동생 위 | 未ㄨㄟˋ (wei) | い(イモウト) younger sister

12〖婣〗姻(p.404)과 同字

9/12〖婷〗예쁠 정 | 靑ㄊㄧㄥˊ (ting) | てい (ウルワシイ) beautiful

9/12〖媠〗1 예쁠 타 2 게으를 타 | 哿 箇 | だ(ウルワシイ) beautiful ら(ナマケル) idle
풀이 1 예쁘다. 아리따움. 2 게으르다. 같 惰.
▷輕一, 燕一, 娃一

9/12〖媮〗1 훔칠 투 2 즐길 유 | 尤ㄊㄡ (tou) 虞ㄩˊ (yu) | とう(ヌスム) steal ゆ(タノシム) enjoy
풀이 1 ①훔치다. 같 偸. ②교활하다. ③요행을 바라다. ④업신여기다. ¶晋未可一也<左氏傳> 2 즐기다. 같 愉. ¶一樂.

9/12〖媥〗가벼울 편 | 先ㄆㄧㄢ (pian) | へん light

12〖㛰〗婚(p.408)과 同字

10/13〖嫁〗시집갈 가 | 禡ㄐㄧㄚˋ (jia) | か(トツグ) marry
源 會意·形聲. 여자[女]가 남편을 맞아 한 집[家]을 창립함의 뜻. 家가 음을 이룸.
풀이 ①시집가다. ¶女子二十而一<禮記>/出一. ②가다. ¶將一于衛<列子> ③떠넘기다. 전가(轉嫁)함. ¶是欲一禍於趙也<史記>
【嫁期】かき(가기) 시집갈 만한 나이. 嫁齡(가령).
【嫁母】かぼ(가모) 아버지가 죽은 뒤 개가(改嫁)한 어머니.
▷降一, 改一, 更一, 晩一, 再一, 轉一, 娶一, 下一, 婚一

10/13〖媿〗창피줄 괴 | 寘ㄎㄨㄟˋ (kui) | き (ハズカシメル) shame
풀이 ①창피주다. ¶所以一厲之也<禮記> ②부끄러워하다. 通 愧.
▷悲一, 小一, 荒一

10/13〖媾〗화친할 구 | 宥ㄍㄡˋ (gou) | こう (ナカナオリスル) make peace
풀이 ①화친하다. 通 講. ¶發重使爲一<史記> ②겹혼인. 친척끼리의 혼인. ③인척(姻戚). ¶如舊昏一<左氏傳> ④교접(交接)하다. 성교. ¶交一騰精魄<李白> ⑤사랑하다. ¶不遂其一<詩經>
【媾合】こうごう(구합) 남녀가 잠자리를 함께 함.

合歡(합환). 性交(성교). 交接(교접). 交媾(교구). 交合(교합). 通情(통정).
【媾和】こうわ(구화) ☞ 講和(강화).
▷交―, 姻―, 親―, 昏―, 婚―, 歡―

10 13 【嫋】 예쁠 뇨 | 篠 ㄋㄧㄠˇ (niao) | じょう(ウルワシイ)
풀이 ①예쁘다. 아름다움. ¶――素女＜左思＞ ②연하고 자늑자늑하다. ③바람에 하늘하늘 흔들리는 모양. ④소리가 가늘고 길게 이어지는 모양. ¶餘音――＜蘇軾＞

10 13 【媽】 어미 마 | 馬 ㄇㄚ (ma) | ぼ(オフクロ) *mother*
풀이 ①어미. 할미. 하녀 따위를 막되게 부르는 말. ②암말. 말의 암컷.
【媽媽】ぼぼ(마마) ①어머니를 부르는 말. ②늙은 여자. 할미. ¶見―狀貌＜剪燈餘話＞

10 13 【嫇】 조심조심할 명 | 青 庚 ㄇㄧˊㄥ (minog) | ぼう みょう *careful*

10 13 【媺】 착할 미 | 紙 ㄇㄟˇ (mei) | び *good*

10 13 【媻】 비틀거릴 반 | 寒 ㄆㄢˊ (pan) | はん *haughty*

13 【婵】 嬋(p.412)과 同字

10 13 【嫂】 형수 수 | 皓 ㄙㄠˇ (sao) | そう(アニヨメ) *brother's wife*
同 㛮
풀이 ①형수. ¶―溺則援之以手乎＜孟子＞/兄―. ②韓 제수. 계수(季嫂). ¶―叔.
▷家―, 季―, 丘―, 弟―, 兄―

10 13 【媳】 며느리 식 | 陌 ㄒㄧˊ (xi) | せき(ヨメ)

10 13 【媼】 1 할미 온 本오 | 晧 ㄠˇ (ao) | おう(ババ) *old woman*
2 살찔 올 | 月 | おつ(コエル)
풀이 1 ①할미. ¶魏―. ②어미. ③여자의 통칭. ④땅귀신. 지신(地神). 2 살찌다.
【媼嫗】おうう(온구) 늙은 여자. 老婆(노파).
【媼神】おうしん(온신) 토지의 신(神). 地神(지신). ¶―蕃釐＜漢書＞
【媼妠】おつどう(올납) 살이 통통하게 찐 어린이.
▷老―, 魔―, 媒―, 翁―, 乳―

10 13 【嫄】 사람 이름 원 | 元 ㄩㄢˊ (yuan) | げん

10 13 【媵】 보낼 잉 | 徑 ㄧㄥˋ (ying) | よう(オクル) *send*
풀이 ①보내다. ¶―布席于奧＜儀禮＞ ②몸종. 시녀(侍女).
【媵母】ようぼ(잉모) 어머니가 시집올 때 데리고 온 여자. ¶匹夫― 能尙致命＜後漢書＞
【媵臣】ようしん(잉신) 옛날, 귀한 집 여자가 시집갈 때 데리고 가던 남자 하인.
【媵妾】ようしょう(잉첩) 옛날, 시집갈 때 데리고 가던 몸종. 媵婢(잉비). 媵御(잉어). ¶詔出―＜漢書＞
▷美―, 嬪―, 嫡―, 妾―, 孌―, 姬―

10 13 【嫉】 미워할 질 | 質 ㄐㄧˊ (ji) | しつ(ネタム) *hate*
源 會意·形聲. 여자[女]의 시새움이라는 뜻. 疾이 음을 이룸.
풀이 ①미워하다. ¶害賢曰― 害色曰妒＜楚辭·注＞ ②강새암. 새암. ¶各興心而―妒＜楚辭＞
【嫉視】しっし(질시) 밉게 봄. 시기함. 疾視(질시).
【嫉妬】しっと(질투) ①시새움. 우월한 사람을 미워함. ¶―之心興矣＜漢書＞ ②강새암. 새암. 嫉妒(질투).
▷娼―, 謗―, 忿―, 憤―, 訕―, 憎―, 讒―, 妒―

10 13 【媰】 1 아이밸 추 | 尤 | しゅう(ハラム) *conceive*
2 과부 추 本수 | 虞 | す(ヤモメ)

10 13 【媸】 추할 치 | 支 ㄔ (chi) | し *dirty*

10 13 【嫌】 싫어할 혐 | 鹽 ㄒㄧㄢˊ (xian) | けん(キラウ) *dislike*
풀이 ①싫어하다. 미워함. ¶既積―忌＜後漢書＞/―惡. ②의심하다. ¶使民無―＜禮記＞/―疑. ③불만스럽다. ④언짢은 일. 불운. 通險. ¶易一時之―＜荀子＞
【嫌家】けんか(혐가) 서로 미워하며 꺼리는 집안.
【嫌忌】けんき(혐기) 꺼리며 싫어함. ¶性多―＜吳志＞
【嫌名】けんめい(혐명) ①임금·아버지의 이름과 비슷하게 들리는 사물의 명칭을 기피하는 일. ②혼동되기 쉬운 이름.
【嫌文】けんぶん(혐문) 존비간(尊卑間) 또는 남녀 사이에 통용되지 않는 말을 잘못 사용한 글.
【嫌猜】けんさい(혐시) 꺼리며 시기함. ¶消釋―＜唐書＞
【嫌惡】けんお(혐오) 싫어하고 미워함. ¶―感.
【嫌疑】けんぎ(혐의) ①의심함. 의심. ②범죄를 했으리라는 의심. ¶―者.
▷譏―, 小―, 疎―, 讎―, 猜―, 畏―, 怨―, 疑―, 憎―

11 14 【嫗】 1 할미 구 本우 | 遇 ㄩˋ (yu) | う,おう(ババ) *old waman*
2 산이름 후 | 尤 | こう
풀이 1 ①할미. ¶有一老―＜史記＞ ②어미. 자식에 대한 자칭. ③여자. ¶從少

一三十<南史> ④안아서 따뜻하게 하다. ¶羽者一伏<淮南子> ⑤아름다운 빛깔. ②산 이름. ¶一山.

【嫗煦】おうく(구후) ①잘 보살펴 기름. 백성을 사랑하고 보호함. ¶一養育<魏志> ②아름다운 빛깔. 아리따운 모양.
▷老一, 媒一, 巫一, 媼一, 翁一, 乳一, 煦一

11/14【嫩】 어릴 눈 | 願ㄋㄣˋ (nen) | どん (ワカイ) *young*

풀이 ①어리다. 연약함. ¶葛一不任牽<梁武帝> ②아리따운 모양. ③엷다. ¶一寒.
▷輕一, 肥一, 新一, 柔一, 春一

14【嫰】 嫩(p.411)의 俗字

11/14【嫟】 친압할 닉 | 職 | じょく *overfamiliar*

풀이 ①친압하다. 通 暱. ②음탕하다. ¶淫一.

11/14【嫪】 ①사모할 로 ②시기할 로 | 號ㄌㄠˋ 豪(lao) | ろう (シタウ)

11/14【嫠】 과부 리 | 支ㄌㄧˊ (li) | り (ヤモメ) *widow*

【嫠不恤緯】りいヲウレエズ(이불휼위) 과부가 씨실의 엉킴을 걱정하지 않는다는 뜻으로, 자기 직분을 잊고 엉뚱한 데 정신을 팖의 비유. 또는, 대장부는 자기 한몸보다 나라 일을 걱정해야 함의 비유. 주(周)대에 한 과부가 베를 짜면서, 씨실 엉기는 것은 염려하지 않고 나라의 장래를 걱정했다는 옛일에서 유래. ¶嫠不恤其緯 而憂宗周之隕<左氏傳>

11/14【嫚】 업신여길 만 | 諫ㄇㄢˋ (man) | まん (アナドル)

풀이 ①업신여기다. 깔봄. ¶一罵. ②교만하다. 通 慢. ¶陛下一而侮人<漢書> ③문란하게 하다. ¶爲賦頌好一戲<漢書>

11/14【嫫】 추녀 모 | 虞ㄇㄛˊ (mo) | ぼ(シコメ) *ugly woman*

【嫫母】ぼぼ(모모) ①황제(黃帝)의 네째 비(妃) 이름. 어질고 덕이 높았으나, 얼굴이 추하고 못생겼다 함. 嫫姆(모모). ¶一有所美<淮南子> ②추녀(醜女)의 통칭.

11/14【嫣】 생긋웃을 언 | 先ㄧㄢ (yan) | えん(ニッコリワラウ)

풀이 ①생긋 웃다. ¶一然一笑<宋玉> ②아리땁다. ¶一紅. ③잇닿다. 연(連)함. ¶有周氏之嬋一兮<漢書>

【嫣紅】えんこう(언홍) 아리따운 진홍색. ¶百尺相風插重屋 側近一伴柔綠<李商隱>

11/14【嫛】 ①유순할 예 ②갓난아이 예 | 霽ㄧ 齊(yi) | えい *docile*

11/14【嫕】 유순할 예 | 霽ㄧˋ (yi) | えい *gentle*

11/14【嫜】 시부모 장 | 陽ㄓㄤ (zhang) | しょう

11/14【嫡】 큰마누라 적 | 錫 ㄉㄧˊ (di) | てき, ちゃく (セイサイ) *legal wife*

풀이 ①큰마누라. 정실(正室). 通 適. ¶一能悔過也<詩經>/一妻. ②맏아들. 정실 소생의 장남. ¶崇儒術以訓世一<北史>/一子. ③큰마누라 소생의 아들. ¶一庶.

【嫡女】ちゃくじょ·てきじょ(적녀) 정실이 낳은 맏딸. ¶一介一<國語>

【嫡母】ちゃくぼ·てきぼ(적모) 서자(庶子)가 아버지의 정실(正室)을 이르는 호칭.

【嫡庶】ちゃくしょ·てきしょ(적서) 적자(嫡子)와 서자(庶子). ¶一之次<後漢書>

【嫡孫】ちゃくそん·てきそん(적손) 적자(嫡子)의 정실이 낳은 아들. ¶一承重<六部成語>

【嫡子】ちゃくし·てきし(적자) ①정실(正室)이 낳은 아들. 嫡出子(적출자). ↔庶子(서자). ②정실이 낳은 아들로 대를 이을 자식. 嫡嗣(적사). 嫡男(적남). ¶一死 而立其弟<孔子家語>

【嫡長】ちゃくちょう·てきちょう(적장) 정실(正室)이 낳은 맏아들. ¶置後以一子<新書>

【嫡妻】ちゃくさい·てきさい(적처) 혼례를 갖추어 정식으로 맞은 아내. 큰마누라. 本妻(본처). 正室(정실). 嫡室(적실). 正妻(정처).

【嫡妾】ちゃくしょう(적첩) 본처와 첩. ¶一倒置<李滉>

【嫡出】ちゃくしゅつ(적출) 정실(正室) 몸에서 태어남. 본처가 낳은 자녀. ↔庶出(서출).

【嫡統】ちゃくとう·てきとう(적통) 적자(嫡子)의 계통.
▷嗣一, 世一, 首一, 元一, 長一, 冢一, 廢一, 匹一

11/14【嫖】 날랠 표 | 蕭ㄆㄧㄠˊ (piao) | ひょう (スバヤイ) *quick*

풀이 ①날래다. 움직임이 기운차고 빠름. 通 僄. ②음란하다.

【嫖姚】ひょうよう(표요) ①강하고 민첩한 모양. ②한(漢)대 무관(武官)의 벼슬 이름.

【嫖子】(표자)㊥ 창녀(娼女). 嫖妓(표기).

11/14【嫦】 항아 항·상 | 陽ㄔㄤˊ (chang) | こう, しょう

11/14【嫭】 아름다울 호 | 遇ㄏㄨˋ (hu) | こ *beautiful*

11/14【嫮】 아름다울 호 | 遇ㄏㄨˋ (hu) | こ *beautiful*

12 15 〖嬌〗 아리따울 교 | 蕭ㄐㄧㄠ (jiao) | きょう(ナマメカシイ) pretty

풀이 ①아리땁다. 通姣. ¶一態. ②미인. 소녀. ¶金屋貯一時<費昶> ③사랑하다. ¶平生所一兒<杜甫> ④교만하다. 通驕.

【嬌嬌】きょうきょう(교교) 아리따운 모양. 요염한 모양.

【嬌聲】きょうせい(교성) 아양떠는 소리.

【嬌癡】きょうち(교치) 몸은 성숙했으나 아직 정사(情事)를 모름. 또는, 그 사람. ¶衰病四十身一<白居易>

【嬌態】きょうたい(교태) 아양떠는 몸짓. 또는, 아리따운 자태(姿態). ¶河伯憐一<宋之問>
▷阿一, 愛一, 鶯一, 春一, 含一, 黃一

12 15 〖嬀〗 강 이름 규 | 支ㄍㄨㄟ (gui) | き

12 15 〖嬈〗 1 번거로울 뇨 篠 じょう(ワズラワシイ) 2 약할 뇨 肴 どう 3 예쁠 요 篠 よう

풀이 1 ①번거롭다. ¶除苛解一<漢書> ②희롱하다. 간 嬲. 2 약하다. 연약함. 3 예쁘다. 아름다움.
▷苛一, 嬌一, 妖一, 優一, 擿一

12 15 〖嫽〗 1 외조모 로 皓 ろう(ガイソボ) 2 예쁠 료 篠 りょう(ミメヨイ)

풀이 1 외조모. ¶一一. 2 ①예쁘다. ②희롱하다. 희학(戲謔)질함. ¶一嬈.

12 15 〖嫵〗 아리따울 무 | 麌ㄨˇ (wu) | ぶ(ミメヨイ) lovely

12 15 〖嬋〗 고울 선 | 先ㄔㄢˊ (chan) | せん(タオヤカ) beautiful
同 嬗 嬗

풀이 ①곱다. 아름다움. ¶一娟. ②잇닿다. 서로 이어짐.

【嬋娟】せんけん·ぜんけん(선연) ①날씬하고 아름다운 모양. ¶女一兮可觀<江淹> ②이어져 끊이지 않는 모양. ¶情一而未罷<江淹>

12 15 〖嫶〗 수척할 초 | 蕭ㄑㄧㄠˊ (qiao) | しょう lean

12 15 〖嫺〗 우아할 한 | 刪ㄒㄧㄢˊ (xian) | かん elegant
俗 嫻 同 嫻

풀이 ①우아하다. ¶一雅. ②조용하다. ③배우다. 익힘. ¶一于辭令<史記>
▷麗一, 雍一, 妖一

15 〖嫻〗 嫺(p. 412)과 同字

15 〖嫺〗 嫺(p. 412)의 俗字

12 15 〖嫿〗 정숙할 획 | 陌ㄏㄨㄚˋ (hua) | か(シトヤカ) graceful

풀이 ①정숙하다. 안존함. ¶嬔一于幽靜<宋玉> ②자랑하다. 자만함. ③달리는 모양. ¶徽一霍奕<後漢書>

12 15 〖嬉〗 즐길 희 | 支ㄒㄧ (xi) | き(タノシム) enjoy

풀이 ①즐기다. 기쁨. ¶追漁夫同一<張衡> ②놀다. 어울려 장난함. ③아름답다.
▷樂一, 盤一, 水一, 兒一, 晏一, 娛一, 遊一, 春一, 孩一, 譆一

16 〖嬝〗 嫋(p. 410)의 俗字

13 16 〖嬗〗 1 물려줄 선 霰ㄕㄢˋ 2 고울 선 先 (shan) | せん(コズル)

풀이 1 ①물려주다. 通禪. ¶堯一以天下<漢書> ②이어지다. ¶化變而一<史記> ③바뀌다. ¶五年之間 號令三一<史記> 2 곱다. 아리따움. 通嬋.

13 16 〖嬐〗 빠를 섬 | 鹽ㄧㄢˇ (yan) | せん(スバヤイ) fast

16 〖嬢〗 孃(p. 413)의 略字

13 16 〖嬴〗 찰 영 | 庚ㄧㄥˊ (ying) | えい(ミチル) be fill with

풀이 ①차다. 가득함. 通盈. ¶曾無我一<史記> ②남다. ¶緩急一絀<荀子> ③풍요하다. 비옥함. ¶一土之國<山海經> ④이기다. ⑤아리땁다. ⑥끝. ⑦바구니. ⑧성(姓). 진(秦) 황실의 성.

【嬴餘】えいよ(영여) 나머지. 餘分(여분). 剩餘(잉여).

【嬴秦】えいしん(영진) 진(秦)나라. 嬴은 진(秦) 임금의 성(姓).

【嬴縮】えいしゅく(영축) ①가득 참과 줄어듦. 盈虛(영허). ②이름과 늦음. ¶進退一<資治通鑑> ③나아가 도(道)를 행함과 물러나 은거함. 行藏(행장).
▷更一, 黔一, 長一

16 〖羸〗 嬴(p. 412)과 同字

16 〖嬴〗 嬴(p. 412)과 同字

13 16 〖嬙〗 궁녀 장 | 陽ㄑㄧㄤˊ (qiang) | しょう court maid

【嬙媛】しょうえん(장원) 궁녀(宮女). 侍女(시녀). ¶一侍兒<後漢書>
▷毛一, 妃一, 嬪一, 媵一

13 16 〖嬖〗 사랑할 폐 | 霽ㄅㄧˋ (bi) | へい(イツクシム) love

풀이 ①사랑하다. ㉮총애(寵愛)하다. ¶張耳一臣<漢書> ㉯친압(親狎)하다. 친숙해 짐. ¶毋一而州吁驕<詩經·注>

②총애 받다. ¶一臣.

【嬖臣】へいしん(폐신) 임금의 총애를 받는 신하. 嬖人(폐인)②. ¶齊君之一<孔叢子>

【嬖人】へいじん(폐인) ①☞嬖妾(폐첩). ②☞嬖臣(폐신).

【嬖妾】へいしょう(폐첩) 총애하는 첩. 愛妾(애첩). 嬖人(폐인). 嬖媵(폐잉). ¶亂在一<吳志>

【嬖幸】へいこう(폐행) 천한 신분으로 임금의 총애를 받음. 또는, 그 사람. 嬖倖(폐행). ¶一於紂<列女傳>

【嬖倖】へいこう(폐행) ☞嬖幸(폐행).
▷內一, 外一, 妖一, 寵一, 便一

13 16【嬛】 1 날렵할 현 2 홀로 경 | 先ㄒㄩㄢ(xuan) 庚 | けん smart けい alone

풀이 1 ①날렵하다. ¶便一綽約<司馬相如> ②우아하다. ¶柔橈一一<史記> ③단단하다. 치밀함. 2 홀로. 고독함.

14 17【嬭】 젖 내 | 蟹ㄋㄞˇ(nai) | だい(チチ) milk

풀이 ①젖. 기름. ¶一婆楊氏<舊唐書> ②유모(乳母). ③낮잠.
▷晝一, 黃一

14 17【嬲】 희롱할 뇨 | 篠ㄋㄧㄠˇ(niao) | じょう make fun of

14 17【嬪】 아내 빈 | 眞ㄆㄧㄣˊ(pin) | ひん(ツマ) wife

풀이 ①아내. 죽은 아내의 호칭. ②여관(女官). ¶妃一. ③㊰내명부 품계(內命婦品階). 조선 때 정1품 내명부. ¶世子一. ④여자의 미칭. ⑤남편을 섬기다. ¶一于虞<書經> ⑥많다. ¶一然成行<漢書>

【嬪宮】(빈궁) 조선 때 왕세자(王世子)의 아내.

【嬪妾】ひんしょう(빈첩) 임금을 가까이서 모시는 궁녀. 임금의 첩. 後宮(후궁). 嬪御(빈어). 嬪媵(빈잉).
▷貴一, 奉一, 妃一, 肥一

14 17【嬰】 갓난아이 영 | 庚ㄧㄥ(ying) | えい(アカゴ) baby

풀이 ①갓난아이. ¶一兒. ②두르다. 둚. ¶世網一我身<陸機> ③걸다. 떰. ¶使處女一寶珠<荀子> ④접촉하다. 건드림. ⑤더하다. 가함. ¶一以廉恥<漢書> ⑥목걸이. ㉰賏. ⑦갓끈. 관영(冠纓). ㉭纓.

【嬰兒】えいじ(영아) 갓난아이. 嬰孩(영해). ¶有新生一<史記>
▷嬌一, 世一, 愛一, 玉一, 孺一, 纏一, 退一, 咳一, 孩一

17【嬴】 嬴(p. 412)과 同字

14 17【嬬】 아내 유 | 虞じゅ(ツマ) wife

14 17【嬥】 날씬할 조 | 篠ㄊㄧㄠˊ(tiao) | ちょう slender

풀이 ①날씬하다. 아름다움. ②춤추다. ㉭趯. ¶或明發而一歌<左思> ③바꾸다. ¶俗以更易財物曰一換<通俗編>

15 18【嬻】 더럽힐 독 | 屋ㄉㄨˊ(du) | とく soil

16 19【嬾】 게으를 란 | 旱ㄌㄢˇ(lan) | らん(オコタル) lazy

풀이 ①게으르다. ¶老來百事一<蘇軾> ②자리에 눕다.

16 19【嬿】 아름다울 연 | 銑ㄧㄢˊ(yan) | えん beautiful

풀이 ①아름답다. ¶一服而御<枚乘> ②유순하다. 순박함. ㉭燕. ¶展中情之一婉<後漢書>

19【嬹】 嬿(p. 413)과 同字

17 20【孀】 과부 상 | 陽ㄕㄨㄤ(shuang) | そう(ヤモメ) widow
▷孤一, 遺一, 靑一

20【孼】 嬖(p. 409)의 俗字

17 20【孅】 가늘 섬 | 鹽ㄒㄧㄢ(xian) | せん(ホソイ) slender

풀이 ①가늘다. 연약함. ㉭纖. ¶嫵媚一弱<漢書> ②작다. 세밀함. ¶至一至悉<漢書>

17 20【孃】 계집 양 ㊀낭 | 陽ㄋㄧㄤˊ(niang) | じょう(オトメ) miss
㊋嬢

풀이 ①계집. 미혼녀(未婚女)의 미칭. ㉭娘. ¶李一. ②어미. ¶不聞耶一哭子聲<古樂府> ③번거롭다. ④살찌다. ㉭瀼.

19 22【孌】 아름다울 련 | 銑ㄌㄨㄢˊ(luan) | れん beautiful

24【孏】 嬾(p. 413)과 同字

子<아들 자>部

子 孑 孒 ① 孔 ② 孕 ③ 字 孖 存 ④ 孚 孜 孛 孝 ⑤ 季 孤 孥 孟 学 ⑥ 孩 ⑦ 孫 孫 ⑧ 孰 ⑨ 孱 ⑩ 孴 孶 ⑪ 孵 ⑬ 學 ⑭ 孺 ⑯ 孽 ⑰ 孼 ⑲ 孿

0 3【子】 1 아들 자 2 사랑할 자 | 紙ㄗˇ 寘(zi) | し(コ) son, love

源象形. 포대기에 싸인 어린 아이의 머

리와 사지(四肢)의 모양을 본뜸.

풀이 **1** ①아들. 자식. ¶爲吾一矣＜呂覽＞/長一. ②새끼. ¶螟蛉有一＜詩經＞ ③남자의 통칭. ¶陽一居見老耼＜莊子＞ ④남자의 미칭·존칭. ¶齊高一來盟＜左氏傳＞ ⑤스승·공자(孔子)의 호칭. ¶一曰. ⑥사대부(士大夫)의 통칭. ⑦학덕(學德) 있는 이의 호칭. ¶孔一. ⑧여자의 호칭. ¶摟其處一＜孟子＞ ⑨상대자의 호칭. ¶願聞一之志＜論語＞ ⑩젊은이. ¶此郎一好相表＜北史＞ ⑪사람. 백성. ¶渡一未回舟＜高啓＞/赤一. ⑫열매. 씨. 알. 이자(利子). ⑬접미사. 물건 따위의 이름 밑에 쓰임. ¶冊一/瞳一/卓一/電一. ⑭12지(支)의 하나. 방위로는 북, 오행(五行)으로는 수(水), 시간으로는 밤 11시에서 1시 사이. ⑮오등작(五等爵)의 네째. ¶公侯伯一男/一爵. ⑯학설로 일파를 이룬 학자. 또는, 그 저서. ¶諸一百家. **2** 사랑하다. ㊇慈. ¶一庶民也＜禮記＞

【子癇】しかん(자간) 임신중독증(妊娠中毒症)의 한 가지. 전신 경련을 일으키는 위급한 병.

【子貢】しこう(자공)《人》공자의 제자. 성은 단목(端木). 이름은 사(賜). 노(魯)와 위(衛)의 재상을 지냄.

【子宮】しきゅう(자궁) 여자 생식기의 하나. 아기집. 胞宮(포궁). ¶一癌/一外妊娠.

【子規】しき(자규) 소쩍새. 杜鵑(두견).

【子來】しらい(자래) 자식이 부모의 일에 급히 달려오듯이 백성이 유덕(有德)한 임금 밑에 모여듦. ¶庶民一＜詩經＞/一之民.

【子路】しろ(자로) ①《人》공자의 제자. 성은 중(仲), 이름은 유(由). 子路는 자(字). ②곰의 이칭.

【子末】(자말) 자시(子時)의 끝. 밤 1시경.

【子方】ネノカタ(자방) 24방위(方位)의 하나. 정북(正北)을 중심으로 좌우 15도 안.

【子房】しぼう(자방) ①《人》한(漢)의 장양(張良)의 자(字). ②식물의 암술 밑에 있는 씨방.

【子煩】しはん(자번) 임신부(妊娠婦)의 병으로, 가슴이 답답한 증세.

【子部】しぶ(자부) 한문 서적을 분류하는 4부(部)의 하나. 제자 백가(諸子百家)의 저서가 이에 속함. 丙部(병부).

【子婦】しふ(자부) ①며느리. ②아들과 며느리. ¶一孝者敬者＜禮記＞

【子舍】ししゃ(자사) ①남의 아들의 미칭. 子弟(자제). ②아들이 거처하는 방. ③안방 이외의 방. 諸房(제방). 小房(소방).

【子思】しし(자사)《人》공자의 손자. 이름은 급(伋). 子思는 자. 술성(述聖)이라 불림.

【子產】しさん(자산)《人》춘추(春秋) 시대 정(鄭)의 대부를 지낸 공손교(孔孫僑)의 자(字). 정사(政事)를 봄에 정도(正道)를 밟아, 공자로부터 혜인(惠人)이라는 칭송을 받음.

【子生】ネノウマレ(자생) 태세(太歲)의 지지(地支)가 자(子)인 해에 태어난 사람. 子年生(자년생). 「＜史記＞

【子壻】しせい(자서) 사위. 女壻(여서). ¶固爲一

【子姓】しせい(자성) 자손. 後孫(후손). ¶率其一＜國語＞

【子城】しじょう(자성) 큰 성에 딸린 작은 성. ¶一已洞開＜資治通鑑＞

【子細】しさい(자세) ☞仔細(자세).

【子時】ネノトキ(자시) 밤 11시에서 1시 사이. 子夜(자야).

【子息】しそく(자식) ①아들. 자녀. ¶騶卒一＜北史＞ ②이자. 利息(이식). ¶受一民參萬家＜管子＞ ③㊥ 남자인 남을 욕으로 이르는 말.

【子夜】しや(자야) ☞子時(자시).

【子輿】しよ(자여) ①《人》공자의 제자 증삼(曾參)의 자(字). ②《人》맹자(孟子)의 자(字). ③복성(複姓). 「(자약손).

【子與孫】(자여손) 아들과 손자. 子若孫

【子午線】しごせん(자오선) 지구의 남극과 북극을 잇는 가상의 선. 經線(경선).

【子曰】しイワク(자왈) 공자(孔子) 가라사대. 「논어」(論語) 등 경서(經書)에는 공자를 자(子)로 불러 이렇게 씀.

【子欲養而親不待】(자욕양이 친부대) 자식이 깨달아 효양(孝養)을 다하려고 하나 이미 부모는 죽어 이 세상에 없다는 말로, 효양하기 어려움을 이름.

【子月】しげつ(자월) 음력 12월의 별칭.

【子游】しゆう(자유) ①《人》공자의 제자. 성은 언(言), 이름은 언(偃). ②복성(複姓). 「가 자(子)인 날.

【子日】ネノヒ(자일) 일진(日辰)의 지지(地支)

【子子孫孫】ししそんそん(자자손손) 자손 대대로. 먼 후손의 끝까지. 子孫末裔(자손말예).

【子爵】ししゃく(자작) 오등작(五等爵)의 네째.

【子錢】しせん(자전) 이자. 利息(이식). 子息(자식).

【子正】(자정) 자시(子時)의 정중(正中). 0시(零時). 밤 12시. 「물.

【子正水】(자정수) 자정 때 길어서 먹는

【子弟】してい(자제) ①아들과 아우. ↔父兄(부형). ②젊은이. ↔父老(부로). ③㊥ 남을 높여 그 아들이나 그 집안 젊은이를 이르는 말.

【子腫】しよう(자종) 임신부(妊娠婦)의 몸이 붓고 뱃가죽이 트는 병.

【子坐】(자좌) 뫼나 집터가 북쪽을 등지고 정남향으로 앉은 자리.

【子坐午向】(자좌오향) 집터 따위가 북쪽을 등지고 남쪽을 바라보는 좌향(坐向).

【子鐵】(자철) 신 밑바닥에 박는 징.

【子夏】しか(자하)《人》공자의 제자. 성은 복(卜), 이름은 상(商). 모시(毛詩)의 비조(鼻祖).

【子懸】しけん(자현) 임신부(妊娠婦)의 가슴이 치밀고 아픈 병. 子懸症(자현증).

【子戶】しこ(자호) ①분가(分家). ¶多分一＜宋史＞ ②자궁(子宮).

▷茄一, 假一, 甲一, 客一, 擧一, 格一, 卿一, 季一, 孤一, 告天一, 骨一, 公一, 孔一, 菓一, 驕一, 毬一, 國一, 君一, 金一, 碁一, 卵一, 男一, 娘一, 郎一, 浪一, 內一, 多一, 獨一, 瞳一, 末一, 母一, 帽一, 無患一, 門一, 拍一, 百一, 別一, 父一, 夫一, 分一, 婢一, 士一, 嗣一, 獅一, 庶一, 先一, 世一, 小一, 豎一, 兒一, 椰一, 梁上君一, 養一, 陽一, 魚一, 漁一, 孼一, 女一, 餘一, 吾一, 王一, 龍一, 元一, 原一, 乳一, 猶一, 遊一, 孺一, 隱君一, 椅一, 義一, 利一, 一一, 任一, 粒一, 長一, 才一, 赤松一, 赤一, 嫡一, 電一, 亭一, 精一, 弟一, 帝一, 梯一, 族一, 宗一, 從一, 種一, 舟一, 冑一, 質一, �一, 冊一, 妻一, 處一, 天一, 帖一, 村夫一, 冢一, 寵一, 稚一, 親一, 卓一, 蕩一, 太一, 牌一, 胞一, 學一, 賢一, 虎一, 孝一, 黑一

0
3【孓】 1 짧을 궐 | 用 ㄐㄩㄝˊ (jue) | けつ short
2 장구벌레 궐 | 本 공 匰 | きょう

0
3【孑】 외로울 혈 | 用 ㄐㄧㄝˊ (jie) | けつ lonely
本 결

源 象形. 오른팔이 잘린 아이의 모습을 본뜸.

풀이 ①외롭다. 혼자. ¶一一單身. ②오른팔이 없다. ③남다. ¶靡有一遺＜詩經＞ ④짧다. 작음. ⑤창. ¶授師一焉＜左氏傳＞ ⑥장구벌레. ⑦뛰어나다. 通 傑.

【孑遺】けつい (혈유) 단 하나 남은 것. 근소한 여분(餘分). 遺種(유종). 殘餘(잔여).

【孑孑單身】けつけつたんしん (혈혈단신) 의지할 데가 없는 홑몸.

1
4【孔】 구멍 공 | 用 ㄎㄨㄥˇ (kong) | こう(アナ) hole
古 孔

풀이 ①구멍. 通 空. ¶鼻一/穿一. ②매우. 심히. ¶一懷兄弟＜千字文＞/父母一邇＜詩經＞ ③크다. 깊음. ¶一德之容＜老子＞ ④헛되다. 通 空. ⑤공작(孔雀). ⑥공자(孔子)의 약칭. ¶一孟.

【孔教】こうきょう (공교) ☞儒教(유교).

【孔竅】こうきゅう (공규) 구멍. 인체의 코·입·귀·눈 등. ¶一肢體 皆通於天＜淮南子＞

【孔道】こうどう (공도) ①큰 도로. 大路(대로). ¶一夷如＜太玄經＞ ②터널. 隧道(수도). 穴徑(혈경). ③공자가 가르친 도(道). 儒教(유교).

【孔老】こうろう (공로) 공자와 노자(老子). 또는, 유가와 도가(道家).

【孔孟】こうもう (공맹) 공자와 맹자(孟子).

【孔孟學】こうもうがく (공맹학) ☞儒教(유교).

【孔明】こうめい (공명) ①매우 밝음. ¶祀事一＜詩經＞ ②《人》 제갈량(諸葛亮)의 자(字).

【孔墨】こうぼく (공묵) 공자와 묵적(墨翟). 또는, 유가와 묵가.

【孔門】こうもん (공문) 공자의 제자. 공자의 가르침을 받은 사람.

【孔門十哲】こうもんじってつ (공문십철) 공자의 제자 가운데 학덕이 뛰어난 열 사람. 안연(顔淵)·민자건(閔子騫)·염백우(冉伯牛)·중궁(仲弓)·재아(宰我)·자공(子貢)·염유(冉有)·계로(季路)·자유(子游)·자하(子夏).

【孔方】こうほう (공방) ☞孔方兄(공방형).

【孔方兄】こうほうけい (공방형) ①네모진 구멍이 있는 돈. ②돈을 친밀하게 부르는 말. 葉錢(엽전). ¶一有絕交書＜黃庭堅＞

【孔壁】こうへき (공벽) 공자가 살던 집의 벽. 「고문상서」(古文尙書)·「논어」(論語) 등이 나왔다는 옛일에서, 장서실(藏書室)·서고(書庫)의 뜻으로 쓰임.

【孔父】こうほ (공보) ①공자. 尼父(니보). ¶一攸歎＜後漢書＞ ②복성(複姓).

【孔夫子】こうふうし (공부자) 공자. 夫子는 선생·어른의 존칭.

【孔釋】こうしゃく (공석) 공자와 석가(釋迦).

【孔席不暇暖】(공석 불가난) 공자(孔子)는 천하를 주유하며 가르치기에 전념하여, 앉은 자리가 따뜻해질 겨를이 없었다는 말. ¶一而墨突不得黔＜韓愈＞

【孔聖】こうせい (공성) ①덕이 높은 성인(聖人). 大聖(대성). ¶皇父一＜詩經＞ ②공자의 존칭.

【孔繇】こうよう (공요) 공자(孔子)의 도(道).

【孔子】こうし (공자) 유교(儒教)의 교조(教祖). 춘추(春秋) 시대 노(魯)의 사람. 이름은 구(丘), 자는 중니(仲尼). 여러 나라를 돌아다니며 치국(治國)의 바른 길을 유세하다가, 노후에는 고향에 돌아와 제자를 기르고 육경(六經)을 산술(刪述)하여 그의 이상을 후세에 남김. (BC 552~BC 479). ※철환천하(轍環天下).

【孔雀明王】くじゃくみょうおう (공작명왕) 《佛》 밀교(密教)에서 받드는 보살(菩薩) 이름. 불모 대공작명왕(佛母大孔雀明王). 재해를 없애준다 함.

【孔穴】こうけつ (공혈) ①구멍. ②인체의 혈도(穴道).

【孔姬】こうき (공희) 공자와 주공(周公)의 병칭. 孔周(공주). ¶何用白首談一＜蘇軾＞

▷隙一, 洞一, 瞳一, 毛一, 方一, 百一, 鼻一, 眼一, 蟻一, 穿一, 穴一

5【孔】 孔(p. 415)의 古字

5【孞】 保(p. 111)의 古字

2
5【孕】 아이 밸 잉 | 用 ㄩㄣˋ (yun) | よう(ハラム) conceive
同 膶 躰

풀이 ①아이 배다. 임신(妊娠). 잉태(孕胎). ¶婦一不育＜易經＞/懷一. ②머금다. 토함.

【孕婦】ようふ (잉부) 임신한 여자. 孕母(잉모). ¶後世一綏刑始此＜陔餘叢考＞

【孕胎】ようたい (잉태) 임신(妊娠). 懷孕(회잉). 懷妊(회임).

▷蓄一, 遺一, 妊一, 字一, 孳一, 胎一, 含一, 懷一

3
6【字】 글자 자 | 用 ㄗˋ (zi) | じ(モジ) letter

풀이①글자. ¶文一. ②아이를 배다. 아이를 낳다. ¶女子貞不一<易經> ③양육하다. 사랑하다. ¶使一敬叔<左氏傳> ④자(字). 본명 외에 부르는 이름. ⑤암컷. ¶乘一牝者<史記> ⑥꾸미다. 장식함.

【字句】じく(자구) 글자와 글귀. ¶滋味流于一<文心雕龍>/一修正.

【字幕】じまく(자막) 영화 등의 화면에 배역(配役)·설명 따위를 글자로 나타낸 것.

【字面】じめん(자면) ① ☞字眼(자안). ②글자의 표면상의 뜻. ③글자의 면. 또는, 글자의 배합된 모양.

【字母】じぼ(자모) ①철음(綴音)의 기초가 되는 글자. ②활자의 모형(母型).

【字牧】じぼく(자목) 백성을 사랑으로 다스림.

【字牝】じひん(자빈) 짐승의 암컷.

【字書】じしょ(자서) 글자를 모아 음과 뜻을 설명한 책. 字典(자전)①.

【字小】じしょう(자소) ①작은 나라를 동정함. 작고 연약한 사람을 돌봐 줌. ¶唯大不一 小不事大也<左氏傳> ②글자가 작음. ¶一而神完<蘇軾>

【字眼】じがん(자안) 글의 사활(死活)을 결정하는 중요한 글자. 시(詩)에서 칠언(七言)의 다섯째 자, 오언(五言)의 세째 자 등. 子面(자면)①.

【字愛】じあい(자애) ☞慈愛(자애).

【字源】じげん(자원) 한자(漢字)가 구성된 밑뿌리. 예컨대, 信자에서, 그를 이룬 人과 言.

【字乳】じにゅう(자유) 젖먹여 기름. 哺育(포육).

【字育】じいく(자육) 양육(養育). 字養(자양). ¶風雨常均 一常時<列子>

【字音】じおん(자음) 글자의 음. ↔字訓(자훈).

【字義】じぎ(자의) 문자(文字)의 뜻. ¶專精校考參定一<魏書>

【字字珠玉】じじしゅぎょく(자자주옥) 글자마다 구슬이란 뜻으로, 글씨가 매우 훌륭함을 이름.

【字典】じてん(자전) ①한자(漢字)를 모아 일정한 순서로 배열하고 그 음과 뜻 등을 풀이한 책. 字書(자서). ②「강희자전」(康熙字典)의 약칭.

【字體】じたい(자체) ①글자의 형체. 한자(漢字)에는 고문(古文)·주문(籒文)·소전(小篆)·예서(隷書)·팔분(八分)·장초(章草)·행서(行書)·해서(楷書)·초서(草書) 등 아홉 가지 자체(字體)가 있음. ②서예(書藝)에서 글씨체. 「석.

【字解】じかい(자해) 글자의 뜻풀이. 문자의 해

【字形】じけい(자형) 글자의 모양. 문자의 형태. 字樣(자양). ¶一大小<法書要錄> 「형.

【字型】じガタ(자형) 활자를 만드는 데 쓰이는 원

【字號】じごう(자호) ①글자로 된 명호(名號). ②상호(商號). 상품. 상점. ¶復有一<東軒筆錄> ③자(字)와 호(號). ④활자의 크기를 나타내는 등호(等號).

【字畫】じかく(자획) 글자의 점획(點畫). 한자(漢字)는 본획(本畫)과 부수(部首)로 이루어짐. 「↔字音(자음).

【字訓】じくん(자훈) 한자(漢字)의 우리말 새김.

【字彙】じい(자휘) ①자전(字典). 字書(자서). ②글자의 수효. ③명(明)대 매응조(梅膺祚)가 엮은 자전(字典).

▷檢一, 缺一, 古一, 冠一, 舊一, 國一, 奇一, 大一, 同一, 名一, 母一, 沒一, 撫一, 文一, 梵一, 別一, 本一, 鳳一, 姓一, 細一, 小一, 俗一, 數一, 習一, 新一, 雁一, 押一, 略一, 陽一, 誤一, 玉一, 謬一, 一一, 赤一, 篆一, 點一, 丁一, 正一, 題一, 草一, 脫一, 漢一, 銜一, 解一, 活一

3/6【孖】쌍동이 자 | 支ㄗ 寘(zi) | し(フタご) *twin*

3/6【存】있을 존 | 元ㄘㄨㄣˊ (cun) | そん, ぞん(アル) *exist*

同 抙

풀이①있다. 생존하다. ¶操則一 舍則亡<孟子>/一在. ②보존하다. 편안하다. ¶一亡之難<史記>/保一. ③문안하다. 위로함. ¶養幼少一諸孤<禮記>/一問. ④살피다. 생각함. ¶致愛則一<禮記>/一外. ⑤다다르다. 나아감. ¶所一者神<荀子>

【存立】そんりつ(존립) ①유지하여 살게 함. ¶得蒙一<北史> ②버티어 섬.

【存亡】そんぼう(존망) ①생존과 멸망. 興亡(흥망). 成敗(성패). 存沒(존몰). ¶此誠危急一之秋也<諸葛亮> ②망하려는 것을 구하여 살게 함. ¶一定危<漢書>

【存亡自在】そんぼうじざい(존망자재) 생사(生死)를 마음대로 함. ¶深思三月 遂能一<列子>

【存亡之機】そんぼうノき(존망지 기) ☞存亡之秋(존망지 추).

【存亡之秋】そんぼうノトキ(존망지 추) 생사(生死)가 걸린 중대한 시기. 存亡之機(존망지 기).

【存亡禍福皆在己】そんぼうかふくミナオノレニアリ(존망화복 개재기) 생사와 화복은 모두 자신이 하기에 달렸음. 「一<北魏書>

【存命】ぞんめい(존명) 살아 있음. 생존함. ¶僅得

【存沒】そんぼつ(존몰) ☞存亡(존망)①.

【存問】そんもん·そんぶん(존문) ①안부를 물음. 問安(문안). 慰問(위문). ¶使人一長老<漢書> ②민정(民情)을 살피기 위하여 관하의 백성을 찾아가 봄.

【存否】ぞんぴ(존부) ①있는지 없는지의 여부. ②건재(健在)한지의 여부. 安否(안부). ¶不知一<後漢書> 「재함.

【存續】そんぞく(존속) 없어지지 않고 계속하여 존

【存心】そんしん(존심) 본심을 잃지 않고 유지함. 방심(放心)하지 않음. 存神(존신). ¶讀書要在一久<蘇軾>

【存案】ぞんあん(존안) 기록함. 기록에 남김. 存查(존사). 存照(존조). ¶咨部一 毋庸具題<淸會典事例>

【存養】そんよう(존양) ①본심을 잃지 않고 타고난 선성(善性)을 기름. 수양(修養)함. ¶工夫在一<陸游> ②안위(安慰)하여 기름.

【存羊之義】(존양지 의)㉻ 구례(舊禮)나 허례(虛禮)를 버리지 아니하고 그대로 둠.

【存在】そんざい(존재) ①있음. 현존(現存)함. 또는, 그것. ②객관적인 실재(實在).

【存置】そんち(존치) 없애지 아니하고 그대로 둠. 존속(存續)하게 둠.

【存廢】そんぱい(존폐) ①보존(保存)과 폐기(廢棄). ②존속(存續)과 폐지(廢止).

▷撫―, 保―, 生―, 所―, 温―, 遺―, 異―, 存―, 現―

6〖抒〗 存(p.416)과 同字

6〖孜〗 好(p.398)와 同字

6〖李〗 ☞ 木部 3획(p.750)

4/7〖孚〗 1 미쁠 부 2 기를 부 3 빛날 부 | 廣ㄈㄨˊ 遇(fu) 尤 | ふ (マコト) reliable

풀이 1 ①미쁘다. 참됨. ¶萬邦作―<詩經> ②껍질. 通稃. ¶―甲. ③알을 까다. 부화(孵化)함. ④붙이다. 通附 付. ¶天既―命正厥德<書經> 2 기르다. 자람. 通孵. ¶―育. 3 빛나다. 옥(玉)이 빛나는 모양. ¶―尹旁達<禮記>

▷簡―, 感―, 信―, 中―, 忠―

4/7〖孜〗 힘쓸 자 | 支ㄗ(zi) | し(ツトメル) effort

풀이 通孶. ①힘쓰다. 노력함. ②널리 사랑하다.

【孜孜】しし(자자) 부지런히 노력하는 모양. ¶―不倦<魏志>

4/7〖孛〗 1 살별 패 2 안색 변할 발 | 隊ㄅㄟˋ 月(bei) | はい ぼつ comet

풀이 1 ①살별. 혜성(彗星). ②광채가 빛나는 모양. 2 ①안색이 변하다. ¶―如. ②어둡다. ¶星辰―<漢書>

【孛彗】はいすい(패혜) 혜성(彗星). 孛星(패성).

▷飛―, 星―, 妖―, 彗―

7〖李〗 學(p.420)의 俗字

7〖㚨〗 好(p.398)의 古字

4/7〖孝〗 효도 효 | 效ㄒㄧㄠˋ(xiao) | こう(コウコウ) filial piety

源 會意. 자식[子]이 늙은이[耂: 어버이]를 받든다는 뜻.

풀이 ①효도(孝道). ㉮부조(父祖) 생시에 효도하다. ¶―者 畜也<禮記>/―子. ㉯부조(父祖) 사후에, 뜻을 올바로 이어받는 일. ②친상(親喪)에 복(服)을 입다.

【孝巾】こうきん(효건) 상중(喪中)에 머리에 쓰는 건.

【孝經】こうきょう(효경) 유교 경서(經書)의 하나. 증삼(曾參)의 제자들이, 공자와 증삼이 효도에 관하여 논한 것을 기록한 책.

【孝廬】(효려) 상례(喪禮) 때 상제가 거처하는 곳.

【孝百行之本】こうはひゃっこうのもと(효 백행지본) 효행(孝行)은 모든 덕행(德行)의 근본임. ¶孝天之經也 地之義也<孝經>

【孝服】こうふく(효복) ①부모의 상(喪)에 복을 입음. ¶―不可打<福惠全書> ②상복(喪服)의 별칭.

【孝婦】こうふ(효부) ①시부모를 잘 섬기는 며느리. ②부모의 상중(喪中)에 있는 부인(婦人). ¶東海有―<說苑>

【孝孫】こうそん(효손) ①조상을 잘 섬기는 손자. ②조상의 제사에 후손이 자기를 부르는 호칭.

【孝順】こうじゅん(효순) 효성으로 부모를 섬기며 순종함. ¶―以納之<國語>

【孝烈】こうれつ(효열) 효성이 지극하며 절개가 굳음. 孝節(효절). ¶以剛強―著名<後漢書> 「烏(반포조).

【孝烏】こう(효오) 까마귀. 孝鳥(효조). 反哺

【孝友】こうゆう(효우) 부모에게 효도하고 형제간에 우애(友愛)함. 孝弟(효제)①. 孝悌(효제). ¶―聞於四方<孔子家語>

【孝子】こうし(효자) ①효도하는 아들. ②부모 제사에서 아들의 자칭(自稱). ¶祭稱― 孝孫<禮記> ③부모의 상중에 있는 사람.

【孝慈】こうじ(효자) ①부모에게 효도하고 자식에게 자애(慈愛)함. ②효성을 다하여 부모를 봉양함. ¶―而敬<禮記>

【孝子門】こうしもん(효자문) 효자를 표창하여 세운 정문(旌門).

【孝子不匱】こうしトボシカラズ(효자불궤) 효자의 효행(孝行)은 다함이 없다는 말로, 효행을 본받아 효자가 잇달아 나옴을 이름. ¶― 永錫爾類<詩經>

【孝子愛日】こうしヒヲオシム(효자애일) 효자는 날을 아낀다는 말로, 부모를 오래 섬기고자 하는 효성을 이름.

【孝弟】こうてい(효제) ①부모에게 효도하고 형에게 순종함. 孝友(효우). 孝悌(효제). ②형의 뒤를 이은 아우.

【孝悌】こうてい(효제) ☞ 孝弟(효제)①.

【孝悌忠信】こうていちゅうしん(효제충신) 부모에게 효도하고 형에게 순종하며 임금에게 충성하고 벗에게 신의를 지키는 일로, 군자가 지켜야 할 덕목을 이름.

【孝鳥】こうちょう(효조) ☞ 孝烏(효오).

【孝竹】こうちく(효죽) ①과거에 급제한 사람을 치하하여, 마을 어귀에 높이 세우던 붉은 장대. 솟대. ②대나무의 한 가지.

【孝中】こうちゅう(효중) 남을 높여, 그 상중(喪中)을 이르는 말.

【孝親】こうしん(효친) 어버이에게 효도함.

【孝行】こうこう(효행) 부모를 잘 섬김. 또는, 그 행실. 孝道(효도). ¶― 以親父母<周禮>

▷謹―, 達―, 大―, 篤―, 反哺―, 不―, 純―, 順―, 仁―, 慈―, 至―, 追―, 忠―

7〖孝〗 孝(p.417)의 譌字

5/8〖季〗 끝 계 | 寘ㄐㄧˋ(ji) | き(スエ) end

源 會意. 벼[禾]의 끝물[子]을 뜻함.

풀이 ①끝. 막내. ¶一冬之月<禮記>/一父. ②어리다. 작음. ¶有齊一女<詩經>/一指. ③말년(末年). 말세(末世). ¶齊一斯甚<任昉> ④철. 시절. ¶一節/四一.

【季刊】きかん(계간) 석 달에 한 번씩 간행함. 또는, 그 간행물.

【季冬】きとう(계동) 겨울의 끝. 음력 섣달의 이칭. 晩冬(만동). ¶一之月<禮記>

【季諾】きだく(계락←계낙) 확실한 승낙. 한(漢)의 계포(季布)가 일단 승낙한 일은 반드시 실행한 옛일에서 온 말.

【季母】きぼ(계모) 막내 삼촌의 아내. 또는, 막내 고모. ¶獲單于母一<後漢書>

【季方】きほう(계방) 사내 동생. 「이르는 말.

【季方兄】(계방형) 남을 높여 그 사내 동생을

【季父】きふ(계부) 막내 삼촌. ↔伯父(백부).

【季商】きしょう(계상) 음력 9월의 이칭. 季秋(계추). 末秋(말추). 暮秋(모추). 暮商(모

【季世】きせい(계세) ☞末世(말세). 「상).

【季嫂】きそう(계수) 아우의 아내. 弟嫂(제수).

【季氏】きし(계씨) ①韓 남을 높여 그 아우를 이르는 말. ②춘추(春秋) 시대 노(魯)의 계손씨(季孫氏). ¶一亡則魯不昌<左氏傳>

【季雅】きが(계아) 서되들이 술잔의 이름.

【季月】きげつ(계월) 철의 끝 달. 음력 3·6·9·12월. ¶每以一<北史>

【季子】きし(계자) ①막내 아들. 末子(말자). ②(人) 춘추 시대 오(吳)의 계찰(季札). ※季札挂劍(계찰괘검).

【季指】きし(계지) 새끼손가락. 새끼발가락.

【季札挂劍】きさつけんヲカク(계찰괘검) 신의(信義)를 굳게 지킴의 비유.

유래 춘추(春秋) 시대 오(吳)의 계찰(季札)이 사신으로 상(上)에 가는 도중 서(徐)에 들렀을 때, 왕이 계찰의 검을 보고 매우 부러워했다. 계찰은 왕에게 검을 선사하고 싶었으나, 사신의 몸으로 검 없이 다닐 수가 없어, 마음 속으로 돌아오는 길을 기약하고 떠났다. 그러나, 임무를 마치고 서(徐)에 돌아와 보니 검을 탐내던 왕은 이미 죽은 뒤였다. 계찰은 왕의 무덤을 찾아가서 검을 무덤가의 나무에 걸어 놓고 말없이 떠났다. 혼자서 한 약속이지만 묵묵히 그대로 지킨 것이다. <史記>

【季秋】きしゅう(계추) ①음력 9월의 이칭. ②늦가을. 晩秋(만추). ¶一月朔<書經>

【季春】きしゅん(계춘) ①음력 3월의 이칭. ②늦은 봄. 晩春(만춘). ¶惟一兮華阜<後漢書>

【季夏】きか(계하) ①음력 6월의 이칭. ②늦여름. 晩夏(만하). ¶一之疑霜<漢書>

▷冬一, 末一, 四一, 叔一, 時一, 節一, 秋一, 夏一

5 8 【孤】 외로울 고 | 園ㄍㄨ (gu) | こ(ワビシイ) *lonely*

풀이 ①외롭다. ¶一立. ②고아. ¶幼而無父曰一<孟子>/鰥寡一獨. ③왕후(王侯)의 겸칭. ¶南面稱一<史記> ④멀다. 떨어짐. ¶一於外官<漢書> ⑤배반하다. ¶陵雖一恩<李陵> ⑥버리다. 벌하다. 通辜. ¶以心一句踐<國語> ⑦돌아보다. 通顧. ¶一遇元夫<易經>

【孤高】ここう(고고) 홀로 높음. 혼자 초연(超然)한 모양. ¶登臨駭一<高適>

【孤寡】こか(고과) ①고아와 과부. 孤孀(고상). ②왕후(王侯)가 자기를 이르는 겸칭.

【孤軍奮闘】こぐんふんとう(고군분투) ①고립된 군력(軍力)으로 분발하여 싸움. ②혼자서 애씀의 비유.

【孤單】こたん(고단) ①고아(孤兒). ②의지할 데 없는, 홀로 된 처지. ¶一無親戚<南齊書>

【孤露】ころ(고로) 의지할 데도, 돌봐주는 손길도 없음. ¶雖已一<顏氏家訓> 「됨.

【孤立】こりつ(고립) 의지할 데 없이 외톨이가

【孤立無援】こりつむえん(고립무원) 외톨이가 되어 아무도 도와주는 손길이 없음.

【孤立無依】こりつむい(고립무의) 외톨이가 되어 의지할 데가 없음.

【孤帆】こはん(고범) ☞孤舟(고주). 「리.

【孤峰】こほう(고봉) 외따로 떨어져 있는 산봉우

【孤寺】こじ(고사) 외따로 떨어져 있는 절.

【孤山】こざん(고산) 홀로 서 있는 산.

【孤城】こじょう(고성) ①외따로 떨어져 있는 성. ②적중에 고립된 성. 孤壘(고루). ¶一備竭弗能全<唐書>

【孤城落日】こじょうらくじつ(고성낙일) 외떨어진 성에 해가 진다는 말로, 고립되어 불안하거나 여명(餘命)이 얼마 남지 않은 처지를 비유한 말. ¶愁見一邊<王維> 「소나무.

【孤松】こしょう(고송) 외따로 서 있는 한 그루의

【孤臣】こしん(고신) 임금에게 버림받은 신하. 또는, 임금 곁을 멀리 떨어져 있는 신하. ¶泣一<蘇軾>

【孤雁】こがん(고안) 외기러기. 외로운 신세의 비유. ¶一飛南遊<曹植>

【孤哀子】こあいし(고애자) 부모가 작고했을 때, 상제된 아들의 자칭(自稱). ¶父母俱亡 卽稱一<文公家禮>

【孤雲】こうん(고운) ①외따로 떠 있는 구름. ¶一獨去閒<李白> ②가난한 선비 또는 현사(賢士)의 비유. ③최치원(崔致遠)의 호.

【孤雲野鶴】こうんやかく(고운야학) 외로운 구름과 무리를 벗어난 두루미란 뜻으로, 명리(名利)를 떠나 은거(隱居)하는 선비를 비유하여 이르는 말.

【孤月】こげつ(고월) 쓸쓸히 떠 있는 달.

【孤危】こき(고위) 외톨이로 의지할 데 없음. ¶窮居一之中<後漢書>/一之禍.

【孤遺】こい(고유) 부모가 버린 자식. 죽은 선부(先夫)의 자식. ¶慘虐一<顏氏家訓>

【孤子】こし(고자) ①고아(孤兒). ②아버지 상중(喪中)에 있는 사자(嗣子). 또는, 그의 자칭(自稱). ③나이 30이 되기 전에 아버지가 작고한 사람. ④나라 일로 죽은 사람의 자식.

【孤掌難鳴】こしょうナリガタシ(고장난명) 손바닥 하나만으로는 소리가 나지 않음. ㉮혼자서는 일

을 이루기 어려움의 비유. ¶一手獨拍 雖疾無聲＜韓非子＞ ㉯서로 양보하지 않아 다투는 경우의 비유.

【孤寂】こせき(고적) 외롭고 쓸쓸함. 인적이 없이 고요함. ¶旅館坐一＜于濆＞

【孤節】こせつ(고절) 외로이 지키는 절개.

【孤主】こしゅ(고주) ①임금을 고립시킴. ¶一制齊＜孔子家語＞ ②고립되어 힘이 없는 임금.

【孤舟】こしゅう(고주) 외톨이로 떠 있는 배. 孤帆(고범).

【孤竹】こちく(고죽) ①대나무의 한 가지. ②대로 만든 저[笛]. ③옛 악곡(樂曲)의 이름. ④상(商)대의 나라 이름. ¶伯夷叔齊 一君之二子也＜史記＞

【孤峭】こしょう(고초) ①바위가 험하게 우뚝 솟아 있음. ②마음이 강직하여 세속(世俗)과 어울리지 못함. ¶蕭吉性一＜隋書＞

【孤村】こそん(고촌) 외따로 떨어져 있는 마을.

【孤忠】こちゅう(고충) 혼자서 바치는 충성. ¶如琦一＜宋史＞

【孤枕單衾】こちんたんきん(고침단금) 하나뿐인 베개와 이불. 외롭게 지내는 여자의 비유.

【孤枕寒燈】こちんかんとう(고침한등) 외로운 잠자리와 쓸쓸한 등불. 홀로 지내는 신세의 비유.

【孤特】ことく(고특) 외톨이. 單孑(단혈). ¶一自恃＜唐書＞

【孤標】こひょう(고표) ①홀로 빼어난 모양. ¶塵外一＜舊唐書＞ ②특히 뛰어난 품격(品格).

【孤孑單身】こけつたんしん(고혈단신) 혈육이 없는 외톨이. 孤孑(고혈).

【孤魂】こん(고혼) 조상(弔喪)하는 이도 없이 외로이 떠도는 넋. ¶一翔故域＜曹植＞/水中一.

▷窮一, 睽一, 畸一, 獨一, 三一, 幼一, 貞一, 託一, 偏一

5
8【孥】 1자식 노 2처자 노 | 廣 ㄋㄨˊ 通(nu) | ど (ツマコ)

풀이 1 ①자식. ¶予則一戮汝＜書經＞ ②종. 사내종. 通奴. 2처자(妻子). 처노(妻孥). ¶罪人不一＜孟子＞

▷徒一, 收一, 妻一, 翠一

5
8【孟】 1맏 맹 2맹랑할 맹 本망 | 敬 ㄇㄥˋ (meng) 養 | もう(ハジメ) *first born*

源 會意. 맨 위[皿 ; 덮개]의 자식[子]을 뜻함.

풀이 1 ①맏. 처음. ¶庶長稱一＜白虎通＞/一夏. ②크다. 용맹함. 通猛. ③힘쓰다. ¶盍一晋以迨群兮＜班固＞ ④맹자(孟子)의 약칭. ¶孔一之學. 2맹랑하다. ¶一浪之言＜莊子＞

【孟光擧案】もうこうきょあん(맹광거안) 맹광이 밥상을 들었다는 뜻으로, 부덕(婦德)이 높은 아내를 이르는 말. 후한(後漢) 양홍(梁鴻)의 아내 맹광이 밥상을 자기 눈 높이만큼 받들어 지아비를 공경한 일에서 온 말.

【孟冬】もうとう(맹동) 음력 10월의 별칭.

【孟浪】もうろう・まんらん(맹랑) ①실없음. 엉터리. ¶一之遺言＜左思＞ ②방랑함. ¶一江湖意何益＜廼賢＞

【孟母】もうぼ(맹모) 맹자(孟子)의 어머니. 성은 장(仉). 현모(賢母)로서의 일화가 많음.

【孟母斷機】もうぼだんき(맹모단기) 맹자가 학업을 중단하고 돌아왔을 때, 그의 어머니가 짜고 있던 베를 자르며 아들의 학업 중단을 엄하게 꾸짖은 일. 斷機之敎(단기지 교).

【孟母三遷】もうぼさんせん(맹모삼천) 맹자 어머니가 아들의 교육을 위해 세 번 이사한 일. 三遷之敎(삼천지 교).

유래 맹자가 어렸을 때, 공동 묘지 근처에 살았는데, 아들이 장례 놀이를 하는 것을 보고 맹자 어머니는 곧 이사를 했다. 그런데 그곳은 시장 곁이라 맹자가 물건 파는 놀이를 하므로, 그 어머니는 다시 학교 옆으로 이사했다. 그리하여 아들이 글 공부하는 놀이를 하는 것을 보고서야 아들을 키울 장소로 삼았다.

【孟朔】もうさく(맹삭) ☞孟月(맹월).

【孟嘗君】もうしょうくん(맹상군)【人】전국(戰國)시대 제(齊)의 전문(田文)의 호(號). 재상(宰相)을 지냈으며, 식객(食客)을 3천 명이나 거느렸음.

【孟陽】もうよう(맹양) 음력 1월의 이칭.

【孟月】もうげつ(맹월) 계절의 첫 달. 음력 1·4·7·10월. 孟朔(맹삭). ¶四時之一吉日＜周禮＞

【孟子】もうし(맹자) ①【人】유가(儒家)에서 공자에 버금가는 성인(聖人). 노(魯)에서 태어남. 이름은 가(軻), 자는 자여(子輿). 성선설(性善說)을 주장하고, 여러 나라를 돌며 왕도정치(王道政治)를 역설함. ②맹자의 제자들이 맹자의 가르침과 언행을 기록한 책. 사서(四書)의 하나. ③맏아들. 長子(장자).

【孟仲叔季】もうちゅうしゅくき(맹중숙계) 형제의 순서. 맏이·둘째·셋째·막내를 차례로 이르는 말.

【孟津】もうしん(맹진) 하남성(河南省)에 있는 나루터. 주(周) 무왕(武王)이 은(殷)의 폭군 주(紂)를 칠 때 군사를 모아 맹세한 곳이므로, 맹진(盟津)이라고도 함.

【孟秋】もうしゅう(맹추) 음력 7월의 이칭.

【孟陬】もうしゅ(맹추) 음력 정월의 이칭. 孟春(맹춘).

【孟春】もうしゅん(맹춘) 음력 정월의 이칭. ¶每歲一＜書經＞

【孟夏】もうか(맹하) 음력 4월의 이칭.

【孟獲】もうかく(맹획)【人】☞七縱七擒(칠종 칠금).

▷孔一, 論一

8【孠】 嗣(p. 309)의 古字

8【学】 學(p. 420)의 略字

9【耔】 ☞耒部 3획(p. 1215)

6
9【孩】 어린아이 해 | 灰 ㄏㄞˊ (hai) | がい(アカゴ) *baby*

풀이 ①어린 아이. 젖먹이. ¶一提之童＜孟子＞/一子. ②어리다. ¶一童. ③

어르다. 달램. ¶一而名之<禮記> ④ 젖먹이가 웃다. 咳의 古字. ¶一笑. ⑤ 어린 아이로 보다. ¶聖人皆一之<老子>

【孩子】がい(해자) 두 돌 안팎의 어린 아이. 孩童(해동). 孩兒(해아). 孩嬰(해영). 孩提(해제).

▷孤一, 童一, 生一, 嬰一, 幼一, 提一

9【厚】 ☞厂部 7획(p. 248)

7/10【挽】 해산할 만 |銑ㄇㄧㄢˇ (mian)|べん give birth to

7/10【孫】 ①손자 손 ②달아날 손 |元ㄙㄨㄣ 願(sun)|そん(マゴ) grandson

源會意. 아들[子]을 이었다[系]는 뜻.

풀이 ① ①손자. ¶玄一. ②자손. 후손. ¶嗣一/傍一. ③움. 그루터기에서 돋는 싹. ¶稻一. ② 通遜. ①달아나다. ¶夫人一於齊<春秋> ②따르다. 순종함. ¶民有一心<禮記>

【孫武】そんぶ(손무)(人) 춘추 시대 병법가(兵法家). 손자(孫子)는 그의 존칭.

【孫臏】そんぴん(손빈)(人) 전국(戰國) 시대의 병법가(兵法家). 불구의 몸으로 제(齊)의 왕사(王師)가 되어 위(魏)의 대군을 격파함.

【孫辭】そんじ(손사) ①핑계로 꾸며대는 말. 遁辭(둔사). ②겸손한 말. 遜辭(손사). ¶以溫顏一 承上接下<漢書>

【孫壻】そんせい(손서) 손주사위. 손녀의 남편.

【孫吳】そんご(손오) ①손무(孫武)와 오기(吳起). 또는, 옛 병법가의 통칭. ¶一用兵<史記> ②병법서(兵法書). 뜻이 바뀌어, 병법 또는 용병술(用兵術). ¶不學一<晋書> ③삼국 시대의 오(吳).

【孫子】そんし(손자) ①자녀의 아들. ②(人) 손무(孫武). ③손무가 지은 병서(兵書). ¶一兵法.

【孫枝】そんし(손지) 늙은 가지에서 새로 돋은 가지. 주로 오동나무 곁가지를 이름. 桐孫(동손).

▷昆一, 公一, 來一, 稻一, 桐一, 末一, 順一, 神一, 兒一, 弱一, 烏一, 王一, 外一, 龍一, 雲一, 遠一, 耳一, 仍一, 子一, 慈一, 嫡一, 祖一, 從一, 曾一, 姪一, 天一, 稚一, 玄一, 胡一, 皇一, 孝一

10【孨】 信(p. 113)과 同字

8/11【孰】 누구 숙 |屋ㄕㄨˊ (shu)|じゅく(タレ) who

풀이 ①누구. ☞句法 ②익다. 通熟. ¶五穀時一<禮記> ③자상하다. 친절함. ¶凡慮事欲一<荀子>

句法

의문·반어

㉮[孰…] 누가 …는가. 누가 …할 것인가(아니, …지 않을 것이다). 誰와 같게 쓰임. ¶孰知賦斂之毒 有甚是蛇者乎<柳宗元>

㉯[孰…] 어느 것이 …인가. 어느 편이 …일까. 何와 같게 쓰임. ¶女與回也 孰愈<論語>/是可忍也 孰不可忍也<論語>

㉰[…孰若…] […孰與…] …와 …은 어느 편이 좋은가. 아래에 놓인 내용에 중점을 두고, 그것을 선택하는 경우가 많음. ¶與其樂於身 孰若無憂於其心<韓愈>/惟坐待亡 孰與伐之<諸葛亮>

㉱[孰不…乎] 누가 …하지 않겠는가(누구나 다 할 것이다). ¶孰不簞食壺漿 以迎將軍乎<十八史略>

【孰能禦之】タレカヨクコレヲフセガン(숙능어지) 누가 이를 막을 수 있겠는가라는 뜻으로, 아무도 막을 사람이 없음을 이르는 말. ¶其如是 一<孟子>

9/12【孱】 잔약할 잔 |先ㄔㄢˊ (chan)|せん frail

풀이 ①잔약하다. 나약함. ¶吾王一王也<史記> ②작다. ③삼가다. ④산이 험하다. 산이 높음. 通巉. ¶攝衣步一顏<蘇軾>

【孱妄】せんもう(잔망) ①☞孱拙(잔졸). ②체질이 약하고 행동이 경망함.

【孱弱】せんじゃく(잔약) 연약함. ¶闒門一兮<剪燈餘話>

▷老一, 病一, 庸一, 愚一, 虛一

10/13【孴】 ①성할 의 ②우글거릴 읍 |紙 緝|ぎ prosperous ゆう

10/13【孳】 ①부지런할 자 ②낳을 자 |支ㄗ 寘(zi)|し(ツトメル)

풀이 ① ①부지런하다. 通孜. ¶夙夜一一<漢書> ②무성하다. 증가함. 通兹. ¶木壽且一也<柳宗元> ② ①낳다. ¶鳥獸一尾<書經> ②교미하다. ¶一尾成群<列子>

11/14【孵】 ①알깔 부 ②자랄 부 |虞ㄈㄨ 遇(fu)|ふ(カエス) hatch

【孵化】ふか(부화) 알을 깜. 孚化(부화). 孵卵(부란).

15【孺】 孺(p. 442)의 俗字

15【學】 學(p. 421)의 訛字

16【孶】 孼(p. 422)과 同字

13/16【學】 배울 학 |覺ㄒㄩㄝˊ (xue)|がく(マナブ) learn

略学 俗李

풀이 ①배우다. ¶一而時習之<論語>/一校. ②학문. ¶爲一日益<老子>/修一. ③학생. 학자. ¶碩一. ④학교. ¶國有一<禮記>/四一. ⑤학파. 가르침. ¶

易有京氏之—＜漢書＞/性理—.
【學界】がっかい(학계) 학자들의 사회.
【學契】がっけい(학계) 교육이나 학비 조달을 목적으로 하는 계.
【學階】がっかい(학계)《佛》승려가 학식의 정도에 따라 받는 칭호. 권학(勸學), 학사(學師) 따위.
【學科】がっか(학과) ①학문의 과목. 또는, 교과(教科)의 종류. 學科目(학과목). ¶小—＜元史＞ ②관리 등용 때의 학술 시험. ¶優— 先經義＜唐書＞
【學館】がっかん(학관) ①학교. 學舍(학사). ②사숙(私塾). ¶置—於私第＜北史＞ ③관상술(觀相術)에서, 귀 언저리를 이름. 學堂(학당)③.
【學究】がっきゅう(학구) ①학문을 연구함. ¶—釋氏＜洛陽伽藍記＞ ②당(唐)대 서생(書生)의 통칭. ③글방 선생. 훈장(訓長). ④쓸모없는 학자. 腐儒(부유). 「—制.
【學區】がっく(학구) 교육 행정상 나뉜 구역. ¶
【學窮】がっきゅう(학궁) ①학문만 연구하여 세상사에 어두운 학자. 또는, 쓸모없는 학자. ②곤궁한 학자·학생. ③학자의 겸칭.
【學堂】がくどう(학당) ①학교. ¶祭文翁—＜北史＞ ②남아(男兒)를 합장(合葬)하는 곳. ↔繡堂(수당). ③관상술에서, 귀 언저리를 이름. 學館(학관)③.
【學德】がくとく(학덕) 학문과 덕행.
【學徒】がくと(학도) 학생. ¶—兵.
【學童】がくどう(학동) 어린 학생. 국민학교 어린이. 學僮(학동). ¶太史試—＜漢書＞
【學力】がくりょく(학력) ①학문의 역량. 또는, 학문을 활용하는 힘. ②힘써 배움. ③학습에 의하여 얻은 능력.
【學歷】がくれき(학력) 수학(修學) 및 연구한 경력.
【學齡】がくれい(학령) 의무 교육을 받을 나이. 국민학교에 취학할 의무가 생기는 나이.
【學禮講】(학례강) 복시(覆試)를 볼 생원(生員)·진사(進士)에게 소학(小學), 가례(家禮)를 외게 하던 예비 시험.
【學寮】がくりょう(학료) 학교의 기숙사(寄宿舍).
【學理】がくり(학리) 학문상의 이론.
【學林】がくりん(학림) ①학문이 융성한 곳. 또는 학계(學界)의 중심. ②《佛》승려의 학교. ③송(宋)대 왕관국(王觀國)이 엮은 「학림신편」(學林新編)의 약칭. ④학교에 딸린 임야(林野).
【學名】がくめい(학명) ①동물, 식물, 세균 등에 학술 편의상 붙인 세계 공통의 명칭. ②한(漢)대에 일가를 이룬 학문의 이름. ③학문으로써 떨친 이름. 「—局.
【學務】がくむ(학무) 학문·교육에 관한 사무. ¶
【學問】がくもん(학문) ①배우고 익힘. 지식, 예술을 닦음. ¶—之道無他＜孟子＞ ②체계적인 지식.
【學閥】がくばつ(학벌) 출신 학교나 학파(學派)에 따른 파벌.
【學兵】がくへい(학병) 학생들로 조직된 군대. 또는, 학생 신분으로 출진한 병사. 學徒兵(학도병).
【學府】がくふ(학부) ①학문의 중심을 이루는 곳. ¶范平等—儒宗＜晋書＞ ②학문의 대가(大家).
【學部】がくぶ(학부) ①대학교에서 전공 학과에 따라 크게 나눈 부. ②조선 말기에 문교 행정을 맡아본 관아. ③청(淸)대에 교육에 관한 사무를 통할한 관서. 「자.
【學父兄】がくふけい(학부형) 학생의 부모 등 보호
【學費】がくひ(학비) ①학교의 경비. ②학업에 드는 비용. 學資(학자).
【學士】がくし(학사) ①학문에 종사하는 사람. ②한림원(翰林院), 집현전(集賢殿) 등에 속한 벼슬의 하나. ③대학 학부 과정을 마친 자에게 주는 학위(學位). ④중국에서, 고관이나 큰 학자를 예우하여 수여하던 칭호.
【學舍】がくしゃ(학사) 학교. ¶—頹敝＜後漢書＞
【學事】がくじ(학사) ①학문에 관한 일. 또는, 학교의 교육·경영에 관한 일. ②배우며 섬김.
【學生】がくせい(학생) ①학교에서 공부하는 사람. ¶—運動/大—. ②벼슬 못한 고인(故人)의 명정(銘旌) 등에 쓰는 존칭. ③제자(弟子). ④선배에 대한 후배의 자칭(自稱). 또는, 존장(尊長)에 대한 자기의 겸칭. ⑤동관(同官)끼리의 자칭. ⑥《佛》절에 머물면서 불전(佛典)이외의 학문을 공부하는 사람.
【學說】がくせつ(학설) 학문상의 논설(論說).
【學術】がくじゅつ(학술) ①학문. 또는, 응용을 포함한 학문의 방법. ¶—院/—團體/—都市. ②학문과 예술·기술. ¶—用語. 「記＞
【學習】がくしゅう(학습) 배우고 익힘. ¶—法令＜史
【學僧】がくそう(학승) ①학식이 있는 승려. ②불교를 연구하는 승려. ¶—持淨律＜高僧＞
【學識】がくしき(학식) 학문과 지식. 또는, 학문과 식견(識見). ¶—當過之＜南史＞
【學藝】がくげい(학예) ①학술과 기예(技藝). ¶喜—善隷書＜唐書＞/—會. ②덕행(德行)과 육예(六藝)를 배움.
【學友】がくゆう(학우) ①동문(同門)·동창생. 學侶(학려). ¶—會. ②학문상의 벗.
【學院】がくいん(학원) ①학교. ②비정규(非正規) 단기 교육 시설. ¶自動車—. ③청(淸)대, 성(省)의 학무를 관장하던 벼슬.
【學園】がくえん(학원) ①학교. 주로, 함께 경영하는 몇 개 학교를 통틀어 이름. ②학교에 딸린 농원(農園)·식물원 등 학교원(學校園)의 준말.
【學位】がくい(학위) 일정한 학술을 닦은 사람이나 학술상 가치있는 연구를 한 사람에게 주는 칭호. 학사, 석사, 박사 등. ¶—論文.
【學而知之】マナンデコレヲシル(학이지지) 배워서 앎. ※生而知之(생이지지)·困而知之(곤이지지).
【學人】がくじん(학인) 진리를 찾아 배우는 사람.
【學子】がくし(학자) ①학생. ②제자(弟子).
【學資】がくし(학자) ☞學費(학비)②.
【學者如登山】(학자 여등산) 학문이란 산을 오름과 같다는 말로, 오르면 오를수록 더욱 높음을 깨닫게 됨을 이름. ¶知不學之困 故—焉＜中論＞ 「명.
【學箴】がくしん(학잠) 학문하는 사람이 명심할 계

【學才】がくさい(학재) 학문상의 재능.
【學點】がくてん(학점) 대학생의 학과 이수(履修)를 계산하는 단위.
【學制】がくせい(학제) 학교나 교육에 관한 제도.
【學窓】がくそう(학창) 공부하는 곳. 학교. ¶一時節.
【學則】がくそく(학칙) 학교의 규칙. 校則(교칙).
【學派】がくは(학파) 학문상의 유파(流派).
【學風】がくふう(학풍) ①학문상의 태도·경향. ②학교의 기풍. 校風(교풍).
【學海】がっかい(학해) ①학문의 세계. 넓고 끝없음을 바다에 비유한 말. ②냇물이 바다로 흐르듯이 학문은 꾸준히 힘써야 이루어진다는 비유. ¶百川一而至于海＜法言＞ ③학문이 매우 넓고 깊은 학자를 이름.
【學行】がっこう(학행) 학문과 덕행(德行). ¶一優劣＜魏志＞
【學兄】がっけい(학형) ①학문상의 선배. ②학우(學友)에 대한 존칭.
【學會】がっかい(학회) ①학술 연구를 목적으로 하는 단체. ¶歷史一. ②《佛》 불학(佛學)을 닦는 사람들이 모이는 곳.
▷家一, 講一, 見一, 經濟一, 經一, 考古一, 考證一, 古一, 苦一, 曲一, 工一, 科一, 官一, 敎一, 國一, 勸一, 洛一, 內一, 論理一, 農一, 大一, 道一, 篤一, 獨一, 同一, 晩一, 勉一, 無一, 文一, 問一, 博一, 薄一, 法一, 不一, 佛一, 史一, 私一, 社會一, 算一, 上一, 商一, 生理一, 生物一, 碩一, 善一, 禪一, 性理一, 小一, 俗一, 修一, 數一, 受一, 宿一, 習一, 心理一, 夜一, 洋一, 語一, 力一, 優生一, 留一, 遊一, 儒一, 倫理一, 醫一, 理一, 耳一, 入一, 自一, 字一, 雜一, 奬一, 在一, 精一, 停一, 朱子一, 中一, 志一, 進一, 天文一, 淺一, 哲一, 初一, 就一, 太一, 退一, 下一, 漢一, 鄕一, 玄一, 好一, 化一, 後一, 休一

14 17【孺】 젖먹이 유 | [遇]ㄖㄨˊ [虞](ru) | じゅ *suckling*
[俗]孺
[풀이]①젖먹이. ¶一子何懼＜國語＞ ②낳다. [通]乳. ¶烏鵲一＜莊子＞ ③따르다. 딸림. 처자(妻子). ¶大夫曰一人＜禮記＞ ④친애하다. ¶和樂且一＜詩經＞ ⑤즐기다. [通]愉.
【孺人】じゅじん(유인) ①대부(大夫)의 아내. ¶諸侯曰夫人 大夫曰一＜禮記＞ ②아내의 통칭.
▷孤一, 童一, 婦一, 孫一, 女一, 嬰一, 庸一, 幼一, 稚一, 孩一

17 20【孼】 서자 얼 | [屑]ㄋㄧㄝˋ (nie) | げつ(ワキバラ) *bastard*
[俗]孽 [同]孹
[풀이]①서자. 첩의 소생. ¶庶一. ②재앙. ¶天作一＜書經＞ ③불효하다. ¶反孝爲一＜新書＞ ④꾸미다. ¶庶姜一一＜詩經＞ ⑤움이 돋다. [通]櫱. ⑥불길하다. 흉악함. ¶一星/一臣.

【孼孫】げっそん(얼손) 서출(庶出)의 자손. 庶孫(서손).
【孼子】げっし(얼자) 서자(庶子). 孼庶(얼서). ¶獨孤臣一 其操心也＜孟子＞
【孼海】げっかい(얼해) 죄악이 많은 인생. 業海(업해). ¶人間消一 天上禮仙壇＜桃花扁＞
▷氛一, 卑一, 庶一, 炎一, 妖一, 遺一, 作一, 造一, 支一, 寵一, 嬖一

19【孽】 孼(p. 422)의 俗字

19 22【孿】 쌍동이 산 련 | [諫]ㄌㄨㄢˊ [先](luan) | さん, れん *twins*

25【孹】 孼(p. 422)과 同字

宀＜갓머리＞部

宀 ②宄 它 宂 宁 ③守 安 宇 宎 宅 ④宏 宋 完 宊 宍 ⑤官 宝 宓 実 宛 宜 定 宗 宙 宔 宕 ⑥客 宣 室 宥 宧 宦 ⑦家 宮 宬 宭 宬 宸 宴 容 宰 害 ⑧寇 寄 密 宿 冤 寅 寋 寂 寀 ⑨寐 富 寔 寓 寑 寒 ⑩寬 寗 寘 寖 ⑪寏 寡 寠 寧 寥 寞 實 寤 察 寨 寢 ⑫寬 寮 寯 寫 審 寪 ⑬寰 ⑭寱 ⑯寶 寵 ⑰寶

0 3【宀】 집 면 | [先]ㄇㄧㄢˊ (mian) | べん, めん(イエ) *house*
[源]象形. 지붕 모양을 본뜸.
[풀이]①집. 사방이 지붕으로 덮인 집. ②부수(部首). 갓머리.

2 5【宄】 도둑 귀 | [紙]ㄍㄨㄟˇ (gui) | き(ヌスビト) *thief*

2 5【它】 [1]뱀 사 [2]다를 타 | [麻]ㄙㄜˊ (se) [歌]ㄊㄨㄛ (tuo) | しゃ *snake* た *different*
[源]象形. 뱀의 형태를 본뜸.
[풀이][1]뱀. 蛇의 고자(古字). [2]다르다. [같]佗 他. ¶一山之石＜詩經＞

5【安】 守(p. 423)와 同字
5【宂】 冗(p. 185)과 同字

2 5【宁】 쌓을 저 | [語]ㄓㄨˋ (zhu) | ちょ(ツム) *pile up*
[풀이]①쌓다. 저장함. [같]貯. ¶惠風一芳於陽林＜孫綽＞ ②잠시 멈춰 서다. [같]佇 竚. ③천자가 조회(朝會)를 받는 자리.
【宁立】ちょりつ(저립) 잠시 멈추어 섬. 佇立(저립). ¶於門外而一＜禮記＞

6【写】 寫(p. 448)의 略字

3 6 【守】 ① 지킬 수 ② 벼슬이름 수 | 宥ㄕㄡˇ (shou) 宥 | しゅ (マモル) *keep*

㊂𡧍 𡨁 ⓓ安

풀이 ① ①지키다. ㊕護. ¶設險一其國<易經> ②임무. 절개. ¶驗其一<呂覽> ③거두다. ¶拘一別室<北史> ④찾다. ¶往一萠<後漢書> ⑤가짜. 임시. ¶趙以爲一相<戰國策> ② ①벼슬이름. ¶郡一/太一. ②임지(任地). 벼슬하는 곳. ¶境一淸靜<魏志>

【守口】しゅこう(수구) ①말을 삼감. 비밀을 지킴. ②관문 또는 나루터를 지킴.

【守舊】しゅきゅう(수구) 종래의 관습·노선을 지킴. 保守(보수). ¶士因陋一<宋史>/一黨/一派.

【守口如甁】(수구여병) 병마개 막듯이 입을 봉함. 곧, 비밀을 지켜 누설하지 않음. ¶一防意如城<朱熹>

【守器】しゅき(수기) ①종묘의 제기(祭器)를 관수(管守)한다는 말로, 태자(太子)를 이름. ②기물(器物)을 간직함. 또는, 그 기물. ¶信以一<左氏傳>

【守令】しゅれい(수령) ①태수(太守), 현령(縣令) 등 지방의 장관. ②㊞ 부윤(府尹)·목사(牧使)·부사(府使)·군수·현감·현령의 총칭. 원(員).

【守門】しゅもん(수문) 문을 지킴. 또는, 그 사람. ¶一將.

【守分】しゅぶん(수분) 자기의 본분(本分)을 다함. 또는, 자기 분수를 지킴. ¶一豈能違<王粲>

【守備】しゅび(수비) 적을 막고 진지를 지킴. 防備(방비). ↔攻擊(공격).

【守成】しゅせい(수성) 선대(先代)의 업을 이어받아 지킴. ¶保業一<吳子>

【守城】しゅじょう(수성) 성을 지킴. 또는, 지키는 성. ¶一必拔<商子> ↔攻城(공성).

【守歲】しゅさい(수세) ①섣달 그믐날의 밤샘. ②세성(歲星)의 자리를 범함. ¶熒惑一<唐書>

【守勢】しゅせい(수세) 적의 공격에 대하여 지키는 형세·태세. ↔攻勢(공세).

【守身】しゅしん(수신) 바르게 처신(處身)하여 불의(不義)에 빠지지 않음. ¶一爲大<孟子>

【守禦】しゅぎょ(수어) 적의 침입을 막음. 성을 지킴. 守御(수어). ¶一使/一廳.

【守衛】しゅえい(수위) ①위험이나 침해로부터 지킴. 또는, 그 사람. ②건물이나 시설의 경비원. 문지기.

【守錢奴】しゅせんど(수전노) 돈에 인색한 사람을 욕하여 이르는 말. ¶一與抱官囚<黃庭堅>

【守節】しゅせつ(수절) ①절개를 지킴. ¶聖達節 次一<左氏傳> ②과부가 재가(再嫁)하지 않음.

【守株】しゅしゅ(수주) 그루터기를 지킴의 뜻으로, 이제까지의 전례(前例)나 격식만을 고수하려는 어리석음을 비유한 말.

유래 송(宋)의 한 농부가 밭을 갈고 있는데, 갑자기 숲에서 토끼 한 마리가 뛰어나와 밭 가운데 있는 나무 그루터기에 부딪혀 목이 부러져 죽었다. 거저 토끼를 얻은 농부는 그 뒤부터 쟁기를 팽개치고, 그 그루터기에 또 토끼가 부딪혀 죽기만을 기다리며 그루터기를 지켰다. 그러나 아무리 기다려도 나무 그루터기에 부딪혀 죽는 토끼가 없었고 그 사람은 웃음거리가 되었다. 한비(韓非)는 이를 예로 들어서, 선대(先代)의 정치 방식으로 당대의 백성을 다스리려는 것은 수주의 유(類)와 같은 것이라 하였다. 守株待兎(수주대토). <韓非子>

【守株待兎】(수주대토) ☞守株(수주).

【守廳】(수청) ㊞ ①고관(高官) 밑에서 수종함. ②청지기. ¶一房.

【守則】しゅそく(수칙) 행동이나 절차상 지키도록 정한 규칙.
(수측) 조선 때 세자궁(世子宮)에 딸린 종6품의 내명부(內命婦) 품계.

【守護】しゅご(수호) 안전하게 지켜 보호함. ¶置官兵一之<宋史>

▷看一, 居一, 堅一, 境一, 警一, 固一, 管一, 國一, 郡一, 大一, 屯一, 牧一, 墨一, 邊一, 保一, 分一, 死一, 城一, 世一, 巡一, 神一, 良一, 嚴一, 留一, 宰一, 典一, 操一, 遵一, 職一, 鎭一, 處一, 太一, 魂一

3 6 【安】 편안할 안 | 寒ㄢ (an) | あん(ヤスラカ) *peaceful*

풀이 ①편안하다. ¶靜而后一<大學>/一寧. ②편안하게 하다. ¶在一民<書經>/一國. ③즐기다. ¶百姓一之<淮南子> ④안으로. ¶一忘其志<荀子> ⑤㊞ 값이 싸다. ¶一價. ⑥이에. 곧. ¶暴國一自化矣<荀子> ⑦어찌. ☞句法

句法

①의문

㉮[安…] 왜…. 어째서…. 焉과 쓰임이 같음. ¶君安與項伯有故<史記>

㉯[安…] 어느 곳에…. 어디에…. ¶沛公安在<史記>/而今安在哉<蘇軾>

②반어

[安…哉(乎·也)] 어찌 …할 것인가. (아니, …할 수 없다.) ¶燕雀安知鴻鵠之志哉<史記>

③원망(願望)

[安得…] 어찌해서든지 …고 싶다. ¶安得廣厦千萬間<杜甫>

【安家】あんか(안가) ①편안하고 무사한 집. ¶無有一<呂覽> ②집을 편안하게 함. ¶父子夫妻 戮力一<漢書>

【安康】あんこう(안강) 편안하고 튼튼함. 安泰(안태). ¶一社稷<吳志>

【安車】あんしゃ(안거) 앉아서 타고 가는 작은 수레. 주로 노인·부녀가 타며, 말 한 필이 끎.

安車(三才圖會)

【安居】あんきょ・あんご (안거) ①집에서 편안히 지냄. ¶君子獨一<漢書> ②편안한 주거(住居). ③《佛》 승려가 여름 장마 때 외출을 금하고 수행하는 일.

【安過太平】あんかたいへい (안과태평) 탈없이 태평하게 지냄.

【安國】あんこく (안국) ①나라를 평안하게 함. ¶一之道<墨子> ②평안한 나라. ¶無有一<呂覽>

【安期生】あんきせい (안기생)《人》 진(秦)대의 현인(賢人)으로, 장수하여 천세옹(千歲翁)이라 불림. 시황제(始皇帝)와 사흘 동안 이야기하고 떠나면서 금옥 선물도 사양했다고 전함.

【安南】あんなん (안남) ①남쪽 지방을 평안하게 함. ②인도지나(印度支那) 반도의 동해안 지방.

【安南米】あんなんまい (안남미) 안남에서 나는 쌀.

【安寧秩序】あんねいちつじょ (안녕질서) 사회의 평온함과 바른 질서.

【安祿山】あんろくざん (안녹산)《人》 당(唐) 현종(玄宗) 때의 무장(武將). ※安史之亂(안사지난).

【安堵】あんど (안도) ①자기 거처에서 평안히 지냄. ②마음을 놓음. 安心(안심). 案堵(안도). ¶百姓一<蜀志>/一感.

【安頓】あんとん (안돈) ①배치함. 알맞게 정돈함. ②안정됨. ¶客心未便無一<楊萬里>

【安東布】(안동포)㊗ 경상북도 안동에서 나는 발이 고운 삼베.

【安樂】あんらく (안락) ①편안하고 즐거움. ¶一而不思故鄕<漢書> ②《佛》 극락정토(極樂淨土).

【安樂死】あんらくし (안락사) 회복하지 못할 환자에 대하여, 그의 요구에 따라 편안하게 죽도록 이끄는 일. 安死(안사).

【安樂椅子】あんらくいす (안락의자) 편히 기대 앉을 수 있는 의자.

【安眠】あんみん (안면) 편안히 잠을 잠. 安枕(안침).

【安命】あんめい (안명) ①자기 분수를 지켜 함부로 탐내지 않음. ¶一養性<韓詩外傳> ②태어난 시(時)와 달에 의하여 신수를 점치는 법.

【安民】あんみん (안민) 백성을 편안하게 함. ¶治國一<漢書>

【安保】あんぽ (안보) 안전 보장(安全保障)의 준말.

【安否】あんぴ (안부) 편안한 지의 여부.

【安分】あんぶん (안분) 편안히 자기 본분을 다하며 지냄. ¶一之足.

【安貧樂道】あんぴんらくどう (안빈낙도) 가난한 생활에도 편안한 마음으로 도(道)를 즐김.

【安史之亂】あんしのらん (안사지 난) 안녹산(安祿山)과 사사명(史思明)의 난. 당(唐) 현종(玄宗) 때 안녹산이 난을 일으켜 도성을 차지하여 황제를 칭하였고, 그가 아들의 손에 죽자, 부장(部將) 사사명이 황제를 칭하다가 역시 아들 손에 죽음.

【安產】あんざん (안산) 탈없이 아이를 낳음. 順產(순산). 順娩(순만).

【安息】あんそく (안식) ①편안히 쉼. ¶不得一<魏志>/一處. ②고대 페르시아 지방의 왕국(王國). 安息國(안식국).

【安息香】あんそくこう (안식향) 안식향과에 딸린 낙엽 교목(喬木). 진액은 향료, 방부제, 소독에 씀.

【安心】あんしん (안심) ①걱정없이 마음이 편안함. 또는, 마음이 놓임. 安堵(안도). 安念(안념). ②《佛》 신앙으로 마음을 안정시킴.

【安心立命】あんしんりつめい (안심입명)《佛》 생사(生死)의 도리를 깨달아 몸을 천명에 맡기고 흔들리지 아니함. ※あんじんりゅうめい

【安穩】あんおん (안온) 평안하고 조용함. 安隱(안은). 平穩(평온). ※あんのん

【安危】あんき (안위) 안전함과 위태로움. ¶一不定<史記>

【安邑】あんゆう (안읍) 우(禹)·위(魏)의 도읍. 지금의 산서성(山西省)에 있었음.

【安佚】あんいつ (안일) ☞安逸(안일).

【安逸】あんいつ (안일) 편안히 지내며 즐김. 놀고 지냄. 安佚(안일). ¶身不得一<莊子>

【安全】あんぜん (안전) 위험이 없음. ¶一裝置/一地帶/身邊一/一瓣.

【安全保障】あんぜんほしょう (안전보장) 밖으로부터의 침략을 막아 국가의 영토적 안전을 보장하는 일. 安保(안보). ¶一理事會.

【安定】あんてい (안정) ①흔들리지 않게 튼튼히 자리잡음. 또는, 편안히 자리잡힌 상태. ¶天下屬一<漢書> ②물리학에서, 중심(重心)이 물체의 밑면 중심(中心)에 있는 상태. ③화학에서, 화합물이 좀처럼 분해되지 않는 상태.

【安靖】あんせい (안정) 평안하게 다스림. ¶一其國家<左氏傳>

【安靜】あんせい (안정) 평온하고 조용함. ¶一者祥<新語>

【安存】あんそん (안존) ①평안하게 오래 계속됨. ¶忘一之本<吳志> ②성질이 조용하고 얌전함.

【安住】あんじゅう (안주) 자리잡고 편히 삶. ¶自一<吳志>

【安着】あんちゃく (안착) ①자리잡아 안정함. ②무사히 목적지에 도착함. 安著(안착).

【安置】あんち (안치) ①안전하게 둠. 또는, 신주(神主)나 시신(屍身) 등을 잘 모심. ¶遺骸一所. ②잠을 잠. 就寢(취침). ¶暮一<鶴林玉露> ③귀양간 죄인을 그 곳에 가두어 둠.

【安枕】あんちん (안침) ☞安眠(안면).

【安泰】あんたい (안태) ☞安康(안강).

【安胎飮】あんたいいん (안태음) 입덧·동태(動胎) 등에 쓰는 약.

【安宅】あんたく (안택) ①살기에 편안한 곳. ¶其究一<詩經> ②인(仁). ¶夫仁 天之尊爵也 仁人之一也<孟子> ③편안하게 지냄. ④㊗ 안택경(安宅經)·안택굿의 준말.

【安宅正路】あんたくせいろ (안택정로) 사람이 거(居)하고 행할 바른 길이라는 뜻으로, 인(仁)과 의(義)를 이르는 말.

【安土】あんど (안토) ①국토를 평안하게 함. ¶一息民<史記> ②그 땅에 안주(安住)함. ¶百姓一<漢書>

【安享】あんきょう (안향) 하늘이 준 복을 편안히 누림.

▷久一, 苟一, 大一, 撫一, 問一, 保一, 不

一, 晏一, 恬一, 乂一, 慰一, 臨一, 長一, 鎮一, 治一, 妥一, 便一, 偏一, 平一, 懷一

3 6 〖宇〗 집 우 |㊤ㄩˇ (yu) | う(イエ) house
㊐ 宇 寓

풀이 ①집. ¶高堂邃一<楚辭>/屋一. ②지붕. ¶五帝廟同一<漢書> ③처마. ¶上棟下一<易經> ④경계. 국경. ¶失其守一<左氏傳> ⑤국토. 지역. ¶功冠帝一<晉書> ⑥하늘. 공간. ¶一宙. ⑦덮다. ¶母儀天一<晉書> ⑧도량. 규모. ¶姿一神調<晉書> ⑨곳. ¶眉一秀整<唐書>

【宇內】うだい(우내) 천지 사방. 천하. 海內(해내). 四海(사해). ¶一日化<漢書>

【宇量】うりょう(우량) 인품. 성질과 도량(度量). ¶帝一弘厚<晉書>

【宇宙】うちゅう(우주) ①천지 사방과 고금(古今). 온 세상. 세계. ②처마와 마룻대의 사이. ③천문학에서 와상 성운(渦狀星雲)이 들어 있는 공간을 이름. ¶一船/一旅行.

【宇下】うか(우하) ①처마 밑. 또는, 가까이 있음. ②부하(部下).

【宇縣】うけん(우현) 중국 전토를 이름. ¶一之中順承聖意<史記>

▷紺一, 彊一, 境一, 觀一, 館一, 區一, 氣一, 基一, 器一, 堂一, 大一, 德一, 棟一, 杜一, 蕢一, 眉一, 梵一, 碧一, 別一, 蓬一, 飛一, 僧一, 宸一, 御一, 玉一, 屋一, 韻一, 一一, 姿一, 牆一, 殿一, 峻一, 天一, 宅一, 土一, 海一, 衡一, 寰一

6 〖寓〗 宇(p. 425)와 同字

6 〖字〗 ☞ 子部 3획(p. 415)

3 6 〖宅〗 1 집 택 / 2 ㊥ 댁 댁 |㊤ㄓㄜˊ (zhe) / ㄓㄞˊ (zhai) | たく(イエ) house

풀이 1 ①집. ¶晏子之一<左氏傳>/家一. ②대지(垈地). ¶方一十餘畝<陶潛> ③무덤. ¶筮一. ④거주하다. ¶一嵎夷<書經> ⑤편안하다. ¶土反其一<禮記> ⑥정하다. 헤아림. 2 ㊥ 댁. 남의 집·가정·부인의 경칭.

【宅內】(댁내)㊥ 남의 집안을 이르는 경칭.

【宅心】たくしん(택심) 마음에 두어 잊지 않음. 또는, 마음을 편하게 가짐. ¶一知訓<書經>

【宅地】たくち(택지) 가옥의 대지. ¶一造成.

【宅土】たくど(택토) 거주할 땅. 국토(國土). ¶祚之一<陸機>

【宅號】(택호)㊥ 벼슬 이름 따위로 그 사람의 집을 부르는 호칭.

▷家一, 居一, 故一, 官一, 廣一, 舊一, 窟一, 歸一, 寄一, 大一, 別一, 本一, 私一, 舍一, 社一, 媤一, 新一, 安一, 廬一, 役一, 雲一, 幽一, 隱一, 陰一, 自一, 邸一, 田一, 轉一, 第一, 住一, 借一, 弊一, 火一

4 7 〖宏〗 클 굉 |㊤ㄏㄨㄥˊ (hong) | こう(オオキイ) big, broad

풀이 ①크다. ¶臨乎一池<後漢書>/一大. ②넓다. ¶丕大德以一覆<陸機> ③머금다. ¶含一光大<易經>

【宏傑】こうけつ(굉걸) 크고 뛰어남. ¶一詭麗<蘇軾>

▷快一, 泓一, 恢一

7 〖究〗 ☞ 穴部 2획(p. 1114)

7 〖宎〗 宂(p. 422)의 古字

7 〖宊〗 突(p. 1115)·家(p. 434)와 同字

7 〖牢〗 ☞ 牛部 3획(p. 969)

7 〖穷〗 貧(p. 1421)의 古字

4 7 〖宋〗 송나라 송 |㊤ㄙㄨㄥˋ (song) | そう

풀이 송나라. ㉮춘추 시대 12열국(列國)의 하나. ㉯남북조(南北朝)시대 남조의 하나로, 유유(劉裕)가 세운 나라. ㉰조광윤(趙匡胤)이 세운 왕조. 원(元)에 망함.

【宋刻】そうこく(송각) 송(宋)대에 판각(板刻)된 서적. 宋板(송판).

【宋江】そうこう(송강)《人》 송(宋)대의 반란군 지도자. 하남(河南)에서 유력자 36명을 이끌고 반란을 일으켰다가 2년 뒤에 관군에게 붙잡힘. 「수호지」(水滸誌)의 주인공.

【宋文】そうぶん(송문) 송(宋)대의 문장. 한사(漢史)·당시(唐詩)·원곡(元曲)과 함께 중국 역대의 문학을 대표함. 구양수(歐陽脩)와 소순(蘇洵)·식(軾)·철(轍)의 삼소(三蘇) 및 왕안석(王安石) 등이 그의 명가임.

【宋本】そうほん(송본) 송(宋)대에 간행된 책. 관간(官刊), 가각(家刻), 방각(坊刻)의 세 가지로 나뉨. 宋板(송판).

【宋襄公】そうのじょうこう(송양공)《人》 춘추(春秋) 시대 송(宋)의 임금. 이름은 자부(玆父). ※宋襄之人(송양지 인).

【宋襄之仁】(송양지 인) 송(宋) 나라 양공(襄公)의 어짊이란 뜻으로, 쓸데없는 동정을 비웃어 이르는 말.

유래 춘추 시대 송(宋)의 양공(襄公)은 도의를 숭상하며 배다른 형 목이(目夷)의 도움을 받아 나라를 잘 다스렸다. 그리하여 대국들과 천하의 패권을 다툴 만큼 강국으로 자랐고, 마침내 초(楚)와 전쟁을 벌이게 되었다. 이때 목이는 초가 진용을 채 갖추기 전에 공격하기를 청했는데, 양공은 「군자가 어찌 남의 헛점을 노리겠는가」하면서, 초가 준비를 다할 때까지 기다렸다가 싸워 크게 패하고 전투에서 부상하니, 나라 사람들이 비난하였나. <左氏傳>

【宋儒】そうじゅ(송유) 송(宋)대의 성리학자(性理學者)들을 이름. ¶一之講學<袁枚>

【宋人】そうひと(송인) 춘추 전국 시대 송(宋)의 사람. 주(周)에게 정복된 은(殷)의 자손인 데

서, 어리석은 자의 비유로 쓰임. ¶愚則曰 ―<九經談>

【宋瓷加彩】そうじかさい(송자가채) 세 가지 빛깔로 그림을 그려넣어 구운 송(宋)대의 자기(瓷器). 宋三彩(송삼채).

【宋朝】そうちょう(송조) ①춘추 시대 송(宋)의 왕실. ②(人) 송(宋)의 공자(公子). 얼굴이 잘 생겨 유명했음. ¶―之美<論語>

【宋朝體】そうちょうたい(송조체) ①송(宋)대에 비롯된 해서체(楷書體)의 하나. ②활자체(活字體)의 하나. 宋體(송체).

【宋體】そうたい(송체) 송조체(宋朝體)의 준말.

【宋板】そうはん(송판) 송(宋)대에 간행된 책. 宋本(송본). ¶極重―<陸心源>

▷南―, 唐―, 北―, 劉―, 趙―

4 7 〖完〗 완전할 완 | 園ㄨㄢˊ (wan) | かん(マッタイ) perfect

源 **會意·形聲**. 「宀」는 지붕. 둥글게 에워싸 이지러짐이 없다는 데서 완전함을 나타냄. 元의 변음이 음을 이룸.

풀이 ①완전하다. ¶不如伐蜀之―也<戰國策> ②완전하게 하다. ㉮보존하다. 지킴. ¶子胥智而不能―吳<史記> ㉯다스리다. 고침. ¶父母使舜―廩<孟子> ㉰끝내다. 완결함. ¶―工. ③단단하다. 通 院. ¶輪敝 三材不失職 謂之―<周禮> ④둥근 모양. ¶――. ⑤몸에 상처를 입히지 않는 형벌. 현대의 금고형(禁錮刑)과 같은 것. ¶―者使守積<漢書> ⑥스스로 만족해하는 모양.

【完結】かんけつ(완결) 완전히 끝을 맺음.

【完工】かんこう(완공) 공사를 끝냄.

【完久之計】かんきゅうのけい(완구지 계) 완전하게 오래 견딜 수 있는 계교.

【完納】かんのう(완납) 다 냄. 「(완결).

【完了】かんりょう(완료) 끝남. 완전히 마침. 完結

【完伯】(완백) 전라도 관찰사의 이칭.

【完璧】かんぺき(완벽) 흠잡을 데가 전혀 없는 구슬이라는 말로, 사물의 완전 무결함을 이름.

【유래】 전국시대 조(趙)의 혜문왕(惠文王)은, 진(秦)의 소왕(昭王)이 화씨벽(和氏璧)을 달라고 하는 바람에 당황했다. 화씨벽은 국보로 아끼는 구슬이었다. 성(城) 열 다섯과 바꾸자는 것이었으나 교환은 말뿐이고 그냥 뺏으려는 속셈이 뻔했다. 그러나, 강국 진과 맞설 힘이 없어 결국 사신편에 구슬을 보내기로 했다. 사신 인상여(藺相如)는 「성을 넘겨받지 못하면, 이 구슬은 그대로 지키리다.」하고 진으로 떠났다. 구슬을 본 진(秦)의 왕은 춤을 추며 기뻐했다. 이때, 진왕의 속셈을 알아챈 상여는 「잠깐, 그 구슬에는 흠이 있는데 알려 드리지요.」하면서 구슬을 되돌려 받아 들고는 소리쳤다. 「대왕께서 그런 식으로 빼앗겠다면, 이 기둥에 구슬을 깨뜨려버리겠소.」 진왕은 성 열 다섯을 주마고 했다. 그러나, 상여는 닷새 동안 재계할 것을 요구하여, 구슬을 주지 않고, 숙소로 돌아오자 부하 편에 구슬을 급히 본국으로 보냈다. 닷새 후, 상여는 진왕에게 사실을 알리고 「대왕을 속였으니 죽이시오.」하고 말했으나 진왕은 상여를 후히 대접하여 무사히 귀국시켰다. 璧還(벽환). 完璧歸趙(완벽귀조).

【完璧歸趙】かんぺききちょう(완벽귀조) ☞完璧(완벽).

【完本】かんぽん(완본) 권수(卷數)가 다 갖추어진 책. ↔缺本(결본)·端本(단본).

【完膚】かんぷ(완부) 상처가 없는 완전한 살가죽. 곧, 흠이 없는 곳을 뜻함.

【完備】かんび(완비) 완전히 갖추어짐. 또는, 갖춤. 完具(완구).

【完善】かんぜん(완선) 충분히 갖추어져 결점이 없음. 完良(완량).

【完成】かんせい(완성) 완전히 다 이룸. ¶―品.

【完遂】かんすい(완수) 완전히 이루어냄.

【完熟】かんじゅく(완숙) 완전히 성숙함. 「패).

【完勝】かんしょう(완승) 완전히 이김. ↔完敗(완

【完顔】かんがん(완안) ①송화강(松花江) 동쪽에 있던 여진족(女眞族)의 부락 이름. 송(宋)대에 금(金)을 세웠으며, 후에 몽고에게 망하였음. ②복성(複姓). 금국(金國)의 성(姓).

【完譯】かんやく(완역) 남김 없이 번역함. 또는, 그렇게 한 것. 全譯(전역). ↔抄譯(초역).

【完營】かんえい(완영) 전주에 있던 전라도 감영(監營).

【完人】かんじん(완인) ① 완전한 인격자. ②韓 병이 완전히 나은 사람.

【完全無缺】かんぜんむけつ(완전무결) 부족함이나 조금의 결점도 없음. 完全無欠(완전무흠).

【完準】(완준) 韓 교정(校正)을 끝냄. 校了(교료). 「<後漢書>

【完輯】かんしゅう(완집) 죄다 모음. ¶竟終――郡

【完察】かんさつ(완찰) 전라도 관찰사를 이르던 말.

【完治】かんち(완치) 병을 완전히 고침. 全治(전치)②.

【完快】かんかい(완쾌) 병이 완전히 나음. 全癒(전유). 全治(전치). 全快(전쾌).

【完板本】かんぱんぽん(완판본) 조선 말기 전주(全州)에서 간행된 고대 소설 목판본의 총칭.

【完敗】かんぱい(완패) 완전히 패함. 여럿이 다 패함. 全敗(전패). ↔完勝(완승). 「장).

【完窆】(완폄) 장사(葬事)를 끝냄. 完葬(완

【完戶】かんこ(완호) 가족이 8명 이상되는 집.

【完好】かんこう(완호) 완전히 갖추어져 훌륭함.

▷大―, 未―, 補―, 繕―, 修―, 葺―

4 7 〖宎〗 구석 요 | 篠ㄧㄠˇ (yao) | よう(スミ) corner

풀이 ①구석. 방의 동남쪽 구석. ¶鶉生於―<莊子> ②바람이 굴 속을 지날 때 나는 소리. ¶―者 咬者<莊子>

7 〖宏〗 容(p. 437)의 古字

7 〖宍〗 肉(p. 1225)의 訛字

7 〖宜〗 宜(p. 428)의 本字

7〖宊〗定(p. 429)의 俗字

8〖宎〗家(p. 434)의 古字

8〖空〗☞ 穴部 3획(p. 1114)

5/8〖官〗벼슬 관 | ㊥ㄍㄨㄢ (guan) | かん(ツカサ) *official rank*

풀이 ①벼슬. 벼슬자리. ¶任一惟賢材<書經> ②벼슬아치. ¶進二子於理一<管子> ③마을. 관청. ¶在一不俟屨<禮記> ④일. 직무. ¶設一分職<周禮> ⑤임금·아버지 등을 이르는 말. ⑥주장하다. 관리함. ¶不一於物 而旁通於道<管子> ⑦벼슬하다. ¶一於大夫者之爲之服也<禮記> ⑧벼슬을 주다. 임관함. ¶天地一矣<禮記> ⑨본받다. ¶其一於天也<禮記> ⑩관능(官能). 지각하는 기관(器官). ¶耳目之一<孟子>

【官家】かんか(관가) ①천자. 또는, 왕실. ②정부. 公家(공가). ③㊕ 시골 사람들이 그 고을 원을 이르는 말. 官廷(관정).

【官界】かんかい(관계) 관리들의 사회.

【官契】(관계)㊕ 관청에서 증명한 문서.

【官階】かんかい(관계) 관직의 계급. 관리의 등급. 官等(관등). 官次(관차)②.

【官穀】かんこく(관곡) 관청의 곡식.

【官公吏】かんこうり(관공리) 공무원.

【官公署】かんこうしょ(관공서) 관청과 공청(公廳).

【官軍】かんぐん(관군) 정부군. 정부 편의 군사. 官兵(관병). ↔私兵(사병).

【官權】かんけん(관권) 정부의 권력.

【官鬼發動】(관귀발동)㊕ 술가(術家)의 말로, 관귀가 발악하여 이롭지 않은 경우를 이르는 말. 官鬼는 점괘의 육친(六親)의 하나.

【官給】かんきゅう(관급) 정부에서 줌.

【官妓】かんぎ(관기) 관청에 딸린, 가무(歌舞)하는 기생.

【官紀】かんき(관기) 관청의 규칙. 관리의 규율.

【官紀肅淸】かんきしゅくせい(관기숙청) 해이된 관기를 바로잡아 깨끗하게 하는 일. 官紀肅正(관기숙정).

【官奴】かんど(관노) 관청의 남자 종.

【官奴婢】かんぬひ(관노비) 관청의 남녀 종.

【官能】かんのう(관능) ①관리의 재능. ②재능 있는 사람에게 벼슬을 줌. ③감각 기관의 기능. 또는, 생물 각 기관의 작용. ④흔히 감각·감관(感官)과 같은 뜻으로 쓰이며, 특히 성적(性的) 감각을 이름.

【官能的】かんのうてき(관능적) 육체적 쾌감이 일어나게 하는 (것). 肉慾的(육욕적).

【官途】かんと(관도) ①관리가 되는 길. ②관리의 지위. 官界(관계).

【官等】かんとう(관등) 관직의 등급. 官階(관계).

【官僚】かんりょう(관료) ①벼슬아치. 관리. ¶一政治. ②같은 관청에서 근무하는 동료.

【官吏】かんり(관리) 벼슬아치. 공무원.

【官立】かんりつ(관립) 관청에서 세움. 公立(공립). ↔私立(사립).

【官名】かんめい(관명) ①관직의 명칭. ②호적 이름.

【官帽】かんぼう(관모) 관리가 쓰는 제모(制帽).

【官沒】かんぼつ(관몰) ①정부에서 백성의 소유물을 몰수함. ②백성의 자유를 박탈하여 관(官)의 노예로 삼음.

【官無事村無事】かんぶじむらぶじ(관무사 촌무사) 공사간(公私間)에 아무런 시끄러운 일이 없음.

【官物】かんぶつ(관물) ①관청의 물품. ②관급품(官給品). ↔私物(사물).

【官民】かんみん(관민) 관리와 백성. ¶軍一.

【官房】かんぼう(관방) ①장관의 직속 기관으로 기밀 사무를 맡아보던 곳. ②공무(公務)를 보거나 숙직하던 방.

【官牌子】(관배자←관패자)㊕ 정부에서 발행하는 체포영장(逮捕令狀).

【官邊】かんぺん(관변) ①관청 주변이나 관청 계통. ¶一消息通. ②㊕ 나라에서 법령으로 규정한 변리(邊利).

【官兵】かんぺい(관병) ☞官軍(관군).

【官報】かんぽう(관보) ①정부에서 발행하는 일간(日刊) 공보(公報). ②관공서에서 발행하는 공용(公用) 전보(電報).

【官服】かんぷく(관복) 관리의 제복.

【官府】かんぷ(관부) 조정. 정부. 官廳(관청).

【官婢】かんぴ(관비) 죄로 관아(官衙)에 적몰(籍沒)된 여자. 계집종.

【官費】かんぴ(관비) 정부의 비용. 정부에서 내는 비용. ↔私費(사비).

【官費生】かんぴせい(관비생) 관비로 공부하는 학생.

【官舍】かんしゃ(관사) ①정부에서 지은 관리의 주택. 官邸(관저). 公舍(공사). ②관청. ③외국 사신을 묵게 하는 집. 館舍(관사).

【官署】かんしょ(관서) 관청. 관아.

【官船】かんせん(관선) 관청 소유의 배.

【官選】かんせん(관선) 관청에서 뽑음. ↔民選(민선).

【官設】かんせつ(관설) 관에서 설치함. ↔私設(사설).

【官屬】かんぞく(관속) ①낮은 관리. 屬吏(속리). ②㊕ 군아(郡衙)의 아전(衙前)과 하인.

【官守】かんしゅ(관수) 관리의 직책.

【官修】かんしゅう(관수) 정부에서 책을 편수(編修)하거나, 어떤 일을 수선함.

【官需】かんじゅ(관수) 관청의 수요(需要). ↔民需(민수).

【官十里】かんじゅうり(관십리) 관청에서 정한 십 리. 보통 십 리보다 조금 가까움.

【官衙】かんが(관아) 관청. 관서.

【官案】かんあん(관안) ①벼슬아치의 관등(官等)·성명을 적은 책. ②각 마을[署]의 이름과, 그곳에 딸린 벼슬 이름을 적은 책.

【官業】かんぎょう(관업) 정부에서 경영하는 기업. 전신·전화·철도·전매 사업 등.

【官燕】(관연)㊥ 고급 중국 요리에 쓰이는 바다제비의 집.

【官營】かんえい(관영) 정부의 경영(經營). ¶一料金. ↔民營(민영).

【官用】かんよう(관용) 관청의 비용. 또는, 관청에서 씀.

【官運】かんうん(관운) ①나라에서 운반함. 나라의 전매품을 관(官)에서 운반함. ②벼슬할 운수. 또는, 승진할 운수. 官福(관복).

【官員】かんいん(관원) 관직에 있는 사람. 벼슬아치.

【官位】かんい(관위) 벼슬의 지위.
【官有】かんゆう(관유) 관의 소유. ¶一株. ↔私有(사유).
【官人】かんじん(관인) ①벼슬아치. 관리. ②왕명출납(王命出納)과 정부의 중대한 언론을 맡은 사람. 喉舌之臣(후설지 신). ③남 또는 상전을 부를 때 붙이는 경칭. 李大官人, 戴官人, 某官人 등. ④아내가 남편을 이르는 말. ¶一雲情雨意<琵琶記> ⑤사람을 관리에 임명함.
【官印】かんいん(관인) 관용으로 쓰는 도장. ↔私印(사인).
【官認】かんにん(관인) 관청의 인가. ¶一學院.
【官爵】かんしゃく(관작) 관직(官職)과 작위(爵位).
【官長】かんちょう(관장) 관직을 주재(主宰)하는 사람. 또는, 관리의 장(長).
【官災】かんさい(관재) 관에서 받는 재앙. ¶一數.
【官邸】かんてい(관저) ☞官舍(관사)①.
【官制】かんせい(관제) 관청의 조직·권한 및 관리의 배치·권리 등을 정한 규칙.
【官製】かんせい(관제) 관청에서 만듦. ¶一品. ↔私製(사제).
【官租】かんそ(관조) 조세(租稅).
【官尊民卑】かんそんみんぴ(관존민비) 관리는 존귀하고 백성은 비천함. 또는, 세상의 그러한 생각. ¶一思想.
【官職】かんしょく(관직) ①공직(公職). ②관위(官位). 官階(관계).
【官次】かんじ(관차) ①관사(官舍) 또는 관청. ¶恪居一<左氏傳> ②관의 계급.
【官撰】かんせん(관찬) 정부에서 편찬함. 또는, 그 책.
【官廳】かんちょう(관청) 관서(官署). 官衙(관아). ¶一簿記.
【官廳色】(관청색)㊙ 조선 때 수령의 음식을 맡았던 아전. 관청빗.
【官治】かんち(관치) ①관부(官府)의 정치. ②관리 제도로 행하는 정치. 관치행정(官治行政)의 준말. ↔自治(자치).
【官桶】(관통)㊙ 곡식을 담는 섬.
【官板】かんぱん(관판) 정부 간행의 서적. 官本(관본).
【官弊】かんぺい(관폐) 관리의 잘못으로 말미암은 폐단.
【官學】かんがく(관학) 관립 학교. ↔私學(사학).
【官廨】かんかい(관해) 관청.
【官許】かんきょ(관허) 관청의 허가. 정부의 면허. 公許(공허). ¶一料金.
【官憲】かんけん(관헌) ①국가의 규칙. ②관리.
【官話】かんわ(관화) 중국의 표준어. 官은 公.
▷加一, 諫一, 兼一, 警一, 考一, 高一, 顧問一, 曠一, 教一, 九一, 器一, 冷一, 達一, 堂上一, 堂下一, 大一, 冬一, 免一, 名一, 廟一, 武一, 文一, 門一, 美一, 微一, 拜一, 百一, 法一, 兵一, 補一, 卑一, 士一, 仕一, 史一, 私一, 事務一, 上一, 相當一, 庶一, 星一, 世一, 小一, 屬一, 損一, 試一, 神一, 牙一, 衙一, 閹一, 譯一, 熱一, 伶一, 五一, 冗一, 六一, 音一, 醫一, 耳目一, 日一, 任一, 長一, 材一, 除一, 錘一, 奏任一, 中一, 地一, 直一, 次一, 千一, 天一, 秋一, 春一, 勅任一, 親任一, 判一, 板一, 判任一, 稗一, 品一, 下一, 夏一, 學一, 行一, 行政一, 鄕一, 懸一, 顯一, 宦一, 候一

8【穹】☞穴部 3획(p. 1115)

8【帑】☞巾部 5획(p. 497)

8【宝】寶(p. 449)의 略字

5 8【宓】1 성 복 2 편안할 밀 | 圖ㄈㄨˊ(fu) 質ㄇㄧˋ(mi) | ふく ひつ (ヤスラカ) *peaceful*

풀이 1 성(姓). ㊂伏. 2 ①편안하다. ㉠密. ¶一穆休于太祖之下<淮南子> ②몰래. 비밀히. ¶祕一.
【宓妃】ふくひ(복비) 복희씨(伏羲氏)의 딸. 낙수(洛水)에 익사(溺死)하여 낙수의 신(神)이 되었다 함.
【宓羲】ふくぎ(복비) ☞伏羲(복희).

8【実】實(p. 445)의 略字

8【实】實(p. 445)의 俗字

5 8【宛】1 완연 완 2 나라이름 원 3 작을 원 | 阮ㄨㄢˇ(wan) 元ㄩㄢ(yuan) 願 | えん (アタカモ) *small*

풀이 1 ①완연히. 마치. ¶一在水中央<詩經> ②굽다. ¶是以欲談者 一舌而固聲<漢書> ③움푹하다. ¶一邱之上兮<詩經> ④쌓다. 저장함. ㊂蘊. ¶富則天下無一財<孔子家語> ⑤피하다. 비킴. ¶一然左辟<詩經> 2 나라이름. 한(漢)대 서역(西域)에 있던 나라. ¶大一. 3 작다. 작은 모양. ¶一彼鳴鳩<詩經>
【宛丘】えんきゅう(완구) 중앙이 높은 언덕. 일설에는 중앙이 낮은 언덕.
(원구) 현(縣) 이름. 복희(伏羲)·신농씨(神農氏)의 고도(古都).
【宛妙】えんみょう(완묘) ①굴곡이 묘하여 사랑스러운 모양. ②소리가 작고 고운 모양.
【宛然】えんぜん(완연) ①마치. 흡사. ②명료한 모양. ③남에게 양보하는 모양.
▷曲一, 大一, 東一, 柔一

5 8【宜】마땅할 의 | 支ㄧˊ(yi) | ぎ(ヨロシイ) *right*

㊎宐 ㊐宐

풀이 ①마땅하다. ㉮화목하다. 화순함. ¶一其室家<詩經> ㉯도리에 맞다. 옳음. ¶不易其一<禮記> ②형편이 좋다. 사정이 좋음. ¶計日用之權一<後漢書> ③마땅히 …할 만하다. 정말. 과연. ¶一爾子孫 振振兮<詩經> ④마땅히 …하여야 한다. ㊂儀. ¶一鑒于殷<詩經> ⑤아름답다. ¶好是一德<太玄經> ⑥거의. ㊂殆. ¶不安其位 一不

能久<左氏傳> ⑦제사 이름. 출진(出陣)에 앞서 사당이나 종묘에 올리는 제사. ¶一于冢土<書經> ⑧안주[肴]. ¶與子一之<詩經>

【宜可】ぎか(의가) 좋음. 마땅함. 適可(적가).

【宜家之樂】ぎかノタノシミ(의가지 락) 부부 사이의 화목한 낙. 室家之樂(실가지 락).

【宜男】ぎだん(의남) 아들을 많이 낳는 일.

【宜男草】ぎだんそう(의남초) 훤초(萱草)의 이칭. 임부(姙婦)가 이 꽃을 차면 아들을 낳는다 함.

【宜當】ぎとう(의당) ①마땅함. 適當(적당). ¶欲招千載魂 斯文或一<黃庭堅> ②[韓] 마땅히.

【宜當事】(의당사)[韓] ①관청의 명령서 끝에 쓰던 문투로, 그대로 마땅히 실행하라는 뜻. ②의당한 일.

【宜人】ぎじん(의인) ①조선 때 정·종 6품 문무관 아내의 봉호. 고종 때부터는 정·종 6품의 종친(宗親)의 아내에게도 병용하였음. ②남의 마음에 듦. ¶疏快頗一<杜甫>

【宜春】ぎしゅん(의춘) 입춘날 봄을 반기는 뜻에서 宜春이라고 종이에 써서 기둥에 붙여 즐기는 일. 또는, 그 글씨. 宜春帖(의춘첩).

【宜稱】ぎしょう(의칭) ①좋은 이름. ②적당함.

【宜乎】ぎこ(의호) 당연한 모양. 마땅한 모양.

▷權一, 機一, 時一, 適一, 土一, 便一

8【宐】 宜(p.428)와 同字

5 8【定】 정할 정 | [中]ㄉㄧㄥˋ (ding) | てい(サダメル) *decide, stop*

[풀이]①정하다. ㉮결정하다. ¶文一厥祥<詩經> ㉯준비하다. ¶昏一而晨省<禮記> ㉰바로잡다. ¶以閏月一四時<書經> ㉱다스려 편히 살 수 있게 하다. ¶以一王國<詩經> ㉲평정하다. ¶擊一之<史記> ②정해지다. ¶位一然後祿之<禮記> ③다스려지다. ¶一戎衣 天下大一<書經> ④반드시. 꼭. ¶陳王一死<史記> ⑤별 이름. 영실(營室). ¶一之方中<詩經> ⑥이마. [通]頂. ¶麟之一<詩經> ⑦머무르다. 정지함. ¶公一 予往已<書經> ⑧변동하지 아니하다. ¶知止而后有一<大學> ⑨귀착하다. ¶天下惡乎一<孟子>

【定價】ていか(정가) ①정해진 값. ②값을 정함.

【定刻】ていこく(정각) 정해진 시각. 일정한 시각. 定時(정시).

【定格】ていかく(정격) ①정해진 격식. ②[韓] 전기기기(電氣器機)에 대하여 제조자가 규정한 사용 상태.

【定見】ていけん(정견) 일정한 의견. 굳혀진 견해.

【定境】ていきょう(정경) ①변경(邊境)의 땅을 안정시킴. ②《佛》 안신입명(安身立命)의 경지.

【定傾】ていけい(정경) 위태로운 것을 안정되게 함.

【定界】ていかい(정계) ①일정한 한계나 경계. ②한계나 경계를 정함. ¶一碑.

【定款】ていかん(정관) ①정해진 조목. ②사단 법인의 목적·조직 및 업무 집행에 관한 규칙. 또는, 그것을 기재한 문서.

【定期】ていき(정기) 정해진 기간 또는 시기. ¶一刊行物/一的/一預金/一路線/一休日/一總會.

【定量】ていりょう(정량) 일정한 분량. ¶一給食/一分析.

【定力】じょうりき(정력)《佛》 선(禪)을 굳게 지켜 속된 생각에 흔들리지 않는 힘. 오력(五力)의 하나.

【定例】ていれい(정례) 일정하게 정해져 있는 규례(規例). 定式(정식).

【定論】ていろん(정론) ①품등(品等)의 고하(高下)를 결정함. ②☞定說(정설).

【定率】ていりつ(정률) 일정한 비율.

【定理】ていり(정리) ①영구불변의 진리. ②학문상 이미 진리라고 증명된 이론.

【定立】ていりつ(정립) ①증명되어야 할 명제(命題). ②하나의 판단·명제를 세우는 일. ③헤겔 변증법에서 논리를 전개하기 위한 최초의 명제. 또는, 사물 발전의 최초의 상태. ↔反定立(반정립).

【定命】ていめい(정명) ①선천적으로 정해진 운명의 정수(定數). 天命(천명). 宿命(숙명). ②《佛》 타고난 수명(壽命). ③변경하지 못할 명령. ④천명을 다함. ⑤천하를 안정시키라는 천명.

【定名筆】ていめいひつ(정명필) 당(唐)대에 붓장수가 시험장 입구에서, 과거에 꼭 합격할 것을 축원하면서 응시자에게 팔던 붓의 이름.

【定配】ていはい(정배) 귀양 보낼 곳을 정하고 죄인을 귀양보냄.

【定本】ていほん(정본) 오류(誤謬)를 정정(訂正)한 책. 이본(異本)이 많은 고전(古典) 등에서 오류·오식을 검토·정정한 가장 표준이 될 만한 책. ↔異本(이본).

【定分】ていぶん(정분) ①군신·부자·부부 등 정해진 신분. ②자연적으로 정해진 운명. ③지위·신분을 정함. ④어느 정도의 제한. 일정한 제한.

【定石】ていせき①·じょうせき②(정석) ①움직이지 않는 돌. ②㉮바둑에서, 공수(攻守)의 최선이라고 인정된 방식으로 돌을 놓는 법. ㉯사물 처리의 일정한 방법.

【定說】ていせつ(정설) 확정된 설. 결정적으로 인정된 설. 定論(정론).

【定省】ていせい(정성) ☞昏定晨省(혼정신성).

【定性】ていせい(정성) 물질의 성분을 정하는 일. ¶一分析.

【定屬】ていぞく(정속) 죄인을 종으로 삼는 일.

【定數】ていすう(정수) ①수를 정함. ②정해진 운명. 定命(정명)①. 定分(정분)②. ③일정한 수량이나 원수(員數). ④☞常數(상수).

【定時】ていじ(정시) ①일정한 시간. ②사시(四時)의 기후를 바르게 정함. ¶以閏月定四時成歲<書經>

【定式】ていしき(정식) 일정한 의식(儀式)이나 격식. 定例(정례).

【定食】ていしょく(정식) ①식당·음식점 등에서 일정한 식단에 따라 장만하는 음식. ¶韓一. ②때를 정해 놓고 먹는 음식.

【定植】ていしょく(정식) 모종을 못자리에서 본 밭으로 옮겨 심음.

【定額】ていがく(정액) 정해진 금액. 일정한 금액.

【定業】ていぎょう(정업) ①일정한 직업. ②업을 정함. 대업(大業)을 성취함.

【定温】ていおん(정온) 일정한 온도. ¶一動物.

【定員】ていいん(정원) 정해진 인원수.

【定遠】ていえん(정원) 후한(後漢) 반초(班超)의 봉호(封號). 또는, 그의 봉지(封地). 定遠侯(정원후).

【定義】ていぎ(정의) 어떤 사물의 개념의 내용과 한계를 확정해 보이는 논리적 규정.

【定情】ていじょう(정정) 귀한 물건을 선물하여 결혼의 정표로 함에서, 결혼함을 이름.

【定鼎】ていてい(정정) ①도읍을 정함. 하(夏) 교왕(喬王)이 구주(九州)의 금을 모아 아홉 개의 솥을 만들어 왕위(王位) 계승의 보기(寶器)로 삼고, 뒤에 주(周) 성왕(成王)이 이를 겹욕(郟鄏)에 옮겨 주의 서울로 삼은 데서 온 말. 奠都(전도). 奠鼎(전정). ②5호 16국의 하나.

【定足數】ていそくすう(정족수) 합의체(合議體)가 의사를 진행하고 의결하는 데 필요한 최소한의 구성원 출석수.

【定鐘】じょうしょう(정종) ①《佛》 절에서 초경(初更) 잠시 뒤에 18번 치는 종. ②㊐ 인경. 人定(인정). 「는, 그 주소.

【定住】ていじゅう(정주) 일정한 곳에 머물러 삶. 또

【定着】ていちゃく(정착) ①일정한 곳에 자리잡아 떠나지 않음. ②사진 필름 현상 때 감광판(感光板)의 아직 변하지 않은 감광약을 씻어 버리고 화상을 환하게 나타나게 하는 일.

【定着物】ていちゃくぶつ(정착물) 일정한 물건에 고착하여 쉽게 옮길 수 없는 물건. 특히, 토지에 딸린 나무나 건물 따위.

【定策】ていさく(정책) ①천자를 옹립(擁立)함. 옛날에, 천자가 즉위하면 그 사실을 책(策)에 써서 종묘에 고했음. 策은 죽간(竹簡). ②계책을 결정함. 획책함.

【定處】ていしょ(정처) 정해놓은 곳. 일정한 곳.

【定草】ていそう(정초) 완성된 글의 초(草).

【定礎】ていそ(정초) 주춧돌을 놓음. 「의 법칙.

【定則】ていそく(정칙) ①정해진 규칙. ②일정 불변

【定評】ていひょう(정평) ①평을 정함. ②모든 사람이 시인하는 평판. 「一詩/一化.

【定型】ていけい(정형) 일정한 틀이나 형식. ¶

【定慧】じょうえ(정혜)《佛》 삼학(三學) 중의 두 법(法). 곧, 선정(禪定)과 지혜(智慧).

【定婚】ていこん(정혼) 혼인을 정함. 約婚(약혼).

▷假一, 刊一, 鑑一, 改一, 檢一, 決一, 更一, 固一, 校一, 國一, 規一, 肯一, 既一, 內一, 斷一, 未一, 法一, 否一, 不一, 査一, 刪一, 選一, 設一, 所一, 安一, 約一, 豫一, 議一, 釐一, 人一, 認一, 一一, 入一, 酌一, 暫一, 裁一, 制一, 奏一, 指一, 撰一, 創一, 測一, 特一, 判一, 平一, 限一, 協一, 確一, 欽一

5/8【宗】 마루 종 | 图ㄗㄨㄥ (zong) | そう, しゅう (ムネ) *floor, root*

源會意. 「宀+示」. 신[示]을 모신 집[宀]이라는 뜻에서, 종묘·사당의 뜻을 나타냄.

풀이 ①마루. 일의 근원. 근본. ¶禮之一也<國語> ②사당. 가묘. 종묘. ¶設爲一祧<孔子家語> ③우두머리. 뛰어난 것. ¶爲世儒一<漢書> ④제사. ¶陳其一器<中庸> ⑤제사 받는 주체. ¶禋于六一<書經> ⑥제사·예의 등을 맡은 벼슬. ¶一伯. ⑦일족(一族). 동성(同姓). ¶焉能亢一<左氏傳> ⑧교의(教義)의 갈래. 유파. ¶禪一. ⑨시조(始祖)의 적장자(嫡長子). ¶敬一故收族<禮記> ⑩높이다. 마루로서 높임. ¶學者一之<史記> ⑪마루로서 존중하는 사람. ¶導人追一<後漢書> ⑫덕망 있는 조상. 또는, 그 묘호(廟號). ¶殷王中一<書經> ⑬조회(朝會)하다. ¶江漢朝一於海<書經> ⑭베의 올. 通稯.

【宗家】そうか(종가) ①일족. 같은 문중. ②맏이의 집안. 큰집. 「계(契).

【宗契】(종계)㊐ 조상의 제사를 목적으로 하는

【宗教】しゅうきょう(종교) 숭고하고 위대한 대상인 신을 숭배·신앙하여 안심 입명을 얻으려는 일. ¶一家/一改革/一史/一音樂/一人/一哲學/一畫.

【宗國】そうこく(종국) ☞宗主國(종주국).

【宗器】そうき(종기) 종묘에서 쓰는 기구. 제기와 악기의 병칭. 「중답).

【宗畓】(종답)㊐ 종중 소유의 논. 宗中畓(종

【宗老】そうろう(종로) ①종족 중의 존장자. ②가신(家臣) 중에 예악(禮樂)을 맡은 사람.

【宗論】そうろん(종론) ①종파(宗派)의 우열 및 시비에 관한 논쟁. ②같은 종문(宗門)의 여론.

【宗廟】そうびょう(종묘) ①조상을 모시는 사당(祠堂). 종실(宗室)·임금·제후의 사당. 廟는 貌. 조상의 용모를 봄과 같다는 뜻. ②국가. 社稷(사직). 天下(천하).

【宗廟社稷】そうびょうしゃしょく(종묘사직) 왕실과 나라의 병칭. 宗社(종사).

【宗門】そうもん①·しゅうもん②(종문) ①일족. 宗族(종족). ②《佛》 같은 종지(宗旨)에 속하는 일

【宗班】そうはん(종반) ☞宗親(종친)①. 「파.

【宗伯】そうはく(종백) ①벼슬 이름. 옛날 육경(六卿)의 하나. 예의(禮儀)·신기(神祇)에 관한 일을 맡아 보았음. ②예부시랑(禮部侍郎)의 이칭.

【宗法】そうほう①·しゅうほう②(종법) ①대종(大宗)과 소종(小宗)의 계통을 밝히는 규칙. ②《佛》 종문(宗門)의 법규.

【宗婦】そうふ(종부) ①대종(大宗)의 맏며느리. 본가의 주부. ②동성(同姓)의 대부(大夫)의 아내. 「말.

【宗社】そうしゃ(종사) 종묘사직(宗廟社稷)의 준

【宗祀】そうし(종사) ①나라의 5사(祀) 중 하나. 종(宗)으로 받들어 제사지냄. ②높이 받들어 제사지냄.

【宗師】そうし·しゅうし④(종사) ①숭앙받는 스승. ②받들어 모범을 삼음. ③㉮종족(宗族)의 자제(子弟)를 다스리던 벼슬. ㉯각 부(府)의 학정(學政)을 맡은 벼슬. ④《佛》 각 종(宗)의 조(祖). 宗匠(종장)③.

【宗山】(종산)[韓] ①문중의 조상을 모신 산. 종중(宗中)의 산. ②☞宗主山(종주산).

【宗姓】そうせい(종성) ☞宗親(종친)①.

【宗聖】そうせい(종성) 증삼(曾參)의 봉호(封號).

【宗孫】そうそん(종손) 종가의 맏손자.

【宗臣】そうしん(종신) ①중직(重職)에 있으면서 세상의 추앙을 받는 신하. 重臣(중신). ②왕족으로서 벼슬자리에 있는 사람.

【宗室】そうしつ(종실) ①태종(太宗)의 묘(廟). 선조의 사당. ②왕족. 임금의 일가. ③대본(大本). 根本(근본). ④대종(大宗)의 집. 本家(본가).

【宗氏】(종씨)[韓] 동성 동본이나, 촌수를 따질 정도를 넘어선 사람들 사이의 호칭(互稱).

【宗邑】そうゆう(종읍) 종묘(宗廟)가 있는 곳. 조상의 땅.

【宗匠】そうしょう①②・しゅうしょう③(종장) ①공인(工人)의 우두머리. 工師(공사). 棟梁(동량). ②스승으로 받드는 사람. ③☞宗師(종사)④.

【宗正】そうせい(종정) ①벼슬 이름. 황족(皇族)의 족보(族譜)를 맡아보았음. 宗伯(종백). ②[韓] 불교 조계종(曹溪宗)・태고종(太古宗) 등의 최고 지도자.

【宗祧】そうちょう(종조) ① 종묘(宗廟). 祧는 천주(遷主)의 묘(廟). ②국가. ③대만(臺灣)에서는 혈통(血統)・가계(家系)를 이름.

【宗主】そうしゅ(종주) ①으뜸. 根本(근본). ¶一國/一權/一山. ②적장자(嫡長子). ③존경하여 따르는 바(곳). ④종묘의 위패(位牌).

【宗周】そうしゅう(종주) ①주(周)대의 왕도(王都) 또는 창업지(創業地). 풍(豐)・호(鎬)・낙양(洛陽)으로 변했으나 종주라고 통칭. ②주(周)의 사직(社稷).

【宗主國】そうしゅこく(종주국) 식민지나 예속국에 대하여, 지배하는 나라. 宗國(종국).

【宗主山】(종주산)[韓] 주산(主山)의 위에 있는 주산. 宗山(종산)②.

【宗中】(종중)[韓] 한 문중. 한 족속.

【宗中畓】(종중답)[韓] ☞宗畓(종답).

【宗中山】そうちゅうノヤマ(종중산)[韓] 한 문중의 조상을 모신 산. 또는, 한 문중 소유의 산.

【宗親】そうしん(종친) ①임금의 친족. 宗班(종반). 宗姓(종성). ②친족. 一族(일족). ¶一子弟. ③동모(同母) 형제. ¶同母者爲一＜史記＞

【宗統】そうとう(종통) 본가의 계통. 嫡統(적통).

【宗派】そうは①②・しゅうは③(종파) ①일족의 갈래. ②학예 등의 유파(流派). ③《佛》불교의 유파.

【宗下生】(종하생) 동종(同宗)으로서 나이가 젊고 벼슬이 낮은 사람의 자칭.

【宗兄】そうけい(종형) ①서자(庶子)가 타국에 있는 종자(宗子)를 이르는 말. ②맏형. ③동종(同宗)의 형. 동족의 먼 형 뻘 되는 사람.

【宗會】そうかい(종회) 친족 회의. 문중 회의.

▷改一, 教一, 九一, 南一, 大一, 同一, 北一, 辭一, 禪一, 小一, 疎一, 詩一, 儒一, 六一, 律一, 正一, 曹溪一, 祖一, 天台一, 太一, 河一

5 8 〖宙〗 집 주 | [宥]ㄓㄡˋ (zhou) | ちゅう(イエ) *house*

[源] **會意・形聲.** 「宀」는 넓게 가리는 지붕. 나아가, 세상을 뒤덮는 공간을 宇, 무한히 펼쳐지는 시간을 宙라 이름. 由의 변음이 음을 이룸.

[풀이] ①집. 주거. ②하늘. ¶霜凝碧一＜王勃＞ ③동량(棟梁). 마룻대와 들보. ¶以爲不能與之爭於宇一之間＜淮南子＞ ④때. 무한의 시간. ¶往來古今 謂之一 四方上下 謂之宇＜淮南子＞

▷上一, 宇一

5 8 〖宔〗 신주 주 | [麌] | しゅ *shrine*

5 8 〖宕〗 방탕할 탕 | [漾]ㄉㄤˋ (dang) | とう *dissolute*

[풀이] ①방탕하다. [通]蕩. ¶長狄兄弟三人佚一中國＜穀梁傳＞ ②거칠다. 데면데면함. ¶性豪一 不拘細行＜金史＞ ③넘치다. 지나침. ④넓다. 큼. 광대함. ⑤채석(採石)하는 사람. ¶一戶.

【宕巾】(탕건)[韓] 갓 아래에 받쳐 쓰는 관.

▷佚一, 跌一, 豪一

6 9 〖客〗 손 객 | [陌]ㄎㄜˋ (ke) | きゃく, かく (マラヒト) *guest*

[源] **會意・形聲.** 집[宀]에 이르러 멈춤[各]. 곧, 남의 집에 잠깐 머묾. 손님을 나타냄. 各의 변음이 음을 이룸.

[풀이] ①손. ㉮손님. ¶主人敬一 則先拜一＜禮記＞ ㉯나그네. 길손. ¶光陰者百代之過一＜李白＞ ㉰식객(食客). ¶跖之一可使刺由＜漢書＞ ㉱단골손. ¶估一不至＜南史＞ ②여행. 객지. ¶歲晩一程遙＜晁補之＞ ③사람. ¶吳王好劍一＜後漢書＞ ④붙이다. 의탁함. ¶今風寒 一於人＜素問＞ ⑤대상(對象). ¶一體. ⑥지난 세월. ¶一歲南邁＜劉世教＞ ⑦[韓] 객적다. 요긴하지 않음. ¶一談.

【客家】かっか(객가) ①주로 광동(廣東), 광서(廣西) 지방에 거주하는 한족(漢族)의 일파. ②[中] 단골 손님. 顧客(고객).

【客居】かっきょ(객거) 타향살이.

【客卿】かっけい(객경) 타국에서 와서 경상(卿相)이 된 사람.

【客苦】(객고)[韓] 객지에서 겪는 고생. 「이.

【客工】(객공)[韓] ①임시로 둔 직공. ②객공잡

【客官】かっかん(객관) ①타국에서 관리가 됨. 또는, 그 사람. ②[韓] ㉮관청의 사무에 직접 책임이 없는 벼슬아치. ㉯다른 관에서 와서 임시로 일을 보는 벼슬아치.

【客館】かっかん・きゃっかん(객관) ☞客舍(객사).

【客觀】かっかん・きゃっかん(객관) ①외관(外觀). 용모(容貌). ②의식의 대상(對象)이 되는 일체의 현상(現象). ¶一描寫/一性/一的/一主義/一化. ↔主觀(주관).

【客鬼】(객귀)[韓] ①잡귀신. ②객지에서 죽은

사람의 혼.

【客氣】かっき (객기) ①객적게 부리는 혈기·용기. ②겸손. 겸양.

【客年】かくねん・きゃくねん (객년) 지난해. 작년. 客歲(객세).

【客談】(객담)韓 객적은 말. 客論(객론). 客說(객설).

【客冬】かくとう・きゃくとう (객동) 지난 겨울.

【客臘】かくろう・きゃくろう (객랍) 지난해 섣달. 臘은 연말의 제사. 舊冬(구동).

【客死】かくし・きゃくし (객사) 타향에서 죽음. 여행지에서 죽음.

【客使】かくし (객사) ①다른 나라에서 온 사자(使者). ②韓 설이나 동지(冬至)에 백관이 조하(朝賀)할 때 반열(班列)에 참여시켰던 일본·유구(琉球)의 사신들과 야인(野人)의 관원들.

【客舍】かくしゃ・きゃくしゃ (객사) 여관(旅館). 旅舍(여사). 客館(객관).

【客席】きゃくせき (객석) 손님이 앉는 자리.

【客說】(객설) ☞客談(객담).

【客星】かくせい・きゃくせい (객성) 평소에는 보이지 아니하다가 어느 한 때에 나타나는 별. ↔主星(주성).

【客歲】かくさい・きゃくさい (객세) ☞客年(객년).

【客愁】かくしゅう・きゃくしゅう (객수) 여행 중에 일어나는 수심.

【客僧】かくそう (객승) 절에 손으로 와 있는 중. ↔主僧(주승).

【客食口】(객식구)韓 군식구.

【客室】きゃくしつ (객실) 손님을 접대하는 방.

【客員】かくいん (객원) ①예정 밖의 인원. ②어떤 기관·단체에서 빈객(賓客)으로 특별 대우를 받는 사람. ¶一教授.

【客月】かくげつ・きゃくげつ (객월) 지난달. 去月(거월).

【客主】かくしゅ (객주) ①☞主客(주객). ②적과 아군. ③韓 상인의 물건을 위탁받아 팔거나 매매를 소개하며, 또 그 상인을 숙박시키는 영업. 또는, 그런 일을 하던 사람.

【客中】かくちゅう (객중) 타향에 있는 동안. 客裏(객리).

【客症】(객증)韓 합병증(合併症).

【客地】かくち (객지) 제 집을 떠나 임시로 가 있는 곳. 他地(타지). 他鄕(타향).

【客車】きゃくしゃ (객차) 여객용 열차.

【客窓】かくそう (객창) 여관방. 여관.

【客窓寒燈】かくそうかんとう (객창한등) 여관방의 쓸쓸하게 보이는 등불.

【客體】かくたい・きゃくたい (객체) ①객지에 있는 몸. 흔히 편지에서 씀. ②주관(主觀)의 작용과는 상관 없이 독립하여 존재하는 것. ③의사(意思)나 행위의 목적물. ↔主體(주체).

【客秋】かくしゅう・きゃくしゅう (객추) 지난 가을.

【客春】かくしゅん・きゃくしゅん (객춘) 지난 봄.

【客土】かくど・きゃくど (객토) ①다른 데서 가져온 흙. ②객지. 타향.

【客夏】かっか・きゃっか (객하) 지난 여름.

【客鄕】かっきょう (객향) 여행지. 타향.

【客戶】かっこ・きゃっこ (객호) ①다른 지방에서 이주해 와 사는 사람의 집. ②남의 집이나 타향에서 임시로 삶. 寄留(기류). 寓居(우거). ③단골. 顧客(고객).

【客懷】かっかい (객회) 객지에서 품는 쓸쓸한 생각. 客意(객의). 客思(객사).

▷歌一, 佳一, 劍一, 孤一, 顧一, 過一, 嬌一, 貴一, 寄一, 碁一, 羇一, 南一, 來一, 墨一, 門一, 訪一, 百一, 浮一, 不速之一, 飛一, 賓一, 私一, 詞一, 上一, 商一, 書一, 仙一, 說一, 騷一, 俗一, 熟一, 詩一, 食一, 狎一, 夜一, 野一, 旅一, 刺一, 征一, 弔一, 尊一, 主一, 知一, 珍一, 醉一, 暴一, 賀一, 寒一, 閑一, 行一, 俠一, 黃泉一

9〖㝉〗 寧(p.444)과 同字

9〖突〗 ☞ 穴部 4획(p.1115)

6
9〖宣〗 베풀 선 | 囲ㄒㄩㄢ (xuan) | せん(ノベル) *give*

풀이 ①베풀다. 은혜 따위를 끼치어 줌. ¶日一三德<書經> ②펴다. ㉮밝히다. 명확히 함. ¶未一其用<左氏傳> ㉯널리 알리다. ¶乃一布于四方<周禮> ㉰널리 퍼뜨리다. ¶一傳. ③임금이 말하다. 임금의 하교(下敎). ¶一下郡國<後漢書> ④불러 들이다. 어명(御命)으로 소환함. ¶勅使傳一坐賜茶<周必大> ⑤떨치다. 발양(發揚)함. ¶鞄以一之<國語> ⑥궁전. 임금이 거처하는 곳. ¶孝文方受釐坐一室<漢書> ⑦밭을 갈다. 철따라 농사를 지음. ¶迺一迺畝<詩經> ⑧반백(斑白). ¶巽爲一髮<易經> ⑨통하다. 트임. ¶去欲則一<管子> ⑩쓰다. ¶有列國之權 而不敢一也<左氏傳>

【宣告】せんこく (선고) ①널리 알림. ②재판관이 법정에서 판결을 공표하는 일. ¶一文/一猶豫.

【宣教】せんきょう (선교) ①가르침을 넓힘. ②종교를 널리 폄. 傳道(전도). 布教(포교). ¶一師.

【宣尼】せんじ (선니) 공자(孔子)를 이름. 한(漢)의 평제(平帝)가 공자에게 포성선니공(褒成宣尼公)이라 추시(追諡)한 데서 이름.

【宣德】せんとく (선덕) ①덕을 폄. ②동기(銅器)의 이름.

【宣明】せんめい (선명) 분명하게 선언(宣言)함.

【宣撫】せんぶ (선무) 지방이나 점령지의 주민에게, 정부 또는 본국의 뜻을 이해시켜 민심을 안정시키는 일. ¶一使.

【宣撫工作】せんぶこうさく (선무공작) 대중에게 국가정책을 이해시키며 민심을 안정시키는 활동.

【宣父】せんぽ (선보) 공자(孔子)의 봉호(封號).

【宣誓】せんせい (선서) 공적(公的)으로 맹세함. ¶一文/一式/就任一.

【宣聖】せんせい (선성) 공자(孔子)를 이름. 宣父(선보). 宣尼(선니).

【宣召】せんしょう (선소) 임금의 부름. 宣招(선초).

【宣示】せんじ (선시) ☞公示(공시).

【宣室】せんしつ (선실) ①은(殷)의 궁전 이름. ②한(漢)의 미앙궁(未央宮) 전전(前殿)의 정실(正室).

【宣揚】せんよう (선양) 널리 세상에 드날림. 宣騰

(선등). 顯揚(현양). ¶國威—.
【宣言】せんげん(선언) 세상에 언맹함. 정식으로 표명함. 또는 그 말. ¶—文.
【宣諭】せんゆ(선유) 임금의 훈유(訓諭)를 백성에게 널리 포고함.
【宣淫】せんいん(선음) 공공연하게 음란한 행위를 하고 숨기지 아니함.
【宣傳】せんでん(선전) ①위에서 아래로 명령을 전함. ¶—官. ②말을 퍼뜨림. ③어떤 사물이나 사상, 주의 등을 많은 사람에게 퍼뜨려 설명하여 이해와 공명(共鳴)을 구함.
【宣戰】せんせん(선전) 상대국에 대하여 전쟁을 시작한다는 의사 표시를 함. ¶—布告.
【宣詔】せんしょう(선조) 조서(詔書)를 전(傳)함.
【宣旨】せんじ(선지) 임금의 명령. 詔勅(조칙).
【宣紙】せんし(선지) ☞畫宣紙(화선지).
【宣布】せんぷ(선포) 널리 펴 알림. 公布(공포).
【宣下】せんげ(선하) 조서(詔書)를 내림.
【宣化】せんか(선화) 선정(善政)을 폄. 덕화(德化)를 선포함.
【宣和】せんか・せんわ(선화) ①말하여 원만하게 함. ②송(宋)대의 궁전 이름. ③송(宋) 휘종(徽宗)의 연호(年號).
【宣化堂】(선화당)㊗韓 관찰사(觀察使)가 사무를 보던 정당(正堂).
▷口—, 究—, 明—, 敷—, 不—, 昭—, 述—, 承—, 流—, 翼—, 傳—, 節—, 正—, 振—, 弘—, 曉—

6/9【室】 집 실 |㊀質 ㄕˋ (shi) | しつ(へや) *house, room*

源 **會意·形聲**. 사람이 이르러[至] 사는 집[宀]이란 뜻. 至의 변음이 음을 이룸.
풀이 ①집. 건물. ¶作于楚—<詩經> ②방(房). 거실. ¶由也上於堂矣 未入於—也<孟子> ③거처. ¶歸于其—<詩經> ④아내. ¶三十曰壯 有—<禮記> ⑤칼집. ¶劍長操其—<史記> ⑥가족. 일가. ¶不得罪於巨—<孟子> ⑦구덩이. 무덤. ¶—猶冢壙<詩經·注> ⑧가재(家財). ¶施二師而分其—<國語> ⑨몸. ¶虛—生白<淮南子> ⑩별 이름. 28수(宿)의 하나. ¶—宿.
【室家】しっか(실가) ①집. 또는, 방. ②부부와 가정. 室은 부부가 거처하는 곳. 家는 집안. ¶宜其—<詩經>
【室家之樂】しっかのたのしみ(실가지 락) 부부 사이의 화락.
【室內】しつない(실내) ①방 안. ¶—燈/—運動/—音樂. ②㊗韓 남의 아내의 일컬음.
【室老】しつろう(실로) 가신(家臣)의 우두머리. 家老(가로). 國老(국로).
【室星】しっせい(실성) ☞室宿(실수).
【室宿】しっしゅく(실수) 28수(宿)의 13째 별. 북방 현무 칠수(玄武七宿)의 하나. 음력 10월경 정남에서 보임. 室星(실성).
【室於怒市於色】シツニイカリテイチニイロス(실어노 시어색) 노어실 색어시(怒於室色於市)의 도치. 집에서 성난 사람이 저자에서 분풀이한다는 뜻으로, 갑(甲)에서 난 성을 을(乙)한테 화풀이한다는 뜻. 遷怒(천노).
【室外】しつがい(실외) 방 밖. ↔室內(실내).
【室韋】しつい(실위) 종족 이름. 6세기경에는 만주 북쪽에, 당(唐)대에는 동몽고(東蒙古) 방면에 있었던 거란(契丹)의 별종(別種). 거란에 병합됨.
【室人】しつじん(실인) ①주인. ②처첩(妻妾)의 총칭. ③남편의 자매와 형제의 아내. 시누이와 올케. 집안 사람. 家人(가인). ④자기 아내를 이르는 말. ⑤송(宋)대 부인(婦人)의 봉증(封贈) 칭호.
▷家—, 巨—, 居—, 京—, 瓊—, 繼—, 教—, 麴—, 窟—, 宮—, 記—, 綺—, 煖—, 內—, 路—, 陋—, 茶—, 刀—, 斗—, 茅—, 廟—, 密—, 房—, 病—, 蓬—, 富—, 佛—, 氷—, 事務—, 私—, 祠—, 射—, 產—, 相—, 石—, 宣—, 禪—, 世—, 深—, 堊—, 暗—, 廬—, 營—, 溫—, 臥—, 蝸—, 王—, 浴—, 幽—, 蔭—, 俚—, 翼—, 入—, 蠶—, 藏—, 長夜—, 嫡—, 正—, 帝—, 第—, 澡—, 宗—, 織—, 淸—, 請—, 冢—, 側—, 寢—, 太—, 土—

9【宊】 宎(p. 426)와 同字

9【宧】 宊(p. 433)의 本字

6/9【宥】 용서할 유 |㊁宥 ㄧㄡˋ (you) | ゆう(ユルス) *pardon*

풀이 ①용서하다. 벌하지 아니함. ¶流—五刑<書經> ②돕다. 보좌함. ¶神若—之<漢書> ③권하다. 선물. 식사를 권하는 음악. 通 侑. ¶晋侯朝王 王饗醴 命之—<左氏傳> ④오른쪽. 通 右. ¶—坐之器<荀子> ⑤너그럽고 어질다. 넓고 깊음. ¶夙夜基命—密<詩經>
【宥過無大】ゆうかむだい(유과무대) 과오를 용서하는 데는 큼이 없다는 뜻으로, 큰 죄라도 용서함을 이르는 말.
【宥恕】ゆうじょ(유서) 죄를 용서함. 宥免(유면).
【宥善】ゆうぜん(유선) 좋은 행동을 하도록 권함.
【宥和】ゆうわ(유화) 서로 용서하고 사이 좋게 지냄. ¶—政策.
▷降—, 慶—, 寬—, 貸—, 保—, 赦—, 三—, 洗—, 綏—, 原—, 在—, 全—, 濟—, 蕩—, 特—, 護—

6/9【宧】 방구석 이 |㊀支 ㄧˊ (yi) | い *corner of a room*

9【宋】 寂(p. 441)과 同字

9【穽】 ☞穴部 4획(p. 1116)

9【宮】 害(p. 437)와 同字

6/9【宦】 벼슬 환 |㊂諫 ㄏㄨㄢˋ (huan) | かん(ツカエル) *official rank*

源 **會意**. 관청[宀]에서 신하[臣]의 도리를 한다는 뜻에서, 벼슬함 또는 벼슬아치를 나타냄.

풀이 ①벼슬. 관직. ¶弱年薄—＜南史＞ ②벼슬아치. 관리. ¶群—不平＜唐書＞ ③벼슬살이하다. 섬김. ¶入—於吳＜國語＞ ④배우다. 벼슬살이하는 길을 닦음. ¶—三年矣＜左氏傳＞ ⑤내시(內侍). 환관. ¶豎—充朝＜後漢書＞

【宦官】かんがん(환관) ①궁형(宮刑)을 당하고 궁중에서 일하는 소리(小吏). 천자 및 후궁을 가까이 모시는 관계로 가끔 정치상의 세력을 차지하였음. 宦侍(환시). 宦人(환인). 宦者(환자). ②관리(官吏).

【宦女】かんじょ(환녀) ①궁중에서 일하는 여자 종. 官婢(관비). ②환관(宦官)과 여자. ¶自古—之禍深矣＜五代史＞

【宦德】(환덕)韓 벼슬살이하는 덕으로 생기는 소득.

【宦路】かんろ(환로) 벼슬길. 벼슬살이하는 길.

【宦寺】かんじ(환시) 환관(宦官). 환관에는 환인(宦人)과 시인(寺人)이 있는데, 이의 통칭.

【宦厄】かんやく(환액) 벼슬길의 액운.

【宦海】かんかい(환해) 관리의 사회. 官界(관계).

【宦海風波】かんかいふうは(환해풍파) 관계(官界)에 있으므로 겪는 온갖 어려운 일.

▷內—, 冷—, 名—, 末—, 微—, 薄—, 仕—, 豎—, 閹—, 游—, 戚—, 通—

7 10【家】 1 집 가 2 마나님 고 | 廣 ㄐㄧㄚ (jia) 廣 ㄍㄨ (gu) | か(イエ) こ | house, home

源 會意. 본뜻은 돼지우리. 돼지가 새끼를 많이 낳는 데서, 사람이 모여 사는 곳 곧 집을 나타냄.

풀이 1 ①집. ㉮사람이 사는 건물. ¶平原君—樓臨民—＜史記＞ ㉯가정. 가족. ¶上地—七人＜周禮＞ ㉰남편. ¶罷女無—＜國語＞ ㉱아내. ¶浞又貪夫厥—＜楚辭＞ ㉲가계(家系). 집안의 혈통. ¶克定厥—＜詩經＞ ②일족. 친척. ¶宜其室—＜詩經＞ ③거주(居住)하다. ¶往—焉＜漢書＞ ④도성(都城). 조정(朝廷). ¶國—宮室＜周禮＞ ⑤학파(學派). 학자. ¶罷黜百—＜漢書＞ ⑥전문가. ¶上嘗使諸數—射覆＜漢書＞ ⑦자가(自家). 자기. ¶此—言邪學之所以惡儒者也＜荀子＞ 2 마나님. 通 姑.

【家家戶戶】かかここ(가가호호) 집집이. 세대(世帶)마다.

【家間事】(가간사)韓 집안의 사사로운 일.

【家居】かきょ(가거) ①벼슬하지 않고 집에 있음. ②시집 가지 아니하고 생가(生家)에 있음. ③집. 거처(居處). 家處(가처).

【家格】かかく(가격) 지체. 문벌.

【家慶】かけい(가경) ①집안의 즐거운 일. ②어버이가 건강함을 이름. 具慶(구경).

【家系】かけい(가계) 한 집안의 계통(系統). 血統(혈통).

【家計】かけい(가계) 한 집안의 살림살이. ¶—簿/—費.

【家故】かこ(가고) 집안 일. 집안에 생긴 일.

【家公】かこう(가공) ①남에 대하여 제 아버지, 할아버지, 외할아버지를 이르는 말. ②집 주인.

【家口】かこう(가구) ①가족. 또는, 가족의 수. ②韓 세대(世帶). ¶—數.

【家具】かぐ(가구) 가정의 일상 용구. 家什(가집). ¶—店/—商.

【家君】かくん(가군) ☞家親(가친).

【家眷】かけん(가권) ☞家族(가족).

【家規】かき(가규) 한 집안의 규율. 家憲(가헌).

【家禽】かきん(가금) 집에서 기르는 날짐승. 거위, 닭, 오리 따위.

【家給人足】(가급인족) 집마다 넉넉하고 사람마다 풍족함.

【家內】かない(가내) ①집안. 가족. ②자기의 아내. ③집의 안. ¶—工業/—副業.

【家奴】かど(가노) 사갓집에서 부리는 사내종. 家僕(가복).

【家垈】(가대)韓 ①집터. ②집과 터전.

【家大人】かだいじん(가대인) ☞家親(가친).

【家督】かとく(가독) 한 집안을 이을 맏아들.

【家豚】かとん(가돈) 남에 대한 자기 아들의 일컬음.

【家令】かれい(가령) ①귀족의 집안 일을 맡은 사람. ②벼슬 이름. 태자(太子)를 섬기는 속관(屬官). ③온 집안 식구가 지켜야 할 규율.

【家禮】かれい(가례) ①한 집안의 예법. ②주자가례(朱子家禮)의 준말.

【家老】かろう(가로) ①일족(一族)의 장로(長老). ②가신(家臣)의 우두머리. 家宰(가재).

【家名】かめい(가명) 집안의 명예·명성.

【家母】かぼ(가모) ☞家慈(가자).

【家廟】かびょう(가묘) 한 집안의 사당(祠堂).

【家門】かもん(가문) ①집의 문(門). ②집. 가정. ③대부(大夫)의 일가. 중신의 족벌(族閥). ④가족. ⑤가계(家系). 門閥(문벌). ⑥고향.

【家伯】かはく(가백) 남에게 대하여 제 맏형을 이름. 舍伯(사백).

【家法】かほう(가법) ①사제(師弟)가 전하는 일가(一家)의 학문. ②한 집안의 규율. ③가전(家傳) 비법(祕法).

【家變】かへん(가변) 집안의 재앙. 집안의 변고.

【家寶】かほう(가보) 대대로 내려오는 집안의 보물.

【家僕】かぼく(가복) 집에서 부리는 사내종.

【家父】かふ(가부) ☞家親(가친).

【家夫】かふ(가부) ①남에게 대하여 제 남편을 이름. ②남편이 아내에게 대하여 자기를 이름.

【家貧則思良妻】(가빈즉 사양처) 집이 가난해지면 비로소 어진 아내를 생각하게 됨. ¶—國亂則思良相＜史記＞

【家事】かじ(가사) 집안 일.

【家山】かざん(가산) 고향. 家鄉(가향).

【家產】かさん(가산) 집안의 재산.

【家相】(가상)韓 ①한 집안의 사무를 관리하는 사람의 우두머리. 가신(家臣)의 장(長). ②집의 구조·방향·장소 등을 보아 길흉을 판단하는 일.

【家常茶飯】かじょうさはん(가상다반) 가정에서 평소에 먹는 것이라는 뜻에서, 늘 있는 보통 일을 이름. 家常飯(가상반). 「다반).
【家常飯】かじょうはん(가상반) ☞家常茶飯(가상
【家書】かしょ(가서) ①그 집안에 전해 내려오는 책. 家本(가본). ②집으로 부치는 편지. 또는, 집에서 온 편지. 家信(가신).
【家緖】かしょ(가서) 가전(家傳)의 사업. 家業(가업)①
【家勢】かせい(가세) 집안 형세.
【家屬】かぞく(가속) ①집안 식구. ②남에게 대하여 제 아내를 이름.
【家率】(가솔)㊕ 집안 식구.
【家塾】かじゅく(가숙) ①개인이 경영하는 글방. ②주(周)대의 교육 기관. 여문(閭門) 양쪽에 집을 지어, 여중(閭中)의 자제를 가르치던 곳. 閭는 25채의 집으로 이루어진 마을.
【家乘】かじょう(가승) 한 집안의 역사나 계보(系譜).
【家臣】かしん(가신) 경대부(卿大夫)에게서 벼슬하는 사람. 陪臣(배신). 「②.
【家信】かしん(가신) 집에서 온 소식. 家書(가서)
【家神】かしん(가신) 집안을 지켜주는 신(神).
【家兒】かじ(가아) 남에게 대하여 제 아들을 이름.
【家釀】かじょう(가양) 가정에서 가용(家用)으로 빚은 술. 家醞(가온).
【家語】かご・けご(가어) ①한 집안의 기록. ②「공자가어」(孔子家語)의 약칭.
【家嚴】かげん(가엄) ☞家親(가친).
【家業】かぎょう(가업) ①집안의 직업. 일가 세습(世襲)의 생업(生業). 家緖(가서). ②한 집안의 재산과 문벌(門閥).
【家翁】かおう(가옹) 집의 주인. 호주. 家長(가장)①.
【家用】かよう(가용) ①집안 살림살이에 드는 씀씀이. ②집안에서 씀.
【家運】かうん(가운) 집안의 운수.
【家邑】かゆう(가읍) 주(周)대 대부(大夫)의 영지(領地).
【家人】かじん(가인) ①집안 사람. 가족. ②종. 하인. ③64괘(卦)의 하나. 이하 손상(離下巽上). 한 집안의 안팎이 모두 바른 상(象). ④서민. 백성.
【家人卦】かじんけ(가인괘) ☞家人(가인)③.
【家人子】かじんし(가인자) ①한(漢)대에 양가(良家)의 자녀로 후궁(後宮)에 들어가 직책이 미정인 사람. ②서민의 자식. ③황손(皇孫)의 처(妻).
【家慈】かじ(가자) 남에게 대하여 제 어머니를 이름. 家母(가모). 慈親(자친).
【家作】かさく(가작) 자기 집에서 직접 만들거나 경작함.
【家長】かちょう(가장) ①한 집안의 장(長). 家翁(가옹). 世帶主(세대주). 戶主(호주). ¶一權. ②남편을 정중하게 이르는 말.
【家藏什物】かぞうじゅうもつ(가장집물) 집안의 온갖 세간.
【家財】かざい(가재) 집안의 일상 용구. 또는, 한 집안의 재산. 家貲(가자). 家私(가사).
【家宰】かさい(가재) ☞家老(가로)②.
【家傳】かでん(가전) ①그 집안에 대대로 전하는 것. ②한 집안의 전기(傳記). 家史(가사).
【家傳祕方】かでんひほう(가전비방) 그 집안에만 비밀히 전해 내려오는 처방(處方).
【家丁】かてい(가정) 집에서 부리는 남자 상일꾼. 下人(하인).
【家政】かせい(가정) ①집안 살림을 다스리는 일. ②한 집안의 경제. ¶一學.
【家庭】かてい(가정) ①한 가족을 단위로 하여 살림하고 있는 집안. ¶一經濟/一敎師/一敎育/一訪問/一法院/一小說. ②가족. ③집안의 뜰.
【家政婦】かせいふ(가정부) 일정한 보수를 받고 한 집안 살림에 딸린 일을 하는 여자.
【家丁胡】(가정호)㊕ ①가정 오랑캐. 옛날에 청국 사신이 올 때 하인으로 따라온 막일꾼을 속되게 이르던 말. ②행세를 더럽게 하는 자를 비유하여 이르는 말.
【家弟】かてい(가제) 남에게 대하여 제동생을 이름. 舍弟(사제).
【家族】かぞく(가족) 부부, 부모, 자녀, 형제 등 혈연으로 이루어진 공동체. 家眷(가권). ¶一計劃/一手當/一制度/一會議.
【家尊】かそん(가존) ①남의 아버지를 높이어 이르는 말. ②남에게 대하여 제 아버지를 높이어 이르는 말. 「온 집안.
【家中】かちゅう①・イエじゅう②(가중) ①한 집의 안. ②
【家至戶曉】(가지호효) 집마다 찾아가 깨우쳐 준다는 뜻으로, 널리 알림을 이름. 家至戶告(가지호고).
【家直】(가직)㊕ 과부로서 결혼을 하지 아니하고 다른 남자와 사는 여자. 가지기.
【家畜】かちく(가축) ①집에서 기르는 짐승. ②집에서 기름.
【家親】かしん(가친) 남에 대하여 자기 아버지를 이름. 家君(가군). 家大人(가대인). 家父(가부). 家嚴(가엄). 嚴君(엄군).
【家儈】かかい(가쾌) 토지·가옥 따위의 매매·대차(貸借)를 소개하는 사람. 집주릅. 집거간.
【家宅】かたく(가택) 살림하는 집. ¶一搜索.
【家風】かふう(가풍) 한 집안의 규율과 풍습. 각 가정의 특유한 생활 방식.
【家學】かがく(가학) ①그 집안에 대대로 전해 내려오는 학문. ②집에서 배우는 학문.
【家鄕】かきょう(가향) 고향. 家山(가산).
【家憲】かけん(가헌) ☞家規(가규).
【家兄】かけい(가형) ①남에 대하여 자기 형을 이름. ②금전(金錢)의 이칭. 「세는 말.
【家戶】(가호)㊕ ①호적상의 집. ②집의 수를
【家號】かごう(가호) 집의 명호(名號).
【家訓】かくん(가훈) 조상이 자손에게 남긴 훈계. 家戒(가계). 庭訓(정훈).
▷傾一, 古一, 故一, 高一, 公一, 官一, 國一, 權一, 貴一, 歸一, 農一, 大一, 都一, 道一, 刀圭一, 名一, 墨一, 民一, 邦一, 百乘一, 伐氷一, 梵一, 法一, 兵一, 本一, 夫一, 浮一, 婦一, 富一, 分一, 佛一, 貧一, 私一, 辭一, 山一, 商一, 成一, 世一, 勢一, 小一, 承一, 詩一, 神一, 室一, 實一, 良一, 王一, 外一, 儒一, 六一, 陰陽—, 吏—, 姻—, 隣—, 一—, 自—, 作—, 雜—, 將—, 莊—, 在—, 積善—, 赤松—, 田—, 占—, 齊—, 宗—, 縱橫—, 酒—, 朱門—, 借—, 天—, 樵—, 出—, 宅—, 通—, 寒—, 刑名—, 豪—, 好事—, 畫—, 皇—, 勳—

10〖宼〗 寇(p. 438)의 俗字

7
10〖宮〗 집 궁 | 東 ㄍㄨㄥ (gong) | きゅう, ぐう (イエ) *house, palace*

源 **會意**. 지붕 [宀]과 건물이 여러 채로 된 모양 [呂]으로, 여러 채의 큰 집 곧 궁궐을 나타냄.

풀이 ①집. 가옥. 진한(秦漢) 이후부터 왕의 거처라는 뜻으로 굳어짐. ¶儒有一畝之— <禮記> ②궁궐. 궁전. ¶起明光— <漢書> ③종묘(宗廟). ¶公侯之— <詩經> ④신사(神祠). 신을 위하는 사당. ¶丹陵幸舊— <唐太宗> ⑤담. 울타리. ¶爲—方三百步 <儀禮> ⑥두르다. 에워 싸임. ¶君爲廬—之 <禮記> ⑦후궁(後宮). ¶以陰禮敎六— <周禮> ⑧5음(音)의 첫째. ¶中央土 其音— <禮記> ⑨궁형(宮刑). ¶—罪五百 <漢書> ⑩마음. ¶潔其— <管子> ⑪절. 불사(佛寺). ¶慈波流淨— <梁簡文帝> ⑫널. 관(棺). ¶奉安梓— <後漢書>

【宮車晩駕】きゅうしゃばんが (궁거만가) 임금의 붕어(崩御)를 이름. 宮車晏駕(궁거안가).

【宮禁】きゅうきん (궁금) ①왕궁의 금령(禁令). ②임금이 거처하는 집. 宮闕(궁궐).

【宮內】きゅうない・くない (궁내) ①대궐의 안. ②집의 안. 家內(가내).

【宮女】きゅうじょ (궁녀) 궁중에서 대전(大殿)·내전(內殿)을 가까이 모시던 내명부의 총칭. 宮鬟(궁환). 內人(나인).

【宮詞】きゅうし (궁사) 시(詩)의 한 체(體). 궁내(宮內)의 비사(祕事)나 유문(遺聞)을 풍자적으로 읊은 칠언 절구(七言絶句)의 시.

【宮商角徵羽】きゅうしょうかくちょうう (궁상각치우) 전래(傳來) 음악의 다섯 가지 기본음. 각각 군(君)·신(臣)·민(民)·사(事)·물(物)에 해당.

【宮省】きゅうしょう (궁성) ①궁중의 관청. 상서성(尙書省), 중서성(中書省) 따위. ②궁중(宮中). 禁中(금중).

【宮城】きゅうじょう (궁성) 궁궐과 그 주위.

【宮室】きゅうしつ (궁실) ①집. 가옥(家屋). ②궁전(宮殿). ③처자(妻子). ④묘(廟)와 침실(寢室).

【宮掖】きゅうえき (궁액) ①내전(內殿). 掖은 비빈(妃嬪)이 거처하는 곁채. ②각 궁에 딸린 종.

【宮人】きゅうじん (궁인) 궁녀(宮女).

【宮廷】きゅうてい (궁정) 제왕(帝王)의 거소(居所). 宮庭(궁정).

【宮主】(궁주) 고려 때 백성이 왕비를 이르던 말.

【宮中】きゅうちゅう (궁중) ①대궐 안. ¶—文學. ②집의 안. 家內(가내). ¶舍皆取諸其—而用之 <孟子>

【宮差知】(궁차지) 韓 궁가(宮家)의 사무를 처리하던 직책.

【宮體】きゅうたい (궁체) ①양(梁)의 서이(徐摛)가 시작한 문체(文體)의 이름. 그는 구체(舊體)에 전혀 구애받지 않고 신기한 새로운 문장들을 많이 지었음. ②염체(艶體)의 시(詩). ③韓 궁녀들이 쓰던 한글 글씨체.

【宮合】(궁합) 韓 혼인할 신랑 신부의 사주를 오행에 맞추어 보아 길흉을 점치는 방술(方術).

【宮刑】きゅうけい (궁형) 오형(五刑)의 하나. 사형 다음 가는 중벌. 음란한 남녀에게 과하는 형벌로, 사내는 거세(去勢)하고 계집은 감방에 가두었음. 宮辟(궁벽). 腐刑(부형). 淫刑(음형).

▷監—, 道—, 東—, 桐—, 迷—, 泮—, 梵—, 法—, 守—, 神—, 王—, 龍—, 月—, 帷—, 六—, 隱—, 離—, 琳—, 紫—, 梓—, 齋—, 儲—, 淨—, 帝—, 中—, 震—, 靑—, 春—, 澤—, 便—, 學—, 鶴—, 行—, 黃—, 後—

7
10〖㝗〗 휑뎅그렁할 랑 | 陽 ろう

7
10〖宬〗 서고 성 | 庚 ㄔㄥˊ (cheng) | せい

7
10〖宵〗 밤 소 | 蕭 ㄒㄧㄠ (xiao) | しょう(ヨイ) *night*

풀이 ①밤. ¶—中星虛 <書經> ②작다. 通小. ¶—人重思光 <江淹> ③닮다. 通肖. ¶夫人—天地之貌 <漢書> ④깁. 거친 비단. 通綃. ¶主婦纚笄—衣 <儀禮>

【宵衣旰食】しょういかんしょく (소의간식) 날이 채 밝기 전에 일어나 정복(正服)을 입고, 해가 진 뒤에 저녁밥을 먹는다는 뜻으로, 임금이 정사(政事)에 부지런함을 이름. 宵旰(소간).

【宵燭】しょうしょく (소촉) ①개똥벌레의 이칭. 宵習(소습). ②순(舜)임금의 두 딸인 소명(宵明)과 촉광(燭光).

▷今—, 累—, 奔—, 夙—, 良—, 連—, 元—, 終—, 晝—, 中—, 徹—, 淸—, 春—, 通—

7
10〖宸〗 집 신 | 眞 ㄔㄣˊ (chen) | しん(イエ) *house*

풀이 ①집. 처마. ¶君若不忘周室 而爲敝邑—宇 亦寡人之願也 <國語> ②대궐. ¶風光—掖 <宋書> ③임금에 관한 일에 쓰는 관사(冠詞). ¶求得上皇之—翰 <宋史> ④하늘. 허공. ¶消雰埃於中— <張衡>

【宸鑑】しんかん (신감) ①천자(天子)가 봄. ②천자의 감식(鑑識).

【宸極】しんきょく (신극) ①천자의 거소(居所). ②천자의 자리. 君位(군위). 皇位(황위).

【宸斷】しんだん (신단) 천자의 재단(裁斷). 聖斷(성단). 天斷(천단).

10〖寀〗 審(p. 448)과 同字

10〖案〗 ☞ 木部 6획(p. 767)

7 10〖宴〗 잔치 연 | 霰 ㄧㄢˋ (yan) | えん(ウタゲ) banquet

풀이 ①잔치. ¶一有折俎＜左氏傳＞/祝賀一. ②즐기다. ¶總角之一＜詩經＞ ③편안하다. ¶入一息＜易經＞

【宴樂】えんらく(연락) ①편안히 지내며 즐김. ¶飮食一＜易經＞ ②주연(酒宴)으로 즐김. 宴娛(연오). ③놀이에 빠져 소인들과 가까이 지냄.

【宴席】えんせき(연석) 연회를 베푼 자리. 宴筵(연연). ¶周圍一 坐客皆寒＜開元天寶遺事＞

【宴會】えんかい(연회) 여러 사람이 모여 베푸는 잔치. ¶置酒一＜後漢書＞/一席.

▷嘉一, 酣一, 竟一, 禊一, 高一, 曲水一, 曲一, 內一, 密一, 陪一, 私一, 賜一, 宵一, 送別一, 壽一, 侍一, 息一, 雅一, 押一, 筵一, 侑一, 遊一, 淫一, 祖一, 朝一, 酒一, 祝一, 探春一, 探花一, 披露一, 賀一, 饗一, 歡一, 回甲一, 會一, 休一

10〖窈〗 ☞ 穴部 5획(p. 1116)

7 10〖容〗 얼굴 용 | 冬 ㄖㄨㄥˊ (rong) | よう(スガタ) face

古 宊

풀이 ①얼굴. 모습. ¶孔德之一＜老子＞/一貌. ②꾸미다. ¶居則設張一＜荀子＞ ③몸가짐. ¶不爲一＜儀禮＞ ④받아들이다. ¶一其請託＜後漢書＞/寬一. ⑤담다. ¶一器. ⑥담는 양. 용량(容量). ¶用度數以審其一＜漢書＞ ⑦조용하다. ¶從一. ⑧혹은. ¶一有非常＜後漢書＞ ⑨어찌. ¶苟時未可 一得已乎＜魏志＞

【容車】ようしゃ(용거) ①안이 보이지 않도록 휘장을 드리운 여자용 수레. ②사자(死者)를 옮기는, 장식을 한 수레. ¶朱輪一＜後漢書＞

【容共】ようきょう(용공) 공산주의 또는 공산 세력의 정책을 받아들이는 일. ¶一勢力.

【容器】ようき(용기) 물건을 담는 그릇.

【容納】ようのう(용납) 남의 요청·주장을 받아들임. 容受(용수).

【容量】ようりょう(용량) 담은 양. 또는, 내용의 분량. 容積(용적).

【容貌】ようぼう(용모) 얼굴 모습. 容狀(용상). ¶一端正＜漢書＞

【容赦】ようしゃ(용사) ①용서함. ¶無所一＜隋書＞ ②너그럽게 받아줌. 寬容(관용).

【容色】ようしょく(용색) 용모와 자태. 容姿(용자). ¶享禮有一＜論語＞

【容恕】ようじょ(용서) 잘못의 책임을 없애 주어, 꾸짖지 아니함. 容赦(용사).

【容成】ようせい(용성)《人》 황제(黃帝)의 사관(史官). 장생술(長生術)을 터득하고 처음으로 율력(律曆)을 만들었다 함.

【容儀】ようぎ(용의) 몸가짐과 행동거지. 禮容(예용). ¶成帝善修一＜漢書＞

【容疑者】ようぎしゃ(용의자) 범죄의 혐의를 받고 있는 사람.

【容易】ようい(용이) 쉬움. 매우 쉬움. ¶包衆一謂之裕＜新書＞

【容認】ようにん(용인) 용납하여 인정함. 認容(인용).

【容姿】ようし(용자) 용모와 자태. 容色(용색). 姿容(자용). ¶一趨步＜後漢書＞

【容積】ようせき(용적) 속에 담을 수 있는 부피. 容量(용량).

【容止】ようし(용지) 몸가짐과 행동거지. 容儀(용의). ¶一可觀＜漢書＞

【容態】ようたい(용태) 얼굴 모양과 몸맵시. 용모와 태도. ¶一温柔＜蘇軾＞

【容喙】ようかい(용훼) 말참견을 함. 입을 놀림. 開喙(개훼).

▷兼一, 輕一, 寬一, 苟一, 舊一, 內一, 目一, 美一, 色一, 先一, 聲一, 收一, 受一, 殊一, 顔一, 御一, 言一, 餘一, 禮一, 慍一, 婉一, 威一, 音一, 儀一, 理一, 認一, 姿一, 壯一, 從一, 眞一, 春一, 惰一, 包一, 風一, 含一, 許一, 形一, 華一, 回一, 喜一

7 10〖宰〗 벼슬아치 재 | 賄 ㄗㄞˇ (zai) | さい(ツカサ) official

古 宷

풀이 ①벼슬아치. ¶乃命一祝＜禮記＞/一相. ②다스리다. ¶一割天下＜史記＞ ③도살하다. ¶損膳省一＜漢書＞ ④무덤. 通 冢.

【宰輔】さいほ(재보) ☞ 宰相(재상).

【宰府】さいふ(재부) 재상(宰相)이 집무하는 관아. ¶臣自在一＜蔡邕＞

【宰社】さいしゃ(재사) 남의 일을 주선하고 돌보아 주는 사람.

【宰相】さいしょう(재상) 임금을 보필하여 백관을 통솔하는 최고의 벼슬. 丞相(승상). 宰輔(재보). 宰匠(재장)②. 宰衡(재형).

【宰臣】さいしん(재신) 권력있는 관원. 重臣(중신).

【宰人】さいじん(재인) ①요리사. ¶一上食＜莊子＞ ②벼슬 이름. 총재(冢宰)의 속관(屬官). ③관리. ¶子服景伯戒一＜國語＞

【宰匠】さいしょう(재장) ①기물을 만드는 사람. 宗匠(종장). ②임금을 보필하여 천하를 다스리는 사람. 丞相(승상). ③통솔함.

【宰衡】さいこう(재형) ☞ 宰相(재상).

▷家一, 卿一, 宮一, 大一, 屠一, 膳一, 守一, 元一, 邑一, 里一, 匠一, 朝一, 主一, 州一, 眞一, 天一, 冢一, 總一, 太一, 台一, 衡一, 洪一

10〖宗〗 寂(p. 441)의 訛字

10〖窅〗 ☞ 穴部 5획(p. 1116)

7 10〖害〗 1 해칠 해 2 어찌 갈 | 泰 ㄏㄞˋ (hai) 曷 | がい(ソコナウ) injure

同 害

풀이 1 ①해치다. 죽임. ¶以文毋一＜漢書＞/殺一. ②손해. 재해. ¶損以遠一＜易經＞ ③훼방하다. ¶三時不一＜左

氏傳> ④시기하다. ¶心一其能<史記> ⑤요해처(要害處). ¶守位以仁 不恃隘一<張衡>/要一. 2①어찌. 어느. 의문 조사. 通何. ¶時日一喪<孟子> ②어찌 …하지 않느냐. 通盍.

【害毒】がいどく(해독) 해와 독. 사물을 망치거나 장해를 끼침.

【害心】がいしん(해심) ①남을 해치려는 나쁜 마음. 害意(해의). ¶極有一<法苑珠林> ②살의(殺意).

【害惡】がいあく(해악) 남을 해하는 악행(惡行).

【害意】がいい(해의) ☞ 害心(해심).

【害蟲】がいちゅう(해충) 사람, 농작물 등에 해를 끼치는 벌레. ↔益蟲(익충).

▷加一, 劫一, 公一, 剋一, 忌一, 冷一, 惱一, 毒一, 無一, 迫一, 妨一, 殺一, 傷一, 霜一, 損一, 水一, 實一, 隘一, 厄一, 要一, 危一, 有一, 利一, 自一, 災一, 阻一, 賊一, 慘一, 天一, 侵一, 弊一, 風一, 被一, 旱一, 險一, 酷一, 患一, 凶一.

11〖[宀/居]〗居(p. 466)와 同字

8/11〖寇〗도둑 구 | 宥 ㄎㄡˋ (kou) | こう(アタ) *thief*

俗 冦 同 𡨥

풀이 ①도둑. ¶一賊姦宄<書經> ②원수. 적(敵). ¶哀一亂<周禮> ③약탈하다. ¶匈奴一邊<十八史略>

【寇賊】こうぞく(구적) 국경을 침범하는 도둑. ¶罔不一<書經>

【寇敵】こうてき(구적) ①외적(外敵). ¶一略定矣<後漢書> ②원수. 寇讐(구수).

【寇患】こうかん(구환) 적의 침구(侵寇)로 인한 손해. 또는, 외침의 근심. ¶一轉盛<後漢書>

▷彊一, 窮一, 劇一, 內一, 邊一, 兵一, 伏一, 司一, 倭一, 外一, 侵一

11〖冦〗寇(p. 438)와 同字

8/11〖寄〗부칠 기 | 寘 ㄐㄧˋ (ji) | き(ヨセル) *send*

풀이 ①부치다. 보냄. ¶前以一匹錦相一<南史>/一書. ②맡기다. ¶令可以一政<國語> ③기대다. 의지함. ¶未知所一<後漢書>/一生. ④위임하다. ¶任天下之一<漢書>

【寄豭】きか(기가) 남의 아내를 범함. 有夫姦(유부간). ¶夫爲一 殺之無罪<史記>

【寄客】きかく(기객) 남의 집에 기식함. 食客(식객).

【寄居】ききょ(기거) ①임시로 거처함. 또는, 그 거처. 寓居(우거). ¶一丘亭<漢書> ②소라게. 寄居蟲(기거충).

【寄稿】きこう(기고) 글이나 원고를 신문사 같은 데에 보냄. 寄書(기서). ※投稿(투고).

【寄公】きこう(기공) 나라를 잃고 남의 나라에 몸을 의탁하고 있는 군주(君主). 寓公(우공).

【寄口】きこう(기구) 남의 집에 붙어 사는 사람.

【寄留】きりゅう(기류) ①본적지(本籍地) 이외의 곳에 거처하는 일. ②임시로 거주함. 寄寓(기우)②. 寓居(우거).

【寄命】きめい(기명) ①국정(國政)을 맡김. ②몸을 의탁함. ¶冀一於餘壽<杜篤> ③현세(現世)에 임시로 의탁한 목숨. ¶一終盡<晋書>

【寄付】きふ(기부) ①남에게 물건을 거저 줌. 寄附(기부)①. ¶一汝手<迦葉經> ②의지함. 부탁함. ¶無所一<曹冏>

【寄附】きふ(기부) ①남에게 금품을 거저 줌. 寄付(기부)①. ②공공 사업 등을 위해 금품을 무상으로 제공함. ¶一行爲.

【寄生】きせい(기생) ①남에게 의지하여 삶. ¶一於南岳<司馬彪> ②다른 동식물에 붙어 영양분을 얻어서 삶. ¶一蟲/一物. ③담쟁이덩굴.

【寄書】きしょ(기서) ①편지를 부침. ¶肯一來否<賈島> ②신문사 등에 원고를 보냄. 寄稿(기고).

【寄宿】きしゅく(기숙) 남의 집에 침식을 의탁함. 寄寓(기우). ¶一鄕亭<後漢書>/一舍.

【寄食】きしょく(기식) 남의 집에 밥을 붙여 먹음. 또는, 식객(食客) 노릇을 함. ¶常從人一<漢書>

【寄語】きご(기어) 인편에 말을 전함. 傳言(전언). 寄言(기언). ¶一邊塞人<孟郊>

【寄與】きよ(기여) ①보내어 줌. 贈與(증여). ②이바지함. 貢獻(공헌).

【寄寓】きぐう(기우) ①얹혀 지냄. 또는, 그 사람. 寄坐(기좌). ¶正戶貧而一富<韓非子> ②임시로 거처함. 또는, 그 거처. 寄留(기류)②. ¶國無一<國語>

【寄贈】きぞう(기증) 물품을 거저 제공함.

【寄託】きたく(기탁) ①몸을 의탁함. ¶一人家<論衡> ②부탁. 委託(위탁). ¶一物/一者. ③말에 다른 뜻을 내포시켜서 말함. 諷刺(풍자). ④임치(任置).

【寄航】きこう(기항) 항해중인 배가 항구에 들름. 寄港(기항).

▷高一, 邊一, 浮一, 深一, 委一, 任一, 朝一, 柱一, 重一, 請一, 寵一, 親一, 託一, 投一

11〖寍〗寧(p. 444)의 俗字

8/11〖密〗빽빽할 밀 | 質 ㄇㄧˋ (mi) | みつ(ヒソカ) *thick, secret*

同 宻 峆

풀이 ①빽빽하다. ¶一雲不雨<易經>/一林. ②자세하다. ¶傳人則一<周禮>/綿一. ③은밀하다. ¶天地一移<列子>/一會. ④숨기다. ¶幾事不一<易經>/祕一. ⑤조용하다. ¶京室一淸<張衡> ⑥편안하다. ¶止旅乃一<詩經> ⑦가깝다. ¶一邇於天子<國語>

【密計】みっけい(밀계) 은밀한 계책. 密謀(밀모). 密策(밀책). ¶一甚多<唐書>

【密啓】みっけい(밀계) 비밀히 아룀. 은밀한 상주(上奏). ¶人皆有一＜宋史＞
【密告】みっこく(밀고) 몰래 일러바침.
【密敎】みっきょう(밀교) ①《佛》 대일 여래(大日如來)를 본존(本尊)으로 하는 진언 비밀(眞言祕密)의 교파. ↔顯敎(현교). ②임금이 은밀히 내린 교서.
【密談】みつだん(밀담) 몰래 나누는 이야기.
【密度】みつど(밀도) ①정밀한 척도(尺度). ¶更造一＜漢書＞ ②단위 용적(單位容積)에 들어 있는 물체의 질량(質量)이나, 소밀(疎密) 정도. ¶人口一.
【密獵】みつりょう(밀렵) 불법으로 몰래 사냥함.
【密林】みつりん(밀림) 나무가 빽빽이 들어선 숲. ¶一含餘淸＜謝靈運＞/一地帶.
【密賣】みつばい(밀매) 불법으로 몰래 팖. ¶一淫/一品.
【密命】みつめい(밀명) 비밀 명령. 密令(밀령). ¶專掌一＜五代史＞
【密報】みっぽう(밀보) 몰래 알림. 비밀 보고.
【密封】みっぷう(밀봉) 단단히 봉함. 嚴封(엄봉).
【密夫】みっぷ(밀부) 유부녀와 간통한 남자. 姦夫(간부).
【密符】みっぷ(밀부) ①《佛》 스승이 제자에게 내밀히 법을 알려주는 일. ②병란이 일어나면 곧 응전할 수 있도록 유수(留守), 방어사(防禦使) 등에게 내리던 병부(兵符).
【密婦】みっぷ(밀부) 간통한 여자. 情婦(정부). 姦婦(간부).
【密使】みっし(밀사) 은밀하게 보내는 사자(使者). ¶一相尋＜盧思道＞
【密事】みつじ(밀사) 은밀한 일. ¶軍國一＜吳志＞
【密生】みっせい(밀생) 빽빽하게 남.
【密書】みっしょ(밀서) 비밀 문서. 또는, 내밀한 편지. 祕書(비서). 密札(밀찰). ¶詐降一＜吳志＞
【密船】みっせん(밀선) 불법으로 몰래 다니는 선박.
【密疏】みっそ(밀소) 은밀히 의견을 상주(上奏)함. 또는, 내밀한 상서(上書). ¶師有一未屛也＜蘇軾＞
【密送】みっそう(밀송) 비밀리에 보냄.
【密須】みっしゅ(밀수) 나라 이름. 은(殷)대의 길성(姞姓)의 나라. 주(周)의 문왕(文王)에게 망함.
【密輸】みつゆ(밀수) 불법으로 몰래 물건을 수입·수출함. ¶一品/一犯.
【密室】みっしつ(밀실) ①《佛》 사방을 막은 방. ¶一中燈＜止觀＞ ②밀폐하여 출입을 금한 방. 또는, 남이 모르게 된 방.
【密約】みつやく(밀약) 내밀히 약속함. 또는, 비밀 약속. ¶一已定＜宋史＞
【密語】みつご(밀어) ①내밀히 하는 말. 남이 알아듣지 못하게 소곤대는 말. 密談(밀담). 密話(밀화). ¶召見一＜漢書＞ ②《佛》 밀교(密敎)에서 여래(如來)의 교의(敎義)를 설법하는 말. 또는, 밀교의 다라니(陀羅尼).
【密雲不雨】みつうんふうらず(밀운불우) 구름이 짙으나 비는 오지 않는다는 뜻으로, 조짐뿐이고 일이 이루어지지 않음. 또는, 혜택이 아래에는 미치지 못함의 비유.
【密諭】みつゆ(밀유) ①은밀히 내리는 임금의 명령. 密旨(밀지). ②넌지시 타이름.
【密意】みつい(밀의) ①숨은 뜻. 은밀한 의도. ¶一眼中來＜徐陵＞ ②《佛》 부처의 깊은 뜻.
【密議】みつぎ(밀의) 내밀하게 의논함. 또는, 그 의논. ¶參奉一＜唐書＞
【密印】みついん(밀인) ①옛날, 사후(死後)의 증관(贈官) 때 내리던 납인(蠟印). 蜜印(밀인). ②《佛》 제불 보살(諸佛菩薩)이 각각 양손의 손가락으로 본원(本願)을 나타내 보이는 인계(印契).
【密入國】みつにゅうこく(밀입국) 몰래 입국함. 또는, 그 일.
【密接】みっせつ(밀접) ①빈틈없이 꼭 붙음. ②관계가 아주 깊음.
【密偵】みってい(밀정) 몰래 남의 동정을 정탐함. 또는, 그 사람.
【密造】みつぞう(밀조) 몰래 만듦. 密製(밀제).
【密詔】みっしょう(밀조) 내밀한 조서(詔書).
【密酒】(밀주) 허가없이 몰래 빚은 술.
【密旨】みっし(밀지) 내밀히 내린 칙지(勅旨). 密指(밀지). ¶常承一歸家少＜王建＞
【密直】みっちょく(밀직) 치밀하고 정직함. ¶一如髮也＜詩經·注＞
【密集】みっしゅう(밀집) 빽빽하게 모임. ¶曲宴一＜抱朴子＞
【密着】みっちゃく(밀착) 빈틈없이 단단히 붙음.
【密策】みっさく(밀책) ☞密計(밀계).
【密叢】みっそう(밀총) 촘촘히 남. 빽빽이 무성함.
【密勅】みっちょく(밀칙) 비밀히 내리는 칙지(勅旨). 內勅(내칙). 密詔(밀조). ¶別有一＜梁書＞
【密探】(밀탐) 몰래 남의 움직임을 정탐함. 內探(내탐).
【密通】みっつう(밀통) ①남녀가 떳떳하지 못하게 정을 통함. ②형편을 몰래 알려줌.
【密派】みっぱ(밀파) 비밀리에 파견함.
【密閉】みっぺい(밀폐) 틈새 없이 꼭 닫음.
【密航】みっこう(밀항) 불법으로 몰래 해외로 도항(渡航)함. ¶一者.
【密行】みっこう(밀행) ①몰래 나다님. ②수상한 사람 등의 뒤를 밟음. ※尾行(미행). ③목적지에 몰래 감. ④《佛》 계(戒)를 철저히 지켜 수도함.
【密話】みつわ(밀화) ☞密語(밀어)①.
【密會】みっかい(밀회) ①몰래 회합함. ②남녀가 남의 눈을 피하여 몰래 만남. ③마음으로 서로 통함. ¶心靈一＜崔融＞
▷近一, 禁一, 機一, 緊一, 內一, 篤一, 綿一, 蒙一, 茂一, 微一, 祕一, 三一, 詳一, 纖一, 細一, 疎一, 碎一, 神一, 愼一, 深一, 嚴一, 宥一, 隱一, 陰一, 精一, 稠一, 周一, 綢一, 樞一, 緻一, 親一

11〖㝥〗 叟(p. 259)와 同字

11〖㝥〗 叟(p. 259)와 同字

8 11〖宿〗 1 묵을 숙 2 별자리 수 3 고을이름 척 | 唐ㄙㄨˋ (su) 中ㄒㄧㄡˋ 國(xiu) | しゅく (ヤド) しゅう せき

本宿

源 會意・形聲. 집[宀]에서 여럿이 끼어 잔다[佰]는 뜻. 「佰」이 음을 이룸.

풀이 1 ①묵다. ¶—留海上<漢書>/—泊. ②머무는 집. ¶—有路室<周禮> ③망설이다. ¶子路無—諾<論語> ④오래다. ¶有—草<禮記>/—患. ⑤거듭하다. ¶不—戒<儀禮> ⑥지키다. ¶—衛. ⑦재계(齋戒)하다. 通 肅. ¶三日—<禮記> ⑧훈계하다. ¶宮宰—夫人<禮記> 2 별자리. 성수(星宿). ¶星—. 3 고을 이름. 춘추(春秋) 시대 위(衛)의 한 읍(邑).

【宿耆】しゅくき (숙기) 덕망이 있는 노인. 耆宿(기숙).

【宿德】しゅくとく (숙덕) 덕망 있는 노인. ¶名儒—<漢書>

【宿老】しゅくろう (숙로) 경험이 풍부하고 사리(事理)에 밝은 노인. 耆老(기로). 耆宿(기숙). ¶有德—<北史>

【宿望】しゅくぼう (숙망) ①전부터의 명망(名望). 또는, 오랜 명망이 있는 사람. ¶朝廷推爲—<唐書> ②오랜 소망. 宿願(숙원).

【宿命】しゅくめい (숙명) ①타고난 운명. 宿運(숙운). ②《佛》 과거의 인연(因緣)에 따른 운명.

【宿泊】しゅくはく (숙박) 여관이나 남의 집에 머무름.

【宿報】しゅくほう (숙보) 《佛》 전세(前世)의 업인(業因)에 따라 금세(今世)에서 받는 과보(果報). 業報(업보).

【宿分】しゅくぶん (숙분) 전세에서부터 정해진 운명. 宿命(숙명). ¶皆是—<才鬼記>

【宿舍】しゅくしゃ (숙사) 숙박하는 집. 宿栖(숙서).

【宿昔】しゅくせき (숙석) ①옛날부터. 종래. 夙昔(숙석). ¶可懷—<後漢書> ②하룻밤. 宿夕(숙석). ¶—而死<戰國策> ③일조일석(一朝一夕)이 아님. ¶—習弄<論衡>

【宿世】しゅくせ・すくせ (숙세) 《佛》 전세(前世). ¶—因緣<法華經>

【宿所】しゅくしょ (숙소) 묵고 있는 곳. 宿處(숙처).

【宿食】しゅくしょく (숙식) ①전날 지은 밥. ¶此有—<北周書> ②자고 먹고 함. 寢食(침식).

【宿惡】しゅくあく (숙악) ☞ 舊惡(구악).

【宿女眞】(숙여진) 요(遼)에 잘 복종하던 여진족. ↔生女眞(생여진).

【宿緣】しゅくえん (숙연) 전세(前世)부터의 인연. 宿因(숙인). 宿會(숙회). ¶—是畏<何承天>

【宿營】しゅくえい (숙영) 군대가 머무는 곳. 陣所(진소). ¶—之甲<韓非子>/—地.

【宿怨】しゅくえん (숙원) ①전부터의 원한. 宿恨(숙한). ¶懷—而不戰<管子> ②원한을 품음. ¶無藏怒 無—<漢書>

【宿願】しゅくがん (숙원) ①전부터의 소원. 宿望(숙망)②. ¶孤負—<李白> ②《佛》 전부터의 본원(本願).

【宿衛】しゅくえい (숙위) 밤에 숙직하여 지킴. ¶—王宮<周禮>

【宿儒】しゅくじゅ (숙유) 연로하고 명망 있는 학자. 宿學(숙학). 老儒(노유). ¶—大人<後漢書>

【宿因】しゅくいん (숙인) 전세(前世)부터의 인연. 宿緣(숙연). ¶—無失壞<華嚴經>

【宿將】しゅくしょう (숙장) 전쟁에 다년간의 경험이 있는 대장(大將). 老將軍(노장군). ¶—舊卒<曹植>

【宿敵】しゅくてき (숙적) 오래전부터의 적.

【宿題】しゅくだい (숙제) ①시회(詩會)에서 미리 내주는 시제(詩題). ↔席上題(석상제). ②학교 등에서 미리 내주는 과제(課題). ③두고 생각할 문제.

【宿鳥】しゅくちょう (숙조) 보금자리에 든 새. 寐鳥(매조). ¶林風移—<吳融>

【宿主】しゅくしゅ (숙주) 기생하는 동식물에게 영양분을 주는 동식물. 寄主(기주). ↔寄生物(기생물).

【宿直】しゅくちょく (숙직) 관공서 등에서, 교대로 야간의 도난・화재 등을 경계하며 안전을 지키는 근무.

【宿疾】しゅくしつ (숙질) ☞ 宿患(숙환).

【宿次】しゅくじ (숙차) 숙박함. 하룻밤 묵는 것을 숙(宿), 이틀밤 묵는 것을 신(信), 사흘 이상 묵는 것을 차(次)라 불렀음.

【宿滯】(숙체) 韓 오래 묵은 체증.

【宿醉】しゅくすい (숙취) 전날 마신 술이 깨지 않음. ¶定是風光牽—<沈佺期>

【宿弊】しゅくへい (숙폐) 오래전부터의 나쁜 습관. 오래된 폐단. ¶鉏—<唐書>

【宿學】しゅくがく (숙학) ☞ 宿儒(숙유).

【宿恨】しゅくこん (숙한) ☞ 宿怨(숙원)①.

【宿患】しゅくかん (숙환) 오래 된 병. 宿痾(숙아). 宿疾(숙질).

▷歸—, 耆—, 寄—, 老—, 露—, 累—, 屯—, 名—, 目—, 棲—, 星—, 信—, 野—, 旅—, 温—, 寓—, 留—, 二十八—, 再—, 齋—, 中—, 止—, 直—, 辰—, 草—, 託—, 投—, 下—, 合—

11〖宿〗 宿(p. 439)의 本字

8 11〖冤〗 원통할 원 | 冠 ㄩㄢ (yuan) | えん *chagrined*

本 寃

풀이 ①원통하다. 불만. ¶孔魄抱深—<韓愈> ②누명을 쓰다. 무고한 죄. ¶天下無—民<漢書> ③굽다. 굽힘.

【冤鬼】えんき (원귀) 무고한 죄로 죽은 사람의 귀신.

【冤淚】えんるい (원루) 억울하여 흘리는 눈물.

【冤伏】えんぷく (원복) 억울하게 누명을 씀. ¶—陵窘<枚乘>

【冤死】えんし (원사) 무고한 죄로 억울하게 죽음. ¶大臣—者<後漢書>

【冤獄】えんごく (원옥) 무고한 죄로 투옥됨. ¶擧賢良平—<漢書>

【冤痛】えんつう (원통) 분하고 억울함. ¶孤魂—<魏志>

【冤魂】えんこん (원혼) 무고한 죄로 죽은 사람의 넋. ¶沒命戰場 —不及<魏志>

▷結—, 煩—, 讐—, 伸—, 深—, 幽—, 理—, 至—, 直—, 沈—, 侵—

8 11〖寅〗 세째 지지 인 | 圓 ㄧㄣˊ (yin) | いん(トラ)

本 寅

풀이 ①세째 지지(地支). 달로는 정월, 방위로는 동북간, 시간으로는 새벽 3시부터 5시 사이, 오행으로는 목(木). ②동료. ¶同一/一誼. ③공경하다. ¶夙夜惟一<書經> ④지하수(地下水).

【寅年】いんねん(인년) 태세(太歲)의 지지(地支)가 인(寅)인 해. 범띠 해.

【寅念】いんねん(인념) 삼가 생각함. ¶不永一于祀<書經>

【寅末】(인말) 인시(寅時)의 끝. 새벽 5시.

【寅方】いんぽう(인방) 24방위(方位)의 하나로, 동동북(東東北).

【寅生】トラノウマレ(인생) 태세(太歲)의 지지가 인(寅)인 해에 태어난 사람.

【寅時】トラノトキ(인시) 새벽 3시부터 5시 사이.

【寅月】いんげつ(인월) 음력 정월의 이칭.

【寅日】いんじつ(인일) 일진(日辰)의 지지가 인(寅)인 날.

【寅正】(인정) 인시(寅時)의 중간. 곧, 새벽 4시.

【寅坐】いんざ(인좌) 집터나 묏자리로, 인방(寅方)을 등진 자리.

【寅坐申向】いんざしんこう(인좌신향) 집터 따위가 인방(寅方)을 등지고 신방(申方)을 바라보는 좌향(坐向).

【寅初】(인초) 인시(寅時)의 처음. 새벽 3시 직후.

8 11〖寁〗 빠를 잠 | 感 ㄗㄢˇ (zan) | さん(スミヤカ) *fast*

11〖𡨄〗 宰(p.437)의 古字

8 11〖寂〗 고요할 적 | 錫 ㄐㄧˊ (ji) | せき, じゃく (シズカ) *quiet*

同 宗

源 **會意・形聲**. 집[宀] 안에서 목소리가 작다[叔]는 뜻. 叔의 변음이 음을 이룸.

풀이 ①고요하다. 쓸쓸함. ¶一兮寥兮<老子>/一寞. ②편안하다. ③(佛) 열반(涅槃). ¶入一.

【寂光】じゃっこう(적광)(佛) ①진리의 적정(寂靜)과 진지(眞智)의 빛. ¶爲此一所照<大日經疏> ②적광 정토(寂光淨土)의 빛. 寂光土(적광토).

【寂光土】じゃっこうど(적광토)(佛) 사종 불토(四種佛土)의 하나. 중생이 해탈하여 구경각(究竟覺)에 달한 경지. 常寂光土(상적광토). 寂光淨土(적광정토).

【寂念】せきねん①・じゃくねん②(적념) ①고요하고 쓸쓸한 감회. 寂慮(적려). ¶一啓玄門<劉孝孫> ②(佛) 적정(寂靜)을 생각함. 禪定(선정). ¶不失一及諸靜慧<圓覺經>

【寂慮】せきりょ(적려) ☞ 寂念(적념)①.

【寂寥】せきりょう(적료) ☞ 寂寞(적막).

【寂寞】せきばく(적막) 고요하고 쓸쓸한 모양. 또는, 형태도 소리도 없는 모양. 寂泊(적박). 寂漠(적막). 寂寥(적료). 寂歷(적력). ¶虛無一<新語> ※じゃくまく

【寂滅】せきめつ①・じゃくめつ②(적멸) ①사라져 없어짐. 消滅(소멸). ¶一無聞<隋書> ②(佛) 번뇌를 벗어나고 생사의 누(累)를 끊은 경지. 열반(涅槃)의 의역(意譯). ¶一切法皆悉一<維摩經>

【寂滅道場】じゃくめつどうじょう(적멸도량)(佛) 석가가 깨달음을 얻은, 이련선하(尼連禪河) 강변의 도량. 寂場(적량).

【寂默】せきもく①・じゃくもく②(적묵) ①조용함. ¶獨居久一<韓愈> ②(佛) 조용히 명상함. 또는, 석가의 존칭.

【寂寂】せきせき・じゃくじゃく(적적) 고요하고 쓸쓸한 모양. 寂然(적연).

【寂靜】せきせい①・じゃくじょう②(적정) ①속세를 떠나 조용함. ¶離俗一<唐書> ②(佛) 번뇌를 벗어나고 고환(苦患)을 끊음. 곧, 열반(涅槃)에 이르는 길.

【寂照】じゃくしょう(적조)(佛) 진리의 본체(本體)와 그 작용.

【寂天寞地】せきてんばくち(적천막지) 천지가 고요함. 사물이 밀장(密藏)되어 조금도 움직임이 없는 상태의 비유.

▷枯一, 孤一, 空一, 歸一, 愁一, 蕭一, 淳一, 示一, 晏一, 圓一, 幽一, 淪一, 入一, 靜一, 沖一, 沈一, 閑一, 虛一, 玄一

11〖窒〗 ☞ 穴部 6획(p.1117)

11〖窓〗 ☞ 穴部 6획(p.1117)

8 11〖寀〗 녹봉 채 | 賄 ㄘㄞˇ (cai) | さい *stipend*

11〖𡨋〗 靑(p.1607)의 古字

11〖寑〗 寢(p.447)의 古字

12〖窖〗 ☞ 穴部 7획(p.1117)

12〖寍〗 寧(p.444)의 古字

9 12〖寐〗 잠잘 매 | 寘 ㄇㄟˋ (mei) | び(ネル) *sleep*

本 寐

풀이 ①잠자다. ¶歸寢不一<國語>/夢一. ②곤들매기. 연어과의 민물고기.

【寐語】びご(매어) 잠꼬대. 囈語(예어).

▷假一, 覺一, 監一, 夢一, 睡一, 熟一, 失一, 寤一, 潛一, 坐一, 寢一, 昏一

12〖𡪭〗 苗(p.1272)의 古字

9 12〖富〗 가멸 부 | 宥 ㄈㄨˋ (fu) | ふ, ふう(トム) *rich*

俗 冨

풀이 ①가멸다. 재물이 넉넉함. ¶一而無驕 貧而無諂<論語>/一裕. ②재보(財寶). ¶一潤屋<大學> ③복. 행운. ¶維昔之一<詩經> ④韓 부하다. 몸이 뚱뚱함. ⑤韓 젊다. 살 나이가 많음. ¶年一力強.

【富強】ふきょう(부강) 나라의 살림이 넉넉하고 힘이 셈. 富彊(부강). ¶國以一<史記>

【富鑛】ふこう(부광) 품질이 좋은 광석.

【富國】ふこく(부국) ①재물이 풍부한 나라. ②나라를 부유하게 만듦. ¶上則―<史記>/―強兵/―安民/―策.

【富貴】ふうき(부귀) 재산이 많고 지위가 높음. ¶―在天<論語>/―功名/―榮華.

【富貴他人合貧賤親戚離】(부귀타인합 빈천친척리) 부귀하면 남도 모여들고 빈천하면 친척도 떨어져 나감.

【富貴花】ふうきか(부귀화) ①모란(牡丹)의 이칭. ②해당화(海棠花)의 이칭. ¶共賞人間―<陸游>

【富農】ふのう(부농) 부유한 농민. ↔貧農(빈농).

【富力】ふりょく(부력) ①재산을 가진 정도. ②재산의 힘. 財力(재력). ¶欲誇―壓群豪<歐陽脩>

【富民】ふみん(부민) ①부유한 백성. ¶―之怨<漢書> ②백성을 부유하게 함. ¶王者―<荀子>

【富商】ふしょう(부상) 자본이 많은 상인.

【富商大賈】ふしょうだいこ(부상대고) 자본이 많은 상인.

【富庶】ふしょ(부서) 백성이 많고 부유함. ¶賀生靈於―<呂温>

【富翁】ふおう(부옹) 부자인 노인. 富家翁(부가옹).

【富裕】ふゆう(부유) 재산이 많아 살림이 넉넉함. 富饒(부요). ¶―層.

【富潤屋】トミハオクヲウルオス(부윤옥) 재산이 많으면 저절로 집이 훌륭해짐. ¶― 德潤身<大學>

【富益富】トミマスマストム(부익부) 부자일수록 더욱 부자가 됨. ↔貧益貧(빈익빈).

【富者】ふしゃ(부자) 재산이 많은 사람.

【富者不仁仁者不富】ふしゃハじんナラズじんしゃハトマズ(부자불인인자불부) 부자에게는 어짊이 없고, 인자(仁者)는 재물이 없음. 부와 인(仁)은 겸비하기 어려움을 이름.

【富在知足】トミハタルヲシルニアリ(부재지족) 부는 족함을 아는 데 있음. ¶― 貴在求退<說苑>

【富村】ふそん(부촌) 주민들의 살림이 넉넉한 마을. ↔窮村(궁촌)·貧村(빈촌).

【富春秋】しゅんじゅうニトム(부춘추) 나이가 어림. 富於春秋(부어춘추).

【富戶】ふこ(부호) 부자집. 富家(부가).

【富豪】ふごう(부호) 재산이 많은 사람. ¶―皆爭匿財<漢書>

▷奸―, 甲―, 彊―, 巨―, 宏―, 國―, 貴―, 末―, 美―, 繁―, 本―, 貧―, 詳―, 安―, 淵―, 榮―, 饒―, 雄―, 殷―, 資―, 猝―, 昌―, 沖―, 暴―, 豊―, 豪―

9/12【寔】이 식 | ㊥ㄕˊ(shi) | しょく(コレ) *this*

풀이 ①이. 관형사. ¶―命不同<詩經> ②참으로. ¶―受其福<禮記> ③두다. ㊟ 寘.

9/12【寓】머무를 우 | ㊥ㄩˋ(yu) | ぐう(ヤドル) *stay*

풀이 ①머무르다. 임시로 삶. ¶無―人於我室<孟子>/―居. ②숙소. 거처. ¶國無寄―<國語>/旅―. ③붙어 살다. ¶―食䵶池人王方<南史> ④빌려주다. ¶―祭器於大夫<禮記> ⑤부치다. ¶―書<左氏傳> ⑥핑계삼다. 가탁(假託)함. ¶―言十九 重言十七<莊子>

【寓居】ぐうきょ(우거) 남의 집이나 타향에 임시로 머물러 삶. 또는, 그 사는 집. 寓接(우접). 僑寓(교우). 僑接(교접). 僑居(교거). 假寓(가우). 寓處(우처). ¶―穴託<張衡>

【寓公】ぐうこう(우공) 나라를 잃고 남의 나라에 몸을 의탁하고 있는 군주(君主)나 제후. 寄公(기공). ¶諸公不臣―<禮記>

【寓目】ぐうもく(우목) 눈을 가까이 하여 봄. ¶得臣與―焉<左氏傳>

【寓言】ぐうげん(우언) ①다른 사물에 빗대어 하는 말. 또는, 예화(例話). ¶―淫麗<漢書> ②「장자」(莊子)의 편명(篇名).

【寓意】ぐうい(우의) 다른 사물에 가탁(假託)하여 뜻을 암시함. ¶比類―<文心雕龍>/―小說.

【寓接】ぐうせつ(우접) ☞ 寓居(우거).

【寓話】ぐうわ(우화) 주로 동물에 빗대어 교훈을 암시하는 이야기.

【寓懷】ぐうかい(우회) ①마음에 둠. ②마음을 사물에 빗대어 나타냄.

▷寄―, 羈―, 旅―, 流―, 託―, 漂―

12【寓】宇(p. 425)와 同字

12【寴】親(p. 1363)의 古字

9/12【寖】잠잘 침 | ㊥ㄑㄧㄣˇ(qin) | しん(ネル) *sleep*

※본래 寢(p. 447)은 앓아 누움의 뜻이었는데, 잠자다의 뜻으로 관용(慣用)됨.

9/12【寒】찰 한 | ㊥ㄏㄢˊ(han) | かん(サムイ) *cold*

풀이 ①차다. 추움. ¶積涼爲―<素問>/―冷. ②오싹하다. ¶―心. ③가난하다. 곤궁함. ¶―村/貧―. ④천하다. ¶出自―微<晉書> ⑤그만두다. ¶亦可―也<左氏傳> ⑥얼다. 식힘. ¶涉淄而―<戰國策> ⑦잠잠하다. 침묵함. ¶自同―蟬<後漢書> ⑧불에 굽다. 삶다. ¶―芳苓之巢龜<曹植>

【寒家】かんか(한가) 가난한 집. 또는, 미천한 집안. 貧家(빈가). ¶本出自―<魏志·注>

【寒客】かんかく(한객) ①빈민(貧民). ¶―失冬樵<梅堯臣> ②쓸쓸한 사람. 또는, 추위에 언 사람. ③납매(臘梅)의 이칭.

【寒苦鳥】かんくちょう(한고조)《佛》 인도의 대설산(大雪山)에 산다는 상상(想像)의 새. 밤에는 추위에 떨면서 날이 새면 집을 짓겠다고 마음먹었다가도 해가 뜨면 무상한 목숨인데 집은 지어 무엇하느냐고 그대로 지낸다고 함. 중생(衆生)이 게을러 수도(修道)하지 않음의 비유.

【寒瓜】かんか(한과) ①수박. 西瓜(서과). ②동아. 冬瓜(동과).

【寒官】かんかん(한관) 낮은 벼슬. 하급 관리. 寒臣(한신).

【寒菊】かんぎく(한국) 겨울 국화. ¶朔雲―倍離憂<杜甫>

【寒厥】かんけつ(한궐) 한기가 드는 병. 양기 부족

으로 일어나며, 춥고 떨림.

【寒閨】かんけい(한규) ①썰렁한 방. ②아내 혼자 지내는 방. 空閨(공규).

【寒氣】かんき(한기) ①추위. ¶以送―<禮記> ②오싹하여 몸이 떨리는 기운. ¶猶僭然有―<新書>

【寒暖】かんだん(한란←한난) 추움과 따뜻함. ¶―計.

【寒冷】かんれい(한랭) 춥고 차가움. ¶燈火坐―<黃庭堅>/―帶/―前線.

【寒露】かんろ(한로) ①찬 이슬. ¶凄凄―零<白居易> ②24절기(節氣)의 하나. ¶九月節―<禮記>

【寒流】かんりゅう(한류) ①겨울 강. 찬 냇물. ¶―自清泚<謝朓> ②가난하고 천한 사람. 寒士(한사). ③수온(水溫)이 낮은 해류(海流). ↔暖流(난류).

【寒門】かんもん(한문) ①북극의 땅. ¶望―之絕垠兮<後漢書> ②가난하고 미천한 집안. 寒族(한족). ¶家世―<蜀志>

【寒微】かんび(한미) 가난하고 미천함. 寒賤(한천). 寒陋(한루). ¶起自―<晋書>

【寒士】かんし(한사) 가난한 선비. ¶安能免―<南史>

【寒山】かんざん(한산) ①쓸쓸한 산. 추운 산. ¶遠上―石徑斜<杜牧> ②《人》 ☞寒山拾得(한산습득).

【寒山拾得】かんざんじっとく(한산습득)《人》 당(唐)대의 고승(高僧), 한산(寒山)과 습득(拾得). 극친한 사이로, 풍간 선사(豊干禪師) 밑에서 함께 수도했으며, 덕이 높아 문수(文殊)·보현(普賢) 보살의 화신이라 불렸음. 한산은 시승(詩僧)으로, 「한산자시집」(寒山子詩集)이 있음.

【寒色】かんしょく(한색) ①겨울 경치. ¶歸休―深<杜甫> ②쓸쓸한 경치. ③오싹해져서 두려워하는 기색. ¶愀然有―<新書> ④찬 느낌을 주는 빛깔. ↔溫色(온색).

【寒生】かんせい(한생) ①한기(寒氣)가 생김. 추워짐. ¶―千門裏<韋應物> ②추운 데서 자람. ¶孝笋―<庾信> ③가난한 선비. 寒士(한사).

【寒暑】かんしょ(한서) ①추위와 더위. ②겨울과 여름. ¶―相推<易經> ③추우나 더우나. 항상. ¶―不忒<漢書> ④세월. ¶―逾流電<杜牧>

【寒蟾】かんせん(한섬) 겨울의 달. 寒月(한월). ¶―卽照空<鄭谷>

【寒濕】かんしつ(한습) ①차고 습함. ②습기로 인해 허리 아래쪽이 찬 병.

【寒食】かんしょく(한식) 명절의 하나. 동지(冬至)부터 105일째 되는 날. 이 날은 성묘를 하고, 불을 금하여 찬밥을 먹음.

【寒心】かんしん(한심) 두려워 몸이 오싹해짐. 戰慄(전율). ¶足爲―<史記>

【寒熱】かんねつ(한열) ①추위와 더위. ¶―不節<禮記> ②한쪽에는 후하게 하고 다른 쪽에는 박하게 함. 冷熱(냉열). ③한기와 열이 따르는 병. ¶―相搏.

【寒玉】かんぎょく(한옥) ①아름다운 옥. ¶角枕截―<白居易> ②대나무의 이칭. 綠玉(녹옥). ③맑은 물. ④깨끗한 모양. ⑤달빛. 달. ⑥금슬(琴瑟)의 이름.

【寒雨】かんう(한우) ①찬 비. ②쓸쓸하게 내리는 비. ¶其日大風―<魏書>

【寒月】かんげつ(한월) 겨울의 달. 寒蟾(한섬). 寒魄(한백). ¶―搖清波<李白>

【寒節】かんせつ(한절) 추운 계절. ¶常恐―至<傅玄>

【寒地】かんち(한지) 추운 지방. 寒土(한토).

【寒疾】かんしつ(한질) 감기. 感冒(감모).

【寒窓】かんそう(한창) ①겨울의 창. 쓸쓸한 창. ¶聲破―夢<杜牧> ②가난한 살림. ¶白首―<福惠全書> ③㊥ 객지.

【寒天】かんてん(한천) ①겨울 하늘. 寒空(한공). ②우무.

【寒泉】かんせん(한천) 찬 물이 솟는 샘.

【寒賤】かんせん(한천) ☞寒微(한미). ¶今朝廷法吏多出於―<晋書>

【寒村】かんそん(한촌) 가난한 마을. 쓸쓸한 마을. 寒邑(한읍). ¶路入―機杼鳴<盧綸>

【寒縮】かんしゅく(한축) 추위에 위축됨. ¶―寧作書生窮<元好問>

【寒蟄】かんちつ(한칩) 추위가 두려워서 집에만 틀어박혀 있음.

【寒波】かんぱ(한파) 기온이 갑자기 내려가 몹시 추운 현상. ↔暖波(난파).

【寒風】かんぷう(한풍) 찬 바람. 겨울 바람. 北風(북풍). ¶―摧樹木<古詩>

【寒害】かんがい(한해) 심한 추위로 농작물이 입는 해.

【寒暄】かんけん(한훤) ①추위와 더위. 寒溫(한온). ¶均適―<顏氏家訓> ②기후. ¶地氣反―<白居易> ③시후(時候)의 문안. ④세월. ¶―屢隔<西廂記>

▷輕―, 孤―, 苦―, 極―, 奇―, 祁―, 飢―, 饑―, 耐―, 單―, 大―, 猛―, 微―, 潑―, 防―, 貧―, 司―, 星―, 盛―, 小―, 殊―, 夜―, 嚴―, 餘―, 惡―, 隆―, 陰―, 凝―, 凄―, 春―, 避―, 冱―, 酷―, 暄―

12〖割〗 ☞ 刀部 10획(p.214)

13〖寬〗 寬(p.447)의 俗字

13〖寗〗 甯(p.1011)의 訛字

13〖寧〗 寧(p.444)의 俗字

13〖寚〗 寶(p.449)와 同字

13〖塞〗 ☞ 土部 10획(p.353)

13〖索〗 索(p.1159)과 同字

13〖寅〗 寅(p.440)의 本字

10/13〖寘〗 둘 치 | 圓ㄓˋ (zhì) | し(オク) *put*

풀이 ①두다. ¶―彼周行<詩經> ②받아들이다. ¶―之於耳<國語> ③차다. 채움. ¶缾―腹<太玄經>/―酒.

10/13〖寖〗 잠길 침 | 㒵ㄐㄧㄣˋ (jìn) | しん(ヒタス) *sink*

풀이 ①잠기다. ㉠浸. ②점점. 차례로. ¶事―淫<漢書>

13【寖】 寑(p.447)의 略字

11
14【㝩】 빌 강 | 陽 | こう *empty*

14【搴】 ☞ 手部 10획(p.659)

11
14【寡】 적을 과 | 馬ㄍㄨㄚˇ(gua) | か(スクナイ) *few*

풀이 ①적다. ¶職一者易守<淮南子>/一少. ②약하다. ¶一我襄公<左氏傳> ③임금 자신의 겸칭. 덕(德)이 적다는 뜻. ¶一人之於國也<孟子> ④자기 임금의 겸칭. ¶自稱其君曰 一君<禮記> ⑤홀어미. ¶時瑤石宮 有一公主<三國遺事>/一婦. ⑥뒤돌아보다. 通顧. ¶君子一其言而行<禮記>

【寡居】かきょ(과거) 과부 생활. 寡處(과처). ¶放一<漢書>

【寡君】かくん(과군) 타국인에 대하여 자기 임금을 이르는 겸칭. ¶一畏君之威<左氏傳>

【寡女】かじょ(과녀) 과부. 홀어미. 「준말.

【寡宅】(과댁)韓 홀어미. 과수댁(寡守宅)의

【寡頭】かとう(과두) 적은 인원. ¶一政治.

【寡默】かもく(과묵) 말이 적음. 寡言(과언). ¶偏好一<江淹> 「一<史記>

【寡聞】かぶん(과문) 견문(見聞)이 좁음. ¶淺見

【寡聞淺識】かぶんせんしき(과문천식) 견문(見聞)이 좁고 지식이 얕음.

【寡婦】かふ(과부) 홀어미. 남편을 잃은 여자. 寡孀(과상). ¶上虞有一<後漢書>

【寡婦宅】(과부댁) ☞寡守宅(과수댁).

【寡不敵衆】かしゅうにてきせず(과부적중) ☞衆寡不敵(중과부적). 「一<晋書>

【寡少】かしょう(과소) 적음. 寡單(과단). ¶舟艦

【寡小君】かしょうくん(과소군) 타국인에 대하여 자기 나라의 왕비를 이르는 겸칭.

【寡守】(과수)韓 홀어미. 핫어미.

【寡嫂】かそう(과수) 과부가 된 형수. ¶事母及一<漢書>

【寡守宅】(과수댁)韓 과수(寡守)를 높여 이르는 말. 寡宅(과댁). 寡婦宅(과부댁).

【寡人】かじん(과인) 덕이 적은 사람이라는 말로, 임금이 자기를 일컫는 겸칭. ¶王曰一有疾<孟子>

【寡作】かさく(과작) 작품이 적음. ↔多作(다작).

【寡妻】かさい(과처) ①본처. 嫡妻(적처). ↔妾(첩). ②과부가 된 부인. 寡婦(과부). ③자기 아내의 겸칭.

【寡處】かしょ(과처) ☞寡居(과거).

▷簡一, 孤一, 多一, 貧一, 守一, 弱一, 凋一, 衆一, 豊一, 疲一, 鰥一

14【寬】 寬(p.447)의 俗字

11
14【窶】 1 가난할 구 | 麌 | く(マズシイ) *poor*
2 무덤 루 | 尤 | ろう *grave*

풀이 1 ①가난하다. ¶終一且貧<詩經> ②작다. ③지치고 쇠약해지다. 피폐(疲弊)함. 2 무덤. ¶甌一滿篝<史記>

【窶藪】くそう(구수) 물건을 일 때 머리에 얹어서 받치는 또아리.

▷甌一, 羈一, 僂一, 貧一, 凋一, 寒一

11
14【寧】 편안할 녕 | 庚ㄋㄧㄥˊ(ning) | ねい(ヤスラカ) *peaceful*

古 寍 俗 寕 寗 同 寜

풀이 ①편안하다. 안심됨. 여전함. ¶身欲一<禮記>/安一. ②문안하다. 귀성(歸省)함. ¶歸一父母<詩經> ③거상(居喪)하다. ¶父母死 子一三年<漢書> ④공손하다. 通嚀. ¶丁一陛下<漢書> ⑤어찌. ☞句法 ⑥韓 곡식이 잘 익은 해. ¶一歲. ⑦韓 틀림없이. 꼭. ¶丁一. ⑧韓 조선 말엽, 평안 북도의 이칭. ¶一察.

句法

①선택

㉮[寧…] 차라리 …지언정 …하다. ¶寧爲鷄口 無爲牛後<史記>

㉯[與…寧…] …함보다는 차라리 …한 편이 낫다. ¶禮與其奢也 寧儉 喪與其易也 寧戚<論語>

②반어

㉮[無寧…乎] 차라리 …함이 낫지 않겠는가(…함이 낫다). ¶無寧死於二三子之手乎<論語>

㉯[寧…乎] 어찌…하리오(아니 그런 것은 있을 수 없다). ¶王侯將相 寧有種乎<史記>

【寧可】ねいか(영가) ①오히려 …의 편이 나음. ②어찌 …할 수 있겠는가.

【寧嘉】ねいか(영가) 편안해서 좋음. ¶擧政宜和人則一<韓愈>

【寧可玉碎何能瓦全】むしろぎょくさいすべきもなんぞよくがぜんせんや(영가옥쇄 하능와전) 차라리 옥으로 부숴질지언정 어찌 기와로 온전하랴. 욕되게 사느니 명예로운 죽음이 낫다는 말. ¶大丈夫一<北齊書>

【寧渠】ねいきょ(영거) 어찌. 어찌하여. 渠는 詎와 통하며 반어(反語)의 부사(副詞)임. ¶儀一能乎<史記>

【寧考】ねいこう(영고) 천하를 평정한 조고(祖考)라는 말로, 주(周)의 문왕(文王)·무왕(武王)을 이름. ¶一圖功<書經>

【寧古塔】ねいことう(영고탑) 길림성(吉林省) 영안현(寧安縣). 청(淸)의 시조가 자란 곳. 寧古特(영고특). 寧古台(영고태).

【寧邊】ねいへん(영변) 국경을 평온하게 함. ¶靜境

【寧神】ねいしん(영신) 안심함. 「一<北齊書>

【寧王】ねいおう(영왕) ①천하를 평안하게 하는 왕. 수명(受命)의 임금. 주(周)의 문왕(文王) 또는 무왕(武王)을 이름. ②《人》 ㉮당(唐) 예종(睿宗)의 맏아들. ㉯명(明) 태조의 열일곱째 아들.

【寧爲鷄口勿爲牛後】むしろけいこうとなるもぎゅうごとなるなかれ(영위계구 물위우후) 닭의 부리가 될망정 소의 꼬

리는 되지 말라는 뜻으로, 큰 세력의 졸개가 되기보다는 작은 세력의 우두머리가 되는 편이 낫다는 말.

【寧日】ねいじつ(영일) 편안한 나날. 평화로운 세월. 寧歲(영세). ¶終無一<梁武帝>

【寧察】(영찰)㊕ 조선 말엽, 평안 북도 관찰사(觀察使)의 이칭. 咏察(영찰).

【寧親】ねいしん(영친) ①부모를 안심시킴. ¶孝莫大於一<法言> ②부모를 영화롭게 함.

【寧夏】ねいか(영하) 중국의 옛 성(省) 이름. 지금은 감숙성(甘肅省)에 편입되었음.

【寧馨兒】ねいけいじ(영형아) 이러한 아이. 이런 착한 아이. 진(晉)·송(宋)대에 쓰인 말. 寧馨(영형). ¶何物老媼生一<晋書>

【寧和】ねいわ·ねいお(영화) 평온하게 잘 다스려짐. ¶中外一<南齊書>

▷康一, 告一, 歸一, 無一, 撫一, 謐一, 保一, 綏一, 安一, 晏一, 丁一, 輯一, 淸一, 弼一

11 14【寥】 쓸쓸할 료 | 篆ㄌㄧㄠˊ (liao) | りょう (サビシイ) *lonely*

풀이 ①쓸쓸하다. ¶寂一<宋玉> ②텅 비다. ¶一闊. ③하늘. ¶騰駕碧一<范成大>

▷碧一, 蕭一, 寂一, 凄一, 廓一, 豁一

11 14【寞】 쓸쓸할 막 | 篆ㄇㄛˋ (mo) | ばく, まく (サビシイ) *lonely*

▷落一, 寞一, 索一, 寂一, 沖一, 芴一

14【寀】 寀(p.441)의 本字

14【㝱】 夢(p.371)과 同字

14【𡪞】 密(p.438)과 同字

14【蜜】 ☞ 虫部 8획(p.1327)

14【賓】 ☞ 貝部 7획(p.1427)

14【寋】 塞(p.353)과 同字

14【亶】 宣(p.432)의 古字

11 14【實】 1 열매 실 2 이를 지 | 篆 (shi) 實 | じつ(ミ) *fruit* し *reach*

略実 俗实

풀이 1 ①열매. ¶草木之一<禮記>/果一. ②결실하다. ¶秀而不一者<論語> ③차다. 채우다. ¶盛氣顚一<禮記> ④속. 내용. ¶無其一<國語> ⑤참으로. ¶一迷途<陶潛> ⑥자취. 행적. ¶行一. ⑦실하다. ¶避一而擊虛<孫子> ⑧자라다. ¶草木不一<淮南子> ⑨담다. ¶一玄黃于匪<孟子> ⑩실행하다. ¶一其言<左氏傳> ⑪재물. ¶聚斂積一<左氏傳> ⑫녹봉(祿俸). ¶旣受其一<呂覽> 2 이르다. 通至. ¶使某一<禮記>

【實家】じっか(실가) ①자기가 태어난 집. 生家(생가). ②생부모(生父母)의 집. 親家(친가). ↔養家(양가)·媤家(시가).

【實價】じっか(실가) 에누리 없는 값. 正價(정가). ¶開明一<福惠全書>

【實感】じっかん(실감) ①실물(實物)에 접했을 때의 느낌. ②실제로 체험하는 듯한 느낌.

【實景】じっけい(실경) 실지의 경치. 실제 광경.

【實穀】じっこく(실곡) 열매가 여는 곡물. ¶一不華<列女傳>

【實果】(실과)㊕ 먹을 수 있는 초목의 열매. 과일. 果實(과실).

【實科】じっか(실과) 실무(實務)를 위한 학과목. 농업·공업 따위의 실용(實用) 과목.

【實權】じっけん(실권) 실제로 행사할 수 있는 권력.

【實技】じつぎ(실기) 실제 기술. ¶一試驗.

【實記】じっき(실기) 사실의 기록. 實紀(실기).

【實年】じつねん(실년) 실제의 나이. ¶一君不信<白居易>

【實談】じつだん(실담) ①실제로 있었던 이야기. ②진실한 말. 거짓이 없는 말.

【實力】じつりょく(실력) ①실제의 역량. ②권력. ③무력. ¶配以一<宋書>

【實力行使】じつりょくこうし(실력행사) ①어떤 일을 이루기 위하여 강제 수단을 쓰는 일. ②노동쟁의(勞動爭議)에서 태업·파업 등을 하는 일.

【實例】じつれい(실례) 실제의 예.

【實錄】じつろく(실록) ①사실을 그대로 기록한 역사. ②한 임금의 재위 연간의 사적을 적은 기록. ¶朝鮮王朝一/中宗一. ③개인이 선조의 사적을 기록한 것. ¶孔氏一<四庫提要>

【實利】じつり(실리) 실지로 얻은 이익. 실제의 효용(效用). 實益(실익).

【實妹】じつまい(실매) 친누이동생.

【實名】じつめい(실명) 진짜 이름. 本名(본명) ↔假名(가명).

【實母】じつぼ(실모) 친어머니. 親母(친모).

【實務】じつむ(실무) 실지로 다루는 사무. 실제 업무.

【實務者】じつむしゃ(실무자) 실지로 그 사무를 맡아 보는 사람. 實務家(실무가).

【實物】じつぶつ(실물) ①물품. ¶自部署縣名曹一<史記> ②현물(現物). 現品(현품).

【實報土】じっぽうど(실보토)《佛》 사토(四土)의 하나. 참된 법을 행하여 감득(感得)한 승보토(勝報土). 果報土(과보토).

【實福】じっぷく(실복) 참된 행복. ¶行虛惠而獲一<資治通鑑>

【實父】じっぷ(실부) 친아버지. 親父(친부).

【實否】じっぴ(실부) ①진실과 거짓. ②사실의 여부. 實不實(실불실).

【實費】じっぴ(실비) 실지로 드는 비용. ¶一辨償/一奉仕.

【實査】じっさ(실사) 실지 조사.

【實寫】じっしゃ(실사) 실물·실경(實景)을 그리거나 촬영함. 또는, 그 그림이나 사진.

【實辭】じつじ(실사) 실질적인 뜻을 나타내는 말. 概念語(개념어). ↔虛辭(허사).

【實事求是】じつじきゅうぜ(실사구시) 사실을 기초로

진리나 진상을 탐구함. ¶修學好古—<漢書>
【實狀】じつじょう(실상) 실제의 상태나 형상.
【實相】じっそう(실상) ①실제의 상태. 眞相(진상). ②《佛》 생멸(生滅)·무상(無常)을 벗어난 만유(萬有)의 참모습. 眞如(진여). 眞諦(진제).
【實像】じつぞう(실상) ①광선이 렌즈 따위에 의하여 굴절·반사되어서 이룬 상(像). ↔虛像(허상). ②사물의 진짜 모습.
【實生活】じっせいかつ(실생활) 실지 생활.
【實說】じっせつ(실설) ①실지로 있었던 이야기. 사실 이야기. 實談(실담). ②사실대로 이야기함.
【實性】じっしょう(실성) ①《佛》 진여(眞如)의 별칭. ¶諸法—<般若仁王經> ②천성. 本性(본성).
【實勢】じっせい(실세) ①실제의 세력. ②실제의 시세(時勢).
【實收】じっしゅう(실수) ①실제 수입. 純益(순익). ②청(淸)대에 돈을 받았다는 표로, 육부(六部) 또는 성(省)의 포정사(布政使)가 발행하던 영수증.
【實習】じっしゅう(실습) 실제로 해 보아 익힘.
【實施】じっし(실시) 실제로 시행함.
【實心】じっしん(실심) ①진심. ¶一愛而不知<韓非子> ②마음에 가득 채움. ¶以惡— 棄其精也<國語>
【實額】じつがく(실액) 실제 액수.
【實語】じつご(실어) ①참된 말. ¶眞語—<白居易> ②《佛》 현교(顯教)에서는, 진리에 부합하고 행(行)이 이에 상응하는 말을 이르며, 밀교(密教)에서는 진여(眞如)를 설파한 말을 이름.
【實業】じつぎょう(실업) ①농업·공업·상업 등 생산 경제에 관한 사업. ¶—家/—教育. ②《佛》 선악(善惡)의 업(業)이 진실로 고업(苦業)의 과(果)를 얻는 일.
【實役】じつえき(실역) 현역(現役)으로 치르는 병역(兵役).
【實演】じつえん(실연) ①실제로 해 보임. ②배우 등이 무대에서 연기함.
【實用】じつよう(실용) ①실제로 씀. ②실제로 쓸모가 있음. ¶煩言飾辭 而無—<商子>/—價値/—新案/—主義/—品.
【實用化】じつようか(실용화) 널리 실용되게 함.
【實益】じつえき(실익) 실제의 이익. 實利(실리).
【實印】じついん(실인) 인감(印鑑) 도장.
【實子】じっし(실자) 친아들. ↔養子(양자).
【實字】じつじ(실자) ①명사·대명사처럼 실재하는 사물을 나타내는 글자. ②실질적인 뜻이 있는 글자. ↔虛字(허자).
【實才】じっさい(실재) ①실제로 쓸모가 있는 재능. ¶皆無—<唐書> ②글재주가 있는 사람.
【實在】じつざい(실재) ①실제로 있음. ¶以爲 —<墨子> ②주관을 떠난 객관적 세계의 존재. ¶—論. ③현재 있는 수량.
【實跡】じっせき(실적) 확실한 형적. 實蹟(실적).
【實積】じっせき(실적) ①열매가 쌓임. ②실제의 면적·용적(容積).
【實績】じっせき(실적) 실제의 성적·업적·공적.
【實傳】じつでん(실전) 사실을 그대로 적은 전기.
【實戰】じっせん(실전) ①실제의 전투. ②실제의 경기. ¶—經驗.
【實情】じつじょう(실정) ①실제의 사정. 實況(실황). ②진심. 眞情(진정).
【實弟】じってい(실제) 친아우. ↔異腹弟(이복제).
【實際】じっさい(실제) ①실지. ②《佛》 진여(眞如)의 이치를 탐구, 그 궁극에 이름.
【實存】じつぞん(실존) ①실제로 있음. ②본질에 대하여, 현실의 존재를 이름. ¶—主義/—哲學.
【實證】じっしょう(실증) ①사실로써 증명함. ②확실한 증거(證據). 確證(확증).
【實地】じっち(실지) ①실제의 장소. ②진짜. 實際(실제).
【實職】じっしょく(실직) ①조선 때 문무 양반만 하던 벼슬. 正職(정직). ②실무를 담당하는 실제의 관직. ↔借銜(차함). ③현관(顯官).
【實質】じっしつ(실질) 사물의 내용 또는 성질. 本質(본질). ↔形式(형식).
【實質的】じっしつてき(실질적) 꾸밈이나 헛됨이 없이 실다운 (것). 본바탕인 (것).
【實踐】じっせん(실천) 실제로 행함. 몸소 실행함. ↔理論(이론).
【實踐躬行】じっせんきゅうこう(실천궁행) 몸소 실천함.
【實踐的】じっせんてき(실천적) 실제로 행하는 (것). ↔理論的(이론적).
【實體】じったい(실체) ①정체. 實質(실질). 本體(본체). ¶其—備於己而不可離<朱熹> ②영구불변인 본질적 존재. ¶—論.
【實體的】じったいてき(실체적) 실체·본질을 갖춘 (것).
【實體化】じったいか(실체화) 단순한 속성(屬性) 또는 추상적 개념을 객체화하여 독립적 실체(實體)로 만드는 일.
【實測】じっそく(실측) 실제로 측량함.
【實彈】じつだん(실탄) 진짜 탄알. 實砲(실포). ↔空砲藥(공포약).
【實態】じったい(실태) 실제의 상태나 모양.
【實吐】(실토)㊞ 숨기던 사실을 털어놓음. 自白(자백). 吐實(토실).
【實吐情】(실토정)㊞ 사실대로 진정을 말함.
【實學】じつがく(실학) ①실제로 소용이 되는 학문. ②조선 후기에 일어난, 현실문제 해결에 중점을 둔 학문. ¶—派.
【實銜】じつかん(실함) 실제로 근무하는 벼슬. ↔借銜(차함).
【實行】じっこう(실행) 실제로 행함. ¶—力.
【實驗】じっけん(실험) ①실지로 시험하여 봄. ¶—室/科學—/—精神. ②실제의 경험.
【實現】じつげん(실현) 실제로 나타나거나 나타냄. ¶—可能.
【實兄】じっけい(실형) 친형. ↔義兄(의형).
【實刑】じっけい(실형) 실제로 받는 체형(體刑).
【實話】じつわ(실화) 실제로 있었던 이야기.
【實況】じっきょう(실황) 실제의 상황이나 형편. ¶—中繼.
【實效】じっこう(실효) 실제의 효과. 확실한 효험(效驗).
▷堅—, 結—, 故—, 果—, 口—, 軍—, 權—, 內—, 篤—, 名—, 無—, 樸—, 不—, 史—, 事—, 寫—, 誠—, 野—, 如—, 殷—, 資—, 切—, 貞—, 情—, 精—, 種—,

眞一, 質一, 着一, 清一, 充一, 忠一, 豊一, 核一, 行一, 虚一, 現一, 華一, 確一

11
14【寤】 깰 오 | 遇ㄨˋ (wu) | ご(サメル) *wake up*

풀이 ①깨다. 잠이 깸. ¶一寐求之＜詩經＞ ②꿈. ¶一夢＜列子＞ ③깨닫다. 通悟. ¶欲一言而一＜淮南子＞

【寤寐】ごび(오매) ①잠을 잠과 잠을 깸. ②자나 깨나. ¶一求之＜詩經＞

【寤寐不忘】ごびにもワスレズ(오매불망) 자나 깨나 잊지 못함.

【寤生】ごせい(오생) 태아의 이상 출산(異常出産). 산모가 잠든 사이에 출생하거나, 눈을 뜨고 출생하거나, 다리부터 나오는 것 따위.

【寤宿】ごしゅく(오숙) 잠에서는 깨었으나 그대로 누워 있는 일. ¶獨寐一＜詩經＞

▷覺一, 改一, 開一, 愧一, 發一, 醒一, 燎一, 幽一, 興一

14【窩】 ☞ 穴部 9획(p.1118)

11
14【察】 살필 찰 | 黠ㄔㄚˊ (cha) | さつ(ミル) *watch*

풀이 ①살피다. ¶一所其由＜論語＞/明一. ②알다. ¶一於人倫＜孟子＞ ③드러나다. ¶言其上下一也＜中庸＞ ④자세하다. ¶五獻一＜禮記＞ ⑤따지다. 지나치게 결백함. ¶人至一則無徒人＜淮南子＞ ⑥다스리다. ¶今君王不一＜國語＞ ⑦나누다. ¶視之可一＜淮南子＞ ⑧천거하다. ¶後一司徒廉＜後漢書＞

【察擧】さっきょ(찰거) 알아보고 임용(任用)함. ¶皆得一＜後漢書＞

【察見淵魚者不祥】アキラカニえんぎょヲミルハふしょうナリ(찰견연어자불상) 못의 물고기를 자세히 살피는 사람은 상서롭지 못하다는 뜻으로, 임금이 신하가 숨기는 일을 지나치게 자세히 앎은 변을 부르기 쉬우므로 불길하다는 말. ¶一 智料隱匿者有殃＜列子＞

【察色】さっしょく(찰색) ①안색으로 상대의 기분을 알아 차림. ¶觀貌一＜韓非子＞ ②혈색을 보고 병을 진단함.

【察知】さっち(찰지) 살펴서 앎. 미루어 앎.

【察慧】さっけい(찰혜) 어질고 총명함. ¶常以一爲言＜後漢書＞

▷呵一, 苛一, 覺一, 監一, 擧一, 檢一, 警一, 考一, 觀一, 究一, 糾一, 矜一, 斷一, 督一, 明一, 辨一, 司一, 査一, 詳一, 省一, 小一, 熟一, 巡一, 是一, 視一, 審一, 按一, 哀一, 廉一, 在一, 照一, 存一, 至一, 診一, 澄一, 彰一, 推一, 洞一, 偏一, 行一, 賢一, 欽一

11
14【寨】 울짱 채 | 卦ㄓㄞˋ (zhai) | さい(トリデ) *paling*

풀이 ①울짱. 같柴. ②성채. 같砦. ¶御一及諸營壘＜遼史＞

▷木一, 外一, 要一

11
14【寢】 잠잘 침 | 寑ㄑㄧㄣˇ (qin) | しん(ネル) *sleep*

古寑 略寝

풀이 ①잠자다. 잠자리에 누움. 通寝. ¶一苫枕塊＜禮記＞/一臺. ②앓아 눕다. ¶成子高一疾＜禮記＞ ③쉬다. 그만둠. ¶漢典一而不著＜漢書＞ ④능침. ⑤사당(祠堂). ¶執爵于太一＜呂覽＞ ⑥안방. ¶庶人祭於一＜禮記＞ ⑦못생기다. ¶貌一陋＜唐書＞

【寢具】しんぐ(침구) 이부자리나 베개 따위. ¶一既設＜司馬相如＞

【寢衾】しんきん(침금) 이불.

【寢臺】しんだい(침대) 서양식 침상(寢床).

【寢廟】しんびょう(침묘) ①영묘(靈廟). 종묘(宗廟)에서, 앞의 건물은 寢, 뒤의 건물은 廟. 寢殿(침전)②. ②거실(居室)과 사당(祠堂).

【寢門】しんもん(침문) 침전(寢殿)의 문. 내전(內殿)의 문. ¶客至於一＜禮記＞

【寢房】しんぼう(침방) 침실(寢室).

【寢兵】しんぺい(침병) 전쟁을 그만둠.

【寢不尸】イヌルニシセズ(침불시) 잠을 잘 때 주검과 같은 꼴로 눕지 않는다는 뜻으로, 공자(孔子)는 일상 생활의 조그만 행동 하나까지도 소홀히 하지 않았음을 이르는 말. ¶一 居不容＜論語＞

【寢不言】イヌルニモノイワズ(침불언) 잠자리에 들어서는 말을 하지 않는다는 뜻으로, 공자가 일상 생활에 조심했음을 이르는 말. ¶食不語 一＜論語＞

【寢牀】しんしょう(침상) ①잠자리. 침대. ②잠자리에 누움. 잠자리에 누임. ¶夜不一＜晁補之＞

【寢席】しんせき(침석) 잠자리. ¶一之戲＜韓非子＞

【寢食】しんしょく(침식) 잠과 식사. 곧, 일상 생활. 寢膳(침선). ¶先一＜文中子＞

【寢息】しんそく(침식) ①쉼. 휴식. ¶一何時忘＜潘岳＞ ②그침. 없어짐. ¶寇竊一＜魏志＞

【寢室】しんしつ(침실) 침소(寢所). 寢房(침방). 臥室(와실).

【寢園】しんえん(침원) 임금의 무덤. ¶各有一＜漢書＞

【寢殿】しんでん(침전) ①임금이 거하는 정전(正殿). ②☞寢廟(침묘)①. ③침실.

▷假一, 客一, 孤一, 裸一, 內一, 路一, 露一, 陵一, 廟一, 悶一, 別一, 伏一, 小一, 失一, 安一, 偃一, 與一, 燕一, 午一, 園一, 六一, 長一, 正一, 晝一, 草一, 就一

12
15【寬】 너그러울 관 | 寒ㄎㄨㄢ (kuan) | かん(ユタカ) *generous*

古完 俗寛 寛

풀이 ①너그럽다. ¶一而靜＜禮記＞/一容. ②넓다. ¶乘高宇宙一＜宋之問＞/一窄. ③느슨하다. ¶一之至此＜史記＞ ④온화하다. ¶不忍猛而一＜左氏傳＞ ⑤떠나다. 멀어짐.

【寬大】かんだい(관대) 너그럽고 도량이 큼. 寬弘(관홍). ¶一好禮讓＜漢書＞/一長者.

【寬待】かんたい(관대) 너그럽게 대우함. 厚待(후대). 優待(우대).

【寬貸】かんたい(관대) 형벌을 가볍게 하여 줌. 죄

를 용서함. ¶宜加一＜魏志＞
【寬令】かんれい(관령) 너그러운 법령.
【寬免】かんめん(관면) ①용서함. ②조세(租稅)를 가볍게 함. 寬租(관조). ¶下一之令＜元史＞
【寬恕】かんじょ(관서) ①마음이 너그럽고 따뜻함. ¶一之德＜鍾會＞ ②용서함. 寬宥(관유). ¶所至務一＜宋史＞
【寬容】かんよう(관용) 너그럽게 받아들임. 용서함. ¶先一 後刑辟＜後漢書＞
【寬仁】かんじん(관인) 너그럽고 어짊. ¶慈愛一＜漢書＞
【寬仁大度】かんじんたいど(관인대도) 너그럽고 어질며 도량이 큼.
【寬弘磊落】かんこうらいらく(관홍뇌락) 마음이 넓어 작은 일에 구애받지 않는 모양.
【寬厚】かんこう(관후) 너그럽고 인정이 후함. ¶溫良一＜管子＞
【寬厚長者】かんこうちょうじゃ(관후장자) 관후하고 점잖은 사람.
▷優一, 裕一, 政一, 平一, 紘一

12 15 〚寮〛 벼슬아치 료 | ㄌㄧㄠˊ (liao) | りょう(ツカサ) *official*

풀이 ①벼슬아치. ¶百一庶尹＜書經＞ ②동료. (通)僚. ¶同官爲一＜左氏傳＞/一友. ③집. ¶一舍. ④창문. ¶窓一.
【寮舍】りょうしゃ(요사) 기숙사(寄宿舍).
【寮屬】りょうぞく(요속) ☞寮佐(요좌).
【寮佐】りょうさ(요좌) 하급 관리. 상관을 돕는 관리. 寮屬(요속). 屬吏(속리). ¶一竝遇害＜晉書＞
▷同一, 百一, 禪一, 僧一, 新一, 草一, 下一, 學一

12 15 〚窿〛 둥글 륭 | りゅう *round*

12 15 〚寫〛 1 베낄 사 2 부릴 사 | ㄒㄧㄝˇ (xie) | しゃ(ウツス) *copy*

(略)写 (俗)冩

풀이 1 ①베끼다. ¶競相傳一＜晉書＞/複一. ②그리다. ¶善圖一＜陳書＞/一生. ③본뜨다. ¶笠以一天＜周髀算經＞ ④배우다. ¶可以鍾鼓一＜淮南子＞ ⑤토하다. ¶肸蠁布一＜漢書＞ ⑥덜다. ¶以一我憂＜詩經＞ ⑦쏟다. (같)瀉. ¶以澮一水＜周禮＞ 2 부리다. 내림. (같)卸. ¶一鞍.
【寫景】しゃけい(사경) 시나 그림에서 자연 풍물을 묘사하는 일.
【寫經】しゃけい①・しゃきょう②(사경) ①경서(經書)를 베낌. ¶竝善一＜法書要錄＞ ②《佛》공양(供養)을 위해 경문(經文)을 베껴 씀. 또는, 그 경문.
【寫本】しゃほん(사본) 문서나 책을 베낌. 베낀 문서나 책. 抄本(초본). ¶唐以前書籍皆一＜大學衍義補＞ ↔原本(원본).
【寫生】しゃせい(사생) 자연 풍물 등을 보고 그대로 그림. ¶始喜一＜徐氏筆精＞/一畫.
【寫書】しゃしょ(사서) 책을 베낌. 베껴 쓴 책. ¶一之官＜漢書＞
【寫實】しゃじつ(사실) 실제 상태를 그대로 그려냄. ¶一主義/一派.
【寫影】しゃえい(사영) 물체의 형태나 사람의 모습을 비추어 나타냄. 또는, 그 비친 그림자. ¶雪一於青林＜謝莊＞
【寫場】しゃじょう(사장) 사진 찍는 설비를 갖춘 곳.
【寫眞】しゃしん(사진) ①물체의 모양을 그려냄. ¶太子偏能一＜顏氏家訓＞ ②초상화(肖像畫). ③사진기로 촬영함. ¶一館.
▷傾一, 圖一, 謄一, 模一, 描一, 傍一, 複一, 書一, 繕一, 手一, 輸一, 念一, 映一, 影一, 誤一, 移一, 臨一, 展一, 傳一, 轉一, 點一, 淨一, 抄一, 鈔一, 縮一, 透一, 筆一

15 〚寣〛 惺(p. 581)과 同字

12 15 〚審〛 1 살필 심 2 돌 반 | ㄕㄣˇ (shen) | しん(ツマビラカ) *deliberate* はん

(同)宷

풀이 1 ①살피다. ¶不可不一＜淮南子＞/一查. ②자세하다. ¶博學之 一問之＜中庸＞ ③깨닫다. ¶一容膝之易安＜陶潛＞ ④밝게 알다. ¶一法度＜論語＞ ⑤안정시키다. ¶先一民心＜呂覽＞ ⑥참으로. ¶吾王一出乎＜史記＞ ⑦만일. ¶一有內亂＜漢書＞ 2 돌다. 물이 빙빙 돎. ¶流水之一爲淵＜莊子＞
【審決】しんけつ(심결) 조사하여 결정함. ¶此天理人欲之間 正當一＜朱子全書＞
【審鞫】しんきく(심국) 죄상을 자세히 물어 밝힘. 審鞠(심국). 審糺(심규). ¶一反叛有據＜福惠全書＞
【審理】しんり(심리) ①법원이 재판에 필요한 사실 관계 및 법률 관계를 조사하는 일. ②자세히 조사함. ¶一冤獄＜金史＞
【審問】しんもん(심문) ①상세히 따져서 물음. ¶博學之 一之＜中庸＞ ②법관이 당사자 등에게 진술의 기회를 주는 일.
【審美】しんび(심미) 미(美)와 추(醜)를 살펴서 미의 본질을 구명(究明)함. ¶一學.
【審美眼】しんびがん(심미안) 미(美)와 추(醜)를 식별하는 안식(眼識).
【審查】しんさ(심사) ①상세히 조사함. 審檢(심검). ②심의(審議)하여 사정(查定)함. ¶一基準.
【審議】しんぎ(심의) 심사하고 의논함. ¶坐可一＜北史＞
【審判】しんぱん(심판) ①소송 사건을 심리하여 판단함. 또는, 그 판결(判決). ②운동경기 등에서 우열(優劣)을 가리는 일. 또는, 그 사람.
▷勘一, 檢一, 結一, 究一, 窮一, 端一, 明一, 覆一, 不一, 三一, 詳一, 省一, 研一, 豫一, 誤一, 再一, 情一, 證一, 初一

15 〚鞌〛 ☞革部 6획(p. 1613)

12/15【寪】 성 위 | 紙 ㄨㄟˇ (wei) | い

풀이 ①성(姓). ¶公館于一氏<左氏傳> ②집의 모양.

16【褰】 ☞ 衣部 10획 (p.1355)

16【窸】 ☞ 穴部 11획 (p.1119)

16【憲】 ☞ 心部 12획 (p.595)

13/16【寰】 기내 환 | 刪 ㄏㄨㄢˊ (huan) | かん *capital area*

풀이 ①기내(畿內). 천자(天子)가 직할하던 영지(領地). ¶千里一內<後漢書> ②천하(天下). ¶睿感通一 孝思浹宙<唐書> ③인간 세상. 진세(塵世). ¶處所非人一<白居易>

【寰區】かんく(환구) 봉건 시대에 천자의 직할 구역이란 뜻으로, 넓은 경계내(境界內) 또는 천하·천지를 이름. 天下(천하). 天地(천지). ¶自致一之外<後漢書>

【寰內】かんない(환내) 임금이 다스리는 영토 전체의 뜻으로, 천하 또는 세계를 이름. 宇內(우내). 畿內(기내). 寰宇(환우). ¶一諸侯<穀梁傳>

【寰海】かんかい(환해) 바다와 육지의 총칭. 天下(천하). 世界(세계). ¶淸風掖至最高頂下視一塵埃昏<李俊民>

17【謇】 ☞ 言部 10획 (p.1400)

17【蹇】 ☞ 足部 10획 (p.1449)

17【窾】 ☞ 穴部 12획 (p.1119)

17【賽】 ☞ 貝部 10획 (p.1432)

14/17【寱】 잠꼬대 예 | 霽 ㄧˋ (yi) | げい (ネゴト)

풀이 ①잠꼬대. 같 囈. ¶不得寢必且一<莊子> ②놀라다.

18【⿱宀踰】 踰(p.1448)의 俗字

19【寳】 寶(p.449)의 俗字

16/19【寵】 1 괼 총 2 현 이름 룡 | 腫 ㄔㄨㄥˇ (chong) 東 | ちょう (イツクシム) ろう

源 會意·形聲. 집[宀] 안에서 용(龍)처럼 사는 귀인을 임금이 사랑한다는 뜻.

풀이 1 ①괴다. 사랑함. ¶一綏四方<書經>/一愛. ②은혜. ¶恩一. ③첩. 임금의 첩. ¶齊侯好內 多內一<左氏傳> ④영화. 영예. ¶其一大矣<國語>/一辱. ⑤높이다. 우러러 받듦. ¶一神其祖<國語> ⑥교만하다. ¶好殫物以窮一<張衡> 2 현(縣) 이름. ¶都一.

【寵靈】ちょうれい(총령) 은혜와 행복을 내림. 寵命(총명).

【寵臣】ちょうしん(총신) 특별히 임금의 사랑을 받는 신하. ¶是以嬖女不敝席 一不避軒<戰國策>

【寵兒】ちょうじ(총아) ①사람들에게 특별히 귀여움을 받는 아이. 寵子(총자). 愛子(애자). ②세상에서 드날리는 사람. ③행운아(幸運兒).

【寵愛】ちょうあい(총애) ①특별히 귀엽게 여겨 사랑함. 寵幸(총행). ¶王姬一親<元稹> ②천주(天主)의 사랑.

【寵辱若驚】ちょうじょくオドロクガゴトシ(총욕약경) 범인(凡人)은 사소한 총영(寵榮)이나 곤욕을 받으면 놀라고 중요시하지만, 달인(達人)은 복(福)이 화(禍)의 근원임을 알고 총영을 받아도 경계한다는 뜻. 곧, 총(寵)과 욕(辱)을 초월함.

【寵妾】ちょうしょう(총첩) 몹시 굄을 받는 첩. 愛妾(애첩). ¶景公一芮姬 生于荼<史記>

【寵惠】ちょうけい(총혜) ①어여삐 여겨 은혜를 베풂. 寵恩(총은). ②총애와 혜택.

【寵姬】ちょうき(총희) 남자의 굄을 받는 계집. 寵妾(총첩). ¶以王之一二人 各爲隊長<史記>

▷敬一, 過一, 光一, 權一, 貴一, 內一, 盛一, 殊一, 愛一, 榮一, 優一, 隆一, 恩一, 慈一, 尊一, 天一, 親一, 嬖一

17/20【寶】 보배 보 | 皓 ㄅㄠˇ (bao) | ほう(タカラ) *treasure*

俗 寳 寚 宝 同 珤

源 會意·形聲. 집[宀] 안에 옥이나 화폐[貝]가 차 있음을 뜻함.

풀이 ①보배. ㉮금·은·주옥 등의 보배. ¶一者 玉物之凡名<公羊傳>/一庫. ㉯귀중한 사물. ¶惟善以爲一<大學>/國一. ㉰돈. 화폐. ¶東國通一. ㉱귀중한 사람. 곧, 자녀. ¶今人愛惜其子 每呼之曰一<留靑日札> ㉲몸. 신체. ¶輕敵幾喪吾一<老子> ②보배롭게 여기다. 소중히 여김. ¶所一維賢<書經> ③임금에 관한 것에 붙이는 접두어. ¶一位. ④국새. 임금의 도장. ¶御一. ⑤불가(佛家)·도가(道家)에서 쓰는 접두어. ¶一籍. ⑥불(佛)·법(法)·승(僧). 곧, 부처·교리·중. ¶三一.

【寶駕】ほうが(보가) 임금이 타는 수레. 大駕(대가). 乘輿(승여). 聖駕(성가).

【寶鑑】ほうかん(보감) ①훌륭한 거울. ②모범이 될 만한 책. ¶明心一. ③태양.

【寶蓋】ほうがい(보개) ①《佛》 보옥으로 장식된 천개(天蓋). ②중국의 산 이름.

【寶劍】ほうけん(보검) 보배로운 칼. 귀중한 칼.

【寶鏡】ほうきょう(보경) ①좋은 거울. 寶鑑(보감)①. ②해와 달의 비유. ¶一似空水<李白> ③《佛》 지보(至寶)의 명경(明鏡).

【寶戒】ほうかい(보계) 귀중한 계율. 계율의 경칭. ¶兼稟大乘金剛一<傳燈錄>

【寶庫】ほうこ(보고) ①보물 창고의 뜻으로, 귀중한 재화를 넣어 두는 곳간. ②물자가 많이 나는 곳.

【寶冠】ほうかん(보관) 보옥으로 꾸민 관.

【寶國】ほうこく(보국) 일본에서 조선을 일컫던 아

호(雅號).
【寶弓】ほうきゅう(보궁) 임금의 활.
【寶眷】ほうけん(보권) ①은혜. ②남을 높이어 그의 가족을 이르는 말.
【寶刀】ほうとう(보도) 보배로운 칼. ¶孟勞者 魯之一也<穀梁傳>
【寶曆】ほうれき(보력) ①천자가 국민에게 나누어 주던 달력. ②천자의 나이. 寶算(보산). ③국조(國祚). 皇位(황위).
【寶輦】ほうれん(보련) ①천자의 수레. 鳳輦(봉련). ②훌륭한 수레.
【寶齡】ほうれい(보령) 임금의 나이. 寶算(보산).
【寶林】ほうりん(보림)《佛》①극락 정토(極樂淨土)에 있는 칠보(七寶)의 나무. ②중국의 절 이름. 正覺寺(정각사).
【寶物】ほうぶつ(보물) 보배로운 물건. 寶財(보재). 貨寶(화보). ¶入取一<後漢書>
【寶石】ほうせき(보석) 아름답고 귀한 돌. 寶玉(보옥). 寶璧(보벽).
【寶位】ほうい(보위) 임금의 자리. 寶祚(보조).
【寶衣】ほうい(보의) ①비단으로 만든 화려한 옷. ②《佛》스님이 입는 옷. 僧衣(승의). 法衣(법의).
【寶典】ほうてん(보전) 귀중한 책.
【寶殿】ほうでん(보전) ①금옥(金玉)으로 아로새긴 전각(殿閣). ②신령을 모신 전각. 神殿(신전). ③《佛》부처를 안치하는 건물. 本堂(본당). 大雄寶殿(대웅보전).
【寶鼎】ほうてい(보정) ①귀중한 솥. 천자가 보물로 삼고 있는 솥. ¶黃帝作一三 象天地人<史記> ②한(漢)의 교사가(郊祀歌)의 하나.
【寶祚】ほうそ(보조) 제왕(帝王)의 자리. 皇位(황위). 寶位(보위). ¶祗承一<周書>
【寶座】ほうざ(보좌) ①임금이 앉는 자리. 王座(왕좌). ②《佛》부처가 앉는 자리. 蓮座(연좌). 寶坐(보좌).
【寶胄】ほうちゅう(보주) 훌륭한 자손(子孫).
【寶珠】ほうしゅ(보주) ①귀중한 구슬. ②☞如意珠(여의주).
【寶刹】ほうさつ(보찰)《佛》절. 寺刹(사찰).
【寶塔】ほうとう(보탑)《佛》①절의 탑. ②보물로 꾸민 탑.
【寶榻】(보탑) 임금이 앉는 자리. 玉座(옥좌).
【寶貨】ほうか(보화) ①보물. ②㉮주(周) 경왕(景王) 때 만든 화폐. ㉯신(新)의 왕망(王莽)이 만든 화폐.
【寶貨難售】ほうかウレガタシ(보화난수) 보물은 값이 비싸기 때문에 쉽사리 팔리지 않음의 뜻으로, 훌륭한 사람은 기량(器量)이 크므로 남에게 등용되기 어려움을 이름. ¶大器晩成一也<論衡>
【寶訓】ほうくん(보훈) 보배로 삼을 만한 훈계. ¶皇心欽一 求治益精勤<蔡襄>
▷佳一, 家一, 古一, 國一, 大一, 萬一, 名一, 墨一, 祕一, 史一, 三一, 神一, 元一, 遺一, 異一, 財一, 重一, 至一, 珍一, 七一, 通一

20【寳】寶(p.449)와 同字
21【㝱】夢(p.371)과 同字

寸<마디 촌>部

寸 ②对 ③寺 ④対 寿 冦 ⑤导 尃 尀 ⑥尌 封 尌 ⑦尅 尃 射 将 將 ⑧尉 尃 尉 尉 將 專 ⑨尊 尋 尉 尊 尌 ⑩尌 尌 尃 ⑪對 ⑬對 導

0/3【寸】마디 촌 | 㘝ㄘㄨㄣˋ(cun) | すん joint

㊊指事. 「又+一」. 又는 손[手], 一은 손목. 손목에서 손가락 하나 너비쯤 떨어진, 맥박이 뛰는 곳까지의 거리를 가리킴.

풀이 ①마디. 손가락 하나의 너비. ¶鋪四指曰扶 一指案一<禮記> ②치. 길이의 단위. 1치는 1척(尺)의 10분의 1. ¶十分爲一 十一爲尺<漢書> ③조금. ¶乃惜一陰<晋書>/一刻. ④마음. ¶方一. ⑤헤아리다. ㊐忖. ⑥존수. ¶三一.

【寸暇】すんか(촌가) 아주 짧은 겨를. 寸隙(촌극). 寸閑(촌한).
【寸刻】すんこく(촌각) 아주 짧은 시간. 寸時(촌시).
【寸簡】すんかん(촌간) 짧은 편지. 寸楮(촌저).
【寸功】すんこう(촌공) 작은 공로.
【寸口】すんこう(촌구) 손목의 맥 짚는 곳. 寸脈(촌맥).
【寸劇】すんげき(촌극) 아주 짧은 연극. 토막극.
【寸斷】すんだん(촌단) ①한 치 정도의 길이로 자름. ②토막토막으로 끊음. 寸裂(촌열).
【寸脈】すんみゃく(촌맥) 집게 손가락·가운뎃손가락·약손가락을 손바닥으로 벋은 요골(撓骨)의 동맥에 대었을 때, 집게손가락에 느껴지는 맥박의 하나. 寸口(촌구).
【寸步】すんぽ(촌보) 얼마 안 되는 걸음의 뜻으로, 조금·적음의 비유. ¶一不能自致<韓愈>/一不離.
【寸誠】すんせい(촌성) 얼마 안 되는 성의. 자기 성의의 겸칭. 微衷(미충). 衷丹(충단).
【寸數】(촌수)㊕ 친족간의 원근 관계를 나타내는 수.
【寸心】すんしん(촌심) 마음. 方寸(방촌). ¶文章千古事 得失一知<杜甫>
【寸陰】すんいん(촌음) 아주 짧은 시간. 寸晷(촌구). ¶大禹聖者 乃惜一<晋書>
【寸田】すんでん(촌전) ①조그마한 땅뙈기. ②도가에서 마음을 이름. ③두 눈썹 사이.
【寸田尺宅】すんでんしゃくたく(촌전척택) 적은 자산. ¶一今誰耕<蘇軾>
【寸田尺土】(촌전척토) 얼마 되지 않는 토지.
【寸志】すんし(촌지) ①자그마한 뜻. 자기 뜻의 겸칭. ②약간의 성의라는 뜻으로, 선물 포장지에 쓰는 말. 寸心(촌심). 微衷(미충).
【寸進尺退】すんしんしゃくたい(촌진척퇴) 한 치 나아가고 한 자 물러선다는 뜻으로, 얻은 것은 적고 잃은 것이 많음을 이름. ¶一 卒無所成<韓愈>
【寸尺】すんしゃく(촌척) ①길이의 단위인 촌과 척. ②조금. ③길이. 키.
【寸鐵】すんてつ(촌철) 짧은 칼. 작은 무기. ¶勿言分一 爲用乃長兵<白居易>

【寸鐵殺人】すんてつヒトヲコロス(촌철살인) 촌철(寸鐵)로 사람을 죽임의 뜻으로, 짤막한 경구(警句)로 사람의 마음을 찌른다는 말. ¶曾子之守約 一者也<鶴林玉露>

【寸土】すんど(촌토) 얼마 안 되는 작은 땅. 寸地(촌지). 寸壤(촌양).

▷徑一, 方一, 膚一, 分一, 銖一, 一一, 尺一, 火一

5〖对〗 對(p. 456)의 俗字

6〖団〗 ☞口部 3획(p. 324)

3/6〖寺〗 1 절 사 圓ㄙ | じ(テラ)
2 내시 시 圓(si) | *temple, eunuch*

풀이 1 절. 불도를 수행하는 곳. ¶佛國一. 2 ①내시(內侍). 환관(宦官). 通 侍. ¶時維婦一<詩經> ②관청. ¶太常一.

【寺格】じかく(사격)《佛》본산(本山)·말사(末寺) 따위의 절의 등급.

【寺內】じない(사내) 사원(寺院) 안. 절의 안.

【寺黨】(사당)韓 떼를 지어 돌아다니며 노래와 춤을 팔던 여자.

【寺宇】じう(사우) 절. ¶大建一 廣造第宅<唐書>

【寺院】じいん(사원) 절. 寺刹(사찰).

【寺位土】(사위토)韓 절에 딸린 논밭.

【寺址】じし(사지) 절터.

【寺刹】じさつ(사찰) 절. 寺院(사원).

【寺人】じじん(시인) ①☞宦官(환관). ②주(周)대 천관(天官)에 딸린 나인(內人). 여관(女官)의 계령(戒令)을 맡았음.

▷古一, 官一, 末一, 本一, 府一, 佛一, 社一, 山一, 僧一, 庵一, 遠一, 太常一, 廢一, 宦一

7〖対〗 對(p. 456)의 略字

7〖寿〗 壽(p. 363)의 俗字

7〖寿〗 壽(p. 363)의 略字

7〖尅〗 剋(p. 200)과 同字

8〖导〗 礙(p. 1086)와 同字

8〖尌〗 爵(p. 962)과 同字

8〖尀〗 叵(p. 269)와 同字

9〖耐〗 ☞而部 3획(p. 1215)

9〖尌〗 耐(p. 1215)와 同字

6/9〖封〗 봉할 봉 | 图ㄈㄥ (feng) | ほう, ふう (ホウズル) *appoint*

古 圭

源 會意. 영지[土]에 보내어 [之] 법도[寸]를 따라 다스리는 제후(諸侯)를 하게 한다는 뜻.

풀이 ①봉하다. ㉮일정한 지역의 땅을 떼어 주어 제후로 삼다. ¶以此一若<史記> ㉯작위나 직품(職品)을 내려 주다. ¶一爵. ㉰아가리나 구멍을 막다. ¶一緘. ㉱무덤을 만들다. ¶一墳. ㉲단(壇)을 쌓다. ¶聚土曰一<周禮> ㉳봉지(封地). 제후가 천자(天子)로부터 받은 땅. ¶一疆方五百里<周禮> ②韓 봉지. ㉮봉투. ㉯봉지나 봉함 편지를 세는 단위. ③북돋우다. 배양함. ¶一殖越國<國語> ④크다. 거대함. 通 豊. ¶一豕長蛇<左氏傳> ⑤경계(境界). ㉮지경. 흙을 쌓아 만든 경계. ¶田有一洫<左氏傳> ㉯경계하다. 흙을 쌓아 경계로 삼음. ¶制其畿疆而溝一之<周禮> ⑥봉사(封祀). 천자(天子)가 즉위했을 때, 산꼭대기에 흙을 쌓아 단(壇)을 만들어 하늘에 제사 지내던 의식. ¶一泰山而禪梁甫<大戴禮> ⑦무덤. 뫼. ¶一 冢也<廣雅> ⑧편지. 봉함 편지. ¶先發副一<漢書> ⑨가멸다. 부자. ¶素一. ⑩붙다. ¶霏霜一其條<張協> ⑪후하게 하다. 돈독히 함. ¶是勤民以自一也<國語> ⑫높이다. ¶登一泰山<漢書>

【封建】ほうけん(봉건) 천자(天子)의 공령(公領)이외의 토지를 제후(諸侯)에게 나누어 주어 영유(領有)시키던 일. ¶一思想/一社會/一時代/一制度.

【封庫罷職】(봉고파직) 어사(御史)나 감사(監司)가 못된 원(員)을 파면하고 관가의 창고를 봉(封)하여 잠그는 일. 封庫罷黜(봉고파출). 「직).

【封庫罷黜】(봉고파출) ☞封庫罷職(봉고파

【封君】ほうくん(봉군) ①韓 임금의 적자(嫡子)를 대군(大君)으로, 서자(庶子)·왕비(王妃)의 생부(生父)·2품(品) 이상의 종친(宗親)·훈신(勳臣) 등을 군(君)으로 봉함. ②제후(諸侯)에 봉해진 군(君). 領主(영주). ③부인으로서 군호(君號)에 봉해진 사람. ④자손이 현귀(顯貴)해져서 그 부조(父祖)가 봉전(封典)을 받는 일. 封翁(봉옹).

【封堂】(봉당)韓 안방과 건넌방 사이의 마루가 될 자리를 흙바닥 그대로 둔 것.

【封蠟】ふうろう(봉랍) 편지·포장물·병 따위를 밀로 봉함. 또는, 봉한 자리에 붙이는 밀.

【封祿】ほうろく(봉록) 제후(諸侯)가 받는 봉미(俸米). 「건.

【封物】(봉물)韓 선물로, 봉하여 보내는 물

【封彌】ふうび(봉미) 당(唐)·송(宋)대 과거(科擧)에 공정을 기하기 위하여 수험자가 답안지 오른편 끝에 성명·생년월일·주소·사조(四祖)를 써서 봉하여 제출하던 일.

【封墳】(봉분)韓 흙을 둥글게 쌓아올려서 무덤을 만듦. 또는, 그 무덤.

【封書】ふうしょ(봉서) ①봉한 편지. ②옛날, 임금이 종친(宗親)이나 근신(近臣)에게 내리던 편지. ③왕비(王妃)가 친정에 보내는 편지.

【封禪】ほうぜん(봉선) 천자(天子)가 행하는 제사. 흙을 쌓아 단을 만들어 하늘에 제사 지내고, 땅을 깨끗하게 쓸고 산천에 제사 지내던 일. 封祀(봉사). 封壇(봉단).

【封送】(봉송) 물건을 싸서 선물로 보냄. 또는, 그 물건.
【封鎖】ふうさ(봉쇄) ①봉하여 꼭 잠금. 閉鎖(폐쇄). ②병력(兵力)으로 적을 포위하여 외부와의 연락을 못하게 함.
【封豕長蛇】ほうしちょうだ(봉시장사) 큰 돼지와 긴 뱀이란 뜻으로, 먹기를 탐내는 욕심꾸러기를 비유한 말.
【封神】(봉신) 흙을 모아 담을 쌓고 신(神)을 모심.
【封邑】ほうゆう(봉읍) ☞封土(봉토)②. ¶有一者十餘世<史記>
【封印】ふういん(봉인) ①봉한 자리에 도장을 찍음. 또는, 그렇게 찍은 도장. 封璽(봉새). ②관인(官印)을 봉쇄하는 일. ③판검사나 집달리가 법규에 의해 재산·물품을 압류할 때 찍는 도장.
【封爵】ほうしゃく(봉작) ①제후(諸侯)에 봉하고, 관작(官爵)을 내림. ②㊗韓 외명부(外命婦)·내명부(內命婦)·의빈(儀賓) 등을 봉하던 일.
【封窓】(봉창)㊗韓 ①창문을 봉함. 봉한 창문. ②벽에 작은 구멍을 내고 종이로 바른 창.
【封采】(봉채)㊗韓 혼인식을 하기 전에 신랑집에서 신부집으로 채단(采緞)과 예장(禮狀)을 보내는 일. 또는, 그 물건.
【封冊】ほうさく(봉책) 왕후(王侯)에 봉하는 뜻을 쓴 천자(天子)의 조서(詔書). ※冊封(책봉).
【封土】ほうど(봉토) ①흙을 높이 쌓아 올려 제단(祭壇)을 만듦. ②제후(諸侯)에게 나누어 준 땅. 領地(영지). 采邑(채읍). 封地(봉지). 封邑(봉읍).
【封套】ふうとう(봉투) 편지나 서류 따위를 넣고 봉하는 봉지.
【封緘】ふうかん(봉함) 편지를 봉투에 넣고 붙임. ¶一葉書.
【封還】ほうかん(봉환) 사표 따위를 수리하지 않고 그대로 돌려 보냄.
【封侯】ほうこう(봉후) 제후에 봉함. 또는, 그 제후. ¶未有一之賞<史記>
【封堠】ほうこう(봉후) ①제후(諸侯) 영지의 경계를 표시한 둔덕. ②길에 이수(里數)를 표하기 위하여 쌓아 올린 돈대(墩臺).
▷開一, 丘一, 畿一, 同一, 密一, 素一, 襲一, 嚴一, 蟻一, 作一, 爵一, 提一, 追一, 函一, 緘一

9【尌】 叔(p.258)과 同字

10【尅】 剋(p.208)의 俗字

10【导】 得(p.547)의 古字

7/10【射】 1 쏠 사 ㊀本 석 / 2 맞힐 석 / 3 벼슬이름 야 / 4 싫어할 역 | 陌 ㄕㄜˋ (she) / 陌 / 禡 ㄧㄝˋ (ye) / 陌 ㄧˋ (yi) | しゃ (イル) *shoot* / せき / や / えき

㊀本 躳

源 會意. 본자 躳는「身+矢」. 화살[矢]이 몸[身]에서 떠난다는 뜻으로,「쏘다」를 뜻함.

풀이 1 ①쏘다. ㉮활·총 따위를 쏘다. ¶一擊. ㉯쏘는 화살처럼 나가다. ¶奔泉各激一<鮑照>/注一. ②궁술(弓術). ¶禮樂一御書數<周禮> ③사궁(射宮)의 약칭. ¶秋合諸一<禮記> 2 맞히다. 쏘아서 명중시킴. ¶弋不一宿<論語> 3 ①벼슬 이름. 진(秦)대의 벼슬 이름. ¶僕一. ②밤. ㊀通夜. 4 ①싫어하다. ㊀通斁. ¶無一於人斯<詩經> ②12율(律)의 하나. ¶無一. ③나무 이름. ¶一干. ④또한. ㊀通亦. ¶世子一姑來朝<穀梁傳>
【射擊】しゃげき(사격) 총이나 포·활 등으로 쏨.
【射殺】しゃさつ(사살) 쏘아 죽임.
【射石飮羽】せきせきいんう(사석음우) 돌을 범인 줄 알고 쏜 화살이 깃까지 들어가 박혔다는 뜻으로, 열성을 다하면 어떤 일이든 성취할 수 있음을 비유.
【射手】しゃしゅ(사수) 활이나 총을 쏘는 사람.
【射術】しゃじゅつ(사술) 활이나 총을 쏘는 기술.
【射藝】しゃげい(사예) 활 쏘는 기예(技藝). 射術(사술). 射法(사법).
【射員】(사원) 사정(射亭)에서 활 쏘는 일에 참가하는 사람.
【射場】しゃじょう(사장) 활터. 사술(射術)을 배우는 곳. ¶一殿.
【射程】しゃてい(사정) 총구(銃口)에서 탄환이 도달할 수 있는 지점까지의 수평 거리. ¶一距離.
【射精】しゃせい(사정) 정액(精液)을 사출(射出)함.
【射出】しゃしゅつ(사출) ①쏘아 내보냄. ②부채살 모양으로 퍼져 나감.
【射倖】しゃこう(사행) 우연한 이익을 얻고자 함. 요행을 노림. ¶一心.
【射幸數跌】せきこうハシバシバツマズク(사행삭질) 요행을 노려 쏘는 화살은 번번히 차질을 일으킴의 뜻으로, 사행심으로 하는 일은 성취하기 어려움을 이름. ¶一 不如審發<蜀志>
▷戈一, 騎一, 亂一, 大一, 鳴一, 無一, 博一, 反一, 發一, 放一, 僕一, 賓一, 掃一, 速一, 暗一, 燕一, 戰一, 注一, 直一, 逐一, 馳一, 彈一, 投一, 鬪一, 鄕一, 火一, 戲一

10【辱】 ☞辰部 3획(p.1473)

10【將】 將(p.453)과 同字

10【将】 將(p.453)의 略字

11【尌】 京(p.72)과 同字

11【尃】 守(p.423)의 古字

11【尋】 尋(p.454)과 同字

8/11【尉】 1 벼슬 위 / 2 다릴 울 | 未 ㄨㄟˋ (wei) / 物 ㄩˋ (yu) | い *official rank* / うつ(ヒノシ) *iron*

㊀同 熨

풀이 1 ①벼슬. 벼슬 이름. 도둑의 무리를

치거나 옥사(獄事)를 다스리는 벼슬에 붙이는 이름. ¶廷一. ②위로하다. 안정하게 함. ¶以一士大夫心<漢書> [2]다리다. 다리미로 주름을 폄. [같]熨. ¶火斗曰一<風俗通>

【尉史】いし(위사) 단옥(斷獄)을 관장하던 벼슬아치. ¶單于怪之攻烽燧 得武州一<史記>

【尉氏】いし(위씨) 형옥(刑獄)을 맡던 벼슬. 司寇(사구). ¶將歸死於一<左氏傳>

▷校一, 壘一, 大一, 都一, 少一, 衛一, 正一, 廷一, 准一, 中一

8 11 〖將〗 [1]장수 장 [2]장차 장 | [漢]ㄐㄧㄤˋ (jiang) [陽]ㄐㄧㄤ (jiang) | しょう (ヒキイル) *general, in future*

[略]将 [同]將

[풀이][1] ①장수. 인솔자. ¶斬一刈旗<史記> ②거느리다. 인솔함. ¶一軍擊趙<史記> [2] ①장차. ☞ [句法] ②원컨대. 바라건대. ¶一子無怒<詩經> ③하다. [通]爲. ¶固天縱之一聖<論語> ④얻다. [通]得. ¶一非促齡具<陶潛> ⑤돕다. ¶福履一之<詩經> ⑥지키다. ¶知自一<漢書> ⑦보내다. 부쳐 보냄. ¶百兩一之<詩經> ⑧나아가다. 발전함. ¶日就月一<詩經> ⑨전진시키다. 앞으로 보냄. ¶無一大車<詩經> ⑩다하다. 마침. ¶束帛加書一命<儀禮> ⑪전하다. 전하여 줌. ¶請還贄於一命者<儀禮> ⑫행하다. 실천함. ¶奉一天罰<書經> ⑬받들다. 봉승(奉承)함. ¶湯孫之一<詩經> ⑭가지다. 취함. ¶吏謹一之<荀子> ⑮기르다. 양육함. ¶天不我一<詩經> ⑯사라지다. 흘러가다. ¶時幾一矣<荀子> ⑰좇다. 따름. ¶九夷賓一<漢書> ⑱거스르다. 거역함. ¶人臣無一<漢書> ⑲가지런히 하다. 정제함. [通]戕. ¶或肆或一<詩經> ⑳크다. [通]奘. ¶亦孔之一<詩經> ㉑성(盛)하다. [通]壯. ¶鮮我方一<詩經> ㉒길다. ¶恐余壽不一<宋玉> ㉓곁. [通]傍. ¶在渭之一<詩經>

[句法]

①추측

㉮[將…] 장차 …하려고 한다. 머지않아 …되려 한다. ¶天將以夫子爲木鐸<論語>

㉯[將…] 무릇. 대저. 거의. ¶將爲君子焉 將爲野人焉<孟子>

②반어

[將…] 어찌. 오히려. ¶將得已乎<左氏傳>

③접속

㉮…과. …과 함께. 그리고. ¶有知將無知也<說苑>

㉯또한. 한편. 且와 같게 쓰임. ¶將安將樂<詩經>

④수단·방법

…을 써서. …로써. …에 의하여. ¶唯將舊物表深情<白居易>

⑤당연·의무

마땅히 …하여야 한다. ¶君人者將禍是務去<左氏傳>

⑥한정·제한

㉮[將…] 오직. …뿐. 惟와 같게 쓰임. ¶寡人將君是望<左氏傳>

㉯[將…] 이. 이것. 此와 같게 쓰임. ¶將何事也 且可飾乎<左氏傳>

⑦가능

[將…] 만일. 혹은. 若과 같게 쓰임. ¶今尹將必來辱 爲惠已甚<左氏傳>

【將計就計】(장계취계) 상대편의 계략을 미리 알아채고 그것을 역이용하는 계략.

【將官】しょうかん(장관) ①원수(元帥)·대장(大將)·중장(中將)·소장(少將)·준장(准將)의 총칭. ②대장(大將)·부장(副將)·참장(參將)의 총칭.

【將校】しょうこう(장교) ①군대에서, 소위(少尉)이상의 무관(武官). ②군대의 지휘관·군관의 총칭.

【將軍】しょうぐん(장군) ①일군(一軍)을 통솔·지휘하는 무관. 大將(대장). ②군대에서 장관(將官)의 속칭.

【將軍木】しょうぐんぼく(장군목) 궁문이나 성문 따위를 닫고 잠글 때 빗장처럼 가로지르는 굵고 긴 나무.

【將軍石】しょうぐんせき(장군석) 묘소 앞에 세우는 무석인(武石人).

【將棊】しょうぎ(장기) 청(靑)·홍(紅) 두 색으로 군진(軍陣)을 정하고 각각 장(將)·사(士)·차(車)·포(包)·마(馬)·상(象)·병(兵) 또는 졸(卒) 들을 써서 승부를 겨루는 오락의 한 가지. 將棋(장기). 將戱(장희).

【將器】しょうき(장기) 장수가 될 만한 기량. 또는, 그 사람.

【將臺】しょうだい(장대) 장수가 올라 서서 지휘하는 대(臺).

【將來】しょうらい(장래) ①앞날. 앞으로. 未來(미래). 前途(전도). ②가지고 오게 함. ¶我欲得齊 而遠其寵 寵一乎< 左氏傳>

【將來性】しょうらいせい(장래성) 장차 잘 되거나 발전할 수 있는 가능성.

【將令】しょうれい(장령) 장수의 명령.

【將領】しょうりょう(장령) ①통솔함. ②☞將帥(장수).

【將無同】ハタオナジキコトナカランヤ(장무동) 서로 같음의 뜻. 진(晉)의 완첨(阮瞻)이 왕융(王戎)에게서, 성인(聖人)은 명교(名敎)를 존중하고 노장(老莊)은 자연을 존중하는데, 그 취지의 다른 점이 무엇인가라는 질문을 받고 將無同이라 대답하여 등용되었다는 옛일에서 유래. 將無는 「아마도」라는 추측의 뜻.

【將門有將】しょうもんゆうしょう(장문유장) 장군 집안에서 장군이 나옴. ¶相門有相 一<魏志>

【將弁】しょうべん(장변) 무관(武官)의 관(冠)이란 뜻으로, 무직(武職)의 통칭.

【將兵】しょうへい(장병) ①☞將卒(장졸). ②군사를 거느려 통솔함. ③대장으로서 병사를 다스림.

【將士】しょうし(장사) 장수(將帥)와 병졸. 장교

와 병사. 將卒(장졸). 將兵(장병)①.

【將相】しょうしょう(장상) 장수(將帥)와 재상(宰相). 장군(將軍)과 대신(大臣).

【將相之材】しょうしょうのざい(장상지 재) 장수와 재상이 될 만한 인재.

【將星】しょうせい(장성) ①장군(將軍)의 별칭. ②북두칠성(北斗七星)의 둘째 별. 河魁星(하괴성). ③대장(大將)의 기상이 있다고 하는 별. ¶大一搖 兵起大將出<隋書>

【將星隕】しょうせいおつ(장성운) 대장이 진중(陣中)에서 죽음의 뜻으로, 영웅이나 위인의 죽음을 비유.

【將率】しょうそつ(장솔) 지휘함. 통솔함.
しょうすい(장수) 전군(全軍)을 지휘하는 대장. 將帥(장수).

【將帥】しょうすい(장수) 군대를 거느리는 장군. 군의 우두머리. 大將(대장). 將領(장령)②.

【將臣】しょうしん(장신) 도성을 지키던 각 영문(營門)의 장수.

【將材】しょうざい(장재) 장수가 될 만한 기량(器量). 將器(장기).

【將卒】しょうそつ(장졸) 장군과 사졸. 장교와 병졸. 將士(장사). 將兵(장병)①.

【將指】しょうし(장지) ①가운뎃손가락. 長指(장지). 將은 大. ②엄지발가락.

【將進酒】(장진주) 한(漢)의 요가(鐃歌)의 이름. 18곡(曲)의 하나. 가사 내용은 대개 음주 방가(飮酒放歌)에 대한 것. 이백(李白)의 것이 유명함. ¶一辭.

【將次】しょうじ(장차) ①거의. ¶屈指一春一盡<周密> ②차츰. 점차로. ¶若能時習一自曉得<朱子語類> ③ⓚ 앞으로.
▷干一, 客一, 健一, 軍一, 老一, 大一, 代一, 猛一, 名一, 謀一, 武一, 別一, 部一, 副一, 上一, 少一, 宿一, 良一, 勇一, 雄一, 戰一, 主一, 准一, 中一, 智一, 次一, 虎一, 驍一

8 11 〖專〗 1 오로지 전 2 둥글 단 | 㘝ㄓㄨㄢ (zhuan) 㘝 | せん (モッパラ) たん

풀이 1 ①오로지. 오직 한 곬으로. ¶一念. ②마음대로. 마음대로 함. ¶一制. ③섞이지 아니하다. 뒤섞임이 없음. ¶其靜也一<易經> ④홀로. ¶敢一承之<國語> ⑤독차지하다. ¶夫榮公好一利<國語> ⑥하나로 되다. ¶血氣能一於五藏<淮南子> ⑦사사로이. ¶不敢一造家<荀子> ⑧다스리다. ¶爾一之<禮記> ⑨한 장. 한 겹. ¶有喪者一席而坐<禮記> ⑩차다. 가득 참. ¶洪蚶一車<郭璞> ⑪중하다. 권세가 많음. ¶孰與文信君一<戰國策> 2 둥글다. ㊞ 團.

【專決】せんけつ(전결) 혼자서 제 마음대로 결정함. 專斷(전단). 專裁(전재).

【專閫】せんこん(전곤) 지방 군무(軍務). 무인(武人)이 성문(城門) 밖에서 군사의 일을 맡음.

【專攻】せんこう(전공) 한 가지 일을 전문적으로 배우고 익힘.

【專科】せんか(전과) 전문으로 하는 학과.

【專管】せんかん(전관) 단독으로 관리함. ¶一水域.

【專權】せんけん(전권) 권력을 마음대로 함. 권력을 한 사람이 쥠.

【專念】せんねん(전념) 오로지 그 일에만 마음을 씀.

【專斷】せんだん(전단) ☞專決(전결). ¶諸侯擅一不報<史記>

【專擔】せんたん(전담) 혼자서 담당함. 오로지 그 일만을 맡음. 專當(전당).

【專對】せんたい(전대) 독단으로 자유로이 응함. ¶使於四方 不能一<論語>

【專對之材】せんたいのざい(전대지 재) 외국에 사신으로 가서 혼자서 능히 응대할 만한 재간을 지닌 사람.

【專力】せんりょく(전력) 오로지 그 일에만 힘을 씀.

【專賣】せんばい(전매) ①남은 팔지 못하게 하고 자기 혼자서 파는 일. ¶一特許. ②국가가 정책적으로 특정 재화의 생산 또는 판매를 독점하는 일. ¶一權/一收入/一品.

【專務】せんむ(전무) ①오로지 한 가지 일에 힘씀. ②전무 이사(專務理事)의 준말.

【專門】せんもん(전문) ①오로지 한 종류의 경서(經書)만을 연구함. ②오로지 한 학과나 한 사항만을 연구함. 또는, 오로지 한 사업만을 연구함. ¶一家/一醫.

【專屬】せんぞく(전속) 하나의 회사나 단체 등에만 속함. ¶一俳優/一出演.

【專修】せんしゅう(전수) 그 일만을 오로지 닦음.

【專心】せんしん(전심) 마음을 한 가지 일에만 기울임. 專意(전의). ¶一專力.

【專業】せんぎょう(전업) 전문(專門)의 직업이나 사업.

【專用】せんよう(전용) ①혼자서만 씀. ¶一權. ②오로지 그것만을 씀.

【專人】(전인) 어떤 일을 위하여 특별히 사람을 보냄. 專足(전족). 專伻(전팽).

【專一】せんいつ(전일) ①오로지. 한 가지 일에 몰두하여 다른 것을 돌보지 않음. ②한결같고 변화가 없음.

【專任】せんにん(전임) 어떤 일을 오로지 맡김 또는 맡음. 專委(전위). ¶一講師.

【專征】せんせい(전정) ①천자(天子)의 명을 받고 오로지 정벌(征伐)만 함. ②천자의 명을 기다리지 않고 마음대로 정벌함.

【專政】せんせい(전정) 혼자서 정치를 마음대로 함.

【專制】せんせい(전제) ①독단으로 일을 처리함. ②정사(政事)를 마음대로 함. ¶一君主/一主義/一政治. ③관리가 멋대로 법문(法文)을 늘리는 일. ¶考憲而有不合于太府之籍者侈曰一<管子>

【專行】せんこう(전행) 오로지 제 마음대로 함. 專擅(전천).

【專橫】せんおう(전횡) 권세를 독차지하여 제 마음대로 함. 專恣(전자).
▷驕一, 獨一, 自一, 貞一, 精一, 靜一

12 〖㝷〗 守(p.423)의 古字

9 12 〖尋〗 찾을 심 | 㑄ㄒㄩㄣˊ (xun) ㄒㄧㄣˊ (xin) | じん (タズネル) *visit, search*

㊀ 㷊 ㊁ 㝷

풀이 ①찾다. ㉮캐묻다. ¶一問. ㉯얻어 내

려고 뒤지다. ¶旣窈窕以—壑<陶潛> ㉰보거나 만나기 위하여 찾다. ¶—訪. ②생각하다. ¶退—平常時<謝靈運> ③보통. 평소. ¶個中消息也—常<指月錄> ④잇다. ㉮뒤를 잇달다. ¶存問相—<梁書> ㉯계승하다. ¶—舊盟也<公羊傳> ⑤첨가하다. 거듭함. ㊟燖. ¶—盟. ⑥쓰다. 사용함. ¶日—干戈<左氏傳> ⑦치다. 토벌함. ¶夫三軍之所—<國語> ⑧미치다. 이름. ¶寖—於泰山矣<漢書> ⑨갑자기. 얼마 안 되어. ¶罷行軍參謀 —復置<舊唐書> ⑩발. 두 팔을 벌린 길이. 7자[尺] 또는, 8자. ¶枉尺而直—<孟子>

【尋矩】じんく(심구) 규칙. 법칙. ¶少雅裕有—<唐書>

【尋盟】じんめい(심맹) 옛 맹세를 새로이 함. 尋은 燖. ¶尋舊約 曰—<書言故事>

【尋問】じんもん(심문) ☞尋訪(심방). ¶硏精—<北齊書>

【尋訪】じんぼう(심방) 사람을 찾아 봄. 尋問(심문).

【尋常】じんじょう(심상) ①대수롭지 않음. 보통. 평범. ②얼마 안 되는 거리나 넓이. 尋은 8척(尺), 常은 1장(丈) 6척.

【尋人】タズネビト(심인) 사람을 찾음. 또는, 찾는 사람.

【尋引】じんいん(심인) 자. 尺度(척도). ¶所職—規矩繩墨<柳宗元>

【尋章摘句】じんしょうてきく(심장적구) ①시문(詩文)을 지을 때 자구(字句)를 다듬음을 이름. ②옛 사람의 글귀를 여기저기서 따옴.

【尋行數墨】じんこうすうぼく(심행수묵) ①글자 수나 행수에 얽매여 글 짓는 데 고심함. ¶拙於—文理錯謬<輟耕錄> ②문자에 구애되어 도리에 밝지 못함.

▷考—, 究—, 窮—, 緣—, 萬—, 訪—, 思—, 蹋—, 熟—, 深—, 硏—, 溫—, 精—, 千—, 追—, 侵—, 探—

12〖尉〗 尉(p. 452)와 同字

9 12〖尊〗 **1** 높을 존 **2** 술통 준 | ㉤ㄗㄨㄣ(zun) | そん(トウトイ) *high*

㊣會意. 酋는 술, 寸은 손. 신에게 바치는 술이므로 존귀를 나타냄.

풀이 **1** ①높다. ㉮높이가 높다. ㉯지위(地位)가 높다. ¶—貴. ②높이다. ㉮지위를 높이다. ¶—其位 重其族<中庸> ㉯상대를 높이다. 존경함. ¶夫禮者 自卑而—人<禮記> ㉰높임말을 쓰다. ¶—稱. ③우러러보다. ¶—五美<論語> ④중히 여기다. 소중하게 생각함. ¶—德樂義<孟子> ⑤무겁다. 소중함. ¶名—於實<淮南子> ⑥높은 사람. 임금·부형(父兄) 등을 이르는 말. ¶養—者必易服<禮記> ⑦벼슬아치. 관리. ¶宜—來與州—相見<蜀志> ⑧어떤 경향으로 흐르다. ㊟撙. ¶沛獻—節<後漢書> ⑨신불(神佛)의 상(像)을 세는 말. 일좌(一座)를 일존(一尊)이라 함. **2** ①술통. ㊟樽. ¶掌六— 六彝之位<周禮> ②따르다. 좇음. ㊟遵. ¶君—用之<墨子>

商蜼尊 (博古圖)

【尊敬】そんけい(존경) 받들어 공경함. ¶侍坐於所—<禮記>

【尊公】そんこう(존공) ①남의 아버지에 대한 경칭. 尊大人(존대인). ②남을 부르는 경칭. 貴公(귀공).

【尊君】そんくん(존군) ☞尊公(존공).

【尊貴】そんき(존귀) 높고 귀함. ¶日以—<漢書>

【尊堂】そんどう(존당) 남을 높이어 그의 부모를 이르는 말.

【尊大】そんだい(존대) ①거만을 부림. ②벼슬이나 학식·인격이 높고 큼.

【尊待】そんたい(존대) 받들어 대접함. ↔下待(하대).

【尊卑】そんぴ(존비) 존귀함과 비천함. 신분이 높음과 낮음. ¶明堂也者 明諸侯之—也<禮記>

【尊卑貴賤】そんぴきせん(존비귀천) 지위·신분의 높고 낮음과 귀하고 천함.

【尊姓大名】(존성대명) 남의 성명의 존칭.

【尊屬】そんぞく(존속) 부모와 같은 항렬 이상의 친족. 尊屬親(존속친). ¶直系—. ↔卑屬(비속).

【尊宿】そんしゅく(존숙)《佛》 학문과 덕행이 뛰어나 남의 사표가 될 만한 중. 尊老(존로). 耆宿(기숙).

【尊崇】そんすう·そんそう(존숭) 존경하고 숭배함.

【尊侍】(존시) 웃어른과 나이 어린 사람. 존장(尊長)과 시생(侍生).

【尊侍間】(존시간) 나이가 많은 사람과 적은 사람의 사이. 20여 세 차가 있을 때 씀.

【尊顔】そんがん(존안) 남을 높이어 그의 얼굴을 이르는 말.

【尊嚴】そんげん(존엄) ①고귀하고 엄숙함. ②지위 또는 인품이 높아서 범할 수 없음.

【尊影】そんえい(존영) 남을 높이어 그의 화상이나 사진 등을 이르는 말. 尊照(존조).

【尊王攘夷】そんのうじょうい(존왕양이) 왕실을 높이고 이적(夷狄)을 물리침. 尊攘(존양). ¶尊周室 攘夷狄<論語>

【尊位】そんい(존위) ①높은 자리. ②임금의 자리.

【尊儀】そんぎ(존의)《佛》 불타(佛陀)·보살(菩薩)의 형체. 또는, 귀인(貴人)의 초상이나 위패의 경칭.

【尊者】そんしゃ①·そんじゃ②(존자) ①웃어른. 尊長(존장). ②《佛》 덕(德)·행(行)·지(智)를 구비한 사람.

【尊丈】そんじょう(존장) ①자기보다 지위가 높은 사람을 높여 부르는 말. ②자기 아버지와 허교(許交)하는 사람. ③자기 나이보다 16세 이상 되는 사람. 사장(師丈)·연척(緣戚)·노주(奴主) 따위의 특별한 경우는 제외함.

【尊長】そんちょう(존장) 웃어른.

【尊前】そんぜん(존전) ①임금의 앞. ②존경하는 사람의 앞.

【尊照】(존조) ☞尊影(존영).

【尊重】そんちょう(존중) 높이고 중하게 여김. ¶王者莫不—<漢書>
【尊執】(존집) 아버지의 벗이 될 만한 나이 정도의 웃어른의 경칭.
【尊體】そんたい(존체) 남을 높이어 그의 몸을 이르는 말.
【尊寵】そんちょう(존총) ①아끼고 사랑함. ¶高門大屋—之<史記> ②남을 높이어 그의 자기에 대한 총애를 이르는 말.
【尊稱】そんしょう(존칭) ①존경하여 부르는 명칭. ②인칭 대명사의 높임을 나타내는 말.
【尊筆】そんぴつ(존필) 남을 높이어 그의 글씨나 글을 이르는 말.
【尊翰】そんかん(존한) 남을 높이어 그의 편지를 이르는 말. 尊札(존찰). 尊函(존함).
【尊銜】(존함) 남을 높이어 그의 이름을 이르는 말.
【尊行】そんこう(존항) 아저씨뻘 이상의 항렬.
【尊兄】そんけい(존형) 동배(同輩)인 상대자를 높이어 부르는 말.
【尊號】そんごう(존호) ①남을 높이어 부르는 칭호. ②왕·왕비의 덕을 칭송하여 올리던 칭호.
【尊候】そんこう(존후) 남을 높이어 그의 건강 상태를 이르는 말.
【尊彝】そんい(준이) 고대(古代)의 예기(禮器). 술을 받는 그릇. ¶— 皆受酒之器也<國語·注>
【尊俎】そんそ(준조) 연회석(宴會席)을 이르는 말. 尊은 樽, 俎는 제기(祭器).
【尊俎折衝】そんそせっしょう(준조절충) 적의 군신 사절(君臣使節)과 회합하여 주연을 베푼 자리에서, 외교로써 평화롭게 자기 나라의 세력을 넓힘.
▷敬—, 達—, 本—, 三—, 象—, 釋—, 世—, 嚴—, 威—, 自—, 至—, 唯我獨—, 天—地卑, 追—, 推—, 犧—

9 12【尌】 세울 주 | ㊥ㄕㄨˋ (shu) | しゅ(タテル) *stand*

풀이 ①세우다. 섬. 通 樹. ②종. 하인. ¶僮僕曰—子<正字通>

13【𡬷】 剅(p.213)의 訛字

13【𡬹】 道(p.1491)의 古字

13【𡬶】 尋(p.454)의 古字

11 14【對】 대답할 대 | ㊥ㄉㄨㄟˋ (dui) | たい (コタエル) *reply, face*

略 対　俗 对　同 對

풀이 ①대답하다. 응답함. ¶聽言則—<詩經> ②대하다. ㉮마주 대하다. ¶—面. ㉯행위의 대상으로 삼다. ¶—民奉仕活動. ㉰접촉하여 관계를 맺다. ¶—敵. ③대. ㉮짝. 배우자. ¶擇—不嫁<後漢書> ㉯상대. 적대자. ¶劉備今在境界 此彊—也<吳志> ㉰물건을 세는 단위. ¶柱聯——. ㉱사물간의 대비·대립을 나타내는 말. ¶韓國—日本. ㉲서로 대립되게 짝을 만드는 수사적 표현. ¶—句. ④같다. ¶—等. ⑤만나다. ¶貞期難—<後漢書> ⑥이루다. 성하게 됨. ¶—揚王休<詩經> ⑦소(疏)의 한 체. 임금의 물음에 대하여 의견을 올리는 글. ¶奏—.
【對價】たいか(대가) 자기의 재산이나 노력 등을 다른 사람에게 주거나 이용하게 하고, 그 보수로 얻는 재산상의 이익.
【對勘】たいかん(대감) 이해를 달리하는 두 사람을 대질(對質)시켜 조사함. ¶—以防虛僞<夢溪筆談>
【對客】たいかく(대객) ①손의 물음에 대답함. ②손을 마주 대함.
【對決】たいけつ(대결) 양자가 맞서서 우열을 결정함.
【對空射擊】たいくうしゃげき(대공사격) 지상이나 함정(艦艇)에서 적기(敵機)에 대하여 하는 사격.
【對校】たいこう(대교) 원고(原稿)나 이전의 교정쇄(校正刷)를 대조하여 교정하는 일.
【對句】ツイク(대구) 시문(詩文)에서 서로 짝을 이루는 구(句).
【對局】たいきょく(대국) ①어떠한 국면에 대함. ②상대하여 바둑이나 장기를 둠. 對棊(대기).
【對內】たいない(대내) 내부(內部) 또는 국내(國內)에 대한 것.
【對談】たいだん(대담) 서로 마주 보고 이야기 함.
【對答】たいとう(대답) 묻는 말에 응함.
【對待】たいたい(대대) 쌍방이 서로 마주 섬. 對立(대립). ¶萬古晨昏常—<張憲>
【對等】たいとう(대등) 서로 견주어, 낫고 못함이 없음. 동등함.
【對聯】ツイレン(대련) ①대(對)가 되는 연(聯). ②문이나 기둥에 써 붙이는 글귀.
【對壘】たいるい(대루) 적을 상대하기 위하여 흙으로 쌓은 성(城). ¶與之—百餘日<晉書>
【對立】たいりつ(대립) ①마주 섬. ②서로 반대되거나 모순됨.
【對面】たいめん(대면) 서로 얼굴을 마주 대함.
【對舞】(대무) 마주 서서 춤춤. 또는, 그 춤.
【對比】たいひ(대비) 서로 비교함. 또는, 그 비교.
【對備】たいび(대비) 어떠한 일에 대응할 준비.
【對象】たいしょう(대상) 감각 기관에 의하여 지각되는 모든 구체적인 사물 현상.
【對生】たいせい(대생) 엽서(葉序)의 하나. 식물 줄기 마디마디에 두 개의 잎이 마주 붙어 남. ↔互生(호생).
【對席】たいせき(대석) 자리를 마주하고 앉음.
【對訟】(대송) 맞송사.
【對手】たいしゅ(대수) 기량이 엇비슷한 상대. 상대할 만한 적수(敵手).
【對食】たいしょく(대식) ①마주 앉아서 먹음. ②궁인(宮人)끼리 부부가 됨. ¶房與宮—<漢書>
【對岸】たいがん(대안) 건너편 언덕. ¶山高險峻絕—若門<水經>
【對案】たいあん(대안) 어떤 일에 대처할 안.
【對揚休命】たいようきゅうめい(대양휴명) 군명(君命)을 받들어 그 뜻을 널리 일반에게 드높임. ¶敢對揚天子之休命<書經>
【對言】たいげん(대언) 마주 대하여 말함.

【對譯】たいやく(대역) 원문과 나란히 하여 역문(譯文)을 보이는 일. 또는, 그 역문.
【對外】たいがい(대외) 외부 또는 외국에 대함. ¶ —祕. ↔對內(대내).
【對偶】たいぐう(대우) ①짝. ②시문(詩文)의 대구(對句).
【對耦】たいぐう(대우) 대등한 짝. 부부(夫婦)를 이름.
【對牛彈琴】たいぎゅうだんきん(대우탄금) 소를 위하여 거문고를 탄다는 뜻으로, 어리석은 사람에게 도를 깨치게 해도 되지 않음을 비유. ※牛耳讀經(우이독경).
【對應】たいおう(대응) ①마주 대함. ②상대에 따라 일을 함. ③쌍방이 서로 같음.
【對人】たいじん(대인) 사람을 상대함. ¶ —擔保/—稅/—信用.
【對酌】たいしゃく(대작) 마주 앉아 술을 마심. 對飮(대음). ¶ 兩人—山花開<李白>
【對敵】たいてき(대적) ①적과 맞섬. ②상대가 됨. 또는, 그 상대. 敵手(적수).
【對戰】たいせん(대전) 맞서 싸움.
【對詔】たいしょう(대조) 문체(文體)의 이름. 한(漢)대에 관리 등용 시험에서 정사(政事)·경의(經義)에서 문제를 내어 답하게 하던 일. 對策(대책)②. ¶ —高第 已能講易老子<唐書>
【對照】たいしょう(대조) ①다른 것과 비교하여 봄. ¶ 貸借—表. ②서로 상대적으로 대비됨. 또는, 그 대비.
【對坐】たいざ(대좌) 마주 앉음. 偶坐(우좌).
【對陣】たいじん(대진) ①적과 마주 대하여 진을 침. ②경기에서 두 편이 마주 대하여 섬. ¶ —表.
【對質】たいしつ(대질) 무릎맞춤. ¶ —審問.
【對策】たいさく(대책) ①어떤 일에 대응하는 방책. ②☞對詔(대조).
【對處】たいしょ(대처) 어떠한 일에 대응하는 조치를 취함.
【對蹠】たいせき(대척) 서로 정반대가 되는 일. ¶ —的/—點.
【對替】(대체) 어떤 계정(計定)의 금액을 다른 계정에 옮겨 적는 일.
【對峙】たいじ(대치) 서로 맞서서 버팀.
【對稱】たいしょう(대칭) ①잘 어울림. 균형이 맞음. ②자기와 상대하는 것. 第二人稱(제이인칭). ③한 점이나 한 직선을 중심으로 하여 그 양쪽의 점이나 선분이 같은 거리에 있는 경우의 일컬음. ¶ —形.
【對榻】(대탑) 걸상을 마주하고 앉음.
【對抗】たいこう(대항) ①서로 겨룸. ②마주 봄. 마주 대함. ③권리의 내용 또는 사실을 상대방이 승낙하도록 주장하는 일.
【對話】たいわ(대화) 마주 대하여 이야기함.
▷問—, 反—, 辨—, 相—, 召—, 酬—, 晤—, 偶—, 應—, 一—, 敵—, 專—, 絕—, 接—, 正—, 正反—, 條—, 奏—

14〖奪〗 ☞大部 11획(p.393)

16〖對〗 對(p.456)와 同字

13
16〖導〗 이끌 도 | 號ㄉㄠˋ (dao) | どう(ミチビク) *guide*

源 會意·形聲. 길[道]을 손[寸]으로 가리켜 줌을 뜻함.

풀이 ①이끌다. ㉮앞장서서 인도하다. ¶ 君使人—之出疆<孟子> ㉯가르쳐서 인도하다. ¶ —民之路 在務本<漢書>/善—. ㉰다스리다. ¶ — 治也<論語·注> ②통하다. 소통하게 함. ¶ 爲川者決之使—<國語> ③간(諫)하다. ¶ —於左右<淮南子> ④행하다. 실천함. ¶ 而—之以訓辭<國語> ⑤길잡이. 인도. 유도. 지도. ¶ 候人爲—<國語>
【導駕】(도가) 임금의 거둥 때 관리가 먼저 나가서 백성에게 길을 쓸고 황토(黃土)를 펴게 하던 일.
【導師】どうし(도사)《佛》 ①중생을 불도(佛道)로 인도하는 중. 보살의 통칭. ②죽은 사람을 불도로 인도하는 일을 맡은 중. ※道士(도사).
【導線】どうせん(도선) 전류를 흐르게 하는 동선(銅線). 電線(전선).
【導水路】どうすいろ(도수로) 물을 끌어 들이기 위하여 만든 수로.
【導迎】どうげい(도영) 잘 인도하여 맞이함.
【導入】どうにゅう(도입) 끌어 들임.
【導火線】どうかせん(도화선) ①화약을 터지게 하는 심지. ②사건을 일으키는 계기.
▷開—, 敎—, 補—, 輔—, 先—, 善—, 誘—, 引—, 前—, 傳—, 指—, 唱—, 嚮—, 化—, 訓—

16〖樹〗 ☞木部 12획(p.792)

小<작을 소>部

小 ① 少 ② 尒 ③ 尖 ⑤ 尙 ⑩ 尠

0
3〖小〗 작을 소 | 篠ㄒㄧㄠˇ (xiao) | しょう(チイサイ) *small, little*

源 指事. 점[丶] 셋으로 물건의 작은 모양을 나타냄.

풀이 ①작다. ¶ 管仲之器—哉<論語> ②적다. 通少. ¶ 力—而任重<易經> ③짧다. 시간상으로 짧음. ¶ —年不及大年<莊子>/—暇. ④낮다. 하위. ¶ 不卑—官<孟子> ⑤어리다. 젊음. 通少. ¶ 我—未能營養<晉書> ⑥좁다. 협소함. ¶ 自用則—<書經>/—徑. ⑦적다고 여기다. 가벼이 여김. ¶ 必—羅<左氏傳> ⑧첩(妾). ¶ 慍于群—<詩經>/—室. ⑨삼가다. 주의함. ¶ —心. ⑩조금. 적게. ¶ 可以—試勒兵乎<史記> ⑪소인. ㉮도량이 좁은 사람. ¶ 衆—在位<漢書> ㉯어린이. ¶ 老—殘疾<北史> ㉯천한 사람. 신분이 낮은 사람. ¶ 好與群—遊戲<晉書> ⑫작은. 조그마한. ¶ —劇場. ⑬작은 달. 음력으로 30일이 못 되는 달. ¶ —月. ⑭겸양의 뜻을 나타내는 접두어. ¶ —子/—宴.
【小家】しょうか(소가) ①작은 집. 가난한 집. ↔

大家(대가). ②㊟韓 적은집. 첩. ③소설가로 일가언(一家言)을 이룬 사람. 제자 백가(諸子百家)의 하나. ¶―珍說之所願皆衰矣<荀子>

【小暇】しょうか(소가) 잠깐 동안의 짧은 겨를. 小閑(소한).

【小駕】しょうが(소가) 천자(天子)가 타는 약식(略式) 수레. ↔大駕(대가).

【小家族】しょうかぞく(소가족) ①식구가 적은 집안. ②부부와 미성년인 자녀만으로 구성되는 가정. 核家族(핵가족).

【小簡】しょうかん(소간) ①작은 대쪽. ②짤막한 편지. ③㊟韓 좁고 작은 간지(簡紙).

【小康】しょうこう(소강) ①소란하던 세상이 조금 안정됨. 잠시 무사함. ¶―狀態. ②정치·교화(敎化)가 잘 행해져 세상이 태평함을 이름. ¶是謂―<禮記> ③부역을 줄여 백성을 편히 쉬게 함. ¶民亦勞止 汔可―<詩經> ④얼마간의 재산이 있어 생활에 지장이 없는 일.

【小憩】しょうけい(소게) 잠깐 쉼.

【小經】しょうけい(소경) 권수가 적은 경서(經書). 「주역」(周易)·「서경」(書經)·「공양전」(公羊傳) 따위.

【小計】しょうけい(소계) ①작은 계산. 하찮은 이해타산. ②일부분만의 합계. ↔總計(총계).

【小姑】しょうこ(소고) 남편의 누이. 시누이.

【小鼓】しょうこ(소고) 작은북. 單皮鼓(단피고).

【小古風】(소고풍) 문과(文科)의 시체(詩體)를 본뜨기는 하나, 운(韻)은 달지 않는 시체(詩體)의 하나. 칠언(七言) 10구(句)로 됨.

【小曲】しょうきょく(소곡) ①짤막한 곡조. 小品曲(소품곡). ②속된 노래. 俚歌(이가). ③조금 굽음.

【小功】しょうこう(소공) ①5복(服)의 하나. 소공친(小功親)의 상사(喪事)에 다섯 달 동안 입는 복제(服制). ②얼마의 공로(功勞). 작은 공. ↔大功(대공).

【小功親】しょうこうしん(소공친) 소공의 복을 입는 친척. 증조부모·재종형제·종질(從姪)·종손(從孫)이 이에 속함.

【小科】(소과) 생원(生員)과 진사(進士)를 뽑던 과거.

【小過卦】しょうかか(소과괘) 64괘(卦)의 하나. 간하진상(艮下震上). 산 위에 우뢰가 이는 모습으로, 작은 일에 좋은 상.

【小官】しょうかん(소관) ①지위가 낮은 벼슬. ¶不卑―<孟子> ②관리가 스스로를 낮추어 이르는 말.

【小舅】しょうきゅう(소구) ①작은외숙. ②작은처남.

【小局】しょうきょく(소국) ①좁은 국량(局量). ②작은 판국.

【小國】しょうこく(소국) 작은 나라.

【小君】しょうくん(소군) ①제후(諸侯)의 아내. ②아내의 통칭. ③고려 때 왕후 이외의 몸에서 태어나서 중이 된 왕자(王子)를 일컫던 말.

【小朞】(소기) ☞小祥(소상).

【小器】しょうき(소기) ①조그마한 그릇. ②작은 기량(器量). 또는, 그 사람. ¶朱勃―速成<後漢書>

【小女】しょうじょ(소녀) ①젊은 여자. 작은 계집아이. ②웃사람에 대한 여자 스스로의 겸칭.

【小農】しょうのう(소농) 적은 농토를 가지고 거의 남을 쓰지 않으며 자기 가족만으로 경작을 하는 농업 경영. 또는, 그 농가. ↔大農(대농).

【小大朞】(소대기) ☞小大祥(소대상).

【小大祥】(소대상) 소상(小祥)과 대상(大祥).

【小道】しょうどう(소도) ①작은 길. ②이단(異端). 제자 백가(諸子百家)를 이름. ③도사(道士)가 자기 자신을 낮추어 이르는 말.

【小童】しょうどう(소동) ①아이. ¶黃帝曰 異哉―<莊子> ②제후(諸侯)의 아내가 스스로를 낮추어 이르는 말. ③상중(喪中)에 있을 때의 임금의 자칭. ¶凡在喪 王曰― 公侯曰子<左氏傳>

【小東大東】しょうとうだいとう(소동대동) 동양의 크고 작은 여러 나라. ¶― 杼柚其空<詩經>

【小斗】しょうと(소두) 닷 되들이 말. ↔大斗(대두).

【小杜】しょうと(소두) 당(唐)의 시인 두목(杜牧)을 이름. 두보(杜甫)를 노두(老杜)라 하는 데 대(對)한 말.

【小鑼】しょうら(소라) 징. 후위(後魏)의 선무(宣武) 때부터 있었음.

【小郞】しょうろう(소랑) 여자가 시동생을 이르는 말.

【小量】しょうりょう(소량) ①적은 분량. ②도량(度量)이 작은 일. 너그럽지 못한 마음.

【小呂】しょうりょ(소려) 12율(律)의 하나. 중려(中呂)를 이름.

【小斂】しょうれん(소렴). 시체를 옷과 이불로 싸는 일. ¶―衾/―布.

【小路】しょうろ(소로) 작은 길. 좁은 길.

【小錄】しょうろく(소록) ①과거(科擧)의 제명록(題名錄). ②간단한 기록.

【小累】しょうるい(소루) 사소(些少)한 죄.

【小流】しょうりゅう(소류) 실개천. 細流(세류). ¶不積― 無以成江海<荀子>

【小吏】しょうり(소리) 지위가 낮은 관리. ¶年少時爲郡―<史記>

【小利】しょうり(소리) 작은 이익. ¶見―則大事不成<論語>

【小滿】しょうまん(소만) 24절기(節氣)의 하나. 양력 5월 21일경.

【小賣】こうり(소매) 물건을 도매상에서 사서 중간 이익을 얻고 소비자에게 파는 장사. 散賣(산매). ↔都賣(도매).

【小麥】しょうばく·こむぎ(소맥) 밀. 참밀. ¶―粉.

【小門】しょうもん(소문) ①작은 문. ②여자의 음부를 완곡하게 이르는 말.

【小米】(소미) ①낟알의 작은 쌀. ②좁쌀.

【小民】しょうみん(소민) 천한 백성. 下民(하민). ¶人倫明於上 ―親於下<孟子>

【小盤】(소반) 음식을 놓고 먹는 상. ¶低頭拭―<杜甫>

【小邦】(소방) 작은 나라.

【小白】しょうはく(소백)《人》제(齊) 환공(桓公)의 이름. 춘추(春秋) 오패(五霸)의 우두머리.

【小便】しょうべん(소변) 오줌. 小水(소수). 小溲(소수).

【小婦】しょうふ(소부) ①첩(妾)을 이르는 말. ②젊은 여자. 少婦(소부).

【小祥】(소상) 죽은 뒤 1년 되는 날에 지내는 제사. 小朞(소기). 一周忌(일주기). ¶期而― … 又期而大祥<儀禮>

【小生】しょうせい (소생) ①선진(先進)에 대하여 후진(後進)을 이름. ②남자가 웃사람에 대하여 스스로를 낮추어 이르는 말.
【小序】しょうじょ (소서) 짧은 머리말.
【小暑】しょうしょ (소서) 24절기의 하나. 양력 7월 7일경. 「일경.
【小雪】しょうせつ (소설) 24절기의 하나. 11월 23
【小說】しょうせつ (소설) ①하찮은 의론(議論). ②제자 십가(諸子十家)의 하나인 소설가가 전하는 이야기. ③허구에 의해 줄거리를 사실처럼 구성하고 세태와 인정을 묘사하거나 사실(史實)을 부연(敷衍)한 산문체(散文體) 문장.
【小成】しょうせい (소성) ①작은 일을 성취함. ↔大成(대성). ②과거(科擧)의 소과(小科)에서 초시(初試) 또는 종시(終試)에 합격함.
【小姓】しょうせい (소성) 신분이 천한 사람의 딸.
【小星】しょうせい (소성) ①작은 별. ②첩(妾)을 이르는 말. ③「시경」(詩經) 소남(召南)의 편 이름. 부인이 투기심이 없어 교화가 여러 첩에 미쳤다는 것.
【小歲】しょうさい (소세) 납향(臘享)의 다음 날. 곧, 동지(冬至) 뒤 세째 술일(戌日)의 다음 날.
【小小】しょうしょう (소소) ①극히 작음. 些少(사소). ②나이가 어림. 젊음. ¶—生金屋<李白>
【小數】しょうすう (소수) ①조그마한 기술. 小術(소술). ②얼마 안 되는 수. ③㉮1보다 작은 실수(實數). ㉯정수(整數)가 아닌 실수로, 십진법(十進法)으로 나타낸 것.
【小乘】しょうじょう (소승)《佛》 불교 교리의 한 갈래. 중생을 구제하기보다 자기의 인격 완성을 목표로 함. ¶修是—禪<傳燈錄>/—佛敎. ↔大乘(대승).
【小僧】こぞう (소승) ①나이 어린 중. ②중이 스스로를 낮추어 일컫는 말.
【小市民】しょうしみん (소시민) 소상인(小商人)·수공업자(手工業者)·하급 봉급 생활자와 같은 저소득층 시민. ¶—性.
【小食】しょうしょく (소식) ①끼니 외에 음식을 먹는 일. ②음식을 조금 먹음.
【小臣】しょうしん (소신) ①신분이 낮은 신하. ②임금에 대하여 신하가 스스로를 낮추어 일컫는 말.
【小室】しょうしつ (소실) ①작은 방. ②㊥韓 첩.
【小心】しょうしん (소심) ①작은 마음. 담력이 작음. ¶哀我—<詩經> ②조심성이 많음. 주의함. 마음을 씀. ¶—翼翼<詩經>
【小心文】しょうしんぶん (소심문) 미세한 점까지 주도면밀하게 의론한 문체(文體). ↔放膽文(방담문).
【小我】しょうが (소아) ①본능에 따르는 나. ②현상계(現象界)의 나. ↔大我(대아).
【小兒】しょうに・しょうじ (소아) ①어린아이. ¶—科/—痲痺/—病. ②자기 아들을 겸손하게 이르는 말. ③남을 천시하여 부르는 말. 小人(소인). 「난적인 (것).
【小兒病的】しょうにびょうてき (소아병적) 유치하고 극
【小安】しょうあん (소안) 조금 편안함. 잠시 평안함.
【小宇宙】しょううちゅう (소우주) 작은 우주라는 뜻으로, 어떤 사물의 개별적인 세계를 이르는 말. ↔大宇宙(대우주).
【小有天】しょうゆうてん (소유천) 도가에서, 동부(洞府 : 신선이 사는 곳)의 이름. 대천(大天) 안에 굴이 36곳 있는데 제1 왕옥산(王屋山) 굴의 둘레는 만 리(里)로, 소유청허지천(小有淸虛之天)이라 이름함.
【小戎】しょうじゅう (소융) 작은 병거(兵車)의 이름. ¶—俴收<詩經> ↔元戎(원융).
【小邑】しょうゆう (소읍) 작은 읍. 작은 고을.
【小人】しょうじん (소인) ①일반 민간인. 庶民(서민). 小民(소민). ¶—之德 草<論語> ②덕이 없는 사람. 마음이 간사한 사람. ¶—比而不周<論語>/—輩. ③사동(使童). 노복(奴僕). ¶唯女子與—爲難養也<論語> ④자기 자신을 겸손하게 이르는 말. 小子(소자). ⑤체구(體軀)가 작은 사람. ¶—國.

秦小戎（三才圖會）

【小人閒居爲不善】(소인한거 위불선) 소인은 한가로이 혼자 있으면 사람이 보고 있지 않음을 기화로 나쁜 일을 함. ¶— 無所不至<大學>
【小子】しょうし (소자) ①아이. 小兒(소아). 童子(동자). ②아들이 부모에 대하여 자기를 이르는 말. ③스승이나 어른이 제자나 손아랫사람을 부르는 말. ④수양이 부족한 사람. ⑤남을 업신여겨 부르는 말. ⑥주(周)대의 벼슬 이름. 하관(夏官)에 속하며 제사의 자질구레한 일을 맡았음.
【小字】しょうじ (소자) ①어릴 때 부르던 이름. 幼名(유명). ②작은 글자. 細字(세자).
【小作】こさく (소작)㊥韓 남의 전답(田畓)을 빌어서 경작함. 半作(반작). ¶—權/—農/—料/—人/—制度. ↔自作(자작).
【小腸】しょうちょう (소장) 12지장(指腸)에서 시작되어 꾸부러져 대장(大腸)으로 통하는 소화관.
【小姐】しょうしゃ (소저) ①미혼녀의 통칭. 처녀. ②남의 딸에 대한 경칭. 「전).
【小傳】しょうでん (소전) 간단히 적은 전기. 略傳(약
【小篆】しょうてん (소전) 진(秦) 시황(始皇) 때 이사(李斯)가 창시한 서체(書體). 혹은 정막(程邈)이 만들었다고도 함.
【小節】しょうせつ (소절) ①자질구레한 예절. ②악보에서 세로줄로 그어진 리듬의 한 단위.
【小註】しょうちゅう (소주) 본주(本註) 아래 더 자세히 단 주석.
【小中華】(소중화) 고대 중국에서 부르던 우리 나라의 이칭.
【小至】しょうし (소지) 동지(冬至)의 하루 전날.
【小盡】しょうじん (소진) 음력의 작은 달. ¶三十日爲大盡 二十九日爲—<歲華紀麗> ↔大盡(대진).
【小參】しょうさん (소참)《佛》 불도를 닦는 사람이 스승과 수시로 문답하는 일.
【小册子】しょうさっし (소책자) 자그마한 책.
【小妾】しょうしょう (소첩) 여자가 남편에 대하여 스스

로를 낮추어 이르는 말.
【小草】しょうそう (소초) ①서양 문자의 필기체 소문자를 이름. ↔大草(대초). ②초서(草書)의 한 가지. ③아기풀의 싹.
【小銃】しょうじゅう (소총) 작은 총.
【小畜】しょうちく (소축) 64괘의 하나. 건하손상(乾下巽上). 하늘 위에 바람이 이는 모습으로, 조금씩 쌓는 상(象).
【小春】しょうしゅん (소춘) 음력 10월의 이칭.
【小貪大失】(소탐대실) 작은 것을 탐하다가 큰 것을 잃음. 貪小失大(탐소실대).
【小包】コヅツミ (소포) ①자그맣게 포장한 것. ②소포우편물(小包郵便物)의 준말.
【小品】しょうひん (소품) ①작은 작품. 짤막한 문장. 短篇(단편). ②《佛》 나습(羅什)이 번역한 마하반야 바라밀경(摩訶般若波羅蜜經).
【小荷物】コニモツ (소하물) 기차편에 쉽사리 부칠 수 있는, 작고 가벼운 짐.
【小學】しょうがく (소학) ①옛날에 태자·왕자·제후의 아들 및 공경 대부(公卿大夫)의 적자(嫡子)에게 소절(小節)·소의(小義)·소예(小藝)를 가르치던 학교. ②글자의 형상(形象)·훈고(訓詁)·음운(音韻) 등을 연구하는 학문. ③송(宋)의 주희(朱熹)가 편찬한 책. 아이들이 행할 바와 마음가짐 등을 담음. 6권.
【小閑】しょうかん (소한) 얼마 안 되는 여가. 잠깐의 틈. 小暇(소가).
【小寒】しょうかん (소한) 24절기의 하나. 동지(冬至) 다음의 절후(節候).
【小奚】しょうけい (소해) 14·15세 나이로 노역에 종사하는 사람. 젊은 하인.
【小楷】しょうかい (소해) 잔글씨로 쓴 해서(楷書). 細楷(세해).
【小形】しょうけい (소형) 작은 형체.
【小戶】しょうこ (소호) ①주량(酒量)이 적은 사람. ↔大戶(대호). ②작은 집. ③가난한 집.
【小毫】しょうごう (소호) ①작은 붓. ②작은 터럭. ③썩 작거나 적음.
【小好紙】(소호지)㊙韓 대호지(大好紙)보다 품질이 낮고 작은 한지(韓紙).
【小紅】しょうこう (소홍) 상복(喪服)의 이름. 小功(소공). ¶服 大紅十五日 一十四日<史記>
【小火】しょうか (소화) 자그마한 화재(火災).
【小話】しょうわ (소화) 짤막한 이야기.
▷家一, 巨一, 輕一, 群一, 短一, 大一, 眇一, 微一, 薄一, 凡一, 細一, 少一, 蘇一, 鎖一, 瘦一, 弱一, 矮一, 窄一, 抄一, 最一, 縮一, 偏一, 狹一

1 4	【少】	1 적을 소 2 젊을 소	篆ㄕㄠˇ (shao) 篆ㄕㄠˋ (shao)	しょう (スクナイ) *few, lack* しょう(ワカイ) *young*

풀이 1 ①적다. 많지 않음. ¶兵一食盡<史記> ②모자라다. ¶徧揷茱萸一一人<王維>/缺一. ③조금. 정도나 수량이 적은 것. ¶一光王室<國語> ④잠깐. 조금 지난 뒤. ¶一則洋洋焉<孟子> ⑤적은 수. 또는, 적은 수의 사람. ¶與一樂樂<孟子> 2 ①젊다. ¶人一則慕父母<孟子>/一時. ②젊은이. 어린이. ¶王氏諸一皆佳<晉書>/一壯. ③서른 살 이전. ¶一之時 血氣方剛未定<論語> ④주역(主役)을 돕는 버금. ¶一師一傅一保<書經>
【少間】しょうかん (소간) ①잠시 동안. 또는, 얼마 안 되어. ②병이 약간 차도가 있음. ③틈새. 틈. ¶至無一<姑溪題跋> ④잠깐 쉼.
【少頃】しょうけい (소경) 잠시 지나간 동안. 잠깐 사이에.
【少孤】しょうこ (소고) 어린 고아(孤兒). 또는, 어릴 때 고아가 됨. ¶孔子一 不知其墓<禮記>
【少姑】しょうこ (소고) 남편의 서모(庶母).
【少君】しょうくん (소군) ①제후(諸侯)의 부인(夫人). 小君(소군). ②어린 임금. 少主(소주). 幼君(유군).
【少男風】しょうだんふう (소남풍) 비가 오려고 할 때에 갑작스럽게 불어오는 바람. ↔少女風(소녀풍).
【少女風】しょうじょふう (소녀풍) 비가 오기 직전에 부는 미풍(微風). ↔少男風(소남풍).
【少年輩】しょうねんはい (소년배) 나이 어린 사람들. 소년의 또래.
【少年易老學難成】(소년이로 학난성) 세월은 빨리 지나가고 학문은 이루기 어렵다는 뜻으로, 시간을 아껴 배우기를 힘쓰라는 말. ¶一 一寸光陰不可輕<朱熹>
【少量】しょうりょう (소량) 적은 분량. ↔多量(다량).
【少牢】しょうろう (소뢰) 제후 이하의 사람이 토지의 신이나 조상에게 제사할 때 올리는 양(羊)과 돼지의 두 희생(犧牲). 또는, 그 음식. 小牢(소뢰). ↔大牢(대뢰).
【少留】しょうりゅう (소류) 잠시 머무름. 잠시 체재(滯在)함.
【少吏】しょうり (소리) 지위가 낮은 관리.
【少林寺】しょうりんじ (소림사) 중국 하남성(河南省) 등봉현(登封縣)에 있는 절. 일찌기 달마(達摩)의 면벽 구년(面壁九年)의 고적(古跡)으로 유명함.
【少母】しょうぼ (소모) 아들이 아버지의 첩 곧 서모(庶母)를 이르는 말.
【少半】しょうはん (소반) 반(半)보다 적음. 3분의 1. ↔大半(대반).
【少房】しょうぼう (소방) 첩(妾)을 이름. ¶稱妾爲一<稱謂錄>
【少輩】しょうはい (소배) 젊은 또래. 나이가 젊은 사람들.
【少保】しょうほ (소보) 주(周)대의 벼슬 이름으로, 3고(孤)의 하나. 소사(少師)·소부(少傅)와 함께 3공(公)을 보좌함.
【少府】しょうふ (소부) ①벼슬 이름. 진(秦)·한(漢)대, 제실(帝室)의 재정(財政)을 관장하였음. ②활 이름. 강궁(強弓)의 하나.
【少婦】しょうふ (소부) ①젊은 부녀(婦女). ②젊은 아내.
【少傅】しょうふ (소부) 주(周)대의 벼슬 이름. 소보(少保)·소사(少師)와 함께 삼공(三公)을 보좌함. 삼고(三孤)의 하나.

【少不動念】すこしもどうねんせず(소부동념) 조금도 생각이 움직이지 아니함.
【少不介意】すこしもかいいせず(소불개의) 조금도 마음에 두지 아니함. 少不介懷(소불개회).
【少不介懷】すこしもかいかいせず(소불개회) ☞少不介意(소불개의).
【少不下】(소불하) 적어도. 적게 치더라도. 下不下(하불하).
【少師】しょうし(소사) 주(周)대의 벼슬 이름. 소보(少保)·소부(少傅)와 더불어 삼고(三孤)의 하나. ¶一少傅少保 曰三孤<書經>
【少仙】しょうせん(소선) 당(唐)대의 현위(縣尉)를 이름.
【少選】しょうせん(소선) 잠깐. 잠시. 須臾(수유). ¶一之間而去在流水<呂覽>
【少小】しょうしょう(소소) 나이가 젊은 사람. 年少(연소). ¶一長東平<謝靈運> ↔老大(노대).
【少少】しょうしょう(소소) 조금. 약간. 些少(사소). 小小(소소). ¶以一之衆 立大大之功<孔叢子>
【少數】しょうすう(소수) 적은 수효. ¶一民族. ↔多數(다수).
【少額】しょうがく(소액) 적은 액수(額數). ¶一券. ↔多額(다액)·高額(고액).
【少陽】しょうよう(소양) ①이제부터 뻗어 나가려는 양기(陽氣). 뜻이 바뀌어, 동방(東方)을 이름. ②황태자가 있는 궁전. 東宮(동궁). ③역학(易學)에서, 칠(七)의 수. ④인체 경맥(經脈)의 이름. 담경(膽經).
【少言】しょうげん(소언) 말이 적음. 寡言(과언). ¶閑靖一 不慕榮利<陶潛>
【少焉】しばらく(소언) ①잠시 후. 잠깐 동안. ¶一月出於東山之上<蘇軾> ②병이 조금 나아짐. ¶疾一<五代史>
【少陰】しょういん(소음) ①역(易)에서, 8의 수를 이름. ②인체 경맥(經脈)의 이름. 신경(腎經).
【少壯】しょうそう(소장) ①젊고 혈기가 왕성함. ②20대·30대의 젊은이. ¶一能幾時<杜甫>
【少正】しょうせい(소정) ①부관(副官). 次官(차관). ②춘추 시대의 관명. 집정(執政)에 버금가는 벼슬.
【少弟】しょうてい(소제) ①나이 어린 아우. 小弟(소제). ②동배 사이에서 나이가 몇 살 위의 사람에 대해 자기를 이르는 말.
【少妾】しょうしょう(소첩) ①젊은 첩. ②여자가 자기를 낮추어 남편에 대하여 이르는 말.
【少許】しょうきょ(소허) 조금. 얼마 안 되는 적은 분량. ¶一便有餘<陶潛>
【少昊】しょうこう(소호) 중국 상고(上古)의 전설상의 제왕. 황제(黃帝)의 아들로 태호(太昊) 포희씨(庖犧氏)의 법을 닦았으므로 소호(小昊)라 이름. 곡부(曲阜)에 도읍. 재위(在位) 84년.
▷減一, 缺一, 輕一, 過一, 寡一, 極一, 僅一, 老一, 多一, 些一, 鮮一, 尠一, 少一, 年一, 幼一, 乏一, 稀一

4〖亓〗示(p. 1087)의 古字

2 5〖尒〗너 이 | 圈ㄦˇ (er) | じ(ナンジ) *you*

풀이 ①너. 그대. 通爾. ②가깝다. 가까이 함. 通邇. ③그렇다. 일의 필연을 나타내는 조사.

5〖尓〗尒(p. 461)와 同字
6〖光〗☞儿部 4획(p. 151)
6〖当〗當(p. 1022)의 略字
6〖尗〗菽(p. 1285)과 同字
6〖尘〗塵(p. 356)의 古字

3 6〖尖〗뾰족할 첨 | 圈ㄐㄧㄢ (jian) | せん(トガル) *pointed*

풀이 ①뾰족하다. 끝이 빨고 날카로움. ¶子觜一如此<揮麈錄>/一銳. ②성격·표현 등이 날카롭거나 각박함. ¶詩冷語多一<姚合> ③끝. 날카로운 끝. ¶紫毫筆 一如錐兮<白居易>/一端. ④산봉우리. ¶縹緲浮青一<王安石> ⑤정상. 꼭대기.
【尖端】せんたん(첨단) ①물건의 뾰족한 끝. ②사조(思潮)·유행(流行)·학술(學術) 등의 맨 앞. 先端(선단). ¶一技術.
【尖利】せんり(첨리) ☞尖銳(첨예)①.
【尖兵】せんぺい(첨병) 적 가까이 행군할 때 행군 부대의 전방에서 적군의 정세를 살피며 전진하는 소부대의 군사.
【尖銳】せんえい(첨예) ①뾰족하고 날카로움. 尖利(첨리). ②첨단적이며 날카로움. 급진적임. ¶一分子.
【尖塔】せんとう(첨탑) 끝이 뾰족한 탑.
▷頭一, 眉一, 蜂一, 新一, 十一, 銳一, 玉一, 指一, 青一, 翠一, 塔一, 筆一

7〖尝〗當(p. 1022)과 同字
7〖尜〗米(p. 1147)의 古字
7〖尖〗些(p. 67)와 同字
7〖肖〗☞肉部 3획(p. 1226)

5 8〖尙〗오히려 상 | 圈ㄕㄤˋ (shang) | しょう(ナオ) *rather*

풀이 ①오히려. ㉮그 위에. 그 밖에. ¶陵一復何顧乎<漢書> ㉯여전히. 역시. ¶視吾舌一在不<史記> ㉰…조차도. ¶此句他人一不可聞<白居易> ㉱반드시. 분명히. ¶一有說也<孔子家語> ②더하다. ㉮보태다. ¶好仁者 無以一之<論語> ㉯꾸미다. ¶一之以瓊華<詩經> ③숭상하다. 높이 여김. ¶不一賢 使民不爭<老子>/尊一. ④높이다. 격(格)이 높음. ¶何謂一志 曰 仁義而已矣<孟子>/高一. ⑤좋아하다. 즐김. ¶剛而一寵<國語> ⑥자랑하다. 자만함. ¶不自一其功<禮記> ⑦주관하다. 다스림. ¶一兵. ⑧짝하다. 부부가 됨. ¶得一于中行<易經> ⑨오래되다. ¶一書. ⑩원하다. 원컨대. ¶

一輔予一人<書經>/一來饗. ⑪공주에게 장가들다. ¶漢家列侯一公主<漢書>
【尙古】しょうこ(상고) 옛적 문물 제도(文物制度)를 소중히 여김. ¶一主義.
【尙宮】しょうきゅう(상궁) 여관(女官) 이름. 궁관(宮官)의 우두머리로, 중궁(中宮)을 인도하는 일을 맡아보았음.
【尙今】しょうこん(상금) 이제까지.
【尙論】しょうろん(상론) 옛 현인(賢人)의 인품이나 행위를 논하는 것. ¶一古之人<孟子>
【尙武】しょうぶ(상무) ①무덕(武德)을 숭상함. 또는, 무사(武事)를 중히 여김. ↔尙文(상문). ②군비(軍備)를 왕성하게 하여 실력을 기름.
【尙文】しょうぶん(상문) 문교(文敎)·학문(學問)을 숭상함. ↔尙武(상무)①.
【尙父】しょうほ(상보) 아버지처럼 높이어 모심. 또는, 그와 같이 높임을 받는 사람에의 존칭. 주(周) 무왕(武王)의 태공망(太公望)에 대한 예우가 대표적임.
【尙書】しょうしょ(상서) ①「서경」(書經)의 옛 명칭. ②㉮관명(官名) 및 관서명(官署名). 진(秦)·전한(前漢) 때에는 소부(少府)에 속하여, 궁중의 문서 발행을 맡았음. 후한(後漢) 이후는 정부를 통할하는 중추 기관이 됨. ㉯중앙 관청의 장관. ¶禮部一. ③고려의 관직. 육부(六府)의 각 장관. 품계는 정3품. 성종(成宗) 때 어사(御事)를 고친 이름. 후에 판서(判書)·전서(典書)로 바뀜.
【尙友】しょうゆう(상우) 옛 현인(賢人)을 벗으로 삼음. 또는, 고인(古人)을 벗으로 함.
【尙子】しょうし(상자) 맏아들. 長子(장자).
【尙章】しょうしょう(상장) 10간(干)의 계(癸)의 이칭. 昭陽(소양).
【尙存】しょうぞん(상존) 아직 존재함.
【尙主】しょうしゅ(상주) 공주(公主)에게 장가 듦. 천자의 딸을 아내로 삼음. ¶娶天子女 曰尙公主<漢書>
【尙志】しょうし(상지) 뜻을 고상하게 가짐. ¶何謂一 曰仁義而已矣<孟子>
【尙齒】しょうし(상치) 노인(老人)을 존경함. 齒는 齡. 上齒(상치). 尙年(상년). ¶黨鄕一行事尙賢<莊子>
【尙饗】しょうきょう(상향) 제문(祭文) 끝에 쓰는 말로, 흠향(歆饗)하기를 원한다는 뜻. ¶嗚呼哀哉 一<韓愈>
▷高一, 驕一, 氣一, 崇一, 意一, 操一, 尊一, 志一, 知一, 趣一, 風一, 好一, 和一

9【尛】 麼(p.1690)의 古字
9【[illegible]】 尛(p.462)와 同字
10【㡿】 隙(p.1585)과 同字
10【党】 ☞ 儿部 8획(p.158)
10【玅】 妙(p.399)와 同字
10【覍】 弁(p.527)과 同字

11【堂】 ☞ 土部 8획(p.347)
11【常】 ☞ 巾部 8획(p.502)
11【雀】 ☞ 隹部 3획(p.1591)
12【棠】 ☞ 木部 8획(p.773)
12【掌】 ☞ 手部 8획(p.646)
13【尟】 尠(p.462)과 同字

10/13【尠】 적을 선 |銑ㄒㄧㄢˇ (xian)| せん(スクナイ) *few, rare*

14【嘗】 ☞ 口部 11획(p.312)
15【賞】 ☞ 貝部 8획(p.1429)

尢(兀 尣)<절름발이 왕>部
尢 兀 ① 允 尤 ④ 尬 尨 尪 尫 尩 ⑨ 尰 就 ⑩ 尳

0/3【尢】 절름발이 왕 |陽ㄨㄤ (wang)| おう(ビッコ) *lame person*
풀이 ①절름발이. 한쪽 정강이가 굽은 사람. ㉠尪. ¶一 曲脛人也<說文> ②등이 굽고 아주 작은 사람. ¶一 又僂也 短小也<玉篇>

3【兀】 尢(p.462)과 同字
3【尣】 尢(p.462)의 本字
4【允】 尢(p.462)과 同字
4【尣】 尢(p.462)과 同字

1/4【尤】 더욱 우 |尤ㄧㄡˊ (you)| ゆう(モットモ) *more*
本 九 同 无
源 會意. 손에 난 무사마귀나 헌데 따위. 뜻밖의 일. 또는, 유달리 눈에 뜨임의 뜻.
풀이 ①더욱. 유달리. 특히. ¶汝時一小<韓愈> ②유달리 뛰어남. ¶拔其一<韓愈>/一物. ③탓. 재앙. 실패. ¶君無一焉<孟子> ④탓하다. 원망함. 비난함. ¶上不怨天 下不一人<中庸>
【尤溪】ゆうけい(우계) 중국 복건성(福建省)에 있는 현명(縣名) 및 물 이름. 주희(朱熹)가 태어난 곳으로, 현성(縣城)은 우계(尤溪) 북안(北岸)에 있음.
【尤詬】ゆうこう(우구) 꾸짖어 부끄러움을 줌.
【尤隙】ゆうげき(우극) 말다툼. 言爭(언쟁).
【尤極】ゆうきょく(우극) 더욱.
【尤物】ゆうぶつ(우물) ①뛰어나고 좋은 물건. 逸品(일품). 逸物(일물). ②미인(美人). 美女(미녀). ¶一惑人忘不得<白居易>
【尤而效之】トガメテコレニナラウ(우이효지) 남의 잘못을 나무라면서 스스로 잘못을 저지름. 尤效(우효). ¶對曰 一 罪又甚焉<左氏傳>
【尤最】ゆうさい(우최) 가장 뛰어남. 最上(최상).

極上(극상).

【尤悔】ゆうかい(우회) ①허물과 뉘우침. 悔尤(회우). ¶淺爲一 深作敎害＜漢書＞ ②「세설신어」(世說新語)의 편 이름.

5〖㝁〗 尢(p.462)와 同字

4/7〖尬〗 절름발이 개|国|かい(アシナエ)

4/7〖尨〗 삽살개 방 |江ㄇㄤˊ (mang) ㄆㄤˊ (pang)|ぼう(ムクイヌ) *shaggy dog*

源會意. 터럭[彡]이 많은 개[犬]라는 뜻.

풀이①삽살개. 터럭이 많은 개. ¶無使一也吠＜詩經＞/一犬. ②섞이다. ㉮머리털에 백발이 섞인 모양. ¶一眉皓髮＜後漢書＞ ㉯여러 가지 색이 섞이다. 잡색(雜色). ¶衣之一服＜左氏傳＞ ③크다. 뭉실뭉실하게 큼. ㊟厖. ¶一大.

【尨大】ぼうだい(방대) ①뭉실뭉실하게 큼. ②규모나 양이 매우 큼. 厖大(방대).

4/7〖尪〗 절름발이 왕|陽ㄨㄤ (wang)|おう(アシナエ)

풀이①절름발이. ㊟尢. ②곱사등이. ¶公欲焚巫一＜左氏傳＞/一蹇. ③약하다. 병약함. ¶世有一羸而壽考＜蘇軾＞/一疾.

7〖尩〗 尪(p.463)과 同字

8〖尫〗 尪(p.463)과 同字

9〖虺〗 ☞ 虫部 3획(p.1322)

10〖尲〗 尪(p.463)의 本字

10〖豗〗 ☞ 豕部 3획(p.1414)

9/12〖尰〗 수중다리 종|腫ㄔㄨㄥˇ (chong)|しょう *swollen leg*

풀이①수중다리. 정강이가 붓는 병. 각기병 따위. ㊟腫. ②붓다. 정강이가 부음. ¶既微且一＜詩經＞

9/12〖就〗 이룰 취|宥ㄐㄧㄡˋ (jiu)|しゅう(ツク) *achieve*

源會意. 京은 사람이 쌓은 언덕, 尤는 비범하다로서, 원뜻은 높다인데 뜻이 바뀌어 이루다로 됨.

풀이①이루다. 성취함. ¶可以一大事＜蘇軾＞/成一. ②좇다. 인물, 사물 등을 붙좇음. ¶一有道而正焉＜論語＞ ③나가다. 일자리 또는 벼슬자리에 나감. ¶此人可一見 不可屈致也＜蜀志＞/一職. ④시작하다. ¶三徑一荒＜陶潛＞/一緖. ⑤곧. 이에. ㊟卽. ¶一加詔許之＜晉書＞ ⑥마치다. ¶先人一世＜國語＞ ⑦이를테면. 가령(假令). ¶一其能鳴者＜韓愈＞

【就理】(취리)㊕ 죄를 범한 관리가 의금부(義禁府)에 나아가 조사를 받음.

【就木】しゅうぼく(취목) 죽어서 관 속에 듦. 죽음을 이름. 入棺(입관). ¶言將死曰一＜書言故事＞

【就伏白】(취복백)㊕ 나아가 여쭙는다는 뜻으로, 손윗사람에게 편지할 때, 안부를 물은 다음 본문(本文)을 시작하며 쓰는 말.

【就緖】しゅうしょ(취서) ①일에 착수함. 사업을 시작함. 緖는 業. ¶三事一＜詩經＞ ②성공의 실마리가 열림.

【就世】しゅうせい(취세) ①죽음. 세상을 마침. 就는 終. 卽世(즉세). ②세상과 교제함. ¶低頭一吾所諱＜陸游＞

【就囚】しゅうしゅう(취수) 옥에 갇힘. 실형(實刑)을 받게 됨.

【就養】しゅうよう(취양) 부모 곁에서 효도·봉양함.

【就業】しゅうぎょう(취업) ①업무(業務)와 학업(學業)에 종사함. ②업을 성취함. ¶潛精硏思欲就其業＜後漢書＞ ③취직(就職).

【就義】しゅうぎ(취의) ①바른 도리를 좇음. ¶去愚一 功名竝著＜莊子＞ ②의(義)를 위하여 죽음.

【就日】しゅうじつ(취일) ①해 있는 쪽으로 향함. 뜻이 바뀌어, 천자(天子)의 덕을 사모하여 우러름. ¶千官一 萬品趨雲＜李庾＞ ②달이 해에 가리워짐.

【就任】しゅうにん(취임) 임무(任務)에 나아감. 또는, 그 일. ¶一式. ↔辭任(사임).

【就籍】しゅうせき(취적) 호적(戶籍)에 빠진 사람이 입적(入籍)하는 일.

【就正】しゅうせい(취정) ①도(道)있는 사람에게 나아가 잘잘못을 바로잡음. ②바른일을 붙좇음. ¶反邪一＜魏志＞ ③시문(詩文)의 첨삭(添削)을 청하는 일.

【就中】なかんずく(취중) 그 중에서도, 특히. ¶一偏愛石 獨上最高層＜杜荀鶴＞

【就職】しゅうしょく(취직) 일정한 직업을 잡아 직장에 나아감. 就業(취업)③. ¶一難/一試驗. ↔離職(이직).

【就寢】しゅうしん(취침) 잠자리에 들어 잠을 잠. ↔「起寢(기침).

【就學】しゅうがく(취학) ①학교에 들어가서 공부를 함. ¶一年齡. ②스승에 나아가서 수학(修學)함.

【就航】しゅうこう(취항) 배나 비행기가 항행(航行)「길에 오름.

▷去一, 近一, 急一, 晩一, 成一, 夙一, 日一月將, 從一

10/13〖尲〗 절뚝거릴 감|咸ㄍㄢ (gan)|かん *limp*

13〖髡〗 ☞ 髟部 3획(p.1662)

17〖尷〗 尲(p.463)의 俗字

尸＜주검 시＞部

尸 ① 尹 尺 ② 尻 尼 ④ 局 尿 尾 屁 ⑤ 居 屆 届 屈 屄 ⑥ 屏 屎 屍 屋 屌 ⑦ 展 屖 屑 展 屓 ⑧ 屛 屝 ⑨ 屠 属 ⑩ 屦 ⑪ 屢

屜 ⑫ 履 屧 層 ⑭ 屨 ⑮ 屬 屩 ⑱ 屬 ㉑ 屭

0 3 【尸】 주검 시 | 因ㄕ (shi) | し(シカバネ) *corpse*

源象形. 사람의 몸뚱이가 굳어져 뻗은 모양을 본뜸. 屍의 본자.

풀이 ①주검. 시체(屍體). ㊀屍. ¶魂去一長留<古樂府>/一蟲. ②뻣뻣해져 누워 있다. 죽은 사람처럼 움직이지 않음. ¶寢不一<論語>/一解. ③시동(尸童). ¶弟爲一則誰敬<孟子>/一位. ④위패(位牌). 신주(神主). ¶載一集戰何所急<楚辭> ⑤주관(主管)하다. 맡아 다스림. ¶誰其一之<詩經>

【尸諫】しかん(시간) 죽은 뒤에 시체로써 임금에게 간(諫)하는 일. 위(衛)의 대부(大夫) 사어(史魚)가 그의 임금 영공(靈公)에게 간(諫)하였으나 듣지 않으므로, 죽음에 임하여 그 아들에게 명하여 장사하기 전에 임금에게 간(諫)하게 한 일에서 온 말.

【尸陀林】しだりん(시다림) ①《佛》 한림(寒林). 인도 마갈타국 왕사성(王舍城) 북쪽 교외에 있던 숲. 성문 안 사람의 묘지였으므로 사람이 들어가기만 하면 무서워 소름이 끼친다 함. ②韓 새로 죽은 사람에게 마지막으로 하는 설법.

【尸童】しどう(시동) 옛날에 제사지낼 때, 신위(神位) 대신 그 자리에 앉히던 어린 아이.

【尸祿】しろく(시록) 녹(祿)만 탐하고 직책을 다하지 아니함. 尸位素餐(시위소찬). 尸利(시리).

【尸利】しり(시리) ☞尸位素餐(시위소찬).

【尸臣】ししん(시신) 일을 맡아 다스리는 신하. ¶王命一 官此栒邑<漢書>

【尸位】しい(시위) ①시동(尸童)을 앉히는 자리. ②☞尸位素餐(시위소찬).

【尸位素餐】しいそさん(시위소찬) 어떤 지위에 있으면서, 녹(祿)만 타 먹고 직책(職責)을 다하지 않음. 尸祿(시록). 尸利(시리). 尸位(시위)②. 尸祿素餐(시록소찬).

【尸子】しし(시자) ①《人》 전국 시대 초(楚)의 사람. 상앙(商鞅)의 스승이라 함. 상앙이 형(刑)을 받자, 촉(蜀)으로 도망하여 책 20편을 지음. ②시자의 저서.

【尸坐齊立】しざさいりつ(시좌재립) 시동(尸童)처럼 앉고, 재계(齋戒) 때처럼 선다는 뜻으로, 몸가짐이 단정하고 신중함을 이르는 말. ¶若夫坐如尸 立如齊<禮記>

▷功一, 三一, 上一, 中一, 下一, 献一, 荆一

3 【𡰣】 尸(p. 464)의 本字

1 4 【尹】 다스릴 윤 | 軫 ㄧㄣˇ (yin) | いん(オサメル) *rule*

풀이 ①다스리다. 바로잡음. 조화롭게 함. ¶以一天下<左氏傳> ②벼슬 이름. 행정 관청의 장(長). ¶庶一允諧<書經>/京兆一/漢城判一. ③미쁨. 참. ¶孚一旁達 信也<禮記>

【尹祭】いんさい(윤제) 종묘(宗廟)의 제사 때 쓰는 정방형(正方形)의 포(脯). 尹은 正. ¶凡祭宗廟之禮 脯曰一<禮記>

▷卿一, 官一, 關一, 師一, 庶一, 奄一, 閹一, 令一, 里一, 詹一, 縣一

1 4 【尺】 자 척 | 陌 ㄔˇ (chi) ㄔㄜˇ (che) | しゃく (モノサシ) *measure*

源象形. 뼘으로 길이를 재는 손 모양을 본뜸.

풀이 ①자. ㉮길이의 단위. ㉯길이를 재는 기구. ¶掘地得古銅一<晉書>/曲一. ㉰조금. 근소. 약간. ¶一地莫非其有也<孟子> ②법. 법도(法度). ¶文有繩一<金史> ③편지. ¶欲馮書一問寒溫<韓駒>/一牘.

【尺簡】せきかん(척간) 편지. 옛날에는 한 자 되는 간(簡 ; 木札)에 글을 쓴 데서 온 말. 書札(서찰). 尺書(척서)①. 尺牘(척독). 尺素(척소).

【尺貫法】しゃっかんほう(척관법) 길이의 단위를 척(尺), 양의 단위를 승(升), 무게의 단위를 관(貫)으로 하는 도량형법(度量衡法).

【尺口】せきこう(척구) 어린 아이. 幼兒(유아). ¶及其家一以上五十餘人<資治通鑑>

【尺度】しゃくど·せきど(척도) ①물건을 재는 자. 계량의 표준. ②평가하거나 측정하는 기준.

【尺牘】せきとく(척독) 편지. 牘은 방판(方版). 옛날에, 긴 것은 간(簡), 짧은 것은 독(牘)이라 하였음. 尺簡(척간).

【尺童】せきどう(척동) 열 살 안팎의 아이.

【尺量】しゃくりょう(척량) 물건을 자로 잼.

【尺脈】せきみゃく(척맥) 수맥(手脈)의 한 부분. 손목 관절 뒤, 한 치 이내의 부분.

【尺書】せきしょ(척서) ①편지. 尺牘(척독). 尺楮(척저). 尺翰(척한). ②짧은 문서(文書). ③책. 簡册(간책).

【尺素】せきそ(척소) 편지. 素는 帛. 옛날에는 편지를 백(帛 ; 비단)에 썼음. 尺牘(척독). 尺翰(척한).

【尺二秀才】せきじしゅうさい(척이수재) 속된 수재(秀才). 속자(俗字) 쓰는 사람을 나무라는 말. 송(宋)의 양만리(楊萬里)가 호남(湖南)에서 시험관이었을 때 盡자를 속자인 尽자로 쓴 사람을 척이(尺二)의 수재라 하며, 낙방시킨 데서 유래.

【尺刃】せきじん(척인) 한 자쯤 되는 칼. 짧은 칼. 短刀(단도). 寸鐵(촌철).

【尺一】せきいつ(척일) 조서(詔書)를 이름. 한(漢)대에 조서를 쓸 때에는 한 자 한 치[一尺一寸]의 목판(木版)을 썼음.

【尺楮】せきちょ(척저) ☞尺書(척서)①.

【尺翰】せきかん(척한) ☞尺書(척서)①.

▷竿一, 鯨一, 曲一, 詘寸信一, 卷一, 刀一, 法一, 三一, 書一, 繩一, 咫一, 指一, 進寸退一, 編一, 布帛一, 幅一, 畫一

2
5【尻】 꽁무니 고 [豪]ㄎㄠ (kao) こう(シリ) *tail bone*

[源]**會意·形聲.** 몸뚱이[尸]의 끝[九]이라는 뜻.

[풀이]①꽁무니. 등뼈의 끝. ¶兔去一<禮記> ②끝. 말단. ¶崑崙縣圃 其一安在<楚辭> ③자리잡다. 엉덩이를 땅에 댐. ¶昂首一坐 作伏獅狀<名山記>

【尻輿】こうよ(고여) 자기의 엉덩이를 수레의 대좌(臺座)로 씀. 되어가는 형편대로 좇음을 비유한 말. ¶神馬載一<蘇軾>

▷目一, 黑一

2
5【尼】 신중 니 [支]ㄋㄧˊ (ni) に, じ(アマ) *nun*

[源]**會意.** 人과 같은 계통의 말로 중의 뜻으로만 쓰임.

[풀이]①신중. 여승(女僧). 범어(梵語)를 한역(漢譯)한 비구니(比丘尼)의 약칭. ¶依妙果寺一淨悟之室<謝小娥傳> ②가까이하다. 붙좇아 가까이 지냄. ㉠邇昵. ¶悅一而來遠<爾雅> ③바로잡다. 시비, 명분 등을 밝힘. ¶三一<逸周書>

【尼姑】にこ(이고)《佛》비구니(比丘尼). ¶一似鼠入深處<李商隱雜纂>

【尼丘】じきゅう(이구) 산 이름. 이산(尼山)이라고도 함. 중국 산동성(山東省) 곡부현(曲阜縣)에 있음. 이산에 빌어 공자(孔子)를 낳았으므로 이름을 구(丘), 자를 중니(仲尼)라 하였다 함.

【尼父】じほ(이보)《人》공자(孔子)의 존칭. 이(尼)는 공자의 자인 중니(仲尼)의 尼. 보(父)는 남자의 미칭(美稱). ¶嗚乎哀哉一<禮記>

【尼僧】にそう(이승)《佛》여자중. 女僧(여승). 尼姑(이고). 比丘尼(비구니).

▷陀羅一, 摩一, 牟一, 比丘一, 沙彌一, 僧一, 惡邪一, 仲一, 芻一

5【户】 歹(p.815)의 古字

6【启】 豚(p.1414)의 俗字

6【夃】 身(p.1454)과 同字

6【尽】 盡(p.1053)의 俗字

7【眉】 看(p.1058)과 同字

7【屍】 尻(p.465)와 同字

4
7【局】 판 국 [沃]ㄐㄩˊ (ju) きょく(ツボネ) *situation, part*

[源]**會意.** 句의 변형으로 작은 테두리를 구획함의 뜻.

[풀이]①판. ㉮장기·바둑 등의 승부의 결말. ¶棋一. ㉯판국. 추세. ¶時一. ②방(房). ㉮작게 나눈 구획. ¶不敢越一<晋書> ㉯구획한 한 방. ¶宮一總來爲喜樂<王建> ③국. ㉮관청. ¶學務一. ㉯어떤 사무를 분장한 부서. ¶編輯一. ④사람의 도량이나 재능. ¶剛正有一力<宋書>/器一. ⑤몸을 굽히다. 움츠림. ㉠跼. ¶不敢不一<詩經>/一促. ⑥감기다. 끈 따위가 감김. ¶予髮曲一<詩經>

【局見】きょっけん(국견) 좁은 소견. 또는, 자기 견해를 겸손하게 이르는 말.

【局內】きょくない(국내) ①당국자(當局者). ②무슨 일의 판국의 안. ③관청이나 회사의 한 국(局)의 안. ④[韓] 묘지(墓地)의 구역 안.

【局量】きょくりょう(국량) 도량(度量)이나 재간. 局度(국도). 器量(기량).

【局面】きょくめん(국면) ①바둑·장기 등의 승패를 다투는 판의 형세. ②사건이 변천하여 가는 정세(情勢). ¶一打開.

【局報】きょくほう(국보) ①관청 사이에서 서로 보내고 받는 전보. ②국(局)의 명칭이 붙은 기관에서 발행·배부하는 통지·보고·보도. ¶放送一.

【局部】きょくぶ(국부) ①전체 가운데 일부분. 局所(국소)①. ¶一痲醉. ②음부(陰部).

【局所】きょくしょ(국소) ①전체 가운데 일부분. 한정되어 있는 일정한 장소. 局部(국부)①. ¶一痲醉. ②몸의 관절.

【局外】きょくがい(국외) ①장기나 바둑을 둘 때에 옆에서 구경하는 사람. ②벌어진 어떤 일에 관계 없는 위치.

【局外者】きょくがいしゃ(국외자) 그 일에 관계 없는 사람. 局外人(국외인).

【局外中立】きょくがいちゅうりつ(국외중립) 두 나라 이상이 전쟁을 하고 있을 때에, 전쟁에 관여하지 아니하고 교전국(交戰國)과 평화적 관계를 유지하는 일.

【局員】きょくいん(국원) ①한 국(局)의 직원. 곧, 국장(局長) 밑에서 국(局)의 사무를 다루는 직원. ②조선 말, 원수부(元帥部)·참모부(參謀部)의 한 벼슬.

【局子】きょくし(국자) 바둑판과 바둑돌. 局은 바둑판, 子는 바둑돌.

【局長】きょくちょう(국장) 한 국(局)의 우두머리.

【局節】きょくせつ(국절) 좁고 작은 법도.

【局地】きょくち(국지) 한정된 한 구역의 땅. ¶一戰爭.

【局蹐】きょくせき(국척) ☞局天蹐地(국천척지).

【局天蹐地】きょくてんせきち(국천척지) 하늘이 높지만 부딪칠까 구부리지 않을 수 없고, 땅이 두꺼우나 꺼질까봐 조심스레 발을 들어 놓는다는 뜻으로, 이 세상에 몸을 편히 둘 곳이 없음을 이르는 말. 局은 跼. 局蹐(국척). ¶謂天蓋高 不敢不局 謂地蓋厚 不敢不蹐<詩經>

【局限】きょくげん(국한) 어떤 부분에만 한정함. 限局(한국).

【局戲】きょくぎ(국희) 한정된 국면에서 하는 승부겨룸. 장기, 바둑, 쌍륙 따위.

▷幹一, 開一, 檢一, 結一, 界一, 官一, 棊一, 器一, 當一, 大一, 對一, 本一, 分一, 時一, 藥一, 郵遞一, 戰一, 電話一, 政一, 終一, 支一, 編輯一, 限一, 形一

7【戻】 展(p.469)의 俗字

4/7 【尿】 오줌 뇨 | 圖ㄋㄧㄠˋ(niao) ㄙㄨㄟ(sui) | にょう (ユバリ) *urine*

【尿管】にょうかん (요관) ☞尿道(요도).
【尿道】にょうどう (요도) 오줌을 방광에서 몸 밖으로 배설하는 구실을 하는 관. 尿管(요관).
【尿失禁】にょうしっきん (요실금) 오줌이 마렵지도 않은 때에 저절로 나오는 증세.
▷檢一, 排一, 糞一, 泌一, 數一, 屎一, 夜一, 血一

4/7 【尾】 꼬리 미 | 尾ㄨㄟˇ(wei) ㄧˇ(yi) | び(オ) *tail*

源會意. 몸뚱이[尸] 끝에 난 털을 뜻함.
풀이 ①꼬리. ㉮짐승의 꼬리. ¶曳一塗中<莊子> ㉯가늘고 기다란 물건의 끝. ¶吾等當附其一<北魏書>/末一. ②교미(交尾)하다. ¶鳥獸孶一<書經> ③별 이름. 28수(宿)의 하나. ¶龍一伏辰<左氏傳>/一宿. ④마리. 물고기를 세는 단위. ¶肥魚斫千一<李覯> ⑤아름답다. ¶瑣兮一兮<詩經>
【尾擊】びげき (미격) ☞追擊(추격). ¶兵一諸營<資治通鑑>
【尾大難掉】びだいナレバフルイガタシ (미대난도) ☞尾大不掉(미대부도).
【尾大不掉】びだいナレバフルワズ (미대부도) 짐승의 꼬리가 너무 크면 제 힘으로 흔들지 못한다는 뜻으로, 임금이 약하고 신하가 강하면 제어하기 어려움의 비유. 尾大難掉(미대난도).
【尾閭】びりょ (미려) ①꽁무니뼈. 등뼈 끝의 삼각형의 뼈. 尾閭骨(미려골). 尾尻骨(미고골). ②대해(大海)의 밑에 있는, 그칠 사이 없이 물이 새어 모든 강의 출구(出口)가 된다는 곳. ¶泄之以一<嵇康>
【尾蔘】(미삼)韓 인삼의 잔뿌리.

【尾生之信】びせいのしん (미생지 신) 약속을 굳게 지킴. 또는, 우직하여 융통성이 없음을 이름.
【유래】 춘추 시대 노(魯)나라에 미생(尾生)이라는 젊은 남자가 있었는데, 그는 신의가 굳어 약속한 일은 꼭 지키곤 했다. 하루는 그가 사모하는 여인과 다리 밑에서 만나기로 하고, 그 약속 장소에서 그 여인을 기다렸다. 그러나, 아무리 기다려도 그 여인은 나오지 않았고, 이윽고 비가 쏟아지기 시작하였다. 미생은 여전히 약속 장소를 떠나지 않고, 그 여인을 기다리다 마침내 불어난 강물 속에서 기둥을 끌어 안고 죽었다. <史記>

【尾星】びせい (미성) ①☞尾宿(미수). ②살별. 혜성.
【尾宿】びしゅく (미수) 28수(宿)의 하나. 그 규준성(規準星)은 지금의 전갈좌에 포함됨. 尾星(미성)①.
【尾行】びこう (미행) 남의 행동을 감시하기 위해 몰래 뒤를 따라다님. 또는, 그 사람. ※密行(밀행)②.
▷交一, 九一狐, 箕一, 驥一, 大一, 掉一, 末一, 鼠一, 瑣一, 首一, 語一, 鳶一, 燕一, 龍頭蛇一, 孶一, 紙一, 徹頭徹一, 追一, 後一

4/7 【屁】 방귀 비 | 圖ㄆㄧˋ(pi) | ひ(へ) *fart*

▷放一, 撤一

5/8 【居】 1있을 거 2어조사 기 | 圖ㄐㄩ(ju) 因 | きょ(イル) *be, live* き

源會意·形聲. 대(臺) 위에 몸뚱이[尸]를 올려 놓고, 허리를 고정시켜 앉음을 뜻함.
풀이 1 ①있다. ㉮집 안에 늘 있다. ¶一常. ㉯어떤 경우에 처해 있다. ¶一喪. ㉰차지하다. ¶天下不如意 恒十一七八<晋書>/一甲. ②살다. ㉮일정한 곳에 살다. (같)處. ¶舜之一深山之中<孟子>/上古穴一而野處<易經> ㉯살게 하다. ¶度地以一民<禮記> ③앉다. ¶一 吾語汝<論語>/起一. ④쌓다. 저축함. ¶奇貨可一<史記>/一積. ⑤살림살이. 생활. ¶依依昔人一<陶潛>/卜一. ⑥있는 곳. 거처. ¶一移氣<孟子> 2어조사. 부를 때나 의문을 나타낼 때, 또는 어조를 고르는 조사. ¶誰一 其孟椒乎<左氏傳>/日一月諸<詩經>
【居家】きょか (거가) ①사는 집. 주택. ②집에 있음. 居舍(거사).
【居家之樂】きょかのたのしみ (거가지 락) 속세의 영화에 마음을 두지 아니하고 집에서 시서(詩書) 등으로 세월을 보내는 즐거움.
【居間】きょかん (거간) ①양자(兩者) 중간에 있음. 또는, 그런 위치에 서서 알선함. 居中(거중). ②흥정을 붙임. 또는, 그런 일을 하는 사람. 거간꾼.
【居甲】きょこう (거갑) 으뜸가는 자리를 차지함. 居首(거수).
【居敬窮理】きょけいきゅうり (거경궁리) 주희(朱熹)가 내세운 수양 방법(修養方法). 거경은 반성하여 잠시도 게을리 하지 아니하고 기거동작을 삼가는 내적 수양법, 궁리는 널리 사물의 이치를 궁리하여 정확한 지식을 얻는 외적 수양법. ¶學者工夫 唯在一二事<朱子語類>
【居其中】きょきちゅう (거기중) 어느 한쪽에 치우치지 아니하고 중간쯤 되어 있음. 어상반(於相半)함.
【居留】きょりゅう (거류) 남의 나라 영토에 머물러 삶. ¶一地.
【居留民】きょりゅうみん (거류민) 조약에 의하여, 개항장(開港場) 등, 거주를 허락받은 일정한 구역 안에 사는 외국인. 在留民(재류민). ¶一團.
【居民】きょみん (거민) ☞住民(주민).
【居半】きょはん (거반) 절반 이상. 거의. 居之半(거지반).
【居不重席】きょにせきをかさねず (거불중석) 앉을 때 깔개를 포개어 깔지 않는다는 뜻으로, 검약(儉約)한 생활을 이름. ¶食不二味 一<左氏傳>
【居士】きょし (거사) ①재덕(才德)이 있으나 벼

술하지 아니하는 선비. 處士(처사). ②후세에 자호(自號)로서 당호 따위 밑에 붙이는 칭호. ③《佛》 속인(俗人)으로서 불도(佛道)에 뜻을 둔 사람.

【居常】きょじょう(거상) ①도(道)를 지키어 변하지 않음. ②항상. 일상. 평소. ¶一疏食菜羹而已<後漢書>

【居喪】きょそう(거상) ①상중(喪中)에 있음. 부모상을 당하고 있음. 居憂(거우). ②부모상을 당했을 때 입는 옷.

【居所】きょしょ(거소) ①그 곳에 있음. ¶譬如北辰居其所 而衆星共之<論語> ②있는 장소. 居處(거처).

【居室】きょしつ(거실) ①거처하는 방. ②집에 있음. ¶君子居其室<易經> ③부부(夫婦). ¶男女一 人之大倫也<孟子>

【居安思危】きょあんしき(거안사위) 편안한 처지에 있을 때에도 위험할 때의 일을 미리 생각하고 경계함.

【居然】きょぜん(거연) ①생각한 대로임. 과연 그렇구나의 뜻. ②사물에 동하지 않는 모양. 또는, 앉아서 꼼짝 않는 모양. ③심심한 모양. ④편안한 모양. 安然(안연).

【居憂】きょゆう(거우) 상중(喪中)에 있음. 居喪(거상).

【居移氣】きょハきヲウツス(거이기) 사람은 그 지위(地位)나 환경에 따라 심기가 변함. ¶一 養移體 大哉居也<孟子>

【居齋儒生】きょさいじゅせい(거재유생) 옛날, 성균관(成均館)이나 사학(四學)에서, 기거(起居)하며 학업을 닦던 선비. 居齋生(거재생).

【居諸】きょしょ(거저) 세월. 光陰(광음). ¶日居月諸<詩經>

【居接】きょせつ(거접) ①잠시 몸을 의탁하여 거주함. 住接(주접). ②조선 시대, 음력 유월경부터 칠월 칠석날까지 정사(亭榭), 누대(樓臺), 절 등에 글방 학생들이 모여 시부(詩賦) 짓기 따위를 겨루던 일. 관학(官學)에서는 과거 제도의 일부이기도 하였음.

【居貞】きょてい(거정) 정절(貞節)이나 바른 일을 지킴.

【居停】きょてい(거정) ①막빈(幕賓)이나 가정교사가 그 주인을 일컫는 말. ②㊕ 귀양간 사람이 머물러 있는 곳. 「史>

【居第】きょてい(거제) 주거. 주택. ¶初未有一<宋

【居住】きょじゅう(거주) 머물러 삶. 또는, 그 집. ¶一舍宅<北史>

【居中】きょちゅう(거중) ①가운데에 둠. ②중간에 있어 치우치지 아니함. ¶温柔一<孔子家語> ③양자(兩者) 사이에 있어 알선함. 居間(거간).

【居中調停】きょちゅうちょうてい(거중조정) 법률 용어로, 제삼자가 양자 사이에 있어, 그 사이의 분쟁을 중재(仲裁)하여 화해를 붙이는 일.

【居之半】(거지반) ☞居半(거반).

【居之中天】(거지 중천) 허공(虛空).

【居處】きょしょ(거처) ①일정하게 자리잡고 살거나 묵고 있는 곳. ②몸가짐. ¶一恭 執事敬 與人忠<論語>

▷故一, 群一, 起一, 寄一, 陋一, 獨一, 同一, 茅一, 別一, 卜一, 山一, 常一, 安一, 燕一, 寓一, 幽一, 隱一, 移一, 雜一, 謫一, 轉一, 蟄一, 閑一, 穴一

8【屋】 居(p. 466)의 古字

5/8【屆】 이를 계 | ㊥ㄐㄧㄝˋ (jie) | かい(トドク) arrive

풀이 ①이르다. 도달함. 미침. ㊣至 到. ¶每一初 一<燕京歲時記>/無遠弗一<書經>/一期. ②극한. 궁극. ¶敬天之一<詩經> ③㊥ 정기모임의 횟수를 세는 단위. ¶第三一會議.

8【届】 屆(p. 467)의 俗字

5/8【屈】 1 굽을 굴 2 깎을 궐 | ㊐ㄑㄩ (qu) ㊊ | くつ(カガム) stooped けつ

源 會意. 몸[尸]을 구부리고 엉덩이를 뒤로 내미는[出] 모양을 나타냄.

풀이 1 ①굽다. ㉮구부러지다. ¶有無名之指 一而不信<孟子>/一曲. ㉯움츠리다. ¶尺蠖之一 以求信也<易經> ㉰뜻을 얻지 못하다. ¶朝士嗟其一<北史> ②굽히다. ㉮굽게 하다. ¶不撓不一. ㉯억눌러 굽히다. ¶常一其座人<韓愈>/威武不能一<孟子>/一節. ③굳세다. 강함. ㊣倔. ¶一彊於此<漢書>/一強. ④다하다. ㉮없어지다. ¶財力不一<荀子>/力一. ㉯힘껏 하다. ¶漢一群策<法言> 2깎다. ¶君命一狄<禮記>

【屈賈】くつか(굴가) 초(楚)의 굴원(屈原)과 한(漢)의 가의(賈誼). 두 사람 다 충간(忠諫)하다가 참언(讒言)으로 물러났으며, 시부(詩賦)의 대가임.

【屈強】くっきょう(굴강) ①의지가 강하여 남에게 굴하지 않음. 倔強(굴강). ②세력이 있음. 또는, 강한 나라. ¶今之通都大邑 介然於一之間 而不知爲之備<韓愈>

【屈巾】(굴건) ㊕ 상주(喪主)가 두건(頭巾) 위에 덧쓰는 건(巾). 屈冠(굴관).

【屈巾祭服】(굴건제복) 굴건을 쓰고 제복을 입음. 또는, 굴건과 제복. 곧, 상주(喪主)의 옷차림.

【屈曲】くっきょく(굴곡) ①이리저리 굽고 꺾임. 뜻이 바뀌어, 어떤 일의 자세한 경위를 이름. ②인생에서 성쇠(盛衰)가 번갈아 오는 일.

【屈己】くっき(굴기) ①자기의 뜻을 굽혀서 남에게 순종함. ¶一以求存也<孔叢子> ②사심(私心)·사욕(私欲)을 억누름. ¶一以伸道乎<孔叢子>

【屈起】くっき(굴기) ①상성하여 홍기(興起)함. 倔起(굴기). ②산 따위가 우뚝 솟음. 崛起(굴기).

【屈伏】くっぷく(굴복) 꿇어 엎드림. 뜻이 바뀌어, 힘이 미치지 못하여 복종함. 屈服(굴복).

【屈服】くっぷく(굴복) ☞屈伏(굴복). ¶彊者爲雄弱則一<後漢書>

【屈產之乘】くっさんのじょう(굴산지 승) 굴지국(屈支國)에서 나는 명마(名馬). 屈은 지명(地名). 「힘.

【屈身】くっしん(굴신) ①몸을 굽힘. ②절개를 굽

【屈伸】くっしん(굴신) 몸을 굽힘과 폄. 몸을 구부렸다 폈다 함. 屈信(굴신).

【屈枉】くつおう(굴왕) ①휘어져 굽음. 屈撓(굴요). ②억울한 죄. 寃枉(원왕).

【屈辱】くつじょく(굴욕) 굴복당하여 치욕을 받음. 또는, 모욕을 당하여 면목이 없음.

【屈原】くつげん(굴원)《人》 전국 시대 초(楚)의 대부(大夫)이며 문학가. 이름은 평(平), 자(字)는 원(原). 초왕의 일족으로, 참소를 당한 후 이소(離騷)를 지어 충간(忠諫)하였으나, 용납되지 않자 멱라수(汨羅水)에 몸을 던져 죽음. 「초사」(楚辭)의 대표적 작가로 후세 문학에 큰 영향을 끼침.

【屈折】くっせつ(굴절) ①휘어 꺾음. 또는, 휘어 꺾임. ②물리학에서, 빛·소리가 밀도가 다른 물체에 사입(射入)될 때 방향을 바꾸는 현상. ¶一角/一率. 「함.

【屈從】くつじゅう(굴종) 제 뜻을 굽혀 남에게 복종

【屈指】くっし(굴지) ① 손가락을 꼽아 셈. ②손가락을 꼽아 셀 만큼 뛰어남.

▷強一, 謙一, 媿一, 窮一, 羈一, 勞一, 盤一, 蟠一, 不一, 卑一, 抑一, 枉一, 撓一, 鬱一, 委一, 淪一, 謫一, 沈一, 退一, 降一, 詰一

5 〖屄〗 보지 비 |㊥ㄅㄧ (bi)|ひ vulva
8

9 〖屌〗 肙(p. 1227)과 同字

9 〖眉〗 ☞ 目部 4획(p. 1059)

6 〖屛〗 ①병풍 병 ②물리칠 병 |㊥ㄆㄧㄥˊ (ping) ㊥ㄅㄧㄥˇ (bing)|へい (ビョウブ) screen へい
9

㊍屏

풀이 1 ①병풍. ¶帷幕衾一<南史>/圍一/畫一. ②울. 담. ¶山樹爲蓋 嶽石爲一<白居易>/一翰. ③가리다. 막음. ¶一遮而自燔于火<逸周書>/一蔽. ④숨다. 은거함. ¶謝病一居藍田<漢書> 2 ①물리치다. ¶一之遠方<禮記>/一人. ②숨을 죽이다. ¶一氣似不息者<論語>

【屛間】へいかん(병간) ①담 사이. 또는, 담. ②절의 큰 판도방(版圖房)이나 법당 정문의 좌우에 있는 간. 「居(은거).

【屛居】へいきょ(병거) 세상을 피하여 숨어 삶. 隱

【屛藩】へいはん(병번) ① ☞屛翰(병한). ②사면(四面)에서 막거나 방호(防護)하는 군대.

【屛攝】へいせつ(병섭) 존비를 분별해서 제사의 위(位)를 나타내는 것. 또는, 제묘 사직(諸廟社稷)을 이름.

【屛語】へいご(병어) 소곤대는 말. 또는, 소곤소곤 말함. 「또는, 방장(房帳).

【屛帳】へいちょう(병장) 병풍(屛風)과 장막(帳幕).

【屛障】へいしょう(병장) ①안팎을 가려막는 물건. 담, 병풍, 장지 따위. ②방어(防禦).

【屛風】びょうぶ(병풍) 방안에 세워서 바람을 막거나 무엇을 가리는 물건.

【屛風石】びょうぶせき(병풍석) 능(陵)을 보호하기 위해 둘레에 병풍같이 세운 사각형의 넓적한 돌. 12신(神)의 형상과 꽃무늬 등을 새김.

【屛風次】(병풍차) 병풍을 꾸밀 그림이나 글씨. 또는, 그런 것을 그리거나 쓴 종이·깁 따위.

【屛翰】へいかん(병한) ①담의 양변(兩邊)에서 그것을 버티는 기둥. ②울이 되어서 지킴. 나아가, 주석(柱石)이 되는 신(臣). 곧, 중신(重臣). 屛藩(병번)①.

【屛虎論爭】(병호논쟁)㊇ 유성룡(柳成龍)과 김성일(金誠一)의 학덕(學德) 우열(優劣) 논쟁. 그들의 문도(門徒) 사이에서 빚어진 일종의 편견(偏見). 屛虎는 경북 안동에 있는 전자(前者)를 모시는 호계 서원(虎溪書院)과 후자를 향사하는 병산 서원(屛山書院)의 병칭.

▷曲一, 蕃一, 藩一, 素一, 繡一, 硯一, 臥一, 垣一, 圍一, 幃一, 帷一, 隱一, 牆一, 彩一, 翠一, 枕一, 畫一

6 〖屎〗 ①똥 시 ②앓을 히 |㊥ㄕˇ (shi) ㊥ㄒㄧ (xi)|し(クソ) excrement し(ウメク) be ill with
9

㊊會意·形聲. 먹은 쌀의 찌꺼기가 몸뚱이[尸] 끝으로 나온다는 뜻.

풀이 1 똥. ㊋菌. ¶在一溺<莊子>/一尿. 2 앓다. 신음함. ¶民之方殿一<詩經>

【屎尿】しにょう(시뇨) 똥과 오줌. 屎溺(시뇨). ¶一臭處 妻子爲之改容<淨住子>

【屎詩】しし(시시) 똥 같은 시란 뜻으로, 보잘것없는 시를 놀려 이르는 말. ¶今嘲惡詩曰一此其出典<通俗編>

6 〖屍〗 주검 시 |㊥ㄕ (shi)|し(シカバネ) corpse
9

㊊會意·形聲. 몸[尸]이 죽은 것[死]을 뜻함. 死의 변음이 음을 이룸.

풀이 주검. 송장. 시체. 사체(死體). ¶一塡巨港之岸 <李華>/一體.

【屍諫】しかん(시간) 시체로써 임금을 간(諫)함. 尸諫(시간).

【屍山血海】しざんけっかい(시산혈해) 시체가 산같이 쌓이고, 피가 바다와 같이 흐른다는 뜻으로, 격전장(激戰場)의 무참한 광경의 비유. 「體(시체).

【屍身】ししん(시신) 송장. 주검. 死體(사체). 屍

【屍體】したい(시체) ☞屍身(시신). ¶精査一致死之原因<淸國行政法汎論>

【屍臭】しゅう(시취) 시체에서 풍기는 썩은 냄새. 송장 냄새.

▷檢—, 死—, 戮—, 積—, 陳—

6 9【屋】 집 옥 | 圖ㄨ(wu) | おく(ヤ) *house, roof*

풀이 ①집. 주거 ¶富潤— 德潤身<大學>/衆—. ②지붕. ¶亟其乘—<詩經>/—上. ③지붕 모양의 덮개. ¶乘黃—車<史記>

【屋角】おっかく(옥각) 지붕의 모서리.

【屋內】おくない(옥내) 집 안. 방안. 室內(실내). ↔屋外(옥외). 「(옥무).

【屋梁】おくりょう(옥량) 집의 들보. 또는 지붕. 屋廡

【屋漏】おくろう(옥루) ①집이 샘. ②방(房)의 서북(西北) 구석으로 집안에서 가장 깊숙하여 어두운 곳. 나아가, 사람이 보지 않는 곳. ¶不愧于—<詩經>

【屋霤水】おくりゅうすい(옥류수) 낙수물.

【屋上】おくじょう(옥상) 지붕 위.

【屋上架屋】おくじょうおくをかす(옥상가옥) 지붕 위에 지붕을 더한다는 뜻으로, 무슨 일을 부질없이 거듭하여 함의 비유. ※屋下架屋(옥하가옥).

【屋烏之愛】おくうのあい(옥오지 애) 사람을 사랑하면 그가 사는 집 지붕 위에 앉은 까마귀까지도 귀엽게 보인다는 뜻으로, 사람을 사랑하는 마음은 그 사람 주위의 것에까지도 미침을 이르는 말. ¶愛其人者 兼屋上之烏<說苑>

【屋外】おくがい(옥외) 집 밖. 한데. ¶—集會/—燈. ↔屋內(옥내).

【屋誅】おくちゅう(옥주) 옛날, 삼족(三族)을 베어 멸하는 가혹한 연좌법(連坐法). 또는, 신분(身分)이 높은 죄인을 집에서 주벌(誅罰)하던 일. 「<南史>

【屋脊】おくせき(옥척) 용마루. ¶所居— 無故剝破

【屋下架屋】おっかにおくをかす(옥하가옥) 지붕 아래에 또 지붕을 얹는다는 뜻으로, 남이 한 것만 흉내 내고 이익이나 발전이 없음의 비유. ※屋上架屋(옥상가옥). 「운 이야기

【屋下私談】おっかしだん(옥하사담) 쓸데없는 사사로

▷家—, 空—, 煖—, 陋—, 漏—, 茅—, 門—, 舫—, 白—, 富潤—, 佛—, 舍—, 社—, 祠—, 書—, 洋—, 廬—, 瓦—, 牆—, 葺—, 草—, 土—, 破—, 板—, 韓—, 黃—, 毀—

9【昼】 晝(p.721)의 俗字

9【咫】 ☞口部 6획(p.294)

6 9【屌】 자지 초 | 篠ㄉㄧㄠˇ (diao) | ちょう *penis*

9【⿸尸亥】 骸(p.1658)의 俗字

7 10【屐】 나막신 극 | 陌ㄐㄧ (ji) | げき(キグツ)

【屐子】げきし(극자) 신 또는 나막신 따위.

【屐齒】げきし(극치) 나막신의 굽.

▷木—, 帛—, 靈運—, 履—, 草—

7 10【屖】 쉴 서 | 齊 | せい(ヤスム) *rest*

풀이 ①쉬다. 通栖 棲. ¶徘徊招搖靈—泥兮<漢書> ②굳다. 견고함. ¶— 堅也<字彙>/器不—利<漢書>

7 10【屑】 가루 설 | 屑ㄒㄧㄝˋ (xie) | せつ(クズ) *dross*

源會意·形聲. 몸[尸]에서 떨어진 작은 [肖] 부분. 비늘·때 등이 떨어진 것들 따위.

풀이 ①가루. 부스러기. 작은 조각. ¶竹頭木—<晋書>/—塵. ②부수다. 가루로 만듦. ¶—桂與薑<禮記> ③잗달다. 자잘함. ¶—然藏千鎰之寶<荀子> ④힘쓰다. ¶晨夜——<漢書> ⑤깨끗하다. 결백함. ⑥달갑게 여기다. ¶是亦不—就已<孟子> ⑦마음에 두다. 애씀. ¶盡心納忠 不—毁譽<後漢書>

▷芥—, 鋸—, 不—, 屑—, 纖—, 瑣—, 玉—, 竹頭木—, 紙—

7 10【展】 펼 전 | 銑ㄓㄢˇ (zhan) | てん(ノベル) *spread*

풀이 ①펴다. ㉮열다. 벌림. ¶時—尺書看<岑參>/親—. ㉯늘어놓다. 나란히 함. ¶—車馬<左氏傳> ㉰발달하다. ¶發—. ㉱소상하게 보다. 주의 깊게 봄. ¶—墓而入<禮記>/—覽. ②늘이다. 연장(延長)함. ¶冬令——月<漢書>/—期. ③중히 여기다. 인정 등을 두터이 하다. ¶古者分同姓以珍玉 —親也<國語>/時庸—親<書經> ④참으로. 진실로. ¶—兮君子<詩經> ⑤구르다. 몸을 뒤척임. 通輾. ¶—轉. ⑥베풀다. 차림. ¶必—歡宴<談苑>

【展開】てんかい(전개) ①펴서 벌림. 또는, 펴져 벌어짐. ¶—圖. ②밀집 부대(密集部隊)가 흩어져 산병(散兵)이 됨. ③수학에서, 일반의 함수(函數)를 급수(級數) 형태로 고치는 일. ④작곡(作曲)에서 주제를 분석·변화·연관·발전시켜, 여러 각도에서 자유로이 변화시키는 일.

【展覽】てんらん(전람) 펴서 봄. 또는, 여러 가지 물건을 진열하여 놓고 봄. 展觀(전관). ¶—會/—室.

【展望】てんぼう(전망) ①멀리 바라봄. 또는, 멀리 바라다보이는 경치. ¶—臺. ②되어가는 형편을 헤아려 내다봄. ¶時局—.

【展墓】てんぼ(전묘) ☞省墓(성묘). ¶反其國不哭 —而入<禮記>

【展舒】てんじょ(전서) 펼쳐 벌림.

【展性】てんせい(전성) 두드리거나 압착하면 얇게 펴지는 금속의 성질.

【展省】てんせい(전성) ☞省墓(성묘).

【展示】てんじ(전시) ①책, 편지 따위를 펴서 보임. ②여러 가지 물건을 벌여 놓고 보임. ¶—場/—會.

【展翅】てんし(전시) 날개를 폄. 낢[飛]. ¶—板.

【展衣】てんい(전의) 주(周)대에 왕후가 입던 여섯 가지 복장[六服]의 하나. 왕이나 빈객을

접견할 때 입는 예복. 경대부(卿大夫)의 아내도 이것을 입었음.
【展效】てんこう(전효) 힘을 다함. 힘씀. ¶群公一之秋<庾信>
▷開一, 傾一, 發一, 奉一, 敷一, 舒一, 宣一, 施一, 申一, 增一, 親一, 披一

10【屓】 屭(p.472)와 同字

11【屠】 屠(p.470)의 略字

11【㞘】 豚(p.1414)과 同字

11【屛】 屏(p.468)의 本字

8/11【屝】 짚신 비 | 困ㄈㄟˋ (fei) | ひ(ゾウリ) *straw shoes*

풀이 ①짚신. ¶共其資糧一屨<左氏傳> ②숨기다. ¶西北一薪<禮記>

11【尉】 ☞寸部 8획(p.452)

11【𡲰】 殂(p.816)의 古字

12【𡳆】 降(p.1576)의 俗字

9/12【屠】 잡을 도 | 國ㄊㄨˊ (tu) | と(ホフル) *slaughter*
略 屠

풀이 ①잡다. 가축을 잡거나 사람을 죽임. ¶一咸陽殺秦降王子嬰<史記>/一殺. ②백장. ¶淮陰一中少年<史記>/一者. ③가르다. 칼로 베어 끊음. ¶一腹. ④앓다. 通瘏. ¶子口卒一<詩經>
【屠家】とか(도가) 백정. 가축을 잡는 것을 업으로 하는 사람. 또는, 그의 집. ¶一念經<李商隱雜纂>
【屠毒筆墨】とどくひつぼく(도독필묵) 읽어서 해가 되는 글이나 책. ¶一 壞人子弟<紅樓夢>
【屠龍之技】とりょうのぎ(도룡지 기) 용을 잡는 기술이란 뜻으로, 쓸모 없는 재주를 이름. ¶一生未售屠龍技<陸游>
【屠戮】とりく(도륙) 소나 양을 죽이듯이 무참하게 죽임. 屠殺(도살).
【屠殺】とさつ(도살) 고기나 가죽 따위를 얻기 위해 가축을 죽임. 屠戮(도륙). ¶一場.
【屠蘇】とそ(도소) 육계(肉桂)·산초(山椒)·백출(白朮)·길경(桔梗)·방풍(防風)을 합쳐서 마든 약. 민속에서 정월 초하루에 이 약을 술에 타 먹으면 사기(邪氣)를 쫓는다 함. ¶一酒.
【屠獸場】とじゅうじょう(도수장) 소, 돼지 따위의 짐승을 잡는 곳. 屠殺場(도살장).
▷狗一, 禁一, 浮一, 市一, 翦一, 剿一, 廢一, 休一

12【屡】 屢(p.470)의 俗字

12【犀】 ☞牛部 8획(p.973)

12【属】 屬(p.471)의 俗字

12【孱】 ☞子部 9획(p.420)

13【辟】 ☞辛部 6획(p.1470)

13【殿】 ☞殳部 9획(p.822)

10/13【𡳐】 보지 취 | 國 | しょ

11/14【屢】 여러 루 | 通ㄌㄩˇ (lü) | る(シバシバ) *several, often*
俗 屡

풀이 ①여러. 자주. 通數. ¶簞瓢一空<陶潛>/一次. ②번거롭다. ¶日進豈厭一<文同> ③빠르다. ¶一豐年<詩經>
【屢空】るくう(누공) 항상 가난함. ¶回也一 糟糠不厭<史記>
【屢年】るねん(누년) 여러 해. 多年(다년).
【屢代】るだい(누대) 여러 대(代).
【屢代奉祀】るだいほうし(누대봉사) 여러 대 조상들의 제사를 받드는 일.
【屢代墳山】るだいふんさん(누대분산) 여러 대의 묘를 쓴 산. 또는, 그 산소.
【屢朔】るさく(누삭) 여러 달.
【屢次】るじ(누차) 여러 번. 여러 차례. 頻數(빈삭).

11/14【屣】 신 사 | 紙ㄒㄧˇ (xi) | し(ゾウリ) *footwear*
源 會意·形聲. 徙는 발을 끌면서 옮긴다는 뜻.

풀이 ①신. 슬리퍼 비슷한 짚신. 通蹝. ¶曳一行深山巨谷中<宋濂>/敝一. ②짚신짝으로 여기다. 쓸모없게 생각함. ¶一萬乘 其如脫<孔稚珪>
【屣履】しり(사리) ①짚신. 신. ②허둥지둥 신을 끌면서 나간다는 뜻으로, 대단히 반가와 마중나감을 이르는 말. 우리 속담에, 사위가 오면 장모는 신짝을 거꾸로 끌면서 나간다는 말과 상통. ¶一下高堂<古樂府>

14【𡳞】 舜(p.1259)의 古字

14【𡳛】 舜(p.1259)의 古字

14【鳲】 ☞鳥部 3획(p.1676)

14【層】 層(p.471)의 俗字

12/15【履】 밟을 리 | 紙ㄌㄩˇ (lü) | り(フム) *tread*
本 履
源 會意. 사람이 길을 밟으며 걷는다는 뜻.

풀이 ①밟다. ㉮발로 밟다. ¶如一薄氷<論語> ㉯걷다. 걸음. ¶行不能正一<禮記> ㉰행하다. ¶不一其事<禮記>/一行. ㉱행위. 품행. ¶操一. ㉲밟은 땅. 영토. ¶賜我先君一<左氏傳> ②신. ㉮신발. ¶脫一戶外<列子>/草一. ㉯신을 신다. 신김. ¶良因長跪一之<史記> ③복. 복록(福祿). ¶福一綏之<詩經> ④이괘(卦). 64괘(卦)의 하나. 태하건상(兌下乾上). ䷉.
【履卦】りか(이괘) 64괘의 하나. 건괘(乾卦)와

태괘(兌卦)가 거듭된 것.

【履端】りたん(이단) ①역법(曆法)에 의해 달력의 첫날을 정함. ②새해를 맞이함. 또는, 정월(正月) 초하루.

【履歷】りれき(이력) ①이제까지의 학업이나 직업에 대한 경력. 또는, 이제까지 경험한 일. ¶—書. ②《佛》소정의 경전(經典)을 배움.

【履霜之戒】リソウノイマシメ(이상지 계) 서리를 밟을 때에는 머지 않아 얼음이 얼 것을 생각하여 조심하라는 뜻으로, 조짐을 보고 앞날의 화(禍)를 경계하라는 비유.

【履修】りしゅう(이수) 순서를 밟아 학과(學課)를 익히고 닦음. ¶—科目.

【履新】りしん(이신) ①새해를 맞이함. 履端(이단)②. ¶謹致—之慶<書言故事> ②관리가 새 임지(任地)로 부임하는 일.

【履長】りちょう(이장) 동지(冬至)를 이름. 동지는 황종(黃鐘)의 율(律)에 해당되며, 황종은 율관(律管)이 가장 길므로 이름. ¶亞歲迎祥 —納慶<曹植>

【履祚】りそ(이조) 천자(天子)가 왕위에 오름. 卽位(즉위). 踐祚(천조).

【履中】りちゅう(이중) 중용(中庸)의 도(道)를 행함. ¶積正合仁 —行善<說苑>

【履行】りこう(이행) ①실제로 행함. 또는, 행위(行爲)·품행(品行). 實踐(실천). ¶—修仁<蜀志> ②송구스러워 조심스럽게 한 걸음 한 걸음 걸어감.

【履虎尾】トラノオヲフム(이호미) 범의 꼬리를 밟는다는 뜻으로, 위험한 일을 함의 비유.

▷經—, 瓜田—, 躬—, 蹈—, 芒—, 木—, 福—, 絲—, 屣—, 盛—, 素—, 率—, 尋—, 幽—, 游—, 簪—, 操—, 珠—, 踐—, 草—, 佩—, 行—, 革—

15〖𡳏〗 履(p.470)의 本字

12/15〖屧〗 안창 섭 | 葉ㄒㄧㄝˋ (xie) | しょう(クツシキ) *shoe liner*

풀이 ①안창. 풀로 평평하게 엮은 신의 깔개. ②나막신. 목리(木履). 또는, 엷고 평평한 짚신. 通屟. ¶日研—爲業<南史>

▷倒—, 步—, 研—, 移—

12/15〖層〗 층 층 | 蒸ㄘㄥˊ (ceng) | そう(コシ) *story*

俗层

源 會意·形聲. 몇 단(段)으로 지붕을 거듭한 집을 뜻함. 曾의 변음이 음을 이룸.

풀이 ①층. ㉮몇 층으로 겹쳐진 집. ¶珠殿連雲 金—輝泉<劉孝綽>/—屋. ㉯계단. ¶—階. ㉰층수를 세는 단위. ¶更築三—樓<梁書> ②겹치다. ¶雲蓋三—<山海經>/—累/—次. ③계급. 수준. ¶中産—/高位—.

【層閣】そうかく(층각) ☞層樓(층루).

【層階】そうかい(층계) 층 사이를 오르내리는 계단.

【層臺】そうだい(층대) ①층층으로 된 정자. ②층층대(層層臺)의 준말.

【層樓】そうろう(층루) 여러 층으로 된 집. 또는, 높은 누각(樓閣). 層閣(층각).

【層崖】そうがい(층애) 암석이 겹쳐 있는 벼랑. ¶—刺天<水經>

【層雲】そううん(층운) ①여러 층으로 겹친 구름. ②기상학에서 수평층(水平層)을 이루면서 지면 가까이 나타나는 구름.

【層嶂】そうしょう(층장) 중첩한 봉우리. 層巒(층만).

【層重】そうちょう(층중) ☞層疊(층첩).

【層疊】そうじょう(층첩) 여러 층으로 겹침. 層重(층중). 層累(층루). ¶—高大 衆色咸備<宋史>

【層層】そうそう(층층) 여러 층으로 겹친 모양. 또는, 낱낱의 층. ¶樓殿—阿母家<陳羽>

【層層臺】そうそうだい(층층대) 여러 층으로 된 대(臺). 層臺(층대). 階段(계단).

【層層侍下】(층층시하) 부모, 조부모 또는 그 이상의 어른들을 한집에서 모시고 있는 경우. 또는, 그 사람.

【層塔】そうとう(층탑) 여러 층으로 겹친 탑. ¶—崇七級<盧琦>/五—.

【層下】(층하) 다른 것보다 낮잡아 소홀히 대함. 또는, 그런 차별.

▷高—, 卷—雲, 單—, 斷—, 大—, 碧—, 上—, 庶民—, 峻—, 中間—, 重—, 地—, 層—, 下—

16〖壁〗 ☞土部 13획(p.359)

16〖嬖〗 ☞女部 13획(p.412)

14/17〖屨〗 신 구 | 遇ㄐㄩˋ (ju) | く(クツ, ゾウリ, ハキモノ) *footwear*

풀이 ①신. 짚이나 삼 끈 따위로 엮은 신. 짚신, 미투리 따위. 또는, 가죽신. 通履. ¶皆衣褐捆—織席以爲食<孟子> ②신다. ¶—校滅趾<易經>

屨① (三才圖會)

屨①(禮器圖)

【屨人】くじん(구인) 주(周)대의 벼슬 이름. 천관(天官)에 속하여 임금이나 왕후의 의복과 신을 맡아봄.

【屨賤踊貴】クハイヤシクヨウハトウトシ(구천용귀) 보통의 신[屨] 값은 싸고, 죄를 짓고 발꿈치가 끊긴 사람의 신[踊] 값은 비쌈. 죄인이 많음의 비유. ¶國之諸市 —<左氏傳>

▷葛—, 綦—

15/18〖屩〗 신 갹 / 교 | 藥ㄐㄩㄝˊ (jue) 蕭 | きゃく(クツ) *footwear*

15/18〖屪〗 자지 료 | 蕭 | りょう

18/21〖屬〗 ① 붙을 촉 ② 무리 속 | 沃ㄓㄨˇ (zhu) 沃ㄕㄨˇ (shu) | しょく(ツク) *belong to* ぞく(タグイ) *group*

풀이 1 ①붙다. 붙임. ¶右一櫜鞬<左氏傳>/樸一. ②잇다. ㉮연속하다. ¶築甬道一河<漢書> ㉯연결하다. 잡아맴. ¶刑者不可復一<漢書> ③부탁하다. 위임함. 通囑. ¶寡人將誰一國<呂覽>/一託. ④모이다. 모음. ¶龍擧而景雲一<淮南子>/一其耆老而告之<孟子> ⑤권하다. 술을 따름. ¶擧酒一客<蘇軾>/一酒. ⑥넉넉하다. 만족함. ¶一厭而已<左氏傳>/一饜. ⑦삼가고 조심하다. 공경함. ¶一一乎其忠也<禮記> ⑧가여워 도와주다. ¶至于一婦<書經> ⑨쏟다. 주의를 집중시킴. ¶恐國人之一耳目於我也<國語> 2 ①무리. 한패. 동아리. ¶以此一取天下<史記>/掌六龜之一<周禮> ②벼슬아치. 하급 관리. ¶各率其一 以倡九牧<書經>/吏一. ③좇다. 뒤따름. 복종함. ¶騎能一者 百餘人耳<史記>/一國. ④엮다. 글을 지음. ¶苞少好學能一文<南史>/一辭. ⑤살붙이. 혈족(血族). ¶齊諸田疎一也<史記>/眷一. ⑥마침. 때마침. ¶一當戎行<左氏傳> ⑦동식물학상 분류의 하나. ¶稻一. ⑧분류하다. ¶乃一禽<周禮>

【屬官】ぞっかん(속관) ☞屬僚(속료).

【屬國】ぞっこく(속국) ①독립하지 못하고 다른 나라에 매여 있는 나라. 屬邦(속방). ②나라를 남에게 위탁함. 또는, 나라를 포기함. ¶大王欲一爲布衣<漢書>

【屬隷】ぞくれい(속례) 지배 아래에 있음. 또는, 그 사람. 隷屬(예속).

【屬僚】ぞくりょう(속료) 소속되어 있는 관리. 屬官(속관). 屬吏(속리).

【屬邦】ぞくほう(속방) ☞屬國(속국)①.

【屬服】ぞくふく(속복) ☞服屬(복속).

【屬性】ぞくせい(속성) 어떤 사물이 가지는 특징이나 성질.

【屬邑】ぞくゆう(속읍) ①큰 고을에 소속된 작은 고을. ②부속된 마을. ¶其一大小七十餘城<史記>

【屬地】ぞくち(속지) ①부속되어 있는 땅. 또는, 통치권을 행사할 수 있는 땅. 屬土(속토). ②땅에 이름[至]. ¶其氣有上不屬天 下不一<呂覽>

【屬土】ぞくど(속토) ☞屬地(속지)①.

【屬和】ぞくわ(속화) 계속해서 화답(和答)함. 남의 노래에 따라 노래함. ¶國中屬而和者數千人<宋玉>

【屬稿】しょっこう(촉고) 초고(草稿)를 잡음. 屬草(촉초). 屬藁(촉고).

【屬纊】しょっこう・ぞっこう(촉광・속광) 임종(臨終) 때 솜을 코 밑에 대어 숨이 지지 않았나 알아보는 일. 뜻이 바뀌어, 임종이나 임종 때를 이름.

【屬對】しょくたい(촉대) 두 말을 이어서 대구(對句)로 하거나 시를 지음. ¶韻律調新 一無差<舊唐書>

【屬對聲律】しょくたいせいりつ(촉대성률) 한자(漢字) 음운(音韻)의 높낮이를 잘 안배하여 조화되게 글을 지음. ¶學句讀 一 未成而廢<蘇恂>

【屬望】しょくぼう(촉망) 희망을 걺. 기대함. 囑望(촉망). 屬心(촉심). 屬意(촉의).

【屬目】しょくもく(촉목) 눈여겨 봄. 유의하여 봄. 注目(주목). ¶一視遼<魏志>

【屬心】しょくしん(촉심) ☞屬望(촉망).

【屬意】しょくい(촉의) ☞屬望(촉망).

【屬耳】しょくじ(촉이) 귀를 기울여 들음. 경청(傾聽)함. ¶一聽鸎鳴<張華>
(속이) 귀를 대고 잘 들음. ¶人將有一於壁而聽之者<詩經・注>

【屬者】しょくしゃ(촉자) 요즈음. 근래. 頃者(경자). ¶一頗有變改<漢書>
(속자) 붙좇음. 뒤따름. ¶騎能一百餘人耳<史記>

【屬酒】しょくしゅ(촉주) 술을 따름. 또는, 술을 권함. ¶芳景漸濃偏一<袁皓>

【屬託】しょくたく(촉탁) 일을 부탁함. 依囑(의촉). 囑託(촉탁). ¶一不行 貨賂不至<晏子>

▷家一, 傾一, 繫一, 冠蓋相一, 官一, 九一, 軍一, 眷一, 歸一, 近一, 金一, 徒一, 幕一, 無所一, 樸一, 配一, 服一, 付一, 附一, 部一, 分一, 卑一, 私一, 三一, 所一, 臣一, 延一, 連一, 領一, 隷一, 外一, 寮一, 任一, 專一, 轉一, 尊一, 從一, 支一, 直一, 戚一, 親一, 婚一

21 24 【屭】 힘쓸 희 | 圓ㄒㄧˋ (xi) | き(ツトメル)

풀이 ①힘쓰다. 힘을 내는 모양. ¶巨靈贔一<張衡> ②힘이 있는 모양. ¶贔一者 有力貌<本草綱目> ③매우 세찬 모양. 심함. ¶寒氣贔一頑無風<韓愈>

𠂇<왼손 좌>部

𠂇 屮 ① 屯 ③ 屰

0 3 【𠂇】 왼손 좌 | 圖 | さ | left hand

源 象形. 왼손 모양을 본뜸. 오른손은 彐. 후에 工을 더해 左로 씀.

0 3 【屮】 1 싹날 철 2 풀 초 | 層ㄔㄜˋ (che) 皓 | てつ(メバエル) そう(クサ)

1 4 【屯】 1 진칠 둔 2 어려울 준 | 元ㄊㄨㄣˊ (tun) 眞ㄓㄨㄣ (zhun) | とん(タムロ) camp ちゅん

풀이 1 ①진치다. ¶遂行一于沔陽<蜀志>/駐一. ②진(陣). 진친 곳. ¶京師有南北軍之一<漢書>/一長. ③언덕. ¶生於陵一<列子> 2 ①어렵다. 고난에 시달림. ¶百王之荒一<後漢書>/一困. ②많다. 무리를 이룸. ¶一朋篤論之士<後漢書> ③준괘(卦). 64괘(卦)의 하나. 진하감상(震下坎上). ䷂

【屯墾】とんこん(둔간) 둔전제(屯田制)에 의한 황무지 개간(開墾).

【屯據】とんきょ(둔거) 진을 치고 웅거함. ¶復一日南<後漢書>

【屯耕】とんこう(둔경) ☞屯田(둔전). ¶令本軍一以食＜元史＞
【屯畓】(둔답)㊊ ①과전법(科田法)의 실시에 따라 각 지방 주둔병 군량의 자급을 위하여 나눠준 논. ②각 궁(宮)과 관청에 소속된 논.
「이룬 곳.
【屯落】とんらく(둔락) 둔병(屯兵)이 모여 촌락을
【屯兵】とんぺい(둔병) 주둔(駐屯)한 병정.
【屯戍】とんじゅ(둔수) ①군대가 주둔하여 지킴. ②변경(邊境)을 지키는 병사.
【屯宿】とんしゅく(둔숙) 군대가 지방에 머물러 있음. 屯駐(둔주).
【屯營】とんえい(둔영) 군대가 주둔하고 있는 군영. 屯衛(둔위).
【屯長】とんちょう(둔장) 수비를 위해 모여 있는 군대의 장(長). 營長(영장).
【屯田】とんでん(둔전) 군대가 머물러 수비하면서 농사를 지음. 屯耕(둔경). 屯墾(둔간).
【屯集】とんしゅう(둔집) 모여 머무름. 또는, 많은 사람이 모임. 屯聚(둔취).
【屯土】とんど(둔토) 주둔하여 경작하는 땅.
【屯卦】ちゅんか(준괘) 64괘의 하나로, 감괘(坎卦)와 진괘(震卦)가 거듭된 것. 험난하여 전진하는 데 고생하는 상.
【屯蒙】ちゅんもう(준몽) 천지가 만물을 생성(生成)하는 시초. 屯은 만물의 시초, 蒙은 만물의 어림[幼]. ¶天地一＜資治通鑑＞
【屯剝】ちゅんぱく(준박) 모든 일의 앞이 막힘. 屯·剝은 주역의 괘 이름으로, 막히어 고민하는 상(象).
【屯險】ちゅんけん(준험) 험난하여 앞으로 나아가기가 고생스러움. ¶見世路一＜南史＞
▷艱一, 困一, 空一, 舊一, 軍一, 邊一, 兵一, 蜂一, 分一, 野一, 雲一, 留一, 制一, 駐一, 沈一, 土一, 險一, 荒一

4〖㞢〗 之(p.43)의 本字

5〖㞷〗 生(p.1007)의 古字

6〖屰〗 戟(p.607)·霸(p.1605)의 古字

山＜메 산＞部

山 ② 屵 ③ 屺 屼 出 屹 ④ 岍 岒 岌 岐
岎 岔 岋 岏 岑 ⑤ 岬 岡 岠 岣 嶇 岱 岷
峬 岫 岳 岸 岩 峡 岞 岾 岨 岧 岮 岥 岏
岵 ⑥ 峒 峛 峋 峣 峉 峎 峌 峙 ⑦ 峱 島
峰 峯 峷 峨 峩 峿 峪 峗 峾 峻 峭 峐 峴
峽 ⑧ 崗 崌 崓 崑 崐 崆 � 崛 崎 崍 崙
崘 崚 崩 崥 崧 崇 崖 崐 崦 崟 崢 崒 崔
崋 崤 ⑨ 嵑 嵁 嵌 嵐 嵂 嵋 嵔 崿 嵒 嵓
嵔 嵗 嵎 嵬 嵏 嵦 嵛 嵮 嵆 ⑩ 嵩 嵊 嵬
嵯 嵳 ⑪ 嶇 嶌 嶋 嶍 嶚 嶆 嶁 嶂 嵾 嵾
嶄 嶃 ⑫ 嶠 嶔 嶝 嶚 嶙 嶢 嶟 嶒 嶕 嶜
嶞 嶓 ⑬ 嶱 嶭 嶪 嶧 嶨 嶰 嶮 ⑭ 嶺
嶼 嶽 嶸 嶷 ⑮ 巁 巂 巀 ⑯ 巃 ⑰ 巋 巆
巉 巇 ⑱ 巍 ⑲ 巒 巔 巑 ⑳ 巖 巘

03〖山〗 메 산 ㊥ㄕㄢ (shan) さん, せん(ヤマ) *mountain*

㊔象形. 돌이 있는 높은 산 모양을 본뜸.
풀이 ①메. 산. ¶奠高一大川＜書經＞ ②산신(山神). ¶一川其舍諸＜論語＞ ③무덤. 능(陵). ¶非獨爲奉一園也＜漢書＞ ④절. 사찰(寺刹). ¶三十一本一. ⑤임금의 상(象). ¶梁一崩＜穀梁傳＞ ⑥산처럼 움직이지 아니하다. ¶一立時行＜禮記＞
【山家】さんか(산가) ①산 속에 있는 집. 山舍(산사). ②《佛》송(宋) 때부터 천태종(天台宗)의 정통을 물려받은 한 파.
【山歌】さんか(산가) ①시골에서 불리는 속요. 俚謠(이요). ②뱃사람들이 부르는 노래.
【山歌野唱】さんかやしょう(산가야창) 시골 사람들이 부르는 노래.
【山脚】さんきゃく(산각) 산기슭. 山足(산족).
【山間】さんかん(산간) 산속. 산골짜기.
【山間僻地】さんかんへきち(산간벽지) 산간 지대의 궁벽한 곳.
「말.
【山監】さんかん(산감) 산림감수(山林監守)의 준
【山龕】さんかん·さんがん(산감) 산사(山寺). 龕은 탑(塔) 또는 탑 아래에 있는 방으로, 부처를 모시는 곳.
【山客】さんかく(산객) ①산에 사는 사람. ②산을 찾는 사람. 등산하는 사람. ③철쭉꽃의 이칭. ④㊊ 산적(山賊)의 이칭.
【山車】さんしゃ(산거) 제례(祭禮) 때, 산·바위 등을 꾸며서 끄는 수레.
【山居】さんきょ(산거) 산에서 삶.
【山景】さんけい(산경) 산의 경치. 山光(산광).
【山系】さんけい(산계) 산맥의 계통.
【山鷄野鶩】さんけいやぼく(산계야목) 꿩 따위의 산새와 야생의 오리. 성미가 사나와 제 마음대로만 하여 다잡을 수 없는 사람의 비유.
【山高水長】ヤマタカクミズナガシ(산고수장) 어진 사람의 덕행이 산같이 높고, 물같이 유장함의 비유.
【山谷】さんこく(산곡) 산골짜기.
【山骨】さんこつ(산골) 산의 토사가 씻기어 드러난 바위.
【山公啓事】さんこうけいじ(산공계사) 진(晋)의 산도(山濤)가 이부상서(吏部尙書)가 되어, 사람을 가리는 데 참고할 조목을 개인별로 달아 임금에게 바친 명부.
【山廓】(산곽) 골상학(骨相學)에서 눈동자의 상반부를 이름.
【山君】さんくん(산군) ①산신령(山神靈). ②범의
【山郡】さんぐん(산군) ☞山邑(산읍).　⌊이칭.
【山窮水盡】さんきゅうすいじん(산궁수진) 산이 다하고 물이 다한 곳. 깊은 골짜기의 막바지에 이름. 또는, 막다른 지경에 이름의 비유.
【山根】さんこん(산근) ①산기슭. 山足(산족). ②골상학에서 콧마루의 두 눈썹 사이를 이름.
【山禽】さんきん(산금) 산새.
【山祇】さんぎ(산기) ☞山神靈(산신령).
【山氣】さんき(산기) 산의 기운. 산이 품은 기운.
【山衲】さんのう(산납) 산승(山僧)의 옷. 衲은 중의 옷.
「안.
【山內】さんない·さんだい(산내) ①산속. ②절의 구역
【山內末寺】さんないまつじ(산내말사)《佛》본산(本山)

과 같은 산 안에 있는 말사(末寺).
【山農】さんのう(산농) 산에서 짓는 농사.
【山堂】さんどう(산당) 산신당(山神堂)의 준말.
【山臺】(산대)(韓) 산디놀음을 하기 위하여 큰 길가나 산기슭, 빈터 등에 설치한 임시 무대. 산디. ¶一劇.
【山臺都監】(산대도감)(韓) 산디놀음을 하는 사람들이 모인 단체.
【山桃】さんとう(산도) 소귀나무.
【山圖】さんと(산도) ①옛 신선의 이름. ②(韓) 묏자리를 표시한 그림.
【山稻】さんとう(산도) 밭벼. 陸稻(육도).
【山濤】さんとう(산도)《人》진(晋) 하내회(河內懷) 사람. 노장(老莊)의 학문을 좋아했으며 죽림칠현의 한 사람. 자는 거원(巨源), 시호(諡號)는 강(康).
【山東】さんとう(산동) ①산의 동쪽. ②성(省) 이름. 중국 북동부 황해(黃海)와 발해만(渤海灣) 사이에 돌출한 산동반도와 서부의 태산 산맥을 포함하는 지역.
【山靈】さんれい(산령) 산신령.
【山路】さんろ(산로) 산길.
【山麓】さんろく(산록) 산기슭. 山足(산족). 山脚(산각). 山根(산근)①.
【山陵】さんりょう(산릉) ①산악(山岳)과 구릉(丘陵). 또는, 고원(高原). ②임금의 무덤. ③국장(國葬)을 하기 전의, 아직 이름을 짓지 않은 능.
【山陵崩】さんりょうほう(산릉붕) 산릉이 무너짐의 뜻으로, 천자의 붕어(崩御)를 꺼리어 이름.
【山林】さんりん(산림) ①산과 숲. ②산에 있는 숲. ③도회지에서 떨어진 산야(山野). 은자(隱者)가 숨어 사는 곳.
【山林監守】(산림감수) 산림을 지키고 관리함. 또는, 그 사람. 山監(산감).
【山林綠化】さんりんりょくか(산림녹화) 황폐한 산에 식목, 산림 보호, 사방 공사 등을 하여 초목이 무성하게 하는 일.
【山林門下】さんりんもんか(산림문하) 학덕(學德)은 높으나 벼슬하지 아니한 선비의 문하.
【山林處士】さんりんしょし(산림처사) 벼슬을 하지 아니하고 한적한 시골에 살면서 글이나 읽으며 지내는 선비.
【山幕】(산막)(韓) 사냥꾼이나 약초 캐는 사람이 쓰려고 산 속에 임시로 지은 오막집.
【山脈】さんみゃく(산맥) 산줄기.
【山門】さんもん(산문) ①산의 어귀. ②《佛》절의 바깥 정문(正門). 절 전체를 이르기도 함.
【山味】(산미)(韓) 산에서 나는 나물이나 과실 따위의 맛.
【山房】さんぼう(산방) ①☞山莊(산장). ②일정한 명사(名詞)와 함께 쓰이어, 서재(書齋)를 이름. ③절[寺].
【山背】さんぱい(산배) 산등성이의 뒤쪽.
【山腹】さんぷく(산복) 산의 중턱. 산허리.
【山峰】さんぽう(산봉) 산봉우리.
【山阜】さんぷ(산부) 산. 阜는 토산(土山).
【山殯】さんぴん(산빈) 산 속에 만들어 놓은 빈소.
【山寺】さんじ(산사) 산 속에 있는 절.
【山師】さんし(산사) 주(周)대의 관명(官名). 하관(夏官)에 속하여 산림의 일을 맡음.
【山査肉】さんさにく(산사육) 아가위의 씨를 발라 낸 살. 소화를 돕는 약재로 씀.
【山沙汰】(산사태) 산의 바윗돌이나 토사(土沙)가 갑자기 무너져 내리는 일.
【山蔘】(산삼)(韓) 산에 저절로 나서 자란 인삼.
【山蔘餠】(산삼병)(韓) 짓이긴 더덕을 찹쌀 가루와 합쳐 기름에 지진 떡.
【山上】さんじょう(산상) ①산의 위. ②뫼쓰는 일을 하는 곳. 「語).
【山上有山】さんじょうやまあり(산상유산) 出자의 은어(隱
【山塞】さんさい(산새) 산 위의 성채(城砦). 山砦(산채). 山寨(산채).
【山色】さんしょく(산색) 산의 빛. 산의 경치.
【山西】さんせい(산서) ①산의 서쪽. ②성(省) 이름. 태행 산맥(太行山脈)의 서쪽에 있기 때문에 이름. 산우(山右)라고도 함. 「장).
【山墅】さんしょ(산서) 산 속에 있는 별장. 山莊(산
【山城】さんじょう(산성) ①산중의 성읍(城邑). ②산 위에 쌓은 성.
【山勢】さんせい(산세) 산의 형세. 「는 곳.
【山所】(산소)(韓) ①무덤의 존칭. ②무덤이 있
【山水】さんすい(산수) ①산과 물. 산하(山河)의 경치. ②산에 흐르는 물. ③산수화(山水畫)의 준말. 「옹)①.
【山叟】さんそう(산수) 산골에 사는 노인. 山翁(산
【山藪】さんそう(산수) ①산과 못. 山澤(산택). ②산야(山野)에 살면서 벼슬을 하지 않는 일. 在野(재야).
【山水圖】さんすいず(산수도) ①산수(山水)의 형세를 그린 약도. ②산수화(山水畫).
【山水異】さんすいい(산수이) 산이 무너지거나 강물의 빛이 변하거나 하는 따위의 변괴스러운 자연 지리적 현상.
【山水畫】さんすいが(산수화) 산수(山水)의 경치를 그린 그림.
【山僧】さんそう①·さんぞう②(산승) ①산사(山寺)의 중. ②중 자신의 겸칭(謙稱).
【山神】さんしん(산신) ☞山神靈(산신령).
【山神閣】(산신각)(韓) 절간에 있는 산신을 모신 집. 山王壇(산왕단).
【山神堂】(산신당)(韓) 산신을 모신 당집.
【山神靈】(산신령)(韓) 산을 맡아 다스린다는 신령. 山神(산신). 山祇(산기).
【山神祭】さんじんさい(산신제) 산신에게 지내는 제사. 山祭(산제). 「한 곳.
【山阿】さんあ(산아) 산의 후미진 곳. 산의 깊숙
【山嶽】さんがく(산악) ①산. 山岳(산악). ②영구불변의 형용. ¶一不移＜蜀志＞ ③큰 모양의 형용. ¶然廣基似于一＜水經＞ ④무거움의 형용. ¶猶叨今恩 一非重＜江淹＞ ⑤높음의 형용. ¶高之爲一＜韓愈＞ ⑥빼어남의 형용. ¶秀骨象一＜李白＞
【山嶽國】さんがくこく(산악국) 산악이 많은 나라. 산악이 많은 고장.
【山野】さんや(산야) ①산과 들. ②시골. ③예법에 익숙하지 않은 일. 촌스러움.
【山羊】さんよう(산양) ①염소. ②영양(羚羊).
【山陽】さんよう(산양) 산의 남쪽. ↔山陰(산음).
【山養】さんよう(산양) ①산이 기르는 것. 산에서 나서 자라는 사슴, 멧돼지 따위. ②(韓) 산에 옮겨 가꾼 인삼.

【山役】(산역)[韓] 뫼를 만드는 일.
【山影】さんえい(산영) 산 그림자.
【山翁】さんおう(산옹) ①산골에 사는 늙은이. 山叟(산수). ②200년 묵은 하수오(何首烏).
【山王】さんおう①·せんおう②(산왕) ①진(晋)대의 산도(山濤)와 왕융(王戎). ②《佛》 가장 높은 산. 산 중의 왕.
【山王壇】(산왕단)[韓] ☞山神閣(산신각).
【山外】さんがい(산외) ①산 밖. ②산동(山東)의 땅. 태행산(太行山) 밖에 있으므로 이르는 말.
【山隈】さんわい(산외) 산모퉁이. 山曲(산곡).
【山外末寺】さんがいまつじ(산외말사)《佛》 본산(本山)에서 떨어진 곳에 있는 말사(末寺).
【山腰】さんよう(산요) 산허리. 山腹(산복).
【山容】さんよう(산용) 산의 생김새.
【山容水態】さんようすいたい(산용수태) 산의 솟은 모양과 물의 흐르는 모양.
【山雨】さんう(산우) 산에 내리는 비.
【山虞】さんぐ(산우) 주(周)의 벼슬 이름. 지관(地官)에 속하며 산림(山林)의 정령(政令)을 맡아봄.
【山戎】さんじゅう(산융) 옛 종족(種族) 이름. 춘추시대에 지금의 하북성(河北省) 산간에 살던 번족(蕃族). 「山陽(산양).
【山陰】さんいん(산음) ①산 그늘. ②산의 북쪽. ↔
【山蔭】(산음)[韓] 좋은 자리에 뫼를 씀으로써 그 자손이 받는다는 복. 山應(산응). ↔山禍(산화). 「山村(산촌).
【山邑】さんゆう(산읍) 산골의 마을. 山郡(산군).
【山人】さんじん(산인) ①산림을 관장하던 관리. ②세상일을 버리고 산에 은거(隱居)하는 사람. ③아호(雅號)에 붙여 쓰는 말.
【山資】さんし(산자) 산을 살 밑천. 은거(隱居)할 준비를 이름.
【山紫水明】さんしすいめい(산자수명) 산색(山色)은 보라빛이요, 흐르는 물은 맑음. 산수의 경치가 아름다움을 이름.
【山長】さんちょう(산장) ①산 속에 은거(隱居)하면서 젊은 사람들에게 학문을 가르치는 사람. 산속의 장자(長者)라는 뜻. ②원(元)대의 벼슬 이름. 서원(書院)·숙(塾) 따위의 우두머리. ③산이 길게 이어짐.
【山莊】さんそう(산장) 산에 있는 별장. 山房(산방). 「리.
【山嶂】さんしょう(산장) 병풍처럼 둘려 있는 산봉우
【山賊】さんぞく(산적) 산 속에 있으면서 지나는 사람의 재물을 빼앗는 도둑. ↔海賊(해적).
【山積】さんせき·さんし(산적) 산처럼 쌓임.
【山田】さんでん(산전) ①산에 있는 밭. ②산중의 사냥터.
【山戰水戰】(산전수전)[韓] 온갖 고생과 어려움을 다 겪어 경험이 많음을 이름.
【山節藻梲】さんせつそうせつ(산절조절) ①두공(枓栱)에 산을 새기고 동자기둥에 마름[水藻]을 새긴다는 뜻으로, 천자의 기둥 장식 또는 화려하고 훌륭한 건물을 이름. ②사치함을
【山亭】さんてい(산정) 산에 있는 정자. ⌊이름.
【山庭】さんてい(산정) ①콧대. 코를 정원의 조산(造山)에 비유. ②산에 있는 광장(廣場). ③콧대 높음의 비유.
【山頂】さんちょう(산정) 산꼭대기.
【山精】さんせい(산정) ①산신(山神). 산의 정령(精靈). ②산 속의 괴물. ③삽주. ④백출(白朮). ⑤삼백 년 묵은 하수오(何首烏). 이것을 오래 먹으면 신선이 된다고 함.
【山祭】さんさい(산제) 산신제(山神祭)의 준말.
【山主】さんしゅ(산주) ①절의 주지(住持). ②서원(書院)의 장(長). 山長(산장)②. ③산 임자. ④[韓] 산디탈을 보존하는 사람. ⑤무당들이 조직한 신청(神廳) 직명(職名)의 하나. 「살이 빠름.
【山峻水急】さんしゅんすいきゅう(산준수급) 산이 험하고 물
【山中】さんちゅう(산중) 산 속. 山裏(산리).
【山中開野】さんちゅうかいや(산중개야) 산중에 너르게 자리잡은 평지.
【山中無曆日】さんちゅうれきじつナシ(산중 무역일) 산에 은거하는 생활이 태평스러워 세월 가는 줄 모름. 曆日은 책력.
【山中宰相】さんちゅうさいしょう(산중재상) ①산중에 은거하면서 나라의 자문(諮問)에 응하는 사람. ②재상될 재능은 있으면서 산에서 헛되이 평생을 마치는 사람.
【山地】さんち(산지) ①산과 전지(田地). ②산이 많은 땅. 산달. ③[韓] 뫼를 쓰기에 알맞은 땅.
【山鎭】さんちん(산진) 국토(國土)를 진호(鎭護)한다 하여 숭상되는 명산(名山).
【山盡水窮】さんじんすいきゅう(산진수궁) ①깊은 산골짜기의 막바지에 다다름. ②피하여 나갈 도리가 없는 막다른 곤경에 빠짐을 이름.
【山盡水回處】ヤマツキミズマワルトコロ(산진 수회처) 산과 물이 엇걸려 서로 싸고 돌게 된 곳.
【山菜】さんさい(산채) 산나물. 멧나물.
【山寨】さんさい(산채) ①산 위의 성채(城砦). ②산적들의 소굴.
【山妻】さんさい(산처) ①산가(山家)의 아낙네. ②자기 처의 겸칭(謙稱).
【山處】さんしょ(산처) ①산에서 삶. ②[韓] 뫼. 산
【山脊】さんせき(산척) 산등성이. ⌊소.
【山川】さんせん(산천) ①산과 내. 山河(산하). ②산천의 신(神). ③그 곳의 자연 경치.
【山川草木】さんせんそうもく(산천초목) 산과 물과 풀과 나무. 곧, 자연. 「열매.
【山椒】さんしょう(산초) ①산마루. ②산초나무의
【山坂】さんぱん(산판) ①산의 가풀막진 길. ②[韓] 나무나 풀을 함부로 베지 못하게 말리고 가꾸는 산. 멧갓. 「피).
【山皮】(산피)[韓] 산짐승의 가죽. 山獸皮(산수
【山下】さんか(산하) ①산 아래. ↔山上(산상). ②선산(先山) 밑.
【山河】さんが·さんか(산하) ①산과 강. ②국토. ③세상. 세상의 유위 변전(有爲變轉)의 비유.
【山河襟帶】さんがきんたい(산하금대) 산이나 강이 옷깃이나 띠처럼 둘림. 자연의 요해처(要害處). 형세가 좋은 땅.
【山海】さんかい(산해) ①산과 바다. ②은둔(隱遁)의 땅. ③사물의 많고 큼의 형용.
【山海經】さんかいきょう(산해경) 우왕(禹王) 또는 백익(伯益)이 지었다는 지리서. 산천 초목·조수(鳥獸)의 기담(奇談)을 적음. 18권.

【山海關】さんかいかん(산해관) 관(關) 이름. 심산 철로(瀋山鐵路)의 종점. 하북성(河北省) 임유현(臨楡縣)의 동문(東門). 고래로 천하 제일관(天下第一關)이라고 하는 요해처.
【山海珍味】さんかいちんみ(산해진미) 산과 바다의 산물을 다 갖춘, 썩 잘 차린 진귀한 음식.
【山行】さんこう(산행) ①산길을 감. ②산놀이.
【山峽】さんきょう·さんこう(산협) ①산 속의 골짜기. ②두메.
【山形】さんけい(산형) 산의 생김새.
【山呼】さんこ(산호) 백성이 임금을 축복하여 만세(萬歲)라고 외치는 일. 한(漢) 무제(武帝)가 숭산(嵩山)에서 제사를 지낼 때 백성들이 만세를 부른 데서 유래. 嵩呼(숭호). ¶一萬歲.
【山火】さんか(산화) 산불.
【山禍】さんか(산화) 조상의 묏자리가 좋지 못한 탓으로 받는다는 재앙. 山害(산해). ↔山蔭(산음).
▷假一, 景一, 故一, 高一, 關一, 鑛一, 九一, 丘一, 歸一, 金一, 禁一, 祁一, 南一, 大一, 塗一, 道一, 禿一, 童一, 銅一, 名一, 博一, 盆一, 氷一, 三一, 常一, 雪一, 水一, 深一, 厓一, 魚一, 驪一, 歷一, 連一, 靈一, 五一, 玉一, 雲一, 遠一, 遊一, 肉一, 銀一, 陰一, 中一, 天一, 青一, 築一, 炭一, 泰一, 土一, 土常一, 恒一, 衡一, 華一, 火一

2/5【屴】 산 높을 력 | 職 | りょく high
풀이 ①산이 높은 모양. ②높이 솟은 모양. ③산이 잇닿은 모양.

5【屳】 仙(p.86)과 同字

3/6【屺】 민둥산 기 | 紙 ㄑㄧˇ (qi) | き(ハゲヤマ) bare mountain

6【岂】 屺(p.476)와 同字

3/6【屼】 민둥산 올 | 月 | こつ(ハゲヤマ) bare mountain

6【峗】 危(p.244)의 古字

6【岀】 出(p.192)의 俗字

3/6【屹】 산 우뚝할 흘 | 物 ㄧˋ (yi) | きつ(ソバタツ) high
풀이 산이 우뚝하다. 높고 험한 모양. ¶雙巖一以中斷<元傑>
【屹立】きつりつ(흘립) 우뚝 솟음.

4/7【岍】 산 이름 견 | 先 ㄑㄧㄢ (qian) | けん
풀이 산 이름. 섬서성(陝西省)에 있는 산. 견산(岍山), 견산(开山), 악산(嶽山), 오산(吳山) 등으로 불림. ¶導一及岐<書經>

4/7【岒】 산 이름 겸 | 鹽 ㄑㄧㄢ (qian) | けん
풀이 ①산 이름. ②돌 소리. ¶一嶙. ③높낮이가 있는 모양. ¶一峨.

4/7【岌】 높을 급 | 緝 ㄐㄧˊ (ji) | きゅう(タカイ) high
풀이 ①높다. ㉮높은 모양. ¶高余冠之一一兮<楚辭> ㉯산이 높다. 산이 우뚝 솟은 모양. ¶三峰一然競秀<剪燈新話> ②위태로운 모양. ¶天下殆哉 一一乎<孟子> ③급한 모양. ¶一一. ④성(盛)한 모양. ¶一一.
▷嵬一, 嶷一

4/7【岐】 갈림길 기 | 支 ㄑㄧˊ (qi) | き(ワカレミチ) branch road
풀이 ①갈림길. 가닥이 짐. ¶一之中又有一<列子> ②자라나는 모양. 지각(知覺)이 드는 모양. ¶克一克嶷<詩經> ③날아가는 모양. ¶一一. ④산 이름. 섬서성(陝西省)에 있는, 주(周)의 발상지. ¶至于一下<詩經>
【岐嶇】きく(기구) 산이 험한 모양. 崎嶇(기구).
【岐路】きろ(기로) 갈림길.
【岐山】きざん(기산) 산 이름. 섬서성(陝西省)에 있음.
【岐周】きしゅう(기주) 서주(西周)의 이칭. 나라를 기산(岐山)에 세웠기 때문에 이르게 된 말.
【岐下】きか(기하) 기산(岐山)의 아래. 주(周)의 도읍지.
【岐黃】きこう(기황) ① 황제(黃帝)와 기백(岐伯). 둘 다 의술(醫術)의 시조(始祖). ②의술(醫術)을 이름.
▷多一, 分一

7【岂】 峯(p.479)과 同字

4/7【岎】 산 높을 분 | 文 | ふん high

4/7【岔】 1 산 높을 분 | 文 | ふん
2 갈림길 차 | 禡 ㄔㄚˋ (cha) | た
풀이 1 산이 높다. ㉠ 岎. 2 ①갈림길. 세갈래길. ②산이 가닥져 갈라지는 곳.

4/7【岋】 흔들릴 압 | 合 | ごう(ウゴク) shake

7【岦】 嶸(p.486)과 同字

4/7【岏】 가파를 완 | 寒 | がん(ケワシイ) steep

4/7【岑】 1 봉우리 잠 | 侵 ㄘㄣˊ (cen) | しん(ミネ) peak
2 벼랑 음 | 侵 | ぎん(ガケ)
풀이 1 ①봉우리. 작고 높은 산. ¶可使高於一樓<孟子> ②높다. ¶飲青一之玉醴兮<張衡> ③크다. ④나라 이름. 주(周) 문왕(文王)의 이복 동생을 봉한

나라. ②벼랑. 물가의 언덕. ¶未始離於一<莊子>

7【岅】坂(p.342)·阪(p.1571)과 同字

5 8【岬】산허리 갑 |(洽)ㄐㄧㄚˇ (jia)|こう(ミサキ) mountainside

풀이 ①산허리. 산의 허구리. ¶傍徨于山一之旁<淮南子> ②산과 산 사이. ¶傾藪薄倒一岫<左思> ③잇닿은 모양. ④(韓) 곶. 갑. 바다 쪽으로 좁고 길게 뻗어나간 육지. ¶一角.

5 8【岡】언덕 강 |(陽)ㄍㄤ (gang)|こう(オカ) hill

풀이 ①언덕. 구릉(丘陵). ¶如一如陵<詩經> ②산등성이. ¶陟彼高一<詩經> ③산봉우리. ¶覽高一兮嶢嶢<楚辭>
▷高一, 崐一, 巒一, 三華一, 天一, 千仞一

8【罡】岡(p.477)과 同字

5 8【岠】큰산 거 |(語)ㄐㄩˋ (ju)|きょ(タケ) big mountain

풀이 ①큰 산. ②이르다. 도착함. ¶元龜一冉長尺二寸<漢書> ③떨어지다. 떠남. (通)距. ¶予決九川一四海<書經>

5 8【岣】산꼭대기 구 |(宥)ㄍㄡˇ (gou)|こう(イタダキ) peak

풀이 ①산꼭대기. ②봉우리 이름. 형산(衡山)의 주봉(主峰) 이름.

8【岴】嶇(p.477)와 同字

5 8【岱】대산 대 |(隊)ㄉㄞˋ (dai)|たい

풀이 ①대산. 오악(五嶽)의 하나. ¶海一<書經> ②대산을 중심으로 한 지방. 하동(河東) 땅. ③큰 모양. ¶一駕.

【岱輿】たいよ(대여) 바다에 있는 선산(仙山). 발해(渤海)의 동쪽에 있는 다섯 선산의 하나.
【岱宗】たいそう(대종) 산 이름. 태산(泰山). 오악 중에 제일 높으므로 宗이라 이름. 岱山(대산).
【岱華】たいか(대화) 태산(泰山)과 화산(華山).
▷東一, 嵩一, 齊一, 海一, 華一

5 8【岷】산 이름 민 |(眞)ㄇㄧㄣˊ (min)|ひん, みん

풀이 ①산 이름. 사천(四川)·감숙(甘肅) 두 성(省)에 걸친 산맥. ¶一山 江水所從出<管子> ②강 이름. ¶一江.

8【峃】密(p.438)과 同字

8【峀】邦(p.1505)의 古字

8【岯】坏(p.341)와 同字

5 8【岪】산길 불 |(物)ㄈㄛˊ (fo)|ふつ mountain path

풀이 ①산길. 산허리를 빙 두른 산길. ②산이 깊고 험하다. ¶一鬱. ③일어나는 모양. ¶美哉一一<管子>

【岪鬱】ふつうつ(불울) 산이 높고 겹겹이 쌓여 깊숙한 모양.

8【岪】岪(p.477)과 同字

8【峒】司(p.265)의 俗字

5 8【岫】산굴 수 |(宥)ㄒㄧㄡˋ (xiu)|しゅう(イワアナ)

풀이 ①산굴. 암혈(岩穴). ¶雲無心以出一<陶潛> ②산봉우리. 산꼭대기. ¶窓中列遠一<謝朓>
▷岬一, 高一, 窮一, 巖一, 幽一, 層一

8【丞】丞(p.34)과 同字

5 8【岳】큰산 악 |(覺)ㄩㄝˋ (yue)|がく(タケ) great mountaion
(同)嶽

풀이 ①큰 산. ¶南巡狩 至于南一<書經> ②제후의 맹주(盟主). 산(山)은 임금의 상(象)이라는 데서 나온 뜻.

【岳家】(악가)(中) 아내의 친정. 妻家(처가).
【岳母】がくぼ(악모) 장모(丈母).
【岳牧】がくぼく(악목) 4악(岳)과 12목(牧). 후세의 공경제후(公卿諸侯)의 한 가지.
【岳武穆】がくぶぼく(악무목) ☞岳飛(악비).
【岳父】がくふ(악부) 장인(丈人). 岳丈(악장).
【岳飛】がくひ(악비)(人) 송(宋)의 탕음(湯陰) 사람. 자는 붕거(鵬擧). 남송(南宋)의 무장(武將). 진회(秦檜)의 주화설(主和說)에 반대하여 39세로 옥사(獄死)함. 시호(諡號)는 무목(武穆).
【岳陽】がくよう(악양) 지명(地名). 태악산(太岳山) 남쪽[陽] 땅의 통칭. 지금의 중국 산서성(山西省) 안택(安澤)·조성(趙城) 두 현(縣)의 남쪽.
【岳陽樓】がくようろう(악양루) 악주부(岳州府)의 부성(府城) 서문(西門)의 누(樓). 동정호(洞庭湖)에 인접해 있고, 군산(君山; 湘山)이 멀리 바라보이는 풍경이 아름답기로 유명함.
【岳翁】がくおう(악옹) 장인(丈人).
【岳丈】がくじょう(악장) 장인(丈人)의 경칭. 진(晋)의 악광(樂廣)은 위개(衛玠)의 장인이었는데, 악장(樂丈)으로 써야 할 것을 악장(岳丈)으로 잘못 쓴 데서 유래. 일설에는 태악(泰岳)에 장인봉(丈人峰)이 있기 때문에 생긴 말이라고도 함. 岳父(악부). 岳翁(악옹).
▷四一, 山一, 淵一, 雲一, 豊一

8【岀】嶽(p.477)의 古字

5 8【岸】언덕 안 |(翰)ㄢˋ (an)|がん(キシ) hill, cliff

同 屽
풀이 ①언덕. 물가의 낭떠러지. ¶淇則有一<詩經> ②높은 곳. ¶誕先登于一<詩經> ③뛰어나다. ¶充爲人魁一<漢書> ④층계. 층층대. ¶襄一夷塗<張衡> ⑤옥(獄). 역참(驛站)에 있던 뇌옥(牢獄). ¶宜一宜獄<詩經> ⑥소송. 소송함. ¶誕先登于一<詩經>
【岸壁】がんぺき(안벽) ①바닷가나 강가에 배를 댈 수 있게 쌓은 벽. ②깎아지른 듯한 언덕.
【岸邊】がんぺん(안변) 언덕 가. 언덕 부근.
【岸獄】がんごく(안옥) 감옥.
【岸幘】がんさく(안책) 두건을 끌어올려 이마를 드러냄. 예법에 얽매이지 않고 허물없이 대하는 태도를 이름.
▷江一, 斷一, 對一, 畔一, 沿一, 渚一, 絕一, 彼一, 河一, 海一

8【屽】 岸(p.477)과 同字

8【岩】 巖(p.487)·嵒(p.483)의 俗字

5/8【岟】 후미질 앙 | 養 ㄧㄤˇ (yang) | おう (オクマル) secluded
풀이 ①후미지다. ㉮산이 휘어돌다. ㉯매우 구석지고 으슥하다. ¶山林幽一<左思> ②산기슭. ¶一嵘.

5/8【岝】 산 높을 작 | 藥 | さく

8【岞】 岝(p.478)과 同字

5/8【岾】 韓 1 재 재 2 절 점 | ridge
풀이 1재. 고개. ¶永郎一. 2절. 절 이름. ¶楡一寺.

5/8【岨】 1 돌산 저 | 魚 ㄐㄩ 2 울퉁불퉁할 저 | 語 (ju) | しょ bumpy
풀이 1①돌산. 산꼭대기에 흙이 덮인 돌산. 같 砠. ¶陟彼一矣<詩經> ②험하다. 가파름. 通 阻. ¶踐蹊隧之危一<曹植> 2①울퉁불퉁하다. ¶一峿. ②불안하다. ¶一峿.

8【岴】 族(p.706)의 古字

5/8【岧】 산 높을 초 | 蕭 ㄊㄧㄠˊ (tiao) | ちょう high
풀이 산이 높다. 산이 높은 모양. ¶一一.

8【岹】 岧(p.478)와 同字

5/8【岮】 비탈 타 | 歌 | た (サカ) slope
풀이 ①비탈. 같 陀. ②무너지는 모양. ¶裁岥一以隱嶙<潘岳>

5/8【岥】 비탈 파 | 歌 ㄆㄛ (po) | は (サカ) slope
풀이 ①비탈. 비탈진 모양. 같 陂. ②고개. 같 坡.

5/8【岤】 산굴 혈 | 屑 | けつ (イワヤ) mountain cave

5/8【岵】 산 호 | 麌 ㄏㄨˋ (hu) | こ (ヤマ) mountain
풀이 산. ㉮초목이 우거진 산. ㉯민둥산. 독산(禿山).

9【岍】 岍(p.476)의 本字

9【耑】 ☞ 而部 3 획(p.1215)

6/9【峒】 1 산 이름 동 | 東 ㄊㄨㄥˊ 2 산굴 동 | 送 (tong) | どう
풀이 1산 이름. 북두성(北斗星)의 아래에 있다는 명산(名山). ¶崆一. 2①산굴. 通 洞. ②묘족(苗族). 중국 서남쪽에 있던 종족.
【峒蠻】どうばん(동만) 중국 서남에 살던 만인(蠻人)의 하나. 峒人(동인).
【峒丁】どうてい(동정) 동만(峒蠻)의 장정(壯丁).

6/9【峛】 고개 리 | 紙 ㄌㄧˇ (li) | り (サカ) hill
풀이 ①고개. 고갯길. ¶登降一施 單捲垣兮<揚雄> ②고개 이름. ③산줄기가 낮고 길게 뻗은 모양. ¶登彼丘陵一施其阪<孔叢子>

9【峦】 巒(p.486)의 略字

9【島】 阜(p.1570)와 同字

6/9【峋】 깊숙할 순 | 眞 ㄒㄩㄣˊ (xun) | しゅん deep
풀이 ①깊숙하다. 산이 첩첩이 싸여 깊은 모양. ¶山自木落重嶙一<陸游> ②차례·계급이 있는 모양. 산에 높고 낮음이 있는 데서 이름. ¶岭嶸嶙一<漢書>

6/9【峣】 가파를 앙 | 江 | ごう (ケワシイ) steep

6/9【峉】 웅장할 액 | 陌 | がく grand
풀이 ①웅장하다. 산이 높고 큰 모양. ¶山皇兮一一<楚辭> ②산이 높고 낮은 모양.

6/9【峎】 산 이름 은 | 阮 ㄣˇ (en) | ごん
풀이 ①산 이름. ②산모퉁이. ¶一嶨.
【峎嶨】ごんがく(은악) ①산모퉁이. ②언덕.

9【峎】 峎(p.478)과 同字

6
9【峌】 높을 질 |屑ㄉㄧㄝˊ (die)|てつ(タカイ) *high*

풀이 높다. ㉮정자(亭子) 등이 높이 서 있음. ¶一峴孤亭<木華> ㉯산이 우뚝한 모양.

6
9【峙】 우뚝할 치 |紙ㄓˋ (zhi)|じ, ち(ソバダツ) *high*

풀이 ①우뚝하다. 산이 우뚝 솟아 있음. ¶五山始一<列子> ②서다. 세움. ¶擢身竦一<潘岳> ③언덕. 높은 언덕. ¶散似驚瀾 聚似京一<班固> ④쌓다. 저장함. ¶一乃糗糧<書經> ⑤머무르다. 머물러 삶. ¶恃衆怙力 將各基一<後漢書>

▷京一, 綦一, 羅一, 對一, 磐一, 胥一, 竦一, 列一, 聳一, 儲一, 鼎一, 峻一, 錯一, 卓一, 特一, 軒一

9【炭】 ☞ 火部 5획(p.935)

9【峡】 峽(p.480)의 略字

10【豈】 ☞ 豆部 3획(p.1412)

7
10【峱】 산 이름 노 |豪ㄋㄠˊ (nao)|どう

풀이 ①산 이름. 산동성(山東省) 임치현(臨淄縣)의 남쪽에 있음. ¶遭我乎一之間兮<詩經> ②개.

7
10【島】 섬 도 |晧ㄉㄠˇ (dao)|とう(シマ) *island*

㊍嶋 ㊐嶋

源會意. 「山+鳥」. 철 새[鳥]가 쉬는, 바다의 작은 산.

풀이 섬. ¶入海居一中<史記>

【島國根性】(도국근성) 섬나라 사람의 옹졸한 성질. 배타적이고 단결성·독립성이 강함.

【島配】とうはい(도배) 섬으로 귀양 보냄.

【島嶼】とうしょ(도서) 섬. 嶼는 작은 섬.

▷孤一, 群一, 大一, 無人一, 半一, 配一, 蓬一, 山一, 珊瑚一, 三一, 仙一, 小一, 列一, 遠一, 離一, 絕一, 諸一, 洲一, 海一

7
10【峰】 봉우리 봉 |图ㄈㄥ (feng)|ほう(ミネ) *peak*

㊐峯

源會意·形聲. 「山+夆」. 「夆」은 끝이 뾰족함을 뜻함. 또, 음을 이룸.

풀이 ㊀通 峯. ①봉우리. 산봉우리. ¶衡山一一 名芙蓉<荊州記> ②메. 산. ¶遠一隱半規<謝靈運>

10【峯】 峰(p.479)과 同字

7
10【峷】 짐승 이름 신 |圓|しん

풀이 ①짐승 이름. 모양이 개와 비슷함. ②도깨비 이름. 개와 비슷한 모양에 뿔이 나고, 다섯 가지 무늬가 있다 함. ¶丘有一<莊子>

7
10【峨】 산 높을 아 |歌ㄜˊ (e)|が(タカイ) *high*

㊐峩

풀이 ①산이 높다. 산이 높고 험한 모양. ¶崇山巒嵯一<陸機> ②높다. 높이 뜸. ¶冠浮雲之一一<楚辭> ③재. 높은 재. ¶輿陟一而善狂<謝靈運> ④위엄이 있다. ¶奉璋一一<詩經> ⑤산 이름. 아미산(峨眉山)의 약칭. ¶彷徉岷一<唐書>

【峨冠】がかん(아관) 높은 관. 관을 높게 씀.

【峨峨】がが(아아) ①산이 높고 험한 모양. 嵯峨(차아). 巍峨(외아). ②의용(儀容)이 엄숙하고 위엄이 있는 모양. ③예쁜 모양. 娥娥(아아).

▷大一, 三一, 小一, 嵬一, 岑一, 中一, 嵯一

10【峩】 峨(p.479)와 同字

7
10【峿】 울퉁불퉁할 어 |語ㄨˇ (wu) ㄩ(yu)|ご *bumpy*

풀이 ①울퉁불퉁하다. 산의 높낮이가 심하다. ¶岨一. ②불안한 모양. ¶或岨一而不安<陸機>

7
10【峪】 1골 욕 2산 이름 유 |沃ㄩˋ (yu)|よく(タニ) *valley* ゆう

풀이 1골. 골짜기. ㉰谷. 2①산 이름. 감숙성(甘肅省)에 있는 산. ②고을 이름. ¶平一.

7
10【莜】 유유 유 |尤ㄧㄡ (you)|ゆ

【莜莜】ゆゆ(유유) 전설상의 동물 이름. 뿔이 넷이며, 몸은 말, 눈은 양(羊), 꼬리는 소를 닮음. ¶其狀如馬 羊目 四角 牛尾…其名曰一<山海經>

莜莜
(山海經圖)

7
10【峾】 소용돌이칠 은 |圓|ぎん *swirl*

7
10【峻】 높을 준 |震ㄐㄩㄣˋ (jun)|しゅん(タカイ) *high*

㊐陖

풀이 ①높다. ¶垂不一也<左氏傳> ②산이 높이 솟은 모양. ③험하다. ¶高山一原<國語> ④엄하다. 엄하고 심함. ¶獄深吏爲一詆<漢書> ⑤크다. 높고 큼. ¶克明一德<大學> ⑥길다. 길이가 긺. ¶山無一幹<淮南子> ⑦자라다. ¶冀枝葉之一茂兮<楚辭> ⑧활고자. ¶方其一而高其柎<周禮> ⑨훌륭하다. 뛰어남. 아름다움. ¶山無一幹<淮南子>

【峻急】しゅんきゅう(준급) ①성질이 엄하여 남을 용납

하지 못함. 아량이 없음. ②물살이 매우 셈.
【峻德】しゅんとく(준덕) 뛰어난 덕. 밝은 덕. 大德(대덕). 明德(명덕).
【峻嶺】しゅんれい(준령) 높고 험한 고개. 峻峰(준봉).
【峻論】しゅんろん(준론) 엄정하고 날카로운 언론.
【峻峰】しゅんぽう(준봉) 험하고 가파른 산봉우리.
【峻嚴】しゅんげん(준엄) ①엄숙함. 峻刻(준각). ②험하고 높음.
【峻烈】しゅんれつ(준열) 엄격함. 세참.
【峻險】しゅんけん(준험) 높고 험함. 또는, 그 곳. 險峻(험준).
▷刻—, 高—, 方—, 崇—, 嚴—, 幽—, 凝—, 絶—, 整—, 阻—, 淸—, 峭—, 標—, 險—

7 10〖峭〗 가파를 초 | [嘯] ㄑㄧㄠˋ (qiao) | しょう steep
풀이 ①가파르다. 높고 험함. ¶豊牆—阯＜太玄經＞ ②엄하다. 엄하고 성급함. ¶錯爲人 —直刻深＜漢書＞ ③산뜻한 모양. 선명한 모양. ¶—蒨.
▷苛—, 刻—, 鯁—, 深—, 嚴—, 料—, 阻—, 峻—, 巉—, 嶮—

7 10〖投〗 가파를 투 | [尤] ㄊㄡˊ (tou) | とう(ケワシイ) steep

7 10〖峴〗 재 현 | [銑] ㄒㄧㄢˋ (xian) | けん(トウゲ) ridge
풀이 ①재. 고개. ¶迢遞陟陘—＜謝靈運＞/阿—/黃土—/進—. ②산 이름. ¶—山.

7 10〖峽〗 골짜기 협 | [洽] ㄒㄧㄚˊ (xia) | きょう(タニ) valley
略 峡
源 會意·形聲. 「夾」은 옆구리에 낌. 또, 음을 이룸. 산을 양 옆에 낀 곳.
풀이 ①골짜기. ㉠陜. ¶彷洋于山—之旁＜淮南子＞ ②양쪽에 육지를 낀 띠 모양의 바다. ¶海—.
【峽谷】きょうこく(협곡) 골. 계곡.
【峽農】きょうのう(협농) 두메에서 짓는 농사.
【峽路】きょうろ(협로) 산길. 두멧길.
【峽灣】きょうわん(협만) 육지로 깊숙하게 들어간, 길쭉한 만.
▷澗—, 急—, 山—, 地—, 海—

10〖㘳〗 陘(p. 1578)과 同字

11〖峪〗 坎(p. 340)과 同字

11〖崗〗 岡(p. 477)의 俗字

8 11〖崌〗 산 이름 거 | [魚] | きょ

8 11〖崮〗 섬 고 | [遇] | こ(シマ) island

8 11〖崑〗 산 이름 곤 | [元] ㄎㄨㄣ (kun) | こん
풀이 ①산 이름. ㉮곤륜(崑崙). ㉯곤산(崑山). ②시(詩)의 한 체(體)인 서곤(西崑)의 약칭. ¶—體.
【崑山片玉】こんざんへんぎょく(곤산편옥) 곤륜산(崑崙山)에서 나는, 이름난 옥(玉)의 한 가지. 인물을 얻기 어려움을 이르는 말.
【崑體】こんたい(곤체) 한시(漢詩)의 한 체(體). 송(宋)대의 서곤체(西崑體)를 이름.

11〖崐〗 崑(p. 480)과 同字

8 11〖崆〗 1 산 이름 공 | [東] ㄎㄨㄥ | こう
2 산 높고 험할 강 | [江] (kong)
풀이 1 ①산 이름. ¶—峒. ②산이 높은 모양. 2 산이 높고 험하다. 높고 험한 모양.

8 11〖㟅〗 당길 괴 | [寘] | き(ヒク) be cramped
풀이 당기다. 힘줄이 당김. ¶筋節—急＜列子＞

8 11〖崛〗 우뚝할 굴 | [物] ㄐㄩㄝˊ (jue) | くつ high
풀이 우뚝하다. 산이 홀로 우뚝 솟아 있음. ¶洪臺—其特起兮＜揚雄＞

11〖崫〗 崛(p. 480)과 同字

8 11〖崎〗 1 험할 기 | [支] ㄑㄧˊ | き(ケワシイ) steep,
2 갑 기 | [微] (qi) | cape
풀이 1 험하다. 산길이 험함. ¶徒觀其傍山側兮 則嶇嶔巋—＜王褒＞ 2 갑(岬). 곶. 바다로 길쭉하게 내민 육지. ㉠埼. ¶望之若—＜晉書＞
【崎嶇】きく(기구) ①산길이 험함. ②기욺. ③고생함. 세상 살 길이 어려운 모양.
【崎險】きけん(기험) ①산이 험악함. ②성질이 음험함.
▷嶇—, 巋—, 嶔—

11〖峼〗 岐(p. 476)의 古字

8 11〖崍〗 산 이름 래 | [灰] ㄌㄞˊ (lai) | らい

8 11〖崙〗 산 이름 륜 | [元] ㄌㄨㄣˊ (lun) | ろん
풀이 ①산 이름. ¶崑—. ②산이 험한 모양. ¶—菌.

11〖崘〗 崙(p. 480)과 同字

8 11〖崚〗 험준할 릉 | [蒸] ㄌㄥˊ (leng) | りょう steep
풀이 험준하다. 산이 험준함. ¶—嶒.

11〖崏〗 岷(p.477)과 同字

8
11〖崩〗 무너질 붕 |㊥ㄅㄥ (beng)| ほう(クズレル) *collapse*

同 嵭

풀이 ①무너지다. ㉮산·언덕 따위가 무너지다. ¶岸善—<史記> ㉯쇠퇴하다. 파괴됨. ¶三年不爲樂 樂必—<論語> ㉰무너뜨리다. ¶百姓歸周 若—厥角<孟子> ②흩어지다. 떨어짐. ¶邦分—離析<論語> ③앓다. 아파서 괴로와함. ¶不騫不—<詩經> ④죽다. 천자의 죽음. ¶天子死曰— 諸侯曰薨 大夫曰卒 士曰不祿 庶人曰死<禮記>

【崩壞】ほうかい(붕괴) 무너짐. 허물어짐. 崩潰(붕궤).

【崩潰】ほうかい(붕궤) ☞崩壞(붕괴).

【崩落】ほうらく(붕락) ①무너져 떨어짐. ②물가가 갑자기 뚝 떨어짐.

【崩城】ほうじょう(붕성) ①황폐하여 허물어진 성. ②정부(貞婦). 진시황(秦始皇) 때 범기량(范杞梁)이 만리장성을 쌓으러 부역을 나가자, 아내 맹강녀(孟姜女)가 옷을 지어 남편을 찾아갔으나 그가 이미 죽었으므로 성(城) 밑에서 곡(哭)을 하니 성이 무너져 기량의 유해가 나타났다는 옛일에서 유래.

【崩御】ほうぎょ(붕어) 임금의 죽음. 임금의 죽음은 산이 무너짐과 같다는 데서 이른 말. 登遐(등하). 昇遐(승하). 崩殂(붕조).

【崩殂】ほうそ(붕조) ☞崩御(붕어). ¶先帝創業未半 而中道—<諸葛亮>

▷騫—, 潰—, 分—, 不—, 山陵—, 雪—, 阤—, 土—, 輿—

11〖嵭〗 崩(p.481)과 同字

8
11〖崥〗 1 산기슭 비 |㊥ㄆㄧˊ| ひ
2 평평해질 비 |㊥(pi)| へい

풀이 1산기슭. ¶賴彼峽—<太玄經> 2평평해지다. 산이 차츰 평평해지는 모양.

8
11〖崧〗 우뚝할 숭 |㊥ㄙㄨㄥ (song)| すう *high*

풀이 ①우뚝하다. 산이 우뚝 솟은 모양. ¶—高維嶽<詩經> ②산 이름. 중악(中嶽). ¶三月—少步<韓愈>

8
11〖崇〗 높을 숭 |㊥ㄔㄨㄥˊ (chong)| すう(タカイ) *high, respect*

同 密

源 會意. 가장 높은[宗] 봉우리의 산이란 뜻.

풀이 ①높다. ㉮높이가 높다. ¶—於軫四尺<周禮> ㉯높이. ¶大侯之— 見鵠于參<儀禮> ②높이다. ㉮쌓아 올리다. ¶封—九山<國語> ㉯높은 지위를 주다. ¶天所—之子孫<國語> ③존중하다. ㉮우러러 공경하다. ¶—尙. ㉯소중하게 여기다. ¶—財利<漢書> ④모으다. 通 叢. ¶福祿來—<詩經> ⑤차다. 채움. 通 充. ¶主人不—酒<儀禮> ⑥마치다. 끝남. 通 終. ¶曾不—朝<詩經> ⑦숭고산(崇高山)의 약칭. ¶融降於—山<國語>

【崇肩】すうけん(숭견) 딱 벌어진 어깨.

【崇扃】すうけい(숭경) 높은 문. 扃은 빗장.

【崇古】すうこ(숭고) 옛 문물(文物)을 숭상함.

【崇高】すうこう(숭고) 갸륵하고 고상함.

【崇期】すうき(숭기) ①팔방으로 통하는 길. 사람이 그 길에 가득하여, 기약이나 한 것처럼 모였다는 데서 온 말. 崇은 充, 期는 岐. ②좋은 시기.

【崇德】すうとく(숭덕) ①덕을 숭상함. 유덕자(有德者)를 존경함. ②덕을 높이 쌓아 충실하게 함. ③덕을 크게 일으킴.

【崇慕】すうぼ(숭모) 우러러 사모함.

【崇文】すうぶん(숭문) 문학을 숭상함.

【崇拜】すうはい(숭배) ①높이 우러름. 존경함. ②귀의(歸依)함. 신앙함.

【崇伯】すうはく(숭백)〖人〗 우(禹)임금의 아버지 곤(鯀)을 이름. 崇은 지명. 伯은 작위(爵位).

【崇山】すうざん(숭산) ①높은 산. ②산 이름. 순(舜)의 신하 환두(驩兜)가 내쫓긴 곳이라 전함.

【崇尙】すうしょう(숭상) 높이어 존경함.

【崇牙】すうが(숭아) 악기의 장식. 종(鐘)이나 경(磬)을 거는 고리.

【崇仰】すうぎょう(숭앙) 높이어 우러름.

【崇儒】すうじゅ(숭유) 유교(儒敎)를 존중함. ¶抑佛—.

【崇朝】すうちょう(숭조) 이른 새벽부터 아침밥을 먹을 때까지.

【崇祖尙門】すうそしょうもん(숭조상문) 조상을 숭배하고 문중을 위함.

【崇厦】すうか(숭하) 높고 큰 집. 大厦(대하).

▷降—, 謙—, 穹—, 敦—, 登—, 睦—, 信—, 蘊—, 豊—, 欽—

11〖密〗 崇(p.481)과 同字

8
11〖崖〗 벼랑 애 |㊥ㄧㄚˊ (ya)| がい(ガケ) *cliff*

同 厓 崕

源 會意·形聲. 厓는 언덕. 또, 음을 이룸. 그에 山을 더하여 언덕을 더 뚜렷하게 나타냄.

풀이 ①벼랑. 낭떠러지. 언덕. ¶莫待臨—勒馬<牧羊記傳奇> ②모. 모남. ¶磐石振—<漢書> ③기슭. 물가. 通 涯. ¶淵生珠而—不枯<荀子> ④경계(境界). ¶肆畛—之道<淮南子>

【崖壁】がいへき(애벽) 낭떠러지. 斷崖(단애).

【崖岸】がいがん(애안) ①물가의 언덕. ②오만하여 남과 어울리지 않음.

【崖異】がいい(애이) ①모가 나서 남과 다름. ②고독하게 지내며 남과 사귀지 않음.

▷崎—, 端—, 神—, 渚—, 絕—, 畛—, 峭—, 懸—

11〖崕〗 崖(p.481)와 同字

8 11〖峴〗 산 높을 얼 |屑| げつ high

8 11〖崦〗 산 이름 엄 |鹽| ㄧㄢ (yan) | えん

풀이 산 이름. ¶—嵫.

【崦嵫】えんし (엄자) ①산 이름. 감숙성(甘肅省) 서쪽에 있음. ②옛날, 해가 지는 곳이라고 생각하던 산. 사람의 만년(晩年) 또는 노경(老境)을 이름. 弇兹(엄자).

11〖峄〗 巋(p. 484)와 同字

8 11〖崟〗 험준할 음 |侵| ㄧㄣˊ (yin) | ぎん(ケワシイ) steep

풀이 ①험준하다. ¶慕歷阪之嶔—＜張衡＞ ②산. 산봉우리. ¶挽葛上崎—＜杜甫＞ ③높고 험한 모양. ¶玉石嶜—＜揚雄＞

▷嶔—, 崎—, 岑—

8 11〖崢〗 가파를 쟁 |庚| ㄓㄥ (zheng) | そう steep

풀이 ①가파르다. 산이 험한 모양. ¶太行路—嶸＜孟郊＞ ②높은 재. 높은 산마루. ¶高言軋霄—＜韓愈＞ ③추위가 심한 모양. ④높이 쌓이다.

【崢嶸】そうこう (쟁영) ①산이 높고 가파른 모양. ②깊고 험한 모양. ③추위가 매우 심한 모양. ④재주가 뛰어난 모양. ⑤세월이 쌓임. 한 해가 저물어감. ⑥깊숙하여 어둑한 모양.

11〖崝〗 崢(p. 482)과 同字

11〖崪〗 崢(p. 482)과 同字

8 11〖崒〗 1 험할 줄 |質| ㄗㄨˊ (zu) 2 모일 취 |寘| ㄘㄨㄟ (cui) | しゅつ steep すい

풀이 1 ①험하다. 산이 높고 험한 모양. ¶—若斷岸＜鮑照＞ ②무너지다. ¶山冢—崩＜詩經＞ ③서로 스치는 소리. ¶——. 2 모이다. 通萃. ¶異物來—＜漢書＞

▷崇—, 嵳—, 嶄—, 巉—

11〖崪〗 崒(p. 482)과 同字

8 11〖崔〗 1 높을 최 |灰| ㄘㄨㄟ 2 섞일 최 |賄| (cui) | さい high さい

풀이 1 높다. 높고 큼. ¶南山——＜詩經＞ 2 ①섞이다. ¶—錯發骩＜司馬相如＞ ②움직이는 모양. ¶—乎其不得已乎＜莊子＞

【崔嵬】さいかい (최외) ①꼭대기에 돌을 인 토산(土山). ②흙으로 덮인 돌산. ③산꼭대기. ④산이 높고 험한 모양. ⑤전각(殿閣)·누각(樓閣) 등이 높고 큰 모양. ⑥심기가 편하지 않은 모양.

【崔頹】さいたい (최퇴) ①허물어짐. ②지친 모양.

【崔判官】さいはんかん (최판관) 죽은 사람의 생전의 선악을 판단한다는 저승 관리.

8 11〖崋〗 산 이름 화 |禡| ㄏㄨㄚˋ (hua) | か

풀이 산 이름. 중국 사악(四嶽)의 하나로, 섬서성(陝西省)에 있음. 通華.

8 11〖崤〗 산 이름 효 |肴| ㄒㄧㄠˊ (xiao) | こう

9 12〖碣〗 비 갈 |月| ㄐㄧㄝˊ (jie) | けつ(イシブミ) tombstone

풀이 ①비(碑). 비석. 通碣. ¶封神丘兮建隆—＜後漢書＞ ②높이 솟다.

9 12〖堪〗 험준할 감 |覃| かん steep

9 12〖嵌〗 1 산 깊을 감 2 새겨 넣을 감 3 벌릴 참 |感| ㄑㄧㄢˋ (qian) |陷| |感| | かん deep, inlay さん

풀이 1 ①산이 깊다. ¶—谷. ②깊은 골짜기. ¶—岳. ③굴. 동굴. ¶爆—魑魅泣＜杜甫＞ 2 ①새겨 넣다. ¶每於句中—注＜史記評林＞ ②새기다. 아로새김. ¶細—雲雷紋片＜遵生八牋＞ 3 벌리다. 짝 벌린 모양. ¶—巖巖其龍鱗＜揚雄＞

【嵌工】かんこう (감공) 상감(象嵌) 세공. 또는, 그것을 업으로 하는 사람. 「한 모양.

【嵌空】かんくう (감공) ①굴. 동굴. ②영롱(玲瓏)

▷空—, 穹—, 山—, 象—, 巖—

9 12〖嵐〗 남기 람 |覃| ㄌㄢˊ (lan) | らん(アラシ)

源 會意. 風은 바람 곧 기(氣)를 뜻하며, 山과 아울러 산의 기운을 나타냄.

풀이 ①남기(嵐氣). 산 속에 생기는 깨끗하고 수려한 기운. ¶夕陽彩翠忽成—＜王維＞/—煙. ②산바람. ¶夕曛—氣陰＜謝靈運＞ ③폭풍우.

【嵐光】らんこう (남광) 햇빛에 빛나는 남기(嵐氣).

【嵐氣】らんき (남기) 산속의 아지랭이같은 기운.

【嵐霧】らんむ (남무) 산에 끼인 안개.

【嵐影湖光】らんえいこうこう (남영호광) 푸른 남기(嵐氣)의 빛과 호수의 빛나는 물 빛.

▷溪—, 夕—, 烟—, 朝—, 晴—, 翠—

9 12〖嵂〗 가파를 률 |質| ㄌㄩˋ (lü) | りつ steep

9 12〖嵋〗 산 이름 미 |支| ㄇㄟˊ (mei) | び

12〖崏〗 岷(p. 477)과 同字

9 12 【崼】 ① 산 이름 시 ② 가지런하지 않을 질 | 紙 | し てつ uneven

9 12 【崿】 낭떠러지 악 | 藥 さ (e) | がく (ガケ) precipice
풀이 ①낭떠러지. ¶碕嶺爲之嵒ㅡ<郭璞> ②높고 험하다. ¶崇岳兮嵬ㅡ<夏侯湛>

12 【嵜】 崿(p. 483)과 同字

9 12 【嵒】 바위 암 | 咸 丨ㄢ (yan) | がん (イワ) rock
俗岩 同嵓
源 會意. 산에 쌓인 큰 돌을 뜻함.
풀이 通巖. ①바위. ¶三ㅡ鼎峙勢欲墜<郝經> ②가파르다. 높이 솟음. ¶崔嵬岑ㅡ<嵇康>

12 【嵓】 嵒(p. 483)과 同字

12 【崦】 唵(p. 302)과 同字

9 12 【嵔】 ① 구불구불할 외 ② 산 이름 외 | 灰 賄 | わい winding い
풀이 ①산이 구불구불하다. ¶崴磈ㅡ瘣<司馬相如> ②산 이름.

12 【嵬】 嵔(p. 483)와 同字

9 12 【崴】 높을 외 | 灰 ㄨㄟ (wei) | わい (タカイ) high
풀이 ①높다. 산이 높고 험한 모양. ②울퉁불퉁하여 평탄하지 않은 모양.

9 12 【嵎】 산모롱이 우 | 虞 ㄩˊ (yu) | ぐう
풀이 ①산모롱이. ¶虎負ㅡ<孟子> ②구석. 通隅. ¶西極之南ㅡ有國焉<列子> ③높고 험하다. 산이 높고 가파름. ¶ㅡㅡ.
▷封ㅡ, 山ㅡ, 虎負ㅡ

9 12 【崺】 긴등 이 | 紙 丨ˇ (yi) | い long ridge
풀이 ①긴등. 산줄기가 낮고 길게 뻗은 모양. ②구릉(丘陵). ¶升觀東嶽 而知衆山之峛ㅡ也<法言>

9 12 【嵏】 산 이름 종 | 東 ㄗㄨㄥ (zong) | そう
풀이 ①산 이름. ¶九ㅡ. ②몰려 솟은 봉우리. ¶夷ㅡ築堂<漢書>

12 【嵕】 嵏(p. 483)과 同字

12 【崱】 峭(p. 480)와 同字

9 12 【嵧】 산 높을 추 | 尤 | しゅう

12 【嵍】 嵧(p. 483)와 同字

9 12 【崱】 잇닿을 측 | 職 ㄗㄜˊ (ze) | しょく continue
풀이 ①잇닿다. 산이 연(連)해 있는 모양. ¶開軒望嶄ㅡ<劉峻> ②산이 큰 모양. ¶駢素虬 超ㅡ屴<杜甫> ③고르지 않다. 높고 낮음이 고르지 않음. ¶ㅡ繒綾而龍鱗<王延壽>

9 12 【嵇】 산 이름 혜 | 齊 ㄐㄧ (ji) | けい
풀이 산 이름. 하남성(河南省)에 있는 산.
【嵇康】けいこう(혜강)《人》 중국 삼국 시대 위(魏)의 사람. 자는 숙야(叔夜). 죽림 칠현(竹林七賢)의 한 사람.

12 【嵆】 嵇(p. 483)와 同字

13 【嵠】 谿(p. 1412)와 同字

10 13 【嵩】 높을 숭 | 東 ㄙㄨㄥ (song) | すう (タカイ) high
同崧
풀이 ①높다. 높고 큼. ¶瞰帝唐之ㅡ高兮<漢書> ②우뚝 솟다. ¶宮廟ㅡ峻<桐柏碑> ③산 이름. 오악(五嶽)의 하나로, 중악(中嶽)이라고도 함.
【嵩高】すうこう(숭고) ①산의 높은 모양에서, 갸륵하고 고상함의 비유. ②산 이름. 하남성(河南省)에 있음. 오악(五嶽)의 하나. 삼첨봉(三尖峰)이 있으며, 중(中)은 준극(峻極), 동(東)은 태실(太室), 서(西)는 소실(少室)이라 일컬음. 嵩山(숭산). 中嶽(중악).
【嵩山】すうざん(숭산) ☞嵩高(숭고)②.
【嵩呼】すうこ(숭호) 숭산(嵩山)의 부르짖음. 백성이 임금의 만세를 외침을 이름. 한(漢) 무제(武帝)가 숭산에 올랐을 때 어디에선가 만세(萬歲) 소리가 들려왔다는 옛일에서 유래.

10 13 【嵊】 ① 산 이름 승 ② 역참 이름 승 | 徑 ㄕㄥˋ 蒸 (sheng) | じょう
풀이 ① ①산 이름. 절강성(浙江省)에 있는 산. ¶ㅡ山. ②고을 이름. 송(宋)대에 설치한 현(縣). ¶ㅡ縣. ② 역참(驛站) 이름. ¶ㅡ亭.

13 【嵲】 嵲(p. 482)과 同字

10 13 【嵬】 높을 외 | 灰 ㄨㄟˊ (wei) | かい (タカイ) high
풀이 ①높다. 높고 험한 모양. 같巍. ¶ㅡ崴. ②괴상하다. 멋대로 함. ¶ㅡ瑣逃之<荀子>
【嵬瑣】かいさ(외쇄) 잚. 嵬는 광험(狂險)한 행동을 하는 사람, 瑣는 간세(奸細)한 행동을

하는 사람. 일설에는 자질구레하여 보잘것 없음을 이름.

【嵬峨】かい/が①②③·ぎ/が④(외아) ①높고 큰 모양. ②소리가 높고 센 모양. ③최고급. ④술에 취한 모양.

【嵬巍】かい/ぎ(외외) 산이 높고 큼.
▷磊—, 馬—, 崔—

13【⿰山鬼】 嵬(p.483)와 同字

13【⿸山夋】 峻(p.479)과 同字

10 13【嵯】 ①우뚝할 차 ②울쑥불쑥 할 치 | 歌ㄘㄨㄛˊ (cuo) 支 | さ し high

풀이 ①우뚝하다. 가파름. ¶崔嵬—峨＜史記＞ ②울쑥불쑥하다. 산이 높고 낮은 모양. 通差.

13【嵳】 嵯(p.484)와 同字

11 14【嶇】 험할 구 | 虞ㄑㄩ (qu) | く(ケワシイ) steep
同岴

풀이 ①험하다. 가파름. ¶—嶔. ②평탄하지 않다. ¶軌崎—以低仰＜潘岳＞ ③괴로와하다. 가탈이 많음. ¶崎—嶺海＜宋史＞

14【嶌】 島(p.479)와 同字

14【㠀】 島(p.479)의 本字

14【嶋】 島(p.479)와 同字

11 14【⿱山累】 산모양 뢰·루 | 賄 支 | らい, るい

14【⿰山累】 ⿱山累(p.484)와 同字

11 14【嵺】 우뚝할 료 | 蕭ㄌㄧㄠˊ (liao) | りょう high

풀이 ①우뚝하다. 우뚝 솟은 모양. ②골짜기가 깊숙한 모양. ¶—廓. ③넓고 멀다. ¶元甲峰—以岳峙＜杜甫＞/—廓. ④쓸쓸하다. 텅 비어 조용함. 通寥 廖. ¶老—廓而無處＜楚辭＞

14【⿱山翏】 嵺(p.484)와 同字

11 14【⿰山卯卯】 가파를 료 | 豪ㄌㄠˊ (lao) | ろう steep

풀이 ①가파르다. 가파른 모양. ¶—嶆. ②골짜기가 휑뎅그렁한 모양. ¶—嶆.

11 14【嶁】 ①봉우리 루 ②산꼭대기 루 | 有ㄌㄡˇ (lou) 宥 | る peak

14【⿱山婁】 嶁(p.484)와 同字

14【⿸山夋】 峻(p.480)과 同字

11 14【嶂】 산봉우리 장 | 漾ㄓㄤˋ (zhang) | しょう peak
▷複—, 峰—, 山—, 連—, 列—, 嶺—, 疊—, 靑—, 層—

11 14【⿰山參】 울쑥불쑥할 참 | 侵 | しん jagged

풀이 울쑥불쑥하다. 가파른 모양. ¶深林巨木 嶄巖—嵳＜司馬相如＞

14【嵾】 ⿰山參(p.484)과 同字

11 14【嶄】 높을 참 | 咸ㄓㄢˇ (zhan) | ざん(タカイ) high
源會意·形聲. 날카로운 연장으로 깎아지른[斬] 듯한 가파르고 높은 산을 뜻함.

풀이 ①높다. 높고 가파른 모양. 같巉. ¶—絕峰殊狀＜丘遲＞ ②파다. 도려냄. 通塹. ¶—鑿.

14【嶃】 嶄(p.484)과 同字

14【⿱斬山】 塹(p.356)과 同字

12 15【嶠】 뾰족하게 높을 교 | 嘯ㄐㄧㄠˋ (jiao) | きょう

풀이 ①뾰족하게 높다. 뾰족하게 높은 산. ¶銘跡峻—＜王彪之＞ ②산길. ¶山祇蹕—路＜顏延之＞ ③고개. 산마루. ¶弘奏開零陵桂陽—道＜後漢書＞ ④악곡의 이름. ¶王子歌—＜逸周書＞

【嶠南】きょう/なん(교남) ①韓 경상도(慶尙道). 조령(鳥嶺)의 남쪽 지역. 嶺南(영남). ②중국 광동(廣東)·광서(廣西)의 땅. 오령(五嶺)의 남쪽. 嶺南(영남).

15【⿱山喬】 嶠(p.484)와 同字

12 15【嶔】 높고 험할 금·흠 | 侵ㄑㄧㄣ (qin) | きん

풀이 높고 험하다. 높고 가파른 모양. ¶殽之—巖＜公羊傳＞

【嶔崟】きん/ぎん(금음·흠음) 산이 우뚝 솟은 모양. ¶慕歷阪之—＜張衡＞
▷嶇—, 盤—

12 15【嶝】 고개 등 | 徑ㄉㄥˋ (deng) | とう(サカ) ridge

풀이 ①고개. 나지막한 고개. ②비탈길. 오르막길. ¶峰—互相拒＜沈約＞ ③우러르다. 쳐다봄.

12 15【嶚】 높을 료 | 蕭 | りょう(タカイ) high

15【嶛】 嶚(p.484)와 同字

12 15【嶙】 가파를 린 |圓カ丨ㄣˊ (lin) | りん steep

15【嶝】 崿(p. 483)과 同字

15【㟧】 崿(p. 483)과 同字

15【嵱】 崦(p. 482)과 同字

12 15【嶢】 높을 요 |蕭丨ㄠˊ (yao) | ぎょう(タカイ) high

풀이 ①높다. 높은 모양. ¶焦一. ②높고 멀다. ¶表一闕於閶闔<張衡> ③위태로운 모양. ¶一峴. ④관(關)의 이름. ¶一關.

【嶢關】ぎょうかん(요관) 관(關) 이름. 섬서성(陝西省)에 있음. 남전관(藍田關)이라고도 함.

15【㠒】 嶢(p. 485)와 同字

12 15【嶟】 가파를 준 |圓| しゅん (ケワシイ)

12 15【嶒】 산 높고 험할 증 |蒸ㄘㄥˊ (ceng) | しょう

12 15【嶕】 높을 초 |蕭ㄐ丨ㄠ (jiao) | しょう high

풀이 ①높다. 높고 험한 모양. ¶一嶢. ②산꼭대기. 산정(山頂). 通 椒.

15【嶣】 嶕(p. 485)와 同字

12 15【㠍】 가파를 침 |侵| しん steep

12 15【嶞】 산 높을 타 |哿ㄉㄨㄛˋ (duo) | た high

풀이 ①산이 높다. ②좁고 길게 뻗은 산. ¶一山喬嶽<詩經>

12 15【嶓】 산 이름 파 |歌ㄅㄛ (bo) | は

【嶓冢】はちょう(파총) ①섬서성(陝西省)에 있는 산. 嶓山(파산). ②감숙성(甘肅省)에 있는 산. 兌山(태산).

13 16【嶱】 산 험할 갈 |曷| かつ

16【㠘】 㺜(p. 479)와 同字

16【嶲】 巂(p. 1597)와 同字

13 16【嶭】 높을 알 |屑| がつ, げつ

13 16【嶪】 높고 험할 업 |葉| ぎょう

16【嶫】 嶪(p. 485)과 同字

13 16【嶧】 산 이름 역 |陌丨ˋ (yi) | えき

풀이 ①산 이름. 강소성(江蘇省)에 있는 산. ¶葛一. ②잇닿아 있는 산.

16【嶴】 奧(p. 393)와 同字

16【嶼】 嶴(p. 485)와 同字

13 16【嶨】 돌산 학 |覺| かく

13 16【嶰】 골짜기 해 |蟹ㄒ丨ㄝˋ (xie) | かい(タニ) valley

풀이 ①골짜기. ¶一澗閴 岡岵童<左思> ②골짜기 이름. ¶一谷. ③작은 산. 큰 산에서 떨어져 나온 작은 산. 通 解.

【嶰谷】かいこく(해곡) 곤륜(崑崙)산 북쪽의 골짜기. 황제(黃帝) 때 영륜(伶倫)이 그곳의 대[竹]를 가지고 음률(音律)을 정했다 함. 嶰谿(해계).

16【嶮】 險(p. 1588)과 同字

14 17【嶺】 재 령 |梗カ丨ㄥˇ (ling) | れい(トウゲ) ridge

풀이 ①재. 산마루의 고개. ¶置一白雲間<沈約> ②산봉우리. ¶岑一飛騰而反覆<木華> ③연산(連山). 잇닿아 뻗은 산줄기. ¶限以蔥一<漢書> ④오령(五嶺)의 약칭(略稱). ¶兵不能踰一<史記>

【嶺東】(영동)韓 강원도 태백 산맥(太白山脈)의 동쪽 지역. 「쪽 지방.

【嶺西】(영서)韓 강원도 대관령(大關嶺)의 서

【嶺雲】れいうん(영운) 산봉우리에 걸린 구름. 산정(山頂)의 구름.

【嶺嶂】れいしょう(영장) 높고 험한 산봉우리.

【嶺海】れいかい(영해) 땅 이름. 광동(廣東)·광서(廣西) 지방.

▷梅一, 複一, 山一, 雪一, 霄一, 五一, 危一, 峻一, 重一, 秦一, 疊一, 葱一, 台一, 太和一

14 17【嶼】 섬 서 |語ㄩˇ (yu) | しょ(シマ) island

풀이 ①섬. 작은 섬. ¶石帆蒙蘢以蓋一<郭璞> ②언덕. 작은 산.

▷島一, 連一, 蔚一, 長一, 洲一

17【㠘】 嶼(p. 485)와 同字

14 17【嶽】 큰산 악 |覺ㄩㄝˋ (yue) | がく(タケ) big mountain

古 岳 同 岳 嶽

풀이 ①큰산. 높은 산. ¶栖隱靈一<北史> ②오악(五嶽)의 총칭. ¶二女感於崇一兮<張衡> ③관직명(官職名). 제후(諸侯)로서, 사시(四時)를 맡아보며, 사악(四嶽)의 제후를 다스리는 벼

슬. ¶崧高維一＜詩經＞
【嶽公】がくこう (악공) 장인(丈人). 嶽은 태산(泰山). 그 꼭대기에 장인봉(丈人峰)이 있는 데서 온 말. 嶽丈(악장). 岳丈(악장).
【嶽麓書院】がくろくしょいん (악록서원) 호남성(湖南省)에 있는 서원. 송(宋)의 주동(朱洞)이 세움. 장식(張栻)·주희(朱熹)가 강(講)한 곳.
▷巨一, 槐一, 喬一, 累一, 四一, 山一, 五一, 鍾一, 河一, 海一, 華一

17〖獄〗 嶽(p.485)과 同字

14/17〖嶸〗 가파를 영 | 庚 ㄖㄨㄥˊ (rong) | こう *steep*
풀이 가파르다. ¶金石崢一＜班固＞
▷崢一, 嶒一

14/17〖嶷〗 ①산 이름 의 ②높을 억 | 支 ㄧˊ (yi) 職 ㄋㄧˋ (ni) | ぎ ぎょく
풀이 ①산 이름. 순(舜)임금의 능(陵)이 있다고 전해짐. ¶祀虞舜於九一＜漢書＞ ②①높다. ¶其德一一＜史記＞ ②철이 들다. ¶克岐克一＜詩經＞

17〖嶻〗 巀(p.486)과 同字
17〖𡾎〗 峭(p.482)와 同字

15/18〖㠥〗 높고 낮을 뢰 | 賄 | らい

18〖𡾊〗 㠥(p.486)와 同字
18〖嶲〗 ☞ 隹部 10획(p.1597)
18〖巑〗 巑(p.487)의 俗字

15/18〖巀〗 ①산 이름 찰 ②산 험할 절 | 曷 ㄗㄚˊ 屑 (za) | さつ せつ
풀이 ①산 이름. 섬서성(陝西省)에 있는 산. 일명 차아산(嵯峨山). ②산이 험하다. 산이 높고 험한 모양. (같)節.
【巀巘】さつけん (절헌) 높고 가파른 모양.

16/19〖巃〗 가파를 롱 | 東 ㄌㄨㄥˊ (long) | ろう *steep*
풀이 ①가파르다. 산이 가파른 모양. ¶一嵸崔巍＜司馬相如＞ ②높다. 산이 높은 모양. ¶一嵸. ③자욱하다. 구름·산기(山氣) 따위가 자욱히 낀 모양. ¶一嵸. ④산 이름. 通隴. ¶一嵸.
【巃嵸】ろうしょう (농종) ①산이 가파르고 험한 모양. ②산이 높은 모양. ③구름이나 산기(山氣) 따위가 낀 모양. ④산이 외롭게 솟아 있는 모양. ⑤산 이름. 안휘성(安徽省)에 있는 산.

19〖巄〗 巃(p.486)과 同字
19〖𡿪〗 巃(p.486)과 同字

19〖巕〗 嶭(p.485)과 同字

17/20〖巋〗 ①험준할 귀 ②홀로 설 귀 | 支 ㄎㄨㄟ 寘 (kui) | き *steep*
풀이 ①험준하다. 높고 크고 단단한 모양. ¶靈光一然獨存＜王延壽＞ ②홀로 서다. 홀로 우뚝 솟은 모양. ¶一然而有餘＜莊子＞
【巋崎】きき (귀기) 산이 가파르게 멀리 뻗어 있는 모양.
【巋焉】きえん (귀언) ①홀로 우뚝 서 있는 모양. ②높고 큰 모양.
【巋然】きぜん (귀연) ①우뚝 높이 선 모양. ②독립 자족(自足)한 모양.

20〖巌〗 巖(p.487)의 略字

17/20〖巊〗 어두울 영 | 梗 | えい(クライ) *dark*

20〖巆〗 嶸(p.486)과 同字

17/20〖巉〗 가파를 참 | 咸 ㄔㄢˊ (chan) | ざん *steep*
풀이 ①가파르다. 산이 험함. ¶聿越一嶮＜左思＞ ②바위가 크다. 또는, 높다. ¶登一巖而下望兮＜宋玉＞
▷嵌一, 巖一

17/20〖巇〗 험준할 희 | 支 ㄒㄧ (xi) | き (ケワシイ) *steep*
풀이 ①험준하다. 산이 위태롭게 가파른 모양. ¶趨一道兮＜王褒＞ ②틈. 빈틈. ¶一可抵乎＜法言＞
▷嶔一, 抵一, 險一

18/21〖巍〗 높을 외 本위 | 微 ㄨㄟˊ (wei) | ぎ(タカイ) *high*
【巍峨】ぎが (외아) ①산이 우뚝 솟은 모양. ②술에 취한 모양. 嵬峨(외아).
【巍然】ぎぜん (외연) 산이나 건축물 등이 매우 높이 솟아 있는 모양. 巍乎(외호).
【巍巍】ぎぎ (외외) 높고 커서 웅장함.
【巍巍蕩蕩】ぎぎとうとう (외외탕탕) 높고 크며, 넓고 먼 모양.
【巍乎】ぎこ (외호) ☞巍然(외연).
【巍勳】ぎくん (외훈) 뛰어나게 큰 공훈.

21〖𡾺〗 巍(p.486)와 同字
21〖𡿂〗 巍(p.486)와 同字
22〖巎〗 猫(p.479)와 同字

19/22〖巒〗 메 만 本란 | 寒 ㄌㄨㄢˊ (luan) | らん(ヤマ) *mountain*
풀이 메. ㉮작은 산. ㉯길게 뻗은 좁은 산. ㉰산봉우리. ㉱산등성이.
▷岡一, 峰一, 巖一, 重一, 層一

19 22【巓】산이마 전 |先 ㄉㄧㄢ (dian)|てん(イタダキ) *peak*

풀이 ①산이마. 산꼭대기. ¶首陽之一<詩經>/山一. ②머리. ¶其動掉眩一疾<素問> ③떨어지다. 떨어뜨림. ¶行不群以一越兮<楚辭> ④오로지. ¶一一視之<新書>

19 22【巑】산 뾰족할 찬 |寒|さん

20 23【巖】바위 암 |咸 ㄧㄢˊ (yan)|がん(イワ) *rock*

㊔巌 ㊍岩 ㊐巗

풀이 ㊕嵒. ①바위. ㊕巗. ¶千一盛阻積<鮑照> ②가파르다. 험함. ¶一峻嶆崒<班固> ③낭떠러지. 벼랑. ¶探一排碕<揚雄> ④굴. 석굴. ¶穴一石而窟伏<楚辭>

【巖居川觀】がんきょせんかん(암거천관) 석굴(石窟)에 살며, 냇물의 흐름을 바라보면서 마음 편히 지냄의 뜻으로, 속세를 떠나 유유자적(悠悠自適)하는 모양을 이름.

【巖窟】がんくつ(암굴) 바위굴. 巖穴(암혈).

【巖洞】がんどう(암동) 바위굴. 동굴.

【巖廊】がんろう(암랑) 궁전(宮殿) 옆에 있는 행랑(行廊). 나아가, 조정(朝廷)을 이름. 巖은 엄준(嚴峻)으로, 궁전을 이름.

【巖盤】がんばん(암반) 암석으로 된 지반(地盤).

【巖壁】がんぺき(암벽) 깎아지른 듯이 솟아 있는 바위. ¶一登攀.

【巖扉】がんぴ(암비) ①바위굴의 문. ②은자(隱者)가 사는 집. 巖扃(암경).

【巖石】がんせき(암석) 바위.

【巖陛】がんぺい(암폐) 궁전의 섬돌. 巖은 嚴으로, 엄숙한 궁전의 뜻.

【巖穴】がんけつ(암혈) ①바위굴. 세간에서 떨어진 곳. ②암혈지 사(巖穴之士)의 준말.

【巖穴之士】がんけつノし(암혈지 사) 속세를 떠나 깊은 산중에 은거하는 사람.

▷嶔一, 斷一, 白一, 山一, 崇一, 嶢一, 岑一, 嶄一, 巉一, 頹一

23【巗】巖(p. 487)과 同字

20 23【巘】봉우리 헌 ㊉언 |銑 ㄧㄢˇ (yan)|けん(ミネ) *peak*

풀이 ①봉우리. ¶陟則在一<詩經> ②낭떠러지. ¶一崿. ③가파르다. 험함. ¶一一.

巛<개미허리>部

巛 川 ③ 州 ④ 巡 ⑧巢 巣

0 3【巛】部首 글자

源 **象形**. 도랑을 파서 물이 흐르게 하는 형상을 본뜸. 川의 본자이나 현대에는 독립자로는 안 쓰고 부수로만 씀.

0 3【川】내 천 |先 ㄔㄨㄢ (chuan)|せん(カワ) *stream*

풀이 ①내. 물 흐름의 총칭. ¶兩山之間 必有一焉<周禮> ②물귀신. 내의 신. ¶山一其舍諸<論語> ③굴. 깊숙하게 팬 곳. ¶倫山有獸 如麋焉 其一在尾上<山海經> ④들판. 벌판. ¶平一廣野 騎兵所長<五代史> ⑤느릿한 모양. 무겁게 움직이는 모양. ¶大車一一<太玄經>

【川芎】せんきゅう(천궁) 풀 이름. 천궁이. 궁궁이의 뿌리. 혈액 순환을 돕는 약재로 쓰임.

【川獵】(천렵) 냇물에서 고기잡이를 하는 일.

【川邊】せんぺん(천변) 냇가. 내 부근.

【川上之歎】せんじょうノたん(천상지 탄) 공자가 물가에 서서 물을 바라보며, 시간은 한 번 지나가면 다시 돌아오지 아니하며, 만물이 신진대사(新陳代謝)하여 그치지 아니함을 탄식한 옛일. 「게, 굴 따위.

【川奠】せんてん(천전) 내에서 나는 제물. 물고기,

【川澤納汙】せんたくオヲイル(천택납오) 하천이나 못은 더러운 물을 받아들인다는 뜻으로, 우두머리 되는 사람이 대소 선악(大小善惡)의 사람을 널리 포용(包容)함의 비유. ¶高下在心 一<左氏傳>

【川后】せんこう(천후) 수신(水神). 河伯(하백).

▷九一, 口一, 羅一, 大一, 輞一, 名一, 百一, 山一, 三一, 逝一, 小一, 勝一, 苑一, 流一, 支一, 鑿一, 晴一, 河一, 回一

3 6【州】고을 주 |尤 ㄓㄡ (zhou)|しゅう(イナカ) *province*

源 **會意**. 물이 흐르는 한가운데의 물이 흐르지 않는 높은 곳. 곧, 작은 섬. 또는, 물 가운데 있는 특별히 구획 지어진 곳을 뜻함.

풀이 ①고을. 행정 구역의 명칭. ㉮중국에서는 순(舜) 때에 그 영토를 12주(州)로 나누고, 우(禹)임금은 9주, 주(周)도 9주로 나눔. ㉯㊙ 신라 때 지방 행정 구역의 한 단위. ②작은 섬. 내 가운데에 흙·모래가 쌓여서 된 것. ㊕洲. ¶在河之一<詩經> ③마을. 동네. ¶一閭慕其雍和<後漢書> ④나라. 국토. ¶中國名赤縣神一<史記> ⑤모이다. ¶群萃而一處<國語>

【州曲】しゅうきょく(주곡) 시골. 村里(촌리).

【州國】しゅうこく(주국) 나라. 국토.

【州郡】しゅうぐん(주군) ①주(州)와 군(郡). 옛날 지방 행정 구역의 명칭. ②도시에 대하여 지방을 이름. ③자사(刺史), 수령(守令) 등의 지방관을 이름. 「(향리).

【州閭】しゅうりょ(주려) 마을. 州巷(주항). 鄕里

【州里】しゅうり(주리) 마을. 州는 2천 5백 호(戶), 里는 25 호의 부락.

【州牧】しゅうぼく(주목) 주(州)의 장관. 지금의 도지사와 같은 것.

【州伯】しゅうはく(주백) 주(周)대 주(州)의 장관. 구주(九州)의 장관을 백(伯) 또는 목(牧)이라 함. 한(漢) 성제(成帝) 때 자사(刺史)로 고침. 方伯(방백). 州長(주장)②.

【州兵】しゅうへい(주병) 주(州)의 병사. 州는 5당

(黨), 2천 5백 호(戶). 이것에 의하여 군병(軍兵)을 조직함.

【州社】しゅうしゃ (주사) 주(州)에서 제사지내는 토지신. 「교.

【州序】しゅうじょ (주서) 주(州)의 학교. 향리의 학

【州城】しゅうじょう (주성) ①주(州)의 수부(首府). ②주역(州域)의 잘못된 말.

【州俗】しゅうぞく (주속) 지방의 풍속. 里俗(이속).

【州壤】しゅうじょう (주양) 국토(國土).

【州域】しゅういき (주역) 주(州)의 영역(領域). 한 주의 지역.

【州人】しゅうじん (주인) ①주(州)의 사람. ②뱃사공. 어부(漁夫). 州는 舟. 舟人(주인).

【州長】しゅうちょう (주장) ①경대부(卿大夫)의 다음 지위로, 주내(州內)의 정치 교령(教令)을 맡은 사람. 주의 장. ②구주(九州)의 장관. 州伯(주백). 「사).

【州宰】しゅうさい (주재) 주(州)의 장관. 刺史(자

【州鎭】しゅうちん (주진) 주(州)의 진호(鎭護).

【州處】しゅうしょ (주처) 백성이 모여 있음.

【州巷】しゅうこう (주항) ☞州閭(주려).

【州縣】しゅうけん (주현) 주(州)와 현(縣). 「이름.

【州胡國】(주호국)㊗ 우리 나라 제주도의 옛

▷九—, 神—, 十二—, 齊—, 諸—, 中—, 知—

4
7【巡】 돌 순 | 圓ㄒㄩㄣˊ (xun) | じゅん(メグル) *round*

풀이 ①돌다. ㉮임금이 영토 안을 돌다. ¶歲二月 東—守＜書經＞/眞興王—狩碑. ㉯벼슬아치가 관할 구역 안을 돌아보다. ¶晝三—之＜周禮＞/—察. ㉰널리 돌아다니다. ¶三—數之＜左氏傳＞/—視. ②어루만지다. 위로함. ¶—靖黎蒸＜後漢書＞

【巡檢】じゅんけん (순검) ①순회하여 점검함. ②조선 말에 내부(內府) 경무청(警務廳)에 속한 경리(警吏). 지금의 순경(巡警). ③밤에 순장(巡將)과 함께 순행하며 검독(檢督)하던 일.

【巡更】じゅんこう (순경) 야경을 함.

【巡警】じゅんけい (순경) ①돌아다니며 경계함. ②경찰관의 최하 계급.

【巡邏】じゅんら (순라) ①순회하며 경계함. 巡察(순찰). 巡檢(순검). ②술래의 본말.

【巡歷】じゅんれき (순력) ①각처로 돌아다님. ②감사(監司)가 도내(道內) 각 고을을 돌아보던 일.

【巡禮】じゅんれい (순례) ①돌아가며 배례(拜禮)함. ②성지(聖地), 영장(靈場) 등을 두루 참배하는 일. ¶—者.

【巡撫】じゅんぶ (순무) 순회하면서 백성을 위무(慰撫)함. ¶—使.

【巡訪】じゅんぼう (순방) 차례로 방문함.

【巡杯】じゅんぱい (순배) 술잔을 돌림. 酒巡(주순).

【巡狩】じゅんしゅ (순수) 천자가 제후의 나라를 순회(巡廻)하며 시찰함. 巡守(순수). 巡幸(순행). ¶—碑. 「(순안).

【巡視】じゅんし (순시) 두루 다니며 살펴봄. 巡按

【巡察】じゅんさつ (순찰) ①순행(巡行)하며 안찰함. 주현(州縣)을 두루 다니며 관리의 근무 상태와 민정을 살핌. ¶—使. ②관할 구역 등에서 규율과 질서를 살피며, 안전을 보장하기 위하여 순행하는 감시 근무. ¶—兵/—函.

【巡行】じゅんこう (순행) ①두루 돌아다님. ②어떤 지역을 돌아다님.

【巡幸】じゅんこう (순행) ☞巡狩(순수). 「님.

【巡化】じゅんか (순화)《佛》중이 설법하며 돌아다

【巡廻】じゅんかい (순회) 여러 곳으로 돌아다님. ¶—講演/—公演/—大使/—審判.

▷更—, 警—, 夜—, 徼—, 一—, 逡—, 親—, 行—

9【㐺】 衆(p.1338)과 同字

10【㫄】 ☞首部 0획(p.1644)

10【邕】 ☞邑部 3획(p.1504)

11【𢀖】 龍(p.1704)과 同字

8
11【巢】 보금자리 소 | 圓ㄔㄠˊ (chao) | そう(ス) *roost*

略巣

源會意. 나무[木] 위에 새집[臼]이 있고, 그 위에 세 마리의 새[巛]가 앉아 있음을 뜻함.

풀이 ①보금자리. ㉮새의 보금자리. ¶維鵲有—＜詩經＞ ㉯원시 시대에 나무 위에 지은 사람의 집. ¶夏則居橧—＜禮記＞ ㉰오랑캐나 도둑들의 집. ¶傾—盡落＜北史＞ ㉱짐승·가축·벌레·물고기 따위의 집. ¶城南有鼠 榆樹上爲—＜漢書＞ ㉲악한(惡漢)의 집. ¶必覆賊—＜唐書＞ ㉳사람의 집. ¶自稱安樂—＜司馬光＞ ②깃들이다. 보금자리를 만듦. ¶鷦鷯—於深林 不過一枝＜莊子＞ ③모이다. 무리를 지음. ¶周唯—於林＜呂覽＞ ④악기 이름. ¶大笙 謂之—＜爾雅＞ ⑤완두. 완두 싹. ¶—菜. ⑥소보(巢父)의 약칭.

【巢車】そうしゃ (소거) 망루(望樓)를 단 수레. 멀리서 보면 새의 보금자리처럼 생긴 데서 이름.

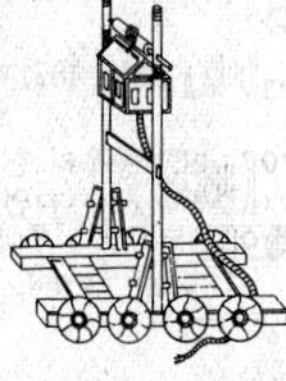

巢車(武備志)

【巢居】そうきょ (소거) 새처럼 나무 위에 집을 짓고 삶.

【巢窟】そうくつ (소굴) ①나무 위의 집과 땅굴 집. ②도둑·악한 등의 근거지.

【巢林一枝】そうりんいっし (소림일지) 새는 숲 속에 둥우리를 틀어도 한 가지에 한할 뿐임. 작은 집에서도 만족하게 삶의 비유.

【巢父】そうほ (소보) 요(堯)임금 때의 고사(高士). 요임금이 천하를 맡기려 해도 받지 않았다 함. ※許由(허유).

【巢由】そうゆう (소유) 소보(巢父)와 허유(許由). 둘 다 요(堯)임금 때의 고사(高士).

▷故―, 空―, 卵―, 南―, 大―, 幕上―, 蜂―, 小―, 燕―, 妖―, 遼―, 葦末―, 危―, 鵲―, 賊―, 鷦鷯―

11〖巣〗 巢(p.488)의 略字

12〖順〗 ☞頁部 3획(p.1620)

13〖巻〗 ☞廾部 7획(p.1259)

工<장인 공>部

工 ① 巨 巧 左 ③ 巪 巬 ④ 巫 ⑦ 差

0
3〖工〗 장인 공 | 東ㄍㄨㄥ (gong) | こう(タクミ) *artisan*

源 **指事·會意**. 천지 사이 [二]에 사람[丨]이 서서 법도에 맞게 바로 일을 함을 뜻함. 일설에는, 「二」는 수준기, 「丨」는 먹줄. 대목이 연장을 들고 있음을 뜻한다고도 함.

풀이 ①장인(匠人). 주로, 기능공·예술인 등에 쓰임. ¶―欲善其事 必先利其器<論語> ②교묘하다. 교묘하게 만듦. ¶帝―書善畫<南史> ③일. 만드는 일. ¶天―人其代之<書經> ④악인(樂人). ¶―歌文王之三<左氏傳> ⑤벼슬아치. ㉮官. ¶嗟嗟臣―<詩經> ⑥베 짜는 사람. ¶―不下機<揚雄> ⑦점장이. ¶使―占之<史記> ⑧공(功). 공적. ㉮功. ¶苗頑弗卽―<書經>

【工歌】こうか (공가) ①멋지게 노래함. ②장인(匠人)들의 노래.
【工價】こうか (공가) ☞工錢(공전).
【工賈】こうこ (공고) 장인(匠人)과 상인(商人).
【工科】こうか (공과) 공업에 관한 학과. ¶―大學.
【工課】こうか (공과) ①공부하는 과정(課程). ②㊥ 일거리의 배당.
【工巧】こうこう (공교) ①솜씨가 좋음. ②솜씨가 좋은 목수. ③경박함. ④韓 생각지 않았던 우연한 사실과의 마주침이 썩 기이함.
【工具】こうぐ (공구) 공작에 쓰이는 소기구(小器具).
【工區】こうく (공구) 공사 구역.
【工氣】こうき (공기) 인공(人工)을 베푼 흔적.
【工女】こうじょ (공녀) 여자 공인. 女工(여공).
【工力】くりき·こうりょく (공력) ①토목 공사의 일꾼. ②고안(考案)과 역량(力量).
【工務】こうむ (공무) 공장(工場)에 관한 사무.
【工房】こうぼう (공방) ①공사 담당자. ②㊥ 공사 현장. ③韓 공전(工典)에 관한 사무를 맡아보던 승정원(承政院) 육방(六房)의 하나. 또는, 지방 관아에 딸린 육방의 하나. 서리(胥吏)·향리(鄕吏)가 여기서 사무를 보았음.
【工兵】こうへい (공병) 군(軍) 병과(兵科)의 하나. 축성(築城)·도하(渡河)·교통(交通)·갱도(坑道) 등의 기술적 임무를 맡음.
【工夫】くふう①②·こうふ③ (공부) ①수단을 강구함. 여러 모로 생각함. ②학문이나 기술 등을 배우고 익힘. 또는, 정신의 수양·단련을 위하여 힘쓰는 일. ③일꾼. ④㊥ 여가. 틈.
【工否】こうふ (공부) 능숙함과 서투름.
【工部】こうぶ (공부) 육부(六部)의 하나. 영선(營繕)·공사(工事) 등의 일을 맡음.
【工費】こうひ (공비) 공사(工事)에 드는 비용.
【工倕】こうすい (공수)《人》 요(堯)임금 때 장인(匠人). 工垂(공수).
【工業】こうぎょう (공업) 자연물 또는 조제품(粗製品)에 인공을 가하여 쓸모 있는 물건을 만드는 생산업. ¶―團地/―化.
【工役】こうえき (공역) 토목·건축 따위의 공사.
【工藝】こうげい (공예) 미술적 조형미를 갖추는 일. ¶―家/―美術/―品.
【工銀】(공은) ☞工賃(공임).
【工人】こうじん (공인) 갖가지 일을 하는 장인(匠人).
【工賃】こうちん (공임) 공인의 품삯. 工銀(공은).
【工作】こうさく (공작) ①토목 사업. ②대목(大木) 일을 함. ¶―物. ③작용(作用). 일. ¶偉玄化之―<李邕> ④일을 위한 계획이나 준비. ¶破壞―/―活動.
【工匠】こうしょう (공장) 물건 만드는 것을 업으로 삼는 사람. 工人(공인). 匠色(장색).
【工場】こうじょう (공장) 물건을 만들거나 가공하는 곳. ¶―地帶.
【工錢】こうせん (공전) 물건을 만든 데 대한 품삯. 工價(공가).
【工程】こうてい (공정) ①작업의 되어 가는 정도. ¶―管理. ②공사의 과정. ③기계의 단위 시간의 작업량. 工率(공률). ④공부하는 정도.
【工拙】こうせつ (공졸) 기교의 능란함과 서투름.
【工判】こうはん (공판) 공조판서(工曹判書)의 준말.
【工布】こうふ (공포) 명검(名劍)의 이름. 구야자(歐冶子)와 간장(干將)이 만듦.

▷加―, 歌―, 劍―, 雇―, 篙―, 共―, 巧―, 國―, 鬼―, 金―, 伎―, 鍛―, 大―, 圖―, 名―, 木―, 妙―, 舞―, 百―, 射―, 石―, 手―, 臣―, 樂―, 冶―, 良―, 女―, 染―, 六―, 醫―, 人―, 拙―, 舟―, 竹―, 職―, 天―, 賤―, 漆―, 鍼―, 土―, 下―, 化―, 畫―

4〖巨〗 巨(p.489)의 古字

2
5〖巨〗 클 거 | 語ㄐㄩˋ (ju) | きょ(オオキイ) *big*

源 **象形**. 대목들이 쓰는 자[工]를 손[コ]에 들고 있는 모양을 본뜸. 본래는 주척(周尺)·곡척(曲尺) 등을 나타냄.

풀이 ①크다. 부피가 큼. ㉮鉅. ¶爲―室<孟子> ②많다. 수량이 많음. ¶京師之錢 累―萬<史記> ③거칠다. 조악(粗惡)함. ¶―屨小屨同賈<孟子> ④어찌. ㉮詎. ¶公―能入乎<漢書> ⑤주척(周尺). 곡척(曲尺). ㉭矩. ¶必有―獲<管子>

【巨家】きょか (거가) ①부잣집. ②문벌이 높은 집안.
【巨家大族】きょかたいぞく (거가대족) 대대로 번영한 집안. 巨族(거족).

【巨閣】きょかく(거각) 크고 높은 집.
【巨姦】きょかん(거간) 큰 죄를 지은 간악한 사람.
【巨款】きょかん(거관) 큰 돈. 巨額(거액).
【巨觀】きょかん(거관) ①☞壯觀(장관). ②커다란 누각(樓閣).
【巨魁】きょかい(거괴) 일당의 우두머리. 두목. 首領(수령).
【巨橋】きょきょう(거교) 은(殷) 주왕(紂王)의 창고 이름.
【巨軀】きょく(거구) 커다란 몸집.
【巨大】きょだい(거대) 엄청나게 큼. ↔微小(미소).
【巨頭】きょとう(거두) ①머리가 큰 사람. ②중요한 인물. 우두머리. 領袖(영수).
【巨萬】きょまん(거만) 심히 많음. 막대한 수. 鉅萬(거만).
【巨物】きょぶつ(거물) 큰 인물. 또는, 큰 물건. ¶一級.
【巨步】きょほ(거보) ①위대한 업적의 자취. ②지향하는 길로 크게 나아가는 걸음.
【巨富】きょふ(거부) 큰 부자. 豪富(호부).
【巨商】きょしょう(거상) 큰 장수. 큰 상인.
【巨黍】きょしょ(거서) ①옛날 양궁(良弓)의 이름. ②경기도 용인(龍仁)의 옛 이름.
【巨船】きょせん(거선) 큰 배. 巨舶(거박).
【巨姓】きょせい(거성) 대대로 번성한 집안. 大姓(대성).
【巨星】きょせい(거성) ①항성(恒星) 중 반경(半徑)과 광도(光度)가 큰 별. ②큰 인물.
【巨細】きょさい・こさい(거세) ①대(大)와 소(小). ②크고 작음을 막론하고.
【巨視的】きょしてき(거시적) 전체를 크게 파악하여 보는(것). ↔微視的(미시적).
【巨室】きょしつ(거실) ①큰 집. 大廈(대하). ②권력이 있는 대가 거족(大家巨族).
【巨額】きょがく(거액) 큰 액수. 多額(다액).
【巨儒】きょじゅ(거유) 조예(造詣)가 깊은 유학자(儒學者). 학식이 많은 선비.
【巨人】きょじん(거인) ①몸집이 아주 큰 사람. ↔矮人(왜인). ②인격·학식 등이 뛰어난 사람. 위대한 인물. 偉人(위인). ③신화·전설 따위에 나오는 초인적 힘을 가진 인물.
【巨子】きょし(거자) ①묵가(墨家)에서 도(道)를 체득한 사람을 이름. 유가(儒家)의 유석(儒碩)과 같음. ②중심 인물.
【巨作】きょさく(거작) 큰 작품. 傑作(걸작).
【巨匠】きょしょう(거장) 위대한 예술가나 기술자 또는 학자. 大家(대가).
【巨族】きょぞく(거족) ☞巨家大族(거가대족).
【巨刹】きょさつ(거찰) 큰 절. 大伽藍(대가람).
【巨刱】(거창)㊌ 일이 힘에 겹도록 엄청나게 큼. 巨創(거창).
【巨砲】きょほう(거포) ①큰 대포. ②뛰어난 홈런 타자의 비유.
【巨壑】きょがく(거학) 큰 골짜기라는 뜻으로, 바다를 이름.
【巨漢】きょかん(거한) 몸집이 유난히 큰 사나이.
【巨艦】きょかん(거함) 큰 군함. 매우 큰 배.
▷食一, 壯一, 衆一, 創一

5〖功〗 ☞ 力部 3획 (p. 218)

2
5〖巧〗 공교할 교 | ㊥ㄑㄧㄠˇ (qiao) | こう(タクミ) *dexterous*

풀이 ①공교하다. ㉮솜씨가 있다. ¶大一若拙<老子> ㉯기술이 있다. ¶工人一士<馬融> ㉰꾸며서 말하는 솜씨가 있다. ¶一言令色鮮矣仁<論語> ㉱재치가 있다. 날렵함. ¶余猶惡其佻一<楚辭> ②예쁘다. 아름다움. 사랑스러움. ¶一笑倩兮<詩經> ③기교. ㉮재주. 기능. ¶公輸子之一<孟子> ㉯꾀. 계교. ¶各用智一<漢書> ㉰거짓. ¶去一故<呂覽> ④꾸미다. 겉치레. ¶外一內嫉<漢書>
【巧故】こうこ(교고) 거짓. 속임수.
【巧妙】こうみょう(교묘) 썩 잘 되고 묘함. ↔拙劣(졸렬).
【巧婦】こうふ(교부) 부공(婦功)에 능한 여자. 부공은 바느질·길쌈 등 부인의 일감.
【巧詐不如拙誠】(교사 불여졸성) 교묘하게 남을 속이느니 옹졸하나마 성실한 것이 나음.
【巧舌】こうぜつ(교설) 교묘한 말솜씨. 巧言(교언).
【巧言】こうげん(교언) 실상이 없이 교묘하게 꾸며 대는 말. 巧語(교어). 巧舌(교설).
【巧言令色】こうげんれいしょく(교언영색) 교묘한 말과 좋게 꾸민 얼굴빛의 뜻으로, 남에게 아첨함을 이름. ¶一鮮矣仁<論語>
【巧月】こうげつ(교월) 음력 7월의 이칭. 걸교전(乞巧奠)의 달이라는 뜻.
【巧拙】こうせつ(교졸) 교묘함과 졸렬함. 익숙함과 서투름. 工拙(공졸).
【巧智】こうち(교지) 교묘하고 민첩한 슬기.
【巧緻】こうち(교치) 정교하고 치밀함.
【巧態】こうたい(교태) 아리따운 자태(姿態).
▷乞一, 堅一, 傾一, 計一, 伎一, 技一, 奇一, 機一, 名一, 目一, 文一, 辯一, 浮一, 邪一, 詐一, 纖一, 飾一, 新一, 姸一, 佞一, 陰一, 淫一, 意一, 利一, 精一, 佻一, 智一, 珍一, 讒一, 天一, 捷一, 淸一, 雕一, 偸一, 便一

5〖仝〗 ☞ 人部 3획 (p. 84)

2
5〖左〗 왼 좌 | ㊥ㄗㄨㄛˇ (zuo) | さ(ヒダリ) *left*

㊗會意. 오른손으로 일을 하는데, 그 일[工]을 왼손[𠂇]으로 돕는다는 데서, 본뜻은 도움, 가차(假借)하여 왼쪽의 뜻.
풀이 ①왼. ㉮왼쪽. ¶參差荇菜 一右流之<詩經> ㉯왼손. ¶二三子皆尙一<禮記> ㉰양(陽). 음양(陰陽)에서의 양. ¶軍尙一<禮記> ㉱방위에서의 동쪽. ¶生于道一<詩經> ㉲북향 때의 서쪽. ¶賓入門一<儀禮> ㉳아래. 하위(下位). ¶一遷. ②왼쪽으로 가다. ¶欲一者一<史記> ③왼쪽으로 …하다. 왼쪽 자리로 정함. ¶仍一提鼓 右援枹<國語> ④낮추보다. ¶右賢一戚<史記> ⑤멀리하다. ¶右韓而一魏<戰國策> ⑥그르다. 어긋남. ¶身動而事一<韓愈> ⑦증거. 증거를 댐. ¶一驗明白<漢書>/證一. ⑧가까이. 부근. ¶藝祖騎龍在亭一<陸游> ⑨돕다. ㉴

佐. ¶予欲一右有民<書經>

【左降】さこう(좌강) ①왼쪽 층층대를 내려감. ②☞左遷(좌천).

【左拒】さきょ(좌거) ☞左軍(좌군).

【左傾】さけい(좌경) ①왼쪽으로 기욺. 마음이 평온하지 못함의 비유. ②급진적 과격한 사상으로 기욺. 좌익 사상을 가짐. ¶一勢力. ↔右傾(우경).

【左計】さけい(좌계) 잘못된 계획.

【左契】さけい(좌계) ☞左券(좌권).

【左顧】さこ(좌고) ①왼쪽을 향함. 왼쪽을 봄. ②윗사람이 찾아옴. 윗사람은 오른쪽에 앉기 때문에 이르는 말.

【左顧右眄】さこうべん(좌고우면) 이리저리 돌아본다는 뜻으로, 앞뒤를 재고 망설임을 이름. 左右顧眄(좌우고면). 左右顧視(좌우고시). 左右思量(좌우사량).

【左官】さかん(좌관) 제후의 나라에서 벼슬하는 관리. 한(漢)대에 우(右)를 좌(左)보다 높였는데, 천자의 나라에서 벼슬하지 않고 제후에게 벼슬했으므로 이름.

【左國城】さこくじょう(좌국성) 산서성(山西省) 이석현(離石縣) 동북에 있는 지명.

【左軍】さぐん(좌군) 삼군(三軍) 가운데 왼쪽에 있는 군대. 左拒(좌거).

【左券】さけん(좌권) 두 쪽으로 나눈 부절(符節)의 왼쪽 조각이란 뜻으로, 증거·증서를 이름. 證左(증좌). 左契(좌계). 「(좌상).

【左揆】さき(좌규) 좌의정(左議政)의 이칭. 左相

【左記】さき(좌기) 본문의 왼쪽에 적음. 또는, 그 글. 左開(좌개).

【左袒】さたん(좌단) ①왼쪽 어깨를 벗음. ②남에게 동의(同意)하는 일. 편듦. 한(漢)의 여씨(呂氏) 일족이 반란을 꾀하자, 주발(周勃)이 군중(軍中)에서, 여씨를 도울 자는 우단(右袒)하고 황실(皇室)을 도울 자는 좌단하라고 명하자 모두 좌단한 옛일에서 유래. ¶士皆一爲劉氏<史記>

【左黨】さとう(좌당) ①정부의 반대당. 野黨(야당). ②과격한 사상을 띤 동아리. 左派(좌파). 左翼(좌익). ↔右黨(우당).

【左道】さどう(좌도) ①바르지 못한 도(道). ②전에, 경기도의 남쪽 부분과 충청도·경상도·전라도·황해도 동쪽 부분을 각각 이르던 말. ↔右道(우도). 「기(旗).

【左纛】さとう(좌독) 임금의 수레 왼쪽에 세우는

【左邊】さへん(좌변) ①왼편. 왼쪽. ②왼편 가. ③㊥ 좌포도청(左捕盜廳)의 이칭. ↔右邊(우변).

【左輔】さほ(좌보) ①왕의 왼쪽에서 보필하는 신하. ②㊥ 고구려·백제의 대신.

【左阜傍】(좌부방)㊥ 부수 이름. 한자 왼쪽의 阝[阜]의 이름.

【左史】さし(좌사) 벼슬 이름. 임금의 행동을 기록하던 관리.

【左思】さし(좌사)《人》 진(晋)의 임치(臨淄) 사람. 자는 태충(太沖). 박학 능문(博學能文)하며 사조(辭藻)가 장려(壯麗)함. 10년에 걸쳐 삼도부(三都賦)를 지었는데, 당시 사람들이 다투어 베껴 한때 낙양(洛陽)의 종이값이 올랐다 함.

【左思右考】さしゆうこう(좌사우고) 이리저리 생각하여 헤아려 봄.

【左相】さしょう(좌상) 좌의정(左議政)의 이칭.

【左書】さしょ(좌서) ①왼손으로 글자를 씀. ②예서(隸書). 左는 佐로, 예서가 전서(篆書)의 미치지 못한 점을 돕는다는 데서 이름.

【左旋龍】(좌선룡)㊥ 풍수 지리설에서, 오른편에서 왼편으로 돌아 내려간 산의 줄기를 이름. ↔右旋龍(우선룡).

【左省】さしょう(좌성) 당(唐)대 문하성(門下省)

【左手】さしゅ(좌수) 왼손. 「의 이칭.

【左酬右應】さしゅうゆうおう(좌수우응) 이쪽 저쪽으로 부산하게 응수함. 「물가.

【左岸】さがん(좌안) 하천의 하류를 향하여 왼쪽

【左言】さげん(좌언) ①사리에 어긋나는 말. ②야만의 말. 중국의 언어·문자를 모르는 야만

【左腕】さわん(좌완) 왼팔. ¶一投手. 「의 말.

【左往右往】さおううおう(좌왕우왕) ☞右往左往(우왕좌왕).

【左右】さゆう(좌우) ①왼쪽과 오른쪽. ②좌우로 움직임. ③곁. 옆. 신변(身邊). ④동료(同僚). ⑤도움. 佐佑(좌우). ⑥근신(近臣). 侍臣(시신). ⑦경의를 표하는 뜻으로, 그 사람을 직접 가리키는 것을 꺼리어 시자(侍者)를 불러 말하는 호칭. 어르신네. 足下(족하). ⑧쯤. 정도. 나이가 확실하지 않음을 나타냄. ⑨마음대로 함. ⑩보필하는 대신. ⑪동쪽과 서쪽. ⑫어차피. 하여간. 어쨌든.

【左右間】(좌우간)㊥ 어쨌든. 「우면).

【左右顧眄】さゆうこべん(좌우고면) ☞左顧右眄(좌고

【左右顧視】さゆうこし(좌우고시) ☞左顧右眄(좌고우면).

【左右逢原】さゆうほうげん(좌우봉원) 좌우 어느 것을 취하여도 그 근원에서 만난다는 뜻으로, 도(道)를 자득(自得)한 사람의 융통 자재(融通自在)함의 형용.

【左右思量】さゆうしりょう(좌우사량) ☞左顧右眄(좌고우면).

【左右相稱】さゆうそうしょう(좌우상칭) 좌우 절반씩이 똑같아 걸맞는 일.

【左右翼】さゆうよく(좌우익) ①좌익과 우익. 중군(中軍) 좌우를 갖춘 군진(軍陣). ②좌익 사상과 우익 사상. 또는, 좌익 단체와 우익 단체.

【左右請囑】(좌우청촉)㊥ 수단을 다하여 여러 곳에 청함. 左請右囑(좌청우촉).

【左右挾攻】さゆうきょうこう(좌우협공) 좌우로 죄어 들어가며 침.

【左翼】さよく(좌익) ①왼쪽 날개. ②군대의 왼쪽 진영. ③급진파(急進派). 革新派(혁신파). 過激派(과격파). 左派(좌파). ↔右翼(우익).

【左衽】さじん(좌임) 왼쪽 섶을 오른쪽 섶 위로 함. 이적(夷狄)의 옷 입는 방식이라는 데서, 야만의 풍속 또는 야만의 나라를 이름.

【左轉】さてん(좌전) ①왼쪽으로 돎. ②☞左遷(좌천).

【左提右挈】さていゆうけつ(좌제우설) 왼쪽으로 끌고 오른쪽으로 이끈다는 뜻으로, 서로 의지해서 도움을 이름.

【左注】さちゅう (좌주) 본문의 왼쪽에 단 주석(注釋).
【左證】さしょう (좌증) 증거. 左券(좌권). 左契(좌계).
【左地】さち (좌지) 왼쪽의 땅. 동부의 땅. 한(漢) 대에 흉노(匈奴)의 좌현왕(左賢王)은 왼쪽[東]에, 우현왕(右賢王)은 오른쪽[西]에 있었음. 「右賢一.
【左支右吾】さしうご (좌지우오) 이리저리 버티어 겨우 이끌어 나감. 支吾는 枝捂와 통하여 「받치다」의 뜻. 左枝右捂(좌지우오).
【左枝右捂】さしうご (좌지우오) ☞左支右吾(좌지우오).
【左之右之】ミギシヒダリス (좌지우지) 이리저리 제 마음대로 다루거나 휘두름. 左右之(좌우지).
【左遮右欄】さしゃうらん (좌차우란) 온갖 힘을 다하여 막아냄.
【左戚】させき (좌척) 친척을 낮은 지위에 앉힘. ¶
【左遷】させん (좌천) 낮은 지위로 떨어짐. 중앙에서 지방으로 전근됨. 左降(좌강)②. 左轉(좌전)②.
【左青龍】(좌청룡)㊕ 청룡(青龍)의 이칭.
【左請右囑】(좌청우촉)㊕ ☞左右請囑(좌우청촉).
【左寸】(좌촌)㊕ 노비의 수결(手決). 왼손 가운뎃손가락의 첫째와 둘째 마디 사이의 길이를 재어 그림을 그려서 도장 대신 썼음. 手寸(수촌). 「고 부딪고 함.
【左衝右突】(좌충우돌)㊕ 이리저리 마구 찌르
【左側】さそく (좌측) 왼쪽. 왼쪽 옆. ¶一通行.
【左派】さは (좌파) ☞左翼(좌익)③.
【左便】(좌편)㊕ 왼쪽. ↔右便(우편).
【左學】さがく (좌학) 은(殷)대 소학(小學)의 이름. 서민층의 노인을 위로하며, 노인을 공경하는 예를 자제들에게 가르치던 곳. ↔右學(우학).
【左閤】さこう (좌합) ①왼쪽 쪽문. ②㊕ 조선 때 좌의정의 이칭.
【左海】さかい (좌해) 바다를 동쪽으로 함. 동쪽에 바다를 둠. 중국의 지세가, 동쪽은 바다에 임했기 때문에 이름. 그 외에 남(南)을 전(前), 북(北)을 후(後)라 함.
【左驗】さけん (좌험) 직접 그 일을 보거나 겪은 사람의 증언. 證據(증거). 證左(증좌).
【左舷】さげん (좌현) 이물을 향하여 왼쪽 뱃전.
▷江一, 佁一, 如一, 閭一, 遼一, 證一, 虛一, 驗一

3 6 【㠭】㊕사람 이름 걱
▷林一正

3 6 【㠰】㊕걸 걸
풀이 걸다. 걸어둠. ¶一麫床.

6【邛】 ☞ 邑部 3획 (p.1504)
6【式】 ☞ 弋部 3획 (p.529)
7【攻】 ☞ 攴部 3획 (p.676)

4 7 【巫】 무당 무 | 㯼 ㄨ (wu) | ふ(ミコ) *shaman*

㊊會意. 내림대[工]를 두 손[从]으로 잡고 신(神)을 내리는 모양을 뜻함.
풀이 ①무당. 후세에 와서 남자 무당 곧 박수는 격(覡)이라 함. ¶鄭之神一<淮南子> ②터무니없다. ¶人以一鼓<法言> ③산 이름. ¶一峽.
【巫歌】ふか (무가) 무당의 노래.
【巫覡】ふげき (무격) 무당과 박수. 巫는 여자, 覡은 남자 무당. ¶一信仰.
【巫瞽】ふこ (무고) 무당과 판수.
【巫蠱】ふこ (무고) 남을 저주하는 무당거리.
【巫女】ふじょ (무녀) ①무산(巫山)의 신녀(神女). ②무당.
【巫堂】(무당)㊕ 신(神)과 사람을 중개하여 길흉을 점치고 굿을 하는 여자.
【巫馬】ふば (무마) ①주(周)의 벼슬 이름. 병든 말을 맡아봄. ②복성(複姓).
【巫卜】ふぼく (무복) 무당과 점장이.
【巫服】ふふく (무복) 무당이 굿할 때 입는 옷.
【巫史】ふし (무사) 신을 섬기며 제사(祭事)·신사(神事)를 맡아보는 사람. 巫祝(무축).
【巫師】ふし (무사) 무당.
【巫山】ふざん (무산) ①남녀의 정사(情事). 雲雨(운우). ②산 이름. ㉮사천성(四川省) 무산현(巫山縣) 동남 파산(巴山) 산맥의 썩 아름다운 봉우리. ㉯산동성(山東省) 비성현(肥城縣) 서북에 있는 산. ㉰호남성(湖南省) 성보현(城步縣)의 동쪽에 있는 산.

【巫山之夢】ふざんノユメ (무산지 몽) 남녀의 교정(交情)을 이름. 雲雨之情(운우지 정).
유래 초(楚) 양왕(襄王)이 고당(高唐)에서 놀다가 낮잠을 자던 중, 꿈에 무산 신녀(神女)와 만나 침석(枕席)을 같이 하며 즐겼다. 신녀가 이윽고 떠나면서 자기는 무산 남쪽 높은 언덕에 살며, 아침에는 구름이 되고 저녁에는 비가 된다고 말하였다. 그 후 과연 그러하므로, 이에 여신의 사당을 세워 그 영(靈)을 위로하였다.

【巫俗】ふぞく (무속) 무당 사회의 풍속.
【巫術】ふじゅつ (무술) 무당의 방술(方術).
【巫陽】ふよう (무양) ①무협(巫峽)의 남쪽. ②《人》 옛 중국의 신의(神醫).
【巫祝】ふしゅく (무축) 무당. 巫史(무사).
【巫彭】ふほう (무팽)《人》 옛 중국의 신의(神醫). 최초의 의원(醫員)이라 함.
【巫咸】ふかん (무함) ①황제(黃帝) 때의 신무(神巫) 계함(季咸). ②요(堯)임금의 의원. ③산 이름. 소서성(小西省) 하현(夏縣) 동쪽에 있음. 요(堯)임금 때에 무함이 무도(巫道)를 닦은 곳.
【巫峽】ふきょう·ふこう (무협) 협곡(峽谷) 이름. 사천성(四川省) 무산현(巫山縣)의 동쪽. 호북성(湖北省) 파동현(巴東縣)의 경계에 있음. 양쪽 언덕이 절벽으로 매우 험준하며, 서릉협(西陵峽)·구당협(瞿塘峽)과 더불어 삼협(三峽)이라 일컬어짐.
▷黔一, 覡一, 傴一, 靈一

7【汞】☞水部 3획(p.845)

10【恐】☞心部 6획(p.567)

10【貢】☞貝部 3획(p.1420)

7/10【差】
1 어긋날 차 麻ㄔㄚ(cha) さ(タガウ)
2 층질 치 支ㄘ(ci) し
3 부릴 차 本채 佳 さい
4 나을 차 本채 卦ㄔㄞ(chai) さ
5 다를 차 禡 different

源會意. 왼손[左]이 쳐져서[𠂹] 오른손과 서로 맞지 아니한다는 데서, 어긋남을 뜻함. 전자(篆字)에서 𠂹는 垂의 본자.

풀이 1 ①어긋나다. ㉮일치하지 않다. 엇갈림. ㉯배반하다. 두 마음을 품음. ②잘못. 어그러짐. ¶亂生其—＜荀子＞ ③틀리다. 다름. ¶能闇中取物 如晝無—＜晉書＞ ④가리다. 선택함. ¶旣—我馬＜詩經＞ ⑤나머지. ¶或生之—＜太玄經＞ ⑥탄식하다. ¶穀旦于—＜詩經＞ ⑦뒤섞이다. 엇갈림. ¶紛湛湛其—錯兮＜漢書＞ ⑧지나치다. 과(過)함. ¶智—自亡也＜呂覽＞ 2 ①층지다. 들쭉날쭉함. ¶何敢—池＜左氏傳＞ ②등급을 매기다. ¶—爵祿＜荀子＞ ③등급. 구분(區分). ¶明尊卑之—＜禮記＞ 3 ①부리다. 일을 시킴. ¶每有役事 委令據簿輪—＜文獻通考＞ ②보내다. 사신으로 보냄. ¶好—靑鳥使 封爲百花王＜白居易＞ ③심부름꾼. 심부름하는 벼슬아치. 4 ①낫다. 병이 나음. ㉨瘥. ¶病小—＜魏志＞ ②조금. 약간. ¶—輕. 5 다르다. 수상함. ¶颶風有時作 掀簸眞—事＜韓愈＞

【差減】さげん(차감) 비교해서 덜어 냄. 비교해 보아 줄어든 차이.
【差遣】さけん(차견) 공무로 관리를 지방에 보냄. 差送(차송). 出張(출장).
【差劇】さげき(차극) 병세가 나아짐과 심해짐.
【差金】さきん(차금) ☞差額(차액).
【差代】さだい(차대) 후임자를 뽑아서 채움.
【差度】(차도)韓 병이 나아가는 일.
さたく(차탁) 비교하여 헤아림.
【差等】さとう(차등) 등급의 차이. 等差(등차). 差次(차차).
【差配】さはい(차배) 예속(隷屬)시키어 부림.
【差別】さべつ·しゃべつ(차별) 차를 둠. 구별함.
【差備】(차비)韓 ①갖추어 차림. 채비. ②특별한 사무를 맡기려고 임시로 임명하던 일.
【差使】さし(차사) ①중요한 임무를 위하여 파견하는 임시직. ¶咸興—. ②고을 원이 죄인을 잡으려고 보내던 이속(吏屬).
【差送】さそう(차송) ☞差遣(차견).
【差押】さおう①·サシオサエ②(차압) ①법정(法廷)에 호송(護送)함. ②압류(押留)의 구법상(舊法上)의 용어.
【差額】さがく(차액) 차가 나는 액수. 差金(차금).
【差役】さえき(차역) ①송(宋)대의 과역법(課役法). 민가를 빈부에 따라 9등급하여, 위로 4등까지는 공용(公用)으로 인부를 징발하고, 5등 이하는 면제함. ②사환. 傭人(용인). ③지방의 치안을 담당하던 관원.
【差訛】さか(차와) 잘못. 어긋남.
【差異】さい(차이) 서로 일치하지 아니하고 다름.
【差益】さえき(차익) ①비용을 뺀 이익. ②가격의 변동 등으로 생기는 이익. ¶換—.
【差人】さじん(차인) ①관청의 최하급 관원. ②괴이한 사람. ③남의 장사하는 일에 시중드는 사람. ④韓 임시 사환으로 쓰는 하인.
【差入】サシイレ(차입) 구금된 사람에게 외부에서 물건을 들여보내 주는 일. ¶—物.
【差定】さてい(차정) 사무를 맡김.
【差次】さじ(차차) ☞差等(차등).
【差出】(차출)韓 뽑음.
【差忒】さとく(차특·치특) ☞差貸(차특·치특).
【差貸】さとく(차특) 뒤섞임. 잘못. 差異(차이). 差忒(차특).
(치특) 들쑥날쑥함. 고르지 못한 모양. 差忒(치특).
【差品】さひん(차품) 차별. 등급.
【差池】さち(치지) 가지런하지 않은 모양. 서로 어긋나는 모양.
▷過—, 乖—, 級—, 落—, 大—, 等—, 倍—, 選—, 歲—, 霄壤之—, 銖稱—, 時—, 誤—, 輪—, 擬—, 重—, 參—, 僭—, 舛—, 勅—, 欽—

12【項】☞頁部 3획(p.1620)

己＜몸 기＞部

己 巳 已 ① 巴 ④ 巵 ⑥ 巻 巷 ⑨ 巽

0/3【己】몸 기 紙ㄐㄧˇ(ji) き(オノレ) body, self

源指事. 오행설(五行說)에 의하면, 무기(戊己)는 오행의 중앙에 해당함. 따라서, 만물이 몸을 웅크려 숨은 형상을 본뜸. 본뜻은 중앙. 나아가, 밖에 있는 남에 대하여 안에 있는 자기를 뜻함.

풀이 ①몸. ㉮제 자신. ¶舍—從人＜書經＞ ㉯사삿일. ¶克—復禮爲仁＜論語＞ ②천간(天干)의 여섯째. ㉮방위로는 중앙. ㉯오행으로는 토(土). ③다스리다. 通紀. ¶式夷式—＜詩經＞ ④어세(語勢)를 고르는 조사. 通其.

【己物】(기물)韓 자기의 물건.
【己生】きせい(기생) 자기가 낳은 아이.
【己所不欲勿施於人】(기소불욕 물시어인) 자기가 원하지 않는 바를 남에게 베풀지 말라는 뜻.
【己身】きしん(기신) 제 몸. 자기. 自身(자신).
【己心】きしん(기심) 자기의 마음.
【己有】きゆう(기유) 자기의 소유.
【己出】きしゅつ(기출) 자기가 낳은 자식.
▷潔—, 求—, 屈—, 克—, 及—, 戊—, 奉

一, 舍一, 一一, 自一, 罪一, 知一, 知彼知一, 彼一, 行一, 虛一

0 3【巳】 뱀 사 | 紙ㄙˋ (si) | し(ミ) *snake*

源象形. 뱀이 몸을 서리고 꼬리를 드리운 모양을 본뜸. 12지(支)의 뱀[巳]은 땅에서 나오는 것으로, 양기(陽氣)가 성(盛)함을 나타냄.

풀이①뱀. ②여섯째 지지(地支). ㉮달로는 음력 4월. ㉯방위로는 동남. ㉰시간으로는 오전 9시~11시. ㉱오행(五行)으로는 화(火). ㉲동물로는 뱀[蛇]. ¶赤縣據於辰一<成公綏> ③상사(上巳)의 약칭. 음력 3월 6일을 이름. ¶三一禊堂開<沈佺期>

【巳年】しねん(사년) 태세(太歲)의 지지(地支)가 巳인 해. 뱀해.

【巳末】しまつ(사말) 사시(巳時)의 마지막 시각. 곧, 상오 11시경.

【巳方】しほう(사방) 24 방위의 하나. 정남에서 동으로 30도.

【巳生】しせい(사생) 사년(巳年)에 난 사람.

【巳時】しじ(사시) 오전 9시부터 11시 사이. 巳牌(사패).

【巳時麻旨】しじまし(사시마지)《佛》 사시(巳時)에 부처 앞에 올리는 메.

【巳時佛供】しじぶっく(사시불공)《佛》 사시(巳時)에 올리는 불공.

【巳月】しげつ(사월) 음양가(陰陽家)에서의 음력 4월의 이름.

【巳日】しじつ(사일) 일진(日辰)의 지지(地支)가 巳인 날.

【巳正】ししょう(사정) 사시(巳時)의 중심 시각. 곧, 오전 10시.

【巳坐】しざ(사좌) 뫼자리나 집터가 사방(巳方)을 등지고 앉은 좌향.

【巳坐亥向】しざがいこう(사좌해향) 사방(巳方)을 등지고 해방(亥方)을 향하여 앉은 좌향(坐向).

【巳進申退】しニススミしんニシリゾク(사진신퇴) 사시(巳時)에 출근하여 신시(申時)에 퇴근함.

【巳初】ししょ(사초) 사시(巳時)의 첫 시각. 곧, 오전 9시경.

【巳牌】しはい(사패) ☞巳時(사시).

▷己一, 三一, 上一, 元一, 初一

0 3【已】 그칠 이 | 紙ㄧˇ (yi) | い(ヤム) *stop, already*

源象形. 巳를 거꾸로 한 자형(字形). 양기(陽氣)가 나서 음기가 숨는다는 데서, 그침을 뜻함.

풀이①그치다. 그만둠. ¶雞鳴不一<詩經> ②이미. 벌써. ¶漢皆一得楚乎<史記> ③물리치다. 물러남. ¶三一之<論語> ④매우. ¶不然則一慇<禮記> ⑤조금 있다가. ¶一而有娠<史記> ⑥낫다. 병이 나음. ¶疾乃遂一<呂覽> ⑦용서하지 않다. ¶寧有一怨<禮記> ⑧반드시. ¶一然諾<漢書> ⑨어조사. ☞句法

句法
①한정·강조
㉮[…已] …뿐이다. ¶放辟邪侈 無不爲已<孟子>/生死畢而鬼神始已<禮記>/皆失其本已<史記>
㉯[…已矣·而已·而已矣] …뿐이다. ¶賜也 始可與言詩已矣<論語>/務引其君以當道 志於仁而已<孟子>/王何必曰利 亦有仁義而已矣<孟子>
②영탄(詠歎)
㉮[已矣哉·已矣乎] 절망하는 말. ¶已矣哉國無人 莫我知兮<楚辭>/已矣乎吾未見能見其過而內自訟者也<論語>
㉯[已] 감탄하는 말. ¶已 予惟小子<書經>/已 我安逃 此而可<莊子>
③수단
[…已] …써. …로써. 以와 쓰임이 같음. ¶在理已盡<素問>

【已甚】いじん・ハナハダシ(이심) 매우 심함.

【已往】いおう(이왕) 이전. 그전. 旣往(기왕).

【已往之事】いおうノコト(이왕지 사) 이미 지나간 일. 已過之事(이과지 사).

【已而】いじ(이이) ①그만두자. 그치자. 而는 감탄 조사. ②조금 있다가. 머지않아.

▷極一, 旣一, 諾一, 不得一, 業一, 而一, 休一

1 4【巴】 땅 이름 파 | 麻ㄅㄚ (ba) | は

풀이①땅 이름. 사천성(四川省)에 있는 땅의 이름. ¶一蜀. ②파조(巴調)의 약칭. ¶歌能莫雜一<李商隱> ③구렁이의 한 가지. ¶一蛇. ④아비. 서양말을 음역(音譯)한 것. ¶一駝.

【巴戟天】はげきてん(파극천) 파극의 뿌리. 정혈(精血), 음위(陰痿), 몽설(夢泄), 유정(遺精)을 다스리는 데 씀. 括巴天(괄파천).

【巴俚】はり(파리) 속된 노래. 俚謠(이요). 俗歌(속가).

【巴人】はじん(파인) 중국의 파(巴) 지방 사람. 시골의 교양 없는 사람을 이르는 말. 촌뜨기. 野人(야인).

【巴且】はしょ(파저) 파초(芭蕉)의 이칭.

【巴調】はちょう(파조) ①파인(巴人)이 노래하는 속된 가락. 俗曲(속곡). 俗謠(속요). 巴人調(파인조). ②자작(自作) 시가(詩歌)의 겸칭.

【巴蜀】はしょく(파촉) 사천(四川)의 이칭. 파(巴)는 지금의 사천성(四川省) 중경(重慶) 지방, 촉(蜀)은 지금의 사천성 성도(成都) 지방. ¶南有一 北有代馬<史記>

【巴駝】はだ(파타) 주인을 부르는 말. ¶呼主人爲一<眞臘風土記>

5【巵】 卮(p.248)의 俗字

5【㠯】 以(p.87)의 本字

6【巹】 卮(p.248)과 同字

7【改】 ☞支部 3획(p.676)

7〖忌〗 ☞心部 3획(p. 558)

7〖卮〗 巵(p. 244)의 俗字

9〖巻〗 卷(p. 246)의 俗字

9〖巹〗 巹(p. 246)의 訛字

6/9〖巷〗 거리 항 | 繹ㄒㄧㄤˋ (xiang) | こう(チマタ) *street*

㊍ 衖

풀이 ①거리. 마을 안의 거리. ¶一陌. ②궁궐 안의 통로나 복도. ¶通永一<唐書> ③마을. 동네. ¶達乎州一矣<禮記> ④문 밖. ¶俟我乎一兮<詩經>

【巷間】こうかん(항간) 보통 민중들 사이. 村間(촌간).

【巷談】こうだん(항담) ☞巷說(항설).

【巷陌】こうはく(항맥) 거리. 도시의 거리. ¶門前一三條近<劉禹錫>

【巷伯】こうはく(항백) ①왕후(王后)의 병을 맡아 보던 환관(宦官). 奄官(엄관). 寺人(시인). ②「시경」(詩經) 소아(小雅)의 편(篇) 이름.

【巷說】こうせつ(항설) 거리에 떠도는 소문. 세상의 풍설. 巷談(항담). 巷語(항어). ¶街談一<漢書>

【巷語】こうご(항어) ☞巷說(항설).

【巷謠】こうよう(항요) 거리에서 유행하는 노래.

【巷戰】こうせん(항전) 시가지에서 하는 전투. 市街戰(시가전).

▷街一, 衢一, 窮一, 陋一, 黨一, 大一, 塗一, 門一, 斜一, 小一, 深一, 顏一, 隘一, 閭一, 永一, 委一, 幽一, 里一, 州一, 衡一

9/12〖巽〗 손괘 손 | 願ㄒㄩㄣˋ (xun) | そん *docile*

풀이 ①손괘(卦). ㉮8괘의 하나. ☴. 방위로는 동남. ㉯64괘의 하나. 손하손상(巽下巽上). ䷸. ②유순하다. 공순함. ¶一與之言<論語> ③사양하다. ㊃ 遜. ¶一朕位<書經>

【巽卦】そんけ(손괘) ①8괘(卦)의 하나. 바람[風]을 상징함. ②64괘(卦)의 하나. 바람 아래에 바람이 거듭됨을 상징함.

【巽令】そんれい(손령) 천자(天子)의 명령.

【巽方】そんぽう(손방) 24방위의 하나. 東南(동남).

【巽時】そんじ(손시) 진시(辰時)말에서 사시(巳時)초에 이르는 시각. 오전 8시 반부터 9시 반 사이.

【巽言】そんげん(손언) 손여지 언(巽與之言)의 준말.

【巽與之言】そんよのげん(손여지 언) 유순·온화하여 남의 마음을 거스르지 않는 말씨. 巽言(손언). ¶一能無說乎<論語>

【巽羽】そんう(손우) 닭을 이름. ¶一化乎宣宮兮<班固>

【巽二】そんじ(손이) 바람을 맡은 신. 風神(풍신). 風伯(풍백). ¶若令滕六降雪 一起風<幽怪錄>

【巽坐乾向】そんざけんこう(손좌건향) 손방(巽方)을 등지고 건방(乾方)을 향한 좌향(坐向). 곧, 동남에서 서북을 바라보고 앉은 자리.

【巽下絕】(손하절) 8괘(卦)의 하나인 손(巽)의 상형(象形).

巾<수건 건>部

巾 ① 市 帀 ② 市 布 ③ 帆 ④ 帋 希 ⑤ 帒 帘 帓 帕 帛 帙 帖 帚 帑 帔 ⑥ 帢 帣 帲 帥 帝 ⑦ 帬 帰 帶 帵 帮 師 席 帨 ⑧ 帶 帡 常 帷 帳 帴 帵 ⑨ 幄 帽 幇 幄 幃 幀 幅 ⑩ 幎 幌 ⑪ 幗 幕 幔 幘 ⑫ 幢 幠 幣 幡 幞 幝 幟 幣 ⑬ 幦 幨 ⑭ 幪 幫 幬 ⑯ 幰 ⑰ 幱

0/3〖巾〗 수건 건 | 眞ㄐㄧㄣ (jin) | きん(フキン) *towel*

源 象形. 「冂」은 한 폭의 천, 「丨」은 그 천을 띠에 차서 드리운 모양.

풀이 ①수건. ¶佩一. ②건. ㉮두건. 상례 때 남자 상제나 복인(服人)의 쓰개. ¶幅一. ㉯헝겊 따위로 만든 쓰개. ¶儒一. ③헝겊. 피륙. ¶以帛一抹其眼<北齊書> ④공포(功布). 관을 묻을 때 그것을 닦는 데에 쓰는 삼베 헝겊. ¶一待於阼階下<儀禮> ⑤책을 넣어 두는 상자. ¶一箱. ⑥덮다. 덮어 가림. ¶副之一以絺<禮記>

【巾幗】きんかく(건괵) 부인 머리의 장식(裝飾). 일설에는, 부인이 상중(喪中)에 쓰는 관(冠).

【巾卷】きんかん(건권) ①건상(巾箱)과 책. ②상자에 넣은 책.

【巾帶】きんたい(건대) ①옷과 띠. 衣冠(의관). ②상복(喪服)에 쓰는 삼베 두건과 삼 띠.

【巾帽】きんぼう(건모) 건(巾). 頭巾(두건).

【巾箱本】きんそうぼん(건상본) 작은 책. 가지고 다니기에 편하게 한 축쇄본(縮刷本). 文庫本(문고본). 袖珍本(수진본).

【巾子】きんし(건자) 건(巾) 위쪽에 불쑥 나온 부분으로, 상투가 끼임.

【巾櫛之侍】きんしつのじ(건즐지 시) 아내나 첩이 시중듦을 이름.

▷角一, 葛一, 屈一, 大一, 禿一, 東坡一, 頭一, 綿一, 帛一, 帨一, 手一, 僧一, 食一, 飾一, 領一, 儒一, 綸一, 淨一, 佩一, 布一, 幅一, 被一, 汗一, 解一, 華一

1/4〖巿〗 1 슬갑 불 | 物ㄈㄨˊ (fu) | ふつ
2 무성할 발 | 曷 | はつ

※市(p. 496)는 딴 자.

풀이 1 슬갑(膝甲). 무릎까지 내려오는 방한복 웃도리. ㊂ 韍 紱. ¶天子朱一<說文> 2 무성하다. 초목이 무성한 모양.

1/4〖帀〗 두를 잡 | 合ㄗㄚ (za) | そう(メグル) *encircle*

풀이 ①두르다. 빙 두름. 한 바퀴 돎. ¶一旬. ②두루. 널리. ¶一洽. ③벌. 옷, 그릇 따위가 짝을 이루거나 여러 가지가 모여서 된 한 덩이.

【帀旬】そうじゅん(잡순) 열흘[旬]을 한 번 돈다는 뜻으로, 10일 동안을 이르는 말. 一旬(일순). ¶不一而得異地者一<柳宗元>

2
5〖市〗 저자 시 |紙戸 (shi)| し(イチ) *market*

풀이 ①저자. 시장. ¶一井. ②시가. 인가(人家)가 많은 번화한 곳. ¶長安一上酒家眠<杜甫>/城一. ③장사. 거래. 매매. ¶日中爲一<易經> ④장사하다. 거래함. ¶以一於齊<史記> ⑤팔다. ¶一恩. ⑥사다. ¶沽酒一脯不食<論語> ⑦벌다. 돈벌이를 함. ¶身與之一<國語> ⑧벼슬 이름. 사시(司市)의 약칭. ¶命一納賈<禮記> ⑨㊥ 행정 구획의 단위. ¶一邑面.

【市賈】しか(시가) ☞市價(시가).
　しこ(시고) 상인. 장수.

【市街】しがい(시가) ①도시의 큰 길거리. ②상점이 잇달아 늘어서 있는 거리. 「(시치).

【市價】しか(시가) 시장 가격. 市賈(시가). 市値

【市道之交】しどうのまじわり(시도지 교) 상업상의 교제. 이익만을 위하여 맺은 사귐.

【市立】しりつ(시립) 시(市)에서 설립하여 유지함. 또는, 그것. ¶一大學/一公園.

【市民】しみん(시민) ①시(市)의 주민. ②국정(國政)에 참여할 수 있는 지위에 있는 사람. 공민(公民). ¶一階級.

【市勢】しせい(시세) ①시장에서의 수요와 공급의 균형 정도. ②행정 구역으로서의 시의 형세.

【市語】しご(시어) ①시중에서 유행하는 말. ②상거래에 사용하는 암어(暗語).

【市外】しがい(시외) 도시 밖. ↔市內(시내).

【市有】しゆう(시유) 시의 소유. ¶一地.

【市恩】しおん(시은) 속셈이 있어서 남에게 은혜를 베푸는 일. ¶我知其不一也<唐書>

【市隱】しいん(시은) 시중(市中)에 숨어 사는 사람.

【市場】しじょう/いちば(시장) ①살 사람과 팔 사람이 특정의 상품을 규칙적으로 거래하는 장소. 어시장, 청과 시장 따위. ②장소·시간에 관계없이 서로 경합하는 무수한 수요·공급간의 교환 관계를 이름. 국내 시장, 국제 시장 따위. ¶一價格/都賣一/綜合一.

【市廛】してん(시전) 시중의 가게. 상점. 市肆(시사). ¶或隱山林 或出一<神仙傳>

【市井】しせい(시정) ①장이 서는 곳. 저자. ②인가(人家)가 많이 모인 곳. ③거리의 장사아치.

【市井徒】しせいのと(시정도) ☞市井輩(시정배).

【市井輩】しせいのはい(시정배) ①시정아치. 시정에서 장사하는 천한 무리. ②무뢰한(無賴漢). 破落戶(파락호).

【市租】しそ(시조) ①시민이 내는 조세(租稅). 市征(시정). ②상품에 부과하는 조세.

【市中】しちゅう(시중) ①시(市)의 안. ②시장 안.

【市刑】しけい(시형) 주(周)대에 시장에서 행한 형벌(刑罰).

【市虎】しこ(시호) ☞三人成虎(삼인성호).

【市況】しきょう(시황) 거리의 경기(景氣). 장사의 형편.

▷彊一, 賈一, 關一, 交一, 棄一, 朧一, 都一, 燈一, 貿一, 門一, 門前成一, 坊一, 司一, 夕一, 成一, 城一, 安一, 夜一, 魚一, 閭一, 要一, 日中一, 鼈一, 朝一, 海一, 花一

5〖币〗 彝(p. 537)와 同字

5〖匝〗 ☞匚部 3 획(p. 231)

2
5〖布〗 베 포 |遇ㄅㄨˋ (bu)| ふ(ヌノ) *hemp cloth*

풀이 ①베. ㉮식물의 섬유로 짠 베. ¶一帛. ㉯피륙의 총칭. ¶貢綾紋一<隋書> ②돈. 화폐. ¶掌邦一之入出<周禮> ③펴다. 通敷. ㉮넓게 깔다. ¶禹鯀是始一土<山海經> ㉯널리 알리다. ¶一告. ㉰진을 치다. ¶遠一師旅<宋書>/一陣. ㉱흩어지다. ¶一護. ④베풀다. 나누어 줌. ¶一施. ⑤벌이다. 진열함. ¶寡君使虎一之<左氏傳> ⑥널리 알리는 글. 포고문. ¶僭作捷一<唐書> ⑦별에 제사를 올리다. ¶祭星曰一<釋名>

【布告】ふこく(포고) 일반에게 널리 알림. ¶一天下<史記>

【布穀】ふこく(포곡) 뻐꾸기. 鳲鳩(시구).

【布教】ふきょう(포교) ①가르침을 널리 폄. ¶一都畿 班政方外<陸陲> ②종교를 널리 폄. 宣教(선교). 傳道(전도). ¶一活動.

【布袋】ふたい(포대) ①포목으로 만든 자루. ②데릴사위. ③놀고 먹는 무리를 욕하는 말. 酒囊(주낭). 飯袋(반대).

【布德】ふとく(포덕) ①덕을 폄. ②천도교에서, 한울님의 덕을 이 세상에 폄을 이르는 말.

【布簾】(포렴)㊥ 천을 발처럼 무 앞에 늘어뜨린 것. 「갓.

【布笠】(포립)㊥ 상제가 밖에 나갈 때 쓰던

【布木】(포목)㊥ 베와 무명. 또는, 직물.

【布木店】(포목점)㊥ 피륙을 파는 가게. 옷감을 파는 상점. 布木廛(포목전).

【布白】ふはく(포백) 서법(書法)에서, 획과 획 사이. 「칭.

【布帛】ふはく(포백) 베와 비단. 직물(職物)의 총

【布帆無恙】ふはんつつがなし(포범무양) 뱃길이 무사함. 여행의 무사함을 이름. ¶行人安穩 一<晋書>

【布石】ふせき(포석) ①바둑에서, 대국 초에 넓은 지역을 차지하기 위하여 돌을 벌여 놓는 일. 布棊(포기). ②장래에 대비하여 미리 준비하는 일.

【布昭】ふしょう(포소) 천하(天下)에 명시함. ¶惟我商王 一聖武<書經>

【布屬】(포속) 모시, 베 따위.

【布施】ふせ(포시) 물질을 남에게 베풂. ¶生不一死何含珠爲<莊子>
　(보시)《佛》 단나(檀那, Dāna)의 역(譯). 탐욕이 없는 깨끗한 마음으로 남에게 재물을 베풂. 또는, 그 물건.

【布諭】ふゆ(포유) 널리 알리기 위하여 타이르거

나 법령을 폄.
【布衣】ほい(포의) ①베옷. ②서민(庶民)의 옷. 옛날, 서민이 모로(耄老 ; 70세 또는 80세) 전에는 비단옷을 입지 못한 데서 온 말. ③벼슬이 없는 평민을 이름. 匹夫(필부). 庶民(서민).
【布衣之交】ほいのまじわり(포의지 교) 가난했을 때의 교제. 이욕(利慾) 따위는 안중에 없는 교제. 布衣交(포의교). ¶一 尙不相欺 況大國乎<史記> 「름.
【布衣之位】ほいのくらい(포의지 위) 미천한 신분을 이
【布政】ふせい(포정) ☞施政(시정). ¶一優優 百祿是遒<詩經>
【布陣】ふじん(포진) 진(陣)을 침.
【布置】ふち(포치) 나누어 벌여 놓음. 배치함. ¶一物類<文心雕龍>
▷葛一, 絹一, 昆一, 公一, 金一, 碁一, 羅一, 露一, 大一, 塗一, 麻一, 綿一, 毛一, 白一, 罰一, 夫里之一, 夫一, 分一, 散一, 撒一, 森一, 宣一, 星一, 疏一, 粟一, 濕一, 施一, 練一, 聯一, 流一, 綸一, 里一, 鱗一, 貲一, 財一, 苴一, 紵一, 展一, 傳一, 廛一, 征一, 調一, 周一, 陳一, 泉一, 蕉一, 總一, 毳一, 榻一, 瀑一, 荆一, 花一, 貨一, 火浣一, 黑一

3/6【帆】 돛 범 | 國ㄈㄢ (fan) | はん(ホ) *sail*
풀이①돛. ¶一船. ②돛단배. ¶夜一歸楚客<王昌齡> ③돛 달다. 돛을 달아서 배를 나아가게 함. ¶無因一江水<韓愈>
【帆船】はんせん(범선) 돛단배.
【帆影】はんえい(범영) 돛의 모습. 멀리 보이는 돛. 또는, 배를 이름. ¶岸廻一疾<李嶠>
【帆檣】はんしょう(범장) 돛대. 帆竿(범간). ¶獨倚一立<白居易>
▷客一, 孤一, 歸一, 錦一, 落一, 晩一, 白一, 席一, 揚一, 雲一, 征一, 出一, 片一, 布一, 風一, 軒一

6【师】 師(p.500)의 俗字
6【吊】 ☞口部 3획(p.276)
7【帋】 紙(p.1161)와 同字
7【帍】 虎(p.1317)와 同字

4/7【希】 바랄 희 | 國ㄒㄧ (xi) | き(コイネガウ) *hope*
㊐ 俙 希
源會意. 무늬[爻]가 있는 천[巾]은 누구나 갖고 싶어하므로 바라다의 뜻.
풀이①바라다. ㉮기대하거나 원하다. ¶一求. ㉯바라보다. ¶一世用事<漢書> ②드물다. 희소함. 通稀. ¶一有. ③성기다. 듬성듬성함. ¶鼓瑟一<論語> ④멀다. ¶其所以異於深山之野人者幾一<孟子> ⑤수놓은 옷. 같 絺. ¶一衣. ⑥희랍(希臘)의 약칭. ¶一土戰爭.
【希求】ききゅう(희구) 원하고 바람. 欲求(욕구).
【希臘】ギリシア(희랍) 그리스. ¶一神話/一哲學.
【希望】きぼう(희망) 소망을 가지고 기대하여 바람. 希冀(희기). 希覬(희기). 希願(희원). 冀望(기망). ↔絶望(절망).
【希慕】きぼ(희모) 유덕한 사람을 사모하여 자기도 그렇게 되기를 바람.
【希願】きがん(희원) ☞希望(희망).
▷幾一, 鮮一, 知一

7【帠】 希(p.497)와 同字
7【帣】 希(p.497)와 同字
8【帒】 袋(p.1346)와 同字

5/8【帘】 주막 기 렴 | 國ㄌㄧㄢ (lian) | れん
풀이주막 기. 주막에 표지로 세운 푸른 기. ¶青一認酒家<鄭谷>
▷酒一, 青一

5/8【帓】 머리띠 말 | 國ㄇㄛ (mo) | ばつ *headband*
풀이 ①머리띠. 머리동이. ¶司徒公紅一首<韓愈> ②수건. ③띠. ④버선.

5/8【帕】 1 머리띠 말 2 휘장 파 | 國ㄇㄛ (mo) 國ㄆㄚ (pa) | ばつ(ヒタイアテ) *headband* は(トバリ)
풀이1①머리띠. 머리동이. 같 帓. ¶一額. ②싸다. 싸서 맴. ¶一首. 2①휘장. 같 帊. ¶翠一. ②물건을 싸는 헝겊. ¶錦一.

5/8【帛】 비단 백 | 國ㄅㄛ (bo) | はく(キヌ) *silk*
풀이①비단. ㉮견직물. ¶布一. ㉯예물로 보내는 비단. ¶幣一. ②풀 이름. ¶葉似一者<爾雅>
【帛書】はくしょ(백서) 비단에 쓴 글자. 또는, 그 비단. ¶足有係一<漢書>
▷綾一, 大一, 璧一, 生一, 束髮封一, 束一, 雁一, 練一, 裂一, 玉一, 財一, 竹一, 采一, 通一, 幣一, 布一

5/8【帙】 책갑 질 | 國ㄓ (zhi) | ちつ(フマキ) *book cover, volume*
풀이①책갑. 책가위. ¶惟牀上有數一書<南史> ②책. ¶荷一從師<北史> ③책 권수의 차례. ¶部一之間 仍有殘缺<南史> ④여러 권으로 된 책의 한 벌.
▷卷一, 緗一, 梵一, 部一, 書一, 隱一, 縹一

5/8【帖】 1 표제 첩 2 韓 체지 체 | 國ㄊㄧㄝ (tie) | ちょう, じょう(ウワガキ) *book title*
풀이1①표제(標題). 비단에 적은 표제.

¶帛爲之 則謂之—<說文·注> ②주련(柱聯). 기둥 따위에 써 붙이는 글귀. ¶楹—. ③휘장(揮帳). 침상 앞에 치는 휘장. ¶牀前帷曰—<釋名> ④진사(進士) 등용 시험의 한 법. ¶明經者但記—括<唐書> ⑤편지. 서한(書翰). ¶凡請— 必用封筒<時用雲箋> ⑥어음. 증서(證書). ¶券—. ⑦장부. 서류. ¶—子. ⑧법첩(法帖). 서체의 본보기가 될 만한 서첩. ¶—學. ⑨첩. 한 약 한 봉지. (通)貼. ¶三四—<四朝聞見錄> ⑩(韓) 책. 사진, 그림 따위를 붙이기 위하여 맨 책. ¶寫眞—. ⑪과녁의 표지로 쓰는 헝겊. ¶絹—. ⑫패(牌). 포고(布告)의 문서. ¶府—. ⑬명함. 명찰. ¶魯客多呈—<張籍> ⑭붙다. 붙임. ¶—着. ⑮정하다. 정해짐. ¶互相領—<晋書> ⑯좇다. 따름. ¶—服. ⑰편안하다. 안심함. ¶將凝—乎萬方<歐陽脩> ⑱드리우다. 늘어뜨림. ¶俛首—耳<韓愈> [2](韓) 체지(帖紙). 체. ¶—下.

【帖經】ちょうけい(첩경) 당(唐)대에 과거 시험의 방법. 경서(經書) 전반에 걸쳐 답안을 쓰게 한 암기 시험. ※帖括(첩괄).

【帖括】ちょうかつ(첩괄) 당(唐)대에 첩경(帖經) 응시자가 많아지자 시험관이 어려운 어구(語句)를 출제하므로 수험자들이 경서의 어구를 뽑아 기억하기 좋게 노래처럼 만든 것. 帖試(첩시). ※帖經(첩경).

【帖木兒】チムール(첩목아) ①몽고(蒙古)의 미칭(美稱). ②《人》 티무르. 티무르 왕조(王朝)의 시조(始祖). (1339~1405). 「복).

【帖服】ちょうふく(첩복) 유순하게 복종함. 帖伏(첩

【帖附】ちょうふ(첩부) 착 달라붙게 함. 帖着(첩착).

【帖耳】ちょうじ(첩이) 귀를 드리움. 곧, 아첨해가며 동정을 바라는 모양을 이름. ¶俛首—搖尾乞憐<韓愈>

【帖子】ちょうし(첩자) 수첩. 장부(帳簿). 접책(褶册).

(체자) ☞帖紙(체지)①.

【帖着】ちょうちゃく(첩착) ☞貼附(첩부).

【帖帖】ちょうちょう(첩첩) ①유연히 침착한 모양. 帖然(첩연). ②붙어서 떨어지지 않는 모양. ③드리워진 모양. ④심복(心服)하는 모양. ¶—坐諸生下<韓愈>

【帖黃】ちょうこう(첩황) 당(唐)대 칙서(勅書)에 고칠 점이 있을 경우, 황지(黃紙)를 붙이고 항목을 적어 봉피(封皮)에 나타내던 일.

【帖字】(체자)(韓) 옛날에 帖자를 새긴 관인(官印)의 한 가지. 공문이나 사령서(辭令書) 따위에 찍음.

【帖紙】(체지)(韓) ①관청에서 이례(吏隷)를 고용할 때 쓰던 임명장. 帖子(체자). 辭令狀(사령장). ②돈을 받았다는 표. 영수증.

【帖下】(체하)(韓) 관청에서 하인·상인들에게 금품을 줄 때 서면으로 내어주던 일.

▷揭—, 計—, 券—, 堂—, 名—, 墨—, 文—, 門—, 榜—, 拜—, 法—, 府—, 浮—, 射—, 書—, 手—, 收—, 示—, 試—, 安—, 禮—, 穩—, 邀—, 僞—, 凝—, 泥金—, 臨—, 傳—, 節—, 眞—, 質錢—, 請—, 招—, 妥—, 標—, 下—, 戶—, 畫—

5/8 【帚】 비 추 | [有] ㄓㄡˇ (zhou) | そう(ホウキ) *broom*

(俗)箒

[풀이] ①비. 청소하는 비. ¶—掃. ②쓸다. 쓸어서 깨끗하게 함. ¶令二人交—拂其坐處<南史> ③별 이름. 혜성(彗星)의 이칭. ¶—星.

▷交—, 箕—, 落—, 掃愁—, 掃—, 敝—

5/8 【帑】 [1] 금고 탕 [2] 처자 노 | [養] ㄊㄤˇ (tang) [虞] ㄋㄨˊ (nu) | ど(カネグラ) *safe* ど(ツマコ)

[풀이] [1] 금고. 금은(金銀)을 넣어두는 곳집. ¶內—金. [2] ①처자. 자손. (通)孥. ¶妻—. ②포로. 전투에서 사로잡은 적군. ¶魴用降—<後漢書> ③새의 꼬리. ¶以害鳥—<左氏傳>

▷公—, 內—, 府—, 妻—

5/8 【帔】 치마 피 | [寘] ㄆㄟˋ (pei) | ひ(モスソ) *skirt*

[풀이] ①치마. (通)帬. ②배자. 소매 없는 웃옷. ¶冬月着葛—練裠<南史> ③수건. 손수건.

6/9 【帢】 모자 겹 | [洽] ㄑㄧㄚˋ (qia) | こう

[풀이] 모자. 위(魏) 무제(武帝)가 가죽 고깔을 본떠서 만들게 한 모자의 한 가지. 빛깔로 신분을 식별할 수 있게 함. (通)帢.

▷錦—, 無顏—, 白—, 顏—

6/9 【帣】 [1] 자루 권 [2] 멜빵 견 | [霰] ㄐㄩㄢˋ [銑] (juan) | けん *sack*

[풀이] [1] 자루. 3곡(斛) 곧 30말들이 자루. [2] 멜빵.

6/9 【帡】 장막 병 | [青] ㄆㄧㄥˊ (ping) | へい(トバリ) *curtain*

[풀이] 장막. 위를 덮어 가리는 막(幕). ¶知夏屋之爲—幪也<法言>

9 【𠂤】 師(p. 500)의 古字

6/9 【師】 [1] 장수 수 [2] 거느릴 솔 | [寘] ㄕㄨㄞˋ [質] (shuai) | すい(カシラ) そつ(ヒキイル)

[풀이] [1] ①장수. 군대의 장군. ¶元—. ②우두머리. 통솔자. (通)師. ¶—長. [2] ①거느리다. (通)率. ㉮부하를 통솔하다. ¶長子——<易經> ㉯앞장서다. ¶子—以正<論語> ㉰인도하다. ¶—大夫以入<儀禮> ②좇다. 따름. ¶奉—天

子<禮記> ③바루다. 바르게 함. ¶初一其辭<易經> ④모이다. 모여듦. ¶一尒陰閉<漢書>
【帥師】しゅっし(솔사) 군대를 통수(統帥)함.
【帥先】しゅっせん·そっせん(솔선) ☞率先(솔선). ¶躬稼穡之艱難 以一天下<晋書>
【帥乘】すいじょう(수승) 대장과 졸병(卒兵).
【帥臣】すいしん(수신) 병마절도사(兵馬節度使)와 수군절도사(水軍節度使)의 총칭.
▷渠一, 魁一, 隊一, 奉一, 師一, 連一, 元一, 將一, 主一, 酋一, 統一, 豪一

9〖帓〗 拭(p.636)과 同字

6/9〖帟〗 장막 역 | 陷 丨 (yi) | えき(ヒラハリ) *curtain*

풀이 장막. 위를 가리는 작은 막. ¶掌帷幕幄一綬之事<周禮>
▷幕一, 油一, 帷一, 帳一

6/9〖帠〗 법 예 | 囮 | げい *law*

6/9〖帝〗 임금 제 | 囮 ㄉ丨 (di) | てい, たい (ミカド) *emperor*

源 象形. 하늘에 제사를 지낼 때 제수를 올려놓은 제삿상을 본뜸.

풀이 ①임금. 천자(天子). ¶皇一. ②하느님. 조화(造化)의 신(神). ¶王用享于一<易經>/天一. ③오제(五帝)의 약칭. ¶一立子生商<詩經> ④크다. ¶既受一祉<詩經>
【帝車】ていしゃ(제거) 북두칠성(北斗七星)의 이칭.
【帝居】ていきょ(제거) ①천제(天帝)의 거처. ②제왕(帝王)의 거처. 皇居(황거). ③오덕제(五德帝)의 거처. ¶仰福一<張衡>
【帝嚳】ていこく(제곡)《人》 옛 중국의 전설상의 제왕. 고신씨(高辛氏)라고도 함. 황제(黃帝)의 증손. 요(堯)임금의 아버지라 함.
【帝紘】ていこう(제굉) 제왕의 도리. 제왕이 나라를 다스리는 대강(大綱). 帝綱(제강). 王道(왕도).
【帝國】ていこく(제국) ①제왕(帝王)이 다스리는 나라. ↔共和國(공화국). ②덕으로 다스리는 나라.
【帝君】ていくん(제군) 신(神)을 높이어 이르는 말.
【帝弓】ていきゅう(제궁) 무지개의 이칭. 天弓(천궁). ¶天弓 虹也 又謂之一<侯鯖錄>
【帝畿】ていき(제기) 제도(帝都)가 있는 지방. 천자의 직할지(直轄地). 「京(황경).
【帝都】ていと(제도) 황제가 있는 도성(都城). 皇
【帝道】ていどう(제도) 제왕이 행하는, 인의(仁義)에 기초를 둔 공명 정대한 정도(政道). ¶吾說公以一<史記>
【帝圖】ていと(제도) ☞帝猷(제유).
【帝旅】ていりょ(제려) 제왕의 군사. ¶公徒斯振一凱入<陸雲>
【帝力】ていりょく(제력) 제왕의 힘. 또는, 제왕의 은덕(恩德). ¶一何有於我乎<十八史略>
【帝命溥將】ていめいふしょう(제명부장) 천자의 명령이 널리 미침. ¶隆化洋洋 一<宋史> 「相).
【帝傅】ていふ(제부) ①천자의 스승. ②재상(宰
【帝師】ていし(제사) ①천자의 스승. ②원(元)대 라마교의 중.
【帝緖】ていしょ(제서) ☞帝業(제업).
【帝釋】たいしゃく(제석) ①《佛》 수미산(須彌山) 도리천(忉利天)의 임금. 선견성(善見城)에 있어 사천왕(四天王)과 32천(天)을 통솔하여 불법(佛法)과 불법에 귀의하는 사람을 보호하며 아수라(阿修羅)의 군대를 정벌한다는 신(神). 帝釋天(제석천). ②무당이 숭봉하는 신의 하나.
【帝宸】ていしん(제신) 제왕의 궁전. 「(황실).
【帝室】ていしつ(제실) ①임금의 거처. ②☞皇室
【帝業】ていぎょう(제업) 제왕(帝王)의 사업. 제왕이 나라를 통치하는 일. 帝緖(제서). 帝載(제재).
【帝王】ていおう(제왕) 황제, 국왕의 총칭.
【帝祐】ていゆう(제우) 천제(天帝)의 도움.
【帝位】ていい(제위) 제왕의 자리. 帝祚(제조). 皇祚(황조). 「위엄.
【帝威】ていい(제위) 천자의 위광(威光). 제왕의
【帝猷】ていゆう(제유) 천자가 걸어야 할 길. 제왕의 길. 또는, 제왕의 계획. 皇猷(황유). 聖猷(성유). 帝圖(제도). 帝謨(제모). ¶一顯丕<後漢書>
【帝胤】ていいん(제윤) 제왕의 혈통. 제왕의 자손. 皇胤(황윤). 帝系(제계).
【帝儲】ていちょ(제저) 황태자. 東宮(동궁).
【帝政】ていせい(제정) ①제왕의 정치. 제국의 정치. ②제국주의의 정치.
【帝制】ていせい(제제) ①제왕이 정한 제도나 법칙. 帝則(제칙)②. ②제왕이 되어 정령(政令)을 베풂. 또는, 그 제도.
【帝祚】ていそ(제조) ☞帝位(제위).
【帝祖】ていそ(제조) ①천자의 조상. ②천자의 조부(祖父).
【帝則】ていそく(제칙) ①천제(天帝)가 정한 자연의 법칙. 天道(천도). ②천자(天子)가 정한 법칙. 帝制(제제)①.
【帝統】ていとう(제통) 제왕의 계통.
【帝閑】ていかん(제한) 제왕의 마굿간. ¶看賜飛龍出一<蘇軾>
【帝號】ていごう(제호) 제왕의 이름. ¶老臣妄竊一聊以自娛<史記>
▷今一, 累一, 大一, 望一, 白一, 上一, 先一, 女一, 五一, 災一, 天一, 靑一, 皇一, 后一

9〖帛〗 卓(p.238)의 古字

7/10〖帬〗 치마 군 | 囚 ㄑㄩㄣˊ (qun) | くん(モスソ) *skirt*

同 裙 裠 帼 帇

풀이 ①치마. 치맛자락. ¶羅一飄飄<張華> ②속옷. 내복. ¶中一. ③조끼. 배자. ¶一屐.

10【⿰巾君】 帬(p.499)과 同字

10【⿰君巾】 帬(p.499)과 同字

10【帰】 歸(p.814)의 俗字

10【帯】 帶(p.501)의 俗字

7/10【⿰巾免】 1 굴건　문 | 問 | ぶん
2 면류관　면 | 銑 | べん | *crown*

풀이 1 굴건(屈巾). 상중에 상제가 쓰는 건(巾). 위쪽을 꺾어 접음. ㉦ 絻. 2 면류관. ㉦ 冕.

10【帮】 幫(p.507)과 同字

7/10【師】 스승 사 | 支尸 (shi) | し(センセイ) *teacher*
古 𠂤 俗 师

풀이 ①스승. ㉮선생. ¶教一. ㉯남을 깨우쳐 이끄는 사람. ¶百世之一. ㉰모범이 되는 사람. ¶一表. ㉱주(周)대에 백성을 교도하던 벼슬아치. ㉲부덕(婦德)을 가르치던 여자 스승. ¶言告一氏<詩經> ㉳임금의 스승. ¶赫赫一尹<詩經> ②전문적인 기예(技藝)를 닦은 사람. ¶畫一. ③스승으로 삼다. 모범으로 삼음. ¶一範. ④신(神)의 칭호. ¶風一雨一<三國史記> ⑤군사. ㉮군대. ¶出一表. ㉯주(周)대의 군제(軍制)로, 2,500명을 이르는 말. ¶五旅爲一<周禮> ⑥여러. 많은 사람. ¶殷之未喪一<詩經> ⑦많다. 수효가 많음. ¶一乎一乎<左氏傳> ⑧벼슬아치. ㉮장관(長官). 우두머리 벼슬아치. ¶州十有二一<書經> ㉯관리(官吏). ¶工一得大木<孟子> ⑨악관(樂官). 악공(樂工). ¶邯鄲一有出新曲者<淮南子> ⑩기준으로 삼고 따르다. 법으로 삼게 함. ¶百僚一一<書經> ⑪사자. 通 獅. ¶一子. ⑫사괘(卦). 64괘의 하나. 감하곤상(坎下坤上). ䷆. 임금·장수 등의 상(象).

【師姑】しこ(사고)《佛》 여승(女僧). 尼僧(이승). 尼姑(이고).

【師曠】しこう(사광)《人》 춘추 시대 진(晉)의 악사(樂師). 소리를 잘 분별하여 길흉을 점쳤다 함. 저서로 「금경」(禽經)이 있음.

【師卦】しけ(사괘) 64괘의 하나. 곤괘(坤卦)와 감괘(坎卦)를 겹친 것으로 땅 속에 물이 있음을 상징함.

【師矩】しく(사구) 모범. 또는, 모범으로 함.

【師君】しくん(사군) 스승의 경칭(敬稱).

【師團】しだん(사단) 군대(軍隊) 편성의 한 단위. 육군에서 군단의 아래, 연대(聯隊)의 위.

【師壇】しだん(사단) 천자가 장상(將相)을 임명하는 예(禮)를 행하는 단.

【師徒】しと(사도) ①군대(軍隊). 軍勢(군세). 士卒(사졸). ②스승과 제자.

【師旅】しりょ(사려) ①군대. 병사 500명을 여(旅), 5여를 사(師)라 함. ¶五百人爲旅 五旅爲師<詩經·注> ②전쟁을 이름.

【師母】しぼ(사모) 스승의 부인.

【師門】しもん(사문) 스승의 문하(門下).

【師範】しはん(사범) ①스승으로 모범이 될 만한 사람. 모범. 師表(사표). ②무술을 가르치는 사람. ¶跆拳道一.

【師法】しほう(사법) ①스승을 삼음. 본받아 배움. ②스승이 전수(傳授)한 법(法). ③군(軍)의 출동(出動) 방법.

【師保】しほ(사보) ①군주(君主)를 가르쳐 보좌함. 또는, 그 사람. ②가르쳐 편안하게 함. ¶昔周公一萬民 民懷其德<書經>

【師父】しふ(사부) ①스승의 존칭. ②승려·도사(道士)의 존칭. ③스승과 아버지.

【師傅】しふ(사부) ①스승. ②㉮태사(太師)와 태부(太傅). ㉯임금을 보좌하는 대관(大官). ③조선 때 왕자(王子)를 교육하던 시강원(侍講院)의 정1품 벼슬. 또는, 강서원(講書院)의 종1품 벼슬.

【師事】しじ(사사) 스승으로 섬김. ¶一仲尼<左氏傳>

【師素】しそ(사소) 중과 속인. 僧俗(승속).

【師授】しじゅ(사수) 스승에게서 가르침을 받음. ¶學不一<魏書>

【師叔】ししゅく(사숙)《佛》 중의 형제되는 사람. 叔師(숙사).

【師承】ししょう(사승) 스승에게서 가르침을 받음.

【師僧】しそう(사승) 중의 존칭. 스님.

【師心】ししん(사심) ①자기의 마음을 스승으로 삼음. ②자기의 마음. 제 생각.

【師心自是】(사심자시) 자기 생각만을 옳다고 함. ¶閉門讀書 一<顏氏家訓>

【師心自用】(사심자용) 자기가 생각하는 일은 나 옳다 하여 그대로만 함. ¶一則不能克己 不能聽言<陸象山語錄>

【師氏】しし(사씨) ①주(周)대의 벼슬 이름. 지관(地官)에 속함. 공경 대부(公卿大夫) 자제에게 덕행(德行)을 가르치던 벼슬. ②부도(婦道)를 가르치던 여자. 女師(여사).

【師襄】しじょう(사양)《人》 춘추 시대(春秋時代) 노(魯)의 악관(樂官). 거문고를 잘 타 공자도 배웠다고 함.

【師嚴道尊】(사엄도존) 스승이 엄격하면, 가르치는 도(道)도 자연히 존엄하여짐. ¶師嚴然後道尊<禮記>

【師役】しえき(사역) 전쟁. ¶凡會同一<周禮>

【師友】しゆう(사우) ①스승과 벗. 師輔(사보). ②스승으로 삼을 만한 벗. ③벼슬 이름. 동궁(東宮)을 가르치던 벼슬.

【師尹】しいん(사윤) ①주(周)의 태사(太師)였던 윤씨(尹氏). ②많은 정관 대부(正官大夫). 윤(尹)은 정관 대부로, 경사(卿士)의 아래. ¶王省惟歲 卿士惟月 一惟日<書經>

【師律】しりつ(사율) 군의 규율. 軍法(군법).

【師子】しし(사자) ☞獅子(사자).

【師資】しし(사자) ①스승. 선생. ②스승과 제자.

【師丈】しじょう(사장) 스승이 되는 어른.

【師匠】ししょう(사장) ①훌륭한 스승. ②사표(師表)가 될 만한 사람.

【師長】しちょう(사장) ①백관(百官)의 장(長). ②스승. 손윗사람. 尊者(존자). ¶吏之舉

令 敬於一 <管子>
【師田】しでん (사전) 출정(出征)과 전렵(田獵). 전장(戰場)에 나가는 일과 사냥하는 일. ¶一行役<周禮>
【師傳】しでん (사전) 스승에게서 전수(傳受)함.
【師弟】してい (사제) ①스승과 제자. ¶一之間/一同行. ②《佛》자기보다 나이가 적은 중. ③동문(同門)의 후배. ↔師兄(사형). ④스승의 아들.
【師祭】しさい (사제) 무운(武運)을 비는 제사. 軍祭(군제).
【師祖】しそ (사조) ①스승이나 부조(父祖)로 섬김. ②스승의 아버지. ③모방함.
【師宗】しそう (사종) 스승으로 받들어 모심.
【師主】ししゅ (사주) 모범. 본보기. ¶綜可以爲開內之一<列女傳>
【師表】しひょう (사표) 학식과 인격이 높아 남의 모범이 됨. 또는, 그 사람. 龜鑑(귀감). 師範(사범). ¶國有賢相良將 民之一也<史記>
【師風】しふう (사풍) 사표(師表)가 될 만한 풍격(風格).
【師行】しこう (사행) 군대의 행진. 行軍(행군).
【師兄】しけい (사형) ①나이나 학덕이 자기보다 나은 사람. ②《佛》한 스승 밑에서 불법을 배운 선배. ↔師弟(사제).
▷簡一, 京一, 經一, 戒一, 工一, 敎一, 國一, 軍一, 老一, 大一, 導一, 牧一, 班一, 法一, 本一, 士一, 社一, 三一, 相一, 禪一, 少一, 訟一, 水一, 樂一, 藥一, 嚴一, 鍊一, 獵一, 銳一, 王一, 龍一, 律一, 恩一, 義一, 醫一, 祖一, 宗一, 舟一, 出一, 致一, 太一, 風一

7/10 【席】 자리 석 | 陌 ㄒㄧˊ (xi) | せき(ムシロ) seat

풀이 ①자리. ㉮바닥에 까는 자리. ¶一子. ㉯차지하고 있는 곳. ¶觀覽一. ㉰직위. 지위. ¶一順. ㉱일정한 일이 벌어진 자리. ¶宴會一. ②깔다. 자리를 깖. ¶相枕一於道路<漢書> ③앉음. 자리에 앉는 모양새. ¶必正一<論語> ④베풀다. 벌임. 벌여 놓음. ¶一上之珍<禮記> ⑤의뢰하다. 믿고 의지함. ¶一寵惟舊<書經> ⑥돛. ¶挂一拾海月<謝靈運>
【席藁待罪】せきこうたいざい (석고대죄) ①거적을 깔고 엎드려 처벌을 기다림. ②죄에 대한 처분을 기다림.
【席卷】せっけん (석권) 자리를 말듯이 손쉽게 모조리 차지하는 일. 席捲(석권). ¶一天下<賈誼>/一之勢.
【席末】せきまつ (석말) ☞末席(말석).
【席面】せきめん (석면) 연회(宴會)에서 주인과 마주 앉는 사람.
【席帽】せきぼう (석모) ①韓 마음에 차지 않는 벼슬. ②등(藤)으로 짠 모자.
【席門】せきもん (석문) 멍석으로 문을 가린다는 뜻으로, 가난한 집을 형용하는 말. ¶一常掩三徑纔通<南史>
【席不暇暖】(석불가난) 앉은 자리가 더울 겨를이 없음의 뜻으로, 매우 바쁘게 돌아다님을 이름. 공자(孔子)가 쉴 사이 없이 유세(遊說)하였던 데서 온 말. ¶孔一<韓愈>
【席上】せきじょう (석상) ①어떤 모임의 자리. ¶一才子. ②유가(儒家)를 이름.
【席上之珍】せきじょうのちん (석상지 진) 유자(儒者)의 학덕(學德)을 석상의 진품(珍品)에 비유하여 이르는 말. 또는, 옛 성인(聖人)의 아름다운 도리(道理)를 늘어놓음. 席은 陳. ¶儒有一 以待聘<禮記>
【席上揮毫】せきじょうきごう (석상휘호) 그림이나 글씨를 앉은 자리에서 쓰거나 그림.
【席順】せきじゅん (석순) ☞席次(석차)①.
【席子】せきし (석자) 돗자리.
【席長】せきちょう (석장) 집회(集會) 석상에서 으뜸이 되는 사람.
【席次】せきじ (석차) ①자리의 차례. 席順(석순). ②성적의 순서. 따위.
【席薦】せきせん (석천) 깔개. 멍석, 돗자리, 방석
【席寵】せきちょう (석총) ①임금의 은총을 입음. ②남의 총애에 의지함. 席은 因. ¶叨榮一 荷愧承羞<李嶠>
▷經一, 寄一, 末一, 毛一, 陪一, 法一, 上一, 試一, 宴一, 硏一, 臥一, 越一, 茵一, 衽一, 底一, 正一, 坐一, 座一, 酒一, 卽一, 著一, 薦一, 枕一, 寢一, 台一, 蒲一, 花紋一, 會一

7/10 【帨】 수건 세 | 霽 ㄕㄨㄟˋ (shui) | ぜい(テフキ) towel

풀이 ①수건. 허리에 차던 수건. ¶奪卑垂一<禮記> ②닦다. 손을 닦음. ¶巾 以一手<禮記>
▷巾一, 紛一, 設一, 佩一

帨圖① (三才圖會)

10 【帎】 幟(p. 506)와 同字

11 【帺】 冠(p. 185)과 同字

8/11 【帶】 띠 대 | 泰 ㄉㄞˋ (dai) | たい(オビ) belt

俗帯 同帯

풀이 ①띠. ㉮허리에 두르는 띠. ¶革一. ㉯물건의 둘레를 동여매는 기다란 천. ¶鐘一謂之篆<周禮> ㉰띠처럼 기다랗게 뻗은 곳이나 그 근처. ¶門臨溪一一<元稹> ②띠다. ㉮띠를 두르다. ¶驚遽而起 衣不及一<世說新語> ㉯빛깔·색채 등을 가지다. ¶頗一憔悴色<杜甫> ㉰어떤 물건을 몸에 지니다. ¶携一. ③차다. 허리에 참. ¶一劍. ④두르다. 위요함. ¶一以河曲之利<戰國策> ⑤데리다. 데리고 다님. ¶一隨人行<方言> ⑥꾸미다. 장식함. ¶一以象牙<王褒> ⑦뱀. 띠 모양이므로 이르는 말. ¶蝍且甘一<莊子> ⑧지리상의 구분. ¶寒一.
【帶劍】たいけん (대검) 칼을 참. 또는, 그 칼. 帶刀(대도). 佩劍(패검).
【帶同】たいどう (대동) 데리고 감. 동반함.
【帶厲之誓】たいれいのチカイ (대려지 서) 공신(功臣)의

집안은 영구히 단절시키지 않겠다는 맹서. 태산(泰山)이 지석(砥石)과 같이 평지가 되고, 황하(黃河)가 띠와 같이 작아져도 변하지 않는다는 뜻에서 이름.
【帶累】たいるい(대루) ☞連累(연루).
【帶狀】たいじょう(대상) 좁고 길어서 띠 같은 모양.
【帶率下人】(대솔하인) ①하인을 거느림. ②고귀한 사람이 거느리고 다니는 하인. 帶率(대솔).
【帶子】たいし(대자) 띠.
【帶仗】たいじょう(대장) 병기(兵器)를 지님.
【帶箭】たいせん(대전) 화살이 몸에 박힘. 화살을 몸에 지님. ¶我似傷禽一飛<陸游>
【帶電】たいでん(대전) 물체가 전기를 띠는 일. ¶一體.
【帶妻】たいさい(대처) 아내를 둠.
【帶妻僧】(대처승) 살림을 차리고 가권(家眷)을 거느린 중. ↔比丘僧(비구승).
【帶下】たいげ(대하) 여자의 음부에서 흰빛이나 누른빛의 액체가 흐르는 병. 냉(冷)의 한 가지. 帶下症(대하증). ¶冷一.
【帶笏】たいこつ(대홀) 큰 띠와 홀. 홀은 조현(朝見)할 때 오른손에 쥐던 패. 문관(文官)의 조복(朝服)을 이름. ¶授世忠太尉賜一<宋史>
▷經一, 控一, 冠一, 紘一, 衿一, 襟一, 亙一, 馬一, 壁一, 腹一, 束一, 紳一, 連一, 熱一, 映一, 玉一, 温一, 綬一, 腰一, 繞一, 流一, 一一, 地一, 枕一, 寒一, 海一, 携一

11〖帲〗 帲(p. 498)의 本字

8 11〖常〗 항상 상 | 陽ㄔㄤˊ (chang) | じょう(ツネ) *always*

풀이 ①항상. ㉮늘. 언제나. ¶一用語. ㉯오래도록 안 변하다. ¶魯邦是一<詩經> ㉰여느 때. 평일. ¶平一時. ㉱늘 하다. 언제나 행함. ¶君子以一德行<易經> ②법. 전법(典法). ¶無忘國一<國語> ③불변의 도. 사람으로서 행해야 할 도리. ¶五一. ④보통. 보통의 정도. ¶凡一. ⑤법도. 일정한 형벌. ¶有一無赦<逸周書> ⑥관례. 통례. ¶權者 反一者也<後漢書> ⑦정해진 바. ¶變化無一. ⑧명수(命數). 운수. ¶及其一者<管子> ⑨천체(天體)의 운행. ¶應一不應卒<素問> ⑩일찌기. 옛날에. 通嘗. ¶馬不一秣<禮記> ⑪길이의 단위. 1발[丈] 6자[尺]. 1길[尋]의 2배. ¶尋一尺寸. ⑫성한 모양. ¶一一. ⑬조금. 작음. ¶爭尋一以盡其民<左氏傳> ⑭헤매는 모양. ¶一羊. ⑮대개. 대체로. ¶率一屈其座人<韓愈> ⑯산앵도나무. 通棠. ¶一棣之花<詩經> ⑰기(旗). 해·달·황룡 등을 그린 기. ¶紀于太一<書經> ⑱점괘. 通祥. ¶假爾大筮有一<儀禮>
【常客】じょうかく·じょうきゃく(상객) 손님. 늘 오는 손님. 顧客(고객).
【常車】じょうしゃ(상거) 위의(威儀)를 갖춘 수레.
【常居】じょうきょ(상거) 늘 거처하는 곳.
【常格】じょうかく(상격) 늘 쓰는 격식. ¶拘牽一<歐陽脩>
【常經】じょうけい(상경) 영구 불변의 도리. 사람으로서 항상 지켜야 할 도리. ¶國無一 民力必竭<管子>
【常軌】じょうき(상궤) 항상 지켜야 할 바른 길. 常道(상도)①. ¶是百王之一<北史>
【常規】じょうき(상규) ①일반적인 규정. ②늘 변하지 않는 규칙. 常度(상도). 常律(상률).
【常勤】じょうきん(상근) 매일 출근함. 常參(상참).
【常度】じょうど(상도) ①영구 불변의 법규. 常規(상규). 常典(상전). ②평소의 태도. ¶或多惶懼 失其一<後漢書>
【常途】じょうと(상도) ①당연한 길. ②일상(日常)의 일.
【常道】じょうどう(상도) ①☞常軌(상궤). ②보통의 방법.
【常例】じょうれい(상례) 두루 있는 사례(事例). 慣例(관례).
【常綠】じょうりょく(상록) 사시(四時) 나뭇잎이 늘 푸름. ¶一樹.
【常律】じょうりつ(상률) ☞常規(상규). ¶不用詩家一<葉適>
【常鱗凡介】じょうりんぼんかい(상린범개) 흔한 물고기와 조개. 평범한 인물의 비유.
【常木】(상목) 품질이 낮은 무명베.
【常務】じょうむ(상무) ①날마다 보는 업무. ②상무위원(常務委員) 또는 상무이사(常務理事).
【常民】じょうみん(상민) 상사람. 평민.
【常班】(상반)韓 ☞班常(반상).
【常伯】じょうはく(상백) ①주(周)대 목민(牧民)의 장관(長官). 三公(삼공). ②한(漢)대 시중(侍中)의 벼슬.
【常法】じょうほう(상법) 정해진 법규. 일정한 법률.
【常辟】じょうへき(상벽) 일정한 규칙. 불변의 형법(刑法). 定法(정법).
【常備軍】じょうびぐん(상비군) 국가가 국방을 위하여 상비하고 있는 군대.
【常備藥】じょうびやく(상비약) 늘 갖추어 두는 약품.
【常事】じょうじ(상사) 보통으로 있는 평범한 일. ¶惟說平生一<晉書>
【常山】じょうざん(상산) ①산 이름. 항산(恒山). ②조팝나무의 뿌리. 학질·담(痰)에 씀.
【常算】じょうさん(상산) 평범한 계략. 평범한 일.
【常山蛇勢】じょうざんのだせい(상산사세) 상산(常山)에 양두(兩頭)의 뱀이 있어, 머리를 치면 꼬리가 덤비고, 꼬리를 치면 머리가 덤비고, 허리를 치면 머리와 꼬리가 합세하여 대든다는 전설에서 온 말로, 적의 내습이 있으면 지체없이 서로 원호(援護)하는 진법(陣法) 또는 문장의 수미(首尾)가 잘 호응함을 이름. 常山蛇(상산사).
【常山舌】じょうざんのした(상산설) 굳은 절개의 비유. 당(唐) 현종(玄宗) 때 안녹산(安祿山)이 배반하므로 상산(常山)의 태수 안고경(顏杲卿)이 그를 꾸짖다가 혀를 잘렸으나 끝까지 절개를 굽히지 않은 옛일에서 온 말. 顏常山舌(안상산설). ¶爲張睢陽齒 爲顏一<文天祥>
【常設】じょうせつ(상설) 늘 이용할 수 있도록 설비나 시설을 갖추어 둠. ¶一館/一劇場/一舞臺/一展示場.

【常羞】じょうしゅう(상수) ☞常食(상식). ¶敕廚倍一
＜杜甫＞
【常數】じょうすう(상수) ①정해진 운명. ②물질의 물리적·화학적 성질을 표시하는 수. ③항상 일정한 값을 취하는 수. ↔變數(변수).
【常習】じょうしゅう(상습) 늘 하는 버릇. ¶一的/一者.
【常習犯】じょうしゅうはん(상습범) 상습적으로 하는 범죄. 또는, 그 범인.
【常勝】じょうしょう(상승) 늘 이김. ¶五行無一 四時無常位＜列子＞/一之道.
【常侍】じょうじ(상시) ①어른을 항상 곁에서 모시는 사람. ②벼슬 이름. 散騎常侍(산기상시). 「傳＜杜甫＞
【常時】じょうじ(상시) 여느 때. 보통 때. ¶一弟子
【常式】じょうしき(상식) ①일정한 법률. 常法(상법). ②일정한 격식. 「羞(상수).
【常食】じょうしょく(상식) 늘 먹음. 늘 먹는 음식. 常
【常識】じょうしき(상식) 일반이 지녀야 할 지식이나, 일반적으로 알려져 있는 지식.
【常信石】(상신석) 강원도에서 생산되는 비상(砒霜). 학질·누창(漏瘡)·치루(痔漏) 따위의 병을 고치는 데 쓰임.
【常娥】じょうが(상아) 달의 이칭. 嫦娥(항아). 姮娥(항아). ¶天涯涓涓一月＜盧仝＞
【常藥】じょうやく(상약) 민간에서 경험에 의하여 흔히 쓰는 약.
【常羊】しょうよう·じょうよう(상양) ☞徜徉(상양). ¶周流一＜漢書＞
【常用】じょうよう(상용) 일상 생활에 늘 씀.
【常用語】じょうようご(상용어) 일상 생활에 쓰는 말. 늘 쓰는 말.
【常義】じょうぎ(상의) 사람이 항상 행하여야 하는 도리. ¶天以光明爲一＜左氏傳＞
【常人】じょうじん(상인) ①보통 사람. 凡人(범인). ②항상 도(道)를 지켜 변하지 않는 사람. ③[韓]상사람. 常漢(상한).
【常因】じょういん(상인) 정해진 인연. ¶國有一＜管子＞
【常任】じょうにん(상임) ①일정한 직무를 계속하여 맡음. 常勤(상근). ¶一委員/一理事. ②주(周)대에 직책을 맡았던 공경(公卿).
【常寂光土】じょうじゃっこうど(상적광토)《佛》 항상 변하지 않는 광명 세계의 뜻으로, 부처의 처소나 빛나는 마음의 세계를 이름. 常寂光(상적광). 「¶人之一.
【常情】じょうじょう(상정) 일상의 마음. 보통의 인정.
【常調】じょうちょう(상조) ①보통의 율조(律調). ②늘 하는 놀이. 常戲(상희). ③관리로 선용(選用)됨. 常選(상선).
【常調擧生】じょうちょうきょせい(상조거생) 관리 시험에 응하는 보통 사람들. 常調는 이미 벼슬아치로 임명된 사람, 擧生은 과거를 치르고자 하는 사람. ¶使天下一妄心恥不若人＜蘇軾＞ 「존).
【常存】じょうそん(상존) 언제나 존재함. ※尙存(상
【常主】じょうしゅ(상주) ①정해진 주인. ②항상 맡아 다스림.
【常住】じょうじゅう(상주) ①항상 거주함. ¶一人口. ②《佛》 ㉮중이 일정한 절에 살고 있음. ㉯불법(佛法)이 생멸 변천(生滅變遷) 없이 늘 존재함. 永久不變(영구불변). ¶世間相一＜法華經＞
【常住物】じょうじゅうぶつ(상주물)《佛》 절에 딸린 동산·부동산의 총칭.
【常住不滅】じょうじゅうふめつ(상주불멸)《佛》 본연 진심(本然眞心)이 없어지지 않고 영원히 있는 것.
【常參】じょうさん(상참) ①조선 때 의정(議政)을 비롯, 중신(重臣) 또는 시종신(侍從臣)이 매일 편전(便殿)에 들어가 임금에게 나라일을 보고하던 일. ②☞常勤(상근).
【常賤】じょうせん(상천) 상인(常人)과 천인(賤人).
【常棣】じょうれい(상체) ①아가위나무. 棠毬子(당구자). 山査子(산사자). 唐棣(당체). ②「시경」(詩經) 소아(小雅)의 편 이름. ③형제(兄弟).
【常態】じょうたい(상태) 보통 때의 모양이나 형편. 정상적인 상태. ↔變態(변태).
【常套】じょうとう(상투) 예사로 늘 하는 버릇. ¶一手段.
【常套語】じょうとうご(상투어) 버릇이 되어 예사로 하는 말. 套語(투어). 「(것).
【常套的】じょうとうてき(상투적) 버릇이 되다시피한
【常漢】じょうかん(상한) 상사람. 常人(상인).
【常形】じょうけい(상형) ☞定形(정형).
【常戶】(상호)[韓] 상사람의 집. ↔班戶(반호).
▷綱一, 居一, 經一, 故一, 國一, 達一, 大一, 目一, 無一, 凡一, 非一, 司一, 三一, 殊一, 習一, 襲一, 尋一, 五一, 庸一, 倫一, 異一, 日一, 典一, 諸行無一, 眞一, 天一, 通一, 平一, 恒一

8 11 〖帷〗 휘장 유 | [支]ㄨㄟˊ (wei) | い(トバリ) *curtain*

帷
(三才圖會)

[풀이]①휘장(揮帳). 장막. ¶一幕. ②널에 치는 덮개. ¶君龍一＜禮記＞ ③수레에 치는 덮개. ¶一裳.
【帷蓋】いがい(유개) 휘장과 덮개. 덮어서 감쌈.
【帷幕】いまく(유막) ①휘장과 천막. ②기밀(機密)을 의논하는 곳. 작전 계획을 짜는 곳.
【帷薄不修】いはくオサマラズ(유박불수) 부인의 품행이 좋지 못함을 이르는 말. 薄은 簾. 부인이 거처하는 방은 휘장을 치고 발을 늘어뜨리므로, 유박은 규방(閨房)의 뜻. 閨房不肅(규방불숙).
【帷房】いぼう(유방) ①휘장을 친 방. ②침실. 閨房(규방). ¶愛止一＜宋書＞
【帷裳】いしょう(유상) ①주름이 없는 치마. 제사나 출사(出仕) 때 입음. ¶非一 必殺之＜論語＞ ②부인이 타는 수레의 휘장.
【帷幄】いあく(유악) ①☞帷幕(유막). ②작전 계획을 짜는 곳. ③참모(參謀). 帷幄之臣(유악지 신). 謀臣(모신).
【帷牆之制】いしょうノせい(유장지 제) 임금이 근신(近臣)이나 시첩(侍妾) 등에게 자유를 구속당하는 일. 帷는 휘장으로, 비첩(婢妾)이 있는 곳. 牆은 담으로, 근신이 있는 곳.
▷講一, 幔一, 門一, 書一, 幄一, 簾一, 下

一, 揮一

8 11 **〖帳〗** 휘장 장 | 漾ㄓㄤˋ (zhang) | ちょう(トバリ) *curtain*

풀이 ①휘장(揮帳). 방장. 장막. ¶卽其一中 斬宋義頭<史記> ②천막. 유목민(遊牧民)들의 집. ¶接一連☆<晋書> ③군막(軍幕). ¶一下. ④공책. 장부. ¶記一. ⑤장. 휘장·방장 따위를 세는 단위. ¶帳幕九一<左氏傳>

【帳獨轎】(장독교)韓 사람이 타는 가마의 한 가지. 앞에는 문이 있고, 양옆에 창이 나 있으며, 뚜껑은 지붕처럼 둥긋하고, 네 귀가 추녀처럼 생겼음.

【帳幕】ちょうまく(장막) 둘러치는 막. 휘장. 방장.

【帳步轎】(장보교)韓 가마의 한 가지. 장독교(帳獨轎)와 비슷한데, 네 기둥을 세우고 사면(四面)에 휘장을 둘러쳤으며, 꾸몄다 뜯었다 할 수 있음.

【帳簿】ちょうぼ(장부) 금품의 수입 지출을 기록하는 책.

【帳設】(장설)韓 잔치 또는 놀이로 여러 사람이 모인 자리에 차려 내놓는 음식. ¶一間.

【帳籍】ちょうせき(장적) 호적 등기(戶籍登記)의 장부. 戶籍簿(호적부).

【帳前】ちょうぜん(장전) ①임금이 임어(臨御)한 장막의 앞. ②장수(將帥)의 앞.

【帳殿】ちょうでん(장전) ①휘장으로 지은 궁전(宮殿). ②임시로 꾸민 어좌(御座). 차일을 치고 휘장으로 사방을 둘러 막고 보계(補階)를 꾸며 별문석(別文席)·채화석(綵花席) 등의 자리를 펴고 가운데에 어좌를 만듦.

【帳中】ちょうちゅう(장중) 장막의 안. ¶卽其一 斬宋義頭<史記>

【帳下】ちょうか(장하) ①장막의 안. ②대장군(大將軍)이 있는 곳. 幕下(막하).

▷絳一, 開一, 計一, 供一, 几一, 錦一, 記一, 大一, 斗一, 蚊一, 簿一, 牀一, 手一, 牙一, 營一, 籍一, 祖一, 紙一, 綵一, 通一, 布一, 揮一

8 11 **〖帴〗** 1 언치 천 2 치마 전 | 先ㄐㄧㄢˇ 銑 (jian) | せん(シタグラ)

풀이 1 언치. 안장이나 길마 밑에 까는 물건. ¶馬一. 2 ①치마. ②포대기. 기저귀. ③얕다. 通淺. ④좁다. 협소함. ¶若苟自急者 先裂則 是以博爲一也<周禮>

8 11 **〖帢〗** 모자 흡 本겹 | 洽ㄑㄧㄚˋ (qia) | こう *hat*

풀이 모자. 비단으로 만든 모자. 같 帢. ¶帝改用素白一<晋書>

12 **〖帹〗** 帢(p. 498)과 同字

12 **〖帬〗** 裙(p. 1353)과 同字

9 12 **〖帾〗** 깃발 도 | 麌 | と(ハタ)

12 **〖幂〗** ☞ 冖部 10획(p. 186)

9 12 **〖帽〗** 모자 모 | 號ㄇㄠˋ (mao) | ぼう(ボウシ) *hat*

本 帽

풀이 ①모자. 두건. ¶冠一. ②두겁. 가늘고 길게 생긴 물건 끝에 씌우는 물건. 붓두겁. ¶寫完卽加筆一<洞天筆錄>

【帽帶】(모대) 사모(紗帽)와 각띠.

【帽子】ぼうし(모자) 머리에 쓰는 것.

【帽章】ぼうしょう(모장) ☞帽標(모표).

【帽標】ぼうひょう(모표) 모자에 붙이는 일정한 표. 모자표(帽子標)의 준말.

【帽靴帶】(모화대) 사모(紗帽)·목화(木靴)·각대(角帶)의 총칭.

▷冠一, 校一, 軍一, 落一, 登山一, 複一, 四角一, 禮一, 制一, 着一, 脫一, 筆一, 學一

9 12 **〖幇〗** 도울 방 | 陽ㄅㄤ (bang) | ほう(タスケル) *help*

本幫 俗幚 同帮

풀이 ①돕다. 보좌함. ¶一助. ②패거리. 패. ¶四人一. ③中 동업 조합(同業組合). 동향(同鄕) 상인들의 단체. ¶系一.

【幇間】ほうかん(방간) ①중개자(仲介者). ②연석에서 주흥(酒興)을 돋우는 사람.

【幇助】ほうじょ(방조) ①거들어서 도와 줌. ②남의 범행에 편의를 주는 일. ¶殺人一.

12 **〖帲〗** 屛(p. 468)과 同字

9 12 **〖幄〗** 휘장 악 | 覺ㄨㄛˋ (wo) | あく(トバリ) *curtain*

풀이 ①휘장(揮帳). 장막. 커튼. ¶一帷. ②천막. 군막(軍幕). ¶帷一. ③막을 쳐 놓은 곳. ¶二子在一<左氏傳>

▷經一, 裙一, 宸一, 油一, 帷一, 紫一, 帳一

9 12 **〖幃〗** 휘장 위 | 微ㄨㄟˊ (wei) | き, い(トバリ) *curtain*

풀이 ①휘장(揮帳). 通帷. ¶一幄. ②향낭(香囊). 향을 넣는 주머니. ¶蘇糞壤以充一兮<楚辭> ③부인의 정복(正服). 通褘.

▷羅一, 屛一, 書一, 紙一

9 12 **〖幀〗** 그림 족자 정 本쟁 | 敬ㄓㄥˋ (zheng) | てい

同 幁 幨

풀이 ①그림 족자. 비단에 그린 그림. ¶一畫. ②그림틀. 수틀. ③책의 겉장이나 싸개. ¶裝一.

【幀畫】とうが(탱화←정화)《佛》 그림으로 그려 벽에 거는 불상(佛像).

【幀畫佛事】とうがぶつじ(탱화불사←정화불사)《佛》 벽에 거는 불상을 그리는 일.

9 12 【幅】 1 폭 폭 本 복 2 행전 핍 本 벽 | 屋ㄈㄨˊ (fu) 職 | ふく (ハバ) *width*

풀이 1 ①폭. ㉮나비. ㉯도량(度量). 자체 안에 포괄한 크기. ¶宜選貞良宿德有方一者<北史> ②수사(數詞). ㉮그림을 세는 단위. ¶愛君寒齊之畫一<袁桷> ㉯피륙·종이 따위의 조각을 세는 단위. ③넓이. ¶一隕既長<詩經> ④가. 가장자리. ¶邊一. ⑤천. 포백(布帛). ¶繡文錦一<孫樵> 2 ①행전(行纏). 행등(行縢). 흔히, 재래식 상복(喪服)을 입을 때 바지 겉 무릎 아래에 꿰어 위쪽을 묶는 토시 같은 것. ¶帶裳一舃<左氏傳> ②붙이다. 通 偪.
▷巾一, 大一, 半一, 配一, 邊一, 邪一, 素一, 帳一, 全一, 終一, 充一, 環一, 橫一

10 13 【幎】 덮을 멱 | 錫ㄇㄧˋ (mi) | べき(オオウ) *cover*

풀이 ①덮다. 덮어 씌움. 같 冪. ¶舒之一於六合<淮南子> ②물건을 덮는 보. ③평평한 모양. 고른 모양. ¶欲其一爾而下迆也<周禮>
【幎目】べきもく(멱목) 소렴(小殮) 때 송장의 얼굴을 싸는 명주. ¶一用緇<儀禮>

幎目 (三禮圖)

10 13 【幌】 휘장 황 | 養ㄏㄨㄤˇ (huang) | こう(トバリ) *curtain*

풀이 ①휘장(揮帳). ¶拂簾一墜於茵席之上<南史> ②덮개. 포장. 수레 위에 덮는 포장. ¶露一行春移畫輪<劉永之> ③술집에 세우는 기. ¶小爐低一還遮掩<陸龜蒙> ④中 간판(看板).
▷蚊一, 書一, 幃一, 寢一, 戶一

11 14 【幗】 머리 장식 괵 | 陌ㄍㄨㄛˊ (guo) | かく

풀이 ①머리 장식. 부인들이 머리에 쓰는 꾸미개. ¶巾一. ②부인들이 상중(喪中)에 쓰는 쓰개.

11 14 【幕】 1 막 막 2 막 만 | 藥ㄇㄨˋ (mu) 翰 | ばく, まく (マク, オオウ) *curtain*

同 幙

풀이 1 ①막. ㉮장막. 천막. ¶帷一. ㉯韓 임시로 간단하게 지은 집. ¶園頭一. ㉰韓 연극에서 한 단락을 세는 단위. ¶單一劇. ②진영(陣營). ¶楚一有烏<左氏傳> ③장군의 군막. 군사·정치에 관한 일을 처리하는 곳. ¶可謂入一之賓矣<晋書> ④덮다. 덮어 가림. ¶井收勿一<易經> ⑤사막. 모래 벌판. 通 漠. ¶益北絕一<史記> ⑥바르다. 칠함. ¶葺牆一室<左氏傳> ⑦팔뚝받침. 정강이 받침. ¶當敵則斬堅甲鐵一<史記> 2 ①막. 휘장. 같 幔. ②화폐의 뒷면. 通 漫. ¶文爲騎馬 一爲人面<漢書>
【幕間】まくあい(막간) 연극에 있어서, 한 막이 끝나고 다음 막이 시작되기까지의 동안. ¶一劇.
【幕僚】ばくりょう(막료) ①막부(幕府)에 있어서 장군을 보좌하는 사람. 장군의 참모. ②각 군(軍)의 참모총장·사령관 등에 딸려 참모 업무에 관여하는 장교. ③비장(裨將). ④남의 상담(相談)에 응하는 사람.
【幕吏】ばくり(막리) 막부(幕府)의 벼슬아치. 장군의 부하.
【幕府】ばくふ(막부) 대장군(大將軍)의 본영(本營). 필요한 곳에 막을 치고 군사를 지휘한 데서 온 말. 莫府(막부). ¶之一 對簿<史記>
【幕北】ばくほく(막북) ☞幕朔(막삭). ¶以精兵待於一<史記>
【幕賓】ばくひん(막빈) 비밀 모의에 참여하여 막부의 빈객으로 대접을 받는 사람. 幕客(막객). 入幕之賓(입막지 빈).
【幕舍】ばくしゃ(막사) 임시로 간단하게 꾸민 집. 막집.
【幕朔】ばくさく(막삭) 고비 사막 이북의 땅. 幕은 漠, 朔은 北, 사막의 북쪽이란 뜻. 幕北(막북).
【幕議】ばくぎ(막의) 막부(幕府) 사람들의 주장. 幕論(막론).
【幕天席地】ばくてんせきち(막천석지) 하늘을 덮개로, 땅을 깔개로 하고 기거한다는 뜻으로, 의기(意氣)가 호방(豪放)함을 이름. ¶一 縱意所如<劉伶>
【幕下】ばっか(막하) ①장막의 아래. ②대장의 휘하(麾下). ¶羅而致之一<韓愈> ③장군을 이르는 말.
▷舊一, 軍一, 羅一, 倒一, 同一, 幔一, 幄一, 簾一, 帷一, 留一, 六一, 入一, 佐一, 鐵一, 土一, 閉一, 黑一

14 【幙】 幕(p. 505)과 同字

11 14 【幔】 막 만 | 翰ㄇㄢˋ (man) | ばん, まん (マク) *curtain*

풀이 ①막. 천막. 휘장. 포장. 같 幕. ¶一幕. ②장식이 없는 수레. 通 縵. ¶乘一不擧<國語>
▷羅一, 油一, 帷一, 帳一, 毳一

11 14 【幘】 건 책 | 陌ㄗㄜˊ (ze) | さく (ズキン)

풀이 ①건(巾). 머리띠. 머리싸개. ¶一巾. ②꼭대기. 정수리. ¶鷄一. ③이[齒]가 아름답다. ¶皙一而衣貍製<左氏傳>
▷介一, 巾一, 空頂一, 卷一, 半一, 岸一, 平上一

14 【㣲】 徽(p. 555)와 同字

12/15 【幢】 ①기 당 ㊉장 ②드리워진 모양 동 | 𠐊 ㄔㄨㄤˊ (chuang) 東 | とう (ハタ) pennon

풀이 ① ①기(旗). 군(軍)에서 의장(儀仗)이나 지휘용으로 쓰는 기. ¶建一棨 植羽葆<漢書> ②막. 휘장. 덮개. ¶一容. ③중국에서 군대 편성의 한 단위. 병사 100명을 1幢이라 이름. ¶領都內一將<資治通鑑> ②드리워진 모양. 새털·천 같은 것이 늘어져 있는 모양. ¶樹羽一一<張衡>

【幢竿支柱】(당간지주) 당간(幢竿)을 받쳐 세우기 위한 기둥.

【幢幡】どうばん(당번) 기(旗). (동번)《佛》당간에 드리워진 기. 幢旛(당번).

長壽幢
(淸會典圖)

【幢牙】どうが(당아) 정당(旌幢)의 아기(牙旗). 대장기. 牙幢(아당).

【幢主】どうしゅ(당주) ①한 군대의 우두머리. ②신라 때 무관(武官)의 벼슬 이름.

▷法一, 石一, 牙一, 羽葆一, 施一

12/15 【幠】 덮을 무 | 虞 ㄏㄨ (hu) | こ (オオウ)

풀이 ①덮다. ㉮덮어 가림. ¶一用斂衾<禮記> ㉯보. 덮어 싸는 것. ②업신여기다. 깔봄. 通侮. ¶毋一毋敖<禮記> ③크다. 큰 모양.

15 【幫】 幇(p.507)의 俗字

12/15 【幡】 기 번 | 元 ㄈㄢ (fan) | はん, ほん banner

풀이 ①기(旗). 표기(標旗). 通旛. ¶一旗. ②나부끼다. 펄럭거림. 通翻. ¶落英一纚<史記> ③먹걸레. 먹수건. ④마음을 돌리다. 마음을 고쳐 먹음. 通反. ¶旣而一然改<孟子>

【幡幟】はんし(번치) ☞旗幟(기치).

▷三一, 信一, 翩一, 風一

幡
(三才圖會)

12/15 【幞】 건 복 | 因 ㄆㄨˊ (pu) | ぼく (ズキン)

풀이 건(巾). 두건. ¶一頭.

【幞巾】ぼくきん(복건) ①도복(道服)에 갖추어서 머리에 쓰는 쓰개. ②어린 사내 아이가 명절이나 돌 때 머리에 쓰는 쓰개. 幅巾(복건).

【幞頭】ぼくとう(복두) 과거 급제한 사람이 홍패(紅牌)를 받을 때 쓰던 갓의 한 가지.

幞頭
(三才圖會)

15 【幟】 織(p.1189)·傘(p.132)과 同字

15 【幨】 幀(p.504)과 同字

15 【幬】 幬(p.507)와 同字

12/15 【幝】 해진 모양 천 | 銑 | せん

12/15 【幟】 기 치 | 寘 ㄓˋ (zhi) | し (ノボリ) flag

同 帺 旘

풀이 ①기(旗). 표기(標旗). 표로 세워 보이는 기. ¶旗一. ②표지(標識). ¶以采采縫其裾爲一<後漢書>

▷旗一, 幡一, 疑一, 赤一, 旌一, 標一, 虛一, 徽一

12/15 【幣】 비단 폐 | 霽 ㄅㄧˋ (bi) | へい (ヌサ) silk

풀이 ①비단. 견직물. ¶皮一. ②예물. ㉮신(神)에게 바치는 비단. ¶及祀之日贊玉一爵之事<周禮> ㉯폐백. 예물로 보내는 비단. ¶一物. ③돈. 화폐. ¶改一以約之<漢書> ④재물. 재화(財貨). ¶以珠玉爲上一<管子>/一貢.

【幣物】へいぶつ·へいもつ(폐물) 선사하는 물건. ¶使下臣奉其一<國語>

【幣帛】へいはく(폐백) ①신에게 바치는 비단. ②예를 갖추어 보내는 물건. ㉮韓 신부가 처음으로 시부모를 뵐 때 올리는 대추나 건치(乾雉) 따위. ㉯제자가 처음 뵙는 선생에게 올리는 예물. 또는, 점잖은 사람을 만나러 갈 때 가지고 가는 물건. ¶禮之先一也 欲民之先事而後祿也<禮記> ③돈과 비단. ¶開府庫 出一 周天下<禮記>

【幣聘】へいへい(폐빙) 예물을 보내서 남을 초대함. ¶湯使人以一之<孟子>

【幣棗】(폐조) 폐백 대추.

▷金一, 納一, 寶一, 奉一, 聘一, 歲一, 量一, 財一, 楮一, 錢一, 正一, 造一, 重一, 紙一, 職一, 徵一, 泉一, 皮一, 貨一, 厚一

13/16 【幦】 수레덮개 멱 | 錫 ㄇㄧˋ (mi) | べき

풀이 수레 덮개. 먼지를 가리기 위해 수레를 덮는 보. 通幎 幭. ¶君羔一虎犆<禮記>

13/16 【幨】 휘장 첨 | 鹽 ㄔㄢ (chan) | せん (トバリ) curtain

풀이 ①휘장(揮帳). ㉮커튼. ㉯수레에 둘러친 휘장. ¶一帷. ㉰화살막이 휘장. ¶渠一以守<淮南子> ②끊다. 단절함. ¶夫筋之所由一<周禮> ③옷깃. ¶列大夫豹一<管子>

14/17 【幪】 ①덮을 몽 ②무성한 모양 몽 | 東 ㄇㄥˊ (meng) 董 | もう (オオウ) cover

풀이 ① ①덮다. 덮어씌움. ¶知夏屋之帡一也<法言> ②건(巾). 머리띠. ¶

一巾. [2]무성한 모양. ¶麻麥一一<詩經>

17【幫】 幇(p.504)의 本字

14 17【幬】 [1]휘장 주 [2]덮을 도 | (尤)ㄔㄡˊ (chou) (豪)ㄉㄠˋ (dao) | ちゅう (トバリ) *curtain* とう

풀이 [1] ①휘장(揮帳). ㉮커튼. ¶一尉. ㉯모기장. ¶一帳. ②수레바퀴에 씌우는 가죽. ¶欲其一之廉也<周禮>/一菜. [2]덮다. 덮어 가림. (通)燾. ¶無不覆一<中庸>
▷羅一, 蚊一, 覆一

16 19【幰】 수레포장 헌 | (阮)ㄒㄧㄢˇ (xian) | けん(ホロ)

20【幨】 幀(p.504)과 同字

干<방패 간>部

干 ② 平 ③ 幵 年 并 ⑤ 幷 幸 ⑩ 幹

0 3【干】 [1]방패 간 [2]주사 안 | (寒)ㄍㄢ (gan) (翰) | かん(タテ) *shield*, *cinnabar*

풀이 [1] ①방패. ¶朱一玉戚<禮記>/一戈. ②범하다. ¶以一闔閭<公羊傳>/一犯. ③막다. ¶陪臣一掫<左氏傳> ④구하다. ¶子張學一祿<論語> ⑤관여하다. ¶一預人事<晋書> ⑥헛되다. ¶一給. ⑦장대. (通)竿. ⑧산골짜기. (通)澗. ⑨과녁 이름. ¶士射一<儀禮> ⑩말리다. (通)乾. ¶方將被髮而一<莊子> ⑪물가. ¶昔者吳一戰<管子> ⑫천간(天干). ¶一支. ⑬교외. ¶出宿于一<詩經> ⑭(韓)새앙. 생강. ¶一三召二. [2]주사(朱砂). (같)矸.

干①(禮器圖)

【干戈】かんか(간과) ①창과 방패. 나아가, 병기(兵器). ¶能執一<禮記> ②전쟁. ¶身服一事<王粲> ③무무(武舞). ¶春夏學一<禮記>

【干滿】かんまん(간만) 썰물과 밀물. 滿干(만간).

【干潟地】かんせきち(간석지) 바닷물이 드나드는 개펄.

【干涉】かんしょう(간섭) 남의 일에 나서서 참견함. ¶固不敢一<金史>

【干城】かんじょう(간성) ①방패와 성. ②나라의 방패와 성이라는 뜻에서, 군인을 이름. ¶公侯能爲民一<左氏傳>

【干與】かんよ(간여) 관계하여 참여함. 干預(간예). ¶一政事<吳志>

【干將莫邪】かんしょうばくや(간장막야) 오(吳)의 도공(刀工) 간장이 임금을 위하여 아내 막야(莫邪)와 협력해서 만들었다는 한 쌍의 명검. 나아가, 명검의 별칭.

【干潮】かんちょう(간조) 썰물. ↔滿潮(만조).

【干支】かんし(간지) 천간(天干)과 지지(地支). 곧, 10간(干)과 12지(支).

【干拓】かんたく(간척) 바다 따위를 막아 물을 빼고 육지로 만드는 일. ¶一事業/一地.

【干掫】かんそう(간추) 야경(夜警)을 돎. 또는, 야경꾼. ¶陪臣一<左氏傳>

▷欄一, 鏌一, 滿一, 射一, 斯一, 十一, 野一, 若一, 如一, 吳一, 支一, 天一, 河一

4【开】 ☞ 幵(p.509)의 俗字

5【刊】 ☞ 刀部 3획(p.199)

2 5【平】 [1]평평할 평 [2]나눌 편 (本)변 | (庚)ㄆㄧㄥˊ (ping) (先) | へい, びょう (タイラカ)

풀이 [1] ①평평하다. ¶八月湖水一<孟浩然>/一坦. ②바르게 하다. ¶一八索<國語> ③평정하다. ¶一夷狄之亂<淮南子> ④고르다. ¶一室律<荀子> ⑤편안하다. ¶天下一<大學> ⑥보통. ¶顧以思致一凡<朱熹> ⑦공평. ¶稱其廉一<史記> ⑧표준. ¶廷尉天下之一也<史記> ⑨평야. ¶春色滿一蕪<高適> ⑩쉽다. ¶一易. ⑪사성(四聲)의 하나. ¶一聲. ⑫운(韻)의 하나. ¶一仄. [2]나누다. (通)辨. ¶一章百姓<書經>

【平康】へいこう(평강) ①평안함. 平穩(평온). ¶一正直<書經> ②당(唐)대 장안의 북리(北里). 뜻이 바뀌어, 유곽(遊廓). ¶諸妓居一里<北里志序>

【平擧】へいきょ(평거) 가곡의 하나.

【平交】へいこう(평교) ①나이가 비슷한 벗. 대등한 교제. ¶禮等一<徐陵> ②오래 된 친교.

【平均】へいきん(평균) ①고름. 또는, 고르게 함. ②많고 적음이 없이 균일함. 平衡(평형). ¶一和調<管子> ③여러 수나 양의 중간적인 수치(數値). 또는, 그런 수치를 구하는 일. ¶一氣溫.

【平起】ひょうき(평기) 한시(漢詩)에서, 첫 구 안짝 둘째 글자에 평자(平字)를 쓰는 시격(詩格). ↔仄起(측기). ※平仄式(평측식).

【平吉】へいきつ(평길) 마음이 평화롭고 선량함. ¶一之人<北史>

【平年】へいねん(평년) ①윤년(閏年)이 아닌 해. ②농사가 보통 정도로 된 해. ※豊年(풍년)·凶年(흉년).

【平年作】へいねんさく(평년작) 농사가 풍작도 흉작도 아닌 정도로 수확됨. 平作(평작)①.

【平旦】へいたん(평단) 새벽. 黎明(여명). 平明(평명). ¶一而聽朝<新序>

【平臺】へいだい(평대) ①평평한 대. ¶一淸池<歐陽脩> ②북경 자금성(紫禁城)에 있는 궁전 이름. ③전국 시대 양(梁)의 무왕(武王)이 쌓은 대 이름.

【平頭】へいとう(평두) ①수효가 참. 齊頭(제두). ¶白髮一五十人<白居易> ②한시에서 삼

가는 팔병(八病)의 하나. 한 연(聯)에서 상구(上句)의 첫 두 자가 하구의 첫 두 자와 동성(同聲)인 것 따위. ③종. 하인. ¶一拾澗柴<陸游> ④위가 편편한 두건. ⑤연(輦) 이름. 平輦(평련).

【平斗量】(평두량)㊗ 평말.

【平等】びょうどう(평등) 차별없이 동등함. 均等(균등). ¶悉皆一<涅槃經>

【平亂】へいらん(평란) 병란을 평정함. ¶高祖一<後漢書>

【平弄】へいろう(평롱) 가곡의 하나. 언롱(言弄)이 처음을 높이 질러 내는 데 대하여, 평롱은 처음을 평성(平聲)으로 냄.

【平面】へいめん(평면) ①평평한 표면. ¶一鏡. ②표면상의 어떤 두 점을 연결하여도 직선이 항상 그 표면에 있는 면.

【平明】へいめい(평명) ①새벽. 平旦(평단). ¶一而聽朝<荀子> ②공평하고 분명함. ¶昭陛下一之治<諸葛亮>

【平文】へいぶん(평문) 보통의 글. 散文(산문). ↔韻文(운문).

【平民】へいみん(평민) ①벼슬이 없는 보통 사람. 庶民(서민). ¶延及于一<書經> ②백성을 평온하게 다스림. ¶義以生利 利以一<左氏傳>

【平反】へいはん(평반) 반복 조사하여 죄를 밝히고 바르게 함. ¶多所一罪人<漢書> ※へんぱん

【平白】へいはく(평백) ①이유없이. 平白地(평백지). ②넓고 공허함. ¶沙汰好一<李賀>

【平凡】へいぼん(평범) 뛰어난 데 없이 보통임. 平平(평평). ¶顧以思致一<朱熹>

【平步】へいほ(평보) 서두르지 아니하고 느긋한 걸음걸이. ¶一取公卿<白居易>

【平服】へいふく(평복) 평소 입는 옷. 平常服(평상복).

【平分】へいぶん(평분) 공평하게 나눔. ¶一粮食<史記>

【平分年】へいぶんねん(평분년) 춘분(春分)에서 다음 춘분까지의 1년간을 이름.

【平沙】へいさ(평사) 평평한 모래 벌판. 砂漠(사막). ¶一列萬幕<杜甫>

【平沙落雁】へいさらくがん(평사낙안) 모래 벌판에 내려앉는 기러기. ㉮소상 팔경(瀟湘八景)의 하나. ㉯거문고 곡조의 이름. ㉰국화의 한 가지.

【平牀】(평상) 판자를 깐 침대의 하나. 平床(평상).

【平常】へいじょう(평상) ①평소. 平常時(평상시). ¶一無所供<蜀志>/一日. ②평범. 尋常(심상).

【平常服】へいじょうふく(평상복) ☞平服(평복).

【平常時】へいじょうじ(평상시) 평소. 보통 때. 平時(평시)②. 平日(평일). ↔非常時(비상시).

【平生】へいぜい(평생) ①평소. 平常(평상). ¶一愛山水<黃滔> ②일찍이. 어렸을 때. 往年(왕년). ¶一少年時<阮籍> ③사람이 나서 죽을 때까지. 一生(일생).

【平署】へいしょ(평서) 같은 자격으로 연명(連名)함. 連署(연서). ¶不肯一<後漢書>

【平昔】へいせき(평석) 일찍이. 往日(왕일). ¶一遊從<王安石>

【平聲】ひょうしょう(평성) 사성(四聲)의 하나. 높낮이가 없는 소리로서, 상평(上平)과 하평으로 나뉨. 평성은 글자의 좌하에 동그라미를 그려 표시하는데, 상평에는 東·冬·江·支·微·魚·虞·齊·佳·灰·眞·文·元·寒·刪의 15운, 하평에는 先·蕭·肴·豪·歌·麻·陽·庚·靑·蒸·尤·侵·覃·鹽·咸의 15운이 있음.

【平素】へいそ(평소) ①평상시. 늘. ¶一輕先主<蜀志> ②지난 일. 往事(왕사). ¶目彷彿乎一<潘岳>

【平水韻】へいすいいん(평수운) 송(宋)대 평수의 유연(劉淵)이 「예부운략」(禮部韻略)을 증수(增修)하여, 종전의 206운(韻) 가운데 같이 쓰이는 운을 합쳐서 107운으로 줄인 것. 후에, 상성의 극(極)을 없애어 106운이 됨.

【平時】へいじ(평시) ①평온한 때. 무사할 때. ②평소. 평상시. ¶酒過一量<陸游>

【平信】へいしん(평신) ①무사함을 알리는 편지. ②보통의 편지. 平書(평서). ↔急報(급보)·密書(밀서)·凶報(흉보).

【平信徒】ひらしんと(평신도) 교직을 갖지 않은 일반 신도.

【平身低頭】へいしんていとう(평신저두) 황송하여 부복(俯伏)함.

【平安】へいあん(평안) 무사하여 마음에 걱정이 없음. 太平(태평). 安穩(안온). ¶恬淡一<韓非子>

【平野】へいや(평야) 넓고 평평한 들판. 平原(평원). ¶一接荒陂<溫庭筠>

【平午】へいご(평오) 태양이 정남(正南)에 평형을 유지할 때. 곧, 정오(正午). 午正(오정). 亭午(정오). ¶日光一見<蘇舜欽>

【平温】へいおん(평온) ①보통 온도. ②평균 온도.

【平穩】へいおん(평온) 무사하고 조용함. ¶一不生風<徐照>

【平韻】ひょういん(평운) 평성(平聲)의 운. ↔仄韻(측운). ※平聲(평성)·平仄(평측).

【平原】へいげん(평원) ☞平野(평야).

【平原君】へいげんくん(평원군)《人》전국(戰國) 시대 조(趙) 무령왕(武靈王)의 아들. 이름은 승(勝), 평원군은 호. 문객을 환대하여, 평소 수천의 식객을 둔 일로 유명함. ※孟嘗君(맹상군).

【平原督郵】へいげんとくゆう(평원독우) 나쁜 술을 이름. 진(晋) 환온(桓溫)의 부하가 미주(美酒)를 청주종사(靑州從事), 악주(惡酒)를 평원독우라고 부른 옛일에서 유래.

【平易】へいい(평이) ①쉬움. 용이(容易)함. ¶其理之也以一<管子> ②평탄하게 함. ¶以時一道路<左氏傳> ③편안함. 平靜(평정). ¶一則恬淡矣<莊子>

【平日】へいじつ(평일) 평상시(平常時).

【平字】ひょうじ(평자) 평성(平聲)에 속하는 글자. ↔仄字(측자).

【平作】へいさく(평작) ①농사가 풍작도 흉작도 아니고 보통의 수확임. 平年作(평년작). ②고랑을 치지 않고 작물을 재배함. ③서두르지 않고 차분하게 일을 함. ¶竝集一<漢書>

【平章】へいしょう(평장) ①공명 정대하게 다스림. ¶一百姓<書經> ②공평하게 품위를 평가

함. ③혼인의 중매를 함. ④벼슬 이름. 당(唐)·송(宋)의 재상. 平章事(평장사). ※ べんしょう

【平定】へいてい(평정) ①난리를 진압하여 평온하게 함. ¶一天下<史記> ②평안하게 자리잡음.

【平靜】へいせい(평정) ①평온하고 조용함. ¶一而處<新書> ②사욕을 버리고 마음을 비움. ¶政貴一<晋書>

【平調】へいちょう(평조) ①평온하고 고르게 함. ¶風氣一<後漢書> ②평평한 가락. ¶一足均<阮瑀> ③악곡의 한 가지. 청조(淸調)·슬조(瑟調)와 함께 상화삼조(相和三調)로 불림. ④정평조(正平調)의 준말. ⑤우리 속악(俗樂)의 음계(音階). 중국 음악의 치조(緻調)와 양악의 장조에 가까운 낮은 음조(音調).

【平準】へいじゅん(평준) ①가격의 기복이 없도록 표준을 정하여 물가를 조절함. ¶置一于京師<史記> ②수준기(水準器). 또는, 수준기로써 수평이 되게 함. ¶一化. ③한(漢)대 공평한 부렴(賦斂)을 임무로 하던 벼슬.

【平地】へいち(평지) ①평평한 지면. ¶車騎利一<史記> ②땅을 평평하게 고름. ¶一若一<荀子>

【平地突出】へいちとっしゅつ(평지돌출) 평지에 우뚝 산이 솟아오름의 뜻으로, 미천한 집안에 태어나 크게 출세함을 이르는 말.

【平地風波】へいちのふうは(평지풍파) 조용한 곳에 풍파를 일으킨다는 뜻으로, 공연히 말썽을 일으키거나 뜻밖의 분쟁이 일어남의 비유. 平地波瀾(평지파란).

【平織】ひらおり(평직) 씨와 날을 한 올씩 엇바꾸어 짬. 또는, 그렇게 짠 피륙. ※綾織(능직).

【平天冠】へいてんかん(평천관) 왕관의 한 가지. 통천관 위에 면(冕)을 더한 것.

【平出】へいしゅつ(평출) 경의(敬意)를 표할 경우에 상대의 이름이나 칭호 등을 줄을 바꾸어 다음 행 첫 머리에 쓰는 문장 형식. ¶皇后皇太子 皆一<唐六典> ※擡頭(대두)·闕字(궐자).

【平仄】ひょうそく(평측) 한자의 평운(平韻)과 측운(仄韻). 평운은 발음에 높낮이가 없는 것으로 상평(上平)과 하평(下平)으로 나뉘며, 측운은 상(上)·거(去)·입(入)의 3성(聲)이 있어, 발음의 앞 또는 뒤에 높낮이가 있음. 평운은 30, 측운은 76자인데, 한시(漢詩)에서는 평측이 조화를 이루도록 하는 일정한 원칙이 있음.

【平仄式】ひょうそくしき(평측식) 한시의 평측(平仄)에 관한 법식. 평측의 배열에는 첫 구의 둘째 자를 평자(平字)로 시작하는 평기식(平起式)과, 측자(仄字)로 시작하는 측기식(仄起式)이 있는데, 오언(五言)의 절구(絶句)·율시(律詩)에서는 측기식을 정격(正格), 평기식을 편격(偏格)이라 하며, 칠언의 절구·율시에서는 이와 반대임.

【平仄字】ひょうそくじ(평측자) 한자의 사성(四聲)에서 평자(平字)와 측자(仄字).

【平坦】へいたん(평탄) ①지면이 평평함. ②일이 거침 없이 순조로움. ③마음이 평온함.

【平土】へいど(평토) ①평평한 땅. ¶去高險 處一<新語> ②관(棺)을 묻고 흙을 덮어 땅을 평평하게 함.

【平土葬】(평토장) 봉분 없이 평평하게 함. 또는, 그러한 매장. 平葬(평장).

【平土祭】(평토제) 장례에서 관을 묻고 봉분한 뒤에 지내는 제사. 封墳祭(봉분제).

【平板】へいばん(평판) ①씨 뿌릴 때 땅을 고르는 데에 쓰는 농구. ②시문(詩文) 등에서 시종 단조로워 재미 없음을 이름. 千篇一律(천편일률).

【平版】へいはん(평판) 인쇄판의 일종. 판면에 요철(凹凸)이 없고, 잉크의 기름과 물의 상호 반발성을 이용하여 인쇄하는 것으로, 석판(石版)·오프셋 따위. ¶一印刷. ※凹版(요판)·凸版(철판).

【平平】へいへい(평평) ①평평함. ¶王道一<書經> ②평범함. ¶智略本一<陸游> ③같음. ¶宰割一<太玄經>
(편편) ①공평하여 치우치지 않음. ②잘 분별하여 다스림. ¶一左右<詩經>

【平行】へいこう(평행) ①무사하게 여행함. ¶一至宛城<漢書> ②편편하게 늘어섬. ¶戶一而凝眉<庾信> ③관리의 위계·관등(官等)이 같음. ④㊌ 두 가지 일을 한꺼번에 처리·추진함. ⑤두 직선이 끝까지 나란히 이어짐. ¶一線.

【平衡】へいこう(평형) ①저울을 바르게 함. 또는, 바른 저울. 뜻이 바뀌어, 편향됨이 없이 공정함을 이름. ②제후(諸侯)가 임금의 기물을 드는 자세로, 물건을 가슴 위치에 받드는 일. ③상체를 구부려 절함. ¶一曰稽首<荀子>

【平和】へいわ(평화) ①평온하고 화목함. ¶道者無形 一而神<新書> ②싸움이 없이 세상이 잘 다스려짐. ¶一攻勢.

【平闊】へいかつ(평활) 평평하고 넓음. 平曠(평광).

▷嘉一, 康一, 開一, 公一, 寬一, 均一, 不一, 上一, 水一, 承一, 升一, 良一, 長一, 正一, 齊一, 調一, 地一, 砥一, 淸一, 治一, 坦一, 太一, 泰一, 扁一, 下一, 衡一, 和一, 華一

3/6 【幵】 평평할 견 | 中 ㄐㄧㄢ (jian) | けん *flat*

풀이 ①평평하다. ②오랑캐 이름. ¶先零罕一<漢書> ③산 이름. 通岍.

3/6 【年】 1 해 년 2 아첨할 녕 | 中 ㄋㄧㄢˊ 國(nian) | ねん(トシ) *year*
㊍秊

풀이 1 ①해. ¶正歲一<周禮>/豊一. ②때. 시대. ¶當一. ③나이. ¶坐必以一<呂覽>/一齒. ④익다. 성숙(成熟). ¶五穀皆孰爲有一<穀梁傳> ⑤콧마루. 2 아첨하다. 通佞.

【年間】ねんかん(연간) 한 해 동안.

【年鑑】ねんかん(연감) 한 해 동안의 사건, 사회 여러 분야의 행사 및 동향, 각종 통계 따위를 수록한 간행물.

【年甲】ねんこう(연갑) ①나이. 年齡(연령). ②㊌

나이가 비슷한 사람. 年輩(연배)①.

【年契】ねんけい(연계) 두 나라 이상에 걸쳐, 그 나라들에서 일어나는 갖가지 일을 해마다 대조한 연표(年表).

【年高】としたかし(연고) 나이가 많음. 年晚(연만). 年老(연로). ¶夫人―目冥<後漢書>

【年功】ねんこう(연공) ①여러 해 동안의 공로. ②여러 해에 걸쳐 익힌 기능.

【年功加俸】ねんこうかほう(연공가봉) 여러 해 근속한 공에 따라 본봉에 더해지는 봉급.

【年關】ねんかん(연관) 연말. 빚을 모두 갚아야 하는 관문이라는 뜻에서 이르는 말. 歲暮(세모).

【年光】ねんこう(연광) ①세월. 光陰(광음). ¶―遒盡<徐陵> ②봄의 경치. 年華(연화). ¶―搖樹色<楊炯> ③젊은 나이.

【年久】ねんきゅう(연구) 세월이 오램. 여러해가 됨.

【年久月深】ねんきゅうげっしん(연구월심) 오랜 세월. 또는, 세월이 오램. 年久歲深(연구세심). 歲久(세구). 年深(연심).

【年金】ねんきん(연금) 유공자 등에게 일정한 기간 또는 종신토록 매년 정기적으로 지급하는 급여.

【年給】ねんきゅう(연급) ☞年俸(연봉).

【年忌】ねんき(연기) ①음양가(陰陽家)에서, 재액을 만나기 쉽다 하여 꺼리며 언행을 삼가라고 하는 나이. 곧, 7·16·25·34·43·52·61세. ②매년의 기일(忌日). 곧, 죽은 날.

【年紀】ねんき(연기) ①나이. ¶戶口―<後漢書> ②연수(年數). 年代(연대). ¶―可推<史記> ③연호(年號). ¶黃龍之瑞 以爲―<班固>

【年期】ねんき(연기) ①만 일년. ②1년을 단위로 하여 정한 기간. 年限(연한).

【年內】ねんない(연내) 그 해 안. 올해 안. ¶―何必還<宋書>

【年年】ねんねん(연년) 매년. 해마다. 年復年(연부년). ¶―送客橫塘路<范成大>

【年年歲歲】ねんねんさいさい(연년세세) 해마다. 매년. 年年(연년). ¶―花相似 歲歲年年人不同<劉廷芝>

【年代】ねんだい(연대) ①연수(年數). 또는, 시대. ¶自來彌―<謝靈運> ②제왕의 치세(治世) 기간. 年紀(연기). 世代(세대). ¶帝王―錄<宋史>

【年度】ねんど(연도) 사무·회계의 편의상 구분한 일년간의 기간. ¶會計―/事業―.

【年頭】ねんとう①·としがしら②(연두) ①연초(年初). 年始(연시). ¶―辭. ②가장 나이 많은 사람. 最年長者(최연장자).

【年頭法】ねんとうほう(연두법) 그 해의 천간(天干)으로 정월의 월건(月建)을 산출해서 아는 법.

【年登】ねんとう(연등) 곡식이 잘 여묾. 年上(연상)①. 豐作(풍작). ¶社雨報―<韋應物>

【年臘】ねんろう(연랍)《佛》중의 나이. 중이 수계(受戒)한 이후의 햇수를 계랍(戒臘)이라 하는 데서 유래함.

【年來】ねんらい(연래) 수년 전부터 이제껏. 數年來(수년래). ¶―事百般<杜牧>

【年力】ねんりょく(연력) 나이와 기력. ¶―互頹侵<范曄>

【年例】ねんれい(연례) 매년의 예. 여러 해 내려오는 전례(前例). ¶―行事.

【年老】ねんろう·としおい(연로) ①나이가 많아 늙음. ②늙은이. ¶白髮催―<孟浩然>

【年輪】ねんりん(연륜) ①나무의 나이테. ②기예 등에서 여러 해 동안의 노력에 의한 숙련의 정도.

【年利】ねんり(연리) 한 해의 이자. 또는, 일년을 단위로 하는 이율(利率).

【年晚】ねんばん(연만) ①한 해가 저묾. 歲暮(세모). ②韓 나이가 많음.

【年輩】ねんぱい(연배) ①서로 비슷한 나이. 같은 나이 또래. 年甲(연갑)②. ②지긋한 나이. ③그 일에 어울리는 나이.

【年報】ねんぽう(연보) 해마다 한 번씩 내는 보고. ※月報(월보)·日報(일보).

【年譜】ねんぷ(연보) 개인 일대의 이력을 연월순으로 적은 기록. 그 사람의 연대기(年代記).

【年俸】ねんぽう(연봉) 한 해를 단위로 지불하는 봉급. 年給(연급). ※月俸(월봉).

【年復年】としまたとし(연부년) 해마다. 年年(연년).

【年富力強】ねんぷりっきょう(연부역강) 나이가 젊고 기운이 셈.

【年祀】ねんし(연사) 세월. 또는, 나이. ¶多歷―<周書>

【年上】ねんじょう①·としうえ②(연상) ①곡식이 잘 여묾. 年登(연등). ②나이가 더 많음. 또는, 그 사람. 年長(연장)②.

【年涉危境】としききょうにわたる(연섭위경) 언제 죽을지 모를 정도로 늙은 나이. 老衰(노쇠). ¶詔曰 允―<漢書>

【年歲】ねんさい(연세) ①세월. 年月(연월). ¶彌歷―<後漢書> ②나이의 높임말. 年齒(연치). ¶辨其―<周禮> ③곡물. 年穀(연곡). ¶―不登<漢書>

【年少】ねんしょう(연소) 나이가 젊음. 年小(연소). ¶雖― 多稱其奇<魏志> ↔年老(연로).

【年少氣銳】ねんしょうきえい(연소기예) 나이가 젊고 기백이 날카로움.

【年歲祀載】ねんさいしさい(연세사재) 세월. 또는, 나이. 같은 뜻으로 주(周)는 年을, 하(夏)는 歲를, 은(殷)은 祀를, 당우(唐虞)는 載를 썼음. 年歲(연세)①②. 年載(연재).

【年少者】ねんしょうしゃ(연소자) ①나이 젊은 사람. ¶―往往罷去<宋史> ②미성년자. ↔成人(성인).

【年首】ねんしゅ(연수) 연초(年初). 年始(연시). 歲初(세초). 年頭(연두).

【年壽】ねんじゅ(연수) ①사람의 수명. ¶―有時而盡<魏文帝> ②골상학(骨相學)에서, 콧마루의 준두(準頭)부터 산근(山根)까지의 부위.

【年始】ねんし(연시) ☞年首(연수).

【年夜】ねんや(연야) 음력 섣달 그믐날 밤.

【年運】ねんうん(연운) ①해가 바뀌며 세월이 흐름. ¶但悲―易<元稹> ②그 해의 운수(運數).

【年長】ねんちょう(연장) ①나이가 많아짐. ¶―則求之於府<素問> ②나이가 위임. 또는, 그 사람. 年上(연상)②.

【年長者】ねんちょうしゃ(연장자) 나이가 위인 사람.

【年載】ねんさい(연재) 해. 또는, 나이. 年歲(연세). ¶離居殊一<顔延之>
【年前】ねんぜん(연전) 몇해 전.
【年條】(연조)㊙ ①무슨 일이 어느 해에 있었음을 나타내는 조목. ②어떤 일에 종사한 햇수. 經歷(경력).
【年中】ねんちゅう①②・ねんじゅう③(연중) ①중년(中年). 壯年(장년). ¶吾一時 嘗欲受其方<史記> ②일년간. ¶就一爲時<論語·注> ③언제나. 항상. ¶一無休.
【年淺】ねんせん(연천) ①경험 연수가 적음. ¶一位輕<南齊書> ②나이가 적음.
【年齒】ねんし(연치) 나이의 경칭. 年歲(연세).
【年表】ねんぴょう(연표) 역사상의 사건을 연월순으로 적은 표. 年代表(연대표). ¶作十二諸侯一第二<史記>
【年豊】ねんぽう(연풍) 곡식이 풍작을 이룸. ¶民和一<左氏傳>
【年下】ねんか①・としした②(연하) ①곡식의 결실이 나쁨. ②나이가 아래임. ↔年上(연상).
【年賀】ねんが(연하) ①신년 축하. 新禧(신희). ¶一狀. ②노인의 장수를 축하하는 일. ¶高貴一<日次紀書>
【年限】ねんげん(연한) 약정된 햇수.
【年號】ねんごう(연호) 임금이 즉위한 해를 원년(元年)으로 하여 재위 기간에 붙이는 연대 호칭. 우리 나라는 고구려 광개토왕 때의 영락(永樂)이 처음임.
▷降一, 開一, 去一, 隔一, 季一, 高一, 曠一, 舊一, 窮一, 今一, 祈一, 耆一, 朞一, 來一, 老一, 累一, 多一, 當一, 同一, 萬一, 晩一, 末一, 每一, 明一, 暮一, 生一, 先一, 盛一, 成一, 少一, 數一, 新一, 弱一, 餘一, 連一, 永一, 迎一, 有一, 流一, 閏一, 翌一, 昨一, 長一, 壯一, 積一, 前一, 停一, 丁一, 週一, 中一, 青一, 初一, 編一, 平一, 豊一, 行一, 享一, 後一, 凶一

3/6【并】 1 어우를 병 2 나란히할 병 | 庚ㄅㄧㄥˋ (bìng) 敬 | へい, ひょう put together

㊍幷

源 會意. 두 사람[从]과 두 방패[幵]가 어울림의 뜻.

풀이 1 ①어우르다. ¶魏一中山<戰國策>/一兼. ②어울리다. 하나로 됨. ¶大與小無一<周禮> ③함께. 함께 하다. ¶一爲蒼頡篇<漢書> ④종려나무. 通栟. 2 ①나란히 하다. 같 倂. ¶一紐約<禮記> ②버리다. 通姘. ¶至貴國爵一焉<莊子> ③갈무리하다. ¶旣徹一器<管子>
【并兼】へいけん(병겸) 합하여 하나로 함. 兼并(겸병). 并合(병합).
【并州之情】へいしゅうのじょう(병주지 정) 오래 살던 타향을 마치 고향처럼 그리워하는 마음. 당(唐)의 시인 가도(賈島)가 오래 살던 타향 병주를 고향처럼 그리워한 일에서 온 말.
【并呑】へいどん(병탄) 아울러 삼킴. 합쳐 차지함. ¶一三晉<漢書>
【并合】へいごう(병합) 합하여 하나로 함. 并兼(병겸). ¶小者一 大者分置<魏書>
▷兼一, 騈一, 合一, 混一

7【幵】 汀(p. 841)과 同字
7【罕】 ☞ 网部 4 획(p. 1197)
8【幷】 并(p. 511)의 本字

5/8【幸】 다행할 행 | 梗ㄒㄧㄥˋ (xìng) | こう (サイワイ) fortunate

同 㚔

풀이 ①다행하다. ¶丘也一<論語>/一福. ②다행하게 하다. ¶王必一臣<呂覽> ③사랑하다. ¶以色一者多矣<史記> ④잠자리 시중을 들다. ⑤혜택. 은총. ¶軍亦有天一<漢書> ⑥즐기다. ¶其後一酒<漢書> ⑦바라다. ¶一富貴<後漢書> ⑧요행하다. ¶民無一生<荀子> ⑨기뻐하다. ¶獨自歡一<史記> ⑩임금의 행차. ¶設壇場望一<漢書> ⑪다행하게도. ¶一來會飮<史記>
【幸民】こうみん(행민) 요행만 바라고 일하지 않는 백성. ¶善人在上 則國無一<左氏傳>
【幸福】こうふく(행복) ①부족감이 없는 상태. ②복된 운수. ↔不幸(불행).
【幸不幸】こうふこう(행불행) 행복과 불행.
【幸舍】こうしゃ(행사) 전국(戰國) 시대 제(齊)의 맹상군(孟嘗君)이 식객을 머물게 한 중급 객사. 상급은 부사(傳舍), 하급은 대사(代舍)라 함. ※孟嘗君(맹상군).
【幸臣】こうしん(행신) 사랑 받는 신하. 寵臣(총신). ¶朝無一<韓詩外傳>
【幸甚】こうじん(행심) ①아주 행복함. ¶何曰一<史記> ②편지의 서두 또는 끝에 쓰는 인사말. ¶一不宣<韓愈>
【幸御】こうぎょ(행어) ①임금의 행차. ②잠자리 시중을 들게 함. ¶未曾一者<後漢書>
【幸運】こううん(행운) 좋은 운수. 好運(호운). ¶一兒. ↔不運(불운).
【幸姬】こうき(행희) 치우친 사랑을 받는 여자. 寵妾(총첩). ¶昭王一<史記>
▷巧一, 權一, 貴一, 近一, 多一, 大一, 得一, 薄一, 不一, 巡一, 御一, 倖一, 遊一, 臨一, 天一, 遷一, 寵一, 嬖一, 行一, 希一

8【㚔】 幸(p. 511)과 同字
8【栞】 ☞ 木部 6 획(p. 763)

10/13【幹】 1 줄기 간 2 우물난간 간 3 주관할 관 | 翰ㄍㄢˋ (gàn) 寒 旱 | かん (ミキ) trunk

㊍榦

풀이 1 ①줄기. ¶風低綠一<王勃>/一根. ②기둥. ¶峙乃楨一<書經> ③근본. 본질. ¶生之一也<淮南子> ④몸. 뼈대. ¶一貌. ⑤옆구리. ¶搚一而殺之

＜公羊傳＞ ⑥감. 기물(器物)의 재료. ¶羽翦一＜禮記＞ ⑦재능. ¶有文一＜吳志＞ ⑧감당하다. ¶一父之蠱＜易經＞ ⑨일. ¶爾乃尙寧一止＜書經＞ ⑩강하다. ¶此善爲充一者也＜淮南子＞ ⑪뛰어나다. ¶才識拔一＜魏志＞ ⑫주된. 중요한. ¶一吏卑末＜後漢書＞ ⑬십간(十干). (通)干. ⑭큰 가지. **2** 우물 난간. ¶井一之上＜莊子＞ **3**주관하다. ¶石顯一尙書＜漢書＞

【幹局】かんきょく(간국) 중심이 되어 일을 처리하는 기량. ¶少有一＜晉書＞
【幹能】(간능)(韓) ①재간이 있고 능란함. ②엉너리치는 솜씨가 좋음.
【幹部】かんぶ(간부) 조직에서 중심을 이루는 수뇌부(首腦部). 또는, 그 임원.
【幹事】かんじ(간사) 주역이 되어 일을 처리함. 또는, 그 사람·직무. ¶貞固足以一＜魏志＞
【幹線】かんせん(간선) 철도·도로 등의 주요한 선로. ¶一道路. ↔支線(지선)·分線(분선).
【幹枝】かんし(간지) ①간지(干支). ②줄기와 가지.
▷強一, 枯一, 骨一, 功一, 軀一, 根一, 基一, 器一, 能一, 棟一, 武一, 文一, 本一, 十一, 語一, 勇一, 意一, 吏一, 任一, 才一, 材一, 典一, 箭一, 主一, 竹一, 體一, 治一, 形一

幺＜작을 요＞部

幺 ① 幻 ② 幼 ⑥ 幽 ⑨ 幾

0 3 【幺】 작을 요 | (篆) ㄧㄠ (yao) | よう(チイサイ) *small*

(源)象形. 갓난 아이의 모습을 본뜸.

풀이 ①작다. ¶猶絃一而徽急＜陸機＞ ②어리다. ¶又況一麼不及數子＜班彪＞ ③하나. ④어둡다.
▷微一, 六一

1 4 【幻】 변할 환 | ㄏㄨㄢˋ (huan) | げん(カワル) *change*

풀이 ①변하다. ¶去猶鬼一＜陸機＞/變一. ②미혹하다. ¶民無或胥譸張爲一＜書經＞ ③허깨비. ¶語罷恍然眞夢一＜孔武仲＞ ④요술. ¶妖一/一術.

【幻覺】げんかく(환각) 외계의 자극이 없음에도 마치 있는 것처럼 감각하는 일. 환시(幻視), 환청(幻聽), 환후(幻嗅), 환미(幻味) 등.
【幻燈】げんとう(환등) 불빛을 그림·사진 등에 비추어 그 반사광을 렌즈로 확대 영사하는 장치. 슬라이드.
【幻滅】げんめつ(환멸) ①허깨비처럼 덧없이 사라짐. ¶幻生還一＜智命＞ ②환상에서 깨어남. ¶一之悲哀.
【幻想】げんそう(환상) ①현실을 떠난 부질없는 생각. ②환각에 의한 허망한 상념.
【幻像】げんぞう(환상) ☞幻影(환영)②.
【幻影】げんえい(환영) ①허깨비와 그림자. 극히 허무함의 비유. 夢幻泡影(몽환포영). ¶須臾壁間出一＜蒲道源＞ ②감각의 착오로 허깨비 따위를 보고 듣는 현상. 幻像(환상).
【幻人】げんじん(환인) 요술사. 마술사. ¶遣使送一＜魏書＞
【幻形】(환형) ①(中) 허깨비. ②(韓) 병들거나 늙어서 용모가 달라짐.
▷夢一, 變一, 浮一, 妖一, 泡一, 虛一, 荒一

2 5 【幼】 **1**어릴 유 **2**그윽할 요 | (篆) ㄧㄡˋ (you) | よう(オサナイ) *young*

(俗)㓜

풀이 **1**①어리다. ¶蔦賈尙一＜左氏傳＞/一稚. ②어린아이. ¶敬長慈一＜禮記＞ ③사랑하다. ¶一吾幼＜孟子＞ ④작다. ¶嗟爾一志＜楚辭＞ ⑤처음. **2**그윽하다. ¶一妙之音＜漢書＞/一眇.

【幼君】ようくん(유군) ☞幼主(유주).
【幼女】ようじょ(유녀) 어린 계집아이. ¶陸家一託良壻＜元稹＞
【幼年】ようねん(유년) ①나이가 어림. 또는, 어릴 때. 幼齡(유령). 幼齒(유치). ¶皇帝一＜漢書＞/一期. ②어린이.
【幼蒙】ようもう(유몽) 어린이. 어린 사람. 童蒙(동몽). 幼孩(유해). 幼孺(유유). ¶誕自一＜陸機＞
【幼婦】ようふ(유부) 소녀. 幼女(유녀). ¶黃絹一＜會稽典錄＞
【幼少】ようしょう(유소) 나이가 어림. 또는, 어린 아이. ¶養一 存諸孤＜呂覽＞
【幼時】ようじ(유시) 나이어릴 때.
【幼兒】ようじ(유아) 어린아이. 幼童(유동).
【幼弱】ようじゃく(유약) 어리고 연약함. 또는, 그런 사람. ¶天子一＜後漢書＞
【幼子】ようし(유자) 어린 아이. 幼孩(유해).
【幼字】ようじ(유자) 어릴 때의 자(字). 幼名(유명).
【幼主】ようしゅ(유주) 나이 어린 임금. 幼君(유군). ¶不能相一也＜公羊傳＞
【幼蟲】ようちゅう(유충) 애벌레. 새끼 벌레. ↔成蟲(성충).
【幼稚】ようち(유치) ①나이가 어림. 幼少(유소). ¶一園. ②수준이 낮음. 지능이나 기예 등이 미숙함.
【幼齒】ようし(유치) ☞幼年(유년).
【幼學】ようがく(유학) ①옛날 열 살에 처음으로 취학(就學)한 데서, 나이 열 살을 이름. ¶人生十年曰一＜禮記＞ ②어릴 때 배움. 또는, 그 사람. 學童(학동). ③(韓) 벼슬 자리에 있지 않은 선비.
【幼孩】ようがい(유해) 어린이. 幼兒(유아). 幼蒙(유몽).
▷老一, 童一, 蒙一, 扶一, 愚一, 長一, 稚一, 孩一

5 【玄】 部首 글자

9 【囟】 緦(p.1180)의 古字

6 9 【幽】 그윽할 유 | ㄧㄡ (you) | ゆう(フカイ) *secluded*

풀이 ①그윽하다. ¶極一而不隱<史記>/一谷. ②숨다. ¶一隱之病<呂覽> ③멀다. ¶其路一迥<孫綽> ④어둡다. ¶世俗之一昏兮<楚辭> ⑤가두다. ¶劫而一之<呂覽> ⑥저승. ¶一途綿邈<止觀> ⑦귀신. ¶至順感一<北史> ⑧구석. ¶光被六一<後漢書> ⑨조용하다. ¶長夏江村事事一<杜甫> ⑩마음. ¶一遇神<太玄經> ⑪음(陰). ¶一明之占<史記> ⑫검다. 通 黝. ¶其葉有一<詩經>

【幽居】ゆうきょ(유거) 세상 시끄러움을 피하여 외딴 곳에서 지냄. 또는, 그러한 거처(居處). 幽處(유처). 隱居(은거). 幽棲(유서). ¶一而不淫<禮記>

【幽界】ゆうかい(유계) 저승. 冥土(명토).

【幽谷】ゆうこく(유곡) 깊은 골짜기. 또는, 조용한 산골. ¶蘭生一<淮南子>/深山一<列子>

【幽光】ゆうこう(유광) 그윽한 곳에 비치는 빛이라는 말로, 남에게 알려지지 않은 덕망 따위의 비유. ¶振宣一<柳宗元>

【幽靈】ゆうれい(유령) ①죽은 사람의 혼령. 幽鬼(유귀). 幽魂(유혼). 冥鬼(명귀). 亡魂(망혼). ¶一感革<後漢書> ②이름뿐이고 실체는 없는 것. ¶一會社/一人口.

【幽明】ゆうめい(유명) ①어둠과 밝음. 明暗(명암). ②유형(有形)과 무형(無形). ¶知一之故<易經> ③저승과 이승. 또는, 귀신과 사람. ¶一永隔<楊漣> ④해와 달. 또는, 낮과 밤. ¶以別一<禮記> ⑤암컷과 수컷. 雌雄(자웅). 明幽(명유). ¶一雌雄<史記>

【幽冥】ゆうめい(유명) ①깊숙하고 어두움. 그윽하고 묘함. 高妙(고묘). ¶一而莫知其原<漢書> ②외져 드러나지 않는 곳. ③저승. 冥土(명토). ¶冤魂痛於一<後漢書>

【幽僻】ゆうへき(유벽) 외지고 궁벽함. 또는, 그런 곳. ¶渚柳元一<杜甫>

【幽并之氣】ゆうへいのき(유병지 기) 시(詩)에 협기(俠氣)가 있는 것. ¶歌謠慷慨 挾一<金史>

【幽囚】ゆうしゅう(유수) ①감옥에 갇힘. 拘禁(구금). ¶一久擊<漢書> ②죄수. 囚人(수인).

【幽隱】ゆういん(유은) ①세속을 피하여 숨어 지냄. 또는, 그 사람. 隱君子(은군자). ¶其雖一<禮記> ②깊이 숨은 곳. 외딴 곳. ¶以教道照一<白虎通> ③어두움. 모호함. ¶一而無說<荀子>

【幽天】ゆうてん(유천) 서북쪽 하늘. ¶西北曰一<呂覽>

【幽賤】ゆうせん(유천) 신분이 낮은 사람. ¶不遺一<羊祜>

【幽叢】ゆうそう(유총) 무성한 풀숲. ¶扣跋一<張協>

【幽翠】ゆうすい(유취) 짙푸름. 幽碧(유벽). ¶一生松栝<李德裕>

【幽櫬】ゆうしん(유친) 관(棺). ¶潛形一<潘岳>

【幽探】ゆうたん(유탐) 조용히 찾음. 명승지를 탐방함. 幽討(유토). ¶一道侶兼<張籍>

【幽宅】ゆうたく(유택) 무덤. ¶度玆一兆基<儀禮>

【幽討】ゆうとう(유토) ☞幽探(유탐).

【幽閉】ゆうへい(유폐) ①방에 가둠. 拘禁(구금). ¶一良善<後漢書> ②깊이 틀어박힘. 또는, 마음이 울적함. ¶一莫啓<後漢書> ③옛날 여자에게 적용하던 형벌. 宮形(궁형). 淫刑(음형). ¶婦人一<書經>

【幽閒貞靜】ゆうかんていせい(유한정정) 언행이 얌전하고 마음씨가 그윽하며 절개가 바름. 부덕(婦德)이 높음. 幽閒貞專(유한정전). ¶一之德<詩經·注>

【幽巷】ゆうこう(유항) ①깊숙한 뒷골목. ¶塵隨一<張正見> ②인가에서 떨어진 외딴 곳. 深巷(심항).

【幽香】ゆうこう(유향) 그윽한 향기. 幽芳(유방). ¶小立佇一<王安石>

【幽玄】ゆうげん(유현) ①그윽하고 오묘함. ¶漢女結珮窮一<王逢> ②시가(詩歌)의 길이 깊고 멂. 뜻이 바뀌어, 시가·예술. ③저승. 幽冥(유명). ¶適一<後漢書>

【幽顯】ゆうけん(유현) ①사람의 눈에 띄는 곳과 띄지 않는 곳. ¶一無愧於心<莊子> ②유계(幽界)와 현실 세계.

【幽魂】ゆうこん(유혼) ①고요한 마음. ②죽은 사람의 혼령. 亡魂(망혼). 幽靈(유령). ¶暫住一<長生殿>

▷九一, 明一, 僻一, 深一, 六一, 淸一, 探一

9 【胤】 ☞肉부 5획(p. 1230)

9 12 【幾】 1 기미 기 (紙) 上 (ji) | き(ケワイ) 2 몇 기 (尾) 上 (ji) | secrets

源 會意. 작은[幺幺] 수자리[戍]란 뜻.

풀이 1 ①기미. 낌새. ¶一微. ②위태하다. ¶維其一矣<詩經> ③거의. ¶七日一絕<太玄經> ④접근하다. ¶妄辨而一利<荀子> ⑤조용하다. ¶事父母一諫<論語> ⑥시작하다. ¶一事不密<易經> ⑦다하다. 끝남. ¶君子一<淮南子> ⑧바라다. 원함. ¶毋一爲君<史記> ⑨살피다. ¶一聲之上下<禮記> ⑩때. 通 期. ¶易一而哭<左氏傳> ⑪언저리. ¶車不離一<禮記> ⑫고동. 通 機. ¶爲政有一<法言> ⑬헌걸차다. ¶一乎後言<莊子> ⑭그. 어세를 돕는 조사. ¶月一望<易經> 2 ①몇. ¶問車中一馬<史記> ②자주. ¶一爲之笑<左氏傳> ③어찌. 通 豈. ¶一不甚美矣哉<荀子>

【幾諫】きかん(기간) 은근하게 간함. 부드러운 말로 타이름. 微諫(미간).

【幾多】イクタ(기다) 여럿. 수효가 많음. ¶一興替<邵雍>

【幾度】イクタビ(기도) 여러 번. 몇 번. 幾回(기회). ¶年華一新<劉長卿>

【幾望】きぼう(기망) 음력 14일 밤의 달.

【幾微】きび(기미) 조짐. 前兆(전조). ¶通於一<漢書>

【幾般】きはん(기반) 몇 번. 幾度(기도). 幾種(기종). ¶愁坐關心事一<戎昱>

【幾死僅生】きしきんせい(기사근생) 거의 죽었다가

간신히 살아남.
【幾死之境】きしのきょう(기사지 경) 거의 다 죽게된 지경.
【幾何】きか(기하) ①얼마. 몇. 幾許(기허). ¶所獲―<左氏傳> ②많지 않음. ¶民生―<漢書> ③기하학(幾何學)의 준말.
【幾何級數】きかきゅうすう(기하급수) 어느 항과 그 다음 항과의 비(比)가 일정한 급수. 等比級數(등비급수).
【幾許】ききょ(기허) ☞機何(기하)①.
▷萬―, 無―, 未―, 非―, 庶―

13【鄕】 ☞邑部 10획(p. 1513)
14【𢇍】 繼(p. 1192)와 同字

广<엄호>部

广 ② 広 庀 庁 庂 ③ 庄 庍 ④ 庋 庇 床
序 庌 ⑤ 庚 庙 府 庛 底 店 庖 ⑥ 度 庠
庣 庤 庥 ⑦ 庫 庨 庬 庮 庭 座 ⑧ 康 庲
庱 庳 庶 庵 庸 ⑨ 廇 廂 庾 廁 廃 ⑩ 廊
廉 廇 廋 廆 廌 廈 ⑪ 廓 廏 廐 廑 廖 廒
廕 ⑫ 廘 廣 廟 廡 廝 廛 廚 廠 廢 廞 ⑬
廥 廩 廧 廨 ⑯ 廬 ⑱ 廱 ⑳ 廳

0 3【广】 집 엄 [琰]ㄧㄢˇ (yan) げん(イエ) *house*
[源]指事. 언덕[厂] 위에 있는 지붕[丶]을 가리킴.
[풀이]①집. ¶草―突如峙<袁桷> ②마룻대. ¶開廊架屋―<韓愈>

5【広】 廣(p. 521)의 略字

2 5【庀】 다스릴 비 [紙]ㄆㄧˇ (pi) ひ(オサメル) *manage*
[풀이]①다스리다. ¶夜―其家事<國語> ②갖추다. ¶宰―家器<左氏傳> ③덮다. [같]庇. ¶―其委積<周禮>

5【庁】 廳(p. 525)의 略字

2 5【庂】 돈 이름 측 [職]しょく

6【庑】 度(p. 516)·宅(p. 425)의 古字
6【庄】 莊(p. 1282)의 俗字
6【庍】 廈(p. 521)와 同字

4 7【庋】 시렁 기 [紙]ㄐㄧˇ (ji) ㄍㄨㄟˇ (gui) き *shelf*
[풀이]①시렁. ¶―閣. ②올려놓다. ¶緘―不敢用<唐書>

7【庐】 廬(p. 524)의 俗字
7【庎】 府(p. 515)와 同字

4 7【庇】 덮을 비 [寘]ㄅㄧˋ (bi) ひ(オオウ) *cover*
[풀이]①덮다. ¶口以―信<國語> ②덮개. 그늘. ¶風雨罔―<楊夔> ③의탁하다. ¶民知所―矣<呂覽>
【庇護】ひご(비호) 감싸서 보호함. 庇保(비보). ¶深―之<宋史>
▷曲―, 賴―, 保―, 影―, 援―, 陰―, 依―

4 7【床】 [1][韓]상 상 [2]평상 상 [陽]ㄔㄨㄤˊ (chuang) しょう(トコ, ユカ) *table*
[풀이][1]①상. 밥상, 책상, 평상 따위. ¶册―. ②소반. ③잠자리. ¶起―. ④바닥. ¶温―. [2]평상. 牀의 俗字.
【床褓】(상보)[韓] 상을 덮는 보자기. 床巾(상건).
【床石】(상석)[韓] 무덤 앞에 설치한 상돌.
▷起―, 飯―, 温―, 册―, 寢―, 卓―

4 7【序】 차례 서 [語]ㄒㄩˋ (xu) じょ(ツイデ) *order*
[풀이] ①차례. [通]敍. ¶以―守之<左氏傳>/順―. ②차례를 매기다. ¶―爵以賢<詩經> ③담. 벽. ¶東―. ④학교. ¶射于州―<周禮> ⑤실마리. 단서. [通]緖. ¶端―則見<韓愈> ⑥서문(序文). ¶大―. ⑦잇닿다. 겹침. ¶班―顚毛<國語>
【序曲】じょきょく(서곡) ①가극 등의 개막 전에 연주하는 악곡. ②연주회에서 첫 관현악곡을 이름. ③희가극(喜歌劇) 중의 유명한 선율을 뽑아 엮은 악곡. ④일이 본격화할 전조(前兆)의 비유.
【序卦】じょけ(서괘) 역(易)의 십익(十翼)의 하나. 64괘 배열의 차례에 대하여 그 까닭을 설명한 것. ※十翼(십익).
【序內】じょない(서내) 집의 동서에 두른 담장의 안. ¶賓升立於―東面<儀禮>
【序論】じょろん(서론) 본론에 앞서 그 전체에 걸쳐 간략하게 논하는 글. 序說(서설). 緖論(서론). ¶其―雖博<晉書> ※本論(본론)·結論(결론).
【序幕】じょまく(서막) ①연극 따위에서 처음 여는 막. ②일의 시작.
【序文】じょぶん(서문) 머리말. 序詞(서사). 序言(서언). ↔跋文(발문).
【序跋】じょばつ(서발) 서문과 발문(跋文). 題跋(제발).
【序詞】じょし(서사) ☞序文(서문).
【序庠】じょしょう(서상) 향읍(鄕邑)에 있는 지방 학교. 庠序(상서). ¶―置孝經師一人<漢書>
【序說】じょせつ(서설) ☞序論(서론).
【序詩】じょし(서시) 머리말 구실을 하는 시.
【序言】じょげん(서언) ☞序文(서문).
【序列】じょれつ(서열) 차례로 정하여 늘어놓음. 또는, 그 차례.
【序奏】じょそう(서주) 악곡의 전주(前奏). ¶―部.
【序次】じょじ(서차) ①차례. 순서. ¶陰陽―<國語> ②순서를 세움. ¶―兵法<李衛公問對>

【序讚】じょさん(서찬) 문체(文體)의 하나. 여러 사람을 차례로 들어 기리는 글. 序贊(서찬). ¶二十著前漢功臣一<册府元龜>

【序齒】じょし(서치) 나이 순으로 차례를 정함. ¶置酒賦詩相樂 一不序官<宋史>

▷甄一, 階一, 繼一, 冠一, 校一, 紀一, 端一, 大一, 東一, 班一, 四一, 庠一, 常一, 西一, 小一, 送一, 壽一, 順一, 列一, 禮一, 右一, 位一, 有一, 倫一, 自一, 節一, 條一, 州一, 秩一, 次一, 天一, 品一

4 7〖庌〗 집 아 | 馬ㄧㄚˇ (ya) | が(イエ) *house*

풀이 ①집. ②객실(客室). ¶皆有一舍<表異錄> ③맞아들이다. 通迓. ④처마에서 달아 낸 차양.

7〖应〗 應(p.597)의 俗字

7〖応〗 ☞ 心部 3획(p.558)

7〖底〗 底(p.515)와 同字

5 8〖庚〗 일곱째 천간 경 | 庚ㄍㄥ (geng) | こう (カノエ)

源象形. 만물이 결실한 모양을 본뜸.

풀이 ①일곱째 천간(天干). 방위로는 서(西), 오행으로는 금(金), 계절로는 가을에 해당함. ¶一午之日<左氏傳> ②나이. ¶同一者<癸辛雜識> ③길. 通徑 經. ¶由一萬物得由其道也<詩經> ④정의(正義). ¶一斷甲<太玄經> ⑤바뀌다. ¶先一三日<易經> ⑥갚다. 보상함. ¶請一之<禮記> ⑦다시금. 通更. ¶一言是非<列子> ⑧잇다. 通賡. ¶西有長一<詩經>

【庚方】こうほう(경방) 24 방위(方位)의 하나. 서에서 남으로 15° 되는 방위를 중심으로 하여 15° 안에 드는 방위.

【庚伏】こうふく(경복) 여름에 가장 더울 때. 三伏(삼복). ¶病隨一盡<朱熹>

【庚時】こうじ(경시) 하오 4시 반부터 5시 반 사이.

【庚申守夜】こうしんしゅや(경신수야) 섣달 경신일에 밤을 새우던 민속(民俗).

【庚炎】こうえん(경염) 삼복 더위. 庚熱(경열). 伏炎(복염).

【庚坐甲向】(경좌갑향) 남서를 등지고 북동을 바라보는 좌향(坐向).

【庚帖】(경첩)中 약혼했을 때 양측이 성명, 나이, 적관(籍貫)과 삼대의 경력을 써서 서로 교환하던 문서. 小帖(소첩).

▷盜一, 同一, 三一, 商一, 先一, 由一, 夷一, 長一, 倉一, 後一

8〖庪〗 鬼(p.1666)의 古字

8〖庙〗 廟(p.522)의 俗字

5 8〖府〗 곳집 부 | 𡀔ㄈㄨˇ (fu) | ふ(クラ) *warehouse*

同㕊

풀이 ①곳집. ¶魯人爲長一<論語>/一庫. ②서울. 도성. ¶未嘗入城一<後漢書> ③영묘(靈廟). ¶登於清一<楚辭> ④관아(官衙). 관서(官署). ¶治官一<周禮> ⑤가슴. ¶行氣於一<素問> ⑥모이다. 모이는 곳. ¶智之一也<漢書> ⑦대관(大官). ¶委任三一<後漢書> ⑧창자. 通腑. ⑨죽은 아비. ¶一君. ⑩허리를 굽히다. 通俯. ¶王一而視之<列子>

【府庫】ふこ(부고) 문서·재물을 넣어두는 창고. ¶功名藏於一<史記>

【府君】ふくん(부군) ①한(漢)대 고을 태수(太守)의 존칭. ¶一胃中有蟲<後漢書> ②죽은 아비·조부의 존칭. ③존자(尊者)·장자(長者)의 호칭. ¶泰山一<搜神記> ④韓부군당(府君堂)에 모신 신령.

【府君堂】(부군당)韓 관아에서 신령을 모시는 집. 神堂(신당).

【府吏】ふり(부리) 벼슬아치. ¶一守法<淮南子>

【府兵】ふへい(부병) 조정에 직속된 병사. 近衛兵(근위병). ¶魏初作一<古今原始>

【府夫人】ふふじん(부부인) ①정1품 대군(大君) 아내의 품계. ②왕비의 친어머니의 작호(爵號).

【府史】ふし(부사) 관서의 서기(書記).

【府寺】ふじ(부시) 관아(官衙). 官署(관서). ¶夾之以一<左思>

【府院君】(부원군) 왕비의 친아버지나 정1품 공신(功臣)의 작호(爵號).

【府人】(부인)中 창고를 담당하는 관원.

【府藏】ふぞう(부장) ①창고. 또는, 창고에 보관한 것. ¶開一 振捄貧民<漢書> ②오장 육부. 腑臟(부장).

【府庭】ふてい(부정) 관아의 뜰. 또는, 관아(官衙). ¶趨一者相續<後漢書>

【府第】ふだい(부제) 관아(官衙).

【府朝】ふちょう(부조) ①관아(官衙). ②관아에서 정사(政事)를 봄.

【府中】ふちゅう(부중) ①재상(宰相)이 집무하는 곳. 또는, 관아(官衙). ¶罷朝坐一<史記> ②대장군의 막부(幕府). ¶宮中一 俱爲一體<諸葛亮>

▷家一, 京一, 公一, 官一, 九一, 國一, 軍一, 記一, 內一, 潭一, 大一, 臺一, 都一, 幕一, 明一, 冥一, 祕一, 私一, 相一, 庶一, 署一, 膳一, 城一, 小一, 水一, 首一, 心一, 樂一, 兩一, 御一, 連一, 靈一, 藝一, 玉一, 王一, 外一, 雲一, 怨一, 六一, 林一, 宰一, 政一, 州一, 知一, 天一, 泉一, 樞一, 覇一, 學一, 禍一, 胸一

5 8〖庛〗 쟁깃술 자 | 寘 し

5 8〖底〗 1 밑 저 2 이룰 지 本 저 | 薺ㄉㄧˇ (di) | てい (ソコ) *bottom*

古厔 同底

풀이 1 ①밑. 바닥. ¶笑容花一迷<白居易>/根一. ②멈추다. ¶戾久將一<國語> ③막히다. ¶去其壅一<宋史> ④초고(草稿). ⑤어찌. 무엇. 의문의 조사. ¶箇人諱一<北史> ⑥언덕. ㊟阺. ¶戰於崤一<後漢書> 2 ①이르다. ¶無所一止<詩經> ②이루다. ¶一祿以德<左氏傳> ③숫돌. ㊟砥. ¶磨礱一厲<漢書>

【底稿】(저고)㊥ 초고(草稿). 原稿(원고).
【底力】ソコヂカラ(저력) 속에 지닌 끈기 있는 힘.
【底流】ていりゅう(저류) ①강·바다의 바닥을 흐르는 수류(水流). ②표면에 나타나지 않고 사물의 심부에서 움직이는 형세.
【底面】ていめん(저면) ①밑바닥. ②다면체의 평면에 놓이는 밑면.
【底邊】ていへん(저변) ①밑변. ②사물의 밑바닥을 이루는 부분.
【底本】ていほん(저본) 문서의 초고(草稿). 稿本(고본).
【底事】ナニゴト(저사) 어찌하여. 왜. 何事(하사). ¶一渾身着紵麻<杜荀鶴>
【底意】ていい(저의) 속마음. 진정한 의사.
【底定】ていてい(저정) 정착시킴. 또는, 난리를 다스려 평안하게 함. 平定(평정). ¶震澤一<書經>
▷筐一, 根一, 基一, 到一, 拂一, 歲一, 小一, 水一, 心一, 徹一, 河一, 海一, 花一

5 8【店】가게 점 | ㊥ㄉㄧㄢˋ (dian) | てん(ミセ) *shop*

㊜會意·形聲. 집[广]을 점쳐 정한다[占]는 뜻. 占이 음을 이룸.

풀이 ①가게. ¶營新一規利<宋史>/商一. ②여관(旅館). ¶旅一開偏早<項斯>

【店房】(점방)㊗ 가게. 상점. 店鋪(점포).
【店員】てんいん(점원) 상점에서 일하는 종업원.
【店鋪】てんぽ(점포) 상점. 店鋪(점포). ¶城市多開一<封氏聞見記>
▷開一, 孤一, 露一, 賣一, 坊一, 本一, 分一, 商一, 書一, 小一, 野一, 旅一, 飮食一, 支一, 草一, 閉一, 弊一, 荒一

8【矦】知(p.1072)의 古字

5 8【庖】부엌 포 | ㊥ㄆㄠˊ (pao) | ほう(ダイドコロ) *kitchen*

풀이 ①부엌. ¶大一不盈<詩經>/一廚. ②요리사. ¶伊尹爲一<史記> ③요리. 조리한 음식. ¶一膳窮水陸之珍<晋書> ④복희씨(伏羲氏)의 약칭. ¶河圖命一<漢書> ⑤㊗ 푸주. 육간(肉間). 정육점(精肉店).

【庖人】ほうじん(포인) ①주(周)대 음식을 관장하던 벼슬. ②요리하는 사람. 庖宰(포재).
【庖丁】ほうてい(포정) ①옛날의 유명한 요리사 이름. 나아가, 요리하는 사람. 庖人(포인). ¶一治牛<韓愈> ②㊗ 백정.
【庖廚】ほうちゅう(포주) 부엌. 주방. ¶一不徙<司馬相如>
【庖犧】ほうぎ(포희) ☞伏羲(복희).
▷同一, 良一, 典一, 族一, 廚一, 珍一, 寒一

6 9【度】1 법도 도 | ㊥ㄉㄨˋ (du) | ど(ノリ) *law*
2 헤아릴 탁 | ㊥ㄉㄨㄛˊ (duo) | たく *consider*

㊍庀 ㊋㡯

풀이 1 ①법도. ¶一不可改<左氏傳>/法一. ②제도. 규정(規程). ¶以一敎節<周禮> ③한도. ④정도. ¶用物過一<國語> ⑤자. 길이의 표준. ¶同律一量衡<書經> ⑥때. 기회. ¶初一. ⑦준비. ¶用一不足<漢書> ⑧풍채. ¶此子之風一<後漢書> ⑨도량. ¶有大一<史記> ⑩가락. ¶聲樂曲一<後漢書> ⑪차례. 회(回). ¶六一銜命<北史> ⑫건너다. 지남. ㊟渡. ¶一江河<漢書> ⑬중이 되다. ¶妄爲剃一<舊唐書> ⑭천체(天體)의 속도. ¶月一疾日一遲<周髀算經> ⑮태양. 또는, 하루. ¶正化一也<素問> 2 ①헤아리다. ¶謀一而行<國語> ②살다. ¶今我一茲<漢書> ③던지다. ㊟投. ④베다. ¶山有木 則工一之<左氏傳>

【度矩】どく(도구) 규칙. 법. ¶楷茲一<魏文帝>
【度揆】どき(도규) 규칙. 法規(법규). ¶章明一<蔡襄>
(탁규) 헤아림. 측정함. 計料(계료).
【度量】どりょう(도량) ①자[尺]와 말[斗]. 길이와 용적(容積). ¶正一<史記>/一衡. ②마음이 넓고 배포가 큼. 局量(국량).
たくりょう(탁량) 사물을 헤아림. 알맞은 정도를 찾음. ¶愚臣不自一<漢書>
【度法】どほう(도법) ①법에 의거함. ¶一者 量人力而擧功<管子> ②계량기의 눈금에 대한 법. ¶覆求一<唐書>
【度世】どせい①·どせ②(도세) ①세속(世俗)을 초탈함. ¶欲一以忘歸兮<楚辭> ②《佛》 세속을 초월함. 또는, 세상 사람들을 제도(濟度)함.
【度數】どすう(도수) ①거듭하는 횟수(回數). ¶爲是釋一<淮南子> ②각도, 온도, 광도 등의 크기를 나타내는 수. ③정해진 제도. ¶掌其一<周禮>
【度外】どがい①·どハズレ②(도외) ①법도(法度)의 밖. 또는, 계산·범위의 밖. ¶置之一<書言故事> ②정도가 지나침.
【度外視】どがいし(도외시) ①범위에서 벗어난 것으로 봄. ②관심을 두지 않음. 상대하지 않음.
【度日】どじつ(도일) 세월을 보냄. 생활함. ¶一之律<晋書>
【度牒】どちょう(도첩)《佛》 수계(受戒)한 중에게 나라에서 주던 인증서(認證書). 度緣(도연). ¶一自南北朝有之<事物紀原>
【度脫】どだつ(도탈)《佛》 생사의 고통을 초월하고 번뇌를 해탈(解脫)함. ¶一衆生<南史>
【度支】たくし(탁지) 옛날 벼슬 이름. 나라의 재

정과 조세 징수를 맡아보았음. 戶曹(호조).
【度地】たくち(탁지) ☞ 測地(측지).
▷角—, 經—, 傾—, 硬—, 計—, 高—, 過—, 光—, 矩—, 權—, 襟—, 器—, 濃—, 大—, 得—, 明—, 民—, 密—, 法—, 頻—, 思—, 性—, 速—, 純—, 濕—, 識—, 深—, 雅—, 量—, 億—, 臆—, 年—, 禮—, 温—, 用—, 遠—, 緯—, 才—, 節—, 精—, 程—, 貞—, 制—, 濟—, 調—, 進—, 差—, 尺—, 剃—, 體—, 初—, 忖—, 測—, 態—, 品—, 風—, 限—, 玄—, 化—

6 9 【庠】 학교 상 | 陽ㄒㄧㄤˊ (xiang) | しょう(ガッコウ) *school*

풀이 ①학교. 중국의 옛날 학교. ¶夏曰校 殷曰序 周曰—<孟子> ②향학(鄉學). ¶黨有—<禮記>
【庠序】しょうじょ(상서) 옛날 중국의 지방 학교. ¶謹—之教<孟子>
▷國—, 上—, 序—, 下—

6 9 【庣】 차지 않을 조 | 蕭 | ちょう *not fill*

6 9 【庤】 쌓을 치 | 紙ㄓˋ (zhi) | じ(タクワエル) *heap*

풀이 ①쌓다. 비축함. ¶—儲. ②갖추다. ¶—乃錢鎛<詩經>

6 9 【庥】 그늘 휴 | 尤ㄒㄧㄡ (xiu) | きゅう(カゲ) *shade*

풀이 ①그늘. 나무 그늘. ②쉬다. ㉠休.

7 10 【庫】 곳집 고 | 遇ㄎㄨˋ (ku) | こ, く(クラ) *warehouse*

풀이 ①곳집. 창고. ¶藏在別—<北史>/寶—. ②무기고. ¶七月官—<淮南子> ③서고(書庫). ¶爲五經—<北史> ④문 이름. ¶天子明堂—門<禮記>
【庫裏】くり(고리)〔佛〕①절의 부엌. ②주지(住持) 등의 거실.
【庫房】こぼう(고방) 창고. 광.
【庫直】(고직) 창고를 지키는 사람. 고지기.
▷國—, 金—, 冷藏—, 武—, 文—, 兵—, 寶—, 府—, 四—, 史—, 書—, 五—, 入—, 長生—, 在—, 齋—, 車—, 倉—, 天—, 出—, 帑—

7 10 【庪】 산신제 기 | 紙 | き

10 【唐】 ☞ 口部 7획(p. 296)

7 10 【庬】 ①클 방 ②어렴풋할 몽 | 江ㄇㄤˊ (mang) 董 | ぼう *big* もう *dim*

풀이 ①크다. 풍부함. ㉠厖. ②어렴풋하다. ㉡濛.
▷奇—, 敦—, 紛—, 豊—

10 【席】 ☞ 巾部 7획(p. 501)

7 10 【庮】 썩은나무 유 | 宥 | ゆう *rotten tree*

7 10 【庭】 ①뜰 정 ②동안 뜰 정 | 青ㄊㄧㄥˊ (ting) 徑ㄊㄧㄥˋ (ting) | てい(ニワ) *garden*

풀이 ①①뜰. ¶掌掃門—<周禮>/—園. ②집안. ¶—訓益峻<晋書> ③조정(朝廷). 궁중. ㉡廷. ¶龍輅充—<張衡> ④곳. 장소. ¶始涉學—<晋書> ⑤사냥터. ¶其—小<左氏傳> ⑥관아(官衙). ¶訟於郡—<魏書> ⑦곧다. 바름. ¶參塗夷—<張衡> ⑧내공(來貢)하다. ¶四征弗—<書經> ②동안이 뜨다. 사이가 뜸. ¶大有逕—<莊子>
【庭誥】ていこう(정고) 가정에서의 가르침. 庭教(정교). 庭訓(정훈). ¶爲—之文<南史>
【庭球】ていきゅう(정구) 테니스.
【庭試】ていし(정시) 나라에 경사가 있을 때 대궐 안마당에서 보이던 과거(科擧).
【庭實】ていじつ(정실) 마당에 가득 진열된 공물(貢物). ¶士執—<儀禮>
【庭午】ていご(정오) 정오(正午). 亭午(정오). ¶—鶴離松<項斯>
【庭園】ていえん(정원) 집 안의 뜰.
▷家—, 逕—, 宮—, 閨—, 禁—, 來—, 洞—, 幕—, 門—, 法—, 府—, 北—, 私—, 山—, 胥—, 省—, 殊—, 王—, 庸—, 園—, 鯉—, 前—, 珠—, 天—, 椒—, 親—, 遐—, 學—, 閑—, 戶—, 後—

7 10 【座】 자리 좌 | 箇ㄗㄨㄛˋ (zuo) | ざ(スワル) *seat*

俗座
源 會意·形聲. 집[广]에 앉아[坐] 있다는 뜻. 坐가 음을 이룸.
풀이 ①자리. ¶掃除設—<史記>/—席. ②깔개. ¶蒲—暖<仇遠> ③지위. ¶五曹之—<常袞> ④별자리. ¶客星犯御—<後漢書> ⑤대(臺). ¶立砲—十有二<元史> ⑥부처 따위를 세는 단위. ¶金佛二—.
【座談】ざだん(좌담) 한 자리에 마주 앉아서 나누는 이야기. 또는, 여럿이 둘러앉아 자유롭게 이야기를 주고 받는 일. 坐談(좌담). ¶—會.
【座上】ざじょう(좌상) ①여러 사람이 모인 자리. 座中(좌중). 席上(석상). ②그 좌석에서 나이가 가장 많은 사람.
【座席】ざせき(좌석) 앉는 자리. 앉은 자리. 坐席(좌석).
【座禪】ざぜん(좌선)〔佛〕☞ 坐禪(좌선).
【座首】(좌수) 조선 때 지방에 두었던 향청(鄉

廳)의 으뜸 어른. 首鄕(수향).

【座右】ざゆう(좌우) 좌석의 오른편. 거처하는 곳의 곁. 坐右(좌우).

【座右銘】ざゆうめい(좌우명) 곁에 써 두고 늘 보면서 경계로 삼는 격언·명언(名言). 坐右銘(좌우명).

【座隱】ざいん(좌은) 바둑을 둠. 坐隱(좌은).

【座長】ざちょう(좌장) 집회 따위의 석상에서 추대받아 그 자리를 이끄는 사람. 또는, 좌석의 으뜸 어른.

【座前】ざぜん(좌전) 편지에서 받아 볼 사람의 이름 밑에 쓰는 경칭. 座下(좌하)②.

【座中】ざちゅう(좌중) 여러 사람이 모인 자리. 또는, 그 모인 사람들 가운데. 座上(좌상)①. ¶玉帳佳人一老＜曾鞏＞

【座標】ざひょう(좌표) ①놓여진 특수한 위치를 이르는 말. ②자리표.

【座下】ざか(좌하) ①좌석 아래. ②☞座前(좌전).

【座興】ざきょう(좌흥) 어떤 모임에서의 일시적인 흥.

▷講一, 傾一, 高一, 口一, 端一, 滿一, 末一, 法一, 寶一, 復一, 私一, 上一, 星一, 首一, 神一, 御一, 玉一, 王一, 圓一, 律一, 前一, 典一, 正一, 帝一, 中一, 衆一, 着一, 草一, 台一, 便一, 下一, 虛一, 花一

8 11【康】 1 편안할 강 2 들 항 | 陽 ㄎㄤ (kang) 漾 | こう peaceful, lift

풀이 1 ①편안하다. 편안하게 함. ¶文王一之＜荀子＞/平一. ②화목하다. ¶而民一樂＜史記＞ ③즐기다. ¶無已大一＜詩經＞ ④열중하다. ¶一樂沈湎＜淮南子＞ ⑤넓다. 通廣. ¶一侯用錫馬蕃庶＜易經＞ ⑥크다. ¶而寶一瓠＜史記＞ ⑦칭송하다. ¶一周公＜禮記＞ ⑧잃다. ¶五教用一經＜逸周書＞ ⑨헛되다. ¶酌彼一爵＜詩經＞ ⑩오거리. 오달(五達)하는 길. ¶遊於一衢＜列子＞ ⑪겨. 같穅. ⑫성하다. 풍년 들다. ¶迄用一年＜詩經＞ 2 들다. 높임. 通亢. ¶崇坫一圭＜禮記＞

【康居】こうきょ(강거) 한(漢)·위(魏)대 서역에 있던 나라 이름. ¶一國王＜漢書＞

【康衢】こうく(강구) 사면 팔방으로 길이 나 있는 번화한 거리. 康莊(강장). ¶耳聽一＜後漢書＞

【康衢煙月】こうくえんげつ(강구연월) 태평 세월.

【康寧】こうねい(강녕) 평안함. 우환이 없음. ¶天下一＜易林＞/壽福一.

【康熙字典】こうきじてん(강희자전) 청(淸) 성조(聖祖) 때 장옥서(張玉書), 진정경(陳廷敬) 등이 칙명에 따라 편찬한 자서(字書). 설문(說文)·옥편(玉篇)을 기본으로 하여 매자에 성음(聲音)과 훈고(訓詁)를 상술한 것으로, 총자수는 4만 9천 30자임. 42권.

▷凱一, 健一, 樂一, 大一, 杜一, 小一, 壽一, 安一, 悅一, 永一, 寧一, 艾一, 靖一, 治一, 太一, 平一, 惠一, 歡一

8 11【庲】 땅 이름 래 | 囚 ㄌㄞˊ (lai) | らい

풀이 땅 이름. 사천성과 운남성 경계 부근의 한 지명.

11【鹿】 部首 글자

11【扇】 漏(p.908)와 同字

11【㢍】 廩(p.524)의 古字

8 11【庱】 정자 이름 릉 | 蒸 | りょう

11【麻】 部首 글자

11【㡣】 帡(p.502)과 同字

8 11【庳】 1 집 낮을 비 2 낮을 비 | 紙 ㄅㄟˋ 支 (bei) | ひ(ヒクイ) low

풀이 1 ①집이 낮다. ¶宮室卑一＜左氏傳＞ ②평평하다. ¶一矢. 2 ①낮다. 通卑. ¶楚民俗好一車＜史記＞ ②짧다. ¶豊肉而一＜周禮＞ ③모이다. ¶澤一其容＜太玄經＞ ④돕다. 通毗. ¶天子是一＜荀子＞ ⑤내려가다. ¶一則秦儀鞅斯 亦忠嘉矣＜法言＞

11【庳】 庳(p.518)와 同字

8 11【庶】 1 뭇 서 2 제거할 서 | 御 ㄕㄨˋ 語 (shu) | しょ (モロモロ)
同 庻 庻

풀이 1 ①뭇. 여러. ¶一無罪悔＜詩經＞/一務. ②많다. 풍부함. ¶我事孔一＜詩經＞ ③벼슬 없는 사람. ¶于今爲一＜左氏傳＞ ④첩의 자식. ¶殺嫡立一＜左氏傳＞ ⑤지손(支孫). ¶慶流支一＜漢書＞ ⑥천하다. ¶同于貧一＜晋書＞ ⑦바라다. 通度 慮. ¶一見素冠兮＜詩經＞ 2 제거하다. ¶一蠱之事＜周禮＞

【庶官】しょかん(서관) 여러 관원. 百官(백관). 庶僚(서료). ¶無曠一＜書經＞

【庶幾】しょき(서기) ①가까움. ¶墮汝形骸而一乎＜莊子＞ ②바람. 바라건대. ¶一息兵革＜史記＞ ③현인(賢人). ¶一之才＜論衡＞

【庶女】しょじょ(서녀) ①평민인 부녀자. ¶一告天＜江淹＞ ②첩의 몸에서 난 딸.

【庶黎】しょれい(서려) 백성. 庶民(서민). 黎庶(여서). ¶淑雨施于一＜崔駰＞

【庶老】しょろう(서로) 사(士)·서인(庶人)으로 벼슬에 있던 사람이 고령으로 퇴임한 것을 이름. ↔國老(국로).

【庶僚】しょりょう(서료) ☞庶官(서관).

【庶母】しょぼ(서모) 아버지의 첩.

【庶務】しょむ(서무) ①여러 가지 사무. ¶明練一＜任昉＞ ②특정 명목이 없는 일반적인 사무. ¶一課.

【庶民】しょみん(서민) ①백성. 평민. 衆庶(중서). ¶一子來＜詩經＞ ②임금의 적전(籍田)을

경작하는 백성.
【庶常】しょじょう (서상) ①일반 사무를 맡아보는 벼슬아치. ¶一吉士<書經> ②명(明)대 한림원(翰林院)의 벼슬 이름. 庶吉士(서길사).
【庶姓】しょせい (서성) 제실(帝室)과는 친척이 아닌 제후(諸侯). ¶其一別於上<禮記>
【庶孫】しょそん (서손) ①적손(嫡孫) 이외의 손자. ②서자(庶子)의 아들.
【庶叔】(서숙) 할아버지의 서자(庶子). 庶三寸(서삼촌).
【庶孽】しょげつ (서얼) 첩의 자식. 庶子(서자). 庶出(서출). ¶臣僕一之事<公羊傳>
【庶尹】しょいん (서윤) 여러 벼슬아치의 장(長). 庶正(서정). ¶一群后<漢書>
【庶人】しょじん (서인) ①평민으로서 관직에 있는 사람. 아전(衙前) 따위. ②일반 백성. 平民(평민). 庶民(서민). ¶一工商各守其業<國語>
【庶子】しょし (서자) ①첩의 몸에서 난 자식. ↔嫡子(적자). ②적장자(嫡長子) 이외의 아들. 衆子(중자). ③주(周)대 벼슬 이름. 제후·경대부(卿大夫)의 서자에 대한 그 계령(戒令)과 교리(教理)를 맡아봄.
【庶正】しょせい (서정) ☞庶尹(서윤).
【庶政】しょせい (서정) 모든 정사(政事). ¶留思一<後漢書>/一刷新.
【庶弟】しょてい (서제) 서모에게서 난 아우.
【庶族】しょぞく (서족) ①여러 씨족(氏族). ¶詔一子弟<北史> ②서민. 庶人(서인). ¶不辨士與一<唐書> ③韓 서파(庶派)의 족속.
【庶徵】しょちょう (서징) 여러 가지 징조. 천후(天候)로써 하늘이 내리는 갖가지 표징.
【庶出】しょしゅつ (서출) 첩의 몸에서 남. 또는, 그 자식. ↔嫡出(적출).
【庶派】(서파) 韓 서자(庶子)의 자손.
【庶兄】しょけい (서형) 서모에게서 난 형.
▷黔一, 民一, 蕃一, 繁一, 凡一, 富一, 卑一, 貧一, 士一, 臣一, 黎一, 人一, 長一, 嫡一, 兆一, 衆一, 支一, 殆一, 品一, 匹一

11 【庻】 庶(p.518)와 同字

11 【庶】 庶(p.518)와 同字

8/11 【庵】 암자 암 | 圍ㄢ (an) | あん (イオリ)
古 菴

풀이 ①암자. ¶編草結一<南齊書>/草一. ②숨다. 通 奄. ③아호(雅號)에 곁들이는 호칭. ¶靜一/勉一.
【庵居】あんきょ (암거) 암자살이.
【庵子】(암자) ①큰 절에 딸린 작은 절. ②중이 임시로 거처하며 수도하는 집. 庵室(암실).
▷結一, 茅一, 蓬一, 禪一, 廬一, 草一

8/11 【庸】 쓸 용 | 图ㄩㄥ (yong) | よう (モチイル) *use, employ*

풀이 ①쓰다. ¶勿一疾怨<禮記>/登一. ②공훈. ¶能奮一熙帝之載<書經> ③애쓰다. 고생. ¶尙無一<詩經> ④늘. 한결같음. ¶一德之行<禮記> ⑤법도. ¶可以爲一<太玄經> ⑥범상(凡常). 범인. 通 中衆. ¶君之一臣也<國語> ⑦공로 있는 사람. ¶五曰保一<周禮> ⑧당(唐) 조세법의 한 가지. ¶租一調. ⑨크다. ¶遇一夷<太玄經> ⑩고용하다. 고용된 사람. 通 傭. ¶與一保雜作<漢書> ⑪큰 종. 通 鏞. ¶一鼓有斁<詩經> ⑫어찌. ¶一獨利乎<漢書> ⑬담. 성가퀴. 通 墉. ⑭이에. ¶王一作書以誥<書經>
【庸器】ようき (용기) ①공로를 명기한 그릇. ¶鏤績于一<文心雕龍> ②보통의 자질. 庸才(용재).
【庸劣】ようれつ (용렬) 어리석고 둔함. 凡愚(범우). 庸愚(용우). ¶猥班一<沈約>
【庸中佼佼】ようちゅうこうこう (용중교교) 평범한 사람들 가운데서 조금 뛰어난 사람. ¶卿所謂鐵中錚錚 一者也<後漢書>
▷嘉一, 功一, 登一, 凡一, 保一, 附一, 水一, 輸一, 流一, 中一, 祗一, 徵一, 采一, 勳一

8/11 【庴】 1 고을 이름 적 2 韓 움집 움 | 陌 | せき

11 【座】 座(p.517)의 俗字

11 【㢓】 或(p.606)의 古字

12 【𢋀】 架(p.758)의 俗字

12 【庿】 廟(p.522)의 古字

9/12 【廂】 행랑 상 | 陽ㄒㄧㄤ (xiang) | しょう, そう (ヒサシ)

풀이 ①행랑. ②곁방. 몸채에 딸린 방. ¶下雕輦於東一<張衡>/一廊. ③몸채 동서의 벽. 通 序. ¶西一踟躕<王延壽>

12 【廀】 廋(p.520)와 同字

12 【庽】 寓(p.442)와 同字

9/12 【庾】 곳집 유 | 麌ㄩˇ (yu) | ゆ (クラ) *store house*

풀이 ①곳집. ¶發倉一<史記> ②노적가리. ¶我一維億<詩經> ③부피의 단위. ¶粟五千一<左氏傳> ④활 이름. 通 臾. ¶夾弓一弓<周禮>

庾② (禮器圖)

庾③ (三才圖會)

▷囷一, 廩一, 釜一, 積一, 漕一, 倉一

9
12【廁】 ① 뒷간 측 ㊍치 ② 곁 측 | 寘ㄘˋ (ci) 職ㄘㄜˋ (ce) | し(カワヤ) *toilet* しょく(ソバ) *side*

풀이 ① ①뒷간. ¶沛公起如—<史記>/—間. ②돼지우리. ¶—中豕群出<漢書> ③섞다. 섞임. 通雜 次. ¶猥—朝列<潘岳> ② ①곁. 通側. ¶居北海臨—<史記> ②구석. ¶要之置—<史記> ③높이 세우다. 같仄. ¶—足而墊之<莊子>

【廁間】(측간) 뒷간. 변소.

【廁鼠】(측서) 뒷간의 쥐라는 말로, 지위를 원하면서 이를 얻지 못하는 사람을 이름.

▷間—, 輕—, 同—, 陪—, 雜—, 錯—, 圊—, 層—, 行—, 夾—, 溷—

12【廃】 廢(p.523)의 略字

10
13【廊】 복도 랑 | 陽ㄌㄤˊ (lang) | ろう(ロウカ) *corridor*

풀이 ①복도. ¶列于東西—下<唐書>/—屋. ②행랑. ¶陳之—廡下<史記>/—漢.

【廊廟】ろうびょう(낭묘) 정사(政事)를 보는 궁전. 正殿(정전). 廟堂(묘당). ¶式於—之內<戰國策>

【廊廟器】ろうびょうのき(낭묘기) 조정의 대신·재상이 될 만한 재질. 또는, 그 사람. 廊廟具(낭묘구). ¶進乏—<柳宗元>

【廊廟之志】ろうびょうのこころざし(낭묘지 지) 조정 대신이 되어 나라의 정사를 맡아 보려는 뜻. ¶在山澤有—<文中子>

【廊廡】ろうぶ(낭무) 정전(正殿)에 부속된 건물. 廊閣(낭각). ¶初便娟於—<謝惠連>

【廊屬】ろうぞく(낭속) 하인배(下人輩)의 총칭.

【廊下】ろうか(낭하) 복도. 廻廊(회랑). ¶始就—食<唐書>

▷高—, 宮—, 廟—, 步—, 廂—, 長—, 軒—, 回—, 廻—

13【麻】 歷(p.813)과 同字

10
13【廉】 청렴 렴 | 鹽ㄌㄧㄢˊ (lian) | れん(イサギヨイ) *incorruptible*

풀이 ①청렴. 청렴함. ¶朕幼清以—潔兮<楚辭>/清—. ②검소하다. ¶不以—爲悲<淮南子> ③값싸다. ¶其價—<王禹偁> ④간략하다. ¶其業—而事佚<晁補之> ⑤날카롭다. ¶其器—以深<呂覽> ⑥끊다. ¶外不—<周禮> ⑦곧다. 바름. ¶殺君以爲—<國語> ⑧모가나다. ¶古之務也—<論語>

【廉價】れんか(염가) 싼 값. 安價(안가).

【廉潔】れんけつ(염결) 청렴 결백함. 廉白(염백). ¶—之吏<管子>

【廉公】れんこう(염공) 청렴하며 사심이 없음. ¶—有威<後漢書>

【廉吏】れんり(염리) ☞淸白吏(청백리).

【廉賣】れんばい(염매) 싼 값으로 팖.

【廉問】れんもん(염문) 조사함. 尋問(심문). 廉察(염찰). ¶使人—<史記> ※れんぶん

【廉訪】れんぽう(염방) 안찰사(按察使)의 별칭.

【廉白】れんぱく(염백) 마음이 청렴하고 결백함. 廉潔(염결). ¶—可以當世<魏志>

【廉士】れんし(염사) 청렴하고 지조 있는 사람. 廉夫(염부). ¶天下非無—也<淮南子>

【廉石】れんせき(염석) 청렴한 돌이란 뜻으로, 오(吳)의 육적(陸績)이 청렴하여, 울림 태수(鬱林太守)를 그만두고 바다를 건너 오는 길에 짐이 하나도 없어 배가 뒤집힐까 봐 실었다는 돌. 鬱林石(울림석).

【廉而不劌】れんにしてけいせず(염이불귀) 옥이 모가 나 있어도 다른 물건을 상하게 하는 일이 없듯이, 군자는 의(義)로써 규제하되 외부의 사물을 다치게 하지는 않음. ¶君子比德于玉— 義也<禮記>

【廉正】れんせい(염정) 마음이 깨끗하며 공정함. 廉直(염직). ¶孝悌—<吳志>

【廉直】れんちょく(염직) 청렴하고 정직함. ¶—勁正<禮記>

　　れんち(염치) 싼 값. 安直(안치). 廉價(염가).

【廉察】れんさつ(염찰) 자세히 조사함. 廉按(염안). ¶—災害<後漢書>

【廉恥】れんち(염치) 마음이 청렴하며 수치를 앎. 廉愧(염괴). ¶上禮義 重—<漢書>

【廉探】れんたん(염탐) 몰래 사정을 조사함.

【廉頗】れんぱ(염파)《人》전국 시대 조(趙)의 명장(名將). 혜문왕(惠文王) 때 상경(上卿)이 됨. 명신 인상여(藺相如)와 문경지 교(刎頸之交)를 맺은 일로도 유명함(B.C 283~240).

【廉平】れんぺい(염평) 마음이 결백하고 공평함. 淸廉潔白(청렴결백).

▷刻—, 簡—, 剛—, 潔—, 謙—, 寡—, 謹—, 方—, 蜚—, 貞—, 精—, 淸—, 孝—

10
13【廇】 중정 류 | 宥ㄌㄧㄡˋ (liu) | りゅう

풀이 ①중정(中庭). 뜰의 가운데. ¶弗譏賊於中—<楚辭> ②들보.

10
13【廋】 숨길 수 | 尤ㄙㄡ (sou) | そう, しゅう(カクス) *hide*

풀이 ①숨기다. 숨음. ¶觀其眸子 人焉—哉<論語> ②찾다. 通搜. ¶—索私屠酤<漢書> ③세다. 通數. ¶—人掌十有二閑之政教<周禮> ④산모롱이. ¶步從容於山—<楚辭>

10
13【廆】 ① 버릇 외 ㊍회 ② 산 이름 외 ㊍괴 | 賄 灰 | かい(クセ) *habit*

10
13【廌】 해태 채 | 蟹ㄓˋ (zhi) | ち, たい(カイチ)

풀이 ①해태. ¶解—. ②추천하다. 通薦.

13〖鳫〗 鳫(p.520)와 同字

10 13〖厦〗 큰집 하 | 㕒ㄒㄧㄚˋ(xia) ㄕㄚˋ(sha) | か

㊗厦 ⓖ庁

풀이①큰 집. ¶一屋一揆<左思> ②집. 지붕을 길게 아래로 달아낸 집. ¶大一微<太玄經>

▷高一, 廣一, 大一, 崇一, 豊一

11 14〖廓〗 1둘레 곽 2클 확 | ㄎㄨㄛˋ (kuo) | かく(クルワ) circumference

풀이1①둘레. ¶輪一. ②외성(外城). ¶繞一芙蕖拍岸平<林希> 2①크다. ¶憎其式一<詩經> ②너그럽다. ¶性度恢一<吳志> ③넓히다. ¶一四方<淮南子> ④텅 비다. ¶處大一之宇<淮南子> ⑤바로잡다. ¶是一是極<張衡> ⑥열리다. ¶祥而一然<禮記> ⑦칼집.

【廓正】かくせい(확정) 부정이나 악습 따위를 바로잡아 고침.

【廓清】かくせい(확청) ☞ 肅清(숙청).

▷高一, 寬一, 曠一, 宏一, 城一, 式一, 遊一, 虛一, 恢一, 橫一

11 14〖廏〗 마굿간 구 | ㄐㄧㄡˋ (jiu) | きゅう(ウマヤ) stable

㊗廐 廄

풀이①마굿간. ¶一有僕夫<周禮> ②마소가 모이는 곳. ③말을 관장하던 벼슬. ¶養由基爲官一<左氏傳>

▷宮一, 內一, 馬一, 御一, 外一, 龍一, 典一, 華一

14〖廐〗 廏(p.521)의 俗字

11 14〖廑〗 작은 집 근 | ㄐㄧㄣˇ (jin) | きん

풀이①작은 집. ②겨우. 조금. ⓣ僅. ¶其次一得舍人<漢書> ③부지런히 일하다. ⓣ勤. ¶其一至矣<漢書>

11 14〖廖〗 1공허할 료 2성 료 | ㄌㄧㄠˋ (liao) | りょう empty

14〖麽〗 ☞ 麻部 3획(p.)

14〖腐〗 ☞ 肉部 8획(p.1237)

11 14〖廒〗 곳간 오 | ㄠˊ (ao) | ごう(クラ) storeroom

11 14〖廕〗 덮을 음 | ㄧㄣˋ (yin) | いん(カバウ) cover

풀이①덮다. 가려줌. ¶席隴畝而一庇<戰國策> ②그늘. ¶一除.

【廕補】いんぽ(음보) 부조(父祖)의 공에 따라 그 자손에게 벼슬을 주는 일. 廕敍(음서). 廕除(음제). 蔭補(음보). ¶選敍一考課<宋史>

14〖塵〗 ☞ 土部 11획(p.356)

15〖賡〗 ☞ 貝部 8획(p.1428)

15〖慶〗 ☞ 心部 11획(p.589)

12 15〖廘〗 ㊥곳 곳 | place

12 15〖廣〗 1넓을 광 2넓이 광 | ㄍㄨㄤˇ (guang) | こう(ヒロイ) broad, breadth

㊔広

풀이1①넓다. ¶地一而益重<戰國策>/一野. ②넓히다. ¶一其節奏<禮記> ③퍼지다. ¶是故地日一<呂覽> 2①넓이. ¶一狹. ②가로. 너비. ⓣ橫. ¶一運百里<國語> ③병거(兵車) 15승(乘)의 호칭. ¶一有一卒<左氏傳> ④널찍하다. ¶人主胡不一焉<荀子> ⑤공허하다. ⓣ曠. ¶師出過時 之謂一<漢書> ⑥무덤. ⓣ壙. ¶自望其一<孔子家語> ⑦빛나다. ⓣ光.

【廣居】こうきょ(광거) 넓은 거처(居處)란 뜻으로, 인(仁)을 비유하여 이름. ¶居天下之一<孟子>

【廣告】こうこく(광고) ①세상에 널리 알림. ②고객 유치를 위하여 상품·서비스 내용 등을 대중에게 알림.

【廣軌】こうき(광궤) 너비가 143.5cm가 넘는 궤도. ¶一鐵道. ↔狹軌(협궤).

【廣農】こうのう(광농) 농업을 발전시킴.

【廣多繪】(광다회)㊥ 군사의 융복(戎服)에 띠던 넓은 띠. 多繪(다회).

【廣大】こうだい(광대) ①넓고 큼. 宏大(굉대). ¶山澤一<管子> ②㊥ 옛날, 연극이나 판소리, 곡예 등을 하던 배우.

【廣大無邊】こうだいむへん(광대무변)《佛》 끝없이 넓고 큼.

【廣輪】こうりん(광륜) 넓이. 廣運(광운). ¶地域一之數<周禮>

【廣漠】こうばく(광막) 넓고 아득함. 廣莫(광막). ¶一而斥鹵<書經>

【廣莫風】こうばくふう(광막풍) 북풍. ¶一居北方<史記>

【廣木】(광목)㊥ 무명 올로 서양목처럼 폭을 넓게 짠 피륙.

【廣目天】こうもくてん(광목천)《佛》 사천왕(四天王)의 하나. 제석(帝釋)의 외신(外臣)으로 서쪽을 지키는, 눈이 큰 부처.

【廣袤】こうぼう(광무) 넓이. 면적. ¶一六里<史記>

【廣問】こうもん(광문) ①널리 탐문함. ②여러 사람에게 선물을 보냄.

【廣範】こうはん(광범) 범위가 넓음.

【廣範圍】こうはんい(광범위) 너른 범위.

【廣嗣】こうし(광사) ①자식을 많이 가짐. ¶一之術<後漢書> ②후사(後嗣)가 끊이지 않도록 함. ¶一重祖<漢書>

【廣野】こうや(광야) 너른 들. 너른 벌판. ¶平原

—<墨子>
【廣義】こうぎ(광의) ①뜻을 넓힘. ②넓은 의미. ↔狹義(협의).
【廣作】(광작) 농사를 많이 지음. 또는, 그 농사.
【廣場】ひろば(광장) 너른 마당.
【廣濟】こうさい·こうせい(광제) 세상 사람을 널리 구제함. ¶—院.
【廣寒宮】こうかんきゅう(광한궁) 달 속에 있다는 궁전. 廣寒殿(광한전). ¶若到— 須有一萬億<宣和遺事>
【廣寒風】こうかんふう(광한풍) 북풍.
【廣闊】こうかつ(광활) 막힌 데 없이 넓음. 曠濶(광활).
▷少—, 深—, 淹—, 增—, 平—, 幅—, 弘—

15【摩】☞手部 11획(p.659)

12 15【廟】사당 묘 | 廟ㄇㄧㄠˋ (miao) | びょう(タマヤ) *ancestral shrine*

古庿 俗庙

풀이 ①사당. ¶納于太—<公羊傳>/宗—. ②위패(位牌). ¶負三王之—<荀子> ③빈소(殯所). ¶至於—門<禮記> ④왕궁의 정전(正殿). ¶天子居太—<呂覽> ⑤정사(政事)를 보는 곳. ¶不下堂—而天下治<吳志> ⑥절. ¶修營塔—<晉書>

廟①(軒轅)(三才圖會)

【廟閣】びょうかく(묘각) 조정. 政堂(정당).
【廟堂】びょうどう(묘당) ①종묘(宗廟). 廟宇(묘우). ¶此舜—之樂<書經> ②조정(朝廷). ¶始結言於—兮<楚辭>
【廟堂之器】びょうどうノき(묘당지 기) 나라의 정사를 맡아볼 만한 인물. 廟堂之量(묘당지량). ¶昂昂乎—<劉基>
【廟廊】びょうろう(묘랑) 묘당(廟堂).
【廟社】びょうしゃ(묘사) 종묘와 사직(社稷). ¶以告—<韓愈>
【廟祠】びょうし(묘사) ①사당에 모심. ¶此秦所以—而求也<戰國策> ②사당(祠堂).
【廟算】びょうさん(묘산) 조정의 계책(計策). 싸우기 앞서 조정에서 작전 계획을 세움. 廟略(묘략). 廟畫(묘획). ¶未戰而—<孫子>
【廟頌】びょうしょう(묘송) 종묘·사당 앞에서 송덕(頌德)하는 노래. ¶—未立<後漢書>
【廟室】びょうしつ(묘실) 사당(祠堂). 廟堂(묘당).
【廟謁】びょうえつ(묘알) 임금이 종묘에 나가 참배함.
【廟宇】びょうう(묘우) ☞廟堂(묘당)①.
【廟院】びょういん(묘원) ①사당. 家廟(가묘). ②절. 寺院(사원).
【廟垣之鼠】びょうえんノそ(묘원지 서) 영묘(靈廟) 담 안의 쥐란 뜻으로, 임금 측근의 간신(姦臣)을 이름.
【廟議】びょうぎ(묘의) ①묘(廟)에 대한 의논. ②조정의 회의. 朝議(조의).
【廟廷】びょうてい(묘정) 종묘. 祠堂(사당). 廟庭(묘정).
【廟庭】びょうてい(묘정) ☞廟廷(묘정).
【廟庭配享】びょうていはいきょう(묘정배향) 공로 있는 신하가 죽은 후에 종묘 제사에 부제(祔祭)하는 일.
【廟祧】びょうちょう(묘조) 종묘와 조(祧). 祧는 7대 이상의 조상의 신주를 모신 곳. ¶—之制<魏志>
【廟主】びょうしゅ(묘주) 사당에 모신 신주(神主).
【廟寢】びょうしん(묘침) 종묘(宗廟). 앞쪽 건물을 廟, 뒤에 있는 건물을 寢이라 함. ¶別立—<晉書>
【廟塔】びょうとう(묘탑) 불상을 안치하는 곳. ¶立—<唐書>
【廟見】びょうけん(묘현) ①사당에 참배함. ¶當—受玉璽<史記> ②새 며느리가 처음으로 시가(媤家)의 사당에 참배함. 廟現(묘현). ¶三月而— 稱來婦也<韓詩外傳>
【廟號】びょうごう(묘호) 종묘의 칭호.
【廟諱】びょうき(묘휘) 종묘에 모신 선제(先帝)의 휘(諱).
【廟犧】びょうぎ(묘희) 태묘(太廟)의 제사에 쓰이는 희생(犧牲)이라는 말로, 고귀한 자리에 있으나 몸이 위태로운 자를 비유하여 이름. 장주(莊周)가 제사 때의 희우(犧牛)에 벼슬아치를 비유한 일에서 온 말.
▷家—, 告—, 故—, 高—, 宮—, 廊—, 堂—, 大—, 文—, 寺—, 社—, 祠—, 僧—, 靈—, 原—, 祖—, 祧—, 宗—, 寢—

12 15【廡】1 집 무 2 무성할 무 | 廣ㄨˇ 廣(wu) | ぶ(イエ) *house*

풀이 1 ①집. ¶作棗蓋—<後漢書> ②큰집. ¶千—萬室<左思> ③복도. ¶高—百尺<後漢書> 2 무성하다. ¶庶草蕃—<書經>
▷廣—, 堂—, 門—, 蕃—, 修—, 廬—, 屋—, 長—, 軒—

12 15【廝】하인 시 | 因ㄙ (si) | し(シモベ) *servant*

풀이 ①하인. ¶—役扈養<公羊傳>/女—. ②천하다. ¶—輿之卒<後漢書> ③나누다. 通 釃 斯. ¶乃—二渠<史記> ④서로. ¶—群驢子—咬<米芾>

12 15【廛】가게 전 | 因ㄔㄢˊ (chan) | てん(ミセ) *store*

풀이 ①가게. ¶市—而不稅<禮記> ②집터. ¶定—宅<荀子> ③밭. 100묘의 밭. ¶儼儲駕於—左兮<潘岳>
【廛房】(전방) 가게.
【廛市】てんし(전시) 가게. 저자.
【廛鋪】てんぽ(전포) 가게. 廛肆(전사). 店鋪(점포).
▷郊—, 肆—, 市—, 六注比—, 邑—

12 15【廚】부엌 주 | 國ㄔㄨˊ (chu) | ちゅう, ず(クリヤ) *kitchen*

俗厨 厨

풀이 ①부엌. ¶蓋—屋多時不掃<世範>/

一房. ②요리사. ¶思彦敕一宰＜唐書＞ ③주막. 역참(驛站). ¶一傳勿舍＜漢書＞ ④상자. 장(欌). ¶陸公 書一也＜南史＞

【廚房】ちゅうぼう(주방) 부엌. 廚庖(주포). ¶一又廚下＜鄕談正音＞

▷璝一, 軍一, 樂一, 坊一, 壁一, 封一, 佛一, 書一, 御一, 衣一, 齋一, 庖一, 行一, 香一

15〖[illegible]〗 秩(p.1105)의 古字

12/15〖廠〗 헛간 창 | 圖 ㄔㄤˇ (chang) | しょう(カリヤ) *open shed*

풀이 ①헛간. 벽 없는 집. ¶枳籬茅一＜韓偓＞ ②공장. ¶瓦一.

▷工一, 茅一, 兵器一, 被服一

12/15〖廢〗 폐할 폐 | 圖 ㄈㄟˋ (fei) | はい(スタレル) *abandon*

略 廃

풀이 ①폐하다. ¶道術之一＜禮記＞/一業. ②엎드리다. ¶千人皆一＜史記＞ ③떨어지다. ¶一於爐炭＜左氏傳＞ ④그만두다. ¶半塗而一＜中庸＞ ⑤비축하다. ¶好一擧＜史記＞ ⑥바뀌다. ¶一爲殘賊＜詩經＞ ⑦크다. ¶一虐之主＜列子＞ ⑧움직이다. 通發. ¶一中權＜論語＞ ⑨앓다. 通癈. ¶老幼一疾＜周禮＞ ⑩발 달리지 않은 그릇. ¶一敦重鬲＜儀禮＞ ⑪집이 기울다. ¶四極一＜淮南子＞

【廢家】はいか·はいけ(폐가) ①후사(後嗣)가 없어 가계의 혈통이 끊김. 또는, 그 집. 絶家(절가). ②호주가 스스로 그 가(家)를 폐하는 행위. ③사람이 살지 않고 버린 집. 廢屋(폐옥). 廢居(폐거)②.

【廢刊】はいかん(폐간) 신문·잡지 등의 간행을 폐지함.

【廢居】はいきょ(폐거) ①물건을 쌓아 두고 값 오르기를 기다림. 廢擧(폐거). 廢著(폐저). ¶一居邑＜史記＞ ②사람이 살지 않는 내버려진 집. 廢屋(폐옥).

【廢擧】はいきょ(폐거) ☞廢居(폐거)①.

【廢格沮誹】はいかくそひ(폐격저비) 행하여지지 않도록 방해하고 훼방함. ¶一窮治之獄用矣＜史記＞

【廢錮】はいこ(폐고) 관리의 자격을 박탈함. 또는, 평생 관리가 되지 못하게 함. ¶皆免一＜漢書＞

【廢科】はいか(폐과) 과거(科擧)를 폐함. 또는, 과거 보기를 그만둠.

【廢關】はいかん(폐관) 외국과의 조약을 폐기함.

【廢曠】はいこう(폐광) 버림. 쇠퇴하여 없어짐. ¶職多一＜遼史＞

【廢鑛】はいこう(폐광) 광산이나 탄광을 폐지함. 또는, 그 광산·탄광.

【廢校】はいこう(폐교) 학교를 폐지함.

【廢國】はいこく(폐국) ①망한 나라. 亡國(망국). ¶繼絶世擧一＜中庸＞ ②왕자를 모두 없앰. ¶一而向己＜國語＞

【廢君】はいくん(폐군) 폐위된 임금. 廢主(폐주).

【廢郡】はいぐん(폐군) 폐지된 군.

【廢棄】はいき(폐기) ①못쓰게 된 것을 버림. 또는, 폐지해서 버림. ¶必哀矜之不一＜書經＞ ②조약의 효력을 잃게 함. ③공소(控訴) 등에 따라 원재판(原裁判)을 취소함.

【廢農】はいのう(폐농) 농사를 그만둠. ¶民旣一＜潛夫論＞

【廢畓】(폐답) 농사를 짓지 않고 버려둔 논.

【廢屠】はいと(폐도) 세상에서 버림받아 백정이 된 사람. ¶朝歌之一＜戰國策＞

【廢倫】はいりん(폐륜) 혼인하지 않거나 못함.

【廢立】はいりつ(폐립) 있던 임금을 폐하고 새로 다른 임금을 세움. ¶密謀一＜後漢書＞

【廢物】はいぶつ(폐물) 쓸모 없어 버리게 된 물건. ¶不能報仇 畢爲一＜吳越春秋＞

【廢兵】はいへい(폐병) 전쟁중에 다쳐 병신이 된 병사.

【廢妃】はいひ(폐비) 왕비를 그 자리에서 몰아냄. 또는, 그 왕비. 廢后(폐후).

【廢寺】はいじ(폐사) 황폐한 절. ¶一亂來爲縣驛＜王建＞

【廢船】はいせん(폐선) 낡아서 못쓰게 된 배.

【廢業】はいぎょう(폐업) ①학문 닦기를 그만둠. ¶猶不一＜顔氏家訓＞ ②가업(家業)을 폐함. 또는, 영업을 폐함. ¶大功一＜禮記＞ ③일을 하지 않음. ④쇠퇴한 가업·사업. ¶興立一＜後漢書＞

【廢屋】はいおく(폐옥) 낡아 사람이 살지 않는 집. 廢家(폐가). 廢宅(폐택). 破屋(파옥). ¶經年一無居人＜謝翺＞

【廢王】はいおう(폐왕) 퇴위(退位)한 왕.

【廢苑】はいえん(폐원) 황폐한 정원. 廢園(폐원). ¶一鶯花盡＜廼賢＞

【廢園】はいえん(폐원) ☞廢苑(폐원).

【廢位】はいい(폐위) 임금을 폐함. 왕위에서 몰아냄.

【廢人】はいじん(폐인) ①병으로 몸을 망친 사람. ②세상에서 버림받아 쓸모 없는 사람. ③은자(隱者)의 자칭(自稱). ¶一飮美酒＜北齊書＞

【廢殘】はいざん(폐잔) ①병든 사람이나 병신. ②손상함. 또는, 다침.

【廢嫡】はいちゃく(폐적) 상속·계승권자로서의 적자(嫡子)의 지위를 폐함. ¶一立庶＜魏志＞

【廢典】はいてん(폐전) 쓰이지 않게 된 의식(儀式). ¶永懷一＜後漢書＞

【廢絶】はいぜつ(폐절) 쇠퇴하여 없어짐. ¶宗廟一＜後漢書＞

【廢井】はいせい(폐정) 황폐한 우물. 또는, 쓰지 않고 버려진 우물. ¶一蒼苔積＜李白＞

【廢政】はいせい(폐정) 정사(政事) 보기를 그만둠.

【廢帝】はいてい(폐제) 황제를 그 자리에서 몰아냄. 또는, 그 황제. ¶將謀一＜魏志＞

【廢朝】はいちょう(폐조) 황실의 흉사 따위로 말미암아 천자가 정사(政事)를 보지 않는 일. ¶以疾疫一＜晉書＞

【廢族】はいぞく(폐족) 조상이 범한 중죄로 인해 그 자손이 벼슬을 못 하게 된 집안.

【廢主】はいしゅ(폐주) 임금의 자리에서 몰아냄. 또는, 그 임금. 廢君(폐군).

【廢止】はいし(폐지) 실시하던 제도·법규·계획 등을 폐하여 그만둠. 革罷(혁파).

【廢紙】はいし(폐지) 못쓰게 된 종이. 휴지. ¶從吏求一<唐書>
【廢疾】はいしつ(폐질) 불치(不治)의 병. 또는, 불구자(不具者). 癈疾(폐질). ¶孤獨一者<禮記>
【廢車】はいしゃ(폐차) ①낡아서 못 쓰게 된 차. ②자동차를 폐기 처분함. 또는, 그 자동차.
【廢黜】はいちゅつ(폐출) 벼슬을 떼고 내어 보냄. 免黜(면출). 罷免(파면). ¶卒用一<漢書>
【廢置】はいち(폐치) ①폐지와 존치(存置). 存廢(존폐). ②면직과 등용(登用). ③임금을 폐립(廢立)함. ¶處一之際<漢書>
【廢蟄】はいちつ(폐칩) 외출을 폐하고 집에 틀어박힘. 杜門不出(두문불출).
【廢學】はいがく(폐학) 학문을 중도에서 그만둠.
【廢學如斷機】はいがくハだんきノゴトシ(폐학 여단기) ☞孟母斷機(맹모단기).
【廢合】はいごう(폐합) 폐하여 다른 것에 합침.
【廢墟】はいきょ(폐허) 성곽·건물 등이 무너져 황폐한 터. 廢址(폐지). ¶寒花亂一<韓維>
【廢后】はいごう(폐후) ☞廢妃(폐비).
▷改一, 古一, 枯一, 曠一, 久一, 棄一, 老一, 頓一, 耗一, 蕪一, 排一, 疏一, 衰一, 捐一, 違一, 幽一, 弛一, 堙一, 自一, 全一, 停一, 彫一, 存一, 撤一, 黜一, 惰一, 怠一, 頹一, 偏一, 荒一, 毁一, 休一, 興一

15【[illegible]】☞糸部 9획(p.1183)
15【麾】☞麻部 4획(p.1690)

12/15【廞】①진열할 흠 ②막힐 흠 本음 | 侵ㄒㄧㄣ (xin) 寢 | きん (ツラネル) ぎん

풀이 1 ①진열하다. ¶一衣服<周禮> ②일으키다. ¶一其樂器<周禮> ③험한 모양. ¶一巘. 2 ①막히다. ¶渠久一塞<唐書> ②노하다. ¶虎虓振一<太玄經>

13/16【廥】곳간 괴 | 泰ㄎㄨㄞˋ (kuai) | かい(クラ)

풀이 ①곳간. ¶頻發官一<唐書>/一藏. ②꼴 넣는 광. ¶一廩.
▷官一, 倉一

16【𢋈】廑(p.521)·僅(p.134)과 同字

13/16【廩】곳집 름 | 寢ㄌㄧㄣˇ (lin) | りん(クラ) *granary*

풀이 ①곳집. ¶餘刀布有囷一<荀子> ②갈무리하다. 저장함. ¶君已一之也<管子> ③모이다. ¶一於腸胃<素問> ④녹미(祿米). ¶官員月給曰一給<六部成語> ⑤구호미. ¶振一三十餘郡<後漢書> ⑥다스리다. 通臨 理. ¶御一群何<公羊傳> ⑦적다. 通兼 歉. ¶群公一<公羊傳> ⑧두려워하다. 通懍. ¶一然隕大夫之尸<左氏傳> ⑨늠름한 모양. 通凜.
【廩料】りんりょう(늠료) 관리의 급료.
【廩人】りんじん(늠인) 주(周)대에 쌀의 출납을 맡아보던 벼슬. ¶一繼粟<孟子>
▷公一, 官一, 國一, 囷一, 牢一, 米一, 俸一, 私一, 糧一, 御一, 月一, 庾一, 衣一, 義一, 儲一, 振一, 倉一

13/16【廧】담 장 | 陽くㄧㄤˊ (qiang) | しょう(カキ) *fence*

풀이 ①담. 通牆. ¶牽帷一之制<漢書> ②지위가 낮은 신하. 通嗇. ¶一夫空<戰國策> ③오랑캐 이름. 춘추 시대 적적(赤狄)의 한 갈래.

13/16【廨】관아 해 | 卦ㄒㄧㄝˋ(xie) ㄐㄧㄝˋ(jie) | かい,げ

17【糜】☞米部 11획(p.1152)
17【縻】☞糸部 11획(p.1186)
17【膺】☞肉部 13획(p.1245)
17【應】☞心部 13획(p.597)

16/19【廬】①오두막 려 ②창자루 로 | 魚ㄌㄨˊ 虞(lu) | ろ(イオリ) *hermitage*

풀이 1 ①오두막. ¶中田有一<詩經>/草一. ②주막. ¶十里有一<周禮> ③임시 거처. ¶出一於曹<國語> ④집. ¶精一暫建<後漢書> ⑤숙직실. ¶日磾小疾臥一<漢書> ⑥살다. 거주함. ¶恨阿房之不可一<張衡> 2 ①창자루. ¶秦無一<周禮> ②줄. 通鑪.
【廬幕】ろまく(여막) 궤연(几筵)이나 무덤 옆에 지은, 상제가 거처하는 초막.
【廬墓】ろぼ(여묘) ①상제가 여막에서 무덤을 지키는 일. ¶子貢一處也<水經> ②여막(廬幕)과 분묘(墳墓).
【廬山】ろざん(여산) 중국 강서성(江西省)에 있는 명산. 주(周)대 광속(匡俗)이 은거한 곳으로, 정왕(定王)이 사자를 보내어 찾았으나, 광속은 이미 등선(登仙)하고 빈 초막만 남아 있었다 하며, 여산은 그에서 붙은 이름임. 광산(匡山)·광려(匡廬)라고도 하며, 옛 이름은 남장산(南障山).
【廬山眞面目】ろざんノしんめんぼく(여산 진면목) 여산의 참모습. 여산은 보는 위치에 따라 다르게 보이므로, 참모습을 알기 어렵다는 데서, 사물의 진상이 아리송하여 알기 어려운 경우를 비유하는 말. ¶不識一<蘇軾>
▷蘧一, 結一, 空一, 僑一, 陋一, 茅一, 蓬一, 佛一, 飛一, 僧一, 庵一, 野一, 屋一, 倚一, 田一, 精一, 周一, 直一, 草一, 出一, 學一, 蒿一

19【靡】☞非部 11획(p.1610)
19【龐】☞龍部 3획(p.1705)
20【廰】廳(p.525)의 略字

21【魔】☞ 鬼部 11획 (p.1688)

18/21【廱】화락할 옹 [冬]ㄩㄥ (yong) | よう (ヤワラグ)
[풀이]①화락하다. ¶一和/——. ②막다. [通]壅. ¶一河三日不流<漢書> ③천자의 학사(學舍). ¶於樂辟一<詩經>
▷鷄一, 辟一

24【鷹】☞ 鳥部 13획 (p.1684)

22/25【廳】관청 청 [靑]ㄊㄧㄥ (ting) | ちょう *public office*
[略]庁 廰
[풀이]①관청. 관아. ¶市一/官一. ②대청. 집. ¶涼榭錦一<洛陽名園記>
【廳舍】ちょうしゃ (청사) 관청에서 사무실로 쓰는 건물. ¶改堂宇一爲宮殿<蜀檮杌>
▷公一, 官一, 區一, 郡一, 道一, 登一, 兵務一, 守一, 市一, 專賣一, 中央一, 支一, 退一

廴<민책받침>部

廴 ④ 延 廷 ⑤ 廸 廻 ⑥ 建 廼 廽

0/3【廴】길게 걸을 인 [軫]ㄧㄣˇ (yin) | いん
[풀이]①길게 걷다. 보폭(步幅)을 길게 떼어 걸음. ②당기다. ③부수(部首) 이름. 민책받침.

6【廵】巡(p.488)의 訛字

4/7【延】[1]끌 연 [2]덮개 연 [3]상통할 연 [先][銑][霰]ㄧㄢˊ (yan) | えん (ノビル) *delay*
[풀이][1]①끌다. ㉮끌어들이다. ¶開東閣以一賢人<漢書> ㉯시간을 끌다. 미룸. ¶一期. ㉰늘이다. 길게 뻗침. ¶恩漢之士 一頸鶴望<漢書> ②늘어서다. 포진함. ¶一閣胤宇<左思> ③미치다. 도달함. ¶賞一于世<書經> ④높다. ¶一樓棧道<淮南子> ⑤길다. 멂. ¶一袤萬餘里<史記> ⑥묘도(墓道). ¶一道. ⑦[韓]수를 종합하다. ¶一人員/一建坪. [2]덮개. 면류관 상부의 덮개. ¶前後邃一<禮記> [3]상통하다. 서로 통함. ¶轉相踰一<張衡>
【延期】えんき (연기) 정한 기한을 물림. 展期(전기). ¶猶足以一<魏志>
【延年】えんねん (연년) ①수명을 늘임. 오래 삶. 長命(장명). 長壽(장수). 延命(연명). 延齡(연령). 延壽(연수). ¶獨有一術<阮籍> ②새해를 맞음. 迎年(영년).
【延年益壽】えんねんえきじゅ (연년익수) 수명을 늘려 오래 삶. ¶一千萬歲<宋玉>
【延命】えんめい·えんみょう (연명) ①오래 삶. 長命(장명). 延壽(연수). ¶養性一<參同契> ②목숨을 이어감. ③감사·수령이 부임할 때 궐패(闕牌) 앞에서 왕명을 전포(傳布)하던 의식. 또는, 원이 감사를 처음 가서 뵙던 의식.
【延袤】えんぼう (연무) ①토지의 넓이. 延은 가로로 동서, 袤는 세로로 남북. 廣袤(광무). ¶一萬餘里<史記> ②길이.
【延逢】(연봉)[韓] 수령(守令)이 존귀한 사람을 나아가 맞음.
【延聘】(연빙)[中] 초빙(招聘).
【延性】えんせい (연성) 물질이 지니는 성질의 하나. 길게 또는 넓게 늘어나는 성질.
【延燒】えんしょう (연소) 불길이 번져 나감. 또는, 그 화재. ¶屋比一<史記>
【延諡】えんし (연시) 조상에게 내린 시호(諡號)를 자손이 이어받음.
【延音】えんおん (연음) ①한 음이 길게 뻗어 두 음으로 되는 일. ↔約音(약음). ②한 음을 규정된 박자 이상으로 길게 늘이는 일. ¶一記號.
【延人員】のべじんいん (연인원) 공사 등에 동원된 총 인원. 2명이 사흘 걸린 경우, 연인원은 6명임.
【延日數】のべにっすう (연일수) 공사 등에 걸린 일수를, 한 사람 앞으로 환산한 일수. 4명이 5일 걸린 경우, 연일수는 20일이 됨.
【延長】えんちょう (연장) ①길이·시간 등을 늘여 길게 함. ¶壽命一<宋史> ②수학에서, 유한선분(有限線分)을 늘이는 일. 또는, 그 늘인 부분. ¶一線.
【延長戰】えんちょうせん (연장전) 정한 시간 내에 승부가 나지 않은 경우, 시간을 연장하여 싸우는 경기.
【延着】えんちゃく (연착) 정한 시각보다 늦게 도착함.
【延滯】えんたい (연체) 오래 지체함. 사무 처리 또는 의무 이행 등이 기한을 넘겨 지체함. ¶一利子.
【延坪數】のべつぼすう (연평수) 층집에서 각 층을 합친 평수.
▷居一, 經一, 蔓一, 綿一, 垂一, 順一, 壓一, 連一, 聯一, 宛一, 接一, 遲一, 遷一, 招一

4/7【廷】조정 정 [靑]ㄊㄧㄥˊ (ting) | てい (ニワ) *court of the palace*
[풀이]①조정(朝廷). ¶設九賓于一<史記>/一議. ②관아(官衙). 관청. ¶毋欲使給事縣一<後漢書> ③공정하다. ¶一尉 秦官掌刑辟<漢書> ④뜰. [通]庭. ¶使人立于一<左氏傳>
【廷對】ていたい (정대) 조정에서 천자의 물음에 답하는 일. ¶邳彤之一 不亦幾乎<後漢書>
【廷論】ていろん (정론) 조정의 논의. ¶一局趣<史記>
【廷吏】ていり (정리) ①조정의 관리. ¶大臣一 人主之所與度計也<韓非子> ②법정에서 잡무를 담당하는 직원.
【廷理】ていり (정리) 형벌에 관한 업무를 담당하던 벼슬아치. 廷尉(정위). ¶一斬其輈<韓非子>
【廷試】ていし (정시) 조정에서 임금이 참석한 가

운데 행하던 과거(科擧). 殿試(전시). 庭試(정시). ¶ㅡ始用策<宋史>
【廷臣】ていしん(정신) 조정에서 일을 보는 신하. 朝臣(조신). ¶漢ㅡ毋能出其右者<史記>
【廷議】ていぎ(정의) ①조정에서 논의함. ②조정의 의견. 朝議(조의). ¶ㅡ得失<魏書>
【廷爭】ていそう(정쟁) 조정의 여러 사람들 앞에서 간(諫)하고 다투는 일. 廷諍(정쟁). ¶面折ㅡ<史記>
▷宮ㅡ, 明ㅡ, 法ㅡ, 殊ㅡ, 外ㅡ, 入ㅡ, 朝ㅡ, 出ㅡ, 退ㅡ, 縣ㅡ

8【廹】 迫(p.1476)의 俗字
8【廸】 迪(p.1477)의 俗字
8【廻】 趁(p.1439)과 同字
8【廽】 廻(p.527)와 同字

6 9【建】 1 세울 건 2 엎지를 건 | 圖ㄐㄧㄢˋ (jian) 阮 | けん,こん (タテル) build

풀이 1 ①세우다. ¶善ㅡ者不拔<老子>/ㅡ設. ②월건(月建). 달의 간지(干支). ¶ㅡ除十二神<協紀辨方書> ③별 이름. 북두(北斗) 위에 있는 여섯 별. ④열쇠. 通鍵. ⑤끼우다. 揵의 오용(誤用)에서 온 뜻. ⑥길다. ¶ㅡ木叢生<後漢書> 2 엎지르다. ¶ㅡ瓴水也<史記>
【建康】けんこう(건강) 중국 남경(南京)의 옛 이름. 建業(건업). 建鄴(건업).
【建鼓】けんこ(건고) ①북을 여러 개 늘여 세움. ¶ㅡ整列<左氏傳> ②큰북의 하나. 조회(朝會)와 연회 때 쓰였음. 應鼓(응고). 植鼓(식고). 楹鼓(영고). ¶ㅡ不出庫<淮南子> 「<陸機>

建鼓
(三禮圖)

【建功】けんこう(건공) 공을 세움. ¶ㅡ之路不ㅡ
【建國】けんこく(건국) ①나라를 세움. 肇國(조국). 開國(개국). ②국도(國都)를 건설함. ¶惟王ㅡ 辨方正位<周禮> ③천자가 제후(諸侯)의 나라를 세움. ¶天下有王 分地ㅡ<禮記>
【建軍】けんぐん(건군) 군대를 창건함. ¶ㅡ記念日.
【建極】けんきょく(건극) 인륜 도덕의 모범·표준을 세워, 만민이 지킬 법칙을 정함.
【建幢】(건당)《佛》 중의 수행 구도(修行求道)가 원만하여 당(幢)을 세우고 법호(法號)를 받는 일.
【建德】けんとく(건덕) ①확립된 덕(德). 또는, 덕을 행함. ¶ㅡ若偸<老子> ②덕 있는 사람을 세워 제후(諸侯)로 삼음. ¶天子ㅡ<左氏傳>
【建都】けんと(건도) 국도(國都)를 세움. 定都(정도). ¶ㅡ河洛<班固>
【建立】けんりつ①·こんりゅう②(건립) ①창건함. 설립함. 樹立(수립). ¶ㅡ鴻業<漢書> ②《佛》 당탑(堂塔)·가람(伽藍) 등을 세움. ¶ㅡ佛形像<法華經>
【建物】タテモノ(건물) 가옥·창고 등의 건축물.
【建白】けんぱく(건백) 웃사람에게 의견을 말함. 建言(건언)②. ¶ㅡ太后<漢書>
【建設】けんせつ(건설) 새로 만들어 세움. ¶ㅡ藩屛<漢書>
【建設的】けんせつてき(건설적) 사물을 만들어 내고 개선해 나아가려는 (것). 生産的(생산적). ↔破壞的(파괴적).
【建牙】けんが(건아) ①전장으로 나갈 때 선두에 아기(牙旗)를 세우는 일. ②무신(武臣)이 군사를 이끌고 출전함을 이름.
【建安體】けんあんたい(건안체) 한시체(漢詩體)의 하나. 후한(後漢) 헌제(獻帝) 때 조조(曹操) 부자 및 건안칠자(建安七子)가 쓴 시의 형식.
【建安七子】けんあんしちし(건안칠자) 후한(後漢) 건안(建安) 연간에 시문(詩文)으로 이름을 떨친 7인. 공융(孔融)·진임(陳琳)·왕찬(王粲)·서간(徐幹)·완우(阮偶)·응창(應瑒)·유정(劉楨). 모두 업(鄴)에 살았으므로 업중칠자(鄴中七子)라고도 함. 건안은 헌제(獻帝) 때 연호(年號).
【建言】けんげん(건언) ①널리 전하여 없앨 수 없는 선현(先賢)의 말. ¶故ㅡ有之<老子> ②☞建白(건백).
【建業】けんぎょう(건업) ①사업의 기초를 세움. ¶非德無以ㅡ<荀悅> ②중국 남경(南京)의 옛 이름.
【建元】けんげん(건원) ①연호(年號)를 제정함. 紀元(기원). ②신라 법흥왕(法興王) 때의 연호. ③한무제(漢武帝) 및 동진(東晋)의 강제(康帝) 때의 연호.
【建議】けんぎ(건의) ①조정(朝廷)이나 회의 등에서 자기 의견을 말함. 또는, 그 제의(提議). ¶ㅡ定策 以安宗廟<漢書> ②국가 기관이 상급 기관에 또는 사인(私人)이 관청에 개선책 등을 말함. ¶ㅡ書/ㅡ案.
【建除家】けんじょか(건제가) 건제(建除) 12신(神)에 의하여 그날 그날의 길흉을 점치는 사람.
【建除十二神】けんじょじゅうにしん(건제 십이신) 옛날 중국의 역가(曆家)가 월건(月建)을 기준으로 날에 12지(支)를 차례로 배당하고, 각각 길흉을 뜻하는 이름을 붙인 것. 길한 것으로는 제(除)·위(危)·정(定)·집(執)·성(成)·개(開)의 6신, 흉한 것으로는 건(建)·파(破)·평(平)·수(收)·만(滿)·폐(閉)의 6신.
【建造】けんぞう(건조) 건물이나 배 따위를 만듦. ¶ㅡ大策<後漢書>/ㅡ物. 「(건백).
【建奏】けんそう(건주) 임금에게 의견을 아룀. 建白
【建策】けんさく(건책) ①방책(方策)을 세움. ②책략(策略)을 건의함. 또는, 그 책략. ¶ㅡ討伐<後漢書>
【建築】けんちく(건축) 집·절 따위 건조물을 세움. 建立(건립).
【建坪】タテツボ(건평) 건축물의 평수.
▷開ㅡ, 啓ㅡ, 大ㅡ, 封ㅡ, 小ㅡ, 樹ㅡ, 月ㅡ, 再ㅡ, 創ㅡ, 土ㅡ, 興ㅡ

9【廼】 迺(p. 1478)의 俗字

6 9【廻】 돌 회 | [灰]ㄏㄨㄟˊ (hui) | かい, え(マワル) revolve
㊗廽 ⓓ廻

[풀이]①돌다. ¶天日一行＜太玄經＞/一轉. ②방향을 바꾸다. ¶一行道乎伊闕＜張衡＞ ③피하다. ¶無所一避＜漢書＞ ④퍼지다. ¶德一乎天地＜呂覽＞ ⑤바르지 못하다. ¶叛一穴其若茲兮＜班固＞

【廻廊】かいろう(회랑) 길게 빙 둘러 있는 복도. 回廊(회랑). ¶小院一春寂寂＜杜甫＞

【廻文】かいぶん(회문) 한시의 별체(別體)로, 처음부터 읽거나 끝에서부터 읽거나, 가운데서부터 읽어도 뜻과 평측(平仄), 운(韻)이 맞도록 지은 시. 廻文詩(회문시). 回文詩(회문시).

【廻轉】かいてん(회전) 빙빙 돎. 回轉(회전).
▷上一, 巡一, 下一

10【廽】 廻(p. 527)의 俗字

廾＜스물 입 발＞部

廾 ① 廿 ② 弁 ③ 异 ④ 弃 弄 㢠 ⑤ 弅 ⑥ 弇 弈 ⑫ 弊

0 3【廾】 들 공 | [腫]ㄍㄨㄥˇ (gong) | きょう (ササゲル)
[源]會意. 양손으로 받듦을 뜻함. 十은 手의 약체.

4【廾】 等(p. 1129)과 同字

1 4【廿】 스물 입 | [緝]ㄋㄧㄢˋ (nian) | じゅう twenty
[源]會意. 十이 두 개라는 뜻.

5【弅】 界(p. 1015)와 同字

2 5【弁】 [1]고깔 변 [2]즐거워할 반 | [霰]ㄅㄧㄢˋ (bian) [寒]ㄆㄢˊ (pan) | べん (カンムリ) headgear はん
ⓓ覍

[풀이][1]①고깔. 관. ¶會一如星＜詩經＞/皮一. ②빠르다. 서두름. ¶一行. ③두려워하다. ¶予甚一焉＜漢書＞ ④치다. 손으로 침. ¶試一爲期門＜漢書＞ [2]즐거워하다. ㉠般. ¶一彼鸞斯＜詩經＞

弁 (禮器圖)

【弁冕】べんべん(변면) ①관(冠). 弁은 대부(大夫) 또는 사(士), 冕은 대부 이상이 썼음. ¶尸一而出＜禮記＞ ②㊥ 우두머리. 魁首(괴수).

【弁髦】べんぼう(변모) 쓸데 없는 물건. 弁은 관례(冠禮) 때 쓰는 치포관(緇布冠), 髦는 아이 때 드리는 다리[垂髢]로, 관례가 끝나면 쓸모가 없어짐. 秋扇夏爐(추선하로).

【弁言】(변언)㊥ 책의 머리말. 序言(서언).

【弁辰】べんしん(변진) 변한(弁韓). 삼한(三韓)의 하나.

【弁絰】べんてつ(변질) 상복 차림에 쓰는 관으로, 흰 작변(爵弁)에 수질(首絰)을 두른 것. ¶凡弔事 一服＜周禮＞

【弁行】べんこう(변행) 급히 감. ¶一 剡剡起屨＜禮記＞
▷股一, 武一, 戎一, 雀一, 爵一, 赤一, 皮一

6【𢍏】 箕(p. 1134)의 古字

6【并】 ☞干部 3획(p. 511)

6【𢍚】 與(p. 1255)의 古字

3 6【异】 [1]그만둘 이 [2]다를 이 | [支]ㄧˋ (yi) [寘] | い (ヤメル)

[풀이][1]①그만두다. ㉠已. ¶一哉. ②올리다. ③아아! [2]다르다. ㉠異. ¶何以一哉＜列子＞

7【弃】 棄(p. 773)의 古字

4 7【弄】 희롱할 롱 | [送]ㄋㄨㄥˋ (nong) ㄌㄨㄥˋ (long) | ろう
[源]會意. 양손[廾]에 구슬[王←玉]을 올려 놀림의 뜻.

[풀이]①희롱하다. 실없이 놀림. ¶帝甚一玩＜幽明錄＞/戲一. ②놀이. ¶不好一＜左氏傳＞ ③노리개. 장난감. ¶爰及雕一＜郭璞＞ ④마음대로 다루다. ¶小吏爭一權＜貢師泰＞ ⑤좋아하다. ¶永一林泉＜梁簡文帝＞ ⑥연주하다. ¶一兩三絃＜沈約＞ ⑦악곡(樂曲)의 한 가지. ¶時奏狡一＜王褒＞ ⑧거리. ㉠巷. ¶帝出西一＜南史＞

【弄假成眞】(농가성진)㊕ 장난삼아 한 짓이 진심으로 한 일처럼 됨.

【弄奸】ろうかん(농간) 남을 농락하는 간사한 짓.

【弄劍】ろうけん(농검) 검을 가지고 놂.

【弄具】ろうぐ(농구) 장난감. 玩具(완구).

【弄權】ろうけん(농권) 권력을 마음대로 씀. 권력을 남용함. ¶小吏爭一＜貢師泰＞

【弄談】ろうだん(농담) 농으로 하는 말. 실 없는 말.

【弄臣】ろうしん(농신) 임금의 노리개가 되는 신하. ¶今賢等便僻一＜漢書＞

【弄瓦】ろうが(농와) 딸을 낳음. 得女(득녀). ¶生女曰一＜書言故事＞ ↔弄璋(농장).

【弄瓦之慶】ろうがノけい(농와지 경) 딸을 낳은 기쁨.

【弄玩】ろうがん(농완) 재미로 가지고 놂. 玩弄(완롱). ¶帝甚一＜幽明錄＞

【弄月】ろうげつ(농월) 달을 바라보며 즐김. ¶乘舟一宿涇溪＜李白＞/吟風一.

【弄姿】ろうし(농자) 몸치장을 하고 아양을 떪. 교태를 부림. ¶搔頭一<後漢書>
【弄璋】ろうしょう(농장) 아들을 낳음. 生男(생남). ¶生子曰一<書言故事> ↔弄瓦(농와).
【弄璋之慶】ろうしょうのけい(농장지 경) 아들을 낳은 경사.
【弄調】(농조) 희롱하는 말투.
【弄蕩】(농탕) 남녀가 난잡하게 놂.
【弄筆】ろうひつ(농필) ①사실을 왜곡하여 씀. 舞文(무문). ¶汝輩一<晋書> ②멋을 부려 쓴 글씨. ③희롱조로 지은 글.
▷傾一, 曲一, 巧一, 狡一, 嬌一, 奇一, 侮一, 妙一, 舞一, 撫一, 緬一, 弁一, 秘一, 賞一, 狎一, 揶一, 玩一, 翫一, 愚一, 吟一, 嘲一, 操一, 淸一, 好一, 戲一

4 7【弅】 붕긋할 분|図|ふん

5 8【弆】 감출 거|語ㄐㄩˇ (ju)|きょ(カワス)

9【𢍚】 思(p.564)의 古字
9【𢍬】 巽(p.495)의 本字
9【舁】 ☞臼部 4획(p.1254)

6 9【弇】 1 덮을 엄 2 좁은길 엄|國ㄧㄢˇ 圖(yan)|えん(オオウ)
풀이 1 ①덮다. ¶一蓋. ②깊다. ¶處必一<呂覽> ③속이 넓다. ¶侈聲筰一聲鬱<周禮> ④뒤를 잇다. ¶法禹舜而能一迹者邪<荀子> ⑤안으로 향하다. ¶棧車欲一<周禮> 2 좁은 길. ¶行及一中<左氏傳>

6 9【弈】 바둑 혁|陌ㄧˋ (yi)|えき(イご)
※奕(p.392)은 딴 자.
풀이 ①바둑. 바둑을 둠. ¶不如一棋<左氏傳> ②도박. ¶今夫一之爲數<孟子> ③휘장. ¶墠上張赤一陰羽<逸周書> ④아름다운 자태.
【弈秋】えきしゅう(혁추)(人) 옛날, 중국의 바둑의 명인. ¶一 通國之善弈者也<孟子>
▷博一, 象一

10【𢍰】 誥(p.1386)의 古字
10【𢍷】 奘(p.393)의 俗字
14【鼻】 部首 글자
14【𢎊】 奬(p.393)과 同字

12 15【弊】 해어질 폐|霽ㄅㄧˋ (bi)|へい(ヤブレル) *broken*
풀이 ①해지다. 부수다. 通 敝. ¶是公以一高都得完周也<戰國策>/一衣. ②쓰러지다. 엎어짐. 通 獘 斃. ¶及一田<周禮> ③나쁘다. 토질 따위가 나쁨. ¶土一則草木不長<呂覽> ④韓 폐. ¶民一. ⑤피로하다. 지침. 通 疲. ¶兵一於周<戰國策> ⑥다하다. 그침. ¶火一. ⑦숨다. 通 蔽. ¶南陽之一幽<戰國策> ⑧정하다. 없애다. ¶以待一罪<周禮> ⑨자기 사물에 붙이는 겸칭. ¶一社. ⑩비단. 通 幣. ¶搏一而扶翼<莊子> ⑪애쓰는 모양. ¶一一.
【弊家】へいか(폐가) ①자기 집의 겸칭. 弊居(폐거). ②황폐한 집. 廢屋(폐옥).
【弊客】へいきゃく(폐객) ①찾아다니며 귀찮게 구는 사람. ②남에게 폐를 끼치는 사람.
【弊國】へいこく(폐국) 자기 나라의 겸칭. 敝國(폐국). 弊邦(폐방). ↔貴國(귀국).
【弊端】へいたん(폐단) 폐해(弊害)를 가져오는 단서. 좋지 못하고 괴로운 일. ¶種種一 牢不可破<福惠全書>
【弊習】へいしゅう(폐습) 나쁜 버릇. 弊風(폐풍).
【弊屋】へいおく(폐옥) ①자기 집의 겸칭. 弊家(폐가). ②황폐한 집.
【弊邑】へいゆう(폐읍) ①옛날, 자기 나라의 겸칭. 敝邑(폐읍). ¶辱到一<新序> ②피폐(疲弊)한 고을.
【弊衣】へいい(폐의) 해어진 옷. 敝衣(폐의). ¶一數庫<顔氏家訓>
【弊政】へいせい(폐정) 나쁜 정치. 惡政(악정). 秕政(비정). ¶行一 用倦令<漢書>
【弊札】へいさつ(폐찰) 자기 편지의 겸칭.
【弊風】へいふう(폐풍) 나쁜 풍습. 弊俗(폐속).
【弊害】へいがい(폐해) 나쁘고 해로움. 害毒(해독).
▷奸一, 故一, 困一, 垢一, 舊一, 窘一, 窮一, 饑一, 亂一, 勞一, 縻一, 煩一, 病一, 衰一, 宿一, 時一, 深一, 惡一, 語一, 流一, 遺一, 羸一, 積一, 彫一, 穿一, 醜一, 罷一, 疲一, 朽一

18【彝】 ☞ 彐部 15획(p.537)

弋<주살 익>部

弋 ① 弌 ② 弍 ③ 弎 式 ④ 弐 ⑨ 弑 ⑩ 弒

0 3【弋】 주살 익|職ㄧˋ (yi)|よく(イグルミ)
源 象形. 꺾은 나뭇가지에 물건이 걸려 있는 모양.
풀이 ①주살. 오늬에 줄을 매어 쏘는 화살. ¶一矰/一羅/一釣. ②사냥하다. ¶漁一山水<晋書> ③잡다. 쥠. ¶一其能者<管子> ④말뚝. 같 杙. ¶雞棲于一<詩經> ⑤검은 색. 通 黓. ¶身衣一綈<漢書>
▷浮一, 游一, 綈一, 矰一, 馳一, 玄一

4【弌】 一(p.1)의 古字
5【弍】 二(p.56)의 古字
6【弎】 三(p.8)의 古字

3
6〖式〗 ①법 식 ②악할 특 | 職戸 (shi) 職 | しき, しょく (ノリ) *rule*

풀이 ① ①법. 표준. ¶爲天下—<老子>/法—. ②본받다. ¶古訓是—<詩經> ③나타내다. ¶—箕子門<漢書> ④점치는 기구. (갈)栻. ¶旋—正棊<史記> ⑤수레의 손잡이. (通)軾. ¶以揉其—<周禮> ⑥절하다. ¶—路馬<漢書> ⑦쓰다. 이용함. (通)試. ¶—商受命<書經> ⑧닦다. (通)拭. ¶三—而止<荀子> ⑨…로써. 접속사. ¶—救爾後<詩經> ⑩아아! 감동을 나타내는 조사. ⑪(韓)식. ㉮의식(儀式). ¶卒業—. ㉯수학에서, 산식(算式). ¶方程—. ㉰방식. ¶自動—. ㉱투. ¶軍隊—. ②악하다. 나쁨. (갈)慝. ¶—勿從謂<詩經>

【式穀】しきこく (식곡) 착한 사람을 채용함. 穀은 善. ¶神之聽之 —以女<詩經>

【式年】(식년)(韓) 정례적으로 과거를 보이던 해. 곧, 자(子)·묘(卯)·오(午)·유(酉) 년의 별칭.

【式年科】(식년과)(韓) 식년마다 보이던 과거(科擧). 문과(文科)·무과(武科)·생원과(生員科)·진사과(進士科)·역과(譯科)·의과(醫科)·음양과(陰陽科)·율과(律科)가 있었음.

【式閭】しょくりょ (식려) 마을에 절한다는 뜻으로, 현인(賢人)이 사는 마을을 지날 때 수레 앞의 횡목(橫木)을 잡고 서서 절하여 경의를 표하던 일. 式은 軾, 閭는 里門. 軾閭(식려).

【式例】しきれい (식례) 일정한 전례(前例).

【式微】しきび (식미) ①나라의 기운이 쇠약해짐. 式은 발어사. ¶—何由往<謝靈運> ②「시경」(詩經) 패풍(邶風)의 편명.

【式辭】しきじ (식사) 식장에서 주최측이 인사로 하는 말. 式言(식언).

【式序】しきじょ (식서) ①차례대로 함. ②서훈(敍勳)함. ¶—在位<詩經>

【式順】しきじゅん (식순) 의식의 차례.

【式場】しきじょう (식장) 의식을 올리는 장소.

【式典】しきてん (식전) ①구법(舊法)을 따름. ¶候景風而—<任昉> ②의식(儀式)의 전례(典禮). ③의식.

▷格—, 結婚—, 古—, 故—, 公—, 舊—, 矜—, 紀念—, 圖—, 方程—, 法—, 本—, 佛—, 上樑—, 數—, 新—, 略—, 禮—, 儀—, 一—, 葬—, 典—, 正—, 卒業—, 表—, 品—, 現代—, 形—

4
7〖戕〗 말뚝 장 | 陽 | そう (クイ) *stake*

7〖忒〗 ☞心部 3획 (p.559)

8〖武〗 ☞止部 4획 (p.810)

12〖貳〗 ☞貝部 5획 (p.1424)

9
12〖弑〗 죽일 시 | 寘 (shi) | し, しい (シイス) *murder*

(本)弒

풀이 ①죽이다. 웃사람을 죽임. ¶臣—其君 子—其父<易經> ②살해하다. ¶君臣未嘗相—也<禮記>

【弑君】しくん (시군) 섬기던 임금을 죽임. 弑逆(시역).

【弑逆】しぎゃく·しいぎゃく (시역) 부모나 임금을 죽임. 弑殺(시살). 弑害(시해). ¶—大惡也<歐陽脩>

【弑戕】しじょう·しいじょう (시장) 임금을 죽임. 弑는 내부 사람이 죽인 경우, 戕은 외부 사람이 죽인 경우. 弑逆(시역).

【弑害】(시해) ☞弑逆(시역).

13〖弒〗 弑(p.529)의 本字

14〖鳶〗 ☞鳥部 3획 (p.1076)

弓<활 궁>部

弓 ① 引 弔 ② 弗 弘 ③ 弛 ④ 弞 弜 弟 弝 ⑤ 弩 弢 弣 弤 弨 弦 弧 ⑥ 弮 弯 弭 ⑦ 弱 ⑧ 強 弴 弸 張 ⑨ 强 弾 弻 弼 ⑩ 彀 ⑪ 彄 彃 ⑫ 彈 彉 ⑬ 彊 ⑭ 彌 ⑮ 彍 ⑲ 彎 ⑳ 彏

0
3〖弓〗 활 궁 | 東 ㄍㄨㄥ (gong) | きゅう (ユミ) *bow*

풀이 ①활. ¶弧—射獵<漢書>/洋—. ②궁술(弓術). ¶善—者<關尹子> ③길이의 단위. ¶侯道五十—<儀禮>

【弓弩】きゅうど (궁노) 활과 쇠뇌. ¶長者持—<吳子>

【弓弩手】きゅうどしゅ (궁노수) 활·쇠뇌를 쓰는 군사.

【弓師】きゅうし (궁사) ①활을 만드는 사람. 弓人(궁인). ¶—調角<大法句經> ②궁술의 스승. ¶令—而能敎百人善弓<三才圖會>

【弓手】きゅうしゅ (궁수) ①송(宋)대 차역(差役)으로 징발된 사람으로 도둑 잡는 일을 맡은 사람. ¶設— 以防盜也<元史> ②길이를 재는 장대를 드는 사람. ¶丈地弓步不眞 責之—<福惠全書>

【弓術】きゅうじゅつ (궁술) 활쏘는 기술. 射法(사법).

【弓矢】きゅうし (궁시) 활과 화살. 弓箭(궁전). ¶—斯張<詩經>

【弓折刀盡】ゆみおれかたなつく (궁절도진) 무기가 떨어져 싸울 수 없게 되었다는 뜻으로, 온갖 계책이 헛되어 어찌할 수 없게 됨의 비유. 弓折矢盡(궁절시진).

【弓折矢盡】ゆみおれやつく (궁절시진) ☞弓折刀盡(궁절도진).

【弓旌之召】きゅうせいのしょう (궁정지 소) 고관(高官)으로 등용됨. ¶謬忝—<李元成>

【弓形】きゅうけい·ゆみがた (궁형) ①활처럼 굽은 모양. ②수학에서, 호(弧)와 그 두 끝을 이은 현분(弦分)으로 둘러싸인 평면.

【弓鞋】きゅうあい (궁혜) 중국 여자의 전족용 가죽신. ¶草根露濕—繡<郭鈺>

▷強—, 剛—, 勁—, 孤—, 盧—, 大—, 敎

—, 半—, 步—, 石—, 雙—, 弱—, 良—, 楊—, 戎—, 天—, 彈—, 胡—

3〖弖〗 乃(p. 42)의 古字

1/4〖引〗 1 당길 인 2 가슴걸이 인 | 軫 ㅣ ㄣˇ (yin) 震 | いん(ヒク) *pull* いん(ムナガイ)

풀이 1 ①당기다. 끌어당김. 잡아당김. ¶擧竿—線忽有得<韓愈>/萬有—力. ②끌다. ㉮길게 잡아늘이다. ¶—喝傳乎<東齊遺事> ㉯시간 따위를 끌다. ¶子子孫孫 —無極也<爾雅> ㉰인도(引導)하다. ¶兩人相爲—重<史記> ㉱인용(引用)하다. ¶子思—孔子之言<中庸>/—喩. ㉲끌어내다. ¶甘騙人子女—之逃去也<六部成語> ㉳끌어들이다. ¶—接疏遠 門無停客<晉書> ③물러나다. 물리침. ¶至於鞭箠之間 乃欲—節 斯不亦遠乎<司馬遷> ④떠맡다. 책임 따위를 짐. ¶克己—愆 顯揚仄陋<後漢書>/—責. ⑤바로잡다. ¶—其封疆<左氏傳> ⑥자살하다. ¶自—. ⑦길이 10장(丈). 열 길. ¶十丈爲—<漢書> ⑧문체(文體)의 하나. 서문(序文). ¶蘇洵之族譜— 卽族譜序也<辭海> ⑨돈. ⑩허가증. 소금 따위 전매품 운반 허가증. 2 ①가슴걸이. 通 靷. ¶結—馳外<荀子> ②끈. 상여를 끄는 줄. ¶弔於葬者 必執—<禮記> ③악곡(樂曲). ¶雅—更和<柳宗元>/箜篌—.

【引見】いんけん(인견) 아랫 사람을 불러들여 만나 봄. 引接(인접).

【引繼】ひきつぎ·ひきつぎ(인계) 어떤 일이나 물건 따위를 넘겨 줌. 또는, 그 일. ¶引受—.

【引咎】いんきゅう (인구) ☞引責(인책).

【引勸】(인권)〔佛〕 시주를 권함.

【引渡】ひきわたし(인도) 물건·권리 따위를 건네어 줌. 넘김. ¶商品—/權利—.

【引導】いんどう(인도) ①길을 안내함. ②종교 또는 신앙을 가지도록 이끎. ¶無數方便 以—衆生<法華經> ③어떤 일이나 행위를 하도록 이끎.

【引力】いんりょく(인력) 우주의 물건들이 서로 당기는 힘. ¶萬有—.

【引例】いんれい(인례) 끌어 쓰는 예. 引用例(인용례).

【引枋】(인방)㊛ 건물의 기둥들 사이 벽에 가로 건너지른 나무. ¶上—/中—/下—.

【引上】ひきあげ(인상) ①끌어올림. ②값이나 액수 따위를 올림. ¶物價—/—率.

【引商刻羽】いんしょうこくう(인상각우) 오음(五音) 중 상(商)과 우(羽)를 길게 늘이고 새기듯이 하여 고상한 음악을 연주함을 이르는 말.

【引聲念佛】いんぜいねんぶつ(인성염불)〔佛〕 가락을 붙여 염불하는 일. 引聲(인성).

【引率】いんそつ(인솔) 이끌어 거느림. ¶代表團—.

【引水】いんすい(인수) ①물을 끌어옴. ¶我田—. ②㊥ 물길의 길잡이.

【引受】ひきうけ(인수) 권리·물건 따위를 넘기어 받음. 또는, 그 일. ¶權利—/—引繼.

【引用】いんよう(인용) 근거로 삼거나 고증 또는 정당화하기 위하여 글귀·사례 따위를 끌어 씀. ¶—句/—例/—文/—符號/—書/—點.

【引喩】いんゆ(인유) 문귀·사례 따위를 끌어 비유함. ¶—法.

【引而不發】ひきてはっせず(인이불발) ①화살을 메기고 시위를 당기기는 하나 쏘지는 않음의 뜻으로, 남을 가르침에는 그 방법만 일러주고 스스로 깨치게 함. ¶君子—<孟子> ②힘을 축적하여 때를 기다림을 이르는 말.

【引肘】(인주) 팔을 끎의 뜻으로, 간섭함을 이르는 말. 掣肘(철주).

【引證】いんしょう(인증) 증거를 끌어댐. 또는, 그 증거.

【引責】いんせき(인책) 어떤 잘못에 대한 책임을 이끌어내어 짐. 引咎(인구). 引愆(인건). ¶—辭職/—辭退.

【引致】いんち(인치) 관청 따위에서 강제로 불러들임. 또는, 끌어옴. 拘引(구인).

【引退】いんたい(인퇴) ①벼슬 자리에서 물러남. 隱退(은퇴). 下野(하야). ¶諸將皆—<北周書> ②물러남. 후퇴함. ¶軍乃— 并於李下<戰國策>

【引下】ひきさげ(인하) ①끌어내림. ②액수·비율 따위를 낮게 함. ¶金利—.

【引火】いんか(인화) ①불이 옮겨 붙음. ②불이 이끌리어 남. 導火(도화). ¶—物/—性/—點/—物質.

【引換】ひきかえ(인환) 바꿈. 交換(교환). ¶—證/—券.

▷呵—, 牽—, 告—, 曲—, 控—, 交—, 句—, 拘—, 鉤—, 勸—, 道—, 導—, 挽—, 誣—, 文—, 旁—, 辟—, 奉—, 膚—, 先—, 承—, 勝—, 尋—, 雅—, 抑—, 延—, 連—, 鹽—, 迎—, 援—, 誘—, 恩—, 銓—, 錢—, 接—, 捽—, 證—, 徵—, 唱—, 遷—, 招—, 鈔—, 推—, 稱—, 探—, 派—, 虛—, 携—, 吸—

4〖弖〗 節(p. 1137)과 同字

1/4〖弔〗 1 조상할 조 2 이를 적 | 嘯 ㄉㅣㄠˋ (diao) 錫 | ちょう(トムラウ) ちゃく, てき(イタル)

㊉弔 ㊌吊

풀이 1 ①조상(弔喪)하다. ¶一生曰唁 一死曰—<玉篇> ②위문하다. 문안. ¶三月無君則—<孟子> ③불쌍히 여기다. ¶—民伐罪<宋書>/—恤. ④마음 상하다. ¶中心—兮<詩經> ⑤매어달다. ¶—睛白額<水滸傳>/—橋. ⑥조사하다. ¶別委他官 別—仵作<福惠全書> 2 이르다. 닿음. ¶神之—矣<詩經>

【弔歌】ちょうか(조가) 죽은 이를 애도하는 노래. 挽歌(만가). 悼歌(도가).

【弔客】ちょうかく(조객) 조상(弔喪)하는 사람. 弔

問客(조문객). 弔者(조자).

【弔古】ちょうこ(조고) 옛일을 마음 아파하고 슬퍼함.

【弔哭】ちょうこく(조곡) 남의 죽음을 슬퍼하여 욺.

【弔橋】ツリバシ(조교) 양 둔덕에 줄 따위를 건너 지르고 거기에 매단 다리. 懸橋(현교).

【弔旗】ちょうき(조기) 남의 죽음을 슬퍼하는 뜻으로 다는 깃발. 반기(半旗)로 함.

【弔文】ちょうぶん(조문) 남의 죽음을 슬퍼하는 뜻을 나타내는 글. 또는, 그 문체. 이에는 사언체(四言體)와 소체(騷體)가 있음. ¶一者弔死之辭也<文體明辯>

【弔問】ちょうもん(조문) ☞弔喪(조상).

【弔問客】ちょうもんきゃく(조문객) ☞弔客(조객).

【弔賻】ちょうふ(조부) 조상(弔喪)의 뜻으로 보내는 금품.

【弔詞】ちょうし(조사) 조상(弔喪)의 뜻을 적은 글. 弔辭(조사).

【弔喪】ちょうそう(조상) 사람의 죽음에 대해 애도의 뜻을 표함. 弔問(조문).

【弔詩】ちょうし(조시) 조의(弔意)를 나타낸 시.

【弔慰】ちょうい(조위) 죽은 이를 조상하고 그의 유족을 위로함. ¶一金.

【弔意】ちょうい(조의) 남의 죽음을 슬퍼하는 마음.

【弔者在門賀者在閭】(조자재문 하자재려) 조상(弔喪)하는 이는 문에 와 있고 축하하는 이는 마을 어귀에 와 있음의 뜻으로, 세상의 좋고 나쁜 일 어울려 또는 이어 일어남을 이르는 말. ¶一 言憂則恐懼 恐懼則福至<董仲舒>

【弔電】ちょうでん(조전) 조의(弔意)를 담은 전보.

【弔鐘】ちょうしょう(조종) 죽은 이에 대한 슬픔을 나타내기 위하여 치는 종. 나아가, 어떤 사물이 종말을 고하는 것을 뜻하기도 함.

【弔砲】ちょうほう(조포) 조의(弔意)를 나타내기 위하여 쏘는 예포(禮砲).

▷敬一, 慶一, 謹一, 哀一, 追一, 形影相一, 惠一, 會一

4【弖】 彈(p.535)과 同字

4【弖】 彈(p.535)의 古字

2 5【弗】 아닐 불 | 物 ㄈㄨˊ (fu) | ふつ(アラズ)

풀이 ①아니다. 不보다 강한 부정. ¶君必有一一之臣<墨子>/一可赦也<左氏傳> ②떨다. 떨어버림. 通祓. ③빠른 모양. 세차고 왕성한 모양. ¶一一. ④근심하다. 같佛. ¶一鬱. ⑤달러(dollar).

【弗乎】ふつナルカナ(불호) 아니다. 아니구나. 탄식하는 말. 否哉(부재). ¶子曰 一一 君子疾沒世而名不稱焉<史記>

5【弢】 射(p.452)의 本字

5【弘】 引(p.530)과 同字

5【弔】 弔(p.530)의 本字

2 5【弘】 넓을 홍 | 蒸 ㄏㄨㄥˊ (hong) | こう, ぐ (ヒロイ)

풀이 ①넓다. ㉮넓다. ¶士不可以不一毅 任重而道遠<論語> ㉯널리. ¶子曰 人能一道 非道一人<論語>/一益人間. ㉰넓히다. ¶一量. ②크다. 通宏. ¶私欲一侈<國語> ③활소리.

【弘簡】こうかん(홍간) 도량이 크고 대범함.

【弘經】ぐきょう(홍경)《佛》 불법을 널리 폄. 弘法(홍법). ¶一法師.

【弘基】こうき(홍기) ☞鴻基(홍기).

【弘謀】こうぼう(홍모) 원대한 꾀.

【弘文】こうぶん(홍문) 학문을 널리 폄. ¶一館.

【弘法】ぐほう·こうほう(홍법) ☞弘經(홍경).

【弘誓】ぐぜい(홍서)《佛》 널리 중생을 구하고자 하는 부처의 서원(誓願). ¶一深如海<法華經>

【弘誓舟】ぐぜいのふね(홍서주)《佛》 중생을 구하고자 하는 부처의 서원(誓願)을, 사람을 건네주는 배에 비유한 말.

【弘益人間】こうえきにんげん(홍익인간) 널리 인간을 이롭게 함. 단군의 건국이념.

【弘正七才子】こうせいしちさいし (홍정 칠재자) 명(明)의 이몽양(李夢陽)·하경명(何景明)·서정경(徐禎卿)·변공(邊貢)·강해(康海)·왕구사(王九思)·왕정상(王廷相)의 일곱 시인. 前七子(전칠자).

【弘濟】こうせい·ぐさい(홍제) 널리 구제함.

【弘化】こうか(홍화) 덕(德)으로 널리 감화시킴.

▷寬一, 廣一, 敷一, 宣一, 深一, 淹一, 闡一, 豊一, 恢一

3 6【弛】 1 느슨할 이 2 떨어질 치 | 紙 ㄔˊ (chi) 紙 | し(ユルム) *loose* ち(オチル)

同 弨

풀이 1 ①느슨하다. ㉮팽팽하지 아니하다. ㉯느슨하게 하다. 늦춤. ¶徒皆一解鉗<後漢書>/解一. ㉰풀리다. 죄었던 것이 풀어짐. ¶春病熱而筋一<素問> ②활시위를 벗기다. ¶一弓尙角<禮記> ③게으르다. ¶無敢一惰<北史> ④쉬다. 쉬게 함. ¶一力. ⑤폐하다. 행하여지지 않음. ¶大事殆乎一<荀子> ⑥없애다. 제거함. ¶一周室之憂<左氏傳> ⑦방종하다. 방탕함. ¶跅一之士<漢書> ⑧부수다. 부서짐. ¶文公欲一孟文子之宅<國語> ⑨베풀다. 通施. ¶斂一之聯事<周禮> 2 떨어지다. 떨어뜨림. 낙하함. ¶有時而一<淮南子>

【弛力】しりょく(이력) 주(周)대에 부역을 면제하던 일.

【弛緩】しかん(이완) 느슨함. 또는, 느슨한 것. ↔緊張(긴장).

▷傾一, 澆一, 一張一一, 張一, 彫一, 縱一, 偸一, 廢一, 逋一, 懈一

6【弜】 彈(p.535)과 同字

4 7【玦】 깍지 결 | 屑 | けつ (ユガケ)

풀이 깍지. 활 시위를 당길 때 엄지 손가락에 끼우는, 뿔로 된 기구. (같)夬.

4 7【弞】 웃을 신 | 軫 | しん, いん (ワラウ)

4 7【弟】 아우 제 | 霽 ㄉㄧˋ (di) ㄊㄧˋ (ti) | てい, だい (オトウト)

풀이 ①아우. ¶兄―. ㉮나 어린 사람. 보다 못한 사람. ¶子曰 ―子入則孝<論語>/難兄難―. ㉯겸양의 자칭(自稱). ¶少―. ㉰제자. ¶言己自處如―子 則尊師如父兄也<禮記>/師―. ②공손하다. 순함. 공경함. (같)悌. ¶子曰 弟子入則孝 出則―<論語> ③차례. 순서. (通)第. ④즐기다. 편안함. ⑤단지. 다만. (通)但. ¶顧―弗深考<史記> ⑥또한. ¶君―重射<史記>

【弟嫂】(제수) 아우의 아내. 季嫂(계수). 弟婦(제부). ↔兄嫂(형수).

【弟氏】(제씨) ☞季氏(계씨).

【弟子】でし①·ていし②③(제자) ①가르침을 받는 사람. 스승은 부형(父兄)과 같다는 데서 나온 말. 門人(문인). ¶學生事師 有父兄之恩 故稱―也<儀禮> ②나 어린 사람. ¶與老者言 言使―<儀禮> ③창기(倡伎).

▷介―, 豈―, 高―, 昆―, 內兄―, 堂兄―, 大―, 徒―, 同堂兄―, 同母―, 母―, 門―, 舍―, 師―, 三從兄―, 庶―, 小弱―, 小―, 少―, 損―, 遜―, 淑―, 實―, 阿―, 愛―, 弱―, 女―, 令―, 外―, 外兄―, 友―, 幼―, 義―, 義兄―, 異母―, 異―, 姻兄―, 入孝出―, 子―, 長―, 再從兄―, 族兄―, 從母―, 從父―, 從―, 從兄―, 冢―, 寵―, 表兄―, 香火兄―, 賢―, 兄―, 呼兄呼―, 婚兄―, 紈袴子―

4 7【弝】 줌통 파 | 禡 ㄅㄚˋ (ba) | は (ユズカ)

풀이 ①줌통. 활 가운데 손으로 잡는 부분. ②칼자루. ¶劍― 縣蘭纓<李賀>

▷劍―, 玉―

5 8【弩】 쇠뇌 노 | 麌 ㄋㄨˇ (nu) | ど

풀이 쇠뇌. 화살이나 돌을 여러 개 잇따라 쏠 수 있게 만든 큰 활.

▷彊―, 勁―, 萬―, 伏―, 負―, 千鈞―, 火―

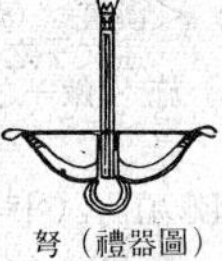

弩 (禮器圖)

5 8【弢】 활집 도 | 豪 ㄊㄠ (tao) | とう (ユミブクロ)

풀이 ①활집. 활을 넣어 두는 주머니. ②정낭. 깃발을 넣어 두는 주머니. ¶內旌於―中<左氏傳> ③두겁. 붓두껍.

8【弥】 彌(p.536)와 同字

5 8【弣】 줌통 부 | 麌 ㄈㄨˇ (fu) | ふ (ユズカ)

8【𢏖】 弛(p.531)와 同字

8【弡】 張(p.534)의 古字

5 8【弤】 활 저 | 霽 ㄉㄧˇ (di) | てい, たい (ユミ)

5 8【弨】 활시위 느슨할 초 | 蕭 ㄔㄠ (chao) | しょう

5 8【弦】 활시위 현 | 先 ㄒㄧㄢˊ (xian) | げん (ツル)

풀이 ①활시위. ②활시위의 울림 소리. ③반달. 활처럼 보이는 달. ¶― 半月之名也<釋名>/上―/下―. ④악기의 줄. (通)絃. ㉮줄이 있는 악기. ¶五―之琴<禮記> ㉯현악기를 타다. ¶―琴樂古<後漢書> ⑤혈관이 부어 맥박이 세게 뛰다. ¶―脈.

【弦管】げんかん(현관) 거문고와 피리. 또는, 현악기와 관악기.

【弦影】げんえい(현영) 반달 모양. 또는, 그 빛.

【弦月】げんげつ(현월) 반달. 상하현(上下弦) 때의 달. 半月(반월).

【弦韋】げんい(현위) ①☞佩弦(패현). ②☞佩韋(패위).

▷空―, 控―, 句股―, 弓―, 上―, 聲―, 韋―, 箭脫―, 直如―, 初―, 佩―, 下―

5 8【弧】 활 호 | 虞 ㄏㄨˊ (hu) | こ (キユミ) *bow*

풀이 ①활. 나무로 만든 활. ¶―矢九星在狼星東南 天弓也<宋史> ②기(旗)를 매달아 펴져 있게 하는 기구. ¶―旌枉矢 虹旃蜺旄<張衡> ③굽은 선. 활 모양의 선. ¶―狀/―線. ④별 이름. ¶―矢星.

【弧辰】(호신) 생일. 晬辰(수신).

【弧宴】(호연) 생일 잔치.

▷括―, 短―, 桃―, 蝥―, 桑―, 設―

6 9【弮】 쇠뇌 권 | 先 ㄑㄩㄢ (quan) | けん (イシユミ)

9【弯】 彎(p.536)의 略字

6 9【弭】 활 미 | 紙 ㄇㄧˇ (mi) | び (ユハズ)

풀이 ①활. 각궁(角弓). 소·양 등의 뿔로 된 활. ¶弓又謂之― 以骨爲之<釋名> ②활고자. 시위를 매는, 활의 양 끝. ③그치다. 중지함. (通)彌 止. ¶―息. ④잊다. ¶―忘. ⑤편안하게 하다. ¶治國家 而―人民者<史記> ⑥따르다. 좇음. 복종함. ¶―從. ⑦드리우다. 늘어뜨림. ¶―耳.

▷望—, 消—, 清—

7 10 〖弱〗 약할 약 | ㊥ㄖㄨㄛˋ (ruo) | じゃく(ヨワイ) *feeble*

풀이 ①약하다. 약한 자. 약한 것. ¶—而能強 柔而能剛<淮南子>/—兵. ②쇠약하여지다. ¶姜族—矣<左氏傳> ③약하게 하다. ¶無—君而彊大夫<說苑> ④날씬하다. 허리가 가늚. ¶體輕腰—<西京雜記> ⑤어리다. 연소(年少)함. 주로 20살 미만을 이름. ¶二十曰— 言柔弱也<釋名>/—冠. ⑥패하다. ¶頡遇王子 —焉<左氏傳> ⑦침략하다. ¶華臣—皐比之室<左氏傳> ⑧절름발이. ¶又孟縶之足不良 —行<左氏傳> ⑨죽다. ⑩몸져눕다. ⑪활 이름. ¶繁—. ⑫어떤 수보다 작은 수. ⑬못생기다.

【弱骨】じゃっこつ(약골) ①골격이 약함. 또는, 그 골격. 孱骨(잔골). ②몸이 허약한 사람. 弱質(약질).

【弱冠】じゃっかん(약관) 남자의 20세 전후 때. 또는, 그 나이. ¶人生十年曰幼 學 二十曰弱 冠 三十曰壯 有室 四十曰強 而仕<禮記>

【弱年】じゃくねん(약년) 나이가 어림. 또는, 그 나이. 少年(소년). 弱齡(약령). 弱歲(약세). ¶—便有宰世情 常自比管葛<宋書>

【弱喪】じゃくそう(약상) ☞迷兒(미아).

【弱勢】じゃくせい(약세) 약한 세력. ↔強勢(강세).

【弱小】じゃくしょう(약소) ①약하고 작음. ¶—國/—民族. ②어림.

【弱孫】じゃくそん(약손) 어린 손자.

【弱水】じゃくすい(약수) 신선이 살던 곳의 내 이름. 기러기 털처럼 가벼운 것도 가라앉는 물이라 함.

【弱視】じゃくし(약시) 약한 시력. 또는, 그런 병증.

【弱息】じゃくそく(약식) 자기 아들의 비칭.

【弱顔】じゃくがん(약안) 부끄러움을 잘타는 일. ¶見人輒自羞 而顔有忸怩者 爲—<資治通鑑> ↔強顔(강안).

【弱肉強食】じゃくにくきょうしょく(약육강식) 약자의 살을 강자가 먹는다는 뜻으로, 강한 것이 약한 것을 차지하거나 침해함. 또는, 그렇게 됨. ¶猶且不免焉 弱之肉 強之食<韓愈>

【弱音】じゃくおん(약음) 약한 소리. 가느다란 소리.

【弱者】じゃくしゃ(약자) 약한 사람. 또는, 약한 것.

【弱點】じゃくてん(약점) ①켕기는 일. ②허물어지거나 깨지기 쉬운 곳. 缺點(결점). 短所(단소). ※脆弱點(취약점).

【弱卒】じゃくそつ(약졸) 약한 병졸. 弱兵(약병).

【弱主】じゃくしゅ(약주) ①어린 임금. ②약한 임금. 곧, 세력이 없거나 병약한 임금.

【弱質】じゃくしつ(약질) ☞弱骨(약골)②.

【弱體】じゃくたい(약체) ①약한 몸. ②약한 조직 따위.

【弱翰】じゃっかん(약한) 붓의 이칭.

【弱化】じゃっか(약화) 세력 따위가 약하게 됨. 또는, 약하게 함. ↔強化(강화).

▷脚—, 強—, 怯—, 孤—, 懦—, 亂—, 老—, 駑—, 文—, 微—, 薄—, 繁—, 凡—, 扶—, 卑—, 貧—, 削—, 孅—, 纖—, 小—, 衰—, 需—, 闇—, 軟—, 幺—, 庸—, 危—, 胃—, 幼—, 柔—, 羸—, 仁—, 荏—, 織—, 沖—, 脆—, 稺—, 墮—, 罷—, 和—, 虛—

8 11 〖強〗 ❶굳셀 강 ❷힘쓸 강 ❸단단할 강 | ㊧ㄑㄧㄤˊ (qiang) ㊤ㄑㄧㄤˇ (qiang) ㊦ㄐㄧㄤˋ (jiang) | きょう, ごう(ツヨイ) *strong*

㊙强

풀이 ❶ ①굳세다. ㊟彊. ㉮튼튼하고 근력이 세다. ¶乞身當及—健時<歐陽脩>/—壯劑. ㉯의지가 굳다. ㉰세력이 크다. ¶富國—兵/—國. ②강하게 하다. ¶—幹弱枝<白虎通> ③굳센 것. 큰 세력. ¶抑—扶弱<漢書> ④마흔 살. 사람이 가장 강한 때의 나이. ¶四十曰—而仕<禮記> ⑤강한 활. ¶引—持滿<後漢書> ⑥태세(太歲) 이름. ¶—圉. ⑦나머지. 많은 수. ❷ ①힘쓰다. 힘써 함. ㊎彊. ¶凱以—敎之<禮記> ②억지로. 억지로 하게 함. ¶—飮—食<周禮>/—姦. ③포대기. ㊎襁. ¶—葆之中<史記> ④권하다. ❸ ①단단하다. ②거스르다. 거역함.

【強姦】ごうかん(강간) 강제로 간음(姦淫)함. 또는, 그 일. 強合(강합). ¶—罪.

【強健】きょうけん(강건) 굳세고 건강함.

【強硬】きょうこう(강경) 타협이나 굽힘이 없이 자기 주장·뜻을 고집함. ¶—派.

【強固】きょうこ(강고) 굳세고 굳음.

【強骨】(강골) 굽히지 않는 굳센 기질. ¶—漢.

【強國】きょうこく(강국) 세력이 큰 나라.

【強弓】きょうきゅう·ごうきゅう(강궁) 강한 활. ¶—勁弩<史記>

【強勸】(강권) 억지로 권함.

【強權發動】きょうけんはつどう(강권발동) 어떤 일에 강제력 즉 권력을 행사함.

【強記】きょうき(강기) 기억력이 강함. 또는, 그 기억력. 強悟(강오). 強志(강지). ¶洽聞—<孔叢子>/博覽—/博聞—.

【強氣】きょうき(강기) 기가 셈.

【強大】きょうだい(강대) 세력이 강하고 큼. ¶—國.

【強度】きょうど(강도) 물건 따위의 굳세고 단단한 정도.

【強盜】ごうとう(강도) 위협·폭력 등으로 남의 물건을 빼앗는 행위. 또는, 그런 사람. ※竊盜(절도).

【強梁】きょうりょう(강량) ①힘이 셈. 또는, 재력(財力)이 큼. 彊梁(강량). ¶—者不得其死<老子> ②불길(不吉)함을 막는다는 12신(神)의 하나.

【強力】きょうりょく(강력) ①힘이 셈. 세력이 강함. 또는, 그 힘. 威力(위력). ②☞暴力(폭력). ¶—犯.

【強烈】きょうれつ(강렬) 강하고 맹렬함.

【強賣】きょうばい(강매) 억지로 사게 함. 抑賣(억매).

【強迫】きょうはく(강박) 어쩔 수 없도록 다그침. ¶—觀念.

【強半】きょうはん(강반) ①반이 훨씬 넘음. 또는,

그 것. 過半(과반). ¶一年一在城中<蘇軾> ②4분의 3. 太半(태반).
【強辯】きょうべん(강변) 무리하게 자기 주장을 끝까지 우기거나 합리화함. 또는, 그 말.
【強兵】きょうへい(강병) 강한 병사. 강한 군대. ¶富國一.
【強仕】きょうし(강사) 40살에 비로소 벼슬에 나감의 뜻으로, 40살을 이르는 말. ¶三十曰壯 有室 四十曰強 而仕<禮記>
【強盛】きょうせい(강성) 세력이 크고 왕성함.
【強勢】きょうせい(강세) ①세력이 강함. 또는, 그 세력. ↔弱勢(약세). ②물가·증권 시세 따위가 올라감. ③악센트.
【強食】きょうしょく(강식) ①억지로 먹음. ¶君其自思一愼職<漢書> ②강한 자가 먹음. 또는, 강한 자의 먹이. ¶弱肉一.
【強心劑】きょうしんざい(강심제) 심장의 작용이 약해졌을 때 그것을 회복시키는 약제.
【強顔】きょうがん(강안) 부끄러움이나 수치를 모르는 얼굴. 곧, 두꺼운 낯가죽을 이르는 말. 厚顔(후안). 鐵面皮(철면피). ↔弱顔(약안).
【強壓】きょうあつ(강압) ①강제로 누름. ②권력으로 억누름. ¶一的.
【強弱】きょうじゃく(강약) 강함과 약함. 또는, 강자와 약자. ¶一不同. 「시킴.
【強要】きょうよう(강요) 무리하게 요구함. 억지로
【強靭】きょうじん(강인) 굳세고 질김.
【強者】きょうしゃ(강자) 강한 자. 또는, 강한 것.
【強壯】きょうそう(강장) ①굳세고 씩씩함. ②30~40세를 이르는 말. 30세를 壯, 40세를 強이라 함. ¶三十曰壯 有室 四十曰強 而仕<禮記>/一之年.
【強壯劑】きょうそうざい(강장제) 체력을 증진시키는 영양제 따위.
【強將下無弱兵】きょうしょうノモトニじゃくへいナシ(강장하 무약병) ☞勇將下無弱卒(용장하 무약졸).
【強敵】きょうてき(강적) 강한 상대. 강한 적군. 勁敵(경적). 「나 차지함.
【強占】きょうせん(강점) 남의 것을 강제로 점령하거
【強點】きょうてん(강점) 남보다 나은 점. 남보다 우세한 것. ↔弱點(약점).
【強制】きょうせい(강제) ①남의 행위나 의사를 억제함. ¶一勞動/一行爲/一的. ②법률에 의하여 어떤 행위를 하게 하거나 못하게 하는 일. ¶一規定/一送還/一執行/一處分/一隔離/一保險/一組合.
【強調】きょうちょう(강조) 어떤 일에 대하여 특히 힘주어 말함. ¶火災豫防一週間.
【強志】きょうし(강지) 기억력이 좋음. 強記(강기). 強識(강지). 「직).
【強直】きょうちょく(강직) 마음이 아주 곧음. 剛直(강
【強震】きょうしん(강진) 진도 5의 강한 지진. 진동이 중진(中震)과 열진(裂震) 사이.
【強請】きょうせい(강청) 무리하게 바람. 強求(강구). ※強要(강요).
【強取】きょうしゅ(강취) 힘으로써 빼앗음. ¶欒氏所得 其唯魏氏乎 可一也<左氏傳>
【強打】きょうだ(강타) ①강하게 때림. ②치명적인 타격. 「강간함.
【強奪】きょうだつ·ごうだつ(강탈) ①힘으로써 빼앗음. ②
【強暴】きょうぼう(강포) 우악스럽고 사나움.
【強風】きょうふう(강풍) ①초속 13.9~17.1m의 강한 바람. ②어떤 일이 강하게 몰아닥침의 비유.
【強學】きょうがく(강학) 힘써 학문을 함.
【強項】きょうこう(강항) 강한 목의 뜻으로, 강직한 사람의 비유. 쉽사리 머리를 숙이지 않음에서 이르는 말. ¶楊震孫奇 立朝剛直 靈帝曰卿一<後漢書>
【強項令】きょうこうれい(강항령) ①강직한 현령(縣令). ¶上勅曰一出<後漢書> ②목이 곧은 사람을 농으로 이르는 말.
【強行】きょうこう(강행) 힘으로써 행함. 또는, 행하게 함. ¶一規定.
【強行軍】きょうこうぐん(강행군) 어떤 일을 억지로 또는 굽힘 없이 힘차게 해나감.
【強豪】きょうごう(강호) 세력 또는 힘이 강한 사람이나 편.
【強化】きょうか(강화) 튼튼하게 함. ¶國防力一.
▷姦一, 剛一, 康一, 健一, 牽一, 堅一, 屈一, 倔一, 勸一, 筋信骨一, 勉一, 木一, 伯一, 補一, 富一, 肥一, 盛一, 弱能制一, 列一, 頑一, 拗一, 禹一, 雄一, 柔一, 仁一, 精一, 治一, 貪一, 暴一, 豪一, 驍一

8 11 〖弴〗 활 돈 [元] とん (ユミ)
풀이 활. 붉은 옻칠을 한 활.

8 11 〖弸〗 1 활소리 붕 [蒸]ㄅㄥ ほう
2 찰 팽 [庚](beng) ひょう
풀이 1 ①활 소리. 화살이 날아가는 소리. ¶一環. ②세다. 활이 강한 모양. ¶弓如明月對一<庾信> 2 ①차다. 가득 참. ¶一中. ②활시위. ¶絕一破車<太玄經>

8 11 〖張〗 1 베풀 장 2 큰체할 장 [陽]ㄓㄤ (zhang) [漾]ㄓㄤˋ (zhang) ちょう (ハル) *spread*
(古)弡
풀이 1 ①베풀다. 벌여놓음. 벌임. 차림. ¶一樂設飮<戰國策> ②당기다. 활시위·악기 줄 따위를 팽팽하게 함. ¶先一之弧<易經> ③매다. 활 시위·악기 줄 따위를 맴. ¶既一我弓<詩經> ④펴다. ㉮벌리다. ¶我一吾三軍<左氏傳> ㉯넓히다. ¶將欲翕之 必故一之<老子> ㉰펼치다. 그물, 장막 따위를 침. ¶擧羅一之<後漢書> ⑤강하게 하다. ¶破秦以一韓魏<戰國策> ⑥왕성하게 하다. 사기를 떨침. ¶軍威必一<北史> ⑦자랑하다. 크게 떠벌림. ¶誇一. ⑧속이다. ⑨내밀다. 드러냄. ⑩어그러지다. ⑪장. 물건을 세는 단위. ⑫별자리 이름. 28수(宿)의 하나. 2 ①큰체하다. 뽐냄. ②불룩해지다. 배가 부어오름. 通脹. ¶晉侯將食 一 如廁<左氏

傳> ③장막. ㉲帳. ¶高祖復留止一<史記>
【張公喫酒李公醉】(장공끽주 이공취) 장공이 술을 마셨는데 이공이 취했다고 한다는 뜻으로, 엉뚱한 의심을 받음의 비유. ¶一張公者易之兄弟 李公言王室也<通俗編>
【張口】ちょうこう(장구) 입을 크게 벌림. ¶魚狹而小 常一吹沙<爾雅>
【張燈】(장등) 등불을 켜놓음.
【張力】ちょうりょく(장력) 당기거나 당기어지는 힘. ¶表面一.
【張本】ちょうほん(장본) ①문장 따위에서 앞 부분에 근본이 되는 것을 미리 적는 일. 伏線(복선). ②일의 근본 원인.
【張本人】ちょうほんにん(장본인) 어떤 일을 하거나 일으킨 사람. 주로 나쁜 일에 쓰임.
【張飛】ちょうひ(장비)《人》촉한(蜀漢)의 장수. 유비(劉備)·관우(關羽)와 의형제를 맺음. 서향후(西鄕侯)에 봉해짐.
【張飛軍令】ちょうひぐんれい(장비군령) 장비가 몹시 성급했던 데서, 몹시 서두는 것을 이름.
【張三李四】ちょうさんりし(장삼이사) 장씨의 세째, 이씨의 네째 아들이란 뜻으로, 평범한 사람들을 이르는 말. 平民(평민). ¶欲會佛法 但問取一<傳燈錄>
【張星】ちょうせい(장성) 28수(宿)의 하나. 張宿(장수).
【張良】ちょうりょう(장양)《人》한(漢) 고조(高祖)인 유방(劉邦)의 군사(軍師). 소하(蕭何)·한신(韓信)과 함께 한고조(漢高祖) 3걸(傑)로 일컬어짐. 자(字)가 자방(子房)이므로 흔히 장자방이라 부름. 유후(留侯)에 봉해졌으나 화(禍)가 미칠 것을 내다보고 은거하였음. ※張良椎(장양추).
【張良椎】ちょうりょうつい(장양추) 장양(張良)이 자기 나라인 한(韓)의 원수를 갚고자 역사(力士)를 시켜 박랑사(博浪沙)에서 진시황을 철추(鐵椎)로 저격한 옛일. 張良之椎(장양지 추). ¶在秦一 在漢蘇武節<文天祥>
【張儀】ちょうぎ(장의)《人》전국 시대의 유세가(遊說家). 소진(蘇秦)과 함께 귀곡 선생(鬼谷先生)에게서 배웠으나, 소진의 합종책(合從策)에 반대하여 모든 나라가 진(秦)을 섬겨야 한다는 연횡책(連衡策)을 주장함.
【張籍飮杜詩】ちょうせきいんとし(장적 음두시) 당(唐)의 문인인 장적이 유명한 시인이 되고자 두보(杜甫)의 시집을 태워 그 재를 마신 일.
【張皇】ちょうこう(장황) ①쓸데없이 번거롭고 긺. ②넓히어 크게 함. 皇은 大. ¶一六師 無壞我高祖寡命<書經> ③당황함.
▷開一, 孤一, 高一, 供一, 誇一, 乖一, 蹶一, 箕一, 緊一, 怒一, 拍一, 反一, 班一, 擘一, 舒一, 設一, 蕭一, 蘇一, 伸一, 雄一, 弛一, 主一, 輈一, 增一, 鴟一, 膨一, 鋪一, 擴一, 恢一

12【强】 強(p.533)의 俗字

12【粥】 ☞ 米部 6 획(p.1149)

12【弾】 彈(p.535)의 略字

9
12【弼】 도울 필 | 圓ㄅㄧˋ (bi) | ひつ (タスケル)
㊐弻

풀이 ①돕다. ㉮보좌함. ¶一亮四世<書經>/一匡. ㉯보좌하는 사람. 보좌역. ②도지개. 틈이 나거나 뒤틀린 활을 바로 잡는 틀. ③어그러지다. ¶君臣故一<漢書> ④바로잡다. ¶予違汝一<書經>/一違.
▷匡一, 規一, 篤一, 保一, 輔一, 承一, 良一, 元一, 俊一, 冢一, 台一

12【弻】 弼(p.535)과 同字

10
13【彀】 1당길 구 2활고자 구 | 囿ㄍㄡˋ 㞢(gou) | こう(ヒク)

풀이 1 ①당기다. ㉮활시위를 세게 당기다. ¶一張弩也<漢書> ㉯활시위를 당기는 정도. ¶此彎弓之法 所謂一率也<射經> ②활을 쏘다. ¶一者十萬人<史記>/一騎. ③과녁. 과녁의 가운뎃점. ④화살이 닿는 거리. ¶一中. 2 활고자.

11
14【彄】 활고자 구 | 㞢ㄎㄡ (kou) | こう, く tips of a bow

풀이 ①활고자. 활짱 머리의 시위를 메우는 곳. ㉠彀. ②고리. ㉠環.

11
14【彃】 쏠 필 | 圓ㄅㄧˋ (bi) | ひつ(イル) shoot

풀이 ①쏘다. 활을 쏨. ②활시위.

12
15【彈】 1탄환 탄 2튀길 탄 | 翰ㄉㄢˋ (dan) | だん(タマ) bullet | 寒ㄊㄢˊ (tan) | たん(ハジク) spring
㊀弓 ㊋弾 ㊐弓丸

풀이 1 ①탄환. 대포·총 따위의 탄알. 활에 메워 쏘는 돌. ¶珠一落雙鴻<徐陵>/砲一. ②활. 탄알을 쏘는 활. ¶子挾一 右攝丸<戰國策> ③열매. ¶朱一星丸燦日光<徐夤> 2 ①튀기다. ㉮튕겨지다. ¶一指應之<五燈會元> ㉯손으로 튀기어 털다. ¶新沐者必一冠 新浴者必振衣<史記> ②쏘다. 탄알을 쏨. ¶晉靈公從臺上一人<左氏傳>/一射. ③두드리다. 침. ¶一劍作歌<十八史略> ④바로잡다. 힐책함. ¶在職三年 一黜四縣<晉書>/一劾. ⑤타다. 연주함. ¶一箏搏髀<戰國策>
【彈冠】だんかん(탄관) 갓의 먼지를 털어 깨끗이 함. ㉮세속의 더러움을 받아들이지 않음의 비유. ㉯임금의 부름을 기다림의 비유. ¶白首相知猶按劍 朱門先達笑一<王維>
【彈琴】だんきん(탄금) 거문고를 탐. 彈奏(탄주)①.
【彈棊】だんき(탄기) 바둑을 둠. ¶一臺.
【彈帶】だんたい(탄대) 탄띠.
【彈道】だんどう(탄도) 쏜 탄알이 공중으로 날아가는 길. ¶一彈.

【彈力】だんりょく(탄력) 튀는 힘. 탄성체(彈性體)가 어떤 변화에 반발하여 본래대로 되돌아가려는 힘. ¶一性. 「②☞彈文(탄문).
【彈墨】だんぼく(탄묵) ①목수가 나무 먹줄을 퉁김.
【彈文】だんぶん(탄문) 탄핵의 글에 쓰이는 문체. 彈事(탄사). 彈墨(탄묵)②. 彈奏(탄주)②. 彈章(탄장).
【彈性】だんせい(탄성) 외력(外力)에 의하여 변하였다가 그 외력이 없어지면 본래대로 돌아가는 성질. ¶一振動/一體. 「¶日帝一.
【彈壓】だんあつ(탄압) 힘으로써 억누르고 짓밟음.
【彈子】だんし(탄자) 탄알. 彈丸(탄환).
【彈的】だんてき(탄적) 기생(妓生). ¶俗呼作樂之妓曰一<訓蒙字會>
【彈正】だんせい(탄정) 잘못된 일을 힐책하여 바로잡음. ¶惡可得一者哉<後漢書>
【彈奏】だんそう(탄주) ①가야금, 거문고, 바이얼린 따위의 현악기를 연주함. 彈琴(탄금). 彈徽(탄휘). ②탄핵하여 상주(上奏)함. 또는, 그 글. 彈文(탄문). 「지점이나 자리.
【彈着點】だんちゃくてん(탄착점) 탄알이 날아가 닿은
【彈皮】(탄피) 탄환이나 포탄의 껍데기.
【彈劾】だんがい(탄핵) ①고위 공무원의 잘못을 밝히고 파면시키는 법적 절차의 하나. ¶一訴追. ②관리의 잘못을 밝혀 죄 줄 것을 임금에 아룀. 彈詰(탄힐).
【彈丸】だんがん(탄환) ①총·포 따위의 탄알. ②☞彈丸之地(탄환지 지).
【彈丸之地】だんがんのち(탄환지 지) 아주 좁은 땅. 彈丸(탄환)②. 彈丸黑子(탄환흑자). ¶誠不知秦力之所至 此一 猶不予也<戰國策>
【彈痕】だんこん(탄흔) 탄알에 맞은 흔적.
▷街一, 巨一, 檢一, 鬼一, 糾一, 譏一, 沒一, 飛一, 散一, 實一, 流一, 榴一, 裝一, 敵一, 奏一, 銃一, 推一, 快一, 砲一, 爆一, 和一

12 15 〖彉〗 활당길 확 [藥] かく

13 16 〖彊〗 1 굳셀 강 2 힘쓸 강 3 굳을 강 | [陽]ㄑㄧㄤˊ (qiang) [養]ㄑㄧㄤˇ (qiang) [漾]ㄐㄧㄤˋ (jiang) | きょう, ごう (ツヨイ) *strong*

同強

※숙어는 強(p.533)을 볼 것.

풀이 1 ①굳세다. 通勍. ②강한 활. ③서로 다퉈 흉흉한 모양. ¶鶉之奔奔 鵲之一一<詩經> ④국경. 通疆. 2 ①힘쓰다. ②억지로. 억지로 하게 함. ③돕다. 3 굳다.
▷公一, 屈一, 武一, 樸一, 盛一, 力一, 雄一, 自一

14 17 〖彌〗 1 두루 미칠 미 2 그칠 미 3 갓난아이 미 예 | [支]ㄇㄧˊ [紙](mi) [齊] | び, み び, み び, げい

同弥

풀이 1 ①두루 미치다. 널리 퍼짐. ¶多張旗幟 一亘百餘里<蜀志> ②멀리. ¶黃壤千里 沃野一望<潘岳> ③걸리다. 계속됨. ¶七日一<周禮> ④오래 끌다. 오래 됨. ¶病日臻既一留<書經> ⑤차다. 가득 메움. ¶一山跨谷<史記>/一天. ⑥더욱. ¶仰之一高 鑽之一堅<論語> ⑦깁다. 꿰맴. 이지러진 데를 때움. ¶一縫其闕<左氏傳> ⑧얽히다. 2 ①그치다. ㉮쉬다. 중지함. 그만둠. (같)辟. ㉯활을 놓다. 通弭. ②거두다. 거두어들임. ③드리우다. 늘어뜨림. ④장식(裝飾). 3 ①갓난아이. ②물이 꽉 찬 모양. 通瀰.
【彌久】びきゅう(미구) 오래됨. 오래 끎. ¶曠日一<韓非子>
【彌勒】みろく(미륵)《佛》 범어 Maitreya의 음역(音譯)으로, 보살(菩薩)의 하나. 석가모니에게서 미래에 부처가 될 수기(授記)를 받은 후 도솔천에 올라가 지내다가 석가의 입멸(入滅) 후 56억 7천만 년 뒤에 다시 이 세상에 와서 모든 중생을 건진다 함. 彌勒佛(미륵불). 彌勒菩薩(미륵보살). 彌勒慈尊(미륵자존). 彌勒座主(미륵좌주).
【彌漫】びまん(미만) ①널리 사방에 꽉 차 그들먹함. 彌滿(미만). ②못에 물이 가득 찬 모양.
【彌縫】びほう(미봉) ①해어진 곳을 기움. ②임시 변통으로 때움.
【彌縫策】びほうさく(미봉책) 임시 변통으로 둘러대어 때워 나가는 방책.
【彌甥】びせい(미생) 외손자.
【彌月】びげつ(미월) ①한 달이 경과함. ②한 달이 걸림. ③다음 달까지 끌거나 몇 달에 걸침.
【彌陀】みだ(미타) ☞阿彌陀佛(아미타불).
【彌陀名號】みだみょうごう(미타명호)《佛》 나무아미타불을 이름. 아미타불에게 돌아가 구원 얻기를 바람의 뜻으로, 이것을 외는 것을 염불(念佛)이라 함. 六字名號(육자명호).
【彌陀三尊】みださんぞん(미타삼존)《佛》 아미타불과 그를 좌우에서 모시고 있는 관음(觀音)과 세지(勢至) 두 보살의 병칭.
▷昆一, 沙一, 斯一, 須一

15 18 〖彍〗 당길 확 | [藥]ㄎㄨㄛˋ (kuo) | かく(ヘル) *pull*

풀이 ①당기다. 활시위를 당김. ②빨리 달리다.
【彍騎】かっき(확기) 당(唐)대의 숙위병(宿衛兵).

19 〖疆〗 ☞田部 14획(p.1024)

19 22 〖彎〗 굽을 만 本완 | [刪]ㄨㄢ (wan) | わん(マガル) *bent*

略弯

풀이 ①굽다. 활처럼 굽음. ¶惟餘坡上一環月<李遠>/一曲. ②당기다. 활시위를 당김. ¶士不敢一而報<賈誼>

22【鬻】 ☞ 鬲部 12획 (p.1666)

20/23【彏】 활당길 확 | 圈ㄐㄩㄝˊ (jue) | かく

彐<튼 가로 왈>部

彐 ③ 彔 当 ⑥ 彖 ⑧ 彗 ⑨ 彘 ⑩ 彙 ⑬ 彝 ⑮ 彝

0/3【彐】 돼지 머리 계 | けい pig's head
同彑 彐
源象形. 돼지 머리를 본뜸. 모양이「曰」자의 왼쪽을 튼 것처럼 보이므로 부수 이름을 튼 가로 왈이라 함.

4【尹】 ☞ 尸部 1획 (p.464)
5【归】 歸 (p.814)의 俗字
6【夛】 多 (p.368)의 俗字
6【彐】 多 (p.368)와 同字
6【当】 當 (p.1022)의 略字
6【乡】 當 (p.1022)의 俗字
6【玫】 好 (p.398)와 同字
7【灵】 ☞ 火部 3획 (p.933)
8【帚】 ☞ 巾部 5획 (p.498)

6/9【彖】 판단할 단 | 圈ㄊㄨㄢˋ (tuan) | たん judge
풀이 판단하다.「주역」(周易)의 각 괘(卦)의 뜻을 풀어 판단을 내림.
【彖辭】たんじ (단사)「주역」(周易)의 각 괘(卦)의 뜻을 풀어 길흉을 판단한 말.「乾 元亨利貞」에서 元亨利貞과 같은 것. 주(周) 문왕(文王)이 지었다 함. 卦辭(괘사).
【彖傳】たんでん (단전)「주역」(周易)의 십익(十翼)의 하나로, 단사(彖辭)의 뜻을 해석해 놓은 것. 공자(孔子)가 지었다 하나 확실하지 않음.

10【畐】 疇 (p.1024)와 同字

8/11【彗】 비 혜 | 圈ㄏㄨㄟˋ (hui) | せい, すい (ホウキ) broom
풀이 ①비. 쓸어내는 기구. ¶一掃. ②쓸다. ¶高鋒一雲<後漢書> ③살별. 혜성. ¶妖星一日一 二日孛<晋書> ④밝다. ¶日中不一 是謂失時<太公兵法> ⑤총명하다. 通慧. ¶王有女陵 一有口辯<史記>
【彗星】すいせい (혜성) ①살별. 비처럼 긴 꼬리가 있는 데서 이름. 요성(妖星)이라 하여 이 별이 나타나는 것을 불길하게 여겼음. 尾星(미성). 長星(장성). 箒星(추성). ②어떤 분야에 갑자기 두각을 나타냄의 비유. ¶一的 存在/音樂界一.
▷掃一, 擁一, 王一, 妖一, 流一, 孛一

9/12【彘】 돼지 체 | 圈ㄓˋ (zhi) | てい (イノコ, ブタ) pig
▷犬一, 狗一, 野一, 人一, 豪一

10/13【彙】 모을 휘 本위 | 困ㄏㄨㄟˋ (hui) | い (アツメル) gather
同彚
풀이 ①모으다. ¶該保正一單指名報縣<福惠全書>/一分. ②무리. 동류(同類). ¶朝廷淸明天子聖 陽德一進群陰剝<歐陽脩>/語一. ③고슴도치. 같蝟. ④번성하다.
【彙報】いほう (휘보) 종류별로 모은 보고. 또는, 그런 책 따위.
▷辭一, 語一, 字一

13【彚】 彙 (p.537)와 同字
16【彝】 彝 (p.537)의 俗字
17【彞】 彝 (p.537)와 同字

15/18【彝】 떳떳할 이 | 困ㄧˊ (yi) | い honorable
풀이 ①떳떳하다. ②법. 법칙. 영구히 변하지 않는 도(道). ¶帝乃震怒 不畀洪範九疇 一倫攸斁<書經>/一憲. ③술항아리. 종묘(宗廟) 제기(祭器)의 한 가지. ¶一 卣 罍 器也<爾雅>
【彝器】いき (이기) ①일상 생활에 쓰는 그릇. ②종묘(宗廟) 제사 때 술 담는 그릇. ¶官司一<漢書>
▷ 鷄一, 國一, 單一, 民一, 秉一, 六一, 典一, 鼎一, 鳥一, 尊一, 虎一, 皇一, 黃一

26【彠】 矱 (p.1075)과 同字

彡<삐친 석 삼>部

彡 ④ 彤 形 ⑥ 彥 彦 彨 ⑦ 彧 ⑧ 彬 彫 彩 彪 ⑨ 彭 ⑪ 彰 彯 ⑫ 影 ⑲ 彲

0/3【彡】 터럭 삼 | 國ㄕㄢ (shan) | さん (ケカギリ) hair
源象形. 머리털 따위를 빗질해 놓은 모양을 본뜸.
※ 三자를 눕혀놓은 모양이므로 부수 이름으로는 삐친 석 삼이라 함.
풀이 ①터럭. 머리털 따위. ②그리다. 붓 따위로 색을 칠하여 그림.

4/7【彤】 붉은칠할 동 | 图ㄊㄨㄥˊ (tong) | とう (アカヌリ) color in red
源會意. 붉게[丹] 채색[彡]함의 뜻.
풀이 ①붉은 칠하다. 붉은 칠. ¶翠觀岑靑一閣霞連<張協>/一竿. ②붉다. 붉은

빛.
【彤管】とうかん(동관) ①붉게 칠한 붓대. 또는, 대를 붉게 칠한 붓. ②궁녀(宮女)가 쓴 데서 여자의 서화(書畫)를 뜻함.
【彤弓】とうきゅう(동궁) 붉게 칠한 활. 동시(彤矢) 즉 붉게 칠한 화살과 함께 천자가 공을 세운 제후에게 하사함. 彤弧(동호).
▷管—, 丹—, 珥—, 朱—

7【杉】 ☞木部 3획(p. 750)

4 7【形】 형상 형 | 唐ㄒㅣㄥˊ(xing) | けい, ぎょう(カタチ) *shape*
㊍形 ⓓ㣊
풀이①형상. 모양. 생김새. 꼴. ¶問其地—<史記> ②용모. ③ 몸. 신체. ¶人有七尺之—<北史> ④형세. 상태. ¶海外有一勝之國<佩文韻府> ⑤나타나다. 드러남. ¶—於動靜<禮記> ⑥나타내다. 드러냄. ¶喜怒不—色<蜀志> ⑦형태를 이루다. ¶天地未—而先爲之征<國語> ⑧바르다. ¶五音—矣<淮南子> ⑨그릇. 흙으로 만든 식기(食器). ㊇鉶. ¶飯土塯 啜土—<史記> ⑩모범. ㊇刑. ¶—是誥<荀子> ⑪이치. ¶—物其箸<列子> ⑫틀. 거푸집. ㊇型.
【形局】(형국) ①어떤 일의 형편이나 판국. ②얼굴·묏자리·집터 따위의 생김새. 體局(체국).
【形名】けいめい(형명) 기(旗)와 북으로 군사를 지휘하던 옛 신호법.
【形狀】けいじょう(형상) 물체의 생긴 모양. 形相(형상). 形象(형상)②.
【形相】けいそう(형상) ☞形狀(형상).
【形象】けいしょう(형상) ①어떤 대상에 관하여 마음속에 떠오르는 것. ②☞形狀(형상).
【形成】けいせい(형성) 모양을 이룸.
【形聲】けいせい(형성) 한자(漢字) 육서(六書)의 하나. 한 글자에서 일부는 뜻을, 일부는 음(音)을 이루는 일. 詞에서 言이 뜻을, 司가 음을 이루는 경우와 같은 것. 諧聲(해성).
【形勢】けいせい(형세) ①산 따위 땅의 생긴 모양. ②형편. ③☞情勢(정세).
【形勝】けいしょう(형승) ①지세(地勢)가 뛰어남. ②지리(地利)가 풍부함. ¶秦—之國<史記> ③경치가 뛰어남. ¶—之地.
【形式】けいしき(형식) 외형(外形)이나 격식. ¶—名詞/—主義.
【形式美】けいしきび(형식미) 조화·균형·율동 등, 예술 작품 따위의 겉으로 드러나는 형태의 미.
【形式的】けいしきてき(형식적) 실질이나 내용은 없이 겉발림만인 (것).
【形言】けいげん(형언) 표현하여 말함.
【形容】けいよう(형용) ①사물의 어떠함을 말이나 몸짓 따위로 나타냄. ¶—詞. ②모양.
【形而上】けいじじょう(형이상) 무형(無形)이란 뜻으로, 형태로써는 인식할 수 없는 영역 즉 도(道)를 이름. 而는 조자(助字). ¶—者 謂之道<易經>/—學. ↔形而下(형이하).
【形而下】けいじか(형이하) 유형(有形)의 뜻으로, 모양을 갖추어 그것을 보고 인식할 수 있는 영역을 이름. ¶—者 謂之器<易經>/—學. ↔形而上(형이상).
【形制】けいせい(형제) 지세(地勢)를 이용하여 사람을 복종시킴. ¶示諸侯—之勢<漢書>
【形迹】けいせき(형적) ①형상과 자취. ②흔적. 形跡(형적).
【形質】けいしつ(형질) 생긴 모양과 그 바탕. ¶—變更.
【形體】けいたい(형체) 물건의 형태와 그것을 이루고 있는 몸.
【形態】けいたい(형태) 사물의 겉모습.
【形便】けいべん(형편) ①일이 되어 가는 상태. ②㊗살림살이 정도. 形勢(형세)②. ③지형(地形)이 편리함. ¶地勢—<戰國策>
【形解】けいかい(형해) ①형체가 해체되어 없어짐의 뜻으로, 신선의 죽음을 이름. 尸解(시해). ②망연자실함. ¶吾—而不欲動<莊子>
【形骸】けいがい(형해) ①몸. 육체. ¶今子與我 遊於—之內<莊子> ②송장. ③구조물의 뼈대.
【形形色色】(형형색색) ①가지각색. ②모양이나 종류 등이 제 각각인 여러 가지.
▷角—, 固—, 苦—, 魁—, 矩—, 球—, 詭—, 奇—, 裸—, 大—, 圖—, 忘—, 貌—, 無—, 美—, 方—, 分—, 山—, 常—, 象—, 纖—, 成—, 細—, 小—, 神—, 心—, 鍊—, 外—, 圓—, 委—, 有—, 流—, 儀—, 人—, 積—, 正方—, 定—, 情—, 整—, 造—, 衆—, 地—, 踐—, 橢圓—, 弧—, 幻—, 換—, 環—

7【㣊】 形(p. 538)과 同字
8【彬】 丹(p. 39)의 古字

6 9【彥】 선비 언 | 㘝ㄧㄢˋ(yan) | げん(シジン) *scholar*
㊗彦
풀이선비. ㉮재주나 학력이 뛰어난 남자. ㉯남자의 미칭(美稱).
▷翹—, 群—, 髦—, 美—, 邦—, 伏—, 秀—, 勝—, 時—, 英—, 往—, 偉—, 才—, 諸—, 俊—, 珍—, 哲—, 賢—, 豪—, 後—

9【彦】 彥(p. 538)의 俗字
9【彨】 ☞而部 3획(p. 1215)
9【㓝】 形(p. 538)의 本字
10【徒】 徒(p. 546)와 同字
10【㣌】 補(p. 1349)의 古字
10【㣋】 祥(p. 1094)의 古字

7 10【彧】 문채 욱 | 圍ㄩˋ(yu) | いく(アヤ) *beautiful coloring*
풀이①문채. ㉮무늬가 있는 광채. 또는,

아름다운 무늬. ㉯문채가 빛나는 모양. ¶紛——其難分<何晏> ②무성하다. 초목 따위가 무성한 모양. ¶黍稷——<詩經>

8
11〖彬〗 1빛날 빈 2밝을 반 | (眞)ㄅㄧㄣ (bin) (刪) | ひん glitter はん (アキラカ)

(古)份 (同)斌

풀이 1빛나다. 문채가 빛남. 수식·무늬 등 외관과 내용이 겸비되어 훌륭함. ¶文質—— 然後君子<論語> 2밝다. 문채 따위가 또렷하고 환함. ¶珊瑚琳碧瓀珉璘—<張衡>

8
11〖彫〗 새길 조 | (蕭)ㄉㄧㄠ (diao) | ちょう(ホル) *carve*

풀이 ①새기다. 돌, 나무 등에 형상, 글자 따위를 새김. ¶朽木不可—也<論語>/—鏤. ②꾸미다. ¶救其—敝<史記> ③아로새기다. 금은 보석 따위를 박아 꾸밈. ④시들다. ㉮식물이 시들다. (通)凋. ¶歲寒然後知松柏之後—也<論語> ㉯세력, 형세가 쇠퇴하다. ¶昭宗時制度—紊<唐書>/—落. ⑤다스리다. ⑥쪼다. 쪼아먹음. ⑦고미(菰米). 줄의 열매. ¶—胡米.

【彫刻】ちょうこく(조각) 글씨나 그림 또는 물건의 형상 등을 돌·나무·금속 따위에 새김. 또는, 새긴 것. ¶—家/—作品.

【彫落】ちょうらく(조락) 초목의 잎이 시들어 떨어짐. 凋落(조락). 「또는, 그 상.

【彫像】ちょうぞう(조상) 어떤 형상(形像)을 새김.

【彫塑】ちょうそ(조소) 어떤 형상(形像)을 새기는 일과 만드는 일.

【彫題】ちょうだい(조제) ①이마에 글자를 파넣음. 題는 이마. ②책 등에서 난(欄) 외의 주(注).

【彫琢】ちょうたく(조탁) 돌이나 옥에 새기고 쪼음. 뜻이 바뀌어, 문장의 자구(字句)를 다듬는 것을 이름.

▷木—, 浮—, 後—

8
11〖彩〗 채색 채 | (賄)ㄘㄞˇ (cai) | さい(イロドリ) *color*

풀이 ①채색. ㉮아름다운 빛깔. ¶潛實內結 豐—外盈<傅休奕>/—光彈. ㉯색을 칠함. 또는, 그 일. ¶不以傳—爲巧<陳傅良>/—色. ②무늬. ¶—綉輝煌<紅樓夢> ③빛. ¶日華月—<沈約> ④노름. 도박. ⑤모양. 풍도(風度).

【彩料】さいりょう(채료) 물감. 「—畫.

【彩色】さいしき(채색) 색을 칠함. 또는, 그 색. ¶

【彩鷁】さいげき(채익) ①익(鷁)을 뱃머리에 그리어 배의 안전을 꾀하던 일. 畫鷁(화익). ②배. 「관).

【彩筆】さいひつ(채필) 색을 칠하는 붓. 彩管(채

【彩畫】さいが(채화) 여러 색을 칠하여 그린 그림. ¶水—/—器.

▷光—, 奇—, 器—, 淡—, 睹—, 芒—, 無—色, 文—, 傅—, 詞—, 色—, 鮮—, 素—, 水—, 神—, 陽—, 映—, 五—, 縟—, 月—, 有—色, 輪—, 彫—

8
11〖彪〗 범 표 | (尤)ㄅㄧㄠ (biao) | ひょう(トラ) *tiger*

풀이 ①범. 작은 범. ¶飢—能嚇人<南史> ②무늬. 범 가죽의 아름다운 무늬. ¶淸美以惠其才 —蔚以文其響<文心雕龍> ③밝게 하다. 깨우쳐 줌.

12〖須〗 ☞頁部 3획(p.1619)

9
12〖彭〗 1성 팽 2옆 팽 (本)방 | (庚)ㄆㄥˊ (peng) (陽) | ほう ほう,ぼう (カタワラ)

풀이 1①성(姓). 중국의 오랜 성씨의 하나. ②땅 이름. ¶江州—澤縣. ③장수(長壽). 7백 년을 살았다는 팽조(彭祖)에서 비롯된 뜻. 2①옆. 곁. ¶匪其— 无咎<詩經> ②많다. 많은 모양. ¶行人——<詩經> ③성(盛)하다. 강성(強盛)한 모양. ¶—— 盛也<廣雅> ④팽창하다. ¶苦開腹—享<韓愈> ⑤두드리는 소리. 치는 소리. ¶打麥打麥——魄魄<張舜民>

【彭郎】ほうろう(팽랑) 수신(水神)의 이름.

【彭排】ほうはい(팽배) ①방패. 干盾(간순). ②조선 때 호분위(虎賁衛)에 속했던 잡종(雜種)의 병정. ¶—隊長.

【彭湃】ほうはい(팽배) ①물결이 맞부딪쳐 솟구침. ②사물이 맹렬한 기세로 일어남.

【彭殤】ほうしょう(팽상) 7백 년을 산 팽조(彭祖)와 스무 살 전에 죽은 사람. 곧, 오래 사는 것과 일찍 죽는 것.

【彭祖】ほうそ(팽조)〖人〗요(堯)임금의 신하로 주(周)대에까지 7백 년을 살았다는 선인(仙人). ¶—堯臣 經虞夏商周 壽七百歲<荀子·注>

11
14〖彰〗 밝힐 창 | (陽)ㄓㄤ (zhang) | しょう *clarify*

풀이 ①밝히다. 드러냄. (通)章. ¶—往而察來<易經>/—德. ②밝다. 드러남. 뚜렷함. 환함. ¶嘉言孔—<書經>/—明. ③무늬. 아름다운 무늬. 문채(文彩). ¶織文鳥—<詩經>

【彰善】しょうぜん(창선) 남의 착한 행실을 밝혀 드러냄. 표창(表彰)함. ¶—癉惡<書經>

▷孔—, 照—, 粲—, 表—, 顯—, 煥—

11
14〖彯〗 가벼울 표 | (蕭)ㄆㄧㄠ (piao) | ひょう *light*

풀이 ①가볍다. 가볍고 날랜 모양. (通)嫖. ¶—搖武猛<王融> ②끈이 치렁거리다. 끈이 치렁치렁 흔들리는 모양. ¶增構峩峩 淸塵——<左思>

12
15〖影〗 그림자 영 | (梗)ㄧㄥˇ (ying) | えい,よう (カゲ) *shadow*

同 𢒧

풀이 ①그림자. ㉮거울 따위에 비친 물체의 형상. ¶引鏡窺一<後漢書> ㉯물체가 빛을 받을 때 반대쪽에 생기는 그림자. ¶形一相弔<魏志> ②모양. 모습. 자태(姿態). ¶一迹無端<宋書> ③상(象). 초상(肖像). 화상(畫像). 사진. ¶近一. ④빛. ⑤도움. ¶一庇.

【影國】えいこく(영국) 그림자처럼 붙어 있는 나라. 곧, 속국(屬國).

【影堂】えいどう(영당) ①조상의 신주(神主)를 모신 곳. 祠堂(사당). ②얼굴 모습을 그리거나 찍어 모신 곳. 影殿(영전).

【影燈】えいとう(영등) ☞ 走馬燈(주마등).

【影本】えいほん(영본) ☞ 搨本(탑본).

【影射】えいしゃ(영사) 모조(模造)나 위조(僞造) 등으로 속임.

【影像】えいぞう(영상) ①초상(肖像). ②그림자.

【影印本】えいいんぼん(영인본). 사진 따위로 찍어 원본(元本)과 같이 만든 책.

【影前】えいぜん(영전) 조상이나 죽은 사람의 위패나 화상 앞.

【影幀】(영정) 얼굴을 그린 족자.

【影職】(영직) 이름뿐인 직위. 또는, 그런 벼슬. 借銜(차함).

【影響】えいきょう(영향) ①물체가 그림자를, 소리가 울림을 만들듯이, 관계가 밀접함. 또는 상응함. ¶惠迪吉 從逆凶 惟一<書經>/ 一力. ②물으면 대답하고 물음이 없으면 가르침이 없는 것.

【影現】(영현)《佛》중생 제도(濟度)를 위하여 부처나 보살이 몸을 나타냄. 「함.

【影護】ようご(영호)《佛》그림자처럼 따르며 보호

▷鏡一, 孤一, 光一, 嬌一, 勞一, 倒一, 燈一, 浮一, 庇一, 射一, 斜一, 寫一, 曙一, 水一, 神一, 娥一, 玉一, 圓一, 月一, 人一, 印一, 日一, 眞一, 淸一, 燭一, 撮一, 追一, 兎一, 投一, 波一, 泡一, 捕一, 表一, 風一, 弦一, 形一, 幻一

15 【𢒧】 影(p. 539)과 同字

19/22 【彲】 이무기 리 本치 | 因彳 (chi) | ち(ミズチ) *python*

彳<두인변>部

彳 ③ 彴 ④ 彶 彷 彸 役 ⑤ 彺 彿 往 徃 彽 征 徂 彼 ⑥ 待 律 徇 徉 徊 後 很 ⑦ 徑 徒 徐 ⑧ 得 徠 徘 徙 徜 御 從 徛 ⑨ 徧 復 循 徨 ⑩ 微 徬 徯 徭 徯 ⑪ 德 徵 ⑫ 德 徵 徹 ⑬ 徼 ⑭ 徽

0/3 【彳】 조금 걸을 척 | 陌彳 (chi) | てき *hobble*

源象形. 넓적다리·정강이·발의 세 부분을 그려, 걷기 시작함을 뜻함.

풀이 조금 걷다. 자축거림. ¶一亍中輟<潘岳>

【彳亍】てきちょく(척촉) 자축거림. 왼발 걸음을 彳, 오른발 걸음을 亍, 둘을 합하여 行자가 됨.

5 【彵】 犯(p. 974)의 古字

6 【彺】 徒(p. 546)와 同字

3/6 【彴】 1 별똥 박 2 외나무 다리 작 | 覺 藥ㄓㄨㄛˊ (zhuo) | はく *meteor* しゃく *log bridge*

풀이 1 별똥. 별찌. ㉰灼. ¶一約. 2 ①외나무다리. ¶略一橫秋水<蘇軾> ②징검다리. ¶隥一橫邪<唐書>

6 【行】 部首 글자

4/7 【彶】 급히 갈 급 | 緝 | きゅう

7 【彸】 返(p. 1476)과 同字

4/7 【彷】 1 어정거릴 방 2 비슷할 방 | 陽ㄆㄤˊ (pang) 養ㄈㄤˇ (fang) | ほう(サマヨウ) *stroll* *similar*

풀이 1 ①어정거리다. 배회(徘徊)함. ¶一徉天下<史記> ②헤매다. ¶一徨. 2 비슷하다. ㉰仿 髣. ¶一彿.

【彷彿】ほうふつ(방불) 거의 비슷함. 근사함.

【彷徉】ほうよう(방양) 어정거림. 배회(徘徊)함. 方羊(방양). 仿佯(방양).

【彷徨】ほうこう(방황) ①어정거림. 方皇(방황). 仿偟(방황). 傍徨(방황). ②모양은 뱀같고 머리가 둘 있으며, 오색 무늬가 있는 벌레.

4/7 【彸】 두려워서 당황할 송 | 冬ㄓㄨㄥ (zhong) | しょう

4/7 【役】 부릴 역 | 陌ㄧˋ (yi) | えき, やく(エダチ) *work*

풀이 ①부리다. 일을 시킴. ¶乘時應勢 以服役人心也<淮南子> ②수자리. 수자리함. ¶勞還一也<詩經> ③싸움. 전쟁. ¶宜陽之一<戰國策> ④병사. 사졸(士卒). ¶一久病在外<詩經> ⑤요역(徭役). 부역. 부역꾼. ¶以其一邑入者<左氏傳> ⑥직무. ¶祇一出皇邑<謝靈運> ⑦일. 육체적 노동. ¶程一而不錄<荀子> ⑧일꾼. ¶廝一扈養<公羊傳> ⑨일하다. 힘씀. 경영함. ¶君子恭儉 以求一仁<禮記> ⑩학도(學徒). 동아리. ¶老子之一<莊子> ⑪낮다. 천함. ¶不歡一只<楚辭> ⑫늘어서다. 줄지음. ¶禾一穟穟<詩經>

【役價】(역가)韓 ①일한 품삯. ②경저리(京邸吏)·영저리(營邸吏)에게 주던 보수.

【役軍】(역군)韓 ①일정한 부문에서 중요한 구실을 하는 일꾼. ②공사터에서 삯일을 하

는 사람. 役丁(역정).
【役夫】えきふ(역부) ①☞役軍(역군)②. ②남자의 비칭.
【役夫夢】えきふのゆめ(역부몽) 낮에 노동하는 인부가 밤에는 꿈속에서 왕후(王侯)가 된다는 뜻으로, 인생의 부귀 영화가 꿈같이 허무함의 비유.
【役事】えきじ(역사) ①부역(賦役). ②토목이나 건축 등의 공사.
【役員】やくいん(역원) 어떤 단체의 일을 맡아보는 사람. 任員(임원).
【役人】えきにん(역인) ①공사(工事)의 일꾼. ②임무를 띤 사람. ③韓 관청이나 육주비전(六注比廛)에 딸려 허드렛일을 하던 사람.
【役丁】えきてい(역정) ☞役軍(역군)②.
【役政】えきせい(역정) 役은 사냥과 토목 공사, 政은 주사(州射). 주사는 주장(州長)이 주재(主宰)하던 사례(射禮) 또는 당정(黨正)이 주재하던 음주(飲酒)의 예(禮)를 말함.
【役調】えきちょう(역조) 부역과 조세(租稅).
【役刑】(역형)韓 감옥에 가두어 노역을 시키는 형벌. 광무(光武) 9년 형법대전(刑法大全)에 정한 형(刑)의 한 가지.
▷苦—, 雇—, 公—, 功—, 科—, 課—, 驅—, 軍—, 劇—, 勤—, 朞—, 大—, 徒—, 免—, 募—, 半—, 邊—, 兵—, 服—, 賦—, 使—, 師—, 書—, 戍—, 廝—, 力—, 豫備—, 隷—, 外—, 繇—, 于—, 遠—, 義—, 人—, 一人二—, 雜—, 適—, 田—, 全—, 戰—, 丁—, 征—, 政—, 主—, 重—, 職—, 徵—, 懲—, 差—, 天—, 賤—, 聽—, 霸—, 行—, 現—, 形—, 後備—

7【⿰彳从】 從(p.549)과 同字
8【径】 徑(p.546)의 略字

5/8【彿】 비슷할 불 | 物 ㄈㄨˊ (fu) | ふつ(ニカヨウ) *similar*
▷彷—

5/8【往】 1 갈 왕 2 향할 왕 | 養 ㄨㄤˇ 漾 (wang) | おう(ユク) *go*
俗 徃
풀이 1 ①가다. ㉮일정한 곳을 향하여 가다. ¶—而不來 非禮也<禮記> ㉯이르다. ㉰달아나다. ¶無以畜之 則—而不可止也<管子> ㉱사람이 죽다. 죽은 사람. ¶送—事居<左氏傳> ②예. 옛적. 지나간 일. ¶不保其—也<論語> ③이따금. ¶醉中——愛逃禪<杜甫> ④보내다. 물품을 보냄. ¶今—絲布單衣財—端 示致意<王羲之> ⑤뒤. 나중. ¶禘自既灌而—者 吾不欲觀之矣<論語> ⑥임금. 通王. ¶難與—也<呂覽> 2 향하다. 나아감. ¶雖不能至 然心嚮—之<史記>
【往年】おうねん(왕년) ①지나간 해. ②옛날.
【往來】おうらい(왕래) 오감. 來往(내왕).
【往亡日】おうもうにち(왕망일) 음양가(陰陽家)에서, 외출·출진(出陣) 등을 피하는 흉일(凶日).
【往反】おうはん(왕반) 오감. 또는, 왕복의 이수(里數)·일수(日數). 往返(왕반). 往復(왕복).
【往返】おうへん(왕반) ☞往反(왕반).
【往訪】おうほう(왕방) 나아가 찾아 봄.
【往復】おうふく(왕복) ①갔다가 돌아옴. 往返(왕반). 往還(왕환). ¶—運動/—車票. ②문서나 편지의 오감. ¶—葉書.
【往事】おうじ(왕사) 지나간 일. 지난 일.
【往生】おうじょう(왕생)〈佛〉 이 세상을 떠나 극락정토로 감.
【往生極樂】おうじょうごくらく(왕생극락)〈佛〉 죽어 극락세계에 태어남. 極樂往生(극락왕생).
【往時】おうじ(왕시) 지나간 때. 옛날.
【往往】おうおう(왕왕) 이따금. 때때로.
【往者】おうしゃ(왕자) ①지나간 일. 既往(기왕). ¶—不可諫<論語> ②앞서. 지난번. ③떠나는 사람.
【往診】おうしん(왕진) 의사가 환자 집에 가서 진찰함.
▷敢—, 古—, 告—, 孤—, 歸—, 既—, 乃—, 來—, 邁—, 步—, 送—, 適—, 徂—, 之—, 遞—, 追—, 鄕—, 嚮—

8【徃】 往(p.541)의 俗字
8【⿰彳乍】 作(p.100)의 古字

5/8【彽】 어정거릴 저 | 齊 | てい(サマヨウ) *stroll*

5/8【征】 갈 정 | 庚 ㄓㄥ (zheng) | せい(ユク) *go, conquer*
풀이 ①가다. 바르게 감. ¶肅肅宵—<詩經> ②치다. ㉮아랫사람의 잘못을 바로잡다. ¶以—不義<禮記> ㉯천자의 명을 받들어 무도한 자를 치다. ¶雖不請於天子 而—之可也<尚書大傳> ③취(取)하다. 가짐. ¶上下交—利<孟子> ④구실. 세금. ¶夫圭田無—<禮記> ⑤축(逐). 바둑에서 끝까지 단수로 쫓기는 수.
【征旅】せいりょ(정려) ①토벌(討伐)하러 가는 군대. ②나그네.
【征路】せいろ(정로) 여행하는 길. 征途(정도).
【征伐】せいばつ(정벌) 죄가 있는 무리를 군대로 쳐서 바로잡음. 征은 正. 「—者.
【征服】せいふく(정복) 정벌하여 복종시킴. ¶—欲/
【征役】せいえき(정역) 조세(租稅)와 부역(賦役).
【征行】せいこう(정행) ①정벌의 길을 떠남. 出征(출정). ②여행길을 떠남.
▷擊—, 關—, 夫家—, 飛—, 衰—, 輪—, 市—, 十一—, 漁—, 力—, 遠—, 長—, 徂—, 地—, 出—, 親—, 布縷—

5/8【徂】 갈 조 | 虞 ㄘㄨˊ (cu) | そ(ユク) *go*
풀이 ①가다. ㉮일정한 곳으로 나아가다. ¶自西—東<詩經> ㉯일정한 곳에 이르다. 미침. ¶自堂—基<詩經> ㉰

떠나다. ¶實沛—兮<楚辭> ㉣죽다. 사람이 죽음. ㊟殂. ¶放勳乃—落<孟子> ②비로소. 비롯하다. ㊟祖. ¶六月—暑<詩經> ③살다. 생존함. ㊟存. ④나라 이름. 주(周)대에 있던 나라. ¶侵阮—共<詩經>

【徂年】そねん(조년) 지나가는 해.

【徂落】そらく(조락) 제왕(帝王)의 죽음. 崩御(붕어).

【徂旅】そりょ(조려) 전진하는 군대.

【徂謝】そしゃ(조사) ①죽음. ②쇠퇴함.

【徂逝】そせい(조서) ①감. 떠나감. ②죽음.

【徂暑】そしょ(조서) ①물러가는 더위. ②첫더위. 음력 6월의 이칭.

8【𢓊】 佟(p.102)의 訛字

5/8【彼】 저 피 | 紙ㄅㄧˇ (bi) | ひ(カレ) *that*

풀이 ①저. ㉮저. 저 사람. ¶—采其華 我收其實<後漢書> ㉯저기. ¶在—無惡 在此無射<詩經> ㉰저것. ¶嘒—小星 三五在東<詩經> ②그. 그 이. 상대방. ¶知—知己. ③아니다. ㊟匪 非. ¶—交匪舒<詩經> ④덮다. ㊟被. ¶德—四表<靈臺碑>

【彼己】ひき(피기) 그. 그 사람. 己는 조자(助字). 彼其(피기).

【彼其】ひき(피기) ☞彼己(피기).

【彼等】カレラ(피등) 저 사람들. 남을 낮추어 이르는 말. 彼輩(피배). 彼曹(피조).

【彼輩】カノはい(피배) ☞彼等(피등).

【彼我】ひが(피아) 그와 나. 남과 나. 自他(자타).

【彼我間】ひがノアイダ(피아간) 저와 나 사이. 또는, 저 편과 이 편 사이.

【彼岸】ひがん(피안) ①저 편의 강기슭. ②《佛》이승의 번뇌를 해탈하여 열반의 세계에 도달함. 또는, 그 경지. ↔此岸(차안).

【彼一時此一時】カレモイチジコレモイチジ(피일시 차일시) 그 때는 그 때, 이 때는 이 때. 각각의 때를 따라서 행한 일이라 모순되지 않음의 뜻.

【彼曹】カノそう(피조) ☞彼等(피등).

【彼此】ひし(피차) ①그와 이. 그 일과 이 일. ②서로.

6/9【待】 기다릴 대 | 賄ㄉㄞˋ (dai) | たい(マツ) *wait*

풀이 ①기다리다. ㉮때, 사람 등이 오기를 기다리다. ¶—時而動<易經> ㉯기대를 걸다. ¶薦—皆寒羸 但取其才良<張籍> ②대접하다. 대우함. ¶終皆歸齊 齊善—之<史記> ③막다. 방어함. ¶其獨何力以—之<國語> ④때. ㊟時. ¶有—而行也<易經> ⑤임용(任用)하다. ¶帝終始信—<唐書> ⑥모시다. ㊟侍. ¶竊—于下風<莊子> ⑦가지다. ㊟持. ¶左人—載<儀禮>

【待賈】たいか(대가) 값이 오르기를 기다림. 기회를 기다려 벼슬에 오름을 이름.

たいこ(대고) 좋은 장수를 기다려 팜. 어진 임금의 부름을 기다려 벼슬함을 이름.

【待客】たいかく(대객) 손님을 기다림.

【待機】たいき(대기) 때가 오기를 기다림.

【待令】(대령)㊕ 웃사람의 명령이나 지시·분부가 있기를 기다림.

【待漏】たいろう(대루) 관원이 입조(入朝)하는 시각. 신하들은 누각(漏刻)을 듣고 입조했기 때문에 이름.

【待望】たいぼう(대망) 바라고 기다림. 기대함.

【待命】たいめい(대명) ①명령이 내리기를 기다림. ②공무원이 보직 받기를 기다림.

【待遇】たいぐう(대우) 예의를 갖추어 대함.

【待人】たいじん(대인) ①사람을 기다림. ¶—難. ②처녀가 나들이할 때 보호해줄 만한 사람과 같이 가고, 결코 혼자 가지 않던 일. ③남을 대접함.

【待接】たいせつ(대접) ①음식을 차려서 대함. ②예를 차려 대우함.

【待詔】たいしょう(대조) ①조칙(詔勅)을 기다림. ②임금의 부름을 받았으나 임관의 사령은 받지 않고 있음. ③벼슬 이름. ㉮한(漢)대 이후의 벼슬 이름. 경학(經學)·문장에 능통한 사람이 임명되어 문장을 다루고 천자의 자문에 응했음. ㉯고려 때, 중서문하성·한림원의 이속(吏屬).

【待罪】たいざい(대죄) ①죄인이 처벌을 기다림. ¶席藁—. ②관리가 자신이 벼슬에 있음을 겸손하여 이르는 말.

【待避】たいひ(대피) 난을 임시로 피함.

【待合室】マチアイしつ(대합실) 정거장 등에서 차를 기다릴 때 쉬는 곳.

▷客—, 敬—, 管—, 期—, 賓—, 相—, 善—, 需—, 禮—, 遇—, 有—, 留—, 資—, 絶—, 接—, 停—, 尊—, 招—, 寵—, 泰—, 歡—, 厚—, 欣—

6/9【律】 법 률 | 質ㄌㄩˋ (lü) | りつ(ノリ) *law*

풀이 ①법. ㉮법령. 법령의 총칭. ¶前主所是著爲—<漢書> ㉯형법. 범죄자를 처벌하는 법. ¶凡—以正刑定罪<唐六典> ②정도. 비율. ¶以治日月之行—<淮南子> ③자리. 지위. 등급. ¶加地進—<禮記> ④본받다. 법에 맞게 행동함. ¶無自—<左氏傳> ⑤뜻을 펴다. 말함. ¶上—天時<中庸> ⑥가락. ㉮음악의 가락. ¶音—. ㉯피리의 음으로써 정한 음계. ㉰6률(律). ⑦음계를 정하는 피리. ¶—中大簇<禮記> ⑧빗질하다. 머리를 빗음. ¶不沐則濡櫛 三—而止<荀子> ⑨율시(律詩). ⑩불교의 계율(戒律). ¶講—豈曾眠<張籍> ⑪불교의 한 종파. 계율을 중시함. ¶—宗.

【律客】(율객) ①음률에 밝은 사람. ②한시의 율(律)을 잘 짓는 사람. ③가객(歌客).

【律格】りっかく(율격) 율시(律詩)의 격식.

【律科】りっか(율과) ①법. 율령(律令)으로 정한 조항(條項). ②조선 때의 잡과의 하나. 형률(刑律)에 밝은 사람을 뽑는 과거(科擧).

【律己】(율기) ①안색을 엄정히 함. ②자기가 자기를 잘 단속함.

【律紀】りっき(율기) 법규. 규율.

【律動】りつどう(율동) ①규칙적으로 되풀이되는 운동. ②음률의 곡조. ③㊙韓 리듬에 맞추어 추는 춤.
【律呂】りつりょ(율려) ①성음(聲音)을 바로잡는

律 呂 相 生 (禮 器 圖)

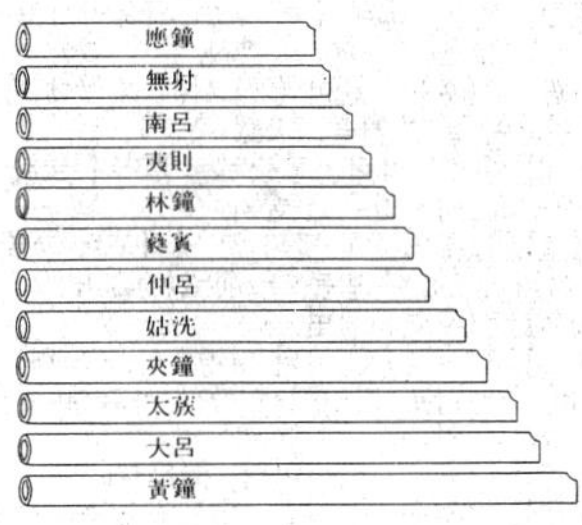

十 二 律 呂 (淸會典圖)

기구. 황제(黃帝) 때 영윤(伶倫)이 대[竹]로 만듦. ②음(音)을 음양(陰陽)으로 나누어, 양에 딸린 6음계를 6률(律), 음의 6음계를 6려(呂)라 함.
【律曆】りつれき(율력) 1년의 음양·계절에 관한 법칙. 曆法(역법).
【律令】りつれい·りつりょう(율령) 형률(刑律)과 법령. 법률과 명령.
【律例】りつれい(율례) 형법. 律은 영구 불변의 근본법, 例는 조례(條例)로, 때에 따라 참작·변통할 수 있는 것.
【律律】りつりつ(율률) ①산이 높고 험한 모양. ②악한 모양.
【律文】りつぶん(율문) ①법률의 조문. ②운율(韻律)이 있는 글.
【律法】りっぽう(율법) ①법도. 法律(법률). ②종교적·도덕적·사회적 생활에 관하여 신의 이름으로 규정된 법규. ③계율(戒律).
【律賦】りっぷ(율부) 부(賦)의 한 형식. 일정한 격률(格律)이 있음. 당인(唐人)의 문체(文體)로, 구마다 단순히 대우(對偶)·음률·성조(聲調)만을 주로 하고, 정(情)과 이(理)는 논하지 않음.
【律師】りっし(율사) ①변호사. ②《佛》 계율을 잘 아는 중.
【律旋】りっせん(율선) ☞旋律(선률).
【律詩】りっし(율시) 한시의 한 체(體). 8구(句)로 되어 있으며, 1구의 자수(字數)에 따라 5언 율시(五言律詩)·7언 율시(七言律詩)로 나뉨.
【律外】りつがい(율외) 규정에 의하지 아니함. 예외. 破格(파격).
【律儀】りつぎ(율의)《佛》 법. 모범.
【律藏】りつぞう(율장)《佛》 계율(戒律)에 대한 전적(典籍)을 모은 것으로, 논장(論藏)·경장(經藏)과 함께 3장(藏)의 하나. 戒律藏(계율장).
【律絕】(율절) 율시와 절구(絕句)의 병칭.
【律調】りっちょう(율조) 시의 리듬. 특히 조선 중세 시가의 음수율(音數律)을 이름.
【律宗】りっしゅう(율종)《佛》 계율을 숭상하는 불교의 한 파.
【律學】りつがく(율학) 형률에 관한 학문. 또는, 법률을 가르치는 학교.
▷格一, 戒一, 舊一, 軍一, 規一, 紀一, 排一, 法一, 不一, 佛一, 不文一, 事一, 師一, 禪一, 聲一, 僧一, 新一, 十二一, 禮一, 料一, 韻一, 鬱一, 六一, 音一, 擬一, 一一, 自一, 典一, 調一, 持一, 進一, 千篇一一, 淸一, 他一, 挾書一, 刑一

6 9 〖徇〗 1 돌 순 2 두루 순 | 震 ㄒㄩㄣˋ (xun) 眞 | じゅん (メグル) turn しゅん

풀이 1 ①돌다. ㊟巡 循. ㉮순행(巡行)하다. ¶王乃一師而誓＜書經＞ ㉯에워 돌다. ¶一以離殿別寢＜後漢書＞ ㉰지키다. 호위함. ¶勤躬一國＜太玄經＞ ②고시(告示)하다. 널리 알림. ¶以木鐸一于路＜書經＞ ③호령하다. 군령(軍令)을 내림. ¶莫敖使一于師＜左氏傳＞ ④자랑하다. ¶一蹲鴟之沃 則以爲世濟陽九＜左思＞ ⑤빼앗다. ¶諸將一地＜史記＞ ⑥거느리다. 통솔함. ¶時張良亦一韓地＜漢書＞ ⑦찾다. 구함. ¶貪夫一財＜史記＞ ⑧좇다. ㊟順. ㉮복종하다. ¶國人不一＜左氏傳＞ ㉯좇다. 주견없이 따름. ¶危身棄生以一物＜呂覽＞ ㉰순사(殉死)하다. ¶將以楚一韓＜史記＞ ⑨빠르다. ㊟佝. ¶一蒙招尤＜素問＞ ⑩총명하다. ㊟濬. ¶幼而一齊＜史記＞ 2 ①두루. 널리. ㊟均. ¶思慮一通＜墨子＞ ②경영하다. ㊟營. ¶一其私＜史記＞ ③부리다. ¶夫一耳目內通＜莊子＞

6 9 〖徉〗 어정거릴 양 | 陽 ㄧㄤˊ (yang) | よう(サマヨウ) stroll

9 〖衍〗 ☞ 行部 3획(p. 1340)

6 9 〖徊〗 어정거릴 회 | 灰 ㄏㄨㄞˊ (huai) | かい(サマヨウ) stroll

풀이 ①어정거리다. ¶徘一往來＜史記＞ ②꽃이름. 매괴(玫瑰).
▷徘一, 徘一花, 低一, 遲一

6/9 〖後〗 **1** 뒤 후 **2** 뒤로 할 후 | 㔾ㄏㄡˋ (hou) 看 | こう, ご (ウシロ) *back, later*

풀이 **1** ①뒤. ㉮나아가는 반대쪽. ¶擧兵襲其—<後漢書> ㉯나중. 장래. 후세. ¶知古則可知—<呂覽> ㉰후계자. ¶僇辱以禁—<史記> ㉱자손. ¶或救爾—<詩經> ㉲엉덩이. ¶寧爲鷄口 無爲牛—<戰國策> ㉳끝이나 마지막 부분. ¶每卷—必自題<太平廣記> ㉴어떤 일이 끝난 다음. ¶游人若要春消息 直向江頭臘—看<李山甫> ②늦다. ㉮시간적으로 뒤지다. ¶君之殺我也—矣<國語> ㉯뒤지다. 일정한 때보다 늦음. ¶戒于—時<漢書> ㉰늦게 오다. ¶子畏於匡 顔淵—<論語> ③능력 따위가 뒤떨어지다. ¶竊自料度 不—朝士矣<曹植> ④아랫사람. ¶今之用民者由—<禮記> ⑤뒤로 돌리다. ¶居室爲—<禮記> ⑥곁. 딸림. ¶命彼—車<詩經> **2** ①뒤로 하다. ¶事君敬其事而—其食<論語> ②뒤서다. ¶非敢—也 馬不進也<論語>

【後架】こうか(후가) ①《佛》 승당(僧堂) 뒤에 있는 세면소. ②뒷간. 변소.
【後嫁】(후가) 후살이.
【後見】こうけん(후견) ①회견에 늦음. ②미성년자 또는 금치산자를 보호·대리하여 재산 관리 등을 함. ③일정한 능력이나 역량이 아직 모자라는 사람이나 대상에 대하여 뒤를 돌보아줌. ¶—人.
【後景】こうけい(후경) ①뒤쪽의 경치. ②무대의 뒷벽에 그린 경치. 背景(배경).
【後繼】こうけい(후계) ①뒤를 이음. ¶—者. ②후처(後妻).
【後顧】こうこ(후고) ①뒤를 돌아봄. ②지나간 일을 못 잊어, 돌아보아 살피거나 생각함. ③후일의 은고(恩顧).
【後昆】こうこん(후곤) ☞後孫(후손)①.
【後光】ごこう(후광) ①부처의 몸에서 비치는 빛. ②불상의 뒤에 붙인 원환(圓環). ③어떤 사물을 더욱 빛나게 하는 배경이 되는 현상.
【後矩】こうく(후구) 후세의 모범.
【後軍】こうぐん(후군) ①후미(後尾)의 군대. ②거둥 때 뒤를 호위하던 군대. ③韓 고려 때 5군(軍)의 하나.
【後宮】こうきゅう(후궁) ①궁중(宮中)의 비빈(妃嬪)이 거처하는 곳. ②임금이 거처하는 정궁(正宮)의 뒤에 있는 궁전(宮殿). ③왕의 첩.
【後筋】(후근) 후면에 붙은 근육.
【後期】こうき(후기) ①뒤의 기간이나 시기. ↔前期(전기). ②뒷날을 위한 기약.
【後年】こうねん(후년) ①다음 다음 해. 再明年(재명년). ②뒤에 오는 해나 세대.
【後唐】こうとう(후당) 나라 이름. 이존욱(李存勖)이 세운, 오대(五代)의 하나. 4대 14년 만에 후진(後晋)에 망함.
【後堂】こうどう(후당) ①후비(后妃)가 거처하는 방. ②정당(正堂) 뒤쪽에 있는 별당(別堂).
【後代】こうだい(후대) 앞으로 올 세대(世代).
【後隊】こうたい(후대) ①뒤에 있는 대오(隊伍). ②후방에 있는 부대.
【後頭】こうとう(후두) 뒤통수. ¶—部.
【後來】こうらい(후래) 후에 옴. 또는, 뒤져서옴.
【後來三杯】(후래삼배) 술자리에서 늦게 온 사람에게 권하는 석 잔의 술.
【後涼】こうりょう(후량) 나라 이름. 여광(呂光)이 세운, 5호(胡) 16국(國)의 하나. 2대 18년 만에 후진(後秦)에게 멸망함. (386~403).
【後梁】こうりょう(후량) 나라 이름. ㉮남북조 시대 서위(西魏)의 후원을 받아 소절(蕭詧)이 세워 3대 33년 만에 수(隋)에게 망함. (555~587). ㉯오대(五代)의 하나. 주전충(朱全忠)이 세워 2대 17년 만에 후당(後唐)에게 망함.
【後聯】こうれん(후련) 율시(律詩)의 제5·제6의 대구(對句). 頸聯(경련). ↔前聯(전련).
【後斂】(후렴) 노래 끝에 붙여 되풀이하여 부르는 짧은 몇 마디의 가사.
【後錄】こうろく(후록) 글이 끝난 뒤에 그 끝에 다시 덧붙여 쓰는 기록. 後記(후기).
【後龍】(후룡) 집터·도읍터·묏자리 등의 뒤쪽으로 내려뻗은 산줄기.
【後望】こうぼう(후망) 한 달의 열 엿새부터 그믐까지의 동안. 후보름. ↔前望(전망).
【後面】こうめん(후면) 뒷면.
【後命】こうめい(후명) ①뒤의 명령. 다음 명령. ②韓 유배당한 죄인에게 다시 사약(賜藥)을 내리는 일.
【後母】こうぼ(후모) 후어머니. 繼母(계모).
【後門】こうもん(후문) ①뒷문. ②성문 닫는 시간에 늦음.
【後聞】こうぶん(후문) ①뒤에 임금 귀에 들림. ②뒤에 들리는 소문. 뒷소문. ③후세의 평판.
【後味】こうみ(후미) 뒷맛.
【後尾】こうび(후미) ①꼬리나 뒤꽁무니. ②대열의 맨 뒷부분.
【後半】こうはん(후반) 뒤의 절반. ¶—期/—戰.
【後發】こうはつ(후발) ①뒤늦게 떠남. ¶—隊. ②나중에 씀. ③발전이 뒤떨어짐.
【後方】こうほう(후방) ①중심에서부터의 뒤쪽. ②전방에서 싸우는 일선군에 대하여 보급·보충 등에 관한 일을 맡아보는 모든 분야를 이름. ¶—攪亂.
【後配】(후배) ☞後室(후실).
【後輩】こうはい(후배) ①같은 학교를 자기보다 나중에 마친 사람. ②학문, 덕행, 경험, 나이 등이 자기보다 뒤진 사람. 後進(후진).
【後番】(후번) 다음 차례.
【後壁】こうへき(후벽) 뒷벽.
【後夫】こうふ(후부) ①늦어짐. 뒤늦게 다다름. 夫는 조자(助字). ¶不寧方來 —凶<易經> ②후살이의 남편.
【後部】こうぶ(후부) ①뒷마을. ②뒷부분. ③백제(百濟) 도하(都下) 5부(部)의 하나.
【後分】(후분) 韓 늘그막의 운수나 처지. 평생을 초분(初分), 중분(中分), 후분으로 나눈 마지막 부분.
【後佛】ごぶつ(후불) 《佛》 ①장차 나타나리라고 믿

는 부처. 미륵보살. ②불상 뒤에 모시는 그림으로 된 부처.
【後備】こうび(후비) 어떤 사태를 위하여 예비하여 둠.
【後事】こうじ(후사) ①뒷일. ②죽은 뒤의 일.
【後嗣】こうし(후사) 대를 이을 자식. 後承(후승).
【後山】こうざん(후산) ①뒷산. ②풍수설에서 집터·묏자리·도읍터 등의 뒤쪽에 있는 산.
【後産】こうざん(후산) 아이를 낳은 뒤에 태(胎)를 낳는 일.
【後廂】(후상)韓 거둥 때에 후부를 호위하는 군대. 後廂陣(후상진). 後陣(후진).
【後生】こうせい①②③④·ごしょう⑤(후생) ①뒤에 남. 또는, 그 사람. ②나이가 적은 사람. 後輩(후배). ③뒤를 이을 자손. ④생지(生地)를 뒤쪽으로 함. 생지는 초목이 난 땅. ⑤《佛》 훗세상에 태어나는 일. 來生(내생).
【後生可畏】こうせいおそるべし(후생가외) 앞으로 발전해 나아갈 젊은 사람은, 그 장래를 예측하기 어려운 만큼, 함부로 대해서는 아니 될 두려운 존재라는 뜻. ¶— 焉知來者之不如今也<論語> 「는 사람.
【後生子】こうせいし(후생자) 나보다 뒤에 태어나
【後世】こうせい①②·ごせ③(후세) ①다음 오는 세상. 後代(후대). ②다음 오는 세대의 사람들. 後孫(후손). ③《佛》 내세(來世).
【後素】こうそ(후소) ①그림을 그리는 데, 맨 뒤에 흰 물감으로 점철(點綴)함. 마무리를 중히 함의 뜻. 素는 호분(胡粉). ②호분을 바탕으로 칠한 뒤에 채색함을 이름. 미질(美質)을 귀히 여김의 뜻으로, 나아가 그림을
【後屬】こうぞく(후속) ☞後孫(후손)①. ⌊이름.
【後孫】こうそん(후손) ①여러 대가 지난 뒤의 자손. 後昆(후곤). 後屬(후속). ②뒤를 잇는 자손.
【後送】こうそう(후송) ①나중에 보냄. ②뒤로 보냄. ③군대에서, 후방으로 보냄.
【後手】ごて(후수) ①바둑이나 장기 등에서 뒤에 두는 일. ↔先手(선수). ②응수하지 않을 수 없어서 두는 수.
【後溲】こうしゅう(후수) 똥. 대변.
【後承】(후승) ☞後嗣(후사).
【後乘】こうじょう(후승) ①어가(御駕)를 모시는 신하가 타는 말. ②여벌로 따라가는 수레. 副車(부거).
【後食】こうしょく(후식) ①녹봉(祿俸)을 첫째로 생각하지 않고 뒤로 돌림. ②나중에 먹음. ③식사 후 입가심으로 먹는 간단한 음식. 디저트.
【後身】こうしん(후신) ①다시 태어남. 내세의 몸. ②어떤 물체나 단체가 변동되었을 때, 변동되기 전의 것에 대하여 변동된 것을 이름. ↔前身(전신). ③평생의 하반(下半).
【後信】こうしん(후신) ①뒷신용. 장래의 신용. ②뒷소식. 「배). ¶—子息.
【後室】こうしつ(후실) 남의 후처의 경칭. 後配(후
【後言】こうげん(후언) ①일이 끝난 뒤에 이러니 저러니 하는 말. ②뒷공론.
【後燕】こうえん(후연) 나라 이름. 모용수(慕容垂)가 세운, 5호(胡) 16국(國)의 하나. 5대 26년 만에 북연(北燕)에 멸망함. (385~406).
【後列】こうれつ(후열) 뒷줄.
【後葉】こうよう(후엽) 후대(後代). 後世(후세).
【後裔】こうえい(후예) ①핏줄을 이은 후손. ②대수가 먼 후손. 後胤(후윤).
【後五代】こうごだい(후오대) 당(唐)과 송(宋) 사이 53년간에 걸쳐 엇바뀌어 흥망한 다섯 왕조(王朝). 후량(後梁)·후당(後唐)·후진(後晋)·후한(後漢)·후주(後周). 「환).
【後憂】こうゆう(후우) 훗날의 근심·걱정. 後患(후
【後苑】こうえん(후원) 집 뒤에 있는 작은 동산.
【後園】こうえん(후원) 집 뒤의 작은 동산이나 정원.
【後援】こうえん(후원) ①뒤에서 도움. ¶—會. ②후원국이나 후원자.
【後衛】こうえい(후위) ①뒤쪽의 호위나 방위. ②축구, 정구, 배구 등에서 자기 편의 뒤쪽에서 주로 수비를 맡는 경기자. ③후위대(後衛隊)의 준말. ④조선 때, 충무위(忠武衛)의 이칭.
【後魏】こうぎ(후위) 나라 이름. 척발규(拓拔珪)가 세운 북조(北朝)의 한 왕조. 14대 159년. 북위(北魏)라고도 함.
【後胤】こういん(후윤) 자손. 後裔(후예)②.
【後人】こうじん(후인) ①후세의 사람. ②자손. ③남에 뒤짐.
【後日】ごじつ(후일) 뒷날.
【後任】こうにん(후임) ①전에 맡아보던 사람에 이어 맡아보는 임무. 또는, 그 임무를 맡은 사람. ¶—者. ②뒤의 임무.
【後仍】こうじょう(후잉) 후손(後孫).
【後者】こうしゃ(후자) ①두 가지 중 뒤의 것. ↔前者(전자). ②후세 사람. 「세.
【後場】(후장)韓 오후에 열리는 거래소의 시
【後裝】こうそう(후장) 총 또는 대포의 뒤에 있는 폐쇄기를 열고 탄약을 재어 넣음. 또는, 그러한 장치. ¶—銃/—砲.
【後庭】こうてい(후정) ①궁중의 뒤뜰. 후비(后妃)나 궁녀가 거처하는 곳. 後宮(후궁)①. ②후비·궁녀를 이름. ③집 뒤뜰.
【後朝】こうちょう(후조) ①어느 왕조(王朝)의 다음에 서는 왕조. ②다음날 아침.
【後趙】こうちょう(후조) 나라 이름. 5호(胡) 16국(國)의 하나. 석늑(石勒)이 세웠으며, 8대 33년 만에 연(燕)에 망함.
【後主】こうしゅ(후주) ①후대(後代)의 군주. ②뒤를 이은 군주. ③사가(史家)가 말엽(末葉)의 주군(主君)을 이르는 말. ④촉한(蜀漢)의 2대 임금 유선(劉禪).
【後周】こうしゅう(후주) 왕조 이름. ㉮우문각(宇文覺)이 서위(西魏)를 치고 세운 북조(北朝)의 왕조. (557~581). ㉯오대(五代) 말, 주(周) 문왕의 아우 괵숙(虢叔)의 후예를 자칭한 곽위(郭威)가 후한(後漢)의 은제(隱帝)를 시해(弑害)하고 세운 왕조. (951~960).
【後重】こうじゅう(후중) ①군수품. 말이나 수레에 실은 짐. 輜重(치중). ②韓 똥이 시원하게 나오지 아니하고 뒤가 무지근함.
【後陣】こうじん(후진) ①☞後軍(후군). ②말석

(末席).

【後晉】こうしん(후진) 나라 이름. 2대 11년 만에 거란(契丹)에게 망함. (936~946).

【後秦】こうしん(후진) 나라 이름. 요장(姚萇)이 세운, 5호(胡) 16국(國)의 하나. 3대 34년 만에 동진(東晋)에게 망함. (384~417).

【後進】こうしん(후진) ①일정한 발전 수준에서 뒤지거나 뒤떨어짐. 또는, 그러한 사람이나 나라. ¶一國/一性. ②☞後輩(후배)②. ③뒤쪽으로 감.

【後集】こうしゅう(후집) 시집·문집 등을 낸 뒤에 앞 것에 이어 내거나 다시 추리어 만드는 책.

【後妻】ごさい(후처) 아내와 사별(死別) 또는 이혼한 후 맞은 아내. ↔前妻(전처). ※後室(후실).

【後天】こうてん(후천) ①천운(天運)에 뒤짐. 천운이 정해진 뒤에 일을 알게 되고 또한 행하게 됨. ②달력이 천시(天時)보다 뒤짐. ③장수(長壽)하는 일. ¶皆慶一之壽<李商隱> ④세상에 나온 뒤에 여러 가지 경험이나 지식에 의하여 가지는 성질 또는 체질. ¶一的. ⑤천도교가 창건된 경신(庚申) 4월 5일 이후의 세상. ¶一開闢.

【後天性】こうてんせい(후천성) 후천적인 성질. ¶一免疫缺乏症.

【後天數】こうてんすう(후천수) 간지(干支)에 각각 배정한 수. 임(壬)·자(子)는 1, 정(丁)·사(巳)는 2, 갑(甲)·인(寅)은 3, 신(辛)·유(酉)는 4, 무(戊)·진(辰)·술(戌)은 5, 계(癸)·해(亥)는 6, 병(丙)·오(午)는 7, 을(乙)·묘(卯)는 8, 경(庚)·신(申)은 9, 축(丑)·미(未)는 10, 기(己)는 100.

【後哲】こうてつ(후철) 후세의 철인(哲人). ↔先哲(선철).

【後娶】こうしゅ(후취) 아내를 잃은 사람이 다시 장가감. 또는, 그렇게 하여 맞은 아내. 再娶(재취). 後妻(후처).

【後頉】(후탈) 뒤탈.

【後退】こうたい(후퇴) ①뒤로 물러남. ↔前進(전진). ②韓 집채의 뒤쪽의 물림간.

【後便】(후편)韓 ①뒷소식. 다음 편지. 後信(후신). ②뒤쪽.

【後篇】こうへん(후편) 전후 두 편으로 된 책이나 영화 따위의 나중 편.

【後學】こうがく(후학) ①후진(後進)의 학자. 선배 학자에 대하여 자기를 겸손하게 이르는 말. ②후일의 학습에 참고가 될 학문.

【後漢】ごかん(후한) ①전한(前漢) 경제(景帝)의 후예 유수(劉秀)가 군사를 일으켜 왕망(王莽)을 멸하고 세운 나라. 12대 199년 만에 조비(曹丕)에 찬탈됨. 東漢(동한). ②중국 삼국 시대 촉한(蜀漢)의 이칭. ③후진(後晋)의 장수 유지원(劉知遠)이 세운, 오대(五代)의 한(漢). 개봉(開封)에 도읍. (947~950).

【後行】こうこう(후행) ①뒤에 오는 대열. ②혼례 때 가족이나 친척 중에서 신랑이나 신부를 데리고 가는 사람. 上客(상객). ③뒤져 감. ④뒤에 일어나거나 진행됨.

【後患】こうかん(후환) ☞後憂(후우).

【後悔】こうかい(후회) 전의 잘못을 깨닫고 뉘우침.

【後悔莫及】こうかいオヨバズ(후회막급) 잘못된 뒤에 아무리 뉘우쳐도 어찌할 수가 없음. 悔之無及(회지무급). 後悔無及(후회무급).

▷昆一, 空前絶一, 軍一, 今一, 落人一, 落一, 乃一, 短一, 斷一, 幕一, 萬歲一, 沒一, 飯一, 背一, 百歲一, 病一, 死一, 事一, 產一, 書一, 先一, 善一, 食一, 身一, 豫一, 午一, 牛一, 留一, 已一, 以一, 爾一, 人一, 前無一無, 前一, 殿一, 戰一, 酒一, 瞻前顧一, 初中一, 最一, 醉一, 向一, 歇一

6 9 【很】 패려궂을 흔 | 阮 ㄏㄣˇ (hen) | こん perverse

풀이 ①패려(悖戾)궂다. 말을 듣지 아니함. ¶太子痤美而一<左氏傳> ②어기다. 거스름. ¶今王將一天而伐齊<國語> ③다투다. ¶一毋求勝<禮記> ④매우. 몹시.

▷剛一, 狼貪羊一, 猜一, 戾一, 傲一, 淫一, 疾一, 鬪一

7 10 【徑】 1 지름길 경 2 건널 경 | 徑 ㄐㄧㄥˋ (jing) 週 | けい (チカミチ) けい

略 径

풀이 1 ①지름길. ¶送喪不由一<禮記> ②작은 길. 소로(小路). ¶行不由一<論語>/一道. ③논두렁길. ¶爲一路<易經> ④길. 도로. ¶接一歷遠<淮南子> ⑤쉽다. ¶少言則一而省<荀子> ⑥빠르다. 가까움. ¶莫一由禮<荀子> ⑦곧다. 정직함. ¶一而寡失<枚乘> ⑧곧바로. 바로. ¶一至洛陽<後漢書> ⑨사곡(邪曲)함. 올바르지 않음. ¶道而不一<禮記> ⑩말미암다. 연유함. ¶一淫辟之路<漢書> ⑪가다. 길을 걸음. ¶禁野之橫行一踰者<周禮> ⑫지름. 직경(直徑). ¶於是量一輪<張衡> ⑬세로. 通經. 2 건너다. ¶夜一澤中<史記>

【徑行】けいこう(경행) 아무 꾸밈 없이 생각한 그대로를 행함. 直情徑行(직정경행). 徑情直行(경정직행).

▷蹊一, 蕪一, 半一, 旁一, 步一, 不由一, 斜一, 山一, 三一, 石一, 小一, 修一, 枉一, 要一, 危一, 圓一, 棧一, 絶一, 阻一, 周一, 支一, 直一, 津一, 捷一, 樵一, 側一, 行一, 險一, 狹一, 徯一, 荒一

7 10 【徒】 무리 도 | 虞 ㄊㄨˊ (tu) | と (トモ) group

同 辻 徒

풀이 ①무리. 동아리. ¶聖人之一也<孟子> ②걷다. 걸어감. ¶舍車而一<易經> ③보병(步兵). ¶公一三萬<詩經> ④제자. 문인(門人). ¶其一數十人<孟子> ⑤종. 하인. ¶廝一馬圉<淮南子> ⑥일꾼. 인부(人夫). ¶人一有

數<荀子> ⑦맨손. ¶僕人正一相大師<儀禮> ⑧맨발. ¶鷄斯一跣<禮記> ⑨죄수. ¶送一驪山<史記> ⑩형벌. 고된 노동을 시키는 형벌. ¶用刑有五 其三曰一<唐書> ⑪☞句法 ⑫홀로. 따르는 사람 없이. ¶一善不足以爲政<孟子> ⑬곁. 옆. ¶食于道一<列子> ⑭법. 법도. 通度. ¶則官一毁<管子>

句法
①한정·강조
[徒…] 다만 …뿐. …에 지나지 않음. 唯只와 쓰임이 같음. ¶強秦不敢加兵於趙者徒以吾兩人在也<史記>
②누가(累加)
[非徒…] 다만 …뿐만이 아니라. 「非唯…」따위와 쓰임이 같음. ¶非徒無益 而又害之<孟子>
③반어
[豈徒…] 어찌 이뿐만이겠는가(결코 …뿐만은 아니다). 구말(句末)에 乎 哉 따위가 흔히 쓰임. ¶豈徒順之 又從爲之辭<孟子>
④부사
[徒…] 부질없이. 헛되이. ¶影徒隨我身<李白>

【徒歌】とか(도가) 반주 없이 노래함.
【徒勞】とろう(도로) 헛된 수고. 보람없이 애씀. 헛수고. ¶遠行今若此 微祿果一<高適>
【徒流】とりゅう(도류) 도형(徒刑)과 유형(流刑).
【徒伴】(도반) 길동무. 同行(동행).
【徒配】(도배) 도형(徒刑)을 처한 뒤에 귀양 보냄.
【徒輩】とはい(도배) 나쁜 분자들의 동아리.
【徒法】とほう(도법) 유명 무실한 법.
【徒兵】とへい(도병) 보병(步兵). 徒卒(도졸).
【徒步】とほ(도보) ①걸어감. ②걸어서 다니는 사람. 나아가, 필부(匹夫)를 뜻하기도 함.
【徒手】としゅ(도수) 맨손. ¶一體操.
【徒囚】としゅう(도수) 체포된 사람. 囚徒(수도).
【徒食】としょく(도식) 먹기만 한다는 뜻으로, 놀고 먹음을 이름. ¶無爲一.
【徒御】とぎょ(도어) 가마 메는 사람과 마부. 종자(從者)들.
【徒言】とげん(도언) 헛된 말.
【徒役】とえき(도역) ①인부. ②부역에 나온 인부.
【徒爲】とい(도위) 헛일. 무익한 일.
【徒維】とい(도유) 10간(干) 중, 무(戊)의 이칭.
【徒爾】とじ(도이) 부질없음. 무익함.
【徒弟】とてい(도제) ①제자. 문도 제자(門徒弟子)의 준말. ②중세 서양에서 수공업의 기능 후계자. ¶一制度.
【徒刑】とけい(도형) ①5형(刑)의 하나. 육체 노동을 시키는 형벌. ②5형의 하나. 복역 기한을 1년부터 3년까지 5등급으로 나누고, 곤장 10대와 복역 반 년을 한 등급으로 함.
▷奸一, 鉗一, 耕一, 公一, 教一, 門一, 博一, 白一, 朋一, 匪一, 司一, 私一, 使一, 師一, 山一, 嘗一, 生一, 囚一, 厮一, 市井一, 信一, 女一, 役一, 逆一, 傭一, 飲一, 義一, 人一, 釣一, 卒一, 宗一, 酒一, 烝一, 證一, 醜一, 緇一, 學一, 刑一, 擭一

7 10 【徐】 천천할 서 | 圓ㄒㄩˊ (xu) | じょ(オモムロ) *slow*

풀이 ①천천하다. ㉮급하지 않고 느릿하다. ¶清流疾且一<梁簡文帝> ㉯천천히 하다. 늦춤. ¶一其攻而留其日<戰國策> ㉰천천히. 느릿하게. ¶清風一來<蘇軾> ②평온하다. 조용함. ¶安一而重固<國語> ③다. 모두. ¶魯人一傷歸文之無後也<公羊傳> ④고을 이름. ⑤나라 이름.
【徐來】じょらい(서래) 천천히 옴. ¶清風一.
【徐福】じょふく(서복)《人》진(秦) 낭야(琅邪)의 방사(方士). 자는 군방(君房). 「사기」(史記)에는 서불(徐市)이라 함. 시황제의 명을 받아 동남·동녀 각 3천 명을 거느리고 장생불사약을 구하러 뱃길을 떠난 뒤에 돌아오지 않았다 함.
【徐徐】じょじょ(서서) ①행동이 침착한 모양. ②잠자고 있는 모양. ③조용히. 천천히. ④의심하고 두려워하는 모양.
【徐州】じょしゅう(서주) ①중국의 우공(禹貢), 구주(九州)의 하나. 지금의 산동성(山東省)의 동남쪽에서 강소(江蘇)·안휘(安徽) 두 성의 북부에 걸친 지역. ②지금의 강소성(江蘇省) 서북부에 있는 동산현(銅山縣)의 땅. ③사천성(四川省) 서남부의 도시. 지금의 의빈현(宜賓縣). ④안휘성(安徽省)의 숙현(宿縣)·사현(泗縣)에 걸친 지역.
【徐行】じょこう(서행) 천천히 감. ¶一後長者 謂之弟<孟子>
▷微一, 舒一, 安一, 緩一, 執一, 虛一

10 【従】 從(p.549)의 略字

10 【徏】 陟(p.1578)과 同字

10 【徧】 通(p.1485)의 古字

8 11 【得】 얻을 득 | 圓ㄉㄜˊ (de) | とく(エル) *acquire*

古 㝵

풀이 ①얻다. ㉮손에 넣음. 차지함. ¶求則一之 舍則失之<孟子> ㉯병을 얻다. ¶一病. ㉰아이를 낳다. ¶一男. ㉱자신·용기·힘 따위를 얻다. ¶爾作一否<五代史> ②만족하다. ¶意氣揚揚 甚自一也<史記> ③깨닫다. 앎. ¶吾聞一之矣<淮南子>/攄一. ④맞다. 들어맞음. ¶慮而后一<大學> ⑤득. 이익. ¶吾聞 漢購我頭千金邑萬戶 吾爲公一<漢書>/損一. ⑥고맙게 여기다. ¶所識窮乏者一我與<孟子> ⑦탐하다. 탐냄. ¶戒之在一<論語> ⑧덕. 通德. ¶尚一推賢<荀子> ⑨알맞다. 적합함. ¶百官一序<荀子>
【得匣還珠】ハコヲエテ タマヲカエス(득갑환주) 형식에만 현혹되어 내용을 잊어버림의 비유. 정(鄭)나라 사람이 갑(匣)을 샀는데, 갑의 아름다움

에 혹하여, 갑은 사고 그 속의 구슬은 돌려 주었다는 옛일에서 유래.
【得功】(득공)㊕ 성공함.
【得君】とくくん(득군) 임금의 신임을 얻음.
【得男】(득남)㊕아들을 낳음. 生男(생남). ¶—禮.
【得女】(득녀)㊕딸을 낳음. 生女(생녀).
【得達】(득달)㊕ 목적한 곳에 다다름.
【得度】とくど(득도) ①법도를 얻음. ②알맞음. ③《佛》㉮생사의 바다를 건넘. 곧, 생사를 초월하여 열반(涅槃)에 이름. ㉯출가하여 중이 됨.
【得道】とくどう(득도) ①바른 길을 얻음. ②길을 찾아냄. ¶乃放老馬 而隨之遂—<韓非子> ③도술(道術)을 얻음. ④《佛》 해탈을 얻음. 불도(佛道)를 깨달음.

【得隴望蜀】ろうをえてしょくをのぞむ(득롱망촉) 한 가지 소원을 이루자 또 다른 욕심을 내는 일. 이익을 탐하여 만족할 줄 모름을 이름.
【유래】 후한(後漢) 광무제(光武帝)는 중원의 각지를 차례로 평정하고 8년여의 실랑이 끝에 진효(陳囂)의 농서(隴西)도 마침내 수중에 넣었다. 오랜 숙원을 이룬 광무제는, 변경인 촉(蜀)에서 항거하는 공손술(公孫述)마저 이어 정복하여 후한(後漢)의 국기를 다졌다. 그 후 200년이 지났을 무렵, 촉(蜀)이 오(吳)와 싸우는 틈에 위(魏)의 조조(曹操)는 손쉽게 한중(漢中) 지방을 점령하였는데, 이때 사마의(司馬懿)는 여세를 몰아 촉(蜀)도 아예 공략하자고 했다. 그러나 조조는 고개를 가로 저으며 말했다. 「나는 광무제가 아니다. 이미 농을 얻었는데 굳이 촉을 바랄 필요가 어디 있는가」<後漢書>

【得免】とくめん(득면) 좋지 않은 일이나 책임을 피하여 면하게 됨.
【得名】とくめい(득명) ①이름을 찾아냄. ②이름이 지어짐. ③명성(名聲)을 얻음.
【得聞】(득문) 얻어 들음.
【得喪】とくそう(득상) ☞得失(득실)④.
【得勢】とくせい(득세) ①세력을 얻음. ↔失勢(실세). ②형세가 좋아짐.
【得勝】とくしょう(득승) 승리함.
【得辛】(득신)㊕ 음력 정월에 첫번째 드는 신일(辛日). 1일이면 일일 득신(一日得辛), 10일이면 십일 득신(十日得辛)이라 함. 그 해의 흉풍(凶豐)을 이것으로 점침.
【得失】とくしつ(득실) ①얻음과 잃음. ②이익과 손해. ③장점과 단점. ④성공과 실패. 得喪(득상). 「임.
【得失相半】とくしつあいなかばす(득실상반) 득과 실이 반반
【得心】とくしん(득심) ①마음에 만족을 얻음. ②민심을 얻음. ③마음으로 잘 앎.
【得魚忘筌】うおをえてうえをわする(득어망전) 고기를 잡고는 통발을 잊어버림. 바라던 바를 이루고는 그에 소용된 것을 잊어버림. 은혜를 잊음의 비유. 또는, 학문을 닦음에는 언어에 구애하지 않음의 비유.
【得業】とくぎょう(득업) 과정(課程)을 마치는 일.
【得意】とくい(득의) ①바라던 대로 됨. ↔失意(실의). ②심정이 아주 쾌적한 모양.
【得意揚揚】とくいようよう(득의양양) 뜻을 이루어 우쭐거리며 뽐냄.
【得人】(득인) 쓸 만한 사람을 얻음.
【得人心】(득인심) 인심을 얻음.
【得點】とくてん(득점) 시험이나 운동 경기에서 점수를 얻음. 또는, 그 얻은 점수.
【得罪】とくざい(득죄) ①남에게 잘못하여 죄를 얻음. ②남의 환심을 얻지 못함. ¶—於母弟之寵子帶<左氏傳>
【得中】とくちゅう(득중) ①지나치거나 모자람이 없이 꼭 맞음. ②시험에 합격함.
【得志】とくし(득지) 뜻을 이룸. 뜻대로 됨.
【得脫】とくだつ(득탈) ①도망칠 수 있음. ②《佛》 해탈을 얻음. 得道(득도)④.
【得票】とくひょう(득표) 선거에서 표를 얻음.
【得解】とくかい(득해) ①죄로 묶일 것을 용서받음. ②진리를 깨달음.
【得效】とくこう(득효) 효험을 봄.
▷購—, 記—, 旣—, 納—, 晩—, 生—, 所—, 損—, 收—, 修—, 搜—, 拾—, 習—, 贏—, 料—, 利—, 認—, 一擧兩—, 自—, 知— 採—, 債—, 天—, 千慮一—, 體—, 逐—, 取—, 攄—, 捕—, 寒—, 會—, 獲—

8
11 〖徠〗 ①올 래 ②위로할 래 | ㊀ㄌㄞˊ(lai) | らい(クル) | ㊀ㄌㄞˋ(lai) | らい(ネギラウ)

풀이 ①오다. ㉠來. ¶氏羌—服<漢書> ②위로하다. ㉠勑. ¶親自勞—<隋書>

11 〖後〗 履(p. 470)와 同字

8
11 〖徘〗 어정거릴 배 | ㊀ㄆㄞˊ(pai) | はい(サマヨウ) *stroll*
㊐俳
풀이 어정거리다. 왔다갔다 함. ¶—徊往來<史記>
【徘徊】はいかい(배회) ①어정거림. ②마음이 잡히지 않음.

11 〖俾〗 俾(p. 120)와 同字

8
11 〖徙〗 ①옮길 사 ②받칠 사 | ㊀ㄒㄧˇ(xi) | し(ウツス) *move*
㊌會意. 발[止]을 끌며 간다[辵]는 데서 옮김을 뜻함.
풀이 ①①옮기다. 있는 곳을 옮김. ¶范蠡三— 成名於天下<史記> ②새로와지다. 감화됨. ¶使人日—善遠罪 而不自知也<禮記> ③넘기다. ¶是月禪 一月樂<禮記> ④귀양보내다. 물리쳐 내쫓음. ¶議免湯爲庶人—邊<漢書> ⑤잡다. 취(取)함. ¶—其大舟<國語> ⑥어정거리다. 서성거림. ¶步—倚而遙思

兮<楚辭> ⑦나뭇가지가 한 쪽으로 쏠리다. ¶—靡. **2**①받치다. 떠받침. ¶抵—. ②고을 이름. ¶—縣.

【徙木之信】しぼくノ(사목지 신) ☞移木之信(이목지 신).

8 11 〖徜〗 어정거릴 상 | 陽彳尢́ (chang) | しょう (サマヨウ)

11 〖術〗 ☞ 行部 5획 (p. 1340)

8 11 〖御〗 **1** 어거할 어 | 御ㄩ̀ (yu) | ぎょ, ご
2 막을 어 | 語 | *drive*
3 맞을 아 | 禡ㄧㄚ̀ (ya) | が

풀이 **1** ①어거하다. ㉮말을 몰다. ¶使造父—<史記> ㉯어거하는 기술. ¶禮樂射—書數<周禮> ㉰어거하는 사람. ¶徒—不驚<詩經> ②짐승을 길들이다. ¶國有豢龍氏—龍氏<左氏傳> ③다스리다. ¶以—于家邦<詩經> ④거느리다. 지배함. ¶皆典相—<國語> ⑤부리다. 조종함. ¶鮑叔—公子小白僵<呂覽> ⑥등용하다. ¶時擧而代—<荀子> ⑦권하다. 종용함. ¶—食於君<禮記> ⑧드리다. 바침. ¶飲—諸友<詩經> ⑨모시다. 시중듦. ¶—其母以從<書經> ⑩맡다. 주관함. ¶長曰能—矣 幼曰未能—矣<禮記> ⑪후궁(後宮). 시비(侍妃). ¶王—不參一族<國語> ⑫근시(近侍). 시녀(侍女). ¶—者四人<儀禮> ⑬괴다. 잠자리를 시중들게 함. ¶斥西施而弗—兮<張衡> ⑭막다. 억제함. ¶弊—於諸侯<史記> ⑮천자·제후에 관한 사물에 붙이는 높임말. ¶盜取—水 以作魚釣<後漢書> ⑯다다르다. 그 자리에 나아감. ¶天有五行 —五位<素問> ⑰때. 시간. ¶日至睹甲子木行—<管子> ⑱아내. ¶農不出—<呂覽> ⑲엿보다. 살핌. ¶韓楚必相—也<戰國策> **2**①막다. 그만둠. ㊣禦. ¶季孫不—<左氏傳> ②노(魯)의 고을 이름. ¶雨過—叔<左氏傳> **3**맞다. 맞이함. ㊣迓 訝. ¶百兩—之<詩經>

【御駕】ぎょが(어가) 임금의 수레. 大駕(대가).
【御間】(어간)《佛》 법당이나 큰 방 한복판에 있는 간살.
【御女】ぎょじょ(어녀) ①옛날, 여관(女官)의 최하급. 御妻(어처). ②여자를 다룸. 여자와 교합(交合)함. ③별 이름.
【御道】ぎょどう(어도) 거둥길.
【御覽】ぎょらん(어람) ①임금이 봄. ②임금이 보는 글이나 그림. ¶太平—.
【御命】ぎょめい(어명) 임금의 명령. 御令(어령).
【御物】ぎょぶつ(어물) 임금이 쓰는 물건. 御用(어용)①.
【御寶】ぎょほう(어보) 옥새와 옥보(玉寶).
【御僕】ぎょぼく(어복) ①주(周) 하관(夏官)에 속하던 벼슬 이름. 백성을 무마하는 일을 맡았음. ②동복(童僕).
【御本】ぎょほん(어본) 임금의 장서(藏書).
【御夫】ぎょふ(어부) 말이나 수레를 구종(驅從) 드는 사람.
【御史出頭】(어사출또←어사출두)㊀ 옛날, 암행어사가 지방 관청에 이르러 중요한 일을 처리하기 위하여 자기 신분을 밝히고 좌기(坐起)를 벌임. 露蹤(노종).
【御賜花】(어사화)㊀ 임금이 문무관에 급제한 사람에게 내리는 종이꽃.
【御璽】ぎょじ(어새) 임금의 도장. 玉璽(옥새).
【御書】ぎょしょ(어서) ①임금에게 올리는 글. ②임금이 쓴 글이나 글씨.
【御押】(어압)㊀ 임금의 수결(手決)을 새긴 도장. 御啣(어함).
【御用】ぎょよう·ごよう(어용) ①임금이 쓰는 물건. 御物(어물). ②정부에서 씀. ③정권의 조종을 받거나, 그에 영합하여 앞잡이 노릇을 하는 것.
【御苑】ぎょえん(어원) 대궐 안의 동산.
【御衣】ぎょい(어의) 임금이 입는 옷.
【御醫】ぎょい(어의) 궁중의 시의(侍醫).
【御前】ぎょぜん·ごぜん(어전) ①임금 앞. ¶—會議. ②임금을 가까이 모심.
【御殿】ごてん(어전) 임금이 있는 곳.
【御製】ぎょせい(어제) ①임금이 만듦. ②임금이 지은 글이나 시가(詩歌) 또는 음악.
【御題】ぎょだい(어제) ①임금이 친히 낸 시가(詩歌)의 글제. ②임금이 친히 쓴 제자(題字).
【御酒】ぎょしゅ(어주) 임금이 내리는 술.
【御眞】(어진)㊀ 임금의 초상화나 사진.
【御札】ぎょさつ(어찰) 임금의 편지. 御箋(어전).
【御天】ぎょてん(어천) ①하늘을 낢. ②궁전의 문. ¶又是宮車入—<楊允孚>
【御榻】ぎょとう(어탑) 임금이 앉는 의자.
【御筆】ぎょひつ(어필) 임금이 쓴 글 또는 그런 그림.
【御諱】(어휘)㊀ 임금의 이름. 御名(어명).
▷駕—, 檢—, 供—, 貢—, 控—, 能—, 當—, 代—, 徒—, 渡—, 督—, 僮—, 登—, 撫—, 配—, 服—, 僕—, 傅—, 崩—, 嬪—, 射—, 相—, 善—, 綏—, 侍—, 臣—, 良—, 女—, 隸—, 移—, 引—, 日—, 臨—, 入—, 媵—, 將—, 制—, 奏—, 緝—, 進—, 鎭—, 驂—, 妾—, 總—, 騶—, 出—, 統—, 嬖—, 蹕—, 幸—, 還—, 訓—

8 11 〖從〗 **1** 좇을 종 | 冬ㄘㄨㄥ́ (cong) | しょう,
2 시중들 종 | 宋ㄗㄨㄥ (zong) | じゅう
3 높고 클 총 | 董 | (シタガウ)

㊀从 ㊕従 ㊁纵

풀이 **1** ①좇다. ㉮따르다. 본받음. ¶弔非—主人也<禮記> ㉯뜻을 따르다. ¶率神而—天<禮記> ②순부드럽다. ¶氣志旣—<禮記> ③나아가다. ¶—而謝焉<禮記> ④다가서다. 다가감. ¶必操几杖以—之<禮記> ⑤하다. 일함. ¶知得失之所在 然後—事<管子> ⑥뒤쫓다. 쫓아감. ¶竝驅—兩肩兮<詩經> ⑦…부터. ㉲自. ¶施施—外來<孟

子> ⑧따라서. ㉮그것으로. ¶日月星辰 一可知也<後漢書> ㉯더욱. 한층. ¶今之君子 豈徒順之 又一爲之辭<孟子> ⑨말미암다. ¶欲貴其小女 道無一<漢書> ⑩모이다. 무리를 지음. ¶一而伐齊<戰國策> ⑪세로. 남북. ㉤縱. ¶以能合一<荀子> ⑫자취. 흔적. ㉤蹤. ¶一迹安起<漢書> ⑬근심하다. ㉤慫. ¶卒而一而<太玄經> ⑭느긋하다. 조용함. ¶一容就義難<文天祥> ⑮오래다. ¶待其一容 然後盡其聲<禮記> **2** ①시중들다. ¶噲等四人步一<漢書> ②하인. 심부름꾼. ¶其侍御僕一<書經> ③보내다. ¶諸養生之具 無不一者<呂覽> ④제멋대로 하다. 방자하게 굶. ㉤縱. ¶欲不可一<禮記> ⑤놓아주다. ¶一之純如也<論語> ⑥친척 사이의 관계를 나타내는 말. 부계(父系)나 모계(母系)에서 사촌 관계에 있음을 나타냄. ¶一祖父/外一/姑一. ⑦종(從). 직위(職位)는 같으나 직급(職級)이 낮은 것. ¶一二品. **3** 높고 큰 모양. ¶爾毋一一爾<禮記>

【從姑母】じゅうこぼ (종고모) 아버지의 사촌 자매.

【從軍】じゅうぐん (종군) 군대를 따라 싸움터로 나감. ¶一記者.

【從多數】たすうニシタガウ (종다수) 여러 의사 중 사람이 많은 편을 좇음.

【從當】(종당)㊁ ①그 뒤에 드디어. ②그 뒤에 마땅히.

【從來】じゅうらい (종래) ①이제까지. ②이전부터. 지금까지 내려온 그대로. ③유래(由來).

【從良】(종량)㊁ 노예나 천민이 양민으로 됨. 贖良(속량).

【從妹】じゅうまい (종매) 사촌 여동생.

【從母】じゅうぼ (종모) 이모(姨母).

【從物】じゅうぶつ (종물) ①외계(外界)의 사물에 마음이 끌림. 외계의 사물에 좌우됨. ②일어나는 일들에 순종함.

【從伯】じゅうはく (종백) ①사촌 맏형. ②백(伯)과 같이 다룸. 곧, 자작(子爵)·남작(男爵)을 백작(伯爵)에 포함하여 같이 다룸.

【從伯氏】じゅうはくし (종백씨) 남에게 대하여 그의 사촌 맏형을 이름. 從伯(종백).

【從僕】じゅうぼく (종복) ①사내 종. 從者(종자). ↔從婢(종비). ②자주성 없이 남이 시키는 대로 하는 사람의 비유.

【從父】じゅうふ (종부) ①아버지의 명을 따름. ②아버지의 형제. 백부·숙부.

【從祀】じゅうし (종사) 종묘나 문묘(文廟)에 신주를 모심. 配享(배향). 從享(종향).

【從事】じゅうじ (종사) 어떤 일에 관계하여 힘을 기울여 함.

【從船】(종선) 큰 배에 딸린 작은 배.

【從聲】じゅうせい (종성) 오음(五音) 중, 궁(宮)·상(商)·각(角) 세 음. ↔變聲(변성).

【從屬】じゅうぞく (종속) 주되는 것에 딸려 붙음.

【從孫】じゅうそん (종손) 자기 형제의 손자.

【從叔】じゅうしゅく (종숙) 아버지의 사촌 형제. 堂叔(당숙).

【從叔母】じゅうしゅくぼ (종숙모) 종숙(從叔)의 아내. 堂叔母(당숙모).

【從心】じゅうしん (종심) ①생각 나는 대로 행동함. ②70세의 별칭. ¶七十而一所欲 不踰矩<論語>

【從心所欲】(종심소욕) 마음이 하고 싶은 대로 좇아 함.

【從氏】(종씨) ①남을 높이어 그의 사촌 형제를 이르는 말. ②남에게 대하여 제 사촌형을 이르는 말.

【從約】しょうやく (종약) 전국 시대 소진(蘇秦)의 주창으로, 한(韓)·위(魏)·제(齊)·초(楚)·조(趙)·연(燕)의 여섯 나라가 남북으로 연합하여 서쪽에 있는 진(秦)에 대항한 공수 동맹. 從親(종친). 從合(종합). 合從(합종).

【從隗始】かいヨリハジメヨ (종외시) 외(隗)부터 시작하라는 뜻으로, 멀리 찾지 말고 가까운 데서부터 시작하라는 말.

유래 전국 시대 연(燕)의 소왕(昭王)은 현인(賢人)을 구하여 나라를 부흥시킬 방책을 재상인 곽외(郭隗)에게 물었다. 이때 곽외는 말했다. 「옛날, 천금으로 천리마를 구하려는 왕이 있었는데 3년이 지나도록 뜻을 이루지 못하자 시종 하나가 말을 구해 오겠다고 나섰읍니다. 천리마가 있는 곳을 갔더니 그 말이 죽었으므로 그 뼈를 500금에 사서 돌아왔읍니다. 왕이 노하여 묻는 말에 시종은 대답하기를, 죽은 말도 거금으로 샀으니 산 말이야 부르는 게 값이리라 하고 사람들이 천하의 명마를 끌고 올 것이니 두고 보십시오 했읍니다. 과연, 그 해 안에 각각 명마를 끌고 셋이나 찾아왔읍니다. 그런즉, 현사(賢士)를 얻고자 하신다면 먼저 이 곽외부터 현사로 우대하십시오. 그러면, 곽외 따위도 저런 대우를 받는데 우리가 가면 어떠 하겠는가 하고 몰려 올 것입니다」 소왕이 그의 말을 따랐더니 과연 천하의 현사들이 속속 연(燕)으로 찾아왔고, 그리하여 소왕은 나라를 크게 일으킬 수 있었다. <戰國策>

【從子】じゅうし (종자) ①이종(姨從). ②조카.

【從者】じゅうしゃ (종자) 남에게 종속하여 따라 다니는 사람. 從人(종인).

【從姉妹】じゅうしまい (종자매) 사촌 자매.

【從前】じゅうぜん (종전) ①이전까지의 일을 좇음. ②이전. ↔從後(종후).

【從政圖】(종정도)㊁ 실내 오락의 한 가지. 장기판만한 종이에 옛 벼슬의 품계와 종류를 이어 써 놓고, 알을 굴려 끗수를 따라 말을 씀. 從卿圖(종경도). 陞卿圖(승경도).

【從弟】じゅうてい (종제) 사촌 아우. ↔從兄(종형).

【從祖】じゅうそ (종조) 종조부(從祖父)의 준말.

【從祖父】じゅうそふ (종조부) 할아버지의 형제.

【從姪】じゅうてつ (종질) 사촌 형제의 아들.

【從姪女】じゅうてつじょ (종질녀) 사촌 형제의 딸.

【從此】コレヨリ (종차) 이 다음. 이후. ↔從前(종전)②.

【從風】じゅうふう (종풍) ①바람 부는 대로. ②초목이 바람에 쏠리듯이, 쏠리어 따름을 이름.

【從合】しょうごう (종합) ☞從約(종약).

【從兄】じゅうけい (종형) ①형을 따름. ②사촌 형.

【從兄弟】じゅうけいてい(종형제) 사촌 형제.
【從橫】じゅうおう·しょうこう(종횡) ①가로와 세로. ②동서와 남북. ③전국 시대, 소진(蘇秦)의 합종설(合從說)과 장의(張儀)의 연횡설(連衡說). 從衡(종횡). ④공수(攻守)·화전(和戰)의 계략. ⑤마음대로. 뜻대로.
【從橫學】じゅうおうがく(종횡학) 유세(遊說)로써 이룬 한 학파. 합종(合從)과 연횡(連衡)의 설(說)에 의거한 학파.
【從從爾】そうそうじ(총총이) 높고 큰 모양.
▷景—, 敬—, 姑—, 苟—, 屈—, 禁—, 騎—, 徒—, 導—, 盲—, 面—, 無—, 陪—, 法—, 服—, 不—, 附—, 散—, 三—, 相—, 率—, 首—, 隨—, 順—, 侍—, 衛—, 翼—, 任—, 適—, 專—, 正—, 主—, 聽—, 合—, 協—, 脅—, 扈—, 後—

8/11 〖徛〗 쌓을 치 | 紙ㄓˋ (zhi) | ち save

풀이 ①쌓다. 저축함. ②희망을 품고 가다.

11〖衘〗 ☞ 行部 5획(p. 1341)

12〖街〗 ☞ 行部 6획(p. 1341)

9/12 〖徧〗 1 두루 변 / 편 2 치우칠 편 | 霰ㄅㄧㄢˋ 先(bian) | へん(アマネシ) へん

풀이 1 ㉮遍. ①두루. 널리. 모두. ¶天下—爲儒墨矣＜淮南子＞ ②돌다. 돌아다님. ¶周—天下＜晉書＞ ③두루 미치다. 골고루 미침. ¶其流行無不—＜周禮＞ 2 ①치우치다. ㉮偏. ②절름발이. ㉮蹁.
【徧頫】へんちょう(편조) 천자가 순수(巡狩)하지 않는 해에 사신에게 제후를 성찰(省察)하게 한 예(禮). 천자가 순수한 다음해는 편존(徧存), 3년째는 편조라 함.
▷均—, 不—, 周—

9/12 〖復〗 1 회복할 복 2 다시 부 | 屋ㄈㄨˋ (fu) 宥 | ふく(カエル) restore ふう, ふく(マタ)

풀이 1 ①회복하다. ¶興—漢室＜諸葛亮＞ ②돌아가다. ㉮원상태로 돌아가다. ¶克己—禮爲仁＜論語＞ ㉯둘레를 돌아서 오다. ¶反素—始＜後漢書＞ ③뒤집다. ¶君弔則—殯服＜禮記＞ ④깁다. 보충함. ¶雖有大令猶不能—＜漢書＞ ⑤갚다. ㉮보복하다. ¶我必—楚國＜左氏傳＞ ㉯은혜를 갚다. ¶以—天子 厚恩＜漢書＞ ⑥되풀이하다. ㉲覆. ¶南容三—白圭＜論語＞ ⑦복(復). 초혼(招魂)할 때에 부르는 소리. ¶皐—. ⑧실천하다. ¶言可—也＜論語＞ ⑨성(盛)하다. ¶水澤—＜呂覽＞ ⑩머무르다. ¶轉而不—＜淮南子＞ ⑪가라앉다. 여유를 가지게 됨. ¶士卒之—＜後漢書＞ ⑫덜어 없애다. ¶將何以消—災眚＜後漢書＞ ⑬면제하다. 요역(徭役)·부세(賦稅) 따위를 면제함. ¶—勿租稅二歲＜漢書＞ ⑭사뢰다. 말씀드림. ¶有—於王者＜孟子＞ ⑮대답하다. ¶王辭而不能—＜史記＞ ⑯결과를 보고하다. 복명함. ¶賓退 必—命曰 賓不顧矣＜論語＞ ⑰겹치다. ㉲複. ¶上從—道上望見＜漢書＞ ⑱흙을 쌓아 지은 집. ¶陶—陶穴＜詩經＞ ⑲복괘. 64괘의 하나. 진하곤상(震下坤上). ䷗. ⑳고을 이름. 2 ①다시. 거듭. ¶其時有—發者＜素問＞ ②거듭하다. 다시 함. ¶無—怒＜左氏傳＞

句法
①부사
[復…] 다시. 재차. ¶復引兵而東＜史記＞
②어조를 다듬는 조자
[復…] 대체. 또한. ¶寓形宇內 復幾時＜陶潛＞
③부정의 강조
[不復…] 다시 …하지 않는다. ¶黃鶴一去不復歸＜崔顥＞

【復啓】ふっけい(복계) 아룀의 뜻으로, 편지 답장 첫머리에 쓰는 말.
【復古】ふっこ(복고) 주로 사상이나 문물 제도 등의 면에서, 도로 옛 상태로 돌아감.
【復官】ふっかん(복관) 본디 벼슬에 돌아감. 復職(복직).
【復光】ふっこう(복광) 다시 빛남.
【復卦】ふっけ(복괘) 64괘의 하나. 기운이 순환하는 상.
【復校】ふっこう(복교) 정학 또는 휴학한 학생이 다시 학교에 다니게 됨.
【復仇】ふっきゅう(복구) 원수를 갚음. 復讐(복수).
【復舊】ふっきゅう(복구) 그 전 모양으로 되돌림.
【復權】ふっけん(복권) 법률로 잃은 공권을 회복함.
【復歸】ふっき(복귀) 본래 상태로 되돌아감.
【復禮】ふくれい(복례) 예에 돌아감. 예의를 지킴. ¶克己— 爲仁＜論語＞
【復命】ふくめい(복명) ①명령을 받고 한 일의 결과를 보고함. ②본성으로 되돌아감. 復初(복초).
【復姓】ふくせい(복성) 딴 성을 사용하던 사람이 본성으로 돌아감.
【復性說】ふくせいせつ(복성설) 중국 윤리학설의 하나. 사람의 본성은 선(善)하나, 욕심 때문에 흐려지면 악(惡)해지므로, 본성으로의 복귀(復歸)에 힘써야 한다는 주장. 당(唐)대 이고(李翺)의 「복성서」(復性書)가 유명함. 性善復初說(성선 복초설).
【復讐】ふくしゅう(복수) 원수를 갚음. 앙갚음.
【復習】ふくしゅう(복습) 배운 것을 되풀이 익힘.
【復逆】ふくげき(복역) 천자에게 주상함. 復은 복명, 逆은 상서(上書). 일설에는 復은 주상(奏上), 逆은 천자가 그 주상을 받아들임.
【復元】ふくげん(복원) 원래대로 회복함.
【復員】ふくいん(복원) 전시의 편제에서 평시의 편제로 되돌려, 군인의 복역을 해제함. ↔動員(동원).
【復原性】ふくげんせい(복원성) ①원래의 상태로 되돌아가려는 성질. ②변위(變位)에서 원위

치로 되돌아가려는 성질.
【復位】ふくい(복위) 물러났던 임금이나 후비(后妃)가 다시 그 자리에 오름.
【復籍】ふくせき(복적) 이혼·이연(離緣) 등으로 그 전 호적으로 되돌아감.
【復唱】ふくしょう(복창) 명령이나 남의 말을 받아 그대로 다시 욈.
【復初】ふくしょ(복초) 처음으로 되돌아감. 復命(복명).
【復土】ふくど(복토) 판 흙을 본래대로 되돌림. 광중(壙中)에 하관(下棺)하고, 판 흙으로 덮는 일.
【復生】ふくせい(부생) ①다시 생김. ②☞復活(부활)①.
【復活】ふっかつ(부활) ①죽었다가 다시 살아남. 復生(부생)②. ②쇠퇴한 것을 다시 흥하게 함. ③기독교에서, 사람이 죽은 뒤에 다시 태어나 영화스럽게 변화한다는 믿음. ¶一前夜/一祭.
【復興】ふっこう(부흥) 다시 일어남. 다시 일어나게 함.
【復興相】ふっこうそう(부흥상) 부흥한 모습이나 형상.
▷凱一, 蠲一, 梱一, 匡一, 矯一, 圭一, 克一, 剋一, 給一, 起一, 剝一, 反一, 報一, 本一, 賜一, 雪一, 紹一 收一, 修一, 酬一, 習一, 往一, 優一, 振一, 平一, 回一, 恢一, 興一

9
12 〖循〗 좇을 순 | 圓 ㄒㄩㄣˊ (xun) | じゅん (シタガウ) *follow*

풀이 ①좇다. ㉮따르다. 뒤를 밟아 따름. ¶五星一軌＜淮南子＞ ㉯의거하다. ¶一山而南＜左氏傳＞ ㉰따라 행하다. ¶聖人作而弟子一＜淮南子＞ ㉱복종하다. ¶上不一於亂世之君＜荀子＞ ㉲기대다. 의지함. ¶足蹜蹜如有一＜論語＞ ②돌다. 빙빙 돎. 通巡. ¶三王之道若一環終而復始＜史記＞ ③말하다. 생각을 말함. ¶毋一往＜禮記＞ ④크다. ¶流散一饑無日矣＜呂覽＞ ⑤주저하다. 머무적거림. ¶多才自勞苦 無用祇因一＜韓愈＞ ⑥어루만지다. 위무(慰撫)함. ¶拊一其民＜漢書＞ ⑦진실하다. ¶一一然善誘人＜論語＞
【循良】じゅんりょう(순량) 법을 지키며 선량함.
【循吏】じゅんり(순리) 규정을 잘 지키며 열심히 근무하는 관리.
【循俗】じゅんぞく(순속) 풍속을 좇음. ¶入鄕一.
【循守】じゅんしゅ(순수) 규칙·명령 등을 그대로 좇아서 지킴.
【循行】じゅんこう(순행) ①여러 곳으로 돌아다님. ②명령을 따라 행함.
【循環】じゅんかん(순환) 주기적으로 반복하여 돎.
▷撫一, 拊一, 良一, 緣一, 因一, 頂針 回一, 蹲一, 持一

9
12 〖徨〗 노닐 황 | 陽 ㄏㄨㄤˊ (huang) | こう *wander*

10
13 〖微〗 작을 미 | 微 ㄨㄟˊ (wei) | び(カスカ) *minute*
俗微

풀이 ①작다. 자질구레함. ¶具體而一＜孟子＞ ②적다. ¶雖有危邪而不治者則一矣＜禮記＞ ③숨기다. ¶其徒一之＜左氏傳＞ ④숨다. ¶因欲禁其厚利一姦＜新書＞ ⑤몰래. 은밀히. ¶昔仲尼沒而一言絶＜漢書＞ ⑥정묘하다. 자세함. ¶口多一辭＜宋玉＞ ⑦어렴풋하다. 희미함. ¶恨晨光之希一＜晋書＞ ⑧어둡다. ¶彼月而一 此日而一＜詩經＞ ⑨천(賤)하다. ¶虞舜則一＜書經＞ ⑩쇠(衰)하다. ¶杞小一＜史記＞ ⑪엿보다. ¶使人一知賊處＜漢書＞ ⑫다치다. 상처를 입음. ¶故迭而一＜詩經＞ ⑬종기. 다리가 붓는 병. ¶既一且尰＜詩經＞ ⑭자리수(數). 소수점 이하 6째 자리.

句法
①부정
[微…] …이 아니다. ¶微我無酒＜詩經＞
②가정
㉮[微…] … 아니라면. 만약 … 없으면. ¶微管仲 吾其被髮左衽矣＜論語＞
㉯[微…] 가령 … 없었다고 해도. ¶微子之言 吾亦疑之＜史記＞

【微功】びこう(미공) ①적은 공로. ②자기의 공로를 겸손하게 이르는 말.
【微官】びかん(미관) ①보잘것없는 벼슬 자리. ②관리가 자기를 낮추어 이르는 말. 卑官(비관).
【微官末職】びかんまっしょく(미관말직) 지위가 낮은 벼슬. 微末之職(미말지직). 一官半職(일관반직).
【微動】びどう(미동) 약간 움직임.
【微騰】びとう(미등) 물건값 따위가 약간 오름.
【微量】びりょう(미량) 아주 적은 분량.
【微力】びりょく(미력) ①적은 힘. 힘이 약함. ②남을 위한 자기 노력의 겸칭.
【微粒子】びりゅうし(미립자) 아주 작은 입자.
【微末】びまつ(미말) ①신분이 낮고 천한 사람. ②치우치어 중정(中正)하지 않음.
【微明】びめい(미명) ①희미하게 밝음. ②명백하기는 하나 미묘하여 알 수 없음.
【微妙】びみょう(미묘) ①이치가 매우 깊고 그윽하여 알기 어려움. ②어떤 현상의 내용이 뚜렷이 드러나지는 않으면서 야릇하게 묘함.
【微物】びぶつ(미물) ①작고 보잘것 없는 물건. ②자기 자신의 겸칭. ③작고 보잘것없는 생물. 벌레.
【微服】びふく(미복) 남의 눈에 잘 띄지 않도록 하기 위하여 입는, 지위나 신분에 비해 나쁜 옷.
【微服潜行】びふくせんこう(미복잠행) 남이 알아차리지 못하게 미복으로 가만히 다님.
【微分】びぶん(미분) ①어떤 함수에서, 독립 변수의 값의 미소한 변화에 응하는 함수의 값의 변화. ②어떤 함수의 미분 계수(微分係數)나, 도함수(導函數)를 구하는 일.
【微辭】びじ(미사) ①뜻을 속에 숨기고 은근히 말함. 또는, 그런 말. ②몇 마디 되지 않는 말.
【微尙】びしょう(미상) 자기의 기호(嗜好)를 겸손

하게 이르는 말.
【微誠】びせい(미성) 조그마한 정성이라는 뜻으로, 남에게 표시하는 자기의 정성을 겸손하게 이르는 말. 微素(미소)②.
【微細】びさい(미세) ①극히 작음. ②☞微賤(미
【微小】びしょう(미소) 아주 작음. 「천).
【微少】びしょう(미소) 아주 적음.
【微笑】びしょう(미소) 소리를 내지 않고 가볍게 웃음. 또는, 그런 웃음. 「성).
【微素】びそ(미소) ①미천한 신분. ②☞微誠(미
【微瑣】びさ(미쇄) ①작고 가늚. ②재능이 별로 없음. 「보잘것 없는 때.
【微時】びじ(미시) 한미(寒微)하거나 미천하여
【微視的】びしてき(미시적) ①맨눈으로는 볼 수 없는 몹시 작은 (것). ②미세하게 관찰하는 (것). ↔巨視的(거시적).
【微息】びそく(미식) 미약한 목숨이란 뜻으로, 자기의 생명을 이름.
【微臣】びしん(미신) ①벼슬이 낮은 신하. ②신하가 임금에게 자기를 낮추어 이르는 말.
【微熱】びねつ(미열) ①조금 있는 열. ②평열(平熱)보다 약간 높은 체온.
【微温】びおん(미온) ①미지근함. ②온도가 낮음.
【微温的】びおんてき(미온적) 미지근한 (것).
【微意】びい(미의) ①약간의 성의라는 뜻으로, 자기의 성의를 겸손하게 이르는 말. 微衷(미충). ②미묘한 뜻.
【微儀】びぎ(미의) 내가 남에게 주는 선물의 겸칭. 薄儀(박의). 粗品(조품).
【微子】びし(미자) ①《人》은(殷)의 충신. 본명은 개(開). 한(漢)대에 경제(景帝)를 기휘(忌諱)하여 계(啓)로 고침. 주왕(紂王)의 서형(庶兄). 기자(箕子)·비간(比干)과 함께 은(殷)의 삼인(三仁)이라 이름. ②「서경」·「논어」의 편(篇) 이름. ③양자(養子).
【微喘】びぜん(미천) 가늘게 쉬는 숨이라는 뜻으로, 조금 남은 생명의 비유.
【微賤】びせん(미천) 신분, 지위가 낮음. 또는, 그런 사람. 微細(미세)②.
【微忠】びちゅう(미충) 변변치 못한 충성이라는 뜻으로, 자기 충성의 겸칭.
【微衷】びちゅう(미충) 조그마한 정성이라는 뜻으로, 물품을 남에게 선사하면서 쓰는 말. 微意(미의)①. 「훈).
【微酔】びすい(미취) 술이 조금 취함. 微醺(미
【微忱】びしん(미침) 적은 정성이라는 뜻으로, 자기 성의를 겸손하게 이르는 말. 微誠(미성). 寸志(촌지).
【微行】びこう(미행) ①☞微服潛行(미복잠행). ②좁은 길. ③적은 행위.
▷輕—, 極—, 幾—, 機—, 單—, 萬—, 密—, 扶—, 貧—, 三—, 纖—, 細—, 少—, 衰—, 式—, 深—, 淵—, 隱—, 離—, 湮—, 紫—, 精—, 至—, 賤—, 翠—, 側—, 太—, 寒—, 忽—, 稀—, 熹—

10 13【徬】 1 시중들 방 2 곁 방 | 漾ㄆㄤˊ(pang) 陽ㄆㄤˊ(pang) | ぼう, ほう help ぼう, ほう (カタワラ) side

풀이 1 시중들다. ¶人御之 居其前曰牽 居其旁曰—<周禮·注> 2 ①곁. 同傍. ②어정거리다.

10 13【㣯】 너울거릴 설 | 屑 | せつ wave

13【衜】 ☞行部 7획 (p. 1341)

10 13【徭】 구실 요 | 蕭ㄧㄠˊ(yao) | よう (エダチ)

풀이 구실. 부역. 同傜.
【徭役】ようえき(요역) 정부에서 구실 대신 시키는 노동. 繇役(요역).

10 13【徯】 샛길 혜 | 齊ㄒㄧ(xi) | けい(コミチ) by-way

풀이 ①샛길. 좁은 길. ¶矰弋不施於—隧<漢書> ②기다리다. ¶—志. ③위태하다. ¶—醯.

14【德】 德(p. 553)의 略字
14【徵】 徵(p. 554)의 略字
14【𢕟】 蹕(p. 1451)과 同字
14【徽】 ☞巾部 11획 (p. 505)

12 15【德】 덕 덕 | 職ㄉㄜˊ(de) | とく virtue
略 徳

풀이 ①덕. 마음을 닦아 몸에 얻은 것. ㉮좋은 품격. ¶導之以—<論語> ㉯인품. 사람의 사상·생활을 통일하는 것. ¶—有凶行吉<韓愈> ㉰본성(本性). ¶有天— 有地— 有人— 此謂三—<大戴禮> ㉱혜택. ¶何以報—<論語> ㉲도덕. ¶中庸之爲—也 其至矣乎<論語> ㉳공덕. 이익. ¶下非地—<國語> ㉴교화. ¶布—和令<禮記> ②행위. 절조(節操). ¶大—不踰閑 小—出入可也<論語> ③어진 이. 현자(賢者). ¶以—詔爵<周禮> ④능력. 작용. ¶通神明之—<易經> ⑤은혜를 베풀다. ¶西—於秦<戰國策> ⑥은혜로 여기다. 고맙게 여김. ¶王—狄人<左氏傳> ⑦복. 행복. ¶百姓之—也<禮記> ⑧오르다. 탐. ¶君子—車<易經> ⑨나라 이름. 독일.
【德氣】(덕기) 어질고 후한 마음씨.
【德器】とくき(덕기) 너그럽고 어진 도량과 재간. 또는, 그러한 도량과 재간을 가진 사람.
【德談】(덕담)韓 잘 되기를 비는 말. ↔惡談(악담). 「채광하는 사람.
【德大】(덕대)韓 광주(鑛主)와 계약을 맺고
【德望】とくぼう(덕망) ①덕행과 인망(人望). ②많은 사람이 그의 덕을 경모함.
【德分】(덕분)韓 남에게 베푸는 고마움. 德澤(덕택). 德潤(덕윤).
【德不孤】とくこならず(덕불고) 덕이 있는 사람은 외

롭지 않음. ¶一 必有隣＜論語＞
【德性】とくせい(덕성) ①사람이 타고난 본성. ②덕의(德義)를 갖춘 본성.
【德星】とくせい(덕성) ①상서로운 표시로 나타나는 별. ②덕행이 있는 사람.
【德業】とくぎょう(덕업) 덕행과 사업.
【德育】とくいく(덕육) 덕성(德性)을 기르는 교육. ※智育(지육)·體育(체육).
【德潤身】とくミヲウルオス(덕윤신) ①덕이 몸을 윤택하게 함. ¶富潤屋 一＜大學＞ ②덕이 속에 있으면 반드시 겉으로 나타남.
【德音】とくいん·とくおん(덕음) ①임금의 말. 綸言(윤언). ②좋은 말. 훌륭한 말. ③좋은 평판. 德容(덕용).
【德義】とくぎ(덕의) ①사람으로서 마땅히 지켜야 할 도덕상의 의무. ②상(賞)과 벌(罰)이 그 타당성을 얻음.
【德人】とくじん(덕인) 남에게 덕화를 베푸는 사람.
【德澤】とくたく(덕택) 남에게 끼치는 은덕의 혜택. 德分(덕분). 德潤(덕윤).
【德行】とくこう(덕행) ①어질고 너그러운 행실. 덕성스러운 행실. ②덕성과 행실.
【德化】とっか(덕화) 덕행(德行)으로 교화함.
▷乾一, 儉一, 謙一, 坤一, 孔一, 功一, 九一, 舊一, 耆一, 累一, 達一, 大一, 道一, 亡一, 望一, 邁一, 明一, 武一, 文一, 美一, 薄一, 報一, 福一, 鳳一, 不一, 否一, 婦一, 四一, 三達一, 三一, 爽一, 成一, 盛一, 聖一, 腥一, 頌一, 宿一, 順一, 失一, 惡一, 涼一, 陽一, 養一, 女一, 逆一, 令一, 穢一, 五一, 威一, 有一, 遺一, 六一, 恩一, 隱一, 陰一, 飮一, 蔭一, 懿一, 仁一, 一一, 一飯一, 積一, 種一, 俊一, 至一, 慙一, 天一, 七一, 悖一, 表一, 風草一, 恒一 玄一, 孝一, 厚一, 休一

15〖衛〗 ☞ 行部 9획 (p. 1341)

12〖徵〗 1 부를 징 | 蒸 ㄓㄥ (zheng) | ちょう(メス)
15 2 음률 이름 치 | 紙 ㄓˇ (zhi) | ち | call

略 徴
源 **會意**. 신분이 비록 미천하더라도[微] 착한 일[壬]을 행하는 자는, 임금의 부름을 받게 된다는 뜻.
풀이 1 ①부르다. ¶一役于司隷而役之＜周禮＞ ②구(求)하다. 요구함. ¶桓公樂之而一燭＜呂覽＞ ③거두다. 거두어 들임. ¶以時一其賦＜周禮＞ ④캐어 묻다. 추궁함. ¶寡人是一＜左氏傳＞ ⑤증거. 通 證. ¶雖善無一＜中庸＞⑥증거를 세우다. ¶杞不足一也＜論語＞ ⑦효험. ¶久則一＜中庸＞ ⑧조짐. ¶是其一也＜左氏傳＞ ⑨밝히다. ¶以一求名之僞＜左氏傳＞ ⑩이루다. 성취함. ¶聖人見化以觀其一也＜淮南子＞ ⑪그치다. 그만둠. ¶君子以一忿窒欲＜易經＞ ⑫징계하다. 通 懲. ¶荊荼是一＜史記＞ 2 음률 이름. 5음(音)의 하나로, 우(羽)에 버금가는 청징(淸澄)한 음. ¶孟夏之月 其音一＜禮記＞/宮商角一羽.
【徵君】ちょうくん(징군) 징사(徵士)의 존칭.
【徵納】ちょうのう(징납) ①조정에서 부름. ②세금을 거두어 나라에 바침.
【徵募】ちょうぼ(징모) 현역에 복무시키기 위하여 소집하는 일. 徵集(징집)③.
【徵發】ちょうはつ(징발) 전시나 사변의 경우에 사람을 불러다 쓰거나 물자, 시설 등을 징수함.
【徵辟】ちょうへき(징벽) 초야(草野)에 있는 사람을 불러서 벼슬을 시킴. 徵은 천자가, 辟은 3공(三公) 이하의 관리가 부름을 뜻함. ¶三徵九辟 皆不就＜晋書＞
【徵兵】ちょうへい(징병) ①병력 파견을 요청함. ¶以彊一於韓＜史記＞ ②국가가 법률에 의하여 해당자를 불러서 병역에 복무하게 함. ¶一檢査/一制度.
【徵士】ちょうし(징사) 학문과 덕행이 높아 임금이 부르나 나아가 벼슬하지 않는 사람. 徵君(징군).
【徵收】ちょうしゅう(징수) 조세, 수수료, 과료(科料), 벌금, 곡식 또는 물품 등을 거두어들임. 徵捧(징봉).
【徵用】ちょうよう(징용) ①징수·징발하여 씀. ②국가 권력으로 국민을 강제로 일정한 업무에 종사시킴. ③불러 내어 임용(任用)함. 등용함. 徵庸(징용).
【徵庸】ちょうよう(징용) ☞徵用(징용)③.
【徵應】ちょうおう(징응) 조짐.
【徵兆】ちょうちょう(징조) 어떤 일이 일어날 기미가 보이는 일. 兆朕(조짐).
【徵集】ちょうしゅう(징집) ①사람을 불러 모음. ②물건을 거두어 모음. ③병역법에 따라 장정을 뽑아서 병역에 보충함. 徵募(징모).
【徵招】ちょうしょう(징초) 초야에 묻힌 사람을 불러 벼슬자리에 씀. 徵召(징소).
ちしょう(치소) 악곡명(樂曲名). 춘추 시대 제(齊)의 경공(景公)이 태사(太師)에게 짓게 하였음. 招는 韶.
【徵逐】ちょうちく(징축) 부르고 불리고 함. 서로 내왕함. 친구가 친하게 지내는 일. 「룸.
【徵幣】ちょうへい(징폐) 폐물을 보내어 혼인을 이
【徵表】ちょうひょう(징표) ①조짐. ②하나의 개념을 다른 개념과 구별하는 표가 되는 것. 「음.
【徵驗】ちょうけん(징험) 앞에서 본 조짐이 들어맞
▷加一, 激一, 景一, 鼓一, 咎一, 宮一, 貴一, 奇一, 納一, 明一, 夢一, 美一, 變一, 兵一, 符一, 三一, 象一, 庶一, 瑞一, 壽一, 禮一, 雨一, 正一, 重一, 增一, 淸一, 追一, 特一, 暴一, 表一, 橫一, 效一, 休一

12〖徹〗 통할 철 | 屑 ㄔㄜˋ (che) | てつ(トオル) | through
15

源 **會意**. 자식을 양육함[育]에 매질하여[攴] 행동하게 한다[彳]는 뜻.
풀이 ①통하다. ㉮통(通)하다. 막힘 없이 트임. ¶攝而不一＜國語＞ ㉯달하다. 전달됨. ¶一命于執事＜左氏傳＞ ㉰열(列)하다. 이어짐. ¶一侯. ②말미암다. ¶天命不一＜詩經＞ ③바퀴 자국. 길. ¶一 道也＜集韻＞ ④밝다. 환함. ¶其何事不一＜國語＞ ⑤부수다. 허물어짐. ¶一我牆屋＜詩經＞ ⑥다스리다. ¶一田爲糧＜詩經＞ ⑦벗기다. 가죽, 껍질 따위를 벗김. ¶一彼桑土＜詩經＞ ⑧치우다. ¶一筵席＜儀禮＞ ⑨떠나다. 떠나감. ¶客一重席＜禮記＞ ⑩제거하다. ¶乃一豊與觶＜儀禮＞ ⑪주(周)의 조세법. ¶周人百畝而一＜孟子＞

【徹頭徹尾】てっとうてつび(철두철미) 처음부터 끝까지. 하나에서 열까지. 죄다.

【徹夜】てつや(철야) 밤을 샘. 밤샘.

【徹底】てってい(철저) 속속들이 꿰뚫어 미치어서 부족함이나 빈 틈이 없음.

【徹天之寃】(철천지 원) 하늘에 사무치는 크나큰 한. 徹天之恨(철천지 한).

【徹天之恨】(철천지 한) ☞徹天之寃(철천지 「원).

【徹侯】てっこう(철후) 천자의 일족 이외에, 공덕이 있어서 봉(封)함을 받은 제후. 그 공덕이 왕실에 통함에서 이름. 列侯(열후).

▷感一, 減一, 高一, 貫一, 朗一, 分一, 拂一, 捨一, 聖一, 疏一, 秀一, 深一, 映一, 雍一, 一一, 峻一, 穿一, 淸一, 洞一, 通一, 透一, 廢一

15〖衝〗 ☞ 行部 9획(p. 1342)

13 16〖徼〗 1구할 요 ㊟교 | 蕭 ㄧㄠ (yao) | きょう(モトメル) save
2순찰할 요 ㊟교 | 嘯 ㄐㄧㄠˋ (jiao)

풀이 1 ①구하다. ¶民離本而一末矣＜漢書＞ ②훔치다. 빼앗음. 通 絞. ¶惡一以爲知者＜論語＞ 2 ①순찰하다. ¶行一邯鄲中＜漢書＞ ②순라꾼. ¶或千里無亭一＜史記＞ ③변방의 경계. ¶盜出一外鑄錢＜漢書＞ ④막다. 차단함. ¶一麋鹿之怪獸＜史記＞ ⑤샛길. 교외의 길. ¶一道綺錯＜班固＞ ⑥미묘·심원한 경지. 通 竅. ¶常有欲以觀其一＜老子＞

【徼幸】きょうこう(요행) 분수 외의 복을 바람. 徼倖(요행).

【徼倖】きょうこう(요행) ☞徼幸(요행).

▷警一, 關一, 塞一, 巡一, 外一, 游一, 亭一, 周一, 行一, 幸一

16〖衛〗 ☞ 行部 10획(p. 1342)

16〖衡〗 ☞ 行部 10획(p. 1342)

16〖徻〗 還(p. 1502)과 同字

14 17〖徽〗 아름다울 휘 | 微 ㄏㄨㄟ (hui) | き(ウツクシイ) beautiful

풀이 ①아름답다. ¶君子有一猷＜詩經＞ ②표기(標旗). ㉮표지로 세운 기. ¶揚一者 公徒也＜左氏傳＞ ㉯표지(標識). ¶豈唯有廢一章＜白居易＞ ③기러기발. ¶一以鐘山之玉＜嵆康＞ ④노끈. 세 겹 노끈. ¶係用一纆＜易經＞ ⑤타다. 악기를 탐. ¶鄒忌一一 而威王終夕悲感於憂＜淮南子＞ ⑥묶다. 다발로 묶음. ¶一以糾墨＜漢書＞ ⑦안휘성(安徽省)의 약칭. ¶一墨.

【徽章】きしょう(휘장) ①기장(旗章). 徽號(휘호). ②직무, 신분, 기타를 나타내기 위하여 옷이나 모자 따위에 붙이는 표.

【徽幟】きし(휘치) ①표지를 단 기(旗). ②기장(旗章).

【徽號】きごう(휘호) ①기장(旗章). ②임금의 공덕을 칭송하기 위하여 바치는 존호(尊號). 후대에는 주로 후비(后妃)가 승하한 후에 시호(諡號)와 함께 올려 존호로 썼음.

23〖黴〗 ☞ 黑部 11획(p. 1696)

24〖衢〗 ☞ 行部 18획(p. 1343)

心＜마음 심＞部

心 ① 必 ② 忉 忩 ③ 忌 忙 忘 応 忍 志
忖 忕 忒 忔 ④ 忼 忮 念 忸 忳 忞 忤 忿
忤 忨 忝 忡 忠 忰 忱 快 忽 忻 ⑤ 怯 怪
怐 急 怒 怩 怛 怢 怜 怲 怹 怫 思 性 怏
怨 怮 怞 怡 怍 怚 怔 怎 怗 怊 怱 怵 怠
怕 怦 怖 怭 怙 怳 ⑥ 恪 恐 恭 恝 恇 恠
恬 恋 恡 恱 恕 恂 恃 息 恙 恚 恩 恁 恣
恌 恥 恜 恡 恫 恨 恒 恆 恊 恵 恍 恢 恫
恤 恘 恟 恰 ⑦ 悈 悃 悠 悢 悧 悋 悖 悗
悚 悉 悆 悇 悁 悅 悟 悞 悠 悒 悛 悌 悊
悄 悤 悖 悍 患 悝 悔 悕 ⑧ 悸 悾 悳 惓
惎 惄 惔 惠 悼 惇 惏 惈 惘 悶 悱 悲 惜
惡 惋 惐 惟 惧 情 悰 惨 惝 悵 悽 惕 惙
惦 惆 悴 悻 惠 惑 惛 惚 ⑨ 感 惩 愒 惸
惱 惇 愗 愍 想 惺 愁 愯 愖 愕 愛 惹 愚
惲 愉 愈 愔 意 慈 愫 惷 愀 愡 惴 惻 惰
愓 愎 惼 愊 愜 愭 惶 愃 ⑩ 愨 愷 愾 慊
愲 愧 愵 慆 慄 愬 愫 慅 愻 愼 慍 慉 慂
愪 愿 慇 慈 愴 態 慉 慌 愰 慉 慁 ⑪ 慤
慳 慷 慨 慶 慣 慬 慱 慮 慘 慺 慢 慕 慜
慂 慴 慠 慾 慵 慸 憂 慰 慥 慫 慹 慘 慙
慚 憃 慼 憾 憁 慟 慝 慓 慧 ⑫ 憋 憩 憬
憒 憞 憧 憐 憭 憮 憫 憣 憋 憤 憄 憑 憖
憎 憯 憿 憔 憚 憪 憲 憓 憢 憴 憙 ⑬ 懇
憾 懅 懃 憹 憺 懂 懍 懋 憸 憶 憷 懌 懊
懆 應 懆 懈 懁 懀 ⑭ 懦 懟 懣 懞 懜 懙
懕 懠 懤 懘 懥 ⑮ 懭 懰 懮 懲 懱 懫 ⑯
懶 懵 懸 懷 ⑰ 懹 懺 ⑱ 懼 懾 懾 懿 懽
⑲ 戁 戀 ⑳ 戄 ㉔ 戇

0 4〖心〗 마음 심 | 侵 ㄒㄧㄣ (xin) | しん(ココロ) heart

源 象形. 사람의 염통 모양을 본뜸. 변으로 쓰일 때는「忄」, 발로 쓰일 때는「⺗」. 부수 명칭은 입심방.

풀이 ①마음. ㉮몸과 생각을 통합하여 생활을 유지하는 작용의 본체. ¶一者 形之君 而神明之主也<荀子> ㉯느낌. 모습. ¶柳轉春一梅豔香<李咸用> ㉰뜻. 의지. ¶二人同一 其利斷金<易經> ②염통. ¶祭先一<呂覽> ③가슴. ¶西施病一<莊子> ④한가운데. ¶月到天一處<邵雍> ⑤도(道)의 본원(本原). ¶復其見天地之一乎<易經> ⑥별자리 이름. 28수(宿)의 하나. ¶一宿. ⑦심. ㉮나무 줄기 따위의 한가운데에 있는 부분. ㉯심지.

【心怯】しんきょう (심겁) 소심하고 겁이 많음.

【心境】しんきょう (심경) 이러저러한 느낌을 가진 마음의 상태.

【心計】しんけい (심계) ①암산. 속셈. ②계획.

【心悸】しんき (심계) ①심장의 고동. ②마음 속으로 두려워함. 일을 삼감을 이름.

【心悸亢進】しんきこうしん (심계항진) 심장병으로 심장의 두근거림이 훨씬 심하여 감.

【心告】(심고) 천도교인(天道敎人)들이 모든 기거동작을 할 때마다 먼저 한울님에게 마음으로 고하는 일.

【心曲】しんきょく (심곡) 이러저러하게 생각하는 마음의 깊은 속. 心中(심중).

【心骨】しんこつ (심골) 마음과 뼈. 정신과 신체. 곧, 몸.

【心交】しんこう (심교) 마음을 터놓고 지내는 벗.

【心垢】しんく (심구)《佛》마음에 낀 때라는 뜻으로, 번뇌를 이름.

【心筋】しんきん (심근) 심장의 벽을 이루는 근육. 횡문근(橫紋筋), 평활근(平滑筋) 따위.

【心琴】しんきん (심금) 어떤 자극에 울리는 마음결.

【心襟】しんきん (심금) ☞胸襟(흉금).

【心氣】しんき (심기) 마음. 기분.

【心機】しんき (심기) 마음의 기능. 마음의 활동.

【心機一轉】しんきいってん (심기일전) 어떤 계기로 종전의 생각을 고쳐 마음이 근본적으로 달라짐.

【心德】(심덕)韓 마음을 쓰는 데서 나타나는 덕기(德氣).

【心得】しんとく (심득) 사물의 이치를 깊이 이해함.

【心亂】しんらん (심란) 마음이 어수선함.

【心膂】しんりょ (심려) ①가슴과 등뼈. ②임금을 보좌하는 중신. ③낼 수 있는 온 힘. 全力(전력).

【心慮】しんりょ (심려) 마음으로 염려함.

【心力】しんりょく・しんりき (심력) ①마음과 힘. ②마음의 작용하는 힘. 정신력.

【心靈】しんれい (심령) ①마음의 작용을 일으킨다는 근원적인 존재. ②육체를 떠나 존재한다는 마음의 주체. 魂靈(혼령).

【心勞】しんろう (심로) ①마음의 시달림. ②마음을 수고스럽게 씀. 또는, 마음을 쓰는 수고.

【心理】しんり (심리) ①마음의 작용. 정신 상태. ②의식에서, 객관적 현실의 반영인 정신적 체험의 총체.

【心無所主】(심무소주) 마음에 일정한 주견이 없음.

【心法】しんぽう・しんぽう (심법) ①마음을 수련하는 법. ②송(宋)대 유학자의 말로, 심체(心體)를 존양(存養)하고 심용(心用)을 성찰(省察)하는 도(道). ③韓 마음씨 쓰는 법.

【心壁】(심벽) 흙으로 쌓은 둑 따위에서 물이 새 나가지 못하도록 진흙 등을 써서 속에 다져 넣은 벽.

【心服】しんぷく (심복) 마음으로 따라 복종함.

【心腹】しんぷく (심복) ①가슴과 배. ②진심. 정성스러운 마음. ③관계가 깊고 요긴하여 없어서는 아니 될 사람이나 물건.

【心腹之患】しんぷくのうれい (심복지 환) 아주 중한 해(害). 心腹之疾(심복지 질). ¶內政不理 一<後漢書>

【心府】しんぷ (심부) ①마음이 있는 곳. ②마음.

【心思】しんし (심사) 마음. 생각.

【心酸】しんさん (심산) 마음에 슬픔을 느낌. 悲哀(비애).

【心算】しんさん (심산) 속셈. 心計(심계)①.

【心狀】しんじょう (심상) 마음의 상태.

【心喪】しんそう (심상) 복제(服制)에 의하지 않고, 마음으로 복을 입음. 제자가 스승의 복을 입는 경우를 이름.

【心像】しんぞう (심상) 과거에 경험한 외물(外物)의 형상이 의식 중에 나타난 것.

【心性】しんせい・しんしょう③ (심성) ①심(心)과 성(性). 性은 마음의 본체. ②마음의 본질. ③《佛》㉮변하지 않는 마음의 본체. ㉯생멸무상(生滅無常; 心)과 항상불변(恒常不變; 性).

【心星】しんせい (심성) 별 이름. 28수(宿)의 하나. 心宿(심수).

【心術】しんじゅつ (심술) ①마음씨. ②韓 ㉮남을 치거나 잘못되는 것을 좋아하는 마음보. ㉯온당하지 않게 고집부리는 마음.

【心身】しんしん (심신) 마음과 몸. 정신과 육체.

【心神】しんしん (심신) 마음. 정신.

【心神不安】しんしんふあん (심신불안) 마음의 불안함.

【心心相印】しんしんそういん (심심상인) 묵묵한 가운데 마음과 마음이 서로 통함. 以心傳心(이심전심). 心印(심인)③.

【心眼】しんがん①・しんげん② (심안) ①마음의 눈. ②《佛》관념의 마음. 능히 제법(諸法)을 비추기 때문에 이름.

【心愛】しんあい (심애) ①마음으로 사랑함. ②마음 속의 애정.

【心弱】しんじゃく (심약) 마음이 약함.

【心窩】しんか・しんわ (심와) ①심중(心中). ②명치.

【心外】しんがい (심외) 생각 밖.

【心外無別法】しんげむべっぽう (심외 무별법)《佛》마음 외에 따로 법이 없다는 뜻으로, 삼라 만상의 모든 진리는 마음에서 나온 것이지 마음과 별개로 존재하는 것은 아니라는 말.

【心願】しんがん (심원) ①마음으로 바람. 또는, 그 일. ②신이나 부처에게 마음 속으로 기원함.

【心猿意馬】しんえんいば (심원의마) 마음은 원숭이 같이 초조하고, 뜻은 말같이 달린다는 말로 번뇌와 망상으로 마음이 산란하여 조금도 안정되지 않음을 이름. 意馬心猿(의마심원). ¶初學時 一<傳習錄>

【心遠地自偏】(심원 지자편) 자기의 심경이 이미 속세를 초탈(超脫)하여 있으면, 살고 있는 그 곳도 저절로 멀리 세간을 떠난 벽지(僻地)처럼 깨끗한 세계로 느껴짐. ¶問君何能然 一<陶潛>

【心耳】しんじ(심이) ①마음과 귀. ②심장의 한 부분. 아래위로 나뉜 심장의 방 중 위쪽에 있는 방을 이름. 心房(심방).
【心印】しんいん(심인) ①탁자술(拆字術). 한자를 분해하여 길흉을 점치는 법. ②《佛》선(禪)은 글자나 말에 의하지 않고 마음으로 인(印)하기 때문에 이름. 부처가 심인으로 중생의 마음에 인(印)하는 것을 이심전심(以心傳心)이라 함. ③☞心心相印(심심상인).
【心臟】しんぞう(심장) ①염통. ¶—痲痺/—病. ②마음의 비유. ③중심이나 중추의 비유. ④비위 좋은 마음보의 비유.
【心的】しんてき(심적) 마음으로 느끼거나 마음과 관련되는 (것). ¶—要素/—現象.
【心田】しんでん(심전) 마음. 마음은 마치 선·악의 씨를 자라게 하는 밭과 같다는 데서 이르는 말. 方寸(방촌).
【心情】しんじょう(심정) ①마음에 품은 생각과 감정. ②성. 노여움. ③마음씨.
【心中】しんちゅう(심중) 마음속.
【心卽理】(심즉리) 송(宋)대 육구연(陸九淵)의 교의(敎義)로, 마음이 곧 진리의 기준이 됨을 이름. 후에 왕수인(王守仁)에 의하여 양명학(陽明學)의 세 가지 강령(綱領)의 하나가 됨. ※性卽理(성즉리).
【心證】しんしょう(심증) ①마음에 받은 인상. ②재판관이 심리(審理)에서 마음에 얻은 확신. ↔物證(물증).
【心地】しんち(심지) ①마음의 자리. 마음의 본바탕. ②《佛》 마음. 정신.
【心志】しんし(심지) 마음에 품은 의지. 마음.
【心疾】しんしつ(심질) 근심·걱정 등으로 가슴을 앓는 일.
【心祝】しんしゅく(심축) 마음으로 축복함. 「중함.
【心醉】しんすい(심취) 어떤 일에 마음이 쏠리어 열
【心痛】しんつう(심통) ①마음이 아픔. 또는, 마음의 고통. ②가슴의 병.
【心學】しんがく(심학) ①마음을 닦는 학문. ②마음의 본체를 인식하고 몸을 닦는 학문. 양지(良知)의 학을 이름.
【心閑】しんかん(심한) ①마음이 편안하고 고요함. ②마음에 푹 배어 있음. 閑은 習.
【心許】しんきょ(심허) ①진정한 마음으로 허락함. ②기뻐하며 기림.
【心險】しんけん(심험) 마음이 음험함.
【心血】しんけつ(심혈) 지성과 정력.
【心魂】しんこん(심혼) 참마음. 본심.
【心火】しんか(심화) ①불과 같이 타오르는 격렬한 마음. ②마음 속에 일어나는 울화. ③별 이름. 心宿(심수).
【心畫】しんが(심화) 글씨. 글씨는 쓰는 이의 마음을 그려 놓은 것과 같다는 데서 온 말. ¶言 心聲也 書 一也<法言>
【心懷】しんかい(심회) 마음 속에 품고 있는 생각.
▷簡—, 甘—, 感—, 改—, 客—, 格—, 堅—, 傾—, 戒—, 桂—, 故—, 苦—, 公—, 觀—, 關—, 求—, 垢—, 群—, 歸—, 閨—, 克己—, 錦—, 機—, 羈—, 落—, 內—, 勞—, 老婆—, 陋—, 多—, 丹—, 單—, 悼—, 道—, 遯—, 同—, 童—, 銘—, 木—, 無—, 美—, 發起—, 放—, 芳—, 傍—, 背—, 變—, 并—, 菩提—, 腹—, 本—, 負—, 腐—, 忿—, 佛—, 悲—, 鄙—, 私—, 邪—, 師—, 蛇—, 散—, 喪—, 傷—, 善—, 聖—, 誠—, 洗—, 細—, 洒—, 屬—, 水—, 殊—, 愁—, 獸—, 夙—, 宿—, 淑—, 信—, 神—, 失—, 悉—, 惡—, 安—, 哀—, 愛—, 野—, 良—, 兩—, 養—, 熱—, 外—, 凹—, 慾—, 牛—, 寓—, 愚—, 虞—, 憂—, 危—, 留—, 覦—, 淫—, 疑—, 二—, 異—, 貳—, 以心傳—, 人—, 仁—, 一—, 自負—, 赤—, 赤子之—, 專—, 齊—, 中—, 衆—, 眞—, 執—, 澄—, 天—, 鐵—, 淸—, 焦—, 寸—, 快—, 痛—, 波—, 褊—, 寒—, 虛—, 虛榮—, 協—, 炯—, 虎狼之—, 禍—, 會—, 喜—

1
4【必】반드시 필 | 圓ㄅㄧˋ(bi) | ひつ(カナラズ) *necessarily*

풀이 ①반드시. ¶—也使無訟乎<論語> ②기필(期必)하다. ¶毋意 毋—<論語> ③오로지. ¶石赤不奪 節士之—<太玄經> ④믿다. 기대함. ¶且漢王不可—<漢書> ⑤구차히. ¶—進易儷也<法言>
【必讀】ひつどく(필독) 꼭 읽음. 꼭 읽어야 함.
【必滅】ひつめつ(필멸)《佛》 반드시 멸함. 반드시 죽음. ¶生者—.
【必方】ひっぽう(필방) ①화신(火神)의 이름. ②목신(木神)의 이름. 「¶信賞—.
【必罰】ひつばつ(필벌) 죄있는 자는 반드시 처벌함.
【必死】ひっし(필사) ①꼭 죽음. ②죽을 각오로 일을 함. 있는 힘을 다함. ¶—的.
【必修】ひっしゅう(필수) 반드시 학습하여야 함. ¶—科目. 「—的/—品.
【必需】ひつじゅ(필수) 꼭 필요로 함. 꼭 쓰임. ¶
【必勝】ひっしょう(필승) 꼭 이김.
【必然】ひつぜん(필연) 반드시 그렇게 됨. 그렇지 않고서는 다른 도리가 없음. 必至(필지). ¶—的/—性. ↔偶然(우연). 「可缺.
【必要】ひつよう(필요) 꼭 소용이 됨. ¶不—/—不
【必有曲折】カナラズきょくせつアリ(필유곡절) 반드시 무슨 까닭이 있음. 必有事端(필유사단).
【必有事端】カナラズじたんアリ(필유사단) ☞必有曲折(필유곡절).
【必至】ひっし(필지) 반드시 그렇게 함. 저절로 그렇게 됨. 必然(필연).
【必知】(필지) 반드시 알아야 함. ¶四民—.
【必携】ひっけい(필휴) 반드시 지니고 있어야 함. ¶—品.
▷期—, 不—, 何—

2
5【忉】근심할 도 | 圓ㄉㄠ(dao) | とう(ウレエル) *anxiety*

풀이 근심하다. 걱정함. ¶—怛.
【忉利天】とうりてん(도리천)《佛》육욕천(六欲天)의 둘째. 三十三天(삼십삼천).

2
6【忢】징계할 애 | 圓 | 圓 | がい(コラス)

7〖忎〗 恐(p.567)의 古字

3/7〖忌〗 꺼릴 기 | (寘) ㄐㄧˋ (ji) | き(イム) *shun*

(풀이) ①꺼리다. ㉮꺼리어 피하다. ¶殺人不一爲賊<左氏傳> ㉯꺼림하게 여기다. ¶天下多一諱<老子> ②미워하다. 증오함. ¶而一處者<國語> ③질투하다. 시새움. ¶隱一雍蔽之人<荀子> ④두려워하다. ¶幼而不一<左氏傳> ⑤기(忌). ㉮기일(忌日). 부모나 조상이 죽은 날. ¶則詔王之一諱<周禮>/一故. ㉯사람의 사후(死後) 7일. ㉰음양가에서 피하는 방위·일시. ¶除小一去淫祠<荀悅> ⑥공경하다. 삼감. ¶非羈何一<左氏傳> ⑦경계하다. 타일러서 주의시킴. ¶居德則一<易經> ⑧원망하다. ¶小人一而不思<國語> ⑨생각. 뜻. (通)意. ¶曰未就予一<書經> ⑩어조사. (같)其 記 己. ¶叔善射一<書經>

【忌月】きげつ・きづき(기월) ①무슨 일을 하는 데 꺼리는 달. 음력 9월을 이름. ②기일(忌日)이 든 달. 祥月(상월).
【忌日】きじつ・きにち(기일) ①어버이가 죽은 날. ②사람이 죽은 날. ③꺼려 피해야 할 불길한 날.
【忌祭】きさい(기제) ☞忌祭祀(기제사).
【忌祭祀】きさいし(기제사) 기일(忌日)에 지내는 제사.
【忌憚】きたん(기탄) 꺼림. 어려워함.
【忌避】きひ(기피) ①꺼리어 피함. ¶一者. ②소송 사건에서 불공평한 재판을 할 우려가 있을 때 그 판사의 재판 받기를 거절함. ¶一申請.
【忌諱】きき(기휘) ①꺼리고 싫어함. ②나라의 금령(禁令). ③입에 올려 말하기를 꺼리는 것. 남의 비밀·불상사 따위.
▷彊一, 顧一, 驕一, 拘一, 禁一, 排一, 辟一, 兵一, 小一, 疏一, 猜一, 深一, 語一, 畏一, 龍一, 怨一, 意一, 疑一, 罪一, 憎一, 疾一, 娼一, 妬一, 褊一, 悍一, 嫌一, 患一, 還一, 回一, 諱一

7〖念〗 念(p.559)과 同字

3/6〖忙〗 바쁠 망 | (陽) ㄇㄤˊ (mang) | ぼう(イソガシイ) *busy*

(源) **會意·形聲.** 평정한 마음[忄]을 잃음[亡]의 뜻. 亡이 음을 이룸.

(풀이) ①바쁘다. ¶讀書日日一<杜牧> ②조급하다. ③분주하다. ¶暮婚晨告別無乃太忽一<杜甫>

【忙殺】ぼうさつ・ぼうさい(망쇄) 매우 바쁨. 殺는 강세의 조자(助字).
【忙月】ぼうげつ(망월) 농사일에 가장 바쁜 달. ↔閑月(한월).
【忙中偸閑】ぼうちゅうかんをぬすむ(망중투한) 바쁜 중에도 한가한 짬을 얻어 즐김.
【忙中閑】ぼうちゅうかん(망중한) 바쁜 가운데도 한가한 짬이 있음. 忙中有閑(망중유한).
▷多一, 煩一, 繁一, 奔一, 忽一, 春一, 慌一, 惶一

3/7〖忘〗 잊을 망 | (漾) ㄨㄤˋ (陽) (wang) | ぼう(ワスレル) *forget*

(本) 㤀

(풀이) ①잊다. ㉮기억하지 못하다. ¶民一其勞<易經> ㉯의식하지 아니하다. ¶回坐一<莊子> ㉰버리다. 잊음. ¶貧賤之交 不可一<後漢書> ㉱소홀히 하다. ¶使無一職業<史記> ②건망증. ¶中年病一<列子> ③다하다. 끝남. ¶壽考不一<儀禮>

【忘却】ぼうきゃく(망각) 잊어버림.
【忘機】ぼうき(망기) 세속의 일을 잊음. 욕념(欲念)을 잊음. 機는 마음의 기틀.
【忘年】ぼうねん(망년) ①나이를 잊음. ②한 해의 괴로움을 잊음. ¶一會. ③나이의 차이를 따지지 않음. ¶一之友.
【忘失】ぼうしつ(망실) ①잊음. ②남의 잘못을 잊음.
【忘我】ぼうが(망아) 나를 잊음. 어떤 일에 마음을 빼앗겨서 자신을 인식하지 못함.
【忘憂】ぼうゆう(망우) 근심을 잊음.
【忘憂物】ぼうゆうノモノ(망우물) ①술의 이칭. ¶汎此一 遠我遺世情<陶潛> ②원추리[萱草]. 忘憂草(망우초).
【忘恩】ぼうおん(망은) 은혜를 잊음. 은혜를 모름.
【忘八】ぼうはち(망팔) 남을 욕하는 말. 효(孝)·제(弟)·충(忠)·신(信)·예(禮)·의(義)·염(廉)·치(恥)를 모른다는 뜻.
▷健一, 闕一, 弭一, 不一, 備一, 善一, 捐一, 遺一, 廢一, 昏一

7〖㤀〗 忘(p.558)의 本字
7〖忞〗 恕(p.567)·怒(p.563)의 古字
7〖応〗 應(p.597)의 略字

3/7〖忍〗 [1] 참을 인 [2] 질길 인 | (軫) ㄖㄣˇ (ren) (震) | じん, にん (シノブ) *bear*

(同) 㣼

(풀이) [1] ①참다. ㉮견디어내다. ¶百姓弗能一<張衡> ㉯참다. 용서함. ¶是可一也 孰不可一也<論語> ㉰누르다. ¶志一私然後公<荀子> ②잔인하다. ¶其上貪以一<國語> [2] 질기다. (같)肕. ¶柔一之木<詩經>

【忍苦】にんく(인고) 고통을 참음.
【忍耐】にんたい(인내) 참고 견딤. ¶一力/一心.
【忍冬】にんどう(인동) ①인동덩굴의 줄기와 잎을 약재로 이르는 말. ②맥문동(麥門冬)의 이칭.
【忍凌】にんりょう(인릉) 맥문동의 이칭. 겨우살이풀.
【忍辱】にんじょく(인욕) ①욕됨을 견디어 참음. ②《佛》어떤 모욕이나 고뇌 또는 박해에도 견디어 마음을 움직이지 아니함.
【忍從】にんじゅう(인종) 참고 견디어 복종함.
【忍之爲德】シノブヲコレトクタリ(인지위덕) 참는 것이 덕이 됨.
【忍土】にんど(인토)《佛》이승. 사바 세계. 忍은

사바(娑婆)의 역(譯).
▷甘一, 堪一, 剛一, 堅一, 耐一, 不一, 猜一, 嚴一, 容一, 隱一, 慈一, 殘一, 驚一, 貪一, 含一

6〖忉〗 忍(p.558)과 同字

7〖忎〗 仁(p.81)의 古字

3/7〖志〗 뜻 지 | 寘ㄓˋ (zhi) | し(ココロザシ) *intention*

㊀ 恙

源 **會意·形聲**. 마음[心]이 가는[士 : 之] 곳. 곧, 마음이 향하는 곳을 뜻함.

풀이 ①뜻. ㉮의향(意向). ¶父在觀其一<論語> ㉯본심. ¶汝一彊而氣弱<列子> ㉰희망. ¶亦各言其一也<論語> ㉱감정. ¶以制六一<左氏傳> ②사심(私心). ¶義與 一與<禮記> ③뜻하다. ¶吾十有五 而一於學<論語> ④의(義)를 지키다. ¶一士 不忘在溝壑<孟子> ⑤기억하다. ¶彊一而用命<國語> ⑥적다. 기록함. ¶掌天星以一星辰日月之變動<周禮> ⑦기록(記錄). ¶掌邦國之一<周禮> ⑧표지(標識). ¶公西赤爲一焉<禮記> ⑨문체(文體) 이름. 사물의 기록. ㊉誌. ⑩살촉의 한 가지. ¶一矢一乘<儀禮>

【志氣】しき(지기) ①뜻. 어떤 일을 이루려는 의기(意氣). ¶一相合. ②지(志)와 기(氣). ③마음을 활동시키는 기(氣).

【志大才短】(지대재단) 뜻은 크나 재주는 그것을 따르지 못함.

【志略】しりゃく(지략) 뜻. 계략.

【志望】しぼう(지망) 뜻하여 희망함.

【志士】しし(지사) ①고매한 뜻을 품은 사람. ②의(義)를 지키는 사람. ③나라에 충성을 다하는 사람. ④도(道)에 뜻을 둔 사람. ⑤세상을 구하려는 뜻이 있는 사람.

【志願】しがん(지원) 바라고 원함. 志望(지망). ¶一者/一大學/一學科/一兵.

【志合則胡越爲昆弟】(지합즉 호월위곤제) 뜻만 맞으면 호월과 같은 오랑캐와도 형제같이 정답게 됨.

【志向】しこう(지향) ①뜻하여 향하는 곳. ②작정하거나 지정한 방향.
▷墾一, 彊一, 故一, 孤一, 高一, 果一, 國一, 箕山之一, 凌霄之一, 凌雲之一, 端一, 大一, 篤一, 同一, 猛一, 明一, 微一, 薄一, 放一, 法一, 本一, 四方之一, 死一, 私一, 散一, 善一, 聖一, 素一, 夙一, 宿一, 乘一, 銳一, 齗一, 愚一, 雄一, 遠一, 幼一, 有一, 遺一, 意一, 利一, 異一, 逸一, 立一, 恣一, 壯一, 前一, 專一, 情一, 靑雲之一, 初一, 寸一, 忠一, 他一, 遐一, 洪一, 鴻一

3/6〖忖〗 헤아릴 촌 | 阮ㄘㄨㄣˇ (cun) | そん(ハカル) *consider*

풀이 ①헤아리다. 미루어 생각함. ¶他人有心 予一度之<詩經> ②쪼개다. ㊉刌. ¶以成之數 一該之積<漢書>

【忖度】そんたく(촌탁) 남의 마음을 미루어 헤아림. 揣度(췌탁).

3/6〖忕〗 익힐 태 | 霽ㄕˋ (shi) | たい(ナラウ) *familiar*

풀이 ①익히다. 익숙하게 함. ②자세히 살피다. ¶小廉而苛一<管子> ③사치하다. ¶劉毅劾曾侈一無度<晋書>

【忕侈】たいし(태치) 사치함. 사치를 부림.

3/7〖忒〗 틀릴 특 | 職ㄊㄜˋ (te) | とく(タガウ) *go wrong*

풀이 ①틀리다. 어긋남. ¶四時不一<易經> ②변하다. 새롭게 변함. ¶享祀不一<詩經> ③의심하다. ¶其儀不一<詩經> ④매우. ¶只是說得一寬<朱子全書>

3/6〖忔〗 기뻐할 흘 | 物ㄑㄧˋ (qi) | きつ(ヨロコブ) *be pleased*

풀이 ①기뻐하다. ¶棄爲兒時一如巨人之志<史記> ②싫어하다. ¶數一飮食<史記>

4/7〖忼〗 강개할 강 | 養ㄎㄤˇ (kang) | こう(ナゲク) *lament*

풀이 강개하다. 의기가 북받쳐 탄식함. ¶項王乃悲歌一慨<史記>

7〖伋〗 急(p.562)과 同字

8〖忍〗 急(p.562)과 同字

4/7〖忮〗 해칠 기 | 寘ㄓˋ (zhi) | し(サカラウ) *harm*

풀이 ①해치다. ¶大勇不一<莊子> ②거스르다. 거역함. ¶不一於衆<莊子> ③원망하다. ¶民族懟一<漢書> ④뜻이 굳다. ¶汲黯爲一<漢書>
▷苛一, 強一, 忿一, 陰一, 險一

4/8〖念〗 생각 념 | 豔ㄋㄧㄢˋ (nian) | ねん(オモウ) *thinking*

㊀ 㲖

풀이 ①생각. ¶温一終不渝<鮑照> ②생각하다. ¶不一舊惡<論語> ③외다. ¶口一心禱而求者<杜牧> ④스물. 廿의 음이 와전(訛轉)한 것. ¶有曰元祐辛未陽月一五日題<顧炎武> ⑤삼가다. ¶將受一趨<儀禮> ⑥《佛》극히 짧은 시간. ¶一一中有九十刹那<仁王經> ⑦㊥ 읽다.

【念間】(염간) 스무날께.

【念念生滅】ねんねんしょうめつ(염념생멸)《佛》세상의 모든 사물은 시시 각각으로 나고 죽고 하여 잠시도 그치는 일이 없음. 生滅流轉(생멸유전).

【念讀】ねんどく(염독) 정신을 차리고 읽음.

【念頭】ねんとう(염두) 생각. 心中(심중).

【念慮】ねんりょ(염려) 헤아려 걱정함. 또는, 그런 생각.

【念力】ねんりき(염력) 온 정성을 쏟아서 수행하려는 마음. 전념(專念)하는 힘.
【念佛】ねんぶつ(염불)《佛》 부처를 마음 속으로 생각하며 부르는 일. 나무아미타불 따위. ¶一堂/一三昧/一往生.
【念書】ねんしょ(염서) 책을 읽음. 「욈.
【念誦】ねんじゅ(염송)《佛》 부처를 생각하며 불경을
【念我章】(염앗장←염아장) 임금이 친경전(親耕田)에서 밭을 갈 때 부르던 풍류의 한 가지.
【念言】ねんごん(염언)《佛》 마음으로 생각하고 입으로 말하는 일.
【念外】ねんがい(염외) 생각 밖. 뜻밖.
【念願】ねんがん(염원) 늘 마음에 생각하고 간절히 바람. 또는, 그 바라는 바.
【念日】ねんじつ(염일) 스무날. 念은 廿과 음이 서로 가까와 속화(俗化)된 것.
【念前】(염전) 어느 한 달의 스무날이 되기 전. 念內(염내).
【念珠】ねんじゅ(염주) 불·보살에게 예배할 때 손목에 걸거나 손으로 굴리는 불구(佛具)의 한 가지. 염불하는 수를 세는 데도 씀.
【念晦間】(염회간) 그 달 스무날께부터 그믐께까지의 사이. 下旬(하순).
【念後】(염후) 그 달 스무날이 지난 후.
▷概一, 顧一, 觀一, 紀一, 記一, 斷一, 道一, 無一, 默一, 服一, 邪一, 思一, 想一, 禪一, 世一, 俗一, 信一, 宸一, 失一, 實一, 心一, 深一, 十一, 憶一, 餘一, 温一, 憂一, 怨一, 猷一, 凝一, 疑一, 寅一, 一一, 慈一, 雜一, 寂一, 積一, 專一, 征一, 淨一, 鍾一, 衆一, 塵一, 執一, 滯一, 蓄一, 通一, 欽一

4/7【忸】 1 부끄러워할 뉵 2 길들 뉴 | 屋ㄋㄧㄡˇ (niu) 宥 | じく(ハジル) bashful じゅう(ナレル)
풀이 1 부끄러워하다. 겸연쩍어함. ㉨恧. ¶顏厚有一怩<書經> 2 길들다. 버릇이 됨. ㊐狃. ¶一之以慶賞<荀子>
【忸怩】じくじ(육니) 부끄러워하는 모양. 수줍은 모양.
【忸行】じゅうこう(유행) 버릇이 된 행동.

4/7【忳】 1 근심할 돈 2 꾸준할 순 3 어리석을 돈 | 元ㄊㄨㄣˊ (tun) 眞ㄓㄨㄣ 願(zhun) | とん(ウレエル) anxiety しゅん
풀이 1 근심하다. 근심에 잠김. ¶一鬱邑余侘傺兮<楚辭> 2 ①꾸준하다. 게으름을 피우지 아니함. ②친절히 타이르는 모양. ㉨諄. 3 어리석다. ㉨沌.

4/8【忞】 1 힘쓸 민 2 어지러울 문 | 眞ㄇㄧㄣˊ (min) 吻 | びん(ツトメル) ぶん
풀이 1 ①힘쓰다. ②어둡다. 깨닫지 못하는 모양. ¶一一. 2 어지럽다. 어수선함. ¶一一.

7【忟】 忞(p. 560)과 同字

4/7【忭】 좋아할 변 | 霰ㄅㄧㄢˋ (bian) | べん like

4/8【忿】 성낼 분 | 問ㄈㄣˋ (fen) | ふん(イカル) grow angry
풀이 ①성내다. ¶身有所一懥<大學> ②원망하다. ¶懲違改一兌<楚辭> ③차다. 가득함. ¶一滀之氣<莊子>
【忿怒】ふんど·ふんぬ(분노) 몹시 성냄. 忿恚(분에).
【忿懣】ふんまん·ふんもん(분만) 화가 치밀어 번민하는 일. 憤懣(분만).
【忿心】ふんしん(분심) 분한 마음.
【忿恨】ふんこん(분한) 성내고 원망함.
▷剛一, 激一, 狷一, 勁一, 愧一, 憤一, 小一, 恚一, 餘一, 爭一, 積一, 前一, 躁一, 懲一, 褊一, 嫌一

8【怣】 愛(p. 582)의 古字

4/7【忤】 거스를 오 | 遇ㄨˇ (wu) | ご(サカラウ) go against
풀이 ①거스르다. 거역함. 반대함. ㉨啎. ¶大與高恭顯一<漢書> ②어지럽다. 뒤섞여 갈피를 잡을 수 없음. ¶陰陽散一<春秋元命苞>
▷乖一, 反一, 猜一, 違一, 舛一

8【忢】 悟(p. 571)의 古字

4/7【忨】 탐할 완 | 翰ㄨㄢˋ (wan) | がん(ムサボル) covet
풀이 ①탐하다. 지나치게 욕심부림. ¶今一日而潵歲<國語> ②아끼다. 아까와함.

7【忹】 恁(p. 569)과 同字
8【忠】 志(p. 559)의 古字

4/8【忝】 1 더럽힐 첨 2 고마워할 첨 | 琰ㄊㄧㄢˇ (tian) 豔 | てん(ハズカシメル) dirty
풀이 1 ①더럽히다. 욕되게 함. ¶否德一帝位<書經> ②욕. 욕됨. ¶一莫痛兮<班固> 2 고마워하다.

8【忝】 忝(p. 560)의 古字
8【忪】 悤(p. 572)의 俗字

4/7【忡】 근심할 충 | 東ㄔㄨㄥ (chong) | ちゅう(ウレエル) anxiety

4/8【忠】 충성 충 | 東ㄓㄨㄥ (zhong) | ちゅう(マゴコロ) loyalty
源 **會意·形聲**. 알맹이가 가득 차서 [中] 빈틈 없는 마음[心]을 뜻함. 中의 변음이

음을 이룸.

풀이 ①충성. ㉮충직한 정성. ¶其一至矣<荀子> ㉯임금을 섬기는 도(道). ¶臣事君以一<論語> ②정성을 다하다. ¶一恕而已矣<論語>

【忠諫】ちゅうかん(충간) 충성스러운 마음으로 간함.

【忠肝義膽】ちゅうかんぎたん(충간의담) 충성스러운 마음과 의로운 담력.

【忠告】ちゅうこく(충고) 남의 잘못이나 결함을 진심으로 타일러 줌. 또는, 그 말. 忠言(충언).

【忠君】ちゅうくん(충군) 임금에게 충성을 다함.

【忠君愛國】ちゅうくんあいこく(충군애국) 임금에게 충성을 다하고 나라를 사랑함.

【忠良】ちゅうりょう(충량) 충성스럽고 선량함.

【忠亮】ちゅうりょう(충량) ☞忠信(충신)②.

【忠烈】ちゅうれつ(충렬) 충성스럽고 의열(義烈)함.

【忠僕】ちゅうぼく(충복) 진심으로 주인을 섬기는 종. 忠奴(충노).

【忠士】ちゅうし(충사) ①충실한 사람. ②충의의 사람. 義士(의사).

【忠邪】ちゅうじゃ(충사) 충성됨과 바르지 못함. 또는, 그런 사람. 忠姦(충간).

【忠恕】ちゅうじょ(충서) 충직하며 동정심이 많음. ¶盡己之謂忠 推己之謂恕<論語·注>

【忠誠】ちゅうせい(충성) 성심(誠心). 참된 마음. 또는, 충의의 마음.

【忠臣】ちゅうしん(충신) 충성스러운 신하.

【忠信】ちゅうしん(충신) ①충성과 신의. ②진심을 다하고 거짓이 없음. 忠亮(충량). ¶言一行篤敬<論語>

【忠臣不事二君】ちゅうしんにくんニツカエズ(충신 불사이군) 충신은 두 임금을 섬기지 아니함. ※貞女不更二夫(정녀 불경이부).

【忠言】ちゅうげん(충언) 충직한 말. 진심으로 간(諫)하는 말. 忠告(충고).

【忠言逆耳】ちゅうげんミミニサカラウ(충언역이) 바른 말은 귀에 거슬림.

【忠勇】ちゅうゆう(충용) ①충의와 용기. ②충실하고 담력이 있음.

【忠義】ちゅうぎ(충의) 임금이나 나라에 정성을 다하는 일. 忠은 정성을 다함. 義는 바른 길을 실천함.

【忠毅】ちゅうき(충의) 마음이 곧고 굳음. 충의심(忠義心)이 강함.

【忠赤】ちゅうせき(충적) 참마음. 성심. ¶陛下憐其一富之<白居易>

【忠節】ちゅうせつ(충절) 충의를 지키는 절개.

【忠直】ちゅうちょく(충직) 충성스럽고 곧음.

【忠魂】ちゅうこん(충혼) ①충의에 넘치는 정신. ②충의를 위하여 목숨을 버린 사람의 넋. ¶一義魄.

【忠孝】ちゅうこう(충효) 충성과 효도.

【忠孝兩全】ちゅうこうりょうぜん(충효양전) 충과 효를 아울러 다함.

【忠勳】ちゅうくん(충훈) 임금에게 충성한 공로.

▷孤一, 大一, 敦一, 朴一, 辨一, 不一, 詐一, 誠一, 愚一, 旌一, 盡一

7〖忰〗 悴(p.579)의 俗字

4 7〖忱〗 정성 침 | 侵 ㄔㄣˊ (chen) | しん(マコト) *sincerity*

7〖忱〗 忱(p.561)과 同字

4 7〖快〗 쾌할 쾌 | 國 ㄎㄨㄞˋ (kuai) | かい (ココロヨイ) *delightful*

풀이 ①쾌하다. ㉮마음이 상쾌하고 기분이 좋다. ¶一哉此風<宋玉>/一氣. ㉯몸이 건강하다. ¶體有不一<後漢書> ②기뻐하다. ¶公私慶一<北史> ③빠르다. ¶當其下手風雨一<杜甫> ④날카롭다. ¶焉得并州一翦刀<杜甫> ⑤방종하다. ¶恭于教而不一<戰國策>

【快感】かいかん(쾌감) 상쾌하고 즐거운 느낌.

【快擧】かいきょ(쾌거) 시원스럽게 거사함. 또는, 그 거사.

【快男兒】かいだんじ(쾌남아) ☞快男子(쾌남자).

【快男子】(쾌남자) 사내답고 쾌활한 남자. 快男兒(쾌남아). 快漢(쾌한).

【快談】かいだん(쾌담) ☞快論(쾌론).

【快刀】かいとう(쾌도) 잘 드는 칼.

【快刀亂麻】かいとうらんま(쾌도난마) 잘 드는 칼로 헝클어진 삼 가닥을 자른다는 뜻으로, 어지럽게 뒤섞인 사물을 명쾌하게 처단함의 비유. 快刀斷亂麻(쾌도 단난마).

【快樂】かいらく(쾌락) 유쾌하고 즐거움.

【快諾】かいだく(쾌락←쾌낙) 쾌히 승낙함.

【快論】かいろん(쾌론) 유쾌하고 시원스럽게 하는 이야기나 논의. 快談(쾌담).

【快味】かいみ(쾌미) 시원스럽고 상쾌한 맛.

【快美】かいび(쾌미) 시원스럽게 아름다움.

【快辯】かいべん(쾌변) 거침없이 잘하는 말.

【快報】かいほう(쾌보) ①듣기에 시원스러운 소식. ②급한 기별. 急報(급보).

【快事】かいじ(쾌사) 상쾌한 일. 유쾌한 일.

【快速】かいそく(쾌속) 속도가 매우 빠름. ¶一艇.

【快勝】かいしょう(쾌승) 통쾌한 승리. 시원스럽게 이김.

【快癒】かいゆ(쾌유) 병이 거뜬히 다 나음.

【快飮】かいいん(쾌음) 유쾌하게 술을 마심.

【快子】かいし(쾌자) ①젓가락. ②韓 등솔을 길게 쨴, 소매 없는 전복(戰服)의 하나.

【快哉】かいさい(쾌재) 통쾌하도다. 뜻대로 잘 되어 매우 만족스러움을 나타내는 말.

【快著】かいちょ(쾌저) 읽어서 흡족할 만큼 썩 잘 지은 책.

【快適】かいてき(쾌적) 심신에 적합하여 기분이 썩 좋음.

【快走】かいそう(쾌주) 빨리 달림. 快奔(쾌분).

【快差】(쾌차) 병이 거뜬히 나음.

【快擲】(쾌척) ①시원스럽게 내던짐. ②돈 따위를 마땅히 쓸 자리에 시원스럽게 내어줌.

【快晴】かいせい(쾌청) 하늘이 상쾌하게 갬.

【快漢】かいかん(쾌한) ☞快男子(쾌남자).

【快活】かいかつ(쾌활) ①즐거움. 즐김. ②씩씩하고 활발함.

▷輕一, 慶一, 曠一, 明一, 不一, 爽一, 完一, 雄一, 愉一, 壯一, 全一, 俊一, 淸一,

痛一

7【怽】 怴(p.559)와 同字

7【怾】 怴(p.559)의 訛字

4/8【忽】 문득 홀 | 月 ㄏㄨ (hu) | こつ (タチマチ) *suddenly*

同 㣼

源 **會意.** 勿은 깃발이 펄럭여 똑똑하게 보이지 않는 모양. 心과 합하여, 예사로 보아 넘김을 뜻함.

풀이 ①문득. 갑자기. ¶涼風一至＜列子＞ ②소홀히하다. ㉮잊다. 마음에 두지 아니함. ¶一於道德＜漢書＞ ㉯가벼이하다. 업신여김. ¶公愛班固而一崔駰＜後漢書＞ ㉰게을리하다. ¶豈可以一哉＜漢書＞ ③다하다. 멸(滅)함. 망함. ¶是絶是一＜詩經＞ ④형체가 없는 모양. 뿌리가 없는 모양. ¶一兮怳兮＜淮南子＞ ⑤어두운 모양. 밝게 깨닫지 못하는 모양. ¶禦視於一似＜尙書大傳＞ ⑥작은 수(數)의 단위. 10微＝1忽, 10忽＝1絲. ¶造計秒一＜漢書＞ ⑦쉽다. ¶劙盤盂刎牛馬 一然耳＜荀子＞

【忽然】こつぜん(홀연) ①문득. 갑자기. ②무심히 응하는 모양. ③일을 소홀히 여기는 모양. ④근본이 없는 모양. ⑤손쉬운 모양. 忽如(홀여).

▷輕一, 眇一, 絲一, 閃一, 疎一, 倏一, 奄一, 淪一, 秒一, 治一, 怠一, 飄一, 荒一, 翕一

7【㣼】 忽(p.562)과 同字

7【怀】 懷(p.600)의 俗字

7【怮】 恟(p.570)과 同字

4/7【忻】 기뻐할 흔 | 因 ㄒㄧㄣ (xin) | きん (ヨロコブ)

풀이 ①기뻐하다. 通 欣. ¶一一然常自以爲治＜淮南子＞ ②열다. ¶善者一民之善 閉民之惡＜說文＞

7【忾】 忔(p.559)·愾(p.559)와 同字

5/8【怯】 겁낼 겁 | 葉 ㄑㄧㄝˋ (qie) | きょう (オソレル) *frighten*

풀이 ①겁내다. ¶將衆則罷一＜呂覽＞ ②약하다. 비겁함. ¶卑一. ③피하다. ¶勇士不一死而滅名＜史記＞

【怯懦】きょうだ(겁나) 겁이 많고 마음이 약함. 怯弱(겁약).

【怯弱】きょうじゃく(겁약) ☞怯懦(겁나).

▷恇一, 懦一, 老一, 駑一, 卑一, 生一, 疎一, 弱一, 庸一

9【恐】 恐(p.567)의 古字

5/8【怪】 기이할 괴 | 卦 ㄍㄨㄞˋ (guai) | かい (アヤシイ) *strange*

俗 恠

풀이 ①기이하다. ㉮행동이 기이하다. ¶素隱行一＜中庸＞ ㉯마음이 기이하다. ¶奇服一民不入宮＜周禮＞ ㉰형체가 기이하다. ¶多一獸 多一魚＜山海經＞ ㉱이상 야릇하다. 불가사의함. ¶子不語一力亂神＜論語＞ ②기이하게 여기다. 의심함. ¶知者不一＜淮南子＞ ③도깨비. 정상이 아닌 것. ¶水石之一 爲龍罔象＜博物志＞

【怪傑】かいけつ(괴걸) 괴상할 정도로 뛰어난 호걸.

【怪奇】かいき(괴기) 괴상하고 기이함. 이상야릇함. 怪異(괴이).

【怪力】かいりき·かいりょく(괴력) 기이할 정도로 센힘.

【怪物】かいぶつ(괴물) ①괴상한 물건. ②괴이한 사람이나 동물을 멸시하여 이름.

【怪癖】かいへき(괴벽) 괴이한 버릇.

【怪變】かいへん(괴변) 괴상한 변고.

【怪狀】かいじょう(괴상) 기괴한 모양.

【怪石】かいせき(괴석) ①괴상하게 생긴 돌. ②옥과 비슷한 돌.

【怪獸】かいじゅう(괴수) 괴상한 짐승. 奇獸(기수).

【怪疑】かいぎ(괴의) 이상하고 의심스러움.

【怪異】かいい(괴이) 이상야릇함.

【怪疾】かいしつ(괴질) ①원인을 알 수 없는 이상스러운 병. ②호열자(虎列子). 콜레라.

【怪漢】かいかん(괴한) 차림새나 행동이 괴상한 자.

▷古一, 狂一, 詭一, 奇一, 勿一, 變一, 神一, 靈一, 妖一, 迂一, 珍一, 醜一, 駭一, 險一, 幻一, 譎一

5/8【怐】 어리석을 구 | 宥 | こう *stupid*

5/9【急】 급할 급 | 緝 ㄐㄧˊ (ji) | きゅう (イソグ) *urgent*

同 㤂 㥛

풀이 ①급하다. ㉮서두르다. 바쁨. ¶耕事方一＜史記＞ ㉯사정, 형편이 지체할 겨를이 없다. ¶一務. ㉰병세가 위태하다. ¶一病. ㉱성급하다. ¶西門豹之性一 故佩韋以緩己＜韓非子＞ ②군색하다. 곤란함. ¶襄王告一于晋＜史記＞ ③갑자기. 通 亟. ¶以一變聞＜漢書＞ ④빠르다. ¶項羽一擊秦軍＜史記＞ ⑤중요한 것. 큰 일. ¶鹽者食之一也＜晋書＞ ⑥켕기다. 팽팽하게 됨. ¶大絃一則小絃絶矣＜韓詩外傳＞ ⑦엄하게. 굳게. ¶一繕其怒＜禮記＞ ⑧경계하다. ¶我是用一＜詩經＞ ⑨휴가. 진(晋)대에 쓴 말. ¶又不請一＜南史＞ ⑩죄다. 바싹 켕김. ¶鷄被縛一相喧爭＜杜甫＞

【急降下】きゅうこうか(급강하) 갑자기 빠른 속도로 내려꽂음.

【急遽】きゅうきょ(급거) 갑자기.

【急傾斜】きゅうけいしゃ(급경사) 몹시 가파른 경사.

【急告】きゅうこく(급고) 급하게 알림. 急報(급보).

【急救】きゅうきゅう(급구) 급히 구조함.

【急急如律令】きゅうきゅうにょりつりょう(급급 여율령) 빨리

법령대로 따르라는 뜻. 본래 한(漢) 때 공문서에 쓰던 것이나, 후에는 주술가(呪術家)의 잡신을 쫓는 주문(呪文) 끝에 붙여 빨리 물러가라의 뜻으로 씀.

【急難】きゅうなん(급난) 다닥친 곤란. 또는, 어려움을 급하게 구제함.
【急騰】きゅうとう(급등) 물가가 갑자기 오름.
【急流】きゅうりゅう(급류) 물살이 센 흐름.
【急募】きゅうぼ(급모) 급하게 모집함.
【急務】きゅうむ(급무) 급한 일.
【急迫】きゅうはく(급박) 눈앞에 닥쳐 아주 급함.
【急變】きゅうへん(급변) 갑자기 변함.
【急病】きゅうへい·きゅうびょう(급병) ①눈앞에 다닥친 어려움. 窮迫(궁박). ②급한 병이나, 갑자기 앓는 병. 急症(급증). 「告(급고).
【急報】きゅうほう(급보) 급한 보도. 급히 알림. 急
【急死】きゅうし(급사) 갑자기 죽음. 急逝(급서).
【急使】きゅうし(급사) 급한 용무로 보내는 사람.
【急煞】(급살)㊙韓 갑작스럽게 닥치는 재앙을 이름. ¶一湯.
【急逝】きゅうせい(급서) ☞急死(급사). 「일.
【急先務】きゅうせんむ(급선무) 가장 먼저 처리해야 할
【急先鋒】きゅうせんぽう(급선봉) 가장 과격한 앞장. 일의 개혁에 급히 앞장서는 사람.
【急性】きゅうせい(급성) 병이 갑자기 일어나거나 급하게 악화되는 성질.
【急所】きゅうしょ(급소) ①몸 가운데서 비교적 조금만 다쳐도 목숨에 관계되기 쉬운 자리. ②사물의 가장 중요한 곳. 要點(요점).
【急速】きゅうそく(급속) 매우 빠름.
【急速度】きゅうそくど(급속도) 아주 빠른 속도.
【急送】きゅうそう(급송) 급히 보냄.
【急襲】きゅうしゅう(급습) 갑자기 습격함. 「일.
【急用】きゅうよう(급용) ①급한 용무. ②급히 쓸
【急傳】きゅうでん(급전) 빨리 전함.
【急電】きゅうでん(급전) 급한 일을 알리는 전보.
【急錢】(급전) 급히 쓸 돈. 「바뀜.
【急轉直下】きゅうてんちょっか(급전직하) 형세가 갑자기
【急停車】きゅうていしゃ(급정거) 차를 급히 세움.
【急停止】きゅうていし(급정지) 급히 멈춤.
【急症】きゅうしょう(급증) ☞急病(급병)②.
【急增】きゅうぞう(급증) 갑자기 늚. 갑자기 불어남.
【急進】きゅうしん(급진) ①서둘러 나아감. 갑자기 나아감. ¶一的/一主義/一派. ↔漸進(점진). ②벼슬이 빨리 올라감.
【急派】きゅうは(급파) 급히 파견함.
【急行】きゅうこう(급행) ①급히 감. ②급행열차(急行列車)의 준말. ↔緩行(완행).
【急患】きゅうかん(급환) 위급한 병. 또는, 그 환자.
【急回轉】きゅうかいてん(급회전) 빠른 회전. 빨리 회전함.
▷苛一, 刻一, 艱一, 剛一, 警一, 救一, 窘一, 窮一, 緊一, 猛一, 不一, 性一, 時一, 迅一, 嚴一, 燃眉一, 迎一, 緩一, 危一, 應一, 早一, 躁一, 峻一, 至一, 慘一, 轍鮒一, 焦眉一, 促一, 特一, 下一, 火一, 遑一

5 9 【怒】 성낼 노 | [遇] ㄋㄨˋ (nu) | ど(オコル) *grow angry*

풀이 ①성내다. ¶非一王 則疾不可治＜呂覽＞ ②성. 화. ¶不遷一 不貳過＜論語＞ ③힘쓰다. 떨쳐 일어남. ¶一而飛＜莊子＞ ④꾸짖다. 나무람. ¶不可教而后一之＜禮記＞ ⑤세차다. 기세가 오름. ¶而令水益湍一＜漢書＞ ⑥기세. 위세. ¶急繕其一＜禮記＞ ⑦가시. ㊂通奴. ¶其一青黑色＜漢書＞

【怒氣】どき(노기) 노여운 기색.
【怒氣騰騰】どきとうとう(노기등등) 성이 몹시 치받쳐 얼굴에 잔뜩 나타남.
【怒氣冲天】どきちゅうてん(노기충천) 노기가 하늘을 찌를 듯함. 노기가 대단함을 이름.
【怒濤】どとう(노도) 노한 파도. 「좋은 말.
【怒馬】どば(노마) ①성난 말. ②살찌고 기세가
【怒發大發】(노발대발) 몹시 성을 냄.
【怒色】どしょく(노색) 성난 얼굴빛.
【怒聲】どせい(노성) 성난 목소리.
【怒號】どごう(노호) ①성내어 부르짖음. ②바람·물결 따위의 세찬 소리.
▷呵一, 激一, 譴一, 大一, 跳一, 突一, 勃一, 發一, 忿一, 憤一, 奮一, 不一, 盛一, 深一, 恚一, 慍一, 怨一, 威一, 嗔一, 瞋一, 震一, 天一, 遷一, 赫一, 號一, 詬一, 喜一

9 【⿱伮心】 怒(p. 563)의 古字

5 8 【怩】 부끄러워할 니 | [支] ㄋㄧˊ (ni) | じ(ハジル) *shame*

9 【⿱尼心】 怩(p. 563)의 古字

5 8 【怛】 슬플 달 | [曷] ㄉㄚˊ (da) | だつ(イタム) *sad*

풀이 ①슬프다. 슬퍼함. ¶中心一兮＜詩經＞ ②놀라다. ㊂通顫. ¶叱避无一化＜莊子＞ ③두려워하다. ④근심하다. ¶一一.

9 【⿱旦心】 怛(p. 563)과 同字

5 8 【怢】 잊을 돌 | [月] | とつ *forget*

5 8 【怜】 ①영리할 령 ②가엾이 여길 련 | [青] ㄌㄧㄥˊ (ling) [先] ㄌㄧㄢˊ (lian) | れい(サトイ) *bright* れん

풀이 ①영리하다. ¶一悧. ②가엾이 여기다. ㊀같 憐. ¶一殺.

8 【⿰忄母】 侮(p. 111)의 古字
8 【⿱母心】 謀(p. 1395)의 古字
9 【⿱矛心】 懋(p. 596)와 同字

5 8 【怲】 근심할 병 | [梗] ㄅㄧㄥˇ (bing) | へい *worry*

5 9 【怤】 생각할 부 | 虞 | ふ think

8 【㤔】 怤(p. 564)와 同字

5 8 【怫】 1 발끈할 비 | 未 ㄈㄟˋ(fei) | ふつ flare
2 답답할 불 | 物 ㄈㄨˊ(fu) | ふつ
3 어그러질 패 | 隊 ㄅㄟˋ(bei) | ふつ

풀이 1 ①발끈하다. ¶一然作色＜莊子＞ ②마음이 불안한 모양. ¶一悁煩冤＜嵇康＞ 2 답답하다. ¶太后一鬱泣血＜漢書＞ 3 어그러지다. 어지럽게 함. ㉠ 誖. ¶五家之文一異＜史記＞

9 【怾】 怫(p. 564)·鬅(p. 1663)과 同字

5 9 【思】 1 생각할 사 | 支 ㄙ (si) | し (オモウ) think
2 생각 사 | 寘 (si) |
3 수염많을 새 | 灰 ㄙㄞ (sai) | さい

㊍ 恖

풀이 1 ①생각하다. ㉮사유(思惟)하다. 판단·추리함. ¶仁者之一也恭＜荀子＞ ㉯바라다. 원함. ¶一皇多士＜詩經＞ ㉰사모하다. ¶寤寐一服＜詩經＞ ㉱사랑하다. 귀여워함. ¶子惠一我＜詩經＞ ㉲쓸쓸해하다. 슬퍼함. ¶吉士一秋＜張華＞ ②어조사. ㉮발어의 조사(助辭). ¶一樂泮水＜詩經＞ ㉯구중(句中) 구말(句末)에 놓여 어세를 고르는 조사. ¶無一不服＜詩經＞ 2 ①생각. ¶書一對命＜書經＞ ②도덕이 순일하게 갖추어지다. ¶欽明文一＜書經＞ ③시호(諡號). 3 수염이 많다. ¶于一于一＜左氏傳＞

【思考】しこう(사고) 생각하고 궁리함. ¶一力.
【思考方式】しこうほうしき(사고방식) 사고하는 법과 태도.
【思歸鳥】しきちょう(사귀조) 소쩍새의 이칭.
【思念】しねん(사념) 깊은 생각. 思慮(사려).
【思慮】しりょ(사려) ☞思念(사념).
【思慕】しぼ(사모) ①그리워함. ②우러러 받듦.
【思無邪】オモイヨコシマナシ(사무사) 생각함에 사특함이 없음. 심정을 있는 그대로 나타내며, 조금도 꾸밈이 없는 일. ¶詩三百 一言以蔽之曰 一＜論語＞
【思辨】しべん(사변) ①도리를 생각하여 시비를 가림. ②경험에 의하지 않고 순수한 논리적 사고만으로 인식하려는 일.
【思想】しそう(사상) ①생각. 생각함. ②사회 및 인생에 대한 일정한 견해. ③통일 있는 판단의 체계. ④판단과 추리를 거쳐서 생긴 의식 내용. ¶一家/一界.
【思想犯】しそうはん(사상범) 사상의 자유가 보장되지 않는 국가에서, 그 국가의 정책과 어긋나는 사상을 가짐으로써 성립되는 죄. 또는, 그 사람.
【思索】しさく(사색) 사물의 이치를 따져 깊이 생각함.
【思惟】しい①②③·しゆい④(사유) ①생각. ②생각함. ③정신의 이론적 활동. 경험을 통하여 주어진 감각 내용과 표상(表象)을 마음속에서 구별·결합하여 판단을 내리는 이성(理性)의 작용. ④《佛》 ㉮대상을 분별하는 일. ㉯정토(淨土)의 장엄(莊嚴)을 관찰하는 일.
【思潮】しちょう(사조) 그 시대 사람들의 사상의 일반적인 경향. 사상의 흐름.
【思春期】ししゅんき(사춘기) 이성(異性)에 대해 눈을 뜨는 나이. 春機發動期(춘기 발동기).
【思親】ししん(사친) 어버이를 생각함.
【思鄕】しきょう(사향) 고향을 생각함.
▷客一, 近一, 羈一, 多一, 覃一, 妙一, 文一, 三一, 相一, 俗一, 愁一, 熟一, 心一, 深一, 雅一, 旅一, 意一, 離一, 靜一, 塵一, 千秋一, 諦一, 焦一, 秋一, 追一, 春一, 沈一

5 8 【性】 성품 성 | 敬 ㄒㄧㄥˋ (xing) | せい, しょう (サガ) nature

源 會意·形聲. 태어날[生] 때부터의 깨끗한 마음[忄]. 천성(天性)을 뜻함.

풀이 ①성품. 천성. ¶天命之謂一＜中庸＞ ②성질. 본질. ¶是豈水之一哉＜孟子＞ ③생명. ¶莫保其一＜左氏傳＞ ④살다. 생활. ¶民樂其一＜左氏傳＞ ⑤모습. 자태. ¶不待脂粉芳澤而一可說者＜淮南子＞ ⑥오행(五行). ¶觀一以歷＜漢書＞ ⑦《佛》 만유(萬有)의 원인. ⑧성(性). 남녀·자웅(雌雄)의 구별. ¶異一.

【性感】せいかん(성감) 성교(性交)할 때의 생리적 쾌감. ¶一帶.
【性格】せいかく(성격) 각 사람이 가진 특유한 성질. 品性(품성).
【性交】せいこう(성교) 남녀가 육체적으로 관계하는 일.
【性教育】せいきょういく(성교육) 젊은 남녀에게 성에 대한 건전한 지식을 주기 위한 교육.
【性急】せいきゅう(성급) 성질이 급함.
【性器】せいき(성기) 생식기.
【性能】せいのう(성능) ①성질과 능력. ②기계 따위의 일을 해낼 수 있는 능력.
【性理】せいり(성리) 동양 철학에서 인성(人性)과 천리(天理)를 이름.
【性理學】せいりがく(성리학) 인성(人性)과 천리(天理)를 논한 유교 철학. 송유(宋儒)의 성명(性命)·이기(理氣)의 학을 이름. 新儒學(신유학).
【性命】せいめい(성명) ①천부(天賦)의 성질. ②생명. 목숨.
【性命理氣】せいめいりき(성명이기) 성리학의 학설. 하늘이 부여하는 것을 명(命), 이를 받아서 내게 있는 것을 성(性)이라 함. 이(理)는 세계의 본체(本體) 곧 태극(太極)이며, 기(氣)는 그로부터 나온 기(氣) 곧 음양(陰陽)을 이름. 이 4가지의 개념 규정과 상호 관계에 대한 논의가 주자학(朱子學)의 근간이 되었음.
【性味】(성미)韓 성질과 취미. 性癖(성벽)②.
【性癖】せいへき(성벽) ①굳어진 좋지 않은 버릇. ②☞性味(성미).

【性別】せいべつ(성별) 남녀의 구별. 암수의 구별.
【性病】せいびょう(성병) 생식기에 생기는 병.
【性分】せいぶん·しょうぶん(성분) 타고난 성질.
【性狀】せいじょう(성상) ①성질과 상태. ②됨됨이나 모양새.
【性相】せいそう(성상)《佛》 만물의 본체와 현상. 性은 법(法) 그 자체로, 내재(內在)하여 변하지 않는 것. 相은 법의 모양으로, 밖에 나타나 변화하는 것.
【性生活】せいせいかつ(성생활) 남녀의 육체적 교섭에 관한 생활.
【性腺】せいせん(성선) 생식 세포를 만들어 내는 기관. 生殖腺(생식선).
【性善說】せいぜんせつ(성선설) 맹자가 제창한 도덕설. 사람의 본성은 착하나 물욕 때문에 불의(不義)가 생긴다는 설. ↔性惡說(성악설).
【性說】せいせつ(성설) 사람의 본성에 관한 설. 성선설, 성악설 따위.
【性惡說】せいあくせつ(성악설) 순자(荀子)가 제창한 도덕설. 사람의 본성은 악하며, 선천적으로 이욕(利慾)의 마음이 생긴다는 설. ↔ 性善說(성선설).
【性慾】せいよく(성욕) 성교(性交)에의 욕망. 色慾(색욕). 「(성품).
【性情】せいじょう(성정) ①성질과 심정. ②☞性稟
【性眞】しょうしん(성진)《佛》 본성(本性).
【性質】せいしつ(성질) ①타고난 기질. ②그것만이 가지고 있는 바탕. 특성. 특질.
【性徵】せいちょう(성징) 성별(性別)에 따른, 신체의 형태 및 구조상의 특징. 「이.
【性品】せいひん(성품) 성질과 품격. 성질과 됨됨
【性稟】せいひん(성품) 사람이 본디 가지고 있는 성질. 性情(성정)②.
【性行】せいこう(성행) 성질과 행실.
【性向】せいこう(성향) 성질과 취향.
▷乾—, 見—, 慣—, 根—, 急—, 記—, 蟣蝨同—, 氣質—, 懶—, 男—, 德—, 篤—, 同—, 慢—, 無—, 僻—, 復—, 本—, 佛—, 酸—, 常—, 善—, 屬—, 淑—, 習—, 濕—, 神—, 伸縮—, 心—, 心卽—, 雅—, 惡—, 野—, 藥—, 兩—, 陽—, 女—, 恬—, 悟—, 欲—, 雄—, 柔—, 音—, 異—, 理—, 人間—, 人—, 一切—, 自—, 資—, 雌—, 磁—, 才—, 情—, 中—, 至—, 知—, 眞—, 質—, 天—, 惰—, 彈—, 特—, 特有—, 偏—, 品—, 稟—, 慧—, 活—, 厚—

9【忎】 悉(p. 571)의 古字

5
8【怏】 원망할 앙 | 漾 | 一ㄤˋ (yang) | おう(ウラム) *resent*

풀이 ①원망하다. ¶——. ②불만스럽다.
【怏宿】(앙숙)㊙韓 원한을 품고 미워하는 일. 또는, 그런 사이.
【怏心】おうしん(앙심) 원한을 품고 앙갚음 하기를 벼르는 마음. 怏忿(앙분).
【怏怏不樂】おうおうふらく(앙앙불락) 마음에 차지 않거나 야속하여 즐거워하지 않음.
【怏然】おうぜん(앙연) 원망해하는 모양.
▷鬱—, 悒—, 悵—

9【恷】 尤(p. 462)의 古字

5
9【怨】 1 원망할 원 2 원수 원 | 願 ㄩㄢˋ (yuan) 元 | えん, おん (ウラム) *resent, enemy*

풀이 1 ①원망하다. ¶—而不怒<國語> ②원망. 원한. ¶構—於諸侯<孟子> ③힐책하다. 비방함. ¶心不—<孔子家語> 2 원수(怨讐). ¶外擧不避—<禮記>
【怨骨】えんこつ(원골) 원한을 품고 죽은 사람.
【怨仇】えんきゅう(원구) 원수. 怨敵(원적). 「우).
【怨咎】えんきゅう(원구) 원망하고 타박함. 怨尤(원
【怨溝】えんこう(원구) ①원망으로 생긴 불화. ②사이를 가로막는 원한의 도랑.
【怨氣】えんき(원기) 원망하는 마음.
【怨女】えんじょ(원녀) ☞怨婦(원부).
【怨念】えんねん(원념) 원한을 품은 생각.
【怨慕】えんぼ(원모) 임금이나 어버이의 무정을 원망하면서도 사모함.
【怨婦】えんぷ(원부) ①원한을 품은 여자라는 뜻으로, 과부를 이름. ②임금의 총애를 잃은 여자. ③혼기를 놓친 여자. 怨女(원녀).
【怨辭】えんじ(원사) 원망하는 말.
【怨聲】えんせい(원성) 원망하는 소리.
【怨讐】えんしゅう(원수) 원한이 맺히게 한 대상.
【怨尤】えんゆう(원우) ☞怨咎(원구).
【怨鳥】えんちょう(원조) 자규(子規)의 이칭.
【怨罪】えんざい(원죄) 원한과 죄.
【怨天尤人】てんヲウラミヒトヲトガメル(원천우인) 하늘을 원망하고 남을 탓함.
【怨恨】えんこん(원한) 원통한 생각.
【怨嫌】えんけん(원혐) 원망하고 미워함.
▷憾—, 仇—, 構—, 閨—, 謗—, 報—, 憤—, 私—, 愁—, 宿—, 猜—, 睚眦—, 刺—, 讐—, 積—, 疾—, 罷—, 含—, 嫌—

9【忌】 怨(p. 565)의 古字

5
8【怮】 근심할 유 | 尤 一ㄡ (you) | ゆう *worry*

풀이 ①근심하다. 근심하는 모양. ¶喪紀之容 —然懾然若不還<新書> ②뿌루퉁하다.

5
8【怞】 근심할 유 | 尤 | ゆう *worry*

5
8【怡】 기뻐할 이 | 支 一ˊ (yi) | い(ヨロコブ) *delight*

풀이 ①기뻐하다. ¶下氣—色<禮記> ②온화하다. 화기(和氣)가 있음. ¶眄庭柯以—顔<陶潛>
【怡顔】いがん(이안) 안색을 부드럽게 함.
【怡然】いぜん(이연) ☞怡怡(이이).
【怡悅】いえつ(이열) 기뻐서 만족함.

【怡怡】いい(이이) 즐거워하는 모양. 怡然(이연).
▷不一, 安一, 養一, 遨一, 自一, 歡一, 嬉一, 熙一

5 8【怍】 부끄러워할 작 | 㘝ㄗㄨㄛˋ (zuo) | さく(ハジル) shame

풀이 ①부끄러워하다. ¶其言之不一<論語> ②안색이 변하다. ¶顔色不一<管子> ③성난 모양.
▷怵一, 羞一, 靦一, 慙一

5 8【怚】 1 교만할 저 2 거칠 조 | 御ㄐㄩˇ 慶(ju) | しょ(タカブル) haughty そ

※怚(p. 563)은 딴 자.

풀이 1 교만하다. ¶恃愛肆一<嵇康> 2 거칠다. ¶秦王一而不信人<史記>

5 8【怔】 두려워할 정 | 庚ㄓㄥ (zheng) | せい be afraid of

풀이 ①두려워하다. ¶一營. ②사물의 형용. ¶一一. ③신경쇠약증. ¶一忡.

5 9【怎】 어찌 즘 | 沁ㄗㄣˇ (zhen) 侵 | そう, しん(イカニ) why

풀이 어찌. 어찌하여. 속어(俗語)에서, 의문사나 발어사로 쓰이는 말.

5 8【怗】 1 고요할 첩 2 막힐 첨 | 葉ㄊㄧㄝ (tie) 鹽 | ちょう(シズカ) てん

풀이 1 ①고요하다. ¶一一. ②따르다. ¶一服. 2 막히다. 밀림. ¶宮商角徵羽五者不亂 則無一滯之音<禮記>

5 8【怊】 슬퍼할 초 | 蕭ㄔㄠ (chao) | ちょう(イタム) mourn

풀이 ①슬퍼하다. 아파함. ¶一乎若嬰兒之失其母<莊子> ②실의(失意)한 모양. ¶一悵而無冀<楚辭> ③먼 모양. ¶餘顧瞻兮一一<楚辭>

5 9【怱】 바쁠 총 | 東ㄘㄨㄥ (cong) | そう(アワテル) busy
本 悤 俗 忩

【怱忙】そうぼう(총망) 매우 바쁨.
【怱怱】そうそう(총총) ①바쁜 모양. 草草(초초). ②밝은 모양. 怱은 聰과 통함.

5 8【怵】 1 두려워할 출 2 꾈 술 | 質ㄔㄨˋ (chu) 質ㄒㄩ (xu) | じゅつ(オソレル) be afraid of じゅつ

풀이 1 ①두려워하다. ¶皆有一惕惻隱之心<孟子> ②슬퍼하다. ¶心一而奉之以禮<禮記> ③달리다. 분주함. ¶一㚟以梁倚<漢書> 2 꾀다. 유혹함. ¶是以君子不一乎好<管子>

【怵惕】じゅってき(출척) 두려워하고 근심하는 모양.

9【怹】 他(p. 88)와 同字

5 9【怠】 1 게으를 태 2 새 이름 이 | 賄ㄉㄞˋ (dai) 支ㄧˊ (yi) | たい(オコタル) い

풀이 1 ①게으르다. 게을리 함. ¶壯而一則失時<呂覽> ②해이(解弛)하다. 맺힌 데가 없음. ¶毋一荒<禮記> ③업신여기다. ¶其民一沓其君 而未及周德<國語> ④그만두다. 물러섬. ¶儻乎其一疑<莊子> ⑤위태하다. 通 殆. ¶滋敝邑休一<左氏傳> 2 ①새 이름. ¶東海有鳥焉 其名曰意一<莊子> ②기뻐하다. 通 怡. ¶而豫一也<易經>

【怠慢】たいまん(태만) 게으름. 소홀히 함.
【怠業】たいぎょう(태업) ①일을 게을리 함. ②노동쟁의 수단의 하나. 사보타지.
【怠惰】たいだ(태타) 게으름을 피움.
▷驕一, 倦一, 勤一, 衰一, 豫一, 緩一, 惰一, 偸一, 逋一, 疲一, 解一, 懈一, 荒一, 戲一

5 8【怕】 1 두려워할 파 2 편안할 박 | 禡ㄆㄚˋ (pa) 陌 | は(オソレル) はく

풀이 1 ①두려워하다. ¶氣象杳難測 聲音吁可一<韓愈> ②아마도. 아마. 대개. 주로 시(詩)에 쓰임. ¶江邊一有梅花發<僧浩溪> ③부끄러워하다. ¶一羞. 2 편안하다. 조용함. 通 泊. ¶我獨一兮其未兆<老子>
▷怯一, 驚一, 懼一, 畏一

5 8【怦】 곧을 평 | 庚ㄆㄥ (peng) | ほう(タダシイ) upright

풀이 ①곧다. 충직함. ¶心一一兮諒直<楚辭> ②모자라다. 만족하지 못함.

5 8【怖】 두려워할 포 | 遇ㄅㄨˋ (bu) | ふ(オソレル)

풀이 ①두려워하다. 두려움. ¶吾驚一其言<莊子> ②떨다. 두려워서 떪. ¶欲躋毛骨一<魏志> ③위협하다. ¶依託鬼神 詐一愚民<後漢書>
▷怯一, 驚一, 恐一, 懼一, 畏一

5 8【怭】 얕볼 필 | 質ㄅㄧˋ (bi) | ひつ(アナドル) look down on

풀이 얕보다. 깔봄. ¶曰既醉止 威儀一一<詩經>

5 8【怙】 믿을 호 | 麌ㄏㄨˋ (hu) | こ(タノム) believe

풀이 ①믿다. 의지함. ¶無父何一<詩經> ②아버지의 이칭. 어버이. ¶父曰一 母曰恃 …父母通謂之一<正字通>

【怙勢】こせい(호세) 세력을 믿음.
【怙恃】こじ(호시) ①믿고 의지함. ②어버이.

8 〖怳〗 惛(p. 579)과 同字

5/8 〖恍〗 멍할 황 | 養ㄏㄨㄤˇ (huang) | きょう, こう *be dazed*

풀이 ①멍하다. 자실(自失)함. ¶臨風一兮浩歌<楚辭> ②놀라서 바라보다. ¶一然若有失<江淹> ③황홀하다. ¶精神一惚<宋玉> ④어슴푸레하다. 通 恍. ¶惚一不可爲象<論語·注> ⑤잠깐. 수유(須臾). ¶一惚.

【恍惚】こうこつ(황홀) ①아름다움 따위에 마음이 팔려 멍하니 있는 모양. 慌惚(황홀). 恍惚(황홀). ②매우 짧은 시간. 수유(須臾)의 사이.

▷儻一, 寥一, 惝一, 惛一, 忽一, 恍一

8 〖恓〗 呬(p. 291)와 同字

6/9 〖恪〗 삼갈 각 | 藥ㄎㄜˋ (ke) | かく(ツツシム) *be discreet in*

同 愙

풀이 ①삼가다. 공경함. ¶執事有一<詩經> ②표준. 通 格.

【恪別】かくべつ(각별) 유달리 특별함.

▷虔一, 勤一, 嚴一, 忠一

10 〖㤩〗 恪(p. 567)과 同字

10 〖㤗〗 懇(p. 596)의 俗字

6/10 〖恐〗 1 두려울 공 2 아마 공 | 腫ㄎㄨㄥˇ (kong) 宋 | きょう(オソレル) *afraid*

古 悲 忎 俗 㤟

풀이 1 ①두렵다. ㉮두려워하다. ¶小一惴惴<莊子> ㉯삼가다. ¶行必一<禮記> ㉰염려하다. ¶室而懸磬 野無靑草 何恃而不一<左氏傳> ②으르다. ¶令弟光一王<漢書> 2 아마. 추측컨대. ¶秦城一不可得<史記>

【恐喝】きょうかつ(공갈) 무섭게 으르고 위협함. 恐嚇(공하). ¶一罪.

【恐怖】きょうふ(공포) 두렵고 무서움.

【恐慌】きょうこう(공황) ①두려워서 허둥지둥함. ②경기가 몹시 침체하여 파산자가 많이 생겨 인심이 흉흉하고 질서가 혼란한 경제 상태.

▷驚一, 大一, 迫一, 誠一, 畏一, 憂一, 振一, 惴一, 脅一, 惶一

10 〖㤟〗 恐(p. 567)의 俗字

6/10 〖恭〗 공손할 공 | 冬ㄍㄨㄥ (gong) | きょう(ツツシム) *respectful*

풀이 ①공손하다. 어렴성이 있고 겸손함. ¶貌曰一<書經> ②공경하다. 삼감. ¶仁者之思也一<荀子> ③직분을 다하다. ¶允一克讓<書經> ④받들다. 通 共. ¶今予惟一行天之罰<書經> ⑤갖추다. 대비함. 通 供. ¶貸之非唯一其乏而已<老子>

【恭儉】きょうけん(공검) 공손하고 검소함.

【恭敬】きょうけい(공경) 삼가서 예를 차려 높임.

【恭勤】きょうきん(공근) 진심으로 삼가고 힘씀. 공손하고 부지런함.

【恭謹】きょうきん(공근) 공손하고 삼감.

【恭待】きょうたい(공대) ①공손하게 대접함. ↔下待(하대). ②상대자에게 경어를 씀.

【恭遜】きょうそん(공손) 어렴성이 있고 겸손함.

【恭賀】きょうが(공하) 삼가 축하함.

▷虔一, 敬一, 篤一, 不一, 嚴一, 溫一, 允一, 懿一, 齊一, 足一, 協一

10 〖恭〗 恭(p. 567)의 本字

6/10 〖恝〗 1 근심 없을 개 2 여유 없을 괄 3 산 이름 계 | 卦 かい 黠 かつ 霽 けい

풀이 1 근심이 없다. 걱정이 없음. ¶夫公明高 以孝子之心爲不若是一<孟子> 2 ①여유가 없다. ②韓 소홀히 하다. 푸대접함. 3 ①산 이름. ¶一一. ②사람 이름. ¶靈一.

6/9 〖恇〗 겁낼 광 | 陽ㄎㄨㄤ (kuang) | きょう(オソレル) *be frightened*

9 〖恠〗 怪(p. 562)의 俗字

6/10 〖恧〗 부끄러워 할 뉵 | 屋ㄋㄩˋ (nü) | じく

6/9 〖恬〗 편안할 념 | 鹽ㄊㄧㄢˊ (tian) | てん

풀이 ①편안하다. ¶一淡. ②조용하다. ¶以一養知<書經>/一虛.

▷文一, 神一, 安一, 淸一, 虛一

10 〖恋〗 戀(p. 601)의 略字

9 〖㤭〗 吝(p. 281)·悋(p. 571)과 同字

6/9 〖恈〗 탐낼 모 | 尤 | ぼう(ムサボル) *covet*

10 〖恖〗 思(p. 564)의 本字

6/10 〖恕〗 용서할 서 | 御ㄕㄨˋ (shu) | じょ(ユルス) *pardon*

古 忞

源 會意·形聲. 남[如 : 汝]을 나와 같이 보는 마음가짐[心]이란 뜻.

풀이 ①용서하다. ¶竊自一<史記>/一宥. ②어질다. 남의 처지를 잘 헤아려 줌. ¶忠一而已矣<論語>/一思.

▷強一, 寬一, 矜一, 篤一, 宥一, 容一, 宥一, 仁一, 情一, 忠一

6
9〖恂〗 1 정성 순 2 갑자기 순 | 眞 ㄒㄩㄣˊ (xun) 震 | じゅん (マコト) *truth*

풀이 1 ①정성. 참된 마음. ②미쁘다. ¶且—師士之言可也<列子> ③사물의 형용. ¶——. ④두려워하다. 두려워서 떪. ¶惴慄—懼<莊子> 2 ①갑자기. ¶—然棄而走<莊子> ②꽉 죄다. 다잡음. ¶瑟兮僩兮者 —慄也<大學> ③깜짝거리다. 通 眴. ¶女恂然有—目之志<莊子>

6
9〖恃〗 믿을 시 | 紙 ㄕˋ 寘 (shi) | じ (タノム) *rely*

풀이 믿다. ㉮믿고 의지하다. ¶余以蘭爲可—兮<楚辭> ㉯어머니의 이칭. ¶無父何怙 無母何—<詩經>
【恃而不恐】じシテオソレズ (시이불공) 믿는 바가 있어 두려워하지 아니함.
▷矜—, 負—, 憑—, 依—, 倚—, 怙—

6
10〖息〗 숨쉴 식 | 職 ㄒㄧˊ (xi) | そく (イキ) *breathe*
同 㤵

풀이 ①숨쉬다. ¶屛氣 似不—者<論語> ②한 호흡. 숨 한 번 쉬는 동안. ¶不容—<史記> ③낳다. 通 孳. ¶水火相—<易經> ④자라다. 기름. ¶有國之君不—牛羊<荀子> ⑤번식하다. 퍼짐. ¶不能則炎—而禍生<漢書> ⑥아이. 자식. ¶ 老臣賤—舒祺<戰國策> ⑦이자. ¶貸錢者 多不能與其—<史記> ⑧쉬다. ¶無恒安—<詩經> ⑨여관. 휴게소. ¶野之道路宿—井樹<周禮> ⑩그치다. 멎음. 通 熄. ¶戰攻不—<戰國策> ⑪망하다. 멸(滅)함. ¶其政—<中庸> ⑫어조를 고르는 조사. 通 思. ¶南有喬木 不可休—<詩經> ⑬나라 이름. 주(周)대에 지금의 하남성(河南省) 있던 나라. ¶—侯伐鄭<左氏傳>
【息肩】そくけん (식견) ①짐을 부리고 어깨를 쉰다는 뜻으로, 책임을 벗음을 이름. ②어깻숨을 쉼.
【息耕】そくこう (식경) 양수사(量數詞)의 하나. 논이나 밭의 하루갈이를 여섯으로 나눈, 면적을 나타내는 단위.
【息男】そくだん·そくなん (식남) 내가 낳은 아들.
【息女】そくじょ (식녀) 내가 낳은 딸.
【息利】そくり (식리) 이자. 利息(이식). 息錢(식전). 息銀(식은).
【息婦】そくふ (식부) 아내를 낮추어 이르는 말. 媳婦(식부).
【息愼】そくしん (식신) ①고대 동북 아시아 민족의 한 갈래. 肅愼(숙신). ②8릉(陵)의 하나. 중국 남방에 있는 능(陵) 이름.
【息壤在彼】そくじょうかしこにあり (식양재피) 약속은 지켜야 함을 이름. 진(秦) 무왕(武王)이 감무(甘茂)와 식양(息壤)에서 한 맹세를 깨뜨리려 하자, 감무가 식양이 저기 있는데[息壤在彼]라 하여 맹세를 지키게 한 옛일에서 온 말.
【息偃】そくえん (식언) 누워 쉼.
【息影】そくえい (식영) 그림자를 쉬게 함의 뜻으로, 활동을 멈추고 쉼. 한거(閑居)함.
【息止】そくし (식지) 그침. 멈춤.
【息喘】そくせん (식천) 숨이 참.
▷慨—, 憩—, 姑—, 歸—, 氣—, 娩—, 寐—, 脈—, 弭—, 微—, 蕃—, 屛—, 保—, 不—, 鼻—, 生—, 棲—, 消—, 蘇—, 衰—, 宿—, 瞬—, 兒—, 安—, 案—, 晏—, 偃—, 掩—, 女—, 燕—, 令—, 寧—, 愚—, 遊—, 利—, 自彊不—, 子—, 孳—, 滋—, 殘—, 長—, 長太—, 絶—, 停—, 靜—, 調—, 止—, 窒—, 喘—, 寢—, 嘆—, 歎—, 太—, 胎—, 痛—, 退—, 閉—, 脅—, 休—

9〖㤵〗 息(p.568)과 同字

10〖悉〗 悉(p.571)과 同字

6
10〖恙〗 근심 양 | 漾 ㄧㄤˋ (yang) | よう (ツツガ) *anxiety*

풀이 ①근심. 근심함. ¶何—不已<史記> ②병(病). ¶皆亡—<漢書> ③진드기의 유충. 독충(毒蟲). 通 蛘.
▷無—, 微—, 心—, 痾—, 疹—, 疾—, 布帆無—, 疲—

6
10〖恚〗 성낼 에 | 霽 ㄏㄨㄟˋ (hui) | けい, い (イカル) *angry*

9〖悄〗 悄(p.571)의 俗字

9〖悦〗 悅(p.571)의 俗字

6
10〖恩〗 은혜 은 | 元 ㄣ (en) | おん (メグミ) *favor*

풀이 ①은혜. ②은혜로이 여기다. 고마와함. ③인정. 동정심. ¶今—足以及禽獸<孟子>
【恩顧】おんこ (은고) ①은혜로이 돌보아 줌. 어여삐 여겨 돌보아 줌. ②임금의 특별한 은총. 또는, 임금의 총애를 받는 사람.
【恩功】おんこう (은공) 은혜와 공.
【恩仇】おんきゅう (은구) 은혜와 원수. 恩讐(은수).
【恩貸】おんたい (은대) ☞ 恩惠(은혜).
【恩德】おんとく (은덕) 은혜.
【恩祿】おんろく (은록) 임금이 주는 녹(祿).
【恩命】おんめい (은명) 임금의 고마운 말씀이라는 뜻으로, 임금이 내리는 임관(任官)이나 유죄(宥罪)의 명령.
【恩傅】(은부) ☞ 恩師(은사)①.
【恩師】おんし (은사) ①스승. 恩傅(은부). ②《佛》 중이 된 후 처음 길러 준 스님.
【恩赦】おんしゃ (은사) ①천자의 특사(特赦). ②국가에 경사가 있을 때 일정한 죄인을 석방하는 일.
【恩賜】おんし (은사) ①임금이 내려 줌. ②임금이 내려 준 물건.
【恩賞】おんしょう (은상) ①임금이 상을 내림. ②임

금이 내린 상.
【恩讐】おんしゅう(은수) 은혜와 원수. 恩仇(은구).
【恩愛】おんあい·おんない(은애) ①은혜와 도타운 애정. ②부모 자식 사이나 부부간의 애정. ③(佛) 어버이와 자식 또는 부부의 은정에 집착하여 떨어지기 어려운 일. 「총.
【恩遇】おんぐう(은우) 은혜롭게 대우함. 임금의 은
【恩怨】おんえん(은원) 은혜와 원수.
【恩義】おんぎ(은의) 은혜와 의리. 인정과 도리. 恩誼(은의).
【恩誼】おんぎ(은의) ☞恩義(은의).
【恩人】おんじん(은인) 은혜를 끼친 사람.
【恩引】おんいん(은인) 남의 초대의 경어.
【恩典】おんてん(은전) ①은혜를 베푸는 일. ②나라에서 내리는 혜택의 특전.
【恩詔】おんしょう(은조) 임금의 은혜로운 말.
【恩寵】おんちょう(은총) ①은우(恩遇)와 총애. 높은 이에게서 받는 특별한 은혜와 사랑. ② 기독교에서, 하나님의 인류에 대한 사랑.
【恩澤】おんたく(은택) 은혜로운 덕택.
【恩惠】おんけい(은혜) 베풀어 주는 혜택. 고마움. 신세. 恩貸(은대).
▷感—, 舊—, 國—, 君—, 大—, 背—, 報—, 四—, 私—, 師—, 盛—, 聖—, 受—, 殊—, 酬—, 愛—, 雨露—, 優—, 隆—, 仁—, 一飯—, 慈—, 積—, 朝—, 主—, 重—, 天—, 親—, 荷—, 海嶽—, 惠—, 洪—, 鴻—, 皇—, 厚—

6 10 〖恁〗 ①생각할 임 ②당신 님 | 沁 ㄖㄣˋ (ren) | いん, じん (オモウ) | 侵 ㄋㄧㄣˊ (nin) | にん think

풀이 ①①생각하다. ¶亦宜勤—旅力<後漢書> ②이같이. 이러한. ¶漢臣當—地豈有實心爲社稷者<程伊川> ②당신. ㉠您.

9 〖⿰忄任〗 恁(p.569)과 同字

6 10 〖恣〗 방자할 자 | 寘 ㄗˋ (zi) | し(ホシイママ) arrogant
【恣意】しい(자의) 제 뜻대로 함. 恣心(자심).
【恣行】しこう(자행) ①방자한 행실. ②제멋대로 함.
▷強—, 洸洋自—, 狂—, 驕—, 忌—, 放—, 奢—, 專—, 躁—, 縱—, 震—, 瞋—, 僭—, 擅—, 侵—, 貪—, 暴—, 狠—, 豪—, 荒—, 凶—

6 9 〖恌〗 ①성의 없을 조 ②근심할 요 | 蕭 ㄊㄧㄠ (tiao) 蕭 | ちょう よう worry

6 10 〖恥〗 부끄러워할 치 | 紙 ㄔˇ (chi) | ち(ハジ) shame
㊗耻
풀이 ①부끄러워하다. ¶其心愧— 若撻于市<書經> ②부끄럼. 도(道)에 어긋남을 부끄러워하는 마음. ¶人不可以無—<孟子> ③욕. 남에게 당한 부끄러움. ¶越王苦會稽之—<呂覽>
【恥骨】ちこつ(치골) 골반의 앞 아래를 구성한, 거웃이 나는 곳에 있는 뼈.
【恥辱】ちじょく(치욕) 부끄럼과 욕됨.
▷愧—, 國—, 大—, 無—, 小—, 羞—, 深—, 廉—, 破廉—, 會稽—, 悔—, 詬—

6 9 〖恜〗 조심할 칙 | 職 | ちょく(ツツシム) cautious

6 9 〖⿰忄宅〗 ①헤아릴 탁 ②정하지 못할 차 | 藥 ㄔㄚˋ (cha) 麻 | たく (ハカル) た

풀이 ①헤아리다. ㉺度. ②①정하지 못하다. ②멍한 모양. ¶—傺.

6 9 〖恫〗 ①상심할 통 ②뜻 못 얻을 동 | 東 ㄊㄨㄥ (tong) 送 ㄉㄨㄥˋ (dong) | どう (イタム) どう

풀이 ①①상심하다. ㉺侗 慟. ¶神罔時—<詩經> ②두려워하다. ¶—疑虛喝<史記> ②뜻을 얻지 못하다. 뜻을 얻지 못한 모양. ¶愡—.

6 9 〖恨〗 한할 한 | 願 ㄏㄣˋ (hen) | こん(ウラム) deplore
㊍⿰忄𥃩
풀이 ①한하다. ㉮원한을 품다. ¶知公子—之復返也<史記> ㉯원망하며 슬퍼하다. ¶—別鳥驚心<杜甫> ㉰유감으로 생각하다. ¶—不移封向酒泉<杜甫> ②뉘우치다. 애석하게 여겨 뉘우침. ¶至今大—<史記> ③한. ¶抱—而入地<漢書>
【恨死】こんし(한사) ①원한을 품고 죽음. ②뉘우치며 죽음. 恨은 悔.
【恨事】こんじ(한사) 한탄스러운 일. 억울한 일.
【恨人】こんじん(한인) 다정다한(多情多恨)한 사람. 감상적인 사람.
【恨歎】こんたん(한탄) 원통하거나 한스러운 일이 있을 때, 한숨쉬며 하는 탄식.
▷感—, 客—, 愧—, 仇—, 忌—, 羈—, 多—, 萬—, 別—, 忿—, 悲—, 羞—, 愁—, 猜—, 深—, 暗—, 哀—, 恚—, 餘—, 忤—, 惋—, 憂—, 怨—, 冤—, 幽—, 遺—, 離—, 殘—, 長—, 情—, 嗔—, 慙—, 悵—, 愴—, 凄—, 鎖—, 秋—, 追—, 春—, 歎—, 痛—, 妒—, 嫌—, 悔—

9 〖⿰忄𥃩〗 恨(p.569)의 本字

6 9 〖恒〗 ①항상 항 ②뻗칠 긍 | 蒸 ㄏㄥˊ 徑 (heng) | こう(ツネ) always こう
㊍恆
풀이 ①①항상. ¶不—其德<易經> ②변하지 아니하다. ¶—星不見<左氏傳> ③

64괘(卦)의 하나. 손하진상(巽下震上). ䷟. 항구 불변의 상(象). ④고법(故法). 고사(故事). ¶文繡有一<禮記> ⑤온순하다. ¶一民. ⑥5악(嶽)의 하나. ¶一衛既從<書經> [2]①뻗치다. 두루 미침. [通]亘. ¶一以年歲<漢書> ②반달. 현월(弦月). ¶如月之一<詩經>

【恒久】こうきゅう(항구) 변함없이 오램. ¶一的.

【恒茶飯】(항다반)[韓] 늘 있는 예사로운 일.

【恒德】こうとく(항덕) 일정불변의 덕.

【恒例】こうれい(항례) ①두루 있는 사례. ②정기적인 행사.

【恒慕】こうぼ(항모) 늘 사모함.

【恒民】こうみん(항민) 온순한 백성. 보통 사람.

【恒山】こうざん(항산) 중국 5악(嶽)의 하나. 하북성 곡양현(曲陽縣) 서북에 있음. 北嶽(북악). 常山(상산).

【恒産】こうさん(항산) ①생활할 수 있는 일정한 재산. ②일정한 생업.

【恒常】こうじょう(항상) 늘. 언제나.

【恒性】こうせい(항성) ①변하지 않는 성질. ②누구에게나 있는 성질.

【恒星】こうせい(항성) 스스로 빛을 내며, 지구에서 볼 때 천구상(天球上)의 위치가 변하지 않는 별. 태양, 28수(宿) 따위. 붙박이별. 定星(정성). ↔遊星(유성).

【恒速】こうそく(항속) ①항상 빠름. ②일정한 속도.

【恒心】こうしん(항심) 늘 지니고 있는 마음. ¶若民則無恒産 因無一<孟子>

【恒娥】こうが(항아) 달에 있다는 선녀 이름. 姮娥(항아).

【恒言】こうげん(항언) 늘 쓰는 말. 늘 하는 말. 보통말.

【恒業】こうぎょう(항업) 일정한 직업. 일정한 생업.

【恒用】こうよう(항용) 보통. 늘.

【恒醫】こうい(항의) 보통 의사. 평범한 의사.

【恒人】こうじん(항인) 보통 사람. 凡人(범인).

【恒制】こうせい(항제) 영구불변한 제도.

▷安一, 有一, 和一

9 〖恆〗 恒(p. 569)의 本字

9 〖恊〗 協(p. 239)・愶(p. 588)과 同字

10 〖恵〗 惠(p. 579)의 略字

6 9 〖恍〗 황홀할 황 | [養]ㄏㄨㄤˇ (huang) | こう(ホノカ) *ecstasy*

[풀이]①황홀하다. ¶一惚. ②미묘하여 알기 어려운 모양. ¶道之爲物 惟一惟惚 惚兮一兮 其中有物<老子> ③어슴푸레하다. ¶一旦一然 似有以得其要領者<朱熹>

【恍惚】こうこつ(황홀) ①미묘하여 헤아려 알 수 없는 모양. ②한 가지 사물에 마음이나 정신이 쏠려 어리둥절함. 怳惚(황홀). 恍忽(황홀). 慌惚(황홀).

9 〖㤺〗 慌(p. 589)과 同字

6 9 〖恢〗 넓을 회 | [灰]ㄏㄨㄟ (hui) | かい(ヒロイ) *wide*

[풀이]①넓다. ㉮넓고 크다. ¶天網一一 疏而不失<老子> ㉯마음이 크고 넓다. ¶一詭譎怪<莊子> ②넓히다. ¶一我疆宇 外博四荒<漢書> ③갖추다. 갖추어짐. ¶有事則有不一矣<呂覽> ④돌이키다. [通]回. ¶一復.

【恢復】かいふく(회복) 이전 상태로 되돌림. ※回復(회복).

【恢然】かいぜん(회연) 큰 모양. 넓은 모양.

【恢恢】かいかい(회회) ①넓고 큰 모양. 크게 포용(包容)하는 모양. ②여유가 있는 모양.

6 9 〖恛〗 혼란할 회 | [灰] | かい

6 9 〖恤〗 구휼할 휼 | [質]ㄒㄩˋ (xu) | じゅつ(メグム) *relieve*

[풀이][通]卹. ①구휼하다. ¶一孤寡<禮記> ②근심. 근심함. ¶胡轉予于一<詩經> ③가엾이 여기다. ¶上一孤而民不倍<大學> ④돌보다. ¶不一楚交<戰國策>

【恤問】(휼문) 가엾이 여겨 위문함.

【恤民】じゅつみん(휼민) 이재민을 구제함.

【恤兵】じゅっぺい(휼병) 전쟁에 나간 장병에게 금품을 보내어 위로함.

【恤典】じゅってん(휼전) 정부에서 이재민을 구제하는 은전(恩典).

▷救一, 勤一, 矜一, 撫一, 憫一, 保一, 不一, 憂一, 優一, 慰一, 恩一, 隱一, 弔一, 存一, 拯一, 賙一, 振一, 惠一

6 9 〖恓〗 미칠 휼 | [質]ㄒㄩˋ (xu) | きつ(クルウ) *mad*

[풀이]①미치다. 머리가 돎. [같]怴. ¶曷爲以二日卒之 一也<公羊傳> ②성내다.

6 9 〖恟〗 두려워할 흉 | [冬]ㄒㄩㄥ (xiong) | きょう(オソレル) *fear*

6 9 〖恰〗 마치 흡 [本]겹 | [洽]ㄑㄧㄚˋ (qia) | こう(アタカモ) *alike*

[풀이]①마치. 흡사. ¶野航一受兩三人<杜甫> ②새 우는 소리. ¶自在嬌鶯一一啼<杜甫>

【恰似】アタカモニタリ(흡사) 거의 같음. 비슷함.

7 10 〖悈〗 신칙할 계 | [卦]ㄐㄧㄝˋ (jie) | かい *admonition*

7 10 〖悃〗 정성 곤 | [阮]ㄎㄨㄣˇ (kun) | こん(マコト) *sincerity*

10 〖悩〗 惱(p. 581)의 俗字

10 〖悩〗 惱(p. 581)의 略字

7 11 〖您〗 당신 닌 | ㄋㄧㄣˊ (nin)

※你의 속자로, 경어(敬語)에서만 쓰임.

7/10 【悢】 슬퍼할 량 | 漾 りょう(カナシム)

풀이 ①슬퍼하다. ¶——. ②돌보다. 돌보는 모양. ¶——.

10 【㤊】 劣(p.219)과 同字

7/10 【悧】 영리할 리 | 寘 ㄌㄧˋ (li) | り(サトイ) | *bright*

▷怜—

10 【㤨】 吝(p.281)과 同字

10 【㤭】 恪(p.571)의 俗字

7/10 【恾】 바쁠 망 | 陽 ㄇㄤˊ (mang) | ぼう

풀이 ①바쁘다. ㊌忙. ②겁내다. ¶子產—然 無以應之<列子>

【恾然】ぼうぜん(망연) 겁내는 모양. ¶子產—<列子>

7/10 【悗】 잊을 문 | 阮 ぼん

풀이 ①잊다. ¶—乎忘其言也<莊子> ②홀몸인 모양. ③정직한 모양.

7/10 【悚】 두려워할 송 | 腫 ㄙㄨㄥˇ (song) | しょう | *fear*

풀이 ①두려워하다. ¶不憖不—<孔子家語>/—懼/—然. ②허둥거리다.

11 【㥐】 肅(p.1224)의 古字

7/11 【悉】 다 실 | 質 ㄒㄧ (xi) | しつ(コトゴトク) | *all*

㊉忞 ㊐悉

풀이 ①다. 모두. ¶—率百禽<張衡> ②다하다. ㉮다 알다. ¶上所問禽獸簿 甚—<漢書> ㉯궁구하다. ¶至孅至—<漢書> ㉰다 갖추다.

【悉達】しった(실달)《佛》 석가가 출가하기 전 정반왕(淨飯王)의 태자일 때의 이름. 悉達多(실달다). 悉多(실다).

【悉達多】しったた·しったるた(실달다) ☞悉達(실달).

【悉曇】しったん(실담) ①《佛》 범어(梵語)로, 성취(成就)의 뜻. ②범어의 자음과 모음의 총칭. siddham. ㉮실자(悉字)의 한 가지. 悉曇文字(실담문자). ㉯실담 문자로 씌어진 학문.

【悉曇文字】しったんもじ(실담문자) 범어의 자모. 자음 35자, 모음 12자.

【悉心】しっしん(실심) 마음을 다함.

【悉盡】しつじん(실진) 죄다. 남김 없이.

▷究—, 詳—, 酬—, 熟—, 識—, 審—, 諳—, 嚴—, 練—, 委—, 精—, 綜—, 周—, 知—, 陳—, 該—

11 【悪】 惡(p.575)의 俗字

11 【㤥】 忢(p.560)와 同字

7/11 【悆】 잊을 여 | 御 よ(ワスレル)

7/10 【悇】 1 근심할 여 | 御 よ(ウレエル) 2 의심스러울 도 | 虞 と

풀이 1 근심하다. ㊌悆. ¶—憛. 2 의심스럽다. 화복(禍福)이 미정(未定)인 모양.

7/10 【悁】 1 성낼 연 2 조급할 견 | 先 ㄐㄩㄢ 霰 (juan) | えん(イカル) けん

풀이 1 ①성내다. ¶棄忿—之節<史記> ②근심하다. ¶——. 2 조급하다. 초조해함. ¶果以輕—而至於窮<南史>

▷結—, 煩—, 忿—

7/10 【悅】 기쁠 열 | 屑 ㄩㄝˋ (yue) | えつ(ヨロコブ)

풀이 ㊋說 兌. ①기쁘다. ㉮마음이 즐겁다. ¶喜—. ㉯기뻐하다. 즐거워함. ¶海內同—<張衡> ②따르다. 심복(心服)함. ¶我心則—<詩經>

【悅樂】えつらく(열락) 기뻐하고 즐거워함. 悅豫(열예).

【悅服】えっぷく(열복) 기쁜 마음으로 복종함.

▷感—, 恐—, 大—, 滿—, 法—, 抃—, 愛—, 悟—, 容—, 流—, 愉—, 諛—, 夷—, 親—, 耽—, 和—, 喜—

7/10 【悟】 깨달을 오 | 遇 ㄨˋ (wu) | ご(サトル) | *realize*

㊉悉

풀이 ①깨닫다. ¶慧然獨—<素問> ②깨달음. ¶有所覺之謂—<困知記> ③이해가 빠르다. ¶阿連才—如此<南史> ④깨우치다. 계발(啓發)함. ㊋寤. ¶怛驚—兮無聞<潘岳>

【悟道】ごどう(오도)《佛》 번뇌를 해탈하고 불계에 들어갈 수 있는 부처의 가르침.

【悟道頌】ごどうしょう(오도송)《佛》 승려들이 부처의 도를 깨닫고 그 기쁨 등을 노래한 시가.

【悟性】ごせい(오성) ①영리한 천성. ②사물을 합리적으로 생각하는 힘. 이성(理性)과 감성(感性) 중간에 있는 논리적 사유(思惟) 능력. ¶—論.

▷覺—, 感—, 彊—, 開—, 警—, 啓—, 機—, 朗—, 大—, 頓—, 明—, 妙—, 敏—, 爽—, 省—, 醒—, 識—, 神—, 英—, 領—, 了—, 圓—, 精—, 眞—, 徹—, 淸—, 超—, 聽—, 諷—, 解—, 玄—, 豁—, 悔—, 會—, 曉—

7/10 【悞】 그릇될 오 | 遇 ㄨˋ (wu) | ご

풀이 ①그릇되다. 착오로 잘못을 저지름. ㊌誤. ②속이다. ③㊥ 게으름을 피다.

7 11 【悠】 멀 유 | 漢 ㄧㄡ (you) | ゆう(トオイ) *far*

풀이 ①멀다. ㉮거리가 멀다. ¶於乎一哉<詩經>/一遠. ㉯아득히. 시간상 멀리. ¶一久無疆<中庸> ②생각하다. 느낌. ¶一哉一哉<詩經> ③한가로이. 한가한 모양. ¶紛焱一以容裔<張衡> ④많은 모양. ¶一一者皆是<後漢書>

【悠久】ゆうきゅう(유구) 아득하게 오램.

【悠然】ゆうぜん(유연) 침착하여 서두르지 않는 모양. 여유가 있는 모양. ¶采菊東籬下 一見南山<陶潛>

【悠悠】ゆうゆう(유유) ①아득하게 멂. ②움직임이 느리거나 태연함. ③두루 미치는 모양. ¶一者天下皆是也 而誰以易之<史記> ④많은 모양. ⑤생각하는 모양. ¶瞻彼日月 一我思<詩經>

【悠悠自適】ゆうゆうじてき(유유자적) 세속의 번거로움에서 벗어나 태연히 생활을 즐김.

【悠長】ゆうちょう(유장) 오래고 길다는 뜻으로, 아등바등함이 없이 늘쩡거림.

【悠忽】ゆうこつ(유홀) 빈둥거리며 세월을 보냄. 悠悠忽忽(유유홀홀). ¶我誕謾而一<淮南子>

▷悠一, 幽一

7 10 【悒】 근심할 읍 | 緝 ㄧˋ (yi) | ゆう(ウレエル) *worry*

풀이 ①근심하다. 즐겁지 아니함. ¶武發殺殷何所一<楚辭> ②흐느끼다. ¶舒息一而增欷兮<司馬相如> ③마음이 무거운 모양. ¶一一.

▷勞一, 愁一, 怏一, 悁一, 憂一, 鬱一

11 【悉】 慈(p. 585)와 同字

11 【怎】 怍(p. 566)과 同字

7 10 【悛】 고칠 전 | 先 ㄑㄩㄢ (quan) | しゅん(アラタメル) *correct*

풀이 ①고치다. ¶長惡不一<左氏傳>/一志/一心. ②잇다.

▷改一, 悛一, 悔一

7 10 【悌】 공경할 제 | 霽 ㄊㄧˋ (ti) | てい(スナオ) *respectful*

源 會意·形聲. 아우[弟]로서 형을 따르는 마음가짐[心]을 뜻함. 弟가 음을 이룸.

풀이 通弟. ①공경하다. 연장자를 섬기는 일. ¶入則孝 出則一<孟子> ②화락하다.

【悌弟】ていてい(제제) 형에게 유순한 아우. 弟弟(제제).

▷愷一, 謹一, 友一, 仁一, 長一, 和一, 孝一

11 【悐】 惕(p. 578)과 同字

10 【悐】 悐(p. 572)과 同字

7 11 【悊】 공경할 철 | 屑 ㄓㄜˊ (zhe) | てつ

7 10 【悄】 1 근심할 초 | 篠 ㄑㄧㄠˇ | しょう 2 엄할 초 | 嘯 (qiao) | しょう

풀이 1 ①근심하다. ¶勞心一兮<詩經> ②고요하다. 조용함. ¶月白夜一<張說> 2 엄하다. 엄격함.

11 【悤】 怱(p. 566)의 本字

7 10 【悖】 1 어그러질 패 | 隊 ㄅㄟˋ | はい 2 일어날 발 | 月 (bei) | ぼつ

풀이 1 어그러지다. 㗊詩. ¶道竝行而不相一<中庸>/一道. 2 일어나다. 우쩍 일어남. 通孛 勃. ¶其興也一焉<左氏傳>

【悖談】はいだん(패담) 이치에 어긋나는 말. 誖談(패담). 悖說(패설).

【悖德】はいとく(패덕) 덕의(德義)에 어그러짐. 도리에 어긋난 행실.

【悖倫】はいりん(패륜) 인륜(人倫)에 어긋남. ¶一兒.

【悖理】はいり(패리) 사리에 어긋남.

【悖說】はいせつ(패설) ☞悖談(패담). ¶淫談一.

【悖惡】はいあく(패악) 도리에 어긋나고 악함.

【悖逆】はいぎゃく(패역) 모반(謀叛)함. 모반.

【悖子】(패자) 천륜(天倫)을 거역한 자식. 悖子逆孫(패자역손).

【悖子逆孫】(패자역손) ☞悖子(패자).

▷狂一, 驕一, 慢一, 猖一, 貪一, 暴一, 行一, 荒一, 凶一

10 【悑】 怖(p. 566)의 本字

7 10 【悍】 사나울 한 | 翰 ㄏㄢˋ (han) | かん(タケシイ) *wild*

풀이 ①사납다. ¶妻一忌 不得蓄媵妾<後漢書> ②성급하다. ¶其俗愚一少慮<漢書> ③세차다. ¶水湍一<史記> ④눈을 부릅뜨다. 通睅. ¶瞵一目以旁睞<潘岳> ⑤날카롭다. ¶石藥之氣一<素問>

【悍勇】かんゆう(한용) 사납고 용맹스러움.

▷剛一, 彊一, 勁一, 輕一, 果一, 獷一, 趫一, 猛一, 銳一, 驁一, 勇一, 雄一, 精一, 慓一

10 【悓】 俔(p. 117)과 同字

10 【悏】 愜(p. 586)과 同字

7 11 【患】 근심 환 | 諫 ㄏㄨㄢˋ (huan) | かん(ワズラウ) *anxiety*

源 會意. 마음[心]에 걸리는 일이 염주알을 꿰듯이[串] 이어짐의 뜻.

풀이 ①근심. ㉮근심. 걱정. ¶思則有備 有備無一<左氏傳> ㉯고통. 고난. ¶而無後一<戰國策> ㉰재해(災害). ¶君子以思一 而豫防之<易經> ㉱병(病).

¶遇風— 手足不隨<北史> ②근심하다. 걱정함. ¶不—人之不己知<論語> ③앓다. ¶疾—不能自存<晋書>
【患難】かんなん(환난) 근심 걱정과 재난.
【患難相救】かんなんアイスクウ(환난상구) 환난을 당했을 때 서로 구원함. 患難相恤(환난상휼).
【患亂】かんらん(환란) 재난. 병란(兵亂).
【患部】かんぶ(환부) 아픈 곳. 상처가 난 곳.
【患憂】かんゆう(환우) 근심함. 근심.
【患者】かんじゃ(환자) 병을 앓는 사람.
【患節】(환절)(韓) 병의 상태란 뜻으로, 남 또는 웃사람에게 병을 물을 때 쓰는 말.
【患候】(환후)(韓) 웃어른을 높이어 그의 병을 이르는 말. 病患(병환).
▷艱—, 咎—, 寇—, 國—, 近—, 急—, 內—, 老—, 大—, 邊—, 病—, 蕭牆—, 水—, 外—, 憂—, 重—, 疾—, 親—, 風—, 禍—, 後—

7 10【悝】 1 농할 회 (本)괴 2 근심할 리 | 灰 ㄎㄨㄟ (kui) 紙 | かい(アザケル) り
풀이 1 ①농하다. 通 詼. ¶由余以西戎孤臣而—穆公於宮室<張衡> ②사람 이름. 2 ①근심하다. ②슬퍼하다.

7 10【悔】 뉘우칠 회 | 隊 ㄏㄨㄟˇ 賄 (hui) | かい(クヤム) *repent* 同 㥑
풀이 ①뉘우치다. ㉮애석하게 여기다. 한(恨)함. ¶雖九死其猶未—<楚辭> ㉯잘못을 깨닫다. ¶亭長乃慙—還牛<後漢書> ②뉘우침. ㉮한(恨). ¶則寡—<論語> ㉯잘못. ¶蹇咎免—<後漢書> ③깔봄. 얕봄. 通 侮. ¶庶無大—<詩經> ④주역의 외괘(外卦). 64괘에서 위에 있는 8괘. ¶內卦曰貞 外卦曰—<書經·注>
【悔改】かいかい(회개) 전의 잘못을 뉘우쳐 고침.
【悔過】かいか(회과) 잘못을 뉘우침.
【悔戾】かいれい(회려) 죄. 과실.
【悔淚】かいるい(회루) 잘못을 뉘우치는 눈물.
【悔謝】かいしゃ(회사) 뉘우쳐 사과함.
【悔心】かいしん(회심) 뉘우치는 마음.
【悔悟】かいご(회오) 잘못을 뉘우쳐 깨달음.
【悔恨】かいこん(회한) 뉘우치고 한탄함. 悔吝(회린).
▷憾—, 改—, 去—, 愆—, 困—, 過—, 其—, 反—, 悲—, 傷—, 羞—, 餘—, 五—, 悟—, 往—, 畏—, 尤—, 怨—, 六—, 前—, 慙—, 懺—, 悵—, 千—, 追—, 痛—, 恨—, 亢龍—, 亢—, 患—, 後—

11【㥑】 悔(p. 573)와 同字

7 10【悕】 슬퍼할 희 | 微 ㄒㄧ (xi) | き(カナシム) *be sad about*

11【㤼】 怯(p. 562)의 俗字

8 11【悸】 두근거릴 계 | 寘 ㄐㄧˋ (ji) | き(ムナサワギ) *palpitate*
풀이 ①두근거리다. ¶肌戰心—<後漢書> ②가슴이 두근거리는 병. 通 痵. ¶使我至今病—<漢書> ③두려워하다. ¶惶—兮失氣<楚辭> ④띠가 축 늘어진 모양. ¶垂帶—兮<詩經> ⑤절도(節度)가 있는 모양. ¶垂其紳帶 ——然有節度<詩經·注>
▷驚—, 恐—, 兢—, 動—, 悲—, 悚—, 羞—, 慴—, 心—, 戰—, 震—, 慙—, 悽—, 追—, 怖—, 惶—

8 11【悾】 1 정성 공 2 경황 없을 공 3 뜻 못얻을 공 | 東 ㄎㄨㄥ 董 (kong) 送 | こう(マコト)
풀이 1 ①정성. ¶苟明公有以察其—款 言豈在多<晋書> ②삼가다. 2 경황이 없다. 뜻을 얻지 못한 모양. 3 뜻을 얻지 못하다.

8 12【悹】 근심할 관 | 翰 | かん(ウレエル) *worry*
풀이 ①근심하다. ②의지할 곳 없는 모양. ¶泛然去中流 鷄呼心——<梅堯臣>

11【悺】 悹(p. 573)과 同字

11【惧】 懼(p. 601)의 俗字

8 11【惓】 1 삼갈 권 2 싫증날 권 | 先 ㄑㄩㄢˊ 霰 (quan) | けん
풀이 1 ①삼가다. ②정성스럽다. ¶——之心 冀幸補一言<列女傳> 2 싫증나다. 피곤함. 같 倦.

8 12【惎】 해칠 기 | 寘 ㄐㄧˋ (ji) | き(ソコナウ) *injure*
풀이 ①해치다. ¶—間王室<左氏傳> ②미워하다. ¶趙襄子由是—智伯<左氏傳> ③가르치다. ¶天啓其心 人—之謀<張衡>
▷啓—, 讒—

11【惎】 惎(p. 573)와 同字

8 12【惄】 허출할 녁 | 錫 ㄋㄧˋ (ni) | でき(ウエル) *hungry*
풀이 ①허출하다. ¶—如調飢<詩經> ②근심하다. 걱정함. 通 愵. ③생각하다. 마음 아프게 생각함. ¶—焉如擣<詩經>

12【㥃】 怛(p. 563)과 同字

8 11【惔】 탈 담 | 覃 ㄊㄢˊ (tan) | たん(ヤケル) *burn*
풀이 ①타다. 通 炎. ㉮불이 타다. ¶如—如焚<詩經> ㉯속이 타다. ¶憂心如—<詩經> ②편안하다. 通 倓 憺. ¶以

恬一爲上者＜莊子＞

12〖悳〗 德(p. 553)과 同字

12〖悳〗 德(p. 553)과 同字

8/11〖悼〗 슬퍼할 도 | [號]ㄉㄠˋ (dao) | とう(イタム) *grieve*

㊐ 悹

[풀이] ①슬퍼하다. ㉮남의 죽음을 슬퍼하다. ¶哀一. ㉯마음 아파하다. ¶墨子聞而一之＜淮南子＞ ②두려워하다. ¶隱一播越＜國語＞ ③마음이 동하다. ④앓다. ⑤아이의 죽음. 일곱 살 정도 어린 아이의 죽음. ¶七年曰一＜禮記＞

【悼歌】とうか(도가) 죽은 사람을 슬퍼하는 노래. 挽歌(만가).

【悼亡】とうぼう(도망) 아내의 죽음을 슬퍼함. ¶白日期偕老 幽泉忽一＜孫逖＞

▷驚一, 怛一, 旄一, 憫一, 悲一, 傷一, 深一, 哀一, 憂一, 軫一, 震一, 嗟一, 悽一, 寵一, 追一, 歎一, 痛一

12〖悹〗 悼(p. 574)와 同字

8/11〖惇〗 도타울 돈 | [元]ㄉㄨㄣ (dun) | とん(アツイ) *hearty*

[풀이] ①도탑다. 인정이 두터움. ㉥敦. ¶一德允元＜書經＞/一篤. ②진실. 참된 마음. ③힘쓰다. 애씀. ¶命夫一誨故老名儒師傳講＜班固＞

【惇厚】とんこう(돈후) 인정이 두터움. 敦厚(돈후). ¶孝弟一＜漢書＞

8/11〖惏〗 ①탐할 람 ②떨릴 림 | [覃][侵]ㄌㄢˊ (lan) | らん りん

8/11〖悷〗 서러워할 려 | [霽] | れい(カナシム) *be sad about*

8/11〖惘〗 경황없을 망 | [養]ㄨㄤˇ (wang) | もう, ぼう(アキレル)

8/12〖悶〗 번민할 민 | [願]ㄇㄣˋ (men) | もん(モダエル) *agonize*

㊐ 悗 惛

[풀이] ①번민하다. 마음이 답답함. ¶閉則熱而一＜素問＞/苦一. ②근심하다. 걱정함. ¶處賤不一＜孔子家語＞ ③어둡다. ㊉惛. ¶一一.

▷渴一, 苦一, 迷一, 煩一, 愁一, 憂一, 鬱一, 滯一

12〖悗〗 悶(p. 574)과 同字

11〖惛〗 悶(p. 574)과 同字

8/11〖悱〗 표현못할 비 | [尾]ㄈㄟˇ (fei) | ひ(イイナヤム)

[풀이] ①표현하지 못하다. 알면서도 말로 표현하지 못함. ¶不一不發＜論語＞ ②슬프다. 슬퍼함. ㉥悲. ¶一憤.

8/12〖悲〗 슬플 비 | [支]ㄅㄟ (bei) | ひ(カナシム) *sad*

[풀이] ①슬프다. ¶北風聲正一＜魏文帝＞ ②슬퍼하다. 마음 아파함. ㉥悱. ¶游子一故鄕＜漢書＞ ③슬픔. 비애. ¶淚翟子之一 慟朱公之哭 ＜孔稚珪＞ ④《佛》 자비(慈悲). 가엾이 여겨 은혜를 베푸는 일. ¶夫言一者 意存饒益 善順物情＜智度論＞

【悲歌】ひか(비가) 슬픈 노래. 또는, 슬프게 노래함. ¶行觴奏一＜謝靈運＞

【悲感】ひかん(비감) 슬픈 감정. 또는, 슬프게 한탄함. ¶尙一發病＜魏志＞

【悲境】ひきょう(비경) 가엾은 처지. 슬픈 경지.

【悲曲】ひきょく(비곡) 슬픈 곡조. 슬픈 노래. 哀曲(애곡). 悲調(비조).

【悲觀】ひかん(비관) ①세사(世事)나 인생을 부정적으로만 보는 일. ¶一的/一論. ↔樂觀(낙관). ②미래의 일이 잘못될 것으로 내다봄.

【悲劇】ひげき(비극) ①인생의 불행한 일을 제재로 하여 고뇌(苦惱), 파멸(破滅), 죽음 등으로 끝맺는 극. ②세상에서 일어난 비참한 일.

【悲戀】ひれん(비련) ①슬픈 심정으로 사모함. ②비참하게 끝난 연애. 哀戀(애련).

【悲鳴】ひめい(비명) ①슬피 욺. 또는, 그런 울음소리. ¶纖條一 聲似竽籟＜宋玉＞ ②다급할 때 지르는 괴로운 부르짖음.

【悲報】ひほう(비보) 슬픈 기별. 슬픈 소식.

【悲憤】ひふん(비분) 슬퍼하고 분개함. ¶一慷慨.

【悲傷】ひしょう(비상) 슬퍼하여 상심함. 悲痛(비통). 悲愴(비창).

【悲愁】ひしゅう(비수) 슬퍼하고 근심함. ¶一不到貴人心＜白居易＞

【悲哀】ひあい(비애) 슬픔. 또는, 슬퍼함.

【悲運】ひうん(비운) 슬픈 운수. 不運(불운).

【悲願】ひがん(비원) ①《佛》 중생을 제도하고자 하는 불보살의 대자대비한 서원(誓願). ②비장(悲壯)한 소원.

【悲壯】ひそう(비장) 슬프면서도 의기가 장함. ¶聲節一 聽者莫不慷慨＜後漢書＞

【悲壯美】ひそうび(비장미) 미(美)의 한 가지. 슬픔과 함께 숭고함이 더불어 있는 아름다움. 강한 슬픔의 감정과 더불어 일어나는 미의식(美意識).

【悲田】ひでん(비전)《佛》 삼복전(三福田)의 하나. 가난한 사람에게 보시(布施)하는 일.

【悲慘】ひさん(비참) 슬프고 처참함. 悲酸(비산).

【悲愴】ひそう(비창) 비통(悲痛)함. 悲傷(비상). ¶往事勿追思 追思多一＜白居易＞

【悲歎】ひたん(비탄) 슬퍼 탄식함. 슬픈 탄식. 悲嗟(비차).

【悲痛】ひつう(비통) 몹시 슬픔. 悲傷(비상).

【悲風】ひふう(비풍) ①구슬픈 느낌을 주는 바람. ¶室虛來一＜潘岳＞ ②가을 바람. ¶寂寞向秋草 一千里來＜高適＞

【悲話】ひわ(비화) 슬픈 이야기.

▷大一, 大慈大一, 傷一, 慈一, 積一, 喜一

8 11【惜】 아낄 석 | 匯ㄒㄧˊ (xi) | せき(オシム) spare

풀이 ①아끼다. ㉮애석하게 여기다. ¶一此景之屢戢＜陸機＞ ㉯사랑하다. 소중히 여김. ¶卿宜自一＜陳書＞ ㉰탐내다. 아끼어 쓰지 않음. ¶諸將貪一貨財＜後漢書＞ ②아깝다. ¶子謂顏淵曰一乎＜論語＞ ③가엾이 여기다.

【惜吝】せきりん(석린) 아낌. ¶輕去之 非所一＜史記＞

【惜命】せきめい(석명) 목숨을 아낌. 惜身(석신). ¶固不爲明朝 惜垂盡之命＜後漢書＞

【惜別】せきべつ(석별) 이별을 아쉬워함. ¶一暮春暉＜韋應物＞

【惜福】せきふく(석복) 검약하여 복을 길이 누리게 함. ¶汝生長富貴 當念一＜宋史＞

【惜陰】せきいん(석음) 광음(光陰)을 아낌. 시간을 소중히 여김. 惜景(석영).

【惜敗】せきはい(석패) 아깝게 짐.

▷顧一, 賣一, 寶一, 哀一, 愛一, 惋一, 吝一, 自一, 珍一, 貪一, 痛一

12【悳】 雖(p.1409)의 古字

8 12【惡】 1 악할 악 | 匯さ (e) | あく(ワルイ) wicked
2 미워할 오 | 匯ㄨ (wu) | お(ニクム) hate
3 어찌 오 | 匯ㄨ (wu) | お(ナンゾ)

㊗悪

풀이 1 ①악하다. ㉮모질다. ¶形相雖善而心術一＜荀子＞ ㉯바르지 못하다. ¶知其美一＜禮記＞ ㉰거칠다. 조악함. ¶一金以鑄鉏夷斤欘＜國語＞ ㉱사납다. 무례함. ¶媺一而無禮者＜周禮＞ ㉲불쾌하다. ¶如惡一臭＜大學＞ ㉳불길하다. ¶此夢甚一＜史記＞ ㉴흉작(凶作). ¶歲一民流＜漢書＞ ②과실. 잘못. ¶吾以志前一＜左氏傳＞ ③재난. 화액(禍厄). ¶反爲一＜淮南子＞ ④형륙(刑戮)하다. 사형함. ¶或美或一＜荀子＞ ⑤악인. 나쁜 사람. ¶承天誅一＜新語＞ ⑥더럽다. 추함. ㊣汚. ¶有汾澮以流其一＜左氏傳＞ ⑦질병(疾病). ¶其一易覯＜左氏傳＞ ⑧흠. 티. ¶灌而劀之 以發其一＜周禮＞ ⑨똥. 대변. ¶太宰嚭奉溲一以出＜吳越春秋＞ ⑩위세(威勢). 권위. ¶易隷以一＜漢書＞ 2 ①미워하다. ¶君子亦有一乎＜論語＞ ②부끄러워하다. ¶一 恥也＜集韻＞ ③두려워하다. ¶王必一趙＜史記＞ ④병들다. 앓음. ¶非一其勞也＜呂覽＞ ⑤헐뜯다. 비방함. ㊣諲. ¶一之孝王＜漢書＞ ⑥꺼리다. 싫어함. ¶一察察言＜漢書＞ ⑦기일(忌日). ¶奉諱一＜禮記＞ ⑧화목하지 못하다. 불화. ¶周鄭交一＜左氏傳＞ 3 ①어찌. ☞句法 ②감탄사. 아니! ¶一 是何言也＜孟子＞

句法

의문·반어

㉮[惡…] 어찌…일 것인가. 安과 쓰임이 같음. ¶惡在其爲民父母也＜孟子＞

㉯[惡…] 어디에. 무슨. 어떤. 何와 쓰임이 같음. ¶居惡在＜孟子＞

【惡感】あっかん(악감) ①나쁜 감정. ②원망하는 감정. 惡感情(악감정).

【惡果】あっか(악과)《佛》 나쁜 결과. 악인(惡因)의 과보(果報). ¶是故一從惡因生＜瓔珞本業經＞ ↔善果(선과).

【惡鬼】あっき(악귀) 악한 귀신. 邪鬼(사귀). 惡魔(악마).

(오귀)㊟ 굿의 이름. 무당굿에서 열두 거리 중 아홉째 거리. 죽은 아이의 넋을 비는 굿.

【惡氣】あっき(악기) ①사람에게 재앙을 주는 나쁜 기운. ②고약한 냄새.

【惡女】あくじょ(악녀) ①성질이 모질고 나쁜 여자. ↔善女(선녀). ②용모가 추악한 여자.

【惡念】あくねん(악념) 모진 생각. 악한 마음.

【惡談】(악담)㊟ ①남의 일을 나쁘게 말하는 일. ②남을 저주하는 말. ↔ 德談(덕담).

【惡黨】あくとう(악당) 악인(惡人)의 무리.

【惡德】あくとく(악덕) 악한 덕. 곧, 못된 마음씨. 凶德(흉덕). ↔善德(선덕)·美德(미덕).

【惡道】あくどう(악도) ①정도(正道)에 어긋난 길. 邪道(사도). ¶君子之惡一 至甚也＜孔子家語＞ ②《佛》 악업(惡業)을 저지른 결과 죽은 후에 가는 지옥도·아귀도·축생도 등의 고뇌의 세계. 惡處(악처)②. 惡趣(악취). ③유탕(遊蕩)·주색(酒色)에 빠지는 길.

【惡毒】あくどく(악독) 마음씨가 흉악하고 독살스러움.

【惡童】あくどう(악동) ①성질이 나쁜 아이. ②장난꾸러기.

【惡辣】あくらつ(악랄) 매섭고 표독함.

【惡靈】あくれい(악령) 원한을 품고 재앙을 내린다는 죽은 사람의 혼령. 怨靈(원령).

【惡魔】あくま(악마) ①《佛》 불도(佛道)를 저해하는 악신(惡神)의 총칭. 나아가, 사람을 해치는 마귀. ②몹시 흉악한 사람의 비유.

【惡名】あくめい·あくみょう(악명) 평판이 나쁜 이름. 좋지 못한 소문.

【惡夢】あくむ(악몽) 나쁜 꿈. ↔吉夢(길몽).

【惡法】あくほう(악법) ①사회에 해독을 끼치는 나쁜 법령(法令). ②나쁜 방법(方法).

【惡報】あくほう(악보)《佛》 악인(惡因)에서 받게 되는 나쁜 과보(果報). ↔善報(선보).

【惡事】あくじ(악사) 나쁜 일. 잘못된 일. ¶務善策者無一＜素書＞

おじ(오사) 정사(政事)를 싫어함. ¶不謂其少而大料之 是示少而一也＜國語＞

【惡事千里行】あくじせんりヲユク(악사 천리행) 나쁜 일은 곧 먼 곳에까지 알려짐. ¶好事不出門一＜傳燈錄＞

【惡山】(악산)㊟ 험악한 산. ↔野山(야산).

【惡喪】(악상) 젊은이 또는 어린 사람이 웃어른보다 먼저 죽는 일. ↔順喪(순상). ※好喪(호상).

【惡相】あくそう(악상) ①좋지 못한 상격(相格). ②

흉악한 인상(人相). ③《佛》불길(不吉)한 모양. ¶十習爲因 現此一<楞嚴經>
【惡書】あくしょ(악서) 읽어서 해로운 책. ↔良書(양서).
【惡性】あくせい①②·あくしょう③(악성) ①나쁜 성질. ②병 따위가 잘 낫지 않는 성질. ¶一貧血. ③《佛》삼성(三性)의 하나. 나쁜 마음을 일으키는 일체의 악업(惡業)을 이름. 탐심(貪心), 진심(嗔心) 따위.
【惡手】あくしゅ(악수) 바둑이나 장기에서 잘못 놓거나, 잘못 쓴 나쁜 수. ↔好手(호수).
【惡循環】あくじゅんかん(악순환) ①좋지 않은 순환. ②원인·결과가 한없이 반복하여 악화되는 일.
【惡習】あくしゅう(악습) ①나쁜 풍습. 惡風(악풍). ②나쁜 버릇. 惡癖(악벽).
【惡食】あくしょく①·あくじき②(악식) ①조악(粗惡)한 음식. 맛없는 음식. ↔好食(호식)·美食(미식). ②불교를 믿으면서 육식(肉食)하는 일. 또는, 상식상 식용하지 않는 것을 먹는 일.
【惡心】あくしん(악심) 악한 마음. ↔善心(선심). おしん(오심) 속이 거북하고 토할 듯한 기분이 생기는 현상.
【惡業】あくぎょう①·あくごう②(악업) ①좋지 못한 소행. ②《佛》전세(前世)의 나쁜 행위. ↔善業(선업).
【惡役】あくやく(악역) 연극·영화 등에서 악인으로 분장(扮裝)하는 배역. 惡人役(악인역).
【惡疫】あくえき(악역) 나쁜 전염병.
【惡逆無道】あくぎゃくぶどう(악역무도) 의리에 벗어나고 도리에 어긋남.
【惡緣】あくえん(악연) 나쁜 인연. 불행한 인연.
【惡用】あくよう(악용) 잘못 씀. 또는, 못된 일에 씀. ↔善用(선용).
【惡友】あくゆう(악우) 나쁜 친구. ↔良友(양우).
【惡運】あくうん(악운) 사나운 운수. ↔幸運(행운).
【惡月】あくげつ(악월) 음력 5월을 이름. 이 달에는 이사(移徙), 지붕 이기, 장 담그기, 특히 5일엔 출산(出産)을 꺼리는 풍습에서 온 말. 毒月(독월). ¶五月 俗稱一 多禁忌<荊楚歲時記>
【惡衣】あくい(악의) 나쁜 옷. ¶士志於道 而恥一惡食者 未足與議也<論語> ↔好衣(호의).
【惡衣惡食】あくいあくしょく(악의악식) 나쁜 옷과 나쁜 음식. ↔好衣好食(호의호식).
【惡意】あくい(악의) ①나쁜 생각. 나쁜 마음씨. ↔好意(호의)·善意(선의). ②나쁜 의미.
【惡人】あくにん(악인) 나쁜 사람. ↔好人(호인).
【惡因】あくいん(악인)《佛》나쁜 결과를 가져 오게 하는 원인.
【惡因惡果】あくいんあっか(악인악과)《佛》악한 업인(業因)에는 악한 과보(果報)가 따름. 악한 일을 하면 그 대가를 받음. ↔善因善果(선인선과).
【惡材】あくざい(악재) ①나쁜 재료. ②거래소에서 시세를 하락(下落)시키는 원인이 되는 조건. 惡材料(악재료). ↔好材(호재).
【惡戰苦鬪】あくせんくとう(악전고투) 죽을 힘을 다하여 싸움. 또는, 그런 싸움.
【惡政】あくせい(악정) 나쁜 정치. ↔善政(선정).
【惡阻】おそ(악조) 입덧. ¶一症.
【惡種】あくしゅ(악종) ①나쁜 종자. ↔善種(선종). ②韓 성질이 흉악한 사람이나 동물. 惡物(악물).
【惡疾】あくしつ(악질) 불치(不治)의 병. 惡病(악병).
【惡質】あくしつ(악질) 나쁜 성질. 또는, 그런 사람.
【惡妻】あくさい(악처) 성질이 사납거나 부정한 아내. ↔良妻(양처).
【惡處】あくしょ(악처) ①나쁜 장소. ②《佛》☞惡道(악도)②.
【惡天候】あくてんこう(악천후) 나쁜 날씨.
【惡草】(악초)韓 질이 나쁜 담배.
【惡蟲】あくちゅう(악충) ☞毒蟲(독충)·害蟲(해충).
【惡臭】あくしゅう(악취) 나쁜 냄새.
【惡趣味】あくしゅみ(악취미) 좋지 못한 취미. 또는, 괴벽한 취미.
【惡評】あくひょう(악평) 나쁘게 말하는 비평. 좋지 않은 평판. ↔好評(호평).
【惡弊】あくへい(악폐) 좋지 않은 폐단.
【惡筆】あくひつ(악필) ①글씨가 졸렬함. 또는, 그런 글씨. ②품질이 나쁜 붓.
【惡漢】あっかん(악한) 나쁜 사람. 무뢰한(無賴漢). 漢은 男.
【惡行】あっこう·あくぎょう(악행) 나쁜 행위. 몹쓸 짓.
【惡刑】あっけい(악형) 모진 형벌.
【惡化】あっか(악화) 나쁘게 됨. 병이나 일이 나빠짐. 더침. ↔好轉(호전).
【惡貨】あっか(악화) 실질 가격이 법정 가격보다 떨어지는 화폐. ↔良貨(양화). おか(오화) 재화(財貨)를 싫어함. ¶吾士無餘財 非一也<孫子>
【惡戲】あくぎ(악희) 못된 장난.
【惡寒】おかん(오한) ①추위를 싫어함. ¶天不爲人之一而輟其冬<東方朔> ②병으로 열이 심할 때 느끼는 추위. ¶一症.
▷姦一, 桀一, 苦一, 過一, 獷一, 仇一, 舊一, 勸一, 極一, 大一, 猛一, 邪一, 善一, 性一, 首一, 羞一, 十一, 愛一, 佞一, 五一, 妖一, 元一, 陰一, 積一, 拙一, 罪一, 衆一, 憎一, 疾一, 懲一, 醜一, 濁一, 悖一, 蔽一, 暴一, 險一, 好一, 毫一, 酷一, 猾一, 毁一, 凶一

12〖惢〗 蕊(p.1305)와 同字

8 11〖惋〗 탄식할 완 | 翰 ㄨㄢˇ (wan) | わん(ナゲク) *sigh*

12〖㤕〗 辱(p.1473)과 同字

8 11〖惐〗 1 마음아플 욱 | 入屋 | いく(イタム)
2 미혹할 혁 | 入職 | きょく
풀이 1 마음이 아프다. ¶惻一. 2 미혹(迷惑)하다. 홀림. 같 惑.

8 11〖惟〗 생각할 유 | 支 ㄨㄟˊ (wei) | い(オモウ) *think*
古 隹
풀이 ①생각하다. ¶載謀載一<詩經>/思

一. ②꾀하다. 의도함. ¶一 謀也<爾雅> ③벌이다. 베풀어 벌임. ¶師尹一旅<國語> ④마땅하다. 걸맞음. ¶子一之矣<呂覽> ⑤오직. 홀로. 오로지. 다만. 通唯. 獨. ¶一明克允<書經> ⑥써. 通以. ¶亦一女故 以丕從厥志<書經> ⑦…이다. 通爲. ¶共一帝臣<書經> ⑧와. …와 함께. 通與. 及. ¶衆一魚矣<詩經> ⑨이. 발어사(發語辭). ¶一帝其難之<書經> ⑩예. 대답하는 소리. 허락하는 말. 通唯. ¶一一. ⑪아아! 감탄사. ¶一兮.

句法

한정·강조

㉮[惟…] 오직. 뿐. 다만. 唯와 쓰임이 같음. ¶惟仁者宜在高位<孟子>

㉯[惟…] 이…. 어조를 고르거나 강조함. 維와 쓰임이 같음. ¶惟十有三年春大會於孟津<書經>

【惟獨】いどく(유독) 다만. 홀로. 唯獨(유독).

【惟日不足】いじつふそく(유일부족) 시간이 모자란다는 뜻으로, 부지런히 노력함을 이르는 말. ¶吉人爲善 一 凶人爲不善 亦一<書經>

【惟精惟一】いせいいいつ(유정유일) 사욕을 떨어 버리고 마음을 오직 전일(專一)하게 가짐. 일설에는, 인심(人心)과 도심(道心)의 구별을 잘 살펴서 선(善)한 본성(本性)을 전일하게 지킴. ¶一 允執厥中<中庸>

▷圖一, 謀一, 思一, 永一, 載一

12〖惟〗 惟(p.576)의 古字

8
11〖惧〗 부끄러워할 전 | 䀣 ㄊㄧㄢˇ (tian) | てん(ハジル)

8
11〖情〗 뜻 정 | 㽞 ㄑㄧㄥˊ (qing) | じょう, せい (ナサケ) *affection*

同情

풀이 ①뜻. 사물에 접하여 느끼는 마음. ¶何謂人一 喜怒哀懼愛惡欲 七者弗學而能<禮記>/性一/七一. ②욕심. 의욕. ¶一者 人之欲也<後漢書> ③바람. 지망(志望). ¶恐一質之不信兮<楚辭> ④심기(心氣). ¶一文俱至<荀子> ⑤본성(本性). ¶此之謂順一<呂覽> ⑥정성. 진심(眞心). ¶不戴其一<淮南子> ⑦실정(實情). 실상(實狀). ¶聲聞過一 君子恥之<孟子> ⑧사리(事理). 진리. ¶則得教之一<呂覽> ⑨사정. 형편. ¶一勢. ⑩정취(情趣). ¶野一看不足<薛瑩> ⑪인정(人情). ㉮가엾이 여기는 마음. 애련(哀憐)한 정. ¶聖人忘一<晉書> ㉯남녀간의 애정. ¶歡一未接 將辭而去<宋玉> ⑫참으로. 진실로. ¶一知海上三年別<方言藻>

【情感】じょうかん(정감) 사물에 감촉(感觸)되어 일어나는 마음. 느낌. 感情(감정).

【情景】じょうけい(정경) ①정취(情趣)와 경색(景色). ②가엾은 경지에 놓인 딱한 모양. 情狀(정상). 情況(정황).

【情交】じょうこう(정교) ①다정한 교제. ②☞性交(성교).

【情念】じょうねん(정념) 감정에서 일어나는 상념(想念). 생각.

【情談】(정담) ①다정한 이야기. ②애정을 속삭이는 이야기.

【情理】じょうり(정리) 인정과 도리.

【情報】じょうほう(정보) 실정(實情)의 보고. 또는, 그 내용이나 자료. ¶一網.

【情夫】じょうふ(정부) 유부녀가 몰래 사통(私通)하는 남자. 샛서방. 間夫(간부). ↔情婦(정부).

【情婦】じょうふ(정부) 아내 몰래 사통(私通)하는 여자. ↔情夫(정부).

【情分】(정분) ①정이 든 정도. 情誼(정의). ②中 ㉮의리(義理). ㉯정애(情愛). ㉰호의(好意).

【情死】じょうし(정사) 실현될 수 없는 사랑을 비관하여 남녀가 함께 자살하는 일.

【情事】じょうじ(정사) ①실정(實情). 事情(사정). ②남녀간의 사랑에 관한 일.

【情思】じょうし(정사) ①생각. 心情(심정). ②애정(愛情). 戀心(연심).

【情狀】じょうじょう(정상) ①정황(情況). 事情(사정). ②마음과 형상. ¶精氣爲物 游魂爲變 是故知鬼神之一<易經>

【情狀酌量】じょうじょうしゃくりょう(정상작량) 일의 사정을 재판관이 헤아려서 형벌을 가볍게 하는 일. 情狀參酌(정상참작).

【情緖】じょうしょ(정서) ①어떤 사물이나 경우에 부딪쳐 일어나는 감정이나 상념. ¶異國一. ②희로애락(喜怒哀樂)과 같이 일시적으로 급격하게 일어나는 감정.

【情實】じょうじつ(정실) ①진상. 실정. ②사사로운 정의나 관계에 끌리는 일. ¶一人事/一批評.

【情愛】じょうあい(정애) 인정. 자정(慈情). 또는, 남녀간의 애정.

【情熱】じょうねつ(정열) ①뜨거운 감정. 熱情(열정). 情火(정화). ②감정이 달아오름. ¶蒼然五一<李白>

【情炎】じょうえん(정염) 불타오르는 듯한 욕정(慾情).

【情欲】じょうよく(정욕) ①남녀간의 애욕(愛欲). 色情(색정). 情慾(정욕). ¶一之感 無介乎容儀<詩經·注> ②《佛》 탐하여 집착(執着)하는 마음. 색욕(色欲)·식욕(食欲)·음욕(淫欲)과 아울러 4욕(欲)이라 함. ¶欲界衆生 多於男女情愛之境 而起貪欲 故名一<大藏法經>

【情慾】じょうよく(정욕) ☞情欲(정욕)①.

【情誼】じょうぎ(정의) 서로 사귀어 친해진 정.

【情意】じょうい(정의) ①마음. 생각. 감정. ②감정과 의지. ¶一相通/一投合.

【情人】じょうじん(정인) ①우정으로 사귄 사람. 친구. ②서로 연모하는 사람. 戀人(연인).

【情田】じょうでん(정전) 정이 돋아나는 밭이라는 뜻으로, 사람의 마음을 비유하여 이르는 말. ¶人情以爲田<禮記>

【情調】じょうちょう(정조) ①감각에 따라 일어나는 쾌(快)·불쾌(不快) 따위의 감정. ②기분. 취미.

【情操】じょうそう(정조) ①지조(志操). ②정서(情緖)에 지적 작용(知的作用)이 가해진 고차원의 복잡한 감정. 도덕적(道德的)·미적(美的)·지적(知的)·종교적(宗敎的) 등의 정조로 나뉨.

【情地】じょうち(정지) 마음 둘 곳. 몸 둘 곳. 곧, 의지할 곳을 이름. ¶臣庶惶惶 無復—<魏書>

【情札】じょうさつ(정찰) 정다운 편지.

【情趣】じょうしゅ(정취) 정조(情調)와 흥취(興趣). 멋. 韻致(운치). 情致(정치).

【情致】じょうち(정치) ☞情趣(정취).

【情表】(정표) 간곡한 정(情)의 표시로 물품을 줌. 또는, 그 물품.

【情恨】じょうこん(정한) 한. 마음 속의 원한.

【情火】じょうか(정화) ☞情熱(정열)①.

【情話】じょうわ(정화) ①진심에서 나오는 이야기. ¶悅親戚之—<陶潛> ②남녀간의 정담(情談).

【情況】じょうきょう(정황) 상황(狀況). 情勢(정세).

【情懷】じょうかい(정회) 마음 속에 품은 회포. 心情(심정). ¶老夫—惡<杜甫>/萬端—.

▷感—, 憾—, 客—, 激—, 高—, 交—, 矯—, 群—, 多—, 同—, 慕—, 無—, 民—, 薄—, 非—, 鄙—, 私—, 事—, 常—, 聲聞過—, 色—, 性—, 聖—, 世—, 素—, 俗—, 純—, 勝—, 神—, 實—, 心—, 深—, 愛—, 旅—, 餘—, 輿—, 戀—, 烏鳥私—, 怨—, 有—, 恩—, 人—, 中—, 至—, 直—, 眞—, 陳—, 棣鄂—, 春—, 聽—, 衷—, 癡七—, 表—, 風—, 下—, 宦—, 厚—

11【情】情(p.577)과 同字

8 11【悰】즐길 종 | [冬] ㄘㄨㄥˊ (cong) | そう(タノシム) *enjoy*

풀이 ①즐기다. 즐거워함. ¶戚戚苦無—<謝脁> ②꾀하다. ③생각. 마음. 정서(情緖).

11【惨】慘(p.592)의 俗字

8 11【惝】실심할 창 ㊗당 | [養] ㄔㄤˇ (chang) | しょう *lose heart*

풀이 ①실심하다. 낙심함. 맥이 풀려 멍한 모양. ¶—怳. ②놀라는 모양. 놀라 멍한 모양. ㉮ 㦗. ¶—惘.

【惝怳】しょうこう(창황) ①실망하여 맥이 풀린 모양. ②놀라는 모양. 마음이 불편한 모양. ¶—魂屢遷<謝脁> ③귀가 멍한 모양. 惝恍(창황). ¶聽—而無聞<楚辭>

8 11【悵】슬퍼할 창 | [漾] ㄔㄤˋ (chang) | ちょう(イタム) *sad*

풀이 ①슬퍼하다. 원망함. 한탄함. 실망함. ¶弟子增欷 洿沫—兮<漢書> ②멍한 모양. 아무 생각이 없는 모양. ¶惘惘——<晋書>/—惘.

【悵惘】ちょうもう(창망) 멍한 모양. 망연 자실(茫然自失)한 모양.

▷悲—, 怏—, 憯—, 悽—, 惆—, 忡—

8 11【悽】슬퍼할 처 | [齊] ㄑㄧ (qi) | せい(イタム) *sad*

풀이 ㊀通 恓. ①슬퍼하다. 마음 아파함. ¶風雲—其帶憤<孔稚珪> ②차다. 차가움. ¶不憂至寒之—愴<漢書> ③은덕을 갚고자 하는 모양. ¶哀哀—— 懷報德也<爾雅> ④굶주려 괴로와하는 모양. ¶——. ⑤마음의 안정을 잃은 모양. ㊀通 棲. ¶——.

▷愁—, 慘—, 惻—

8 11【惕】두려워할 척 | [錫] ㄊㄧˋ (ti) | てき(オソレル) *be afraid of*

풀이 ①두려워하다. ¶無日不—<左氏傳> ②삼가다. 황공하여 조심함. ¶終日乾乾 夕—若<易經> ③놀라다. ¶猶怵—於一夫<張衡> ④근심하다. ¶血去—出<易經> ⑤빠르다. ¶有孚—出<易經> ⑥사랑하는 모양. ¶誰侜予美 心焉——<詩經>

▷警—, 驚—, 愧—, 兢—, 懼—, 怛—, 夕—, 悚—, 愁—, 畏—, 憂—, 慚—, 惴—, 惶—

12【惖】惕(p.578)의 古字

8 11【惙】근심할 철 | [屑] ㄔㄨㄛˋ (chuo) | てつ(ウレエル) *worry*

풀이 ①근심하다. ¶憂心——<詩經> ②마음이 안정되지 못하다. ③고달프다. 피로함. ¶貌力癯—<唐書> ④그치다. 그만둠. ㊀通 輟. ¶弦歌不—<莊子>

▷癯—, 緜—, 憂—, 危—, 羸—, 忡—, 患—

8 12【惉】목소리 불화할 첨 | [鹽] ㄓㄢ (zhan) | せん

풀이 목소리가 불화하다. 목소리가 막혀 음조가 고르지 못함. ¶—懘.

12【惉】惉(p.578)의 俗字

12【惣】惚(p.586)의 訛字

11【惗】憁(p.592)의 俗字

8 11【惆】슬퍼할 추 | [尤] ㄔㄡˊ (chou) | ちゅう(イタム) *sad*

풀이 ①슬퍼하다. 한탄함. 마음 아파함. ¶心—焉而自傷<陸機> ②실심하다. 낙심하는 모양. ¶—悵.

【惆然】ちゅうぜん(추연) 실망하여 슬퍼하는 모양. 悵然(창연). ¶—不嗛<荀子>

【惆悵】ちゅうちょう(추창) ①한탄하며 슬퍼하는 모양. ¶奚—而獨悲<陶潛> ②실망하여 멍한 모양.

8
11〖悴〗 파리할 췌 | 寘ㄘㄨㄟˋ (cui) | すい (ヤツレル) *thin*

풀이 ①파리하다. 야윔. ¶朝夕悲泣 至于羸―＜魏書＞/憔―. ②근심하다. 걱정함. ③괴로와하다. 상심함. ¶百姓窮―＜魏書＞ ④이울다. 생기를 잃음. ¶時雨不霑 春苗萎―＜魏書＞
▷槁―, 困―, 癯―, 窮―, 瘏―, 耗―, 愍―, 貧―, 傷―, 愁―, 零―, 憂―, 萎―, 憔―, 疲―

8
11〖悻〗 성낼 행 | 梗 こう (イカル)

8
12〖惠〗 은혜 혜 | 霽ㄏㄨㄟˋ (hui) | けい (メグム) *favor*
略 恵

풀이 ①은혜. ㉮은덕. 인애(仁愛). ¶小人懷―＜論語＞ ㉯혜택. 물질적인 도움. 진휼(賑恤). ¶以王命施―＜周禮＞ ②은혜를 베풀다. ㉮사랑하다. ¶―此中國＜詩經＞ ㉯휼사(恤賜)하다. 물질적으로 도와줌. ③순종하다. 따름. ¶終溫且―＜詩經＞ ④착하다. 착한 일. ¶節以壹―＜禮記＞ ⑤아름답다. ¶―色出喬樹＜江淹＞ ⑥꾸미다. 장식함. ¶五彩―之＜山海經＞ ⑦세모창. 삼지창. ¶二人雀弁執―＜書經＞ ⑧이. 발어사(發語辭). ¶寺人―牆伊戾＜左氏傳＞ ⑨슬기롭다. 通 慧. ¶觀君所言 將不早―乎＜後漢書＞

【惠鑑】けいかん(혜감) ①민감하게 비추어 봄. ¶―內悟＜高閭＞ ②☞惠存(혜존).

【惠顧】けいこ(혜고) ①은혜를 베풀어 돌보아 줌. ¶君旣― 何以佐之＜吳志＞ ②☞惠臨(혜림).

【惠肯】けいこう(혜긍) 남을 초청하는 일. 또는, 남의 내방(來訪)을 높이어 이르는 말. ¶終風且霾 惠然肯來＜詩經＞

【惠念】けいねん(혜념) 인자로운 마음. 돌보아 주는 마음. ¶情言聞邁軸 一及滄浪＜儲光羲＞

【惠臨】けいりん(혜림) 남의 내방(來訪)을 높여 이르는 말. 惠來(혜래). 惠顧(혜고)②.

【惠書】けいしょ(혜서) 남이 보낸 편지를 높여 이르는 말. 惠音(혜음). 惠札(혜찰). 惠翰(혜한). 惠函(혜함).

【惠示】けいじ(혜시) 친절하게 알려줌. ¶昨奉嘉命 ―雅敎＜魏志＞

【惠施】けいし(혜시) ①은혜로 무엇을 베풀어 줌. ②(人) 전국 시대 송(宋)의 궤변학자. 공손룡(公孫龍)과 함께 명가(名家)를 대표함.

【惠而不費】けいニシテツイヤサズ(혜이불비) 남에게 많은 혜택을 주나, 낭비는 하지 않음. ¶君子― 勞而不怨＜論語＞

【惠弔】けいちょう(혜조) 은혜를 베풀어 조상한다는 뜻으로, 남의 조상을 받은 사례로 이르는 말.

【惠存】けいぞん(혜존) 자신의 저서나 작품을 남에게 기증할 때, 받아 간직하여 달라는 뜻으로, 받는 사람의 성명 아래 쓰는 말. 惠鑑(혜감)②. 惠覽(혜람).

【惠澤】けいたく(혜택) 은혜. 恩澤(은택).

【惠風】けいふう(혜풍) ①은혜로운 바람. 화창한 봄바람. ¶―和暢＜王羲之＞ ②임금의 은혜를 봄바람에 비유하여 이르는 말. ¶―光被澤洎幽荒＜張衡＞

【惠化】けいか(혜화) 은혜를 베풀어 교화함. 恩化(은화). 仁化(인화). 德化(덕화).
▷嘉―, 寬―, 德―, 惇―, 保―, 私―, 受―, 施―, 渥―, 愛―, 溫―, 威―, 恩―, 仁―, 慈―, 振―, 寵―, 推―, 布―, 厚―

11〖㥢〗 怙(p.566)와 同字

8
12〖惑〗 미혹할 혹 | 職ㄏㄨㄛˋ (huo) | わく (マドウ) *confuse*

풀이 ①미혹하다. ㉮헷갈리어 마음이 어지럽다. ¶用之不―＜素問＞ ㉯빠지다. 탐닉함. ¶莊公―於嬖妾＜詩經＞ ㉰의심하다. 의혹함. ¶門人―＜論語＞ ㉱어두워지다. 현혹됨. ¶不―於詳＜淮南子＞ ㉲도리에 어긋나다. ¶以爲大―＜呂覽＞ ②미혹되게 하다. 정신을 헷갈리게 함. ¶聽無失本末者 難―＜戰國策＞ ③미혹. ¶知惡而不改 謂之―＜新書＞

【惑星】わくせい(혹성) 태양을 중심으로 그 둘레를 도는 천체(天體). 遊星(유성). 行星(행성). ↔恒星(항성). 「民.

【惑世】わくせい(혹세) 세상을 현혹되게 함. ¶―誣

【惑愛】(혹애) 현혹되어 사랑함. 맹목적으로 사랑함.

【惑志】わくし(혹지) 마음을 미혹하게 함. 또는, 미혹된 마음.

【惑疾】わくしつ(혹질) 마음이 혹란(惑亂)하는 병. 精神分裂症(정신분열증).
▷傾―, 驚―, 蠱―, 恐―, 狂―, 誑―, 詭―, 欺―, 當―, 亂―, 魅―, 迷―, 煩―, 不―, 三不―, 妖―, 愚―, 憂―, 誘―, 淫―, 疑―, 眩―, 熒―, 狐―, 昏―, 幻―, 荒―, 惶―, 晦―

8
11〖惛〗 1 어리석을 혼 2 번민할 민 | 元ㄏㄨㄣ (hun) 願 | こん (オロカ) もん, ぼん
同 惽 怋

풀이 1 ①어리석다. 도리(道理)에 어두움. 깨닫지 못함. ¶皆―於敎＜戰國策＞ ②미혹하다. 정신이 현혹됨. ¶以黃金摳者―＜列子＞ ③어지럽다. 정신이 흐트러짐. ¶怒之而觀其不―也＜大戴禮＞ ④시끄럽다. 소란함. ¶無縱詭隨 以謹―怓＜詩經＞ 2 번민하다. 같 悶. ¶不見是而不―＜後漢書＞

【惛迷】こんめい(혼미) ☞昏迷(혼미).

【惛惛】こんこん(혼혼) ①사리에 어둡고 어리석은 모양. ②흐트러진 모양. ③묵묵히 골똘하

게 생각에 잠긴 모양.
もんもん(민민) 번민하여 심란한 모양. ¶忳一而愁約<楚辭>
▷鈍一, 迷一, 不一

8 11【惚】 황홀할 홀 | 囲ㄏㄨ (hu) | こう(ホレル) *rapture*

풀이 ①황홀하다. 멍한 모양. ¶琰失志慌一<蜀志>/悦一. ②흐릿하다. 분명하지 아니한 모양. 미묘(微妙)함. ¶惟恍惟一<老子>
▷悾一, 茫一, 悦一, 恍一, 慌一

12【惒】 和(p.290)의 俗字

11【惞】 欣(p.802)과 同字

13【愙】 恪(p.567)과 同字

9 13【感】 1느낄 감 2한할 감 | 感ㄍㄢˇ (gan) 憾 | かん(カンズル, オモウ) *feel* かん(ウラム)

풀이 1①느끼다. 사물에 접하여 느낌이 일어남. 또는, 그 느낌. ¶小時陰賊一槩<漢書> ②깨닫다. 묘리(妙理)를 터득함. ¶匠人有以一斤欘<管子> ③생각하다. ¶一物衆而思深<何晏> ④고맙게 여기다. ¶是用一嘉貺<張華> ⑤근심하다. 상심함. ⑥지각(知覺). 감각. ¶口舌之一<唐書> ⑦감응(感應)하다. 느낌이 통함. ¶一而爲雷<淮南子>/交一. ⑧움직이다. 동하게 함. ¶無一我帨兮<詩經> ⑨일어나다. 감발(感發)함. ¶故在所以一<淮南子> ⑩부딪치다. 감촉(感觸)함. ¶一周之顙<莊子> ⑪미혹되게 하다. ¶物一之也<呂覽> 2한(恨)하다. 원한을 품음. 같 憾. ¶以其私一<左氏傳>

【感覺】かんかく(감각) ①느끼어 깨달음. ②외계(外界)의 자극이 감각 기관을 통하여 신경 중추에 전달되어 일어나는 의식 현상(意識現象). ¶一界/一描寫/一器官/一中樞.

【感慨】かんがい(감개) 깊이 느끼어 탄식함. 또는, 마음 속 깊이 사무치게 느끼는 한탄. ¶秋日多悲懷 一以長歎<劉楨>

【感慨無量】かんがいむりょう(감개무량) 그지없이 감개함.

【感激】かんげき(감격) ①감동하여 분발함. ②몹시 느껴워함. ¶一忘身<後漢書>

【感官】かんかん(감관) 외계(外界)의 자극을 감지(感知)하는 기관. 눈·귀·코·혀·살갗의 오관(五官). 感覺器官(감각기관).

【感光】かんこう(감광) 물질이 빛의 작용을 받아 광화학적(光化學的) 변화를 일으키는 일. ¶一藥/一物質.

【感舊】かんきゅう(감구) 옛날을 회상하여 느껴워함. ¶一之懷.

【感氣】(감기) 고뿔. 感冒(감모).

【感度】かんど(감도) 감응(感應)하는 정도.

【感動】かんどう(감동) 깊이 느끼어 마음이 움직임.

【感得】かんとく(감득) 영감(靈感)으로 깨달아 얻음. 깊이 느끼어 터득함.

【感涙】かんるい(감루) 감격하여 흘리는 눈물.

【感銘】かんめい(감명) 깊이 느끼어 길이 잊지 않음. 깊이 느끼어 마음에 새김. 또는, 그 새겨진 느낌.

【感冒】かんぼう(감모) ☞感氣(감기).

【感發】かんぱつ(감발) 감동하여 계발(啓發)함. ¶百姓歎欣 中和一<王襃>

【感服】かんぷく(감복) 감동하여 심복(心服)함. ¶王者所以一天下者 惠與威也<秦觀>

【感奮】かんぷん(감분) 감동하여 분기함. 感憤(감분). ¶一興起.

【感謝】かんしゃ(감사) 고맙게 여김. 또는, 고맙게 여겨 사의(謝意)를 표하는 일.

【感想】かんそう(감상) 마음 속에 느끼어 일어나는 생각. 느낌. 생각. 所感(소감). 所懷(소회).

【感傷】かんしょう(감상) 슬프게 느끼어 마음 아파함. ¶對樂事而無歡 乃觸目而一<梁武帝>/一主義.

【感性】かんせい(감성) ①감각의 능력. 感受性(감수성). ②사물에 촉발되어 표상(表像)을 얻게 되는 수동적(受動的)인 능력. ¶一論. ↔悟性(오성).

【感受性】かんじゅせい(감수성) 자극을 느낄 수 있는 성질. 또는, 그런 능력.

【感心】かんしん(감심) 깊이 마음에 느낌. ¶詩語足以一<漢書>

【感染】かんせん(감염) 악습(惡習)이나 질병(疾病)이 전염(傳染)하는 일.

【感恩】かんおん(감은) 은혜에 대하여 고맙게 여김.

【感泣】かんきゅう(감읍) 감격하여 눈물을 흘림. 너무 기뻐서 욺. 感涕(감체).

【感應】かんおう(감응) ①움직여 응함. 느끼어 향응(響應)함. ¶二氣一以相與<易經> ②(佛) 정성이 신불(神佛)에 통함. 感通(감통). ③도체(導體)가 자석(磁石)이나 발전체(發電體) 등에 접근하여 자기(磁氣) 또는 전기를 띠는 현상. ¶一電氣.

【感電】かんでん(감전) 전기에 닿아 충격을 느끼는 일.

【感情】かんじょう(감정) ①사물에 느끼어 일어나는 마음. 곧, 희노애락(喜怒哀樂) 등의 심정. ②쾌·불쾌를 중심으로 하는 의식의 주관적 측면.

【感知】かんち(감지) 느끼어 앎.

【感之德之】(감지덕지) 분에 넘치는 듯 매우 고맙게 여기는 모양.

【感愴】かんそう(감창) 감모(感慕)하여 슬퍼함. ¶聞命一<蜀志>

【感觸】かんしょく(감촉) ①손으로 만질 때의 느낌. 觸感(촉감). ②외계(外界)의 자극에 닿아서 피부에 일어나는 느낌.

【感祝】(감축) ①감사하여 축하함. ②경사를 축하함.

【感歎】かんたん(감탄) 감동하여 찬탄함. ¶一詞/一形.

【感通】かんつう(감통) 정성스러운 마음이 신불(神佛)이나 남에게 감응(感應)되어 알려짐. ¶一於神明<後漢書>

【感荷】かんか(감하) 입은 은혜를 깊이 마음에 느껴 잊지 않음. 感銘(감명). 感佩(감패). ¶一君子德<韓愈>

【感化】かんか (감화) 감동하여 마음이 변화됨. 감동하여 자연스럽게 착해짐. 또는, 그렇게 착해지도록 함. ¶人皆─ 去邪從正<晋書>

【感懷】かんかい (감회) 가슴에 일어나는 느낌. 感想(감상). 懷抱(회포).

【感興】かんきょう (감흥) 느끼어 일어나는 흥취.

▷共─, 交─, 舊─, 樂─, 多─, 同─, 鈍─, 萬─, 冥─, 妙─, 無─, 味─, 美─, 敏─, 反─, 百─, 悲─, 思─, 想─, 善─, 誠─, 所─, 愁─, 惡─, 劣等─, 靈─, 睿─, 豫─, 五─, 優越─, 六─, 音─, 應─, 情─, 精─, 直─, 珍─, 眞─, 觸─, 追─, 快─, 歎─, 通─, 痛─, 好─, 歡─, 孝─, 欣─, 興─

9 13〖愆〗 허물 건 | 囝くㄧㄢ (qian) | けん(アヤマチ)

同 愆

풀이 ①허물. 죄과(罪過). 과실(過失). ¶帝德無─<書經>/─尤. ②어기다. 위반함. ¶美人─歲月<謝混> ③잃다. ¶失所爲─<左氏傳> ④병. 악질. ¶王─於厥身<左氏傳>

▷歸─, 辭─, 三風十─, 塞─, 省─, 引─, 悔─

13〖愆〗 愆(p.581)과 同字

9 12〖愒〗 1 쉴 게 | 霽 けい(イコウ)
2 탐할 개 | 泰 かい(ムサボル)

풀이 1 쉬다. 휴식함. 通 憩 偈. ¶汔可小─<詩經> 2 ①탐하다. ¶翫歲而─日<左氏傳> ②서두르다. ¶不及時而葬曰─<公羊傳>

▷恐─

9 12〖惸〗 근심할 경 | 庚くㄩㄥˊ (qiong) | けい (ウレエル)

풀이 ①근심하다. 근심하는 모양. ¶憂心──<詩經> ②외로운 몸. 형제가 없는 사람. ¶─獨.

12〖惸〗 悖(p.573)와 同字

13〖惛〗 矜(p.1071)과 同字

12〖愞〗 懦(p.598)와 同字

9 12〖惱〗 괴로워할 뇌 | 晧ㄋㄠˇ のう
本 노 (nao) (ナヤム)

略 悩 俗 惚

풀이 ①괴로워하다. 고민함. 같 嫋. ¶險韻高篇空自─<蘇轍>/─悶. ②괴롭히다. ¶春─情懷身覺瘦<韓偓> ③괴로움. 고뇌(苦惱). ¶拔六根之痛─<梁簡文帝> ④《佛》번뇌(煩惱).

【惱殺】のうさつ・のうさい (뇌살・뇌쇄) 애가 타도록 몹시 괴롭힘. 미색(美色)에 매료(魅了)되는 경우 등에 씀.

▷苦─, 百八煩─, 煩─, 心─, 御─, 懊─, 憂─, 痛─

12〖惇〗 惇(p.574)의 俗字

12〖憁〗 惊(p.571)과 同字

12〖愣〗 楞(p.778)의 訛字

9 13〖愁〗 어리석을 무 | 宥 も(オロカ)

9 13〖愍〗 1 슬플 민 | 軫ㄇㄧㄣˇ | びん(イタム)
2 힘쓸 민 | 震(min) | lament

풀이 1 ①슬프다. 슬퍼함. ¶─然. ②조심하다. 걱정함. ¶吾代二子─矣<左氏傳> ③슬픔. 걱정. ¶惜誦以致─兮<楚辭> ④연민하다. 가엾이 여김. 2 힘쓰다. 노력함.

▷矜─, 惜─, 哀─, 憐─, 慰─, 慈─, 弔─, 嗟─

9 13〖想〗 생각 상 | 養ㄒㄧㄤˇ (xiang) | そう(オモウ) thinking

풀이 생각. ㉮상상하다. 여러 모로 생각함. ¶悠然遐─ 有高世之志<晋書> ㉯생각을 떠올리다. ¶心存兮目─<潘岳>/─見. ㉰바라다. 원함. ¶素─終勿傾<宋武帝>

【想起】そうき (상기) 지난 일을 도로 생각해 냄. ¶─說.

【想念】そうねん (상념) 생각함. 또는, 생각. 의식에 인상(印象)되는 일체의 심적 현상.

【想到】そうとう (상도) 생각이 미침. 생각하기에 이름. ¶─金門待稱籍<劉禹錫>

【想思】そうし (상사) 생각함. 그리워함. ¶於是百姓悲痛─<史記>

【想像】そうぞう (상상) ①짐작으로 생각함. ②이미 아는 사실이나 관념을 바탕으로 새로운 사실이나 관념을 구성하는 마음의 작용. ¶─力.

【想華】(상화) 수필(隨筆)을 이름. ¶─集.

▷假─, 感─, 慨─, 虔─, 空─, 舊─, 構─, 奇─, 亂─, 忘─, 妄─, 望─, 緬─, 冥─, 瞑─, 夢─, 妙─, 無─, 煩─, 紛─, 思─, 隨─, 識─, 尋─, 憶─, 聯─, 豫─, 理─, 情─, 主─, 眞─, 塵─, 着─, 悵─, 追─, 遐─, 幻─, 回─, 懷─, 欣─

9 12〖惺〗 1 영리할 성 | 靑ㄒㄧㄥ (xing) | せい(サトイ)
2 깨달을 성 | 梗 | realize

풀이 1 ①영리하다. 슬기로움. ¶─惜. ②고요하다. 조용한 모양. ③꾀꼬리 소리. ¶──. ④주사위의 이칭. ¶──. 2 깨닫다. 이치를 깨달음. 같 惺. ¶─悟.

9 13〖愁〗 시름 수 | 尤ㄔㄡˊ (chou) | しゅう(ウレウ) grieve

同 愁

源 會意·形聲. 가을철[秋]의 쓸쓸한 마음[心]을 뜻함. 「秋」의 변음이 음을 이룸.

풀이 ①시름. 걱정. ¶客一. ②시름겹다. ¶一心/一人. ③슬퍼하다. ¶一意. ④얼굴빛을 바꾸다. 변색(變色)하는 모양. ¶一如.

【愁感】しゅうかん(수감) 시름함. 한탄함. ¶不出只一 出遊將自寬<梅堯臣>

【愁亂】しゅうらん(수란) 시름으로 마음이 산란함. 愁擾(수요).

【愁眉】しゅうび(수미) 시름겨운 눈썹이란 뜻으로, 수심에 잠긴 얼굴빛을 이르는 말.

【愁悶】しゅうもん(수민) 근심하며 고민함.

【愁色】しゅうしょく(수색) 시름겨운 안색.

【愁聲】しゅうせい(수성) 슬픈 소리.

【愁殺】しゅうさつ·しゅうさい(수쇄) 몹시 슬프게 함. 뼈에 사무치게 시름겨움. 殺는 강세 조자. ¶白楊多悲風 蕭蕭一人<古詩>

【愁心】しゅうしん(수심) 근심스러운 마음. 愁意(수의). 愁思(수사). 愁緖(수서).

【愁如】しゅうじょ(수여) 안색을 바꾸는 모양. ¶一變色貌<易經·注>

【愁雲】しゅううん(수운) 시름을 느끼게 하는 구름. ¶一漠漠草離離<竇庠>

【愁懷】しゅうかい(수회) 수심. 시름겨운 회포.

▷客一, 孤一, 窮一, 煩一, 別一, 悲一, 深一, 哀一, 旅一, 憂一, 幽一, 離一, 積一, 千一, 春一, 鄕一

13【㥞】 愁(p. 581)와 同字

9
12【愀】 냄새 역겨울 수 | 尤 | そう

12【愼】 順(p. 1620)의 古字

9
12【愖】 1 정성 심 | 侵 | しん(マコト)
2 즐길 담 | 覃 | たん(タノシム)

풀이 1 ①정성. 성심. 같 忱. ②망설이다. 주저함. ¶意斟一而不湛<後漢書> 2 즐기다. 즐거워함. 같 媅.

9
12【愕】 1 놀랄 악 | 藥 è | がく(オドロク)
2 갑자기 오 | 遇 (e) | ご(ニワカ)

풀이 1 ①놀라다. 당황하는 모양. ¶群臣皆一<史記>/一視. ②직언(直言)하다. 通 諤. ¶未嘗切一<吳志>/一一. 2 갑자기. 창졸(倉卒). ¶二人錯一不能對<後漢書>

【愕然】がくぜん(악연) 깜짝 놀라는 모양.

▷驚一, 怪一, 哀一, 惋一, 卒一, 嗟一, 錯一, 駭一

9
13【愛】 사랑 애 | 隊 ài (ai) | あい(イツクシム) *love*

풀이 ①사랑. 인정. 자애. ¶人間一. ②사랑하다. ㉮귀애하다. 소중히 여김. ¶慈親之一其子也<呂覽> ㉯이성(異性)을 그리워하다. ¶戀一. ㉰즐기다. 좋아함. ¶一讀. ㉱친밀하게 대하다. ¶汎一衆而親仁<論語> ③가엾게 여기다. ¶一憐. ④편들다. 두남둠. ¶召置門下幸一<史記> ⑤사모하다. ¶一親者 不敢惡於人<孝經> ⑥아끼다. 아깝게 여김. ¶文臣不一錢 武臣不一死<宋史> ⑦몽롱하다. 어렴풋함. 通 僾. ¶一而不見<詩經> ⑧《佛》 탐욕. 물욕. ¶貪染名一<大乘義章>

【愛犬】あいけん(애견) 개를 사랑함. 또는, 사랑하는 개.

【愛敬】あいけい(애경) 사랑하고 존경함. 敬愛(경애).

【愛顧】あいこ(애고) 사랑하여 돌보아 줌.

【愛嬌】あいきょう(애교) 남에게 귀엽게 보이는 태도.

【愛國】あいこく(애국) 자기 나라를 사랑함. 나라를 위하여 힘을 다함. ¶一歌/一者.

【愛及屋烏】あいおくうニオヨブ(애급옥오) 사람을 사랑하면 그 집 지붕 위에 앉은 까마귀까지도 귀엽게 보인다는 뜻으로, 사랑하는 감정의 추급(推及)을 비유하여 이르는 말. ¶愛人者兼其屋上之烏<尙書大傳>

【愛機】あいき(애기) 자기가 조종하는 비행기.

【愛讀】あいどく(애독) 즐겨 읽음. ¶一書/一者.

【愛憐】あいれん(애련) 사랑하며 가엾이 여김. 愛憫(애민).

【愛戀】あいれん(애련) 사랑하여 연모(戀慕)함.

【愛悋】あいりん(애린) 아낌. 인색함. 愛吝(애린).

【愛林】あいりん(애림) 산림(山林)을 사랑함. ¶一綠化.

【愛馬】あいば(애마) 자기가 사랑하는 말. 愛騎(애기).

【愛慕】あいぼ(애모) 사랑하여 사모함. 戀慕(연모).

【愛撫】あいぶ(애무) 사랑하여 어루만짐.

【愛物】あいぶつ(애물) ①사랑하여 아끼는 물건. ②초목(草木)·금수(禽獸) 따위 생물을 널리 사랑함. ¶親親而仁民 仁民而一<孟子>

【愛民】あいみん(애민) 백성을 사랑함.

【愛別離苦】あいべつりく(애별리고)《佛》 8고(苦)의 한 가지. 이별의 괴로움. 곧, 부자·형제·부부 등, 사랑하는 사람과의 헤어짐을 슬퍼하는 괴로움을 이름. ¶常所親愛之人 乖違離散 不得共處 是爲一<析玄記>

【愛惜】あいせき·あいじゃく(애석) ①사랑하여 아낌. 물건을 아낌. ¶愚者一費<古詩> ②남을 소중히 여김. ¶性尤一 未嘗有所是非<宋書>

【愛誦】あいしょう(애송) 즐겨 욈. ¶一詩.

【愛煙】あいえん(애연) 담배를 즐김. ¶一家.

【愛玉】あいぎょく(애옥) ☞令愛(영애).

【愛玩】あいがん(애완) ①귀여워하여 가까이 두고 즐김. 愛翫(애완). ¶一動物. ②사랑하여 비장(祕藏)함.

【愛欲】あいよく(애욕) ①《佛》 처자(妻子) 등에 대한 애정. ②연애(戀愛)의 욕망. 情欲(정욕)①.

【愛用】あいよう(애용) 사랑하여 즐겨 씀. ¶國産品一.

【愛育】あいいく(애육) 사랑하여 기름. 귀엽게 기름.

【愛吟】あいぎん(애음) 시가 등을 즐겨 읊음. 또는, 그 시가.

【愛人】あいじん(애인) ①남을 사랑함. ¶敬天一. ②사랑하는 사람. 戀人(연인).

【愛日】あいじつ(애일) ①사랑스러운 햇빛. 겨울 해를 이름. ¶冬日可愛 夏日可畏<左氏傳·注> ②시간을 아낌. ¶君子一以學<大戴禮> ③부모에게 효양(孝養)하는 일. ¶君子一<法言>

【愛子】あいし(애자) ①사랑하는 자식. 愛兒(애아). ②자식을 사랑함. ③귀여운 사람. ¶一臨風吹玉笛 美人向月舞羅衣<李白>

【愛情】あいじょう(애정) ①사랑하는 마음. ②이성간에 연모하는 마음. 戀情(연정).

【愛弟】あいてい(애제) ①사랑하는 아우. ②아우를 사랑함.

【愛族】あいぞく(애족) 겨레를 사랑함. ¶愛國一.

【愛酒】あいしゅ(애주) 술을 좋아함. 愛飮(애음). ¶一家.

【愛憎】あいぞう(애증) 사랑함과 미워함. 사랑과 미움. 憎愛(증애).

【愛之重之】(애지중지) 몹시 사랑하여 소중히 여김.

【愛着】あいちゃく(애착)《佛》은애(恩愛)에 집착(執着)하여 떨어지기 어려운 정. 애정을 끊을 수 없음. 愛執(애집). ¶不能乾渴一大海<六十華嚴經>/一心.

【愛唱】あいしょう(애창) 노래 따위를 즐겨 부름. 또는, 그 노래. ¶一曲.

【愛妻】あいさい(애처) 사랑하는 아내. 또는, 아내를 사랑함. ¶一家. ※恐妻(공처).

【愛妾】あいしょう(애첩) 마음에 드는 첩. 사랑하는 첩. 寵妾(총첩).

【愛親】あいしん(애친) ①어버이를 사모함. ②친애(親愛)하는 사람. ¶太后愛子而帝親子 故曰一<漢書>

【愛稱】あいしょう(애칭) 정답게 부를 때에 쓰는 별명.

【愛他】あいた(애타) 남을 사랑함. 利他(이타). ¶一主義.

【愛鄕】あいきょう(애향) 고향을 사랑함. 또는, 사랑하는 고향. ¶一心.

【愛好】あいこう(애호) 사랑하고 좋아함. ¶一家.

【愛恤】あいじゅつ(애휼) 가엾이 여겨 은혜를 베풂.

【愛姬】あいき(애희) 사랑하는 여자. 총애하는 여자. ¶吳王從臺上觀 見且斬一<史記>

▷可一, 嘉一, 兼一, 敬一, 過一, 嬌一, 閨一, 器一, 篤一, 博一, 汎一, 寶一, 傅一, 祕一, 私一, 相一, 賞一, 信一, 狎一, 戀一, 悅一, 熱一, 染一, 令一, 屋烏一, 玩一, 婉一, 友一, 遺一, 恩一, 倚一, 溺一, 人間一, 仁一, 自一, 慈一, 專一, 絕一, 情一, 鍾一, 珍一, 寵一, 忠一, 親一, 耽一, 貪一, 偏一, 割一, 惠一, 酷一, 歡一, 欽一

12〖㥢〗哀(p.292)와 同字

9
13〖惹〗 1 이끌 야 2 끌릴 약 | 馬ㅁㄹ (re) 圈 | じゃく(ヒク) pull, provoke

풀이 1 ①이끌다. 끌어당김. ¶一起. ②엉기다. 휘감김. ¶苔一取泉瓶<顧非熊> ③어지럽다. 흐트러짐. ④불러 오게 하다. 초래(招來)함. ¶微香暗一遊人步<羅鄴> ⑤속이다. ⑥비방하다. ⑦가벼운 모양. ¶獨鳥寒煙輕一一<韓偓> 2 ①끌리다. ②정하지 못한 모양. ¶綽一.

【惹起】じゃっき(야기) 끌어 일으킴. ¶一虛名滿世間<戴復古>/一鬧端.

【惹端】(야단)韓 ①떠들썩하게 벌어진 일. ②높은 소리로 마구 꾸짖는 일.

【惹鬧】(야료←야뇨) ①생트집을 부리며 마구 떠드는 짓. ②성나게 함. 惹氣(야기).

12〖愠〗慍(p.588)의 俗字

9
13〖愚〗 어리석을 우 | 虞ㄩ (yu) | ぐ(オロカ) foolish

源 會意·形聲. 슬기 없는 원숭이[禺]의 생각[心]이란 뜻. 「禺」가 음을 이룸.

풀이 ①어리석다. ㉮시비(是非)를 가리지 못하다. ¶靡哲不一<詩經> ㉯정직하여 고지식하다. ¶柴也一<論語>/一直. ②바보. 어리석은 사람. 반편. ¶嚇一欺庸<唐書>/當歸之一溫達<三國史記> ③어리석은 마음. ¶謹竭一以對策<晉書> ④자기의 겸칭. ¶一不識方今夷狄之憂爲末<蘇洵> ⑤자기에 관계되는 사물에 붙이는 겸칭. ¶欲竭一誠<漢書>

【愚見】ぐけん(우견) 어리석은 의견이란 뜻으로, 자기 의견을 겸손하게 이르는 말. 愚考(우고). 卑見(비견).

【愚公移山】ぐこうやまをうつす(우공이산) 끊임없이 노력하면 마침내 성취한다는 비유. 옛날, 우공(愚公)이 자기 집 앞의 산을 딴 곳으로 옮기려고 오랫동안 노력하여 결국 이루어냈다는 데서 온 말.

【愚鈍】ぐどん(우둔) 어리석고 둔함.

【愚論】ぐろん(우론) ①어리석은 의론. ②자기의 주장하는 바를 겸손하게 이르는 말.

【愚弄】ぐろう(우롱) 남을 어리석게 만들어 놀림. 嘲弄(조롱). ¶楊國忠盜丞相位 一其民<陳鴻>

【愚昧】ぐまい(우매) 어리석고 몽매함. 愚蒙(우몽). 愚瞢(우몽). 愚迷(우미).

【愚氓】ぐぼう(우맹) 어리석은 백성. 愚民(우민). ¶均係一無知<福惠全書>

【愚問】ぐもん(우문) 어리석은 질문. ↔賢答(현답).

【愚物】ぐぶつ(우물) 어리석은 사람을 천대하여 이르는 말. 또는, 자기를 매우 겸양하여 이르는 말.

【愚迷】ぐめい(우미) ☞愚昧(우매).

【愚民】ぐみん(우민) ①어리석은 백성. 愚氓(우맹). ②백성을 어리석게 만듦. 백성을 우롱하여 아무것도 알려 주지 않는 일. ¶一政策.

【愚夫】ぐふ(우부) 어리석은 남자.

【愚婦】ぐふ(우부) 어리석은 여자.

【愚生】ぐせい(우생) 존경하는 사람에 대한 자기의 겸칭.

【愚說】ぐせつ(우설) ①어리석은 논설. ②자기 논설의 겸칭. 愚論(우론).

【愚息】ぐそく(우식) 자기 자식의 겸칭. 賤息(천

식). 豚兒(돈아). 「부락함.
【愚惡】(우악)㊙韓 ①멍청하고 미련함. ②우락
【愚劣】ぐれつ(우열) 어리석고 졸렬함.
【愚人】ぐじん(우인) 어리석은 사람. 「(우인).
【愚者】ぐしゃ(우자) 어리석은 사람. 바보. 愚人
【愚者多悔】ぐしゃたかいオオシ(우자다회) 어리석은 사람은 후회함이 많음. ¶— 不肖者自賢＜晏子＞
【愚弟】ぐてい(우제) ①어리석은 아우. ②같은 또래에 대한, 자기의 겸칭. ¶賢者是兄 愚者弟＜杜甫＞
【愚直】ぐちょく(우직) ①고지식함. 정직하나 융통성이 없음. ②자기의 겸칭. ¶巧佞—＜列子＞ 「겸칭. 愚計(우계).
【愚策】ぐさく(우책) 어리석은 계책. 자기 계책의
【愚妻】ぐさい(우처) 어리석은 아내란 뜻으로, 자기 아내의 겸칭.
▷陋—, 大—, 樸—, 凡—, 踈—, 守—, 暗—, 闇—, 迂—, 幼—, 孱—, 蠢—, 癡—, 下—, 賢—, 昏—

9 12【惲】 중후할 운 | 吻 ㄩㄣˋ (yun) | うん(テアツイ)

9 12【愉】 1 즐거울 유 2 게으를 유 3 구차할 투 | 虞 ㄩˊ 遇 (yu) 尤 | ゆ (タノシム) delightful とう

풀이 1 ①즐겁다. 즐거워함. ¶他人是—＜詩經＞ ②기쁘다. 기뻐함. ¶爲之出死 斷亡而—者＜荀子＞ ③화(和)하다. 부드러움. ¶其進之也敬而—＜禮記＞ ④따르다. 기쁘게 복종함. ⑤노래 부르다. ¶吳—越吟＜左思＞ 2 게으르다. 지침. ㊂ 瘉. ¶而莫敢—縱＜呂覽＞ 3 구차하다. ㉠ 偸. ¶則民不—＜周禮＞
【愉樂】ゆらく(유락) 기뻐하며 즐거워함.
【愉色】ゆしょく(유색) 기쁨이 가득 넘치는 얼굴빛. 효자가 어버이를 섬기는 태도를 이름. ¶孝子之有親愛者 必有和氣 有和氣者 必有—＜禮記＞
【愉悅】ゆえつ(유열) 기뻐하며 즐거워함.
【愉快】ゆかい(유쾌) 상쾌하고 즐거움.
▷寬—, 恂—, 恬—, 慍—, 婉—, 怡—, 和—, 歡—, 煦—, 欣—

12【愉】 愉(p. 584)와 同字

9 13【愈】 나을 유 | 麌 ㄩˋ 虞 (yu) | ゆ(マサル) preferable

풀이 ①낫다. 보다 우수함. ¶女與回也孰—＜論語＞ ②낫다. 병이 나음. ㊂ 瘉 癒. ¶今病小—＜孟子＞ ③더욱. 점점 더. 더욱더. ¶政事—蹙＜詩經＞ ④근심하다. ㊂ 瘉. ¶憂心——＜詩經＞ ⑤즐기다. 즐거워함. ㊂ 愉. ¶心至—＜荀子＞

9 12【愔】 화평할 음 | 侵 ㄧㄣ (yin) | いん(ヤワラグ) peaceful

풀이 ①화평하다. 안화(安和)한 모양. ②깊숙하고 고요한 모양. ¶——.

9 13【意】 1 뜻 의 2 감탄사 희 | 寘 ㄧˋ 支 (yi) | い(ココロ) intention

源 會意. 음성[音]으로 표현하는 마음[心]의 뜻.

풀이 1 ①뜻. ㉮의지(意志). ¶善持養吾—＜呂覽＞ ㉯생각. 사려(思慮). ¶諸將各異—＜魏志＞ ㉰의의(意義). 어떤 일·행위 등의 가치 내용. ¶分明是非乃出新—＜唐書＞ ㉱의미(意味). 말·글 등에 담겨 있는 내용. ¶文—/語—. ㉲정취(情趣). 풍정(風情). ¶從來多古—＜杜甫＞ ㉳사의(私意). 사욕. ¶子絕四 毋—毋必毋固毋我＜論語＞ ②생각하다. ㉮생각하다. 사려(思慮)함. ¶—論輕重之序＜禮記＞ ㉯헤아리다. 추측함. ¶夫忘—室中之藏＜莊子＞ ㉰의심하다. ¶於是天子—梁＜漢書＞ ㉱생각하건대. ¶吾—不然＜柳宗元＞ ③혹은. 도리어. 무릇. ㊂ 抑. ¶知不足邪 —知而力不能行邪＜莊子＞ ④《佛》 6근(根)의 하나. ¶六根 謂眼耳鼻舌身—＜智度論＞ 2 감탄사. 아아! ㊂ 噫. ¶— 治人之過也＜莊子＞
【意見】いけん(의견) 마음속에 느낀 생각. 소견(所見).
【意氣】いき(의기) ①의지와 용기. ②기상(氣象). 氣概(기개). ¶人生感—＜魏徵＞
【意氣相投】いきそうとう(의기상투) 두 사람의 마음이 서로 일치함. 意氣投合(의기투합).
【意氣銷沈】いきしょうちん(의기소침) 의기가 쇠하여 사그러짐. 意氣沮喪(의기저상).
【意氣揚揚】いきようよう(의기양양) 득의(得意)하여 크게 만족해하는 모양. 意氣洋洋(의기양양). ¶擁大蓋 策駟馬 — 甚自得也＜史記＞
【意氣沮喪】いきそそう(의기저상) ☞ 意氣銷沈(의기소침).
【意氣衝天】いきしょうてん(의기충천) 득의한 마음이 하늘을 찌를 듯함. 「계획.
【意圖】いと(의도) 마음속으로 계획함. 또는, 그
【意馬心猿】いばしんえん(의마심원) 생각은 말처럼 닫고, 마음은 원숭이처럼 설렌다는 뜻으로, 번뇌·망념(妄念) 등으로 마음이 산란하여 안정되지 않음을 이름. ¶心猿不定 意馬四馳＜參同契·注＞
【意味】いみ(의미) 사물의 뜻. 意義(의의).
【意味深長】いみしんちょう(의미심장) 말이나 글의 뜻이 매우 깊음. ¶讀之愈久 覺—＜朱熹＞
【意思】いし(의사) 마음 먹은 생각. 마음.
【意識】いしき(의식) ①마음에 인식(認識)함. ②《佛》 6식(識) 또는 8식(識)의 하나. 판단 분별하는 마음의 작용. 分別心(분별심). ③지(知)·정(情)·의(意) 일체의 정신 작용의 총칭.
【意業】いごう(의업)《佛》 심정(心情)의 발동에 의하여 범하는 죄업(罪業). 신(身)·구(口)와 함께 3업(業)의 하나. ¶次懺— 意爲身口之本 罪福之門＜淨住子＞
【意譯】いやく(의역) 낱말에 구애됨이 없이 글 전

체의 뜻을 살리는 번역. ↔直譯(직역).
【意外】いがい(의외) 뜻밖. 예상 밖. 慮外(여외).
【意慾】いよく(의욕) ①적극적으로 하려 하는 마음. 意欲(의욕). ②☞意志(의지)②.
【意義】いぎ(의의) ①뜻. 의미(意味). ②일·행위 등이 가지는 가치 내용.
【意匠】いしょう(의장) ①마음 속으로 궁리함. ¶一慘澹經營中<杜甫> ②공산품의 외관을 아름답게 하기 위한 고안(考案). ¶一登錄/一特許.
【意中】いちゅう(의중) 마음 속. 마음 속으로 생각하는 일. 心中(심중). ¶一人物.
【意地】いじ(의지) ①고집. 오기. 我執(아집). ②《佛》 마음. 地는 마음이 존재하는 곳. ¶唯有一三善業地<毗曇論>
【意志】いし(의지) ①마음. 생각. ②사려(思慮)·선택(選擇)·결행(決行) 등을 하는 심적 작용(心的作用). ¶一力. 「(의향).
【意趣】いしゅ(의취) 의지와 취향(趣向). 意向
【意態】いたい(의태) 마음의 상태. 심경. 情態(정태). ¶是何一雄且傑<杜甫>
【意表】いひょう(의표) 뜻밖. 意外(의외). ¶攻在於一<尉繚子>
【意向】いこう(의향) 마음의 향하는 바. 마음이 쏠리는 방향. 意趣(의취).
▷佳一, 刻一, 介一, 敬一, 古一, 固一, 故一, 高一, 關一, 教一, 貴一, 剋一, 極一, 奇一, 氣一, 達一, 當一, 大一, 道一, 得一, 妄一, 命一, 妙一, 文一, 微一, 密一, 發一, 配一, 飜一, 法一, 本一, 不如一, 不一, 私一, 謝一, 辭一, 殺一, 上一, 生一, 書一, 善一, 聖一, 誠一, 細一, 素一, 愁一, 隨一, 夙一, 猜一, 神一, 失一, 實一, 心一, 雅一, 惡一, 兩一, 如一, 餘一, 靈一, 用一, 寓一, 運一, 留一, 遺一, 恩一, 移一, 人一, 一一, 任一, 專一, 戰一, 轉一, 情一, 精一, 造一, 尊一, 主一, 注一, 志一, 指一, 眞一, 塵一, 着一, 贊一, 創一, 天一, 草一, 寸一, 秋一, 春一, 趣一, 快一, 託一, 筆一, 下一, 合一, 降一, 好一, 會一, 厚一

9/13 〖慈〗 사랑 자 | 因ㄘˊ (ci) | じ(イツクシム) mercy

㊍慈

源會意·形聲. 기르는[茲] 심정[心], 곧, 어머니의 자애로움을 뜻함. [茲]가 음을 이룸.

풀이①사랑. ㉮깊은 은애(恩愛). ¶一愛. ㉯인정. 동정. 측은한 마음. ¶以一己加也<儀禮> ㉰자식에 대한 부모의 사랑. ¶爲人父 止於一<大學> ㉱부모를 잘 봉양하다. ¶不一孝於父母<國語> ②사랑하다. ¶一保庶民<國語> ③어머니. ¶嚴父一母. ④《佛》 중생에게 즐거움을 주는 일. ¶一悲. ⑤자석. 通磁. ¶一石吸鐵<郭璞>
【慈壼】じこん(자곤) 어머니를 이름. ¶晨昏兩一詩禮一賢王<范成大>
【慈宮】(자궁)韓 왕위에 오르기 전에 죽은 왕세자(王世子)의 빈(嬪)에 대한, 왕세손(王世孫)이 즉위한 뒤의 칭호.
【慈堂】(자당) 남의 어머니에 대한 경칭.
【慈臨】じりん(자림) 자애로운 마음으로 아래에 임함. 남의 내방(來訪)의 높임말. ¶伏願一賜臣骸骨<南齊書>
【慈母】じぼ(자모) ①애정이 깊은 어머니. ②어머니. 母親(모친). ③어머니를 여읜 뒤에 자기를 길러준 서모. ¶一如母<儀禮>
【慈母有敗子】じぼはいしあり(자모 유패자) 자애가 지나친 어머니의 슬하에는 방자하고 버릇없는 자식이 있음. ¶一 嚴家無格虜<史記>
【慈撫】じぶ(자무) 사랑하여 어루만짐. ¶民所安樂 惟曰一<宋史>
【慈悲】じひ(자비) ①《佛》 중생(衆生)에게 복을 주어서 괴로움을 없앰. ¶佛心者 大一是<大日經>/一心. ②크게 사랑하고 가엾게 여김.
【慈善】じぜん(자선) ①불쌍히 여겨 은혜를 베풂. ¶寬和一<北史> ②불쌍한 사람을 도와줌. ¶一家/一事業.
【慈侍下】(자시하)韓 아버지를 여의고 어머니만 모시고 있는 처지.
【慈氏菩薩】じしぼさつ(자씨보살)《佛》 미륵보살(彌勒菩薩)의 이칭. 慈氏(자씨).
【慈氏尊】じしそん(자씨존)《佛》 미륵보살(彌勒菩薩)의 존칭.
【慈眼】じがん(자안) ①자비로운 눈. ②《佛》 중생에 대한, 보살의 자비에 넘친 눈.
【慈愛】じあい(자애) ①아랫사람을 도탑게 사랑함. ②도타운 사랑.
【慈烏】じう(자오) 까마귀의 이칭. 까마귀가 자란 뒤에 제 어미에게 먹이를 가져다 주어, 길러준 은혜를 갚는다는 데서 온 말. 慈鳥(자조). ¶一反哺以報親<梁武帝>
【慈雨】じう(자우) ①만물을 촉촉히 적셔 자라게 하는 비. ②오래 가물다가 오는 비.
【慈殿】(자전)韓 임금의 어머니. 慈聖(자성).
【慈鳥】じちょう(자조) ☞慈烏(자오).
【慈尊】じそん(자존) 미륵불(彌勒佛)의 이칭.
【慈主】(자주) 어머님. 편지에 쓰는 말.
【慈旨】じし(자지) ①인자한 뜻. ②韓 임금 어머니의 전교(傳敎). 「친).
【慈親】じしん(자친) 자기 어머니. ↔嚴親(엄
【慈惠】じけい(자혜) 인자하게 사랑하는 은혜. 慈恩(자은). ¶一醫院.
▷家一, 大一, 聖一, 宸一, 仁一, 至一, 天一, 惠一, 孝一

9/12 〖惵〗 두려울 접 | 葉 | ちょう(オソル) afraid

9/13 〖惷〗 흐트러질 준 | 軫ㄔㄨㄣˇ (chun) | しゅん(ミダレル) scatter

풀이①흐트러지다. 동요하여 어지러운 모양. ¶王室實一一焉<左氏傳> ②꿈틀거리다. ㉠蠢. ¶一一. ③도탑다. 通惇. ④어리석다. ¶一愚.

9/12 〖愀〗 1 근심할 초 | 篠ㄑㄧㄠˇ (qiao) | しょう
2 쓸쓸할 추 | 宥 | しゅう

풀이 1 ①근심하다. 걱정함. ¶見善一然<荀子> ②얼굴빛을 고치다. ㉮안색이 변하다. ¶一然改容<史記> ㉯발끈하다. 화를 내는 모양. ¶一然作色<禮記> ③삼가다. 삼가는 모양. ¶聞其言者 一如也<法言> 2 쓸쓸하다. 쓸쓸한 모양. ¶原野寥一<後漢書>

12〖惚〗 懲(p. 592)의 俗字

9 12〖惴〗 두려워할 췌 | 寘 ㄓㄨㄟˋ (zhui) | すい (オソレル)

9 12〖惻〗 슬퍼할 측 | 職 ㄘㄜˋ (ce) | そく(イタム) be sad about
㊄ 恻

풀이 ①슬퍼하다. 비통함. ¶爲我心一<易經> ②간절한 모양. 성심을 다하는 모양. ¶誾誾一一 出於誠心 可謂有史魚之風矣<後漢書>

【惻怛】そくだつ(측달) 몹시 슬퍼함. 忉怛(도달). ¶一之心 痛疾之意<禮記>

【惻隱】そくいん(측은) 가엾이 여겨 슬퍼함. 사단(四端)의 하나. ¶一之心 仁之端也 羞惡之心 義之端也 辭讓之心 禮之端也 是非之心 智之端也<孟子>

▷懇一, 款一, 憫一, 悲一, 傷一, 隱一, 仁一, 愴一

13〖恻〗 惻(p. 586)의 古字

9 12〖惰〗 1 게으를 타 2 사투리 타 | 哿 ㄉㄨㄛˋ (duo) 歌 | だ (オコタル) lazy

풀이 1 ①게으르다. 나태함. ¶語之而不一者 其回也與<論語> ②삼가지 않다. 불경(不敬)함. ¶一而多涕<左氏傳> ③소홀히 하다. 업신여김. ¶今成子一棄其命矣<左氏傳> ④게으름. 나태. ¶警驕一 戒淫泆<宋史> 2 사투리. 방언. ¶言不一<禮記>

【惰力】だりょく(타력) ①종래의 습관. 惰性(타성)①. ②☞慣性(관성).

【惰性】だせい(타성) ①종래의 습관. ②굳어진 버릇. ③외부의 힘을 받지 않는 한 현상태를 유지하려는 물체의 성질. 慣性(관성).

【惰怠】だたい(타태) 게으름. 怠惰(태타). 墮怠(타태). 懈怠(해태).

▷簡一, 怯一, 輕一, 驕一, 勧一, 矜一, 懶一, 放一, 肆一, 燕一, 恬一, 敖一, 頑一, 慵一, 遊一, 弛一, 怠一, 退一, 頹一, 媮一, 廢一, 解一, 懈一, 闒一

12〖愓〗 度(p. 516)의 俗字

9 12〖愓〗 1 방자할 탕 2 빠를 상 | 養 ㄉㄤˋ (dang) 陽 | とう(ホシイママ) しょう

풀이 1 방자하다. 멋대로 행동함. ¶加一悍而不順<荀子> 2 빠르다. 자세를 바르게 하여 빨리 걷는 모양. ¶凡行容一一 廟中齊齊<禮記>

9 12〖愎〗 괴팍할 퍅 | 職 ㄅㄧˋ (bi) | ひょく, ふく (モトル) fastidious

풀이 ①괴팍하다. 너그럽지 못함. ¶乖一. ②어긋나다. 남의 말을 거역함. ¶一諫.
▷剛一, 乖一, 矜一, 頑一, 專一, 貪一

9 12〖惼〗 편협할 편 | 銑 | へん illiberal

9 12〖愊〗 정성 픽 ㊍ 벽 | 職 ㄅㄧˋ (bi) | ふく(マコト) sincerity

풀이 ①정성. 진심. 성의. ¶發憤悃一<漢書> ②답답하다. 마음이 울적하여 풀리지 않음. ¶心一憶而紛紜<後漢書>

9 12〖愜〗 쾌할 협 | 葉 ㄑㄧㄝˋ (qie) | きょう (ココロヨイ) delightful

풀이 ①쾌하다. 상쾌함. ¶天下人民 未有一志<漢書> ②차다. 가득 참. 흡족함. ¶應劭曰一<漢書·注> ③두려워하다. 두려워서 숨을 죽이는 모양. ¶一一窮城 氣若無假<潘岳>
▷甘一, 勝一, 遊一, 快一, 和一, 歡一

13〖悏〗 愜(p. 586)과 同字

12〖惛〗 惛(p. 579)과 同字

9 12〖惶〗 두려워할 황 | 陽 ㄏㄨㄤˊ (huang) | こう (オソレル) fear

源 會意·形聲. 임금[皇] 앞에 나아가는 마음[忄]이란 뜻. 皇이 음을 이룸.

풀이 ①두려워하다. 황공스럽게 여김. ¶蕭廣縱暴 百姓一擾<後漢書> ②당황하다. 갑작스러워 어찌할 바를 모르는 모양. 通 皇. ¶一一.

【惶感】(황감) 황송하고 감격함.

【惶恐】こうきょう(황공) 높은 지위에 눌려 두려움. 惶悚(황송). 惶懼(황구). ¶成王多寵 商臣一<易林>

【惶恐無地】こうきょうむち(황공무지) 황공하여 몸 둘 곳을 모름.

【惶急】こうきゅう(황급) 다급하여 어찌할 바를 모름. 惶遽(황거). 惶忙(황망). ¶卒一 不知所爲<史記>

【惶忙】(황망) ☞惶急(황급).

【惶悚】こうしょう(황송) ☞惶恐(황공).

【惶惶】こうこう(황황) ①몹시 두려워하는 모양. ②몹시 당황해하는 모양.
▷驚一, 恐一, 兢一, 憂一, 戰一, 震一, 慙一, 蒼一

12〖慌〗 ☞心部 10획(p. 589)

9 12 〖愃〗 1 너그러울 훤 |阮|けん(ユタカ) 2 잊을 훤 |元| generous

10 14 〖愨〗 삼갈 각 |覺|ㄑㄩㄝˋ (que) |かく(ツツシム) discreet
풀이 ①삼가다. 행동을 조심함. ¶其容一<荀子> ②바르다. 성실함. ¶可謂一士者矣<荀子> ③정성. 성실한 마음. ¶其民樸重端一<淮南子> ④순박하다. 질박함. ¶其親也一<孔子家語>
▷謙一, 謹一, 端一, 誠一, 純一, 信一, 嚴一, 愚一, 愿一, 切一, 眞一, 質一

10 13 〖愷〗 즐거울 개 |賄|ㄎㄞˇ (kai) |がい(タノシム) delightful
풀이 ①즐겁다. 화락함. 通 豈. ¶一悌君子民之父母<詩經> ②마음이 누그러지다. 마음이 편안해짐. ¶謂之八一<左氏傳> ③승전(勝戰)의 음악. 通 凱. ¶一樂獻于社<周禮>/一歌. ④열리다. 개명함. 通 闓. ¶一悌.
【愷弟】がいてい(개제) ☞愷悌(개제)①. ¶丹爲人知足 一愛人<漢書>
【愷悌】がいてい(개제) ①마음이 누그러져 화락함. 樂易(낙이). 愷弟(개제). ②덕이 장대(長大)함. ③개명(開明)함.
▷歌一, 大一, 物一, 樂一, 八一, 和一

10 13 〖愾〗 1 성낼 개 |隊|ㄎㄞˋ (kai) |がい(イカル) get angry 2 한숨쉴 희 |未|ㄒㄧˋ |き 3 이를 흘 |物| (xi) |きつ
풀이 1 ①성내다. 분개함. 通 慨. ¶一憤邊戎<常袞> ②차다. 가득함. 2 한숨쉬다. 한탄함. ¶一我寤歎<詩經> 3 이르다. 도달함. 通 迄. ¶一乎天下矣<禮記>
▷憤一, 敵一心

10 13 〖慊〗 1 찐덥지 않을 겸 |琰|ㄑㄧㄢˋ (qian) |けん displease 2 족할 협 |葉|ㄑㄧㄝˋ |きょう 3 의심할 혐 |鹽| (qie) |けん
풀이 1 ①찐덥지 않다. 마음에 차지 아니함. ¶吾何以一乎哉<孟子> ②흡족하다. 마음이 쾌함. ¶行有不一於心<孟子> ③좋다. 훌륭함. ¶苟可以一齊貌辨者<戰國策> ④성의. 정성. ¶重陳丹一<白居易> ⑤한(恨)하다. 원망함. ¶貴不一於上<禮記> ⑥가난하다. 빈곤함. ¶不以一爲悲<淮南子> 2 족하다. 만족함. 같 嗛. ¶盡去而後一<莊子> 3 의심하다. 마음으로 싫어함. 通 嫌. ¶得避一之便<漢書>
【慊然】けんぜん(겸연) ①마음에 차지 않는 모양. 慊如(겸여). ②짓적은 모양. 열없은 모양.
▷丹一, 誠一

10 13 〖愲〗 심란할 골 |月| こつ(ミダレル) upset

10 13 〖愧〗 부끄러워할 괴 |寘|ㄎㄨㄟˋ (kui) |き(ハジル) shame
풀이 ①부끄러워하다. 부끄러움. 같 媿. ¶尙不一于屋漏<中庸> ②창피를 주다. 모욕함. ¶季孟嘗折一子陽 而不受其爵<後漢書> ③탓하다. 책망함. ¶不以人之所不能者一人<禮記>
【愧死】きし(괴사) ①부끄러운 죽음. ②매우 부끄러워함.
▷感一, 赧一, 羞一, 廉一, 憂一, 靦一, 慙一, 痛一

14 〖愳〗 懼(p. 601)의 古字

10 13 〖㥄〗 근심할 닉 |錫| てき(ウレエル) worry

14 〖㥒〗 㥄(p. 587)과 同字

10 13 〖慆〗 방자할 도 |豪|ㄊㄠ (tao) |とう(アナドル) impertinent
풀이 ①방자하다. 깔보아 제 마음대로 함. 通 滔. ¶無即一淫<書經> ②기뻐하다. 희열함. 같 謟. ¶非以一心也<左氏傳> ③지나다. 경과함. ¶日月其一<詩經> ④감추다. 숨김. 같 韜. ¶以樂一憂<左氏傳> ⑤오래다. 시간이 길. ¶我徂東山 一一不歸<詩經> ⑥어지러워지다. ¶一一. ⑦어기다. 거스름. 通 忒. ¶天命不一久矣<左氏傳>
▷慢一, 淫一

13 〖慅〗 懰(p. 599)와 同字

10 13 〖慄〗 두려워할 률 |質|ㄌㄧˋ (li) |りつ(オソレル) fear
풀이 ①두려워하다. ¶吾甚一之<莊子> ②떨다. 겁이 나서 떪. ¶戰一. ③오싹하다. 소름이 끼침. ¶郡中不寒而一<史記> ④슬퍼하다. 비통함. ¶怵悼一而聳兢<張衡>
▷悸一, 股一, 恐一, 愧一, 兢一, 悼一, 悚一, 畏一, 憭一, 危一, 戰一, 齊一, 祇一, 振一, 慘一, 縮一, 惴一, 怖一, 寒一, 駭一

10 14 〖愬〗 1 하소연할 소 |遇|ㄙㄨˋ (su) |そ(ウッタエル) appeal 2 두려워할 색 |陌| |さく
풀이 1 ①하소연하다. ¶薄言往一<詩經> ②하소연. ¶膚受之一<論語> ③일러 바치다. 헐뜯어 말함. 같 訴. ¶公伯寮一子路於季孫<論語> ④향하다. 거슬러 맞섬. 通 遡. ¶一風. 2 ①두려워하다. ¶履虎尾一一 終吉<易經> ②놀라다. 경악하는 모양. ¶一而再拜<公羊傳>
▷赴一, 往一

10 13 【愫】 정성 소 |運ㄙㄨˋ (su)| そ(マコト) *sincerity*

10 13 【慅】 ①떠들썩할 소 ②고달플 초 |豪ㄙㄠ (sao) 皓| そう *noisy, tired*

풀이 ①떠들썩하다. 通騷. ¶軍中——<隋書> ②①고달프다. 고달픈 모양. ②시름겹다. 슬픈 생각이 듦. ¶勞心—兮<詩經>

10 14 【愻】 따를 손 |願| そん(シタガウ) *obey*

10 13 【愼】 삼갈 신 |震ㄕㄣˋ (shen)| しん(ツツシム) *careful*

古 慎 同 慎

源 **會意·形聲.** 조심스러운 마음[忄]으로 언행을 진지하게[眞] 가진다는 뜻. 眞의 변음이 음을 이룸.

풀이 ①삼가다. 언행을 조심스럽게 가짐. ¶謹—. ②참으로. ¶予—無罪<詩經> ③이루다. 어떤 일을 해 냄. ¶考—其相<詩經> ④따르다. 순종함. 通順. ¶布基—聖人<荀子> ⑤훈계하다. 경고함. ¶肅—民<淮南子> ⑥당기다. 이끎. 通引. ¶其—也 蓋殯也<禮記>

【愼獨】しんどく(신독) 사람이 없는 곳에서도 행동을 삼감. 양심이 부끄럽지 않게 주의함. ¶君子必愼其獨也<大學>

【愼終】しんしゅう(신종) ①일의 끝을 삼감. ②부모의 장제(葬祭)와 기복(忌服) 따위를 정중히 함. ※愼終追遠(신종추원).

【愼終如始】しんしゅうハジメノゴトシ(신종여시) 일의 종말에 이르러서도 처음과 같이 마음을 늦추지 않고 애씀. ¶民之從事 常於幾成而敗之 — 則無敗事<老子>

【愼終追遠】しんしゅうついえん(신종추원) 부모의 상(喪)에는 슬픔을 다하여 장례를 두터이하며, 조상의 제사에는 공경을 다함. ¶— 民德歸厚矣<論語>

【愼重】しんちょう(신중) 삼가서 경솔하지 않음. 매우 조심스러움. 愼厚(신후). ¶當時稱其—<五代史>

【愼候】(신후) 韓 병석에 있는 웃어른의 안부.

▷恪—, 謙—, 敬—, 戒—, 恐—, 恭—, 謹—, 篤—, 明—, 樸—, 修—, 淑—, 肅—, 審—, 畏—, 貞—, 周—, 祗—, 淸—

14 【慎】 愼(p. 588)의 古字

13 【慎】 愼(p. 588)과 同字

10 13 【慍】 ①성낼 온 ②번민할 온 |問ㄩㄣˋ (yun) 阮| うん(イカル) *get angry* おん

俗 愠

풀이 ①①성내다. ¶—于群小<詩經> ②원망하다. ¶人不知而不—<論語> ③노여움. ¶肆不殄厥—<詩經> ④근심하다. ②번민(煩悶)하다. ¶—愉.

▷煩—, 憤—, 憂—, 懷—

10 13 【愮】 두려워할 요 |蕭| よう(オソレル)

10 14 【慂】 권할 용 |腫ㄩㄥˇ (yong)| よう(ススメル) *persuade*

10 13 【愪】 근심할 운 |文| うん(ウレエル) *worry*

10 14 【愿】 삼갈 원 |願ㄩㄢˋ (yuan)| げん(ツツシム) *prudent*

풀이 ①삼가다. 공손함. ¶—而恭<書經> ②성실하다. 질박함.

▷慤—, 謙—, 恭—, 謹—, 端—, 敦—, 誠—, 遜—, 愼—, 溫—, 柔—, 淸—, 鄕—

10 14 【慇】 괴로와할 은 |眞ㄧㄣ (yin)| いん(イタム)

풀이 ①괴로와하다. 몹시 애태움. ¶憂心——<詩經> ②은근하다. 친절함. ¶惜別空—懃<李白>

【慇懃】いんぎん(은근) ①정성을 다함이 남모르게 살뜰함. 친절함. ¶—更向手中吹<楊巨源> ②몹시 근심함. ¶惻痛— 冀有驗也<論衡> ③연정(戀情).

13 【憖】 慇(p. 588)과 同字

14 【慈】 慈(p. 585)의 本字

14 【憝】 整(p. 688)의 俗字

10 13 【愴】 슬퍼할 창 |漾ㄔㄨㄤˋ (chuang)| そう(イタム) *sad*

풀이 ①슬퍼하다. 마음 아파함. ¶—然. ②차다. 차가움. ¶——涼涼<列子> ③어지럽다. 어지러워짐. 通戕. ¶—囊. ④실의하다. 의욕을 잃음. ¶—況.

▷悲—, 酸—, 惋—, 慘—, 悽—, 悄—, 惆—, 惻—

10 14 【態】 모양 태 |隊ㄊㄞˋ (tai)| たい(サマ) *attitude*

풀이 모양. ㉮생김새. 형상. ¶姿—. ㉯맵시. 차림새. 꼴. ¶千—萬象. ㉰상태. 형편. ¶世—.

【態度】たいど(태도) 몸가짐. 모양. 몸 가지는 품.

【態勢】たいせい(태세) 태도와 자세. 形勢(형세).

▷故—, 交—, 嬌—, 舊—, 詭—, 奇—, 老—, 妙—, 舞—, 美—, 媚—, 變—, 常—, 世—, 俗—, 時—, 妖—, 勇—, 容—, 危—, 僞—, 柔—, 儀—, 姿—, 作—, 綽—, 情—, 眞—, 千狀萬—, 醜—, 形—

13 【㥚】 忕(p. 562)와 同字

10 13 【愶】 으를 협 |葉| きょう(オビヤカス)

10 13 〖慌〗 어리둥절할 황 | 陽ㄏㄨㄤ (huang) | こう(アワタダシイ) *hurried*

㊍恍 ㊐怳

풀이 ①어리둥절하다. ¶唐—. ②다급하다. 절박함. ¶—忙. ③황홀하다. ㊉恍. ¶性忽—<北齊書> ④어렴풋하다. 희미한 모양. ¶追—忽於地底兮<後漢書> ⑤잃다. 잃어버림. ¶僕夫—悴散若流兮<楚辭>

【慌忙】こうぼう(황망) 마음이 몹시 급하고 당황하여 어찌할 바를 모름.

【慌忽】こうこつ(황홀) ☞慌惚(황홀).

【慌惚】こうこつ(황홀) ①눈이 부시어 어릿어릿할 정도로 찬란하거나 화려함. ¶—境. ②한 가지 사물에 마음이나 시선이 쏠리어 어리둥절함. ③정신이 어찔하고 흐리멍덩해지는 모양. 恍惚(황홀).

▷恐—, 怒—

13 〖慌〗 慌(p. 589)의 本字

10 13 〖愰〗 밝을 황 | 漾 | こう *bright*

풀이 ①밝다. 마음이 밝음. 영리함. ②들뜨다. 마음이 가라앉지 아니함. ¶—懩.

10 13 〖慉〗 1 기를 흌 2 맺힐 축 | 屋ㄒㄩˋ 屋(xu) | きく ちく

풀이 1 ①기르다. 양육함. ㊍畜. ¶不我能—<詩經> ②일으키다. 일으켜 세움. ③쌓다. 축적함. ㊍蓄. ¶疏越蘊—<後漢書> 2 ①맺히다. ②우울해지다. ¶—結.

▷蘊—, 積—

10 14 〖慁〗 근심할 혼 | 願ㄏㄨㄣˋ (hun) | こん(ウレエル)

㊐慖

풀이 ①근심하다. 마음에 걸림. ¶主不—賓<左氏傳> ②더럽히다. 욕보임. 명예를 손상시킴. ㊍溷. ¶不—君王<禮記>

13 〖慖〗 慁(p. 589)과 同字

15 〖慤〗 愨(p. 587)의 俗字

11 14 〖慳〗 아낄 간 | 刪ㄑㄧㄢ (qian) | けん(オシム) *stingy*

풀이 ①아끼다. 쩨쩨함. ¶—吝. ②망설이다. 머무적거림. ¶辭—義卓潤<韓愈> ③굳다. 단단히 감춤. ¶洪源瀉天—<朱熹>

▷天—, 偏—, 寒—

11 14 〖慷〗 강개할 강 | 養ㄎㄤ (kang) | こう(ナゲク) *lament*

풀이 강개하다. 의기가 북받치어 원통해하고 슬퍼함. ¶性剛毅—慨<後漢書>

【慷慨】こうがい(강개) ①의분이 복받쳐 슬퍼하고 한탄함. ②뜻을 잃은 모양. 비탄(悲歎)의 모양. ¶悲憤—. ③의기가 넘치고 감격하기 쉬운 성질.

【慷慨之士】こうがいのし(강개지 사) 세상의 그릇됨을 분하게 여겨 탄식하는 사람.

11 14 〖慨〗 분개할 개 | 隊ㄎㄞˇ (kai) | がい(ナゲク) *lament*

源 會意·形聲. 이미[旣] 잘못된 일을 마음[忄] 속으로 슬퍼함.

풀이 ①분개하다. 개탄함. ¶—然而賦<潘岳> ②슬퍼하다. 탄식함. ㊍嘅 愾. ¶—長思而懷古<張衡> ③피로한 모양. ¶—焉如不及其反而息<禮記>

【慨世】がいせい(개세) 세상을 근심하고 탄식함.

【慨嘆】がいたん(개탄) 한탄함. 의분(義憤)이 북받쳐 탄식함. 慨歎(개탄). ¶相與—久之<邵長衡>

15 〖慸〗 憩(p. 593)의 俗字

11 15 〖慶〗 1 경사 경 2 발어사 강 | 敬ㄑㄧㄥˋ (qing) 陽ㄑㄧㄤ (giang) | けい(オメデタ) *happy event*

源 會意. 남의 경사에 사슴 가죽을 바쳤다는 데서 비롯됨.

풀이 1 ①경사. 축하할 만한 일. ¶賀—之禮<周禮> ②경사스럽다. 축하함. ¶—祝日. ③상(賞). ¶行—施惠<禮記> ④선행(善行). ¶一人有—<書經> ⑤복(福). 다행한 일. ¶孝孫有—<詩經> 2 발어사. 아! ㊍羌. ¶—天悴而喪榮<漢書>

【慶事】けいじ(경사) 경축할 만한 일. 기쁜 일.

【慶賞】けいしょう(경상) 은상(恩賞)을 내림. ¶不敢懷—爵祿<莊子>

【慶壽】けいじゅ(경수) 임금의 탄생일.

【慶筵】(경연) 경사스러운 잔치를 벌인 자리.

【慶雲】けいうん(경운) 경사가 생길 조짐이 되는 구름. 瑞雲(서운).

【慶弔】けいちょう(경조) 혼인·회갑 따위의 경사스러운 일과, 초상·장사 따위의 불행한 일. 慶唁(경언). ¶吉凶—.

【慶弔相問】けいちょうあいとう(경조상문) 서로, 경사에 축하하고 흉사에 위문함.

【慶祝】けいしゅく(경축) 경사를 축하함. ¶—日.

【慶賀】けいが(경하) 경사스러운 일을 치하함. 祝賀(축하).

【慶幸】けいこう(경행) 경사스러운 일. 기쁜 일. 幸運(행운).

【慶會】けいかい(경회) 경사스러운 회합(會合). 즐거운 모임. 嘉會(가회).

▷嘉—, 具—, 國—日, 吉—, 大—, 同—, 福—, 祥—, 瑞—, 恩—, 積善餘—, 祚—, 天—, 祝—, 賀—, 休—

11 14 〖慣〗 버릇 관 | 諫ㄍㄨㄢˋ (guan) | かん(ナラワシ) *custom*

源 會意·形聲. 마음[忄]이 사리를 꿰

뚫어 [貫] 하는 일에 익숙해진다 하여 버릇의 뜻이 됨.

풀이 ㉿通 貫. ①버릇. 익숙하여진 것. ¶習一. ②버릇이 되다. 익숙하여짐. ¶一例.

【慣例】かんれい(관례) 관습이 된 전례(前例). 常例(상례).

【慣面】(관면) 여러 번 보아서 낯익은 얼굴.

【慣習】かんしゅう(관습) 일반적으로 인정된 질서. 또는, 전통적으로 세워진 사회 생활의 규칙. 習慣(습관). 風習(풍습).

【慣用】かんよう(관용) 늘 많이 씀. 관습적으로 씀. ¶一句/一語/一音.

【慣行】かんこう(관행) 늘 행함. 습관이 되어 늘 행하여지는 일.

▷舊一, 習一

11 14【慬】근심할 근 |因ㄑㄧㄣˊ (qin)|きん(ウレウ) worry

풀이 ①근심하다. 근심하며 서러워함. ㉿같 勤. ②날래다. 용기가 있음. ¶無以立一於天下<列子> ③겨우. ¶一然後得免<公羊傳>

11 14【慱】근심할 단 |寒ㄊㄨㄢˊ (tuan)|たん(ウレウ) worry

풀이 ①근심하다. 근심하는 모양. ¶勞心一一兮<詩經> ②둥글다. 通 團. ¶月闕其一<太玄經>

11 15【慮】1 생각할 려 2 조사할 록 |御ㄌㄩˋ (lü)|りょ(オモンバカル) consider

풀이 1 ①생각하다. 사려함. ¶考一. ②꾀하다. 계획을 세움. ¶子爲寡人一之<戰國策> ③근심하다. 걱정함. ¶念一. ④생각. 염려. ¶困於心 衡於一<孟子>/一外. ⑤꾀. 계획. ¶出謀發一<禮記> ⑥근심. 걱정. ¶省國家之邊一<後漢書> ⑦대개. 대강. 대략. ¶無一. ⑧맺다. 연결함. ¶何不一以爲大樽<莊子> ⑨흐트러뜨리다. 어지럽게 함. ¶無一吾農事<呂覽> ⑩의심. 의혹. ¶決孤疑之一<晋書> 2 조사하다. 검토함. 通 錄. ¶凡繫囚 五日一一<唐書>/一囚.

▷計一, 考一, 苦一, 顧一, 短一, 亡一, 謀一, 無一, 防一, 配一, 不一, 思一, 聖一, 熟一, 識一, 深一, 念一, 憂一, 遠一, 志一, 策一, 千一, 淺一

11 14【憀】의뢰할 료 |蕭ㄌㄧㄠˊ (liao)|りょう(タヨル)

俗 憀

풀이 ①의뢰하다. 힘입음. 의지함. 通 賴. ¶吏民不相一<淮南子> ②쓸쓸하다. 서글퍼함. ¶雲晴山晩動情一<陸龜蒙> ③소리가 맑다. 맑고 낭랑함. ¶新聲一亮<嵇康>

14【憀】憀(p.590)의 俗字

11 14【慺】정성스러울 루 |虞ㄌㄡˊ (lou)|る(ネンゴロ)

풀이 ①정성스럽다. 정성스러운 모양. ¶不盡一一之心哉<後漢書> ②공근한 모양. 공손하고 삼가는 모양. ¶臣之一一 竊願居安思危<晋書>

11 14【慢】게으를 만 |諫ㄇㄢˋ (man)|まん(オコタル) lazy

俗 㥄

풀이 ①게으르다. 게으름을 피움. ¶怠一. ②거만하다. 오만함. ¶王素一無禮<史記>/驕一. ③모멸하다. 업신여김. 通 嫚. ¶侮一. ④느리다. 더딤. ¶叔馬一忌<詩經> ⑤느슨하다. 해이함. 엄하지 아니함. ¶刑一則懼及君子<呂覽> ⑥거칠다. 간략함. ¶其大讓如一<孔子家語> ⑦칠하다. ¶郢人堊一其鼻端<莊子>

【慢舸】まんか(만가) 느리게 가는 배. ¶一不知移<暢當> ↔輕舸(경가).

【慢性】まんせい(만성) 병이 급하지도 않고 속히 낫지도 않는 성질. ¶一傳染病. ↔急性(급성).

【慢心】まんしん(만심) ①지나친 자부. 自慢(자만). ②《佛》 근본 번뇌의 하나. 자신을 지나치게 믿고 사랑하며 남을 업신여기는 마음. ¶起一 自高陵彼<華嚴經>

【慢遊】まんゆう(만유) 한가로이 여기저기 두루 다니며 놂. 漫遊(만유).

【慢藏誨盜】まんぞうかいとう(만장회도) 재물을 허술히 간수하여 남이 훔쳐가게 하는 것은 도둑질을 가르치는 격이 됨. ¶一 冶容誨淫<易經>

▷倨一, 輕一, 驕一, 欺一, 陵一, 侮一, 放一, 疎一, 我一, 傲一, 慠一, 緩一, 易一, 自一, 惰一, 貪一, 怠一, 悖一, 廢一, 暴一, 懈一, 忽一, 荒一

11 15【慕】그리워할 모 |遇ㄇㄨˋ (mu)|ぼ(シタウ) longing

古 慕

풀이 ①그리워하다. 사모함. ¶戀一. ②뒤따르다. ¶其往也如一<禮記> ③바라다. 원함. ¶他植者 雖窺伺傚一 莫能如也<柳宗元> ④높이다. 우러러 받들어 본받음. ¶一藺相如之爲人 更名相如<史記> ⑤탐하다. ¶誘一於名位<淮南子>

【慕藺】ぼりん(모린) 현자(賢者)를 경모(敬慕)함. 사마상여(司馬相如)가 인상여(藺相如)를 존경하고 사모한 데서 온 말.

【慕化】ぼか(모화) 덕화(德化)를 그리워함. 덕을 그리워하여 교화(敎化)에 따름. ¶四夷一貢其方賄<書經>

【慕華】(모화) 중국의 문물·사상을 숭모함. ¶一思想.

【慕效】ぼこう(모효) 그리워하여 본받음. 덕을 사모하여 언행을 본받음. ¶吏民一 寖以成俗<漢書>

▷感一, 敬一, 傾一, 景一, 企一, 望一, 思

一, 仰一, 哀一, 愛一, 戀一, 外一, 怨一, 追一, 懷一, 欣一

15〖慕〗 慕(p. 590)의 古字

11 15〖慜〗 총명할 민 | 軫 | みん

15〖憑〗 憑(p. 594)의 俗字

15〖㦂〗 常(p. 502)의 古字

11 14〖慴〗 두려워할 습 ㊀본 접 | 葉 ㄓㄜˊ (zhe) | しょう (オソレル) *fear*

풀이 ①두려워하다. 두려워서 떪. ¶一府中皆一伏<史記> ②으르다. 협박함. ¶威一萬乘<曹植>
▷威一, 戰一, 震一, 怖一

11 14〖慠〗 오만할 오 | 號 ㄠˋ (ao) | ごう (オゴル) *proud*
同 慠 傲

풀이 오만하다. 젠체하며 날뜀. ¶生而貴者一<後漢書>

15〖慠〗 慠(p. 591)와 同字

11 15〖慾〗 욕심 욕 | 沃 ㄩˋ (yu) | よく (ムサボル) *greed*
源 **會意·形聲**. 지나치게 하고자 하는 [欲] 마음[心]을 뜻함.
※본래는 欲(p. 802)의 俗字.

풀이 욕심. 욕정(欲情). 通 欲. ¶貪一.
【慾界】よっかい(욕계)【佛】욕심이 가득 찬 세상. 欲界(욕계).
【慾求】よっきゅう(욕구) 욕심껏 구함. 욕망과 요구. ¶一不滿.
【慾氣】(욕기) ①일이나 물건에 대한 욕심의 기운. ②가지고 싶어하는 마음. 慾心(욕심).
【慾望】よくぼう(욕망) 하고자 하거나 가지고자 간절히 바람.
【慾心】よくしん(욕심) 하고자 하거나 가지고 싶어하는 마음. 慾念(욕념). 慾氣(욕기)②.
【慾情】よくじょう(욕정) 사랑에 대한 욕망.
【慾海】よっかい(욕해) 애욕의 넓고 깊음을 바다에 견주어 이르는 말.
【慾火】よっか(욕화) 불같이 일어나는 욕심.
▷寡一, 嗜一, 多一, 大一, 無一, 色一, 省一, 食一, 淫一, 情一, 貪一, 閉一

11 14〖慵〗 게으를 용 | 冬 ㄩㄥ (yong) | よう (モノウイ) *indolent*

풀이 게으르다. 게으름을 피움. 마음이 내키지 아니함. ¶觀棊向酒一<杜甫>/一起.
【慵起】ようき(용기) 나른하여, 아침에 일어날 마음이 내키지 않음. ¶日高睡足猶一<白居易>
▷疎一, 幽一

11 15〖憃〗 1 천치 용 ㊀본 송 2 어리석을 창 | 冬 ㄔㄨㄥ (chong) 江 | しょう (オロカ) *fool* とう

풀이 1 천치. 어리석어 사리에 어두운 사람. 같 憧. ¶三赦曰一愚<周禮> 2 어리석다. 우매함. ¶一婦.

11 15〖憂〗 근심 우 | 尤 ㄧㄡ (you) | ゆう (ウレエル) *anxiety*

풀이 ①근심. 걱정. 애태움. ¶樂以忘一<論語> ②근심하다. ¶仁者不一<論語> ③고통. 환난(患難). ¶君子在一<呂覽> ④병. 질병(疾病). ¶某有負薪之一<禮記> ⑤친상(親喪). 거상(居喪). ¶丁一. ⑥앓다. ¶文王在胎 母不一<國語> ⑦고생하다. 괴로와함. ¶小人道一也<易經> ⑧가엾게 여기다. 불쌍히 여김. ¶民有厄喪 敎相一恤也<周禮> ⑨두려워하다. ¶余何一於龍焉<呂覽>
【憂結】ゆうけつ(우결) ☞憂鬱(우울).
【憂耿】ゆうこう(우경) 근심. 걱정. 耿은 불안으로 잠을 못 이룸. ¶省疏增一<梁武帝>
【憂咎】ゆうきゅう(우구) 근심. 憂患(우환). ¶良民被害 爲聖主一<董仲舒>
【憂國】ゆうこく(우국) 나라를 걱정함. ¶同心一者也<漢書>/一志士.
【憂道不憂貧】どうヲウレイひんヲウレエズ(우도 불우빈) 도를 닦지 못함을 근심할 뿐, 가난함을 근심하지 않음. ¶君子一<論語>
【憂來無方】ウレイキタルほうナシ(우래무방) 근심이란, 언제 어디서 올는지 정해져 있지 않음. ¶一人莫之知<魏文帝>
【憂慮】ゆうりょ(우려) 걱정함. 염려함.
【憂民】ゆうみん(우민) 백성의 신상을 근심함.
【憂悶】ゆうもん(우민) 근심하여 번민함.
【憂世】ゆうせい(우세) 세상일을 탄식하고 걱정함. 국가의 안위(安危)를 염려함. 세도(世道)를 근심함. ¶或輔主一<論衡>
【憂愁】ゆうしゅう(우수) 걱정과 근심.
【憂心】ゆうしん(우심) 근심하는 마음.
【憂鬱】ゆううつ(우울) 마음이 맑지 못함. 근심스럽고 답답함. 憂結(우결). ¶一症.
【憂患】ゆうかん(우환) ①근심. 근심함. 憂咎(우구). ②韓 집안의 복잡한 일이나 환자로 인한 걱정.
▷近一, 杞一, 內一, 大一, 百一, 煩一, 先一, 隱一, 積一, 丁一, 振一, 軫一, 采薪之一, 後一, 喜一

11 15〖慰〗 위로할 위 | 未 ㄨㄟˋ (wei) | い (ナグサメル) *comfort*
古 尉 同 㷉

풀이 ①위로하다. ¶一問. ②위로. ¶因數召見 加招一<後漢書> ③우울해지다. 울적해짐. 通 鬱. ¶一暋沈屯<莊子> ④성내다. 원망함. ¶以一我心<詩經> ⑤성. 화. 원망. ¶貪財而取一<莊子>
【慰勞】いろう(위로) 육체적·정신적인 고달픔을 풀도록 따뜻하게 대하여 줌.

【慰撫】いぶ(위무) 위로하고 어루만짐. 慰拊(위부). ¶上輒以詔書—不許<漢書>
【慰問】いもん(위문) 군인이나 불의의 재앙을 당한 이들을 위로하기 위하여 인사를 함. ¶—袋/—公演.
【慰安】いあん(위안) 위로함. 위로하여 마음을 편안하게 함. ¶—會/—處.
【慰藉】いしゃ(위자) 위로하고 도와 줌. ¶所以—之良厚<後漢書>/—料.
▷勞—, 撫—, 悶—, 訪—, 賞—, 綏—, 安—, 娛—, 恩—, 弔—, 存—, 鎭—, 招—, 褒—, 曉—

15【[illegible]】 慰(p.591)와 同字

11 14【慥】 착실할 조 | 號ㄗㄠˋ (zao) | ぞう(タシカ) *sincere*
풀이①착실하다. 착실한 모양. 언행(言行)이 일치하는 모양. ¶君子胡不——爾<中庸> ②성급한 모양.

11 15【慫】 권할 종 | 腫ㄙㄨㄥˇ (song) | しょう(ススメル) *persuade*
풀이①권하다. 종용함. ¶—慂. ②놀라다. 놀라 두려워함. ¶怵悼慄而—兢<張衡>
【慫慂】しょうよう(종용) 달래고 부추기어 권함.

11 15【慹】 1두려워할 집 2움직이지 않을 접 | 緝 しつ(オソレル) 葉 しゅう
풀이1두려워하다. 외구(畏懼)함. ¶豪強—服<後漢書> 2움직이지 않다. 꼼짝도 하지 않는 모양. ¶—然似非人<莊子>

11 14【慘】 참혹할 참 | 感ㄘㄢˇ (can) | さん, ざん(イタマシイ) *misery*
俗惨 [illegible]
풀이①참혹하다. 무자비함. ¶細政苛—<後漢書> ②애처롭다. 비참함. ¶月—罷琴時<許渾> ③아프다. 아프게 함. ¶—於腹<列子> ④해치다. 상하게 함. ¶—毒於民<漢書> ⑤근심하다. 염려함. 通憯 懆. ¶勞心—兮<詩經> ⑥춥다. 추워서 얾. ¶水霜—烈<張衡> ⑦수척해지다. 쇠약해짐. ¶草木春— 風烟晝昏<陸贄> ⑧어둡다. 캄캄함. ¶天——而無色<王粲> ⑨근심. 거상(居喪). ¶碁功之— 不廢伎樂<晉書>
【慘景】さんけい(참경) 비참한 광경이나 정상.
【慘劇】さんげき(참극) ①참혹하게 벌어진 일. ②비참한 사실을 재료로 한 연극.
【慘憺】さんたん(참담) 괴롭고 슬픈 모양. 慘澹(참담)④.
【慘澹】さんたん(참담) ①어둠침침하고 쓸쓸함. ¶雲容陰—<白居易> ②여러 가지로 뜻을 다하여 생각함. ③참혹하고 암담함. ④☞慘憺(참담).
【慘變】(참변) 참혹한 변고.
【慘事】さんじ(참사) 참혹하거나 비참한 일.
【慘狀】さんじょう(참상) 참혹한 상태나 정상. 慘況(참황).
【慘敗】ざんぱい(참패) 참혹한 실패나 패배.
【慘酷】さんこく・ざんこく(참혹) ①몸서리칠 정도로 보기에 끔찍함. 慘苛(참가). ②비참할 정도로 딱하고 한심함.
【慘禍】さんか(참화) 참혹한 재앙.
▷苛—, 悲—, 酸—, 傷—, 憂—, 陰—, 悽—, 酷—

11 15【慙】 부끄러울 참 | 覃ㄘㄢˊ (can) | ざん(ハジル) *shame*
풀이①부끄럽다. 부끄러워함. ¶客—自剄<史記> ②부끄러움. 수치. ¶必知其懷—<韓愈>
【慙愧】ざんき(참괴) 부끄러워함. 부끄러움. 慙怍(참작). 慙恧(참뉵). ¶是故大國—<國語>
▷感—, 愧—, 兢—, 無—, 悚—, 靦—

14【慚】 慙(p.592)과 同字

11 15【慸】 가시 채 | 霽ㄉㄧˋ (di) | たい(トゲ)
풀이①가시. ¶—芥. ②마음에 걸리다. 마음의 안정을 잃음.

14【懘】 慸(p.592)와 同字

11 15【慼】 근심할 척 | 錫ㄑㄧ (qi) | せき(ウレエル) *grieve*
풀이 通戚. ①근심하다. 걱정함. ¶—憂. ②근심. ¶自貽伊—<公羊傳> ③슬퍼하다. 서러워함.
▷感—, 愁—, 憂—, 懷—, 休—

14【慽】 慼(p.592)과 同字

11 14【憁】 바쁠 총 | 送 | そう(イソガシイ) *hurried*
풀이①바쁘다. 분망함. ¶—恫官府之間<抱朴子> ②뜻을 얻지 못한 모양. ¶—恫.
▷倥—

11 14【慟】 서럽게 울 통 | 送ㄊㄨㄥˋ (tong) | どう(ナゲク) *mourn*
풀이서럽게 울다. 목놓아 울며 슬퍼함. 通恫. ¶子哭之—<論語>
【慟哭】どうこく(통곡) 매우 슬퍼서 큰 소리로 욺. ※痛哭(통곡).
▷感—, 哀—, 惋—, 憯—, 號—

15【[illegible]】 慟(p.592)과 同字

11
15 〖慝〗 [1]사특할 특 [2]숨길 닉 | 中ㄊㄜˋ (te) | とく(ヨコシマ) *wicked* じょく

풀이 [1] ①사특하다. 간사함. ¶之死矢靡—<詩經> ②악하다. 못됨. ¶觀其苛—<國語> ③악한 일. ¶無俾作—<詩經> ④악한 사람. ¶而民無—矣<管子> ⑤결점. ¶崇德修—<論語> ⑥악한 짓. ⑦재앙. 재해. ¶亦罹咎—<漢書> ⑧사투리. 방언. ¶掌道方—<周禮> ⑨더럽혀지다. ¶—禮. ⑩재앙의 기운. 음기(陰氣). ¶道地—<周禮> [2]숨기다. 속임. ¶—則大惑<荀子>

【慝未作】とくイマダオコラズ(특미작) 재앙의 기운이 아직 일어나지 아니함. 음기(陰氣)가 아직 일어나지 아니함. ¶唯正月朔—<左氏傳>

▷苛—, 姦—, 蠱—, 狡—, 咎—, 淑—, 穢—, 妖—, 怨—, 隱—, 淫—, 荒—, 回—, 凶—

11
14 〖慓〗 날랠 표 | 中 | ひょう(スバヤイ) *swift*

풀이 ①날래다. 재빠름. 通剽. ¶—疾. ②가볍다. 경박함. 通僄. ¶汝資誠楚—<韓駒>

【慓悍】ひょうかん(표한) 날래고 사나움. 사납고 강함. 剽悍(표한). 僄悍(표한).

11
15 〖慧〗 슬기로울 혜 | 中ㄏㄨㄟˋ (hui) | けい, え(サトイ) *sagacious*

풀이 ①슬기롭다. 총명함. ¶聰—質仁<國語> ②슬기. 능력. ¶智—. ③교활하다. 간교함. ¶便辟佞—<蜀志> ④상쾌하다. 시원스러움. ¶—然獨立<素問> ⑤《佛》 깨달음. ㉮사리(事理)를 분별하여 의혹을 없애는 작용. ㉯공리(空理)에 통달하는 작용.

【慧劍】えけん(혜검)《佛》 지혜의 검. 번뇌의 속박을 끊어 버리는 지혜를 날카로운 칼에 비유하여 이르는 말. ¶一切利器中 —利爲最<大智度論>

【慧力】えりき(혜력)《佛》 5력(力)의 하나. 번뇌를 제거하는 힘. ¶大悲自定之—<獨孤及>

【慧命】えみょう(혜명)《佛》 ①지혜를 생명에 비유하여 이름. ②비구(比丘)의 존칭. 박문강기(博聞強記)하여 혜(慧)로써 명(命)을 삼는다는 뜻.

【慧門】えもん(혜문)《佛》 지혜에 들어가는 문. 교법(敎法)을 이름.

【慧眼】けいがん(혜안) ①안식(眼識)이 예리함. 活眼(활안). ②《佛》 5안(眼)의 하나. 이 세상의 진리를 식별(識別)하는 심안(心眼). ↔肉眼(육안).

【慧日】えにち(혜일) 불보살(佛菩薩)의 지혜를 해에 견주어 이르는 말.

【慧智】けいち(혜지) 총명한 슬기.

【慧聰】けいそう(혜총) 총명하고 영리함. 聰慧(총혜).

▷警—, 巧—, 明—, 敏—, 辯—, 不—, 小—, 秀—, 令—, 佞—, 了—, 俊—, 智—, 聰—, 黠—

12
16 〖憨〗 어리석을 감 | 中ㄏㄢ (han) | かん(オロカ) *stupid*

풀이 ①어리석다. 바보. ¶—笑. ②해치다. 상하게 함. ¶—害.

15 〖憾〗 憨(p.593)과 同字

12
16 〖憩〗 쉴 게 | 中ㄑㄧˋ (qi) | けい(イコウ) *rest*

俗憇 同憩

풀이 쉬다. 숨을 돌림. 휴식함. ¶召伯所—<詩經>

▷栖—, 小—, 偃—, 寓—, 留—, 遊—, 休—

16 〖憇〗 憩(p.593)와 同字

12
15 〖憬〗 깨달을 경 | 中ㄐㄧㄥˇ (jing) | けい(サトル) *aspire*

풀이 ①깨닫다. 알아차림. ¶—悟. ②멀리 가는 모양. ¶—彼淮夷<詩經> ③그리워하다. 동경함.

▷憧—, 荒—

15 〖憍〗 驕(p.1654)와 同字

16 〖憊〗 懼(p.601)의 古字

12
15 〖憒〗 심란할 궤 | 中ㄎㄨㄟˋ (kui) | かい(ミダレル) *troubled*

풀이 ①심란하다. 마음이 어지러움. ¶—亂. ②어둡다. 어리석음. ¶—眊不泄<漢書>

▷亂—, 聾—, 憒—, 煩—, 愁—, 憂—, 慘—, 耽—

12
15 〖憝〗 [1]원망할 대 [2]성가실 돈 [3]어리석을 돈 本톤 | 中ㄉㄨㄟˋ (dui) 簡 | たい(ウラム) どん とん

同憝

풀이 [1]원망하다. 미워함. ㉠憝. [2]성가시다. 번거로움. ¶—溷. [3]어리석다. 사리에 어두움. ¶—恨.

【憝恨】とんこん(돈한) 어리석음. 사리에 밝지 못함. 「—鬱邑<宋玉>

【憝溷】とんこん(돈혼) 성가시고 번거로움. ¶狀直

16 〖憝〗 憝(p.593)과 同字

12
15 〖憧〗 그리워할 동 本총 | 中ㄔㄨㄥ (chong) | しょう, どう *miss*

풀이 ①그리워하다. 그리움. ¶—憬. ②마

음이 정해지지 않은 모양. ¶——. ③왕래가 끊이지 않는 모양. ¶——. ④무디다. 둔함. 通惷. ¶愚—而不逮事＜史記＞

【憧憬】どうけい(동경) 그리워 애틋하게 생각함.

12 15【憐】불쌍히여길 련 | 先ㄌㄧㄢˊ (lian) | れん (アワレム) *pity*

同 㦬

풀이 ①불쌍히 여기다. 가엾게 생각함. ¶同病相—＜吳越春秋＞ ②어여삐 여기다. 사랑함. ¶大夫亦愛—少子乎＜史記＞

【憐憫】れんびん(연민) 가련하고 불쌍하게 여김.

▷可—, 矜—, 同病相—, 哀—, 愛—, 搖尾乞—, 優—, 慈—, 形影相—

16【㦬】憐(p.594)과 同字

16【憥】勞(p.223)의 俗字

15【憦】憥(p.594)와 同字

12 15【憭】총명할 료 | 篠ㄌㄧㄠˇ (liao) | りょう (サトイ) *bright*

풀이 ①총명하다. 사리에 밝음. ¶大義略擧 爲已—矣＜韋昭＞ ②애처로와하다. 구슬픈 생각이 듦. ¶—慄兮若在遠行＜楚辭＞

16【蕄】萌(p.1285)과 同字

12 15【憮】어루만질 무 | 麌ㄨˇ (wu) | ぶ(イツクシ) *caress*

풀이 ①어루만지다. 애무함. 通撫. ¶遲想歡—＜陸雲＞ ②멍한 모양. 실의(失意)한 모양. ¶—然. ③이상히 여기는 모양. ¶—然. ④예쁘다. 아리따움. ¶張京兆眉—＜漢書＞ ⑤붙다. 붙어남. ¶亂如此—＜詩經＞ ⑥업신여기다. 通侮. ¶毋—毋傲＜禮記＞ ⑦뽐내다.

▷媚—, 泰—, 歡—

12 15【憫】근심할 민 | 軫ㄇㄧㄣˇ (min) | びん (ウレエル)

풀이 通閔 愍. ①근심하다. 고민함. ¶阨窮而不—＜孟子＞ ②불쌍히 여기다. 가엾게 생각함. 딱함. ¶憐—.

【憫惘】(민망) 답답하고 딱하여 안타까움.

▷矜—, 哀—, 愛—, 憐—, 憂—, 隱—, 慘—, 悽—, 惻—

12 15【憣】마음 변할 번 本반 | 刪ㄈㄢ (fan) | はん *change*

풀이 ①마음이 변하다. ②뒤집히다. 뒤집음. 同翻. ¶—校四時＜列子＞

12 16【憋】악할 별 | 屑ㄅㄧㄝ (bie) | へつ(ワルイ) *wicked*

풀이 ①악하다. 모짊. 나쁨. 通敝. ¶羌胡—腸狗態＜後漢書＞ ②성급하다. 조급함.

15【㦐】憋(p.594)과 同字

12 15【憤】결낼 분 | 吻ㄈㄣˋ (fen) | ふん (イキドオル) *indignant*

本 憤

풀이 ①결내다. 성을 냄. ¶人神共—＜舊唐書＞ ②분. 분한 마음. ¶雪—. ③번민하다. 괴로와함. ¶不—不啓＜論語＞ ④힘쓰다. 분발함. ¶決—激忠之日也＜元稹＞

【憤慨】ふんがい(분개) 매우 분하게 여김. 憤愾(분개). 憤嘆(분탄). ¶瞻拜之日 —交集＜傳亮＞

【憤愾】ふんがい(분개) ☞憤慨(분개).

【憤激】ふんげき(분격) 몹시 노엽고 분한 감정이 북받쳐 오름. ¶—思奮 未失人臣之節＜後漢書＞

【憤氣】ふんき(분기) 분한 생각이나 기운.

【憤怒】ふんど(분노) 분하여 성냄. 또는, 그 노여움.

【憤懣】ふんまん·ふんもん(분만) 화가 치밀어 번민함. (분문) 불평을 억누를 수 없음.

【憤死】ふんし(분사) 분한 나머지 죽음. 화가 나서 죽음.

【憤然】ふんぜん(분연) 성을 벌컥 내면서 화내는 모양.

【憤痛】ふんつう(분통) 몹시 분하여 마음이 쓰리고 아픔.

【憤敗】(분패) 이길 수 있는 것을 분하게 짐.

▷感—, 慨—, 激—, 孤—, 公—, 愧—, 狡—, 舊—, 發—, 悱—, 悲—, 私—, 雪—, 宿—, 恚—, 餘—, 慍—, 蘊—, 勇—, 憂—, 鬱—, 怨—, 遺—, 悒—, 義—, 沮—, 積—, 躁—, 振—, 嗟—, 慙—, 忠—, 恥—, 痛—, 恨—, 含—, 抗—

12 16【憊】고달플 비 | 卦ㄅㄟˋ (bei) | はい(ツカレル) *very tired*

풀이 ①고달프다. 피곤함. ¶困—. ②앓다. 병으로 고생함. ¶先生之—＜莊子＞

▷困—, 老—, 頓—, 衰—, 憂—, 罷—, 疲—, 昏—

12 16【憑】기댈 빙 | 蒸ㄆㄧㄥˊ (ping) | ひょう(ヨル) *rely*

풀이 ①기대다. ㉮몸이나 물건을 무엇에 의지하다. ¶—玉几＜書經＞ ㉯남의 힘에 의지하다. ¶上—神明之佑＜唐書＞ ②의거하다. 전거로 삼음. ¶—據. ③붙다. 신들림. ¶此爲魅所—＜唐書＞ ④맡기다. 의탁함. ¶有—虛公子者＜張衡＞ ⑤의거할 곳. 의거하는 대상. ¶丈尺規矩 皆有准—＜隋書＞ ⑥증거. 증서. ¶文—/證—書類. ⑦성하다. 대단함. 큼. ¶帝—怒＜列子＞ ⑧건너다. 걸어서 건넘. ¶—河. ⑨차다. 가득 참. ¶—不厭乎求索＜楚辭＞

【憑公營私】(빙공영사) 관청이나 공공의 일을 빙자하여 개인의 이익을 꾀함.
【憑依】ひょうい(빙의) ①남의 힘을 빌어서 의지함. 憑藉(빙자)①. ②달라붙음. 신(神) 지핌. ¶其魂魄猶能一人 以爲淫厲＜論衡＞
【憑藉】ひょうしゃ(빙자) ①☞憑依(빙의)①. ②내세워서 핑계함.
【憑虛】ひょうきょ(빙허) ①거짓임. 虛妄(허망). ②허공을 탐. 기상(氣象)이 큼의 비유.

16〖憖〗 憗(p. 599)과 同字

16〖檾〗 ☞ 木部 12획(p. 793)

12/16〖憖〗 억지로 은 | 震 ㄧㄣˋ (yin) | ぎん(ナマジイニ) by force

풀이 ①억지로. 무리하게. ¶不一遺一老＜詩經＞ ②바라건대. 될 수 있다면. ¶一庇州犂焉＜國語＞ ③빠지다. 모자람. ¶兩軍之士皆未一也＜左氏傳＞ ④근심하다. 마음 아파함. ⑤삼가다. 공근함. ¶一一. ⑥발어사(發語辭).

16〖憗〗 憖(p. 595)의 俗字

15〖懿〗 懿(p. 601)의 古字

12/15〖憎〗 미워할 증 | 蒸 ㄗㄥ (zheng) | ぞう(ニクム) hate

풀이 ①미워하다. 증오함. ¶一惡. ②미움. 증오. ¶必生好一之心＜漢書＞
【憎惡】ぞうお(증오) 미워함. 싫어함.
▷面目可一, 背一, 私一, 疎一, 諄一, 愛一, 怨一, 積一, 嫌一, 好一

12/15〖憯〗 슬퍼할 참 | 感 ㄘㄢˇ (chan) | さん(イタム) be grieved at

俗 憯 憯 同 憯

풀이 ①슬퍼하다. 비통해 함. ¶怨之一于骨髓＜淮南子＞ ②참혹하다. 무자비함. 通 慘. ¶一酷. ③날카롭다. 예리함. ¶兵莫一於志＜淮南子＞ ④일찌기. 앞서. ¶一不畏明＜詩經＞
▷刻一, 煩一, 嚴一

15〖憏〗 慘(p. 592)의 俗字

12/15〖憋〗 놀랄 창 | 養 ㄔㄤˇ (chang) | しょう be amazed at

풀이 通 惝. ①놀라다. ¶一怳. ②멍한 모양. 황홀한 모양. ¶一恍.

12/15〖憔〗 수척할 초 | 蕭 ㄑㄧㄠˊ (qiao) | しょう(ヤツレル) get thin

풀이 ①수척하다. 야위어 쇠약함. ¶一然. ②애태우다. 애태우느라 쇠약해짐. ¶不韋毁身一慮 出於百死＜後漢書＞
【憔悴】しょうすい(초췌) ①파리하고 쇠약함. ¶顏色一 形容枯槁＜楚辭＞ ②근심하는 모양.

15〖憜〗 惰(p. 586)와 同字

12/15〖憚〗 꺼릴 탄 | 旱 ㄉㄢˋ (dan) | たん(ハバカル) avoid

同 畏

풀이 ①꺼리다. 싫어함. 미워함. ¶過則勿一改＜論語＞ ②괴로와하다. ¶我心一暑＜詩經＞ ③두려워하다. 어렵게 여김. ¶陛下誰一而久不爲此＜漢書＞ ④수고롭다. 고달픔. ¶哀我一人＜詩經＞ ⑤탐하다. 욕심을 부림. ⑥기뻐하다. 즐거워함. ¶一漫.
▷敬一, 驚一, 忌一, 忿一, 懾一, 憎一, 猜一, 嚴一, 畏一, 憂一, 疑一, 祇一, 寵一, 嫌一, 回一

16〖畏〗 憚(p. 595)과 同字

12/15〖憪〗 즐길 한 | 潸 刪 | かん(タノシム) enjoy

풀이 ①즐기다. 유쾌함. ¶安排祇自一＜柳宗元＞ ②불안한 모양. 마음의 안정을 잃은 모양. ¶一然忿外人之有非＜史記＞ ③노하여 교만을 떠는 모양. ¶一然以爲天下無人＜唐書＞

15〖憫〗 憪(p. 595)의 俗字

15〖憪〗 憪(p. 595)과 同字

12/16〖憲〗 법 헌 | 願 ㄒㄧㄢˋ (xian) | けん(ノリ) law, constitution

풀이 ①법. ㉮법규. 규정. ¶一法. ㉯본보기. 모범. ¶萬邦爲一＜詩經＞ ②가르침. 깨우침. ¶受勅一＜穆天子傳＞ ③상관(上官). ¶一臺. ④본뜨다. 본받음. ¶五帝一＜禮記＞ ⑤나타내 보이다. 고시(告示)함. 通 宣. ¶文武是一＜詩經＞ ⑥높다. 높임. 通 軒. ¶武坐致右一左＜禮記＞ ⑦시호(諡號). ¶博聞多記曰一＜逸周書＞ ⑧기뻐하다. 기뻐하는 모양. ¶一一. ⑨성하다. 성하게 일어나는 모양. ¶一一令德＜中庸＞
【憲矩】けんく(헌구) 법. 法則(법칙). ¶魯道以興永作一＜曹植＞
【憲禁】けんきん(헌금) ①금령(禁令)을 게시함. ②법. 法度(법도). ¶一必從＜潛夫論＞
【憲臺】けんだい(헌대) ①어사대(御使臺)의 이칭. ②상관(上官)을 이름. ③조선대 사헌부(司憲府)의 이칭.
【憲度】けんど(헌도) 법칙. 法度(법도).
【憲法】けんぽう(헌법) ①나라의 법률. ②국가 통치권 관계와 국민의 권리·의무를 규정하고 있는 최고의 기본적인 법률. ¶一改正/一學.
【憲兵】けんぺい(헌병) 주로 군사 경찰(軍事警察)을 맡아보는 특과의 군인.
【憲府】けんぷ(헌부) 관료들을 규찰하여 기율을 바로 잡고 원억(冤抑)이 없도록 하는 3사(司)의 하나. 司憲府(사헌부).

【憲部】けんぶ(헌부) ①형부(刑部)의 별칭. ②각부(各部)의 상관(上官).
【憲臣】けんしん(헌신) 법을 취급하는 신하. 어사(御史) 등을 이름.
【憲章】けんしょう(헌장) ①본받아 명백히 함. ¶仲尼祖述堯舜 一文武<中庸> ②법. 법칙. ③국가 따위가 이상(理想)으로서 정한 원칙. ¶國民教育一.
【憲政】けんせい(헌정) 헌법에 의하여 하는 정치.
【憲制】けんせい(헌제) 국가의 법률. ¶一宜信<晋書>
▷綱一, 改一, 古一, 公一, 官一, 國一, 軍一, 軌一, 明一, 模一, 文一, 邦一, 法一, 常一, 成一, 雅一, 禮一, 違一, 遺一, 章一, 典一, 前一, 朝一, 天一, 體一, 秋一, 樞一, 勅一, 風一, 刑一, 護一

12 15【憓】 사랑할 혜 |霽ㄏㄨㄟˋ (hui)| けい(メグミ) love
풀이 ㊀惠. ①사랑하다. ②따르다. 순종함. ¶義征不一<史記>

12 15【憢】 두려워할 효 |蕭ㄒㄧㄠ (xiao)| きょう fear
풀이 ①두려워하다. ㊀嘵. ¶一一. ②속이다. 거짓말함. ㊀僥. ③날래다. 거칢. ¶一悍.

12 15【懂】 어그러질 획 |陌ㄏㄨㄛˋ (huo)| かく(カタクナ) get dislocated
풀이 ①어그러지다. 괴려(乖戾)함. 사리에 맞지 않음. ¶一一不道車<顔氏家訓> ②완고하다. 고집이 셈.

12 16【憙】 기꺼울 희 |寘ㄒㄧˇ (xi)| き(ヨロコブ) pleasant
풀이 ①기껍다. 은근히 기쁘게 여김. ㊀喜. ¶無不欣一<史記> ②좋아하다. 즐김. ¶群臣自一<漢書> ③허허. 탄식하는 소리. ¶試潛聽之 曰 一<後漢書>

15【憘】 憙(p.596)의 古字

13 17【懇】 정성 간 |阮ㄎㄣˇ (ken)| こん(ネンゴロ) sincerity
풀이 ①정성. 성심. 진심. ¶一誠. ②간절하다. 정성을 다함. 살뜰함. ¶一請愈堅<宋史>
【懇曲】(간곡) 간절하고 곡진함.
【懇款】こんかん(간관) 공손하고 성의가 있음. 懇悃(간곤). ¶無任一之至<韓愈>
【懇求】こんきゅう(간구) 간절히 요구함.
【懇誠】こんせい(간성) 지성. 정성. ¶陳一於本朝之上<王褒>
【懇切】こんせつ(간절) ①간곡하고 지성스러움. ②절실함.
【懇請】こんせい(간청) 간절히 청함.
▷悃一, 懃一, 誠一, 精一, 忠一

13 16【憾】 1한할 감 ㊍함 2근심할 담 |勘ㄏㄢˋ (han) 感| かん(ウラム) たん worry
풀이 1①한(恨)하다. 원한을 품음. ¶私一. ②한(恨). 원한. ¶請君釋一于宋<左氏傳> 2근심하다. 마음이 불안함. ¶志欲一而不憺兮<楚辭>
▷舊一, 悲一, 私一, 素一, 宿一, 恚一, 遺一

13 16【懅】 부끄러울 거 |魚ㄐㄩ (ju)| きょ(ハジル) shameful
풀이 ①부끄럽다. 부끄러워함. ¶霸慚一而退<後漢書> ②서두르다. 조급히 굶. ¶主人見之驚一<後漢書>

13 17【懃】 살뜰할 근 |文ㄑㄧㄣˊ (qin)| きん(ネンゴロ)
풀이 ①살뜰하다. 친절한 모양. ¶一懇. ②일에 힘쓰다. 부지런히 일함. ¶雖不負米 實勞且一<蘇軾>
▷慇一

16【懄】 慬(p.590)과 同字

13 16【憹】 괴로와할 뇌 |肴| どう(ナヤム)

16【憻】 坦(p.344)과 同字

13 16【憺】 1편안할 담 2움직일 담 |感ㄉㄢˋ (dan) 勘| たん(ヤスラカ) tranquil
풀이 1편안하다. 안정됨. ㊀ 惔 倓. ¶一乎自持<司馬相如> 2①움직이다. 움직이게 함. ¶威稜一乎隣國<漢書> ②두려워하다. ¶一畏.
▷蕭一, 恬一, 威一, 慘一

13 16【懂】 심란할 동 |董ㄉㄨㄥˇ (dong)| とう upset
풀이 ①심란하다. ¶懵一. ②정신이 흐릿하다. ¶懜一. ③㊥ 알다. 이해함. ¶一得.

13 16【懍】 위태할 름 |寢ㄌㄧㄣˇ (lin)| りん(アヤフイ) dangerous
풀이 ①위태하다. 위태로운 모양. ¶一乎. ②삼가다. 조심함. ¶心一一以懷霜<陸機> ③벌벌 떨다. ㉮두려워서 떨다. ¶一慄. ㉯추워서 떨다. ¶一慄. ④비통하다. 매우 슬퍼함. ¶莫不憯一慘悽 愀愴傷心<嵇康>
▷坎一, 危一, 祗一

16【懜】 慢(p.590)과 同字

13 17【懋】 힘쓸 무 |宥ㄇㄠˋ (mao)| ぼう(ツトメル) make efforts

同 忞

풀이①힘쓰다. 노력함. ¶一力. ②성대하다. 성대하게 함. 通茂. ¶予一乃德＜書經＞ ③아름답다. ¶嗚呼一哉＜後漢書＞ ④기뻐하다. ¶四靈一而允懷＜張衡＞

▷勸一, 美一, 昭一, 力一, 弘一

16〖憒〗 憒(p. 594)의 本字

13/16〖憸〗 1 간사할 섬 2 간사히 말할 험 | 鹽 ㄒㄧㄢ (xian) 琰 | せん (ヘツラウ) sly

풀이 1 ①간사하다. 알랑거림. 약삭빠름. ¶無昵于一人＜書經＞ ②생각이 많다. 뜻이 일정하지 아니함. ¶俺一. 2 간사하게 말하다. ¶無昵于一人＜書經＞

▷姦一, 凶一

13/16〖憶〗 생각할 억 | 職 ㄧˋ (yi) | おく (オモウ) recall

풀이①생각하다. ㉮늘 생각하다. 잊지 아니함. ¶猶一疇昔＜晋書＞ ㉯추억하다. 기억을 되살림. ¶一昔. ②생각. 추억. 기억. ¶何爲忍一含羞＜梁簡文帝＞ ③우울해지다. 울적해짐. ¶心愊一而紛紜＜後漢書＞

▷空一, 舊一, 記一, 思一, 相一, 想一, 誦一, 尋一, 暗一, 幽一, 長一, 追一, 愊一

13/16〖憹〗 두려워할 업 | 業 | ぎょう fear

13/16〖懌〗 기뻐할 역 | 陌 ㄧˋ (yi) | えき (ヨロコブ)

풀이①기뻐하다. 즐거워함. ¶悅一. ②순종하다. 열복(悅服)함. ¶旣夷旣一＜詩經＞ ③풀다. 通釋. ¶說一女美＜詩經＞ ④잇다. 잇닿음. 通繹.

▷權一, 悅一, 娛一, 流一, 夷一, 怡一, 和一, 欣一, 喜一

13/16〖懊〗 한할 오 | 皓 ㄠˋ (ao) | おう (ナヤム) regret

풀이①한(恨)하다. 괴로와함. 뉘우치며 한함. ¶一惱. ②뱃노래. ¶一藹聲中夜未央＜翠雨軒詩話＞ ③아끼다. 탐냄. ¶門生驚一者＜晋書＞

13/16〖憿〗 1 요행 요 本 교 2 빠를 격 | 蕭 ㄐㄧㄠ (jiao) 錫 | きょう (サイワイ) けき

풀이 1 ①요행. 요행을 바람. 通僥 儌. ②성의 있다. 성의껏 아룀. ¶一憭. 2 빠르다. 通激. ¶一糴.

13/17〖應〗 응할 응 | 徑 ㄧㄥˋ (ying) | おう (コタエル) reply

略 应 俗 応

풀이①응하다. 대답함. ¶齊王不一＜戰國策＞ ②승낙하다. 허락함. ¶汝可去一之＜古詩＞ ③따라 움직이다. 화동함. ¶同聲相一＜易經＞ ④화답하다. 남의 시나 글에 화답함. ⑤조짐. 어떤 사물에 응하여 나타나는 현상. ¶關雎之一也＜詩經＞ ⑥당하다. 감당함. ¶臨機一變. ⑦받다. 거두어 가짐. ¶其叔父實一且憎＜國語＞ ⑧응당 …해야 한다. ¶罪一誅＜孔子家語＞ ⑨악기 이름. ¶一鼓.

應鼓
(三才圖會)

【應鼓】おうこ (응고) 작은북.
【應供】おうぐ (응공)《佛》 인천(人天)의 공양(供養)을 받을 만한 덕을 갖춤의 뜻으로, 부처를 이름.
【應口輒對】(응구첩대)韓 묻는 대로 거침없이 대답함.
【應急】おうきゅう (응급) 급한 일에 응함. ¶一手段/一措處/一治療.
【應器】おうき (응기)《佛》 바리때. 應量器(응량기).
【應諾】おうだく (응낙) 승낙함. 일을 받아들임.
【應答】おうとう (응답) 부름이나 물음에 응하는 대답. 應對(응대). 應酬(응수)①.
【應當】おうとう (응당) ①당연함. ②해당함.
【應對】おうたい (응대) 부름이나 물음·요구 등에 응하고 대함. 應答(응답). 酬答(수답). ¶當洒掃一進退則可矣＜論語＞
【應募】おうぼ (응모) 모집 또는 소집에 응함.
【應卯】おうぼう (응묘) ①관부(官府)의 부역에 응함. ②관리가 관청의 점호(點呼)에 응하는 일. 관청의 사무가 묘시에 시작함에서 이름. ¶必入覓寓爲歇 以使一＜福惠全書＞
【應門】おうもん (응문) ①고대(古代) 궁정(宮廷)의 정문 이름. ②찾아온 손님에 응대함. 방문객을 주인에게 안내함. ¶杖藜而一＜莊子＞
【應變】おうへん (응변) ①그때 그때에 맞게 일을 처리함. ②임기 응변(臨機應變)의 준말.
【應報】おうほう (응보) ①보답함. ②《佛》 선악(善惡)의 인연에 응하여 받는 길흉 화복의 과보(果報). ¶因果一.
【應符之兆】おうふのちょう (응부지 조) 부명(符命)에 응하여 임금이 될 조짐. ¶大運蕩除之祥 聖帝一也＜後漢書＞
【應分】おうぶん (응분) ①신분(身分)에 맞음. ②마땅히 나누어야 함. ¶君到雲間日 一二陸名＜翁卷＞
【應聲】おうせい (응성) 소리에 응함.
【應召】おうしょう (응소) 부름을 따름. 부름에 응함. ¶卓受任無功 一稽留＜吳志＞/一壯丁.
【應訴】おうそ (응소) 소송에 응함. 원고(原告)가 제기한 소송에 대하여 피고(被告)가 됨.
【應手】おうしゅ (응수) ①손을 놀리면 곧. 즉시. ②中 조달함.
【應酬】おうしゅう (응수) ①상대편의 말이나 일에 따라 응함. 應答(응답). ②사귐. 접대함. ¶一都不暇 一嶺是梅花＜張道洽＞
【應時】おうじ (응시) ①시기에 맞추어 응함. ②바로. 즉시.
【應試】おうし (응시) 시험에 응함. ¶一者.

【應時而出】(응시이출) 사물이 때를 맞추어 남.

【應身】おうじん(응신)《佛》 진여(眞如)와 상응하는 불신(佛身)의 뜻. 3신(身)의 하나. 부처가 중생을 구하기 위하여 시현(示現)하는 몸. 現身(현신).

【應用】おうよう(응용) ①어떤 일에서 얻은 이론이나 기술을 다른 일에 씀. 사물에 따라서 활용함. ②어떠한 원리를 실제로 활용함. ¶一問題/一美術/一化學. ③사용함.

【應援】おうえん(응원) ①곁에서 성원함. ¶一團. ②호응하여 도움.

【應有】まさにゆうすべし(응유) ①당연히 있어야 함. ②온갖. 모든. ¶一民間稅賦 悉皆赦免<水滸傳>

【應唯】おうい(응유) 대답. 응답의 높임말.

【應戰】おうせん(응전) 적의 공격에 응하여 싸움. ↔挑戰(도전).

【應接】おうせつ(응접) ①사물을 만나 봄. 面會(면회). 應待(응대). ②접대함. ¶一室. ③사물에 접촉함.

【應制】おうせい(응제) 임금의 명에 의하여 시문(詩文)을 지음. 應詔(응조)②. 御製(어제). ¶一科程之文<謝枋得>

【應製】(응제) ①임금의 특명에 의하여 임시로 보이던 과거. ②임금의 명령에 의하여 시문을 지음.

【應詔】おうしょう(응조) ①조칙(詔勅)에 응함. ②☞應制(응제).

【應鐘】おうしょう(응종) ①12율(律)의 하나. ②음력 10월의 이칭. ¶孟冬之月 其音羽 律中一<禮記>

【應眞】おうしん(응진)《佛》 ①아라한(阿羅漢)을 이르는 말. ②진리에 응하는 사람.

【應天順人】おうてんじゅんじん(응천순인) 천의(天意)에 응하고, 민의(民意)에 순종함.

【應驗】おうけん(응험) ①작용한 일에 대하여 드러난 표시. ②징조가 나타나 맞음. ③㊥ 확인함.

【應現】おうげん(응현) ☞應化(응화)②.

【應弦而倒】(응현이도) 활시위 소리가 날 때마다 적이 넘어짐. 활 쏘는 솜씨의 장한 모양을 이름.

【應護】おうご(응호)《佛》 부처·보살 등이 중생의 소원에 응하여 내리는 가호(加護). 擁護(옹호).

【應化】おうか①·おうげ②(응화) ①동물이나 식물이 환경에 적응하기 위해 형태, 습성 따위가 변화하는 현상. 適應(적응). ②《佛》 부처가 중생을 구제하기 위하여 여러 가지로 변신하여 이 세상에 나타남. 應現變化(응현변화). 應現(응현).

▷感一, 敬一, 光一, 內一, 來一, 答一, 對一, 冥一, 鳴一, 報一, 福一, 符一, 相一, 瑞一, 善一, 昭一, 酬一, 順一, 靈一, 圓一, 因一, 一一, 敵一, 照一, 諧一, 嚮一, 饗一, 呼一, 效一, 休一

13 16【懆】 조심할 조 | 皓ㄘㄠˇ (cao) | そう (ウレエル) *be careful*

13 16【懈】 게으를 해 ㊍개 | 卦ㄒㄧㄝˋ (xie) | かい, け (オコタル) *idle*

풀이 ①게으르다. 게으름을 피움. ¶一怠. ②느슨해지다. 헐렁함. ¶繩緊細則深一粗則淺<福惠全書>

【懈弛】かいし(해이) 긴장이 풀리어 마음이나 규율이 느스러짐. 「<韓詩外傳>

【懈惰】かいだ(해타) ☞懈怠(해태). ¶禍生於一

【懈怠】かいたい(해태) 게으름. 태만함. 마음이 해이해져 일을 소홀히 함. 懈惰(해타).

▷勞一, 淹一, 離一, 替一, 墮一, 怠一

17【⿱解心】 懈(p.598)의 古字

13 16【懁】 1 성급할 환 2 격렬할 견 | 删ㄐㄩㄢˋ (juan) 霰 | かん (キバヤ) *hasty* けん

풀이 1 성급하다. 조급함. ¶順一而達<莊子> 2 격렬하다. 세참. ¶民俗一急<史記>

13 16【憺】 미워할 회 | 泰 | わい (ニクム) *hate*

풀이 ①미워하다. 증오함. ¶此君公私竝一<陸機> ②번민하다. 고민함. ¶衆人一一 不爲我言<岑參>

16【懐】 懷(p.600)의 俗字

14 17【懦】 나약할 나 연 유 | 箇ㄋㄨㄛˋ 虞(nuo) 銑 | だ (ヨワイ) *feeble*

㊐ 懧 愞

풀이 ①나약하다. 무기력함. ¶一夫有立志<孟子> ②낮다. 낮아짐. ¶急絃無一響<陸機>

【懦怯】だきょう(나겁) 겁이 많음. 비겁함.

【懦弱】だじゃく(나약) 의지가 굳세지 못함.

▷怯一, 老一, 衰一, 軟一, 畏一, 庸一, 幼一, 柔一, 淺一, 退一, 偸一

17【懧】 懦(p.598)와 同字

14 18【懟】 1 원망할 대 2 근심할 추 | 隊ㄉㄨㄟˋ 寘(dui) | たい (ウラム) *resent* つい

풀이 1 원망하다. 원한을 품음. ㉠憝. ¶以死誰一<左氏傳> 2 ①근심하다. 고민함. ¶不爲愁悴怨一<淮南子> ②위배되다. 도리에 어긋남. ¶彊禦多一<詩經>

【懟怒】ついど(대노·추노) 원망하며 성냄. ¶王其以我爲讐而一乎<史記>

【懟怨】ついえん(대원·추원) 원망함.

▷困一, 忿一, 怨一

14 18 【懣】 1 번민할 만 2 번거로울 문 ㊍민 | 顧ㄇㄣˋ (men) | もん (モダエル) agonize まん
풀이 1 ①번민하다. 마음이 괴로와 가슴이 답답함. ¶志一氣盛＜禮記＞ ②화내다. 분개함. ¶憤一. 2 번거롭다.
▷感一, 懼一, 悶一, 煩一, 憤一, 悲一, 愁一, 惋一, 憂一, 湊一, 喘一

14 17 【懞】 어두울 몽 | 東ㄇㄥˊ (meng) | もう, ぼう (クライ) dark
풀이 ①어둡다. 마음이 어두움. 어리석음. ㊂懵. ¶善畫無根樹 能描一懂山＜畫鑒＞ ②후하다. 돈독함. 성실한 모양. ¶敦一純固＜管子＞

14 17 【懜】 어리석을 몽 | 東ㄇㄥˊ (meng) | ぼう (オロカ) stupid
同懵
풀이 ①어리석다. 무지한 모양. ¶一懂. ②어둡다. 흐릿한 모양. ¶一懜.

14 17 【懙】 공경할 여 | 語 | よ respect
풀이 ①공경하다. 공손히 섬김. ②천천히 걷는 모양. ¶長倩一一＜漢書＞

18 【懊】 懙(p. 599)와 同字

14 18 【懕】 편안할 염 | 鹽ㄧㄢ (yan) | えん (ヤスラカ) peaceful
㊇懨 同懨
풀이 ①편안하다. 평안한 모양. ¶一一 媞媞 安也＜爾雅＞ ②앓는 모양.

17 【懨】 懕(p. 599)과 同字

14 17 【懠】 성낼 제 | 齊 | せい (イカル) angry

14 17 【懤】 근심할 주 | 尤 | ちゅう (ウレエル) apprehend

14 18 【懘】 가락 맞지 않을 체 | 霽 | せい

14 17 【懥】 성낼 치 ㊍지 | 寘ㄓˋ (zhi) | ち (イカル) angry

15 18 【懬】 뜻 얻지 못할 광 | 養 | こう

15 18 【懰】 1 근심할 류 2 아름다울 류 | 尤 有ㄌㄧㄡˊ (liu) | りょう (ウレエル)
풀이 1 ①근심하다. 걱정하는 모양. ¶一慄不言＜漢書＞ ②머무르다. 숙박함. ¶一櫟糴以奔邀＜潘岳＞ 2 아름답다. 멋짐. ¶佼人一兮＜詩經＞

15 18 【懮】 느릿할 우 | 宥ㄧㄡˇ (you) | ゆう (ユルヤカ) slow
풀이 ①느릿하다. 느림. ¶舒一受兮＜詩經＞ ②조심하다. 슬퍼함. ㊂憂. ¶一一.

15 19 【懲】 혼날 징 | 蒸ㄔㄥˊ (cheng) | ちょう (コラス) punish
풀이 ①혼나다. 혼이 나서 잘못을 뉘우치거나 고침. ¶予其一而毖後患＜詩經＞ ②혼내다. 응징함. 벌줌. ¶勸善一惡. ③징계. 응징. ¶不忍加一＜舊唐書＞ ④그치다. 그만둠. ¶寧莫之一＜詩經＞
【懲戒】ちょうかい (징계) ①허물이나 잘못을 뉘우치도록 경계하고 나무람. 懲警(징경). ②부정·부당 행위에 제재를 가하는 일.
【懲罰】ちょうばつ (징벌) 경계하고 벌함. 그릇된 행위에 대하여 법적 제재를 가함. 또는, 그 제재. ¶一權.
【懲毖】ちょうひ (징비) 전과(前過)를 뉘우쳐 삼감.
【懲役】ちょうえき (징역) 죄인을 교도소에 가두고 정해진 기간 동안 일을 시키는 일.
▷科一, 勸一, 罰一, 膺一, 褒一, 刑一

18 【懴】 懺(p. 601)의 俗字

15 18 【懫】 성낼 치 | 寘ㄓˋ (zhi) | し, ち (イカル) get angry
풀이 ①성내다. 화냄. ㊂懥. ②어그러지다. 남의 말을 듣지 않음. ¶惟有夏之民叨一日欽＜書經＞

16 19 【懶】 1 게으를 라 ㊍란 2 미워할 뢰 | 旱ㄌㄢˇ (lan) 泰 | らん (オコタル) らい
풀이 1 게으르다. 나른함. 의욕이 없음. ¶吾少一學問＜南史＞ 2 미워하다. 혐오함. ¶傍人任嫌一＜蘇轍＞
【懶怠】らんたい (나태) 게으름. 懶惰(나타).
▷困一, 老一, 放一, 廢一

19 【懶】 嬾(p. 413)의 俗字

19 【懵】 懜(p. 599)과 同字

20 【懿】 懿(p. 601)와 同字

16 20 【懸】 매달 현 | 先ㄒㄩㄢˊ (xuan) | けん, け (カケル) hang
풀이 ①매달다. 달아맴. ¶猶解倒一也＜孟子＞ ②매달리다. 늘어짐. ¶金鉤翠幔一＜庾信＞ ③걸다. 상(賞)을 겲. ¶一賞金. ④동떨어지다. ¶優劣相一＜馬融＞/一隔. ⑤멀다. ¶一知獨有子雲才＜王維＞ ⑥헛되다. 헛됨. ¶一想關山雪＜庾信＞ ⑦빚. 부채(負債). ¶逋一租調＜北史＞

【懸車】けんしゃ(현거) 관직(官職)을 그만둠. 한(漢)의 설광덕(薛廣德)이 관직을 사퇴하고 은거할 때, 임금이 하사(下賜)한 안거(安車)를 매달아 자손에게 전하여 광영(光榮)을 보인 옛일에서 온 말. ¶臣七十一致仕<白虎通>

【懸車之年】けんしゃのとし(현거지 년) 벼슬에서 물러나야 하는 나이. 일흔 살을 이름. ※懸車(현거).

【懸隔】けんかく(현격) 썩 동떨어짐.

【懸橋】けんきょう(현교) ☞弔橋(조교). ¶路過一羽節輕<李端>

【懸頭刺股】けんとうしこ(현두자고) 잠을 쫓으려고 손경(孫敬)이 상투에 끈을 묶어 들보에 달아매고, 소진(蘇秦)이 송곳으로 넓적다리를 찌른 옛일에서, 수마(睡魔)와 싸우며 애써 공부함을 이르는 말.

【懸燈】けんとう(현등) 등불을 높이 매닮.

【懸鈴】(현령) ①기둥 같은 데 달아놓고 사람을 부를 때 줄을 당겨서 울리는 방울. 설령. 招人鐘(초인종). ②속달 통신의 한 가지.

【懸賞】けんしょう(현상) 상금을 걸어, 모으거나 찾는 일. 懸金(현금). ¶一文藝/一金.

【懸垂幕】けんすいまく(현수막) ①방, 극장 등에 드리운 막. ②선전문, 구호문 따위를 적어 드리운 막.

【懸案】けんあん(현안) 아직 결정을 못 지은 의안. 해결되지 아니한 문제.

【懸魚】けんぎょ(현어) ①생선을 매닮. 뇌물로 준 물건을 먹지 않고 달아 두어 거절함. 후한(後漢)의 양속(羊續)이 태수(太守)로 있을 때 생선을 선사한 관리가 있었는데, 속(續)이 그 생선을 매달아 놓고 이를 경계한 옛일에서 유래. ②박공(牌栱)을 장식하는 구름 모양의 널빤지.

【懸腕直筆】けんわんちょくひつ(현완직필) 팔목을 들고 붓을 수직으로 잡고 쓰는 필법(筆法).

【懸珠】けんしゅ(현주) 구슬을 달아놓은 것처럼 보이는 눈. 아리따운 눈을 이름. ¶目若一 齒若編貝<漢書>

【懸註】(현주) 주석(註釋)을 닮.

【懸榻】けんとう(현탑) 손을 후하게 대접함. 나아가, 귀한 손님. 후한(後漢)의 진번(陳蕃)이 손[客]을 만나지 않았으나, 오직 서치(徐穉)가 오면 걸상을 내놓고 후히 대접하였다가 그가 떠나면 걸상을 걸어 두고 쓰지 않았다는 옛일에서 온 말. ¶倒屣迎一<庾信>

【懸板】(현판) 글씨·그림을 쓰거나 새겨서 문 위 또는 벽에 다는 널조각.

【懸圃】けんぽ(현포) 신선(神仙)이 산다는 곳. 玄圃(현포). ¶願至崑崙之一兮<楚辭>

【懸瀑】けんばく(현폭) 폭포(瀑布). ¶怒號一從天下<陳傅良>

【懸河】けんが(현하) ①급히 흐르는 내. 急流(급류). ¶如一瀉水 注而不竭<晋書> ②현하지 변(懸河之辯)의 준말.

【懸河之辯】けんかのべん(현하지 변) 도도히 흐르는 물과 같이 거침 없이 잘하는 말. 懸河(현하)②. 懸河雄辯(현하웅변). 懸河口辯(현하구변).

【懸弧】けんこ(현호) 사내아이의 탄생. 옛날, 사내아이가 나면 활[弧]을 문 왼편에 걸어서 활을 잘 쏘기를 바란 데서 유래. ¶孔子曰 士使之射 不能則辭以疾 一之義也<禮記>

【懸弧之辰】けんこのしん(현호지 신) 남자의 생일. ※懸弧(현호).

▷罄一, 窮一, 倒一, 殊一, 憂一, 危一, 差一, 天一, 逋一, 下一

16 19 【懷】 품을 회 ㊥ㄏㄨㄞˊ (huai) | かい(イダク) *cherish*

㊗怀 懐

풀이 ①품다. ㉮어떤 생각을 마음속에 가지다. ¶有女一春<詩經> ㉯품에 넣어 안거나 가지다. ¶一瑾握瑜兮<楚辭> ㉰몸에 지니다. ¶一萬物<淮南子> ②품. 품안. 가슴. ¶一襟. ③마음. 생각. 정(情). ¶從一如流<國語> ④길들이다. 따르게 함. ¶一柔. ⑤편안히 하다. 편안히 됨. ¶願言則一<詩經> ⑥싸다. 둘러쌈. ¶一山襄陵<書經> ⑦이르다. 다다름. ¶有一于衛<詩經> ⑧오다. 이리로 옴. ¶曷又一止<詩經> ⑨보내다. 보내어 위로함. ¶一之好音<詩經>

【懷古】かいこ(회고) 옛일을 돌이켜 생각함. 懷舊(회구).

【懷古談】かいこだん(회고담) 옛 자취를 회상하며 하는 이야기.

【懷古詩】かいこし(회고시) 옛날을 회상하여 읊은 시.

【懷橘】かいきつ(회귤) 귤을 품음. 후한(後漢)의 육적(陸績)이 6세 때, 원술(袁術)이 준 귤을 어머니에게 가져다 주려고 몰래 옷 속에 품었던 일에서, 효자의 정성을 이름.

【懷金垂紫】かいきんすいし(회금수자) 황금의 인(印)을 품고 자줏빛 인끈을 늘어뜨림의 뜻으로, 높은 벼슬자리에 오름을 이름.

【懷沙賦】かいしゃのふ(회사부) 전국 시대 초(楚)의 굴원(屈原)이 지은 부(賦). 굴원은 조국의 장래를 근심하고 회왕(懷王)을 사모하여 노심초사한 끝에 이 부를 짓고 멱라수(汨羅水)에 투신 자살함. ¶乃作一 於是懷石 遂自投汨羅<史記>

【懷柔】かいじゅう(회유) 어루만져 잘 달램. ¶一百神<詩經>

【懷疑】かいぎ(회의) 의심을 품음. 의문을 가짐.

【懷貳】かいじ(회이) 두 가지 마음을 품음. ¶袁粲一<南齊書>

【懷人】(회인) 마음에 있는 사람을 생각함.

【懷姙】かいにん(회임) 아이를 뱀. 懷任(회임). 懷胎(회태). ¶以一繫獄<晋書>

【懷藏】かいぞう(회장) 마음 속 깊이 남몰래 간직함.

【懷中】かいちゅう(회중) ①품 안. 품. ②품속에 넣음. ¶一時計.

【懷胎】かいたい(회태) 애를 뱀. 임신함. 懷姙(회임). 懷孕(회잉).

【懷土】かいど(회토) ①안락한 거처를 생각함. ¶君子懷德 小人一<論語> ②고향을 그리워함.

【懷抱】かいほう(회포) ①가슴에 품음. ②어버이의 품. ③마음 속으로 생각함. 가슴에 품은 정. ¶歡娛寫一<謝靈運>

【懷鄕】かいきょう(회향) 고향을 그리워함. ¶一病.

▷肝一, 耿一, 傾一, 孤一, 顧一, 空一, 曠一, 窮鳥入一, 巻一, 歸一, 勞一, 短一, 晩一, 望一, 閔一, 煩一, 病一, 本一, 悲一, 常一, 傷一, 善一, 所一, 素一, 疎一, 綏一, 雅一, 詠一, 縈一, 寤一, 寓一, 憂一, 幽一, 恩一, 依一, 疑一, 潜一, 壯一, 注一, 中一, 軫一, 塵一, 招一, 追一, 肺一, 包一, 虛一, 胸一

17 20〖懻〗 강직할 기 | 寘 | き(ツヨシ) upright

풀이 ①강직하다. 강직하여 바른 모양. ②어그러지다. 어긋남. ¶人民矜一忮<史記>

17 20〖懺〗 뉘우칠 참 | 陷 ㄔㄢˋ (chan) | ざん, さん (クイル) repent

㊗懴

풀이 뉘우치다. 저지른 잘못을 뉘우치고 고백함. ¶愕然愧一<晋書>

【懺悔】ざんげ·さんげ(참회)《佛》 과거의 죄악을 회개하고, 부처와 사람에게 고하여 사죄함. ¶今旦此衆 誠心一<梁武帝>

【懺悔錄】ざんげろく(참회록) 과거의 죄악을 회개하여 쓴 기록.

【懺悔滅罪】さんげめつざい(참회멸죄)《佛》 참회를 함으로써 온갖 죄를 소멸하는 일.

【懺悔師】さんげし(참회사)《佛》 참회 스님.

18 21〖懼〗 두려워할 구 | 遇 ㄐㄩˋ (ju) | く(オソレル) fear

㊄愳 㦬 ㊗惧

풀이 ①두려워하다. ㉮겁이 나다. 무서운 마음이 들어 불안을 느낌. ¶勇者不一<論語> ㉯대상을 어렵게 여겨 조심하다. ¶臨事而一<論語> ②위태로와하다. 위태롭게 여김. ¶上下猜一<周書> ③두려움. 조심. 걱정. ¶多男子則多一<莊子> ④으르다. 협박함. ¶一士卒<史記>

▷驚一, 戒一, 恐一, 愧一, 兢一, 悚一, 猜一, 畏一, 勇者不一, 憂一, 危一, 疑一, 戰一, 覥一, 震一, 嗟一, 慙一, 惕一, 恥一, 怕一, 怖一, 兇一

18 21〖雙〗 두려워할 쌍 | 腫 ㄙㄨㄥˇ (song) | しょう (オソレル) fear

풀이 ①두려워하다. 무서워함. ㉦悚. 悚. ¶一然心神肅<朱熹> ②권하다. 권장함. ¶一之以行<漢書>

18 21〖懾〗 두려워할 섭 | 葉 ㄕㄜˋ (she) | しょう (オソレル) fear

풀이 ①두려워하다. 겁냄. 무서워함. ¶據義行理而志不一<淮南子> ②으르다. 협박함. ¶威所以一之也<呂覽> ③가지다. 유지함. ¶徒感王綱之不一<後漢書>

▷怯一, 驚一, 憂一, 沮一, 挫一, 震一, 惕一, 瘁一

18 22〖懿〗 아름다울 의 | 寘 ㄧˋ (yi) | い(ウルワシイ) beautiful

㊄懬

풀이 ①아름답다. 좋음. 훌륭함. ¶好是一德<詩經> ②기리다. 칭찬함. ¶君子以一文德<易經> ③깊다. ¶女執一筐<詩經> ④발어사. 아아! ㉧噫. ¶一厥哲婦<詩經>

【懿軌】いき(의궤) 좋은 표본. 훌륭한 법칙. ¶仰前修之一<傳亮>

【懿文】いぶん(의문) 아름다운 문장. 훌륭한 법규. ¶茂學一<白居易>

▷淑一, 純一, 雅一, 淵一, 柔一, 貞一, 親一, 恢一, 休一

21〖𢥞〗 忡(p. 560)과 同字

18 21〖懽〗 기뻐할 환 | 寒 ㄏㄨㄢ (huan) | かん (ヨロコブ) delightful

풀이 ①기뻐하다. 기뻐서 좋아함. ㉧歡. ¶得萬國之一心<孝經> ②맞다. 들어맞음. 합당함. ¶大國與之一<戰國策>

19 23〖戁〗 두려워할 난 | 潸 ㄋㄢˇ (nan) | だん(オソレル) fear

풀이 ①두려워하다. 무서워함. ¶不一不悚<詩經> ②공경하다. 삼감. ③부끄러워하다. ㉧赧.

19 23〖戀〗 생각할 련 | 霰 ㄌㄧㄢˋ (lian) | れん(コウ) think, love

㊙恋

풀이 ①생각하다. ㉮생각하고 그리워하다. ¶兄弟相一<後漢書> ㉯남녀가 서로 그리워하다. ¶一愛. ②그리움. 사랑의 정. ¶犬馬之一 不堪悲塞<魏書> ③사랑하는 이. ¶捨城中之常一 慕遊仙之靈族<張纘>

【戀歌】こいか·こいうた(연가) 사랑하는 사람을 그리워하여 부르는 노래.

【戀慕】れんぼ(연모) 사랑하여 그리워함. ¶閨中空一<王融>

【戀文】こいぶみ(연문) 연애 편지. 戀書(연서).

【戀書】(연서) ☞戀文(연문).

【戀愛】れんあい(연애) 남녀가 서로 사모하는 사랑. ¶一小說/同性一.

【戀戀】れんれん(연연) 그리움을 못 이겨 애태우는 모양. ¶綈袍一<史記>

【戀人】こいびと(연인) 그리워하고 사모하는 상대편의 사람.

【戀敵】こいがたき(연적) 연애의 경쟁자.

【戀情】れんじょう(연정) 이성(異性)을 그리워하며 사모하는 마음. 艶情(염정). ¶誰能無一<王粲>

▷繫一, 顧一, 眷一, 悲一, 邪一, 思一, 失一, 仰一, 愛一, 情一, 悵一, 悽一, 追一

23【戃】 惝(p. 578)과 同字

20【戄】 1 놀랄 확 |㊥かく(オドロク)
23 2 삼갈 구 |㊥く(ツツシム)

풀이 1 놀라다. 놀라와 당황함. ¶晏子一然攝衣冠謝＜史記＞ 2 삼가다. 상대방을 두렵게 여겨 삼가는 모양. ㊀懼. ¶一然.

25【戆】 戇(p. 602)의 俗字

24【戇】 어리석을 당 ㊍장 |㊥ㄓㄨㄤˋ (zhuang)| とう(オロカ) *foolish*
28

풀이 ①어리석다. 우직함. ¶一直. ②고지식하다. 외고집 성질. ¶一朴.

戈＜창 과＞部

戈 ① 戊 戉 ② 成 戌 戍 戎 ③ 戒 成 我 ④ 戔 戕 或 ⑤ 戚 战 ⑥ 戜 ⑦ 戛 戚 ⑧ 戟 戞 ⑨ 戡 戣 戦 戢 ⑩ 戩 截 ⑪ 戮 戭 戲 ⑫ 戰 戯 ⑬ 戴 戱 ⑱ 戳

0【戈】 창 과 |㊥ㄍㄜ (ge)| か(ホコ) *spear*
4

源象形. 주살[弋]에 날[一]을 붙인 병기(兵器)를 본뜸.

풀이 ①창. 날 한쪽에 가지가 있는 창. ¶修我一矛＜詩經＞/一戟. ②싸움. 전쟁. ¶止一興仁＜吳志＞/兵一.

【戈戟】かげき(과극) 창. 갈고리처럼 된 창으로, 戈는 끝에 쌍날이 있으며 戟은 戈에 창끝이 하나 더 달림. 戈棘(과극). ¶殳矛守 一助＜司馬法＞

【戈矛】かぼう(과모) 창. 矛는 날에 가지가 없는 창. ¶鍛乃一＜書經＞

【戈法】かほう(과법) 필법(筆法)의 하나. 오른쪽으로 끌어내린 획 끝을 삐쳐 올림. 戈脚(과각).

【戈兵】かへい(과병) 병기(兵器). 뜻이 바뀌어, 전쟁(戰爭)을 이름. 兵戈(병과). 干戈(간과). ¶曾不見一＜殷堯藩＞

【戈霜】かそう(과상) 창날이 서릿발같이 희고 위엄이 있음. ¶皴皴一動＜虞世南＞

【戈船】かせん(과선) 악어 따위를 막기 위해 밑바닥에 창을 장비한 배. ¶一蔽江＜宋書＞

【戈盾】かじゅん(과순) 창과 방패. 戈楯(과순). 矛盾(모순). ¶掌一之物＜周禮＞

【戈偃】かえん(과언) 병기를 창고에 넣고 쓰지 않음. 전쟁을 그만둠을 이름. 偃武(언무). ¶一征苗後＜楊巨源＞

▷干一, 倒一, 矛一, 兵一, 鋒一, 霜一, 盾一, 偃一, 義一, 止一, 天一, 枕一

1【戊】 다섯째 천간 무 |㊥ㄨˋ (wu)| ぼう, ぼ, も(ツチノエ)
5

源象形. 다섯 용이 한데 어울린 모양을 본뜸.

풀이 ①다섯째 천간. 오행(五行)으로는 토(土), 방위로는 중앙. ¶吉日維一＜詩經＞ ②창. 矛의 古字.

【戊癸之年甲寅頭】(무계지년 갑인두) 태세(太歲)의 천간(天干)이 무(戊)나 계(癸)로 된 해는 정월의 월건(月建)이 갑인(甲寅)임.

【戊己校尉】ぼきこうい(무기교위) 한(漢)의 벼슬. 서역(西域)에 주둔하던 무관(武官). ¶一元帝初元元年置＜漢書＞

【戊夜】ぼや(무야) 오경(五更). 새벽 3시부터 5시 사이. ¶常至一＜南史＞

1【戉】 도끼 월 |㊥ㄩㄝˋ (yue)| えつ(マサカリ) *ax*
5

풀이 도끼. 큰 도끼. ¶左執律 右秉一＜周禮＞

6【成】 成(p. 604)의 俗字

2【戍】 수자리 수 |㊥ㄕㄨˋ (shu)| しゅ, じゅ(マモル) *frontier guards*
6

源會意. 사람[人]과 창[戈]의 합자.

풀이 ①수자리. ¶衛一. ②경비하다. ¶適一漁陽＜史記＞/一樓. ③국경을 지키다. ¶我一未定＜詩經＞/一卒. ④주둔(駐屯)하다. 또는, 병사(兵舍). ¶築一於軹關＜北史＞/一所.

【戍甲】じゅこう(수갑) 변경(邊境)을 지키는 병사. 戍人(수인). 戍兵(수병). ¶益發一＜史記＞

【戍樓】じゅろう(수루) 성의 망루(望樓). ¶月落一空＜唐玄宗＞

【戍邊】じゅへん(수변) 국경을 지킴. ¶歸來頭白還一＜杜甫＞

【戍兵】じゅへい(수병) 국경을 지키는 병사. 戍卒(수졸). 戍客(수객). ¶置屯田一＜蘇轍＞

【戍役】じゅえき(수역) 국경을 지키는 병역(兵役). 또는, 그 병사. 수자리. ¶遣一 以守衛中國＜詩經＞

【戍衛】じゅえい(수위) 국경을 지킴. 또는, 그 병사. 戍守(수수). ¶嘗置一＜南海古蹟記＞

【戍人】じゅじん(수인) 국경을 지키는 군사의 통칭(通稱). ¶輸王粟 具一＜左氏傳＞

▷更一, 屯一, 邊一, 烽一, 城一, 守一, 遠一, 衛一, 留一, 適一, 謫一, 征一, 鎭一, 築一, 行一

2【戌】 개 술 |㊥ㄒㄩ (xu)| じゅつ(イヌ) *dog*
6

풀이 ①개. 열 한째 지지(地支). 방위로는 서북(西北), 오행(五行)으로는 토(土). ¶太歲在一日閹茂＜爾雅＞/庚一. ②깎다. 깎음. ¶眇闇易以一削＜史記＞

【戌年】じゅつねん(술년) 태세(太歲)의 지지(地支)가 술(戌)인 해. 갑술(甲戌), 병술(丙戌), 무술(戊戌) 따위. 개 해.

【戌削】じゅつさく(술삭) 깎고 밀어서 만듦.

【戌時】じゅつ(술시) 12시제(時制)에서 열 한째 시각. 오후 7시부터 9시 사이.

【戌正】(술정) 술시(戌時)의 한가운데. 곧, 오후 8시.

【戌初】(술초) 술시(戌時)의 첫머리. 곧, 오후 7시가 지난 무렵.

2 6 〖戎〗 되 융 | 㝢ㄖㄨㄥˊ (rong) | じゅう(エビス)

㊀戒

㊀會意. 창[戈]과 갑옷[十]을 뜻함.

풀이 ①되. 되놈. 서쪽 오랑캐. ¶西方曰一<禮記>/西一. ②무기(武器). ¶一器不粥於市<禮記>/一器. ③전쟁. ¶惟甲冑起一<書經>/一裝. ④병사. 군대. ¶一伏于莽<易經>/一服. ⑤병거(兵車). ¶小一茲收<詩經>/一車. ⑥크다. ¶念茲一功<詩經>/一鹽. ⑦돕다. 보좌함. ¶烝也無一<詩經>/一功. ⑧너. 자네. ㊀汝. ¶一雖小子<詩經>

【戎歌】じゅうか(융가) 군가(軍歌). ¶一陣舞<唐書>

【戎羯】じゅうけつ(융갈) 오랑캐. 戎은 중국 서방의 오랑캐, 羯은 흉노(匈奴)의 일종. ¶蓋本一之樂<唐書>

「<周禮>

【戎車】じゅうしゃ(융거) 병거(兵車). ¶戎僕掌馭一

【戎戒】じゅうかい(융계) 전쟁에 대비함. ¶一淹時<宋書>

「一<詩經>

【戎公】じゅうこう(융공) 큰 일. 큰 사업. ¶肇敏

【戎功】じゅうこう(융공) 큰 공훈(功勳). ¶念茲一<詩經>

「漢書>

【戎校】じゅうこう(융교) 장교(將校). ¶擢授一<後

【戎機】じゅうき(융기) 전쟁의 대권(大權). 또는, 전쟁. ¶誰復總一<杜甫>

【戎器】じゅうき(융기) 병기(兵器). 武器(무기). ¶君子以除一<易經>

「(융원).

【戎壇】じゅうだん(융단) 대장(大將)의 자리. 戎垣

【戎毒】じゅうどく(융독) 심한 폐해(弊害). 大害(대해). ¶不畏一<書經>

【戎路】じゅうろ(융로) ①임금이 타는 병거(兵車). ¶公喪一<左氏傳> ②흰 장식을 한 병거. 戎輅(융로). ¶乘一<呂覽>

【戎輅】じゅうろ(융로) ☞戎路(융로)②. ¶君大輅一各一<潘勖>

【戎馬】じゅうば(융마) ①병거(兵車)를 끄는 말. 兵馬(병마). ¶一不駕<左氏傳> ②전쟁.

【戎馬生郊】じゅうばこうにしょうず(융마생교) 병마(兵馬)가 국경에서 태어난다는 말로, 이웃 나라와의 전쟁이 끊이지 않음을 이름. ¶天下無道戎馬生于郊<老子>

【戎蠻】じゅうばん(융만) ①오랑캐. 蠻은 중국 남방의 오랑캐. ¶一或不賓<晉書> ②춘추 시대의 작은 나라의 하나.

【戎貊】じゅうばく(융맥) 오랑캐. 貊은 중국 동북방의 오랑캐. ¶再擧殄一<傅玄>

【戎兵】じゅうへい(융병) ①군복과 병기(兵器). ¶其克詰爾一<書經> ②병사(兵士). ¶害於一<管子>

【戎服】じゅうふく(융복) 군복(軍服). 戎衣(융의). ¶遂躬一<漢書>

【戎俘】じゅうふ(융부) 포로. 俘虜(부로). ¶獻一<李德裕>

【戎事】じゅうじ(융사) 전쟁에 관한 일. 또는, 전쟁. ¶備一<韓非子>

【戎鹽】じゅうえん(융염) 굵은 소금. 岩鹽(암염). ¶今一有焉<周禮>

【戎越】じゅうえつ(융월) 오랑캐 나라. 越은 중국 남방의 야만국. ¶撫和一<資治通鑑>

【戎戎】じゅうじゅう(융융) 왕성한 모양.

【戎夷】じゅうい(융이) 오랑캐. 夷는 중국 동방의 오랑캐. ¶世路一<蜀志>

【戎狄】じゅうてき(융적) 오랑캐. 狄은 중국 북방의 오랑캐. ¶一是膺<詩經>

【戎陣】じゅうじん(융진) 군진(軍陣). 戰陣(전진). ¶一整齊<蜀志>

「一攸行<詩經>

【戎醜】じゅうしゅう(융추) 많은 사람. 大衆(대중). ¶

【戎軒】じゅうけん(융헌) ①병거(兵車). ②병기와 수레. ¶一大擧<隋書> ③군대. 또는, 군사(軍事). ¶投筆事一<魏徵>

【戎麾】じゅうき(융휘) 군기(軍旗). 또는, 군대. ¶以總一<晉書>

▷犬一, 軍一, 禁一, 大一, 蒙一, 服一, 西一, 小一, 御一, 驪一, 元一, 佐一, 八一

6 〖戋〗 錢(p. 1543)의 略字

3 7 〖戒〗 경계할 계 | 㝢ㄐㄧㄝˋ (jie) | かい (イマシメル) *warn*

㊀會意. 양손[廾]에 창[戈]을 들고 있음을 뜻함.

풀이 ①경계하다. ¶勝敵而愈一<荀子>/一護. ②삼가다. 조심함. ㊀械. ¶必敬必一<孟子>/一飮. ③훈계. ㊀誡. ¶一之以休<書經>/一禁. ④재계(齋戒)하다. ¶七日一<禮記> ⑤알리다. ¶主人一賓<儀禮>/一告. ⑥지경. ㊀界. ¶星茀於河一<史記> ⑦문체(文體)의 한 가지. 경계의 뜻을 내용으로 하는 글체.

【戒告】かいこく(계고) ①훈계와 충고. ¶不待一<易經> ②주의하도록 알림. ③행정상 의무 이행을 독촉하는 행정 주체의 통지. ¶一狀.

「는 공덕.

【戒功】かいこう(계공)《佛》계율을 지킴으로써 생기

【戒具】かいぐ(계구) ①제사·모임·손님맞이 따위에 쓰이는 기구(器具). ¶有詞糾百官之一<周禮> ②죄수의 도주·폭행 등을 막기 위해 쓰이는 물건.

【戒懼】かいく(계구) 삼가고 두려워함. ¶百官於是乎一<左氏傳>

【戒禁】かいきん(계금) ①경계하여 금함. 또는, 그 법도(法度). ¶掌其政令一<周禮> ②《佛》모든 악을 경계하여 제지함. ¶一切總說名一取<俱舍論>

【戒急】かいきゅう(계급)《佛》계법(戒法)을 엄하게 하고, 지혜 닦기를 뒤로 하는 수행(修行) 방식. 소승(小乘)의 비구(比丘)가 취하는 방식임.

【戒旦】かいたん(계단) 날이 새었음을 알림. 뜻이

바꾸어, 이른 아침. ¶鷄鳴—＜晋書＞

【戒壇】かいだん(계단)《佛》중으로서 계법(戒法)을 전수받는 식단(式壇). 戒場(계장).

【戒力】かいりょく(계력)《佛》계율(戒律)을 지킴으로써 얻는 공력(功力).

【戒名】かいみょう(계명)《佛》①사미계(沙彌戒)를 받은 뒤, 속명(俗名)을 버리고 스승으로부터 받는 법호(法號). ②사후(死後)에 중에게 붙여주는 이름. 法名(법명).

【戒法】かいほう(계법)《佛》불제자(佛弟子)에게 주는 계율(戒律).

【戒師】かいし(계사)《佛》계법(戒法)을 전수하는 스승. 戒和尙(계화상). 傳戒師(전계사). ¶應請—佛菩薩＜心地觀經＞

【戒色】かいしょく(계색) 여색(女色)을 삼감. ¶戒之在色＜論語＞

【戒仙】かいせん(계선) 점을 쳐서 점사(占辭)를 쓸 때 붓끝에 내린다는 신(神).

【戒勝災】(계승재) 항상 경계하고 조심하면 재앙이 일어나지 아니함.

【戒食】かいしょく(계식) ①식사 준비를 명함. ¶伏辱—＜書言故事＞ ②금식(禁食).

【戒愼】かいしん(계신) 경계하고 조심함. ¶君子—＜禮記＞

【戒心】かいしん(계심) 조심함. 조심. ¶予有—＜孟子＞

【戒嚴】かいげん(계엄) ①엄중히 적을 경계함. ¶京師—＜唐書＞ ②비상시에 군대로써 치안(治安)을 유지하는 일. ¶—令.

【戒律】かいりつ(계율)《佛》계와 율. 중이 지켜야 할 규범(規範). ¶尋求—＜佛國記＞

【戒飮】かいいん(계음) 술을 삼감. 戒酒(계주). 禁酒(금주).

【戒杖】かいじょう(계장)《佛》중이 짚는 지팡이. 錫杖(석장).

【戒定慧】かいじょうえ(계정혜)《佛》불도(佛道)에 들어가는 삼법(三法). 곧, 계율(戒律)·선정(禪定)·지혜(智慧). ¶法要有三 曰—＜五燈會元＞

【戒足】かいそく(계족)《佛》계(戒). ¶必須護—＜行事鈔＞

【戒終】かいじゅう(계종) 끝을 경계함. 끝이 완전하도록 주의함. ¶善始以—＜漢書＞

【戒指】かいし(계지) 가락지. 반지. ¶紋石—＜紅樓夢＞

【戒責】かいせき(계책) 잘못을 꾸짖어 경계시킴. 譴責(견책). 警責(경책).

【戒尺】かいしゃく(계척)《佛》스님이 제자를 편달(鞭撻)하는 대나무쪽. ¶安香燭手爐—＜勅修淸規＞

【戒牒】かいちょう(계첩)《佛》☞度牒(도첩).

【戒屬】かいしょく(계촉) 훈계함. ¶臣竊—＜漢書＞

【戒勅】かいちょく(계칙) 훈계함. 책망하여 주의시킴. 戒飭(계칙). ¶憂懼—＜魏志＞

【戒花王】(계화왕) 신라의 설총(薛聰)이 지은 우화(寓話). 모란이 요사한 장미꽃에 홀려 충직한 할미꽃을 멀리하려 했다는 이야기로, 간신을 가까이하는 임금을 풍자한 것임. 花王戒(화왕계).

▷鑑—, 敬—, 警—, 古—, 科—, 敎—, 君子三—, 勸—, 糾—, 兢—, 斷機之—, 明—, 法—, 寶—, 備—, 受—, 授—, 肅—, 愼—, 十—, 嚴—, 女—, 五—, 遺—, 履霜之—, 齋—, 典—, 前—, 酒—, 祇—, 懲—, 破—, 訓—

3/7 〖成〗 이룰 성 | 庚 chéng (cheng) | せい, じょう (ナス) *accomplish*

古 㦸 俗 成

源 **會意·形聲**. 한창 때[戊]의 장정[丁]이란 뜻. 丁의 변음이 음을 이룸.

풀이 ①이루다. ¶—己仁也＜中庸＞/—功. ②이루어지다. ¶地平天—＜書經＞/落—. ③다스리다. 평정함. ¶以—宋亂＜左氏傳＞ ④무성하다. ¶松柏—而塗之人已蔭矣＜呂覽＞ ⑤중재하다. 조정함. ¶以民—之＜周禮＞ ⑥층계. 通 重. ¶九—之臺＜呂覽＞ ⑦정성. 通 誠. ¶—不以富＜國語＞ ⑧성. 通 城. ¶勃海高—＜說文通訓定聲＞

【成家】せいか(성가) ①집을 지음. 또는, 일가(一家)를 이룸. ¶來賓爲王 —成室＜吳越春秋＞ ②결혼함. ¶此女必—＜遼史＞

【成劫】じょうこう(성겁)《佛》사겁(四劫)의 하나. 세계가 이루어져 인류가 살게 된 시대.

【成功】せいこう(성공) ①목적을 이룸. 공(功)을 세움. ¶巍巍乎其有—也＜論語＞ ↔失敗(실패). ②추수(秋收). ¶三務—＜左氏傳＞

【成功之下不可久處】(성공지하 불가구처) 공업(功業)을 이루어 명예와 부귀를 얻으면 남의 시기와 미움으로 결국 화를 입게 되므로, 그 자리에 오래 머무르지는 말아야 함. ¶書曰— 四子之禍 君何居焉＜史記＞

【成果】せいか(성과) 일을 이룬 솜씨. 또는, 일의 좋은 결과. 成效(성효).

【成冠】(성관) 관례(冠禮)를 행함.

【成狂】(성광) 광인(狂人)이 됨.

【成句】せいく(성구) ①글귀를 이룸. ②하나의 완성된 뜻을 나타내는 글귀. ③예로부터 전하여 널리 알려진 시문(詩文) 귀절.

【成局】(성국) 체격, 꾸밈새 따위가 잘 어울림.

【成規】せいき(성규) 성문화(成文化)한 규칙.

【成均】せいきん(성균) ①주(周)대의 대학(大學). 어그러짐을 바로잡아 이루고, 과불급(過不及)을 고르게 한다는 뜻에서 온 말. ¶五帝大學謂之—＜禮記＞ ②문학(文學)의 관리를 이름. ¶崇文—之職＜王融＞

【成均館】せいきんかん(성균관) ①조선 때 대학의 명칭. 고려 충선왕(忠宣王) 때부터 국학(國學)을 성균관이라 칭함. ②유학을 강학(講學)하는 명륜당(明倫堂)과 공자를 제사하는 문묘(文廟)의 총칭.

【成均試】せいきんし(성균시) ☞國子監試(국자감시).

【成器】せいき(성기) ①좋은 그릇. 善器(선기). ¶毋訾衣服—＜禮記＞ ②재능·기예(技藝)를 완성시킴. ¶玉不琢 不—＜禮記＞

【成年】せいねん(성년) ①성인(成人)이 되는 나이. 만 20세. ②성인(成人)②.

【成膿】(성농) ☞化膿(화농).

【成大功者不謀於衆】(성대공자 불모어중) 큰 일을 성취하는 사람은 많은 사람과 의논하지 않음. 남의 말에 현혹됨이 없이 소신대로 함의 뜻. ¶夫論至德者不和於俗 —＜戰國策＞

【成道】せいどう(성도) ①도로를 만듦. ¶山開自一也＜漢書·注＞ ②도덕을 성취함. ¶乃能一＜後漢書＞ ③《佛》불도(佛道)를 깨달음. 悟道(오도).

【成童】せいどう(성동) ①15세 이상의 소년. ¶一舞象＜禮記＞ ②8세 이상의 소년. ¶羈貫一＜穀梁傳＞

【成等正覺】(성등정각)《佛》미(迷)를 버리고 오(悟)를 열어 정각(正覺)을 이룸.

【成鸞鳳】(성란봉) 부부의 인연을 맺음. 또는, 동지(同志)가 됨.

【成禮】せいれい(성례) ①예를 갖춤. ¶酒以一＜左氏傳＞ ②혼인 예식을 치름. ¶自賣爲之一＜南史＞

【成立】せいりつ(성립) ①이루어짐. 成就(성취). ¶便可一＜南齊書＞ ②성인(成人)이 됨. ¶皆已一＜顏氏家訓＞

【成文】せいぶん(성문) ①문장으로 써서 나타냄. 또는, 그 글. ¶策書一＜杜預＞ ②문채(文彩)를 이룸.

【成門戶】(성문호) 스스로 일가(一家)를 이룸. ¶一者 必此兒也＜梁書＞

【成美】せいび(성미) ①남에게 권면하여 미덕(美德)을 행하게 함. ②훌륭하게 성취함. ¶有能一＜史記＞

【成坏】(성배) 도자기의 몸을 만드는 일. 做坏(주배).

【成法】せいほう(성법) 정해져 있는 법. 법칙. 일정한 규칙. ¶遂爲一＜沈約＞

【成服】せいふく(성복) ①초상(初喪)으로 상복을 입음. ¶一而后行＜禮記＞ ②의복을 만듦. ¶桑以一＜魏志＞ ③훌륭한 복장. 盛服(성복). ¶一加元首＜應亨＞

【成否】せいひ(성부) ①☞成敗(성패)①. ¶稽其一＜漢書＞ ②성립 여부. 성공 여부.

【成墳】(성분) 흙을 쌓아 무덤을 만듦. 또는, 그 무덤. 封墳(봉분).

【成佛】じょうぶつ(성불)《佛》①번뇌를 해탈하고 진리를 깨달아 불과(佛果)를 얻음. 得佛(득불). ¶我一已來＜法華經＞ ②죽음.

【成不成】(성불성) 일의 되고 아니됨. 成否(성부)①. 成敗(성패)①.

【成事】せいじ(성사) ①일을 완수함. 成就(성취). ¶多大言 少一＜史記＞ ②이미 이루어진 일. 往事(왕사). ¶慮於一＜淮南子＞ ③졸곡제(卒哭祭). ¶哀薦一＜儀禮＞

【成俗】せいぞく(성속) ①훌륭한 풍속을 이룸. ¶化民一＜禮記＞ ②전해 내려오는 풍속. 舊俗(구속). ¶從諸夏之一＜荀子＞

【成數】せいすう(성수) ①일정한 수가 됨. ②정해진 운수.

【成遂】せいすい(성수) 일을 완성함. ¶不能一＜文子＞

【成熟】せいじゅく(성숙) ①익음. 다 자람. ¶五穀一＜漢書＞ ②사물이 완성 단계에 들어섬. 熟達(숙달).

【成市】せいし(성시) 저자를 이룸. 뜻이 바뀌어, 사람이나 물건이 많이 모임. ¶闤圖一 天下愁怨＜漢書＞

【成案】せいあん(성안) ①안(案)을 작성함. 또는, 그 고안. ¶抱一詣丞＜韓愈＞ ②법률의 전례(前例). 또는, 사건의 실례(實例).

【成語】せいご(성어) ①숙어(熟語). ②고인(古人)이 만들어 세상에서 널리 쓰이는 말.

【成業】せいぎょう(성업) 학업·사업을 성취함.

【成員】せいいん(성원) ①조직의 구성원(構成員). ②회의 성립에 필요한 수효의 인원.

【成育】せいいく(성육) 길러냄. 또는, 자람. 成長(성장). ¶一群生＜淮南子＞

【成因】せいいん(성인) 사물이 이루어지는 원인.

【成人】せいじん(성인) ①학문과 덕행을 겸비한 인물. 全人(전인). ¶使我爲一者＜韓詩外傳＞ ②어른. 만 20세 이상인 사람. 成年(성년)②. 成丁(성정).

【成赤】(성적) 얼굴에 분을 바르고 연지를 찍음.

【成績】せいせき(성적) ①일을 성취한 솜씨. 또는, 성공의 결과(結果). 功績(공적). ¶惟王有一＜書經＞ ②학습한 결과. ¶一表.

【成丁】せいてい(성정) ☞成人(성인)②.

【成宗】せいそう(성종) ①대종가(大宗家)에서 갈린 파가 4대(代)를 거쳐 이룬 종가(宗家). ②《人》㉮원(元)의 제6대 왕. ㉯고려 제6대 왕. ㉰조선 제9대 왕.

【成周】せいしゅう(성주) 삼대(三代) 때 주(周)의 도읍인 낙읍(洛邑).

【成竹】せいちく(성죽) 대를 그리려 할 때 먼저 마음속에 대 모양을 그려 본다는 데서, 심중의 계획을 이름. 成算(성산).

【成貼】(성첩) 문서에 관인(官印)을 찍음.

【成體】せいたい(성체) 성숙한 동물의 몸뚱이.

【成軸】せいじく(성축) ①법도(法度)를 제정함. ¶今以有成式爲一＜通俗編＞ ②시회(詩會)에서 지은 글을 두루마리에 차례로 벌여 적음.

【成娶】(성취) 장가 듦.

【成就】じょうじゅ(성취) 일을 완성함. 成功(성공)①. ¶一其事＜越絶書＞

【成層】せいそう(성층) 층을 이룸. ¶一圈/一岩.

【成敗】せいはい·せいばい(성패) ①일의 됨과 아니됨. 성공과 실패. 成否(성부)①. ¶工有一＜列子＞ ②승리와 패배. ¶至於一利鈍＜諸葛亮＞

【成形】せいけい(성형) ①형태를 이룸. 또는, 완성된 형태. ¶一如肺肝＜柳宗元＞/一手術. ②그릇의 본새를 이룸.

【成蹊】せいけい(성혜) 작은 길이 생김. 덕이 높으면 절로 사람이 많이 따름의 비유. ¶桃李不言 下自一＜史記＞

【成婚】せいこん(성혼) 혼인이 이루어짐. 成雙(성쌍). 成昏(성혼). 成禮(성례)②. ¶卿可去一＜古詩＞

【成火】(성화) ①몹시 마음이 답답하고 번거로움. ②몹시 귀찮게 조름.

【成效】せいこう(성효) 이룬 보람. 成果(성과).

▷結一, 構一, 旣一, 落一, 老一, 達一, 大器晩一, 大一, 不一, 生一, 小一, 速一, 守一, 夙一, 養一, 完一, 育一, 作一, 早一, 助一, 造一, 集大一, 贊一, 天一, 促一, 編一, 合一, 形一, 混一, 化一

3
7【我】 나 아 | 圖ㄨㄛˇ(wo) ㄜˇ(e) | が(ワレ) *I*

㊐我 𢦓 𢧀 𢦏

풀이 ①나. ¶父兮生一＜詩經＞/自一. ②

나의. ¶一田旣臧<詩經>/一國. ③아집(我執). ¶毋固毋一<論語> ④굶주리다. 通餓. ¶吾無糧一無食<莊子>

【我見】がけん(아견) ①자기 생각. ②틀림에도 불구하고 집착하는 자기 의견. ¶一者 謂我執<唯識論>

【我國】ワガクニ(아국) 우리 나라. 我邦(아방).

【我儂】がのう(아농) 나. ↔渠儂(거농).

【我東】(아동) ☞我東方(아동방).

【我東方】(아동방)韓 우리 나라를 가리키는 자칭(自稱). 我東(아동).

【我邦】(아방) ☞我國(아국).

【我輩】ワガハイ(아배) 우리들. 我曹(아조). ¶一復登臨<孟浩然>

【我相】がそう(아상)《佛》①실아(實我)의 상(相). ②자기 재능이나 부귀를 믿고 남을 업신여김.

【我心如秤】ワガココロハカリノゴトシ(아심여칭) 내 마음이 저울과 같다는 말로, 사심(私心)이 없음을 이름. ¶一 不能爲人作低昂<揚升庵集>

【我田引水】がでんいんすい(아전인수) 제 논에 물 댄다는 말로, 자기에게 이로운 대로만 말하거나 행함을 이름.

【我曹】ワガソウ(아조) ☞我輩(아배).

【我朝】ワガちょう(아조) 우리 왕조(王朝).

【我執】がしゅう(아집) ①《佛》우리 신심(身心)안에 사물을 다스릴 상주 불멸(常住不滅)의 실체(實體)가 있다고 믿는 일. ¶由一力 諸煩惱生<俱舍論> ②자기 의견만을 고집함.

▷大一, 忘一, 沒一, 無一, 物一, 小一, 自一, 全一, 彼一

7〖犾〗 我(p.605)와 同字

7〖𢦗〗 或(p.606)과 同字

7〖𢦕〗 或(p.606)의 俗字

4/8〖戔〗 1 해칠 잔 2 적을 전 | 寒ㄘㄢˊ(can) 先ㄐㄧㄢ(jian) | さん *injure* せん

源會意. 여러 개의 창[戈]으로 사상(死傷)함의 뜻.

풀이 1 通殘. ①해치다. 상처를 입힘. ②나머지. ¶鮑人 則是以博爲一<周禮>/一餘. 2 ①적다. 자잘함. ¶束帛一一<易經> ②수효가 많은 모양. ¶一一五束素<白居易>

4/3〖戕〗 죽일 장 | 陽ㄑㄧㄤ(qiang) | しょう, ぞう さん *kill*

풀이 ①죽이다. ㉮죽이다. ¶將一於余<左氏傳>/一殺. ㉯다른 나라 신하가 임금을 죽이다. ¶凡自虐其君曰弑 自外曰一<左氏傳> ②손상하다. ¶一賊杞柳<孟子> ③어지럽히다. 通愴. ④말뚝. 같牁. ⑤마음이 착하다. 通臧. ¶曰矛不一<詩經>

【戕戮】しょうりく(장륙) 죽임. 殺戮(살륙).

【戕殺】しょうさつ(장살) 죽임. ¶一無辜<金史>

【戕賊】しょうぞく(장적) 살해함. 戕害(장해). ¶將一人 以爲仁義與<孟子>

【戕風】しょうふう(장풍) 초목을 해치는 바람. 暴風(폭풍). ¶一起惡<木華>

【戕害】しょうがい(장해) 쳐 죽임. 殺害(살해). ¶欲圖一<福惠全書>

8〖㦲〗 哉(p.293)의 俗字

4/8〖或〗 1 혹 혹 2 나라 역 | 職ㄏㄨㄛˋ(huo) ㄩˋ(yu) | こく, わく (アルイハ) *perhaps*

古㦽 㦽 俗𢦕 同𢦗

풀이 1 ①혹. 혹은. ¶一言 二百餘歲<史記>/間一. ②어떤 사람. ¶一謂孔子曰<論語>/一者. ③어떤 경우. ¶天一啓之<左氏傳> ④늘. 항상. ¶一不盈<老子> ⑤있다. 通有. ⑥의심하다. ¶無一乎王之不智<孟子> ⑦당혹하다. 通惑. ¶一失道<漢書> 2 나라. 通國.

【或問】わくもん(혹문) 어떤 이가 묻는다는 뜻으로, 질문에 대답하는 형식으로 설명하는 문체.

【或說】わくせつ(혹설) 어떤 사람의 말이나 학설.

【或是】アルイハコレ(혹시) 만일. 혹은. 或也(혹야). 或如(혹여). ¶一章奏繁<韓愈>

【或時】アルトキ(혹시) 어떠한 때.

【或是或非】(혹시혹비) ①어떤 것은 옳고 어떤 것은 그름. ②혹은 옳기도 하고 혹은 그르기도 하여 잘 분간되지 않음. ③어떤 사람은 옳다 하고 어떤 사람은 그르다고 함.

【或也】(혹야) ☞或是(혹시).

【或躍在淵】アルイハオドリテフチニアリ(혹약재연) 장차 구름을 탈 용이 아직은 못 속에 있음. 크게 될 인재(人材)를 가리켜 이르는 말. ¶九四 一无咎<易經>

【或曰】(혹왈) 어떤 사람이 말하기를. 或云(혹운).

【或者】アルイハ(혹자) ①혹시(或是). 혹은. ②어떤 사람. ¶天其一將建諸<左氏傳>

【或出或處】(혹출혹처) 혹은 벼슬을 하여 조정에 나가고 혹은 은퇴하여 집에 있음.

▷間一, 設一

9〖㦹〗 成(p.604)의 古字

9〖威〗 ☞女部 6획(p.404)

9〖㦯〗 戎(p.603)의 古字

9〖战〗 戰(p.608)의 俗字

9〖咸〗 ☞口部 6획(p.294)

6/10〖戙〗 널빤지 동 | 送ㄉㄨㄥˋ(dong) | とう, づ *board*

풀이 ①널빤지. 뱃바닥에 까는 판자. ②말뚝. 배를 매는 말뚝.

10〖烕〗 滅(p.903)의 古字

10【栽】☞木部 6획(p.767)

11【戝】歲(p.812)의 古字

7
11【戛】창 알 | [黠]ㄐㄧㄚˊ (jia) | かつ(ホコ) *spear*

[俗]戞

[源]會義. 머리[頁] 곧 투구와 창[戈]이 부딪침을 뜻함.

[풀이]①창. 긴 창. ¶立戈迤一<張衡> ②법도. 예식. [通]楷. ¶不率大一<書經> ③두드리다. ¶一擊鳴球<書經> ④악기. 목고(木鼓). ⑤짚. 멍석. [通]秸. ¶一服. ⑥어근버근하다. 어긋남. ¶一一乎其難哉<韓愈>

▷ 敲一, 交一, 大一, 摩一, 玉一

11【戝】賊(p.1427)과 同字

7
11【戚】[1]겨레 척 [2]재촉할 촉 | [錫]ㄑㄧ (qi) [屋]ㄘㄨˋ (cu) | せき(ミヨリ) *relative* そく

[풀이][1]①겨레. 친족. [通]族. ¶貴一之卿<孟子>/親一. ②친하다. ¶一之也<孟子> ③가깝다. ¶未可以一我先王<書經> ④도끼. [갈]鍼. ¶干戈一揚<詩經> ⑤슬퍼하다. [通]慽. ¶自貽伊一<詩經>/一然. ⑥분개하다. ¶慍斯一<禮記> [2]재촉하다. [갈]促. ¶周以一 吾從殷<孔子家語>

戚④ (禮器圖)

【戚黨】(척당) 외척(外戚)과 처족(妻族). 戚聯(척련). 戚屬(척속). ↔親黨(친당).

【戚里】せきり(척리) 임금의 외척(外戚). 한(漢)대, 임금의 인척(姻戚)이 살던 마을 이름에서 온 말. 戚畹(척완). ¶移一而家富<庾信>

【戚末】(척말) 척당(戚黨) 사이에서 자기를 낮추어 부르는 말. 戚下(척하).

【戚夫人】せきふじん(척부인)(人) 한(漢) 고조(高祖)의 후궁. 여후(呂后)의 새암을 받아, 고조가 죽은 후 눈·귀와 사지(四肢)를 잘리고 뒷간에 버려져 인체(人彘)라 불리며 살았음.

【戚分】(척분) 척당(戚黨)이 되는 관계.

【戚屬】せきぞく(척속) ☞戚黨(척당).

【戚施】せきし(척시) ①두꺼비. ②곱추. 佝僂(구루). ¶一不可使仰<國語> ③남에게 아첨하여 추한 사람.

【戚臣】せきしん(척신) 임금의 외척(外戚)이 되는 「신하.

【戚揚】せきよう(척양) 도끼와 큰 도끼. 옛날 무기 이름. 戚은 斧, 揚은 鉞. ¶干戈一<詩經>

【戚畹】せきえん(척완) ☞戚里(척리).

【戚弟】(척제) 척분(戚分)이 있는, 아우뻘이 되는 사람.

【戚族】せきぞく(척족) 친척(親戚). ¶軍家誅一<劉禹錫>

【戚從】(척종) 항렬(行列)이나 나이가 아래인 외척(外戚)에 대한 자칭.

【戚姪】(척질) 조카뻘 되는 외척(外戚).

【戚下】(척하) ☞戚末(척말).

【戚促】そくそく(촉촉) 마음이 좁고 급함. ¶身計何一<李白>

▷干一, 舊一, 國一, 權一, 貴一, 近一, 內一, 黨一, 悲一, 哀一, 外一, 憂一, 遠一, 姻一, 帝一, 尊一, 宗一, 親一, 豪一, 婚一, 休一

8
12【戟】창 극 | [陌]ㄐㄧˇ (ji) | げき(ホコ) *spear*

[俗]戟 [同]戟

[풀이]①창. 두 가닥진 창. ¶修我矛一<詩經>/劍一. ②찌르다. ¶一人咽喉<本草綱目>/刺一. ③굽히다. ¶公一其手曰 必斷而足<左氏傳>

【戟鋩】げきぼう(극망) 창 끝.

【戟槊】げきさく(극삭) 창. 두 가닥 창과 외가닥창.

【戟手】げきしゅ(극수) 사람을 치려고 한 손은 쳐들고 한 팔은 아래로 굽힌 자세. 또는, 주먹을 불끈 쥐고 내저음. ¶一而詈人則人怒<蘇軾>

【戟戶】げきこ(극호) 창으로 만든 집. 진영(陣營)을 이름. ¶身居一<漢書>

▷劍一, 曲一, 交一, 句一, 弓一, 旗一, 幢一, 刀一, 矛一, 兵一, 銛一, 刺一, 綵一, 橫一

12【幾】☞幺部 9획(p.513)

12【戞】戛(p.607)의 俗字

12【殘】☞歹部 8획(p.818)

12【裁】☞衣部 6획(p.1349)

9
13【戡】찌를 감 | [覃][勘]ㄎㄢ (kan) | かん, こん, ちん(サス) *pierce*

[源]會意. 창[戈]으로 몹시[甚] 찌름을 뜻함.

[풀이]①찌르다. 죽임. ¶西伯旣一黎<書經>/一殄. ②이기다. 평정함. [通]堪. ¶一定.

【戡夷】かんい(감이) 나라를 평정함. 夷는 平. ¶群雄一<曹植>

9
13【戣】창 규 | [支]ㄎㄨㄟˊ (kui) | き(ホコ) *spear*

[풀이]창. 날이 여러 면으로 나 있는 창. ¶一人冕執一<書經>

13【戦】戰(p.608)의 略字

13【載】☞車部 6획(p.1461)

13【賊】☞貝部 6획(p.1427)

9 13 〖戢〗 거둘 즙 | 緝 ㄐㄧˊ (ji) | しゅう(オサメル) gather

源 會意·形聲. 창[戈]을 그러모음 [咠]의 뜻.

풀이 ①거두다. 무기를 거둠. ¶載一干戈＜左氏傳＞ ②그치다. 그만둠. ¶弗一必自焚＜漢書＞ ③움츠리다. ¶一其左翼＜詩經＞

【戢鱗潛翼】しゅうりんせんよく(즙린잠익) 용이 비늘을 움츠리고 새가 날개를 숨긴다는 말로, 큰 뜻을 품고 때를 기다림을 이름. ¶一思屬風雲＜晉書＞

【戢伏】しゅうふく(즙복) 자기 재능을 움츠리고 숨어 지냄. ¶一自持＜李華＞

【戢翼】しゅうよく(즙익) 날개를 움츠림. 곧, 벼슬을 그만두고 은거(隱居)함을 이름. ¶鳥一于高危＜劉楨＞
▷禁一, 嚴一, 和一

14 〖戟〗 戟(p.607)과 同字

14 〖臧〗 ☞臣部 8획(p.1248)

10 14 〖戩〗 멸할 전 | 銑 ㄐㄧㄢˇ (jian) | せん(ホロボス) destroy

풀이 ①멸하다. 다함. ¶俾爾一穀＜詩經＞ ②모두. ③행운. 복록(福祿).

10 14 〖截〗 끊을 절 | 屑 ㄐㄧㄝˊ (jie) | せつ(タツ) cut off

풀이 ①끊다. 절단함. ¶一脛剖心＜晉書＞/半一. ②다스리다. 정제(整齊)함. ¶海外有一＜漢書＞ ③언변이 좋은 모양. ¶惟一一善編言＜書經＞

【截斷】せつだん(절단) 자름. 切斷(절단). ¶一碧雲根＜白居易＞

【截髮】せっぱつ(절발) 서진(西晉) 때 도간(陶侃)의 어머니가 머리채를 잘라 술과 바꾸어다가 아들의 손님을 대접한 옛일에서, 자식의 빈객(賓客)을 환대함을 이름. 截髮易酒(절발역주).

【截然】せつぜん(절연) 구별이 명확한 모양. 斷然(단연). 決然(결연). ¶一中居＜韓愈＞

【截耳】せつじ(절이) 양(梁) 위경유(衛敬瑜)의 아내 왕씨(王氏)가 개가(改嫁)하지 않기로 맹세하여 귀를 자른 옛일에서, 개가하지 않음을 이름.

【截長補短】(절장보단) 긴 것을 잘라 짧은 것에 보탬. 남고 모자람이 없도록 잘 조절함.
▷隔一, 鹹一, 斷一, 茅一, 半一, 剖一, 掃一, 遏一, 徼一, 翦一, 直一, 遮一, 割一, 膾一, 横一

14 〖戧〗 創(p.213)의 古字

14 〖戫〗 摑(p.659)의 俗字

11 15 〖戮〗 죽일 륙 | 屋 ㄌㄨˋ (lu) | りく(コロス) kill
俗 剹

풀이 ①죽이다. ¶祭獸一禽＜禮記＞/殺一. ②육시하다. ¶殺其生者 而一其死者＜晉書＞ ③죄. 형벌. ¶免於刑一＜論語＞ ④욕. 욕보임. ¶爲天下一＜呂覽＞ ⑤힘을 합하다. 㫮勠. ¶一力同德＜國語＞

【戮力】りくりょく(육력) 서로 힘을 합함. 協力(협력).

【戮笑】りくしょう(육소) 비웃음을 당함. ¶必爲天下一＜公羊傳＞ 「을 가함.

【戮屍】りくし(육시) 죽은 죄인에게 참형(斬刑)

【戮辱】りくじょく(육욕) ①욕. 恥辱(치욕). ②욕보임. 凌辱(능욕). ¶名賢一＜後漢書＞

【戮誅】(육주) 죽임. 誅戮(주륙).
▷糾一, 拏一, 大一, 屠一, 殺一, 夷一, 殘一, 誅一, 討一, 刑一

11 15 〖戭〗 1 창 인 2 사람 이름 연 | 軫 ㄧㄣˇ (yin) 銑 | いん spear えん

풀이 1 창. 긴 창. 2 사람 이름.

15 〖戯〗 呼(p.290)와 同字

15 〖戲〗 戲(p.610)의 俗字

12 16 〖戰〗 싸움 전 | 霰 ㄓㄢˋ (zhan) | せん(タタカウ) war
略 戦 俗 战

풀이 ①싸움. ¶大一于甘＜書經＞/奮一. ②전쟁. ¶一者 逆德＜後漢書＞/大一. ③두려워하다. ¶見豺而一＜法言＞/一慄. ④흔들리다. ¶怯教蕉葉一＜白居易＞

【戰車】せんしゃ(전거) ☞兵車(병거).
(전차) 장갑차(裝甲車). 탱크.

【戰悸】せんき(전계) ☞戰慄(전율).

【戰鼓】せんこ(전고) 싸울 때 울리는 북. ¶隱隱地中鳴一＜駱賓王＞ 「＜杜甫＞

【戰骨】せんこつ(전골) 전사자의 유골. ¶一當速朽

【戰功】せんこう(전공) 전쟁에서 세운 공훈.

【戰懼】せんく(전구) ☞戰慄(전율). 「의 상황.

【戰局】せんきょく(전국) 전쟁의 국면(局面). 전쟁

【戰國】せんごく(전국) ①전쟁 중인 나라. ②전국 시대(戰國時代)의 준말.

【戰國時代】せんごくじだい(전국시대) 주(周) 위열왕(威烈王) 때부터 진(秦) 시황(始皇)이 천하를 통일하기까지의, 여러 나라들이 얽혀 싸우던 183년간을 이름.

【戰國七雄】せんごくしちゆう(전국칠웅) 전국 시대의 일곱 강국. 제(齊)·초(楚)·연(燕)·한(韓)·조(趙)·위(魏)·진(秦).

【戰兢】せんきょう(전긍) 두려워 몸시 조심함. 전전긍긍(戰戰兢兢)의 준말. ¶夙夜一＜後漢書＞

【戰記】せんき(전기) 전쟁의 기록. 軍記(군기).

【戰機】せんき(전기) ①전쟁이 일어나려는 기미. ②전쟁상의 기밀(機密). 軍機(군기).

【戰端】せんたん(전단) 싸움의 시초. 전쟁의 발단(發端).

【戰圖】せんと(전도) ①교전 지대(交戰地帶). ¶澤國江山入一<曹松> ②전투 장면을 그린 그림. ¶畫一以奏<舊唐書>
【戰亂】せんらん(전란) 전쟁으로 말미암은 난리. 兵亂(병란).
【戰略】せんりゃく(전략) 승리를 위한 방안. 작전계획. 戰術(전술). ¶用關張之一<鄭畋>
【戰笠】(전립) 옛날, 군인이 쓰던 모자. 벙거지.
【戰馬】せんば(전마) 군마(軍馬). ¶牧野成功後周王一閒<白行簡>
【戰亡】せんぼう(전망) ☞戰死(전사). ¶一之身<宋書>/一將卒.
【戰歿】せんぼつ(전몰) ☞戰死(전사). ¶泰父兄一<北史>
【戰犯】せんぱん(전범) ①전쟁을 일으킨 죄. ②전쟁에서 범한 죄. ③전쟁 범죄자(戰爭犯罪者)의 준말.
【戰法】せんぽう(전법) 전쟁의 방법. 戰術(전술). ¶凡一必本於政<商子>
【戰鋒】せんぽう(전봉) 싸움의 기세. ¶窮寇一不可當也<漢書>
【戰費】せんぴ(전비) 전쟁에 쓰이는 비용. 軍費(군비).
【戰備】せんび(전비) 전쟁 준비. 또는, 전쟁에의 대비(對備). 軍備(군비). ¶請以一<左氏傳>
【戰士】せんし(전사) 싸움터에 나가는 용사. 병사. ¶招一 明功賞<史記>
【戰史】せんし(전사) 전쟁의 역사. 전투 기록.
【戰死】せんし(전사) 전쟁에서 싸우다가 죽음. 戰亡(전망). 戰歿(전몰). ¶一者.
【戰傷】せんしょう(전상) 전투에 참가하여 부상함.
【戰色】せんしょく(전색) 두려워 떠는 얼굴빛. ¶勃如一<論語>
【戰線】せんせん(전선) ①적과 대치하고 있는 진지(陣地). ②전투가 벌어지고 있는 지역.
【戰船】せんせん(전선) 전투에 쓰는 배. 軍船(군선). 兵船(병선). 艦船(함선). ¶作一通水道<晋書>
【戰術】せんじゅつ(전술) 싸움에 이기기 위한 술책(術策). 戰法(전법). 用兵術(용병술).
【戰勝】せんしょう(전승) 싸움에 이김. 戰捷(전첩). ¶雖有一之名 而有亡國之實<史記>
【戰勝攻取】(전승공취) 싸우면 이기고, 공격하면 반드시 빼앗음. 상승무적(常勝無敵)을 이름. ¶武安君一不知其數<戰國策>
【戰勝易守勝難】(전승이 수승난) 전쟁에서 이기기는 쉬운 일이나, 그 승리를 지키기는 어려움. 戰易守難(전이수난).
【戰時】せんじ(전시) 전쟁이 벌어져 있을 때.
【戰友】せんゆう(전우) ①공동의 적과 싸우는 우군(友軍). ②군대에서 고락을 같이하는 동료.
【戰雲】せんうん(전운) 전쟁의 먹구름. 전쟁이 일어나려는 어수선한 정세(情勢). ¶山疊一重<喩鳧>
【戰栗】せんりつ(전율) ☞戰慄(전율).
【戰慄】せんりつ(전율) 두려워 몸이 떨림. 戰栗(전율). 戰戰慄慄(전전율률). 戰悸(전계). 戰懼(전구). ¶一連月 未敢自安<後漢書>
【戰意】せんい(전의) 싸우려는 의욕.
【戰場】せんじょう(전장) 싸움터. 戰地(전지).
【戰災】せんさい(전재) 전쟁으로 말미암은 재해(災害).
【戰跡】せんせき(전적) 전쟁이 벌어진 자취.
【戰戰兢兢】せんせんきょうきょう(전전긍긍) 몹시 두려워 조심하는 모양. 戰兢(전긍). ¶一 如臨深淵<論語>
【戰地】せんち(전지) 전장(戰場). ¶先處一<孫子>
【戰塵】せんじん(전진) 전장의 풍진(風塵). 전쟁에 종군하는 고달픔이나 전쟁의 소란을 이름.
【戰陣】せんじん(전진) ①전장. 陣地(진지). ②전법(戰法). ③전쟁. 전투. ¶非無一之功<徐陵>
【戰陳無勇非孝也】(전진무용 비효야) 싸움터에서 용감하지 않음은 부모에게 효도가 되지 않음. 戰陳은 戰陣. ¶朋友不信非孝也一<禮記>
【戰捷】せんしょう(전첩) ☞戰勝(전승).
【戰取】せんしゅ(전취) 싸워서 차지함.
【戰鬪】せんとう(전투) 교전(交戰)하는 두 편 군대의 무장 충돌. 싸움.
【戰敗】せんぱい(전패) 싸움에 짐. ↔戰勝(전승).
【戰袍】せんぽう(전포) ①갑옷 위에 입는 겉옷. ②군복. 戎衣(융의). ¶一經手作<本事詩>
【戰筆】せんぴつ(전필) 그림을 그릴 때 필세(筆勢)가 힘차서 붓을 떠는 일. 顫筆(전필).
【戰汗】せんかん(전한) 두려워서 식은땀이 남. ¶一交僛<柳宗元>
【戰艦】せんかん(전함) 군함. 戰鬪艦(전투함).
【戰火】せんか(전화) ①전쟁으로 말미암은 화재. 兵火(병화). ②전쟁.
【戰禍】せんか(전화) 전쟁으로 말미암은 재화(災禍).
【戰況】せんきょう(전황) 전쟁의 상황. 戰狀(전상).
▷敢一, 開一, 激一, 決勝一, 決一, 苦一, 攻防一, 空中一, 觀一, 交一, 棋一, 騎馬一, 亂一, 內一, 冷一, 論一, 累一, 大一, 對一, 挑一, 督一, 白兵一, 步一, 奮一, 私一, 死一, 思想一, 宣一, 善一, 舌一, 雪辱一, 雪一, 聖一, 消耗一, 速一, 水一, 勝一, 市街一, 實一, 惡一, 野一, 力一, 歷一, 連一, 熱一, 厭一, 勇一, 陸一, 應一, 義一, 一一, 作一, 爭奪一, 接一, 征一, 政一, 停一, 遭遇一, 拙一, 終一, 主一, 地上一, 參一, 初一, 總力一, 出一, 敗一, 砲擊一, 筆一, 抗一, 海一, 血一, 混一, 火一, 和一, 會一, 休一

16〖戲〗 戲(p.610)의 俗字

16〖羲〗 ☞羊部 10획(p.1205)

13 17〖戴〗 일 대 | 㘝ㄉㄞˋ (dai) | たい (イタダク)

本 戴

풀이 ①머리에 이다. ¶頒白者不負一於道路矣<孟子>/一冠. ②받들다. ¶欣一武王<國語>/推一. ③느끼다. ¶凡行一情<淮南子> ④탄식하다. ¶意而不一<淮南子>
【戴高帽】たいこうぼう(대고모) 자만심이 커 아첨

하는 말에 잘 넘어감. ¶今謂虛自張大冀人譽己者 曰好一子<通俗編>

【戴冠式】たいかんしき(대관식) 제왕(帝王)이 즉위할 때 왕관을 쓰는 의식.

【戴白】たいはく(대백) 머리가 백발이 됨. 또는, 그 노인. ¶垂髮一 滿其車下<後漢書>

【戴盆望天】(대분망천) 동이 이고 하늘 보기. 동시에 두 가지 일을 병행할 수 없음을 이름. 戴盆(대분).

【戴星】たいせい(대성) ①별을 인다는 말로, 새벽에 집을 나갔다가 저녁 늦게 돌아옴을 이름. ¶念汝還須一起<蘇軾> ②이마에 흰 점이 있는 말. 별박이. 戴星馬(대성마).

【戴星馬】ウヒタイノウマ(대성마) ☞戴星(대성)②.

【戴勝】たいしょう(대승) ①서왕모(西王母). ¶一謂西王母也<文選·注> ②뻐꾸기의 별칭.

【戴眼】たいがん(대안) 칩떠보는 눈.

【戴情】たいじょう(대정) 정성에 감동됨. ¶凡行一 雖過無怨<淮南子>

【戴罪擧行】(대죄거행) 유죄(有罪)가 밝혀질 때까지 현직에 그대로 남아 일을 봄.

【戴天】たいてん(대천) 하늘을 머리에 임. 곧, 이 세상에 생존함을 이름. ¶父之讐 弗與共一<禮記>

▷男負女一, 奉一, 負一, 頂一, 推一

17【𢧵】 弑(p.529)의 俗字

13 17【戲】 1놀 희 2기 휘 3아하 호 | 中ㄒㄧˋ 支(xi) 中ㄏㄨ (hu) | き, ぎ (タワムレル) *play* き こ

俗戱 戯

풀이 1①놀다. ¶一而不嘆<禮記>/遊一. ②희롱하다. ¶無敢一豫<詩經>/一弄. ③놀이. ¶俳優侏儒一于前<孔子家語>/角一. 2기(旗). 대장기. 같 麾. ¶一下騎從者<漢書> 3아하! 감탄하는 소리. 같 呼. 通 乎. ¶於一 前王不忘<詩經>

【戲下】きか(휘하) 대장기(大將旗)가 있는 곳. 뜻이 바뀌어, 대장에게 직속된 사람. 麾下(휘하). ¶諸侯罷一<漢書>

【戲曲】ぎきょく(희곡) 연극 대본(臺本).

【戲具】ぎぐ(희구) 장난감.

【戲劇】ぎげき(희극) 연극. ¶仙人好幻多一<鄧文原>

【戲談】ぎだん(희담) 실없이 하는 이야기. 弄談(농담). ¶憂心如惔 不敢一<詩經>

【戲論】ぎろん(희론) 쓸데없이 논함. 쓸모없는 이론(理論).

【戲弄】ぎろう(희롱) 장난으로 놀림. 데리고 놂. 戲玩(희완). ¶主上所一<漢書>

【戲墨】ぎぼく(희묵) ☞戲筆(희필).

【戲文】ぎぶん(희문) ①희곡(戲曲)의 한 체(體). 원(元)대에 비롯됨. ¶雜劇變爲一<沈德符> ②장난삼아 쓴 글.

【戲書】ぎしょ(희서) 장난삼아 쓴 글. 落書(낙서).

【戲媟】ぎせつ(희설) 여자를 데리고 희롱하며 놂. 戲狎(희압). ¶太子數一無度<唐書>

【戲笑】ぎしょう(희소) 장난하며 웃음. 익살을 부림. ¶無好一<後漢書>

【戲狎】ぎこう(희압) ☞戲媟(희설).

【戲言】ぎげん(희언) 익살로 하는 말. 弄談(농담). ¶天子亡一<漢書>

【戲豫】ぎよ(희예) 게으름 피우며 놂. 逸豫(일예).

【戲娛】ぎご(희오) 장난이나 놀이로 즐김. ¶一西城幽<王安石>

【戲玩】ぎがん(희완) 장난으로 가지고 놂. 戲弄(희롱).

【戲園】ぎえん(희원) ☞戲場(희장).

【戲作】ぎさく(희작) 심심풀이로 시문(詩文)·희곡·소설 따위를 지음. 또는, 그 글.

【戲場】ぎじょう(희장) 극장. 연극 무대. 戲園(희원).

【戲竹】ぎちく(희죽) 음악을 그치게 하는 데 쓰는, 대로 만든 채.

【戲罇】(희준) 제사에 쓰는, 짐승 모양으로 된 술 항아리.

【戲綵娛親】(희채오친) 어버이를 즐겁게 하는 효성. 노래자(老萊子)가 70살에 오색 무늬 옷을 입고 재롱을 부려 어버이를 즐겁게 한 옛일을 이름. ¶伯瑜年七十 綵衣以娛親<困學紀聞>

【戲稱】ぎしょう(희칭) 희롱으로 부르는 이름.

【戲筆】ぎひつ(희필) ①심심풀이로 쓴 글씨. ②자기 글씨나 그림의 겸칭. 戲墨(희묵).

【戲謔】ぎぎゃく(희학) 장난치며 익살부림. 익살. 농담. ¶畜貨聚馬一<後漢書>

【戲畫】ぎが(희화) ①장난삼아 그린 그림. ②익살스런 그림. 세태(世態)를 풍자한 그림. 만화.

▷歌一, 角一, 鞠一, 奇一, 弄一, 談一, 賭一, 博一, 扮一, 象一, 水一, 兒一, 惡一, 於一, 言一, 演一, 玩一, 優一, 遊一, 淫一, 飲一, 作一, 雜一, 嘲一, 幻一, 嬉一

18【𢨋】 戴(p.609)의 本字

18 22【戵】 창 구 | 中ㄑㄩˊ (qu) | ク(ホコ) *spear*

戶<지게 호>部

戶 ① 戹 ③ 戺 ④ 戾 房 所 ⑤ 扃 扂 扁 ⑥ 扇 扆 扅 ⑦ 扈 ⑧ 扉 扊

0 4【戶】 지게 호 | 中ㄏㄨˋ (hu) | コ(ト) *door*

古 𢨮

源 象形. 외짝문의 모양을 본뜸.

풀이 ①지게. 지게문. 외짝문. ¶半門曰一<說文>/窓一. ②출입구. ¶不出一知天下<老子> ③집. ¶案一比民<後漢書>/一口. ④구멍. ¶啓一始出<禮記> ⑤사람. 주민. ¶溫一彊丁<唐書> ⑥주량(酒量). ¶一大嫌甜酒<白居易>/酒一. ⑦막다. ¶屈蕩一之<左氏傳> ⑧지키다. ¶坐一殿門失闌<漢書>

【戶歌】こか(호가) 집집이 태평 세월을 노래함.

【戶告人曉】コゴトニツゲヒトゴトニサトス(호고인효) 집집이 알

리고, 사람마다 알아듣게 설명함. ¶豈可—＜列女傳＞

【戶貫】こかん(호관) 민가의 호적(戶籍). ¶—組賦輕少＜北史＞ 「查.

【戶口】ここう(호구) 호수(戶數)와 인구. ¶—調

【戶大】こだい(호대) 술고래. 주량이 센 사람. 上戶(상호). ¶—嫌甜酒＜白居易＞

【戶裏】(호리) 집 뒤. 뒤란.

【戶房】こぼう(호방) 6방(房)의 하나로, 호전(戶典)에 관한 사무를 맡아보던 관아(官衙).

【戶排】(호배) 집집이 나누어 줌.

【戶辯】こべん(호변) ☞ 戶說(호설).

【戶別】こべつ(호별) 집집마다. 每戶(매호). ¶—訪問.

【戶部】こぶ(호부) 옛날, 나라의 재정을 맡아보던 관서(官署).

【戶席】こせき(호석) 방. 안방과 마루방.

【戶扇】こせん(호선) 문짝. 戶闔(호합)①. 門扇(문선). ¶新開—＜庾信＞

【戶說】こせつ(호설) 집집이 다니면서 설명함. 戶辯(호변). ¶雖口辯而—之 不能化一人＜淮南子＞

【戶役】(호역) 집집에 과하는 부역.

【戶疫】(호역) 천연두(天然痘).

【戶牖】こゆう(호유) 지게문과 창문.

【戶耳】こじ(호이) 문짝에 단 큰 고리. 방문객이 이것을 두드려 안내를 청함.

【戶者】こしゃ(호자) 문지기. ¶詔— 無得入群臣＜漢書＞

【戶長】こちょう(호장) ①조선 때 고을 아전의 우두머리. ②이장(里長). 里正(이정). ¶以里正—鄕書手課 督賦稅＜宋史＞

【戶帳】こちょう(호장) 호적부(戶籍簿). ¶諸州歲奏—＜宋史＞

【戶籍色】(호적색) 조선 때 고을 아전에서 호적을 맡아보던 부서. 호적빗.

【戶典】(호전) 조선 때 호조(戶曹)의 사무 규정 등을 기록한 6전(典)의 하나.

【戶庭出入】(호정출입) 앓던 사람이나 노인이 겨우 집 마당에 드나듦.

【戶總】(호총) 민가의 총수(總數).

【戶樞不蠹】こすうふと(호추부두) 문지도리는 좀먹지 않는다는 말로, 늘 활동하면 심신이 튼튼함을 이름. ¶流水不腐 —＜雲笈七籤＞

【戶判】(호판) 호조판서(戶曹判書)의 약칭.

【戶下】こか(호하) ①집 근처. 대문 가까이. ¶伏於—＜後漢書＞ ②가난한 백성. ¶田地攬歸—＜福惠全書＞

【戶限】こげん(호한) ①문지방. ¶過— 心喜甚＜晋書＞ ②물건과 물건 사이. 中途(중도). ¶安能長居—＜宋書＞

【戶闔】ここう(호합) ①문짝. ②문이 닫혀 있음.

【戶戶】ここ(호호) 집집. 每戶(매호). ¶家家—.

▷客—, 闔—, 漏—, 大—, 屠—, 門—, 房—, 蓬—, 貧—, 上—, 商—, 小—, 疎—, 繡—, 柴—, 新—, 室—, 幽—, 亭—, 朱—, 酒—, 樵—, 破落—, 編—

1 5 〖戹〗 좁을 액 | 圖さ (e) | あく, やく *narrow*

源 會意. 지게문[戶]이 작아 불편하다[乙]는 뜻.

풀이 ①좁다. ¶壺口梴—＜漢書＞ ②고생하다. ¶兩賢豈相—哉＜史記＞ ③재난(災難). 액. ¶況當今之世有三空之—哉＜後漢書＞/—運.

【戹困】やっこん(액곤) 괴로움. 곤란. 阨困(액곤). ¶幼冲親遭—＜後漢書＞ 「함.

【戹窮】やっきゅう(액궁) 재화(災禍)를 입어 고생

【戹運】やくうん(액운) 재난을 당하는 운수. ¶元年以來 遭値—＜後漢書＞ 「漢書＞

【戹禍】やっか(액화) 재난. 불행. ¶乃遭此—＜後

▷艱—, 困—, 窮—, 饑—, 兵—, 水—, 危—, 災—, 閉—, 乏—, 虎口之—, 火—

7 〖启〗 ☞ 口部 4획(p. 279)

7 〖戼〗 卯(p. 244)의 本字

3 7 〖戺〗 지도리 사 | 紙ㄕˋ (shi) | し *hinge*

풀이 ①지도리. 돌쩌귀·문장부 따위의 통칭. 호추(戶樞). ¶落時謂之—＜爾雅＞ ②집 모퉁이. ¶夾兩階—＜書經＞ ③문지방. ¶金—玉階＜張衡＞

7 〖戹〗 戺(p. 611)와 同字

8 〖肩〗 ☞ 肉部 4획(p. 1227)

4 8 〖戾〗 어그러질 려 | 霽ㄌㄧˋ (li) | れい(モトル) *perverse*

풀이 ①어그러지다. ¶自以行無—也＜列子＞/違—. ②사납다. ¶暴—無親＜詩經＞/凶—. ③이르다. 도착함. ¶翰飛—天＜詩經＞ ④안정하다. ¶民之未—＜詩經＞ ⑤배반하다. ¶猛貪而—＜荀子＞ ⑥탐하다. 通利. ¶虎者—蟲＜戰國策＞

【戾止】れいし(여지) 옴. 來到(내도). ¶魯侯—言觀基旂＜詩經＞

【戾行】れいこう(여행) 남다른 행동. ¶高節— 獨樂其志＜莊子＞

▷剛—, 愆—, 狷—, 乖—, 狡—, 咎—, 詭—, 狼—, 大—, 猛—, 反—, 叛—, 返—, 背—, 僻—, 否—, 忿—, 拂—, 鄙—, 惡—, 逆—, 怨—, 違—, 繆—, 謬—, 爭—, 賊—, 罪—, 差—, 錯—, 貪—, 悖—, 暴—, 風—, 悍—, 悔—, 凶—

4 8 〖房〗 방 방 | 陽ㄈㄤˊ (fang) | ぼう(ヘヤ) *room*

풀이 ①방. 안채 옆에 붙은 방. ¶在東—＜書經＞/冷—. ②집. 가옥. 거처(居處). ¶保其土—＜國語＞/山—. ③전동(箭筒). 화살을 넣는 통. ¶納諸廚子之—＜左氏傳＞ ④송이. ¶綠—合靑實＜陸雲＞ ⑤아내. 첩. ¶後—百數＜晋書＞ ⑥별 이름. 28수(宿)의 하나.

【房忌諱】(방기휘) 아이 낳은 집에서 산실(産室)의 부정(不淨)을 막는 일.

【房闥】ぼうたつ(방달) 궁중(宮中)의 방. ¶高后女主不出一<漢書>
【房杜不言功】(방두 불언공) 방과 두는 공을 말하지 않는다는 뜻으로, 제가 세운 공을 자랑 않고 겸손함을 비유하는 말. 당(唐)의 방현령(房玄齡)과 두여회(杜如晦)는 재상이 되어 천하를 다스렸으나, 한 번도 자기의 공적을 말하지 않았다는 옛일에서 유래. ¶帝定禍亂 而一<唐書>
【房杜姚宋】ぼうとようそう(방두요송) 당(唐)의 명재상 방현령(房玄齡)·두여회(杜如晦)·요숭(姚崇)·송경(宋璟)의 병칭.
【房櫳】ぼうろう(방롱) ①창(窓). 살창. ②방. ¶一無行跡<張協>
【房駟】ぼうし(방사) ☞房星(방성).
【房星】ぼうせい(방성) 28수(宿)의 하나. 창룡 칠수(蒼龍七宿)의 네째. 房宿(방수). 房駟(방사). 「동침함.
【房外犯色】(방외범색) 아내 이외의 여자와
【房任】(방임) 지방 관아인 6방(房)의 임무.
【房子】(방자) ①각심이. ②조선 때 지방관아의 종의 하나. ③[中] 방.
【房帳】(방장) 방 안에 두르는 휘장. 「掌).
【房掌】(방장) 조선 때 6방(房)의 분장(分
【房租】(방조) 방세(房貰). 집세.
【房直】(방직) 방지기.
【房親迎】(방친영) 재래식 혼래에서, 신랑 신부가 3일을 치를 때, 신부가 신방에 들어가서 얼마 동안 가만히 앉아 있다가 도로 나오는 일. 「받는 기생.
【房嬖】(방폐) 감사나 수령(守令)의 사랑을
【房戶】ぼうこ(방호) ①방의 출입구. 방문. ¶政不出一<史記> ②방.
▷故一, 空一, 官一, 宮一, 閨一, 煖一, 男一, 冷一, 茶一, 堂一, 獨一, 洞一, 文一, 密一, 別一, 蜂一, 私一, 山一, 書一, 禪一, 僧一, 新一, 蓮一, 溫一, 乳一, 陰一, 尼一, 子一, 紫一, 專一, 箭一, 淨一, 廚一, 椒一, 寢一, 便一, 寒一, 後一

4 8 【所】 바 소 | [語]ㄙㄨㄛˇ (suo) | しょ(トコロ) *place*
[古]戺 [俗]所
[풀이]①곳. 장소. [通]處. ¶獻于公一<詩經>/住一. ②경우. ¶非歎一也<左氏傳> ③도리. 사리(事理). ¶求得當欲不以其一<禮記> ④관아(官衙). ¶立益部課稅一<元史> ⑤바. 지사(指事) 구실을 하는 말. ¶視其一以<論語>/一產. ⑥쯤. 얼마쯤. ¶父去里一 復還<漢書> ⑦있다. 거처함. ¶君子一其無逸<書經> ⑧만일. ¶爾一弗勖<書經>
[句法]
①대상
[所…]…하는 것. …인 것. ¶所欲有甚於生者<孟子>
②수동
[所…] …을 당하다. ¶所殺蛇 白帝之子<史記>
③이유·목적·수단
㉮[所以…]…까닭. …하기 위한 것. ¶此心之所以合於王者 何也<孟子>/師者所以傳道授業解惑也<韓愈>
㉯[所以…] 그러므로. 따라서. ¶倫本非禮 所以不拜<世說新語>
【所幹】(소간) 볼 일. 「각.
【所感】しょかん(소감) 마음에 느낀 바. 또는, 그 생
【所見】しょけん(소견) ①눈으로 본 바. ¶何一而去<晋書> ②사물에 대한 의견·생각. ¶各持一<漢書>
【所經事】(소경사) 겪어 내려온 일. 경력.
【所管】しょかん(소관) 관장(管掌)함. 또는, 그 범위. 所轄(소할). ¶稱直牒者 謂不緣一上司<唐律>/一業務.
【所關】(소관) 관계되는 바. 또는, 관여하는 바. ¶八字一.
【所歸】しょき(소귀) ①귀착(歸着)됨. ¶不知其一<莊子> ②귀의(歸依)하는 곳. ¶焚香話一<劉得仁>
【所期】しょき(소기) 기대하는 바. 또는, 마음속으로 기약하는 바. ¶想副我一<南史>
【所得】しょとく(소득) ①얻은 것. ¶取其一<左氏傳> ②수입(收入). ¶一稅.
【所領】しょりょう(소령) 점령함. 차지함. 또는, 그 토지. 領地(영지). ¶邊外小縣一 不過百戶<北魏書>
【所論】しょろん(소론) 논하는 바. 또는, 그 내용.
【所料】(소료) 요량한 바.
【所望】しょもう(소망) 바라는 바. 희망. 所願(소원). ¶誠副其一<資治通鑑>
【所聞】しょぶん(소문) 전하여 들리는 말. ¶學者溺於一<商子>
【所犯】しょはん(소범) 침범함. 나쁜 짓을 함. ¶月行房道中 無一<晋書>
【所犯傷寒】(소범상한) 지나친 방사(房事)로 말미암은 상한증(傷寒症).
【所病】しょびょう(소병) 병을 다스림. 치료(治療). ¶醫之一<史記>
【所負】(소부) 남에게 진 신세.
【所司】しょし(소사) ①관장(管掌)하는 곳. ¶各明守一<後漢書> ②장관(長管). ¶定付一<唐書>
【所思】しょし(소사) ①생각. 所懷(소회). ¶感物懷一<古樂府> ②사모하는 사람. ¶折芳馨兮遺一<楚辭> 「(產物).
【所產】しょさん(소산) 생산되는 것. 그곳의 산물
【所生】しょせい(소생) ①부모. ¶無忝爾一<詩經> ②낳은 자식. ¶吾天之一<吳越春秋>
【所說】しょせつ(소설) 말하는 바. 주장하는 바.
【所屬】しょぞく(소속) 딸려 있음. 隸屬(예속). 附屬(부속). ¶皆隨一之公<漢書>
【所率】(소솔) 자기에게 딸린 식구.
【所祟】(소수) 빌미. 귀신이 주는 재앙.
【所恃者】(소시자) 믿고 의지할 만한 사람.
【所信】しょしん(소신) 믿는 바.
【所失】(소실) ①잃은 바. ②허물. ③노름에서 잃음. 또는, 그 돈.
【所業】しょぎょう(소업) 업으로 하는 일. 또는, 한 짓. 所爲(소위). ¶一在田桑<陶潛>
【所與】(소여) 주어진 여건(與件).

【所營事】(소영사) 경영하는 일.
【所要】しょよう(소요) ①요구되는 바. ②필요한 사물.
【所欲】(소욕) 하고자 하는 바.
【所用】しょよう(소용) ①쓰임. ¶文武惟其—<韓愈> ②필요. 所要(소요). ¶一應— 弟子自當準備<水滸傳> ③용무. 用件(용건). ④쓸 물건.
【所謂】イワユル(소위) 이른바. 세상에서 말하는 바. 所爲(소위)②. ¶—大臣者 以道事君 不可則止<論語>
【所爲】しょい(소위) ①한 짓. 한 일. 所行(소행). 所作(소작)①. ¶世俗之—也<莊子> ②소위(所謂).
【所由】しょゆう(소유) ①말미암은 바. 까닭. ¶觀其—<論語> ②고려 때 사헌부(司憲府)의 이속(吏屬).
【所有】しょゆう(소유) 자기 것으로서 가짐. ¶苟非吾之—<蘇軾>/—權.
【所以】しょい・ユエン(소이) 까닭. 방법. ¶孝者—事君也<大學>
【所以然】しょいぜん(소이연) 까닭. 緣由(연유). ¶不知—而然<關尹子>
【所任】(소임) ①맡은 바의 직책. ②하급의 관리. 色掌(색장).
【所入】(소입) 경비(經費).
【所子】しょし(소자) 양자(養子). 같은 성(姓)의 양자. ¶封賀—弟子<漢書>
【所自出】(소자출) 나온 근본이나 출처.
【所作】しょさ(소작) ①☞所爲(소위)①. ②손수 만든 물건. 작품.
【所藏】しょぞう(소장) 자기 소유물로써 간직함. 또는, 그 물품. ¶得先人—古文<孔安國>/—品.
【所在】しょざい(소재) ①있는 곳. 居處(거처). ¶聞王— 而後從王<左氏傳> ②곳. 장소. ¶得那—<朱子全書> ③곳곳. 到處(도처). ¶豈非—貪虐使其然乎<後漢書>
【所詮】しょせん(소전)《佛》 경문(經文)이 함축적인 뜻을 나타낼 때, 경문을 능전(能詮)이라 하고, 그 뜻을 소전이라 함. 詮은 顯. 나아가, 결국(結局)·필경의 뜻.
【所傳】しょでん(소전) ①전하여 내려오는 바. ②후세에 전하는 글·말·물건.
【所定】しょてい(소정) 정한 바. ¶—樣式.
【所從來】(소종래) 지내온 내력.
【所存】しょぞん(소존) ①있는 바. ②생각하는 바. ③남아 있는 물건 또는 사람.
【所天】しょてん(소천) 하늘로 삼음. 곧, 하늘같이 받들어 공경하는 사람. 임금, 부모, 스승, 남편 등을 이름.
【所請】(소청) 청하는 바.
【所出】(소출) 논밭에서 거둔 곡식의 양.
【所致】(소치) 그렇게 된 까닭.
【所親】しょしん(소친) ①서로 친하게 지내는 사람. ¶居視其—<史記> ②방계(傍系)의 친척. ¶— 謂旁親<唐律>
【所轄】しょかつ(소할) 관할하는 범위나 사항. 所管(소관).
【所行】しょぎょう(소행) 한 짓. 所爲(소위)①.
【所向無敵】しょこうむてき(소향무적) 가는 곳마다 대적할 적(敵)이 없음. ¶因天之時 就地之勢 依人之利 則—<諸葛亮>
【所怙】しょこ(소호) 의지할 곳. 곧, 어버이를 이름. ¶吾少孤 及長 不省—<韓愈>
【所好】しょこう(소호) 좋아하는 바. 嗜好(기호). ¶其所令反其—<大學>
【所化】しょか(소화) ①화(化)하는 바. ¶止乎無—<列子> ②《佛》 교화(敎化)를 받는 사람. 곧, 제자(弟子). ¶隨—衆生<維摩經>
【所懷】しょかい(소회) 심중의 감회(感懷).
【所欽】しょきん(소흠) ①마음으로 우러러 모심. ¶煙霞得—<李嶠> ②존경하는 사람. 형, 아우 또는 벗을 이름. ¶願言思—<陸機>
▷個—, 居—, 高—, 官—, 灸—, 舊—, 急—, 能—, 短—, 屯—, 名—, 墓—, 配—, 便—, 本—, 棲—, 宿—, 漁—, 營業—, 臥—, 長—, 場—, 適—, 謫—, 住—, 處—, 寢—, 行在—, 會—

8【⿸尸木】戶(p.610)의 古字

5/9【扃】 1 빗장 경 2 밝을 경 | 漢 ㄐㄩㄥ (jiong) 通 ㄐㄩㄥˇ (jiong) | けい(トザシ) *bolt*

풀이 1 ①빗장. ¶入戶奉—<禮記> ②출입문. ¶或假步于山—<孔稚珪> ③닫다. ¶和門晝—<顏延之> ④덧방나무. 수레의 양 변죽에 덧댄 나무. ¶旗不脫—<張衡> 2 밝다. 通 炯. ¶我心——<詩經>
【扃鍵】けいけん(경건) 빗장. 또는, 문단속. ¶—牢謹<漢書>
【扃扃】けいけい(경경) 밝게 살피는 모양. 炯炯(형형). ¶周道挺挺 我心—<詩經>
【扃關】けいかん(경관) 문 빗장. ¶門戶無—<白居易>
【扃堂】(경당) 고구려 때 지방에 둔 사학(私學).
【扃扉】けいひ(경비) ①문. ②문을 닫음. ¶且—而絕駟<張衡>
【扃鎖】けいさ(경쇄) 자물쇠. 문단속. ¶—甚固<酉陽雜俎>
【扃鑰】けいやく(경약) 문단속. ¶不爲墻垣—<唐書>
【扃戶】けいこ(경호) 문을 잠금. ¶夜寢不—<李白>
【扃鐍】けいけつ(경휼) ①상자를 잠그는 자물쇠. ②문단속. ¶必攝緘縢 固—<莊子>
▷關—, 禁—, 蓬—, 禪—, 鎖—, 柴—, 巖—, 紫—, 戶—

9【扄】局(p. 465)과 同字

9【扈】所(p. 612)의 古字

5/9【扂】 빗장 점 | 漢 ㄉㄧㄢˋ (dian) | てん(トザシ) *bolt*

源 會意·形聲. 문[戶]을 고정시킨다[占]는 뜻. 占이 음을 이름.
【扂楔】てんせつ(점설) 빗장과 문설주. ¶棖闑—各

得其宜<韓愈>

5 9 〖扁〗 ①넓적할 편 ②치우칠 편 ③두루 변 | 銑ㄅㄧㄢˇ (bian) 先ㄆㄧㄢ 元(pian) | へん(ヒラタイ) *flat, lean*

源會意. 문[戶] 가까이 붙이는 얇은 나무패[冊]란 뜻.

풀이 ①넓적하다. ¶欲其頭—<後漢書>/—平. ②현판. 액자. ¶—曰侍康<宋史>/—額. ③낮은 모양. ¶有—斯石<詩經> ④병명(病名). ¶—桃腺. **2** ①치우치다. 通偏. ¶遷乘—舟<漢書> ②엮다. 通編. ¶—虎須<莊子> **3**두루. 널리. 通徧. ¶—然而萬物自古以固存<莊子>

【扁枯】へんこ(편고) 반신불수.

【扁旁】へんぼう(편방) 한자(漢字)의 편과 방. 왼쪽 변을 扁, 오른쪽 부분을 旁이라함. 偏傍(편방).

【扁額】へんがく(편액) 방 안이나 문 위에 거는 액자. 扁題(편제).

【扁鵲】へんじゃく(편작)〔人〕 전국 시대의 명의(名醫). 본명은 진월인(秦越人).

【扁鵲不能肉白骨】(편작 불능육백골) 편작 같은 명의라도 백골에 살을 붙여 살아나게 할 수는 없다는 뜻으로, 아무리 충신이라 하여도 이미 망한 나라를 회복시킬 수는 없음의 비유.

【扁諸】へんしょ(편저) 검(劍)의 이름. 偏諸(편저). ¶皆文犀長盾 —<吳越春秋>

【扁題】(편제) ☞扁額(편액).

【扁提】(편제) 자라 모양으로 만든 병. 자라병.

【扁倉】へんそう(편창) 편작(扁鵲)과 창공(倉公). 모두 전국 시대의 명의(名醫). 倉扁(창편).

【扁平】へんぺい(창평) 넓고 평평함.

【扁表】へんぴょう(편표) 패(牌)를 달아서 밝힘. ¶皆—其門 以興善行<後漢書>

【扁形】へんけい(편형) 편평한 형상.

▷鮮—, 倉—

6 10 〖扇〗 부채 선 | 霰ㄕㄢˋ (shan) | せん(ウチワ) *fan*

풀이 ①부채. ¶擧—自蔽<晉書>/太極—. ②부채질하다. ㉮부채를 부치다. ¶暑月則—枕<東觀漢紀> ㉯부추기다. 선동함. 通煽. ¶更相—動<魏志>/—動. ③문짝. ¶乃修闔—<禮記> ④성하다. ¶閻妻驕—<漢書> ⑤거세(去勢)한 말. 通騸. ¶—馬.

【扇蓋】せんがい(선개) 일산(日傘). ¶不徹—騎而入<唐書>

【扇動】せんどう(선동) 부추김. 煽動(선동). ¶更相— 傾搖朝庭<後漢書>

【扇馬】せんば(선마) 거세한 말. ¶至於— 亦不可騎<五代史>

【扇影衣香】せんえいいこう(선영의향) 부채 그림자와 옷 향기. 귀부인들의 모임의 형용.

【扇子】せんす・せんし(선자) 부채. 團扇(단선).

【扇枕溫被】せんちんおんぴ(선침온피) 여름에는 베개맡에 부채질하여 시원하게 하고, 겨울에는 제 몸으로 잠자리를 따뜻하게 한다는 말로, 효자(孝子)의 행실을 이름.

【扇赫】せんかく(선혁) 불길이 세찬 모양. ¶藉莅燔林 —百里<列子>

【扇惑】せんわく(선혹) 치켜세워 어리둥절하게 함. ¶小人愚嶮 共相—<郭璞>

▷絹—, 鼓—, 軍—, 團—, 冬—, 舞—, 文—, 門—, 薄—, 白—, 寶—, 鳳—, 涼—, 羽—, 輪—, 摺—, 鐵—, 秋—, 翠—, 太極—, 敝—, 合竹—, 戶—

6 10 〖扆〗 병풍 의 | 尾ㄧˇ (yi) | い(ビョウブ) *folding screen*

源會意·形聲. 문짝[戶]을 가린다[衣]는 뜻. 衣가 음을 이름.

풀이 ①병풍. 간막이. ¶負—而坐<荀子> ②숨다. 숨김. 通隱.

扆①(禮器圖)

【扆座】いざ(의좌) 임금의 자리. 玉座(옥좌). ¶遽離—<東軒筆錄>

▷丹—, 斧—, 負—, 宸—

6 10 〖扅〗 빗장 이 | 支ㄧˊ (yi) | い(トザシ) *bolt*

11 〖啓〗 ☞口部 8획(p.299)

7 11 〖扈〗 뒤따를 호 | 麌ㄏㄨˋ (hu) | こ(シタガウ) *follow*

풀이 ①뒤따르다. ¶—從橫行<司馬相如>/—駕. ②막다. 행동을 구속함. ¶—民無淫者也<左氏傳> ③넓다. ¶卑而大—<爾雅> ④막연하다. ¶跋—. ⑤고용하다. 마부(馬夫). 通雇. ¶厮役—養<公羊傳> ⑥입다. 通被. ¶—江離與辟芷兮<楚辭>

【扈駕】こが(호가) 어가(御駕)를 수행함. 隨行(수행). ¶五王—夾城路<鄭嵎>

【扈輦】これん(호련) 임금의 연(輦)을 수행함. 扈駕(호가). ¶—上林中<賈至>

【扈冶】こや(호야) 넓고 큼. ¶以儲與—玄眇之中<淮南子>

【扈養】こよう(호양) 수행원. 扈는 마부(馬夫), 養은 요리사. 從子(종자).

【扈從】こしょう・こじゅう(호종) 임금의 행차에 수행함. 또는, 그 사람.

【扈蹕】こひつ(호필) 임금의 행차에 수행함. 扈駕(호가). ¶—東歸<五代史>

▷狼—, 當—, 跋—, 陪桑—, 修—

12 〖棨〗 ☞木部 8획(p.772)

12 〖雇〗 ☞隹部 4획(p.1591)

8 12 〖扉〗 삽짝 비 | 微ㄈㄟ (fei) | ひ(トビラ) *twig gate*

源會意·形聲. 두 짝[非]으로 된 집[戶]의 문이란 뜻. 非가 음을 이름.

풀이 ①삽짝. 잡목의 가지 따위로 엮어 만든 대문짝. ¶擊—三<左氏傳>/門—.

②집. 가옥. ¶欲去公門斷野一<白居易>
【扉扃】ひけい(비경) 문. 扃扉(경비)①.
【扉樞】ひすう(비추) 문 지도리. 戶樞(호구).
【扉戶】ひこ(비호) 문짝.
▷扃一, 丹一, 門一, 石一, 扇一, 柴一, 巖一, 野一, 瑤一, 竹一, 荊一, 畫一, 黃一

8 12【扊】빗장 염 | 㘝ㄧㄢˇ (yan) | えん(トザシ) bolt
【扊扅】えんい(염이) 문빗장. ¶自掩柴門上一<陸游>
【扊扅佳人】えんいかじん(염이가인) 가난한 사람의 아내. ¶奈一 實難存活<琵琶記>

14【扇】靈(p. 1606)의 古字

14【肈】☞ 聿部 8획(p. 1224)

手(扌)<손 수>部

手 才 ① 扎 ② 扐 扒 扑 払 扔 打 ③ 扛 扢 扣 扤 扨 扡 托 扞 ④ 抉 扫 抅 扱 技 抖 扙 扳 抃 扶 抔 扮 批 抒 承 扼 抑 抏 抎 抈 折 抓 找 抍 抵 扯 抄 扰 択 投 把 抗 ⑤ 拒 拗 拑 拐 拘 拏 拈 担 拉 抹 拇 拍 拌 拔 拝 拜 拚 拊 拂 押 抳 抴 拗 抗 抵 拙 拄 抮 拸 拃 拓 招 抽 拖 拕 折 抬 抨 抱 拂 拋 披 拡 ⑥ 挙 挌 拷 拱 拳 括 挂 挍 拲 拮 拿 挈 挑 挏 挈 拾 拭 按 拰 拽 拯 持 指 挋 挃 拶 拫 ⑦ 捆 捁 捄 挶 捃 捏 捍 捘 捋 捅 挽 捄 捗 捂 挱 捕 捉 捎 挨 挪 挻 捐 捂 挹 捇 挺 挫 捘 振 捉 捝 捅 捌 捕 捍 挾 ⑧ 掆 据 掲 掔 掐 控 掛 掬 掘 捲 掎 捺 捻 捼 掉 掏 掠 捩 掄 捫 排 捧 掊 掤 捭 捨 捿 掃 授 捱 掖 掩 掞 掜 捥 掌 掙 掂 接 措 捽 採 掇 掣 捷 掫 捬 推 探 捵 掝 掍 掀 ⑨ 揀 揩 揵 揭 揆 揑 描 揞 揙 揷 揷 揎 揳 揲 揆 握 揠 揶 揚 揜 掾 揅 搖 援 揄 揉 揖 揃 提 揔 揥 揔 揫 揪 揣 揕 換 揘 揮 ⑩ 搉 搴 搰 搆 搦 搪 搯 搗 搶 搏 搬 搒 搸 搔 損 搜 搤 搖 搌 搢 搯 搓 搾 搶 搋 搨 搥 搐 搭 搨 携 ⑪ 摡 摅 摜 摑 摳 摎 摫 摶 摯 摙 摝 摟 摛 摩 摹 摸 摑 摒 摓 摣 摻 摵 摔 擘 摰 摿 摏 摿 摴 摘 摭 摺 摯 摐 摭 摠 摝 摧 摽 摴 撖 ⑫ 撟 撅 撠 撚 撓 撞 撈 撩 撫 撲 撥 撤 撆 撒 撕 撊 撻 撏 撙 撜 撍 撰 撤 撮 撱 撣 撢 撿 撐 撐 播 撊 撝 ⑬ 撼 據 撿 擊 撤 擎 撾 撽 擒 撻 擔 擋 擄 擂 擗 擘 擙 擁 操 擉 擅 擇 擐 擕 擕 ⑭ 擱 擧 擡 擣 擘 擥 擛 擯 擪 擫 擩 擬 擠 擦 擢 擤 擭 ⑮ 擽 擻 攂 攀 擻 擾 擿 攅 擦 擲 攄 擺 擴 擕 擷 ⑯ 攘 攗 攊 攏 擢 擱 ⑰ 攓 攔 攘 攖 攙 ⑱ 攛 攝 攤 攞 攜 ⑲ 攡 攦 攣 攢 攤 ⑳ 攪 攩 攫 ㉑ 攭 攬 攮

0 4【手】손 수 | 㘝ㄕㄡˇ (shou) | しゅ(テ) hand
㊟源象形. 다섯 손가락을 편 손의 모양을 본뜸.
※부수 명칭은 손수변[扌]이나, 자형이 才자를 닮았기 때문에 재방변이라고도 함.
풀이 ①손. ¶執子之一 與子偕老<詩經> ②손가락. ¶十一所指<大學> ③팔. ¶拱一自服<後漢書> ④손바닥. ¶唾一可取<唐書> ⑤힘. 도움이 되는 행위. ¶假一于我寡君<左氏傳> ⑥사람. 인사(人士). ¶有似異一之作<南史> ⑦솜씨. 기량. ¶心有疏密 一有巧拙<法書要錄> ⑧쥐다. ¶曹子一劍而從之<公羊傳> ⑨손수. 스스로. ¶帝報以一書<後漢書> ⑩치다. 손으로 침. ¶一熊羆<司馬相如>
【手簡】しゅかん(수간) 손수 쓴 편지. 手翰(수한).
【手匣】しゅこう(수갑) 쇠고랑.
【手格】しゅかく(수격) 맨손으로 쳐서 잡음. ¶材力過人 一猛獸<史記>
【手決】(수결) 도장 대신 자필로 자기의 성명이나 직함 아래 쓰는 일정한 자형(字形).
【手械】しゅかい(수계) ☞手匣(수갑).
【手工】しゅこう(수공) 손으로 하는 공예(工藝).
【手交】しゅこう(수교) 손수 건네줌.
【手記】しゅき(수기) ①체험을 손수 적음. 또는, 그 기록. ②반지나 팔찌 따위. 후궁이 임금을 침석에 모셨을 때 손에 끼어 표지(標識)한 데서 온 말.
【手段】しゅだん(수단) 일을 처리하는 방법.
【手談】しゅだん(수담) 바둑을 둠. 또는, 바둑. 말없이 뜻이 통하는 데서 이르는 말.
【手當】てあて(수당) 일정한 급료 외에 주는 보수.
【手帒】(수대) 손에 들고 다니는 작은 전대나 부대.
【手例】(수례) ☞手決(수결).
【手理】しゅり(수리) 손금. 手文(수문). 手紋(수문).
【手墨】しゅぼく(수묵) 손수 쓴 글이나 글씨.
【手文】しゅぶん(수문) ☞ 手理(수리).
【手紋】しゅもん(수문) ☞手理(수리).
【手民】しゅみん(수민) 목수.
【手牓】しゅぼう(수방) ☞手札(수찰).
【手拜】しゅはい(수배) 두 손을 땅에 대고 무릎을 꿇고 이마를 거기에 대고 하는 절.
【手配】てくばり・てはい(수배) ①부서를 갈라 맡아 어떤 일을 하게 함. ②범인을 잡기 위해 수사망을 폄.
【手法】しゅほう(수법) ①예술 작품을 만들 때의 솜씨나 기법. ②수단. 방법.
【手付】しゅふ(수부) 손수 줌. 직접 줌.
【手不釋卷】てかんをすてず(수불석권) 손에서 책을 놓지 않음. 부지런히 학문에 힘씀.
【手寫】しゅしゃ(수사) 직접 베껴 씀. ¶一本.
【手上】しゅじょう(수상) ①손수 써서 올림. ②손위. ↔手下(수하).

【手書】しゅしょ(수서) 손수 씀. 또는, 손수 쓴 편지.
【手署】しゅしょ(수서) 자기의 성명을 씀.
【手疏】しゅそ(수소) 손수 써서 상소함. 또는, 그 문서. ¶久未班師 普一諫之<宋書>
【手續】てつづき(수속) 일을 하는 절차.
【手熟】(수숙) 손에 익어서 능숙함.
【手術】しゅじゅつ(수술) 신체의 일부를 째거나 베어서 하는 외과적 치료법.
【手握】(수악) 손아귀.
【手押】しゅおう(수압) ☞ 手決(수결).
【手語】しゅご(수어) ①거문고 소리. 손으로 타서 어떤 생각을 나타내는 데서 이름. ②손짓으로 의사를 통함. ※手話(수화).
【手藝】しゅげい(수예) ①손수 심음. ¶兄第廬墓一松柏<唐書> ②손으로 하는 기예. 뜨개질이나 자수 따위. ¶彼將舍其一 專其心智<柳宗元>
【手腕】しゅわん(수완) ①팔. 손목. ¶智乃以朱書一<晉書> ②일을 다루고 운영하는 솜씨 또는 수단.
【手淫】しゅいん(수음) 자기의 생식기를 손이나 기구 따위로 문질러서 성적 쾌감을 얻는 짓.
【手刃】しゅじん(수인) 손수 칼로 죽임.
【手印】しゅいん(수인) ①손바닥을 물들여 찍은 도장. ②무인(拇印).
【手刺】しゅし(수자) 손수 써서 만든 명함.
【手迹】しゅせき(수적) 손수 쓴 글씨. 筆跡(필적). 手筆(수필)①.
【手顫症】(수전증) 물건을 잡을 때 손이 떨리는 증세.
【手製品】しゅせいひん・てせいひん(수제품) 손으로 만든 물품.
【手爪】てづめ(수조) 손톱.
【手詔】しゅしょう(수조) 임금이 손수 쓴 조서. 手勅(수칙).
【手足】しゅそく(수족) ①손과 발. 또는, 손과 발처럼 마음대로 부림. ¶君之視臣如一<孟子> ②형제를 이름. ¶誰無兄弟 如手如足<李華>/一之愛/一之情.
【手中】しゅちゅう(수중) ①손 안. ¶成于一<漢書> ②자기 권력이나 세력의 안.
【手織】しょく・ており(수직) 손수 짬. 또는, 손으로 짬.
【手札】しゅさつ(수찰) 손수 쓴 편지. 手牓(수방). 手翰(수한).
【手帖】しゅちょう・てちょう(수첩) ①손수 쓴 문서. ¶虞世南一 論儒學<廣川書跋> ②가지고 다니며 간단히 적을 수 있는 조그만 공책.
【手抄】しゅしょう(수초) 손수 베낌. 또는, 손수 베낀 것.
【手寸】(수촌) 노비의 수결(手決). 왼손 가운뎃손가락의 첫째와 둘째 마디 사이의 길이를 재어 그림을 그려서 도장 대신 썼음.
【手勅】しゅちょく(수칙) ☞ 手詔(수조).
【手澤】しゅたく(수택) 손이 자주 닿은 책·물건에 남아 있는 손때나 윤택. 물건에 남아 있는 옛사람의 손때를 이름. ¶愴一之遺<顏氏家訓>
【手澤本】しゅたくほん(수택본) 생전에 애독하던 책.
【手牌】しゅはい(수패) ①죄수의 성명을 적은 나무조각. ¶淨扮獄官 執一<桃花扇> ②나무로 만든 방패.
【手票】(수표) 발행인이 은행을 지불인으로 소지인에게 일정 금액을 치러 줄 것을 은행에 위탁하는 유가 증권.
【手筆】しゅひつ(수필) ①☞手迹(수적). ②문장을 지음. 또는, 문장. ¶今送君苗登臺賦 爲佳一<陸雲> ③문장가. ¶時號燕許大一<唐書>
【手下】しゅか(수하) 손아래. ↔手上(수상)②.
【手荷物】てにもつ(수하물) ①여객(旅客)이 가지고 가는 짐. ②여행할 때 출발역에서 도착역까지 위탁하는 짐.
【手翰】しゅかん(수한) ☞手札(수찰).
【手話】しゅわ(수화) 농아(聾啞)들이 손짓으로 하는 말.
【手滑】(수활) ①손이 미끄러짐. 실수함. ¶一時雖快意 他日一 雖吾輩未敢保<通俗編> ②㊗ 일에 익숙하여 손이 잼.
▷佳一, 歌一, 擧一, 高一, 鼓一, 空一, 拱一, 國一, 龜一, 旗一, 騎一, 老一, 能一, 單一, 徒一, 毒一, 魔一, 名一, 妙一, 射一, 上一, 先一, 選一, 素一, 袖一, 失一, 雙一, 握一, 兩一, 一一, 赤一, 敵一, 助一, 拙一, 叉一, 着一, 隻一, 祝一, 打一, 唾一, 舵一, 投一, 捕一, 下一, 合一, 凶一

0 〖才〗 재주 재 | 囚ㄘㄞˊ (cai) | さい(ザエ) *talent*
3

(풀이) ①재주. ¶旣竭吾一<論語> ②재능이 있는 사람. ¶東里多一<列子>/一子. ③기본. 바탕. ¶三一理通<後漢書> ④겨우. 조금. ㊟纔. ¶一小富貴 便豫人家事<晉書> ⑤결단하다. ㊟裁. ¶惟王一之<戰國策>
【才幹】さいかん(재간) 재주와 간능(幹能).
【才氣】さいき(재기) 재주가 드러나 보이는 기운.
【才器】さいき(재기) 재주와 기량. 또는, 재지(才智)가 뛰어난 사람.
【才女】さいじょ(재녀) 재주가 많은 여자.
【才能】さいのう(재능) 재주와 능력.
【才談】さいだん(재담) 재치있게 하는 재미있는 이야기.
【才德】さいとく(재덕) 재주와 덕(德). ¶一兼備.
【才童】さいどう(재동) 재주가 많은 아이.
【才名】さいめい(재명) 재주가 있다는 평판.
【才民】さいみん(재민) 병졸(兵卒). ¶古之至兵一未合<呂覽>
【才辯】さいべん(재변) 재주있게 잘 하는 말.
【才鋒】さいほう(재봉) 날카롭게 번득여 겉으로 드러나는 재기.
【才士】さいし(재사) 재주가 많은 사내.
【才色】さいしょく(재색) 여자의 뛰어난 재주와 아름다운 용모. ¶一兼備.
【才勝德】(재승덕) 재주가 덕보다 많음. 곧, 재주는 있으나 덕이 적음.
【才勝德薄】(재승덕박) 재주는 있으나 덕이 적음.
【才識】さいしき(재식) 재주와 식견.
【才彥】さいげん(재언) 재주가 뛰어난 사람.
【才穎】さいえい(재영) 재주가 매우 뛰어남. ¶岳少以一見稱<晉書>
【才藝】さいげい(재예) 재지(才智)와 기예(技藝).
【才媛】さいえん(재원) 재주가 뛰어난 젊은 여자. 주로 학문이나 시문에 능한 여자를 이름.
【才猷】さいゆう(재유) 재주가 있고 생각하는 것이

뛰어남. 猷는 꾀함. 또는, 꾀하는 일. ¶自以一結天子<唐書>
【才人】さいじん(재인) ①재주가 많은 사람. 才子(재자). ②한(漢)대 여관(女官)의 명칭. ③ 韓 가무와 곡예 등을 직업으로 하던 사람.
【才子佳人】さいしかじん(재자가인) 재주있는 남자와 아름다운 여자.
【才藻】さいそう(재조) 재지(才智)와 문조(文藻). 곧, 시가나 문장의 사상이 풍부함.
【才俊】さいしゅん(재준) 재주가 뛰어난 사람.
【才智】さいち(재지) 재주와 슬기.
【才哲】さいてつ(재철) 재주가 있고 사리에 밝음. ¶伊子再塵忝 內媿非一<白居易>
【才致】(재치)韓 눈치 빠른 재주. 또는, 능란한 솜씨. 「뛰어난 문장.
【才筆】さいひつ(재필) 시문의 뛰어난 재능. 또는,
【才學兼有】さいがくけんゆう(재학겸유) 재주와 학식을 다 갖춤. 才學兼全(재학겸전).
【才學識三長】さいがくしきさんちょう(재학식 삼장) 재주·학문·식견의 세 방면에 빼어남. 훌륭한 역사를 쓰는 데는 이 세 가지가 필요하다 함.
【才華】さいか(재화) 빛나는 재주. 또는, 뛰어난 재주.
▷高一, 口一, 鬼一, 奇一, 器一, 多一, 短一, 大一, 鈍一, 文一, 美一, 微一, 辯一, 別一, 不一, 菲一, 三一, 手一, 秀一, 殊一, 詩一, 試一, 良一, 英一, 庸一, 偉一, 吏一, 異一, 人一, 逸一, 俊一, 天一, 通一, 賢一, 洪一

5〖乇〗 失(p. 386)의 本字

1 4〖扎〗 뺄 찰 | 中 ㄓㄚ̌ (zha) | さつ(ヌク) pull out
풀이 ①빼다. 뽑음. ②소리의 형용. ③구축(構築)하다. ¶一下一箇山寨<水滸傳> ④표. 쪽지.
【扎扎】さつさつ(찰찰) 베를 짜는 소리의 형용. ¶一千聲不盈尺<白居易>

5〖扝〗 巧(p. 490)의 古字

2 5〖扐〗 손가락 사이 륵 | 日 ろく
풀이 손가락 사이. 손가락 사이에 끼움. 점칠 때 점대를 끼움. ¶再一而後卦<易經>

2 5〖扒〗 1 뺄 배 2 깨뜨릴 팔 3 중재할 별 | 中 ㄅㄚ (ba) はい(ヌク) pull out | 中 ㄆㄚ́ (pa) はつ(ワル) break | 日 へつ
풀이 1 빼다. 뽑음. 通 拜. 2 깨뜨리다. 3 중재하다.
【扒桿】はいかん(배한) 물살이 센 여울에서 사용하는 배 이름.
【扒灰】はいかい(배회) ①부자(父子)가 한 여자를 거느리는 일. ②아비가 며느리를 범하는 일. 오식(汚媳)의 은어(隱語). 媳과 膝은 음이 통함. 재[灰] 위를 기면 무릎이 더러워지는 데서 이르는 말.

2 5〖扑〗 칠 복 | 中 ㄆㄨ (pu) | ぼく(ウツ) strike
풀이 ①치다. ¶擧筑一秦皇帝<史記> ②가볍게 치다. 같 攴. 通 撲. ③넘어뜨리다. 넘어짐. 通 仆. ¶秦破韓魏一師武<史記>
【扑殺】ぼくさつ(복살) 쳐 죽임. 撲殺(박살).
▷敲一, 楚一, 捶一, 鞭一, 革一

5〖扖〗 拂(p. 629)의 略字

5〖扏〗 收(p. 675)의 古字

2 5〖扔〗 당길 잉 | 中 ㄖㄥ (reng) | じょう(ヒク) pull
풀이 ①당기다. ¶攘臂而一之<老子> ②책망하다. ③부수다. 깨뜨림. ¶竄伏一輪<後漢書>

2 5〖打〗 칠 타 | 中 ㄉㄚ̌ (da) | だ(ウツ) strike
풀이 ①치다. 같 撻. ②공격하다. ¶一賀援景<南史> ③공을 차다. ④…부터. …에서. ¶我一這背基裏去<元曲> ⑤접두어. 어떤 동작을 함의 뜻. ¶臟濫官一罵公人<李商隱雜纂> ⑥영어 다스(dozen)의 약음자(略音字). ¶鉛筆 十一.
【打開】だかい(타개) 쳐서 엶. 어려운 일들을 헤쳐 엶. ¶一策/難局一.
【打擊】だげき(타격) ①침. ¶一煞人<葛洪> ②힘을 꺾는 심한 충격. ③손해. 손실.
【打穀】(타곡) ☞脫穀(탈곡).
【打恭】だきょう(타공) 상반신을 굽혀 공손히 절함. ¶排班一迎接<福惠全書>
【打毬】だきゅう(타구) ☞擊毬(격구). 「一.
【打倒】だとう(타도) 쳐서 넘어뜨림. ¶軍國主義
【打量】だりょう(타량) ①헤아려 살핌. 打는 접두어. ¶有爭訟侵冒之處 并行一<宋史> ②토지를 측량함. 打는 접두어.
【打令】(타령)韓 ①음악 곡조의 한 가지. 또는, 그 악곡. ②광대의 판소리나 잡가의 총칭. ③어떤 사물에 대하여 자꾸 이야기하거나 뇌는 일. 「긴 상처.
【打撲傷】だぼくしょう(타박상) 부딪치거나 맞아서 생
【打報】(타보) ☞打電(타전).
【打扮】だふん(타분) 분장(扮裝)을 함.
【打碑】だひ(타비) 비문(碑文)을 탁본(拓本)함. ¶時有遊人一賣<張文潛>
【打算】ださん(타산) ①이해를 따져 헤아려 봄. ¶收支一. ②계획을 세움.
【打殺】ださつ(타살) 때려 죽임. 「의 준말.
【打石器】だせっき(타석기) 타제석기(打製石器)
【打碎】ださい(타쇄) 자잘하게 부숨. ¶誰謂爾堅石一<晋書>
【打樂器】だがっき(타악기) 두드려 연주하는 악기의 총칭. 징이나 북 따위.

【打夜胡】だや(타야호) 중국에서, 섣달에 가난한 사람들이 십여 명씩 떼지어 귀신 차림을 하고 집집이 다니며 액때움을 해주고 동냥하던 일. 打夜狐(타야호).
【打夜狐】だや(타야호) ☞打夜胡(타야호).
【打魚】だぎょ(타어) 그물을 쳐서 물고기를 잡음.
【打圍】だい(타위) ①사냥을 함. ¶誰記飛鷹醉一<陸游> ②[中] 바둑을 둠.
【打印】だいん(타인) ☞捺印(날인). 「一機.
【打字】(타자) 타자기로 글자를 찍음. ¶一手/
【打作】(타작) [韓] ①곡식의 이삭을 두드려 낟알을 거둠. 마당질. ②베메기. 半打作(반타작). ③소출에 대한 지주와 소작인 사이의 분배(分配).
【打電】だでん(타전) 전보를 침. 打報(타보).
【打點】だてん(타점) ①조사함. 준비함. 정돈함. ¶替我一<燕子箋> ②일정한 목적을 이루기 위하여 부정한 방법이나 수단으로 힘을 씀. 뇌물을 씀. ¶播弄詭計 代爲一<福惠全書> ③[韓] ㉮펜이나 붓 따위로 점을 찍음. ㉯마음 속으로 점을 찍어 놓음.
【打製】だせい(타제) 두드리거나 깨뜨려서 만듦. ¶一石器. 「는 도조(賭租).
【打租】(타조) 타작한 후 수확량에 따라 정하
【打鍾】だしょう(타종) 종을 침.
【打診】だしん(타진) ①손가락 끝이나 타진기(打診器)로 환부를 두드려서 진찰하는 일. ②남의 의향이나 형편 등을 살피는 일.
【打盡】だじん(타진) 모조리 잡음. 휘몰아 잡음. ¶一網一.
【打草驚蛇】だそうきょうだ(타초경사) 풀을 두드려 뱀을 놀라게 한다는 뜻으로, 갑(甲)을 징계하여 을(乙)을 깨우침의 비유. ¶疾忙趕上者一<西廂記>
【打芻戲】(타추희) [韓] 민속놀이의 한 가지. 음력 1월14일 밤 액때움의 뜻으로, 집집마다 제웅을 만들어 동전을 넣어 거리에 내 놓으면 아이들이 동전을 얻기 위해 제웅을 때려 부수며 돌아다니던 놀이. 제웅치기.
【打破】だは(타파) 쳐부숨. 바람직하지 못한 제도, 습관 등을 깨어 부숨.
【打風流】(타풍류) [韓] 북, 장구 기타 타악기로 연주하는 일.
▷強一, 擊一, 輕一, 毆一, 亂一, 安一, 連一, 捶一, 鞭一

3 6【扛】들 강 | [江]ㄍㄤ (gang) | こう(アゲル) *raise*
[풀이]①들다. 집어 듦. ¶項羽力能一鼎<史記> ②메다. 짐. ¶令十人一之猶不擧<後漢書>

3 6【扢】[1] 문지를 골 [2] 기뻐할 흘 | [月]ㄍㄨˇ (gu) [物] | こつ(コスル) *rub* きつ(ヨロコブ) *joyful*
[풀이][1] ①문지르다. ¶一嘉壇椒蘭芳<漢書> ②닦다. 훔침. ¶濡不給一<淮南子> [2] 기뻐하다. 기뻐하는 모양.
【扢然】こつぜん(흘연) 기뻐하는 모양.

3 6【扣】두드릴 구 | [宥]ㄎㄡˋ (kou) | こう(タタク) *beat*
[풀이]①두드리다. [通] 叩. ¶一之則鳴<晋書> ②당기다. ¶太子與郭榮一馬<左氏傳> ③덜다. 제거함. ④굽히다. 물러남. ¶一跋幽叢<張協>
【扣刀】こうとう(구도) 칼을 칼집에서 조금 빼는 일. ¶許曜侍帝一刀目睥<資治通鑑>
【扣問】こうもん(구문) 질문함. 叩問(고문).
【扣制】こうせい(구제) 만류함. 견제함.
【扣除】こうじょ(구제) 뺌. 덞. 「<蘇軾>
【扣舷】こうげん(구현) 뱃전을 두드림. ¶一而歌之

6【扗】拭(p. 636)의 訛字

3 6【扤】흔들릴 올 | [月]ㄨˋ (wu) | ごつ(ウゴカス) *shake*
[풀이]①흔들리다. 흔듦. ¶根深之木 風亦不一<龍飛御天歌> ②움직이다. ¶天之一我<詩經> ③불안한 모양.

6【扫】引(p. 530)의 古字

6【扗】在(p. 336)의 本字

3 6【扠】집을 차 | [麻]ㄔㄚ (cha) | さ(ハサミトル) *pick up*
[풀이]①집다. [通] 叉. ¶饞一飽活鱗<韓愈> ②작살. 고기를 찔러 잡는 어구(漁具).
【扠枒】さが(차아) 가지런하지 않은 모양.

6【扨】扠(p. 618)와 同字

3 6【扡】끌 타 | [哿]ㄊㄨㄛ (tuo) | た(ヒク) *pull*
[풀이]①끌다. [같] 拕. ②쪼개다. ¶析薪一矣<詩經>

3 6【托】밀 탁 | [藥]ㄊㄨㄛ (tuo) | たく(オス) *push*
[풀이]①밀다. [같] 拓. ②받침. 대(臺). ¶一子. ③맡기다. 부탁함. [通] 託. ¶一手一銃 一手點火<紀效新書>
【托故】たっこ(탁고) 사고를 핑계함.
【托鉢】たくはつ(탁발)《佛》①중이 동냥하는 일. ¶一僧. ②절에서 끼니 때 바리를 가지고 승당(僧堂)으로 나가는 일.
【托生】たくしょう(탁생) ①《佛》전세의 인연으로 모태(母胎)에 몸을 붙여 다시 태어남. ②의탁하여 삶.
▷不一, 依一, 茶一, 囑一

3 6【扞】막을 한 | [翰]ㄏㄢˋ (han) | かん(フセグ) *defend*
[풀이]①막다. 방어함. ¶肌膚不足以一寒暑<呂覽> ②거절하다. ¶抵冒殊一<漢書> ③덮다. 덮어 가림. ¶白刃一乎智<荀子> ④덮개. ¶一蔽. ⑤갑옷의 토시. ¶被鎧一 持刀兵<漢書> ⑥범하

다. ㉮ 干. ¶時一當世之文罔＜史記＞ ⑦사납다. 사나운 말[馬]. ㉮ 䭾. ⑧시위를 당기다. ¶射者一之＜呂覽＞

【扞格】かんかく(한격) 서로 완강히 버티어 막음. ¶發然後禁 則一而不勝＜禮記＞

▷拒一, 剋一, 防一, 屛一, 禦一, 障一, 蔽一, 險一

4 7〖抉〗 도려낼 결 |㊀ㄐㄩㄝˊ (jue)|けつ(エグル) *cut out*

풀이 ①도려내다. 후빔. ¶一吾眼＜史記＞ ②들추다. ¶構一過失＜唐書＞ ③파다. 구멍을 뚫음. ¶郰人紇一之以出門者＜左氏傳＞ ④깍지. 활 쏠 때, 시위를 당기는 엄지손가락에 끼우는 기구. ㉮ 夬.

【抉拾】けっしゅう(결습) 깍지와 팔찌. 활 쏠 때 갖추는 기구. 決拾(결습).

【抉摘】けってき(결적) 숨겨진 것을 찾아냄.

▷構一, 剔一

4 7〖扫〗 팔 골 |㊀ㄏㄨˊ (hu)|こつ(ホル) *dig*

풀이 ①파다. 구덩이를 팜. ¶深一之而得甘泉焉＜荀子＞ ②뚫다. ③들추다. ¶不可不一＜呂覽＞ ④굴리다. ¶掎一泥淖＜柳宗元＞ ⑤어지럽게 하다. ㉮ 滑. ¶物者一之 故不得壽＜呂覽＞

7〖抅〗 拘(p. 626)의 俗字

4 7〖扱〗 거두어 가질 급 ㊌흡·삽 |緝|きゅう(アツカウ) *harvest*

풀이 ①거두어 가지다. ¶以箕自鄕而一之＜禮記＞ ②미치다. 닿음. ㉮ 及. ¶婦拜一地＜儀禮＞ ③끌어당기다. ④㊍ 다루다. 처리함. ¶取一.

4 7〖技〗 재주 기 |㊀ㄐㄧˋ (ji)|ぎ(ワザ) *talent*

풀이 ①재주. ¶凡執一以事上者＜禮記＞ ②재능. ¶無他一＜書經＞ ③바르지 않다. 구부러짐. ¶是相於一也＜莊子＞ ④헤아리다. 짐작함. ¶一桓公之心＜史記＞

【技擊】ぎげき(기격) 격검(擊劍).

【技係】ぎけい(기계) 기술에 얽매이는 일. 또는, 잔기술에 전념하는 사람.

【技工】ぎこう(기공) ☞技巧(기교).

【技巧】ぎこう(기교) ①손으로 하는 세밀한 기술. ¶不得施其一＜韓非子＞ ②무예(武藝). 무기(武技). ③예술에 있어서 제작·표현상의 수단이나 수법.

【技窮】ぎきゅう(기궁) 방법이 막힘. ¶金人一矣＜續通鑑綱目＞

【技能】ぎのう(기능) 기술상의 재능. ¶一工.

【技倆】ぎりょう(기량) ①기능(技能). ②솜씨. 수완.

【技法】ぎほう(기법) ①기교와 방법. ②기교를 나타내는 방법.

【技師】ぎし(기사) 관청이나 회사에서 전문 기술에 관한 일을 맡아보는 사람.

【技成眼昏】(기성안혼) 기술이 성숙하자 눈이 어두워진다는 뜻으로, 일을 익혀 할만하게 되자 늙어서 기술을 이용하지 못하게 됨을 한탄하여 이르는 말.

【技術】ぎじゅつ(기술) 예능 따위의 재주. ¶一提携.

【技癢】ぎよう(기양) 기술을 가지고도 발휘할 수 없어 안타까와하는 일. 伎癢(기양). 伎痒(기양).

【技藝】ぎげい(기예) ①재주. 기술. ②예능. ③수예(手藝).

▷競一, 球一, 國一, 奇一, 末一, 妙一, 武一, 百一, 小一, 手一, 施一, 演一, 藝一, 雜一, 長一, 才一, 絶一, 賤一, 鬪一, 特一

4 7〖抖〗 떨 두 |㊀ㄉㄡˇ (dou)|と, とう(フルウ) *tremble*

풀이 떨다. 흔듦.

【抖亂】とうらん(두란) 어질러짐. 어지러워짐.

【抖擻】とうそう(두수) ①병듦. 건강을 해침. ②떨어 버림. ③깨뜨림. 파괴함. ④(佛) 온갖 감정과 탐욕을 제거함.

7〖抚〗 撫(p. 663)의 俗字

4 7〖抆〗 닦을 문 |㊀ㄨㄣˋ (wen)|ぶん(ヌグウ) *wipe*

풀이 ①닦다. 훔침. ¶撆涕一淚＜王褒＞ ②문지르다. 갊. ¶李勉居官久 未嘗一飾器用車服＜唐書＞

4 7〖扳〗 끌어당길 반 |㊀ㄅㄢ (ban)|はん(ヒク) *draw*

풀이 ①끌어당기다. ¶質弱易一纏＜謝靈運＞ ②더위잡다. ㉮ 攀.

7〖抜〗 拔(p. 628)의 略字

7〖抔〗 仿(p. 89)과 同字

4 7〖抃〗 손뼉칠 변 |㊀ㄅㄧㄢˋ (bian)|へん *clap*

풀이 ①손뼉을 치다. 손뼉을 쳐서 박자를 맞춤. ¶帝嚳乃令人一＜呂覽＞ ②손으로 치다. ¶鼇雖一而不傾＜張衡＞

4 7〖扶〗 1 도울 부 2 길 포 |㊀ㄈㄨˊ (fu)|ふ(タスケル) *help* ほ(ハウ) *crawl*

풀이 1 ①돕다. ¶若一梁伐趙＜戰國策＞ ②받치다. 붙듦. ¶蓬生麻中 不一而直＜荀子＞ ③곁. 옆. ¶去高木而巢一枝＜淮南子＞ ④말미암다. ¶侏儒一盧＜國語＞ ⑤일어나다. 발동함. ¶一搖而登之＜淮南子＞ ⑥더위잡다. ¶一搖抮抱 羊角而上＜淮南子＞ ⑦다스리다. ¶一撥以爲正＜淮南子＞ ⑧부인 절의 한 가지. ⑨네 손가락을 나란히 한 길

이. 通膚. ⑩회오리바람. 폭풍. ¶一風. ⑪어리광 부리다. ¶赤子一一<太玄經> **2**①기다. ㉠匍. ¶一伏而擊之<左氏傳> ②멈추다. 정체(停滯)함. ¶晷長爲潦 短爲旱 奢爲一<漢書>

【扶老】ふろう(부로) ①늙은이를 도움. ②대[竹]의 한 가지. 또는, 그 대로 만든 지팡이. ③독수리의 이칭.

【扶盧】ふろ(부로) 창 자루를 가지고 하는 놀이.

【扶木】ふぼく(부목) ☞扶桑(부상).

【扶病】ふびょう(부병) 병을 간호함. 또는, 병을 무릅씀. 扶疾(부질).

【扶扶】ふふ(부부) 어린애의 어린 모양. ¶赤子一元貞有終<太玄經>

【扶桑】ふそう(부상) ①동쪽 바다의 해가 돋는 곳. ↔咸池(함지). ②중국 동쪽 바다 속에 있다는 신목(神木). 또는, 그 신목이 있는 나라. 扶木(부목). 榑桑(부상).

【扶桑國】ふそうこく(부상국) ☞扶桑(부상)②.

【扶挈】ふけつ(부설) 늙은이를 부축하고 어린아이를 이끎. 扶攜(부휴).

【扶疏】ふそ(부소) ①☞扶疎(부소). ②《佛》 원전(原典)을 조성(助成)하는 주석서.

【扶疎】ふそ(부소) 나뭇가지가 자라서 사방으로 뻗는 모양. 扶疏(부소)①.

【扶蘇】ふそ(부소) ①전차(戰車) 위에 씌워 화살을 막는 덮개. ②《人》 진(秦) 시황제의 맏아들. 시황제가 죽은 후 재상 이사(李斯)와 환관 조고(趙高)가 꾸민 거짓 조서에 의해 사사(賜死)되었음.

【扶樹】ふじゅ(부수) ☞扶植(부식).

【扶植】ふしょく(부식) 확고하게 세움. 또는, 단단하게 심음. ¶一綱常在此行<謝枋得>

【扶腋】ふえき(부액) 곁부축.

【扶弱】ふじゃく(부약) 약한 사람을 도움. ¶抑強一<後漢書>

【扶養】ふよう(부양) 도와서 기름. 자활(自活)할 힘이 없는 사람의 생활을 돌봄. 扶育(부육). ¶一家族.

【扶搖】ふよう(부요) ①힘차게 발동함. ②회오리바람. ③동해(東海)에서 난다는 신령스러운 나무.

【扶翼】ふよく(부익) ①도움. 扶助(부조). ②덮어서 가림.

【扶助】ふじょ(부조) ①남을 도와 줌. ②남의 큰 일에 도움을 줌. ¶一金.

【扶持】ふじ(부지) ①서로 도움. ②㊕ 어려운 일을 오래 견디어 냄.

【扶疾】ふしつ(부질) ☞扶病(부병).

【扶風】ふふう(부풍) 몹시 센 바람. ¶陰陽交爭 降一<淮南子>

【扶攜】ふけい(부휴) ☞扶挈(부설).

【扶伏】ほふく(포복) ☞匍匐(포복).

【扶服】ほふく(포복) ①☞匍匐(포복). ②매우 갑작스러운 모양. ③황송해하는 모양.

【扶匐】ほふく(포복) ☞匍匐(포복).

▷給一, 相一, 翼一, 協一, 挾一, 攜一

4/7〖抔〗 움킬 부 | 因ㄆㄡˊ (pou) | ほう, はい (スクウ) *grasp*

풀이 ①움키다. 떠서 올림. ¶汙尊而一飮<禮記> ②움큼. 움켜쥔 분량. ¶愚民取長陵一一土<漢書>

【抔飮】ほういん(부음) 손으로 움켜 마심.

【抔土】ほうど(부토) ①한 움큼의 흙. ②무덤.

【抔土未乾】ほうどイマダカワカズ(부토미건) 무덤의 흙이 아직 마르지 않음. 매장한 지 얼마 되지 않았다는 뜻. ¶一抔之土未乾 六尺之孤安在<駱賓王>

4/7〖扮〗 **1**꾸밀 분 ㊍반 **2**아우를 분 | 諫ㄅㄢˋ (ban) 吻 | はん *decorate* ふん

【扮飾】ふんしょく(분식) 몸을 치장함.

【扮裝】ふんそう(분장) ①몸을 매만져 꾸밈. ②배우가 무대에 나올 때의 몸차림.

【扮戲】ふんぎ(분희) 연극.

【扮戲子】ふんぎし(분희자) 배우.

4/7〖批〗 **1**칠 비 **2**비파 비 **3**때릴 별 | 紙ㄆㄧ (pi) 支 屑 | ひ(ウツ) *hit* ひ(ビワ) へつ(ウツ) *slap*

풀이 **1** ①치다. ¶一而殺之<左氏傳> ②비답. 상소에 대한 임금의 회답. ¶帝皇詔答 謂之一<谷響集> ③평하다. 품평(品評)함. ¶一評. ④표를 하다. ¶黃紙後一之<唐書> ⑤물리치다. ¶一亢擣虛<史記> ⑥바로잡다. ¶函谷一難<漢書> ⑦찌지. 찌지를 붙임. ⑧굴리다. ¶一巖衝壅<史記> ⑨엇베다. 깎음. ¶竹一雙耳峻<杜甫> **2**비파. ㉠琵. **3**때리다.

【批傾】ひけい(비경) 배척함.

【批難】ひなん(비난) ☞非難(비난).

【批答】ひとう(비답) 문체(文體)의 하나. 상주문(上奏文)에 내한 임금의 하답(下答). 또는 그 글.

【批點】ひてん(비점) 시문(詩文) 등의 잘된 곳에 찍는 점.

【批正】ひせい(비정) 교정(校正)함.

【批准】ひじゅん(비준) ①신하의 상주(上奏)에 임금이 결재·허가하던 일. ②지시. 허가. ③조약을 당사국의 체결권자가 승인하는 일.

【批旨】ひし(비지) 비답(批答)의 내용.

【批把】ひは(비파) ☞琵琶(비파).

【批判】ひはん(비판) ①재상(宰相)이 신하의 주장(奏狀)에 의견을 가하던 일. ②옳고 그름을 가리어 결정함. ③일정한 관점에서 사물을 분석하여 자체의 존재 근거와 전체와의 관계에서 의미와 가치를 밝히는 일.

【批評】ひひょう(비평) ①사물의 선악(善惡)·시비(是非)·미추(美醜) 등을 분석·논란함. 品評(품평). ②㊕ 이러니 저러니 좋지 않게 말함.

【批亢】ひこう(비항) ①서로 배격하고 항거함. ②적의 요해처를 침. 亢은 목.

4/7〖抒〗 풀 서 | 語ㄕㄨ (shu) | じょ(ノベル) *dip*

풀이 ①푸다. 물을 자아 올림. ¶一井易水<管子> ②펴다. 토로함. ¶發憤以

—情<楚辭> ③펴지다. 누그러짐. ¶聞之者 意悅而情—<謝偃>
【抒意】じょい(서의) 생각하고 있는 바를 말함.
【抒情】じょじょう(서정) 자기의 정서를 나타냄. ¶—詩. ↔敍事(서사).

4
8〖承〗 1 받들 승 2 건질 증 | 蒸 イㄥˊ (cheng) 迥 | しょう support じょう

源 **會意**. 사람[人]이 꿇어앉아서 무엇을 받들거나 받음[手]을 뜻함.
풀이 1 ①받들다. 받들어 모심. ¶—寡君之命以請<左氏傳> ②받쳐 들다. ¶—飮而進獻<左氏傳> ③잇다. 계승함. ¶弟子敢不—乎<禮記> ④받다. 받아들임. ¶是謂—天之祜<禮記> ⑤장가들다. ¶國人—翁主<漢書> ⑥돕다. 通丞. ¶請—. ⑦차례. 순서. ¶子產爭—<左氏傳> ⑧후계. 후사(後嗣). ¶鄭師爲—<左氏傳> ⑨절구(絶句)에서 둘째 구. ¶—句/起—轉結. 2 건지다. 빠진 것을 구함. 같拯. ¶使弟子並流而—之<列子>
【承繼】しょうけい(승계) 뒤를 이음. 계승함.
【承敎】しょうきょう(승교) 가르침을 받음.
【承句】しょうく(승구) 한시(漢詩) 절구(絶句)의 둘째 구. 또는, 율시(律詩)의 세째·네째 구.
【承氣湯】(승기탕) 이증(裏症)에 대소변을 순하게 하여 병증을 없애는 약.
【承諾】しょうだく(승낙) 승인하여 허락함.
【承當】しょうとう(승당) ①일을 참고 견디어냄. 또는, 일을 능히 해냄. 堪當(감당). ②책임을 맡음. ¶既有天命 須是有此氣 方能—得此理<朱子全書>
【承攬】しょうらん(승람) 도급으로 맡음.
【承命】しょうめい(승명) 어른의 명령을 받음.
【承聞】(승문) 어른의 소식을 들음.
【承發】(승발) 지방 관청의 아전 밑에서 잡무에 종사하던 사람.
【承服】しょうふく(승복) ①이해하여 복종함. ②죄를 스스로 고백함.
【承嗣】しょうし(승사) ①뒤를 이음. ②대를 이을 아들. 嗣子(사자).
【承緖】しょうしょ(승서) 선대의 사업을 이음. ¶陛下— 遠人率貢<晉書>
【承召】しょうしょう(승소) 임금의 부름을 받음.
【承受】しょうじゅ(승수) 이어받음. 계승함. ¶寡君聞命矣 敢不—君之明德<左氏傳>
【承襲】しょうしゅう(승습) ☞承繼(승계).
【承承】しょうしょう(승승) 자손이 차례로 이어받아 전함. ¶聖子神孫 繼繼—於千萬年<韓愈>
【承顔】しょうがん(승안) ①남의 안색을 살펴 거슬리지 않게 함. ¶柔色—<晉書> ②접견(接見)함. 면회가 됨. ¶—接辭<漢書>
【承顔接辭】しょうがんせつじ(승안접사) 사람을 만나, 그 하는 말을 들음을 겸손하게 이르는 말.
【承業】しょうぎょう(승업) 사업을 이어받음. 부조(父祖)의 사업을 계승함.
【承意】しょうい(승의) ①남의 뜻을 이어받음. ②상대편 마음에 들도록 비위를 맞춤. 迎合(영합). ¶—觀色爲務<史記>
【承引】しょういん(승인) 들어줌. 승낙함. ¶雖不—卽據狀斷之<唐律>
【承認】しょうにん(승인) ①옳다고 인정하여 허락함. ②청하는 일을 들어줌.
【承藉】しょうしゃ(승자) 부조(父祖) 또는 다른 세력에 의지함. ¶今若得尙公主 —威靈<隋書>
【承前】しょうぜん(승전) ①앞 글의 뒤를 이어 계속함. ②이전. 從前(종전).
【承傳】しょうでん(승전) ①이어받아 전함. ②임금의 뜻을 전함.
【承重】しょうじゅう(승중) 제사를 받드는 중한 책임. 또는, 그 사람. 소종(小宗) 사람이 대종가를 잇는 경우. 또는, 아버지를 일찍 여의고 조부의 상속자가 된 경우. ¶繼—/傳—.
【承重喪】(승중상) 장손(長孫)으로 아버지가 죽은 뒤에 조부모의 상사를 당했을 때 아버지를 대신하여 상제가 되는 일. 부모상과 같이 3년상을 입음.
【承志】しょうし(승지) ☞承意(승의).
【承知】しょうち(승지) ①지우(知遇)를 받음. 은총을 입음. ¶小子最—<韻府引> ②깨달아 얻음. 앎. ¶—消息 慨然永歎<蜀志>
【承塵】しょうじん(승진) 천장에서 먼지, 흙 같은 것이 떨어지지 않게 하기 위하여 방 위에 판자 등을 치는 장치.
【承天】しょうてん(승천) ①천명(天命)을 이어받음. ②궁궐 남쪽 중앙 문. ③당(唐)대 춤의 한 가지. 承天舞(승천무).
【承統】しょうとう(승통) 혈통(血統)을 이어받음. 제왕의 위(位)를 이음.
【承平】しょうへい(승평) 대대로 평화로운 치세(治世)가 계속되는 일.
【承稟】しょうひん(승품) 명령을 받고 따름.
【承風】しょうふう(승풍) 교화(敎化)를 받음. ¶小大鄕和 —從化<漢書>
【承乏】しょうぼう(승핍) 인재가 없어서 재능이 없는 자기가 벼슬을 한다는 뜻으로, 출사(出仕)하는 사람이 스스로를 낮추어 이르는 말.
【承歡】しょうかん(승환) ①남의 마음에 들도록 함. 알랑거림. ②임금이나 부모의 기쁜 마음을 받아 그 기쁨을 도움.
【承誨】しょうかい(승회) 가르침을 받음.
【承候】しょうこう(승후) 웃어른에게 문안드림.
▷敬—, 繼—, 供—, 恭—, 拜—, 奉—, 不—, 師—, 攝—, 襲—, 仰—, 尊—, 遵—, 纂—, 請—, 統—, 稟—

8〖丞〗 承(p.621)의 俗字

4
7〖扼〗 누를 액 | 陌 さˋ (e) | やく(オサエル) press
풀이 ①누르다. ¶力—虎<漢書> ②멍에. 通軛. ¶加之以衡—<莊子>
【扼據】やっきょ(액거) 요해지(要害地)를 차지하고 굳게 지킴.
【扼腕】やくわん(액완) 분격하여 팔을 걷어붙임. 또는, 주먹을 불끈 쥠.
【扼吭】やっこう(액항) ①목을 조름. 급소를 누르거

나 요해지를 점령함의 비유. ②분기(憤氣)가 치밀어 오르는 일.

7〖扵〗 於(p.702)의 俗字

4
7〖抑〗 누를 억 | 職 ì (yi) | よく(オサエル) *restrain*

풀이 ①누르다. ㉮도장을 찍다. ¶若璽之一埴<淮南子> ㉯누르고 참다. ¶一心而自強<楚辭> ㉰윽박질러 누르다. ¶一壓以退仲尼之徒<唐書> ②굽히다. 숙임. ¶皆伏一首<史記> ③물러나다. 물리치다. ¶不激詭 不一抗<後漢書> ④막다. ¶禹一鴻水<史記> ⑤가라앉다. 잠김. ¶民之滅一天隱<淮南子> ⑥아름다운 모양. ¶一若揚兮<詩經> ⑦조심하다. 삼감. ¶一一.

句法
①접속
㉮[抑] 도대체. 도리어. 게다가. ¶抑王興甲兵危士臣<孟子>
㉯[抑] 혹은. 또는. ¶求之與 抑與之與<論語>
②추측
[抑] 아마도. 혹시. ¶抑臣又聞之<左氏傳>
③감탄
[抑] 아아. 탄식의 뜻. ¶抑齊人不盟若之何<左氏傳>

【抑強扶弱】よくきょうふじゃく(억강부약) 강자를 누르고 약자를 도움. 抑彊扶弱(억강부약).
【抑其次】(억기차)韓 그 다음.
【抑留】よくりゅう(억류) 억지로 머무르게 함.
【抑留者】よくりゅうしゃ(억류자) 강제로 붙들려 있는 사람.
【抑勒】よくろく(억륵) ☞抑制(억제).
【抑配】よくはい(억배) 송(宋)대 이후, 이자를 받기 위하여 정부가 국민에게 억지로 대금(貸金)하거나 할당하여 돈을 내게 하거나 부역을 시키던 일.
【抑塞】よくそく(억색) ①억눌러 막음. ¶一無由揚<劉基> ②억눌려서 마음이 답답함. ¶我能拔爾一磊落之奇才<杜甫> ③물리치고 쓰지 아니함. ¶人事不至 必被一<南史>
【抑壓】よくあつ(억압) 억지로 누름. 압제함.
【抑揚】よくよう(억양) ①누름과 날림. ②음조(音調)의 높낮이와 강약. ③문세(文勢)의 기복(起伏). ¶一法. ④내리깎음과 기림. ⑤세태(世態)를 따르는 일.
【抑抑】よくよく(억억) 삼감. 신중한 모양.
【抑畏】よくい(억외) 거만한 마음을 누르고 공손하게 행동함. ¶維我大王王季 克自一<書經>
【抑制】よくせい(억제) 억눌러서 제어함. 抑勒(억륵).
【抑止】よくし(억지) 억눌러 멈추게 함.
【抑貶】よくへん(억폄) 억눌러서 물리침. ¶一尊號<漢書>
【抑何心腸】(억하심장) ☞抑何心情(억하심정).
【抑何心情】(억하심정) 도대체 무슨 심정으로 그리 하는지 알 수 없다는 뜻.
【抑或】(억혹) 설령(設令).
【抑婚】(억혼) 당사자의 의견을 무시하고 억지로 하는 혼인.
▷屈一, 損一, 壓一, 寃一, 裁一, 沮一, 節一, 擠一

4
7〖抏〗 꺾을 완 | 寒 ㄨㄢˊ (wan) | がん(クジク) *break off*

풀이 ①꺾다. 기세를 꺾음. ¶一士卒之精<漢書> ②무지러지다. 줄어듦. ¶海內一敝<漢書> ③주무르다. 문지름. ¶案一毒熨<史記>

7〖抝〗 拗(p.630)의 俗字

4
7〖抎〗 1 잃을 운 | 吻 | うん(ウシナウ)
2 떨어질 운 | 軫 | いん

풀이 1 ①잃다. ¶守齊國 唯恐失一之<戰國策> ②소리가 나다. ¶鐘鼓不一<字彙> 2 떨어지다. 떨어뜨림. ㉠隕.

4
7〖抈〗 꺾을 월 | 月 ㄩㄝˋ (yue) | げつ(オル) *break off*

풀이 ①꺾다. 꺾임. ¶車軸折 其衡一<太玄經> ②움직이다. 흔들림. 通扤. ¶其置本也 固矣 故不可一也<國語>

7〖扌引〗 引(p.530)과 同字

4
7〖折〗 1 꺾을 절 | 屑 ㄓㄜˊ (zhe) | せつ(オル) *break off*
2 편안한 모양 제 | 霽 | てい

源 會意. 손[扌]으로 도끼질함[斤]의 뜻.

풀이 1 ①꺾다. ㉮휘어서 부러뜨리다. ¶無一我樹杞<詩經> ㉯굽히다. ¶三一肱 知爲良醫<左氏傳> ㉰굽다. 휘어짐. ¶河九一注於海<淮南子> ㉱윽박지르다. 기세를 꺾음. ¶輕一辱秦士卒<史記> ②어려서 죽다. ¶凶短一<書經>/夭一. ③쪼개다. ¶其俎一一膚<儀禮> ④꺾이다. 부러짐. ¶天柱一地維缺<淮南子> ⑤결단하다. 판단함. ¶君子以一獄致刑<易經> ⑥에누리하다. ¶不可縣生減一<魏書>/一價. ⑦찢다. 찢어서 버림. ¶兩家常一券棄責<漢書> ⑧흙을 네모지게 쌓은 제단(祭壇). ¶瘞埋於泰一 祭地也<禮記> ⑨밝은 모양. ¶一一乎如在於側<管子> 2 편안한 모양. 천천히 여유있게 하는 모양. ¶吉事欲其一一爾<禮記>

【折價】せっか(절가) ①지폐를 정금(正金)으로 바꿈. ②값을 깎음. 에누리함.
【折角巾】せっかくきん(절각건) 도인(道人)이 쓰던 쓰개의 한 가지.
【折簡】せっかん(절간) ①전지(全紙)를 두 장으로 잘라서 적은 짧은 편지. ¶淩若有罪 公當一召淩 何苦自來耶<晋書> ②관리를 임명할 때의 서찰(書札).
【折桂】せっけい(절계) 계수나무 가지를 꺾는다는 뜻으로, 과거에 급제함을 이름. 진(晋)의

극선(郤詵)이 급제를 계림(桂林)의 일지(一枝)로 비유함에서 온 말. ¶一人.
【折骨】せっこつ(절골) 뼈를 부러뜨림. 몸이 고단하도록 힘씀. ¶其一絶筋 終身不可以相及也<荀子>
【折納】せつのう(절납) ①현물세에서, 물품의 질이 나빠 값을 깎던 일. ②현물세에서, 다른 물건으로 환산하여 납부하던 일.
【折短】せったん(절단) ☞夭折(요절).
【折柳】せつりゅう(절류) ①버들가지를 꺾음. ②송별(送別). 한(漢)대에 장안(長安) 사람이 손을 전송할 때 패교(霸橋)에서 버들가지를 꺾어 준 옛일에서 온 말.
【折米】(절미)㊐ 싸라기.
【折北】せっぽく(절배) 전쟁에 져서 달아남.
【折伏】せっぷく(절복) ①적을 꺾어 복종시킴. ②부처의 가르침을 설법하여 악인·악법을 깨뜨려 굴복시킴.
【折本】せっぽん(절본) 청(淸)대에 임금이 건청문(乾淸門)에 나아가 정사(政事)를 들을 때, 학사(學士)가 바치던 책.
【折傷】せっしょう(절상) ①부러져 다침. 나아가 사실이 왜곡됨을 이름. ¶曲得所謂焉 然而不一<荀子> ②젊어서 죽음. 夭折(요절).
【折聲】せっせい(절성) 소리를 죽임. ¶屛氣一 軍旅之言也<新書>
【折訟】せっしょう(절송) ☞折獄(절옥).
【折楊柳】(절양류) 악부(樂府)의 이름. 고향을 떠나올 때 버들가지를 꺾어 주며 보내는 정을 노래한 것.
【折閱】せつえつ(절열) 손해를 보고 팖. ¶身賈不爲一不市<荀子>
【折獄】せつごく(절옥) 옥사(獄事)를 처결함. 折訟(절송).
【折辱】せつじょく(절욕) ①굴복함. ②억눌러 욕되게 함. 경멸함.
【折右】せつゆう(절우) 오른팔을 부러뜨린다는 뜻으로, 일이 성취되지 않음의 비유. ¶折其右 終不可用也<易經>
【折足覆餗】せっそくふくそく(절족복속) 솥발을 부러뜨려 음식물을 엎지른다는 뜻으로, 소인은 높이 임용(任用)되어도 그 소임을 다하지 못하고 치욕과 재앙을 당함을 이르는 말.
【折衷】せっちゅう(절충) 한 편에 치우치지 아니하고 알맞은 것을 취하는 일. ¶考覈古今 爲之一<顔氏家訓>
【折衝】せっしょう(절충) 적의 설봉(舌鋒)을 꺾음. 적의 조건을 흥정하고 다루어 이쪽의 체면을 세운다는 뜻에서, 국제상의 담판이나 외국 사신과의 담판을 이름. ¶國有賢君 一萬里<淮南子>
【折檻】せっかん(절함) 강경하게 간(諫)함. 한(漢)대 주운(朱雲)의 충간(忠諫)을 노여워한 효성제(孝成帝)가 주운을 끌어내려 하자, 그가 붙잡은 난간이 부러진 옛일에서 온 말.
【折折】せいせい(제제) ①밝은 모양. ¶一乎如在於側<管子> ②편안한 모양. ¶喪事欲其縱縱爾 吉事欲其一爾<禮記>
▷價一, 減一, 曲一, 困一, 九一, 屈一, 短一, 斷一, 斗一, 面一, 百一, 夭一, 挫一, 摧一, 橫一, 毁一

4/7【抓】긁을 조 | 肴 ㄓㄨㄚ (zhua) | そう(カク) scratch
풀이 ①긁다. ¶委蛇攫一<莊子> ②집다. 집어 듦. ¶手可擢而一<枚乘> ③꼬집다.

4/7【找】보충할 조 | 巧 ㄓㄠˇ (zhao) | そう(オギナウ) supplement
풀이 ①보충하다. ②찾다. ③배를 젓다. ¶舟進竿 謂之一<集韻>
【找給】そうきゅう(조급) 모자라는 경비를 보충함.

7【抷】捽(p. 648)의 俗字

4/7【抍】들 증·승 | 迥 ㄓㄥˇ 徑 (zheng) | じょう(アゲル) raise
풀이 ①들다. 들어올림. ¶一馬壯吉<易經> ②건지다. 물에서 건짐. ㊀拯. ③구휼(救恤)하다.

4/7【抵】손뼉칠 지 | 紙 ㄓˇ (zhi) | し(ウツ) clap
풀이 ①손뼉치다. ②쳐부수다. ¶因勢而一隴<漢書> ③비방하다. 물리침. ¶一穰侯而代之<揚雄> ④받다. 당함. ¶臣一罪<戰國策> ⑤근심하다. ¶一國.
【抵國】しこく(지국) 앞뒤에 큰 나라가 있어, 근심이 떠나지 아니하는 나라.

7【扯】撦(p. 664)·拖(p. 632)의 俗字

4/7【抄】가릴 초 | 肴 ㄔㄠ (chao) | しょう(ウツス) select
풀이 ①가리다. 뽑아 적음. ¶百家譜集一十五卷<南史>/一本. ②노략질하다. ㊀鈔. ¶一略諸郡<魏志> ③뜨다. ㉮숟가락 같은 것으로 뜨다. ¶飯一雲子白<杜甫> ㉯종이를 뜨다. 종이를 만듦. ¶一紙槽<天工開物> ④베끼다. ¶仲郢嘗手一六經<唐書> ⑤부피의 단위. 1작(勺)의 10분의 1.
【抄啓】(초계) 조선 중엽, 당하관의 문신(文臣)에게 매월 시험을 보여, 인재를 뽑아 임금에게 아뢰던 일.
【抄記】しょうき(초기) ☞抄錄(초록).
【抄錄】しょうろく(초록) 발췌(拔萃)하여 적음. 또는, 그 기록. 抄記(초기). 抄寫(초사).
【抄本】しょうほん(초본) 필요한 것을 뽑아서 적음. 또는, 그 기록. ↔謄本(등본).
【抄寫】しょうしゃ(초사) ☞抄錄(초록).
【抄譯】しょうやく(초역) 필요한 곳만 뽑아서 번역함. 또는, 그 책.
【抄出】しょうしゅつ(초출) 빼내어 씀.
【抄筆】(초필)㊐ 잔글씨를 쓰는 가는 붓.
▷謄一, 文一, 拔一, 別一, 私一, 手一, 詩一, 類一, 雜一, 集一

4/7【抌】때릴 침 | 感 ㄉㄢˇ (dan) | ちん(ウツ) strike

(풀이)①때리다. ②떼밀다.

7【択】 擇(p.668)의 略字

4/7【投】 1 던질 투 / 2 머무를 두 | 㐬 ㄊㄡˊ (tou) 宥 | とう(ナゲル) throw とう(トマル)

(풀이) 1 ①던지다. ㉮내던지다. ¶受其書而一之<左氏傳> ㉯몸을 내던지다. ¶乃一水而死<古詩> ㉰내버리다. 추방함. ¶一諸四裔<左氏傳> ㉱하던 일을 그만두다. ¶一筆事戎軒<魏徵> ②주다. ¶一我以木瓜<詩經> ③들이다. 받아들임. ¶一殷之後於宋<禮記> ④덮어 가리다. ¶相彼一兔<詩經> ⑤맞다. 합치함. ¶發足相應 遲速相一<穀梁傳> ⑥편들다. ¶左一則項王勝<史記> ⑦향하다. 향하여 감. ¶曷不走一陳孟公<蘇軾> ⑧의지하다. 기탁(寄托)함. ¶有遠來相一者<南史> ⑨묵다. 숙박함. ¶暝一淮陰宿<李白> ⑩떨다. 세차게 흔듦. ¶一袂而起<左氏傳> ⑪투호(投壺). 화살을 병에 던져 넣는 놀이. ¶侍一則擁矢<禮記> ⑫주사위를 던지다. 노름을 함. ¶或欲大一 或欲分功<史記> 2 ①머무르다. ㊟逗. ¶遠一錦水波<杜甫> ②이르다. 어느 때에 다다름. ¶一暮入堂陽界<後漢書> ③두 번 빚은 술. ㊟酘. ¶宣城一酒今行熟<梁簡文帝> ④구두(句讀). ㊟讀. ¶察度于句一<馬融>

【投酒】とうしゅ(두주) 두 번 빚은 술. 오랫 동안 빚은 술. 酘酒(두주).

【投稿】とうこう(투고) 신문·잡지 등에 원고를 보냄.

【投戈】とうか(투과) 전쟁을 그만둠. 休戰(휴전). ¶講藝 息馬論道<後漢書>

【投光】とうこう(투광) 조명기 따위로 빛을 내비춤.

【投球】とうきゅう(투구) 공을 던짐.

【投機】とうき(투기) ①귀뚜라미의 이칭. ②(佛) 크게 깨달아 부처의 심기(心機)와 합치되는 일. ③요행을 바라고 하는 모험적인 상행위. ¶不動産一. ④득실(得失)의 확실성이 없이 요행만 바라는 사행적(射倖的) 행위.

【投老】とうろう(투로) ①늙어감. 늘그막에 이름. ②연로(年老)하여 사직함.

【投網】とうもう(투망) ①그물을 던져 넣음. ②물고기를 잡는 데 쓰는 그물의 한 가지. 쟁이.

【投賣】ナゲウリ(투매) 손해를 무릅쓰고 상품을 헐값으로 팔아버림. 덤핑(dumping).

【投命】とうめい(투명) 목숨을 버림. 죽음.

【投錨】とうびょう(투묘) 닻을 내림. ↔拔錨(발묘).

【投報】とうほう(투보) ①남의 선물에 대한 답례. ②남녀가 서로 연정(戀情)을 통함. ③받은 은혜를 갚음.

【投射】とうしゃ(투사) ①기회를 타서 이익을 얻는 일. ¶僥倖一者得官<資治通鑑> ②소리나 빛의 파장이 한 물질을 통과하여 다른 물질과의 경계면(境界面)에 도달하는 일.

【投梭】とうさ(투사) ①이성(異性)의 꾐을 거절하는 일. 진(晋)의 사곤(謝鯤)이 이웃집의 미녀 고씨(高氏)를 꾀자, 여자가 북[紡錘]을 던져 앞니 두 개를 부러뜨렸다는 데서 온 말. ②베 짜는 일을 그만둠. ③빠르게 움직이는 북[梭]이라는 뜻으로, 빠르게 움직임의 비유. 擲梭(척사).

【投書】とうしょ(투서) ①어떤 사실의 내막을 알리기 위하여 글을 써서 보냄. ②신문·잡지 따위에 실리기 위하여 원고를 써서 보냄. 投稿(투고).

【投石】とうせき(투석) 돌을 던짐. 또는, 그 돌.

【投宿】とうしゅく(투숙) 여관에 들어서 묵음.

【投身】とうしん(투신) ①물에 몸을 던짐. ②㊕ 어떤 일에 몸을 던져 관계함.

【投心】とうしん(투심) 심혈(心血)을 기울임. 정성을 다함. ¶一無貳<魏志>

【投藥】とうやく(투약) 약을 처방하여 환자에게 줌.

【投與】とうよ(투여) 던져 줌. 특히 약 같은 것을 줌.

【投影】とうえい(투영) ①물체가 비친 그림자. ②물체를 어떤 일정한 점에서 본 형상의 평면도.

【投獄】とうごく(투옥) 옥에 가둠.

【投認】とうにん(투인) 증거가 될 만한 것을 확인함. ¶然而一討保有費<福惠全書>

【投入】とうにゅう(투입) 자본이나 노동력 따위를 집어넣음.

【投資】とうし(투자) 자금이나 자본을 댐.

【投杼】とうちょ(투저) 북[杼]을 내던짐. 증삼(曾參)의 어머니가, 아들이 사람을 죽였다는 말을 세번째 듣고서야 비로소 의심하여 북을 던지고 베틀에서 일어섰다는 옛일에서, 군주(君主)가 참언(讒言)을 믿음의 비유로 쓰는 말. ※曾參殺人(증삼살인).

【投跡】とうせき(투적) ①남을 본보기로 하여 따름. ②몸을 던짐. 投身(투신). ¶臨泉有一之哀<陸機>

【投錢】とうせん(투전) ①돈을 던짐. ②돈을 줌. ¶留犢一以爲謝<李紳> ③㊕ 돈치기.

【投足】とうそく(투족) ①발을 내디딤. ¶動翼而逸一而安<張華> ②약간의 수고. ¶蓋一擧手一一之勞也<韓愈> ③㊕ 직장이나 사회에 발을 들여놓음. 投身(투신).

【投止】とうし(투지) 들러서 걸음을 멈춤. 묵음. 투숙함. ¶儉得亡命 困迫遁走 望門一<後漢書>

【投地】とうち(투지) ①땅에 내던짐. ②땅에 몸을 내던져 엎드림. ¶自一啼泣 不肯食<漢書>

【投擲】とうてき(투척) 던짐. 抵擲(저척).

【投牒】とうちょう(투첩) 이름을 적어 제출함. ¶專試文詞皆一自進<福惠全書>

【投託】(투탁)㊕ ①남의 세력에 기댐. ②조상이 확실하지 않은 사람이, 유명한 남의 조상을 자기 조상이라 이름.

【投彈】とうだん(투탄) 폭탄이나 수류탄을 던짐.

【投票】とうひょう(투표) 선거할 때나 어떤 결정의 가부를 표시할 때 표지(票紙)에 표를 하여 일정한 곳에 내는 일. ¶一權/一用紙.

【投筆】とうひつ(투필) 붓을 던짐. 특히, 군사(軍事)에 종사하기 위하여 학문·문필을 버림의 뜻으로 씀. ¶一事戎軒<魏徵>

【投筆成字】(투필성자)㊕ 글씨에 능한 사람은

정신을 들이지 아니하고 붓을 아무렇게나 휘둘러도 글씨가 잘됨을 이름.
【投下】とうか(투하) 아래로 떨어뜨림.
【投閑置散】とうかんちさん(투한치산) 몸을 한산한 지위에 둠. 요직에 있지 않음을 이름.
【投翰】とうかん(투한) 붓을 던짐. 글 짓기를 그만둠. ¶喟一以增情<傅亮>
【投轄】とうかつ(투할) 수레의 굴대 비녀장을 빼버린다는 뜻으로, 손[客]을 억지로 머무르게 함을 이름. 한(漢)의 진준(陳遵)이 평소에 술을 좋아하여 손을 모아 술잔치를 벌일 때마다 수레의 굴대 비녀장을 우물에 내던져 급한 일이 있어도 돌아가지 못하게 한 옛일에서 온 말.
【投合】とうごう(투합) 서로 잘 맞음. 음성 또는 사람의 마음에 대해서 이름. ¶意氣一.
【投降】とうこう(투항) 항복함. 來降(내항).

投壺
(三才圖會)

【投獻】(투헌) 물건을 바침.
【投繯】とうけん(투현) 목매어 죽음.
【投壺】とうこ(투호) 옛 놀이의 하나. 연회석 등에서 주인과 손이 화살을 병에 던져 넣어 승부를 겨루며 좌흥(座興)을 돋우던 놀이.
【投笏】とうこつ(투홀) 홀(笏)을 내던진다는 뜻으로, 벼슬살이를 그만둠을 이르는 말.
【投荒】とうこう(투황) 변방(邊方)으로 귀양보내는 일.
▷傾一, 失一, 惡一, 暗一, 力一, 暴一, 好一

4/7【把】 1 잡을 파 2 비파 파 3 줌통 파 | 馬ㄅㄚˇ (ba) | は(ニギル) catch は(ビワ)

풀이 1 ①잡다. 한 손으로 쥠. ¶左手一其袖<戰國策> ②줌. 한 손으로 쥘 정도의 크기. ¶拱一之桐梓<孟子> ③자루. 손잡이. ¶其劍一無物可裝<史記·注> ④묶음. 다발. ¶淸晨送菜一<杜甫> ⑤길이의 단위. 손가락 4개를 나란히 한 너비의 길이. 화살의 길이를 잴 때 씀. ¶十一之長<射經·注> ⑥가지다. 쥠. ¶一其宿負<漢書> ⑦갈퀴. 비. ¶爛漫如箒一<王繪> 2 ①비파. 通琶. ¶批一 近世樂家所作<風俗通> ②긁다. 通爬. ¶農夫捽草一土<漢書> 3 줌통. 활줌통. 通弝.
【把弄】はろう(파롱) 손으로 가지고 놂.
【把杯】(파배) 韓 손잡이가 달린 술잔.
【把束】(파속) 논밭의 결세(結稅)의 단위인 줌[把]과 뭇[束].
【把守】はしゅ(파수) 경계하여 지킴. 또는, 그 사람. ¶一大門<福惠全書>
【把握】はあく(파악) ①서로 손을 잡음. 제휴(提携)함. ②손에 쥠. 한 줌 정도의 적은 양. 또는, 좁은 범위. ③韓 어떤 일을 잘 이해하여 확실하게 아는 일.
【把玩】はがん(파완) ☞把弄(파롱).
【把子】はし(파자) ①과녁. ¶的箭候 世俗通呼爲一<射經> ②韓 바자의 본말. 울타리에 쓰는 대·갈대·수수깡 따위로 발처럼 엮은 물건.
【把住】はじゅう(파주) ①마음 속에 간직함. ②경험한 사실을 의식 속에 오래 지니고 있어, 때때로 재현시키는 심리 작용.
【把持】はじ(파지) 움켜 쥠. 쥐고 있음.
▷劍一, 拱一, 刀一, 批一, 掌一, 菜一, 箒一, 火一

7【抛】 拋(p. 633)의 俗字

4/7【抗】 막을 항 | 漢ㄎㄤˋ (kang) | こう(フセグ) stop, resist

풀이 ①막다. 거부함. ¶能一君之命<荀子> ②돕다. 구(救)함. ¶未報楚惠而一宋<國語> ③들다. 멤. ¶大侯旣一<詩經> ④나아가게 하다. ¶不激詭不抑一<後漢書> ⑤겨루다. 맞섬. 通伉. ¶與天子一衡<史記> ⑥높다. 通亢. ¶自沉于淵而溺者 不可以爲一<淮南子> ⑦건너다. ¶百人浮一<淮南子> ⑧간직하다. ¶賓客之事則一皮<周禮>
【抗拒】こうきょ(항거) 대항함. 버팀.
【抗告】こうこく(항고) 법원의 판결에 불복하여, 상급 법원에 상고(上告)하는 소송.
【抗厲】こうれい(항려) 심하게 반항함. ¶將軍其一威武以應會期<後漢書>
【抗力】こうりょく(항력) ①한껏 힘을 냄. ¶烏獲一於千鈞<班固> ②저항하는 힘.
【抗禮】こうれい(항례) 서로 대등한 교제. 또는, 대등한 예(禮). 亢禮(항례).
【抗論】こうろん(항론) 직언(直言)하여 굽히지 아니함. 맞서서 논의함.
【抗命】こうめい(항명) 명령에 항거함.
【抗辯】こうべん(항변) ①항거하여 변론함. ②민사 소송법상 상대방의 신청이나 주장을 이유 없는 것으로 만들기 위하여 별개의 사항을 주장하는 일.
【抗辭】こうじ(항사) 말을 고상하게 함. 고상한 말씨. ¶今吾子廼一幽說 閎意眇指<漢書>
【抗生劑】こうせいざい(항생제) 항생 물질로 된 약제.
【抗訴】こうそ(항소) ①민사 소송에서, 제1심의 최종 판결에 불복하여 하는 상소(上訴). ②형사 소송에서, 제1심 판결에 대한 제2심 법원에의 상소.
【抗疏極論】こうそきょくろん(항소극론) 임금에게 상소문을 올려 극력으로 시비를 주장함. 抗表極論(항표극론).
【抗顔】こうがん(항안) 교만한 얼굴. 強顔(강안).
【抗然】こうぜん(항연) 의기(意氣)가 드높은 모양. ¶子路一執干而舞<呂覽>
【抗原】こうげん(항원) 생체(生體) 내에 침입하여 항체(抗體)를 형성하는 단백성 물질.
【抗議】こうぎ(항의) 반대 의견을 주장함. ¶夫諫始於順辭 中於一 終於死節<忠經>
【抗章】こうしょう(항장) ☞抗表(항표).
【抗莊】こうそう(항장) 사통 팔달의 큰 길. 또는, 번

화한 거리. ¶決擭洛之水 通之一之間<管子>
【抗爭】こうそう(항쟁) 항거하여 싸움. 抗戰(항전).
【抗塵走俗】こうじんそうぞく(항진주속) 속세에서 바삐 돌아다니며 부귀(富貴)를 얻는 일.
【抗策】こうさく(항책) 채찍을 치켜 올림. 말[馬]을 몲. ¶一還南山<儲光義>
【抗表】こうひょう(항표) 자기의 의견을 쓴 글을 임금에게 올림. 上表(상표). 上疏(상소). 抗章(항장).
【抗行】こうこう(항행) 행동을 고상하게 함. ¶堯舜之一兮<楚辭>
(항항) 대등함. 동등함. ¶吾書比之鍾張 當一或謂過之<法書要錄>
【抗衡】こうこう(항형) 서로 양보하지 아니하고 맞섬. 衡은 수레채. 두 수레가 길에서 만나 서로 피하지 않음의 뜻.
▷拒一, 答一, 對一, 反一, 抵一, 支一, 淸一

5/8【拒】 ①막을 거 ②방진 구 | 語ㄐㄩˋ (ju) | きょ(コバム) defend

풀이 ①①막다. 거부함. ¶其不可者一之<論語> ②겨루다. 대적(對敵)함. ¶高談鮮能抗一<南齊書> ③어긋나다. ②방진(方陣). ㊂矩. ¶將右一卒<左氏傳>
【拒却】きょきゃく(거각) 거절(拒絶).
【拒諫飾非】きょかんしょくひ(거간식비) 간언(諫言)을 물리치고 비행(非行)을 잘한 것처럼 꾸밈. ¶一 愚而上同 國必禍<荀子>
【拒格】きょかく(거격) 반대하여 거스름. ¶如蜎見鵲 不敢一<易林>
【拒冬】きょとう(거동) 대극과의 두해살이풀. 뿌리는 한약재. 續隨子(속수자).
【拒馬鎗】きょばそう(거마창) 창을 가로대에 꿰뚫어 울짱처럼 만든 방비용 제구. 성문 밖이나 요해처에 설치하여 기병을 막는 데 씀.

拒馬鎗(武備志)

【拒門木】きょもんぼく(거문목) 대문의 빗장.
【拒否】きょひ(거부) 승낙하지 않고 물리침.
【拒逆】きょぎゃく(거역) 사람의 뜻이나 명령을 거스름.
「(거부).
【拒絶】きょぜつ(거절) 거부하고 끊어 버림. 拒否
▷諫一, 固一, 反一, 防一, 辭一, 逆一, 右一, 前一, 扞一, 後一

8【抝】 擄(p.665)의 俗字

5/8【拑】 재갈먹일 겸 | 廣ㄑㄧㄢˊ (qian) | けん, かん(ハサム) bit a horse

풀이 ①재갈 먹이다. ㊂鉗 箝. ¶一馬而秣之<公羊傳> ②입을 다물다. ¶臣畏刑而一口<漢書>
【拑制】かんせい(겸제) 재갈을 물려 말을 견제한다는 뜻으로, 자유를 억누름의 비유. 鉗制(겸제).

5/8【拐】 속일 괴 | 圖ㄍㄨㄞˇ (guai) | かい(カドワカス) deceive

풀이 ①속이다. 꾀어냄. ¶一騙犯姦<政刑大觀>/誘一. ②지팡이. ㊂枴.
【拐帶】かいたい(괴대) ①사람을 유괴하여 팖. ②속여서 빼앗은 물건을 가지고 달아남.
【拐兒】かいじ(괴아) ☞拐子(괴자).
【拐子】かいし(괴자) 남을 속여 꾀는 사람.
▷誘一, 鐵一

5/8【拘】 ①잡을 구 ②안을 구 | 虞ㄐㄩ (ju) | こう(トラエル) catch | 尤 こう(カカエル)

풀이 ①①잡다. 잡힘. ¶武夫力而一諸原<左氏傳> ②거리끼다. 구애(拘礙)함. ¶弘大體不一文法<史記> ③한정하다. 경계를 지음. ¶無一郡界<後漢書> ④바로잡다. 단속함. ¶賢者立禮而不肖者一焉<淮南子> ⑤망설이다. 주저함. ¶使人一而多畏<漢書> ⑥융통성이 없다. ¶忘其一儒<後漢書> ⑦굽히다. 구부림. ¶能令不一坼<莊子> ②①안다. 껴안음. ¶以袂一而退<禮記> ②가지다. 취함. ¶自下一之<禮記> ③굽다. 굽힘. ㊂句. ¶古之王者 有務而一領者<荀子>
【拘拘】こうこう(구구) ①굽어서 펴지지 않는 모양. ¶將以予爲此一也<莊子> ②좋은 모양. ¶偉哉造化者 其以我爲此一邪<淮南子> ③사물에 구애되는 모양. ¶力力一 其翮未舒<陸龜蒙>
【拘禁】こうきん(구금) 잡아서 가두어 둠. 감금함.
【拘拿】(구나) 죄인을 잡음.
【拘女】こうじょ(구녀) 구속되어 있는 여자라는 뜻으로, 임금의 후궁을 이름.
【拘泥】こうでい(구니) 사물에 집착하여 변통성이 없음. 나아가, 고집함을 이름.
【拘攣】こうれん(구련) ①사물에 구애됨. ②손발에 경련이 일어나는 일.
【拘囹】こうれい(구령) 감옥에 갇힘.
【拘領】こうりょう(구령) 끝을 둥글게 한 깃. 질박하게 한 깃. 句領(구령).
【拘禮】こうれい(구례) 예(禮)에 얽매임. 예의에 얽매여 융통성이 없음.
【拘留】こうりゅう(구류) ①잡아서 가두어 둠. ②하루 이상 30일 미만의 기간 동안 죄인을 유치장에 구금하는 일.
【拘文】こうぶん(구문) 글자에 얽매임. 법규에 구애됨. ¶俗人一牽古 不達權制<崔寔>
【拘民】こうみん(구민) 범죄로 구속된 백성. ¶出一解仇讐<管子>
【拘士】こうし(구사) 사물에 얽매여 융통성이 없는 사람.
【拘世】こうせい(구세) 세속에 구애됨. ¶一以議 寡人不之疑矣<商子>
【拘束】こうそく(구속) ①잡아 묶음. 자유를 빼앗는 일. ②벼슬, 도덕 등에 얽매여 자유를 얻지 못하는 일. ¶官家事一 安得攜手期<元

積＞ ③묶인 것 같아서 느긋한 여유가 없는 일. ④피의자나 피고인을 강제로 일정한 곳에 가두어 신체의 자유를 빼앗음.
【拘俗】こうぞく(구속) ①풍속에 휩쓸림. ②속정(俗情)에 이끌림.
【拘囚】こうしゅう(구수) 죄인을 가둠. 또는, 그 사람. 囚人(수인).
【拘礙】こうがい(구애) 거리낌. 「한 학자.
【拘儒】こうじゅ(구유) 융통성이 없는 유학자. 편협
【拘引】こういん(구인) ①체포하여 끌고 감. 拘致(구치). ②법원이 피의자를 심문하기 위하여 강제로 출두시키는 일. ¶一狀.
【拘制】こうせい(구제) 잡아 가두어 자유를 구속함. ¶一不還 以賣人法從事＜後漢書＞
【拘致】こうち(구치) 붙잡아 데리고 옴. 拘引(구인). 引致(인치).
【拘置】こうち(구치) 형사 피고인을 구속하여 일정한 곳에 머물러 있게 함. ¶一所.
▷牽一, 絆一, 不一, 囚一, 攣一, 執一

9【看】☞目部 4획(p.1058)

9【拏】拿(p.635)의 本字

5 8【拈】 집을 념·점 | (鹽)ㄋㄧㄢˊ (琰)(nian) | ねん *pick up*

(풀이)①집다. 손가락으로 집어 듦. ②따다. 꽃, 뽕잎 따위를 땀. ¶舍西柔桑葉可一＜杜甫＞
【拈出】ねんしゅつ(염출) ①집어 냄. 끄집어 냄. ②자구(字句)를 생각해 냄.
【拈香】ねんこう(염향) 향을 피움. 燒香(소향). ¶釋氏之作佛事 未嘗不以一爲先＜祖庭事苑＞
【拈華微笑】ねんげみしょう(염화미소)《佛》연꽃을 들자 미소 지었다는 뜻으로, 글자나 말에 의하지 않고 마음에서 마음으로 전하는 일. 석가모니가 연꽃을 따서 제자들에게 어떤 뜻을 암시하니 오직 가섭(迦葉)만이 그 뜻을 알고 소리없이 빙그레 웃었다는 옛일에서 유래. 拈花微笑(염화미소). 以心傳心(이심전심).

5 8【担】 [1]멜 담 [2]떨칠 단 [3]오를 걸 | (旱)ㄉㄢˇ (dan) (屑) | たん(ニナウ) *shoulder* けつ *rise*

(풀이)[1]메다. 擔의 俗字. [2]떨치다. 침. [3]오르다. 올림. (같)揭.
【担撟】けっきょう(걸교) 풍채가 좋고 의기가 떨침. 軒擧(헌거). ¶意恣睢以一＜楚辭＞
【担任】たんにん(담임) 어떤 일을 책임지고 맡아 봄. 또는, 그 사람. 擔任(담임).

5 8【拉】 꺾을 랍 | (合)ㄌㄚ (la) | ろう(クジク) *break off*

(풀이)①꺾다. 부러뜨림. ¶范雎一脅折齒於魏＜漢書＞ ②데려가다. 끌어감. ¶於是情好日密 相一總師＜諸葛亮＞/一致. ③바람 소리. ¶猋一雷厲＜揚雄＞
【拉枯】ろうこ(납고) ☞拉朽(납후).
【拉杯】(납배)(韓) 도자기를 만들 때, 손물레로 그릇의 목 부분을 본떠서 만드는 일.
【拉者】らじゃ(납자) Rajah · Raja의 음역(音譯). 인도의 귀족 또는 지주의 칭호.
【拉致】らっち(납치) 억지로 데리고 감.
【拉朽】ろうきゅう(납후) 썩은 나무를 꺾음. 어떤 일이 쉬움의 비유. 拉枯(납고). 摧朽(최후).
▷敲一, 批一, 靡一, 衛一, 摺一, 摧一, 擺一

5 8【抹】 바를 말 | (曷)ㄇㄛˇ ㄇㄛˋ (mo) | まつ(ヌル) *paint*

(源)會意·形聲. 손[扌]으로 문질러[末] 안 보이게 한다는 뜻.

(풀이)①바르다. 칠함. ¶亂曰塗 長曰一＜增韻＞/一銀. ②쓰다듬다. 문지름. 비빔. ¶轉腕攏絃促揮一＜李紳＞ ③지우다. ¶一消. ④화장하다. 단장함. ¶淡一濃妝得自由＜厐九疇＞ ⑤지나가다. ¶快馬輕衫來一一＜蘇軾＞ ⑥가루. 가루를 냄. (通)末. ¶細一清風＜傳燈錄＞ ⑦(韓) 말뚝. ¶一木.
【抹去】(말거) 지워 없앰. 말살함. 抹消(말소).
【抹樓下主】(말루하주)(韓) 상류층에 속하는 중년 이상의 부인을 높여 이르는 말. 마님.
【抹木】(말목)(韓) 말뚝.
【抹殺】まっさつ·まっさい(말살) 지워서 없앰. 아주 없앰. 殺은 조자(助字).
【抹消】まっしょう(말소) 기록된 것을 지워서 없앰. 抹去(말거). 「리띠.
【抹額】まつがく(말액) 헝겊으로 머리를 동여맴. 머
【抹銀】(말은)(韓) 도자기에 은가루 같은 것을 발라서 광택이 나게 함.
【抹紅】(말홍)(韓) 도자기 몸에 철적채료(鐵赤彩料)를 바르는 일.
▷濃一, 淡一, 塗一, 一一, 紅一

5 8【拇】 엄지손가락 무 | (有)ㄇㄨˇ (mu) | ぼ(オヤユビ) *thumb*

(풀이)엄지손가락. 또는, 엄지발가락. ¶駢一枝指出乎性哉＜莊子＞
【拇印】ぼいん(무인) 손도장. 엄지손가락으로 도장을 대신하여 찍는 일.
【拇指】ぼし(무지) 엄지손가락. 擘指(벽지).
▷駢一, 手一

5 8【拍】 [1]칠 박 [2]어깨뼈 박 | (陌)ㄆㄞ (藥)(pai) | はく(ウツ) *strike*

(풀이)[1]①치다. 두드림. ¶一手獨一 雖疾無聲＜韓非子＞ ②어루만지다. ¶撫一豪強＜後漢書＞ ③박자(拍子). ¶舞蝶似隨歌一轉 ＜方干＞ ④박(拍). 악기의 한 가지. ¶淺按紅牙一 ＜張羽＞ [2]어깨뼈. (通)膊. ¶饋食之豆其實豚一＜周禮＞

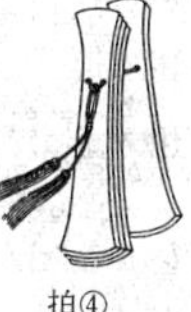
拍④
(淸會典圖)

【拍刀】はくとう(박도) ①쌍날칼. 긴 쌍날칼. ②매

우 긴 패도(佩刀).
【拍手】はくしゅ(박수) 손뼉을 침. 또는, 손뼉 소리.
【拍手喝采】はくしゅかっさい(박수갈채) 박수를 치며 환성을 올림.
【拍子】ひょうし(박자) ①곡조의 진행 시간을 헤아리는 단위. ②박. 춤이나 풍악의 시작과 끝에, 또는 곡조의 빠르기를 지휘하는 데에 쓰는 악기.
【拍掌大笑】はくしょうたいしょう(박장대소) 손뼉을 치며 크게 웃음.
【拍車】はくしゃ(박차) ①부딪쳐서 성벽 따위를 깨뜨리는 데 쓰는 수레. 衝車(충차). ②승마 구두 뒤축에 다는, 쇠로 만든 물건. 말이 달리게 하기 위하여 말의 배를 자극하는 기구. ③어떤 일의 촉진을 위해 더하는 힘.
【拍彈】はくだん(박탄) 갖가지 몸짓을 지으며 노래하는 놀이.
【拍板】はくばん(박판) 박자를 맞추기 위하여 치는 나무판.

拍板 (三才圖會)

▷歌—, 急—, 舞—, 節—, 彈—

5 8【拌】 버릴 반 | 圄ㄆㄢˋ (pan) | はん(ステル) *fling*

풀이 ①버리다. 내버림. ②쪼개다. 가름. 通判. ¶瞽瞍—五絃之瑟<呂覽> ③뒤섞다. 휘저어 섞음. ¶隨意—匀<遵生八牋>

5 8【拔】 1 뺄 발 2 빠를 발 3 성할 패 | 圄ㄅㄚˊ (ba) ばつ(ヌク) *draw* | 圕 ばつ(ハヤイ) | 㶅 はい

풀이 1 ①빼다. ㉮뽑다. ¶—茅茹以其彙<易經> ㉯공략(攻略)하다. 쳐서 빼앗음. ¶攻碭三日—之<漢書> ②빼어나다. ¶神采英—<南史> 2 ①빠르다. 빨리. 갑자기. ¶毋—來<禮記> ②쥐다. 잡음. ¶操—篲以侍門庭<莊子> ③머무르다. 삶. ¶—蘭堂<漢書> ④오늬. 화살의 머리를 시위에 끼도록 에어낸 부분. ¶舍—則獲<詩經> 3 성하다. 무성한 모양. ¶柞棫—矣<詩經>
【拔擧】ばっきょ(발거) 여러 사람 가운데서 뽑아 올림. 또는, 뽑아 씀. ¶—而不失其能<莊子>
【拔群】ばつぐん(발군) 여럿 가운데서 특별히 뛰어남. 拔萃(발췌)②. 傑出(걸출).
【拔都】ばっと①・ばって②(발도) ①용감하다는 뜻의 몽고어. ②칭기스칸의 손자.
【拔本】ばっぽん(발본) ①뿌리를 뽑음. 근원을 없앰. ②장사에서 본전을 뽑음.
【拔本塞源】ばっぽんそくげん(발본색원) 근본을 뽑고 근원을 막음. 곧, 원인을 철저하게 다스려 다시는 일어나지 못하게 함.
【拔山蓋世】ばつざんがいせい(발산개세) ☞力拔山氣蓋世(역발산 기개세).
【拔地倚天】ばっちいてん(발지의천) 땅 위에 높이 빼어나 하늘에 닿음. 시문(詩文) 따위가 뛰어나고 웅대함의 형용. ¶退之進學解 莫不—<錦字箋>
【拔抄】ばっしょう(발초) ☞拔萃(발췌).
【拔萃】ばっすい(발췌) ①필요한 부분만을 가려 뽑아 베낌. 또는, 그 기록. 拔抄(발초). ¶—案. ②여럿 가운데서 특별히 뛰어남. 拔群(발군).
【拔擢】ばったく・ばってき(발탁) 여럿 가운데서 특별히 골라내어 승진시킴. 抽擢(추탁).
【拔河】ばっか(발하) 줄다리기. 拖鉤(타구).
【拔解】ばっかい(발해) 당(唐)대에 선비를 기용하던 한 방법. 지방에서 관리 후보자를 시험하지 않고 중앙에 추천하던 일.
▷簡—, 攻—, 奇—, 不—, 選—, 英—, 挺—, 俊—, 進—, 徵—, 薦—, 卓—, 擇—, 海—

8【抜】 拔(p. 628)과 同字

8【拝】 拜(p. 628)의 俗字

5 9【拜】 절 배 | 圄ㄅㄞˋ (bai) | はい(オガム) *bow*

俗 拝

源 會意. 물건을 바칠 때처럼 두 손을 모아 머리를 숙임을 뜻함.

풀이 ①절. 절하다. ¶—禮. ②경의(敬意)를 나타내는 접두어. ¶—辭/—受. ③벼슬을 내리다. ¶至—大將 乃信也<史記> ④받다. ¶—恩私室<北史> ⑤이르다. 방문함. ¶高居限參—<韓愈> ⑥뽑다. ¶勿翦勿—<詩經> ⑦굽히다.
【拜家慶】はいかけい(배가경) 오래도록 헤어져 있던 어버이에게 돌아옴. 拜慶(배경). ¶明朝—須著老萊衣<孟浩然>
【拜見】はいけん(배견) ①귀인을 뵘. ¶敬—焉<史記> ②보다의 경어. 삼가 봄. ¶皇帝敬—焉<漢書>
【拜慶】はいけい(배경) ☞拜家慶(배가경).
【拜啓】はいけい(배계) 삼가 아룀. 편지의 첫머리에 쓰는 말. 謹啓(근계).
【拜階節】(배계절) 절하기 위하여 무덤 앞에 계절(階節)보다 한 층 낮추어서 평평하게 만든 땅. 拜除節(배제절).
【拜官】はいかん(배관) 벼슬아치가 됨. 임관(任官)됨.
【拜觀】はいかん(배관) ☞拜見(배견).
【拜跪】はいき(배궤) 무릎을 꿇고 절함. 跪拜(궤배).
【拜金】はいきん(배금) 돈을 지나치게 숭배함. ¶—思想.
【拜年】はいねん(배년) 새해를 축하함. 새해 인사를 함. 拜春(배춘).
【拜讀】はいどく(배독) 남의 글이나 편지 등을 삼가 읽음.
【拜冬】はいとう(배동) 동짓날의 하례(賀禮).
【拜覽】はいらん(배람) ☞拜見(배견).
【拜領】はいりょう(배령) 예물(禮物)을 받음.
【拜禮】はいれい(배례) 절을 함. 또는, 그 절.
【拜命】はいめい(배명) ①황송한 말씀에 감사함. ¶以爲君憂 —之辱<左氏傳> ②분부를 받음. 상명(上命)을 받음. ③관직에 임명됨.

【拜眉】はいび(배미) 삼가 뵘. 삼가 만나 봄. 拜顔(배안).
【拜伏】はいふく(배복) 엎드려 절함.
【拜捧】はいほう(배봉) ☞拜受(배수).
【拜俯】はいふ(배부) 엎드려 절함.
【拜賜】はいし(배사) 준 것을 삼가 받음.
【拜謝】はいしゃ(배사) 삼가 사례함.
【拜辭】はいじ(배사) ①삼가 작별을 고함. ②삼가 사절(謝絶)함. 삼가 사양함.
【拜上】はいじょう(배상) 삼가 올림. 편지 끝 자기 이름 아래에 쓰는 말.
【拜相】はいしょう(배상) 재상(宰相)에 임명됨.
【拜疏】はいそ(배소) 삼가 상소문을 올림.
【拜掃】はいそう(배소) 삼가 소분(掃墳)함. 拜墓(배묘). 省墓(성묘).
【拜送】はいそう(배송) 삼가 보냄.
【拜誦】はいしょう(배송) 삼가 읽음. 편지를 공경하는 마음으로 읽음. 拜讀(배독).
【拜手】はいしゅ(배수) 머리를 손이 있는 데까지 숙여서 절을 함.
【拜受】はいじゅ(배수) 삼가 받음. 拜領(배령).
【拜謁】はいえつ(배알) 웃사람을 삼가 만나 뵘.
【拜位】はいい(배위) ①관위(官位)를 삼가 받음. 곧, 임관(任官)됨. ②제사 따위에서 헌관(獻官)이 나아가 절하는 자리.
【拜揖】はいゆう·はいいつ(배읍) ①배례(拜禮)와 읍례(揖禮). ②두 손을 올렸다 내리거나 또는 두 손을 가슴에 대고 하는 절.
【拜章】はいしょう(배장) ①관직에 임명되었을 때, 삼가 받는다는 뜻으로 아뢰는 글. ②소임에 칭찬받고 위로받음을 고맙게 생각함.
【拜甎】(배전) 종묘나 사당(祠堂)의 배단(拜壇)에 깐 벽돌.
【拜呈】はいてい(배정) 물건을 보냄의 경어. 삼가 올림. 進上(진상).
【拜除】はいじょ(배제) 새로운 관직에 임명함.
【拜塵】はいじん(배진) 수레가 일으키는 먼지를 보고 절을 한다는 뜻으로, 귀인이나 권력가에게 아부하는 일. 진(晋)의 석숭(石崇)이 가밀(賈謐)에게 아첨하여, 그가 타고 가는 수레가 일으키는 먼지를 보고 절을 한 옛일에서 온 말.
【拜借】はいしゃく(배차) 삼가 차용함.
【拜稟】はいひん(배품) 삼가 아룀.
【拜披】はいひ(배피) 편지 따위를 삼가 펴 봄.
【拜賀】はいが(배하) 삼가 축하함.
【拜候】はいこう(배후) 찾아가 뵘. 문안(問安)함.
▷九—, 跪—, 謹—, 起—, 答—, 望—, 百—, 伏—, 俯—, 三—, 崇—, 迎—, 禮—, 遙—, 再—, 頂—, 除—, 參—, 趨—

5 8 【拚】 1 칠 변 2 날 번 3 쓸 분 | 霰 ㄆㄢˋ (pan) 元 ㄈㄢˋ 問 (fan) | へん(ウツ) strike はん(トブ) ふん

풀이 1 치다. ㉮손뼉을 치다. ㉯두 사람이 서로 치다. ¶—射壺博<左思> 2 날다. 나는 모양. ㊣翻. ¶—飛維鳥<詩經> 3 쓸다. 청소함. ¶旣—以俟矣<儀禮>

5 8 【拊】 어루만질 부 | 麌 ㄈㄨˇ (fu) | ふ(ナデル) stroke

풀이 ①어루만지다. 쓰다듬음. ¶—我畜我<詩經> ②치다. 가볍게 두드림. ¶予擊石—石<書經> ③손잡이. 자루. ¶弓則以左手 屈韣執—<禮記> ④붙다. ㊣附. ¶—譟踊躍<馬融> ⑤악기 이름. 소고(小鼓)와 모양이 비슷함.

拊 ⑤(禮器圖)

【拊髀】ふひ(부비) ①넓적다리를 툭 침. ②떨쳐 일어나는 모양. ③몹시 기뻐하는 모양. ④비분 강개하는 모양.
【拊循】ふじゅん(부순) 어루만져 위안함. 위무(慰撫)함. ¶—百姓<漢書>
【拊膺】ふよう(부응) 가슴을 어루만짐의 뜻으로, 분개하는 모양 또는 슬퍼하는 모양. 拊心(부심). ¶無揮涕 無—<孔子家語>
▷搏—, 慰—, 捶—

5 8 【拂】 1 떨 불 2 도울 필 | 物 ㄈㄨˊ (fu) 質 ㄅㄧˋ (bi) | ふつ(ハラウ) sweep ひつ (タスケル)

풀이 1 ①떨다. ㉮먼지 따위를 떨다. ¶—髦<禮記> ㉯떨어 버리다. 떨어 없앰. ¶—其惡<太玄經> ②추어 올리다. 걷음. ¶—衣從之<國語> ③닦다. 훔침. ¶長袂—面<楚辭> ④먼지떨이. 총채. ¶麈尾蠅— 是王謝家許<南史> ⑤도리깨. ¶必躬載—<漢書> ⑥거스르다. ¶—於耳<漢書> ⑦어기다. 어긋남. ㊣弗咈. ¶是謂—人之性<大學> ⑧바로잡다. ¶—世矯俗<漢書> ⑨㊅ 치르다. 값을 건네줌. ¶支—. 2 ①돕다. ㉰弼. ¶匡—天子<漢書> ②바람이 부는 모양.
【拂旦】ふったん(불단) 동틀 무렵. 새벽. 拂曙(불서). 拂曉(불효). 黎明(여명).
【拂菻】ふつりん(불림) 중국에서의 동로마 제국을 이름. 君士坦丁諾潑凝(Constantinople)의 약칭인 潑凝의 변음.
【拂曙】ふっしょ(불서) ☞拂旦(불단).
【拂袖】ふっしゅう(불수) ①소매를 스침. ¶花飛—荷香入衣<梁元帝> ②결연히 떠나는 모양.
【拂鬚】ふっしょく(불수) 남의 수염의 먼지를 떨어 준다는 뜻으로, 상관에게 아첨함을 이르는 말. ※拜塵(배진).
【拂拭】ふっしょく(불식) ①떨고 훔침. ②기물을 사용할 때는 반드시 떨고 훔치는 데서, 임금의 총애를 받음을 이름. ¶—朝君王垂—<李白>
【拂衣】ふつい(불의) ①옷자락을 추어올림. 떨쳐 일어나는 모양. ②옷의 먼지를 떪. ③결연히 떠나는 모양. ④은자(隱者)가 됨. ¶—五湖裏<謝靈運>
【拂入】(불입) 치를 돈을 치름. ¶—金.

【拂子】ほっす (불자) ①먼지떨이. 총채. 拂塵(불진)②. ②《佛》 중이 번뇌나 장애를 물리치는 표지로 쓰는 총채.

【拂塵】ふつじん (불진) ①티끌을 떪. ②먼지떨이. 拂子(불자)①.

【拂天】ふってん (불천) 하늘을 떤다는 뜻으로, 하늘을 찌를 듯이 매우 높음을 이르는 말.

【拂枕席】(불침석) 침석을 깨끗이 떤다는 뜻으로, 남의 시중 듦을 이르는 말.

拂子
(三才圖會)

【拂下】ハライサゲ (불하) 관공서에서 일반인에게 공유물을 팔아넘기는 일.

【拂曉】ふつぎょう (불효) ☞拂旦(불단).

【拂士】ひっし (필사) 정도(正道)로써 임금을 보필하는 현사(賢士). 弼士(필사).

▷擊一, 洗一, 掃一, 拭一, 除一, 支一

5 8〖押〗 ①누를 압 ②단속할 갑 | ㄧㄚ (ya) | おう(スス) press こう

풀이 ①①누르다. 通壓. ¶便以石一其頭<晉書> ②수결. 문서의 증명이나 확인을 위한 서명(署名). ¶必先書一而後報行<宋史> ③감독하다. 관리함. ¶分司一事<唐書> ④시(詩)에 운(韻)을 달다. ¶平韻可重一<滄浪詩話> ⑤도장. 인장(印章). ⑥도장을 찍다. ⑦억지로 하다. ¶一送. ②①단속하다. 검속(檢束)함. ¶檢一. ②겹치다. 서로 잇닿음. ¶羽檄重迹而一至<漢書>

【押交】(압교) 죄인을 압송함. 押附(압부).

【押券】おうけん (압권) 서명한 문서.

【押權】(압권)㊥ 저당권(抵當權).

【押捺】おうなつ (압날) 도장을 찍음. 捺印(날인).

【押頭】おうとう (압두) 서적의 제첨(題簽).

【押留】(압류) 특정 유체물(有體物)이나 권리에 대한 사인(私人)의 처분을 국가 권력으로 금하는 일.

【押附】オシツケ (압부) ☞押交(압교).

【押署】おうしょ (압서) 도장을 찍고 이름을 씀. 서명 날인함.

【押送】おうそう (압송) 죄인을 어떤 곳에서 다른 곳으로 호송(護送)함.

【押收】おうしゅう (압수) 관리가 직권으로 증거물이나 국민의 재산을 거두어들이는 강제처분.

【押韻】おういん (압운) 시(詩)에 운(韻)을 닮. 押字(압자)②.

【押印】おういん (압인) 도장을 찍음.

【押字】おうじ (압자) ①수결(手決). 花押(화압). ②압운(押韻).

【押釘】(압정) 손가락으로 눌러 박는 대가리가 납작한 쇠못.

▷監一, 檢一, 拱一, 署一, 御一, 典一, 差一, 判一, 花一

8〖扼〗 扼(p.621)과 同字

8〖抴〗 拽(p.636)와 同字

5 8〖拗〗 ①꺾을 요 ②비뚤 요 ③누를 욱 | ㄠˇ (ao) ㄋㄧㄡˋ (niu) | おう, よう (クジク) break off おう, よう いく

俗抝

풀이 ①꺾다. 부러뜨림. ¶一矢折矛<尉繚子> ②①비뚤다. 마음이 비뚤어짐. ¶天資亦有一强處<朱子語類> ②비틀다. ¶風一藤枝脫樹<唐時升> ③어기다. ¶和蠻歌字一<元稹> ③누르다. 억누름. ¶乃一怒而少息<班固>

【拗體】おうたい (요체) 한시(漢詩)의 한 체(體). 일정한 평측(平仄)의 규칙에 의하지 않는 근체시(近體詩).

▷執一, 摧一

5 8〖抭〗 퍼낼 요 | よう(クム) ladle out

5 8〖抵〗 ①거스를 저 ②칠 지 | ㄉㄧˇ (di) | てい(コバム) disobey し(ウツ)

풀이 ①①거스르다. 거절함. ¶一曰 無有是事<漢書> ②닥뜨리다. 부딪침. 通牴. ¶作角一戲<史記> ③이르다. 다다름. 通底. ¶一九原<史記> ④딸리다. 부속됨. ¶一營室<史記> ⑤의지하다. 通邸. ¶去一父客<史記> ⑥해당하다. 상당함. ¶傷人及盜一罪<史記> ⑦던지다. 通擿. ¶因毁以一地<後漢書> ⑧속이다. 通詆. ¶一言於長陽街上得之 <後漢書> ⑨근본. 뿌리. 通柢. ¶買者各從其一<周禮> ②치다. 손으로 침. 같抵. ¶奮髯一几<漢書>

【抵當】ていとう (저당) ①저항함. ②채무(債務)의 담보물. ¶一權/一物.

【抵到】(저도)㊥ 도착함.

【抵冒】ていぼう (저모) 거슬러 어김. 또는, 법을 어김.

【抵法】ていほう (저법) 법에 저촉됨.

【抵死爲限】(저사위한) 죽기를 작정하고 굳세게 저항함.

【抵言】ていげん (저언) 속여 말함. ¶一於長壽街上得之<後漢書>

【抵捂】ていご (저오) 서로 어긋남. 서로 모순됨. 抵觸(저촉)①.

【抵擲】ていてき (저척) ☞投擲(투척).

【抵觸】ていしょく (저촉) ①맞닥뜨려 어긋남. 抵捂(저오). ②거리낌. 장애(障礙).

【抵瑕】ていか (저하) 남의 단점을 지적함.

【抵抗】ていこう (저항) ①맞서서 겨룸. 대듦. 抵敵(저적). ②버팀. 견디어 냄. ¶一線. ③두 물체가 서로 작용하는 힘. 또는, 도체(導體)가 전류의 흐름을 거스르는 성질.

【抵項】ていこう (저항) 세금 미납에 대한 재산몰수.

【抵國】ていこく (지국) 앞뒤로 큰 나라에 끼여 눌려 있는 작은 나라. 근심이 떠나지 않는 나라.

【抵掌】ていしょう (지장) 손뼉을 침. 신나게 이야기하는 모양.

▷角一, 觳一, 過一, 大一

5
8〖拙〗 못날 졸 | 屑ㄓㄨㄛˊ (zhuo) | せつ(ツタナイ) *inferior*

풀이①못나다. ㉮솜씨가 서투르다. ¶大巧若—<老子> ㉯재주가 없다. 어리석음. ¶理弱而媒—兮<楚辭> ㉰못하다. 뒤떨어짐. ¶白石又太—<陸龜蒙> ②운이 나쁘다. ¶益歎身世—<杜甫> ③쓸모 없다. ¶鐵劍利而倡優—<史記> ④자신의 것에 대한 겸칭. ¶自稱妻曰—荆<類書纂要>

【拙稿】せっこう(졸고) ①졸렬하게 쓴 원고. ②자기가 쓴 원고의 겸칭.
【拙工】せっこう(졸공) 서투른 공인(工人).
【拙巧】せっこう(졸교) 졸렬함과 교묘함. 巧拙(교졸).
【拙鳩】せっきゅう(졸구) 비둘기를 이름. 비둘기는 집짓는 것이 몹시 서투른 데서 온 말. 拙鳥(졸조).
【拙衲】(졸납)《佛》중이 자기를 일컫는 겸칭. 소승(小僧). 拙僧(졸승). 貧道(빈도).
【拙劣】せつれつ(졸렬) 서투르고 옹졸함.
【拙老】せつろう(졸로) 늙은이가 자신을 일컫는 겸칭.
【拙論】せつろん(졸론) ①보잘 것 없는 언론. ②자기 언론의 겸칭.
【拙妄】(졸망) 옹졸하고 잔망(孱妄)함.
【拙文】せつぶん(졸문) ①졸렬한 글. ②자기 글의 겸칭.
【拙甫】(졸보) 재주가 없고 졸망한 사람을 얕잡아 이르는 말.
【拙夫】せっぷ(졸부) ①편지 등에서, 아내에 대한 남편의 자칭. ②졸렬한 남편. 또는, 자기 남편을 남에게 이를 때의 겸칭. ③졸장부(拙丈夫)의 준말.
【拙速】せっそく(졸속) 서투르나 빠름.
【拙僧】せっそう(졸승) ☞拙衲(졸납).
【拙影】せつえい(졸영) 자기를 낮추어 자신의 사진이나 초상을 이르는 말.
【拙詠】せつえい(졸영) ①서투른 시가. ②자기가 지은 시가의 겸칭. 拙吟(졸음).
【拙吟】(졸음) ☞拙詠(졸영).
【拙作】せっさく(졸작) ①졸렬한 작품. ②자기 작품의 겸칭.
【拙將】せっしょう(졸장) 능력이 모자라는 대장.
【拙掌】せっしょう(졸장) 서투른 손. 서투른 필적을 이름.
【拙丈夫】(졸장부) 용렬한 사나이. 拙夫(졸부)③.
【拙著】せっちょ(졸저) ①졸렬한 저술. ②자기 저술의 겸칭.
【拙策】せっさく(졸책) 졸렬한 계책. 拙計(졸계). 拙謀(졸모).
【拙妻】せっさい(졸처) ①자기 아내의 겸칭. 山妻(산처). 荊妻(형처). ②남편에 대한 아내의 겸칭.
【拙品】せっぴん(졸품) ①졸렬한 작품이나 물품. ②자기 작품이나 물품의 겸칭.
【拙筆】せっぴつ(졸필) ①졸렬한 글씨. ②자기 글씨의 겸칭.
▷工—, 巧—, 樸—, 鄙—, 守—, 壅—, 頑—, 迂—, 愚—, 藏—, 醜—, 稚—

5
8〖拄〗 버틸 주 | 麌ㄓㄨˇ (zhu) | ちゅ(ササエル) *prop*

풀이①버티다. 굄대를 세움. ¶修劍—頤<戰國策> ②거절하다. 거부함. ¶連—五鹿君<漢書> ③손가락질하다. ¶使當心——<傳燈錄>

【拄杖】ちゅじょう(주장) ①지팡이. ②지팡이를 짚음.
【拄杖子】ちゅじょうし(주장자)《佛》중이 좌선이나 설법할 때 지니는 지팡이.
▷支—, 撐—

5
8〖抮〗 되돌릴 진 | 軫ㄓㄣˇ (zhen) | しん(モドス) *whirl*

풀이①되돌리다. 휘돌림. ¶扶搖—抱 羊角而上<淮南子> ②붙다. 달라붙음. ¶雖天地覆育 亦不與之—抱矣<淮南子>

5
8〖抶〗 매질할 질 | 質ㄔˋ (chi) | ちつ(ムチウツ) *whip*

풀이매질하다. 종아리를 때림. ¶—其僕以徇<左氏傳>

8〖拃〗 搾(p.638)의 俗字

5
8〖拓〗 1넓힐 척 本탁 2박을 탁 | 藥ㄊㄨㄛˋ (tuo) 藥ㄊㄚˋ (ta) | たく(ヒラク) たく *print*

풀이1①넓히다. 개척함. ¶恢—境宇<後漢書> ②불우(不遇)하다. ¶—落. 2①박다. ¶—本. ②밀다. 밀침. ㉠托. ¶——纖痕更不收<李山甫>

【拓落】たくらく(척락←탁락) ①불우함. 영락(零落)함. 落魄(낙백). ②광대(廣大)한 모양. ③매조지가 없는 모양.
【拓殖】たくしょく(척식) 땅을 개척하며 백성을 이주시킴. 개간(開墾)과 식민(植民). 拓植(척식).
【拓地】たくち(척지) 땅을 개척함. 영토(領土)를 넓힘.
【拓跋】たくばつ(탁발) ①2세기 무렵 흥안령(興安嶺) 지방에 살던 선비족(鮮卑族)의 한 부족. 386년에 산서성(山西省)에 들어가 북위(北魏)를 세움. 托跋(탁발). ②복성(複姓).
【拓本】たくほん(탁본) 금석(金石)에 새긴 글씨나 그림을 종이에 박아냄. 또는, 그 종이. 搨本(탑본).
▷干—, 開—, 落—, 修—

5
8〖招〗 1부를 초 2들 교 3악곡 이름 소 | 蕭ㄓㄠ (zhao) 蕭ㄑㄧㄠˊ 蕭(qiao) | しょう(マネク) *call, invite* きょう しょう

풀이1①부르다. ㉮손짓하여 부르다. ¶以手曰— 以言曰召<楚辭> ㉯초래하다. 오게 함. ¶滿—損<書經> ②구(求)하다. ¶將—權而爲亂首矣<漢書> ③묶다. 通紹. ¶又從而—之<孟子> ④과녁. 通的. ¶共射其——<呂覽> 2①들다. 通撟. ㉮들어 올리다. ¶操其觚—其末<淮南子> ㉯말하다. 초듦. ¶好盡言 以—人過<國語> ②높

다. 높이 오름. (通)翹. ¶諸族樂人 兼雲一<漢書> 3악곡 이름. 순(舜)의 음악. (같)韶. ¶舜作一<漢書>
【招過】しょうか(교과) 잘못을 낱낱이 듦.
【招諫匭】しょうかんき(초간궤) 신하가 자유로이 간언할 수 있게 마련해 놓은 투서함.
【招客】しょうきゃく(초객) 손을 초대함. 또는, 초대한 손. 招人(초인)①.
【招待】しょうたい(초대) 불러서 대접함.
【招來】しょうらい(초래) ①불러서 옴. ②어떤 결과를 가져오게 함.
【招募】しょうぼ(초모) 불러 모음. 또는, 그 병사.
【招撫】しょうぶ(초무) 불러서 무마함. 귀순시킴.
【招辟】しょうへき(초벽) 어진 사람에게 벼슬을 주기 위하여 불러 옴.
【招兵】しょうへい(초병) 병사를 불러 모음.
【招聘】しょうへい(초빙) 예를 갖추어 부름.
【招世之士】しょうせいのし(초세지 사) 충량(忠良)한 사람을 추천하고 훌륭한 인물을 초치(招致)하는 사람. 또는, 초요(招搖)하는 선비. ¶一興朝 中民之士營官<莊子>
【招召】しょうしょう(초소) 사람을 부름. 招는 손짓하여 부름, 召는 말로써 부름.
【招尋】しょうじん(초심) ①부름. 초대함. ②방문함. 찾음. ¶物外狎一<駱賓王>
【招安】しょうあん(초안) ①나쁜 짓 하는 사람을 불러 달래어 편히 살게 해 줌. ②죄를 용서함. 또는, 은사(恩赦)를 공포함.
【招延】しょうえん(초연) 불러들임. 모집함. 招引(초인)①.
【招獄】(초옥)(韓) 죄상을 밝히려고 문초함.
【招要】しょうよう(초요) 불러서 요구함. 불러 맞이함.
【招搖】しょうよう(초요) ①별 이름. 북두 칠성의 일곱째 별. 搖光(요광). ②기지개를 켜는 모양. ③일정한 곳 없이 슬슬 거닐어 돌아다님. 逍遙(소요). ④군기(軍旗)의 이름. 북두 칠성을 그렸음. ⑤말을 퍼뜨림. 이름을 거짓으로 꾸밈. ¶令奸黨四出一聲勢<福惠全書> ⑥받음. 영수함. ⑦산 이름. ⑧신(神) 이름.
【招搖旗】しょうようき(초요기) 전진(戰陣)에서나 행군할 때에, 대장이 장수들을 부르거나 지휘 호령하는 신호로 쓰던 기.
【招諭】しょうゆ(초유) 불러서 타이름. 召諭(소유).
【招人】しょうじん(초인) ①☞招客(초객). ②사람을 부름. ¶一鐘.
【招引】しょういん(초인) ①☞招延(초연). ②(韓) 죄인이 남을 끌어넣음. (中) 초대장.
【招子】しょうし(초자) ①사람을 찾는 광고판. ②오게 함.
【招刺】しょうし(초자) 불러서 뽑아올림. ¶命一三千人 賜名必勝軍<宋史>
【招提】しょうだい(초제) 절. 사찰(寺刹).
【招請】しょうせい·しょうじょう(초청) 청하여 부름. ¶一狀.
【招招】しょうしょう(초초) 손짓하여 부르는 모양. 또는, 큰 소리로 부르는 모양. ¶一舟子 人涉卬否<詩經>
【招致】しょうち(초치) 불러옴.
【招牌】しょうはい(초패) 간판.
【招魂】しょうこん(초혼) 죽은 사람의 혼을 불러 돌아오게 함.
【招魂祭】しょうこんさい(초혼제) 죽은 사람의 혼령을 위로하기 위해 지내는 제사.
【招禍】しょうか(초화) 화를 부름. 화를 자초함. 召禍(소화).
【招喚】しょうかん(초환) ☞召喚(소환).
【招還】しょうかん(초환) ☞召還(소환).
▷供一, 目挑心一, 問一, 徵一

5/8【抽】 뺄 추 | (九)イヌ (chou) | ちゅう(ヌク) *draw out*

풀이 ①빼다. ㉮뽑다. 뽑아냄. ¶一矢取<左氏傳> ㉯제거하다. 없앰. ¶言一其棘<詩經> ②당기다. 잡아당김. ¶挈水若一<莊子> ③싹트다. ¶木以秋零 草以春一<束皙> ④거두다. 거두어들임. ¶群綸一緖<太玄經> ⑤찢다. ¶不一屋<左氏傳>
【抽匣】ちゅうこう(추갑) 서랍. 抽斗(추두).
【抽拔】ちゅうばつ(추발) 골라서 뽑음. 발탁(拔擢)함.
【抽象】ちゅうしょう(추상) 낱낱의 다른 구체적 관념 속에서 공통되는 부분을 빼내어 이를 종합·통일하여 다시 한 관념을 만드는 일. 또는, 그 심리 작용. ¶一美. ↔具象(구상)·具體(구체).
【抽賞】ちゅうしょう(추상) 여럿 가운데서 뽑아 기림. 抽獎(추장).
【抽牲御使】(추생어사) 조선 때 정치의 잘잘못과 백성의 고락을 살피기 위하여 임금이 비밀히 파견하던 사자(使者). 그 분담 구역을 제비뽑기로 정한 데서 온 이름.
【抽獎】ちゅうしょう(추장) ☞抽賞(추상).
【抽籤】ちゅうせん(추첨) 제비를 뽑음. 제비뽑기.
【抽出】ちゅうしゅつ(추출) 뽑아냄. 빼냄.
【抽擢】ちゅうたく(추탁) ☞拔擢(발탁).
【抽脅】ちゅうきょう(추협) 갈비의 힘줄을 뽑아내는 형벌.
【抽黃對白】(추황대백) 황색·백색 등의 아름다운 빛깔을 배합한다는 뜻으로, 교묘한 문구를 써서 사륙 변려체(四六騈儷體)의 글을 지음을 이르는 말.
▷芽一, 花一

5/8【拖】 끌 타 | (歌)ㄊㄨㄛ (tuo) | た(ヒク) *drag*

풀이 ①끌다. ㉮끌어당기다. ¶加朝服一紳<論語> ㉯미루다. 지연함. ¶一過. ②풀어놓다. ¶縱體一髮<淮南子> ③빼앗다. ¶一其衣被<淮南子> ④던지다. ¶一諸脟<禮記>
【拖過】たか(타과) 기한을 끎. 拖去(타거).
【拖鉤】たこう(타구) 줄다리기. 拔河(발하).
【拖曳】たえい(타예) 끎. 잡아당김.
【拖紫】たし(타자) 자색 인수(紫色印綬)를 함. 고관이 됨. 출세함.

8【拕】 拖(p. 632)와 同字

5/8【拆】 터질 탁 | (陌)ㄔㄞ (chai) | たく(サク) *split*

풀이 터지다. 조갬. ¶不一不副<詩經>
【拆字】たく(탁자) 점(占)의 한 가지. 한자를 편(偏)·방(旁)·관(冠)·각(脚) 등으로

나누고, 그 뜻에 의하여 길흉을 점치는 일. 「松」을 「十八公」, 「貨泉」을 「白水眞人」으로 부르는 따위.

8〖抬〗 1 笞(p. 1128)와 同字 2 擡(p. 669)의 俗字

5 8〖抨〗 탄핵할 평 | 庚 ㄆㄥ (peng) | ほう(ハジク) *impeach*

풀이 ①탄핵하다. ¶其意不樂彈一事＜唐書＞ ②…하게 하다. 사역 조사. ¶一雄鳩以作媒兮＜漢書＞

5 8〖抱〗 1 안을 포 2 던질 포 | 號 ㄅㄠˋ (bao) 肴 | ほう(イダク) *embrace* ほう(ステル) *throw*

源 **會意·形聲.** 包는 아이를 가진 모양의 상형 문자. 手와 아울러 손으로 감싸듯이 안음을 뜻함.

풀이 1 ①안다. ㉮껴안다. ¶互一馬脚不得行＜後漢書＞ ㉯알을 품다. 通 孚. ㉰둘러싸다. ¶鬱律衆山一＜獨孤及＞ ㉱가지다. ¶是一空質也＜戰國策＞ ②지키다. ¶一義而處＜禮記＞ ③받들다. ¶周公一少主而成之＜呂覽＞ ④품. 가슴. ¶三年乃免于懷一＜後漢書＞ ⑤마음. 생각. ¶區區丹一 不負夙心＜宋書＞ 2 던지다. 버림. 같 拋. ¶姜嫄生后稷 一之山中＜史記＞

【抱關擊柝】ほうかんげきたく(포관격탁) 문지기와 야경꾼. 비천한 구실.

【抱龍丸】(포룡환) 열로 인하여 생기는 경풍(驚風)에 쓰는 환약.

【抱朴子】ほうぼくし(포박자) ①진(晋)의 갈홍(葛洪)이 지은, 도교의 이론서. 내편(內篇)은 주로 신선(神仙)·토납(吐納)의 술(術)을, 외편(外篇)은 시세(時世)와 인사(人事)를 논함. 8권. ②갈홍의 호(號).

【抱病客】ほうびょうきゃく(포병객) 늘 병을 지니고 있는 사람. 病客(병객).

【抱腹絶倒】(포복절도) 배를 그러안고 넘어진다는 뜻으로, 몹시 웃음을 이르는 말. 봉복절도(捧腹絶倒)가 바른 말.

【抱負】ほうふ(포부) ①안고 업고 함. ②품고 있는 계획이나 의지.

【抱玉】ほうぎょく(포옥) 옥을 품고 있다는 뜻으로 마음에 지(智)·덕(德)을 지니고 있음의 비유. 抱璞(포박).

【抱玉哭】ほうぎょくこく(포옥곡) 억울한 일로 인해 우는 일. 초(楚)의 변화(卞和)가 옥을 얻어 회왕(懷王)에게 바쳤다가 가짜로 오인(誤認)되어 도리어 형벌을 받은 옛일에서 온 말. ※和氏之璧(화씨지 벽).

【抱擁】ほうよう(포옹) 껴안음. 抱合(포합)①.

【抱怨】ほうえん(포원) 원한을 품음.

【抱一】ほういつ(포일) 하나를 품음. 도(道)를 보전하여 지킴. ¶聖人一爲天下式＜老子＞

【抱主】(포주) ①기둥서방. ②창기(娼妓)를 두고 영업하는 주인.

【抱柱】ほうちゅう(포주) 신의(信義)를 지킴. 미생(尾生)이 여자와 다리 밑에서 만나기로 약속했는데, 여자는 오지 않고 갑자기 내린 비로 물이 불어 마침내 다리 기둥을 안고 죽었다는 옛일에서 온 말. ※ 尾生之信(미생지 신).

【抱合】ほうごう(포합) ①☞抱擁(포옹). ②서로 다른 종류의 물질이 성질상의 변화 없이 결합하는 일.

【抱懷】ほうかい(포회) ☞懷抱(회포).

▷襟一, 辛一, 掩一, 連一, 擁一, 遠一, 乳一, 塵一, 合一, 孩一, 懷一, 携一

5 8〖抪〗 퍼질 포 | 遇 ㄅㄨ (bu) | ほ(ヒロガル) *spread out*

풀이 ①퍼지다. 흩어짐. ¶塵埃一覆＜漢書＞ ②깔다. 폄. 通 敷.

5 8〖拋〗 1 던질 포 2 전차 포 | 肴 ㄆㄠ (pao) 效 | ほう(ナゲウツ) *throw*

풀이 1 ①던지다. ¶偶一瓦礫＜指月錄＞ ②버리다. ¶同一財産＜後漢書＞ 2 전차(戰車). 투석(投石)에 쓰는 전차의 일종. ¶列一車 飛大石＜唐書＞

【拋車】ほうしゃ(포거) 옛날, 전쟁 때 돌을 던지기 위하여 쓴 수레. 霹靂車(벽력거).

【拋毬樂】(포구락) 고려 때부터 시작된, 나라 잔치 때 추던 춤. 12명이 여섯 패로 나뉘어 춤을 추다가 포구문으로 용알을 던져 넘기는 내기를 함.

(포구악) 곡조 이름. 포구락 때 연주하는 악곡.

【拋棄】ほうき(포기) ①내버림. ②자기의 권리를 버리고 행사하지 아니함.

【拋物】ほうぶつ(포물) 물건을 집어던짐.

【拋物線】ほうぶつせん(포물선) 원추 곡선(圓錐曲線)의 하나. 평면상의 한 정점(定點)과 한 정직선(定直線)에서 같은 거리에 있는 모든 점을 연결한 곡선.

5 8〖披〗 1 나눌 피 2 찢을 피 3 관줄 피 | 支 ㄆㄧ (pi) 紙 寘 | ひ(ワケル) *divide* ひ(サク)

풀이 1 ①나누다. 쪼갬. ¶一其地＜左氏傳＞ ②열다. ¶一重壤以誕載兮＜嵇康＞ ③입다. 옷을 걸침. 通 被. ¶一裘曳索＜唐書＞ ④쓰러지다. 쏠리어 넘어짐. ¶科斗拳身薤倒一＜韓愈＞ ⑤펴다. 펼침. ¶手不停一於百家之編＜韓愈＞ ⑥들추어내다. ¶一抉其閨門而殺之＜漢書＞ 2 찢다. 쪼갬. ¶一其木＜史記＞ 3 관줄. 운구(運柩)할 때, 널을 들 수 있도록 감는 끈.

【披肝】ひかん(피간) 간장(肝臟)을 엶. 심중을 털어놓음.

【披見】ひけん(피견) 책이나 편지 따위를 펴서 봄. 披覽(피람).

【披款】ひかん(피관) 진심을 털어놓음.

【披襟】ひきん(피금) 본심을 털어놓음.

【披覽】ひらん(피람) ☞披見(피견).

【披瀝】ひれき(피력) 열어서 쏟음. 마음 속을 조

금도 숨김 없이 털어놓음.
【披露】ひろう(피로) ①속마음을 털어놓음. 披瀝(피력). ②일반에게 널리 알림. ¶一宴. ③파헤침. 폭로함.
【披離】ひり(피리) ①산산조각이 남. ②지엽(枝葉)이 어지럽게 흩어지는 모양.
【披麻】ひま(피마) 화법(畫法)의 하나. 삼[麻]의 잎을 편 것처럼 돌의 주름을 그리는 일. 또는, 그 주름.
【披靡】ひび(피미) ①초목이 바람에 불리어 한편으로 쓰러지는 모양. ②위력이나 권세에 눌리어 모두 굴복함. ¶漢軍皆一＜史記＞
【披服】ひふく(피복) 옷을 입음. 또는, 옷. 被服(피복).
【披腹】ひふく(피복) 속마음을 엶. 진정을 보임.
【披攘】ひじょう(피양) 초망(草莽)을 헤쳐 국토를 평정함.
【披針】ひしん(피침) 곪은 데를 째는 침. 바소. 披鍼(피침). ¶一形.
【披懷】ひかい(피회) 흉금을 털어놓음.
▷霧一, 拜一, 分一, 離一, 昌一, 風一

8〖拡〗 擴(p. 672)의 略字

10〖挙〗 擧(p. 668)의 略字

6 9〖挌〗 칠 격 | 陌 ㄍㄜˊ (ge) | かく(ウツ) *hit*

6 9〖拷〗 칠 고 | 皓 ㄎㄠˇ (kao) | ごう(ウツ) *beat*

源 會意・形聲. 考는 고부장한 노인 또는 궁구(窮究)함을 뜻하며 음부(音部)를 이룸. 手와 아울러, 쳐서 구문(究問)함을 뜻함.
풀이 ①치다. 자백받기 위하여 침. ②빼앗다.
【拷供】ごうきょう(고공) 억지로 자백시킴.
【拷掠】ごうりょう(고략) ☞拷問(고문).
【拷問】ごうもん(고문) 자백을 시키기 위하여 고통을 주는 일. ¶一致死.
【拷殺】ごうさつ(고살) 고문하여 죽임.

6 9〖拱〗 1 두 손 맞잡을 공 2 보옥 공 | 腫 ㄍㄨㄥˇ (gong) 图 | きょう(コマヌク) *join hands*

源 會意・形聲. 共은 두 손을 모아 물건을 받드는 모양. 또 음부(音部)를 이룸. 手와 아울러, 손을 모음을 뜻함.
풀이 1 ①두 손을 맞잡다. ㉮두 손을 들어 가슴 앞에서 맞잡음. ¶子路一而立＜論語＞ ㉯팔짱을 지르다. ¶垂一而天下治＜書經＞ ②껴안다. ¶交一之木＜淮南子＞ ③아름. 두 팔을 벌려 안을 정도의 둘레. ¶一把之桐梓＜孟子＞ ④두르다. 빙 둘러치다. ¶衆星一北辰＜傅玄＞ 2 보옥(寶玉). 通珙.
【拱稽】きょうけい(공계) 병적(兵籍)과 병장기(兵仗器) 장부를 관장함.
【拱木】きょうぼく(공목) ①한 아름이나 되는 큰 나무. ②무덤에 심은 나무.
【拱璧】きょうへき(공벽) 두 손으로 안을 정도로 커다란 보옥.

拱璧(古玉圖)

【拱手】きょうしゅ(공수) ①두 손을 겹쳐 모아 하는 절. 길사(吉事)에는 남자는 왼손, 여자는 오른손을 앞으로 하고, 흉사에는 그 반대로 함. ②팔짱을 끼고 아무 일도 하지 아니함.
【拱辰】きょうしん(공신) 뭇 별이 북극성을 향한다는 뜻으로, 사방의 백성이 임금의 덕을 따름의 비유.
【拱揖】きょうゆう(공읍) 두 손을 맞잡고 가볍게 머리를 숙여 인사함. 또는, 그 예(禮).
▷端一, 墓木已一, 拜一, 盈一, 把一, 合一

6 10〖桊〗 수갑 공 | 腫 | きょう(テカセ) *handcuffs*

풀이 수갑. 두 손을 나무에 묶어두는 고랑. ¶上罪梏一而桎＜周禮＞

6 9〖括〗 묶을 괄 | 曷 ㄍㄨㄚ (gua) | かつ(ククル) *bind*

풀이 ①묶다. ㉮다발을 짓다. ¶向也一而今也被髮＜莊子＞ ㉯망라하다. 통합함. ¶總一古今＜北史＞ ②단속하다. 감독함. ¶鑄錢一苗＜唐書＞ ③담다. ¶囊一四海之意＜賈誼＞ ④오늬. 通筈. ⑤다다르다. 모임. ¶羊牛下一＜詩經＞ ⑥궁구(窮究)하다. 헤아림. ¶隱一足以矯時＜蔡邕＞
【括囊】かつのう(괄낭) 주머니의 주둥이를 묶는 것처럼 침묵함.
【括髮】かっぱつ(괄발) 삼[麻]으로 머리를 묶음. 옛 상례(喪禮)의 하나.
【括約】かつやく(괄약) 모아서 한데 합침.
【括弧】かっこ(괄호) 말이나 글 또는 산식(算式)을 한데 묶기 위하여 쓰는 부호. ( ), [ ], 〔 〕, 「 」 따위.
▷概一, 囊一, 收一, 一一, 總一, 統一, 包一

6 9〖挂〗 1 걸 괘 2 나눌 규 | 卦 ㄍㄨㄚˋ 齊 (gua) | かい(カケル) *hang* けい

풀이 1 ①걸다. 걸림. ¶一於季指＜儀禮＞ ②건너다. 통과함. ¶星橋北一象天星＜李白＞ 2 나누다. ¶以一功名＜莊子＞
【挂冠】けいかん(괘관) 제복(制服)의 의관을 벗어 기둥 따위에 건다는 말로, 관직을 그만둠을 이름. 후한(後漢)의 봉맹(逢萌)이 왕망(王莽)을 섬기기를 꺼려, 관을 동도(東都)의 성문에 걸어 놓고 가족을 이끌고 요동(遼東)으로 도망간 옛일에서 온 말. 挂冕(괘면). 挂綬(괘수).
【挂冕】けいべん(괘면) ☞挂冠(괘관).
【挂席】けいせき(괘석) 자리를 건다는 뜻으로, 배에 돛을 닮을 이름.
【挂錫】けいしゃく(괘석) 석장(錫杖)을 걺. 중이 한

곳에 체류(滯留)함을 이름.

【挂綬】けいじゅ(괘수) 인수(印綬)를 관서(官署)에 걸어 둠. 관직을 그만두는 일. 挂冠(괘관).

【挂衣】けいい(괘의) 의상(衣裳). 또는, 도롱이.

【挂鐘】(괘종) 걸어놓는 시계. 掛鐘(괘종).

【挂齒】けいし(괘치) 이[齒]에 건다는 뜻으로, 논의(論議)함을 이름.

▷擧—, 鉤—, 倒—, 典—, 懸—

6 9 〖挍〗 견줄 교 | 效 ㄐㄧㄠˋ (jiao) | こう(クラベル) *compare*

풀이 ①견주다. 비교함. ㉠校. ②헤아리다. ③알아보다. 검사함.

6 10 〖拳〗 주먹 권 | 先 ㄑㄩㄢˊ (quan) | けん(コブシ) *fist*

풀이 ①주먹. ¶攘袂奮—<晉書> ②주먹을 쥐다. ¶手不得—<顏氏家訓> ③힘. ¶無—無勇<詩經> ④권법. 무술의 한 가지. ⑤소중히 받들어 지키다. ¶——服膺<中庸> ⑥사랑하다. ¶——若親<列女傳> ⑦공손하다. 정중함. ¶——之忠<漢書> ⑧힘쓰다. ¶違慈母之——乎<後漢書> ⑨굽다. 감다. ㉣卷. ¶其枝則—曲<莊子>

【拳跼】けんきょく(권국) 허리 따위가 굽어 자유롭지 못한 모양.

【拳拳】けんけん(권권) ①진실한 마음으로 정성껏 지키는 모양. ②부지런함. 근면함. ③사랑함. 자애로움. ④공손함. 정중함.

【拳拳服膺】けんけんふくよう(권권복응) 늘 마음에 간직하여 정성스럽게 지킴. ¶得—善 則—而弗失之矣<中庸>

【拳法】けんぽう(권법) 주먹으로 서로 치는 기술.

【拳匪】けんぴ(권비) 청(淸) 때의 의화단(義和團)을 나쁘게 이르는 이름. 권봉(拳棒)을 주로 사용한 데서 생긴 이름.

【拳書】けんしょ(권서) 붓을 쓰지 않고 주먹으로 먹을 찍어 글씨를 씀. 또는, 그 글씨.

【拳術】けんじゅつ(권술) 맨손으로 상대와 겨루는 기술.

▷強—, 巨—, 空—, 拘—, 勤—, 老—, 連—, 振—, 鐵—, 揮—

6 9 〖拮〗 1 일할 길 2 다그칠 갈 | 屑 ㄐㄧㄝˊ 黠 (jie) | きつ(ハタラク) けち

풀이 1 일하다. ¶予手—据<詩經> 2 다그치다. 강요함. ¶句踐終—而殺之<戰國策>

【拮抗】きっこう(길항) 서로 버티고 대항함. ¶—作用.

6 10 〖拿〗 붙잡을 나 | 麻 ㄋㄚˊ (na) | だ(トラエル) *grasp*

㊍挐

풀이 ①붙잡다. ㉮손으로 잡다. ㉯죄인 따위를 붙잡다. ②비비다. 뒤섞임.

【拿雲】だうん(나운) 구름을 잡는다는 뜻으로, 품은 뜻이 원대함을 이름. ¶少年心事當—<李賀>

【拿捕】だほ(나포) 죄인·적선(敵船) 같은 것을 붙잡음. 拿獲(나획).

【拿獲】だかく(나획) ☞拿捕(나포).

6 10 〖挐〗 1 붙잡을 나 2 끌 녀 | 麻 ㄋㄚˊ 魚 (na) | だ(トル) *grasp* じょ(ヒク)

풀이 1 붙잡다. ㉣拿. ¶熊羆之—攫<漢書> 2 ①끌다. 잡아당김. ②오래 끌다. ¶禍—而不解<漢書> ③섞다. 혼합함. ¶—黃梁些<楚辭> ④어지럽다. 어지러워짐. ¶攢柯—莖<左思>

6 9 〖挑〗 1 돋울 도 ㊍소 2 오가는 모양 도 | 蕭 ㄊㄧㄠ (tiao) 豪 ㄊㄠ (tao) | ちょう(イドム) *incite*

풀이 1 ①돋우다. ㉮심지를 돋우다. ¶孤燈—盡未成眠<白居易> ㉯기분·의욕 등을 부추기다. ¶以琴心—之<史記> ②메다. ¶擔—雙草屨<陸游> ③가리어 취하다. 가려 씀. ¶—取功譽<後漢書> ④후비다. ¶侃以鍼—令徹<異苑> ⑤치다. 준설(浚渫)함. ¶官銀—濬<通州志> ⑥가볍다. ㉣佻. ¶其服不—<荀子> 2 오가는 모양. ¶—兮達兮<詩經>

【挑動】ちょうどう(도동) 남을 집적거려 흥분시킴.

【挑燈】ちょうとう(도등) 등불 심지를 돋움. 등불을 더 밝게 함.

【挑發】ちょうはつ(도발) 싸움을 걺. 충동함.

【挑撥】ちょうはつ(도발) ☞挑發(도발).

【挑選】ちょうせん(도선) 고름. 선택함.

【挑戰】ちょうせん(도전) 싸움을 걺.

【挑剔】ちょうてき(도척) ①운필법(運筆法)의 하나. 글자를 쓸 때 치치는 것. ②찾아냄. ¶請—<五燈會元> ③걺. 높이 걺. ¶—燈火<代醉編>

▷鉤—, 擔—, 燈—, 目—, 撓—

6 9 〖挏〗 밀었다 당겼다 할 동 | 董 ㄊㄨㄥˊ (tong) | とう

9 〖挵〗 弄(p.527)의 俗字

9 〖挀〗 拍(p.627)과 同字

9 〖挊〗 拚(p.628)과 同字

6 10 〖挈〗 1 끌 설 2 끊을 계 | 屑 ㄑㄧㄝˋ 霽 (qie) | けつ(サゲル) けい(タツ) *cut*

풀이 1 ①끌다. 손으로 들다. ¶班白不提—<禮記> ②거느리다. 이끎. ¶—其妻子<公羊傳> ③갖추다. 이룩함. ¶以—天地<莊子> ④급한 모양. ¶——. 2 ①끊다. ¶—三神之驩<史記> ②새기다. 흠집을 냄. ¶必—灼龜而卜之<詩經·注> ③문서. 증표. ㉣契. ¶廷尉—令<漢書>

【挈缾智】けっぺいのち(설병지) 작은 병으로 물을 긷

는 정도의 지혜라는 뜻으로, 작은 슬기를 이름.
▷扶一, 提一, 左提右一, 割一

6/9 【拾】 1 주울 습 2 열 십 3 번갈아 겁 4 오를 섭 | 緝ㄕ (shi) 緝 葉 葉 | しゅう (ヒロウ) *pick up* じゅう(トオ) きょう しょう

源 會意. 合은 모음. 手와 아울러, 주워 모음을 뜻함.
풀이 1 ①줍다. ¶途不一遺<史記> ②칼집. 通 拾. ③팔찌. 활을 쥐는 쪽 소매를 걷어 매는 띠. ¶決一既佽<詩經> ④발어사(發語辭). 같 甚. ¶不知而問 曰一沒<集韻> 2 열. 十의 갖은 자. 3 번갈아. 通 迨. ¶男女一踊<儀禮> 4 오르다. 건너다. 通 陟 涉. ¶一級聚足 連步以上<禮記>

拾圖 ③ (三才圖會)

【拾投】じゅうとう (겁투) 번갈아 가며 던짐.
【拾級】しゅうきゅう (섭급) 계단을 오름.
【拾得】しゅうとく (습득) ①주움. 주워 얻음. ②《人》 당(唐)대 천태산(天台山) 국청사(國淸寺)에 있던 고승(高僧). ※寒山拾得(한산습득).
【拾遺】しゅうい (습유) ①떨어진 것을 주움. ②빠진 글을 훗날 보충함. ③임금이 깨닫지 못하는 잘못을 밝혀냄. ④쉬움의 비유. ¶取楚若一<漢書> ⑤당(唐)·송(宋)의 간관(諫官)의 하나.
【拾遺補闕】しゅういほけつ (습유보궐) 버려진 것을 주워 모으고, 모자란 것을 기워 넣음.
▷捃一, 收一, 採一, 掇一

6/9 【拭】 닦을 식 | 職ㄕ (shi) | しょく(ヌグウ) *wipe*

【拭目】しょくもく (식목) 눈을 씻고 자세히 봄. ¶一傾耳<漢書>
▷磨一, 拂一, 洗一, 掃一, 收一, 按一

6/9 【按】 1 누를 안 2 막을 알 | 翰ㄢ (an) 曷 | あん(オサエル) *press* あつ

源 會意·形聲. 손[手]으로 눌러서 안정시킴[安]의 뜻.
풀이 1 ①누르다. ㉮내리누르다. ¶陸離抑一<梁簡文帝> ㉯억눌러 제지하다. ¶一彊助弱<管子> ②어루만지다. 쓰다듬음. ¶毛遂一劍<史記> ③당기다. 잡아당김. ¶天子乃一轡而行<史記> ④연주(演奏)하다. ¶一絃拭徽<宋史> ⑤편안하다. 편안하게 함. 通 安. ¶趙軍長平 以一據上黨之民<史記> ⑥주무르다. ¶冬不一蹻<素問> ⑦맥을 짚다. ¶內侍一脈<漢書> ⑧조사하다. 죄를 물음. ¶遣吏考一<漢書> ⑨묻다. 이치를 더듬어 밝힘. ¶討一故事<唐書> ⑩생각하다. 헤아림. ¶一之當今之務<漢書> ⑪순찰하다. 단속함. ¶一榆谿舊塞<史記> ⑫힐책하다. 탄핵함. ¶窮一其姦<後漢書> ⑬나란히 하다. 차례대로 함. ¶各一行伍<漢書> ⑭이에. 발어사(發語辭). ¶我一起而治之<荀子> 2 막다. 저지함. 通 遏. ¶以一徂旅<詩經>

【按講】あんこう (안강) 강의할 것을 미리 연습함.
【按據】あんきょ (안거) 그 곳에 편안히 살게 함.
【按檢】あんけん (안검) 조사하여 증거 삼음.
【按劍相視】(안검상시) 칼자루를 쓰다듬으며 서로 노려봄. 서로 원수같이 대함.
【按堵】あんど (안도) 그 거처에서 편안히 지냄.
【按摩】あんま (안마) 몸을 두들기거나 주물러서 혈액을 잘 통하게 하는 치료법.
【按脈】あんみゃく (안맥) 의사가 병자의 맥을 짚어보고 진찰함. 診脈(진맥).
【按舞】あんぶ (안무) ①춤을 춤. ¶霓裳一長生殿<張昱> ②韓 가곡·가요에 따르는 동작을 연구하는 일. 또는, 그것을 연기자에게 가르치는 일.
【按撫】あんぶ (안무) 민정(民情)을 살피어 어루만져 위로함. ¶一使.
【按問】あんもん (안문) 죄를 조사하여 심문함.
【按配】(안배) ☞按排(안배).
【按排】あんばい (안배) 알맞게 잘 배치함.
【按兵】あんぺい (안병) 진군(進軍)을 멈춤.
【按分比例】あんぶんひれい (안분비례) 주어진 수를 주어진 비례로 분배하는 산법(算法). 按分(안분).
【按手】あんしゅ (안수) 기독교에서 목사나 장로가 기도를 받는 사람의 머리 위에 손을 얹는 일. ¶一祈禱.
【按酒】(안주) 韓 술을 마실 때에 곁들여 먹는 음식.
【按察】あんさつ (안찰) 자세히 살펴 조사함. 조사하여 밝힘. ¶一使.
【按覈】(안핵) 자세히 살펴 조사함. ¶一使.
【按驗】あんけん (안험) 잘 살피어 증거를 세움.
▷檢一, 考一, 告一, 鞠一, 糾一, 覆一, 收一, 巡一, 廉一, 臨一, 奏一, 捕一, 劾一

9 【拚】 捐(p.639)의 俗字

6/9 【拽】 끌 예 | 霽ㄧㄝ (ye) | えい(ヒク) *drag*

6/9 【拯】 건질 증 | 迥ㄓㄥˇ (zheng) | じょう(スクウ) *rescue*

源 會意·形聲. 깊은 데에 빠진 사람[丞]을 손[手]으로 건져 올린다는 뜻. 「丞」의 변음이 음을 이룸.
풀이 ①건지다. 구조(救助)함. ¶民以爲將一己於水火之中也<孟子> ②들다. 들어 올림. ¶不一其隨<易經> ③받다. ¶用一馬壯吉<易經>
【拯劣米】(증렬미) 韓 물에 잠겨 젖은 쌀.
▷匡一, 哀一, 援一, 存一

6/9 【持】 가질 지 | 支ㄔˊ (chi) | じ(モツ) *hold*

[풀이]①가지다. ㉮손에 쥐다. ¶一弓矢審固<禮記> ㉯몸에 지니다. ¶齎一金玉<史記> ㉰얻다. 제 것으로 함. 소유함. ¶將以忠於君王之身而一千歲之壽<呂覽> ②보전하다. 보존함. ¶以相一養<荀子> ③지키다. 유지함. ¶曠日一久<漢書> ④돕다. 부조(扶助)함. ¶所以一平奉吉也<荀子> ⑤대항하다. ¶楚漢相一未決<史記> ⑥믿다. 의지함. [通]恃. ¶一其世而已<左氏傳> ⑦균형(均衡)이 잡히다. ¶子與子家一之<左氏傳> ⑧비김수. 장기나 바둑에서 승부가 없는 수.

【持戒】じかい(지계)《佛》 계행(戒行)을 지켜 계(戒)를 범하지 않음. 持律(지율).

【持久戰】じきゅうせん(지구전) 승부를 오래 끌거나 얼른 끝나지 않는 싸움이나 경쟁.

【持國天王】じこくてんのう(지국천왕)《佛》 동쪽 천국을 지키며 선악자(善惡者)를 가려 상벌한다는, 사천왕(四天王)의 하나.

【持軍】(지군) 나자(儺者)의 하나. 붉은 옷에 탈과 벙거지[戰笠]를 씀.

【持難】(지난)[韓] 일을 과단성 있게 처리하지 못하고 미루기만 함.

【持祿養交】じろくようこう(지록양교) 벼슬 자리를 유지하기 위하여 윗자리의 사람과 교제하는 일. 養交는 자기의 상관과 친분이 있는 사람의 기분을 언짢게 하지 않기 위하여 애쓰는 일.

【持論】じろん(지론) 늘 주장하는 의견. 持說(지설).

【持滿】じまん(지만) ①활시위를 한껏 켕김. ②가득차서 넘치지 않을 정도를 유지함. 곧, 높은 지위를 지속함. 盈滿(영만).

【持病】じびょう(지병) ①오랫동안 낫지 않고 앓고 있는 만성병. 痼疾(고질). 宿痾(숙아). ②오래된 나쁜 습관.

【持斧伏闕】(지부복궐)[韓] 결사(決死)의 각오로 왕에게 상소할 때에 도끼를 가지고 대궐 밖에 나아가 엎드림.

【持說】じせつ(지설) ☞持論(지론).

【持續】じぞく(지속) 계속하여 지녀 나감. 같은 상태가 오래 계속됨. ¶一的.

【持節】じせつ(지절) ①천자에게서 받은 부절(符節). ②지조(志操)를 지킴.

【持重】じちょう(지중) ①정도(正道)를 굳게 지킴. ②위엄을 유지함. ③종묘 제사의 중임을 담당하는 사람.

【持之有故】(지지유고) 자기의 설(說)을 주장하기 위하여 고인(故人)의 언론을 들고 나옴.

【持參】じさん(지참) 돈이나 물건을 가지고 가서 참가함. ¶一金.

【持平】じへい(지평) ①공평하게 하여 치우치지 아니함. ②㉮고려 때의 사헌부(司憲府)와 감찰사(監察司)의 정5품 벼슬. ㉯조선 때 사헌부(司憲府)의 정5품 벼슬.

▷堅一, 鉗一, 固一, 保一, 捧一, 不一, 扶一, 負一, 相一, 所一, 守一, 受一, 維一, 自一, 住一, 支一, 把一, 挾一, 護一, 携一

6/9【指】 손가락 지 | [紙]ㄓˇ (zhi) | し(ユビ) *finger, point*

[풀이]①손가락. ¶今有無名之一 屈而不信<孟子> ②발가락. ¶小容脚一<宋書> ③가리키다. ㉮손가락질하다. ¶十手所一<大學> ㉯지시하다. ¶以其策一之<史記> ㉰지휘하다. ¶吾一使而群工役焉<柳宗元> ④서다. 곧추섬. ¶目裂鬢一<呂覽> ⑤마음. 뜻. 취지. ¶承從天之一<管子>/言近而一遠者<孟子> ⑥아름답다. 고움. ¶物其一矣<荀子>

【指顧】しこ(지고) 손가락질하며 살펴본다는 뜻으로, 짧은 거리 또는 짧은 시간을 이르는 말. ¶一倏忽 獲車已實<班固>

【指歸】しき(지귀) ①뜻이 돌아가는 곳. ②모범으로 삼아 좇음.

【指南】しなん(지남) 지남거(指南車)가 방향을 가리키는 것과 같이 남을 가르쳐 이끎.

【指南車】しなんしゃ(지남거) 방향을 가리키는 기계를 단 수레.

指南車
(三才圖會)

【指南石】(지남석) ☞指南鐵(지남철).

【指南鐵】(지남철) 자석(磁石)을 통속적으로 이르는 말. 指南石(지남석).

【指導】しどう(지도) 가르쳐 인도함. ¶一者.

【指東指西】しとうしせい(지동지서) ①동쪽을 가리키기도 하고 서쪽을 가리키기도 함. ②근본은 젖혀놓고 엉뚱한 것을 가지고 이러쿵저러쿵함. 指東劃西(지동획서).

【指東劃西】しとうかくせい(지동획서) 동쪽을 가리키며 서쪽을 그음. 함께 일을 논의할 때 주제를 회피하여 그 언저리에 대해서만 이러쿵저러쿵 호도(糊塗)하는 일.

【指頭紋】しとうもん(지두문) 도자기에 잿물을 바른 뒤에 손가락 끝으로 눌러 넣는 무늬.

【指頭書】しとうしょ(지두서) 손가락 끝에 먹을 묻혀 쓴 글씨.

【指頭畫】しとうが(지두화) 손가락 끝에 먹을 묻혀 그린 그림.

【指令】しれい(지령) ①지휘 명령. ②품의(稟議) 또는 원서(願書)에 대하여 내리는 관청의 통지나 명령.

【指路僧】しろそう(지로승) 산 속에서 길을 인도하여 주는 중.

【指鹿爲馬】(지록위마) 윗사람을 농락하여 권세를 마음대로 휘두르는 짓을 이름. 위세를 보이어 사람을 우롱하는 일.

[유래] 진(秦)의 조고(趙高)가 자신의 권세를 시험해 보고자 2세(世) 황제(皇帝) 호해(胡亥)에게 사슴을 바치며 말이라 했다. 그러자 호해는 그것이 어찌 말이냐고 하며 여러 신하에게 물었다. 그러나 신하들은 조고를 두려워하여 말이라 하였다. 혹은 사슴이라 한 자가 있었으나 조고에 의해 처벌되었으므로 모든 신하들은 더욱 조고를 두려워하게 되었다.

【指名】しめい(지명) 여러 사람 가운데서 누구라

고 그 이름을 가리켜 말함. ¶一入札/一手配.

【指名戰】しめいせん(지명전) 선거 따위에서 정당의 지명을 얻기 위한 경쟁.

【指目】しもく(지목) 가리키며 봄. 눈길을 끎.

【指紋】しもん(지문) 손가락의 안쪽에 있는 물결 같은 금. 또는, 그것을 물체에 남긴 흔적.

【指使】しし(지사) ①손가락질하여 남을 부림. 곧, 자유자재로 사람을 부림. ②지휘관.

【指事】しじ(지사) ①사물을 가리킴. ②한자의 육서(六書)의 하나. 추상적 개념을 보이기 위하여 만든 부호적(符號的)인 글자. 「一」 위에 한 점을 찍어 上으로 하는 따위.

【指示】しじ(지시) ①가리켜 보임. 일일이 가르침. ②가리켜 시킴. 명령함.

【指壓】しあつ(지압) ①손가락 끝으로 누름. ②인체 경락(經絡)의 요처(要處)를 손가락 끝으로 눌러서 병을 고치는 민간 요법의 하나.

【指要】しよう(지요) 문장 속에 담긴 중요한 뜻.

【指意】しい(지의) 마음. 뜻. 趣意(취의). 主旨(주지).

【指日可期】(지일가기) 훗날에 성공할 것을 꼭 믿음.

【指章】(지장) 손도장. 拇印(무인).

【指掌】ししょう(지장) ①손바닥을 가리킴. ㉮알기 쉬움의 비유. ¶知其說者之於天下也 其如示諸斯乎 指其掌<論語> ㉯하기 쉬움의 비유. ¶帝笑曰 取蜀如一<晋書> ②손바닥.

【指摘】してき(지적) ①손가락질하여 가리킴. ②지목하여 폭로함. ③집음. 골라서 씀. ④긁음.

【指定】してい(지정) ①어찌어찌하라고 가리켜 정함. ②행정 관청이 법의 범위 안에서 어떤 사실을 조사하여 이에 특정한 자격을 주는 일. ¶一業體.

【指斥】しせき(지척) ①가리킴. 손가락질함. ②배척함.

【指天爲誓】(지천위서) 하늘에 맹세함.

【指趣】ししゅ(지취) 취지. 뜻. 趣旨(취지).

【指針】ししん(지침) ①항상 남북(南北)을 가리키게 만든 기구. 磁針(자침). ②행동이나 생활의 지도적 방향을 보여 주는 준칙. ¶一書/一行動.

【指稱】ししょう(지칭) 가리켜 부름.

【指彈】しだん(지탄) ①손가락으로 튀김. ②비난함. 지목하여 비방함. ③짧은 시간. ¶已過光陰指一彈<劉克莊>

【指標】しひょう(지표) ①목표가 되는 표지. 지시하는 표지. ②상용 대수(常用對數)의 정수(整數)부분.

【指向】しこう(지향) ①뜻하여 향함. 또는, 어떠한 방향으로 쏠리는 마음. ②작정하거나 지정한 방향.

【指呼之間】しこのかん(지호지 간) 손짓하여 부를 만한 가까운 거리.

【指貨】しか(지화) 물건 값을 정함.

【指環】しかん(지환) 가락지.

【指畫】しかく(지획) 손가락으로 그려 보이며 친절히 가리킴.

しが(지화) 손가락 끝에 먹을 묻혀 그림을 그림. 당(唐)의 장조(張璪)가 창시.

【指揮】しき(지휘) 지시하여 행하게 함. 指麾(지휘).

【指麾】しき(지휘) ☞指揮(지휘).

▷巨一, 屈一, 大一, 明一, 無名一, 拇一, 微一, 密一, 事一, 手一, 食一, 十一, 五一, 玉一, 要一, 一彈一, 將一, 直一, 彈一, 標一

9 〖拍〗 指(p. 637)의 古字

6/9 〖挋〗 닦을 진 | 震 ㄓㄣˋ (zhen) | しん(ヌグウ) *wipe*

풀이 ①닦다. 씻음. ¶一用浴衣<禮記> ②지급(支給)하다. ㊟振.

6/9 〖挃〗 칠 질 | 質 ㄓˋ (zhi) | ちつ(ツク) *beat*

풀이 ①치다. 찌름. ¶五指之更彈 不若捲手之一一<淮南子> ②벼를 베는 소리. ¶穫之一一<詩經>

6/9 〖拶〗 다그칠 찰 | 曷 ㄗㄚˊ (za) | さつ(セメル) *bring near*

풀이 ①다그치다. 바싹 다가섬. ¶崩騰相排一<韓愈> ②형구(刑具)의 한 가지. ¶一指.

【拶指】さっし(찰지) 다섯 개의 가는 나무토막을 엮어, 이것을 죄인의 손가락 사이에 끼워서 죄는 고문법(拷問法).

9 〖拪〗 遷(p. 1501)과 同字

9 〖㧐〗 遷(p. 1501)의 古字

9 〖挄〗 擴(p. 672)과 同字

6/9 〖拫〗 당길 흔 | 阮 | こん(ヒク) *pull*

풀이 ①당기다. ¶引繩排一<漢書> ②밀치다. 물리침. ¶力一却之<唐書>

7/10 〖捆〗 두드릴 곤 | 阮 ㄎㄨㄣˇ (kun) | こん(タタク)

풀이 ①두드리다. 두드려 단단하게 함. ¶一屨織席以爲食<孟子> ②묶다.

10 〖括〗 括(p. 634)의 本字

7/10 〖捁〗 어지럽힐 교 | 巧 | こう(ミダス) *dizzy*

풀이 어지럽히다. ㉠攪. ¶散毛族 一羽群<後漢書>

7/10 〖捄〗 1 담을 구 | 尤 ㄐㄧㄡˋ | きゅう(モル) 2 건질 구 | 宥 (jiu) | *put in*

풀이 1 ①담다. ¶築墻者 一聚壤土<詩經·注> ②길다. 가늘고 긴 모양. ¶有一棘匕<詩經> ③송이. 과실 송이. ¶一一之實<詩經·注> 2 건지다. 구원함. ㊟救. ¶不能一之<大學·注>

【捄敗】きゅうはい(구패) 패자를 구원함.

【捄弊生弊】(구폐생폐) 폐해를 바로잡으려다가 도리어 폐단을 일으킴.

7 10【挶】 들것 국 | 因ㄐㄩˊ (ju) | きょく(フゴ) *stretcher*

풀이 ①들것. 흙을 나르는 삼태기 따위. ¶陳畚一 具綆缶<左氏傳> ②턱을 받치다.

7 10【捃】 주울 군 | 問 | くん(ヒロウ) *pick up*

7 10【捏】 이길 날 ㊍녈 | 屑ㄋㄧㄝ (nie) | ねつ(コネル) *knead*

풀이 ①이기다. 반죽함. ②움켜 쥐다. ¶壯夫極力一之不死<海物異名記>

【捏造】ねつぞう(날조) 흙을 이겨 물건의 형상을 만들어낸다는 뜻으로, 터무니없는 사실을 꾸며 냄을 이르는 말.

10【揑】 捏(p. 639)의 訛字

7 10【挼】 1 비빌 뇌 2 제사지낼 휴 | 歌ㄖㄨㄛˊ 支 (ruo) | だき

풀이 1 ①비비다. 문지름. ㉠挼. ②꺾다. 누름. ¶一拿挼藏<馬融> 2 제사 지내다. 제사 지낸 음식을 시동(尸童)이 먹기 전에, 그 음식에 대해 지내는 제사. ¶一祭.

7 10【捋】 딸 랄 | 曷ㄌㄨㄛ (luo) | らつ(ツミトル) *pick*

풀이 ①따다. 집어 땀. ¶薄言一之<詩經> ②쓰다듬다. 어루만짐. ¶郁一劫捂<潘岳>

▷摩一, 撩一, 郁一, 采一

10【挵】 弄(p. 527)과 同字

7 10【挽】 당길 만 | 阮ㄨㄢˇ (wan) | ばん(ヒク) *pull*

풀이 ①당기다. ㉠輓. ¶一弓當一強<杜甫> ②말리다. ¶一留.

【挽歌】ばんか(만가) ①상여가 나갈 때 상여꾼이 부르는 노래. ②죽은 이를 슬퍼하는 가사. 挽詞(만사). 挽詩(만시).

【挽強】ばんきょう(만강) 센 활을 당김.

【挽車】ばんしゃ(만거) 수레를 끎. 죽은 사람을 태우고 끄는 수레. 輓車(만거).

【挽留】ばんりゅう(만류) 붙잡고 말림. 挽住(만주). 挽止(만지). 挽執(만집).

【挽詞】ばんし(만사) ☞挽歌(만가)②.

【挽詩】ばんし(만시) 죽은 사람을 애도하여 지은 시. 挽歌(만가)②.

【挽回】ばんかい(만회) 본래 상태로 돌이킴. 回復(회복). ¶失點一.

▷木一, 他弓莫一

10【挷】 拌(p. 628)의 俗字

10【挷】 搒(p. 656)과 同字

7 10【捗】 1 거둘 보 2 칠 척 | 遇 職 | ほ(オサメル) ちょく(ウツ)

10【捂】 捂(p. 644)의 訛字

7 10【挲】 주무를 사 | 歌ㄙㄨㄛ (suo) | さ(モム) *massage*

11【挲】 挱(p. 639)와 同字

10【捙】 插(p. 651)의 俗字

10【捥】 旋(p. 705)의 俗字

7 10【捎】 1 벨 소 2 칠 소 3 덜 소 | 肴 巧 嘯 ㄕㄠ (shao) | しょう(カル) *mow*

10【捜】 搜(p. 657)의 略字

7 10【挨】 두들길 애 | 蟹ㄞ (ai) | あい(ウツ) *beat*

풀이 ①두들기다. 등을 두들김. ②밀치다. ③가까이 하다. 접근함.

【挨拶】あいさつ(애찰) ①앞을 헤치고 나아감. ②문답하여 오도(悟道)의 깊이를 시험함. ③소식의 왕래. 편지의 왕복·응답.

7 10【揶】 놀릴 야 | 麻ㄧㄝˊ (ye) | や(カラカウ) *banter*

【揶揄】やゆ(야유) 놀림. 농지거리함. 邪揄(야유). 揶揄(야유).

7 10【挻】 늘일 연 ㊍선 | 先ㄕㄢ (shan) | せん(ノバス) *lengthen*

풀이 ①늘이다. ¶一埴以爲器<老子> ②빼앗다. ¶主上有敗 則因而一之矣<漢書> ③끌다. 당김. ¶相一爲亂<唐書>

7 10【捐】 버릴 연 | 先ㄐㄩㄢ (juan) | えん(ステル) *renounce*

풀이 ①버리다. ¶細大不一<韓愈> ②주다. 바침. ¶出一千金<漢書> ③돈으로 벼슬을 사다. ¶一納. ④수레바퀴. 通圓.

【捐官】えんかん(연관) 돈으로 벼슬을 삼. 또는, 그 벼슬. 捐納官(연납관).

【捐館】えんかん(연관) 살던 집을 버린다는 뜻으로, 죽음의 경어.

【捐軀濟難】えんくさいなん(연구제난) 자기 몸을 희생하여 국가나 남의 환란을 구제함.

【捐金】えんきん(연금) 돈을 버림. 돈을 기부함. ¶義一.

【捐納】えんのう(연납) 돈이나 곡식을 바치어 벼슬자리를 얻는 일.

【捐納官】えんのうかん(연납관) ☞捐官(연관).

【捐補】(연보)韓 ①자기 재물을 내어 남을 도

움. ②교회에서 받는 헌금(獻金).

【捐世】えんせい(연세) 사망의 경칭.

▷棄一, 委一, 違一, 義一, 出一, 脫一

7/10 〖捂〗 닿을 오 | 遇ㄨˇ (wu) | ご(フレル) *touch*

풀이 ①닿다. 접촉함. ②거스르다. ¶或有抵一<漢書> ③향하다. 마주 대함. ¶若無器則一受之<儀禮> ④버티다. 굄.

7/10 〖挹〗 뜰 읍 | 緝ㄧˋ (yi) | ゆう(クム) *scoop*

풀이 ①뜨다. 물을 품. 通揖. ¶弟子一水而注之<荀子> ②당기다. 잡아끎. ¶左一浮丘袖<郭璞> ③물러나다. 겸양함. 通抑. ¶一而損之<荀子> ④읍하다. 通揖. ¶拱一指麾<荀子> ⑤권장하다. 추중(推重)함. ¶大加獎一<唐書>

【挹婁】ゆうろう(읍루) 고조선 때에 만주 동북 지방에 살던 부족. 혈거(穴居)하며 호시(楛矢)·석노(石弩) 따위를 썼음.

【挹損】ゆうそん(읍손) ①자기 감정을 누르고 겸손하게 물러섬. ②곡수(穀數)를 감해줌.

【挹退】ゆうたい(읍퇴) 겸양(謙讓)함.

▷降一, 謙一, 敬一, 拱一, 損一, 採一, 推一

7/10 〖捗〗 덜 적 | 陌 | せき(ハネノケル) *subtract*

7/10 〖挺〗 뺄 정 | 迥ㄊㄧㄥˇ (ting) | てい(ヌク) *pull out*

풀이 ①빼다. 뽑음. ¶一劍而起<戰國策> ②빠져나오다. ¶珠簪一兮緇髮亂<張衡> ③빼어나다. 뛰어남. ¶以天一之資<晋書> ④솟다. 솟아남. ¶台嶽之所奇一<孫綽> ⑤곧다. 通梃. ¶周道一一<左氏傳> ⑥정. 총·괭이·삽 등을 세는 단위. ¶鉅竹千一<韓愈> ⑦달리다. ¶獸一亡群<李華> ⑧너그럽다. 늦춤. ¶一重囚<禮記> ⑨움직이다. ¶不足以一其心矣<呂覽> ⑩점대. ¶一專.

【挺立】ていりつ(정립) 우뚝 높이 솟음. 남보다 뛰어남. 挺秀(정수).

【挺身】ていしん(정신) ①겨우 몸을 빼어 나옴. 겨우 빠져나옴. ②솔선함. 앞장섬.

【挺專】ていせん(정전) 대나무를 꺾어 치는 점(占).

【挺戰】ていせん(정전) 앞장서서 싸움.

【挺出】ていしゅつ(정출) 특별히 뛰어남. 傑出(걸출).

▷奇一, 森一, 秀一, 英一, 天一, 超一, 特一

7/10 〖挫〗 꺾을 좌 | 箇ㄘㄨㄛˋ (cuo) | ざ(クジク) *break*

풀이 꺾다. ㉮부러뜨리다. ¶銳而不一<淮南子> ㉯깨뜨리다. ¶兵一地削<史記> ㉰창피를 주다. ¶思以一毫一於人 若撻之於市<孟子> ㉱눌리다. 굴복함. ¶久一於刀筆之前<漢書>

【挫頓】ざとん(좌돈) ☞挫折(좌절).

【挫北】ざほく(좌배) 꺾이어 달아남.

【挫鋒】ざほう(좌봉) 창끝을 꺾는다는 뜻으로, 적의 기세를 꺾음을 이름.

【挫傷】ざしょう(좌상) 꺾이고 상함.

【挫閃】ざせん(좌섬) 관절이 삐어 붓고 아픈 병.

【挫折】ざせつ(좌절) 꺾음. 꺾임. 실패함.

▷頓一, 伐一, 傷一, 抑一, 折一, 頹一

7/10 〖捘〗 밀칠 준 | 願ㄗㄨㄣˋ (zun) | そん(オス) *push*

7/10 〖振〗 떨칠 진 | 震ㄓㄣˋ (zhen) | しん(フルウ) *tremble*

풀이 ①떨치다. ¶一興滯屈<王安石> ②떨쳐 일어나다. 속력을 냄. ¶一鷺于飛<詩經> ③떨다. ㉮움직이다. ¶蟄蟲始一<禮記> ㉯두려워서 떨다. ¶燕王一怖<史記> ㉰떨어서 없애다. ¶一衣千仞岡<左思> ④들다. 들춤. ¶明一毫末<荀子> ⑤열다. ¶一廩同食<左氏傳> ⑥받아들이다. 通軫. ¶一河海而不洩<中庸> ⑦정돈하다. 通整. ¶乃修德一兵<史記> ⑧뽑다. 빼냄. ¶弗可一也<孔子家語> ⑨바로잡다. 通正. ¶以一其淫<管子> ⑩예. 오래 됨. 通塵. ¶一古如茲<詩經> ⑪건지다. 구휼함. 通賑. ¶一人不贍<史記> ⑫무던하다. ¶一一公子<詩經> ⑬조사하다. ¶一掌事者之餘財<禮記> ⑭버리다. 通糞. ¶一除火災<左氏傳> ⑮멈추다. 그만둠. ¶一于無竟<莊子>

【振古】しんこ(진고) 예. 옛날. 또는, 예부터.

【振起】しんき(진기) 떨치고 일어남. 분기함. 또는, 분기시킴. 振刷(진쇄).

【振女】(진녀) 처녀. 侲女(진녀).

【振貸】しんたい(진대) 빈민에게 재물을 꾸어 줌. 賑貸(진대). ¶一法.

【振動】しんどう(진동) ①흔들어 움직임. ②물체가 하나의 점을 중심으로 좌우나 상하로 움직이는 운동. ③구배(九拜)의 하나. 손바닥을 마주치는 배례(拜禮).

【振旅】しんりょ(진려) 개선(凱旋)함. 또는, 군대가 대오를 정비하여 돌아오는 일.

【振鈴】しんれい(진령)《佛》제불(諸佛)을 부르거나 기쁨을 나타내기 위하여 방울을 흔들어 울림.

【振武】しんぶ(진무) 무위(武威)를 떨침.

【振撫】しんぶ(진무) 구제하여 위로함.

【振拔】しんばつ(진발) ①힘씀. 떨침. ②韓 가난한 사람을 도와 줌.

【振舒】しんじょ(진서) 떨쳐서 폄.

【振刷】しんさつ(진쇄) ☞振起(진기).

【振肅】しんしゅく(진숙) ①두려워서 떨며 삼감. ②규율을 엄숙하게 바로잡음.

【振施】しんし(진시) 구제함. 振救(진구). 振濟(진제).

【振子】しんし(진자) ①흔들이. ②동남동녀(童男童女). 侲子(진자).

【振作】しんさく(진작) 떨쳐 일으킴. 振興(진흥).
【振濟】しんさい(진제) ☞振施(진시).
【振天】しんてん(진천) 소리가 하늘까지 울림. 소리가 크거나 명성이 높음을 이름.
【振幅】しんぷく(진폭) 진동하는 물체의 정지(靜止) 위치에서 진동의 오른편이나 왼편 극점(極點)까지의 거리.
【振恤】しんじゅつ(진휼) 흉년에 가난한 사람들을 도와줌. 振卹(진휼).
【振興】しんこう(진흥) 침체된 것을 떨쳐 일으킴. 또는, 떨쳐 일어남. 振作(진작).
▷稟一, 分一, 奮一, 刷一, 玉一, 隆一, 弘一

7 10〖捉〗 잡을 착 | 覺 ㄓㄨㄛ (zhuo) | そく(トル) seize

풀이 잡다. ㉮쥐다. ¶一裙停之<世說新語> ㉯붙잡다. 체포함. ¶捕一未獲<唐懿宗>
【捉刀】そくとう(착도) 칼을 잡는다는 뜻으로, 남을 대리하거나 대필하는 것을 이름. 위(魏) 무제(武帝)가 흉노의 사자를 최계규(崔季珪)에게 대신 인견시키고 자기는 칼을 잡고 옆에 서 있었다는 옛일에서 온 말.
【捉迷藏】そくめいぞう(착미장) 술래잡기.
【捉髮】そくはつ(착발) 손질하려고 푼 머리를 걷어 잡고 일어선다는 뜻으로, 일을 서두르거나 허둥지둥함을 이름. 握髮(악발).
【捉鼻】そくび(착비) 코를 쥔다는 뜻으로, 달갑지 않게 여김을 나타내는 동작.
【捉戲】そくぎ(착희) ☞捉迷藏(착미장).
▷擒一, 守一, 追一, 推一, 把一, 捕一

10〖哲〗 ☞口部 7획(p.298)

10〖挶〗 摠(p.661)의 本字

7 10〖挩〗 1 칠 탈 | 曷 たつ(ウツ)
2 닦을 세 | 霽 せい(ヌグウ)

7 10〖捅〗 나아갈 통 | 董 ㄊㄨㄥˇ (tong) | とう(ススム) progress

7 10〖捌〗 1 깨뜨릴 팔 | 黠 はつ(ヤブル)
2 분별할 별 | 屑 へつ(サバク)

7 10〖捕〗 잡을 포 | 遇 ㄅㄨˇ (bu) | ほ(トラエル) catch

풀이 ①잡다. 사로잡음. 체포함. ¶遣吏分曹逐一<漢書> ②구하다. 찾음. ¶一影而視之<周髀算經>
【捕鯨】ほげい(포경) 고래를 잡음. ¶一船.
【捕校】(포교) 조선 때 포도부장(捕盜部長)의 이칭.
【捕盜】ほとう(포도) 도둑을 잡음.
【捕虜】ほりょ(포로) 사로잡은 적의 군사.
【捕吏】ほり(포리) 죄인을 잡는 이속(吏屬).
【捕縛】ほばく(포박) 잡아서 묶음.
【捕殺】ほさつ(포살) 잡아 죽임. 捕討(포토).
【捕繩】ほじょう(포승) 죄인을 결박하는 끈.
【捕卒】(포졸) 조선 때 포도청의 군졸.
【捕差】ほさ(포차) 죄인을 잡는 사람.
【捕捉】ほそく(포착) ①붙잡음. ②요점이나 요령을 얻음.
【捕竄】ほざん(포찬) 죄인을 잡아 귀양 보냄.
【捕廳】ほちょう(포청) 포도청(捕盜廳).
【捕蟲網】ほちゅうもう(포충망) 벌레를 잡는 데 쓰는 그물.
【捕風捉影】ほふうそくえい(포풍착영) 바람을 잡고 그림자를 붙든다는 뜻으로, 종잡을 수 없는 헛된 일을 이름.
【捕獲】ほかく(포획) ①들짐승, 물고기 등을 잡음. ②적병이나 적의 군함 등을 잡음.
▷拿一, 生一, 收一, 掩一, 捉一, 逮一, 追一, 逐一, 就一, 討一

10〖抲〗 荷(p.1283)와 同字

7 10〖捍〗 막을 한 | 翰 ㄏㄢˋ (han) | かん(フセグ) defend

풀이 ①막다. 지킴. ㊀扞. ¶能一大患則祀之<禮記> ②팔찌. 활을 쏠 때 왼팔의 소매를 걷어 매는 띠. ¶右佩玦一<禮記> ③사납다. ¶民雕一少慮<史記>
【捍撥】かんぱつ(한발) 비파(琵琶)의 채 끝에 붙인 금, 은, 상아(象牙) 등의 장식.
▷玦一, 對一, 守一, 雕一, 慓一

7 10〖挾〗 낄 협 | 葉 ㄒㄧㄝˊ (xie) | きょう(ハサム) hold

源 **會意·形聲.** 손[扌]을 옆에 낀다[夾]는 뜻. 夾이 음을 이룸.

풀이 ①끼다. ㉮겨드랑이나 손가락 사이에 끼다. ¶一泰山以超北海<孟子> ㉯끼고 돌다. ¶一天子以令諸侯<蜀志> ②가지다. ㉮몸에 지니다. ¶三軍之士 皆如一纊<左氏傳> ㉯숨겨 가지다. ¶除一書律<漢書> ③끼우다. 끼워 넣음. ¶以筋一之<五代史> ④만나다. 모임. ¶兆一以衛骨<國語> ⑤생각하다. 마음에 품음. ¶或一邪以干榮<蜀志> ⑥믿다. 믿고 뽐냄. ¶不一長 不一貴<孟子> ⑦저(箸). 젓가락. ¶右執一匕<管子> ⑧해어지다. 낡음. ¶器物弊亦謂之一斯<方言> ⑨뺨. ㊂頰. ⑩지키다. 돕다. ㊂夾. ⑪두루 미치다. ㊂浹. ¶使不一四方<詩經>
【挾憾】(협감) 원망을 품음. 含憾(함감).
【挾擊】きょうげき(협격) 양쪽에서 공격함. 挾攻(협공).
【挾攻】きょうこう(협공) ☞挾擊(협격).
【挾纊】きょうこう(협광) 솜을 몸에 지닌다는 뜻으로, 몸이 따뜻함을 이름.
【挾仇】きょうきゅう(협구) 원한을 품음.
【挾貴】きょうき(협귀) 자기의 존귀함을 믿고 뽐냄.
【挾舞】(협무) 주연자 옆에서 함께 춤추는 사람.
【挾輔】きょうほ(협보) 받들어 보좌함.
【挾扶】きょうふ(협부) 양쪽에서 부축함.
【挾斯】きょうし(협사) 옷이나 그릇 따위가 해어지거나 더럽혀진 모양.
【挾山超海】きょうざんちょうかい(협산초해) 산을 옆구리에 끼고 바다를 건너 뛴다는 뜻으로, 불가능함을 비유하여 이름.

【挾書律】きょうしょりつ(협서율) 진시황(秦始皇) 당시, 백성은 의약(醫藥)과 복서(卜筮)에 관한 책 외에는 못 가지게 한 법률.
【挾旬】しょうじゅん(협순) 열흘 동안. 挾日(협일).
【挾雜】(협잡)㊥韓 그릇된 짓으로 남을 속임.
【挾滯】(협체) 체증과 아울러 다른 병이 곁들어 생김. 挾食(협식).
▷姦—, 詭—, 扶—, 自—, 藏—, 懷—

8 11 〖掆〗 1 들 강 | 陽 | こう(アゲル)
2 멜 강 | 漾 | こう(カツグ)

8 11 〖据〗 1 일할 거 2 의거할 거 | 魚 ㄐㄩ (ju) 御 ㄐㄩˋ (ju) | きょ (ハタラク) *work*

풀이 1 일하다. 일을 하는 모양. ¶予手拮—<詩經> 2 ①의거하다. ㊥通 據. ¶—法守正<漢書> ②교만하다. 불손함. ¶—以驕驁<史記>

11 〖掲〗 揭(p.651)의 略字

8 11 〖掔〗 단단할 견 | 囲 ㄑㄧㄢ (qian) | けん(カタイ) *hard*

풀이 ①단단하다. ②끌다. ㊥通 牽. ¶肉袒—羊以迎<史記>

12 〖掔〗 掔(p.642)과 同字

8 11 〖掐〗 딸 겹 | 陷 ㄑㄧㄚ (qia) | こう(ツマム) *pick*

11 〖捆〗 捆(p.638)의 俗字

8 11 〖控〗 1 당길 공 2 칠 강 | 送 ㄎㄨㄥˋ (kong) 江 | こう(ヒク) こう (ツマズク)

풀이 1 ①당기다. ㉮끌어당기다. ¶北—黑河湍<馬汝驥> ㉯활시위를 당기다. ¶弦不再—<班固> ㉰고삐를 당기다. ¶抑磬—忌<詩經> ㉱누르다. 견제(牽制)함. ¶鎭—湘漢<鮑照> ②고하다. 하소연함. ¶—于大邦<詩經> ③던지다. 떨어짐. ¶時則不至 而—於地而已矣<莊子> ④발부리가 채여 비틀거리다. ¶地高則—<管子> 2 치다.
【控御】こうぎょ(공어) 말을 다루어 몰듯이, 남의 자유를 억누름. 또는, 억눌러 단속함. 控勒(공륵). 控馭(공어).
【控除】こうじょ(공제) 받을 것에서 물어야 할 것을 빼냄.
▷磬—, 提—, 鎭—, 解—

8 11 〖掛〗 걸 괘 | 卦 ㄍㄨㄚˋ (gua) | かい(カケル) *hang*
㊥同 挂

풀이 걸다. ㊥通 卦. ¶—漢書一帙角上 行且讀之<唐書>
【掛冠】かいかん(괘관) ☞挂冠(괘관).
【掛念】かいねん(괘념) 마음에 두고 잊지 아니함.
【掛圖】かけず(괘도) 벽에 걸게 되어 있는 그림.
【掛燈】かいとう(괘등) ①등을 겲. ②누각, 전각등의 천장에 매다는 등.
【掛曆】かけごよみ(괘력) 벽에 걸게 되어 있는 일력이나 달력.
【掛榜】かいぼう(괘방) 정령(政令), 공고(公告) 등을 게시하는 입간판.
【掛佛】かけぼとけ(괘불) ①그려서 걸게 되어 있는 불상. 掛佛幀(괘불탱). ②부처의 그림을 겲.
【掛書】けいしょ(괘서) 이름을 숨기고 게시하는 글.
【掛錫】かいしゃく(괘석)《佛》☞挂錫(괘석).
【掛印】かいいん(괘인) 총대장(總大將)의 인(印)을 겲. 총대장이 됨.
【掛鐘】(괘종) ☞挂鐘(괘종).
【掛軸】かけじく(괘축) 족자(簇子).

8 11 〖掬〗 움킬 국 | 屋 ㄐㄩˊ (ju) | きく(スクウ) *grasp*

풀이 ①움키다. 두 손으로 움켜 뜸. ㊥같 匊. ¶舟中之指可—也<左氏傳> ②두 손바닥. ¶受珠玉者以—<禮記> ③단위. 한 움큼. 5합(合)의 양.

8 11 〖掘〗 1 팔 굴 2 뚫을 궐 | 物 ㄐㄩㄝˊ (jue) 月 | くつ(ホル) *dig* けつ

풀이 1 ①파다. ¶—坎南順<儀禮> ②캐다. 파냄. ¶採—北芒及南山佳石<北史> ③움푹 패다. ¶山陵毁—<晋書> ④우뚝 솟은 모양. ㊥通 崛. ¶洪臺—其獨出兮<揚雄> ⑤다하다. 끝에 이름. ㊥通 屈. ¶虛而不— 動而愈出<老子> ⑥벗겨지다. 털이 빠짐. ¶從吏求—筆 著家傳<白孔六帖> 2 뚫다. 구멍을 뚫음. ㊥通 堀. ¶蜉蝣—閱<詩經>
【掘鑿】くっさく(굴착) 파서 구멍을 뚫음. 掘穿(굴천).
【掘門】くつもん(굴문) 담을 뚫어서 낸 문. 곧, 가난한 집의 문.
▷開—, 露天—, 發—, 試—, 鑿—, 採—, 穿—

8 11 〖捲〗 말 권 | 阮 ㄐㄩㄢˇ (juan) | けん(マク) *roll*

풀이 ①말다. 돌돌 감음. ㊥같 卷. ¶席—常山之險<史記> ②주먹. ㊥通 拳. ¶—握之物<後漢書> ③힘쓰다. ㊥通 券. ¶——乎后之爲人<莊子>
【捲堂】けんどう(권당) ①당(堂) 내 사람 모두. 全堂(전당). ②전당(全堂)이 과업(課業)을 중지하는 일. ③성균관의 유생들이 불만이 있을 때 시위(示威)를 하기 위하여 한꺼번에 나가 버리던 일. 空館(공관).
【捲土重來】けんどじゅうらい(권토중래) 사진(砂塵)을 마는 듯한 기세로 다시 온다는 뜻으로, 쇠약한 세력을 회복하여 다시 쳐들어옴을 이름. ¶江東子弟多才俊 —未可知<杜牧>

▷控—, 席—

11〖拵〗拳(p. 635)의 古字

8 11〖掎〗끌 기 | 紙ㄐㄧˇ (ji) | き(ヒク) *drag*

풀이①끌다. 다리를 끌어 당김. ¶晋人角之 諸戎—之<左氏傳> ②쏘다. 시위를 당김. ¶機不虛—<班固> ③뽑다. 뽑아냄. ¶—拔五嶽<木華> ④끌어당기다. ¶伐木—矣<詩經>

【掎角之勢】きかくのいきおい(기각지 세) 한 사람은 사슴의 뒷다리를, 한 사람은 사슴의 뿔을 잡은 형세라는 뜻으로, 앞뒤에서 협공하는 모양을 이름.

▷角—, 後—

8 11〖捺〗누를 날 | 曷ㄋㄚˋ (na) | なつ(オス) *stamp*

풀이①누르다. 찍음. ¶—印. ②파임. 서법(書法)의 하나. 「人」에서 「㇏」 획을 긋는 법.

【捺染】なっせん(날염) 피륙에 무늬를 찍음.

【捺印】なついん(날인) 도장을 찍음. 捺章(날장).

【捺章】(날장) ☞捺印(날인).

8 11〖捻〗비틀 념 | 葉ㄋㄧㄢˇ (nian) | ねん(ヒネル) *wrench*

풀이①비틀다. ②집다. ¶閒—柴簫吹<杜牧> ③비틀어 꼬다. 通撚.

【捻管】ねんかん(염관) 붓을 쥠. 붓을 잡음.

8 11〖捼〗비빌 뇌 | 歌ㄖㄨㄛˊ (ruo) | だ(モム) *rub*

8 11〖掉〗흔들 도 | 嘯ㄉㄧㄠˋ (diao) | とう(フルウ) *shake*

풀이①흔들다. ¶大能—小<國語> ②흔들리다. 요동함. ¶筋骨—肱<素問> ③바로잡다. ¶—鞅而還<左氏傳> ④상앗대. 삿대. 通棹.

【棹拐】(도괴)韓 씨아의 손잡이. 씨아손.

【掉尾】とうび(도미) ①꼬리를 흔듦. ②끝판에 더욱 세차게 활동함.

【掉舌】とうぜつ·ちょうぜつ(도설) 혀를 휘둘러 변론함. 변설을 잘함. 또는, 유세(遊說)함.

【掉鞅】ちょうおう(도앙) ①가슴걸이를 추슬러 바로잡는다는 뜻으로, 한가한 모양을 이름. ②자연스럽게 붓을 잡는 모양.

▷尾大不—, 搖—, 戰—, 振—, 揮—

8 11〖掏〗가릴 도 | 豪ㄊㄠ (tao) | とう(エラブ) *select*

풀이①가리다. 골라잡음. ②움켜 뜨다. 퍼냄. ③소매치기를 하다.

【掏摸】とうぼ·すり(도모) 소매치기를 함. 소매치기. 掏兒(도아).

【掏兒】とうじ·すり(도아) ☞掏摸(도모).

11〖捯〗擣(p. 669)와 同字

8 11〖掠〗노략질할 략 | 藥ㄌㄩㄝˋ (lüe) | りゃく(カスメル) *plunder*

풀이①노략질하다. ¶輸—其聚<左氏傳> ②스치다. ¶雙燕無機還拂—<韓愈> ③서법(書法)의 한 가지. 획을 왼쪽 아래로 긋는 법. ④베다. ¶命虞人—林<穆天子傳> ⑤매질하다. 죄인을 때림. 通擽. ¶毋肆—<禮記>

【掠取】りゃくしゅ(약취) 노략질하여 가짐.

【掠治】りゃくち(약치) 볼기를 쳐 죄인을 다스림. 매질하여 조사함. 掠笞(약태).

【掠奪】りゃくだつ(약탈) 폭력을 써서 억지로 빼앗음.

▷劫—, 拷—, 寇—, 鹵—, 擄—, 盜—, 搒—, 殺—, 掃—, 殘—, 抄—, 侵—, 奪—, 剽—

8 11〖捩〗1 발목 려 2 비틀 렬 | 霽ㄌㄧㄝˋ 屑 (lie) | れい(バチ) れつ

풀이1 발목(撥木). 비파(琵琶)를 타는 데 쓰는 도구. ¶插—擧琵琶<梁簡文帝> 2 비틀다. 꼼. ¶東西—柁萬舟回<王安石>

11〖捸〗摝(p. 659)과 同字

8 11〖掄〗가릴 론 륜 | 元ㄌㄨㄣˊ 眞 (lun) | ろん, りん(エラブ) *select*

풀이①가리다. 선택함. ¶凡邦工入山林—材不禁<周禮> ②꿰뚫다. 일관함. 通倫.

8 11〖捫〗어루만질 문 | 元ㄇㄣˊ (men) | もん(ナデル) *stroke*

풀이①어루만지다. 쓰다듬음. ¶乃—足<史記> ②쥐다. 따르다. ¶莫—朕舌<詩經> ③잡다. 이를 잡음. ¶—蝨而言 旁若無人<晋書>

【捫舌】もんぜつ(문설) ①혀를 놀리지 못하게 함. 말을 하지 못하게 함. 또는, 말하지 아니함. ②中 혀를 내두름.

【捫蝨】もんしつ(문슬) 남 앞에서 이를 잡는다는 뜻으로, 방약무인(旁若無人)한 태도를 이름.

11〖捪〗搢(p. 651)과 同字

12〖搫〗搬(p. 656)과 同字

11〖[illegible]〗搒(p. 656)의 本字

8 11〖排〗1 밀칠 배 2 풀무 배 | 佳ㄆㄞˊ (pai) 卦 | はい(オス) *push* はい(フイゴ)

풀이1 ①밀치다. 밀어 젖힘. 밀어 엶. ¶—闥說屨於戶內者 一人而已矣<禮記> ②물리치다. ¶相與—之<後漢書> ③통하다. 소통함. ¶—淮泗<孟子> ④늘어서다. 차례로 섬. ¶松—山面千重翠<白居易> ⑤줄. 세로줄. ¶二人——<紀效新書> ⑥형제의 차서(次序).

¶一行. ⑦둑. 제방. ¶修防一以正水路<水經> ⑧바로잡다. 교정함. ¶然而不得一檄<荀子> ⑨임박하다. 다가옴. ¶矚勢一檄<後漢書>[2]①풀무. [通]韛. ¶造作水一<後漢書> ②세게 찌르다. ¶一揩.
【排擊】はいげき(배격) 배척하여 물리침.
【排遣】はいけん(배견) 밀어제침. 물리침.
【排檄】はいけい(배경) 도지개. 뒤틀린 활을 바로잡는 틀.
【排教】はいきょう(배교) 도교(道教)의 일파. 부록(符籙)으로써 병을 고치고 요기(妖氣)를 제거한다 하며, 중국 호남(湖南)·장사(長沙) 등에서 성행했음.
【排氣】はいき(배기) 속에 든 공기나 가스 또는 증기 등을 뽑아냄. ¶一管/一量.
【排年】はいねん(배년) ①해마다 얼마씩으로 몇 해에 벼름. ②윤번으로 교대하여 맡는 연번(年番). 現年(현년).
【排尿】はいにょう(배뇨) 오줌을 눔.
【排卵】はいらん(배란) 일정한 시기에 성숙된 난자(卵子)가 난소(卵巢)에서 배출되는 생리 현상. ¶一管/一期.
【排臨】(배림) 해산할 때에 태아의 머리가 나타났다 들어갔다 하는 상태.
【排立】はいりつ(배립) 줄지어 늘어섬.
【排門】はいもん(배문) ①문을 밀어서 엶. ②[韓] 범인 집 문에 죄목(罪目)을 써 붙이던 일.
【排佛】はいぶつ(배불) 불교를 배척함.
【排拂】はいふつ(배불) ☞排除(배제).
【排比】はいひ(배비) ①가지런히 늘어놓음. ②[韓] 비례를 따라 나누어 몫을 지음.
【排沙簡金】はいさかんきん(배사간금) 모래를 헤쳐 금을 찾아낸다는 뜻으로, 문장 중에 때로 훌륭한 곳이 있음을 평하여 이르는 말. ¶陸文若一 往往見寶<世說新語> ※拔地倚天(발지의친). 「름. 排月(배월).
【排朔】(배삭) 달마다 얼마씩으로 몇 달에 벼
【排設】(배설) 의식·연회 등에서 필요한 제구를 차려 놓음.
【排泄】はいせつ(배설) ①안에서 밖으로 새어 나가게 함. 排出(배출). ②신진 대사의 결과 불필요하게 된 물질을 몸 밖으로 내보냄. ¶一物.
【排水】はいすい(배수) ①안에 있는 물을 밖으로 흘려보냄. ¶一孔/一路/一量/一口. ②선박(船舶) 따위를 물에 띄울 때, 그 무게로 인하여 물을 밀어 젖히는 현상.
【排斡】はいあつ(배알) 밀어 돌림. ¶力雖能一 雷電怪詞詬<韓愈> 「여 놓음.
【排列】はいれつ(배열) 일정한 차례나 간격으로 벌
【排外】はいがい(배외) 외국 사람이나 외국의 문물·사상 등을 배척함. ¶一思想.
【排月】(배월) ☞排朔(배삭).
【排律】はいりつ(배율) 한시(漢詩)의 한 체(體). 5언(言)이나 7언의 대구(對句)를 여섯귀 이상 우수(偶數)로 늘어 놓은 것.
【排日】はいにち(배일) ①날마다 얼마씩으로 벼름. ②일본의 문물·사상·정치 등 일체를 배격함. ↔親日(친일).
【排字】はいじ(배자) 글씨를 쓰거나 인쇄에서 판을 짤 때에 일정한 글자를 알맞게 벌여 놓
【排折】はいせつ(배절) 물리쳐 기세를 꺾음. 「음.
【排除】はいじょ(배제) 물리쳐 제거함. 排拂(배불). 「빈).
【排斥】はいせき(배척) 반대하여 밀어내침. 排擯(배
【排出】はいしゅつ(배출) 밖으로 내보냄. 排泄(배설)①.
【排置】はいち(배치) ①순서 있게 벌여 놓음. 布置(포치). 排布(배포)②. ②일정한 직무에 보내어 그 자리에 앉힘.
【排他】はいた(배타) 남을 배척함. ¶一的.
【排布】はいふ(배포) ①머리를 써서 조리있게 계획함. ②☞排置(배치)①. 「(배제).
【排陷】はいかん(배함) 배격하여 죄에 빠뜨림. 排擠
【排行】はいこう(배항) ①줄을 지어 정렬함. ②한겨레 중에서 장유(長幼)·존비(尊卑) 등에 의한 순서. 輩行(배항).
▷譏一, 防一, 謗一, 水一, 安一, 擠一, 嘲一, 推一, 衝一

8 11 〖捧〗 받들 봉 | [腫]ㄆㄥˇ (peng) | ほう(ササゲル) *raise*

[源]**會意·形聲**. 두 손으로 받쳐 듦을 뜻함.

[풀이]①받들다. [같]奉. ㉮받들다. ¶一饋而哭<穆天子傳> ㉯들어 올리다. ¶一黃間以密彀<潘岳> ㉰두 손으로 움켜 뜨다. ②들다. ¶一手.
【捧納】ほうのう(봉납) 물건을 바치는 일. 奉納(봉납). 捧上(봉상).
【捧讀】ほうどく(봉독) 두 손으로 받들고 공손히 읽음. 奉讀(봉독). 「복절도).
【捧腹絶倒】ほうふくぜっとう(봉복절도) ☞抱腹絶倒(포
【捧負】ほうふ(봉부) 안기도 하고 업기도 한다는 뜻으로, 도와 줌을 이르는 말. 扶持(부지). ¶提携一 畏其不壽<李華>
【捧手】ほうしゅ(봉수) 두 손을 마주 잡아 올려 공수(拱手)의 예를 행하는 일.
【捧受】(봉수) 거두어서 받음.
【捧持】ほうじ(봉지) 공경하여 두 손으로 받듦.
【捧遲晩】(봉지만) 죄인에게 복죄(服罪)의 다짐을 받는 일.
【捧招】(봉초) 죄인의 공초(供招)를 받음.
【捧疤】(봉파) 용의자의 용모와 그 특징을 적은 서류를 만듦.
▷對一, 拜一, 手一, 承一, 執一

8 11 〖掊〗 [1] 그러모을 부 [2] 가를 부 [3] 넘어뜨릴 부 | [尤]ㄆㄡˊ (pou) [有]ㄆㄡˇ (pou) [遇] | ほう(カキトル) *gather up* ほう(サク) *divide* ふ(タオス)

[풀이][1]①그러모으다. ¶曾是一克<詩經> ②헤치다. 헤쳐 드러나게 하다. ¶一視得鼎<漢書> ③깊다. 심함. ¶一克在位<孟子> ④뽐내다. 교만을 부림. [通]掊. ¶曾是一克<詩經> [2]①가르다. 쪼갬. [通]剖. ¶一斗折衡<莊子> ②치다. 공격함. ¶自一擊於世俗<莊子> [3]넘어 뜨리다. [通]踣仆. ¶一兵罷

去＜史記＞

【掊克】ほうこく(부극) 스스로 뽐내어 남에게 이기기를 좋아함. 일설에는, 즐겨 가렴(苛斂)하여 백성을 해침.

【掊摘】ほうてき(부적) 주워 모음. ¶一千里 其僞一矣＜文心雕龍＞

▷擊一, 攻一, 矜一, 手一

11〖拊〗 拊(p. 629)·撫(p. 663)와 同字

8 11〖掤〗 전동두겁 붕|㊍|ひょう

11〖㨐〗 畀(p. 1015)와 同字

8 11〖捨〗 버릴 사|㊞ㄕㄜˇ (she)|しゃ(ステル) *throw*

㊐捨

㊊**會意・形聲.** 손가락을 펴서 놓음 곧 버림을 뜻함.

풀이 ①버리다. ¶取一選擇. ②베풀다. 신불(神佛)을 위하여 금품을 내놓음. ¶一撤淨財＜隋煬帝＞ ③내버려 두다. 돌보지 아니함. ¶誰肯一汝眠＜韓愈＞

【捨教入禪】(사교입선)《佛》 일정한 교리(教理)를 마치고 선종(禪宗)으로 들어가 좌선을 시작함.

【捨象】(사상) 현상의 특징·공통성 이외의 요소를 버림. 추상 작용에 필연적으로 수반되는 부정적 측면.

【捨生取義】しゃせいしゅぎ(사생취의) 생명을 버릴지라도 의를 취한다는 뜻으로, 목숨을 버릴지언정 옳은 일은 그만 두지 않는다는 말.

【捨身】しゃしん(사신)《佛》 ①목숨을 버림. ②속계(俗界)를 버리고 불문에 들어감.

【捨身供養】しゃしんくよう(사신공양)《佛》 정각(正覺)을 얻기 위하여 손·발·살 또는 온몸을 부처나 보살에게 바쳐 공양함.

【捨身行】しゃしんぎょう(사신행)《佛》 보은(報恩)하기 위하여 자기의 생명을 아끼지 아니하고 내던지는 일.

▷取一, 喜一

11〖捨〗 捨(p. 645)와 同字

11〖捿〗 栖(p. 767)·棲(p. 775)와 同字

8 11〖掃〗 쓸 소|㊞ㄙㄠˇ (sao)|そう(ハク) *sweep*

㊐埽

㊊**會意・形聲.** 비[帚]로 쓺을 뜻함.

풀이 ①쓸다. 비로 쓺. ¶掌一門庭＜周禮＞ ②버리다. ¶屛居閉一 不通賓客＜南史＞ ③제거하다. ¶一項軍於垓下＜張衡＞ ④토벌(討伐)하다. ¶皇帥外一＜梁簡文帝＞ ⑤바르다. 칠함. ¶淡一蛾眉朝至尊＜杜甫＞ ⑥붓으로 쓰다. ¶憤一百筆禿＜王令＞ ⑦거절하다. 사양함. ¶門還魏公一＜孟浩然＞

【掃萬】(소만) 모든 일을 제쳐 놓음.

【掃墓】そうぼ(소묘) 성묘함. 展墓(전묘).

【掃墳】(소분) ①㊌ 경사스런 일이 있을 때 조상의 무덤에 가서 제사지내는 일. ②㊥ 성묘함.

【掃射】そうしゃ(소사) 기관총 따위로 비질하듯이 휘둘러 쏨. ¶機銃一.

【掃刷】そうさつ(소쇄) 먼지를 떪. 소제함. 掃拭(소식).

【掃灑】そうさい(소쇄) 쓸고 물을 뿌림. 掃除(소제).

【掃愁帚】そうしゅうしゅう(소수추) 수심(愁心)을 쓸어 내는 비라는 뜻으로, 술[酒]을 이르는 말. ¶亦號一＜蘇軾＞

【掃除】そうじ・そうじょ(소제) 떨고 쓸고 닦아서 깨끗이 함. 淸掃(청소). 掃淸(소청). 掃滌(소척). ¶吾恐宗廟之不一＜管子＞

【掃晴娘】そうせいじょう(소청낭) 날이 개게 하는 주술(呪術)로, 종이 인형에 비[箒]를 들려서 처마에 매달아 놓던 것.

【掃帚】そうしょう(소추) 비. 빗자루.

【掃蕩】そうとう(소탕) 비로 쓴 듯이 모조리 무찔러 없앰. ¶共匪一.

【掃海艇】そうかいてい(소해정) 바다에 부설한 수뢰 등의 위험물을 치워 없애는 작업을 전문으로 하는 특수한 함정.

▷代一, 刷一, 洒一, 灑一, 一一, 淨一

8 11〖授〗 줄 수|㊞ㄕㄡˋ (shou)|じゅ(サズケル) *give*

㊊**會意・形聲.** 受는 손에서 손으로 건넴. 手와 아울러, 내려 줌을 뜻함.

풀이 ①주다. ㉮손으로 건네 주다. ¶男女不親一＜禮記＞ ㉯교부하다. ¶則從而一之＜周禮＞ ㉰내려 주다. ¶一鉞四七＜張衡＞ ②가르치다. ¶立精舍講一＜後漢書＞ ③임명하다. ¶近寤今日謬一之失＜吳志＞ ④받다. ㊋受. ¶登再拜一幣＜周禮＞

【授戒】じゅかい(수계)《佛》 새로 불문(佛門)에 들어온 사람에게 계율(戒律)을 줌. ↔受戒(수계).

【授權】じゅけん(수권) 일정한 자격·권리·권한 등을 특정인에게 부여하는 일.

【授命】じゅめい(수명) 목숨을 버림. 목숨을 내어 놓고 진력함. ¶見利思義 見危一＜論語＞

【授賞】じゅしょう(수상) 상을 줌.

【授受】じゅじゅ(수수) 주고받음. 與受(여수).

【授業】じゅぎょう(수업) ①학예를 가르쳐 줌. ¶一料. ②생활의 방도를 찾아 줌. 授產(수산).

【授與】じゅよ(수여) 내려 줌. 상장·증서 따위를 줌.

【授乳】じゅにゅう(수유) 젖을 먹임. ¶一期.

【授衣】じゅい(수의) ①옷을 줌. ②음력 9월의 이칭. 이 때에 겨울 옷을 준 데서 온 말.

▷講一, 教一, 口一, 拜一, 受一, 習一, 神一, 傳一, 銓一, 除一, 指一, 天一, 親一, 訓一

8 11〖捱〗 막을 애|㊞ㄞˊ (ai)|がい(コバム) *intercept*

8 11 〖掖〗 겨드랑이 액 | 陌 | 一ㄝˋ (ye) | えき(ワキ) *armpit*

풀이 ①겨드랑이. 通腋. ¶千羊之皮 不如一狐之一＜史記＞ ②끼다. 겨드랑이에 낌. ¶銘禮至以一國作銘＜後漢書＞ ③부축하다. ¶誘一其君＜詩經＞ ④곁문. ¶闌入尙方一門＜漢書＞ ⑤뒤쪽 궁전. 정전(正殿)에 딸린 궁(宮). ¶歷一庭＜張衡＞

【掖隷】えきれい(액례) 후궁(後宮)에 딸린 관원이나 하인.

【掖門】えきもん(액문) 궁전 정문의 좌우에 있는 작은 문.

【掖省】えきしょう(액성) 당(唐)대의 문하성(門下省)과 중서성(中書省).

【掖廷】えきてい(액정) ☞掖庭(액정)①.

【掖庭】えきてい(액정) ①정전(正殿) 옆에 있는 궁전. 비빈(妃嬪)·궁녀 들이 거처하였음. 掖廷(액정). ②㉮한(漢)대 궁인(宮人)의 벼슬. 환관(宦官)이 이에 딸림. ㉯고려·조선 때 궁중에 두었던 기관의 하나. ¶一院/一局/一署.

▷宮一, 闕一, 禁一, 扶一, 仙一, 宸一, 誘一, 楅一

8 11 〖掩〗 가릴 엄 | 琰 | 一ㄢˇ (yan) | えん(オオウ) *hide*

源 會意·形聲. 奄은 덮어서 가림. 手와 아울러, 덮어서 숨김을 뜻함.

풀이 通揜. ①가리다. 덮음. ¶諺有一目捕☆＜魏志＞ ②닫다. 문을 닫음. ¶席門常一＜南史＞ ③감싸다. 비호함. ¶撫一. ④숨기다. ¶一賊爲藏＜左氏傳＞ ⑤불시에 치다. ¶一其不備曰襲＜左氏傳·注＞ ⑥그만두다. 그침. ¶一以絶滅＜王褒＞ ⑦바루다. 通檢. ¶不一以繩＜淮南子＞ ⑧엿보다. 通閃. ¶一戶而入占見之＜淮南子＞ ⑨함께하다. 일치시킴. ¶一有四方＜孔子家語＞

【掩壙窓】(엄광창) 관(棺)을 묻기 전에 광(壙) 위를 덮는 창짝.

【掩卷輒忘】えんかんちょうぼう(엄권첩망) 책을 덮으면 방금 읽은 내용도 잊어버림.

【掩面】えんめん(엄면) ①죽은 사람의 얼굴을 가리는 명주. ②얼굴을 가림. 차마 볼 수 없는 모양. 또는, 우는 모양.

【掩鼻】えんび(엄비) ①냄새가 싫어서 코를 막음. ②사술(詐術)로써 남을 속임.

【掩殺】えんさつ(엄살) 불의에 습격하여 죽임.

【掩襲】えんしゅう(엄습) 적을 불의에 습격함.

【掩掩】えんえん(엄엄) 향기가 짙게 풍기는 모양.

【掩苒】えんぜん(엄염) 바람에 불리어 옆으로 쓰러짐. ¶一衆草＜柳宗元＞

【掩映】えんえい(엄영) ①덮어 가림. 映은 隱. ¶一乎四海之半＜李白＞ ②덮어 두루 비춤. ¶春風一千門柳＜李郢＞

【掩泣】えんきゅう(엄읍) 얼굴을 가리고 욺. 掩涕(엄체).

【掩耳】えんじ(엄이) 귀를 막고 듣지 아니함.

【掩耳偸鈴】ミミヲオオッテスズヲヌスム(엄이투령) 귀를 막고 방울을 훔친다는 뜻으로, 얕은 꾀를 써서 남을 속이려 하나 아무 성과가 없음. 또는, 어리석음을 비유하여 이르는 말. 掩耳盜鈴(엄이도령). 揜耳盜鈴(엄이도령).

【掩障】えんしょう(엄장) 덮어 가림. 가리어 막음.

【掩迹】えんせき(엄적) 잘못된 흔적을 가리어 덮음. 비행(非行)의 흔적을 없앰.

【掩足盤】(엄족반) 반기(飯器)를 운반하는 데 쓰는 소반. 보통 소반보다 발이 짧음.

【掩涕】えんてい(엄체) ☞掩泣(엄읍).

【掩蔽】えんぺい(엄폐) 보이지 않도록 가리어 숨긴다는 뜻으로, 남의 견문을 가림.

【掩護】えんご(엄호) 적의 공격에서 아군을 보호함. ¶一射擊.

▷撫一, 圍一, 隱一, 遮一, 蔽一

8 11 〖掞〗 1빛낼 염 2펼 섬 3날카롭게 할 염 | 豔 一ㄢˋ (yan) | えん(カガヤカス) | 豔 ㄕㄢ (shan) | せん えん(ソグ)

풀이 1빛내다. 빛남. 通炎. ¶長麗前一光耀明＜漢書＞/一天才. 2펴다. 생각을 폄. ¶一張. 3날카롭게 하다. 엇깎아 날카롭게 함. 같剡. ¶剸一度擬＜馬融＞

【掞張】えんちょう(섬장) 미사 여구로써 과장되게 표현함.

【掞藻】えんそう(섬조) 사조(詞藻)가 풍부함. 문장이 아름다움.

8 11 〖掜〗 1비길 예 2땅길 예 | 霽 霽 | げい(ナゾラエル) *compare*

풀이 1비기다. 견줌. 2땅기다. 켕기어 짐. ¶終日握而手不一＜莊子＞

8 11 〖捥〗 팔 완 | 翰 | わん(ウデ) *arm*

8 11 〖掌〗 손바닥 장 | 養 ㄓㄤˇ (zhang) | しょう(テノヒラ)

풀이 ①손바닥. ¶治國其如示諸一乎＜中庸＞ ②동물의 발바닥. ¶熊一亦我所欲也＜孟子＞ ③맡다. 주관함. ¶帥其屬而一邦治＜周禮＞ ④받들다. ¶王事鞅一＜詩經＞ ⑤바루다. ¶一家禮＜周禮＞

【掌故】しょうこ(장고) ①전례(典例)를 맡은 벼슬아치. ②국가의 관례(慣例)·고실(故實). 나라의 전장제도(典章制度).

【掌骨】しょうこつ(장골) 손바닥을 형성하는 5개의 뼈.

【掌理】しょうり(장리) 맡아서 처리함.

【掌紋】(장문) 손금.

【掌狀】しょうじょう(장상) 손바닥을 펼친 것과 같은 형상.

【掌握】しょうあく(장악) 손에 쥠. 손에 넣음.

【掌藏】しょうぞう(장장) ①금전 출납을 맡아 보는 사람. ②韓 조선 때 세자궁에 딸린 종7품의 나인(內人) 벼슬.

【掌典】しょうてん(장전) 맡아봄. 관장(管掌)함.

【掌中】しょうちゅう(장중) 손 안. 手中(수중). ¶一物/一果.

【掌中珠】しょうちゅうのたま(장중주) 손 안의 구슬이라는 뜻으로, 사랑하는 아내 또는 자녀를 이름. 掌珠(장주).

【掌判】しょうはん(장판) 결혼 중매를 섬. 判은 半.
▷監—, 兼—, 股—, 管—, 分—, 仙人—, 所—, 手—, 鞅—, 熊—, 典—, 專—, 指—, 職—, 車—, 合—

8 11〖挣〗 찌를 쟁 [庚] そう(サス) *pierce*

11〖晢〗 ☞ 日部 7 획(p. 721)

8 11〖掂〗 겨냥할 점 [鹽] ㄉㄧㄢ (dian) てん (ハカル)

8 11〖接〗 사귈 접 [葉] ㄐㄧㄝ (jie) せつ, しょう (マジワル) *associate*

[풀이]①사귀다. 교제함. ¶君子之—如水<禮記> ②엇걸리다. 교차함. ¶兵不—刃<呂覽> ③대접하다. ¶—待. ④모이다. 회합함. ¶兩君偃兵—好<國語> ⑤잇다. ㉮이어서 맞추다. ¶—骨. ㉯이어받다. 계승함. ¶漢興—秦之弊<史記> ㉰계속되다. ¶—續. ㉱접하다. 잇닿음. ¶隣—. ⑥가까이 하다. 가까이 감. ¶賓立—西塾<儀禮> ⑦접붙이다. 접. [通]椄. ¶—木. ⑧받다. 받아들임. ¶—收. ⑨대답하다. ¶取—給而廣中者<大戴禮> ⑩[韓] 떼. 무리. 옛날, 사학(四學) 등에서의 여름 공부하는 유생들. 또는, 보부상(褓負商)의 떼. ¶—長.
【接客】せっきゃく(접객) 손을 대접함. ¶—婦/—業.
【接居】(접거) 잠시 동안 머물러 삶.
【接見】せっけん(접견) 공식적으로 맞이하여 만나 봄. ¶—乎天子<儀禮>
【接境】せっきょう(접경) 경계가 맞닿음. 또는, 맞닿은 경계. 接界(접계).
【接界】せっかい(접계) ☞接境(접경).
【接骨】せっこつ(접골) 어긋나거나 부러진 뼈를 이어 맞춤. ¶—院. 「순).
【接口】(접구) 음식을 조금 먹음. 接脣(접
【接近】せっきん(접근) 가까이 함.
【接給】せっきゅう(접급) 묻는 대로 응하여 대답함.
【接待】せったい(접대) ①손의 시중을 듦. ¶—婦. ②손에게 음식을 차려서 대우함. 待接(대접). 接遇(접우). 「예절.
【接待等節】(접대등절) 손을 대접하는 모든
【接隣】せつりん(접린) ☞隣接(인접).
【接面】せつめん(접면) ☞面接(면접). 「목).
【接木】せつぼく(접목) 나무를 접붙임. 椄木(접
【接目】(접목) 잠을 자기 위하여 눈을 붙임.
【接武】せつぶ(접무) 옛날, 당상(堂上)을 걷는 법. 뒷발은 앞발자국의 절반을 밟도록 또는 발자국이 서로 이어지도록 걷는 일. 武는 발자국. ¶堂上— 堂下布武<禮記>
【接吻】せっぷん(접문) 입맞춤. 키스(kiss).
【接聞】せつぶん(접문) 직접 본인한테서 들음.
【接物】せつぶつ(접물) ①외물에 접촉함. 사물을 봄. ②남과 교제함.
【接伴】せっぱん(접반) 빈객(賓客)을 응접(應接)함. 또는, 그 일을 주관하는 사람. ¶—使.
【接邪】(접사) 요사스런 귀신이 붙었다는 뜻으로, 시름시름 앓음을 이르는 말.
【接線】せっせん(접선) ①어떤 곡선 또는 곡면의 한 점과 접하는 직선. ②줄을 댐. 접촉함. 간첩 등이 음모나 본부의 지령을 전달하기 위하여 만나는 일 따위.
【接續】せつぞく(접속) 서로 맞대어 이음. ¶—詞.
【接收】せっしゅう(접수) ①받아서 거둠. ②권력 기관이 그 필요에 따라 민간 소유물을 강제로 수용하는 일.
【接受】せつじゅ(접수) 받아들임. ¶—證/書類—.
【接神】せっしん(접신) ①신(神)과 접(接)함. ¶祈請者 誠以— 自然應也<申鑒> ②신들림. ③제야(除夜)에 조신(竈神)을 제사 지내는
【接遇】せつぐう(접우) ☞接待(접대)②. ㄴ일.
【接應】せつおう(접응) ①군량·병기(兵器) 등을 끊임없이 보내어 도움. ②☞應接(응접).
【接任】せつにん(접임) 후임(後任).
【接長】(접장)[韓] ①접(接)의 우두머리. ②속어로, 선생.
【接敵】せってき(접적) 적과 맞부딪침. ¶—地域.
【接戰】せっせん(접전) 서로 맞부딪쳐 싸움. 서로 어울려져 싸움. 또는, 그 싸움.
【接足】せっそく(접족) ①발을 붙임. 발을 들여놓음. ②《佛》 두 손을 존자(尊者)의 발에 대고 절을 하는 일.
【接種】せっしゅ(접종) 병의 예방·치료·진단·실험 등을 위하여 병원균이나 독소를 사람 몸이나 동물체에 주입하는 일. ¶豫防—.
【接踵】せっしょう(접종) 발꿈치를 잇댄다는 뜻으로, 사건이 잇달아 일어남을 이름.
【接主】(접주)[韓] ①과거를 보는 유생의 단체를 앞장서서 주선하던 사람. ②동학(東學)의 교구(教區) 또는 집회소의 책임자. 帳主(장주). 包主(포주).
【接着】せっちゃく(접착) 달라붙음. ¶—劑.
【接觸】せっしょく(접촉) ①두 물체가 맞닿음. ¶—物. ②더불어 일하거나 사귀기 위하여 가까이 대함.
【接合】せつごう(접합) 한데 대어 붙이거나 한데 닿아 붙음. ¶—手術/—劑.
▷間—, 交—, 近—, 待—, 面—, 密—, 反—, 賓—, 相—, 實—, 延—, 連—, 迎—, 禮—, 鎔—, 應—, 引—, 隣—, 直—, 親—

8 11〖措〗 [1]둘 조 [2]잡을 책 [遇][陌] ㄘㄨㄛˋ (cuo) そ(オク) *put* さく (トラエル)

[源]會意·形聲. 昔은 포개어짐. 또, 음을 이룸. 手와 아울러, 물건 위에 둠을 뜻함.
[풀이][1]①두다. 놓아 둠. ¶民無所—手足<論語> ②베풀다. 사용함. 행함. ¶時—之宜也<中庸> ③그만두다. 버려 둠. ¶學之弗能 弗—也<中庸> ④처리하다. 조처함. ¶—置. ⑤행동거지. ¶周惶失—<李嶠> ⑥섞다. 섞임. ¶內—齊晋<史記> [2]①잡다. 쫓아가 잡

음. ¶迫一青徐盜賊<漢書> ②끼우다. 끼워서 쥠. 通笮. ¶李太后與爭門一指<漢書>

【措大】そだい(조대) 가난한 선비의 미칭. 후에는, 조롱 또는 겸손의 뜻을 나타낼 때도 씀. ¶一官.

【措辭】そじ(조사) 시문(詩文) 어구(語句)의 배치.

【措手不及】(조수불급)韓 일이 매우 급하여 손 쓸 겨를이 없음.

【措語】(조어) 글자를 적당히 배치하거나 엉구어 어떤 의미를 만듦.

【措止】そし(조지) ☞措置(조치)①.

【措處】(조처) 일을 처리함. 措置(조치).

【措置】そち(조치) ①일을 처리함. 措止(조지). 措處(조처). ②손발을 편히 둠. 곧, 편히 있음. ¶言學不至於能 不一休廢<中庸·注>

【措畫】そかく(조획) 처리함. 배려함. ¶一有方廷議倚重<宋史>

▷改一, 擧一, 規一, 不知所一, 廢一, 刑一

8 11 〖捽〗 움킬 졸 | 困ㄗㄨˊ (zu) | そつ(ツカム) *clasp*

풀이 ①움키다. 꺼두름. ¶上不使人一抑而刑之也<漢書> ②잡아 뽑다. 뽑아 냄. ¶農夫父子 一屮把土<漢書> ③다투다. 맞붙음. ¶齊人之井飮者 相一也<列子>

11 〖⿰扌承〗 拯(p.636)과 同字

8 11 〖採〗 캘 채 | 賄ㄘㄞˇ (cai) | さい(トル) *dig*

풀이 ①캐다. 파냄. ¶秋冬則勸民山一<史記> ②가리다. 채택함. ¶屬文著辭 有可觀一<後漢書> ③나뭇군. ¶至爲園一芻牧之處<後漢書>

【採工】さいこう(채공) 광부(鑛夫).

【採光】さいこう(채광) 실내에 광선을 받아 들임. ¶一窓.

【採鑛】さいこう(채광) 광물을 캐어 냄.

【採掘】さいくつ(채굴) 땅 속에 묻힌 물건을 캐어 냄. ¶一作業.

【採根】(채근) ①식물의 뿌리를 캠. ②일의 근원을 캠.

【採金】さいきん(채금) 금을 캐어 냄.

【採納】さいのう(채납) 의견, 요구 등을 받아들임.

【採錄】さいろく(채록) 채집하여 기록함. 또는, 그 기록.

【採問】さいもん(채문) 청취(聽取)하는 일. 탐문하여 채집하는 일.

【採伐】さいばつ(채벌) ☞伐採(벌채).

【採算】さいさん(채산) 수입과 지출을 맞추어 보는 계산. 수지 계산이 맞는지의 여부.

【採石】さいせき(채석) 석재(石材)를 떠냄. ¶一場/一山.

【採拾】さいしゅう(채습) ①☞採集(채집). ②섶나무를 베고 나무 열매를 줍는다는 뜻으로, 가난한 생활을 이르는 말.

【採薪之憂】さいしんのうれい(채신지 우) 병이 나서 땔나무를 할 수 없는 근심이란 뜻으로, 자기 병의 겸칭.

【採用】さいよう(채용) 채택하여 씀. 인재를 등용함. ¶一試驗.

【採字】さいじ(채자) 인쇄소에서 원고대로 활자를 골라 뽑음. 文選(문선).

【採點】さいてん(채점) 점수를 매김. ¶一表.

【採集】さいしゅう(채집) 잡거나 따거나 캐거나 하여 모음. 採拾(채습)①. ¶植物一.

【採取】さいしゅ(채취) ①캐어냄. ②풀이나 나뭇가지 등을 베어냄.

【採炭】さいたん(채탄) 석탄을 캐어냄. ¶一作業.

【採擇】さいたく(채택) 가려 뽑음.

【採血】さいけつ(채혈) 몸에서 혈액을 채취함.

▷捃一, 博一, 訪一, 伐一, 收一, 搜一

8 11 〖掇〗 주울 철 | 屑ㄉㄨㄛˊ (duo) | てつ(ヒロウ) *pick up*

源 會意·形聲. 흩어진 것을 주워 모음을 뜻함.

풀이 ①줍다. ¶薄言一之<詩經> ②가리다. 선택함. ¶博搜精一 編而次之<白居易> ③깎다. 엇깎음. 通剟. ¶一去宋弘<漢書> ④찌르다. ¶刺一身<史記> ⑤그만두다. 通輟. ¶剞劂罔一<左思> ⑥짧다. 작음. ¶一而不跂<莊子>

8 11 〖掣〗 1 억누를 철 本 체 2 당길 철 | 霽ㄔㄜˋ 屑(che) | せい(オサエル) せつ(ヒク)

풀이 1 ①억누르다. 자유를 구속함. ¶一三牽兩<潘岳> ②길게 늘리다. ¶千載風神一揮一<羅玘> ③빼다. 뽑음. ¶羲之密從後一其筆 不得<晋書> 2 당기다. ¶宓子使臣書而一肘<孔子家語>

【掣臂】せいひ(철비) ☞掣肘(철주).

【掣曳】せいえい(철예) 만류함. 훼방함.

【掣肘】せいちゅう(철주) 남의 팔꿈치를 옆에서 끈다는 뜻으로, 간섭하여 자유로이 못하게 제지함을 이르는 말. 掣臂(철비).

▷牽一, 輓一, 電一, 攞一

11 〖⿰扌制〗 掣(p.648)과 同字

8 11 〖捷〗 1 이길 첩 2 꽂을 삽 | 葉ㄐㄧㄝˊ 洽(jie) | しょう(カツ) *win* そう

풀이 1 ①이기다. 싸움에 이김. ¶一月三一<詩經> ②빠르다. 通倢. ¶事業一成<荀子> ③전리품. 노획품. ¶齊侯來獻戎一<左氏傳> ④지름길로 가다. ¶不如一而行<國語> ⑤미치다. 잇닿음. 通接. ¶鬪其一<莊子> ⑥기르다. ¶一于肌理<呂覽> ⑦무게의 단위. 1.5냥(兩). ¶兩有半曰一<小爾雅> 2 꽂다. 같 插. ¶一柶興<儀禮>

【捷擧】しょうきょ(첩거) 재빨리 행함.

【捷徑】しょうけい(첩경) ①지름길. 捷逕(첩경). ②정도(正道)는 아니나 손쉬운 방법.

【捷逕】しょうけい(첩경) ☞捷徑(첩경)①.

【捷給】しょうきゅう(첩급) 빠르게 공급(供給)한다는 뜻으로, 말을 썩 잘하고 응대(應待)에 능숙함을 이름. 利口(이구).
【捷路】しょうろ(첩로) 지름길. 捷徑(첩경).
【捷利】しょうり(첩리) 날쌤.
【捷報】しょうほう(첩보) 승리의 소식. ¶一處.
【捷書】しょうしょ(첩서) 승전 보고서.
【捷疾】しょうしつ(첩질) 빠름. 捷敏(첩민).
▷簡一, 健一, 輕一, 勁一, 狡一, 大一, 敏一, 辯一, 迅一, 勝一, 戰一

11〖捴〗 摠(p. 661)과 同字

8 11〖捶〗 종아리칠 추 | 紙 ㄔㄨㄟˊ (chui) | すい(ウツ) *whip*

풀이 ①종아리를 치다. 매질함. ¶一笞臏脚<荀子> ②채찍. 通 箠. ③망치. 通 錘. ¶皆在鑪一之間耳<莊子> ④찧다. ¶一反側之<禮記>
▷驅一, 馬一, 楚一, 鞭一

8 11〖掫〗 지킬 추 | 尤 ㄗㄡ 宥 (zou) | しゅう(マモル) *defend*

풀이 ①지키다. 딱다기를 치며 야경 돎. ¶陪臣干一<左氏傳> ②땔나무. 장작. ¶民驚走 持藁或一一枚<漢書> ③땅이름.

8 11〖推〗 1 옮을 추 2 밀 퇴 俗 추 | 支 ㄊㄨㄟ 灰 (tui) | すい(ウツリカワル) たい(オス) *push*

풀이 1 ①옮다. 변천함. ¶寒暑相一而歲成焉<易經> ②밀다. ㉮천거하다. ¶一賢讓能<書經> ㉯받들다. ¶謳歌攸奉 萬有樂一<梁書> ㉰궁구(窮究)하다. ¶受人之事 以重相一<管子> ㉱넓히다. ¶一惡惡之心<孟子> ③꾸짖다. 힐난함. ¶天水駱璧一咸<史記> 2 ①밀다. ㉮앞으로 밀다. ¶或輓之 或一之<左氏傳> ㉯물려 주다. ¶一餘於終<素問> ㉰되밀다. ¶鵝掌一不受<孫作> ㉱제거하다. 떨쳐 버림. ¶則不可一<詩經> ②성(盛)한 모양. ¶嘽嘽一一 如霆如雷<漢書>
【推勘】すいかん(추감) 죄를 조사함. ¶一院.
【推去】(추거) 찾아내어 가져감.
【推擧】すいきょ(추거) ☞推薦(추천).
【推計】すいけい(추계) 추정(推定)하여 계산함.
【推古】すいこ(추고) 옛날을 미루어 생각함.
【推考】すいこう(추고) ①미루어 생각함. 推校(추교). ②韓 벼슬아치의 죄과를 추문(推問)함. 「推託(추탁).
【推故】すいこ(추고) 다른 일을 핑계로 거절함.
【推敲】すいこう(추고) ☞推敲(퇴고).
【推校】すいこう(추교) ☞推考(추고)①.
【推鞫】すいきく(추국) 죄상을 국문(鞫問)함.
【推窮】すいきゅう(추궁) 끝까지 캐어 따짐.
【推及】すいきゅう(추급) 미루어 미침. 또는, 미루어 미치게 함.
【推己及人】(추기급인) 내 마음을 표준삼아 남의 마음을 헤아림.
【推斷】すいだん(추단) ①미루어 판단함. ②죄상을 심문하여 처단함.
【推戴】すいたい(추대) 떠받듦. ¶爲衆一<宋史>
【推量】すいりょう(추량) ☞推測(추측).
【推論】すいろん(추론) ①사리를 미루어 논급(論及)함. ¶一利害<孔子家語> ②이미 아는 사실에 의하여 다른 사실을 논단(論斷)함. 推理(추리).
【推理】すいり(추리) ①사리를 미루어 생각함. ¶一力. ②☞推論(추론)②. ¶一式.
【推挽】すいばん(추만) ☞推輓(퇴만). 「국).
【推問】すいもん(추문) 죄상을 심문함. 推鞫(추
【推步】すいほ(추보) 천체의 운행을 관측하여 달력을 만드는 일. 「듦.
【推服】すいふく(추복) 존경하여 복종함. 높이 받
【推本】すいほん(추본) 근원을 찾음.
【推捧】(추봉) 돈이나 곡식 등을 추심(推尋)하여 받아들임. 「居易>
【推辭】すいじ(추사) 사퇴함. ¶相逢且莫一醉<白
【推算】すいさん(추산) 미루어 헤아림. 미루어 계산함. 또는, 그 계산.
【推尙】すいしょう(추상) ☞推尊(추존).
【推想】すいそう(추상) 미루어 생각함. 「게 함.
【推誠】すいせい(추성) 정성(精誠)을 남에게 미치
【推頌】すいしょう(추송) 높이고 칭송함.
【推刷】(추쇄) 빚을 죄다 받아들임.
【推數】(추수) 장래의 운수를 헤아려 앎.
【推升】すいしょう(추승) 벼슬을 올리어 임용함.
【推食】すいしょく(추식) 음식을 권함.
【推尋】すいじん(추심) ①챙기어 찾아 가지거나 받아냄. ②환(換)·어음 등의 진가(眞假)를 밝히려고 그 발행 은행에 문의함.
【推案】すいあん(추안) ①책상을 밀어 치움. ②평의(評議)하여 사물을 밝힘. 詮議(전의).
【推仰】(추앙) 높이 받들어 우러러봄.
【推譽】すいよ(추예) 추천하여 기림.
【推挹】すいゆう(추읍) 추앙(推仰)함. 존중함.
【推移】すいい(추이) 일이나 형편이 일정한 방향으로 변하여 나아감.
【推引】すいいん(추인) ①사람을 발탁하여 씀. ②밀고 당김. ¶一銚耨 以當劍戟<管子>
【推奬】すいしょう(추장) 남을 매우 칭찬함. 推擢(추탁). 推譽(추예). 推頌(추송).
【推定】すいてい(추정) ①추측하여 결정함. ②법률에서 어떠한 사실에 대하여 반대의 증거가 없는 이상, 그것이 정당하다고 인정하는 일. 「상).
【推尊】すいそん(추존) 추앙하여 존경함. 推尙(추
【推知】すいち(추지) 미루어 생각하여 앎.
【推進】すいしん(추진) ①진척되도록 밀고 나아감. ②남을 추천함. 또는, 남에게 추천됨.
【推此可知】(추차가지) 이것을 미루어 다른 것을 가히 알 수 있음.
【推薦】すいせん(추천) 사람을 천거(薦擧)함.
【推築】すいちく(추축) 옆에서 손으로 쿡쿡 찔러 의사를 통함. 築은 땅을 두드림. 「량).
【推測】すいそく(추측) 미루어 헤아림. 推量(추
【推治】すいち(추치) 죄를 헤아려 다스림.
【推稱】すいしょう(추칭) 추켜서 칭찬함.

【推托】すいたく(추탁) ☞推託(추탁)②.

【推託】すいたく(추탁) ①다른 일로 핑계함. 推故(추고). ②천거하여 일을 맡김. 推托(추탁).

【推擢】すいたく(추탁) ☞推獎(추장).

【推擇】すいたく(추택) 인재를 등용함. 推는 아래에서 천거함. 擇은 위에서 선발함.

【推覈】すいかく(추핵) 범죄를 자세히 조사함.

【推敲】すいこう(퇴고) 시문(詩文)을 지을 때, 그 글귀나 글자를 이리저리 생각하여 다듬고 고치는 일.

【유래】 당(唐)대의 시인 가도(賈島)가 과거를 보려고 서울 장안으로 들어오던 길에 서였다. 그는 시짓기에 골몰하여 대감 행차에 부딪치는 줄도 몰랐다. 대감의 하인들은 무례한 젊은이라고 하여 그를 나무랐다. 실은 싯귀 중의 「중은 달빛 아래 대문을 밀다」[僧推月下門]의 밀다[推]를 두드리다[敲]로 바꿀까 말까 하여 무심코 손으로 문을 밀었다 두드렸다 하는 시늉을 하면서 걸었던 것이다. 하인들은 그가 말하는 그러한 사정을 알아듣지 못했으나, 대감은 친히 그에게 「밀다의 퇴(推)보다 역시 두드리다의 고(敲)가 어울릴 듯하이」하고 다정하게 일러주었다. 대감은 바로 대문장가인 한유(韓愈)였고, 여기서 퇴고(推敲)라는 말이 생겼다. <唐詩紀事>

【推輓】すいばん(퇴만) 수레를 뒤에서 밀고 앞에서 끈다는 뜻으로, 남을 추천함을 이르는 말. 推挽(추만). 推引(추인).

▷究—, 輓—, 排—, 上授下—, 選—, 類—

8 11 〖探〗 찾을 탐 | 覃 ㄊㄢ (tan) | たん(サガス) *search*

풀이 ①찾다. ㉮뒤져내어 가지다. ¶—賾索隱<易經> ㉯궁구(窮究)하다. ¶深—其獄<漢書> ㉰방문하다. 유람함. ¶件誰操筆賦幽—<朱松> ②엿보다. ¶已—先君之邪志<穀梁傳> ③잡다. 가짐. ¶必—籌而定分<淮南子>

【探究】たんきゅう(탐구) 진리, 과학 등을 파고 들어 깊이 연구함.

【探囊】たんのう(탐낭) 주머니 속에 있는 물건을 찾음. 절도(竊盜) 또는 일의 쉬움의 비유. ※囊中取物(낭중취물).

【探卵之患】たんらんのうれい(탐란지 환) 어미새가 보금자리를 비운 뒤에 보금자리의 알을 잃을까봐 염려하는 근심이라는 뜻으로, 근거를 습격당할 근심 또는 내막이 드러날 것에 대한 근심을 이르는 말.

【探馬】たんば(탐마) 염탐하는 기병(騎兵).

【探問】たんもん(탐문) 더듬어 찾아 물음.

【探聞】たんぶん(탐문) 알려지지 않은 사실이나 소식을 알아내기 위하여 더듬어 찾아 들음.

【探訪】たんぼう(탐방) 탐문(探問)하여 찾아 봄.

【探查】たんさ(탐사) 더듬어 살펴 조사함.

【探賞】たんしょう(탐상) 좋은 경치를 찾아다니며 기리고 즐김. ※探勝(탐승).

【探色】たんしょく(탐색) 여색(女色)을 찾아다님.

【探索】たんさく(탐색) ①드러나지 않은 것을 이리저리 살펴 찾음. ¶—戰. ②범죄와 관련된 물건이나 범죄인의 자취 및 죄상 등을 알아내기 위하여 샅샅이 찾음.

【探勝】たんしょう(탐승) 명승지를 찾아다님. ¶—客.

【探龍頷】(탐용함) 용의 턱 밑에 숨겨진 구슬을 찾는다는 뜻으로, 귀중한 것을 얻기 위하여 대단한 위험을 무릅씀의 비유. 探驪龍(탐이룡). 探驪獲珠(탐리획주).

【探友】たんゆう(탐우) 벗을 방문함.

【探韻】たんいん(탐운) 시를 지을 때 운을 찾음.

【探偵】たんてい(탐정) 사정을 몰래 더듬어 살핌. 또는, 그 사람. ¶—小說.

【探題】たんだい(탐제) ①시회(詩會)에서 시제(詩題)를 찾아 나누어 가짐. ②《佛》 법회에서 논의할 일을 골라 그 논의가 끝나면 논지(論旨)를 평가하는 소임.

【探鳥】たんちょう(탐조) 조류(鳥類)의 생태를 탐구함. ¶—會.

【探照】たんしょう(탐조) 밝히거나 찾아내기 위하여 광선을 멀리 내비춤. ¶—燈.

【探知】たんち(탐지) 드러나지 않은 물건이나 사실을 더듬어 찾아 알아냄. ¶—機.

【探湯】たんとう(탐탕) ①끓는 물에 손을 넣음. ②끓는 물에 손이 닿으면 재빨리 손을 빼는 데서, 나쁜 일에서 빨리 빠져나감을 비유하는 말. ¶見不善 如—<論語>

【探險】たんけん(탐험) 위험한 곳을 탐사함.

【探花】たんか(탐화) ①꽃을 찾음. 꽃의 명소를 찾음. ②과거(科擧)에 셋째로 급제한 사람. 探花郞(탐화랑).

【探花郞】たんかろう(탐화랑) ☞探花(탐화)②.

【探候】たんこう(탐후) 남의 안부를 물음.

▷內—, 密—, 搜—, 幽—, 刺—, 偵—, 精—

8 11 〖捭〗 1 칠 패 2 가를 벽 | 蟹 ㄅㄞˇ 陌 (bai) | はい(ウツ) はく(サク)

11 〖掰〗 捭(p. 650)와 同字

8 11 〖掝〗 어두울 혹 | 職 | こく(クライ) *dark*

11 〖掍〗 混(p. 893)과 同字

8 11 〖掀〗 치켜들 흔 | 元 ㄒㄧㄢ (xian) | きん(アゲル) *raise*

풀이 ①치켜들다. 높이 듦. ¶—公出于淖<左氏傳> ②높은 모양. ¶蛇虺首——<韓愈>

【掀簸】きんぱ(흔파) 까불려 오름. 까불어 올림.

9 12 〖揀〗 가릴 간 | 潸 ㄐㄧㄢˇ (jian) | かん(エラブ) *choose*

풀이 ①가리다. 가려 뽑음. ㉠柬. ¶博愛容衆 無所—擇<魏志> ②일다. 일어서 가려냄. 도태(淘汰)하다. ¶粹美無可—<韓愈>

【揀擇】かんたく(간택) ①분간하여 선택함. ②㊕ 임금이나 왕자의 배우자를 고름. ¶世子嬪—.

▷分一, 選一, 閱一, 料一, 汰一

9 12【揩】 1 문지를 개 2 악기 이름 개 | 佳ㄎㄞ (kai) 蟹 | かい (コスル) scrub

풀이 1 문지르다. 닦음. 갊. ¶一抰落突棘藩<張衡> 2 ①악기 이름. ②세게 찌르다.

9 12【揵】 1 멜 건 2 세울 건 | 先 阮 | けん(ニナウ) けん(タテル)

풀이 1 ①메다. ¶一弓韣九鞬<後漢書> ②들다. ¶一鰭掉尾<漢書> 2 ①세우다. 섬. ¶頹竹林兮一石菑<史記> ②경계(境界)를 세우다. ¶淮陽包陳以南一之江<漢書> ③빗장. 通楗. ④둑. 방죽.

【揵馬牌】けんばひ(건마패) 싸움터에서 나무 따위로 짐승의 형상을 만들어, 군영(軍營) 앞에 세워두는 것.

9 12【揭】 1 들 게 2 질 갈 3 세울 걸 | 霽ㄐㄧㄝ (jie) 月 屑 | けい (カカゲル) けつ けつ

풀이 1 ①들다. 높이 듦. ¶一揚. ②걷다. 옷자락을 걷음. ¶涉氷一河<史記> 2 ①지다. 짊어짐. ¶一節垂組<後漢書> ②높은 모양. 우뚝 솟은 모양. ¶西柄之一<詩經> ③표지. 표시. ¶峨嵋爲泉陽之一<郭璞> 3 ①세우다. ¶一竿爲旗<漢書> ②나타내다. 표시함. ¶一以熊耳<張衡>

【揭示】けいじ(게시) 여러 사람에게 알리기 위하여 걸거나 붙이어 두루 보게 함. 또는, 그렇게 한 것. ¶一板/一物.
【揭揚】けいよう(게양) 높이 겂. ¶一臺.
【揭載】けいさい(게재) 글이나 그림을 신문 또는 잡지에 실음.
【揭帖】けいちょう(게첩) ☞揭貼(게첩).
【揭貼】けいちょう(게첩) 내어 걸어 붙임. 揭帖(게첩).
【揭曉】けいぎょう(게효) 시험 성적 등을 게시하여 알림. 曉는 알림.
▷高一, 揚一, 表一, 標一, 掀一

9 12【揆】 헤아릴 규 | 紙ㄎㄨㄟ (kui) | き(ハカル) consider

풀이 ①헤아리다. 상량(商量)함. ¶一之以日<詩經> ②도(道). 법. ¶先聖後聖 其一一也<孟子> ③꾀. 계책. ¶內參機一 外寄折衝<北史> ④벼슬. 벼슬아치. ¶百一時敍<書經> ⑤재상(宰相). ¶桓溫居一 政由己出<晋書>

【揆敍】きじょ(규서) 헤아려 차례를 정함.
▷機一, 端一, 道一, 百一, 右一, 一一, 左一, 準一, 測一, 度一

9 12【揑】 이길 날 | ㄋㄧㄝ (nie) | ねつ(コネル) knead

※숙어(熟語)는 捏(p.639)을 볼 것.
풀이 中 ①이기다. 반죽함. ②꾀하다.

12【揀】 揀(p.659)과 同字

9 12【描】 그릴 묘 | 蕭ㄇㄧㄠˊ (miao) | びょう(エガク) draw

풀이 그리다. 그림을 그림. ¶條條直直如筆一<白居易>

【描摸】びょうぼ(묘모) 본떠 그림. 描摹(묘모).
【描寫】びょうしゃ(묘사) 사물을 있는 그대로 그리거나 서술함. ¶人物一.
【描出】びょうしゅつ(묘출) 그려냄.
▷白一, 線一, 素一, 點一

9 12【揖】 1 어루만질 민 2 닦을 문 | 眞 吻 | びん(ナデル) ぶん

12【揃】 揃(p.660)의 俗字

12【揸】 摣(p.660)와 同字

9 12【插】 꽂을 삽 | 洽ㄔㄚ (cha) | そう(サス) insert

俗 挿 揷

풀이 ①꽂다. 끼워 넣음. ¶斜一簪<南史> ②가래. 농기구의 한 가지. 通鍤. ¶立則杖一<戰國策>

【插架】そうか(삽가) 책을 서가에 얹음. 또는, 서가에 두는 책.
【插圖】そうず(삽도) ☞插畫(삽화).
【插木】サシキ(삽목) 식물의 가지·줄기·잎·뿌리 등을 흙 속에 꽂아서 뿌리가 내리게 하는 일. 꺾꽂이.
【插匙】(삽시) 제사 지낼 때, 숟가락을 밥그릇에 꽂는 의식.
【插秧】そうおう(삽앙) ①논에 볏모를 심음. ②갓 모내기한 볏모.
【插入】そうにゅう(삽입) 사이에 끼워 넣음. 원줄거리나 내용 안에 끼워 넣음.
【插紙】(삽지) 인쇄할 때 기계에 종이를 먹임.
【插嘴】そうし(삽취) 말참견을 함.
【插畫】そうが(삽화) 출판물의 글의 내용이나 뜻을 직관적으로 독자에게 보충 설명하기 위하여 그려 넣은 그림. 插圖(삽도).
【插話】そうわ(삽화) 문장·담화 가운데에 끼워 넣은, 본줄거리와는 직접 관련이 없는 이야기. 에피소드(episode).
▷亂一, 斜一, 散一, 秧一, 雜一, 杖一, 栽一, 種一, 表一

12【揷】 插(p.651)의 俗字

9 12【揎】 걷을 선 | 先ㄒㄩㄢ (xuan) | せん(マクル) roll up

9 12【揳】 1 닦을 설 2 잴 혈 3 칠 결 | 屑 屑 黠 | せつ(ヌグウ) けつ(ハカル) かつ(ウチナラス)

풀이 1 ①닦다. 씻음. ②바르지 아니하다. 2 재다. 헤아림. 通絜. ¶不揣長不一大<荀子> 3 치다. 쳐서 울림. ¶一擊吹鼓之音<柳宗元>

9
12【揲】 셀 설 |屑ㄕㄜˊ (she)| せつ(カゾエル) *count*

풀이 ①세다. 하나하나 집어 셈. ¶—之以四 以象四時<易經> ②짚다. 맥을 짚음. ¶—荒爪幕<史記> ③치다. 두드림. 通鍱. ¶—挻其土而不益厚<淮南子>

【揲貫】せつかん(설관) 꿰뚫음. ¶橫廓六合 —萬物 此聖人之游也<淮南子>

12【捜】 搜(p.657)와 同字

9
12【握】 쥘 악 |覺ㄨㄛˋ (wo)| あく(ニギル) *clench*

풀이 ①쥐다. ㉮거머쥐다. ¶—粟出卜<詩經> ㉯주먹을 쥐다. ¶終日—而手不掜<莊子> ㉰잡다. 차지함. ¶歷數在躬 鈞樞初—<李子卿> ②주먹. ¶汗沾兩—色如菜<陸游> ③손아귀. 수중(手中). ¶金丹滿—<李白> ④줌. 양(量)의 단위. ¶以刀截之 唯留——<北史> ⑤길이의 단위. 주먹을 쥐었을 때, 네 손가락이 나란한 길이. 약 4치[寸]. ¶長尺有—<儀禮> ⑥휘장. 通幄 幄. ¶翟車 貝面組總有—<周禮>

【握綱】あっこう(악강) 벼리를 잡음. 근본·요점을 잡음.

【握管】あっかん(악관) ①붓을 잡음. ¶援紙— 會性通神<謝靈運> ②서도(書道)에서 붓을 잡는 법의 한 가지. 네 손가락으로 잡고 현완(懸腕)하여 쓰는 법.

【握拳透爪】あっけんとうそう(악권투조) 쥔 주먹의 손톱이 손바닥을 찌른다는 뜻으로, 극도로 분하고 원통함을 형용하는 말.

【握奇】あっき(악기) 진법(陣法)의 이름. 握機(악기).

【握機】あっき(악기) ☞握奇(악기).

【握力】あくりょく(악력) 손아귀의 힘. ¶—計.

【握沐】あくもく(악목) ☞握髮(악발).

【握髮】あくはつ(악발) 어진 사람을 얻으려고 애씀 또는 어진 사람을 대우함을 이르는 말. 주공(周公)이 머리를 감는 동안 여러 번 머리털을 잡은 채 찾아온 사람을 만난 옛일에서 온 말. 握沐(악목). 吐哺握髮(토포악발).

【握手】あくしゅ(악수) ①서로 손을 잡아 친애의 정을 보임. ②서양식 예법의 하나. 손을 맞잡고 하는 인사. ③소렴 때에 시체의 손을 싸는 헝겊. 幄手(악수).

【握齪】あくさく(악착) 마음이 좁고 여유가 없는 모양. 齷齪(악착). 握齱(악착).

▷角—, 滿—, 一—, 掌—, 吐—, 把—

9
12【揠】 뽑을 알 |黠ㄧㄚˋ (ya)| あつ(ヌク) *pull out*

【揠苗】あつびょう(알묘) 모[苗]의 고갱이를 뽑아올린다는 뜻으로, 성공을 서두르다가 도리어 해를 봄을 비유함. 송(宋)의 어느 농부가 모가 잘 안 자람을 근심하여 조금씩 뽑아 올려 끝내는 말라 죽게 했다는 일에서 온 말. ※助長(조장).

12【揶】 捓(p.639)와 同字

9
12【揚】 오를 양 |陽ㄧㄤˊ (yang)| よう(アガル) *go up*

源 會意·形聲. 昜은 태양이 높이 오름. 또, 음을 이룸. 手와 아울러, 올림·오름을 뜻함.

풀이 ①오르다. ¶—于王庭<易經> ②날다. ¶載飛載—<詩經> ③일다. 불어오름. 通颺. ¶—於地<列子> ④쳐들다. ¶弦歌干—<禮記> ⑤들날리다. 알려짐. ¶—名於後世<孝經> ⑥나타내다. 드러냄. ¶宣—. ⑦등용(登用)하다. ¶或以言—<禮記> ⑧밝히다. 通昜. ¶不—其聲<淮南子> ⑨기리다. 일컬음. ¶名不可得而—<淮南子> ⑩도끼. ¶干戈戚—<詩經> ⑪옛 중국 구주(九州)의 하나. 지금의 양자강(揚子江) 남부 일대.

【揚棄】ようき(양기) ☞止揚(지양).

【揚力】ようりょく(양력) 유체(流體) 중에서 운동하는 물체에 작용하여 그 물체를 위로 올려 미는 힘. ※浮力(부력).

【揚歷】ようれき(양력) ①등용하여 그 재능을 시험하여 봄. ②과거의 사적(事蹟)을 분명하게 함.

【揚烈】ようれつ(양렬) ①공적을 드러냄. ②강한 향기를 감돌게 함.

【揚陸】ようりく(양륙) 배에 실린 짐을 육지로 풀어 올림.

【揚名】ようめい(양명) 이름을 들날림. ¶立身—.

【揚水】ようすい(양수) 물을 자아올림. 또는, 그 물. ¶—機/—場.

【揚水尺】(양수척)韓 삼국 시대의 유민(流民)의 하나. 무자리. 水尺(수척).

【揚揚】ようよう(양양) 득의(得意)한 모양. ¶意氣—.

【揚言】ようげん(양언) 큰소리를 침. 호언장담함.

【揚言者寡信】ようげんスルモノハしんスクナシ(양언자 과신) 큰소리 치는 사람치고 그것을 실행하는 일이 적음. ¶多私者不義 —<逸周書>

【揚旌】ようせい(양정) ①기(旗)를 세움. ②전쟁을 함. ¶朔南方偃革 河右暫—<張九齡>

【揚州夢】ようしゅうむ(양주몽) 당(唐)의 두목(杜牧)이 번화한 양주(揚州)에서 호화롭게 놀던 때를 추억한 옛일.

▷干—, 揭—, 激—, 光—, 廣—, 驕—, 對—, 騰—, 發—, 浮—, 奮—, 飛—, 宣—, 升—, 昂—, 抑—, 悠—, 旌—, 止—, 讚—, 闡—, 淸—, 稱—, 播—, 簸—, 褒—, 顯—

9
12【揜】 가릴 엄 |琰ㄧㄢˇ (yan)| えん(オオウ) *hide*

풀이 ①가리다. 가리어 덮음. 通奄 掩. ¶從而—之<孟子> ②붙잡다. 덮쳐 빼앗음. ¶—禽旅<穀梁傳> ③깊다. ¶處必—<呂覽> ④이어받다. 답습함. ¶能—迹於文武<荀子> ⑤속이다. 깔봄. ¶篤以不—<禮記> ⑥노름. 通閃. ¶博—.

9
12〖掾〗 아전 연 | [霰]ㄩㄢˋ (yuan) | えん(シタヤク) petty official

[풀이] ①아전. 하급 관리. ¶此丞一之任<後漢書>/一吏/一史. ②돕다. ③전. 테두리. 옷깃. 소맷부리.

13〖撃〗 擊(p.660)의 俗字

12〖揺〗 搖(p.657)의 略字

9
12〖援〗 [1]당길 원 [2]도울 원 [3]발호할 환 | [元]ㄩㄢˊ (yuan) [霰] [翰] | えん(ヒク) pull えん(タスケル) かん

[源]**會意·形聲.** 爰은 끌다. 또, 음을 이룸. 手와 아울러, 끌다·돕다의 뜻을 나타냄.

[풀이][1]①당기다. ㉮잡아당기다. ¶不一其所不及<禮記> ㉯끌어들이다. ¶擧賢一能<禮記> ㉰증거로 끌어들이다. ¶一用. ②잡다. 쥠. ¶一豐條<淮南子> ③취하다. 가짐. ¶上弗一<禮記> ④뽑다. 가려냄. ¶不肖者敢一而廢之<荀子> [2]①돕다. ¶楚人一韓以拒秦<戰國策> ②도움. ¶爲四隣之一<國語> ③매달리다. 의지함. ¶在下位 不一上<中庸> ④창[戈]. [3]발호(跋扈)하다. (通)换. ¶無然畔一<詩經>

【援繫】えんけい(원계) 출세할 연줄.
【援救】えんきゅう(원구) 도와 줌. 救援(구원).
【援例】えんれい(원례) 전례를 끌어 씀.
【援兵】えんぺい(원병) 구원병. 援軍(원군).
【援用】えんよう(원용) 어떤 사실을 자기에게 도움이 되게 끌어 이용함.
【援引】えんいん(원인) ①끌어당김. 자기 편으로 만듦. ②남의 설(說)을 끌어 증거로 삼음. ¶一他經 失其句讀<公羊傳>
【援助】えんじょ(원조) 도와줌. 도움.
【援筆】えんぴつ(원필) 붓을 잡음. 글을 씀.
【援護】えんご(원호) 원조하여 보호함. ¶一對象者.
▷救一, 無一, 畔一, 聲一, 應一, 引一, 隣一, 支一, 推一, 攫一, 後一

9
12〖揄〗 [1]끌 유 [2]늘어뜨릴 투 [3]요적 요 | [虞]ㄩˊ (yu) [尤] [蕭] | ゆ(ヒク) drag とう(タレル) よう

[源]**會意·形聲.** 兪는 통나무 속을 파낸 모양. 또, 음을 이룸. 手와 아울러, 속을 빼내는 일을 뜻함.

[풀이][1]①끌다. 질질 끎. (通)曳. ¶一紵縞<史記> ②끌어내다. 생각을 냄. ¶一策于廟堂之上<淮南子> ③끌어올리다. 기림. 칭찬함. ¶雍容揚<班固> ④빈정거리다. 놀림. ¶擧手邪一之<後漢書> ⑤퍼내다. 확에서 퍼냄. (通)舀. ¶或舂或一<詩經> [2]늘어뜨리다. ¶被髮一袂<莊子> [3]요적(揄狄). 꿩을 수놓은 왕후(王后)의 옷. ¶夫人一狄<禮記>

【揄狄】ようてき(요적) 청색 바탕에 꿩의 무늬를 오색으로 수놓은 옷. 왕후의 육복(六服)의 하나.
【揄揚】ゆよう(유양) 끌어올림. 찬양함.
【揄袂】とうべい(투메) 소매를 늘어뜨림. 또는, 소매 속에 손을 넣음.
▷抠一, 挑一, 閃一, 揶一

揄翟
(三禮圖)

9
12〖揉〗 [1]주무를 유 [2]휠 유 | [尤]ㄖㄡˊ [宥](rou) | じゅう(モム)

[源]**會意·形聲.** 柔는 부드러움. 手와 아울러, 주물러서 부드럽게 함을 뜻함.

[풀이][1]①주무르다. 주물러 부드럽게 함. ¶暖手一雙目<王建> ②순하게 하다. 부드럽게 함. (通)柔. ¶一此萬邦<詩經> ③섞이다. (通)糅. ¶纔衮衮紛一<錢惟演> [2]휘다. ¶一輻必齊<周禮>
▷矯一, 紛一, 雜一, 錯一

9
12〖揖〗 [1]읍할 읍 [2]모일 집 [3]절할 의 | [緝]ㄧ (yi) [緝] [寘] | ゆう(エシャク) しゅう(アツメル) い

[풀이][1]①읍하다. 읍. ¶一巫馬期而進之<論語> ②사양하다. 사퇴함. ¶一大福之恩<漢書> ③푸다. 퍼냄. (通)挹. ¶遠呑山光 近乎一江瀨<王禹偁> ④끼다. ¶八十者杖於朝 見君一杖<尙書大傳> [2]①모이다. 모음. (通)緝. ¶螽斯羽一一兮<詩經> ②합치다. ¶摶心一志<史記> [3]절하다. 읍함. (갈)撎.

【揖禮】ゆうれい(읍례) 읍을 하는 예(禮).
【揖遜】ゆうそん(읍손) 겸양(謙讓)함.
【揖讓】ゆうじょう(읍양) ①읍을 하여 겸양함. 손과 주인의 상견례(相見禮). ②임금의 자리를 물려주는 일. 禪讓(선양). ↔征誅(정주).
▷拱一, 端一, 拜一, 三一, 肅一, 時一, 長一, 天一, 土一

9
12〖揃〗 [1]자를 전 [2]적을 전 | [銑]ㄐㄧㄢˇ [先](jian) | せん(キル) cut

[풀이][1]①자르다. 벰. (通)剪. ¶蚤一如他日<儀禮> ②나누다. ¶西夷後一剽<史記> ③뽑다. 뽑아냄. ¶吾年五十 拭鏡一白<唐書> ④가지런히 하다. 가지런함. ¶沐浴一搣寡合同<急就篇> [2]적다. 기록함. (갈)箋. ¶既揭書一其數量<周禮>

【揃剽】せんぴょう(전표) 잘라 가름. 분할함.

9
12〖提〗 [1]끌 제 [2]날 시 [3]끊을 제 | [齊]ㄊㄧˊ [支](ti) [霽] | てい(ヒッサゲル) し(トブ)

[풀이][1]①끌다. ㉮이끌다. ¶長者與之一攜

<禮記> ㉯집어서 당기다. ¶匪面命之言—其耳<詩經> ㉰고삐를 잡아서 일으키다. ¶王—馬而走<周禮> ②들다. 손에 듦. ¶范蠡乃左—鼓<國語> ③내어 걸다. ¶—名責實<淮南子> ④돕다. 돌봄. ¶左—右挈 而責殺王之罪<漢書> ⑤쓰다. 사용함. ¶豎子—壺<太玄經> ⑥거느리다. 맡아 다스림. ¶—轄兵甲<宋史> ⑦대치(對峙)하다. 세력이 걸맞음. ¶與天子—衡 爭秩於諸侯<管子> ⑧손잡이. ⑨차림. 행장. 준비. ¶百全之—<管子> ⑩음력 그믐. 음력으로 달이 보이지 아니하는 날. ¶—月. ⑪대강. 개략. ¶—封頃畝<漢書> [2]날다. 새가 나는 모양. (通)翅. ¶歸飛——<詩經> [3]①끊다. (通)斯. ¶牛羊之肺 離而不—心<禮記> ②던지다. 내던짐. (通)擿. ¶以冒絮—文帝<史記>

【提綱】ていこう(제강) ☞提要(제요).
【提擧】ていきょ(제거) ①벼슬 이름. 관리(管理)를 뜻함. ②대강. 개략. 提封(제봉).
【提高】ていこう(제고) 높임. 끌어올림.
【提供】ていきょう(제공) 내주어 이바지함.
【提琴】ていきん(제금) ①명(明)·청(淸)대의 현악기의 하나. 胡琴(호금). ②바이올린.

提琴①(淸會典圖)

【提起】ていき(제기) ①설명하여 밝힘. ¶他意兒我也難—<琵琶記> ②들어 올림. ③어떤 문제나 의견을 내어놓음.
【提督】ていとく(제독) ①무직(武職) 최고의 벼슬. ②한 부대를 통솔하는 사람. 함대의 총지휘관.
【提督劍】ていとくけん(제독검) 옛날, 무예 24기(技)의 하나. 보졸(步卒)이 요도(腰刀)를 가지고 부리는 기술.
【提燈】ちょうちん·ていとう(제등) 들고 다니는 등. ¶—行列.
【提封】ていほう(제봉) 대강. 대략. 지역 안의 합계라는 뜻. 提擧(제거)②.
【提訴】ていそ(제소) 소송을 제기함.
【提示】ていし(제시) 어떤 문제의 내용·방향 등을 드러내어 보이거나 가리킴.
【提案】ていあん(제안) ①의안(議案)을 제출함. 또는, 그 의안. ②㊥ 사건을 법정에 제출함.
【提腕】ていわん(제완) 서법(書法)의 하나. 중간 크기의 글자를 쓸 때 팔꿈치는 바닥에 대고 손목은 들고 쓰는 법.
【提要】ていよう(제요) 중요한 데를 들어 보임. 또는, 그 것. 摘要(적요). 提綱(제강).
【提月】ていげつ(제월) 음력 그믐. 晦日(회일).
【提喩】ていゆ(제유) 부분을 들어 전체를 가리키거나, 전체를 들어 부분을 가리키는 비유의 한 가지. ¶—法.
【提議】ていぎ(제의) 의제(議題)를 제출함. 또는, 그 의제. 提論(제론).
【提唱】ていしょう(제창) ①어떤 의견 등을 처음으로 내놓아 주장함. ②《佛》 선종(禪宗)에서 종사(宗師)가 대중을 위하여 종지(宗旨)의 대강(大綱)을 제시하여 설법함.
「함.
【提請】ていせい(제청) 임명하도록 정식으로 추천
【提出】ていしゅつ(제출) 의견이나 서류 따위를 해당 부문에 내어 놓음.
【提衡】ていこう(제형) ①서로 나란함. 필적(匹敵)함. ②서로 제휴(提携)함. ③저울질을 한다는 뜻으로, 공평하게 함을 이름.
【提携】ていけい(제휴) ①손을 맞잡음. ②서로 도움. ¶技術—.
▷攝—, 前—, 左—, 招—, 孩—

12〖撰〗 撰(p. 664)의 本字

9 12〖揥〗 빗치개 체 | [霽] ㄊㄧˋ (ti) | てい (コウガイ)
풀이 ①빗치개. ¶象之—也<詩經> ②버리다. 미련없이 떠남. ¶意徘徊而不能—<陸機>

9 12〖揔〗 [1] 통합할 총 [董] / [2] 보낼 송 [東] / [3] 바쁠 총 [送] | ㄗㄨㄥˇ (zong) | そう (スベル) そう
풀이 [1] ①통합하다. 모두. ②거느리다. (같)摠 緫. [2]보내다. 밀어줌. [3]①바쁘다. ②피로와하다.

9 13〖揫〗 모을 추 | [尤] ㄐㄧㄡ (jiu) | しゅう (タバネル)
풀이 ①모으다. ②묶다. 다발을 지음.

12〖揪〗 揫(p. 654)와 同字
13〖揂〗 揫(p. 654)와 同字

9 12〖揣〗 [1] 잴 췌 (本)취 [紙] / [2] 둥글게 할 단 [寒] | ㄔㄨㄞˇ (chuai) | し (ハカル) たん (マルメル)
풀이 [1] ①재다. 높이를 측량함. ¶—高卑<左氏傳> ②생각하다. 헤아림. ¶不—其本 而齊其末<孟子> ③시험해 보다. ¶令褘往—延意指<蜀志> ④불리다. 단련함. ¶—而銳之<老子> [2]둥글게 하다. (通)摶 團.
【揣食】たんじき(단식)《佛》 주먹밥. 摶食(단식).
【揣骨聽聲】しこつていせい(췌골청성) 손으로 더듬거나 남의 말만 듣고 그림을 평가한다는 뜻으로, 그림에 대한 안목이 없는 사람이 그림을 감정함을 이름.
【揣摩】しま(췌마) ①어떤 진상을 추측하여 진상과 합치하기를 기대함. ②자기 마음으로 미루어 남의 마음을 헤아림. 추측함.
▷揑—, 究—, 鉤—, 譏—, 磨—, 不—, 硏

9 12〖揕〗 찌를 침 | [沁] ㄓㄣˋ (zhen) | ちん (サス) *prick*
풀이 ①찌르다. ¶右手—其胷<史記> ②치다. 때림.

9 12 【換】 바꿀 환 | 翰ㄏㄨㄢˋ (huan) | かん(カエル) *exchange*

풀이 ①바꾸다. ¶嘗以金貂一酒<晋書> ②바뀌다. 교체됨. ¶物一星移幾度秋<王勃> ③고치다. ¶改一朝章<魏收> ④제멋대로 하다. ¶項氏畔一<漢書>

【換簡】かんかん(환간) ☞換標(환표).

【換骨】かんこつ(환골) ①도교(道教)에서 선(仙)을 배우는 사람이 금단(金丹)을 먹고 범골(凡骨)이 선골(仙骨)로 바뀌는 일. ②뼈를 바꿈.

【換骨奪胎】かんこつだったい(환골탈태) 뼈를 바꾸고 태를 빼앗는다는 뜻으로, 모양이 좋은 방향으로 아주 달라짐을 이르는 말. 옛 사람의 시문(詩文)을 본떴으나 새 사상을 넣어 자기의 시문으로 고쳐 짓는 일 등에 쓰임. 換奪(환탈). 奪胎換骨(탈태환골).

【換局】(환국) 시국 또는 판국이 바뀜.

【換金】かんきん(환금) ①물건을 팔아서 현금으로 바꿈. ②한 나라의 통화를 다른 나라의 통화와 바꾸는 일. 換銀(환은).

【換氣】かんき(환기) 흐린 공기를 빼고 맑은 공기로 바꿈. ¶一窓.

【換買】(환매) 서로 값을 쳐서 물건과 물건을 바꿈.

【換房】(환방)韓 ①물건을 바꿈질함. ②해마다 한 번씩 각 군(郡)에서 육방의 하급 관리들을 교체하던 일. 派房(파방).

【換父易祖】(환부역조) 아비를 바꾸고 할아비를 바꿈. 지체가 낮은 사람이 부정한 수단으로 무후(無後)한 양반집을 이음을 이름.

【換拂】(환불) 환산하여 지불함.

【換算】かんさん(환산) 어떤 단위로 표시된 수량을 다른 단위로 고침. ¶一表.

【換色】(환색) 어떤 물건을 다른 물건과 바꿈. 換品(환품).

【換歲】(환세) ①해가 바뀜. ②설을 쇰.

【換心】かんしん(환심) ☞換腸(환장).

【換言】かんげん(환언) 바꿔 말함.

【換喩】かんゆ(환유) 어느 한 단어나 그 뜻을 공간·시간·논리 등의 견지에서 가까운 딴 대상을 나타내는 데 쓰는 일. 태양을 나타내는 해가 일 년을 나타내는 따위.

【換率】かんりつ(환율) 화폐의 교환율.

【換銀】かんぎん(환은) ☞換金(환금).

【換腸】(환장) 창자를 바꿈의 뜻으로, 정상적인 정신 상태에서 벗어나 마음이 아주 뒤바뀜을 이름. 換心(환심). 換心腸(환심장).

【換錢】かんせん(환전) ①환표(換標)로 보내는 돈. ②서로 다른 화폐와 화폐, 또는 화폐와 지금(地金)을 바꾸는 일. ¶一商.

【換節】(환절) 철이 바뀜. ¶一期.

【換地】かんち(환지) 토지를 서로 바꿈. 또는, 바꾼 땅. ¶一處分.

【換置】かんち(환치) 현금으로 거래하지 아니하고 장부상 한 구좌에서 다른 구좌로 옮겨 놓는 일. ¶一口座.

【換土】(환토) 논밭을 서로 바꾸거나, 논밭을 팔고 대토를 얻음.

【換票】かんぴょう(환표) ①표를 바꿈. ②선거에서 특정 후보자를 당선시키기 위하여 다른 후보자의 표와 바꿔침.

【換標】かんぴょう(환표) 먼 거리의 사람끼리 편지 모양으로 보내는 지불 명령서. 換簡(환간).

【換品】(환품) ☞換色(환색).

【換形】かんけい(환형) 모양이 전과 달라짐.

▷改一, 更一, 交一, 畔一, 變一, 相一, 易一, 引一, 轉一, 抽一, 兌一

9 12 【揘】 칠 황 | 庚 | こう(ウツ)

9 12 【揮】 휘두를 휘 | 微ㄏㄨㄟ (hui) | き(フルウ) *whirl*

源會意. 전차(戰車 : 車)를 둥글게[冖] 둘러 싸듯, 손[扌]을 둥글게 휘저음을 뜻함.

풀이 ①휘두르다. 내저음. ¶龍劍一而不恐<郭璞> ②뿌리다. ¶一汗成雨<戰國策> ③나타내다. ¶博釆舊史 發一新意<李德裕> ④지시하다. ¶抽戈而一<梁元帝> ⑤날다. 날아 오름. ¶終奮翼而高一<潘岳> ⑥빛나다. 通煇 輝. ¶良苗實已一<王粲> ⑦기(旗). 표지. 通煇 徽. ¶揚素一以啓降路<陳琳>

【揮巾】(휘건)韓 새색시가 음식을 먹거나 세수할 때 앞에 두르는 행주치마.

【揮霍】きかく(휘곽) ①상하로 움직이는 모양. ②기세가 세참. ③빠른 모양. ④변하여 바뀌는 모양. ⑤생각 따위를 떨쳐 버림. ⑥中 돈을 함부로 씀. 사치함.

【揮墨】きぼく(휘묵) ☞揮毫(휘호).

【揮拍】きはく(휘박) 쳐서 울림. 악기를 연주(演奏)함.

【揮發】きはつ(휘발) 보통 온도에서 액체가 기체로 되어 날아가는 일. ¶一油/一性.

【揮拂】きふつ(휘불) ①떪. 털. ②악기를 켜서 울림.

【揮掃】きそう(휘소) ①떪. 떨어 버림. ②붓을 힘차게 휘둘러 서화를 쓰거나 그림.

【揮灑】きさい(휘쇄) ①붓을 휘두르고 먹을 뿌림. 곧, 글씨를 쓰거나 그림을 그리는 일. 揮毫(휘호). ②때를 씻어 버림. 깨끗이 닦음. ③다 써 버림.

【揮手】きしゅ(휘수) ①악기를 연주함. ②손을 흔들어 이별을 아쉬워함. ③거절의 뜻으로 손을 흔듦.

【揮染】きせん(휘염) 붓을 휘둘러 종이를 물들임. 곧, 글씨를 쓰거나 그림을 그림.

【揮帳】(휘장) 둘러치는 장막.

【揮場】きじょう(휘장) 과거에 급제하였다고 금방(金榜)을 들고 과장 안을 돌며 외치던 일. ¶一壯元.

【揮斥】きせき(휘척) ①멋대로 굶. ②힘차게 떨침. ③반품(返品)됨.

【揮筆】きひつ(휘필) ☞揮毫(휘호).

【揮毫】きごう(휘호) 붓을 휘두름. 곧, 글씨를 쓰거나 그림을 그림. 揮墨(휘묵). 揮筆(휘필). ¶一大會.

▷高一, 發一, 揚一, 指一, 毫一

10 13 【搉】 칠 각 | 覺ㄑㄩㄝˋ (que) | かく(ウツ) *hit*

풀이 ①치다. 두드림. ¶一其眼以爲人彘＜漢書＞ ②끌다. 끌어 씀. ¶揚一古今＜漢書＞ ③독차지하다. 오로지함. 通 㲉. ¶般輸一巧於斧斤＜漢書＞ ④헤아리다. 상량(商量)함. ¶商一古今＜北史＞ ⑤대략. ¶一揚.

【搉巧】かっこう (각교) 기교를 오로지함. 그 방면에 정통함.

【搉揚】かくよう (각양) 대략. 개요.

【搉場】かくじょう (각장) 매매를 감독하는 곳.

▷商一, 詳一, 揚一, 研一

13【掆】扛(p.618)과 同字

10 14【搴】 빼 건 | 既 ㄑㄧㄢ (qian) | けん(ヌク) draw

풀이 ①빼다. 뽑아냄. ¶一芙蓉兮木末＜楚辭＞ ②들어올리다. 추어올림. ¶一帷.

【搴旗】けんき (건기) 싸움에 이겨 적의 기를 빼앗음.

13【搞】敲(p.686)·靠(p.1610)와 同字

13【摑】捆(p.638)과 同字

10 13【搰】 팔 골 | 月 ㄏㄨˊ (hu) | こつ(ホル) dig

풀이 ①파다. ②들추다. ¶狐埋之 而狐一之＜國語＞ ③어지럽게 하다. 흐리게 함. ¶水之性情 土者一之＜呂覽＞ ④힘쓰는 모양. ¶一一.

10 13【搆】 1 끌 구 | 宥 ㄍㄡˋ | こう
2 이해 못할 구 | 宥 (gou) | lead

源 會意·形聲. 나무를 얽어 짜듯[冓] 손[扌]으로 얽는다는 뜻.

풀이 1 ①끌다. ②차리다. 얽어 만듦. 通 構. 2 이해 못 하다. ¶一穤.

10 13【搦】 누를 닉 | 陌 ㄋㄨㄛˋ (nuo) | じゃく(カラメル)

풀이 ①누르다. 억누름. ¶一秦起趙＜左思＞ ②갈다. ¶一朽摩鈍 鉛刀皆能一斷＜班固＞ ③잡다. 쥠. ¶舟子於是一棹＜郭璞＞/一管. ④묶다. ¶金鳳欲飛遭掣一＜錢俶＞

10 13【搪】 부딪칠 당 | 陽 ㄊㄤˊ (tang) | とう(ツク) bump

풀이 ①부딪치다. ②켕기다. ③막다.

【搪揬】とうとつ (당돌) ①부딪힘. ②느닷없이. 당돌히.

10 13【搯】 꺼낼 도 | 豪 ㄊㄠ (tao) | とう(トリダス) drag

풀이 ①꺼내다. 퍼냄. ¶一擢胃腎＜韓愈＞ ②치다. 두드림. ¶無一膺＜國語＞ ③뽑다. 通 抽.

10 13【搗】 찧을 도 | 皓 ㄉㄠˇ (dao) | とう(ツク) pound

풀이 ①찧다. 침. 같 擣. ¶一精. ②두드리다. 다듬이질함. 같 擣. ¶一衣聲.

【搗練紙】とうれんし (도련지) 다듬잇돌에 다듬은 종이.

【搗衣聲】とういせい (도의성) 다듬이질하는 소리. 擣衣聲(도의성).

【搗精】とうせい (도정) 곡식을 찧거나 쓿는 일. 舂精(용정). ¶一工場/一業.

13【擠】拉(p.627)과 同字

10 13【搏】 잡을 박 | 藥 ㄅㄛˊ (bo) | はく(トラエル) seize

풀이 ①잡다. 찾아내어 붙잡음. ¶一諜賊＜周禮＞/一殺. ②가지다. 취(取)함. ¶鑠金百鎰 盜跖不一＜史記＞ ③치다. 때림. 맨손으로 때림. ¶詈侮捽一＜荀子＞ ④홰를 치다. ¶鷙鳥攫一＜禮記＞ ⑤치다. 장단 맞추어 침. 通 拍. ¶彈箏一髀＜史記＞

【搏壁】はくへき (박벽) ①거적을 친 벽. ②벽처럼 가파른 낭떠러지를 오름.

【搏拊】はくふ (박부) ①현악기를 탐. ②악기 이름. 고(鼓)보다 작은 북.

▷擊一, 徒一, 手一, 龍虎相一, 捽一, 執一

10 13【搬】 옮길 반 | 寒 ㄅㄢ (ban) | はん(ウツス) move

풀이 옮기다. ㉮운반하다. ¶運一. ㉯이사하다. ¶一家.

【搬弄】はんろう (반롱) 함부로 남의 결점을 들어서 놀림.

【搬入】はんにゅう (반입) 운반하여 들임. ↔搬出(반출).

【搬出】はんしゅつ·はんすい (반출) 운반하여 냄. ↔搬入(반입).

10 13【搒】 1 배저을 방 | 敬 ㄅㄤˋ | ほう
2 매질할 방 | 庚 (bang) | ほう

【搒掠】ほうりょう (방략) 죄인을 매질하여 캐어 물음.

【搒人】ほうじん (방인) 뱃사공. 榜人(방인).

【搒棰】ほうすい (방추) ☞搒笞(방태).

【搒笞】ほうち (방태) 죄인의 볼기를 침. 搒棰(방추).

▷結一, 械一, 敲一, 笞一

13【㧗】批(p.620)와 同字

10 13【𢶀】 1 더듬을 삭 | 藥 ㄙㄨㄛˇ | さく(サグル)
2 구할 색 | 陌 (suo) | さく

13【摂】攝(p.673)의 略字

10 13【搔】 1 긁을 소 | 豪 ㄙㄠ | そう(カク)
2 손톱 조 | 巧 (sao) | そう(ツメ)

풀이 1 ①긁다. 손톱 따위로 긁음. ¶一首踟躕＜詩經＞ ②떠들다. 通 騷. ¶所在一擾＜吳志＞ 2 손톱. 손톱을 깎음. 같 爪. ¶沐浴櫛一翦＜儀禮＞

【搔頭】そうとう (소두) ①머리를 긁음. 머리를 매만짐. ②비녀의 이칭.

【搔法】そうほう (소법) 법을 지키려는 마음이 움직인다는 뜻으로, 법률을 굳게 지키려고 노력

함을 이르는 말.

【搔癢】そうよう(소양) 가려운 데를 긁음. 搔痒(소양). ¶詩不著題 如隔靴—＜詩話總龜＞

【搔爬】そうは(소파) 조직을 긁어 내는 일. 인공 유산 등에 쓰임. ¶—手術.

▷抑—, 爬—

10 13 〖損〗 덜 손 | 阮 ㄙㄨㄣˇ (sun) | そん(ヘラス) *reduce*

(풀이)①덜다. 줄임. ¶—下之憂＜荀子＞ ②줄다. ¶爲道日—＜老子＞ ③잃다. 손해를 봄. ¶不過費—日月之間＜晋書＞ ④해치다. 상하게 함. ¶勞—聖慮＜吳志＞ ⑤헐뜯다. 비난함. ¶小人之譽 人反爲—＜淮南子＞ ⑥낮추다. 겸양함. ¶常自退—＜晋書＞ ⑦손괘(損卦). 64괘의 하나. 태하간상(兌下艮上). ䷨. 아래를 덜고 위를 보태는 상(象).

【損卦】そんけ(손괘) 64괘의 하나. 간괘(艮卦)와 태괘(兌卦)가 거듭된 것으로, 산 아래에 못이 있음을 상징함.

【損金】そんきん(손금) 손해 본 돈.

【損氣】そんき(손기) ①건강을 해침. ②음(陰)의 기운. 숙살(肅殺)의 기운. ③(韓) 심한 자극을 받아서 기분이 상함.

【損年】そんねん(손년) ①나이를 낮추어 말함. ¶—則嫌於弟 益年則疑於兄＜淮南子＞ ②수명을 줄임. 요사(夭死)함. ¶崔駰以不樂—＜庾信＞

【損徒】(손도)(韓) 도덕적으로 나쁜 행동을 할 때 동네에서 쫓아내는 일.

【損亡】そうぼう·そんもう(손망) ☞損失(손실).

【損耗】そんもう(손모) 씀에 따라 닳아 없어짐.

【損福】(손복) 복이 덜림.

【損傷】そんしょう(손상) ①헐어지고 해어짐. ②몸을 다치고[損], 피를 흘림[傷].

【損失】そんしつ(손실) ①축이 남. ②손해를 봄. 또는, 그 손해. 損亡(손망).

【損友】そんゆう(손우) 사귀어 이롭지 못한 벗. ¶益者三友 損者三友＜論語＞ ↔益友(익우).

【損財數】(손재수) 재물을 손해 볼 운수.

【損弟】そんてい(손제) 친구끼리 편지할 때 자기의 겸칭. ※辱友(욕우).

【損瘠】そんせき(손척) 쇠약하고 여윔.

【損兌】そんたい(손태) 육체의 이목(耳目)을 버림. 육체의 이목의 작용을 누르고, 심안(心眼)과 심이(心耳)로써 시청함을 이름. 兌는 귀·코·눈·입.

【損害】そんがい(손해) ①양적으로 또는 질적으로 본디보다 나빠져 해롭게 되는 일. ②경제적으로 밑지는 일.

▷減—, 缺—, 謙—, 耗—, 抑—, 汚—, 增—, 破—, 毁—

10 13 〖搜〗 [1]찾을 수 [2]움직이는 모양 수 [3]사람이름 수 [4]흐트러질 소 | 尤 ㄙㄡ (sou) 宥 宥 巧 | そう(サガス) *look for* そう(ミダレル)

(略)搜 (同)捜

(풀이)[1] ①찾다. ㉮살피거나 뒤지다. ¶及虎抵罪於魯 皆—索於虎也＜韓非子＞ ㉯밝혀 내다. 알아 냄. ¶好事硏—＜江總＞ ②가리다. 고름. ¶迺—逑索偶＜揚雄＞ ③많다. ¶束矢其—＜詩經＞ ④빠르다. 날쌔고 재빠름. ¶束矢—然＜詩經＞ ⑤가을 사냥. (通)獀蒐. [2]움직이는 모양. (같)叟. ¶——. [3]사람 이름. ¶王子—援綏登車＜莊子＞ [4]흐트러지다. 어지러워짐. ¶攪—.

【搜攪】そうこう(소교) ①어지러워짐. 攪亂(교란). ②휘저음. 뒤섞음.

【搜羅】そうら(수라) 찾아 모음.

【搜査】そうさ(수사) 찾아 조사함.

【搜索】そうさく(수색) ①찾아 구함. ¶—隊. ②압수하여야 할 물건, 또는 체포·구인(拘引)·구류하여야 할 범인을 찾아내기 위하여 신체·물건·가택 등을 수사하는 강제 처분. ¶—令狀.

【搜所聞】(수소문) 떠도는 풍설을 더듬어 살핌.

【搜章摘句】そうしょうてきく(수장적구) 장(章)을 찾고 구(句)를 딴다는 뜻으로, 문장 가운데 중요한 어구를 기억하는 일. 또는, 남의 글을 표절하는 일. ¶— 不足以立功 乃棄去＜唐書＞

【搜探】そうたん(수탐) 수사하고 탐지함.

▷攪—, 冥—, 硏—, 精—

10 13 〖搤〗 잡을 액 | 陌 ㄜˋ (e) | やく(ニギル) *crasp*

(풀이)①잡다. 쥠. (通)握. ¶釋弓—劍＜史記＞ ②조르다. 거머잡고 누름. (通)扼. ③막다. 통하지 못하게 함. (通)隘. ¶因而—之可也＜管子＞ ④멍에. (通)軛. ¶夫加之以衡—＜莊子＞

【搤殺】やくさつ(액살) 목을 졸라 죽임. 扼殺(액살). 絞殺(교살).

【搤腕】やくわん(액완) 팔을 어루만지며 벼름.

【搤咽】やくいん(액인) 목을 움켜쥔다는 뜻으로, 급소를 찌름의 비유. ¶搤其咽 而亢其氣＜揚雄＞

10 13 〖搖〗 흔들릴 요 | 蕭 ㄧㄠˊ (yao) | よう(ユレル) *shake*

(略)揺 (同)摇

(풀이)①흔들리다. ㉮흔들흔들 흔들리다. ¶星—者 民勞也＜漢書＞ ㉯마음이 흔들리다. ¶群心震— 衆口藉藉＜唐書＞ ②흔들다. 움직임. ¶鏗鏘—簴＜楚辭＞ ③오르다. 올라감. ¶將—擧＜漢書＞ ④부인의 머리에 꽂는 비녀. 보요(步搖). ¶戴金—之熠爍＜曹植＞

【搖光星】ようこうせい(요광성) ☞破軍星(파군성).

【搖動】ようどう(요동) 흔들림. 흔듦.

【搖籃】ようらん(요람) ①유아를 넣고 흔들어서 즐겁게 하거나 잠재우는 채롱. ②어떤 사물의 발생지나 출발지를 비유하여 이르는 말.

【搖籃期】ようらんき(요람기) 사물의 발달의 초창기.

【搖鈴】ようれい(요령) 흔들면 소리가 나도록, 작은 종 모양으로 만든 물건.

【搖舌】ようぜつ(요설) 혀를 움직인다는 뜻으로, 말을 함을 이르는 말. 饒舌(요설). ¶吐言若履氷 一不可追<傅玄>

【搖脣鼓舌】ようしんこぜつ(요순고설) 입술을 움직이고 혀를 찬다는 뜻으로, 함부로 지껄임을 이르는 말.

【搖搖】ようよう(요요) ①흔들거리는 모양. ②마음이 흔들리어 안정하지 못하는 모양.

【搖之不動】(요지부동) 흔들어도 꼼짝하지 아니함.

▷傾一, 驚一, 鼓一, 金一, 亂一, 獨一, 動一, 搏一, 步一, 扶一, 星一, 消一, 須一, 翅一, 雲一, 震一, 遷一, 招一, 漂一, 飄一

10 13【搌】 1 펼 전 2 닦을 전 | 銑 ㄊㄧㄢˇ 霰 (tian) | てん (ノビキル) *spread*

풀이 1 ①펴다. 通展. ②묶다. 동여맴. 2 ①닦다. 씻음. ②말다. 걷어 올림.

10 13【搘】 버틸 지 | 支 ㄓ (zhi) | し (ササエル)

10 13【搢】 꽂을 진 | 震 ㄐㄧㄣˋ (jin) | しん (ハサム) *insert*

풀이 ①꽂다. ②떨치다. ¶一鐸.

【搢紳】しんしん(진신) 홀(笏)을 큰 띠에 꽂는다는 뜻으로, 높은 벼슬아치나 행동이 점잖고 지위가 높은 사람을 이르는 말.

【搢紳章甫】しんしんしょうほ(진신장보) 관원과 유생. 장보(章甫)는 유생이 쓰는 관(冠).

13【搢】 搢(p.658)과 同字

10 13【搓】 비빌 차 | 歌 ㄘㄨㄛ (cuo) | さ (スリモム) *rub*

풀이 ①비비다. 문지름. ¶雨一金縷細<戴叔倫> ②끊다. 자름. ¶冒楸栝 一棘枳<後漢書>

10 13【搾】 짤 착 本자 | ㄓㄚˋ (zha) | さく (シボル) *squeeze*

풀이 짜다. 짜 냄. 榨의 俗字.

【搾油】さくゆ(착유) 기름을 짬. ¶一機.

【搾乳】さくにゅう(착유) 젖을 짬.

【搾取】さくしゅ(착취) ①젖 따위를 짬. ②자본가나 지주가 노동자·농민이 산출한 노동의 잉여가치를 독점함.

10 13【搶】 1 닿을 창 2 돛 올릴 창 3 어지러울 창 | 陽 ㄑㄧㄤˇ 漾 (qiang) 庚 | そう *touch*

풀이 1 ①닿다. 부딪힘. ¶以頭一地爾<戰國策> ②이르다. 도달함. ¶一楡枋<莊子> ③빼앗다. ¶一奪. ④거절하다. 2 돛을 올리다. 돛이 바람을 받음. ¶艇子一風<庾闡> 3 어지럽다. 어지러워지는 모양. ¶支離一攘兮<柳宗元>

【搶地】そうち(창지) 땅에 닿음. 엎드려 애걸(哀乞)함을 이르는 말.

▷掉一, 攙一

10 13【搋】 1 가를 체 2 때릴 차 | 紙 佳 ㄔㄨㄞ (chuai) | ち(サク) たい(ウツ) *divide*

풀이 1 ①가르다. 쪼갬. ②끌다. 끌어당김. 2 ①때리다. 주먹으로 침. 通扠. ②中 옷 속에 넣다.

10 13【搊】 탈 추 | 尤 ㄔㄡ (chou) | しゅう (ツマビク) *play on*

풀이 ①타다. 악기를 탐. ¶立一臥摘<熊朋來> ②붙들어 매다. 동여 맴.

【搊琵琶】しゅうびわ(추비파) 손톱으로 타는, 오현(五絃) 비파.

10 13【搥】 1 칠 추 2 던질 퇴 | 支 ㄔㄨㄟˊ 灰 (chui) | つい(ウツ) たい (ナゲウツ)

풀이 1 치다. 망치로 침. ¶日未明四刻 一一鼓<唐書> 2 던지다.

10 13【搐】 쥐날 축 | 屋 ㄔㄨˋ (chu) | ちく (ヒキツケル) *be cramped*

풀이 쥐가 나다. 쥐가 나서 아픔. ¶一二指 一身慮亡聊<漢書>

10 13【搭】 탈 탑 | 合 ㄉㄚ (da) | とう (ノル) *ride*

풀이 ①타다. 태움. 실음. ¶可一我船而去<龍圖公案>/一客. ②치다. 두들김. ¶一奴肋折<北史> ③걸다. 걸침. ¶肩一道衣歸<林逋> ④섞다. ¶品一內輪<宋史> ⑤박다. 베낌. 通搨.

【搭乘】とうじょう(탑승) 배·비행기 따위에 올라탐. ¶一客.

【搭顋腫】(탑시종) 한방에서, 볼거리.

【搭載】とうさい(탑재) 배·비행기·수레 따위에 물건을 실음.

▷掛一, 頭一, 鐵一, 踔一

10 13【搨】 베낄 탑 | 合 ㄊㄚˋ (ta) | とう (ウツス) *copy*

풀이 ①베끼다. 밑에 받쳐 놓고 베낌. ¶一書手筆匠三人<唐書>/一寫. ②박다. 뜸. 탑본(搨本)함. 通拓. ¶古碣憑人一<王建>

【搨本】とうほん(탑본) ☞拓本(탁본).

【搨寫】とうしゃ(탑사) 베낌. 搭寫(탑사).

【搨影】とうえい(탑영) 본디의 형상을 본떠서 그림. 또는, 그 그림.

▷謄一, 摹一, 寫一, 傳一, 筆一, 饗一

10 13【携】 끌 휴 | 齊 ㄒㄧ (xi) | けい (タズサエル) *lead*

本 攜 俗 擕

풀이 ①끌다. 이끎. ¶一其妻子<公羊傳>/一手. ②잡다. 손에 쥠. ¶一帶. ③이어지다. ¶杓一龍角<漢書> ④떨어지다. 떨어진 사람. ¶招一以禮<左

氏傳>
【携帶】けいたい(휴대) 손에 들거나 몸에 지님. 携持(휴지). ¶一品.
【携扶】けいふ(휴부) 도와 줌.
【携貳】けいじ(휴이) 서로 어그러져 믿지 아니하거나 딴 마음을 가짐.
【携持】けいじ(휴지) ☞携帶(휴대).
▷扶一, 相一, 提一, 必一, 解一

11 14 〖摡〗 씻을 개 | 隊 | かい(アラウ) *wash*
풀이①씻다. 通溉. ②닦다. 훔침. ¶帥女官而濯一<周禮>

14〖摢〗 據(p.665)와 同字

14〖擄〗 據(p.665)의 俗字

15〖撃〗 擊(p.666)의 略字

11 14 〖摜〗 익힐 관 | 諫ㄍㄨㄢˋ (guan) | かん(ナラウ) *practice*
풀이①익히다. 익숙함. 같慣. ¶一瀆鬼神<左氏傳> ②몸에 지니다.
【摜稻簞】かんとうたん(관도점) 멍석.

11 14 〖摑〗 칠 괵 | 陌ㄍㄨㄛˊ (guo) | かく(ウツ) *hit*
풀이치다. 갈김. ¶一其口<避暑錄話>

11 14 〖摳〗 추킬 구 | 尤ㄎㄡ (kou) | こう(ツマドル) *lift*
풀이①추키다. ¶一衣趨隅<禮記> ②던지다. ¶以黃金一者惛<列子>
【摳衣】こうい(구의) 옷자락을 추킴. 옛 경례.

11 14 〖摎〗 맬 규 | 尤ㄐㄧㄡ (jiu) | きゅう(ククル) *bind*
풀이①매다. 동여맴. ¶殤之經 不一垂<儀禮> ②구하다. 원함. 通求. ¶一天道 其焉如<後漢書> ③휘감기다. 通糾. ¶天雨草而葉相一結<漢書> ④엉클어지다. 산란함. ¶死生相一<太玄經>

11 14 〖摫〗 마를 규 | 支ㄍㄨㄟ (gui) | き(タツ) *cut out*
풀이마르다. 재단함. ¶鋠一兼呈<左思>

11 14 〖摶〗 1 뭉칠 단 2 오로지 전 | 寒ㄊㄨㄢˊ (tuan) 先 | たん(マルメル) *unite* せん(モッパラ)
풀이1 ①뭉치다. ¶毋一飯<禮記> ②엉기다. 맺힘. ¶一氣如神 萬物備存<管子> ③모이다. ¶不一不聽<管子> ④치다. 通搏. ⑤둥글다. 通團. 2①오로지. 通專. ②잡다. 장악함. 通 剸專. ¶一三國之兵<史記>
【摶食】たんじき(단식)《佛》 주먹밥. 揣食(단식).

【摶弄】(전롱) 제멋대로 다룸.

14〖搗〗 擣(p.669)와 同字

11 15 〖撩〗 노략질할 략 | 蕭ㄌㄧㄠˋ (liao) | りゃく(カスメトル)

14〖掠〗 撩(p.659)의 俗字

14 16 〖摙〗 멜 련 | 銑 | れん(ニナウ) *shoulder*
풀이메다. 짐. ¶以錢買井水 不受錢者 一水還之<南史>

11 14 〖摝〗 흔들 록 | 屋ㄌㄨˋ (lu) | ろく(フル) *shake*
풀이흔들다. 진동시킴. ¶司馬一鐸<周禮>

11 14 〖摟〗 끌어모을 루 | 尤ㄌㄡ (lou) | ろう(ヒキアツメル)
풀이①끌어모으다. 가까이 잡아끎. ¶五伯者 一諸侯以伐諸侯者也<孟子> ②꾀다. 유인함. ¶一其處子<孟子> ③안다. 끌어안음.
【摟捜】ろうそう(누수) 끌어모음. ¶鄙嗇計較者爲一<李詡>

11 14 〖摛〗 펼 리 | 支ㄔ (chi) | り(ノベル) *spread*
풀이펴다. 通攡. ㉮널리 알려지다. ¶英名遠一<梁簡文帝> ㉯표현하다. 글을 지음. ¶一藻如春華<班固>
【摛藻】りそう(이조) 사장(詞章)을 지음. 글을 지음.

11 15 〖摩〗 갈 마 | 歌ㄇㄛˊ (mo) | ま(スル) *grind*
古 攠
풀이①갈다. 문지름. 通磨. ¶濯手以一之<禮記> ②닦다. 연마함. ¶一民以誼<漢書> ③쓰다듬다. 어루만짐. ¶手一其頂<陳書> ④닿다. 스침. ¶人肩一<戰國策> ⑤가까이 다가가다. 접근함. ¶一壘而還<左氏傳> ⑥고치다. 새롭게 함. ¶能一故道新道<管子> ⑦사라지다. 소멸함. ¶循古而不一<莊子> ⑧갈무리하다. 감춤. ¶強者在內而一其筋<周禮> ⑨헤아리다. ¶簡練以爲揣一<戰國策>
【摩乾軋坤】まけんあっこん(마건알곤) 천지(天地)에 바싹 접근하거나 접근됨.
【摩拳擦掌】まけんさっしょう(마권찰장) 주먹과 손바닥을 비빈다는 뜻으로, 기운을 모아 돌진할 기회를 기다림을 이르는 말.
【摩壘】まるい(마루) 적의 성루(城壘)에 육박함.
【摩切】ませつ(마절) ①갈고 닦음. 곧, 인격을 도야(陶冶)하는 일. ②접근함. ¶詞如劍戟相一<王庭珪>
【摩頂放踵】まちょうほうしょう(마정방종) 정수리부터 닳

아서 발꿈치까지 이른다는 뜻으로, 자기를 돌보지 아니하고 남을 깊이 사랑함을 이르는 말. ¶墨子兼愛 ―<孟子>

【摩旨】まし(마지)《佛》 부처에게 올리는 밥.

【摩擦】まさつ(마찰) ①서로 대고 비빔. ¶―力/―音. ②뜻이 맞지 않아서 옥신각신함.

【摩天樓】まてんろう(마천루) 하늘에 닿을 듯한 집. 곧, 고층 건물.

【摩訶衍】まかえん(마하연)《佛》 대승법(大乘法). mahāyāna의 음역(音譯).

▷肩―, 刮―, 規―, 循―, 按―, 軋―, 研―, 維―, 切―, 撮―, 揣―

14【攠】 摩(p.659)의 古字

11 15【摹】 본뜰 모 |廣ㄇㄛˊ (mo)| も(ウツス) imitate

풀이 ①본뜨다. 모방함. ¶規―弘遠<漢書> ②베끼다. ㉠摸. ¶觀及―寫者<後漢書> ③본. 틀. ㉣模.

【摹倣】もほう(모방) ☞模倣(모방).

▷規―, 描―, 似―, 臨―

11 14【摸】 1 찾을 모 ㊀막 2 본뜰 모 |藥ㄇㄛ (mo)| ばく(サグル) look for |廣ㄇㄛˊ (mo)| も(ウツス) imitate

풀이 1 ①찾다. 더듬어 찾음. ¶能手―其文讀之<後漢書>/―索. ②잡다. 쥠. 가짐. 2 본뜨다. 베낌. ㉠摹. ㉣模. ¶文宗敕 ―詔本還賜彥芳<唐書>/―本.

【摸掏】もとう(모도) 더듬어 찾음. 소매치기.

【摸稜】もりょう(모릉) 일의 결정을 명백하게 하지 않는 일. 당(唐) 소미도(蘇味道)가 국사(國事)에 대한 물음을 받고 확답을 하지 않고 다만 책상 모서리만 쓸고 있었다는 옛일에서 온 말. 模稜(모릉).

【摸倣】もほう(모방) 흉내를 냄. 본뜸. 摹倣(모방).

【摸本】もほん(모본) 원본을 베낀 책. 摸寫本(모사본).

【摸寫】もしゃ(모사) 베낌. 摹寫(모사). 模寫(모사).

【摸索】もさく(모색) 더듬어 찾음. 摸捉(모착).

【摸擬】もぎ(모의) 실제의 것과 비슷하게 함. 模擬(모의). ¶―考査/―選擧.

【摸造】もぞう(모조) 모방하여 만듦. 模造(모조). ¶―品.

【摸捉】もさく(모착) ☞摸索(모색).

【摸出】もしゅつ(모출) 집어냄. 들추어 냄.

【摸搨】もとう(모탑) 비문(碑文) 등을 뜸.

▷規―, 描―, 捫―, 手―, 收―, 尋―

11 14【擗】 쪨 벽 |職ㄆㄧˋ (pi)| ひょく(サク) divide

풀이 째다. 베어 가름. ㉣副. ¶不―痤則寖益<韓非子>

11 14【摒】 제거할 병 |敬ㄅㄧㄥˇ (bing)| へい(ノゾク) remove

11 14【摓】 꿰맬 봉 |图| ほう(ヌウ) sew

풀이 ①꿰매다. 옷을 꿰맴. ㉠縫. ②받들다. ㉣捧. ③크다. ㉣逢. ¶―衣淺帶<莊子>

11 14【摣】 잡을 사 ㊀자 |麻ㄓㄚ (zha)| さ(ツカム) crasp

풀이 잡다. 움켜쥠. ¶―狒猬<張衡>

11 14【摻】 1 잡을 삼 2 가늘 섬 3 떨기로 날 삼 4 칠 참 |豏ㄕㄢˇ 鹽(shan) 侵ㄘㄢ 勘(can)| さん(トル) crasp せん しん さん

풀이 1 잡다. 가짐. 움켜쥠. ¶―執子之袪兮<詩經> 2 가늘다. 가늘고 보드라움. ㉣纖. 3 떨기로 나다. ¶萬物―落<淮南子> 4 치다. 북을 세 번 침. ㉣參. ¶邊城晏開漁陽―<古歌>

【摻落】さんらく(삼락) 더부룩하게 떨기로 나는 모양.

【摻執】さんしゅう・さんしつ(삼집) 손으로 잡음. ¶遵大路兮 ―子之袪兮<詩經>

【摻摻】さんさん・せんせん(섬섬) ☞纖纖(섬섬).

11 14【摵】 스칠 색 |陌ㄕㄜˋ (she)| さく (カスメル)

풀이 ①스치다. ②떨다. 떨어 없앰. ③잎이 떨어진 나무의 모양. ¶庭樹―以灑落兮<潘岳> ④잎이 지는 소리. ㉣瑟. ¶――.

14【誓】 ☞言部 7 획(p.1386)

11 14【摔】 땅에 버릴 솔 |質ㄕㄨㄞ (shuai)| しゅう

15【摯】 隉(p.1584)·掣(p.648)와 同字

11 15【揅】 갈 연 |先ㄧㄢˊ (yan)| げん(スル) grind

풀이 갈다. ㉣研. ㉮문지르다. ㉯연구하다. ¶―經.

11 15【摮】 칠 오 |豪ㄠˊ (ao)| ごう(ウツ) hit

풀이 치다. ¶以斗―而殺之<公羊傳>

14【摇】 搖(p.657)와 同字

11 14【摏】 찌를 용 |图ㄔㄨㄥ (chong)| しょう(ツク) pierce

풀이 ㉣舂. ①찌르다. ¶富父終甥―其喉以戈殺之<左氏傳> ②치다. 두드림.

11 14〖撎〗넘어질 음 | 侵 | いん(タオレカカル) *fall*

11 14〖摴〗노름 저 | 魚 ㄕㄨ (shu) | ちょ(バクチ)

풀이 노름. 도박. 通 樗. ¶禁絹扇及一蒱<晋書>/一博.

11 14〖摘〗딸 적 | 錫 ㄓㄜˊ (zhe) | てき(ツム) *pick*

풀이 ①따다. ㉮열매 따위를 따다. ¶一一使瓜好 再一令瓜稀<唐書>/一草/一果. ㉯요점을 따다. ¶一書. ②악기를 타다. ¶立搊臥一<熊朋來> ③들추어내다. ¶指一經史謬誤<北史> ④어지럽히다. ¶東一濊貊<後漢書> ⑤가리키다. 손가락질함. ¶一齊行列<傳毅>/指一.

【摘奸】てきかん(적간) 간악한 일을 적발함.

【摘句】てきく(적구) 중요한 글귀를 뽑아냄.

【摘發】てきはつ(적발) 드러나 있지 않은 부정한 일이나 물건을 들추어냄. 擿發(적발).

【摘擗】てきへき(적벽) ①몸을 오그리는 모양. ②예절이 번다(煩多)한 모양.

【摘要】てきよう(적요) 요점을 따서 적음. 또는, 그 요점. 提要(제요).

【摘出】てきしゅつ(적출) 끄집어 냄. 폭로함.

▷刊一, 抉一, 撩一, 一一, 指一, 採一, 探一, 討一

14〖擿〗揃(p.653)의 俗字

11 14〖摺〗1 접을 접 2 꺾을 랍 | 葉 ㄓㄜˊ (zhe) 合 | しょう(タタム) ろう(クジク) *fold*

풀이 1 ①접다. ¶衣帶卷一<南史> ②주름. ¶袪褒襞一皆天成<方鳳> ③깨뜨리다. 2 꺾다. 부러뜨림. 같 拉. ¶一脇傷幹<淮南子>/一齒.

【摺本】しゅうほん(접본) 종이를 앞뒤로 고르게 여러 겹 접어 책처럼 만든 것. 접책.

【摺扇】しゅうせん(접선) 접는 부채. 쥘부채. 撒扇(살선).

▷卷一, 手一, 折一, 接一, 奏一

11 15〖摯〗지극할 지 | 寘 ㄓˋ (zhi) | し *cordial*

源 會意·形聲. 執은 두 손에 수갑을 채워 꼭 잡은 모양. 手와 아울러, 손으로 꼭 잡음을 뜻함.

풀이 ①지극하다. 도타움. ¶一而有別<詩經> ②잡다. 거머잡음. ¶以鷹擊毛一爲治<史記>/一執. ③이르다. 옴. ¶大命不一<書經> ④올리다. 진언(進言)함. ¶近習之人 其一諂也固矣<戰國策> ⑤거칠다. 사나움. 通 鷙. ¶一獸. ⑥치다. ¶靑骹一於韝下<張衡> ⑦폐백. 通 贄. ¶各執一以相見<禮記>

【摯見】しけん(지견) 혼례를 올릴 때, 신랑이 폐물(幣物)로 기러기를 가지고 신부를 만나는 일.

▷懇一, 極一, 毛一, 六一, 眞一

11 14〖摐〗칠 창 | 江 ㄔㄨㄤ (chuang) | そう(ウツ) *hit*

풀이 ①치다. 두드림. ¶一金鼓<史記> ②사물의 형용. ㉮소리가 크고 명랑한 모양. ㉯어지러운 모양.

11 14〖摭〗주울 척 | 陌 ㄓˊ (zhi) | せき(ヒロウ) *gather*

풀이 줍다. 주워 모음. 습득함. 通 拓. ¶往往一離騷而反之<漢書>/一拾.

11 14〖摠〗모두 총 | 董 ㄗㄨㄥˇ (zong) | そう(ミナ) *every*

本 捴 俗 揔 同 捻 總

※숙어는 總(p.1187)을 볼 것.

【摠持】そうじ(총지)《佛》진언(眞言)을 외어 모든 법(法)을 가진다는 뜻. 다라니(陀羅尼)의 역어(譯語).

14〖摣〗攄(p.664)과 同字

11 14〖摧〗1 꺾을 최 2 꼴 좌 | 灰 ㄘㄨㄟ 圖 (cui) | さい(クジク) *break* さ

풀이 1 ①꺾다. ㉮부러지다. 부러뜨림. ¶寒風一樹木<古詩> ㉯기세를 꺾다. ¶何敵不一<唐書> ②누르다. 억압함. ¶季布能一剛爲柔<史記> ③막다. 저지함. ¶室人交徧一我<詩經> ④밀치다. 배제함. ¶其變 振法一拔<素問> ⑤멸하다. 멸망함. 쇠퇴함. ¶先祖于一<詩經> ⑥이르다. 옴. ¶先祖于一<詩經> 2 꼴. 꼴을 벰. 같 莝. ¶一之秣之<詩經>

【摧感】さいかん(최감) 기가 꺾이고 마음이 슬픔.

【摧枯拉朽】さいこらきゅう(최고납후) 마른 나무 꺾기와 썩은 나무 부러뜨리기라는 뜻으로, 매우 쉬움을 이르는 말.

【摧北】さいほく(최배) 패배함. 패주함.

【摧朽】さいきゅう(최후) 썩은 나무를 꺾는다는 뜻으로, 부수기 쉬움을 이르는 말. 拉枯(납고). 拉朽(납후).

▷擊一, 悲一, 玉一, 擠一, 隳一

14〖搭〗笞(p.1128)와 同字

11 14〖摽〗1 칠 표 2 손짓할 표 | 篠 ㄆㄧㄠˋ (piao) 嘯 ㄅㄧㄠˋ (biao) | ひょう(ウツ) *hit* ひょう(サシマネク)

풀이 1 ①치다. ㉮치다. 부딪침. ¶長木之斃 無不一也<左氏傳> ㉯가슴을 치다. ¶靜言思之 寤辟有一<詩經> ②떨어지다. ¶一有梅<詩經> 2 ①손짓하다. 손짓하여 부름. ¶一使者 出諸大門之外<孟子> ②버리다. 내던짐. ¶一劍而去之<公羊傳> ③높이 오르다. 通 票. ¶一然若秋雲之遠<管子> ④끝. 칼끝.

㉠標鏢. ¶一末之功＜漢書＞ ⑤가볍다. 경박함. ㉠僄. ¶怠 慢一棄＜韓 詩 外傳＞

【摽末】ひょうまつ(표말) 칼끝. 근소함을 이름.

【摽梅】ひょうばい(표매) 매실(梅實)이 익어 떨어진다는 뜻으로, 처녀가 혼기가 되었음의 비유.

【摽鎗】ひょうそう(표창) 옛날에 무기로 쓰던, 던져 적을 맞히는 창. 鏢鎗(표창). 標槍(표창).

摽鎗(武備志)

【摽幟】ひょうし(표치) 안표. 표지(標識).
▷擗一, 寤一

11/14【摢】1 버틸 호 2 노름 저 | 虞 魚 | こ(ササエル) resist

11/14【摦】 넓을 화 | 禡 | か

14【摫】 擴(p. 672)과 同字

15【撃】 牽(p. 972)의 古字

12/15【撟】1 들 교 2 올라갈 교 | 篠 嘯 ㄐㄧㄠˇ (jiao) | きょう (アゲル) lift

풀이 1 ㉠矯. ①들다. ¶仰一首以高祖兮＜漢書＞ ②모두. 모두 들다. ¶一魯國化而爲一心＜晏子＞ ③굳히다. ¶彊君一君＜荀子＞ ④바로잡다. ¶一邪防非＜漢書＞ ⑤칭탁하다. 핑계함. ¶一制以令天下＜漢書＞ ⑥휘다. 굽힘. 부드럽게 함. ¶撟木蘭以一蕙兮＜楚辭＞ ⑦굳센 모양. ¶一然剛折端志＜荀子＞/一一. 2①올라가다. 치켜듦. ¶舌一然而不下＜史記＞ ②가리다. 선택함. ¶一捎. ③취(取)하다. ¶覽取一掇＜淮南子＞

【撟誣】きょうぶ(교무) 속임. 矯誣(교무).

【撟邪】きょうじゃ(교사) 옳지 않은 것을 바로잡음. ¶欲一防非＜漢書＞

【撟舌】きょうぜつ(교설) 혀가 위로 들리어 말을 못한다는 뜻으로, 놀라서 말을 하지 못하는 모양을 이르는 말.

12/15【撅】1 칠 궐 2 걷을 궤 | 月 霽 ㄐㄩㄝ (jue) | けつ(ウツ) けい attack

풀이 1 ①치다. 공격함. ¶一高昌 纓突厥＜唐書＞ ②파다. 파냄. ㉠掘. ¶一其城郭＜杜牧＞ 2걷다. 걷어올림. 들어올림. ㉠揭. ¶不涉不一＜禮記＞

【撅豎小人】けつじゅしょうじん(궐수소인) 치뜯고 용렬한 사람. ¶一 無大經略＜魏書＞

12/15【撠】 칠 극 | 陌 ㄐㄧˇ (ji) | けき(ウツ) hit

풀이 ①치다. ㉠擊. ¶救鬪者不搏一＜史記＞ ②가지다. 잡고 있음. ¶一高后掖＜漢書＞/一揭.

12/15【撚】 비틀 년 | 銑 ㄋㄧㄢˇ (nian) | ねん(ヒネル) twist

풀이 ①비틀다. ㉠捻. ¶戲一柔條作笛吹＜王士熙＞ ②꼬다. 꼬아 만든 노[繩]. ¶金一千絲翠萬行＜楊萬里＞ ③이기다. 반죽함. ¶倩誰細一成湯餠＜楊萬里＞ ④밟다. 짓밟음. ¶先後不相一 左右不相干＜淮南子＞ ⑤비파를 타는 방법. ¶一撥.

【撚絲】ねんし(연사) 드린 실. 縒絲(치사).

【撚紙】ねんし(연지) ①종이를 비비어 꼼. ②손끝으로 비비어 꼰 종이 끈. 紙繩(지승).
▷慢一, 折一, 紙一

12/15【撓】1 휠 뇨 2 꺾일 뇨 3 돌 효 4 부드럽게 할 호 | 巧 ㄋㄠˊ (nao) 肴 蕭 豪 | どう(タワム) bend きょう (メグル) こう

풀이 1 ①휘다. 구부러짐. ¶不膚一 不目逃＜孟子＞/一法/一折. ②어지럽게 하다. 휘저어 뒤섞임. ¶以指一沸＜荀子＞/一亂. ③비뚤다. 바르지 아니함. ¶枉辟邪一之人退矣＜呂覽＞ ④약하다. 약하게 함. ¶若是則荊國終爲天下一＜呂覽＞ 2꺾이다. 패함. ¶逗一常斬＜韓安國傳＞ 3돌다. 휘돌림. ¶一挑. 4부드럽게 하다. 액체에 타다. ¶以徑路刀金留犂一酒＜漢書＞

【撓改】(요개) 휘어서 고침.

【撓酒】こうしゅ(효주) 술에 탐. 술에 타서 저음.

【撓挑】こうちょう(효조) 빙빙 돎. 순환하여 돎.

12/15【撞】 칠 당 | 江 ㄓㄨㄤˋ (zhuang) | とう(ツク) hit

풀이 ①치다. 두드림. ¶善待問者 如一鐘＜禮記＞/一球. ②돌진하다. ¶噲直一入 立帳下＜漢書＞ ③부딪치다.

【撞車】とうしゃ(당거) 성을 지키는 데 쓰는 병기의 한 가지. 사격 방향을 자유로이 할 수 있음.

【撞木】しゅもく(당목) 종 칠 때 쓰는 나무망치.

撞車(三才圖會)

【撞入】とうにゅう(당입) 돌진하여 쳐들어감.

【撞地】とうち(당지) 달구질하여 땅을 다짐.

【撞着】とうちゃく(당착) 앞뒤가 서로 맞지 아니함. 矛盾(모순). ¶自家一.
▷擊一, 突一, 白一, 衝一

15【撊】 攔(p. 671)의 俗字

12/15【撈】 잡을 로 | 豪 ㄌㄠˊ (lao) | ろう(トル) catch

풀이 잡다. 건져냄. 물속에 들어가 잡음. ¶水窮益深一＜舒元輿＞/一救.

▷漁—

12 15 〖撩〗 다스릴 료 | 蕭 ㄌㄧㄠˊ (liao) | りょう (オサメル)

풀이 ①다스리다. ¶—理. ②부추기다. 꼬드김. ¶但持長矛—戰<魏志> ③취하다. ㉮잡다. 물고기를 잡음. ¶—罟. ㉯따다. ¶—摘. ④어지럽다. 뒤섞임. ¶—亂.

【撩亂】りょうらん(요란) 어지럽게 뒤섞임. ¶桃花昨夜—開<丁仙芝>

12 15 〖撫〗 어루만질 무 | 麌 ㄈㄨˇ (fu) | ぶ(ナデル) *soothe*

俗 抚 同 捬

풀이 ①어루만지다. ㉮가볍게 쓰다듬다. ¶—孤松而盤桓<陶潛> ㉯달래다. 위로함. ¶—邦國諸侯<周禮> ②누르다. 손댐. ¶國君—式<禮記> ③쥐다. 잡음. ¶—長劍兮玉珥<楚辭> ④사랑하다. 귀여워함. ¶—我畜我<後漢書> ⑤좇다. 따름. ¶—情効志<楚辭> ⑥치다. 두드림. 通拊. ¶坐者—掌擊節<晉書> ⑦덮다. ¶勇力—世 守之以法<荀子>

【撫軍】ぶぐん(무군) ①옛 중국에서, 세자가 그의 아버지인 제후를 따라 출정할 때의 칭호. ②장군(將軍)의 명호(名號). ③명(明)·청(淸) 때 순무(巡撫)의 별칭.

【撫摩】ぶま(무마) ①손으로 어루만짐. ②사람의 마음을 타일러 달램.

【撫世】ぶせい(무세) ①세상 사람을 위로하여 편안하게 함. ②기세가 세상을 덮음. 蓋世(개세).

【撫循】ぶじゅん(무순) 어루만져 따르게 함.

【撫安】ぶあん(무안) 어루만져 편안하게 함. 撫綏(무수).

【撫養】ぶよう(무양) 어루만져 기름. 鞠養(국양).

【撫育】ぶいく(무육) 사랑하여 기름.

【撫字】ぶじ(무자) 사랑하여 기름. ¶穆姜慈愛溫仁 —益隆<後漢書>

【撫存】ぶそん(무존) 어루만져 위로하고 문안함. 安撫存問(안무존문).

【撫緝】ぶしゅう(무집) ☞撫輯(무집).

【撫輯】ぶしゅう(무집) 어루만져 화락하게 함. 撫緝(무집).

【撫恤】ぶじゅつ(무휼) 백성을 어루만져 위로하며 물질로 은혜를 베풂.

▷監—, 敎—, 督—, 摩—, 宣—, 綏—, 巡—, 按—, 愛—, 慰—, 柔—, 恩—, 存—, 拯—, 鎭—, 招—, 懷—

12 15 〖撲〗 1 칠 박 2 종아리채 복 | 覺 ㄆㄨ (pu) 屋 | ぼく(ウツ) *hit* ぼく

풀이 1 ㉠撲. ①치다. ¶摧—大寇<後漢書>/打—. ②때려 눕히다. ¶朽扤惧傾—<韓愈> ③가지다. ¶具—曲筥筐<淮南子> ④다하다. 모두. 다. ¶廛閈—地 歌吹沸天<鮑照> 2 ①종아리채. ¶梐梏鞭— 以加小人<後漢書> ②닦다. 씻음. ¶粉汗紅塵—<白居易> ③두드리다. ㉠扑.

【撲滿】ぼくまん(박만) 벙어리 저금통. 가득 차면 부수어서 돈을 꺼내므로 이르는 말.

【撲滅】ぼくめつ(박멸) 때려 잡아 없앰. 扑滅(복멸).

【撲罰】ぼくばつ(박벌) 죄인을 매질하는 형벌. 笞刑(태형). 扑罰(복벌).

【撲殺】ぼくさつ(박살) 쳐 죽임. 扑殺(복살).

【撲地】ぼくち(박지) ①갑자기. 忽然(홀연). ②땅에 가득참.

【撲筆】ぼくひつ(박필) 붓을 내던짐. ¶推書—歌慷慨<韓愈>

▷擊—, 亂—, 相—, 殲—, 翦—, 剿—, 打—, 鞭—

12 15 〖撥〗 1 다스릴 발 2 방패 벌 | 曷 ㄅㄛ (bo) 月 | はつ(オサメル) はつ(タテ)

풀이 1 ①다스리다. ¶—亂世<公羊傳> ②튀기다. ㉮뿌리다. 물뿌리개. ¶爲楡沈 故設—<禮記> ㉯튀겨 올리다. 걷어 올림. ¶衣毋—<禮記> ③퉁기다. ¶弓—矢鉤<戰國策> ④파다. 파냄. ¶啓瓦—土<薛鳳> ⑤떨다. 텖. 通拂. ¶毋—衣<禮記> ⑥버리다. 通廢. ¶—去. ⑦타다. 현악기를 탐. ¶撚—閒關漫態生<張祜> ⑧채. 현악기를 타는 채. ¶曲終收—當心畫<白居易> ⑨상엿줄. ¶哀公欲設—<禮記> 2 방패. 큰 방패. ¶矛戟劍—<史記>

【撥軍】(발군) 중요한 서류를 변지(邊地)에 체전(遞傳)하던 군졸. 撥卒(발졸).

【撥鐙法】(발등법) 서법(書法)의 한 가지. 등자(鐙子)를 가볍게 밟고 말을 편하게 몰듯이 붓을 얕게 잡고 자유로이 쓰는 필법. 일설에는 鐙을 燈으로 보아, 등불을 걸듯이, 서두르지도 느리지도 않게 한다는 뜻.

【撥剌】はつらつ(발랄) ①활시위를 당기는 모양. ②바르지 않음. ¶琴或—枉橈<淮南子> ③물고기가 뛰는 모양.

【撥所】(발소) 서울과 의주 사이에 군데군데 있던 역참(驛站).

【撥條】はつじょう(발조) 용수철.

▷亂—, 挑—, 反—, 撩—, 指—, 觸—, 擺—

12 15 〖撇〗 닦을 별 | 屑 ㄆㄧㄝ (pie) | へつ(ヌグウ) *polish*

풀이 ①닦다. 훔침. ¶—涕拭淚<王褒> ②흔들다. 떪. ¶浮蠛蠓而—天<揚雄> ③치다. 때림. ¶故鷹騰—波而濟水<王褒> ④삐침. 서법(書法)의 하나. 왼쪽으로의 삐침. ¶長—須迅其鋒<書法離鉤>

▷漂—

16 〖撆〗 撇(p.663)의 本字

12 15 〖撒〗 뿌릴 살 | 曷 ㄙㄚ (sa) | さん(マク) *sprinkle*

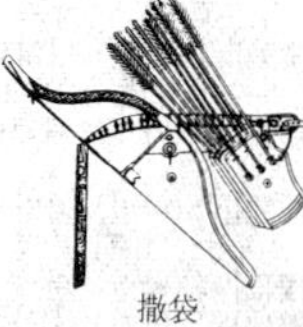
撒袋
(清會典圖·武備圖)

풀이 ①뿌리다. ¶一水. ②던지다. 내어던짐.
【撒袋】さんたい(살대) 활과 화살을 넣어, 가지고 다니게 된 주머니. 箭筒(전동).
【撒扇】さんせん(살선) 접는 부채. 접부채. 摺扇(접선).
【撒水】さんすい(살수) 물을 뿌림.
【撒布】さんぷ(살포) 뿌림. ¶一劑.
【撒火】さんか(살화) 火를 灬로 쓰는 일.

15〖[illegible]〗 摻(p. 660)·操(p. 668)의 俗字

12 15〖撕〗 1 이끌 서 | 齊 ㄒㄧ(xi) | せい
2 쪼갤 시 | 支 ㄙ(si) | lead
풀이 1 이끌다. 훈계함. 잡도리함. ¶提一. 2 쪼개다.

12 15〖撋〗 비빌 연 | 先 ㄖㄨㄢˊ(ruan) | ぜん(モム) rub
풀이 비비다. 주무름. ¶炙手一凍<黃庭堅>/煩一.

12 15〖撎〗 읍 예 | 霽 ㄧ(yi) | い, えい
풀이 읍(揖). 꿇어 앉아 머리를 들고 손은 드리운 자세로 하는 예.

12 15〖撏〗 딸 잠 | 覃 ㄒㄩㄣˊ(xun) | さん(ツマム) pick

15〖撧〗 絕(p. 1169)과 同字
16〖㩻〗 絕(p. 1169)과 同字

12 15〖撙〗 누를 준 ㊍ 존 | 阮 ㄗㄨㄣˇ(zun) | そん(オサエル) press
풀이 ①누르다. 억제함. ¶以相薦一<荀子> ②절약하다. ¶整齊一詘<管子> ③모이다. ㊐蹲墫. ④겸양하다. ¶一詘.
【撙節】そんせつ(준절) ①씀씀이를 절약함. ②법도를 지킴. ③억제함.
▷節一, 薦一

12 15〖撜〗 1 건질 증 | 迥 しょう(スクウ)
2 닿을 쟁 | 庚 とう(フレル)
풀이 1 건지다. 건져 올림. ¶子路一溺<淮南子> 2 닿다. 접촉함. ¶不爲手所一<韓愈>

12 15〖撦〗 찢을 차 | 馬 ㄔㄜˇ(che) | しゃ(サク) tear

12 15〖撰〗 1 지을 찬 | 潸 ㄓㄨㄢˋ(zhuan) | さん compose
2 가릴 선 | 銑 | せん
㊍ 撰
源 會意·形聲. 「巽」은 사람을 받침대 위에 나란히 모아 놓은 모양. 「手」와 아울러, 많은 것을 모아서 가지런히 함을 뜻함.
풀이 1 ①짓다. 시문(詩文)을 지음. ㊐纂 譔. ¶探一前紀<後漢書> ②가지다. 품음. ¶結一至思<楚辭> ③갖추어진 것. ¶異乎三子者之一<論語> ④일. ¶天地之一<易經> ⑤만들다. 2 ①가리다. ㊐選. ¶一良辰而將行<班昭> ②화폐 이름.
【撰文】せんぶん(찬문) 글을 지음. 또는, 그 글.
【撰述】せんじゅつ(찬술) 글을 지음. 또는, 그 책. 撰著(찬저). 著作(저작).
【撰定】せんてい(찬정) 문서를 작성하여 정함.
【撰進】せんしん(찬진) 책을 만들어 임금에게 바침.
【撰次】せんじ(찬차) 순서에 따라 편집함.
▷改一, 結一, 考一, 論一, 杜一, 密一, 私一, 刪一, 修一, 新一, 演一, 僞一, 自一, 著一, 精一, 製一, 纂一, 抄一, 探一

12 15〖撤〗 거둘 철 | 屑 ㄔㄜˋ(che) | てつ(ノゾク) gather
풀이 거두다. 치움. ¶不一薑食<論語>
【撤去】てっきょ(철거) 거두어 치움. ¶一民.
【撤軍】てつぐん(철군) 주둔하고 있던 군대를 철수함. 撤兵(철병).
【撤歸】(철귀) 시설이나 일을 거두어 가지고 돌아가거나 돌아옴. 撤還(철환).
【撤兵】てっぺい(철병) ☞撤軍(철군).
【撤收】てっしゅう(철수) ①거두어 들임. 거두어치움. ②진지 따위를 거두어 군대가 물러남. 撤退(철퇴). ¶美軍一.
【撤瑟】てつしつ(철슬) 병자가 있을 때 악기를 걷어치운다는 뜻으로, 남의 병을 이름. ¶有疾疾者齊 養者皆齊 撤琴瑟<儀禮>
【撤市】てつし(철시) 시장·가게 등의 문을 모조리 닫음.
【撤廢】てっぱい(철폐) 걷어치워 폐지함. 撤罷(철파).
【撤回】てっかい(철회) 현상태를 그만두고 본디대로 함.

12 15〖撮〗 취할 촬 | 曷 ㄘㄨㄛ(cuo) | さつ(トル) catch
同 撮
풀이 ①취하다. ㉮손가락으로 집다. ¶鴟鵂夜一蚤<莊子> ㉯적은 분량의 비유. ¶一一土之多<中庸> ㉰요점을 따다. ¶一要擧凡 存其大體<荀悅> ②모으다. ㊐最. ¶其居處足以一徒成黨<孔子家語> ③상투를 싸는 작은 관(冠). ¶臺笠緇一<詩經> ④용량의 단위. ㉮ 1 승(升)의 1만 분의 1. ㉯60속(粟). ㉰10撮=1勺(작), 10勺=1合(홉). ⑤사진을 찍다. ¶一影.
【撮口症】(촬구증) 난 지 세이레 안에 젖먹이에게 생기는 병의 한 가지.
【撮徒】さつと(촬도) 무리를 모음.
【撮影】さつえい(촬영) 사진을 찍음. ¶一所.
【撮要】さつよう(촬요) 요점을 추림. 또는, 그 문서.

▷簡一, 括一, 圭一, 搏一, 一一, 捉一, 抄一, 把一, 攫一, 會一

12 15〖撱〗 길쭉할 타 | 음ㄊㄨㄛˇ (tuo) | だ

【撱圓】だえん(타원) 길쭉한 원. 橢圓(타원). ¶一形.

12 15〖撣〗 1 들 탄 | 寒ㄉㄢˇ (dan) | たん(サゲル)
2 당길 선 | 先 | せん(ヒク)

풀이 1 ①들다. ②닿다. ¶一繫其名<太玄經> ③공경하는 모양. ¶一一. ④나라 이름. 2 ①당기다. 끌어당김. ¶一援. ②물려주다. 通禪. ¶堯舜一讓<荀子>

【撣讓】せんじょう(선양) ☞禪讓(선양).

【撣援】せんえん(선원) 끌어당김. 줄지어 잇닿음.

【撣繫】たんけい(탄계) 닿아 연관됨.

12 15〖撢〗 1 더듬을 탐 | 勘 | たん(サグル)
2 떨 탐 | 感 | grope

풀이 1 ①더듬다. 通探. ¶誦王之志者 若一取王之志<周禮·注> ②당기다. ¶一掞挺挏世之風俗<淮南子> 2 떨다. 텀. ¶一塵.

15〖擠〗 搨(p. 658)·拉(p. 627)과 同字

15〖撘〗 搭(p. 658)과 同字

12 15〖撐〗 버틸 탱 | 庚ㄔㄥ (cheng) | とう
本청 | | support
本撑 俗撐

풀이 ①버티다. ¶離樓梧而相一<司馬相如> ②버팀대. ¶摧杌饒孤一<韓愈> ③배를 젓다. ¶阿郞牽曳阿奴一<方回> ④배부르다. 가득 참. ¶蝦蟹不足饑腸一<李潭>

【撐拄】とうしゅ(탱주) 버팀. 버팀대. 撐支(탱지). 支撐(지탱).

【撐中】(탱중)韓 화나 욕심이 가슴 속에 가득 차 있음.

【撐天】(탱천) 공중에 높이 솟아 하늘을 버티는 듯함. 衝天(충천). ¶憤氣一.

15〖撑〗 撐(p. 665)의 本字

15〖撐〗 撐(p. 665)의 俗字

12 15〖播〗 1 뿌릴 파 | 箇ㄅㄛˋ | は(マク)
2 흔들 파 | 哿(bo) | sow

源 會意·形聲. 못자리[田]에 볍씨[釆]를 뿌림[扌]을 뜻함.

풀이 1 ①뿌리다. 씨뿌림. ¶一厥百穀<詩經> ②퍼뜨리다. ¶一於諸侯<左氏傳> ③베풀다. 널리 미치게 함. ¶一刑之不迪<禮記> ④흩다. 흩뜨림. 通判. ¶一余香而莫聽<張衡> ⑤나뉘다. ¶又北一爲九河<書經> ⑥옮다. 이동함. ¶不穀震盪一越<左氏傳> ⑦까부르다. 키질함. 通簸. ¶鼓筴一精<莊子> 2 흔들다. 흔들어 움직임.

【播國】はこく(파국) 울타리 구실을 하는 나라. 藩國(번국).

【播多】(파다) 소문 등이 널리 퍼짐.

【播弄】はろう(파롱) 희롱함. 속임.

【播越】はえつ(파월) ☞播遷(파천)①.

【播種】はしゅ(파종) 씨를 뿌림. 播植(파식).

【播遷】はせん(파천) ①흩어 옮음. 먼 곳을 유랑함. 播越(파월). 播蕩(파탕). ②韓 임금이 난을 피하여 서울을 떠남.

【播出】はしゅつ(파출) 도망함. ¶父兄賢良一曰遊禍 其患隣敵多資<韓非子>

▷乾一, 宣一, 揚一, 流一, 傳一, 種一, 直一, 秋一, 春一, 掀一

12 15〖撊〗 성낼 한 | 潸ㄒㄧㄢˋ (xian) | かん(イキドオル)

풀이 ①성내다. ¶一然授兵登陴<左氏傳> ②사나운 모양. 같 僩. ③막다. 저지함. ¶一瀆盜賊<管子>

【撊瀆】かんとく(한독) 막아 지킴. 일설에는, 거칠게 빼냄. 도둑 따위를 엄중히 수색하여 잡는다는 뜻.

12 15〖撝〗 1 찢을 휘 | 支ㄏㄨㄟ | き(サク)
2 도울 위 | 支(hui) | い(タスケル)

풀이 1 ①찢다. ¶一奪. ②겸손하다. 겸양함. ¶無不利 一謙<易經> ③지휘하다. 通麾. ¶親自手旌 左右一軍<公羊傳> 2 돕다. ¶事貌用恭一肅<太玄經>

【撝謙】きけん(휘겸) 겸양(謙讓)함. 일설에는, 겸양을 베풂. 또는, 능히 겸손함을 발휘함. 撝損(휘손). 撝讓(휘양). 撝挹(휘읍).

【撝軍】きぐん(휘군) 군대를 지휘함.

【撝遜】きそん(휘손) 겸양함.

▷奮一, 指一

13 16〖撼〗 흔들 감 | 感ㄏㄢˋ (han) | かん(ユラグ)

▷敲一, 搖一, 震一

13 16〖據〗 1 의거할 거 | 御ㄐㄩˋ | きょ(ヨル)
2 움킬 극 | 陌(ju) | depend
| | けき

풀이 1 ①의거하다. ㉮일정한 사실에 근거하다. ¶今天子一先帝之遺業<漢書> ㉯의지하여 웅거하다. ¶先一北山上者勝<史記> ②근거로 삼다. ¶引一大義 正之經典<後漢書> ③의탁하다. 의지함. ¶亦有兄弟 不可以一<詩經> ④자리잡고 살다. ¶不一其安<國語> ⑤의지할 곳. 기댈 곳. ¶州郡先一長吏多逃亡<後漢書> ⑥근원. 증거. ¶經有明一 傳有徵案<吳志> ⑦덮다. 누름. ¶君賜 稽首一掌致諸地<禮記> 2 움키다. 손톱을 세워서 움킴. ¶見物如蒼犬 一高后掖<史記>

【據守】きょしゅ(거수) 성(城)에 의지하여 지킴.

【據點】きょてん(거점) 활동의 근거지.

▷根一, 論一, 明一, 辯一, 本一, 憑一, 雄

一, 依一, 人一, 引一, 典一, 專一, 竊一, 占一, 證一, 割一, 確一

13 16 〖撿〗 단속할 검 | 琰 ㄐㄧㄢˇ (jian) | けん (トリシマル)

풀이 ①단속하다. ¶郡事皆以義法令一式<漢書> ②조사하다. 살펴서 맞춤. ¶一校.

13 17 〖擊〗 1 칠 격 2 사람 이름 계 | 錫 ㄐㄧˊ 霽 (ji) | げき (ウツ) *hit* けい

略 撃

풀이 1 ①치다. ㉮두드리다. ¶抱關一柝<孟子> ㉯때리다. ¶如畫鷹隼 使人見之 則有一搏之意 然後爲工<宣和畫譜> ㉰공격하다. ¶急一之勿失<史記> ㉱싸우다. 다툼. ¶日夜相一于前<莊子> ②쳐서 죽이다. ¶司士一豕<儀禮> ③쳐서 꺾다. 쳐서 누름. ¶搏一豪彊<漢書> ③부딪치다. ¶車轂一人肩摩<戰國策> ④다스리다. 계도(啓導)함. ¶一蒙<易經> ⑤움직이다. 마주쳐 미침. ¶目一而道存矣<莊子> 2 사람 이름. ¶屠一.

【擊劍】げきけん (격검) 장검(長劍)을 쓰는 법. 劍道(검도). 劍術(검술).

【擊毬】げききゅう (격구) 옛날 무예(武藝) 또는 놀음놀이의 한 가지. 장(杖)으로 공을 쳐 승패를 겨루는 놀이. 打毬(타구).

【擊琴】げききん (격금) 거문고를 탐. 彈琴(탄금).

【擊滅】げきめつ (격멸) 쳐서 멸망시킴.

【擊蒙】げきもう (격몽) 어린아이를 가르쳐 깨우침. 發蒙(발몽). ¶一要訣<李珥>

【擊鉢催詩】げきはつさいし (격발최시) 양(梁)의 소문염(蕭文琰)이 동발(銅鉢)을 쳐서 울림이 사라지기 전에 시를 지었다는 일.

【擊拊】げきふ (격부) 악기 등을 쳐서 울림. 擊은 세게, 拊는 가볍게 치는 것.

【擊付症】(격부증) 뇌일혈. 또는, 뇌혈전(腦血栓). 卒中風(졸중풍).

【擊賞】げきしょう (격상) 매우 기림. 激賞(격상).

【擊壤】げきじょう (격양) 중국 상고 때 민간에서 행해진 놀이의 한 가지. 壤이라고 부르는 흙으로 만든 악기를 침. 일설에는 땅을 두드림. 또는, 나막신 같은 것 하나를 땅에 놓고 다른 하나로 30, 40보 떨어진 데서 그것을 맞히는 놀이. 요(堯)임금 때 천하가 태평하니 어느 노인이 이 놀이를 하며 임금의 덕을 노래했다는 옛 일. 태평 무사함을 형용하는 말로 씀.

【擊壤歌】げきじょうか (격양가) 옛날, 요(堯)임금 때 늙은 농부가 태평 세월을 읊은 노래. ※含哺(함포).

【擊節嘆賞】げきせつたんしょう (격절탄상) 무릎을 치면서 탄복하며 칭찬함. 擊節稱賞(격절칭상).

【擊墜】げきつい (격추) 비행기 따위를 쏘아 떨어 뜨림.

【擊沈】げきちん (격침) 함선(艦船)을 쳐서 가라앉힘.

【擊退】げきたい (격퇴) 쳐서 물리침. 擊攘(격양).

▷挌一, 劍一, 攻一, 毆一, 雷一, 撞一, 突一, 目一, 尾一, 搏一, 駁一, 排一, 奮一, 射一, 相一, 襲一, 迎一, 要一, 邀一, 游一, 刺一, 狙一, 電一, 進一, 追一, 推一, 衝一, 打一, 笞一, 討一, 鞭一, 砲一

13 16 〖擏〗 도지개 경 | 梗 ㄑㄧㄥˊ (qing) | けい (ユダメ)

풀이 도지개. 틈이 지거나 뒤틀린 활을 바로잡는 틀. ¶一不正而可以正弓<淮南子>

13 16 〖擎〗 들 경 | 庚 ㄑㄧㄥˊ (qing) | けい (カカゲル) *lift*

풀이 ①들다. 높이 들어 올림. ¶書從稚子一<杜甫>/一劍. ②높다. 높이 솟음. ¶里表仍孤一<曾鞏> ③떠받치다. ¶一天.

【擎燈】けいとう (경등) 밑에 막대기를 대어, 들도록 만든 등. ※燈籠(등롱).

【擎天】けいてん (경천) 하늘을 떠받침. 곧, 나무가 높이 솟음을 형용하여 이르는 말.

▷騈一, 提一, 携一

擎 燈 (三才圖會)

13 16 〖撾〗 칠 과 | 麻 ㄓㄨㄚ (zhua) | た (ウツ) *hit*

풀이 ①치다. ㉮때리다. ¶一婦翁<魏志>/一撻. ㉯북을 치다. ¶更鼓畏添一<蘇軾>/一鼓. ②북채. ¶操一之次<宣和畫譜> ③음곡(音曲). ¶辨一. ④다리 가랑이. ¶騖綺翼而經一<潘岳>

【撾撻】たたつ (과달) ☞鞭撻(편달). ¶指導一.

▷亂一, 辨一, 連一, 操一, 參一

13 16 〖撽〗 칠 교 | 嘯 ㄑㄧㄠˋ (qiao) | きょう, けき (ウツ)

풀이 치다. 때림. 두드림. ¶一以馬捶<莊子>

【撽遂】げきすい (교수) 하늘이 만물(萬物)을 매질하여 성장 발달시킴을 이르는 말. ¶一萬物以利之<墨子>

17 〖擊〗 撽(p. 666)와 同字

13 16 〖擒〗 사로잡을 금 | 侵 ㄑㄧㄣˊ (qin) | きん (トラエル) *capture*

풀이 사로잡다. 붙잡음. 생포함. ¶七縱七一<蜀志>

▷拘一, 縛一, 生一, 就一, 七縱七一

13 16 〖撻〗 매질할 달 | 曷 ㄊㄚˋ (ta) | たつ (ムチウツ) *whip*

古 撻

풀이 ①매질하다. 잘못을 바로잡기 위해 때림. ¶罰不敬 一其背<儀禮>/鞭一. ②빠르다. ¶一彼殷武 奮伐荆楚<詩經>

【撻楚】(달초) 잘못을 저질렀을 때, 어버이나 스승이 훈계하느라고 회초리로 볼기나 종아리를 때림. 楚撻(초달).
▷撾—, 扑—, 斫—, 戮—, 杖—, 楚—, 捶—, 笞—, 鞭—

13 16 【擔】 1 멜 담 2 짐 담 | ㄉㄢ (dan) | たん(ニナウ) | bear
(俗)担

풀이 1 ①메다. 짊어짐. (같)儋. ¶負書—囊<戰國策>/—銃. ②맡다. 책임짐. ¶荷—大事<白居易>/—當. ③들다. 들어올림. ¶—竿而欲定其末<管子> 2 ①짐. 맡은 일. ¶棄—號泣<南齊書>/—負. ②양(量)의 단위. 지금의 100근(斤). ③부피의 단위. 지금의 1섬.
【擔架】(담가) 들것.
【擔當】(담당) ①일을 맡아 함. 擔任(담임). ②맡은 사람. 담당자.
【擔保】(담보) ①맡아서 보증함. ②빚 대신 물건 등을 신용으로 제공하는 보증. 저당물·공탁물·보증인 따위.
【擔夫】(담부) 짐꾼. ¶見公主—爭道<唐書>
【擔雪塡井】(담설전정) 눈을 져다가 우물을 메운다는 뜻으로, 수고만 할 뿐, 효과가 없음을 이르는 말. 擔雪塞井(담설색정).
【擔稅】(담세) 납세의 의무를 짐.
【擔屎漢】(담시한) 똥통을 메는 사나이. 남을 욕할 때 하는 말. ¶文殊普賢 是—<大藏一覽>
【擔任】(담임) 책임 지고 맡아 봄. 擔當(담당).
【擔着】(담착) 일을 맡아 봄.
【擔板漢】(담판한) 널빤지를 멘 남자. 한쪽만 보므로, 하나만 알고 둘은 모르는 사람을 이르는 말.
【擔荷】(담하) ①짐을 짐. 또는, 그 짐. ¶負任—<管子> ②(中) 책임을 짐.
【擔花郞】(담화랑) (韓) 조선 때 갑과(甲科)에서 세째로 급제한 사람을 이르던 말. 探花郞(탐화랑).
▷加—, 武—, 搬—, 步—, 負—, 分—, 全—, 專—, 左—, 重—, 荷—

13 16 【擋】 헤아릴 당 | ㄉㄤˋ (dang) | とう | consider

풀이 ①헤아리다. 요량함. ②(中) 방해하다. (通)攩.
【擋駕】(당가) (中) 사람이 찾아왔을 때, 지장되는 일이 있어 만나지 않는 일.

13 16 【擄】 노략질할 로 | ㄌㄨˇ (lu) | ろ(カスメトル) | rob

풀이 ①노략질하다. 을러서 빼앗음. ¶—掠. ②사로잡다. (같)虜.
【擄掠】(노략) 큰 떼를 지어 돌아다니면서 사람과 재물을 빼앗음.

13 16 【擂】 1 갈 뢰 2 칠 뢰 | ㄌㄟˊ (lei) | らい(スル) | grind

풀이 1 갈다. 문지름. (같)攂. ¶—硏. 2 ①치다. 북을 두드림. ¶—鼓. ②돌을 굴리다. (같)礧. ¶—石車<唐書> ③(韓) 고무래. ¶—木.
【擂石車】(뇌석거) 돌을 굴려 성(城)을 공격하는 데에 쓰던 전차(戰車).

13 16 【擗】 1 가슴칠 벽 2 열 벽 | ㄆㄧˋ (pi) | へき

풀이 1 ①가슴을 치다. 가슴을 치며 슬퍼함. (通)辟. ¶—踊哭泣<孝經> ②엄지손가락. (같)擘. 2 열다. ¶—開.
【擗踊】(벽용) ①슬퍼 가슴을 두드리고 땅을 치며 통곡함. ②부모의 상사(喪事)를 당하여 매우 슬프게 울며 가슴을 침. 擗摽(벽표). 辟踊(벽용).

13 17 【擘】 엄지손가락 벽 | ㄅㄛˋ (bo) | はく(オヤユビ)

풀이 ①엄지손가락. ¶首大如—<爾雅>/巨—. ②쪼개다. 가름. 찢음. (通)劈. ¶塗皆乾—之<禮記>/—裂.
【擘窠】(벽과) 전각(篆刻)에 쓰는 서체. 큰 글자. ¶臣今謹摭石—大書<唐顔魯公集>
【擘柳風】(벽류풍) 버드나무 가지를 꺾는 바람이란 뜻으로, 봄에 부는 질풍을 이름. ¶河朔春時 疾風數日 一作三日乃止 曰吹花—<風土記>
【擘畫】(벽획) 처리함. 결단함. 擘劃(벽획). ¶—人事之終始者也<淮南子>

16 【擛】 揲(p. 652)과 同字

13 16 【擁】 안을 옹 | ㄩㄥˇ (yong) | よう(ダク) | embrace
(本)攤 (同)擧

풀이 ①안다. 끌어안음. ¶走則—之<禮記>/抱—. ②잡다. 손에 쥠. ¶—天下之樞<漢書> ③지키다. 호위함. ¶嬰甲冑 —衛親族<後漢書>/—護. ④거느리다. 복종시킴. ¶坐—大衆<晉書> ⑤싸다. 막음. ¶雪—山腰洞口<朱熹> ⑥차지하다. 점유함. ¶良書獨—<王融> ⑦혼잡하다. ¶夾道都人—<梅堯臣> ⑧가리다. 막음. ¶女子出門 必—蔽其面<禮記>/—遏.
【擁立】(옹립) ①돌보아 제 구실을 하게 함. ②임금의 자리에 모시어 세움.
【擁書】(옹서) 책을 안음. 책을 가짐. 抱籍(포적).
【擁身扇】(옹신선) 몸을 가릴 만한 큰 부채. ¶冀改易輿服之制 作平上軿車… —<後漢書>
【擁衛】(옹위) 부축하여 호위함.
【擁腫】(옹종) ①나무에 옹이가 많다는 뜻으로, 못생기거나 무지(無知)한 모양을 이르는 말. ¶其大本— 而不中繩墨<莊子> ②조그마한 부스럼.
【擁彗】(옹혜) 비를 손에 듦. 청소하여 존귀한 손을 맞이함을 이르는 말. ¶昭王—先驅 請列弟子之座而受業<史記>
【擁護】(옹호) 도와서 지킨다는 뜻으로, 지

지하여 유리하도록 보호함을 이름. ¶漢一呼韓邪<漢書>
▷屛一, 捧一, 扶一, 圍一, 抱一

17〖擁〗 擁(p.667)과 同字

16〖㩗〗 接(p.647)과 同字

13/16〖操〗 1 잡을 조 2 절개 조 | 㗊ㄘㄠ (cao) | そう(トル) take

풀이 1 ①잡다. 쥠. 가짐. ¶一几杖以從<禮記> ②부리다. ¶津人一舟若神<莊子>/一縱. ③다가서다. 닥쳐 옴. ¶蓋以一之爲已蹙矣<公羊傳> ④군사 훈련. ¶一練. ⑤운동. ¶體一. 2 ①절개. 절조. ¶熹少有節一<後漢書>/志一. ②곡조. 거문고 곡의 이름. ¶龜山一樂.

【操檢】そうけん(조검) 굳게 지키는 절조. ¶幼持一敎厲名行<南史>

【操觚】そうこ(조고) 글을 씀. 문필에 종사함. 觚는 옛날, 종이가 나오기 전에 쓰던 사각 나무 패. ¶或一以率爾<陸機>

【操練】そうれん(조련) ①교련(敎練). ②韓 못되게 굴어 남을 몹시 괴롭힘.

【操弄】そうろう(조롱) 마음대로 다루면서 놀림. ¶一國權 濁亂海內<後漢書>

【操履】そうり(조리) ☞操行(조행).

【操舍】そうしゃ(조사) 마음에 굳게 지킴과 버림.

【操束】そうそく(조속) ☞操切(조절).

【操身】そうしん(조신) 몸가짐을 조심함.

【操業】そうぎょう(조업) ①절개와 업적. ¶猶當崇其一以弘風尙<晋書> ②기계를 움직여 작업을 함.

【操作】そうさ·そうさく(조작) ①일을 함. ¶着布衣一而前<後漢書> ②일정한 차례와 방식에 따라 하는 작업.

【操切】そうせつ(조절) 단속하여 매우 엄중히 함. 操束(조속). ¶一百姓<漢書>

【操井臼】(조정구) 물을 긷고 방아를 찧는다는 뜻으로, 살림살이에 힘씀을 이름. ¶兒女皆自一<後漢書>

【操縱】そうじゅう(조종) ①기계류를 다룸. ¶一士. ②마음대로 부리어 복종하게 함.

【操柁】そうだ(조타) 배의 키를 잡음.

【操筆】そうひつ(조필) 붓을 듦.

【操行】そうこう(조행) 몸가짐. 품행. 操履(조리). ¶凡人一有賢有愚<論衡>
▷高一, 松柏一, 雅一, 烈一, 立一, 節一, 貞一, 志一, 淸一, 體一

13/16〖擉〗 찌를 착 | 㗊ㄔㄨㄛˋ (chuo) | さく(サス) pierce

풀이 ①찌르다. 물고기를 작살로 찔러 잡음. ¶一鼈於江<莊子> ②작살. 물고기를 찔러 잡는 기구. ¶一刃.

【擉刃】(착인) 작살. ¶罔繩一 以除蟲蛇惡物<韓愈>

13/16〖擅〗 멋대로 할 천 | 㗊ㄕㄢˋ (shan) | せん(ホシイママ)

풀이 ①멋대로 하다. 마음대로 함. ¶六卿一權<史記>/一恣. ②차지하다. ¶一利. ③물려 주다. 通禪. ¶堯舜一讓<荀子>

【擅權】せんけん(천권) 권력을 제멋대로 부림.

【擅利】せんり(천리) 이익을 독점함.

【擅讓】せんじょう(천양) ☞禪讓(선양).

【擅議】せんぎ(천의) 제멋대로 의논하여 정함. ¶漢宗廟之禮 不得一<漢書>

【擅場】せんじょう(천장) ①그 자리에 필적(匹敵)할 만한 사람이 없음. ¶秦政利觜長距 終得一<張衡> ②당(唐)대에 송별 또는 연회에서 시를 지을 때 일등한 사람.

【擅橫】せんおう(천횡) 거리낌없이 제 마음대로 행함. 專橫(전횡). ¶至政破縱一 并呑六國<揚雄>
▷姦一, 獨一, 雄一, 恣一, 專一, 豪一

13/16〖擇〗 가릴 택 | 㗊ㄗㄜˊ (ze) | たく(エラブ) select
略択

풀이 가리다. ㉮좋은 것을 가려 뽑다. ¶一善而固執之<中庸>/選一. ㉯가려서 구분하다. 차별을 둠. ¶牛羊何一焉<孟子>

【擇交】たっこう(택교) ①사귈 나라를 고름. ¶安民之本 在乎一<史記> ②사귈 친구를 고름. ¶乃知一難 須有知人明<白居易>

【擇吉】たっきつ(택길) ☞擇日(택일).

【擇言擇行】たくげんたっこう(택언택행) 선과 악을 가려서 해야 할 말이나 행동. ¶口無擇言 身無擇行<孝經>

【擇日】たくじつ(택일) 좋은 날을 가림. 擇吉(택길).
▷揀一, 簡一, 監一, 妙一, 選一, 收一, 練一, 葬一, 財一, 銓一, 精一, 採一, 推一

16〖擙〗 標(p.661)와 同字

13/16〖擐〗 입을 환 | 㗊ㄏㄨㄢˋ (huan) | かん(マトウ) wear

풀이 입다. 투구·갑옷 등을 몸에 걸침. ¶躬一甲冑<左氏傳>/一衣.

16〖攜〗 攜(p.673)의 俗字

16〖擕〗 攜(p.673)의 俗字

14/17〖擱〗 놓을 각 | ㄍㄜ (ge) | かく(オク) put down

풀이 ①놓다. 잡고 있던 것을 놓음. ¶及見此文 乃一筆<南史> ②멈추다. 좌초(坐礁)함. ¶一坐.

【擱坐】かくざ(각좌) 배가 암초에 걸림. 坐礁(좌초). 擱淺(각천).

【擱淺】かくせん(각천) ①좌초함. 擱坐(각좌). ②中 상점의 자본이 떨어짐.

【擱筆】かくひつ(각필) 붓을 놓음. 쓰던 글을 멈춤. 閣筆(각필).

14/18〖擧〗 들 거 | 㗊ㄐㄩˇ (ju) | きょ(アゲル) hold

本擧 略挙 同擧

풀이①들다. ㉮두 손으로 물건을 들다. ¶一白而進之<淮南子> ㉯권하다. ¶一觶于賓<儀禮> ㉰손에 들다. ¶獨一之以行者<詩經·注> ㉱제겨디디다. ¶莫不延頸一踵<呂覽> ㉲천거하다. ¶諸公多薦一之者<後漢書> ㉳일으키다. ¶一廢國<中庸> ㉴등용(登用)하다. ¶一賢人<論語> ㉵행하다. ¶大凉廼一<素問> ㉶말하다. 열거함. ¶過而一君之諱則起<禮記> ㉷묻다. 물어 봄. ¶主人不問 客不先一<禮記> ㉸기록하다. ¶仲尼使一是禮也<左氏傳> ㉹꾀하다. ¶不足與一<呂覽> ㉺바루다. 바로잡음. ¶所以自一過也<呂覽> ㉻잡아 쥐다. ¶一圍欲細<周禮> (거)쳐서 멸망시키다. ¶三十日而一燕國<戰國策> (너)얻다. 획득함. ¶一河內<戰國策> (더)연주(演奏)하다. ¶上公之禮 食禮九一<周禮> (러)술을 마시다. ¶嗣一奠<儀禮> (머)몰수(沒收)하다. ¶犯禁者一之<周禮> (버)낳다. 기름. ¶其母竊一生之<史記> (서)체포하다. ¶以嚴苛過理 郡守收一<後漢書> ②오르다. ㉮떠나다. 버리고 감. ¶願離群而遠一<楚辭> ㉯흥하다. 잘 행해짐. ¶其政一<禮記> ㉰날아가다. ¶鳥不暇一<張衡> ③움직이다. ¶不爲豊約一<國語> ④행실(行實). 행동. ¶人主無過一<漢書> ⑤가다. ¶王一則從<周禮> ⑥제사 지내다. 존숭(尊崇)함. ¶山川神祇 有不一者<禮記> ⑦선발(選拔)하다. ¶孝廉之一<後漢書> ⑧시험. 과거(科擧). ¶長安二年 始制武一<舊唐書> ⑨다. 죄다. 통틀어. 通與. ¶一世皆然兮<楚辭> ⑩사재다. 물건을 많이 사들여 저장함. 通貯. ¶子貢好廢一<史記> ⑪가마.

【擧家】きょか(거가) 온 집안. 가족 전체.
【擧皆】(거개) 거의 다. 모두.
【擧國】きょこく(거국) 온 나라. 전국(全國). ¶一內閣.
【擧動】(거동) 행동하는 짓이나 태도. 몸가짐. 행동 거지(行動擧止).
【擧論】(거론) 화제(話題)에 올림. 어떤 일을 논제(論題)로 삼음.
【擧兵】きょへい(거병) 군사를 일으킴.
【擧世】きょせい(거세) 온 세상. 세상 사람 모두.
【擧手】きょしゅ(거수) ①손을 듦. ②손을 들어 경례하는 의식(儀式). ¶一敬禮.
【擧人】きょじん(거인) ①사람을 등용(登用)함. ②향시(鄕試)에 급제하여 회시(會試)를 볼 사람. 또는, 관리 등용 시험의 수험자. 擧子(거자).
【擧一反三】イチヲアゲテサンヲはんス(거일반삼) 물건의 한 구석을 들어 가르쳐 주면 다른 세 구석은 스스로 헤아려 안다는 뜻으로, 재지(才智)가 총명함을 이름. 擧一明三(거일명삼). 聞一知十(문일지십). ¶擧一隅 不以三隅反 則不復也<論語>
【擧措】きょそ(거조) 드는 일과 놓는 일. 행동함과 정지(靜止)함. 곧, 행동 거지(行動擧止). 擧錯(거조)①. ¶一曲直 得其所<漢書>
【擧錯】きょそ(거조) ①☞擧措(거조). ②사람을 등용(登用)함과 그만두는 일. ¶一當而人心服<宋史>
【擧族】きょぞく(거족) ①일족 모두. ②민족 모두. 온 민족. ¶一的 行事.
【擧證】きょしょう(거증) 증거(證據)를 들어 제시함. 立證(입증).
【擧止】きょし(거지) 움직일 때나 가만히 있을 때의 모든 몸가짐. 擧措(거조). 擧動(거동). ¶行動一.
【擧行】きょこう(거행) 집행함. 공적(公的)으로 행함.

▷輕一, 高一, 貢一, 過一, 科一, 濫一, 內一, 萬一, 枚一, 覓一, 毛一, 美一, 辟一, 備一, 選一, 收一, 雙一, 略一, 列一, 外一, 移一, 一一, 任一, 壯一, 再一, 持一, 徵一, 錯一, 察一, 薦一, 推一, 吹一, 稱一, 廢一, 包一, 遐一, 罷一, 鄕一, 豪一

14/17 【擡】 들 대 | 灰 ㄊㄞˊ (tai) | たい(モタゲル) *raise*

俗抬

풀이①들다. 들어올림. 치켜듦. ¶使一頭不得<開元天寶遺事>/一擧. ②中 두 사람이 메다. ¶一轎.
【擡頭】たいとう(대두) ①머리를 듦. ②어떤 현상이 머리를 쳐들고 나타남. ③주로, 세로쓰기 편지에서 경의를 표하는 뜻으로, 줄을 바꾸어 다른 줄보다 한 자 올리어 쓰는 형식. ※闕字(궐자).

14/17 【擣】 1 찧을 도 2 모일 주 | 皓 ㄉㄠˇ (dao) 尤 | とう(ツク) *pound* ちゅう

풀이 1 ①찧다. 빻음. ¶蔡倫以布一剉作紙<齊東野語>/一肉. ②찌르다. 공격함. ¶批亢一虛<史記> ③다듬이질하다. 두드림. ¶萬戶一衣聲<李白> ④닿다. 접촉함. ¶杜曲則一毁<管子> ⑤근심하다. 괴로와함. ¶惄焉如一<詩經> 2 모이다. 빽빽이 모여듦. 通稠. ¶上有一蓍 下有神龜<史記>
【擣衣】とうい(도의) 옷을 다듬이질함. ¶長安一片月 萬戶一聲<李白>
【擣虛】とうきょ(도허) 헛점을 이용함. 적의 헛점을 노려 공격함.
【擣蓍】ちゅうし(주시) 모아서 합친 점대.

18 【擥】 攬(p.674)과 同字

17 【擥】 擥(p.659)과 同字

17 【擈】 扑(p.663)과 同字

14/17 【擯】 물리칠 빈 | 震 ㄅㄧㄣˋ (bin) | ひん(シリゾケル) *reject*

풀이 ①물리치다. 배척함. ¶以一寡人久矣<莊子>/一斥. ②인도(引導)하다. 빈객을 인도하는 사람. 通 儐 賓. ¶凡四方之使者 大客則一<周禮>/一相.

【擯介】ひんかい(빈개) 주객(主客) 사이에 서서 주선하는 사람. 擯은 주인 쪽, 介는 손쪽의 사람을 이름. 儐介(빈개).

【擯相】ひんしょう(빈상) 옛 중국에서 손의 응접을 맡은 관리.

▷滅一, 排一, 嘲一

14 18 【擪】 누를 엽 | 葉 ㄧㄝˋ (ye) | よう(オサエル) *press*

풀이 누르다. 손가락으로 누름. ¶彈琴一籥<張衡>

【擪息】ようそく(엽식) 손가락으로 누름. ¶貴其一脈血<淮南子>

【擪籥】ようやく(엽약) 손가락으로 피리의 구멍을 누름.

17 【擫】 擪(p. 670)과 同字

14 17 【擩】 담글 유 | 虞 ㄖㄨˇ (ru) | じゅ(ヒタス) *steep*

풀이 ①담그다. 적심. ¶一祭. ②가지다. 쥠. ¶一嚌道眞<唐書>

【擩祭】じゅさい(유제) 옛 중국에서, 음식을 먹을 때 희생의 간과 폐를 소금에 절여 먼저 신에게 감사의 인사를 올리던 의식.

【擩嚌】じゅさい(유제) 손에 쥐고 입으로 맛본다는 뜻으로, 어떤 일에 깊이 빠져듦을 이르는 말. ¶一道眞 涵泳聖涯<唐書>

14 17 【擬】 헤아릴 의 | 紙 ㄋㄧˇ (ni) | ぎ(ハカル) *ponder*

源 會意·形聲. 손짓[手]으로 그럴싸하게 흉내낸다[疑]는 뜻. 「疑」가 음을 이룸.

풀이 ①헤아리다. 상량(商量)함. ¶一之而後言<易經> ②견주다. 비교함. ¶乃與五經相一<後漢書> ③흉내 내다. 본뜸. ¶侈一於君<漢書>/一古. ④의심하다. ¶蝯蚖一而不敢下<漢書> ⑤향하다. ¶屬剛挂以潛一<潘岳>

【擬經】ぎけい(의경) 경서(經書)를 본떠서 지음. 또는, 그 경서. ¶七十之歲 揚雄一 六十之年 平津對策<徐陵>

【擬古】ぎこ(의고) ①옛것을 모방함. ②시가(詩歌)나 글월 등을 옛 형식에 맞추어 지음. ¶一詩難於近似<捫蝨新話>

【擬論】ぎろん(의론) ①말다툼. 論爭(논쟁). ¶文帝與平原侯植 竝有一<魏志> ②망령되게 말함. 되지 못한 이론. ¶一天地 錯綜神明<張華>

【擬死】ぎし(의사) 죽은 듯이 움직이지 아니함

【擬聲】ぎせい(의성) 흉내내는 소리. ¶一語.

【擬律】ぎりつ(의율) 법률을 어떤 사실이나 행위에 적용함. 照律(조율).

【擬儀】ぎぎ(의의) 의식(儀式)을 본뜸. ¶至乃郊祭天地 一社稷<後漢書>

【擬議】ぎぎ(의의) 생각하고 의논함. ¶一以成其變化<易經>

【擬人】ぎじん(의인) 사람이 아닌 것을 사람에 비김. ¶一法/一化.

【擬足投跡】(의족투적) 남의 발자국을 밟으며 걷는다는 뜻으로, 두려워서 삼가 걸어감을 비유하여 이르는 말. ¶欲談者 卷舌而同聲 欲步者 擬足而投跡<揚雄>

【擬主】ぎしゅ(의주) 임금에 비김. 임금인 체함.

【擬態】ぎたい(의태) ①어떤 모양이나 상태를 흉내내어 그와 비슷하게 꾸미거나 만듦. ¶一語. ②동물이 모양이나 몸 빛깔을 주위의 다른 물체와 비슷하게 만들어 위험을 피하는 현상.

▷模一, 妙一, 配一, 比一, 備一, 倫一, 銓一, 注一, 儔一, 準一, 進一, 僭一, 度一

14 17 【擠】 밀 제 | 霽 ㄐㄧˇ (ji) | せい(オス) *push*

풀이 ①밀다. 밀침. 밀어 떨어뜨림. ¶一于溝壑<左氏傳> ②배척하다. ¶一有罪<荀子>/排一. ③해치다. 상하게 함. ¶因其修而一之<莊子> ④꺾다. 기세를 누름. ¶一摧. ⑤다가서다. ¶一近.

【擠摧】せいさい(제최) 꺾음. 기세가 꺾임.

【擠陷】せいかん(제함) 남을 모함하여 죄에 빠뜨림. 擠害(제해). ¶楊炎罪不至死 杞一之<唐書>

▷傾一, 排一

14 17 【擦】 비빌 찰 | 黠 ㄘㄚ (ca) | さつ(コスル) *rub*

【擦過傷】さっかしょう(찰과상) 스치거나 문질려서 살갗이 벗어진 상처.

【擦筆】さっぴつ(찰필) 압지(押紙)나 엷은 가죽을 감아 붓 모양으로 만든 것. 그림을 그리는 데에 씀.

17 【擆】 拓(p. 631)의 俗字

17 【擳】 疐(p. 1026)와 同字

14 17 【擢】 뽑을 탁 | 覺 ㄓㄨㄛˊ (zhuo) | てき(ヌク) *pull out*

풀이 ①뽑다. 뽑아버림. ¶一德塞性<莊子> ②버리다. 제거함. ¶不一馬<禮記> ③뽑아내다. 발탁(拔擢)함. ¶一之于賓客之中<戰國策> ④솟다. 빼어남. 뛰어남. ¶徑百常而莖一<張衡>/一秀. ⑤길다. 길게 늘임. ¶一首.

【擢首】てきしゅ(탁수) 목이 긺. 목을 길게 잡아 늘임. ¶韓流一謹耳<山海經>

▷簡一, 擧一, 登一, 拔一, 選一, 優一, 奬一, 銓一, 挺一, 旌一, 薦一, 超一, 寵一, 抽一, 表一

14 17 【擤】 코 풀 형 | 梗 ㄒㄧㄥˇ (xing) | こう

14 17 【擭】 1 잡을 획 2 덫 확 | 陌 藥 ㄏㄨㄛˋ (huo) | わく(ツカム) *grasp* かく

풀이 1 잡다. 쥠. 붙잡음. 가짐. ¶一獑猢

<張衡> 2닻. ¶ 驅而納諸一陷阱之中<中庸>

15 18 〖擽〗 1칠 력 2굳은 모양 락 |錫ㄌㄩㄝˋ (lüe) 藥| りゃく (ウツ) *hit* らく

풀이 1 ①치다. 때림. ¶ 一合其跗<唐書> ②스치다. 살짝 닿음. ¶ 一蜚遽<漢書> ③어루만지다. 문지름. ¶ 或樓搥一捋<嵆康> 2굳은 모양. 돌이 단단한 모양. ¶ 一然扶持心固<荀子>

15 18 〖擸〗 1가다듬을 렵 2꺾을 랍 |葉 合ㄌㄚˋ (la)| りょう *arrange* ろう

풀이 1 ①가다듬다. 정리하여 가짐. ¶ 一持. ②섞다. 2①꺾다. 부러뜨림. 通 擖. ¶ 拉一. ②찢어지는 소리.

18〖擂〗 擂(p. 667)의 本字

18〖擵〗 摩(p. 659)의 俗字

15 19 〖攀〗 더위잡을 반 |刪ㄆㄢ (pan)| はん (ヨジノボル)

源 **會意·形聲**. 매우 많이[大] 얽힌 나무들을 손으로 휘어잡고 오른다는 뜻.

풀이 ①더위잡다. 무엇을 붙잡고 오름. ¶ 百歲老翁一枯枝<晉書>/登一. ②매달리다. 달라붙음. ¶ 一柏悲號<晉書> ③의지하다. 힘으로 이용함. ¶ 一慕傷情<宋史>

【攀桂】はんけい(반계) 계수나무에 오른다는 뜻으로, 과거 급제를 이름. ¶ 轉蓬行地遠 一仰天高<杜甫>

【攀龍附鳳】はんりょうふほう(반룡부봉) 용을 끌어 잡고 봉황에 붙는다는 뜻으로, 훌륭한 인물을 의지하여 붙좇음의 비유. 攀鱗翼(반린익). ¶ 一 竝乘天衢<漢書>

【攀緣】はんえん(반연) ①더위잡아 오름. 攀援(반원). ②세속의 일에 끌림. ③세력 있는 사람에게 의지함. 연줄로 삼음. ¶ 一可到玉峰頭<吳融>

【攀援】はんえん(반원) ①더위잡아 오름. ②끎. ㉮잡아끎. ㉯만류함. ㉰도움. 의지함. ㉱다시 데려옴. 되돌림.

▷牽一, 登一, 仰一, 連一, 追一

15 18 〖擻〗 버릴 수 |有ㄙㄡˇ (sou)| そう *shake off*

풀이 ①버리다. 털어 버림. ¶ 抖一. ②흔들다. 흔들림.

15 18 〖擾〗 어지러울 요 |篠ㄖㄠˇ (rao)| じょう (ミダレル) *disturb*

풀이 ①어지럽다. 어지럽힘. ¶ 德用不一<左氏傳>/一亂. ②흐려지다. ¶ 水一則魚鼈不大<呂覽> ③길들이다. ¶ 敷五典 一兆民<書經> ④순하다. 유순함. ¶ 一而毅<書經> ⑤편안히 하다. ¶ 安一邦國<周禮> ⑥가축. ¶ 其畜宜六一<周禮>

【擾亂】じょうらん(요란) 소란함. 소란하게 함. ¶ 門下大驚一<史記>

【擾攘未定】じょうじょうみてい(요양미정) ①정신이 어지러워 결정하지 못함. ②나이가 어려서 의지가 굳지 못함.

▷苛一, 驚一, 敎一, 群一, 煩一, 紛一, 不一, 騷一, 安一, 憂一, 六一, 侵一, 惶一, 喧一

15 18 〖擿〗 1들출 적 2긁을 척 |錫ㄊㄧˋ (ti) 陌| てき (サグル) *expose* たく (カク)

풀이 1 ①들추다. 들추어 냄. ¶ 發姦一伏如神<漢書>/一發. ②치다. 때림. ¶ 一鼓. ③열리다. 通 摘. ¶ 一蚌蜃<淮南子> ④뒤지다. 더듬어 찾음. ¶ 一埴索塗<法言> ⑤꼬드기다. 꾐. ¶ 一永令發去<漢書> 2①긁다. 손톱으로 긁음. ¶ 指一無痟癢<列子> ②던지다. 通 擲. ¶ 引匕首以一秦王<史記> ③비녀. ¶ 簪以瑇瑁爲一<後漢書>

【擿伏】てきふく(적복) 숨겨진 나쁜 일을 들추어 냄.

▷檢一, 鉤一, 發一, 指一

18〖攅〗 攢(p. 673)의 俗字

15 18 〖擦〗 뿌릴 찰 |曷ㄘㄚˋ (ca)| さつ (マク) *sprinkle*

풀이 ①뿌리다. 헤뜨림. ¶ 星如一沙出<韓愈> ②비비다. 문지름. ¶ 以筆端搶一文理縱橫<益州名畫錄>

15 18 〖擲〗 던질 척 |陌ㄓˊ (zhi)| てき, じゃく (ナゲウツ) *throw*

풀이 ①던지다. 通 擿. ¶ 投一. ②버리다. ¶ 日月一人去<陶潛> ③노름 하다. ¶ 樗蒱一一<晉書> ④뛰다. 뛰어오름. ¶ 澄波月上見魚一<周賀>

【擲奸】てきかん(척간) 부정(不正)이 있나 없나를 캐어 살핌. 摘奸(적간).

【擲梭】(척사) 윷. 윷놀이.

【擲梭】てきさ(척사) 피륙을 짜느라고 북을 좌우로 엇바꾸어 지름. ¶ 窓下一女<于濆>

【擲射砲】てきしゃほう(척사포) 단거리를 쏘는 간단한 포의 한 가지.

▷乾坤一一, 放一, 投一, 抛一

15 18 〖攄〗 펼 터 本 처 |魚ㄕㄨ (shu)| ちょ (ノベル) *spread*

풀이 ①펴다. ㉮말을 늘어 놓다. 생각을 나타냄. ¶ 獨一意乎宇宙之外<班固> ㉯넓게 깔거나 벌임. ¶ 一之無窮<漢書> ㉰널리 퍼뜨리다. ¶ 奮六經以一頌<漢書> ②오르다. 높이 뛰어 오름. ¶ 八乘一而超驤<後漢書>

【攄得】(터득) 경험을 쌓거나 연구하여 깨달아 앎.

15 18 〖擺〗 열릴 파 | 蟹ㄅㄞˇ (bai) | はい(ヒラク) *spread out*

풀이①열리다. ¶乾坤一雷硠<韓愈> ②벌여놓다. ¶置互一牲<張衡> ③털다. 털어버림. ¶振一其垢<海內十洲記>/一落. ④흔들리다. 요동함. ¶魚一大江寬<裴說>

【擺弄】はいろう(파롱) 가지고 놂. ¶一春風只欲飛<韓愈>

【擺撥】はいはつ(파발) ①뿌리쳐버림. 털어버림. ②공문을 급히 보내기 위하여 설치한 역참(驛站).

【擺撥馬】はいはつば(파발마) 공무로 급히 가는 사람이 타는 말. 騎撥(기발).

【擺脫】はいだつ(파탈) ①열어서 없애버림. ②제거함. ③예절이나 구속에서 벗어남.

15 18 〖擴〗 넓힐 확 | 藥ㄎㄨㄛˋ (kuo) | かく(ヒロメル) *expand*

풀이넓히다. 규모, 세력 등을 넓힘. ¶凡有四端於我者 知皆一而充之矣<孟子>/一張.

【擴大】かくだい(확대) 늘려서 크게 함.

【擴散】かくさん(확산) ①퍼져 흩어짐. ②한 물질이 다른 물질에 스며들어 같은 농도가 되는 현상.

【擴充】かくじゅう(확충) 넓혀서 충실하게 함.

18 〖擕〗 攜(p.673)와 同字

15 18 〖擷〗 딸 힐 | 屑ㄒㄧㄝˊ(xie) ㄐㄧㄝˊ(jie) | けつ(ツム) *pick*

풀이①따다. ¶一采. ②캐다. 뽑음. ¶雨中一園蔬<蘇軾>

16 19 〖攐〗 추어올릴 건 | 先ㄑㄧㄢ (gian) | けん *lift*

풀이추어올리다. 소매, 옷자락 등을 걷어올림. 通褰. ¶可一裳而越也<淮南子>

19 〖攈〗 捃(p.639)과 同字

19 〖攊〗 擽(p.671)과 同字

16 19 〖攏〗 1누를 롱 2빗을 롱 | 董ㄌㄨㄥˇ 東ㄌㄨㄥˊ (long) | ろう(オサエル) *press*

풀이1①누르다. 쓰다듬음. ¶輕一慢撚撥復挑<白居易> ②묶다. 합함. ¶一萬川乎巴梁<郭璞> ③묶다. 배[船]를 정박시킴. ¶且請一船頭<丁仙芝> 2빗다. 머리를 빗음. ¶一頭.

▷牽一, 輕一, 撈一, 拗一

16 19 〖攉〗 1손 뒤집을 확 2독점할 각 | 藥ㄏㄨㄛˋ 覺(huo) | かく

풀이1①손을 뒤집다. ¶搖手曰揮 反手曰一<韻會> ②中 이기다. 반죽함. ¶一麪. ③中 비교하다. ¶一較. 2①독점하다. ¶令豪吏猾民 辜而一之<漢書> ②거칠다. 조략(粗略)함. ¶物豈可謂無大揚一乎<淮南子>

▷辜一, 商一, 揚一, 揮一

16 19 〖攌〗 울짱 환 | 潸ㄏㄨㄢˇ (huan) | かん *fence*

풀이①울짱. 목책(木柵). ¶一如囚拘<史記> ②감옥에 가두다.

17 20 〖攓〗 1업신여길 건 銑 2가질 건 先 | けん *disdain*

풀이1업신여기다. ¶望我而笑 是一也<淮南子> 2가지다. 손에 쥠. 같搴. ¶一雲.

17 20 〖攔〗 막을 란 | 寒ㄌㄢˊ (lan) | らん(サエギル) *shut out*

풀이①막다. 차단함. ¶牽衣頓足一道哭<杜甫> ②간막이. 같闌.

▷句一, 排一, 遮一

17 20 〖攘〗 1물리칠 양 2어지럽힐 녕 | 陽ㄖㄤˊ (rang) 庚ㄖㄤˇ (rang) | じょう(ハラウ) どう *drive out*

풀이1①물리치다. ¶外一四夷<詩經>/一夷. ②물러나다. ¶隨流而一<漢書> ③덜다. 제거함. ¶一之剔之<詩經> ④걷어올리다. ¶一袂而正議<漢書>/一臂. ⑤훔치다. 도둑질함. ¶其父一羊<論語> ⑥사양하다. 사양하여 물러남. ¶左右一辟<禮記> ⑦겸손하다. 通讓. ¶堯之克一<漢書> ⑧쫓다. 털어 냄. ¶主一擇五卜<荀子> ⑨거부하다. ¶一獄. ⑩거스르다. ¶心無天遊則六鑿相一<莊子> 2①어지럽히다. 어지러워짐. 通孃. ¶至於一天下<淮南子> ②빨리 가는 모양. ¶攘一就駕<傅毅> ③보내다. 먹을 것을 줌. 같饟. 通餉. ¶一其左右<詩經>

【攘夷】じょうい(양이) 오랑캐를 물리침.

▷狂一, 寇一, 毆一, 猛一, 擾一, 揖一, 進一, 搶一, 磔一, 奪一, 蕩一, 披一, 浩一

17 20 〖攖〗 다가설 영 | 庚ㄧㄥ (ying) | えい(セマル) *approach*

풀이①다가서다. 접근함. ¶虎負嵎 莫之敢一<孟子> ②잇다. 잡아당겨 이음. ¶汝愼無一人心<莊子> ③묶다. ¶勿撓勿一<淮南子> ④어긋나다. ¶能養天下之所生而勿一之<呂覽> ⑤어지럽히다. ¶不以人物利害相一<莊子>

17 20 〖攙〗 찌를 참 | 咸ㄔㄢ (chan) | さん(サス) *pierce*

풀이①찌르다. 찔러 꿰뚫음. ②날카롭다. ¶一叉. ③섞다. ¶一說得失<蘇軾> ④돕다. ¶一扶. ⑤살별 이름. 혜성(彗星)의 이름. ¶一搶衡杓之氣<淮南子>

21〖攈〗 攟(p.673)과 同字

18/21〖攝〗 1 당길 섭 2 편안할 녑 3 깃꾸미개 삽 | ㄕㄜˋ (she) | せつ (ヒク) *hold up*

풀이 1 ①당기다. 끌어 당김. ¶皆—弓而馳<史記> ②쥐다. 잡음. ¶請—飮焉<左氏傳> ③굳게 지키다. ¶故能—固不解<國語> ④걷다. 걷어올림. ¶—齊升堂<論語> ⑤다스리다. 단정하게 매만짐. ¶沛公起—衣謝食其<史記> ⑥알맞게 하다. ¶再醮—酒<儀禮> ⑦돕다. 보좌함. ¶朋友攸—<詩經> ⑧바루다. ¶—幘復戰<後漢書> ⑨기르다. ¶善—生者<老子> ⑩거느리다. 관할함. ¶統—億兆<宋史> ⑪적다. 기록함. ¶列奏申—<宋史> ⑫매다. 단단히 맺음. ¶—緘縢<莊子> ⑬나아가다. ¶—進. ⑭대신하다. 通代. ¶—行政事<史記> ⑮겸하다. 通夾. ¶官事不—<論語> ⑯끼이다. ¶—乎大國之間<論語> ⑰빌다. 빌려씀. ¶—帛乘馬<禮記> ⑱두려워하다. ¶—讐者弗取<漢書> ⑲으르다. 위압함. ¶武震以—威之<左氏傳> ⑳따라가 잡다. ¶—少司馬<國語> ㉑기가 꺾이다. ¶卑爲布衣而不瘁—<呂覽> ㉒근심하다. ¶不至於隘—傷生<荀子> 2 편안하다. 고요하고 편안함. ¶天下—然<漢書> 3 깃 꾸미개. 관(棺)을 꾸미는 깃. 通翣. ¶屛—之位<國語>

【攝理】せつり(섭리) ①병을 조섭함. ②대신하여 다스림. ¶叔魚—<孔子家語> ③신(神)이 이 세상 모든 일을 다스리는 일.

【攝生】せっせい(섭생) 적당한 운동과 식사로써 건강 관리를 잘함.

【攝葉】せつよう(섭엽) 주름이 펴지지 않는 모양. ¶衣—以儲與兮<楚辭>

【攝位】せつい(섭위) 임금을 대신하여 임시로 그 자리에 앉음. ¶令於百姓 —行政<史記>

【攝政】せっしょう(섭정) 임금을 대신하여 정사(政事)를 맡아봄.

【攝提】せってい(섭제) ①별 이름. 대각성(大角星) 좌우에 있는, 북두 칠성의 자루에 해당하는 세 별. ②12지(支) 중 인(寅)의 이칭. ③천신(天神)의 이름.

【攝取】せっしゅ(섭취) ①영양분을 취함. ②《佛》 부처가 자비로 중생을 제도함. ¶—不捨.

▷假—, 居—, 兼—, 悾—, 管—, 權—, 代—, 督—, 董—, 綜—, 震—, 鎭—, 總—, 瘁—, 統—

21〖[illegible]〗 擁(p.667)의 本字

18/21〖攛〗 던질 찬 | ㄘㄨㄢ (cuan) | さん(ナゲウツ) *throw*

풀이 ①던지다. ¶—去. ②나쁘게 꾀다. 교사(敎唆)함. ¶告老兄且莫相—掇<朱熹> ③섞다. ¶—上. ④일을 다그치다. ¶—梭.

【攛掇】さんてつ・さんたつ(찬철) 꼬드김. 꾐. 교사함.

21〖攜〗 携(p.658)의 本字

19/22〖攟〗 주울 군 | ㄐㄩㄣˋ (jun) | くん(ヒロウ) *pick up*

22〖[illegible]〗 撻(p.666)의 古字

19/22〖攦〗 꺾을 려 | れい(オル) *break*

19/23〖攣〗 1 걸릴 련 2 오그라질 련 | ㄌㄨㄢˊ (luan) | れん (カカル) *relate*

풀이 1 ①걸리다. 이어짐. ¶有孚 —如<易經> ②연관되다. ¶帝知群寮拘—<後漢書> ③경련이 일다. 딱딱하게 굳어짐. ¶—急. 2 ①오그라지다. 손발이 오그라지는 병. ¶躄躡膝—<史記>/—踠. ②그리워하다. 通戀. ¶上所以——顧念我<漢書>

【攣拘】れんく(연구) 묶임. 속박됨.

【攣踠】れんえん(연원) 손발이 오그라들어 펴지지 않는 병.

▷脚—, 痙—, 繫—, 拘—, 拳—, 綿—, 攀—

19/22〖攢〗 모일 찬 | ㄘㄨㄢˊ (cuan) | さん(アツマル) *collect*

풀이 ①모이다. 여기저기 모여 있는 모양. 通鑽. ¶—立叢倚<司馬相如> ②도려내다. 通鑽. ¶相梨曰—之<禮記> ③흙으로 쌓은 약식 무덤. 토분(土墳). 토롱(土壟). ¶擇地—殯<宋史>

【攢宮】さんきゅう(찬궁) 임금의 시체를 임시로 안치하는 곳. 攢所(찬소).

【攢眉】さんび(찬미) 눈살을 찌푸림.

19/22〖攤〗 펼 탄 | ㄊㄢ (tan) | たん(ヒラク) *spread*

풀이 ①펴다. 펼침. ¶—書滿牀<世說新語> ②벼르다. 배당함. ¶—派. ③노름. 도박. ¶—錢. ④㊥ 가게. 노점(露店). ¶擺—.

【攤飯】たんぱん(탄반) 점심 먹은 뒤 잠깐 자는 잠. 午睡(오수). ¶—橫眠夢蝶床<陸游>

【攤錢】たんせん(탄전) ①중국 노름의 한 가지. 그릇 속에 든 돈을 임의로 꺼내 넉 장씩 나누어 그 남은 수 0, 1, 2, 3을 알아맞히는 사람이 이김. 攤賭(탄도). 攤戲(탄희). ¶白晝—高浪中<杜甫> ②㊥ 돈치기. 또는, 도박.

20/23〖攪〗 어지럽힐 교 | ㄐㄧㄠˇ (jiao) ㄍㄠˇ (gao) | かく, こう (ミダス) *disturb*

풀이 ①어지럽히다. ¶祇—我心<詩經>/

一亂. ②뒤섞다. 휘저음. ¶一水. ③물소리. ¶一搜漻捎 逍遙踊躍<王褒>

【攪攪】かっかく(교교) 뒤섞여 어지러운 모양. ¶一爭附託 無人角雌雄<韓愈>

【攪亂】かくらん(교란) 어지럽게 함. 攪撓(교뇨).

▷亂一, 悲一, 縈一, 情一

20 23 【攩】 무리 당 | [養]ㄉㄤˇ (dang) | とう (ムレ)

[풀이]①무리. 또래. [같]黨 儻. ②치다. 때림. ③가로막다. ¶一駕.

【攩駕】(당가)[中] 어떤 사정에 의하여 면회를 거절함. 擋駕(당가).

20 23 【攫】 붙잡을 확 | [藥]ㄐㄩㄝˊ (jue) | かく (ツカム) *seize*

[풀이]①붙잡다. ¶鷙蟲一搏<禮記> ②움키다. ¶一一千金.

【攫鳥】かくちょう(확조) 다른 동물을 잡아 죽이는 맹금(猛禽). ¶猛獸不據 一不搏<老子>

▷拏一, 擘一, 蟬一, 觸一

21 24 【攭】 [1]벌거숭이 라 [2]나눌 례 | [illegible]ㄌㄧˋ [霽](li) | ら れい

[풀이][1]벌거숭이. 깃이나 털이 없는 모양. [같]儽. [2]나누다. ¶一兮其相逐而反也<荀子>

21 24 【攬】 잡을 람 | [感]ㄌㄢˇ (lan) | らん (トル) *grasp*

[풀이]①잡다. 손에 쥠. ¶一筆. ②추리다. 가려 뽑음. ¶一要. ③따다. ¶一茝. ④주관·총괄하다. ¶總一.

【攬轡澄清】らんぴちょうせい(남비징청) 천하의 정치를 바로잡을 뜻을 품고 부임하는 일. 攬轡는 말 고삐를 잡는다는 말로, 출발을 뜻함.

【攬要】らんよう(남요) 요점을 추림.

▷攀一, 收一, 願一, 招一, 總一

24 【攮】 欜(p.801)의 俗字

支<버틸 지>部

支 ⑧ 攲 ⑫ 攳

0 4 【支】 가를 지 | [支]ㄓ (zhi) | し (ワケル) *divide*

[풀이]①가르다. 갈림. ¶一流/一離滅裂. ②가지. ㉮초목의 가지. [通]枝. ¶芄蘭之一<詩經> ㉯혈통. 종가(宗家)에서 갈린 지파(支派). ¶本一百世<詩經> ③버티다. ㉮쓰러지지 않게 가누다. ¶天之所一 不可壞也<左氏傳> ㉯맞서서 겨루다. ¶魏不能一<戰國策> ㉰배겨내다. ¶皆知其資財不足以一長久也<國語> ④팔다리. [通]肢. ¶發於聲 見乎四一<張載>/一體. ⑤헤아리다. 계산함. ¶一地計衆<大戴禮> ⑥치르다. 지불함. ¶其五曰 收一<宋史> ⑦품삯. 급여. ¶冬至有特一<宋史> ⑧지지(地支). 12지(支). ¶干一.

【支結】しけつ(지결) 가슴이 막혀 답답한 열병.

【支局】しきょく(지국) 본사나 본국에서 갈라져 나간 곳.

【支根】しこん(지근) 주근(主根)에서 갈리어 나간 잔뿌리.

【支給】しきゅう(지급) 물건이나 돈을 치러 줌.

【支那】しな(지나) 중국(中國). 至那(지나). 指那(지나).

【支流】しりゅう(지류) ①원줄기에서 갈려 흐르는 물줄기. 支川(지천). 支河(지하). ②본가에서 갈라진 가계(家系). ③갈려 나간 유파(流派).

【支離】しり(지리) ①이리저리 흩어짐. 分散(분산). ¶一滅裂. ②엉망진창으로 만듦. ¶一其形者<莊子> ③곱사등이. 불구. ④[韓]지루함.

【支脈】しみゃく(지맥) ①갈려 나간 산맥. ②엽맥(葉脈).

【支配】しはい(지배) ①거느리어 모든 일을 처리함. ②힘으로 타인의 생각이나 행동을 구속함.

【支分】しぶん(지분) ①가름. 분할함. ②☞支解(지해).

【支分節解】しぶんせっかい(지분절해) 글의 내용 따위를 상세히 해석하는 일. ¶此書之旨一<朱熹>

【支拂】しハライ(지불) 돈을 치름.

【支庶】ししょ(지서) 지자(支子)와 서자(庶子).

【支石】しせき(지석) 고인돌. 支石墓(지석묘).

【支線】しせん(지선) 본선에서 갈려나간 선(線). ↔本線(본선)·幹線(간선).

【支孫】しそん(지손) 지파(支派)의 자손. 支冑(지주). ↔本孫(본손).

【支孼】しげつ(지얼) ①움. ②첩에게서 난 아들. 庶孼(서얼). 庶子(서자).

【支裔】しえい(지예) ①본(本)에서 갈려 나온 것. 末流(말류). ②갈려 나온 혈통.

【支吾】しご(지오) ①버팀. 반항함. ②시간을 보냄. 지새움. ¶著甚一吾此衣長<西廂記> ③속임. 발뺌함. ¶推理曲者 猶復一<福惠全書>

【支援】しえん(지원) 원조함.

【支飮症】(지음증) 해소와 호흡 곤란으로 모로 눕기가 어려운 병증.

【支子】しし(지자) ①첩의 아들. 庶子(서자). ¶一不祭 祭必告於宗子<禮記> ②맏아들 이외의 아들.

【支障】ししょう(지장) 일을 하는 데에 방해가 되는 장애(障礙).

【支族】しぞく(지족) 갈라져 나온 혈족. 支屬(지속).

【支冑】しちゅう(지주) ☞支孫(지손).

【支地】しち(지지) 땅을 잼. 토지를 측량함. ¶燕一計衆 不與齊均也<大戴禮>

【支持】しじ(지지) ①받쳐듦. ②찬동하여 뒷받침함.

【支廳】しちょう(지청) 본청에서 분리되어 그 감독을 받으며 소재지의 소관 업무를 다루는 관청.

【支出】ししゅつ(지출) 돈을 내줌. 금전 지불.

【支度】したく(지탁) 길이를 재고 수를 셈. 헤아림. ¶一路程<北周書>

【支撑】しとう(지탱) 버티어 나감.

【支派】しは(지파) 근본에서 갈라져 나간 파. 分派(분파). 支別(지별). ¶具書其一<北齊書>

【支解】しかい(지해) 옛 중국의 형벌로, 팔다리를

잘라내는 일. 支分(지분)②. 肢解(지해). ¶一人民＜漢書＞
【支犒】しこう(지호) 금품을 나눠주어 위로함. ¶一軍民＜宋史＞
▷干一, 氣管一, 反一, 本一, 分一, 四一, 收一, 十二一, 約一, 焉一, 燕一, 月一, 離一, 條一, 地一, 指一, 度一, 撐一, 特一

10【攱】 攲(p.675)와 同字

10【翄】 ☞ 羽部 4획(p.1207)

8 12【攲】 기울 기 | 因くㅣ (qi) | き(カタムク) *decline*

풀이 ①기울다. 기울어짐. ¶一器. ②높이 솟다. ¶一側風帆滿＜杜甫＞
【攲案】きあん(기안) 독서에 편리하도록 비스듬히 올려 놓게 된 대(臺). 독서대. 攲架(기가). ¶隔書幌而不休 對一而忘怠＜劉孝綽＞
▷傾一, 斜一

13【鼓】 部首 글자

12 16【攳】 길 심 | 𡨥ㄒㄩㄣˊ (xun) | しん(ナガイ) *long*

풀이 길다. ¶踔一枝杪標端＜後漢書＞

攴(攵)＜등글월 문＞部

攴 攵 ② 攷 收 ③ 改 攻 攸 ④ 放 政 ⑤ 叓
故 敂 敁 ⑥ 敉 效 ⑦ 敎 教 救 敏 敍 敘
敔 敖 敕 敓 敗 ⑧ 敢 敬 敦 散 敞 敝 ⑨
敬 敫 数 敭 ⑩ 敲 ⑪ 敹 敷 數 敵 ⑫ 整
⑬ 斂 嚴 斁 ⑭ 斃 ⑯ 斅

0 4【攴】 칠 복 | 屋ㄆㄨ (pu) | ぼく

源 會意. 손[又]으로 소리 나게 친다는 뜻. 한자 부수의 하나. 등글월 문(攵)이라 함은, 글월 문(文)자 비슷하며 등(글자의 오른쪽)에 붙는 방(旁)이므로 이름.
풀이 ①치다. 채찍질함. ②등글월 문. 등글 문. 부수(部首)에서, 방(旁)에만 씀.

4【攵】 攴(p.675)과 同字

6【攷】 考(p.1213)의 古字

2 6【收】 1 거둘 수 2 길을 수 | 因ㄕㄡ (shou) 宥 | しゅう(オサメル) *obtain*

풀이 1 ①거두다. ㉮거두어들이다. ¶秋一冬藏＜千字文＞/一穫. ㉯한데 모으다. ¶我其一之＜詩經＞ ㉰받아들이다. ¶領一. ㉱떠맡다. 떠맡아 돌봄. ¶辱一寡君＜左氏傳＞ ②가지런히 하다. 정제(整齊)함. ¶一其威也＜禮記＞/一斂. ③쉬다. 그만둠. 그침. ¶秦可以少割而一害也＜戰國策＞ ④잡다. ㉮체포하다. ¶女反一之＜詩經＞/一捕. ㉯가지다. 소지함. ¶一以奔褒＜國語＞ ⑤빼앗다. ¶矜糾一繚之屬＜荀子＞ ⑥시들다. 쇠하여짐. ¶彭澤菊初一＜唐中宗＞ ⑦수레 뒤에 가로로 댄 나무. ¶小戎俴一＜詩經＞ ⑧익다. 곡식이 여묾. ¶今茲蠶麥善一＜後漢書＞ 2 길다. ¶井一勿幕＜易經＞
【收監】しゅうかん(수감) 옥에 가둠. 下獄(하옥). 投獄(투옥).
【收檢】しゅうけん(수검) 정리함. 한데 모음. ¶一遺文 畢力補綴＜後漢書＞
【收穀】しゅうこく(수곡) 가난한 사람을 맡아 기름. ¶乃布令求百姓之飢寒者 一之＜資治通鑑＞
【收管】しゅうかん(수관) 죄인을 맡음. ¶其餘雜犯責付本夫一＜明律＞
【收金】しゅうきん(수금) 돈을 거두어들이는 일.
【收納】しゅうのう(수납) 받아서 넣어 둠.
【收孥】しゅうど(수노) 죄인의 처자를 잡아 관청의 노비로 삼던 일. 또는, 그 노비.
【收得】しゅうとく(수득) ①붙잡음. ②거두어들임. 收獲(수확).
【收攬】しゅうらん(수람) 거두어 손에 넣음. ¶一英奇＜宋史＞
【收纜】しゅうらん(수람) 닻줄을 올림. 출범(出帆)함. ¶一辭帝郊 陽棹發皇京＜鮑照＞
【收斂】しゅうれん(수렴) ①금품을 거두어들임. ②세금을 받아들임. ③처신(處身)을 단속함. 근신함. ④단단히 죔. 수축시킴. ¶一劑. ⑤곡물 따위를 거두어들임. 收穫(수확). ¶一蓄藏＜荀子＞
【收領】しゅうりょう(수령) 받음. 領收(영수).
【收買】しゅうばい(수매) 물건을 거두어 사들임.
【收復】しゅうふく(수복) 잃었던 땅을 도로 찾음.
【收生】しゅうせい(수생) 낳는 아이를 받음. 조산(助産).
【收成】しゅうせい(수성) 곡물을 수확한다는 뜻에서, 가을을 이름.
【收贖】しゅうしょく(수속) 돈으로 속죄함. 또는, 그 돈을 거둠.
【收刷】しゅうさつ(수쇄) ①☞收拾(수습). ②남에게 준 빚을 거두어 들임. 收捧(수봉).
【收熟】しゅうじゅく(수숙) 수확해도 좋을 정도로 잘 익음. ¶白露時降 百穀一＜陳子昂＞
【收拾】しゅうじゅう(수습) ①주워 모음. 정리함. ②치움. 정돈함. ③어지러운 현상을 안정되게 함. ¶時局一.
【收屍】しゅうし(수시) 송장의 머리와 수족을 바로잡음.
【收視】しゅうし(수시) ①거두어 치움. ②보지 않는 일. ¶皆一反聽 耽思傍訊＜陸機＞
【收按】しゅうあん(수안) 잡아서 조사함. ¶一致法＜漢書＞
【收養】しゅうよう(수양) 맡아서 기름. ¶賑恤宗族一孤寡＜後漢書＞/一女/一子.
【收用】しゅうよう(수용) ①모아서 씀. ②불러들여서 씀. ¶不意 陛下復一之＜史記＞ ③공공(公共)의 이익을 위하여, 강제적으로 재산권을 취득하여 국가나 제삼자의 소유로 옮기는 일. ¶土地一法.

【收容】しゅうよう(수용) 사람이나 물건을 일정한 장소에 넣어 둠. ¶一所.
【收陰】しゅういん(수음) 직녀성(織女星). ¶織女神名一＜荊楚歲時記＞
【收益】しゅうえき(수익) 이익을 거두어 들임. 또는, 그 이익.
【收葬】しゅうそう(수장) 유해나 유골을 거두어 장사 지냄. ¶袁譚死 王循詣太祖 乞一＜韻府引＞
【收藏】しゅうぞう(수장) 물건 따위를 거두어 간직함. 저장하여 둠. ¶有不一積聚者＜禮記＞/一家.
【收支】しゅうし(수지) 수입과 지출. ¶別其五曰一＜宋史＞
【收齒】しゅうし(수치) 조관(朝官)으로 등용됨. ¶誤蒙甄擢 遂見一＜歐陽脩＞
【收奪】しゅうだつ(수탈) 강제로 재물을 빼앗음.
【收穫】しゅうかく(수확) 곡식 따위를 거두어 들임. 또는, 그 곡식. ¶一有多少＜書經＞
【收賄】しゅうわい(수회) 뇌물을 받음.
▷減一, 農一, 買一, 沒一, 未一, 薄一, 善一, 掩一, 領一, 月一, 日一, 藏一, 田一, 增一, 徵一, 撤一, 秋一, 聚一, 還一, 黃一, 回一, 厚一

3 7 〖改〗 고칠 개 | [賄]ㄍㄞˇ (gai) | かい(アラタメル) *improve*

풀이 ①고치다. ㉮새롭게 고치다. ¶一革. ㉯바로잡다. ¶過則勿憚一＜論語＞ ㉰바꾸다. ¶歲寒無一色＜李德林＞/一名. ②따로. 다시. 새삼스럽게. ¶敝予又一爲兮＜詩經＞ ③고쳐지다. 바꾸어짐. ¶前圖未一＜楚辭＞
【改嫁】かいか(개가) 시집갔던 여자가 다시 시집감. 再嫁(재가). 改醮(개초).
【改刻】かいこく(개각) 고쳐 새김.
【改閣】かいかく(개각) 내각을 개편함.
【改刊】かいかん(개간) 고쳐 간행함. 「經＞
【改過】かいか(개과) 잘못을 고침. ¶一不吝＜書
【改過遷善】(개과천선) 허물을 고치고 옳은 길에 들어섬. 改過日新(개과일신).
【改觀】かいかん(개관) 면목을 일신함. ¶朱溫盛禮郊迎 人士一＜北夢瑣言＞ 「다시 함.
【改金】かいきん(개금)《佛》 불상(佛像)에 금칠을
【改年】かいねん(개년) 새해. 改歲(개세). 新年(신년). ¶一多感 敬想同之＜太平廣記＞
【改都】かいと(개도) 도읍을 옮김. 遷都(천도).
【改勵】かいれい(개려) 마음을 고쳐 먹고 힘씀. ¶慨然有一之志＜晋書＞
【改名】かいめい(개명) 이름을 고침.
【改備】かいび(개비) 버리고 다시 장만함.
【改莎草】(개사초)㊙ 무덤의 떼를 갈아 입힘.
【改書】かいしょ(개서) 고서(古書)를 개정함. 다시 고쳐 씀.
【改善】かいぜん(개선) 나쁜 점을 고쳐 좋게 함.
【改選】かいせん(개선) 임기가 끝나서 다시 뽑음.
【改修】かいしゅう(개수) 고쳐 바로잡거나 다시 만듦. ¶退靜思愆 一其德＜晋書＞
【改新】かいしん(개신) 묵은 것을 고쳐 새롭게 함. 更新(경신). 「과).
【改心】かいしん(개심) 나쁜 마음을 고침. 改過(개
【改譯】かいやく(개역) 다시 고쳐 번역함.
【改玉改行】かいぎょく かいこう(개옥개행) 패옥(佩玉)을 바꾸면 걸음걸이도 바꾸어야 한다는 뜻으로, 지위가 달라지면 예절도 따라서 달라져야 함을 이르는 말.
【改容】かいよう(개용) 긴장한 태도를 취함. 용의(容儀)를 바르게 함. ¶公愀然一＜晏子＞
【改議】かいぎ(개의) ①고쳐 의논함. ②회의에서 동의(動議)를 고침.
【改作】かいさく(개작) 다시 고쳐 짓거나 만듦. 또는, 그렇게 한 것.
【改張】かいちょう(개장) 거문고의 가락을 고치기 위하여 현(弦)을 고쳐 �다는 뜻에서, 법도를 고침의 비유. 改弦(개현).
【改葬】かいそう(개장) 장사를 다시 지냄. 改窆(개폄). ¶一惠公＜左氏傳＞
【改悛】かいしゅん(개전) 잘못을 뉘우쳐 고침. 改悟(개오). 改寤(개오). 改悔(개회).
【改正】かいせい(개정) 잘못된 것을 바르게 고침. ¶一后妃之制＜後漢書＞
【改定】かいてい(개정) 고쳐 정함. 「목.
【改題】かいだい(개제) 제목을 바꿈. 또는, 그 제
【改造】かいぞう(개조) ①다시 고쳐 만듦. 改作(개작). ¶請一新曆＜宋史＞ ②다시 고름. ¶一則不匡周也＜荀子＞
【改宗】かいしゅう(개종) 과거에 믿던 종교를 버리고 다른 종교를 믿음.
【改鑄】かいちゅう(개주) 녹여서 다시 부어 만듦. ¶宜一大錢＜後漢書＞
【改差】かいさ(개차) ①다른 사람을 파견함. ②벼슬아치를 갊.
【改撰】かいせん(개찬) 글을 고쳐 지음. ¶故復請一實錄＜舊唐書＞
【改竄】かいざん(개찬) 글이나 글자를 고쳐 씀. ¶無所一 辭甚淸壯＜晋書＞
【改札】かいさつ(개찰) 차표 따위를 다시 조사함.
【改轍】かいてつ(개철) 수레가 본길을 바꾼다는 뜻으로, 이전의 방법을 고침의 비유. 改塗(개도). 易轍(역철). ¶中逵絶無軌 一登高岡＜曹植＞
【改春】かいしゅん(개춘) 새해. 신년.
【改漆】かいしつ(개칠) ①다시 칠함. ②붓글씨에서, 획을 그은 위에 붓을 대어 고침.
【改編】かいへん(개편) ①책 따위를 고쳐 다시 엮음. ②단체의 조직을 다시 편성함.
【改廢】かいはい(개폐) 고치는 일과 없애는 일. 개정(改正)과 폐지(廢止). ¶大匠不爲拙工一繩墨＜孟子＞
【改憲】かいけん(개헌) 헌법을 개정함.
【改革】かいかく(개혁) 바꿈. 새롭게 뜯어 고침. 改易(개역).
【改號】かいごう(개호) ①명호(名號)를 고침. ②연호(年號)를 고침.
▷刊一, 過則勿憚一, 塗一, 變一, 刪一, 省一, 修一, 悛一, 朝令暮一, 朝變夕一, 增一, 懲一, 遷一, 回一, 悔一

3 7 〖攻〗 칠 공 | [東]ㄍㄨㄥ (gong) | こう(セメル) *attack*

풀이 ①치다. ㉮공격하다. ¶一守. ㉯꾸짖다. 힐책함. ¶小子鳴鼓而一之＜論

語>/一駁. ㉰괴롭히다. 훔치다. ¶藏命作姦剽一<漢書> ㉱빼앗다. ②다스리다. ㉮다듬다. 가공(加工)함. ¶他山之石 可以一玉<詩經> ㉯병을 다스리다. 치료함. ¶凡療瘍以五毒一之<周禮>/一砭. ③닦다. 배움. 연구함. ¶一乎異端<論語>/專一. ④짓다. 만듦. ¶庶民一之<詩經> ⑤길들이다. ¶一駒. ⑥바치다. 공급함. 通 龔. ¶左不一于左<書經> ⑦굳다. 견고함. ¶我車旣一<詩經> ⑧베다. 벌목함. ¶有雲雨之山 禹一雲雨<山海經> ⑨공교하다. 通 工. ¶是一用兵<戰國策> ⑩불까다. 거세(去勢)함. ¶頒馬一特<周禮>

【攻擊】こうげき(공격) ①적을 침. ②시비를 가리어 논란함. 몹시 꾸짖음. 攻駁(공박).
【攻堅】こうけん(공견) 강적을 공격함.
【攻苦】こうく(공고) ①고난과 싸움. ②애써 학문을 익힘.
【攻究】こうきゅう(공구) 연구함. 攻研(공연).
【攻駒】こうく(공구) ①사나운 말을 거세하는 일. ②말을 길들임.
【攻略】こうりゃく(공략) 남의 땅을 쳐서 빼앗음.
【攻療】こうりょう(공료) ☞治療(치료). ¶獻一之方<孔叢子>
【攻駁】こうばく(공박) 남의 잘못을 논난하고 공격함.
【攻防】こうぼう(공방) 공격과 방어. 攻守(공수).
【攻伐】こうばつ(공벌) 침. 쳐부숨. 攻討(공토). 討伐(토벌). 征伐(정벌).
【攻伐劑】こうばつざい(공벌제) 중수(重數)를 높여 독하고 기운이 세게 만든 약.
【攻書】こうしょ(공서) 글을 배움. ¶今方五歲 已入學一<紅樓夢>
【攻城】こうじょう(공성) 성을 공격함.
【攻勢】こうせい(공세) 공격하는 태세나 그 세력. ↔守勢(수세).
【攻守】こうしゅ(공수) 치는 일과 지키는 일. 攻防(공방).
【攻玉】こうぎょく(공옥) ①옥을 갊. ②지덕(知德)을 닦음.
【攻圍】こうい(공위) 포위하여 공격함. 圍攻(위공). 圍擊(위격).
【攻錯】こうさく(공착) 돌로 옥을 간다는 뜻에서, 남의 장점을 본받아 나의 단점을 고침을 비유하여 이르는 말.
【攻取】こうしゅ(공취) 공격하여 빼앗음. ¶絀一之心 而肥仁義之地<史記>
【攻奪】こうだつ(공탈) 공격하여 빼앗음. ¶物欲互一 孤根孰能任<朱熹>
【攻陷】こうかん(공함) 공격하여 함락함. 攻拔(공발). ¶一關城<晉書>
▷群一, 難一, 先一, 水一, 守一, 研一, 遠交近一, 專一, 造一, 侵一, 剽一, 夾一, 火一, 環一

3 7 〚攸〛 1 바 유 2 위태할 유 | 尤 ㅣㄡ 宥 (you) | ゆう (トコロ) *thing*

풀이 1 ①바. 방법 또는 일 등의 뜻으로 쓰이는 불완전명사. 같 所. ¶四方一同<詩經> ②다스리다. 닦음. 通 修. ¶不一廉隅<婁壽碑>/一好德. ③태연한 모양. 느긋하고 유유한 모양. ¶一然. ④빠르다. 질주하는 모양. ¶一然而逝<孟子> 2 위태하다. 위태롭게 걸려 있거나 매달린 모양. ¶湫乎一乎<左氏傳>

【攸然】ゆうぜん(유연) ①태연한 모양. 침착하고 여유있는 모양. ②빨리 가는 모양.
【攸攸】ゆうゆう(유유) ①썩 먼 모양. 아득한 모양. ¶一外寓<漢書> ②생각이 깊은 모양. ¶一我思<太平御覽>
【攸乎】ゆうこ(유호) 위태롭게 걸려 있는 모양.
【攸好德】(유호덕) 덕을 좋아하여 닦음. 5복(福)의 한 가지. ¶四曰一<書經>

7〚孜〛 ☞ 子部 4획(p.417)
7〚斈〛 學(p.421)의 俗字
8〚⿰户支〛 啓(p.299)와 同字
8〚⿰爻支〛 敎(p.681)의 古字
8〚⿰孝支〛 敎(p.681)와 同字
8〚牧〛 ☞ 牛部 4획(p.969)

4 8 〚放〛 1 놓을 방 2 본뜰 방 | 漾 ㄈㄤˋ (fang) | ほう(ハナス) *release*

풀이 1 ①놓다. ㉮석방하다. ¶一免. ㉯불을 지르다. ¶一火菰葑<晉書> ㉰쏘다. ¶無令矰繳一<王績> ②내치다. 추방함. ¶一驩兜于崇山<書經>/一逐. ③놓이다. 석방됨. ¶屈平旣一 游於江潭<楚辭> ④내놓다. 꾸어 줌. ¶一債. ⑤버리다. ¶一棄. ⑥멀리하다. ¶一飯. ⑦내걸다. 게시함. ¶一進士標<賈公談錄>/一榜. ⑧널리 펴다. 넓힘. ¶一之則彌六合<中庸> ⑨내쏘다. 빛을 발함. ¶目若一光也<酉陽雜俎> ⑩피다. ¶花一林逋村<趙師秀> ⑪멋대로 하다. 거리낌이 없음. ¶一言. ⑫달아나다. ¶人有雞犬一 則知求之<孟子> ⑬떠나가다. ⑭그만두다. ¶隱居一言<論語> ⑮방자하다. 방종함. ¶一肆. ⑯주다. 급여함. ¶一給. 2 ①본뜨다. 본받음. 같 倣. 通 仿. ¶民將焉一<國語>/一傚. ②의지하다. 通 傍. ¶一於利而行<論語> ③바라다. 향하여 좇음. ¶一風. ④어지럽다. ¶一紛. ⑤어긋나다. ⑥서로 닮다. ¶相一愍<漢書> ⑦이르다. 다다름. 通 旁. ¶一乎四海<孟子>

【放暇】ほうか(방가) 휴가(休暇).
【放歌】ほうか(방가) 큰 소리로 노래를 부름. ¶高聲一.
【放遣】ほうけん(방견) 놓아서 돌려 보냄. ¶光素聞其名 一之<後漢書>
【放課】ほうか(방과) 소정 시간의 과업을 끝냄. 학과를 끝냄. ¶一後.
【放光】ほうこう(방광) 빛을 발함. ¶雲破山呈色 氷融水一<白居易>/一體.
【放曠】ほうこう(방광) ☞放達(방달).

【放殛】ほうきょく(방극) 귀양 보냄. 유배함. ¶鯀則一不赦<書經>
【放氣】(방기) 방귀. 放屁(방비).
【放棄】ほうき(방기) ①용서하여 놓아 줌. ②내버림. 팽개침. 돌보지 않음. ¶一詩書 極言聲色<史記>
【放尿】ほうにょう(방뇨) 오줌을 눔.
【放達】ほうたつ(방달) 사물에 구애받지 아니하고 제멋대로 행동함. 放曠(방광). ¶非一者 不能與之無吝<嵇康>
【放談】ほうだん(방담) 생각대로 거리낌없이 말함. ¶宜不爲一<蜀志>
【放膽文】ほうたんぶん(방담문) 문법·자구 등에 구애하지 않고 기탄 없이 자기의 사상을 토론하는 글.
【放豚】ほうとん(방돈) ①놓아 기른 돼지. ②다잡지 않아 제멋대로 자라난 아이를 욕하여 이르는 말.
【放浪】ほうろう(방랑) 정처없이 떠돌아 다님. ¶一山水間<金史>
【放良】ほうりょう(방량) 노비를 놓아 양민(良民)이 되게 함. 노예를 해방함.
【放論】ほうろん(방론) 거리낌없이 논의함.
【放流】ほうりゅう(방류) ①귀양 보냄. ¶屈原雖一顧楚國<史記> ②기르기 위해 어린 물고기를 물에 놓아 보내는 일.
【放賣】(방매) 물건을 내놓아 팖.
【放免】ほうめん(방면) 죄인을 용서하여 놓아 줌.
【放目】(방목)㊥ 멀리 바라봄. 「사).
【放牧】ほうぼく(방목) 가축을 놓아 먹임. 方飼(방
【放民】ほうみん(방민) 방자(放恣)한 백성. ¶狂歌作一<謝翶>
【放榜】ほうぼう(방방) ①과거에 급제한 사람의 성명을 발표함. ②조선 때, 과거에 급제한 사람에게 증서를 주던 일. 「<孟子>
【放辟】ほうへき(방벽) 제멋대로 행동함. ¶一邪侈
【放步】ほうほ(방보) 마음 내키는 대로 걸음. ¶出門一人爭看<朱熹>
【放紛】ほうふん(방분) 뒤얽힘. ¶獄之一 會朝之不敬<左氏傳>
【放射】ほうしゃ(방사) ①바퀴살 모양으로 중심에서 사방으로 내뿜음. ¶一能/一線. ②발사(發射).
【放肆】ほうし(방사) 방자함. 제멋대로임. ¶袁術奢淫一<魏志>
【放飼】ハナシガイ(방사) 가축을 놓아 기름. 放牧(방목). 「②방자함.
【放散】ほうさん(방산) ①흩뿌림. 사방으로 흩어짐.
【放生】ほうせい(방생)《佛》공덕을 쌓기 위해 잡힌 물고기나 날짐승 등을 놓아줌.
【放聲痛哭】(방성통곡) 목을 놓고 몹시 섧게 욺. 大聲痛哭(대성통곡). 放聲大哭(방성대곡).
【放手】ほうしゅ(방수) ①욕심이 많고 방자함. ¶權門請託 殘吏一<後漢書> ②손질을 멈춤. ¶刈葵莫一 一傷葵根<杜甫>
【放神】ほうしん(방신) ①멋대로 생각함. ¶一遺所拘<韋應物> ②마음을 놓음. 방심(放心)함. 안심함.
【放心】ほうしん(방심) ①마음을 다잡지 않고 풀어 놓음. ②외물(外物)에 미혹되어 그 본체를 잃은 마음. 방일한 마음. ¶雖收一 閑之維難<書經> ③흉금을 엶. 마음을 크게 가짐. ¶一望乾坤<王維>
【放夜】ほうや(방야) 중국에서, 음력 1월 14일부터 16일까지 성문을 열어 놓고 백성들에게 밤놀이를 허락하던 일.
【放言】ほうげん(방언) ①거리낌 없이 함부로 하는 말. 放語(방어). ②세사(世事)를 말하지 않음. ¶隱居一<論語> 「一器.
【放熱】ほうねつ(방열) 열을 내쏨. 또는, 그 열. ¶
【放人】ほうじん(방인) 산야에 숨어 속세의 구속을 받지 않고 자기 뜻대로 사는 사람. 放士(방사). ¶一也 歸去來有避地之心焉<文中子>
【放逸】ほういつ(방일) 방자함. 放佚(방일). 放溢(방일). 放縱(방종).
【放任】ほうにん(방임) 간섭하지 않고 내버려 둠.
【放糶】ほうちょう(방조) 쌀값이 오를 때 정부가 저장한 쌀을 내어 파는 일.
【放債】ほうさい(방채) 돈놀이를 함.
【放逐】ほうちく(방축) 쫓아냄. 追放(추방). ¶一義帝 而自立<史記> 「에 내놓음.
【放出】ほうしゅつ(방출) 식량·물자 따위를 한꺼번
【放黜】ほうちゅつ(방출) 물리쳐 내쫓음.
【放置】ほうち(방치) 내버려 둠.
【放蕩】ほうとう(방탕) ①방자함. ¶指意一 頗復詼諧<漢書> ②주색에 빠져 놀아남.
【放風】ほうふう(방풍) 바람에 의지함. 바람을 좇음. ¶吾子亦一而動<莊子>
【放學】ほうがく(방학) 학교에서 일정한 기간 수업을 쉬는 일.
【放弦】ほうげん(방현) 당긴 활시위를 놓음.
【放虎自衛】ほうこじえい(방호자위) 범을 놓아 주고 스스로 지킨다는 뜻으로, 화(禍)를 자초함을 이름.
【放火】ほうか(방화) ①불을 지름. 縱火(종화). ¶一犯/一罪. ↔失火(실화). ②불놀이. 火戲(화희).
【放效】ほうこう(방효) 본뜸. 본받음. 模倣(모방). ¶亦相一<漢書>
▷間一, 開一, 蠲一, 曠一, 宏一, 奔一, 邪一, 奢一, 釋一, 疏一, 雄一, 流一, 幽一, 遊一, 湮一, 任一, 恣一, 粗一, 縱一, 天一, 追一, 黜一, 誕一, 通一, 頹一, 廢一, 閑一, 解一, 豪一, 訓一

8【𢻱】扶(p.619)의 古字

8【攸】攸(p.677)의 訛字

4/8【政】 1 정사 정 2 구실 정 | 敬ㄓㄥˋ (zheng) 庚 | せい (マツリゴト) *administration*

源 會意·形聲. 바르지 않은 자를 쳐서[攵] 바르게 만든다는 뜻. 正이 음을 이룸.

풀이 1 ①정사(政事). 정치상의 일. ¶爲一以德<論語>/國一. ②바루다. 바로잡음. ¶肅一黎心<江淹> ③법규. 법제. ¶道之以一<論語> ④정치하는 사람. 임금. 관리. ¶均五一<大戴禮>

⑤벼슬아치의 직무나 관직. ¶棄一而役＜國語＞ ⑥부역. 국가의 노역(勞役). ¶五十不從力一＜禮記＞ ⑦도덕. 인도(人道). ¶六一 謂道德仁聖禮義也＜大戴禮＞ **2** ①구실. 조세(租稅). ㊟征. ¶掌均地一＜周禮＞ ②치다. 정벌함. ¶一適伐國＜史記＞

【政綱】せいこう(정강) 정치의 강령(綱領).

【政客】せいかく(정객) 정계에서 활동하는 사람.

【政見】せいけん(정견) 정치상의 식견이나 의견. ¶一發表.

【政經】せいけい(정경) ①정치와 경제. ②정도(政道). ¶一有序 德洽人心＜李彭年＞ 「야.

【政界】せいかい(정계) 정치에 관계되는 사회적 분

【政教】せいきょう(정교) ①정치와 교화(敎化). ②정치와 교육. ¶內修一＜史記＞ ③정치와 종교. ¶一分離.

【政局】せいきょく(정국) 정치적 국면.

【政權】せいけん(정권) 정치를 행하는 권력. 국가의 정치적 주권.

【政黨】せいとう(정당) 정견(政見)을 같이하는 사람들이 정권에의 참여를 목적으로 조직한 단체.

【政略】せいりゃく(정략) 정치상의 책략. 정치상의 흥정. ¶一結婚.

【政令】せいれい(정령) 정치상의 모든 법령. 政典(정전). ¶以治王宮之一＜周禮＞

【政務】せいむ(정무) 정치상의 사무. 행정 사무.

【政法】せいほう(정법) ①정치의 방법. ②정치와 법률. ③수단. 방법. ¶大多一而不諜＜莊子＞

【政變】せいへん(정변) 정치상의 큰 변동.

【政本】せいほん(정본) ①정치의 근본. ¶望之以爲中書一＜漢書＞ ②땅을 이름. ¶地者 政之本也＜管子＞ ③농사를 이름. ¶食惟民天農爲一＜王融＞ ④예(禮)를 이름. ¶禮 其政之本與＜禮記＞ 「관.

【政府】せいふ(정부) 국가의 정무를 행사하는 기

【政社】せいしゃ(정사) 정치상 의견을 같이하는 사람끼리 조직한 단체. 政黨(정당).

【政事】せいじ(정사) 정치에 관계되는 일. 또는, 정치.

【政商輩】せいしょうばい(정상배) 정권을 이용하여 사사로운 이익을 꾀하는 무리.

【政聲】せいせい(정성) 선정(善政)으로 드날리는 명성. ¶位至巴郡太守 甚有一＜後漢書＞

【政丞】(정승) 조선 때, 의정부의 영의정·좌의정·우의정을 이름.

【政如蒲盧】マツリゴトハほろノゴトシ(정여포로) 부들과 갈대가 쉽게 자라듯이, 정치의 효과가 빨리 나타남을 비유하여 이르는 말. ¶夫政也者 蒲盧也＜中庸＞ 「추).

【政要】せいよう(정요) 정치의 중요한 점. 政樞(정

【政者正也】せいハせいナリ(정자정야) 정(政)의 본래 뜻은 천하를 바로잡는 것임. ¶孔子對曰 一子帥以正 孰敢不正＜論語＞

【政爭】せいそう(정쟁) 정치상의 싸움.

【政敵】せいてき(정적) 정치상 대립의 처지에 있는 사람. 「한 방책.

【政策】せいさく(정책) 정치적 목적을 실현하기 위

【政廳】せいちょう(정청) 정무를 보는 관청.

【政體】せいたい(정체) ①정치하는 방도. ②국가 주권 행사의 형식.

【政出多門】(정출다문) 문외한(門外漢)으로, 정치를 아는 체하는 사람이 많음.

【政治】せいじ(정치) ①주권자가 그 영토와 국민을 다스리는 일. 政事(정사). ②나라가 잘 다스려짐. ¶道洽一 澤潤生民＜書經＞/一面/一犯/一的.

【政通人和】マツリゴトつうジヒトわス(정통인화) 어진 정치가 행해져 인민이 화목함. ¶一 百廢俱興＜范仲淹＞ 「一＜孟子＞

【政刑】せいけい(정형) 정치와 형벌. ¶及是時明其

【政化】せいか(정화) 정치로 국민을 교화함. ¶禮樂 一之本＜後漢書＞

【政況】せいきょう(정황) 정계의 상황.

▷苛一, 家一, 曲一, 寬一, 舊一, 國一, 軍一, 內一, 大一, 德一, 文一, 民一, 邦一, 法一, 秕一, 善一, 攝一, 聖一, 市一, 始一, 施一, 時一, 新一, 惡一, 良一, 糧一, 力一, 王一, 外一, 爲一, 議一, 仁一, 林一, 臨一, 立一, 財一, 帝一, 祭一, 朝一, 執一, 參一, 七一, 八一, 布一, 虐一, 學一, 行一, 憲一, 刑一, 惠一, 酷一

9〖叓〗更(p. 731)과 同字

5
9〖故〗예 고 | ㊥ㄍㄨˋ (gu) | こ(フルイ) ancient

풀이 ①예. ¶證嚮今一＜莊子＞ ②옛. ㉮이전의. ¶反一居些＜楚辭＞ ㉯죽은 사람을 이를 때 씀. ¶一律大德上弘和尙石塔碑銘＜白氏文集＞ ③예로부터. ㉮본래. ¶凡禮義者 是生於聖人之譌 非一生於人之性也＜荀子＞ ㉯이전부터. ¶食其一得幸太后＜史記＞ ㉰진실로. ¶然一不可誣也＜左氏傳＞ ④묵다. ㉮오래되다. ¶所謂一國者 非有喬木之謂也＜孟子＞ ㉯낡다. 예스러움. ¶怪其書之垢一＜吳志＞ ㉰옛 것. ¶溫一而知新＜論語＞ ⑤관례(慣例). ¶齊魯之一＜左氏傳＞ ⑥오랜 친지(親知). ¶議一之辟＜周禮＞ ⑦나이 많은 사람. ¶召彼一老＜詩經＞ ⑧연고. 까닭. ¶勒問其一＜淮南子＞ ⑨고로. 그러므로. ¶一安其學而親其師＜禮記＞ ⑩써. ㊟以. ¶余并論次 擇其言尤雅者 一著爲本紀書首＜史記＞ ⑪일. ㉮사건. ¶身盡其一則美＜荀子＞ ㉯중요한 일. 대사. ¶諸侯無一不殺牛＜禮記＞ ㉰사변(事變). ¶國有一則令宿＜周禮＞ ㉱재앙(災殃). ¶君無一 玉不去身＜禮記＞ ㉲나쁜 일. 악덕(惡德). ¶捐棄細一＜漢書＞ ⑫도리. 사리(事理). ¶知幽明之一＜易經＞ ⑬짐짓. 일부러. ¶嘉坐自如 一不爲禮＜史記＞ ⑭거짓. 음모. ¶多爲之一以變其志＜國語＞ ⑮단서(端緖). 실마리. ¶無禮義一＜詩經＞ ⑯죽다. ¶漢以來謂死爲物一＜釋名＞ ⑰훈고(訓詁). ㊟詁. ¶學者傳訓一而已＜漢書＞ ⑱죄. 허물. ㊟辜. ¶其離此尤兮 亦夫子之一也＜漢書＞

【故家】こか(고가) 오래 된 집안. 좋은 가문. ¶
【故居】こきょ(고거) ☞故處(고처). ⌊一大族.
【故舊】こきゅう(고구) 사귄 지 오래 된 친구. 舊知(구지).
【故國】ここく(고국) ①역사가 긴 나라. ②전에 살던 나라. ¶微子過一而悲<史記> ③고향. ¶一辭一十經秋<杜甫>
【故記】こき(고기) 옛 기록. 舊記(구기).
【故都】こと(고도) 옛 도읍. 「왕의 길.
【故道】こどう(고도) ①옛 길. 舊道(구도). ②선
【故例】これい(고례) 예로부터 내려오는 관례.
【故老】ころう(고로) ①늙고 덕망이 높은 사람. ②구신(舊臣).
【故方】こほう(고방) 묵은 방법.
【故步】こほ(고보) ①본디의 걸음걸이. ②진취적이지 못하고 구태의연한 일.
【故府】こふ(고부) 예로부터 있는 곳집.
【故事】こじ(고사) ①옛날에 있었던 일. 古事(고사). ¶一成語. ②선례. 전조(前朝)의 사례(事例). 故實(고실).
【故山】こざん(고산) 고향. ¶一日旣遠<謝靈運>
【故巢】こそう(고소) 전에 살던 둥지. 옛 보금자
【故粟】こぞく(고속) 묵은 벼. ⌊리.
【故式】こしき(고식) 옛 의식(儀式).
【故臣】こしん(고신) 옛 신하. 오래 된 신하.
【故實】こじつ(고실) 예전에 있던 일. 옛 의식(儀式) 예법으로 후세의 본이 되는 것.
【故心】こしん(고심) 오래 품고 있던 생각. 평소 품고 있던 생각. 宿心(숙심).
【故友】こゆう(고우) 옛 친구. 故舊(고구).
【故宇】こう(고우) ☞故宅(고택).
【故苑】こえん(고원) 옛 동산. 故園(고원).
【故園】こえん(고원) ①옛 뜰. 옛 동산. 故苑(고원). ②고향.
【故陰】こいん(고음) 가을과 겨울을 이름. 봄·여름을 양(陽)이라 하고, 가을·겨울을 음(陰)이라 함.
【故意】こい(고의) ①일부러 하는 일. 의도적으로 꾸미는 일. ②옛 생각. 고인(故人)의 마음. ¶十觴亦不醉 感子一長<杜甫> ③예스러운 정취.
【故人】こじん(고인) ①죽은 사람. ②옛 친구. ③전 남편. ④벗에 대한 자칭(自稱).
【故雌】こし(고자) 죽은 아내. 前妻(전처).
【故障】こしょう(고장) 사고로 인한 탈. 「誼).
【故情】こじょう(고정) 전부터 사귀어 온 정의(情
【故主】こしゅ(고주) ①옛 주인. ②죽은 임금. 故君(고군). 「록. 古記(고기).
【故志】こし(고지) ①이전부터 품은 뜻. ②옛 기
【故趾】こし(고지) 옛 건물이 있던 터. 「거).
【故處】こしょ(고처) 옛날에 살던 곳. 故居(고
【故宅】こたく(고택) 옛 집. 본래 살던 집. 故宇(고우).
【故土】こど(고토) ①전에 가 본 적이 있는 땅. 옛날에 놀던 땅. ②조국. 고향.
【故編】こへん(고편) 옛 책.
【故鄕】こきょう(고향) 옛 고장. 나서 자란 고장.
▷久一, 舊一, 多一, 大一, 無一, 物一, 變一, 事一, 喪一, 世一, 細一, 小一, 如一, 然一, 緣一, 有一, 義一, 姻一, 掌一, 典一, 親一, 訓一

5/9〖敂〗 두드릴 구 | 宥 ㄎㄡˋ (kou) | こう(ウツ)

9〖𢻫〗 拙(p.631)과 同字

5/9〖敁〗 헤아릴 점 | 鹽 ㄉㄧㄢ (dian) | てん(ハカル)

6/10〖敉〗 어루만질 미 | 紙 ㄇㄧˇ (mi) | び(ナデル)

10〖致〗 ☞至部 4획(p.1253)

6/10〖效〗 본받을 효 | 效 ㄒㄧㄠˋ (xiao) | こう(ナラウ) *imitate*
俗 効
源 **會意·形聲.** 「交」는 사람이 두 다리를 엇걸고 선 모습. 「攵」과 어울려, 두 가지를 맞대어 봄을 나타냄.
풀이 ①본받다. 본받아 배움. ¶一法之謂坤<易經> ②주다. 수여함. ¶宣王有志而後一官<左氏傳> ③드리다. 바침. ¶一馬一羊者右牽之<禮記> ④보내다. 전함. ¶一節於府人<左氏傳> ⑤힘쓰다. ¶願一愚忠<漢書> ⑥아뢰다. 말씀 드림. ¶僕展軨一駕<禮記> ⑦밝히다. 명백히 함. ¶鄕也一門室之辨<荀子> ⑧나타나다. 드러남. ¶雖妙 必一情<史記> ⑨보람. 효험. ¶哭者 悲之一也<淮南子> ⑩공. 공적. ¶一亦大矣<淮南子> ⑪교만을 떨다. 通 傲. ¶出辭氣一<荀子> ⑫조사하다. 通 校. ¶一我以功<莊子> ⑬세다. 수효를 셈. ¶諸將一首虜<史記>
【效果】こうか(효과) ①보람. ②공. 공적. ③좋은
【效能】こうのう(효능) 보람. 效驗(효험). ⌊결과.
【效力】こうりょく(효력) ①힘을 다함. 애씀. ¶上皇待燕士如骨肉 那無一人一者乎<宋史> ②효과. 효험.
【效顰】こうひん(효빈) 월(越)의 미인 서시(西施)가 위경련을 일으켜 눈살을 찌푸리자, 추녀(醜女)가 그것을 미인의 맵시로 알고 흉내내니 더 추해 보였다는 옛일에서, 무턱대고 남의 흉내를 냄을 이르는 말. 效矉(효빈). 西施矉目(서시빈목).
【效矉】こうひん(효빈) ☞效顰(효빈).
【效用】こうよう(효용) ①보람. 효험. ②일하여 쓸모가 있음. ¶少年當一 遠道豈辭難<獨孤及>
【效率】こうりつ(효율) 능률.
【效則】こうそく(효칙) 본받아서 법을 삼음.
【效驗】こうけん(효험) 보람.
▷犬一, 功一, 勞一, 明一, 慕一, 無一, 微一, 報一, 符一, 奮一, 事一, 師一, 成一, 殊一, 時一, 施一, 神一, 失一, 實一, 藥一, 良一, 靈一, 著一, 績一, 卽一, 陳一, 忠一, 則一, 卓一, 特一, 驗一, 顯一, 勳一

11〖啓〗 ☞口部 8획(p.299)

7 11 【教】 가르칠 교 | 㕟ㄐㄧㄠˋ 简(jiao) | きょう (オシエル) teach

古 𢽳 俗 教 同 效

풀이 ①가르치다. ㉮깨닫게 하다. ¶十三一汝織<古詩> ㉯올바른 길로 일깨우다. ¶古者易子而一之<孟子> ㉰바로잡아 주다. ¶願仲父之一寡人也<呂覽> ②가르침. ㉮지도(指導). 일깨움. ¶先生施一 弟子是則<管子> ㉯종교. 종지(宗旨). 교리(教理). ¶佛老 異方一耳<唐書> ㉰훈계. 교훈. ¶幼被慈母三遷之一<趙岐> ③학교. 하(夏)대의 명칭. 通校. ④스승. ¶置助一十五人 以教生徒<通典> ⑤☞ 句法

句法

사동

[教…] …로 하여금 …하게 하다. 使, 令, 遣, 俾 따위와 같게 쓰임. 「教使·教令」을 쓰는 수도 있음. ¶進則教良民作姦 退則令善人有禍<韓非子>

【教科】きょうか (교과) 학교에서 가르치는 과목. ¶一課程/一書.

【教科目】きょうかもく (교과목) 교과를 세분한 부분.

【教官】きょうかん (교관) ①교화(教化)를 맡은 벼슬아치. ②학교에서 군사 훈련 직무를 맡은 장교. ③군대의 학교·훈련소 등에서 교직(教職)에 종사하는 장교.

【教觀】きょうかん (교관)《佛》 종문(宗門)의 이론인 교상(教相)과 실천을 뜻하는 관심(觀心).

【教具】きょうぐ (교구) 교육상 필요한 제구(諸具). 教授用具(교수용구).

【教區】きょうく (교구) 포교나 신도의 지도 감독의 편의상 나눈 구역.

【教權】きょうけん (교권) ①교육상 교직자(教職者)의 권리. ¶一伸張. ②종교상의 권력.

【教難】きょうなん (교난) 종교에 대한 압박이나 고난. 종교의 수난. ※法難(법난).

【教團】きょうだん (교단) 종교 단체(宗教團體)의 준말.

【教壇】きょうだん (교단) 교실에서 교사가 강의할 때 서는 단.

【教徒】きょうと (교도) 종교를 믿는 사람들. 信徒(신도).

【教導】きょうどう (교도) 가르쳐 인도함. 또는, 가르침.

【教練】きょうれん (교련) ①병사(兵士)를 가르치고 훈련함. 教鍊(교련). ②학교에서 시행하는 군사 교육의 학과.

【教令】きょうれい (교령) ①임금의 명령. ¶上親勞軍勒兵申一<漢書> ②부모의 가르침. ③교화(教化)를 이름.

【教理】きょうり (교리) 종교상의 이론.

【教命】きょうめい (교명) 황후(皇后)의 명령.

【教命文】きょうめいぶん (교명문) 왕비 또는 세자 등을 책봉할 때 훈유(訓諭)하던 글.

【教務】きょうむ (교무) ①교수상의 사무. ¶一主任. ②종교상의 사무.

【教坊】きょうぼう (교방) ①기생을 가르치던 곳. ②조선 때 장악원(掌樂院)의 좌방(左坊)과 우방(右坊)을 아울러 이르던 말. 좌방은 아악(雅樂)을, 우방은 속악(俗樂)을 맡았음.

【教坊鼓】きょうぼうこ (교방고) 북의 한 가지. 틀에 걸어 놓고 치며, 소리가 장구와 비슷함.

【教範】きょうはん (교범) 가르치는 법식. 교육 방법. 또는, 그 형식. 教程(교정).

【教本】きょうほん (교본) ①교과서. ②교육의 근본.

【教父】きょうふ (교부) ①가르침의 아버지. 곧, 진리를 세상에 전하는 사람. ②천주교의 고위 성직자.

【教士】きょうし (교사) ①훈련된 병사. ②병사(兵士)를 가르침. ③선교사.

【教師】きょうし (교사) ①학술, 기예를 가르치는 사람. ②학교의 교원. ③종교상 교화를 맡은 사람.

【教唆】きょうさ (교사) ①남을 부추겨 못된 짓을 하게 함. ②형법상, 범의(犯意)를 가지지 않은 사람에게 범의를 가지게 하는 행위. ¶一犯.

【教相】きょうそう (교상)《佛》 ①석존(釋尊) 일대의 설법의 형태. ②각 종(宗)의 교의(教義) 이론.

【教相判釋】きょうそうはんしゃく (교상판석) ☞教判(교판).

【教生】きょうせい (교생) 교과 과정에서, 교수법의 실습을 위하여 실습 학교에 배속된 학생. 教育實習生(교육 실습생).

【教勢】きょうせい (교세) 종교의 세력.

【教授】きょうじゅ (교수) ①학문 또는 기예(技藝)를 가르침. ¶子夏居西河一 爲魏文侯師<史記>/一法. ②특히 대학에서, 제자에게 학문을 가르치는 사람. 또는, 그 자리.

【教授案】きょうじゅあん (교수안) ☞教案(교안).

【教習】きょうしゅう (교습) 가르쳐 익히게 함.

【教示】きょうじ (교시) 가르쳐 보임.

【教案】きょうあん (교안) 교사가 수업의 목표·방법·시간 배당 등에 대하여 안을 세운 것. 教授案(교수안). 輔導案(보도안). 指導案(지도안).

【教養】きょうよう (교양) ①가르쳐 기름. ¶修整閨門一子孫<後漢書> ②학식을 바탕으로 하여 닦은 수양.

【教役者】(교역자) 설교·전도 등의 종교적 사업에 종사하는 사람. 곧, 목사·전도사 등.

【教閱】きょうえつ (교열) 병사를 훈련·검열하는 일. 교련과 열병(閱兵).

【教外】きょうがい (교외) 한 종교나 한 교파의 밖.

【教外別傳】きょうげべつでん (교외별전)《佛》 선종(禪宗)의 요체(要諦)를 나타내는 말의 하나로, 석존의 오도(悟道)를 마음에서 마음으로 전하는 일. 또는, 그 심원(深遠)한 뜻. ※以心傳心(이심전심).

【教友】きょうゆう (교우) ①가르치고 이끌어 주는 벗. ¶士而無一則失聽<孔子家語> ②같은 종교를 믿는 사람.

【教育】きょういく (교육) 가르쳐 기름. 지식을 가르치며 품성을 길러 줌. ¶家庭一/一學.

【教義】きょうぎ (교의) ①교육의 본지(本旨). ②종교의 주지(主旨).

【教場】きょうじょう (교장) ①송(宋)대에 무술을 가르치던 곳. ②일정한 교육 시설을 해 놓은 곳. 教育場(교육장).

【教材】きょうざい (교재) 교수 및 학습의 재료.

【教典】きょうてん (교전) ①교육의 기본이 되는 법칙. ②종교의 근거가 되는 법전.

【教弟】きょうてい (교제) 교우(教友) 사이에서 자기를 일컫는 겸칭.
【教條】きょうじょう (교조) ①학생이 지켜야 할 규칙. 교훈의 조목. ②종교상의 신조. ¶一主義. ③법규. ¶公之爲治 嚴不爲煩 止除害本 不多一 與人必信<韓愈>
【教祖】きょうそ (교조) 한 종교나 한 종파를 처음으로 세운 사람. 教主(교주)①.
【教宗】きょうしゅう (교종)《佛》 불교의 두 파 가운데의 하나로서, 교리(教理)를 중심으로 하여 세운 종파. ↔禪宗(선종).
【教主】きょうしゅ (교주) ①한 종교를 창시한 사람. 教祖(교조). ②교화(教化)를 베푸는 사람. 중. ③도교(道教)의 중이 된 폐후(廢后).
【教旨】きょうし (교지) ①종교의 취지. ②조선 때 4품 이상 벼슬의 사령(辭令). ③임금의 전지(傳旨). 王旨(왕지).
【教職】きょうしょく (교직) ①학생을 가르치는 직무. ②교회에서 신자 또는 여러 사람을 교도(教導)하는 직무.
【教卓】きょうたく (교탁) 교단에 놓은 탁자.
【教派】きょうは (교파) 종교의 분파(分派).
【教判】きょうはん (교판)《佛》 교상 판석(教相判釋)의 준말. 석가의 일대(一代)의 교리를, 그 종파의 처지에서 분류·해석하는 일. 천태종(天台宗)의 오시팔교(五時八教) 따위.
【教鞭】きょうべん (교편) 학생을 가르칠 때 교사가 가지는 회초리라는 뜻으로, 교직(教職)을 이르는 말. ¶一生活.
【教學】きょうがく (교학) ①가르치는 일과 배우는 일. ②학교를 세우고 교사를 두어 가르치는 일. ③교육과 학문.
【教學半】オシエルハマナブノナカバナリ (교학반) 가르치는 일은 절반은 자기 공부임. 斅學半(효학반).
【教學相長】きょうがくアイちょうズ (교학상장) 가르치는 일과 배우는 일은 서로 도와서 자기의 학업을 증진함. 斅學相長(효학상장).
【教化】きょうか (교화) ①교도하여 감화시킴. 教育感化(교육감화). ②《佛》 중생을 가르쳐서 불도(佛道)에 향하게 함.
【教會】きょうかい (교회) ①종교 신앙을 같이하는 사람들의 조직체. ②종교 신앙의 가르침을 전파하며 의식(儀式)을 행하는 건물. 教會堂(교회당).
【教誨】きょうかい (교회) 가르쳐 타이름. 教訓(교훈).
【教誨師】きょうかいし (교회사) 교도소에서 죄수에게 설교하는 사람.
【教訓】きょうくん (교훈) 가르치고 타이름. 또는, 그 가르침. 教는 학예상의, 訓은 덕의상(德義上)의 가르침. 教誨(교회).
▷監理一, 告一, 孔一, 舊一, 國一, 權一, 基督一, 德一, 道一, 名一, 文一, 婦一, 佛一, 邪一, 師一, 象一, 釋一, 仙一, 宣一, 善一, 禪一, 說一, 聖一, 聲一, 世一, 俗一, 收一, 時一, 新一, 實一, 餘一, 五一, 外一, 誘一, 儒一, 遺一, 諭一, 陰一, 異一, 理一, 仁一, 典一, 政一, 宗一, 至一, 天主一, 七一, 胎一, 布一, 風一, 下一, 顯一, 鴻一, 回一, 曉一

11 〖教〗 教(p. 681)의 俗字

7 11 〖救〗 건질 구 | 中 ㄐㄧㄡˋ (jiu) | きゅう(スクウ) assist

풀이 ①건지다. 도움. ¶一護. ②고치다. 치료함. ¶是一病而飮之以菫也<呂覽> ③막다. 금지함. ¶女弗能一與<論語> ④도움. 구원. ¶求一於齊<戰國策>
【救國】きゅうこく (구국) 나라를 위기에서 건짐.
【救急】きゅうきゅう (구급) 당장의 위급을 구함. ¶一藥/一囊/一車/一箱子.
【救急方】(구급방) ①구급하는 방도. 救急策(구급책). ②구급의 약방문.
【救難】きゅうなん (구난) 어려움에서 건짐.
【救命】きゅうめい (구명) 목숨을 건짐.
【救命帶】きゅうめいたい (구명대) 선박 조난 등에서 물에 잘 뜨게 하기 위하여 조끼처럼 입거나, 허리나 어깨에 대거나 잡아매는 기구. 救命浮帶(구명부대).
【救命圖生】(구명도생) 구차하게 겨우 목숨을 보전하여 살아감. 苟命徒生(구명도생).
【救命索】きゅうめいさく (구명삭) 구명을 위한 줄.
【救命施食】きゅうめいせしょく (구명시식) ☞救病施食(구병시식).
【救命艇】きゅうめいてい (구명정) 본선이 조난할 경우에 인명을 구제하기 위한 보트.
【救病】きゅうびょう (구병) 병을 치료함.
【救病施食】きゅうびょうせしょく (구병시식)《佛》 병자를 위하여 귀신에게 먹을 것을 주고, 부처의 가르침을 알려 줌. 救命施食(구명시식).
【救貧】きゅうひん (구빈) 가난한 사람을 구제함.
【救世】きゅうせい (구세) 세상을 구함. 인류를 괴로움에서 구원함. ¶一軍.
【救世濟民】きゅうせいさいみん (구세제민) 세상과 민생(民生)을 구제함. 濟世安民(제세안민).
【救世主】きゅうせいしゅ (구세주) ①인류를 구제하는 사람. ②예수 그리스도의 이칭. 救主(구주).
【救蝕】きゅうしょく (구식) 옛날, 중국에서 일식과 월식을 일월이 당하는 재앙이라 하여 이것을 구제한다고 여러 가지 행사를 하던 일.
【救援】きゅうえん (구원) 곤란을 면하도록 도와줌. ¶一兵.
【救濟】きゅうさい (구제) 어려운 지경에 빠진 사람을 건져 줌. 救恤(구휼).
【救助】きゅうじょ (구조) 어려운 지경에 있는 사람을 도와 건져 줌. ¶一船/一袋.
【救主】きゅうしゅ (구주) ☞救世主(구세주)②.
【救出】きゅうしゅつ (구출) 구하여 냄.
【救護】きゅうご (구호) 구조하여 보호함. ¶一金/一班/一米.
【救火】きゅうか (구화) ①불을 끔. ②반딧불의 이칭.
【救火夫】きゅうかふ (구화부) 소방수.
【救火投薪】(구화투신) 불을 끄려고 섶나무를 던져 넣는다는 뜻으로, 해(害)를 막으려다 해를 더 크게 함을 이르는 말.
【救荒】きゅうこう (구황) 기근(饑饉)을 구제함. 흉년의 어려움에서 구제함. ¶一作物.
【救恤】きゅうじゅつ (구휼) 물품을 베풀어 곤궁한 사람을 도와줌. 救濟(구제).

▷乞—, 匡—, 求—, 矜—, 貸—, 防—, 扶—, 垂—, 申—, 營—, 外—, 療—, 援—, 慈—, 濟—, 存—, 拯—, 振—, 後—

7 11 【敏】 재빠를 민 | 軫ㄇㄧㄣˇ (min) | びん(スバヤイ) *quick*

풀이 ①재빠르다. ¶—於事而愼於言<論語> ②총명하다. ¶回雖不— 請事斯語矣<論語>/—悟. ③힘쓰다. ¶人道—政<中庸> ④자세하다. 소상함. ¶禮成而加之以—<左氏傳> ⑤엄지발가락. 通 拇. ¶履帝武—歆<詩經> ⑥상음(商音)의 별칭.

【敏感】びんかん(민감) 사물에 대한 느낌이 예민함.
【敏給】びんきゅう(민급) ①약삭빠름. ②말주변이 좋음.
【敏贍】びんせん(민섬) 민첩하고 지식이 많음.
【敏速】びんそく(민속) 날쌤. 재빠름.
【敏捷】びんしょう(민첩) 재빠름. 捷敏(첩민).
【敏黠】びんかつ(민할) 교활함.
【敏活】びんかつ(민활) 재능이 날카롭고 잘 돌아감.
▷恪—, 彊—, 敬—, 警—, 恭—, 過—, 克—, 勤—, 謹—, 機—, 端—, 敦—, 明—, 博—, 辯—, 膚—, 不—, 詳—, 秀—, 時—, 深—, 英—, 穎—, 銳—, 叡—, 精—, 齊—, 俊—, 駿—, 捷—, 聰—, 通—, 便—, 該—, 慧—

11 【𢽾】 勃(p.220)과 同字

11 【赦】 ☞ 赤部 4획(p.1436)

7 11 【敍】 차례 서 | 語ㄒㄩˋ (xu) | じょ(ツイデ) *order*
俗 叙 敘

풀이 ①차례. ㉮순서. 서차(序次). ¶不失其—<淮南子> ㉯행렬(行列). ¶以次—分地而經市<周禮> ㉰등급. 품계(品階). ¶行其秩—<周禮> ②차례를 매기다. 순서를 정함. ¶能道訓典 以—百物<國語> ③차례로 행하다. ¶百揆時—<書經> ④품계, 관직을 주다. ¶宜蒙銓—<晋書> ⑤펴다. 말함. ¶暢—幽情<王羲之> ⑥늘어서다. 줄을 섬. ¶不得齒—<蜀志> ⑦머리말. 通 序. ¶惇—九族<書經>

【敍景】じょけい(서경) 경치를 글로써 나타냄.
【敍論】じょろん(서론) ①순서를 따라 논함. 또는, 그 논설. ②본론의 머리말. 序論(서론).
【敍事】じょじ(서사) 사실을 있는 그대로 서술함. 또는, 그 글. ¶—文/—詩/—體.
【敍述】じょじゅつ(서술) 일정한 내용을 차례를 좇아 말하거나 적음. 序述(서술).
【敍任】じょにん(서임) 벼슬을 줌.
【敍情】じょじょう(서정) 자기의 정서를 그려냄. 抒情(서정). ¶—詩.
【敍勳】じょくん(서훈) 훈등(勳等)과 훈장을 내림.
▷論—, 登—, 等—, 班—, 封—, 述—, 昇—, 時—, 列—, 位—, 自—, 銓—, 節—, 次—, 齒—, 平—

11 【敘】 敍(p.683)의 俗字

7 11 【敔】 막을 어 | 語ㄩˇ (yu) | ぎょ(サシトメル) *shut out*

풀이 ①막다. ②악기 이름. 엎드린 범의 모양으로, 풍류를 그칠 때 씀.

7 11 【敖】 1 놀 오 2 거만할 오 | 豪ㄠˊ (ao) 號ㄠˋ (ao) | ごう(アソブ) ごう(オゴル) *haughty*

풀이 1 ①놀다. 멋대로 굶. ¶邑亡—民<漢書> ②시끄럽다. 通 嗷 囂. ¶百姓讙—<荀子> ③볶다. 通 熬. ¶天下—然 若燋若焦<荀子> 2 ①거만하다. 通 傲. ¶—不可長<禮記> ②놀리다. 희롱함. 通 嫯. ¶箕爲—客<史記>

【敖慢】ごうまん(오만) 잘난 체하여 방자함.
▷驕—, 燕—, 遊—, 逸—, 怠—, 喧—

11 【敕】 勅(p.222)과 同字

7 11 【敓】 빼앗을 탈 | 曷 | たつ(ヌスム) *grab*

7 11 【敗】 패할 패 | 卦ㄅㄞˋ (bai) | はい(ヤブレル) *defeated*

풀이 ①패하다. ㉮지다. ¶秦軍佯—而走<史記> ㉯실패하다. ¶臣能生寶 恐未有子孫其—<逸周書> ㉰망하다. ¶每動爲亡—<呂覽> ②썩다. ¶魚餒而肉—不食<論語> ③시들다. ¶葉殘花—尙維舟<許渾> ④무너지다. 부서짐. ¶轉折車—<史記> ⑤무너뜨리다. 부숨. ¶反道—德<書經> ⑥해지다. 떨어짐. ¶安貧着—衣<司空曙> ⑦재앙. ¶四方有—<禮記> ⑧흉년. ¶豊年補—<穀梁傳>

【敗家亡身】(패가망신) 가산을 탕진하고 몸을 망침.
【敗却】はいきゃく(패각) ☞敗退(패퇴).
【敗軍】はいぐん(패군) ①진 싸움. ②싸움에 진 군사.
【敗軍之將】はいぐんのしょう(패군지 장) 싸움에 진 장수.
【敗類】はいるい(패류) ①동류를 해침. ②파렴치한 사람. ¶太玄經 曰彊其衰惡 —也<通俗編>
【敗亡】はいぼう(패망) 패하여 망함.
【敗北】はいぼく(패배) 싸움에 짐. 싸움에 져 도망함.
【敗報】はいほう(패보) 싸움에 진 소식.
【敗死】はいし(패사) 싸움에 져 전사(戰死)함.
【敗訴】はいそ(패소) 재판에서 짐. ↔勝訴(승소).
【敗因】はいいん(패인) 실패한 원인.
【敗殘】はいざん(패잔) 패하고 상(傷)함. ¶—兵.
【敗將】はいしょう(패장) 싸움에 진 장수라는 뜻에서, 어떤 일에 실패한 사람을 이르는 말. 敗軍之將(패군지 장).
【敗戰】はいせん(패전) 진 싸움.
【敗走】はいそう(패주) 싸움에 져 도망함. 敗北(패배).
【敗退】はいたい(패퇴) 싸움에 져서 물러섬. 敗却(패각).
▷傾—, 寡—, 救—, 潰—, 大—, 腐—, 憤

一, 散一, 惜一, 成一, 損一, 勝一, 失一, 零一, 淪一, 一一, 沮一, 前一, 戰一, 慘一, 頹一, 破一, 荒一, 朽一, 虧一, 興一

8/12【敢】감히 감 | 感ㄍㄢˇ (gan) | かん(アエテ) *dare*

풀이 ①감히. ㉮두려움을 무릅쓰다. ¶臣一辭＜儀禮＞ ㉯주제넘게. 함부로. ¶一用絜牲剛鬣＜儀禮＞ ㉰결연히. 과단성 있게. ¶誰一不讓＜書經＞ ②감당하다. 감행하다. ¶若聖與仁 則吾豈一＜論語＞ ③굳세다. 날래다. ¶潔廉而果一者也＜大戴禮＞ ④☞ 句法

句法
①반어
[敢不…] 어찌 …아니할 수 있겠는가. ¶觀百獸之見我而敢不走乎＜戰國策＞/敢不受教＜枕中記＞
②강조
[不敢…] 결코 …하지 않다. 자진해 …하려고 아니하다. ¶不敢愛死＜左氏傳＞/毫毛不敢有所近＜史記＞

【敢當】かんとう(감당) ①과감히 적대(敵對)함. ¶彼惡一我哉＜孟子＞ ②과감히 떠맡음. ③향하는 곳에 적이 없음.
【敢不受教】アエテオシエヲウケザランヤ(감불수교) 어찌 감히 가르침을 받지 않으랴. 꼭 받아야 함. 敢不은 반어.
【敢死】かんし(감사) 죽음을 두려워하지 아니함. 필사적임. 決死(결사).
【敢言】かんげん(감언) 감히 말함. 어려움을 무릅쓰고 의견을 말함. ¶一之臣. 「然(결연).
【敢然】かんぜん(감연) 과단성 있게 하는 모양. 決
【敢行】かんこう(감행) 단호히 결행함. 敢爲(감위).
▷果一, 趫一, 不一, 勇一

12【敔】敢(p. 684)의 古字

12【敬】敬(p. 686)의 略字

8/12【敦】 ①도타울 돈 ②다스릴 퇴 ③모일 단 ④새길 조 ⑤제기 대 ⑥덮을 도 | 元ㄉㄨㄣ (dun) 灰ㄉㄨㄟ (dui) 寒 蕭ㄉㄧㄠ (diao) 隊ㄉㄨㄟˋ (dui) 號ㄉㄠˋ (dao) | とん(アツイ) *cordial* たい(オサメル) たん(アツマル) ちょう(ホル) たい とう(オオウ)

同 㪟

풀이 ①①도탑다. 도탑게 함. 通 惇. ¶一善行而不怠＜禮記＞ ②진을 치다. 通 屯. ¶鋪一淮濆＜詩經＞ ③힘쓰다. 通 諄. ¶一衆神使式道兮＜漢書＞ ④감독하다. ¶使虞一匠事＜孟子＞ ⑤단속하다. 자세히 살핌. ¶不勝夫一比於小事者矣＜荀子＞ ⑥성내다. ¶白虎一圉乎崑崙＜揚雄＞ ⑦내던지다. ¶王事一我＜詩經＞ ⑧정성. ¶長而一敏＜素問＞ ⑨권하다. ¶遣人一寔＜後漢書＞ ⑩땅이름. ¶一煌. ②①다스리다. ¶一商之旅＜詩經＞ ②혼자 사는 모양. 通 晫. ¶一彼獨宿＜詩經＞ ③베다. 자름. 通 剸. ¶今日試使士一劍＜莊子＞ ③모이다. 주렁주렁 달림. ¶一彼行葦＜詩經＞ ④새기다. 아로새김. 通 彫. ¶一弓旣堅＜詩經＞ ⑤①제기. 서직(黍稷)을 담는 제기. ¶一牟. ②쟁반. ¶若合諸侯 則共珠槃玉一＜周禮＞ ⑥덮다. 덮개. ¶每一一几＜周禮＞

敦(禮器圖)

【敦牟】たいぼう(대모) 서직(黍稷)을 담는 옛날 그릇.
【敦槪】とんがい(돈개) 평미레.
【敦故】とんこ(돈고) 옛 친구에 대하여 정이 도타움.
【敦篤】とんとく(돈독) 인정이 두터움. 심덕이 도타움.
【敦寧】(돈령←돈녕)韓 왕실의 친척.
【敦勉】とんべん(돈면) 정성을 들여 힘씀.
【敦睦】とんぼく(돈목) 정이 도탑고 화목함.
【敦圄】とんぎょ(돈어) 범 비슷한 작은 짐승. 일설에는 신선의 이름.
【敦諭】とんゆ(돈유) ①친절하게 타이름. ②韓 의정(議政)과 유현(儒賢)에게 면려(勉勵)를 권하는 임금의 말.
【敦牂】とんしょう(돈장) 고갑자(古甲子) 12지(支)의 일곱째인 오(午)의 이칭.
【敦化】とんか(돈화) 두터운 교화.
【敦煌】とんこう(돈황) 중국 감숙성(甘肅省)의 서북쪽에 있는 현(縣). 남쪽에 유명한 천불동(千佛洞)이 있는데, 6조(朝) 시대의 불교 미술 유적을 보존하고 있고, 경권 도서(經卷圖書)가 많이 발굴됨.
【敦厚】とんこう(돈후) 인정이 도타움.
【敦弓】ちょうきゅう(조궁) 활의 이름. 옛날, 천자가 쓰던, 그림을 아로새겨 꾸민 활. 畫弓(화궁).
【敦琢】たいたく・ちょうたく(퇴탁・조탁) ①선택함. ②☞ 雕琢(조탁).
▷可一, 大一, 陪一, 玉一, 鋪一, 渾一

12【敮】婦(p. 406)의 古字

8/12【散】 ①흩을 산 ②비틀거릴 산 | 旱 翰 ㄙㄢˇ ㄙㄢˋ (san) 寒 | さん(チル) *scatter* さん(ヨロメク)

同 㪔

풀이 ①①흩다. ¶風以一之＜易經＞ ②흩어지다. ¶財聚則民一＜大學＞ ③따로따로 떨어지다. ¶兄弟妻子離一＜孟子＞ ④놓아 놓다. 풀어 놓음. ¶馬一之華山之陽＜禮記＞ ⑤갈라지다. 분파(分派)함. ¶師徒彌一＜漢書＞ ⑥쓸모

없다. ¶而幾死之—人 又惡知—木<莊子> ⑦한가하다. 여가. ¶投閒置—<韓愈> ⑧가루약. ¶—藥. ⑨문체(文體) 이름. 운(韻)을 밟지 않는 글. ¶—文. ⑩술잔 이름. 닷되 들이 술잔. ¶不過——<詩經> ⑪거문고의 곡조 이름. ¶廣陵—從茲絶矣<晋書> ⑫엉성하다. 소략(疏略)함. ¶此制—略<後漢書> ⑬뒤범벅되다. ¶不與物—<淮南子> ⑭달아나다. ¶貍處堂而衆鼠—<呂覽> ⑮천하다. 속됨. ¶掌敎舞—樂<周禮> **2**비틀거리다. 절룩거림. ㊀蹣. ¶槃—行汲<史記>

散⑩(禮器圖)

【散開】さんかい(산개) ①흩어져 벌림. ②밀집 부대가 각각 적당한 간격으로 벌림.

【散見】さんけん(산견) 여기저기 눈에 띔.

【散階】(산계) 산관(散官)의 품계(品階).

【散官】さんかん(산관) 한산한 직위에 있는 관리. 散秩(산질). 散班(산반)①. ↔職事官(직사관).

【散光】さんこう(산광) ①거친 면(面)에서 반사되는 광선. ②난시(亂視).

【散畓】(산답)㊅ 한 사람의 소유로, 여기저기 흩어져 있는 논.

【散亂】さんらん(산란) ①흩어져 어지러움. ②정신이 어수선함.

【散錄】さんろく(산록) 붓 가는 대로 적음. 또는, 그 글. 漫錄(만록). 漫筆(만필). 隨筆(수필).

【散僚】さんりょう(산료) 하급 관리. 또는, 한가한 관리.

【散輪】(산륜) 무거운 물건을 옮길 때, 그 밑에 괴는 둥근 나무.

【散馬】さんま(산마) ①길들이지 않은 말. 야생마. ②병마(兵馬)를 해산(解散)함. ¶休羊— 偃武修文<薛道衡>

【散漫】さんまん(산만) 흩어져 어수선함.

【散亡】さんぼう(산망) 뿔뿔이 흩어져 달아남.

【散賣】(산매)㊅ 물건을 낱으로 팖. 小賣(소매). ¶都—. ↔都賣(도매).

【散毛纖維】(산모섬유) 실·피륙·종이 등의 겉에 보풀보풀 일어난 섬유. 괴깔.

【散木】さんぼく(산목) 쓸모 없는 나무.

【散文】さんぶん(산문) 글자 수의 제한이나 운율의 규정이 없는 보통의 글. 줄글. ↔韻文(운문).

【散班】(산반) ①㊅☞散官(산관). ②㊥ 배우의 한 단체를 해산함. ③㊥ 관리가 숙직을 마치고 해산함.

【散髮】さんぱつ(산발) ①머리를 풀어 헤침. 또는, 그 머리. ②머리를 깎음.

【散枋】(산방) 집의 추녀 끝의 도리 위에 서까래를 걸기 위해 한쪽 머리는 두껍게, 다른 쪽 머리는 얇게 깎아 붙이는 나뭇조각.

【散兵】さんぺい(산병) ①여기저기 흩어져 있는 군사. ②밀집된 병졸을 작전에서 산개함.

【散餠】(산병) 개피떡 비슷이 반달 모양으로 빚어 소를 넣고 잘게 만들어 각색 물감을 들여 셋 혹은 다섯 개씩 붙인 떡.

【散步】さんぽ(산보) 한가히 거닒. 散策(산책). ¶晩來天氣好 —中門前<白居易>

【散士】さんし(산사) ☞散人(산인)②.

【散史】さんし(산사) 민간에서 문필에 종사하는 사람. 재야의 문인(文人).

【散釋】さんしゃく(산석) 녹아 없어짐. 일의 의혹이 풀림.

【散植】(산식) 허튼모. ↔正條植(정조식).

【散失】さんしつ(산실) 흩어져 없어짐.

【散心】さんしん(산심) ①딴 생각을 함. ¶楚人自戰其地 咸顧其家 各有— 莫有鬪志<戰國策> ②시름을 풂. ③산란한 마음. 방일(放逸)한 마음. ↔定心(정심).

【散樂】さんがく(산악) 중국의 속악(俗樂).

【散藥】さんやく(산약) 가루약. ↔丸藥(환약).

【散陽】さんよう(산양) 겨울이 너무 따뜻한 일.

【散熱】さんねつ(산열) 열을 방사(放射)함.

【散鬱】さんうつ(산울) 울적함을 풂.

【散員】さんいん(산원) 맡은 일이 없는 벼슬아치.

【散位】さんい·さんに(산위) 직위만 있고 직무가 없는 것.

【散儒】さんじゅ(산유) 쓸모 없는 학자.

【散意】さんい(산의) 마음을 흩뜨림. 생각을 딴 데로 돌림.

【散人】さんじん(산인) ①민간에서 한가히 지내는 사람. ②쓸모 없는 사람. 散士(산사).

【散佚】さんいつ(산일) 흩어져 일부가 빠져 없어짐. 散逸(산일). 散軼(산일).

【散逸】さんいつ(산일) ☞散佚(산일).

【散材】さんざい(산재) 쓸모 없는 재목. 쓸모 없는 사람의 비유. 散木(산목).

【散在】さんざい(산재) 여기저기 흩어져 있음.

【散齋】さんさい(산재) ①제사를 지내기 전에 목욕재계하는 일. ②재계(齋戒)가 끝나는 일.

【散炙】(산적)㊅ 쇠고기에 양념을 하여 꼬챙이에 꿰어 구운 음식.

【散地】さんち(산지) ①자기의 영내(領內)에서 전쟁을 하는 일. 영내에서 싸울 때는 군사들이 집 생각으로 굳은 뜻이 없어 흩어지기 쉬우므로 이르는 말. ②권세가 없는 한산한 지위.

【散之四方】(산지사방) 사방으로 흩어짐.

【散職】さんしょく(산직) 일정한 직책이 없는 관리. 散官(산관).

【散策】さんさく(산책) 이리저리 지팡이를 끌며 거닒. 이리저리 거닒. 散步(산보).

【散草】さんそう(산초) ①㊅ 근(斤)으로 지어 놓지 아니한 살담배. ②초서의 한 체(體). 진(晋)의 채모(蔡謨)가 창시(創始)함. 획에 비로 쓴 것 같이 흰 선이 생김. 飛草(비초).

【散村】さんそん(산촌) 집들이 여기저기 흩어져 있는 마을.

【散票】さんぴょう(산표) 한 사람에게 몰리지 않고 여러 사람에게 흩어진 표.

【散華】さんげ(산화)【佛】 ①불경의 산문을 이름. ②부처를 공양하기 위하여 꽃을 뿌림. 散花(산화). ③꽃다운 목숨이 전장 등에서 죽음.

【散會】さんかい(산회) 모임이 끝나고 사람들이 흩어짐.

▷開—, 潰—, 逃—, 徙—, 亡—, 耗—, 霧—, 發—, 放—, 分—, 犇—, 飛—, 四—, 消—, 疏—, 衰—, 施—, 零—, 流—, 移—, 離—, 湮—, ——, 集—, 追—, 聚—,

退一, 敗一, 飄一, 披一, 閑一, 解一, 胡一, 魂飛魄一, 渙一

12〖𢿨〗 徵(p. 554)의 古字

12〖𢿱〗 徵(p. 554)의 古字

8/12〖敞〗 높을 창 | 養 ㄔㄤˇ (chang) | しょう(タカイ) *high*

풀이 ①높다. 땅이 높고 판판함. ¶行營高一地＜史記＞ ②드러나다. ¶實顯一而寡仇＜王粲＞ ③널찍한 모양. 앞이 탁 트인 모양. ¶曠瀁一罔＜馬融＞ ④뜻을 잃고 멍한 모양.

【敞罔】しょうもう(창망) ①광활한 모양. ②뜻을 잃고 멍한 모양. 敞惘(창망).

▷高一, 寬一, 廣一, 博一, 平一, 弘一

12〖敉〗 敕(p. 683)의 訛字

8/12〖敝〗 해질 폐 | 霽 ㄅㄧˋ (bi) | へい(ヤブレル) *worn out*

풀이 ①해지다. 떨어짐. ¶一衣閒步＜史記＞ ②깨지다. 부서짐. ¶甕一漏＜易經＞ ③지다. 싸움에 패함. ¶一於韓＜左氏傳＞ ④피폐하다. ¶女一族也＜左氏傳＞ ⑤지치다. ¶形體不一＜素問＞ ⑥버리다. ¶冠而一之可也＜禮記＞ ⑦자기를 낮추는 겸양의 접두어. ㊂弊. ¶一邑以賦與陳蔡從＜左氏傳＞/一居. ⑧덮다. 가림. ㊂蔽. ¶必見其一＜禮記＞/一膝. ⑨줌통. 활을 잡는 곳. ¶長其畏而薄其一＜禮記＞

【敝蹻】へいきゃく(폐갸) 해진 짚신이라는 뜻으로, 쓸모 없는 물건의 비유. 弊蹻(폐갸).

【敝笠】(폐립) 헌 갓이나 삿갓.

【敝賦】へいふ(폐부) 자기 군병(軍兵)의 겸칭.

【敝社】へいしゃ(폐사) 자기 회사의 겸칭.

【敝屋】へいおく(폐옥) 자기 집의 겸칭. 敝廬(폐려).

【敝人】へいじん(폐인) ①비천한 사람. ②지친 병졸. ③㊥ 자기의 겸칭.

【敝店】へいてん(폐점) 자기 가게의 겸칭.

【敝族】へいぞく(폐족) 쇠퇴한 집안이라는 뜻으로, 자기 일족의 겸칭.

【敝虧】へいき(폐휴) 덮이어 숨겨짐. 덮어서 숨김.

▷刻一, 靡一, 裂一, 積一, 破一, 疲一

9/13〖敬〗 공경 경 | 敬 ㄐㄧㄥˋ (jing) | けい(ウヤマウ) *respect*

㊍敬 ㊖敬

풀이 ①공경. 공경하다. ¶王者一日＜荀子＞ ②훈계하다. 잡도리함. ¶既一既戒＜詩經＞ ③정중하다. 공손함. ¶一順昊天＜史記＞ ④삼가다. ¶夙夜一止＜詩經＞ ⑤예(禮). 사의(謝意)를 표하는 일. ¶遣生送一＜史記＞

【敬虔】けいけん(경건) 공경하는 마음으로 깊이 삼감.

【敬空】けいくう(경공) 천한 사람이 존귀한 사람에게 보내는 편지 끝에 쓰는 말.

【敬具】けいぐ(경구) ①삼가 갖춤. ②삼가 말씀드림. 편지 끝에 씀. 敬白(경백).

【敬待】けいたい(경대) 공경하여 대접함.

【敬禮】けいれい(경례) 삼가 절함. 경의를 표하여 인사함. ¶擧手一.

【敬老】けいろう(경로) 노인을 공경함. ¶一堂.

【敬命】けいめい(경명) ①천명(天命)을 삼가 받듦. ②명령을 삼가 받듦.

【敬慕】けいぼ(경모) 존경하고 사모함. 欽慕(흠모).

【敬文】けいぶん(경문) 태도가 정중하고 예의 바른 모양.

【敬拜】けいはい(경배) ①㊥ 숭배함. ②존경하여 공손히 절함. 편지 머리에 씀.

【敬服】けいふく(경복) 공경하여 따름. 공경하여 복종함.

【敬愛】けいあい(경애) 존경하며 귀애함.

【敬語】けいご(경어) 존경하는 뜻을 나타내는 말. 공대어.

【敬遠】けいえん(경원) ①공경하여 멀리함. 가까이하여 더럽히지 아니함. 敬而遠之(경이원지). ②겉으로는 공경하는 체하나 속으로는 꺼리어 멀리함.

【敬意】けいい(경의) 존경하는 마음.

【敬而遠之】けいシテコレヲトオザク(경이원지) 존경하되 멀리함. 敬遠(경원)①.

【敬止】けいし(경지) ①삼가서 멈추어야 할 곳에 멈춤. ②삼감. 止는 조자.

【敬天勤民】けいてんきんみん(경천근민) 하늘을 공경하며 백성을 위하여 부지런히 일함.

【敬天愛人】けいてんあいじん(경천애인) 하늘을 존경하고 사람을 사랑함.

【敬稱】けいしょう(경칭) 남을 존경하여 부르는 칭호.

▷居一, 謙一, 恭一, 久一, 謹一, 篤一, 拜一, 不一, 三一, 誠一, 肅一, 愛一, 廉一, 禮一, 畏一, 友一, 莊一, 尊一, 祗一, 推一, 忠一, 親一, 和一, 歡一, 孝一, 欽一

13〖㪪〗 敬(p. 686)의 本字

13〖鼓〗 ☞鼓部 0획(p. 1698)

9/13〖敫〗 노래할 교 | 嘯 ㄐㄧㄠˋ (jiao) | きょう(ウタウ)

13〖𢽾〗 敎(p. 684)과 同字

13〖𢾎〗 瞖(p. 724)과 同字

13〖数〗 數(p. 687)의 略字

13〖𢾕〗 揚(p. 652)의 古字

13〖𣦼〗 殘(p. 818)과 同字

10/14〖敲〗 두드릴 고 | 肴 ㄑㄧㄠ 效 (qiao) | こう(タタク) *beat*

㊐敂 搞

풀이 ①두드리다. 똑똑 가볍게 두드림. ¶奪之杖以一之＜左氏傳＞/一門/一氷求火. ②매. 짤막한 회초리. ¶執一朴以鞭笞天下＜賈誼＞

【敲金擊石】こうきんげきせき(고금격석) 쇠를 두드리고 돌을 친다는 뜻으로, 시문(詩文)의 성조

(聲調)가 훌륭함의 비유.
【敲門磚】こうもんせん(고문전) 문을 두드리는 벽돌. 벽돌을 주워 문을 두드리고 문 안에 들어서면 벽돌을 버리는 데서, 학문을 수단으로 하여 입신양명을 얻으면 학문을 버리고 돌보지 않음의 비유. 또는, 과거(科擧)를 위하여 임시방편으로 배운 학문의 쓸모 없음의 비유. ¶— 不値錢<古諺>
【敲石】こうせき(고석) 부싯돌. 부싯돌을 침.
【敲詩】こうし(고시) 시(詩) 가운데의 한 글자를 가리고, 그 글자를 알아맞히게 하는 놀이.

14【敲】 敲(p.686)와 同字

14【𢿱】 敷(p.687)의 本字

14【肈】 肇(p.1224)와 同字

15【敺】 驅(p.1653)와 同字

15【敺】 敺(p.687)와 同字

11/15【敹】 가릴 료 |蕭| りょう (エラブ)

11/15【敷】 펼 부 |虞 ㄈㄨ (fu)| ふ(シク) *spread*

㊀古 旉 本 𢿱 同 敷

풀이 ①펴다. ㉮베풀다. ¶翕受—施<書經> ㉯넓게 깔다. ¶—筵席<穆天子傳> ㉰진술하다. ¶—奏以言<書經> ②퍼지다. ¶文命—于四海<書經> ③나누다. 분할함. ¶禹—土<書經> ④두루. 널리. ¶罔—求先王<詩經> ⑤다스리다. ¶擧舜而—治焉<孟子>
【敷衍】ふえん(부연) ①널리 폄. 敷暢(부창). ②알기 쉽게 자세히 풀이함. 敷演(부연). ¶—說明.
【敷演】ふえん(부연) ☞敷衍(부연).
【敷地】シキチ(부지) 건물·도로·제방 등을 짓거나 시설하는 데 쓰이는 땅.
【敷土】ふど(부토) ①토지를 나눔. ②토지를 다스림.
▷光—, 紛—, 森—, 弘—

15【敷】 敷(p.687)와 同字

11/15【數】
1 셀 수 | 麌 ㄕㄨˇ | すう
2 수 수 | 遇 (shǔ) ㄕㄨˋ | (カゾヘル)
3 자주 삭 | 覺 ㄕㄨㄛˋ (shuò) | *count* すう(カズ)
4 촘촘할 촉 | 沃 ㄘㄨˋ | さく *frequently*
5 빠를 속 | 屋 (cù) | しょく

略 数 俗 數

풀이 1 ①세다. 계산함. ¶以歲之上下—邦用<周禮> ②셈에 넣다. 세어 취함. ¶餘子碌碌 莫足—<魏志> ③하나하나씩 소리 내어 세다. ¶遽—之 不能終其物<禮記> ④헤아리다. 분별함. ¶心焉—之<詩經> ⑤수효를 살피다. 수효를 조사함. ¶不足—於大君之前<荀子> ⑥꾸짖다. 죄목을 하나하나 들어 책망함. ¶後世其追—吾過乎<列子> 2 ①수. ㉮수를 셀 때의 칭호. 1·2·천·만 따위. ¶度量—制<禮記> ㉯정도. ¶君子以制—度<易經> ㉰일정한 양(量). 정량(定量). ¶布帛精麤不中—<禮記> ②약간의. 너덧. 대여섯. ¶—口之家<孟子> ③산법(算法). 셈. 주(周)대 육예(六藝)의 한 가지. ¶禮樂射御書—<周禮> ④규칙. 예법. ¶—爲品式<太玄經> ⑤등급. 구분. ¶滋而後有—<左氏傳> ⑥이치. 도리. ¶固其—也<管子> ⑦운명. 운수. ¶治亂惟冥—<江淹> ⑧정세. 되어 가는 형편. ¶知先後遠近縱舍之—<呂覽> ⑨기술. 솜씨. ¶今夫弈之爲—<孟子> ⑩꾀. 책략(策略). ¶任其—而已矣<呂覽> ⑪수단. 방법. ¶其—則始乎誦經<荀子> ⑫역법(曆法). ¶周室之執—者也<淮南子> ⑬점치는 법. ¶試之卜—<史記> 3 ①자주. ¶每至踐更—過<史記> ②자주 하다. ¶事君—斯辱矣<論語> ③빠르다. 빨리 함. ¶—之則不中<淮南子> 4 촘촘하다. ¶—罟不入洿池<孟子> 5 빠르다. 通 速. ¶不知其已之遲—<禮記>
【數窮】さっきゅう(삭궁) 자주 곤란을 당함. すうきゅう(수궁) 도리가 막힘. 운수가 트이지 아니함.
【數尿症】(삭뇨증) 오줌이 자주 마려운 병.
【數數】さくさく(삭삭) ①자주. 屢次(누차). ②바쁜 모양.
【數目】そくもく(속목) 빨리 봄. すうもく(수목) 수. 수효.
【數奇】すうき(수기) 운수가 기박함. 不運(불운).
【數器】すうき(수기) 수를 헤아리는 기구.
【數多】すうた(수다) 수효가 많음. ¶—食口/—食率.
【數理】すうり(수리) ①수학의 이론이나 이치. ¶—經濟學. ②계산의 이치. 셈.
【數米而炊】コメヲカゾエテカシグ(수미이취) 쌀알을 세어 밥을 지음. 좀스러움의 비유.
【數三次】(수삼차) 두서너 차례.
【數術】すうじゅつ(수술) 음양가(陰陽家), 복서가(卜筮家) 등의 점술(占術). 또는, 그 책.
【數式】すうしき(수식) 수나 양을 나타내는 수자나 문자를 계산 기호로 연결한 식.
【數人】すうにん(수인) 두서너 사람. 또는, 대여섯 사람.
【數日】すうじつ(수일) 며칠. 2·3일에서 5·6일 정도.
【數珠】じゅず·ずず(수주) 염주(念珠).
【數次】すうじ(수차) 몇 차례. 두서너 차례.
【數値】すうち(수치) 계산하여 얻은 값. 셈값.
【數板】(수판) 주판(籌板).
【數表】すうひょう(수표) 대수표(對數表), 함수표(函數表) 등과 같이 수치를 적은 표.
【數合】すうごう(수합) 몇 번 적과 맞부딪힘. 몇 차례 적과 교전함.
【數行】すうこう(수항) 두서너 줄기. 눈물을 뚝뚝 떨어뜨림의 형용. ¶項王泣—下<史記> (수행) 글의 두서너 줄.
【數行竝下】すうぎょうナラビクダル(수행병하) 책을 한꺼번에 몇 줄을 읽어 내려간다는 뜻으로, 독서하는 안목이 날카로움을 이르는 말.
【數回】すうかい(수회) 두서너 번. 몇 차례.

【數爻】(수효) 수(數).
【數罟】さっこ(촉고) 코가 촘촘한 그물.
▷加一, 假一, 角一, 減一, 箇一, 槪一, 計一, 係一, 公倍一, 公約一, 過一, 夥一, 九一, 口舌一, 極一, 根一, 級一, 奇一, 記一, 氣一, 基一, 旣知一, 多一, 大一, 代一, 對一, 度一, 都一, 得一, 等一, 名一, 命一, 無理一, 無一, 倍一, 變一, 負一, 分一, 不一, 備一, 算一, 常一, 成一, 小一, 少一, 素一, 術一, 乘一, 實一, 約一, 陽一, 易一, 逆一, 歷一, 曆一, 偶一, 優一, 運一, 元一, 員一, 越一, 有一, 有理一, 陰一, 異一, 因一, 自然一, 正一, 定一, 整一, 除一, 周波一, 指一, 函一, 恒一, 虛一, 回一

15〖數〗 數(p.687)와 同字

15〖數〗 數(p.687)의 俗字

15〖槃〗 ☞ 水部 11획(p.910)

11 15〖敵〗 원수 적 | 錫ㄉㄧˊ (di) | てき(アダ) *enemy*

同 𢿙

풀이 ①원수. 적. ¶隣國一也<戰國策> ②상대. ㉮대등한 상대. ¶在禮一必三讓<國語> ㉯맞서는 상대. ¶仁者無一<孟子> ③대등하다. 필적함. ¶一國賓至<國語>/匹一. ④맞서다. 저항함. ¶一子路<左氏傳> ⑤갚다. ¶一惠一怨<左氏傳>
【敵愾】てきがい(적개) 군주가 원한을 품은 자에게 적대함. 공적(公敵)에 부딪쳐 싸움. 적과 싸우려는 의기를 이름. ¶一心.
【敵魁】てっかい(적괴) 적의 괴수.
【敵國】てっこく(적국) ①원수의 나라. 적대 관계에 있는 나라. ②국력이 엇비슷한 나라. ¶征者上伐下也 一不相征也<孟子> ③실력이 대단한 사람을 칭송하여 이름. ④부력(富力)이 강대하여 하나의 국가에 필적하는 사람.
【敵機】てっき(적기) 적국의 비행기.
【敵對】てきたい(적대) 적으로서 대항함. ¶一行爲.
【敵禮】てきれい(적례) 대등한 예. 평등한 예. ¶王以一待之<左氏傳>
【敵樓】てきろう(적루) 성채(城砦)의 누대(樓臺). 敵臺(적대). 望樓(망루).
【敵侔】てきぼう(적모) 힘이 대등함.
【敵兵】てきへい(적병) 적의 병사.
【敵產】てきさん(적산) 자기 나라 안에 있는 적의 재산.
【敵船】てきせん(적선) 적국의 함선(艦船).
【敵性】てきせい(적성) 적대(敵對)되는 성질. ¶一國.
【敵勢】てきせい(적세) 적군의 세력.
【敵手】てきしゅ(적수) ①자기와 필적하는 사람. 맞수. ②자기에게 대항하는 사람. 원수.
【敵耦】てきぐう(적우) 대등하게 나란히 섬.
【敵僞】てきぎ(적위) 적의 계략. 적의 함정.
【敵意】てきい(적의) 대적하는 마음. 해치고자 하는 생각. 害心(해심).
【敵將】てきしょう(적장) 적군의 장수.
【敵戰】てきせん(적전) 적대하여 싸움.
【敵前渡河】てきぜんとか(적전도하) 적군의 앞에서 강을 건넘.
【敵前上陸】てきぜんじょうりく(적전상륙) 적군의 면전에서 감행하는 상륙 작전.
【敵情】てきじょう(적정) 적군의 사정·형편. 적군에 대한 정보.
【敵地】てきち(적지) ①적의 영토. ②적이 점령하고 있는 땅.
【敵陣】てきじん(적진) 적군의 진영.
【敵體】てきたい(적체) 동렬(同列)이어서 상하의 구별이 없음. 대등한 사람.
【敵側】てきがわ(적측) 적의 편.
【敵治】てきじ(적치) 적의 지배하의 통치. ¶一下.
【敵侵】てきしん(적침) 적의 침입.
【敵彈】てきだん(적탄) 적군이 쏜 탄환.
【敵惠】てっけい(적혜) 은혜에 보답함. ¶一敵怨 不在後嗣 忠之道也<左氏傳>
【敵艦】てきかん(적함) 적군의 군함.
▷強一, 勁一, 勍一, 公一, 仇一, 國一, 劇一, 大一, 對一, 萬人一, 無一, 小一, 詩一, 弱一, 雄一, 怨一, 隣一, 一人一, 朝一, 匹一

15〖整〗 整(p.688)의 訛字

15〖敻〗 敻(p.365)의 本字

16〖憝〗 ☞ 心部 12획(p.593)

16〖憨〗 ☞ 心部 12획(p.593)

16〖暾〗 ☞ 日部 12획(p.727)

16〖散〗 散(p.684)과 同字

12 16〖整〗 가지런할 정 | 梗ㄓㄥˇ (zheng) | せい(トトノエル) *order*

俗 整 同 整

源 會意·形聲. 어떤 사물을 쳐서[攴] 다발을 지어[束] 바룬다[正]는 뜻. 正이 음을 이룸.

풀이 ①가지런하다. 정돈됨. ¶器械完一<盧思道> ②가지런히 하다. 정돈함. ¶爰一其旅<詩經> ③증서 따위에서, 금액을 적은 끝에 써서 끝수가 없음을 보임. ¶金壹億圓一.
【整頓】せいとん(정돈) 가지런히 함.
【整旅】せいりょ(정려) 군대를 정돈함. 整軍(정군).
【整厲】せいれい(정려) 몸을 바로잡고 기운을 차림.
【整列】せいれつ(정렬) 가지런히 줄섬.
【整理】せいり(정리) 가지런히 바로잡음.
【整備】せいび(정비) 정돈하여 갖춤.
【整然】せいぜん(정연) 사물의 정돈된 모양.
【整裝】せいそう(정장) 옷차림을 바로잡음.
【整齊】せいせい(정제) 정돈하여 가지런히 함. ¶行陣一<呂覽>
【整地作業】せいちさぎょう(정지작업) ①땅을 고르는 일. ②어떤 일을 하기 위하여 그 바탕을 마련하는 일.
【整合】せいごう(정합) ①이론에 모순이 없음. ②두 개 이상의 지층(地層)이 평행하게 이어져 퇴적된 현상.

【整形】せいけい(정형) 모양을 바로잡음. 몸의 외부의 어떤 모양을 바르게 고침. ¶一手術/一外科.
▷端一, 不一, 秀一, 修一, 嚴一, 完一, 裁一, 精一, 齊一, 調一, 平一

16〖整〗 整(p.688)과 同字

13
17〖斂〗 거둘 렴 |㊀ㄌㄧㄢˇ |れん(オサメル)
|㊥(lian) |gather
※斂(p.805)은 딴 자.
풀이①거두다. ㉮모아 들이다. ¶下一黨與<荀子> ㉯긁어 모으다. 부과(賦課)함. ¶以年之上下出一瀴<周禮> ㉰거두어 들이다. ¶此有不一穧<詩經> ㉱오그리다. ¶韓必一手<史記> ②넣어 두다. 간직함. ¶旣射則一之<周禮> ③숨기다. ¶宿姦老蠹爲一迹<唐書> ④단속하다. 잡도리함. ¶閉戶自一<漢書> ⑤염하다. 通殮. ¶招復含一之禮<後漢書> ⑥장사(葬事)하다. 같窆. ¶一死不失愛<晏子> ⑦험하다. 通險. ¶門中有一陷<呂覽> ⑧거의. 대략. ¶去沙丘鉅鹿 一三百里<史記>
【斂衾】れんきん(염금) 시체를 덮는 홑이불.
【斂襟】(염금) 삼가 옷깃을 바로잡음. 斂衽(염임).
【斂眉】れんび(염미) 눈썹을 찌푸림.
【斂死】れんし(염사) 죽은 사람을 거두어 장사지냄.
【斂手】れんしゅ(염수) 손을 오그림. 두려워하고 삼감.
【斂容】れんよう(염용) 용모를 단정히 하여 경의를 표함. ¶瞿然自失 一抑志也<顔氏家訓>
【斂翼】れんよく(염익) 폈던 날개를 접음. 날기를 그만 둠.
【斂葬】れんそう(염장) 시체를 거두어 장사지냄.
【斂錢】れんせん(염전) 돈을 거둠.
▷苛一, 拘一, 踴一, 緊一, 大一, 薄一, 嫠一, 舒一, 小一, 收一, 徵一, 出一, 聚一, 含一, 後一

17〖嵗〗 嚴(p.316)의 略字

13
17〖斁〗 ①싫어할 역 |㊀ㄧˋ(yi) |えき(イトウ)
②패할 두 |㊁ㄉㄨˋ |と
③칠할 도 |㊂(du) |と

18〖斄〗 ☞ 里部 11획(p.1529)

14
18〖斃〗 넘어질 폐 |㊀ㄅㄧˋ |へい(タオレル)
|(bi) |tumble
源會意·形聲. 옷이 해어지듯[敝] 힘이 다하여 죽는다[死]는 뜻. 敝가 음을 이룸.
풀이①넘어지다. ¶一踣. ②넘어져 죽다. 같獘. ¶一而後已<禮記> ③넘어뜨리다. 넘어뜨려 죽임. ¶射之一一人<禮記>

【斃死】へいし(폐사) 쓰러져 죽음.
【斃而後已】タオレテノチヤム(폐이후이) 죽을 때까지 그치지 않고 힘씀. 死而後已(사이후이).
▷僵一, 餧一, 待一, 殞一, 自一, 誅一, 摧一, 疲一

19〖驁〗 ☞ 馬部 9획(p.1652)
20〖警〗 ☞ 言部 13획(p.1405)

16
20〖斅〗 가르칠 효 |㊀ㄒㄧㄠˋ |こう(オシエル)
|(xiao) |instruct
풀이①가르치다. 같教 學. ②깨우치다.
【斅學半】オシエルハマナブノナカバナリ(효학반) ☞教學半(교학반). ¶惟一 念終始<書經>
【斅學相長】こうがくアイちょうズ(효학상장) ☞教學相長(교학상장).

23〖驚〗 ☞ 馬部 13획(p.1655)
23〖變〗 ☞ 言部 16획(p.1409)

文<글월 문>部

文 ④ 斉 ⑦ 斎 ⑧ 斑 斐 斌 ⑨ 斒 ⑰ 斕

0
4〖文〗 ①글월 문 |㊀ㄨㄣˊ |ぶん, もん
②꾸밀 문 |㊁(wen) |letter
源象形. 무늬가 놓인 모양을 본뜬 그림이 발전한 글자.
풀이 ①①글월. 문장. 운문, 산문의 총칭. ¶屬一. ②글자. 독체(獨體)로 된 글자. ¶象形指事 一也 會意諧聲轉注 字也<通志> ③서적. 책. ¶行有餘力 則以學一<論語> ④어구(語句). 글. ¶不以一害辭<孟子> ⑤산문. ¶一起八代之衰<蘇軾> ⑥운문. ¶竣得臣筆 測得臣一<南史> ⑦무사(武事) 이외의 일. ¶賚束帛以賜一官<後漢書> ⑧학문. ¶行有餘力 則以學一<論語> ⑨무늬. ¶五色成一而不亂<禮記> ⑩채색. 빛깔. ¶赤水之東 爰有一貝<山海經> ⑪얼룩. 반점. ¶多一魚<山海經> ⑫결. 나무결. ¶一理密察 足以有別也<中庸> ⑬조리. ¶鄕吾示之以地一<莊子> ⑭볼품. 외면의 꾸밈. ¶一質彬彬<論語> ⑮법도. ¶有不享則修一<國語> ⑯예악 제도(禮樂制度). ¶文王旣沒 一不在玆乎<論語> ⑰돈의 한 가지. 또는, 그 돈을 세는 수사. 엽전 따위 둥근 주화(鑄貨). 또는, 그 돈을 세는 단위. ¶父老人持百錢出送 劉寵各受一一<水經>/ロ一. ⑱우아(優雅)하다. ¶多言則一而類<荀子> ⑲아름답다. 선미(善美)함. ¶以進爲一<禮記> ⑳어지럽다. 通紊. ¶咸秩無一<書經> ㉑주(周) 문왕(文王)의 약칭. ¶下武繼一也<詩經>/一武周公.
②①꾸미다. ㉮모양이 있게 꾸미다. ¶取是而一之也<荀子> ㉯잘못을 잘못

이 아닌 양 꾸미다. ¶小人之過也 必—＜論語＞ ㊉정돈하다. ¶—之以禮樂＜論語＞ ②문신(文身)하다. 자문(刺文)함. ¶東方曰夷 被髮—身＜禮記＞

【文竿】ぶんかん(문간) 물총새의 깃으로 꾸민 낚싯대.

【文甲】ぶんこう(문갑) 대모(玳瑁)의 이칭.

【文匣】ぶんこう(문갑) 문서·문구 따위를 넣어 두는 궤.

【文江學海】ぶんこうがっかい(문강학해) 문학의 근원으로 삼는 곳. 문학의 심오한 곳.

【文格】ぶんかく(문격) 문장의 품격.

【文庫】ぶんこ(문고) ①책을 간직해 두는 곳. 書庫(서고). ②문서·문방구 등을 담는 상자. ③출판물의 한 형태. 보급을 목적으로 하여 만든, 염가·소형의 책. ¶—版.

【文曲】ぶんきょく(문곡) ①문장을 이름. ②악곡(樂曲)을 이름. ③별 이름. 文星(문성).

【文縠】ぶんこく(문곡) 무늬 있는 오글쪼글한 비단.

【文曲星】ぶんきょくせい(문곡성) 구성(九星)의 네째 별. 문운(文運)을 맡아봄. 文星(문성).

【文科】ぶんか(문과) ①경학 문장(經學文章)으로써 뽑는 시험. ↔武科(무과). ②문학 내지 인문 과학에 관한 학과. ↔理科(이과).

【文過其實】ぶんソノじつニスグ(문과기실) 꾸밈이 실제를 지나침. ¶以— 遂廢於家＜後漢書＞

【文過遂非】ぶんかすいひ(문과수비) 허물을 어물어물 숨기고 고치지 않음.

【文官石】ぶんかんせき(문관석) 능(陵) 앞에 세우는, 문신(文臣)의 석상(石像). 文石(문석). 文石人(문석인). ↔武官石(무관석).

【文魁】(문괴) 문과의 장원(壯元).

【文巧】ぶんこう(문교) 꾸미고 속임.

【文驕】ぶんきょう(문교) 학식을 믿고 부리는 교만.

【文句】ぶんく·もんく(문구) 글의 구절. 글귀.

【文具】ぶんぐ(문구) ①문방 제구. 붓·종이·벼루·먹 따위. ②빗[梳] 상자. ③오로지 법령을 숭상하여 법문(法文)만을 완비하는 일. 또는, 겉치장만 함.

【文券】ぶんけん(문권) 땅이나 집 등의 소유권 또는 권리를 주장할 수 있는 문서. 文記(문기). 文書(문서).

【文軌】ぶんき(문궤) 문자와 수레바퀴 자국의 폭(幅). 왕자가 천하를 통일하는 데 갖추어야 하는 것.

【文氣】ぶんき(문기) 문장의 기세.

【文恬武嬉】ぶんてんぶき(문념무희) 세상이 태평하여 문무 관리들이 안일에 빠짐. ¶相臣將臣—＜韓愈＞

【文壇】ぶんだん(문단) 문인들의 사회. 문학상의 무대. 文林(문림). 文苑(문원).

【文德】ぶんとく(문덕) 예악(禮樂)으로써 교화하고 복종시키는 덕.

【文道】ぶんどう(문도) 나라를 평화롭게 다스리는 길. 또는, 학예의 길.

【文牘】ぶんとく(문독) ①편지. ②공무상의 서류.

【文棟】ぶんとう(문동) 문단의 동량(棟梁). 문장계의 우두머리.

【文麗】ぶんれい(문려) 문채가 있고 아름다움.

【文例】ぶんれい(문례) 문장을 짓거나 쓰는 방법의 실례(實例).

【文理】ぶんり(문리) ①문장의 조리. 文脈(문맥). ②문과와 이과. ¶—大.

【文莫】ぶんばく(문막) 힘씀. 힘써 행함. ¶子曰—吾猶人也＜論語＞

【文網】ぶんもう(문망) 법. 규정. 文罔(문망).

【文脈】ぶんみゃく(문맥) 문장의 맥락.

【文盲】もんもう(문맹) 글을 볼 줄도 쓸 줄도 모름. 또는, 그런 사람. ¶—退治.

【文面】ぶんめん(문면) ①문장에 나타난 의미. ②돈의 무늬가 있는 쪽 면. ③얼굴에 문신을 함. 또는, 문신한 얼굴.

【文名】ぶんめい(문명) ①절문 위의(節文威儀)를 이름. ②꾸민 이름. 훌륭한 이름. ③글을 잘한다는 명성. 文聲(문성).

【文命】ぶんめい(문명) ①문덕(文德)의 가르침. 文德敎命(문덕교명). ②하(夏) 우왕(禹王)의 이름.

【文明】ぶんめい(문명) ①문채가 있고 빛나는 일. ②덕과 교양이 있어 훌륭함. ③문채나 나타남. ¶—以止 人文也＜易經＞ ④문채가 빛남. ¶情深而—＜史記＞ ⑤㉮ 인지(人知)가 발달하여 세상이 진보한 상태. ㉯문화(文化)를 종교·도덕·학술 등 순수 정신문화라고 해석할 때, 기술 또는 물질문화를 이름.

【文貌】ぶんぼう(문모) 몸가짐. 행동 거지.

【文木】ぶんぼく(문목) 쓸모 있는 훌륭한 나무. ↔散木(산목).

【文廟】ぶんびょう(문묘) 공자(孔子)를 모신 사당.

【文武】ぶんぶ(문무) ①문사(文事)와 무사(武事). ②주(周)의 문왕과 무왕. ③북[鼓]과 종(鐘).

【文武兼備】ぶんぶけんび(문무겸비) 학문과 무예를 아울러 갖춤.

【文武兼全】ぶんぶけんぜん(문무겸전) 문식(文識)과 무략(武略)을 다 갖춤.

【文武百官】ぶんぶひゃっかん(문무백관) 문무의 모든 벼슬아치.

【文武石】(문무석) 능(陵) 앞에 세우는 문석(文石)과 무석(武石).

【文武火】(문무화) 뭉근하게 타는 불과 강하게 타는 불.

【文物】ぶんぶつ(문물) 문화의 산물. 학문·예술·교육·종교·법률 등.

【文班】ぶんぱん(문반) 문관의 반열(班列). 東班(동반).

【文房】ぶんぼう(문방) ①문사(文詞)를 맡아 보던 지위. ②독서실. 書齋(서재).

【文舫】ぶんぼう(문방) 화려하게 꾸민 배.

【文房具】ぶんぼうぐ(문방구) 서재에 필요한 기구. 붓·벼루·종이·먹 따위. 文具(문구).

【文房四友】ぶんぼうしゆう(문방사우) 종이·붓·벼루·먹을 이름. 文房四侯(문방사후). 文房四寶(문방사보).

【文房四侯】ぶんぼうしこう(문방사후) ☞文房四友(문방사우).

【文範】ぶんぱん(문범) 문장의 모범.

【文法】ぶんぽう(문법) ①법률. 규칙. ¶上下相爲匿以避—焉＜漢書＞ ②문장의 작법(作法) 및 구성법. ③언어의 구성 운영상의 규칙.

【文柄】ぶんぺい(문병) 학문상 또는 문치상(文治上)의 권세.

【文簿】ぶんぼ(문부) 문서와 장부.

【文備】ぶんび(문비) 학문상의 준비. 문교상의 설비. ↔武備(무비).

【文憑】(문빙) 증빙 서류.

【文士】ぶんし(문사) 문필에 종사하는 사람. 文人(문인).

【文事】(문사) 학문·시문 등에 관한 일.

【文思】ぶんし(문사) ①천지를 경위(經緯)함을

文, 도덕의 순일 완비(純一完備)를 思라 함. 일설에는 문장과 의사(意思). ②문장에 담긴 사상. 글을 지을 때의 생각.
【文詞】ぶんし(문사) ☞文辭(문사).
【文辭】ぶんじ(문사) 문채가 나는 말. 문장에 쓰인의 말. 文詞(문사).
【文書】ぶんしょ·もんじょ(문서) 공용(公用) 서류. 계약이나 소유를 밝힌 서류 따위. 文券(문권). 文簿(문부).
【文石】ぶんせき(문석) ①무늬가 있는 돌. ②마노(瑪瑙)의 이칭. ③☞文官石(문관석).
【文選】ぶんせん(문선) ①문관의 선수(選授)·훈봉(勳封)·고과(考課)의 정령(政令)을 이름. ↔武選(무선). ②활판 인쇄에서 원고에 맞추어 활자를 뽑는 일. ¶一工. ③명문을 가려 뽑음. 또는, 그렇게 한 책. ④양(梁) 소명태자(昭明太子) 소통(蕭統)이 편찬한, 주(周)에서 양(梁)까지의 시문을 모은 책. 당(唐)·송(宋) 이래 과거 보는 선비에게 널리 읽힘. 원본 30권. 주석을 붙여 60권.
【文宣王】ぶんせんおう(문선왕) 공자(孔子)의 시호(諡號). 당(唐) 현종(玄宗)이 추증(追贈) 「함.
【文聲】ぶんせい(문성) ☞文名(문명)③.
【文勢】ぶんせい(문세) 글의 기세.
【文殊菩薩】もんじゅぼさつ(문수보살)《佛》범어(梵語) Manjusri의 음역. 묘덕(妙德) 또는 길상(吉祥)의 뜻. 여래(如來)의 왼편에 있으며 지혜를 맡은 보살. 불상은 오른손에 지검(智劍)을, 왼손에 연화(蓮華)를 지님.
【文飾】ぶんしょく(문식) ①꾸밈. 수식함. ②실수나 잘못을 꾸며 댐. 「신).
【文臣】ぶんしん(문신) 문관인 신하. ↔武臣(무
【文身】ぶんしん(문신) 살갗에 먹물 무늬를 넣음. 또는, 그렇게 한 몸.
【文深】ぶんしん(문심) ①세밀히 주의함. 用意周到(용의주도). ②법률대로 고집하여 가혹(苛酷)한 일.
【文雅】ぶんが(문아) ①문학상의 우아한 일. ②문사(文事)에 능하고 풍류스러운 일.
【文樂】ぶんがく(문악) 문사(文事)의 음악. ↔武樂(무악).
【文案】ぶんあん(문안) ①책상. 几案(궤안). ②문장의 초안. 草稿(초고). ③문서 안건(案件). ④친군영(親軍營)의 한 벼슬.
【文野】ぶんや(문야) 문명과 야만. 개화와 미개(未開). 「나약함.
【文弱】ぶんじゃく(문약) 문사(文事)에만 골몰하여
【文語】ぶんご(문어) ①문장에 쓰이는 말. ¶一體. ↔口語(구어). ②문장과 언어. 「말.
【文言】ぶんげん(문언) 꾸미기만 하고 내용이 없는
【文藝】ぶんげい(문예) ①문장에 관한 일. 문학과 예술. ↔武藝(무예). ②미적(美的) 현상을 이상화하여 표현하는 것. 시가·문장·소설·희곡·그림·조각 따위. ¶一思潮/一復興.
【文王】ぶんおう(문왕) ①주(周) 무왕(武王) 아버지. 이름은 창(昌). 태공망(太公望)을 모사(謀師)로 삼고, 국정을 바로잡아 융적(戎狄)을 토벌(討伐)하여 선정을 베풂. (B.C. 185? ~135?). ②「시경」(詩經) 대아(大雅)의 편명(篇名).

【文王鼎】ぶんおうてい(문왕정) 구리로 만든 네모진 그릇. 주(周) 문왕이 만들었다 하여 붙은 이름.

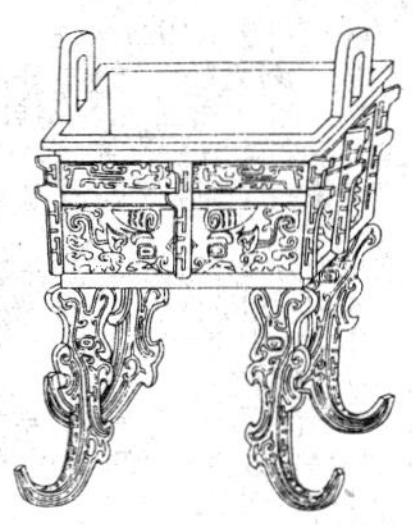

周文王鼎(博古圖)

【文曜】ぶんよう(문요) 문채(文采)가 있고 빛나는 것. 해·달·별 따위.
【文耀】ぶんよう(문요) 아름다운 빛.
【文友】ぶんゆう(문우) 글로써 사귄 벗. ¶曾子曰 君子以文會友 以友輔仁<論語>

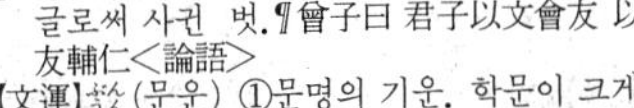

【文運】ぶんうん(문운) ①문명의 기운. 학문이 크게 일어나는 기세. ②학문상의 형세. 학예의 추세. ③시문의 형세. ↔武運(무운).
【文雄】ぶんゆう(문웅) 문장이 일세에 뛰어난 사람. 文傑(문걸). 文豪(문호). 「의 이칭.
【文垣】ぶんえん(문원) ①홍문관의 이칭. ②예문관
【文苑】ぶんえん(문원) ☞文壇(문단).
【文囿】ぶんゆう(문유) ①문사(文事)를 닦는 곳. ②문학하는 선비.
【文儒】ぶんじゅ(문유) 학자. 또는, 뛰어난 유학자.
【文意】ぶんい(문의) 글의 뜻. 文義(문의).
【文異】ぶんい(문이) 경문(經文)의 글자가 서로 다름. ¶一而意同.
【文人】ぶんじん(문인) ①문덕(文德)이 있는 사람. ¶一 文德之人也<詩經·注> ②문필에 종사하는 사람. 文士(문사).
【文人相輕】ブンジンアイカロンズ(문인상경) 문사(文士)는 상대 문사를 업신여기는 버릇이 있음. ¶一自古而然<魏文帝> 「學).
【文任】ぶんにん(문임)㊌홍문관·예문관의 제학(提
【文字】もんじ·もじ(문자) ①글자. ②㊌ 한자로 된 숙어·속담·격언 등을 이르는 말.
【文者貫道之器也】(문자 관도지기야) 글은 도(道)를 영구히 전하는 그릇임. ¶一 不深於斯道 有至焉者 不也<李漢>
【文字癖】もんじへき(문자벽) 글을 매우 좋아함을 이름. ¶官居課程地 生有一<陳造>
【文字言語】もんじげんご(문자언어) 글자로 쓴 말. ↔音聲言語(음성언어).
【文字獄】もんじノごく(문자옥) ☞筆禍(필화).
【文字飮】もんじノいん(문자음) 시문(詩文)을 짓고 논하면서 술을 마심. ¶不解一 惟能醉紅裙<韓愈> 「牒(문첩).
【文狀】(문장)㊌①편지. 書狀(서장). ②☞文
【文章】ぶんしょう(문장) ①자구(字句)를 이어서 하나의 생각을 나타낸 것. 흔히 산문적인 글을 이름. ¶一道/一論/一符號. ②글을 뛰어나게 잘 쓰는 사람. 文章家(문장가). ③청(青)·적(赤) 무늬를 文, 적(赤)·백(白) 무늬를 章이라 하는 데서, 의복에 수놓은 무늬를 이름. ④예악(禮樂) 제도(制度)를 이름. ⑤덕(德)이 밖으로 드러난 것. 위의(威儀)·문사(文辭) 등.
【文場】ぶんじょう(문장) ①문단(文壇). ②문학하

는 선비를 시험하는 곳. 科場(과장).

【文章三易】ぶんしょうさんい ノ(문장삼이) 문장은 알기 쉽고 읽기 쉽고 보기 쉬워야 한다는 말.

【文章宿老】ぶんしょうしゅくろう ノ(문장숙로) 문단의 원로.

【文章絶唱】ぶんしょうぜっしょう ノ(문장절창) 문장이 가장 뛰어난 것을 이름.

【文章憎命達】ぶんしょうめいたつヲニクム(문장 증명달) 문장에 뛰어난 사람은 대개 운수가 트이지 않아 영달하지 못함을 이르는 말. ¶江湖秋水多一<杜甫>

【文才】ぶんさい(문재) 글재주. 문필의 재능.

【文籍】ぶんせき(문적) 글로 적어 놓은 것. 문서·서적을 이름.

【文典】ぶんてん(문전) ①문법을 설명한 책. ②문장에 대한 법칙. ③겉만 번지르르한 말. ¶終日言成一<荀子>

【文政】ぶんせい(문정) ☞文治(문치).

【文藻】ぶんそう(문조) ①문장의 멋. ②글을 짓는 재주. 文才(문재).

【文鳥之夢】ぶんちょうノユメ(문조지 몽) 깃털의 문채가 아름다운 새가 입으로 날아든 꿈. 진(晋)의 나함(羅含)이 이 꿈을 꾸고부터 문사(文思) 시조(詩藻)가 날로 풍부해졌다 함.

【文宗】ぶんそう(문종) 문장의 대가로, 세상의 숭앙을 받는 사람. 문학의 대가.

【文鎭】ぶんちん(문진) ☞書鎭(서진).

【文陣】ぶんじん(문진) 문단(文壇). 문사(文事)를 전진(戰陣)에 비유한 말.

【文質】ぶんしつ(문질) 꾸밈과 질박(質朴)함. 화려함과 수수함.

【文質彬彬】ぶんしつひんぴん(문질빈빈) 문(文)과 질(質)이 조화를 이루는 일. ¶質勝文則野 文勝質則史 一然後君子<論語>

【文質三統】ぶんしつさんとう(문질삼통) 은(殷)은 질(質)을, 주(周)는 문(文)을 숭상함과 같이, 문화(文華)와 질박(質朴)이 왕조에 따라 돌아가며 채용되어, 예제(禮制)를 고치는 원리가 됨을 이름. 삼통이란 하(夏)의 인통(人通), 은(殷)의 지통(地統), 주(周)의 천통(天通)을 이르며, 이 역시 왕조에 따라 순환(循環)하였음을 이름.

【文集】ぶんしゅう(문집) 한 사람 또는 여러 사람의 글을 편집한 책.

【文昌星】ぶんしょうせい(문창성) 북두칠성의 한 별. 학문을 맡은 별.

【文采】ぶんさい(문채) ①5성(聲)이 서로 화(和)하고 응(應)하여 아름다운 음곡(音曲)을 이루는 일. ②아름다운 빛깔. 무늬·의복 등의 화려함을 이름. ③문장·저술의 훌륭한 것. ④빛깔을 넣은 천. 무늬 있는 피륙. ⑤모습. 풍채. 「綵(문채).

【文彩】ぶんさい(문채) 무늬. 무늬가 있는 비단. 文

【文牒】ぶんちょう(문첩) 서류. 문서. 書狀(서장).

【文體】ぶんたい(문체) 문장의 체재(體裁).

【文體有三】ぶんたいさんアリ(문체유삼) 송(宋)의 주희(朱熹)는 문체를 치세(治世)의 문, 쇠세(衰世)의 문, 난세(亂世)의 문의 셋으로 나누었음.

【文治】ぶんち(문치) 문덕(文德)으로 행하는 정치. 文政(문정). ↔武斷(무단).

【文致】ぶんち(문치) ①문장의 운치. 문장의 뜻. ②법을 굽혀 무고(無辜)한 사람을 죄주는 일. ③문화(文華)의 극치.

【文套】ぶんとう(문투) ①글을 짓는 격식. ②글에 나타나는 버릇.

【文圃】ぶんぽ(문포) ☞文壇(문단). 「풍습.

【文風】(문풍) ①글의 풍류. ②글을 숭상하는

【文筆】ぶんぴつ(문필) ①시가·문장을 짓는 재주. 또는, 그것을 적은 것. 文墨(문묵). ②운문과 산문.

【文學】ぶんがく(문학) ①학문. 학예. 시문(詩文)에 관한 학술. ②사상·감정을 상상의 힘을 빌어 언어 또는 문자로 표현한 예술적 작품. 시가·소설·희곡·수필·평론 따위. ③한(漢)대에 박사를 도와 교수(敎授)를 맡던 벼슬.

【文翰】ぶんかん(문한) ①문서. 문장과 필묵(筆墨). 필묵(筆墨)에 관한 모든 것. ②문채가 있는 새[鳥].

【文行忠信】ぶんこうちゅうしん(문행충신) 공문(孔門) 교육의 네 가지 강령(綱領). 곧, 시서예악(詩書禮樂), 궁행(躬行), 충성(忠誠), 신실(信實).

【文軒】ぶんけん(문헌) ①화려하게 꾸민 수레. ②그림으로 장식한 전각의 난간. 「법규.

【文憲】ぶんけん(문헌) ①학문의 법. 학문의 길. ②

【文獻】ぶんけん(문헌) 전적(典籍)과 현자(賢者). 옛 제도 문물을 알 수 있는 증거가 되는 것. ¶一學.

【文衡】ぶんこう(문형) ①장식을 한 병거(兵車)의 횡목(橫木). ②전시(典試)의 벼슬. 문자를 평(評)하고 헤아림이 저울로 물건을 닮과 같은 데서 이르는 말.

【文豪】ぶんごう(문호) 문학의 대가.

【文化】ぶんか(문화) ①문덕(文德)으로 교화(敎化)함. 文治敎化(문치교화). ②인지(人智)가 깨고 세상이 열리어 밝게 됨. ③인간이 자연을 정복·지배하여 본래 가지고 있는 궁극의 이상(理想)을 실현·완성하려는 과정의 총칭. 이 과정에서 학문·예술·도덕·종교·법률·경제 등이 생겨남. ¶一遺產/一財.

【文華】ぶんか(문화) ①문명의 꽃. 문명의 훌륭함. ②문장의 화려함. ③문학에 뛰어난 사람.

【文幌】ぶんこう(문황) 무늬가 있는 휘장.

▷經一, 古一, 高一, 曲一, 公一, 空一, 關一, 口一, 具一, 歐一, 舊一, 國一, 今一, 金石一, 奇一, 綺一, 紀行一, 單一, 短一, 獨一, 同一, 賣一, 名一, 明一, 舞一, 美一, 博一, 駁一, 斑一, 白一, 複一, 本一, 浮一, 不一, 祕一, 碑一, 死一, 斯一, 散一, 上一, 尙一, 序一, 成一, 省一, 小心一, 屬一, 守一, 修一, 時一, 雅一, 語一, 言一, 諺一, 麗一, 衍一, 戀一, 艷一, 英一, 例一, 禮一, 藝一, 右一, 韻一, 雄一, 移一, 人一, 印一, 日一, 逸一, 刺一, 咨一, 作一, 雜一, 長一, 全一, 前一, 電一, 箋一, 篆一, 錢一, 節一, 程一, 祭一, 弔一, 條一, 藻一, 左一, 主一, 注一, 呪一, 重一, 地一, 誌一, 織一, 贊一, 讖一, 彩一, 天一, 綴一, 祝一, 漢一, 現代一,

好一, 混一, 華一, 廻一, 戱一

6【齐】齊(p.1700)의 俗字

7【斊】舉(p.1256)의 俗字

7【吝】☞ 口部 4획(p.281)

7【李】☞ 子部 4획(p.417)

8【斉】齊(p.1700)의 略字

10【紊】☞ 糸部 4획(p.1158)

10【斋】齋(p.1701)와 同字

10【斎】齋(p.1701)와 同字

11【斍】覺(p.1365)의 俗字

11【斌】☞ 文部 8획(p.693)

11【紋】敍(p.683)의 訛字

11【斈】譽(p.1407)의 俗字

11【斎】齋(p.1701)의 俗字

8/12【斑】얼룩 반 | 刪ㄅㄢ (ban) | はん(マダラ) *spot*

풀이 ①얼룩. 얼룩진 무늬. ¶一白者不以其任行乎道路<禮記> ②어지러워지는 모양. ¶一陸離其上下<楚辭> ③나누다. 通班.

【斑猫】はんみょう(반묘) 가뢰의 한방명(韓方名).

【斑文】はんもん(반문) 얼룩 무늬. 斑紋(반문).

【斑紋】はんもん(반문) 얼룩 무늬. 황색 바탕에 굵고 검은 줄이 있는 무늬.

【斑駁】はんぱく(반박) 얼룩. 얼룩얼룩한 모양.

【斑斑】はんはん(반반) ①고르게 잘 섞인 모양. 彬彬(빈빈). ②눈물 자국 등이 점점이 있는 모양.

【斑白】はんぱく(반백) 머리털이 희끗희끗함. 또는, 그런 노인. 班白(반백). 頒白(반백). 半白(반백).

【斑衣之戱】はんいのぎ(반의지 희) 때때옷 차림으로 재롱 부린다는 뜻으로, 효양(孝養)의 비유. 춘추 시대 초(楚)의 노래자(老萊子)가 일흔 살에 색동옷을 입고 늙은 부모에게 어리광을 부려 늙음을 잊게 했다는 옛일에서 유래.

【斑點】はんてん(반점) 얼룩져 흩어져 있는 점.

【斑竹】はんちく(반죽) 얼룩 무늬가 있는 대. ¶竹有黑點 謂之一 非也<臨漢隱居詩話>

【斑疹】はんしん(반진) 마진(痲疹)·성홍열(猩紅熱) 등으로 온몸에 좁쌀만한 붉은 것이 돋아나는 것.

【斑布】はんぷ(반포) 무명의 한 가지. 반베.

▷爛一, 白一, 一一, 豹一, 虎一, 纈一

8/12【斐】아름다울 비 | 尾ㄈㄟˇ (fei) | ひ(ウツクシイ) *beautiful*

풀이 ①아름답다. 문채가 있어 화려한 모양. ¶有一君子<大學> ②가벼운 모양. ¶一一.

【斐然成章】ひぜんとしてしょうをなす(비연성장) 학문, 수양이 성취되어 훌륭함. ¶一 不知所以裁之<論語>

▷狂一, 有一, 萋一

8/12【斌】빛날 빈 | 眞ㄅㄧㄣ (bin) | ひん *shine*

源 會意. 文과 武가 조화됨의 뜻.

풀이 ①빛나다. 문(文)과 무(武)가 조화되어 아름다운 모양. 같 彬. ②뒤섞여 얽힌 모양. ¶士女頒一而咸戾<潘岳>

【斌斌】ひんぴん(빈빈) ☞ 彬彬(빈빈).

9/13【斒】얼룩얼룩할 반 | 刪ㄅㄢ (ban) | はん

15【斘】彩(p.539)와 同字

19【斔】斞(p.695)와 同字

17/21【斕】문채 란 | 刪ㄌㄢˊ (lan) | らん(アヤ) *figure*

▷斑一, 斒一

斗<말 두>部

斗 ⑥料 ⑦斛 斜 ⑧斝 ⑨斞 斟 ⑩斠 斡 ⑬斣

0/4【斗】말 두 | 有ㄉㄡˇ (dou) | と(マス)

源 象形. 자루가 달린 구기를 본뜸.

풀이 ①말. ㉮용량(容量)의 단위. 1斗는 10升. ㉯1말[斗]을 되는 용기. ㉰용량을 되는 용기의 총칭. ¶平一斛度量<史記> ②구기. 술·국 등을 푸는 자루가 긴 용구. ¶酌以大一<詩經> ③별 이름. 斗는 北斗, 南斗, 小斗의 세 별자리의 총칭. ¶日中見一<易經> ④동자기둥. 쪼구미. 들보 위에 세우는 짧은 기둥. ⑤뾰족하다. 튀어나옴. ¶成山一入海<史記> ⑥험하다. 우뚝 솟음. ¶山形一拔 其上寬平<宋史> ⑦갑자기. ¶一覺霜毛一半加<韓愈> ⑧조두(刁斗). 군대에서 야경을 돌 때 쓰던 바라. ⑨抖(두)의 俗字.

【斗覺】とかく(두각) 갑자기 깨달음.

【斗格】(두격) 평미레. 평목.

【斗斛】とこく(두곡) ①말. ②斗는 10되[升], 斛은 10말[斗]. 얼마 되지 않는 분량.

【斗穀】とこく(두곡) 말곡식.

【斗栱】ときょう(두공) 들보 위에 세우는 짧은 기둥. 동자기둥. 枓栱(두공).

【斗魁】とかい(두괴) 북두 칠성의 첫째에서 네째까지의 별. 자루에 해당하는 세 별을 제외한 별. ※斗柄(두병).

【斗極】ときょく(두극) 북두 칠성과 북극성. 또는, 북두 칠성.

【斗箕】とき(두기) 28수(宿)의 두성(斗星)과 기성(箕星).

【斗南】となん(두남) ①북두 칠성 이남. ②천하.

【斗南一人】となんいちにん(두남일인) 북두 칠성 이남

에서 제일 가는 사람. ¶狄公之賢 北斗以南 一人而已矣<唐書>
【斗膽】とたん(두담) 한 말들이만한 담. 담력이 큼. 또는, 그 사람.
【斗大】とだい(두대) 한 말들이만한 크기.
【斗落】(두락)韓 논밭의 면적의 단위. 마지기.
【斗祿】とろく(두록) 얼마 되지 않는 녹봉(祿俸).
【斗門】ともん(두문) ①수문(水門). 둑의 물문. ②북두(北斗)의 문.
【斗柄】とへい(두병) 북두 칠성의 국자 모양의 자루에 해당하는 부분. 곧, 다섯째, 여섯째, 일곱째의 세 별. ※斗魁(두괴).
【斗城】とじょう(두성) 작은 성. 작은 고을.
【斗筲】としょう(두소) 斗는 한 말들이 말, 筲는 한 말 두 되들이 대그릇. ㉮기량이 좁은 사람의 비유. ¶一之人/一之材. ㉯녹봉이 적음의 비유. 「斗).
【斗宿】としゅう(두수) 28수(宿)의 하나. 남두(南
【斗藪】とそう(두수) ①범어 두타(頭陀)의 역어. 의식주(衣食住)에 대한 탐욕을 떨어 버림을 이름. ②두려워 떠는 모양. 斗擻(두수).
【斗十千】とじゅうせん(두십천) 비싼 술. 미주(美酒) 한 말의 값이 1만 전(錢)이나 됨. 十千은 1만(萬).
【斗屋】とおく(두옥) 매우 작은 집. 오두막집.
【斗牛】ときゅう(두우) 북두성(北斗星)과 견우성(牽牛星). 또는, 남두성과 견우성.
【斗宇】とう(두우) 온 세상. 우주(宇宙).
【斗入】とにゅう(두입) 뾰족이 들이 박힘. ¶成山一海<史記> 「②적은 술.
【斗酒】としゅ(두주) ①말술. 많은 술. ¶一不辭.
【斗酒百篇】としゅひゃっぺん(두주백편) 한 말 술을 마시며 시 백 편을 지음. 이백(李白)이 술을 좋아했으며, 음주 중에 시를 잘 지은 일. ¶李白一斗詩百篇<杜甫>
【斗杓】とひょう(두표) ☞斗柄(두병).
【斗護】とご(두호) 돌보아 줌. 두둔함.
▷科一, 南一, 漏一, 膽如一, 大一, 墨一, 北一, 星一, 小一, 升一, 玉一, 星一, 刁一, 抽一, 泰一, 火一

9〖科〗☞禾部 4획(p.1103)

9〖⿰申斗〗 ⿰甚斗(p.695)과 同字

10〖⿱⺮斗〗 斝(p.695)의 俗字

10〖⿰百斗〗 斛(p.694)과 同字

6/10〖料〗 헤아릴 료 | ㄌㄧㄠˋ (liao) | りょう (ハカル) *measure*

源 **會意**. 쌀을 말[斗]로 된다는 뜻.

풀이 ①헤아리다. 요량함. ¶凡事如是 難可逆一<諸葛亮>/一得. ②되다. 마질함. ¶嘗爲李氏吏 一量平<史記> ③세다. 수효를 셈. ¶王一民於太原<國語> ④다스리다. ¶當與卿共一四海之士<蜀志> ⑤쓰다듬다. ¶一虎頭 編虎鬚<莊子> ⑥녹(祿). 봉급. 급여(給與). ¶給外官半一<唐書> ⑦거리. 재료. ¶山色供詩一<杜甫>/材一. ⑧韓 삯. 값. ¶使用一.
【料金】りょうきん(요금) 사용하거나 힘을 빌었거나 했을 때 그 대가로 셈하는 돈.
【料得】りょうとく(요득) 헤아림. 짐작함.
【料量】りょうりょう(요량) ①말로 됨. 또는, 그 말. ②헤아려 생각함. 또는, 그 생각.
【料理】りょうり(요리) ①헤아려 다스림. 조치함. ②돌봄. 시중듦. ③韓 음식물을 조리함. 또는, 그 음식. 「米(녹미).
【料米】りょうまい(요미) 봉급으로 내어 주는 쌀. 祿
【料食】りょうしょく(요식) ①벼슬아치들에게 주는 잡급(雜給). ②자기 몫으로 받은 분량의 밥.
【料外】りょうがい(요외) 생각 밖. 뜻밖.
【料率】りょうりつ(요율) 요금의 비율.
【料亭】りょうてい(요정) 요릿집.
【料峭】りょうしょう(요초) 봄바람의 차가움의 형용.
【料度】りょうたく(요탁) 미루어 헤아림. 忖度(촌탁). 「베.
【料布】りょうふ(요포) 봉급으로 주던 무명이나
▷見一, 計一, 給一, 廩一, 塗一, 無一, 肥一, 史一, 思一, 飼一, 色一, 損一, 授業一, 詩一, 食一, 審一, 顏一, 御一, 燃一, 染一, 原一, 有一, 飮一, 資一, 雜一, 材一, 諦一

7/11〖斛〗 휘 곡 本혹 同⿰百斗 | ㄏㄨˊ (hu) | こく

풀이 ①휘. ㉮10말의 용량(容量). ¶十斗日一<儀禮> ㉯곡식을 되는 그릇의 총칭. ¶平斗一度量<史記> ②헤아리다. ¶日月相一<太玄經>

斛① (三禮圖)

【斛斗】こくと(곡두) 말. 또는, 말로 된 분량의 이름. 斗는 10되, 斛은 10말.
【斛上】(곡상)韓 세미(稅米)를 받을 때 서해(鼠害) 등의 손실에 대비하여 쌀 한 섬에 서 되씩 더 받던 일.
▷銅一, 斗一, 石一, 小一, 升一, 儲一

11〖⿰豆斗〗 斗(p.693)의 俗字

7/11〖斜〗 1비낄 사 2땅이름 야 | ㄒㄧㄝˊ (xie) | しゃ (カタムク) や

풀이 1 ①비끼다. ㉮기울다. 경사짐. ¶低一力不支<白居易> ㉯해나 달이 지다. ¶白日西一<南史> ㉰엇걸리다. ¶綠倒紅飄欲盡 風一細雨相逢<陸龜蒙> ②굽다. 구불구불함. ¶紫水廻一<梁簡文帝> ③바르지 못하다. 방정(方正)하지 못함. 2땅 이름. 섬서성(陝西省)에 있음.
【斜坑】しゃこう(사갱) 비스듬히 파 들어간 갱도(坑道).
【斜徑】しゃけい(사경) 비탈길. 비스듬히 난 소로.
【斜路】しゃろ(사로) ①비탈진 길. ②큰길에서 빗겨난 길. 「댄 창살.
【斜籠】(사롱)韓 대문이나 중문 위에 만들어

【斜稜】しゃりょう(사릉) 빗모서리.
【斜面】しゃめん(사면) 경사진 면. 수평면에 대하여 경사진 평면. 傾斜面(경사면).
【斜封】しゃほう(사봉) 편지를 비스듬히 봉함. 당(唐)대에 청알(請謁)에 의하여 벼슬을 제수할 때 사령서에 썼음. ¶一官.
【斜線】しゃせん(사선) 한 직선에 대하여 사각(斜角)을 이루는 직선.
【斜視】しゃし(사시) ①곁눈질함. 斜瞻(사첨). ②사팔눈. ¶外一.
【斜眼】しゃがん(사안) 곁눈질로 보는 눈.
【斜陽】しゃよう(사양) ☞夕陽(석양).
【斜月】しゃげつ(사월) 지는 달.
【斜日】しゃじつ(사일) ☞夕陽(석양).
【斜照】しゃしょう(사조) ☞夕陽(석양).
【斜瞻】しゃせん(사첨) ☞斜視(사시).
【斜塔】しゃとう(사탑) 비스듬히 기운 탑.
【斜皮】(사피)韓 ①장구의 줄을 죄었다 늦추었다 할 때 쓰는 가죽 고리. ②돈피(獤皮).
【斜漢】しゃかん(사한) 은하수.
【斜巷】しゃこう(사항) 노는 계집의 거리. 유곽(遊廓).
【斜暉】しゃき(사휘) ☞夕陽(석양).
【斜谷】やこく(야곡) 골짜기 이름. 섬서성(陝西省)에 있음.
▷傾一, 盤一, 西一, 狹一, 廻一, 橫一

8
12 〖斝〗 옥잔 가 | 馬 ㄐㄧㄚˇ (jia) | か

源象形. 큰 술독을 본뜸. 뒷날, 술잔으로 잘못 쓰임.

풀이 ①옥잔. 하(夏)에서는 잔(醆), 은(殷)에서는 가(斝), 주(周)에서는 작(爵)이라 함. ②빌다. 신에게 복을 빎. ¶與鬱人受一 歷而皆飮之<周禮>

斝① (三才圖會)

【斝耳】かじ(가이) 옥으로 만든 술잔.
【斝彝】かい(가이) 벼의 무늬를 새긴 술잔.

12 〖斟〗 斟(p.695)과 同字

9
13 〖斞〗 용량 단위 유 | 廣 | ゆ

9
13 〖斟〗 술따를 짐·침 | 侵 ㄓㄣ (zhen) | しん (クム)

同斟 斛

풀이 ①술을 따르다. 술을 침. ¶彭鏗一雉帝何饗<楚辭> ②수작(酬酌)하다. 잔을 주고받음. ¶玉杯一處綵霞鮮<劉楨> ③마실 거리. 술·국물 따위. ¶厨人進一<史記> ④헤아리다. 짐작함. ¶莫不一酌焉<後漢書> ⑤방울져 떨어지다. ¶漏屋疏疏滴 空檐細細一<范成大>
【斟酌】しんしゃく(짐작) 어림쳐서 헤아림. (침작) ①술잔을 주고받음. ¶過門更相呼 有酒一之<陶潛> ②처분함. 처치함.
【斟量】しんりょう(침량) ☞斟酌(짐작).
【斟誨】しんかい(침회) 짐작하고 헤아려 가르침.
▷滿一, 小一, 盈一, 酌一, 淺一, 行一, 獻一

10
14 〖斠〗 평미레질할 각·교 | 覺 ㄐㄧㄠˋ 效 (jiao) | かく, こう (ハカル)

10
14 〖斡〗 1 관리할 간 本관 2 돌 알 | 旱 ㄍㄨㄢˇ (guan) 曷 ㄨㄛˋ (wo) | かん(ツカサドル) *manage* あつ

풀이 1 ①관리하다. 돌봄. 通幹. ¶欲擅一山海之貨<漢書> ②두르다. ¶一流而遷<漢書> 2 돌다. ¶一棄周鼎<史記>
【斡棄】あっき(알기) 내버림.
【斡旋】あっせん(알선) ①돎. 또는, 돌림. ②남의 일을 주선하여 줌. 돌봄. ③매매를 주선하여 구문(口文)을 받는 행위.
【斡遷】あっせん(알천) 돌아 바뀜.
▷排一, 旋一, 運一, 移一, 擅一, 廻一

14 〖魁〗 ☞鬼部 4획(p.1667)

14 〖斢〗 斞(p.695)와 同字

15 〖斢〗 ☞木部 11획(p.786)

15 〖斣〗 熨(p.952)과 同字

13
17 〖斢〗 뜰 구 | 廣 | く(クム) *dip*

19 〖斢〗 斢(p.695)와 同字

斤<도끼 근>部

斤 ① 斥 ④ 斧 斨 ⑤ 斫 ⑦ 断 斬 ⑧ 斯 斮 ⑨ 新 ⑩ 斲 ⑬ 斶 ⑭ 斷

0
4 〖斤〗 1 도끼 근 2 밝게 살필 근 | 文 ㄐㄧㄣ (jin) 問 | きん (オノ) *ax*

源象形. 날이 선 도끼로 물건을 자르려는 형상. 돌도끼를 저울추로 썼으므로, 무게의 단위 「근」을 뜻함. 부수 명칭은 날근방.

풀이 1 ①도끼. 같釿. ¶斧一以時入山林<孟子> ②자귀. ③베다. 나무를 벰. ¶橫一山木<南史> ④근(斤). 무게의 단위. 1근은 16냥. ¶十六兩爲一<漢書> ⑤사랑하다. 귀여워함. ¶一一. 2 밝게 살피다. ¶一一.
【斤斗】きんと(근두) 곤두박질. 筋斗(근두).
【斤兩】きんりょう(근량) ①무게의 단위 근과 냥. 斤은 16兩, 兩은 24銖(수). ②韓 태도의 신중성이나 믿음성 등에서 오는 인품.
【斤斧】きんぷ(근부) 도끼.

【斤秤】(근칭)(韓) 100근까지 달 수 있는 저울. 大秤(대칭).
▷斧—, 運—, 黃—

1
5〖斥〗물리칠 척 |陌 彳 (chi)| せき(シリゾケル) *refuse*

풀이 ①물리치다. (같)㡿. ¶大國之求 無禮以—之<左氏傳> ②가리키다. ¶目晋侯—殺<穀梁傳> ③드러나다. ¶寇盜充—<左氏傳> ④엿보다. 염탐함. ¶—山澤之險<左氏傳> ⑤열다. 넓힘. ¶除邊關之益—<漢書> ⑥간석지(干潟地). ¶海濱廣—<書經> ⑦늪. 못. 소. ¶—鷃笑之<莊子> ⑧크다. ¶暴—虎<後漢書> ⑨붉다. (通)赤. ¶—埴. ⑩서까래. (通)榱. ¶—題不枅 土階不戚<路史>

【斥騎】せっき(척기) 척후의 기병.
【斥鹵】せきろ(척로) 염분(鹽分)이 많은 땅.
【斥賣】せきばい(척매) 싼 값으로 마구 팖.
【斥兵】せきへい(척병) ☞斥候(척후).
【斥邪】せきじゃ(척사) 요사스러움을 물리침.
【斥邪衛正】(척사위정)(韓) 정의를 지키고 사기(邪氣)를 배척함. 衛正斥邪(위정척사).
【斥言】せきげん(척언) 손가락질하며 말함. 사물의 득실을 지적하여 말함.
【斥題】せきだい(척제) 서까래의 끝. 榱題(최제).
【斥地】せきち(척지) 땅을 개척함. 또는, 개척한 땅.
【斥呼姓名】(척호성명)(韓) 어른의 성명을 함부로 부름.
【斥和】(척화) 화의(和議)를 물리침.
【斥候】せっこう(척후) 적군의 형편을 몰래 살핌. 또는, 그 군사.
▷排—, 擯—, 疎—, 攘—, 指—, 黜—, 退—, 貶—

6〖匠〗☞匚部 4획(p.231)

4
8〖斧〗도끼 부 |麌 ㄈㄨˇ (fu)| ふ(オノ) *ax*

풀이 ①도끼. ¶得其資—<易經> ②베다. 찍음. ¶—氷持作糜<魏武帝> ③도끼 무늬. 도끼 모양을 그리거나 수놓은 천. 또는, 그런 천을 바른 병풍. ¶天子負—依<禮記>

【斧柯】ふか(부가) ①도끼 자루. 또는, 도끼. ②정권(政權)의 비유.
【斧斤】ふきん(부근) 도끼. 큰 도끼와 작은 도끼.
【斧木】ふぼく(부목) 깎기만 하고 다듬지 아니한 나무.
【斧劈】ふへき(부벽) 화법(畫法)의 하나. 산이나 바위의 험하고 주름진 모양을 도끼로 깎은 것과 같이 표현하는 일.
【斧氷】ふひょう(부빙) 얼음을 쪼갬.
【斧鉞】ふえつ(부월) 작은 도끼와 큰 도끼. ㉮형구(刑具). ㉯정벌(征伐) 가는 대장에게 주살(誅殺)을 허락하는 신표로 주는 것으로 군기(軍器)·형륙(刑戮)을 뜻함.
【斧依】ふい(부의) ☞斧扆(부의).
【斧扆】ふい(부의) 붉은 비단에 자루가 없는 도끼 모양을 수놓아 만든 병풍. 천자가 제후를 만날 때 등 뒤에 쳤음.
【斧斨】ふしょう(부장) 도끼.
【斧藻】ふそう(부조) 깎아 꾸밈. 수식함.
【斧質】ふしつ(부질) ☞斧鑕(부질).
【斧鑕】ふしつ(부질) 죄인을 죽이는 데에 쓰는 도끼와 쇠모탕이라는 뜻에서, 사형(死刑)을 이름. 斧質(부질).
【斧鑿痕】ふさくこん(부착흔) 도끼와 끌의 흔적이라는 뜻에서, 시나 문장에 기교를 다한 흔적을 이르는 말.
【斧鑊】ふかく(부확) 도끼로 찍어 죽이는 형벌과 가마솥에 삶아 죽이는 형벌. 극형(極刑)을 이름.
▷鬼—, 雷—, 螳螂之—, 伐性之—, 資—, 齊—, 樵—, 投—

8〖⿰亓斤〗斯(p.697)의 古字
8〖⿰片斤〗析(p.755)의 古字
8〖所〗☞戶部 4획(p.612)

4
8〖斨〗도끼 장 |陽 ㄑㄧㄤ (qiang)| しょう

8〖欣〗☞欠部 4획(p.802)

5
9〖斫〗벨 작 |藥 ㄓㄨㄛˊ (zhuo)| しゃく(キル) *cut*

풀이 ①베다. 자름. 찍음. ¶拔戟—機<後漢書> ②어리석다.

【斫刀】(작도)(韓) 작두. 한약재나 짚·콩깍지 등의 사료를 써는 연장.
▷鹵—, 劈—, 芟—, 新—, 闇—, 邀—, 刺—, 長—, 斬—, 採—, 郗—

10〖釿〗近(p.1475)의 本字
10〖⿰⿱屮屮斤〗折(p.622)의 本字
11〖断〗斷(p.699)의 俗字
11〖⿰⿱屮屮斤〗折(p.622)과 同字

7
11〖斬〗벨 참 |豏 ㄓㄢˇ (zhan)| ざん(キル) *cut*

풀이 ①베다. ㉮베다. 자름. ¶爲宮室 不—於丘木<禮記> ㉯베어 죽이다. ¶對曰 當—<史記> ㉰형벌의 한 가지. 목을 쳐 죽이는 극형. ¶—殺賊諜<周禮> ②끊어지다. 다함. ¶君子之澤 五世而—<孟子> ③매우. 심히. ¶—新. ④상복(喪服)의 한 가지. 도련을 꿰매지 아니한 상복. ¶晏嬰麤縗—<左氏傳>

【斬決】ざんけつ(참결) 베어 깨뜨림.
【斬馘】ざんかく(참괵) ☞斬首(참수).
【斬級】ざんきゅう(참급) ☞斬首(참수).
【斬馬劍】ざんばけん(참마검) 한(漢)의 명검(名劍). 말의 목을 칠 만큼 날카롭다는 뜻에서 간사한 신하를 베는 칼을 이름.
【斬馬謖】ばしょくをきる(참마속) ☞泣斬馬謖(읍참마속).

【斬首】ざんしゅ(참수) 목베어 죽임. 또는, 그 머리. 斬馘(참괵). 斬級(참급).
【斬新】ざんしん(참신) 매우 새로움. 嶄新은 잘못. 極新(극신).
【斬焉】ざんえん(참언) 애통한 모양.
【斬剡哀】ざんえんノカナシミ(참염애) 몸을 에는 듯한 슬픔이라는 뜻으로, 상중(喪中)의 슬픔을 이르는 말. 斬剡之哀(참염지 애).
【斬罪】ざんざい(참죄) 목 베는 형벌을 받을 죄.
【斬衰】ざんさい(참최) 오복(五服) 중 가장 무거운 복. 거친 삼베로 짓고 아랫단을 꿰매지 않으며, 외간상(外艱喪)에 입음.
【斬破土】(참파토)㊗ 무덤을 만들려고 풀을 베고 땅을 팜.
【斬刑】ざんけい(참형) 목을 베는 형벌.
▷擊—, 擒—, 斷—, 屠—, 俘—, 要—, 斫—

12〖⿰奇斤〗 剞(p.211)와 同字

8/12〖斯〗 이 사 | 因ㄙ(si) | し(コレ) this
㊄ ⿰亓斤

풀이 ①이. 사물을 가리키는 대명사. ¶何莫由一道也<論語> ②어조사. ㉮곧. (같)則. ¶再一可矣<論語> ㉯이에. (같)乃. ¶弓矢一張<詩經> ㉰강조의 뜻. ¶如矢一棘 如鳥一革<詩經> ㉱어조(語調)를 고름. ¶螽一羽 詵詵兮<詩經> ③쪼개다. 가름. ¶斧以一之<詩經> ④떠나다. 떨어짐. ¶不知一齊國幾千萬里<列子> ⑤희다. ¶有兔一首<詩經> ⑥천하다. 낮음. ¶郞官部吏職一祿薄<後漢書> ⑦잠깐. 잠시. ¶禮樂不可一須去身<禮記> ⑧다하다. 모두. ¶我喪也一沾<禮記>
【斯界】しかい(사계) 이 방면. 이 사회.
【斯道】しどう(사도) 이 길. 성현의 길. 공맹(孔孟)의 가르침. ¶予將以一覺斯民也<孟子>
【斯盧】(사로) 신라의 이칭. 徐羅伐(서라벌).
【斯文】しぶん(사문) ①이 글. 이 학문. 유교의 학문·도의를 이름. ②유학자(儒學者).
【斯文亂賊】しぶんらんぞく(사문난적) 사문을 어지럽히고 상하게 한다는 뜻으로, 유교에서 유교 사상에 어긋나는 언행을 하는 사람을 이르는 말.
【斯須】しゅ(사수) 잠깐. 須臾(수유).
【斯學】しがく(사학) ①이 학문. ②숭상할 만한 학문.
▷鷄—, 露—, 如—, 螽—, 波—, 挾—

12〖⿰戔斤〗 剗(p.212)와 同字

8/12〖斮〗 벨 착 | 覺ㄓㄨㄛˊ(zhuo) | さく(キル) cut

12〖⿰亞斤〗 斲(p.699)과 同字
13〖㫁〗 斷(p.699)과 同字

9/13〖新〗 새 신 | 眞ㄒㄧㄣ(xin) | しん(アタラシイ) new
㊍ 新

풀이 ①새. 새로운. ¶一鮮自求珍<太玄經> ②새로. 새롭게. ¶一作南門<公羊傳> ③새로와지다. 새롭게 함. ¶咸與惟一<書經> ④새로움. 새 것. ¶溫故知一<論語> ⑤새해. ¶正旦群臣 上千秋萬歲壽 制曰履一之慶<唐書> ⑥친하다. 친하게 지내다. ¶惟朕小子其一迎<書經> ⑦나라 이름. 왕망(王莽)이 한(漢)을 빼앗아 세운 나라.
【新嫁娘】しんかじょう(신가낭) 신부. 새댁.
【新刻】しんこく(신각) 새로운 판각(板刻). 新版(신판).
【新刊】しんかん(신간) 책을 새로 간행함. 또는, 그 책. ¶一書籍.
【新腔】しんこう(신강) 신곡(新曲).
【新京】しんきょう(신경) ☞新都(신도).
【新古】しんこ(신고) ☞新舊(신구).
【新故】しんこ(신고) ☞新舊(신구).
【新曲】しんきょく(신곡) 새로 지은 곡.
【新穀】しんこく(신곡) 햇곡식.
【新科】しんか(신과) ①새로운 법칙. ②새로운 과목.
【新官】しんかん(신관) 새로 부임한 관리. 새로 임명된 관리. ↔舊官(구관).
【新交】しんこう(신교) 새로운 사귐.
【新舊】しんきゅう(신구) 새 것과 묵은 것. 새 물건과 낡은 물건. 新古(신고). 新故(신고).
【新舊歲】しんきゅうさい(신구세) 새해와 묵은 해.
【新國】しんこく(신국) ①새로 세운 나라. ②왕망(王莽)이 세운 나라.
【新局面】しんきょくめん(신국면) 새로 벌어지는 국면.
【新鬼】しんき(신귀) 최근에 죽은 사람의 혼령.
【新鬼故鬼】しんきこき(신귀고귀) 최근에 죽은 사람과 그 전에 죽은 사람의 혼령.
【新規】しんき(신규) ①새로운 규칙·규모. ②새로 하는 일. ¶一事業.
【新劇】しんげき(신극) 구극·신파극 등의 기성 연극에 대항하여 일어난 새로운 경향의 연극.
【新奇】しんき(신기) 새롭고 기이함.
【新紀元】しんきげん(신기원) 새로운 기원. 획기적인 사실로 인하여 나타나는 새 시대.
【新起田】しんきでん(신기전) 새로 일군 밭.
【新機軸】しんきじく(신기축) 아주 새로운 생각, 방법 또는 체제.
【新年】しんねん(신년) 새해. 新歲(신세). ↔舊年(구년).
【新畓】(신답)㊗ 새로 일군 논. 新起田(신기전).
【新大陸】しんたいりく(신대륙) 새로 발견한 대륙이라는 뜻으로, 남북 아메리카와 오스트레일리아를 이르는 말. 新世界(신세계).
【新都】しんと(신도) 새 도읍. 新京(신경).
【新登】しんとう(신등) ①새로 등용됨. ②과거(科擧)에 새로 급제함.
【新羅坊】(신라방) 신라 삼국 통일 후, 당(唐)에 마련된 신라인의 거류지.
【新來】しんらい(신래) ①새로 옴. ②㊗새로 문과(文科)에 급제한 사람.
【新涼】しんりょう(신량) 첫가을의 서늘함.
【新旅】しんりょ(신려) 다른 나라에서 새로 온 사람.
【新曆】しんれき(신력) ①새로 제정한 역법(曆法).

②새해의 책력. ③태양력. 양력. ↔舊曆(구력).

【新綠】しんりょく(신록) 늦은 봄, 첫여름 무렵 나무 잎의 푸른 빛.

【新牡】しんぼ(신모) 젊은 남자.

【新募】しんぼ(신모) 새로 모집함. ¶一株.

【新聞】しんぶん(신문) ①새로 들음. ②새소식이나 언론을 신속히 보도하는 정기 간행물. ③신문지(新聞紙)의 준말.

【新聞辭令】しんぶんじれい(신문사령) 발령 전에 신문이 관리 임명을 예상하여 보도하는 일. 특히 소문만 났을 뿐 실지로 임명되지 않았을 경우를 이름.

【新文化】しんぶんか(신문화) 새로운 문화.

【新物】しんぶつ(신물) 새로운 물건.

【新味】しんみ(신미) ①그 해에 처음으로 맛보는 것. 맏물. ②새로운 맛.

【新發意】しんぼち(신발의)《佛》 새로 불문(佛門)에 들어간 사람. 새로 보리(菩提)를 구하려는 사람.

【新房】(신방)㊞ ①첫날밤을 치르기 위하여 꾸민 방. ②신랑 신부가 거처하기 위하여 새로 꾸민 방.

【新榜】(신방)㊞ 과거에 새로 급제한 사람의 이름을 써 붙이는 방(榜).

【新法】しんぽう(신법) ①새 법. 새로 제정된 법률. ②송(宋) 신종(神宗) 때 왕안석(王安石)이 만든 청묘법(青苗法)·보안법(保安法) 등의 새로운 법률.

【新兵】しんぺい(신병) ①새로 입대한 병졸. ¶一訓練所. ②새 병사(兵士). ③신(新)나라의 군사.

【新報】しんぽう(신보) 새 소식. 새로운 보도. 또는, 그 것을 인쇄한 것. 新聞(신문).

【新本】しんぽん(신본) ①새 책. ②☞新刊(신간).

【新山】(신산)㊞ 새로 쓴 산소.

【新嘗】しんじょう(신상) ①햇곡식으로 사당(祠堂)에 제사 지냄. ②천자가 햇곡식을 먹음.

【新生】しんせい(신생) ①새로 생김. ¶一國. ②미숙한 서생(書生). ③생활이나 마음 상태 등이 그 전과는 아주 달라지게 새로와짐.

【新書】しんしょ①·しんじょ②(신서) ①새로 지은 책. ②상주문(上奏文), 정치·도덕·학문 등에 관한 논설문을 엮은, 한(漢)의 가의(賈誼)가 지은 책. 10권.

【新鮮】しんせん(신선) ①새롭고 산뜻함. ②채소, 과일, 고기 등이 싱싱하고 성함.

【新設】しんせつ(신설) 새로 마련함.

【新說】しんせつ(신설) ①새로운 학설이나 의견. ②새로운 풍설(風說).

【新星】しんせい(신성) ①새로 발견된 별. ②갑자기 나타나서 강한 빛을 내다가 얼마 후에 없어지는 별. ③어떤 사회, 특히 연극 영화계에 새로 두각을 나타내는 사람.

【新修】しんしゅう(신수) 책을 새로 편수(編修)함.

【新市街】しんしがい(신시가) 도시에서 새로 뻗어 나가 발전한 시가지. ¶一地. ↔舊市街(구시가).

【新新】しんしん(신신) 차츰 새로와지는 모양. ¶年年仍歲歲 故故復一<戴復古>

【新案】しんあん(신안) 새 고안(考案). ¶一特許.

【新約】しんやく(신약) ①새로운 약속·계약. ②신약 성서(新約聖書)의 준말.

【新藥】しんやく(신약) ①새로 발명된 약. ③양약(洋藥).

【新陽】しんよう(신양) ☞新春(신춘).

【新語】しんご(신어) 새로 생긴 말. 또는, 새로 들어온 외래어.

【新女性】しんじょせい(신여성) 신식 교육을 받은 여자.

【新譯】しんやく(신역) ①새로운 번역. 또는, 그 책. ②한역 경전(漢譯經典)의 당(唐) 이후의 여러 번역. ↔舊譯(구역).

【新銳】しんえい(신예) 새롭고 날카로움. 新進氣銳(신진기예).

【新元】しんげん(신원) ①새 연호(年號). ②설날.

【新圓寂】(신원적)《佛》 갓 죽은 사람.

【新月】しんげつ(신월) ①초승달. ②선명하게 밝은 달. ¶三五夜中一色 二千里外故人心<白居易>

【新柔】しんじゅう(신유) 초목의, 새로 돋은 보드라운 싹.

【新律】しんりつ(신율) 새로 정한 법률. 新法(신법)①.

【新邑】しんゆう(신읍) 새 도읍(都邑).

【新異】しんい(신이) 새롭고 특이함.

【新人】しんじん(신인) ①새로 맞이한 아내. ②새색시. ③아내가 남편을 가리켜 이르는 말. ④신진(新進). 새로 가입한 사람. ⑤새로운 사상을 가진 사람.

【新任】しんにん(신임) 새로 임명됨. 또는, 그 사람.

【新入】しんにゅう(신입) 새로 한 동아리에 듦. 그 학교 등에 처음으로 드는 일.

【新作】しんさく(신작) 새로 만듦. 또는, 그 작품이나 저술.

【新作路】(신작로)㊞ 새로 낸 길. 새로 낸 한길.

【新裝】しんそう(신장) 새로 치장함. 또는, 새로운 치장. ¶一開業.

【新著】しんちょ(신저) 새로 저술함. 또는, 그 책.

【新占】(신점)㊞ 집터나 산소 자리를 새로 잡음.

【新接】(신접)㊞ ①살림을 새로 마련하여 차림. ②이사하여 새로 자리잡아 삶.

【新正】しんせい(신정) ①새해의 정월. ②양력 설. ↔舊正(구정).

【新訂】しんてい(신정) 새로 정정(訂正)함.

【新造】しんぞう(신조) 새로 만듦. 또는, 그것. 新製(신제).

【新注】しんちゅう(신주) 송(宋) 이후의 경서(經書) 주석(注釋). ↔古注(고주).

【新進】しんしん(신진) 새로 그 자리에 나옴. 새로 가입함. 또는, 그 사람. ¶一勢力/一士類.

【新陳代謝】しんちんたいしゃ(신진대사) ①묵은 것이 사라지고 새 것이 들어섬. ②생물체에서 영양을 섭취, 배설하는 작용.

【新着笠】(신착립)㊞ 관례(冠禮)를 지낸 뒤 나이가 좀 많아진 후 비로소 초립을 벗고 갓을 쓰던 일.

【新撰】しんせん(신찬) 새로 책을 편찬함. 또는, 그 책.

【新參】しんざん①·しんさん②(신참) ①새로 벼슬하는 사람. ②동아리에 갓 들어와서 사물에 섦. 또는, 그 사람. 풋내기.

【新采】しんさい(신채) 새로 채취함. 采는 採.

【新天地】しんてんち(신천지) 새 세계. 새 방면.

【新晴】しんせい(신청) 갬. 또는, 비가 갠 하늘.

【新體】しんたい(신체) ①새로운 체재(體裁). ②수

(隋)·당(唐) 이후의 율시(律詩), 배율(排律), 절구(絶句)를 이름.

【新草】(신초)韓 그 해에 처음 나온 담배. 햇담배.

【新秋】しんしゅう(신추) 첫가을.

【新築】しんちく(신축) 새로 건축하거나 축조함. 또는, 그 건물. ¶一建物.

【新春】しんしゅん(신춘) 첫 봄. 새 봄. 開春(개춘). 初春(초춘). 新陽(신양). ¶一文藝.

【新出】(신출)韓 ①생선·채소 등이 그 해에 새로 남. 또는, 새로 난 것. ②인물이나 물건이 새로 세상에 나옴. 또는, 그 인물이나 물건.

【新出貴物】(신출귀물)韓 새로 나온 것으로 그리 흔하지 아니한 물건.

【新特】しんとく(신특) 새 배우자. 갓 시집 온 아내. 밖에서 온 배우자의 뜻으로, 자기의 처(妻)를 내자(內子)라 하는 데 대한 말. 特은 匹.

【新派】しんぱ(신파) ①새 유파(流派). ②신파극(新派劇).

【新版】しんぱん(신판) ①새로 출판한 것. 新刊(신간). ②판이나 체재를 새롭게 한 것. ¶改訂一.

【新編】しんぺん(신편) 새로 편집함. 또는, 그 책.

【新品】しんぴん(신품) 새 물건.

【新學】しんがく(신학) ①새로운 학문. 신학문. ②처음으로 배움. 첫 학습. 初學(초학). ③왕망(王莽) 때의 학문을 이름.

【新銜】しんかん(신함) 새로 임명된 벼슬. 새로운 관위(官位). 銜은 官位.

【新行】(신행)韓 혼인할 때에 신랑이 신부집에 처음 가거나, 신부가 신랑집에 처음 가는 일. 婚行(혼행).

【新戶】しんこ(신호) 새 가구. 새 세대(世帶).

【新婚】しんこん(신혼) 새로 혼인함. ¶一旅行.

【新興】しんこう①·しんきょう②(신흥) ①새로 일어남. ¶一國. ②새로운 흥(興).

【新禧】しんき(신희) 새해의 기쁨. 新祉(신지).

▷改一, 更一, 鮮一, 刷一, 時一, 迎一, 維一, 履一, 一一, 日一, 自一, 知一, 珍一, 斬一, 最一, 革一

13〖頎〗☞ 頁部 4획(p. 1621)

14〖新〗新(p. 697)의 本字

14〖斷〗斷(p. 699)의 俗字

10/14〖斲〗깎을 착 |㊥ㄓㄨㄛˊ (zhuo)| たく(ケズル) cut

풀이 ①깎다. ¶一之斲之<穀梁傳> ②베다. 나무를 벰. ¶巧斫不一兮<楚辭> ③새기다. 아로새김. 通琢. ¶木不成一<禮記>

【斲鼻】たくび(착비) 코에 바른 백토(白土)를 코를 다치지 않고 묘한 도끼질로 깎아내는 일. 솜씨가 교묘함에서, 문장을 잘 지음을 이름. 運斤成風(운근성풍).

▷刻一, 礱一, 撲一, 彫一

17〖斵〗斲(p. 699)의 俗字

13/17〖斶〗사람 이름 촉 |因 しょく

14/18〖斷〗1 끊을 단 2 결단할 단 |㊥ㄉㄨㄢˋ 𠁊(duan)| だん (タツ) cut

俗 断 同 斷

源 會意. 도끼[斤]로 실을 자름의 뜻.

풀이 1 ①끊다. ㉮동강을 내다. ¶一木爲杵<易經> ㉯그만두다. ¶長一腥羶 持齋疏食<梁書> ㉰거절하다. ¶自可一來信<古詩> ㉱관계를 끊다. ¶不一其威<禮記> ②쪼개다. ¶一盜數千萬<後漢書> ③단념하다. 버림. ¶乃祖乃父 乃一棄汝<書經> ④베다. ¶大者立一<漢書> ⑤토막. 조각. ¶比犧樽於溝中之一<莊子> 2 ①결단하다. ㉮단정하다. ¶臨事而屢一<禮記> ㉯판단을 내리다. ¶聽而一之<周禮> ②결단. 귀착(歸着). ¶禮之大一<通典> ③끊어지다. ¶行子腸一 百感悽惻<江淹> ④단연. 단연히. ¶一而敢行<史記> ⑤나누다. 나눔. ¶剛柔一矣<易經> ⑥성실하다. 전일(專一)한 모양. ¶一一.

【斷簡】だんかん(단간) 조각조각난 문서. 零墨(영묵).

【斷見】だんけん(단견)《佛》 일체 만물이 무상하여 실재하지 않는 것과 같이 사람도 한번 죽으면 다시 이 세상에 태어나지 않는다고 생각하는 망견(妄見). ↔常見(상견).

【斷經】だんけい(단경) 경도(經度)가 그침. 閉經(폐경).

【斷交】だんこう(단교) 교제를 끊음. 절교함.

【斷金】だんきん(단금) 쇠를 끊음. 우정이 쇠붙이도 끊을 만큼 단단함을 이름.

【斷金契】だんきんノチギリ(단금계) 친구 사이의 굳은 맹

【斷金侶】だんきんノりょ(단금려) 굳게 맺은 벗. 「세.

【斷金之交】だんきんノマジワリ(단금지 교) 친구 사이의 굳은 사귐을 이름.

【斷機之戒】だんきノイマシメ(단기지 계) 학문을 중도에서 그만두는 것은 짜던 베를 칼로 베는 것과 같다고 비유한 옛일. 맹자의 어머니가 짜던 베를 끊고 맹자를 훈계한 옛일에서 온 말.

【斷念】だんねん(단념) 품었던 생각을 버림.

【斷斷無他】だんだんトシテホカナシ(단단무타) 결코 딴 뜻이 없음.

【斷斷相約】だんだんアイヤクス(단단상약) 단단히 약속함.

【斷頭】だんとう(단두) 목을 자름. ¶一臺.

【斷末魔】だんまつま(단말마)《佛》 임종의 고통. 숨이 지려 할 때. 末魔 또는 末摩는 범어로 지절(支節)·사혈(死穴)이라 번역. 여기에 닿으면 죽는다고 함. 「갬.

【斷梅】だんばい(단매) 매우(梅雨)가 그침. 장마가

【斷面】だんめん(단면) 물체를 베어낸 면.

【斷髮】だんぱつ(단발) 머리털을 짧게 자름. 또는, 그 머리. ¶一令. 「둠.

【斷房】だんぼう(단방) 부부가 동침(同寢)을 그만

【斷不饒貸】だんトシテじょうたいセズ(단불요대) ☞斷不容貸(단불용대).

【斷不容貸】だんトシテようたいセズ(단불용대) 결단코 용서

하지 않음. 斷不饒貸(단불요대).

【斷産】だんさん(단산) ①아이를 못 낳게 됨. ②아이 낳는 일을 끊음. 「생각.

【斷想】だんそう(단상) ①생각을 끊음. ②단편적인

【斷線】だんせん(단선) ①실이 끊어짐. 또는, 그 실. ②전선(電線)이 끊어짐.

【斷續】だんぞく(단속) 끊겼다 이어졌다 함. 斷絡(단락). ¶ 一器/一音/一的. 「을 끊음.

【斷水】だんすい(단수) 물줄기를 막아 끊음. 수도물

【斷食】だんしょく①·だんじき②(단식) ①먹기를 끊음. ¶ 一療法/一鬪爭. ②불원(佛願)을 얻기 위하여 음식을 끊는 고행(苦行)의 한 가지.

【斷岸】だんがん(단안) ☞斷崖(단애).

【斷案】だんあん(단안) ①옳고 그름을 딱 잘라 판단함. 또는, 그 판단. ②논리학에서 기지(旣知)나 가정(假定)의 전제에서 추론하여 얻은 결론. 「(단안).

【斷崖】だんがい(단애) 낭떠러지. 絶壁(절벽). 斷岸

【斷言】だんげん(단언) 딱 잘라 말함. 분명히 말함.

【斷然】だんぜん(단연) ①잘라 끊은 듯한 모양. 斷乎(단호). ②다른 것에 비하여 월등히 다른 모양. 훨씬. 「一材.

【斷熱】だんねつ(단열) 열의 전도(傳導)를 막음. ¶

【斷獄】だんごく(단옥) 범죄·송사를 처결함. 斷罪(단죄).

【斷章】だんしょう(단장) ①시문에서 한 장(章)만 떼어 냄. 또는, 그 한 장. ②체제 없는 산문체의 토막 글.

【斷腸】だんちょう(단장) 창자를 끊음. 창자가 끊어질 듯한, 더할 수 없는 슬픔.
【유래】 진(晋)의 환온(桓温)이 삼협(三峽)을 지날 때 하인 하나가 원숭이 새끼를 잡았더니 어미 원숭이가 울며 100여리를 따라오다가 마침내 죽었다. 그 배를 갈라 보았더니 창자가 마디마디 잘려 있었다. <世說新語>

【斷腸曲】だんちょうきょく(단장곡) 몹시 슬픈 곡조.

【斷長補短】だんちょうほたん(단장보단) ①남는 것을 끊어 모자라는 것을 기움. ②장점을 취하여 단점을 보충함.

【斷腸處】(단장처) 몹시 슬퍼서 창자가 끊어지는 듯한 경우.

【斷章取義】だんしょうしゅぎ(단장취의) 원작자의 본의(本意)는 불문하고 시문에서 자기에게 소용되는 부분만 따서 마음대로 해석하여 씀.

【斷腸花】だんちょうノハナ①·だんちょうか②(단장화) ①사람을 슬프게 하는 꽃. ②추해당(秋海棠)의 이칭. 「함.

【斷電】だんでん(단전) 전기를 끊음. 송전을 중단

【斷絶】だんぜつ(단절) ①끊음. 떼어놓음. 또는, 끊어짐. ②후사(後嗣)가 끊어짐. 가계(家系)가 끊어짐.

【斷定】だんてい(단정) ①헤아려 정함. ¶ 一刑罪 <魏志> ②꼭 그럴 것이라고 생각함. ¶ 一今年不看花<裵夷直> ③판단하여 결정함. 또는, 판단. 「옥).

【斷罪】だんざい(단죄) 죄를 판단·결정함. 斷獄(단

【斷指】だんし(단지) ①손가락을 자름. ②잘린 손가락. 「가지.

【斷趾】だんし(단지) 발을 자름. 옛 중국벌의 한

【斷察】だんさつ(단찰) 잘 조사하여 결단함.

【斷層】だんそう(단층) 지각(地殼)의 수축(收縮)으로 지층(地層) 일부가 끊어져 어긋난 현상.

【斷片】だんぺん(단편) 여럿으로 쪼갠 조각. 「장.

【斷編】だんぺん(단편) 조각난 문서. 토막토막의 문

【斷割】だんかつ(단할) ①칼로 자름. 절단함. ②일을 적절히 처리함.

【斷行】だんこう(단행) ①과감하게 행함. 敢行(감행). 決行(결행). ②줄이 끊어져 뿔뿔이 됨. ¶ 迷雲雁一<唐太宗>

【斷絃】だんげん(단현) ①현악기의 끊어진 줄. ②음성(音聲)이 끊어지는 일. 또는, 끊어진 음성. ③아내가 죽음. 금슬(琴瑟)에 부부간의 애정을 비유한 데서 이르는 말. ↔續絃(속현).

【斷乎】だんこ(단호) 일단 결심한 것을 과단성 있게 처리하는 모양. 斷然(단연)①.

【斷魂】だんこん(단혼) 넋이 끊길 듯이 애통함. 斷腸(단장).

▷間一, 剛一, 決一, 果一, 禁一, 壟一, 道一, 獨一, 同一, 明一, 武一, 不一, 聖一, 速一, 兩一, 臆一, 嚴一, 英一, 勇一, 雄一, 裁一, 專一, 切一, 絶一, 截一, 節一, 制一, 縱一, 中一, 診一, 遮一, 處一, 擅一, 聽一, 寸一, 勅一, 沈一, 判一, 橫一

方<모 방>部

方 ④ 㫄 於 ⑤ 施 斿 ⑥ 旂 旅 旄 旁 旃
旆 ⑦ 旎 旒 旇 旋 旌 旍 族 ⑧ 旐 ⑨ 旒
旓 旔 ⑩ 旗 旖 ⑭ 旛 ⑮ 旝 旞 ⑯ 旟

0
4 【方】 모 방 | 陽ㄈㄤ(fang) | ほう(カド)

源 象形. 손잡이가 좌우로 나온 쟁기 모양을 본뜸.

풀이 ①모. 각(角). ¶ 毁一而瓦合<禮記> ②사방. ¶ 文王之囿 一七十里<孟子> ③방위(方位). 방향. ¶ 敎之數與一名<禮記> ④나란히 하다. 어우름. ¶ 一舟而濟于河<莊子> ⑤뗏목. 뗏목으로 건넘. ¶ 江之永矣 不可一思<詩經> ⑥견주다. 비교함. ¶ 子貢一人<論語> ⑦나누다. 구별함. ¶ 不可一物<國語> ⑧같은 무리. ¶ 君子可欺以其一<孟子> ⑨땅. 대지. ¶ 戴圓履一<淮南子> ⑩바르다. 곧음. ¶ 居一以從義<後漢書> ⑪널빤지. 목판(木板). ¶ 不及百名 書於一<儀禮> ⑫나라. ¶ 誕告萬一<書經> ⑬곳. 있는 곳. ¶ 神無一<易經> ⑭제사 이름. 사방의 기(氣)를 교외(郊外)에서 맞는 제사. ¶ 以社以一<詩經> ⑮법. 도(道). 떳떳한 일. 通 法. ¶ 博學而無一<荀子> ⑯방법. 수단. 술책(術策). ¶ 官修其一<左氏傳> ⑰술법(術法). ㉮신선의 술법. ¶ 餘聞一士<素問> ㉯의술(醫術). ¶ 夫子之爲一也<史記> ㉰주술(呪術). ¶ 能爲越一<後漢書> ⑱거스르다. 거역함. 通 妨. ¶ 一命虐民<孟子> ⑲향하다. 마주 대함. 通 望. ¶ 日

一南<史記> ⑳약(藥). 약을 조제하는 일. ¶乃悉取其禁一書<史記> ㉑당하다. 때를 만남. ¶一春和時<漢書> ㉒바야흐로. 이제 막. ¶血氣一剛<論語> ㉓가지다. 보존함. ¶維鳩一之<詩經> ㉔내다. 내놓음. ¶一車而蹠越<淮南子> ㉕묶다. 동여맴. ¶一馬埋輪<孫子> ㉖제멋대로 하다. ㊀放. ¶有人治道若相一<莊子> ㉗만연하다. 퍼짐. ¶實一實苞<詩經> ㉘어떤 수의 자승(自乘). ¶立一.

【方駕】ほうが (방가) ①수레를 나란히 하여 감. ②필적(匹敵)함.

【方客】ほうかく (방객) 사방에서 온 빈객(賓客).

【方檢】ほうけん (방검) 품행이 방정하고 절도가 있음.

【方格】ほうかく (방격) 표준이 될 만한 바르기. 발라서 표준이 됨.

【方潔】ほうけつ (방결) ①바르고 깨끗함. 방정하고 결백함. 方廉(방렴). ②종이의 별칭.

【方京】ほうけい (방경) 방형(方形)의 창고.

【方磬】ほうきょう (방경) ☞方響(방향).

【方計】ほうけい (방계) ☞方策(방책).

【方孔】ほうこう (방공) ①네모 난 구멍. ②엽전 구멍.

【方丘】ほうきゅう (방구) 방형(方形)으로 흙을 쌓아 올린 제단(祭壇). 하지(夏至)에 지신(地神)에게 제사 지내는 곳.

【方矩】ほうく (방구) 곱자. 曲尺(곡척).

【方口食】ほうこうじき (방구식) 《佛》 탁발(托鉢)하며 생활해야 할 비구(比丘)가 권세 있고 부유한 사람에게 아부하여 얻은, 깨끗하지 못한 재물로 넉넉하게 사는 일.

【方國】ほうこく (방국) 사방 여러 나라.

【方軌】ほうき (방궤) 두 수레가 나란히 감.

【方今】ほうこん (방금) 바로 이제. 조금 전.

【方技】ほうぎ (방기) ①의(醫)·복(卜)·성(星)·상(相)의 술(術)을 이름. ②의가(醫家)·복가(卜家)·점성가(占星家) 등을 이름.

【方內】ほうだい·ほうない (방내) ①사방의 안. 나라 안. ②이 속세 안. ③네모 난 자루. 方枘(방예).

【方途】ほうと (방도) 방법.

【方冬】ほうとう (방동) 음력 10월의 이칭. 初冬(초동).

【方頭】ほうとう (방두) 임기 응변의 재치가 없음.

【方等】ほうとう (방등) 《佛》 ①대승(大乘)의 이칭. ②진여 진상(眞如眞相)의 묘리.

【方略】ほうりゃく (방략) ①꾀. 방책(方策). ②군공(軍功). 또는, 그 사실을 기록한 책.

【方理】ほうり (방리) 가로·세로 1리(里)의 면적.

【方笠】(방립) ㊙ 상제가 밖에 나갈 때 쓰는 갓. 방갓. 喪笠(상립).

【方望】ほうぼう (방망) 근교(近郊)에서 사방의 신을 제사 지내는 일. 또는, 그 제사.

【方面】ほうめん (방면) ①향하는 쪽. 또는, 그 지방이나 방향. ②네모 반듯한 얼굴. ③얼굴을 나란히 함. 곧, 얼굴을 맞댐. ④☞方面官(방면관).

【方面官】ほうめんかん (방면관) 한 방면을 다스리는 관원. 地方官(지방관).

【方面寄】ほうめんのき (방면기) 한 쪽을 지킬 임무를 맡김.

【方面之任】(방면지 임) ㊙ 관찰사(觀察使)의 소임.

【方命】ほうめい (방명) 왕명을 버림. 또는, 왕명을 거스름. 方은 放 또는 逆.

【方明】ほうめい (방명) ①제사 때 혼령이 와서 머문다는, 나무로 만든 방형(方形)의 물건. ②상하 사방 모든 일에 밝게 통함.

方明(三禮圖)

【方文】(방문) 약(藥)의 처방. 藥方文(약방문).

【方文酒】(방문주) ㊙ 특별한 재료와 방법으로 빚은 술.

【方物】ほうぶつ (방물) ①그 지방의 특산물. ②사물을 식별함. 方은 別, 物은 名. ③일상의 일. 方은 常, 物은 事. ④법술 성행(法術性行)과 물색(物色).

【方伯】ほうはく (방백) ①방토(方土)의 장(長). 제후 또는 제후의 장(長). ②지방 장관. 道伯(도백).

【方伯神】ほうはくのかみ (방백신) 음양도(陰陽道)에서, 방위를 다스린다는 신(神).

【方伯連帥】ほうはくれんすい (방백연수) 주(周)대에, 제후 위에서 한 지방을 지배하던 벼슬. 方伯은 한 방면의 제후를 감독하는 사람. 連帥는 10개국을 지배하던 장관. 당(唐)대에는 절도사, 관찰사를 이름.

【方士】ほうし (방사) ①도사(道士). ②주(周)대에 재판을 맡았던 관명(官名).

【方社】ほうしゃ (방사) 사방의 신(神)과 토지의 신(神).

【方繖】ほうさん (방산) 의장(儀仗)의 한 가지. 우산 비슷하며 네모가 나 있음.

【方山冠】ほうさんかん (방산관) ①한(漢)대에 악사(樂士)가 쓰던 관. ②당(唐)·송(宋)대에 은사(隱士)가 쓰던 관.

【方相】ほうしょう·ほうそう (방상) ①옛 신(神)으로 분장하여 역귀(疫鬼)를 쫓던 사람. 方相氏(방상시). ②장사 지낼 때 무덤의 네 귀에 창을 들고 서서 감호(監護)하던 사람. ③두려워할 만한 형상.

紅方繖(三才圖會)

【方相氏】ほうしょうし·ほうそうし (방상시←방상씨) ①구나(驅儺)할 때의 나자(儺者)의 하나. 무덤 구덩이의 악귀를 쫓는 데 썼음. ②주(周)대의 벼슬 이름. 옛 신(神)으로 분장하여 열병의 신을 쫓는 일을 맡아 보았음. 方相(방상)①.

【方色】ほうしょく (방색) 동·서·남·북·중 다섯 방위를 따른 청(靑)·백(白)·적(赤)·흑(黑)·황(黃)의 다섯 빛깔. ¶一旗.

【方俗】(방속) 지방 풍속.

【方書】ほうしょ (방서) ①사방의 문서. 각 지방의 기록. ②방술 또는 의술에 관한 책.

【方術】ほうじゅつ (방술) ①장생 불사의 선술(仙術). ②의술, 점술 따위의 잡기(雜技). ③학예, 기술.

【方眼】ほうがん (방안) ①네모 반듯한 눈. 또는, 네

모 난 구멍. ②방안지에 그려진 사각형. 모눈. ¶一紙.

【方案】ほうあん(방안) 방법에 관한 고안.

【方枘圓鑿】ほうぜいえんさく(방예원조) 모난 장부에 둥근 구멍이라는 뜻으로, 사물이 서로 맞지 아니함을 비유하여 이르는 말. 圓鑿方枘(원조방예). 方底圓蓋(방저원개). ¶持方枘欲納圓鑿 其能入乎<史記>

【方外】ほうがい(방외) ①세속을 초월한 세계. ②구역 밖. 구획 밖. ③고향에서 떨어진 먼 곳.

【方圓可施】ほうえんホドコスベシ(방원가시) 모남에나 둥긂에나 다 드러맞음. 무슨 일이라도 다 잘함을 이름. 隨方就圓(수방취원).

【方越】(방월)[韓] 비파의 뒤쪽 아래에 있는 네모진 구멍.

【方人】ほうじん(방인) ①인물을 비교 논평함. ②남의 허물을 비난함. ③서융(西戎)의 별명(別名).

【方任】ほうにん(방임) 방백(方伯)의 임무.

【方丈】ほうじょう(방장) ①사방 1장[10자]의 넓이. ②《佛》 절의 주지(主持)가 거처하는 방. ③삼신산(三神山)의 하나.

【方將】ほうしょう(방장) ①이제 막. 바야흐로. ¶一躊躇 一四顧<莊子> ②사방에 행함.

【方長不折】(방장부절) ①자라나는 풀이나 나무를 꺾지 아니함. ②전도가 유망한 사람이나 일에 대하여 헤살을 놓지 아니함.

【方才】(방재)㊥ ☞方纔(방재).

【方纔】(방재)㊥ 방금. 지금. 方才(방재).

【方底圓蓋】ほうていえんがいニシテ(방저원개) ☞方枘圓鑿(방예원조).

【方正】ほうせい(방정) ①언행이 바르고 점잖음. ¶品行一. ②물건이 네모지고 반듯함.

【方諸】ほうしょ(방제) ①달[月]에서 물을 받는 거울. 일설에, 方諸는 대합(大蛤). 만월 때, 이것을 달 밑에 놓아 두면 물이 생긴다고 함. ②궁전(宮殿) 이름.

【方諸水】ほうしょすい(방제수) 달밤에 대합(大蛤)에서 나는 물. 또는, 달밤에 거울에 받은 이슬. 명수(明水)의 이칭.

【方舟】ほうしゅう(방주) 사각형의 나룻배.

【方志】ほうし(방지) 지방에 관한 일을 적은 책. 地方誌(지방지).

【方陣】ほうじん(방진) ①방형(方形)으로 친 진(陣). 方陳(방진). ②자연수를 가로·세로·대각선으로 합하여도 그 수가 똑같게 되는 것. 魔方陣(마방진).

【方鎭】ほうちん(방진) 한 지방을 지키는 사람. 당(唐)의 절도사 따위. 또는, 그 주재지(駐在地).

【方暢】(방창) 바야흐로 화창함. ¶萬化一.

【方册】ほうさく(방책) ☞方策(방책)①.

【方策】ほうさく(방책) ①책. 기록. 문서. 方은 목판(木板), 策은 죽간(竹簡). 종이 대신 기록하는 데 쓰였음. ②꾀. 계책. 方針(방침).

【方寸】ほうすん(방촌) ①사방 한 치의 넓이. 얼마 되지 않는 크기. ②마음.

【方寸亂】ほうすんミダル(방촌난) 마음이 어지러워짐.

【方針】ほうしん(방침) ①나아갈 방향, 목표와 계획. ②㊥ 나침반의 방위를 가리키는 자석(磁石)의 바늘.

【方土】ほうど(방토) ①어느 한 지방의 땅. ②그 지방의 토질, 기후. ③각 지방의 모습, 사정.

【方便】ほうべん(방편) ①기회. ②부처가 중생을 이끌기 위해 마련한 임시 수단. 나아가 임시의 조치, 편의의 방법.

【方夏】ほうか(방하) 사방과 중하(中夏). 中夏는 중국.

【方行】ほうこう(방행) ①두루 미침. 旁行(방행). ②제멋대로 걸음. 또는, 행동함. 橫行(횡행).

【方響】ほうきょう(방향) 아악기의 하나. 상하 2단으로 된 가자(架子)에 장방형의 철판을 각각 여덟 개씩 드리우고, 두 개의 채로 쳐서 소리를 냄. 方磬(방경).

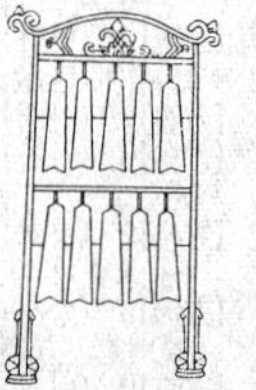
方 響
(三才圖會)

【方向轉換】ほうこうてんかん(방향전환) ①향하는 쪽을 바꿈. ②방침이나 주장을 고침.

【方形】ほうけい(방형) 네모진 형상. 四角形(사각형).

【方壺】ほうこ(방호) ①배는 둥글고 아가리는 네모진 단지. ②발해(渤海)의 동쪽에 신선이 산다는 다섯 섬[島] 중의 하나.

【方環】ほうかん(방환) 네모진 고리.

▷艮一, 間一, 坎一, 甲一, 開一, 乾一, 庚一, 癸一, 古一, 坤一, 近一, 禁一, 南一, 多一, 端一, 大一, 東一, 等一, 萬一, 卯一, 未一, 百一, 別一, 丙一, 本一, 北一, 比一, 祕一, 巳一, 四一, 朔一, 上一, 尙一, 西一, 先一, 巽一, 殊一, 戌一, 十一, 時一, 申一, 辛一, 神一, 新一, 雙一, 良一, 兩一, 五一, 外一, 遠一, 酉一, 乙一, 義一, 醫一, 二一, 異一, 雜一, 寅一, 一一, 任一, 立一, 正一, 諸一, 地一, 直一, 辰一, 震一, 處一, 陟一, 丑一, 忠一, 他一, 兌一, 八一, 平一, 下一, 遐一, 韓一, 亥一, 行一, 向一, 後一

8【㫄】 旁(p. 704)의 本字

8【放】 ☞ 攴部 4획(p. 677)

8【房】 ☞ 戶部 4획(p. 611)

4
8【於】 [1] 어조사 어 [魚]ㄩ(yu) | よ, お
[2] 탄식할 오 [虞]ㄨ(wu) | お, う
[俗]扵

[풀이] [1] ①어조사. ☞[句法] ②있다. 살다. ¶衛有士十人 一吾所<呂覽> ③기대다. 의지함. ¶冠昏之所一<韓愈> [2] ①탄식하다. 감탄하는 소리. 아!. [通]烏. ¶一昭于天<詩經> ②범의 이칭(異稱). ¶一菟. ③까마귀. [갈]烏. ¶一鵲與處<穆天子傳>

[句法]

①장소·위치

㉮[於…] …에. …에게. ¶劍自舟中墜於水<呂覽>/以能問於不能<論語>

㉯[於…] …을. ¶君子博學於文＜論語＞
㉰[於…] …로부터. ¶青取之於藍＜荀子＞
㉱[於…] …에게 있어서. …에 있어서는. ¶君子之於天下也 無適也＜論語＞/先進於禮樂 野人也＜論語＞
㉲[於…] …의 입장에서. ¶造次必於是 顚沛必於是＜論語＞
②비교
[…於…] …보다도 더욱 …하다. ¶霜葉紅於二月花＜杜牧＞
③수동
[…於…] …에게 …어진다. ¶勞力者 治於人＜孟子＞
④접속
[於是] 이 때에. ¶於是項王乃悲歌忼慨＜史記＞

【於是乎】おし(어시호) 이제야. 이에 있어서.
【於焉間】(어언간) 어느덧. 於斯之間(어사지간).
【於中間】(어중간)㊞ ①거의 중간이 되는 곳. ②엉거주춤한 형편. 於之中間(어지중간).
【於此彼】(어차피) 이러거나 저러거나. 於此於彼(어차어피). 「(오호).
【於乎】おこ(오호) 감탄하는 소리. 아아!. 嗚呼
▷甚至一, 依一, 紅一

5
9〖施〗 1 베풀 시 | 支尸(shi) | し(ホドコス) give
2 은혜 시 | 寘
3 버릴 시 | 紙尸ˇ(shi) | し(ホドコシ)
4 옮을 이 | 寘丨(yi) | し(ステル)
5 기울 이 | 支 | い(ウツル) い(カタムク)

풀이 1 ①베풀다. 설치함. ㉭㢮. ¶一三川而歸＜史記＞ ②퍼지다. 이어짐. ¶名一後世＜淮南子＞ ③행하다. ¶一諸己而不願 亦勿一於人＜中庸＞ ④쓰다. 사용함. ¶譬若斤斧椎鑿之各有所一＜淮南子＞ ⑤나타내다. ¶勸大命一于烝彝鼎＜禮記＞ ⑥나누다. ¶一其功事＜禮記＞ ⑦번식하다. ¶鳥獸安一＜管子＞ ⑧효시(梟示)하다. 기시(棄市)함. ¶秦人殺冀芮而一之＜國語＞ ⑨꾸짖다. 나무람. ¶乃一邢侯＜左氏傳＞ ⑩큰 자. 일곱 자[尺]. ¶夫管仲之匡天下也 其一七尺＜管子＞ ⑪개구리. ¶得此戚一＜詩經＞ ⑫기뻐하는 모양. 또는, 나아가기 어려운 모양. ¶一一. ⑬발어사(發語辭). ¶孟一舍之所養勇也＜孟子＞ 2 ①은혜. ¶夫齊侯好示務一＜國語＞ ②은혜를 베풀다. ¶博一於民＜論語＞ ③힘쓰다. 근로(勤勞)함. ¶一者未厭＜左氏傳＞ 3 ①버리다. 밀쳐 둠. ¶天何三年不一＜楚辭＞ ②자랑하다. 과장(誇張)함. ㉭侈. ¶不一勞＜論語＞ ③늦추다. ㉭弛. ¶辨其一舍與其可任者＜周禮＞ 4 ①옮다. ¶一於中谷＜詩經＞ ②뻗다. 연장함. ¶一及三王＜莊子＞ ③미치다. 이르게 함. ¶絕族無一服＜儀禮＞ ④깔보다. 얕봄. ㉭敭. ¶一其四國＜禮記＞ 5 ①기울다. 서쪽으로 기욺. ¶庚子日一兮＜史記＞ ②옳지 않다. 비뚦. ¶去非者非被邪一＜淮南子＞

【施工】しこう(시공) 공사를 착수하여 진행함.
【施肥】しひ(시비) 거름을 줌. 거름주기.
【施舍】ししゃ(시사) ①은덕을 베풀고 노역(勞役)을 면해 줌. 또는, 은혜를 베풀고 빚을 면해 줌. ②흥함과 망함. 興廢(흥폐). ③나그네가 짐을 푸는 곳. 여관. ④은덕을 베풂. 舍는 施. ⑤주는 일과 주지 않는 일.
【施賞】ししょう(시상) 상(賞)을 줌.
【施設】しせつ(시설) 베풀어 갖춤. 또는, 그 설비.
【施術】しじゅつ(시술) 의사가 수술을 함.
【施施】しし(시시) 나아가지 못하는 모양. 서행(徐行)의 모양.
いい(이이) 기뻐하는 모양. 자득(自得)하는 모양. 「회).
【施餓鬼】せがき(시아귀) ☞施餓鬼會(시아귀
【施餓鬼會】せがきかい(시아귀회)《佛》 악도(惡道)에 떨어져 굶주림에 고통을 당하는 망령(亡靈)을 달래기 위하여 법식(法食)을 베푸는 법회. 施食會(시식회). 施餓鬼(시아귀).
【施藥】せやく(시약) ①약을 지어 줌. 또는, 그 약. ②무료로 약을 지어 줌. 또는, 그 약.
【施與】しよ(시여) 남에게 거저 물건을 베풀어 줌. 「함.
【施用】しよう(시용) 베풀어서 씀. 베풀어서 행
【施政】しせい(시정) 정령(政令)을 폄. 정무(政務)를 시행함.
【施主】せしゅ(시주)《佛》 중이나 절에 물건을 바치는 일. 또는, 바치는 사람. 檀那(단나).
【施策】しさく(시책) 정책을 베풂. 또는, 그 정책.
【施行】しこう①②·せぎょう③(시행) ①베풀어 행함. 또는, 정사(政事)를 행함. ②법률을 실제로 적용(適用)함. ¶一規則. ③중이 가난한 사람들에게 금품 따위를 베풀어 주는 일.
【施惠】しけい(시혜) 은혜를 베풂. 또는, 그 은혜.
【施化】しか(시화) 만물을 기름.
▷勿一, 博一, 布一, 普一, 報一, 敷一, 實一, 逆一, 遺一, 張一, 振一, 陳一, 戚一

5
9〖斿〗 깃발 유 | 因 | ゆう (ハタアシ)

9〖㫃〗 旌(p. 705)과 同字

6
10〖旂〗 기 기 | 微く丨ˊ(qi) | き(ハタ) flag
㊁旗

풀이 기 ㉮기. 용을 그리고 방울을 단 기. ¶庶人以旃 士以一＜孟子＞ ㉯기의 총칭. ¶鳳皇翼其承一兮＜楚辭＞

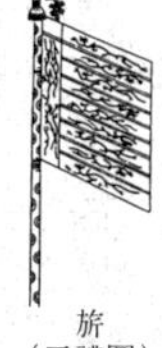
旂
(三禮圖)

【旂旗】きき(기기) 기(旗)의 총칭.
【旂常】きじょう(기상) 기. 旂는 교룡을 그린 것, 常은 해와 달을 그린 것.
【旂旐】きちょう(기조) 기. 旂는 용을, 旐는 거북과 뱀을 그린 것.

▷建一, 旗一, 旛一, 神一, 御一, 龍一, 羽一, 玄一

10〖旂〗 旗(p. 707)와 同字

6
10〖旅〗 나그네 려 |語カㄩˇ (lü)| りょ(タビ) *passenger*

㊀ 㫫

源會意. 깃발 아래 많은 사람[从]들이 모인 모양. 군대를 이루어, 이동함에서, 나그네를 뜻함.

풀이①나그네. 여행함. 通廬. ¶羈一之臣<左氏傳> ②행상(行商). ¶商一不行<范仲淹> ③군사. 군대. ¶軍一之事<論語> ④무리. 많은 사람들. ¶受率其一若林<書經> ⑤많다. 많이. ¶凡祭祀張其一幕<周禮> ⑥자제(子弟). ¶侯亞侯一<詩經> ⑦함께. ¶欲其一進一退也<國語> ⑧벌이다. 가지런히 베풂. ¶殽核維一<詩經> ⑨차례를 세우다. 차례를 지음. ¶請一諸臣<儀禮> ⑩절로 나다. 야생(野生)함. 通穭. ¶至是野穀一生<後漢書> ⑪여괘(卦). 14괘(卦)의 하나. 간하 이상(艮下離上). ䷷. ⑫제사 이름. 상제(上帝), 천신(天神) 혹은 산천(山川) 등에 올리는 제사. ¶季氏一於泰山<論語> ⑬등뼈. 通膂. ¶一力絶群<晋書>

【旅客】りょかく(여객) 나그네. 길손.

【旅卦】りょけ(여괘) 64괘(卦)의 하나. 이괘(離卦)와 간괘(艮卦)가 거듭된 것으로, 산 위에 불이 있음의 상징.

【旅券】りょけん(여권) 외국 여행하는 사람에게 정부가 주는 여행 허가증. 旅行免狀(여행면장).

【旅團】りょだん(여단) 군대 편제상의 부대 단위의 한 가지. 연대(聯隊)의 위, 사단(師團)의 아래. ¶海兵一. 「路毒(노독).

【旅毒】りょどく(여독) 여행에 의한 해독이나 피로.

【旅力】りょりょく(여력) ①모든 힘. 많은 사람의 힘. ②힘을 합함. ③등뼈의 힘. 旅는 膂.

【旅路】タビジ(여로) 여행길. 나그넷길. 旅途(여도).

【旅幕】りょばく(여막) ①많은 장막. 旅는 衆. ②韓주막 따위의 조그마한 집.

【旅拜】りょはい(여배) 여러 사람이 죽 늘어서서 절함. 함께 절함.

【旅舍】りょしゃ(여사) 여관. 여인숙.

【旅師】りょし(여사) 주(周)대의 지방관(地方官) 이름. 부세(賦稅)의 곡식을 거두어 쓰는 일을 맡아 보았음.

【旅生】りょせい(여생) 씨를 뿌리지 않아도 저절로 남. 野生(야생). 「수).

【旅愁】りょしゅう(여수) 나그네의 수심. 客愁(객

【旅酬】りょしゅう(여수) 제사가 끝나고 음복할 때, 먼저 어른께 잔을 드리고, 차례로 잔을 돌리던 일. 旅는 序.

【旅食】りょしょく(여식) ①여럿이 함께 먹는다는 뜻으로, 서민으로 벼슬에 있는 사람을 이름. ②나그네 살이함.

【旅裝】りょそう(여장) 길 떠날 차림.

【旅情】りょじょう(여정) 나그네 심정. 旅心(여심). 旅抱(여포).

【旅程】りょてい(여정) 여행 노정(路程). 「박).

【旅次】りょじ(여차) 여행 중의 숙박. 旅泊(여

【旅窓】りょそう(여창) 나그네가 묵고 있는 방.

▷客一, 軍一, 羈一, 蕃一, 賓一, 師一, 商一, 逆一, 義一, 一一, 征一, 振一, 下一, 行一

10〖㫛〗 旅(p. 704)의 古字

6
10〖旄〗 1깃대장식 모 2늙은이 모 |豪ㄇㄠˊ (mao)| ぼう(ハタカザリ) |號ㄇㄠˋ (mao)| ぼう(オイボレ)

풀이1①깃대 장식. 쇠꼬리나 새의 깃을 드리운 장식. ¶右秉白一以麾<書經> ②긴 털소. ¶一牛. 2늙은이. 80세~90세의 노인. ¶反其一倪<孟子>

旄① (三才圖會)

【旄期】ぼうき(모기) 늙은이. 旄는 80~90세. 期는 100세. 耄期(모기).

【旄騎】ぼうき(모기) 한(漢)대 기사(騎士)의 칭호.

【旄頭】ぼうとう(모두) ①28수(宿)의 하나. ②기(旗). ③선구(先驅)의 기사(騎士). 旄騎(모기).

【旄倪】ぼうげい(모예) 늙은이와 어린이. 老幼(노유). ¶反其一 止其重器<孟子>

【旄鉞】ぼうえつ(모월) 천자의 명을 받은 장수가 가진 지휘봉과 큰 도끼.

▷干一, 白一, 騂一, 羽一, 節一, 旌一

6
10〖旁〗 1곁 방 2풀 이름 팽 3기댈 방 |陽ㄆㄤˊ 庚(pang) 漾| ぼう(カタワラ) *side*

㊄ 㫄

풀이1①곁. 옆. ㉠傍. ¶食於道一<漢書> ②두루. 널리. ¶一求俊彦<書經> ③가깝다. 가까이 감. 通傍. ¶一死魄<書經> ④가지. 곁가지. ¶其可以爲舟者 一十數<莊子> ⑤도움. 보좌(輔佐). ¶有志極而無一<楚辭> ⑥기울다. 쏠림. ¶一辟曲私之徒<荀子> ⑦갈림길. ¶二達謂之岐一<爾雅> ⑧방. 한자에서, 음을 이루는 자가 글자 오른쪽에 있는 것. 2①풀 이름. 쑥의 한 가지. ¶一勃. ②사물의 형용. ¶一一. 3①기대다. 의지함. ¶一日月<莊子> ②오가다. ¶使者一午<漢書>

【旁格】ぼうかく(방격) 두루 미침.

【旁系】ぼうけい(방계) 직계에서 갈려 나간 계통. 傍系(방계). 「함. 傍觀(방관).

【旁觀】ぼうかん(방관) ①두루 봄. ②곁에서 구경만

▷岐一, 路一, 旁一, 四一, 兩一, 扁一, 偏一

6
10〖旃〗 기 전 |㊀ㄓㄢ (zhan)| せん(ハタ) *flag*
㊕旃 ㊐旜

풀이①기. 비단으로 만든 깃발과 기드림이 달린, 무늬 없는 붉은 기. ¶庶人以—<孟子> ②기의 총칭. ¶樹修—<張衡> ③장막. 휘장. ¶契闊戎—<南齊書> ④모직물. ㊂氈. ¶被—裘<史記> ⑤이. 이것을. 어조사. ¶上愼—哉<詩經>

【旃毛】せんもう(전모) 모직물 의복의 털.
【旃蒙】せんもう(전몽) 고갑자(古甲子)에서 을(乙).
【旃旌】せんせい(전정) 기(旗). 旃은 무늬가 없는 붉은 비단 기. 旌은 오색 깃털을 기드림으로 단 기.
▷曲—, 勉—, 愼—, 戎—

6
10〖旆〗 기 패 |㊎ㄆㄟˋ (pei)| はい(ハタ) *flag*

풀이①기. ㉮대장기(大將旗). 검은 바탕에 잡색 비단으로 가장자리를 꾸민, 끝이 제비 꼬리 같은 기. ¶白—中央<詩經> ㉯기의 총칭. ¶武王載—<詩經> ②깃발이 펄럭이다. ¶建而不—<左氏傳> ③앞장서다. 선구(先驅). ¶以兵車之—<左氏傳> ④드리워진 모양. 또는, 긴 모양. ¶——.
▷卷—, 錦—, 旗—, 大—, 反—, 白—, 幡—, 飛—, 旋—, 羽—, 旂—, 戎—, 征—, 旌—, 酒—, 遲—, 抗—, 懸—

7
11〖旎〗 깃발 펄럭이는 모양 니 |㊃ㄋㄧˇ (ni)| じ

풀이①깃발이 펄럭이는 모양. ㊂施. ¶旖—從風<史記> ②구름이 길게 낀 모양. ¶乘雲蜺之旖—兮<漢書> ③성(盛)한 모양. ¶紛旖—乎都房<楚辭> ④숙부드러운 모양. ¶覽玆樹之豊茂 紛旖—以修長<王粲>

11〖旒〗 旒(p.707)와 同字

7
11〖旊〗 옹기장 방 |㊆| ほう(スエモノシ)

11〖旉〗 敷(p.687)의 古字

7
11〖旋〗 돌 선 |㊀ㄒㄩㄢˊ (xuan)| せん(メグル) *round*
㊕旋

풀이①돌다. ¶七曜周—<素問> ②돌리다. ¶—式正棊<史記> ③되돌다. 되돌아옴. ¶言—言歸<詩經> ④굽다. 구불구불함. ¶—室㛹娟以窈窕<王延壽> ⑤도리어. 오히려. ¶—遂之瑯琊<史記> ⑥둥글다. 원을 그림. ¶工倕—而蓋規矩<莊子> ⑦주선하다. 일이 되게 돌봄. ¶與君周—<左氏傳> ⑧행동 거지. ¶周—序順<國語> ⑨구슬. 옥(玉). ㊂琁. ¶佐助—璣<漢書> ⑩오줌. 오줌을 눔. ¶夷射姑—焉<左氏傳> ⑪빨리. 갑자기. ㊂還. ¶病—已<史記>

【旋乾轉坤】せんけんてんこん(선건전곤) 乾을 돌리고 坤을 굴림. 천지를 회전한다는 뜻으로, 천하를 일신(一新)함을 이르는 말. ¶人主一念之烈 足以—<宋史>
【旋宮】せんきゅう(선궁) 진한(秦漢) 이전의 해음법(諧音法). 12율(律)과 7음(音)을 배합한 것.
【旋璣】せんき(선기) ①옛날의 천문 관측기. 璿璣(선기). ②북두칠성.

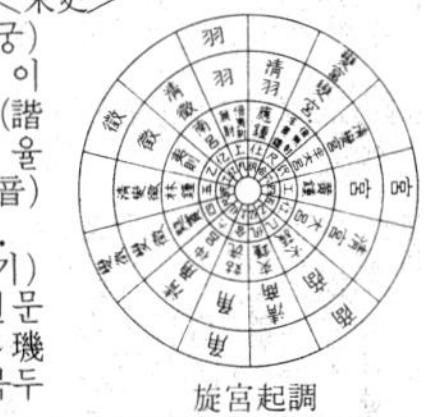
旋宮起調
(淸會典圖·樂器律)

【旋流】せんりゅう(선류) 빙 돌아 흐름. 소용돌이 쳐 흐름. 또는, 그 흐름.
【旋毛】せんもう(선모) ①머리의 가마. ②고수머리. ③곱슬곱슬한 털.
【旋盤】せんばん(선반) 쇠를 깎거나 구멍을 뚫는 기계의 하나. ¶—工.
【旋渦】せんか(선와) 물이 소용돌이 침. 또는, 그 소용돌이라는 뜻으로, 일이 몹시 뒤얽힘을 이름.
【旋律】せんりつ(선율) 음악의 가락.
【旋日】せんじつ(선일) 하루를 지냄.
【旋踵】せんしょう(선종) 발길을 되돌린다는 뜻으로, 금방의 뜻.
【旋風】せんぷう(선풍) 회오리 바람. 소소리 바람.
【旋風筆】せんぷうひつ(선풍필) 문사(文詞)를 자유자재로 짓는 재필(才筆).
【旋回】せんかい(선회) 둘레를 빙빙 돎.
▷凱—, 螺—, 盤—, 斡—, 縈—, 渦—, 往—, 轉—, 周—, 便—, 飄—, 環—, 回—

11〖旃〗 旃(p.705)의 俗字

7
11〖旌〗 기 정 |㊀ㄐㄧㄥ (jing)| せい(ハタ) *flag*
㊐旍 旌

풀이①기. ㉮천자가 사기를 고무할 때 쓰던 기. 5색 깃털을 깃대 끝에 드리운 기. ㉯청(淸)대 천자의 거둥 때 쓰던 기. ㉰기의 총칭. ¶朝有親善之—<史記> ②절(節). 사신(使臣)에게 신임의 표지(標識)로 주던 기. ¶道路用—節<周禮> ③나타내다. ㉮표창(表彰)하다. ¶且—善人<左氏傳> ㉯악(惡)을 밝히다. ¶生不能事死又離之 以自—也<左氏傳> ㉰구별하다. ¶—別淑慝<書經> ㉱표시하다. ¶故爲車服旗章以—之<國語> ④신(神)에게 바치는, 자르지 않은 풀. 자른 것은 藉. ¶左執茅—<公羊傳>

旌① (淸會典圖)

【旌簡】せいかん(정간) 표창하여 발탁(拔擢)함.
【旌蓋】せいがい(정개) 기(旗)와 비단 양산.

【旌揭】せいけい(정게) 뭇 사람에게 알리기 위하여 써서 붙임.
【旌旗】せいき(정기) 기(旗)의 총칭. 旌旆(정기).
【旌旗蔽空】せいきソラヲオオウ(정기폐공) 깃발이 하늘을 덮음. 진세(陣勢)가 매우 성함을 이름. ¶舳艫千里 —<蘇軾>
【旌閭】せいりょ(정려) 충신·효자·열녀 등을, 그들이 살던 고을에 정문(旌門)을 세워 표창함.
【旌命】せいめい(정명) ①현사(賢士)를 부르고 인재를 등용함. ②현사를 부르러 가는 사자(使者)의 별칭.
【旌銘】せいめい(정명) ☞銘旌(명정).
【旌旄】せいぼう(정모) 기의 총칭. 또는, 지휘기(指揮旗).
【旌門】せいもん(정문) ①제사·연회 등이 있을 때, 기를 세워 꾸민 문. ②선행(善行)이 있는 사람에게 나라가 표창하는 일. 또는, 효자·열녀를 위하여 그의 마을 어귀에 나라에서 세워 주던 붉은 문.
【旌表】せいひょう(정표) 선행(善行)을 표창하여 여러 사람에게 알림.
▷旗—, 銘—, 茅—, 羽—, 流—, 旒—, 追—, 旆—, 表—, 懸—, 麾—

11〖旍〗旌(p.705)·旂(p.703)와 同字

7
11〖族〗[1]겨레 족 [2]음률 주 | [國]ㄗㄨˊ [簡](zu) | ぞく(ミウチ) *people* そう

[古]㫺
[源]**會意**. 목표로 세워 놓은 깃발 아래 화살[矢]이 쌓였듯, 많은 무리가 모여 한 덩어리로 뭉쳐 있다는 뜻.
[풀이][1]①겨레. [通]屬. ㉮같은 혈통의 친족. ¶九—旣睦<書經> ㉯인척(姻戚). 아비, 어미, 아내의 친족. ¶三—輔之<大戴禮> ㉰동포, 인종(人種)의 갈래. ¶王—而已<國語>/—閥. ②가계(家系). 성(姓)이 갈라짐을 氏, 氏의 갈라짐을 族이라 함. ¶有與曾子同名—者<戰國策>/氏—. ③무리. 동류(同類). ¶萬物百—<淮南子> ④극형(極刑). 일족(一族)에게 미치는 형벌. ¶罪人以—<書經> ⑤백 집. 100집의 마을. 주(周)대의 제도. ¶四閭爲—<周禮> ⑥모이다. 떼를 지음. ¶雲氣不待—而雨下<莊子> ⑦멸(滅)하다. ¶一人之讐 不與聚隣<大戴禮> [2]①음률(音律). [通]簇. ¶二曰太—<漢書> ②연주(演奏)하다. ¶調五聲使有節—<漢書> ③개를 부리다. [같]嗾.
【族系】ぞくけい(족계) 한 집안의 계통. 家系(가계).
【族姑】ぞくこ(족고) 아버지의 재종자매. 再堂姑母(재당고모).
【族黨】ぞくとう(족당) 같은 문중이나 계통에 속하는 겨레붙이.
【族大母】(족대모) 족대부의 아내.
【族大父】(족대부) 할아버지뻘이 되는 동성(同姓)의 먼 일가.
【族類】ぞくるい(족류) ①일가붙이. ②같은 동아리.
【族望】ぞくぼう(족망) 씨족(氏族) 가운데 명망이 있는 사람.
【族母】ぞくぼ(족모) 족부(族父)의 아내. 재종 숙모.
【族譜】ぞくふ(족보) 일족의 계보(系譜).
【族父】ぞくふ(족부) 중국에서, 아버지의 재종형제. 재종숙.
【族山】(족산)[韓] 일가의 뫼를 함께 쓴 산. 先山(선산).
【族生】ぞくせい(족생) 떨기로 남. 簇生(족생).
【族姓】ぞくせい(족성) ①일족의 성씨. ②동성(同姓)과 이성(異姓). ③문벌. 族望(족망). ④씨족(氏族).
【族屬】ぞくぞく(족속) ①같은 문중의 겨레붙이. ②같은 동아리. 族類(족류).
【族孫】ぞくそん(족손) ①족형제의 손자. ②[韓] 동성(同姓) 동본(同本)으로서 유복친(有服親) 곧 8촌 안에 들지 않는 손자뻘 되는 사람.
【族叔】ぞくしゅく(족숙) ①재종숙. ②[韓] 아버지와 한 항렬(行列)인, 유복친(有服親) 이외의 남자.
【族人】ぞくじん(족인) 동성(同姓) 동본(同本)의 사람. 일가 사람. 族宗(족종).
【族子】ぞくし(족자) ①동족의 아들. ②형제의 아들. 또는, 족형제의 아들.
【族丈】(족장) 같은 종문(宗門)의 유복친 이외의 윗항렬이 되는 사람을 이르는 말.
【族長】ぞくちょう(족장) ①일족(一族)의 장(長). ②주(周)대의 촌리(村里). 100家를 族, 5族을 黨이라 함.
【族弟】ぞくてい(족제) ①중국에서, 삼종제. ②[韓] 유복친 이외의, 아우뻘 되는 남자.
【族誅】ぞくちゅう(족주) 한 사람의 죄로 일족 또는 삼족(三族)을 죽임.
【族徵】(족징) 축낸 공금을 일족에 물리어 받던 일.
【族戚】ぞくせき(족척) 친족과 인척(姻戚). 한 집안 사람. 族人(족인).
【族親】ぞくしん(족친) 유복친 이외의 한 집안.
▷家—, 甲—, 巨—, 擧—, 公—, 九—, 舊—, 國—, 群—, 貴—, 近—, 大—, 同—, 萬—, 名—, 門—, 美—, 民—, 班—, 蕃—, 閥—, 父—, 附—, 部—, 分—, 非—, 士—, 三—, 庶—, 姓—, 盛—, 世—, 勢—, 小—, 素—, 疏—, 水—, 殊—, 氏—, 魚—, 語—, 王—, 右—, 遺—, 類—, 異—, 姻—, 鱗—, 一—, 種—, 戚—, 賤—, 親—, 品—, 寒—, 血—, 豪—, 洪—, 華—, 皇—

12〖旑〗旖(p.707)와 同字
12〖旌〗旌(p.705)과 同字

8
12〖旐〗기 조 | [國]ㄓㄠˋ (zhao) | ちょう(ハタ) *flag*

旐① (三禮圖)

[풀이]①기. 거북과 뱀을 그린 폭이 넓은 검은 빛깔의 기. 왕성(王城) 500리(里) 밖의 고을인 향수장(鄉遂長)의 기. ¶調練設—

<孔子家語> ②운구(運柩) 때 앞세우는 기. ¶飛一翩以啓路<潘岳>

9/13【旒】 깃발 류 | [尤]ㄌㄧㄡˊ (liu) | りゅう(ハタアシ) *flag*

[풀이]①깃발. 깃대에 매지 아니한 쪽의 기폭 귀에 붙인 긴 오리. 보통 붉은 비단을 씀. ¶君若贅一然<公羊傳> ②주옥(珠玉) 술. 면류관 앞뒤에, 천자는 12줄, 제후는 9줄을 드리웠음. ¶天子玉藻 十有二一<禮記>

【旒冕】りゅうべん(유면) 실로 꿴 구슬 술을 앞뒤에 드리운, 귀인(貴人)의 관(冠).

▷冕一, 旄一, 宸一, 玉一, 藻一, 珠一, 采一

9/13【旓】 깃발 소 | [肴] | そう(ハタアシ)

9/13【旕】 [韓] 땅 이름 엇

[풀이]①땅 이름. ②엇. 엇시조(旕時調).

10/14【旗】 기 기 | [支]ㄑㄧˊ (qi) | き(ハタ) *flag*

[同]旂

[풀이]①기. ㉮곰과 범을 그린 붉은 기. 장수가 세우는 기. ¶師都建一<周禮> ㉯기의 총칭. [通]旂. ¶下可以建五丈一<史記> ②표. 표지(標識). ¶佩衷之一也<左氏傳> ③덮다. 가림. ¶昔舜欲一古今而不能<呂覽> ④별 이름. [通]箕. ¶左一. ⑤군대의 부서. 청(淸)대에 기의 빛깔에 따라 구분했던, 군대의 부서. ¶八一.

旗①
(禮器圖)

【旗脚】ききゃく(기각) 깃발.

【旗手】きしゅ(기수) ①기를 드는 사람. ②군기(軍旗)를 받드는 사람.

【旗亭】きてい(기정) 술집. 요릿집. 문밖에 기를 세워 표지(標識)한 데서 온 말.

【旗幟】きし(기치) ①군중(軍中)에서 쓰던 온갖 기. 幟는 표지(標識)의 기. ②어떤 목적을 위하여 나타내는 태도나 주장.

【旗幟槍劍】きしそうけん(기치창검) 진중에서 쓰는 기·창·칼 따위의 통칭.

【旗幅】(기폭) ①깃발. ②깃발의 나비.

【旗艦】きかん(기함) 사령관이 타고 있는 군함.

▷校一, 九一, 國一, 纛一, 綠一, 反一, 半一, 叛一, 白一, 幡一, 兵一, 社一, 手一, 信一, 牙一, 龍一, 羽一, 旒一, 義一, 赤一, 旌一, 弔一, 酒一, 八一, 降一

10/14【旖】 깃발 펄럭일 의 | [紙]ㄧˇ (yi) | い

16【旘】 幟(p. 506)와 同字

18【𣄚】 幢(p. 506)과 同字

14/18【旛】 기 번 | [元]ㄈㄢ (fan) | はん(ノボリ) *flag*

[풀이]기. 기의 총칭. ¶立靑一<後漢書>/一旒.

15/19【旝】 기 괴 | [泰]ㄎㄨㄞˋ (kuai) | かい

[풀이]①기. 대장이 지휘할 때 쓰는 붉은색 바탕의 기. ¶一動而鼓<左氏傳> ②돌쇠뇌. ¶爲大一連弩<唐書>

15/19【旞】 기 수 | [寘]ㄙㄨㄟˋ (sui) | すい

[풀이]기. 깃대 꼭대기에 오색의 깃털을 붙여서 장식한 기. 천자만이 쓰던 기의 한 가지. ¶道車載一<周禮>

16/20【旟】 기 여 | [魚]ㄩˊ (yu) | よ(ハタ)

[풀이]①기. 붉은 비단에 송골매를 그려 넣었는데, 행군할 때 이 기를 올리면 맡은 일에 빨리 나가도록 지시하는 신호가 됨. ¶孑孑干一<詩經> ②펄럭이다. ¶髮則有一<詩經>

无<없을 무>部

无 旡 ⑤ 既 ⑦ 旣 旣

0/4【无】 없을 무 | [虞]ㄨˊ (wu) | む, ぶ(ナイ)

[同]無

[源]會意. 전신을 그린 사람[大]의 머리 위에 「一」을 더하여 머리가 보이지 않게 함을 뜻함. 無의 고문 이체(古文異體). ※흔히 이 부수를 「이미기 방」이라고 하는데, 이는 이 부수에 딸린 한자로는 旣자가 대표적이기 때문임.

[풀이][通]毋. ①없다. ¶厲一咎<易經> ②발어사(發語辭). 불경을 욀 때의 발어사. ¶南一.

【无妄】むぼう(무망) ①64괘(卦)의 하나. 사심(邪心)이 없는 상(象). 진하건상(震下乾上). 无妄卦(무망괘). ②까닭없이 당하는 재앙. ¶一之災.

0/4【旡】 목멜 기 | [未]ㄐㄧˋ (ji) | き(ムセブ) *be choked*

9【既】 旣(p. 707)의 略字

7/11【旣】 [1]이미 기 [2]녹미 희 | [未]ㄐㄧˋ [未](ji) | き(スデニ) *already* き

[略]既 [俗]旣

[풀이][1]①이미. ¶一見君子<詩經>/一成. ②본디. 원래. ¶爾酒一淸<詩

經＞ ③이윽고. ¶一而悔之＜左氏傳＞ ④다하다. 다 됨. ¶一其文 未一其實＜莊子＞ ⑤끝나다. ¶言未一 有笑於列者＜韓愈＞ **2**녹미(祿米). ㊟餼. ¶一廩稱事＜中庸＞

【旣刊】きかん(기간) 이미 출판함.
【旣決】きけつ(기결) ①이미 결정됨. ¶一案. ②재판의 판결이 확정됨. ↔未決(미결).
【旣決囚】きけつしゅう(기결수) 유죄 판결이 확정된 죄수. ↔未決囚(미결수).
【旣得】きとく(기득) 이미 얻어서 차지함. ¶一權.
【旣望】きぼう(기망) 음력 16일. 또는, 그날 밤의 달.
【旣死魄】きしはく(기사백) ①음력 초하룻날. 魄은 달의 빛나는 부분. 삭(朔)에는 달빛이 전혀 나지 않으므로 死魄이라 함. 旣는 모두. 旣死覇(기사패). ②음력 23일 이후 그믐까지를 이름.
【旣生魄】きせいはく(기생백) 음력 보름날. 보름달.
【旣成】きせい(기성) ①이미 이루어짐. 이미 만들어짐. ¶一服/一作家/一世代/一靴. ②㊕ 신주(神主)를 만듦.
【旣往】きおう(기왕) 이미 지나간 일. ¶一之事.
【旣爲】きい(기위) 이미.
【旣張之舞】(기장지 무)㊕ 이미 벌인 춤이란 뜻으로, 이미 시작한 일이니 중간에 그만둘 수 없다는 말.
【旣定】きてい(기정) 이미 정해짐. ¶一事實. ↔未定(미정).
【旣濟】きさい(기제) ①64괘(卦)의 하나. 離下坎上(이하감상). 만사가 잘 되어가는 상(象). ②일이 이미 끝남. ↔未濟(미제).
【旣婚】きこん(기혼) 이미 결혼함. ¶一者. ↔未婚(미혼).
【旣廩】きりん(희름) 다달이 주는 녹미(祿米).
▷皆一, 肆一, 蝕一, 終一

11〖旣〗 旣(p.707)의 俗字

13〖㒫〗 禍(p.1097)의 古字

16〖暨〗 ☞ 日部 12획(p.727)

日＜날 일＞部

日 ① 旧 旦 ② 旬 旭 早 旨 ③ 旰 旴 旱
④ 昆 明 旼 旻 昉 昔 昇 昂 易 昨 旺
昌 昃 昄 昊 昈 昬 昒 昕 ⑤ 昵 昧 昴
昞 昢 昲 星 昭 是 昦 映 昱 昨 昳 昶 春
昡 昏 昫 ⑥ 晌 時 晏 晋 晉 晐 晃 晅 ⑦ 晜
晩 晟 晨 晤 晢 晰 晝 晧 晡 晛 晧 晥
晦 晞 ⑧ 景 晷 普 晳 晣 晬 晻 晼 晶
晸 智 晴 暁 ⑨ 暇 暍 暌 暖 暋 暑 暗 暘
暎 暐 暈 暄 暆 暉 ⑩ 暟 暝 暢 暠 暤 ⑪
暱 暮 暬 暲 暫 暴 暵 暳 暭 ⑫ 暻 暨
曇 暾 曈 曆 暸 暹 曋 曄 曀 曃 曉 ⑬ 曖
曏 ⑭ 曚 曙 曜 曛 ⑮ 曠 曝 ⑯ 曨 曣 曦
⑰ 曩 ⑲ 曬 ⑳ 曭

0
4〖日〗 날 일 |㊥日(ri)| じつ, にち(ひ, か) *day*

㊚象形. 해의 모양을 본뜸.

풀이①해. 음양으로는 양(陽), 오행으로는 화(火), 인도(人道)에서는 군(君)·덕(德) 등에 해당. ②햇볕. 햇살. ¶玄甲耀一＜後漢書＞ ③낮의 길이. ¶春一遲遲＜詩經＞ ④날. ㉮낮 동안. ¶夜以繼一＜孟子＞ ㉯하루 밤낮 동안. ¶合時月正一＜漢書＞ ㉰날짜. ¶乃以元一盧＜禮記＞ ㉱때. 시기. ¶壯者以暇一修其孝悌忠信＜孟子＞ ⑤기한(期限). ¶不一成之＜國語＞ ⑥날수. ¶曠一經年＜漢書＞ ⑦접때. 앞서. ¶一吾來此也＜國語＞ ⑧나라 이름. 일본(日本)의 약칭. ¶在一同胞.

【日角】にっかく(일각) ①이마 중앙의 뼈가 해 모양으로 도도록한 것. 귀인의 상이라 함. ②상술가(相術家)에서, 왼쪽 이마를 이름.
【日脚】にっきゃく(일각) 햇발. 햇살.
【日刊】にっかん(일간) ①날마다 발간함. ②일간 신문. ¶一紙.
【日間】にっかん(일간) 요새. 가까운 며칠 사이.
【日居月諸】にっきょげっしょ·ヒヤツキヤ(일거월저) ①해여, 달이여! 임금과 신하, 국군(國君)과 그 부인, 부와 모에 비유함. 居·諸는 조자(助字). ②세월이 흘러가는 일.
【日計】にっけい(일계) 날마다의 계산. ¶一表.
【日高三丈】にっこうさんじょう(일고삼장) 해가 중천에 떴음.
【日課】にっか(일과) ①날마다 할당함. ②날마다의 과정(課程). 「(천관).
【日官】にっかん(일관) 천문(天文)의 관리. 天官
【日光】にっこう(일광) 햇빛. ¶一療法/一浴.
【日較差】にちかくさ(일교차) 기온·기압·습도 등이 하룻동안에 변화하는 차이.
【日晷】にっき(일구) ①해 그림자. 곧, 햇빛. ②해시계. ¶仰釜一.
【日久】にっきゅう(일구) 시일이 오래 지남.
【日久月深】にっきゅうげっしん(일구월심) 날이 오래 되고 달이 깊어감. 세월이 흘러 오래 될수록 자꾸 더하여짐. 「道(황도).
【日軌】にっき(일궤) 태양이 도는 궤도(軌道). 黃
【日給】にっきゅう(일급) 하루 단위로 급료를 지급함. 또는, 그 급료. 「르는 일.
【日南中】になんちゅう(일남중) 태양이 자오선에 이
【日南至】になんし(일남지) 태양이 남회귀선에 이르렀다는 뜻으로 동지(冬至)를 이름.
【日來】にちらい(일래) ①날마다 옴. ②해가 돋음. ③평시. 요사이.
【日曆】にちれき(일력) ①사관(史官)이 그날그날의 일을 기록한 책. ②날짜별로 볼 수 있는 책력.
【日錄】にちろく(일록) ①일기(日記). ②사건 기록에 반드시 그 날짜를 기록하는 일.
【日輪】にちりん(일륜) 태양.
【日陵月替】にちりょうげったい(일릉월체) 나날이 쇠해감.
【日母】にちぼ(일모) 태양. 日은 양덕(陽德)의 모(母).
【日暮】にちぼ(일모) 날이 저묾. 해가 저물 무렵.
【日暮途遠】ヒクレミチトオシ(일모도원) 날은 저물고 갈

길은 멂. 늙고 쇠약한데 할 일은 아직 많음의 비유. ¶吾— 故倒行逆施之<史記>

【日沒】にちぼつ(일몰) 해가 짐. 또는, 해넘이. 日入(일입).

【日薄】にっぱく(일박) ①해가 황흑(黃黑)의 기운에 덮여 엷은 황색으로 되는 일. 일식(日蝕)이 아닌데 음기(陰氣)가 성(盛)하여 햇빛이 가리어짐. ②해가 저녁때에 가까와짐. 薄은 迫. ¶但以劉—西山…朝不慮夕<李密> ③날로 엷어짐.

【日邊】にっぺん(일변) ①태양이 있는 곳. ②왕성(王城)의 근처. ③임금의 좌우. ④㊕ 하루하루 셈을 치는 변리.

【日報】にっぽう(일보) ①나날의 보도나 보고. ②매일 내는 신문.

【日附印】ヒヅケいん(일부인) 연·월·일을 넣어 찍도록 만든 도장.

【日復日】(일부일) 날마다.

【日削月割】ヒニケズラレツキニサカル(일삭월할) 날로 깎이고 달로 잘려 나감. 나날이 쇠해짐을 이름.

【日産】にっさん(일산) ①하루의 생산량. ②일본 제품.

【日傘】ヒガサ(일산) ①햇빛을 가리기 위하여 한데다 세우거나 설치하는 큰 양산. ②의장(儀仗)의 하나. 자루가 길고 큰 양산. ③감사(監司)·수령(守令) 등이 부임할 때 받는 큰 양산.

【日常】にちじょう(일상) ①태양은 늘 변하지 않음. 영원히 변하지 않음의 비유. ②늘. 평소. ¶—生活.

【日收】にっしゅう(일수) ①날마다 거둠. 날마다의 수입. ②㊕ 본전에 변리를 얹어서 날마다 갚아가는 빚돈.

【日辰】にっしん(일신) 일월성신(日月星辰).
(일진) 날의 간지(干支). 갑자(甲子)·을축(乙丑) 등으로 표시하는 날짜.

【日新】にっしん(일신) 날로 새로와짐.

【日用】にちよう(일용) 날마다 씀. 또는, 날마다의 쓰임. ¶—品.

【日傭】ヒヤトイ(일용) 날품팔이.

【日用凡百】(일용범백)㊕ 날마다 쓰는 여러 가지 물건.

【日月星辰】じつげつせいしん(일월성신) 해·달·별의 천체(天體).

【日益】にちえき(일익) 날로 더함.

【日日】にちにち(일일) 날마다. 그날그날. ¶—新.

【日者】にっしゃ(일자) ①점술가(占術家). 그날 그날의 길흉을 점치는 사람. ②먼젓날. 전번에는. 曩日(낭일). 前日(전일).

【日將月就】ヒニススミツキニナル(일장월취) ☞日就月將(일취월장).

【日程】にってい(일정) ①그날에 할 일 또는 그 분량. ¶—表. ②하루에 걷는 이수(里數).

【日照】にっしょう(일조) 해가 쬠. ¶—量/—時間.

【日中】にっちゅう(일중) ①해가 중천에 이르렀을 때. 正午(정오). ②해가 나 있을 동안. 낮. 白晝(백주). ③낮과 밤의 길이가 같을 때. 곧, 춘분과 추분. ④㊕ 가난한 사람이 하루 중 낮에 한 번만 밥을 먹음. 日中食(일중식).

【日誌】にっし(일지) 직무상 매일매일의 기록. 日志(일지).

【日直】にっちょく(일직) ①매일의 당직(當直). ②낮 당직.

【日進月步】にっしんげっぽ(일진월보) 날로 달로 진보함.

【日淺】にっせん(일천) 날수가 적음.

【日出】にっしゅつ(일출) 해가 돋음. 또는, 해돋이.

【日出三竿】ヒイズルコトさんかん(일출삼간) 해가 높이 뜬, 오전 8시경.

【日取其半萬世不竭】(일취기반 만세불갈) 짧은 막대기라도 그것을 매일 절반씩 자른다면 영원히 다할 때가 없음.

【日就月將】ヒニナリツキニススム(일취월장) 학업이 날로 달로 진보함. 日將月就(일장월취).

【日昃】にっしょく·にっそく(일측) 해가 기욺. 오후 2시경.

【日晡】にっぽ(일포) 저녁때. 晡는 신시(申時). 곧, 오후 4시경. 日餔(일포).

【日晡祭】(일포제)㊕ 발인(發靷)에 앞서 영결(永訣)을 고하는 제식(祭式). 祖奠(조전).

【日暈】にちうん(일훈·일운) 햇무리.

▷暇—, 隔—, 計—, 過—, 課—, 曠—, 近—, 今—, 忌—, 吉—, 落—, 納—, 臘—, 曩—, 來—, 累—, 旦—, 當—, 冬—, 明—, 白—, 百—, 不—, 社—, 斜—, 上—, 生—, 曙—, 夕—, 昔—, 先—, 數—, 旬—, 時—, 惡—, 安息—, 愛—, 曆—, 歷—, 連—, 烈—, 永—, 往—, 元—, 月—, 異—, 翌—, 人—, 一—, 昨—, 殘—, 再昨—, 積—, 前—, 祭—, 朝—, 終—, 卽—, 遲—, 辰—, 盡—, 天—, 秋—, 祝—, 春—, 他—, 誕生—, 擇—, 平—, 夏—, 閑—, 向—, 後—, 曛—, 休—, 凶—

5【旧】 舊(p. 1256)·臼(p. 1254)·舅(p. 1255)의 俗字

1
5【旦】 아침 단 | ㊥ㄉㄢˋ (dan) | たん(アシタ) *morning*

㊟指事. 해[日]가 지평선[一]에 나타남을 가리킴.

풀이 ①아침. 해 돋을 무렵. ¶—夕. ②밤을 새우다. ¶誰與獨—<詩經> ③밤이 새다. ¶長夜漫漫何時—<甯戚> ④환한 모양. 누그러지는 모양. 정성스러운 모양. ¶——. ⑤연극에서, 여자로 분장하는 배우. ⑥형벌 이름. 아침 일찍 노동을 시키는 형벌. ¶當爲城—春者<漢書>

【旦那】だんな(단나)《佛》 범어 dana의 음역. 보시(布施) 또는 시주(施主).

【旦旦】たんたん(단단) ①아침마다. ②성의가 있는 모양. ¶信誓— 不思其反<詩經> ③환한 모양. ④마음이 누그러지는 모양.

【旦望】たんぼう(단망) ①삭일(朔日)과 망일(望日). 음력 초하루와 보름. ②주공(周公) 단(旦)과 태공(太公) 망(望).

▷吉—, 昧—, 明—, 拂—, 朔—, 爽—, 歲—, 晨—, 元—, 月—, 一—, 正—, 早—, 遲—, 淸—, 平—, 曉—

6【曲】 ☞曰部 2획(p. 730)

6【亘】 ☞二部 4획(p. 67)

2
6【旬】 열흘 순 |圓ㄒㄩㄣˊ (xun)|じゅん *ten days*

源會意. 날[日]을 한 돌림 돌게 싼다 [勹]는 뜻. 날은 10간(干)을 따라, 10일에 한 번 돌기 때문임.

풀이①열흘. 열흘 동안. ¶十一弗反<書經>/一五志<洪萬宗> ②열 번. ¶修之一年<魏志> ③10년. ¶且喜同年滿七一<白居易> ④두루 미치다. 通徇. ¶來一來宣<詩經> ⑤가득 차다. ¶一歲間免兩司隸<後漢書> ⑥돌다. 한 바퀴 돎. ¶入國四一<管子> ⑦고르다. ¶雖一无咎<易經>

【旬刊】じゅんかん(순간) 열흘에 한 번 간행함. 또는, 그 간행물. ¶一誌.

【旬年】じゅんねん(순년) 10년.

【旬望】じゅんぼう(순망) 음력 초열흘과 보름.

【旬報】じゅんぽう(순보) 열흘에 한번씩 발간하는 신문. ¶漢城一.

【旬朔】じゅんさく(순삭) 초열흘과 초하루. 또는, 열흘 동안.

【旬歲】じゅんさい(순세) 만 1년간.

【旬液】じゅんえき(순액) 열흘에 한 번 오는 비. 알맞은 비.

【旬餘】じゅんよ(순여) 열흘 남짓.

【旬月】じゅんげつ(순월) ①만 한 달. ②열 달. ③열흘이나 달포 가량.

【旬日】じゅんじつ(순일) ①음력 초열흘. ②열흘 동안.

【旬葬】(순장)韓 죽은 지 열흘 만에 지내는 장사.

【旬前】じゅんぜん(순전) 음력 초열흘 이전.

【旬後】じゅんご(순후) 음력 초열흘이 지난 뒤.

▷三一, 上一, 中一, 初一, 下一

6【曳】 ☞曰部 2획(p.731)

2
6【旭】 아침 해 욱 |因ㄒㄩˋ (xu)|きょく(アサヒ) *morning sun*

俗旮

풀이①아침 해. ¶初一纔照<劇談錄> ②해가 돋다. 해가 돋는 모양. ¶一一. ③득의(得意)한 모양. 또는, 울려 퍼지는 모양. ¶一一. ④아름답다. ¶一卉. ⑤빠르다. ¶一卉.

【旭旭】きょくきょく(욱욱) ①해가 돋는 모양. 기세가 좋음의 비유. ②해가 막 돋아오르는 모양. ③울려 퍼지는 소리. ④소인(小人)이 교만을 부리는 모양. ⑤자득(自得)의 모양. ⑥자실(自失)하는 모양.

【旭日】きょくじつ(욱일) 아침해. ¶一昇天.

▷朗一, 始一, 陽一, 朝一, 晴一, 初一, 紅一

2
6【早】 일찍 조 |皓ㄗㄠˇ (zao)|そう(ハヤイ) *early*

源會意. 태양[日]이 사람의 머리[十; 甲의 약체] 위에 있음을 뜻함.

풀이①일찍. 通蚤. ㉮때가 오기 전에. ¶一臥一行君一起<李白> ㉯미리. ¶由辨之不一辨也<易經> ㉰급히. ¶一救之<戰國策> ②이르다. ㉮때가 아직 이르지 아니하다. ¶霜威出塞一<李白> ㉯서두르다. 빠름. ¶汝亦大一計<莊子> ㉰젊다. ¶一歲既相知<岑參> ㉱첫. 처음. ¶數聲相叫一秋時<雍陶> ③새벽. 아침. ¶隔夜相期侵一發<方干>

【早孤】そうこ(조고) 어려서 어버이를 여읨.

【早急】そうきゅう(조급) 매우 서두르는 일. 火急(화급).

【早起】そうき(조기) 아침 일찍 일어남. ¶一蹴球會.

【早期】そうき(조기) 이른 시기.

【早年】そうねん(조년) 젊을 때. 早歲(조세). ↔晩年(만년).

【早達】そうたつ(조달) ①일찍 출세함. 젊어서 출세함. ②어리면서 어른스러움.

【早老】そうろう(조로) 겉늙음. ¶一症.

【早漏】そうろう(조루) 성교(性交) 때 정액이 비정상적으로 일찍 나오는 일. ¶一症.

【早晩】そうばん(조만) ①이름과 늦음. ②아침 저녁. 朝夕(조석). ③이르건 늦건. 멀지 않아. ¶一間. ④요새. 작금(昨今).

【早死】そうし(조사) 젊어서 죽음.

【早産】そうざん(조산) 달이 차기 전에 아이를 낳음.

【早生種】そうせいしゅ(조생종) 올되는 품종. 早種(조종). ↔晩生種(만생종).

【早速】さっそく・そうそく(조속) 곧. 빨리. 서둘러.

【早熟】そうじゅく(조숙) ①일찍 익음. 또는, 그것. ②사람이 올됨. 早達(조달)②.

【早失父母】ハヤクふぼヲウシナウ(조실부모) 어려서 부모를 여읨. 早喪父母(조상부모).

【早朝】そうちょう(조조) ①이른 아침. ¶一割引. ②아침의 정무(政務). ③아침 일찍부터 정무(政務)를 봄.

【早退】そうたい(조퇴) 정한 시각 이전에 물러감.

【早婚】そうこん(조혼) 나이가 어려서 혼인함. ↔晩婚(만혼).

▷尙一, 歲一, 春一

2
6【旨】 뜻 지 |紙ㄓˇ (zhi)|し(ムネ) *intention*

古舌 同旨

源會意. 숟가락[匕]으로 음식[日←甘]을 맛본다는 뜻.

풀이①뜻. ㉮의의(意義). 내용. ¶語高而一深<韓愈> ㉯천자의 의향. ¶奉使稱一<漢書> ②명령. 상관의 명령. ¶文帝答詔曰 以公表付外 依一奉行<宋書> ③맛있다. ¶爾酒既一<詩經> ④맛있는 음식. ¶食一不甘<論語> ⑤아름답다. 선미(善美)함. ¶王曰 一哉<書經> ⑥어조사. 어조(語調)를 고르는 데 씀. 通只. ¶樂一君子<左氏傳>

【旨意】しい(지의) 뜻. 생각. 취지(趣旨).

▷甘一, 高一, 內一, 大一, 微一, 密一, 本一, 上一, 宣一, 聖一, 宸一, 雅一, 淵一, 令一, 奧一, 遠一, 懿一, 精一, 詔一, 宗一, 趣一, 勅一

6【叶】 協(p.239)과 同字

3
7【旰】 해 질 간 |翰ㄍㄢˋ (gan)|かん(クレル) *sun set*

풀이①해가 지다. 해 질 무렵. ¶日一矣<左氏傳>/一食. ②빛이 성(盛)한 모양. ¶一一.
▷爛一, 宵一, 日一, 澔一

7〖更〗 ☞ 曰部 3획(p.731)

7〖时〗 時(p.718)의 俗字

3/7〖盱〗 클 우 |圞|ㄑ

7〖旨〗 旨(p.710)의 古字

3/7〖旱〗 가물 한 |圞ㄏㄢˋ (han)|かん(ヒデリ) *drought*
풀이①가물다. 가뭄. ¶一既太甚<詩經> ②뭍. 육지(陸地). ¶一道車馬 水路舟楫<願林集>
【旱魃】かんばつ(한발) 가뭄. 魃은 가뭄을 맡은 신(神).
【旱災】かんさい(한재) 가물로 말미암은 재앙. ↔水災(수재).
【旱祭】かんさい(한제) 기우제(祈雨祭).
【旱害】かんがい(한해) 가물로 말미암은 재해.
▷救一, 大一, 炎一, 湯一, 炕一

8〖皆〗 皆(p.1044)와 同字

8〖杲〗 ☞ 木部 4획(p.752)

4/8〖昆〗 맏 곤 |园ㄎㄨㄣ (kun)|こん(アニ) *brother*
풀이①맏. 형. ¶人不間於其父母一弟之言<論語> ②뒤. 다음. 나중. ¶一命于元龜<書經> ③자손. 후손. ¶垂裕後一<書經> ④같다. 같이. 함께. ¶噍噍一鳴<漢書> ⑤많다. 잡다(雜多)함. 일설에는, 밝다. ¶一蟲毋作<禮記> ⑥벌레. ¶一蟲. ⑦족속 이름. ¶文王事一夷<孟子> ⑧산 이름. 通崑 崐. ¶一侖.
【昆季】こんき(곤계) 형제. 昆은 맏형, 季는 막내 동생.
【昆刀】こんとう(곤도) 곤오국(昆吾國)에서 만든 칼.
【昆孫】こんそん(곤손) 현손(玄孫)의 손자.
【昆吾】こんご(곤오) ①둥근 그릇. 圓器(원기). 圓渾(원혼). ②나라 이름.
【昆吾劍】こんごけん(곤오검) 곤오국(昆吾國)에서 만든 칼. 능히 옥을 끊고 쇠를 깎는다고 함. 昆刀(곤도).
【昆夷】こんい(곤이) 옛 서융(西戎)의 나라.
【昆蟲】こんちゅう(곤충) ①많은 종류의 벌레. ②머리·가슴·배의 세 부분으로 나눌 수 있는 절지 동물. 파리, 벌, 나비 따위.
▷玉一, 弟一, 諸一, 天一, 後一

8〖果〗 ☞ 木部 4획(p.752)

8〖沓〗 ☞ 水部 4획(p.847)

8〖東〗 ☞ 木部 4획(p.753)

4/8〖明〗 밝을 명 |庚ㄇㄧㄥˊ (ming)|めい, みょう(アカルイ) *light*
古朙 同明
源會意. 창문이나 봉창[囧]으로 달빛이 비쳐 들어와서 환하다는 뜻.
풀이①밝다. ㉮밝다. 환히 비침. ¶月一星稀<蘇軾> ㉯눈이 밝다. ¶離婁之一<孟子> ㉰사리에 밝다. ¶辨之不一不措也<中庸> ㉱날이 밝다. ¶東方一矣<詩經> ㉲확실하다. 명백함. ¶此則大臣立權之一表也<陳琳> ②밝히다. ㉮알려 주다. 깨닫게 함. ¶在一明德<大學> ㉯구별하여 똑똑하게 하다. ¶黃帝正名 百物以一<禮記> ③밝게. 확실하게. ¶以一示百官<左氏傳> ④나타나다. 뚜뚜히 드러남. ¶以通神一之德<易經> ⑤깨끗하다. 결백함. ¶齊一盛服<詩經> ⑥질서가 서다. ¶天地乃一<中庸> ⑦갖추어지다. ¶祀事孔一<淮南子> ⑧높이다. 숭상함. ¶一大宗也<禮記> ⑨희다. ¶水碧沙一兩岸苔<錢起> ⑩낮. ¶以別幽一<禮記> ⑪새벽. ¶待一而入<漢書> ⑫다음의. ¶一日子路行以告<論語> ⑬밝은 곳. 양지(陽地). ¶可以居高一<呂覽> ⑭빛. 광채. ¶發采揚一<嵇康> ⑮이승. ¶萬生都陽一 幽暗鬼所寰<韓愈> ⑯신령(神靈). ¶使至于爭一<漢書> ⑰시력(視力). ¶左丘失一<史記> ⑱해·달·별. ¶天見其一<荀子> ⑲양(陽). ¶幽一之占<史記> ⑳겉. 표면. ¶一則有禮樂<史記> ㉑왕조(王朝) 이름. 주원장(朱元璋)이 세운 나라. 청(清)에 망함.
【明鑑】めいかん(명감) 밝은 거울. ㉮뛰어난 감식(鑑識). 견식이 높은 사람. ㉯밝은 본보기. 귀감. ㉰마음이 비고 밝음의 비유.
【明見萬里】めいけんばんりヲミル(명견만리) 현명함이 만리 밖을 내다본다는 뜻으로, 매우 총명함의 비유.
【明經】めいけい(명경) ①과거(科擧) 과목의 하나. 성인의 경서(經書)를 익히 앎의 뜻. ¶一科. ②《佛》 불경을 낭독함.
【明鏡】めいきょう(명경) ①밝은 거울. ②밝게 살펴봄. ¶深說經義 一聖法<漢書>
【明鏡止水】めいきょうしすい(명경지수) 밝은 거울과 잠잠한 물이라는 뜻으로, 마음의 본체가 허명(虛明)함의 비유.
【明公】めいこう(명공) 높은 자리에 있는 사람을 마주 부를 때 높여 이르는 말.
【明器】めいき(명기) ①사자(死者)가 생전에 쓰던 것을 본떠 만들어 시체와 함께 묻는 기물. ②제후가 천자에게서 받아 자손에게 전할 보물로 삼는 물건.
【明年】めいねん·みょうねん(명년) 내년. 이듬해.
【明達】めいたつ(명달) 밝게 사리에 통달함.
【明堂】めいどう(명당) ①천자가 정사(政事)를 보는 궁전. ②천자가 제후를 인견(引見)하는 궁전. ③썩 좋은 묏자리나 집터. ④옛 의가(醫家)에서 침 놓을 자리나 뜸을 뜰 자리를

표시한 우인(偶人)을 이름.

【明德】めいとく(명덕) 마음에 흐림이 없는 밝은 덕. ¶大學之道 在明―<大學>

【明度】めいど(명도) ①총명한 재기(才器). 밝은 도량. ②밝기의 정도.

【明道】めいどう(명도) ①밝은 도리. ②도리를 분명히 함. 길을 밝힘. ③북송(北宋)의 학자 정호(程顥)의 호. ¶―學派.

【明良相遇】めいりょうアイアウ(명량상우) 명군과 명신(名臣)이 서로 만남.

【明瞭】めいりょう(명료) 분명함.

【明倫】めいりん(명륜) 인륜(人倫)을 밝힘. ¶―堂.

【明滅】めいめつ(명멸) 밝아졌다 어두워졌다 함.

【明明白白】めいめいはくはく(명명백백) 아주 명백함.

【明文】めいぶん(명문) ①명백히 기록된 조문(條文). ②사리를 명백히 밝힌 글. ③증서(證書).

【明文化】めいぶんか(명문화) 명백한 문건(文件)으로 밝힘.

【明敏】めいびん(명민) 일에 밝고 재치가 있음.

【明白】めいはく(명백) 분명함. 明瞭(명료).

【明府】めいふ(명부) ①명법(明法)을 간직하여 두는 곳. ②태수(太守), 현령(縣令)을 이름.

【明分】めいぶん(명분) ①분수를 밝힘. 분한(分限)을 밝힘. ②당연한 직분.

【明妃】めいひ(명비) 전한(前漢) 원제(元帝)의 후궁이었던 왕소군(王昭君)을 이름.

【明紗】めいしゃ(명사) 밝은 커튼.

【明師】めいし(명사) 학문에 밝은 스승.

【明庶風】めいしょふう(명서풍) 동쪽에서 불어 오는 바람. 東風(동풍).

【明晳】めいせき(명석) 사고·판단이 분명하고 똑똑함.

【明蟾】めいせん(명섬) 밝은 달. 蟾은 달에 있다는 두꺼비.

【明星】めいせい·みょうじょう(명성) 샛별.

【明細】めいさい(명세) ①분명하고 자세함. ②☞明細書(명세서).

【明細書】めいさいしょ·めいさいがき(명세서) 내용을 자세하게 적은 문서. 明細(명세)②.

【明水】めいすい(명수) 제사를 지낼 때 떠 놓는 물. 井華水(정화수).

【明示】めいじ(명시) 명확하게 드러내 보임.

【明心】めいしん(명심) ①밝은 마음. ②《佛》 심성(心性)을 밝힘.

【明十才子】ミンノじゅうさいし(명십재자) 명(明)대에 시사(詩社)를 조직한 시인 열 사람. 이몽양(李夢陽)·하경명(何景明)·서정경(徐禎卿)·변공(邊貢)·고인(顧璘)·정선부(鄭善夫)·진기(陳沂)·주응등(朱應登)·강해(康海)·왕구사(王九思).

【明暗】めいあん(명암) 밝음과 어두움.

【明夜】みょうや(명야) 내일 밤.

【明若觀火】めいヒヲミルガゴトシ(명약관화) 불빛을 보는 것과 같이, 더할 나위 없이 명백함.

【明言】めいげん(명언) 명백히 단언함. 確言(확언).

【明王】めいおう①·みょうおう②(명왕) ①명철한 임금. ②《佛》 악마를 굴복시킨다는, 무서운 얼굴을 한 신장(神將).

【明月】めいげつ(명월) ①밝은 달. ②보름달. 특히 음력 8월 보름달.

【明幽】めいゆう(명유) ①밝음과 어두움. ②수컷과 암컷. ③이승과 저승. ④현자(賢者)와 우자(愚者).

【明衣】めいい(명의) ①재계(齋戒)할 때 목욕 뒤에 입는 속옷. ②시체를 염습할 때 맨 먼저 입히는 옷.

【明夷】めいい(명이) 64괘(卦)의 하나. 밝으면서[明] 뜻을 얻지 못하고 참소를 두려워하는 상(象). 이하 곤상(離下坤上). 夷는 傷.

【明日】みょうにち·アス(명일) 내일. 다음날. ※翌日(익일).

【明殿】めいでん(명전) 왕릉 옆에 세운 전각.

【明廷】めいてい(명정) ①태수, 현령을 이름. ②명군(明君)이 있는 조정. ③신령에게 조현(朝見)하는 곳.

【明淨】めいじょう(명정) 깨끗하고 맑음. ¶―月色.

【明朝】みょうちょう①·ミンちょう②③(명조) ①내일 아침. ②명(明)나라 조정. ③활자에 쓰이는 서체(書體)의 하나. 세로획이 굵고 가로획이 가늚. 明朝體(명조체).

【明朝體】ミンちょうたい(명조체) ☞明朝(명조)③.

【明知】めいち(명지) 밝게 앎.

【明智】めいち(명지) 밝은 지혜.

【明澄】めいちょう(명징) 깨끗하고 맑음.

【明察】めいさつ(명찰) 명확하게 살핌.

【明天】めいてん(명천) ①밝은 하늘. ②㊥ 내일. ③(韓) 모든 것을 다 아는 하느님.

【明天之下】めいてんノシタ(명천지 하) 밝은 하늘 아래라는 뜻으로, 총명한 임금이 통치하는 밝은 세상이라는 뜻.

【明哲】めいてつ(명철) 사리에 밝음.

【明哲保身】めいてつミヲタモツ(명철보신) 지혜가 뛰어나고 이치를 좇아 일을 처리하여 몸을 보전함.

【明淸】めいせい①·ミンシン②(명청) ①밝고 깨끗함. ②명조(明朝)와 청조(淸朝).

【明春】めいしゅん(명춘) 내년 봄.

【明治】めいじ(명치) 정치를 밝게 함. 잘 다스림.

【明快】めいかい(명쾌) ①명랑하고 쾌활함. ②말이나 글의 조리가 명백하여 시원함.

【明河】めいが(명하) 은하수. 天漢(천한).

【明火賊】めいかぞく(명화적) 불한당.

【明確】めいかく(명확) 명백하고 확실함.

【明皇】めいこう(명황) 당(唐) 현종(玄宗)을 민간에서 이르는 말.

【明後年】みょうごねん(명후년) 내후년.

【明後日】みょうごにち(명후일) 모레.

▷講―, 啓―, 高―, 公―, 光―, 旦―, 大―, 燈―, 無―, 文―, 微―, 發―, 辨―, 分―, 不―, 詳―, 爽―, 喪―, 鮮―, 說―, 聖―, 聲―, 昭―, 羞―, 神―, 晨―, 失―, 嚴―, 黎―, 月―, 威―, 幽―, 因―, 自―, 哉生―, 著―, 貞―, 精―, 齊―, 證―, 澄―, 闡―, 淸―, 聽―, 通―, 透―, 平―, 虛―, 賢―, 顯―, 晦―, 休―, 欽―

8〖杳〗 ☞木部 4획(p. 755)

4 8〖旼〗 온화할 민 | 圓ㄇㄧㄣˊ (min) | びん (ヤワラグ)

풀이 ①온화하다. ②旻과 同字.

4/8 【旻】 하늘 민 |圓ㄇㄧㄣˊ (min)|びん(ソラ) *sky*

풀이 하늘. ㉮가을 하늘. ¶秋爲一天<爾雅> ㉯하늘. ¶和吹度穹一<薛能>

【旻天】びんてん(민천) ①가을 하늘. ②뭇사람을 사랑으로 돌보아 주는 어진 하늘이라는 뜻에서, 널리 하늘을 이르는 말.

▷高一, 九一, 穹一, 澄一, 蒼一, 淸一, 秋一, 火一

4/8 【昉】 마침 방 |圈ㄈㄤˇ (fang)|ほう(マサニ) *timely*

풀이 ①마침. 때마침. ¶始滅 一於此乎<公羊傳> ②비로소. 처음으로. ¶衆一同疑<列子>

8 【昘】 訪(p.1375)과 同字

4/8 【昔】 1 예 석 2 섞일 착 |陌ㄒㄧˊ 藥(xi)|せき(ムカシ) *ancient*

풀이 1 ①예. 옛날. ¶一在帝堯<書經>/古一. ②오래다. 오래 됨. ¶誰一然矣<詩經> ③접때. 앞서. ¶予疇一之夜<禮記> ④어제. ¶一者辭以疾<孟子> ⑤저녁. 밤. 通夕. ¶爲一一之期<左氏傳> ⑥처음. ¶一我往矣<詩經> ⑦말린 고기. 포(脯). 같 腊. 2 섞이다. 교착함. 通錯. ¶老牛之角紾而一<周禮>

【昔年】せきねん(석년) 옛날. 이전. ¶一有狂客<杜甫>

【昔人】せきじん(석인) 옛 사람. ¶一已乘黃鶴去 此地空餘黃鶴樓<崔顥>

【昔日】せきじつ(석일) 옛날. 이전 날. 先日(선일).

【昔者】せきしゃ(석자) ①이전. 往年(왕년). ¶一竊聞之<孟子> ②어제. ¶一辭以疾<孟子>

【昔在】せきざい(석재) 옛날. 昔時(석시).

▷古一, 宿一, 往一, 在一, 疇一, 通一, 平一

8 【昨】 晬(p.723)와 同字

4/8 【昇】 오를 승 |蒸ㄕㄥ (sheng)|しょう(ノボル) *rise*

풀이 ①오르다. 通升. ㉮해가 떠오르다. ¶東一西沒<宋史> ㉯높은 곳에 오르다. ¶嶺壁窮晨一<韓愈>/一降. ㉰벼슬·지위 등이 오르다. ¶一進. ②올리다. 위계(位階)를 올려 줌. ¶擢一宰相<舊唐書> ③죽다. 임금이나 귀인의 죽음, 또는 기독교 등에서 씀. ¶一遐/一天.

【昇降】しょうこう(승강) ①오르고 내림. ¶一機. ② 韓 서로 옥신각신함.

【昇格】しょうかく(승격) 격을 높임. 격이 높아짐.

【昇級】しょうきゅう(승급) 급수가 오름.

【昇給】しょうきゅう(승급) 급료가 오름.

【昇敍】しょうじょ(승서) 관위(官位)를 올림. 관위를 높여 임명함. ¶文武竝用 必推其才 久次不遷 則有一<元稹>

【昇進】しょうしん(승진) 관위나 지위가 높아짐.

【昇天】しょうてん(승천) ①하늘에 오름. ②기독교에서, 신자의 죽음을 이르는 말.

【昇沈】しょうちん(승침) 인생의 영고성쇠(榮枯盛衰).

【昇平】しょうへい(승평) 태평한 세상.

【昇遐】しょうか(승하) 임금의 죽음을 이름. 崩御(붕어). 升遐(승하).

▷紐一, 上一, 提一, 擢一

8 【旹】 時(p.718)의 古字

8 【㫗】 時(p.718)와 同字

4/8 【昂】 1 오를 앙 2 임금 덕 높을 앙 |陽ㄤˊ (ang) 漾|こう(アガル) *climb*

俗 昻

源 會意·形聲. 해[日]가 높이[卬] 떠오른다는 뜻. 卬이 음을 이룸.

풀이 1 ①오르다. ㉮높이 오르다. ¶物價踴一<唐書> ㉯기운·감정 등이 높아지다. ¶不自激一<漢書> ②밝다. 환한 모양. ¶顒顒一一 如圭如璋<詩經> ③들다. 머리를 듦. ¶黍孰頭低 麥熟頭一<談藪> ④높다. ¶左低右一<柳宗元> ⑤말이 달리는 모양. ¶一一若千里之駒<楚辭> 2 임금의 덕이 높은 모양. ¶一一.

【昂貴】こうき(앙귀) 물가가 많이 오름. 騰貴(등귀).

【昂騰】こうとう(앙등) 물가가 뛰어오름. 騰貴(등귀).

【昂揚】こうよう(앙양) 드높아짐. 高揚(고양). ¶士氣一.

【昂然】こうぜん(앙연) 자기 힘을 믿고 교만해지는 모양. ¶大鷄一來<韓愈>

▷激一, 巍一, 低一, 軒一

4/8 【易】 1 바꿀 역 2 쉬울 이 |陌ㄧˋ (yi) 寘|えき(カエル) *exchange* い(ヤスイ)

풀이 1 ①바꾸다. ㉮고치다. 새롭게 함. ¶聖人一之以書契<易經>/變一. ㉯교환하다. ¶以小一大<孟子>/交一. ㉰자리를 바꾸다. 옮김. ¶一種于玆新邑<書經> ㉱장사하다. 물건과 물건을 바꿈. ¶貿一. ②바뀌다. 개선됨. ¶其事一<國語> ③어기다. 배반함. ¶好惡不一<國語> ④다르다. ¶中外一矣<國語> ⑤만상(萬象)의 변화. ¶生生之謂一<易經> ⑥점(占). 화복 등을 아는 일. ¶掌三一之法<周禮> ⑦역학(易學). 주역(周易). 오경(五經)의 하나. ¶孔子晚而喜一 韋編三絕<史記>/一經. ⑧국경(國境). 通埸. ¶吾一久遠<漢書> ⑨겨드랑이. 通亦. ¶一髓無空<素問> ⑩도마뱀. 같 蜴. ¶一在壁曰蝘蜓 在草曰蜥蜴<爾雅> 2 ①쉽다. ¶乾以一知<易經>/難一. ②편안하다. ¶君子居一以俟命<中庸> ③평평하다. ¶一則用車<淮南子> ④기쁘다. ¶我心一也<詩經> ⑤홀하게 여기다. 경시함. ¶能慮勿一<史記>/輕一. ⑥

소홀하다. ¶俾君子一怠＜公羊傳＞ ⑦생략하다. ¶是子之一也＜公羊傳＞/簡一. ⑧다스리다. 다스려짐. ¶一其田疇＜孟子＞

【易經】えききょう (역경) 오경(五經)의 하나. 점치는 이치에 따라 윤리·도덕을 풀이한 책. 周易(주역).

【易斷】えきだん (역단) 역에 의한 길흉의 판단.
いだん (이단) 끊어지기 쉬움.

【易理】えきり (역리) 역(易)의 법칙.
いり (이리) 다스리기 쉬움.

【易名之典】えきめいのてん (역명지 전) 임금에게서 시호(諡號)를 받는 은전.「상.

【易象】えきしょう (역상) 역의 괘(卦)에 나타나는 현

【易書】えきしょ (역서) 점에 관한 책.

【易筮】えきぜい (역서) 길흉을 점침. 卜筮(복서). 占筮(점서). ¶智有思議 能一＜晉書＞

【易姓革命】えきせいかくめい (역성혁명) 왕조가 바뀜. 임금이 덕이 없으면 민심을 잃게 되고, 천명(天命)이 유덕한 사람에게로 돌아간다는 고대 중국의 정치 사상.

【易俗】えきぞく (역속) 나쁜 습속을 고침.

【易數】えきすう (역수) 역의 법칙에 의하여 길흉을 미리 아는 술법. ¶通于一＜宋書＞

【易傳】えきでん (역전) 「주역」(周易)의 주해서(註解書).

【易占】えきせん (역점) 64괘(卦)에 의해서 모든 일의 길흉을 판단하는 일.「함.

【易地思之】(역지사지) 처지를 바꾸어서 생각

【易學】えきがく (역학) 주역을 연구하는 학문.

【易易】いい (이이) 손쉬운 모양. ¶知王道之一也＜禮記＞

【易行道】いぎょうどう (이행도)《佛》아미타불의 원력(願力)에 의하여 극락에 왕생하고 불퇴전(不退轉)의 자리에 오르는 길.

▷間一, 簡一, 改一, 凱一, 輕一, 寬一, 廣一, 樂一, 難一, 慢一, 貿一, 僻一, 變一, 不一, 順一, 市一, 安一, 容一, 流一, 怡一, 移一, 賤一, 便一, 平一, 諧一, 和一, 換一

4 8【旿】 밝을 오 | 〔麌〕 | ご(アキラカ) *light*

4 8【旺】 성할 왕 | 〔漾〕ㄨㄤˋ (wang) | おう(サカン) *vigorous*

풀이 ①성하다. 세력, 기운이 왕성한 모양. ¶犬生一子 其家興一＜田家雜占＞/一運. ②곱다. 아름다운 모양. ¶寄一于四時之戊己＜通書＞

【旺盛】おうせい (왕성) 사물이 성함. ¶元氣一.

▷寄一, 分一, 盛一, 興一

4 8【昌】 창성 창 | 〔陽〕ㄔㄤ (chang) | しょう(サカン) *vigorous*

풀이 ①창성하다. 번성함. ¶邦乃其一＜漢書＞/繁一. ②아름답다. 고움. ¶子之一兮＜詩經＞ ③기쁨. 경사(慶事). ¶天帝運期而會一＜左思＞ ④훌륭한 말. ¶禹拜一言＜書經＞ ⑤어지럽다. ¶一披. ⑥물건. ¶百一皆生於土＜莊子＞ ⑦창포(昌蒲). 通 菖. ¶一本.

【昌盛】しょうせい (창성) 번창함. 융성함. ¶子孫當一＜南史＞

【昌言】しょうげん (창언) 이치에 맞는 말. 좋은 말. 경계가 되는 말. 金言(금언). ¶一正論.

【昌昌】しょうしょう (창창) 성한 모양. ¶春風雖自好春物太一＜李商隱＞

【昌平】しょうへい (창평) ①나라가 창성하고 세상이 태평함. ②공자가 난 곳. 산동성의 곡부현(曲阜縣) 동남쪽.

▷高一, 文一, 百一, 蕃一, 繁一, 阜一, 盛一, 壽一, 隆一, 殷一, 猖一, 熾一

8【旾】 春(p. 717)의 古字

4 8【昃】 기울 측 | 〔職〕ㄗㄜˋ (ze) | しょく(カタムク) *decline*

同 厢

풀이 通 仄. ①기울다. ㉮해가 서쪽으로 기울다. ¶自朝至于日中一＜書經＞/日一. ㉯한쪽으로 기울다. ¶過則一＜法言＞ ②오후. 정오를 지난 때. ¶日向一＜宋書＞

▷盈一, 月一, 日一, 下一, 虧一

8【厢】 昃(p. 714)과 同字

4 8【昄】 클 판 | 〔潸〕ㄅㄢˇ (ban) | はん(オオキイ) *big*

풀이 ①크다. 크고 밝음. ¶爾土宇一章＜詩經＞ ②널빤지. 판자(板子). 같 版.

【昄章】(판장) 크고 밝음. 크고 빛남.

4 8【昊】 하늘 호 | 〔皓〕ㄏㄠˋ (hao) | こう(ソラ) *sky*

풀이 ①하늘. ㉮하늘의 범칭(泛稱). ¶一天. ㉯여름 하늘. ¶夏爲一天＜爾雅＞ ②큰 모양. 성한 모양. ¶萬物盛壯其氣一一＜李巡＞

【昊蒼】こうそう (호창) 하늘. 天空(천공). ¶倏忽造一＜曹植＞

【昊天】こうてん (호천) ①하늘. 天空(천공). ②여름 하늘. ③하느님. 上帝(상제).

【昊天罔極】こうてんキワマリナシ (호천망극) 부모의 은혜는 넓고 커서 하늘같이 끝이 없음.

【昊昊】こうこう (호호) 크고 성한 모양.

▷穹一, 蒼一, 淸一, 晴一

4 8【昈】 밝을 호 | 〔麌〕 | こ(アキラカ)

4 8【昏】 어두울 혼 | 〔元〕ㄏㄨㄣ (hun) | こん(クライ) *dark*

古 旦 同 昬

源 會意. 해[日]가 서쪽으로 넘어갔다[氏←民]는 뜻.

풀이 ①어둡다. ㉮해가 져서 어둡다. ¶時旣一＜謝惠連＞ ㉯사리에 어둡다. 어리석음. 通 惛. ¶我獨若一＜老子＞/

一愚. ②저녁때. 해질 무렵. ¶一暮叩人之門戶<孟子>/黃一. ③밤. 야간. ¶一明. ④어지럽히다. 어지러워짐. ¶一棄厥肆祀<書經> ⑤현혹되다. ¶一於小利<呂覽> ⑥요절(夭折). ¶札瘥夭一<左氏傳> ⑦장가들다. 通婚. ¶宴爾新一<詩經> ⑧장인(丈人). ¶一媾. ⑨문지기. 通閽.

【昏困】こんこん(혼곤) 까라지거나 노그라져서 정신을 차릴 수 없이 곤함. ¶忽一如夢<甲申雜錄>

【昏君】こんくん(혼군) 사리에 어두운 임금. 暗君(암군). ↔明君(명군).

【昏倒】こんとう(혼도) 정신이 어지러워 넘어짐. 昏絶(혼절). ¶耗眊一<陸龜蒙>

【昏懜】こんぼう(혼몽) 정신이 흐릿하고 가물가물함.

【昏迷】こんめい(혼미) ①정신이 헛갈리고 혼혼함. ②사리에 어둡고 미욱함. ¶一不恭<書經>

【昏睡狀態】こんすいじょうたい(혼수상태) 의식을 잃어 어떤 자극을 주어도 눈뜨지 못하는 상태.

【昏恣】こんし(혼자) 우매하고 방자함. ¶忍行一獨樂其身<元結>

【昏絶】こんぜつ(혼절) 정신이 혼혼하여 까무라침. 昏倒(혼도).

【昏定晨省】こんていしんせい(혼정신성) 조석으로 부모에게 문안을 드려 안부를 살핌. ¶凡爲人子之禮 冬溫而夏凊 一<禮記>

▷老一, 童一, 冥一, 眊一, 耄一, 昭一, 夙一, 新一, 斂一, 幽一, 在一, 定一, 早一, 重一, 黃一

4 8 【昒】 새벽 홀 | 月ㄏㄨ (hu) | こつ(ヨアケ) *dawn*

풀이 ①새벽. 어둑새벽. ¶一昕寤而仰思兮<班固> ②어둑어둑하다. ¶一穆. ③빠른 모양. ¶一霍. ④소홀히 하다. 通忽. ¶於時人皆一之<漢書> ⑤일어나다. 날아 오름. 通肸. ¶響一如神<揚雄>

8 【曶】 昒(p. 715)과 同字

4 8 【昕】 아침 흔 | 文ㄒㄧㄣ (xin) | きん(アサ) *morning*

풀이 ①아침. 해뜰 무렵. ¶凡行事必用昏一<儀禮> ②밝은 모양. ¶一一. ③처마. 通軒. ¶一天.

【昕天】きんてん(흔천) 하늘. 하늘은 북쪽은 높고 남쪽은 낮게 보여 마치 수레 위의 초헌의 처마와 같기 때문에 이르는 말.

▷大一, 昒一, 昏一

5 9 【昵】 1 친할 닐 | 質ㄋㄧˋ (ni) | じつ(チカヅク)
2 선고 녜 | 薺 | でい
3 풀 직 | 職 | じょく

풀이 1 ①친하다. 친숙해짐. ¶一比罪人<書經>/一近. ②친하게 지내는 사람. 측근. ¶官不及私一<書經> 2 ①선고(先考). ②아비의 사당. ¶典祀無豐于一<書經> 3 풀. 아교. 접착제. ¶凡一之類 不能方<周禮>

▷敬一, 私一, 狎一, 友一, 遠一, 親一

5 9 【昧】 어두울 매 | 隊ㄇㄟˋ (mei) | まい(クライ) *obscure*

源 會意・形聲. 해[日]가 아직 아니[未] 떴을 때의 어둑새벽. 未의 변음이 음을 이룸.

풀이 ①어둡다. ㉮어둑어둑하다. ¶路幽一以險隘<楚辭>/一一. ㉯어리석다. 사리에 밝지 못함. ¶兼弱攻一<書經>/愚一. ②새벽. 동틀 무렵. ¶士曰一旦<詩經>/一爽. ③탐하다. ¶楚王是故一於一來<左氏傳> ④찢다. 가름. 쪼갬. ¶一雉. ⑤무릅쓰다. 通冒. ¶一死再拜<漢書> ⑥별 이름. 북두 칠성에서 맨 끝 별. ¶日中見一<易經>

【昧死】まいし(매사) 죽기를 무릅쓰고 상소(上疏)함. 상소한 것이 부당하면 사형을 받아도 감수(甘受)하겠다는 말.

▷童一, 茫一, 冥一, 蒙一, 瞢一, 矇一, 迷一, 三一, 暗一, 曖一, 頑一, 愚一, 幼一, 幽一, 寂一, 草一, 虛一, 昏一, 荒一, 晦一

5 9 【昴】 별자리 이름 묘 | 巧ㄇㄠˇ (mao) | ぼう(スバル)

5 9 【昞】 밝을 병 | 梗ㄅㄧㄥˇ (bing) | へい(アキラカ) *bright*

9 【昺】 昞(p. 715)과 同字

5 9 【昢】 새벽 불 | 月 | ほつ(ヨアケ) *dawn*

5 9 【昲】 말릴 비 | 未ㄈㄟˋ (fei) | ひ(ホス) *dry*

풀이 ①말리다. 볕에 쬠. ¶酒未淸 肴未一<列子> ②성(盛)한 모양.

【昲悅】ひえつ(비열) 성한 모양. 拂鬱(불울).

5 9 【星】 별 성 | 靑ㄒㄧㄥ (xing) | せい, しょう(ホシ) *star*
本 曐

풀이 ①별. ¶曆象日月一辰<書經>/恒一. ②오성(五星). 또는, 칠성(七星). 28수(宿)의 하나. ③성수(星宿). 28수의 범칭. ④세월. 광음. ¶物換一移幾度秋<王勃>/一霜. ⑤천문(天文). 천체의 현상. ⑥점치다. ¶占一家. ⑦요직에 있는 벼슬아치. ¶將一. ⑧밤. 저녁녘. ¶一晩驢然不覺<宋書> ⑨조금. ¶一寒. ⑩빠르다. 빨리. ¶一流. ⑪희끗희끗한 모양. ¶一一白髮垂<謝靈運>

【星官】せいかん(성관) 별을 점치는 벼슬. 천문을 맡아보는 관리.

【星群】せいぐん(성군) 별의 무리.

【星期】せいき(성기) ①음력 7월 7일. 칠석(七夕). ②혼인 날짜. 婚期(혼기). ③㊥ 1주일. 또는, 일요일.

【星團】せいだん(성단) 하늘에 군데군데 모여 있는

별 떼. <書>

【星斗】せいと(성두) 별. ¶一呈祥 金陵表慶<晋

【星羅雲布】せいらうんぷ(성라운포) 별같이 벌여 있고 구름처럼 늘어놓여 있음. ¶列卒周匝 一<班固>

【星曆】せいれき(성력) 성도(星度)를 고찰하여 만든 역법(曆法). 星歷(성력). ¶經緯一 以視其離<管子>

【星命學】せいめいがく(성명학) 사람의 운명과 길흉을 판단하는 학문. 占術(점술).

【星使】せいし(성사) ①임금의 사절(使節). ②㊥ 사신(使臣)의 높임말. 使星(사성).

【星槎】せいさ(성사) ①성사(星使)가 타고 가는 배. ②먼 나라로 항해하는 선박. 星査(성사). 星楂(성사).

【星算】せいさん(성산) 천문과 산수(算數).

【星霜】せいそう(성상) ①별과 서리. ②세월. ¶歷踐中外 一屢移<柳宗元>

【星星】せいせい(성성) 머리털이 희끗희끗한 모양.

【星宿】せいしゅう·せいしゅく(성수) ①별의 위치를 표시한 천구상의 구획. 星座(성좌). 辰宿(신수). ②28수(宿)의 하나. 주조 칠수(朱鳥七宿)의 제 4 수(宿).

【星雲】せいうん(성운) 군데군데에 구름이나 안개같이 많이 모여 있는 별들. 星霧(성무).

【星位】せいい(성위) ①별자리. 星座(성좌). ②높은 관위(官位).

【星移】せいい(성이) 별의 위치가 옮겨짐. 세월이 바뀜. ¶一逐西顧 風暖助東巡<元稹>

【星傳】せいでん(성전) 급할 때 내는 역마(驛馬).

【星座】せいざ(성좌) 별의 위치를 표시하기 위한 성군(星群)의 구역. 별자리. 星宿(성수).

【星軺】せいしょう(성초) 사신이 타는 수레.

【星河】せいが(성하) 은하(銀河). 天漢(천한).

【星學】せいがく(성학) 천문학(天文學).

【星寒】せいかん(성한) 조금 추움. 星은 조금.

【星行】せいこう(성행) ①밤 안으로 급히 감. 별을 이고 감. 아침 일찍 별이 있을 때 떠남. ¶一夜歸<晉書> ②유성처럼 나는 듯이 빨리 감. ¶一電征數日歸<風俗通>

【星火】せいか(성화) ①빠르게 흐르는 유성(流星)의 빛에서, 일이 급박함의 비유. ¶州司臨門 急於一<李密> ② 매우 작은 불꽃. 소인(小人)의 비유.

▷景一, 經一, 九一, 金一, 羅一, 老人一, 德一, 明一, 木一, 北斗七一, 飛一, 小一, 水一, 衛一, 流一, 遊一, 長一, 將一, 中一, 重一, 天王一, 樞一, 土一, 孛一, 恒一, 彗一, 惑一, 火一, 曉一

5 / 9 **【昭】** 밝을 소 | 篆 | しょう(アキラカ) ㊍조 (zhao) *bright*

풀이 ①밝다. 환히 빛남. ¶於一于天<詩經>/一光/一德. ②밝게. 환히. 분명히. ¶以一受上帝<書經> ③밝히다. 환히 나타냄. ¶君子以自一明德<易經> ④나타나다. 뚜렷이 드러남. ¶百姓一明<書經>/一著. ⑤소목(昭穆). 종묘, 사당에 신주(神主)를 모실 때의 배열 차례. ¶天子七廟 三一三穆<禮記>

【昭格署】(소격서) ㊕ 하늘·땅·별에 지내는 초제(醮祭)를 맡았던 관청.

【昭代】しょうだい(소대) 잘 다스려진 세상. 당대(當代)를 칭송하는 말.

【昭穆】しょうぼく(소목) 종묘나 사당에 신주를 모시는 차례. 시조(始祖)를 가운데에 모시고, 그 왼쪽 줄을 昭, 오른쪽 줄을 穆이라 하는데, 2·4·6세(世)를 昭에, 3·5·7세를 穆에 모심. 佋穆(소목).

【昭詳】しょうしょう(소상) 분명하고 자세함.

【昭和】しょうわ(소화) ①천하가 밝고 화평스럽게 잘 다스려짐. ¶百姓昭明 協和萬邦<書經> ②당(唐)대 아악(雅樂)의 하나.

【昭回】しょうかい(소회) 밝은 빛이 하늘을 비추며 돎. ¶倬彼雲漢 一于天<詩經>

▷光一, 明一, 宣一, 全一, 顯一

5 / 9 **【是】** 옳을 시 | 篆 | し, ぜ(コレ) (shi) *right*

㊍昰

源 會意. 세상에서 가장 올바른[正] 것은 해[日]라는 뜻.

풀이 ①옳다. 바름. ¶一非. ②옳다고 하다. ¶一古而非今<漢書>/一認. ③바로잡다. 바르게 함. ¶一正文字<後漢書> ④다스리다. ¶王弗一<國語> ⑤진실. ¶則貴一而同今古<淮南子> ⑥규칙. ⑦이. 이것. 이곳. ㊔此. ¶若一則弟子之惑 滋甚<孟子>/今其人在一<史記> ⑧이에. ㊔寔. ¶桑土既蠶 一降邱宅土<書經> ⑨어조사. 어세를 고르거나 강조함. ☞句法

句法

①강조

[…是…] …야말로 …하다. ¶戎狄是膺<詩經>

②접속

㉮[是…] …은 …이다. ¶心泰身寧是歸處<白居易>

㉯[於是] 이 때가 되어. 여기에 있어서. ¶於是秦王大怒<史記>

㉰[是以] 이 까닭으로. 그 때문에. ¶是以君子不爲也<論語>

㉱[如是·若是] 이와 같다. 가령 이와 같다면. ¶誠如是也<孟子>/若是則弟子之惑 滋甚<孟子>

㉲[是故] 그러므로. ¶是故惡夫佞者<論語>

㉳[以是] 이것으로써. 이것을 가지고. ¶以是爲不恭<孟子>

㉴[由是] 이에 의해서. 이것으로부터. ¶由是觀之<孟子>

【是非】ぜひ(시비) ①옳음과 그름. ②옥신각신함.

【是非曲直】ぜひきょくちょく(시비곡직) 옳고 그름. 잘잘못. 正邪(정사).

【是非之心】ぜひのこころ(시비지 심) 선을 옳게 여기고 악을 그르게 여기는 마음. ¶一 智之端也<孟子>

【是是非非】ぜぜひひ(시시비비) 옳은 것은 옳다 하고 그른 것은 그르다고 함. ¶一 謂之知 非

是是非 謂之愚＜荀子＞

【是耶非耶】ぜやひや(시야비야) 옳고 그름을 제대로 판단하지 못함.

【是認】ぜにん(시인) 옳다고 인정함. ↔否認(부인).

【是日】じじつ(시일) 이 날.

【是正】ぜせい(시정) 바로잡음.

▷國一, 先一, 若一, 於一, 如一, 由一, 有一, 以一, 或一

9【昰】 1是(p. 716)의 本字 2夏(p. 364)의 古字

9【昻】 昂(p. 713)의 俗字

9【昜】 陽(p. 1583)과 同字

5 9【映】 1비칠 영 2희미할 앙 | 敬|ㄥˋ (ying) 養 | えい(ウツル) *reflect* おう

㊗暎

풀이 1 ①비치다. ¶千里鶯啼綠一紅＜杜牧＞/一射/一水. ②비추다. ¶一月讀書＜宋書＞ ③덮다. 덮어 가림. ¶金觴一松山＜顔延之＞ ④햇빛. 햇살. ¶餘一. ⑤오후 2시 무렵. 미시(未時). ¶日在午曰亭 在未曰一＜梁元帝纂要＞ 2희미하다. 밝지 아니함.

【映帶】えいたい(영대) 빛깔이나 경치가 서로 비치고 어울림. ¶有淸流激湍 一左右＜王羲之＞

【映射】えいしゃ(영사) 빛이나 광선 따위가 내리비침. 照射(조사).

【映寫】えいしゃ(영사) ①환등기나 영사기 등으로 필름을 구경할 수 있도록 은막(銀幕)에 투사하는 일. ¶一機/一幕. ②원도(原圖)를 정밀하게 옮겨 그림.

【映像】えいぞう(영상) ①굴절되거나 반사된 광선에 의하여 나타나는 물체. ②비치는 그림자.

【映雪讀書】えいせつどくしょ(영설독서) 진(晋)의 손강(孫康)이 눈 빛에 글을 읽은 옛일. ¶孫康家貧 嘗一＜孫氏世錄＞ ※螢雪(형설).

【映月讀書】えいげつどくしょ(영월독서) 달빛에 글을 읽음.

【映窓】(영창)㊥ 방을 환하게 하기 위해 낸 창문.

▷光一, 窺一, 博一, 反一, 炳一, 寫一, 上一, 掩一, 榮一, 耀一, 蔭一, 照一, 徹一, 淸一, 暉一

5 9【昱】 빛날 욱 | 屋ㄩˋ (yu) | いく(アキラカ) *bright*

9【音】 部首 글자

9【祖】 ☞衣部 4 획(p. 1346)

9【者】 ☞老部 5 획(p. 1214)

5 9【昨】 어제 작 | 藥ㄗㄨㄛˊ (zuo) | さく(キノウ) *yesterday*

풀이 ①어제. ¶周一來＜莊子＞/一今. ②앞서. 옛날. ¶覺今是而一非＜陶潛＞/一非今是.

【昨今】さっこん(작금) 어제 오늘. 요즈음. 近來(근래). 近日(근일).

【昨夜】さくや(작야) 어젯밤. 昨晩(작만). 昨夕(작석).

【昨日】さくじつ(작일) 어제. 어저께. ¶吾一醉＜史記＞

【昨醉未醒】(작취미성) 어제 마신 술이 깨지 아니함.

▷一一, 再一, 疇一

9【昼】 晝(p. 721)의 俗字

5 9【昳】 1기울 질 ㊍절 2뛰어날 일 | 屑ㄉㄧㄝˊ (die) | てつ *decline* いつ

풀이 1 ①기울다. 해가 기욺. ¶至日一 皆會＜漢書＞ ②오후 2시경. ¶時加日一＜吳越春秋＞ 2뛰어나다. 훌륭함. ㊒逸. ¶形貌一麗＜戰國策＞

5 9【昶】 밝을 창 | 養ㄔㄤˇ (chang) | ちょう(アキラカ) *bright*

풀이 ①밝다. 환함. 통함. ㊒暢. ¶固以和一而足耽矣＜嵇康＞/和一. ②해가 길다.

5 9【春】 1봄 춘 2움직일 준 | 眞ㄔㄨㄣ (chun) 軫 | しゅん(ハル) *spring*

㊂旾 ㊍萅

풀이 1 ①봄. ¶一夏秋冬. ②젊은 때. ¶一年少＜水滸傳＞/靑一. ③남녀의 연정. ¶有女懷一＜詩經＞ ④술. 술의 별칭. ¶玉壺買一賞雨＜司空圖＞ 2움직이다. 꿈틀거림. ㊒蠢. ¶張皮侯而棲鵠 則一以功＜周禮＞

【春耕】しゅんこう(춘경) 봄갈이.

【春景】しゅんけい(춘경) 봄철의 경치. ¶淑德一暄＜謝靈運＞

【春季】しゅんき(춘계) 봄철.

【春困】しゅんこん(춘곤) 봄철에 느끼는 느른하고 졸리는 기운. ¶一症.

【春官】しゅんかん(춘관) 종백(宗伯)의 벼슬. 주(周)대 6직(職)의 하나. 예법 · 제사를 맡았음.

【春光】しゅんこう(춘광) ①봄볕. ②봄철의 풍광. ③젊은 사람의 나이를 문자투로 이르는 말.

【春宮】しゅんぐう · とうぐう(춘궁) ①황태자나 왕세자의 이칭. ②태자궁이나 세자궁의 이칭.

【春窮】(춘궁)㊥ 농가에서 봄에 햇곡식이 나기 전, 식량에 어려움을 겪는 일. ¶一期.

【春閨】しゅんけい(춘규) ①부인의 침실. ②처첩(妻妾).

【春期】しゅんき(춘기) ①봄의 시기. ②㊥ 춘정(春情)이 발동하는 시기. 한창때.

【春機】しゅんき(춘기) ①이성을 앎. ②남녀간의 정욕(情慾).

【春等】(춘등) ①등급을 춘·추의 둘, 또는 춘·하 · 추 · 동의 넷으로 나눈 것의 첫째 등급. ②봄 · 가을 두 번에 나누어 내는 세금에서, 봄에 내는 세금.

【春來不似春】(춘래 불사춘) 봄이 왔으나 봄

같지가 않음. 시국(時局)이 어수선함의 일컬음.
【春府丈】(춘부장)㊙ 남의 아버지의 존칭. 春堂(춘당). 春庭(춘정). 春府大人(춘부대인).
【春三月】(춘삼월) 봄의 끝 달인 음력 3월. 봄 경치가 가장 좋은 때를 이름.
【春色】しゅんしょく(춘색) ①봄빛. 봄 경치. ②술기운.
【春雪】しゅんせつ(춘설) 봄눈.
【春申君】しゅんしんくん(춘신군) 전국 시대, 초(楚)의 재상 황헐(黃歇)의 봉호(封號). 20여 년간 재상으로 있었고, 문하에 식객이 3천여 명이었다 함.
【春鶯舞】しゅんおうぶ・しゅんのうぶ(춘앵무) 진연(進宴) 때 추던 춤의 이름. 꽃자리 하나를 깔고 기생 하나가 그 위에서 주악에 맞추어 추던 춤.
【春情】しゅんじょう(춘정) ①봄철의 화창한 정서. ②이성간의 성적(性的) 욕정.
【春曹】しゅんそう(춘조) 예조(禮曹)의 이칭.
【春察】(춘찰) 강원도 관찰사의 이칭.
【春秋】しゅんじゅう(춘추) ①봄과 가을. ②나이. ③세월. ④오경(五經)의 하나. 노(魯)의 은공(隱公)에서 애공(哀公)까지 12대 242년간의 사적(事跡)을 노(魯)의 사관이 편년체(編年體)로 기록한 것을 공자(孔子)가 필삭(筆削)한 책.
【春秋高】しゅんじゅうたかし(춘추고) 나이 많음을 높여 이르는 말. 老年(노년). 春秋長(춘추장). ¶主之一<戰國策>
【春秋繁露】しゅんじゅうはんろ(춘추번로) 한(漢)대 동중서(董仲舒) 지음. 춘추(春秋)의 뜻을 밝히되 공양(公羊)을 주로 하였고, 가끔 음양오행에도 미치었음.
【春秋服】(춘추복) 봄·가을철에 입는 옷.
【春秋富】しゅんじゅうとむ(춘추부) 장래가 길. 젊음. ¶皇帝一未能治天下<史記>
【春秋時代】しゅんじゅうじだい(춘추시대) 주(周)의 동천(東遷)에서 진(晋)이 한(韓)·위(魏)·조(趙)의 3국으로 분열할 때까지 360여 년간을 이름.
【春秋傳】しゅんじゅうでん(춘추전) 「춘추」(春秋)를 주석한 책. 「좌씨전」(左氏傳)·「공양전」(公羊傳)·「곡량전」(穀梁傳)을 춘추 삼전(春秋三傳)이라 함.
【春秋戰國】しゅんじゅうせんごく(춘추전국) 춘추 시대와 전국 시대의 병칭. ¶一時代.
【春秋鼎盛】しゅんじゅうまさにさかんなり(춘추정성) 임금의 젊은 나이. ¶天子一<漢書>
【春秋筆法】しゅんじゅうひっぽう(춘추필법) 대의 명분을 밝혀 세우는 사필(史筆)의 준엄한 논법.
【春雉自鳴】(춘치자명)㊙ 봄 꿩이 스스로 운다는 뜻으로, 제 허물을 제 스스로 드러냄으로써 남이 알아봄을 이르는 말.
【春風】しゅんぷう(춘풍) 봄바람. ¶烟花宜落日 絲管醉一<李白>
【春夏秋冬】しゅんかしゅうとう(춘하추동) 일년의 네 철.
【春恨】しゅんこん(춘한) 봄날의 경치에 끌리어 마음에 뒤숭숭하게 일어나는 정한(情恨). 春愁(춘수).
【春寒老健】(춘한노건)㊙ 봄 추위와 늙은이의 건강이란 뜻으로, 사물이 오래 가지 못함을 이름.
【春畫圖】しゅんが(춘화도) 남녀 교접 광경을 그린 그림. 또는, 그 사진. 春畫(춘화). 春意圖(춘의도).
【春興】しゅんきょう(춘흥) 봄의 즐거움. 봄의 흥취.
▷季一, 九一, 晩一, 末一, 孟一, 暮一, 發一, 芳一, 富一, 思一, 三一, 上一, 小一, 新一, 陽一, 宜一, 一枝一, 早一, 仲一, 青一, 初一, 回一, 懷一

9〖香〗 部首 글자

5 9〖昡〗 당혹할 현 | ㊥ㄒㄩㄢˋ (xun) | けん, げん (マドウ) *confused*

풀이 ①당혹하다. 갈팡질팡함. ¶一曜. ②햇빛. 일광(日光).
【昡曜】げんよう(현요) 당혹하여 어지러운 모양. ¶世幽昧以一兮<楚辭>

9〖昏〗 昏(p. 714)과 同字

5 9〖昫〗 따뜻할 후 | ㊥ | く (アタタカイ) *warm*

10〖晈〗 皎(p. 1046)와 同字
10〖耆〗 ☞ 老部 4획(p. 1214)
10〖晛〗 昵(p. 715)과 同字

6 10〖晌〗 한낮 상 | ㊥ㄕㄤˇ (shang) | しょう (マヒル) *noon*

源 會意. 해가 하늘의 한복판을 향해[向] 떠 있다는 뜻.
풀이 ①한낮. 대낮. 정오. ¶一飯. ②나절. 낮의 어느 무렵이나 동안. ¶片一卽謂片時<故事成語考>/半一.

10〖晒〗 曬(p. 729)와 同字

6 10〖時〗 때 시 | ㊥ㄕˊ (shi) | じ (トキ) *time*

古 旹 俗 时 同 峕

源 會意·形聲. 해[日]가 규칙적[寸]으로 움직인다는 뜻.
풀이 ①때. ㉮철. 사철. ¶天有四一 春夏秋冬<禮記> ㉯시. 옛날에는 12진(辰)으로, 현대에는 24시간으로 나눔. ¶掌夜一<周禮>/午一. ㉰세월. ¶歲一日月星辰<左氏傳>/一日. ㉱연대. ¶朕獨不能與此人同一哉<漢書> ㉲기회. ¶圖之此爲一矣<左氏傳>/一機. ㉳운명. ¶天一不如地利<孟子> ㉴시세(時勢). ¶以其一考之則可矣<孟子> ②때에. ㉮그 때에. ¶一王陵見而怪其美士<史記> ㉯때때로. 때마다. ¶學而一習之<論語> ③때맞추다. ¶風雨一<漢書> ④좋다. 훌륭함. ¶爾殽旣一

<詩經> ⑤엿보다. 적당한 때를 기다림. ¶孔子―其亡也 而往拜之<論語> ⑥씨 뿌리다. 通蒔. ¶播―百穀<書經> ⑦이. 이것. 여기. 通是. ¶黎民於變―雍<書經>/―日.

【時價】じか(시가) 그 때의 값. 지금의 시세.

【時刻】じこく(시각) ①시간의, 어떤 일순간의 시점. ②때. 시간.

【時間】じかん(시간) ①때. ②시각. ③과거, 현재, 미래의 무한한 연속. ↔空間(공간).

【時局】じきょく(시국) 시세(時勢)의 국면. 시사(時事)의 되어 가는 모양. 또는, 그 결과.

【時期】じき(시기) 정하여진 때. 바라고 기다리던 때.

【時機】じき(시기) 적당한 때. 機會(기회). 「름.

【時期尙早】じきしょうそう(시기상조) 아직 시기가 이

【時代】じだい(시대) ①일정한 표준에 의하여 구분된 시간. ②어떤 사물이 기년상(紀年上)에서 차지하는 위치. 年代(연대). ③그 당시. 당대. ④세월. ¶―感覺/―劇/―相.

【時頭法】(시두법) 일진(日辰)의 천간(天干)으로 그 날의 자시(子時)가 육갑(六甲) 중의 어떠한 자시가 되는지를 알아내는 방법.

【時令】じれい(시령) ①연중 행사. ②시절. 節氣(절기). 「관한 평론.

【時論】じろん(시론) ①그 시대의 여론. ②시사에

【時流】じりゅう(시류) ①당시의 사람. 時人(시인). ②그 시대의 풍조(風潮).

【時命】じめい(시명) ①조회(朝會) 때의 명령. ②대국이 소국에게 그때그때 제출하게 하는 요구. ③정부의 명령. ④운수. 운명.

【時務】じむ(시무) ①시급한 일. 당세(當世)의 급무. ②시국에 응하는 일. 世務(세무). ③철에 맞추어 하는 일. 농사 따위.

【時文】じぶん(시문) ①당시의 문명. ②중국에서 과거(科擧)에 쓰이던 문체. 팔고문(八股文). ↔古文(고문). ③현대에 보통 쓰이는 문체.

【時方】じほう(시방) ①의사의 처방. ↔古方(고방). ②지금 바야흐로. 지금.

【時輩】じはい(시배) ①그 당시의 사람들. 그 당시의 현인(賢人)들. ¶章謙虛下士 收進―甚得名譽<後漢書> ②때를 만나서 명리(名利)만 좇는 무리.

【時變】じへん(시변) ①시세(時勢)의 변천. ¶若眞鄙儒也 不知―史記> ②사시(四時)의 변천. 시서(時序)의 변이(變移). ¶觀乎天文 以察―<易經>

【時報】じほう(시보) ①그때그때 일어나는 사건의 알림. ②시각의 알림.

【時服】じふく(시복) ①철에 맞는 옷. ②관복(官服)의 한 가지.

【時不再來】トキハフタタビキタラズ(시부재래) 한 번 간 때는 다시 오지 않음. ¶時乎 ―<史記>

【時分】じぶん(시분) ①시간. 때. 시각. ②짧은 시

【時祀】じし(시사) ☞時享(시향). 「기.

【時事】じじ(시사) ①그 당시에 일어난 일. ②작금에 생긴 일. ③현대의 사회 사상(事象). ¶―評論.

【時勢】じせい(시세) ①그 때의 형세. ¶物價―. ②세상의 형편. 시대의 추세.

【時速】じそく(시속) 한 시간을 단위로 하는 평균

【時俗】じぞく(시속) 그 시대의 풍속. 「속도.

【時習】じしゅう(시습) ①때때로 익힘. 복습함. ②그 시대의 관습. 時俗(시속).

【時時刻刻】じじこくこく(시시각각) 시각마다.

【時食】じしょく(시식) ①그 철에 나는 음식. ②《佛》 정한 시각에 먹는 음식. 정오 전의 식사.

【時新】じしん(시신) 그 철에 새로 나온 과일이나 채소 따위. ¶每獻―<隋書>

【時夜】じや(시야) ①닭이 울어 밤의 시각을 알리는 일. 또는, 그 시각. ②닭의 별칭. ¶― 司夜 謂鷄也<莊子·注>

【時彦】じげん(시언) 당시의 뛰어난 인물. 時傑(시걸). ¶廣引― 詢於政道<晉書>

【時疫】じえき(시역) 유행병. 전염병.

【時雨】じう(시우) 때를 맞추어 오는 비. 교화(敎化)가 널리 미침을 비유하는 말. ¶逆―寧風旱<周禮>/―之化.

【時運】じうん(시운) 시대의 운수. ¶諒―之所爲兮<班彪>

【時宜】じぎ(시의) 그때의 사정에 맞음. ¶―適

【時人】じじん(시인) 그 당시의 사람들. 「切.

【時日】じじつ(시일) ①때와 날. 기일(期日). ②좋은 날. 吉日(길일). ③이 날. 是日(시일).

【時者難得而易失】トキハエガタクシテウシナイヤスシ(시자 난득이 이실) 때는 얻기는 어렵고 잃기는 쉬움. ¶夫功者難成而易敗 ―也<史記>

【時在】(시재) ①韓 당장에 가지고 있는 돈 또는 곡식. ②현재.

【時節】じせつ(시절) ①철. 계절. ②좋은 기회. ③사람의 일생을 구분한 한동안.

【時政】じせい(시정) 그 때의 정치.

【時祭】じさい(시제) ①韓 ☞時享(시향). ②1년의 네 철에 지내는 종묘(宗廟) 제사.

【時宗】じそう(시종) 시인(時人)의 존경을 받는 사람. ¶仁義不可不明 則―擧其致<袁宏>

【時差】じさ(시차) ①태양시(太陽時)와 평균시(平均時)와의 차. 4년간에 약 1일의 차. ②지구상의 각 지역에서 사용하고 있는 표준시의 시간 차. 경도 15°마다 1시간의 차.

【時體】じたい(시체) 그 시대의 풍속과 유행.

【時評】じひょう(시평) ①당시 사람들의 비평. ②시사에 대한 평론.

【時弊】じへい(시폐) 그 당시의 폐단. 時病(시병). ¶省非急之費 以救―<晉書>

【時下】じか(시하) 요사이. 지금. 이때.

【時限】じげん(시한) 기한이 정하여진 시각.

【時享】じきょう(시향) ①음력 2월, 5월, 8월, 11월에 사당에 지내는 제사. ②韓 음력 10월에 조상의 산소에 지내는 제사. 墓祀(묘사). 時祀(시사).

【時貨】じか(시화) 그때그때의 재물. 곡백 축산(穀帛畜產) 등 계절을 따라 나와 도는 물건.

【時效】じこう(시효) 일정한 기간의 경과에 의하여 권리가 발생 또는 소멸하는 일.

【時候】じこう(시후) ①때의 기후(氣候). ②사철의 기후.

【時諱】じき(시휘) 당시에 기휘(忌諱)하는 일.

그 시대에 용납되지 않는 언행.
▷瓜—, 近—, 落—, 農—, 累—, 多—, 當—, 同—, 明—, 民—, 不—, 非—, 已—, 四—, 常—, 昔—, 盛—, 隨—, 瞬—, 食—, 良—, 往—, 異—, 一—, 臨—, 暫—, 田—, 卽—, 天—, 淸—, 寸—, 片—, 平—, 恒—, 花—

6 10【晏】 늦을 안 | 諫丨ㄢˋ (yan) | あん(オソイ) *late*

풀이 ①늦다. ㉮시간이 늦다. ¶何—也<論語>/—起. ㉯해가 저물다. ¶及年歲之未—兮<楚辭> ②편안하다. 通安. ㉮안심하다. 편히 삶. ¶海內—如<漢書> ㉯화락하다. 화평함. ¶言笑——<詩經> ③곱다. 아름답고 깨끗함. ¶羔裘—兮<詩經>
【晏駕】あんが(안가) 임금의 죽음. 崩御(붕어).

【晏子御】あんしぎょ(안자어) 안자의 마부(馬夫). 곧, 상전의 권세를 믿고 뻐기는 종, 부하를 이름.
【유래】전국(戰國) 시대 제(齊)의 재상 안자(晏子 : 본명 晏嬰)는 백성들 사이에 덕망이 높았다. 안자의 마차를 모는 마부의 아내도 그러한 상전을 모시는 남편이 자랑스러웠다. 그러던 어느 날 아침 마차를 모는 남편을 본 그녀는 몹시 실망하여, 저녁에 남편에게 말했다.「재상 어른께서는 그야말로 겸손하게 앉아 계셨읍니다. 그런데 당신은 한낱 마부에 불과한데도 오만하고 기세등등한 나머지 무섭기까지 하였읍니다. 저는 그런 당신을 더 이상 섬기지 못하겠읍니다….」마부는 아내의 말에 크게 뉘우치고 몰라보게 겸손해졌다. 그러한 사실을 알게 된 안자는, 충고를 한 마부의 아내와, 충고를 받아들인 마부를 칭찬하여, 마부를 대부(大夫) 벼슬에 추천했다. <禮記>

▷息—, 安—, 寧—, 靜—, 淸—

10【旾】 春(p. 1254)의 俗字

10【晁】 朝(p. 741)의 古字

6 10【晋】 나라 이름 진 | 震ㄐㄧㄣˋ (jin) | しん
本晉 晉

풀이 ①나라 이름. ㉮춘추 시대에 있었던 나라. ㉯사마염(司馬炎)이 위(魏)의 선양(禪讓)을 받아 세운 나라. 뒤에 서진, 동진으로 나뉘어짐. ㉰오대(五代) 때 석경당(石敬瑭)이 후당(後唐)을 멸하고 세운 나라. ②나아가다. 通進. ¶—接. ③끼다. 사이에 끼움. 通搢. ¶王—大圭<周禮> ④억누르다. 억제함. ¶諸侯— 大夫馳<周禮> ⑤삼가다. 조심함. ¶梓木—而俯<尙書大傳> ⑥진괘. 64괘(卦)의 하나. 곤하이상(坤下離上). ䷢. ⑦땅 이름. 산서성(山西省)의 약칭. ¶—省.
【晋鼓】しんこ(진고) 북의 한 가지. 길이 6척 6촌으로 양면을 치게 되어 있음.
【晋卦】しんけ(진 괘) 64괘(卦)의 하나. 땅 위에 불[火]이 이는 모습. 곧, 지상에 광명이 나타남을 이름.
【晋山】しんざん(진산)《佛》새로 선출된 주지(住持)가 취임하는 일. 進山(진산).
【晋省】しんしょう(진성) 산서성(山西省)의 이칭.
【晋接】しんせつ(진접) ①나아가 뵘. ②나아가 영접함. ¶此獨周旋—<福惠全書>
【晋體】(진체) 진(晋)대의 명필 왕희지(王羲之)의 글씨체.
▷東—, 孟—, 三—, 西—, 兩—, 呂—, 牛—, 六—, 隆—, 後—

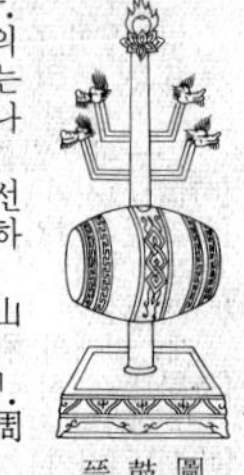
晉鼓圖
(三才圖會)

10【晉】 晋(p. 720)의 本字

6 10【晐】 갖출 해 本개 | 匧ㄍㄞ (gai) | かい(ソナワル) *prepare*

10【㬎】 顯(p. 1629)의 俗字

6 10【晃】 밝을 황 | 㡾ㄏㄨㄤˇ (huang) | こう(アキラカ) *dazzling*

10【晄】 晃(p. 720)과 同字

6 10【晅】 말릴 훤 | 阮ㄒㄩㄢ (xuan) | けん(カワカス) *dry*

7 11【晜】 형 곤 | 阮ㄎㄨㄣ (kun) | こん(アニ) *elder brother*

풀이 ①형. 맏. ¶— 兄也<爾雅> ②뒤. 후손. ¶來孫之子 爲—孫<爾雅>
【晜孫】こんそん(곤손) 내손(來孫)의 아들. 昆孫(곤손). 6대손.
【晜弟】こんてい(곤제) 형과 아우. 昆弟(곤제).

7 11【晚】 저물 만 | 阮ㄨㄢˇ (wan) | ばん(クレ) *late*
同晩 鲍

풀이 ①저물다. ㉮해가 저물다. ¶登臨日將—<楊師道> ㉯해질 무렵. ¶伏見蚤—<漢書>/—餐. ②늦다. 때가 늦음. ¶—時之歎. ③끝. 시간상의 끝. ¶雖—周亦郊焉<漢書>/—秋. ④늙바탕. 만년(晩年). 노경(老境). ¶孔子—而喜易 韋編三絕<史記> ⑤천천히. 서서히. ¶孰與—救之<戰國策> ⑥제 자식. 또는, 후배. ¶—生.
【晚駕】ばんが(만가) 임금의 죽음. 崩御(붕어). 晏駕(안가). ¶官車—<資治通鑑>
【晚覺】ばんかく(만각) 늦게 깨달음.
【晚年】ばんねん(만년) 노년(老年). 노후(老後).
【晚唐】ばんとう(만당) ①당(唐)의 말기(末期). ②당(唐)대를 한시(漢詩)의 작풍(作風)에

따라 초당, 성당(盛唐), 중당, 만당(晩唐)의 4기(期)로 구분한 하나로, 문종(文宗)에서 애제(哀帝)까지(836~905)의 80년간. 대표적인 시인으로 두목(杜牧), 이상은(李商隱), 온정균(温庭筠)이 있음.
【晩生】ばんせい(만생) ①늙어서 자식을 낳음. 晩得(만득). ②자기 자식을 이르는 겸칭. ③선배에 대한 자기의 비칭(卑稱).
【晩生種】ばんせいしゅ(만생종) 같은 식물 중에서 아주 늦게 익는 종류. ↔早生種(조생종).
【晩成】ばんせい(만성) 늦게 성취함. 나이가 든 후에 성공함. ¶大方無隅 大器—<老子>
【晩秀】ばんしゅう(만수) 철 늦게 꽃이 핌. ¶秋菊—無憚繁霜<謝惠連>
【晩鐘】ばんしょう(만종) 저녁을 알리는 종소리. 暮鐘(모종).
【晩餐】ばんさん(만찬) 저녁 식사. 晩餉(만향).
【晩秋】ばんしゅう(만추) 늦가을.
【晩春】ばんしゅん(만춘) 늦봄.
【晩翠】ばんすい(만취) 겨울에도 변하지 않는 송죽(松竹)의 푸른빛. ¶遲遲澗畔松 鬱鬱含—<范質>
【晩學】ばんがく(만학) 나이 들어 늦게 공부를 시작함.
【晩婚】ばんこん(만혼) ①중년 이후의 결혼. ↔早婚(조혼). ②재혼(再婚). 再嫁(재가). 改嫁(개가).
▷今—, 明—, 歲—, 晼—, 昨—, 早—, 朝—

11〖晚〗 晩(p.720)과 同字

7 11〖晟〗 밝을 성 | 敬 ㄕㄥˋ (sheng) | せい(アキラカ) *bright*

11〖晠〗 晟(p.721)과 同字
11〖𣇓〗 宵(p.436)의 古字
11〖匙〗 ☞匕部 9획(p.230)

7 11〖晨〗 새벽 신 | 眞 ㄔㄣˊ (chen) | しん(アシタ) *dawn*
同 昏
풀이 ①새벽. ¶夜鄉—<詩經>/—旦. ②닭이 울다. 새벽을 알림. ¶牝鷄之—<書經> ③방성(房星)의 이칭. 28수(宿)의 하나. ¶農祥—正<張衡>
【晨鷄】しんけい(신계) 새벽을 알리는 닭. ¶—鳴高樹 命駕起旋歸<阮籍>
【晨起】しんき(신기) 아침 일찍 일어남.
【晨星】しんせい(신성) ①새벽 별. 曉星(효성). ②수가 점점 적어짐의 비유. ¶—落落.
【晨省】しんせい(신성) 아침 일찍 부모의 침소에 가 밤 사이의 안부를 살피는 일. ¶昏定而—<禮記>
【晨昏】しんこん(신혼) 아침과 저녁. 晨夕(신석).
▷牝之鷄—, 霜—, 一日難再—, 早—, 淸—, 詰—

11〖昏〗 晨(p.721)과 同字

7 11〖晤〗 밝을 오 | 遇 ㄨˋ (wu) | ご(アキラカ) *bright*
풀이 ①밝다. 사리에 밝음. 총명함. ¶少秀—<唐書>/英—. ②만나다. 마주 대함. ¶可與—言<詩經>/—語. ③마음을 터놓다. 허물 없이 사귐. ¶—談.
▷款—, 面—, 秀—, 神—, 言—, 英—

7 11〖晢〗 1 밝을 절 2 별 빛날 제 | 屑 ㄓㄜˊ (zhe) 霽 | せつ(アキラカ) せい
풀이 1 밝다. 총명함. 通 哲. ¶明作—<書經> 2 별이 빛나다. 별빛이 반짝이는 모양. ¶明星——<詩經>

11〖晣〗 晢(p.721)과 同字

7 11〖晝〗 낮 주 | 宥 ㄓㄡˋ (zhou) | ちゅう(ヒル) *day time*
俗 昼
【晝間】ちゅうかん(주간) 낮. 낮 동안. ↔夜間(야간).
【晝耕夜讀】ちゅうこうやどく(주경야독) 낮에는 농사짓고 밤에는 공부함.
【晝思夜度】ちゅうしやたく(주사야탁) 밤낮으로 깊이 생각함.
【晝宵】ちゅうしょう(주소) ☞晝夜(주야).
【晝食】ちゅうしょく(주식) 점심밥. ¶— 太陽之始也<白虎通>
【晝夜】ちゅうや(주야) 낮과 밤. 밤낮. 晝宵(주소).
【晝夜兼行】ちゅうやけんこう(주야겸행) 밤낮 쉬지 않고 감. 밤낮 없이 일을 함.
▷旦—, 白—, 永—, 以夜續—, 殘—, 正—, 靜—, 淸—, 晴—, 平—, 昏—

7 11〖𣇫〗 어두울 패 | 隊 | はい(クライ)

7 11〖晡〗 신시 포 | 虞 ㄅㄨ (bu) | ほ(ヒグレ)
【晡時】ほじ(포시) ①신시(申時). 오후 3시에서 5시 사이. ¶日至於悲谷 是謂—<淮南子> ②저녁때.
▷日—, 朝—, 中—, 下—, 曉—

7 11〖晛〗 햇살 현 | 銑 ㄒㄧㄢˋ (xian) | けん(ヒカリ)

7 11〖晧〗 밝을 호 | 皓 ㄏㄠˋ (hao) | こう(アキラカ) *bright*
풀이 ①밝다. 빛남. 通 皓. ②해 뜨는 모양. 햇빛이 나는 모양. ¶戈殳—旰<曹植>

7 11〖晥〗 환할 환 | 潸 | かん(アキラカ)

7 11〖晦〗 그믐 회 | 隊 ㄏㄨㄟˋ (hui) | かい(ミソカ)
풀이 ①그믐. 음력의 매월 말일. ¶—朔. ②어둡다. 캄캄함. ¶窈冥晝—<史記>/—夜. ③어둠. 밤. ¶六氣曰 陰陽

風雨一明也<左氏傳>/一昧. ④감추다. 숨김. ¶深自一匿<隋書>/一名. ⑤희미하다. 분명하지 않음. ¶志而一<左氏傳> ⑥조금. 얼마 되지 않음. ¶鮮生民之一在<班固> ⑦어리석다. ¶帝外一而內明<舊唐書> ⑧시들다. ¶寂歷百草一<江淹>

【晦間】(회간) 그믐께. 월말경.

【晦望】かいぼう(회망) 그믐과 보름.

【晦昧】かいまい(회매) ①어두컴컴함. 暗黑(암흑). ¶一晻曖色<吳均> ②어리석음. 愚昧(우매). 蒙昧(몽매).

【晦朔】かいさく(회삭) ①그믐과 초하루. 회일(晦日)과 삭일(朔日). ②아침과 밤. ¶朝菌不知一<莊子>

【晦塞】(회색) 캄캄하게 아주 꽉 막힘.

【晦庵】かいあん(회암) 송(宋)의 주희(朱熹)가 강학(講學)하던 서실(書室). 이로 인하여 주희를 회암 선생이라 일컬음.

▷高一, 韜一, 明一, 冥一, 朔一, 月一, 幽一, 隱一, 陰一, 湮一, 自一, 潛一, 遵養時一, 顯一, 昏一

11【哮】 哮(p. 299)와 同字

7 11【晞】 마를 희 | [微]ㄒㄧ (xi) | き(カワク) *dry*

[풀이]①마르다. ¶白露未一<詩經> ②햇빛에 쬐다. ¶一幹. ③밝아 오다. 동트기 시작함. ¶東方未一<詩經> ④사라지다. [通] 稀. ¶塵漠漠兮未一<楚辭>

【晞土】きど(희토) 마른 땅. 마른 흙. 晞壤(희과).

12【間】 ☞ 門部 4획(p. 1559)

8 12【景】 [1]별 경 [2]그림자 영 | [梗]ㄐㄧㄥˇ (jing) | けい(ヒカリ) *sunlight* | [梗]ㄧㄥˇ (ying) | えい(カゲ) *shadow*

[풀이][1]①별. 빛. 햇살. 햇볕. ¶吐金一兮歊浮雲<後漢書> ②해. 태양. ¶一緯. ③밝다. 환함. ¶一行行止<詩經> ④크다. [通] 京. ¶以介一福<詩經>/一命. ⑤우러르다. 사모함. ¶萬世一仰<金史>/一慕. ⑥경사스럽다. 상서로움. [通] 慶. ¶一雲. ⑦경치. 풍경. ¶良辰美一<陳書>/一色. ⑧바람 이름. ¶一風居南方<史記> ⑨경품(景品). [2]그림자. [같] 影. [通] 映. ¶汎汎其一<詩經>

【景觀】けいかん(경관) ①경치. ②특색이 있는 풍경을 가진 일정한 지역.

【景光】けいこう(경광) ①상서로운 빛. 瑞光(서광). ②은덕(恩德). ③세월. 光陰(광음). ¶隨時愛一<蘇武>

【景教】けいきょう(경교) 당(唐) 태종(太宗) 때, 중국에 전해진 기독교의 명칭.

【景氣】けいき(경기) ①모양. 상황. 경치. ②원기(元氣). ③경제의 상태.

【景命】けいめい(경명) 하늘의 큰 명령. 大命(대명). ¶一有僕<詩經>

【景明風】(경명풍) 동남풍(東南風). 「조」.

【景福】けいふく(경복) 큰 복. 大福(대복). 景祚(경

【景象】けいしょう(경상) 경치. 풍경.
えいしょう(영상) 그림자와 형상. 「상」.

【景色】けしき・けいしょく(경색) 경치. 풍치. 景狀(경

【景星】けいせい(경성) 큰 별. 경사스러운 때 나타난다고 함. 德星(덕성). 瑞星(서성). ¶一者 德星也<史記>

【景勝】けいしょう(경승) 경치가 좋은 곳. ¶一地.

【景緯】けいい(경위) 해와 별.

【景冑】けいちゅう(경주) 훌륭한 후손. 적자(嫡子)를 높여 이르는 말.

【景品】けいひん(경품) 상품을 사는 사람에게 곁들여 주거나, 또는 상품권을 주어 제비를 뽑아 타게 하는 물품. ¶一券.

▷佳一, 孤一, 光一, 晷一, 近一, 倒一, 晚一, 暮一, 美一, 背一, 山一, 敍一, 雪一, 勝一, 夜一, 野一, 良一, 麗一, 煙一, 遠一, 月一, 幽一, 日一, 春一, 全一, 前一, 絕一, 點一, 照一, 澄一, 秋一, 八一, 風一, 好一, 後一

8 12【晷】 그림자 구 [本]궤·귀 [俗] 晷 | [紙]ㄍㄨㄟˇ (gui) | き(ヒカゲ) *shadow*

[풀이]①그림자. 해그림자. 일영(日影). ¶要決一景<史記> ②햇빛. ¶焚膏油以繼一<韓愈> ③빛. ¶五星同一<漢書> ④해시계. ¶一日. ⑤해. 태양. ¶一緯.

【晷漏】きろう(구루) ①해시계와 물시계. ②시각을 이름.

【晷儀】きぎ(구의) 해시계의 일종. 천상(天象)을 그려 천체의 운행을 관측하는 기기(器機).

▷繼一, 光一, 窮一, 短一, 暮一, 迅一, 日一, 寸一

12【晷】 晷(p. 722)의 俗字

12【量】 ☞ 里部 5획(p. 1529)

12【晚】 晚(p. 720)과 同字

8 12【普】 두루 보 [本] 普 | [麌]ㄆㄨˇ (pu) | ふ(アマネシ) *widely*

[풀이]①두루. 널리. 널리 미침. ¶一天之下<孟子>/一及. ②보통. 중간. ¶一通. ③프러시아(Prussia). 보로사(普魯士)의 약칭. ¶一佛戰爭.

【普及】ふきゅう(보급) 널리 미침. 널리 퍼뜨림. ¶一版/一特價.

【普施】ふせ(보시) ①널리 베풂. ②《佛》 깨끗한 마음으로 법(法)이나 재물을 아낌없이 남에게 베풂.

【普照】ふしょう(보조) 두루 비춤.

【普天】ふてん(보천) 넓은 하늘. 하늘 아래. 天下(천하). 溥天(보천).

【普通】ふつう (보통) 특별하지 않고 예사로움. 널리 일반에게 통함. 通常(통상).
【普遍】ふへん (보편) 두루 널리 미침. ¶一性/一妥當. ↔特殊(특수).
【普賢菩薩】ふげんぼさつ (보현보살)《佛》 부처의 이(理)·정(定)·행(行)의 덕(德)을 맡아봄. 문수 보살과 함께 석가의 두 협사(脇士). 불타의 우측에 있음.
▷優一, 流一, 周一, 澤一, 徧一, 遍一, 弘一, 洽一

12〖晷〗 晷(p.724)의 略字

8 12〖晳〗 밝을 석 | 陌ㄒㄧˋ (xi) | せき(アキラカ) *bright*

12〖晰〗 晳(p.723)과 同字

8 12〖晬〗 돌 수 | 隊ㄗㄨㄟˋ (zui) | さい

【晬時】さいじ (수시) 돌날. 첫돌이 되는 날.
【晬宴】さいえん (수연) 생일 잔치. 또는, 환갑 잔치.

8 12〖晻〗 1 어두울 암 2 음우 엄 | 感ㄢˇ (an) 琰ㄧㄢˇ (yan) | あん(クライ) *dark* えん

풀이 1 어둡다. 어두운 모양. 通 暗 闇. ¶一昧. 2 ①음우. 구름이 잔뜩 낀 채 내리는 비. ¶有一淒淒<呂覽>/陰一. ② 구름, 안개 등이 잔뜩 끼다. ¶晝一滋<漢書>
【晻翳】あんえい (엄예) 어둡게 구름이 낀 모양. ¶雲霓紛兮一<楚辭>

8 12〖晼〗 해질 원 | 阮 | えん

8 12〖晶〗 밝을 정 | 庚ㄐㄧㄥ (jing) | しょう(アキラカ)

源 會意. 해[日]를 세 개 포개어 아주 밝음을 뜻함.
풀이 ①밝다. 환함. 밝게 빛나는 모양. ¶一蕩相射<韓愈> ②빛. ¶翠一. ③맑다. 투명함. ¶八月涼風天氣一<宋之問> ④수정(水晶). ¶以玉一爲盤<三輔黃圖>
【晶耀】しょうよう (정요) 밝게 빛남. ¶一目何在<宋之問>
▷結一, 光一, 石一, 鮮一, 水一, 玉一

8 12〖晸〗 해뜨는 모양 정 | 梗 | てい

8 12〖智〗 슬기 지 | 寘ㄓˋ (zhi) | ち(チエ) *wisdom*

本 𣉻
源 會意·形聲. 사리를 밝게[日] 안다[知]는 뜻. 知가 음을 이룸.
풀이 ①슬기. 지혜. ¶是非之心 一之端也<孟子>/一力. ②슬기롭다. 지혜로움. ¶夙一早成<漢書>/一略. ③꾀. 모략. ¶吾寧鬪一<史記>/一故. ④지혜로운 사람. ¶師賢而友一<孔叢子> ⑤알다. 通 知. ¶吠狗不一其名<墨子>
【智鑑】ちかん (지감) 영리하여 사물을 분별할 수 있는 힘이 있음. 知鑑(지감). ¶聰明有一<南史>
【智劍】ちけん (지검) ☞智慧劍(지혜검).
【智見】ちけん (지견) 지혜와 식견(識見). 知見(지견).
【智計】ちけい (지계) ☞智謀(지모).
【智故】ちこ (지고) 꾀. 智巧(지교).
【智能】ちのう (지능) ①지혜의 기능. ②두뇌의 능력. 知能(지능). ③지혜와 재능.
【智德體】ちとくたい (지덕체) 지육(智育), 덕육(德育), 체육(體育).
【智略】ちりゃく (지략) 슬기로운 계략. ¶一絕人<史記>
【智力】ちりょく (지력) ①슬기의 힘. ¶神器有命不可以一求也<班彪> ②아는 일과 노력하는 일.
【智謀】ちぼう (지모) 슬기로운 꾀. 智計(지계). ¶忠信質直一有餘<漢書>
【智識】ちしき (지식) ①지혜와 견식(見識). ②붕우(朋友)의 이칭. ③《佛》 불도를 깨달은 명승(名僧). 善智識(선지식).
【智勇】ちゆう (지용) 지혜와 용기. ¶其處一 可謂兼之矣<史記>
【智育】ちいく (지육) 지능의 계발과 지식 내용의 증진, 향상을 목적으로 하는 교육. ※德育(덕육)·體育(체육).
【智仁勇】ちじんゆう (지인용) 지혜와 인자(仁慈)와 용기. 슬기와 어짊과 날램.
【智者】ちしゃ (지자) 슬기로운 사람. 智士(지사).
【智齒】ちし (지치) 사랑니.
【智慧劍】ちえけん (지혜검)《佛》 예리하고 결단성 있는 지력(智力)을 칼에 견주어 이르는 말. 智劍(지검).
▷奸一, 姦一, 巧一, 權一, 根本一, 金剛一, 機一, 多一, 明一, 無一, 民一, 敏一, 佛一, 上一, 性一, 聖一, 世一, 術一, 臣一, 神一, 心一, 深一, 餘一, 靈一, 銳一, 叡一, 仁義禮一, 才一, 全一, 至一, 眞一, 聰一, 通一, 賢一, 慧一

8 12〖晴〗 갤 청 | 庚ㄑㄧㄥˊ (qing) | せい(ハレル) *clear*

同 暒 晴
源 會意·形聲. 해[日]가 푸른[靑] 하늘에 드러남의 뜻. 「靑」이 음을 이룸.
풀이 개다. ㉮비가 그치다. ¶一天. ㉯하늘에 구름이 없다. 하늘이 맑음. ¶一和. ㉰韓 마음이 개운해지다.
【晴曇】せいどん (청담) 날씨의 갬과 흐림. 晴陰(청음).
【晴嵐】せいらん (청람) 갠 날에 보이는 이내. 아지랑이. 嵐氣(남기). ¶一染近畿<鄭谷>
【晴明】せいめい (청명) 하늘이 개어 맑음. ¶唯有終南山色在 一依舊滿長安<李拯>

【晴色】せいしょく(청색) 맑게 갠 날의 경치. 晴景(청경). 晴光(청광). ¶旭日開— 寒空失素塵<李商隱>
【晴雨】せいう(청우) 하늘의 맑음과 비가 옴. 청천(晴天)과 우천(雨天). ¶—計/—儀.
【晴雲秋月】せいうんしゅうげつ(청운추월) 갠 하늘과 가을 하늘의 밝은 달. 가슴 속이 맑고 깨끗함의 비유. ¶如— 塵城不到<宋史>
【晴天】せいてん(청천) 맑게 갠 하늘. 晴空(청공). 淸霄(청소).
【晴天白日】せいてんはくじつ(청천백일) ①맑게 갠 날씨. ②마음이 결백함. 靑天白日(청천 백일).
【晴天霹靂】せいてんのへきれき(청천벽력) 맑은 하늘에 날벼락이란 뜻으로, 갑작스러운 변동이나 사변(事變)의 비유.
▷新—, 雨—, 陰—, 秋—, 春—, 快—

12【晴】 晴(p. 723)과 同字

12【暡】 昒(p. 715)과 同字

12【晩】 晚(p. 728)의 俗字

9 13【暇】 겨를 가 | 圖ㄒㄧㄚˋ (xia) | か(イトマ) *leisure*

풀이 ①겨를. 틈. ¶壯者 以—日修其孝悌忠信<孟子>/休—. ②느긋하게 지내다. 여유 있게 지냄. ¶不敢自—自逸<詩經>
【暇隙】かげき(가극) 틈. 여가. 겨를. 暇餘(가여).
【暇日】かじつ(가일) 한가한 날. 暇景(가경).
【暇逸】かいつ(가일) 한가하여 놂. 暇豫(가예).
▷公—, 官—, 病—, 賜—, 餘—, 逸—, 請—, 寸—, 閑—, 休—

9 13【暍】 더위먹을 갈 ㊍알 | 用ㄏㄜˋ (he) | えつ

9 13【暌】 어길 규 | 圖ㄎㄨㄟˊ (kui) | けい(タガウ) *violate*

9 13【暖】 ①따뜻할 난 ②온순할 훤 | 旱 ㄋㄨㄢˇ (nuan) 元 | だん(アタタカイ) *warm* けん

풀이 ① ①따뜻하다. ㉠暝 煗 煖. ¶冬—而兒號寒<韓愈>/—坑. ②따뜻하게 하다. ¶煦—寒禽日漸蘇<元稹>/—房. ③따뜻해지다. ¶犬—向日眠<白居易> ②온순하다. 유순한 모양. ¶有—姝者<莊子>
【暖氣】だんき(난기) ☞温氣(온기). ↔寒氣(한기).
【暖帶】だんたい(난대) 열대와 온대의 중간 지대.
【暖流】だんりゅう(난류) 적도 부근에서 고위도(高緯度)의 방향으로 흐르는 해류.
【暖房】だんぼう(난방) ①방을 따뜻하게 함. 또는, 따뜻한 방. ②이사(移徙) 축하연.
【暖色】だんしょく(난색) 따뜻한 느낌을 주는 빛.
【暖紅】だんこう(난홍) 해. 태양. ¶婆娑愛—<皮日休>
【暖姝】けんしゅ(훤주) 부드럽고 애교 있는 모양.
【暖暖姝姝】けんけんしゅしゅ(훤훤주주) 유순하여 사물에 거역하지 않는 모양.
▷温—, 柔—, 春—, 飽—, 寒—, 和—, 暄—

13【暝】 煗(p. 947)·煖(p. 946)·暖(p. 724)과 同字

9 13【暋】 굳셀 민 | 圖 | びん(ツヨイ) *strong*

9 13【暑】 더울 서 | 圖ㄕㄨˇ (shu) | しょ(アツイ) *hot*

㊥暑

源 會意·形聲. 타오르는 장작[者]불처럼 뜨거운 햇볕[日]이 쬔다는 뜻. 전자(篆字)의 「者」는 나뭇단이 타고 있는 모양을 본뜸. 「者」의 변음이 음을 이룸.

풀이 ①덥다. 무더움. ¶土潤溽—<禮記>/—氣. ②더위. ¶寒往則—來<易經>/—退. ③여름. ¶—月亦有霜氣<南史>/大—.
【暑氣】しょき(서기) ①여름의 더위. 暑熱(서열). ②더위로 인한 병. 中暑(중서).
【暑月】しょげつ(서월) 더운 계절이나 그 달. 음력 6월의 이칭.
▷劇—, 大—, 薄—, 盛—, 小—, 銷—, 烈—, 炎—, 殘—, 蒸—, 暴—, 避—, 寒—, 酷—

13【暏】 曙(p. 728)와 同字

9 13【暗】 어두울 암 | 圖ㄢˋ (an) | あん(クライ) *dark*

풀이 ①어둡다. ㉮주위가 안 보이는 상태. ¶出入時光—<論衡>/—夜. ㉯어리석다. ¶名重而識—<晋書>/昏—. ㉰눈이 어둡다. 볼 수 없음. ¶濁則目—<雲笈七籤> ②밤. 어둠. ¶車駕逼—乃還<晋書> ③몰래. ¶林園—換四年春<白居易>/—殺. ④보이지 아니하다. 숨어 있음. ¶—礁. ⑤깊숙하다. 그윽함. ⑥외다. ㊣諳. ¶—記.
【暗渠】あんきょ(암거) 땅 속으로 낸 도랑. 地下溝(지하구).
【暗計】(암계) 비밀히 꾀함. 暗謀(암모).
【暗君】あんくん(암군) 어리석은 임금. 昏君(혼군). 暗主(암주). ↔明君(명군).
【暗鬼】あんき(암귀) 실제로는 존재하지 않으나 두렵게 생각되는 것. 환상에 의한 공포. ¶疑心生—<列子>
【暗記】あんき(암기) 머릿속에 기억하여 잊지 아니함. 욈. 諳記(암기).
【暗澹】あんたん(암담) ①어두컴컴하고 선명하지 않음. ②韓 희망이 없고 막연함.
【暗涙】あんるい(암루) 남 모르게 흘리는 눈물.
【暗碼】(암마)㊥ ①암호 전보(暗號電報). ②상품 가격표. 「삼.
【暗買】あんばい(암매) 법의 금지를 어기고 몰래

【暗算】あんざん(암산) ①머리 속으로 계산하는 셈. ②비밀리에 일을 꾀함. 음모를 꾸밈. ¶終恐遭其一<長生殿>
【暗殺】あんさつ(암살) 몰래 죽임.
【暗笑】あんしょう(암소) 마음 속으로 비웃음.
【暗疏】あんそ(암소) 책을 보지 않고 옮겨 씀. 외어 씀. ¶一之 無一字謬<唐書>
【暗誦】あんしょう(암송) 보지 않고 욈.
【暗數】あんすう(암수) ①마음 속으로 셈함. ②속임수.
【暗示】あんじ(암시) 넌지시 알림.
【暗室】あんしつ(암실) 광선이 들어오지 못하게 한 캄캄한 방.
【暗暗】あんあん(암암) ①어두운 모양. 깊숙한 모양. ¶一裏. ②매우 고요한 모양.
【暗躍】あんやく(암약) 어둠 속에서 날고 뜀. 곧, 비밀리에 맹렬히 활동함을 이름. 暗中飛躍(암중비약).
【暗愚】あんぐ(암우) 사리에 어두움. 어리석음. 闇愚(암우). 暗昧(암매). 蒙昧(몽매).
【暗雲】あんうん(암운) ①금방 비가 쏟아질 듯한 시꺼먼 구름. ②평온하지 못한 형세의 형용.
【暗葬】あんそう(암장) 남 몰래 지내는 장사. 偸葬(투장). 盜葬(도장).
【暗箭】あんせん(암전) ①과녁을 빗나간 화살. ②숨어 쏘는 화살.
【暗轉】あんてん(암전) ①비밀리에 운동하여 영전(榮轉)함. ②어둡게 하고 무대 장치를 바꾸는 일.
【暗中摸索】あんちゅうもさく(암중모색) ①어둠 속에서 손을 더듬어 물건을 찾음. 어림으로 무엇을 찾아내려 함. 暗索(암색). ②옛사람의 글귀를 뜻도 모르면서 인용하는 일. ¶一總非眞<元好問>
【暗中飛躍】あんちゅうひやく(암중비약) ☞暗躍(암약).
【暗鬪】あんとう(암투) 암암리에 다툼.
【暗合】あんごう(암합) 우연히 일치함. ¶乃一乎囊篇<陸機>
【暗行】(암행) 남 모르게 다님. ¶一御史.
【暗香】あんこう(암향) 그윽하게 풍기는 향기. ¶早蓮飄一<許渾>
【暗號】あんごう(암호) 비밀한 신호나 기호.
【暗黑】あんこく(암흑) ①캄캄함. ②정신상 생활상 불안하고 비참한 상태. ¶一街/一面/一時代.
【暗喜】あんき(암희) 남몰래 기뻐함. 은근히 기뻐함. ¶襟懷一多<韓偓>

9 13【暘】 해돋이 양 | 陽 ㄧㄤˊ (yang) | よう(ヒノデ) sunrise
풀이 ①해돋이. 해가 뜸. ¶宅嵎夷 曰一谷<書經> ②말리다. 건조시킴. ¶一燥. ③밝다. 하늘이 맑음. ¶天晏一者 星辰曉爛<論衡>
【暘烏】ようう(양오) 태양의 이칭. 陽烏(양오). ¶一之仁兮 念此下民<韓愈>
【暘夷】ようい(양이) 갑옷의 이름. ¶一勃盧之旅<左思>

13【暎】 映(p.717)의 俗字

9 13【暐】 햇빛 위 | 尾 ㄨㄟˇ (wei) | い(ヒザシ) sunbeam

13【暒】 晴(p.723)과 同字
13【旾】 春(p.717)의 古字
13【暁】 曉(p.728)의 俗字
13【煦】 ☞火部 9획(p.949)

9 13【暈】 무리 훈 ㊍운 | 問 ㄩㄣˋ (yun) ㄧㄣˋ (yin) | うん(カサ) halo
풀이 ①무리. ㉮햇무리. 달무리. ¶兩軍相當日一<史記>/一輪. ㉯화광(火光)의 둘레에 생기는 흐릿한 빛. ¶夢覺燈生一<韓愈> ②눈이 어지러워지다. ¶眼一夜書多<姚合> ③멀미. ¶一船.
【暈輪】うんりん(훈륜) 달무리·햇무리 등의 둥근 테두리. 暈圍(훈위).
【暈船】うんせん(훈선) 뱃멀미.
▷船一, 暗一, 月一, 油一, 日一, 酒一, 眩一

9 13【暄】 따뜻할 훤 | 元 ㄒㄩㄢ (xuan) | けん(アタタカイ)
【暄寒】けんかん(훤한) 날씨의 따뜻함과 추움. 편지 허두에 쓰는, 절후 문안의 말. 寒暄(한훤). ¶但一而已<南史>
▷微一, 涼一, 餘一, 晴一, 春一, 寒一

9 13【暅】 마를 훤 | 阮 | けん(カワク) dry

9 13【暉】 빛 휘 | 微 ㄏㄨㄟ (hui) | き(ヒカリ) light
▷光一, 金一, 落一, 晚一, 斜一, 夕一, 星一, 晨一, 餘一, 朝一, 晴一, 秋一

10 14【暟】 비출 개 | 賄 | かい(テラス)
풀이 ①비추다. 비침. ¶一臨. ②아름답다. ¶一一 美德也<方言>
【暟暟】がいがい(개개) 아름다운 덕(德).

14【暦】 曆(p.727)의 略字

10 14【暝】 1어두울 명 2밤 명 | 青 ㄇㄧㄥˊ (ming) 徑 | めい(クライ) dark
풀이 1 ①어둡다. ㉠冥. ¶一途. ②해가 지다. ¶晻晻日欲一<古詩> 2 밤. ¶待一合神光<許敬宗>/一色.
【暝途】めいと(명도) 어두운 길.
【暝暝】めいめい(명명) ①어두운 모양. ②쓸쓸한 모양. ¶一守空牀<劉孝綽>
▷甘一, 瞑一, 闇一

14【暜】 普(p.722)의 本字
14【営】 ☞口部 11획(p.312)

10 14〖暢〗 펼 창 | 漾 ㄔㄤˋ (chang) | ちょう(ノベル) *extend*

풀이 ①펴다. ㉮진술하다. ¶不可盡—＜宋玉＞ ㉯널리 공포하여 실시하다. ¶約文申義 敷—厥旨＜孔安國＞ ②화락하다. ¶神識恬—＜晉書＞ ③통하다. 통달함. ¶—於四支＜易經＞ ④날씨가 맑다. ¶和—. ⑤차다. 충실함. ¶—月. ⑥길다. ¶—轂.

【暢達】ちょうたつ(창달) ①구김살 없이 자라남. ②통달(通達)함. ③거침없이 발달함.
【暢月】ちょうげつ(창월) 음력 11월의 이칭.
【暢洽】ちょうこう(창흡) 두루 미침. ¶玄功— 不局於形器＜薛道衡＞
▷酣—, 朗—, 茂—, 舒—, 宣—, 流—, 通—, 和—

10 14〖暠〗 흴 호 ㊍고 | 皓 ㄍㄠˇ (gao) | こう(シロシ) *white*

14〖暭〗 皞(p.1047)와 同字

14〖[illegible]〗 彙(p.537)와 同字

11 15〖暱〗 친할 닐 | 質 ㄋㄧˋ (ni) | じつ(チカヅク) *friendly*

풀이 ①친하다. ¶—近尊賢＜左氏傳＞/—近. ②친한 사람. 친족. ¶大其私—＜國語＞ ③나. 자기 자신. ¶—嫌.

【暱愛】じつあい(일애) 친애(親愛)함. 昵愛(일애).
【暱嫌】じつけん(일혐) 사적인 원한. 私怨(사원).

15〖魯〗 ☞魚部 4획(p.1670)

11 15〖暮〗 저물 모 | 遇 ㄇㄨˋ (mu) | ぼ(クレル) *darken*

풀이 ①저물다. ㉮해가 지다. ¶日—途遠＜史記＞ ㉯세밑이 되다. ¶歲—. ㉰계절이 거의 다 지나게 되다. ¶—春. ②해질 무렵. ¶朝—. ③밤. ¶—夜. ④끝. 시간상의 마지막. ¶—世. ⑤늦다. 때늦음. ¶學德未—＜呂覽＞ ⑥늙다. 노쇠함.

【暮景】ぼけい(모경) ①저녁 무렵의 경치. ②☞暮境(모경).
【暮境】ぼきょう(모경) 늙바탕. 老境(노경).
【暮年】ぼねん(모년) 늙바탕. 老年(노년). 晚年(만년). 暮齡(모령). 暮齒(모치).
【暮商】ぼしょう(모상) 음력 9월의 이칭. 暮秋(모추).
【暮色】ぼしょく(모색) 해질녘의 경치.
【暮節】ぼせつ(모절) ①음력 12월의 이칭. ②음력 9월 9일의 이칭. 重陽(중양). ③만년(晚年).
【暮鐘】ぼしょう(모종) ☞晚鐘(만종).
【暮夏】ぼか(모하) 늦여름. 음력 6월.
▷旦—, 晚—, 冥—, 薄—, 商—, 夕—, 歲—, 衰—, 晨—, 日—, 殘—, 朝—, 遲—

15〖暓〗 務(p.223)와 同字

11 15〖暬〗 설만할 설 | 屑 ㄒㄧㄝˋ (xie) | せつ(ナレル) *haughty*

풀이 설만(褻慢)하다. 행동이 거만하고 무례함.

15〖曄〗 曄(p.728)의 俗字

11 15〖暫〗 잠깐 잠 | 勘 ㄓㄢˋ (zhan) | ざん(シバラク) *moment*

【暫不離側】(잠불리측) 잠시도 곁을 떠나지 않음.
【暫時】ざんじ(잠시) 짧은 시간. ¶—握手還分手 暮雨南陵水寺鐘＜高啓＞
【暫定】ざんてい(잠정) ①일시의 안정(安定). ②임시로 정하는 일. ¶—的.

15〖[illegible]〗 暫(p.726)과 同字

11 15〖暴〗 1 사나울 폭/포 | 號 ㄅㄠˋ (bao) | ぼう(アライ)
2 쬘 폭 | 屋 | ばく
3 앙상할 박 | 覺 | *wild*
㊍㬥

풀이 1 ①사납다. ㉮성질이 사납다. ¶—惡. ㉯행동이 거칠어 도리에 어긋나다. ¶—君. ㉰세차다. ¶—風雨. ②해치다. ¶自—自棄. ③갑자기. ¶—富. ④맨손으로 때리다. ¶—虎馮河＜論語＞ ⑤모질게 굴다. 학대함. ¶敢行—虐＜書經＞ ⑥악하다. ¶凶歲子弟多—＜孟子＞ ⑦사나운 사람. 2 ①쬐다. ㉮햇볕에 말리다. (같)曝. ¶秋陽以—之＜孟子＞ ㉯야영시키다. 노숙시킴. ¶—師. ㉰비바람을 맞히다. ¶—骨. ②따뜻하게 하다. ¶一日—之＜孟子＞ ③나타내다. 드러내 보임. ¶—露. ④알려지다. 3 ①앙상하다. 가지·잎 등이 성김. ¶—樂. ②희다. (通)白. ¶—布.

【暴樂】ばくらく(박락) 나뭇잎이 떨어져서 앙상함. 剝落(박락).
【暴布】ばくふ(박포) 흰 베. ¶—百兩當一鎰＜管子＞
【暴惡】ぼうあく(포악) 성질이 사납고 악함.
【暴虐】ぼうぎゃく(포학) 횡포하고 잔악함.
【暴君】ぼうくん(폭군) 포악한 임금.
【暴貴】ぼうき(폭귀) ①갑자기 고귀한 자리에 오름. 갑자기 출세함. ¶斗中有星 當有—者＜魏書＞ ②갑자기 오름. 暴騰(폭등). ¶穀爲之—＜越絕書＞
【暴徒】ぼうと(폭도) 폭동을 일으키는 무리.
【暴動】ぼうどう(폭동) 난폭한 행동. 뭇 사람이 함부로 소란을 피워 사회의 안녕 질서를 해치는 일.
【暴騰】ぼうとう(폭등) 물가나 주가(株價) 등이 갑자기 오름. ↔暴落(폭락).
【暴力】ぼうりょく(폭력) 무법(無法)한 힘. 난폭한 힘.
【暴露】ばくろ(폭로) ①비밀을 드러나게 함. 또는, 드러남. 暴白(폭백). ②노천에서 비바람을 맞음. ③물건이 드러나서 풍설우로(風雪雨露)에 바램.

【暴利】ぼうり(폭리) 부당한 큰 이익.
【暴發】ぼうはつ(폭발) 별안간 터짐. 별안간 벌어짐.
【暴兵】ぼうへい(폭병) ①포악한 병사. ②병사로 하여금 우로(雨露)를 맞게 함. ¶秦常積衆—數十萬人<史記>
【暴暑】ぼうしょ(폭서) ☞酷暑(혹서).
【暴雪】ぼうせつ(폭설) 세차게 내리는 큰 눈.
【暴食】ぼうしょく(폭식) 음식을 함부로 많이 먹음.
【暴言】ぼうげん(폭언) 난폭한 말. 暴說(폭설).
【暴炎】ぼうえん(폭염) 혹독한 더위.
【暴雨】ぼうう(폭우) 갑자기 쏟아지는 큰 비.
【暴飮】ぼういん(폭음) 술을 함부로 많이 마심.
【暴政】ぼうせい(폭정) 포악한 정치.
【暴注】(폭주) ①비가 갑작스레 몹시 쏟아짐. ②별안간 일어나는 심한 설사. 暴泄(폭설).
【暴秦】ぼうしん(폭진) 진(秦)나라. 포악한 정치를 한 데서 이름.
【暴疾】ぼうしつ(폭질) ①거칠고 빠름. ②갑자기 일어난 병. 急病(급병).
【暴寒】ぼうかん(폭한) 별안간 닥치는 큰 추위.
【暴漢】ぼうかん(폭한) 난폭한 사람. 무법자. 暴客(폭객).
【暴骸】ぼうがい(폭해) 시신(屍身)을 노천에 그냥 둠. ¶袒肉— 以望君愍之<晏子>
【暴行】ぼうこう(폭행) ①난폭한 행동. ②남에게 폭력을 가하는 일. ¶—罪. ③韓 속어로, 강간(強姦)을 이름.
▷苛—, 剛—, 強—, 驕—, 亂—, 猛—, 威—, 淫—, 自—, 恣—, 粗—, 侵—, 虐—, 昏—, 横—

11 15 〖暵〗 말릴 한 | 旱 ㄏㄢˋ (han) | かん(カワク) *dry*
▷乾—, 炎—, 旱—

11 15 〖暳〗 별 반짝일 혜 | 霽 | けい

15 〖暭〗 皞(p. 726)의 俗字

12 16 〖暻〗 밝을 경 | 梗 | けい(アカルイ) *bright*

12 16 〖暨〗 1 및 기 2 성 글 | 未 ㄐㄧˋ (ji) 質 | き(トモニ) *and* きつ
풀이 1 ①및. 함께. ¶汝羲—和<書經> ②미치다. 이름. 다다름. 通 訖. ¶上求不—<國語> ③칠하다. 通 墍. ¶塗不—于棺<禮記> ④굳센 모양. ¶戎容——<禮記> 2 성(姓).

12 16 〖曇〗 흐릴 담 | 覃 ㄊㄢˊ (tan) | どん(クモル) *cloudy*
源 會意. 해[日]가 구름[雲]에 가려짐의 뜻.
풀이 ①흐리다. 구름이 낌. ¶—天. ②구름. ¶月華揚彩—<楊愼> ③짐새. ¶—鳥.

【曇鳥】どんちょう(담조) 짐새의 이칭.
【曇天】どんてん(담천) ①흐린 날씨. ②기상학에서, 구름이 하늘 넓이의 80% 이상 낀 날씨.
▷悉—, 優—, 赤—, 晴—

12 16 〖暾〗 아침해 돈 | 元 ㄊㄨㄣ (tun) | とん(アサヒ) *rising sun*

12 16 〖曈〗 동틀 동 | 東 ㄊㄨㄥˊ (tong) | とう *sunrise*

12 16 〖曆〗 책력 력 | 錫 ㄌㄧˋ (li) | れき(コヨミ) *calendar*
古 厤 略 暦
源 會意·形聲. 철이 바뀌고 날[日]이 가는 것을 헤아려서[厤] 만든 책이란 뜻. 「厤」이 음을 이룸.
풀이 ①책력. ¶視—復開書<古詩> ②역법(曆法). ¶陰—. ③수. 수효. ¶此其大—也<管子> ④세다. 헤아림. ¶喟馮心而—茲<楚辭> ⑤운명. 운수. ¶—命. ⑥햇수. 연대. ¶周過其— 秦不及期<漢書> ⑦나이. ¶豈意遘茲短— 奄謝昌辰<劉禹錫> ⑧일기. 일지(日誌). ¶子宜置—卷— 書之所爲 夜必書之<蘇軾>
【曆官】れきかん(역관) 역법(曆法)에 관한 일을 맡아보던 관리. 曆正(역정).
【曆紀】れきき(역기) 달력. 책력.
【曆年】れきねん(역년) ①세월. ②책력에 정한 1년. 태양력은 365일, 윤년은 366일.
【曆命】れきめい(역명) 타고난 운명. 曆數天命(역수천명).
【曆尾】れきび(역미) 세밑. 年末(연말). 歲末(세말).
【曆法】れきほう(역법) 천체의 운행을 추산하여 세시(歲時)를 정하는 방법. 책력(冊曆)을 만드는 방법.
【曆本】れきほん(역본) 역법에 관한 책. 책력.
【曆象】れきしょう(역상) ①책력을 추산하여 천체의 운행하는 모양을 봄. ②일월성신(日月星辰).
【曆書】れきしょ(역서) ①책력. ②책력에 관한 책.
【曆數】れきすう(역수) ①책력을 만드는 법. ②운명. 운수.
【曆元】れきげん(역원) 역법에서, 역일(曆日)을 계산하는 맨 처음.
【曆日】れきじつ(역일) ①책력. ②책력에서 정한 날.
【曆草】れきそう(역초) 명협(蓂莢)의 이칭. 요(堯)임금 때, 처음 생겨났다는 서초(瑞草). 매월 초하루에 잎 하나가 돋기 시작하여 매일 한 잎씩 나서 보름에는 15잎이 되고, 16일부터는 매일 한 잎씩 떨어져서 그믐날에 이르러 다 떨어진다고 함. 歷草(역초). 曆莢(역협).
▷改—, 舊—, 算—, 西—, 星—, 新—, 略—, 陽—, 月—, 律—, 陰—, 日—, 冊—, 太陽—, 太陰—

12 16 〖暸〗 밝을 료 | 蕭 | りょう(アキラカ) *bright*

12 16 〖暹〗 해돋을 섬 | 𢈔ㄒㅣㄢ (xian) | せん(ノボル) *sunrise*

12 16 〖曋〗 해 머무는 곳 심 | 𢈔 | しん

12 16 〖曄〗 빛날 엽 | 𢈔ㅣㄝ (ye) | よう (カガヤク) *shine*

㊗曅 同 曅

풀이 ①빛나다. 빛을 냄. ¶一一. ②성(盛)한 모양. ¶一然. ③번개가 치는 모양. ¶列缺一其照夜<後漢書>

【曄然】ようぜん(엽연) 성(盛)한 모양. ¶奄忽滅沒一復揚<馬融>

【曄煜】ようよく(엽욱) 소리가 크게 울리는 모양.

▷炳一, 赫一, 焚一

16 〖曅〗 曄(p.728)과 同字

12 16 〖曀〗 구름 낄 예 | 𢈔ㅣ (yi) | えい(クモル) *cloudy*

▷氛一, 晻一, 煙一, 幽一, 陰一, 塵一, 昏一

16 〖曣〗 暐(p.725)와 同字

16 〖曌〗 照(p.949)와 同字

16 〖暜〗 晉(p.720)의 本字

12 16 〖曃〗 희미할 태 | 𢈔 | たい *dim*

12 16 〖曉〗 새벽 효 | 𢈔ㄒㅣㄠ (xiao) | ぎょう (アカツキ) *dawn*

㊗暁 晓

풀이 ①새벽. 동틀 무렵. ¶春眠不覺一<孟浩然> ②밝다. 환함. ¶冥冥之中 獨見一焉<莊子> ③깨닫다. ¶不一世務<宋史> ④타이르다. ¶指一南越<史記>/一諭. ⑤사뢰다. 아룀. ¶未一大將軍<漢書> ⑥나오다. ¶蟄蟲以發出爲一<禮記·注>

【曉告】ぎょうこく(효고) 타이름. 알아 듣도록 이름. 諭告(유고).

【曉達】ぎょうたつ(효달) 깨달아 통달함. 환히 앎. 曉暢(효창). ¶一吏事 自強不息<南史>

【曉頭】(효두) 꼭두새벽. 먼동이 틀 무렵.

【曉星】ぎょうせい(효성) ①새벽에 보이는 별. ②샛별. 金星(금성).

【曉示】ぎょうし(효시) 타이름. 諭示(유시).

【曉諭】ぎょうゆ(효유) 타이름. 깨우쳐 일러 줌. 曉喩(효유).

【曉箭】ぎょうせん(효전) 새벽 시각. 箭은 누각(漏刻)의 바늘. 曉籌(효주). ¶寒更傳一 清鏡覽衰顏<王維>

▷開一, 達一, 洞一, 明一, 拂一, 諳一, 慰一, 精一, 知一, 清一, 春眠不覺一, 通一, 昏一

16 〖暿〗 熹(p.756)와 同字

17 〖曒〗 ①皦(p.747)과 同字 ②曬(p.729)의 俗字

13 17 〖曖〗 가릴 애 | 𢈔ㄞ (ai) | あい(カゲル) *hide*

풀이 ①가리다. ¶廿是堙一<後漢書> ②흐리다. 희미함. ¶時一一其將罷兮<楚辭>/一然. ③뱃노래. ¶一迺.

【曖昧】あいまい(애매) 확실하지 못함. 희미함. 模糊(모호).

【曖曖】あいあい(애애) 어둠침침한 모양. 흐릿한 모양. 曖然(애연).

▷暗一, 映一, 幽一, 隱一, 堙一

17 〖曘〗 煥(p.757)과 同字

17 〖曙〗 著(p.1594)와 同字

17 〖㬈〗 ☞ 言部 10획(p.1401)

13 17 〖曏〗 접때 향 | 𢈔ㄒㅣㄤ (xiang) | きょう(サキニ) *past*

풀이 ①접때. 앞서. ¶一者. ②잠깐. 잠시. ③향하다. 通向. ¶立一所酬<儀禮> ④밝히다. 명백하게 함. ¶證一今古<莊子>

17 〖曦〗 曦(p.729)의 俗字

14 18 〖曚〗 어두울 몽 | 𢈔ㄇㄥ (meng) | もう(クライ) *dark*

풀이 어둡다. 通蒙. ㉮어둑어둑하다. ¶曠若發一<後漢書>/一曨. ㉯사리에 어둡다. 어리석음. ¶一昧.

【曚曨】もうろう(몽롱) 햇빛이 흐릿함. 흐릿한 모양.

【曚昧】もうまい(몽매) ①어두움. ②어리석음. 蒙昧(몽매).

18 〖馥〗 ☞ 香部 9획(p.1645)

14 18 〖曙〗 새벽 서 | 𢈔ㄕㄨ (shu) | しょ(アケボノ) *dawn*

同 睹

풀이 ①새벽. 날이 샐 무렵. ¶一鐘. ②날이 밝다. ¶一於蒙谷之浦<淮南子> ③때. 아침. 날. ¶一一失之<呂覽>

【曙光】しょこう(서광) ①새벽녘 동터오는 빛. ②좋은 일이 일어나려는 조짐. 瑞光(서광).

【曙色】しょしょく(서색) ①새벽 빛. ②새벽 경치. 曙景(서경).

▷開一, 拂一, 煙一, 殘一, 徹一, 清一, 初一, 昏一

14 18 〖曜〗 빛날 요 | 𢈔ㅣㄠ (yao) | よう(ヒカル) *dazzle*

풀이 ①빛나다. 빛을 냄. ¶日出有一<詩經> ②빛. 햇빛. ¶流景一之韡曄<張衡> ③빛내다. ¶以古況今 何足一威<潘岳> ④해·달 및 다섯 별. ¶七

一周旋＜素問＞ ⑤일주일.
【曜靈】ようれい(요령) 태양의 이칭. 燿靈(요령).
【曜魄】ようはく(요백) 북두성(北斗星)의 이칭.
【曜曜】ようよう(요요) 빛나는 모양.
▷景一, 九一, 文一, 兩一, 榮一, 靈一, 日一, 照一, 七一, 皓一, 煥一, 晃一, 輝一

18〖韙〗 ☞韋部 9획(p.1616)

18〖鼂〗 ☞黽部 5획(p.1697)

18〖㬥〗 暴(p.726)의 本字

14/18〖曛〗 석양빛 훈 |図ㄒㄩㄣ (xun)|くん *twilight*
풀이 ①석양빛. ¶寒浦落紅一＜孫逖＞ ②저녁해. 석양. ¶唯昏及旦 自旭徂一＜王僧孺＞ ③황혼 무렵. ¶夕一嵐氣陰＜謝靈運＞/一黃. ④적황색. 通纁. ¶一霧.
【曛旭】くんきょく(훈욱) 저녁해와 아침해. 저녁때와 아침. ¶吾兄行樂窮一 滿堂有美顔如玉＜李白＞
▷暮一, 薄一, 夕一, 殘一, 朝一

15/19〖曠〗 밝을 광 |漾ㄎㄨㄤˋ (kuang)|こう(アキラカ) *bright*
풀이 ①밝다. 환함. ¶一若發曚＜後漢書＞ ②들판. 황야. 通壙. ¶晋師一字子野＜左氏傳＞ ③비다. 공허함. ¶率彼一野＜詩經＞ ④비우다. 공허하게 함. ¶一安宅而不居＜孟子＞ ⑤허송하다. 헛되이 지냄. ¶一日十年＜漢書＞ ⑥홀아비. ¶民多一者＜國語＞ ⑦버리다. ¶無一事矣＜呂覽＞ ⑧넓다. 큼. ¶器宇宏一＜晋書＞ ⑨멀다. 요원함. ¶一塗.
【曠古】こうこ(광고) 옛날을 공허하게 한다는 뜻으로, 전례가 없음을 이름. 未曾有(미증유). 空前(공전).
【曠官】こうかん(광관) ①직무를 태만히 함. 曠職(광직)①. ②韓 수령의 자리가 오래 빔.
【曠曠】こうこう(광광) 광대한 모양.
【曠年】こうねん(광년) 오랜 세월. 曠歲(광세). 曠世(광세)②. 曠代(광대).
【曠達】こうたつ(광달) 마음이 넓어 사물에 구애받지 않음. 豁達(활달). 曠蕩(광탕)②.
【曠代】こうだい(광대) ☞曠世(광세)②.
【曠度】こうど(광도) 넓은 도량. 大度(대도). 宏量(굉량).
【曠塗】こうと(광도) 넓은 길. 먼 길.
【曠夫】こうふ(광부) 젊은 홀아비. ¶內無怨女 外無一＜孟子＞
【曠世】こうせい(광세) ①세상에 다시 없음. ②오랜 세월. 曠代(광대).
【曠歲】こうさい(광세) ☞曠年(광년). 「(광원).
【曠野】こうや(광야) 광대한 들. 허허벌판. 曠原
【曠原】こうげん(광원) 허허벌판. 曠野(광야).
【曠日】こうじつ(광일) ①하는 것 없이 여러 날을 보냄. ②오랜 시일. ¶一彌久/一持久. ③종일(終日).
【曠適】こうてき(광적) 사물에 구애하지 않고 자유로움. ¶意甚一＜宋史＞
【曠絕】こうぜつ(광절) 자손이 끊어짐. ¶周厲之難 天子一＜呂覽＞
【曠職】こうしょく(광직) ①직무에 태만함. 曠官(광관)①. ②관직을 결원된 채로 둠. 缺位(결위). ¶苟非其人 不如一＜北史＞
【曠蕩】こうとう(광탕) ①넓고 넓은 모양. ②☞曠達(광달).
【曠闊】こうかつ(광활) 넓고 탁 트임.
▷間一, 開一, 高一, 空一, 宏一, 久一, 放一, 深一, 遠一, 淸一, 沖一, 蕩一, 平一, 嶮一, 玄一, 浩一, 弘一

19〖曟〗 晨(p.721)과 同字

19〖韻〗 ☞音部 10획(p.1618)

19〖曡〗 疊(p.1024)과 同字

19〖㬥〗 暴(p.726)의 古字

19〖曝〗 㬥(p.729)과 同字

15/19〖曝〗 쬘 폭 |屋ㄆㄨˋ (pu)|ばく(サラス) *dry in the sun*

16/20〖曨〗 어스레할 롱 |東ㄌㄨㄥˊ (long)|ろう(ホノクライ)

16/20〖曣〗 청명할 연 |霰ㄧㄢˋ (yan)|えん *clean*
풀이 ①청명하다. 구름이 없고 맑음. ¶一晛. ②따뜻하다. 通晏. ¶至中山一温有黃雲蓋焉＜史記＞

16/20〖曦〗 햇빛 희 |支ㄒㄧ (xi)|き *sunlight*
▷丹一, 晚一, 曙一, 朝一, 朱一, 赫一

17/21〖曩〗 접때 낭 |養ㄋㄤˇ (nang)|のう(サキニ) *previously*
【曩歲】のうさい(낭세) 지난해. 曩載(낭재).
【曩日】のうじつ(낭일) 접때. 지난번. 前日(전일). 曩昔(낭석). 曩時(낭시). 曩者(낭자).

19/23〖曬〗 쬘 쇄 |卦ㄕㄞˋ (shai)|さい(サラス) *dry in the sun*

20/24〖曭〗 흐릿할 당 |養ㄊㄤˇ (tang)|とう *cloudy*
풀이 ①흐릿하다. 날씨가 흐림. ¶時曖曃以一莽兮＜楚辭＞ ②밝다. 환함. ¶朝一朗而戒旦＜蕭子雲＞

曰＜가로 왈＞部

曰 ② 曲 曳 ③ 更 曵 ⑤ 曷 ⑥ 書 曺 ⑦ 曼 曹 ⑧ 曾 替 最 ⑨ 會 ⑩ 朅

0/4〖曰〗 가로 왈 |月ㄩㄝ (yue)|えつ(イワク) *speak*
※日(p.708)은 딴 자.

풀이 ①가로되. 말하기를. ¶子一 學而時習之 不亦說乎<論語> ②이르다. 말함. 通云. ¶不一如之何如之何者<論語> ③일컫다. 부름. ¶宅嵎夷一暘谷<書經>/號一百萬. ④…라 하다. 사물을 열거할 때 씀. ¶一可一否/一兄一弟. ⑤이에. 발어사. ¶一嬪于京<詩經>

【曰可曰否】(왈가왈부) 어떤 일에 대하여 옳으니 그르니 함.

【曰字】(왈자) ☞曰牌(왈패).

【曰牌】(왈패) 韓 언행이 단정하지 못하고 수선스러운 여자. 曰字(왈자).

5【甲】☞ 田部 0 획 (p. 1012)

5【申】☞ 田部 0 획 (p. 1013)

5【由】☞ 田部 0 획 (p. 1013)

2 6【曲】굽을 곡 | 因くㄩ (qu) | きょく(マゲル) *bent*

源 象形. 둥근 그릇 모양을 본뜸.

풀이 ①굽다. 휨. ¶一線. ②굽히다. 휘게 함. ¶一學以阿世<史記>/一筆. ③마음이 바르지 않다. ¶邪一. ④자세하다. ¶亂我心一<詩經>/委一. ⑤간절하다. 정성을 다함. ¶一允微誠<庾信> ⑥옳지 않다. ¶以一合於趙王<戰國策>/一私. ⑦자질구레하다. ¶一禮. ⑧가락. 곡조. ¶音一. ⑨잠박. 누에 치는 기구. ¶薄一. ⑩구석. ¶坊坊一一. ⑪마을. 동네. ¶鄕一. ⑫부분. 조각. ¶察一一者<淮南子>

【曲肱而枕之】(곡굉이 침지) 팔을 굽혀 베개로 삼음. 가난함을 이름. ¶飯疏食飮水 一樂亦在其中矣<論語>

【曲鞫】きょくきく(곡국) 자세히 사정을 물어 조사함.

【曲當】きょくとう(곡당) 모두 이치에 맞음.

【曲突徙薪】きょくとつししん(곡돌사신) 화재를 예방하기 위하여 굴뚝을 바깥으로 굽히고 근처에 있는 섶나무를 딴 곳으로 옮긴다는 뜻으로, 재앙을 미리 막음의 비유. ¶防患未然一<書言故事>

【曲論】きょくろん(곡론) 이치에 어그러진 의론.

【曲馬】きょくば(곡마) 말을 타고 하는 재주. ¶一團.

【曲眉】きょくび(곡미) 초생달처럼 가늘고 굽은 눈썹. 미인(美人)의 눈썹을 형용하여 이름. ¶一而豊頰<韓愈>

【曲媚】きょくび(곡미) 자기의 의사를 굽혀 남에게 아첨함. 그른 줄 알면서 남에게 아첨함.

【曲房】きょくぼう(곡방) 후미진 방. 密室(밀실). ¶涼風繞一<陸機>

【曲法】きょくほう(곡법) 법을 굽힘. 법을 어김.

【曲辯】きょくべん(곡변) 잘못을 옳다고 우기는 말.

【曲屛】きょくへい(곡병) 머릿병풍. 가리개.

【曲阜】きょくふ(곡부) 중국 산동성(山東省)에 있는 고을 이름. 공자(孔子)의 탄생지로 그의 무덤과 사당이 있음.

【曲庇】きょくひ(곡비) 법을 굽혀 남을 비호함. 曲護(곡호). 庇蔭(비음).

【曲士】きょくし(곡사) ①마음이 바르지 못한 사람. ②촌뜨기.

【曲私】きょくし(곡사) 사사롭고 바르지 못함. 姦邪(간사). 私曲(사곡). ¶志不免于一<荀子>

【曲線美】きょくせんび(곡선미) 곡선이 나타내는 미. 여자의 육체가 이루는 곡선의 미.

【曲說】きょくせつ(곡설) 편벽되어 바르지 못한 이론. 曲論(곡론).

【曲繩】きょくじょう(곡승) 법을 어김. 도의에 어그러진 일을 함. ¶姬公不一于天倫<晋書>

【曲言】きょくげん(곡언) 넌지시 하는 말. 언외(言外)에 뜻이 있는 말. ↔直言(직언).

【曲宴】きょくえん(곡연) ①임금이 궁중 내원(內苑)에서 베풀던 조촐한 잔치. ↔大宴(대연). ②곡수연(曲水宴).

【曲藝】きょくげい(곡예) ①눈을 속이는 재주. 곡마·마술·요술 따위. ¶一師. ②조그마한 기능. 小技(소기). ¶一爭工巧<元稹>

【曲允】きょくいん(곡윤) 간곡하고 성실함. ¶一微誠<庾信>

【曲引】きょくいん(곡인) 음악의 가락. 曲胤(곡윤).

【曲子】きょくし(곡자) 악곡. 노래. ¶乃製一曰得寶子<史官樂史>

【曲墻】(곡장) 능묘(陵墓) 따위의 뒤에 둘러 쌓은 나지막한 토담.

【曲全】きょくぜん(곡전) 굽어 아주 소용이 없는 나무는 사람이 베어가지 않아 온전할 수 있다는 뜻으로, 자기의 뜻을 굽힘으로써 자기의 몸을 온전히 할 수 있음의 비유. ¶老氏一<後漢書>

【曲折】きょくせつ(곡절) ①꼬불꼬불함. ②까닭. 자세한 사정. 복잡한 내용. ¶迂餘一.

【曲調】きょくちょう(곡조) 가사나 음악 등의 가락.

【曲坐】(곡좌) 웃사람 앞에서 마주 앉지 않고 옆으로 조금 돌아앉는 일.

【曲直】きょくちょく(곡직) ①굽음과 곧음. ②사악함과 정직함. 正邪(정사). 善惡(선악). 是非(시비). ③노래 가락.

【曲盡】きょくじん(곡진) ①마음과 힘을 다함. ②자세히 다함. ¶他日殆可謂一其妙<陸機>

【曲暢】きょくちょう(곡창) 자세히 통달함.

【曲聽】きょくちょう(곡청) 부득이 자기의 의사를 굽혀 남의 말을 들음. ¶夜見仇家 仇家一<漢書>

【曲筆】きょくひつ(곡필) 사실을 굽혀서 씀. 붓 끝으로 잔꾀를 부림. 舞文(무문). ↔直筆(직필).

【曲學】きょくがく(곡학) 사곡(邪曲)한 학문.

【曲學阿世】きょくがくあせい(곡학아세) 진리에 어긋나는 학문으로 세상 사람에게 아첨함. ¶公孫子務正學以言 無曲學以阿世<史記>

【曲解】きょっかい(곡해) 사실과 어긋나게 잘못 이해함. 誤解(오해).

【曲惠】(곡혜) 조그마한 은혜.

【曲護】きょくご(곡호) ☞曲庇(곡비).

▷歌一, 歌謠一, 款一, 交響一, 九一, 屈一, 名一, 舞一, 悲一, 私一, 邪一, 序一, 小夜一, 俗一, 新一, 心一, 雅一, 樂一, 餘一, 歪一, 迂一, 委一, 音一, 作一, 鄕一, 協奏一, 戲一

2 6 〖曳〗 끌 예 | 覆 ㅣ(yi) ㅣㅔ(ye) | えい(ヒク) *trail*

俗 曵

源 會意. 펴서[申] 한쪽으로 끌어[丿←厂] 당긴다는 뜻.

풀이 通 抴 拽. ①끌다. ㉮끌어당기다. ¶鉤一出寘墻下<程史>/一船. ㉯질질 끌며 가다. ¶一杖. ㉰잡아당겨 늘이다. ¶一明月之珠旗<司馬相如> ②끌리다. ¶賢聖逆一兮 方正倒植<賈誼> ③차질이 생기다. 실패함. ¶年雖疲一 猶庶幾名賢之風<後漢書> ④넘다. 뛰어넘음. ¶超騰踰一<王褒>

【曳裾侯門】えいきょこうもん(예거후문) 옷자락을 왕후(王侯)의 문에서 끎. 곧, 세도가의 식객(食客)을 이름.

【曳白】えいはく(예백) 지필(紙筆)을 가지고도 시문(詩文)을 짓지 못함. 「배.

【曳船】えいせん(예선) 배를 줄에 매어 끎. 또는, 그

【曳曳】えいえい(예예) ①나부끼는 모양. 搖曳(요예). ¶一半空裏<孟浩然> ②힘을 들일 때 내는 소리. 영차 따위. ③외치는 소리. 喊聲(함성). ④웃음 소리.

▷牽一, 鉤一, 陵一, 倒一, 搖一, 掣一, 馳一, 跛一

6 〖臾〗 臾(p.1254)의 俗字

3 7 〖更〗 1 다시 갱 2 고칠 경 | 覆 ㄍㄥ(geng) 庚 ㄍㄥ(geng) ㄐㄧㄥ(jing) | こう(サラニ) *again* てう(アラタメル) *reform*

同 叓

풀이 1 다시. 재차. 또. ¶一生. 2 ①고치다. 개선함. 새롭게 함. ¶變一. ②새로와지다. 고쳐짐. ¶應國之稱號 亦一矣<管子> ③바꾸다. ¶一酌. ④번갈다. ¶祕舞一奏<張衡>/一代. ⑤밤. 밤 시각. 하룻밤을 5등분한 것의 하나. ¶三一. ⑥지나다. 통과함. 通 經 徑. ¶必一匈奴中<史記> ⑦갚다. 배상함. ¶不足以一之<史記> ⑧연속하다. 通 庚. ¶姓利相一<國語> ⑨겪다. 겪어 지내 옴. ¶一事未多<隋書>

【更嫁】こうか(갱가) ☞再嫁(재가).

【更生】こうせい(갱생) 다시 살아남. 更蘇(갱소). 蘇生(소생). 回生(회생). 再生(재생).

【更少年】(갱소년) 늙은이의 몸과 마음이 다시 젊어짐.

【更巡】こうじゅん(갱순) 번갈아 돎. ¶陰陽一<揚雄>

【更新】こうしん(갱신) 다시 새로와짐. (경신) 옛것을 고치어 새롭게 함. 革新(혁신).

【更改】こうかい(경개) 바꾸어 고침.

【更鼓】こうこ(경고) 밤을 오경(五更)으로 나누어 경마다 시간을 알리기 위하여 치던 북.

【更代】こうたい(경대) 차례로 번갈아 듦. 交代(교대). 交替(교체). 更替(경체). ¶多所發摘一<舊唐書> 「물시계.

【更漏】こうろう(경루) 시간을 알리는 누각(漏刻).

【更始】こうし(경시) 고쳐 다시 함. 更新(경신).

【更衣】こうい(경의) ①옷을 갈아 입음. ②뒷간에 감.

【更酌】こうしゃく(경작) 서로 잔을 주고 받음.

【更張】こうちょう(경장) ①거문고 줄을 팽팽하게 맴. ②해이(解弛)한 사물을 고쳐 긴장하게 함. ③사회·정치적으로 부패한 제도를 새롭게 고침. ¶甲午一.

【更點】(경점) 韓 조선 때, 북과 징을 쳐서 시각을 알리던 更과 點. 하룻밤의 시간을 5경, 1경을 5점으로 나누어, 경에는 북, 점에는 징을 침. 물시계를 따랐음. ¶一軍士.

【更正】こうせい(경정) 바르게 고침. 개정함.

【更定】こうてい(경정) 고치어 정함. 개정함. 정정(訂正)함. ¶一律令<漢書>

【更籌】こうちゅう(경주) 물시계의 한 가지. 밤의 시각을 잼. ¶刻燭驗一<庾肩吾>

【更迭】こうてつ(경질) 어떤 직위에 있는 사람을 갈고, 딴 사람을 그 자리에 임용함. 更佚(경질).

▷改一, 變一, 紛一, 四一, 三一, 曙一, 五一, 初一, 革一

7 〖曵〗 曳(p.731)의 俗字

8 〖果〗 ☞ 木部 4획(p.752)

8 〖東〗 ☞ 木部 4획(p.753)

8 〖㫰〗 良(p.1263)의 俗字

8 〖冐〗 ☞ 冂部 6획(p.184)

8 〖昂〗 ☞ 日部 4획(p.713)

5 9 〖曷〗 어찌 갈 本 할 | 圜 ㄏㄜˊ(he) | かつ(ナンゾ) *why*

풀이 ①어찌. ☞ 句法 ②해치다. 상하게 함. ¶莫我敢一<詩經> ③전갈. 독벌레. 通 蝎.

句法

의문 · 반어

㉮[曷] 어찌. 어찌하여. 害과 쓰임이 같음. ¶曷爲不告朔 天無是月也<公羊傳>

㉯[曷…] 어째서 …ㄴ가. 왜 …는가. 何와 쓰임이 같음. ¶曷不委心任去留<陶潛>

㉰[曷] 언제. 어느 때. ¶時日曷喪<書經>/吾子其曷歸<左氏傳>

㉱[曷] 누가. ¶曷云能穀<詩經>

㉲[曷…] 어찌 …하지 아니하냐. 「何不…」과 쓰임이 같음. ¶曷飮食之<詩經>

㉳[曷爲…] 어째서 …ㄴ가. 何爲 · 胡爲와 쓰임이 같음. ¶曷爲久居此圍城之中而不去<史記>

㉴[曷其…] 어느 날에. 어느 때에. ¶天下湯湯 曷其而歸<韓愈>

㉵[曷若…] 어떠하냐. 何如와 쓰임이 같

음. ¶必爲天下大笑 曷若<荀子>

9【𣅽】厚(p.248)의 本字

6 10【書】글 서 | ㊥ㄕㄨ (shu) | しょ(フミ) *writing*

풀이 ①글. ㉮책. ¶桓公讀—乎堂上<莊子>/—册. ㉯문장. 기록. ¶—同文<中庸> ㉰편지. ¶適得府君—<古詩>/—翰. ②쓰다. 글을 씀. 기록함. ¶子張—諸紳<論語> ③글자. 문자. ¶—足以記姓名<史記> ④글씨. 서법(書法). 필적(筆蹟). ¶—道. ⑤장부(帳簿). ¶簿—. ⑥「서경」(書經). 「상서」(尙書). 오경(五經)의 하나. ¶幼敎詩—<吳志> ⑦오경의 총칭. ¶五經總名爲—<論衡> ⑧문체의 하나. 의견을 상신(上申)할 때 쓰는 체.

【書架】しょか(서가) 책을 얹는 시렁. 書棚(서붕). ¶宿廳—自層層<梅堯臣>

【書家】しょか(서가) ①글씨를 잘 쓰는 사람. ②서예가(書藝家).

【書簡】しょかん(서간) 편지. 書翰(서한).

【書格】しょかく(서격) 글씨를 쓸 때 팔뚝을 받쳐, 팔목이 종이에 안 닿게 하는 제구.

【書經】しょきょう(서경) 「상서」(尙書). 삼경 또는 오경의 하나. 중국 고대 요순(堯舜) 시대부터 주(周)대까지의 정사(政事)에 관한 글을 공자(孔子)가 수집하여 편찬한 책. 20권 58편.

【書契】しょけい(서계) ①중국 태고의 글자. ②나무 조각에 새긴 부서(符書). 증거가 되는 문서.

【書啓】しょけい(서계) ①편지. ②☞書記(서기)①. ¶命—相公寫請帖<紅樓夢>

【書庫】しょこ(서고) ①책을 간수하는 곳집. 文庫(문고). ②박식(博識)한 사람을 이르는 말.

【書賈】しょこ(서고) 책을 파는 사람. 書籍商(서적상).

【書卷】しょかん(서권) 책. 서적. 서책. ¶風牀展—<杜甫>

【書笈】しょきゅう(서급) 문서나 서적을 넣어서 등에 질 수 있게 만든 상자. ¶小兒負—<陸游>

【書記】しょき(서기) ①기록을 맡아 보는 사람. 書啓(서계)②. 書役(서역)②. ②기록함. 기록한 것. 책, 문서 따위.

【書奴】しょど(서노) 책에 얽매여 융통성이 없는 사람.

【書堂】しょどう(서당) 글방. 學堂(학당). 私塾(사숙). 學房(학방).

【書道】しょどう(서도) ①글씨 쓰는 방법을 배우는 일. ②글씨를 아름답게 쓰는 수련(修練)을 쌓는 도(道). 書藝(서예).

【書牘】しょとく(서독) 편지. 書札(서찰).

【書頭】(서두) ①글의 첫머리. 緖頭(서두). ②책의 위쪽의 여백.

【書類】しょるい(서류) 글자로 기록한 문서의 총칭. ¶—審査.

【書吏】しょり(서리) 옛날, 문서, 기록, 회계 따위를 맡은 하급 관리. 書記(서기)①. 胥吏(서리).

【書林】しょりん(서림) ①책을 많이 모아 둔 곳. ¶覽— 閱篇籍<後漢書> ②책방. 서점.

【書面】しょめん(서면) ①문면(文面). ②편지. 書札(서찰).

【書名】しょめい(서명) ①책의 이름. ②이름을 씀.

【書目】しょもく(서목) 도서의 목록.

【書房】しょぼう(서방) ①글방. 서재. ②㊙ ㉮남편의 속어. ㉯처족의 손윗사람이 췌객(贅客)을 부르는 호칭. ¶金—. ㉰벼슬이 없는 사람의 성 아래 붙여 이름 대신 부르던 말. ¶丁—.

【書法】しょほう(서법) 글씨 쓰는 법.

【書士】しょし(서사) 대서(代書)를 업으로 하는 사람. ¶司法—.

【書史】しょし(서사) ①경서(經書)와 사서(史書). ②책.

【書舍】しょしゃ(서사) 선비들이 공부하는 집. 舍書(사서).

【書寫】しょしゃ(서사) 베껴 씀. ¶不倦—<宣和畫譜>

【書肆】しょし(서사) 서점. 書鋪(서포).

【書生】しょせい(서생) 학업을 닦는 젊은이.

【書聖】しょせい(서성) 서도(書道)의 명인. 글씨를 썩 잘 쓰는 사람. ¶嘗謂志爲—<梁書>

【書塾】しょじゅく(서숙) 글방.

【書式】しょしき(서식) 증서·원서 등을 쓰는 일정한 양식.

【書信】しょしん(서신) 편지(便紙). ¶我家絶無—<晉書>

【書室】しょしつ(서실) ①☞書齋(서재). ②붓글씨를 쓰는 방.

【書案】しょあん(서안) ①책상. ②문서의 초안. 또는, 문서.

【書役】しょえき(서역) ①글씨를 줄곧 쓰는 일. ②☞書記(서기)①.

【書筵】(서연)㊙ 왕세자에게 글을 강론하던 곳. 离筵(이연). 胄筵(주연).

【書傭】しょよう(서용) 필경(筆耕). 또는, 필경을 하는 사람. 筆生(필생).

【書院】しょいん(서원) ①당(唐)대 이후의 학교를 일컬음. ②조선 때 선비들이 모여서 학문을 강론하고, 석학(碩學) 또는 충절(忠節)로 죽은 사람들을 제사지내던 곳. 중종(中宗) 때에 주세붕(周世鵬)이 풍기(豊基)에 백운동 서원(白雲洞書院)을 세운 데서 비롯됨.

【書淫】しょいん(서음) 지나치게 글 읽기를 좋아함. 또는, 그 사람. 淫은 과도의 뜻. ¶忘寢與食時人謂之—<晉書>

【書意】しょい(서의) ①서면에 씌어 있는 글의 뜻. ②서법(書法)의 정신.

【書狀】しょじょう(서장) ①편지. ②서장관(書狀官).

【書齋】しょさい(서재) 책을 쌓아 두고 글을 읽거나 짓는 방. 書室(서실)①. 書屋(서옥). ※書舍(서사).

【書典】しょてん(서전) 책. 서적. 經典(경전).

【書傳】しょでん(서전) ①옛 사람이 쓴 책. ②「상서」(尙書)의 주석(註釋). ¶蔡沈 —六卷<宋史>

【書題】しょだい(서제) ①서리(書吏). ②기록함. ③서적의 제명(題名). 標題(표제).

【書種】しょしゅ(서종) 독서의 종자라는 뜻으로, 학문을 하는 사람을 이름.

【書廚】しょちゅう(서주) ①책, 문서 따위를 간직하여 두는 시렁. ②널리 알고 기억력이 좋은

사람. ③널리 알기는 하나, 그것을 실지로 사용하지 못하는 사람을 조롱하는 말.

【書證】しょしょう(서증) 문서로써 삼는 증거.

【書誌】しょし(서지) 서적.

【書鎭】しょちん(서진) 책장, 종이 따위가 바람에 날리지 않도록 누르는 물건. 書尺(서척). 文鎭(문진).

古玉辟邪書鎭
(古玉圖譜)

【書札】しょさつ(서찰) ①편지. 글 쓴 쪽지. ②책. 서책.

【書册】しょさつ(서책) 책. 서적. 書策(서책). ¶古書皆卷而唐始有葉子 今稱一＜后山談叢＞

【書尺】しょせき(서척) ①편지. ②☞書鎭(서진).

【書籤】しょせん(서첨) 책의 제목으로 쓴 글씨.

【書帖】しょちょう(서첩) 명필을 모아 꾸민 책. 墨帖(묵첩).

【書體】しょたい(서체) ①글씨체. 글씨의 체재(體裁). 書風(서풍). ②붓글씨의 여러 형체. 해서, 전서, 예서, 행서, 초서 팔분 따위.

【書癡】しょち(서치) 글 읽기에만 몰두하여 다른 일을 돌보지 않는 사람. 讀書狂(독서광). ¶蹉跎歲晩坐一＜劉從益＞

【書圃】しょほ(서포) 서림(書林).

【書鋪】しょほ(서포) 서점. 書肆(서사).

【書幅】しょふく(서폭) 글씨를 써서 꾸민 족자.

【書標】しょひょう(서표) 책장의 읽던 곳을 찾기 쉽도록 끼워 두는 종이쪽.

【書風】しょふう(서풍) 글씨체. 書體(서체)①.

【書學】しょがく(서학) 서법(書法)에 관한 학문.

【書翰】しょかん(서한) 편지. 書簡(서간).

【書香】しょこう(서향) ①학문을 하는 기풍(氣風). ②학자의 제자들이 가업(家業)을 잘 계승하는 일. ¶一劍氣俱寥落＜林景熙＞

【書畫】しょが(서화) 글씨와 그림. ¶一帖.

▷家一, 簡一, 經一, 古一, 故一, 公文一, 校一, 國一, 軍一, 券一, 貴一, 琴一, 奇一, 洛一, 落一, 但一, 答一, 唐一, 大一, 代一, 圖一, 讀一, 賣一, 謀一, 文一, 密一, 背一, 兵一, 封一, 符一, 簿一, 焚一, 佛一, 祕一, 四一, 司一, 史一, 寫一, 辭一, 三一, 上一, 尙一, 聖一, 細一, 俗一, 手一, 詩一, 新一, 惡一, 樂一, 良一, 易一, 曆一, 譯一, 葉一, 傭一, 願一, 僞一, 遺一, 儒一, 六一, 淫一, 醫一, 裏一, 逸一, 賃一, 字一, 自一, 雜一, 長一, 藏一, 著一, 全一, 篆一, 占一, 正一, 淨一, 精一, 調一, 證一, 眞一, 尺一, 牒一, 靑一, 抄一, 草一, 寸一, 叢一, 勅一, 七一, 投一, 平一, 楷一, 行一, 鄕一, 惠一, 橫一,

6 10 【曺】 韓 성 조

10 【㑹】 會(p. 734)의 古字

7 11 【曼】 1 길 만 2 뻗을 만 3 오랑캐 만 | 願 ㄇㄢˋ (man) 翰 旱 | まん (ナガイ) *long*

풀이 1 ①길다. ¶孔一且碩＜詩經＞ ②끌다. 길게 끎. ¶一聲. ③아름답다. 미려함. ¶一辭以自解＜漢書＞ ④곱다. 살결이 아름다움. ¶一膚. ⑤가볍다. ¶一煖. ⑥없다. ¶聖人一云＜法言＞ ⑦찌르다. ¶闉扼鷙一＜莊子＞ ⑧윤(潤). 광택. ¶蛾眉一只＜楚辭＞ 2 뻗다. 한없음. 널리 퍼짐. ¶一衍. 3 ①오랑캐. 通 蠻. ¶戎一. ②분별이 없다. ¶一漶.

【曼陀羅】まんだら(만다라) ①《佛》 범어 mandala의 음역. ㉮방원(方圓)의 토단(土壇)을 쌓아 부처를 안치하여 받든다는 뜻. ㉯부처가 해탈한 경지. ㉰부처가 해탈한 경지나 정토(淨土)의 실상(實相)을 그린 그림. 曼荼羅(만다라). ②잡색(雜色). 여러가지 색.

【曼姬】まんき(만희) 예쁜 계집. 미인. ¶鄭女一＜漢書＞

▷美一, 衍一, 婉一, 柔一, 長一

7 11 【曹】 마을 조 | 豪 ㄘㄠˊ (cao) | そう(ツカサ) *office*

本 㯥

풀이 ①마을. ㉮관아. 관청. ¶坐一治事＜漢書＞ ㉯관리. 벼슬아치. ¶除爲功一＜漢書＞ ㉰관청의 소관 직분. ¶六一. ②무리. ㉮제배(儕輩). 또래. 벗. ¶分一往＜史記＞ ㉯떼. 군중. ¶乃造其一＜詩經＞ ㉰짝. 동행. 동반자. ¶分一竝進＜楚辭＞ ③나라 이름. 주(周) 무왕(武王)의 아우 숙진탁(叔振鐸)을 봉한 나라. 지금의 산동성(山東省)에 있었음.

【曹大家】そうたいこ(조대가)《人》 후한(後漢) 때의 여인. 이름은 소(昭). 자는 혜희(惠姬). 반고(班固)와 반초(班超)의 누이동생. 조수(曹壽)의 아내. 미완성으로 남긴 반고의 「한서」(漢書)를 보충 완성하였음. 大家는 여자의 존칭.

【曹輩】そうはい(조배) 동아리. 무리.

【曹司】そうし(조사) 벼슬아치가 집무하는 방.

【曹娥】そうが(조아)《人》 후한(後漢)의 효녀. 열네 살 때에 그의 아버지가 강물에 빠져 죽자, 17주야를 슬피 울다가 강물에 몸을 던져 죽었다 함.

【曹魏】そうぎ(조위) 삼국 시대의 위(魏). 조비(曹丕)가 건국하였으므로 이르는 말.

【曹操】そうそう(조조)《人》 중국 삼국 시대의 위(魏)의 왕. 자는 맹덕(孟德). 권모(權謀)에 능하고 시문(詩文)을 잘하였음. 216년 위왕(魏王)에 오르고, 화북을 지배함. (154~220).

▷卿一, 功一, 官一, 末一, 法一, 朋一, 兒一, 我一, 若一, 汝一, 吾一, 六一, 爾一, 豪一

8 12 【曾】 일찍 증 | 蒸 ㄗㄥ (zeng) | そう(カツテ) *once*

源 象形. 솥[曰]에 얹은 시루[四]에서 김이 오르는 모양을 본뜸. 솥과 시루가 겹친 데서 포개다의 뜻.

풀이①일찍. 지난날. 이전에. 通嘗. ¶未一有. ②곧. 이에. 通乃則. ¶一是以爲孝乎<論語> ③거듭하다. ¶一孫. ④포개다. 포개짐. 通層. ¶一臺. ⑤깊다. 깊숙함. ¶一曲. ⑥오르다. ¶翺飛兮翠一<楚辭> ⑦높다. 通橧. ¶還至其一逝萬仞之上<淮南子> ⑧끝. 마지막. ¶一臣. ⑨더하다. 通增. ¶一益.
【曾經】そうけい(증경) 일찌기. 이전에 겪음. ¶一學舞度芳年<盧照鄰>
【曾曲】そうきょく(증곡) 깊숙한 구석.
【曾大父】そうたいふ(증대부) 촌수가 먼, 유복(有服) 이외의 증조항(曾祖行)의 남자.
【曾閔】そうびん(증민) 증삼(曾參)과 민자건(閔子騫)의 병칭. 모두 공자(孔子)의 제자로서, 특히 효행(孝行)으로 유명함.
【曾伯祖】そうはくそ(증백조) 증조부의 맏형.
【曾史】そうし(증사) 증삼(曾參)과 사추(史鰌)의 병칭. 삼은 인(仁)을, 추는 의(義)를 행함. ¶下有桀跖 上有一<莊子>
【曾思】(증사) 깊이 거듭 생각함.
【曾參】そうしん(증삼)《人》 춘추 시대 노(魯)의 사람. 공자(孔子)의 제자, 자사(子思)의 스승. 점(點)의 아들. 자는 자여(子輿). 존칭하여 증자(曾子)라 일컬음. 효행으로 유명함. 「대학」(大學)과 「효경」(孝經)을 지음.
【曾孫】そうそん(증손) 아들의 손자.
【曾往】(증왕) 일찌기. 曾前(증전).
【曾子】そうし(증자) ☞曾參(증삼).
【曾祖考】そうそこう(증조고) 돌아간 증조부.
【曾祖妣】そうそひ(증조비) 돌아간 증조모.
【曾青】そうせい(증청) 먹으면 몸이 경쾌해져서 늙지 않는다는 선약(仙藥)의 이름.
▷未一有, 孫一

8
12〖替〗 바꿀 체 | ㊥去 ㄊㄧˋ (ti) | たい(カエル) *change*
同普 朁

풀이①바꾸다. 갊. 교체함. ¶以山光水色一其玉肌花貌<蘇軾> ②번갈다. 갈마듦. ¶一代. ③쇠퇴하다. 쓸모 없게 됨. ¶君盟一矣<左氏傳> ④버리다. 폐함. ¶無一厥服<書經> ⑤멸망하다. 멸망시킴. ¶君之冢嗣其一乎<國語> ⑥미치다. 이름. 通逮. ¶不一不爽<太玄經> ⑦베풀다.
【替送】たいそう(체송) 대신 보냄. 代送(대송).
▷交一, 陵一, 代一, 對一, 衰一, 掩一, 淪一, 隆一, 殘一, 振一, 頹一, 廢一, 獻一, 興一

8
12〖最〗 가장 최 | ㊥去 ㄗㄨㄟˋ (zui) | さい(モットモ) *most*
源會意. 위험을 무릅쓰고[月←冒] 행동을 취함. 取와 아울러 제일 큰 모험이라는 뜻.

풀이①가장. 으뜸. 제일. ¶一高. ②모두. 모조리. ¶一從高帝<史記> ③최상. 가장 뛰어난 것. 수공(首功). ¶猶無益於殿一<漢書> ④모이다. 모음. ¶一萬物<管子> ⑤중요한 일. ¶乃拜稽首受一<尚書中候> ⑥정리되다. ¶條一明審<唐書> ⑦끊어지다. ¶秦之水泔一而稽<管子>
【最古】さいこ(최고) 가장 오래됨.
【最高】さいこう(최고) 가장 높음. ↔最低(최저).
【最高潮】さいこうちょう(최고조) 극(劇), 사건 등의 극에 달한 시기.
【最久】さいきゅう(최구) 가장 오램.
【最貴】(최귀) 가장 귀함.
【最近】さいきん(최근) ①가장 가까움. ②지나간 지 얼마 안 되는 날.
【最多】さいた(최다) 가장 많음. ↔最少(최소).
【最短】さいたん(최단) 가장 짧음. ↔最長(최장).
【最大】さいだい(최대) 가장 큼. ↔最小(최소).
【最良】さいりょう(최량) 가장 좋음.
【最上】さいじょう(최상) ①맨 위 ¶一級. ②가장 우수함. ↔最下(최하).
【最善】さいぜん(최선) ①가장 좋음. 가장 착함. ↔最惡(최악). ②가장 알맞음.
【最小】さいしょう(최소) 가장 작음. ↔最大(최대).
【最少】さいしょう(최소) ①가장 적음. ↔最多(최다). ②가장 젊음.
【最新】さいしん(최신) 가장 새로움. ↔最古(최고).
【最惡】さいあく(최악) 가장 나쁨. 아주 못됨. ↔最善(최선).
【最長】さいちょう(최장) 가장 길. ↔最短(최단).
【最低】さいてい(최저) 가장 낮음. ↔最高(최고).
【最適】さいてき(최적) 가장 적합하거나 적당함.
【最殿】さいでん(최전) ①성적의 등차. 상공(上功)을 最, 하공(下功)을 殿이라 함. ②맨 늦게 들어온 사람. ↔最啓(최계). 「초」.
【最終】さいしゅう(최종) 맨 나중. 맨 끝. ↔最初(최초).
【最初】さいしょ(최초) 맨 먼저. ↔最終(최종).
【最下】さいか(최하) 맨 아래. ↔最上(최상).
【最惠國】さいけいこく(최혜국) 통상 조약을 체결한 나라 중에서 가장 유리한 대우를 받는 나라.
【最後】さいご(최후) 맨 마지막. 맨 끝. 最晚(최만). 最尾(최미).
【最後通牒】さいごつうちょう(최후통첩) 담판, 교섭 등에서 마지막으로 요구를 내는 통첩.
▷考一, 功一, 尤一, 殿一

12〖會〗 會(p.734)의 俗字

13〖農〗 ☞ 辰部 6획(p.1473)

9
13〖會〗 모일 회 | ㊥去 ㄏㄨㄟˋ (hui) | かい, え (アツマル) *meet*
古㑹 略会 俗㑹

풀이①모이다. ¶一同. ②모으다. ¶一其什伍<周禮> ③모임. ¶詩一. ④만나다. ¶千載一一<後漢書>/面一. ⑤합치다. 일치함. ¶筆與手一<陶弘景> ⑥도시. ¶名都廣一<王勃> ⑦때. 적당한 시기. ¶機一. ⑧깨닫다. 이해함. ¶一得. ⑨때마침. 마침내. ¶一遇. ⑩반드시. 꼭. ¶人生在世 一當有業<顏氏家訓> ⑪셈. 월계(月計)를 要, 세계(歲計)를 會라 함. ¶聽出入以要一<周

禮> ⑫그림. 通繪. ¶日月星辰山龍華蟲爲—<書經> ⑬일주(一周). 한 바퀴 돎. ¶聖王因其—而分之<禮記> ⑭돈. 지폐. ¶—子. ⑮기(旗). ¶其—如林<詩經> ⑯처음. 通甲. ¶—朝. ⑰요소(要所). ¶端坐京輦失據—<晋書> ⑱네거리. ¶價隆康—<王勃>

【會見】かいけん(회견) 서로 만나 봄. ¶記者—.

【會計】かいけい(회계) ①한데 몰아서 셈함. ②금품 출납에 관한 사무. ③재산 및 수입 지출의 운용에 관한 계산 제도.

【會稽】かいけい(회계) ①사람을 모아 놓고 각기의 공을 헤아림. ②중국의 산 이름.

【會稽之恥】かいけいのはじ(회계지 치) 패전의 치욕. 춘추 시대에 월왕(越王) 구천(句踐)이 오왕(吳王) 부차(夫差)에게 회계산에서 패전한 일. 그 치욕을 씻으려 와신상담(臥薪嘗膽)하여 마침내 복수하였음.

【會館】かいかん(회관) 집회를 하기 위하여 세운 집.

【會規】かいき(회규) ☞會則(회칙).

【會談】かいだん(회담) 회합하여 이야기함.

【會堂】かいどう(회당) ①여러 사람이 모이는 집. 公會堂(공회당). ②교회당(敎會堂).

【會同】かいどう(회동) ①모임. ②주(周)대의 제도에서, 제후가 모여 천자에게 알현함. 또는, 천자가 제후를 모아 놓고 회견함. ¶—有繹<詩經>

【會得】えとく(회득) 깨달음. 잘 이해하여 알게 됨. 會了(회료).

【會盟】かいめい(회맹) 모여서 서로 맹세함.

【會面】かいめん(회면) 만남. 대면(對面)함.

【會務】かいむ(회무) 회의 사무.

【會報】かいほう(회보) 회에 관계되는 일을 회원에게 보고하는 문서.

【會食】かいしょく(회식) 여러 사람이 모여 함께 음식을 먹음. 또는, 그 모임. ¶今日破趙—<史記>

【會心】かいしん(회심) 마음에 듦. 會意(회의)①. ¶—之處 不必在遠<世說新語>

【會悟】かいご(회오) 깨달음. 解悟(해오). 領會(영회).

【會友】かいゆう(회우) 같은 모임의 회원. 同志(동지).

【會遇】かいぐう(회우) 만남. 마주침. ¶以—之禮相見 揖讓而登<史記>

【會飮】かいいん(회음) 여럿이 모여서 술을 마심.

【會意】かいい(회의) ①마음에 맞음. 會心(회심). ②육서(六書)의 하나. 둘 이상의 글자를 합하여 한 글자를 만들고, 또 그 뜻도 합성한 것. 日과 月을 합하여 明이 됨과 같은 따위.

【會子】かいし(회자) ①송(宋) 때의 지폐 이름. ②㊥ 잠시(暫時).

【會者定離】えしゃじょうり(회자정리)《佛》 만나면 반드시 이별한다는 뜻으로, 세상의 무상함을 이름. ¶愛別離苦 是故—<法華經>

【會葬】かいそう(회장) 장례 지내는 데 참례하는 일. ¶—者.

【會田】かいでん(회전) 여럿이 모여 사냥을 함.

【會戰】かいせん(회전) 쌍방이 서로 어울려서 싸움. 合戰(합전). ¶大—.

【會朝】かいちょう(회조) 제후가 모여 천자에게 알현(謁見)하거나 딴 제후와 만남.

【會衆】かいしゅう(회중) ①많은 사람을 모음. ②집회에 모인 군중.

【會誌】かいし(회지) 회에서 발행하는 기관지.

【會則】かいそく(회칙) 회의 규칙. 會規(회규).

【會通】かいつう(회통) 이치를 획득하여 막힘이 없음. 사물이 모여 어울리는 일과 변화하는 일. ¶聖人…觀其— 以行其曲禮<易經>

【會合】かいごう(회합) 모임. 집합함.

【會話】かいわ(회화) 서로 만나 이야기함. 對談(대담). 對話(대화).

▷開—, 契—, 公聽—, 敎—, 國—, 期—, 機—, 農—, 茶菓—, 堂—, 大—, 都—, 洞—, 面—, 文—, 密—, 博覽—, 放生—, 法—, 分—, 司—, 社—, 商—, 盛—, 聖—, 歲—, 小—, 詩—, 雅—, 夜—, 年—, 宴—, 盂蘭盆—, 儒林—, 議—, 臨—, 入—, 再—, 際—, 朝—, 照—, 宗—, 座談—, 酒—, 集—, 參—, 總—, 聚—, 親睦—, 閉—, 協—, 歡送—

10 14【朅】 갈 걸 | 圓ㄑㄧㄝˋ (qie) | けつ(サル) *go*

풀이 ①가다. 떠나감. ¶—輕擧而遠遊<漢書> ②헌걸찬 모양. 씩씩한 모양. ¶庶士有—<詩經> ③어찌 …하지 아니하느냐? 通盍. ¶—來空復辭<顔延之> ④언제. 어느 때에. 通曷. ¶—致. ⑤이에. 대체. 通聿.

【朅來】けつらい(걸래) ①이에. 발어사(發語辭). 聿來(율래). ②어찌 오지 아니하느냐? ¶回車—兮<漢書>

【朅至】けっし(걸지) 언제 이르랴?

14【暜】 替(p.734)와 同字

15【[illegible]】 豐(p.1413)의 古字

16【㬱】 替(p.734)와 同字

20【𣈅】 曹(p.733)의 本字

—— 月<달 월>部 ——

月 ② 有 ④ 肭 服 朋 ⑤ 朐 朏 ⑥ 朒 朗 朔 朓 朕 ⑦ 朗 朖 望 朘 ⑧ 期 朞 朝 ⑫ 朣 ⑭ 朦 ⑯ 朧

0 4【月】 달 월 | 囲ㄩㄝˋ (yue) | げつ, がつ(ツキ) *moon*

源 象形. 초승달 모양을 본뜸.

풀이 ①달. ㉮태음(太陰). 지구의 위성. ¶—光. ㉯음양으로는 음(陰), 오행으로는 수(水), 방위로는 진(辰), 인도(人道)로는 후비(后妃)·대신(大臣)·제후(諸侯) 등에 해당. ㉰1년을 12등분한 기간. ¶大—. ㉱한 달. ¶期—. ㉲달을 세는 단위. ¶三—不知肉味<論語> ②달빛. ¶映—讀書<宋史> ③세월(歲月). 광음(光陰). ¶歲—不待人<陶潛> ④다달이. 달마다. ¶日省—試<中庸> ⑤월경(月經). 경수(經水). ¶—事以時下 故有子<素問>/—水.

【月脚】げっきゃく(월각) 땅 위에 비친 달빛. ¶—垂

孤光<蘇軾>
【月刊】げっかん(월간) 매달 한 차례씩 간행함. 또는, 그 간행물. ¶—誌.
【月間】げっかん(월간) 한 달 동안. ¶—經濟動向.
【月客】げっかく(월객) ①☞月卿雲客(월경운객). ②월경(月經).
【月建】げっけん(월건) 달의 간지(干支).
【月頃】ツキゴロ(월경) 한 달쯤. 달포.
【月卿】げっけい(월경) ①벼슬이 높은 신하. ②삼위(三位) 이상의 공경(公卿).
【月卿雲客】げっけいうんかく(월경운객) 월경과 운객. 月卿은 공경(公卿), 雲客은 당상관(堂上官). 月客(월객)①.
【月桂】げっけい(월계) ①월계수. ¶—冠. ②과거에 급제함. 折桂(절계). ③달 속에 있다는 계수나무. ④달빛. ¶宮槐晚合 —宵暉<梁元帝>
【月雇】ツキヤトイ(월고) 한 달에 얼마씩으로 품삯을 정하여 사람을 쓰는 일.
【月光】げっこう(월광) 달빛. 月華(월화). 月色(월색). 月耀(월요). 月彩(월채).
【月球】げっきゅう(월구) 달덩이. 太陰(태음).
【月宮】げっきゅう(월궁) 달 속의 항아(姮娥)가 살고 있다는 궁전. 廣寒宮(광한궁).
【月宮姮娥】げっきゅうこうが(월궁항아) 달 속에 산다는 선녀. 미인을 이름. 月中嫦娥(월중항아). 月中姮娥(월중항아). 「날.
【月吉】げっきつ(월길) 매월 삭일(朔日). 초하룻
【月旦】げったん(월단) ①매 달의 첫날. 月朔(월삭). 朔日(삭일). ②월단평(月旦評)의 준말.
【月旦評】げったんひょう(월단평) 인물의 비평. 月朝評(월조평). ※許劭(허소). 「액).
【月當】(월당) 달마다 정한 액수. 月額(월
【月臺】げつだい(월대) ①달을 볼 수 있는 누대. ②전각 앞의 섬돌. ③㊥ 정거장, 정류장 등의
【月廊】(월랑) 행랑(行廊). 「승강장.
【月來】げつらい(월래) ①두어 달 동안. 달포 이래. ②달이 돌아옴. ¶日往則—<易經>
【月曆】げつれき(월력) 달력.
【月齡】げつれい(월령) ①달이 차고 기우는 정도. 최초의 신월(新月) 곧 삭(朔)에서 어느 때까지의 시간을 평균 태양일수(太陽日數)로 나타낸 것. ②생후 한 살 미만의 갓난 아이를 달수로 세는 나이.
【月靈】げつれい(월령) 달의 이칭. 月魂(월혼). ¶—誕慶 雲瑞開祥<南齊書>
【月老繩】げつろうじょう(월로승) 월하 노인(月下老人) 주머니의 붉은 끈. 그것으로 남녀의 인연을 맺어 준다 함.
【月輪】げつりん・がちりん(월륜) 달. 또는, 달의 둘레.
【月利】げつり(월리) 달변. 한 달의 이자.
【月滿則虧】ツキミツレバスナワチカク(월만즉 휴) 달이 차면 이지러지기 시작함. 사물은 흥성하면 반드시 쇠잔해진다는 말. 月盈則食(월영즉 식). ¶日中則移 — 物盛則衰<史記>
【月面】げつめん(월면) ①달의 표면. ②보름 달처럼 환하게 잘생긴 얼굴. ¶歌扇但疑遮—<宋濂>
【月白】げっぱく(월백) ①달이 흼. ¶—煙青水暗流<杜牧> ②달처럼 파르스름한 빛깔.
【月報】げっぽう(월보) 다달이 내는 보고 또는 간행물.
【月俸】げっぽう(월봉) 월급(月給). 月料(월료).
【月賦】ツキノふ①・げっぷ②(월부) ①달을 읊은 시부(詩賦). ②값 또는 빚을 다달이 나누어 갚
【月事】げつじ(월사) 월경(月經). 「아 가는 일.
【月謝】げっしゃ(월사) 옛날, 매달 스승에게 바치는 사례금. 授業料(수업료). 月謝金(월사
【月朔】げっさく(월삭) 월초(月初). 「금).
【月色】げっしょく(월색) 달빛. 月光(월광).
【月夕】げっせき(월석) ①달이 떠 있는 저녁. ②월말(月末). ③음력 8월 15일 밤.
【月梳】(월소) 얼레빗. 반달처럼 생겼음.
【月水】げっすい(월수) 월경(月經).
【月收】げっしゅう(월수) ①그 달의 이자를 얹어서 다달이 갚아 가는 빚. ②다달이 들어오는 수입. ※日收(일수)・年收(연수).
【月信】げっしん(월신) 월경(月經).
【月娥】げつが(월아) 달 속의 선녀.
【月餘】げつよ(월여) 한 달 남짓.
【月子】げっし(월자) ①달. 子는 어조사. 月兒(월아). ¶—纖纖雲裏見<汪元量> ②산욕(産褥). ③㊥ 산후(産後) 1개월간. ④韓 여자의 머리털에 숱을 많아 보이게 하려고 덧대는 딴 머리털. 다리.
【月姊】げっし(월자) 달의 이칭. ¶—殷勤留不住<司空圖>
【月章星句】げっしょうせいく(월장성구) 문장의 아름다움. 金章玉句(금장옥구). ¶博得—<許有
【月前】げつぜん(월전) 달포 전. 「孚>
【月氏】げっし(월지) 옛 서역(西域)의 나라 이름. B.C. 5세기 중엽 중앙 아시아의 아무(Amu) 강 유역에 터키 계통의 민족이 세운 나라. 月支(월지). 大月支(대월지). 月氏國(월지국).
【月次】げつじ(월차) 하늘에 있는 달의 위치.
【月兔】げっと(월토) ①토끼. ②달의 이칭. 달에 토끼가 산다는 전설에서 온 말.
【月評】げっぴょう(월평) 다달이 하는 비평. ¶—欄. ※月旦評(월단평).
【月下老人】げっかろうじん(월하노인) 부부의 인연을 맺어 주는 신. 중매인(中媒人)을 이르는 말. 月下氷人(월하빙인).
【月下花前】げっかかぜん(월하화전) 남녀의 밀회 장소를 이름. ¶怎教我—不動情<兩世姻緣傳奇>
【月晦】げっかい(월회) 음력 그믐날. ¶—逢休澣 年光逐宴移<劉長卿>
【月候】(월후) 월경(月經).
【月暈】ツキガサ(월훈) 달무리.
▷佳—, 各—, 隔—, 缺—, 傾—, 鏡花水—, 季—, 桂—, 觀—, 皎—, 今—, 期—, 落—, 臘—, 朗—, 來—, 端—, 當—, 大—, 滿—, 明—, 半—, 本—, 斜—, 產—, 祥—, 霜—, 生年—, 暑—, 夕—, 先—, 雪—, 歲—, 小—, 素—, 水—, 申—, 新—, 心—, 良—, 年—, 令—, 迎—, 盈—, 吳牛喘—, 閏—, 一簾風—, 日—, 一片—, 臨—, 殘—, 正—, 暢—, 淸—, 初—, 秋—, 片—, 風—, 寒—, 弦—, 皓—, 花—, 花鳥風—, 曉—

5〖肙〗舟(p. 1260)와 同字

6〖�〗服(p. 738)의 古字

6〖肎〗☞刀部 4 획(p. 200)

2 6〖有〗**1** 있을 유 | ㊥ㄧㄡˇ | ゆう, う(アル)
2 또 유 | ㊖(you) | *exist*

源 **會意**. 손[𠂇←又]에 고기[月←肉]가 들려 있다 하여, 가지고 있음을 뜻함.

풀이 **1** ①있다. ㉮존재하다. ¶—無. ㉯있기도 하다. 생겨나기도 함. ¶日月—食之＜左氏傳＞ ㉰가지다. 소지함. ¶所—. ②많다. 넉넉함. ¶爰衆爰—＜詩經＞ ③자재(資材). 소유물. ¶羨施氏之—＜列子＞ ④보유(保有)하다. ¶不能—其身＜禮記＞ ⑤친하게 지내다. ¶是不—寡君也＜左氏傳＞ ⑥알다. 앎. ¶亦莫我—＜詩經＞ ⑦독차지하다. ¶父母在 不敢—其身＜禮記＞ ⑧경역(境域). 通或 域. ¶奄有九—＜詩經＞ ⑨어조사. ¶—衆不顯＜詩經＞ **2** 또. 通又. ¶朞三百—六旬—六日＜書經＞/十—二年.

【有價】ゆうか(유가) 값이 있음. ¶—證券. ↔無價(무가).

【有間】ゆうかん(유간) ①잠시 후에. 有頃(유경). ②병이 조금 나음. ¶晋侯—＜左氏傳＞ ③잠깐 틈이 있음. 有閒(유한). ¶古人重温古官事幸—＜歐陽脩＞ ④사이가 벌어짐. ¶諸侯—矣＜左氏傳＞

【有故】(유고) ①사고(事故)가 있음. ¶—時. ②연고가 있음.

【有功】ゆうこう(유공) 공로가 있음. ¶—者.

【有口無言】(유구무언) 아무 말도 못함. 변명할 여지가 없음.

【有給】ゆうきゅう(유급) 급료가 있음. ¶—休暇. ↔無給(무급).

【有期】ゆうき(유기) 기한이 있음. ¶—懲役/—限. ↔無期(무기).

【有機】ゆうき(유기) 생활 기능을 갖추어 생활력이 있는 것. ¶—物/—酸/—的/—質/—體. ↔無機(무기).

【有能】ゆうのう(유능) 재능이 있음. ↔無能(무능).

【有待】ゆうたい①·うたい②(유대) ①기다리거나 의지하는 바가 있음. ②《佛》남의 힘에 의하여 존재하는 것. 범부(凡夫).

【有德】ゆうとく(유덕) 덕이 있음. 또는, 그 사람.

【有德者必有言】(유덕자 필유언) 덕행이 높은 사람은 반드시 세상 사람을 깨우칠 만한 착한 말이 있음. ¶— 有言者不必有德＜論語＞

【有道】ゆうどう(유도) ①도덕을 몸에 갖추고 있음. 또는, 그 사람. ¶就—而正焉＜論語＞ ②천하가 잘 다스려짐. ¶天下— 則禮樂征伐自天子出＜論語＞ ↔無道(무도).

【有毒】ゆうどく(유독) 독기가 있음. ¶—物質. ↔無毒(무독).

【有力】ゆうりょく(유력) ①힘이 있음. ②세력이 있음. ¶—人事. ↔無力(무력). ③확실한 가능성이 있음. ¶—視.

【有漏】うろう(유루)《佛》번뇌에 미혹되어 깨달음을 얻지 못함. 漏는 번뇌의 뜻.

【有利】ゆうり(유리) ①이로움. ②형편이 좋음. ↔不利(불리).

【有望】ゆうぼう(유망) 가능성이 있음. 희망을 가질 수가 있음. ¶—株. ↔無望(무망).

【有名】ゆうめい(유명) 이름이 있음. 이름이 세상에 널리 알려짐. ↔無名(무명).

【有名無實】ゆうめいむじつ(유명무실) 이름만 있고 실상은 없음.

【有苗】ゆうびょう(유묘) 옛날 중국 남방의 오랑캐. 三苗(삼묘). ¶—弗率＜書經＞

【有無】ゆうむ①·うむ②(유무) ①있음과 없음. ②《佛》유무(有無)에 집착하는 그릇된 견해.

【有無相通】うむアイつうズ(유무상통) 있는 것과 없는 것을 서로 융통함. ¶然諾相信 —＜拙堂文集＞

【有物有則】(유물유칙) 사물에는 일정한 규칙이 있음. ¶天生烝民 —＜詩經＞

【有方之士】ゆうほうノし(유방지 사) 예의를 지키는 사람. 有道之士(유도지 사). ¶法禮足禮 謂之—＜史記＞

【有別】ゆうべつ(유별) 분별이 있음. ¶夫婦—.

【有夫女】ゆうふじょ(유부녀) 남편이 있는 여자. 핫어미.

【有不如無】(유불여무) 있어도 없는 것만 못함.

【有備無患】(유비무환) 미리 준비함이 있으면 어떤 환란을 당해서도 걱정할 것이 없음. 有備無憂(유비무우). ¶書曰 居安思危 思則有備 —＜左氏傳＞

【有史】ゆうし(유사) 역사가 있기 비롯함. ¶—以來.

【有司】ゆうし(유사) ①벼슬아치. 관리. ②어떤 단체의 사무를 맡아 보는 사람. ¶都—.

【有私】ゆうし(유사) 사사로움이 있어 공평하지 못함. ↔無私(무사).

【有事】ゆうじ(유사) ①일이 있음. ②비상한 일이 일어남. ¶—時.

【有產】ゆうさん(유산) 재산이 많음. ¶—者/—階級.

【有象無象】うぞうむぞう(유상무상) ①천지간에 있는 모든 물체. 삼라만상(森羅萬象). ②어중이떠중이.

【有償】ゆうしょう(유상) 어떤 행위의 결과에 대하여 돈이나 기타의 보상이 있음.

【有色】ゆうしょく(유색) 빛깔이 있음. ¶—人.

【有生者必有死】(유생자 필유사) ☞生者必滅(생자필멸).

【有性】ゆうせい①·うしょう②(유성) ①암수의 성별이 있음. ¶—生殖/—世代. ↔無性(무성). ②《佛》불성(佛性)이 있음.

【有勢】ゆうせい(유세) ①세력이 있음. 有力(유력). ②韓 자랑삼아 세도를 부림.

【有數】ゆうすう(유수) ①자연의 이치가 있음. ②정해진 운명. 인연. ③주요한 몇몇 안에 들 만큼 훌륭함. 屈指(굴지).

【有始無終】(유시무종) 시작은 하나 성취하지 못함. 사람이 절조가 없음을 이름. ¶小人— 不能如貫高之流也＜晋書＞

【有識】ゆうしき(유식) 학식이 있음. 識者(식자). ↔無識(무식).

【有心】ゆうしん(유심) ①마음에 생각한 바가 있음. 有情(유정). ②주의(注意)를 기울임. ↔無

心(무심).

【有耶無耶】うやむや(유야무야) 어물어물함. 흐리멍덩함.

【有若】(유약)《人》공자의 제자. 자는 자유(子有).

【有若無】アレドモナキガゴトシ(유약무) 있어도 없는 것같이 함. 재덕을 자랑하지 않음을 이름. ¶一實若虛＜論語＞

【有餘】ゆうよ(유여) 남음이 있음. 여유가 있음.

【有餘涅槃】うよねはん(유여열반)《佛》온갖 번뇌를 말끔히 없앴으나 아직 그 번뇌의 근거가 되는 육신이 남아 있는 경지.

【有用】ゆうよう(유용) 쓸모가 있음. ↔無用(무용).

【有虞氏】ゆうぐし(유우씨) 순(舜)임금을 이름. 요(堯)임금의 선양(禪讓)을 받기 전에 우(虞)에 나라를 세웠으므로 이름.

【有爲】ゆうい(유위) ①성과를 위하여 어떤 일을 하는 바가 있음. ¶一而累者人道也＜莊子＞ ↔無爲(무위). ②직무가 있음. ③☞有爲轉變(유위전변).

【有爲轉變】ういてんぺん(유위전변)《佛》이 세상의 모든 사물은 인연에 의하여 이루어져 있어, 항상 변천하여 잠시도 머무르지 않음.

【有爲之才】ゆういのさい(유위지 재) 큰 일을 할 수 있는 재능.

【有益】ゆうえき(유익) 이익이 있음. 이로움. 有利(유리). ↔無益(무익).

【有子生女】(유자생녀) 아들을 두고 딸을 낳는다는 뜻으로, 아들 딸을 많이 낳음.

【有錢可使鬼】(유전 가사귀) 돈이 있으면 귀신도 부릴 수가 있음. 돈의 위력이 큼을 이름. ¶一 而況于人乎＜通俗編＞

【有情】ゆうじょう(유정) ①인정이 있음. ¶人生一淚沾臆＜杜甫＞ ②정취가 있음. ③연정(戀情)이 있음. ④《佛》살아서 희노애락의 감정을 가지고 있는 일체의 존재. ↔無情(무정).

【有罪】ゆうざい(유죄) ①죄가 있음. ②재판에서 범죄의 성립을 인정함. ↔無罪(무죄). ③㊥결례했읍니다의 뜻.

【有志】ゆうし(유지) ①뜻이 있음. 또는, 그 사람. ②남달리 세상일을 근심함. 또는, 그 사람.

【有治人無治法】(유치인 무치법) 나라를 다스리는 사람은 있어도 나라를 다스리는 법은 없음. 곧, 나라가 잘 다스려짐은 사람의 힘에 달려 있고 법령의 힘에 있지 않음을 이름. ¶有亂君無亂國 一＜荀子＞

【有恥且格】(유치차격) 수치를 알아야 선(善)에 도달함. ¶道之以德 齊之以禮 一＜論語＞

【有表】(유표) 여럿 중에서 특별히 두드러짐.

【有夏】ゆうか(유하) ①중국 본토를 중국 사람이 부르는 말. 夏가 중국 유사(有史)이래 맨 처음의 왕조이기 때문임. 有는 어조사. 中華(중화). ②우(禹)를 시조로 하는 중국 고대의 왕조. 하(夏)나라. 夏后氏(하후씨).

【有何面目】(유하면목) 사람을 대할 면목이 없음.

【有限】ゆうげん(유한) 일정한 한도나 한계가 있음. ¶一責任社員. ↔無限(무한).

【有害】ゆうがい(유해) ①해가 됨. ②해독이 됨. 有毒(유독). ¶一食品. ↔無害(무해).

【有效】ゆうこう(유효) ①효력이 있음. ¶一需要. ②그 자격이 있어 법률상의 효력이 생김. ↔無效(무효).

▷兼一, 固一, 公一, 共一, 官一, 光一, 具一, 國一, 大一, 萬一, 撫一, 無何一, 未曾一, 并一, 保一, 富一, 私一, 所一, 奄一, 領一, 烏一, 專一, 占一, 特一, 希一, 稀一

8〖朒〗朒(p. 739)의 訛字

8〖朌〗頒(p. 1621)과 同字

4
8〖服〗 1 옷 복 | 國ㄈㄨˊ | ふく(キモノ)
2 길 복 | 國(fu) | *clothes*

㊄肶

풀이 1 ①옷. 의복. ¶被一. ②옷을 입다. ¶非先王之法服 不敢一＜孝經＞ ③일용품. ¶正都禮與其一＜周禮＞ ④좇다. ㉮따르다. ¶一從. ㉯두려워하다. ¶鳥力勝日而一於鵻＜淮南子＞ ㉰항복하다. ¶敵已一矣＜呂覽＞ ㉱뜻을 굽히다. ¶一約. ⑤들어맞다. 합당함. ¶五刑有一＜書經＞ ⑥물러나다. ¶莎隨莎一＜呂覽＞ ⑦복. 복을 입음. ¶喪一. ⑧약을 먹다. ¶令吏一丸藥＜史記＞/長一. ⑨직책. 직업. ¶無替厥一＜書經＞ ⑩생각하다. ㉠伏. ¶一念. ⑪행하다. ¶一行. ⑫차다. 몸에 달아 맴. ¶一劍. ⑬잡다. 쥠. ¶一兵擐甲＜國語＞ ⑭익다. 익숙해짐. ¶一其水土＜漢書＞ ⑮쓰다. 사용함. ¶放牛于桃林之野 示天下弗一＜書經＞ ⑯수레를 끄는 말. 사마(駟馬)에서, 안쪽의 두 필 말. 바깥쪽의 두 필은 참(驂). ¶兩一上襄 兩驂雁行＜詩經＞ ⑰일. 처리해야 할 일. ¶共武之一＜詩經＞ ⑱구역. 중국에서 왕기(王畿) 밖의 구역으로 500리의 단위. ¶弼成五一＜書經＞ ⑲다스리다. 바르게 처리함. ¶一之無斁＜詩經＞ ⑳전동. 화살을 꽂는 통. ㉠箙. ¶象弭魚一＜詩經＞ ㉑울빼미. ¶楚人命鴞曰一＜史記＞ ㉒일하다. ¶一汙. ㉓마소에게 멍에를 메우다. ¶一牛乘馬＜易經＞ 2 기다. 포복함. ㉠匐. ¶扶一救之＜禮記＞

【服劍】ふくけん(복검) ①검을 참. ②짧은 검. 短劍(단검). 服刀(복도).

【服勤】ふっきん(복근) 힘든 일에 종사함. 服勞(복로). ¶一至死＜禮記＞

【服務】ふくむ(복무) 직무에 힘씀. ¶一規程.

【服屬】ふくぞく(복속) 좇아 따름. 服從(복종). ¶諸侯兵皆一楚者＜漢書＞

【服飾】ふくしょく(복식) ①의복의 꾸밈. ②규정의 장속(裝束)에 다는 표지(標識). ¶設其一＜周禮＞

【服藥】ふくやく(복약) 약을 먹음. ¶一以求長年＜唐書＞/內一.

【服役】ふくえき(복역) ①공역(公役)에 종사함. ②병역에 복무함. ③징역을 삶.

【服用】ふくよう(복용) 약을 먹음.

【服餌】ふくじ(복이) 단약(丹藥)을 먹음. 약을 먹음.
【服人】(복인)㊞ 기년(朞年) 이하, 곧 대공(大功)부터 시마(緦麻)까지의 복을 입는 사람.
【服裝】ふくそう(복장) 옷차림.
【服制】ふくせい(복제) ①신분, 직업 등에 맞추어 만든 의복 규정. ②복(服) 입는 제도.
【服從】ふくじゅう(복종) 남의 의사, 명령을 좇음. ¶絶對一.
【服罪】ふくざい(복죄) 죄에 따라 형벌을 받음.
【服中】(복중) 복을 입는 동안.
▷感一, 敬一, 公一, 校一, 九一, 軍一, 屈一, 詭一, 鬼一, 克一, 忌一, 朞一, 內一, 大禮一, 冬一, 綿一, 誣一, 美一, 法一, 私一, 思一, 常一, 喪一, 說一, 慴一, 盛一, 素一, 率一, 首一, 順一, 馴一, 承一, 僧一, 臣一, 信一, 心一, 洋一, 魚一, 御一, 悅一, 禮一, 畏一, 元一, 儒一, 衣一, 儀一, 異一, 正一, 征一, 制一, 除一, 祭一, 朝一, 調一, 着一, 慙一, 追一, 推一, 春秋一, 緇一, 憚一, 脫一, 平一, 被一, 寒一, 韓一, 降一, 駭一, 懷一, 欣一, 欽一

4 8 〖朋〗 벗 붕 |圜ㄆㄥˊ (peng)|ほう(トモ) *friend*
㊊象形. 봉황새 모양을 그린 그림이 발전한 자. 봉황이 날면 뭇 새들의 무리가 따른다 함.
풀이 ①벗. ㉮친구. ¶一友. ㉯동문 수학하는 사람. ¶有一自遠方來<論語> ②떼. 무리. ¶碩大無一<詩經> ③무리를 이루다. ¶群居而一飛<山海經> ④쌍. 한 쌍. ¶一酒斯饗<詩經> ⑤돈. 보물. ¶錫我百一<詩經>
【朋黨】ほうとう(붕당) ①이해(利害)나 주의(主義)를 같이 하는 사람들이 맺은 단체. ¶一執虎. ②후한(後漢)·당(唐)·송(宋) 때에 발생한 정치적 당파.
【朋徒】ほうと(붕도) 한패. 한동아리. 동료. 同輩(동배). 朋曹(붕조). 朋輩(붕배).
【朋友有信】ほうゆうゆうしん(붕우유신) 벗 사이에는 믿음이 있어야 함. 오륜(五倫)의 하나.
▷佳一, 高一, 交一, 舊一, 群一, 文一, 師一, 良一, 僚一, 友一, 眞一, 親一, 好一

8〖育〗 ☞ 肉部 4획(p. 1228)

5 9 〖朐〗 멍에 구 |圜 |く(クビキ) *yoke*

5 9 〖朏〗 초승달 비 |圜ㄈㄟˇ (fei)|ひ(ミカヅキ) *crescent moon*
㊊會意. 달[月]이 생겨남[出]의 뜻.
풀이 ①초승달. ¶三月惟丙午一<書經> ②동틀 때의 어스레한 모양. ¶時一一兮旦旦<楚辭>

9〖兪〗 ☞ 入部 7획(p. 167)

9〖前〗 ☞ 刀部 7획(p. 208)

9〖冑〗 ☞ 冂部 7획(p. 185)

6 10 〖朒〗 초하룻달 뉵 |圜ㄋㄩˋ (nü)|じく
풀이 ①초하룻달. 음력 초하룻날에 동쪽 하늘에 보이는 달. ¶審朓一以定朔<五代史> ②줄어들다. 모자람. ¶盈一. ③주눅들다. 위축됨. ¶王侯縮一<漢書>

10〖朗〗 朗(p. 740)의 略字

6 10 〖朔〗 초하루 삭 |圜ㄕㄨㄛˋ (shuo)|さく (ツイタチ)
풀이 ①초하루. 음력의 매월 1일. ¶一望. ②정삭(正朔). 조선 때 임금이 세밑에 신하들에게 이듬해의 달력을 하사한 일. 본래는 중국에서 천자가 제후들에게 달력을 나누어 주고 아울러 정령(政令)을 내린 일. ¶頒告一于邦國<周禮> ③시작되다. 생겨남. ¶月一西陂<後漢書> ④처음. 시초. ¶皆從其一<禮記> ⑤아침. 새벽. ¶朝菌不知晦一<莊子> ⑥북쪽. ¶一風.
【朔南】さくなん(삭남) 북방과 남방의 땅.
【朔茶禮】(삭다례)㊞ 매달 초하룻날 사당에서 지내는 차례. 朔單(삭단).
【朔旦】さくたん(삭단) 초하룻날 아침. ¶正月一<書經>
【朔單】(삭단) ☞ 朔茶禮(삭다례).
【朔旦冬至】さくたんとうじ(삭단동지) 초하루의 아침에 동지가 듦. 11월 갑자(甲子) 삭단 동지는 달력을 만드는 기원이 됨. ¶一 與黃帝時等<史記>
【朔望】さくぼう(삭망) ①음력 초하루와 보름. ②㊞ 삭망전(朔望奠)의 준말.
【朔望奠】(삭망전)㊞ 상가(喪家)에서 매월 초하루와 보름날 아침에 지내는 제사.
【朔方】さくほう(삭방) 북쪽 지방. 北方(북방).
【朔月貰】(삭월세)㊞ ①매달 치르는 집세. 月貰(월세). ②삭월세집.
【朔地】さくち(삭지) 북방 오랑캐의 땅. 朔土(삭토).
【朔風】さくふう(삭풍) 북풍. 북새. 朔吹(삭취). ¶一動秋草 邊馬有歸心<夏侯湛>
▷告一, 幕一, 邊一, 奉一, 北一, 涉一, 元一, 月一, 幽一, 正一, 晦一

6 10 〖朓〗 그믐달 조 |圜ㄊㄧㄠˇ (tiao)|ちょう(ツゴモリヅキ)

6 10 〖朕〗 나 짐 |圜ㄓㄣˋ (zhen)|ちん(ワレ) *I*
풀이 ①나. ㉮일반의 자칭(自稱). ¶二嫂使治一棲<孟子> ㉯천자(天子)의 자칭. ¶一爲始皇帝<史記> ②조짐. 징조. ¶未成兆一<淮南子>/一兆.
▷兆一, 地一, 天一, 沖漠無一

11〖豚〗☞豕部 4 획 (p. 1414)

7
11〖朗〗 밝을 랑 | [養]ㄌㄤˇ (lang) | ろう(ホガラカ) *bright*

(本)朖 (略)朗

[풀이]①밝다. ㉮맑게 환하다. ¶一月. ㉯유쾌하고 활달하다. ¶明一. ②소리 높이. 또랑또랑하게. ¶一吟.

【朗讀】ろうどく(낭독) 소리를 높여 읽음. 朗誦(낭송). ¶展卷自一<貢奎>

【朗朗】ろうろう(낭랑) ①소리가 맑은 모양. ②밝은 모양.

【朗報】ろうほう(낭보) 반가운 소식.

【朗誦】ろうしょう(낭송) 소리를 높여 글을 읽음. 朗讀(낭독). ¶高吟一<王績>

【朗吟】ろうぎん(낭음) 소리를 높여 읊음. 朗詠(낭영). ¶惟有一償晩景<鄭谷>

▷開一, 潔一, 高一, 曠一, 明一, 爽一, 昭一, 英一, 燎一, 淸一, 晴一, 聰一, 通一, 炯一

11〖朖〗 朗(p. 740)의 本字

7
11〖望〗 바랄 망 | [漾]ㄨㄤˋ (wang) | ぼう, もう (ノゾム) *hope*

(本)朢 (同)望

[풀이]①바라다. ㉮원하다. 기대함. ¶希一. ㉯멀리 내다보다. ¶出沒一平原<魏徵> ㉰마주 대하다. ¶兩山相一如門<地理通釋> ②기다리다. ¶倚門而一<戰國策> ③우러러보다. ¶良人者所仰一而終身也<孟子> ④엿보다. ¶覘一知之<吳志> ⑤그리워하다. ¶洵有情兮 而無一兮<詩經> ⑥보다. ¶有花必同賞 有月必同一<張籍> ⑦나무라다. ¶責一. ⑧조망. 전망. ¶窮目極一<漢書> ⑨소망. 바라는 바. ¶過一. ⑩자태. ¶風一閑雅<北史> ⑪덕망. ¶人一. ⑫간판. 표지. ¶一子. ⑬이름. 명성. ¶名一. ⑭보름. 매월(每月) 음력 15일. ¶朔一. ⑮제사 이름. ¶郊一. ⑯가문. 문벌. ¶檢其門一<北史> ⑰실의(失意)한 모양. ¶一一. ⑱견주다. (通)方. ¶以人一人. ⑲경계(境界). (通)防. ¶神覆宇宙而無一<呂覽>

【望哭】(망곡)(韓) 바라보며 통곡한다는 뜻으로, 먼 곳에서 임금이나 부모의 상을 당했을 때, 빈소(殯所)가 있는 쪽을 향하여 애곡(哀哭)하는 일을 이르는 말.

【望九】(망구) 아흔을 바라본다는 뜻으로, 여든 한 살을 이르는 말.

【望軍】(망군) 망을 보는 군사.

【望茶禮】(망다례)(韓) 매월 음력 보름날에 사당에서 지내는 차례. 보름 차례.

【望樓】ぼうろう(망루) 먼 곳을 바라보기 위하여, 또는 망보기 위하여 만든 높은 대. 望臺(망대).

【望六】(망륙) 예순을 바라본다는 뜻으로, 쉰한 살을 이르는 말.

【望望】ぼうぼう(망망) ①부끄러워하는 모양. 望望然(망망연). ②실의(失意)한 모양. ③사모하는 모양.

【望聞問切】ぼうぶんもんせつ(망문문절) 한의학의 네 가지 진찰법. 환자의 안색을 보고, 그에게 병세를 들은 후, 다시 상세히 병증을 질문하고, 맥을 보는 일.

【望拜】ぼうはい(망배) 멀리서 연고가 있는 곳을 향하여 절함. 또는, 그 절. 遙拜(요배).

【望百】(망백) 백을 바라본다는 뜻으로, 아흔한 살을 이름.

【望夫石】ぼうふせき(망부석) 옛날, 정렬(貞烈)한 아내가 멀리 떠난 남편을 기다리다가 그대로 화석(化石)이 되었다는 전설적인 돌. ¶武昌北山上有一 狀若人立<幽明錄>

【望床】(망상)(韓) 큰 잔치 때 볼품으로 과일·어육·떡 등을 높이 괴어 놓는 상.

【望洋之歎】ぼうようのたん(망양지 탄) 위대한 인물이나 심원한 학문 등에 접하여, 자기의 힘이 미치지 못함을 느껴서 하는 탄식. ¶河伯始旋其面目 望洋向若而歎<莊子>

【望外】ぼうがい(망외) 바라던 것 이상임.

【望雲之情】ぼううんのじょう(망운지 정) 객지에서 부모를 생각하는 마음.

【望月】ぼうげつ(망월) ①달을 바라봄. ②음력 보름날 밤의 달. 보름달. 滿月(만월).

【望帝】ぼうてい(망제) 두견(杜鵑)의 이칭.

【望柱石】(망주석)(韓) 무덤 앞에 세우는 한 쌍의 돌기둥. 望頭石(망두석). 望柱石表(망주석표).

【望七】(망칠) 일흔을 바라본다는 뜻으로, 예순 한 살을 이름.

【望風而靡】(망풍이미) 멀리서 바라보고 위풍에 놀라 싸워 보지도 못하고 복종함. ¶天下莫不一<漢書>

【望鄕】ぼうきょう(망향) ①고향 쪽을 바라봄. ②고향을 그리워함. 懷鄕(회향). ¶一孤客倚高樓<韋莊>

▷可一, 渴一, 冠蓋相一, 觀一, 祈一, 旣一, 冀一, 落一, 大一, 待一, 德一, 名一, 文一, 民一, 非一, 思一, 先一, 羨一, 盛一, 聲一, 所一, 失一, 仰一, 野一, 令一, 欲一, 怨一, 遠一, 願一, 人一, 一一, 才一, 展一, 切一, 絶一, 眺一, 志一, 責一, 瞻一, 囑一, 鶴一, 鄕一, 候一, 希一

11〖朢〗 望(p. 740)과 同字

11〖朙〗 明(p. 711)의 古字

7
11〖朘〗 줄어들 전 | [先] | せん(チヂマル)

8
12〖期〗 만날 기 | [支]ㄑㄧˊ (qi) ㄐㄧ (ji) | き, ご(アウ) *meet*

[풀이]①만나다. 언약에 따라 만남. ¶一於司里<國語> ②정하다. 결심함. ¶一死非勇也<左氏傳> ③약속하다. ¶一約. ④기대하다. 목표, 목적으로 삼음. ¶刑一于無刑<書經> ⑤구하다. 요구함. ¶非一不同 所急異務也<漢書> ⑥다하다. 끝남. ¶一費. ⑦때. 기

회. ¶失—. ⑧기한. 한정. ¶萬壽無—<詩經> ⑨정도. 한도. ¶徵斂無—<呂覽> ⑩기다리다. ¶以—年者<莊子> ⑪돌. ㉠朞. ¶—可已矣<論語> ⑫백년의 수(壽). ¶—頤. ⑬일주야(一晝夜). 만 하루. ¶叔孫旦而立 —焉<左氏傳> ⑭있다. ㉧羈. ¶—文理<荀子> ⑮어조사. ㉧其. ¶實維何—<詩經> ⑯말을 더듬다. ¶口訥曰——艾艾<書言故事>

【期年】きねん(기년) 돐. 만 1년.

【期待】きたい(기대) 믿고 기다림.

【期望】きぼう(기망) 기대하고 바람.

【期約】きやく(기약) 때를 정하여 약속함.

【期月】きげつ(기월) ①미리 약속한 달. ②만 1개월. ③만 1주년. ¶苟有用我者 —而已可也<論語>

【期頤】きい(기이) 백 살이 되는 사람. ¶百年曰—<禮記>

【期必】(기필) 확정하여 틀림이 없음. 반드시 되기를 기약함.

▷瓜—, 歸—, 今—, 農—, 農繁—, 短—, 滿—, 末—, 半減—, 思春—, 所—, 時—, 失—, 年—, 延—, 豫—, 有—, 任—, 長—, 適—, 前—, 定—, 早—, 中—, 次—, 初—, 秋—, 春—, 好—, 婚—

8 12 【朞】 돐 기 | 因ㄐㄧ (ji) | き(ヒトマワリ) *anniversary*

【朞年】きねん(기년) ①만 1년. 期年(기년). ②기년복(朞年服)의 준말.

【朞年服】きねんぷく(기년복) ①1년 동안 입는 복. 朞年(기년)②. 朞服(기복). ②아비 살아 있는 때의 어미, 부모보다 먼저 죽은 아내, 형제와 숙부 상사(喪事).

【朞服】きふく(기복) ☞朞年服(기년복)①.

【朞月】きげつ(기월) ①만 한 달. ②만 1년. 期年(기년). ¶苟有用我者 —而已 三年有成<史記>

▷大—, 小—

12 【勝】 ☞ 力部 10획(p. 224)

8 12 【朝】 아침 조 | 薦ㄓㄠ (zhao) | ちょう(アサ) *morning*

㉮晁

풀이 ①아침. ¶—夕. ②처음. 비롯하는 때. ¶正月一日爲歲之—<尙書大傳> ③뵙다. ㉮제후가 천자를 알현하다. ¶—宗于海<詩經> ㉯제후끼리 회견하다. ¶交世相—<周禮> ㉰신하가 임금을 뵙다. ¶稱病不—<漢書> ㉱자식이 부모를 뵙다. ¶昧爽而—<禮記> ㉲은인을 찾아뵙다. ¶常先—王陵夫人<史記> ④조회(朝會)하다. 조회받음. ¶—而不夕<左氏傳> ⑤찾아보다. 방문함. ¶日往—相如<史記> ⑥모이다. ¶耆老皆—于庠<禮記> ⑦조정(朝廷). ¶—臣. ⑧마을. 관청. 관아. ¶山谷鄙生 未嘗識郡—<後漢書> ⑨정사(政事). ¶朞年不聽—<呂覽> ⑩정치하다. 정사를 집행함. ¶—七日而誅少正卯<荀子> ⑪한 임금의 재위 기간. ¶歷—佐命<唐書> ⑫왕조(王朝). ¶朝鮮—. ⑬부르다. 소견(召見)함. ㉧召. ¶—西靈於九濱<楚辭> ⑭흘러들다. ¶江漢—宗于海<書經>

【朝家】ちょうか(조가) 임금의 집. 帝室(제실). 王室(왕실). 朝廷(조정). ¶—遣使嚴祀典<戴復古>

【朝刊】ちょうかん(조간) 아침에 발행하는 일간 신문. ¶—新聞. ↔夕刊(석간).

【朝改暮變】ちょうかいぼへん(조개모변) ☞朝令暮改(조령모개).

【朝哭】ちょうこく(조곡) 소상(小祥)까지 이른 아침마다 궤연(几筵) 앞에서 곡(哭)하는 일.

【朝貢】ちょうこう(조공) 제후나 속국 등이 내조(來朝)하여 공물을 바치는 일.

【朝槿】ちょうきん(조근) 무궁화의 이칭.

【朝帶】ちょうたい(조대) 조복(朝服)에 띠는 띠. 문무관의 품계에 따라 금대(金帶)·옥대(玉帶)·은대(銀帶)·유석대(鍮石帶)·동철대(銅鐵帶) 등의 구별이 있음. 腰帶(요대).

【朝令暮改】ちょうれいぼかい(조령모개) 아침에 명령을 내렸다가 저녁에 다시 고친다는 뜻으로, 법령이 자주 바뀜을 이름. 朝改暮變(조개모변). 朝變夕改(조변석개).

【朝露】ちょうろ(조로) 아침 이슬이란 뜻으로, 덧없음을 이르는 말. ¶人生如— 何久自苦如是<漢書>

【朝命】ちょうめい(조명) 조정의 명령. 군왕의 명령.

【朝謨】ちょうぼ(조모) 조정의 계책. 조정의 정책. ¶—謹肅 宰略遐震<沈約>

【朝聞夕改】アシタニキキユウベニアラタム(조문석개) 아침에 잘못한 일을 들으면 저녁에 고친다는 뜻으로, 자기의 과실을 알면 주저하지 않고 바로 고침을 이름. ¶古人貴—<晋書>

【朝聞夕死】ちょうぶんせきし(조문석사) 아침에 도(道)를 들어 알면 그날 저녁에 죽어도 한이 되지 않음. ¶朝聞道 夕死可矣<論語>

【朝飯】ちょうはん(조반) 아침밥. 朝餐(조찬).

【朝飯夕粥】ちょうはんせきしゅく(조반석죽) 아침에는 밥, 저녁에는 죽을 먹는다는 뜻으로, 군색한 생활을 이름.

諸侯朝服 (三禮圖)

【朝變夕改】ちょうへんせっかい(조변석개) ☞朝令暮改(조령모개).

【朝服】ちょうふく(조복) 조정에 출사(出仕)할 때 입는 의복. 朝衣(조의). 禮服(예복). 官服(관복).

【朝三暮四】ちょうさんぼし(조삼모사) 간사한 꾀로 남을 희롱하여 속이는 일.

【朝生】ちょうせい(조생) ①무궁화의 이칭. 아침에만 꽃이 피는 데서 이름. ②단명(短命)의 비유.

【朝夕】ちょうせき(조석) ①아침과 저녁. 朝暮(조모). ②날마다. 항상. ③아침 근무와 저녁 근무. ④㊀아침밥과 저녁밥. 끼니.

【朝臣】ちょうしん(조신) 조정에 출사(出仕)하는 문무백관(文武百官). 朝官(조관).

【朝紳】ちょうしん(조신) 지위가 높은 벼슬아치. 高位官(고위관).

【朝衙】ちょうが(조아) 아침 일찍 조정에 출사함. 早衙(조아).

【朝謁】ちょうえつ(조알) 조정에서 임금을 알현(謁見)함. ¶權門頻一<杜甫>

【朝野】ちょうや(조야) 조정과 백성. 관리와 민간인.

【朝陽】ちょうよう(조양) ①산의 동쪽. ¶梧桐生矣于彼一<詩經> ②아침 해. 아침 햇빛. 朝日(조일). 朝旭(조욱). 朝暾(조돈).

【朝如青絲暮成雪】(조여청사 모성설) 아침에 검던 머리털이 저녁 때 벌써 백발이 되었다는 뜻. 사람의 모습이 쉬 늙음을 탄식한 시구(詩句). ¶君不見高堂明鏡悲白髮一<李白>

【朝列】ちょうれつ(조열) 조신의 열위(列位). 조정에서의 백관의 차례. 朝次(조차).

【朝雲暮雨】ちょううんぼうう(조운모우) 남녀의 정교(情交). 巫山之夢(무산지 몽). ¶妾在巫山之陽 高丘之岨 旦爲朝雲暮爲行雨<宋玉>

【朝威】ちょうい(조위) 조정의 위세. 임금의 위광(威光).

【朝恩】ちょうおん(조은) 조정의 은혜. 임금의 은혜.

【朝章】ちょうしょう(조장) 국가의 헌장(憲章). 조정의 기강(紀綱). 朝綱(조강). 朝典(조전). ¶達練事體 明解一<後漢書>

【朝廷】ちょうてい(조정) 임금이 나라의 정치를 의논하고 집행하는 곳. 朝堂(조당). 廟堂(묘당).

【朝宗】ちょうそう(조종) ①옛날, 중국에서 제후가 천자를 배알하던 일. ②양자강과 한수(漢水)의 물이 바다로 흘러들어가는 일. ¶江漢一于海<書經>

【朝座】ちょうざ(조좌) ①임금이 정사(政事)를 듣거나 신하의 알현을 받는 자리. ②조정(朝廷). 묘당(廟堂).

【朝直】ちょうちょく(조직) 조정에 입시(入侍)함.

【朝餐】ちょうさん(조찬) ☞朝飯(조반).

【朝賀】ちょうが(조하) 신하가 입조(入朝)하여 임금에게 하례함. 또는, 그 말.

【朝享】ちょうきょう(조향) 내조(來朝)하여 천자에게 물품을 드림. ¶威儀濟濟 一天子<漢書>

【朝會】ちょうかい(조회) ①백관(百官)이 조현(朝見)하기 위하여 조정에 모임. ②학교·관청·단체 등에서 아침 인사, 훈시, 생활 반성 등을 하기 위한 모임.

▷國一, 歸一, 南北一, 內一, 來一, 每一, 明一, 廟一, 北一, 三一, 盛一, 聖一, 歲一, 市一, 晨一, 王一, 元一, 僞一, 六一, 一一, 入一, 前一, 早一, 終一, 參一, 天一, 淸一, 廢一, 花一, 皇一

13〖塑〗☞ 土部 10획(p. 353)

13〖塍〗☞ 土部 10획(p. 353)

13〖媵〗☞ 女部 10획(p. 410)

14〖槊〗☞ 木部 10획(p. 784)

14〖愬〗☞ 心部 10획(p. 587)

15〖滕〗☞ 水部 10획(p. 903)

12 16〖朣〗 달뜰 동 | 東ㄊㄨㄥˊ (tong) | どう

풀이 ①달이 뜨다. 달이 뜨려고 빛이 어림. ¶月一朧以含光兮<潘岳> ②흐리다. 어렴풋함. ¶湖色濃蕩漾 海光漸一朦<陶翰>

【朣朦】どうもう(동몽) ①빛이 밝지 못한 모양. ②☞朦朧(몽롱)③.

17〖謄〗☞ 言部 10획(p. 1400)

17〖賸〗☞ 貝部 10획(p. 1432)

14 18〖朦〗 흐릴 몽 | 東ㄇㄥˊ (meng) | もう(オボロ) *dim*

【朦朧】もうろう(몽롱) ①달빛이 아련한 모양. ②사물이 분명하지 않은 모양. ③정신이 흐리멍덩한 모양. 朣朦(동몽)②.

【朦昏】(몽혼) 독물, 약물로 말미암아 감각을 잃고 자극에 반응할 수 없는 상태. 한때 정신을 잃음. 痲醉(마취).

▷朣一

19〖羸〗☞ 虫部 13획(p. 1334)

19〖羸〗☞ 羊部 13획(p. 1206)

20〖騰〗☞ 馬部 10획(p. 1652)

16 20〖朧〗 흐릿할 롱 | 東ㄌㄨㄥˊ (long) | ろう(オボロ) *dim*

▷朣一, 朦一

20〖贏〗☞ 貝部 13획(p. 1434)

21〖臝〗☞ 肉部 17획(p. 1247)

木<나무 목>部

木 ① 末 未 本 札 朮 ② 朹 机 朻 朸 朴
朼 朿 朾 朱 朶 朵 朽 ③ 杆 杠 杞 杜 来
李 宋 杉 束 杇 杌 杄 杙 杖 材 条 杈 条
杈 杕 村 杝 杓 杏 ④ 杰 极 枅 杲 果 枏
杻 東 林 枚 杳 枋 杯 枎 枌 枇 析 松
枀 枊 枒 枘 枉 杬 杵 杼 枓 枝 杪 枢 杶
枕 杷 板 枺 柿 杭 枑 ⑤ 柯 枷 架 柬 柑
柜 柧 枯 柺 枸 柩 柰 柅 柮 柃 柳 某 柈
柸 柏 柄 柎 柲 栖 柤 查 柗 柹 柨 柿 柛
枲 柴 枘 染 栄 柍 柶 柔 柚 柘 柞 柢 柊
柱 枳 柣 栅 柵 柷 柒 柁 柝 枰 枹 柙 柺
⑥ 栞 桀 格 栔 桂 栲 栱 栩 栝 框 桄 校
根 桔 桃 桐 栵 栳 栗 栢 栰 栟 桑 栖 栒
栻 案 桉 桜 桅 栧 桋 栘 栭 栽 栓 栴 株
桎 栫 桌 核 桁 桓 栩 ⑦ 桷 桿 梗 械 梏
梱 梡 梮 梖 梁 梠 梛 梨 梩 梅 梦 梶 桴
梆 梧 梵 桴 梹 梭 梳 梧 梓 梯 棁 梃 梩

梯 條 楞 梢 梔 桶 梖 梐 梜 梟 ⑧ 検 棨
椁 棺 棵 椇 椈 棬 棘 棋 棊 棄 棠 棹 棟
椋 棱 棃 棽 棉 棆 栟 棒 棓 棼 棼 棚 椑
棐 森 棲 植 椏 梥 棫 椀 椅 棧 棱 棖 椗
棗 棕 椆 棌 棣 椒 棰 椎 椉 椰 椓 棍 ⑨
椵 楬 椷 楗 楔 楑 極 楠 椴 楝 楼 楞 楳
楙 楣 楅 楙 楂 楔 楥 楯 楽 椰 楊 業 椽
楹 楒 楥 楲 楡 楢 楺 楰 楎 楮 楶 楟 楨
楴 榛 楫 楚 楤 楸 椿 椹 楕 楄 楩 楓 楷
楛 楎 ⑩ 榷 榦 榤 槁 槀 榖 榾 槓 槐 構
榿 槈 榶 榔 榴 榠 槃 榜 榑 榧 榥 榭 槊
榛 榫 滕 榮 榣 榕 榬 搾 槙 榗 榎 榛 榤
槎 槍 榱 槌 槖 榻 榼 槅 槐 ⑪ 槯 概 槪
槩 槹 槲 槨 槶 樛 槻 槿 槫 樑 槤 槞 樓
樏 槾 樠 模 樒 樊 樝 槮 樨 樸 樕 梓
樂 樣 槷 槸 樵 椿 樟 槳 樗 槽 樅 槧
樞 樾 樋 標 樺 槵 横 ⑫ 橄 橰 橽 橋 橇
橛 橘 機 橈 橝 橞 橦 橙 橯 橑 橊 橉
橆 樸 橄 橡 樹 橚 橭 橪 橤 樾 澡 樴
樿 樽 橧 樴 樵 橢 橐 橕 樺 横 ⑬ 檟
橿 檢 檄 檠 檴 檎 檁 檀 橽 檔 檑 檗
檖 檃 檥 檣 檉 檐 檇 檞 檜 ⑭ 櫃 檸 檽
檮 櫂 檬 檳 檿 檻 檗 檴 ⑮ 櫜 櫝 櫼
櫔 櫚 櫟 櫓 櫑 櫐 櫋 櫢 櫞 櫌 櫧 櫛 ⑯
櫪 櫨 櫳 櫱 櫲 櫩 櫡 櫫 櫬 ⑰ 欅 欄
櫺 欂 欃 櫻 櫰 欈 櫼 ⑱ 欋 欉 欇 欌 ⑲
欏 欒 欐 欑 ㉑ 欖 欘 欛

0
4 〖木〗 나무 목 |圖ㄇㄨˋ(mu)| ぼく, もく (キ) tree

源象形. 서 있는 나무를 본뜸.

풀이 ①나무. ㉮서 있는 나무. ¶灌―. ㉯벤 나무. 목재. ¶朽―不可雕也<論語> ②오행(五行)의 첫째. 방위로는 동(東), 사철로는 봄, 10간(干)으로는 갑(甲)·을(乙), 인륜(人倫)으로는 신(臣), 오음(音)으로는 각(角), 오성(五聲)으로는 세성(歲星), 오상(五常)으로는 인(仁), 오미(五味)로는 산(酸)에 해당함. ¶巽爲―<易經> ③나무를 재료로 하여 만든 기구. ¶―像. ④널. 관. 곽. ¶入―. ⑤고랑·차꼬 등 형구(刑具). ¶關三―<司馬遷> ⑥목제 악기. 8음(音)의 하나. ¶金石土革絲―匏竹<周禮> ⑦별 이름. 목성(木星). ¶―孛循環相起伏<文天祥> ⑧꾸밈 없다. 질박함. 通樸. ¶剛毅―訥<論語> ⑨韓 무명. ¶廣―.

【木刻】(목각) 나무쪽에 서화(書畫)를 새김. 木彫(목조).

【木簡】もっかん(목간) 종이가 없던 옛날, 나무를 깎아 글자를 쓰던 패. ¶檄者以―爲書<漢書>

【木強則折】キツヨケレバスナワチオル(목강즉절) 강한나무는풍설에 꺾이기 쉽다는 뜻. 너무 강하면 도리어 멸망하기 쉬움을 이름. ¶兵強則不勝 ―<老子>

【木劍】ぼっけん(목검) 나무로 만든 긴 칼. 木刀(목도).

【木梗】もっこう(목경) ☞木偶(목우). ¶夜半土梗與―鬪<戰國策>

【木梗之患】ぼっこうのかん(목경지 환) 객사하여 고향으로 돌아오지 못하는 일. ¶恐其有― 于是孟嘗卒不敢西嚮秦<說苑>

【木工】もっこう(목공) 나무로 물건을 만드는 일. 또는, 그 사람. 木手(목수). 木匠(목장).

【木公】ぼっこう(목공) 소나무의 이칭. ¶― 松也 木母 梅也<夷堅志>

【木棺】もっかん(목관) 나무로 만든 관.

【木屐】もくげき(목극) 나막신. 木履(목리).

【木克土】(목극토) 오행설에서 목(木)은 토(土)를 이긴다는 말.

【木菫】もくきん·もくげ(목근) 무궁화. 木槿(목근). ¶半夏生 ―榮<禮記>

【木器】もっき(목기) 나무로 만든 그릇.

【木訥】ぼくとつ(목눌) 순박하고 말이 적음. ¶剛毅―近仁<論語>

【木蘭辭】もくらんじ(목란사) 고악부(古樂府)의 하나. 양(梁)대에 효녀 목란(木蘭)이 늙은 아버지를 대신하여 남장(男裝)하고 출정하여 12년 만에 개선했다는 일을 주제로 한 오언(五言) 극시. 작자 미상. 木蘭詩(목란시).

【木廉】(목렴) 무덤 속의 송장에 나무 뿌리가 뻗어 들어가는 재앙.

【木壚】もくろ(목로) 선술집에서 쓰는 좁고 기다란 널빤지로 만든 상(床). 酒壚(주로).

【木理】ぼくり·もくり(목리) 나뭇결. 나이테. 年輪(연륜). 木性(목성).

【木馬】もくば(목마) ①나무로 만든 말. ②기계 체조에 쓰이는 기구의 한 가지.

【木末】ぼくまつ(목말) ①나무의 끝. 우듬지. ②韓 메밀 가루.

【木綿】もめん(목면) ①목화. 무명. 木緜(목면). ②무명베. 綿布(면포).

【木紋】もくもん(목문) 나무의 무늬.

【木物】もくぶつ(목물) 나무로 만든 물건의 총칭.

【木本】もくほん(목본) 목질(木質)로 된 식물. 나무. ↔草本(초본).

【木佛】もくぶつ·きぶつ(목불) 나무로 만든 부처.

【木生火】(목생화) 오행설에서, 목(木)에서 화(火)가 생긴다는 말.

【木石】ぼくせき(목석) ①나무와 돌. ②감정·인정이 없는 사람의 비유. ¶與―居 與鹿豕游<孟子>

【木石難傅】(목석난부) 나무에도 돌에도 붙을 데가 없다는 뜻. 가난하고 외로와 의지할 곳이 없는 처지를 이름. 木石不傅(목석불부).

【木石爲徒】ぼくせきをとなす(목석위도) 나무와 돌을 도제(徒弟)로 삼는다는 뜻으로, 산중에 은거함을 이름. ¶與― 不復致意<唐書>

【木船】もくせん(목선) 나무로 만든 배.

【木姓】(목성)韓 술가(術家)에서 말하는, 오행 중 목(木)에 속하는 성. 金, 朴, 崔, 高, 劉, 車 따위.

【木食】もくじき(목식) 과일이나 열매만을 먹음. ¶固窮安陋 一山棲<晋書>

【木實繁者披其枝】(목실번자 피기지) 열매가 너무 많이 열면 가지가 찢어진다는 뜻으로, 신하의 세력이 지나치게 강해지면 임금의 자리가 위태해짐을 이름. ¶一 披其枝者傷其心<史記>

【木雁】(목안)㊕ 목기러기. 구식 혼인 때 기러기 대신 씀.

【木野狐】(목야호) 바둑판의 이칭.

【木魚】もくぎょ(목어)《佛》불경을 읽을 때 두드려 소리를 내는 불구(佛具). 나무의 속을 파서 물고기 모양으로 만듦. 木鐸(목탁)①.

木魚
(三才圖會)

【木纓】(목영) 나무 구슬을 꿰어 만든 갓끈.

【木旺之節】もくおうのせつ(목왕지 절) 오행의 목(木)이 성해지는 계절. 봄철.

【木偶】もくぐう(목우) 나무로 만든 인형. 木像(목상). 木梗(목경). 木人(목인). 木偶人(목우인). ¶見一人與土偶人相與語<史記>

【木簪】(목잠) 나무로 만든 비녀. 주로 여자 상제(喪制)가 꽂음.

【木材】もくざい(목재) 나무로 된 재료.

【木製】もくせい(목제) 나무를 재료로 하여 만듦. 또는, 그 것. 木造(목조). ¶一家具.

【木主】ぼくしゅ(목주) 위패. 또는, 신주(神主).

【木柵】もくさく(목책) 말뚝을 박아 만든 울짱. 木寨(목채).

【木樵】もくしょう(목초) 구경하기 위하여 만든 누대.

【木枕】きまくら(목침) 나무토막으로 된 베개.

【木枕題】(목침제) 아주 어려운 시문(詩文)의 글제.

【木鐸】ぼくたく(목탁) ①《佛》☞木魚(목어). ②추를 나무로 만든 요령. 옛날 문사(文事)에 관한 정교(政教)를 베풀어 시행할 때 이를 흔들어 알렸음. ③세상 사람을 깨우쳐 지도하는 사람. ¶天將以夫子爲一<論語>

木鐸②(四書引蒙略圖解)

【木炭】もくたん(목탄) ①숯. ②그림을 그리는 데 쓰는 숯붓. ¶一畫.

【木通】もくつう(목통) 으름덩굴. 이뇨제(利尿劑)로 쓰이는 한약재.

【木版】もくはん(목판) 나무에 글자나 그림을 새겨 인쇄하는 데 쓰는 판. 木板(목판).

【木版本】もくはんぼん(목판본) 목판으로 박은 책. ※活字本(활자본).

【木牌】もくはい(목패) ①나무로 만든 방패. ②나무로 만든 패. 木札(목찰).

【木皮】もくひ·ぼくひ(목피) 나무 껍질. ¶草根一.

【木筆】ぼくひつ(목필) ①나무로 만든 붓. ②연필의 이칭. ③목련(木蓮)의 이칭. ④백묵(白墨).

【木盒】もくごう(목합) 나무로 만든 합.

【木香】もっこう(목향) 엉거시과에 속하는 여러해살이풀. 건위제(健胃劑)로 씀.

【木丸】もくがん(목환) 소리를 내지 못하게 입에 물리는 재갈. ¶將刑人 必以一窒口云<唐書>

▷佳一, 嘉一, 巨一, 古一, 枯一, 曲一, 果一, 灌一, 怪一, 喬一, 群一, 老一, 大一, 臺一, 名一, 苗一, 墓一, 伐一, 斧一, 負一, 副一, 腐一, 散一, 揷一, 樹一, 植一, 陽一, 烏一, 柔一, 異一, 林一, 立一, 雜一, 材一, 接一, 直一, 質一, 草一, 叢一, 就一, 土一, 香一

1 5 【末】 끝 말 圓ㄇㄛˋ(mo) ばつ, まつ(スエ) *end*

㊐指事. 나무[木] 위쪽에 一을 길게 그어 나무의 위쪽, 곧 나무 끝을 가리킴.

풀이 ①끝. ㉮나무 끝. ¶木一. ㉯서 있는 물건의 꼭대기. ¶巖一. ㉰긴 물건의 마지막 부분. ¶獻杖者執一<禮記> ㉱차례의 마지막. ¶一席. ㉲시간의 끝. ¶一日. ㉳일의 맨 끝이나 결과. ¶終一. ㉴인생의 끝. 늙바탕. ¶一有皇子<漢書> ②지엽(枝葉). 중요하지 아니한 부분. ¶反本成一<荀子> ③신하. 백성. ¶本一弱<易經> ④난세(亂世). ¶一世. ⑤자손. 후예. ¶垂及後世裔一也<書經> ⑥상공업(商工業). ¶背本而趨一<漢書> ⑦사지(四肢). 수족(手足). ¶風淫一疾<左氏傳> ⑧등. 가슴과 배의 반대쪽. ⑨마침내. ¶我則一惟成德之彥<書經> ⑩낮다. 천함. ¶位一名卑<南史> ⑪가루. ¶粉一. ⑫얇다. 박함. ¶不爲一減<孔子家語> ⑬칠하다. 문지름. ¶以黃金塗一<唐書> ⑭없다. ㊂弗 莫 無. ¶吾一如之何也已<論語> ⑮지우다. ㊂抹. ¶一殺災異<漢書>

【末境】まっきょう(말경) ①말년의 지경. 늙바탕. 老境(노경). ②끝판.

【末季】まっき(말계) 마지막 때. 말세. ¶子生一沈溺流俗<曹植>

【末計】まっけい(말계) 할 수 없이 된 때에 생각하여 낸 계책. 窮餘之策(궁여지 책).

【末光】まっこう(말광) ①남은 빛. 餘光(여광). ②널리 미치는 은택을 이름. ¶及漢興 依日月之一<史記>

【末技】まつぎ(말기) 하찮은 재주. 末藝(말예).

【末期】まっき·まつご(말기) 끝나는 시기. 말세(末世).

【末女】ばつじょ·まつじょ(말녀) 막내딸.

【末年】まつねん(말년) 일생의 끝 무렵. 늘그막. 老年(노년). 晩年(만년).

【末茶】まっちゃ(말다) 가루로 만든 차.

【末端】まったん(말단) 맨 끄트머리. 끝. 末尾(말미).

【末大必折】スエだいナレバカナラズオル(말대필절) 가지가 너무 커지면 줄기가 부러진다는 뜻으로 지손(支孫)이 강성해지면 종가(宗家)가 망함을 이름. ¶一 尾大不掉<左氏傳>

【末路】まつろ(말로) ①가던 길의 마지막. ②일생의 끝날 무렵. 晩年(만년). ③일이 망해 가는 길.

【末僚】まつりょう(말료) 낮은 벼슬아치.

【末流】まつりゅう(말류) ①강의 하류. ②자손. ③낮은 지위. 또는, 그 지위에 있는 사람. 末輩(말배). ④말세(末世).

【末利】まつり(말리) ①당장 눈에 보이는 작은 이익. ②상공업의 이익.

【末尾】まつび(말미) 맨 끝. 末端(말단).
【末民】まつみん(말민) 상공업에 종사하는 백성. ¶官富實 而一困<漢書>
【末班】(말반)㊥ 지위가 낮은 벼슬아치.
【末伏】まつぷく(말복) 삼복(三伏) 중의 마지막 복(伏). 입추(立秋) 후 첫째 경일(庚日).
【末寺】まつじ(말사) 본산(本山)에 딸린 사찰. ↔本寺(본사).
【末席】まつせき(말석) ①맨 끝의 좌석. ②일터, 모임에서 끝 지위. ↔首席(수석).
【末世】まっせ·まっせい(말세) ①정치, 도덕, 풍속 등이 아주 쇠퇴한 시대. 망해 가는 세상. ②《佛》말법(末法)의 세상. ③예수가 탄생할 때부터 재림할 때까지의 세상. ④늙바탕. 晩年(만년). 老境(노경). 「裔(말예).
【末孫】まつそん·ばっそん(말손) 먼 자손. 後裔(후예). 末
【末葉】まつよう(말엽) ①어느 시대의 맨 끝 부분. ②말세(末世). 末代(말대).
【末運】まつうん(말운) 막다른 운수.
【末子】まっし·ばっし(말자) 막내아들.
【末節】まっせつ(말절) ①맨 끝절. ②사소한 절조(節操). ③지엽(枝葉)에 관한 일. ¶以升降爲禮者 禮之一也<禮記>
【末職】まっしょく(말직) 맨 끝자리의 벼슬. 하찮은 소임(所任). ¶微官一.
【末疾】まっしつ(말질) ①고치기 어려운 병. ②사지(四肢)의 병.
【末梢】まっしょう(말초) ①나뭇가지의 끝. ②사물의 맨 끝. 末端(말단). ¶一神經.
【末學】まつがく(말학) ①지엽적 학문. ②미숙한 학문. 천박한 학문. ③학자의 자기 겸칭.
【末學膚受】まつがくふじゅ(말학부수) 근본을 배우지 아니하고 그 겉껍질만을 배우는 일. 학문의 천박함을 이름. ¶如客所謂一 貴耳而賤目者也<張衡>
【末合】まつごう(말합) ①자투리. ②마투리.
【末行】まつこう(말행) ① 보잘것없는 행동. ¶而慕子胥之一<漢書> ②글의 끝줄.
▷結一, 端一, 木一, 本一, 粉一, 四一, 席一, 細一, 歲一, 瑣一, 始一, 年一, 澆一, 穴一, 月一, 顚一, 終一, 週一, 淺一, 篇一, 學期一, 毫一

1
5 〖未〗 아닐 미 | 困ㄨㄟˋ (wei) | び,み(イマダ) not

源象形·指事. 나무[木]에 가지[一]가 많아, 저쪽이 안 보임을 가리킴.

풀이 ①아니다. 通不,弗 非. ☞ **句法** ②미래. 장래. ¶且懲其一<荀子> ③여덟째 지지(地支). 방위로는 서남, 세시(歲時)로는 6월, 일시로는 오후 2시[1~3시], 오행(五行)으로는 토(土), 띠로는 양(羊)에 해당. ¶太歲在一 曰協洽<爾雅>/乙一年.

句法
①[未…] …지 아니하다(못하다). ¶未知生 焉知死<論語>
②[未] 채. 아직. 때가 되지 못함의 뜻. ¶學詩乎 對曰未也<論語>
③…이 없었다. 無와 쓰임이 같음. ¶有諸曰未也<孟子>
④아니냐? 못하느냐? 否와 쓰임이 같음. ¶可以言未<後漢書>

【未嫁女】(미가녀) 아직 시집가지 아니한 여자. 處女(처녀).
【未可知】みかち(미가지) 알 수가 없음. ¶胡服之功 一也<戰國策> 「(기간).
【未刊】みかん(미간) 책을 아직 박지 않음. ↔旣刊
【未開】みかい(미개) ①아직 민도가 낮고 문명하지 못한 상태. ¶一人/一地. ②아직 개통하지 않음. ③꽃 따위가 아직 피지 않음. ¶丁寧探芳侶 須識一叢<元稹>
【未擧】(미거)㊥ 철이 나지 않아 아둔함.
【未決】みけつ(미결) ①아직 결정하지 않음. ②☞未決囚(미결수).
【未決囚】みけつしゅう(미결수) 미결인 대로의 죄수. 未決(미결). ↔旣決囚(기결수).
【未久】みきゅう(미구) 오래지 않음. 不久(불구).
【未及】みきゅう(미급) 아직 미치지 못함.
【未幾】みき(미기) 오래지 않아. 곧. 「함.
【未納】みのう(미납) 아직 바치지 아니하거나 못
【未達】(미달) 아직 목표점에 이르지 못함.
【未得】みとく(미득) 아직 얻지 못함. ¶是一飮食之正也<孟子> ↔旣得(기득).
【未來】みらい(미래) 아직 오지 않은 때. 將來(장래). ¶一事. ↔過去(과거).
【未練】みれん(미련) ①아직 소상(小祥)을 지내지 아니함. ②익숙하지 못함. ③생각을 딱 잘라 끊지 못함. 「필).
【未了】みりょう(미료) 아직 끝내지 않음. 未畢(미
【未了因】みりょういん(미료인)《佛》현세에서 아직 맺지 못한 전생의 인연. ¶與君世世爲兄弟 更結來生一<蘇軾> 「함.
【未滿】みまん(미만) 정한 수효나 정도에 차지 못
【未末】(미말)㊥ 미시(未時)의 맨 끝. 곧, 오후 3시의 바로 전.
【未亡人】みぼうじん(미망인) 과부(寡婦)의 자칭. 남편은 죽었는데 아직 죽지 못한 사람이란 뜻.
【未明】みめい(미명) 아직 날이 밝지 않은 때. 날샐 무렵. 黎明(여명). ¶一而行<南齊書>
【未聞】みぶん·みもん(미문) 아직 듣지 못함. ¶前代一.
【未發】みはつ(미발) ①꽃잎 따위가 아직 피지 않음. ②일이 아직 일어나지 않음. ¶喜怒哀樂之一 謂之中<中庸> ③아직 겉으로 나타나지 않음. ④아직 출발하지 않음.
【未方】ヒツジノカタ(미방) 24방위의 하나. 서쪽에서 조금 남쪽으로 가까운 방위.
【未辨東西】イマダとうざいヲべんセズ(미변동서) 아직 동서를 분별하지 못함. 아직 도리(道理)에 통하지 못함. ¶一過一生<白居易>
【未備】みび(미비) 아직 다 갖추지 못함.
【未詳】みしょう(미상) 자세하지 않음.
【未嘗不】(미상불) 아닌게 아니라. 과연. 未嘗非(미상비). 「에 난 사람.
【未生】(미생) 12지(支) 가운데 미년(未年)
【未設】みせつ(미설) 아직 완전히 설비하지 못함.
【未成】みせい(미성) ①아직 이루지 못함. 성취하지 못함. ↔旣成(기성). ②미성혼(未成婚)의 준말.
【未成年】みせいねん(미성년) 만 20세가 되지 못한

나이. 또는, 그런 사람. 未丁年(미정년). ¶ 一者. 「총각.

【未成娶】みせいしゅ(미성취) 아직 장가들지 않음.

【未收】みしゅう(미수) 아직 거두어들이지 못함. 未刷(미쇄). ¶一金.

【未遂】みすい(미수) 목적한 바를 이루지 못함. ¶ 殺人一/一犯.

【未熟】みじゅく(미숙) ①다 익지 않음. ②익숙하지 못함. 未成熟(미성숙). ↔完熟(완숙).

【未時】みじ(미시) 오후 1시부터 3시 사이.

【未審】みしん(미심) ①일이 확실하지 않아 늘 마음이 놓이지 않음. ②☞不審(불심).

【未安】(미안) ①마음이 편안하지 못하고 거북스러움. ②남에 대하여 겸연쩍은 마음이 있음.

【未央】みおう(미앙) ①아직 반에도 이르지 못함. ②아직 일이 끝나지 않음. ③아직 아침이 되지 않음. ④한(漢)나라의 궁전 이름. ¶ 一宮.

【未然】みぜん(미연) 아직 그렇게 되지 않음.

【未穩】みおん(미온) 아직 평온하지 못함.

【未完】みかん(미완) 아직 완성되지 않음. 未完了(미완료). 未完成(미완성).

【未月】びげつ(미월) 음력 6월의 이칭.

【未正】(미정) 미시(未時)의 중간. 오후 2시경. 「(기정).

【未定】みてい(미정) 아직 결정짓지 못함. ↔既定

【未定草】みていそう(미정초) 아직 완성하지 못한 초고(草稿). 未定稿(미정고).

【未濟】みせい(미제) ①64괘(卦)의 하나. 감하이상(坎下離上). 일이 아직 이루어지지 않은 상(象). ②처리하는 일이 아직 끝나지 않음. 未了(미료). ¶一事件.

【未曾有】みぞう(미증유) 예로부터 없었던 것. 未嘗有(미상유). ¶歎一 郭然大悟<觀無量壽經>

【未知】みち(미지) 아직 알지 못함. ¶一數.

【未知 鹿死誰手】(미지 녹사수수) 중원(中原)의 사슴이 누구 손에 죽을 것인가는 아직 알 수가 없다는 뜻으로, 누가 천하의 주인이 될는지 아직 결정되지 못함을 이름. ※中原逐鹿(중원축록).

【未盡】みじん(미진) 아직 다하지 못함.

【未就學】みしゅうがく(미취학) 학령에 달하지 못하여, 또는, 형편에 의하여 아직 입학하지 못함. ¶一兒童.

【未快】みかい(미쾌) 아직 병이 완쾌하지 못함. ↔完快(완쾌).

【未牌】みはい(미패) 오후 1시에서 3시 사이. 옛날에는 시각을 패에 써서 표시했으며, 그 패를 시패(時牌)라 함.

【未畢】(미필) 일을 아직 끝내지 못함.

【未婚】みこん(미혼) 아직 혼인하지 않음. ¶ 一母. ↔既婚(기혼).

【未洽】(미흡) 흡족하지 못함.

▷癸一, 己一, 辛一, 乙一, 丁一

1 5〖本〗 밑 본 |冠ㄅㄣˇ (ben)|ほん(モト) *origin*

源指事. 나무[木]의 아랫 부분에 「一」을 그어 밑을 가리킴.

풀이 ①밑. ㉮뿌리. ¶昌一. ㉯밑동. 줄기. ¶枝大於一<史記>/一支. ㉰근본. 기초. ¶皆以修身爲一<大學>/一義. ②근원. 기원(起源). ¶不知其一<左氏傳> ③바탕. 밑절미. 소지(素地). ¶張一. ④몸. ¶一不審<呂覽> ⑤마음. 본성. ¶必反其一<呂覽> ⑥덕. 선행. ¶君子動其一<史記> ⑦조상. 부모. ¶報一反始<禮記> ⑧본가. 종손. ¶一支百世<詩經> ⑨고향. 본국. ¶遼西流人 悉有戀一之心<晋書> ⑩농업. 농사. ¶彊一而節用<荀子> ⑪본전. 원금. ¶一支相侔<韓愈> ⑫사람. 인간. ¶順天以利一<逸周書> ⑬임금. ¶一末弱也<易經> ⑭본디. 원래. ¶一欲以全民也<漢書> ⑮근본으로 삼다. ¶一之則無<論語> ⑯책. 문서. ¶一人持一 一人對讀<西溪叢話> ⑰본(本). 초목을 셀 때의 단위. ¶已伐百一桑<蘇軾> ⑱이. 지시대명사. 通此. ¶一人/一年.

【本家】ほんか・ほんけ(본가) ①본집. 宗家(종가). ↔分家(분가). ②친정(親庭).

【本覺】ほんがく(본각)《佛》사람이 본디 가지고 있는 맑고 깨끗한 성덕(性德).

【本幹】ほんかん(본간) ①☞根幹(근간). ② 태어난 해의 간지(干支). ¶論一枝對沖日<福惠全書> 「거). ¶一地.

【本據】ほんきょ(본거) 근거가 되는 곳. 根據(근

【本格】ほんかく(본격) ①근본의 격식. ②본래의 법칙. 本則(본칙).

【本絹】ほんけん(본견) 명주실로 짠 비단.

【本官】ほんかん(본관) ①제 고을 수령을 이르는 말. ②정식의 관직. ③관리의 자칭.

【本貫】ほんかん(본관) ①시조(始祖)의 고향. 貫鄕(관향). ②본적. 원적지. ¶一鄕籍也<韻會>

【本國】ほんごく(본국) 자기가 태어난 나라. 곧, 그 사람의 국적이 있는 나라. 本邦(본방).

【本紀】ほんぎ(본기) 기전체(紀傳體)의 역사에서, 임금의 일생의 사적(史蹟)을 기록한 전기(傳紀).

【本能】ほんのう(본능) 날 때부터 타고난 성능(性能). ¶一的. 「堂(금당).

【本堂】ほんどう(본당)《佛》본존을 모시는 법당. 金

【本隊】ほんたい(본대) ①본부의 군대. ②자기가 소속된 대(隊).

【本宅】ほんたく(본댁) ①본집의 존칭. 自宅(자택). ②☞本家(본가)①. ③저승. 저세상. ¶永歸於一<陶潛>

【本道】ほんどう(본도) ①올바른 길. 주장이 되는 큰 길. ②자기가 살고 있는 도.

【本來】ほんらい(본래) ①사물이 전하여 내려오는 그 처음. 본디. ②처음부터. 본디부터.

【本來空】ほんらいくう(본래공)《佛》만유(萬有)는 본디 실재하지 않고 비었다는 뜻. 선가(禪家)에서 오도(悟道)의 극치를 이름. 本來無一物(본래무일물).

【本來面目】ほんらいのめんもく(본래면목)《佛》자기 본래의 심성. ¶不思善 不思惡時 認一<傳習錄>

【本領】ほんりょう(본령) ①근본이 되는 강령. ②본디부터 갖추어 있는 특성. 본성. ③본래부터의 영지.
【本論】ほんろん(본론) 언론·저서의 주장이 되는 부분.
【本流】ほんりゅう(본류) 물이 흘러가는 원줄기. 主流(주류). ↔支流(지류).
【本末】ほんまつ(본말) ①사물의 근본과 말초(末梢). 처음과 나중. ¶物有— 事有終始<大學> ②농업과 상업. ¶是爲—者毋以異<史記>
【本末顚倒】ほんまつてんとう(본말전도) 사물의 순서가 거꾸로 됨. 또는, 그러한 일.
【本名】ほんめい(본명) ①본이름. ②고유 명사.
【本命】ほんめい·ほんみょう(본명) ①자기의 타고난 명. ②출생한 해의 간지(干支).
【本務】ほんむ(본무) 근본이 되는 임무 또는 직무.
【本文】ほんぶん·ほんもん(본문) 번역·주석한 문장에 대한 그 본디의 문장. ¶—略存<後漢書>
【本方】ほんぽう(본방) 한방의(漢方醫)에서 예로부터 정해져 있는 방문(方文).
【本邊】(본변) 본전과 이자. 本利(본리).
【本俸】ほんぽう(본봉) 주가 되는 봉급. 기본 급료.
【本夫】ほんぷ(본부) 본남편.
【本分】ほんぶん(본분) ①자기에게 알맞은 분수. ②마땅히 행해야 할 직분.
【本非我物】モトワガモノニアラズ(본비아물) 본디 나의 물건이 아니라는 뜻. 뜻밖에 얻은 물건은 잃어버려도 과히 섭섭할 것이 없음을 이름. 本非我土(본비아토).
【本寺】ほんじ(본사)《佛》 ①자기가 처음으로 출가하여 스님이 된 절. ②자기가 현재 살고 있는 절. 本山(본산)②.
【本社】ほんしゃ(본사) ①사(社)의 본부. ↔支社(지사). ②자기가 근무하고 있는 회사. 當社(당사). ③이 마을. 當村(당촌).
【本山】ほんざん(본산)《佛》 ①한 종파에 소속되어 있는 각 사찰을 통솔하는 절. ↔末寺(말사). ②자기가 있는 절. 本寺(본사)②.
【本色】ほんしょく(본색) ①본래의 색. 天然色(천연색). ②본디의 면목. 또는 성질. ③조세로서 상납하는 미곡류. ¶於是謂米麥爲—<明史稿>
【本生家】ほんせいか(본생가) 양자의 생가. 本生(본생). ↔養家(양가).
【本線】ほんせん(본선) 주가 되는 간선(幹線). ↔支線(지선).
【本性】ほんせい·ほんしょう(본성) 본디의 성질. 天性(천성). ¶豈人之—也哉<荀子>
【本姓】ほんせい(본성) 본디의 성.
【本是】(본시) ①본디. ②본디 이러하게.
【本始】ほんし(본시) 처음. 본디.
【本式】ほんしき(본식) ①정당한 법칙. ②이 법식.
【本室】(본실) 본아내. 本妻(본처). 正室(정실). 嫡室(적실). ↔小室(소실).
【本心】ほんしん(본심) ①본디부터 갖추고 있는 마음. ¶此之謂失其—<孟子> ②나무의 본디 그루.
【本案】ほんあん(본안) ①근본이 되는 안건. 原案(원안). ②이 안건.
【本額】(본액) 본디의 돈의 액수.
【本業】ほんぎょう(본업) 주가 되는 직업. ↔副業(부업).
【本然】ほんぜん·ほんねん(본연) 본디 그대로의 자연이나 상태. ¶去外誘之私 而充其—之善<朱熹>
【本營】ほんえい(본영) ☞本陣(본진). ¶不如攻其—<魏志>
【本源】ほんげん(본원) 주장이 되는 근원. 根本(근본).
【本願】ほんがん(본원) ①본디부터 가진 큰 소원. ②《佛》 부처, 보살이 중생을 교화하려고 세우는 발원(發願).
【本位】ほんい(본위) ①기본으로 삼는 표준. ②근본의 위치. ③한 나라의 통화 단위의 기준.
【本意】ほんい(본의) 본뜻. 본마음.
【本義】ほんぎ(본의) ①참뜻. 本旨(본지). ②문자의 최초의 의의(意義).
【本人】ほんにん(본인) ①자기. ②바로 그 사람. 당사자.
【本籍】ほんせき(본적) 호적이 있는 곳.
【本傳】ほんでん(본전) 기본이 되는 전기(傳記).
【本第入納】(본제입납) 자기 집에 편지할 때 편지 겉봉의 자기 이름 밑에 쓰는 말.
【本朝】ほんちょう(본조) 현재 있는 왕조. 자기 나라 조정.
【本尊】ほんぞん(본존)《佛》 ①신앙의 중심이 되는 부처. ②절의 본당에 안치한 불보살. ③본인. 장본인.
【本宗】ほんそう(본종) ①일족 중의 종손 집. ②성과 본이 같은 일가붙이.
【本罪】ほんざい(본죄) ①범한 죄 가운데 주되는 죄. ②이 죄. ③천주교에서 자기 뜻으로 범한 모든 죄. ④기독교에서 날 때부터 누구나 타고난다는 죄. 原罪(원죄).
【本旨】ほんし(본지) 본디의 취지. 본디의 뜻. ¶傳非其—<蔡邕>
【本紙】ほんし(본지) ①부록에 대한, 문서상의 주요 부분. ②자기가 관계하고 있는 신문. ③이 신문.
【本誌】ほんし(본지) ①자기가 관계하고 있는 잡지. ②이 잡지.
【本支百世】ほんしひゃくせい(본지백세) 일가(一家), 일문(一門)이 길이 번영함. 本枝百世(본지백세). ¶文王孫子 —<詩經>
【本陣】ほんじん(본진) 총지휘자가 있는 군영. 本營(본영).
【本質】ほんしつ(본질) ①본바탕. ②본디 갖추고 있는 독자(獨自)의 성질.
【本妻】ほんさい(본처) 본 아내. 正室(정실).
【本體】ほんたい(본체) ①사물의 본바탕. 正體(정체). ②현상의 근저(根底)가 되는 실상(實相). ↔現象(현상).
【本草】ほんぞう(본초) ①나무와 풀. 식물. ②약재나 약학(藥學)을 이름. ¶—綱目.
【本草學】ほんぞうがく(본초학) 중국의 식물학 및 약물학.
【本則】ほんそく(본칙) 근본이 되는 규칙. 原則(원칙).
【本土】ほんど(본토) ①속국(屬國)이나 멀리 떨어진 섬에 대하여 이것들이 소속된 육지. ②자기가 사는 고장.
【本鋪】ほんぽ(본포) ①본점(本店). ②자기의 점포.
【本鄕】ほんきょう(본향) 본 고향.
【本刑】ほんけい(본형) 재판소에서 판결된 주형(主刑). ↔附加刑(부가형).
【本惑】ほんわく(본혹)《佛》 탐(貪), 진(瞋), 치(癡) 등의 근본 번뇌. ↔隨惑(수혹).
【本會】ほんかい(본회) 우리의 회. 이 회.

【本懷】ほんかい(본회) ①본래 품은 생각. 본마음. ②본래의 소원. 本望(본망). ¶今送一袍 以明一<晉書>

【本會議】ほんかいぎ(본회의) ①이번의 회의. 이 회의. ②각 분과 회의에 대한, 주장되는 회의.

▷假一, 刻一, 脚一, 刊一, 刊行一, 見一, 古一, 稿一, 官一, 校一, 敎一, 校閱一, 劇一, 根一, 基一, 端一, 單行一, 唐一, 大一, 貸一, 臺一, 讀一, 謄一, 配一, 副一, 寫一, 新一, 元一, 原一, 僞一, 異一, 人一, 印一, 資一, 張一, 藏一, 正一, 製一, 珍一, 眞一, 抄一, 初一, 草一, 拓一, 板一, 版一, 標一, 合一, 孝者德一

1 5 【札】 패 찰 | 黠ㄓㄚˊ (zha) | さつ(フダ) *note*

풀이 ①패. 나무·종이·쇠 등의 얇은 조각. ¶上令尙書給筆一<漢書> ②편지. ¶書一. ③공문서. ¶朝榮承睿一<席豫> ④갑옷의 미늘. ¶徹七一焉<左氏傳> ⑤뽑다. ¶毫末不一<孔子家語> ⑥꺾다. 通 折. ¶名也者 相一也<莊子> ⑦죽다. ㉮어려서 죽다. 일찍 죽음. ¶民不夭一<左氏傳> ㉯돌림병으로 죽다. ¶國凶一<周禮> ⑧돌림병. 전염병. ¶大一.

【札記】さっき(찰기) 조목별로 적음. 또는, 그렇게 적음.

「荒一<周禮>

【札喪】さっそう(찰상) 전염병으로 죽음. ¶國之凶

【札瘥夭昏】さつさようこん(찰차요혼) 사람의 죽음. 병으로 죽음. ¶鄭國不天 寡君之二三臣一<左氏傳>

【札翰】さっかん(찰한) ①문장을 씀. 또는, 그 문장. ②편지. 書札(서찰). ¶間習尺牘一<魏書>

▷簡一, 鑑一, 改一, 開一, 落一, 名一, 毛一, 木一, 芳一, 書一, 聖一, 細一, 手一, 御一, 玉一, 夭一, 印一, 入一, 止一, 寸一, 出一, 片一, 標一

1 5 【朮】 차조 출 | 質ㄓㄨˊ (zhu) | じゅつ (モチアワ)

풀이 ①차조. 조[粟]의 한 가지. 같 秫. ¶一酒. ②삽주. 산계(山薊). 엉거시과에 딸린 여러해살이풀. 약용 식물의 한 가지. ¶白一/蒼一.

5 【朩】 部首 글자

2 6 【朹】 1 나무이름 구 | 尤 | きゅう
2 궤 궤 | 紙 | き

2 6 【机】 책상 궤 | 紙ㄐㄧˇ (ji) | き(ツクエ) *desk*

풀이 ①책상. 通 几. ¶一上. ②나무 이름. ¶一木.

【机上】きじょう(궤상) 책상 위.

【机上論】きじょうろん(궤상론) 이론뿐인 공론(空論). 卓上空論(탁상공론). 机上之論(궤상지론).

【机案】きあん(궤안) 책상. 几案(궤안).

【机下】きか(궤하) 책상 아래. 편지 겉봉의 상대편 이름 아래에 쓰는 말.

▷案一, 玉一

2 6 【朻】 굽은나무 규 | 尤 | きゅう

2 6 【朸】 나이테 력 | 職 | りょく(モクメ)

풀이 ①나이테. 연륜. ②구석. 구석진 곳.

2 6 【朴】 순박할 박 | 覺ㄆㄛˋ (po) ㄆㄨˊ (pu) | ぼく (スナオ) *simple*

풀이 ①순박하다. 꾸밈이 없음. 通 樸. ¶生而離其一<荀子>/素一. ②후박나무. ③나무 껍질. ¶秋蜩不食 抱一以長吟<王褒> ④치다. 때림. 通 扑. ¶一擊. ⑤크다. ¶一牛.

【朴鈍】ぼくどん(박둔) ①성질이 순박하고 행동이 둔함. 樸鈍(박둔). ②예리하지 못함. ¶兵刃一 弓弩不利<漢書>

【朴而不文】ぼくにしてぶんならず(박이불문) 소박하여 겉치레가 없음. ¶其民之敝 惷而愚 喬而野一<禮記>

▷簡一, 醴一, 魯一, 敦一, 素一, 疏一, 淳一, 醇一, 頑一, 愿一, 質一, 忠一, 厚一

6 【呆】 保(p. 111)의 古字

2 6 【朼】 숟가락 비 | 紙 | ひ(サジ)

2 6 【朿】 가시 자 | 寘ㄘˋ (ci) | し(トゲ)

2 6 【朾】 칠 정 | 庚ㄔㄥˊ (cheng) ㄊㄧㄥ (ting) | てい (ウツ)

풀이 ①치다. 두드림. ②쐐기. ③나무 베는 소리. 通 丁. ④땅 이름. ¶虛一. ⑤도리깨.

2 6 【朱】 붉을 주 | 虞ㄓㄨ (zhu) | しゅ(アカ) *red*

풀이 ①붉다. 붉은빛. ¶一肉. ②붉은 빛깔을 띤 물건. ¶被一佩紫<夏侯湛> ③적토(赤土). 주사(朱砂). 단사(丹砂). ④나무 이름. ¶一木. ⑤줄기. 그루터기. 通 株. ⑥연지. 화장품의 한 가지. ¶傅粉施一<顏氏家訓> ⑦난쟁이. 通 侏. ¶一儒.

【朱紐】しゅちゅう(주뉴) 옥으로 만든 붉은 단추.

【朱丹】しゅたん(주단) 붉은색.

【朱蠟】しゅろう(주랍) 편지 겉봉 같은 것을 봉하는 데 쓰는 붉은 빛깔의 밀(蜜).

【朱苓】しゅれい(주령) 단풍나무 뿌리에서 나는 버섯 종류의 한 가지. 한방에서 이뇨제(利尿劑)로 씀. 豬苓(저령).

【朱樓畫閣】しゅろうがかく(주루화각) 단청(丹靑)으로 채색한 화려한 누각. 朱欄畫閣(주란화각).

【朱笠】(주립) 융복(戎服)을 입을 때 쓰던 붉은 칠을 한 갓. 紫笠(자립).

【朱明】しゅめい(주명) ①여름의 이칭. ②해. 태양. ¶一承夜兮<楚辭> ③명(明)나라를 이르는 말.

【朱墨】しゅぼく(주묵) ①붉은 먹. ②붉은 먹과 검은 먹으로 장부에 지출과 수입을 적는다는 뜻으로, 관청에서 집무함을 이름. ③시문의 첨삭(添削). 推敲(퇴고).

【朱文公】しゅぶんこう(주문공) ☞朱熹(주희).

【朱夫子】しゅふうし(주부자) ☞朱熹(주희).

【朱砂】しゅさ(주사) 짙은 홍색의 광택이 있는 육방 정계(六方晶系)의 광물. 한방에서 약으로 쓰임.

【朱書】しゅしょ(주서) 주묵으로 글씨를 씀. 또는, 그 글씨.

【朱硯】しゅけん(주연) 주묵을 가는 작은 벼루.

【朱肉】しゅにく(주육) 인주(印朱).

【朱印】しゅいん(주인) 인주로 찍은 도장.

【朱子】しゅし(주자) 주희(朱熹)의 존칭.

【朱子學】しゅしがく(주자학) ☞性理學(성리학).

【朱雀】しゅじゃく(주작) ①28수(宿) 중 남방에 있는 성수(星宿)로, 남쪽 하늘을 지키는 신. 붉은 봉황의 형상으로 상징함. 朱鳥(주조). ②남쪽. 남방.

【朱點】しゅてん(주점) 주묵으로 찍은 점. 옛 시문에서 잘된 곳에 찍은 비점(批點) 따위.

【朱陳之好】しゅちんの(주진지 호) 옛 중국에서, 주(朱)씨와 진(陳)씨가 한마을을 이룬 적이 있으므로 양가가 대대로 통혼함을 이름.

【朱天】しゅてん(주천) 서남쪽 하늘.

【朱土】しゅど(주토) 붉은 흙. 赤土(적토).

【朱夏】しゅか(주하) 여름. 朱明(주명)①. ¶逮一而誕英<傅咸>

【朱汗】しゅかん(주한) 매우 힘이 들어 흘리는 땀. 구슬땀. ¶馬驕一落<杜甫>

【朱戶】しゅこ(주호) 붉은 칠을 한 지게문. 천자가 공로 있는 제후에게 준 구석(九錫)의 하나.

【朱熹】しゅき(주희)【人】 남송(南宋)의 유학자. 자는 원회(元晦). 호는 회암(晦庵)·회옹(晦翁)·자양(紫陽). 경학(經學)에 정통하여 송학(宋學)을 대성하였음. 주자학의 비조(鼻祖)로서 조선의 유학에 큰 영향을 끼쳤음. 저서 「자치통감강목」(資治通鑑綱目), 「근사록」(近思錄), 「사서집주」(四書集註) 등. (1130~1200).

▷丹一, 彤一, 純一, 楊一, 印一, 彫一, 堆一, 纁一

2 6 〖朶〗 늘어질 타 | [哿]ㄉㄨㄛˇ (duo) | だ(シダレル) *dangle*

풀이 ①늘어지다. 나뭇가지가 휘휘 늘어짐. ¶解語花枝嬌一一<趙師牧> ②가지에서 휘늘어진 꽃다발. ¶千一萬一壓枝低<杜甫> ③꽃송이. 꽃다발을 세는 말. ¶數一梅花. ④움직이다. 움직이게 함. ¶觀我一頤<易經> ⑤별채. 딴채. ¶一殿.

【朶雲】だうん(타운) 축 드리워진 구름이란 뜻으로, 남에게서 온 편지의 경칭.

▷萬一, 滿一, 瑤一, 雲一, 月一, 耳一, 粗一, 花一

6 〖朵〗 朶(p. 749)의 本字

2 6 〖朽〗 썩을 후 | [有]ㄒㄧㄡˇ (xiu) | きゅう(クサル) *rot*

풀이 ①썩다. 부패함. ¶茶蓼一止<詩經>/一木. ②쇠하다. 기세, 능력 등이 약해짐. ¶年一齒落<晉書> ③썩은 냄새. ¶先覺焦一<列子>

【朽壞】きゅうかい(후괴) ☞朽敗(후패).

【朽落】きゅうらく(후락) 낡고 썩어서 못 쓰게 됨.

【朽老】きゅうろう(후로) 늙어서 기력이 쇠약해짐. 또는 그런 사람. 衰老(쇠로).

【朽滅】(후멸) 썩어 없어짐.

【朽木糞牆】きゅうぼくふんしょう(후목분장) 조각할 수 없는 썩은 나무와, 칠을 할 수 없는 낡은 토담. 곧, 마음이 썩어 배우고자 하는 뜻이 없는 사람은 가르칠 수 없다는 말. 朽木糞土(후목분토). ¶朽木不可雕也 糞土之牆不可杇也<論語>

【朽月】きゅうげつ(후월) 음력 9월. ¶九月不虛爲一<黃仁傍>

【朽敗】きゅうはい(후패) 썩어서 무너지거나 깨어짐. 朽壞(후괴). ¶器物取一者<後漢書>

【朽廢】きゅうはい(후폐) 썩어서 소용이 없게 됨.

▷枯一, 老一, 腐一, 不一, 三不一, 草木俱一, 焦一, 頹一, 敗一

3 7 〖杆〗 1 지레 간 [寒]ㄍㄢ 2 나무이름 간 [翰](gan) | かん(テコ) *lever*

풀이 1 ①지레. 몽둥이. ¶槓一. ②㊥ 난간(欄干). ③방패. ㊟干. ¶披鎧一<漢書> ④쓰러진 나무. ⑤㊥ 기둥. ⑥㊛ 벼슬 이름. ¶一率. 2 나무 이름. ㉮박달나무. 단목(檀木). ㉯산뽕나무. ㊟柘.

▷鎧一, 槓一, 欄一

3 7 〖杠〗 깃대 강 | [江]ㄍㄤˋ (gang) | こう(ハタザオ) *flagpole*

풀이 ①깃대. ¶素綿韜一<爾雅> ②다리. 조그마한 다리. ¶徒一成<孟子>/一梁. ③수레 덮개 밑테두리. ¶一蓋. ④㊥ 상여를 메는 인부. ¶一夫. ⑤들다. 마주 들어올림. ㊟扛. ¶力能一鼎<漢書>

【杠蓋】こうがい(강개) 수레 위에 볕이나 비를 가리기 위하여 우산같이 둥글게 버틴 휘장. 車蓋(거개).

【杠夫】(강부)㊥ 상여를 메는 인부.

7 〖困〗 ☞口部 4획(p. 326)

3 7 〖杞〗 1 나무이름 기 [紙]ㄑㄧˇ 2 쟁기 시 [紙](qi) | き し(スキ)

풀이 1 ①나무 이름. ㉮구기자나무. ¶集于苞一<詩經> ㉯고리버들. 냇버들. 갯버들. ¶性猶一柳也<孟子> ㉰멀

구슬나무. 일설에는 소태나무. ¶一梓. ②나라 이름. 주(周)대의 나라로 우왕(禹王)의 자손이 통치하였음. 지금의 하남성(河南省) 기현(杞縣). ¶一憂. **2** ①쟁기. 가래. ②삼태기. ㉠梩.

【杞憂】きゆう(기우) 공연한 근심, 쓸데없는 걱정을 이름. 기(杞)나라 사람이 하늘이 무너지지 않을까 땅이 꺼지지 않을까 하는 걱정을 했다는 옛일에서 온 말.

【杞梓】きし(기재) 멀구슬나무와 가래나무. 모두 좋은 재목인 데서, 유용한 인재를 이름. ¶陸機陸雲 實荆衡之一<晋書>

▷苦一, 枸一, 樹一, 芭一

3 7 〖杜〗 팥배나무 두 | 㵱ㄉㄨˋ (du) | と, ず (ヤマナシ)

풀이 ①팥배나무. 감당(甘棠). 당리(棠梨). ¶有杕之一<詩經> ②막다. 닫음. 닫아 겲. ¶塞隘一津<漢書>

【杜康】とこう(두강) ①《人》 중국 고대에 처음으로 술을 만들었다는 사람. ②술의 별칭. ¶何以解憂 唯有一<魏武帝>

【杜鵑】とけん(두견) ①두견새. 두견이. 杜宇(두우). 杜魄(두백). 촉조(蜀鳥). 자규(子規). 촉도(蜀道). 귀촉도(歸蜀道). 불여귀(不如歸). ②두견화(杜鵑花).

【杜門不出】ともんふしゅつ(두문불출) 집안에만 틀어박혀 밖으로 나다니지 아니함.

【杜甫】とほ(두보)《人》 성당(盛唐) 때의 대시인. 자는 자미(子美), 호는 소릉(少陵). 이백(李白)과 더불어 이두(李杜)라 병칭되며, 두목(杜牧)에 대하여 노두(老杜)·대두(大杜)라고도 불림. 그의 시는 웅혼(雄渾), 침통(沈痛)하며, 충후(忠厚)의 정이 넘침. 저서에 「두공부집」(杜工部集) 20권. (712~770).

【杜少陵】としょうりょう(두소릉) ☞ 杜甫(두보).

【杜預】どよ(두예)《人》 서진(西晋)의 무장(武將)이며 학자. 자(字)는 원개(元凱). 오(吳)를 치는 데에 큰 공을 세웠음. 저서 「좌씨경전집해」(左氏經傳集解) 30권. (223~284).

【杜宇】とう(두우) 촉(蜀) 망제(望帝)의 이름. 죽은 후, 혼이 두견새가 되었다는 옛일에서, 두견의 별칭이 됨.

【杜絶】とぜつ(두절) 막히어 끊김. ¶交通一.

【杜撰】ずさん(두찬) 전거(典據)·출처(出處)가 없는 문자를 써서 틀린 곳이 많은 저작(著作).

【杜冲】とちゅう(두충) 두충과의 낙엽 교목. 껍질은 강장제로 쓰임.

▷老一, 大一, 小一, 要一, 李一

7 〖来〗 來(p.105)의 略字

3 7 〖李〗 오얏나무 리 | 㵱ㄌㄧˇ (li) | り(スモモ) *plum*

풀이 ①오얏나무. ¶井上有一<孟子> ②오얏. 오얏나무의 열매. ¶投我以桃 報之以一<詩經> ③다스리는 벼슬아치. ㉠理 吏. ¶皐陶爲一<管子> ④심부름꾼. 사자(使者). ㉠使. ¶行一之往來<左氏傳> ⑤마을. ㉠里.

【李唐】りとう(이당) 이연(李淵)이 세운 당(唐)이란 뜻으로, 당조(唐朝)를 이름.

【李桃】りとう(이도) 앵도(櫻桃)의 이칭. ¶櫻桃俗名一 又名柰桃<爾雅>

【李杜】りと(이두) 당(唐)의 시인인 이백·두보의 병칭.

【李杜韓柳】りとかんりゅう(이두한류) 당(唐)의 이백, 두보, 한유(韓愈), 유종원(柳宗元)의 병칭. 앞의 두 사람은 시(詩)로, 뒤의 두 사람은 문(文)으로 유명함.

【李白】りはく(이백)《人》 성당(盛唐) 때의 대시인. 자는 태백(太白), 호는 청련(青蓮). 두보(杜甫)의 시풍이 사실적(寫實的)임에 비하여, 이백은 낭만적인 경향이 농후하였음. 이백은 시선(詩仙), 두보는 시성(詩聖)이라 불림. 「이태백시집」(李太白詩集) 30권. (701~762).

【李下不正冠】りかにかんむりをたださず(이하 부정관) 오얏나무 밑에서 갓을 고쳐 쓰지 말라는 뜻으로, 의심받을 일은 피하라는 뜻. ¶瓜田不納履 一<古樂府>

▷穠一, 桃一, 鼠一, 楯一, 郁一, 夏一, 行一

7 〖杍〗 李(p.750)의 古字

3 7 〖杗〗 들보 망 | 㵱ㄇㄤˊ (mang) | ぼう (ムナギ)

7 〖呆〗 ☞ 口部 4획 (p.281)

7 〖杀〗 殺(p.820)과 同字

3 7 〖杉〗 삼나무 삼 | 㵱ㄕㄢ (shan) | さん(スギ) *cedar*

7 〖床〗 ☞ 广部 4획 (p.514)

3 7 〖束〗 **1** 묶을 속 **2** 약속할 속 ㊉추 | 㵱ㄕㄨˋ (shu) 㵱 | そく (タバネル) *bind*

源 會意. 나무[木]를 에워싸서[口] 다발을 지어 묶었다는 뜻.

풀이 **1** ①묶다. ㉮단으로 동여매다. 다발을 지음. ¶一薪. ㉯손이나 몸을 묶다. ¶一縛以刑罰<史記> ㉰여럿을 한데 모으다. ¶布於布 一於帛<漢書> ②매다. 잡아맴. ¶一馬. ③띠를 매다. ¶一帶. ④삼가다. 잡도리함. ¶一身自修<後漢書> ⑤묶음. ㉮장작, 채소 따위의 한 묶음. ¶生芻一一<詩經> ㉯포백(布帛) 5필의 한 묶음. ¶一帛. ㉰포(脯) 10조각의 한 묶음. ¶一脩之肉<穀梁傳> ㉱화살 50본의 한 묶음. ¶一矢其搜<詩經> **2** 약속하다. 언약을 맺음. ¶定要一耳<史記>

【束高閣】こうかくにつかぬ(속고각) 묶어서 높은 시렁

위에 올려 놓는다는 뜻으로, 오래도록 사용하지 않음을 이름. 束之高閣(속지고각) ¶春秋三傳—<韓愈>

【束帶】そくたい(속대) 옷을 여미는 띠. 곧, 예복을 이름.

【束縛】そくばく(속박) ①몸을 얽어맴. ②자유를 빼앗음. 억제함.

【束髮】そくはつ(속발) ①성동(成童)의 나이. 처음으로 상투를 틀고 관을 씀. ②흐트러지지 않게 머리털을 동여맴. 또는, 그렇게 한 머리.

【束帛】そくはく(속백) ①비단 5필을 각각 양끝에서 마주 말아 한 묶음으로 한 것. 옛날 나라 사이의 빙문(聘問)할 때의 예물. ¶—加璧<禮記> ②가례(嘉禮) 때 납폐로 쓰던 양단(兩端).

束帛① (名物圖)

【束手無策】そくしゅむさく(속수무책) 어찌할 도리가 없어 꼼짝 못함.

【束裝】そくしょう(속장) 행장을 차림. ¶客枕何時穩匆匆又—<陸游>

▷檢—, 結—, 拘—, 局—, 窘—, 羈—, 絡—, 迫—, 申—, 約—, 要—, 裝—, 纏—

3/7 〖杇〗 흙손 오 | 廣ㄨ (wu) | お(コテ) *trowel*

3/7 〖杌〗 위태로울 올 | 月ㄨ (wu) | ごつ *dangerous*

풀이 ①위태롭다. 위태로운 모양. 불안한 모양. ¶邦之—隉<書經> ②걸상. ¶—子. ③그루터기.

3/7 〖杅〗 1 잔 우 | 廣ㄩ (yu) | う
2 누를 우 | 遇ㄨ (wu) | (ユノミ)

※杆(p. 749)은 딴 자.

풀이 1 ①잔. 물그릇. ¶君如— 民如水<後漢書> ②목욕통. ¶出—<禮記> ③만족하는 모양. ¶——亦富人已<荀子> 2 누르다. 견제함. ¶秦得燒掇焚—君之國<史記>

3/7 〖杙〗 말뚝 익 | 職ㄧ (yi) | よく(クイ) *stake*

3/7 〖杖〗 지팡이 장 | 漾ㄓㄤ (zhang) | じょう(ツエ) *stick*

풀이 ①지팡이. ¶几—. ②짚다. 지팡이를 짚음. ¶五十—於家<禮記> ③잡다. 쥠. ¶左—黃鉞<書經> ④의지하다. ¶—義. ⑤몽둥이. 곤장. ¶大—則逃走<孔子家語> ⑥때리다. 몽둥이로 팸. ¶自—三十<晋書>/—罰. ⑦5형(刑)의 한 가지. 곤장으로 때리는 형벌. ¶—刑. ⑧창자루. ¶操—以戰<呂覽>

【杖家】じょうか(장가) 주(周)대에 50세부터 집안에서만 지팡이를 짚을 수 있도록 허락한 일. 곧, 50세를 이름.

【杖劍】じょうけん(장검) 검(劍)을 짚음. ¶黥布—以歸漢<後漢書>

【杖鼓】じょうこ(장고) 장구. 腰鼓(요고). 長鼓(장고).

【杖筇】じょうきょう(장공) 지팡이.

【杖屨】じょうく(장구) 지팡이와 짚신. 웃어른의 소지품이란 뜻으로, 어른에 대한 높임말.

杖鼓 (丹階樂器圖)

【杖國】じょうこく(장국) 나라 어디서든 지팡이 짚는 것을 허락한 나이. 곧 70세를 이름. ¶七十杖於國<禮記>

【杖毒】(장독) 형장(刑杖)을 맞은 상처에 나는 독. 또는, 그 자리가 헐어 터지는 일.

【杖流】(장류) 장형(杖刑)과 유형(流刑). 杖配(장배).

【杖罰】じょうばつ(장벌) 곤장으로 치는 형벌.

【杖殺】じょうさつ(장살) 매로 쳐서 죽임. ¶后怒—之<唐書>

【杖于國】じょううこく(장우국) ☞杖國(장국).

【杖朝】じょうちょう(장조) 조정에서 지팡이를 짚어도 괜찮다고 허락한 나이 곧 80세를 이름. ¶八十杖於朝<禮記>

【杖鄕】じょうきょう(장향) 주(周)대에, 마을에서 지팡이 짚는 것을 허락한 나이. 곧 60세를 이름. ¶六十杖於鄕<禮記>

【杖刑】じょうけい(장형) 5형(刑)의 한 가지. 곤장으로 볼기를 치는 형벌.

▷曲—, 鳩—, 毆—, 盲者失—, 錫—, 吟—, 拄—, 鐵—, 鞭—

3/7 〖材〗 재목 재 | 灰ㄘㄞ (cai) | ざい, さい (ザイモク) *timber*

풀이 通才. ①재목. 건축, 기구 등의 재료로 쓰이는 나무. ¶—貢. ②원료. ¶石—. ③자질. 성질. ¶必因其—而篤焉<左氏傳> ④재능. 재주. 수완. ¶—力. ⑤도리(道理). 길. ¶敎人不盡其—<禮記> ⑥재능이 있는 사람. ¶人—. ⑦헤아리다. 通裁. ¶治萬變 —萬物<荀子> ⑧나무의 열매. ¶掌斂疏—<周禮> ⑨보물. 재화. 通財. ¶變—. ⑩가. 변두리. ¶山之—<管子> ⑪어조사. 通哉. ¶無所取—<論語>

【材幹】さいかん(재간) ①솜씨. 手腕(수완). 才幹(재간). ②☞材木(재목).

【材官】ざいかん(재관) ①적재(適材)를 적소(適所)에 씀. ¶經緯天地 而—萬物<荀子> ②무관(武官). 무졸(武卒).

【材器】ざいき(재기) ①재능과 기량(器量). ②☞材木(재목). ③☞材幹(재간)①.

【材料】ざいりょう(재료) 물건을 만드는 감.

【材木】ざいもく(재목) 건축, 기구를 만드는 데 재료가 되는 나무. 材幹(재간)②. 材器(재기)②.

【材臣】さいしん(재신) 재능이 있는 신하. ¶豪傑—不務竭能<管子>

▷乾—, 敎—, 器—, 木—, 文—, 薄—, 凡—, 散—, 石—, 詩—, 藥—, 人—, 印—, 逸—, 資—, 梓—, 製—, 題—, 主—, 俊—, 鐵—, 取—

7 〖条〗 條(p. 771)의 俗字

3/7 【杈】 나뭇가지 차 | 廣 ㄔㄚˋ (cha) | さ(エダ) *branch*

3/7 【杕】 ①우뚝설 체 | 霽 ㄉㄧˋ (di) | てい
②키 타 | 哿 | た(カジ)

풀이 ①우뚝서다. 나무 한 그루가 우뚝 선 모양. ¶有一之杜<詩經> ②키. 배의 방향을 잡는 기구. ㉠柁.

3/7 【村】 마을 촌 | 元 ㄘㄨㄣ (cun) | そん(ムラ) *village*
㊄邨

풀이 ①마을. 시골. ¶一落. ②촌스럽다. 꾸밈이 없음. ¶一氣.

【村家】そんか(촌가) 시골 마을에 있는 집. 村舍(촌사). 「雨中牧<王維>

【村童】そんどう(촌동) 시골 아이. ¶田父草際歸一

【村落】そんらく(촌락) 시골의 부락. 村里(촌리). ¶農收一盛<元稹> 「村叟(촌수).

【村老】そんろう(촌로) 시골 늙은이. 村翁(촌옹).

【村坊】(촌방) 시골 마을. 村落(촌락).

【村婦】そんぷ(촌부) 시골에 사는 여자.

【村夫子】そんぷうし(촌부자) 시골의 글방 선생. 村學究(촌학구).

【村庄】そんしょう(촌장) 마을. 촌락. ¶桑麻掩映 儼然一一也<剪燈新話>

【村長】そんちょう・むらおさ(촌장) 한 마을을 대표하는 사람. 里長(이장).

【村中】そんちゅう(촌중) 온 마을. 한 마을의 가운데. ¶一聞有此人<陶潛>

▷江一, 孤一, 農一, 模範一, 無醫一, 僻一, 山一, 散一, 野一, 漁一, 全一, 集一, 寒一, 鄕一

3/7 【杝】 ①쪼갤 치 | 紙 ㄔˇ (chi) | ち(ワル)
②나무 이름 이 | 支 | い

풀이 ① ①쪼개다. 나뭇결을 따라 쪼갬. ¶析薪一矣<詩經> ②뻗치다. 넓힘. ¶地一其緒<太玄經> ③바자. 울. ㉣籬. ¶柴垣日一<說文> ②나무 이름. 백양(白楊) 비슷한데 관재(棺材)로 씀. ¶一棺.

3/7 【杓】 ①자루 표 | 蕭 ㄅㄧㄠ (biao) | ひょう(エ) *handle*
②구기 작 | 藥 ㄕㄠˊ (shao) | しゃく(ヒシャク) *ladle*
③표적 적 | 錫 ㄉㄧˊ (di) | てき(マト)

풀이 ① ①자루. 구기의 자루. 북두 칠성에서 자루에 해당하는 5 째에서 7 번째까지의 별. ¶斗一. ②당기다. ㉣摽. ¶劲一國門之關<淮南子> ③치다. 때림. ¶爲人一者死<淮南子> ④잡아매다. ② ①구기. 국·술 따위를 푸는 기구. ㉣勺. ¶一子. ②푸다. 술잔을 주고받음. ¶沛公不勝桮一<史記> ③길게 끌다. ¶一雲. ③표적. ㉣標. ¶一人.

【杓子】しゃくし(작자) 구기. 국자.

▷杅一, 杯一, 玉一, 蓋一, 酒一, 樽一

3/7 【杏】 살구나무 행 | 梗 ㄒㄧㄥˋ (xing) | きょう, あん (アンズ) *apricot*

풀이 ①살구나무. ¶牧童遙指一花村<杜牧> ②살구. 살구나무의 열매. ¶一仁. ③은행나무. ¶銀一.

【杏壇】きょうだん(행단) ①단(壇)의 이름. 공자(孔子)가 제자를 가르치던 당(堂)의 유지(遺址). ②학문을 가르치는 곳. 공자가 행단(杏壇) 위에 앉고 제자가 그 곁에서 강학(講學) 한 옛일에서 유래.

【杏林】きょうりん(행림) ①살구나무 숲. ②의원(醫員)의 미칭(美稱). 옛날 오(吳)의 명의(名醫) 동봉(董奉)이 병자를 치료해 준 값으로, 중환자에게는 살구나무 다섯 그루, 가벼운 환자에게는 한 그루씩을 심게 하여 이룬 숲을 동선행림(董仙杏林)이라 한 데서 유래.

【杏園】きょうえん(행원) ①살구나무 밭. ②곡강(曲江)에 있던 동산 이름. 당(唐)대에 진사에 급제한 사람에게 잔치를 베풀어 주던 곳.

【杏月】きょうげつ(행월) 음력 2월의 이칭.

【杏仁】きょうにん(행인) 살구씨의 알맹이. 진해제(鎭咳劑)로 쓰임.

【杏子木】きょうしぼく(행자목) 은행나무의 목재.

【杏花】きょうか(행화) 살구꽃. 杏華(행화). ¶一村.

▷銀一, 靑一

8 【杰】 傑(p. 131)의 俗字

4/8 【极】 길마 겁 | 葉 | きょう(ニグラ)

4/8 【枅】 두공 계·견 | 齊 | けい(マスガタ)
| 先 | けん

4/8 【杲】 밝을 고 | 皓 ㄍㄠˇ (gao) | こう(アキラカ) *bright*
㊄호

源 會意. 나무[木] 위에 태양[日]이 떠 있음을 뜻함.

풀이 ①밝다. 햇빛이 환한 모양. ¶一一出日<詩經> ②높다. ¶一乎如登於天<管子>

8 【杲】 困(p. 326)의 古字

4/8 【果】 ①실과 과 | 哿 ㄍㄨㄛˇ (guo) | か(クダモノ) *fruit*
②강신제 관 | 翰 | かん
③거북 이름 라 | 哿 ㄌㄨㄛˇ (luo) | ら

源 象形. 나무[木]에 열린 열매[⊕] 모양을 본뜸.

풀이 ① ①실과. 나무의 열매. ¶一樹. ②해내다. 이룸. ¶善者一而已<老子> ③굳세다. 용감함. ¶由也一<論語> ④결단성이 있다. ¶行必一<論語> ⑤

과연. ㉮정말. 참으로. ¶令不一往<淮南子> ㉯마침내. ¶一喪其田<國語> ㉰반드시. ¶於是弗一用<禮記> ㉱생각한 대로. ¶一至斫木下<史記> ⑥결과. ¶成一. ⑦훌륭하다. ㊂甘. ¶味一無一<國語> ⑧몸종. ㊂婐. ¶二女一<孟子> ⑨나나니벌. ㊂蜾. ¶一贏. ⑩방패. ㊂干. ¶一科. ⑪짐승 이름. ㊂猓. ¶一然. ⑫《佛》 선악의 응보. ¶因一應報. **2** 강신제(降神祭). ㊂祼. ¶一將. **3** 거북 이름. ㊂祼. ¶東龜曰一屬<周禮>

【果敢】かかん(과감) 결단성이 있고 용감함.

【果斷】かだん(과단) 일을 딱 잘라서 결정함. 果決(과결). ¶一性. 「(과수).

【果木】かぼく(과목) 과실이 열리는 나무. 果樹

【果房】(과방)㊥ 잔치 때에 음식을 장만하는 곳. 熟設間(숙설간). 「준말.

【果報】かほう(과보)《佛》 인과응보(因果應報)의

【果腹】(과복) 배불리 먹음. 滿腹(만복). ¶鱠味未嘗一<酉陽雜俎> 「열매. ¶一酒.

【果實】かじつ(과실) 과수에 열리는 열매. 나무

【果然】かぜん(과연) ①참으로 그러함. 果是(과시). ②배가 부른 모양. ¶腹猶一<莊子> ③긴꼬리원숭이. 長尾猿(장미원).

【果園】かえん(과원) 과수원(果樹園). 「살.

【果肉】かにく(과육) ①과실과 고기. ②과실의

【果毅】かき(과의) 결단성이 있고 굳셈. ¶爾衆士其尙迪一 以登乃辟<書經>

【果子】かし(과자) 과실(果實).

【果汁】かじゅう(과즙) 과실의 즙. ¶天然一.

【果下】かか(과하) 키가 작은 마소[牛馬].

【果下馬】かかば(과하마) 키가 썩 작은 말. ¶漢廏有一 高三尺<資治通鑑>

【果刑】かけい(과형) 유죄자는 반드시 처벌함. 必罰(필벌). ¶一信賞<沈亞之>

▷甘一, 剛一, 結一, 勁一, 輕一, 奇一, 茶一, 名一, 佛一, 碩一, 仙一, 善一, 實一, 惡一, 業一, 英一, 勇一, 雄一, 因一, 殘一, 珍一, 效一

4
8 〖枏〗 녹나무 남 | 㔾ㄋㄢˊ (nan) | だん, なん (クスノキ)

4
8 〖杻〗 **1** 감탕나무 뉴 | 㔾ㄋㄧㄡˇ (niu) | じゅう (モチノキ)
2 고랑 추 | 㔾ㄔㄡˇ (chou) | ちゅう (テカセ)

풀이 **1** 감탕나무. ¶山有栲 隰有一<詩經> **2** 고랑. 쇠고랑. 죄인의 손이나 발에 채우는 형구(刑具). ㊀杽. ¶一鎖.

▷加一, 鉗一, 械一, 鞭一

4
8 〖東〗 동녘 동 | 㔾ㄉㄨㄥ (dong) | とう(ヒガシ) *east*

源 會意. 아침 해[日]가 나무[木] 사이로 떠오름을 뜻함.

풀이 ①동녘. 동쪽. 오행(五行)으로는 목(木), 계절로는 봄, 오색으로는 청(靑)에 해당함. ¶一伐諸侯<史記>/一方. ②동쪽으로 가다. ¶吾亦一耳<漢書> ③주인(主人).

【東家】とうか(동가) ①동쪽에 있는 이웃. ②㊥ ㉮고용인이 주인을 이르는 말. ㉯자본가(資本家). ③☞東家丘(동가구).

【東家丘】とうかのきゅう(동가구) 사람을 알아볼 줄 모름을 이르는 말. 丘는 공자(孔子)의 이름. 東家(동가).

【東家食西家宿】とうかしょくせいかしゅく(동가식 서가숙) 일정한 주소가 없이 떠돌아다니며 얻어먹고 지내는 일. 東家食西家息(동가식 서가식).

【東觀】とうかん(동관) 한(漢)대의 궁중 서고(書庫).

【東郊】とうこう(동교) ①동쪽 교외. ②봄의 들. ③㊥ 서울의 동대문 밖. ↔西郊(서교).

【東膠】とうこう(동교) 주(周)대의 대학. 東序(동서).

【東國】とうこく(동국) ①우리 나라를 중국에 대하여 이르는 말. ¶一歲時記/一文獻備考/一輿地勝覽/一正韻/一通鑑. ②동쪽에 있는 나라. 東方(동방).

【東君】とうくん(동군) ①태양. 태양신(太陽神). ②봄의 신. ③주인. 남편.

【東宮】とうぐう(동궁) ①태자(太子). 또는, 세자(世子). ②태자의 궁(宮). 또는, 세자의 궁. 「陽). 東京(동경).

【東都】とうと(동도) 후한(後漢)의 서울 낙양(洛

【東塗西抹】とうとせいまつ(동도서말) 문필에 종사하는 사람이 자기를 낮추어 이르는 말. ¶一竊時名<元好問>

【東道主】とうどうのしゅ(동도주) 주인으로서 내방한 손의 안내를 하는 사람. 또는, 길을 안내하는 사람. 東道主人(동도주인).

【東流】とうりゅう(동류) ①동쪽으로 흐르는 물. ②중국의 강은 대개 동쪽으로 흐르므로, 강을 이름. ¶海不辭一 大之至也<莊子>

【東籬君子】とうりくんし(동리군자) 국화의 이칭.

【東問西答】とうもんせいとう(동문서답) 어떤 물음에 대하여 당치 않은 엉뚱한 대답을 함.

【東班】とうはん(동반) ①문관의 반열(班列). ↔西班(서반). ②문관(文官).

【東方】とうほう(동방) 동쪽. 「국)②.

【東邦】とうほう(동방) 동쪽에 있는 나라. 東國(동

【東方朔】とうほうさく(동방삭)《人》 한(漢) 무제(武帝) 때의 사람. 자는 만천(曼倩). 벼슬은 상시랑(常侍郞), 태중대부(太中大夫). 해학, 변설, 직간(直諫)으로 이름이 남. 서왕모(西王母)의 복숭아를 훔쳐 먹고 오래 살았다고 함. ¶三千甲子一.

【東奔西走】とうほんせいそう(동분서주) 사방으로 바쁘게 돌아다님. 東行西走(동행서주).

【東史】とうし(동사) 동국의 역사란 뜻으로, 우리 나라의 역사를 이르던 말. ¶一綱目/一年

【東司】とうし(동사)《佛》 절의 뒷간. 「表.

【東床】とうしょう(동상) 사위. 東牀(동상).

【東牀禮】(동상례)㊥ 혼례를 치른 뒤, 그 이튿날에 신랑이 신부 집에서 처족들에게 음식을 대접하는 일.

【東床廛】(동상전)㊥ 조선 때, 서울 종로 종각(鐘閣) 뒤에 있던 잡화 시장.

【東序】とうじょ(동서) ①하(夏)대의 대학. ②정침

(正寢)의 동쪽의 서(序). 序는 정당(正堂)의 동쪽과 서쪽에 있어 내외를 구분하는 담을 말함. ③동쪽 방. 東廂(동상).
【東西古今】とうざいここん(동서고금) 동양이나 서양이나 예나 지금이나. 언제 어디서나.
【東亞】とうあ(동아) 동쪽 아시아.　「岸(서안).
【東岸】とうがん(동안) 동쪽 언덕. 동쪽 기슭. ↔西
【東營】(동영) ①강원도 감영(監營)의 이칭. ②창덕궁, 경희궁의 동쪽에 있던 어영청(御營廳)의 분영(分營). ③동별영(東別營).　「沔彼流水趨一<王融>
【東瀛】とうえい(동영) 동해(東海). 東溟(동명). ¶
【東夷】とうい(동이) ①동쪽의 오랑캐. ②중국 사람들이 그들의 동쪽에 있는 이민족들을 멸시하여 이르던 말.
【東儲】とうちょ(동저) 동궁(東宮). 세자. 태자.
【東征西伐】とうせいせいばつ(동정서벌) 동서로 정벌함. 여러 나라를 이리저리 정벌함.
【東朝】とうちょう(동조) ①한(漢)의 장락궁(長樂宮). ②태후(太后)의 처소. ③태자(太子).
【東晋】とうしん(동진) 사마염(司馬炎)이 세운 진(晋)이 민제(愍帝)에 이르러 후조(後趙)에게 망하고, 사마예(司馬睿)가 강남에 세운 나라. 수도는 지금의 남경(南京). 11대 104년으로 망하였음.
【東窓】とうそう(동창) 동쪽으로 난 창. ↔西窓(서창).　「늘.
【東天】とうてん(동천) ①동쪽 하늘. ②동틀녘의 하
【東瞻西望】とうせんせいぼう(동첨서망) 동서를 조망함. 사방을 바라봄. 東眺西望(동조서망).
【東取西貸】とうしゅせいたい(동취서대) 여기저기서 빚짐.　「실패하거나 패망함.
【東敗西喪】とうはいせいそう(동패서상) 이르는 곳마다
【東風】とうふう(동풍) ①동쪽에서 불어오는 바람. ②봄바람. ¶一解凍<禮記>
【東學】とうがく(동학) ①서울에 있던 사학(四學)의 하나. ②최제우(崔濟愚)를 교조로 하는 민족 종교. 東學教(동학교). ¶一革命.
【東海揚塵】とうかいようじん(동해양진) 바다가 육지로 변함. 桑田碧海(상전벽해).
【東軒】とうけん(동헌) 고을 원이나 병사, 수사(水使) 그 밖의 수령들이 공사(公事)를 처리하던 대청이나 집.　「봄.
【東皇】とうこう(동황) ①봄의 신. 東君(동군). ②
▷江一, 關一, 極一, 近一, 南一, 大一, 山一, 遼一, 日一, 丁一, 正一, 河一, 海一, 活一

8〖來〗 ☞人部 6획(p.105)

4 8〖林〗 수풀 림 | 侵カ丨ㄣ́ (lin) | りん(ハヤシ) *forest*

源會意. 나무가 많이 늘어섬의 뜻.
풀이 ①수풀. 숲. ¶山一. ②사물이 많이 모이는 곳. ¶一藪. ③같은 동아리. ¶儒一. ④들. 야외. ¶野外曰一<詩經·注> ⑤많다. 수효가 많은 모양. ¶有壬有一<詩經>
【林間】りんかん(임간) 숲 사이. 숲 속. ¶一教室.
【林檎】りんご(임금) 능금.
【林塘】りんとう(임당) ①숲과 제방. ②숲 속의 연못.
【林林】りんりん(임림) 떼지어 모이는 모양. ¶總總而生 一而群<柳宗元>
【林立】りんりつ(임립) 죽 늘어섬.
【林府】りんぷ(임부) 물건이 많이 모여드는 곳. 林藪(임수)③. 淵藪(연수). ¶列新荑於一<揚雄>
【林產】りんさん(임산) ①임산물(林產物). ②산림의 생산에 관한 사업의 한 분야.
【林森】りんしん(임삼) 매우 많은 모양.
【林藪】りんそう(임수) ①숲. 덤불. ②초목이 우거진 시골. ③사물이 많이 모여 있는 곳. ¶斟酌道德之淵源 肴覈仁義之一<班固> ※淵藪(연수).
【林深則鳥棲】ハヤシフカケレバスナハチトリスム(임심즉 조서) 숲이 깊으면 새들이 깃들인다는 뜻으로, 인의(仁義)를 쌓으면 만물이 저절로 귀의(歸依)함을 이름. ¶一 水廣則魚游 仁義積則物自歸之<貞觀政要>
【林野】りんや(임야) ①숲과 들. ②산. 산림 지대.
【林鐘】りんしょう(임종) ①12율(律)의 하나인 여음(呂音). 6율(律:陽)과 6여(呂:陰)를 이름. ②음력 6월의 이칭. 12율 가운데 6월에 배당했기 때문임.

周寶林鐘(金石索)

【林泉】りんせん(임천) 숲과 샘이란 뜻으로, 은사(隱士)가 사는 곳을 이름.
▷桂一, 鷄一, 枯一, 喬一, 綠一, 檀一, 茂一, 文一, 密一, 芳一, 士一, 詞一, 辭一, 山一, 森一, 霜一, 書一, 禪一, 樹一, 植一, 深一, 藝一, 瑤一, 園一, 原始一, 幽一, 儒一, 字一, 淨一, 造一, 竹一, 處女一, 學一, 寒一, 翰一, 花一

4 8〖枚〗 줄기 매 | 灰ㄇㄟ́ (mei) | まい, ばい(ミキ) *stalk*

同枝
풀이 ①줄기. 나무 줄기. ¶施于條一<詩經> ②서까래. ¶雙一旣脩<何晏> ③채찍. 말채찍. 회초리. ¶以一數闔<左氏傳> ④하무. 군대에서 떠들지 못하게 군사들의 입에 물리던 가는 막대. ¶銜一. ⑤장(張). 매(枚). 종이나 널빤지 따위를 세는 단위. ¶原稿紙 五十一. ⑥낱낱이. 일일이. 하나하나 셈. ¶一卜功臣<書經>/一擧. ⑦널리. 광범히. ¶一筮之<左氏傳> ⑧점. 복서(卜筮). ¶洞曉龜一<晋書> ⑨세밀한 모양. ¶一一. ⑩희미하다. ¶勿士行一<詩經>
▷大一, 條一, 銜一

8〖枝〗 枚(p.754)와 同字
8〖柄〗 棉(p.774)과 同字

4/8【杳】 어두울 묘 [本]요 | [篠]ㅣㄠˇ (yao) ㄇㅣㄠˇ (miao) | よう(クライ) dark

[源]會意. 해[日]가 나무[木] 아래로 짐을 나타내어 어둡다의 뜻이 됨.

[풀이]①어둡다. ¶日一一西匿<張衡> ②멀다. 아득히 먼 모양. ¶一渺. ③깊숙하다. 깊고 넓은 모양. ¶一乎如入於淵<管子> ④조용하다.

【杳然】ようぜん(묘연) ①아득하고 먼 모양. ②알 길 없이 까마득함. ¶桃花流水一去 別有天地非人間<李白>

▷空一, 霧一, 深一, 天一, 靑一

4/8【枋】 [1]다목 방 [2]떼 방 [3]자루 병 | [陽]ㄈㄤ [漾](fang) [敬] | ほう(マユミ) へい(エ)

[풀이][1]①다목. 갈잎 큰키나무의 하나. ¶飛搶楡一<莊子> ②박달나무. ¶其杞其一<管子> ③어살. 어전(魚箭). ¶蜀人以木偃魚曰一<集韻> [2]①떼. 뗏목. [通]方 汸 舫. ¶乘一筆下江關<後漢書> ②[韓] 문지방. ¶一底. [3]자루. 정치의 권력. [通]柄. ¶一國.

▷界一, 蘇一

8【杯】 盃(p. 1049)의 本字

4/8【枎】 우거질 부 | [虞]ㄈㄨˊ (fu) | ふ(シゲル) grow thick

[풀이]①우거지다. 나무가 무성하여 사방으로 퍼진 모양. [通]扶. ¶遶屋樹一疎<陶潛> ②곁. 옆. ¶一枝. ③나무 이름. ¶一櫄. ④꽃받침. [같]柎.

4/8【枌】 나무 이름 분 | [文]ㄈㄣˊ (fen) | ふん

[풀이]①나무 이름. 느릅나무의 일종. 백유(白楡). ¶東門之一<詩經> ②결으로 된 들보나 마룻대. ¶一栱.

【枌楡】ふんゆ(분유) ①느릅나무. ②고향. 한(漢) 고조(高祖)가 고향인 풍(豐)에서 느릅나무로 사신(社神)을 삼은 데서 온 말. ¶後人用一爲鄕曲<事物異名錄>

4/8【枇】 [1]비파나무 비 [2]수저 비 [3]참빗 비 | [支]ㄆㄧˊ [紙](pi) [寘] | び(ビワ) loquat

[풀이][1]①비파나무. 늘푸른 큰키나무인 과수(果樹). ¶一杷. ②비파. 악기 이름. [通]琵. ¶一杷本出於胡中 馬上所鼓也<釋名> [2]수저. 숟가락. [通]匕 朼. ¶一以桑<禮記> [3]①참빗. ②빗으로 머리를 빗다. [通]比. ¶頭不一沐<後漢書>

8【牀】 ☞ 爿部 4획 (p. 965)

4/8【析】 [1]가를 석 [2]처녑 사 | [錫]ㄒㄧ (xi) [支] | せき(サク) devide し

[古]斦 [同]枬

[源]會意. 나무[木]를 도끼[斤]로 쪼갠다는 뜻.

[풀이][1]①가르다. ㉮쪼개다. ¶一薪. ㉯해부하다. ¶一才士之脛<淮南子> ㉰분석하다. ¶疑義相與一<陶潛> ②나누어지다. ¶藩國自一<漢書> ③흩어지다. 분산됨. ¶厥民一<書經> ④어그러져 벗어나다. ¶五經乖一<漢書> ⑤나뭇가지에 부는 바람 소리. ¶一一. [2]처녑. ¶脾一.

【析出】せきしゅつ(석출) 화합물을 분석하여 어떤 물질을 골라 냄.

▷開一, 乖一, 辨一, 剖一, 分一, 申一, 條一, 綜一, 通一, 判一, 割一, 解一

8【枬】 析(p. 755)과 同字

4/8【松】 솔 송 | [冬]ㄙㄨㄥ (song) | しょう(マツ) pine

[古]寀 [同]枀 梥

[풀이]솔. 소나무. 사철 변함 없이 늘 푸르므로, 절조(節操)·장수(長壽)·번무(繁茂) 등으로 비유됨. ¶千歲之一<史記>/一竹.

【松炬】しょうきょ(송거) 관솔불. 松明(송명). 松火(송화).

【松膏】しょうこう(송고) 송진. 松脂(송지). 松肪(송방).

【松菊主人】しょうきくしゅじん(송국주인) 소나무와 국화의 주인이라는 뜻으로, 은둔자를 이름. ¶將爲一 不愧陶淵明<唐書>

【松林】しょうりん(송림) 소나무 숲.

【松明】しょうめい·たいまつ(송명) 관솔불. ¶夜燒一火<蘇軾>

【松柏】しょうはく(송백) ①소나무와 잣나무. 사철 변함없이 늘 푸르므로 굳은 절개에 비유함. ②[韓] 껍질을 벗겨 솔잎에 꿴 잣. 접시에 높이 괴어 잔치나 제사상에 차림.

【松餠】(송병)[韓] 송편.

【松煙】しょうえん(송연) 소나무를 태운 그을음. 먹의 원료로 쓰임. 松煤(송매). ¶墨出靑一 筆出狡兔翰<曹植>

【松子】しょうし(송자) 솔씨. 솔방울. ¶風落收一<杜甫>

【松竹梅】しょうちくばい(송죽매) 소나무·대나무·매화. 추위를 견디는 이 셋을 세한삼우(歲寒三友)라 함. ¶後有草亭 畫一于上 曰歲寒<金鰲退食筆記>

【松下酒】(송하주) 동짓날 밤에 솔뿌리를 함께 넣고 빚어서 소나무 밑을 파고 항아리를 잘 봉하여 두었다가 이듬해 낙엽이 질 무렵에 먹는 술.

【松花】しょうか(송화) 소나무의 꽃. 또는, 그 꽃가루. 松黃(송황).

▷勁一, 古一, 孤一, 枯一, 喬一, 落葉一, 老一, 茂一, 水一, 詩一, 旅一, 連理一, 五葉一, 陸一, 長一, 赤一, 貞一, 蒼一, 靑一

8【枀】松(p. 755)과 同字

4 8【枊】말뚝 앙 ㊥ごう

4 8【枒】야자나무 아 ㊥が(ヤシ) coconut palm

4 8【枘】장부 예 ㊥ㄖㄨㄟˋ(rui) ぜい(ホゾ)

【枘鑿不相容】ぜいさくアイイレズ(예조 불상용) 네모난 자루와 둥근 구멍은 서로 맞지 않는다는 뜻으로, 의견이 본질적으로 다른 사람들끼리는 화합할 수 없음을 비유하는 말. ¶圜鑿而方枘兮 吾固知其鉏鋙而難入<楚辭>

4 8【枉】① 굽을 왕 ② 미칠 광 ㊥ㄨㄤˇ(wang) おう(マガル) crooked ㊂桂

풀이 ① ①굽다. ㉮나무가 휘다. ¶一矢. ㉯마음이 굽다. ¶能使一者直<論語> ㉰굽이지다. ¶一渚. ②굽히다. ㉮의지·기개·주장 등을 굽히다. ¶一道而事人<論語> ㉯존귀함을 굽혀 낮게 하다. ¶一臨. ③사곡(邪曲)한 사람. ¶擧直錯諸一<論語> ④굽히게 하다. 억누름. ¶侵一小民<後漢書> ⑤원죄(冤罪). ¶幽一必達<後漢書> ⑥누명을 씌우다. ¶毋或一橈<禮記> ② 미치다. ㊀狂. ¶慨塵垢之一攘兮<楚辭>

【枉駕】おうが(왕가) 남의 내방(來訪)에 대한 경칭. 枉臨(왕림). ¶使君旣一光臨<晋書>

【枉臨】おうりん(왕림) 남이 자기 있는 곳으로 오는 일의 경칭. 枉駕(왕가). 枉顧(왕고). 惠臨(혜림). 惠顧(혜고).

▷姦一, 誣一, 邪一, 阿一, 怨一, 冤一, 幽一

4 8【杬】① 나무 이름 원 ② 주무를 완 ㊥げん がん

4 8【杵】공이 저 ㊥ㄔㄨˇ(chu) しょ(キネ) pestle

풀이 ①공이. 절굿공이. ¶一臼. ②방망이. 다듬잇방망이. ¶一聲. ③달구. 둑이나 집터를 다질 때 쓰는 기구. ¶千人萬人齊把一<張籍> ④방패. ¶血流漂一<書經> ⑤㊥ 몽둥이.

【杵臼】しょきゅう(저구) 절굿공이와 절구통.

【杵臼交】しょきゅうノ(저구교) 귀천을 가리지 않고 사귀는 일.

【杵孫】(저손) 딸이 낳은 자식. 外孫(외손).

▷臼一, 急一, 繁一, 玉一, 天一, 鐵一, 促一, 槌一, 砧一

4 8【杼】① 북 저 ② 도토리 서 ③ 개수통 서 ㊥ㄓㄨˋ(zhu) ちょ(ヒ) しょ(ドングリ)

풀이 ① ①북. 베틀의 북. ¶一柚. ②얇다. ¶凡爲輪 行澤者欲一<周禮> ③말하다. 펼침. ㊀舒. ¶一情. ④길다. ¶一首. ⑤벽. 담. ㊀序. ¶諸侯疏一<尙書大傳> ② ①도토리. 떡갈나무의 열매. ¶食一栗<莊子>/一斗. ②도토리나무. ③ ①개수통. 물통. ②물을 푸다. ¶一井易水<管子>

▷機一, 弄一, 梭一, 投一

4 8【枓】① 구기 주 ② 두공 두 ㊥ㄓㄨˇ(zhu) しゅ とう

풀이 ① 구기. 물·술 따위를 푸는 기구. ¶沃水用一<禮記> ② 두공(枓栱). 지붕의 기둥 머리를 장식하기 위해 짜 올린 나무 받침. ¶一栱.

4 8【枝】① 가지 지 ② 육손이 기 ㊥ㄓ(zhi) ㊥ㄑㄧˊ(qi) し(エダ) branch き(ムツユビ)

㊈會意·形聲. 나무[木]의 줄기에서 갈라진 것[支]을 뜻함.

풀이 ① ①가지. 초목의 가지. ¶一葉. ②가지 치다. 가지가 나옴. ¶中通外直 不蔓不一<周敦頤> ③나누어지다. ㊀岐. ¶一水. ④분가(分家). ¶本一百世<左氏傳> ⑤흩어지다. ¶中心疑者 其辭一<易經> ⑥팔다리. 사지(四肢). ㊀肢. ¶爲長者折一<孟子> ⑦지지(地支). 12지(支). ㊀支. ¶寅卯爲一<廣雅>/幹一. ⑧짚다. 세움. ¶一策. ⑨버티다. 지지함. ¶一梧. ⑩버팀목. 지주(支柱). ¶漂嶢峴 而一柱<王延壽> ② 육손이. ㊁跂. ¶一指.

【枝指】しし(기지) 육손이. ¶駢拇一 出乎性哉<莊子>

【枝葉】しよう(지엽) ①가지와 잎. ②사물의 중요하지 않은 부분. ↔根幹(근간).

【枝葉相持】しようアイジス(지엽상지) 가지와 잎이 서로 받친다는 뜻으로, 자손들이 서로 도와 지지함을 이르는 말. ¶一 莫得居其虛位<漢書>

【枝梧】しご(지오) 버팀. 저항함. 枝捂(지오). 抵梧(저오). 支吾(지오). ¶諸將皆慴服 無敢一<史記>

【枝策】しさく(지책) ①지팡이를 짚음. ②지팡이를 들어 무릎을 침.

【枝解】しかい(지해) 손발을 잘라 내는 형벌. 支解(지해).

▷幹一, 嫩一, 木一, 芳一, 疎一, 垂一, 弱一, 揚一, 連理一, 條一, 宗一, 竹一, 戚一, 叢一, 寒一

8【釆】☞ 釆部 0획(p. 1525)

4 8【杪】끝 초 ㊍묘 ㊥ㄇㄧㄠˇ(miao) びょう, しょう(スエ)

풀이 ①끝. ㉮나무 끝. ¶一頭. ㉯사물·시간·철 등의 끝. ¶一春. ②작다. 가늚. ¶一一. ③빼앗다. ㊀鈔. ¶一木末<張衡>

【杪商】びょうしょう·しょうしょう(초상) 음력 9월의 이칭.

▷竿一, 木一, 分一, 歲一, 月一, 林一, 枝一, 秋一, 花一

8 〖枢〗 樞(p.789)의 略字

8 〖杍〗 杻2(p.753)와 同字

4/8 〖杶〗 참죽나무 춘 | 眞ㄔㄨㄣ (chun) | ちゅん

4/8 〖枕〗 1 베개 침 2 말뚝 침 | 寢ㄓㄣˇ 沁(zhen) | ちん(マクラ) *pillow*
俗 杌

풀이 1 ①베개. ¶高一短命/一木. ②베다. 베개삼아 벰. ¶曲肱而一之<論語> ③잠자다. 잠. ¶夜暝聞時醉一醒<薛能> ④다다르다. 임함. ¶北一大江<漢書> ⑤머리뼈. ¶一骨. 2 말뚝. 소를 매는 말뚝. ¶遶屋樹一疎<陶潛>

【枕經藉書】ちんけいしゃしょ(침경자서) 독서에 탐닉함을 이름.

【枕戈】ちんか(침과) 창을 베개삼는다는 뜻으로, 오직 마음을 국방에 두어 안면(安眠)하지 못함의 비유.

【枕肱】ちんこう(침굉) ①팔베개. ②청빈(淸貧)을 즐기는 모양.

【枕頭】ちんとう(침두) 베갯머리. 머리맡. 枕邊(침변).

【枕流漱石】ちんりゅうそうせき(침류수석) ☞漱石枕流(수석침류).

【枕木】マクラギ(침목) ①철도의 선로 밑에 까는 나무 토막. ②큰 물건을 괴어 놓는 나무 토막.

【枕屛】ちんぺい(침병) 머릿병풍. 가리개. 枕障(침장). ¶青山白雲爲一<歐陽脩>

【枕上】ちんじょう(침상) ①머리맡. ¶一片時春夢中<岑參> ②베개 위.

【枕席】ちんせき(침석) ①베개와 자리. ②잠자리.

▷警一, 孤一, 曲肱一, 羈一, 圖一, 陶一, 木一, 愁一, 安一, 鴛鴦一, 邯鄲一

8 〖杌〗 枕(p.757)의 俗字

4/8 〖杷〗 1 비파나무 파 2 줌통 파 | 麻ㄆㄚˊ (pa) 禡ㄅㄚˋ (ba) | は (ビワ) *loquat*

풀이 1 ①비파나무. ¶枇一. ②발고무래. 갈퀴 모양의 농구(農具). ¶屈竹作一<王褒> ③써레. ④고르다. 평평하게 함. ¶一土. ⑤비파. 通琶. 2 줌통. 자루. 손잡이. 通欛. ¶犀一麈尾<晋書>

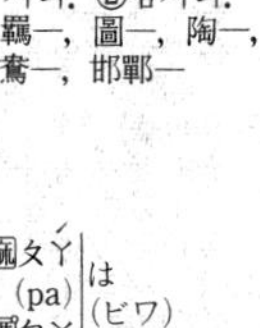
杷 車 (武備志)

【杷車】はしゃ(파거) 병거(兵車)의 한 가지. 쇠뇌를 장치한 병거.

▷枇一, 鐵一, 拖一

4/8 〖板〗 널빤지 판 | 潸ㄅㄢˇ (ban) | はん, ばん (イタ) *board*

풀이 ①널빤지. ㉮판자. ¶一橋. ㉯얇고 넓은 물건의 통칭. ¶鐵一. ②판목(板木). 같 版. ¶木一本. ③딱다기. 시각을 알리거나 신호로 치는 나뭇조각. ¶七星挂城聞漏一<李賀> ④악기의 하나인 나무로 만든 박. ¶拍一. ⑤홀(笏). 조현(朝見) 때 오른손에 쥐는 패. ¶投一棄官而去<後漢書> ⑥조서(詔書). ¶用一之恩<後漢書> ⑦직첩. 사령서. ¶府一則爲行參軍<宋書> ⑧편지. 문서. ¶發兵自防 露一上言<南史> ⑨명패. 명찰. ¶仕一. ⑩길이. 1장(丈), 8척(尺), 2척(尺). ¶不沈者三一耳<戰國策> ⑪배반하다. ¶上帝一一<詩經>

【板刻】はんこく(판각) 글씨나 그림을 나무판에 새김.

【板刻本】はんこくぼん(판각본) 판목으로 찍은 책.

【板橋】はんきょう(판교) 널다리.

【板木】はんぎ(판목) 인쇄하기 위하여 글자나 그림을 새긴 나무판. 板本(판본).

【板門】(판문) 中 판자로 만든 문.

【板本】はんぽん(판본) 판목으로 인쇄한 책. 板刻本(판각본). ↔寫本(사본).

【板書】ばんしょ·イタガキ(판서) 칠판에 글자를 씀. 또는, 그 글씨.

【板子】はんし(판자) ①널빤지. 松板(송판). ②옛날, 죄인을 치던 대쪽.

【板蕩】はんとう(판탕) 나라가 어지러워 흔들림. ¶王室一 生民塗炭<庾信>

▷看一, 甲一, 乾一, 露一, 漏一, 木一, 苗一, 拍一, 石一, 數一, 玉一, 詔一, 珠一, 鐵一, 出一, 漆一, 平一, 響一, 活一, 黑一

4/8 〖柿〗 대팻밥 폐 | 隊 | はい(コケラ)

8 〖柹〗 杮(p.757)의 俗字

4/8 〖杭〗 1 건널 항 2 막을 항 本 강 | 陽ㄏㄤˊ (hang) 漾 | こう (ワタル) *traverse*

풀이 1 ①건너다. 물을 건넘. 같 航. ¶一葦一之<詩經> ②배. 나룻배. ¶一絶浮渚<史記> ③고을 이름. ¶一州. 2 막다. 같 抗.

▷餘一, 一葦一, 天一

4/8 〖枑〗 가로막이 호 | 遇ㄏㄨˋ (hu) | ご

5/9 〖柯〗 가지 가 | 歌ㄎㄜ (ke) | か(エダ) *branch*

풀이 ①가지. 나뭇가지. ¶一葉. ②줄기. 초목의 줄기. ¶濯靈芝以朱一<張衡> ③자루. 도끼자루. ¶伐一如何<詩經> ④바리. 밥그릇. ¶衛人用一<荀子> ⑤모밀잣밤나무. ¶一木.

▷高—, 喬—, 繁—, 伐—, 斧—, 霜—, 修—, 庭—, 條—, 枝—, 直—, 寒—, 橫—

5 9 〖枷〗 1 도리깨 가 | 麻ㄐㄧㄚ | か
2 횃대 가 | 禡(jia) | (カラサオ)

源 會意·形聲. 널어 놓은 곡식에 나무[木]를 가[加]한다는 데서 도리깨질을 뜻함.

풀이 1 ①도리깨. ¶夜連—響到明<范成大> ②칼. 형틀의 한 가지. ¶—鎖. ③칼[項鎖]을 씌우는 형벌. 通架. ¶—囚. 2 횃대.

▷械—, 連—, 椸—

枷②
(三才圖會)

5 9 〖架〗 시렁 가 | 禡ㄐㄧㄚˋ | か(タナ)
(jia) | *shelf*

俗 㮇

源 會意·形聲. 덧걸쳐[加] 맨 나무[木]를 뜻함.

풀이 ①시렁. ¶書—. ②횃대. 通枷. ¶衣—. ③도리[桁]. ¶門三間五—<唐書> ④말뚝. ¶竹種時斬去梢 仍爲—扶之<種樹書> ⑤잠자리. 침대. ¶曉安朱—<陶翰> ⑥건너지르다. ¶—空. ⑦얽다. 얽어 만듦. ¶—屋. ⑧훨씬 뛰어나다. 능가함. ¶專相淩—<鍾嶸>

【架空】かくう(가공) ①공중에 가로 건너지름. ②근거가 없음. ¶—的.

【架橋】かきょう(가교) 다리를 놓음. 또는, 놓은 다리.

【架子】かし(가자) ①선반. ②韓 편경(編磬)·편종(編鐘) 따위를 달아놓는 틀.

【架槽】かそう(가조) 나무로 만든 홈통.

▷結—, 戟—, 懶—, 擔—, 燈—, 書—, 石—, 十字—, 玉—, 屋—, 衣—, 銃—, 屧—, 筆—

5 9 〖柬〗 가릴 간 | 潸ㄐㄧㄢˇ | かん(エラブ)
(jian) | *select*

源 會意. 묶은 것[束]을 풀어 헤쳐 [八] 가려낸다는 뜻.

풀이 ①가리다. 분간하다. 通揀 簡. ¶—理. ②편지. 通簡. ¶大勝詩客裁成—<皮日休>

【柬理】かんり(간리) 사리의 마땅한 바를 분간하여 가림. ¶安燕而血氣不惰 —也<荀子>

▷禮—, 婚—

5 9 〖柑〗 1 감자나무 감 | 覃ㄍㄢ | かん
2 재갈먹일 겸 | 鹽(gan) | (コウジ)

풀이 1 감자나무. 늘푸른 큰키나무. 열매는 약재로 씀. ¶—子. 2 ①재갈먹이다. 재갈. 通箝 鉗 拑. ¶—馬而秣之<公羊傳> ②입을 다물다. 通鉗. ¶畏刑—口<漢書>

▷金—, 蜜—, 乳—, 甜—, 黃—

5 9 〖柜〗 1 고리버들 거 | 語ㄐㄩˇ | きょ
2 낙수물통 구 | 虞(ju) | く

풀이 1 ①고리버들. 기류(杞柳). ¶—柳. ②고을 이름. ¶—縣. 2 ①낙수 물통. ¶— 受居溜水涑橐者也<周禮·注> ②느티나무. ¶—格. ③산 이름. ¶—山.

5 9 〖柧〗 1 모 고 | 虞ㄍㄨ | こ(カド)
2 韓 욋가지 외 | (gu) | *corner*

풀이 1 ①모. 모서리. 通觚. ¶漢興破—爲圜<史記> ②술잔. ¶鎌—. 2 韓 욋가지. 외를 엮는 나뭇가지. 같 椳.

5 9 〖枯〗 마를 고 | 虞ㄎㄨ | こ(カレル)
(ku) | *wither*

源 會意·形聲. 오래[古] 된 나무[木]는 말라 죽게 마련이므로, 마르다의 뜻이 됨.

풀이 ①마르다. ㉮초목이 마르다. ¶—木. ㉯물이 마르다. ¶—渴. ㉰야위다. 수척함. ¶形容—槁<楚辭> ②죽다. ¶一將功成萬骨—<曹松> ③비다. 오래 됨. ¶—城. ④마른 나무. 말라 죽은 나무. ¶已獨集于—<國語> ⑤거칠다. 같 鹵. ¶—耕. ⑥기시(棄市)하다. ¶—磔.

【枯渴】こかつ(고갈) 물이 바짝 마름. 枯涸(고학).

【枯骨】ここつ(고골) ①죽은 사람의 썩은 뼈. ②죽은 사람. 枯骸(고해).

【枯淡】こたん(고담) ①욕심이 없고 담담함. ¶甘— 樂施與<宋史> ②서화, 문장, 성격 등이 산뜻하여 아취가 있음.

【枯木生花】こぼくハナヲしょうズ(고목생화) 마른 나무에 꽃이 핀다는 뜻으로, 불우했던 사람이 행운을 만나거나, 늙은 사람이 생기를 되찾음을 이름. 枯木華開(고목화개).

【枯死】こし(고사) 말라 죽음. ¶—木.

【枯蟬】こせん(고선) 매미의 벗은 허물. 한약재로 쓰임. 蟬退(선퇴). 蟬蛻(선태).

【枯楊生稊】こようていヲしょうズ(고양생제) 늙은 버드나무에 새 움이 돋는다는 뜻으로, 노인이 젊은 부인을 얻음을 이름. ¶— 老夫得其女妻<易經>

【枯楊生華】こようハナヲしょうズ(고양생화) 마른 버드나무에 꽃이 핀다는 뜻으로 늙은 여자가 자기보다 젊은 남편을 얻음을 이름. ¶— 老婦得其士夫<易經>

【枯葉】こよう(고엽) 마른 잎. 시든 잎. ¶—落古社<庾肩吾>

▷乾—, 槁—, 傷—, 魚—, 榮—, 凋—, 偏—, 涸—

5 9 〖柺〗 지팡이 괘 | 蟹ㄍㄨㄞˇ | かい(ツエ)
(guai) | *stick*

5 9 〖枸〗 1 호깨나무 구 | 虞ㄐㄩˇ | く
2 구기자나무 구 | 有(ju) | *raisin*
3 굽을 구 | 尤

풀이 1 ①호깨나무. 갈잎 큰키나무. ¶南山有—<詩經> ②구연. 레몬. ¶—櫞. 2 구기자 나무. ¶—杞. 3 ①굽다. 구부정함. ¶—木. ②탱자나무. ¶—橘.

【枸杞茶】(구기다) 구기자차.

【枸杞子】くこし(구기자) 구기자나무의 열매. 강장제(強壯劑)로 씀.
▷株―, 枳―

5 9 〖柩〗 널 구 | 宥 ㄐㄧㄡˋ (jiu) | きゅう(ヒツギ) coffin

풀이 널. 관(棺).
▷棺―, 返―, 靈―, 運―, 出―

9 〖枏〗 柟(p. 753)의 俗字

5 9 〖柰〗 능금나무 내 | 泰 ㄋㄞˋ (nai) | だい, ない (カラナシ) *crab apple*

풀이 ①능금나무. ¶二―曜丹白之色<潘岳> ②어찌. 어떻게. 어찌하랴. 通那如. ¶―何.

【柰桃】だいとう(내도) 산앵도나무의 이칭.
【柰苑】だいえん(내원) 절의 이칭. 낙양(洛陽)의 백마사(白馬寺)에 능금나무가 많았던 데서 온 말.
【柰何】イカン(내하) 어떻게. 어찌하여. 如何(여하). 若何(약하). ¶爲人上者―弗敬<書經>
【柰何木】だいかぼく(내하목) 성을 지키는 무기. 성을 기어오르는 적을 물리칠 때 쓰임.
▷丹―, 何―

5 9 〖柅〗 무성할 니 | 紙 ㄋㄧˊ (ni) | じ *thick*

풀이 ①무성하다. 무성한 모양. ¶總莖――<左思> ②살피다. 명찰(明察)함. ¶楗―姦冒<唐書> ③수레바퀴의 제어 장치. 또는, 얼레. 같尼. ¶繫于金―<易經>

5 9 〖柮〗 1 마들가리 돌 | 月 | とつ
2 가지없는 나무 올 | 月 | ごつ

5 9 〖柃〗 나무 이름 령 | 青 | れい

5 9 〖柳〗 버들 류 | 有 ㄌㄧㄡˇ (liu) | りゅう(ヤナギ) *willow*
本桺 同栁

풀이 ①버들. 버드나무의 총칭. ¶―腰. ②별자리 이름. 28수(宿)의 하나. ¶今反在―三度<後漢書>/―宿. ③모이다. ¶秋祀―穀華山<尙書大傳> ④수레 이름. ¶―車. ⑤상여를 꾸미는 덮개. ¶葬引飾棺以―翣<禮記>

【柳車】りゅうしゃ(유거) ①폭이 넓은 수레. ②상여. 장사 때 쓰는 수레. 靈柩車(영구차). ③장사지낼 때 시체를 실어 소가 끌던 큰 수레. 우리 나라에서는 조선 때 세종의 비(妃) 소헌왕후(昭憲王后)의 국상(國喪) 때부터 이를 폐지하고 상여를 썼음.
【柳京】(유경) 평양(平壤)의 이칭.
【柳綠花紅】ヤナギハミドリハナハクレナイ(유록화홍) ①버들은 푸르고 꽃은 붉음. ②자연 그대로의 상태로서 인공이 가해지지 않은 일. ¶―眞面目<蘇軾>
【柳眉】りゅうび(유미) 버들잎같이 가늘고 아름다운 눈썹. 미인의 눈썹을 이름. 柳葉眉(유엽미). 娥眉(아미). ¶―輕吐效嚬葉<李商隱>
【柳絮】りゅうじょ(유서) ①버들개지. 봄날에 날리는 버들 솜. 柳綿(유면). ②눈[雪]의 형용. ¶黎雲―共微范 春色園林―色芳<陳樵>
【柳星】りゅうせい(유성) 별의 이름. 28수(宿)의 하나. ¶話舊還惆悵 天南望―<劉禹錫>
【柳眼】りゅうがん(유안) 버드나무의 새싹. ¶春生―中<元稹>
【柳暗花明】りゅうあんかめい(유암화명) 버들은 무성하여 어둡고, 꽃의 빛깔은 밝다는 뜻. 시골의 아름다운 봄 경치를 이름. ¶柳暗百花明 春深五鳳城<王維>
【柳營】りゅうえい(유영) 장군의 진영. 또는, 장군의 집. 細柳營(세류영).
【柳腰】りゅうよう(유요) ①하늘거리는 버들 가지. ②미인의 가는 허리. 細腰(세요).
【柳態】りゅうたい(유태) 버드나무 가지와 같은 고운 맵시. 곧, 미인의 자태. ¶似逐春風知―<柳淡>
【柳巷】りゅうこう(유항) ①버드나무가 있는 번화한 거리. ¶―還飛絮<韓愈> ②화류계(花柳界). 色鄕(색향). 遊廓(유곽).
【柳巷花街】りゅうこうかがい(유항화가) 유곽(遊廓).
▷杞―, 未央―, 細―, 垂―, 岸―, 楊―, 折―, 堤―, 枝垂―, 青―, 蒲―, 河―, 花―

9 〖栁〗 柳(p. 759)와 同字

5 9 〖某〗 1 아무 모 | 有 ㄇㄡˇ (mou) | ぼう(ソレガシ) *someone*
2 매화나무 매 | 灰 | ばい(ウメ)

源 **會意**. 단[甘] 열매를 맺는 매화나무[木]라는 뜻. 사람·사물·장소 등에 쓰는 대명사.

풀이 1 ①아무. 아무개. ㉮호칭을 알 수 없는 사람·사물·장소 등을 나타내는 대명사. ¶使勇士―者<公羊傳> ㉯누구라고 이름을 밝히지 않고 가리키는 말. ¶惟爾玄孫―<書經>/――. ㉰이름 대신 성 아래에 쓰는 말. ¶李―. ㉱옛날, 유가(儒家)에서 성현(聖賢) 이름을 바로 부르기를 꺼리어 쓴 호칭. 「孔丘」를 「공모」, 「朱熹」를 「주모」로 읽었음. ②어느. 어느 것. 어느 일. 어느 곳. ¶問品味 子亟食於―乎<禮記> ③자기의 겸칭. ¶蘇仙公白母曰 ―受命當仙 被召有期<神仙傳> ④꾀하다. 꾀. 通謀. ¶某有子―<禮記> 2 매화나무.

【某國】ぼうこく(모국) 어느 나라. 아무 나라.
【某年】ぼうねん(모년) 어느 해. 아무 해.
【某某】ぼうぼう(모모) 아무아무. 누구누구. 某也某也(모야모야).
【某甫】ぼうほ(모보) 아무씨. 甫는 남자의 미칭(美稱).
【某時】ぼうじ(모시) 아무 시간. 아무 때.

【某也某也】(모야모야) ☞某某(모모).
【某月】ぼうげつ(모월) 아무 달.
【某人】ぼうじん(모인) 아무 사람. 아무개.
【某日】ぼうじつ(모일) 아무 날.
【某種】ぼうしゅ(모종) 아무 종류. 어떤 종류.
【某處】ぼうしょ(모처) 아무 곳. 아무 데. 某地(모지).

5/9〖柈〗 쟁반 반 | 寒 | はん(ハチ) *tray*

5/9〖柸〗 원망할 배 | 灰 | はい(ウラム)

5/9〖柏〗 측백나무 백 | 陌 ㄅㄞˇ(bai) ㄅㄛˊ(bo) | はく(カシワ)
㊗栢

풀이 ①측백나무. 측백과 편백(扁柏)의 총칭. ¶一葉酒. ②㊗韓 잣나무. ¶一葉茶. ③닥치다. ㊗通 迫. ¶一冬日＜史記＞ ④크다. ㊗通 伯. ¶一車.
【柏臺】はくだい(백대) ①어사대(御使臺)의 이칭. 한(漢)의 어사부 구내에 측백나무를 심은 데서 유래. ②청(淸)대 안찰사(按察使)의 이칭.
【柏梁臺聯句】はくりょうだいれんく(백량대 연구) 전한(前漢) 무제(武帝)가 백량대의 낙성 잔치 때, 신하들을 모아 짓게 한 칠언고시(七言古詩). 매구마다 운(韻)을 단 것으로 칠언시(七言詩) 중 가장 오래 되었음. 그 시체를 백량체라 함.
【柏梁體】はくりょうたい(백량체) ☞柏梁臺聯句(백량대 연구).
【柏葉壽】はくようじゅ(백엽수) 장수(長壽). 松柏壽(송백수).
【柏葉酒】はくようしゅ(백엽주) 측백나무나 편백나무의 잎을 담가 우려낸 술. 柏酒(백주). ¶聊開一＜庾肩吾＞
【柏子仁】(백자인) 측백나무 열매의 씨.
▷石一, 雪中松一, 松一, 水一, 竹一, 叢一, 側一, 稚一, 扁一, 香一

5/9〖柄〗 자루 병 | 敬 ㄅㄧㄥˇ(bing) | へい(エ) *handle*

풀이 ①자루. 손잡이. ¶斗一. ②근본. ¶德之一也＜易經＞ ③권세. 권력. ¶權一. ④거리. 재료. 밑절미. ¶講席邀談一＜孟浩然＞
▷國一, 權一, 談一, 斗一, 文一, 民一, 兵一, 笑一, 二一, 政一, 朝一, 刑一, 話一

5/9〖柎〗 1 뗏목 부 | 虞 ㄈㄨ(fu) | ふ(イカダ) *raft*
2 줌통 부 | 麌
3 붙일 부 | 遇

풀이 1 ①뗏목. 떼. ㊗通 泭 桴. ¶一機. ②꽃받침. ¶圓葉而白一＜山海經＞ 2 ①줌통. ㊗通 拊. ¶有一焉＜周禮＞ ②기대다. 의지함. ¶父母一枝而論＜孟子＞ 3 붙이다. 따름. ㊗通 坿. ¶以魁一之＜儀禮＞
▷撥一, 兪一, 車一

5/9〖柲〗 자루 비 | 寘 ㄅㄧˋ(bi) | ひ(エ) *handle*

풀이 ①자루. 손잡이. ¶戈一. ②도지개. 활을 바로잡는 틀. ¶弓有一＜儀禮＞ ③나무가 서 있다. ¶一丘.

5/9〖柶〗 숟가락 사 | 寘 ㄙˋ(si) | し(サジ) *spoon*

풀이 ①숟가락. ¶飮醴用一者糟也 不用一者漿也＜周禮＞ ②㊗韓 윷가락. ¶擲一.

5/9〖柤〗 1 난간 사 | 麻 ㄓㄚ(zha) | さ
2 도마 조 | 語 | しょ

풀이 1 ①난간. 나무로 만든 난간. ②보(洑). 방죽. 둑. ③풀명자나무. ㊗通 樝. ¶洞庭之山多一＜山海經＞ ④탕약을 짠 찌꺼기. 2 ①도마. ㊗通 俎. ¶爵鹿一柸＜韓勅碑＞ ②거칠다. 대강. ㊗通 粗. ¶百度之缺一修＜陸機＞

5/9〖查〗 조사할 사 | 麻 ㄔㄚˊ(cha) ㄓㄚ(zha) | さ(シラベル) *seek out*

풀이 ①조사하다. 사실함. ¶檢一. ②떼. 뗏목. ㊗通 槎 楂. ¶巨一浮于西海＜拾遺記＞ ③풀명자나무. ㊗通 樝 柤. ¶山一. ④찌꺼기. ㊗通 渣. ¶無因淨一滓＜張憲＞ ⑤㊗韓 사돈.
【查家】(사가)㊗韓 사돈집.
【查頓】(사돈)㊗韓 ①혼인한 두 집의 부모끼리 부르는 말. ②혼인으로 맺어진 인척 관계. 姻親(인친).
【查問】さもん(사문) 조사하여 따져 물음.
【查夫人】(사부인)㊗韓 사돈댁의 존칭.
【查丈】さじょう(사장) ①검사함. ②㊗韓 사돈 어른의 존칭.
【查定】さてい(사정) 조사하여 결정함.
【查弟】(사제)㊗韓 친사돈끼리 자기를 일컫는 겸칭.
【查察】ささつ(사찰) 조사하여 살핌.
▷監一, 檢一, 內一, 踏一, 搜一, 審一, 調一, 探一

9〖柗〗 柖(p. 760)와 同字
9〖相〗 耜(p. 1216)와 同字
9〖相〗 ☞目部 4획(p. 1059)
9〖桒〗 桑(p. 766)과 同字

5/9〖栍〗 ㊗韓 찌 생

풀이 ①찌. 찌지. 표지(標識). ②제비. ¶抽一. ③장승. ¶長一.

9〖枀〗 松(p. 755)과 同字

5/9〖柹〗 감나무 시 | 紙 ㄕˋ(shi) | し(カキ) *persimmon*

㊍柹 ㊗柿

풀이①감나무. ¶—葉. ②감. 감나무의 열매. ¶紅—.

【柹雪】(시설) 곶감 거죽에 생기는 흰 가루.

【柹蔕】(시체) 감의 꼭지. 딸꾹질을 멈추게 하는 약재로 씀.

▷乾—, 霜—, 樽—, 紅—, 烘—, 黑—

9〖柿〗柹(p.760)의 俗字

9〖枾〗柹(p.760)의 本字

5 9〖枲〗 모시풀 시 | [紙]ㄒㄧˇ (xi) | し(カラムシ) *rami plant*

풀이①모시풀. 줄기의 껍질에서 실을 뽑아 모시를 짬. ¶岱畎絲—<書經> ②삼. ¶—麻.

5 9〖柴〗 1 섶 시, ㊍재 | [佳]ㄔㄞˊ (chai) | さい(シバ) *brushwood*
2 울짱 채 | [卦]ㄓㄞˋ (zhai) | さい
3 가지런하지 않을 치 | [支]ㄘ | し
4 쌓을 자 | [寘](ci) | し(ツム)

풀이1 ①섶. ㉮잎나무·풋나무 등 잡목. ¶—池. ㉯물거리. 땔나무. ¶—奴. ②거칠다. 꾸밈이 없음. ¶—車. ③제사 이름. 섶을 불살라서 하늘에 고하는 제사. ¶至于岱宗—<書經> ④막다. 수비함. ¶—箕子之門<淮南子> 2 울짱. 울타리. 목책(木柵). ¶鹿—. 3 가지런하지 않다. ¶——. 4 쌓다. 쌓임. ¶助我擧—<詩經>

【柴車】さいしゃ(시거) ①장식이 없는 수레. ②낡은 수레.

【柴糧】さいりょう(시량) 땔나무와 양식. 柴米(시미).

【柴門】さいもん(시문) ①사립문. ②문을 닫음. 杜門(두문). ¶抗志—<晋書>

【柴炭】さいたん(시탄) 땔나무와 숯. 薪炭(신탄).

【柴戶】さいこ(시호) 누추한 집, 가난한 집을 이름.

▷郊—, 茅—, 藩—, 薪—

5 9〖枿〗 그루터기 얼 | [屑]ㄋㄧㄝˋ (nie) | げつ

풀이①그루터기. ¶巨—. ②움. ㊌櫱. ¶槎—. ③파편. ¶手鋤姦—<石介>

5 9〖染〗 물들일 염 | [琰]ㄖㄢˇ (ran) | せん(ソメル) *dye*

㊗染

源會意. 나무[木]에서 뽑아 낸 진[氵]에 여러 번[九] 천을 적신다는 뜻.

풀이①물들이다. 염색함. ¶—料. ②적시다. 액체에 담금. ¶—筆. ③쓰다. 그리는 일. ¶揮—. ④더럽히다. ¶轉相誣—<後漢書> ⑤바르다. 색칠함. ¶割鮮—輪<史記> ⑥물들다. ㉮염색 되다. ¶柳—輕黃已蘸溪<陸游> ㉯감화되어 달라지다. ¶舜—于許由伯陽<呂覽> ⑦때묻다. 더럽혀짐. ¶誤—京華塵<馬臻> ⑧옮다. 질병에 걸림. ¶傳—. ⑨익숙해지다. ¶漸—朝事<後漢書> ⑩더러움. 물들어 더러워짐. ¶—心. ⑪스미다. 스며듦. ¶陶—成俗<北史>

【染料】せんりょう(염료) 염색 원료. 물감.

【染病】(염병) ①병에 감염됨. ②장티푸스. 전염병.

【染絲】せんし(염사) ①실에 물을 들임. 또는, 색실. ②감화(感化)됨의 비유. ¶墨翟悲於—<顔氏家訓>

【染色】せんしょく(염색) 피륙 따위에 물을 들임. ¶丹漆—不貞<呂覽>

【染愛】ぜんあい(염애) 깊은 자애(慈愛). ¶—浩無際<白居易>

【染汚】せんお①·ぜんま②(염오) ①더러움에 물듦. ②《佛》모든 번뇌를 이름.

【染草】せんそう(염초) 염료가 되는 풀. 또는, 염료.

【染筆】せんぴつ(염필) 붓에 먹이나 물감을 묻혀 그리거나 글씨를 씀. 染翰(염한).

▷感—, 舊—, 捺—, 世—, 心—, 愛—, 汚—, 濡—, 傳—, 漸—, 點—, 織—, 塵—, 遷—, 沾—, 浸—, 薰—, 揮—

9〖栄〗榮(p.784)의 略字

9〖荣〗榮(p.784)의 俗字

5 9〖柍〗 1 나무이름 영 | [庚]ㄧㄤ | えい
2 가운데 앙 | [漾](yang) | おう

풀이1 나무 이름. ㉮매화나무. ㉯살구나무. 2 가운데. 중앙. ㊌央. ¶日月纔經於—棖<漢書>

5 9〖枻〗 1 노 예 | [霽]ㄧˋ (yi) | えい(カイ)
2 도지개 설 | [屑] | せつ

풀이1 ㊌栧. ①노. ¶鼓—而去<楚辭> ②키. 배의 키. 2 도지개. 활을 바로잡는 틀. ¶接人則用—<荀子>

▷蘭—, 艪—

5 9〖柔〗 부드러울 유 | [尤]ㄖㄡˊ (rou) | じゅう(ヤワラカイ) *soft*

源會意. 창[矛]자루로 쓰는 탄력성 있는 나무[木]란 뜻.

풀이①부드럽다. 화평하고 순함. ¶外—內剛. ②약하다. 여림. ¶—情綽態<曹植> ③좇다. 복종함. ¶我且—之矣<左氏傳> ④편안하게 하다. ¶—遠人<中庸> ⑤사랑하다. ¶—惠. ⑥쌍일(雙日). ¶—日.

【柔能制剛】じゅうよくごうをせいす(유능제강) 유(柔)가 강(剛)을 제압할 수 있음. ¶— 弱能制強<三略>

【柔範】じゅうはん(유범) ☞柔訓(유훈). ¶體—而弘六義<晋書>

【柔順】じゅうじゅん(유순) 성질이 부드럽고 온순함. ¶—利貞<易經>

【柔握】じゅうあく(유악) 미인의 부드럽고 고운 손.

【柔弱】じゅうじゃく·にゅうじゃく (유약) 몸이나 마음이 약함. ↔剛毅(강의).

【柔茹剛吐】じゅうじょごうと (유여강토) 부드러운 것은 삼키고 딱딱한 것은 뱉는다는 뜻으로, 약한 자를 누르고 강한 자를 두려워함. ¶人亦有言 柔則茹之 剛則吐之<詩經> ※甘呑苦吐(감탄고토).

【柔軟】じゅうなん·にゅうなん (유연) 부드럽고 연함.

【柔日】じゅうじつ (유 일) 10간(干)의 을(乙)·정(丁)·기(己)·신(辛)·계(癸)가 되는 날. ↔剛日(강일).

【柔劑】じゅうざい (유제) 유하게 다스리는 약제. ↔剛劑(강제).

【柔兆】じゅうちょう (유조) ①태세(太歲) 천간(天干)에 병(丙)이 든 해. ②천간의 병(丙)의 별칭.

【柔翰】じゅうかん (유한) 붓의 이칭. ¶弱冠弄— 卓犖觀群書<左思>

【柔和】じゅうわ (유화) 성질이 부드럽고 온화함.

【柔訓】じゅうくん (유훈) 부녀자에 대한 교훈. 柔範(유범). 女訓(여훈). 內訓(내훈).

▷剛—, 經—, 寬—, 猫—, 善—, 弱—, 温—, 擾—, 陰—, 仁—, 直—, 輯—, 摧—, 和—, 懷—

5 9 〖柚〗 1 유자나무 유 / 2 바디 축 | 宥 ㄧㄡˋ (you) / 屋 ㄓㄨˊ (zhu) | ゆう(ユズ) *citron* / ちく(タテマキ)

풀이 1 유자나무. ¶厥包橘—<書經> 2 바디. 베틀이나 가마니틀 따위에 딸린 기구의 한 가지. 通軸. ¶杼—其空<詩經>

【柚子】ゆず·ゆうし (유자) 유자나무의 열매.

▷橘—, 鐳—, 橙—, 杼—, 臭—

9 〖柂〗 杝(p.752)·柁(p.763)와 同字

5 9 〖柘〗 산뽕나무 자 | 禡 ㄓㄜˋ (zhe) | しゃ(ヤマグワ)

풀이 ①산뽕나무. 산상(山桑). ¶—絲. ②적황색. ¶錦州副使著—黃<杜甫> ③사탕수수. 通蔗. ¶諸—.

【柘黃】(자황) 산뽕나무에서 우려 낸 황적색. 또는, 그 물감을 들인 옷. 임금이나 고귀한 사람의 옷.

5 9 〖柞〗 1 떡갈나무 작 / 2 벨 책 | 藥 ㄗㄨㄛˋ (zuo) / 陌 | さく(ハハソ) / さく(キル)

풀이 1 ①떡갈나무. 작목(柞木). ¶維—之枝<詩經> ②상수리나무. ¶—棫. 2 ①베다. 초목을 벰. 通槎. ¶載芟載—<詩經> ②올가미. 덫. ¶—格.

9 〖柠〗 楮(p.780)와 同字

5 9 〖柢〗 뿌리 저 | 薺 ㄉㄧˇ (di) | てい(ネ) *root*

풀이 ①뿌리. ㉮나무의 뿌리. ¶深根固—<老子> ㉯근본. 기초. ¶根—. ②뿌리를 내리다. 바탕으로 삼아 생겨남. ¶萌—疇昔<左思>

▷根—, 深根固—, 株—

5 9 〖柊〗 나무 이름 종 | 東 ㄓㄨㄥ (zhong) | しゅう

풀이 ①나무 이름. 파초 비슷한 나무. ¶—葉. ②메. 물건을 다질 때 씀.

5 9 〖柱〗 1 기둥 주 / 2 버틸 주 | 麌 ㄓㄨˋ (zhu) / 遇 | ちゅう(ハシラ) *pillar*

풀이 1 ①기둥. ㉮어떠한 물건을 밑에서 위로 곧게 받치거나 버티는 것의 총칭. ¶天—析 地維絕<史記> ㉯한 집안, 한 단체, 한 나라의 의지가 될 만한 것이나 사람. ¶—國. ②기러기발. 현악기의 줄 밑에 괴어 줄의 소리를 고르는 데에 쓰는 부속품. ¶膠—而鼓瑟<史記> ③줄기. ¶潤石還侵—<張正見> 2 ①버티다. 굄. ¶鼎也 不可以—車<韓愈> ②막다. 통하지 못하게 함. ¶藜藿—乎鼪鼬之徑<莊子> ③헐뜯다. 비방함. ¶連—五鹿君<漢書> ④어기다. ¶淫泆枝—<漢書>

【柱國】ちゅうこく (주국) ①기둥이 집을 지탱하듯이 국가를 지탱하는 중요한 땅. 또는, 그런 사람. ¶安邑者 魏之—也<戰國策> ②고려 때 훈위(勳位)의 둘째 등급.

【柱單】(주단) ☞四星(사성)·四柱單子(사주단자).

【柱聯】ちゅうれん (주련) 기둥이나 바람벽 등에 글귀를 쓰거나 새기어 드리우는 장식. 또는, 그 연구(聯句).

【柱石】ちゅうせき (주석) ①기둥과 주춧돌. ②국가의 중임을 맡은 사람.

【柱石之臣】ちゅうせきノしん (주석지 신) 국가의 주석이 되는 중신(重臣). ¶— 宜居輔弼<後漢書>

【柱礎】ちゅうそ (주초) 주춧돌.

【柱下史】ちゅうかし (주하사) ①주(周)대 도서(圖書)의 관리를 맡아보던 사람. ②노자(老子). 노자가 장서실(藏書室)을 관리하였으므로 이름. ③한(漢)대 시어사(侍御史)의 이칭.

▷膠—, 琴—, 銅—, 氷—, 石—, 楹—, 影—, 底—, 電—, 題—, 支—, 鐵—, 礎—, 花—

5 9 〖枳〗 1 가지 지 / 2 탱자나무 기 | 支 ㄓˇ (zhi) / 支 | し(エダ) / き(カラタチ)

풀이 1 ①가지. 갈라짐. 通枝. ¶中有—首蛇焉<爾雅> ②막다. 저지함. ¶維有共—<逸周書> 2 ①탱자나무. ¶—棘. ②호깨나무. ③해치다. 상하게 함. 通疻. ¶率過以小謂之—<孔叢子>

【枳殼】きこく (기각) ①탱자나무. ②탱자를 썰어 말린 약재. 건위제로 씀.

【枳椇】きく (기구) ①호깨나무. ②호깨나무의 열매. 약재로 씀. 枳椇子(기구자).

【枳實】きじつ (기실) 어린 탱자를 썰어 말린 약재.

▷棘—, 南橘北—, 荊—

5 9 〖柣〗 ① 문지방 질 ㉠質 ちつ(シキイ) ② 문이름 절 ㉠屑 てつ

5 9 〖栅〗 울짱 책 | 陌 ㄓㄚˋ(zha) ㄕㄢ(shan) | さく(ヤライ) *fence*

同 柵

源 會意·形聲. 나무[木]를 죽책[册]처럼 엮어 세움의 뜻.

풀이 ①울짱. 목책(木栅). ¶柴—. ②성채. 작은 성. ¶連營立—<魏書> ③잔교(棧橋). ¶跨淮立橋—<陳書>

【栅門】さくもん(책문) 울타리의 문. 사립문.

▷橋—, 豚—, 木—, 堡—, 城—, 柴—, 連—, 營—, 垣—, 籬—, 竹—, 重—, 鐵—, 荒—

9 〖柵〗 栅(p. 763)과 同字

5 9 〖柷〗 악기 이름 축 | 屋 | しゅく

9 〖柒〗 漆(p. 913)과 同字

5 9 〖柁〗 키 타 | 哿 ㄉㄨㄛˋ(duo) | だ(カジ) *rudder*

▷起—, 司—, 失—, 轉—, 風—

5 9 〖柝〗 열 탁 | 藥 ㄊㄨㄛˋ(tuo) | たく(アケル) *open*

풀이 ①열다. 펼침. ¶廓四方 —八極<淮南子> ②터지다. 갈라짐. ¶—居. ③딱다기. 딱다기를 쳐서 경계함. ¶魯擊—聞于邾<左氏傳>

▷擊—, 警—, 鼓—, 關—, 金—, 烽—, 宵—, 夜—, 魚—, 偃—, 弛—, 罷—, 抱—, 寒—

5 9 〖枰〗 바둑판 평 | 庚 ㄆㄧㄥˊ(ping) | へい(ゴバン)

풀이 ①바둑판. ¶圍棊客散但空—<陸游> ②쌍륙판. ¶所志不過——之上<韋曜> ③의자. 침상(寢牀). ④은행나무. ¶華楓—櫨<司馬相如>

▷棊—, 石—, 楸—

5 9 〖枹〗 ① 떡갈나무 포 | 肴 ㄈㄨˊ | ほう(ナラ) *oak* ② 북채 부 | 虞 (fu) | ふ(バチ)

풀이 ① ①떡갈나무. 또는, 졸참나무. ¶—木. ②무더기로 나다. 총생(叢生)함. 通 苞. ¶—遒. ② ①북채. 通 桴. ¶援—而鼓<左氏傳> ②삽주. 풀 이름. ¶—薊.

【枹鼓】ふこ(부고) ①북채와 북. ②군대의 진영. ③한(漢)대에, 도둑이 들면 북을 쳐서 경계하던 일.

【枹薊】ふけい(부계) 삽주.

5 9 〖柙〗 우리 합 | 洽 ㄒㄧㄚˊ(xia) | こう(オリ) *cage*

풀이 ①우리. 짐승을 가두는 곳. ¶虎兕出於—<論語> ②잡아 가두다. ¶遂生束縛而— 以予齊<管子> ③궤. 함. 通 匣. ¶—匱. ④궤 속에 넣다. ¶—而藏之<莊子> ⑤나무 이름. 향나무의 일종. ¶木則楓—豫章<左思>

5 9 〖枵〗 빌 효 | 蕭 ㄒㄧㄠ(xiao) | きょう(ムナシイ) *vacant*

풀이 ①비다. ㉮텅 빈 모양. ¶—空. ㉯굶주리다. 通 虛. ¶糧盡衆—<唐書>/—腹. ②큰 모양. ¶—然.

6 10 〖栞〗 도표 간 | 寒 ㄎㄢ(kan) | かん(シオリ) *road sign*

풀이 ①도표(道標). 길의 방향을 알리는 표지. 通 刊. ¶隨山—木<淮南子> ②나무를 베다. 나무를 베고 길을 냄. ¶—旅.

6 10 〖桀〗 횃대 걸 | 屑 ㄐㄧㄝˊ(jie) | けつ(トマリギ)

풀이 ①횃대. 홰. 닭장 따위에 가로질러 놓은 막대기. ¶鷄棲于—<詩經> ②뛰어나다. 빼어남. 通 傑. ¶誹俊疑—<史記> ③메다. 듦. ¶—石以投人<左氏傳> ④사납다. 거침. 나쁨. ¶多暴—子弟<史記> ⑤초목이 무성한 모양. ¶——. ⑥하(夏)의 끝 임금. ¶—狗吠堯.

【桀狗吠堯】けっくぎょうにほゆ(걸구폐요) 걸(桀)왕 같은 악인이라도 그에게서 사육되고 있는 개는, 주인의 뜻을 따라 요(堯)임금 같은 성인에게도 덤벼 짖는다는 뜻. 사람은 선악(善惡)에 관계 없이 제각기 그 주인에게 충성을 다한다는 말. ¶— 而跖之客可使刺由<鄒陽>

【桀惡】けつあく(걸악) 추악함. 포악함. ¶本實匈奴—之寇也<晋書>

【桀紂】けっちゅう(걸주) 폭군인 하(夏)의 걸(桀)왕과 은(殷)의 주(紂)왕을 일컫는 말. 포악무도한 임금. ↔堯舜(요순).

【桀跖】けっせき(걸척) 걸왕과 도척(盜跖). 포악한 사람과 큰 도둑을 이름.

▷姦—, 雄—, 俊—, 暴—, 夏—, 凶—

6 10 〖格〗 ① 바로잡을 격 | 陌 ㄍㄜˊ(ge) | かく(タダス) *straigten* ② 가지 각 | 藥 | こう

풀이 ① ①바로잡다. 바룸. ¶—君心之非<孟子>/—心. ②겨루다. 대적함. ¶—虜. ③치다. 때림. 通 挌. ¶—鬪. ④궁구하다. 연구함. ¶致知在—物<大學> ⑤오다. 오게 함. ¶神知—思<中庸> ⑥이르다. 다다름. ¶—于上下<書經> ⑦감동하여 통하다. ¶—于皇天<書經> ⑧법. 법칙. 표준. ¶—式. ⑨자리. 품등(品等). ¶合—. ⑩자품(資品). 인품. ¶人—. ⑪격자(格子).

¶閣子窓—<夢溪筆談> ⑫시렁. ¶書—. ⑬잘못을 고치다. ¶有恥且—<論語> ⑭재다. 측정함. 通度. ¶—高五嶽<鮑照> ⑮체포하다. ¶捕—謀反者<史記> ⑯격(格). ㉮문법 용어. ¶主—. ㉯韓 셈. 식. **2**①가지. 나뭇가지. ¶有枝—如角<史記> ②그만두다. 중지함. 通閣. ¶太后議—<漢書> ③버티다. 막음. ¶毋—其言<說苑>

【格納】かくのう(격납) ①송(宋)대 선박의 대소에 따라 부과하던 세금. ②집어 넣음.

【格納庫】かくのうこ(격납고) 비행기 따위를 넣어 두는 창고.

【格物致知】かくぶつちち(격물치지) 사물의 이치를 궁구하여 온전한 지식에 다다름. 格致(격치). ¶欲誠其意者 先致其知 致知在格物<大學>

【格式】かくしき・きゃくしき(격식) ①격에 어울리는 법식. ②신분을 드러내는 의식(儀式). 또는, 신분.

【格心】かくしん(격심) 바른 마음. ¶民有—<禮記>

【格言】かくげん(격언) 사리에 맞아 교훈이 될 만한 짧은 말. 格率(격률). 金言(금언).

【格外】かくがい(격외) ☞破格(파격).

【格子】こうし(격자) ①갓끈에 꿰는 구슬. ②창 따위의 정간을 맞추어 짠 나무오리나 대오리. ¶—窓.

【格調】かくちょう(격조) ①시가(詩歌)의 체재와 품격. 가락. ②사람의 품격. 인격.

【格鬪】かくとう(격투) 서로 맞붙어 싸움.

【格下】(격하) 격을 낮춤.

【格訓】かくくん(격훈) 행동을 바르게 다잡아 주는 가르침. 訓戒(훈계).

▷家—, 歌—, 價—, 古—, 骨—, 具—, 規—, 氣—, 來—, 同—, 變—, 別—, 本—, 寺—, 詞—, 相—, 賞—, 書—, 性—, 俗—, 昇—, 嚴—, 令—, 人—, 逸—, 字—, 資—, 沮—, 絕—, 正—, 定—, 調—, 志—, 體—, 恥—, 破—, 標—, 品—, 風—, 筆—, 扞—, 合—, 形—

6 10【栔】 **1** 새길 계 霽 けい / **2** 근심할 설 屑 けつ

10【枅】 枅(p. 752)의 本字

6 10【桂】 계수나무 계 霽 ㄍㄨㄟˋ (gui) けい(カツラ) *cinnamon*

풀이 ①계수나무. ㉮녹나무과의 늘푸른큰키나무. ¶—皮. ㉯달 속에 있다는 상상의 나무. ②월계수. ¶—冠. ③달. ¶—魄.

【桂冠】けいかん(계관) ①월계수로 만든 관. ②경기(競技)의 우승자에게 씌우는 관. 月桂冠(월계관).

【桂窟】けいくつ(계굴) ①달의 이칭. ②시험에 급제한 사람을 이르는 말. ¶妙齡探— 雅志傲蒲輪<姚孝錫>

【桂輪】けいりん(계륜) 달의 이칭.

【桂林一枝】けいりんのいっし(계림일지) ①진사(進士)에 급제한 것을 스스로 겸손하게 이르는 말. ②범속이 아님을 비유하여 이르는 말.

【桂魄】けいはく(계백) 달의 이칭. 달 속에 계수나무가 있다고 믿은 데서 온 말.

【桂心】けいしん(계심) 계피의 속껍질. 한약재.

【桂月】けいげつ(계월) ①달의 이칭. ②음력 8월의 이칭.

【桂籍】けいせき(계적) 진사(進士)에 급제한 사람의 명부. ¶飛騰—他年事<蘇軾> ※桂林一枝(계림일지).

【桂戚】けいせき(계척) 왕비의 친정 집안.

【桂秋】けいしゅう(계추) 계수나무 꽃이 피는 가을철. 곧, 음력 8월의 이칭.

【桂皮】けいひ(계피) 계수나무의 껍질. 건위제·발한제 등으로 씀.

【桂海】けいかい(계해) 남쪽 바다. 남해에 계수나무가 있는 데서 이르는 말. ¶文軫薄— 聲敎燭冰天<江淹>

▷金—, 牡—, 芳—, 蟾—, 月—, 肉—, 銀—, 折—

6 10【栲】 북나무 고 皓 ㄎㄠˇ (kao) こう(ヌルデ)

풀이 ①북나무. 갈잎 큰키나무. ¶山有—<詩經> ②고리짝. 고리. 유기(柳器). ¶—栳.

6 10【栱】 두공 공 腫 ㄍㄨㄥˇ (gong) きょう(マスガタ)

풀이 ①두공(枓栱). 목조 건물의 기둥머리를 장식하기 위하여 짜 올린 구조. ¶枓—. ②말뚝.

▷斗—, 梁—

6 10【桏】 나무 이름 공 冬 きょう

6 10【栝】 **1** 노송나무 괄 曷 ㄍㄨㄚ (gua) かつ(ビャクシン) / **2** 땔나무 첨 鹽 てん

풀이 **1** ①노송나무. 일설에는 전나무. 同檜. ¶椃榦—柏<書經> ②하늘타리. ¶—樓. ③도지개. 활이나 휜 물건을 바로잡는 틀. ¶隱—. **2** 땔나무. ¶東—營炊道旁屋<尹廷高>

6 10【框】 문테 광 陽 ㄎㄨㄤ (kuang) きょう(カマチ)

6 10【桄】 광랑나무 광 漾 ㄍㄨㄤ (guang) こう(クロツゲ)

6 10【校】 **1** 학교 교 效 ㄒㄧㄠˋ (xiao) こう(マナビヤ) *school* / **2** 달릴 교 巧 / **3** 풍길 효 肴

源 會意·形聲. 交가 음을 나타냄. 구부러진 나무[木]를 엇걸어서[交] 바로잡는다는 뜻.

풀이 **1** ①학교. ¶—長. ②가르치다. 通教. ¶王乃—劍士七日<莊子> ③본받다. 通效. ¶不敬宗廟 則民乃上—<管

子> ④짐작하다. 생각함. ¶中年考—<禮記> ⑤세다. 계산함. ¶憂患不可勝—也<荀子> ⑥사실하다. 조사함. ㊂挍. ¶檢—. ⑦갚다. 보답함. ¶足以—於秦<史記> ⑧교정하다. ¶—書. ⑨장교. 장수. ¶與護軍諸—<漢書> ⑩군영. 부대. ¶內增七—<漢書> ⑪형구(刑具). ¶履—滅趾<易經> **2**달리다. 빠름. ㊂趬. ¶釋之則不—<周禮> **3**풍기다. 흩날림. ¶五臭所—<管子>

【校刻】こうこく(교각) 교정하여 판각함.
【校了】こうりょう(교료) 인쇄물의 교정이 끝남.
【校本】こうほん(교본) ☞校正本(교정본).
【校序】こうじょ(교서) 학교. 庠序(상서).
【校書】こうしょ(교서) ①책을 비교, 대조하여 이동(異同)·정오(正誤)를 조사함. 또는, 그 사람. ②벼슬 이름. 校書郎(교서랑). ③기녀(妓女)의 이칭. 당(唐)의 기녀 설도(薛濤)가 교서의 일을 맡아본 데서 온 말. ¶萬里橋邊女— 枇杷花下閉門居<胡曾>
【校書如掃塵】(교서 여소진) 서적의 문자를 교정하는 일은 먼지를 떠는 일과 같다는 뜻으로, 몇 번이나 바로잡아도 틀린 곳이 남아 있음을 이름. ¶— 一面掃一面生<夢溪筆談>
【校讐】こうしゅう(교수) 교정(校正). 한 사람은 읽고 다른 사람은 고쳐 정리하는 일.
【校閱】こうえつ(교열) ①교정하고 검열함. ②조사하거나 검열함. ¶巡行諸州 —守宰資材<魏書>
【校閱本】こうえつほん(교열본) ☞校正本(교정본).
【校友】こうゆう(교우) ①같은 학교에서 배우는 벗. 學友(학우). 同窓(동창). ②학교측에서 졸업생을 칭하는 말.
【校正】こうせい(교정) 인쇄물을 원고와 대조하여 잘못을 고치는 일. 校合(교합)②. 校勘(교감). 校訂(교정). 校準(교준).
【校定】こうてい(교정) 글자나 문장을 비교하여 바르게 결정함. 校讐(교수). 讐定(수정). ¶蓄書二萬卷 皆手—<唐書>
【校正本】こうせいほん(교정본) 틀린 것이나 빠진 것이 없이 다 교정해 놓은 책. 校本(교본). 校閱本(교열본). 「나졸.
【校卒】こうそつ(교졸) 군아(郡衙)에 딸린 장교와
【校註】こうちゅう(교주) 간행서의 글자·문장 등을 원본과 대조하여 바르게 주석하는 일.
【校準】こうじゅん(교준) ☞校正(교정).
【校誌】こうし(교지) 학교 잡지.
【校直】こうちょく(교직) 학교지기.
【校則】こうそく(교칙) 학교의 규칙. 學則(학칙).
【校風】こうふう(교풍) 학교의 기풍.
【校合】こうごう(교합) ①한 가지의 책에 이본(異本)이 있을 경우, 그것을 비교 대조하여 같고 다름을 조사하는 일. ②☞校正(교정).
【校訓】こうくん(교훈) 학교의 교육 이념을 간명하게 나타낸 표어.

▷勘—, 檢—, 計—, 考—, 課—, 軍—, 貴—, 登—, 母—, 放—, 兵—, 覆—, 本—, 分—, 射—, 庠—, 讐—, 量—, 硏—, 入—, 將—, 再—, 初—, 他—, 通—, 退—, 廢—, 學—, 鄕—, 休—

6
10 〖根〗 뿌리 근 | ㄍㄣ (gen) | こん(ネ) *root*

㊊ **會意·形聲**. 나무[木]가 끝나는[艮] 뿌리를 뜻하여 된 자. 사물의 밑부분, 곧, 근본을 나타냄.

풀이 ①뿌리. ㉮초목의 뿌리. ¶其民食草—木實<列子> ㉯사물의 밑부분. ¶雲出山—<庾信> ㉰사물의 본원(本原). ¶止水不波 浮雲無—<獨孤及> ②뿌리박다. ㉮초목의 뿌리가 내리다. ¶木樹—於土<淮南子> ㉯기인하다. 근거함. ¶仁義禮智—於心<孟子> ③뿌리째 뽑아 없애다. ¶—絕. ④생식기. ¶男—. ⑤《佛》 능력. 마음. ¶能生名—<大乘義章> ⑥㊚ 근. 오래 된 종기가 곪아서 단단하게 엉긴 물질.

【根幹】こんかん(근간) ①뿌리와 줄기. 根莖(근경). ②근본. ↔枝葉(지엽).
【根據】こんきょ(근거) ①사물의 토대. ②의견이나 이론 등의 출처 또는 의거(依據)가 되는 사실.
【根痼】こんこ(근고) 오래 된 불치의 병. 宿痾(숙아). ¶—漸劇<顏延之>
【根氣】こんき(근기) 참고 견딜 수 있는 기력. 근본이 되는 힘. 精魂(정혼). 精力(정력).
【根本】こんぽん(근본) 사물의 바탕이나 중심이 되는 부분. 「象). 性質(성질).
【根性】こんじょう(근성) 사람의 타고난 기상(氣
【根源】こんげん(근원) 시초. 根本(근본). ¶此乃學者之—<魏書>
【根底】こんてい(근저) 사물의 밑바탕. 근본. ¶寧固— 革易時弊<漢書>
【根絕】こんぜつ(근절) 뿌리째 없애 버림.
【根腫】(근종)㊚ 근이 박힌 종기.
【根種】こんしゅ(근종) 사물의 근원이 되는 것. 本源(본원).
【根證】こんしょう(근증) 의론 등의 근본이 되는 증거. ¶—該審<唐書> 「塵).
【根塵】こんじん(근진)《佛》 육근(六根)과 육진(六
【根蔕】こんたい·こんてい(근체) ①뿌리와 꼭지. ②사물의 토대. 根據(근거). 基礎(기초). ¶人生無— 飄如陌上塵<陶潛>
【根治】こんじ·こんち(근치) 병을 근본적으로 고침. 完治(완치).

▷球—, 舊—, 氣—, 男—, 苗—, 無—, 本—, 山—, 善—, 舌—, 性—, 宿—, 雲—, 六—, 耳—, 利—, 精—, 主—, 柱—, 支—, 直—, 草—, 禍—

6
10 〖桔〗 도라지 길 ㊍결 | ㄐㄧㄝˊ (jie) | けつ (キキョウ)

풀이 ①도라지. ¶—梗. ②두레박틀. ③높고 험한 모양. ¶—桀.

6
10 〖桃〗 복숭아나무 도 | ㄊㄠˊ (tao) | とう(モモ) *peach*

풀이 ①복숭아나무. ¶仲春—始華<禮記> ②복숭아. ¶—李. ③침대. 침상. ¶—牀. ④달아나다. 도망함. ㊂逃. ¶

一弧棘矢<左氏傳>

【桃膠】とうこう(도교) 복숭아나무의 진. 임질의 약재로 씀. 桃腦(도뇌).

【桃李】とうり(도리) ①복숭아나무와 오얏나무. 또는, 그 꽃이나 열매. ②남이 천거한 현사(賢士). ③보답함을 비유하여 이름. ④아름다운 얼굴을 비유하여 이름. ¶色艶一<南史>

【桃林處士】とうりんしょし(도림처사) 소의 이칭.

【桃符】とうふ(도부) 복숭아나무로 켠 판자에 신상(神像)을 그려서 문 옆에 붙여 악귀를 쫓던 부적.

【桃色】モモイロ(도색) ①담홍색(淡紅色). ②남녀 사이에 얽힌 색정적인 일. ¶一雜誌.

【桃夭】とうよう(도요) 혼기(婚期)에 달한 여자.

【桃夭之化】とうようノか(도요지 화) 혼례(婚禮).

【桃源】とうげん(도원) 선경(仙境). 별천지. 무릉도원(武陵桃源)의 준말.

【桃園結義】とうえんぎヲムスブ(도원결의) 의형제를 맺는 일을 이름.

【桃仁】とうにん(도인) 복숭아씨의 속 알맹이. 변비, 파혈(破血) 등의 약재로 씀.

【桃蟲】とうちゅう(도충) 뱁새의 이칭. 桃雀(도작). 鷦鷯(초료). 桑飛(상비).

【桃花】とうか(도화) 복숭아꽃.

【桃花臉】とうかけん(도화검) 복숭아꽃처럼 아름다운 얼굴. ¶爲問一 一笑爲誰容<蔡紳>

【桃花粉】とうかふん(도화분) 연지(臙指).

【桃花水】とうかすい(도화수) 복숭아꽃이 필 무렵, 얼음이 녹아 불어나 흐르는 강물. ¶來春一盛 必羨溢<漢書>

▷木一, 蟠一, 仙一, 櫻一, 夭一, 月一, 銀一, 李一, 天一, 扁一, 含一, 夾竹一, 胡一

6 10〖桐〗 1 오동나무 동 | 東 ㄊㄨㄥˊ (tong) | どう(キリ)
2 내이름 동 | 董

풀이 1 ①오동나무. ¶梧一. ②거문고. ¶久厭凡一不復彈<蘇轍> 2 내 이름. ¶自投一水<莊子>

【桐君】どうくん(동군) 거문고의 애칭.

【桐月】どうげつ(동월) 음력 7월의 이칭. 「기름.

【桐油】どうゆ(동유) 유동(油桐)의 씨에서 짜낸

【桐油紙】どうゆがみ(동유지) 동유를 먹인 방수지. 우비 따위에 씀.

▷白一, 凡一, 新一, 梧一, 油一, 刺一, 絃一

10〖栾〗 欒(p.800)의 俗字

6 10〖栵〗 1 산밤나무 렬 | 屑 | れつ
2 나무 늘어설 례 | 霽 | れい

6 10〖栳〗 고리짝 로 | 晧 ㄌㄠˇ (lao) | ろう

6 10〖栗〗 1 밤나무 률 | 質 ㄌㄧˋ (li) | りつ(クリ) chestnut
2 찢을 렬 | 屑 | れつ

古 㮚

源 會意. 나무[木] 위에 매달려 있는 열매[覀←卤]라는 뜻.

풀이 1 ①밤나무. ②밤. ¶棗東一西. ③여물다. ¶實穎實一<詩經> ④단단하다. 견실함. 通 瑮. ¶縝密以一<禮記> ⑤엄하다. 위엄이 있음. ¶位欲嚴政欲一<司馬法> ⑥떨다. 무서워서 떪. ¶戰一. ⑦공손하다. 몸을 삼감. ¶練主用一<公羊傳> ⑧건너뛰다. ¶凡一階不過二等<儀禮> 2 찢다. 쪼갬. 通 裂. ¶一薪.

【栗烈】りつれつ(율렬) 몸이 떨리는 대단한 추위. ¶二之日一<詩經>

【栗尾】りつび(율미) 붓. ¶爲把一書溪籐<蘇軾>/一筆.

【栗房】りつぼう(율방) 밤송이.

【栗鼠】りっそ(율서) 다람쥐. 木鼠(목서).

▷股一, 茅一, 橡一, 柴一, 猥一, 戰一, 貞一, 棗一, 墜一, 縮一, 行一

10〖梅〗 梅(p.770)의 略字

10〖栢〗 柏(p.760)의 俗字

6 10〖栰〗 뗏목 벌 | 月 ㄈㄚˊ (fa) | はつ(イカダ) raft

6 10〖栟〗 종려나무 병 | 庚 ㄅㄧㄥ (bing) | へい(シュロ) palm

6 10〖桑〗 뽕나무 상 | 陽 ㄙㄤ (sang) | そう(クワ) mulberry

俗 桒

源 會意. 뽕을 따는 손의 모양을 뜻함.

풀이 ①뽕나무. ¶一田碧海. ②뽕잎을 따다. ¶東鄉躬一<禮記> ③누에를 치다. ¶耕一者益衆<漢書>/農一.

【桑間濮上】そうかんぼくじょう(상간복상) 음란한 음악. 또는, 망국(亡國)의 음악. 복수(濮水) 가에 있는 뽕나무 숲에서 유행하였으므로 이름. ¶一之音 亡國之音也<禮記>

【桑年】そうねん(상년) 48세를 이름. 桑의 속자 桒을 파자(破字)하면 4개의 十자와 八이 되기 때문임.

【桑麻交】そうまノマジワリ(상마교) 전원에 한거하는 사람의 텁텁한 사귐. ¶蕩蕩一 公侯爲等倫<杜甫>

【桑門】そうもん(상문)《佛》 범어 Sramana의 역어. 불도(佛徒). 스님. 沙門(사문).

【桑蓬之志】そうほうノココロザシ(상봉지 지) 남자가 큰뜻을 품고 웅비하려는 뜻. 옛 중국에서 남자를 낳으면 뽕나무 활로 쑥대 살을 쏘아 축원한 데서 온 말.

【桑飛】そうひ(상비) 뱁새의 이칭. 桃蟲(도충).

【桑楡】そうゆ(상유) ①뽕나무와 느릅나무. ②저녁 무렵의 해 그림자. ③서쪽의 해 지는 곳. ↔扶桑(부상). ④늙은 때를 비유. 老年(노년). 晩年(만년). ¶筋骨將盡 一且迫<舊唐書>

【桑梓】そうし(상자) 뽕나무와 가래나무. 옛날 집 담 밑에 이들 나무를 심어 두어 후손들에게

조상을 생각하게 했다는 데서, 고향의 집 또는 고향을 이르는 말.

【桑田碧海】そうでんへきかい(상전벽해) 뽕나무밭이 푸른 바다로 바뀜의 뜻으로, 몰라보게 변함. 또는, 덧없이 변함을 이름. ¶一須臾改<盧照隣>

【桑中之喜】そうちゅうのき(상중지 희) 남녀간의 불의의 쾌락. ¶有三軍之懼 而有一<左氏傳>

▷耕一, 穀一, 給一, 農一, 扶一, 柔一, 蠶一, 楮一, 稗一, 苞一

10【桒】 桑(p. 766)의 俗字

6 10【栖】 깃들일 서 | 齊くㄧ(qi) ㄒㄧ(xi) | せい(スム) *nest*

同捿 棲

풀이 ①깃들이다. 새가 깃들여 삶. ¶一息. ②살다. 묵음. ¶聊得從君一<陶潛> ③머금다. 품음. ¶愛憎不一于情<嵇康> ④깃. 보금자리. 집. ¶一鳥.

10【梳】 梳(p. 771)의 本字

6 10【栒】 가름대나무 순 | 軫ㄒㄩㄣˊ(xun) | しゅん

10【柴】 ☞ 木部 5획(p. 761)

6 10【栻】 점치는 기구 식 | 職ㄕˋ(shi) | ちょく

6 10【案】 책상 안 | 翰ㄢˋ(an) | あん(ツクエ) *table*

同桉

源會意·形聲. 편안하게[安] 책을 볼 수 있는 나무[木]라는 뜻.

풀이 ①책상. ¶書一. ②앉을 때 몸을 기대는 방석. ¶張幕設一<周禮>/一席. ③소반. 밥상. ¶自持一 進食甚恭<史記> ④주발. 식기. ¶持一而食<鹽鐵論> ⑤누르다. 어루만짐. 通按. ¶一撫. ⑥생각하다. 상고함. ¶一程度<淮南子> ⑦지경. 경계. 通畔. ¶參國起一<國語> ⑧편안하다. 通安. ¶一堵. ⑨의거하다. ¶非一亂而治之之謂也<荀子> ⑩관청의 서류나 훈령서. ⑪곧. 발어사. ⑫판결. 소송의 결재서. ¶一卷. ⑬韓 안. ㉮생각한 계획. ¶代一. ㉯안건(案件). ㉰앞을 막아 가린 산. ¶一山.

【案件】あんけん(안건) ①사건(事件). ②조사하거나 논의할 사항.

【案檢】あんけん(안검) 증거를 들어 조사함. 案驗(안험). ¶使有司一<晉書>

【案內】あんない(안내) 인도하여 내용을 알려 주는 일. 또는, 그 사람이나 그 서류.

【案頭】あんとう(안두) 책상머리. 책상 위. 案上(안상). 机上(궤상).

【案山】(안산)韓 집터나 묏자리의 맞은편 산.

【案席】(안석) 앉아서 몸을 기대는 방석. 案息(안식).

【案前】(안전)韓 하급 관리가 상급 관리에게 쓰던 존칭 대명사.

【案出】あんしゅつ(안출) 연구하여 냄.

▷改訂一, 建議一, 決議一, 考一, 公一, 几一, 起一, 斷一, 答一, 圖一, 名一, 文一, 飜一, 法一, 腹一, 私一, 書一, 成一, 食一, 新一, 玉一, 獄一, 愚一, 原一, 議一, 立一, 提一, 秦一, 草一, 懸一

10【桉】 案(p. 767)과 同字

10【桜】 櫻(p. 799)의 略字

10【臬】 ☞ 自部 4획(p. 1251)

10【柒】 染(p. 761)의 俗字

10【栧】 枻(p. 761)와 同字

6 10【桅】 1 돛대 외 2 치자나무 괴 | 灰ㄨㄟˊ 紙(wei) | かい *mast* き

10【栙】 杅(p. 751)와 同字

6 10【桋】 1 멧대추나무 이 2 뽕나무 제 | 支 齊 | い てい(メグワ)

6 10【栘】 산이스랏나무 이 | 支ㄧˊ(yi) | い

6 10【栭】 두공 이 | 支ㄦˊ(er) | じ(マスガタ)

풀이 ①두공. 옥로(屋櫨). ¶繡一雲楣<張衡> ②산밤나무. ¶江東亦呼爲一栗<爾雅> ③목이. 나무에 돋는 버섯. ¶芝一蔆椇<禮記>

10【栈】 棧(p. 775)의 略字

6 10【栽】 1 심을 재 2 담틀 재 | 灰ㄗㄞ 隊(zai) | さい *plant*

源會意·形聲. 나무[木]를 잘라 세운 담틀을 뜻한 자. 생나무를 잘라 세운 것이 뿌리를 내려 살게 된 데서 심다의 뜻으로 쓰이게 됨.

풀이 1 ①심다. ¶一培. ②묘목(苗木). ¶爲覓霜根數寸一<杜甫> ③어린 싹. ¶尋木起於蘖一<張衡> 2 담틀. 담을 세울 때 쓰는 말뚝이나 긴 널빤지. ¶庚寅一<左氏傳>

【栽培】さいばい(재배) ①초목을 심고 북돋아 기르는 일. ②인재(人材)를 양성함. ¶故栽者培之<中庸>

▷分一, 盆一, 新一, 移一, 前一

6 10【栓】 나무못 전 | 先ㄕㄨㄢ(shuan) | せん(セン)

6 10〖栴〗 단향목 전 | 先ㄓㄢ (zhan) | せん (センダン)

6 10〖株〗 그루 주 | 虞ㄓㄨ (zhu) | しゅ(カブ) *stump*

源 **會意・形聲.** 나무[木]의 밑바탕[朱]을 이루는 뿌리를 뜻함.

풀이 ①그루. ㉮나무 줄기의 밑동. ¶困于—木＜易經＞ ㉯나무 수를 세는 말. ¶梅三—. ②그루터기. ㉮초목 따위를 베어 낸 뒤에 남은 밑동. ¶宋人守—＜韓非子＞ ㉯밑절미가 되는 것. ¶德行文學爲根—＜唐書＞ ③뿌리. 초목의 뿌리. ¶無使孤—出＜沈約＞ ④관련되다. ¶—戮舶商＜唐書＞ ⑤韓 주식(株式). ¶—主.

【株價】しゅか(주가) 주식(株式)의 가격.

【株券】カブケン(주권) 회사의 주식을 소유하고 있음을 증명하는 유가 증권.

【株金】カブキン(주금) 주식에 대한 출자금.

【株守】しゅしゅ(주수) ☞守株(수주). ¶乃知兎—殊勝虎穴探＜王禕＞

【株式】カブしき(주식) 주식 회사의 총자본을 주의 수에 따라 나눈, 자본의 단위.

【株主】カブヌシ(주주) 주식(株式)을 가진 사람.

▷枯—, 舊—, 根—, 老—, 新—, 連—, 朽—

6 10〖桎〗 차꼬 질 | 質ㄓˋ (zhi) | しつ(アシカセ) *fetters*

풀이 ①차꼬. 족쇄. ¶—梏. ②차꼬를 채움. 자유를 속박함. ¶—其右足＜山海經＞ ③막다. 막힘. ¶其靈臺—而不—＜莊子＞ ④쐐기. 사북. 비녀장. ¶爲周之—鎋＜詩經・注＞

【桎梏】しっこく(질곡) ①차꼬와 수갑. ¶在足曰桎在手曰梏＜易經・注＞ ②자유를 속박하는 일.

【桎檻】しっかん(질함) 차꼬를 채워 옥에 가둠. ¶夷吾— 而建匡合之績＜抱朴子＞

▷梏—, 窮—, 囚—

10〖栘〗 拸(p.638)의 訛字

6 10〖栫〗 울타리 천 | 霰ㄐㄧㄢˋ (jian) | せん (カコミ) *fence*

10〖桌〗 卓(p.238)의 古字

6 10〖核〗 씨 핵 | 陌ㄏㄜˊ(he) ㄏㄨˊ(hu) | かく (サネ) *kernel*

풀이 ①씨. ¶—果. ②사물의 중심. ¶—心. ③씨가 있는 과일. ¶殽—維旅＜詩經＞ ④굳다. 견실함. ¶其文直 其事—＜漢書＞ ⑤엄하다. 혹독함. ¶剋—太甚＜莊子＞ ⑥사실(査實)하다. 조사함. 通覈. ¶其審—之＜漢書＞ ⑦뿌리. 초목의 뿌리. ¶孕毓根—＜漢書＞ ⑧中 세포핵. 또는, 원자핵.

【核果】かっか(핵과) 다육과(多肉果)의 한 가지. 씨가 단단한 핵으로 싸여 있는 열매. 살구・복숭아 따위.

【核桃】かくとう(핵도) 호도(胡桃)의 이칭.

【核武器】かくぶき(핵무기) 핵 에너지를 이용한 무기. 원자폭탄, 수소폭탄 따위.

【核心】かくしん(핵심) ①사물의 중심이 되는 부분. ②과일 씨.

▷剋—, 實—, 練—, 精—, 綜—, 肴—

6 10〖桁〗 1 도리 형 2 차꼬 항 3 횃대 항 | 庚ㄏㄥˊ (heng) 陽ㄏㄤˊ (hang) 漾 | こう (ケタ) *purlin* こう

풀이 1 도리. 서까래를 받치기 위해 기둥과 기둥 위에 걸쳐 놓는 나무. ¶小者爲之椽—＜新論＞ 2 차꼬. 가쇄(枷鎖). ¶—楊. 3 횃대. 옷걸이. ¶還視—上無懸衣＜古樂府＞

▷屋—, 衣—

6 10〖桓〗 굳셀 환 | 寒ㄏㄨㄢˊ (huan) | かん (タケシイ) *strong*

풀이 ①굳세다. 위엄이 있음. ¶——于征＜詩經＞ ②크다. ¶—撥. ③머뭇거리다. ¶盤—. ④무환자나무. 무환자과의 갈잎 큰키나무. ⑤푯말. 이정표. ¶葬寺門—東＜漢書＞

【桓圭】かんけい(환규) 주(周)대의 육서(六瑞) 중 하나. 공작(公爵)의 작위(爵位)를 가진 사람이 갖는, 길이 9촌(寸)의 홀(笏).

▷盤—, 三—, 烏—

6 10〖栩〗 상수리나무 후 | 麌ㄒㄩˇ (xu) | く (クヌギ) *oak*

풀이 ①상수리나무. 갈잎 큰키나무. ¶集于苞—＜詩經＞ ②기뻐하는 모양. ¶——然胡蝶也＜莊子＞

7 11〖桷〗 서까래 각 | 覺ㄐㄩㄝˊ (jue) | かく *rafter*

▷巨—, 樸—, 椽—, 龍—, 朱—, 榱—

11〖桿〗 杆(p.749)의 俗字

7 11〖梗〗 대개 경 | 梗ㄍㄥˇ (geng) | きょう, こう (オオムネ) *generally*

풀이 ①대개. 대강. ¶略擧其—槪＜左思＞ ②가시나무. ¶—林. ③느릅나무. ¶—山榆＜一切經音義＞ ④도라지. ¶桔—. ⑤굳세다. 강함. 通剛. ¶鋤其強—＜淮南子＞ ⑥곧다. 정직함. ¶—直. ⑦막다. 재앙을 미리 방지함. 通抗. ¶掌以時招—＜周禮＞ ⑧막히다. 통하지 아니함. ¶—塞. ⑨근심. 괴로워함. 通病. ¶至今爲—＜詩經＞ ⑩인형. 우인(偶人). 通像. ¶吾所學書 眞土—耳

<莊子>/木一.

【梗概】こうがい(경개) 대강의 줄거리. 概要(개요). 大略(대략). ¶略擧其一 而未得其要妙也<左思>

【梗塞】こうそく(경색) 막힘. ¶道途一 物價翔踴<秦觀>

【梗直】こうちょく(경직) 올바름. 정직함.
▷觀一, 剛一, 強一, 骨一, 桔一, 木一, 蕪一, 生一, 棒一, 土一, 悍一

7 11 〖械〗 형틀 계 | 国ㄒㄧㄝˋ (xie) | かい(カセ)

源 會意・形聲. 죄인을 벌 줄[戒] 때에 쓰는 나무[木]로 만든 형틀.

풀이 ①형틀. 수갑・차꼬・칼 따위. ¶受一於陳<司馬遷>/一杻. ②형틀을 채우다. ¶一繫以歸<十八史略> ③기구. 도구. ¶器一之資<漢書> ④병장기. 무기. ¶不度民一<禮記> ⑤틀. ¶機一.
▷甲一, 梏一, 器一, 機一, 木一, 兵一, 手一, 利一

7 11 〖梏〗 1 쇠고랑 곡 2 클 각 | 沃ㄍㄨˋ (gu) 覺 | こく(テカセ) *handcuffs*

풀이 1 ①쇠고랑. 수갑. ¶桎一. ②묶다. 붙잡음. ¶帝乃一之疏屬之山<山海經> ③쇠고랑을 채우다. ¶執以一之<左氏傳> ④어지럽히다. 通 攪. ¶有一亡之矣<孟子> 2 크다. 通 覺. ¶有一德行<禮記>
▷鉗一, 羈一, 杖一, 重一, 桎一, 脫一

7 11 〖梱〗 1 문지방 곤 2 가지런히 할 곤 | 阮 ㄎㄨㄣˇ (kun) | こん(シキイ) *door sill*

풀이 1 ①문지방. 같 閫. ¶外言不入於一<禮記> ②치다. 두드림. ¶一纂組<淮南子> 2 ①가지런히 하다. 通 稛. ¶既拾取矢一之<儀禮> ②되돌아오다. ¶一復.

【梱帥】こんすい(곤수) 병사(兵使)나 수사(水使)의 이칭.

【梱外之任】こんがいのにん(곤외지 임) 병마를 통솔하던 구실. 장군의 직무를 이름. ¶梱外之事將軍裁之<周禮>

7 11 〖梡〗 도마 관 | 旱 | かん(マナイタ) *chopping board*

7 11 〖梮〗 징 국 | 屋 | きょく(カンジキ) *metal plate*

풀이 징. 신창에 박는 못.

11 〖棄〗 棄(p. 773)의 本字

11 〖棼〗 ☞ 女部 8획(p. 406)

7 11 〖桹〗 광랑나무 랑 | 陽ㄌㄤˊ (lang) | ろう
▷桄一, 枸一, 鳴一, 柔一

7 11 〖梁〗 들보 량 | 陽ㄌㄧㄤˊ (liang) | りょう(ウツバリ) *beam*

源 會意・形聲. 나무[木]를 베어[刅] 물[氵] 위에 걸쳐 놓는 데서 다리, 나아가 들보를 뜻함.

풀이 ①들보. ¶棟一. ②징검다리. ¶在彼淇一<詩經> ③다리. 교량. ¶造舟爲一<詩經> ④어량(魚梁). ¶無逝我一<詩經> ⑤양(梁). 굴건・금량관 등의 앞이마에서부터 둥긋하게 마루가 져 뒤에 닿는 부분. ¶公侯三一<漢書> ⑥기장. 수수. 通 粱. ¶肥貴人則高一之疾也<素問> ⑦빼앗다. 通 掠. ¶故爾一遠<尙書大傳> ⑧힘세다. 사나움. 通 勍. ¶快獸陸一<張衡> ⑨나라 이름. 전국 시대에 위(魏)가 도읍을 대량(大梁)으로 옮긴 뒤의 일컬음. ⑩왕조(王朝) 이름. ㉮육조(六朝)의 하나. (502~557). ㉯오대(五代)의 하나. (907~923). 후량(後梁).

【梁山泊】りょうざんぱく(양산박) 산동성(山東省)에 있는 못 이름. 「수호전」(水滸傳)의 송강(宋江), 임충(林冲) 등 108명의 두령이 여기에 모였음. 의인(義人), 호걸을 자칭하는 사람들의 집회의 뜻으로도 쓰임. 梁山濼(양산락). 張澤濼(장택락). ¶一林冲落草<水滸傳>

【梁上君子】りょうじょうくんし(양상군자) 대들보 위의 군자라는 말로, 도둑을 이름.
유래 후한(後漢) 때 허(許) 땅에 진식(陳寔)이라는 선비가 있었다. 어느 날 밖에서 돌아와 보니, 도둑이 들어 대들보 위에 숨어 있었다. 그는 못본 체하고, 자식들을 방에 불러 앉혀 놓고 훈계를 했다. 「사람은 누구나 착한 품성을 타고 태어난다. 그러나 게으른 생각에서 악을 저지른다. 저 대들보 위의 군자도 본성은 착한 사람이다…」 도둑은 깜짝 놀라 급히 내려와 용서를 빌었다. 그는 도둑에게 비단 두 필을 주어 돌려보냈다. 그 이래 그 마을에는 도둑이 없어졌다고 한다. <後漢書>

【梁材】りょうざい(양재) ☞棟梁材(동량재).
▷橋一, 跳一, 棟一, 柏一, 浮一, 飛一, 石一, 魚一, 輿一, 雲一, 提一, 梯一, 舟一, 柱一, 津一, 脊一, 澤一

7 11 〖梠〗 평고대 려 | 語ㄌㄩˇ (lü) | りょ(ヒサシ)

11 〖梺〗 柳(p. 759)의 本字

7 11 〖梨〗 배나무 리 | 支ㄌㄧˊ (li) | り(ナシ) *pear*

源 會意・形聲. 약재로 쓰이는 등 이로움[利]이 많은 나무를 뜻하여 된 자.

풀이 ①배나무. ¶一花. ②배. ¶一棗. ③늙은이. ¶一色. ④찢다. 쪼갬. ¶一面. ⑤여럿. 여러 가지. 通 黎 齊. ¶一庶.

⑥좇다. 따름. 通犂 追. ¶ー來.
【梨來】(이래) 뒤좇으며 애써 구함.
【梨硼膏】(이붕고) 배의 속을 파내고 붕사 닷돈쭝과 꿀을 넣어 봉한 뒤, 진흙을 발라 구워 익힌 것. 기침약으로 씀.
【梨園弟子】りえんていし (이원제자) 연극 배우. ¶ー白髮新 椒房阿監青娥老<白居易>
【梨棗】りそう (이조) ①배와 대추. ②서적의 판목에는 배나무와 대추나무가 제일 좋으므로 출판(出版)의 뜻으로도 쓰임.
▷鹿ー, 棠ー, 木ー, 鳳ー, 山ー, 玉ー

7 11 【梩】 가래 리 | 因ㄌㄧˊ (li) | り(スキ) *spade*

7 11 【梅】 매화나무 매 | 因ㄇㄟˊ (mei) | ばい (ウメ)
풀이 ①매화나무. ¶ー實. ②절후 이름. 매실이 익을 무렵인 장마철. ¶ー雨. ③신맛. ¶爾惟鹽ー<書經> ④어둡다. 어렴풋함. 通晦. ¶ーー.
【梅霖】ばいりん (매림) ☞梅雨(매우).
【梅林止渴】ばいりんかつをとどむ (매림지갈) 임기응변으로 고비를 넘김. 위(魏)의 조조(曹操)가 행군 중 군졸들의 목마름의 기미를 살피고, 앞에 매실이 풍성한 매림이 있다 하자, 입 안에 침이 돌아 군졸들이 일시의 갈증을 견디었다는 옛 일. 梅酸止渴(매산지갈). 望梅止渴(망매지갈).
【梅實】ばいじつ (매실) 매화나무 열매. ¶ー酒.
【梅雨】ばいう (매우) 매실이 익을 무렵에 내리는 장마. 梅霖(매림). ¶況經ー來<白居易>
【梅妻鶴子】ばいさいかくし (매처학자) 풍류 생활의 형용. 매화를 아내 삼고 학을 자식 삼아 은일(隱逸) 생활을 즐겼다는 송(宋)의 임포(林逋)의 옛일에서 온 말.
【梅天】ばいてん (매천) 매우기(梅雨期)의 하늘. ¶旅夕那禁雨 ー已思秋<吳融>
【梅夏】ばいか (매하) 매우(梅雨) 철. ¶喜麥秋之有登 玩ー之無事<唐玄宗>
▷落ー, 斷ー, 白ー, 松竹ー, 野ー, 英ー, 烏ー, 月ー, 殘ー, 早ー, 窓ー, 青ー, 出ー, 探ー, 標ー, 寒ー, 紅ー, 黃ー

11 【楳】 梅(p.770)와 同字
11 【梦】 夢(p.371)의 俗字

7 11 【梶】 나무끝 미 | 尾 | び(コズエ)

7 11 【桲】 도리깨 발 | 月 | ほつ(カラザオ) *flail*

7 11 【梆】 목어 방 | 江ㄅㄤ (bang) | ほう

7 11 【桮】 술잔 배 | 灰ㄅㄟ (bei) | はい(サカズキ) *wine cup*

7 11 【梵】 범어 범 | 陷ㄈㄢˋ (fan) | ぼん *Sanskrit*
풀이 ①범어. 범어(梵語) Brāhma의 음역(音譯). ¶ー文. ②인도의 바라문교(婆羅門敎)를 믿는 귀족. ¶我本著邪見 爲ー士師<法華經> ③더러움이 없다는 뜻. ④부처. ¶ー音. ⑤천축(天竺)이나 불교에 관한 것. ¶ー閣. ⑥경문을 외거나 부처의 공덕을 기리는 말을 하다. ¶高ー宛轉<王僧孺>
【梵偈】ぼんげ (범게)(佛) 불법(佛法)의 시와 글.
【梵經】ぼんきょう (범경)(佛) 불교 서적. 佛書(불서).
【梵宮】ぼんぐう (범궁)(佛) ①범천(梵天)의 궁전. ②절. 또는, 법당. 梵閣(범각).
【梵衲】ぼんのう (범납)(佛) 중. ¶ー之行 楞伽之心<王縉>
【梵文】ぼんぶん (범문)(佛) 범어로 된 글.
【梵書】ぼんしょ (범서)(佛) 범어로 된 책. 梵本(범본). 梵册(범책).
【梵樂】ぼんがく (범악) ①인도 음악. ②불교 음악. ¶天歌將ー<宋之問>
【梵語】ぼんご (범어)(佛) 고대 인도의 말. 산스크리트(Sanskrit).
【梵王】ぼんおう (범왕)(佛) 범천왕(梵天王). 3계(界)의 주(主).
【梵王宮】ぼんおうきゅう (범왕궁)(佛) 절. 사찰. ¶如ー<觀無量壽經>
【梵音】ぼんおん (범음)(佛) ①부처의 음성. 여래의 청정한 소리. ¶ー微妙 令人樂聞<法華經> ②경 읽는 소리. ③범어.
【梵字】ぼんじ (범자)(佛) 고대 인도의 문자. 悉曇文字(실담문자).
【梵殿】ぼんでん (범전)(佛) 불당. 법당.
【梵鐘】ぼんしょう (범종)(佛) 절의 종. 寺鐘(사종).
【梵刹】ぼんさつ·ぼんせつ (범찰)(佛) 절. 寺刹(사찰). ¶鳴鐘ー清<張耒>
【梵天】ぼんてん (범천)(佛) ①☞梵天王(범천왕). ②색계(色界)의 초선천(初禪天). 천욕계(天欲界)의 음욕을 떠난 고요하고 깨끗한 세계.
【梵天王】ぼんてんおう (범천왕)(佛) ①바라문교의 교조인 조화의 신. ②제석천(帝釋天)과 함께 부처를 모시는 신. ¶娑婆世界主ー<法華經>
【梵唄】ぼんばい (범패)(佛) 여래의 공덕을 찬양하는 노래. ¶ー詠歌 自然敷奏<楞嚴經>
【梵學】ぼんがく (범학)(佛) 불경에 관한 학문.
【梵夾】ぼんきょう (범협)(佛) 불교의 경문(經文). ¶手錄ー<資治通鑑>
▷釋ー, 仙ー, 晨ー, 夜ー, 午ー, 幽ー, 清ー, 香ー

7 11 【桴】 1 마룻대 부 | 尤ㄈㄨˊ | ふ(ムナギ)
2 뗏목 부 | 虞 (fu) | *ridge pole*
풀이 1 ①마룻대. 집의 용마루 밑에 서까래가 걸리게 되는 도리. ¶棟ー. ②북채. 通枹. ¶蕢ー而土鼓<禮記> ③날짐승이 새끼를 품다. ¶ー粥. ④덮다. 通罦. ¶ー思. ⑤뜨다. 通浮. ¶ー炭. ⑥질경이. 通芣. ¶ー苡. 2 뗏목. 떼. 通泭. ¶乘ー浮于海<論語> /ー筏.
▷鼓ー, 乘ー, 重ー

11〖彬〗 ☞ 彡部 8획(p. 539)

11〖梹〗 檳(p. 797)의 俗字

7/11〖梭〗 북 사 | 歌ㄙㄨㄛ (suo) | さ(ヒ) *spindle*

풀이 북. 방추(紡錘).
▷金―, 機―, 鶯―, 杼―, 停―, 投―

7/11〖梳〗 빗 소 | 魚ㄕㄨ (shu) | そ(クシ) *comb*
本 梳
源 **會意·形聲**. 머리칼을 물 흐르듯이 가지런히 빗는 제구인 나무[木] 빗을 뜻하여 된 자.

풀이 ①빗. 얼레빗. ¶朝有諷諫 猶髮之有―也<唐書>/櫛―. ②빗다. 머리를 빗음. ¶頭蓬不暇―<揚雄>
【梳洗】そせん(소세) 머리를 빗고 얼굴을 씻음. 梳沐(소목). ¶―慵無情<崔湜>
▷瓊―, 髻―, 妝―, 櫛―, 爬―, 紅―

11〖柗〗 松(p. 755)의 古字

11〖埜〗 ☞ 土部 8획(p. 348)

11〖梛〗 椰(p. 779)와 同字

7/11〖梧〗 1 벽오동나무 오 | 虞ㄨˊ | ご
2 장대할 오 | 遇(wu)
3 악기 어 | 語

풀이 1 ①벽오동나무. ¶―桐. ②거문고. ¶惠子之據―也<莊子> ③책상. 서안(書案). ¶―右. ④버티다. 맞서 겨룸. ¶莫敢枝―<史記> ⑤날다람쥐. ¶―鼠五枝而窮<荀子> ⑥기둥. ¶桁―複疊<何晏> 2 장대하다. 通 俣. ¶魁―奇偉<史記> 3 악기. 같 敔.
【梧桐】ごとう(오동) 벽오동나무. 靑桐(청동). ¶―生矣 于彼朝陽<詩經>
【梧右】ごゆう(오우) 책상 오른쪽이라는 뜻. 편지의 수신인 이름 밑에 써서 경의를 표하는 말. 梧下(오하). 梧前(오전).
【梧月】ごげつ(오월) 음력 7월. 梧秋(오추).
▷槁―, 魁―, 碧―, 枝―, 蒼―, 翠―

11〖⿰木㞷〗 枉(p. 756)의 古字

7/11〖梓〗 가래나무 재 本자 | 紙ㄗˇ (zi) | し(アズサ) *catalpa*

풀이 ①가래나무. 같 杍. ¶維桑與―<詩經> ②목수. 목공. ¶―人. ③판목(版木). ¶―本未興<文海披沙> ④고향. ¶―桑. ⑤관(棺). ¶―宮.
【梓宮】しきゅう(재궁) ①임금의 관. 가래나무로 만든 데서 이르는 말. ②임금의 능. ¶成帝崩 未幸―<漢書>
▷橋―, 桐―, 文―, 上―, 桑―

7/11〖⿰木豕〗 고목 저 | 魚 | ちょ

7/11〖梲〗 1 쪼구미 절 | 屑ㄓㄨㄛˊ (zhuo) | ぜつ(ウダチ)
2 지팡이 탈 | 曷ㄊㄨㄛ (tuo) | たつ
3 날카로울 예 | 霽 | えい

7/11〖梃〗 지팡이 정 | 迥ㄊㄧㄥˇ (ting) | てい, じょう(ツエ) *stick*

풀이 ①지팡이. 막대기. ¶殺人以―與刃有以異乎<孟子> ②대. 곧은 막대기나 줄기를 세는 단위. ¶甘蔗百―<魏書> ③창. ¶鋤擾白―<呂覽> ④구슬. ¶―木牙交<山海經>
▷牽―, 白―, 直―, 横―

7/11〖桯〗 탁자 정 | 靑ㄊㄧㄥ (ting) | てい *table*

풀이 ①탁자. ¶――. ②기둥. 장대. ¶―圍倍之<周禮> ③수레의 횡목. ¶穿―前後而關軸焉<儀禮>

7/11〖梯〗 사다리 제 | 齊ㄊㄧ (ti) | てい(ハシゴ) *ladder*

풀이 ①사다리. 사닥다리. ¶―階. ②실마리. 진행의 차례. ¶毋爲禍―<史記> ③기대다. 의지함. ¶西王母―几而戴勝杖<山海經> ④담. 토담. ¶丹―.
【梯階】ていかい(제계) 사다리. 사닥다리. 階梯(계제). ¶如登樓而去―<孫子>
【梯衝】ていしょう(제충) 운제(雲梯)와 충거(衝車). 성(城)을 공격하는 기구. ¶―舞吾城上 鼓角鳴於地中<後漢書>
▷階―, 鉤―, 突―, 飛―, 雲―, 危―, 罪―, 懸―, 禍―

7/11〖條〗 1 가지 조 | 蕭ㄊㄧㄠˊ (tiao) | じょう(エダ) *branch*
2 씻을 적 | 錫 | てき
俗 条 同 ⿱攸木
源 **會意·形聲**. 흔들리는[攸] 나무[木]의 곁가지를 뜻한 자.

풀이 1 ①가지. 나뭇가지. 곁가지. ¶枝―. ②개오동나무. 通 楸. ¶有―有梅<詩經> ③멀다. 뻗어나감. ¶―暢. ④길다. ¶厥木維―<書經> ⑤통하다. 다다름. ¶―達. ⑥바르다. 곧음. ¶其令―舒<素問> ⑦조리. 맥락. ¶有―而不紊<書經> ⑧조리를 세우다. ¶分―中都官<漢書> ⑨조목. 대문(大文). ¶約法爲二十―<舊唐書> ⑩조목으로 벌여 놓다. ¶―奏. ⑪길. 도리. 법. ¶金科玉―. ⑫끈. 실. 노. 通 絛. ¶喪冠 ―屬<禮記> ⑬줄. 가늘고 긴 물건을 세는 단위. ¶―抹朱絃四十―<王仁裕> ⑭가지를 치다. 나뭇가지를 베어냄. ¶蠶月―桑<詩經> 2 씻다. 通 滌.
【條件】じょうけん(조건) ①정한 약속 사항. 규약의 조항. ②약속할 경우에 붙이는 제한.
【條款】じょうかん(조관) 벌여 놓은 항목. 條目(조목).

【條規】じょうき (조규) ①조문의 규정. ②☞條約(조약)②.
【條例】じょうれい (조례) ①일일이 조리를 따져 예를 드는 일. ②조목별로 쓴 규칙.
【條理】じょうり (조리) ①일의 순서. ②하나하나 따져 보는 일의 이치.
【條目】じょうもく (조목) 하나하나 따져서 벌인 일의 가닥. 條項(조항).
【條文】じょうぶん (조문) 하나하나 따진 조목을 적은 글. ¶法—.
【條約】じょうやく (조약) ①조문으로서 약속하는 일. ②나라 사이의 합의에 따라 약속한 서로의 권리나 의무. 또는, 그 조문.
【條項】じょうこう (조항) ☞條目(조목).
▷柯—, 綱—, 箇—, 枯—, 科—, 禁—, 嫩—, 別—, 常—, 蕭—, 修—, 信—, 新—, 柳—, 章—, 前—, 正—, 政—, 詔—, 枝—, 鐵—, 逐—, 朽—

11〖絛〗 條(p.771)와 同字

7 11〖梤〗 형틀 찰 |圓さつ
풀이 형틀. 손가락에 메우는 형틀.

11〖紮〗 ☞ 糸部 5획(p.1165)

7 11〖梢〗 우듬지 초 ㊍소 |圈ㄕㄠ (shao) |しょう(コズエ) *treetop*
풀이 ①우듬지. 나뭇가지의 끝. 通杪. ¶林—出沒<畫史> ②끝. 말단. ¶末—. ③꼬리. ¶垂—植髮<顏延之> ④장대. 막대기. ¶飾玉—以舞歌<漢書> ⑤키가 작은 잡목(雜木). ¶曳—肆柴<淮南子> ⑥키. 타(舵). ¶—子. ⑦깃발. 通旓. ¶被雲—<漢書> ⑧작다. ¶——. ⑨바람 소리. ¶——. ⑩쫓다. ¶—雲. ⑪도랑. 개천. ¶—溝. ⑫韓 낙지.
▷老—, 末—, 茂—, 蕭—, 玉—, 正—, 枝—, 抽—

7 11〖梔〗 치자나무 치 |支ㄓ (zhi) |し(クチナシ) *cape jasmine*

11〖桼〗 漆(p.913)과 同字

11〖郴〗 ☞ 邑部 8획(p.1510)

7 11〖桶〗 1 통 통 2 되 용 |董ㄊㄨㄥˇ (tong) 腫 |とう, つう(オケ) *tub* よう(マス)
▷斗—, 水—, 漆—

7 11〖梖〗 패다 패 |泰ㄅㄟˋ (bei) |はい(バイタラ)
풀이 패다(梖多). 범어 patra의 음역.

7 11〖梐〗 울짱 폐 |霽 |へい(コマヨケ) *fence*

7 11〖梜〗 젓가락 협 ㊍겹 |葉 |きょう(ハシ) *chopsticks*

7 11〖梟〗 올빼미 효 |蕭ㄒㄧㄠ (xiao) |きょう(フクロウ) *owl*
㊍梟
源 會意. 올빼미는 어미새를 잡아먹는 불효한 새이므로 이를 잡아서 나무에 매단 것으로, 올빼미·목을 베어 매달다의 뜻을 나타냄.
풀이 ①올빼미. ¶—鴟. ②사납고 용맹스럽다. ¶—猛. ③영웅. 걸출한 사람. ¶爲天下—<淮南子> ④어지럽히다. 通撓. ⑤목을 베어 매달다. ¶—首. ⑥꼭대기. 산정(山頂). ¶其山之—<管子>
【梟獍】きょうけい (효경) 梟는 어미를 잡아먹는 새. 獍은 아비를 잡아먹는 짐승. 흉악 무도하고 은혜를 모르는 사람을 이름. 梟鏡(효경). 梟破鏡(효파경). ¶背恩忘義 —其心<魏書>
【梟名】きょうめい (효명) 사납고 날쌔다는 평판. 驍名(효명). ¶劉備有—<後漢書>
【梟首】きょうしゅ (효수) 목을 베어 높은 곳에 매닮. 또는, 그런 형(刑).
【梟示】きょうし (효시) 효수하여 여러 사람에게 보임.
【梟勇】きょうゆう (효용) 사납고 날쌤.
【梟雄】きょうゆう (효웅) 사납고 용맹함. 또는, 그러한 영웅. ¶劉備以—之姿<吳志>
【梟鴟】きょうし (효치) ①올빼미. ②악인의 비유. ¶—屯飛 則鸞鳳幽集<抱朴子>
【梟破鏡】きょうはきょう (효파경) ☞梟獍(효경).
【梟哺】きょうほ (효포) 올빼미가 어미를 기른다는 뜻으로, 불효 자식이 개과천선하여 부모에게 효도함을 이름. ¶父母何在 在我庭 化我鳴—所生<後漢書>
▷老—, 鴟—, 土—

12〖棻〗 棐(p.763)과 同字

12〖渠〗 ☞ 水部 9획(p.895)

12〖梌〗 檢(p.795)의 略字

12〖梋〗 枡(p.752)과 同字

8 12〖棨〗 창 계 |薺ㄑㄧˇ (qi) |けい(ハタボコ)

12〖梱〗 梱(p.769)과 同字

12〖椁〗 槨(p.786)과 同字

8 12〖棺〗 널 관 |寒ㄍㄨㄢ (guan) |かん(ヒツギ) *coffin*
【棺槨】かんかく (관곽) 시체를 넣는 속널과 겉널. 棺椁(관곽). ¶天子—七重<莊子>
【棺柩】かんきゅう (관구) 널. 棺(관).
▷蓋—, 空—, 椁—, 石—, 入—, 出—, 下—

8 12〖棵〗 1 땔나무 관 | 旱ㄎㄨㄢ (kuan) | かん firewood
2 도마 과 | 翰 |
3 韓 괘 괘 | | か

풀이 1 땔나무. 같 梡. 2 도마. 3 韓 괘. 현악기의 줄을 괴는 기둥.

8 12〖椇〗 호깨나무 구 | 麌ㄐㄩˇ (ju) | く (ケンポナシ)

풀이 ①호깨나무. 갈매나무과의 낙엽 교목. ¶枳一. ②적대(炙臺) 이름. 은(殷)대의 제기(祭器). ¶一俎.

8 12〖椈〗 노송나무 국 | 屋 | きく old pine

8 12〖棬〗 나무그릇 권 | 先ㄑㄩㄢ (quan) | けん (マゲモノ)

8 12〖棘〗 가시나무 극 | 職ㄐㄧˊ (ji) | きょく (イバラ) thorn

풀이 ①가시나무. 가시가 있는 나무의 총칭. ¶荆一. ②가시. ¶一木. ③멧대추나무. ¶園有一<詩經> ④창. 무기의 한 가지. ¶拔一以逐之<左氏傳> ⑤감옥. 감옥에 가둠. ¶囚諸樓臺 栫之以一<左氏傳> ⑥빠르다. 通 亟. ¶玁狁孔一<詩經> ⑦야위다. 파리함. ¶一者欲肥<呂覽> ⑧벌여놓다. ¶啓一賓商<楚辭> ⑨좁다. ¶湯之問一也是已<莊子> ⑩공경(公卿)의 자리. ¶遂登列一<南史>

【棘木之聽】きょくぼくのちょう (극목지 청) 죄상을 신문하는 일. 왼쪽 9극에는 고경대부(孤卿大夫), 오른쪽 9극은 공·후·백·자·남이 자리잡았음. ¶大司寇聽之棘木之下<禮記>

【棘門】きょくもん (극문) 여러 가지 창을 늘어 세워 놓은 문. ¶一 以戟爲門<周禮·注>

【棘人】きょくじん (극인) 부모의 상(喪)을 입은 사람이 자기를 일컫는 말. 喪制(상제). ¶一欒欒兮<詩經>

【棘刺】きょくし (극자) ①가시나무의 가시. ②청렴·엄직(嚴直)함의 비유.

▷艱一, 槐一, 九一, 杞一, 蒙一, 列一, 棫一, 姿一, 枳一, 草一, 楚一, 叢一, 險一, 荆一

8 12〖棋〗 바둑 기 | 支ㄑㄧˊ (qi) | き (ゴ)

同 棊 碁

풀이 ①바둑. 바둑돌. ¶一局. ②장기. 장기쪽. ¶將一. ③바둑을 두다. 장기를 둠. ¶一家. ④근본. 근저. 通 基. ¶萬物根一<史記>

【棋界】きかい (기계) 기객(棋客)의 사회.

【棋局】ききょく (기국) ①바둑판. 棋盤(기반). ②바둑의 판세, 판국. ③내기 바둑.

【棋譜】きふ (기보) 바둑 두는 법을 적은 책.

【棋士】きし (기사) 바둑이나 장기를 전문적, 직업적으로 두는 사람.

▷國一, 根一, 博一, 象一, 圍一, 將一, 布一, 弈一

12〖棊〗 棋(p. 773)와 同字

8 12〖棄〗 버릴 기 | 寘ㄑㄧˋ (qi) | き (ステル) abandon

古 弃 弃 本 棄

源 會意. 양손[八←廾]에 쓰레받이를 들고 쓰레기를 내버린다[去]는 데서 버리다의 뜻이 된 자.

풀이 ①버리다. 내버림. ¶一兒. ②그만두다. 폐함. ¶一稷不務<國語> ③꺼리어 멀리하다. ¶一妹不仁也<莊子> ④내쫓다. 방축(放逐)함. ⑤잊다. 잊어버림. ¶其庸可一乎<左氏傳> ⑥쇠퇴하다. ¶水官一矣<左氏傳> ⑦떠나다. ¶不撫壯而一穢兮<楚辭>

【棄却】ききゃく (기각) ①버려 두고 문제 삼지 않음. ②법원이 소송 당사자의 신청을 이유없다고 되돌리는 일.

【棄權】きけん (기권) 권리를 포기함. ¶一者.

【棄世】きせい (기세) ①세상을 떠남. 別世(별세). ②속세를 초월함. 세상과의 관계를 끊음. ¶一則無累<莊子>

【棄兒】きじ (기아) ①어린애를 내버림. ②버림받은 아이. ¶一滿路<資治通鑑>

【棄人】きじん (기인) ①병으로 또는 상도(常道)에서 벗어나 버림받은 사람. ¶是以聖人常善救人 無故一<老子> ②남을 버림.

【棄筆】きひつ (기필) 붓을 버림. 문필에 종사하기를 그만둠. 投筆(투필).

▷滅一, 耗一, 放一, 背一, 排一, 屛一, 焚一, 擯一, 燒一, 揚一, 捐一, 遠一, 委一, 離一, 自暴自一, 斥一, 打一, 唾一, 惰一, 怠一, 投一, 破一, 罷一, 播一, 廢一, 荒一, 毁一

8 12〖棠〗 아가위나무 당 | 陽ㄊㄤˊ (tang) | とう (ヤマナシ)

풀이 ①아가위나무. 아가위. ¶一毬子. ②팥배나무. 팥배. ¶甘一. ③산앵도나무. ¶一棣. ④해당화. ¶海一. ⑤둑. 제방. ¶遊于一行<列子>

▷甘一, 錦一, 落一, 沙一, 棣一, 海一

12〖⿰木尚〗 棠(p. 773)과 同字

8 12〖棹〗 1 노 도 | 效ㄓㄠˋ (zhao) | とう (カイ) oar
2 책상 탁 | 覺ㄓㄨㄛ (zhuo) | たく desk

풀이 1 ①노. 키. 같 櫂. ¶一聲. ②노를 젓다. ¶或命巾車 以一孤舟<陶潛> 2 책상. 卓의 俗字.

8 12〖棟〗 용마루 동 | 送ㄉㄨㄥˋ (dong) | とう (ムネ) ridgepole

풀이 ①용마루. ¶上一下宇<易經> ②마룻대. ¶一折榱崩<左氏傳> ③주석(柱

石). 중요한 인물. ¶一梁/一幹. ④채. ㉮집을 세는 단위. ¶瓦屋三一. ㉯집. 건물. ¶病一. ⑤별 이름. ¶一星.

【棟梁】とうりょう(동량) ①마룻대와 들보. ②한 집안이나 국가의 중임을 맡은 사람. 柱石(주석). 重鎭(중진). ¶一臣.

【棟梁之材】とうりょうのざい(동량지 재) 한 나라의 기둥이 될 만한 인물. 棟梁之器(동량지 기). 棟梁材(동량재). ¶稱人才幹 云有一<書言故事>

【棟折榱崩】とうおれすいくずれる(동절최붕) 마룻대가 부러지면 서까래도 무너진다는 뜻으로, 윗사람이 망하면 아랫사람까지도 망함을 이름.
▷巨一, 高一, 國一, 累一, 文一, 病一, 複一, 飛一, 梁一, 楹一, 屋一, 雲一, 隆一, 藻一, 汗牛充一

8 12【椋】 푸조나무 량 | 陽 ㄌㄧㄤˊ (liang) | りょう(ムク)

8 12【棙】 채 려 | 霽 ㄌㄧˋ (li) | れい(バチ)
풀이 ①채. 비파를 타는 기구. 通 捩. ¶琵琶 其撥曰一<集韻> ②태엽. 용수철 장치. ¶機一. ③비틀다. ¶一手覆羹<韓愈>

8 12【棱】 모 릉 | 蒸 ㄌㄥˊ (leng) | りょう(カド) *corner*
풀이 ①모. 모서리. ¶上觚一而棲金雀<班固>/一楹. ②엄하다. 서슬이 푸른 모양. ¶剛一疾惡<後漢書>
▷剛一, 觚一, 棱一, 模一, 眉一, 兵一, 鋒一, 嚴一, 廉一, 雄一, 威一, 衣一, 風一

12【棃】 梨(p.769)의 本字

8 12【棽】 1 무성할 림 | 侵 りん
2 뒤덮일 침 | 侵 ちん

8 12【棉】 목화 면 | 先 ㄇㄧㄢˊ (mian) | めん(ワタ) *cotton*

【棉作】めんさく(면작) 목화 농사.

【棉花】めんか(면화) 목화(木花). 木棉(목면). 草棉(초면). 涼花(양화). 古終(고종).
▷木一, 米一, 印一, 草一

8 12【椧】 韓 홈통 명

12【㮄】 榜(p.783)의 本字

12【棅】 柄(p.760)과 同字

12【栟】 栟(p.766)의 本字

8 12【棒】 몽둥이 봉 本 방 | 講 ㄅㄤˋ (bang) | ぼう(ボウ) *bar*
풀이 ①몽둥이. 막대기. 같 棓. ¶一術. ②치다. 몽둥이로 때림. ¶赤棒一之<北齊書>

【棒喝】ぼうかつ(봉갈)《佛》 선사(禪師)가 불법을 깨닫지 못하는 제자를 심하게 꾸짖거나 막대기로 때리는 일. ¶一喝大地震動 一棒須彌粉碎<禪林句集>
▷敲一, 棍一, 突一, 三十一, 杖一, 鐵一, 痛一

8 12【棓】 1 몽둥이 봉 | 講 ㄅㄤˋ (bang) | ぼう *bar*
2 발판 부 | 有 ㄆㄡˇ (pou) | ほう(フミイタ)
풀이 1 ①몽둥이. 막대기. 같 棒. ¶持一白一<周書> ②도리깨. 2 발판. ¶踊于一而窺客<公羊傳>
▷巨一, 白一

8 12【棼】 마룻대 분 | 文 ㄈㄣˊ (fen) | ふん(ムナギ) *ridgepole*
풀이 ①마룻대. ¶帶於一楣<班固> ②삼베. 마포(麻布). ¶素車一蔽<周禮> ③어지럽다. 어지럽힘. 通 紊 紛. ¶一一. ④나무가 뒤섞여 얽히다. ¶一錯.

12【焚】 ☞火部 8획(p.945)

8 12【棚】 시렁 붕 | 庚 ㄆㄥˊ (peng) | ほう(タナ) *shelf*
풀이 ①시렁. 선반. ¶書一. ②시렁이나 선반 모양을 한 것. ③잔교(棧橋). ¶大治戰一雲橋<唐書> ④누각(樓閣). ¶高一跨路<隋書> ⑤오두막집. 가건물. ¶一戶. ⑥분대(分隊). 청제(淸制)에서 병사 14명을 一棚이라 함.
▷高一, 大陸一, 山一, 書一, 涼一, 帳一, 戰一, 彩一

8 12【椑】 1 술통 비 | 齊 へい(タル)
2 감나무 비 | 支 *wine barrel*
3 널 벽 | 錫 へき(ヒツギ)
풀이 1 ①술통. 둥근 술통. ¶美酒一一<漢書> ②술잔. ③수레의 이름. ¶一輗 車名<五音集韻> 2 감나무. ¶一柹. 3 널. 관(棺). ¶君卽位而爲一<禮記>
▷烏一, 風字一

8 12【棐】 도울 비 | 尾 ㄈㄟˇ (fei) | ひ(タスク) *assist*
풀이 ①돕다. 보좌함. ¶越天一忱<書經> ②변변하지 못하다. ¶一德. ③상자. 광주리. 通 匪 篚. ¶賦入貢一<漢書> ④비자나무. 같 榧. ¶一几. ⑤도지개. 뒤틀린 활을 바로잡는 틀.

8 12【森】 나무 빽빽할 삼 | 侵 ㄙㄣ (sen) | しん(モリ) *forest*
풀이 ①나무가 빽빽하다. ¶一林. ②우뚝 솟다. ¶一槮. ③무성한 모양. ¶一奉璋以階列<揚雄> ④드리워지다. 축 늘어짐. ¶一衰. ⑤오싹하다. 으쓱함. ¶

一岑. ⑥늘어서다. 벌여 섬. ¶衆星燦然一<梅堯臣>/一列.

【森羅萬象】しんらばんしょう(삼라만상) 우주 사이에 있는 온갖 물건과 모든 현상. 萬物(만물). ¶森羅及萬象 一法之所印<法句經>

【森列】しんれつ(삼렬) ①나무가 빽빽하게 늘어섬. ②장엄하게 늘어섬. ¶天地鬼神 昭布一<韓愈>

【森林】しんりん(삼림) 나무가 많이 서 있는 숲.

【森嚴】しんげん・しんごん(삼엄) 엄숙한 모양. 莊嚴(장엄).

▷凜一, 疎一, 蕭一, 嚴一, 林一, 淸一

8 12〖棲〗 살 서 | 齊 ㄑㄧ(qi) ㄒㄧ(xi) | せい(スム) roost

同 栖 捿

풀이 ①살다. ㉮깃들이다. 보금자리에 들어 삶. ¶鷄一于塒<詩經> ㉯거처를 정하여 살다. ¶性好閒人一遁<晉書> ㉰머무르다. 묵다. ¶北一雁門<張衡> ②집. 보금자리. ¶抗志山一 游心海左<後漢書> ③쉬다. 휴식함. ¶息宴游一<陸機> ④잠자리. ¶二嫂使治朕一<孟子> ⑤바삐 서두르는 모양. ¶一一. ⑥검열하는 모양. ¶一一.

【棲息】せいそく(서식) 동물 따위가 어떤 곳에서 삶. 棲宿(서숙).

【棲神】せいしん(서신) 도가 수련(道家修鍊)의 한 방법. 정신을 통일하는 일.

【棲神之域】せいしんのいき(서신지 역) 묘지(墓地).

▷鷄一, 故一, 高一, 單一, 同一, 鳳一, 山居木一, 宿一, 雙一, 巖一, 良禽相木一, 幽一, 林深鳥一

12〖晳〗 ☞ 日部 8획(p. 723)

12〖桼〗 乘(p. 44)의 本字

8 12〖植〗 1 심을 식 2 꽂을 치 | 職 ㄓˊ(zhi) 寘 | しょく(ウエル) plant ち

源 會意・形聲. 나무[木]를 곧게[直]세워 심는다는 데서 심다의 뜻.

풀이 1 ①심다. ¶一木. ②초목의 총칭. ¶動一物. ③일정한 곳에 근거를 두게 하다. ¶一民. ④재목. 목재. ¶井一生梓而不容甕<淮南子> ⑤기둥. ¶於四角立一而縣<周禮·注> ⑥서다. 곧추세움. 귀를 기울임. ¶一耳. ⑦자라다. 늘어남. ¶一黨. ⑧곧다. 바름. 通直. ¶行并一於晋國<禮記> 2 ①꽂다. ¶一其杖而芸<論語> ②두다. 通置. ¶一璧秉珪<書經> ③우두머리. 감독관. ¶宋華元爲一巡功<左氏傳> ④뜻. 通志. ¶一固.

【植木】しょくぼく(식목) 나무를 심음. 또는, 심은 나무. 植樹(식수). 植藝(식예). 樹藝(수예). ¶一日.

【植民】しょくみん(식민) 본국과 정치적 종속 관계에 있는 국외에 인민을 이주시켜 그 곳을 경제적으로 개척, 활동하는 일. 또는, 그 이주한 사람들. 殖民(식민). ¶一地.

【植耳】しょくじ(식이) 귀를 기울임. 竦耳(송이). ¶諸侯必一<淮南子>

【植字】しょくじ(식자) 활판 인쇄에 있어서 활자를 원고대로 늘여 짜는 일. 組版(조판).

▷耕一, 灌一, 倒一, 動一, 茂一, 培一, 蕃一, 扶一, 樹一, 蒔一, 列一, 藝一, 誤一, 移一, 種一, 播一

8 12〖椏〗 가장귀 아 | 麻 ㄧㄚ(ya) | あ(マタ)

8 12〖棜〗 갸자 어 | 御 ㄩˋ(yu) | お

풀이 갸자. 음식을 나르는 들것.

8 12〖棫〗 두릅나무 역 | 職 ㄩˋ(yu) | よく(タラ)

12〖棿〗 輗(p. 1464)・隉(p. 1584)와 同字

8 12〖椀〗 주발 완 | 旱 ㄨㄢˇ(wan) | わん(ハチ) bowl

8 12〖椅〗 1 걸상 의 2 의나무 의 | 紙 ㄧˇ(yi) 支 ㄧ(yi) | い(イス) chair

풀이 1 걸상. 의자. ¶一子. 2 의나무. 산유자나무과의 갈잎큰키나무. ¶一桐梓漆<詩經>

【椅几】いき(의궤) 앉을 때 몸을 기대는 방석. 案席(안석).

【椅子】いす(의자) 뒤에 등받이가 있는 걸상. 交椅(교의).

▷高一, 交一, 雲一, 青一

8 12〖棧〗 1 잔도 잔 2 성할 진 | 諫 ㄓㄢˋ(zhan) 眞 | さん(カケハシ) footling しん

同 輚

풀이 1 ①잔도. 험한 벼랑에 선반을 매듯 낸 길. ¶燒絶一道<史記> ②비계(飛階). 선반. ¶一橋. ③마판(馬板). 우리의 바닥에 깔아 놓은 판자. ¶編之以阜一<莊子> ④꾸미지 않은 수레. ¶一車. ⑤장강(長杠)틀. 영구차. ¶賓奠幣于一左服<儀禮> ⑥작은 범종. ¶大鐘謂之鏞 小者謂之一<爾雅> ⑦ 中 주막. 여인숙. ¶一房. ⑧ 中 창고. 화물창고. ¶貨一. 2 성하다. 많고도 성한 모양. ¶一一.

【棧閣】さんかく(잔각) ☞棧道(잔도).

【棧車】さんしゃ(잔거) ①나무나 대를 엮어서 만든 꾸미지 않은 수레. ②짐수레. ¶有一之車 行彼周道<詩經>

【棧橋】さんきょう(잔교) ①부두에서 선박에 걸쳐 놓아 오르내리게 된 다리. ②☞棧道(잔도).

【棧道】さんどう(잔도) 험한 산길 따위에 널빤지를 늘어 놓아 선반처럼 만든 길. 棧閣(잔각). 棧橋(잔교)②.

【棧板】(잔판) 韓 질그릇을 굽기 위해 담아 나르는 널빤지.

▷劍一, 曲一, 斷一, 磴一, 馬一, 棚一, 飛一, 石一, 羊一, 梁一, 雲一, 危一, 虹一, 朽一

12【楮】 楮(p. 780)의 俗字

8 12【椄】 접붙일 접 | [葉]ㄐㄧㄝ (jie) | しょう, せつ (ツギキ)

풀이 ①접붙이다. 通 接. ¶一木. ②형틀. 형구(刑具). ¶桁楊一槢＜莊子＞

【椄木】ツギキ (접목) 나무에 접붙임. 接木(접목).

【椄槢】せっしゅう (접습) 옛날의 형구(刑具) 이름. 고랑·차꼬·칼 따위. 枷鎖(가쇄). ¶大者爲舟航柱梁 小者爲一＜淮南子＞

8 12【棖】 1 문설주 정 2 이름 장 | [庚]ㄔㄥˊ (cheng) [陽] | とう (ボウダテ) *gatepost*

풀이 1 ①문설주. ¶大夫中一與闑之間＜儀禮＞ ②닿다. 부딪다. 通 棦. ¶一撥. ③현악기 소리. ¶一一. 2 사람 이름. ¶或答曰申一＜論語＞

12【椗】 碇(p. 1082)의 俗字

8 12【棗】 대추나무 조 | [皓]ㄗㄠˇ (zao) | そう (ナツメ) *date*

源 會意. 朿[가시]가 많다는 뜻.

풀이 ①대추나무. ②대추. ¶一東栗西.

▷乾一, 酸一, 肉一, 梨一, 樗一

8 12【棕】 종려나무 종 | [東]ㄗㄨㄥ (zong) | そう *palm*

8 12【椆】 영수목 주 | [尤]ㄔㄡˊ (chou) | ちゅう

풀이 ①영수목. 늘푸른나무의 한 가지. ¶虎首之山 多一椐＜山海經＞ ②상앗대. 삿대. ¶木一. ③내 이름. ¶自投於一水而死＜莊子＞

12【集】 ☞ 隹部 4 획 (p. 1593)

8 12【棌】 참나무 채 | [賄] | さい *oak*

8 12【棣】 1 산앵도나무 체 2 익숙할 태 | [霽]ㄉㄧˋ (di) [隊] | てい (ニワザクラ) たい

풀이 1 ①산앵도나무. 산이스랏나무. ¶棠一/唐一. ②통하다. 미치다. 通 逮. ¶萬物一通＜漢書＞ 2 익숙하다. ¶威儀一一＜詩經＞

【棣鄂之情】ていがくノじょう (체악지 정) 형제 사이의 두터운 우애. 산앵도꽃의 아름답고 사랑스러움에 견준 말. 棣華之情(체화지 정).

▷唐一, 棠一, 常一, 赤一, 靑一

8 12【椒】 산초나무 초 | [蕭]ㄐㄧㄠ (jiao) | しょう (サンショウ) *prickly ash*

풀이 ①산초나무. ¶一聊之實＜詩經＞ ②후추나무. ¶胡一. ③향기롭다. ¶有一其馨＜詩經＞ ④산꼭대기. ¶山一. ⑤韓 서자(庶子). 서파(庶派).

【椒蘭】しょうらん (초란) ①산초나무와 난초. 향기가 좋은 것을 이름. ②귀한 친척을 이름. ③초(楚)의 자초(子椒)와 자란(子蘭). 아첨 잘 하는 사람의 비유.

【椒房】しょうぼう (초방) ①후비(后妃)의 궁전. 椒屋(초옥). ②황후(皇后). ¶皇后稱一＜書言故事＞

【椒房之親】しょうぼうノしん (초방지 친) 후비(后妃)의 친정 겨레붙이. ¶竇憲一＜後漢書＞

▷芳一, 夫一, 山一, 巖一, 越一, 蜀一, 胡一

12【椘】 楚(p. 780)의 俗字

8 12【棰】 매 추 | [紙]ㄔㄨㄟˊ (chui) | すい (ムチ) *whip*

풀이 ①매. 회초리. ②매질하다.

8 12【椎】 몽치 추 | [支]ㄔㄨㄟˊ (chui) ㄓㄨㄟ (zhui) | つい, すい (ツチ) *mallet*

풀이 ①몽치. 망치. 방망이. ¶袖四十斤鐵一＜史記＞ ②치다. 몽치로 침. ¶一擊/一打. ③상투. ¶一髻鳥語之人＜後漢書＞/一結. ④등뼈. ¶一骨. ⑤순박하다. ¶其一少文＜漢書＞/一政. ⑥어리석다. 우둔함. ¶一魯. ⑦모밀잣밤나무.

【椎骨】ついこつ (추골) 등골뼈.

【椎魯】ついろ (추로) 어리석고 둔함. 椎鈍(추둔).

【椎輪】ついりん (추륜) ①바퀴살이 없는 수레바퀴. ②완벽하지 못한 사물의 시초를 이름. ¶若夫一爲大輅之始＜梁昭明太子＞

【椎殺】ついさつ (추살) 몽치로 때려 죽임.

▷樸一, 張良一, 脊一, 鐵一

8 12【棸】 나무 이름 추 | [尤] | すう

8 12【棷】 1 땔나무 추 2 수풀 수 | [尤]ㄗㄡ [宥](zou) | すう (マキ) そう

풀이 1 ①땔나무. 섶나무. ②겨릅대. 껍질을 벗긴 삼대. 通 菆. ¶或一一枚＜漢書＞ 2 수풀. 늪. 通 藪. ¶鳳凰麒麟 皆在郊一＜禮記＞

8 12【椓】 칠 탁 | [覺]ㄓㄨㄛˊ (zhuo) | たく (ウツ) *hit*

풀이 ①치다. 때림. ¶一之丁丁＜詩經＞ ②하소연하다. ¶太子又使一之＜左氏傳＞ ③궁형(宮刑). 음부를 제거하는 형벌. ¶劓刵一黥＜書經＞ ④내시. 환

자(宦者). ¶昏一靡共<詩經>

12【閑】 ☞ 門部 4획(p.1561)

8/12【棍】 1 묶을 혼 ｜ 2 몽둥이 곤 ｜ ㄍㄨㄣˋ (gun) ｜ こん stick

풀이 1 ①묶다. 동여맴. ¶一申椒與菌桂兮<漢書> ②함께. 같이. 通混. ¶一成. 2 ①몽둥이. ¶一棒. ②악한(惡漢). ¶一徒.

【棍徒】こんと(곤도) 부랑자. 無賴漢(무뢰한). ¶或有無籍一<福惠全書>

【棍棒】こんぼう(곤봉) ①몽둥이. ②운동 용구의 하나.

【棍杖】(곤장) 죄인의 볼기를 치던 형구(刑具)의 하나.

【棍成】(혼성) ☞ 混成(혼성).
▷柴一, 惡一, 遊一

9/13【椵】 1 나무 이름 가 ｜ 2 형구 가 ｜ 3 개 잡아매는 기구 하 ｜ か

풀이 1 ①나무 이름. 유자나무의 일종. ②틀가락. 2 형구. 고랑·차꼬 따위. 3 개를 잡아 매는 기구. ¶衡設於鼻 如一狀也<周禮>

13【桴】 竿(p.1126)과 同字

9/13【楬】 1 푯말 갈 ｜ 2 악기이름 갈 ｜ 3 산 이름 흘 ｜ ㄐㄧㄝˊ (jie) ｜ けつ (タテフダ)

풀이 1 푯말. ¶一著其姓名<漢書> 2 ①악기 이름. 어(敔)와 비슷한 악기. 같 籟. ¶椌一. ②꾸밈이 없다. 通髺. ¶夏后氏以一豆<禮記> 3 산 이름. ¶一戾.

9/13【椷】 1 함 감 ｜ 2 담을 함 ｜ ㄒㄧㄢˊ (xian) ｜ かん(ハコ) box

풀이 1 ①함. 상자. 궤. ②잔. 술잔. 2 담다. 넣음. 通含. ¶辰星過太白間 可一劍<漢書>

13【概】 槪(p.785)의 略字

9/13【楗】 문빗장 건 ｜ ㄐㄧㄢˋ (jian) ｜ けん crossbar

풀이 ①문빗장. 通鍵. ¶一閉. ②방죽. 둑. ¶下淇園之竹以爲一<史記> ③다리가 피로하다. 通蹇. ¶終日馳騁 左不一<周禮>

9/13【椺】 1 술잔 격 ｜ 2 韓 들보 보 ｜ けき

13【椶】 梗(p.768)의 本字

13【楉】 枸(p.758)와 同字

9/13【楑】 망치 규 ｜ き

9/13【極】 1 다할 극 ｜ 2 잦을 극 ｜ ㄐㄧˊ (ji) ｜ きょく, ごう (キワマル) extreme

풀이 1 ①다하다. ㉮떨어지다. ¶游無一之野<淮南子> ㉯끝나다. ¶至晝夜長短之所一<周髀算經> ㉰그만두다. ¶曷又一止<詩經> ㉱군색해지다. ¶相觀民之計一<楚辭> ㉲있는 대로 다 들이다. ¶祭一敬<禮記> ②극. ㉮한계. 막다른 지경. ¶貢獻無一<左氏傳> ㉯모든 힘. ¶君子無所不用其一<大學> ㉰전극(電極)·자극(磁極) 등 극의 총칭. ㉱우주의 축이 천구(天球)와 교차하는 점. ¶四一. ㉲지구 자전의 축이 지구 표면과 교차하는 점. ¶一地方. ㉳좌표의 한 가지. ¶一座標. ㉴끝. 일의 결과. ¶焉知其一<呂覽> ③용마루. ¶夫妻臣妾登一<莊子> ④들보. 대들보. ¶峙遊一於浮柱<張衡> ⑤이르다. 다다름. ¶駿一于天<詩經> ⑥멀다. ¶望涔陽兮一浦<楚辭> ⑦매우. 심히. ¶軍一簡易<史記> ⑧중정(中正). 지선(至善)의 도(道). ¶莫匪爾一<詩經> ⑨지상(至上)의 자리. 임금의 자리. ¶登一. ⑩북극성. ¶一建中央<太玄經> ⑪근본. ¶辭足以見一<荀子> ⑫악사(惡事). 흉사(凶事). ¶威用六一<書經> ⑬괴롭히다. ¶又一之於其所在<孟子> ⑭바로잡다. ¶王國來一<詩經> ⑮내놓다. ¶催一萬物<太玄經> ⑯세차다. 엄함. ¶隨其天資 而安之不一<淮南子> 2 잦다. 재빠름. 通亟. ¶出入甚一<荀子>

【極諫】きょっかん·ごっかん(극간) 극력으로 간함. 끝까지 간함. ¶大臣重祿而不一<說苑>

【極難】きょくなん(극난) 몹시 어려움.

【極南】きょくなん(극남) 남쪽의 끝. ↔極北(극북).

【極端】きょくたん(극단) ①맨 끝. ②중용을 벗어나 한쪽으로 심히 치우침. ③이르는 곳까지 이르러 더 나아가지 못함.

【極大】きょくだい(극대) 더할 수 없이 큼. ¶一値. ↔極小(극소).

【極度】きょくど(극도) 궁극의 한도. 더할나위 없이 극심한 정도.

【極東】きょくとう(극동) ①동쪽 끝. ②동양의 가장 동쪽 부분. 곧, 한국·중국·일본 등지. 遠東(원동). ↔極西(극서).

【極樂】きょく①·ごく②(극락) ①한껏 즐김. ②《佛》아미타불이 있다는 서방 정토(西方淨土). 極樂世界(극락세계). ↔地獄(지옥).

【極樂往生】ごくらくおうじょう(극락왕생)《佛》죽어서 극락세계에 다시 태어나는 일.

【極力】きょくりょく(극력) 힘껏. 힘을 다함.

【極烈】きょくれつ(극렬) 지극히 열렬함. ¶一分子.

【極論】きょくろん(극론) ①극단적인 언론. ②힘껏 사리를 설명함. ¶一訂之 何以爲凶<論衡>

【極律】きょくりつ(극률) 사형에 해당하는 죄를 정한 「법률.

【極目】きょくもく (극목) 눈에 보이는 한. ¶一蕭條三兩家<岑參>
【極祕】ごくひ (극비) 절대적인 비밀. ¶一事項.
【極貧】ごくひん (극빈) 극히 가난함. ¶一者.
【極上】ごくじょう (극상) 가장 좋음. 最上(최상). ¶一品. ↔極下(극하).
【極西】きょくせい (극서) 서쪽의 맨 끝. ↔極東(극동).
【極星】きょくせい (극성) 극(極)에 가장 가까운 항성(恒星).
【極盛】きょくせい (극성) 극히 왕성함. ¶一期.
【極盛則敗】(극성즉패) 왕성함이 지나치면 얼마 가지 못해 패망함.
【極少】きょくしょう (극소) 극히 적음. ¶一數/一量.
【極惡】きょくあく・ごくあく (극악) 극히 악함. ¶一無道.
【極言】きょくげん (극언) ①있는 힘을 다해 간(諫)함. ②극단적으로 말함.
【極尊】きょくそん (극존) ①지위가 아주 높음. ¶一稱. ②임금의 존칭. ③어버이. 父母(부모). ¶父母 尊之極<書經·注>
【極左】きょくさ (극좌) 극단의 좌익 사상. 또는, 좌익파. ¶一派. ↔極右(극우).
【極地】きょくち (극지) 지구 남북의 양극 지방.
【極盡】きょくじん (극진) 힘이나 마음을 다함.
【極讚】(극찬) 몹시 칭찬함.
【極致】きょくち (극치) 극도에 이른 경지. ¶此乃奇正之一<李衛公問對>
【極限】きょくげん (극한) 맨 끝.
【極刑】きょっけい (극형) 극히 중한 형벌. 사형(死刑).
▷坤一, 究一, 窮一, 南一, 登一, 罔一, 無一, 北一, 四一, 三一, 消一, 兩一, 陽一, 陰一, 紫一, 底一, 積一, 定一, 宗一, 終一, 中一, 至一, 天一, 太一, 八一, 皇一

13【禁】☞示部 8 획(p. 1095)

9 13【楠】 녹나무 남 | 覃ㄋㄢˊ (nan) | だん, なん (クスノキ)

9 13【椴】 자작나무 단 | 翰ㄉㄨㄢˋ (duan) | たん
풀이 ①자작나무. ②무궁화.

9 13【楝】 멀구슬나무 련 | 霰ㄌㄧㄢˋ (lian) | れん (オウチ)

13【楼】 樓(p. 786)의 俗字

13【桌】 栗(p. 766)의 古字

9 13【楞】 모 릉 | 蒸ㄌㄥˊ (leng) | りょう(カド) corner
풀이 모. 모서리. 불교에서는 棱자를 쓰지 않고 특히 이 자만 씀. 같 棱. ¶一嚴經.

13【楳】 梅(p. 770)와 同字

13【楓】 棉(p. 774)의 俗字

13【楙】 茂(p. 1272)의 古字

9 13【楣】 문미 미 | 支ㄇㄟˊ (mei) | び(ノキ)
풀이 ①문미. 문 위에 가로 대는 나무. ¶門一. ②처마. 차양. ¶接棟連一<王勃> ③도리. ¶堂則物當一<儀禮>
▷門一, 長一, 柱一

13【桮】 杯(p. 755)와 同字

9 13【楅】 뿔막이 복 | 屋ㄈㄨˊ (fu) | ひょく
벽 | 職ㄅㄧˋ (bi)
풀이 ①뿔막이. 소가 사람을 떠받지 못하게 두 뿔 끝에 가로댄 나무. ¶夏而一衡<詩經> ②화살을 넣는 그릇. 전동(箭筒). ¶命弟子設一<儀禮> ③단으로 묶다.

9 13【榌】 韓 사닥다리 비

9 13【楂】 떼 사 | 麻ㄔㄚˊ (cha) | さ(イカダ)
ㄓㄚ (zha) | raft
풀이 ①떼. 뗏목. 通 槎 查. ②풀명자나무. 같 樝 查. ¶酸一. ③까치 우는 소리. 같 查. ¶一一. ④韓 나무등걸. 通 查. ¶古一.
▷巨一, 浮一, 星一

13【想】☞心部 9 획(p. 581)

9 13【楈】 나무 이름 서 | 魚 | しょ

13【晳】☞白部 8 획(p. 1046)

9 13【楔】 문설주 설 | 屑ㄒㄧㄝ (xie) | せつ (ホコダチ)
풀이 ①문설주. 문주(門柱). ¶根闑扂一<韓愈> ②쐐기. ¶小者以爲楫一<淮南子> ③쐐기질하다. ¶一齒. ④타다. 켬. ¶一梓瑟些<楚辭>
【楔子】せっ・けっ (설자) 쐐기.
【楔齒】せっ (설치) 염습(殮襲)에 앞서 입에 낟알을 넣기 위해 이를 버티어 다물어지지 않게 함. ¶一用角柶<儀禮>
【楔形文字】せっけい (설형문자) 자형이 쐐기 모양으로 된, 고대 바빌로니아·앗시리아·페르시아 등에서 쓰던 글자.

9 13【㮣】 배 소 | 豪 | そう(フネ)
풀이 배. 선박(船舶)의 총칭.

9 13【楯】 1 방패 순 | 軫ㄕㄨㄣˇ | じゅん
2 책상 준 | 軫 (shun) | (タテ) shield
풀이 1 ①방패. 通 盾. ¶矛一. ②난간. ¶宛虹拖於一軒<史記> ③잡아 뽑다. 빼냄. ¶引一萬物<淮南子> 2 책상. ¶死於腞一之上<莊子>

▷堅—, 欄—, 短—, 矛—, 鐵—, 板—, 陛—

13〖楽〗 樂(p.787)의 俗字

9 13〖椰〗 야자나무 야 | [麻] ㄧㄝ (ye) | や(ヤシ) *coconut palm*

풀이 ①야자나무. ¶—葉無陰＜左思＞ ②야자. ¶—漿.
【椰子】やし(야자) 야자나무. 또는, 그 열매.
【椰漿】やしょう(야장) 야자나무 열매의 즙. ¶以—爲酒＜北史＞

9 13〖楊〗 버들 양 | [陽] ㄧㄤˊ (yang) | よう(ヤナギ) *willow*

풀이 버들. 버드나무. ¶—柳依依＜詩經＞
【楊貴妃】ようきひ(양귀비)《人》 이름은 태진(太眞). 당(唐) 현종(玄宗)이 총애하여 나라가 어지러워지고 안녹산(安祿山)의 난 때, 피살되었음. (719~756).
【楊柳】ようりゅう(양류) 버드나무.
【楊梅瘡】ようばいそう(양매창) 매독(梅毒). 瘡病(창병).
【楊朱】ようしゅ(양주)《人》 전국 시대의 사상가. 천하를 위하는 일이라고 해도 자기 몸의 한 터럭도 뽑지 않는다고 하여 위아설(爲我說)을 제창함. 묵자의 겸애설(兼愛說)과 함께 맹자에 의해 이단으로 배척됨. 楊子(양자). ¶楊子取爲我 拔一毛而利天下 不爲也＜孟子＞
【楊枝】ようじ(양지) ①버들가지. ②이쑤시개. ¶每旦澡洗 以—淨齒＜隋書＞
▷枯—, 白—, 垂—, 赤—, 朱—, 蒲—, 黃—

9 13〖業〗 업 업 | [葉] ㄧㄝˋ (ye) | ぎょう, ごう (ワザ) *business*

源 象形. 종·경쇠 등을 매다는 틀을 본뜬 자. 그 틀 따위에 무늬를 새기는 것을 일삼은 데서 일·업의 뜻으로도 쓰임.

풀이 ①업. ㉮일. 사업. ¶君子進德修—＜易經＞ ㉯학문. 기예. ¶大功廢—＜禮記＞ ㉰직업. ¶有事而無—＜左氏傳＞ ㉱《佛》 ㉠몸·입·뜻으로 짓는 선악의 소행. ㉡전세(前世)의 소행에 의해 현세(現世)에서 받는 선악의 응보(應報). ②생계. 생업. ¶爲子孫—耳＜史記＞ ③순서. ¶民從事有—＜國語＞ ④기초. 시작. ¶君子創—垂統＜孟子＞ ⑤이미. 앞서. ¶—已建之＜史記＞ ⑥시작하다. 처음으로 함. ¶項梁—之＜史記＞ ⑦위태롭다. ¶有震且—＜詩經＞ ⑧널빤지. 종·북 등을 매다는 가름대나무를 덮어 씌워 장식하는 널빤지. ¶設—設虡＜詩經＞
【業界】ぎょうかい(업계) 같은 산업·사업에 종사하는 사람들의 사회.
【業苦】ごうく(업고)《佛》 선악의 과보로 받는 고통. ¶解義不救—＜法要典據＞
【業果】ごうか(업과)《佛》 ☞業報(업보).
【業力】ぎょうりょく(업력) ①사업에 대한 능력. ②《佛》 업과(業果)를 가져오게 하는 원인이 되는 힘. ¶各隨— 的焉不差＜沈約＞
【業務】ぎょうむ(업무) 직업으로 또는 맡아서 하는 일. ¶—上/—妨害罪.
【業報】ごうほう(업보)《佛》 전생에서 한 일에 대하여 이승에서 받는 선악의 갚음. 죄값. 業果(업과).
【業因】ごういん(업인)《佛》 선악의 갚음을 받는 원인이 되는 행위. ¶萬物從—生＜成實論＞
【業者】ぎょうしゃ(업자) 영리 사업을 경영하는 사람. 當業者(당업자).
【業績】ぎょうせき(업적) 일의 성과. 사업의 성적. 功績(공적).
【業種】ぎょうしゅ(업종) 사업의 종류. ¶—別.
【業主】ぎょうしゅ(업주) 사업의 경영주.
【業體】ぎょうたい(업체) 사업이나 기업의 주체.
【業火】ごうか(업화)《佛》 ①불같이 일어나는 노여움. ②악업의 갚음인 지옥의 맹렬한 불. ¶以—乾枯＜楞嚴經＞
▷家—, 開—, 兼—, 經—, 苦—, 工—, 課—, 官—, 企—, 農—, 大—, 德—, 同—, 末—, 民—, 別—, 本—, 副—, 丕—, 非—, 司—, 事—, 產—, 常—, 商—, 生—, 先—, 善—, 成—, 盛—, 世—, 受—, 修—, 授—, 宿—, 術—, 習—, 始—, 失—, 雅—, 惡—, 夜—, 漁—, 營—, 藝—, 王—, 因—, 林—, 資—, 作—, 雜—, 專—, 傳—, 轉—, 正—, 定—, 淨—, 停—, 操—, 卒—, 從—, 終—, 罪—, 創—, 賤—, 醜—, 就—, 怠—, 統—, 罷—, 霸—, 廢—, 學—, 行—, 洪—, 休—, 興—

9 13〖椽〗 서까래 연 ㊀전 | [先] ㄔㄨㄢˊ (chuan) | てん(タルキ) *beam*

【椽大之筆】てんだいのふで(연대지 필) ①서까래같이 굵은 붓. 대필(大筆). ②대문장. 대논문. 훌륭한 문장. 진(晋)의 왕순(王珣)이, 서까래 같은 큰 붓을 받는 꿈을 꾼 옛일에서 온 말. ③훌륭한 문장을 짓는 재능. 椽筆(연필).
▷短—, 婦—, 修—, 屋—, 竹—, 采—, 榱—

9 13〖楹〗 기둥 영 | [庚] ㄧㄥˊ (ying) | えい(ハシラ) *pillar*

▷絜—, 丹—, 鳳—, 梁—, 瑤—, 銀—, 彩—, 華—

9 13〖椳〗 지도리 외 | [灰] ㄨㄟ (wei) | わい *hinge*

풀이 ①지도리. 문지도리. 문장부나 돌쩌귀 따위. ¶—闑居楔＜韓愈＞ ②㊕ 외. 벽을 만들기 위해 댓가지·싸리·잡목 따위로 가로 세로 얽은 것.

9 13〖楥〗 1 느티나무 원 2 신골 훤 | [霰] [願] ㄒㄩㄢˋ (xuan) | えん (ケヤキ) けん

풀이 1 느티나무. 2 ①신골. 신을 만드는 데 쓰는 골. ¶—頭. ②골. 모형(模型).

13〖楦〗 楥(p.779)과 同字

9 13【椷】 요강 위 | 㕛 | い

9 13【楡】 느릅나무 유 | 虞 ㄩ´ (yu) | ゆ(ニレ)

【楡塞】ゆさい(유새) 북쪽 변방의 요새. 邊塞(변새).
【楡莢錢】ゆきょうせん(유협전) 느릅나무 씨 꼬투리처럼 생긴 한(漢)대의 돈. 楡莢(유협).
▷姑一, 榔一, 大一, 白一, 枌一, 山枌一, 桑一, 閃一, 種一, 地一

9 13【楢】 졸참나무 유 | 尤 ㄧㄡ´ (you) | ゆう(ナラ)

9 13【楺】 휠 유 | 宥 | じゅう(タワム)

9 13【楰】 광나무 유 | 虞 | ゆ(ネズミモチ)

9 13【椸】 횃대 이 | 支 ㄧ´ (yi) | い(コロモカケ)

9 13【楮】 닥나무 저 | 語 ㄔㄨˇ (chu) | ちょ(コウゾ)

풀이 ①닥나무. 뽕나무과의 갈잎 떨기나무. 껍질은 종이 원료로 씀. ¶一白皮. ②종이. ¶敗一遺墨人爭寶<眞德秀> ③돈. 지폐. ¶不能行一<宋史>/一貨.
【楮券】ちょけん(저권) ☞楮幣(저폐).
【楮桃】ちょとう(저도) ☞楮實(저실).
【楮墨】ちょぼく(저묵) ①종이와 먹. 紙墨(지묵). ②☞詩文(시문). ¶有一以供唱酬<董越>
【楮先生】ちょせんせい(저선생) 종이를 의인화하여 부르는 이름. ¶紙曰一<書言故事>
【楮實】ちょじつ(저실) 닥나무의 열매. 부종, 안질의 약재로 쓰임. 楮桃(저도).
【楮錢】ちょせん(저전) 종이로 만든 돈. 紙錢(지전).
【楮幣】ちょへい(저폐) 종이돈. 楮券(저권). 紙幣(지폐). 紙貨(지화). ¶遺一 以勞五砦之義丁<宋史>
▷縑一, 別一, 玉一, 尺一, 寸一, 片一, 毫一

13【楋】 牋(p. 966)의 古字

13【楶】 楋(p. 780)·棧(p. 775)과 同字

9 13【楶】 쪼구미 절 | 屑 | せつ

13【榕】 楶(p. 780)과 同字

9 13【楟】 문배나무 정 | 青 | てい

9 13【楨】 광나무 정 | 庚 ㄓㄣ (zhen) | てい (ネズミモチ)

풀이 ①광나무. 목서과의 상록 관목. ¶女一木. ②기둥. 담 쌓을 때 양쪽에 세우는 기둥. ¶一幹. ③근본. 의지가 되는 사람이나 사물. ¶維周之一<詩經>
【楨幹】ていかん(정간) ①담을 쌓을 때 양쪽 모서리에 세우는 나무 기둥. ②사물의 근본이 되는 것. 基礎(기초). 楨榦(정간). ¶朝廷者天下之一也<漢書> ③떠받침. 지탱함. 지지함.
▷家一, 幹一, 國一, 基一, 女一

9 13【楴】 빗치개 제 | 霽 | てい

풀이 ①빗치개. 가리마를 타는 빗. ¶象之一也<詩經> ②뿌리. ㊊ 柢.
【楴枝】ていし(제지) 빗치개.

13【椶】 棕(p. 776)과 同字

9 13【榛】 나무 이름 주 | 宥 | そう

9 13【楖】 빗 즐 | 質 ㄓˋ (zhi) | しつ(クシ) comb

풀이 ①빗. 머리를 빗는 빗. ¶一人. ②나무 이름. 선가(禪家)에서 지팡이[拄杖]를 만드는 데 쓰임. ¶一栗.

9 13【楫】 노 즙 | 葉 ㄐㄧˊ (ji) | しょう(カイ) oar

㊐ 檝

풀이 ①노. 배 젓는 기구. ¶舟一. ②숲에서 있는 나무. ¶有若山之一<呂覽> ③모으다. ㊋ 輯. ¶陛下躬發聖德 統一群元<漢書>
▷渡江一, 驚一, 桴一, 飛一, 艤一, 操一, 舟一

9 13【楚】 모형 초 | 語 ㄔㄨˇ (chu) | そ (イバラ)

㊊ 會意·形聲. 나무[林]의 그루터기[疋]에서 소복이 자란 회초리를 나타내며 매질하다의 뜻으로도 쓰임.

풀이 ①모형(牡荊). 마편초과에 속하는 낙엽 관목. ¶言刈其一<詩經> ②가시나무. 가시가 있는 잡목. ¶不流束一<詩經> ③매. 회초리. ¶夏一二物 以收其威<禮記> ④매질하다. ¶民無夏一之憂<漢書>/一撻. ⑤아프다. 고통을 느낌. ¶慷慨含辛一<陸機>/痛一. ⑥줄 지은 모양. 죽 잇닿은 모양. ¶籩豆有一<詩經> ⑦우거진 모양. 무성한 모양. ¶一一者茨<詩經> ⑧곱고 선명하다. ¶衣裳一一<詩經> ⑨초나라. ㉮춘추 전국 시대에 양자강 중류 일대를 차지한 큰 나라. 진(秦)에 멸망. (B.C ? ~B.C.223). ¶一辭. ㉯한(漢) 원년에 항우(項羽)가 세운 나라. 한(漢) 5년에 한(漢)에 멸망. ¶一霸王. ㉰5대 10국의 하나. 마은(馬殷)이 세운 나라. 남당(南唐)에 멸망함. (907~951). ⑩땅 이름. 중국 양자강 하류 좌우 일대의 총칭. 지금의 호남

성·호북성의 통칭. ¶頗類淮一<宋史>

【楚撻】そたつ(초달) 회초리로 종아리를 때림. 鞭撻(편달). ¶不忍一慘其肌膚耳<顏氏家訓>

【楚辭】そじ(초사) 초나라의 문장이라는 뜻으로, 초(楚)의 대부(大夫) 굴원(屈原)의 작품과, 그의 문인 및 후인이 굴원을 본받아 지은 작품을 유향(劉向)이 모은 것. 현행본은 후한(後漢)의 왕일(王逸)이 편찬. 「시경」(詩經)에 대하여 중국 강남 문학(江南文學)을 대표함.

【楚囚】そしゅう(초수) ①타국에 잡혀간 초나라 사람. ②잡혀 가서 타향에 있는 사람. 초(楚)의 종의(鍾儀)가 진(晋)에 포로로 있으면서도 늘 초(楚)를 그리워했다는 옛일에서 온 말. 楚俘(초부).

【楚霸王】そはおう(초패왕) ☞項羽(항우).

【楚漢】そかん(초한) 진말(秦末)에 초(楚)의 항우(項羽)와 한(漢)의 유방(劉邦)이 분거(分據)하여 왕이라 칭하던 시대. 또는, 그 할거(割據)하던 지방.

▷苦一, 翹一, 榜一, 酸一, 三一, 辛一, 哀一, 凄一, 尺吳寸一, 淸一, 棰一, 惻一, 痛一, 夏一

9 13 〖楤〗 두릅나무 총 |圈|そう

9 13 〖楸〗 개오동나무 추 |冗くㄧㄡ (qiu)|しゅう (ヒサギ)

풀이 ①개오동나무. ¶一梧早脫<埤雅> ②가래나무. ¶一木. ③호두나무. ¶一子. ④바둑판. ¶閒對一枰傾一壺<溫庭筠>/一局.

9 13 〖椿〗 참죽나무 춘 |圓彳ㄨㄣ (chun)|ちゅん, ちん

풀이 ①참죽나무. ¶一葉菜. ②신령스러운 나무 이름. ¶上古有大一者 以八千歲爲春 八千歲爲秋<莊子> ㉮장수(長壽)의 비유. ¶一壽. ㉯진기한 일의 비유. ③아버지. 부친. ¶一萱.

【椿府丈】(춘부장) 남의 아버지의 존칭. 春府丈(춘부장). 椿府(춘부). 椿堂(춘당).

【椿事】ちんじ(춘사) 뜻밖에 일어난 불행한 일.

【椿壽】ちんじゅ(춘수) 오래 삶. 長壽(장수). ¶但求一永 莫慮杞天崩<杜甫>

【椿萱】ちんけん(춘훤) 춘당(椿堂)과 훤당(萱堂). 남의 부모를 높여 일컫는 말. ¶稱父母日一<類書纂要>

▷老一, 大一, 仙一, 松一, 靈一, 玉一, 莊一

9 13 〖椹〗 1 모탕 침 |侵ㄓㄣ (zhen)|ちん (アテギ)
2 오디 심 |寢ㄕㄣ (shen)|じん

풀이 1 ①모탕. 나무 팰 때 밑에 괴는 나무. ㉠砧. ¶不足以當一質<戰國策> ②과녁. ¶射則充一質<周禮> ③다듬잇돌. ㉠砧. 2 ①오디. 뽕나무 열매. ㉥葚. ¶桑一. ②버섯. ¶經春夏生菌謂之一<博物志>

▷戴一, 木一, 桑一

13 〖楕〗 橢(p.794)와 同字

13 〖榹〗 析(p.763)의 本字

9 13 〖楄〗 각목 편 |囲|へん

9 13 〖楩〗 나무 이름 편 |囲ㄆㄧㄢ (pian)|へん

9 13 〖楓〗 단풍나무 풍 |東ㄈㄥ (feng)|ふう(カエデ) *maple*

【楓林】ふうりん(풍림) 단풍나무 숲. ¶停車坐愛一晚<杜牧>

【楓宸】ふうしん(풍신) 임금의 궁전. 한(漢)의 궁성에 많은 단풍을 심은 데서 이르는 말. ¶早聞長策動一<李東陽>

【楓嶽】(풍악)韓 가을의 금강산의 이칭. 楓嶽山(풍악산).

▷江一, 錦一, 丹一, 霜一, 赤一

9 13 〖楷〗 해서 해 |蟹ㄎㄞ (kai)|かい
本 개 |ㄐㄧㄝ (jie)|

源 會意·形聲. 가지·줄기·나뭇결이 다[皆] 곧은 해나무[木]를 뜻한 자. 글씨체가 곧고 바른 해서(楷書)의 뜻으로 널리 쓰임.

풀이 ①해서(楷書). 서체의 한 가지. ¶上谷王次仲 始作一法<晋書> ②본. 본보기. 모범. ㉥介. ¶今世行之 後世以爲一<禮記> ③바르다. 곧음. ¶強一堅勁 用在楨幹 失在專固<人物志> ④나무 이름. 공자묘(孔子廟)에 자공(子貢)이 심었다고 하는 나무. 공목(孔木)·황련목(黃連木)이라고도 불림.

【楷法】かいほう(해법) ①해서. ②해서를 쓰는 법. ③모범. 法度(법도). ¶編以爲二千名一<柳宗元>

【楷書】かいしょ(해서) 서체(書體)의 하나. 예서(隸書)에서 발전한 것으로, 점과 획을 따로따로 하여 방정(方正)하게 쓰는 글씨. 正書(정서). 眞書(진서).

【楷正】かいせい(해정) 글자의 획이 똑바른 것. 해서로 방정(方正)하게 쓰는 일.

▷官一, 模一, 妙一, 女一, 隸一, 眞一

9 13 〖楛〗 1 나무 이름 호 |麌ㄏㄨˋ (hu)|こ
2 거칠 고 |麌ㄎㄨˇ (ku)|

풀이 1 나무 이름. 모형(牡荊) 비슷한 나무. 화살대를 만드는 데 쓰임. ¶榛一濟濟<詩經>/一矢. 2 ①거칠다. 질이 나쁨. ㉥苦. ¶問一者勿告也<荀子>/一耕. ②견고하지 않다. ¶一僈.

9 13 〖楎〗 1 옷걸이 휘 |微|き(イコウ)
2 쟁기 혼 |元|こん

풀이 1 ①옷걸이. 횃대. ¶不敢懸于夫之一椸<禮記> ②말뚝. ¶在牆者 謂之一

<爾雅> 2쟁기.

14【榎】 櫃(p.795)와 同字

14【稼】 架(p.758)의 俗字

10 14【榷】 1전매 각 2외나무 다리 교 | 覺 ㄑㄩㄝˋ (que) | かく *monopoly*

풀이 1 ①전매(專賣). 정부가 물품을 독점하여 제조·판매하는 일. ¶初一酒酤<漢書>/一酤. ②세금(稅金). ¶雜一. ③세금을 매기다. 세금을 부과함. ¶一茶. 2외나무 다리.
▷酤一, 辜一, 官一, 禁一, 茶一, 稅一, 利一, 掌一, 征一, 酒一

14【榦】 幹(p.511)의 本字

14【㭎】 剛(p.210)과 同字

10 14【榤】 홰 걸 | 屑 | けつ(ネグラ)

10 14【槁】 마를 고 | 晧 ㄍㄠˇ (gao) | こう(カレル) *wither*
同 稾

풀이 ①마르다. 말라 죽음. ¶七八月之間旱則苗一矣<孟子>/一木. ②말리다. 물기를 없앰. ¶一魚曰商祭<禮記> ③위로하다. ¶令一襘之<周禮> ④치다. 때림. 通 敲. ¶潁如一石火<潘岳> ⑤허술하다. 소홀히 함. 通 稾. ¶一葬而已<後漢書> ⑥짚. 같 藁. ⑦화살대. ¶持箭一而莖立<馬融> ⑧쌓다.

【槁梧】こうご(고오) 거문고. 마른 오동나무로 만드므로 이르는 말. ¶倚於一而吟<莊子>
▷枯一, 苗一, 衰一, 凋一, 振一, 摧一, 黃一

14【槀】 槁(p.782)와 同字

14【槔】 橰(p.786)와 同字

10 14【榖】 닥나무 곡 | 屋 | こく(コウゾ)

10 14【榾】 등걸 골 | 月 ㄍㄨˇ (gu) | こつ(ホタ)

풀이 ①등걸. 그루터기. ¶古墓深林盡株一<元稹>/一柮. ②마들가리. 땔나무의 잔 졸가리. ¶一柮.

10 14【槓】 지렛대 공 本강 | 江 ㄍㄤˋ (gang) | こう(テコ) *lever*

10 14【槐】 회화나무 괴 本회 | 佳 ㄏㄨㄞˊ (huai) | かい(エンジュ) *locust tree*

풀이 ①회화나무. 콩과에 속하는 낙엽 교목. 홰나무. ¶一木. ②삼공(三公)의 자리. 주(周)대에 조정의 뜰에 회화나무 세 그루를 심어 삼공의 좌석을 표시한 데서 온 뜻. ¶面三一 三公位焉<周禮>

【槐棘】かいきょく(괴극) ①회화나무와 가시나무. ②삼괴구극(三槐九棘)의 준말. 삼공 구경(三公九卿)을 이름. ¶將登一 宏振綱網<任昉>

【槐宸】かいしん(괴신) 천자(天子)의 궁전. 楓宸(풍신). ¶蒼龍觀闕啓一<楊萬里>

【槐實】かいじつ(괴실) 회화나무 열매. 살충제, 타태제(墮胎劑)로 씀.

【槐安夢】かいあんノユメ(괴안몽) ☞南柯一夢(남가일몽).

【槐安王】かいあんおう(괴안왕) 개미의 이칭.

【槐位】かいい(괴위) 삼공(三公)의 지위. 槐鼎(괴정).

【槐鼎】かいてい(괴정) 대신의 지위. 槐는 삼공(三公)의 자리. 鼎은 세 발 달린 솥. 세 발이 솥의 몸통을 떠받치고 있는 모양을, 삼공이 임금을 보좌하는 것에 비유. 槐位(괴위). ¶正位一 統理神州<宋書>

【槐鉉】かいげん(괴현) 삼공(三公)의 위(位). 槐位(괴위). 槐鼎(괴정).

【槐花】かいか(괴화) 회화나무꽃. 치질·혈변(血便)·이증(痢症)의 약재.
▷公一, 老一, 大一, 三一, 台一, 堠一

10 14【構】 얽을 구 | 宥 ㄍㄡˋ (gou) | こう(カマエル) *implicate*

源 **會意·形聲.** 나무[木]를 가로 세로로 쌓아올린 모양[冓]에서 얽음을 뜻함.

풀이 ①얽다. ㉮집을 짓다. 재목을 짜맞춤. ¶改一亭宇<陳書>/一筏. ㉯생각을 짜내다. ¶一想. ㉰글을 짓다. ¶造一文辭<後漢書> ㉱없는 일을 있는 것처럼 꾸미다. ¶宣姜與公子朔一急子<左氏傳>/一誣. ②맺다. 인연을 맺음. ¶一怨於諸侯<孟子> ③일으키다. 만들어 냄. ¶一難. ④자세를 갖추다. ¶與接爲一<莊子> ⑤집. ¶一內食堂. ⑥이루다. 뜻한 바를 이루어 냄. ¶事已一矣<漢書> ⑦꾀하다. 도모함. ¶文王與諸侯一之<淮南子> ⑧일. 사업. ¶永懷先一<南齊書> ⑨만나다. 通 遘. ¶我日一禍<詩經> ⑩합하다. ¶一我二人<詩經> ⑪불을 붙이다. ¶一火. ⑫젖. ¶牛羊乳汁曰一<漢書·注> ⑬닥나무. 같 楮 穀. ⑭서까래. ¶華堂傾一 廣宅頹墉<陸雲>

【構難】こうなん(구난) 서로 화난(禍難)을 일으킴. ¶因一數月 死者數萬<史記>

【構內】こうない(구내) 주위를 둘러싼 그 안. 관공서나 기업체 같은 큰 건물의 울 안. ¶一食堂. ↔構外(구외).

【構圖】こうず(구도) ①꾀하여 도모함. ②전체적으로 조화되게 배치하는 도면 구성(圖面構成).

【構誣】(구무) 터무니없는 사실을 꾸며 남을 모함함.

【構文】こうぶん(구문) 문장을 구성함.

【構兵】こうへい(구병) 전쟁을 함. 交戰(교전). 搆兵(구병). ¶吾聞 秦楚一<孟子>

【構殺】こうさつ(구살) 없는 죄를 씌워 죽임. ¶位居

其上 一之<北史>
【構想】こうそう(구상) ①생각을 얽어 놓음. 構思(구사). 搆思(구사). ②예술 작품을 창작할 때, 그 내용·형식 등을 생각하는 일. ③가정적으로 세운 생각. 推測(추측). 想像(상상).
【構成】こうせい(구성) ①얽어서 만듦. 搆成(구성). ②사물이 이루어지게 함. 成立(성립).
【構外】こうがい(구외) 둘러막은 울 밖. ↔構內(구내).
【構怨】こうえん(구원) 원한을 맺음. 틀린 사이가 됨. 結怨(결원). 搆怨(구원). ¶一連禍<晋書>
【構造】こうぞう(구조) 꾸미어 만듦. 짜서 맞춤. ¶一式/建物一.
【構築】こうちく(구축) ①얽어 만들어 쌓아 올림. ②집 따위를 세움.
【構陷】こうかん(구함) 계획적으로 남을 모함함. ¶遂與豊京共一太子<後漢書>
【構火】こうか(구화) 불을 붙임. ¶一以自炙 呻吟獨語<魏志>
【構禍】こうか(구화) 화근을 만듦.
【構會】こうかい(구회) 참소를 당하여 죄를 받음. ¶故一吏民<漢書>
▷改一, 結一, 高一, 功一, 宏一, 巧一, 奇一, 基一, 機一, 堂一, 修一, 宿一, 靈一, 造一, 天一, 築一, 層一, 解一, 虛一, 興一

14【榘】 矩(p.1073)와 同字

10 14【榿】 오리나무 기 | 支 | き alder tree

14【〔木+挈〕】 桔(p.765)과 同字

10 14【槈】 가래 누 | 宥 | どう (クワ)

10 14【榶】 산앵도나무 당 | 陽 | どう

10 14【榔】 나무 이름 랑 | 陽 ㄌㄤˊ (lang) | ろう

10 14【榴】 석류나무 류 | 尤 ㄌㄧㄡˊ (liu) | りゅう (ザクロ)
本 橊
【榴月】りゅうげつ(유월) 석류꽃이 피는 달. 음력 5월의 이칭. ¶五月榴花照眼<花曆>
▷石一, 安石一, 若一, 紅一

14【槑】 梅(p.770)·某(p.759)의 古字

10 14【榠】 명사나무 명 | 青 | べい

10 14【槃】 쟁반 반 | 寒 ㄆㄢˊ (pan) | はん (タライ) tray
풀이 ①쟁반. 소반. (같) 盤. ¶少者奉一<禮記> ②즐기다. ¶考一在澗<詩經> ③머뭇거리다. 빙빙 돌다. (通) 般. ¶一停. ④상처. (通) 瘢. ¶或以一夷之事<莊子> ⑤절뚝거리는 모양. ¶一散. ⑥뒤얽힌 모양. ¶不遇一根錯節<後漢書>
▷考一, 涅一, 玉一

10 14【榜】 1 방 방 | 漾 ㄅㄤˇ (bang) | ぼう (カケフダ)
2 도지개 방 | 敬 ㄅㄥˋ (beng)
本 榜
풀이 1 ①방. ㉮방목(榜目). ¶裴延齡爲吏部 作長名一詮註法<唐書> ㉯방문(榜文). ¶一軍. ②방을 써 붙이다. ¶遂共相標一<後漢書> ③매. 매질하다. ¶一笞數千<漢書>/一掠. ④떼. 배. (通) 方 舫. ¶涉人於是榜一<郭璞> ⑤노. 배젓는 기구. ¶齊吳一而擊汰<楚辭> ⑥배를 젓다. ¶一聲. 2 도지개. ¶一檠.
【榜歌】ぼうか(방가) 뱃노래. 뱃사공의 노래. ¶一空裏失<孟浩然>
【榜掠】ぼうりょう(방략) 피의자 또는 죄인을 매질하여 고문함. ¶趙高治斯 一千餘<史記>
【榜目】ぼうもく(방목) 과거에 급제한 사람의 성명을 적은 책.
【榜文】ぼうぶん(방문) 여러 사람에게 알리기 위하여 길거리나 사람이 많이 모이는 곳에 써 붙이는 글. 告示文(고시문).
【榜示】ぼうじ(방시) 게시함. 공고문을 써서 판에 게시함. ¶一于署前<福惠全書>
【榜眼】ぼうがん(방안) 과거에 2등으로 합격한 사람. 眼은 둘이므로 2의 은어(隱語). ¶世目壯元第二人爲一<雲麓漫鈔>
【榜額】ぼうがく(방액) 액자.
【榜人】ぼうじん(방인) 뱃사공. 水夫(수부). 舟子(주자). 舟人(주인). 楫師(즙사). ¶一歌聲流喝<漢書>
▷歌一, 高一, 放一, 賞一, 試一, 吳一, 酒一, 板一, 標一, 懸一, 夾一, 黃一

10 14【榑】 부상 부 | 虞 ㄈㄨˊ (fu) | ふ (クレ)
풀이 부상. 전설상의 신목(神木) 이름.
【榑桑】ふそう(부상) ☞扶桑(부상).

10 14【榧】 비자나무 비 | 尾 ㄈㄟˇ (fei) | ひ (カヤ)

10 14【榌】 처마 비 | 支 | ひ (ヒサシ)

10 14【榭】 정자 사 | 禡 ㄒㄧㄝˋ (xie) | しゃ (ウテナ) arbor
풀이 ①정자. (通) 謝. ¶惟宮室臺一<書經>/亭一. ②사당(祠堂). ¶成周宣一火<春秋> ③도장(道場). 무술을 익히는 곳. ¶三郤將謀於一<左氏傳>

④곳집. 악기(樂器)를 넣어 두는 창고. ¶一者所以藏樂器＜漢書＞
▷傾一, 故一, 高一, 曲一, 觀一, 廣一, 露一, 累一, 樓一, 舞一, 水一, 深一, 瑤一, 雲一, 危一, 亭一, 層一

10 14 【槊】 1 창 삭 2 韓 욧속 소 | 覺 ㄕㄨㄛˋ (shuo) | さく lance

풀이 1 ①창. 무기의 하나. ¶不畏利一堅城＜魏書＞ ②쌍륙(雙六). ¶碁一以自娛＜韓愈＞ 2 韓 욧속. 요 안에 넣는 솜이나 털.
▷劍一, 戟一, 碁一, 刀一, 矛一, 牟一, 氷一, 握一

14 【槊】 槊(p.784)과 同字

10 14 【榡】 사스레피나무 석 | 錫 | せき(ヒサカキ)

14 【楄】 楔(p.778)과 同字

14 【樹】 樹(p.792)의 俗字

10 14 【榫】 장부 순 | 軫 ㄙㄨㄣˇ (sun) | しゅん

10 14 【榺】 바디 승 | 徑 | しょう

14 【様】 樣(p.788)의 略字

10 14 【榮】 영화 영 | 庚 ㄖㄨㄥˊ (rong) | えい(サカエル) glory
略 栄 俗 荣

풀이 ①영화. 영달. ¶仁則一＜孟子＞ ②꽃. 꽃이 피다. ¶半夏生 木槿一＜禮記＞ ③성하다. ㉮싱싱하게 우거지다. ¶木欣欣以向一＜陶潛＞/一茂. ㉯기세 좋게 한창 일어나다. ¶繁一. ㉰나타나다. 이름이 드러남. ¶其名無不一者＜呂覽＞ ㉱융성하다. 창성함. ¶室宮一與＜荀子＞ ④빛. ㉮광명. ¶日月合一＜傅玄＞ ㉯광. 윤. ¶翡翠垂一＜揚雄＞ ⑤피. 혈액. ¶一衛不可復收＜素問＞ ⑥즐기다. 즐거움. ¶非以翟爲一＜國語＞ ⑦지붕의 가장자리. 끝이 번쩍 들린 처마. 비첨(飛檐). ¶升自東一＜禮記＞ ⑧집. 通 營. ¶雖有一觀＜老子＞ ⑨버리다. ¶一汝之糧＜列子＞ ⑩도마뱀. 같 蠑.

【榮枯盛衰】えいこせいすい(영고성쇠) 성하고 쇠함이 서로 뒤바뀌는 일.

【榮光】えいこう(영광) 영예로운 현상. 서기(瑞氣). 곧, 빛나는 영예. 光榮(광영). 榮譽(영예). ¶照日一淨＜駱賓王＞

【榮達】えいたつ(영달) 지위가 높고 귀하게 됨. 尊貴(존귀). ¶一則以道自正＜亢倉子＞

【榮名】えいめい(영명) 성(盛)한 평판. 영광된 명예. ¶惡小恥者 不能立一＜戰國策＞

【榮譽】えいよ(영예) 빛나는 명예. 光榮(광영).

【榮辱】えいじょく(영욕) 영예와 치욕. 명예와 수치.

【榮爵】えいしゃく(영작) 영예로운 작위(爵位). ¶寵備一 身受肺腑＜史記＞

【榮典】えいてん(영전) ①영광스러운 포상(褒賞). ②영광스러운 의식.

【榮轉】えいてん(영전) ①전보다 높은 자리에 오르는 일. ②남의 전임(轉任)을 높여 이르는 말.

【榮進】えいしん(영진) 전보다 높은 지위에 오름.

【榮秩】えいちつ(영질) 높은 관직. 명예로운 고관(高官). 또는, 그 봉록(俸祿). ¶過受國恩 一兼優＜後漢書＞

【榮顯】えいけん(영현) 영달하여 명성이 드러남. ¶高位重爵 一一時＜隋書＞

【榮華】えいが(영화) ①초목이 무성함. 또는, 꽃이 활짝 핌. ②몸이 귀하게 되고 이름이 남. 현달 부귀(顯達富貴)한 일.
▷枯一, 過一, 光一, 驕一, 槿花一日一, 美一, 繁一, 勢一, 安一, 恩一, 長一, 尊一, 淸一, 寵一, 虛一, 顯一, 好一, 華一, 歡一

10 14 【榣】 큰나무 요 | 蕭 | よう

10 14 【榕】 벵골보리수 용 | 冬 ㄖㄨㄥˊ (rong) | よう(アコウ)

10 14 【榬】 얼레 원 | 元 ㄩㄢˊ (yuan) | えん(イトワク)

풀이 ①얼레. 실을 감는 기구. ¶籰 一也 所以絡絲也＜方言＞ ②종, 경쇠 등 악기를 매다는 나무. ¶懸鐘磬之一＜管子＞

10 14 【榨】 1 술주자 자 2 기름틀 착 本 자 | 禡 ㄓㄚˋ (zha) | さく(シメギ) wring

풀이 1 술주자. 누룩이 섞인 술을 거르는 통. ¶酒一. 2 ①기름틀. ¶一牀. ②짜다. 거름.

14 【榟】 梓(p.771)와 同字

10 14 【槇】 1 우듬지 전 | 先 | てん(コズエ) 2 뿌리 모일 진 | 眞 | しん

14 【楳】 梅(p.768)과 同字

10 14 【榰】 주춧돌 지 | 支 | し(イシズエ) cornerstone

10 14 【樴】 나무 이름 직 | 職 | しょく

10 14 【榛】 개암나무 진 | 眞 ㄓㄣ (zhen) | しん(ハシバミ)

풀이 ①개암나무. 개암나무과의 낙엽 활엽 교목. ¶樹之一栗＜詩經＞ ②덤불. 잡목의 숲. ¶其子在一＜詩經＞ ③우거지다. 초목이 무성한 모양. ¶——.
▷棘—, 叢—, 荆—, 荒—

10 14【槉】 쪼구미 질 |質| しつ

10 14【槎】 1 나무 벨 차 |馬|ㄔㄚˊ| さ
2 떼 사 |麻|(cha)

풀이 1 ①나무를 베다. 나무를 비스듬히 자름. ¶山不—蘖<國語> ②무구(武具)의 이름. ¶—枑. 2 떼. 뗏목. 通 査. ¶乘—而去<博物志>
▷江—, 斷—, 泛—, 仙—, 流—

10 14【槍】 1 창 창 |陽|ㄑㄧㄤ| そう(ヤリ)
2 별 이름 장 |庚|(qiang)| spear

풀이 1 ①창. 무기의 하나. ¶—劍. ②이르다. 다다름. ¶見獄吏則頭—地<漢書> ③어지럽히다. 흐트러지게 함. ¶—攘. 2 별 이름. 혜성(慧星). ¶欃—.
【槍劍】そうけん(창검) 창과 칼.
【槍壘】そうるい(창루) 끝이 뾰족한 나무를 둘러세운 성채(城砦). ¶引衆據險 設—自營<唐書>
【槍法】そうほう(창법) 창을 쓰는 법.
【槍術】そうじゅつ(창술) 창을 쓰는 무술. 槍法(창법).
【槍攘】そうじょう(창양) 흐트러지는 모양. ¶—塵土簿書裏<范成大>
▷機—, 亂—, 短—, 刀—, 手—, 長—, 挺—, 竹—, 欃—, 鐵—, 標—

10 14【榱】 서까래 최 |支|ㄘㄨㄟ| すい(タルキ) (cui) rafter
▷桷—, 高—, 文—, 飛—, 華—

10 14【槌】 1 망치 추 |支|ㄔㄨㄟˊ| つい(ツチ) mallet
2 던질 퇴 |灰|(chui)| たい

풀이 1 ①망치. 짤막한 몽둥이. 通 椎. ¶雙—亂擊<魏書> ②치다. 망치 따위로 때림. ¶—牀便大怒<古詩> 2 던지다. 내던짐. ¶—提仁義<法言>
▷金—, 椰—, 木—, 研—, 鐵—

14【槜】 檇(p.796)와 同字
14【槕】 卓(p.238)의 古字
14【槖】 橐(p.794)의 俗字

10 14【榻】 걸상 탑 |合|ㄊㄚˋ| とう(コシカケ) (ta) chair
同 㯓

풀이 ①걸상. 길고 좁게 만든 평상. ¶連—而坐<晉書>/—床. ②베[布]의 이름. ¶—布皮革千石<史記> ③韓 임금의 의자. ¶—前.

榻①(三才圖會)

【榻前】(탑전)韓 임금의 자리 앞.
▷講—, 獨—, 木—, 牀—, 石—, 禪—, 御—, 臥—, 矮—, 淨—, 草—, 華—

10 14【榼】 통 합 |合|ㄎㄜ| こう(タル)
本 갑 (ke) bucket

풀이 ①통. 물통·술통 따위. ¶足以溢壺—<淮南子> ②뚜껑. 그릇의 뚜껑. ¶行人執—承飮<左氏傳> ③칼집. ¶刀—. ④덩굴풀의 한 가지. ¶—藤.
▷金—, 芳—, 甁—, 玉—, 酒—, 樽—, 香—, 壺—

10 14【槅】 1 멍에 혁 本 객 |陌|ㄍㄜˊ| かく(クビキ) (ge)
2 씨 핵 本 혁 |陌| かく(サネ)

10 14【榥】 책상 황 |養|ㄏㄨㄤˋ| こう(ツクエ) (huang) desk

15【榷】 權(p.782)의 俗字

11 15【槪】 평미레 개 |隊|ㄍㄞˋ| がい(トカキ) (gai)
略 概 同 槩 㮣 杚

源 **會意·形聲.** 말 위에 쌓인[旣] 곡식을 밀어낼 때 쓰는 나무[木]. 곧, 평미레를 뜻함. 평미레를 밀어내면 대체적으로 고르다는 데서 대개의 뜻으로 쓰임.

풀이 ①평미레. 평목(平木). ¶正權—<禮記> ②평미레질하다. 평평하게 고름. ¶人滿則天—之<管子> ③누르다. 억압함. ¶毋以其難—之也<韓非子> ④저울. ¶—而不稅<周禮> ⑤저울눈. 달다. ¶食饗不爲—<禮記> ⑥평평하다. 평온함. ¶不—于心<史記> ⑦절개. 절조. ¶常慕先達—<江淹>/節—. ⑧풍치. 경치. ¶極都城之勝—<舊唐書>/風—. ⑨대개. 대강. ¶—要. ⑩느끼다. 감동하다. ¶臣愚而不—於王心邪<史記> ⑪슬퍼하다. 개탄함. 通 慨. ⑫씻다. 通 漑. ¶—祭器也<周禮> ⑬통. 나무통. ¶凡祼事用—<周禮>
【槪觀】がいかん(개관) 대충 살펴봄.
【槪括】がいかつ(개괄) 개요(槪要)를 잡아 한데 뭉뚱그림.
【槪記】がいき(개기) 대략을 기록함.
【槪念】がいねん(개념) 동일한 종류의 개개의 사물에서 공통점을 뽑아 내어 그것을 종합하여 얻은 관념. ¶抽象的—.
【槪略】がいりゃく(개략) 대강만을 추림. 또는, 그것. 大略(대략).
【槪論】がいろん(개론) 전체에 대한 대강의 논설. ¶文學—/哲學—/—書.
【槪算】がいさん(개산) 대충의 셈. ↔精算(정산).
【槪尙】がいしょう(개상) 절조(節操). ¶芳沈雅方正—甚高<北史>
【槪說】がいせつ(개설) 대체적인 설명. 槪論(개론).
【槪要】がいよう(개요) 개략의 요지. 대체의 요점.
【槪乎】がいこ(개호) 대개. 대충. ¶—皆常有聞者也<莊子>

【槪況】がいきょう(개황) 대개의 상황. 대강의 형편과 모양.
▷感一, 耿一, 梗一, 景一, 高一, 權一, 氣一, 端一, 大一, 敎一, 少一, 純一, 勝一, 英一, 義一, 一一, 節一, 貞一, 至一, 志一, 淸一, 忠一, 退一, 風一

15【㮣】 槪(p.785)와 同字

15【槩】 槪(p.785)와 同字

15【槹】 槔(p.790)의 俗字

11
15【槲】 떡갈나무 곡 | 屋 ㄏㄨˊ (hu) | こく(カシワ)

11
15【槨】 덧널 곽 | 藥 ㄍㄨㄛˇ (guo) | かく(ヒツギ) *outer coffin*

15【権】 權(p.799)의 俗字

11
15【橌】 상자 바닥 귀 | 隊 | かい

11
15【樛】 휠 규 | 尤 ㄐㄧㄡ (jiu) | きゅう(マガル) *bend*

풀이 ①휘다. 나뭇가지가 휘어 늘어짐. 通 槻. ¶南有一木<詩經> ②돌고 돌다. 구불구불함. ¶回以一流<班彪> ③묶다. 졸라맴. 通 糾. ¶不一垂<儀禮> ④구(求)하다. 찾음. 通 求. ¶一天道其焉如<張衡> ⑤얽히다. ¶樹蓊蓊其相一<韓愈>

11
15【槻】 물푸레 나무 규 | 支 ㄍㄨㄟ (gui) | き(ケヤキ) *ash*

11
15【槿】 무궁화나무 근 | 吻 ㄐㄧㄣˇ (jin) | きん(ムクゲ)

풀이 ①무궁화나무. 아욱과의 갈잎 떨기나무. 꽃은 우리 나라 국화임. ¶垣籬皆樹一<李建勳>/木一. ②우리나라의 이칭. ¶一域.

【槿域】きんいき(근역) 무궁화가 많은 땅이라는 뜻으로, 우리 나라의 이칭. ¶君子國 地方千里 多木槿花<古今記>
▷瞑一, 暮一, 木一, 芳一, 朝一

11
15【槫】 둥글 단 | 寒 ㄊㄨㄢˊ (tuan) | たん(マルイ) *round*

풀이 ①둥글다. ②상여(喪輿). 영구차. ③나무 이름. ¶一果芋.

【槫果芋】たんかう(단과우) 과실 이름.

15【槲】 根(p.769)의 俗字

11
15【樑】 들보 량 | 陽 ㄌㄧㄤˊ (liang) | りょう(ハリ) *beam*

11
15【槤】 1 제기 련 | 銑 | れん
2 빗장 련 | 先 | れん

15【樐】 櫓(p.798)와 同字

11
15【樚】 1 녹로 록 | 屋 ㄌㄨˋ | ろく(ロクロ)
2 함 독 | 屋 (lu) | とく

11
15【樓】 다락 루 | 尤 ㄌㄡˊ (lou) | ろう(タカドノ) *garret*
俗 楼

풀이 ①다락. ¶立神明臺井榦一<史記> ②망루(望樓). 벽이 트이어 사방을 바라볼 수 있게 높이 지은 집. ¶光武舍城一上<後漢書> ③겹치다. 포개짐. ¶嶔崟離一<王延壽> ④기생집. 기루(妓樓). 청루. ¶靑一臨大路<曹植>

樓 ①(三才圖會)

【樓閣】ろうかく(누각) 사방을 바라볼 수 있게 높이 지은 집. 다락집. 樓觀(누관).
【樓閣臺榭】ろうかくだいしゃ(누각대사) 고층 건물.
【樓臺】ろうだい(누대) 높은 건물. 누각(樓閣)과 대사(臺榭).
【樓榭】ろうしゃ(누사) 누대(樓臺)와 대사(臺榭). 榭는 지붕 있는 대. 樓臺(누대).
【樓船】ろうせん(누선) 누(樓)가 있는 배.
【樓下】ろうか(누하) 다락의 아래층.
▷高一, 禁一, 妓一, 登一, 望一, 門一, 舫一, 烽一, 飛一, 書一, 船一, 城一, 水一, 戍一, 崇一, 蜃一, 玉一, 危一, 岑一, 鐘一, 朱一, 酒一, 重一, 倡一, 靑一, 譙一, 層一, 行一, 紅一, 畫一, 候一

11
15【樏】 찬합 류 | 支 ㄌㄟˇ·ˊ 紙 (lei) | るい(ジュウバコ)

풀이 ①찬합. ②나막신. 등산화의 한가지. 밑바닥에 징 따위를 박은 신.

11
15【槾】 1 흙손 만 | 寒 ㄇㄢˋ (man) | ばん(コテ) *trowel*
2 나무 이름 만 | 願 ㄨㄢˋ (wan) | ばん

11
15【樠】 1 송진 만 | 寒 ㄇㄢˊ (man) | ばん(マツヤニ)
2 나무이름 랑 | 養 | ろう

11
15【模】 법 모 | 虞 ㄇㄛˊ (mo) | も(カタ) *form, model*

풀이 ①법. ¶陳三皇之軌一<張衡> ②본. ㉮모범이 될 만한 일. ¶國之宗一<晋書> ㉯본보기. ¶授全一於梓匠<左思> ③무늬. 문채. ¶繢乎其猶一繡也<尙書大傳> ④거푸집. 모형(模型). 형(型). ¶古者鑄器 必先用蠟爲一<洞天淸錄> ⑤모양. 형상. ¶異狀奇一此其匹<王惲> ⑥본받다. 본뜸. ¶書之金簡以身一之<漢武帝內

傳> ⑦쓰다듬다. 문지름. ¶印一履踪<名勝志>
【模刻】もこく (모각) 베껴서 새김. 책 따위를 베껴서 판목(版木)에 새김.
【模稜】もりょう (모릉) 일을 모호하게 하여 가부(可否)를 결정하지 않음. 摸稜(모릉).
【模倣】もほう (모방) 본받고 흉내냄. 본뜨기. 模效(모효). ↔創造(창조).
【模範】もはん (모범) 본보기. 模楷(모해). 模表(모표).
【模寫】もしゃ (모사) ①본떠 그대로 그림. ②원본과 같이 베껴 씀.
【模樣】もよう (모양) ①형상. 생김새. ②모범이 될 만한 의용(儀容). 儀範(의범). ¶論事親爲子 須要成一<琵琶記> ③일의 되어 가는 형편. ④체면.
【模擬】もぎ (모의) 흉내를 냄. 흉내내어 실물처럼 보이게 함. 摸擬(모의). ¶一試驗.
【模印】もいん (모인) 인쇄함.
【模造】もぞう (모조) 본딧 것처럼 본떠 만듦.
【模型】もけい (모형) ①주물(鑄物)·소상(塑像) 등의 원형(原型). 거푸집. ②실물과 같게 만든 물건. 모델(model).
【模糊】もこ (모호) 분명하지 않음. 흐릿함. ¶曖昧一.
【模效】もこう (모효) ☞模倣(모방).
▷宏一, 軌一, 規一, 德一, 道一, 範一, 師一, 聖一, 世一, 遺一, 宗一

11 15 〖榓〗 침향 밀 | 質 | みつ (ジンコウ)

11 15 〖樊〗 울 번 | 元 ㄈㄢˊ (fan) | はん(マガキ) *fence*

풀이 ①울. 울타리. ¶一籬. ②울타리를 돌리다. 에워쌈. ¶折柳一圃<詩經> ③새장. ¶不蘄畜乎一中<莊子> ④가. 곁. ¶鳥則休乎山一<莊子> ⑤끝. 가. ¶以游于天地之一<淮南子> ⑥배띠. 배띠끈. 마소의 배에 매는 끈. ¶一纓十有再就<周禮> ⑦어지러운 모양. 어수선한 모양. ¶一然殽亂<莊子>
【樊籠】はんろう (번롱) ①새장. 鳥籠(조롱). ②관직 따위에 매여 자유롭지 못함. ③감옥의 비유.
【樊噲】はんかい (번쾌) 《人》 한(漢) 유방(劉邦)의 무장(武將). 통일 후 무양후(舞陽侯)에 봉해짐. (?~B.C.189).
▷籠一, 山一, 籬一

11 15 〖樝〗 풀명자나무 사 | 麻 ㄓㄚ (zha) | さ (コボケ)

11 15 〖槮〗 1 밋밋할 삼 | 侵 ㄕㄣ (shen) | 2 어구 삼 | 感 ㄙㄢˇ (san) | さん

풀이 1 밋밋하다. 2 어구(漁具). 섶. 물고기가 모이게 쌓은 나무.

11 15 〖樨〗 나무 이름 서 | 齊 | せい (モクセイ)

11 15 〖樔〗 1 풀막 소 2 끊을 초 | 肴 ㄔㄠˊ (chao) | 篠 ㄐㄧㄠˇ (jiao) | そう しょう

11 15 〖樕〗 덤불 속 | 屋 ㄙㄨˋ (su) | そく (イバラ)

11 15 〖榛〗 팥배나무 신 | 眞 | しん (ハシバミ)

11 15 〖樂〗 1 풍류 악 2 즐길 락 3 좋아할 요 | 覺 ㄩㄝˋ (yue) | がく *music* | 藥 ㄌㄜˋ (le) | らく *enjoy* | 效 ㄧㄠˋ (yao) | ごう *like*

俗 楽

풀이 1 ①풍류. 음악. ¶禮一射御書數<周禮> ②연주(演奏)하다. ¶比音而一之<禮記> ③악기. ¶太師抱一<史記> 2 ①즐기다. ¶可在一生<列子> ②즐겁다. ¶有朋自遠方來不亦一乎<論語> ③낙. 즐거움. ¶回也不改其一<論語> ④즐겁게 하다. ¶一爾妻帑<詩經> ⑤풍년. ¶一歲粒米狼戾<孟子> ⑥편안하다. ¶而民康一<史記> 3 ①좋아하다. ¶知者一水 仁者一山<論語> ②바라다. ¶皆得其所一<呂覽>
【樂觀】らっかん (낙관) ①즐겁게 봄. 즐겁게 놂. ②형편을 좋게 봄. 장래의 진전을 밝고 희망적으로 봄. ↔悲觀(비관).
【樂樂】らくらく (낙락) 매우 즐거운 모양. 안락한 모양. ¶喜喜一.
【樂歲】らくさい (낙세) 풍년이 들어 즐거운 해.
【樂是苦因】らくハコレくいん (낙시고인) 쾌락은 고통의 원인임.
【樂園】らくえん (낙원) 안락한 곳. 極樂(극락). 天國(천국). 樂土(낙토).
【樂易】らくい (낙이) 마음이 즐겁고 편안함.
【樂而不淫】タノシミテいんせズ (낙이불음) 즐기되 지나치지 아니함. ¶一 哀而不傷<論語>
【樂天】らくてん (낙천) ①천명을 즐김. 자기 처지에서 편안히 여김. ②모든 사물을 즐겁게 봄. ¶一家/一主義. ↔厭世(염세). ③당(唐)의 시인 백거이(白居易)의 자(字). ④종다리의 이칭.
【樂天知命】てんヲタノシミめいヲシル (낙천지명) 천명을 깨달아 이에 순응하는 일.
【樂土】らくど (낙도) ①즐거운 곳. 樂境(낙경). 樂天地(낙천지). ②낙원(樂園).
【樂經】がっけい (악경) 육경(六經)의 하나.
【樂界】がっかい (악계) ☞樂壇(악단).
【樂曲】がっきょく (악곡) 음악의 곡조.
【樂工】がっこう (악공) 음악을 연주하는 사람. 樂士(악사). 樂人(악인). 樂匠(악장).
【樂劇】がくげき (악극) 악곡을 극의 내용과 맞도록 구성한 음악극. 歌劇(가극).

【樂團】がくだん(악단) ①음악을 연주하는 단체. ② 악극단(樂劇團)의 준말.
【樂壇】がくだん(악단) 음악가들의 사회. 樂界(악계).
【樂隊】がくたい(악대) 기악 합주대(器樂合奏隊).
【樂律】がくりつ(악율) ①음악의 가락. ②악음(樂音)을 음률의 고저에 따라 이론적으로 정돈한 음렬(音列). 12율(律)·평균율 따위.
【樂譜】がくふ(악보) 음악의 곡조를 일정한 문자 또는 기호로써 적은 곡보(曲譜).
【樂府】がふ(악부) ①전한(前漢) 무제(武帝)때 설치한, 음악을 관장하던 관서. ②옛 중국에서, 널리 사방의 풍요(風謠)를 채집하여 궁정(宮廷)의 제향(祭享) 때 음악에 맞추어 부른 시가. 또는, 그 체제를 따라 지은 시가.
【樂士】がくし(악사) ☞樂工(악공).
【樂聖】がくせい(악성) 음악의 성인이라 일컬을 만한 대음악가.
らくせい(낙성) ①성인(聖人)임을 즐김. ② 술을 즐김. 맑은 술을 성인(聖人)이라 함.
【樂音】がくおん(악음) 규칙적인 음파(音波)의 파동으로 청각에 쾌감을 주는 소리. ↔騷音(소음).
【樂儀】がくぎ(악의) 동작을 음악의 가락에 맞추는 일.
【樂毅】がっき(악의)《人》 전국 시대 연(燕) 소왕(昭王)의 장수. 조(趙)·초(楚)·한(韓)·위(魏)·연(燕)의 연합군을 거느리고 제(齊)를 쳐서 70여 성을 빼앗았으나, 뒤에 혜왕(惠王)이 그를 중용(重用)하지 않아 조(趙)로 감.
【樂章】がくしょう(악장) ①음악에 채용된 시가(詩歌). ¶一歌詞. ②주명곡(奏鳴曲)·교향곡(交響曲) 등을 구성하는 한 악곡에서 각 부분의 곡.
【樂典】がくてん(악전) 음악에 관한 규칙을 기록한 책. 또는, 그 규칙.
【樂山樂水】ぎょうざんぎょうすい(요산요수) 산과 물을 좋아함. 산수를 좋아함.
(낙산낙수) 산과 물을 즐김.
【樂此不疲】ごうしふひ(요차불피) 좋아서 하는 일은 아무리 많이 하여도 지치지 않음.
▷假一, 嘉一, 酣一, 康一, 凱一, 苦一, 鼓一, 管一, 觀一, 軍一, 君子三一, 極一, 妓一, 器一, 道一, 獨一, 同一, 萬世一, 武一, 文一, 般一, 伯一, 法一, 備一, 祕一, 絲竹一, 散一, 說一, 盛一, 聲一, 俗一, 雅一, 安一, 哀一, 愛一, 女一, 宴一, 燕一, 悅一, 寧一, 禮一, 娛一, 憂一, 優一, 遊一, 音一, 淫一, 飮一, 佚一, 逸一, 寂滅爲一, 典一, 奏一, 至一, 快一, 耽一, 太平一, 豊一, 偕一, 行一, 享一, 和一, 歡一, 後一, 忻一, 喜一, 戲一

11 15 〖樣〗 1 모양 양 2 상수리나무 상 | 漾 ㄧㄤˋ (yang) 養 ㄒㄧㄤˋ (xiang) | よう(サマ) *shape* しょう(クヌギ)

略 様

풀이 1 ①모양. 형태. 상태. ¶淵角殊一<任昉> ②본. 通像. ㉮법식. 양식(樣式). ¶天上取一人間織<白居易> ㉯본보기. ¶爲明堂圖一奏之<北史> ㉰모범. ¶依一畫葫蘆<續湘山野錄> ③무늬. 문채. ¶抽梭起一更新奇<方干> ④같이. …처럼. ¶岷水眼一明<楊萬里> 2 상수리나무. 상수리. ㉠橡.
【樣式】ようしき(양식) ①일정한 방식. ②꼴. 모양. 격식. ③예술에서의 형식. 스타일.
【樣子】(양자) 얼굴 모습.
【樣態】ようたい(양태) 모양과 태도.
▷各一, 舊一, 多一, 圖一, 模一, 貌一, 文一, 別一, 時一, 式一, 新一, 字一, 形一, 花一

11 15 〖槷〗 1 기둥 얼 2 쐐기 널 | 屑 ㄋㄧㄝˋ 屑 (nie) | げつ *pillar* でつ

同 槸

풀이 1 ①기둥. 땅의 높낮이를 측량할 때 세우는 막대기. ¶置一以縣<周禮> ②위태롭다. 通隉. ③문지방. ㉠闑. ¶以葛覆質以爲一<穀梁傳> 2 ①쐐기. ②꺾쇠. ¶無一而固<周禮>

11 15 〖槸〗 1 기둥 얼 2 스칠 예 | 屑 霽 | げつ *pillar* げい

풀이 1 기둥. ㉠槷. 2 스치다. 나무들이 서로 스침.

11 15 〖槱〗 태울 유 | 有 ㄧㄡˇ (you) | ゆう(ヤク) *burn*

풀이 ①태우다. 나무를 쌓아서 불을 지름. ¶薪之一之<詩經> ②화톳불. ¶以一燎 祀司中 司命 槱師雨師<周禮> ③제사. 화톳불을 놓아 하늘에 올리는 제사. 또는, 그 제사를 지냄.

11 15 〖樁〗 1 말뚝 장 2 칠 용 本 송 | 江 ㄓㄨㄤ (zhuang) 冬 ㄔㄨㄥ (chong) | とう(クイ) *stake* しょう(ツク)

풀이 1 말뚝. ¶斬拔�與一<韓愈> 2 치다. 두드림. ¶扼其喉而一其心<晉書>

11 15 〖樟〗 녹나무 장 | 陽 ㄓㄤ (zhang) | しょう(クス)

【樟腦】しょうのう(장뇌) 녹나무에서 뽑은 방향성(芳香性) 흰 결정체. 향료, 방충제, 방취제(防臭劑) 등으로 씀.
▷豫一, 烏一, 釣一

11 15 〖槳〗 상앗대 장 | 養 ㄐㄧㄤˇ (jiang) | しょう(カイ) *pole*

11 15 〖樗〗 가죽나무 저 | 魚 ㄔㄨ (chu) | ちょ(ヌルデ)

풀이 ①가죽나무. 소태나무과의 갈잎 큰키나무. ¶一木. ②쓸모 없는 물건. ¶一櫟.

【樗櫟】ちょれき(저력) 가죽나무와 상수리나무. 이 나무들은 목재로는 쓸모가 없으므로, 무능한 사람, 쓸모 없는 물건의 비유. 樗櫟之材(저력지 재). 樗材(저재). ¶豈有松柏 後身化爲一＜隋書＞

【樗櫟之材】ちょれきのざい(저력지 재) ①☞樗櫟(저력). ②자기의 겸칭. ¶自謙言 日一一＜書言故事＞

【樗材】ちょざい(저재) ☞樗櫟(저력).

11 15【槽】 구유 조 | 豪ㄘㄠˊ (cao) | そう(カイオケ) trough

풀이 ①구유. ¶三馬同食一一＜晋書＞ ②물통. 두멍. ¶雲湧浴一朝自暖＜王安石＞ ③술독. ¶新一酒聲苦無力＜李賀＞ ④절구. ¶茶一藥臼杵聲中＜范成大＞ ⑤도랑. ¶又有故編一崇山峻嶺 非舟楫所遊＜廬山記＞ ⑥홈. 홈통. ¶水跨九皋 建通天一＜宋史＞ ⑦현악기의 몸통. ¶白鴿飛來入紫一＜葉夢得＞

【槽櫪】そうれき(조력) 말구유와 마판이란 뜻으로, 마굿간이나 외양간을 이름.

▷架一, 金一, 茶一, 馬一, 石一, 浴一, 油一, 酒一, 齒一

11 15【樅】 전나무 종 | 图ㄘㄨㄥ (cong) | しょう(モミ) fir

풀이 ①전나무. ¶木則一栝椶枏＜張衡＞ ②둘쭉날쭉하다. ¶其狀一一然也＜詩經＞ ③무성한 모양. ¶夏木已一一＜黃庭堅＞ ④치다. 종·북 따위를 침. ¶一金鼓＜漢書＞

11 15【槧】 판 참·첨 | 感ㄑㄧㄢˋ 豔(qian) | さん,せん(フダ) board

源 **會意·形聲**. 나무[木]를 베어 쪼개고 깎아[斬] 판을 만듦을 뜻함. 斬이 음을 이름.

풀이 ①판(版). ㉮글씨를 쓰는 큰 나무판. ¶揚子雲好事 常懷鉛提一＜西京雜記＞ ㉯판목(版木). ¶一本. ②편지. 간독(簡牘). ¶時作寄我一＜王令＞ ③문서(文書). ¶閱一幌風輕＜無可＞

【槧本】ざんぽん(참본) 목판으로 인쇄한 책. 版本(판본). 印本(인본).

【槧人】ざんじん(참인) 독서인(讀書人).

▷簡一, 削一, 鉛一, 懷鉛提一

11 15【樞】 1 지도리 추 2 느릅나무 우 | 虞ㄕㄨ 尤(shu) | すう(トボソ) すう

略 枢

풀이 1 ①지도리. ¶貴戚懼門之不堅而爲作鐵一＜潛夫論＞ ②고동. ㉮장치. 기계 장치. ¶施機設一＜吳越春秋＞ ㉯사북. 일을 하는 데에 가장 주요한 점. ¶制名之一要＜荀子＞ ③근본. ¶經營四方 還反於一＜淮南子＞ ④중앙. ¶韓魏天下一也＜史記＞ ⑤대권(大權). ¶握一臨極＜王融＞ ⑥별 이름. 북두칠성의 첫째 별. ¶天一. 2 느릅나무. ¶山有一＜詩經＞

【樞機】すうき(추기) ①중추(中樞)가 되는 기관(機關). ¶一卿. ②사물의 요긴한 곳. 樞는 지도리, 機는 쇠뇌의 방아쇠. 機樞(기추). ③국가의 대정(大政).

【樞密】すうみつ(추밀) ①군사나 정무에 관한 중요한 기밀. ②정치상의 비밀을 처리하는 곳. ¶一使/一院.

【樞柄】すうへい(추병) 정치상의 권력. 종요로운 권력.

【樞府】すうふ(추부) 추밀원(樞密院)의 이칭.

【樞祕】すうひ(추비) ①중요하고 비밀한 일. ②정사(政事).

【樞相】すうしょう(추상) 추밀사(樞密使).

【樞星】すうせい(추성) 북두칠성의 첫째 별.

【樞要】すうよう(추요) 중심이 되게 가장 종요로움. 要는 사북. 樞轄(추할).

【樞軸】すうじく(추축) ①사물의 가장 주요한 부분. 樞는 지도리, 軸은 굴대. ②권력이나 정치의 중심.

【樞轄】すうかつ(추할) ①☞樞要(추요). ②통할(統轄)함.

【樞衡】すうこう(추형) ①지도리와 저울대. ②주요한 직무.

▷機一, 道一, 斗一, 萬一, 門一, 桑一, 宸一, 握一, 要一, 政一, 中一, 天一, 戶一

11 15【槭】 1 단풍나무 척 2 앙상할 색 | 屋ㄗㄨˊ (zu) 陌ㄙㄜˋ (se) | せき(カエデ) せき(シボム)

풀이 1 단풍나무. ¶相彼一矣 亦類其楓＜蕭穎士＞ 2 앙상하다. 나무가 말라 시듦. ¶陳柯一以改舊＜潘岳＞

15【榛】 漆(p. 913)과 同字

11 15【樋】 나무 이름 통 | 東 とう

11 15【標】 우듬지 표 | 蕭ㄅㄧㄠ (biao) | ひょう(シルシ)

풀이 ①우듬지. ¶杪一端＜後漢書＞ ②높은 가지. ¶上如一枝 民如野鹿＜莊子＞ ③끝. ¶本一相應＜淮南子＞ ④처음. 시작. ¶本一不同＜素問＞ ⑤기둥. 푯말. ¶但立直一 終無曲影＜舊唐書＞ ⑥과녁. 목표. ¶立一簡試＜晋書＞ ⑦표. 표시. ¶立兩一以別新舊＜晋書＞ ⑧표하다. ¶一之以翠蘙＜郭璞＞ ⑨적다. 기록함. ¶名一於奇紀＜孫綽＞ ⑩내걸다. 드러냄. ¶一榜. ⑪돕다. ¶一同伐異＜世說新語＞ ⑫별 이름. 북두 칠성의 일곱째 별. ⑬병기(兵器) 이름. 던져서 적을 맞히는 창. ¶一槍.

【標高】ひょうこう(표고) ①높음. 또는, 높은 품격. ②바다의 수평면(水平面)을 기준으로 계산한, 지표(地表)의 어느 지점의 높이. ¶一點.

【標記】ひょうき(표기) 표를 함. 또는, 그 표.

【標旗】ひょうき(표기) ①목표로 세운 기. ②신호기(信號旗).

【標同伐異】どうヲひょうシいヲうツ(표동벌이) 자기와 같은 동아리는 돕고 다른 무리를 침. ¶眞長 一俠之大者<世說新語>

【標燈】ひょうとう(표등) 신호(信號)나 목표가 되는 등불.

【標枺】ひょうまつ(표말) 푯말, 기둥.

【標木】ひょうぼく(표목) 표로 세운 말뚝.

【標榜】ひょうぼう(표방) ①선행(善行)을 칭찬하기 위하여, 그 사실을 패에 적어 이문(里門) 같은 데에 건다는 뜻으로, 남의 선행을 세상에 알리거나 찬양하는 일. 摽榜(표방). ¶表者 一其里門也<史記·注> ②방(榜)을 내건다는 뜻으로, 자기의 주의, 주장 또는 처지를 어떤 명목을 붙여 앞에 내세움.

【標本】ひょうほん(표본) ①일의 근본과 끝. ②본보기 상품. 標挺(표정). 標品(표품).

【標石】ひょうせき(표석) 표가 되게 세운 돌. 푯돌.

【標示】ひょうじ(표시) 표를 하여 외부에 드러내 보임.

【標語】ひょうご(표어) 주의(主義), 강령(綱領), 이념(理念) 따위를 간명하게 표현한 짧은 어구. 슬로건. 口號(구호).

【標儀】ひょうぎ(표의) 겉에 나타난 모습.

【標章】ひょうしょう(표장) 특수한 사물을 표시하는 기호.

【標的】ひょうてき(표적) 목표가 되는 물건.

【標注】ひょうちゅう(표주) 책의 난(欄) 밖에 적은 주해(註解). 頭注(두주).

【標柱】ひょうちゅう(표주) 표적이 되게 세운 말뚝.

【標準】ひょうじゅん(표준) ①사물의 정도를 정하는 기준. ②규범이 되는 준칙. ¶一語.

【標指】ひょうし(표지) 목적으로 하는 주지(主旨). 指는 旨.

【標紙】ひょうし(표지) 표로 삼기 위하여 붙인 작은 종이쪽.

【標識】ひょうしき(표지) 어떤 사물을 표하기 위한 기록. 표. 標幟(표치).

【標徵】ひょうちょう(표징) 겉으로 드러내는 상징(象徵). 表徵(표징).

【標札】ひょうさつ(표찰) 문패. 表札(표찰).

【標致】ひょうち(표치) ①취지(趣旨)를 나타내어 보임. ②얼굴이 아름다움.

▷孤一, 高一, 器一, 銅一, 名一, 目一, 世一, 里程一, 風一

15〖⿱殸木〗 磬(p. 1645)과 同字

11/15〖槥〗 널 혜 [霽]ㄏㄨㄟˋ (hui) えい(ヒツギ)

풀이 널. 작은 관(棺).

11/15〖槵〗 무환자나무 환 [諫] かん(ムク)

15〖⿱鳥木〗 梟(p. 772)의 本字

15〖横〗 橫(p. 794)의 略字

12/15〖橄〗 감람나무 감 [感]ㄍㄢˇ (gan) かん

16〖𣙞〗 耕(p. 1215)과 同字

12/16〖槹〗 두레박 고 [豪]ㄍㄠ (gao) こう(ハネツルベ)

12/16〖橭〗 뻗을 고 [虞][麌]ㄍㄨ (gu) こ

12/16〖橋〗 [1] 다리 교 [2] 굳셀 교 [3] 빠를 고 [蕭]ㄑㄧㄠˊ (qiao) きょう(ハシ) *bridge* [嘯][豪]ㄍㄠ (gao) きょう こう

풀이 [1] ①다리. 교량. ¶初作河一<史記> ②시렁. ¶笄加于一<儀禮> ③가름대나무. 두레박틀에 가로 댄 나무. ¶奉席如一衡<禮記> ④나무이름. ¶一梓. ⑤어그러지다. ¶其與一言無擇<呂覽> ⑥업신여기다. ¶一泄者 人之殃也<荀子> ⑦높다. 높이 솟음. (通)喬. ¶其一大人也<大戴禮> [2] ①굳세다. ¶萬騎屈一<漢書> ②고치다. (通)矯. ¶一飾其性情<荀子> ③코뚜레. [3] ①빠르다. 세참. ¶欲惡去就 於是一起<莊子> ②높이 뛰어 오르다.

【橋脚】きょうきゃく(교각) 다리를 받치는 기둥.

【橋頭堡】きょうとうほ(교두보) ①다리를 엄호하기 위해 만든 보루. ②강, 호수, 바다 등의 맞은편 건널목을 엄호하고, 차후 작전을 유리하게 전개하기 위하여 설치하는 거점(據點).

【橋梁】きょうりょう(교량) 다리.

【橋梓】きょうし(교자) 교나무와 가래나무. 교목은 부도(父道), 재목은 자도(子道)의 비유. 또는, 부자(父子). 양지에 있는 교나무는 의젓하여 부도에, 음지에 있는 가래나무는 다소곳하여 자도에 비유함.

▷架一, 屈一, 斷一, 踏一, 獨木一, 木一, 浮一, 飛一, 石一, 船一, 鞍一, 烏鵲一, 雲一, 陸一, 圯一, 棧一, 長一, 釣一, 鐵一, 土一, 板一,

12/16〖橇〗 덧신 교, 취 [蕭][霽]ㄑㄧㄠ (qiao) きょう, せい(カンジキ)

풀이 덧신. 썰매. 진흙 위를 다닐 때 신던 것. ¶泥行乘一<史記>

12/16〖橛〗 말뚝 궐 [月]ㄐㄩㄝˊ (jue) けつ(クイ) *stake*

풀이 ①말뚝. ¶或卓若一杙<貢師泰> ②문지방. ¶一機. ③그루터기. ¶吾處也若一株駒<列子> ④재갈. ¶前有一飾之患<莊子>

▷冒一, 門一, 株一

16〖橜〗 橛(p. 790)과 同字

12/16〖橘〗 귤나무 귤 [質]ㄐㄩˊ (ju) きつ(タチバナ) *orange*

【橘井】きっせい(귤정) 귤나무와 우물이란 뜻으로, 의원(醫員)을 이름. 「신선전」(神仙傳)에

의하면 옛날, 진(晋)의 소선공(蘇仙公) 탐(耽)이 죽음에 임하여 그의 어머니에게 말하기를, 명년에 전염병이 돌 것이니 귤나무 잎과 우물물로써 병을 고칠 수 있을 것이라 하여 사람들을 구했다는 옛일에서 유래.

【橘中之樂】きっちゅうノタノシミ(귤중지 락) 바둑 또는 장기를 두는 즐거움. 파공(巴邛)에 사는 사람이 뜰의 큰 귤 열매를 쪼개 보았더니, 그 속에서 두 노인이 바둑을 두고 있었다는 옛일에서 유래. 橘中樂(귤중락). ¶一 不減商山<幽怪錄>

【橘化爲枳】きっかシテきトナル(귤화위지) 귤이 탱자가 된다는 뜻으로, 환경을 따라 변함의 비유. 중국의 회수(淮水) 남쪽의 귤을 회수 북녘에 심으면 토질 때문에 탱자가 된다는 데서 유래. ¶橘踰淮而北爲枳 此地氣然也<周禮>
▷甘一, 柑一, 枸一, 金一, 綠一, 朱一, 包一, 香一, 花一

12
16〖機〗 베틀 기 | 圖ㄐㄧ (ji) | き(ハタ) *loom*

풀이 ①베틀. ¶投杼下一<史記> ②틀. 기계. ¶若虞一張<書經> ③거짓. 기교. ¶一械之心 藏於胸中<淮南子> ④올가미. 우리. ¶一穽在下<後漢書> ⑤문지방. ¶橛一. ⑥신주를 모시는 가마. ¶遂輿一而往<禮記> ⑦계기(契機). 어떤 일의 기회. ¶其一如此<大學> ⑧조짐. ¶知一道者 不可挂以髮<素問> ⑨자연. 조화(造化). 우주 만물을 생성해 내는 것. ¶萬物皆出於一<莊子> ⑩실마리. 단서. ¶啓一于身後<後漢書> ⑪때. 시기. ¶遲重少決失在後一<魏志> ⑫갈림길. 분기점. ¶成敗之一 在此一擧<後漢書> ⑬사북. 일의 가장 주요한 고동. ¶後裔握一<後漢書> ⑭길. 사리. ¶治亂之一<淮南子> ⑮작용. 활동. ¶嗜慾深者天一淺<莊子> ⑯비밀. ¶審固一密<漢書> ⑰별 이름. 북두칠성의 세째 별. ¶一衡. ⑱혼천의(渾天儀). 선기옥형(璿璣玉衡).

【機甲】きこう(기갑) 기동력을 응용한 병기(兵器). ¶一部隊/一師團.

【機警】きけい(기경) ☞機敏(기민).

【機械之心】きかいノこころ(기계지 심) ☞機心(기심).

【機關】きかん(기관) ①활동의 장치를 한 기계. ¶一銃/一砲. ②심중(心中)의 계략. 책략을 꾸미는 속마음. ¶多少長安名利客 一用盡不如君<黃庭堅> ③열(熱)에너지를 동력으로 변하게 하는 장치. ¶一故障/一車. ④개인 또는 단체가 어떤 목적을 달성하기 위하여 설치한 기구.

【機關紙】きかんし(기관지) 기관에서 내는 신문. 기관 신문.

【機關誌】きかんし(기관지) 기관에서 내는 잡지. 기관 잡지.

【機根】きこん(기근)《佛》중생의 마음 가운데 갖추어져 있어, 부처의 가르침에 응하는 힘. 氣根(기근). 根性(근성).

【機器】きき(기기) 기계의 총칭. 器機(기기).

【機能】きのう(기능) 활동. 작용.

【機動】きどう(기동) 시기에 맞추어 제때에 빠르게 행동함. ¶一力/一隊/一性/一作戰.

【機略】きりゃく(기략) 임기 응변의 계략.

【機務】きむ(기무) 기밀을 요하는 정무(政務). 중요한 정무.

【機微】きび(기미) 사물의 미묘한 징후. 낌새.

【機敏】きびん(기민) 동작이 날쌔고 눈치가 재빠름. 機警(기경). 機捷(기첩).

【機密】きみつ(기밀) ①중요하고 비밀한 일. ¶一漏泄. ②아주 높은 직위.

【機變】きへん(기변) ①간교한 속임수. 巧詐(교사). ②임기 응변의 책략(策略). 權謀(권모). ¶一百出/一之巧.

【機上】きじょう(기상) 비행기 위.

【機先】きせん(기선) 일이 막 일어나려고 하는 참. 또는, 일을 막 시작하려는 순간.

【機首】きしゅ(기수) 비행기의 앞머리.

【機心】きしん(기심) 간교하게 속이는 마음. 책략을 꾸미는 마음. 機械之心(기계지 심).

【機緣】きえん(기연) ①《佛》선(善)의 기근(機根)이 있어 부처의 가르침을 받을 인연이 되는 일. ②기회. 계기. 꼬투리.

【機要】きよう(기요) ①사북. 썩 중요한 부분. ②중요한 일. 기밀에 속하는 중요한 일.

【機杼】きちょ(기저) ①북. 또는, 베틀. ②궁리. 특히 문장을 짓는 궁리.

【機杼一家】きちょいっか(기저일가) 스스로 궁리하여 한 파(派)의 문장을 이루어 냄.

【機智】きち(기지) 임기 응변의 슬기. 機知(기지).

【機體】きたい(기체) ①비행기의 동체(胴體). ②기계의 바탕.

【機銃掃射】きじゅうそうしゃ(기총소사) 기관총으로 비질하듯이 빈틈없이 쏨.

【機樞】きすう(기추) ☞樞機(추기).

【機軸】きじく(기축) 機는 쇠뇌의 시위를 거는 곳, 軸은 수레의 굴대로, 사물의 중심, 국정의 긴요한 중심 등의 비유. ¶新一.

【機衡】きこう(기형) ①북두칠성의 세째와 다섯째 별. 북두칠성의 이칭. ②선기 옥형(璇璣玉衡). 뜻이 바뀌어, 기무(機務) 또는 기무에 참여하는 재상.

【機會】きかい(기회) ①일을 하기에 가장 적당한 시기. ¶一主義. ②운명을 결정하는 중요한 대목. ¶漢中則益州咽喉 存亡之一 若無漢中則無蜀矣<蜀志>
▷軍一, 大一, 待一, 動一, 萬一, 無一, 兵一, 飛行一, 事一, 世一, 乘一, 時一, 神一, 愼一, 失一, 心一, 危一, 有一, 應一, 杼一, 電一, 戰一, 轉一, 織一, 天一, 樞一, 投一, 航空一, 衡一, 好一, 禍一

16〖槹〗 桔(p. 765)과 同字

12
16〖橈〗 1 굽을 뇨 2 노 요 | 圖ㄋㄠˊ (nao) | どう(マガル) *bent* | 蕭ㄖㄠˊ (rao) | じょう(カジ) *oar*

풀이 1 ①굽다. 휘다. 通撓. ②구부리다.

¶毋或枉—＜禮記＞ ③꺾이다. 기세가 꺾임. ¶師徒—敗＜左氏傳＞ ④나긋나긋하다. 숙부드러움. ¶柔—嬛嬛＜史記＞ ⑤약하게 하다. ¶謀—楚權＜漢書＞ ⑥어지럽히다. 어지러워짐. ¶師徒—敗＜詩經＞ ⑦흩다. 흩뜨리다. ¶—萬物者 莫疾乎風＜易經＞ 2①노. 작은 노. ¶蓀—兮蘭旌＜楚辭＞ ②번영하다. 通 燿. ¶分無妄之—＜法言＞
▷屈—, 不—, 森—, 枉—, 柔—, 層—, 廻—

12 16〖橝〗 처마 담 | 覃 ㄊㄢˊ (tan) | たん (タルキ) eaves

풀이 ①처마. 지붕의 끝. ②잠박(蠶箔)을 얹는 시렁. ③나무 이름. 橉의 이칭. ④길다. ¶臨瑤木之—枝兮＜楚辭＞

12 16〖橞〗 韓 산 덕

12 16〖橦〗 1 나무이름 동 | 東 ㄊㄨㄥˊ (tong) | とう しょう
2 찌를 충 | 冬 ㄔㄨㄥ | (ツク)
3 장대 장 | 陽 (chong) | そう

풀이 1 ①나무 이름. 꽃에서 실을 뽑아 베를 짤 수 있다는 나무. ¶布有—華＜左思＞ ②북소리. ¶——. 2①찌르다. 공격하다. ¶衝輣—城＜後漢書＞ ②적진을 치는 병거(兵車). ¶轒櫓鉤— 發矢石雨下＜晋書＞ 3①장대. ¶烏獲扛鼎 都盧尋—＜張衡＞ ②깃대. ¶揭鳴鳶之脩—＜後漢書＞ ③돛대. ¶決帆摧—＜木華＞

12 16〖橙〗 1 등자나무 등 本 증 | 庚 ㄔㄥˊ (cheng) | とう
2 등상 등 本 증 | 徑 ㄉㄥ (deng) | (ダイダイ)

풀이 1 ①등자나무. 운향과의 작은 상록 활엽 교목. 귤 비슷한 누런 열매는 약재로 씀. ¶黃甘—榛＜司馬相如＞ ②등자. 2등상. 평상. 발돋음 으로도 쓰고 걸터앉기도 하는 걸상. 通 凳. ¶使韋仲將懸—書之＜晋書＞
【橙色】ダイダイ イロ (등색) 오렌지색.
【橙皮油】(등피유) 귤 따위의 과일 껍질을 짜서 만든 기름.
▷橘—, 綠—, 霜—, 朱—, 香—, 黃—

16〖槫〗 ☞木部 13획(p. 796)

12 16〖橯〗 써레 로 | 號 | ろう

12 16〖橑〗 서까래 료 | 皓 ㄌㄠˇ (lao) | ろう(タルキ)

풀이 ①서까래. ②땔나무. 장작.

16〖橊〗 榴(p. 783)의 本字

12 16〖橉〗 나무 이름 린 | 震 ㄌㄧㄣˋ (lin) | りん

풀이 ①나무 이름. ②문지방.

12 16〖橆〗 우거질 무 | 麌 | ぶ, む(シゲル) grow thick

풀이 ①우거지다. ②없다. 林을 「灬」으로 바꾸어 「無」와 같이 씀.

12 16〖樸〗 1 통나무 박 | 覺 ㄆㄨˇ (pu) | はく (アラキ)
2 총생할 복 | 屋 ㄅㄨ | ぼく
3 고을 이름 보 | 虞 (bu) | ほ

풀이 1 通 朴. ①통나무. ¶堯—桷不斲＜淮南子＞ ②천진한. 본래의. ¶若馭—馬＜荀子＞ ③다루다. 다듬다. ¶既勤—斲＜書經＞ ④성실하다. 순박함. ¶民敦而俗—＜孔子家語＞ ⑤질박하다. 질소함. ¶素車之乘 尊其—也＜禮記＞ ⑥근본. 근원. ¶故知知—則復歸於—＜呂覽＞ 2①총생하다. 떨기로 남. ¶林有—樕＜詩經＞ ②달라붙다. 밀착함. ¶欲其—屬而微至＜周禮＞ 3고을 이름.
【樸馬】ぼく (박마) ①상여(喪輿)를 끄는, 말 갈기를 깎지 아니한 말. ②길들이지 아니한 말.
▷古—, 謹—, 鄙—, 散—, 素—, 純—, 醇—, 粗—, 拙—, 質—

12 16〖橵〗 韓 산자 산
【橵子】(산자) 집을 지을 때 서까래 위에 엮어 까는 나뭇개비나 수수깡. 산자발.

16〖橾〗 槮(p. 787)과 同字

12 16〖橡〗 상수리 나무 상 | 養 ㄒㄧㄤˋ (xiang) | しょう (ツルバミ)

12 16〖樹〗 1 나무 수 | 遇 ㄕㄨˋ (shu) | じゅ(キ) tree
2 심을 수 | 麌 | じゅ(ウエル)

俗 树

源 會意·形聲. 「壴」는 북[鼓]이나 제기를 반듯이 세운 모양. 寸[손]을 더하여 세우는 동작을 나타냄. 여기에 木을 더하여 나무를 심음. 또는, 서 있는 나무를 나타냄. 「尌」의 변음이 음을 이룸.

풀이 1 ①나무. 자라고 있는 나무. ¶—木時伐焉＜禮記＞ ②초목. 식물(植物)의 총칭. ¶萍—根于水＜淮南子＞ ③담. 담장. ¶臺門而旅—＜禮記＞ ④담을 치다. ¶邦君—塞門＜論語＞ 2①심다. 식물을 심음. ¶君子—之＜詩經＞ ②세우다. 通 尌. ¶—德務滋＜書經＞ ③두다. ¶崇牙—羽＜詩經＞

【樹根】じゅこん(수근) ①나무의 뿌리. ②근본을 세움. 기초를 세움.
【樹齡】じゅれい(수령) 나무의 나이.
【樹林】じゅりん(수림) 숲.
【樹立】じゅりつ(수립) 사업이나 공을 이룩하여 세움. ¶政府一.
【樹木】じゅもく(수목) ①나무를 심음. ②나무. 서 있는 나무. 「체.
【樹液】じゅえき(수액) 나무의 조직 속에 있는 액
【樹欲靜而風不止】(수욕정이 풍부지) 나무는 고요하게 있고 싶어도 바람이 그치지 않는다는 뜻으로, 자식이 어버이를 봉양하고자 하나 어버이는 이미 돌아가 이 세상에 없음의 비유. 風樹之歎(풍수지탄).
【樹人】じゅじん(수인) 인재(人材)를 양성함. 또는, 현재(賢才)를 뽑아 올려 씀.
【樹子】じゅし(수자) ①천자의 명령으로 가계(家系)를 이은 제후의 적자(嫡子). ②나무 열매. 「류.
【樹種】じゅしゅ(수종) ①초목을 심음. ②나무의 종
【樹脂】じゅし(수지) 나무에서 나오는 진.
【樹皮】じゅひ(수피) 나무 껍질. 樹膚(수부).
【樹海】じゅかい(수해) 울창한 삼림의 광대함을 바다에 견주어 이르는 말.
▷街路一, 嘉一, 巨一, 瓊一, 孤一, 枯一, 果一, 喬一, 落葉一, 綠一, 大一, 茂一, 密一, 芳一, 屛一, 菩提一, 墳一, 珊瑚一, 常綠一, 玉一, 苑一, 針葉一, 標一, 花一, 闊葉一

12 16 〖橚〗 1 나무나란히 설 숙 屋ㄙㄨˋ (su) しゅく / 2 우거질 소 蕭 しょう / 3 밋밋할 추 尤 しゅう
풀이 1 나무가 나란히 서다. ¶一矗. 2 우거지다. 초목이 무성한 모양. ㊀櫹. ¶一爽櫹槮<張衡> 3 ①밋밋하다. 나무가 곧게 높이 솟은 모양. ②개오동나무. ㊀楸. ¶其狀如一<山海經>

12 16 〖橝〗 나무 이름 심 侵 じん

12 16 〖橪〗 1 좀대추나무 연 銑 ぜん(コナツメ) / 2 향초 연 先 えん

12 16 〖橤〗 꽃술 예 紙 ずい(シベ) pistil, stamen
同 蕊 蘂 樶
풀이 ①꽃술. ②드리우다. 척 늘어짐.

16 〖樶〗 橤(p. 793)와 同字

12 16 〖樾〗 나무그늘 월 月ㄩㄝˋ (yue) えつ(コカゲ)
풀이 ①나무 그늘. ¶武王蔭暍人於一下<淮南子> ②가로수. ¶設燎相屬 道一爲枯<唐書>
▷街一, 道一, 茂一, 林一, 榛一

12 16 〖㵐〗 준마 이름 의 寘 き

12 16 〖樲〗 멧대추나무 이 寘 じ

16 〖橥〗 橥(p. 799)와 同字

12 16 〖樿〗 회양목 전 銑ㄕㄢˋ せん / 선 霰 (shan) (ツゲ)
풀이 ①회양목. ¶櫛用一櫛<禮記> ②관판(棺板). 널빤지 한 장으로 온판이 되는 관재(棺材). ¶一傍.

16 〖橱〗 廚(p. 522)의 俗字

12 16 〖樽〗 술통 준 阮ㄗㄨㄣˇ (zun) そん(タル) wine barrel
同 罇
풀이 ①술통. 술단지. 通 尊. ¶新一絜之<左氏傳> ②그치다. 그만두다. ¶一流遁之觀<淮南子>
【樽俎】そんそ(준조) 술그릇과 도마. 모두 연회에 쓰이는 것으로, 외교상의 연회를 이름.
【樽俎折衝】そんそせっしょう(준조절충) 술자리에서 외국 사신과 담소하면서 그의 요구를 물리침. 곧, 외교상의 교섭에서 국위를 빛냄.
【樽酒】そんしゅ(준주) 술단지의 술.
【樽花】そんか(준화) 나라 잔치 때 준(樽)에 꽂아 춤[舞]에 쓰던 가화(假花).
▷空一, 金一, 芳一, 瓦一, 酒一, 瓢一

12 16 〖橧〗 집 증 蒸ㄗㄥ (zeng) そう house
풀이 집. ㉮상고 시대에 섶나무를 쌓아 올려 만든 주거. ¶夏則居一巢<禮記> ㉯지붕이 없는 누각. ㉰둥지. ㉱돼지우리.

12 16 〖樴〗 말뚝 직 職ㄓˊ (zhi) しょ(クイ) stake

16 〖槰〗 榛(p. 784)과 同字

12 16 〖樵〗 땔나무 초 蕭ㄑㄧㄠˊ (qiao) しょう(タキギ)
源 會意·形聲. 焦는 불태우다, 그을리다로, 불태우는 나무 곧 땔감을 나타냄.
풀이 ①땔나무. 화목(火木). ㊀蕉. ¶一蒸焜上<漢書> ②나무하다. ¶一彼桑斯<詩經> ③나뭇군. ¶問一 一不知<王安石> ④불사르다. 불태움. ¶一之者何 以火攻也<公羊傳> ⑤망루(望樓). ¶爲塹壘木一<漢書>
【樵汲】しょうきゅう(초급) 나무하고 물을 길음. 또는 그 사람.
【樵童牧豎】しょうどうぼくじゅ(초동목수) ①나무하는 아이와 가축을 치는 아이. ②식견이 좁은 사람.

【樵夫】しょうふ(초부) 나뭇군. 樵子(초자). 樵父(초부). 樵叟(초수).
▷耕一, 晩一, 山一, 薪一, 漁一, 芻一, 販一

16【槅】 欄(p. 801)의 俗字

16【蕞】 叢(p. 259)과 同字

16【樵】 ☞ 木部 13 획 (p. 796)

12/16【橢】 길쭉할 타 | 圏ㄊㄨㄛˇ (tuo) | だ
同椭

16【隳】 橢(p. 794)와 同字

12/16【橐】 전대 탁 | 圞ㄊㄨㄛˊ (tuo) | たく
俗槖

源會意·形聲. '𣎆'은 심대를 꽂고 두 끝을 맨 자루. 石은 알맹이가 찼음의 뜻을 포함. 木과 어울려 속에 무엇을 넣는, 나무로 만든 주머니. 자루 같은 것을 나타냄.
풀이 ①전대. ㉮작은 전대. ¶于一于囊<詩經> ㉯의복·책 등을 넣는 전대. ¶持一簪筆<漢書> ②풀무. ¶鼓一吹埵<淮南子>/一籥. ③사물의 소리. ¶一一.
▷空一, 錦一, 囊一, 布一, 革一

16【檎】 榻(p. 785)과 同字

12/16【橕】 버틸 탱 | 庚ㄔㄥ (cheng) | とう(ササエル) resist

16【樘】 橕(p. 794)과 同字

12/16【樺】 자작나무 화 | 碼ㄏㄨㄚˋ (hua) | か(カバ) birch

12/16【橫】 1 가로 횡 2 방자할 횡 | 庚ㄏㄥˊ (heng) 敬ㄏㄥˋ (heng) | おう(ヨコ) width こう
略横

源會意·形聲. 黃은 사방으로 날아가는 화전(火箭). 橫은 중심선에서 사방으로 뻗어나간, 가로지른 나무 [橫木]. 이에서 가로의 뜻을 나타냄.
풀이 1 ①가로. ㉮동서(東西). 동서는 橫, 남북은 縱이라 함. ¶縱一間之<淮南子> ㉯옆. 곁. 좌우. ¶以中軍公族一擊之<左氏傳> ㉰씨실. ¶不別一之與縱<楚辭> ②가로놓다. ㉮옆으로 누이다. ¶一槊賦詩<蘇軾> ㉯옆에 차다. ¶一劍別妻子<鮑溶> ③가로지르다. ㉮가로놓이다. ¶一中流兮揚素波<漢武帝> ㉯가로질러 건너다. ¶東一乎大河<後漢書> ㉰가득 차다. 막히다. ¶以一於天下<禮記> ④뒤얽히다. 가로세로로 얽힘. ¶涕一集而成行<楚辭> ⑤자유로이. 종횡으로. ¶里域不可以一通<管子> ⑥연횡(連衡). 전국 시대에 여섯 나라가 연합하여 진(秦)에 대항하던 정책. ㉠衡. ¶約從離一<賈誼> ⑦학교. 通璜 黌. ¶乃修起一舍<後漢書> 2 ①방자하다. 通獷. ¶東夷一畔<揚雄> ②뜻을 굽히다. ¶重文一入<後漢書> ③거칠다. 도리에 벗어남. ¶其待我以一逆<孟子>

【橫杠木】(횡강목)韓 입관(入棺)때 관 위에 가로 걸쳐 놓는 세 개의 막대기.
【橫斷】おうだん(횡단) ①가로 끊음. 옆으로 자름. ②가로지름. ③가로 건너감. ¶一步道/大陸一.
【橫隊】おうたい(횡대) 가로 줄을 지은 대오(隊伍).
【橫帶】おうたい(횡대) ①허리에 참. 가로 띰. 또는, 그 띠. ②韓하관(下棺)한 뒤에 광중(壙中)을 덮는 널조각.
【橫列】おうれつ(횡렬) 가로 늘어섬. 또는, 그 줄. ↔縱列(종렬).
【橫領】おうりょう(횡령) 멋대로 차지함. 남의 것을 가로채거나 빼앗음. ¶公金一/一罪.
【橫流】おうりゅう(횡류) ①물이 멋대로 흘러 넘침. ②韓물품을 정당하지 못한 방법으로 전매(轉賣)함.
【橫木】おうぼく(횡목) ①나무를 가로놓음. ②가로지른 나무. 가름대 나무.
【橫死】おうし(횡사) 뜻밖의 재난으로 죽음. 횡액(橫厄)으로 죽음. ¶非命一.
【橫書】ヨコガキ(횡서) 가로로 씀. 또는, 그 글씨. ↔縱書(종서).
【橫說竪說】おうせつじゅせつ(횡설수설) ①자유자재로 설명함. ②韓 조리가 없는 말을 함부로 지껄임.
【橫數】(횡수)韓 뜻밖의 운수.
【橫厄】(횡액)韓 뜻밖에 당하는 재액(災厄).
【橫夭】おうよう(횡요) ☞夭折(요절).
【橫逸】おういつ(횡일) 자유자재하여 구애됨이 없음. 마음대로 행동함.
【橫財】おうざい(횡재) ①부정한 방법으로 얻은 재물. ②韓뜻밖에 재물을 공짜로 얻음. 또는, 그 재물. ¶一數.
【橫徵】おうちょう(횡징) 세금을 멋대로 징수함.
【橫綴】(횡철)韓 ①가로 철자(綴字)함. 또는, 그 글씨. 로마자 따위. ②가로 꿰맴. ③자모를 풀어서 가로 쓰는 철자.
【橫草之功】おうそうノこう(횡초지 공) ①사소한 공훈(功勳). 橫草는 풀을 밟아 쓰러뜨린다는 뜻으로, 아주 쉬움의 비유. ②韓싸움터의 풀을 가로 쓰러뜨린 공이라는 뜻으로, 전장에서 산야를 달리며 세운 공.
【橫軸】ヨコジク(횡축) ①가로축. ②가로로 길게 꾸민 족자.
【橫奪】おうだつ(횡탈) 가로채어 빼앗음.
【橫暴】おうぼう(횡포) 제멋대로 굴며 몹시 거칠고 사나움.
【橫行】おうこう(횡행) ①멋대로 걸음. 또는, 정도(正道)를 벗어난 행위. ②두루 돌아 다님. 旁行(방행). ③멋대로 행하여짐. ④모로 걸음. 게걸음. ⑤가로줄. 橫列(횡렬).
【橫行公子】おうこうこうし(횡행공자) 게의 이칭.

▷強一, 驕一, 權一, 貴一, 連一, 專一, 從一, 縱一, 天一, 擅一, 暴一, 合從連一, 豪一, 猾一

13 17 〖檟〗 개오동나무 가 | 馬ㄐㄧㄚˇ (jia) | か(ヒサギ)

풀이 ①개오동나무. 능소화과의 낙엽활엽 교목. 고대에 관곽의 재료로 씀. 열매는 약용함. ¶樹吾墓一<左氏傳> ②차(茶)의 일종.
▷美一, 山一, 楸一

13 17 〖橿〗 나무 이름 강 | 陽ㄐㄧㄤ (jiang) | きょう(カシ)

풀이 ①나무 이름. ㉮감탕나무. ㉯떡갈나무. ②굳센 모양. 성한 모양. ¶左右一一<太玄經>

13 17 〖檢〗 봉함 검 | 琰ㄐㄧㄢˇ (jian) | けん(シラベル) *seal*
略検 同撿

풀이 ①봉함. 봉하다. ¶輒皁囊施一<後漢書> ②문갑. ¶跪發珍藏肅承瑤一<李嶠> ③잡도리하다. ¶狗彘食人食而不知一<孟子> ④조사하다. ¶巡一河北<北史> ⑤헤아리다. 생각하다. ¶收一遺文<後漢書> ⑥법식. 본. ¶人主立法 先自爲一式儀表<淮南子> ⑦행동. ¶不治素一<蜀志> ⑧초고(草稿). ⑨합하다. 아우르다. 通兼. ¶一數百里之地<管子> ⑩바르다. ¶方一有禮度<北史>

【檢擧】けんきょ(검거) ①관리가 공무를 집행한 뒤, 자기의 잘못을 발견하여 스스로 그 사정을 적어 소속 장관에게 제출하는 일. 자수(自首)의 일종. ②㉮범죄의 증거를 조사하여 모으는 일. ㉯검찰관·사법 경찰관이 범죄인 또는 용의자를 관서로 연행하는 일.
【檢考】けんこう(검고) 조사함.
【檢校】けんこう(검교) ①조사하여 생각함. 機考(검고). ②더듬어 찾음. 探討(탐토).
【檢勾】けんこう(검구) ①문서가 양식에 맞는지의 여부를 조사하는 일. ②죄상을 조사함. 또는, 조사.
【檢問】けんもん(검문) 관헌(官憲)이 미심한 사람을 조사하여 물어 봄. ¶不審一/一所.
【檢覆】けんぷく(검복) 여러 번 조사함.
【檢封】けんぷう(검봉) ①봉인(封印)함. ②검사하여 봉인함. 또는, 봉인을 검사함.
【檢事】けんじ(검사) ①사건을 조사함. ②죄인을 기소하는 사법 행정관.
【檢査】けんさ(검사) 실상을 조사하여 시비, 우열 등을 판정함. 「는, 그 일.
【檢算】けんざん(검산) 계산의 잘잘못을 검사함. 또
【檢索】けんさく(검색) ①검사하여 찾음. ②수상한 자가 들어 있다고 생각될 때 가택 수색을 함. 「함. ¶豫備一.
【檢束】けんそく(검속) 자유 행동을 못하도록 단속
【檢尸】けんし(검시) ☞檢屍(검시).
【檢屍】けんし(검시) 변사자의 시체를 조사함. 檢尸(검시). 檢視(검시)③.
【檢視】けんし(검시) ①사실을 조사하여 봄. ②시력(視力)을 검사함. ③☞檢屍(검시).
【檢式】けんしき(검식) 본. 법식. 「검사함.
【檢眼】けんがん(검안) 눈의 시력이나 병의 유무를
【檢案】けんあん(검안) ①형적(形跡), 상황 등을 조사하고 생각함. ②시체에 대하여 사망 사실을 의학적으로 확인하는 일. ③조사하여 바로잡음.
【檢疫】けんえき(검역) 전염병의 유무를 조사함.
【檢閱】けんえつ(검열) ①검사하여 열람함. ②군사 용어로, 군기(軍紀)·교육·근무·작전 준비 등을 점검·사열하는 일. ③치안상의 목적을 위하여 서신·출판물·방송·영화 등을 강권으로 조사하는 일.
【檢溫】けんおん(검온) 온도를 재어 봄.
【檢印】けんいん(검인) 검사하고 찍는 도장.
【檢認】けんにん(검인) 검사하여 인정하는 일.
【檢認定】(검인정) 검정과 인정.
【檢字】けんじ(검자) 한자(漢字) 색인의 한 법. 총획순으로 배열하고 부수(部首)와 페이지 등을 적은 것.
【檢定】けんてい(검정) 검사하여 자격의 유무, 조건의 적부(適否) 등을 판정함.
【檢定畢】(검정필) 검정을 마쳤음.
【檢證】けんしょう(검증) ①검사하여 증명함. ②재판관이 실제로 임검(臨檢)하여 증거 자료를 얻는 절차.
【檢診】けんしん(검진) 검사로 하는 진찰.
【檢察】けんさつ(검찰) ①조사하고 살핌. 음미(吟味)함. ②범죄를 조사하여 증거를 모음. ③사법관. ¶一官/一事務/一搜査/一廳/一總長.
【檢出】けんしゅつ(검출) 조사하여 밝혀냄. 검색(檢索)하여 적출(摘出)함.
【檢討】けんとう(검토) 내용을 검사하면서 따짐.
▷格一, 考一, 拘一, 禁一, 羈一, 督一, 名一, 方一, 防一, 覆一, 聖一, 細一, 素一, 收一, 受一, 搜一, 巡一, 繩一, 訊一, 實一, 案一, 量一, 禮一, 儀一, 印一, 臨一, 點一, 操一, 參一, 追一, 探一, 行一

13 17 〖檄〗 격문 격 | 錫ㄒㄧˊ (xi) | げき(フレ) *despatch*

풀이 ①격문. ㉮선전·선동하기 위하여 쓴 글. ¶爲一召通<漢書> ㉯적군을 설복하거나 꾸짖는 글. ②편지. ¶爲文一告楚相<史記> ③빼어나다. 通擢. ④빠른 모양. ¶一耀.

【檄文】げきぶん(격문) ①급히 군병(軍兵) 또는 동지를 모으거나 널리 동의(同意)를 얻기 위하여 돌리는 회장(回狀). ②적의 죄악을 들고 자기의 신의를 말하며 중인의 동조를 구하는 글발. 檄書(격서). 檄羽(격우). 羽檄(우격). ¶討黃巢一.
【檄書】げきしょ(격서) ☞檄文(격문).
【檄召】げきしょう(격소) 격문을 돌려 동지를 불러 모음. 檄致(격치).
【檄致】げきち(격치) ☞檄召(격소).
▷挂一, 軍一, 文一, 奉一, 捧一, 飛一, 羽

一, 長一, 殘一, 傳一

13 17 【檠】 도지개 경 | [庚]ㄑㄧㄥˊ (qing) | けい (ユダメ)
㊐檄
[源] **會意·形聲.** 敬은 양쪽에서 죔. 단단히 죄는 도지개를 뜻함.
[풀이] ①도지개. ¶弓待一而後能調<淮南子> ②바로잡다. ¶一弓弩<漢書> ③등잔걸이. ¶長一八尺空自長<韓愈>/燈一. ④등불. ¶蓮帳寒一窓拂曙<庾信>
▷孤一, 短一, 燈一, 榜一, 排一, 寒一

17 【檄】 檠(p. 796)과 同字

13 17 【檋】 덧신 국 | [沃] | きょく (カンジキ) *snow-shoes*

13 17 【檎】 능금나무 금 | [侵]ㄑㄧㄣˊ (qin) | ご

13 17 【𣝗】 울짱 금 | [沁] | きん (ヤライ) *palisade*

13 17 【檀】 박달나무 단 | [寒]ㄊㄢˊ (tan) | だん (マユミ)
[풀이] ①박달나무. 자작나무과의 낙엽 교목. ②단향목. 자단·백단 등 향나무의 총칭. ¶香發海一<梁簡文帝> ③《佛》 베풀다. 시주하다. 범어 dāna의 음역자. ¶一那.
【檀家】だんけ (단가) 절에 시주하는 사람의 집.
【檀弓】だんきゅう ①·だんぐう ②③ (단궁) ①박달나무로 메운 활. ②「예기」(禮記)의 편명. ③전국 시대 노(魯)의 사람. 예(禮)에 밝았음.
【檀那】だんな (단나) 《佛》 범어 dāna의 음역. ㉮시주. 보시(布施). ㉯시주하는 신자를 중이 부르는 말. 檀家(단가). 檀越(단월). 施主(시주).
【檀徒】だんと (단도) 《佛》 단가(檀家)의 사람들.
【檀郎】だんろう (단랑) ①처첩이 남편을 부르는 경칭. ②종이 그 상전을 부르는 경칭. ③여자가 잘 아는 남자를 부르는 말.
▷槐一, 文一, 白一, 紫一, 旃一, 黑一

13 17 【橽】 물 샐 달 | [曷] | たつ
[풀이] ①물이 새다. ②㊥박달나무. ㉟檀.

13 17 【檔】 1 걸상 당 | [陽]ㄉㄤˋ | とう
2 귀틀 당 | [漾] (dang) | (カマチ)
[풀이] 1 걸상. 2 ①귀틀. 문얼굴. ②문서. ¶一案/一冊.

17 【樐】 櫓(p. 798)와 同字

13 17 【檑】 무기 이름 뢰 | [灰] | らい
【檑木】らいぼく (뇌목) 무기 이름. 나무를 원기둥 모양으로 깎아 높은 데서 밀어 떨어뜨려 적을 막음.

17 【檏】 樸(p. 792)과 同字

13 17 【檗】 황벽나무 벽 | [陌]ㄅㄛˋ (bo) | はく (キハダ)

17 【檘】 檗(p. 796)과 同字

13 17 【檖】 돌배나무 수 | [寘]ㄙㄨㄟˋ (sui) | すい (ヤマナシ)
[풀이] ①돌배나무. 능금과의 갈잎 큰키나무. ¶隰有樹一<詩經> ②따르다. ¶披斷撥一<淮南子> ③깊숙하다. ㊈邃. ¶疏房一貌<荀子>

17 【橚】 ☞木部 12획 (p. 793)

17 【㯰】 植(p. 775)과 同字

13 17 【檃】 도지개 은 | [吻]ㄧㄣˇ (yin) | いん (タメギ)
【檃栝】いんかつ (은괄) 도지개.

13 17 【檥】 배 댈 의 | [紙]ㄧˇ (yi) | ぎ

13 17 【檣】 돛대 장 | [陽]ㄑㄧㄤˊ (qiang) | しょう (ホバシラ)
▷高一, 歸一, 帆一, 船一, 舟一

13 17 【檉】 위성류 정 | [庚]ㄔㄥ (cheng) | てい (カワラヤナギ)

17 【檝】 楫(p. 780)과 同字

13 17 【檐】 1 처마 첨 ㊍염 | [鹽]ㄧㄢˊ (yan) | えん (ノキ) *eaves*
2 질 담 | [勘]ㄉㄢˋ (dan) | たん (ニナウ)
[풀이] 1 ①처마. ¶橑一榱題<淮南子> ②전. 물건의 위쪽 가장자리의 조금 넓직하게 된 부분. 솥전 따위. ¶笠一簑袂有殘聲<陸龜蒙> 2 지다. 짊어짐. ㊈擔. ¶一竿而欲定其末<管子>
▷堂一, 帽一, 茆一, 仰一, 笠一, 飛一, 朱一, 重一, 層一, 頹一, 破一

13 17 【檇】 과실나무 취 | [寘]ㄗㄨㄟˋ (zui) | すい

13 17 【檦】 표 표 | [篠]ㄅㄧㄠˇ (biao) | ひょう (シルシ)

13 17 【檞】 송진 해 | [蟹]ㄐㄧㄝˇ (jie) | かい (マツヤニ, カシワ)

13 17 【檜】 노송나무 회 ㊍괴 | [泰]ㄍㄨㄟˋ (gui) | かい (イブキ, ヒノキ)

※櫓(p. 793)은 딴 자.
풀이 ①노송나무. 소나무과의 늘푸른 큰키나무. ¶一楫松舟<詩經>/一木. ②관(棺) 위의 장식. ¶棺有翰一<左氏傳> ③나라 이름. 通鄶.
▷古一, 老一, 松一, 壽一, 崇一, 貞一, 蒼一, 朽一

14 18 〖櫃〗 함 궤 | 寘ㄍㄨㄟˋ (gui) | き(ヒツ) box
【櫃櫝】きとく(궤독) 궤. 함. 匱篋(궤협).
▷鈴一, 櫝一, 飯一, 書一

18 〖榛〗 榛(p. 773)의 俗字

14 18 〖檸〗 레몬 녕 | 梗ㄋㄧㄥˊ (ning) | どう ねい

14 18 〖檽〗 1 나무이름 누 2 목이버섯 연 | 宥ㄋㄡˋ (nou) 銑 | どう ねん (キクラゲ)

14 18 〖檮〗 1 등걸 도 2 산이름 주 3 관 도 | 豪ㄊㄠˊ (tao) 尤ㄔㄡ 號 (chou) | とう stump ちゅう とう
풀이 1 ①등걸. 그루터기. ¶一杌. ②어리석다. ¶不揆一昧<郭璞> 2 ①산 이름. ¶一余. ②서초(瑞草) 이름. ¶一著. 3 관(棺).
【檮杌】とうごつ(도올) ①악목(惡木)의 이름. 악(惡)을 적어 경계로 삼은 나무. ②악수(惡獸)의 이름. ③가로 자른 장작. ④춘추 시대 초(楚)의 사서(史書) 이름. ¶晋之乘 楚之一 魯之一 一也<孟子> ⑤흉악하여 친구가 없는 사람. 凶人(흉인).

14 18 〖櫂〗 노 도 | 效ㄓㄠˋ (zhao) | とう(カイ) oar
풀이 ①노. 배를 젓는 기구. 같 棹. ¶桂一兮蘭枻<楚辭> ②노 젓다. ¶舟行有反一<沈佺期> ③배. ¶孤一正悠然<溫庭筠>/一歌.
▷輕一, 飛一, 迅一, 征一, 弧一

14 18 〖檬〗 레몬 몽 | 東ㄇㄥˊ (meng) | ぼう (マンゴ)
【檬檸】ぼうどう(몽녕) 레몬(lemon). 檸檬(영몽).

18 〖檻〗 榼(p. 787)과 同字

14 18 〖檳〗 빈랑나무 빈 | 眞ㄅㄧㄣ (bin) | びん

14 18 〖檿〗 산뽕나무 염 | 琰ㄧㄢˇ (yan) | えん (ヤマグワ)

18 〖櫶〗 檿(p. 797)과 同字
18 〖櫄〗 杶(p. 757)과 同字

18 〖櫒〗 柝(p. 763)과 同字
18 〖櫉〗 櫥(p. 796)의 訛字

14 18 〖檻〗 우리 함 | 豏ㄐㄧㄢˋ (jian) | かん(オリ) cage
同 檻
풀이 ①우리. 짐승을 가두어 두는 곳. ¶獸兕出一<晋書> ②감옥. ¶瞻破一出之<晋書> ③덫. 올무. 허방다리. ¶常募設一穽<後漢書> ④가두다. 붙잡음. ¶群王被囚一之困<晋書> ⑤난간. ¶坐堂伏一<楚辭> ⑥욕기(浴器). 목욕탕. ¶同一而浴<莊子> ⑦막다. 폐쇄함. ¶一塞大異<漢書> ⑧샘솟다. 通濫. ¶觱沸一泉<詩經> ⑨수레가 굴러가는 소리.
【檻車】かんしゃ(함거) 사방을 널빤지나 통나무로 막은 수레. 죄수를 호송하는 데 썼음. 檻車(함거).
▷江一, 圈一, 機一, 欄一, 櫳一, 籠一, 獸一, 折一, 出一, 橫一

14 18 〖檺〗 1 단단할 함 2 우리 함 | 感ㄏㄢˋ 豏 (han) | かん (カタイ)

14 18 〖檴〗 나무이름 확 | 藥ㄏㄨㄛˋ (huo) | かく (アキニレ)

15 19 〖櫜〗 활집 고 | 豪ㄍㄠ (gao) | こう(ユミブクロ) bow case
풀이 ①활집. 동개. ¶請垂一而入<左氏傳> ②큰 자루. 수레에 마련해서, 갑옷, 활 따위를 넣어 싸 두는 큰 자루. ¶赴車不載一韔<禮記> ③싸다. 포장함. ¶載一弓矢<詩經> ④보퉁이. ¶鞬金而解一<楊愼>
▷建一, 戢一, 解一

15 19 〖櫝〗 함 독 | 屋ㄉㄨˊ (du) | とく(ヒツ) box
풀이 ①함. ㉮궤. 같 槭. ¶龜玉毁於一中<論語> ㉯신주를 넣어 두는 궤. ¶主一. ②관(棺). 널. ¶公將爲之一<左氏傳> ③간직하다. 궤에 넣음. ¶一而藏之<國語> ④소반. 밥상. ¶眞宗一日問一食原於何代<國老談苑> ⑤고패. ⑥무기. 창의 한 가지. ¶松一. ⑦활집. 동개. 通韇. ¶一丸.
▷劍一, 故一, 棺一, 筐一, 匱一, 金一, 買一還珠, 松一, 主一, 筆一

15 19 〖櫑〗 1 쥐똥나무 랍 2 자등 렵 | 合ㄌㄧㄝˋ (lie) 葉ㄌㄚˋ (la) | ろう (イボタ) りょう
풀이 1 쥐똥나무. 목서과의 갈잎큰키나무. 2 ①자등(紫藤). 보랏빛 꽃이 피는 등나무의 한 가지. ②숟가락 끝. 通葉.

15 19 〖櫔〗 나무 이름 려 | 霽ㄌㄧˋ (li) | れい

15 19 〖櫚〗 종려나무 려 | 魚カㄩˊ (lü) | ろ

15 19 〖櫟〗 ①상수리나무 력 ②긁을 로 ③고을이름 약 | 錫カㄧˋ 霽(li) | れき (クヌギ) ろう | 藥ㄩㄝˋ (yue) | やく

풀이 ① ①상수리나무. 너도밤나무과의 갈잎 큰키나무. ¶山有苞一<詩經>/一炭. ②난간(欄干). ¶重一. ③치다. 찌름. 通擽. ¶一蜚遽<司馬相如> ④밟고 넘다. 通轢. ¶注一機稽<史記> ⑤땅 이름. ②긁다. 긁어 소리 냄. 문지름. 通撩. ¶嫂詳爲羹盡 一釜<史記> ③고을 이름. ¶一陽.
▷樗一, 重一, 苞一

15 19 〖櫓〗 방패 로 | 麌カㄨˇ (lu) | ろ (ヤグラ) shield
同 樐 艣
풀이 ①방패. ¶禮義爲干一<禮記> ②망루(望樓). ¶泰山爲一<司馬相如> ③노. 배 젓는 기구. ¶使白衣搖一<資治通鑑>/一聲.
【櫓棹】ろとう (노도) 노와 상앗대.
▷望一, 矛一, 逆一

19 〖櫨〗 ☞鹿部 8획 (p. 1687)

15 19 〖櫑〗 ①술통 뢰 ②칼자루 장식 뢰 | 灰カㄟˊ (lei) 賄 | らい (タル) wine barrel らい
풀이 ①술통. 물통. 구름과 번개의 무늬를 새긴 술통. ②칼자루 장식. ¶一具.
【櫑具】らいぐ (뇌구) 장검(長劍)의 자루 머리에 옥으로 고패 모양을 만들고, 그 위에 산 모양의 목조(木彫)를 붙인 장식.
【櫑具劍】らいぐのけん (뇌구검) 뇌구(櫑具)가 있는 장검.

15 19 〖虆〗 덩굴풀 루 | 紙カㄟˇ (lei) | るい (カズラ)

15 19 〖櫋〗 처마 면 | 先 | べん

15 19 〖櫢〗 우거질 수 | 宥ムㄡˇ (sou) | そう

15 19 〖櫞〗 구연 연 | 先ㄩㄢˊ (yuan) | えん

15 19 〖櫌〗 곰방메 우 | 尤ㄧㄡ (you) | ゆう

15 19 〖櫡〗 ①젓가락 저 ②도끼 착 | 御ㄓㄨˋ (zhu) | ちょ | 藥ㄓㄨㄛˊ (zhuo) | ちゃく

15 19 〖櫛〗 빗 즐 | 質ㄓˋ (zhi) | しつ (クシ) comb
源 會意·形聲. 節은 가지런한 대[竹]의 마디. 음을 이룸. 이 대 마디를 잘게 쪼개어 살을 만든 빗을 뜻함.
풀이 通 楖 ①빗. ¶一縱笄總<禮記> ②빗다. ¶父母在疾 冠者不一<禮記> ③긁다. ¶一垢爬痒<韓愈> ④줄느런하다. 빽빽하게 늘어섬. ¶屯營一比<左思> ⑤깜부기불. ¶一之遠近 乃承厥火<管子>
【櫛盥】しっかん (즐관) 머리를 빗고 얼굴과 손을 씻음. 곧, 몸차림을 함.
【櫛比】しっぴ (즐비) 빗살처럼 빽빽히 늘어서 있음.
【櫛風沐雨】しっぷうもくう (즐풍목우) 바람으로 머리를 빗고, 비로 몸을 씻는다는 뜻으로, 객지를 돌아다니며 갖은 고생을 함의 비유.
▷巾一, 冠一, 盥一, 沐一, 密一, 象一, 梳一, 櫛一, 爬一, 風一

19 〖欑〗 欑(p. 800)과 同字

20 〖欄〗 欄(p. 799)의 略字

20 〖欖〗 ☞木部 17획 (p. 799)

16 20 〖櫪〗 마판 력 | 錫カㄧˋ (li) | れき (ウマヤ) horse paddock
풀이 ①마판. 마굿간에 까는 널빤지. ¶老驥伏一 志在千里<魏武帝> ②말구유. ¶馬一. ③상수리나무. 通櫟. ¶時見松一皆十圍<韓愈> ④형구(刑具)의 한 가지. 손가락을 나란히 펴 놓고 묶는 고랑.
▷故一, 馬一, 阜一, 槽一

16 20 〖櫨〗 두공 로 | 虞カㄨˊ (lu) | ろ (マスガタ)
풀이 ①두공. 기둥 위에 마련한 방형(方形) 또는, 장방형의 나무. ¶欂林櫨一<淮南子> ②거망옻나무. 옻나무과의 낙엽 교목. ¶華風枰一<漢書> ③레몬(lemon)의 한 가지. ¶一橘. ④자라다.
▷欒一, 榱一, 欂一, 楊一, 櫼一, 黃一

16 20 〖櫳〗 우리 롱 | 東カㄨㄥˊ (long) | ろう (オリ) cage
풀이 ①우리. ¶一檻. ②창살 있는 창(窓). ¶房一虛兮風泠泠<漢書>
▷房一, 簾一, 王一, 彫一, 珠一

20 〖龒〗 櫳(p. 798)과 同字

20 〖欂〗 ☞木部 17획 (p. 799)

16 20 〖櫱〗 움 얼 | 屑ㄋㄧㄝ (nie) | げつ (ヒコバエ) sprout
同 櫱
풀이 ①움. ¶苞有三一<詩經> ②머리를 깎다. 배코를 침. ¶然猶山不茬一<漢書>

16 20【櫲】녹나무 여 |㊥ㄩˋ (yu) | よ(クスノキ)

16 20【櫩】처마 염 |㊥ㄧㄢˊ (yan) | えん(ノキ) eaves
풀이 ①처마. ㉠檐. ¶飛―. ②댓돌. 섬돌. 복도. ¶步―周流<司馬相如>

20【櫪】 楹(p.779)과 同字

16 20【櫧】종가시나무 저 |㊥ㄓㄨ (zhu) | しょ(カシ)

16 20【櫫】말뚝 저 |㊥ㄓㄨ (zhu) | ちょ(クイ)

20【櫭】 榛(p.784)의 俗字

16 20【櫬】널 친 ㊍츤 |㊥ㄔㄣˋ (chen) | しん(ヒツギ) coffin
풀이 ①널. 내관(內棺). ¶士輿―<左氏傳> ②오동나무. 벽오동. 옛날에는 오동나무를 관재(棺材)로 썼음. ③무궁화나무.
【櫬宮】しんきゅう(친궁) 왕·왕후·태후 들의 관(棺)을 모신 빈소(殯所). 梓宮(재궁).
▷輿―, 靈―, 幽―, 重―, 銜璧輿―

20【櫳】 橢(p.794)의 俗字
20【櫶】 柝(p.763)과 同字

17 21【櫸】느티나무 거 |㊥ㄐㄩˇ (ju) | きょ(ケヤキ)

17 21【欄】난간 란 |㊥ㄌㄢˊ (lan) | らん(オバシマ) rail
㊔欄
풀이 ①난간. ¶紫泥封後獨憑―<韓偓> ②우리. 짐승을 가두어 기르는 곳. ¶一棲之鷄 一―之羊<嵆康> ③울. 간막이. 경계. ¶爛縵――十八樹<白居易> ④우물귀틀. ¶方―結轆轤<王彪之> ⑤난. ㉮글, 그림 등을 싣기 위하여 지어 놓은 구획. ㉯무엇을 쓰기 위하여 따로 설정한 지면의 한 부분. ¶文藝―.

欄③(三才圖會)

【欄干】らんかん(난간) ①누각·층계·자리 등의 가장자리를 일정한 높이로 막은 물건. 欄檻(난함). 欄楯(난순). ②눈물이 하염없이 흐르는 모양.
【欄外】らんがい(난외) ①난간의 바깥. ②신문이나 책 따위의 본문 주위의 여백.
【欄子馬】らんしば(난자마) 적정(敵情)을 정찰하는 기병.
【欄檻】らんかん(난함) ☞欄干(난간).
▷高―, 空―, 句―, 文藝―, 上―, 石―, 玉―, 危―, 殿―, 井―, 朱―, 檻―

21【欖】 欖(p.801)의 俗字

17 21【櫺】격자창 령 |㊥ㄌㄧㄥˊ (ling) | れい(レンジ)
풀이 ①격자창. ¶曲―激鮮飆<江淹> ②처마. ③난간. ¶捨―檻而郤倚<班固> ④별 이름.

17 21【欂】두공 박 |㊥ㄅㄛˊ (bo) | はく(マスガタ)

17 21【櫹】우거질 소 |㊥ㄒㄧㄠ (xiao) | しょう

17 21【櫻】앵두나무 앵 |㊥ㄧㄥ (ying) | よう, おう
풀이 ①앵두나무. 앵도과의 갈잎 큰키나무. ¶―桃. ②벚나무. 앵도과의 갈잎 큰키나무.
【櫻月】サクラづき(앵월) 음력 3월의 이칭.
【櫻花】ようか(앵화) ①앵두나무의 꽃. ②벚꽃.
▷梅―, 山―, 殘―, 朱―, 春―

17 21【欀】 1 굴거리나무 양 2 나무 이름 상 |㊥ ㊥ㄒㄧㄤ (xiang) | じょう(ユズリハ) しょう

21【櫾】 柚(p.762)와 同字
21【檃】 檃(p.796)과 同字

17 21【欃】살별 참 |㊥ㄔㄢˊ (chan) | さん

17 21【櫼】쐐기 첨 |㊥ | せん(クサビ)

18 22【欋】쇠스랑 구 |㊥ㄑㄩˊ (qu) | く(クマデ)
풀이 ①쇠스랑. ②붙다. ¶進以―疏<太玄經> ③서리다. 나무 뿌리가 얽힘. ㉠欋. ¶大木則根―<淮南子>

18 22【權】저울추 권 |㊥ㄑㄩㄢˊ (quan) | けん, ごん(オモリ)
㊗権
풀이 ①저울추. ㊖縣. ¶正―概<禮記> ②저울. ¶謹―量<論語> ③달다. ㉮저울로 달다. ¶―然後知輕重<孟子> ㉯달아 분별하다. 경중·대소를 분별함. ¶

秦權 ①

量資幣 一輕重<國語> ④꾀하다. 책략을 씀. ¶任輕者易一<淮南子> ⑤고르게 하다. 고름. ¶式一以相應<國語> ⑥권세. 권력. ¶親一者不能與人柄<莊子> ⑦능력. ¶吾見其杜一矣<莊子> ⑧권도(權道). ¶巽以行一<易經> ⑨잠시. 일시(一時). ¶一假日以餘榮<左思> ⑩임시로. 대리하여. ¶禁羨餘 罷一攝<宋史> ⑪시초. ㊥䕚. ¶百草一輿<大戴禮> ⑫광대뼈. ¶兩一協月<顏延之> ⑬봉화. ㊥爟. ⑭잡다. 쥠. ¶是以經始一其多福<陸機>

【權家】けんか(권가) ①권세 있는 집안. 權門(권문). ②병법가.

【權官】けんかん①②·ごんかん③(권관) ①겸무하는 관직. 兼官(겸관). ②권세 있는 관직. 또는, 그 자리에 있는 벼슬아치. ③정관(正官) 외의 임시직.

【權貴】けんき(권귀) 권세 있고 지위가 높은 사람.

【權奇】けんき(권기) 보통과 달리 뛰어남.

【權能】けんのう(권능) 권리를 주장하고 행사할 수 있는 능력.

【權代】けんたい(권대) 임시로 바꿈. 잠시 바꿈.

【權度】けんど(권도) ①저울과 자. ②사물이 의지하여 좇아야 할 규칙.

【權道】けんどう(권도) 수단이 상도(常道)를 벗어나나 결과가 상도에 맞는 일. 임기응변의 수단. ¶嫂溺 援之以手者 權也<孟子>

【權力】けんりょく(권력) 남을 눌러 복종시키는 힘. 치자(治者)가 피치자(被治者)를 복종시키는 힘. 權勢(권세).

【權利】けんり(권리) ①권력과 이익. ②보통이 아닌 큰 벌이. ③사회 생활상의 이익을 누릴 수 있는 법률상의 힘.

【權謀】けんぼう(권모) 임기(臨機)의 책략. 權變(권변).

【權謀術數】けんぼうじゅっすう(권모술수) 남을 속이는 임기응변의 꾀와 수단.

【權門】けんもん(권문) ①권세 있는 집안. 權家(권가).

【權門勢家】けんもんせいか(권문세가) ☞權門(권문).

【權變】けんぺん(권변) ☞權謀(권모).

【權柄】けんぺい(권병) 권력이 따르는 정치상의 힘.

【權富】けんぷう(권부) 권력이 있고 재산이 많음. 또는, 그 사람.

【權不十年】けんじゅうねんせず(권불십년) 권세는 10년을 가지 못함.

【權勢】けんせい(권세) 남을 굴복시키는 힘. 권력과 위세(威勢). 權力(권력).

【權臣】けんしん(권신) 권세를 잡은 신하.

【權原】けんげん(권원) 권리를 얻은 원인. 또는, 법률상 어떤 행위를 정당화하는 이유.

【權威】けんい(권위) ①권력과 위세. ②☞權威者(권위자).

【權威者】けんいしゃ(권위자) 탁월한 전문가.

【權益】けんえき(권익) 권리와 이익.

【權知】けんち(권지) 임시로 그 일을 맡음. 또는, 벼슬 이름 앞에 붙여, 그것이 임시직임을 나타내는 말.

【權限】けんげん(권한) 법률상 행위를 할 수 있는 기능의 범위.

權衡(淸會典圖)

【權衡】けんこう(권형) 저울의 추와 대. 사물을 재는 제구라는 뜻에서, 사물의 균형을 이름.

【權化】ごんげ(권화)《佛》불보살이 중생을 제도하기 위하여 임시로 화신(化身)하여 이 세상에 나타나는 일. 또는, 그 화신.

【權凶】けんきょう(권흉) 권세를 함부로 부리는 흉악한 사람.

▷公一, 公民一, 國一, 棄一, 大一, 物一, 民一, 發言一, 兵一, 兵馬一, 秉分一, 分一, 私一, 司法一, 選擧一, 勢一, 所有一, 實一, 五一, 威一, 利一, 人一, 自由一, 著作一, 全一, 占有一, 政一, 制空一, 制海一, 朝一, 宗主一, 質一, 執一, 債一, 擅一, 天賦人一, 治外法一, 親一, 特一, 版一, 霸一, 被選擧一, 謫一

18 22 〖欇〗 까치콩 섭 | ㊥ㄕㄜˋ (she) | しょう(フジマメ)

풀이 ①까치콩. 콩과의 한해살이 덩굴풀. ②나뭇잎이 뒤집히다. ¶一一. ③지팡이. 막대기. ¶一殳.

18 22 〖欌〗 ㊞장롱 장

【欌籠】(장롱) 옷을 넣는 장.

▷衣一, 饌一, 册一

22 〖欆〗 欆(p. 799)와 同字

19 23 〖欏〗 돌배나무 라 | ㊥ㄌㄨㄛˊ (luo) | ら(ヤマナシ)

풀이 ①돌배나무. 능금나무과의 갈잎 큰키나무. ②사라목(桫欏木). 곤륜산(崑崙山)에서만 자란다는 나무 이름. ③울타리. ¶一落.

19 23 〖欒〗 나무 이름 란 | ㊥ㄌㄨㄢˊ (luan) | らん

㊗栾

풀이 ①나무 이름. 박태기나무. 관상용으로 심는 갈잎 큰키나무. ¶一荊. ②첨차(檐遮). 기둥 위에 설치하여 위의 무게를 받치는 짤막한 횡목(橫木). ¶一櫨. ③쇠북 아귀. ¶兩一 謂之銑<周禮> ④둥근 모양. 원만한 모양. ¶撚粉團一意<范成大> ⑤모이다. 떼를 지음. ¶修竹檀一<枚乘> ⑥여위다. ㊥臠. ¶棘人一一兮<詩經> ⑦쌍동이. ㊥孿. ¶薛公知之 故與二一博<韓非子>

▷團一, 檀一, 香一

19 23 〖欐〗 1 들보 려 2 받침대 시 | ㊥ㄌㄧˋ ㊥(li) | れい(ムナギ) し(シチュウ)

풀이 1 ①들보. 마룻대. 대들보. ¶餘音繞梁一<列子> ②배[船]. 작은 배. ¶呼吸呑船一<曹植> 2 ①받침대. ¶一傂. ②포개다. 포개짐. ¶一傂.

23 〖欑〗 攢(p. 1146)와 同字

19 23 〖欑〗 떨기 이룰 찬 | 翰ㄘㄨㄢˊ (cuan) | さん

풀이 ①수목(樹木)이 떨기를 이루다. ¶良木一於褒谷<張衡> ②대[竹]를 묶은 지팡이. ③모으다. 각재(角材)를 모아 관을 둘러 싸다. ㊣攢. ¶一集. ④가매(假埋)하다. 토롱(土壟)함.

【欑宮】さんきゅう (찬궁) 빈전(殯殿) 안에 임금의 관을 두던 곳.

23 〖欛〗 欛(p.801)의 俗字

24 〖欝〗 櫱(p.798)과 同字

21 25 〖欖〗 감람나무 람 | 感ㄌㄢˇ (lan) | らん (カンラン)

【欖仁】らんじん (남인) 감람(橄欖)의 씨.

25 〖欙〗 樏(p.786)와 同字

21 25 〖欘〗 1 도끼 촉 2 호미 탁 | 沃ㄓㄨˊ (zhu) 覺ㄓㄨㄛˊ (zhuo) | ちょく (オノ) たく (スキ)

21 25 〖欛〗 칼자루 파 | 禡ㄅㄚˋ (ba) | は (ツカ)

26 〖欝〗 鬱(p.1665)의 俗字

28 〖欞〗 櫺(p.799)과 同字

29 〖鬱〗 ☞ 鬯部 19획 (p.1665)

欠<하품 흠>部

欠 ② 次 ④ 欧 欤 欣 ⑤ 欨 ⑥ 欱 欬 ⑦ 欵 欶 欸 欲 欷 ⑧ 欿 款 欺 欹 欻 欽 ⑨ 歃 歆 歇 歈 ⑩ 歌 歉 歍 歊 ⑪ 歐 歎 歓 ⑫ 歔 歙 ⑬ 歛 歜 歟 ⑭ 歟 ⑮ 歠 歡 ⑱ 歡

0 4 〖欠〗 하품 흠 ㊍검 | 豔ㄑㄧㄢˋ (qian) | けん, けつ (アクビ) *yawn*

源象形. 사람이 큰 입을 벌리고 하품을 하는 모양을 본뜸.

풀이 ①하품. ¶噫一爲飄風<韓愈> ②하품하다. ¶君子一伸<禮記> ③모자라다. 이지러짐. 흔히 缺의 약자로 씀. ㊣歉. ¶所一惟一雪<樓鑰> ④빚. 부채. ¶自小民已上 大率皆有積一<蘇洵> ⑤굽히다. 구부림. ¶一身.

【欠缺】(흠결) 결핍(缺乏)함.

【欠伸】けんしん (흠신) 하품과 기지개.

▷舊一, 負一, 伸一, 噫一, 違一, 遺一, 積一, 逋一, 懸一, 虧一

2 6 〖次〗 1 버금 차 2 나아가지 못할 차 | 寘ㄘ (ci) 支ㄗ (zi) | し (ツグ) *next*

풀이 1 ①버금. ¶其一致曲<中庸> ②잇다. 이어짐. ¶論孟一之<中庸·注> ③다음에. 이어서. ¶一言存養省察之要<中庸·注> ④차례. 순서. ¶宗鬼神之無一<楚辭> ⑤행렬(行列). ¶失一犯令<國語> ⑥지위. 위계(位階). ¶修身行義 皆應在朝一<後漢書> ⑦기회. 기틀. ¶從容語一 譽赫長者<史記> ⑧매기다. 차례를 매김. ¶差一列侯功<漢書> ⑨나란하다. ¶文翮鱗一<潘岳> ⑩엮다. 편찬함. ¶元王亦一之詩傳<漢書> ⑪묵다. 유숙함. ¶王一于河朔<書經> ⑫자리에 오르다. 지위에 나아감. ¶執書以一位常<周禮> ⑬이르다. 도달함. ¶外寬內深一骨<史記> ⑭거처(居處). ¶民莫安其處一<史記> ⑮진영(陣營). 병영(兵營). ¶師陳焚一<左氏傳> ⑯여관(旅館). ¶旅即一<易經> ⑰성좌(星座). 별자리. ¶日窮于一<禮記> ⑱곳. 장소. ¶五刑三一<國語> ⑲안. 속. ¶喜怒哀樂 不入於胸一<莊子> ⑳번. 회수(回數). ¶三一論 諍退<張籍> ㉑임시 거처. 장막. ¶朝日祀五帝 則張大一小一<周禮> ㉒빈소(殯所). 여막(廬幕). ¶里克殺夷齊於一<左氏傳> ㉓다음의. 부차(副次)의. ¶一車之乘<穆天子傳> ㉔가까이. 부근(附近). ¶此水一有妖神<左氏傳> ㉕어조사. 모양이나 상태를 나타냄. ¶造一必於是<論語> 2 나아가지 못하다. 나아가지 아니함. ¶其行一且<易經>

次㉑(禮器圖)

【次骨】じこつ (차골) ①뼈에 미침. 형벌의 가혹함을 이름. ②사물을 논하여 심각한 일. ③원한이 골수에 사무침.

【次官】じかん (차관) ①행정 각부 장관을 보좌하거나 대리할 수 있는 보조 기관. 또는, 그 자리의 벼슬아치. ②대한 제국 때, 궁내부와 각 부의 버금 벼슬.

【次期】じき (차기) 다음 시기. 다음 기회.

【次男】じなん (차남) 둘째 아들.

【次對】(차대) 매월 여섯 차례씩 의정(議政)·대간(臺諫)·옥당(玉堂) 들이 입시(入侍)하여 중요한 정무(政務)를 상주(上奏)하던 일. 賓對(빈대).

【次等】(차등) 둘째 등급.

【次例】(차례)㊉ 나아가는 순서.

【次上】(차상)㊉ 시문을 꼲던 등급의 한 가지. 네째 등급 중의 첫째.

【次序】じじょ (차서) 차례. 순서. 차례를 매김.

【次兒】(차아)㊉ 부모가 둘째 아들을 이르는 말.

【次養子】(차양자) 죽은 맏아들의 양자가 될 만한 사람이 없을 경우에, 그 뒤를 잇기 위하여 조카뻘 되는 사람을, 그 아들을 낳을 때까지 양자로 삼는 일.

【次韻】じいん(차운) 남이 지은 시의 운자와 같은 운자를 써서 시를 짓는 일. 또는, 그 시.
【次子】じし(차자) 둘째 아들. 次男(차남).
【次點】じてん(차점) 점수 또는 득표수가 둘째 가는 점수 또는 득표수. ¶一者.
【次第】しだい(차제) 차례. 순서. 次序(차서).
【次中】(차중)㊕시문을 꼲는 등급의 하나. 네째 등급 가운데 둘째.
【次次】じじ(차차) ①일이 잘 진척되지 않아 불안한 모양. ②㊕ 어떤 일이 조금씩 차례로 되어가는 모양. 점점.
【次下】(차하)㊕시문을 꼲는 등급의 하나. 네째 등급 중의 세째.
【次號】じごう(차호) 다음 호. 다음 번호.
【次回】じかい(차회) 다음 번. 다음 차례. 下回(하회).
▷客一, 更一, 階一, 官一, 今一, 路一, 論一, 屢一, 目一, 班一, 不一, 比一, 舍一, 常一, 序一, 席一, 選一, 星一, 世一, 宿一, 順一, 信一, 語一, 言一, 業一, 旅一, 年一, 連一, 列一, 越一, 位一, 類一, 鱗一, 一一, 前一, 詮一, 躔一, 苫一, 漸一, 亭一, 造一, 朝一, 職一, 差一, 撰一, 纂一, 遷一, 草一, 齒一, 編一, 巷一, 胸一

6〖欢〗 歡(p.806)의 略字

8〖炊〗 欲(p.803)과 同字

8〖欧〗 歐(p.804)의 略字

8〖欤〗 歟(p.806)의 略字

8〖炊〗 ☞火部 4획(p.934)

4 8〖欣〗 기뻐할 흔 | 陰T丨ㄣ (xin) | きん, ごん (ヨロコブ) delight
同 忻
풀이 ①기뻐하다. ¶一感之誠 實倍常品<韓愈>/一喜. ②기쁨. ¶萬國含一<宋書> ③기쁘게 받들다. ¶民能一之<國語> ④짐승이 힘이 세다. ¶一猳.
【欣求淨土】ごんぐじょうど(흔구정토)《佛》 극락 정토에 왕생하기를 원하여 구함.
【欣然】きんぜん(흔연) 기뻐하는 모양. 欣欣(흔흔).
【欣快】きんかい(흔쾌) 기쁘고 상쾌함.
▷樂一, 悅一, 幽一, 含一, 懽一

5 9〖欨〗 불 구 ㊍후 | 陽T凵 (xu) | く(フク) blow
풀이 ①불다. 따뜻한 입김으로 불다. ㉸呴喣. ¶𠂢甡甡 一欣欣<元句經> ②웃다. 벙긋 웃음. ¶一愉.

9〖欪〗 呻(p.287)과 同字

6 10〖欱〗 들이마실 합 | 入厂ㄜ (he) | こう(ススル) drink
풀이 ①들이마시다. ¶一澧吐鎬<張衡> ②합하다. 한데 아우름. ¶上一下一 出八九虛<太玄經> ③받아들이다. ¶總括趨一 箭馳風疾<張衡>

6 10〖欬〗 1기침 해 ㊍개 2트림 애 | 去丂ㄞ (kai) 去 | がい(セキ) cough あい(オクビ)
풀이 1 ㉸咳. ①기침. 기침하다. ¶車上不廣一<禮記>/一嗽/一唾成珠. ②감기. 천식. ¶國多風一<禮記> ③이야기하며 웃다. ¶況乎昆弟親戚之謦一其側者乎<莊子> 2트림. ㉸噫餩.

11〖欵〗 款(p.803)과 同字

11〖欵〗 款(p.803)의 俗字

7 11〖欶〗 1빨아들일 삭 2기침 수 | 覺 宥 | さく(スウ) absorb そく(セキ)
풀이 1 ①빨아들이다. ¶酒醪欣共一<韓愈> ②붙다. ¶淬霜露 一蹢趹<淮南子> 2기침. ㉸嗽.

7 11〖欸〗 1한숨쉴 애 2화낼 애 | 陰ㄞ 賄(ai) | あい(ナゲク) sigh

11〖軟〗 ☞車部 4획(p.1459)

7 11〖欲〗 하고자 할 욕 | 入凵 (yu) | よく(ホッスル) desire
풀이 ㊉慾. ①하고자 하다. ¶一速則不達<論語> ②…할 것 같다. ¶山雨一來風滿樓<許渾> ③바라다. ¶七十而從心所一 不踰矩<論語> ④탐내다. ¶人情一生而惡死<呂覽> ⑤좋아하다. ¶與人者 不問其所一<禮記> ⑥욕심. ㉮탐내고 아끼는 마음. ¶君子以忿窒一<易經> ㉯바라고 원하는 마음. ¶一不可從<禮記> ㉰색정. 욕정. ¶以一竭其精<素問> ⑦얌전하다. 정숙함. ㊉裕. ¶其薦之也 敬以一<禮記> ⑧자주. ㊉數. ¶疾趨則一發而手足毋移<禮記> ⑨《佛》 육진(六塵)을 희구(希求)하는 마음. 범어 Rajas의 역어.
【欲界】よくかい(욕계)《佛》 욕심이 많은 세계란 뜻으로, 인간 세계를 이름.
【欲界三欲】よっかいさんよく(욕계삼욕)《佛》 인간 세계의 세 가지 큰 욕심. 식욕·수면욕·음욕(淫欲).
【欲巧反拙】(욕교반졸)㊕ 잘 하려고 하다가 도리어 잡쳐 놓음.
【欲求】よっきゅう(욕구) 바람. 구(求)함. 希求(희구).
【欲望】よくぼう(욕망) 바라고 원함. 무엇을 가지고자 하는 일. 또는, 그 마음.
【欲死無地】(욕사무지)㊕ 죽으려 해도 죽을만한 곳이 없다는 뜻으로, 매우 분하고 원통함을 이름.
【欲生】よくせい(욕생) ①살기를 바람. 생존욕. ②《佛》 서방 극락 세계에 태어나고 싶은 마

음. 삼신(三信)의 하나.

【欲速不達】スミヤカナルコトヲホッスレバタッセズ(욕속부달) 너무 빨리 하려고 서두르면 도리어 이루지 못함. ¶欲速則不達＜論語＞

【欲刺】よくし(욕자)《佛》 재(財)·색(色)·식(食)·명(名)·수(睡)의 오욕(五欲). 욕망이 바늘로 살을 찌르는 것처럼 괴롭히므로 이름.

【欲情】よくじょう(욕정) ①욕망. 욕심. ②애욕의 마음. 色情(색정).

【欲塵】よくじん(욕진)《佛》 ①욕정이 심신을 더럽히는 것을 티끌에 비유한 말. ②육욕(六欲)과 오진(五塵).

【欲海】よっかい(욕해)《佛》 욕심의 넓고 깊음을 바다에 비유한 말.

【欲火】よっか(욕화)《佛》 욕심이 왕성(旺盛)함을 불꽃에 비유한 말.

▷寡一, 口一, 耆一, 多一, 大一, 名一, 腹一, 私一, 色一, 羨一, 食一, 肉一, 淫一, 耳目一, 利一, 人一, 財一, 情一, 制一, 貪一

7/11 〖欷〗 흐느낄 희 | (微)ㄒㄧ (困)(xi) | き(ムセビナク) sob

(풀이) ①흐느끼다. 한숨 쉬다. ¶忠臣過故墟而歔一＜後漢書＞ ②두려워하는 모양. ¶曾歔一余鬱邑兮＜楚辭＞

▷長一, 悽一, 涕一, 歔一

8/12 〖欿〗 시름할 감 / 함 | (感) ㄎㄢˇ (覃)(kan) | かん (ウレエル)

(풀이) ①시름하다. ¶一愁悴而委惰＜楚辭＞ ②서운하다. 만족하지 않음. (通)歉. ¶自視一然＜孟子＞ ③구멍. 함정. 험하다. (通)坎. ¶一用性＜左氏傳＞

8/12 〖款〗 정성 관 | (旱)ㄎㄨㄢˇ (kuan) | かん(マコト) sincerity

(俗)欵 (同)欵 款

(풀이) ①정성. ¶愚一端慤＜荀子＞ ②두드리다. 문을 두드림. (通)扣. ¶夜一門而謁＜呂覽＞ ③사랑하다. ¶愛聚雙情一＜宋孝武帝＞ ④이르다. 도달함. ¶繞黃山而一牛首＜張衡＞ ⑤굽다. ¶一足謂之鬲＜史記＞ ⑥사귀다. 친하게 지내다. ¶詠之早與劉裕游一＜晋書＞ ⑦묵다. 머무름. ¶疲馬行赤一＜梅堯臣＞ ⑧음자(陰字). 금석(金石)·종정(鐘鼎)에 음각(陰刻)한 글자. ¶文鏤無一識＜史記＞ ⑨서화가들의 도장. ¶落一. ⑩구멍. ¶一啓. ⑪조목. 항목. ¶命具一＜宋史＞ ⑫문서. ¶定一. ⑬비다. 공허함. (通)空. ¶一言. ⑭느리다. ¶御一段馬＜後漢書＞ ⑮돈. 경비. ¶借一.

【款曲】かんきょく(관곡) ①복잡하게 얽힌 일. ②다정하고 성의가 있음.

【款待】かんたい(관대) 후하게 대접함. 款接(관접).

【款附】かんぷ(관부) 진심으로 좇음.

【款誠】かんせい(관성) 정성. 성의.

【款狎】かんこう(관압) 다정하게 터놓고 지냄.

【款識】かんし(관지) 금석(金石)에 새긴 글자. 款은 음각, 識는 양각(陽刻).

【款項】かんこう(관항) 조항(條項). 項目(항목).

【款話】かんわ(관화) 터놓고 이야기함. 款談(관담).

【款洽】かんこう(관흡) 우정이 두터움.

▷懇一, 交一, 舊一, 落一, 丹一, 誠一, 約一, 愚一, 愿一, 游一, 陰一, 篆一, 定一, 條一, 借一, 忠一

8/12 〖欺〗 속일 기 | (支)ㄑㄧ (qi) | き(アザムク) cheat

(풀이) ①속이다. ¶吾誰一＜論語＞ ②거짓. ¶反任爲一＜新書＞ ③업신여기다. ¶見陵於人爲一負＜李翊＞ ④보기 흉하다. (通)頬. ¶一猥.

【欺君罔上】きくんぼうじょう(기군망상) 임금을 속임.

【欺瞞】きまん·ぎまん(기만) 남을 속임.

【欺罔】きぼう·きもう(기망) 속임. 속이고 모함함.

【欺世盜名】きせいとうめい(기세도명) 세상 사람을 속여 허명(虛名)을 얻음.

▷姦一, 誑一, 謾一, 誣一, 不一二字, 詐一, 自一, 詆一, 誕一

8/12 〖欹〗 ①감탄하는 소리 의 ②기울 기 | (支)ㄧ(yi) (支)ㄑㄧ(gi) | い(アア)き (カタムク)

【欹歟】いよ(의여) 아! 감탄의 소리.

8/12 〖欻〗 문득 훌 | (物)ㄒㄩ (xu) | くつ(タチマチ) suddenly

(本)歘

(源)會意. 입으로 불어서[欠] 불을 일으킴.

(풀이) ①문득. 갑자기. ¶神山崔巍 一從背見＜張衡＞/一然. ②움직이다. 일어나다. ¶靈氣翕一＜柳宗元＞ ③가볍고 빠른 모양. ¶一翕.

▷奄一, 飄一, 歘一, 怳一, 翕一

8/12 〖欽〗 ①공경할 흠 (本)금 ②굽힐 흠 (本)금 | (侵)ㄑㄧㄣ (qin) (沁) | きん (ウヤマウ) respect きん

(풀이) ①①공경하다. 삼가다. (通)鈗. ¶一明文思安安＜書經＞ ②천자(天子)에 관한 일에 붙이는 말. ¶一勅. ③굽다. 구부러짐. ¶夔生而一頤折頞＜後漢書＞ ②굽히다. 몸을 굽혀 다음 자세를 취함. ¶一身微曲 注目視的＜王琚＞

【欽命】きんめい(흠명) 천자의 명. 勅命(칙명).

【欽明文思】きんめいぶんし(흠명문사) 요(堯)임금의 덕을 기린 말. 欽은 심신을 삼감, 明은 도리에 밝음, 文은 문장이 밖으로 빛남, 思는 생각이 깊음.

【欽慕】きんぼ(흠모) 기쁜 마음으로 따름.

【欽仰】きんぎょう(흠앙) 우러러 앙모함.

【欽定】きんてい(흠정) 칙명(勅命)에 의하여 제정함. 또는, 그 제정된 것. ¶一憲法.

【欽差】きんさ(흠차) 칙명(勅命)을 띠고 사신으로 감. 또는, 그 사람.

【欽勅】きんちょく(흠칙) ☞勅命(칙명).
【欽欽】きんきん(흠흠) ①사모하여 잊지 못하는 모양. ②삼가는 모양. ③걱정하는 모양. ④종소리가 가락에 맞는 모양.
▷德一, 丞一, 仰一

13【款】款(p.803)과 同字

9/13【歃】마실 삽 | 洽 葉 ㄕㄚˋ(sha) | そう(ススル) *drink*

풀이 ①마시다. 맹세로 희생의 피를 마심. ¶楚人固請先一<國語>/一盟. ②꽂다. 通插.
【歃血】そうけつ(삽혈) 옛 중국에서, 맹세할 때 희생의 피를 서로 나누어 마신 일. 일설에는 그 피를 입가에 발랐다고 함.

9/13【歈】노래 유 | 虞 ㄩˊ(yu) | ゆ(ウタ) *song*

풀이 ①노래. 노래함. ¶吳一蔡謳 奏大呂些<楚辭> ②기뻐하다. 通愉. ¶色一暢眞心<劉伶>

13【飲】☞食部 4획(p.1636)

9/13【歇】1쉴 헐 2개 이름 갈 3사람이름 알 | 月 ㄒㄧㄝ(xie) 曷 黠 | けつ(ヤスム) *rest* かつ あつ

풀이 1 ①쉬다. ¶農牛冬一息<白居易> ②없다. 비다. ¶謂屋一前<左氏傳> ③다하다. 마름. 通竭. ¶谷無以盈 將恐一<老子> ④그치다. 멎음. ¶憂未一也<左氏傳> ⑤묵다. 머무름. ¶一宿. ⑥먼 모양. 또는, 높은 모양. ¶一欻. ⑦韓헐하다. ㉮값이 싸다. ¶一價. ㉯대수롭지 않게 여겨 다잡음이 약하다. ¶一治. ㉰죄에 비하여 벌이 가볍다. ¶一杖. 2개 이름. ¶載獫一驕<詩經> 3사람 이름. ¶趙一爲王<史記>
【歇家】けっか(헐가) 여관. 旅舍(여사).
【歇價】(헐가)韓헐값. 싼 값.
【歇看】(헐간)韓정신이 없거나 탐탁스럽지 않을 때 사물을 소홀히 보아 넘김.
【歇治】(헐치)韓 ①병을 가볍게 보고 치료를 소홀히 함. ②죄를 가볍게 다스림.
【歇後】けつご(헐후) 어떤 성어(成語)에서 뒷부분의 말을 생략하고 앞부분의 말만으로 전체의 뜻을 나타내는, 일종의 은어(隱語)를 만드는 일. 「논어」(論語) 위정편(爲政篇)에 나오는 友于兄弟라는 성어에서 兄弟는 생략하고 友于만으로 그 전체의 뜻을 나타내는 따위.
▷間一, 憩一, 秏一, 消一, 衰一, 零一, 休一

9/13【歆】흠향할 흠 | 侵 ㄒㄧㄣ(xin) | きん(ウケル) *receive*

풀이 ①흠향하다. ¶神不一非類<左氏傳> ②대접하다. 음식을 대접함. ¶王一大牢<國語> ③움직이다. 마음이 동함. ¶履帝武敏一<詩經> ④부러워하다. 탐내다. 通貪. ¶楚必一之<國語>
【歆嘗】きんしょう(흠상) 신에게 제물을 바치어 제사 지냄.
【歆饗】きんきょう(흠향) 신이 제사의 예를 받음.

10/14【歌】노래 가 | 歌 ㄍㄜ(ge) | か(ウタ) *song*

풀이 ①노래. 음악에 맞추거나 읊기에 알맞도록 만든 말. ¶詩言志一永言<書經> ②노래하다. ¶誦之一之<詩經> ③읊다. ¶我一且謠<詩經> ④노래를 짓다. ¶一以訊之<詩經> ⑤새가 지저귀다. ¶鳥一花舞太守醉<歐陽脩> ⑥한시의 한 체(體). 악부(樂府)에 딸린 고시(古詩).
【歌客】かかく(가객) ①노래를 잘하는 사람. ②노래를 업으로 삼는 사람.
【歌格】かかく(가격) ①노래의 법칙. ②노래의 품격.
【歌曲】かきょく(가곡) ①노래. ②노래의 곡조.
【歌劇】かげき(가극) 극시(劇詩)와 음악, 무용을 혼용하여 대사의 전부 또는 일부를 노래로 부르면서 하는 연극. 오페라(opera).
【歌妓】かぎ(가기) 여자 가수. 歌女(가녀). 歌姬(가희).
【歌女】かじょ(가녀) ①☞歌妓(가기). ②지렁이의 이칭.
【歌壇】かだん(가단) 가인(歌人)들의 사회.
【歌舞】かぶ(가무) ①노래하고 춤춤. 또는, 노래와 춤. ¶一音曲. ②공덕을 칭송함. ③멋대로 놀고 즐기는 일.
【歌詞】かし(가사) ①노래의 내용이 되는 글. ②☞歌辭(가사).
【歌辭】かし(가사) 3·4조 또는 4·4조 연속체의 운문과 산문의 중간적인, 우리 나라 고유의 문학 형식. 歌詞(가사)②. ¶一文學/一體.
【歌手】かしゅ(가수) 노래 부르는 것을 업으로 삼는 사람. 소릿군. 歌人(가인).
【歌樂】かがく(가악) 가요와 음악.
からく(가락) 노래하여 스스로 기뻐하며 즐거워함. 또는, 시가를 지어 남을 즐겁게 함.
【歌謠】かよう(가요) ①노래. 또는, 노래함. 歌는 악기의 반주가 있고, 謠는 악기의 반주가 없음. ②韓㉮악가(樂歌)와 속요. ㉯민요, 동요, 속요, 유행가의 총칭.
【歌人】かじん(가인) 노래를 부르는 사람.
【歌唱】かしょう(가창) 노래. 노래를 부름. 唱歌(창가). ¶一力.
【歌姬】かき(가희) ☞歌妓(가기).
▷酣一, 凱一, 擊壤一, 古一, 高一, 狂一, 校一, 嬌一, 謳一, 軍一, 短一, 棹一, 道一, 櫂一, 童一, 挽一, 蠻一, 名一, 牧一, 放一, 悲一, 四面楚一, 聖一, 嘯一, 俗一, 頌一, 詩一, 樂一, 哀一, 漁一, 宴一, 艷一, 詠一, 謠一, 吟一, 俚一, 作一, 長一, 田一, 情一, 朝一, 奏一, 唱一, 淸一, 樵一, 醉一, 巷一, 行一, 鄕一, 弦一, 浩

一, 豪一

10 14 〖歉〗 흉년들 겸 | 圖くㄧㄢˋ (qian) | けん(キキン) *bad year*

풀이 ①흉년들다. ¶年久不登 公私一歉<宋書>/饑一. ②뜻에 차지 아니하다. ¶仁生於一 義生於豐<文中子>/一忱. ③원망스럽게 여기다. ④韓 짓적다. 겸연쩍음. ¶一然.

【歉年】けんねん(겸년) 흉년. 荒年(황년). 歉歲(겸세).
【歉然】(겸연)韓 짓적음. 부끄럽고 열적어 어색함. 慊然(겸연)①.
【歉忱】けんしん(겸침) 마음에 차지 않아 불만스러움.
【歉敝】けんぺい(겸폐) 흉년이 들어 백성이 고생함.

10 14 〖歍〗 1 토할 오 2 흐느낄 앙 | 虞ㄨ 漾(wu) | お(ハク) *vomit* おう

풀이 1 ①토하다. 또는, 그 소리. ¶一嘔. ②탄식하는 소리. 通烏 嗚. ¶一歔哀哉<北海相景君碑> 2 흐느끼다. 훌쩍거림. ¶一吧.

14 〖蚩欠〗 嗤(p.310)와 同字

10 14 〖歊〗 김 오를 효 | 蕭ㄒㄧㄠ (xiao) | きょう

풀이 ①김이 오르다. ¶吐金景兮一浮雲<班固>/一霧. ②숨결. 숨을 쉬다. ¶一歔.

11 15 〖歐〗 1 토할 구 本우 2 노래할 구 本우 | 有ㄡ (ou) 尤 | おう(ハク) *vomit* おう(ウタウ)

略 欧

풀이 1 ①토하다. 通嘔. ¶醉一丞相車茵<漢書> ②치다. 때림. 通毆. ¶良愕然欲一之<漢書> 2 ①노래하다. 通謳. ¶百姓一歌<三公山碑> ②닭 우는 소리. ¶鷄鳴一一<繆襲> ③구라파. 유럽(Europe)의 약칭. ¶一美.

【歐文】おうぶん(구문) 서양 문자. 또는 그 글.
【歐美】おうび(구미) 유럽과 미국. 단순히 서양이라는 뜻으로도 씀.
【歐亞】おうあ(구아) 유럽과 아시아.
【歐冶】おうや(구야) 춘추 시대의 이름 높은 대장장이.
【歐虞】おうぐ(구우) 명필 구양순(歐陽詢)과 우세남(虞世南)의 병칭.
【歐褚】おうちょ(구저) 명필 구양순(歐陽詢)과 저수량(褚遂良)의 병칭.
【歐洲】おうしゅう(구주) 구라파주(歐羅巴洲)의 준말.
▷南一, 東一, 北一, 西一, 中一

15 〖㱃〗 飮(p.1636)과 同字

15 〖翠口欠〗 1 嘬(p.314)과 同字 2 歡(p.806)의 古字

11 15 〖歎〗 탄식할 탄 | 翰ㄊㄢˋ (tan) | たん(ナゲク) *sigh*

풀이 ①탄식하다. 通嘆. ¶戲而不一<禮記> ②노래하다. 읊음. ¶風一虎視<曹植> ③기리다. 칭찬함. ¶孔子屢一之<禮記> ④화답(和答)하다. ¶壹倡而三一<禮記> ⑤앓다. 신음함. ¶戚斯一<禮記>

【歎美】たんび(탄미) 몹시 기림. 歎賞(탄상).
【歎伏】たんぷく(탄복) 탄복하여 굴복함.
【歎服】たんぷく(탄복) 깊이 감탄하여 복종함. 歎伏(탄복). 感服(감복).
【歎辭】たんじ(탄사) 감탄하는 말.
【歎賞】たんしょう(탄상) 탄복하여 크게 칭찬함.
【歎聲】たんせい(탄성) ①탄식하는 소리. ②감탄하는 소리.
【歎息】たんそく(탄식) 한숨을 쉬며 한탄함. 嘆息(탄식).
【歎願】たんがん(탄원) 사정을 말하여 도와 주기를 몹시 바람.
【歎願書】たんがんしょ(탄원서) 탄원하는 글발.
【歎噫】たんい(탄희) →歎息(탄식). ¶憂懷感結重一<王逸>
▷感一, 慨一, 噱一, 敬一, 驚一, 悼一, 亡羊之一, 望洋之一, 麥秀之一, 慕一, 憤一, 悲一, 髀肉之一, 傷一, 嘗一, 嘯一, 愁一, 息一, 哀一, 永一, 詠一, 惋一, 憂一, 咨一, 長一, 嗟一, 贊一, 讃一, 慙一, 稱一, 痛一, 風樹之一, 恨一, 浩一

15 〖歓〗 歡(p.806)의 俗字

16 〖歕〗 ☞欠部 13획(p.806)

16 〖歗〗 嘯(p.313)와 同字

12 16 〖歔〗 흐느낄 허 | 魚ㄒㄩ (xu) | きょ(ススリナク) *sob*

풀이 ①흐느끼다. 훌쩍훌쩍 욺. ¶泣一欷而霑衿<楚辭> ②두려워하다. ¶曾一欷余鬱邑兮<楚辭> ③콧김을 내쉬다. 通噓. ¶或一或吹<老子>
▷歊一, 欷一

16 〖歘〗 欻(p.803)의 本字

12 16 〖歙〗 1 쭈그릴 흡 2 두려워할 협 | 緝ㄒㄧ 葉(xi) | きゅう(オサメル) きょう

풀이 1 ①쭈그리다. 움추림. ¶則呼張一之<莊子> ②거두다. 수렴(收斂)함. ¶將欲一之 必固張之<老子> ③맞다. 일치함. 通翕. ¶一然歸仁<漢書> ④잇다. 붙임. ¶一漆阿膠忽紛解<剪燈餘話> ⑤으쓱하다. 通脅. ¶我不忍以一肩<後漢書> 2 두려워하다. ¶一一.
▷張一

13 17 〖歛〗 바랄 감 | 勘ㄏㄢˇ (han) | かん(ノゾム) *wish*

※斂(p.689)은 딴 자.

13 17 【歕】 불 분 |匽ㄆㄣ (pen)|ほん(フク)

풀이 ①불다. 재채기하다. ②뱉다. ¶歕野一山<班固>

17 【歜】 斁(p.689)의 古字

13 17 【歜】 1 화낼 촉 2 김치 잠 |沃ㄔㄨˋ 感(chu)|しょく angry さん

풀이 1 ①화내다. 몹시 성냄. ②사람 이름. 通 歜. 2 김치. ¶享有昌一<左氏傳>

14 18 【歟】 어조사 여 |魚ㄩˊ(yu) 圖|よ

略 欤

풀이 어조사. 通 與. ㉮구 가운데 놓여 어기(語氣)를 고르는 어조사. ¶猗一緝熙<班固> ㉯의문·감탄·추량(推量)의 뜻을 나타내는 종결사. ¶可反一<呂覽>

15 19 【歔】 개탄할 우 |因|ゆう regret

15 19 【歠】 마실 철 |屑ㄔㄨㄛˋ (chuo)|せつ(ノム) drink

18 22 【歡】 기뻐할 환 |寒ㄏㄨㄢ (huan)|かん delight

略 欢 俗 歓

풀이 ①기뻐하다. ¶相得甚一<南史> ②기쁘게 하다. ¶一感閭里<湘山野錄> ③기쁨. 즐거움. ¶啜菽飮水 盡其一<禮記> ④임. 그리운 임. 흔히 여자가 남자 애인을 일컫는 말. ¶聞一在揚州 相送楚山頭<古樂府>

【歡談】かんだん(환담) 정답게 이야기함. 또는, 그 이야기. 歡語(환어).

【歡待】かんたい(환대) 기쁜 마음으로 대접함.

【歡樂】かんらく(환락) ①기뻐하고 즐거워함. 또는, 즐거운 마음으로 놂. 歡娛(환오). ②병(病)이라는 말을 꺼리어, 병 대신으로 이르는 말. ¶下官雖爲御手水番 聊有一事遲參也<人車記>

【歡樂街】かんらくがい(환락가) 극장이나 요리집 따위의 유흥장이 많이 늘어선 거리.

【歡伯】かんぱく(환백) 술의 이칭. 掃愁(소수). 醉侯(취후).

【歡聲】かんせい(환성) 기뻐서 지르는 소리.

【歡心】かんしん(환심) 기뻐하는 마음.

【歡迎】かんげい(환영) 기쁜 마음으로 맞음.

【歡天喜地】かんてんきち(환천희지) 크게 기뻐함. 펄펄 뛰며 기뻐함.

【歡呼】かんこ(환호) 기뻐서 고함을 지름.

【歡喜】かんき(환희) 매우 기뻐함. 또는, 그 기쁨.

▷交一, 極一, 樂一, 悲一, 菽水一, 至一, 割一, 合一, 欣一

止<그칠 지>部

止 ① 正 ② 此 ③ 步 ④ 武 ⑤ 歫 歪 ⑥ 峙 ⑧ 歯 ⑨ 歲 ⑫ 歷 ⑭ 歸

0 4 【止】 그칠 지 |紙ㄓˇ (zhi)|し(トマル) stop

源 象形. 초목의 싹이 돋아날 때의 뿌리 부분의 모양을 본뜬 글자. 발·뿌리. 뜻이 바뀌어 그침을 뜻함.

풀이 ①그치다. 멈춤. ㉮가만히 있다. 움직이지 아니함. ¶口容一<禮記> ㉯멈추어 서다. ¶樂與餌過客一<老子> ㉰나아가지 아니하다. ¶戎馬還濘而一<左氏傳> ㉱살고 있다. ¶惟民所一<詩經> ㉲만족하다. 자리잡다. ¶在一於至善<大學> ㉳그치다. 끝남. ¶神具醉一<張衡> ㉴묵다. 숙박함. ¶望門投一<後漢書> ㉵ 모이다. ¶交交黃鳥 一于桑<詩經> ②금(禁)하다. ¶一獄訟<呂覽> ③붙들다. 만류함. ¶一子路宿<論語> ④억제하다. 마음을 다잡음. ¶見由則恭而一<荀子> ⑤잡다. 잡힘. ¶齊人以爲討而一公<左氏傳> ⑥사로잡다. 사로잡힘. ¶遂一於秦<國語> ⑦그만두다. ¶譬如爲山 未成一簣 一 吾一也<論語> ⑧제거(除去)하다. 병이 나음. ¶病則一<呂覽> ⑨버리다. 떨어버림. ¶一念慮<淮南子> ⑩멸망하다. 멸망시킴. ¶寇盜不爲衰一<史記> ⑪이르다. 도달함. ¶魯侯戾一<詩經> ⑫되돌아오다. ¶孟嘗君乃一<戰國策> ⑬기다리다. 通 峙. ¶雖一不怠<禮記> ⑭한계. ¶艮爲一<易經> ⑮거동. 행동 거지. ¶人而無一<詩經> ⑯예의. 법. ¶國雖靡一<詩經> ⑰오직. 다만. ¶一可以一宿 而不可久處<莊子> ⑱어조사. 문장 끝에 놓는 뜻 없는 종결사. 通 之. ⑲발. 밑동. 通 趾.

【止戈】しか(지과) 창을 멈춤. 전쟁을 그침.

【止觀】しかん(지관)《佛》 ①잡다한 망상을 막고 만유의 진리를 관조하여 깨닫는 일. ②마하지관(摩訶止觀).

【止宿】ししゅく(지숙) 머물러 묵음. 歇宿(헐숙).

【止揚】しよう(지양) 어떤 것을 그 자체로는 부정하면서 한층 더 높은 단계에서 이것을 긍정하여 나가는 일.

【止於至善】しをしぜんにとどまる(지어지선) 지극한 선(善)에 머물러 움직이지 않음. 인간은 최고의 선에 도달하여 그 상태를 유지하는 것을 이상(理想)으로 할 것임을 가르친 말. 至善(지선). ¶大學之道 在明明德 在親民 在一<大學>

【止於止處】(지어지처)韓 ①일정한 숙소가 없이 어디든지 이르는 곳에서 잠. ②응당 그쳐야 할 경우에 그침.

【止接】(지접)韓 ①잠깐 의지하여 거주함. ②일정한 곳에 의지함.

【止足之戒】しそくのいましめ(지족지 계) 자기의 분수를 알아, 만족할 때 만족하여 더 이상 욕심부

리지 않도록 하는 일.

【止血】しけつ(지혈) 피가 나오다가 그침. 또는, 나오는 피를 그치게 함. ¶一劑.

▷呵一, 諫一, 擧一, 憩一, 敬一, 禁一, 動一, 棲一, 抑一, 容一, 底一, 沮一, 停一, 制一, 終一, 住一, 中一, 進一, 懲一, 遮一, 廢一, 行一, 休一

1【正】 1 바를 정 | 敬 ㄓㄥˋ (zheng) | せい, しょう (タダシイ)
5 2 정월 정 | 庚 ㄓㄥ (zheng) | straight しょう

源 會意. 올바른 길[一]에 머문다[止]는 뜻.

풀이 1 ①바르다. ¶剛健中一<易經>/方一. ②바르게 하다. ¶革一法度<魏志> ③예기(豫期)하다. ¶必有事焉而勿一<孟子> ④듣다. ¶以一於公司馬<周禮> ⑤정사(政事). 通 政. ¶夫秦失其一<漢書> ⑥바른 길. 도(道). ¶以順爲一者 妾婦之道也<孟子> ⑦우두머리. ¶可以爲天下一<呂覽> ⑧적자(嫡子). ¶諸侯與一而不與賢<穀梁傳> ⑨정실(正室). ¶皆不得登妾媵以爲嫡一<晋書> ⑩처음. ¶天以焉一<後漢書> ⑪바로. 참으로. ¶一用此時持事來乎<後漢書> ⑫다만. ¶一頗重聽何傷<漢書> ⑬설령(設令). 만일. ¶一有它心<漢書> ⑭어찌. ¶燕王一爾爲放<魏志> 2 ①정월. ¶春王一月<左氏傳> ②과녁. ¶一鵠. ③구실. 세금. 通 征. ¶司馬不一<周禮>

【正價】せいか(정가) 에누리 없는 바른 가격. 正札(정찰).

【正刻】せいこく(정각) 정한 바로 그 시각.

【正覺】しょうがく(정각)《佛》바로 깨달음. 곧, 망혹(妄惑)을 끊고 불과(佛果)를 성취하는 일. ¶速成一<淨住子>

【正格】せいかく(정격) ①바른 격식. 바른 규칙. 正則(정칙). ↔變格(변격). ②한시의 절구(絶句)·율시(律詩) 등에 있어서 첫 구의 둘째 자가 측성자(仄聲字)로 시작되는 것. ¶詩第二字側入 謂之一<夢溪筆談> ↔偏格(편격).

【正見】しょうけん(정견)《佛》팔정도(八正道)의 하나로, 바른 깨달음. ↔邪見(사견).

【正經】せいけい(정경) ①행하여야 할 바른 길. ②바른 경서(經書). 곧, 「역경」(易經)·「서경」(書經)·「시경」(詩經) 등을 이름. ¶一善道<論語·注> ③「시경」의 정풍(正風)·정아(正雅)를 이름.

【正卿】せいけい(정경) ①상경(上卿). ¶公爲一<史記> ②조선 때 정이품(正二品) 이상의 벼슬인 의정부 참찬(參贊), 판서(判書), 한성부 판윤(判尹), 홍문관 대제학(大提學) 등을 이르던 칭호.

【正系】せいけい(정계) 바른 혈통. 正統(정통). 正脈(정맥).

【正鵠】せいこく(정곡) ①과녁의 중심. ¶一張而弓矢至焉<大戴禮> ②사물의 요점.

【正攻】せいこう(정공) 정면으로 공격함. ¶一法.

【正供】(정공)韓 부세(賦稅)·방물(方物)의 정당한 부담.

【正果】しょうか(정과) ①《佛》수행(修行)의 결과로 얻은 깨달음. ¶各成一<瑯嬛記> ②韓 과일·새앙·인삼 등을 꿀이나 설탕물에 졸여 만든 과자. 煎果(전과).

【正課】せいか(정과) ①한 사람 몫의 부역(賦役). ¶年十八一 六十六免課<隋書> ↔半課(반과). ②관공서에서 징수하는 정규의 수수료. ③정규의 과업(課業).

【正官】せいかん(정관) ①관제(官制)로 정한 정원(定員)의 관원(官員). ②주임(主任)인 관원. ↔副官(부관)·次官(차관).

【正敎】せいきょう(정교) ①바른 가르침. ¶恐傷一<晋書> ②바른 종교. ↔邪教(사교).

【正軍】せいぐん(정군) ①원(元)대에 장정과 몸이 튼튼한 사람을 병정으로 징발한 일. ②韓 옛날, 장정으로서 군역(軍役)에 복무한 사람.

【正宮】せいきゅう(정궁) ①음악의 가락. 바른 궁조(宮調)를 이름. ②궁중의 의식을 행하던 정전(正殿). ③韓 임금의 정비(正妃). ↔後宮(후궁).

【正金】しょうきん(정금) ①순금. ②지폐에 대하여 금·은으로 만든 정화(正貨). ③현금.

【正襟】せいきん(정금) 옷깃을 여미고 용의(容儀)를 단정히 함. ¶一危坐<史記>

【正己】せいき(정기) 자기를 바르게 함. ¶有大人者 一而物正者也<孟子>

【正忌】しょうき(정기) 달과 날이 모두 같은, 해마다의 기일(忌日).

【正氣】せいき(정기) ①만물의 근원이 되는 기운. ¶一堪掩<漢書> ②공명 정대한 기상. ¶君子行一<文子> ↔邪氣(사기). ③편안한 마음. ¶喜怒悖其一<嵇康>

【正氣歌】せいきか(정기가) 송(宋)대 문천상(文天祥)이 원(元)에 잡혀 있을 때 옥중에서 지은 오언고시(五言古詩). 충군 애국의 정을 읊은 걸작으로 유명함.

【正南】せいなん(정남) 똑바른 남쪽. 正南方(정남방).

【正旦】せいたん(정단) 정월 초하루. 元旦(원단). ¶時一朝賀<後漢書>

【正堂】せいどう(정당) 몸채의 대청. 正廳(정청). 正房(정방). ¶於是避一<史記>

【正德】せいとく(정덕) ①바른 덕. ¶一利用厚生惟和<書經> ②자기의 덕을 바르게 함. ¶正其德而厚其性<國語>

【正度】せいど(정도) ①정삭(正朔)과 도량(度量). ②바른 규칙. 正則(정칙). ③규칙을 바르게 함. ¶明時一<史記>

【正道】せいどう(정도) 사람의 바른 길. 正路(정로). ¶一直行<晏子> ↔邪道(사도).

【正臘】せいろう(정랍) 옛 중국에서, 동지(冬至) 다음 세째 술일(戌日)에 지내는 제사. 臘祭(납제). ¶每至一<會稽典錄>

【正兩】(정량)韓 철전(鐵箭)을 쏘는 큰 활.

【正輦】せいれん(정련) 임금이 타던 연.

【正領】せいりょう(정령) ①옷깃을 여밈. ¶一而誦之<淮南子> ②구한(舊韓) 때 무관 계급의 하나. 영관(領官)의 최고위.

【正路】せいろ(정로) ①바른 길. 곧, 의(義)를 이름. 正道(정도). ¶仁 人之安宅也 義 人之一也<孟子> ②정규의 도로.
【正論】せいろん(정론) 바른 의론. 또는, 바르게 의론함. ¶宜直言一<漢書>
【正立】せいりつ(정립) 바르게 섬. ¶一拱手<禮記> ※せいりゅう
【正面】しょうめん(정면) 바로 마주 보이는 면. ↔後面(후면)·側面(측면). ※せいめん
【正名】せいめい(정명) ①이름을 바르게 함. 대의명분(大義名分)을 밝힘. ¶子曰 必也一乎<論語> ②바른 이름. 正號(정호). ¶以亂一<荀子> ③「순자」(荀子)·「여씨춘추」(呂氏春秋)의 편(篇) 이름.
【正命】せいめい(정명) ①천수(天壽)를 다함. 또는, 정의를 위해 죽음. ¶何以不受一<論衡> ↔非命(비명). ②타고난 본성. 性命(성명). ¶養一<列子> ③《佛》 팔정도(八正道)의 하나.
【正帽】せいぼう(정모) 정복 차림에 쓰는 모자. ↔略帽(약모).
【正文】せいぶん(정문) 본문(本文). ↔注釋(주석)·附記(부기).
【正門】せいもん(정문) 주된 출입문. ※側門(측문)·後門(후문).
【正房】せいぼう(정방) ①가장(家長)이 거처하는 방. 正寢(정침). ②본처(本妻). 正室(정실).
【正方形】せいほうけい(정방형) 정사각형.
【正褙】(정배)㊕ 초배를 한 뒤에 정식으로 하는 도배.
【正犯】せいはん(정범) 범죄를 실행한 범인. 主犯(주범). ↔從犯(종범).
【正法】せいほう(정법) ①정당한 방법. 또는, 바른 법령(法令). ¶立一<淮南子> ②법을 바르게 함. 판결(判決)함. ↔外道(외도).
【正兵】せいへい(정병) 정면으로 공격하는 병사. ¶一貴先奇兵貴後<尉繚子> ↔奇兵(기병).
【正服】せいふく(정복) ①옷을 바르게 입음. ¶一明燭<法言> ②정삭(正朔)과 복색(服色). ¶改一<史記> ③정식 의복.
【正本】せいほん(정본) ①본원(本源)을 바룸. ¶視大始而欲一<漢書> ②원본(原本). 眞本(진본). ↔副本(부본)·謄本(등본)·寫本(사본)·譯本(역본).
【正否】せいひ(정부) 바름과 바르지 못함. 正邪(정사). 是非(시비).
【正副】せいふく(정부) ①본래의 것과 버금되는 것. ¶一都督<隋書> ②정본(正本)과 부본(副本).
【正北】せいほく(정북) 바른 북쪽.
【正妃】せいひ(정비) 적처(嫡妻). 본처. 正妻(정처). ¶一曰嫡<孟子·注>
【正士】せいし(정사) ①언행이 바른 사람. ¶群王盛 則一消<漢書> ②《佛》 보살. ¶十六一<無量壽經>
【正史】せいし(정사) ①기전체(紀傳體)의 역사. ↔編年體(편년체)·別史(별사)·雜史(잡사). ②역사의 잘못된 기록을 바로잡음. ¶依經一<王勣>
【正邪】せいじゃ(정사) ①바른 일과 비뚤어진 일. 是非(시비). 曲直(곡직). ¶敍御史一得失<玉海> ②비뚤어진 마음을 바로잡음. ¶刑以一<左氏傳>
【正使】せいし(정사) 으뜸 사신. ↔副使(부사).
【正寫】せいしゃ(정사) 바르게 베낌. 正書(정서)②.
【正朔】せいさく(정삭) ①정월과 초하루. 한 해의 시작과 달의 시작. ②역법(曆法). ¶改一易服色<禮記> ③정월 초하루.
【正常】せいじょう(정상) 바르고 떳떳함. ↔異常(이상).
【正色】せいしょく(정색) ①진지한 태도를 보임. 엄정한 안색을 지음. ¶抗辭一<晋書> ②순정한 빛깔. 곧, 청·황·적·백·흑의 5색. ↔間色(간색). ③본체(本體)의 빛깔. ¶天之蒼蒼 其一邪<莊子> ④미인. ¶人間無一<白居易>
【正西】せいせい(정서) 똑바른 서쪽.
【正書】せいしょ(정서) ①서체(書體)의 하나. 해서(楷書). ¶前人多能一 而後草書<翰墨志> ②글씨를 바르게 베껴 씀. 正寫(정사). ③초잡은 글을 정식으로 씀.
【正歲】せいさい(정세) 하력(夏曆)의 정월(正月).
【正俗】せいぞく(정속) 풍속을 바르게 함. 또는, 올바른 풍속.
【正松五竹】(정송오죽) 소나무는 음력 정월에, 대나무는 오월에 옮겨 심어야 잘 산다는 말.
【正手】(정수) 장기·바둑 따위에서 속임수나 홀림수가 아닌 정당한 수.
【正始】せいし(정시) ①바른 시초. ②시초를 바르게 함. 인륜(人倫)의 시초, 곧 부부관계를 바르게 함. ¶周南召南 一之道<詩經>
【正視】せいし(정시) 바르게 봄. 똑바로 봄. ¶葉公終不一<左氏傳>
【正式】せいしき(정식) 바른 격식. 正格(정격). ¶確守一<文心雕龍> ↔略式(약식).
【正室】せいしつ(정실) ①본처. 嫡妻(적처). 正妻(정처). ¶欲立爲一<北史> ↔側室(측실). ②적자(嫡子). ¶一皆謂之門子<周禮> ③정전(正殿). ④가정을 다스림. ¶夫妻不和不能一<易經>
【正心】せいしん(정심) ①바른 마음. ②마음을 바르게 함.
【正心誠意】せいしんせいい(정심성의) ①마음을 바르게 가다듬고 정성스런 뜻을 다함. ②허식이 없는 진심.
【正雅】せいが(정아) ①바르고 우아함. ②「시경」(詩經) 소아(小雅)·대아(大雅) 중 왕도(王道)가 행하여지던 시대의 것 40편을 이름. ↔變雅(변아).
【正樂】せいがく(정악) ①바른 음악. ¶咸英調一<崔日用> ↔俗樂(속악). ②음악을 바르게 함. ¶一以誘世<史記>
せいらく(정락) 바른 즐거움. ¶一以當夏 正哀以當冬<春秋繁露>
【正眼】せいがん(정안) 바로 봄. 正視(정시).
【正顔】せいがん(정안) 안색을 바르게 함. 正色(정색)①. ¶孔子一擧杖<新書>
【正陽】せいよう(정양) ①한낮의 기운. 또는, 한낮. ¶日午一<莊子·注> ②양기(陽氣)가 충만하여 음기가 아직 없는 달. 음력 4월. ¶一之月<北史>
【正言】せいげん(정언) ①도리에 맞는 옳은 말. ¶耳聞一<後漢書> ②기탄없이 직언(直言)함. ¶一直行<韓詩外傳> ③조선때 사간원(司諫院)의 정육품(正六品) 벼슬.

【正業】せいぎょう(정업) ①바른 업무. 또는, 정당한 직업. ¶時敎必有一<禮記> ②《佛》 살생·투도(偸盜) 따위의 속된 짓을 하지 않는 일. 「정).

【正午】しょうご(정오) 한낮. 낮 12시. 午正(오

【正誤】せいご(정오) ①틀린 것을 고침. ¶一表. ②바름과 그름.

【正員】せいいん(정원) ①그 일에 참여하는 주된 인원. ¶散試官能通者 依一<唐書> ②자격 있는 회원. ↔客員(객원).

【正圓】せいえん(정원) 완전한 원. 동그라미. ¶天形一也<晉書>

【正月】せいげつ·しょうがつ(정월) ①그 해의 첫달. 1월. ②정양(正陽)의 달. 곧, 하력(夏曆)의 4월, 주력(周曆)의 6월.

【正位】せいい(정위) ①바른 자리. 정당한 위치. ¶一居體<易經> ②천자의 자리. ¶誤居一<史記> ③위치를 바르게 함. ¶前一而退<周禮>

【正僞】せいぎ(정위) 올바름과 거짓.

【正閏】せいじゅん(정윤) ①평년과 윤년(閏年). ②바른 계통과 가외의 계통. 정통과 윤통(閏統). ¶一更王<賈至>

【正銀】しょうぎん(정은) 순은(純銀).

【正音】せいおん(정음) ①바른 음악. ¶比於一<淮南子> ②바른 어음(語音). 또는, 언어를 바르게 함. ¶能得一<南史> ③㊥ 훈민정음(訓民正音)의 준말.

【正義】せいぎ(정의) ①바른 도리. ¶不學問無一<荀子> ②바른 의론. ¶一直指 擧人之過<荀子> ③바른 의의.

【正人】せいじん(정인) ①마음씨가 바르고 행실이 방정한 사람. 善人(선인). 義人(의인). ¶莫匪一<書經> ②장관(長官). ¶惟厥一<書經> ③가장(家長).

【正日】せいじつ①·しょうにち②(정일) ①정월 초하루. ②《佛》 기일(忌日).

【正任】(정임) 조선 때 문무(文武) 양반만이 하던 벼슬. 實職(실직). 正職(정직).

【正字】せいじ(정자) ①자획이 바른 글자. ↔略字(약자)·俗字(속자). ②옛날, 서적의 글자 교정을 담당하던 벼슬. ¶校書郞一掌讐校典籍<唐書>

【正裝】せいそう(정장) 정복을 입음. 또는, 바른 옷차림.

【正田】(정전) 옛날, 양안(量案)에 올라 있고 해마다 경작되던 논밭.

【正殿】せいでん(정전) 임금이 임어하여 조회를 행하던 궁전. 正寢(정침). ¶數臨一<漢書>

【正丁】せいてい(정정) 공역(公役)에 징발되고 세금이 부과되는 백성. 진(晉)대에는 16세부터 60세까지의 남녀를 正丁으로 삼았음. ¶男女年十六以上至六十爲一<文獻通考>

【正正堂堂】せいせいどうどう(정정당당) 바르고 정연하며 기세가 당당한 모양.

【正租】せいそ(정조) ①벼. ②정규의 조세(租稅).

【正條】せいじょう(정조) ①바른 줄. ②바른 조문(條文). ¶諸斷罪而無一<舊唐書>

【正朝】せいちょう(정조) ①임금이 신하들의 조례(朝禮)를 받던 곳. 응문(應門)의 안쪽, 노문(路門)의 밖에 있음. ¶應門內 路門外有一<周禮·注> ②조정(朝廷)의 일을 바르게 함. ¶皆顧面一<漢書> ③정월 초하룻날 아침. 元旦(원단). ¶一發早梅<張說>

【正朝問安】(정조문안) ①정월 초하루에 조신(朝臣)이 임금에게 문안하던 일. ②설날 어른에게 문안하는 일.

【正宗】せいそう(정종) 개조(開祖)의 정통을 이은 종파. 嫡統(적통). 嫡流(적류). ※しょうしゅう

【正終】せいしゅう(정종) ①바른 끝맺음. ¶昭公之終非一也<穀梁傳> ②끝맺음을 바르게 함.

【正坐】せいざ(정좌) ☞正座(정좌)①. ¶東鄕一<漢書>

【正座】せいざ(정좌) ①바른 자세로 앉음. 正坐(정좌). ②상좌(上座).

【正晝】せいちゅう(정주) 한낮. 白晝(백주). ¶一當谷眠<韓愈>

【正中】せいちゅう(정중) ①한가운데. ②한낮. 正午(정오). ③한창임. ¶春半園林酒一<宋无>

【正直】しょうじき(정직) 마음이 바르고 곧음.

【正札】しょうふだ(정찰) 에누리 없는 정가(正價)를 표시한 가격표. ¶一制.

【正妻】せいさい(정처) 본처. 正室(정실). ↔妾(첩).

【正體】しょうたい①②·せいたい③④⑤(정체) ①본래의 형체. ②본심의 모양. 본색. ③바른 모습. 本體(본체). ¶貴一而明嫌疑<漢書> ④바른 혈통. 嫡子(적자). ¶一於上<儀禮> ⑤바른 서체(書體). ¶右軍一<法書要錄>

【正初】(정초) 정월 초승. 그 해의 처음.

【正出之日】マサニイズルノヒ(정출지 일) 때마침 돋는 해. 기세가 왕성해짐의 비유.

【正則】せいそく(정칙) ①바른 규칙. ↔變則(변칙). ②법칙을 바르게 고침. ¶辨方位而一<張衡>

【正寢】せいしん(정침) 정전(正殿). ¶徽家初無一<唐書>

【正統】せいとう(정통) ①바른 혈통(血統). ¶膺當天之一<班固> ②바른 계통의 종파. 正宗(정종).

【正統派】せいとうは(정통파) 개조(開祖)의 정통을 계승한 종파·유파(流派).

【正解】せいかい(정해) 바른 해석. 옳은 해답. ¶凝一於沖念<沈約>

【正貨】せいか(정화) 정규의 화폐. 本位貨幣(본위화폐). ↔紙幣(지폐).

【正確】せいかく(정확) 바르고 확실함. 的確(적확).

【正會】せいかい(정회) 정월 초하루 군신이 참내(參內)하여 축하를 올리는 의식. ¶漢儀有一禮<晉書>

▷幹一, 諫一, 剛一, 改一, 檢一, 更一, 梗一, 考一, 公一, 匡一, 校一, 橋一, 鞫一, 歸一, 糾一, 規一, 謹一, 奇一, 農一, 端一, 斷一, 反一, 撥一, 方一, 不一, 司一, 邪一, 查一, 修一, 讐一, 肅一, 純一, 順一, 是一, 新一, 雅一, 嚴一, 午一, 里一, 子一, 嫡一, 適一, 貞一, 訂一, 整一, 齊一, 朝一, 宗一, 酒一, 中一, 眞一, 淸一, 忠一, 彈一, 判一, 平一, 賀一, 革一, 好一

6【企】 ☞ 人部 4획(p. 89)

2
6【此】 이 차 | 紙ㄘˇ (ci) | し(コレ) *this*

同 𣥠

풀이 ①이. 이와 같은. ¶生—文王＜詩經＞/—日. ②이곳. ¶與我會—＜史記＞ ③이것. ¶去彼取—＜老子＞ ④이에. ¶有德—有人 有人—有土＜大學＞

【此君】しくん(차군) 대나무의 별칭. 진(晋)의 왕휘지(王徽之)가 대[竹]를 가리키면서 「어찌 하루라도 이 군자[此君]가 없을 수 있겠는가」라 한 데서 온 말. ¶竹曰—＜書言故事＞ ※コノキミ

【此岸】しがん(차안)《佛》 이승. 열반(涅槃)을 피안(彼岸)이라고 부르는 데 대응하여 이승을 이름. ¶不— 不彼岸＜維摩經＞

【此一時彼一時】コノヒトトキカノヒトトキ(차일시 피일시) 이때 한 일과 그때 한 일. 두 일의 상황이 서로 다름을 이름. 맹자(孟子)의 우울한 기색을 보고 제자인 충우(充虞)가 「군자는 하늘을 원망하지 않고 다른 사람을 탓하지 않는다고 들었습니다」라고 한 데 대해 맹자가 답한 말. ¶虞聞諸夫子 曰君子不怨天不尤人 曰—也＜孟子＞

【此日彼日】コノヒカノヒ(차일피일) 오늘 내일 하며 기한을 물림.

【此際】このさい(차제) 이 기회. 이때. 이 즈음.

【此後】コノアト(차후) 이 다음. 이 뒤.

▷若—, 如—, —至—, 自—, 從—, 止—, 彼—

6【𣥠】 此(p. 810)와 同字

3
7【步】 걸을 보 | 遇ㄅㄨˋ (bu) | ほ, ぶ(アルク) *walk*

同 歨

풀이 ①걷다. 나아감. ¶王朝—自周＜書經＞/—行. ②걷게 하다. ¶—路馬必中道＜禮記＞ ③걸음. ¶改—改玉＜左氏傳＞ ④행하다. ¶未—爵 未嘗羞＜禮記＞ ⑤찾아다니다. ¶—重華於南野＜後漢書＞ ⑥시운(時運). ¶天—艱難＜詩經＞ ⑦처세하다. 거함. ¶高—當年＜晋書＞ ⑧자리. 지위. ¶改玉改—＜國語＞ ⑨나루. ¶泊— 有下碇之稅＜韓愈＞ ⑩길이의 단위. 한 걸음. 6척(尺) 또는 8척(尺). ⑪면적의 단위. 사방 6척(尺)의 넓이. ⑫방패의 한 가지. ¶—盾.

【步轎】(보교)韓 가마의 하나. 위가 정자 지붕 모양을 이룸.

【步軍】ほぐん(보군) ①보병. ¶棄其—＜史記＞ ②청(淸)대 보군영(步軍營)에 속했던 병사.

【步道】ほどう(보도) 사람이 걸어다니는 길. ↔車道(차도)·鐵道(철도).

【步武】ほぶ(보무) ①약간의 거리. 武는 반 걸음. ¶相去—＜後漢書＞ ②걸음걸이. 뜻이 바뀌어, 남을 따라 배우는 일. ¶跬行安—＜謝瞻＞ ③씩씩한 걸음.

【步武堂堂】ほぶどうどう(보무당당) 걸음걸이가 활발하고 버젓한 모양.

【步撥】(보발) 조선 때 보행에 의하던 파발(擺撥).

【步兵】ほへい(보병) 도보로 전투하는 군사. 步卒(보졸).

【步步生蓮花】ほほれんかをしょうず(보보 생련화) 걸음마다 연꽃을 피운다는 말로, 미인이 천천히 걸음을 이름. ¶令潘妃行其上 曰 此—也＜南史＞

【步衫】(보삼)韓 우장(雨裝)의 하나. 잠옷 모양의 우장.

【步石】ほせき(보석) 디딤돌. ¶—隨雲起＜錢起＞

【步障】ほしょう(보장) 대나무를 장막처럼 두른 울타리. ¶帝每送—＜北史＞

【步戰】ほせん(보전) 보병으로 싸움. ¶便持矛—＜後漢書＞

【步調】ほちょう(보조) 걸음걸이의 속도.

【步卒】ほそつ(보졸) 보병(步兵). 步士(보사). ¶以車與—戰＜六韜＞

【步卒將】(보졸장) 탈것이 없어 걸어서만 다니는 점잖은 사람을 농으로 이르는 말.

【步哨】ほしょう(보초) 초소에 배치되어 경비·감시 임무를 수행하는 일. 또는, 그 초병(哨兵).

【步趨】ほすう(보추) ①걸음. 步는 보통 걸음, 趨는 종종걸음. ¶進退—＜漢書＞ ②어른을 수행(隨行)함.

【步驟】ほしゅう(보취) 걸어감과 달림. ¶—馳騁＜史記＞

【步測】ほそく(보측) 걸음으로써 거리를 측정함. 步量(보량).

【步幅】ほふく(보폭) 한 걸음의 길이.

【步行】ほこう(보행) 걸어감. 徒步(도보).

【步虛子】ほきょし(보허자) ①도사(道士). 步虛人(보허인). ¶—聞—＜儲光義＞ ②韓 정재(呈才) 때 부르던 창사(唱詞)의 한 가지. 고려 때 송(宋)에서 들어옴. ¶—聞—＜儲光義＞

【步環】ほかん(보환) 보조(步調)를 맞추기 위하여 차는 구슬. ¶—中矩＜大戴禮＞

▷却—, 間—, 健—, 蹇—, 頃—, 故—, 顧—, 驅—, 國—, 金蓮—, 徒—, 塗—, 獨—, 登—, 漫—, 武—, 泊—, 俯—, 散—, 舒—, 速—, 連—, 玉—, 緩—, 月—, 游—, 吟—, 地—, 進—, 疾—, 天—, 初—, 促—, 寸—, 推—, 趨—, 馳—, 坦—, 行—, 濶—, 橫—

7【𣥒】 會(p. 734)의 古字

8【岓】 近(p. 1475)의 古字

8【肯】 ☞ 肉部 4획(p. 1227)

8【歧】 岐(p. 476)·跂(p. 1441)와 同字

4
8【武】 호반 무 | 麌ㄨˇ (wu) | ぶ, む *military officer*

源 會意. 무기[戈]로써 병란을 방지[止]한다는 뜻.

풀이 ①호반(虎班). 옛날, 우리 나라 무반(武班)의 별칭. ②굳세다. ¶孔—有力＜詩經＞/—強. ③자랑하다. ¶善爲士

者不一＜老子＞ ④군인. ¶勇一一人＜淮南子＞ ⑤전술. 병법(兵法). ¶講一習射御＜禮記＞ ⑥병기. ¶一庫敖倉＜史記＞ ⑦무덕(武德). ¶乃一乃文＜書經＞ ⑧계승하다. ¶下一惟周＜詩經＞ ⑨자취. 유업(遺業). ¶繩其祖一＜詩經＞ ⑩무악(舞樂) 이름. 주(周) 무왕(武王)의 음악. ¶謂一 盡美矣 未盡善矣＜論語＞ ⑪악기 이름. 종(鐘). ¶始奏以文 復亂以一＜禮記＞

【武家】ぶけ(무가) 호반 벼슬을 하던 집안. 무관(武官) 집안.

【武庫】ぶこ(무고) ①무기고(武器庫). 軍器庫(군기고). ¶一禁兵＜張衡＞ ②박학 다식(博學多識)한 사람을 칭찬하여 이르는 말. ¶朝野稱美 號曰杜一＜晋書＞

【武功】ぶこう(무공) 전쟁에서 세운 공. 戰功(전공). 武勳(무훈).

【武科】ぶか(무과) 무관(武官)을 선발하던 과거(科擧) ↔文科(문과).

【武官】ぶかん(무관) ①군사에 관한 관리. ↔文官(문관). ②장교(將校).

【武官石】(무관석) 능(陵) 앞에 세우는 무관의 석상(石像). 武石(무석).

【武具】ぶぐ(무구) 전쟁에 쓰이는 도구. 武器(무기). 兵器(병기). 干戈(간과).

【武器】ぶき(무기) ☞武具(무구). 「①.

【武器庫】ぶきこ(무기고) 무기 창고. 武庫(무고)

【武斷政治】ぶだんせいじ(무단정치) 무력으로 억압하여 전단(專斷)하는 정치.

【武斷鄕曲】ぶだんきょうきょく(무단향곡) 시골에서 세가(勢家)가 주민을 억압함.

【武德】ぶとく(무덕) 무인(武人)으로서의 권위와 덕망. ¶奮揚一＜史記＞

【武道】ぶどう(무도) ①무인(武人)으로서 지킬 도리. ②무술(武術)·무예(武藝)의 미칭.

【武略】ぶりゃく(무략) 군사상의 책략(策略). 兵略(병략). ¶揚鄕一＜漢書＞

【武力】ぶりょく(무력) ①군사력(軍事力). 兵力(병력). 戰力(전력). ¶決於一＜史記＞ ②우대는 힘. 腕力(완력). ¶身長十尺 一絕倫＜孔子家語＞

【武陵桃源】ぶりょうとうげん(무릉도원) 싸움도 재난도 없는 살기 좋은 별천지를 이름. 도잠(陶潛)의 「도화원기」(桃花源記)에 나오는 이야기. 桃源境(도원경). 桃花源(도화원).

【武名】ぶめい(무명) 무인(武人)으로서의 명성. 勇名(용명).

【武廟】ぶびょう(무묘) 촉(蜀)의 관우(關羽)를 모신 사당(祠堂). 조선 때 전국 여러 곳에 있었음. 關帝廟(관제묘). ¶一 與孔廟竝祀＜陔餘叢考＞ ↔文廟(문묘).

【武班】ぶはん(무반) 무신(武臣)의 반열(班列). 虎班(호반). ↔文班(문반).

【武弁】ぶべん(무변) ①무관이 쓰는 관. ¶戴一＜曹植＞ ②무인(武人). 무사(武士).

【武步】ぶほ(무보) 얼마 안 되는 길이. 武는 3척(尺), 步는 6척. ¶一日千里 必基一＜北史＞

【武夫】ぶふ(무부) ①무인(武人). 武士(무사). ¶陳一 尙勇力＜晏子＞ ②옥 비슷한 고운 돌. 碔砆(무부). ¶一類玉＜戰國策＞

【武備】ぶび(무비) 전쟁의 준비. 軍備(군비). ¶有文事者 必有一＜史記＞

【武士】ぶし(무사) 무예에 힘쓰고 군사에 종사하는 사람. 武人(무인). ¶力士一 固近侍傍＜新書＞ ↔文士(문사).

【武術】ぶじゅつ(무술) 무예. 武技(무기). ¶偃閉一＜顏延之＞

【武臣】ぶしん(무신) 무관(武官)인 신하. ¶一宿將＜魏志＞ ↔文臣(문신).

【武烈】ぶれつ(무열) ①굳세고 용맹스러움. ②싸움터에서 세운 공. 武功(무공). 戰功(전공). ¶能定一者也＜國語＞

【武藝】ぶげい(무예) 궁마 창검(弓馬槍劍) 등, 옛날 전투에 쓰이는 기술. 武術(무술). 武技(무기). ¶一絕人＜北史＞

【武藝二十四般】ぶげいにじゅうよんぱん(무예 이십사반) 무예 24가지. 무예 18기(技)에 기창(騎槍)·월도(月刀)·쌍검(雙劍)·편곤(鞭棍)·격구(擊毬)·원기(猿騎)를 더한 것.

【武勇】ぶゆう(무용) 날래고 용맹함. 또는, 그 사람. ¶其士民貴一＜管子＞

【武運】ぶうん(무운) 무인(武人)으로서의 운수. 또는, 군사에 관한 운수. ¶奉一之方昌＜謝朓＞

【武威】ぶい(무위) 힘이 세고 위엄이 있음. 또는, 사납고 용맹스러운 세력. ¶一旁揚＜史記＞

【武夷九曲】ぶいきゅうきょく(무이구곡) 무이산의 아홉 골짜기. 주희(朱熹)가 이 곳에서 구곡가(九曲歌)를 지었음.

【武人】ぶじん(무인) ①군인. 武士(무사). ¶一屈起＜後漢書＞ ②굳세고 사나운 사람. ¶一爲于大君＜易經＞

【武將】ぶしょう(무장) 군대의 대장. 또는, 무술에 뛰어난 장수. ¶遣一征伐＜漢書＞

【武裝】ぶそう(무장) ①전투를 위한 신체·진지 등의 장비. 戎裝(융장). ②전쟁을 위하여 필요한 태세를 갖춤.

【武裝平和】ぶそうへいわ(무장평화) 무장에 의한 힘으로 전쟁 도발을 막음으로써 유지하는 평화.

【武才】ぶさい(무재) 무예의 재주. ¶一趫猛＜後漢書＞

【武宰】(무재)㊗ 전에 판서(判書)나 참판(參判)을 지낸 일이 있는 무관.

【武則天】ぶそくてん(무측천)《人》 당(唐)의 측천무후(則天武后). 고종(高宗)의 비(妃). 고종이 죽은 후 중종(中宗)과 예종(睿宗)을 폐하고 제위에 올라 국호를 주(周)로 고쳤으며, 음학(淫虐)을 일삼다가 장간지(張柬之) 등에 의하여 폐위되었음. 武后(무후).

【武后】ぶこう(무후) ☞武則天(무측천).

【武勳】ぶくん(무훈) ☞武功(무공).

▷講一, 剛一, 文一, 步一, 尙一, 聖一, 習一, 神一, 偃一, 硏一, 演一, 練一, 烈一, 閱一, 英一, 靈一, 勇一, 雄一, 威一, 壯一, 材一, 振一, 湯一, 玄一, 豪一, 驍一

8【歩】 步(p.810)의 俗字

8【⿱山止】 步(p.810)와 同字

9【⿱止可】訶(p.1377)의 古字

5/9【歫】막을 거 | 語ㄐㄩˋ (ju) | きょ block

풀이 ①막다. 같 拒. ②넘다. 빼어남. 같 距. ③이르다.

5/9【歪】비뚤 왜 / 本 외 | 佳ㄨㄞ (wai) | わい crooked

源 會意. 바르지[正] 않다[不]는 뜻.

풀이 ①비뚤다. 기욺. ¶口眼一斜<福惠全書> ②바르지 아니하다.

【歪曲】わいきょく(왜곡) 비틀어 구부러지게 함. 또는, 사실 등을 비뚤게 꾸밈.

6/10【歭】 1 머뭇거릴 치 | 支ㄔˊ (chi) | ち
2 쌓을 치 | 紙ㄓˇ (zhi)

10【耻】☞ 耳部 4획 (p.1218)

10【⿱止凵】齒(p.1701)의 古字

12【⿰止帚】歸(p.814)의 古字

12【歯】齒(p.1701)의 俗字

13【歰】澀(p.917)과 同字

9/13【歲】해 세 | 霽ㄙㄨㄟˋ (sui) | さい, せい (トシ) year

古 𢦔 略 歳

풀이 ①해. 1년. ¶孔子居陳三一<史記>/一末. ②새해. 설. ¶元旦早晨賀一<雜纂新續> ③세월. ¶翫一而愒日<左氏傳>/歷一. ④나이. ¶同郡又同一<晋書> ⑤일생. ¶維以卒一<史記> ⑥풍년. ¶望君如望一<左氏傳> ⑦매년. ¶必使諸侯一貢<後漢書> ⑧목성(木星).

【歲功】さいこう(세공) ①일년의 시서(時序). 또는, 일년의 행사. ¶寒暑密移成一<陸游> ②만물의 화육(化育). 또는, 농사. ¶主一<漢書> ③일년 농사의 수확. ¶雖未量一<陶潛>

【歲貢】さいこう(세공) ①속국(屬國) 백성이 해마다 산물을 바치던 일. 또는, 그 공물(貢物). 年貢(연공). ¶一粟帛<魏書> ②옛 중국에서, 지방 장관이 해마다 수재(秀才)를 뽑아 중앙에 보내던 일. ¶一於外府<王融>

【歲旦】さいたん(세단) 정월 초하루 아침. 元旦(원단). 歲辰(세신). 歲朝(세조). ¶一與掾吏入賀<後漢書>

【歲德】さいとく(세덕) ①흙의 덕. ②일년 내내 길한 방위에 있는 신(神). ¶一者 歲中德神也<協記辨方書>

【歲晩】さいばん(세만) 연말(年末). 歲末(세말). 歲尾(세미). 歲暮(세모). ¶一風急<魏志>

【歲末】さいまつ(세말) ☞歲晩(세만).

【歲暮】さいぼ(세모) ①연말(年末). 歲末(세말). 歲底(세저). 暮歲(모세). ¶一臨空房<顏延之> ②노년(老年). ¶迫於一犬馬齒索<後漢書>

【歲米】(세미)韓 옛날, 나라에서 연초에 늙은 이에게 주던 쌀.

【歲尾】さいび(세미) ☞歲晩(세만).

【歲尾年頭】さいびねんとう(세미연두) 연말과 연시(年始). ¶一一局棊<戴式之>

【歲拜】(세배)韓 그믐이나 정초에 웃어른에게 하는 인사. 歲謁(세알).

【歲不我與】トシワレトトモニセズ(세불아여) 세월은 나를 기다려 주지 않고 덧없이 지나감. 歲不與我(세불여아). ¶日月逝矣 一<論語>

【歲不與我】トシワレトトモニセズ(세불여아) ☞歲不我與(세불아여).

【歲費】さいひ(세비) ①일년 동안의 경비. 歲用(세용). ¶大省一<宋史> ②국회의원의 1년간 수당(手當).

【歲事】さいじ(세사) ①사시(四時)의 제사, 세시(歲時)에 따른 조근(朝覲)의 예(禮) 등 연중 행사(年中行事). ②농사. ¶一欲畢<太平御覽> ③세시(歲時). 1년의 시서(時序). 세월. ¶一欲晩霜雪驕<蘇軾>

【歲煞】さいさつ(세살) 점술가(占術家)가 말하는 삼살방(三煞方)의 하나. 흉신(凶神)이 주관하여 혼사(婚事), 이사 등을 삼가는 방향. 煞은 악한 귀신의 짓. 인(寅)·오(午)·술(戌)의 해는 축방(丑方), 축(丑)·사(巳)·유(酉)의 해는 진방(辰方), 자(子)·진(辰)·신(申)의 해는 미방(未方), 묘(卯)·미(未)·해(亥)의 해는 술방(戌方).

【歲序】さいじょ(세서) 한 해의 시서(時序). 사철이 바뀌는 차례. 歲次(세차). ¶一滋深<孫逖>

【歲星】さいせい(세성) 목성(木星). ¶一爲陽<周禮>

【歲歲年年】さいさいねんねん(세세연년) 매년. 每歲(매세). ¶一人不同<劉廷之>

【歲時】さいじ(세시) ①매년의 사철. ¶以一致禮<史記> ②해와 때. 곧, 1년과 네 계절. ③韓 새해. 설.

【歲時記】さいじき(세시기) 철 따라 행하여지는 연중의 행사, 사물 등을 기록한 책. ¶東國一.

【歲謁】(세알) ☞歲拜(세배).

【歲陽】さいよう(세양) ①태세(太歲)의 10간(干). ↔歲陰(세음). ②음력 10월.

【歲餘】さいよ(세여) ①1년 남짓. ¶居一<戰國策> ②농한기(農閑期). 겨울. ③역법(曆法)에서, 한 해의 기준 일수를 넘는 여분.

【歲用】さいよう(세용) ☞歲費(세비)①.

【歲月】さいげつ(세월) 흘러가는 시간. 年月(연월). 光陰(광음). ¶美人愆一<劉琨>

【歲月不待人】さいげつヒトヲマタズ(세월 부대인) 세월은 사람을 기다리지 않는다는 말로, 시간이 덧없이 흐름을 이르는 말. ¶及時當勉勵 一<陶潛>

【歲月如流】さいげつナガルルガゴトシ(세월여류) 세월이 강물처럼 빨리 흐름. ¶一半生何幾<徐陵>

【歲肉】(세육) 정초에 쓰는 고기.

【歲陰】さいいん(세음) ①태세(太歲)의 12지(支). ↔歲陽(세양). ②태세(太歲). 그해의 간지(干支). ③연말(年末). 歲暮(세모). ¶一窮暮紀<唐太宗>

【歲儀】(세의) 연말에 과세(過歲) 인사로 선사하는 물건. 歲饌(세찬)①.
【歲入】さいにゅう(세입) ①1년간의 수입. ¶一萬計＜五代史＞ ↔歲出(세출). ②해마다 침입함. ¶一邊 殺略人民畜產甚多＜史記＞
【歲在】さいざい(세재) 세성(歲星)이 있음. 歲次(세차). ¶一癸丑＜王羲之＞
【歲底】(세저) 세밑. 歲暮(세모).
【歲前】(세전) 설을 맞기 이전. 새안.
【歲除】さいじょ(세제) 섣달 그믐날. 除夜(제야). ¶一日又暮＜戴叔倫＞
【歲次】さいじ(세차) 세성(歲星)이 머무는 위치를 이르는 말로, 간지(干支)로 나타내는 그 해의 차례. ¶一丁酉＜白居易＞
【歲差】さいさ(세차) 춘분점(春分點)이 매년 약간씩 서쪽으로 이동하는 현상.
【歲饌】(세찬)㊙韓 ①세밑에 과세 인사로 선사하는 물건. 歲儀(세의). ②세배 온 사람에게 대접하는 음식.
【歲初】(세초) 설. 年始(연시). 年初(연초).
【歲出】さいしゅつ(세출) 1년간의 지출. ↔歲入(세입).
【歲鬪】(세투) 정초에 하는 노름.
【歲幣】さいへい(세폐)韓 해마다 중국에서 보내던 금품. ¶不絕一＜蘇軾＞
【歲寒】さいかん(세한) ①추운 계절이 됨. 또는, 겨울. ②노년(老年). ¶一心匪他＜杜甫＞ ③역경 또는 난세(亂世). ¶一不改心＜鮑令暉＞ ④어려움을 당해도 굽히지 않음. ¶唯念一心＜柳宗元＞
【歲寒三友】さいかんさんゆう(세한삼우) ①겨울철에 완상할 만한 세 가지. 송(松), 죽(竹), 매(梅). ②이 세상에서 벗으로 삼을 만한 세 가지. 산수(山水), 송죽(松竹), 금주(琴酒).
【歲刑】さいけい(세형) 점술가가 말하는 팔장신(八將神)의 하나. 이 방향을 향하여는 축성, 건축 등의 흙일을 꺼림.
【歲華】さいか(세화) ①세월. 光陰(광음). ¶一空復晚＜劉方平＞ ②봄 경치. ¶綢繆一＜舊唐書＞
【歲後】(세후) 설을 쇤 뒤. ↔歲前(세전).
▷嘉一, 間一, 改一, 開一, 客一, 去一, 儉一, 故一, 過一, 舊一, 饋一, 近一, 樂一, 曩一, 來一, 累一, 當一, 同一, 萬一, 晚一, 暮一, 比一, 惜一, 善一, 守一, 首一, 宿一, 熟一, 弱一, 歷一, 年一, 連一, 迎一, 寧一, 往一, 早一, 終一, 千一, 杪一, 髫一, 太一, 荒一, 凶一

13【歳】 歲(p. 812)의 略字
12【訾】 ☞ 言部 5 획 (p. 1379)
12【貲】 ☞ 貝部 5 획 (p. 1425)
12【觜】 ☞ 角部 5 획 (p. 1368)
12【頃】 ☞ 頁部 3 획 (p. 1620)
14【歴】 歷(p. 813)의 略字
13【雌】 ☞ 隹部 5 획 (p. 1592)

15【齒】 部首 글자

12
16【歷】 지낼 력 | 國カ丶 (lì) | れき(ヘル) *pass*

略歴 同厤

풀이 ①지내다. ¶多一年所＜書經＞/經一. ②뛰어넘다. ¶不一位而相與言＜孟子＞ ③모두. ¶一告爾百姓＜書經＞ ④만나다. ¶委厥美而一茲＜楚辭＞ ⑤달력. 通曆. ¶黃帝作一＜漢書＞ ⑥세다. ¶一數. ⑦순서를 세우다. 通厤. ⑧택하다. ¶一吉日＜司馬相如＞ ⑨어지러워지다. ⑩성기다. ¶赤壚一彊肥＜管子＞ ⑪가마. ¶銅一爲棺＜史記＞ ⑫물방울. ¶受斝一 而皆飮之＜周禮＞ ⑬벼락. 通靂. ¶辟一夜明＜漢書＞ ⑭마판. 通櫪. ¶伏一千駟＜漢書＞
【歷官】れきかん(역관) 관직을 거침. 歷任(역임). ¶一十五政＜白居易＞
【歷年】れきねん(역년) ①여러 해를 지냄. 累年(누년). 歷歲(역세). ¶一而不去＜漢書＞ ②한 왕조(王朝)가 왕업을 편 햇수. ¶一長久＜南史＞
【歷代】れきだい(역대) 여러 대를 이음. 代代(대대). 累代(누대). 歷世(역세). ¶一不替＜後漢書＞
【歷覽】れきらん(역람) 하나하나를 봄. 차례차례봄. ¶經世一＜越絕書＞
【歷訪】れきほう(역방) 차례로 방문함. 또는, 명승지 등을 차례로 구경함. 歷問(역문). ¶一閭里人士＜南史＞
【歷仕】れきし(역사) 대대의 임금을 잇달아 섬김. 歷事(역사). ¶熹自一＜晋書＞
【歷史】れきし(역사) ①인류 사회가 변천, 발전하여 온 사실의 기록. ②내력. 경력(經歷).
【歷事】れきし(역사) ☞歷仕(역사).
【歷歲】れきさい(역세) 여러 해를 지냄. 歷年(역년). ¶踰年一＜戰國策＞
【歷數】れきすう(역수) ①일일이 셈. ¶可以一也＜歐陽脩＞ ②달력. 절기(節氣)의 수. 歷算(역산). ¶聖王必定一＜漢書＞ ③운수. 정해진 운명. 曆運(역운). ¶一在于矛躬＜漢書＞
【歷然】れきぜん(역연) 뚜렷한 모양. 歷歷(역력).
【歷日】れきじつ(역일) ①날을 보냄. ②세월. 또는, 달력. 曆日(역일). ¶老去怕看新一＜蘇軾＞
【歷任】れきにん(역임) 여러 벼슬을 차례로 지냄. 「歷官(역관).
【歷戰】れきせん(역전) 여러 차례 전투에 참가함.
【歷節風】(역절풍) 뼈마디가 아프거나 부어 몸을 굽히기 어려운 풍증.
【歷程】れきてい(역정) 지나온 길. 歷路(역로). 過程(과정).
【歷朝】れきちょう(역조) ①대대의 왕조(王朝). ②대대의 임금. ¶一佐命有功＜唐書＞
【歷齒】れきし(역치) 성긴 치아. ¶蓬髮一＜後漢書＞
▷經一, 勤一, 覽一, 來一, 累一, 登一, 綿一, 病一, 巡一, 閱一, 游一, 履一, 資一, 寂一, 典一, 職一, 探一, 通一, 遍一, 學

一, 行一, 橫一

17【𡽪】 躇(p. 1453)와 同字

14
18【歸】 돌아갈 귀 | [國]ㄍㄨㄟ (gui) | き(カエル) *go back*

[古]帰 [俗]婦 [同]皈 䢜

[풀이]①돌아가다. ¶使者一則必拜送于門外<禮記>/一家. ②돌려보내다. ¶一馬于華山之陽<書經> ③시집가다. ¶婦人謂嫁曰一<公羊傳> ④보내다. ¶一孔子豚<論語> ⑤편들다. ¶天下一仁焉<論語> ⑥몸을 의탁하다. ¶一依. ⑦따르다. ¶私惠不一德<禮記> ⑧마치다. ¶一已君乎<呂覽> ⑨죽다. ¶謂死人爲一人<列子> ⑩자수(自首)하다. ¶自一景帝<漢書> ⑪맡기다. ¶一任.

【歸家】きか(귀가) 집으로 돌아감. ¶悉放一<南史>

【歸去來】ききょらい(귀거래) 돌아가자. 來는 어세(語勢)를 강하게 하기 위해 쓰는 조자(助字). ¶一兮 田園將蕪胡不歸<陶潛>

【歸去來辭】ききょらいノじ(귀거래사) 진(晋)대 도잠(陶潛)의 사(辭). 구차스런 벼슬을 그만두고 고향으로 돌아가 유유자적하는 전원생활의 멋을 그린 내용. 辭는 한문의 한 체(體). 소(騷), 부(賦)와 비슷한 운문(韻文). 來는 조자.

【歸結】きけつ(귀결) ①일을 끝맺음. 일의 종국(終局). 結果(결과). ②논의나 추리(推理)의 도달되는 결과. 歸着(귀착). 結着(결착).

【歸京】ききょう(귀경) 서울로 돌아옴. 歸洛(귀락).

【歸耕】きこう(귀경) 벼슬을 그만두고 고향에 돌아가 농사를 지음. 歸農(귀농). 歸畊(귀경). 歸田(귀전). ¶學經不明 不如一<漢書>

【歸國】きこく(귀국) 본국으로 돌아옴. 또는, 고향으로 돌아옴. ¶欲遜位一<晋書>

【歸期】きき(귀기) 돌아갈 시기. 귀환할 기한. ¶何日是一<李白>

【歸納】きのう(귀납) 여러 사실의 일치점을 근거로 하여 일반적 원리를 이끌어내는 일. ¶一法. ↔演繹(연역).

【歸寧】きねい(귀녕) ①시집간 딸이 돌아와 부모의 안부를 물음. ¶一父母<詩經> ②남자가 고향에 돌아가 부모의 안부를 물음. 歸省(귀성). ③제후(諸侯)가 천자를 뵙고 돌아가 자기 나라의 백성을 다스리는 일. ¶一乃國<後漢書> ④집에 돌아가서 장사를 치르는 일.

【歸農】きのう(귀농) ①☞歸耕(귀경). ②놀고 있는 사람을 권면하여 농사를 짓게 함. ¶悉罷遣一<後漢書>

【歸斷】(귀단) [韓] 벌어졌던 일이 끝남.

【歸途】きと(귀도) ☞歸路(귀로).

【歸道山】きどうざん(귀도산) 도산으로 돌아간다는 말로, 도가(道家)에서 죽음을 이르는 말.

【歸路】きろ(귀로) 돌아가는 길. 歸途(귀도). 歸道(귀도). 歸程(귀정). 回程(회정). ¶絶其一<魏志>

【歸馬放牛】きばほうぎゅう(귀마방우) 귀마우 화산지양(歸馬于華山之陽)과 방우우 도림지야(放牛于桃林之野)의 합성어로, 전쟁이 끝남을 뜻함.

【歸馬于華山之陽】ウマヲかざんノようニカエス(귀마우 화산지양) 주(周) 무왕(武王)이 은(殷)을 멸한 뒤 전쟁에 동원했던 마소를 화산 남쪽 지방으로 돌려보낸 옛일에서, 전쟁이 끝남을 이름. ¶一 放牛于桃林之野 示天下弗服<書經>

【歸妹】きまい(귀매) 64괘(卦)의 하나. 태하진상(兌下震上). 곧, 못 위에 우뢰가 이는 모습. 정열에만 흘러 부부의 도(道)를 잃음을 경계하는 상(象).

【歸命】きめい(귀명) ①귀순(歸順). ②《佛》 신명(身命)을 바쳐 삼보(三寶)에 귀의함. ¶一者 以命歸投十方諸佛也<法華嘉祥疏>

【歸沐】きもく(귀목) ①집에 돌아와 머리를 감음. ¶薄言一<詩經> ②관리가 휴가를 얻어 집에서 쉼.

【歸伏】きふく(귀복) ①귀순하여 항복함. 歸降(귀항). ②고향에 돌아와 은거(隱居)함. ¶一田盧<新書>

【歸服】きふく(귀복) 귀순하여 따름. 歸附(귀부). ¶其衆雖多 莫相一<魏志>

【歸附】きふ(귀부) 마음으로 따라 순종함. 歸順(귀순). 歸服(귀복). ¶皆開門一<後漢書>

【歸省】きせい(귀성) 고향에 돌아와 부모를 뵘. 고향을 찾아감. 歸覲(귀근). ¶一客.

【歸屬】きぞく(귀속) ①돌아가 붙음. 부하가 되어 따름. ¶使遠近一<唐書> ②재산, 권리가 자연히 특정인에게 돌아감.

【歸順】きじゅん(귀순) 대적하던 마음을 버리고 복종함. 歸復(귀복). ¶寇盜方一<杜甫>/一勇士.

【歸依】きえ(귀의) ①돌아가 의지함. ②《佛》 신불(神佛)을 신앙하여 의지함. ¶頓令心地欲一<李頎>

【歸一】きいつ(귀일) ①한 곳으로 돌아감. ②하나로 됨.

【歸任】きにん(귀임) ①위임(委任). ¶一三司<後漢書> ②관리가 임지(任地)로 돌아감.

【歸正】きせい(귀정) ①바른 길로 돌아옴. ¶一反本<蜀志>/事必一. ②개심하여 비행(非行)을 그만둠.

【歸程】きてい(귀정) 돌아가는 길. 歸路(귀로). ¶東望羨一<岑參>

【歸正反本】せいニきシモトニカエル(귀정반본) 정도(正道)로 돌아오고 본원으로 돌이킴. ¶海內怨憤一<蜀志>

【歸朝】きちょう(귀조) ①조정에 귀속함. ¶擧族一<舊唐書> ②사신이 본국으로 돌아옴. ③본국으로 돌아옴. 歸國(귀국).

【歸着】きちゃく(귀착) ①돌아옴. ②의론, 의견, 추리(推理) 등이 어떤 결론에 도달함. 歸結(귀결). ¶道方有一<朱子全書>/一點.

【歸天】きてん(귀천) 사람이 죽음.

【歸趨】きすう(귀추) ①돌아감. ¶星行電征 數日—<風俗通> ②귀착하는 곳. 歸着點(귀착점). 歸趣(귀취). 「記>

【歸土】きど(귀토) 사람이 죽음. ¶死必—<禮

【歸航】きこう(귀항) ①배가 돌아오거나 돌아감. 歸港(귀항). ②모항(母港)으로 돌아오는 항해. 또는, 그 항로(航路). ¶晨發泛—<皎然>

【歸鄕】ききょう(귀향) 고향으로 돌아옴. 回鄕(회향). ¶忽然暫—<水經> ↔離鄕(이향).

【歸魂日】(귀혼일) 사람의 나이를 간지(干支)의 8괘(卦)에 맞추어 선택하는 길일(吉日)의 하나.

【歸化】きか(귀화) ①덕에 감화되어 붙좇음. 왕화(王化)에 귀순함. ¶感德—者<高僧傳> ②다른 나라의 국적(國籍)을 얻어 그 국민이 되는 일.

【歸還】きかん(귀환) 돌아감. ¶不久當—<古詩>

【歸休】ききゅう(귀휴) ①집에 돌아가 쉼. ¶—而不肯往<新書> ②선(善)을 남에게 돌림. ¶—乎君<莊子> ③죽음. ¶吾生行—<陶潛>

▷凱—, 告—, 來—, 逃—, 望—, 暮—, 復—, 不—, 不如—, 所—, 遺—, 依—, 適—, 投—, 回—, 懷—

18【踈】 歸(p.814)와 同字

24【顰】 ☞ 頁部 15획(p.1629)

歹(歺)<죽을 사 변>部

歹 歺 ② 死 歼 ④ 歿 歾 殀 ⑤ 殃 殂 殄 殆 ⑥ 𣧛 𣨛 殊 殉 残 殈 ⑦ 殑 殍 ⑧ 殕 殖 殗 殘 殙 ⑨ 殛 ⑩ 殞 殠 ⑪ 殣 殤 殥 ⑫ 殪 殫 ⑬ 殭 殬 殮 ⑭ 殯 ⑮ 殰 殱 ⑰ 殲

0/4【歹】 ① 부서진 뼈 알 ② 나쁠 대 | 曷 ㄜˋ(e) 賄 ㄉㄞˇ(dai) | がつ たい

5【歺】 歹(p.815)과 同字

5【𣦶】 歺(p.815)과 同字

6【列】 ☞ 刀部 4획(p.199)

2/6【死】 죽을 사 | 紙 ㄙˇ(si) | し(シヌ) *die, kill*

同 𣦸 𣦹

풀이 ①죽다. ¶桑穀—<漢書>/—亡. ②죽음. ¶武臣不惜—<宋史> ③죽은 이. 사자(死者). ¶事—如事生<中庸> ④죽이다. ¶殺人者—<史記> ⑤주검. 시체(屍體). 通 屍. ¶求谷吉等—<漢書> ⑥목숨을 걸다. ¶出行乃得—友<後漢書> ⑦결사적이다. ¶越使—士挑戰<史記> ⑧위급하다. ¶陷之—地<孫子>

【死角】しかく(사각) 총포의 사계(射界) 안에서 탄알이 미치지 못하는 곳. ¶—地帶.

【死諫】しかん(사간) 죽음으로써 간함. 또는, 죽음을 각오하고 간함. 「거).

【死去】しきょ(사거) 죽음. 逝去(서거). 卒去(졸

【死境】しきょう(사경) 아주 위험한 곳 또는 경우. 死地(사지). ¶不墮生—<孟郊>

【死苦】しく(사고) ①죽을 고생. 극심한 고난(苦難). ②《佛》 사고(四苦)의 하나로, 죽음의 고통.

【死公】しこう(사공) 줏대가 없고 무기력한 사람을 욕하는 말. ¶—云等道<後漢書>

【死交】しこう(사교) 목숨도 아끼지 않을 정도의 굳은 사귐. ¶忘主—<管子>

【死句】しく(사구) ①시문(詩文)에서, 깊은 뜻이 없는 평범한 구. ¶勿參—<滄浪詩話> ↔活句(활구). ②《佛》 너무 평범하여 선미(禪味)가 없는 구. ¶語中有語名爲—<林間錄>

【死期】しき(사기) ①죽을 때. 末期(말기). 臨終(임종). ¶—將至<列子> ②목숨을 버릴 시기.

【死力】しりょく(사력) 필사의 노력. 全力(전력). ¶極盡—<漢書>

【死亡】しぼう(사망) 죽음. 死去(사거). ¶吾不能—<左氏傳>

【死滅】しめつ(사멸) 죽어 없어짐. 「음.

【死無餘恨】しシテよこんナシ(사무여한) 죽어도 한이 없

【死文】しぶん(사문) ①조문(條文)뿐이고 실제로 활용되지 않는 규정(規定). 空文(공문). ¶—化. ②쓸모없는 문장.

【死魄】しはく(사백) 음력 초하루. ¶惟一月壬辰旁—<書經>

【死別】しべつ(사별) 죽어서 이별함. 永訣(영결). ¶生人作—<古詩>

【死不瞑目】しシテめいもくセズ(사불명목) 한이 많아서 죽어서도 눈을 감지 못함.

【死士】しし(사사) 죽음을 각오한 사람. 결사의 사(士). ¶—盈朝<鄒陽>

【死産】しざん(사산) 죽은 아이를 낳음.

【死相】しそう(사상) ①죽은 사람의 얼굴 모양. ②죽을 상. 죽게 된 사람의 얼굴.

【死傷】ししょう(사상) 사망과 부상. 또는, 사망자와 부상자. ¶—積野<李陵>

【死生】しせい(사생) 죽음과 삶. 死活(사활).

【死生決斷】しせいけつだん(사생결단) 죽음을 무릅쓰고 대들어 끝장을 냄.

【死生關頭】しせいかんとう(사생관두) 생사가 걸린 중요한 고비. 生死關頭(생사관두).

【死線】しせん(사선) 죽을 고비. 죽느냐 사느냐의 위험한 지경.

【死水】しすい(사수) ①흐르지 않는 물. 止水(지수). ↔活水(활수). ②유통하지 않음.

【死守】ししゅ(사수) 목숨을 걸고 지킴.

【死神】ししん(사신) 사람을 죽음으로 이끄는 마신(魔神).

【死藥】しやく(사약) 먹으면 죽는 독약.

【死語】しご(사어) 지금은 쓰이지 않는, 죽은 말. 廢語(폐어).

【死爲酒壺】しシテしゅこトナル(사위주호) 죽어서 술병이 됨. 몹시 술을 즐김의 비유.

【死有餘辜】しシテよこアリ(사유여고) 죽어도 오히려 죄가 남음. ¶猶以爲一<漢書>
【死而不亡】しシテホロビズ(사이불망) 몸은 죽어도 도(道)는 망하지 않음. ¶一者壽<老子>
【死而後已】しシテノチヤム(사이후이) 죽은 후에야 그만둠. 죽을 때까지 끊임없이 노력함을 이름. 斃而後已(폐이후이). ¶一不亦遠乎<論語>
【死因】しいん(사인) 사망 원인.
【死者】しじゃ(사자) 죽은 사람. 死人(사인).
【死藏】しぞう(사장) 활용하지 않고 간직하여 둠. 묵혀 둠.
【死戰】しせん(사전) 죽을 힘을 다하여 싸움. 또는, 그 싸움. 死鬪(사투). ¶堅守一<後漢書>
【死節】しせつ(사절) 죽음으로써 절개를 지킴. 또는, 그 절개. ¶退有一之義<漢書>
【死罪】しざい(사죄) ①죽어 마땅한 죄. 사형에 처할 죄. ¶一時活<韓非子> ②임금에게 상주(上奏)할 때 황공하다는 뜻으로 쓰는 말.
【死罪死罪】しざいしざい(사죄사죄) 편지나 상주문(上奏文)의 끝에 황송하다는 뜻으로 쓰는 말. ¶羲之一<王羲之>
【死中求生】しちゅうニせいヲモトム(사중구생) ☞死中求活(사중구활).
【死中求活】しちゅうニかつヲモトム(사중구활) 죽을 고비에서 살 길을 찾음. 死中求生(사중구생). ¶男子當一 可坐窮乎<後漢書>
【死地】しち(사지) ①죽을 곳. 죽는 곳. ②살아나오기 어려운 처지. ¶臨一不變其儀<淮南子>
【死體】したい(사체) 시체. 死骸(사해).
【死胎】したい(사태) 죽은 태아. ¶一枯燥<後漢書>
【死鬪】しとう(사투) 목숨을 걸고 싸움. 死戰(사전).
【死骸】しがい(사해) ☞死體(사체).
【死刑】しけい(사형) 목숨을 끊는 형벌. ¶一囚.
【死火山】しかざん(사화산) 활동이 완전히 멎은 화산. ↔活火山(활화산).
【死活】しかつ(사활) ☞死生(사생).
【死灰】しかい(사회) ①사그라진 재. ②의욕·생기 없는 사람의 비유. ¶城之氣色如一<六韜> ③마음이 무아 정지(無我靜止)함의 비유. ¶冥心若一<杜甫> ④희읍스름한 빛깔의 비유. ¶面如一色<越絕書>
【死後】しご(사후) 죽은 뒤. ↔生前(생전).
【死後功名】しごノこうみょう(사후공명) 죽은 후에 받은 벼슬이나 시호(諡號)를 이름.
▷假一, 敢一, 客一, 決一, 枯一, 急一, 徒一, 頓一, 凍一, 沒一, 半一, 變一, 病一, 憤一, 不一, 瀕一, 賜一, 生一, 燒一, 水一, 殊一, 殉一, 餓一, 壓一, 佯一, 轢一, 誤一, 獄一, 夭一, 縊一, 溺一, 戰一, 情一, 卽一, 慘一, 致一, 敗一, 必一, 刑一, 橫一

6〖歺〗 死(p.815)와 同字

7〖㱝〗 死(p.815)와 同字

2 6〖歾〗 썩을 후 | 圄 | きゅう

4 8〖歿〗 죽을 몰 | 圄 ㄇㄛˋ (mo) | ぼつ(シヌ) *die*
俗 殁 同 歾
풀이 죽다. 끝남. ¶戰一.
▷隕一, 戰一, 存一

8〖殁〗 歿(p.816)의 俗字

8〖歾〗 歿(p.816)·刎(p.200)과 同字

8〖殉〗 殉(p.817)과 同字

4 8〖殀〗 일찍 죽을 요 | 圄 ㄧㄠˇ (yao) | よう(ワカジニ)
풀이 ①일찍 죽다. ¶一壽不貳<孟子> ②죽이다. ¶不殺胎 不一夭<禮記>

8〖殈〗 凶(p.191)과 同字

5 9〖殃〗 재앙 앙 | 圄 ㄧㄤ (yang) | おう(ワザワイ) *disaster*
풀이 ①재앙. ¶衆以爲一<禮記> ②해를 끼치다. ¶今爾以是一文<國語>
【殃咎】おうきゅう(앙구) ☞殃禍(앙화).
【殃及池魚】ワザワイちぎょニオヨブ(앙급지어) ☞池魚之殃(지어지 앙).
【殃禍】おうか(앙화) 재난. 災殃(재앙). 殃咎(앙구). 殃孽(앙얼). ¶簒殺一竝作<漢書>
▷苛一, 咎一, 百一, 餘一, 災一, 天一, 致一, 被一, 禍一

5 9〖殂〗 죽을 조 | 圄 ㄘㄨˊ (cu) | そ(シヌ) *die*
풀이 죽다. ¶先帝創業未 半而中道崩一<諸葛亮>
【殂落】そらく(조락) ①임금의 죽음. 崩御(붕어). 崩殂(붕조). 徂落(조락). ¶相次一<劉峻> ②나뭇잎 따위가 시들어 떨어짐. 凋落(조락).

5 9〖殄〗 다할 진 | 圄 ㄊㄧㄢˇ (tian) | てん(ツキル) *finish*
풀이 ①다하다. ¶敗國一民<左氏傳> ②끊어지다. ¶不一心憂<詩經> ③죽다. ¶胤嗣一殀<沈約> ④앓다. ⑤병들게 하다. ¶以水一草<周禮> ⑥좋다. 通 腆.
【殄沒】てんぼつ(진몰) 죽어 없어짐.
【殄殲】てんせん(진섬) 남김없이 멸망함. ¶一群頑<柳宗元>
▷戡一, 剋一, 撲一, 消一, 淪一, 湮一, 誅一, 破一, 平一, 暴一

9〖殄〗 殄(p.816)과 同字

5 9〖殆〗 위태할 태 | 圄 ㄉㄞˋ (dai) | たい(アヤフイ) *danger*
풀이 ①위태하다. ¶晋有三不一<左氏傳>/危一. ②의심하다. ¶故相與往一乎晋也<公羊傳> ③두려워하다. ④지치다. ¶以有涯隨無涯 一已<莊子>

⑤거의. ¶此一空言<漢書>/一半. ⑥다가서다. ¶無小人一<詩經> ⑦반드시. ⑧처음. ¶一及公子同歸<詩經> ⑨게을리하다. 通怠. ¶思而不學則一<論語> ⑩다스리다. ¶彊一中國<荀子>

【殆無】(태무) 거의 없음.
【殆半】(태반) 거의 절반.
▷困一, 欺一, 百戰不一, 危一, 疲一

9【殙】 殙(p.819)과 同字

6 10【殈】 죽을 락 | 圖 | らく die

6 10【殑】 혼미할 란 | 翻 | らん stupid

6 10【殊】 죽일 수 | 圜 ㄕㄨ (shu) | しゅ(コロス) kill

풀이 ①죽이다. ¶今世一死者相枕<莊子> ②끊다. ¶斷其後之木而不一<左氏傳> ③죽다. 거의 죽게 됨. ¶一而走<史記> ④결심하다. ¶皆一死戰<史記> ⑤다르다. ¶特一. ⑥특별하다. 매우. ¶有一不知愼者<呂覽> ⑦지나다. ¶母氏年一七十<後漢書> ⑧떨어지다. 멀어짐. ¶一身而後止<管子> ⑨크다. ¶超一棒<張衡>

【殊功】しゅこう(수공) 뛰어난 공훈. 殊勳(수훈). 殊效(수효). 殊績(수적). ¶新敗濟上立一<張籍>
【殊常】しゅじょう(수상) 보통과 다름. 이상함. 非常(비상). ¶建一之勳<晉書>
【殊勝】しゅしょう(수승) ①특히 뛰어남. ¶天然一<朱熹> ②기특함.
【殊域】しゅいき(수역) 외국. 異域(이역). ¶一旣賓<晉書> 「一<魏志>
【殊裔】しゅえい(수예) 먼 오랑캐 나라. ¶包擧
【殊恩】しゅおん(수은) 특별한 은혜. 殊寵(수총). ¶陛下一<後漢書>
【殊異】しゅい(수이) ①다름. 또는, 달리함. ②특히 다름. 또는, 심히 다름. 特異(특이). ¶望一之寵<應璩>
【殊庭】しゅてい(수정) 봉래산에 있다는, 신선이 사는 곳. 殊廷(수정). ¶幾至一焉<漢書>
【殊操】しゅそう(수조) 뛰어난 지조(志操). ¶弱冠有一<晉書>
【殊品】しゅひん(수품) ①종류를 달리함. 異類(이류). ¶水物一<左思> ②뛰어난 물품. 絕品(절품). 逸品(일품).
【殊勳】しゅくん(수훈) ☞殊功(수공).
▷魁一, 等一, 萬一, 勿一, 不一, 優一, 差一, 卓一, 特一, 懸一

6 10【殉】 따라 죽을 순 | 圜 ㄒㄩㄣˋ (xun) | じゅん(トナウ)

풀이 ①따라 죽다. ¶旅人慕一<漢書>/一死. ②따르다. ¶貪夫一財<史記> ③구하다. 탐함. ¶敢有一于貨色<書經> ④영위하다. ¶豈余身之足一兮<漢書> ⑤순회하다. ¶一尸不肯去<後漢書>

【殉教】じゅんきょう(순교) 신앙하는 종교를 위하여 목숨을 바침.
【殉國】じゅんこく(순국) 나라를 위하여 목숨을 바침. 殉難(순난). ¶一先烈.
【殉道】じゅんどう(순도) 도(道)를 위하여 일신을 희생함. ¶天下無道 以身一<孟子>
【殉名】じゅんめい(순명) 명예를 위하여 목숨을 버림. ¶士則以身一<莊子>
【殉死】じゅんし(순사) ①나라를 위하여 목숨을 바침. ②죽은 이를 따라 죽음.
【殉葬】じゅんそう(순장) 죽은 사람을 따라 그 무덤에 함께 묻히거나 묻음. ¶殺人一<後漢書>
【殉節】じゅんせつ(순절) ①신하로서 충절(忠節)을 지켜 죽음. ②아내로서의 절개를 지켜 목숨을 버림. ¶一以死<古史> 「잃음.
【殉職】じゅんしょく(순직) 직무를 수행하다가 목숨을
▷慕一, 無一, 外一

10【残】 殘(p.818)의 俗字

6 10【殈】 알깨질 혁 | 陌 | けき

7 11【殑】 까무러칠 긍 | 圜 ㄑㄧㄥˊ (qing) | きょう swoon

풀이 ①까무러치다. ②유령(幽靈)이 나타나다.

7 11【殍】 굶어죽을 표 | 篠 ㄆㄧㄠˇ (piao) | ひょう

풀이 ①굶어죽다. ¶中州無一餓<梅堯臣> ②굶어죽은 주검. 아사자(餓死者). ¶野有餓一<孟子>

11【殕】 殍(p.817)의 俗字

8 12【殕】 1 썩을 부 | 宥 ㄈㄛˊ (bo) | ふ
2 쓰러질 복 | 職 | ぼく

8 12【殖】 번성할 식 | 職 ㄓˊ (zhi) | しょく(フエル) prosper

풀이 ①번성하다. ¶惡不一<國語>/蕃一. ②자라다. ¶則民一矣<管子> ③붇다. 불림. ¶不一貨利<書經> ④심다. ¶靡不畢一<潘岳> ⑤세우다. 通植. ¶封一越國<國語> ⑥곧다. 通直. ⑦썩다.

【殖利】しょくり(식리) 이익을 늘리고 재물을 불림. 利殖(이식).
【殖民】しょくみん(식민) 국외의 미개지에 국민을 이주시킴. 또는, 그 이민(移民). 植民(식민). ¶一地.
【殖產】しょくさん(식산) ①재산을 불림. 殖財(식재). 殖貨(식화). ¶頗一伊川占膏腴<唐書> ②산물을 불림. 생산을 늘림.
【殖財】しょくざい(식재) ☞殖產(식산).

▷墾—, 耕—, 蓄—, 繁—, 富—, 產—, 生—, 利—, 滋—, 拓—, 播—, 豊—, 學—, 貨—

8/12 【殗】 1 앓을 업 2 죽을 엄 | 漢ㄧㄝˋ(ye) よう(ヤム) ill | 廣ㄧㄢ(yan) えん(シヌ)

풀이 1①앓다. ②겹치다. ¶重葩—葉<左思> 2죽다.

8/12 【殘】 해칠 잔 | 漢ㄘㄢˊ(can) | ざん(ノコル) injure
俗残 同戔

풀이 ①해치다. ¶—賊之人<孟子>/相—. ②상해(傷害). ¶是天下之大—也<漢書> ③잔인하다. ¶嚴而不—<漢書>/—酷. ④미워하다. ¶張儀之—樗里疾也<戰國策> ⑤포악하다. ¶—吏放手<後漢書> ⑥흉악한 사람. ¶爲天下除—<史記> ⑦남다. 나머지. ¶專己守—<漢書>/食—. ⑧삶은 고기. ¶羊—.

【殘更】ざんこう(잔경) 오경(五更)의 나머지란 뜻으로, 새벽 4시경. ¶郵亭結束問—<張耒>
【殘高】ノコリダカ(잔고) 나머지 금액. 殘額(잔액).
【殘膏賸馥】ざんこうじょうふく(잔고잉복) 남은 기름과 향기라는 말로, 후세까지 남은 유풍이나 여향(餘香)을 이름. 餘澤(여택).
【殘金】ざんきん(잔금) ①쓰고 남은 돈. 갚다 남은 돈. ②황금을 부스러뜨림. ¶碎玉—<法書要錄> ③희미해진 황금색. ¶顧尾惜—<王建>
【殘期】ざんき(잔기) 나머지 기간.
【殘黨】ざんとう(잔당) 남은 무리. 殘徒(잔도). 餘黨(여당). ¶—畏誅<唐書>
【殘徒】ざんと(잔도) ☞殘黨(잔당).
【殘冬】ざんとう(잔동) 늦겨울. ¶古寺—倍悄然<薛蕙>
【殘燈】ざんとう(잔등) 밤 늦게 남아 있는 희미한 등불. 殘釭(잔강). 殘燭(잔촉). ¶挑盡—秋夜長<白居易>
【殘曆】ざんれき(잔력) ①연말의 남은 날짜. 曆尾(역미). ②남은 나이. 餘生(여생). 餘年(여년).
【殘留】ざんりゅう(잔류) 남아 처져 있음.
【殘亡】ざんぼう(잔망) 싸움에 패하여 망함. 또는, 쇠잔하여 없어짐. 殘滅(잔멸). ¶國家—身爲刑戮<墨子>
【殘梅】ざんばい(잔매) 철이 지난 뒤에 핀 매화. 또는, 지지 않고 남은 매화.
【殘氓】ざんぼう(잔맹) ☞遺民(유민).
【殘猛】ざんもう(잔맹) 잔인하고 사나움. ¶寒鋒助—<楊維楨>
【殘滅】ざんめつ(잔멸) 쇠잔하여 없어짐. 또는, 침해당하여 망함. 殘亡(잔망). 殘廢(잔폐). ¶項羽諸所過 無不—<史記>
【殘命】ざんめい(잔명) 쇠잔한 목숨. 餘命(여명).
【殘務】ざんむ(잔무) ①다 처리하지 못하여 남은 사무. ②남은 근무.
【殘民】ざんみん(잔민) 피폐한 백성. ¶風物感—<楊維楨>
【殘班】(잔반) 가세가 쇠잔한 양반.
【殘飯】ざんぱん(잔반) 먹고 남은 밥. 대궁.
【殘兵】ざんぺい(잔병) ①싸우고 남은 병사. 餘兵(여병). ②패한 싸움에서 살아 남은 병사. 敗殘兵(패잔병).
【殘匪】ざんぴ(잔비) 소탕되고 남은 비적.
【殘山】ざんざん(잔산) 풍우에 깎인 산. 또는, 전란이나 망국 후에 남은 산. ¶—碣石開<杜甫>
【殘山剩水】ざんざんじょうすい(잔산잉수) 망한 나라의 산천. 또는, 전란으로 황폐한 산야. ¶都在—中<王燧>
【殘像】ざんぞう(잔상) 자극이 지난 뒤에도 한동안 감각에 남아 있는 자극의 상(像). 특히 시각(視覺)에 현저하며, 영화는 이를 이용한 것임.
【殘暑】ざんしょ(잔서) ①늦여름의 쇠잔한 더위. ②초가을의 더위. 老炎(노염). 餘炎(여염). 殘炎(잔염). ¶—蟬催盡 新秋雁帶來<白居易>
【殘曙】ざんしょ(잔서) 새벽녘. ¶—微星當戶沒<溫庭筠>
【殘雪】ざんせつ(잔설) ①녹다 남은 눈. ¶風兼—收<于良史> ②봄까지 남아 있는 눈. ¶—帶春風<王維>
【殘星】ざんせい(잔성) 새벽 하늘의 별. ¶月沒尙—<許渾>
【殘惡】ざんあく(잔악) 잔인하고 악랄함.
【殘額】ざんがく(잔액) 나머지 금액. 殘金(잔금).
【殘夜】ざんや(잔야) 새벽녘. 未明(미명). ¶—水明樓<杜甫>
【殘陽】ざんよう(잔양) ①석양. 斜陽(사양). 殘日(잔일). ¶—半掩門<許渾> ②늦여름의 볕.
【殘餘】ざんよ(잔여) ①나머지. 剩餘(잉여). ¶狼藉烏鳥爭—<歐陽脩> ②재해 속에서 살아 남음. ¶育—之民<吳志>
【殘炎】ざんえん(잔염) ☞殘暑(잔서).
【殘塋】ざんえい(잔영) 허물어진 무덤. ¶斷碑荒草—<高啓>
【殘月】ざんげつ(잔월) 새벽녘 달. ¶飛霜遙度海—迴臨邊<陳子昂>
【殘邑】ざんゆう(잔읍) 피폐한 고을. 薄邑(박읍). ¶派及—<福惠全書>
【殘忍】ざんにん(잔인) 인정이 없고 모짊. 冷酷(냉혹). 刻薄(각박). ¶—不仁<魏志>
【殘日】ざんじつ(잔일) ①석양. 殘陽(잔양). 殘照(잔조). ¶陰雲帶—<李頎> ②남은 일수.
【殘滓】ざんし(잔재) 남은 찌꺼기. ¶封建—.
【殘賊】ざんぞく(잔적) ①인의(仁義)를 해침. 또는, 그 사람. 맹자(孟子)는 인(仁)을 해침을 적(賊), 의(義)를 해침을 잔(殘)이라 함. ¶賊仁者謂之賊 賊義者謂之殘 —之人謂之一夫<孟子> ②남은 도둑이나 역적. 餘賊(여적).
【殘敵】ざんてき(잔적) 남은 적.
【殘錢】(잔전) 쓰고 남은 돈. 잔금(殘金)①.
【殘存】ざんそん(잔존) 남아 있음.
【殘醜】ざんしゅう(잔추) 남은 악당. 餘醜(여추). 遺醜(유추). ¶犬羊— 消淪山谷<陳琳>
【殘敗】ざんぱい(잔패) 쇠잔하여 패함.
【殘片】ざんぺん(잔편) 남은 조각.
【殘編斷簡】ざんぺんだんかん(잔편단간) 흩어져 온전하지 못한 책이나 글발. 斷編殘簡(단편잔

간). ¶—出於壁中<歐陽脩>
【殘夏】ざんか(잔하) 늦여름. 晩夏(만하). ¶野寺渡—<周朴>
【殘虐】ざんぎゃく(잔학) 잔인하고 포악함. 殘暴(잔포). 賊虐(적학). ¶肆爲— 人益不附<唐書>
【殘骸】ざんがい(잔해) ①주검. 死骸(사해). ②불타거나 썩고 남은 뼈대.
【殘香】ざんこう(잔향) 남은 향기. 餘香(여향). ¶冷爐—共寂寥<趙鼎>
【殘鄕】ざんこう(잔향) 쇠잔한 향촌.
【殘戶】ざんこ(잔호) 피폐한 민가(民家).
【殘酷】ざんこく(잔혹) 잔인하고 가혹함. 殘虐(잔학). ¶天下邦國之君不爲—<詩經·注>
【殘花】ざんか(잔화) 지고 남은 꽃. 또는, 빛이 바래고 향기가 없어진 꽃. 殘英(잔영). ¶今日—昨日開<崔惠童>
【殘兇】ざんきょう(잔흉) ①남은 악당. ②잔학한 악당.
【殘痕】ざんこん(잔흔) 남은 자취. 痕跡(흔적). ¶張餘野水有—<陸游>
▷老—, 漏—, 相—, 衰—, 零—, 除—, 凋—, 摧—, 侵—, 殫—, 敗—, 廢—, 荒—

8 12【殙】 어리석을 혼 | 元ㄏㄨㄣ (hun) | こん foolish
풀이 ①어리석다. ⓐ惛. ¶以黃金注者—<莊子> ②앓다. ③어려서 죽다. ④불쌍히 여기다.

9 13【殛】 죽일 극 | 職ㄐㄧˊ (ji) | きょく(コロス) kill
풀이 ①죽이다. 사형에 처함. ¶—鯀于羽山<書經> ②꾸짖다. ¶是糾是—<左氏傳>
▷糾—, 明—, 放—, 罰—, 流—, 誅—, 竄—

13【飱】 ☞食部 4획(p.1636)
13【歹昬】 殙(p.819)의 本字
13【歹咼】 禍(p.1097)와 同字
14【歹冥】 冥(p.186)과 同字
14【歹府】 腐(p.1237)와 同字

10 14【殞】 죽을 운 | 軫ㄩㄣˇ (yun) | いん die
풀이 ①죽다. ¶尙復投—<梁書>/—死. ②떨어지다. ⓐ隕. ¶槁葉夕—<潘岳>/—石.
【殞感】(운감) 제사 때 차려 놓은 음식을 귀신이 맛봄. 歆饗(흠향).
【殞命】いんめい(운명) ☞隕命(운명).
▷凋—, 秋—, 灰—

10 14【殠】 썩은 냄새 추 | 宥ㄔㄡˋ (chou) | しゅう

11 15【殣】 굶어 죽을 근 | 震ㄐㄧㄣˋ (jin) | きん starve
풀이 ①굶어 죽다. ¶道—相望<國語> ②묻다. 시체를 묻음. ¶馳輦—之<魏書> ③찾아뵙다. ⓐ覲. ¶—冀親以肆章<漢書>

15【歹翏】 戮(p.608)의 俗字

11 15【殤】 일찍 죽을 상 | 陽ㄕㄤ (shang) | しょう(ワカジニ)
풀이 일찍 죽다. 20세 이전에 죽음. ¶未二十而死曰—<釋名>
【殤服】しょうふく(상복) 옛날, 8~19세 사이에 죽은 자녀에 대한 복제(服制). 16~19세를 장상(長殤)이라 하여 대공(大功 ; 아홉 달), 12~15세를 중상(中殤)이라 하여 소공(小功 ; 다섯 달), 8~12세를 하상(下殤)이라 하여 시마(緦麻 ; 석 달)의 복(服)을 입었으며, 7세 이하는 입지 않았음.
▷嫁—, 國—, 無服—, 三—, 夭—, 長—, 中—, 之—, 彭—, 下—, 杏—

11 15【殥】 멀 인 | 眞 | いん(トオイ)

15【歹宿】 縮(p.1188)과 同字

12 16【殪】 쓰러질 에 | 霽ㄧˋ (yi) | えい(タオレル, ツクス) exterminate
풀이 ①쓰러지다. 쓰러뜨림. ②숨이 막혀 죽다. 숨을 막아 죽임. ¶—而不避<孔子家語> ③한 살[矢]에 쏘아 죽이다. ¶—此大兕<詩經> ④다하다. 다 써 버림. ¶將可—也<左氏傳>
▷馬—, 射—, 殞—

12 16【殫】 다할 탄 | 寒ㄉㄢ (dan) | たん(ツクス) exhaust
풀이 ①다하다. 다 없앰. ¶—天下之財<漢書>/—竭. ②쓰러지다. 쓰러뜨림. ¶楥梀先—<爾雅> ③앓다. ¶—盡大半<淮南子> ④두루. 죄다. 널리. ¶—見洽聞<班固>
【殫洽】たんこう(탄흡) 죄다 보고 흡족히 듣는다는 뜻으로, 견문(見聞)이 넓음을 이르는 말. 殫見洽聞(탄견흡문). ¶援據—<葉適>
▷力—, 智—, 飄—, 疲—

13 17【殭】 굳어질 강 | 陽ㄐㄧㄤ (jiang) | きょう(カタクナル) harden
풀이 ①굳어지다. 몸뚱이가 굳어져 죽음. ¶—尸. ②희게 말라 죽은 누에. ¶—蠶.
【殭尸】きょうし(강시) ①얼어 죽은 송장. 동시(凍屍). ②죽은 지 오래 되어 비바람에 바랜 시체. 또는, 여귀(厲鬼)로 변하여 사람을 해친다는 주검.

13 17【殬】 썩을 두 | 遇 | と

13 17【殮】 염할 렴 | 豔ㄌㄧㄢˋ (lian) | れん(カリモガリ)

풀이 ①염하다. 염습함. ¶小一於戶內 大一於阼<禮記> ②대렴(大殮). 소렴(小殮)한 이튿날, 송장에게 옷을 거듭 입히고 이불로 싸서 베로 묶는 일.

【殮具】れんぐ(염구) 염습에 쓰는 기구.

【殮襲】れんしゅう(염습) 죽은 사람의 몸을 씻긴 뒤에 옷을 입히고 염포(殮布)로 묶는 일. 襲殮(습렴). 殮(염).

【殮匠】れんしょう(염장) 염습하는 일을 업으로 삼는 사람. 염장이.

【殮布】れんぷ(염포) 염습할 때 시체를 묶는 베.

▷大一, 小一, 殯一, 襲一

14 18 【殯】 대렴할 빈 | 中 ㄅㄧㄣˋ (bin) | ひん(カリモガリ)

源 會意·形聲. 죽은 이[歹]를 손님 삼아[賓]곁에 둔다는 뜻. 「賓」이 음을 이룸.

풀이 ①대렴하다. 초빈(草殯)함. 입관 후 장사 지낼 때까지 안치함. ¶朋友死無所歸 日 於我一<論語>/一所. ②파묻히다. 매몰됨. ¶道帙長一<孔稚珪> ③손. 빈객. 通 賓. ¶奠而后辭於一<禮記>

【殯宮】ひんきゅう(빈궁) ①발인(發靷)할 때까지 천자의 관(棺)을 안치하던 궁전. ②韓 발인할 때까지 왕세자·빈궁(嬪宮)의 관을 모신 곳.

【殯穸】ひんせき(빈석) 장사지낼 때까지 입관한 시체를 안치하는 구덩이.

【殯所】(빈소) ①발인 때까지 관을 안치하는 곳. ②상기(喪期) 동안 영위(靈位)를 모셔 두는 곳.

【殯殿】ひんでん(빈전) 발인(發靷) 때까지 왕이나 왕비의 관을 모신 궁전.

▷歸一, 祓一, 虞一, 帷一, 臨一

18 【[歹薤]】 薤(p.1308)와 同字

15 19 【殰】 낙태할 독 | 中 ㄉㄨˊ (du) | とく

19 【殱】 殲(p.820)의 俗字

17 21 【殲】 다죽일 섬 | 中 ㄐㄧㄢ (jian) | せん *annihilate*

源 會意·形聲. 부추(韭)를 도마 위에 놓고 다지듯이 사람을 모두 창(戈)으로 죽인다(死)는 뜻.

풀이 ①다 죽이다. 섬멸(殲滅)함. ¶一厥渠魁<書經> ②섬멸당하다. ¶齊人一于遂<春秋>

【殲滅】せんめつ(섬멸) 모두 무찔러 멸망시킴. 또는, 여지없이 멸망함. 殄滅(진멸).

▷剋一, 兵一, 殄一, 盡一

殳<갖은등글월문>部

殳 ④ 殴 ⑤ 段 ⑥ 殺 殷 ⑦ 殺 ⑧ 殼 殽 ⑨ 殿 毀 毁 ⑩ 毃 毄 ⑪ 毆 毅 ⑫ 毈 ⑬ [鼎殳]

0 4 【殳】 창 수 | 中 ㄕㄨ (shu) | しゅ(ツエボコ)

풀이 ①창. 길이 1장(丈) 2척(尺)의 8모 창. 몽둥이. ¶伯也執一<詩經> ②나무 지팡이. ¶搢笏杖一<淮南子> ③韓 부수 이름. 갖은등글월문. 등글월문[攵]의 갖은자라는 뜻. ④서체 이름. ¶一書.

【殳書】しゅしょ(수서) 진서 팔체(秦書八體)의 하나. 수(殳) 따위 병기에 쓰는 서체. ¶秦書有八體 … 七日一<許愼>

8 【殴】 毆(p.823)의 略字

5 9 【段】 구분 단 | 中 ㄉㄨㄢˋ (duan) | だん(ワカチ) *grade*

풀이 ①구분. ¶講說有區一次第<南史> ②문장이나 말의 단락을 세는 단위. ¶三一構成. ③조각. 단편(斷片). ¶揮劍截蛟 數一而去<晉書>/片一. ④층층대의 턱을 이룬 낱개. ¶階一. ⑤방법. ¶手一. ⑥반 필. 20자. ¶吹帛一一<金史> ⑦피륙. 포목. 직물. 같 緞. ¶賜茶葉綵一<十國春秋> ⑧덩어리. ¶凝爲一一愁<李邕> ⑨가지. 종류. ¶因賜物百一<舊唐書> ⑩유도·바둑 등의 등급. ¶九一. ⑪韓 300평되는 땅의 넓이. ¶五一步.

【段階】だんかい(단계) ①일의 차례를 따라 나아가는 과정. 순서. ②층계. 계단.

【段落】だんらく(단락) ①긴 문장을 몇 토막으로 나눈 각 부분. ②일이 다 된 끝. 結末(결말).

【段脩】だんしゅう(단수) 얇게 저미어 말린 고기. 脯(포). 段은 腶.

【段食】だんじき(단식)〔佛〕사식(四食)의 하나. 일반 음식물.

【段氏】だんし(단씨) 대장장이. 段은 鍛.

▷階一, 款一, 坵一, 區一, 大一, 別一, 分一, 上一, 手一, 有一者, 前一, 綵一, 片一, 下一, 後一

9 【[号殳]】 殺(p.820)과 同字

10 【[肖殳]】 殼(p.822)의 本字

10 【般】 ☞ 舟部 4획(p.1260)

6 10 【殺】 1 죽일 살 2 덜 쇄 | 中 ㄕㄚ (sha) 中 ㄕㄞˋ (shai) | さつ(コロス) *kill* さい(ヘラス)

本 殺 同 杀 𣪘

풀이 1 ①죽이다. ¶刺人而一之<孟子>/一害. ②베다. ¶利以一草<禮記> ③제거하다. ¶一生. ④부수다. 깨뜨림. ¶一風景. ⑤마르다. ¶一草. ⑥어수선하다. ⑦희생물. ¶牲一器皿<孟子> ⑧쓸쓸하다. ¶陰一. ⑨깎아내다. 삭제함. 通 摋. ¶抹一. ⑩어세(語勢)를 강하게 하는 조자(助字). ¶愁一樓蘭征戍兒<岑參> 2 ①덜다. 저밈. ¶非帷裳

必一之<論語>/減一/相一. ②쇠하다. [通]衰. ¶隆一. ③차이. 등차. ¶親親之一也<禮記> ④바느질하다. ⑤곡식이 익지 않다. ⑥감(減)하다. ⑦조급히 굴다. 조급하여 말이 빨라짐. ¶其聲嘸以一<禮記> ⑧매우. 몹시. ¶東風勿一吹<白居易>/惱一/忙一.

【殺菌】さっきん(살균) 병균을 죽임. 滅菌(멸균). ¶一劑.

【殺氣】さっき(살기) ①소름이 끼치도록 무시무시한 기운. ¶一騰騰. ②추운 철에 초목을 시들게 하는 찬 기운. ¶北地寒 一早降<史記> 「있는 모양.

【殺氣騰騰】さっきとうとう(살기등등) 살기가 잔뜩나

【殺氣衝天】さっきてんヲツク(살기충천) 살기가 하늘을 찌를 듯이 가득함.

【殺年】さつねん(살년) 크게 흉년이 든 해. ↔有年(유년). 「인 원수.

【殺父之讐】さつぶノアダ(살부지 수) 제 아버지를 죽

【殺傷】さっしょう(살상) 죽이거나 상처를 입힘.

【殺生】せっしょう(살생) ①죽임과 살림. 生殺(생살). ¶一與奪. ②생물을 죽임. ¶一有擇<圓光> ③《佛》 10악(惡)의 하나로, 산 목숨을 죽이는 일. 5계(五戒)의 하나.

【殺星】さっせい(살성) ①북두칠성(北斗七星) 중 다섯 번째의 별. 옥형(玉衡)을 이름. ②[韓] 인명(人命)을 맡았다고 하는 흉한 별.

【殺身】さっしん(살신) 목숨을 버림. 捨身(사신). ¶一以成仁<論語>

【殺身成仁】ミヲコロシテじんヲナス(살신성인) 제 몸을 희생하여 인(仁)을 이룸. 곧, 제 몸을 세상을 위해 바침. 「죄를 주어 죽임.

【殺戮】さつりく(살육←살륙) 무참하게 죽임. 戮은

【殺意】さつい(살의) 사람을 죽이려는 의사.

【殺人】さつじん(살인) 사람을 죽임. ¶一犯.

【殺人鬼】さつじんき(살인귀) 함부로 사람을 죽이는 악한 놈. 殺人魔(살인마).

【殺人魔】さつじんま(살인마) ☞殺人鬼(살인귀).

【殺人未遂】さつじんみすい(살인미수) 살인을 하려다가 어떤 장애로 인하여 죽이지 못함.

【殺人者死】さつじんしゃシヌ(살인자 사) 사람을 죽인 자는 마땅히 사형에 처함.

【殺蟲劑】さっちゅうざい(살충제) 농작물이나 인축(人畜)을 해치는 벌레를 죽여 없애는 약품.

【殺風景】さっぷうけい(살풍경) ①풍경을 감쇄(減殺)함. 풍아(風雅)한 정취를 잃게 함. ②매몰차고 흥취가 없음. 無趣味(무취미). 無風流(무풍류). ③살기를 띤 광경.

【殺害】さつがい(살해) 사람을 죽임.

【殺活】さっかつ(살활) 죽임과 살림. 生殺(생살). 殺生(살생)①.

【殺到】さっとう(쇄도) 세차게 몰려 듦. 한꺼번에 와 몰려 듦. ¶一神亭嶺下<三國演義>

【殺下】さいか(쇄하) ①아래쪽이 점점 여윔. 또는, 볼이 야윔. ②수척한 뺨. ¶豊上而一<淮南子>

▷減一, 彊一, 格一, 擊一, 故一, 撾一, 絞一, 矯一, 拘一, 坑一, 濫一, 惱一, 屠一, 毒一, 抹一, 妄一, 忙一, 誣一, 撲一, 搏一, 焚一, 批一, 射一, 相一, 生一, 笑一, 燒一, 愁一, 讐一, 肅一, 襲一, 餓一, 暗一, 壓一, 掩一, 誤一, 流一, 幽一, 誘一, 陰一, 縊一, 自一, 炙一, 殘一, 杖一, 戕一, 族一, 誅一, 鴆一, 斬一, 刺一, 擲一, 擅一, 銃一, 追一, 捶一, 他一, 笞一

6/10 【殷】 [1]성할 은 [2]소리 은 [3]받을 은 [4]검붉은 빛 안 | [眞] ㄧㄣ(yin) [吻] ㄧㄣˇ(yin) [問] [刪] ㄧㄢ(yan) | いん (サカン) *prosper* あん

[풀이][1] ①성하다. 충실하여 번성함. ¶方事之一<左氏傳>/一盛. ②많다. 풍요로운 모양. ¶一其盈矣<詩經>/一阜. ③크다. ¶主人具一奠之禮<禮記> ④깊다. ¶在一憂而弗違<陸機> ⑤바로잡다. ¶一之以中國<法言> ⑥해당하다. ¶衡一中州<史記> ⑦근심하다. ¶慕類抱情一<顔延之> ⑧은근하다. ¶一勤. ⑨나라 이름. 왕조 이름. 중국의 삼대(三代)의 하나. ¶夏一周. [2]①소리. 천둥·포성(砲聲) 따위의 우렁찬 소리. 또는, 그 형용. ¶一其靁 在南山之陽<詩經> ②흔들다. 진동함. ¶一天動地<漢書> [3]받다. 해를 입음. ¶其不一 非天之罪<莊子> [4]검붉은 빛. ¶赤珠滴血一<白居易>/朱一.

【殷鑑不遠】いんかんトオカラズ(은감불원) 은(殷)이 거울삼을 것은 멀리 있지 않음. 곧, 바로 전대(前代)의 하(夏)가 멸망한 원인을 보아 안다는 뜻으로, 남의 실패를 자기의 경계로 삼을 수 있다는 말. 殷鑒(은감). ¶一 在夏后之世<詩經>

【殷同】いんどう(은동) 주(周)대의 제도로서, 천자가 순수(巡狩)하지 않을 때 제후(諸侯)가 함께 천자에게 알현하는 일. ¶若不巡守則一<周禮·注>

【殷富】いんぷ(은부) 재물이 넉넉하고 번영함. ¶海內一 興於禮義<史記>

【殷商】いんしょう(은상) 중국 고대에 탕왕(湯王)이 창건한 왕조. 처음에 상(商)이라 하다가 뒤에 은(殷)으로 개칭함. 「창).

【殷盛】いんせい(은성) 번영하여 성함. 殷昌(은

【殷紂】いんちゅう(은주) 은(殷)의 주왕(紂王). 하(夏)의 걸왕(桀王)과 더불어 중국 고대의 폭군으로 유명함. 주(周)의 무왕(武王)에게 멸망됨.

【殷墟】いんきょ(은허) 은(殷)의 도읍이 있던 곳으로 지금의 하남성 안양현(安陽縣) 소둔(小屯) 땅. 1899년 이래, 고문자(古文字)가 새겨진 귀갑수골(龜甲獸骨)을 비롯하여 청동기·토기·상아 등이 발굴되어 중국 고대 역사 연구에 중요한 자료가 됨.

【殷墟書契】いんきょしょけい(은허서계) 청(淸) 광서(光緖) 연간에 발굴된 갑골 문자(甲骨文字) 수만 편(片)을 나진옥(羅振玉)이 정선하여 탁본(拓本)으로 만든 책. 전편 6권, 후편 2권, 속편 6권. 書契는 사물을 표시하는 부호로서의 글자.

【殷戶】いんこ(은호) 있는집. 부자집. 富豪(부

호).
▷大一, 鳴一, 彌一, 純一, 力一, 寧一, 殷一, 情一, 朱一, 豊一, 夏一

11【𣪊】 敢(p.684)의 古字

11【殺】 殺(p.820)의 本字

8
12【殼】 껍질 각 | 覺ㄑㄧㄠˋ(qiao) ㄎㄜˊ(ke) | かく (カラ) *shell*

풀이 ①껍질. ㉮조개나 알의 껍데기. ¶乳氣初離一<白居易>/卵一/介一. ㉯과실의 두꺼운 껍질. ¶栗子皮荔枝一<李商隱雜纂> ㉰물체의 표면을 덮은 딱딱한 외피(外皮). ¶地一/甲一. ②두드리다. 침. ¶君將一之<左氏傳> ③씨. 껍데기 속의 알맹이. 과핵(果核). ¶剖椰子之一<張協>
▷介一, 甲一, 堅一, 卵一, 蟬一, 蠣一, 地一, 塵一, 皮一

12【㱿】 嗀(p.311)과 同字

8
12【殽】 1 섞일 효 2 본받을 효 | 肴ㄒㄧㄠˊ(xiao) 效 | こう (マジエル) *mixed*

풀이 1 ①섞이다. 通淆. ¶賢不肖渾一<漢書>/一雜. ②어지럽다. ¶一亂. ③안주. 같肴. ¶一核維旅<詩經>/一膳. 2 본받다. 같效. ¶夫禮必本於天一於地<禮記>
▷嘉一, 牲一, 肉一, 殘一, 左一, 酒一, 粢一, 混一

13【𣪠】 毄(p.823)의 訛字

13【彀】 ☞ 弓部 10획(p.535)

9
13【殿】 대궐 전 | 殿ㄉㄧㄢˋ(dian) | てん, でん(トノ) *palace*

풀이 ①대궐. 전각. 높고 크고 웅장한 건물. ¶金一玉樓/一閣. ②천자의 거처. ¶始作前一<史記> ③절. 불사(佛寺). ¶佛一. ④존칭. ¶一下. ⑤후미부대(後尾部隊). ¶寘諸戎車之一<左氏傳>/一軍/一後. ⑥치적(治績)에서 맨 아랫 등급의 성적. ¶以一爲最 五爲中 九爲一<春秋繁露> ⑦진정하다. 진압하여 안정시킴. 通鎭. ¶一天子之邦<詩經> ⑧신음하다. ¶一屎.

【殿角】でんかく(전각) 궁전 지붕의 모서리. ¶一相參差<白居易>

【殿閣】でんかく(전각) ①임금이 사는 큰 집. 御殿(어전). ②전(殿)·각(閣)의 이름이 붙은 큰 집의 통칭.

【殿講】(전강)韓 조선 성종 이후, 성균관의 학식이 뛰어난 유생들을 대궐 안에 모아, 임금이 직접 행하던 시험.

【殿軍】でんぐん(전군) ☞ 殿後(전후)①.

【殿內】でんない(전내) ①전각의 안. ②신위(神位)를 모시고 길흉을 점치며 기도를 올리는, 그 신위를 일컫는 말.

【殿堂】でんどう(전당) ①신불을 모셔 놓은 집. ②크고 화려한 집. 또는, 어떤 분야의 중심이 되는 건물·시설.

【殿上】でんじょう(전상) 궁전이나 전각(殿閣)의 안.

【殿上虎】でんじょうこ(전상호) ①궁전 안의 호랑이란 뜻으로, 임금에게 무섭게 직간(直諫)함을 비유하여 이르는 말. 송(宋)의 유안세(劉安世)가 직간한 옛일에서 유래. ②조선 때 김성일(金誠一)의 별명. ¶金鶴峰在近侍 論劾貴近 人畏憚 稱爲一<前言往行錄>

【殿試】でんし(전시) ①조선 때 임금이 참석하여 보이던 과거의 마지막 시험. ②중국에서, 천자가 친히 보이던 진사(進士) 시험.

【殿宇】でんう(전우) 대궐. 궁전. 殿堂(전당). ¶一秋霖壞 杉松野火燒<杜荀鶴>

【殿最】でんさい(전최) ①후군과 선봉. ②관리의 공로나 성적 평가에서 열등과 우등. 예전에 우리 나라에서 관찰사가 매년 6월 15일, 12월 15일에 각 고을 수령의 치적(治績)을 심사 평가하여 상(上)을 最, 하(下)를 殿으로 중앙에 보고하였음.

【殿牌】でんぱい(전패) 지방 객사에 임금의 상징으로 殿자를 새겨 세운 나무 패. 출장 간 관리나 그 고을 원이 배례하였음.

【殿下】でんか(전하) ①궁전 아래. 또는, 전각의 섬돌 아래. ②왕·왕비 또는 황태자·황자·황녀의 존칭. 한(漢)대 이전에는 제후의 존칭이기도 했음.

【殿後】でんご(전후) ①행군할 때, 군대의 가장 후미에 있어 적의 공격을 방어하는 대(隊). ②궁전의 뒤. ③성적 평가에 있어서, 최하위. 최하등.
▷瓊一, 高一, 坤一, 宮一, 貴一, 金一, 禁一, 錦一, 綺一, 內一, 大雄一, 大一, 舞一, 拜一, 梵一, 別一, 寶一, 伏魔一, 佛一, 上一, 水一, 升一, 神一, 幄一, 御一, 玉一, 浴一, 前一, 正一, 祭一, 朱一, 珠一, 中一, 直一, 淸一, 翠一, 寢一, 便一, 行一, 香一, 華一, 後一

13【嗀】 ☞ 口部 10획(p.311)

9
13【毁】 헐 훼 | 毁ㄏㄨㄟˇ(hui) | き(コワス) *ruin, destroy*

풀이 ①헐다. ㉮만든 것을 깨뜨리다. ¶人皆謂我一明堂<孟子>/一壞. ㉯남을 헐뜯어 말하다. 험담함. ¶誰一誰譽<論語>/一譽. ②무너지다. 구멍이 뚫려 깨어짐. ¶以爲器則速一<莊子>/一墜. ③망치다. 망하게 함. ¶自一其家<左氏傳>/一節. ④야위다. 너무 슬퍼 심신이 수척해짐. ¶一不滅性<孝經>/哀一. ⑤뜯어 없애다. ¶至於廟門 不一牆<禮記>/一家黜送. ⑥이를 갈다. 어린아이가 배냇니를 갊. ¶男八歲一齒 女七歲一齒<白虎通>

【毀家黜送】(훼가출송)[韓] 집을 헐고 내쫓는다는 뜻으로, 옛날, 한 고을이나 한 마을에서 인륜(人倫)을 어지럽힌 사람을 이렇게 하였음. 毀家黜洞(훼가출동).
【毀棄】ききき(훼기) 헐거나 깨뜨려 버림.
【毀短】きたん(훼단) 남의 단점이나 실패를 꼬집고 헐뜯어 말함.
【毀滅】きめつ(훼멸) 상중에 너무 슬퍼하여 몸이 야위고 기운이 없어짐.
【毀謗】きぼう(훼방) ①남을 헐뜯어 비방함. 訾謗(자방). 訾毀(자훼). ②남의 일을 방해함.
【毀服】きふく(훼복) 복장의 등급을 낮춤. 降服(강복). ¶雄一爲僮豎＜晋書＞
【毀削】きさく(훼삭) 헐고 깎아냄. 없애고 쓰지 아니함. 破毀削除(파훼삭제).
【毀傷】きしょう(훼상) 몸에 상처를 냄. 헐어 상하게 함. ¶不敢一 孝之始也＜孝經＞
【毀損】きそん(훼손) ①헐어서 못 쓰게 함. ②체면을 손상함. ¶名譽一.
【毀顔】きがん(훼안) 근심하여 얼굴이 야윔. 또는, 근심으로 얼굴 모양이 비뚤어짐. ¶陛下焦心一＜資治通鑑＞
【毀言】きげん(훼언) 남을 헐뜯는 말. 욕설.
【毀譽】きよ(훼예) 비방과 칭찬. 毀譽褒貶(훼예포폄).
【毀譽相半】きよアイナカバ(훼예상반) 헐뜯음과 기림이 반반임. 또는, 헐뜯는 사람과 칭찬하는 사람이 반씩 있음.
【毀譽褒貶】きよほうへん(훼예포폄) ☞毀譽(훼예).
【毀折】きせつ(훼절) 헐고 부러뜨림. 헐고 부러짐. 부서짐. ¶爲口舌 爲一＜易經＞ ※毀損(훼손).
【毀節】きせつ(훼절) 절개나 절조를 깨뜨림. 변절함. ¶烈士不一以求生＜魏志＞
▷求全之一, 短一, 謗一, 背一, 誹一, 猜一, 訾一, 殘一, 詆一, 積一, 除一, 憎一, 譖一, 讒一, 侵一, 頹一, 破一, 敗一, 荒一

13〖㲉〗毀(p. 822)의 本字

10 14〖㱿〗두드릴 각 | [覺] | かく(タタク)

10 14〖毄〗[1] 칠 격 [2] 맬 계 | [錫]くㄩㄝˋ [霽](que) | げき(ウツ) けい(ツナク)
[풀이][1]치다. 두드림. [通]擊. ¶一兵同強＜周禮＞ [2]매다. 매 놓고 기름. [通]繫. ¶無所農桑一畜＜漢書＞

14〖穀〗☞ 木部 10 획(p. 782)

11 15〖毆〗때릴 구 [本]우 | [宥]ㄡ (ou) | おう(ウツ) beat
【毆殺】おうさつ(구살) 때려 죽임. 搏殺(박살).
【毆打】おうだ(구타) 때림. 두들김. 毆擊(구격). ¶強一 威逼人致死＜明律＞

11 15〖毅〗굳셀 의 | [未]ㄧˋ (yi) | き(ツヨイ) *firm, bold*
[풀이]①굳세다. 의지가 강함. ¶剛一木訥近仁＜論語＞/弘一. ②함부로 성을 내다. 발끈 성냄. ¶一 妄怒也＜說文＞
【毅武】きぶ(의무) 굳세고 용맹함. 勁武(경무). ¶一孔猛＜枚乘＞
【毅然】きぜん(의연) 의지가 강하여 사물에 동하지 아니하는 모양. ¶豈不一大丈夫也哉＜蘇軾＞
▷敢一, 強一, 剛一木訥, 果一, 猛一, 明一, 嚴一, 廉一, 英一, 勇一, 優一, 雄一, 淸一, 忠一, 沈一, 豪一, 弘一, 驍一

16〖穀〗☞ 米部 10 획(p. 1151)

12 16〖毈〗알 곯을 단 | [翰]ㄉㄨㄢˋ (duan) | たん (スモリ)
[풀이]알이 곯다. 또는, 곯은 알.

16〖磬〗韶(p. 1618)와 同字

13 17〖㲈〗알 각 | [覺]くㄩㄝˋ (que) | かく(タマゴ)
[풀이]①알. 새알. ¶盤殺饋禽一＜韓愈＞/鷄一. ②껍질. 물체의 거죽을 싸고 있는 것. ¶知在無明一＜阿含經＞
▷鷄一, 鵠一, 禽一

17〖轂〗☞ 車部 10 획(p. 1466)
18〖毉〗醫(p. 1523)·毉(p. 1210)와 同字
19〖繫〗☞ 糸部 13 획(p. 1191)
20〖馨〗☞ 香部 11 획(p. 1645)
28〖鑿〗☞ 金部 20 획(p. 1555)

毋＜말 무＞部

毋 毌 ① 毋 ② 毎 ③ 毎 毒 ④ 毒 ⑩ 毓

0 4〖毋〗[1] 말 무 [2] 관 이름 모 | [虞]ㄨˊ (wu) [尤]ㄇㄡˊ (mou) | ぶ, む (ナカレ) *do not* ぼう, も
[源]會意. 계집[女]을 함부로 범하지 못하게 하는 뜻으로 「一」을 세로로 질러 된 자.
[풀이][1] ①☞ [句法] ②없다. [같]無. ¶一必一固＜論語＞/一論. ③아니다. [通]不. [2]관(冠) 이름. 하(夏)대의 치포관 이름. ¶一追.
[句法]
①부정
[毋…] …지 아니하다. …지 못하다. ¶毋意毋必＜論語＞
②금지
[毋…] …하지 말라. …해서는 아니 된다. ¶毋友不如己者＜論語＞

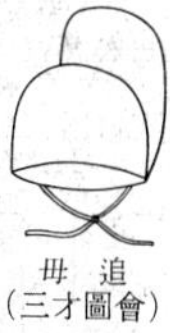
毋 追 (三才圖會)

【毋追】ぼうたい(모퇴) 하(夏)대의 치포관(緇布冠)

이름.
【毋慮】むりょ(무려) ☞無慮(무려).
【毋望】ぶぼう(무망) 바라지 아니함. 뜻밖. 의외. ¶—之福/—之世/—之人/—之禍.
【毋意毋必毋固毋我】(무의무필 무고무아) 사의(私意) 없고, 기필(期必) 없고, 고집(固執) 없고, 자아(自我)가 없음. 성인(聖人)의 마음은 허명(虛明)하여 이러하다는 것. ¶子絕四 —＜論語＞
【毋害】ぶがい(무해) 견줄 만한 것이 없음. 無比(무비).
▷四—, 將—

0 4 【毌】 꿰뚫을 관 | 𧈪ㄍㄨㄢˋ (guan) | かん *pierce*

【毌丘儉】かんきゅうけん(관구검) 중국 삼국 시대 위(魏)의 무장(武將). 명제(明帝) 때 유주자사(幽州刺史)로서 고구려의 환도성(丸都城)을 함락함.

1 5 【母】 어미 모 | 㘞ㄇㄨˇ (mu) | も, ぼう(ハハ) *mother*

源象形. 어미가 어린아이를 가슴에 품고 있는 모양을 본뜸. 일설에는, 여자가 어린아이에게 젖을 먹이는 모양이라고도 함.

풀이 ①어미. ¶生曰父曰—＜禮記＞/老—. ②소생(所生)의 근원. ¶可以爲天下—＜老子＞/酵—. ③실모(實母)에 견줄 만한 여자. ㉠姆. ¶乳—/漂—/針—. ④암컷. ¶五—鷄＜孟子＞ ⑤땅. 만물을 기르는 것. 근원. ¶地爲—＜後漢書＞
【母系】ぼけい(모계) 어머니 쪽의 혈족 계통. ¶—制度/—社會. ↔父系(부계).
【母校】ぼこう(모교) 자기의 출신 학교.
【母國】ぼこく(모국) ①따로 떨어져 나간 나라가 그 본국을 가리키는 말. ②교포(僑胞)가 자기 본국을 이르는 말. ¶—訪問/—語.
【母權】ぼけん(모권) 원시 가족 제도에서 어머니가 행사하던 지배권. ¶—社會. ↔父權(부권).
【母難日】ぼなんび(모난일) 생일. 촉(蜀)의 유굉제(劉宏濟)가 생일을 맞이하여 아버지는 근심하고 어머니는 어려움을 겪은 날이라고 말했다는 옛일에서 유래. ¶父憂母難之日也＜湛淵靜語＞
【母女】ぼじょ(모녀) 어머니와 딸.
【母堂】ぼどう(모당) 남을 높이어 그의 어머니를 이르는 말. 萱堂(훤당). 母夫人(모부인). ※大夫人(대부인).
【母黨】ぼとう(모당) 어머니 쪽의 일가. 外戚(외척). ¶—專政＜曹冏＞ ※妻黨(처당).
【母斑】ぼはん(모반) 피부에 발생하는 선천적인 반점(斑點). 사마귀, 주근깨 따위.
【母法】ぼほう(모법) ①한 나라의 법률이 다른 나라의 법률을 기초로 이루어졌을 때, 그 기초가 된 법률. ↔子法(자법). ②부령(部令)·시행령(施行令) 등의 근거가 되는 법률.
【母夫人】ぼふじん(모부인) ☞母堂(모당).
【母先亡】(모선망) 어머니가 아버지보다 앞서 죽음. 옛 상례(喪禮)로는 장기(杖朞)에 해당함. ↔父先亡(부선망).
【母性】ぼせい(모성) 어머니로서 가지는 정신적·육체적 특성.
【母性愛】ぼせいあい(모성애) 어머니로서 자식에 대한 본능적인 사랑.
【母氏】ぼし(모씨) 어머니. 모친. ¶有子七人—勞苦＜詩經＞
【母巖】ぼがん(모암) 광맥을 품은 바위.
【母語】ぼご(모어) 모국어(母國語).
【母韻】ぼいん(모운) 모음(母音).
【母乳】ぼにゅう(모유) 어머니의 젖.
【母子】ぼし(모자) ①어머니와 아들. ②원금과 이자. 元利(원리). ③근원이 되는 것과 거기서 발생하는 것.
【母字】ぼじ(모자) ①한자의 반절(反切)에서 그 아래쪽 음자(音字)를 이름. 歌는 居何切인데, 居를 자자(子字), 何를 모자라고 하는 따위. ②어머니가 자식을 사랑하듯 사랑하는 일. ¶貴父壽子 —四海＜易林＞
【母慈】ぼじ(모자) 어머니가 자식에게 베푸는 도타운 사랑.
【母在一子單母去三子寒】(모재일자단 모거삼자한) 어머니(계모)가 집에 있으면 한 아들이 홑옷을 입고 춥게 지내지만, 어머니가 가면 그가 낳은 두 아들과 함께 세 아들이 춥게 지내게 된다는 뜻. 중국의 효자 민자건(閔子騫)이, 못된 계모를 쫓아 버리려는 그의 아버지에게 간(諫)한 옛일에서, 효(孝)를 행하면 화목하지 못한 가정도 단란해질 수 있다는 교훈.
【母主】ぼしゅ(모주) 글에서, 자기 어머니를 높여 부르는 말. 어머님. ↔父主(부주).
【母酒】ぼしゅ(모주) ①밑술. ②술을 거르고 남은 찌끼.
【母親】ぼしん(모친) 어머니. ↔父親(부친).
【母胎】ぼたい(모태) ①어머니의 태 안. ②사물의 발생·발전의 근거가 되는 토대.
【母艦】ぼかん(모함) 자대(子隊)와 행동을 같이 하면서 병기·탄약·식량·유류 등을 보급하는 군함. 항공모함(航空母艦)·잠수모함(潛水母艦)·헬리콥터 모함 따위.
【母型】ぼけい(모형) 활자를 만들어 내는 판. 字母(자모).
【母訓】ぼくん(모훈) 어머니의 교훈. 母敎(모교). 慈訓(자훈). ※庭訓(정훈).
▷家—, 假—, 嫁—, 季—, 繼—, 姑—, 國—, 鬼—, 老—, 大—, 代—, 同—, 木—, 民—, 伯—, 保—, 父—, 聘—, 生—, 庶—, 聖—, 世—, 水—, 叔—, 媤—, 食—, 實—, 阿—, 嶽—, 王—, 蓐—, 雲—, 乳—, 姨—, 異—, 盆—, 子—, 字—, 慈—, 丈—, 嫡—, 錢—, 諸—, 祖—, 從—, 主—, 酒—, 知—, 天下—, 哲—, 出—, 親—, 貝—, 漂—, 賢—, 禍—, 酵—, 後—

6 【毎】 每(p.825)의 略字

3
7【每】 매양 매 | 匣ㄇㄟˇ (mei) | まい(ツネニ) *always*
㊍毎 ㊥毎 ㊦毎

풀이 ①매양. 늘. 항상. ¶一與臣論此事<諸葛亮>/一多憂慮<陶潛> ②마다. 그때마다. ¶左師一食擊鐘<左氏傳>/一年. ③탐하다. 탐냄. ¶衆庶一生<漢書> ④잦다. 자주. ¶過從不嫌一<王禕> ⑤비록. ¶一懷靡及<詩經> ⑥풀이 무성한 모양. ¶一一. ⑦들. ㉮복수(複數)를 나타낸다. ㉯단수의 인칭(人稱) 밑에 붙인다. ¶他一.

【每年】まいねん(매년) 해마다. 每歲(매세).
【每番】まいばん(매번) 번번이. 여러 번 다.
【每事】まいじ(매사) 일마다. 모든 일. 일이 있을 때마다. ¶一不成.
【每朔】まいさく(매삭) 달마다. 다달이. 每月(매월).
【每常】(매상) 늘. 항상.
【每生】まいせい(매생) 생명을 탐내 오래 살기를 바라는 일. 每는 탐내다의 뜻. ¶致死爲福一作㦧<漢書>
【每夜】まいや·まいよ(매야) 밤마다. 매일 밤.
【每樣】まいよう(매양) 항상 그 모양으로.
【每月】まいげつ(매월) 다달이. 달마다. 매달. 每朔(매삭). 例月(예월).
【每人當】まいにんあて(매인당) 각 사람의 몫으로.
【每日】まいにち(매일) 날마다.
【每週】まいしゅう(매주) 각 주. 주마다.
【每次】まいじ(매차) 그때마다. 每回(매회). 每度(매도).
【每回】まいかい(매회) 매번. 每次(매차).
▷那一, 毎一, 我一, 他一

7【毎】 每(p. 825)의 俗字

3
7【毐】 음란할 애 | 匣ㄞˇ (ai) | あい(ミダラ) *lewd*

풀이 음란하다. 음란한 사람. 진(秦) 시황(始皇)의 모후(母后)가 노애(嫪毐)와 더불어 음탕하게 지냈으므로, 음란한 행위나 그런 사람을 욕할 때 노애라 하였음.

4
8【毒】 1 독 독 | 2 거북 대 | 因ㄉㄨˊ 㘝(du) | どく *poison*

풀이 1 ①독. 건강을 해치고 생명을 위태롭게 하는 것. 나아가, 모든 사물을 해치는 것. ¶一藥/仰一. ②독을 타다. 독을 넣어 먹임. ¶秦人一涇上流<左氏傳>/一害. ③해치다. 상하게 함. ¶仙聖一之<列子> ④독초의 진액. ¶聚一藥以共醫事<周禮> ⑤기르다. 양육함. ㉠育畜. ¶亭之一之<老子> ⑥원망하다. 미워하여 한탄함. ¶令人憤一<後漢書> ⑦나라 이름. 서역(西域)의 국명. 지금의 인도. 2 거북. ㉠玳瑇. ¶一冒.

【毒感】(독감) ①매우 지독한 감기. ②인플루엔자(influenza).
【毒公】どくこう(독공) 초오두(草烏頭)의 이칭.
【毒氣】どくき(독기) ①독이 있는 기운. 사람에게 나쁜 기운. 毒瘴(독장). ②독살스러운 기색. ③《佛》탐(貪)·진(瞋)·치(癡)를 이름.
【毒物】どくぶつ(독물) 독이 있는 물질.
【毒婦】どくふ(독부) 몹시 악독한 여자. 惡婦(악부).
【毒蛇】どくじゃ(독사) 독선(毒腺)·독아(毒牙)에서 독을 내뿜는 뱀의 총칭.
【毒殺】どくさつ(독살) 독약을 먹여 죽임. 毒害(독해)①.
【毒舌】どくぜつ(독설) 악랄하게 혀를 놀려 남을 비방하거나 해치는 말. 신랄한 욕. ¶一家.
【毒性】どくせい(독성) 독기가 있는 성분.
【毒素】どくそ(독소) ①유기 물질 특히 고기·단백질 따위가 썩어서 생기는 유독한 화합물. ②독이 되는 요소. ¶一條項.
【毒手】どくしゅ(독수) ①남을 해치려는 흉악한 사람. ②악독한 수단. 毒牙(독아)②.
【毒矢】どくし(독시) 촉에 독을 바른 화살.
【毒弑】どくし(독시) 독약으로 시해(弑害)함.
【毒牙】どくが(독아) ①독액을 분비하는 이빨. 독니. ②악랄한 수단. 毒手(독수)②.
【毒藥】どくやく(독약) ①사람이나 동물의 건강 및 생명을 해치는 독성의 약제. 아비산·모르핀·염산·황산 따위. 毒劑(독제). 劇藥(극약). ②몹시 쓴 약. 강한 약. 잘 듣는 약. ¶聚一 以共醫事<周禮>
【毒瓦斯】どくガス(독와사) ①독가스. 독이 있는 가스(gas). ②화학 병기의 하나. 군사상 적을 살상하기 위해 쓰임.
【毒栮】どくじ(독이) 독버섯.
【毒刺】どくし(독자) ①벌 따위의 꽁무니에 있는 독기가 있는 살. 毒針(독침). ②해를 입히는 모든 것.
【毒瘴】どくしょう(독장) 나쁜 병을 일으키는 산천(山川)의 나쁜 기운. 또는, 사람을 해치는 악기(惡氣). 疫氣(역기). 毒氣(독기)①.
【毒賊】どくぞく(독적) 괴롭히고 해침. ¶愚則一而亂<荀子>
【毒劑】どくざい(독제) ☞毒藥(독약)①.
【毒種】どくしゅ(독종) ①성미가 악독한 사람. ②동물이나 식물의 나쁜 품종.
【毒酒】どくしゅ(독주) ①독약을 탄 술. ②도수가 높아 매우 독한 술.
【毒疾】どくしつ(독질) 지독한 병. 毒癘(독려).
【毒草】どくそう(독초) 독이 있는 풀.
【毒蟲】どくちゅう(독충) 독이 있는 벌레.
【毒嘴】どくし(독취) 악독한 말을 옮기는 주둥이.
【毒針】どくしん(독침) ☞毒刺(독자)①.
【毒筆】どくひつ(독필) 남을 해치려고 중상 모략하거나 비방하려고 쓰는 글.
【毒害】どくがい(독해) ①사람이나 물건을 잔인하게 해침. 또는, 그 일. 害毒(해독). 殘害(잔해). ¶心懷一<梁武帝> ②☞毒殺(독살).
▷苦一, 蠱一, 鑛一, 丹一, 梅一, 無一, 防一, 病一, 憤一, 酸一, 消一, 身一, 辛一, 惡一, 仰一, 旅一, 餘一, 鉛一, 煙一, 炎一, 有一, 流一, 遺一, 以一, 杖一, 瘴一, 制一, 中一, 至一, 慘一, 胎一, 痛一, 害一, 解一, 酷一, 火一, 患一, 凶一

8〖毎〗每(p. 825)의 本字

11〖貫〗☞ 貝部 4획(p. 1421)

10
14〖毓〗기를 육 | 育 (yu) | いく(ソダツ) glow

풀이 기르다. ㉠育. ¶一德/一養.
▷都一, 產一, 養一, 擁一, 利一, 蓄一

比<견줄 비>部
比 ⑤ 毗 昆 毖 ⑬ 毚

0
4〖比〗 1 견줄 비 2 도울 비 3 이웃 비 | 紙 ㄅㄧˇ (bi) 寘 支 | ひ(クラベル) compare ひ(タスケル) ひ(トナリ)

㉢𠤎

源 會意·形聲. 사람[人]과 사람[人]을 반대 방향으로 나란히 세워 견주어 본다는 뜻.

풀이 1 ①견주다. 서로 대어 보아 우열과 상이(相異)을 견줌. ¶竊一於我老彭<論語>/一較. ②따르다. 선례를 좇음. ¶必察小大之一以成之<禮記> ③비율. ¶一例. ④「시경」의 육의(六義)의 하나. 유사한 사물을 들어 그것에 비유해 서술하는 시의 체. ⑤자주. 빈번히. ¶郡國一一地動<漢書> ⑥겨루다. 어깨를 나란히 함. ¶博物洽聞 世無與一<晋書>/無一. 2 ①돕다. ¶足以一成事<國語> ②친하다. 가까이 지냄. ¶一小事大<周禮> ③편들다. 파당(派黨)지음. ¶君子周而不一<論語> ④주(周)의 제도로 오가일통(五家一統)을 이름. ¶五家爲一<周禮> ⑤미치다. 어느 지경에 이름. ¶一于文王 其德靡悔<詩經> ⑥이마적. 근래. 작금. ¶一得軟脚病<韓愈>/一來. ⑦나란하다. 나란히 함. ¶騎不得一行<史記>/一爾干<書經> ⑧비괘(卦). 64괘의 하나. 곤하감상(坤下坎上). ䷇. 천하가 한 사람을 우러러 보는 상. ¶一卦. ⑨주(周)대에 백성의 덕행·학예를 시험하던 제도. ¶及三年則大一<周禮> 3 ①이웃. 인근. ¶不敎鵝鴨惱一隣<杜甫> ②누그러지다. 온화해지다. ¶一和也<廣韻>

【比干】ひかん(비간) 은(殷)의 충신. 주왕(紂王)의 숙부로, 주왕의 음란함을 간하다가 죽음을 당함. 기자(箕子)·미자(微子)와 더불어 삼인(三仁)이라 함.

【比居】ひきょ(비거) 주(周)대에 다섯 집이 한 통을 이루어 살던 일. 또는, 그 통(統).

【比肩】ひけん(비견) ①어깨를 나란히 함. 또는, 나란히 걸어감. ②우열이 없이 비등함. ¶增與羽一而事義帝<蘇軾> ③사람이 많음. 比肩隨踵(비견수종).

【比肩隨踵】ひけんずいしょう(비견수종) 어깨를 나란히 하고 발뒷굼치를 따른다는 뜻으로, 잇따라 끊이지 않을 만큼 사람이 많음을 이르는 말.

【比卦】ひけ(비괘) 64괘의 하나. 감(坎)괘와 곤(坤)괘가 거듭된 것. 땅 위에 물이 있음을 상징함.

【比丘】びく(비구)《佛》범어 Bhiksu의 음역. 출가(出家)하여 불문(佛門)에 들어가 구족계(具足戒)를 받은 남자 중. ↔比丘尼(비구니).

【比丘尼】びくに(비구니)《佛》범어 Bhiksuni의 음역. 출가(出家)하여 불문에 들어가 구족계(具足戒)를 받은 여자 중. ↔比丘(비구).

【比年】ひねん(비년) ①매년. 해마다. 比歲(비세). ¶間者一登<禮記> ②근년.

【比黨】ひとう(비당) 편파적으로 도당을 맺음. 比周(비주). ¶有一而危之者<禮記>

【比等】ひとう(비등) 서로 비슷함.

【比來】ひらい(비래) 이마적. 근래. 요사이.

【比閭】ひりょ(비려) 주(周)대의 제도. 比는 5가(家), 閭는 25가(家). 뜻이 바뀌어, 근처(近處) 또는 촌락의 뜻.

【比例】ひれい(비례) ①두 수의 비가 다른 두 수의 비와 같은 일. 또는, 그 계산법. ¶一配分/一稅. ②모범이 될 만한 선례(先例). 또는, 그 선례를 따름.

【比類】ひるい(비류) ①비슷한 종류. 同類(동류). ②서로 비교함. 유별(類別)함. ③겨룸. 비슷함.

【比辭】ひじ(비사) 비유로 쓰는 말.

【比歲】ひさい(비세) 매년. 比年(비년). 「면.

【比如】ひじょ(비여) 예컨대. 이를테면. 예를 들

【比屋】ひおく(비옥) ①처마를 나란히 하여 늘어선 집. ②집마다. 每家(매가). ¶唐虞之時可一而封<漢書>

【比喩】ひゆ(비유) 사물을 표현함에 있어서 그와 비슷한 다른 사물을 빌어 표현하는 일.

【比率】ひりつ(비율) ①비교하여 헤아림. ②어떤 수·양의 다른 수·양에 대한 비.

【比擬】ひぎ(비의) 견줌. 비김. 또는, 흉내냄.

【比而不周】ひしてしゅうせず(비이부주) 소인은 사사로움에 치우치므로 특별한 사람과 친할 뿐, 널리 사귀지 않음. ¶君子周而不比 小人一<論語> 「翔<阮籍>

【比翼】ひよく(비익) 날개를 나란히 함. ¶一共翺

【比翼連理】ひよくれんり(비익연리) 비익(比翼)새와 연리(連理)가지. 비익조(比翼鳥)는 눈 하나와 날개 하나만 있어서 두 마리가 서로 짝을 지어야 비로소 날 수 있다는 새, 연리지(連理枝)는 두 나무의 가지가 서로 접해서 결이 통한다는 나무. 부부의 의가 대단히 좋거나 남녀간의 애정이 매우 깊음의 비유.

【比日】ひじつ(비일) 날마다. 매일. ¶小兒一微有所知<北史> 「照(대조).

【比準】ひじゅん(비준) 서로 견주어 비추어 봄. 對

【比重】ひじゅう(비중) ①어떤 물체의 그와 같은 부피의 4°C의 물의 무게와의 비. ¶一計. ②어떤 집단이나 사물에서 그것이 차지하는 중요도.

【比興】ひきょう(비흥) 「시경」 육의(六義)중의 비(比)와 흥(興). 比는 비유로서 비슷한 사물을 들어 그것에 견주어서 서술한 것, 興은

사물을 비유로 인용하여, 자기의 말하고자 하는 뜻을 일으키는 것.
▷校—, 大—, 對—, 等—, 無—, 反—, 排—, 複—, 附—, 不—, 比—, 案—, 朋—, 逆—, 連—, 屋—, 倫—, 儀—, 鄰—, 鱗—, 絕—, 接—, 正—, 周—, 櫛—, 親—, 諧—, 協—, 和—

7【屁】☞尸部 4획(p.466)

8【昆】☞日部 4획(p.711)

8【[illegible]】劣(p.223)의 訛字

8【[illegible]】比(p.826)의 古字

9【皆】☞ 白部 4획(p.1044)

5/9【毗】도울 비 | 因ㄆㄧˊ (pi) | ひ, び(タスケル) *help, aid*

풀이 ①돕다. 곁에 있어 도움. ¶人大喜邪—於陽<莊子>/—輔. ②두텁게 하다. ¶天子是—<詩經> ③배꼽.

【毗嵐】びらん(비람)《佛》 세계의 생성·파괴 때에 일어나는 맹렬한 돌풍(突風). 세계 제일의 대풍(大風). 毗嵐風(비람풍).

【毗盧冠】(비로관)《佛》 계사(戒師)나 선사(禪師)들이 쓰는 관의 한 가지.

【毗盧遮那佛】びるしゃなぶつ(비로자나불)《佛》 범어 Vairocana의 음역. 부처의 진신(眞身)을 높이어 이르는 말. 또는, 불덕(佛德)의 빛이 두루 밝게 비춘다는 뜻. 毗盧遮那(비로자나).

【毗沙門天】びしゃもんてん(비사문천)《佛》 범어(梵語) Vaiśravana의 음역. 사천왕의 하나로, 북방을 지키고 재보(財寶)를 맡아 보며 불법(佛法)을 수호하는 신(神).
▷兼—, 夸—, 茶—, 胥—

9【毘】毗(p.827)와 同字

5/9【毖】삼갈 비 | 寘ㄅㄧˋ (bi) | ひ(ツツシム) *guard against*

풀이 ①삼가다. 잘못이 없도록 긴장함. ¶予其懲而—後患<詩經>/懲—. ②고달프다. 위로하다. ¶無—于恤<書經> ③샘이 좁은 틈새로 흘러 내리는 모양. ㉠泌. ¶—彼泉水 亦流于淇<詩經>/—涌.

10【[illegible]】拜(p.628)의 古字

12【琵】☞玉部 8획(p.998)

13/17【毚】토끼 참 | 咸ㄔㄢˊ (chan) | ざん(ウサギ) *rabbit*

源會意. 큰 토끼 아래로 기어든 작은 토끼를 나타냄. 가늘거나 뾰족한 것이 비집고 듦을 뜻함.

풀이 ①토끼. 좁은 새로 비집고 들어가는 토끼. 또는, 약은 토끼. ¶躍躍—兎 遇犬獲之<詩經> ②탐욕하다. 기회를 타서 탐욕을 부림. ¶—欲. ③조금. 通纔. ¶—微不愈<論衡>

毛<터럭 모>部

毛 ⑥ 毣 毨 毦 ⑦ 毬 毫 ⑧ 毯 毳 毲 ⑨ 毼 毷 毯 毹 𣯛 ⑩ 毾 ⑪ 氀 氂 氁 毿 ⑫ 氃 氌 氆 氅 氅 ⑬ 氉 氈 ⑭ 氋 ⑱ 氍 ㉒ 氎

0/4【毛】1 털 모 2 없을 무 | 豪ㄇㄠˊ 虞(mao) | もう(ケ) *hair*

源象形. 털 모양을 본뜬 글자.

풀이 1 ①털. ㉮생물의 표피에 나는 가는 털. ¶以—相馬<鹽鐵論>/桃多—<禮記>/皮—/—澤. ㉯머리털. 通髮. ¶—髮/二—. ②지표(地表)에 초목이나 작물이 나다. 또는, 초목이나 작물. ¶錫之不—之地<公羊傳> ③잘고 많은 것의 비유. ¶—雨. ④약간. 조금. ¶有益毫—<漢書> ⑤모피. 털이 붙어 있는 가죽. ¶衣—而冒皮<後漢書> ⑥극히 가벼운 것의 비유. ¶德輶如—<詩經> ⑦짐승. ¶羽—鱗介. ⑧단위. 무게·길이·화폐 따위의 하나치. 1모(毛)는 1리(厘)의 10분의 1. 2 없다. 通無. ¶飢者—食<後漢書>

【毛擧】もうきょ(모거) ①세세한 일까지 일일이 들추어 냄. ②자잘한 일까지 모두 듦. ③무거운 것을 가볍게 다루는 일.

【毛骨】もうこつ(모골) ①터럭과 뼈. ②사람의 얼굴 모양. ¶琅琊王—非常 殆非人臣之相也<晋書>

【毛孔】もうこう(모공) 털 구멍. 털이 나는 구멍.

【毛根】もうこん(모근) 털의 밑뿌리. 털이 모공(毛孔) 속에 박힌 부분.

【毛翎】もうれい(모령) ①새의 날개. 또는, 새털. ②짐승과 새.

【毛類】もうるい(모류) 짐승. 毛族(모족). ¶野無—林無羽群<曹植>

【毛笠】(모립)㊗ 하인들이 쓰던 털벙거지.

【毛髮】もうはつ(모발) 사람의 머리털. 또는, 사람의 몸에 있는 터럭의 총칭. ¶—之功.

【毛絲】ケイト(모사) 털실.

【毛脩】もうしゅう(모수) 한 올 한 올마다 손질한다는 뜻으로, 일을 세밀하게 함을 비유하여 이르는 말. 「—<晋書>

【毛銖】もうしゅ(모수) 극히 적은 분량. ¶所得未

【毛遂】もうすい(모수)《人》 전국 시대 조(趙)의 평원군(平原君)의 식객. 진(秦)이 조(趙)를 쳤을 때, 자천(自薦)하여 평원군을 따라 초(楚)에 가서 합종(合從)의 협약을 맺게 하였음. 모수자천(毛遂自薦)의 주인공.

【毛遂自薦】もうすいじせん(모수자천) 모수가 스스로 자기를 천거한 옛일.

【毛詩】もうし(모시) 「시경」(詩經)의 이칭. 한(漢)의 모형(毛亨)과 모장(毛萇)이 전하였으므로 이름.

【毛延壽】もうえんじゅ(모연수)《人》 한(漢)대의 화가. 인물화에 능하였으나, 원제(元帝)의 절세 미인 궁녀 왕소군(王昭君)이 뇌물을

보내지 않으므로, 그 얼굴을 일부러 추하게 그려 바친 것이 드러나, 뒤에 기시(棄市)의 형을 받음.

【毛穎】もうえい(모영) 붓의 이칭. 穎은 尖.

【毛茸】もうじょう(모용) 식물의 표피에 나는 잔털.

【毛羽】もうう(모우) ①길짐승과 날짐승. ②짐승의 털과 새의 털. 羽毛(우모).

【毛嬙】もうしょう(모장)《人》 서시(西施)와 병칭되는 옛 중국의 미인. 미인의 뜻으로도 씀. ¶一麗姬 人之所美也＜莊子＞

【毛廛】もうてん(모전)[韓] 과일 가게. 果物廛(과물전). 隅廛(우전).

【毛氈】もうせん(모전) 짐승의 털을 가공하여 만든 요. 담요. 양탄자. 毛毯(모담).

【毛族】もうぞく(모족) 털짐승의 총칭. 毛類(모류). ¶散一 梏羽群＜馬融＞

【毛織】ケオリ(모직) 털 섬유로 짠 직물. ¶一物.

【毛錐】もうすい(모추) ☞ 毛錐子(모추자).

【毛錐子】もうすいし(모추자) 붓의 이칭. 모양이 송곳을 닮았으므로 이름. 毛錐(모추). 毛穎(모영). ¶一 筆異名也＜下學集＞

【毛布】もうふ(모포) 담요.

【毛皮】もうひ(모피) 털가죽. 털이 붙은 채 벗긴 짐승의 가죽. 「털붓.

【毛筆】もうひつ(모필) 짐승의 털로 촉을 만든 붓.

▷輕一, 九牛一一, 美一, 斑一, 髮一, 紡一, 不一, 鬢一, 生一, 鮮一, 旋一, 纖一, 純一, 鵝一, 弱一, 羊一, 燕一, 羽一, 原一, 蝟一, 柔一, 二一, 旃一, 諸一, 地一, 體一, 吹一, 毳一, 脫一, 兎角龜一, 土一, 皮一, 毫一, 紅一, 鴻一, 黃一

7 〖尾〗 ☞ 尸部 4 획(p. 466)

8 〖毦〗 髯(p. 1662)과 同字

9 〖毟〗 袈(p. 1346)와 同字

9 〖毡〗 氈(p. 830)의 俗字

10 〖耄〗 ☞ 老部 4 획(p. 1214)

10 〖耗〗 ☞ 耒部 4 획(p. 1215)

6 10 〖毣〗 [1] 생각할 목 [2] 어두울 모 | [屋] ㄇㄨˋ [號] (mu) | ぼく think ぼう dark

[풀이] [1] ①생각하다. 곰곰 생각하는 모양. ¶極竭一一之思＜漢書＞ ②슬슬 불다. 바람이 슬슬 부는 모양. ¶覺風一一而過＜柳宗元＞ ③가늘다. 가는 털이 젖은 모양. ¶一一. [2] 어둡다. 눈이 어두운 모양. [같]眊.

6 10 〖毨〗 털갈 선 | [銑] ㄒㄧㄢˇ (xian) | せん (トトノウ)

6 10 〖毦〗 깃털장식 이 | [寘] ㄦˇ (er) | じ (ケカザリ)

[풀이] ①깃털 장식. 새의 깃털로 만든 장식. ¶齎黃金旄牛一＜後漢書＞/一筆. ②술[總]. 부드러운 깃털처럼 축 늘어진 것. ③향초 이름. ¶揚皓一 擢紫茸＜郭樸＞

【毦筆】じひつ(이필) 깃털로 장식한 붓. ¶八品以下及武官皆一＜隋書＞

▷氅一

10 〖毭〗 毦(p. 828)와 同字

7 11 〖毬〗 공 구 | [尤] ㄑㄧㄡˊ (qiu) | きゅう (マリ, ケマリ) ball

[풀이] ①공. 표면에 털이 둥그렇게 싸인 공. ¶寒食爲打一鞦韆藏鉤之戲＜荊楚歲時記＞ ②공처럼 둥근 것. ¶嫩苞開破雲搓一＜張建＞/一燈. ③밤송이처럼 외피(外皮)에 가시가 돋힌 것. ¶毛一.

【毬子】きゅうし(구자) ①공. ¶禁中打一＜紫薇雜記＞ ②국화의 일종. ¶一 未詳所出 開以九月中 深黃 千葉尖細＜范成大＞

▷氣一, 擊一, 繡一, 毛一, 綵一, 蹴一, 打一, 香一, 花一, 戲一

11 〖毬〗 毬(p. 828)와 同字

7 11 〖毫〗 가는 털 호 | [豪] ㄏㄠˊ (hao) | ごう(ケ) down

[源] 會意・形聲. 길게[高] 자란 털[毛]을 뜻함.

[풀이] ①가는 털. 길게 자란 가는 털. ¶白一/秋一. ②조금. 극히 작거나 잔 것의 비유. ¶一末/一芒. ③붓. 모필 끝. ¶唯一素之所擬＜陸機＞/揮一. ④호. 무게나 길이의 하나치. 1 리(釐)의 10 분의 1. ¶一釐之失 差以千里＜晉書＞

【毫光】ごうこう(호광) 사방으로 비쳐 퍼지는 털 같은 가느다란 빛.

【毫端】ごうたん(호단) ①붓끝. 筆端(필단). ②털끝이란 뜻으로, 극히 미세함을 비유하는 말.

【毫釐不差】ごうりタガワズ(호리불차) 털끝만치도 틀림이 없음. 조금도 틀리지 않음.

【毫釐之差】ごうりノさ(호리지 차) 조금의 차이.

【毫末】ごうまつ(호말) 터럭 끝. 아주 작거나 적은 것. 조금. 약간. 근소.

【毫髮】ごうはつ(호발) 가는 털과 모발. 뜻이 바뀌어, 극히 적은 것. 秋毫(추호).

▷健一, 勁一, 描一, 微一, 半一, 白一, 鋒一, 分一, 絲一, 纖一, 修一, 壽一, 雙一, 小一, 涓一, 柔一, 一一, 逸一, 長一, 彩一, 秋一, 兎一, 筆不停一, 含一, 揮一

12 〖毱〗 鞠(p. 1614)과 同字

12 〖毱〗 毱(p. 828)과 同字

8 12 〖毯〗 담요 담 | [感] ㄊㄢˇ (tan) | たん (ケムシロ) blanket

▷毛一, 茵一, 氈一, 地一

12 〖毯〗 毯(p. 828)과 同字

12〖⿰毛咠〗 睫(p.1068)과 同字

12〖⿸广毛〗 睫(p.1068)과 同字

8/12〖毳〗 1 솜털 취 | 霽ㄘㄨㄟˋ | ぜい(ニコゲ)
2 썰매 취 | (cui) | *down*
本절 | 屑 | せつ

源 會意. 毛 셋을 거듭하여, 빽빽하게 자란 부드러운 털을 뜻함.

풀이 1 ①솜털. 부드럽고 가는 털. ¶鳥獸一毛<漢書> ②배털. 새의 배에 난 털. ¶腹下之一<說苑> ③모직물. 털실로 짠 물건의 총칭. 울(wool). ¶韋韝一幙<李陵> ④털가죽. ¶南金北一<沈約> ⑤가늘고 여리다. 끊어지기 쉬움. 通 脆. ¶數奏甘一食物<漢書> 2 썰매. 우(禹)임금이 치수(治水)하기 위해 온 나라를 돌아다닐 때 진흙길을 가기 위해 썼다는 배[舟] 모양의 신. 通 橇. ¶泥行乘一<漢書>

【毳冕】ぜいべん(취면) 주(周)대에 임금이 사방 산천에 제사지내는 망제(望祭) 때 쓰던 관복.

【毳衣】ぜいい(취의) 모직 의복. ㉮대부(大夫)의 옷. ㉯흉노(匈奴)의 옷. ㉰《佛》 승복(僧服).

▷綿一, 毛一, 霜一, 雪一, 細一, 軟一, 柔一, 翼一, 氈一

8/12〖毲〗 모직물 탈 | 曷 | たつ (ケオリモノ)

13〖⿱叚毛〗 毠(p.828)와 同字

9/13〖毼〗 1 모직물 갈 | 曷ㄏㄜˊ | かつ
本할 | (he) | (ケオリモノ)
2 그릇 갈 | 曷 | *clayware*

풀이 1 ①모직물. ¶作文繡織毲一<後漢書> ②모포. 같 褐. ③머리에 생긴 흠집. ¶一頭生創也<釋名> ④새 이름. ¶一雞牲牲<後漢書> 2 그릇. 칠하지 않은 굽 높은 그릇. ¶一豆兩<儀禮>

9/13〖毷〗 번민할 모 | 號ㄇㄠˋ (mao) | ぼう (モダエル)

풀이 ①번민하다. 마음 둘 바를 모르고 고민함. ¶打一毹<唐國史補> ②담요. 모포. ③어지러워지다. 눈앞이 침침해짐.

9/13〖⿰毛叜〗 모직물 수 | 尤 | しゅう (ケオリモリ)

13〖⿺叜毛〗 ⿰毛叜(p.829)와 同字

9/13〖毹〗 담요 유 | 虞ㄙㄡ (sou) | ゆ(ケムシロ) しゅ

13〖毺〗 毹(p.829)와 同字

9/13〖毻〗 털갈이할 타 | 箇 | た (ヌケカワル)

14〖髦〗 ☞ 髟部 4획(p.1662)

14〖⿰叟毛〗 ⿰毛叜(p.829)와 同字

10/14〖毾〗 담요 탑 | 合ㄊㄚˋ (ta) | とう (ケムシロ)

11/15〖氀〗 1 모직물 루 | 虞 | る
2 열등한 사람 두 | 尤 | とう

15〖⿰毛婁〗 氀(p.829)와 同字

11/15〖氂〗 꼬리 리 | 支ㄌㄧˊ (li) | り *tail*

풀이 ①꼬리. 야크의 꼬리. 기(旗)의 장식용으로 쓰임. ②야크. 티벳소. 같 犛. ¶一牛. ③가는 털. 또는, 가는 것의 비유. ¶毫一. ④모직물. ⑤길이의 단위. 1분(分)의 10분의 1. 通 釐. ¶差若豪一<禮記>

▷馬一, 毛一, 白一, 毫一

11/15〖氁〗 모직물 모 | 虞 | ぼ (ケオリモノ)

11/15〖毿〗 털이 길 삼 | 覃ㄙㄢ (san) | さん

15〖麾〗 ☞ 麻部 4획(p.1690)

16〖⿰渠毛〗 氍(p.830)와 同字

12/16〖㲪〗 모직물 등 | 蒸 | とう(ケオリモノ) *woolen fabric*

풀이 ①모직물. 올이 가늘고 고운 모직 깔개. ¶毾一. ②날개가 쇠하여 괴로와하는 모양. ¶毾一而不肯舞<世說新語>

16〖⿰毛登〗 㲪(p.829)과 同字

12/16〖氆〗 모직물 방 | 麌ㄆㄨˇ (pu) | ほう (ケオリモノ)

16〖⿰普毛〗 氆(p.829)과 同字

12/16〖氄〗 솜털 용 | 腫ㄖㄨㄥˇ (rong) | じょう(ニコゲ) *down*

풀이 ①솜털. 새나 짐승의 갓난 새끼의 보드라운 잔털. ¶鳥獸一毛<書經> ②보드라운 털이 가지런히 나 있는 모양. ¶一毧同和于天地<晁補之>

12/16〖氅〗 새털 창 | 養ㄔㄤˇ (chang) | しょう (トリゲ) *feathers*
本 氅

풀이 ①새털. ㉮새의 우모(羽毛). 무수리

[鶖]의 깃털. ¶一 鶖毛＜玉篇＞ ㉯깃털을 봉제(縫製)한 옷. ¶衣鶴一＜五代史＞ ②기(旗)에 장식으로 다는 털. 또는, 그것을 단 기. ¶一 析鳥羽爲旗纛之屬＜說文新附＞

【氅衣】しょうい(창의) 관원이 평시에 입던 옷으로, 소매가 넓고 뒷솔기가 갈라지게 만들었음.

▷團一, 白一, 雪一, 素一, 繡一, 羽一, 元一, 鶴一, 玄一

龍頭竿繡氅 (三才圖會)

16【氅】 氅(p.829)의 本字

13 17【氉】 털 소 |號ㄙㄠˋ (sao)| そう(ケ) *hair*

풀이 ①털. ②털이 억세다. ¶一 毛健也＜正字通＞ ③번민하다. ¶毷一.

13 17【氈】 모전 전 |先ㄓㄢ (zhan)| せん (ケムシロ) *carpet*

풀이 모전(毛氈). 양털에 수분을 가해 가면서 문질러 비벼 포상(布狀)으로 만든 깔개. 通旃. ¶共其毳皮爲一＜周禮＞/毛一/一帽.

▷佳一, 裘一, 菌一, 馬一, 綿一, 毛一, 戎一, 青一, 敗一, 好一, 花一

17【氊】 氈(p.830)과 同字

14 18【氋】 털 흩어질 몽 |東ㄇㄥˊ (meng)| もう

18【[毛+隺]】 睞(p.1066)과 同字

18 22【氍】 모직물 구 |虞ㄑㄩˊ (qu)| く(ケオリモノ) *woolen fabric*

풀이 ①모직물. 모직물 깔개. 모전. ¶新羅國獻五彩一毹＜杜陽雜編＞ ②무명.

22 26【氎】 모직물 첩 |葉ㄉㄧㄝˊ (die)| じょう (ケオリモノ)

풀이 ①모직물. 올이 가늘고 고운 모직물. ¶一 外國細毛布＜正字通＞ ②무명. ¶白一. ③재봉하지 않고 짜서 만든 옷. ¶一端金色之一 奉上如來＜賢愚經＞

氏＜각시 씨＞部

氏 ① 民 氐 ④ 氓

0 4【氏】 1 씨 씨 |紙ㄕˋ (shi)| し (ウジ) *clan*
2 나라이름 지 |支ㄓ (zhi)|

源 象形. 끝이 예리한 숟가락을 본뜬. 일설에는 땅 속에 내린 뿌리와 땅 위에 내민 줄기의 모양이라고 함.

풀이 1 ①씨. ㉮한 성(姓) 중에서 계통의 종별을 표시하는 칭호. ¶言姓卽在上 言一卽在下矣＜一切經音義＞ ㉯한(漢)대 이후에는 성(姓)과 구별하지 않고 혼용함. ¶姓一 後世不復別 但曰姓某一＜雲麓漫抄＞ ㉰부인의 생가(生家)의 성(姓)에 붙이는 칭호. ¶一 婦人例稱一＜康熙字典＞ ㉱사람의 호칭에 붙여 씀. ¶伯一吹壎 仲一吹篪＜詩經＞ ㉲작위(爵位)나 관직(官職)에 붙이는 칭호. ¶師一 保一 媒一＜周禮＞ ㉳나라 이름·왕조·제후의 봉지(封地)에 붙여 쓰는 칭호. ¶無懷一之民與 葛天一之民與＜陶潛＞ ㉴韓 사람의 성이나 이름 밑에 붙여서 존칭의 뜻을 나타냄. ②쑥 내밀어 무너지게 된 벼랑. ¶響若一隤＜揚雄＞ ③뿌리. 나무의 뿌리. 근본. 2 나라 이름. ¶大月一.

【氏名】しめい(씨명) 성씨와 이름. 姓名(성명).

【氏譜】しふ(씨보) 그 씨족 일문의 계보(系譜). 族譜(족보).

【氏族】しぞく(씨족) ①겨레. 족속. ②같은 조상을 가진 여러 가족의 성원으로 구성되어, 그 선조의 직계를 수장(首長)으로 하는 사회 집단. ¶一社會.

▷葛天一, 季一, 名一, 母一, 無名一, 伯一, 師一, 釋一, 姓一, 叔一, 月一, 左一, 仲一

1 5【民】 백성 민 |眞ㄇㄧㄣˊ (min)| みん(タミ) *people*

源 象形. 눈동자가 없는 눈을 바늘로 찌르는 모양을 본뜬. 눈을 찔러 사물을 볼 수 없게 된 노예를 나타냄.

풀이 ①백성. 다스림을 받는 사람들. ¶一者國之本也＜淮南子＞/人一/一衆. ②어둡다. 어리석음. ¶苗一弗用靈＜書經＞

【民家】みんか(민가) 백성의 집. 民戶(민호).

【民間】みんかん(민간) 인민들의 사회. 관(官)이나 군(軍)에 대한 일반 국민의 사회. ¶一外交/一說話/一信仰/一療法.

【民綱】みんこう(민강) 백성이 의지해 사는 것. 백성의 생명줄. ¶政爲一 淸本士節＜余靖＞

【民警】みんけい(민경) 국민과 경찰.

【民苦】みんく(민고) 백성의 괴로움.

【民膏民脂】みんこうみんし(민고민지) 백성의 피와 땀이란 뜻으로, 백성들에게서 조세로 받아 거둔 재화나 재물을 일컫는 말. 民膏(민고).

【民功】みんこう(민공) ①위정자가 백성에 대하여 이룬 공로. 또는, 그 공로가 있음. ②인민의 노동. ¶不奪民時 不蔑一＜國語＞

【民官】みんかん(민관) ①백성과 관리. 官民(관민). ②고려 초기 육조(六曹)의 하나. 호구(戶口)·공부(貢賦)·전량(錢糧)에 관한 일을 맡아 보았음.

【民國】みんこく(민국) 민주 정치를 시행하는 나라. ¶大韓一.

【民窮】みんきゅう(민궁) 백성의 곤궁함. 民困(민곤).

【民權】みんけん(민권) ①인민의 권리. ↔官權(관권). ②인민이 정치에 참여하는 권리. ③인민의 신체의 자유·재산의 영유 등에 대한 권리. 自由民權(자유민권).

【民團】みんだん(민단) 외국의 일정한 곳에 살고 있는 겨레로 조직된 자치 단체. 거류 민단(居留民團)의 준말.
【民度】みんど(민도) 국민의 빈부와 문화의 수준.
【民亂】みんらん(민란) 백성들이 일으킨 소요(騷擾). 조직적이지 않고 국체 변경을 목적하지 않는 점에서 반란이나 내란과 구별됨. 民擾(민요).
【民力】みんりょく(민력) 백성의 노력(勞力)이나 재력(財力).
【民曆】みんれき(민력) 민간에서 사사로이 박아낸 책력.
【民力休養】みんりょくきゅうよう(민력휴양) 백성의 부담을 가볍게 하여 민력을 펴게 함.
【民斂】みんれん(민렴) 백성에게서 함부로 금품을 거두어 들임.
【民立】みんりつ(민립) 민간에서 설립함. 또는, 그러한 것. ↔官立(관립).
【民瘼】みんばく(민막) 인민이 악정에 시달려 고생하는 일. ¶戢吏姦 詢―<宋史>
【民望】みんぼう(민망) ①백성의 소망. 백성이 우러러 바라는 것. 輿望(여망). ¶是絕―也<左氏傳> ②민간의 인망(人望).
【民母】みんぼ(민모) ①백성의 어머니란 뜻으로, 황후를 이름. 國母(국모). ②아버지의 정처(正妻). 嫡母(적모). ¶―之子皆奴畜之<漢書> ③보통 인민의 어머니.
【民牧】みんぼく(민목) 고을의 원. 지방 장관. 牧民官(목민관).
【民務】みんむ(민무) 백성의 임무. 백성의 소임.
【民物】みんぶつ(민물) 백성의 재물. 民財(민재). ¶仁愛念利―<後漢書>
【民兵】みんぺい(민병) ①백성들이 스스로 편제한 의용병. 民軍(민군). ②서구(西歐) 봉건 시대에, 상공업(商工業) 도시가 외적의 침략을 막기 위해 민간에서 편성한 군대. ↔官兵(관병).
【民洑】(민보)(韓) 민간의 힘으로 쌓아 만든 논의 보(洑).
【民福】みんぷく(민복) 백성의 행복. ¶國利―.
【民本】みんぽん(민본) 백성의 생활 근본. ¶食者民之本也 民者國之基也<文子>
【民社】みんしゃ(민사) 백성과 사직(社稷). 곧, 인민과 나라.
【民生】みんせい(민생) ①백성의 생활. 백성의 생계. ②사람이 본래부터 지니고 있는 본성. 天性(천성). 民性(민성). ③인민의 생명. 人命(인명). ¶以―之不長 王其無死<國語>
【民庶】みんしょ(민서) 백성. 庶民(서민). 民衆(민중).
【民選】みんせん(민선) 국민이 선거하여 뽑음. 또는, 그렇게 뽑힌 사람. ¶―議員. ↔官選(관선).
【民聲】みんせい(민성) 백성의 소리. 민간의 여론.
【民訴】みんそ(민소) ①백성의 원통한 사정을 관청에 호소함. ②민사소송(民事訴訟)의 준말.
【民俗】みんぞく(민속) 백성의 풍속. 민간의 풍습.
【民需】みんじゅ(민수) 민간의 수요(需要). ↔官需(관수).
【民是】みんし(민시) 백성들이 옳다고 생각하여 행하는 주의와 방침.
【民時】みんじ(민시) 농사철. 農時(농시). 農繁期(농번기).
【民心】みんしん(민심) 백성의 마음. 民意(민의). ¶―卽天心.
【民心無常】みんしんむじょう(민심무상) 백성의 마음은 일정하지 않아 군주가 선정(善政)을 베풀면 따르고 사모하며, 악정을 베풀면 앙심을 품고 반항함. ¶― 惟惠之懷<書經>
【民心收拾】みんしんしゅうしゅう(민심수습) 들뜨고 소란한 민심을 바로잡아 안정시키는 일.
【民營】みんえい(민영) 민간인의 경영. ¶―化/―事業. ↔官營(관영).
【民藝】みんげい(민예) 서민의 생활 속에서 생겨나, 그 지방의 특유한 풍토·풍물·정서·관습 등을 표현한 예술. ¶―品.
【民謠】みんよう(민요) ①민중 속에서 자연적으로 발생하여, 오랫동안 세련되고 민중의 생활 감정을 소박하게 반영시킨 가요. ②향토를 배경으로 하고 옛 민요와 비슷한 선율로 작곡한 민간 가요.
【民擾】みんじょう(민요) ☞民亂(민란).
【民辱】みんじょく(민욕) 민족의 치욕. 국민의 치욕. 國恥(국치).
【民用】みんよう(민용) ①백성이 이용하는 것. ②백성의 필수품. ③백성의 농구(農具).
【民怨】みんえん(민원) 백성의 원한(怨恨). ¶忘―之爲仇也<張衡>
【民願】みんがん(민원) 백성의 바람. 국민의 청원. ¶―相談室.
【民有】みんゆう(민유) 민간의 소유. ¶―地. ※國有(국유)·公有(공유).
【民隱】みんいん(민은) 백성의 괴로움. 隱은 痛. 民困(민곤). 民瘼(민막). ¶勤恤― 而除其害也<國語>
【民意】みんい(민의) 백성의 의사. 民志(민지). 民心(민심).
【民彝】みんい(민이) 사람이 지켜야 할 떳떳한 도리. 또는, 백성의 변하지 않는 마음. ¶天惟與我―<書經>
【民人】みんじん(민인) 인민. 평민. ¶和其―<孝經>
【民狀】(민장)(韓) 백성의 송사(訟事)나 청원 따위의 서류.
【民財】みんざい(민재) 국민의 재물.
【民賊】みんぞく(민적) 백성을 해치는 도적.
【民籍】みんせき(민적) 국민의 호적부. 또는, 그 나라 국민의 호적.
【民政】みんせい(민정) ①백성의 안녕과 행복을 도모하는 정치. ¶禁內臣出使預―<宋史> ②민주적 방식에 의한 정치. 또는, 민간인에 의한 정치. ↔軍政(군정).
【民情】みんじょう(민정) ①백성의 사정과 형편. ¶―視察. ②민심(民心).
【民族】みんぞく(민족) 언어·혈통·역사를 같이하는 사람의 집단. ¶―意識/―自決/―主義.
【民主】みんしゅ(민주) ①주권이 국민에게 있음. ¶―政體/―共和國/―政治. ②민주주의. ③백성의 우두머리. 군주(君主). ¶簡代夏作―<書經>
【民衆】みんしゅう(민중) ①국민의 무리. 다수의 국민. ¶―蜂起. ②모든 국민을 동등하게 다만 일원(一員)으로 본 전체. 民庶(민서). ¶―藝術.
【民智】みんち(민지) 국민의 슬기. 국민의 지식 정도.
【民之所欲天必從之】(민지소욕 천필종지) 백성이 바라는 바는 하늘도 이를 좇아서 반드시 성취시켜 줌. 민심(民心)이 곧 천심(天

心)이라는 말.
【民天】みんてん(민천) 백성이 하늘처럼 소중히 여기는 것. 곧, 식량임. ¶王者以民爲天 民人以食爲天<史記>
【民村】みんそん(민촌) ①인민이 사는 마을. ②상민(常民)의 마을. ↔班村(반촌).
【民衷】みんちゅう(민충) ①백성의 고충. ②국민이 바라는 진심.
【民娶】みんしゅう(민취) 양반이 상사람의 딸과 결혼함. ↔班娶(반취).
【民治】みんち(민치) ①백성을 다스리는 정치. ②백성이 다스려짐. ¶仁以愛之 義以正之 如此則一行矣<禮記>
【民弊】みんぺい(민폐) 국민에게 폐가 되는 일.
【民表】みんぴょう(민표) 백성의 모범. 백성의 사표(師表). ¶凡上者民之表也<孔子家語>
【民風】みんぷう(민풍) 민간의 풍속. 民俗(민속).
【民獻】みんけん(민헌) ①백성들이 헌상하는 것. ②민중 속의 현자(賢者). ¶一有十夫予翼<書經>
【民戶】みんこ(민호) ☞民家(민가).
【民會】みんかい(민회) 어떤 지역 안에서 주민의 자치 단체. ¶僑一.
▷姦一, 居一, 居留一, 輕一, 賈一, 公一, 怪一, 僑一, 國一, 窮一, 飢一, 難一, 農一, 得一, 萬一, 末一, 罔一, 牧一, 務一, 放一, 白一, 範一, 邊一, 保一, 浮一, 富一, 貧一, 士一, 四一, 生一, 庶一, 先一, 先住一, 善一, 細一, 小一, 小市一, 市一, 植一, 臣一, 新一, 安一, 愛一, 野一, 良一, 黎一, 與一同樂, 頑一, 憂一, 愚一, 流一, 遊一, 隱一, 移一, 人一, 佚一, 逸一, 齊一, 濟一, 兆一, 重一, 衆一, 烝一, 天一, 賤一, 村一, 土一, 平一, 疲一, 下一, 鄕一, 豪一, 化一, 和一, 訓一

1
5〖氐〗 1 근본 저 2 낮을 저 3 땅이름 지 | 㝬ㄉㄧˇ (di) | てい(モト) *foundation* | 㝬ㄉㄧ (di) | しち(ヒクイ) *low* | 圖叜

源 **指事**. 저순가락의 아래 끝이 낮은 아래 면(面)에 닿은 모양을 보임.
풀이 1 ①근본. 근원. ¶尹氏大師 維周之一<詩經>/根一. ②뿌리. 직근(直根). ¶蔓根曰根 直根曰一<說文通訓定聲> ③대저. 通抵. ¶天下大一無慮<漢書> ④이르다. 通底. ¶一者言萬物皆至也<史記> 2 ①낮다. 낮춤. ㉠低. ㉮천하다. 값이 낮음. ¶其賈一賤減平者<漢書> ㉯숙이다. ¶封君皆一首仰給焉<漢書> ②종족 이름. 서융(西戎). ¶自彼一羌<詩經> ③별 이름. 28수(宿)의 하나. 천근(天根). ¶一四星 東方之宿<史記>/一宿. 3 ①땅 이름. ¶一道. ②고을 이름. ¶一池.
【氐羌】ていきょう(저강) 서융(西戎)의 종족. 티벳족에 속함.
【氐宿】ていしゅう·ていしゅく(저수) 별 이름. 28수(宿)의 하나. 天根(천근). ¶季冬之月 旦 氐中<禮記>
【氐賤】ていせん(저천) ①값이 쌈. 低廉(저렴). ②비천함. 신분이 낮고 품위가 없음. 低賤(저천).

7〖䍐〗 ☞巾部 4 획(p.497)

4
8〖氓〗 백성 맹 | 㞩ㄇㄥˊ (meng) ㄇㄤˊ (mang) | ぼう(タミ) *people*

【氓隷】ぼうれい(맹례) 천민(賤民). 萌隷(맹례). ¶一之人 而遷徙之徒也<新書>
【氓俗】ぼうぞく(맹속) ①민속(民俗). ②서민(庶民).
▷貧一, 庶一, 安一, 野一, 黎一, 殘一, 蒼一, 疲一, 遐一

8〖㞩〗 氓(p.832)의 俗字
8〖昏〗 ☞日部 4 획(p.714)
9〖䛅〗 伺(p.98)의 俗字

—气<기운 기>部—
气 ② 気 ④ 氛 ⑥ 氣 氤 ⑩ 氳

0
4〖气〗 1 기운 기 2 빌 걸 | 困ㄑㄧˋ 㘞(qi) | き(キ) きつ(モトメル)

源 **象形**. 김이나 구름기가 乙자 모양으로 곡선을 그으며 올라가고 있는 모양을 본뜸.
풀이 1 기운. ㉠氣. 2 빌다. 구함. 通乞.

6〖気〗 氣(p.832)의 略字
6〖気〗 氣(p.832)의 俗字
8〖炁〗 氣(p.832)의 古字

4
8〖氛〗 기운 분 | 因ㄈㄣ (fen) | ふん(キ, ワルイキ) *spirit*

풀이 ①기운. ㉮피어 올라 발산하는 아지랭이나 연무(煙霧). ¶一氣. ㉯어떤 일의 길흉 화복을 암시하는 조짐. ¶梓愼望一<左氏傳> ②요기(妖氣). 흉(凶)한 조짐. 재앙. ¶一邪歲增<漢書>/一妖/一祥.
【氛氣】ふんき(분기) ①대기 중에 떠도는 구름이나 연무 같은 기운. ②요기나 흉한 조짐.
【氛妖】ふんよう(분요) 재앙. 재화(災禍).
【氛祲】ふんしん(분침) ①요사스러운 기운. 氣祲(기침). 邪氣(사기). ¶冥冥一未全銷<杜甫> ②바다 위에 낀 짙은 안개. 해미.
▷絳一, 垢一, 瞑一, 祥一, 夕一, 俗一, 埃一, 野一, 涼一, 氳一, 妖一, 郁一, 紫一, 重一, 塵一, 淸一, 鎖一, 翠一, 霞一, 寒一, 囂一

8〖氜〗 陰(p.832)의 俗字
9〖氤〗 氤(p.834)의 訛字

6
10〖氣〗 기운 기 | 困ㄑㄧˋ (qi) | き, け *vapor, ether*

源 **會意·形聲**. 쌀을 찔 때에 나오는 수

증기를 뜻함.
풀이①기운. ㉮수증기나 연기 따위가 공중에 올라가 보이는 현상. ¶東來紫—滿函關<杜甫> ㉯만물이 생성되는 근원. ¶元—/精—. ㉰심신(心身)의 활력. ¶—壹則動志也<孟子>/正—/養—. ㉱인체를 지키고 생명을 보호하는 양성(陽性)의 힘. ㉲형체는 없으나, 그렇게 느껴지는 어떤 힘이나 움직임. ¶泰平之—/—運. ②숨기. 호흡. ¶屛—似不息者<論語>/—息/呼—. ③하늘에 나타나는 조짐. 운기(雲氣). ¶吾令人望其—<史記>/望—術. ④오관(五官)에 닿되 형체가 없는 현상. ¶香—/寒—/蒸—. ⑤자연계에 일어나는 현상. ¶天有六—<左氏傳>/—象. ⑥절기. 1년 시후(時候)를 24등분한 기(期). 시후. ¶務順時—<後漢書> ⑦타고난 성질. 품성(稟性). ¶志彊而—弱<列子>/—質. ⑧심기. 의사. 감정. ¶百姓無怨—<史記> ⑨우주만물을 생성하는 질료(質料). ¶理—論.

【氣概】きがい(기개) 씩씩한 기상과 꿋꿋한 절개. 어떤 고난에 부딪쳐도 굴하지 않는 강한 의기와 절조.

【氣蓋世】きよヲオオウ(기개세) 의기가 왕성하여 세상을 압도함. ¶力拔山兮—<項羽>

【氣高萬丈】きこうまんじょう(기고만장) 일이 뜻대로 잘 될 때에 지나치게 우쭐거리거나, 성을 낼 때에 지나치게 자만하는 일.

【氣骨】きこつ(기골) ①기혈(氣血)과 골격. ¶—壯大. ②자기의 신념을 지키어 굴하지 않는 성질. 俠骨(협골). 氣槪(기개). ¶言語明快有—<吳融>

【氣球】ききゅう(기구) 가벼운 기체를 넣어 공중으로 높이 올라가게 하는 둥근 주머니. 風船(풍선).

【氣根】きこん(기근) ①☞根氣(근기). ②뿌리의 일종으로, 땅 위에서 공기 중의 수분을 취하는 뿌리. 옥수수·풍란 등에서 볼 수 있음. ③《佛》 중생의 심중에 본디 갖추어져 있어, 부처의 가르침에 응하여 발동하는 능력.

【氣急】ききゅう(기급) 갑자기 몹시 놀라거나 겁에 질리어 숨이 막히는 듯한 소리를 지름. 기겁.

【氣短】(기단) ①기력이 미약함. ②생김새가 세차지 못함. ③숨쉬는 시간이 짧음.

【氣道】きどう(기도) 동식물의 숨길. 氣管(기관).

【氣量】きりょう(기량) 도량. 국량. 마음의 작용. 胸量(흉량). ¶—深沈<庾信>

【氣力】きりょく(기력) ①일을 견디어 내는 힘. 根氣(근기). ②정신과 육체의 힘. ③증기나 압착 공기의 힘.

【氣流】きりゅう(기류) 대기의 유동. 또는, 유동하는 대기.

【氣類】きるい(기류) ①마음이 맞아 의기(意氣)가 투합(投合)하는 사람. ②천지의 기(氣)를 받고 살아 있는 만물. 사람과 만물의 총칭.

【氣脈】きみゃく(기맥) ①기혈(氣血)과 맥락(脈絡). 血脈(혈맥). ②쌍방의 감정·의사 등의 소통. 또는, 기미(氣味)가 서로 통함.

【氣脈相通】きみゃくアイツウズ(기맥상통) 마음과 뜻이 서로 통함.

【氣母】きぼ(기모) ①원기가 발생하는 근원. ¶吹— 鍊元精<李君元> ②무지개의 이칭.

【氣門】きもん(기문) ①곤충 따위의 숨구멍. 氣孔(기공). ②인체의 양기(陽氣)가 나오는 곳. 元府(원부).

【氣魄】きはく(기백) 씩씩한 기상과 진취성 있는 정신.

【氣不足】きふそく(기부족) 원기가 부족해서 생기는 병. ¶下—/中—/上—.

【氣分】きぶん(기분) ①어떤 기간 동안 지속되는 비교적 약한 감정 상태. ¶—轉換. ②분위기. ¶祝祭—. ③혈기(血氣)에 대하여 원기(元氣)의 방면을 가리키는 말. ④기질(氣質). ¶—不同 而凡人莫知其情<孔子家語>

【氣象】きしょう(기상) ①풍우·음청(陰晴)·한서(寒暑) 따위로 대기중에서 일어나는 물리적 현상. ¶—觀測/—概況. ②경치. ¶彩筆昔遊干—<杜甫> ③기품(氣稟)이 겉으로 드러난 상태. 기질. ④㊥경황(景況). 경기(景氣).

【氣像】(기상) 사람이 타고난 마음씨와 겉으로 드러난 의용(儀容).

【氣色】きしょく·けしき(기색) ①심기가 안색에 나타난 상태. 顔色(안색). ¶不觀—而言 謂之瞽<荀子> ②상태. 형편. ¶城之—如死灰<六韜>

【氣塞】きそく①·キフサギ②(기색) ①정신 작용의 과격으로 호흡이 막히는 일. 또는, 그런 증상의 병. ②마음이 울적함. 우울(憂鬱).

【氣塞昏絶】きそくこんぜつ(기색혼절) 숨이 막혀 까무라침.

【氣勢】きせい(기세) 의기가 장한 형세. ¶—騰騰.

【氣息】きそく(기식) 숨. 호흡. 숨을 쉼. ¶—奄奄.

【氣食牛】きウシヲクラウ(기식우) 범이나 표범의 새끼는 작아도 소를 먹을 만한 의기가 있다는 뜻으로, 젊어서 이미 사람을 능가할 만한 왕성한 의기가 있음을 비유한 말. ¶小兒五歲— 滿堂貴客皆回頭<杜甫>

【氣壓】きあつ(기압) 대기의 압력. ¶高—/—配置.

【氣焰】きえん(기염) ①대단한 기세. 의기가 왕성함. ¶—萬丈. ②불이 타 오르는 모양. 마음이 굳세고 바르지 못함의 비유.

【氣溫】きおん(기온) 대기의 온도.

【氣運】きうん(기운) ①시세가 돌아가는 형편. 국가의 흥망·사물의 성패 따위를 이름. 時運(시운). ②운수.

【氣韻】きいん(기운) 문장이나 서화에 있어서 고상한 멋. ¶文章以氣爲主 —不足<捫蝨新語>/—生動.

【氣絶】きぜつ(기절) ①까무라쳐 한때 정신을 잃음. 失神(실신). 卒倒(졸도). ¶—落膽. ②깜짝 놀라 숨이 막힐 지경이 됨. ③병든 사람이 숨이 끊어져 죽음. 絶息(절식). ¶被四創—<晉書>

【氣盡】きじん(기진) ①기력이 다함. 생기가 없어짐. ②기절함.

【氣盡脈盡】きじんみゃくじん(기진맥진) 기력이 죄다 없어짐. 氣盡力盡(기진역진).

【氣質】きしつ(기질) ①마음이 질박하고 순진함. ¶一則理勝其詞<隋書> ②기품(氣稟). 氣象(기상)③. ③인간의 성격을 특징짓는 감정의 경향. 다혈질·신경질·담즙질·점액질의 네 가지로 나눔. ④신분·직업·연령 등에 따른 독특한 기풍. ¶商人一/小市民一.

【氣體】きたい(기체) ①공기·수증기와 같이 일정한 형체가 없는 물체. 氣狀體(기상체). ※液體(액체)·固體(고체). ②정기(精氣)와 신체. ¶養一而不乞言<禮記> ③기력(氣力)과 체후(體候)란 뜻으로, 어른께 올리는 편지에서 문안할 때 쓰는 말. 氣體候(기체후). 氣候(기후)④. ¶一萬康.

【氣體候】きたいこう(기체후) ☞氣體(기체)③.

【氣泡】きほう(기포) 거품. 泡沫(포말).

【氣胞】きほう(기포) ①허파의 기관 세지(氣管細枝) 끝에 있는 작은 주머니. 빨아들인 공기와 뱉아내는 가스를 교환하는 구실을 함. 肺胞(폐포). ②물고기의 부레.

【氣品】きひん(기품) ①품격. 인품. ②고상한 정취. 고상한 성품. ③만물. ¶皇衢大融 一물觀<江淹>

【氣稟】きひん(기품) ①타고난 성품. 천부의 성질과 품격. 天性(천성). 氣性(기성). ②주자학(朱子學)에서 말하는 후천적인 기(氣)로부터 받은 정신적·육체적인 성질. 氣質之性(기질지 성). ↔本然之性(본연지 성).

【氣風】きふう(기풍) ①어느 집단이나 지역 내의 사람들의 공통적인 기질. ¶野黨一. ②기상(氣象)과 풍도(風度). 氣質(기질).

【氣陷】きかん(기함) 기력이 없어서 푹 가라앉음.

【氣合】きがっス①·キアイ②③(기합) ①의기(意氣)가 서로 투합(投合)함. ②무예 등에서 적수에게 육박하는 기세, 또는 그 때에 지르는 소리. ③후배나 부하를 거친 태도로 응징하는 일. ¶團體一.

【氣合術】キアイじゅつ(기합술) 기합을 이용하여 하는 일종의 정신적 초인간적인 술법.

【氣海】きかい(기해) ①대기(大氣)를 바다에 비유해 이르는 말. ②한 몸의 정기가 모이며 호흡의 근본이라고 하는 배꼽 아래 1치 5푼쯤 되는 곳. 下丹田(하단전).

【氣虛】ききょ(기허) 기력이 허약함.

【氣俠】ききょう(기협) 정의(正義)에 분발하는 기상. 용감한 마음. 俠氣(협기). 義俠(의협).

【氣戶】きこ(기호) 숨이 나드는 곳. 콧구멍을 이름. 鼻孔(비공). ¶凡鼻爲一<長沙耆舊傳>

【氣化】きか(기화) ①액체 또는 고체가 열이나 압력의 작용으로 기체로 변하는 현상. ¶一熱. ↔液化(액화). ②대기(大氣)의 변화. 음양의 변화. 뜻이 바뀌어, 태평(太平)한 정치를 이름. ¶共賴一<顔延之> ③기(氣)가 변함. ¶一則溺出<素問>

【氣候】きこう(기후) ①1년간을 구획한 시후(時候)를 이름. 5일을 1후(候), 15일을 1기(氣)로 하여, 1년을 24기(氣), 72후(候)로 나눔. ②천기(天氣)의 변화. ③어느 지방의 장기간에 걸친 천기의 평균적인 상태. ④☞氣體(기체)③.

▷佳一, 嘉一, 脚一, 感一, 剛一, 絳一, 江湖之一, 蓋世之一, 客一, 居移一, 倨一, 激一, 景一, 勁一, 驚一, 空一, 狂一, 驕一, 鬼一, 奇一, 暖一, 嵐一, 冷一, 怒一, 短一, 膽一, 道一, 毒一, 同一, 望一, 猛一, 煤一, 無一, 芳一, 倍一, 病一, 浮一, 氛一, 奮一, 士一, 邪一, 辭一, 上一, 爽一, 生一, 瑞一, 暑一, 盛一, 聲一, 秀一, 淑一, 純一, 習一, 濕一, 勝一, 時一, 食牛之一, 神一, 心一, 夜一, 陽一, 語一, 熱一, 英一, 靈一, 銳一, 傲一, 勇一, 雲一, 元一, 意一, 義一, 陰一, 二一, 理一, 人一, 一一, 日一, 逸一, 溢一, 紫一, 磁一, 才一, 積一, 電一, 節一, 正一, 精一, 腫一, 酒一, 蒸一, 志一, 天一, 喘一, 淸一, 晴一, 聰一, 稚一, 胎一, 吐一, 妬一, 霸一, 風一, 寒一, 海一, 香一, 血一, 俠一, 呼一, 浩一, 豪一, 浩然之一, 魂一, 和一, 換一, 活一, 薰一, 吸一

6 10【氤】기운 성할 인 |圓ㅣㄣ (yin)| いん

【氤氳】いんうん(인온) ①천지의 기(氣)가 화하고 성한 모양. 絪縕(인온). ¶太平多樂事 春物共一<宋之問> ②기운이 화한 모양. ¶淸歌一轉口一<盧照鄰> ③향기가 좋은 모양. ¶一芳氣透衣簾<長生殿> ④싸여서 흩어지지 않는 모양. ¶望不見兮心一<李白>

11【氰】霄(p. 1602)와 同字

10 14【氳】기운 성할 온 |因ㄩㄣ (yun)| うん

풀이 ①기운이 성하다. 기가 왕성하게 오르는 모양. ¶氛一/一一. ②기운어리다. 천지의 기가 서로 합하여 어린 모양. ¶氤一.

水<물 수>部

水 ① 氷 永 氶 ② 求 氿 氾 汆 汀 汁 氽
汃 ③ 江 汏 汒 汎 汜 汕 汐 汛 汝 汚 汙
汗 汋 池 汊 汘 汞 汍 汔 ④ 決 汨 汯 汲
汽 沂 沓 沌 沔 沐 沒 没 汶 沕 汼 汸 汴
汳 汾 沘 沙 沁 沇 汭 沃 汪 沄 沅 汩 沏
沚 泜 沖 沈 沉 汰 沢 沛 沆 沍 汹 ⑤ 泔
沽 泥 沴 泠 泪 泐 沫 沬 泯 泊 泮 泧 泛
法 泌 沸 泉 泗 泻 泄 沼 泝 泅 沭 泱 沿
沿 泳 油 泑 泣 泆 沮 泜 泲 注 泚 泉 沾
泏 治 沱 泰 波 泙 泡 河 泫 泬 泂 泓 況
泲 ⑥ 洎 洸 洮 洞 洛 衆 洌 流 流 洺 洚
洴 洑 洩 洗 洒 洙 洵 洝 洋 洳 洧 洿 洼
洹 洧 洏 洟 洇 浄 洲 洢 洔 津 浅 派 海
洫 浃 洚 洪 活 洄 洨 洶 洽 ⑦ 涇 浤 涒
浧 涅 涂 浪 浲 涙 流 浰 浬 浤 浼 浘 浡

浜 浲 浮 浶 涘 涉 涚 消 涑 涓 涎 涅 浯
浣 浴 涌 淾 浥 涔 浙 浚 浞 涕 沖 浸 浿
浦 浉 海 涀 浹 涠 浩 ⑧ 渴 淦 涫 淈 淇
淖 淡 淊 淘 凍 淶 涼 淥 淚 淪 淩 淋 淼
涪 淸 淝 淠 淜 渋 淅 渉 淞 淑 淳 淬 深
淰 涯 液 淤 淹 淢 淵 淍 淴 涴 淣 淯 淫
淟 淀 淨 済 浛 淙 淙 淌 淒 淺 添 清 清
淄 涿 湗 淲 涸 淊 渏 淠 淏 混 湝 淄 淮
淆 ⑨ 渮 渇 減 湝 渠 湨 淘 湮 渹 湼 湍
湛 渡 湩 湅 湁 湍 湾 湎 湡 渺 渼 湄 湣
渤 湃 湢 湩 渣 湘 湑 渲 渫 湿 湜 渥 渃
湇 湋 湙 淵 温 渦 渨 湧 湲 渭 游 湆 湮
湮 滋 渚 湔 渟 渧 湊 湌 湉 湫 測 湠 湯
渝 渢 港 湖 渾 湗 渙 湟 渃 ⑩ 溤 溪 滚
溝 溰 溺 溏 滔 滕 溓 滝 溜 溧 滅 溟 滂
溥 溡 溹 潤 溯 溲 滏 溼 溶 漾 溫 滃 溰
滵 溽 溶 溳 源 溵 溢 滋 滓 滁 溳 準 漫
溱 滄 滯 滀 溰 漢 滁 溘 滎 滈 滙 滑 滉
滙 ⑪ 漑 滾 滯 漼 滬 滹 漣 滷 漉 漻 漏
漓 漠 滿 漫 漨 滩 滲 滴 漖 漩 潃 漱 漱
漘 漀 漼 漾 漁 演 潁 漇 漪 漳 漿 滴 漸
漈 漕 漬 漲 滌 滯 漎 漼 漆 漯 漂 漉 潬
漢 滸 滹 滬 漉 ⑫ 澗 澗 漱 潔 潰 潙 潭
潼 潞 澇 潦 澑 潾 潫 潘 潑 澈 澘 潰 潒
潸 澨 澀 潟 潠 澌 潯 澆 澐 濡 潤 潏 潺
潛 澘 潴 潮 澍 潗 澂 澄 澈 潐 潨 潒 澎
澒 潢 澮 ⑬ 澉 激 澑 濃 澾 澹 濂 澪 澧
澷 濆 濇 澨 潚 澭 澠 澬 澳 澱 澶 澵 澡
濈 濁 澤 澩 濢 澥 澴 濊 澮 ⑭ 濘 濤 濫
濛 瀰 濮 濞 濱 濕 濡 濰 濟 濬 濜 濯 濠
濩 濶 ⑮ 瀧 瀏 瀆 瀠 濾 瀃 瀏 瀎 瀉 瀋
瀁 瀇 瀍 瀄 濺 瀑 瀌 瀅 ⑯ 瀖 瀝 瀘 瀧
瀨 瀨 瀕 瀡 瀛 瀠 瀢 瀜 瀶 瀦 瀞 瀚 瀣
⑰ 瀾 瀲 瀰 瀿 瀵 瀟 瀹 瀼 瀯 瀴 瀺 灎
瀸 ⑱ 灌 灋 灖 灘 灁 灑 ⑲ 灑 灘 灑 灔
灘 ㉑ 灝 灞 ㉒ 灣 ㉓ 灤 灩

0
4

【水】 물 수 | 紙 ㄕㄨㄟˇ (shui) | すい(ミズ) *water*

源象形. 물이 끊임없이 흘러 내리는 모양을 본뜸. 水가 한자 구성에서 변으로 쓰일 때는「삼수변」이라 하여「氵」를, 또 泰자에서와 같이 한자의 구성에서 발로 쓰일 때는「아래물수」라 하여「氺」자를 쓰지만, 독립적으로 쓰이지는 않음.

풀이 ①물. ㉮산소와 수소로 이루어진 액체. ¶上善若—<老子>/—火. ㉯흐르는 물 또는 내·호수·바다와 같이 물이 괸 곳. ¶知者樂—<論語>/若涉大—<書經> ②하천(河川) 이름에 붙이는 말. ¶洛—/渭—. ③물의 범람. 홍수(洪水). ¶堯禹有九年之—<漢書>/大—. ④오행(五行)의 하나. 방향은 북(北), 빛으로는 검정[黑], 계절로는 겨울[冬], 오음(五音)에서는 우(羽), 10간(干)에서는 임(壬)과 계(癸)에 해당. ⑤평평하게 하다. ⑥수성(水星)의 약칭. ⑦별자리 이름. ¶—宿.

【水脚銀】すいきゃくぎん(수각은) ①뱃삯. ②청(淸)대 관리에게 지급하던 여비(旅費).

【水閘】すいこう(수갑) 물문. 水門(수문).

【水客】すいかく(수객) ①마름꽃의 이칭. ¶菱花爲—<三柳軒雜識> ②뱃사공. ¶—皆擁棹<王昌齡> ③수로(水路)를 가는 여객. 船客(선객). ④각지(各地)에 가서 화물을 매매하는 상인.

【水渠】すいきょ(수거) 도랑. 溝渠(구거).

【水鏡】すいきょう(수경) ①물거울. 맑은 수면이 만물을 그대로 반영하듯, 사물을 공정하게 판단하여 남의 모범이 되는 일. 또는, 그러한 사람. ②도덕적인 면에서 남의 거울이 되는 사람. 또는, 총명한 사람. ¶信人倫之—<孫綽> ③달의 이칭. ¶環—於丹霄<潘炎> ④잠수할 때 물이 눈 안에 들어오지 않게 하기 위해 쓰는 안경. 물안경.

【水曲】すいきょく(수곡) ①물가. 水濱(수빈). ②물줄기가 굽이진 곳. ¶—巖千疊<許渾>

【水穀道】すいこくどう(수곡도) 물과 곡식이 통하는 길의 뜻으로, 식도(食道) 또는 위장이나 창자를 이름. ¶咽喉者 水穀之道也<靈樞經>

【水攻】すいこう(수공) ①강물을 막아 적의 성을 침수(浸水)시키는 전법. ②용수(用水)의 길을 끊어 적군이 갈증에 못 견디어 항복하게 하는 전법.

【水郭】すいかく(수곽) 수변(水邊)의 마을. 水鄕(수향). 江村(강촌). ¶—村橋晩景澄<李紳> 「去<張均>

【水光】すいこう(수광) 물빛. 水色(수색). ¶—浮日

【水口】すいこう·みずぐち(수구) ①물이 흘러 나오거나, 물을 흘려 내보내는 곳. 水門(수문). 排水口(배수구). ②작은 내가 큰 강으로 흘러 들어가는 곳. ③물이 솟아나오는 구멍. 중국 산서성 임진현(臨晋縣) 서쪽에 있었다고 함.

【水國】すいこく(수국) 호수나 강이 많은 고장. ¶—秋光暮 驚寒雁陣高<李舜臣>

【水軍】すいぐん(수군) 해군(海軍). 水師(수사). ¶—節度使.

【水宮】すいきゅう(수궁) 바다 속에 있다고 하는 상상의 궁전. 龍宮(용궁).

【水難】すいなん(수난) ①물로 말미암은 재난. 水災(수재). 水害(수해). ②물 위에서의 재난. 침몰, 익사, 난선(難船) 따위.

【水饂】すいたん(수단) 흰 떡을 젓가락 만큼하게 빚어 한 푼 반 길이로 썰어서 마르기 전에 꿀물에 넣고 실백을 띄운 음식. 흔히 유월 유두 때, 수교위와 함께 만듦. 水團(수단).

【水畓】(수답)韓 무논. ↔乾畓(건답).

【水塘】すいとう(수당) 지형이 낮은 곳에 둑을 쌓아 물을 모아 두는 곳. 관개나 양어에 이용함. 貯水池(저수지).

【水道】すいどう(수도) ①물이 흐르는 통로. ②음료

수나 사용수를 공급하기 위한 설비. ¶上一. ③배가 통하는 길. 뱃길. 물길. 水路(수로). 航路(항로). ④양쪽 육지 사이로 좁게 흐르는 해류의 통로. ¶閑麗一.

【水稻】すいとう(수도) 논에 심는 벼.

【水到渠成】ミズイタリテキョナル(수도거성) 물이 흐르면 자연히 도랑이 이루어진다는 뜻으로, 학문을 깊이 닦으면 저절로 도가 트이거나, 때가 되면 일이 저절로 이루어짐을 비유. 水到魚行(수도어행).

【水到魚行】ミズイタリテウオユク(수도어행) 물이 흐르면 물고기가 그 속으로 다닌다는 뜻으로, 때가 되면 일이 저절로 이루어짐을 비유. 水到渠成(수도거성).

【水痘】すいとう(수두) 급성의 발진성 전염병. 작은 마마. 風痘(풍두).

【水剌】(수라)㊉韓 궁중어(宮中語)로 임금에게 드리는 진지. ¶一床.

【水落】すいらく①・ミズオチ②③(수락) ①계곡의 물이 줄어듦. ¶歲寒風霜 一石潔<張耒> ②물이 떨어지는 곳. ③명치. 命門(명문). 心窩(심와).

【水量】すいりょう(수량) 물의 분량. ¶一計.

【水力】すいりょく(수력) 물의, 흐르거나 내리떨어지는 힘. ¶一發電/一資源.

【水簾】すいれん(수렴) 물이 높은 데서 떨어짐이 마치 발을 걸어 놓은 듯한 데서, 폭포를 이름. ¶黃華一天下絶<元好問>

【水路】すいろ(수로) 뱃길. 물길. 또는, 물이 흐르는 통로. 水道(수도)①③. ¶一流通 轉運無滯<晋書>

【水雷】すいらい(수뢰) 물 속에서 폭발하여 적함을 파괴하는 병기. 공격용과 방어용으로 크게 나뉨.

【水龍】すいりょう(수룡) ①물과 용. 또는, 물 속의 용. ②전선(戰船). 수사(水師). ¶不畏岸上虎 但畏水中龍<樂府詩集>

【水漏】すいろう(수루) ①물시계. 漏壺(누호). ②물이 샘.

【水樓】すいろう(수루) 수변(水邊)의 누각. 水閣(수각). 水榭(수사). ¶一一登眺 半出青林高<孟浩然>

【水流】すいりゅう(수류) 물이 흐름. 또는, 물의 흐름. 川流(천류). ¶日日河邊見一<戴叔倫>

【水流雲空】すいりゅううんくう(수류운공) 흐르는 물과 하늘에 뜬 구름이란 뜻으로, 지난 일이 흔적 없이 허무함의 비유.

【水陸】すいりく(수륙) ①물과 뭍. 뜻이 바뀌어, 수로와 육로. ②수륙에서 나는 식품. 山海(산해). ¶庖膳窮一之珍<晋書> ③(佛) 수륙의 잡귀에게 재식(齋食)을 공양하는 법회. 水陸齋(수륙재).

【水陸珍味】すいりくちんみ(수륙진미) 수륙에서 나는 온갖 맛있는 음식. 山海珍味(산해진미).

【水利】すいり(수리) ①물의 편리. 전답에 물을 대는 수로의 편리. ¶掘地財 取一<呂覽>/一安全畜. ②물의 이용.

【水理】すいり(수리) 땅 속으로 흐르는 물의 줄기. 水脈(수맥)②. ¶一漩洑<司空圖>

【水脈】すいみゃく(수맥) ①물이 흐르는 길. 水路(수로). ¶桃花一引行光<劉孝威> ②지하수(地下水)의 길. 水理(수리).

【水面】すいめん(수면) 물의 표면. 水上(수상). ¶微瀾動一<韓愈>

【水明】すいめい(수명) 물이 맑음. 또는, 물의 경치가 아름다움. ¶山紫一.

【水霧】すいむ(수무) ①하천 위에 낀 안개. ¶一一邊起 風林兩岸秋<陳子良> ②안개가 깊으면 해를 가리는 데서, 남을 헐뜯는 간사한 사람의 비유.

【水墨】すいぼく(수묵) ①물과 먹. 또는, 묵화를 칠 때 쓰는 묽은 먹물. ②☞水墨畫(수묵화).

【水墨畫】すいぼくが(수묵화) 채색을 쓰지 않고 수묵의 농담(濃淡)의 조화로써 초자연적 표현을 주로 하는 그림. 성당(盛唐) 때부터 시작된 동양화의 한 가지. 墨畫(묵화). 水墨(수묵).

【水門】すいもん(수문) 물문. 곧, 저수지나 수로에 설치하여 물의 유통을 조절하는 문.

【水蜜桃】すいみつとう(수밀도) 껍질이 얇고 살과 물이 많은 복숭아의 일종.

【水盤】すいばん(수반) ①사기나 쇠붙이로 만든 운두가 낮고 평평한 그릇. 꽃이나 괴석 따위를 물에 담아 관상하는 데 씀. 水盆(수분). ②물 대야.

【水防】すいぼう(수방) 홍수로 인한 수해를 경계하고 막는 일.

【水伯】すいはく(수백) 수신(水神). 河伯(하백). 海神(해신).

【水邊】すいへん(수변) 물가. 水涯(수애). 水畔(수반).

【水兵】すいへい(수병) 해군 병사. 海兵(해병).

【水夫】すいふ(수부) ①뱃사공. 뱃사람. 하급 선원. 水手(수수). ②물을 긷는 사람.

【水府】すいふ(수부) ①수신(水神)이 산다는 집. 또는, 수신(水神). 龍宮(용궁). 水宮(수궁). ②별 이름. 오리온 별자리에 있는 별. 물을 관장한다고 함.

【水分】すいぶん(수분) ①물기. 습기. 水氣(수기). ②흐름이 갈라짐. ¶一雲隔二三年<杜牧>

【水盆】すいぼん(수분) ☞水盤(수반)①.

【水濱】すいひん(수빈) 물가. 水涯(수애). 水邊(수변).

【水使】すいし(수사) 수군절도사(水軍節度使)의 약칭.

【水師】すいし(수사) ①해군(海軍). 水軍(수군). ②뱃사공. 水手(수수). 船員(선원). ③수상(水上)의 싸움.

【水産】すいさん(수산) 수중에서 남. 또는, 수중에서 나는 것. 어류, 패류(貝類), 조류(藻類) 따위. 水産物(수산물).

【水蔘】(수삼) 캐서 말리지 않은 인삼. 生蔘(생삼). ↔乾蔘(건삼).

【水上】すいじょう(수상) ①물가. 水邊(수변). ¶洞庭一一株桐<吳均> ②물 위. 水面(수면). ¶一浮瓜青衿不戲<庾信> ③흐르는 물의 상류.

【水色】すいしょく①・ミズイロ②(수색) ①물빛. 연한 남빛. 또는, 물의 경치. 水光(수광). ¶西湖一春來好<張昱>/松溪一綠於松<鄭谷> ②엷은 빛. 담청색(淡青色).

【水生木】(수생목) 오행 운행설(五行運行說)에서 말하는, 물이 나무를 낳거나 돕는 일. ¶金生水一.

【水棲】すいせい(수서) 물 속에서 삶.

【水石】すいせき(수석) ①물과 돌. 또는, 물 속에 있는 돌. ¶岩壑閒遠 一情華<宋書> ②물과 돌로 이루어진 산수의 경치. 또는, 산곡(山谷)에서 흐르는 물의 경치. 泉石(천석).

【水仙】すいせん(수선) ①수중에 사는 신선. ②수선화에 속하는 다년초. 관상용으로 심으며, 인경(鱗莖)은 약재로 씀. 水仙花(수선화).

【水勢】すいせい(수세) ①물이 흐르는 기세. ②물의 흐름. 또는, 그 방향. ¶凡溝必因一<周禮> ③물의 양. 水量(수량). ¶一日增<魏書> ④물의 본성. ¶一玄也<荀子>

【水洗式】すいせんしき(수세식) 변소에 급수 장치를 하여 오물을 물로 씻어 내려 보내게 하는 방식. ¶一便所.

【水送山迎】ミズオクリヤマムカウ(수송산영) 물이 보내 주고 산이 맞아준다는 뜻으로, 지나는 도중에 산수의 경치가 자꾸 변함을 이르는 말. ¶一入富春<吳融>

【水手】すいしゅ(수수) ☞水夫(수부)①.

【水宿】すいしゅう(수수) 28수(宿) 중 북방의 일곱 별. 현무 칠성(玄武七星).
すいしゅく(수숙) 배 안에서 묵음. 또는, 물가에 있는 숙역(宿驛). ¶一烟雨寒<王昌齡>

【水神】すいじん(수신) 물귀신. 水伯(수백). 河伯(하백).

【水心】すいしん(수심) 물의 한가운데. 물의 중심.

【水深】すいしん(수심) 물의 깊이. 또는, 물이 깊음. ¶一魚知聚<杜甫>

【水深而魚聚】ミズフカケレバウオアツマル(수심이 어취) 물이 깊으면 고기들이 모여든다는 뜻으로, 유덕한 군자에게는 사람들이 스스로 모여 듦을 비유.

【水壓】すいあつ(수압) 물의 압력.

【水涯】すいがい(수애) 물가. 水邊(수변). 水畔(수반). ¶有赤草 生於一<後漢書>

【水楊】すいよう(수양) 갯버들. 蒲楊(포양).

【水魚之交】すいぎょのマジワリ(수어지 교) ①물과 물고기와의 관계처럼, 떨어질 수 없는 매우 친한 사귐. ②부부 사이가 화목하거나, 군신(君臣) 사이가 아주 친밀함을 이름. 水魚之親(수어지 친). 親交(친교). ¶君臣相遇 有同水魚 則海內可安<貞觀政要>

【水域】すいいき(수역) 물 위의 일정한 구역. ¶專管一.

【水驛】すいえき(수역) 배가 정박하는 곳. 나루터. ¶一有舟<唐書>

【水泳】すいえい(수영) 헤엄치기. 游泳(유영).

【水營】(수영) 조선 때 수군 절도사의 군영(軍營).

【水玉】すいぎょく(수옥) ①수정 또는 파리(玻璃)의 별칭. ②반하(半夏)의 구경(球莖). 독이 있으며, 담·구토·습증·해수 등의 약재.

【水温】すいおん(수온) 물의 온도.

【水甕】すいおう(수옹) 물독. 水缸(수항).

【水旺之節】すいおうのせつ(수왕지 절) 물기가 왕성한 절기. 곧, 오행(五行)에서 겨울을 이름.

【水溶性】すいようせい(수용성) 물에 녹는 성질.

【水運】すいうん(수운) 수로에 의한 운송. 海運(해운).

【水源】すいげん(수원) 물의 근원. 水原(수원). ¶一池.

【水月】すいげつ(수월) ①물과 달. 또는, 물에 비치는 달의 그림자. ¶松風一. ②사물의 공허함 또는 인품의 청미(淸美)함을 비유. ¶如幻如焰 如水中月<智度論>

【水月鏡花】すいげつきょうか(수월경화) 물에 비친 달과 거울에 비친 꽃이란 뜻으로, 볼 수는 있으나 잡을 수 없음의 비유. 시가, 문장 따위에서 허황한 사실을 지껄인 것을 가리켜 이름.

【水位】すいい(수위) 강·호수 등의 수량(水量)의 높이. ¶危險一.

【水銀】すいぎん(수은) 상온(常温)에서 액체를 이룬 유일한 금속. 은백색임. ¶一柱.

【水陰】すいいん(수음) ①물을 일컬음. 水는 陰에 속하므로 이름. ¶夫河者一<漢書> ②하천의 남쪽. 또는, 하천의 남안(南岸). ↔水陽(수양).

【水長】すいちょう(수장) ①강의 흐름이 긺. ¶山高一. ②물의 양이 불어남. 增水(증수). ¶日夜分爲再潮 一一二尺<水經>

【水葬】すいそう(수장) ①시체를 물 속에 장사지냄. ¶一則投之江流<南江> ↔火葬(화장). ②물 속에 넣음.

【水漿】すいしょう(수장) ①물과 걸쭉한 음료. ②마시는 것. ¶銀缾乍破一迸<白居易>

【水災】すいさい(수재) ☞水害(수해).

【水且】すいしょ(수저) 연(蓮)의 별칭. 水芝(수지)①. ¶芙渠一名一<韻府引古今注>

【水賊】すいぞく(수적) 해상에서 다른 선박을 위협하여 재물을 강탈하는 도둑. 해적.

【水滴】すいてき(수적) ①물방울. ¶一石穿<鶴林玉露> ②벼룻물을 담는 문방의 기구. 水注(수주). 硯滴(연적).

【水積成川】ミズツモリテカワトナル(수적성천) 물방울이 쌓여서 내를 이룬다는 뜻으로, 작은 것도 쌓이면 큰 것이 됨의 비유. 積小成大(적소성대).

【水田】すいでん(수전) 논. 답(畓). ¶漁村繞一<盧綸> ↔陸田(육전)·旱田(한전).

【水殿】すいでん(수전) ①물가나 물 위에 세운 누각. ¶山堂一 煙寺相望<水經> ②천자가 타는 배.

【水戰】すいせん(수전) 배를 타고 바다나 강 같은 데서 하는 싸움. 수상(水上)의 전쟁. 舟戰(주전). 海戰(해전). ¶冬與越人一<莊子> ↔陸戰(육전).

【水晶】すいしょう(수정) 육방정계(六方晶系)의 결정을 이룬 무색 투명한 석영(石英). 인재(印材)나 장식품으로 쓰임. 水玉(수옥). 水精(수정)④. ¶大秦國以一爲柱礎<晋書>/紫一/一簾.

【水精】すいせい①·すいしょう②(수정) ①물의 요정. ②달의 이칭. ¶太陰一爲月<春秋元命苞> ③예천(醴泉)의 이칭. ¶醴泉 水之精也<宋書> ④☞水晶(수정). ¶倭國多一<本草綱目>

【水正果】(수정과)韓 새앙을 달인 물에 설탕이나 꿀을 타고, 곶감·잣·계피가루 등을 넣어 만든 음식.

【水晶宮】すいしょうきゅう(수정궁) 수정으로 만든 아름다운 궁전. ¶一鎖黃金闕 故比人間分外寒<歐陽脩>

【水晶燈籠】すいしょうとうろう(수정등롱) 두뇌가 명석한 사람을 일컫는 말. 水精燈籠(수정등롱).

【水槽】すいそう(수조) 물을 담아 두는 큰 통.
【水藻】すいそう(수조) 물 속에서 나는 마름.
【水族】すいぞく(수족) 수중에 있는 동물류. ¶一館.
【水腫】すいしょう(수종) ☞浮症(부증). ¶蝗蟲生大小 多病五蛆一<後漢書>
【水注】すいちゅう(수주) ☞水滴(수적)②.
【水準】すいじゅん(수준) ①사물의 가치나 높이를 결정할 때의 기본이 되는 것. 標準(표준). ¶生活一. ②수평(水平)을 재는 기구. 수준기(水準器)의 준말. 水尺(수척)②.
【水中】すいちゅう(수중) 물 가운데. 물속. ¶一可居曰洲<詩經>
【水蒸氣】すいじょうき(수증기) 기체로 화한 물. 蒸氣(증기).
【水芝】すいし(수지) ①☞水且(수저). ¶羨一之異質<郭正域> ②연밥. 蓮實(연실). ③동과(冬瓜)의 별칭.
【水疾】(수질) 뱃멀미.
【水質】すいしつ(수질) 물의 성질. ¶一檢査.
【水次】すいじ(수차) 수상(水上) 교통의 숙역(宿驛). 또는, 나루터. 船着場(선착장). ¶日遣邏吏於一 候望權軍<資治通鑑>
【水車】すいしゃ(수차) ①물레방아. ②논에 물을 대는 물레. 龍骨車(용골차). ③수전에 쓰이는 경쾌한 배. 輕舟(경주).
【水站】すいたん(수참) 배가 머무르는 곳. 수로(水路)의 역참(驛站).
【水彩畫】すいさいが(수채화) 서양화의 일종으로, 채료(彩料)를 물에 풀어 그린 그림. 水繪(수회).
【水尺】すいしゃく(수척) ①율려(律呂)를 재는 척도의 이름. ¶常造律呂一<律呂新書> ②수준기(水準器). 水準(수준)②.
【水草】すいそう(수초) 물과 풀. 또는, 물속이나 물가에 자라는 풀.
【水村】すいそん(수촌) ☞水鄕(수향). ¶一山郭酒旗風<杜牧>
【水澤】すいたく(수택) 물과 못. 또는, 물이 괸 못. ¶丘法背山陵 前阻一<史記>
【水桶】ミズオケ(수통) 물을 넣어 두는 통. 물통.
【水平】すいへい(수평) ①수면이 평평함. 또는, 물체의 표면이 반듯하고 평평함. ¶一距離. ②평면의 높낮이를 검사하는 기구. 水準(수준)②. 水尺(수척)②. ③수직면에 직각되는 면.
【水泡】すいほう(수포) ①물거품. 물위에 떠있는 포말(泡沫). 水沫(수말). ②덧없는 인생의 비유나 헛된 수고의 비유. ¶身如浮沫…又如一<大乘經>
【水標】すいひょう(수표) 강물, 호수, 바다 따위의 수위(水位)를 재는 표지(標識). 양수표(量水標)의 준말. ¶一橋.
【水筆】すいひつ(수필) 붓촉 전체를 먹물에 적시어서 쓰는 붓. ¶用一暈開 加淡靑螺<輟耕錄>
【水害】すいがい(수해) 홍수로 인한 재해. 水難(수난). 水災(수재). 水患(수환). ¶淸河減損一<漢書> ↔火災(화재)·旱害(한해).
【水鄕】すいきょう(수향) 수반(水畔)에 있는 마을. 또는, 호수나 강이 많은 고장. 水村(수촌). 水郭(수곽). ¶一訪松石 蘭澤侶樵漁<孔魚>
【水鞋子】(수혜자) 무관들이 비올 때 신던 장화. 쇄자. 水靴子(수화자).
【水火】すいか(수화) ①물과 불. 뜻이 바뀌어, 상반(相反)되거나 사이가 나쁨의 비유. 氷炭(빙탄). ¶一相剋. ②물에 빠지고 불에 타는 듯한 대단한 괴로움. 학정(虐政)의 고통. ¶救民於一之中<孟子> ③일상 생활에 있어서 없어서는 안 될 중요한 것의 비유. ¶使有菽粟如一<孟子> ④매우 위험한 것의 비유. ¶趣一不敢卻也<呂覽> ⑤심한 노여움의 비유. ¶衆怒如一焉<左氏傳> ⑥음식을 조리함. 익은 음식. ⑦물불 같은 맹렬한 기세.
【水化】すいか(수화) ①물에 의하여 화성(化成)함. 水華(수화). ¶蓋紙是一之物<米芾書史> ②물에 빠져 죽음. 水死(수사). ③암석, 지질 따위가 물의 작용에 의해 일어나는 변화.
【水花】すいか(수화) ①연꽃의 이칭. 水華(수화). 芙蓉(부용). ②개구리밥의 이칭. 浮草(부초). ③속돌[浮石]의 이칭. ④물안개[水煙] 또는 물거품.
【水華】すいか(수화) ☞水花(수화)①. ¶共憐的皪一淨<朱熹>
【水火無交】すいかマジワルナシ(수화무교) 물이나 불처럼 일상 생활에 필수적인 것조차도 주고 받지 아니한다는 뜻으로, 조금도 교제하지 아니함의 비유. 沒交涉(몰교섭). 不通水火(불통수화). ¶一不與百姓交<隋書>
【水靴子】(수화자) ☞水鞋子(수혜자).
【水廓】(수확←수곽) 안구(眼球)의 홍채(虹彩) 한복판에 있는 동그란 작은 구멍. 눈동자. 瞳孔(동공).
【水患】すいかん(수환) 홍수의 재해. 水災(수재). 水害(수해).
▷渴一, 江一, 渠一, 激一, 潔一, 硬一, 溪一, 涸一, 曲一, 光一, 溝一, 掬一, 均一, 落一, 藍一, 冷一, 怒一, 漏一, 湍一, 潭一, 淡如一, 大一, 毒一, 萬一, 面一, 墨一, 防一, 杯一, 背一, 排一, 碧一, 步一, 覆一, 噴一, 沸一, 死一, 寫一, 山一, 上一, 塞一, 生一, 逝一, 聖一, 菽一, 薪一, 惡一, 野一, 掠一, 魚一, 軟一, 煙一, 映一, 玉一, 渦一, 潦一, 雨一, 雲一, 流一, 陸一, 飮一, 凝一, 以石投一, 理一, 引一, 印一, 臨一, 一衣帶一, 酌一, 潛一, 豬一, 滴一, 積一, 井一, 淨一, 渟一, 精一, 靜一, 照一, 潮一, 注一, 宙一, 衆一, 止一, 池一, 知者樂一, 地下一, 脂一, 澄一, 天一, 泉一, 淸一, 秋一, 春一, 出一, 治一, 濁一, 湯一, 風一, 避一, 下一, 河一, 寒一, 海一, 行一, 香一, 湖一, 洪一, 吃一

1 5 〖氷〗 얼음 빙 | ㊥ㄅㄧㄥ (bing) | ひょう(コオリ) *ice*

㊍冰 ㊐仌

㊗會意·象形. 물이 응결(凝結)하여 굳게 언 것. 얼음을 나타냄.

풀이 ①얼음. ㉮물이 얼어서 굳어진 것. ¶水凝爲一<論衡>/一雪. ㉯얼음처럼 투명하고 맑음의 비유. ¶一片一心. ㉰

얼음과 같이 참. 또는, 얼음처럼 풀리기 쉬운 모양. ¶一姿/一解. ②얼다. 물이 얾. ¶孟冬之月…水始一<禮記>/一結. ③오싹하다. 소름이 끼치는 모양. ¶一衿. ④기름. ¶肌膚若一雪<莊子> ⑤전동(箭筒) 뚜껑. ¶公徒釋甲執一而踞<左氏傳>

【氷鑑】ひょうかん(빙감) ①사리(事理)를 밝게 식별함. ¶職宜一<江淹> ②얼음을 넣고 안에 음식을 두던 기물. 오늘의 냉장고. ¶掌氷…春始治鑑<周禮>

【氷結】ひょうけつ(빙결) 액체가 얼어 얼음이 됨. 얼음이 얾.

【氷潔】ひょうけつ(빙결) 얼음처럼 맑음. 氷淸(빙청). ¶一淵淸<孔融>

【氷鏡】ひょうきょう(빙경) ①얼음처럼 맑은 거울. ②달의 이칭. 氷輪(빙륜). ¶團團一吐淸輝<孔平仲>

【氷菓】ひょうか(빙과) 얼음 과자. 아이스크림, 아이스케이크 따위. 冷菓(냉과). ¶一店.

【氷窖】ひょうこう(빙교) 얼음을 저장하던 움집.

【氷衿】ひょうきん(빙금) 오싹하고 소름이 끼치는 모양.

【氷肌雪腸】ひょうきせっちょう(빙기설장) 빙설(氷雪)처럼 맑고 깨끗한 살갗과 창자라는 뜻으로, 몸과 마음이 결백함을 이름.

【氷肌玉骨】ひょうきぎょっこつ(빙기옥골) ①미인(美人)의 형용. ¶一淸無汗<孟昶> ②매화의 이칭. 한겨울 한기(寒氣) 속에서 하얀 꽃을 피우므로 이름. 氷姿玉骨(빙자옥골). ¶一淸無汗 水殿風來暗香滿<竹坡詩話>

【氷臺】ひょうだい(빙대) 쑥의 이칭. ¶艾 一名一<爾雅>

【氷輪】ひょうりん(빙륜) 달의 이칭. 氷鏡(빙경). ¶雲峰缺處湧一<蘇軾>

【氷泮】ひょうはん(빙반) 얼음이 녹는다는 뜻으로, 얼음이 녹는 시기 곧 2월경을 이름. 또는, 고정되지 않아 위험함의 비유. ¶七國之軍瓦解一<陳琳>

【氷蘗】ひょうばく(빙벽) 얼음을 마시고 황벽나무를 먹는다는 뜻으로, 매우 고생스런 생활을 이름. 뜻이 바뀌어, 부녀자가 고절(苦節)을 지킴을 이르기도 함. 蘗은 황벽나무로 맛이 아주 씀. ¶三年爲刺史 飮氷復食蘗<白居易>

【氷膚】ひょうふ(빙부) 희고 고운 아름다운 살결. 氷肌(빙기). ¶一雪肌<宋史>

【氷夫】ひょうふ(빙부) 얼음을 뜨는 일을 하는 사람.

【氷山】ひょうざん(빙산) ①얼음 산. 바다에 뜨는 산 같은 얼음덩이. ②얼음산은 열을 받으면 곧 녹아 버리는 데서, 권세의 믿을 수 없음을 비유.

【氷上】ひょうじょう(빙상) 얼음 위. ¶一競技.

【氷牀】ひょうしょう(빙상) ①땅에 얼어 붙은 얼음. ¶一厚尺餘<庾信> ②서늘한 침상. ③얼음 위로 가는 썰매. 凌牀(능상).

【氷霜】ひょうそう(빙상) ①얼음과 서리. ¶一昨夜除<杜甫> ②㉮ 곤고 간난(困苦艱難)의 비유. ¶禦攘一 以貫歲寒<柳宗元> ㉯절조(節操)가 견고함의 비유. ¶甚有容德 自厲一<南史>

【氷釋】ひょうしゃく(빙석) ①얼음이 녹음. ②깨끗이 흔적도 없이 의혹이 풀리는 일. 氷解(빙해). ¶渙若氷之將釋<老子>/一理順.

【氷雪】ひょうせつ(빙설) ①얼음과 눈. ②맑고 깨끗함의 비유. ¶一心.

【氷雪文】ひょうせつのぶん(빙설문) 깨끗한 문장. ¶一卷一 避俗常自携<孟郊>

【氷水】ひょうすい(빙수) ①얼음과 물. 또는, 얼음이 녹은 물. ②차디찬 물. 또는 찬 것의 비유.

【氷心】ひょうしん(빙심) 얼음처럼 맑고 깨끗한 마음. 결백한 마음. ¶一片一在玉壺<王昌齡>/一玉壺.

【氷顔】ひょうがん(빙안) ①얼음처럼 투명하고 아름다운 얼굴. ¶一艶質<拾遺記> ②차고 인정미가 없는 얼굴.

【氷野】ひょうや(빙야) 극지방(極地方)의, 얼음에 뒤덮인 벌판. 氷原(빙원).

【氷洋】ひょうよう(빙양) 사철 얼음에 덮여 있는 바다. 남극에 남빙양(南氷洋), 북극에 북빙양(北氷洋)이 있음.

【氷語】ひょうご(빙어) 혼인을 중매하는 사람의 말. ¶媒曰氷人 媒之言曰一<書言故事>

【氷玉】ひょうぎょく(빙옥) ①얼음과 옥. ②㉮ 맑고 아름다움의 비유. ㉯훌륭한 장인과 훌륭한 사위를 아울러 일컫는 말. 진(晋)의 위개(衛玠)와 그의 장인 악광(樂廣)의 옛일에서 온 말. ¶婦公氷淸 女壻玉潤<晋書>

【氷翁】ひょうおう(빙옹) ①아내의 아버지. 丈人(장인) ※氷玉(빙옥)②. ②중매인. 氷人(빙인).

【氷人】ひょうじん(빙인) 중매인. 월하 빙인(月下氷人)의 준말. 영고책(令孤策)이 꿈에 빙상(氷上)에 서서, 빙하(氷下)의 사람과 말을 주고 받았다는 옛일에서 온 말. 氷翁(빙옹)②. ¶媒曰一<書言故事>

【氷刃】ひょうじん(빙인) ①시퍼런 칼날. 白刃(백인). ¶一露潔<張協> ②칼날 같은 얼음. ¶池邊一暖初落<韋莊>

【氷姿】ひょうし(빙자) ①얼음처럼 맑고 깨끗한 모습. ②매화의 이칭.

【氷姿玉骨】ひょうしぎょっこつ(빙자옥골) 매화의 이칭. 氷肌玉骨(빙기옥골)②. ¶一 世外佳人 但恨無傾城之笑耳<群芳譜>

【氷點】ひょうてん(빙점) ①물이 얼기 시작하거나 녹기 시작할 때의 온도. 곧, 섭씨 영도(零度). ②일반적으로 물질의 응고점(凝固點).

【氷柱】ひょうちゅう(빙주) 고드름.

【氷淸玉潤】ひょうせいぎょくじゅん(빙청옥윤) ①얼음같이 맑고 옥같이 아름다움. ②장인과 사위가 아울러 훌륭함의 비유. ※氷玉(빙옥)②.

【氷炭】ひょうたん(빙탄) ①얼음과 숯. ②성질이 상반(相反)하여 맞지 않음의 비유. ¶一不合形<韓非子>

【氷炭不相容】ひょうたんあいいれず(빙탄 불상용) 얼음과 숯불은 성질이 정반대여서 서로 용납하지 않음. ↔氷炭相愛(빙탄상애).

【氷炭相愛】ひょうたんあいあいす(빙탄상애) 얼음과 숯불이 서로 사랑한다는 뜻으로, 있을 수 없는 일의 비유. 또는, 친구끼리 각자의 특성을 지키면서 서로 충고함의 비유. ↔氷炭不相容(빙탄 불상용).

【氷板】ひょうばん(빙판) 얼음 바닥. 얼음이 덮인 길바닥.

【氷河】ひょうが(빙하) ①얼어붙은 강. 氷川(빙천). ¶一索馬渡＜玉臺新詠＞ ②높은 산에서 응고된 만년설이 얼음이 되어 서서히 움직여 내리는 일.

【氷魂】ひょうこん(빙혼) 얼음같이 맑고 깨끗한 넋이란 뜻으로, 매화의 형용. 氷肌(빙기). ¶羅浮山下梅花村 玉雪爲骨氷爲魂＜蘇軾＞

【氷紈】ひょうがん(빙환) 빛이 곱고 얼음같이 흰 명주.

▷堅一, 結一, 薄一, 泮一, 伐一, 垂一, 樹一, 雨一, 履一, 積一, 製一, 採一, 踐一, 春一, 抱一, 夏蟲疑一, 寒一, 滑一

1 5 〖永〗 길 영 | 㮔ㄩㄥˇ (yong) | えい(ナガイ) *long*

㊐永

源象形. 물줄기가 여러 지류로 갈게 갈라져서 어디까지나 길게 뻗치는 모양을 그림. 시간이 길게 계속되는 뜻으로 쓰이는 경우가 많음.

풀이 ①길다. ㉮강이 길다. 물줄기가 김. ¶江之一矣＜詩經＞ ㉯시간이 길다. 오램. ¶其寧惟一＜左氏傳＞/一久. ㉰오래도록. 길이. ¶一觀厥成＜詩經＞/一佳. ②길게 하다. 길게 늘임. ¶且以一日＜詩經＞/一歌. ③노래하다. ¶誰之一號＜詩經＞ ④깊다. 빛깔·맛 따위가 짙음. ¶啜過始知眞味一＜蘇軾＞ ⑤멀다. 멀리 떨어짐. ¶齊秦悠一＜張衡＞

【永歌】えいか(영가) 소리를 길게 뽑아 노래를 부름. 詠歌(영가). ¶嗟歎之不足 故一之＜詩經＞

【永嘉學派】えいかがくは(영가학파) 남송(南宋)의 한 학파. 주희(朱熹)와 육구연(陸九淵)의 두 큰 학파에 대치하여 한 파를 이루고 실용과 경제를 주장함. 영가공리파(永嘉功利派) 또는 그대로 공리파(功利派)라고도 일컬음. 영가 지방에서 발달. 설계선(薛季宣), 진부량(陳傅良), 섭적(葉適) 등이 이에 속함.

【永感】えいかん(영감) 부모가 다 돌아가 영구히 비애를 느낌. ¶哀號一 五情糜潰＜唐創業起居注＞

【永劫】えいごう(영겁)《佛》 매우 긴 시간. 영원한 세월. 劫은 장시간. 永久(영구).

【永訣】えいけつ(영결) 영원한 이별. 死別(사별). 永逝(영서). 永眠(영면). 永辭(영사). ¶臨穴一 無槻盡哀＜潘岳＞/一式.

【永久】えいきゅう(영구) 길고 오램. 永遠(영원). ¶得長生之一＜嵇康＞

【永久長川】えいきゅうちょうせん(영구장천) 한없이. 연달아. 늘. 언제나.

【永久齒】えいきゅうし(영구치) 유치(乳齒)가 빠진 뒤에 나는 이. 간니. ↔乳齒(유치).

【永年】えいねん(영년) ①기나긴 해. 오랜 세월. ¶可以長世一＜陸機＞ ②장생(長生)함. 수명을 길게 함. ¶資富能訓 惟以一＜書經＞

【永代】えいだい(영대) ☞永世(영세). ¶一流聲＜魏武帝＞

【永圖】えいと(영도) 영원한 계획. 장래를 위한 기획. 長計(장계). ¶愼乃儉德 惟懷一＜書經＞

【永眠】えいみん(영면) 영원히 잠잔다는 뜻으로, 죽음을 이름. 永逝(영서). ¶於宿患一.

【永命】えいめい(영명) 목숨이 김. 長生(장생)①. 長命(장명). 長壽(장수). ¶祈天一＜書經＞

【永慕】えいぼ(영모) 오래 사모함. 한평생 부모를 잊지 않음. ¶長懷一 憂心如醒＜魏志＞

【永生】えいせい(영생) ①오래 삶. 長生(장생). 長壽(장수). ②《佛》 열반(涅槃)을 이름. 불멸(不滅)이기 때문임. ③예수를 믿고 그 가르치는 대로 행함으로써 부활하여 천국에서 영원 무궁토록 삶.

【永逝】えいせい(영서) 영원히 가버린다는 뜻으로, 죽음을 이름. 長逝(장서). 永眠(영면). 永訣(영결). ¶拾九天而一＜史記＞

【永世】えいせい(영세) 영구한 세대. 무한한 세월. 永代(영대). ¶一不忘.

【永世中立】えいせいちゅうりつ(영세중립) 타국과 전쟁에 관여하지 않는 대신, 그 독립과 영토의 보전을 다른 나라들로부터 보장받는 일. 스위스 같은 경우. ¶一國. 「함.

【永續】えいぞく(영속) 오래 계속함. 영구히 계속

【永壽】えいじゅ(영수) 오래 삶. 수명을 길게 함. 長壽(장수). ¶物極其性 人永其壽＜束晳＞

【永言】えいげん(영언) 말을 길게 함. 노래에 장단의 가락이 있음으로, 노래를 이름. 永歌(영가). ¶詩言志 歌一＜書經＞

【永遠】えいえん(영원) 세월이 끝없이 길고 오램. 永久(영구). ¶亡魂逝而一兮＜潘岳＞/一不滅. 「없음.

【永遠無窮】えいえんむきゅう(영원무궁) 영원히 다함이

【永字八法】えいじはっぽう(영자팔법) 永자 한 자로써 모든 한자에 공통되는 여덟 가지 서법을 익히는 운필법(運筆法). 고안자는 후한(後漢)의 채옹(蔡邕)이라고도 하고, 진(晋)의 왕희지(王羲之)라고도 함.

【永存】えいそん(영존) 영원히 존재함. 영원히 멸망하지 아니함. ¶使黃河如帶 泰山若厲 國以一＜漢書＞

【永住】えいじゅう(영주) 일정한 곳에 오래 삶. ¶一民/一地/一權.

【永歎】えいたん(영탄) 한숨 쉬고 한탄함. 길게 탄식함. ¶憂悴一＜後漢書＞ 「을 이름.

【永宅】えいたく(영택) 영원히 있어야 할 집. 무덤

【永巷】えいこう(영항) ①궁중의 긴 골마루. ②궁녀. 또는, 그들이 거처하는 곳. 後宮(후궁). ③죄 있는 궁녀를 유폐(幽閉)하는 곳.

【永巷歌】えいこうか(영항가) 가곡 이름. 한(漢) 고조(高祖)의 척부인(戚夫人)이 여후(呂后)로 말미암아 영항에 갇히는 죄인이 되어, 절구질을 하면서 불렀다는 노래. 舂歌(용가).

▷永一, 悠一, 隆一 日一, 雋一

1 5 〖氶〗 1 구원할 증 | 2 받을 승 | 迴 じょう | 𤋮 *save*

풀이 1 ①구원하다. 구해냄. ㉠拯. ¶一與拼同 救助也＜康熙字典＞ ②내이름. 산동성에 있음. ¶一水. ③고을 이름.

산동성에 있음. ¶一縣. **2**받다. 봉승(奉承)함. ㉠承. ¶一 奉也<集韻>

2
6〖求〗 구할 구 | 尤ㄑㄧㄡˊ (qiu) | きゅう(モトメル) *look for*

源 **象形.** 머리에 손발이 달린 동물의 모피(毛皮)를 나타냄. 모피 옷은 몸에 꽉 죄게 입으므로, 다잡다란 뜻이 있고, 구하다란 뜻으로 발전함.

풀이 ①구하다. ㉮찾다. ¶同氣相一<易經>/索一. ㉯얻고자 하다. ¶寤寐一之<詩經>/欲一. ㉰묻다. 물어봄. ¶上志而下一<呂覽> ㉱부르다. 오게 함. ¶是自一禍也<孟子> ②빌다. 청함. ¶童蒙一我<易經> ③책망하다. 나무람. ¶君子一諸己<論語> ④탐내다. 욕심을 부림. ¶不忮不一<論語> ⑤다잡다. 흩어지지 않도록 꽉 쥠. ¶一其放心而已矣<孟子>/一心. ⑥힘쓰다. ¶君子行禮 不一變俗<禮記>

【求乞】きゅう(구걸) 남에게 돈이나 곡식 따위를 거저 달라고 청함. 또는, 그 일. ¶一行脚.

【求旦】きゅうたん(구단) 밤이 새기를 재촉함. 새벽을 알림. ¶鶡旦 一之鳥也<禮記·注>

【求道】きゅうどう①·ぐどう②(구도) ①길을 찾음. 나아가, 바른 도리를 물어 구함. ¶有言逆于汝心 必求諸道<書經> ②《佛》 불도를 구함. 안심 입명(安心立命)의 길을 찾음. ¶捨生一有前蹤<李商隱>/一者.

【求得】きゅうとく(구득) ①구하여 얻음. ②구하기를 바람. ¶與天爲期 不一 不辭福<淮南子>

【求法】きゅうほう①·ぐほう②(구법) ①방법을 구함. ②《佛》 불법을 구함. 불법을 배우기 위해 탐구함.

【求福】きゅうふく(구복) 복을 구함. 행복을 바람. ¶治病一<風俗通>

【求福不回】ふくをもとむるにかえらず(구복불회) 복을 구하는 데 도(道)에 어긋난 행동을 하지 않음. ¶立言必信 一<顏氏家訓>

【求不得苦】ぐふとくく(구불득고)《佛》 8고(苦)의 하나. 구하여도 얻지 못하는 괴로움.

【求償】きゅうしょう(구상) 배상(賠償)이나 상환(償還)을 요구함. ¶一權.

【求生】きゅうせい(구생) 삶을 구함. 생명의 안전을 구함. ¶志士仁人 無一以害仁<論語>

【求心力】きゅうしんりょく(구심력) 어떤 물체가 원운동(圓運動)을 할 때에 물체를 중심으로 끌어당기는 힘. ↔遠心力(원심력).

【求愛】きゅうあい(구애) ①사랑을 구함. ②이성(異性)의 사랑을 구함.

【求牛】きゅうぎゅう(구우) ①소를 구함. ②복을 받기 위해 신(神)에게 바치는 소. ¶一禱於鬼神 祈求福之牛也<周禮·注>

【求雨】きゅうう(구우) 비 내리기를 비는 일. 祈雨(기우). ¶若爲土龍以一<淮南子>

【求人】きゅうじん(구인) 사람을 구함. ¶以求賢人<呂覽>/一廣告.

【求人欄】きゅうじんらん(구인란) 구인 광고를 싣는 난.

【求積】きゅうせき(구적) 면적(面積)·체적(體積) 따위를 산출하는 일. 또는, 그 산법. 求積法(구적법).

【求職】きゅうしょく(구직) 직업을 구함. ¶一者.

【求刑】きゅうけい(구형) 형벌에 처할 것을 요구함. 검찰관이 피고인에게 형을 과하도록 재판관에게 요구하는 일.

【求婚】きゅうこん(구혼) 혼처(婚處)를 구함. 결혼해 주기를 청함. 請婚(청혼).

▷假一, 渴一, 强一, 講一, 廣一, 購一, 同氣相一, 反一, 旁一, 訪一, 聘一, 相一, 索一, 搜一, 案一, 研一, 營一, 要一, 欲一, 諮一, 誅一, 徵一, 請一, 追一, 逐一, 探一, 希一

2
5〖氿〗 샘 궤 | 紙ㄍㄨㄟˇ (gui) | き *fountain*

풀이 ①샘. 곁구멍에서 솟아나오는 샘. ¶有洌一泉<詩經> ②물이 마른 언덕의 흙. ¶一 水厓枯土地<說文>

6〖汖〗 怺(p. 841)의 俗字

6〖㳄〗 溺(p. 902)의 古字

2
5〖氾〗 **1** 넘칠 범 **2** 물이름 범 | 陷ㄈㄢˋ (fan) 咸 | はん(アフレル) *overflow*

源 **會意·形聲.** 제방이나 외곽을 넘어서 물이 밖으로 넘침의 뜻.

풀이 ①넘치다. 물이 넘침. ㉠泛. ¶河水決濮陽 一郡十六<漢書>/一濫. ②넓다. 광대함. ㉠汎. ¶且倘佯而一觀<楚辭>/一埽. ③뜨다. 물에 떠서 안정치 못한 모양. ¶一乎若不繫之舟<漢書>/一一. ④두루. 골고루. ¶一愛/一利. **2** ①물 이름. ¶一水. ②땅 이름. 춘추 시대 정(鄭)의 읍(邑). ¶王出適鄭 處于一<左氏傳>

【氾濫】はんらん(범람) ①물이 넘쳐 흐름. 또는, 물이 널리 미침. 汎濫(범람). ②물결 따라 흔들리는 모양. ¶一水嬉兮<史記> ③시세(時世)에 따라서 변천함을 이름. 浮沈(부침). ¶折銳摧矜 凝一兮<楚辭>

【氾論】はんろん(범론) ①널리 논함. ②대체적인 이론. 汎論(범론).

【氾博】はんぱく(범박) 대단히 넓음. 광대함. 泛博(범박).

【氾水】はんすい(범수) 강 이름. 황하의 지류. 하남성(河南省) 범수현(氾水縣) 서쪽. 사수(汜水)라고도 함. ¶項羽大司馬曹咎渡兵一<漢書>

【氾然】はんぜん(범연) 대범스러움. 구속되지 않는 모양. ¶一而若辭<莊子>

▷廣一, 博一, 氾一, 普一, 淸一

6〖汞〗 永(p. 841)과 同字

2
5〖汀〗 **1** 물가 정 **2** 흙탕물 정 | 靑ㄊㄧㄥ (ting) 迥 | てい(ミギワ)(ドロ)

풀이 **1** 물가. 물결이 밀어닥치는 평평한 모래. ¶搴一洲兮杜若<楚辭>/一曲.

②흙탕물. 진흙. ¶汙池—濘兮 蛙黽樂之<劉基>
▷江—, 廣—, 蘆—, 綠—, 沙—, 斜—, 煙—, 連—, 淼—, 遠—, 長—, 洲—, 廻—

2/5【汁】①즙 즙 ②화협할 협 ③韓그릇 집 | 緝ㄓ (zhi) 葉 | じゅう(シル) *juice, gravy* きょう

源 形聲. 「十」의 변음이 음을 이룸.

풀이 ① ①즙. ㉮진액. 생물에서 생겨나는 액체. ¶—獻涚於醆酒<禮記>/肉—/果—. ㉯물질을 혼합한 액체. ¶出金壺中墨—<拾遺記> ②국물. ㉮국·찌개·김치 등의 물. ¶以烹鷄 多—則淡不可食<後漢書> ㉯남의 덕으로 얻는 이득(利得). ¶彼勸太子戰攻 欲啜—者衆<史記> ②화협하다. 맞음. 通協 叶. ¶皆與謠俗—協 律呂相應<左思>/—日. ③韓 그릇. 살림살이 도구. ¶事務用—器/—物.

【汁釉】(즙유)韓 도자기에 쓰는 잿물. 汁物(즙물).

【汁淸】(즙청)韓 과줄·주악 따위에 꿀을 바른 뒤에 계핏가루를 뿌려 그릇에 재어 둠. 또는, 그 일.

【汁器】(집기)韓 살림살이에 쓰는 온갖 그릇. 汁物(집물). 資具(자구). ¶事務用—.

【汁物】(집물)韓 ☞汁器(집기). ¶家藏—.

▷藍—, 膽—, 茗—, 目—, 墨—, 米—, 蜜—, 腥—, 乳—, 肉—, 殘—, 啜—, 漆—, 涸—, 灰—

2/6【氽】뜰 탄 | 阮 ㄊㄨㄣˇ (tun) | とん(ウカベル) *float*

풀이 ①뜨다. 물에 뜸. ¶人在水上爲— 人在水下爲溺<字林> ②띄우다. 뜨게 함. 물이 물체를 밀어올림. ¶— 水推物也<字彙>

2/5【汃】물결치는 소리 팔 | 黠 ㄆㄚˋ(pa) ㄅㄧㄣ(bin) | はつ

풀이 ①물결치는 소리. 거세게 물결치는 소리. ¶獠江息澎—<韓愈·孟郊> ②물이 빛나는 모양. ¶小溪光——<杜牧>

【汃月】はつげつ(팔월) 음력 12월의 이칭.

3/6【江】강 강 | 江 ㄐㄧㄤ (jiang) | こう(カワ) *river*

源 會意·形聲. 工은 아래 윗면에 구멍을 뚫어서 꿰뚫는다는 뜻의 지사(指事) 문자. 「氵(水)」와 합쳐서 대륙을 관통하는 큰 물을 뜻함.

풀이 ①강. 큰 내. 중국 남방에 있어서 물줄기의 범칭. ¶三—旣入<書經>/珠—. ②물 이름. 예전에는 양자강(揚子江)을 강(江)이라고 하였음. 후세에 와서는 長江·大江이라 함. ¶惟見長—天際流<李白>/—水. ③별 이름. ¶天潢旁—星<史記>

【江口】こうこう(강구) 강 어귀. 강과 강의 합류점. 또는, 강변. ¶去來—守空船<白居易>

【江南】こうなん(강남) ①강의 남쪽. ¶—地區. ②양자강 남쪽 지역. 초(楚)와 월(越)의 땅. 지금의 강소(江蘇)·안휘(安徽)·강서(江西) 세 성(省)의 통칭. ¶今日—老 他時渭北童<杜甫>

【江南橘化爲枳】こうなんノタチバナかシテカラタチトナル(강남귤 화위지) 강남의 귤을 강북에 이식하면 탱자가 된다는 뜻으로, 사람도 환경에 따라 품성이 변함을 이름. ¶橘生淮南則爲橘 生淮北則爲枳<晏子>

【江南一枝春】こうなんいっしノハル(강남 일지춘) 중국 삼국 시대, 오(吳)의 육개(陸凱)가 강남에서 장안(長安)의 친구 범엽(范曄)에게 매화 한 가지를 보낸 일에서, 선비 사이의 우정 또는 그 표현을 이름.

【江豚】こうとん(강돈) 돌고래. 海豚(해돈). ¶—吹浪夜還風<許渾>

【江東】こうとう(강동) ①강의 동쪽. ②양자강(揚子江) 하류의 남안(南岸) 지방. 지금의 강소성(江蘇省). 오(吳)의 땅으로, 초(楚)의 항우(項羽)가 군사를 일으킨 곳. 江左(강좌). ¶—子弟多才俊 卷土重來未可知<杜牧>

【江頭】こうとう(강두) ①강가. 강변. ¶—望鄕月無夜不相思<張謂> ②곡강(曲江)의 강가. 당(唐)의 장안(長安)에 있었음. ¶—宮殿鎖千門<杜甫>

【江畔】こうはん(강반) 강가. 江邊(강변). 江濱(강빈). 江頭(강두)①. ¶—逢君醉不迷<王昌齡>

【江邊】こうへん(강변) 강가. 江畔(강반). ¶歌聲夜怨—月<李嘉祐>

【江北】こうほく(강북) ①강의 북쪽. ↔江南(강남). ②양자강 이북의 총칭. 당(唐)대의 회남도(淮南道). 지금의 강소성(江蘇省)의 장강(長江) 이북 땅의 통칭. ¶吳主起師事于—<國語>

【江山】こうざん(강산) ①강과 산. 山川(산천). 山水(산수). ¶—不老. ②강토(江土). ¶祖國—/錦繡—.

【江山之助】こうざんノたすケ(강산지 조) 산수의 풍경이 좋아 사람의 시정(詩情)을 도와 가작(佳作)을 이루게 함.

【江上】こうじょう(강상) ①강의 연안. 강변. 강가. ¶大同—樓<奇大升> ②강물 위. ¶日斜—孤帆影<李嘉祐>

【江西】こうせい(강서) ①강의 서쪽. ②양자강 중류의 남안(南岸) 땅. 江右(강우). ¶夜問—客還知在楚鄕<盧綸>

【江船】こうせん(강선) ①강이나 호수에 다니는 배. ②양자강(揚子江)을 오르내리는 배. ¶洛橋晴影覆—<薛能>

【江城】こうじょう(강성) 강가에 있는 도시(都市). ¶—五月落梅花<李白>

【江水】こうすい(강수) ①강물. ②양자강의 물. ¶—長流地 山雲薄暮時<杜甫>

【江潯】こうじん(강심) 강가. 강변.

【江心】こうしん(강심) 강의 한복판. 강의 중류. ¶唯見—秋月白<白居易>

【江心補漏】こうしんほろう(강심보루) 강 한복판에 가

서야 비로소 배의 새는 곳을 고친다는 뜻으로, 재화(災火)를 구하기에는 이미 때가 늦음을 비유한 말.
【江右】(강우) ☞江西(강서)②.
【江韻】こういん(강운) 강(江)자에 딸린 운(韻)으로 한시를 짓기가 어렵다는 데서, 하기 어려운 일을 비유하여 이르는 말.
【江左】こうさ(강좌) ☞江東(강동)②. ¶河右群賢 —諸彦<江淹>
【江村】こうそん(강촌) 강가의 마을. 江鄕(강향). ¶長夏—事事幽<杜甫>
【江河】こうが(강하) ①양자강(揚子江)과 황하(黃河). ¶若決—沛然 莫之能禦也<孟子> ②큰 강. 大河(대하). ¶—合水而爲大<莊子>
【江湖】こうこ(강호) ①강과 호수. ②3강 5호(三江五湖)의 준말. ③세상(世上). 俗世(속세). ¶—多賤貧<陶潛> ④시골. 은사(隱士)의 은서지(隱棲地). ¶在—之遠 則憂其君<范仲淹>
【江湖客】こうこかく(강호객) 사방을 주유(周遊)하는 사람. 각처를 방황하며 돌아다니는 사람. ¶欲寄— 提携日月表<杜甫>
【江湖散人】こうこさんじん(강호산인) ①세상을 등지고 시골에 묻혀 사는 사람. ②몸에 걸리는 것이 없는 사람. ¶無繫累曰—<書言故事>
【江湖之氣】こうこのき(강호지 기) ①민간인의 기풍. ¶蕭然各有—也<李攀龍> ②은거하고 싶은 마음.
【江湖之樂】こうこのたのしみ(강호지 락) 자연을 벗으로 하고 사는 즐거움. ¶益遠於—<李滉>
▷京—, 曲—, 九—, 錦—, 大—, 渡—, 白露橫—, 碧—, 三—, 遡—, 烏—, 長—, 淸—, 楚—, 秋月寒—, 楓—, 楓落吳—, 下—, 河—, 寒—

3 6 【汏】 일 대 | 泰 ㄉㄞˋ (dai) | たい(ヨナゲル) *clean out*
풀이 ①일다. 쌀을 읾. ②씻다. 헹굼. ③큰 물결. ④교만하다. ¶—哉叔氏<禮記> ⑤지나치다. 심함.

6 【汑】 沌(p.847)과 同字

3 6 【汒】 황급할 망 | 陽 ぼう(アワタダシイ)
풀이 ①황급하다. 경황이 없는 모양. ¶—忽遽貌<集韻> ②멀다. 어둡다. ¶—若於夫子之所言矣<莊子> ③물이 질펀한 모양. ¶—浪.

3 6 【汎】 뜰 범 | 陷 ㄈㄢˋ (fan) | はん(ウカブ) *float*
源 會意·形聲. 넓은 수면(水面)이 질펀하게 퍼짐의 뜻.
풀이 ①뜨다. 넓은 수면에 뜨는 모양. 같 泛. ¶—舟於河<國語>/浮—. ②떠돌다. 표류함. ¶亦—其流<詩經> ③넓다. 通 氾. ㉮광대하다. ㉯널리. 두루. ¶—愛衆<論語> ④가볍다. ¶—剽之單慧<左思> ⑤빠르다. ¶——其景<詩經>
【汎濫】はんらん(범람) ①☞氾濫(범람). ¶洪水橫流 —於天下<孟子> ②☞博涉(박섭). ¶—北湖游<江淹> ③멋대로 지껄이는 말. 불확실한 말. ¶—博文 則多而久之<史記>
【汎濫停蓄】はんらんていちく(범람정축) 학문이 넓고도 깊음. 큰물이 넘치듯이 널리 서적을 구하여 읽고 기억함. ¶— 爲深博無涯涘<韓愈>
【汎論】はんろん(범론) 사물 전반에 걸쳐 논하는 일. 개괄(槪括)적인 의론. 氾論(범론). 泛論(범론).
【汎美】はんび(범미) 남북 아메리카의 총칭. ¶—主義.
【汎說】はんせつ(범설) 광범위하고 종합적인 설명이나 주장. 總說(총설). 槪說(개설).
【汎涉】はんしょう(범섭) 강이나 바다를 건넌다는 뜻으로, 어떤 일에나 널리 통함을 이르는 말. ¶—百家 長于佛理<南齊書>
【汎愛】はんあい(범애) 차별을 두지 않고 널리 사랑함. 博愛(박애). ¶—主義.
【汎稱】はんしょう(범칭) 넓은 범위로 쓰는 명칭. 泛稱(범칭). 總稱(총칭).
▷廣—, 大—, 滿—, 眇—, 汎—, 普—, 浮—, 長—

3 6 【汜】 지류 사 | 紙 ㄙˋ (si) | し *tributary*
※氾(p.841)은 딴 자.
풀이 ①지류(支流). 본류에서 갈려 나갔다가 다시 본류로 합쳐지는 내. ¶江有—<詩經> ②괴어 있어 흐르지 않는 물. 웅덩이. ¶窮瀆—<爾雅> ③강 이름. 황하의 지류. 범수(氾水). ¶—水. ④물가. 通 涘. ¶航在——<淮南子>
▷澗—, 東—, 蒙—, 西—, 朱—, 淸—

3 6 【汕】 오구 산 | 諫 ㄕㄢˋ (shan) | さん(スクイアミ) *scoop net*
풀이 ①오구. 물고기를 떠올리는 어구(漁具)의 한 가지. ¶白魚在—<柳貫> ②물고기를 잡다. 오구로 물고기를 품. ¶南有嘉魚 烝然——<詩經> ③물고기가 물 위에 뜨다. 또는, 그 모양. ¶——. ③제방의 기초. ¶—損坍塌<六部成語>
【汕汕】さんさん(산산) ①고기잡이를 함. 오구로 물고기를 떠서 잡음. ②물고기가 헤엄치는 모양. ¶— 蓋魚游水之貌<詩經>
【汕損坍塌】さんそんたんとう(산손단탑) 둑의 기초가 강물에 침식(侵蝕)되어 무너짐.
▷汕—, 罩—

3 6 【汐】 저녁 조수 석 | 陌 ㄒㄧˋ (xi) | せき(シオ) *night tide*
同 汐
풀이 저녁 조수. ㉮저녁 때 밀려 들어왔다가 나가는 조수. ¶—據夕來也<郭璞·注>/—水. ㉯썰물. 간조(干潮). ¶江湖之水歸於滄海 謂之—<東海漁翁>

▷歸—, 暮—, 上—, 夜—, 潮—, 海—

3/6【汛】물뿌릴 신 |震ㄒㄩㄣˋ(xun)|じん(ソソグ) sprinkle

풀이 ①물 뿌리다. ¶汛盡—掃前聖數千載功業＜揚雄＞/—灑. ②넘치는 조수. 만조(滿潮). ¶潮—往來＜宋史＞ ③묻다. 힐문(詰問)함. 通訊. ¶—問/—地.

【汛問】じんもん(신문) 직권(職權)으로 따져 물음. 訊問(신문).

【汛掃】じんそう(신소) 물을 뿌리고 쓸어 냄. 灑掃(쇄소). ¶汛盡—前聖數千載功業＜揚雄＞

3/6【汝】너 여 |語ㄖㄨˇ(ru)|じょ(ナンジ) you

源 形聲. 원래는 汝水라는 강 이름. 2인칭 대명사로 쓰임은 일종의 차용(借用).

풀이 ①너. 2인칭 대명사로 대등한 사이나 손아랫 사람에게 쓰임. 通女 爾. ¶—陟帝位＜書經＞/—我之間. ②강 이름. ¶—水.

【汝南月旦】じょなんげったん(여남월단) 인물을 비평함을 비유하여 이름. 후한(後漢) 때 여남(汝南) 사람 허소(許劭)가 종형(從兄) 정(靖)과 함께 향당(鄕黨)의 인물을 비평하여 매월 초하룻날에 발표했던 옛일에서 온 말. 月旦(월단). ¶汝南俗有月旦評＜後漢書＞

【汝等】ナンジラ(여등) 너희. 汝輩(여배). 汝曹(여조).

【汝輩】ナンジガはい(여배) ☞汝等(여등).

【汝水】じょすい(여수) ①하남성(河南省) 노산현(魯山縣)에서 시작하여 회수(淮水)로 흘러드는 강. 汝河(여하). ②옛 우수(盱水). 일명 임천강(臨川江).

【汝曹】ナンジガトモガラ(여조) 너희들. 당신들. 若曹(약조). 汝輩(여배). ¶願—效之＜馬援＞

3/6【污】
1 더러울 오 |虞ㄨ(wu)|お(ケガラワシイ) dirty
2 씻을 오 |遇|
3 굽힐 우 |虞|う(マゲル)
4 땅팔 와 |麻|わ(ホル)

同汙 汚

源 會意·形聲. 우묵하게 들어간 웅덩이의 물이 흐려 있는 데서 더럽다는 뜻이 됨.

풀이 1 ①더럽다. ㉮불결하다. ¶衣盡—＜史記＞/—渠. ㉯추잡하다. 마음이나 행실이 더러움. ¶王行—於庶人＜漢書＞/—吏. ②더럽히다. 더러워짐. 흙탕물 따위로 더럽히거나 더러워짐. ¶血色羅裙翻酒—＜白居易＞/—濁/—損. ③괴어 있는 물. 같洿. ¶田卒—萊＜詩經＞ ④낮다. 땅 또는 지위가 낮음. 通窪. ¶—地/埤—/—隆. 2 씻다. 더럽혀진 것을 빪. ¶薄—我私＜詩經＞ 3 굽히다. 더럽히다. 절조를 굽히거나 남의 인격을 더럽힘. 通紆. ¶春秋之稱 盡而不—＜左氏傳＞/—名. 4 ①땅을 파다. 땅을 움푹 들어가게 팜. 通窐. ¶—尊而抔飮＜禮記＞ ②뒤떨어지다. ¶—不至阿其所好＜孟子＞

【污垢】おこう(오구) 때.

【污瀆】おとく(오독) ①더러운 도랑. 污渠(오거). ②작은 도랑. 洿瀆(오독). ③더럽힘. 더러워짐.

【污吏】おり(오리) 청렴치 못한 관리. 부정을 행하는 관리. ¶貪官—. ↔淸白吏(청백리).

【污名】おめい(오명) 더러워진 이름. 나쁜 평판(評判). 不名譽(불명예). ¶入者不悅 出者不譽 —滿天下＜管子＞

【污物】おぶつ(오물) 더러운 물건. 오예지 물(污穢之物)의 준말. ¶—收去.

【污損】おそん(오손) 더럽게 함. 더럽힘.

【污水】おすい(오수) ①더러워진 물. 구정물. ②강 이름. 중국 하남성 임장현 남쪽에 있는 강. ¶羽悉引兵 擊秦軍—上＜史記＞

【污染】おせん(오염) ①더러워짐. ¶大氣—. ②더럽힘. ③옷 따위에 묻은 때. 污點(오점).

【污穢】おあい·おわい(오예) ①똥·오줌. 더러운 것. ¶—之物. ②더러운 짓. 또는, 그런짓을 함. ¶以行—不進＜漢書＞ ③더럽힘. 모독함. ¶—朝廷＜後漢書＞

【污辱】おじょく(오욕) ①더럽히고 욕되게 함. ¶—善人＜後漢書＞ ②수치(羞恥). 恥辱(치욕). ③악덕(惡德). ¶—之人＜管子＞

【污點】おてん(오점) ①때. 污染(오염)③. ②흠. 결점.

【污濁】おだく(오탁) 더럽고 탁함. 더럽혀짐. 洿濁(오탁).

▷姦—, 困—, 久—, 舊—, 埤—, 埃—, 涅—, 愚—, 點—, 塵—, 臭—, 濁—, 貪—, 脇—, 混—, 潢—, 虧—

6【汙】污(p.844)와 同字

6【汚】污(p.844)와 同字

7【汖】雨(p.1598)의 古字

3/6【汋】
1 삶을 작 |藥ㄓㄨㄛˊ|しゃく boil
2 물소리 삭 |覺(zhuo)|さく

풀이 1 ①삶다. 채소 따위를 삶음. 通鬻. ¶新菜可—＜爾雅·注＞/—淪. ②퍼내다. 술을 퍼냄. 같勺. ③술을 따르다. 通酌. ¶—日邦—＜周禮＞ 2 ①물 소리. 물결치는 소리. ¶— 激水聲也＜說文＞/——. ②광택이 있다. 윤이 남. ¶— 澤也 有潤澤也＜釋名＞ ③취(取)하다. ¶夫水之於—也＜莊子＞

3/6【池】못 지 |支ㄔˊ(chi)|ち(イケ) pond

源 會意·形聲. 띠 모양으로 길게 뻗은 도랑이나 유수지(遊水池)의 뜻.

풀이 ①못. 물이 괸 넓고 깊은 곳. ¶以酒爲—＜史記＞/污—/—魚籠鳥. ②해자(垓字). 성 밖을 둘러 싼 못. 성호(城濠). ¶城郭溝— 以爲固＜禮記＞ ③물길. 도랑. ¶毋漉陂—＜禮記＞ ④벼루 따위에 물이 괴게 오목한 곳. ¶硯—.

⑤홈통. 물받이. ¶銅一. ⑥베풀다. 널리 혜택을 줌. ¶咸一備矣<禮記>
【池塘】ちとう(지당) 못의 둑. 池堤(지제). ¶未覺一春草夢<朱熹>
【池塘板】ちとうはん(지당판) 대궐에서 정재(呈才) 때 쓰던 기구의 하나. 침상(寢牀)처럼 생긴 널빤지에 채색을 하고 여러 가지 장식을 하였음.
【池籞】ちぎょ(지어) ①대를 엮어서 못 가운데에 세워 물고기를 기르는 시설. ¶一呈朱雁 壇場得白麟<元稹> ②대나무 울타리를 쳐서 사람의 왕래를 막음. 禁苑(금원). ¶一未御幸者 假與貧民<漢書>

【池魚之殃】ちぎょのわざわい(지어지 앙) 연못 물고기의 수난이라는 뜻으로, 잘못도 없는 사람에게 엉뚱하게 앙화가 미침을 이름.
유래 춘추 시대 송(宋)의 사마환(司馬桓)은 아주 진귀한 구슬을 가지고 있었는데, 우연히 죄를 저지르고는 두려워 구슬을 가지고 멀리 도망했다. 그런데 뒤늦게 이 구슬 이야기를 들은 왕은 환의 집을 뒤지고 사방으로 사람을 보내어 구슬을 찾게 하였다. 그리하여 환은 왕이 보낸 사람에게 발견되었는데, 그는 말했다. 「아뿔사, 그 구슬은 집 앞 연못에 버리고 왔는데요.」 왕은 곧 연못 바닥을 뒤지라고 명했다. 사람들은 급히 물을 퍼내고 연못 바닥을 샅샅이 뒤졌다. 그러나 끝내 구슬은 나오지 않고, 연못에 살던 물고기들만 떼죽음을 당했다. <呂覽>

【池荷】ちか(지하) 못의 연(蓮). 荷는 蓮. ¶一雨後衣香起<劉禹錫>
▷古一, 枯一, 昆一, 昆明一, 溝一, 金城湯一, 銅一, 滇一, 墨一, 城一, 沼一, 野一, 漁一, 硯一, 蓮一, 鹽一, 汚一, 洿一, 玉一, 瑤一, 園一, 臨一, 貯水一, 電一, 塡一, 差一, 滄一, 天一, 陂一, 筆一, 荷一, 咸一, 呼一, 荒一, 潢一

3/6 【汊】 물 갈라질 차 | 禡 ㄔㄚˋ (cha) | さ(ワカレナガレル)

3/6 【汗】 1 땀 한 | 翰 ㄏㄢˋ | かん(アセ)
2 현 이름 한 | 寒 (han) | sweat
※汙(p.844)는 딴 자.
풀이 1 ①땀. ¶揮一成雨<史記> ②땀을 흘리다. ¶匈喘膚一<漢書> ③임금의 명령. 일단 내린 왕명(王命)은 거둬 들일 수 없다는 뜻. 흘린 땀과 같으므로 이름. ¶渙一其大號<易經> ④윤택(潤澤)하다. 넉넉함. ¶飮一吭吭<太玄經> ⑤물이 질펀한 모양. ¶其池則湯湯一一<潘岳> 2 ①현(縣) 이름. ¶番一. ②중국 변방 민족의 우두머리. ¶成吉思一/可一.
【汗簡】かんかん(한간) ①푸른 대를 불에 구워 진을 뺀 대쪽. 종이가 없던 시절에 문서를 적는 데 썼음. ②문서. 서적. 汗靑(한청).
【汗衫】かんさん(한삼) ①속옷. 땀받이. 汗衣(한의). ②(韓) 손을 감추기 위하여 소매 끝에 흰 헝겊으로 길게 덧대는 소매.
【汗腺】かんせん(한선) 땀을 분비(分泌)하는 기관(器官). 땀샘.
【汗牛充棟】かんぎゅうじゅうとう(한우충동) 수레에 실으면 소가 땀을 흘리고, 방에 쌓으면 들보에 닿을 만하다는 뜻으로, 책이 많음을 비유하는 말. ¶其爲書 處則充棟宇 出則汗牛馬<柳宗元>
【汗蒸】(한증) (韓) 한증막(汗蒸幕) 속에서 땀을 흘려 병을 고치는 일. ¶一幕.
▷驚一, 愧一, 瀾一, 冷一, 淚一, 盜一, 漫一, 發一, 背一, 悚一, 羞一, 油一, 流一, 脂一, 喘一, 寢一, 血一, 揮一

3/7 【汞】 수은 홍 | 董 ㄍㄨㄥˇ (gong) | こう(ミズガネ) mercury
풀이 수은(水銀). 은백색 액체의 금속 원소. ¶昇一.
▷甘一, 燒一, 昇一, 眞一

3/6 【汍】 눈물 흐르는 모양 환 | 寒 ㄏㄨㄢˊ (huan) | かん

3/6 【汔】 거의 흘 | 物 ㄑㄧˋ (qi) | きつ(ホトンド) almost
풀이 ①거의. 거반. ¶一可小康<詩經> ②물이 마르다. (같) 汽. ¶一盡.

4/7 【決】 틀 결 | 屑 ㄐㄩㄝˊ (jue) | けつ(キメル) break
(本) 氵叏 (俗) 决
(源) 會意·形聲. 둑을 끊어서 [夬] 물[氵]을 흐르게 한다는 뜻.
풀이 ①트다. 둑을 무너뜨려 물이 흐르게 함. ¶大一所犯 傷人必多<左氏傳>/一潰. ②정(定)하다. ㉮확정하다. ¶豈掩于衆人之言 而以冥冥一事哉<戰國策> ㉯나누다. 구별함. ¶定親疏 一嫌疑<禮記> ㉰시비·선악을 가리다. ¶分爭辨訟 非禮不一<禮記> ③터뜨리다. 끊어서 터지게 함. ¶予一九川 距四海<書經> ④끊다. 이로 끊음. ¶濡肉齒一<禮記> ⑤틈. 갈라진 틈. ¶一隙. ⑥넘치다. 물이 넘침. ¶賁星墜而渤海一<淮南子> ⑦헤어지다. 이별함. (通) 訣. ¶李陵與蘇武一去<漢書> ⑧반드시. 꼭. ¶寡人一講矣<戰國策> ⑨감연히. 결연히. ¶我一起而飛<莊子> ⑩깍지. 활을 쏠 때 오른쪽 엄지에 끼는 기구. (같) 夬 抉. ¶一拾. ⑪빠른 모양. ¶麋鹿<莊子>

決⑩ (禮器圖)

【決斷】けつだん(결단) ①단호히 결정함. ¶勇則能一<呂覽> ②시비곡직(是非曲直)을 판단함. ¶一不滯 與奪合理<唐書>
【決裂】けつれつ(결렬) ①쪼개어 나눔. ¶一諸侯<戰國策> ②헐다. 쪽쪽이 분열(分裂)함. ¶商君一阡陌<史記> ③회의 따위에서 의견이 맞지 않아 갈라서는 일.

【決明子】けつめいし(결명자) 초결명(草決明)의 씨. 간열(肝熱)·안질(眼疾) 등의 약제로 쓰고, 볶아서 우려낸 물은 결명차라 하여 차의 대용으로 씀.
【決死】けっし(결사) 죽기를 각오함. 또는, 그 각오. 必死(필사). ¶一反對.
【決死隊】けっしたい(결사대) 죽기를 각오하고 온 힘을 다하는 부대.
【決算】けっさん(결산) ①계산을 마감함. ②일정 기간 동안의 수입과 지출의 총계산. ¶一期/一報告.
【決選】けっせん(결선) ①선거 결과 당선자를 결정짓지 못할 때, 동점자나 최고 득점자 두 사람 이상만을 다시 투표하여 결정짓는 일. ¶一投票. ②일등 또는 우승자를 가리기 위하여 마지막으로 겨룸. ↔豫選(예선).
【決勝】けっしょう(결승) 최후의 승부를 결정하는 일. ¶一戰.
【決心】けっしん(결심) 마음을 결정함. 결정한 마음. 決志(결지). 決意(결의).
【決然】けつぜん(결연) ①단호한 모양. 딱 잘라 정하는 모양. ¶可堪衰病一歸<吳融> ②갑자기. 별안간. ¶其俗急疾 有氣一<風俗通> ③물이 흐르는 모양. 구애됨이 없는 모양. ¶公而不黨 易而無私 一無主 趣物而不兩<莊子>
【決意】けつい(결의) 뜻을 정함. 決心(결심).
【決議】けつぎ(결의) ①의논하여 결정함. ②의논하여 결정한 의안(議案). ¶一案.
【決裁】けっさい(결재) 하급자(下級者)가 내놓은 안(案)을 상급자가 승인하는 일.
【決戰】けっせん(결전) ①승패를 결정하는 싸움. ¶今日固決死 願爲諸君一<史記> ②싸우기로 결정함. ¶臨敵一 無有二心<六韜>
【決定】けってい(결정) ①결단하여 작정함. ¶一權. ②(佛) 부처의 가르침을 굳게 믿고 흔들리지 아니함. ¶一必成 無上正覺<無量壽經>
【決濟】けっさい(결제) 대금(代金)의 수수(授受)에 의하여 매매 당사자(賣買當事者) 간의 거래를 끝맺는 일.
【決鬪】けっとう(결투) 싸워서 승부를 결정함. 또는, 그 싸움.
【決判】(결판)(韓) 시비를 가려 판정함.
【決河之勢】けっかのいきおい(결하지 세) 터진 둑으로 쏟아져 흐르는 센 물살처럼 억제 할 수 없는 맹렬한 형세. 破竹之勢(파죽지 세). ¶是故善用兵者 勢如決積水於千仞之隄<淮南子>
【決行】けっこう(결행) 결단하여 실행함. 斷行(단행).
▷可一, 敢一, 旣一, 論一, 斷一, 對一, 未一, 否一, 速一, 勇一, 議一, 引一, 自一, 裁一, 專一, 卽一 參一, 採一, 處一, 取一, 判一, 評一, 表一, 票一, 解一, 後一

4 7 【汨】 1빠질 골 2내 이름 멱 | 月《ㄨˇ (gu) 錫ㄇㄧˋ (mi) | こつ (シズム) fall べき

※汩(p. 850)과는 자형이 비슷하여 1의 뜻으로 혼용되어 쓰임.

풀이 1 ①빠지다. 물에 잠김. 가라앉음. ¶一沒. ②어지럽다. ¶一陳. ③빠르다. 갑자기. ¶一起. ④다스리다. ¶別生分類 作一作<書經> ⑤성난 파도. ¶與一皆出<莊子> 2내 이름. ¶一羅.
【汨沒】こつぼつ(골몰) ①물 속에 잠김. ②벽지(僻地)에 파묻혀 세상에 나오지 않음. ¶聲名從此大 一一朝伸<杜甫> ③부침(浮沈)함. 시세(時勢)에 따라 변천함을 이르는 말. ¶漂沈一於湍沙之間<蘇洵> ④물결 소리. ¶延顧四望 但聞海水一<琴苑要錄> ⑤(韓) 다른 일을 생각할 여유가 없이 오직 한 가지 일에만 잠김.
【汨羅】べきら(멱라) 강 이름. 중국 호남성(湖南省)에 있는 강. 멱수(汨水)와 상수(湘水)가 합류하는 곳을 멱라연(汨羅淵) 또는 굴담(屈潭)이라 하며, 초(楚)의 굴원(屈原)이 투신(投身)한 곳으로 유명함. 汨灑(멱라). ¶屈原至於江濱 被髮行吟澤畔 於是懷石自投一以死<史記>
【汨羅之鬼】べきらのき(멱라지 귀) 초(楚)의 굴원(屈原)이 멱라에 투신 자살한 옛일에서, 물에 빠져 죽음을 이름.
▷陵一, 紛一, 淟一, 墮一, 蕩一, 滑一

4 7 【汯】 흐를 굉 | 庚ㄏㄨㄥˊ (hong) | こう(ナガレル) flow

풀이 ①흐르다. 냇물이 빨리 흐르는 모양. (같) 浤. ¶一一. ②물살이 소용돌이치는 모양. ¶泓一泂漻<郭璞> ③물을 건너다. 배를 타지 않고 물을 건너는 일.

4 7 【汲】 길을 급 | 緝ㄐㄧˊ (ji) | きゅう(クム) draw

풀이 ①긷다. 물을 품. ¶綆短者不可以一深<莊子> ②당기다. ㉮끌어 당기다. ¶大一其版<周禮> ㉯끌어 들이다. ¶一引沮漳<郭璞> ㉰끌어 올리다. 선도(善導)함. ¶一鄭伯<穀梁傳> ③분주하다. 바삐 돌아가는 모양. ¶一一. ④거짓. 거짓으로 속임. (같) 伋. ¶狂狂一一 詐巧虛僞事也<莊子> ⑤잡다. 취함.
【汲古】きゅうこ(급고) 고서(古書)를 탐독(耽讀)함. 깊은 우물의 물을 길어 올림과 같음에서 이르는 말. ¶歸愚識夷塗 一得修綆<韓愈>
【汲古閣】きゅうこかく(급고각) 명말(明末) 강소성(江蘇省)에 있었던 모진(毛晉)의 장서각(藏書閣). 장서가 8만 4천 책에 이르렀다 함.
【汲汲】きゅうきゅう(급급) ①바쁜 모양. 부지런히 일하는 모양. 孜孜(자자). ¶不一於富貴 不戚戚於貧賤<漢書>/一忙忙. ②거짓. 속임.
【汲水】きゅうすい(급수) 물을 길음. ¶負薪一 并日而食<南史>/一場.
【汲黯】きゅうあん(급암)(人) 한(漢)대의 간신(諫臣)이며 선정(善政)을 베푼 회양태수(淮陽太守). 자는 장유(長孺).
▷漑一, 谷一, 寄一, 引一

4 7【汽】 1 김 기 2 거의 흘 | 困ㄑㄧˋ (qi) | き(ユゲ) steam 物 きつ(ホトンド)

풀이 1 김. 증기(蒸氣). ¶ 一船. 2 ①거의. 거반. 汔의 本字. ②마르다. 물이 말라 없어지려 함. ¶ 一盡. ③그. ¶ 一可小康<左氏傳> ④내 이름. ¶ 一水.

【汽罐】きかん(기관) 물을 끓여 증기로 바꾸는 장치를 한 가마.

【汽船】きせん(기선) 증기의 힘으로 물 위를 달리도록 장치한 배. 火輪船(화륜선).

【汽笛】きてき(기적) 기차나 기선에서 증기의 힘으로 울리는 고동.

【汽車】きしゃ(기차) 증기의 힘으로 궤도 위를 달리도록 장치한 차. 火輪車(화륜차).

4 7【沂】 1 내 이름 기 2 지경 은 | 微ㄧˊ (yi) 眞ㄧㄣˊ (yin) | ぎ ぎん

풀이 1 ①내 이름. ¶ 一水. ②산 이름. ¶ 一山. ③땅 이름. ¶ 大敗夫概王于一<左氏傳> 2 ①지경(地境). 변경(邊境). 通 垠. ¶ 一垠. ②그릇의 전. 같 釿. ¶ 一鄂. ③큰 피리. ¶ 大篪謂之一<爾雅>

【沂山】ぎざん(기산) 산동성(山東省)에 있는 산 이름.

【沂水】ぎすい(기수) ① 산동성(山東省)에서 발원하여 사수(泗水)로 흘러 드는 강. ② 수(隋)대 산동성(山東省)에 둔 고을 이름.

4 8【沓】 겹칠 답 | 合ㄊㄚˋ (ta) | とう (カサナル)

源 會意. 말[曰]이 유창하여 물[水]처럼 흘러 나온다는 뜻.

풀이 ①겹치다. 뒤섞임. ¶ 重一 是多饒積厚之意<顔氏家訓> ②유창하다. 말을 잘함. ③물이 끓어 넘치다. 通 涾. ¶ 發怒窒一<枚乘> ④합치다. ¶ 天與地一<揚雄> ⑤더럽혀지다. ¶ 酋領一墨<唐書> ⑥탐하다. 욕심을 냄. ⑦게으른 모양. ¶ 一一. ⑧빨리 가는 모양. ¶ 一一.

▷婁一, 紛一, 雜一, 積一, 重一, 貪一, 頹一

4 7【沌】 1 어두울 돈 2 돌 돈 3 내이름 전 | 阮ㄉㄨㄣˋ (dun) 元 銑ㄓㄨㄢˋ (zhuan) | とん (クライ) dark てん

풀이 1 ①어둡다. 만물 생성(生成)의 기운이 아직 분화(分化)되지 않은 모양. ¶ 混一. ②어리석다. 같 忳. ¶ 我愚人之心也哉 一一兮<老子> 2 ①돌다. 빙빙 도는 모양. 또는, 둥근 모양. ¶ 一一乎 博而圜<管子> ②물결치는 모양. ¶ 一一. ③혼탁하고 어지럽다. 通 坉. ¶ 殄一. 3 내 이름. ¶ 一水.

▷殄一, 混一, 渾一

7【汖】 流(p.873)의 古字

4 7【沔】 내 이름 면 | 銑ㄇㄧㄢˇ (mian) | べん

풀이 ①내 이름. 섬서성(陝西省)에서 발원하여 양자강에 흘러드는 강. ¶ 一水. ②물이 가득 흐르는 모양. ¶ 一彼流水朝宗于海<詩經> ③빠지다. 물에 잠김. 通 湎. ¶ 流一沈佚<史記>

▷清一, 湛一

4 7【沐】 머리감을 목 | 屋ㄇㄨˋ (mu) | ぼく, もく wash one's hair

풀이 ①머리를 감다. ¶ 一者去首垢也<論衡> ②씻다. 세척함. ¶ 一蘭澤<宋玉> ③은택을 입다. ¶ 冬無宿雪 春不燠一<後漢書> ④머리를 감는 데에 쓰는 쌀뜨물. ¶ 丐一一我<史記> ⑤다스리다. ¶ 夫子助之一椁<禮記> ⑥베어 내다. 제거함. ¶ 一涂樹之枝<管子> ⑦말미. 휴가. 한(漢)대에, 관리에게 5일마다 휴가를 주어 집에 돌아가 목욕을 하게 한 데서 유래됨. ¶ 晚一臥郊園<沈約>/休一.

【沐浴】もくよく(목욕) ①머리를 감고 몸을 씻음. 더운 물로 몸을 깨끗이 함. 沐洗(목세). 沐澡(목조). ¶ 齋戒一 則可以祀上帝<孟子> ②은택(恩澤)을 입음. ¶ 久一乎膏澤<後漢書> ③익혀 숙달하는 일. ¶ 二國之士 各一所聞<皇甫謐>

【沐浴齋戒】もくよくさいかい(목욕재계) 목욕하고 재계를 함. 신에게 제사를 지낼 때 심신을 깨끗이 하여 정성을 쏟는 일.

【沐雨櫛風】もくうしっぷう(목우즐풍) 비로 목욕하고 바람으로 머리를 빗는다는 뜻으로, 풍우를 무릅쓰고 어려움을 겪음을 이르는 말. 櫛風沐雨(즐풍목우). 風餐露宿(풍찬노숙). ¶ 一 拯其弱而救其焚<北齊書>

【沐日】もくじつ(목일) 말미. 휴가(休暇). 한(漢)대에, 관리에게 5일마다 집에 돌아가 목욕을 하게 했던 데서 유래됨. ¶ 一歸休 兄弟妻子燕語 終不及朝省政事<漢書>

▷歸一, 三薰三一, 洗一, 梳一, 握一, 雨一, 燠一, 澡一, 櫛一, 湯一, 辭一, 薰一, 休一

4 7【沒】 1 빠질 몰 2 빠져 잠길 매 3 어조사 마 | 月ㄇㄛˋ (mo) 隊 禡ㄇㄟˊ (mei) | ぼつ sink ばい ま

古 歿 略 没 俗 没

풀이 1 ①빠지다. 물에 잠김. ¶ 沈一. ②파묻히다. 숨음. ¶ 乍一乍出<北史> ③마치다. 끝남. ¶ 曷其一矣<詩經> ④죽음. 通 歿. ¶ 包犧氏一 神農氏作<易經> ⑤없다. 같 無. ¶ 怕一有枝葉花實<傳習錄> ⑥지나치다. 과도함. ¶ 君子不以美一禮<禮記> ⑦탐하다. 욕심 냄. 通 冒. ¶ 不一爲後也<國語> ⑧

들다. 들어감. ¶夫戎狄冒一輕儳 貪而不讓<國語> ⑨몰수하다. 강제로 빼앗음. ¶一入. ⑩(韓)물. 「물」의 취음자(取音字). ¶高麗方言 謂水爲一 井曰烏一<鷄林類事> ⑪강 이름. ¶一水. **2**빠져 잠기다. ¶何一一邪<左氏傳> **3**어조사. 의문 어조사 甚麽와 같음. ¶拾一.

【沒却】ぼっきゃく(몰각) ①무시해 버림. ②없애 버림.

【沒覺】(몰각) 지각이 없음. 沒知覺(몰지각).

【沒頭】ぼっとう(몰두) ①목을 벰. ¶不去斧鑕 一乎王廷<呂覽> ②일에 열중함.

【沒落】ぼつらく(몰락) ①멸망함. 영락(零落)함. ②성(城) 같은 것이 적의 수중에 들어감.

【沒死】ぼっし(몰사) ①상소문(上疏文)에 쓰는 말. 말하는 바가 부당하다면 죽음으로써 사죄한다는 뜻. 昧死(매사). 冒死(모사). ¶臣不勝至誠 一自陳<後漢書> ②한꺼번에 죄다 죽음.

【沒殺】(몰살)(韓) 한꺼번에 죄다 죽임.

【沒常識】ぼつじょうしき(몰상식) 상식에 벗어남. 보통 사람과 같은 지식이나 판단력이 없음. 非常識(비상식). 無常識(무상식).

【沒書】ぼっしょ(몰서) 투고(投稿)나 투서(投書)를 게재하지 아니하고 묵살하는 일. 또는, 그 글.

【沒收】ぼっしゅう(몰수) 관아에서 범죄인(犯罪人)의 재산을 강제로 빼앗아 들임. 沒入(몰입). 沒屬(몰속).

【沒我】ぼつが(몰아) 자기를 몰각한 상태. 자신을 잊음. 無我(무아). ¶一之境.

【沒廉恥】ぼつれんち(몰염치) 염치가 없음. 沒廉(몰렴).

【沒利害】ぼつりがい(몰이해) 이해를 떠남. 이해를 불문함.

【沒人情】ぼつにんじょう(몰인정) 인정이 없음.

【沒入】ぼつにゅう(몰입) ①범죄인 또는 범죄인의 재산을 관아에서 강제로 빼앗아 들임. 몰입한 범죄인은 노예로서 부림. ¶坐盜者 一其家<史記> ②어떤 데에 빠짐. 파고듦.

【沒字碑】ぼつじひ(몰자비) 글이 없는 비석이란 뜻으로, 풍채는 좋으나 무식한 사람을 조롱하여 이르는 말. ¶叔千狀貌堂堂 而不通文字 所爲鄙陋 時人謂之一<五代史>

【沒知覺】(몰지각) 지각이 없음. 沒覺(몰각).

【沒趣味】ぼっしゅみ(몰취미) 취미가 없음.

【沒板】(몰판)(韓) 바둑에서 한 군데도 산 말이 없어지는 일.

【沒敗】(몰패)(韓) 여지 없이 패함. 죄다 패함.

▷汨一, 埋一, 滅一, 泯一, 病一, 覆一, 神出鬼一, 掩一, 淪一, 隱一, 溺一, 湮一, 日一, 潛一, 籍一, 陣一, 出一, 沈一, 敗一, 漂一, 陷一

7【没】 沒(p.847)의 俗字

4/7【汶】 **1**내 이름 문 **2**욕될 문 **3**산 이름 민 | 問ㄨㄣˋ(wen) 元ㄇㄣˊ 眞(men) | ぶん, もん もん, ぼん (ケガレル) びん

풀이**1**내 이름. 산동성(山東省)에 있는 강. ¶一水. **2**①욕되다. 오욕(汚辱). 문몽(汶濛). ¶一一. ②도리에 어두운 모양. ¶受物之一一者乎<史記> **3**산 이름. (通)岷. ¶一山.

4/7【沕】 **1**아득할 물 **2**숨을 밀 | 物ㄨˋ(wu) 質ㄇㄧˋ(mi) | ぶつ *remote* びつ

풀이**1**아득하다. 깊고 아득한 모양. ¶一穆無窮兮<賈誼> **2**①숨다. 잠기다. ¶一深潛以自珍<史記> ②망연하다. 아무 생각이 없이 멍함. ¶罔兮一<楚辭>

4/7【沜】 물가 반 | 翰ㄆㄢˋ(pan) | はん

풀이①물가. ②泮의 古字.

4/7【汸】 내 이름 방 | 陽ㄆㄤ(pang) ㄈㄤ(fang) | ほう

풀이①내 이름. ¶一水. ②물이 콸콸 흐르는 모양. (같)滂. ¶一一. ③두 채의 배를 나란히 매어 두다. 또는, 그 배. (같)方.

7【泛】 ☞水部 5획(p.854)

4/7【汴】 내 이름 변 | 霰ㄅㄧㄢˋ(bian) | べん

풀이①내 이름. 하남성에 있는 강. ¶一水. ②땅 이름. 하남성(河南省)의 별칭. ¶一省.

7【汳】 汴(p.848)과 同字

4/7【汾】 내 이름 분 | 文ㄈㄣˊ(fen) | ふん

풀이①내 이름. 산서성(山西省)에서 발원하여 황하로 들어가는 강. ¶一水. ②크다. (通)墳. ¶一王之甥<詩經> ③많고 성한 모양. (같)紛. ¶一沄沸渭<揚雄> ④물이 빙 도는 모양. ¶所揚汩者 所温一者<枚乘> ⑤땅 이름. 춘추(春秋) 시대 하남성의 지명. ¶一丘城.

4/7【沘】 내 이름 비 | 紙ㄅㄧˇ(bi) | ひ

풀이①내 이름. ㉮하남성에 있는 강. ¶一水. ㉯안휘성(安徽省)에 있는 강. ¶一水. ②고을 이름. 한(漢)대에 지금의 하남성에 둔 현(縣). ¶一陽.

4/7【沙】 **1**모래 사 **2**봉황 사 **3**목쉴 사 | 麻ㄕㄚ 歌(sha) 禡 | さ, しゃ (スナ) *sand*

(源)會意. 물[氵]이 적으면[少] 모래가 드러난다는 뜻.

풀이**1**(通)砂. ①모래. ¶爲萬餘囊 滿盛一

壅水上流<史記> ②사막. 모래벌. ¶少草木 多大—<漢書> ③모래가 날리다. ¶風—晦暝<舊唐書> ④물가. 물가의 땅. ¶需于—<易經> ⑤논. ¶時有—戶祈春蠶<蘇軾> ⑥소수(小數)의 단위 이름. 소수점 이하 여덟째 자리. 1의 1억 분의 1. ¶十塵爲— 十—爲纖<謝察微算經> ⑦작고 맛있는 것에 붙이는 말. ¶—瓜/—橘/—糖. ⑧너무 익은 것에 붙이는 말. ¶瓜瓤—/蟹黃—. ⑨일다. 어레미 따위에 일어 좋은 것은 취하고 나쁜 것은 버림. ¶—之汰之 未熟<晉書>/—汰. ⑩깁. ㉮紗. ⑪내 이름. ¶—河. **2** ①봉황(鳳凰). 通犧. ¶犧尊 以—羽爲畫飾<禮記> ②술 이름. 通獻. ¶獻 讀爲沙 —酒濁 泲之必摩—者也<儀禮·注> **3** 목쉬다. 목이 쉼. ¶鳥皫色而—鳴<禮記>

【沙工】(사공)㊞ 배를 젓는 사람. 뱃사공.

【沙丘】さきゅう(사구) ①모래가 바람에 불리어 이루어진 언덕. ¶邐迤—<爾雅> ②하북성(河北省)에 있는 땅 이름.

【沙金】さきん·しゃきん(사금) ①모래에 섞여서 나는 황금. ②검은 바탕에 사금을 뿌린 것처럼 칠한 것. ¶能生學爲文 句句披—<白居易>

【沙器】(사기) 사기그릇. 도자기(陶磁器).

【沙鑼】さら(사라) ①징[鉦]. 구리[銅]를 부어 만든 징. 沙羅(사라). 鈔鑼(사라). ¶—槃銅爲之<正字通> ②세수대야의 별칭. 행군(行軍) 때 징을 세면기로 대용한 데서 온 말.

【沙羅雙樹】さらそうじゅ(사라쌍수)《佛》沙羅는 범어(梵語) sala의 음역(音譯). 석가(釋迦)가 그 아래에서 열반(涅槃)했다는 나무. 雙樹란 쌍쌍이 선 나무의 뜻. 娑羅雙樹(사라쌍수).

【沙礫】されき(사력) ①모래와 자갈. ②흔하여 지극히 천한 것의 비유. 砂礫(사력). ¶所謂抵金玉於—<後漢書>

【沙漏】さろう(사루) ①모래 시계. ②여과기(濾過器).

【沙漠】さばく(사막) 모래벌. 건조하여 식물이 생장할 수 없는 불모(不毛)의 모래 땅. 砂漠(사막). 沙磧(사적).

【沙鳴】さめい(사명) ①쉰 목소리로 욺. ¶鳥皫色而—<周禮> ②모래를 밟는 소리. ¶彎弓伏石動 振鼓沸—<庾信>

【沙木】さぼく(사목)《佛》삼목(杉木)의 별칭.

【沙門】しゃもん(사문) 범어(梵語) Sramana의 음역. 출가(出家)하여 불도(佛道)를 닦는 사람의 총칭. 중. 桑門(상문). ¶—漢言息心 削髮出家 絕情洗欲 而歸于無爲也<後漢書>

【沙彌】しゃみ(사미)《佛》범어 Sramonera의 음역. 수행(修行)이 아직 미숙한 중. 동자중. ¶爲沙門者 初修十誡曰—<魏志>

【沙鉢】(사발)㊞ 사기로 만든 밥그릇.

【沙鉢農事】(사발농사)㊞ 빌어먹는 일을 농으로 이르는 말.

【沙鉢通文】(사발통문)㊞ 주모자(主謀者)가 드러나지 않도록 관계자의 이름을 빙 둘러 적은 통지문(通知文).

【沙防】さぼう(사방)㊞ 산이나 하천 등에 흙·모래 따위가 밀려 내리는 것을 막는 일. ¶—工事.

【沙蔘】さじん·しゃじん(사삼) ①더덕. ②더덕의 뿌리. 거담제(祛痰劑)로 씀.

【沙上樓閣】さじょうろうかく(사상누각) 모래 위에 지은 다락집. 기초가 허약하여 오래 유지할 수 없음을 비유하여 이르는 말.

【沙場】さじょう·すな(사장) ①모래톱. 모래벌. 砂原(사원). 砂漠(사막). ②사막의 싸움터. 砂場(사장). ¶醉臥—君莫笑 古來征戰幾人回<王翰>

【沙洲】さしゅう(사주) 모래로 된 작은 섬. 물 속에 쌓인 흙·모래가 수면으로 나타나 보이는 곳. ¶江城寒角動 —夕鳥還<白居易>

【沙中偶語】さちゅうぐうご(사중우어) 모래밭에서의 숙덕공론. 부하가 몰래 반란을 모의함을 이름. 沙中語(사중어).

유래 유방(劉邦)이 천하를 통일하고 부하 장수들의 논공행상도 거의 끝나가고 있을 무렵, 궁전 앞의 넓은 모래 바닥에 장수들이 삼삼오오 모여 앉아서 뭔가 의논하고 있었다. 무슨 일이냐고 유방은 장양(張良)에게 물었다. 「폐하, 저들은 반란을 모의하는 중입니다.」「뭣이! 반란은 왜?」 장량은 말했다. 「이번 논공에서 귀순한 장수들의 전공은 무시되고 있는지라, 저들은 어차피 앞길이 암담할 것이라면 미리 들고 일어나자는 것입니다.」「어찌해야 옳은가?」「폐하가 평소 제일 보기 싫어하시던 장수를 제후로 봉하십시오….」 그리하여 평소 유방의 눈밖에 나서 가장 불안해하던 옹치(雍齒)가 제후로 봉해졌고, 이제까지 곳곳에서 수근거리던 반란 이야기는 어느덧 깡그리 사라졌다. <史記>

【沙地】さち(사지) 모래땅.

【沙塵】さじん·しゃじん(사진) 모래 먼지. ¶秋風揚—寒露霑衣裳<宋書>

【沙川】(사천) 바닥이 모래인 내.

【沙汰】さた(사태) ①쌀을 일어서 돌이나 뉘를 제거함. 뜻이 바뀌어, 선과 악을 선별(選別)함. 淘汰(도태). ②㊞ ㉮비나 충격으로 말미암아 가파른 산의 흙이나 쌓인 눈이 한목에 무너지는 일. ¶山—. ㉯사람이나 물건이 주체할 수 없이 한꺼번에 많이 몰려 나옴을 이르는 말.

【沙土】さど(사토) ①모래와 흙. ②모래가 섞인 땅. 사질양토(沙質壤土). 沙壤(사양).

【沙虹】さこう(사홍) 새우의 별칭. ¶酒行命食 有—鮓 卽蝦也<諸山記>

▷驚—, 金—, 丹—, 博浪—, 白—, 細—, 流—, 泥—, 磧—, 汀—, 汰—, 土—, 堆—, 平—, 風—, 恒—

7【汚】 汐(p. 843)과 同字

7【浡】 淬(p. 885)과 同字

4 7【沁】 스며들 심 | 沁 ㄑㄧㄣˋ (qin) 寢 | しん(ヒタス) *soak*

풀이 ①스며들다. 通浸. ¶一入. ②찾다. 물 속을 더듬어 찾음. 通探. ¶義泉雖至近 盜索不敢一<韓愈·孟郊> ③내 이름. 산서성(山西省)에서 발원하는 강. ¶一水.

4 7【沇】 1내 이름 연 2물 흐르는 모양 유 | 銑 ㄧㄢˇ (yan) 紙 | えん い

풀이 1①내 이름. 하남성(河南省)에 있는 강. ¶一水. ②물이 흘러가는 모양. 멀리 탁 트인 모양. ¶一一四塞<漢書> ③새나 짐승의 분주한 모양. 일설에는, 새나 짐승이 많이 모여 있는 모양. ¶一一. 2①물이 흐르는 모양. ¶一溶淫鬻<漢書> ②무성한 모양. ¶一溶.

7【㳂】 沿(p.859)의 俗字

7【㳄】 涎(p.878)과 同字

4 7【汭】 1흘러 들 예 2내 북쪽 열 3해 돈 | 霽 ㄖㄨㄟˋ (rui) 屑 元 | ぜい ぜつ とん

풀이 1①흘러 들다. ㉮두 내의 물이 합류하는 모양. 또는, 그 곳. ¶渭一. ㉯내의 어귀. 하구(河口). ¶荊吳淮一之間<方言> ②안. 通內. ¶涇屬渭一<書經> ③물가. 수애(水涯). ④내의 북쪽. ¶涇屬渭一<書經> 2내의 북쪽. ¶昨發赤亭渚 今宿浦陽一<江淹> 3해. 태세(太歲)가 신(申)인 해. ㉠涒. ¶一灘.

4 7【沃】 기름질 옥 | 沃 ㄨㄛˋ (wo) | よく(コエル) *fertile*

풀이 ①기름지다. 땅이 기름짐. ¶一土之民不材<國語> ②물을 대다. ㉮논밭에 물을 대다. 관개(灌漑)함. ㉯물을 부어 손을 씻다. ¶奉匜一盥<左氏傳> ㉰교도(教導)하다. 제 마음을 다른 사람에게 쏟아 넣어 가르침. ¶啓乃心 一朕心<書經> ㉱흐르다. ¶雲霞之所一蕩<王巾> ③아름답다. ㉮아리땁다. ¶夭之一一<詩經> ㉯찬란한 모양. ¶其葉一若<詩經> ④부드럽다. ¶其葉有一<詩經> ⑤낮다[低]. ⑥거품이 일다. 또는, 거품. ¶其動漂泄一涌<素問> ⑦희다. ¶西方曰一野<淮南子> ⑧장마. ¶閩南人謂雨霖曰一<鄭瑗>

【沃畓】(옥답)韓 땅이 기름지고 수리(水利)가 좋은 논.

【沃野千里】よくやせんり(옥야천리) 비옥한 들판이 한없이 넓음. ¶一 民以富饒<漢書>

【沃日】よくじつ(옥일) 일광(日光)을 뜨게 한다는 뜻으로, 큰 바다를 형용하여 이르는 말. ¶蕩雲一<木華>

【沃土】よくど(옥토) ①기름진 땅. 沃地(옥지). ②남쪽의 땅. ¶正南次州曰一<淮南子> ▷啓一, 膏一, 曲一, 灌一, 肥一, 衍一, 饒一, 土一

4 7【汪】 1넓을 왕 2고을 이름 왕 | 陽 ㄨㄤ (wang) 養 | おう(ヒロイ) *wide*

源 會意·形聲. 물[水]이 넓고 깊음[王]을 뜻함.

풀이 1①넓다. 깊고 넓고 큼. ¶一然平靜<淮南子> ②많다. 넉넉함. 홍건함. ¶一然出涕<柳宗元> ③못. 웅덩이. ¶蔡仲殺雍糾 尸諸周氏之一<左氏傳> ④바다. ¶寘之祝融之一<楊萬里> ⑤땅 이름. 춘추 시대 진(秦)의 땅. 현재 섬서성(陝西省)의 한 고을. ¶伐秦 取一及彭衙而還<左氏傳> 2고을 이름. ¶一陶.

【汪茫】おうぼう(왕망) 물의 광대한 모양. 洋洋(양양). ¶渾涵一 千彙萬狀<唐書>

【汪洋】おうよう(왕양) ①넓은 바다. 물이 한없이 넓은 모양. ¶渟洄一 滿而上浮者 是水也<蘇洵> ②도량이 큰 모양. ¶風神灑落 容止一<劉孝威> ③문장(文章)의 기세가 도도(滔滔)한 모양. ¶橫騖別驅 一大肆 要之無抵牾聖人者<唐書> ④은택(恩澤)이 넓고 깊은 모양. ¶歌舞將金帛 一被遠黎<沈佺期>

【汪汪】おうおう(왕왕) ①물이 넓고 깊은 모양. ② 「도량이 넓음의 비유.

4 7【沄】 소용돌이칠 운 | 文 ㄩㄣˊ (yun) | うん *whirlpool*

풀이 ①소용돌이치다. ¶一一. ②부글부글 끓으며 흐르는 모양. ¶一一. ③한없이 넓은 모양. ¶一一. ④목소리가 멀리 퍼져 가는 모양. ¶一一.
▷汾一, 潺一, 玄一

4 7【沅】 내 이름 원 | 元 ㄩㄢˊ (yuan) | げん

풀이 내 이름. 호남성(湖南省)에 있는 큰 내. ¶一水/一湘.

4 7【汩】 흐를 율 | 質 ㄩˋ (yu) | いつ

※汩(p.846)의 1 과는 자형이 비슷하여 혼용되어 쓰임.

풀이 ①흐르다. 물 흐르는 모양. ¶一一. ②가다. 빨리 감. 또는, 가는 모양. ¶一余若將不及兮<楚辭> ③맑은 모양. ¶一磑磑以璀璨<王延壽> ④밝은 모양. 빛나는 모양. ¶一越.

4 7【沏】 물 소리 절 | 屑 ㄑㄧ (qi) ㄑㄧㄝ (qie) | せつ

풀이 ①물 소리. 물이 흐르는 소리. ②물이 빨리 흐르는 모양. ¶一迭. ③갈리다. 마찰됨. ¶飛湧相磢 激勢相一<木華>

8【桼】 穽(p.1116)의 古字

4/7【沚】 물가 지 |紙ㄓˇ (zhi)| し(ナギサ)

풀이①물가. 또는, 내 가운데 생긴 작은 섬. ¶小渚曰一<爾雅> ②성품. 천성. ③토대. 기초. 通阯 基. ④멈추다. 그침.
▷洲一, 中一

4/7【汦】 가지런할 지 |因ㄓˇ (zhi)| ち

풀이①가지런하다. ¶一一. ②닿다. 머묾. ¶一棄.

9【沗】 添(p.889)과 同字

4/7【冲】 빌 충 |東イメム (chong)| ちゅう(ムナシイ) *empty*
俗冲

풀이①비다. 공허함. ¶一曠. ②사이. 중간. ¶道一而用之<老子> ③깊다. ¶深一. ④화하다. 온화함. ¶一澹. ⑤조화되다. ¶太一. ⑥이르다. 도달함. ¶飛將一天<呂覽> ⑦오르다. 솟아오름. ¶一飛一天<史記> ⑧어리다. 순진함. 通僮. ¶肆予一人<書經> ⑨깊고 넓은 모양. ¶一瀜沆瀁<木華> ⑩아래로 늘어진 모양. ¶旣見君子 鞗革一一<詩經> ⑪얼음을 깨는 소리. ¶二之日 鑿氷一一<詩經> ⑫마음속에 근심이 있는 모양. ¶一一. ⑬물이 솟아 오르는 소리.

【冲漠】ちゅうばく(충막) 막연하여 일정함이 없음. 멍한 모양. ¶一公子 含華隱曜<張協>

【冲昧】ちゅうまい(충매) 어리고 어리석다는 뜻으로, 천자의 나이가 어림을 이르는 말. ¶況明保一 獨運陶鈞者哉<宋書>

【冲人】ちゅうじん(충인) ①천자가 자기를 일컫는 겸사. ¶肆予一<書經> ②어린아이. 童子(동자). 幼冲人(유충인).

【冲天】ちゅうてん(충천) 하늘 높이 솟아 오름. 또는 하늘을 찌를 듯이 높음을 이르는 말. ¶此鳥不蜚則已 一蜚一<史記>/一之勢.

【冲和】ちゅうわ(충화) ①온화(穩和)함. ¶天縱疏朗 儀止一<高僧傳> ②천지의 진기(眞氣). 천지간의 조화된 원기(元氣). ¶萬物負陰而抱陽 一以爲和<老子>/一之氣.
▷謙一, 大盈若一, 飛一, 相一, 深一, 淵一, 幼一, 虛一, 和一

4/7【沈】 ①잠길 침 ②성 심 |侵イㄣ (chen) 寑ㄕㄣˇ (shen)| ちん (シズム) *sink* しん

풀이①①잠기다. 물에 빠져 가라앉음. 通湛. ②물에 빠져 죽다. 익사함. ③물속으로 물건을 던져 넣다. ④영락(零落)하여 드러나지 않다. ¶白首一下吏<蘇軾> ⑤막히다. 침체됨. ¶以揚一伏 而黜散越也<國語> ⑥약해지다. ¶太陰之至 其脈一<素問> ⑦마음이 약해지다. 침울함. ¶上志高 一志下<太玄經> ⑧마음이 사로잡히다. ¶學者一於所聞<戰國策> ⑨숨다. 숨김. 通潛. ¶水無一氣<國語> ⑩주색(酒色)에 빠지다. 通耽. ¶一而樂者 君子不聽也<法言> ⑪깊다. ¶慰瞖一屯<莊子> ⑫크다. 通甚. ⑬오래다. ¶濕陰所勝則一陰<素問> ⑭무겁다. ¶載一載浮<詩經> ⑮구름이 끼다. 通霃. ¶天多一陰<禮記> ⑯독극물을 물에 넣어 물고기를 죽이는 일. ¶禁山之爲苑 澤之一者<周禮> ⑰희생이나 구슬을 물에 가라앉히어 천택(川澤)에 제사 지내다. ¶齋戒以一<淮南子> ⑱진흙. 通黕. ¶一有履<莊子> ⑲늪. 호수. ¶有鳥當一<述征記> ⑳몹시 넓은 평지. 또는, 개펄. ¶除山川一斥<漢書> ㉑사물의 형용. ¶一一. ②①성(姓). ②주(周)대의 나라 이름. 지금의 안휘성(安徽省)에 있었음.

【沈降】ちんこう(침강) 가라앉음. 沈下(침하). ↔ 浮上(부상).

【沈痼】ちんこ(침고) ①오래도록 낫지 않는 병. 沈痾(침아). ②쉬 고쳐지지 않는 폐습(弊習). ¶風俗一自若<宋史>

【沈年】ちんねん(침년) 오랜 세월. 다년간. ¶多病一苦無健<杜甫>

【沈淪】ちんりん(침륜) ①깊이 잠김. ¶一近習之言<吳志> ②영락(零落)함. 淪落(윤락). ¶奮飛超等級 容易失一<杜甫>

【沈謀】ちんぼう(침모) 깊이 생각하여 계략을 꾸밈. 또는, 그 계략. ¶夫忠者在乎一潛運 正國安人<忠經>

【沈沒】ちんぼつ(침몰) ①물에 빠져 가라앉음. ②숨어 없어짐. 멸망함. ¶千載上 有英才異士一而不聞者<南史>

【沈默】ちんもく(침묵) ①말을 하지 아니함. ¶旦幼一好學<宋史> ②소리를 내지 않음. ¶今乃金口玉音 漠然一<夏侯湛>

【沈船破釜】ちんせんはふ(침선파부) 강을 건너서는 배를 가라앉히고, 밥 지을 솥을 깨뜨려 버림. 필사(必死)의 각오를 사졸(士卒)에게 보인 항우(項羽)의 옛일. ¶引兵渡河 皆一甑燒廬舍<史記>

【沈水】ちんすい(침수) 물에 잠김. ¶一地域.

【沈愁】ちんしゅう(침수) 깊은 시름에 잠김. ¶莫遣一結成病 時時一唱濯纓歌<白居易>

【沈鬱】ちんうつ(침울) 마음이 울적함. ¶端居積幽抱 一久未平<韓維>

【沈吟】ちんぎん(침음) ①생각에 잠김. 沈思(침사). ¶一收撥插絃中 整頓衣裳起斂容<白居易> ②망설이어 결정하지 못함. ¶得書一十餘日<後漢書> ③작은 소리로 시구 따위를 읊조림. ¶物微意不淺 感動一一<杜甫>

【沈潛】ちんせん(침잠) ①깊이 가라앉아 잠김. 나아가, 온화한 성질을 이르는 말. ¶燮友柔克 一剛克<書經> ②깊이 스며 듦. 덕화(德化)의 미침이 깊음을 이르는 말. ¶京師一

甸內匝洽＜揚雄＞ ③마음을 가라앉혀 생각에 잠김. ¶一反復 蓋亦有年＜朱熹＞

【沈澱】ちんでん(침전) 물 속에 가라앉음. 또는, 그 물건. 앙금. ¶一物.

【沈珠】ちんしゅ(침주) 구슬을 가라앉힌다는 뜻으로, 명리(名利)를 돌보지 않음의 비유. ¶捐金於山 一于淵＜班固＞

【沈重】ちんちょう(침중) 침착하고 중후(重厚)함. ¶質直居本 一樹志＜陶景弘＞

【沈菜】(침채)[韓] 김치.

【沈滯】ちんたい(침체) ①잠기어 지체됨. 쌓이고 겹쳐짐. ¶今疾在一＜呂覽＞ ②일의 능률이 오르지 않음. ¶久議一 各有所志＜後漢書＞ ③지위가 오르지 않음. ¶去州歸京 多年一＜北史＞ ④시장의 거래가 활발하지 못한 일.

【沈痛】ちんつう(침통) ①깊이 걱정함. ②통절(痛切)한 문사(文詞)를 이름. 深痛(심통). ¶眷言懷君子 一切中腸＜謝靈運＞

▷擊一, 轟一, 浮一, 銷一, 深一, 寥一, 陸一, 湮一, 自一, 爆一

7〖沉〗 沈(p.851)의 俗字

4 7〖汰〗 일 태 | [泰]ㄊㄞˋ (tai) | たい(ヨナグ) *wash*

[풀이]①일다. 물로 일어 가려 냄. [같]汏. ¶一金. ②흐리다. 지행(志行)이 올바르지 않음. ¶厚志隱行謂之潔 反潔爲一＜新書＞/一侈. ③사치하다. ¶般樂奢一＜荀子＞ ④지나치다. 태과(太過)함. ⑤지나가다. 가로질러 감. ¶伯棼射王一輈＜左氏傳＞ ⑥물결. 큰 파도. ¶齊吳榜以擊一＜楚辭＞ ⑦윤택하게 하다. 혜택을 줌. ¶所以洮一蕩滌至意＜淮南子＞ ⑧미끄러지다. 미끄러움. ¶踐其血 一而仆地＜棠陰比事＞

▷簡一, 擊一, 淘一, 沙一, 奢一, 洗一, 湔一, 銓一, 精一, 澄一, 滌一

7〖沢〗 澤(p.922)의 略字

4 7〖沛〗 늪 패 | [泰]ㄆㄟˋ (pei) | はい(サワ) *swamp*

[풀이]①늪. 물 속에 풀이 무성한 곳. ¶一澤. ②성대한 모양. ¶一乎塞蒼溟＜文天祥＞ ③흐르다. 흐르는 모양. ¶一一. ④비가 줄기차게 오는 모양. ¶一然. ⑤거침 없이 가는 모양. ¶一吾乘兮桂舟＜楚辭＞ ⑥빠른 모양. ¶靈之神神哉一＜漢書＞ ⑦넘어지다. 자빠짐. ¶顚一必於是＜論語＞ ⑧몹시 노하는 모양. ¶是以使君王一焉＜公羊傳＞ ⑨가리어져 어둡다. [通]蔽. ¶豊其一＜易經＞ ⑩못. 저수지. ¶遇旱歲開以灌田 名之曰一＜三餘贅筆＞ ⑪기(旗). 장막. [通]旆. ⑫내 이름. 요동(遼東)에서 발원(發源)하는 강. ¶一水. ⑬고을 이름. ¶一縣.

【沛公】はいこう(패공) 한(漢) 고조(高祖) 유방(劉邦)이 패현(沛縣)출신이므로 제위(帝位)에 오르기 전에 불리던 칭호.

【沛然】はいぜん(패연) ①성대한 모양. ¶一自大＜漢書＞ ②교화(敎化)가 성하게 행해지는 모양. ¶故一德敎 溢乎四海＜孟子＞ ③비가 줄기차게 오는 모양. ¶天油然作雲 一下雨＜孟子＞ ④감동(感動)하는 모양. ¶於是天下一改容＜漢書＞ ⑤은혜가 두터운 모양. ¶發一之恩＜舊唐書＞ ⑥너그러운 모양. ¶誠當一思惟善道＜後漢書＞ ⑦제멋대로 하는 모양. ¶是以豪傑發憤 一俱起＜後漢書＞

▷滂一, 汎一, 淵一, 顚一, 造次一

4 7〖沆〗 [1]물 넓을 항 [2]흐를 항 [3]흰 기운 강 | [養]ㄏㄤˋ [陽](hang) [漾] | こう こう こう

[풀이][1]①물이 넓다. ¶莽一. ②넓은 못. 물이 넓은 모양. ③괴어 있는 물. 지수(止水). [2]①흐르다. 물 흐르는 모양. ②건너다. [3]흰 기운. 흰 색은 방위로는 서쪽, 철로는 가을을 뜻함. ¶西顥一碭 秋氣肅殺＜漢書＞

▷漭一, 朝一

7〖沍〗 冱(p.187)의 訛字

7〖汹〗 洶(p.872)과 同字

5 8〖泔〗 [1]뜨물 감 [2]찰 감 | [覃]ㄍㄢ(gan) [感]ㄏㄢˋ(han) | かん(シロミズ)

[풀이][1]①뜨물. 쌀뜨물. ¶一水. ②삶다. 쌀뜨물에 담그다. ¶曾子食魚有餘 曰一之＜荀子＞ ③쉬다. 음식물이 썩음. ¶今謂食久味變曰一＜新方言＞ ④달다. 달큼함. ¶秦之水 一最而稽＜管子＞ [2]차다. 가득 참. 또는, 그러한 물의 모양. ¶一淡.

8〖泧〗 決(p.845)의 本字

5 8〖沽〗 [1]사고 팔 고 [2]술 팔 고 | [虞]ㄍㄨ [遇](gu) | こ(ウル) *sell*

[풀이][1]①사고 팔다. 매매함. [通]賈. ㉮팔다. ¶求善賈而一諸＜論語＞ ㉯사다. ¶一酒市脯 不食＜論語＞ ②내 이름. ¶一河. [2]①술을 팔다. [같]酤. ②술장수. 술을 파는 사람. ¶召公子 許偉康 竝出屠一＜後漢書＞ ③소홀히 하다. 조략(粗略)함. ¶杜橋之母之喪 宮中無相 以爲一也＜禮記＞ ④거칠다. 조악(粗惡)함.

5 8〖泥〗 [1]진흙 니 [2]젖을 니 [3]지체될 니 [4]땅이름 녕 [5]물들일 녈 | [齊]ㄋㄧˊ [薺](ni) [霽]ㄋㄧˋ [徑]ㄋㄧㄝˋ(nie) [屑] | でい, ない *clay* でつ

[同]坭 埿

풀이 1 ①진흙. ㉮진흙탕. ¶坤土得雨爲一<易經> ㉯진창. ¶百步新廊不踏一<白居易> ㉰시궁창. 더러운 흙탕. ¶何不淈其一 而揚其波<楚辭> ②오염되고 썩다. 또는, 그렇게 썩은 것. ¶井一不食<易經> ③약하다. 재력(才力)이 부족함. ¶威夷長脊而一<爾雅> ④가깝다. ⑤바르다. 칠함. ¶以赤石脂一壁<世說新語> ⑥붙이다. 풀로 붙임. ¶紅錦一窓遶四廊<花蘂夫人> ⑦빗물이 괴어 진창이 된 언덕. ¶水潦所止 一丘<爾雅> ⑧자주빛 질흙. 칙서(勅書)를 봉하는 데에 썼음. 뜻이 바뀌어, 물건을 붙이는 데에 쓰는 진흙처럼 차진 것의 통칭. ¶金一. ⑨벌레 이름. 남해에 산다는, 뼈없는 벌레. ¶先拚一飮醉如一<杜甫>/一醉. ⑩내 이름. ¶一水. 2 젖다. 이슬에 젖은 모양. 3 ①지체되다. 정체됨. ¶致遠恐一<論語> ②조르다. 보챔. 어리광부리듯 하며 끈질기게 요구함. ¶俗以柔言索物曰一<通俗編> 4 땅 이름. (通)寧. ¶一母. 5 물들이다. (通)涅. ¶皭然一而不滓<史記>

【泥工】でいこう(이공) 미장이. 泥匠(이장).

【泥溝】でいこう(이구) 진흙 도랑. 또는, 비천한 지위. ¶君居一上 溝濁萍青青<韓愈>

【泥金】でいきん(이금) 금가루를 아교에 녹인 것. 서화(書畫)를 그리는 데 씀. 金泥(금니).

【泥濘】でいねい(이녕) 진창. 진흙탕길. 泥潦(이료).

【泥犁】でいり・ないり(이리)(佛) 범어 Niraya의 음역. 지옥(地獄). 泥梨(이리).

【泥飮】でいいん(이음) 술을 흠뻑 마심. 이취(泥醉)가 되도록 마심.

【泥匠】でいしょう(이장) ☞泥工(이공).

【泥醉】でいすい(이취) 술에 몹시 취함. 곤드레만드레가 됨. 泥는 남해에 산다는, 뼈없는 벌레인데, 물 속에서는 활발하나 물이 마르면 진흙처럼 흐물흐물해진다 함. ¶一風雲我要眠<元稹>

【泥炭】でいたん(이탄) 탄화작용(炭化作用)이 충분히 못 된 석탄. 土炭(토탄).

【泥土】でいど(이토) 진흙. 泥淤(이어).

▷拘一, 金一, 塗一, 白玉投一, 佛一, 雪一, 深一, 仰一, 淤一, 汚一, 雲一, 銀一, 溺一, 紫一, 鄣一, 塵一, 靑一, 醉如一, 濁如一, 堆一

5 8【沴】1 해칠 려 2 흐트러질 전 | (霽)ㄌㄧˋ (li) | れい injure | (銑) でん

풀이 1 ①해치다. 오행(五行)의 기운이 화합하지 못하여 해를 부름. ¶氣相傷謂之一<漢書> ②재앙. 악기(惡氣). 요기(妖氣). ¶六一之作<漢書> ③물가. 물이 잘 빠지지 아니하는 곳. ¶跖魂負一<漢書> 2 흐트러지다. 문란(紊亂)함. ¶陰陽之氣有一<莊子>

▷氛一, 傷一, 妖一, 雲一, 陰一, 災一, 虹一

5 8【泠】깨우칠 령 | (青)ㄌㄧㄥˊ (ling) | れい(サトス) *make realize*

※泠(p.187)은 딴 자.

풀이 ①깨우치다. 가르침. ¶舜之將死 眞一禹曰 汝戒之哉<莊子> ②깨닫다. ¶精神曉一<淮南子> ③떨어지다. 내림. (通)零. ¶天時和兮甘露一<張公神碑> ④사물의 모양. ¶一一. ⑤내 이름. 호남성(湖南省)에서 발원(發源)하는 강. ¶一水. ⑥악인(樂人). 악사(樂師). 영인(伶人). (通)伶. ⑦고을 이름. 춘추(春秋) 시대 노(魯)에 가까운 고을. ¶將適一<左氏傳>

【泠泠】れいれい(영령) ①물소리의 형용. ¶山溜何一一<陸機> ②낙숫물 소리의 형용. ¶霤一一而夜下兮<潘岳> ③바람 소리의 형용. ¶北風厲兮肅一一<後漢書> ④맑고 시원한 모양. ¶下一一而來風<楚辭> ⑤심중이 맑고 깨끗한 모양. ¶又惡能以其一一<新序>

8【泪】淚(p.884)와 同字

5 8【泐】돌결 일 륵 | (職)ㄌㄜˋ (le) | ろく

풀이 ①돌에 결이 일다. 돌이 결을 따라 갈라짐. ¶一 言石因其脈理而解裂也<說文·注> ②물길. 수맥(水脈). ③새기다. (通)勒. ¶手一.

5 8【沫】거품 말 | (曷)ㄇㄛˋ (mo) | まつ(アワ) *bubble*

※沬(p.853)는 딴 자.

풀이 ①거품. ㉮수면으로 떠올랐다 꺼지는 물방울. ¶拆拂瀑一<郭璞> ㉯튀는 침방울. ¶乾餘骨之一 爲斯彌<莊子> ②차를 끓일 때 이는 거품. ¶香一浮素杯<呂温> ③물방울. 흩날리는 물보라. ¶飛一起濤<木華> ④물거품이 일다. ¶氷井騰一<夏侯湛> ⑤흐르는 땀. 또는, 땀이 흐르는 모양. ¶霑赤汗 一流赭<漢書> ⑥그치다. 그만둠. ¶芬至今猶未一<楚辭> ⑦그림 물감 이름. ¶紅一. ⑧내 이름. ¶一水.

▷瓊一, 浪一, 跳一, 迸一, 浮一, 噴一, 沸一, 飛一, 水一, 涎一, 流一, 珠一, 濺一, 泡一, 瀑一, 幻一

5 8【沬】1 땅 이름 매 2 낯 씻을 회 | (隊)ㄇㄟˋ (mei) | ばい | (隊)ㄏㄨㄟˋ (hui) | かい

※沫(p.853)은 딴 자.

풀이 1 ①땅 이름. 은(殷)대의 조가(朝歌)의 땅. 지금의 하남성(河南省)의 한 고을. ②어스레하다. 어두어둑함. 또는, 별 이름. (通)昧. ¶日中見一<易經> 2 낯을 씻다. 세면함. ¶王乃洮一水<漢書>

8【没】沒(p.847)의 略字

5 8 【泯】 1 다할 민 | 廣 ㄇㄧㄣˇ | びん
2 뒤섞일 면 | 國 (min) | exhaust

풀이 1 ①다하다. 다하여 없어짐. ¶一沒. ②멸망하다. ¶靡國不一<詩經> ③빠지다. 물에 잠김. ④어지러워지다. 어두움. 通 惛涵. ¶一亂. ⑤사물의 형용. ¶一一. 2 ①뒤섞이다. 혼합함. ②눈이 침침하다. ¶視眩一而亡見兮<漢書>

【泯泯】びんびん ①어리석은 모양. ②멸망하는 모양. ③넓고 넉넉한 모양. ④어지러운 모양.

【泯滅】びんめつ (민멸) 멸망함 다하여 없어짐. ¶最是楚宮俱一<杜甫>

▷夷一, 眩一, 泫一

5 8 【泊】 1 배댈 박 | 廣 ㄅㄛˊ (bo) | はく
2 잔물결 박 | 陌 ㄆㄛ (po) | (トマル)

풀이 1 ①배를 대다. 배를 물가에 붙임. ¶風利不得一也<晉書>/碇一. ②머무르다. ㉮묵다. 유숙함. ¶流一陶家後渚<南史>/宿一. ㉯멎다. 정지함. ¶洪崖先生乘鸞 所憩一也<水經> ㉰우거(寓居)하다. 한때 몸을 기탁함. ¶宜城投一今行熟<梁簡文帝> ㉱쉬다. 휴식함. ③머무는 곳. ㉮배를 대는 곳. ¶扁舟夜入江潭一<孫逖> ㉯여관. ¶旅一接奉 不得鄭重耳<博異志> ④못. 호수. ⑤이욕(利慾)에 미혹되지 아니하는 모양. ¶我獨一兮其未兆<老子>/一如. ⑥엷다. 같 薄. ¶氣有厚一<論衡> 2 ①잔물결. ¶一栢. ②밀생(密生)하는 모양. ¶漠一.

▷假一, 憩一, 淡一, 澹一, 漠一, 宿一, 夜一, 淹一, 旅一, 恬一, 流一, 寂一, 停一, 渟一, 碇一, 舟一, 駐一, 止一, 萍一, 漂一, 飄一, 虛一

5 8 【泮】 반궁 반 | 翰 ㄆㄢˋ (pan) | はん

풀이 ①반궁(泮宮). 주(周)대의 제후(諸侯)의 국학(國學). ¶天子曰明堂辟雍 諸侯一宮<史記> ②반(半). 같 半. ¶一水. ③녹다. 얼음이 녹음. 通 泮. ¶迨氷未一<詩經> ④나누다. 나뉨. 판으로 읽어야 한다는 설도 있음. 通 判. ¶自天地剖一 未始有也<史記> ⑤밭두둑. 通 畔. ¶隰則有一<詩經>

【泮宮】はんきゅう (반궁) 주(周)대의 제후(諸侯)의 학교. 손님 접대와 활쏘기를 익히게 하던 곳. ¶諸侯曰一者 半於天子宮也<白虎通>

【泮水】はんすい (반수) 반궁(泮宮)의 동서문(東西門) 이남(以南)에 호(濠)를 파서 빙 두른 물. 나아가, 반궁(泮宮)을 뜻함. ¶思樂一 薄采其芹<詩經>

【泮蛙】(반와) 韓 성균관(成均館) 개구리란 뜻으로, 언제나 글만 읽는 사람을 놓으로 일컫는 말. 「닭던 유생(儒生).

【泮儒】(반유) 韓 성균관에 유숙하며 학업을

【泮人】(반인) 韓 관(館)사람. 대대로 성균관에 딸려 있던 사람. 쇠고기를 파는 사람이 많았음. 「(반촌).

【泮中】(반중) 韓 성균관 근처의 동네. 泮村

【泮村】(반촌) ☞泮中(반중).

5 8 【泼】 물댈 발 | 囝 | はつ

풀이 물을 대다. ¶決陂潢而相一<木華>

5 8 【泛】 1 뜰 범 | 陷 ㄈㄢˋ (fan) | はん (ウカブ) float
2 엎을 봉 | 腫 ㄈㄥˇ (feng) | ほう
3 물소리 핍 | | ほう
本 법 | 洽 |

풀이 1 ①뜨다. 띄움. 같 氾 汎. ¶一樓船兮濟汾河<漢武帝> ②물 흐르는 모양. ③물이 가득 찬 모양. ④널리. 두루. ¶一論物理<吳志> ⑤물을 뿌리다. ¶一灑. 2 엎다. 엎어뜨림. 전복함. ¶一駕之馬<史記> 3 물소리. 가느다랗게 들리는 물 흐르는 소리. 같 汎.

【泛看】(범간) 눈여겨 보지 않고 데면데면 지나쳐 봄. 「지나감.

【泛過】(범과) 정신을 차리지 않고 대충대충

【泛讀】(범독) ①정신을 기울이지 아니하고 대충대충 읽음. ②여러 가지 책을 데면데면 널리 읽음. 「止兮愁吾人<史記>

【泛濫】はんらん (범람) 물이 널리 넘쳐 흐름. ¶一不

【泛然】はんぜん (범연) 들떠 있는 모양. 차분하지 못한 모양. ¶味然而不應 一而辭<莊子>

【泛舟】はんしゅう (범주) 배를 띄움. 汎舟(범주). 泛艇(범정). ¶一遊於赤壁之下<蘇軾>

【泛稱】はんしょう (범칭) 널리 가리켜 이르는 칭호. 汎稱(범칭).

▷浮一, 沿一, 游一, 萍一, 飄一

5 8 【法】 법 법 | 洽 ㄈㄚˇ (fa) | ほう (ノリ) law

古 灋 同 泫

源 會意. 물[氵]처럼 공평하게 죄를 조사하여[廌] 바르지 못한 자를 제거한다[去]는 뜻.

풀이 ①법. ㉮형벌. ¶殺戮禁誅謂之一<管子> ㉯제도(制度). ¶一則其官之制度<周禮> ㉰제한(制限). ¶一禁者俗之隄防<後漢書> ㉱도리(道理). 사람이 지켜야 할 준칙(準則). ¶一者天下之至道也<管子> ㉲본보기. 모범. ¶制而用之 謂之一<易經> ㉳예법(禮法). ¶禮義之爲一<荀子> ㉴정해진 틀이나 형상(形象). ㉵방법. 수단. 방술(方術). ¶教籍兵一<史記> ㉶도량형(度量衡)이나 규구준승(規矩準繩)과 같은, 사물이 의거(依據)하는 기기(器機). ¶工依於一<禮記> ㉷부처의 가르침. 불도(佛道). ¶佛爲衆生說一<淨住子>/佛一. ㉸품계(品階). 등차(等差). ¶皆有一以行之<周禮> ②본받다. 본받아 좇음. ¶人一地<老子> ③법을 지키다. 법을 행함. ¶愚則端愨而一<荀子> ④나눗셈에서 나누는 쪽의 수. 제수(除數). 법수(法數). ¶通周天四分一爲一<周髀算經> ⑤프랑스. ¶一國/一語. ⑥(佛) 범어 dharma

의 역자. 달마(達磨). 유형(有形)·무형의 일체 만유(一切萬有)를 이르는 말. ¶一者 外國正音名爲達磨 亦名曇無<大乘義章>

【法駕】ほうが(법가) 천자가 거둥할 때 타던 수레의 한 가지. 法從(법종).

【法家】ほうか·ほうけ④(법가) ①춘추 전국 시대에 도덕보다도 엄격한 법에 의하여 나라를 다스려야 한다고 주장하던 학파(學派). 관중(管仲)·신불해(申不害)·상앙(商鞅)·한비(韓非) 등이 이에 속함. ②법을 지키는 세신(世臣). ③법률에 정통한 사람. 法律家(법률가). ④《佛》 불문(佛門)을 이름.

【法講】(법강) 예식을 갖추어 임금 앞에서 행하던 강의.

【法戒】ほうかい·ほっかい(법계) ①모범과 경계. ¶所以明至尊著一也<白虎通> ②《佛》 부처의 경계. 계율.

【法界】ほうかい(법계) ①《佛》 ㉮불법의 본체. 변하지 않는 만유(萬有)의 실체(實體). ㉯불법의 세계. ㉰불교도의 사회. 佛門(불문). ②법조계(法曹界)의 약어.

【法階】(법계)《佛》 불도를 닦는 사람의 수행 「계급.

【法鼓】ほうく(법고)《佛》 ①법당(法堂)에 비치하여 둔 북. ②북을 쳐서 군사를 경계하고 진군(進軍)하게 하는 것과 같이, 부처의 설법(說法)으로써 중생을 경계하고, 선(善)으로 나아가게 하는 일을 비유하여 이름. ¶一琅以振響 衆香馥以揚煙<孫綽>

【法供養】(법공양)《佛》 ①법(法)답게 대중 공양을 하는 일. ②불경을 읽어 남에게 들려주는 일.

【法官】ほうかん(법관) ①사법관(司法官)을 이름. 判官(판관). 法曹(법조). 法吏(법리). ¶處斷平允 爲一之最<唐書> ②직위(職位)가 있는 도사(道士). 道官(도관).

【法冠】ほうかん(법관) 옛날 사법관의 관(冠). 해치관(獬豸冠)이라고도 함.

【法橋】ほうきょう(법교)《佛》 설법(說法)하여 중생을 제도(濟度)하는 일. 사람을 피안(彼岸)으로 건너가게 하는 것을 다리에 견주어 이르는 말. ¶興造一 度人不休<華嚴經>

法冠(三禮圖)

【法宮】ほうきゅう(법궁) 정전(正殿)을 이름. ¶處一之中 明堂之上<漢書>

【法規】ほうき(법규) ①법률상의 규정(規定). ②법률·명령·규정·규칙 등의 총칭. 法令(법령).

【法禁】ほうきん(법금) 법으로 못하게 한 금제(禁制). ¶簡一而務謀慮<韓非子>/八條一.

【法器】ほうき(법기) ①법도(法度). ②《佛》 ㉮불도 수행을 해낼 만한 기량(器量)이 있는 사람. ¶師知是一 付以衣鉢<山堂肆考> ㉯재(齋)를 올릴 때 쓰는 악기. ¶開啓衆僧 動一者<西廂記> ㉰공양할 때 밥을 담는 그릇.

【法難】(법난)《佛》 포교(布教)하다 입는 박해 「(迫害).

【法堂】ほうどう·はっとう(법당) ①《佛》 부처를 안치하고 설법(說法)도 하는 절의 정당(正堂). 法殿(법전). ②☞法廷(법정).

【法度】ほうど(법도) ①법. 규칙. 법률과 제도. ¶儆戒無虞 罔失一<書經> ②예법의 척도(尺度). 본받아야 할 예의. ¶謹權量 審一<論語>

【法燈】ほうとう·ほっとう(법등)《佛》 ①부처 앞에 바치는 등명(燈明). ②불법으로 세상의 어두움을 깨뜨리는 일을, 등명(燈明)이 암흑을 밝히는 데 비유하여 이르는 말. ¶能燃照世妙一<華嚴經> ③등불이 끊임없이 계속 타듯이 정법(正法)을 계승하는 일. ¶欲使一永傳 勝因長久<劉孝綽>

【法螺】ほうら·ほら(법라) ①소라고둥. ②《佛》 소라고둥 껍데기로 만든 악기로, 부는 소리가 멀리까지 들리는 데서, 부처의 설법(說法)이 널리 중생에게 미침을 비유하여 이르는 말. ¶吹大一 擊大法鼓<法華經>

【法臘】ほうろう(법랍)《佛》 비구(比丘)의 나이. 중이 된 이후부터 센 나이를 이름. 法歲(법세). 夏臘(하랍).

【法力】ほうりき(법력)《佛》 불법의 능력. ¶法王一超群生<維摩經>

【法令】ほうれい(법령) 법률과 명령. ¶敬鬼神 畏一<禮記>

【法例】ほうれい(법례) ①모든 법령에 적용되는 규칙. ¶改舊律 爲刑名一<晋書> ②법률상의 관습 또는 관례.

【法輪】ほうりん(법륜) ①《佛》 부처의 교법(教法). 불법의 힘이 사견(邪見)을 깨뜨려 외도(外道)에 복종하게 함을, 전륜성왕(轉輪聖王)의 보륜(寶輪)이 능히 산악이나 암석도 깔아 부수어 평지로 만드는 위력에 견주어 이르는 말. ②도가(道家)의 말로, 가르침의 힘을 이름. ¶因心立福田 靡靡一升<雲笈七籤>

【法律】ほうりつ(법률) 국민이 지켜야 할 나라의 규율(規律). 법. 法度(법도). 國法(국법). 法令刑律(법령형률). ¶諸謹修一 督姦吏<史記>/一家/一案.

【法理】ほうり(법리) ①법률의 원리. 법도의 조리(條理). ¶帝好學多識 特留意于一<魏志>/一學/一解釋. ②《佛》 불법의 진리. ¶妙解一 爲珣兄弟講毗曇經<晋書>

【法馬】ほうま(법마) 저울의 추(錘). 法碼(법마). 法子(법자). ¶交易者以銅爲法 衡銀輕重 謂之一<通俗編>

【法網】ほうもう(법망) 법률의 그물. 죄인을 놓치지 않는 법률의 정밀(精密)함을, 고기를 잡는 그물에 비유하여 이르는 말. ¶堯舜之罪四凶 止從投竄 何近代一之密乎<宋史>

【法名】ほうみょう(법명)《佛》 ①출가(出家)하여 입도(入道)하였을 때 종문(宗門)에서 지어 주는 이름. 僧名(승명). ②열반(涅槃)에 든 후에 시호(諡號)로 지어 주는 이름. 戒名(계명). 法號(법호).

【法務】ほうむ(법무) ①법률에 관한 사무. ¶一部. ②《佛》 불가(佛家)에서 행하는 모든 업무(業務).

【法文】ほうぶん①·ほうもん②(법문) ①법률이나 명령의

조문(條文). ②《佛》 불경의 문구나 문장.

【法門】ほうもん(법문) ①남문(南門)을 이름. 뜻이 바뀌어, 천자나 제후는 남면(南面)하여 통치하기 때문에, 법령이 나오는 곳을 이름. ¶南門者 一也＜穀梁傳＞ ②《佛》 불법에 들어가는 길. 佛道(불도). 佛門(불문). ¶如來開一 聞者得篤信＜增一阿含經＞

【法物】ほうぶつ(법물) ①임금이 거둥할 때의 의식(儀式). ¶帝幸洛陽 … 其儀仗一猶在＜五代史＞ ②좋은 물건. 好物(호물). ¶一滋彰盜賊多有＜老子＞ ③《佛》 법사(法師)에게서 물려 받은 재물.

【法寶】ほうぼう(법보)《佛》 ①삼보(三寶)의 하나. 불경(佛經)을 재보(財寶)에 견주어 이름. ¶集衆一 如誨導師＜維摩經＞ ②불가(佛家)에서 쓰는 의발(衣鉢)과 석장(錫杖)을 이름.

【法服】ほうふく(법복) ①규정된 정식의 의복. 制服(제복). ②법관이 법정에서 입는 제복. ③《佛》 승려의 의복. 僧服(승복). 法衣(법의). ¶剃除鬚髮而被一＜法華經＞

【法事】ほうじ(법사) ①예법에 관한 일. ¶高受詔教習胡亥 使學以一數年矣＜史記＞ ②《佛》 ㉮불법(佛法)상의 사항. ㉯추선(追善) 공양(供養) 등을 위하여 하는 행사. 法會(법회). 佛事(불사). ㉰불법(佛法)의 수업(修業). ¶發大勇猛 行一切難行一＜楞嚴經＞

【法師】ほうし(법사) ①《佛》 불도를 수행하여 스승이 된 사람. 또는, 그의 존칭. ¶常修梵行 皆爲一＜法華經＞ ②당(唐)대 도사의 하나. ¶道士修行有三號 其一曰一 其二曰威儀師 其三曰律師＜唐六典＞

【法三章】ほうさんしょう(법삼장) 한(漢) 고조 유방(劉邦)이 간략한 법령으로 천하를 잘 다스린 일을 이름. 진(秦)을 멸한 후 까다로운 모든 법령을 없애고, 사람을 죽인 자는 사형, 남을 다치게 하거나 도둑질한 자는 그 정도에 따라 벌하는 삼장(三章)만을 법으로 한다 하여 백성들이 모두 기뻐하며 따랐음. ※三章(삼장).

【法書】ほうしょ(법서) ①법률, 제도 등을 기록한 책. 法律書(법률서). ¶典册一 藏在蘭臺＜易林＞ ②체법(體法)이 될 만한 명필의 서첩(書帖). 法帖(법첩). ¶好事所傳玩 空殘一帖＜王安石＞ ③타인의 글씨에 대한 경칭. ¶伸眉更請評一＜柳貫＞

【法席】ほうせき(법석)《佛》 법회(法會)의 자리. 설법(說法)하는 모임의 자리. 法筵(법연).

【法性】ほっしょう(법성)《佛》 불법상으로 본 만유(萬有)의 실체(實體). 眞如(진여). ¶一本空寂 無取亦無見＜華嚴經＞

【法星】ほうせい(법성) ①천제(天帝)의 곁에서 법형(法刑)을 맡는다는 별. 사직(司直)의 벼슬에 비유함. ¶聖王仰視一 旁觀習坎 彌縫五氣 取則四時＜隋書＞ ②궁형(宮刑)을 맡아본다는 별. ¶一主陰刑 女主之位也＜晋書＞ ③형혹성(熒惑星)의 별칭. ¶宋公一言 一三徙＜劉峻＞

【法城】ほうじょう(법성)《佛》 불법(佛法)을 성(城)에 견주어 이르는 말. ¶嚴護一＜無量壽經＞

【法聲】ほっしょう(법성)《佛》 설법(說法)하는 소리. 불경(佛經)을 읽는 소리. ¶五百群雁愛敬一 卽共飛來＜賢愚經＞

【法性土】ほっしょうど(법성토)《佛》 삼불토(三佛土)의 하나. 법신불(法身佛)이 있는 곳.

【法歲】ほうさい(법세)《佛》 중이 된 이후의 나이. 法臘(법랍). 夏臘(하랍).

【法水】ほうすい(법수)《佛》 ①불법(佛法). 불법이 번뇌의 불을 꺼서 중생을 구제하는 공력을, 물이 불을 끔에 비유하여 이름. ¶以智慧火燒諸障礙 亦以一澍諸塵垢＜聖務動經＞ ②술사(術士)가 병을 낫게 하는 데 쓰는 물. ③아비산가리액(亞砒酸加里液)의 별칭.

【法術】ほうじゅつ(법술) ①상앙(商鞅)의 법(法)과 신불해(申不害)의 술(術). ¶申不害言術而公孫鞅爲法＜韓非子＞ ②법가(法家)의 학술(學術). ¶韓非者 … 喜刑名一之學＜史記＞ ③법률로써 나라를 다스리는 방법. ④방사(方士)의 술법. ⑤방법과 기술.

【法施】ほうせ・ほっせ(법시)《佛》 3시(施)의 하나. 불자(佛者)가 설법(說法)하는 일. ¶如是一 其果甚少＜十住毗婆娑論＞

【法式】ほうしき(법식) ①형식과 법도. ¶足以爲天下一表儀＜荀子＞ ②방식. ③《佛》 불전(佛前)의 법요의식(法要儀式).

【法身】ほうしん(법신)《佛》 ①3신(身)의 하나. 불법을 깨달은 몸. 부처의 진신(眞身). ¶離無離有 所謂一＜涅槃經＞ ②법계(法界)에 가득한 이지성(理智性). ③법체(法體)가 된 몸. 승려의 몸.

【法案】ほうあん(법안) ①법률의 초안(草案). ¶一審議. ②법률 안건. 法律案(법률안).

【法眼】ほうがん①・ほうげん②(법안) ①바른 안식(眼識). ¶一觀之 知其神情＜王維＞ ②《佛》 불타(佛陀)의 5안(眼)의 하나. 모든 법(法)을 분명하게 관찰하는 일. ¶一觀察 究竟諸道＜無量壽經＞

【法語】ほうご(법어) ①본이 될 만한 정당한 말. 法言(법언)①. ②프랑스 말. 佛語(불어). ③《佛》 ㉮불법을 설교한 말. ¶爲利根人廣說一＜涅槃經＞ ㉯당송(唐宋)대에, 불가(佛家)가 운어(韻語)로써 설교한 것. 게송(偈頌)을 이름.

【法言】ほうげん(법언) ①본이 될 정당한 말. 法語(법어)①. ¶非先王之一不敢道＜孝經＞ ②한(漢)의 양웅(揚雄)이 지은 책. 학행(學行)·수신(修身) 등 13항목으로 나눈 책. 13권. 揚子法言(양자법언).

【法悅】ほうえつ(법열)《佛》 불법을 듣거나 생각함으로써 생기는 기쁨. 나아가, 망아(忘我)의 환희(歡喜)를 이름. 法喜(법희).

【法王】ほうおう(법왕) ①《佛》 불법의 종주(宗主)인 석가(釋迦)를 이름. 法主(법주). ¶我爲一 於法自在＜法華經＞ ②가톨릭의 교황(教皇)을 이름. ③라마교주(喇嘛教主)를 이름.

【法外】ほうがい(법외) 법률이나 규칙의 밖. ¶一構理而刻薄吏＜唐書＞

【法要】ほうよう(법요)《佛》 ①불법의 요의(要義). ¶佛爲諸比丘 略說一＜維摩經＞ ②법회(法會). 法事(법사). ¶是名爲出世一＜心地觀經＞ /一儀式.

【法雨】ほうう(법우)《佛》 불법의 은택을, 비가 만물을 적시어 생장(生長)하게 하는 데에 견주어 이르는 말. ¶澍一 演法施<無量壽經>
【法位】ほうい(법위)《佛》 ①진여(眞如)의 별칭. 모든 법(法)이 안주(安住)하는 자리의 뜻. ②중의 지위. 僧位(승위).
【法威】ほうい(법위)《佛》 불법(佛法)의 위력.
【法音】ほうおん(법음)《佛》 ①설법(說法)하는 소리. 경을 읽는 소리. 法聲(법성). ¶聞此一心懷踊躍<法華經> ②도가(道家)의 음악(音樂). ¶內奏一<長生殿> ③바른 음. 주음 자모(注音字母)를 이름.
【法衣】ほうえ(법의)《佛》 중이 입는 옷. 가사(袈裟), 장삼(長衫) 따위. 僧衣(승의). 法服(법복)③. ¶西天出家者衣 律有制度 應法而作 故曰一<釋氏要覽>
【法意】ほうい(법의) 법률의 정신. ¶申嚴一 消盜賊于未明<蘇軾>
【法義】ほうぎ(법의) ①법도(法度). 법칙(法則). ¶皆思小利而忘一<韓非子> ②법의 의의(意義). ③《佛》 불법의 교의(敎義). ¶常如一<增一阿含經>
【法醫學】ほういがく(법의학) 의학을 기초로 하여 법률상의 문제를 연구하고 해석하여 감정(鑑定)하는, 응용 의학(應用醫學)의 한 분과(分科).
【法益】ほうえき(법익) 법률상의 보호를 받는 이익.
【法人】ほうじん(법인) 법률상으로 인격을 인정받아 권리·의무를 행사하는 자격을 부여받은 주체(主體). 주식 회사 따위. ¶一稅/學校一. ↔自然人(자연인).
【法印】ほういん(법인)《佛》 ①묘법(妙法)의 인장(印章). 불법(佛法)이 진실되고 부동 불변(不動不變)함을 나타내는 표지. ¶我此一爲欲利益世間故說<法華經> ②밀교(密敎)의 인상(印相). ¶結一而攝念<性靈集>
【法子】ほうし①㋐・ほっし①㋑(법자) ①《佛》 ㋐불법을 닦는 사람. ¶一汝乘大乘解第一義<觀無量壽經> ㋑법사(法嗣). 법통(法統)을 계승하는 제자(弟子). ②㊥ ㋐방법(方法). 계획. ㋑저울 추(錘). 法馬(법마).
【法敵】ほうてき(법적) 정법(正法)을 깨닫는 데 방해가 되는 것. 불법(佛法)이나 기타 종교상의 종파(宗派)에 대한 원적(怨敵). 佛敵(불적).
【法典】ほうてん(법전) 법. 법률. 법령(法令). 또는, 그 책. ¶尙必明其一 以申固之<孔子家語>
【法殿】ほうでん(법전) ①임금이 조하(朝賀)를 받는 정전(正殿). ②《佛》 절의 정전. 法堂(법당). 法庭(법정).
【法廷】ほうてい(법정) 재판관이 재판을 하는 곳.
【法定】ほうてい(법정) 법률로 정함. 또는, 그것. ¶一代理/一利子/一傳染病/一刑.
【法程】ほうてい(법정) 본이 되는 것. 규칙. 법칙. 法式(법식). ¶後上先斷 以爲一<墨子>
【法庭】ほうてい(법정) ☞法廷(법정).
【法制】ほうせい(법제) 법률과 제도. 또는, 법률이 정한 각종 제도. ¶是棄先王之一也<國語>
【法製】ほうせい(법제) ①물건을 규정에 따라 만드는 일. ②약제를 규정에 따라 가공하는 일. 구(灸)·초(炒)·주세(酒洗) 등의 방식에 따라 가공하는 일.
【法曹】ほうそう(법조) 법관(法官). 司法人(사법인). 法曹人(법조인). 秋官(추관). ¶一司法<唐書>
【法曹界】ほうそうかい(법조계) 사법인(司法人)들의 사회. 法界(법계).
【法主】ほうしゅ(법주)《佛》 ①불교의 종주(宗主)인 석가(釋迦)를 이름. 法王(법왕). ②진종(眞宗)에서, 종파의 우두머리를 이름. ③설법(說法)을 주장(主掌)하는 사람. ④승관(僧官)의 이름. ¶宋齊之世 曾立一一員<僧史略>
【法帖】ほうじょう(법첩) 글씨본. 습자(習字)의 본이 되는 서첩(書帖). 法書(법서).
【法體】ほうたい①・ほったい②(법체)《佛》 ①우주 만물의 진상(眞相). ¶三世實有 一恒有<八宗綱要> ②승려의 형체. 僧形(승형).
【法治】ほうち(법치) 법률에 의하여 나라를 다스림. ¶一主義/一國家.
【法則】ほうそく(법칙) ①법률과 규칙. ¶明號令 正一<新書> ②본. 모범. ¶一可以爲一<荀子> ③원인 결과의 필연성.
【法統】ほうとう(법통)《佛》 불법의 전통. 法流(법류).
【法海】ほうかい(법해)《佛》 불법 세계의 깊고 넓음을 바다에 비유한 말. ¶一波瀾 汎之者未易<梁簡文帝>
【法憲】ほうけん(법헌) 규칙. 법률. 헌법. ¶一頗峻<後漢書>
【法兄】ほっけい・ほうけい(법형)《佛》 같은 스승에게서, 자기보다 먼저 법(法)을 받은 사람의 존칭. 法은 불법(佛法). ¶一如來出 不可思議<大集經>
【法號】ほうごう(법호)《佛》 ①출가하여 불법을 수행하는 사람에게 붙이는 이름. ②죽은 후에 불식(佛式)에 의하여 붙이는 이름. 戒名(계명). 法名(법명).
【法化】ほうけ(법화)《佛》 ①설법(說法)하여 중생을 교화(敎化)함. ¶宣揚助一<法華經> ②자기의 제자를 이름. ¶金剛智之一也<大廣智三藏願讚>
【法貨】ほうか(법화) 국법으로 제정하여 통용되는 화폐.
【法皇】ほうこう(법황) ①《佛》 불교의 종주인 석가여래(釋迦如來)를 이름. 法王(법왕). ②천주교의 교황(敎皇)을 이름.
【法會】ほうえ(법회)《佛》 설법(說法)·불공(佛供) 등을 위한 모임. ¶同住如來平等一<圓覺經>
▷苛一, 家一, 加一, 刻一, 劍一, 格一, 古一, 故一, 骨一, 公一, 過一, 觀一, 敎一, 九一, 句一, 舊一, 國一, 軍一, 拳一, 歸一, 揆一, 技一, 金一, 論一, 弄一, 大一, 徒一, 魔一, 萬一, 末一, 猛一, 滅一, 明一, 摹印四一, 妙一, 舞文弄一, 無一, 舞一, 文一, 民一, 方一, 繁一, 犯一, 變一, 別一, 兵一, 本一, 不一, 佛一, 非一, 祕一, 司馬一, 司一, 私一, 寺一, 師一, 算一, 三舍一, 三章一, 相一, 常一, 商一,像—, 書—, 說—, 成—, 聖—, 世—, 訴訟—, 手—, 修—, 受—, 乘—, 式—, 新—, 心—, 惡—, 案—, 約—, 嚴—, 如—, 永字八—, 禮—, 療—, 五家—, 獄—, 王—, 枉—, 用—, 違—, 遺—, 六—, 律—, 義—, 儀—, 理—, 一條鞭—, 立—, 字—, 作—, 作詩四—, 適—, 典—, 戰—, 正—, 政—, 制—, 除—, 諸—, 製—, 條—, 宗—, 從—, 坐—, 主—, 峻—, 準—, 遵—, 卽心是—, 眞—, 陣—, 眞如卽是萬—, 懺—, 峭—, 通—, 八—, 便—, 篇—, 風—, 筆—, 漢—, 合—, 行—, 憲—, 懸—, 刑—, 護—, 酷—, 畫有六—, 圜—

8【法】法(p.854)과 同字

5 8【泌】 1 샘 비 2 물결부딪칠 필 | 寘ㄇㄧˋ(mi) 質ㄅㄧˋ(bi) | ひ spring ひつ

풀이 1 ①샘. ②㉮경쾌한 흐름. ㉯물이 편하게 흐르는 모양. ¶—之洋洋<詩經> ③韓 스며 나오다. ¶分—. 2 ①물결이 부딪치는 모양. ¶偪側—瀄<司馬相如> ②샘물의 모양.

【泌尿器】ひにょうき(비뇨기) 소변을 배출하는 기관. 신장(腎臟)·수뇨관(輸尿管)·방광(膀胱)·요도(尿道)의 총칭.

▷分—, 洋—, 幽—, 淸—, 衡—

5 8【沸】 1 끓을 비 2 샘솟는 모양 불 3 어지럽게 날 배 | 未ㄈㄟˋ(fei) 物 隊 | ひ(ワク) boil ふつ はい

同 沸

源 會意·形聲. 좌우로 털어 버리는 모습으로 거부함[弗]과 물[氵]이 합쳐서 거품이 물을 헤치며 끓어 오름을 뜻함.

풀이 1 ①끓다. 끓임. 끓음. ¶如—如羹<詩經> ②샘솟다. 물이 솟아오름. ¶百川—騰<詩經> ③들끓다. 어지러이 일어남. ¶市里喧—<南史> ④끓는 물. 끓인 물. ¶以指撓—<荀子> 2 ①샘솟는 모양. ¶觱—檻泉<詩經> ②거세게 이는 물결 소리. 매우 화를 내는 모양. ¶—乎暴怒<司馬相如> 3 어지럽게 날다. ¶水蟲駭波鴻—<司馬相如>

【沸騰】ふっとう(비등) ①물이 샘솟음. ②물이 끓어오름. ¶—點. ③여론이 물끓듯이 일어남.

【沸海】(비해) 뒤끓는 바다. 난세(亂世)를 이름.

▷騰—, 糜—, 沃—, 煮—, 鼎—, 探—, 湯—, 喧—

9【沸】沸(p.858)와 同字

5 8【泗】 내 이름 사 本 시 | 寘ㄙˋ(si) | し

풀이 ①내 이름. 산동성(山東省)에서 발원하여 강소성(江蘇省)을 거쳐 회수(淮水)로 흘러드는 강. ¶—洙. ②콧물. ¶涕—滂沱<詩經>

【泗上弟子】しじょうていし(사상제자) 공자의 제자. 공자가 사수(泗水) 근처에서 제자를 가르친 데서 온 말.

【泗洙】ししゅ(사수) 사수(泗水)와 수수(洙水). 노(魯)에 있는 강 이름. 공자가 이곳에서 제자를 가르쳤으므로, 뜻이 바뀌어, 공자의 학문을 이름.

8【泻】瀉(p.926)의 俗字

5 8【泄】 1 샐 설 2 떠날 예 | 屑ㄒㄧㄝˋ(xie) 霽ㄧˋ(yi) | せつ(モレル) leak えい

源 會意·形聲. 「世」란 「十」을 셋 모은 것으로 30년[한 세대]의 뜻. 길게 끈 시간이나 모습을 나타냄. 「泄」은 물이 길게 꼬리를 끌고 새는 것을 뜻함.

풀이 1 ①새다. 같 洩. 通 泆. ㉮넘치다. ¶—散. ㉯흘리다. 비밀이 몰래 외부에 알려짐. ¶漏—. ㉰틈 따위에서 새어 나오다. ②싸다. 설사함. ¶—痢. ③일어나다. 발생함. ¶季春之月 陽氣發—<禮記> ④고(告)하다. 아룀. ¶平原君曰 勝已—之矣<戰國策> ⑤줄다. 줄임. ⑥없어지다. 없앰. ¶濟其不及 以—其過<左氏傳> ⑦섞다. ¶—用. ⑧깔보다. ¶武王不—邇<孟子> ⑨통하다. ¶精—于目<淮南子> 2 ①떠나다. 흩어져 감. ¶俾民憂—<詩經> ②사물의 모양. ¶——. ③말이 많은 모양. 通 詍. ¶——. ④마음이 느긋한 모양. ¶——. ⑤물 이름. 예수(泄水)는 안휘성(安徽省)에서 시작하여 회수(淮水)로 흘러드는 강.

▷久—, 漏—, 夢—, 排—, 滲—, 濡—, 下—

5 8【沼】 늪 소 本 조 | 篠ㄓㄠˇ(zhao) | しょう(ヌマ) swamp

풀이 늪. 둥근 것은 池, 굽은 것을 沼라 함. ¶于—于沚<詩經>

【沼澤】しょうたく(소택) 늪과 못. 沼池(소지).

▷臺—, 淵—, 苑—, 池—, 淸—, 湖—

5 8【泝】 거슬러 올라갈 소 | 遇ㄙㄨˋ(su) | そ

풀이 ①거슬러 올라가다. 같 溯 遡. ¶—流/—沿. ②향하다. 면(面)함. ¶—洛背河<張衡> ③맞다. 맞이함. ¶其—於日乎<法言> ④흐르다. 흘러감. ¶—八埏<司馬相如>

5 8【泅】 헤엄칠 수 | 尤ㄑㄧㄡˊ(qiu) | しゅう (オヨグ)

5 8【沭】 내 이름 술 | 質ㄕㄨˋ(shu) | しゅつ

풀이①내 이름. ¶—水. ②고을 이름. 현명(縣名). ¶—陽.

5 8 **[泱]** 1 끝없을 앙 | 陽ㅣ尢 | おう
2 광대할 앙 | 養(yang) | endless
3 흰구름 일 영 | 庚 | えい

풀이 1 ①끝없다. ¶—軋. ②성(盛)한 모양. ¶—鬱. ③사물의 모양의 형용. ¶——. 2 ①광대하다. 광대한 모양. ¶—茫. ②밝지 못한 모양. ¶—漭. ③물이 흐르는 모양. ¶—瀼. 3 흰구름이 일다. 흰구름의 모양. (같)英霙. ¶——.

5 8 **[沿]** 1 따를 연 | 先ㅣㄢˊ | えん(ソウ)
2 내이름 연 | 銑(yan) | follow
(本)㳂 (俗)沿

(源)**會意·形聲**. 「八」은 물이 갈라지는 모양, 「口」는 구멍을 뜻하므로, 물이 구멍을 따라 흐른다는 뜻.

풀이 1 ①따르다. ㉮물을 따라 내려가다. ¶—于江海<書經> ㉯길을 따르다. ¶—道. ㉰선례를 따르다. ¶—革. ㉱바다를 따르다. ¶—海. ②가. 가장자리. 언저리. ¶房—. ③냇물이 굽이진 곳. ¶河—. 2 내 이름. 연수(沇水).

【沿道】えんどう(연도) 길의 양쪽. 沿路(연로).
【沿邊】えんぺん(연변) 국경, 강, 철도, 큰길 등이 있는 일대의 지방. ¶道路—.
【沿線】えんせん(연선) 철도 선로에 연한 곳.
【沿習】えんしゅう(연습) 옛날부터 내려온 습관. 因襲(인습).
【沿襲】えんしゅう(연습) 옛 관습을 따름. 踏襲(답습). 蹈襲(도습). ¶五帝殊時 不相沿樂 三王異世 不相襲禮<韓愈>
【沿岸】えんがん(연안) 바다나 강에 잇따른 둔덕.
【沿海】えんかい(연해) ①바닷가의 육지. ②육지에 가까운 얕은 바다.
【沿海州】えんかいしゅう(연해주) 소련의 땅 이름. 우리 나라와 접경하고 있음.
【沿革】えんかく(연혁) 변천해 온 내력. 沿은 처음부터 지금까지 변하지 않은 것, 革은 처음 것을 고치고 새롭게 하는 것. 沿改(연개). ¶君臨海內 載懷—<隋書>
▷泝—, 襲—, 尋—, 廻—

8 **[㳂]** 沿(p. 859)의 本字

5 8 **[泳]** 헤엄칠 영 | 敬ㄩㄥˇ (yong) | えい(オヨグ) swim
▷水—, 浴—, 游—, 涵—

5 8 **[油]** 1 기름 유 | 尤ㅣㄡˊ | ゆ, ゆう
2 윤 유 | (you) | (アブラ)
| 宥 | oil

풀이 1 ①기름. ㉮가연성의 액체. ¶—田. ㉯동식물에서 얻어낸 액체. ¶香—. ②구름이 피어오르는 모양. ¶—然. ③나아가지 아니하는 모양. ¶—然. ④마음에 두지 아니하는 모양. ¶—然. ⑤사물의 형용. ¶——. ⑥내 이름. ¶—水. ⑦㊥페인트. 칠함. 2 ①윤. 광택. 윤을 내다. (같)釉. ¶珍膏—其面<蔡襄茶錄> ②땅이름. ¶浩—.

【油菓】(유과)(韓) 유밀과(油蜜菓)의 준말.
【油泥】(유니)㊥ 때. 기름때. 油垢(유구).
【油頭紛面】ゆうとうふんめん(유두분면) ①기름 바른 머리와 분을 바른 얼굴이라는 뜻으로, 부녀자가 화장함. 또는, 그 여자. ②㊥ 창녀(娼女). 賣春婦(매춘부).
【油麻】ゆま(유마) 참깨와 검은깨의 총칭. 胡麻(호마).
【油蜜菓】ゆうみつか(유밀과) 밀가루나 쌀가루를 반죽하여 기름에 튀겨 꿀 또는 조청을 발라 튀밥이나 깨고물을 입힌 과자. 油菓(유과).
【油粕】アブラカス(유박) 깻묵.
【油印物】ゆういんぶつ(유인물) 등사물.
【油井】ゆせい(유정) 원유를 퍼내기 위한 설비. 또는, 그 곳.
【油脂】ゆし(유지) 액체 기름과 고체 기름의 총칭. 앞것은 油, 뒤것은 脂.
【油榨】ゆさく(유착) 기름을 짜는 틀.
▷肝—, 鯨—, 膏—, 桐—, 燈—, 石—, 聖—, 松根—, 食—, 魚—, 原—, 醬—, 製—, 重—, 香—, 揮發—

5 8 **[泑]** 잿물 유 | 宥ㅣㄡ (you) | ゆう

【泑藥】(유약) 잿물. 도자기를 구울 때, 광택이 나고 기체나 액체가 스미지 않도록 바르는 물질. 釉藥(유약).

5 8 **[泣]** 1 울 읍 | 緝ㄑㄧˋ | きゅう(ナク)
2 바람 빠를 립 | (qi) | weep
| 緝 | りゅう

(源)**會意**. 「水+立[粒의 약체]」. 눈물이 방울같이 떨어진다는 뜻.

풀이 1 ①울다. 울음. ¶感—. ②눈물. ③근심. 근심함. 2 ①바람이 빠르다. ¶猋—. ②원활하지 않다. 혈액순환이 순조롭지 아니함. (通)立. ¶血凝於脈者爲—<素問>

【泣諫】きゅうかん(읍간) 울면서 간(諫)함.
【泣杖】きゅうじょう(읍장) 한(漢)의 한백유(韓伯兪)가 어머니로부터 매를 맞을 때 전보다 아프지 않아 어머니의 기력이 약해졌음을 슬퍼했다는 옛일. ¶憶昔伯兪之志 寧無—之心<梁嵩>

【泣斬馬謖】ナイテばしょくヲキル(읍참마속) 울며 마속을 벰. 곧, 전체의 질서나 공익을 위하여 부득이 처벌함을 이름. 揮淚斬馬謖(휘루참마속).
유래 위(魏)의 대군과의 결전을 앞두고 제갈양(諸葛亮)은 보급로상의 요지를 맡길 만한 장수가 없어 고민했다. 이때 마속(馬謖)이 자청하고 나섰다. 마속은 제갈양의 친구 동생으로, 평소 그가 아끼는 장수였으나 그 요지를 맡기기에는 좀 불안한 데가 있었다. 그러나 마속은 만일 실패하면 저를 효수(梟首)하십시오 하면서 간청했다. 제갈양은 계책을 주어 마속을 출진시켰다. 그러나 그는 제갈양이 준 계책을 따르지 않아 크게 패하였다. 장수들 사이에는 마속의 구명(救命)을 원하는 소리가 높았으나 제갈양은 장수의 목숨은 귀하다. 그러나 군령이 무너지면 나라가 망한다. 하고, 마속의 목을 베라고 명했다. 이윽고 부하가 들고 온 그의 목을 보자 제갈양은 목 놓아 크게 울었다. ＜三國演義＞

▷感—, 哭—, 悲—, 傷—, 垂—, 哀—, 戀—, 殞—, 飮—, 啼—, 涕—, 慟—, 㵘—, 歔—, 號—

5 8 〖泆〗 넘칠 일 | 㘘 ㄧˋ (yi) | いつ(アフレル) てつ

풀이 ①물이 넘쳐 흐르다. 끓어 넘침. ②방탕(放蕩)하다. ㉮음탕하다. ¶淫—. ㉯제멋대로 하다.

【泆陽】いつよう(일양) 짐승 이름. 머리는 표범, 꼬리는 말 같다고 함. 일설에는, 신의 이름이라고도 함. ¶西北方之下者 則—處之＜莊子＞

▷決—, 奔—, 淫—

5 8 〖沮〗 1 막을 저 2 적실 저 3 강이름 저 4 작은내 전 | 語 ㄐㄩˇ (ju) 御 魚 ㄐㄩˋ 先 (ju) | そ(ハバム) stop しょ(ヒタス) せん

풀이 1 ㊀阻. ①막다. 저지함. ¶排—正論＜宋史＞ ②그치다. 그만둠. ¶君子如怒 亂庶遄—＜詩經＞ ③방해하다. 가로막음. ¶嬖人有臧倉者—君＜孟子＞ ④헐뜯다. ¶宦侍謗—不已＜唐書＞ ⑤꺾이다. 기가 꺾임. 뜻이 약해짐. ¶—懾. ⑥무너지다. 붕괴됨. ¶—岸. ⑦깨지다. 소용 없게 됨. ¶力竭功—＜淮南子＞ ⑧두려워하다. 두려워하게 함. ¶—之以兵＜禮記＞ ⑨세다. 흘려 보냄. ¶—泄. 2 ①적시다. 물속에 담금. ¶河益灌—＜唐書＞ ②낮고 습한 땅. ¶—澤. 3 강 이름. ¶—水. 4 작은 내. ¶涓—.

【沮散】そさん(저산) 기세가 꺾이어 흩어져 달아남. ¶衆心— 降者相屬＜魏志＞

【沮喪】そそう(저상) 기운이 없어짐. 낙심함. 기가 꺾이어 약해짐.

【沮水】しょすい(저수) ①산동성(山東省)에서 발원하는 강. 淸水河(청수하). ②하북성(河北省)에서 발원하는 강, 대저수(大沮水)와 소저수(小沮水). ③섬서성(陝西省)에서 발원하는 강. 사수(瀘水)와 한수(漢水).

【沮止】そし(저지) 못하게 막음. 沮遏(저알).

【沮蒼】そそう(저창) 한자(漢字)를 처음 만들었다고 하는, 저송(沮誦)과 창힐(蒼頡)의 병칭.

【沮澤】そたく(저택) 낮고 물기가 많은 땅. 또는, 수초(水草)가 있는 곳.

▷愧—, 謗—, 排—, 涓—, 怨—, 慚—, 毁—

5 8 〖泜〗 1 강 이름 제 지 2 강 이름 치 | 㘘 ㄔˊ (chi) 因 ㄉㄧˋ (di) 紙 ㄓˋ (zhi) | てい, し ち

풀이 1 ①강 이름. ¶—河. ②가지런한 모양. ¶——. 2 강 이름. 치수(泜水). 지금의 사하(沙河). ㊀湸.

【泜水】ていすい(제수·지수) ☞泜河(제하·지하). ちすい(치수) 강 이름. 지금의 하남성(河南省)에 있는 강. 사하(沙河).

【泜泜】ていてい(제제·지지) 가지런한 모양. ¶皇道惟融 帝猷顯丕 —庶類 含甘吮滋＜後漢書＞

【泜河】ていか(제하·지하) 강 이름. 하북성(河北省)에서 발원하여 괴하(槐河)로 흘러드는 북제수(北泜水)와 영진박(寧晋泊)으로 흘러드는 남제수(南泜水)의 병칭. 泜水(제수·치수).

5 8 〖泲〗 강 이름 제 | 㘘 ㄐㄧˇ (ji) | せい

5 8 〖注〗 1 물댈 주 2 별이름 주 | 遇 ㄓㄨˋ (zhu) 宥 | ちゅう (ソソグ) pour into

㊀會意·形聲. 主는 한곳에 세워져 타는 등불의 불꽃, 즉 한곳에 머무는 주인의 뜻으로, 注는 한곳에 물을 붓는다는 뜻.

풀이 1 ①물을 대다. ㉮물을 끌어 대다. ¶—塡淤之水＜漢書＞ ㉯물을 퍼서 붓다. ¶挹彼—玆＜詩經＞ ②붓다. 따름. 쏟음. ¶雨下如—＜後漢書＞ ③물이 흐르다. ¶豐水東—＜詩經＞ ④비가 내리다. ¶請雨 三日而雨—＜晋書＞ ⑤뜻두다. 마음을 쏟음. ¶—意. ⑥메기다. 화살을 활시위에 얹음. ¶樂射之 不中又—＜左氏傳＞ ⑦대다. 붙임. ㊀注. ㊀屬. ¶—擧眾而—地於楚＜戰國策＞ ⑧흐름. 수류(水流). ¶蓋微派涓—耳＜水經＞ ⑨모으다. 모임. ¶令禽—於虞中＜周禮＞ ⑩쓰다. 사용함. ¶百姓皆—其耳目＜老子＞ ⑪치다. 내던짐. ㊀投. ¶以黃金—者殙＜莊子＞ ⑫적다. ㊀註. ㉮기록하다. ¶—記. ㉯주내다. 풀이함. ¶—釋. ㉰주. 주해. 주석. ¶脚—. ⑬물병. 물주전자. ¶雙桃—＜家居必備＞ ⑭노름. 도박에 건 물건. ¶孤—. 2 ①별 이름. 유성(柳星). ㊀咮. ¶西至于—＜史記＞ ②부리. ¶以—鳴者＜周禮＞

【注脚】ちゅうきゃく(주각) 본문 아래에 주를 첨가하여 뜻을 해석하는 일. 본문 사이에 들어가는 것을 注, 아래로 들어가는 것을 脚이라 함. 注解(주해). 脚注(각주).

【注記】ちゅうき(주기) 기록함. 또는, 그 기록.

【注力】ちゅうりょく(주력) 힘을 들임.

【注連】ちゅうれん(주련) 물을 뿌려 청결하게 하여 치는 새끼줄. 출관(出棺) 후 집 입구에 망귀(亡鬼)가 돌아오지 않도록 침. ¶祓送家鬼 章斷—＜顔氏家訓＞

【注目】ちゅうもく(주목) ①주의하여 봄. ②어떤 일을 조심하고 경계하여 봄. 注視(주시). ③

자세히 살피어 봄.

【注文】ちゅうぶん①·ちゅうもん②(주문) ①주석(注釋)의 글. 註文(주문). ②살 물건을 보내 달라고 부탁함. 희망을 말하여 부탁함.

【注比廛】(주비전)㊕ 조선 초부터 서울에 있던 백각전(百各廛) 중에서 으뜸가던 시전(市廛). ※平市署(평시서).

【注射】ちゅうしゃ(주사) ①쏟아 뿌리는 말씨. 세워 놓은 판자에 물을 쏟는 것처럼 말이 유창하여 막힘이 없음의 비유. ¶禁中有員俶 九歲升坐 詞辯― 坐人皆驚<唐書> ②약액(藥液)을 주사기에 넣어 생물체의 피하(皮下)·근육(筋肉)·정맥(靜脈) 등에 주입하는 일. ¶―器. ③공기의 압력으로 물이나 물건을 격동시켜 신속하게 내어 쏘는 일.

【注書】ちゅうしょ(주서) ①책에 해석을 함. 또는, 그 책. ②㉮고려 때 문하부(門下府)의 종칠품(從七品) 벼슬. ㉯조선 때 승정원(承政院)의 정칠품(正七品) 벼슬. 사초(史草)를 맡아보았음.

【注釋】ちゅうしゃく(주석) 낱말이나 문장 등을 알기 쉽게 풀이함. 또는, 그 글. 注解(주해). 注訓(주훈). ※訓詁(훈고).

【注疏】ちゅうそ(주소) 경서(經書) 등의 본문의 해석·설명. 注는 사서오경(四書五經)등의 경문을 해석한 전(傳)·전(箋) 등으로 불리어지는 것. 疏는 주(注)를 다시 해석 또는 부연(敷衍)한 것.

【注油】ちゅうゆ(주유) 기름을 침.

【注油所】ちゅうゆしょ(주유소) 자동차에 석유·가솔린 따위를 공급하는 곳. 給油所(급유소).

【注音符號】ちゅういんふごう(주음부호) 중화민국(中華民國) 7년 11월 교육부가 제정 공포한 사음부호(寫音符號). 현재 37자모가 통용되고 있음. 注音字母(주음자모).

【注音字母】ちゅういんじぼ(주음자모) ☞注音符號(주음부호).

【注意】ちゅうい(주의) ①마음에 새겨 두어 조심함. 留意(유의). ②경계함. ③조심하도록 곁에서 충고하는 일. ④의식 작용이 한 사물에 집중하여 모든 것을 명료하게 하는 일.

【注入】ちゅうにゅう(주입) ①쏟아 부음. ②기억과 암송을 주로 하여 가르침. ¶―式.

【注子】ちゅうし(주자) 술을 따르는, 목이 가름하고 아가리가 좁은 병.

注 子
(三才圖會)

【注解】ちゅうかい(주해) ☞注釋(주석).

【注訓】ちゅうくん(주훈) ☞注釋(주석).

▷脚―, 傾―, 孤―, 灌―, 眷―, 記―, 起―, 頭―, 跗―, 奔―, 飛―, 四―, 散―, 水―, 雨―, 委―, 流―, 傳―, 箋―, 銓―, 轉―, 集―, 評―, 標―, 懸―

5
8〖泚〗 1 맑을 차 | 㘝ㄘˇ (ci) | せい(キヨイ)
2 강 이름 자 | 紙 | し

풀이 1 ①맑다. 물이 맑음. ②선명한 모양. ¶新臺有―<詩經> ③땀이 나는 모양. ¶其顙有― <孟子> ④적시다. ¶敕吏六七人―筆待<新唐書> 2 강 이름. ¶泗―水.

5
9〖泉〗 샘 천 | 囲ㄑㄩㄢˊ (quan) | せん(イズミ) spring

源 象形. 둥근 구멍에서 물이 솟아나오는 모양을 본뜸.

풀이 ①샘. 물이 솟아나오는 근원. ¶原―混混<孟子> ②돈(錢). 돈이 널리 통용되는 이치가 샘물이 유행되는 것과 같다는 데서 일컬음. ③저승. ¶黃―.

【泉路】せんろ(천로) 저승으로 가는 길. 황천길. 泉下(천하). ¶便與先生應永訣 九重―盡交期<杜甫>

【泉石膏肓】せんせきこうこう(천석고황) 산수(山水)를 사랑함이 너무 지나친 것. 벼슬에 나아가지 않음의 비유.

【泉壤】せんじょう(천양) ①저승. 黃泉(황천). 九泉(구천). ②사자(死者).

▷澗―, 甘―, 溪―, 谷―, 鑛―, 九―, 掬―, 冷―, 刀―, 噴―, 沸―, 飛―, 水―, 深―, 巖―, 藥―, 言―, 淵―, 洌―, 鹽―, 靈―, 醴―, 玉―, 温―, 涌―, 龍―, 林―, 井―, 酒―, 澄―, 鐵―, 淸―, 寒―, 貨―, 黃―

5
8〖沾〗 1 더할 첨 | 鹽ㄓㄢ (zhan) | てん(ソウ) (add)
2 적실 첨
本 점 | 鹽 | せん
3 경망할 접 | 葉 | ちょう

源 會意·形聲. 「水+占[차지함]」. 한곳에 정착함을 뜻함.

풀이 1 ①더하다. 첨가함. ㉠添. ②보다. 엿봄. 通覘. ③강 이름. 산서성(山西省)에서 발원하여 하북성(河北省)의 치하(治河)에 흘러드는 강. ④현(縣) 이름. 2 ①적시다. 축임. 젖음. ㉠霑. ¶―寒. ②살지우다. 걸게 함. ¶元流―九垓<抱朴子> ③이익을 받다. 누림. ¶均―. 3 ①경망하다. 경솔함. ¶魏其者 ――自喜耳 多易 難以爲相持重<史記> ②걸을 꾸미다. ③바람 부는 모양.

5
8〖泏〗 1 물흘러나올 출 | 質ㄓㄨˊ (zhu) | ちゅう
2 건널 섭 | 葉 | しょう

풀이 1 물이 흘러 나오는 모양. ¶原流――沖而不盈<文子> 2 ①물을 건너다. ㉠涉. ¶奉使全璧 身―項營―<班固> ②물이 고요하다. 또는, 못.

5
8〖治〗 1 다스릴 치 | 寘ㄓˋ (zhi) | ち(オサメル) rule
2 성 치 | 支
3 내이름 이 | 支ㄔˊ (chi) | じ, い

源 會意·形聲. 하천(河川)에 인공을 가하여 흐름을 조정하는 데서, 다스림의 뜻을 뜻함.
※冶(p.188)는 딴 자.

풀이 **1** ①다스리다. ㉮국가·사회·가정 등을 보살펴 통제하거나 관리하다. ¶一國. ㉯병·상처 따위를 보살펴 낫게 하다. ¶一療. ㉰어지러운 세태를 수습하여 바로잡다. ¶以一人情＜禮記＞ ㉱사물을 일정한 용도나 목적에 맞게 다루어 처리하거나 다듬어 정리하다. ¶一山一水. ㉲죄를 다스리다. ¶一臣之罪＜諸葛亮＞ ㉳감독하다. 단속함. ¶師執事而一之＜周禮＞ ㉴평정하다. 진압하여 편안하게 함. ¶一亂持危＜中庸＞ ㉵수리하다. 고침. 기움. ¶繕一郵亭＜漢書＞ ②다스려지다. ㉮세상의 모든 것이 그 자리를 얻다. ¶家齊而後國一＜大學＞ ㉯다스려지는 일이나 그 상태. ¶所在稱一＜唐書＞ ③정사. 정치. ¶擧舜而敷一焉＜孟子＞ ④공. 공적. ¶以敍進其一＜周禮＞ ⑤㉮도읍하다. ¶一秦中＜漢書＞ ㉯정청(政廳)이 있는 곳. ㉰도읍지. ¶徙一櫟陽＜史記＞ ㉱지방관(地方官)이 주재하는 곳. ¶縣一. ⑥하다. 성취함. ¶能多者無不一也＜淮南子＞ ⑦견주다. ¶皆無敢與趙一＜戰國策＞ ⑧빌다. 구걸함. ¶凡新甿之一 皆聽之＜周禮＞ ⑨익히다. 배워 익힘. ¶一其大禮＜周禮＞ ⑩성(盛)하다. ¶少水不能滅盛火 而陽獨一＜素問＞ ⑪돕다. ¶穰侯之一秦也＜戰國策＞ ⑫필적(匹敵)하다. ¶公等足與一乎＜漢書＞ ⑬정도(正道). ¶是以與一雖走＜荀子＞ **2** 성(姓). **3** 내 이름. 산서성(山西省)에서 발원하는 지금의 습수(濕水).

【治家】ちか(치가) 집안 일을 다스림.

【治國】ちこく(치국) ①나라 일을 다스림. ¶一平天下＜朱熹＞ ②잘 다스려진 나라.

【治內】ちない(치내) ①나라 안을 다스림. ②규방(閨房)을 다스림. ③신체의 내부를 다스림. ¶扁鵲一 巫咸治外＜枚乘＞ ④마음을 다스림. ¶能使事物之接于我者 不能累其內所以一也＜曾鞏＞

【治道】ちどう(치도) ①천하를 다스리는 길. 정치의 방법. 治法(치법). ¶審樂以知政 而一備＜禮記＞ ②도로를 만듦. 또는, 도로를 수리함. ¶作者數萬人一 二歲道不成＜史記＞

【治盜棍】(치도곤)㊕ ①조선 때 죄인의 볼기를 치던 길이 5자 7치, 너비 5치 3푼, 두께 1치의 버드나무 막대기. 곤장(棍杖)의 한 가지. ②몹시 혼남. 또는, 그 곤욕.

【治亂】ちらん(치란) ①세상이 다스려지는 일과 어지러워지는 일. ¶民之一在玆＜書經＞ ②난(亂)을 다스림. ¶夫刑罰者一之藥石也＜後漢書＞

【治命】ちめい(치명) 합리적인 명령. 임종 때의 아버지 유언. ↔亂命(난명). ※結草報恩(결초보은).

유래 춘추 시대 진(晋)의 위무자(魏武子)에게 첩이 있었는데, 그는 병이 들자 아들 과(顆)에게 자기가 죽은 뒤에는 그 첩을 다른 데에 시집가게 하라 했다가, 위독해지자 순사(殉死)하게 하라 하였다. 무자가 죽자 과는, 위독할 때는 정신이 흐리므로 맑을 때의 명령을 따르겠다 하여 첩을 다른 데로 시집가게 했다. ＜左氏傳＞

【治病】ちびょう(치병) 병을 치료(治療)함.

【治山】ちさん(치산) ①산을 다스림. 나무를 심어 수해를 막는 일. ¶一治水. ②산소(山所)를 매만져 다듬음.

【治產】ちさん(치산) ①생업에 힘씀. 가업(家業)에 힘씀. ¶父子一 居無幾何 致產數千萬＜史記＞ ②집안 재산을 다스림. ※禁治産(금치산).

【治喪】(치상) 장사를 치름.

【治生】ちせい(치생) ①살아갈 방도를 세움. ¶古人欲達勤誦經 今世圖官免一＜抱朴子＞ ②속관(屬官)이 상관에 대하여 또는 백성이 그 지방의 원에 대하여 자기를 이르는 말.

【治世】ちせい(치세) ①잘 다스려진 세상. 태평한 세상. ¶一之能臣＜魏志＞ ②임금의 재위 기간. ③세상을 다스림.

【治所】ちしょ(치소) 정청(政廳)이 있는 곳.

【治送】(치송) 행장(行裝)을 차려 떠나 보냄. ※治任(치임).

【治水】ちすい(치수) 물을 다스림. 물을 다스려 수해(水害)를 막음.

【治術】ちじゅつ(치술) ①병을 치료하는 방법. ②나라를 다스리는 방법. 治道(치도). 治法(치법).

【治安】ちあん(치안) 세상이 잘 다스려져 편안한 일. 또는, 편안하도록 다스리는 일.

【治熱】ちねつ(치열) 병의 열기를 다스림.

【治外】ちがい(치외) ①나라 밖을 다스림. 오랑캐를 다스림. ¶文武以天保以上治內 以采薇以下一＜詩經＞ ②집 밖을 다스림. 곧, 한 나라의 정치를 맡아 보는 일. ③신체 외부를 다스림. 외모를 다듬음. ¶扁鵲治內 巫咸一＜枚乘＞

【治要】ちよう(치요) ①한 해 동안의 회계를 다스림. ¶掌官灋以一＜周禮＞ ②요점을 다스림. ¶建其長以一 立其貳以治幾＜張方平＞ ③나라를 다스리는 요점.

【治癒】ちゆ(치유) 병이 나음.

【治戎】ちじゅう(치융) ①병기를 수리함. 곧, 전쟁 준비를 함. ¶今兩國一 行人不使 不可謂整＜左氏傳＞ ②전쟁에서 군대를 지휘 통솔함. ¶材任一 是仲由之行也＜孔子家語＞

【治人】ちじん(치인) ①백성을 다스림. ②백성을 다스리는 사람. 治者(치자). ③남을 교화함. ↔修己(수기).

【治日】ちじつ(치일) 잘 다스려진 시절.

【治任】ちにん(치임) ①여장을 꾸림. 여행의 준비를 함. 任은 짐. ②정치의 임무. 치평을 해야 할 임무. ¶所以極一也＜呂覽＞

【治者】ちしゃ(치자) ①한 나라를 다스리는 사람. ②권력을 가진 사람.

【治妝】ちしょう(치장) 매만져 잘 꾸밈. 모양을 곱게 냄.

【治裝】ちそう(치장) 여행 준비를 함. ¶其後一行東入海求其師云＜史記＞

【治績】ちせき(치적) 세상을 잘 다스린 공적. 또는, 정치의 성적.

【治第】ちてい(치제) 저택(邸宅)을 지음.

【治罪】ちざい(치죄) ①죄를 다스림. ②범죄 사실을 심리 판결함.
【治平】ちへい(치평) ①세상이 평온하게 잘 다스려지고 있는 일. 太平(태평). ②정치가 훌륭함. ¶聞 河南守吳公 一爲天下第一<漢書> ③「오자」(吳子)의 편명(篇名).
【治下】ちか(치하) ①지배하(支配下). 管下(관하). ②사민(士民)의, 그 지방장관에 대한 자칭.
【治行】ちこう(치행) ①지방관의 치적. 治績(치적). ¶一爲上 爵列爲下 則豪傑材臣 不務竭能<管子> ②여장(旅裝)을 갖춤. ¶蕭何薨 參聞之 告舍人 趣一<史記>
【治化】ちか(치화) 백성을 다스려 착한 길로 이끎. ¶興一之流<莊子>
▷兼一, 官一, 教一, 灸一, 鞠一, 克一, 根一, 難一, 內一, 德一, 明一, 無爲一, 文一, 民一, 邦一, 法一, 不一, 善一, 繕一, 修一, 繩一, 掠一, 完一, 外一, 療一, 吏一, 理一, 醫一, 自一, 資一, 全一, 政一, 主一, 至一, 統一, 退一, 平一

5 8 【沱】 ①물 이름 타 ②물 흐를 타 | ㄊㄨㄛˊ (tuo) | だ

풀이 ① ①물이름. ¶一江. ②눈물이 흐르는 모양. ¶一若. ③큰 비가 내리는 모양. ②물이 흐르는 모양. ¶一洑.

8 【沲】 沱(p.863)와 同字

5 10 【泰】 클 태 | ㄊㄞˋ (tai) | たい(オオキイ) *great*

풀이 ①크다. 매우 큼. ㉠太. ㉢大. ¶橫一河<漢書> ②넉넉하다. ¶一風. ③편안하다. ¶天下一平. ④너그럽다. ¶用財欲一<荀子> ⑤통하다. ¶一者通也<易經> ⑥교만하다. 사치함. ¶今拜乎上 一也<論語> ⑦미끈미끈하다. 미끄러짐. ⑧매우. ¶昊天一憮<詩經> ⑨하늘. ¶一元. ⑩태극(太極). ¶一柄雲行<太玄經> ⑪술통. 유우씨(有虞氏)의 술통 이름. ¶一 有虞氏之尊也<禮記> ⑫태괘(卦). 64괘의 하나. 건하곤상(乾下坤上). ䷊. 음양이 조화를 이루어 만사형통하는 상(象). ⑬산 이름. 대산(岱山).
【泰壇】たいだん(태단) 하늘을 제사지내는 단(壇). 사람이 만든 큰 단이라는 뜻.
【泰東】たいとう(태동) ①동쪽 끝. 極東(극동). ②동양(東洋). ↔泰西(태서).
【泰斗】たいと(태두) 태산북두(泰山北斗)의 준말. ㉮제일등의 사람. 權威者(권위자). 大家(대가). ㉯세인의 존경을 받는 사람.
【泰山府君】たいざんふくん(태산부군) 태산의 신(神). 사람의 생사를 맡아 봄.
【泰山北斗】たいざんほくと(태산북두) 태산(泰山)과 북두성(北斗星)의 뜻으로, 우러러 존경할 만한 인물의 비유. 泰斗(태두). 學者仰之 如一<唐書>
【泰山不讓土壤】たいざんどじょうヲユズラズ(태산 불양토양) 태산은 작은 흙덩이도 사양하지 않고 받아들인다는 뜻으로, 도량이 넓어서 많은 것을 받아들임의 비유로 쓰임. ¶海不辭水 故成其大 泰山不辭土石 故能成其高<管子>
【泰山峻嶺】たいざんしゅんれい(태산준령) 큰 산과 험한 고개.
【泰西】たいせい(태서) 서양(西洋)을 이름. ↔泰東(태동).
【泰然】たいぜん(태연) 흔들리지 않고 굳건한 모양. ¶天君一 百體從令<范浚>
【泰然自若】たいぜんじじゃく(태연자약) 마음이 굳건하여 흔들리지 않는 모양.
【泰運】たいうん(태운) 태평한 기운.
【泰元】たいげん(태원) 하늘. ¶惟一尊 媼神蕃釐<漢書>
【泰而不驕】たいナレドモおごラズ(태이불교) ①태연하고 침착하나 교만하지 않음. 군자의 태도를 이름. ¶子曰 君子惠而不費 勞而不怨 欲而不貪 一 威而不猛<論語> ②지위, 권력 등을 얻어 뜻을 이루어도 교만하지 않음. ¶滿而不溢一<鹽鐵論>
【泰一】たいいつ(태일) ①천신(天神)의 이름. ②천지 만물의 생성의 근원. 太一(태일).
【泰平】たいへい(태평) 세상이 평화로움. 나라가 잘 다스려짐. ¶天下一.
【泰風】たいふう(태풍) 서풍(西風). 서풍은 만물을 풍성하게 성숙시킨다는 데서 온 말. ¶西風謂之一<爾雅>
▷去一, 國一民安, 交一, 驕一, 矜一, 岱一, 封一山, 否一, 奢一, 安一, 寧一, 靜一, 淸一, 侈一, 豊一, 熙一

5 8 【波】 ①물결 파 ②방죽 피 ③물 따라갈 피 | ㄅㄛ (bo) | は(ナミ) *wave* ひ

풀이 ① ①물결. ㉮물의 움직임. ¶一紋. ㉯흐름. 수류(水流). ¶分一而共源<後漢書> ㉰평온하지 못함. 분규. 갈등. ¶言者風一也<莊子> ㉱구김. 주름. ¶羅幕生繡一<范成大> ②물결이 일다. ¶洞庭一兮木葉下<楚辭> ③물이 솟아 흐르다. ④영향이 다른 곳에 미치다. ¶一及. ⑤은총(恩寵). 혜택. ¶恩若流一<漢書> ⑥눈빛. 눈길. 눈짓. ¶秋一. ⑦달리다. ¶老少奔一<韓愈> ⑧발로 땅을 긁다. ¶跑謂之一 立謂之站<俗呼小錄> ⑨웃어른에 대한 경칭(敬稱). 중국 사천성(四川省) 방언(方言). ⑩어조사. 어세(語勢)를 강하게 함. 원곡(元曲)에서 많이 씀. ¶人間看一 玉容深鎖繡幃中<西廂記> ⑪움직이다. 물결처럼 아래 위로 요동함. ¶其孰能不一<莊子> ⑫내 이름. ㉢播. ¶滎一旣豬<書經> ⑬서법(書法)의 이름. 파임에 대한 필법. ②방죽. 둑. ㉠陂. ¶後遊雷一<漢書> ③물 따라가다. ¶北一河<漢書>
【波羅蜜】はらみつ(바라밀) ①중국의 영남 및 동인도(東印度) 등에 있는 상록교목. ②(佛) 범어(梵語) Pāramitā의 음역. 생사의 경지를 벗어나 피안에 도달하여 크게 깨닫는 일. 구경(究竟)·도피안(到彼岸)·도무극(度無極) 또는, 단순히 도(度)라고도 풀이

함. 波羅蜜多(바라밀다).
【波高】はこう(파고) 물결의 높이.
【波及】はきゅう(파급) 물결이 점차로 주위에 미치듯 사건의 영향이 차츰 여러 곳에 미치는 일. ¶其一晋國者 君之餘也<左氏傳>/一效果.
【波濤】はとう(파도) 센 물결. 濤는 큰 물결. 波浪「(파랑).
【波動】はどう(파동) ①물결의 움직임. ¶二月春風江上來 水精一碎樓臺<杜牧> ②사회적으로 큰 변동을 가져올 만한 거센 움직임. ¶物價一. ③음이나 빛 따위로 공기·에테르가 진동을 일으켜 상하 사방에 퍼지는 상태.
【波瀾】はらん(파란) ①파도. ¶傾耳聆一 擧目眺嶇嶔<謝靈運> ②문장법의 이름. 글이 심하게 기복(起伏)과 변화(變化)가 있는 것. ¶一獨老成<杜甫> ③일이 평온하지 못함. 분규·소동·갈등.
【波瀾曲折】はらんきょくせつ(파란곡절) 생활 또는, 일의 진행에서 일어나는 많은 곤란과 변화.
【波瀾萬丈】はらんばんじょう(파란만장) 일의 진행에서 일어나는 심한 기복(起伏)과 변화.
【波瀾重疊】はらんじゅうちょう(파란중첩) 일의 진행에서 온갖 어려움과 변화가 많음.
【波浪】はろう(파랑) ☞ 波濤(파도).
【波流】はりゅう(파류) ①물의 흐름. ¶錯吾軀於一而吾不敢用私<說苑> ②흐름에 맡겨 움직임. 세상의 변화가 무궁함의 비유. ¶身寄一之間 神躋九玄之表<抱朴子>
【波文】はもん(파문) ①파도의 무늬. ¶池有一水盡開<白居易> ②수면에 이는 잔 물결. ③어떤 일의 영향. 波紋(파문).
【波斯】ペルシア(파사) 페르시아(Persia). 「상.
【波狀】はじょう(파상) 물결이 기복(起伏)하는 현
【波狀攻勢】はじょうこうせい(파상공세) 파도처럼 끊임없이 공격을 계속하는 일.
【波市】(파시) 고기가 한창 잡힐 때 바다 위에서 열리는 생선 시장.
【波臣】はしん(파신) 물고기의 이칭. 물결의 신하라는 뜻. ¶周問曰 鮒魚來 子何爲者邪 對曰 我東海之一也<莊子>
【波心】はしん(파심) 물결의 중심. 水心(수심).
【波長】はちょう(파장) 파동의 최고점에서 이웃 파동의 최고점까지의 거리.
▷江湖多風一, 巨一, 鯨一, 驚一, 光一, 金一, 瀾一, 短一, 大一, 濤一, 萬頃滄一, 微一, 發一, 世一, 小一, 煙一, 月一, 銀一, 恩一, 銀一, 音一, 餘一, 人一, 長一, 電一, 主一, 中一, 秋一, 平一, 風一

5/8 〖泙〗 물소리 평 | 㘝 | ほう

5/8 〖泡〗 ①거품 포 | 圕 ㄆㄠ | ほう(アワ)
②작은샘 포 | 國 (pao) | *bubble*

풀이 ①①거품. 물거품. ¶一沫. ②성(盛)하다. ¶一溲. ③물이 흐르는 모양. ¶一一. ④강 이름. ¶一水. ②①작은 샘[小泉]. ②끓는 물을 붓다. ③여드름. ㉠皰. ¶皮間有水勃 亦曰一<六書故>
【泡沫】ほうまつ(포말) ①거품. ②허무함의 비유. ¶堪歎人間事 一風燈<葛長庚>
▷氣一, 夢幻一彩, 流一, 水一, 幻一

5/8 〖河〗 ①강 이름 하 | 圕 ㄏㄜˊ | か(カワ)
②내 하 | (he) | *river*

풀이 ①강 이름. 황하(黃河). ¶導一積石至于龍門<書經> ②①내. 강. 유수(流水)의 총칭. ¶下屬江一<漢書> ②운하(運河). ¶鑿一開渠<宋史> ③은하(銀河). 천한(天漢). ¶秋一曙耿耿<謝朓> ④주(洲). 삼각주. ¶入宅于一<書經> ⑤신. 정령(精靈). ¶一伯. ⑥메다. 짊어짐. 通荷. ¶景員維一<詩經>
【河魁】かかい(하괴) ①별 이름. 구성(九星) 중의 문곡(文曲). ②술(戌)의 방위. ③총신(叢神)의 이름. 달 안의 흉신(凶神). 수액(水厄)을 주장(主掌)하며 일진(日辰)에 하괴(河魁)를 만날 때는 혼가(婚家)에 흉(凶)이라 함.
【河內】かない(하내) 중국 하남성 황하(黃河)이북 땅의 총칭. 河北(하북). ↔河外(하외).
【河圖】かと(하도) 옛 중국의 복희(伏羲) 때 황하에서 나왔다는 용마(龍馬)의 등에 나타난 도형(圖形). 복희(伏犧)가 이에 의거하여 8괘(卦)를 그렸다 함. ¶河出圖 洛出書 聖人則之<易經>
【河圖洛書】かとらくしょ(하도낙서) 하도(河圖)와 낙서(洛書). 하도는 복희(伏羲) 때 황하에서 나왔다는 도형, 낙서는 하(夏)의 우왕(禹王)이 홍수를 다스릴 때 낙수(洛水)에서 나온 신귀(神龜)의 등에 있었다는 무늬로, 우왕이 이에 의거하여 구류(九類) 즉 홍범구주(洪範九疇)를 지었다 함.

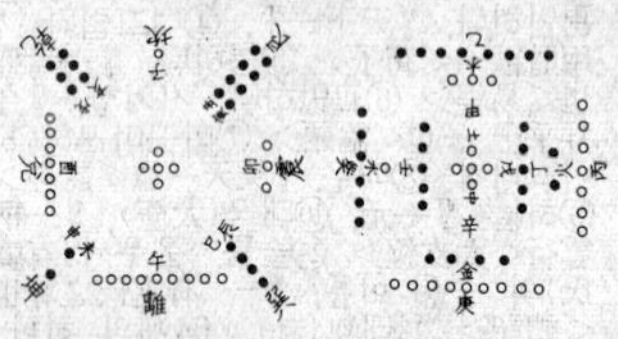

洛書 河圖(三才圖會)

【河豚】かとん(하돈) 복어의 이칭.
【河童】かどう·カッパ(하동) ①수중 괴물. 모양은 사람을 닮고, 소리는 어린아이의 울음을 닮음. 水虎(수호). 水獺(수뢰). ②물놀이하는 아이.
【河東獅子吼】かとうのししく(하동 사자후) 아내가 사납고 질투심이 많음을 이르는 말. 소식(蘇軾)의 벗 진조(陳慥)의 아내 하동 유씨(柳氏)가 성질이 사나와 손님 앞에서도 남편에게 큰 소리로 욕설을 퍼부었다는 옛일에서 유래. ¶一喩人妻嚴悍<書言故事>
【河洛】からく(하락) ①하도낙서(河圖洛書)의 준말. ②황하와 낙수(洛水). ③땅 이름. 황하와 낙수 두 유역의 땅. 하(夏)·은(殷)·주(周) 3대의 도읍. ¶昔三代之君 皆在一之間

<史記>
【河梁】かりょう(하량) 강에 놓여 있는 다리.
【河梁別】かりょうべつ(하량별) 송별(送別). 사람을 전송할 때 강의 다리 근처에서 헤어진다는 뜻. 한(漢)의 이능(李陵)과 소무(蘇武)가 흉노(匈奴)의 땅에서 헤어질 때, 이능이 지어준 송별의 5언시의 첫구인 휴수상하량(携手上河梁)에서 나온 말. ¶北愴— 泣把李陵衣<李白>
【河目】かもく(하목) 눈이 움푹 들어가고 아래 위의 눈꺼풀이 편편한 모양. 현성(賢聖)의 상(相)이라고 함. ¶—隆顙<孔子家語>
【河畔】かはん(하반) 물가. 물 근처. 河邊(하변).
【河伯】かはく(하백) ①물귀신. 水神(수신). 河宗(하종). ②「초사」(楚辭) 구가(九歌) 중의 편 이름. ③오징어의 이칭. ¶— 烏賊也<駢雅>
【河不出圖】かとヲイダサズ(하불출도) 성대(聖代)에는 황하에서 용마가 나타나 역(易)의 괘(卦)를 보였으나, 오늘날은 난세가 되어 그러한 상서(祥瑞)는 없다고 공자가 탄식한 말. ¶子曰 鳳鳥不至 — 吾已矣夫<論語>
【河濱】かひん(하빈) 황하(黃河)의 물가.
【河朔飮】かさくいん(하삭음) 후한말(後漢末)의 유송(劉松)이 원소(袁紹)의 아들과 하삭(河朔)에서 삼복(三伏) 더위를 피하기 위하여 술을 마신 옛일에서, 피서(避暑)의 주연(酒宴)을 이름. ¶欣茲— 對此洛陽才<庾信>
【河床】かしょう(하상) 하천 바닥.
【河身】かしん(하신) 강의 중부(中部). 「판.
【河心】かしん(하심) 강의 중심부. 강물의 한복
【河岸】かがん(하안) 하천 양쪽의 둔덕.
【河魚腹疾】かぎょふくしつ(하어복질) 배앓이. 물고기는 배부터 썩어들기 때문에 이르는 말. 河魚之疾(하어지 질).
【河右】かゆう(하우) 황하 서쪽 땅. 河西(하서).
【河雲】かうん(하운) 천하(天河). 天漢(천한). 河漢(하한)②. 銀河(은하). 雲漢(운한). ¶月露浩方下 —凝不流<盧綸>
【河潤】かじゅん(하윤) 강물이 연안의 땅을 윤택하게 함. 뜻이 바뀌어, 은혜(恩惠)·혜택(惠澤)을 뜻함. ¶身當隆極 族漸—<後漢書>
【河宗】かそう(하종) ☞ 河伯(하백)①.
【河津】かしん(하진) 배가 닿는 강가의 나루.
【河清】かせい(하청) 황하(黃河)의 물이 맑아지는 일. 황하의 물은 언제나 흐려져 있지만 천 년에 한 번 맑아진다 함. ¶丹邱千年一燒 黃河千年一清 皆至聖之君 以爲大瑞<拾遺記> ㉮기이한 징조. ㉯태평의 상서(祥瑞). 어질고 훌륭한 임금이 나타나 세상이 태평하게 다스려짐의 비유. ㉰기대하기 힘듦의 비유.
【河清海晏】かせいかいあん(하청해안) 황하의 물이 맑아지고 바닷물이 잔잔함. 태평세상의 징조. 성군(聖君)이 나서 세상이 편안해짐의 비유. ¶— 時和歲豊<鄭錫>
【河漢】かかん(하한) ①황하(黃河)와 한수(漢水). ②은하수. 銀河(은하).
【河漢之言】かかんのげん(하한지 언) 막연한 말. 은하수가 멀고 먼 하늘에 있다는 데서 유래. ¶吾驚怖其言 猶— 而無極也<莊子>
【河港】かこう(하항) 강기슭에 있는 항구. ↔海港(해항).
【河海】かかい(하해) ①강과 바다. ②넓고 큰 것의 비유. ¶—之於行潦類也<孟子> ③심후(深厚)함의 비유. ¶慈如— 孝若涓塵<梁武帝>/—之澤.
【河海不擇細流】かかいはさいりゅうヲエラバズ(하해 불택세류) 강과 바다는 개울물도 가리지 않고 받아들인다는 뜻으로, 사람도 마음을 넓게 가져 남의 좋은 점은 다 받아 들여야함의 비유. ¶是以泰山不讓土壤 故能成其大 — 故能就其深<戰國策>
▷江—, 九—, 大—, 渡—, 氷—, 馮—, 山—, 星—, 運—, 天—, 秋—, 懸—, 黃—

5/8【泫】 1 흐를 현 2 깊고 넓을 현 3 뒤섞일 현 | 銑ㄒㄩㄢˋ 先(xuan) 霰 | げん *flow*
풀이 1 ①흐르다. ②이슬이 빛나다. ③눈물을 흘리는 모양. ¶—然. 2 ①깊고 넓다. ¶瀇滉困—<郭璞> ②내 이름. 3 뒤섞이다. 혼합됨. ¶—潏.
▷淚—, 悲—, 潸—, 悽—, 涕—

5/8【泬】 내뿜을 혈 | 屑ㄒㄩㄝˋ (xue) | けつ *gush*
풀이 ①내뿜다. 물이 땅속에서 뿜어 나오다. ②옳지 않다. 비뚤어짐. ¶事洄—而好還<潘岳> ③텅 빈 모양. 공허한 모양. ¶—寥.

5/8【泂】 멀 형 | 迥ㄐㄩㄥˇ (jiong) | けい(トオイ) *far*
풀이 ①멀다. ¶—酌彼行潦<詩經> ②깊고 넓은 모양. ¶泂漲截—<郭璞> ③차다. 차가움.

8【泘】 滹(p.915)와 同字

5/8【泓】 깊을 홍 | 庚ㄏㄨㄥˊ (hong) | おう(フカイ) *deep*
풀이 ①물이 깊다. 얕은 것 같으면서 깊음. ¶——. ②웅덩이. 소. ¶曉過扶桑水——<張方平> ③벼루의, 물을 부어 두는 곳. ¶風前試寒—<文同> ④수세(水勢)가 감돌아 가는 모양. ⑤소리가 큰 모양.
▷陶—, 石—, 淵—, 寒—

5/8【況】 하물며 황 | 漾ㄎㄨㄤˋ (kuang) | きょう *much more*
풀이 ①하물며. ☞ 句法 ②이에. ¶—也永歎<詩經> ③비유하다. 예를 듦. ¶以往—今<漢書> ④견주다. ¶成名—乎諸侯<荀子> ⑤때마침. ¶—與數君子列坐分兩楹<韋應物> ⑥더욱더. 점점 더. ¶衆—厚之<國語> ⑦심하다. ¶甚則曰—<新方言> ⑧주다. 내려주는 물건. ¶北面拜—<禮記> ⑨형(兄). ¶兄者 —也<白虎通> ⑩찬물.
句法

반어
㉮[況…乎(哉)] 하물며 …겠읍니까. ¶死馬且買之 況生者乎<戰國策>/天子不召師 而況諸侯乎<孟子>
㉯[況於…乎] 하물며 …의 경우에 있어서랴. ¶庸人尙羞之 況於將相乎<史記>/況於鬼神乎<易經>
【況且】きょう(황차) 하물며. 더구나.
▷槪一, 近一, 狀一, 商一, 常一, 盛一, 實一, 作一, 情一, 活一

5
8【洃】 파문 휘 |困ㄏㄨㄟ (hui)|き

풀이 ①파문(波紋). ②물결 소리. ¶灌一. ③물이 흐르는 모양.

6
9【洎】 물 부을 계 本기 |匯ㄐㄧˋ (ji)|き pour into

풀이 ①물을 붓다. 가마솥에 물을 부음. ¶一鑊水<周禮> ②축이다. ¶越之水重濁而一<管子> ③미치다. 도달함. 通曁. ¶澤一幽荒<張衡> ④육즙(肉汁). ⑤작다. ¶一孫.

6
9【洸】 1 물 용솟음할 광 2 황홀할 황 |陽ㄍㄨㄤ (guang) 養|こう gush

풀이 1 ①물이 용솟음하다. ②성내는 모양. ¶有一有潰<詩經> ③사물의 형용. ¶一一. 2 ①황홀하다. 어렴풋한 모양. 희미한 모양. ¶一忽. ②물이 깊고 넓은 모양. ¶一一. ③물이 솟다. ④물이 흘러 와닿는 모양.

6
9【洮】 1 씻을 도 2 호수 이름 요 |豪ㄊㄠˊ (tao) 蕭ㄧㄠˊ (yao)|とう wash よう

풀이 1 ①씻다. ¶一汰學者之累惑<後漢書> ②강 이름. ¶一水. ③땅 이름. ¶臨一. 2 호수 이름. ¶一湖.

6
9【洞】 골 동 |董ㄉㄨㄥˋ 送(dong)|どう(ホラ) valley

※「통하다」·「악기 이름」 따위로 쓸 때는 「통」으로 읽음.

풀이 ①골. 골짜기. 깊은 골짜기. ②굴. 동굴. ¶傍爲土一 以木爲門<宋史> ③비다. 공허함. ¶心氣內一<素問> ④韓 동네. ¶一里/一事務所. ⑤통하다. ㉮막힘이 없이 트이다. ¶一出鬼谷之堀壘崴魁<漢書> ㉯관철하다. ¶一心駭耳<漢書> ㉰이르다. 도달함. ¶遂兮一兮<淮南子> ㉱연결이 되다. 잇닿음. ¶連房一戶<後漢書> ⑥깊다. 깊숙함. ¶一房. ⑦빠르게 흐르다. 흐름이 빠름. ¶一發. ⑧설사. 설사함. ¶一泄. ⑨의심하다. 마음이 정하여지지 않음. ¶一疑. ⑩퉁소. 관악기의 한 가지. 같筒. ¶一簫. ⑪삼가는 모양. ¶一然. ⑫사물의 모양을 나타내는 말. ¶一一. ⑬호수 이름. ¶一庭湖. ⑭현명(縣名). ¶洪一.

【洞契】(동계)韓 동네의 일을 위하여 동민(洞民)이 모으는 계.
【洞口】どうこう(동구) ①동굴의 어귀. ②동정호(洞庭湖)의 어귀. ③韓 동네 어귀.
【洞窟】どうくつ(동굴) 깊고 넓은 큰 굴. 洞穴(동혈).
【洞宮】どうくう(동궁) ①도사가 사는 절. ¶昔謁華蓋君 深求一脚<杜甫> ②연(燕)나라 소왕(昭王)의 궁전 이름.
【洞房花燭】どうぼうかしょく(동방화촉) 부녀자의 방에 불빛이 밝다는 뜻으로 혼인날 밤, 또는 혼인을 이름. ¶一明 燕餘雙舞輕<庾信>
【洞庭湖】どうてい(동정호) 중국 호남성 북부에 있는 제일 큰 호수. 상수(湘水)·원수(沅水) 등의 물을 받아 양자강으로 흘려 보냄. 호안(湖岸)에 명승 악양루(岳陽樓)가 있고, 부근에 소상팔경(瀟湘八景)이 있음.
【洞天福地】どうてんふくち(동천복지) 천하의 명산승지(名山勝地). 선인(仙人)이 산다는 36동천(洞天)·72복지(福地)의 뜻.
【洞穴】どうけつ(동혈) ☞洞窟(동굴).
【洞戶】どうこ(동호) ①이어져 있는 출입문. ②부인이 거처하는 방의 문. ¶一朱帷垂<徐陵> ③동굴의 문. ¶一含涼氣<韋應物>
【洞會】(동회)韓 동사무소(洞事務所)의 구칭(舊稱).
【洞開】どうかい(통개) 개방함. 환히 엶. 洞闢(통벽). ¶一獄門.
【洞察】どうさつ(통찰) ①훤히 꿰뚫어 앎. 전체를 환하게 내다봄. ¶一力. ②문제를 해결하는데 있어서 실패를 거듭한 뒤에 문제가 되는 장면을 재구조화(再構造化)하여 해결하는 방도를 꾀하는 심리적인 능력. 독일의 심리학자 쾨엘러가, 소리 및 지능에 관한 유인원(類人猿)의 실험 결과 주장함.
▷嵌一, 決一, 空一, 白鹿一, 石一, 雪一, 淵一, 乳一, 幽一, 鍾乳一, 土一, 通一, 包一, 港一, 虛一, 胡一, 浩一, 虹一, 洚一, 鴻一

6
9【洛】 낙수 락 |藥ㄌㄨㄛˋ (luo)|らく

풀이 ①낙수(洛水). 강 이름. ②땅 이름. ¶一陽. ③잇닿다. 뒤를 이음. 通絡. ¶一繹. ④다하다. ¶一澤. ⑤물방울 듣는 소리. ¶一一.

【洛京】らくきょう(낙경) ☞洛陽(낙양).
【洛書】らくしょ(낙서) ☞河圖洛書(하도낙서).
【洛陽】らくよう(낙양) 동주(東周)·후한(後漢)·위(魏)·서진(西晋). 남북조의 북위(北魏)·당(唐) 등의 서울. 지금의 하남성 낙양현. 낙수의 북쪽에 있음. 나아가, 서울을 일컬음. 洛京(낙경). 洛師(낙사). 洛城(낙성). 洛邑(낙읍).
【洛陽紙價貴】らくようしかたかし(낙양 지가귀) 책이 널리 세상에 퍼져 애독됨의 비유. 진(晋)의 좌사(左思)가 10년에 걸쳐 삼도부(三都賦)를 지었을 때, 낙양 사람들이 다투어 베꼈으므로 종이값이 올라갔다는 옛일에서 유래. ¶競相傳寫 洛陽爲之紙貴<晋書>
▷駕一, 京一, 歸一, 上一, 渭一, 伊一, 入

一, 花一

9【㳅】 洛(p.866)의 古字

6/9【洌】 ①맑을 렬 [屑] ㄌㄧㄝˋ れつ
②물결 거셀 례 [霽] (lie) れい

풀이 ①①맑다. ㉮물이 맑다. ¶井一寒泉食＜易經＞ ㉯술이 맑다. ¶泉香而酒一＜歐陽脩＞ ②찬바람. ¶一風. ③강 이름. 우리 나라 대동강(大同江)을 이름. 한강(漢江)이라는 설도 있음. ②물결이 거세다. ¶轉騰潎一＜司馬相如＞

【洌水】(열수) 우리 나라의 대동강(大同江) 또는 한강(漢江)의 옛 이름.

【洌風】れっぷう(열풍) 차가운 바람. 한냉한 바람.

▷冷一, 凝一, 井一, 淸一

9【流】 流(p.873)의 本字

9【流】 流(p.873)의 俗字

6/9【洺】 강 이름 명 [庚] ㄇㄧㄥˊ (ming) べい

풀이 ①강 이름. 하남성(河南省)에서 발원하는 강. ¶一水. ②고을 이름. ¶一州/一水.

6/9【洠】 물가 모 [尤] ぼう

6/9【洴】 ①솜 씻을 병 [青] ㄆㄧㄥˊ へい
②물소리 평 [庚] (ping) ひょう

6/9【洑】 ①나루 복 [屋] ㄈㄨˊ ふく
②韓보 보 (fu) *ferry*

풀이 ①①나루. 배를 대는 곳. ¶魯家一＜吳船錄＞ ②빙 돌아 흐르다. ¶一流. ③땅 속에 스며 흐르다. ¶一流. ②韓보. 논밭에 물을 대기 위하여 자그마하게 둑을 쌓고 흘러가는 물을 잡아 두는 곳. ¶一主.

【洑水稅】(보수세)韓 보세(洑稅)라고도 함. 봇물을 이용할 때에, 그 값으로 내는 돈이나 곡식.

【洑主】(보주)韓 보(洑)의 임자.

▷怒一, 湍一, 洄一

6/9【洩】 ①샐 설 [屑] ㄒㄧㄝˋ せつ
②나는모양 (xie) *divulge*
예 [霽] えい

풀이 ①①새다. 비밀이 흘러나옴. ㉠泄. ¶漏一. ②폭포 이름. ¶凡有五一＜水經＞ ②①나는 모양. 훨훨 날아 오르는 모양. ¶一一淫淫＜木華＞ ②바람부는 대로 따르는 모양. ¶一一. ③규칙을 세우는 일. ¶一一.

6/9【洗】 ①씻을 세 [薺] ㄒㄧˇ せん(アラウ)
②깨끗할 선 [銑] (xi) *wash* せい

풀이 ①①씻다. ㉠洒. ㉮물로 깨끗하게 씻다. ¶一濯. ㉯마음을 깨끗이 씻다. ¶一心. ㉰기독교에서 행하는 의식의 하나. ¶一禮. ②씻은 물을 버리는 그릇. ¶夙興設一直于東榮＜儀禮＞ ②①깨끗하다. 결백함. ¶自一腆 致用酒＜書經＞ ②신선하다. 새로움. ¶律中姑一＜呂覽＞

周素洗②
(淸會典圖)

【洗腆】せんてん(선전) 있는 힘을 다하여 정중히 접대함. ¶厥父母慶 自一 致用酒＜書經＞

【洗車雨】せんしゃう(세거우) 음력 7월 7일에 내리는 비. ¶最恨明朝一 不敎回脚度天河＜杜牧＞

【洗刮】せんかつ(세괄) 씻어서 문지른다는 뜻으로, 기왕의 일이나 비밀을 들추어 냄을 이름. ¶豈效世俗人 一求瘢痍＜蘇軾＞

【洗垢索瘢】(세구색반) 때를 씻어내고 흉터를 찾아냄. 남의 허물을 들추어냄의 비유.

【洗腦】せんのう(세뇌) 어떤 관념(觀念)으로 머리가 굳어진 사람에게 선전이나 계몽을 통하여 새로운 사상을 주입시키는 일.

【洗練】せんれん(세련) 깨끗이 씻고 다듬는다는 뜻. ㉮사상이나 시문(詩文)을 잘 다듬는 일. ㉯인격을 수양하는 일. ㉰인물·취미 등을 우아하고 고상하게 하는 일. 洗煉(세련).

【洗馬】せんば(세마) ①말을 씻음. ②㉮동궁(東宮)의 속관(屬官). ㉯고려 문종(文宗) 때 동궁의 종오품(從五品) 벼슬. ㉰고려 공양왕(恭讓王) 때 춘방원(春坊院)의 정칠품 벼슬. ㉱조선 때 세자익위사(世子翊衛司)의 정구품 벼슬.
(선마) ☞馬洗(마선).

【洗面】せんめん(세면) ①얼굴을 씻음. ¶一臺. ②남의 도움으로 원수를 죽였을 때 소[牛]와 술을 가지고 가서 사례하던 일. ¶借人助相仇殺 以牛酒往謝 名一＜溪蠻叢笑＞

【洗髮】せんぱつ(세발) 머리를 감음.

【洗兵】せんぺい(세병) ①병기(兵器)를 씻어서 거둔다는 뜻으로, 전쟁을 그침을 이름. ¶一甲/一館. ②출정 도상(出征途上)에 비가 와서 군대를 적시는 일. ¶一逢驟雨 送陣出黃雲＜梁簡文帝＞

【洗眼】せんがん(세안) ①눈을 씻음. ②경치 따위가 아름다와 눈을 즐겁게 하는 일. ¶笙歌叢裏抽身出 雲水光中一來＜蘇軾＞

【洗宥】せんゆう(세유) 죄가 없음을 명백히 하여 용서함.

【洗耳】せんじ(세이) ①귀를 씻음. ②더러운 말을 들은 귀를 씻고 깨끗이 함. 요(堯)임금이 천하(天下)를 허유(許由)에게 물려 주겠다고 말하자, 허유는 은자(隱者)의 본분에 따르고 싶다고 거절한 뒤, 더러운 말을 들었다고 해서 귀를 씻었다는 옛일에서 유래. ③귀를 기울임. 들으려고 마음먹는 일. ¶酒醒誰鼓松風操 炷羅鑪重一聽＜周權＞

【洗滌】せんじょう(세척) 깨끗이 빨거나 씻음.

【洗濯】せんたく(세탁) 빨래.

▷姑一, 盥一, 磨一, 沐一, 雪一, 聖一, 梳一, 刷一, 水一, 領一, 沃一, 湔一, 淨一, 澡一, 滌一, 擢一, 風梳雨一, 筆一, 澣一

6/9〖洒〗
1 물뿌릴 쇄 | 蟹 ㄙㄚˇ (sa) | さい
2 물부을 신 | 震 | しん
3 씻을 세 | 霽 ㄒㄧˇ (xi) | せい
4 삼갈 선 | 銑 ㄒㄧㄢˇ | せん
5 놀랄 선 | 阮 (xian) | そん
6 험할 최 | 賄 | さい

풀이 1 ①물을 뿌리다. 물을 뿌려 청소함. (같)灑. ¶—埽. ②상쾌하다. 마음이 시원함. ¶—落. 2 물을 붓다. 물을 댐. (같)汛. 3 ①씻다. 물로 씻음. (같)洗. ②깨끗하게 하다. ¶—心. ③누명·치욕 등을 깨끗이 벗다. ¶願比死者一—之<孟子> 4 ①삼가다. 삼가는 모양. 엄숙한 모양. ¶—如. ②물이 깊다. ¶望厓—<爾雅> 5 놀라다. 놀라는 모양. ¶—然. 6 ①험하다. 높고 험한 모양. ②선명한 모양. ¶新臺有—<詩經>

【洒如】せんじょ (선여) 정중히 삼가는 모양. ¶君子之飮酒 受一爵 而色—也<禮記>

【洒然】そんぜん (선연) ①놀라는 모양. ②삼가는 모양.
せいぜん (쇄연) ①물 뿌리는 모양. ②마음이 상쾌하여 거리낌이 없는 모양.

【洒落】しゃらく (쇄락) 마음이 상쾌함. 깔끔하여 꺼리낌이 없음. 灑落(쇄락). 洒洒(쇄쇄).

【洒埽】さいそう (쇄소) 물을 뿌리고 비로 쓺. 청소.

【洒埽應待】さいそうおうたい (쇄소응대) 쇄소하고 웃사람의 부름에 응하고 물음에 답함. 모두 연소자(年少者)가 해야 할 일. ¶子游曰 子夏之門人小子 當—進退 則可矣<論語>

▷糞—, 瀟—, 瀞—

6/9〖洙〗 강 이름 수 | 虞 ㄓㄨ (zhu) ㄕㄨ (shu) | しゅ

풀이 강 이름. 중국 사수(泗水)의 지류.

【洙泗】しゅし (수사) ①중국 산동성(山東省)에 있는 강(江), 수수(洙水)와 사수(泗水). ②공자가 수사에서 제자를 가르친데서, 공자(孔子)의 학(學) 또는, 그 학통(學統)을 이름. 儒學(유학).

【洙泗之風】しゅしのふう (수사지 풍) 공자의 가르침. ¶使俗漸— 人趨齊魯之學<懷風藻>

【洙泗學】しゅしがく (수사학) 공자의 가르침과 그 학통(學統). 공맹(孔孟)의 학(學). 儒學(유학).

6/9〖洵〗 참으로 순 | 眞 ㄒㄩㄣˊ (xun) | しゅん *really*

풀이 ①참으로. 진실로. ¶—訏且樂<詩經> ②눈물을 흘리다. 소리 없이 욺. ¶—涕. ③고르다. 같음. (같)旬 均. ④멀다. ¶吁嗟—兮<詩經>

6/9〖洝〗
1 더운 물 안 | 翰 ㄢˋ (an) | あん
2 습윤할 알 | 曷 ㄜ (e) | あつ

풀이 1 더운 물. 미지근한 물. 2 습윤하다. 축축해짐.

9〖洂〗 液(p.886)과 同字

6/9〖洋〗 바다 양 | 陽 ㄧㄤˊ (yang) | よう (ウミ) *sea*

풀이 ①바다. 큰 바다(大海). 외해(外海). ¶太平—. ②넘치다. 가득 차서 넘침. ¶—溢乎中國<中庸> ③큰 파도. ¶望—向若而歎<莊子> ④사물 모양의 형용. ¶——. ⑤외국, 특히 서양(西洋)을 나타냄. ¶—服. ⑥은화(銀貨). ¶大—.

【洋館】ようかん (양관) ①서양식으로 지은 집. ②서양 각국의 공관(公館).

【洋弓】ようきゅう (양궁) 서양식 활. 또는, 그 활로 하는 궁술. ↔國弓(국궁).

【洋橘】ようきつ (양귤) 네이블. 오렌지의 한 변종.

【洋琴】ようきん (양금) ①청악(淸樂)에 쓰이는 금(琴). 몸체는 나무로 만들고 놋쇠로 된 현(弦)이 있으며 대나무로 만든 채로 쳐서 소리를 냄. ②피아노.

【洋女】ようじょ (양녀) 서양 여자.

【洋緞】ようたん (양단) 여러 가지 무늬를 넣어 겹으로 두껍게 짠 고급 비단의 한 가지.

【洋襪】(양말) 실로 뜬 서양식 버선.

【洋木】(양목)韓 되게 드린 무명실로 짠 바닥이 고운 피륙의 한 가지. 唐木(당목). 玉洋木(옥양목).

【洋服】ようふく (양복) 서양식 의복의 통칭. ↔韓服(한복).

【洋式】ようしき (양식) 서양풍(西洋風). 洋風(양풍).

【洋食】ようしょく (양식) 서양요리. 서양식의 음식.

【洋樂】ようがく (양악) 서양의 음악. ↔國樂(국악).

【洋藥】ようやく (양약) ①서양 의술(醫術)에 의하여 만든 약. ↔漢藥(한약). ②서양에서 수입한 약.

【洋洋】ようよう (양양) ①광대한 모양. 끝없는 모양. ②성대(盛大)한 모양. 물의 성한 모양. ※滔滔(도도). ③많은 모양. ¶萬舞—<詩經> ④충만한 모양. ¶—乎如在其上<中庸> ⑤한없이 넓은 모양. ¶西方流沙 漭—只<楚辭> ⑥훌륭하고 아름다운 모양. ¶聖謨— 嘉言孔彰<書經> ⑦의지할 곳 없는 모양. ¶焉—而爲客<楚辭> ⑧득의(得意)한 모양. 의기(意氣)가 오르는 모양. ⑨흉중(胸中)에 걸림이 없이 편한 모양. ⑩천천히 꼬리를 흔드는 모양. 느릿느릿한 모양. ¶少則—焉<孟子> ⑪흐르는 모양. ¶— 流也<廣雅>

【洋屋】ようおく (양옥) 서양식으로 지은 집. ↔韓屋(한옥).

【洋擾】(양요) 서양 사람으로 인하여 일어난 난리. 洋亂(양란). ¶丙寅—/辛未—.

【洋銀】(양은) 구리·아연·니켈을 합금하여 만든 쇠.

【洋醫】ようい (양의) ①서양 의학을 배운 의사. ↔漢醫(한의). ②서양인 의사.

【洋夷】ようい (양이) 서양 사람을 얕잡아 이르는 말.

【洋人】ようじん (양인) 서양 사람.

【洋裝】ようそう (양장) ①서양풍의 의복. ¶—店. ②여자가 서양식으로 몸을 가꾸어 꾸밈.

【洋裁】ようさい (양재) 양복이나 서양식 옷 등의 재단이나 재봉. ¶—學院/—技術.

【洋酒】ようしゅ(양주) 서양산(西洋產)이거나 서양식으로 양조(釀造)한 술.
【洋紙】ようし(양지) 서양식의 종이.
【洋鐵】(양철) 얇은 철판 안팎에 주석을 도금한 것. 통조림통 따위의 재료로 씀. 西洋鐵(서양철).
【洋品】ようひん(양품) ①서양식 물건. ¶一店. ②서양에서 수입한 물건.
【洋風】ようふう(양풍) ☞洋式(양식).
【洋行】ようこう(양행) ①㊥ 외국인 상점. ②서양식 상점. ③서양으로 감.
【洋畫】ようが(양화) ①서양화. ②서양에서 제작되어 우리 나라에 수입된 영화.
【洋靴】ようか(양화) 구두. ¶一店.
【洋灰】(양회) 시멘트.
▷南一, 內一, 大一, 東一, 茫一, 望一, 北氷一, 北一, 西一, 遠一, 斥一, 海一

6/9【洳】 1 강 이름 여 | 魚 ㄖㄨˋ (ru) | じょ
2 잠길 여 | 御

9【涓】 涓(p.878)의 俗字
9【染】 ☞木部 5획(p.761)

6/9【洿】 1 웅덩이 오 | 虞 ㄨ (wu) | お (タメイケ)
2 더러울 오 | 遇
3 물들일 호 | 暮 | こ
풀이 1 ①웅덩이. 흐린 물이 고인 못. ¶數罟不入一池<孟子> ②파다. 우묵하게 함. ¶一其宮而豬焉<禮記> ③진흙. 진흙탕. ¶一濘. 2 ①더럽다. 더럽힘. ¶一君. ②더러움. ㉠汚. ¶治舊一<左氏傳> 3 ①물들이다. 물듦. ¶一色. ②만연하다. 뻗어서 퍼짐. ¶大而不一<成公綏> ③깊다. ¶川谷何一<楚辭>

6/9【洼】 웅덩이 와 | 麻 ㄨㄚ (wa) | わ(クボ)
풀이 ①웅덩이. 깊은 못. ㉠窪. ②깊다. ¶一然. ③굽다. ¶一面. ④강 이름. ¶渥一.

6/9【洹】 1 강 이름 원 | 元 ㄏㄨㄢˊ (huan) | えん
2 세차게 흐를 환 | 寒 ㄩㄢˊ (yuan) | かん
풀이 1 강 이름. ¶一水. 2 ①세차게 흐르는 모양. ¶一一. ②성(盛)하다. ¶一一.

6/9【洧】 강 이름 유 | 紙 ㄨㄟˇ (wei) | い

6/9【洏】 삶을 이 | 支 ㄦˊ (er) | じ(ニル) *boil*
풀이 ①삶다. 삶아서 익힘. ¶一 一日煮孰也<說文> ②미지근한 목욕물. 미온수(微溫水). ③눈물 흘리는 모양. ¶我來咨嗟涕漣一<韓愈>

6/9【洟】 1 콧물 이 | 支 ㄧˊ (yi) | い (ハナシル)
2 눈물 흘릴 체 | 霽 ㄊㄧˋ (ti) | てい
풀이 1 콧물. 비액(鼻液). ¶待于廟垂涕一<禮記> 2 눈물 흘리다. ㉠涕. ¶不敢唾一<禮記>
▷鼻一, 涕一, 唾一

9【洇】 湮(p.899)과 同字
9【浄】 淨(p.888)의 俗字

6/9【洲】 섬 주 | 尤 ㄓㄡ (zhou) | しゅう (ス, シマ)
源 會意·形聲. 물로 둘러싸인 모래톱을 뜻함.
풀이 ①섬. 강 가운데의 모래가 쌓여서 된 작은 섬. ¶在河之一<詩經>/三角一. ②대륙. 지구상의 큰 뭍덩이. ¶天下有五大一<明史>/亞細亞一.
▷孤一, 滿一, 溟一, 芳一, 白鷺一, 四一, 沙一, 鸚鵡一, 瀛一, 五大一, 汀一, 中一, 滄浪一

6/9【洀】 1 파문 주 | 尤 | しゅう
2 서성거릴 반 | 寒 | はん
풀이 1 파문(波紋). 물결의 무늬. ¶一 水文也<集韻> 2 서성거리다. ㉠盤. ¶乘駿馬而一桓<管子>

6/9【洔】 섬 지 | 紙 | し(ス, シマ)
풀이 ①섬. 모래로 이루어진, 물 가운데의 작은 섬. 또는 물가. ㉠沚. ¶一 水中高土<廣韻> ②갑자기 불은 물. ¶一 水暫益且止 未減也<說文>

6/9【津】 나루 진 | 眞 ㄐㄧㄣ (jin) | しん(ツ) *ferry*
풀이 ①나루. ㉮강이나 내에서 배가 건너다니는 일정한 곳. 도선장(渡船場). ¶使子路問一焉<論語>/關一. ㉯배가 발착(發着)하는 곳. 포구나 항구. ¶夜火臨一驛<錢起> ②언덕. 벼랑. ¶日出九一<呂覽> ③연줄. 인연. ¶欲之因無一耳<晉書> ④전하다. 건네줌. 후학(後學)을 제도(濟渡)함. ¶一言之妙 非學不傳<新論> ⑤진액. ㉮풀·나무 등에서 분비되는 끈끈한 액체. ¶露菊傾一<王勃>/松一. ㉯인체에서 분비되는 액체. 침, 땀, 눈물 따위. ¶人有精氣一液<素問> ⑥윤택하다. 넉넉해짐. ¶其民黑而一<周禮>/一潤. ⑦사물의 모양. ¶喜一一出眉宇間<唐書>
【津徑】しんけい(진경) 나루터와 길. 또는, 나루터의 길.
【津口】しんこう(진구) 나루터. 도선장(渡船場). ¶回首過一<杜甫>
【津氣】しんき(진기) ①진액의 끈끈한 기운. ②우

러나오는 속기운.

【津渡】しんと(진도) 나루. 나루터. 도선장. 津頭(진두)①. 津岸(진안). ¶湖平一闊<孟浩然>

【津童】しんどう(진동) 나룻배를 저어 건네주는 일을 업으로 하는 동자(童子). ¶一夜櫂舟<張說>

【津頭】しんとう(진두) ①☞津渡(진도). ②나루터 근처. 도선장 부근. ¶一殘月曉沈沈<白居易>

【津梁】しんりょう(진량) ①나루터의 다리. ¶隔河須一以渡<爾雅·注> ②다리를 놓음. 중간 역할. 津逮(진체). ¶留心誦讀 以爲來世一<顏氏家訓> ③물을 건너기도 하고 뭍을 가기도 함. 곧, 동분서주(東奔西走)함. ¶此子疲於一<世說新語> ④《佛》부처가 중생을 제도하는 일.

【津筏】しんばつ(진벌) 나루와 떼. 나아가, 물을 건너는 설비.

【津夫】しんぷ(진부) 나라에서 두었던 나룻배 사공. 津守(진수).

【津夫田】(진부전)韓 조선 때 진부(津夫)에게 보수로 주던 급전(給田)의 하나.

【津船】しんせん(진선) 나룻배.

【津岸】しんがん(진안) 나루터. 津頭(진두).

【津涯】しんがい(진애) 물가. 또는, 배를 대는 언덕. 포구. ¶浩乎不知其一<蘇軾>

【津液】しんえき(진액) 생물체내에서 생겨나는 액체. 진. ※津唾(진타).

【津驛】しんえき(진역) 나루터. 津渡(진도).

【津潤】しんじゅん(진윤) ①축축해짐. 물기를 머금음. ¶紫梨一<左思> ②윤택함. 또는, 윤택하게 함.

【津人】しんじん(진인) 나루터의 뱃사공. ¶一操舟若神<莊子>

【津津】しんしん(진진) ①많아서 넘치는 모양. 맛이 아주 좋거나 퍽 재미있는 모양. ¶興味一. ②악한 모양. ¶其中一乎獨有惡<莊子>

【津逮】しんたい(진체) 배로 건너편 나루터에서 이쪽 나루터로 옴. 뜻이 바뀌어, 다리를 놓음. 중간 역할. 逮는 及.

【津唾】しんだ(진타) 침. 唾液(타액).

【津河】しんか(진하) 나루터. 渡船場(도선장).

【津航】しんこう(진항) 나룻배. 津船(진선). ¶彼岸何遠 一絕濟<張綰>

▷江一, 膏一, 口一, 關一, 渡一, 孟一, 問一, 迷一, 芳一, 星一, 梁一, 餘一, 要一, 飴一, 異一, 知一, 津一, 河一, 玄一, 洪一

9【浅】 淺(p.889)의 略字

9【柒】 ☞木部 5획(p.763)

6 9【派】 물갈래 파 | 國ㄆㄞˋ (pai) | は(ワカレル) *branch*

풀이 ①물갈래. ㉮강물이 본류에서 갈려 흘러내리는 가닥. ¶流九一乎潯陽<郭璞> ㉯갈라져 나온 계통. ¶具書支一<宋書>/黨一/學一. ②갈라지다. 갈라져 흐름. ¶百川一別 歸海而會<左思>/一出. ③가르다. 나눔. 분배함. ¶疏一天潢<北史>/一銀.

【派遣】はけん(파견) ①일할 사람에게 사명을 띠워 보냄. 派送(파송). ¶一勤務/一部隊. ②사방으로 사람을 나누어 보냄.

【派閥】はばつ(파벌) 출신·소속 등을 같이하는 사람끼리의 신분적인 연결. 한 파에서 갈라져 나온 가벌(家閥)이나 지벌(地閥).

【派別】はべつ(파별) ①흩어져 헤어짐. 여러 갈래로 나뉘어 갈림. ¶百川一<左思> ②갈래를 나누어 가름. 또는, 그 갈래. ¶一行動.

【派兵】はへい(파병) 군대를 파견함. ¶越南一.

【派生】はせい(파생) 원줄기에서 갈라져 나와 생김. 또는, 그 것.

【派生語】はせいご(파생어) 독립된 어떠한 어근(語根)에 접사 따위가 붙어 이차적으로 만들어진 말.

【派送】はそう(파송) ☞派遣(파견)①.

【派收】(파수)韓 ①5일마다 매매한 물건 값을 치르는 일. 일반적으로 음력을 기준으로 함. ②장날에서 다음 장날까지의 동안.

【派爭】はそう(파쟁) 파벌싸움. 편싸움.

【派出】はしゅつ(파출) ①사무를 배당하여 사람을 출장시킴. ¶一所/一婦. ②돈 따위를 할당하여 내게 함. ※醵出(갹출).

▷江西詩一, 巨一, 硬一, 舊一, 黨一, 同源別一, 萬一, 末一, 別一, 分一, 疏一, 新一, 軟一, 姚江一, 流一, 宗一, 支一, 特一, 河東一, 學一

9【海】 海(p.880)의 略字

6 9【洫】 1 봇도랑 혁 2 넘칠 일 | 國ㄒㄩˋ (xu) 質 | きょく(ミゾ) いつ (アフレル)

源 會意. 피[血]가 몸의 혈관을 돌듯이, 전답(田畓)을 돌아서 물을 대어주는 도랑을 뜻함.

풀이 1 ①봇도랑. 논 사이의 물을 통하게 하는 도랑. ¶爲田一<左氏傳>/溝一. ②해자(垓字). 성을 둘러싼 못. ¶邪阻城一<張衡> ③깊은 못. ¶一 深池<詩經·注> ④수문(水門). 수도(水道)의 문. ¶作方梁石一<後漢書> ⑤비다. 공허함. ¶滿者一之<管子> ⑥외람하다. 분수에 넘침. ¶所行之備而不一<莊子> 2 넘치다. 가득 차서 넘침. ¶以言其老一也<莊子>

▷溝一, 老一, 白一, 城一, 田一, 治一

9【浹】 浹(p.882)의 俗字

6 9【洚】 1 큰물 홍 2 내릴 강 | 東ㄐㄧㄤˋ 絳(jiang) | こう *flood*

源 會意·形聲. 흘러내리는 물 또는 하늘에서 내린 물을 뜻함.

풀이 1 큰물. 홍수(洪水). ¶一水者 洪水也<孟子>/一洞. 2 내리다. ㉠降. ¶一水儆予<書經>

6
9 〖洪〗 큰물 홍 | 東 ㄏㄨㄥˊ (hong) | こう(オオミズ) *flood*

源 **會意·形聲**. 共은 두손 모아 물건을 올리는 모양. 洪은 여러 곳에서 일제히 모여 온 대량의 물을 뜻함.

풀이 ①큰물. 대수(大水). ¶—水橫流<孟子> ②크다. 많음. 同鴻. ¶—惟我幼冲人<書經>/—量/—福. ③여울. 급단(急湍). ¶石阻河流爲—<方言> ④맥상(脈象)의 이름. 맥박이 힘차게 뛰는 모양. ¶—脈極大在指下<脈經> ⑤발어사. ¶—惟圖天之命<書經>

【洪軌】こうき(홍궤) ☞洪範(홍범).

【洪規】こうき(홍규) 큰 계략. 大計(대계). 鴻規(홍규). ¶—遠略<陸機>

【洪鈞】こうきん(홍균) ①하늘. ②조화(造化). 鈞은 도기를 만드는 녹로(轆轤)로, 조물주를 이름. ¶—氣轉—<杜甫>

【洪基】こうき(홍기) ☞鴻基(홍기).

【洪陶】こうとう(홍도) 위대한 도공(陶工)이란 뜻으로, 조물주(造物主)의 비유. ¶—範物大象流形<抱朴子>

【洪伐】こうばつ(홍벌) 커다란 공훈. 大功(대공). 洪勳(홍훈).

【洪範】こうはん(홍범) 천하를 다스리는 대법(大法)으로 삼는 것. 하(夏)의 우(禹)임금 때에 낙수(洛水)에서 나온 신구(神龜)의 등에 있었다는 9장(章)으로 된 문장. 洪軌(홍궤).

【洪範九疇】こうはんきゅうちゅう(홍범구주) 우(禹)임금이 요순(堯舜) 이래의 사상을 정리하고 집대성한 천지의 대법. 곧, 정치 도덕의 기본적 법칙. ¶天乃錫禹—<書經>

【洪福】こうふく(홍복) 큰 복. 큰 행복. ¶而有今日社稷之—也<金史>

【洪覆】こうふう·こうふ(홍부) 크게 덮는다는 뜻으로, 하늘 또는 상천(上天)을 이름. 나아가, 천자의 큰 은혜를 이름. ¶聖人合天德 —在元元<張九齡>

【洪纖】こうせん(홍섬) ☞洪細(홍세).

【洪細】こうさい(홍세) 큼과 작음. 洪纖(홍섬). 巨細(거세). ¶求理得情 —必盡<梁武帝>

【洪水】こうずい(홍수) 장마가 져서 내나 강에 크게 불은 물. 큰물. 洚水(홍수). ¶—豫報.

【洪業】こうぎょう(홍업) 큰 사업. 또는, 건국의 대업. ¶建至德 以創—<左思>

【洪元】こうげん(홍원) 천지 개벽의 최초. 또는, 큰 근원. 대본(大本). ¶—旣判 而有混元<雲笈七籤>

【洪原】こうげん(홍원) 넓은 벌판. 廣野(광야). 大原(대원).

【洪儒】こうじゅ(홍유) 대학자. 鴻儒(홍유). 碩儒(석유).

【洪筆】こうひつ(홍필) 훌륭하게 글을 지음. 또는, 그 것.

【洪荒】こうこう(홍황) ①끝없이 넓고 큰 모양. ¶宇宙—<千字文> ②세계의 시초. 천지가 아직 열리지 않은, 질서가 없을 때의 상태 따위를 이름. 鴻荒(홍황).

▷鼓—爐燎毛髮, 鈞—, 纖—, 恩—, 恢—

6
9 〖活〗 1 살 활 2 물 괄괄 흐를 괄 | 圖 ㄏㄨㄛˊ (huo) 圖 ㄍㄨㄛ (guo) | かつ(イキル, イカス) *live*

풀이 1 ①살다. 또는, 그 일. ㉮생존하다. ¶欲求—於世<史記> ㉯살아나가다. 생계. ¶共汝掃市作—也<魏書> ㉰태어나다. ¶實函斯—<詩經> ㉱생기가 발동하다. ¶雨餘山態—<杜牧> ②살리다. ㉮죽음에서 구해내다. ¶項伯殺人 臣—之<史記> ㉯소생하게 하다. ¶璞曰 我能—馬<晋書> 2 ①물이 괄괄 흐르다. 물이 힘차게 흐르는 모양. ¶北流——<詩經> ②물의 흐름이 빠른 모양. ¶汩—澎濞<馬融>

【活活】かつかつ(괄괄) ①물이 기운차게 흐르는 소리나는 모양. ¶—夕流駛<謝靈運> ②진창을 걸음. 미끄러움. ¶所向泥— 思君令人瘦<杜甫>

【活句】かっく(활구) 시문에서 생동감 있는 자구(字句). ¶須參— 勿參死句<滄浪詩話> ↔死句(사구).

【活劇】かつげき(활극) ①난투 등의 장면을 연출하는 장쾌한 영화나 연극. 또는, 그 장면. 액션 드라마. ¶西部—. ②활극과 같이 격렬한 실제의 사태를 비유하여 이르는 말.

【活氣】かっき(활기) 싱싱한 생기. 활발한 기운.

【活東】かつとう(활동) 올챙이. 蝌蚪(과두).

【活動】かつどう(활동) ①활발하게 움직임. 또는, 생기가 있거나 생동(生動)함. ②무슨 일을 이루기 위하여 움직임.

【活路】かつろ(활로) 살아나갈 길이나 방법. 목숨을 구하는 길. 血路(혈로). ¶—開拓.

【活物】かつぶつ(활물) ①생물. 살아 있는 동식물. 또는, 생기가 있어 활동하는 것. ¶心則在我之一大—<言志耋錄> ②물건의 특성을 살림. ¶則天—<吳志>

【活潑】かっぱつ(활발) ①물고기가 힘차게 물 위로 뛰어 오르는 일. ②정신이나 행동이 활기있고 원기(元氣)가 좋음을 이름. ¶窓外鳶魚—<殷邁> ③천기(天機)가 유동하는 모양.

【活法】かっぽう(활법) 활용하거나 응용하는 방법.

【活佛】かつぶつ(활불) ①산 부처. 자비로운 사람. 生佛(생불). ②라마교에서, 교주의 존칭.

【活性化】かっせいか(활성화) ①일반적으로 생체(生體)나 생체 물질이 그 기능을 발휘하게 됨. 또는, 그렇게 만듦. ②물질을 처리할 때, 화학 변화·물리적 변화가 보다 완전하고 신속하게 되도록 하는 일. 또는, 그렇게 되는 일. ③침체된 활동에 생기를 불어 넣어 정상 기능을 발휘하게 하는 일.

【活眼】かつがん(활안) 사물의 도리를 밝게 보는 견식. 뛰어난 안식(眼識). ¶以—讀活書<近古史談>

【活躍】かつやく(활약) ①기운차게 뜀. 기운차게 움직임. ②힘차게 활동함.

【活語】かつご(활어) ①현재 늘 쓰이는 말. ↔死語(사어). ②활용하는 품사. 용언(用言).

【活用】かつよう(활용) ①이리저리 응용함. 변통하여 씀. ¶餘暇—/廢品—. ②용언(用言)의 어미 변화(語尾變化). ¶動詞—/變則—/—形.
【活人】かつじん(활인) ①산 사람. ¶不信死花勝—<唐寅> ②사람을 살림. 뜻이 바뀌어, 의술(醫術)을 이름. ¶殺畜以— 不亦不仁乎<呂覽>/—劍.
【活人署】(활인서)㊞조선 때 서울 안의 의료(醫療)에 관한 일을 맡아보던 관아. 活人院(활인원).
【活字】かつじ(활자) 활판 인쇄에 사용되는 자형(字型). ¶金屬—.
【活字本】かつじぼん(활자본) 활자판으로 인쇄한 책. ↔筆寫本(필사본). ※木板本(목판본).
【活字版】かつじばん(활자판) ☞活版(활판).
【活版】かっぱん(활판) 활자로 조판한 인쇄판. 活字版(활자판). 活板(활판). ¶—所.
【活火山】かっかざん(활화산) 현재 불을 뿜고 있는 화산. ↔死火山(사화산)·休火山(휴화산).
【活況】かっきょう(활황) 활기 띤 상황.
▷汨—, 活—, 苟—, 救—, 獨—, 斗升—, 賣文爲—, 沒沒求—, 復—, 死—, 生—, 雪—, 蘇—, 芽—, 愛—, 養—, 原—, 圓—, 自—, 作—, 長—, 藏—, 全—, 濟—, 存—, 快—, 脫—, 函—

6 9 【洄】 거슬러 올라갈 회 | 因ㄏㄨㄟˊ (hui) | かい (サカノボル)

풀이 ①거슬러 올라가다. 역류하여 감. ¶逆流而上 曰泝—<爾雅>/溯—. ②물이 빙 돌아서 흐르다. ¶立—水門 令吏相—注<後漢書> ③내의 흐름. ¶碧沱牽淸—<孟郊> ④어리석다. ¶——惛也<爾雅>
▷瀠—, 泝—, 溯—, 淸—, 濴—, 洄—

6 9 【洨】 강 이름 효 | 肴ㄒㄧㄠˊ (xiao) | こう

풀이 ①강 이름. ¶—水/—河. ②고을 이름. ¶—縣/—長.

6 9 【洶】 물결 세찰 흉 | 腫ㄒㄩㄥ (xiong) | きょう

풀이 ①물결이 세차다. 물이 세차게 솟아 오름. 또는, 그 소리. ¶波濤—涌<吳志>/—急. ②시끄러운 모양. 여러 사람이 모여서 떠들어대는 모양. ¶心乖不同 爭訟——<易林>
【洶洶】きょうきょう(흉흉) ①법석대고 떠듦. ¶三軍—<吳子> ②물흐름이 세찬 모양. 또는, 세차게 흐르는 물소리. ¶聽波聲之—<楚辭> ③시끄러운 소리. ¶飄風來之—<楚辭> ④인심이 몹시 수선스러운 모양. ¶民心—.

6 9 【洽】 1 화합할 흡 2 강이름 합 | 洽ㄑㄧㄚˋ (qia) 洽ㄒㄧㄚˊ (xia) | こう (ヤワラグ) *harmony*

源 會意·形聲. 윤기 있어서 빈틈없이 조화되는 모양을 뜻함.
풀이 1 ①화합하다. 화목하여 협화(協和)함. ¶—比其隣<詩經>/—和/不—於心. ②두루 미치다. 널리 미침. ¶猶未—於天下<孟子>/博學—聞/—普. ③윤택하게 하다. 윤기있게 함. ¶好生之德—于民心<書經> 2 강 이름. ¶—水.
【洽覽】こうらん(흡람) 널리 책을 봄. 博覽(박람). ¶—深識<東晳>
【洽足】こうそく(흡족) 아주 넉넉함. 조금도 모자람이 없음.
▷光—, 博—, 普—, 溥—, 宣—, 渥—, 淵—, 優—, 遠—, 流—, 潤—, 隆—, 精—, 祖—, 周—, 沾—, 通—, 該—, 協—, 浹—, 化—, 和—, 驩—

7 10 【涇】 1 곧을 경 2 통할 경 | 徑ㄐㄧㄥ (jing) 青(jing) | けい (トオル)

풀이 1 곧다. 곧게 뻗음. ㉮곧은 물줄기. ㉯곧은 물결. 2 ①통하다. 통해 흐름. ¶—流之大<莊子> ②대변(大便). ¶—溲不利<素問> ③월경. 通經. ④강 이름. 안휘성(安徽省)에서 발원(發源)하는 강. ¶—水.
【涇渭】けいい(경위) 경수(涇水)와 위수(渭水). 두 강 다 섬서성(陝西省)에 있음. 경수는 탁류(濁流), 위수는 청류(淸流)라 함. 뜻이 바뀌어, 사물의 구별이 확실함을 비유해 이름. ¶—相入而淸濁異<詩經·注>/胸中—分<蘇軾>

7 10 【浤】 용솟음칠 굉 | 庚ㄏㄨㄥˊ (hong) | こう *boil*

풀이 ①용솟음치다. 물이 용솟음치는 모양. ¶崩雲屑雨 ——汨汨<木華> ②빨리 흐르는 흐름. ¶——.

7 10 【涒】 1 빙돌아 흐를 군 2 클 군 本 탄 | 眞ㄐㄩㄣ (jun) 元ㄊㄨㄣ (tun) | きん とん

풀이 1 빙 돌아 흐르다. 물이 굽이치며 흐르는 모양. 2 ①크다. ②뱉다. 먹은 것을 토해 냄. ¶— 食已而復吐之<說文> ③12지(支) 중 신(申)의 이칭.

7 10 【涊】 때묻을 년 | 銑ㄋㄧㄢˇ (nian) | でん

풀이 ①때묻다. 때가 묻어서 더러워짐. ¶洟—而不鮮<陸機> ②땀이 나는 모양. ¶—然汗出<枚乘>

7 10 【涅】 개흙 녈 날 | 屑ㄋㄧㄝˋ (nie) | でつ, ね (クロイネバツチ) *black soil*

俗 湼 涅

풀이 ①개흙. 갯바다·진펄 등에 있는 검고 미끈미끈한 흙. 염료로도 쓰임. ¶以—染緇<淮南子> ②검은 물을 들이다.

¶一而不緇<論語> ③검은 색. ¶譬猶以一拭素<淮南子> ④열반. 범어 nirvana의 음역. 부처의 죽음. ¶一槃.

【涅墨】でつぼく(날묵) 문신(文身). 入墨(입묵). ¶鑿其額 涅以墨<書經>

【涅槃】ねはん(열반)《佛》 범어 nirvana의 음역. ㉮안락 적멸(安樂寂滅). 불생 불멸(不生不滅)이라고 의역함. 번뇌와 미망(迷妄)에서 벗어나 진리를 체득함. ㉯부처의 죽음을 이름. 入寂(입적). 寂滅(적멸). ¶一會.

▷刻一, 石一, 緇一

10〖浧〗 涅(p. 872)의 俗字

7 10〖涂〗 길 도 |國 ㄊㄨˊ (tu) | と(ミチ) road, way

풀이 ①길. ㉠塗 途. ㉮통행하는 도로. ¶士遇之一 弗與言也<禮記> ㉯도랑을 따라 난 길. ¶五溝五一<周禮> ㉰당(堂) 아래에서 문(門)에 이르는, 벽돌을 깐 길. ¶堂一謂之陳<爾雅> ②음력 섣달의 이칭. ¶十二月爲一<爾雅>/一月. ③이슬이 많이 내린 모양. ¶一一露厚貌<玉篇>

7 10〖浪〗 1 물결 랑 2 눈물흘릴 랑 |漾 ㄌㄤˋ (lang) 陽 | ろう(ナミ) wave

源 會意·形聲. 맑게 흐르는 물을 뜻함.

풀이 1 ①물결. 파도. 맑은 물결. ¶冒一而進<南史>/滄一/波一. ②물결이 일다. ¶温泉毖涌而自一<左思> ③유랑하다. 떠돌아다님. ¶一迹東南遊<岑參>/放一/漂一. ④함부로. 마구. ¶無一喜 無妄憂<白居易>/一戰/一放. ⑤방자하다. 방종함. ¶縱一大化中<陶潛> ⑥어리석은 모양. ¶孟一之言<莊子> 2 눈물 흘리는 모양. ¶霑余襟之一一<楚辭>

【浪漫】ろうまん(낭만) 현실적이 아니고 공상적·환상적인 상태. ¶一的/一主義.

【浪費】ろうひ(낭비) 재물을 함부로 씀. ¶豫算一/一癖.

【浪士】ろうし(낭사) ①방종한 선비. ②관직이 없이 유랑하는 선비. 마음의 정함이 없는 사람. 浪翁(낭옹). 浪人(낭인)②.

【浪說】ろうせつ(낭설) 터무니 없는 소문.

【浪人】ろうにん(낭인) ①일정한 거처가 없이 떠도는 사람. 유랑하는 사람. ¶李赤江湖一也<柳宗元> ②관직이 없이 유랑하는 사람. 浪士(낭사)②. ③실업자(失業者). 룸펜.

【浪子】ろうし(낭자) ① ☞浪人(낭인)②. ②도락에 빠지거나 방탕한 자식. ¶作家不歌 一不唱<稱謂錄>

▷巨一, 激一, 驚一, 高一, 樂一, 浪一, 怒一, 慢一, 孟一, 猛一, 無風起一, 放一, 浮一, 奔一, 飛一, 澀一, 隨波逐一, 逆一, 煙一, 汪一, 聊一, 流一, 銀一, 淋一, 長一, 縱一, 走一, 駿一, 滄一, 波一, 風一, 謔一

7 10〖浶〗 놀랄 로 |豪 ろう

10〖涙〗 淚(p. 884)의 略字

7 10〖流〗 흐를 류 |尤 ㄌㄧㄡˊ (liu) | りゅう(ナガレル) stream, flow

풀이 ①흐르다. ㉮물이 낮은 데로 옮기어 가다. ¶黃河入海一<王之渙>/一水. ㉯용솟음치다. 내뿜음. ¶泉涓涓而始一<陶潛> ㉰두루 돌아다니다. ¶周一無不徧<禮記> ㉱옮기어 퍼지다. ¶德之一行 速於置郵而傳命<孟子>/一布. ㉲떠돌다. 방황함. ¶一浪漸冉經三齡<鮑照> ②흘리다. ㉮물을 흐르게 하다. ¶以一魏氏<戰國策> ㉯눈물을 흘리다. ¶中坐一涕乃歌<晋書> ㉰널리 펴서 두루 미치게 하다. ¶一芳萬世<十八史略> ㉱내뿜게 하다. ¶一汗行禮<李商隱雜纂>/一血. ㉲물건을 물에 띄워 보내다. ③흐름. ㉮흘러가는 물. ¶從一下而忘反<孟子>/激一/漱一/支一. ㉯흘러가는 방향. ¶逆一而上<爾雅> ㉰은택(恩澤). 은총. ¶承一而宣化<漢書> ④귀양 보내다. 내침. ¶舜一共工于幽州<孟子>/一刑. ⑤확실치 않다. 근거가 없거나 출처를 모름. ¶爲一矢所中<史記>/一言蜚語. ⑥구하다. 찾아 얻음. ¶左右一之<詩經> ⑦품위. 계급. ¶第二一之高者<世說新語>/亞一. ⑧어느 파의 전문 학술. ¶小說家一 盡出於稗官<漢書>/九一百家/一派. ⑨주(周)대 서울에서 천리 밖의 땅. 변경(邊境)의 땅. ¶改土歸一/一官. ⑩태아가 죽어서 모체 밖으로 나오다. ¶一產. ⑪절제를 잃다. ¶樂而不一<禮記> ⑫곁눈질하다. ¶視一而行速<左氏傳> ⑬달아나다. ¶一掩于城陽<戰國策>

【流內】りゅうない(유내) 수·당(隋唐) 때의 9품(品) 이상의 관직자. ↔流外(유외).

【流動】りゅうどう(유동) ①액체 같은 것이 흘러 움직임. 이리저리 옮김. ②어떤 사태나 형세가 확정되지 않고 변동함. ¶一的.

【流頭】(유두)韓 명절의 하나. 음력 6월 보름날. 신라 풍속에, 나쁜 일을 털어버리기 위해 동쪽으로 흐르는 물에 머리를 감았다 함.

【流浪】りゅうろう(유랑) 떠돌아 다님. 이리저리 방랑함. 流離(유리). 漂浪(표랑). ¶一劇團.

【流麗】りゅうれい(유려) 글이나 시가 유창하고 아름다움. 流暢美麗(유창미려). ¶端莊雜一<蘇軾>

【流連荒亡】りゅうれんこうぼう(유련황망) 주색이나 수렵 등 유락(遊樂)에 탐닉(耽溺)하여 각처로 쏘다니며 집으로 돌아갈 줄을 모름. ¶一爲諸侯憂<孟子>

【流離】りゅうり(유리) ①☞流浪(유랑). ②풀어놓아 흩어지게 함. ③광채가 있는 모양.

¶曳紅采之—兮<漢書> ④보석 이름. 琉璃(유리). ⑤새 이름. 올빼미. ⑥흘러내림. 淋漓(임리). ¶涕—而從橫<司馬相如>

【流離乞食】りゅうりきっしょく(유리걸식) 이곳 저곳 떠돌아다니며 빌어먹음.

【流離漂泊】りゅうりひょうはく(유리표박) 일정한 직업도 거처도 없이 이리저리 떠돌아다님.

【流亡】りゅうぼう(유망) 고향을 떠나 일정한 주거가 없이 떠돌아다님. 또는, 그 사람. ¶民卒—<晏子>

【流氓】りゅうぼう(유맹) ①☞流民(유민). ②무뢰한 백성. 惡漢(악한).

【流民】りゅうみん(유민) 고향을 떠나 유랑하는 백성. 流氓(유맹). 流浪民(유랑민). ¶禁遷徙止—<管子>

【流芳百世】りゅうほうひゃくせ(유방백세) 꽃다운 이름이 후세에 오래도록 전함. ¶爲善則—<故事成語考>

【流配】りゅうはい(유배) 죄인을 귀양보내는 형벌. 오형(五刑)의 하나로 그 죄질에 따라서 원근의 등급이 있음. 流刑(유형). 流謫(유적).

【流輩】りゅうはい(유배) ①같은 또래. 동아리. 同輩(동배). 同類(동류). ②흐르는 무리란 뜻으로, 어류(魚類)를 이르는 말. ¶廻瞻順—<元稹>

【流沙】りゅうさ(유사) ①사막(沙漠)의 고칭(古稱). ②중국 서북에 있는 큰 사막. 곧, 고비사막. ③물에 밀리어 흐르는 모래. 流砂(유사).

【流產】りゅうざん(유산) ①제달이 되기 전에 태아가 죽어서 나옴. 임신 후 7개월까지를 이름. ②계획한 일이 무산됨을 이름.

【流散】りゅうさん(유산) 유랑하여 흩어짐. 또는, 그러한 사람. 방랑자. ¶吏民—<魏志>

【流線型】りゅうせんけい(유선형) 유체(流體)로부터 받는 저항을 가장 적게 곡선(曲線)으로 만든 형(型).

【流說】りゅうせつ(유설) 근거 없는 말. 流言(유언).

【流星】りゅうせい(유성) ①밤 하늘에 꼬리를 길게 뻗치며 빠르게 지나가는 별. 별똥별. ②달리는 물체의 빠름을 비유하여 이르는 말. ¶白馬如—<王昌齡> ③옛 보검(寶劍)의 이름.

【流速】りゅうそく(유속) 흐르는 유체(流體)의 속도. 유체가 단위 시간에 이동하는 거리. 초(秒)를 단위 시간으로 함.

【流俗】りゅうぞく(유속) ①옛날부터 전해 내려오는 풍속. 세상에 떠도는 풍속. 또는, 세속의 나쁜 풍습. 流風(유풍)②. ¶不從—<禮記>/壓抑—<後漢書> ②세속의 사람. 또는, 세상. ¶愍—未悟 獨超然而先覺<成公綏>

【流水】りゅうすい(유수) ①흐르는 물. 흐르는 내. ¶人莫鑑於—<莊子>/桃花—杳然去<李白> ②신속한 사물의 비유. ¶車如—<後漢書>/青山—.

【流矢】りゅうし(유시) ①빗나간 화살. ②누가 쏘았는지 모르게 지나는 화살. 流箭(유전). 飛矢(비시). ③날아오는 화살. ¶目不見—<荀子>/—如雨<呂覽>

【流失】りゅうしつ(유실) 물에 떠내려가 없어짐.

【流亞】りゅうあ(유아) 비견(比肩)할 만한 인물. 亞流(아류). ¶黃薛之—矣<蜀志>

【流語】りゅうご(유어) ☞流言(유언). ¶傳言—<墨子>

【流言】りゅうげん(유언) ①터무니 없는 소문. 근거 없는 풍설. 流語(유어). 蜚語(비어). ②소문을 퍼뜨림. ¶—於國<書經>

【流言蜚語】りゅうげんひご(유언비어) 근거 없는 소문. 流言(유언). 蜚語(비어).

【流域】りゅういき(유역) 강이나 하천이 흐르는 언저리의 지역. ¶錦江—.

【流外】りゅうがい(유외) 수당(隋唐) 때 유내(流內) 이외의 관직자. 그 지위가 낮아 정류(正流)에 참여할 수 없으므로 유외(流外)라 하였음. ↔流內(유내).

【流用】りゅうよう(유용) ①정한 용도 이외의 곳에 융통하여 씀. ②공금을 사사로이 씀.

【流淫】りゅういん(유음) 지나치게 행동이 문란함. 또는, 음행(淫行)이 지나침. 荒淫(황음). ¶士大夫無—之行<荀子>

【流議】りゅうぎ(유의) ①지엽적(枝葉的)인 의론. 또는, 세속의 의론. ②의론을 유포(流布)시킴. ¶工商得以—<白居易>

【流移】りゅうい(유이) ①유랑하여 옮겨다님. 流亡(유망). ¶—窮困 朝不謀夕<魏志>/—民. ②죄인을 유배하거나 다른 곳으로 옮김. ¶—之人 皆不得棄放妻妾<唐六典>

【流人】りゅうじん①・るにん②(유인) ①타국 땅에서 유랑하는 사람. 浪人(낭인). ¶—無名數<後漢書> ②유형(流刑)을 받거나 유배(流配)된 사람. ¶江嶺作—<孟浩然>

【流入】りゅうにゅう(유입) 흘러들어옴. ¶厥水—國邑<漢書> ↔流出(유출).

【流賊】りゅうぞく(유적) 각처로 돌아다니는 도적.

【流謫】りゅうたく・るたく(유적) ☞流配(유배).

【流傳】りゅうでん(유전) 세상에 널리 전파됨. 널리 퍼짐.

【流箭】りゅうせん(유전) ☞流矢(유시). ¶堅爲—所中<後漢書>

【流轉】るてん(유전) ①널리 전하여 퍼짐. ②끊임 없이 변천함. 또는, 빙빙 돎. 輪流(윤류). ③시문(詩文)의 구(句)가 영동(靈動)하여 생기가 돎. ¶好詩圓美 —如彈丸<南史> ④《佛》 생사 인과가 윤전(輪轉)하여 한이 없음.

【流罪】りゅうざい・るざい(유죄) ☞流刑(유형). ¶釋—以下<唐書>

【流質】りゅうしつ・りゅうち(유질) ①액체(液體). ②전당잡힌 물건이 기한이 넘어서 효력이 없어짐. 流物(유물). ※ナガレ

【流竄】りゅうざん・るざん(유찬) 귀양을 보냄. 流放(유방). 流刑(유형).

【流暢】りゅうちょう(유창) 하는 말이나 글 읽는 것이 조금도 거침이 없음. ¶音辭—<南史>

【流涕】りゅうてい(유체) 눈물 흘리며 욺. 또는, 흘리는 눈물. ¶孔子泫然—<禮記>

【流出】りゅうしゅつ(유출) ①흘러 나감. 또는, 흘러 나가게 함. ②자국(自國)의 화폐가 외국으로 흘러 나감. ↔流入(유입).

【流彈】りゅうだん(유탄) 빗나간 탄환. 流丸(유

환).
【流通】りゅうつう (유통) ①물이 흐르듯이 화물이 여러 곳으로 수출됨. ②사물이 세상에 널리 통용됨. 또는, 세상에 널리 퍼짐. ③액체나 기체가 흘러 드나듦.
【流派】りゅうは (유파) ①갈라져 흐름. 또는, 그 흐름. 支流(지류). ②예능 등에서, 어떠한 파에서 갈라져 나온 갈래. 分派(분파).
【流布】りゅうふ (유포) 널리 세상에 퍼짐.
【流飄】りゅうひょう (유표) 정처없이 떠돌아다님. 流浪(유랑). 漂浪(표랑).
【流品】りゅうひん (유품) ①사람이 학문이나 도덕에 있어서 그 사회에서 차지하고 있는 지위. 人品(인품). ②후위(後魏)의 관제에서, 1품에서 9품까지의 벼슬아치. ※流內(유내)·流外(유외).
【流風】りゅうふう (유풍) ①선인(先人)이 남긴 미풍(美風). ¶一遺書<法言> ↔流弊(유폐). ② ☞ 流俗(유속)①. ③음악 소리가 바람을 타고 흘러옴. ¶彈琴擫籥 一徘徊<張衡>
【流行】りゅうこう (유행) ①세상에 널리 행하여짐. 또는, 널리 퍼짐. ¶德之一<孟子> ②세상에 일시적으로 널리 퍼져 행하여짐. ¶一歌. ③병이 전파함. ¶毒感一.
【流行語】りゅうこうご (유행어) 그 사회에서 한 동안 신선한 어감을 띠고 널리 퍼지어 쓰이는 말.
【流響】りゅうきょう (유향) ①흘러 가는 강물이 소리를 냄. ¶觸石一<水經> ②바람 따라 들려오는 음향(音響). 흐르는 음향. ¶清歌一遶鳳梁<張華>
【流血】りゅうけつ (유혈) 피를 흘림. 피가 흐름. 또는, 흐르는 피. ¶一狼藉/一淋漓.
【流血劇】(유혈극) 피를 흘리는 싸움판.
【流刑】りゅうけい (유형) 옛날에, 죄인을 먼 섬 또는 먼 땅으로 내쫓던 형벌. 귀양. 流罪(유죄). 流配(유배).
【流形】りゅうけい (유형) ①각각 형상을 이루어 지상에 널리 퍼짐. ②지상에 널리 퍼져 있는 만물의 형상. 森羅萬象(삼라만상). ¶天地有正氣 雜然賦一<文天祥>
【流彗】りゅうすい (유혜) 흐르는 살별.
【流戶】りゅうこ (유호) 유랑하는 백성의 집.
【流火】りゅうか (유화) ①화성(火星)이 7월부터 서쪽으로 차차 내려가는 일. ¶七月一<詩經> ②음력 7월의 별칭.
【流丸】りゅうがん (유환) 빗나간 탄환.
【流會】りゅうかい (유회) 개의 정족수(開議定足數)에 달하지 못하여 모임이 성립되지 못하는 일.
▷激一, 曲一, 貫一, 交一, 九一, 汲一, 急一, 氣一, 暖一, 亂一, 湍一, 同一, 等一, 灣一, 末一, 名一, 放一, 配一, 輩一, 凡一, 碧一, 伏一, 本一, 分一, 奔一, 飛一, 瀉一, 上一, 細一, 小一, 俗一, 水一, 漱石枕一, 隨波同一, 順一, 習一, 勝一, 時一, 迅一, 亞一, 安一, 斡一, 女一, 逆一, 涓一, 渦一, 緩一, 原一, 異一, 一一, 溢一, 日月如一, 長一, 積一, 電一, 儕一, 條一, 潮一, 從一, 主一, 周一, 中一, 支一, 直一, 川一, 賤一, 清一, 緇一, 濁一, 通一, 漂一, 風一, 下一, 河一, 寒一, 合一, 海一, 混一, 洪一, 還一, 橫一

7 10 〖浰〗 빠를 리 / 련 | 㝷ㄌㄧˋ(li) 霰ㄌㄢ(lian) | り, れん *fast*
풀이 ①빠르다. ¶倩一. ②물이 빨리 흐르다. 또는, 그 모양. ¶一 水疾流貌<廣韻> ③강 이름. 광동성 화평현 서북에 있음. ¶一水.

7 10 〖浬〗 해리 리 | 因ㄌㄧˇ(li) | り(カイリ) *a knot*
풀이 해리(海里). 해상 거리의 단위. 약 1,852m.

7 10 〖涖〗 다다를 리 | 㝷ㄌㄧˋ(li) | り(ノゾム)
풀이 ①다다르다. 그 자리에 임함. ¶請一于衛<左氏傳>/一止. ②보다. 그 현장에 가서 봄. ¶一玉鬯<周禮> ③물소리. 물 흐르는 소리. ¶一一下瀨<司馬相如>

7 10 〖浼〗 ① 더럽힐 매 ② 펀히 흐를 면 | 賄ㄇㄟˇ(mei) 銑 | ばい(ケガス) べん
풀이 ①더럽히다. 손상케 함. 폐를 끼침. ¶爾焉能一我哉<孟子> ②펀히 흐르다. 물이 계속적으로 많이 흐르는 모양. ¶河水一一<詩經>

7 10 〖浘〗 물 흐르는 모양 미 | 尾 | び, み
풀이 ①물 흐르는 모양. 물이 계속적으로 풍성하게 흐르는 모양. 通浼. ②샘밑. ¶一 泉底<集韻> ③바닷물이 새는 곳. ¶一瀾.

7 10 〖浡〗 일어날 발 | 月ㄅㄛˊ(bo) | ぼつ(オコル)
풀이 ①일어나다. 우쩍 일어나는 모양. 通勃. ¶苗一然興之矣<孟子> ②용솟음하다. 샘이 솟아남. ¶原流泉一<淮南子> ③바다 이름. ㉮渤. ¶一海.
▷滂一, 逢一, 渾一

7 10 〖浜〗 ① 선거 병 ② 물가 빈 | 庚ㄅㄤ 眞(bang) | ほう ひん(ハマ)
풀이 ①선거(船渠). 배를 매어 두는 곳. 선구(船溝). ¶一 安船溝<廣韻> ②물가. 濱의 俗字.

10 〖浲〗 ① 逢(p.910)과 同字 ② 洚(p.870)의 訛字

7 10 〖浮〗 뜰 부 | 尤ㄈㄨˊ(fu) ㄈㄡˊ(fou) | ふ(ウカブ) *float*
풀이 ①뜨다. 띄우다. ㉮물 위에 있어 가라앉지 아니하다. ¶載沈載一<詩

經>/—沈. ㉯배나 뗏목을 타고 가다. ¶乘桴—於海<論語> ㉰흐름을 따라 내려감. ¶—于濟漯<書經> ㉱들뜨다. 침착하지 않음. ¶—淺行于衆庶<漢書>/—薄. ㉲불안정하다. 덧없음. ¶逍遙—世<阮籍>/—漚. ㉳근거가 없다. ¶胥動以—言<書經>/—辭. ㉴둥둥 떠돌다. ¶慶雲—<列子> ㉵물 위에 뜨게 하다. ¶—舟江海<曹冏> ②물 위에 뜨게 하는 기구. ㉮낚시찌. ¶—子. ㉯부낭(浮囊). ¶百人抗—<淮南子> ③지나치다. 필요한 한도를 넘음. ¶恥名之—於行也<禮記> ④가볍다. 무겁지 아니함. ¶以疏其穢 而鎭其—<國語> ⑤앞서다. 다른 것보다 나음. ¶鮮以不—于天時<書經> ⑥넘치다. 넘쳐 흐름. ¶披山麓而溢—<應瑒> ⑦벌주. 벌로서 술을 마시게 함. 通罰. ¶若是者—<禮記>/請—君<淮南子> ⑧은혜를 베풀고 보답을 받다. ¶沈—. ⑨맥상(脈象)의 이름. ¶—脈.

【浮家】ふか(부가) 배의 이칭. ¶簑衣箬笠我—<王阮>/—泛宅.

【浮橋】ふきょう(부교) 배나 뗏목을 여러 개 잇대어 그 위에 널빤지를 걸쳐 놓은 나무 다리. 舟橋(주교). ¶作—渡<吳志>

【浮袋】ウキブクロ(부대) ①물고기의 장 부근에 있는 공기 주머니. 부레. 어표(魚鰾). ②수영 도구의 한 가지. 공기 주머니.

【浮屠】ふと(부도)《佛》①범어 Buddha의 음역. 부처. 佛陁(불타). 浮圖(부도). ②부처의 가르침. 불교. ③승려(僧侶). 중. ④사탑(寺塔). ¶但見野鵲盤—<蘇軾>

【浮圖】ふと(부도) ☞浮屠(부도)①.

【浮動】ふどう(부동) ①떠 움직임. ¶暗香—月黃昏<林逋> ②침착해 있지 못하고 흔들림.

【浮浪】ふろう(부랑) 일정한 주소나 직업이 없이 이리 저리 떠돌아 다님. 또는, 그런 사람. ¶—者/—人.

【浮浪輩】ふろうはい(부랑배) 부랑(浮浪)하는 무리. 浮浪悖類(부랑패류).

【浮力】ふりょく(부력) 기체나 액체 속에 있는 물체가 그 표면에 작용되는 압력으로 위로 뜨게 하는 힘.

【浮文】ふぶん(부문) 공허한 문장. 내용이 없는 형식적인 문장. 곧, 실제 소용이 없는 부박(浮薄)한 문장. ¶—妨要<晋書>

【浮薄】ふはく(부박) 마음이 들뜨고 경솔함. 輕薄(경박). ¶風俗矜—<張詠>

【浮生】ふせい(부생) ①인생이 덧없음. 덧없는 인생. ¶始覺—無住着<李頎> ②물에 떠서 생장하는 것. 水生(수생). ¶凡—不根茇者生於萍藻<淮南子>

【浮世】ふせい①·ウキヨ②(부세) ①덧없는 세상. ¶逍遙—<阮籍> ②현세. 당세. 세상.

【浮揚】ふよう(부양) ①놀며 돌아다님. 遨遊(오유). ¶時出—<論衡> ②가라앉은 것이 떠 오름. 또는, 가라앉은 것을 띄워 올림. ¶景氣—策.

【浮言遊說】ふげんゆうぜい(부언유설) 떠돌아다니는 근거 없는 말. 流言蜚語(유언비어).

【浮雲】ふうん(부운) ①하늘에 떠 있는 구름. 나아가, 덧없는 인생이나 세상일의 비유. ②멀리 떨어져 있어, 하등 관계가 없거나, 또는 종잡을 수 없음을 비유해 이르는 말. ¶不義而富且貴 於我如—<論語> ③필세(筆勢)의 자유로운 모양. ¶以爲飄若— 矯若驚龍<晋書> ④소인(小人)의 비유. ¶總爲—能蔽日<李白>

【浮游】ふゆう(부유) ①건들건들 놀며 떠돌아다님. 두루 돌아다니며 놂. 浮遊(부유). ②하루살이. 蜉蝣(부유). ¶—不過三日<淮南子>

【浮彫】ウキボリ(부조) 돋을새김. 陽刻(양각). 浮上彫(부상조).

【浮腫】ふしょう(부종) 피하(皮下) 점막 밑에 수분이 괴는 증세. 浮症(부증).

【浮症】ふしょう(부증) ☞浮腫(부종).

【浮沈】ふちん(부침) ①물 위에 뜸과 물 속에 잠김. 또는, 무거움[沈]과 가벼움[浮]. ②영고 성쇠(榮枯盛衰)의 덧없음을 비유. ¶與世— 而取榮名哉<史記> ③부맥(浮脈)과 침맥(沈脈).

【浮漂】ふひょう(부표) ①물 위에 떠돌아 다님. ¶流澌—<魏武帝> ②근거가 없거나, 진실이 없음. ¶辭—而不歸<陸機>

【浮標】ふひょう(부표) 물 위에 띄워 어떤 표적을 삼는 물건. 낚시찌나 암초 등의 소재, 항로 등을 나타내는 여러 기구.

【浮虛之說】ふきょノせつ(부허지 설) 떠돌아 다니는 허황한 말.

【浮華】ふか(부화) 천박하고 화려함. 겉만 꾸미고 성실하지 아니함.

【浮黃】(부황) 오래 굶어 붓고 누렇게 뜨는 병.

▷輕—, 羅—, 拍—, 浮—, 澆—, 溢—, 沈—, 萍—

7/10 【浲】 물 솟아날 분 |願| ほん

풀이 ①물 솟아나다. 물이 나오는 모양. ②溢의 訛字.

10 【涄】 濱(p.924)의 古字

7/10 【涘】 물가 사 |紙 ㄙˋ (si)| し(ミギワ)

12 【桼】 部首 글자

10 【浞】 漩(p.910)과 同字

7/10 【涉】 1 건널 섭 2 피 흐를 첩 |葉 ㄕㄜˋ (she) 葉| しょう (ワタル) *cross* ちょう

源 會意. 냇물을 한 발 한 발 밟고 건넘의 뜻.

풀이 1 ①건너다. ㉮도보로 한 발 한 발 물을 건너다. ¶—河<漢書>/渡—. ㉯물위를 가다. ¶大夫跋—<詩經> ②걸어서 돌아 다니다. ¶園日—以成趣<陶潛> ③겪다. 경과함. 지냄. ¶於是背秋—冬<枚乘>/經—. ④널리 보다. 널리 이것 저것에 통함. ¶博—書記<後漢書>/—獵. ⑤내나 강의 걸어 건널 수 있는 곳. ¶九流之津—<郭璞> ⑥관계하다. 관계를 가짐. ¶轉更無相—<竹坡詩話>/干—. **2**피 흐르다. 피가 끈적끈적 흐르는 모양. ¶—血之仇<淮南子>

【涉獵】しょうりょう(섭렵) ①물을 건너서 짐승을 찾듯이, 넓은 범위를 찾아 돌아다님. ②여러 가지 책을 널리 읽음. ¶博覽曰—<書言故事>

【涉外】しょうがい(섭외) 외국 또는 외부와 연락하거나 교섭하는 일. 또는, 그 직무. ¶—部.

▷干—, 艱—, 結—, 經—, 關—, 苦—, 交—, 難—, 訥—, 徒—, 登—, 冒—, 沒交—, 博—, 跋—, 汎—, 浮—, 試—, 歷—, 沿—, 遊—, 日—, 精—, 津—, 濟—, 粗—, 通—, 該—, 險—, 晦—

7 10【涗】 **1** 잿물 세 **2** 닦을 설 | ㊥ㄕㄨㄟˋ (shui) | せい(アク) せつ(ヌグウ)

풀이 **1**①잿물. 재를 우리어 낸 물. ¶以—漚其絲<說文>/—水. ②미지근한 물. 미온탕(微溫湯). ③가라앉히다. 술을 맑게 함. ¶醆酒—于淸<禮記> ④맑다. ¶明水—齊<禮記> **2**닦다. 잔을 닦아 깨끗이 함. ㊐拭. ¶盎齊—酌<周禮>

7 10【消】 사라질 소 | ㊥ㄒㄧㄠ (xiao) | しょう(キエル) *extinguish*

풀이 ①사라지다. ㉮없어지다. 없어지게 함. ¶鳥獸之害人者—<孟子>/樂琴書以—憂<陶潛> ㉯멸망하다. ¶小人道—也<易經>/—滅. ㉰보이지 아니하다. ¶—啓明<張衡> ㉱녹아 없어지다. ¶氷凍—釋<禮記> ㉲줄다. 닳아 없어짐. ¶—耗品. ②쓰다. 사용함. ¶不—習翁—擲<無門關> ③쇠하다. 약해짐. ¶— 弱也<釋名>/衰—. ④녹다. ㊐銷. ¶熱多則筋弛骨—<素問> ⑤불을 끄다. ¶—防/—燈. ⑥거닐다. ㊐逍.

【消却】しょうきゃく(소각) ①없애 버림. 제거함. ¶賢君之德不能—<論衡> ②써 없앰. 소비함.

【消渴】しょうかつ(소갈) 당뇨병 같은 병으로, 자꾸 물을 먹고 싶어 하며, 소변이 통하지 않는 병. ¶—症.

【消極的】しょうきょくてき(소극적) 무슨 일에 대한 태도가 수동적이며, 미온적인 것. ↔積極的(적극적).

【消毒】しょうどく(소독) 약으로 병균을 박멸함. 또는, 병균을 죽여 전염병을 예방함.

【消燈】しょうとう(소등) 켜 있던 등불을 끔.

【消滅】しょうめつ(소멸) 사라져 없어짐. 消亡(소망).

【消耗】しょうもう(소모) 써서 줄게 하거나, 없어짐. ¶—品.

【消防】しょうぼう(소방) 불을 꺼서 화재를 막음. 또는, 그 일. ¶—車/—士/—署.

【消費】しょうひ(소비) 일정한 요구나 수요를 충족시키기 위해 필요한 것을 써 없앰. ¶—財/—者/—都市. ↔生産(생산).

【消息】しょうそく(소식) ①시운(時運)이 순환하여 쉬지 않고 줄고 불음. 때의 변천, 일월(日月)의 왕래. 영고 성쇠(榮枯盛衰) 따위. ¶天地盈虛 與時—<易經> ②동정(動靜). 안부(安否). 뜻이 바뀌어, 편지. 音信(음신). ¶遠至京師 覘候—<後漢書>/去往彼此無—<杜甫>

【消息通】しょうそくつう(소식통) 어떤 사건이나 인물의 동정(動靜)에 정통하는 일. 또는, 그 사람.

【消失】しょうしつ(소실) 사라져 없어짐. 消歇(소헐).

【消炎劑】しょうえんざい(소염제) 염증을 없애는 데 쓰는 약제.

【消音】しょうおん(소음) 소음(騷音)이나 잡음(雜音)을 없앰. ¶—裝置.

【消印】しょういん(소인) 말소(抹消)하기 위하여 도장을 찍음. 또는, 그런 때 쓰는 도장.

【消日】しょうじつ(소일) 날을 보냄. 하루를 지냄. 消光(소광). ¶冀—以忘憂<曹植>

【消長】しょうちょう(소장) 쇠하는 것과 성하는 것. 榮枯盛衰(영고성쇠). ¶盈虛者如彼 而卒莫—也<蘇軾>

【消盡】しょうじん(소진) 죄다 사라져 없어짐.

【消蕩】しょうとう(소탕) 쳐 없앰. ¶殘醜—<後漢書>

【消風】(소풍)㊙韓 ①답답한 마음을 풀기 위하여 바람을 쐼. ②학교에서, 운동·자연 학습을 겸하여 단체로 교외 등의 먼 길을 걷는 일. 逍風(소풍).

【消歇】しょうけつ(소헐) ☞消失(소실). 消滅歇絶(소멸헐절). ¶壯情已— 雄圖不復申<庾信>

【消化】しょうか(소화) ①물체가 소멸하고 변화함. ②먹은 음식을 새김. ¶—作用/—器. ③배워 얻은 지식을 내 것으로 만듦.

【消火】しょうか(소화) 불을 끔. 화재를 진압함. ¶—器.

【消火栓】しょうかせん(소화전) 화재가 났을 때 급수하기 위한 장치.

▷抹—, 芒—, 削—, 捐—, 雲散霧—, 取—, 解—

7 10【涑】 헹굴 속 | ㊥ㄙㄨˋ (su) | そく(ススグ)

풀이 ①헹구다. ②양치질하다. ㊉漱. ③강 이름. 산서성에서 발원하여 섬서성에 이르러 황하에 합함. ¶—水.

10【[illegible]】 淑(p.885)과 同字

10【[illegible]】 減(p.887)의 俗字

10【涃】 淵(p.898)과 同字

7
10【涓】 ① 시내 연 ㊀견 ② 졸졸 흐를 연 ③ 눈물 흘릴 현 | 㐫ㄐㄩㄢ (juan) 䫦ㄒㄩㄢ 䫦(xuan) | けん brook えん けん

풀이 ① ①시내. 졸졸 흐르는 물. ¶微一細水<水經> ②물방울. 미소한 것의 비유. ¶一滴/一埃. ③물방울이 듣다. ¶春液夏不一<顏延之> ④가리다. 잘게 선별함. ¶一吉日<左思>/一選. ⑤깨끗하다. 청결함. ¶參以中一從<漢書>/一潔. ②졸졸 흐르다. 물이 흐르는 모양. ③눈물 흘리다. 눈물이 흐르는 모양. ¶一然而泣<列子>

【涓吉】けんきつ(연길) ①좋은 날. 길일(吉日)을 택함. ②날을 점침. 涓日(연일). ¶量寸旬一日<左思>

【涓人】けんじん(연인) 임금의 좌우에서 청소나 심부름을 하는 사람. 환관(宦官)이 주로 이를 맡았음.

【涓子】けんし(연자)《人》 고대(古代)의 신선. 제(齊)나라 사람. 「천인경」(天人經) 48편을 저술하였다 함. ¶一宅其陽 玉醴涌其前<嵇康>

▷微一, 細一, 瘦一, 涓一, 中一, 塵一

7
10【涎】 ① 침 연 ② 물흐르는 모양 연 | 㐫ㄒㄧㄢˊ (xian) 䫦ㄩㄢ (yuan) | せん (ヨダレ) saliva えん

풀이 ① ①침. 입속에서 흐르는 타액(唾液). ¶一 口液也<爾雅> ②끈끈한 액체. 점액(粘液). ¶煎之有一<炮炙論> ③탐내다. 부러워함. ¶慕欲曰一<一切經音義> ②물이 흐르는 모양. 물이 가늘게 흐름. ¶沔一.

▷沔一, 垂一, 涎一, 蝸一, 流一, 池一

7
10【浧】 ① 거침없이 흐를 영·정 ② 가라앉을 영 | 梗ㄧㄥˇ (ying) 梗 𠯋 | えい, てい flood えい (ヨドム)

7
10【浯】 강 이름 오 | 虞ㄨˊ (wu) | ご

풀이 강 이름. ㉮산동성에서 발원하여 동북으로 흐르는 유수(濰水)의 지류. ¶一水. ㉯호남성에서 발원하여 북으로 흐르는 상수(湘水)의 지류. ¶一溪.

7
10【浣】 씻을 완 | 旱ㄏㄨㄢˇ (huan) | かん(アラウ) wash

풀이 ①씻다. ㉮의복을 빨아 때를 없앰. ¶成帝御一衣<後漢書> ㉯발을 씻음. ㉰때를 씻음. ¶去垢曰一<公羊傳·注> ②열흘 사이. 옛날에 관리가 열흘마다 휴가를 얻어 목욕한 데서, 일완(一浣)이 일순(一旬), 곧 열흘의 뜻이 됨. ¶上一/中一/下一.

7
10【浴】 목욕할 욕 | 沃ㄩˋ (yu) | よく (ユアミ, アビル) bathe

풀이 ①목욕하다. 미역감음. ¶新一者必振衣<楚辭>/一槽/一客. ②미역. 목욕. ¶春寒賜一華淸池<白居易>/入一. ③미역감기다. 목욕시키다. ¶圉人一馬<禮記>/三釁三一之<國語> ④입다. 몸에 받음. ¶儒有澡身而一德<禮記>/一化. ⑤새가 나는 모양. 새가 갑자기 날아 올라갔다, 갑자기 날아 내리는 모양. ¶黑鳥一<大戴禮>

【浴沂】よっき(욕기) 기수(沂水)에서 목욕함. 증석(曾晳)이 스승인 공자의 물음에 기수(沂水)에서 목욕하고 무우(舞雩)에 올라가 시가를 읊조리고 오겠노라고 대답한 옛일에서, 명리(名利)를 잊고 유유 자적(悠悠自適)함을 이르는 말. ¶浴乎沂 風乎舞雩<論語>

【浴佛】よくぶつ(욕불)《佛》 음력 4월 8일, 석가의 탄생일에 향탕(香湯)으로 불상을 씻는 일. 灌佛(관불).

【浴佛日】よくぶつび(욕불일)《佛》 음력 4월 8일 석가 탄생일. 灌佛會(관불회).

【浴室】よくしつ(욕실) 목욕하는 설비가 되어 있는 방.

【浴衣】よくい(욕의) 목욕할 때에 입는 옷.

【浴槽】よくそう(욕조) 목욕할 때 쓰는 통. 浴桶(욕통).

【浴湯】よくとう(욕탕) 목욕탕(沐浴湯)의 준말.

▷乾一, 盥一, 裸一, 冷水一, 沐一, 沙一, 三釁三一, 洗一, 水一, 新一者必振衣, 温一, 日光一, 入一, 澡一, 土一, 海水一, 火一, 休一, 薰一, 釁一

11【𣲙】 浴(p. 878)과 同字

10【涌】 湧(p. 899)과 同字

7
10【浟】 ① 흐를 유 ② 바랄 적 | 尤ㄧㄡˊ (you) 錫ㄉㄧˊ (di) | ゆう flow てき

풀이 ① 흐르다. 물 흐르는 모양. ¶河水一一<漁父> ② 바라다. 이(利)를 바람. ¶六世耽耽 其欲一一<漢書>

10【淯】 淯(p. 887)과 同字

7
10【浥】 ① 젖을 읍 ② 웅덩이 업 ③ 흐를 압 | 緝ㄧˋ (yi) 葉ㄧㄚˋ 洽(ya) | ゆう (ウルエル) よう

풀이 ① 젖다. 축축해짐. 적심. ¶渭城朝雨一輕塵<王維>/一塵. ② 웅덩이. 팬 곳. 소(沼). ¶踰波趨一<漢書> ③ 흐르다. 물이 흘러 내려가는 모양. ¶乍一乍堆<郭璞>

▷厭一, 潤一, 浥一

7
10【涔】 괸물 잠 | 侵ㄘㄣˊ (cen) | しん (タマリミズ)

풀이 ①괸 물. 빗물에 의해서 된 길바닥의

린 물. 요수(潦水). ¶牛蹏之一＜淮南子＞ ②큰물. 장마로 홍수가 짐. ¶有一旱災害之患＜淮南子＞ ③떨어지다. 눈물이 방울 져 떨어짐. ¶一淚猶在袂＜江淹＞ ④못. 양어지(養魚池). ¶渟一障潰＜馬融＞ ⑤비구름이 오래 끼다. ¶一雲波水＜淮南子＞ ⑥비가 많이 내리다. 비가 죽죽 내리는 모양. ¶一一寒雨繁＜杜甫＞
▷陰一, 涔一, 渟一, 洪一

7 10〖浙〗 강 이름 절 [屑]ㄓㄜˋ (zhe) せつ

풀이 ①강 이름. 절강성(浙江省)에 있는 전당강(錢塘江)의 하류. ¶至錢塘臨一江＜漢書＞ ②땅 이름. 절강성(浙江省)의 약칭. ③쌀을 일다. ¶一米.
【浙派】せっぱ(절파) ①중국화의 한 유파. 명(明)대 전당(錢塘) 사람인 대문진(戴文進)이 창시함. 그가 절강성 태생이므로 남송(南宋)의 오파(吳派)에 대하여 붙인 이름. ②중국 전각(篆刻)의 한 유파. 청(淸)대 정경(丁敬)이 창시. 그는 서랭 사가(西冷四家)의 한 사람임. 曼派(만파). ③청(淸)대 사학(詞學)의 일파. 개조는 주이준(朱彝尊).

10〖酒〗 ☞ 酉部 3획 (p. 1518)

7 10〖浚〗 [1]깊을 준 [2]엎드려안을 준 [震]ㄐㄩㄣˋ (jun) [眞] しゅん(フカイ) deep

풀이 [1]①깊다. ¶莫一匪泉＜詩經＞/一照/一谷. ②치다. ㉮우물 바닥의 오물을 치다. ¶使一井＜孟子＞ ㉯물바닥을 깊게 파다. ¶冬一洙＜春秋＞ ③기다리다. ¶夙夜一明有家＜書經＞ ④재물을 빼앗다. ¶一民之膏澤以實之＜國語＞ ⑤크다. [通]陖. [2]엎드려 안다. [通]踆. ¶鳥協翼之一一＜劉歆＞
【浚渫】しゅんせつ(준설) 샘이나 도랑 따위를 쳐 냄. 우물이나 개울의 진흙 또는 강바닥의 모래를 침. ¶一機/一船.
【浚照】しゅんしょう(준조) 물이 깊고 맑음.
▷宏一, 急一, 幽一, 浚一

7 10〖浞〗 젖을 착 [覺]ㄓㄨㄛˊ (zhuo) さく(ヒタス) wet

풀이 ①젖다. 축축하게 젖은 모양. ¶一小濡貌也＜說文＞ ②담그다. 액체 속에 넣음. ③넉넉하다. 흡족함.

7 10〖涕〗 눈물 체 [霽]ㄊㄧˋ (ti) てい(ナミダ) tears

풀이 ①눈물. 아래로 지는 눈물. [같]洟. ¶獨愴然一下＜陳子昻＞/出一/揮一. ②울다. 눈물을 흘리며 욺. ¶臨表一泣不知所云＜諸葛亮＞/一欷. ③콧물. ¶故腦滲爲一＜素問＞
【涕泣】ていきゅう(체읍) 눈물을 흘리며 욺. 涕欷(체희).
【涕欷】ていき(체희) ☞涕泣(체읍). ¶感寤空一＜劉基＞
▷感一, 迸一, 悲一, 雪一, 傷一, 垂一, 洵一, 失一, 掩一, 隕一, 流一, 泣一, 歎一, 破一爲笑, 揮一

7 10〖浺〗 깊을 충 [東]ㄔㄨㄥ (chong) ちゅう deep

풀이 ①깊다. 물이 깊고 넓은 모양. ¶一瀜沆瀁＜木華＞ ②비다. 沖의 俗字. ¶一俗沖字＜正字通＞

7 10〖浸〗 [1]담글 침 [2]배어들 침 [沁]ㄐㄧㄣˋ [侵](jin) しん soak

풀이 [1]①담그다. 적심. ¶別時茫茫江一月＜白居易＞/一漬. ②담기다. 잠김. ¶城不一者三版＜史記＞/一水. ③물 대다. 물을 대어 윤택하게 함. ¶一彼稻田＜詩經＞ ④씻다. 헹굼. ¶一石菌於重涯＜張衡＞ ⑤점차로. 차츰차츰. 조금씩. ¶國勢一盛/一漸. ⑥나아가다. 증가됨. ¶剛一而長＜易經＞ ⑦물웅덩이. 유수지(溜水池). ¶其一五湖＜周禮＞ [2]①배어들다. 차츰 스며듦. [같]滲. ¶一淫日廣＜漢書＞/一潤/一透. ②침노하다. 침범함. [通]侵. ¶一滅龍伯之國＜列子＞
【浸假】しんか(침가) 점차로 다른 것으로 모양을 바꿈. ¶一而化予之左臂 以爲鷄＜莊子＞
【浸水】しんすい(침수) 홍수로 논·밭·가옥 등이 물에 잠김. ¶一地/一家屋.
【浸蝕】しんしょく(침식) 빗물이나 흐르는 물이 지반(地盤)이나 암석 등을 깎거나 개먹어 들어감. ¶一作用/一谷.
【浸染】しんせん(침염) 차츰차츰 물듦. 점차로 감화됨. ¶君生一仁父之化＜杜牧＞
【浸潤】しんじゅん(침윤) ①점점 배어 들어감. 漸染(점염). ¶玉液一而承其根＜王褒＞/肺尖一. ②☞浸透(침투)②.
【浸淫】しんいん(침음) ①차츰차츰 배어 들어감. 漸染(점염). ②깊이 파고 들어 연구함. ③홍수에 잠기어 황폐하여짐. ¶一二十里＜福惠全書＞
【浸透】しんとう(침투) ①물 같은 것이 스며듦. 滲透(삼투). ②주의나 사상이 점점 사람의 마음에 스며듦. 浸潤(침윤)②.
▷漑一, 巨一, 驚一, 稽一, 大一, 漫一, 泛一, 不一, 淳一, 潦一, 潤一, 積一, 漬一, 沈一, 漂一, 涵一

7 10〖浿〗 강 이름 패 [泰]ㄆㄟˋ (pei) はい

【浿水】はいすい(패수) ①한위(漢魏) 시대에 압록강(鴨綠江)을 이르던 이름. ¶至一爲界＜史記＞ ②수당(隋唐)시대 대동강(大同江)을 일컫던 이름. ¶都於平壤城…南臨一＜隋書＞ ③예성강(禮成江) 또는 임진강(臨津江). ¶渡一帶二水 至彌鄒忽＜三國史記＞

7/10【浦】 개 포 | ㊥ㄆㄨˇ (pu) | ほ(ウラ) *seacoast*

풀이 ①개. ㉮강이나 내에 조수가 드나드는 곳. ¶率彼淮—＜詩經＞ ㉯물가. 바닷가. ¶丹水之—＜呂覽＞ ②지류가 강이나 바다로 들어가는 곳.

【浦口】ほこう (포구) 개[浦]의 어귀. 후미. ¶平沙臨—＜庾信＞

▷江—, 曲—, 極—, 煙—, 遠—, 合—, 海—

7/10【涆】 빨리 흐를 한/간 | ㊥ㄍㄢˋ (gan) | かん

풀이 ①빨리 흐르다. 물이 빨리 흐르는 모양. ¶——. ②광명이 성(盛)한 모양. ¶——. ③마르다. ¶— 乾也＜玉篇＞

7/10【海】 바다 해 | ㊥ㄏㄞˇ (hai) | かい(ウミ) *sea*

풀이 ①바다. 해양(海洋). ¶乘桴浮于—＜論語＞/—陸. ②바닷물. 해수(海水). ¶煮—爲鹽＜漢書＞ ③사물이 많이 모이는 곳. ¶許下人物之—也＜抱朴子＞/學—/宦—. ④크다. 거대함. ¶凡地大物博者 皆得謂之—＜說文·注＞/—碗/—容.

【海角】かいかく (해각) ①갑(岬). 곶. ②바다의 한 모퉁이. 海隅(해우). ③바다끝. 먼 나라의 변두리가.

【海角天涯】かいかくてんがい (해각천애) 극히 먼 땅. 세계의 끝.

【海枯石爛】かいこせきらん (해고석란) 바다가 마르고 돌이 문드러진다는 뜻으로, 끝끝내 그 시기가 이르지 않음의 비유.

【海曲】かいきょく (해곡) ①섬. ¶— 謂之島＜書經·注＞ ②바다가 육지로 들어간 곳. 海隅(해우).

【海鷗】かいおう (해구) 바다 갈매기.

【海溝】かいこう (해구) ①바다 밑바닥이 일층 깊고도 좁고 길게 움푹 들어간 곳. ②조류(潮流)가 매우 심한 해역(海域).

【海狗腎】かいこうじん (해구신) 물개 자지. 보신 강장제로 쓰임.

【海國】かいこく (해국) 사방이 바다로 둘러싸인 나라.

【海難】かいなん (해난) 항해중 만나는 재난. ¶—救助.

【海內】かいだい·かいない (해내) ①바다 안. ②나라 안. 천하. ↔海外(해외).

【海女】かいじょ (해녀) ①바다의 여신(女神). ②바다에 들어가 조개나, 미역 등을 따는 것을 직업적으로 하는 여자.

【海棠】かいどう (해당) ①때찔레. 장미과의 낙엽 관목. 4월 경에 담홍색 오판화(五瓣花)가 핌. 海棠花(해당화). ②가냘픈 미인의 형용.

【海岱】かいたい (해대) 순(舜)임금 때의 12주(州)의 하나. 지금의 산동성 지방으로 황해에서 태산(泰山)까지의 사이.

【海島】かいとう (해도) 바다 가운데 섬. ¶逃入— 海濱平＜魏志＞

【海圖】かいず (해도) ①바다의 심천(深淺), 암초의 위치, 조류의 상태 따위를 나타낸 지도. ②바다의 그림. ¶—裝玉軸＜姚合＞

【海東】かいとう (해동) 근세 조선 이전까지 일컫던, 우리 나라의 이칭. 중국에서 볼 때 발해 동쪽에 있는 나라라는 뜻. ¶—孔子/—通寶.

【海東青】かいとうせい (해동청) 매의 한 가지. 송골매. 보라매. 해동[고려]에서 왔다 하여 중국에서 붙인 이름. 海青(해청). ¶自高麗飛渡海岸 名—＜異名記＞

【海路】かいろ (해로) 항해의 길. 바닷길. 航路(항로). ¶由— 入貢京師＜五代史＞ ↔陸路(육로).

【海流】かいりゅう (해류) ①바닷물이 일정한 방향과 속도로 흐르는 현상. 적도에서 흘러오는 것을 난류(暖流), 남북극에서 흘러오는 것을 한류(寒流)라 함. ②덕교(德敎)의 유행이 성함을 이름. ¶曷若辟雍— 道德之富＜班固＞

【海陸】かいりく (해륙) 바다와 육지.

【海陸珍】かいりくちん (해륙진) 산해(山海)의 진미(珍味). ¶—羞＜洛陽伽藍記＞

【海里】かいり (해리) 해상 거리의 단위. 浬(리). 1해리는 1위도(緯度)의 60분의 1 거리. 약 1,852 m.

【海面】かいめん (해면) 바닷물의 표면.

【海綿】かいめん (해면) 해면 동물문에 딸린 하등 동물의 한 가지. 솜처럼 정제한 뼈는 물을 잘 빨아들이기 때문에 수욕(水浴), 의료용으로 쓰임.

【海霧】かいむ (해무) 해상의 안개. ¶斜月沈沈藏—＜張若虛＞

【海物】かいぶつ (해물) 바다에서 나는 것. 海產物(해산물).

【海味】かいみ (해미) 해산 동식물로서 식용이 되는 것. 바다에서 나는 식료(食料). 海產食品(해산식품).

【海拔】かいばつ (해발) 평균 해면을 기준으로 한 육지 또는, 산악의 높이.

【海邊】かいへん (해변) 바닷가. 또는, 그 지방. 海濱(해빈). ¶—無事＜魏志＞

【海兵】かいへい (해병) 해병대. 또는, 해군의 병졸.

【海不揚波】ウミナミヲアゲズ (해불양파) 바다에 파도가 일지 않는다는 뜻으로, 어진 임금이 있어 천하가 태평함의 비유.

【海士】かいし (해사) ①보자기. 海女(해녀). ②해군사관학교(海軍士官學校)의 준말.

【海事】かいじ (해사) ①바다에 관한 모든 일. ¶—局. ②해상에서 하는 일.

【海產物】かいさんぶつ (해산물) 바다에서 나는 온갖 물건. 어개(魚介)·조류(藻類) 등. 海產(해산). 海物(해물).

【海上】かいじょう (해상) ①바다 위. 또는, 바다 위의 하늘. ¶—權. ②해로(海路).

【海床】かいしょう (해상) 바다밑.

【海西】かいせい (해서) ①㊄韓 황해도(黃海道)를 이름. ¶—地方. ②만주 길림성 및 연해주(沿海州) 등의 땅. ③서해(西海)의 나라. 大秦(대진). ¶自言 我—人 —卽大秦也＜後漢書＞

【海瑞市棺】かいずいかんをかう (해서시관) 명(明)때 해서(海瑞)가 상소하여 정사를 소홀히 하는 세종(世宗)을 극간(極諫)함에, 먼저 관(棺)을 준비하고 처자와 결별한 뒤 대죄(待罪)하니, 임금이 감동하여 처형하지 않았다는

옛일. 市는 買.

【海損】かいそん(해손) 해난(海難)으로 배와 화물이 받은 손해. ¶共同一.

【海松】かいしょう(해송) ①소나무의 한가지. 해변의 산지·제방 등에 방풍림으로 쓰이며, 목재는 건축재·땔감으로 씀. ②☞海松子(해송자). ③바닷가에 나는 소나무의 총칭.

【海松子】かいしょうし(해송자) 잣. 성질이 따스하며 영양을 돕고 대변을 순하게 함.

【海水】かいすい(해수) 바닷물.

【海獸】かいじゅう(해수) 바다에 사는 포유동물. 해산(海産)의 수류(獸類). 고래·바닷개·물개·강치 등.

【海水浴】かいすいよく(해수욕) 여름에 운동·오락·위생의 목적으로 바닷물에 목욕함. 또는, 그 목욕. ¶一場.

【海神】かいじん(해신) 바다의 신(神). 바다 귀신. ¶始皇夢與一戰<史記>

【海心】かいしん(해심) 바다 한복판. ¶一點金烏出一<蕭貢>

【海深】かいしん(해심) 바다의 깊이.

【海嶽】かいがく(해악) ①바다와 산. ②큰 은혜의 비유. ③사해(四海)·오악(五嶽)을 이름. ¶畜一之淳靈<王僧孺>

【海岸】かいがん(해안) 바닷가의 언덕. 바닷가. 海邊(해변). ¶一段丘.

【海岸線】かいがんせん(해안선) ①바다와 육지가 접한 곳. 또는, 해륙의 경계를 길게 뻗어간 선. ②해안을 따라 부설한 철도 선로.

【海若】かいじゃく(해약) 해신(海神)의 이름. ¶一游於玄渚<張衡>

【海洋】かいよう(해양) 큰 바다. 大洋(대양). ¶一性/一封鎖.

【海域】かいいき(해역) 어느 구획된 해면. 어떤 범위 안의 바다.

【海淵】かいえん(해연) 해구(海溝) 중 특히 움푹 팬 곳.

【海外】かいがい(해외) 사해(四海)의 바깥. 나라 바깥. 國外(국외). 海表(해표). ¶一同胞/一旅行. ↔海內(해내).

【海宇】かいう(해우) 해내(海內)의 땅. 국내. ¶一疲民望他日<康錫>

【海運】かいうん(해운) ①바닷물의 움직임. 파도가 거칠어지는 일. ¶極泓量而一<郭璞> ②선박에 의한 화물의 수송. 해상의 운조(運漕). ¶一業. ③조수의 간만(干滿).

【海員】かいいん(해원) 선장 이외의 승무원.

【海月】かいげつ(해월) 해면에 비친 달. 또는, 바다 위 하늘에 떠 있는 밝은 달.

【海衣】かいい(해의) ☞海苔(해태)②.

【海印】かいいん(해인)《佛》깨달은 자가 제법(諸法)을 조관(照觀)함이, 바다가 만상(萬象)을 비추는 것과 같다는 뜻으로, 부처의 지혜를 비유하는 말.

【海日】かいじつ(해일) 바다 위에 뜬 해. ¶見一之初昇<無名氏>

【海溢】(해일) 바닷속의 지진이나 화산 폭발 또는 기상 변화에 의해 바닷물이 갑자기 일어나서 육지로 넘쳐 들어오는 현상.

【海底】かいてい(해저) 바다 밑. 바다의 밑바닥. ¶一電線/一火山.

【海賊】かいぞく(해적) 해상에서 배를 습격하여 재물을 빼앗는 강도. 海寇(해구). ¶一船.

【海戰】かいせん(해전) 해상에서 치르는 전쟁. ※陸戰(육전)·空戰(공전).

【海鳥】かいちょう(해조) 바다나 섬에 사는 새.

【海潮】かいちょう(해조) ①바닷물. 海水(해수). ②바다의 조수 흐름. 潮流(조류)

【海藻】かいそう(해조) 바다 조류(藻類)의 총칭. 빛깔에 따라 녹조·갈조·홍조 등으로 나뉨.

【海潮音】かいちょうおん(해조음) ①해조(海潮)의 소리. ②《佛》㉮큰 소리. ㉯관세음(觀世音)의 설법하는 소리. ㉰많은 중이 독경(讀經)하는 소리. ¶聽梵放一下<還魂記>

【海中】かいちゅう(해중) 바다 속. ¶一孤魂.

【海察】(해찰) 황해도 관찰사의 별칭.

【海菜】かいさい(해채) 미역. 甘藿(감곽).

【海尺】(해척)㊌ 해변에서 고기잡이를 업으로 하는 사람.

【海天】かいてん(해천) ①바다 위의 하늘. ¶雲從一去<遜逖> ②바다와 하늘. ¶一一色.

【海靑輾】かいせいてん(해청전) 농기구의 이름. 탄탄하고 둥근 대 위에 석전(石輾)을 설치하여 곡식을 슮는 기구. 돌아가는 폼이 송골매처럼 빠르므로 붙인 이름.

海 靑 輾 (農政全書)

【海草】かいそう(해초) ①바다에서 자라는 풀의 총칭. 海藻(해조). ②㊌ 충청남도 해변에서 나는 담배.

【海初月】ウミノハツツキ(해초월) 음력 섣달의 이칭.

【海苔】かいたい(해태) ①바닷물속 바위에 이끼처럼 붙어사는 적색 또는 녹색 해조(海藻)의 총칭. ②홍조류(紅藻類)에 속하는 바닷말. 김. 海衣(해의).

【海表】かいひょう(해표) ☞海外(해외). ¶天下至于

【海風】かいふう(해풍) 바닷바람. 潮風(조풍).

【海港】かいこう(해항) ①바닷가에 있는 항구. ②외국 무역을 위한 항구.

【海峽】かいきょう(해협) 육지와 육지, 섬과 섬 사이에 끼어 있는 좁은 바다. 海門(해문). 海頸(해경).

▷歌吹一, 巨一, 傾一爲酒, 苦一, 公一, 官一, 曠一, 近一, 金山玉一, 氣一, 南一, 浪一, 內一, 踏一, 大一, 渡一, 東一, 渤一, 百川學一, 法一, 碧一, 福聚一, 北一, 佛一, 裨一, 四一, 死一, 山一, 桑田碧一, 桑一, 西一, 壽山福一, 愁一, 淳一, 愛欲之一, 淵一, 領一, 瀛一, 外一, 雲一, 遠一, 陸一, 銀一, 裏一, 人一, 臨一, 絕一, 酒一, 滄一, 靑一, 學一, 翰一, 航一, 火一, 環一, 黃一

11〖桒〗海(p.880)와 同字

7
10〖涀〗 강 이름 현 [霰] けん

7
10〖浹〗 ① 두루미칠 협 ② 물 넘칠 협 | [葉]ㄐㄧㄚˊ (jia) | しょう(アマネシ) | [洽]ㄒㄧㄚˊ (xia) | きょう *overflow*

[俗]浃

풀이 ① ①두루 미치다. ¶教化一洽<漢書>/一行. ②사무치다. 통함. ¶不一於骨髓<淮南子> ③젖다. 적시다. ¶近煦和風 遠一膏雨<唐書>/一一. ④돌다. 일주(一周)함. ¶一日/一辰. ② 물이 넘치는 모양. ¶長波一渫<郭璞>

【浹歲】しょうさい(협세) 일주한 해라는 뜻으로, 한 해를 이름. 일개년. ¶在郯一從<福惠全書>

【浹時】しょうじ(협시) 한 시간. 얼마 안 되는 동안. ¶今女居先生之門 曾未一 而懟憾者再三<列子>

【浹日】しょうじつ(협일) 10간(干)의 갑(甲)에서 계(癸)에 이르는 날짜. 열흘 동안. 浹旬(협순). ¶功不一<陳琳>

【浹辰】しょうしん(협진) 12지(支)의 자(子)에서 해(亥)에 이르는 날짜. 12일간. ¶曾未一 獨夫授首<陸倕>

▷款一, 均一, 普一, 流一, 濡一, 淪肌髓一, 洽一

7
10〖浻〗 소용돌이칠 형 [梗] おう

7
10〖浩〗 넓을 호 | [皓]ㄏㄠˋ (hao) | こう(ヒロイ) *wide*

풀이 ①넓다. ㉮물이 풍부하여 널찍한 모양. ¶洪水一一<虞書> ㉯광대한 모양. ¶一一其天<中庸>/一博. ②풍부하다. 넉넉함. ¶喪祭有餘曰一<禮記> ③크다. ¶陳竽瑟兮一倡<楚辭>/一然. ④거만하다. 교만을 떪. ㉤傲. ¶一倨者則不親<孔子家語>

【浩劫】こうきょう①·こうごう②(호겁) ①궁전의 계단. ②《佛》 ㉮미래 영원에 걸친 시간. ㉯인간의 큰 재화(災禍). ¶一安危計<吳偉業>

【浩氣】こうき(호기) ☞浩然之氣(호연지 기).

【浩大】こうだい(호대) 크고 넓음. 廣大(광대). ¶寬博一<新語>

【浩漫】こうまん(호만) ①크고 넓은 모양. ②매우 많음.

【浩穰】こうじょう(호양) ①백성의 수효가 많음. ¶長安中一<漢書> ②서책(書册)이나 자료 따위가 많음.

【浩然之氣】こうぜんノき(호연지 기) 천지간에 충만해 있는 지대 지강(至大至剛)의 기(氣). 도의에 뿌리를 박고 공명 정대하여 조금도 부끄러울 바가 없는 도덕적 용기. 맹자(孟子)가 처음 주창한 말. 浩氣(호기). 浩然(호연). ¶我善養吾一<孟子>

【浩蕩】こうとう(호탕) ①넓고 큰 모양. ¶一雲山直北看<元好問> ②탈속(脫俗)하여 뜻이 분방한 모양. ¶心飛揚而一<楚辭> ③근심 걱정이 한없이 많은 모양. ¶志一而傷懷<楚辭> ④물이 널찍한 모양. ¶洪流何一<潘岳> ⑤은덕이 큼. ¶如今天恩一<紅樓夢>

【浩瀚】こうかん(호한) ①물이 넓고 큰 모양. 浩洋(호양). 浩瀁(호양). 浩蕩(호탕). ②물건이 많고 풍부한 모양. ¶出米一<蘇軾> ③문장이 종잡을 수 없을 만큼 방대한 모양. ¶文章趨一<楊載>

【浩浩湯湯】こうこうしょうしょう(호호탕탕) 물이 넓게 흐르는 모양. 물이 광대하고 힘찬 모양. ¶一橫無際涯<范仲淹>

▷剛一, 滂一, 深一, 浩一

10〖湉〗 活(p. 871)의 古字

11〖渇〗 渴(p. 894)의 略字

8
11〖淦〗 배에 괸 물 감 | [勘]ㄍㄢˋ (gan) | かん

풀이 ①배에 괸 물. 뱃속에 들어 온 흙탕물. ㉦浛. ②강 이름. 강서성에서 발원하여 공강(贛江)에 흘러듦. ¶一水.

11〖渓〗 溪(p. 902)의 略字

8
11〖涫〗 ① 끓을 관 ② 대야 관 | [翰]ㄍㄨㄢˋ [旱] (guan) | かん(ワク) *boil*

풀이 ① 끓다. 물이 끓음. ¶腸如一湯<史記>/一沸. ② 대야. 세수할 때 쓰는 둥글 넓적한 그릇. ㉦盥. ¶進一漱巾櫛<列子>

8
11〖淈〗 흐릴 굴 | [月]ㄍㄨˇ (gu) | こつ(ニゴル) *become cloudy*

풀이 ①흐리다. 흐리게 하다. 혼탁함. 혼탁하게 함. ¶何不一其泥而揚其波<楚辭>/一泥. ②어지럽다. 어지럽히다. 혼란함. 혼란케 함. ¶惡淫辭之一法度<法言> ③다하다. 다 없어짐. ㉤屈. ¶洸洸乎不一盡<荀子> ④막힌 물이 흘러 통하다. 물이 둑을 무너뜨리고 흘러 통하는 모양. ¶潛演之所汨一<郭璞>/一一.

8
11〖淇〗 강 이름 기 | [支]ㄑㄧˊ (qi) | き

풀이 강 이름. 하남성에서 발원하여 위하(衛河)로 흘러 들어가는 황하의 지류. ¶送子涉一<詩經>/一水.

8
11〖淖〗 ① 진흙 뇨 ② 얌전할 작 | [效]ㄋㄠˋ (nao) [藥] | どう(ドロ) *mud* しゃく

풀이 ① ①진흙. 이토(泥土). ¶濯一汙泥之中<史記>/泥一. ②진창. 땅이 곤죽같이 된 곳. ¶有一於前<左氏傳>/一寧. ③젖다. 물이 묻어 젖음. ¶一乎如在於海<管子> ④온화하다. 마음이

부드러운 모양. ¶嘉薦普一<儀禮> ⑤보드랍다. 섬세하여 보드라운 모양. ¶甚一而滑 其纖而微<淮南子> ⑥빠지다. 잠김. ¶世沈一而難論兮<楚辭> 2얌전하다. 정숙함. 通綽. ¶一約若處子<莊子>
▷講一, 普一, 濘一, 泥一, 霖一, 淖一, 淳一, 潰一, 沈一

8 11 〖淡〗 1묽을 담 2질펀히 흐를 염 3어렴풋할 염 | 覃ㄉㄢˋ (dan) 琰ㄧㄢˇ 豔(yan) | たん(アワイ) thin えん

풀이 1①묽다. 연하다. 짙지 아니함. ¶往往以色暈一而成<宣和畫譜>/一雲/一粧而雅. ②싱겁다. ㉮맛이 심심함. 맛이 없음. ¶父病蠱戒鹽 根爲食一<宋史>/一味. ㉯싱겁거나 맛없는 음식. 通啖. ¶攻苦食一<史記> ③담백하다. 담담하다. 집착이 없거나 욕심이 없음. 또는, 그러한 일. ¶君子之交一若水<莊子>/一如/恬一. 2질펀히 흐르다. 물이 질펀하게 흐르는 모양. ¶潰一一而竝入<宋玉> 3어렴풋하다. 희미하게 보이는 모양.
【淡交】たんこう(담교) 담박(淡泊)한 교제.
【淡淡】たんたん(담담) 욕심이 없고 깨끗한 모양. 담박한 모양. 淡如(담여).
えんえん(염염) ①물이 질펀하게 흐르는 모양. ②사물이 어렴풋한 모양.
【淡墨榜】たんぼくぼう(담묵방) 묽은 먹물로 쓴 방(榜)이란 뜻으로, 당(唐) 때 진사(進士)에 급제한 사람을 이름.
【淡泊】たんぱく(담박) ①새뜻함. 시원스러움. ②욕심이 적고 깨끗함. 집착이 없음.
【淡色】たんしょく(담색) 연한 빛깔. 진하지 아니한 빛. ↔濃色(농색).
【淡水】たんすい(담수) 염분이 없는 맑은 물. 단물. ↔鹹水(함수).
【淡水魚】たんすいぎょ(담수어) 민물 고기의 총칭.
【淡水湖】たんすいこ(담수호) 물에 염분이 없는 호수.
▷簡一, 泔一, 枯一, 曠一, 潰一, 冷一, 濃一, 達一, 澹一, 大味必一, 宣一, 疎一, 食一, 雅一, 黯一, 恬一, 湛一, 粗一, 慘一, 淸一, 沖一, 平一

8 11 〖涾〗 솟아 넘칠 답 | 合ㄊㄚˋ (ta) | とう

풀이 ①솟아 넘치다. 물이 계속해서 솟아 넘침. ②물결이 출렁거리다. 깊은 곳에 담긴 물이 소리가 나도록 계속하여 물결이 이는 모양. ¶長波一㴔<木華>

8 11 〖淘〗 일 도 | 豪ㄊㄠˊ (tao) | とう(ヨナグ) clean out

源 會意·形聲. 물이 들어 있는 용기에 손을 넣어 비벼 뭉개면서 안에 있는 쌀이나 사금(砂金)을 일어 냄의 뜻.
풀이 ①일다. ㉮쌀을 일다. ¶冷水淨一<齊民要術> ㉯물에 흔들어 쓸 것과 못 쓸 것을 가려내다. ¶沙根無金盡日一<殷文圭>/一金/一汰. ②치다. 준설(浚渫)함. ¶監一在城溝渠<東京夢華錄> ③씻다. 세정(洗淨)함. ¶千一萬灑雖辛苦<劉禹錫> ④흐르다. 흐르게 하다. ㉿滔. ¶開一舊河<宋史>/一一.
【淘汰】とうた(도태) ①물로 일어서 선별(選別)함. ②많은 것 가운데서 필요치 않은 부분을 가려내어 버림. ¶飛淸塵以一<孫楚> ③적자생존(適者生存)의 이치에 의하여 환경에 맞는 것만이 살아 남고, 그렇지 아니한 것은 죽어 없어지는 생물계의 현상. ¶自然一. ④깨끗이 씻음. ¶一心源無滓澱<文同>
▷開一, 浪一, 冷一, 淨一

8 11 〖涷〗 소나기 동 | 東ㄉㄨㄥ 送(dong) | とう(ニワカアメ) shower

풀이 ①소나기. ¶暴雨謂之一<爾雅>/一雨. ②얼다. ㉮얼음이 얼다. 通凍. ¶恤澮一餒<張納> ㉯곱다. 몹시 차서 몸의 감각이 없어짐. ③물에 젖어 축축해지다. ¶一瀧.

8 11 〖淶〗 강 이름 래 | 灰ㄌㄞˊ (lai) | らい

8 11 〖涼〗 1서늘할 량 2도울 량 | 陽ㄌㄧㄤˊ (liang) 漾 | りょう(スズシイ) cool

俗凉
源 會意. 바람이 잘 통하는 언덕 위처럼 물이 적당히 참. 곧, 서늘함의 뜻.
풀이 1①서늘하다. 적당히 참. ¶一是冷之始<書經·注>/淸一. ②엷다. 후하지 못함. ¶虢多一德<左氏傳> ③맑다. 깨끗함. ¶其性爲一<素問> ④슬퍼하다. 상심(傷心)함. ¶撫錦幕而虛一<江淹> ⑤쓸쓸하다. 황폐해져 어쩐지 서글퍼짐. ¶石徑荒一<孔稚珪> ⑥바람 쐬다. 바람을 맞힘. ¶暴一之<唐書> ⑦맑은 술. ¶水漿醴一醫酏<周禮> 2①돕다. 보좌함. ¶一彼武王<詩經> ②진실로. 참으로. 通諒. ¶職一善背<詩經>
【涼氣】りょうき(양기) 서늘한 기운. 가을 기운. ¶開秋兆一 蟋蟀鳴牀帷<阮籍>
【涼暮月】スズクレヅキ(양모월) 음력 6월의 별칭.
【涼月】りょうげつ(양월) ①서늘한 느낌을 주는 달. 곧, 가을밤의 달. ②음력 7월의 이칭. ¶璧門一擧<王融>
【涼秋】りょうしゅう(양추) ①상쾌하고 서늘한 가을. ②음력 9월의 이칭. ¶一九月 塞外草衰<李陵>/一之節.
【涼風】りょうふう(양풍) ①서늘한 바람. 秋風(추풍). ¶孟秋之節 一至<禮記> ②북풍. 또는, 서남풍. ¶東南曰景風 西南曰 一<淮南子>
▷輕一, 南一, 納一, 微一, 北一, 悲一, 西

一, 新一, 夜一, 炎一, 五一, 温一, 前一, 早一, 淒一, 清一, 初一, 招一, 秋一, 抱炭希一, 寒一, 荒一, 後一,

11【梁】☞木部 7획(p.769)

8
11【渌】 밭을 록 | 圓ㄌㄨˋ (lu) | ろく(コス) *filter*

풀이 ①밭다. 밭침. 거름. 여과(濾過)함. ㊟漉. ②물이 맑다. 물이 깨끗함. ¶一水澹澹<張衡>/一波/一池. ③강 이름. 지금의 압록강(鴨綠江). ¶鴨一水. ④술 이름. 호남성 영호(酃湖)의 물로 빚은 미주(美酒). ¶酃一.

8
11【淚】 1 눈물 루 2 빠르게 흐를 려 | 圓ㄌㄟˋ (lei) 霽ㄌㄧˋ (li) | るい (ナミダ) *tear* れい

略 涙 俗 淚 同 泪

풀이 1 ①눈물. 뚝뚝 떨어지는 눈물. ¶感時花濺一<杜甫>/一水. ②눈물지다. 뚝뚝 눈물을 흘림. ¶一翟子之悲<孔稚珪>/泣一. ③촛농이 흐르다. 촛농. ¶蠟燭一<李商隱雜纂>/燭一落地. 2 ①빠르게 흐르다. 물이 빠르게 흐르는 모양. ¶水一破舟<淮南子> ②한량(寒涼)한 모양. ¶秋氣憯以淒一兮<漢書>

【淚腺】るいせん(누선) 눈구멍 윗벽 바깥쪽에 있어 와혈액(窩血液) 중에서 눈물을 분비하는 [관.
【淚汗】るいかん(누한) 눈물과 땀.
【淚痕】るいこん(누흔) 눈물이 흐른 흔적. ¶見雁思鄉信 聞猿積一<岑參>
▷感一, 巾一, 苦一, 落一, 蠟燭一, 別一, 悲一, 碑一, 聲一, 垂一, 愁一, 暗一, 熱一, 零一, 雨一, 隕一, 幽一, 流一, 淫一, 飲一, 泣一, 離一, 一掬一, 慈一, 丈夫一, 淒一, 涕一, 燭一, 墮一, 含一, 血一, 紅一, 揮一, 喜一

11【淚】淚(p.884)의 俗字

8
11【淪】 잔물결 륜 | 圓ㄌㄨㄣˊ (lun) | りん (サザナミ) *ripples*

源 會意·形聲. 규칙적으로 정연히 늘어선 물무늬를 뜻함.

풀이 ①잔물결. 정연히 늘어선 파문. ¶河水清且一猗<詩經>/一漪. ②잠기다. 침몰함. ③엄하다. 법이 심각함. ¶微霜降而下一兮<楚辭> ④거느리다. 이끎. ¶一胥以鋪<詩經> ⑤빠져 들어가다. ¶一于不測<淮南子> ⑥망하다. 영락(零落)함. 쇠망함. ¶山陵一亡<漢書>/一失.

【淪落】りんらく(윤락) ①타락함. ¶一行爲. ②쇠망함. 淪沒(윤몰). ¶今乃凋喪一<柳宗元>
▷憤一, 蘊一, 隱一, 湮一, 沈一, 頹一, 混一, 渾一

8
11【淩】 헤어날 릉 | 蒸ㄌㄧㄥˊ (ling) | りょう (シノグ) *endure*

풀이 ①헤어나다. 어려움을 견디어 헤쳐나감. ¶氾海一山<木華> ②달리다. 달려감. ¶冥一浹行<楚辭> ③타다. 분발하여 탐. ¶一陽侯之氾濫<楚辭> ④떨다. 두려워서 떪. ¶一 慄也<爾雅>

8
11【淋】 물 뿌릴 림 | 侵ㄌㄧㄣˊ (lin) | りん (ソソグ) *sprinkle*

源 會意·形聲. 끊임없이 물이 방울져 떨어짐의 뜻.

풀이 ①물 뿌리다. 빗방울 따위가 날려 떨어짐. 물을 얇고 넓게 흩어 끼얹음. ¶一 水澆也<玉篇> ②방울져 떨어지다. 또는, 비가 오는 모양. ¶聽長空之一一<曹植> ③장마. ㊟霖. ¶使我逢疾風一雨<戰國策> ④임질. 通 痳. ¶小便黃赤 甚則一<素問>

【淋毒】りんどく(임독) 임질의 병독.
【淋漓】りんり(임리) ①물이 뚝뚝 떨어지는 모양. 비가 오는 모양. 淋淋(임림). ②원기(元氣)나 필세(筆勢) 같은 것이 왕성한 모양. ¶灑染大筆何一<李商隱>
【淋淋】りんりん(임림) ☞淋漓(임리).
【淋疾】りんしつ(임질) 성병(性病)의 하나. 淋病(임병).
▷雨一, 淋一, 積一, 風別雨一

8
12【淼】 물 아득할 묘 | 篠ㄇㄧㄠˇ (miao) | びょう (ヒロイミズ)

源 會意. 「水」셋을 합하여, 물이 한없이 넓어 아득함을 나타냄.

풀이 ①물이 아득하다. 수면이 아득하게 넓은 모양. ¶狀滔天以一茫<郭璞>/浩一. ②넓은 물. 대수(大水).
▷淼一, 浩一

11【㳽】瀰(p.928)의 俗字

11【淓】滂(p.904)과 同字

11【洴】洴(p.867)의 本字

8
11【涪】 물거품 부 | 尤ㄈㄨˊ (fu) | ふう (アワ)

풀이 ①물거품. 수포(水泡). ¶一 一漚 水泡<集韻> ②강 이름. 사천성 설란산(雪欄山)에서 발원하여 가릉강(嘉陵江)으로 흘러 들어감. ¶一江.

11【涪】涪(p.884)의 本字

8
11【淝】 강 이름 비 | 微ㄈㄟˊ (fei) | ひ

8
11【淠】 1 강 이름 비 2 움직일 패 | 寘ㄆㄧˋ (pi) 泰 | ひ はい

풀이 1 ①강 이름. 하남성 수군(守軍)·금천(金泉) 두 산에서 발원하여 합류서 회수(淮水)로 들어감. ¶一水. ②배 가는 모양. ¶一彼涇舟<詩經> ③많은 모양. ¶一一. [2]움직이다. ¶其旂一一<詩經>

8/11〖淜〗 걸어서 물 건널 빙 | 圈ㄆㄧㄥ (ping) | ひょう(カチワタリ)

풀이 ①걸어서 물을 건너다. ㉠馮. ¶一 無舟渡河也<說文> ②바람소리. 물소리. ¶飄忽一滂<宋玉>

11〖渋〗 澀(p.917)의 略字

8/11〖淅〗 쌀 일 석 | 錫ㄒㄧ (xi) | せき(ヨナグ) *wash rice*

源 會意·形聲. 물을 흘려서 뿔뿔이 헤어지게 하여 가볍게 씻어냄의 뜻.
※浙(p.879)은 딴 자.

풀이 ①쌀을 일다. ¶一米于堂<儀禮> ②인 쌀. 물에 인 쌀. ¶接一而行<孟子> ③바람 소리. 방울 소리. ¶朔風鳴一一<杜甫> ④처량하다. 슬프고도 쓸쓸함. ¶飛霜早一瀝<李白>
▷淅一, 接一

11〖淅〗 淅(p.885)의 俗字

11〖渉〗 涉(p.876)과 同字

8/11〖淞〗 강 이름 송 | 图ㄙㄨㄥ (song) | しょう

8/11〖淑〗 착할 숙 | 屋ㄕㄨˊ (shu) | しゅく(シトヤカ) *good, virtuous*

同 㳰

源 會意·形聲. 아담하고 자그마하며 소극적임. 물[氵=水]을 더하여 깨끗함을 뜻함.

풀이 ①착하다. 정숙함. 일반적으로 부인의 선량한 미덕. ¶窈窕一女 君子好逑<詩經>/一德. ②맑다. 맑고 깊음. ¶一 清湛也<說文> ③사모하다. 좋다고 생각하고 경모함. ¶私一諸人也<孟子> ④잘. 능란하게. ¶一愼其身<詩經> ⑤아름답다. ¶湣湣一一<荀子> ⑥비로소. 通俶.

【淑女】しゅくじょ (숙녀) 선량하고 부덕이 있는 여자. 교양과 예의와 품격을 갖춘 부녀. 정숙하고 얌전한 부녀. ¶紳士一.

【淑德】しゅくとく (숙덕) 부인의 미덕. 숙녀의 덕행. ¶以一累世爲周氏太師<漢書>

【淑問】しゅくぶん①·しゅくもん② (숙문) ①선량하다는 평판. 問은 聞. ¶一夙孚<江淹> ②재판을 공정하게 처리함. ¶一如皐陶<詩經>

【淑媚】しゅくび (숙미) 정숙하고도 아름다움. 선미(善美)함. ¶窈窕一 柔順婉穆<張華>

【淑愼】しゅくしん (숙신) 잘 삼감. ¶終溫且惠一其身<詩經>

【淑哲】しゅくてつ (숙철) 순량하고 어짊. 또는, 그 사람. ¶聖母溫慈惠和 一端懿<元史>
▷明一, 不一, 私一, 淑一, 純一, 淳一, 淵一, 令一, 英一, 婉一, 柔一, 貞一, 清一, 閑一, 諧一, 賢一

8/11〖淳〗 [1]순박할 순 [2]폭 준 | 眞ㄔㄨㄣˊ 軫 (chun) | じゅん(スナオ) *unspoiled*

풀이 [1]①순박하다. 검소하고 꾸밈이 없는 모양. ㉠純 醇. ¶澆一散樸<漢書>/一古/一朴. ②도탑다. 인정이 깊음. ¶一化通於自然<張衡>/一澤. ③깨끗하다. 맑음. ¶何道眞之一粹兮<張衡>/一白. ④뿌리다. 물을 뿌려 적심. ¶一而漬之<周禮> ⑤크다. ¶以一燿惇大天明地德<國語> ⑥땅이 척박하다. 땅에 소금기가 있음. 또는, 그러한 땅. ¶表一鹵<左氏傳> [2]폭. 피륙의 나비. ¶壹其一制<周禮>

【淳朴】じゅんぼく (순박) 선량하고 꾸밈이 없음. 淳樸(순박). 淳質(순질). 淳魯(순로).

【淳化】じゅんか (순화) ①교화해서 순박하게 함. ②교화되어 순박해짐. 醇化(순화). ¶天下盡忠一行也<忠經>

【淳厚】じゅんこう (순후) 순박하고 인정이 두터움.
▷嘉一, 樸一, 淳一, 深一, 溫一, 至一, 眞一, 清一, 忠一, 化一

8/11〖淬〗 [1]담금질할 쉬 本 최 [2]흐를 줄 | 隊ㄘㄨㄟˋ 質 (cui) | さい(ニラグ) しゅつ

同 焠

풀이 [1]①담금질하다. 쇠를 불림. ¶清水一其鋒<王褒>/一礪. ②담금질할 때 물을 담는 그릇. ㉠焠. ¶一 滅火器也<說文> ③물들이다. 通染. ¶腇割輪一<史記> ④목욕하다. ¶身一霜露<淮南子> ⑤차다. 한랭(寒冷)함. ⑥힘쓰다. ¶一勉/一礪. [2]흐르다. 물이 흐르는 모양. ¶渺溟蒞一<杜甫>/一沒.
▷磨一, 礪一

8/11〖深〗 깊을 심 | 侵ㄕㄣ (shen) | しん(フカイ) *deep*

古 㴱

풀이 ①깊다. 얕지 아니함. ㉮밑바닥이 깊다. ¶一則厲 淺則揭<詩經> ㉯깊숙하다. ¶山一而獸往之<史記> ㉰심오하다. 정미함. ¶才學優一<後漢書> ㉱경박하지 않다. 생각이 멂. ¶其慮患也一<孟子> ㉲무성하다. ¶城春草木一<杜甫> ㉳성(盛)하다. 한창임. ¶仲宣樓頭春已一<杜甫>/夜一. ㉴심하다. ¶君之望民 一也<漢書>/一愁. ㉵무겁다. ¶位益高者 責益一<魏志> ㉶인정이 두텁다. ¶情一而文明<禮記> ㉷엄하다. 잔인함. ¶慘急刻一<史記>/外寬而內一<漢書> ②깊게 하다. ㉮감추다. ¶必一其爪<周禮> ㉯깊게 치다. ¶治水有決河一川<漢書>/一溝. ㉰높게 하다. ¶請一壘固軍<左

氏傳＞ ③깊이. 심히. 크게. ¶一 鑑物情＜陳書＞/一思熟考.

【深刻】しんこく(심각) ①깊이 새김. ¶大書一＜五代史＞ ②극히 잔인함. 무자비하고 엄함. 深酷(심혹). ¶苛暴一之吏＜漢書＞ ③아주 깊고 절실함.

【深耕】しんこう(심경) 땅을 깊이 갊. ¶一均種＜管子＞

【深谷】しんこく(심곡) 깊은 골짜기. 深溪(심계). 深谿(심계). 深山幽谷(심산유곡). ¶高山一＜吳子＞

【深閨】しんけい(심규) 깊숙한 곳에 있는 방. 부인의 방. 深窓(심창). ¶一少婦思征戍＜潘音＞

【深怒】しんど(심노) 깊은 노여움. 크게 노함. ¶積怨一＜新序＞

【深度】しんど(심도) ①깊이의 정도. ②해양·호소(湖沼) 등의 물깊이.

【深謀】しんぼう(심모) 깊이 꾀함. 깊은 모계(謀計). 깊은 꾀. ¶博學一＜韓詩外傳＞

【深謀遠慮】しんぼうえんりょ(심모원려) 깊이 모계(謀計)하여 먼 장래를 생각함. 깊은 계략과 장래에 대한 우려(憂慮). ¶一 出自胸懷＜劉琨＞

【深妙】しんみょう(심묘) 깊고 오묘함. 심오하고 절묘함. 玄妙(현묘). ¶計策一＜孔叢子＞

【深思】しんし(심사) 깊이 생각함. 또는, 그 생각. 深念(신념). ¶一熟考.

【深謝】しんしゃ(심사) ①깊이 사례함. 성심으로 사례함. ②깊이 사죄함.

【深山】しんざん(심산) 깊은 산. 마을에서 멀리 떨어져 있는 산.

【深山幽谷】しんざんゆうこく(심산유곡) 깊은 산과 으슥한 골짜기. ¶寢吾庭者 不顧一＜列子＞

【深甚】しんじん(심심) 매우 깊고 심함.

【深愛】しんあい(심애) 깊이 사랑함. 깊은 사랑. 深慈(심자).

【深夜】しんや(심야) 한밤중. 깊은 밤. 深更(심경). ¶月明一古樓中＜元稹＞

【深淵】しんえん(심연) 깊은 못. 깊은 웅덩이. ¶一之靜/一薄氷.

【深奧】しんおう(심오) 깊고 오묘함. 천박하지 않음. 蘊奧(온오). ¶書之意兼復一＜孔叢子＞

【深遠】しんえん(심원) ①깊고 멂. 심장(深長)하고 원대(遠大)함. ②뜻이 오묘하여 쉽게 알 수가 없음. ¶謀慮一＜漢書＞

【深長】しんちょう(심장) ①깊고 긺. ②의미가 깊음. ¶意味一.

【深醉】しんすい(심취) 깊이 취함. 몹시 취함.

【深呼吸】しんこきゅう(심호흡) 허파 속에 공기를 되도록 많이 드나들게 하는 호흡.

【深黑】しんこく(심흑) ①깊고 어두움. ¶平者一 峻者沸白＜柳宗元＞ ②검은 색.

▷刻一, 艱一, 高一, 功一, 交淺言一, 汲一綆短, 湍一, 潭一, 密一, 槃一, 水一, 邃一, 純一, 淳一, 夜一, 淵一, 窈一, 遙一, 欲一, 優一, 幽一, 隆一, 已一, 益一, 臨一 履薄, 潛一, 情一, 精一, 靚一, 靜一, 阻一, 澄一, 淺一, 淸一, 秋一, 層一, 沈一, 海一, 渾一, 弘一

8 11 〖淰〗 1 흐릴 심 2 물놀이칠 념 3 퍼득일 섬 | 㝱 ㄕㄣˇ (shen) 㝱 ㄋㄧㄢˇ (nian) | しん (ニゴル) だん せん

풀이 1 흐리다. 물이 혼탁함. ¶一一曰濁也＜集韻＞ 2 ①물놀이치다. 잔물결이 일어나는 모양. ¶巴蜀動餘一＜郝經＞ ②물 밑바닥을 치는 기구. ¶取水底淤泥曰一＜正字通＞ 3 퍼득이다. 물고기가 놀라 헤엄치는 모양. ¶魚鮪不一＜禮記＞

8 11 〖涯〗 물가 애 | 㝱 ㄧㄚˊ (ya) | がい (ミギワ) *shore*

源 會意·形聲. 물가의 벼랑·언덕[岸]을 뜻함.

풀이 通 厓崖. ①물가. 수변(水邊). ¶若涉大水 其無津一＜書經＞ ②끝. 한계. ¶吾生也有一＜莊子＞/各在天一一＜杜甫＞ ③잡도리하다. 검속(檢束)함. ¶約少不自一＜沈約＞

▷境一, 窮一, 邊一, 濱一, 生一, 水一, 際一, 地一, 津一, 天一, 通一

8 11 〖液〗 1 진 액 2 담글 석 | 陌 ㄧㄝˋ (ye) 陌 | えき (シル) *fluid* せき (ヒタス)

同 洂

풀이 1 ①진. 즙. 진액. 즙액. ¶漱飛泉之瀝一兮＜張衡＞/津一/一體. ②곁. 겨드랑이. 갇 掖. ¶一門＜漢書＞ 2 ①담그다. 액체 속에 넣음. ¶春一角＜周禮＞ ②풀어지다. 해산(解散)함. ¶渙兮其若氷之一＜文子＞ ③적시어 부드럽게 하다. ¶滑一如新＜西京雜記＞

【液狀】えきじょう(액상) 액체 상태. 액체로 되어 있는 상태.

【液汁】えきじゅう(액즙) 즙(汁). 국물.

【液體】えきたい(액체) 물이나 기름처럼 유동하는 물체.

【液化】えきか(액화) 기체나 고체가 냉각이나 압력에 의하여 액체로 변하는 일. 液體化(액체화).

▷甘一, 膏一, 果一, 肌一, 芳一, 便一, 散一, 仙一, 消一, 粹一, 藥一, 瀝一, 靈一, 融一, 溶一, 乳一, 淫一, 淋巴一, 滋一, 粘一, 精一, 汁一, 蒸一, 脂一, 津一, 浸一, 唾一, 湯一, 太一, 香一, 血一

8 11 〖淤〗 진흙 어 | 御 ㄩ (yu) | お (ドロ) *mud*

源 會意·形聲. 물이 멈추어 흐르지 아니함의 뜻.

풀이 ①진흙. 가득 메운 진흙. 진흙덩이. 앙금. ¶一泥生蓮花＜蘇軾＞ ②주(洲). 토사(土砂)가 물 속에 퇴적하여 강·호수·바다의 수면에 나타난 곳. 삼각주(三角洲). ¶三輔謂之一＜方言＞ ③물리다. 먹기 싫음. 싫증남. ¶擺牲班禽一賜犒功＜後漢書＞ ④어혈. 엉긴 피. 죽은 피. 通 瘀.

8 11 〖淹〗 담글 엄 | 圖 ㄧㄢ (yan) | えん(ヒタス) soak

풀이 ①담그다. 적심. ¶一之以樂好<禮記>/一漬. ②오래다. ㉮오래 머무르다. ¶吾子一久於敝邑<左氏傳> ㉯오래되다. ¶王師一病矣<公羊傳> ③늦다. 늦어지다. ¶一速之度兮<賈誼> ④넓다. ¶風標秀特 器體一弘<任昉>
▷久一, 漫一, 流一, 寂一, 遲一, 滯一, 廢一, 涵一

8 11 〖淢〗 1 빨리 흐를 역 2 해자 혁 | 職 ㄩˋ (yu) 職 | よく きょく

풀이 1 ①빨리 흐르다. 빠른 흐름. ¶漻淚一汩<張衡> ②거스르다. 거슬러 흐르게 함. ¶抑一怒瀨<淮南子> ③마음이 우울해지다. 슬퍼함. 또는, 사소한 일을 늘 걱정하는 모양. ¶惻一. 2 해자. 도랑. ㉠洫. ¶築城伊一<詩經>
▷汩一, 溝一, 惻一

11 〖渊〗 淵(p. 898)의 俗字

11 〖渆〗 淵(p. 898)의 略字

11 〖淵〗 ☞水部 9획(p. 898)

11 〖淥〗 淵(p. 898)과 同字

11 〖渓〗 沃(p. 850)의 本字

8 11 〖淴〗 물 내솟는 소리 올 | 月 | おつ

풀이 ①물 내솟는 소리. ②물 흐르는 모양. 물이 빨리 흐르는 모양. ¶潏湟一泱<郭璞>

11 〖溼〗 洼(p. 869)와 同字

8 11 〖涴〗 1 물 굽이쳐 흐를 완 2 더럽힐 와 | 阮 ㄨㄢˇ 箇 (wan) | えん わ

풀이 1 물이 굽이쳐 흐르다. ¶洪瀾一演而雲迴<郭璞> 2 더럽히다. 더럽혀지다. ㉠汚. ¶雅意反顧交 得無自卑一<蘇舜欽>

11 〖浇〗 澆(p. 918)의 俗字

11 〖游〗 游(p. 899)의 俗字

8 11 〖淯〗 강 이름 육 | 屋 ㄩˋ (yu) | いく

풀이 ①강 이름. 산동성 장구현(章丘縣)에서 발원하여 소청강(小淸江)으로 흘러듦. ¶一河. ②기르다. 育의 古字. ¶天一陽無計量<管子>

8 11 〖淫〗 음란할 음 | 侵 ㄧㄣˊ (yin) | いん(ミダラ) obscene

풀이 ①음란하다. 음탕함. ㉢婬. ¶貪色爲一<左氏傳>/一蕩/姦一. ②지나치다. 정도를 넘어서 깊이 빠짐. ¶罔一於樂<書經>/一樂. ③담그다. 젖다. ¶一 浸淫隨理也<說文>/浸一. ④방탕하다. 방종함. ¶一德不倦 荒怠敖慢<禮記>/一佚. ⑤넘치다. 넘쳐 흐름. ¶積蘆灰以止一水<淮南子> ⑥탐내다. 탐함. ¶示不一也<禮記> ⑦크다. 깊다. ¶旣有一威<詩經>/朕之過 一矣<列子>/一夷. ⑧오래다. 장구함. ¶底箸滯一<國語> ⑨미혹하다. 헷갈리게 함. ¶富貴不能一<孟子> ⑩윤택하다. 윤기가 있음. ¶施玉色而外一<楚辭> ⑪사치하다. 사치. ¶齊八政以防一<禮記> ⑫장마. ㉢霪. ¶一雨蚤降<禮記>

【淫女】いんじょ(음녀) 음탕한 여자.
【淫談】いんだん(음담) 음탕한 이야기.
【淫談悖說】いんだんはいせつ(음담패설) 음탕하고 상스러운 이야기.
【淫亂】いんらん(음란) 음탕하고 난잡함. 淫濫(음람).
【淫婦】いんぷ(음부) ①음란한 여자. ②몸가짐이 정숙하지 못한 여인.
【淫奔】いんぽん(음분) ①음탕한 행동을 함. ②남녀가 야합(野合)하는 일. ¶男女一 不能以禮化也<詩經>
【淫朋】いんぽう(음붕) ①주색(酒色)으로 맺은 벗. ②사악한 자가 모여 도당(徒黨)을 짓는 일. ¶一 邪黨也<書經·注>
【淫事】いんじ(음사) 음란한 짓. ¶士無邪行 女無一<管子>
【淫祀】いんし(음사) ①좋지 않은 신(神)을 제사 지냄. ②그 자격이 없는 자가 함부로 제사 지냄. ¶一無福<禮記>
【淫祠】いんし(음사) 사신(邪神)을 받드는 사당. ¶禁一<漢書>
【淫辭】いんじ(음사) 수식이 많아서 진실하지 못한 말. 또는, 음란한 말. ¶一 知其所陷<孟子>
【淫書】いんしょ(음서) 음탕한 일을 적은 책.
【淫水】いんすい(음수) ①범람(氾濫)하는 물. ¶積蘆灰 以止一<淮南子> ②성교(性交) 때 분비되는 남자의 정액과 여자의 전정선(前庭腺)에서 나오는 분비액. 淫液(음액)①.
【淫心】いんしん(음심) 음탕한 마음.
【淫樂】いんがく(음악) 음탕한 풍악. 음란한 음악. ¶一慝禮<禮記>
いんらく(음락) 쾌락에 빠져 절제가 없는 일. 음란한 놀이. ¶以此日飮爲一 不聽政<漢書>
【淫液】いんえき(음액) ①☞淫水(음수)②. ②소리를 길게 계속해서 내는 일. ¶咏歎之一之<禮記> ③술에 취한 모양. ¶沈湎一<詩經>
【淫慾】いんよく(음욕) 음탕한 욕심. 色慾(색욕). 情慾(정욕).
【淫雨】いんう(음우) 오래 오는 비. 장마. 霖雨(임우).
【淫佚】いんいつ(음일) ①지나치게 여색(女色) 따위에 빠지는 일. 淫逸(음일). ②남녀간의 음란한 교접(交接). 不義密通(불의밀통). ¶男女一<漢書>
【淫蕩】いんとう(음탕) 주색에 빠져 방탕함. ¶一兇

悍 頑然無行<古賀侗菴>

【淫行】いんこう(음행) 음란한 행위.

【淫刑】いんけい(음형) 함부로 벌을 줌. 또는, 그 형벌. ¶一濫罰<後漢書>

【淫戲】いんぎ(음희) ①음란한 희롱이나 연극. ②유락에 빠져 게으름을 핌. ¶惟王一用自絶<書經>

▷姦一, 奇一, 樂而不一, 慆一, 妄視則一, 誣一, 汎一, 浮一, 邪一, 滲一, 書一, 冶容誨一, 流一, 淫一, 沈一, 浸一, 荒一

8
11〖淟〗 때 낄 전 |㊂ㄊㄧㄢˇ (tian)|てん (ケガレル)

풀이 ①때가 끼다. 때. 구탁(垢濁). ¶切一汨之流俗<楚辭>/一濁. ②빠지다. 망하다. 침몰함. ¶一汨於隋<唐書>

8
11〖淀〗 얕은 물 전 |㊅ㄉㄧㄢˋ (dian)|てん(ヨドミ, ヨドム)

▷長一, 淤一, 碧一

8
11〖淨〗 깨끗할 정 |㊅ㄐㄧㄥˋ (jing)|じょう (キヨイ) *clean, pure*

풀이 ①깨끗하다. ㉮때묻지 아니하다. 通瀞. ¶一 塵垢盡也<六書故> ㉯청정(清淨)하다. ¶載其清一 民以寧一<史記> ㉰사념이 없다. ¶卿居心不一<世說新語> ㉱맑다. 깨끗하고 밝다. ¶水一珠明<梁簡文帝> ②깨끗이 하다. ¶鶴豈浴一<鮑照> ③악역(惡役). 악인으로 분장하는 자. ④《佛》 법성(法性)의 법. 해탈하여 미망(迷妄)을 떨어버린 생각과 해탈하는 방법. ¶法性之用爲一<大藏法數>

【淨潔】じょうけつ(정결) 깨끗함. 결백함. 清淨潔白(청정결백).

【淨戒】じょうかい(정계)《佛》 청정한 부처의 계법(戒法). 5계(戒)·10계 따위. ¶八關一齋鎖日<白居易>

【淨教】じょうきょう(정교) 깨끗한 가르침. 불교를 이름. ¶一傳荊吳<皇甫曾>

【淨宮】じょうぐう(정궁) 절. 寺院(사원). 淨院(정원). ¶慈波流一<梁簡文帝>

【淨福】じょうふく(정복)《佛》 깨끗한 복. 불교에 귀의함으로써 얻는 행복.

【淨寫】じょうしゃ(정사) 깨끗하게 베낌. 淨書(정서). 清書(청서).

【淨水】じょうすい(정수)《佛》 ①깨끗한 물. ¶流八功之一<梁簡文帝>/一器. ②손을 씻는 물.

【淨眼】じょうがん(정안) ①눈을 씻어 맑게 함. ¶一見桃花<蘇軾> ②《佛》 청정한 법안(法眼). ¶淨明心得清一<楞嚴經>

【淨業】じょうごう(정업)《佛》 서방정토(西方淨土)의 업인(業因)이 될 선업(善業). ¶三世諸佛一正因<觀無量壽經>

【淨域】じょういき(정역)《佛》 ①깨끗한 장소. 미타(彌陀)의 정토. ②사원(寺院)의 경내.

【淨院】じょういん(정원)《佛》 절. 불사(佛寺). 淨宮(정궁). ¶一焚香獨受持<姚合>

【淨財】じょうざい(정재) 깨끗한 재물이란 뜻으로, 절에 내는 기부금이나 사회에 희사(喜捨)하는 돈.

【淨齋所】じょうさいしょ(정재소)《佛》 절에서 밥을 짓는 곳. 淨濟(정제).

【淨地】じょうち(정지)《佛》 ①맑고 깨끗한 땅이란 뜻으로, 절 따위가 있는 곳. ②절의 음식물 저장소.

【淨饌】じょうせん(정찬) 육류(肉類)가 없는 끼니. 精進料理(정진요리).

【淨土】じょうど(정토)《佛》 번뇌의 속박을 떠난 아주 깨끗한 세상. 부처나 보살이 있는 국토. ↔穢土(예토). 「一<劉程之>

【淨土之學】じょうどがく(정토지 학) 불교학. ¶修

【淨玻璃鏡】じょうはりのかがみ(정파리경)《佛》 ①지옥의 염마청(閻魔廳)에 있다는 거울. 이것을 비추면, 죽은 자의 생전의 선업(善業), 악업이 모두 나타난다 함. ②속일 수 없는 밝은 안식(眼識).

【淨化】じょうか(정화) 불순한 것과 더러운 것을 없애고 깨끗이 함. ¶社會一.

【淨話】じょうわ(정화) 깨끗한 이야기라는 뜻으로, 불법(佛法)의 이야기. 法話(법화). 清談(청담). ¶幾思聞一 雨後對禪牀<鄭谷>

▷潔一, 鏡一, 光一, 明一, 不一, 鮮一, 洗一, 英一, 瑩一, 清一, 滑一

11〖済〗 濟(p.924)의 略字

11〖涻〗 濟(p.924)의 古字

8
11〖淛〗 강 이름 제 |㊅ㄓㄜˋ (zhe)|せい

풀이 ①강 이름. 절강(浙江)의 옛이름. ¶禹治水 以至一河<山海經> ②산 이름. 복건성(福建省)에 있음. 일명 제봉(淛峰). ¶一山.

11〖淖〗 潮(p.919)의 本字

8
11〖淙〗 물소리 종 |㊂ㄘㄨㄥˊ (cong)|そう(ミズノオト)

풀이 ①물 소리. 물이 졸졸 흘러 내리는 소리. 또는, 그 모양. ¶石泉一一若風雨<高適>/一然. ②물을 대다. 물이 흘러 들어가게 함. ¶一大壑與沃焦<郭璞>

▷飛一, 潺一, 淙一, 懸一

8
11〖淌〗 1 큰 물결 창 2 방울질 탕 |㊅ㄔㄤˋ (chang)|しょう とう

풀이 1 ①큰 물결. ¶一 大波<集韻> ②물이 흐르는 모양. ¶一游瀷淢<淮南子> 2㊥①방울지다. 물방울져 떨어짐. ②흐름을 따라 내려가다. ¶俗又謂順流而下曰一<中華大字典>

11〖淏〗 漲(p.913)과 同字

8
11〖凄〗 1 쓸쓸할 처 2 빠른 모양 천 |㊂ㄑㄧ (qi) ㊅|せい(サムイ) *lonely* せん

풀이 1 ①쓸쓸하다. 오싹하리만큼 적적함. ¶美人結長想 對此心一然＜李白＞/一涼. ②서늘하다. 한량(寒涼)함. ¶秋日一一＜詩經＞ 2 빠른 모양. 질속(疾速)함. ¶儵眒一洌＜史記＞
▷晚一, 淒一, 寒一

8 11 〖淺〗 얕을 천 | 䖗 ㄑㄧㄢˇ (qian) | せん(アサイ) *shallow*

풀이 ①얕다. ㉮수량(水量)이 적다. 물이 깊지 아니함. ¶深則厲 一則揭＜論語＞/一水. ㉯지식이나 견식 따위가 깊지 아니하다. ¶學一行薄＜北史＞/一薄. ㉰색깔이 엷다. 색이 짙지 아니함. ¶色一體陋＜張華＞/一綠. ㉱오래지 않다. ¶相見日一＜司馬遷＞ ㉲성기다. 배지 아니함. ¶草一憂驚吹＜吳融＞ ㉳약하다. 취약함. ¶基一根微＜晋書＞ ㉴얕아지다. 얕게 됨. ¶蓬萊水又一矣＜列仙傳＞ ②적다. ¶一酌一杯酒＜白居易＞/一酌低唱.
【淺見】せんけん(천견) ①얕은 생각. 淺慮(천려). ②자기 생각의 겸칭. ¶一寡聞.
【淺聞】せんぶん(천문) 견문이 적음. 寡聞(과문).
【淺薄】せんぱく(천박) 생각하는 바나 지식, 태도 따위가 얕음. ¶知行一＜荀子＞
【淺識】せんしき(천식) 천박한 식견.
【淺人】せんじん(천인) 식견이 좁은 사람. 사려(思慮)가 깊지 못하거나 교양이 낮은 사람.
【淺學】せんがく(천학) ①학식이 깊지 않은 사람. ②얕은 학문.
【淺學菲才】せんがくひさい(천학비재) ①학식이 천박하고 재지(才智)가 적음. 또는, 그러한 사람. 菲는 薄. ②자기의 학식이나 재지의 겸칭. 淺學短才(천학단재).
▷狷一, 空一, 近一, 陋一, 短一, 漫一, 蕪一, 微一, 凡一, 浮一, 膚一, 卑一, 鄙一, 疎一, 深一, 闇一, 澆一, 庸一, 愚一, 危一, 俚一, 日一, 粗一, 淺一, 淸一, 偏一, 褊一, 平一, 荒一

8 11 〖添〗 1 더할 첨 2 맛 더할 첨 | 䖗 ㄊㄧㄢ (tian) | てん(ソエル) *add*

풀이 1 더하다. 보탬. ¶雨一山氣色＜白居易＞/一加/一酌. 2 ①맛을 더하다. 맛이 더 있게 함. ¶一味益也＜集韻＞ ②안주. 반찬. 맛을 더하기 위해 곁들여 먹는 것. ¶呼下酒具爲一＜俗呼小錄＞
【添加】てんか(첨가) 덧붙임. 보탬. 加添(가첨).
【添付】てんぷ(첨부) 더함. 덧붙임. 添附(첨부).
【添附】てんぷ(첨부) 덧붙임. 添付(첨부).
【添削】てんさく(첨삭) 글이나 글자를 보태거나 빼서 고침. 添刪(첨산).
【添刪】てんさん(첨산) ☞添削(첨삭).
【添書】てんしょ(첨서) ①사람을 보내거나 물건을 보낼 때, 그 뜻을 적어 곁들이는 글. ②사람을 소개할 때, 장본인에게 들려 보내는 글. 소개장. ③원본(原本)에 더 써 넣음.
【添酌】(첨작)㊕ 제사 때에 종헌(終獻)으로 드린 술잔에 차지 않은 술을 다른 제관이 다시 따라 채워 붓는 일.
【添盞】(첨잔) 술이 들어 있는 잔에 술을 더 따름. 添杯(첨배).
【添丁】てんてい(첨정) ①사내아이를 낳음. 나라에 장정(壯丁)을 하나 더 보탠다는 뜻. ②자기 아들의 겸칭.
▷加一, 多一, 別一, 附一, 相一, 漸一, 增一

8 11 〖清〗 맑을 청 | 䖗 ㄑㄧㄥ (qing) | せい, しん(キヨイ) *clear*

同淸

풀이 ①맑다. ¶視容一明＜禮記＞/一流. ②맑게 하다. ¶一其灰＜周禮＞ ③갚다. ¶年年一利＜拍案驚奇＞/一算. ④따스려지다. ¶古之一世＜呂覽＞ ⑤서늘하다. ¶腰痛足一＜素問＞ ⑥온화하다. ¶養之以一＜荀子＞ ⑦조용하다. ¶太一之始＜淮南子＞ ⑧밝게 하다. ¶一目而不以視＜淮南子＞ ⑨거른 술. 청주(淸酒). ⑩음료. ¶飮用六一＜周禮＞ ⑪눈매. ¶子之一揚＜詩經＞ ⑫맑은 소리. ¶聞一濁之聲＜呂覽＞ ⑬변소. ㊂圊. ⑭도가(道家)의 이상적 세계. ¶仙登太一＜茶香室叢鈔＞ ⑮왕조 이름. ¶一國.
【淸歌】せいか(청가) ①맑은 목소리로 노래함. ¶竝詠詩而一＜後漢書＞ ②반주(伴奏)없이 노래함.
【淸澗】せいかん(청간) 맑은 시내. 淸溪(청계). ¶硯磨一石＜張喬＞
【淸勘】(청감)㊕ 모두 마감함.
【淸鑑】せいかん(청감) ①명확히 분간함. 또는, 감식(鑑識)의 경칭. ¶每稱構有一＜隋書＞ ②㊥ 한 번 읽어 보기 바란다는 뜻으로 편지에 쓰는 말.
【淸介】せいかい(청개) 청렴하여 고고(孤高)함. ¶一正立＜南史＞
【淸客】せいかく(청객) ①탈속(脫俗)한 사람. 문객(門客)이나 식객의 미칭. ②매화의 이칭. 淸友(청우). ¶梅爲一＜花譜＞
【淸潔】せいけつ(청결) 맑고 깨끗함. 淸淨潔白(청정결백). ¶奮力行一＜後漢書＞
【淸溪】せいけい(청계) 맑은 시내. ¶一流過碧山頭＜朱熹＞
【淸高】せいこう(청고) ①토지의 지대 등이 높고 깨끗함. ¶地位一隔風雨＜盧仝＞ ②인품이 고상함. ¶一有遺惠＜後漢書＞
【淸酤如濟】せいこせいノゴトシ(청고여제) 좋은 술이 제수(濟水)처럼 있다는 말로, 술이 많음을 이름. ¶一 濁醪如河＜左思＞
【淸曲】せいきょく(청곡) ①청아(淸雅)한 곡조. ¶弄一＜王融＞ ②산곡(散曲)의 이칭. ¶一之淸＜任訥＞
【淸官】せいかん(청관) ①청렴한 관리. ¶還有那個一＜元曲＞ ②높고 한가한 벼슬. 淸班(청반). ¶季連有名譽 早歷一＜梁書＞ ※淸宦(청환).
【淸貫】せいかん(청관) ①시종(侍從) 벼슬. ¶謬登一＜柳宗元＞ ②남의 본관의 경칭.

【清光】せいこう(청광) ①청아한 풍채. ¶望陛下一<漢書> ②맑은 달빛. ¶當窓懸一<李白>
【清狂】せいきょう(청광) ①언행이 미치광이 같은 사람. 또는, 백치(白痴). ¶一不惠<漢書> ②자유 분방하여 속인(俗人) 같지 않음. 또는, 그런 사람. ¶僕黨一<左思>
【清曠】せいこう(청광) ①깨끗하고 넓은 곳. ¶一招遠風<謝靈運> ②이목(耳目)이 말쑥하고 밝음. ¶耳目一<宋史>
【清穹】せいきゅう(청궁) 맑은 하늘. 清空(청공).
【清規】せいき①・しんぎ②(청규) ①깨끗하고 바름. 또는, 깨끗한 법도. ¶素德一<晋書> ②《佛》중이 지킬 규칙.
【清閨】せいけい(청규) 깨끗한 방. ¶寒商動一<謝惠連>
【清均】せいきん(청균) 매우 고름. ¶成化由一<何承天>
【清琴】せいきん(청금) 맑은 소리가 나는 거문고. ¶安處撫一<陸機>
【清禁】せいきん(청금) ①궁전. ¶焚香一中<崔顥> ②깨끗한 제지(制止). ¶陽路整衛 正途一<宋書>
【清襟】せいきん(청금) 때 묻지 않은 옷깃이란 뜻으로, 깨끗한 마음을 이름. ¶一照等夷<杜甫>
【清寧】せいねい(청녕) 세상이 깨끗하고 평안하게 다스려짐. 清謐(청밀). 清靖(청정). ¶天下一<後漢書>
【清淡】せいたん(청담) ①맑고 담백함. ¶水光一却生寒<石延年> ②불경기(不景氣)임. 한산함.
【清談】せいだん(청담) ①고상한 이야기. ¶一高論<後漢書> ②노장(老莊)의 사상을 따르는 선비들이 세사(世事)를 떠나서 청정 무위(清淨無爲)의 공리(空理) 공담을 하던 일. ¶終日一<晋書>
【清淡虛無】せいたんきょむ(청담허무) 맑고 담백하며 재물에 집착함이 없이 깨끗함.
【清黨】(청당)㊥ 정당 내부의 불순 분자를 숙청함. 肅黨(숙당).
【清德】せいとく(청덕) 사욕 없이 청렴한 덕. ¶竝以一聞<晋書>
【清道】せいどう(청도) ①깨끗한 도(道). ¶聖人守一<淮南子> ②길을 깨끗하게 함. 임금의 행차에 앞서 벽제(辟除)함. ¶一而後往<潘岳>
【清途】せいと(청도) 좋은 벼슬 자리를 얻는 길. ¶一攸失<潘岳>
【清鑾】せいらん(청란) 맑은 소리가 나는 방울. 또는, 그런 방울을 단 천자의 수레. ¶群后陪一<張九齡>
【清覽】せいらん(청람) ①조출한 전망. ¶一各披雲<蘇味道> ②남이 보거나 읽음의 경칭. 高覽(고람).
【清朗】せいろう(청랑) 맑고 명랑함. ¶雲天屬一<李白>
【清亮】せいりょう(청량) ①성질이 맑고 명랑함. ¶忠充一<晋書> ②음성 등이 맑고 밝음. ¶音聲一<晋書>
【清涼】せいりょう(청량) ①맑고 시원함. ②맑고 참. ¶落日一<雍陶>
【清涼劑】せいりょうざい(청량제) ①입 안을 시원하게 하여 기분을 좋게 하는 약. ②기분을 시원하게 해 주는 것의 비유.
【清麗】せいれい(청려) 맑고 고움. ¶文章一<南史>
【清漣】せいれん(청련) 맑고 잔잔한 물결. ¶花葉媚一<白居易>
【清廉】せいれん(청렴) 마음이 깨끗하고 바름. ¶一潔直<呂覽>
【清泠】せいれい(청령) ①맑고 투명함. ②이슬이나 물이 맑음. ③하늘이 맑음. ¶天一而無霞<張協>
【清靈】せいれい(청령) 맑은 영기(靈氣). ¶稟乾元之一<陸雲>
【清弄】せいろう(청롱) ①맑고 고운 악곡(樂曲). ¶一諸密<異苑> ②깨끗하게 즐김. ¶風雲一夜<陳孚>
【清流】せいりゅう(청류) ①맑게 흐르는 물. ¶臨一而賦詩<陶潛> ②청렴한 사람들. ¶此輩一<歐陽脩> ③고귀한 사람. 名士(명사). ¶有一雅望<魏志> ④깨끗한 은덕. ¶得沐浴于一<晋書>
【清名】せいめい(청명) 청렴하다는 명성. 清譽(청예). ¶一重臣<蜀志>
【清明】せいめい(청명) ①맑고 밝음. ¶海內一<聖賢群輔錄> ②24 절기(節氣)의 하나. 음력 3월의 절기. 양력 4월 5, 6일 쯤. ③금신(金神). ④동남풍. ¶一風<史記>
【清溟】せいめい(청명) 물이 맑은 바다. ¶逍遙于一<阮籍>
【清明酒】せいめいしゅ(청명주) 청명절에 담근 술. 春酒(춘주).
【清明風】せいめいふう(청명풍) 춘분(春分) 후에 부는 동남풍. 薰風(훈풍). ¶一居東南<史記>
【清廟】せいびょう(청묘) ①청명한 덕이 있는 분을 모신 사당이라는 뜻으로, 주(周) 문왕(文王)의 영묘(靈廟)를 이름. ¶一茅屋<左氏傳> ②「시경」(詩經) 주송(周頌)의 편(篇) 이름.
【清味】せいみ(청미) ①좋은 맛. 맛좋은 음식. ②산뜻한 정취. ¶可憐一<李璟>
【清蜜】(청밀)㊙ 꿀.
【清防】せいぼう(청방) 병풍. ¶踟躕一密<顏延之>
【清白吏】(청백리) ①청렴 결백한 관리. ¶稱爲一子孫<後漢書> ②조선 때 조정에서, 청렴한 관리를 선정하여 표창한 제도. 또는, 그 상을 받은 관리.
【清福】せいふく(청복) ①깨끗한 복(福). ¶三樂歌一<耶律楚材> ②남의 복덕의 미칭.
【清芬】せいふん(청분) ①맑은 향기. 清香(청향). ②맑고 향기로운 덕행(德行). 清德(청덕). ¶誦先人之一<陸機>
【清貧】せいひん(청빈) 청렴하며 가난함. ¶愼勿厭一<岑參>
【清算】せいさん(청산) ①대차(貸借)를 정리하여 셈을 끝냄. ¶一計定. ②회사나 조합 등이 해산했을 때 그 재산을 정리함. ¶一人. ③종래의 관계를 결말지음.
【清商】せいしょう①・しんしょう②(청상) ①오음(五音)의 하나. 특히 맑은 상(商)의 소리. ¶癸一之妙曲<後漢書> ②맑고 시원한 바람. ¶一應秋至<潘岳> ③요괴의 이름. ¶其下一不可得泉<管子> ④청(清)의 상인.
【清賞】せいしょう(청상) ①맑고 빼어남. ¶濬沖一

非卿倫也<晉書> ②산수(山水)의 놀이. ¶自昔懷—<蘇軾>

【淸書】せいしょ①·しんしょ②(청서) ①깨끗한 글씨로 씀. 淨書(정서). ¶早—<古事談> ②청(淸)의 글자로 된 책. ※漢書(한서).

【淸蟾】せいせん(청섬) 달의 이칭. ¶先借——夜寒<范成大>

【淸贍】せいせん(청섬) 청아하고 넉넉함. ¶辭采—<南史>

【淸聖濁賢】せいせいだくけん(청성탁현) 청주와 탁주(濁酒).

【淸世】せいせい(청세) 잘 다스려진 세상. 태평한 시대. 淸時(청시). ¶古之— 是法天地<呂覽>

【淸掃】せいそう(청소) 깨끗이 소제함. ¶講禮儀—<魏志>

【淸素之士】せいそのし(청소지 사) 결백하여 꾸밈이 없는 선비. ¶貴—<魏志>

【淸水】せいすい(청수) ①맑고 깨끗한 물. ¶—明鏡<漢書> ②㊥ 순수함.

【淸秀】せいしゅう(청수) 용모가 맑고 빼어남. 眉目秀麗(미목수려). ¶風流—<魏書>

【淸純】せいじゅん(청순) 맑고 순수함. 淸粹(청수). ¶顗—體道<晉書>

【淸醇】せいじゅん(청순) 맑고 잡맛이 없음. 또는, 그런 술. ¶—之酎<後漢書>

【淸諡】せいし(청시) 청렴 결백했던 사람에게 내리는 시호(諡號).

【淸新】せいしん(청신) 속된 티가 없고 참신함. ¶無窮出—<蘇軾>

【淸愼勤】せいしんきん(청신근) 벼슬아치가 지켜야 할 청렴, 근신, 근면을 이름. ¶若能—之外更行一忍 何事不辨<呂本中>

【淸信男】せいしんだん(청신남)《佛》 불교를 믿는 남자.

【淸信女】せいしんじょ(청신녀)《佛》 불교를 믿는 여자.

【淸信士】せいしんし(청신사)《佛》 중. ¶此言—<稱謂錄>

【淸室】せいしつ①②③·しんしつ④(청실) ①깨끗하고 시원한 방. ¶澧泉湧於—<司馬相如> ②방을 깨끗하게 함. ¶—而後御<後漢書> ③목욕 재계하고 처벌을 기다리는 방. ¶造—而請其罪<新書> ④청(淸)의 황실.

【淸實】せいじつ(청실) 청렴하고 신실함. ¶忠貞—<晉書>

【淸心】せいしん(청심) 깨끗한 마음. 마음을 깨끗이 함. ¶詳其—<後漢書>

【淸審】せいしん(청심) 자세하게 조사함. ¶當—單辭<書經>

【淸雅】せいが(청아) 맑고 그윽한 멋이 있음. ¶談論—<陳書>

【淸野】せいや(청야) ①깨끗한 들. ¶肆閱—<水經> ②들을 깨끗이 함. ¶甸師—<梁簡文帝>

【淸揚】せいよう(청양) ①눈이 맑고 눈썹 위가 넓고 두툼함. ¶子之—<詩經> ②미목(眉目)이 수려함. ③맑고 높게 드날림. ¶其聲—而遠聞<荀子>

【淸語】シンご(청어) 청(淸)나라 말. 滿洲語(만주어).

【淸影】せいえい(청영) ①산뜻한 그림자. ¶萬竹埽—<元好問> ②맑은 달빛. ¶明月澄—<曹植>

【淸料理】(청요리)㊟ 중국 요리.

【淸友】せいゆう(청우) ①매화의 별칭. 淸客(청객). ②차(茶)의 별칭.

【淸遠香】せいえんこう(청원향) 취선향(聚仙香). 침향(沈香)과 단향(檀香), 소합향(蘇合香) 등을 섞어 만든 향.

【淸越】せいえつ(청월) 소리가 맑고 가락이 높음. ¶其聲—以長<禮記>

【淸游】せいゆう(청유) 세속을 떠나 자연 풍류를 즐김. 고상한 놀이. 淸遊(청유). 雅遊(아유). ¶抱夜光以—<潘岳>

【淸音】せいおん(청음) ①맑은 소리. 성대(聲帶)의 진동이 없는 자음(子音). 無聲音(무성음). ↔濁音(탁음). ②맑은 음성. ¶山水有—<左思> ③맑은 목소리로 노래함. 淸唱(청창). ④반주없이 노래함.

【淸陰】せいいん(청음) 서늘한 그늘. 美蔭(미음). ¶虛館—滿<沈約>

【淸夷】せいい(청이) 세상이 잘 다스려짐. 昇平(승평). ¶境內—<後漢書>

【淸人】せいじん(청인) ①춘추(春秋) 시대 정(鄭)의 청읍(淸邑) 사람. ②「시경」(詩經)의 편(篇) 이름. ③㊟ 청나라 사람. 중국인.

【淸逸】せいいつ(청일) 깨끗하고 속된 데가 없음. ¶辭句—<宣和畫譜>

【淸酌庶羞】せいしゃくしょしゅう(청작서수) 맑은 술과 여러 가지 제수(祭需).

【淸切】せいせつ(청절) ①엄격함. ¶拘限—禁<劉楨> ②쓸쓸하고 애절함. ¶—藩房<謝朓> ③매우 깨끗함. ¶綠雲—歌聲上<杜甫> ④지위가 높고 요직에 있음. ¶翰林學士 地勢—<夢溪筆談>

【淸節】せいせつ(청절) 청렴 결백한 절조(節操). ¶—之士<漢書>

【淸定】せいてい(청정) 세상이 깨끗하게 잘 다스려짐. ¶今海內—<後漢書>

【淸靜】せいせい(청정) 깨끗하고 조용하여 흔들리지 않음. 無欲安靜(무욕안정). ¶—貞正<史記>

【淸淨】せいじょう①·しょうじょう②(청정) ①맑고 깨끗함. ②사욕이나 사념(邪念)이 없음. ¶—爲常<淮南子> ③악한 일을 떠나고 번뇌를 벗어남.

【淸淨水】しょうじょうすい(청정수)《佛》 다기(茶器)에 담아 부처 앞에 올리는 깨끗한 물. ※井華水(정화수).

【淸淨心】しょうじょうしん(청정심)《佛》 망념(妄念)을 버린 맑은 마음.

【淸朝】せいちょう①②·シンちょう③④(청조) ①이른 아침. 淸晨(청신). ¶從夕至—<謝靈運> ②청명한 조정. 당시의 조정을 이르는 미칭. ¶—作獻臣<方干> ③청(淸)의 왕조. ④청조체 활자(淸朝體活字)의 준말.

【淸朝體】シンちょうたい(청조체) 해서체(楷書體)의 한 가지.

【淸酒】せいしゅ(청주) ①청(淸)과 주(酒). 곧, 제사에 쓰는 물과 술. 또는, 깨끗한 술. ¶祭以—<詩經> ②술의 한 가지. ↔濁酒(탁주).

【淸秩】せいちつ(청질) 깨끗한 봉록(俸祿)이라는 뜻으로, 고귀한 벼슬을 이름. 淸班(청반). ¶不宜任—<宋史>

【淸澄】せいちょう(청징) ①깨끗하고 맑음. ¶寂然—<文子> ②정형(政刑)이 사특함 없이 청

명함. ¶一刑網<吳志>

【清聽】せいちょう(청청) ①귀가 밝아 잘 들림. ¶四坐竝一<陸機> ②남이 들어 줌의 경칭(敬稱).

【清楚】せいそ(청초) ①산뜻하고 고움. ¶是時一望<韋建> ②명확함. 분명(分明).

【清最】せいさい(청최) 깨끗하고 훌륭함. ¶其政皆以一聞<唐書>

【清秋】せいしゅう(청추) ①맑고 상쾌한 가을. ¶獨有一日<殷仲文> ②맑게 갠 가을 하늘. ③음력 8월의 이칭. 「機>

【清沖】せいちゅう(청충) 맑고 온화함. ¶執心一<陸

【清濁】せいだく(청탁) ①맑음과 흐림. 청수(清水)와 탁수(濁水). ¶涇以一<詩經> ②청음(清音)과 탁음. ③맑은 기운과 탁한 기운. 천지 음양(天地陰陽)을 이름. ¶理包一<左思> ④청성(清性)과 탁성(濁性). 현인(賢人)과 우인(愚人). ¶任響一<商子> ⑤청주(清酒)와 탁주(濁酒).

【清平】せいへい(청평) ①깨끗하고 평평함. 또는, 평온하게 다스려짐. 清夷(청이). ¶海內一<班固> ②청렴하고 공평함. ¶長官一<元稹>

【清品】せいひん(청품) 좋은 벼슬. 또는, 그 관위(官位)에 있는 사람. ¶隨一<鄭谷>

【清風】せいふう(청풍) ①맑은 바람. ¶穆如一<詩經> ②청아한 풍격(風格). 청렴한 풍습. ¶萬載垂一<阮籍>

【清風來故人】せいふうこじんきタル(청풍래고인) 맑은 바람이 불어오니 옛 친구를 만난 듯한 기분이 듦. ¶大暑去酷吏 一<杜牧>

【清蹕】せいひつ(청필) ①벽제(辟除)함. 또는, 벽제하는 소리. ¶衡街響一<王褒> ②천자의 행차나 노부(鹵簿). ¶一而臨太學<北史>

【清學】(청학)㊇ ①청(清)대의 학문. ②만주어(滿洲語)에 관한 공부.

【清閒】せいかん(청한) 남의 한가한 때를 이르는 미칭. 清靜安閒(청정안한). ¶願賜一<漢書>

【清抗】せいこう(청항) 마음이 깨끗하고 고상함. 清矯(청교). ¶一絕俗<南史>

【清香】せいこう(청향) 맑은 향기. 芳香(방향). ¶花有一月有陰<蘇軾>

【清虛】せいきょ(청허) 마음이 깨끗하고 욕심이 없음. ¶一而靜<新書>

【清虛境】せいきょきょう(청허경) 월궁(月宮). 달나라. 清虛洞府(청허동부). 清虛洞天(청허동천). 「경).

【清虛洞府】せいきょどうふ(청허동부) ☞清虛境(청허

【清虛洞天】せいきょどうてん(청허동천) ☞清虛境(청허경). 「粲>

【清玄】せいげん(청현) 맑고 그윽함. ¶恬淡一<王

【清和】せいか・せいわ(청화) ①깨끗하고 온화함. ¶一咸理<漢書> ②잘 다스려진 세상. ¶聯一之正聲<揚雄> ③음력 4월의 별칭. 또는, 음력 4월 초하루. ¶四月朔爲一節<歲事記> ④음력 2월 또는 4월의 기후.

【清華】せいか(청화) ①문장 등이 조출하고 아름다움. ¶詞藻一<北史> ②산뜻한 꽃. ¶水木堪一<謝混> ③고귀한 집안. 華族(화족). ¶望一<北史>

【清話】せいわ(청화) ①세속을 떠난 고상한 이야기. ¶信宿酬一<陶潛> ②㊥ 청어(清語). 옛 만주어(滿洲語).

【清宦】(청환) 옛날, 학식과 문벌이 높은 사람이 하던 규장각(奎章閣)·홍문관(弘文館)·선전관청(宣傳官廳) 따위의 벼슬.

【清誨】せいかい(청회) 훌륭한 가르침이란 뜻으로, 남의 가르침에 대한 경칭. 高教(고교). ¶承前王之一<陶潛>

▷潔一, 兼一, 輕一, 經一, 明一, 穆一, 密一, 上一, 昭一, 掃一, 淑一, 肅一, 晏一, 厲一, 冽一, 廉一, 永一, 凝一, 寅一, 至一, 直一, 澄一, 淒一, 忠一, 太一, 風一, 閒一, 閑一, 寒一, 含一, 顯一, 血一, 華一

11【淸】清(p. 889)과 同字

8/11【淄】검은빛 치 | ㊥ㄗ (zi) | し black

풀이 ①검은빛. ¶化白于泥一<太玄經> ②검게 물들다. ¶涅而不一<史記> ③강 이름. ¶一水.

【淄澠辨味】しじょうアジワイヲべんズ(치승변미) 옛날, 제(齊) 환공(桓公)의 신하로서 맛을 잘 아는 역아(易牙)가 치수(淄水)와 승수(澠水) 두 강의 물이 섞인 것을 맛보고 어느 부분이 어느 강의 물인지를 알아냈다는 옛일에서, 숙련된 전문가는 보통사람이 불가능한 일도 해낼 수 있음의 비유. 淄澠之合 易牙嘗而知之(치승지합 역아상이지지).

【淄硯】しけん(치연) 중국 산동성(山東省) 치천(淄川)에서 나는 벼루. 송(宋)대에 매우 귀히 여김.

11【涴】沱(p. 863)의 俗字

11【渮】沱(p. 863)의 俗字

11【涶】唾(p. 303)와 同字

8/11【涿】1 들을 탁 ㊂촉 2 땅 이름 탁 ㊂착 | ㊥ㄓㄨㄛ (zhuo) 覺 | とく たく

풀이 1 ①듣다. 방울져 떨어짐. ②치다. ¶壺一氏<周禮> ③갈다. 닦다. ㊣琢. ¶刊鑿一摩<張公神碑> ④엉덩이. ㊣豚. 2 땅 이름. ¶一縣.

【涿鹿】たくろく(탁록) ①옛날 죄인의 이마에 자자(刺字)하던 형벌. ②산 이름. 하북성(河北省) 탁록현에 있는 산으로, 황제(黃帝)가 치우(蚩尤)와 싸운 곳.

▷瀧一, 世一

11【淲】彪(p. 539)·滮(p. 915)와 同字

8/11【涸】물마를 학 / 호 | 藥 ㄏㄜˊ (he) / 遇 ㄏㄠ (hao) | かく / こ

풀이①물이 마르다. ¶商—旱＜呂覽＞/—渴. ②물을 말리다. ¶不—澤而漁＜淮南子＞ ③막다. ¶孰江河之可—＜楚辭＞ ④엄하다. ¶—陰沍寒＜張衡＞

【涸渴】こかつ(학갈) 물이 말라 없어짐. 뜻이 바뀌어, 자금·물자 등이 바닥이 남. 枯渴(고갈).

▷竭—, 乾—, 枯—, 窮—, 匱—, 耗—, 鮒—, 潤—, 凝—, 燥—, 焦—

8 11【涵】젖을 함 覃 ㄏㄢˊ (han) かん get wet

풀이①젖다. 적시다. ¶—養. ②잠기다. 가라앉다. ¶—泳乎其中＜左思＞ ③넣다. 채용하다. ¶僭始旣—＜詩經＞

【涵養】かんよう(함양) 물 주어 기른다는 말로, ㉮혜택을 주어 기름. 涵育(함육). ㉯물이 스미듯이 저절로 학문 등이 터득되도록 양성함. ¶—有素＜朱子全書＞

【涵育】かんいく(함육) ☞涵養(함양)①.

【涵咀】かんしょ(함저) 잘 씹어 맛봄. 뜻이 바뀌어, 글의 뜻 따위를 잘 새겨서 음미함을 이름. ¶每—義味＜陸龜蒙＞ ※かんしょ

▷韜—, 潛—, 淸—, 沈—, 包—, 海—, 渾—, 泓—

8 11【淊】1 흙탕 함 感 かん 2 물 가득할 염 琰 えん

풀이1①흙탕. ②실꾸리를 삶는 물. 2물이 가득하다. ¶瀲—.

8 11【涬】당길 행 迥 ㄒㄧㄥˋ (xing) けい

풀이①당기다. 끌어 당김. ¶無緜攣以—己兮＜張衡＞ ②광대하고 어두운 모양. ¶大同乎—溟＜莊子＞ ③큰물의 모양.

▷溟—, 水—, 鴻—

8 11【⿰氵戽】자루달린 두레박 호 麌 こ

8 11【淏】맑을 호 皓 こう

8 11【混】1 섞을 혼 阮 ㄏㄨㄣˋ (hun) こん(マジル) mix 2 오랑캐 곤 元

同掍

풀이1①섞다. 섞임. ¶人之生也 善惡—＜法言＞/—雜. ②흐리다. ¶玄—之中＜班固＞ ③합치다. ¶—而爲一＜老子＞ ④같다. 같게 함. ¶六合旣—＜太玄經＞ ⑤구별되지 않는 모양. ¶天下—然＜荀子＞ ⑥많이 흐르는 모양. ¶原泉——＜孟子＞ ⑦크다. ¶—冥之中＜淮南子＞ 2오랑캐 이름. 通昆. ¶—夷.

【混夷】こんい(곤이) 서융(西戎)의 이름. 昆夷(곤이).

【混沌】こんとん(혼돈) ①천지가 개벽하기 전에 음양이 아직 갈라지지 않은 모양. 混淪(혼륜). ¶—相連＜白虎通＞ ②사물의 구별이 확연하지 않은 모양. ③소나 양의 가죽으로 만든 부대. 鴟夷(치이). 皮袋(피대).

【混沌湯】(혼돈탕) 여러 가지 재료를 넣고 끓인 국.

【混同】こんどう(혼동) ①모아서 하나로 함. ¶海外—＜後漢書＞ ②뒤섞여 있어 구별되지 않음. ¶河北—＜顏氏家訓＞

【混亂】こんらん(혼란) 뒤섞여 어지러움. 질서없이 뒤섞임. 渾亂(혼란). 混淆(혼효). 錯亂(착란). 亂雜(난잡). ¶顚倒—＜雜譬喩經＞

【混亂相】(혼란상) 뒤섞여 어지러운 모양. 질서가 문란해진 상태.

【混流】こんりゅう(혼류) 섞여 흐름. ¶汩乎—＜司馬相如＞

【混冥】こんめい(혼명) 어둡고 분명하지 않음. 신비하고 심원(深遠)한 곳. ¶大通—＜文子＞

【混文】こんぶん(혼문) 문장에서, 종속절(從屬節)과 대등절(對等節)을 가진 글.

【混紡】こんぼう(혼방) 여러 종류의 섬유를 섞어서 짜는 방적(紡績). ¶—絲.

【混色】こんしょく(혼색) 빛깔을 뒤섞음. 혼합된 빛깔.

【混線】こんせん(혼선) ①전화·전신에 엉뚱한 신호나 소리가 흘러들어 혼란을 빚는 일. ②여러 갈래의 이야기가 뒤섞여 얽힘.

【混說】こんせつ(혼설) 여러 가지를 뒤섞어서 주장함. 함부로 아무렇게나 말함. ¶—損益＜鬼谷子＞

【混成】こんせい(혼성) 섞어서 만듦. 또는, 섞여서 이루어짐. ¶宮室—＜漢書＞

【混成部隊】こんせいぶたい(혼성부대) 여러 병과(兵科)의 병사를 섞어 편성한 부대. 또는, 여러 나라의 병사로써 편성된 부대.

【混成酒】こんせいしゅ(혼성주) ☞合成酒(합성주).

【混食】こんしょく(혼식) ①주식(主食)으로서 쌀과 잡곡을 섞어 먹음. ②여러 가지 음식을 섞어 먹음.

【混浴】こんよく(혼욕) 남녀가 한 욕탕에서 목욕함.

【混用】こんよう(혼용) ①여러 가지를 섞어 씀. ¶國漢文—. ②여러 가지 목적으로 사용됨. 兼用(겸용).

【混元】こんげん(혼원) 천지 개벽의 때. 뜻이 바뀌어, 천지를 이름. ¶—初基＜張衡＞

【混元代】こんげんだい(혼원대) 아주 오랜 옛날. 創世期(창세기). ¶疑返—＜白居易＞

【混元衣】こんげんい(혼원의) 태아를 싸고 있는 막과 태반(胎盤). 삼. 胞衣(포의). 混沌衣(혼돈의). 混元母(혼원모). 胎衣(태의). 仙人衣(선인의).

【混一】こんいつ(혼일) 합하여 하나로 함. 統一(통일). 渾一(혼일). ¶四海— 天下定寧＜論衡＞

【混入】こんにゅう(혼입) 섞어서 넣음. 섞여 들어감. ¶不許投文—其內＜福惠全書＞

【混雜】こんざつ(혼잡) 뒤섞여 난잡함. 渾雜(혼잡). ¶胡家徒侶—＜北史＞

【混戰】こんせん(혼전) 적과 아군이 뒤섞여 싸움.

【混濁】こんだく(혼탁) 불순한 것이 섞여서 흐림. 뜻이 바뀌어, 세상이 어지러움을 이름. 渾

濁(혼탁). ¶ —淆雜<班固>
【混合】こんごう(혼합) 뒤섞음. 뒤섞임. ¶ —酒/—比/—物/—體.
【混血】こんけつ(혼혈) 서로 다른 종족의 남녀가 교합(交合)하여 피가 섞임. 또는, 그 혼합된 혈통. ¶ —兒. ↔純血(순혈).
【混號】こんごう(혼호) 경박한 사람들이 서로 부르던 별명. 옛날, 하(夏)의 걸왕(桀王)이 힘이 세어 맨손으로 소를 쓰러뜨렸다는 데서 이대희(移大犧)라 불린 것이 혼호(混號)의 시초임. ¶ 輒有—<陔餘叢考>
【混淆】こんこう(혼효) 뒤섞여서 분간할 수 없게 됨. 雜亂(잡란). ¶ 玉石—<抱朴子>
【混淆林】こんこうりん(혼효림) 여러 종류의 나무로 이루어진 숲. 混成林(혼성림).
▷大—, 元—, 環—

8 11【涽】 흐릴 혼 | 㘣ㄏㄨㄣ 願(hun) | こん *dissy*

풀이 ①흐리다. 생각이 어지러움. ¶ —涽淑淑<荀子> ②어둡다. 어리석다. ¶ 置其滑—<莊子> ③탁한물.

8 11【淴】 검푸를 홀 | 月 | こつ *dark blue*

풀이 ①검푸르다. 검푸른 빛깔. ②맞다. ③깊숙하다. ¶ 心愛綿—<楞嚴經>

8 11【淮】 강 이름 회 | 佳ㄏㄨㄞˊ (huai) | わい

풀이 ①강 이름. ¶ —水. ②고르게 하다. ¶ —者均<風俗通> ③에워싸다.
【淮南】わいなん(회남) ①두부의 별칭. 회남왕 유안(劉安)이 처음 만든 데서 생긴 이름. ¶ 早知—術<書言故事> ②회수(淮水) 이남의 땅. ¶ —秋雨<韋應物>
【淮南子】えなんじ(회남자) ①《人》 한(漢) 고조(高祖)의 손자인 유안(劉安). ②전한(前漢)의 회남왕(淮南王) 유안(劉安)이 막하의 학자들에게 명하여 고금의 치란(治亂)·천문·이학(理學) 등을 강론시켜 엮은 책. 처음에는 「회남홍렬」(淮南鴻烈)이라 불렸으며, 모두 21권.
【淮上】わいじょう(회상) 회수(淮水) 강변. ¶ 敗之於—<胡銓>
【淮水】わいすい(회수) 강 이름. 하남성(河南省)에서 발원하여 안휘성(安徽省)과 강소성(江蘇省)을 거쳐 우리나라 서해로 흘러듦. 중국 제3의 강.
【淮陰侯】わいいんこう(회음후)《人》 한(漢)대 한신「(韓信)의 봉호(封號).
▷江—, 秦—, 平—

8 11【淆】 뒤섞일 효 | 肴ㄧㄠˊ (yao) | こう *mixed*

풀이 ①뒤섞이다. 어지러워짐. ¶ —之不濁<後漢書> ②흐리다. 흐리게 함. ¶ —亂.
▷紛—, 混—, 溷—

9 12【渮】 강 이름 가 | 歌 | か

9 12【渴】 ① 목마를 갈 ② 물 잦을 걸 | 曷ㄎㄜˇ (ke) 屑 | かつ *thirsty* けつ

略 渇

풀이 ① ①목 마르다. ¶ 彼旣窮—<晋書>/解—. ②갈증. ¶ 匪飢匪—<詩經>/臨—掘井. ③서두르다. 장례를 서둘러 치름. ¶ 不及時而日 —葬也<公羊傳> ② 물이 잦다. 물이 마름. ¶ —澤用鹿<周禮>
【渴求】かっきゅう(갈구) 몹시 애써서 구함.
【渴急】かっきゅう(갈급) 몹시 조급함.
【渴急症】かっきゅうしょう(갈급증) ☞渴症(갈증).
【渴驥奔泉】かっきイズミニハシル(갈기분천) 목마른 준마가 샘으로 달려간다는 말로, 기세가 몹시 급함의 비유.
【渴望】かつぼう(갈망) 목말라 물을 찾듯이 몹시 바람. 熱望(열망). 渴想(갈상).
【渴聞】かつぶん(갈문) 목마른 사람이 물을 마시듯이 열심히 들음. ¶ —忠言.
【渴不飮盜泉之水】かっストモとうせんノミズヲノマズ(갈불음 도천지수) 목이 말라도 도천(盜泉)이라는 이름의 샘물은 마시지 않음. 아무리 곤궁하여도 의롭지 않은 일은 멀리함을 이름.
【渴水】かっすい(갈수) 가뭄으로 물이 마름. 涸渴(학갈).
【渴心】かっしん(갈심) 목말라하는 마음. 뜻이 바뀌어, 간절한 욕망. ¶ 況余塵土之—<黃庭堅>
【渴愛】かつあい(갈애) ①심히 좋아함. 또는, 갈구하는 애정. ¶ —飡漿美<陸游> ②《佛》 목마를 때 물을 바라듯 이욕(利欲)에 애착함.
【渴烏】かつう(갈오) 굽은 대롱을 이용하여 물을 끌어올리는 기구. 汲水器(급수기). ¶ 作翻車—<後漢書>
【渴而穿井】かっシテいヲウガツ(갈이천정) 목이 마른 뒤에야 우물을 팜. 평소의 준비 없이 일을 당해서야 서두르는 어리석음의 비유. 臨渴掘井(임갈굴정).
【渴葬】かっそう(갈장) 옛 중국에서 예월(禮月) 곧 장기(葬期)를 채우지 않고 앞당겨 지낸 장례. ¶ 不及時而日 —也<公羊傳>
【渴症】(갈증) ①목이 자꾸 마르는 증세. 燥渴症(조갈증). ②몹시 초조하여 서두는 마음.
【渴筆】かっぴつ(갈필) 서화(書畫)에서, 먹이 덜 묻은 붓으로 쓰거나 그린 듯이 하는 기법(技法). 焦墨(초묵). ¶ —枯無墨也<丹鉛總錄>
▷枯—, 窮—, 飢—, 醫—, 酒—, 止—, 涸—, 解—

9 12【減】 덜 감 | 豏ㄐㄧㄢˇ (jian) | げん(ヘル) *subtract*

풀이 ①덜다. ¶ 太僕—穀食馬<漢書>/輕—. ②다하다. 생략하다. ¶ 實—無事之物<後漢書> ③줄다. ¶ 聲望日—<晋書> ④손상하다. 죽이다. ¶ 克—侯宣多<左氏傳> ⑤지치다. 싫증남. ¶ 禮主其—<禮記> ⑥빼기. 감산(減算).
【減價】げんか(감가) ①값을 내림. ¶ —以貨所有

<唐書> ②명성이 떨어짐. ¶二陸入洛 三張—<晋書> ③영업용 건물이나 기계 등의 손모(損耗)를 따져, 그 가격을 그만큼 줄여 나가는 일. 減價償却(감가상각).

【減却】げんきゃく(감각) 덞. 줄임. ¶一片花飛—春<杜甫>

【減輕】げんけい(감경) 줄여서 가볍게 함. 輕減(경감). ¶—田租<漢書>

【減軍】げんぐん(감군) 군대의 수효를 줄임. 군사력을 줄임.

【減剋】げんこく(감극) 깎아 줄임. 削減(삭감). 減削(감삭).

【減給】げんきゅう(감급) 품삯 등을 정액에서 깎아 덜 줌.

【減免】げんめん(감면) 감경(減輕)과 면제. ¶已逾熱審者概不—<淸會典事例>

【減耗】げんこう(감모) 줄어듦. 또는, 줄임. 減少(감소). ¶天下戶口—<魏志>

【減半】げんはん(감반) 반이 줆. 반을 줄임. ¶衣帶—<南史>

【減法】げんぽう(감법) 빼기. 감산(減算). ↔加法(가법).

【減俸】げんぽう(감봉) 봉급의 액수를 줄임. ¶吏憂— 兵憂減廩<蘇軾> ↔增俸(증봉)·加俸(가봉).

【減削】げんさく(감삭) 덜고 깎음. 削減(삭감). 減剋(감극).

【減算】げんさん(감산) ①뺄셈. 빼기. ↔加算(가산). ②조세를 감함. 減稅(감세). ③일찍 죽음. ¶澈之恐—<皮日休>

【減膳】げんぜん(감선) 음식 가짓수를 줄임. 옛날, 나라에 변고가 있을 때 임금이 수라상의 음식 가짓수를 줄이던 일. ¶以歲飢—<唐書>

【減稅】げんぜい(감세) 조세의 액수를 줄임. ¶以水災—<唐書>

【減少】げんしょう(감소) 줄어서 적어짐. 減損(감손). ¶墾田—<後漢書>

【減速】げんそく(감속) 속도를 줄임. ↔加速(가속).

【減損】げんそん(감손) 줆. 또는, 줄임. 減少(감소). ¶僮僕—<顏氏家訓>

【減殺】げんさい(감쇄) 줄임. 또는, 줆.

【減衰】げんすい(감쇠) 힘이 줄어 쇠약해짐.

【減收】げんしゅう(감수) 수확이나 수입이 줆.

【減售】げんしゅう(감수) 값을 내려 싸게 팖.

【減壽】げんじゅ(감수) 심한 충격이나 고생으로 수명이 줆. ¶十年—.

【減額】げんがく(감액) 금액을 줄임. ↔增額(증액).

【減員】げんいん(감원) 인원을 줄임. ↔增員(증원).

【減差】(감차) 병의 증세가 덜하여 차도가 있음.

【減縮】げんしゅく(감축) 줄임. 減少(감소). 縮少(축소).

【減退】げんたい(감퇴) 줄어듦. 줄어 쇠퇴함. ¶恒思—<南史>

【減刑】げんけい(감형) 형을 가볍게 함. 減等(감등).

【減畫】げんかく(감획) 글씨의 획수를 줄임.

▷加—, 輕—, 貸—, 末—, 耗—, 半—, 削—, 省—, 損—, 衰—, 節—, 增—, 縮—, 蕩—

9 12 【湝】 출렁출렁 흐를 개 | ㄐㄧㄝ (jie) | かい

풀이 ①물이 출렁출렁 흐르는 모양. ¶淮水——<詩經> ②물이 차갑다. 춥다. ③비바람이 그치지 아니하다.

9 12 【渠】 1 도랑 거 2 어찌 거 | 魚 ㄑㄩˊ (qu) ㄐㄩˋ (ju) | きょ ditch

풀이 1 ①도랑. ¶—幨以守<淮南子>/溝—. ②크다. 通鉅. ¶殲厥—魁<書經> ③우두머리. ¶縛其—長<唐書> ④갑옷. 방패. ¶奉文犀之—<國語> ⑤악곡의 이름. ⑥수레의 겉테. ⑦그 사람. ¶—輩. ⑧올리다. 通擧. 2 ①어찌. 반어(反語)의 부사. 같 詎. ¶儀寧—能乎<史記> ②갑자기. 通遽.

【渠魁】きょかい(거괴) ☞渠帥(거수).

【渠儂】きょのう(거농) 그. 그 사람. ↔我儂(아농).

【渠門】きょもん(거문) 기(旗)의 이름. 또는, 기를 세워 진영의 문으로 한 것. ¶—赤旂<管子>

【渠眉】きょび(거미) 옥에 장식으로 새긴 줄무늬.

【渠輩】きょはい(거배) 그들. ¶皆—爲之<金史>

【渠水】きょすい(거수) 땅을 파서 만든 수로(水路). 疎水(소수). 運河(운하). ¶俱臨鄧—<盧思道>

【渠帥】きょすい(거수) 악한 무리의 우두머리. 渠魁(거괴). 巨魁(거괴). 魁首(괴수). 渠率(거수). 渠長(거장). ¶誅其—<史記>

【渠率】きょすい(거수) ☞渠帥(거수).

【渠偃】きょえん(거언) 도랑과 둑.

【渠黃】きょこう(거황) 준마(駿馬) 이름. 주(周) 목왕(穆王)의 팔준(八駿)의 하나.

▷溝—, 夫—, 船—, 暗—, 寧—, 芋—, 義—, 漕—, 從—, 遮—, 汗—, 軒—

9 12 【湨】 강 이름 격 | けき

9 12 【澒】 물결 소리 굉 | ㄏㄨㄥ (hong) | こう

9 12 【渜】 1 목욕물 난 2 강 이름 난 | ㄋㄨㄢ (nuan) | だん

9 12 【湳】 강 이름 남 | だん

12 【涅】 涅(p. 872)의 俗字

9 12 【湍】 1 여울 단 2 강 이름 전 | 寒 ㄊㄨㄢ 先 (tuan) | たん shallow せん

풀이 1 ①여울. ¶不能生—瀨之流<淮南子> ②빠르다. ¶水—悍<史記> ③소용돌이치다. ¶性猶—水也<孟子> 2 강 이름. ¶—水.

【湍水】たんすい(단수) 소용돌이치는 급류. 湍流(단류). 湍瀨(단뢰). ¶譬之—<論衡>

せんすい(전수) 강 이름. 하남성(河南省)에서 발원하여 백하(白河)로 흘러듦.

▷激—, 驚—, 急—, 奔—, 崩—, 飛—, 峻—, 淸—, 馳—, 懸—

9 12【湛】
1 즐길 담 覃ㄉㄢ たん
2 가득히 찰 잠 豏(dan) たん
3 잠길 침 侵ㄓㄢ ちん
4 장마 음 侵(zhan) いん
5 담글 침 沁 しん

풀이 1 ①즐기다. ¶和樂且一＜詩經＞ ②탐닉하다. 通耽. ¶虞于一樂＜國語＞ ③느린 모양. ¶月遄而日一＜太玄經＞ 2 ①가득히 차다. 차고 넘침. ¶酒一溢＜淮南子＞ ②물이 괴다. ¶水木一清華＜謝混＞ ③편안하다. ¶清一幽凝＜王勃＞ ④많다. ¶吸一露＜楚辭＞ ⑤가라앉다. 같沈. ¶浮一隨行＜漢書＞ ⑥강 이름. ¶一水. 3 ①잠기다. 가라앉히다. ¶然則荊軻一七族＜漢書＞ ②두텁다. ¶一恩汪濊＜司馬相如＞ ③깊다. ¶私一憂而深懷兮＜張衡＞ ④흙탕. ¶一濁在下＜荀子＞ 4 장마. 같霪. ¶久雨爲一＜論衡＞ 5 담그다. ¶一諸美酒＜禮記＞

【湛酒】たんしゅ (담주) 지나치게 술을 즐김. 술에 빠짐. ¶一湎肴＜漢書＞

▷浮一, 深一, 黯一, 凝一, 荒一

9 12【渡】 건널 도 | 遇ㄉㄨˋ (du) | と(ワタル) traverse
同 沰

풀이 ①건너다. ¶項梁一淮＜史記＞/一河. ②건네다. ¶以木罌瓶一軍＜史記＞ ③나루터. ¶孟津一險＜晋書＞

【渡江】とこう (도강) 강을 건넘. ¶楚王一得萍實＜孔子家語＞

【渡江楫】とこうのかじ (도강즙) 출진할 때의 맹세. 진(晋)의 오호(五胡)의 난 때, 예주 자사(豫州刺史) 조적(祖逖)이 군사를 이끌고 양자강을 건너면서, 난을 평정하지 않고는 이 강을 다시는 건너지 않겠다고 노를 치며 맹세한 옛일에서 온 말. ¶或爲一＜文天祥＞

【渡口】とこう (도구) 나루터. 渡頭(도두). ¶一欲黃昏＜岑參＞

【渡來】とらい (도래) 외국에서 건너옴. ¶一人.

【渡美】(도미) 미국으로 감. ¶一留學.

【渡船】とせん (도선) 나룻배. ¶關雲迎一＜岑參＞

【渡船場】とせんば (도선장) 나루터.

【渡日】とにち (도일) 일본으로 건너감.

【渡子】とし (도자) 나룻배의 사공. ¶一未回舟＜高啓＞

【渡田】(도전) 韓 조선 때, 나라에서 지정한 나루에 딸린 논밭. 그 나루를 맡은 사람이 경작함.

【渡津】としん (도진) ①나루를 건넘. ②나루터. 渡口(도구). 渡船場(도선장).

【渡河】とか (도하) 강을 건넘. ¶三豕一＜孔子家語＞

【渡航】とこう (도항) 바다를 건넘.

▷古一, 過一, 官一, 賣一, 明一, 付一, 不一, 飛一, 野一, 讓一, 引一, 津一, 喚一

12【湄】 滔(p.903)의 俗字

9 12【湩】
1 젖 동 送ㄓㄨㄥˋ とう
2 북소리 동 東(zhong) milk

풀이 1 젖. ¶具牛羊之一＜穆天子傳＞ 2 북소리. ¶一然擊鼓＜管子＞

▷酪一, 乳一

9 12【湅】
1 누일 련 霰ㄌㄧㄢˋ れん
2 쌀 일 란 諫(lian) らん

풀이 1 ①누이다. 마전함. 같練. ¶一絲. ②불리다. 通鍊. ¶鍛一. 2 쌀을 일다.

9 12【湁】 샘솟을 립 緝 りゅう

12【満】 滿(p.909)의 略字

12【湾】 灣(p.930)의 略字

9 12【湎】 빠질 면 | 銑ㄇㄧㄢˇ (mian) | めん be immersed

풀이 ①빠지다. 탐닉함. ¶罔敢一于酒＜書經＞ ②바뀌다. 변천함. ¶一一紛紛＜漢書＞

▷流一, 淫一, 沈一, 耽一, 荒一

9 12【湎】 물 넘칠 면 | 霰 べん

9 12【渺】 아득할 묘 | 篠ㄇㄧㄠˇ (miao) | びょう remote

풀이 ①아득하다. 끝없이 넓음. ¶長江一漫＜宋書＞ ②작다. 아주 작은 모양. ¶一滄海之一粟＜蘇軾＞ ③1의 천억분의 일. ¶十一爲埃＜算經＞

【渺然】びょうぜん (묘연) 끝없이 넓은 모양. ¶獨上江樓思一＜趙嘏＞

▷驚一, 杳一, 窈一, 縹一, 浩一

9 12【渼】 물놀이 미 | 紙ㄇㄟˇ (mei) | び

풀이 ①물놀이. 파문(波紋). ②강 이름. ③못 이름. ¶一陂.

9 12【湄】
1 물가 미 支ㄇㄟˊ
2 더운 물 난 (mei) び

▷曲一, 水一

9 12【湣】
1 시호 민 軫ㄇㄧㄣˇ びん
2 혼합할 면 (min) べん
3 정해지지 않을 혼 霰ㄏㄨㄣ mix / 阮(hun) こん

풀이 1 시호(諡號). 같閔. 2 ①혼합하다. ¶泫一. ②어둡다. ¶紅杳渺以眩一兮＜史記＞ 3 정해지지 아니하다. ¶置其滑一＜莊子＞

9 12【渤】 바다 이름 발 | 月ㄅㄛˊ (bo) | ぼつ

풀이 ①바다 이름. ¶一海. ②물이 솟아나는 모양. ¶鯨歸穴兮一溢＜元稹＞ ③안개가 자욱히 끼는 모양. ¶氣滃一＜郭

璞>

【渤海】ぼっかい(발해) ①나라 이름. 7세기 말에 고구려 유민 대조영(大祚榮)이 만주에 세운 나라. ②바다 이름. 요동반도와 산동반도 사이에 있는 내해(內海).
▷溟—, 滂—, 瀨—, 滃—

9 12【湃】 물결 일 배 | [卦] ㄆㄞˋ (pai) | はい

[풀이] ①물결 이는 모양. ¶洶涌彭—<司馬相如> ②물결 소리. ¶空聽餘瀾鳴——<蘇軾>
▷滂—, 瀨—, 彭—, 澎—, 泙—

9 12【湢】 목욕간 벽 | [職] ㄅㄧˋ (bi) | ひょく

[풀이] ①목욕간. 욕실. ¶外內不共—浴<禮記> ②삼가는 모양. ¶軍旅之容 —然肅然<新書> ③다가오다. ¶—測泌瀄<史記> ④물이 솟는 모양. ¶縣溜竟—汎<貢師泰>

9 12【湓】 [1] 용솟음할 분 [2] 강 이름 분 | [願] [元] ㄆㄣˊ (pen) | ほん boil

[풀이] [1] ①용솟음하다. ¶河水—溢<漢書> ②물 소리. ¶—流雷呴<郭璞> ③소나기. ¶—雨. [2] 강 이름. ¶住近—江地低濕<白居易>

9 12【渣】 찌끼 사 | [麻] ㄓㄚ (zha) | さ dregs

[풀이] ①찌끼. ¶消融其—滓<論語> ②강 이름. [같] 溠.

9 12【湘】 강 이름 상 | [陽] ㄒㄧㄤ (xiang) | しょう

[풀이] ①강 이름. ¶—水. ②삶다. ¶于以—之<詩經> ③호남성(湖南省)의 옛 이름. ¶—中.

【湘君】しょうくん(상군) ①☞湘妃(상비). ②「초사구가」(楚辭九歌)의 편이름.

【湘南】しょうなん(상남) 상수(湘水) 이남의 지방. ¶—春又歸<杜牧>

【湘靈】しょうれい(상령) 상수(湘水)의 신. 湘妃(상비). ¶—下 漢女游<後漢書>

【湘妃】しょうひ(상비) ①상수(湘水)의 신(神). 요(堯)의 딸 아황(娥皇)과 여영(女英)이 함께 순(舜)의 비가 되었다가, 순이 죽자 상수에 투신하여 신이 되었다 함. 湘君(상군). 湘靈(상령). ②반죽(斑竹)의 이칭. 湘竹(상죽).

【湘水】しょうすい(상수) 강 이름. 광서성(廣西省) 양해산(陽海山)에서 발원하여 동정호(洞庭湖)로 흘러듦.

【湘竹】しょうちく(상죽) 반죽(斑竹)의 이칭. 상수(湘水) 부근에 나는 대로, 아황(娥皇)과 여영(女英)의 눈물로 얼룩이 졌다 함.

【湘中】しょうちゅう(상중) 호남성(湖南省)의 이칭.

9 12【湑】 거를 서 | [語] ㄒㄩˇ (xu) | しょ strain

[풀이] ①거르다. ¶有酒—我<詩經> ②거른 술. ¶爾酒旣—<詩經> ③맑다. ¶旨酒旣—<儀禮> ④이슬이 맺히는 모양. ¶零露—兮<詩經> ⑤무성한 모양. ¶其葉—兮<詩經> ⑥즐기다. ¶酣—半八音并<左思>

9 12【渲】 바림 선 | [霰] ㄒㄩㄢˋ (xuan) | せん

[풀이] ①바림. ¶—法. ②작은 시내.

9 12【渫】 [1] 칠 설 [2] 출렁거릴 접 | [屑] [葉] ㄒㄧㄝˋ (xie) | せつ ちょう remove

[풀이] [1] ①치다. 오물 따위를 제거함. ¶井—不食<易經> ②흩어지다. ¶有錢粟有所—<漢書> ③그치다. ¶爲歡未—<曹植> ④더럽히다. 더러움. ¶卑辱奧—<漢書> ⑤친압(親狎)하다. 업신여김. [통] 媟. ⑥새다. 누설함. ¶尾閭—而不虛<莊子> [2] ①출렁거리는 모양. ②통하다. 관철시킴. ¶憤眊不—<漢書>
▷開—, 奧—, 浚—, 淸—, 浹—

12【湳】 溯(p.904)와 同字

12【湵】 溲(p.904)의 本字

12【湿】 濕(p.924)의 略字

9 12【湜】 물 맑을 식 | [職] ㄕˊ (shi) | しょく

[풀이] ①물이 맑다. ¶——其止<詩經>/淸—. ②마음을 바르게 가지는 모양. [통] 是. ¶——其沚<詩經>

9 12【渥】 [1] 두터울 악 [2] 적실 우 | [覺] [宥] ㄨㄛˋ (wo) | あく おう hearty

[풀이] [1] ①두텁다. ¶周澤未—<韓非子> ②은혜. ¶共欣承睿—<崔翹> ③광택. 윤. ¶發五色之—采<後漢書> ④짙다. ¶其形—<易經> ⑤붉다. ¶乍餐顔愧—<李綱> ⑥아름답다. ¶雨其—須<太玄經> ⑦무거운 형벌. [2] 적시다. 담그다. [같] 漚. ¶—淳其帛<周禮>
▷蕃—, 殊—, 深—, 優—, 鬱—, 隆—, 霑—, 周—, 寵—, 親—, 惠—

9 12【渃】 [1] 성 이름 야 [2] 강 이름 약 | [禡] [藥] | じゃ じゃく

9 12【渰】 구름 일 엄 | [琰] ㄧㄢˇ (yan) | えん

[풀이] ①구름이 이는 모양. ¶有—萋萋<詩經> ②무덥다. 후덥지근함. ¶—浸萬物<詩經·注>

9 12【湙】 강 이름 역 | [陌] | えき

[풀이]①강 이름. ②물 흐르는 모양. ¶潋—瀲灩＜木華＞

12【湙】 浵(p.897)과 同字

9
12【淵】 못 연 |[四]ㄩㄢ (yuan) | えん(フチ) *pond*

[略]渕 [俗]渊

[풀이]①못. ¶如臨深—＜論語＞ ②물건이 많이 모이는 곳. ¶五穀之—＜後漢書＞ ③방. ¶旋入雷—＜楚辭＞ ④깊다. ¶其心塞—＜詩經＞ ⑤조용하다. ¶廣博靜—＜曾鞏＞ ⑥활의 고자와 줌통 사이. [같]弲. ⑦북 소리. ¶伐鼓——＜詩經＞

【淵角】えんかく(연각) 성현(聖賢)의 상(相). 이마가 툭 불거지고 오른쪽 머리짬이 쑥 들어간 얼굴. 月角(월각). 淵角山庭(연각산정). ¶—殊祥 山庭異表＜任昉＞

【淵角山庭】えんかくさんてい(연각산정) ☞淵角(연각). ¶不覩—之姿＜書言故事＞

【淵客】えんかく(연객) ①물에 익숙한 사람. 사공, 어부 따위. ¶—唱淮南之曲＜張協＞ ②인어(人魚). 鮫人(교인). 泉客(천객). ¶—泣珠＜蒙求＞

【淵慮】えんりょ(연려) 깊은 생각. 深慮(심려). ¶—宏謀＜韋慶復＞ 「—＜後漢書＞

【淵源】えんげん(연원) 근원. 本源(본원). ¶道德之

▷廣—, 九—, 雷—, 潭—, 塞—, 深—, 靈—, 虞—, 重—, 澄—, 天—

9
12【温】 [1]따뜻할 온 [2]쌀 온 [本]운 |[元]ㄨㄣ (wen) [問] | おん(アタタカ) *warm*

[本]溫

[풀이][1] ①따뜻하다. 따뜻하게 함. ¶—風始至＜禮記＞/—氣. ②온화하다. ¶子—而厲＜論語＞ ③순전하다. 원만함. ¶—其如玉＜詩經＞ ④두텁다. 짙음. ¶飮食則—淳＜枚乘＞ ⑤넉넉하다. ¶居皆—厚＜漢書＞ ⑥묻다. 배움. ¶—故而知新＜論語＞ ⑦몸을 보하다. ¶勞者—之＜素問＞ ⑧열병. ¶冬傷於寒 春必病—＜素問＞ ⑨온천. ¶湯井—谷＜潘岳＞ ⑩강 이름. ¶—水. [2]싸다. 포용함. [通]蘊 醞. ¶柔色以—之＜禮記＞

【温故知新】おんこちしん(온고지신) 옛것을 찾아, 또는 전에 배운 것을 다시 연구하여 새로운 이치를 발견함. ¶— 通達國體＜漢書＞

【温故之情】おんこノじょう(온고지 정) 옛것을 살피고 그리는 마음.

【温公】おんこう(온공)《人》 송(宋)의 사마광(司馬光)을 이름. ¶司馬—.

【温氣】おんき(온기) 따뜻한 기운. 暖氣(난기). ¶待—乃生＜漢書＞ ↔冷氣(냉기)·寒氣(한기).

【温暖】おんだん(온난) 날씨가 따뜻함. 温煖(온난). ¶—之氣＜後漢書＞

【温帶】おんたい(온대) 열대와 한대 사이의 지대. ¶—林/—植物.

【温度】おんど(온도) ①덥고 찬 정도. ②온도계에 나타난 도수. ¶—計. 「(온항).

【温突】おんドル(온돌) 방구들. 温坑(온갱). 温炕

【温冷】おんれい(온랭) 따뜻함과 참. 「(냉면).

【温麪】(온면) 더운 장국에 만 국수. ↔冷麪

【温文】おんぶん(온문) 마음이 온화하고 태도가 예에 어긋남 없이 훌륭함. ¶恭敬而—＜禮記＞

【温床】おんしょう(온상) ①인공적으로 온열을 가하여 속성 재배하는 묘상(苗床). ¶—栽培. ②어떤 사물·사상 등이 싹터 자라는 데 토양 구실을 하는 환경.

【温水】おんすい(온수) ①따뜻한 물. ¶三軍皆飮—＜北史＞ ②강 이름.

【温順】おんじゅん(온순) 성질이 온화하고 양순함. 温柔(온유). ¶體貌—也＜詩經＞

【温習】おんしゅう(온습) 배운 것을 되풀이하여 익힘. 復習(복습). ¶瞑歸雪案同—＜袁凱＞

【温室】おんしつ(온실) ①가열, 보온 설비를 하여 겨울에도 식물이 나고 자라게 하는 방. ¶—栽培. ↔冷室(냉실). ②따뜻한 방. ¶特有—＜左思＞

【温罨法】おんあんぽう(온엄법) 더운 찜질 요법(療法). ↔冷罨法(냉엄법). ※おんえんぽう

【温柔】おんじゅう(온유) 온화하고 유순함. 温順(온순). ¶寬裕—＜中庸＞

【温柔鄕】おんじゅうきょう(온유향) ①따뜻하고 온화한 마을. ②미인. 또는, 화류계. ¶艶絶—＜范成大＞ ③침실. 閨房(규방).

【温衣】おんい(온의) ①따뜻한 옷. 暖衣(난의). ②따뜻한 옷을 입음. ¶—美食者＜後漢書＞

【温而厲】おんニシテれい(온이여) 온후하면서도 엄격함. ¶子— 威而不猛＜論語＞

【温慈】おんじ(온자) 온화하고 인자함. ¶—惠和＜左氏傳＞

【温藉】おんしゃ(온자) 도량이 넓고 몸가짐이 얌전함. ¶少—懸無逋事＜漢書＞

【温材】おんざい(온재) 더운 성질의 약재.

【温井】おんせい(온정) 온천(温泉). 「情(냉정).

【温情】おんじょう(온정) 따뜻한 인정. 동정심. ↔冷

【温凊定省】おんせいていせい(온정정성) 겨울에는 따뜻하게, 여름에는 시원하게 부모를 모시며 아침마다 문안을 드림. 부모를 섬기는 도리. ※昏定晨省(혼정신성).

【温劑】おんざい(온제) 몸을 덥게 하는 성질이 있는 약. ↔涼劑(양제).

【温存】おんぞん(온존) ①정중하게 위문함. ¶就生—介＜燕子箋＞ ②소중히 보존함.

【温泉】おんせん(온천) 더운 물이 솟는 샘. 温井(온정). ¶—水滑洗凝脂＜白居易＞

【温湯】おんとう(온탕) 온천물. 더운 물.

【温風】おんぷう(온풍) ①따뜻한 바람. ¶—暖房. ②늦여름. 음력 6월. ¶—始至 蟋蟀居壁＜禮記＞ ③온화한 인품.

【温被】おんぴ(온피) 따뜻한 이불. 또는, 이불을 따뜻하게 함. ¶冬則以身—＜晋書＞

【温血】おんけつ(온혈) 더운 피. 온혈 동물의 피. ↔冷血(냉혈).

【温和】おんわ(온화) ①날씨가 따뜻함. ¶地—田美＜漢書＞ ②성품이 온순하고 인자함. ¶

性一＜宋史＞
【温厚】おんこう(온후) ①언행(言行)이 온화하고 독실함. ¶其訓辭一＜唐書＞ ②넉넉함. 부유함. ¶居皆一＜漢書＞
▷檢一, 高一, 氣一, 微一, 水一, 低一, 體一, 平一, 寒一, 和一

9 12【渦】 1 소용돌이 와 2 강 이름 과 | [歌]ㄨㄛ (wo) [歌]ㄍㄨㄛ (guo) | か (ウズマキ) whilpool

풀이 1 ①소용돌이. 소용돌이치다. ¶盤一谷轉 凌濤山頹＜郭璞＞/一中. ②보조개. 조개볼. 소엽(笑靨). ¶酒一. 2 강 이름. ¶一水.
【渦紋】かもん(와문) 소용돌이 무늬. 渦文(와문).
【渦盤】かばん(와반) 물이 소용돌이침. 渦旋(와선). ¶繚繞避一＜宋之問＞
【渦狀】かじょう(와상) ☞渦形(와형).
【渦中】かちゅう(와중) ①흘러가는 물이 소용돌이치는 가운데. 소용돌이 속. ②시끄럽고 분란(紛亂)한 사건의 가운데. ¶陷入此游一＜朱熹＞
【渦形】かけい(와형) 소용돌이 형상. 渦狀(와상).
▷潭一, 盤一, 翻一, 旋一

9 12【渨】 1 잠길 외 2 더러워질 외 3 물결 일 위 | [灰]ㄨㄟ (wei) [賄] [尾] | わい い

풀이 1 ①잠기다. ②물굽이. 2 더러워지다. 3 물결 이는 모양.

9 12【湧】 샘솟을 용 | [腫]ㄩㄥˇ (yong) | よう (ワク) gush out

풀이 ①샘솟다. ¶河水一溢＜後漢書＞/一出. ②물이 끓어오르다. ¶蒸一. ③성하게 일어나다. ¶氣一如山＜吳志＞ ④물가가 치솟다. ¶市物隨一＜宋史＞ ⑤나타나다. ¶雪峯缺處一氷輪＜蘇軾＞ ⑥토하다. ¶酸若一泄＜素問＞ ⑦물이 치솟아 움직이는 모양. ¶軋盤一裔＜枚乘＞ ⑧강 이름. ¶一水.
【湧起】ようき(용기) 힘차게 솟아오름. ¶湔水一＜後漢書＞
【湧泉】ようせん(용천) ①물이 솟는 샘. 沸泉(비천). 濆泉(분천). ¶直泉者何 一也＜公羊傳＞ ②좋은 생각이 계속 떠오름의 비유. ¶謀如一＜後漢書＞
【湧出】ようしゅつ(용출) 물이 솟구쳐 나옴. 涌出(용출).
▷坌一, 沸一, 溢一

9 12【湲】 물 흐를 원 | [元]ㄩㄢˊ (yuan) | えん

풀이 ①물이 흐르는 모양. 물 흐르는 소리. ②깨끗하다. ¶流潺一些＜楚辭＞ ③어별(魚鼈)이 쓰러지는 모양. 또는, 그 소리.

9 12【渭】 위수 위 | [未]ㄨㄟˋ (wei) | い

【渭濱器】いひんのき(위빈기) 정승이나 장군이 될 인물. 여상(呂尙)이 위수(渭水) 가에서 낚시질을 하다가 재상으로 등용된 옛일에서 유래.
【渭濱漁父】いひんのぎょふ(위빈어부) 위수(渭水)의 어부라는 뜻으로, 위수에서 낚시질 하다가 재상이 된 여상(呂尙)을 이름. 太公望(태공망).
【渭城】いじょう(위성) 진(秦)대 도읍이었던 함양(咸陽).
【渭水】いすい(위수) ①강 이름. 감숙성(甘肅省)에서 발원하여 황하로 흘러듦. ②여상(呂尙)의 별칭. ¶一兵書＜庾信＞
【渭陽】いよう(위양) ①위수(渭水)의 북쪽. ¶至一者＜詩經＞ ②「시경」(詩經) 진풍(秦風)의 편명(篇名). ③외숙부 또는 외조부를 이름. ¶落日一情＜杜甫＞
▷徑一, 沸一, 太公釣一

9 12【游】 1 놀 유 2 깃발 류 | [尤]ㄧㄡˊ (you) [尤] | ゆう(アソブ) go around りゅう

俗 游
※숙어는 遊(p.1494) 참조

풀이 1 ①놀다. 갈遊. ㉮가다. 돌아다님. ¶吾王不一＜孟子＞ ㉯타국에서 벼슬을 하다. ¶吳人之一楚＜戰國策＞ ㉰사귀다. 교제함. ¶絕交一＜列子＞ ㉱즐기다. ¶一於藝＜論語＞ ㉲나태하다. ¶無一民＜禮記＞ ②놀리다. ¶莫一食＜荀子＞ ③뜨다. 부유(浮游)함. ¶遡一從之＜詩經＞ ④헤엄치다. ¶禁川一者＜周禮＞ ⑤멋대로인 모양. ¶隰有一龍＜詩經＞ ⑥변하여 나타나다. ¶冬伏而夏一＜荀子＞ ⑦높이 날다. ⑧농사짓다. ¶厥壤可一＜司馬相如＞ ⑨퍼지다. ¶德盛而一廣＜漢書＞ ⑩이궁(離宮). ¶囿一亦如之＜周禮＞ ⑪행정구역의 하나. ¶分里以爲十一＜管子＞ ⑫후림새. 갈囮. ⑬하루살이. 通蝣. 2 ①깃발. 갈旒 斿. ¶一纓. ②흐름. 갈流. ¶必居上一＜漢書＞
▷溪一, 交一, 來一, 汎一, 浮一, 朋一, 上一, 先一, 遡一, 外一, 優一, 遠一, 絕一, 清一, 出一, 下一, 行一, 回一

12【渪】 濡(p.924)와 同字

9 12【湇】 국 읍 本 급 | [緝] | きゅう

9 12【湮】 묻힐 인 | [眞]ㄧㄣ (yin) ㄧㄢ (yan) | いん vanish

俗 湮 同 洇

풀이 ①묻히다. 멸망함. ¶一滅而不稱者不可勝數＜司馬相如＞ ②막다. ¶昔禹之一洪水＜莊子＞ ③스미다. ¶一透.
【湮滅】いんめつ(인멸) 자취 없이 사라짐. 消滅(소멸). 湮放(인방). 湮殄(인진). 湮墜(인추). ¶一不見＜史記＞
【湮沒】いんぼつ(인몰) 없어짐. 湮滅(인멸). ¶舊章一＜後漢書＞

【湮厄】いんやく(인액) 막힘. 불행. 湮阨(인액).
▷埋—, 鬱—, 沈—

12【湮】 湮(p.899)의 俗字

9
12【滋】 불을 자 | [支]ㄗ (zi) | じ(マス) *increase*
㊍滋
풀이 ①붇다. 더함. ¶鳥獸阜—<張衡>/—繁. ②더욱. ¶其虐—甚<左氏傳> ③번성하다. 많아짐. ¶—而後有數<左氏傳> ④심다. 씨뿌림. ¶—蘭之九畹<楚辭> ⑤자라다. ¶遂—民<國語> ⑥적시다. ¶土地—潤<論衡> ⑦즙. 진액(津液). ⑧맛있다. ¶薄—味<禮記> ⑨흐리다. 검음. ¶何故使吾水—<左氏傳> ⑩힘쓰는 모양. ㊇孜. ⑪강 이름. ¶—水.
【滋味】じみ(자미) ①맛있는 음식. 영양분이 많은 음식. ¶百草之—<淮南子> ②㊥ 취미. ③㊈ 재미의 잘못 쓰는 말.
【滋甚】じじん(자심) 더욱 심함. ¶失道—<春秋胡傳>
【滋養】じよう(자양) ①양육함. ¶—其根腳<葛長庚> ②몸의 영양이 됨. 滋補(자보). 榮養(영양). 營養(영양). ¶—物/—分.
▷翹—, 蕃—, 繁—

9
12【渚】 물가 저 | [語]ㄓㄨˇ (zhu) | しょ(ナギサ)
풀이 ①물가. ¶北—夕弭節兮<楚辭> ②삼각주. 작은 섬. ¶江有—<詩經> ③강 이름. ¶—水.
▷霧—, 湮—, 汀—, 洲—, 淺—, 涸—

9
12【湔】 씻을 전 | [先]ㄐㄧㄢ (jian) | せん(アラウ) *wipe*
풀이 ①씻다. ㉮빨다. ¶若在腸胃 則斷—洗<後漢書> ㉯누명 따위를 벗다. ¶—雪百年之逋負<後漢書> ②물이 번지다. ¶汚明見申春君曰君獨無意—拔僕也<戰國策> ③더럽히다. ¶以臣之血—其衽<戰國策> ④강 이름. 사천성(四川省) 타강(沱江)의 지류. ¶—江.

9
12【渟】 물 괼 정 | [靑]ㄊㄧㄥˊ (ting) | てい
풀이 ①물이 괴다. ¶決—水 致之海<史記> ②멈추다. ㊇停. ¶—車呼與共載<後漢書> ③물가. ㊂汀.
▷淵—, 澄—, 淸—

9
12【渧】 [1]물방울 제 | [霽]ㄉㄧˋ | てい
[2]듣을 적 | [錫] (di) | てき
풀이 [1]①물방울. ¶一毛一一沙一塵<地藏經> ②우는 모양. ③울다. [2]듣다. 방울져 떨어짐. 滴의 俗字.

9
12【湊】 모일 주 | [宥]ㄘㄡˋ (cou) | そう(アツマル) *amassed*
풀이 ①모이다. 물이 모임. ¶順波—而下降<楚辭> ②합수(合水)하는 곳. ¶以爲天下之大—<逸周書> ③항구. ④달리다. 나아감. ㊇走. ¶衰世—學<淮南子> ⑤살결. 피부의 결. ㊇腠. ¶扁鵲攻於—理 … 故癰疽不得成形<桓寬> ⑥향하다. ¶以端題—也<禮記>

12【飡】 餐(p.1640)과 同字

9
12【湉】 고요히 흐를 첨 | [鹽]ㄊㄧㄢˊ (tian) | てん
풀이 ①고요히 흐르다. ¶澶—漠而無涯<左思> ②괸 물이 잔잔한 모양. ¶白鷺煙分光的的 微漣風定翠——<杜牧>

9
12【湫】 [1]늪 추 | [尤]ㄐㄧㄡˇ | しゅう
[2]근심할 추 | [宥] (jiu) | *marsh*
[3]모일 초 | [篠] | しょう
[4]낮고 좁을 초 | [嘯]
풀이 [1]①늪. ②다하다. ¶精有—盡而行無窮極<淮南子> ③강 이름. 산서성(山西省)에서 황하로 흘러 들어가는 강. ¶—水. [2]①근심하다. 근심하는 모양. ②도랑. 밭도랑. ③웅덩이. ④고요한 모양. [3]①모이다. 쌓여 막힘. ¶勿使有所壅閉—底<左氏傳> ②서늘하다. ¶—兮如風<宋玉> [4]①낮고 좁다. ¶—隘囂塵<左氏傳> ②사람 이름.
▷澗—, 潭—, 山—, 深—, 隘—, 龍—

12【洂】 湫(p.900)의 本字

13【湬】 湫(p.900)와 同字

9
12【測】 잴 측 | [職]ㄘㄜˋ (ce) | そく(ハカル) *measure*
풀이 ①재다. ㉮깊이를 재다. ¶深不可—<淮南子> ㉯측량하다. ¶與占—之<宋史> ㉰헤아리다. ¶毋—未至<禮記> ②알다. ¶夜則—陰<太玄經> ③맑다. ¶漆欲—<周禮> ④칼날이 날카로운 모양.
【測量】そくりょう(측량) ①남의 마음을 헤아림. 忖度(촌탁). ②길이·높낮이·깊이 등을 재어서 계산함. ¶—機/—士/—船.
【測深】そくしん(측심) ①깊이를 잼. ②깊이를 헤아림. ¶淺不可與—<荀子>
【測字】そくじ(측자) 글자의 짜임으로 길흉을 점치는 법.
【測候】そっこう(측후) 천문을 관찰함. 기상(氣象)의 상태와 변화를 관측함. ¶—所.
▷檢—, 計—, 觀—, 窮—, 揆—, 窺—, 難—, 目—, 步—, 不—, 實—, 憶—, 蠡—, 豫—, 原—, 精—, 推—, 探—, 討—

12【浸】 浸(p.879)과 同字

9
12【湠】 물 넓을 탄 | [翰] | たん

9
12【湯】 1 끓일 탕 2 물 흐르는 모양 상 3 데울 탕 4 해 돋을 양 | 陽ㄊㄤ (tang) 陽ㄕㄤ (shang) 漾ㄉㄤˋ 陽(dang) | とう (ユ) *boil* しょう とう よう

풀이 1 ①끓이다. ②끓인 물. ㉮끓인 물. ¶見不善如探—<論語> ㉯목욕탕. ¶華淸有蓮花— 卽貴妃澡沐之室<楊太眞外傳> ㉰온천. ¶迴—沸於重泉<晋書> ③목욕하다. ¶冬不頻— 非愛火也<韓詩外傳> ④탕약. ¶其療疾合— 不過數種<魏志> ⑤방탕하다. (通)蕩 宕. ¶子之—兮<詩經> ⑥씻다. 㴉. (通)盪. ¶是謂大—<漢書> ⑦광대(廣大)하다. ¶—之問棘也是已<莊子> ⑧왕 이름. 은조(殷朝)의 시조. ¶—王. ⑨끓인 국. ⑩(韓) 제사에 쓰는 국. 2 ①물이 흐르는 모양. ②사물의 형용. ¶——. 3 데우다. ¶—其酒百樽<山海經> 4 해가 돋다. (같)暘 陽. ¶丹氣臨—谷<張協>

【湯谷】ようこく(양곡) 해가 돋는 곳. 暘谷(양곡). 扶桑(부상).

▷葛根—, 金—, 蘭—, 茶—, 微溫—, 般若—, 白沸—, 白—, 沸—, 藥—, 熱—, 溫—, 浴—, 泆—, 入—, 雜—, 探—, 香—

9
12【渝】 달라질 투 (本)유 | 虞ㄩˊ (yu) | ゆ *change*

풀이 ①달라지다. ㉮변하여 바뀌다. ¶舍命不—<詩經> ㉯맑은 물이 흐려지다. ②풀어지다. ¶裳格鞶鉤—<太玄經> ③넘치다. ¶沸潰—溢<木華> ④그렇다. 발어사(發語辭). (같)兪. ¶—安貞<易經> ⑤강 이름. ¶—水. ⑥땅 이름. 사천성(四川省) 파현(巴縣)의 이칭.

9
12【渢】 1 물소리 풍 2 알맞은 소리 범 | 東ㄈㄥˊ 陷(feng) | ふう はん

풀이 1 ①물소리. ②큰 소리. ③사물의 모양. 2 알맞은 소리. ¶美哉 ——乎 大而婉 險而易行<左氏傳>

9
12【港】 1 항구 항 (本)강 2 통할 홍 | 講ㄍㄤˇ (gang) 送 | こう(ミナト) *port* こう

풀이 1 ①항구. ㉮배가 머무는 곳. ¶晩泊女兒—<廬山錄> ㉯하구(河口). ¶自溫州—口開洋<眞臘風土記> ②도랑. (같)溝. ¶猶航斷—絶潢<韓愈> ③뱃길. 2 통하다.

【港口】こうこう(항구) 배가 드나들고 머무는 곳. 어항(漁港), 군항(軍港), 상항(商港) 등. ¶—都市.

【港都】こうと(항도) 항구 도시(港口都市)의 준말.

【港圖】こうず(항도) 항구 안팎의 지리를 자세히 그린 해도(海圖).

【港灣】こうわん(항만) 항구와 만.

▷開—, 浬—, 空—, 溝—, 軍—, 內—, 斷—, 商—, 良—, 外—, 要—, 入—, 築—, 出—, 派—

9
12【湖】 호수 호 | 虞ㄏㄨˊ (hu) | こ(ミズウミ) *lake*

풀이 호수. ¶揚州其浸五—<周禮>

【湖廣】ここう(호광) ①호수가 넓음. ②호남(湖南)·호북(湖北)의 옛 이름.

【湖南】こなん(호남) ①호수의 남쪽. ②(韓) 전라남북도의 별칭. 벽골호(碧骨湖)의 남쪽이란 뜻. ③성(省) 이름. 동정호(洞庭湖)의 남쪽에 있으며, 성도(省都)는 장사(長沙). 옛 형주(荊州) 땅.

【湖堂】(호당)(韓) 조선 때의 독서당(讀書堂)의 이칭. 문관 중에 특히 문학에 뛰어난 사람에게 휴가를 주어, 오로지 학업을 닦게 하던 서재(書齋).

【湖目】こもく(호목) 연밥. 연(蓮)의 열매.

【湖畔】こはん(호반) 호숫가. 湖上(호상)①. 湖岸(호안). ¶—都市/—詩人.

【湖北】こほく(호북) ①호수의 북쪽. ②중국 성(省) 이름. 동정호(洞庭湖) 이북 지역. 성도(省都)는 무창(武昌).

【湖上】こじょう(호상) ①호숫가. 湖畔(호반). ②호수의 수면(水面).

【湖西】(호서)(韓) 의림지(義林池) 서쪽이란 뜻으로, 충청 남북도의 별칭.

【湖沼】こしょう(호소) 호수와 늪.

【湖水】こすい(호수) ①큰 못. ②호수의 물.

【湖心】こしん(호심) 호수의 한가운데.

【湖岸】こがん(호안) 호숫가. 湖畔(호반).

▷江—, 大—, 五—, 鼎—

9
12【渾】 1 흐릴 혼 2 섞일 혼 | 阮ㄏㄨㄣˊ (hun) 阮ㄏㄨㄣˊ (hun) | こん

풀이 1 ①흐리다. 흐리게 함. ¶水之性淸所以濁者 土—之也<新論> ②물 소리. ㉮어지러이 흐르는 소리. ㉯샘솟는 소리. ③합수(合水)하다. ④웅덩이. ⑤크다. ¶——. ⑥토곡혼(吐谷渾)의 준말. 2 ①섞이다. 분간이 서지 않음. ¶賢不肖—殽<漢書> ②가지런하다. 가지런히 함. ¶—人我 同天地<關尹子> ③온전하다. ¶天體—圓<元史> ④모두. 온. ¶白頭搔更短 —欲不勝簪<杜甫> ⑤크다. ¶—元運物<班固> ⑥물이 많이 흐르는 모양. (같)混 滾. ⑦살지다. ⑧사물의 형용.

【渾家】こんか(혼가) ①아내. ②온 집안.

【渾金璞玉】こんきんはくぎょく(혼금박옥) 원광(原鑛)과 다듬지 아니한 옥(玉)이란 뜻으로, 좋은 바탕의 비유.

【渾沌】こんとん(혼돈) 하늘과 땅이 나뉘어지지 않아 불분명한 상태. 사물의 구별이 확실하지 않은 모양. 混沌(혼돈).

【渾身】こんしん(혼신) 온몸. 몸 전체. 滿身(만신). 全身(전신).

【渾然】こんぜん(혼연) ①모나거나 찌그러진 데 없이 둥근 모양. ②사물이 융합되어 있는 모양. ¶——體/——致. ③차별이 없는 모

양.　「로 됨.
【渾然天成】こんぜんてんせい(혼연천성) 아주 쉽게 저절
【渾元】こんげん(혼원) 자연의 기(氣). 천지의 광대한 기운. 또는, 하늘과 땅.
【渾融】こんゆう(혼융) 사물이 완전히 융합함.
【渾天儀】こんてんぎ(혼천의) 천체를 관측하는 데 쓰는 기구. 구형(球形)의 표면에 일월성신(日月星辰)을 그려, 사각(四脚)의 틀 위에 올려 놓고 회전시키며 관측함. 渾儀器(혼의기).
▷倜一, 胚一, 奔一, 雄一, 全一

9 12【澒】 물 솟을 홍 | 東 | こう

풀이 ①물이 솟다. ¶潰一. ②물 소리. ③흐름이 광대한 모양. ¶潰一.

9 12【渙】 1 흩어질 환 | 翰 ㄏㄨㄢˋ | かん
2 강 이름 회 | 泰 (huan) | かい

풀이 1 ①흩어지다. 풀림. ¶繼猶判一<詩經> ②환괘(卦). 64괘의 하나. 감하손상(坎下巽上). ䷺. 물건이 흩어지는 상(象). ③어질다. ¶一者賢也<呂覽> ④물이 출렁출렁하다. ¶溱與洧 方一一兮<詩經> ⑤찬란하다. ¶一爛兮其溢目也<後漢書> ⑥사물의 형용. ¶一矣/一一. 2 ①강 이름. 하남성(河南省) 진류현(陳留縣)에서 시작하여 회수(淮水)에 흘러드는 강. ②고을 이름.
【渙卦】かんか(환괘) 64괘의 하나. 손괘(巽卦)와 감괘(坎卦)가 거듭된 괘.
【渙發】かんぱつ(환발) 조칙(詔勅)·칙명(勅命)을 발표함. 渙은 괘(卦) 이름으로, 물이 흩어지듯 사방에 널리 폄의 뜻.
【渙汗】かんかん(환한) ①조칙(詔勅)·칙명(勅命)을 발표함. 땀이 한 번 나면 되들어갈 수 없듯 내려진 칙명은 되물릴 수 없음의 뜻. ② ☞渙發(환발).
▷叛一, 畔一, 散一

9 12【湟】 1 해자 황 | 陽 ㄏㄨㄤˊ | こう(ホリ)
2 찬물 황 | (huang) | moat
| 漾 | きょう

풀이 1 ①해자(垓字). 성지(城池). ②우묵한 땅. ¶一潦生苹 一 下處也 有一然後有潦<大戴禮> ③빠지다. 물에 빠짐. ④물이 빨리 흐르는 모양. ⑤강 이름. 청해(青海)에서 발원(發源), 황하로 흘러드는 강. ¶一水. 2 찬물. ㉠況.
▷汨一, 潏一

12【湏】 沬(p.853)의 古字

9 12【湱】 물결 부딪는 소리 획 | 陌 | かく

10 13【滒】 진창 가 | 歌 ㄍㄜ (ge) | か(ドロ)

풀이 ①진창. ¶甚淖而一<淮南子> ②진이 흐르다. 즙(汁)이 많음.

10 13【溪】 시내 계 | 齊 ㄒㄧ (xi) | けい(タニ) stream
略 渓 同 谿

풀이 ①시내. ㉮산골짜기에 흐르는 시내. ¶含一懷谷<左思> ㉯물길이 막힌 산골 시내. ②산골짜기. 시내가 없는 산골짜기. ¶若高山之與深一<呂覽> ③텅 비다. 보람없다. ¶則耳一極<呂覽> ④버마재비. 사마귀. ¶�一.
【溪谷】けいこく(계곡) 물이 흐르는 산골짜기.
【溪流】けいりゅう(계류) 산골짜기에 흐르는 시냇물. 谿流(계류).
▷綠一, 碧一, 深一, 蠻一, 煙一

13【滚】 滾(p.907)의 本字

10 13【溝】 1 도랑 구 | 尤 ㄍㄡ (gou) | こう(ミゾ)
2 어리석을 구 | 宥 | ditch

源 會意·形聲. 冓[짜 맞춤]가 음을 이룸. 「氵」와 아울러, 종횡으로 판 용수로(用水路) 곧 도랑을 뜻함.

풀이 1 ①도랑. ¶十夫有一<周禮> ②하수도. ¶血流入一中<漢書> ③해자(垓字). ¶深一高壘<史記> ④시내. 골짜기에 흐르는 물. ⑤물받이. ¶模糊檜頂獨多時 歷亂瓦一裁一瞥<蘇軾> ⑥도랑을 파다. ¶制其畿疆 而一封之<周禮> ⑦사이를 띄우다. 도랑을 파서 사이를 띄움. ¶將一焉<左氏傳> ⑧큰 수의 이름. ¶黃帝爲法數 有十等 … 十等者 億兆 京垓秭壤一澗正載<數術記遺> 2 어리석다. 通 怐. ¶一瞀 無知也<荀子·注>
【溝壑】こうがく(구학) 물이 흐르는 골짜기. 계곡.
▷金一, 禁一, 防一, 排水一, 城一, 梢一, 羊一, 陽一, 楊一, 御一, 五一, 汚一, 陰一, 泥一, 漕一, 推一, 鴻一, 滄一

10 13【溰】 흴 기 | 微 | ぎ
本 의

10 13【溺】 1 빠질 닉 | 錫 ㄋㄧˋ (ni) | でき(オボレル)
2 강 이름 약 | 藥 | drown じゃく
3 오줌 뇨 | 嘯 ㄋㄧㄠˋ (niao) | にょう
古 休

풀이 1 ①빠지다. ㉮물에 빠지다. ¶嫂一援之以手<孟子> ㉯물에 빠져 죽다. ¶一死. ㉰어려움에 빠지다. ¶天下一 援之以道<孟子> ㉱마음이 빠지다. 마음을 빼앗김. ¶一而不止<禮記> ②잠기다. 2 通 弱. ①강 이름. 감숙성(甘肅省) 산단현(山丹縣)에 있는 강. ¶一水. ②사람 이름. 3 오줌. 오줌 누다. ㉠尿. ¶賓客飮者醉 更一睢<史記>
【溺途】できと(익도) 세상. 정욕(情欲)에 빠진 곳

이라는 뜻.
【溺死】できし (익사) 물에 빠져 죽음. ¶一體.
【溺愛】できあい (익애) 지나치게 사랑함. 사랑에 빠짐. ※偏愛(편애).
▷沒一, 焚一, 燒一, 溲一, 濘一, 危一, 遺一, 淫一, 墊一, 拯一, 焦一, 沈一, 耽一, 陷一, 感一

10 13【溏】 진수렁 당 |陽ㄊㄤˊ (tang)| とう
풀이 ①진수렁. 진흙. ②못. 소(沼).

10 13【滔】 물 넘칠 도 |豪ㄊㄠ (tao)| とう *flood*
풀이 ①물이 넘치다. 물이 가득함. ¶浩浩一天<書經> ②넓다. 큼. ¶西南戎州曰一土<淮南子> ③차다. 그득함. ¶心道進退 而刑道一赶<管子> ④모으다. 모임. ¶一乎前而不知所以然<莊子> ⑤게을리하다. ¶士不濫 官不一<左氏傳> ⑥움직이다. ¶共工振一洪水<淮南子> ⑦업신 여기다. ¶咨爾賊臣 簒漢一天<漢書> ⑧길다. ¶自死而天下無窮 亦一矣<淮南子> ⑨의심하다. 通慆 謟. ⑩건방지다. 오만(傲慢)함. ¶士不濫 官不一<左氏傳>
【滔滔】とうとう (도도) ①광대한 모양. ②물이 흘러가는 모양. ③두루 돌아다니는 모양. 또는, 흘러가서 돌아오지 않는 모양. ¶一者 天下皆是也<論語> ④지나가는 모양. ⑤별이 뜨거운 모양. ⑥어지러워지는 모양. ⑦탄식하는 모양.
【滔天惡】とうてんのあく (도천악) 하늘에 사무칠 만큼 큰 악. 또는, 하늘을 업신여겨 두려워하지 않는 일.

13【塗】 ☞ 土部 10획(p. 352)

10 15【滕】 물 솟을 등 |蒸ㄊㄥˊ (teng)| とう
풀이 ①물이 솟다. 물이 끓어 오름. 通騰. ②나라 이름. 산동성(山東省) 등현(滕縣)의 서남, 문왕의 아들 숙수(叔繡)가 봉해진 나라. ¶一國. ③입을 열고 말을 하다. ¶象曰 咸其輔頰舌一口說也<易經>
【滕六】とうろく (등륙) 설신(雪神) 이름.
【滕王閣】とうおうかく (등왕각) 강서성(江西省) 신건현(新建縣)에 있는 누각. 당(唐)의 등왕 이원영(李元嬰)이 홍주도독(洪州都督)으로 있을 때 세웠음. 왕발(王勃)의 서(序)와 한유(韓愈)가 지은 기(記)가 유명함.

10 13【溓】 1 질척할 렴 |鹽ㄌㄧㄢˊ| れん
2 담글 렴 |琰 (lian)| (ヒタス)
3 끈끈할 점 |豔| でん
풀이 1 ①질척하다. 물이 끊어진 내에 다시 물이 들어 질척질척함. 같濂. ②물이 잔잔하다. ③묽다. 묽은 물. 淡은 맛에 대하여, 溓은 질(質)에 대하여 이름. ④살얼음. ⑤내 이름. 2 ①담그다. 적심. ②잔물결의 형용. ¶陰陽交期 在一水<素問> ③섞다. 겸함. 通兼. 3 끈끈하다. 달라붙음. 같黏. ¶雖有深泥亦弗之一也<周禮>

13【滝】 瀧(p. 927)의 古字

10 13【溜】 1 방울질 류 |宥ㄌㄧㄡˋ| りゅう
2 흐를 류 |尤 (liu)| (シタタル) *flow*
풀이 1 ①방울지다. 방울져 떨어짐. ¶醴泉涌一于陰渠<孫綽> ②물방울. 낙수물. ¶玉一簷下垂<謝朓> ③물이 흐르는 모양. ¶泉涓涓而吐一<潘岳> ④여울. ¶弱水三千 舟行遇風 一失入一 則水弱而沒溺<馬觀> ⑤낙수받이. ¶三進及一<左氏傳> ⑥거닐다. ¶人間遊日一蕩 北方亦日一達<中華大字典> ⑦내 이름. ¶一水. 2 ①흐르다. 通流. ¶所一爲滎<靈樞經> ②머무르다. 通留. ¶成皋石一之地也<戰國策>
▷閣一, 乾一, 泱一, 迸一, 飛一, 氷一, 瀉一, 水一, 滴一, 蒸一, 簷一, 叢一, 瀑一, 軒一, 懸一, 廻一

10 13【溧】 강 이름 률 |質ㄌㄧˋ (li)| りつ

10 13【滅】 멸망할 멸 |屑ㄇㄧㄝˋ (mie)| めつ (ホロビル)
古烕
풀이 ①멸망하다. ㉮싸워서 나라를 빼앗다. ¶一不言入<公羊傳> ㉯전쟁으로, 나라는 남아 있으나 임금이 죽다. ¶胡子髡沈子逞一<春秋> ㉰종묘(宗廟)나 사직(社稷)을 헐다. ②멸하다. ㉮다하다. ¶一我立王<詩經> ㉯끊어지다. 뿌리뽑음. ¶流言一之<荀子> ㉰없애다. 제거함. ¶一其前惡<國語> ③끄다. 불이 꺼짐. ¶火三月不一<史記> ④잠기다. 물에 빠짐. ¶過涉一頂<易經> ⑤숨기다. 덮어 가림. ¶闇主妒賢畏能 而一其功<荀子> ⑥보이지 아니하다. ¶已一矣<莊子> ⑦《佛》 ㉮죽다. ¶入一. ㉯계행(戒行).
【滅却】めっきゃく (멸각) ①멸망함. ②씻은 듯이 없앰.
【滅國】めっこく (멸국) ①나라를 망침 또는 없앰. ②망한 나라.
【滅裂】めつれつ (멸렬) ①경솔하여 일하는 것이 거칢. ②자름. 절단함. ③갈기갈기 찢어짐. 뿔뿔이 흩어짐.
【滅倫敗常】めつりんはいじょう (멸륜패상) 오륜(五倫)과 오상(五常)을 결딴냄.
【滅亡】めつぼう (멸망) 망하여 없어짐.
【滅門】めつもん (멸문) 온 집안 사람을 다 죽여 없앰. ¶一絶戶.
【滅門日】めつもんにち (멸문일) 음양가(陰陽家)의 말. 백사(百事)에 대흉(大凶)한 날.
【滅門之禍】めつもんのわざわい (멸문지 화) 멸문을 당하는

큰 재앙.
【滅相】めっそう(멸상)《佛》 유위(有爲)의 4상(相)의 하나. 적멸(寂滅)하여 생사의 구별이 없음을 이름.
【滅絶】めつぜつ(멸절) 멸하여 없애 버림.
【滅族】めつぞく(멸족) 일족(一族)을 멸망시킴. 일족이 멸망함. 族滅(족멸). 族夷(족이).
【滅種】めっしゅ(멸종) 종자가 망하여 없어짐. 씨가 마름. 또는, 종자를 아주 없애 버림. 씨를 말림. 「寂」한 후.
【滅後】めつご(멸후)《佛》 여래(如來)가 입적(入
▷擊—, 壞—, 禽—, 磨—, 漫—, 明—, 微—, 糜—, 泯—, 撲—, 燔—, 焚—, 不—, 殲—, 消—, 掃—, 熄—, 薪盡火—, 煙—, 沃—, 淪—, 夷—, 堙—, 入—, 殘—, 寂—, 電—, 翦—, 絶—, 點—, 除—, 族—, 殄—, 呑—, 盪—, 破—, 灰—, 幻—, 朽—, 毁—

10 13 【溟】 ①어두울 명 ㊀ㄇㄧㄥˊ めい ②아득할 명 ㊁(ming) めい
풀이 ①①어둡다. 通冥. ㉮가랑비가 와서 어둡다. ¶——. ㉯넓고 깊어서 어둡다. ¶—漲無端倪<謝靈運> ②바다. ¶雨足灑四—<張協> ③남북의 극(極). ②①아득하다. 아득하여 어두움. ¶經途瀴—<木華> ②광대 하여 끝이 없는 모양. ¶——.
【溟濛】めいもう(명몽) 가랑비가 와서 어두움.
▷巨—, 窮—, 南—, 杳—, 北—, 四—, 澳—, 重—, 滄—, 鴻—

10 13 【滂】 비 퍼부을 방 陽ㄆㄤ (pang) ぼう
풀이 ①비가 퍼붓다. ¶月麗于畢 俾—沱矣<詩經> ②물이 질펀히 흐르는 모양. ¶—沛. ③물이 흐르는 소리. ④광대(廣大)한 모양. ¶—浩. ⑤많고 성(盛)한 모양. ⑥눈물이 흐르는 모양. ¶—沱. ⑦성대(盛大)한 모양. ¶—洋. ⑧배[舟]. 通舫 榜. ¶—人.
【滂人】ぼうじん(방인) ①옛날 못[池]을 맡은 벼슬. 澤人(택인). ②사공. 榜人(방인).

10 13 【溥】 ①넓을 보 ㊀ㄆㄨˇ ふ ②펼 부 ㊁(pu) wide ③내 이름 박 ㊂ はく
풀이 ①①넓다. ¶瞻彼—原<詩經> ②두루 미치다. 通普. ¶—天之下<詩經>/—治. ③물가. 포구. 通浦. ¶儲與乎大—<漢書> ②펴다. 通敷. ¶—之而橫乎四海<禮記> ③①내 이름. ②물의 형용. ¶—漠.
【溥天同慶】ふてんけいフォナジクス(보천동경) 온 천하가 기쁨을 같이 함.
▷宏—, 大—, 率—, 隆—, 周—

10 13 【滏】 강 이름 부 ㊀ㄈㄨˇ (fu) ふ
풀이 ①강 이름. 하북성(河北省) 자현(磁縣)에서 발원(發源)하여 호타하(滹沱河)와 합치는 강. ¶—水. ②현(縣) 이름. 북주(北周) 때 하북성(河北省)에 두었던 현. ¶—陽.

13 【溤】 馮(p. 1647)의 俗字

10 13 【溹】 ①강 이름 삭 ㊀ㄙㄨㄛˇ さく ②비 내릴 색 ㊁(suo) さく
풀이 ①강 이름. 하남성(河南省) 형양현(滎陽縣)에서 발원(發源)하여 현의 남쪽에서 수수(須水)와 합류되어 수삭하(須索河)를 이루는 강. ¶—水. ②비가 내리다. 비오는 모양.

13 【溮】 灑(p. 917)의 俗字
13 【羨】 ☞ 羊部 7획(p. 1204)

10 13 【潤】 빨리 흐를 섬 ㊀ㄕㄢˇ (shan) せん
풀이 ①물이 빨리 흐르다. ¶—泊柏而迆颺<木華> ②물결이 출렁거리다.

13 【溯】 遡(p. 1496)와 同字

10 13 【溲】 ①반죽할 수 ㊀ㄙㄡ しゅう ②적실 수 ㊁(sou) knead
풀이 ①①반죽하다. ¶糔—之以爲酏<禮記> ②일다. 씻음. ②①적시다. ②쌀 씻는 소리. ③오줌. ¶遺失—便<後漢書> ④술을 빚다. 빚은 술. 通醙. ¶明齊—酒<儀禮>
▷偃—, 泡—

13 【溼】 濕(p. 924)과 同字
13 【湿】 溼(p. 904)의 俗字
13 【滐】 深(p. 885)의 古字
13 【漾】 瀁(p. 910)과 同字
13 【溫】 温(p. 898)의 本字

10 13 【滃】 구름일 옹 ㊀ㄨㄥˇ (weng) おう
풀이 ①구름이 일다. 구름이나 안개가 이는 모양. ¶潼—蔚薈<易林> ②샘이 용솟는 모양. ¶—然. ③빛깔이 흐린 모양. 通翁. ¶——然.
▷滂—, 鬱—

13 【溰】 灑(p. 929)과 同字

10 13 【滙】 우묵할 와 ㊀ㄨㄚ (wa) わ
풀이 ①우묵하다. ②평평하지 않은 모양. 울퉁불퉁함.

10 13 【溽】 무더울 욕 ㊀ㄖㄨˋ (ru) じょく sultry
풀이 ①무덥다. ¶土潤—暑<禮記> ②젖

다. 습함. ¶其候—蒸<素問> ③기름지다. 맛이 진함. ¶其飮食不—<禮記> ④짙다. 농후함.
【溽暑】じょくしょ(욕서) 무더움.
▷煩—, 卑—, 暑—, 潤—, 蒸—

10 13【溶】 1 질펀히흐를 용 2 넘칠 용 | 图ㄖㄨㄥˊ (rong) 匯 | よう flood

풀이 1 ①질펀히 흐르다. ¶——漾漾白鷗飛<杜牧> ②성(盛)한 모양. ¶—方皇於西淸<揚雄> ③느긋한 모양. 여유있음. ¶—然. ④골짜기를 흐르는 물 모양. ¶沆—淫鬻<司馬相如> ⑤녹다. ¶—液/—合. 2 ①넘치다. ¶—溢. ②펄럭이는 모양. 나부끼는 모양. ¶氛旄—以天旋兮<張衡>
【溶媒】ようばい(용매) 용액을 만들 때에 용질을 녹이는 물질. ¶—劑.
【溶液】ようえき(용액) 한 물질이 다른 물질에 녹아서 고르게 퍼져 이루어진 물질. 溶解液(용해액).
【溶質】ようしつ(용질) 용액에서 용매가 아닌 물질을 용매에 대(對)하여 이르는 말. 溶解質(용해질). 「—液/—熱.
【溶解】ようかい(용해) 녹음. 또는, 녹임. ¶—度/
▷動—, 水—, 液—, 搖—, 鴻—, 洶—

10 13【湏】 1 강 이름 운 2 물결 잇닿을 운 | 因ㄩㄣˊ 軫(yun) | うん いん

풀이 1 강 이름. 호북성(湖北省) 수현(隨縣)에서 발원(發源)하여 한수(漢水)에 흘러드는 강. ¶—水. 2 물결이 잇닿다. 파도가 잇닿아 이는 모양.

10 13【源】 근원 원 | 元ㄩㄢˊ (yuan) | げん (ミナモト)

源 會意·形聲. 原은 언덕 아래에서 샘이 흐름. 또, 음을 이룸. 물[氵(水)]을 더하여 근원을 뜻함.
풀이 ①근원. ㉠原. ㉮샘이 흐르는 근원. ¶爲民祈祀山川百—<禮記>/—淸則流淸<荀子> ㉯사물의 근원. ¶械數者治之流也 非治之—也<荀子>/—究. ②물이 끊이지 않고 흐르는 모양. 사물이 잇닿은 모양. ¶——.
【源流】げんりゅう(원류) ①물의 흐름의 근원. ②사물의 근원. ③근원과 여줄가리. 本末(본말). 源委(원위).
【源委】げんい(원위) 근본과 여줄가리. 本末(본말).
【源泉】げんせん(원천) ①물이 흘러나오는 근원. ②사물의 근원.
【源統】げんとう(원통) 물의 근원. 사물의 본원(本源)을 이름.
▷根—, 起—, 基—, 桃—, 同—, 發—, 百—, 本—, 生—, 仙—, 溯—, 水—, 醇—, 淵—, 沿波討—, 熱—, 靈—, 奧—, 利—, 字—, 資—, 財—, 電—, 情—, 濬—, 泉—, 淸—, 河—, 遐—, 玄—, 洪—, 禍—

10 13【溵】 강 이름 은 | 因 | いん

10 13【溢】 넘칠 일 | 質ㄧˋ (yi) | いつ(アフレル) overflow

源 會意. 益은 가득 참. 물[水]이 가득 차서 넘침을 뜻함.
풀이 ①넘치다. 물이 넘침. ¶河—通泗<史記>/—決. ②차다. 가득함. ③지나치다. 도(度)를 넘음. ¶夫兩喜必多—美之言 兩怒必多—惡之言<莊子> ④사치하다. 교만함. ¶滿而不—<孝經> ⑤홍수. 큰물. ¶凶旱水—<禮記> ⑥성(盛)하다. ¶聲名洋—<中庸> ⑦양(量)의 단위. 한 줌의 양(量). 1되의 24분의 1. 무게로 20량(兩). ⑧금의 무게 단위. ㉠鎰. ¶黃金以—爲名<漢書> ⑨남은 것이 있다. ¶—於文辭<漢書> ⑩흘러나다. 나옴. ¶銀自山—<漢書> ⑪삼가다. ¶假以—我<詩經> ⑫악무(樂舞)의 줄. 通佾. ¶千童羅舞成八—<漢書>
【溢美】いつび(일미) ①아주 아름다움. ②사실보다 너무 좋게 말함. 지나치게 칭찬함. ¶—過實/—溢惡/—之言.
【溢譽】いつよ(일예) 과분(過分)한 칭찬. ¶是以美聲—<蜀志>
【溢血】いっけつ(일혈) 신체 조직의 내부에서 일어나는 출혈. ¶腦—.
▷驕—, 潰—, 濫—, 腦—血, 滿—, 放—, 泛—, 富—, 奢—, 羨—, 盛—, 洋—, 逆—, 衍—, 盈—, 饒—, 宂—, 涌—, 縱—, 增—, 僭—, 漲—, 充—, 碭—, 暴—, 豊—, 匹—, 海—, 橫—

13【滋】 滋(p. 900)의 本字

10 13【滓】 1 찌끼 재 2 더럽힐 재 | 紙ㄗˇ 因(zi) | し(オリ) dregs

풀이 1 ①찌끼. ¶殘—. ②앙금. ¶奮迅泥—<潘岳> ③때. 몸에 끼거나 묻는 더러운 물질. ¶澡雪垢—<馬融> ④흐리다. ¶—濁. 2 더럽히다. ¶皭然泥而不—者也<史記>
▷垢—, 粃—, 査—, 渣—, 泥—, 殘—, 塵—, 沈—

10 13【滁】 강 이름 저 | 魚ㄔㄨˊ (chu) | しょ

10 13【滇】 1 성할 전 2 강 이름 진 | 先ㄉㄧㄢ 眞(dian) | てん しん

풀이 1 ①성(盛)하다. ㉠闐. ¶——. ②큰물의 모양. ¶—汚. ③오랑캐 이름. 서남이(西南夷). 通顚. ¶—良. ④못[池] 이름. ¶—池. ⑤운남성(雲南省)의 옛 이름. ¶—黔. 2 ①강 이름. 하남성(河南省) 정양현(正陽縣)에 있는

강. (通)愼. ¶一水. ②고을[縣] 이름. (通)眞. ¶一陽.

13【湇】 濟(p.924)의 古字

10 13【準】 [1]수준기 준 [2]콧마루 준 (本)절 | [軫]ㄓㄨㄣˇ (zhun) [屑] | じゅん level せつ

(俗)准

풀이 [1] ①수준기(水準器). ¶一者所以揆平取正也<漢書> ②평형하다. 수면(水面)이 평평함. ¶推而放之東海而一<禮記> ③법. 법도. ¶以仁義爲一<漢書> ④본받다. 모범으로 삼음. ¶易與天地一<易經> ⑤바루다. 고르게 함. ¶權之 然後一之<周禮> ⑥동등하다. 같음. ¶先定一直<禮記> ⑦허가하다. (通)准. ⑧헤아리다. 촌탁(忖度)함. ¶群臣一上意 而懷當<淮南子> ⑨저당물. 담보물. ¶錢帛縱空衣可一<韓愈> ⑩콧마루. ¶隆一而龍顏<漢書> ⑪악기 이름. 거문고[瑟] 비슷하나 줄이 13개 있음. ¶一之狀 如瑟而長丈 十三絃<晋書> [2]콧마루. ¶隆一.

【準據】じゅんきょ (준거) ①본받음. 표준으로 삼음. ②모범. 표준.

【準決勝】じゅんけっしょう (준결승) 운동 경기 등에서, 결승전에 나아갈 팀을 결정하는 경기. 準決勝戰(준결승전).

【準例】じゅんれい (준례) ①표준이 될 만한 전례(前例). ②어떤 예에 비겨 봄.

【準備】じゅんび (준비) 필요한 것은 미리 마련하여 갖춤. 차비. ¶一完了.

【準用】じゅんよう (준용) 표준으로 삼아 적용함.

【準程】じゅんてい (준정) 법. 본보기.

【準則】じゅんそく (준칙) 표준을 삼아서 따라야 할 규칙.

【準行】じゅんこう (준행) ①표준하여 행함. ②허가함.

▷高一, 校一, 規一, 基一, 邊一, 常一, 盛一, 水一, 繩一, 識一, 令一, 龍一, 運一, 隆一, 依一, 彝一, 前一, 定一, 照一, 瞻一, 平一, 標一, 恒一

10 13【溭】 물결 직 | [職]ㄗㄜˊ (ze) | しょく wave

풀이 ①물결. ②여울. ¶一淢. ③물결이 비늘처럼 이는 모양. ¶一淢濜湏 龍鱗結絡<郭璞> ④흔들리다. ¶一淢.

10 13【溱】 많을 진 | [眞]ㄓㄣ (zhen) | しん many

풀이 ①많다. ¶室家一一<詩經> ②성(盛)하다. 성한 모양. ¶百穀一一<後漢書> ③이르다. 미침. (通)臻. ¶萬祥一一<漢書> ④펴지는 모양. ¶一一. ⑤강 이름. 하남성(河南省)에서 발원(發源)하는 강.

10 13【滄】 찰 창 | [陽]ㄘㄤ (cang) | そう(サムイ) cold

풀이 ①차다. 싸늘함. ¶天地之間有一熱<逸周書> ②강 이름. ¶東爲一浪之水<史記> ③물빛. 푸름. (通)蒼. ¶發藻玉臺下 垂影一浪泉<陸機> ④바다. 큰 바다. ¶一桑今已變<夏方>

【滄江】そうこう (창강) 푸릇푸릇한 강물.

【滄浪】そうろう (창랑) ①새파란 물빛. ②강 이름. ㉮「사기」(史記)에 나오는 창랑지 수(滄浪之水)를 이르는 말로, 하수(夏水)라는 설, 한수(漢水)라는 설, 지명(地名)에서 나온 이름이란 설 등이 있음. ㉯호남성(湖南省)에서 발원(發源)하여 양자강(揚子江)으로 흐르는 강.

【滄茫】そうぼう (창망) 물이 푸르고 넓은 모양.

【滄海一粟】そうかいいっそく (창해일속) 큰 바다에 던져진 한 알의 좁쌀이라는 뜻으로, 극히 작음의 비유. 인간이 지극히 작고 덧없는 존재임의 비유. ¶渺一 哀吾生之須臾<蘇軾>

13【滫】 滌(p.913)의 俗字

13【滞】 滯(p.913)의 略字

10 13【滀】 모일 축 | [屋]ㄔㄨˋ (chu) | ちく gather

풀이 ①모이다. 물이 모임. ¶洇潰淪而一漯<木華> ②괴다. 막혀 굄. ¶一水. ③급하다. 빠름. ¶一水陵高<後漢書> ④발끈하다. (通)慉. ¶一乎. ⑤얽히다. 응어리짐. ¶夫忿一之氣 散而不反 則爲不足<莊子>

▷念一

10 13【滍】 강 이름 치 | [紙]ㄓˋ [寘](zhi) | ち

13【濅】 浸(p.879)과 同字

13【漢】 漢(p.914)의 略字

13【涵】 涵(p.893)의 本字

10 13【溘】 갑자기 합 (本)갑 | [合]ㄎㄜˋ (ke) | こう suddenly

풀이 ①갑자기. ¶朝露一至<江淹>/一死/一然. ②이르다. 다다름. ③사물의 형용. ¶一一.

10 14【滎】 [1]실개천 형 [2]물결일 영 | [青]ㄒㄧㄥˊ [庚](xing) | けい えい

풀이 [1] ①실개천. ¶一濘. ②못 이름. 하남성(河南省) 형택현(滎澤縣)에 있는 못. ¶一澤. [2]물결이 일다.

10 13【滈】 [1]장마 호 [2]끓을 학 | [皓]ㄏㄠˋ (hao) [覺] | こう rainy season かく

풀이 [1] ①장마. ②물이 희게 빛나는 모양. ¶一一. ③물결이 길게 뻗어 있는 모양. ¶一汗. ④강 이름. 섬서성(陝西省)에서 발원(發源)하는 강. ¶一水. ⑤땅 이름. 섬서성(陝西省) 장안현(長安縣). ㉮鎬. [2]끓다. 물이 끓는 모양. 또는, 그 소리. ¶一瀑.

10 13 〖溷〗 [1]어지러울 혼 [2]울적할 혼 | 圖ㄏㄨㄣˋ 园(hun) | こう *disorder*

[풀이][1]①어지럽다. ¶世一濁而不分兮＜楚辭＞ ②섞이다. ¶動不一乃明＜易經＞ ③흐려지다. 물이 흐린 모양. ¶謂隨夷一兮＜漢書＞ ④더러워지다. ¶天氣一濁＜漢書＞ ⑤욕보이다. ¶毋久一女爲也＜漢書＞ ⑥뒷간. ㊂圂. ¶門庭藩一 皆著筆紙＜晉書＞/一廁. ⑦우리. 돼지우리. ¶有娠 後產子 捐於猪一中＜論衡＞ [2]①울적하다. ¶燉一. ②성가시어 흐려지는 모양. ¶憞一鬱邑＜宋玉＞

▷燉一, 糞一, 穢一, 猪一, 圊一, 廁一, 濁一

10 13 〖滑〗 [1]미끄러울 활 [2]어지러울 골 | 圖ㄏㄨㄚˊ(hua) 困ㄍㄨˇ(gu) | かつ (スベル) *smooth*

[풀이][1]①미끄럽다. ¶加之以霖雨 山坂峻一＜魏志＞/一氷. ②반드럽다. 술술 잘 통함. ¶調以一甘＜周禮＞ ③부드럽게 하다. 미끄럽게 함. ¶滫瀡以一之 脂膏以膏之＜禮記＞ ④교활하다. ㊂猾. ¶一賊任威＜史記＞/一吏. ⑤부드러운 채소. ¶皆有一＜儀禮＞ ⑥윤이 나다. ¶翠一難勝碧玉梳＜趙孟頫＞ ⑦맥(脈)이 순조롭게 뛰다. ¶夫脈之小大一濇浮沈＜素問＞ ⑧나라 이름. ¶一國. ⑨땅 이름. ¶公次于一＜春秋＞ [2]①어지럽다. 어지럽게 함. ㊂汩. ¶置不仁 以一其中＜國語＞ ②다스리다. ¶一欲於俗思 以求致其明＜莊子＞ ③그르치다. ¶將突梯一稽 如脂如韋＜楚辭＞ ④흐리게 하다. ¶斯固以一泥揚波＜後漢書＞ ⑤해어뜨리다. ¶一鈹輕重＜荀子＞ ⑥사물의 형용. ¶一一.

【滑稽】こっけい(골계) ①지식이 많고 말을 잘 하여 남의 시비 판단을 그르치게 하는 일. ②술 그릇 이름. 나아가, 말이 입에서 술술 나오는 일. 술잔에 끝없이 술을 따름과 같음을 이름. ③말이 매끄럽고 재치가 끊임 없음을 이름. ④익살. ¶一家/一劇/一小說.

【滑降】かっこう(활강) 미끄러져 내림. ¶一競走.

【滑空】かっくう(활공) 동력 장치의 작용이 없이 공중을 저절로 미끄러져 낢. ¶一機.

【滑石】かっせき(활석) ①매끄러운 돌. 곱돌. ②함수 규산(含水硅酸)과 마그네슘을 성분으로 하는 광물. 몸은 무르고 결은 반질반질함.

【滑走】かっそう(활주) ①미끄러져 달아남. ②비행기를 부리는 기술의 한 가지. 곧, 비행기가 날아오르기 전이나 날아내린 뒤에 땅 위나 물 위를 내달음. ¶一路.

【滑車】かっしゃ(활차) 도르래.

【滑着】(활착) 활주하여 착륙함.

▷涑一, 美一, 細一, 軟一, 撓一, 圓一, 危一, 柔一, 濡一, 潤一, 泥一, 膩一, 峻一, 甜一, 淸一, 險一

10 13 〖滉〗 깊고 넓을 황 | 圈ㄏㄨㄤˋ(huang) | こう

13 〖滙〗 匯(p.232)와 同字

11 14 〖漑〗 [1]물댈 개 [2]이미 기 | 圈ㄍㄞˋ 困(gai) | がい き

[源]會意·形聲. 旣는 맛난 음식을 목이 메어 먹지 못함. 「氵」[水]로 술술 넘어가게 물을 댐을 뜻함.

[풀이][1]①물을 대다. ¶此梁皆可行舟 有餘則用一＜漢書＞/一灌/一田. ②씻다. 헹굼. ¶可以濯一＜詩經＞ ③강 이름. 산동성(山東省)에서 발원(發源)하는 강. ¶一水. [2]이미. ㉮旣. ¶帝嚳一執中而徧天下＜史記＞

▷灌一, 澆一, 澡一, 鑿一, 滌一, 濯一, 沆一

14 〖漧〗 乾(p.51)의 古字

11 14 〖滾〗 흐를 곤 | 园ㄍㄨㄣˇ(gun) | こん(ナガレル)

[풀이]①흐르다. 물이 세차게 흐르는 모양. ¶一一. ②물이 끓다. ¶一湯. ③샘솟다. ¶一沸. ④구르다. 물건이 구름. ¶一轉.

11 14 〖漷〗 물결 부딪칠 곽 | 圈ㄎㄨㄛˋ(kuo) | かく

[풀이]①물결이 부딪쳐 흐르다. ¶濆濩泧一＜郭璞＞ ②강 이름. 산동성(山東省) 등현(滕縣)의 동북 술산(述山)에서 발원하는 강. ¶一河.

14 〖漼〗 灌(p.928)의 俗字

11 14 〖漚〗 [1]담글 구 ㊀우 [2]거품 구 ㊀우 | 圈ㄡˋ(ou) 园ㄡ(ou) | おう *soak* おう *bubble*

[풀이][1]①담그다. ㉮물에 오래 담그다. ¶涚絲以涑水一其絲＜周禮＞ ㉯오래 담가 부드럽게 하다. ¶可以一麻＜詩經＞ ②향기가 짙은 모양. ¶一鬱. [2]①거품. ¶空生大覺中 如海一一發＜楞嚴經＞ ②갈매기. ㊂鷗. ¶海上之人 有好一鳥者＜列子＞ ③강 이름. 당하(唐河)의 옛 이름. ¶一夷.

▷浮一, 霜一, 圓一

11 14 〖漙〗 이슬 많을 단 | 圈ㄊㄨㄢˊ(tuan) | たん

[풀이]①이슬이 많다. 이슬이 많이 내린 모양. ¶零露一兮＜詩經＞ ②둥글다. ㊂團. ¶玉露一淸影＜杜甫＞

11 14 【漣】 [1] 물놀이 련 [先] ㄌㄧㄢˊ (lian) れん
[2] 큰물결 란 [寒] らん

[풀이] [1] ①물놀이. ¶河水清且一猗<詩經> ②우는 모양. ¶泣涕一一<詩經>/一然. ③잇닿다. 이어짐. [通]連. [2]큰 물결. [같]瀾.
▷微一, 碧一, 細一, 流一, 清一

11 14 【滷】 소금밭 로 [麌] ㄌㄨˇ (lu) ろ

[풀이] ①소금밭. 염분이 많은 땅. ②간수. 짠물. ¶一水. ③짜다. ¶夜潮已落岸痕高 風卷浪花飜雪一<惟則> ④간을 치다. 소금으로 간을 맞춤.

11 13 【漉】 거를 록 [屋] ㄌㄨˋ (lu) ろく(コス) *wash*

[풀이] ①거르다. 밭음. ¶一汁灑地<戰國策>/一酒/一酒巾. ②치다. 앙금을 침. [같]淥. ③물이 마르다. ¶一池. ④다하다. ¶毋一陂池<禮記>
▷淘一, 滲一, 流一, 淋一

11 14 【漻】 [1] 깊을 료 [蕭] ㄌㄧㄠˊ (liao) りょう *deep*
[2] 맑을 류 [尤] りゅう
[3] 변하는 모양 력 [錫] ㄌㄧㄡ (liu) れき
[4] 클 효 [巧] こう

[풀이] [1] ①깊다. ②높고 먼 모양. ¶寂一上天知厥時<漢書> ③흐르다. ¶降通一水以導河<呂覽> ④근심에 잠기는 모양. ¶一然潒然憂以湫<新書> ⑤쓸쓸하다. [같]寥. [2]맑다. 물이 맑고 깊은 모양. [같]瀏. ¶一乎. [3]변하는 모양. ¶油然一然<莊子> [4]큰 모양. ¶一然.

11 14 【漏】 [1] 샐 루 [宥] ㄌㄡˋ (lou) ろう(モレル) *leak*
[2] 냄새날 루 [尤]

[同]屚
[源] **會意.** 지붕[尸]에서 비[雨]가 샘을 뜻함.

[풀이] [1] ①새다. ㉮틈으로 새다. ¶千里之隄 以螻蟻之穴一<易經> ㉯틈으로 스며들다. 틈으로 배어듦. ¶窮閻一屋<荀子> ㉰틈으로 비치다. ¶雲陰解駁日光穿一<韓愈> ㉱비밀이 드러나다. ¶密有殺繡之計 計一<魏志> ㉲빠뜨리다. ¶閫外多事 千緖萬端 罔有遺一<晋書>/一失. ②구멍. 틈. ¶禹耳參一<淮南子> ③구멍을 뚫다. ¶朱弦一越<淮南子> ④물시계. ¶一刻. ⑤방의 서북 구석. ¶尙不愧于屋一<詩經> ⑥병 이름. 치루(痔漏)·붕루(崩漏) 따위. ⑦《佛》 번뇌. 범어(梵語) āsrava의 이칭. ⑧틈을 채워 메우다. ¶則不能一理其形也<淮南子> ⑨혜택을 주다. ¶天下一泉<漢書> ⑩넘치다. ¶淫雨一河<後漢書> ⑪때. 시각. ¶傳一在殿下<漢書> ⑫귀신 이름. [通]霤. ¶有沈有一<莊子> [2]냄새가 나다. [通]螻. ¶馬黑脊而般臂一<禮記>

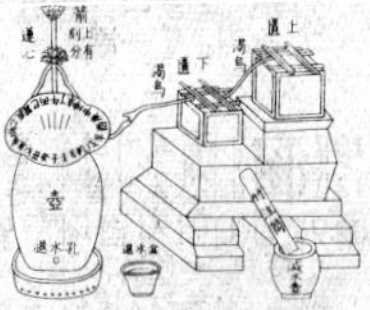

宋燕肅漏刻(古今圖書集成)

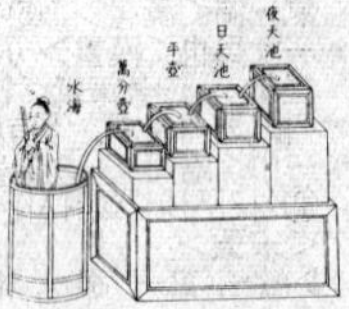

唐呂才漏刻(古今圖書集成)

【漏刻】ろうこく(누각) ①물시계. ②아주 짧은 동안. 頃刻(경각).
【漏鼓】ろうこ(누고) 시각을 알리는 큰 북.
【漏氣】ろうき(누기) 축축한 기운. 눅눅한 기운.
【漏落】ろうらく(누락) 적바림에서 빠짐.
【漏泄】ろうせつ(누설) ☞ 漏洩(누설).
【漏洩】ろうせつ(누설) ①물이 샘. 물을 새게 함. ②비밀이 샘. 비밀을 새게 함. 漏泄(누설).
【漏水】ろうすい(누수) ①물시계의 물. 또는, 그 새어난 물. ②새는 물. ③새는 일. ¶一現象.
【漏濕】ろうしつ(누습) 습기가 스며 나옴. 눅눅함.
【漏電】ろうでん(누전) 전기가 새어 흐름. 또는, 그 전기.
【漏箭】ろうせん(누전) 누각(漏刻)의 시각을 가리키는 화살. ※漏壺(누호).
【漏泉】ろうせん(누천) 물이 새어 나오는 샘이라는 뜻으로, 임금의 은택이 널리 미침을 이름.
【漏出】ろうしゅつ(누출) 물 따위가 새어 나옴.
【漏戶】ろうこ(누호) 호적에 빠진 집.
【漏壺】ろうこ(누호) ①누각(漏刻)의 물을 담은 그릇과 물을 받는 그릇. ②물시계.
▷刻一, 晷一, 潰一, 無一, 伏一, 不一, 沙一, 滲一, 洩一, 疎一, 夜一, 蓮花一, 玉一, 屋一, 有一, 遺一, 謬一, 陰一, 轉一, 玷一, 穿一, 痔一, 脫一, 頹一, 罅一, 滑一, 虧一

11 14 【漓】 스며들 리 [支] ㄌㄧˊ (li) り(シム)

[풀이] ①스며들다. 흐르는 모양. [같]灕. ¶滲一. ②엷다. [通]醨. ¶棄一而歸厚<司馬光>

11 14 【漠】 사막 막 [藥] ㄇㄛˋ (mo) ばく(サバク)

[풀이] ①사막. ¶踰隴堆兮渡一<楚辭> ②넓다. ¶廣一. ③조용하다. ㉮마음이 편안하다. ¶眞人恬一 獨與道息<漢書> ㉯무위자연(無爲自然)의 모양. ¶大猷玄一<張華> ④쓸쓸하다. [通]寞. ¶野寂一其無人<淮南子> ⑤정해지다. 안정됨. ¶時旣者其神一<淮南子> ⑥무성하다. ¶一一. ⑦맑다. ⑧어둡다. ¶一一. ⑨도모하다. 계책. [通]謨.
【漠南】ばくなん(막남) 고비 사막의 남쪽 땅. 內蒙

古(내몽고).
【漠漠】ばくばく(막막) ①넓고 멀어서 아득함. ②널리 늘어놓은 모양. ③초목이 무성한 모양. ④어둠침침한 모양. ¶兵戈塵—<杜甫> ⑤소리 없는 모양. ¶聽—而以爲啕啕<荀子> ⑥쓸쓸한 모양.
【漠北】ばくほく(막북) 고비 사막의 북쪽 땅. 外蒙古(외몽고).
【漠然】ばくぜん(막연) ①고요한 모양. ¶老子—不應<莊子> ②넓어서 어렴풋한 모양.
▷空—, 落—, 大—, 蒙—, 沙—, 索—, 闇—, 恬—, 幽—, 寂—, 澄—, 玄—, 荒—

11 14 〖滿〗 1 찰 만 2 번민할 만 | 旱ㄇㄢˇ (man) 願 | まん(ミツ) *full*

略 満

풀이 1 ①차다. ㉮가득 차다. ¶地大而不爲 命曰土— 人衆而不理 命曰人—<莊子> ㉯넉넉하다. ¶不自—假<書經> ㉰둥그래지다. 이지러짐이 없음. ¶日中必移 月—必虧<史記> ㉱수효가 만(萬)에 이르다. ㉲곡식이 익다. 속이 참. ¶竹實—<淮南子> ㉳시위를 힘껏 당기다. ¶—白羽<漢書> ㉴잔 가득 따른 술. ¶皆引—擧白<漢書> ②교만하다. ¶其—之甚也<國語> ③속이다. 通 謾. ¶—讕誣天<漢書> ④만주(滿洲)의 약칭. ¶—漢. ⑤병명(病名). ¶風蹶胷—<史記> 2 번민하다. 通 懣. ¶憂—不食<漢書>
【滿腔】まんこう(만강) 가슴에 가득함. 마음에 꽉 참을 뜻함. ¶—春意<書言故事>
【滿開】まんかい(만개) 꽃이 활짝 핌.
【滿乾坤】まんけんこん(만건곤) 천지에 가득 참.
【滿期】まんき(만기) 정해 놓은 기한이 다 참. ¶—出所/—除隊.
【滿喫】まんきつ(만끽) ①잔뜩 먹고 마심. ②어떤 일을 충분히 해보거나 맛봄의 비유.
【滿堂】まんどう(만당) ①방에 가득 참. ②그 방에 있는 모든 사람.
【滿面】まんめん(만면) 얼굴에 가득 참. 온 얼굴. ¶—愁色/—喜色.
【滿面愁色】まんめんしゅうしょく(만면수색) 얼굴에 가득 찬 수심의 빛.
【滿面喜色】まんめんきしょく(만면희색) 얼굴에 가득찬 기쁜 빛.
【滿文】まんぶん(만문) 만주 글자. 滿字(만자).
【滿盤】まんばん(만반) 소반에 가득 참.
【滿發】まんぱつ(만발) 많은 꽃이 한꺼번에 활짝 핌. ¶百花—.
【滿腹】まんぷく(만복) 배에 가득 참. 또는, 배부르게 먹음. 배가 부름. ¶—感/—經綸.
【滿朔】まんさく(만삭) ①아이 낳을 달이 참. ②만월(滿月)과 삭월(朔月).
【滿山】まんざん(만산) 산에 가득 참. 산 전체.
【滿船】まんせん(만선) 배에 가득 참. 또는, 그 배.
【滿身瘡痍】まんしんそうい(만신창이) 온몸이 상처 투성이임. 또는, 그 상처.
【滿員】まんいん(만원) ①정원이 다 참. ¶—謝禮. ②만주인(滿洲人) 관리.
【滿月】まんげつ(만월) ①만삭(滿朔). ②보름달.
【滿人】まんじん①・まんにん②(만인) ①만주인. ②《佛》 선(善)을 행하는 사람. ¶譬如世間爲惡者名爲半人 修善者名爲一人<涅槃經>
【滿溢】まんいつ(만일) 차서 넘침.
【滿字】まんじ(만자) ☞ 滿文(만문).
【滿場】まんじょう(만장) 회장에 가득 모임. 온 회장. ※滿堂(만당).
【滿載】まんさい(만재) ①수레 따위에 짐을 가득 실음. ②어떤 사건을 신문이나 잡지의 지면에 가득 실음.
【滿點】まんてん(만점) ①규정한 점수의 가장 높은 점. ②아주 만족할 정도.
【滿潮】まんちょう(만조) 꽉 차게 들어 있을 때의 밀물. ↔干潮(간조).
【滿朝百官】まんちょうひゃっかん(만조백관) 온 조정의 모든 벼슬아치. 滿廷諸臣(만정제신).
【滿足】まんぞく(만족) ①족함. 충분함. ②흐뭇함. ¶—感.
【滿座】まんざ(만좌) ①자리에 참. ②좌중의 모든 사람.
【滿洲】まんしゅう(만주) 땅 이름. 또는, 부족 이름. 전국(戰國) 시대에 이 땅에 한족(漢族)의 지배가 비롯되어 요동(遼東)·요서(遼西)의 두 군(郡)을 두게 된 후 요동이라 불렸음.
【滿地】まんち(만지) ①땅에 가득 참. ②가득찬 온 땅.
【滿天下】まんてんか(만천하) 온 천하. 온 세계.
【滿醉】まんすい(만취) 술에 잔뜩 취함.
【滿幅】まんぷく(만폭) 폭 전체. 폭에 꽉 참.
【滿花方席】(만화방석)韓 여러 떨기의 꽃무늬를 놓아 짠 방석.
【滿花席】(만화석)韓 여러 떨기의 꽃무늬를 놓아 짠 돗자리.
▷干—, 驕—, 矜—, 未—, 彌—, 撲—, 不—, 三—, 盛—, 盈—, 圓—, 殷—, 引—, 因圓果—, 貯—, 持—, 脹—, 處—, 淸—, 充—, 飽—, 豊—

11 14 〖漫〗 1 질펀할 만 2 빠질 만 3 게으를 만 | 翰 ㄇㄢˋ (man) 寒 諫 | まん *flood*

풀이 1 ①질펀하다. ¶襄鄧之西 夷—數百里<唐書> ②넘쳐 흐르다. 많음. ¶彌—數百里<吳志> ③흩어지다. 어지러움. ¶散—交錯<謝惠連> ④멋대로. ¶流—之志詘矣<史記> ⑤부질없이. 함부로. ¶—勞車駕駐江干<杜甫> ⑥더러워지다. 더럽힘. 또는, 속이다. ¶行不免於汙—<荀子> ⑦바르다. 칠함. 通 墁. ¶郢人堊—其鼻端<莊子> ⑧잇닿다. ¶連閣周—<張衡> ⑨기뻐하는 모양. ¶其奏歡娛 則莫不憚—<王褒> 2 ①빠지다. 잠김. ¶浹雨檐溝瓦半—<沈周> ②퍼지다. ¶桃李—山總粗俗<蘇軾> ③비끼다. 이어지다. ¶雲—便當紗<皮日休> 3 게으르다. 같 慢.
【漫談】まんだん(만담) ①종잡을 수 없는 이야기. ②재미있고 우습게 세상과 인정을 풍자하는 이야기. ¶—家.
【漫錄】まんろく(만록) ☞ 漫筆(만필).
【漫文】まんぶん(만문) ①수필. ②사물의 특징을 재

미있고 경쾌하게 쓴 글.
【漫步】まんぽ(만보) 목적지 없이 한가히 거니는 걸음. 散步(산보). 散策(산책).
【漫語】まんご(만어) 깊이 생각하지 않고 생각나는 대로 하는 말. 漫言(만언).
【漫言】まんげん(만언) ☞漫語(만어).
【漫遊】まんゆう(만유) 마음 내키는 대로 돌아다니며 놂.
【漫吟】まんぎん(만음) 일정한 글제가 없이 생각 나는 대로 시를 지어 읊음.
【漫評】まんぴょう(만평) 체계 없이 생각나는 대로 하는 비평.
【漫筆】まんぴつ(만필) 붓 가는 대로 생각한 바를 쓴 글. 漫錄(만록). 隨筆(수필). ¶西浦—.
【漫畫】まんが(만화) ①붓 가는 대로 그린 그림. 漫筆畫(만필화). ②시대와 인정을 풍자하는 우스운 그림.
▷瀾—, 爛—, 浪—, 漠—, 渺—, 淼—, 蕪—, 靡—, 靡—, 繁—, 散—, 盈—, 窅—, 流—, 悠—, 夷—, 滋—, 周—, 天眞爛—, 沈—, 浸—, 汗—, 浩—, 混—, 闊—

11 14【漭】 넓을 망 | 養ㄇㄤˇ (mang) | もう broad

11 14【漨】 1내 이름 봉 2울적할 봉 3물 모일 봉 | 冬 東ㄈㄥˊ 董(feng) | ほう lonesome
풀이 1 ①내 이름. ㉠洚. ¶—水. ②못 이름. ¶—澤. 2울적하다. 답답한 모양. ¶歊霧—浡 雲蒸昏昧<左思> 3물이 모이다. 또는, 그 모양. ¶—滃.

11 14【漇】 함치르르할 사 | 紙ㄒㄧˇ (xi) | し
풀이 ①함치르르하다. ¶凄凄兮——<楚辭> ②흐르는 모양.

11 14【滲】 1스밀 삼 2적실 삼 3흐를 림 | 沁ㄕㄣˋ (shen) 侵 | しん(シミル) soak しん(ヒタス)
㈜渗
풀이 1 ①스미다. 배어듦. ¶聞俗說 以生者血瀝死者骨 —即爲父子<南史> ②밭다. 거름. ¶滋液—漉<漢書> ③새다. ¶財無—漏 則不可勝用<宋史> ④다하다. ¶自淮入泗 泗水—<南史> 2 ①적시다. ㉠浸. ②깃이 나기 시작하는 모양. ¶鶴子淋—<木華> 3흐르다. 흐르는 모양.
【滲透】しんとう(삼투) ①스며듦. 浸透(침투). ②두 종류의 액체가 사이벽을 통하여 서로 섞이는 현상. ¶—壓.
▷淋—, 血—

11 14【滳】 세차게 흐를 상 | 陽 | しょう

11 14【漵】 개 서 | 語ㄒㄩˋ (xu) | しょ
풀이 ①개. 포구. ¶日霽沙—明 風泉動華燭<王融> ②강 이름. 호남성(湖南省) 서포현(漵浦縣) 동남의 돈가산(頓家山)에서 발원하여 원수(沅水)로 흘러드는 강. ¶—水.

11 14【漩】 소용돌이 선 | 霰ㄒㄩㄢˊ 先(xuan) | せん

11 14【滫】 뜨물 수 | 有ㄒㄧㄡˇ (xiu) | しゅう
풀이 ①뜨물. ¶漸之—中<史記> ②쉰 음식. ③쌀을 씻다. ④반죽하다. ¶—瀡以滑之<禮記> ⑤오줌. ¶其漸之—<荀子>

11 14【漱】 양치질할 수 | 宥ㄕㄨˋ (shu) | そう (クチススグ) brush
풀이 ①양치질하다. ¶既拚盥—<管子>/—流. ②씻다. ㉮빨래하다. ¶冠帶垢 和灰請—<禮記> ㉯헹구다. ¶臨民之所浣—也<公羊傳> ③개먹다. 물이 언덕에 부딪쳐 흐름. ¶善溝者水—之<周禮>

【漱石枕流】イシニクチススギ ナガレニマクラス(수석침류) 자기 실수를 인정하기 싫어 억지 변명으로 우김을 이름.
【유래】 손자형(孫子荊)이 왕무자(王武子)에게 속세를 피하여 은둔하려는 뜻을 밝히면서 돌을 베개삼고 시냇물로 양치질하겠다[枕石漱流]는 말을 잘못하여 시냇물을 베개삼고 돌로 양치질한다고 했다. 왕무자가 그 실수를 지적하자, 자형은 "시냇물을 베개삼는 것은 속된 말에 더러워진 귀를 씻자는 것이고, 돌로 양치질하는 것은 이를 닦자는 뜻일세."하고 억지를 부렸다 한다.<世說新語>

【漱刷】そうさつ(수쇄) 깨끗이 씻음.
▷盥—, 怒—, 溟—, 泛—, 噴—, 積—, 淨—, 澡—, 淸—, 暴—, 澣—

14【潄】 漱(p. 910)의 俗字

11 14【漘】 물가 순 | 眞ㄔㄨㄣˊ (chun) | しん

11 15【漦】 1흐를 시·리 2땅 이름 태 | 支ㄌㄧˊ 灰(li) | し, り たい
풀이 1 ①흐르다. 줄줄 흐름. ②질질 흘리다. ③침. 입에서 내어 뿜는 거품. ¶卜藏其—<詩經> ④피[血]. ⑤내 이름. 2땅 이름. 섬서성(陝西省)에 있음. ¶從攻雍—城<史記>

14【漄】 涯(p. 886)와 同字

11 14【漾】 1출렁거릴 양 2강 이름 양 | 漾ㄧㄤˋ 陽(yang) | よう
풀이 1 ①출렁거리다. ㉮물이 출렁거리다. ¶漣漪繁波—<謝惠連> ㉯물에 출렁거리다. ¶浮光—急灘<駱賓王> ㉰출렁출렁 흘러가다. ¶一葉—— 遵舊路

復至青龍寺＜幻影傳＞ ②뜨다. 띄움. ¶楚水春帆一＜高啓＞ ③물이 넓다. ¶川旣一而濟深＜王粲＞ ④표류하다. 떠돎. ¶一一. **2**강 이름. 섬서성(陝西省) 영강현(寧羌縣) 북쪽 파총산(嶓冢山)에서 발원하는 한수(漢水)의 상류. ¶一水.

▷泛一, 演一, 搖一, 溶一, 蕩一, 浩一, 滉一

11
14 〖漁〗 고기잡을 어 | 魚 ㄩˊ (yu) | ぎょ, りょう (スナドル)

풀이 ①고기를 잡다. ㉮물고기를 잡다. ¶命漁師始一＜禮記＞ ㉯닥치는 대로 가지다. ¶諸侯不下一色＜禮記＞ ㉰침략(侵掠)하다. ¶一食閭里＜漢書＞ ㉱이익을 낚다. ¶一利蘇功＜管子＞ ②고기잡이. ¶自耕稼陶一 以至爲帝＜孟子＞ ③어부(漁夫). ¶神心重丘壑 散步懷一樵＜劉孝威＞

【漁家】ぎょか (어가) 어부의 집.
【漁歌】ぎょか (어가) 어부들이 부르는 노래. 漁唱(어창).
【漁具】ぎょぐ (어구) 고기잡이에 쓰는 도구.
【漁獵】ぎょりょう (어렵) 고기잡이와 짐승 사냥.
【漁撈】ぎょろう (어로) 고기잡이.
【漁網】ぎょもう (어망) 고기잡이 그물. 漁罟(어고).
【漁民】ぎょみん (어민) 고기잡이를 업으로 삼는 백성.
【漁夫】ぎょふ (어부) 고기잡이를 업으로 하는 사람. 漁父(어부).

【漁父之利】ぎょふのり (어부지 리) 두 사람이 서로 다투는 사이에 제삼자가 뜻밖의 이익을 얻음을 이름. 蚌鷸之爭(방휼지 쟁). 鷸蚌之爭(휼방지 쟁).
유래 전국 시대 조(趙)의 혜왕(惠王)이 연(燕)을 치려 하자, 유세가(遊說家)인 소대(蘇代)는 혜왕에게 다음과 같은 이야기를 했다.「어느날 대합조개가 기슭에 나와 햇볕을 쬐고 있는데, 도요새가 와서 조개의 속살을 쪼았읍니다. 조개는 급히 입을 다물어 도요새의 부리를 꼼짝 못하게 하였읍니다. 둘은 서로 물고 버티며 싸웠읍니다. 그때 마침 그곳을 지나던 어부가 이들을 보고 도요새와 대합조개를 모두 잡아 가지고 갔읍니다」조와 연이 싸우다가는 모두가 강국인 진(秦)에게 망한다는 뜻이었다. 혜왕은 소대의 말이 옳다고 여겨, 연을 치려던 생각을 버렸다.＜戰國策＞

【漁師】ぎょし (어사) ☞漁夫(어부).
【漁色】ぎょしょく (어색) 여색(女色)을 탐함.
【漁叟】ぎょそう (어수) ☞漁翁(어옹).
【漁食】ぎょしょく (어식) 고기를 잡듯이 마음대로 남의 것을 빼앗아 생활함.
【漁鹽】ぎょえん (어염) ①어업과 염업. ②물고기와 소금. 해산물.
【漁翁】ぎょおう (어옹) 고기잡이하는 늙은이. 낚시질하는 늙은이. 漁叟(어수).
【漁村】ぎょそん (어촌) 어업에 종사하는 사람들이 모여 사는 마을. ¶農一.
【漁奪】ぎょだつ (어탈) 백성의 물건을 마음대로 빼앗아감.
【漁港】ぎょこう (어항) 주로 어선이 드나드는 항구.
【漁獲】ぎょかく (어획) 물고기를 잡거나 해초 등을 땀. 또는, 그 취한 물건. ¶一高.

▷禁一, 大一, 陶一, 不一, 夜一, 畋一, 樵一, 出一, 侵一, 捕一, 豊一, 凶一

11
14 〖演〗 흐를 연 | 銑 ㄧㄢˇ (yan) | えん (ナガレル) *flow*

풀이 ①흐르다. ¶東一析木＜木華＞ ②펴다. ㉮당기다. ¶留侯一成＜班固＞ ㉯부연(敷衍)하다. ¶文王一周易＜漢書＞ ㉰널리 펴다. ¶推一聖德＜漢書＞ ③스며 흐르다. ¶一以潛沫＜左思＞ ④통하다. 기(氣)가 통함. 윤택함. ¶夫水土一而民用也＜國語＞ ⑤스며들다. ¶久則涵一深遠＜歐陽脩＞ ⑥행하다. ¶別一一法＜宋史＞ ⑦연극을 하다. ¶一音一而荒景服＜王勃＞ ⑧익히다. 학습함. ¶一習.

【演技】えんぎ (연기) 배우가 무대에서 연출하여 보이는 말이나 동작. 또는, 관중 앞에서 연극·가무·곡예·음곡 등의 기예(技藝)를 보이는 일. ¶一場/一者.
【演壇】えんだん (연단) 연설하는 사람이 서는 단.
【演士】えんし (연사) 연설, 강연을 하는 사람.
【演說】えんぜつ (연설) ①도리나 의의 등을 설명함. ②여러 사람 앞에서 자기의 주의·주장·의견을 진술함. 또는, 그 진술.
【演習】えんしゅう (연습) 되풀이하여 익힘.
【演易】えんえき (연역) 복희씨(伏羲氏)가 만든 역(易)의 8괘(卦)를 주(周)의 문왕(文王)이 다시 64괘로 늘려 차례대로 알기 쉽게 풀이한 것.
【演繹】えんえき (연역) ①뜻을 풀어서 밝힘. ②일반적인 명제(命題)나 지식에서 특수·개별적인 명제나 지식을 이끌어내는 일. ¶一法/一的. ↔歸納(귀납).
【演藝】えんげい (연예) 공중 앞에서 연극·음악·무용·만담 따위를 보임. 또는, 그 재주. ¶一界/一人.
【演義】えんぎ (연의) ①도리와 사실을 자세히 설명함. ②역사상의 사실을 소설적 흥미로 수식 부연하여 속어로 서술한 책. ¶三國志一.
【演題】えんだい (연제) 연설·강연 따위의 제목.
【演奏】えんそう (연주) 여러 사람 앞에 출연하여 음악을 들려 줌. ¶一家/一會.
【演撰】えんせん (연찬) 저술(著述)함.
【演唱】えんしょう (연창) 자세히 설명하여 창도(唱道)함.
【演出】えんしゅつ (연출) 각본을 기준으로 배우의 연기와 기타 요소를 종합하여 무대나 영화에 표현함. ¶一家.
【演戲】えんぎ (연희) 말과 동작으로 재주를 부림. 연극.

▷講一, 開一, 公一, 光一, 廣一, 口一, 獨一, 敷一, 上一, 舒一, 宣一, 續一, 試一, 實一, 熱一, 流一, 推一, 出一, 通一, 布一, 披一

11/15 〖潁〗 강 이름 영 |梗ㄧㄥˇ (ying)| えい

【潁水隱士】えいすいいんし (영수은사) 요(堯)임금 때 영수(潁水) 가에 은거하였다는 허유(許由)를 이름. 요임금이 자기에게 임금 자리를 물려 주겠다고 하자 귀가 더러워졌다 하여 영수에 귀를 씻었다 함.

14〖漥〗 窪(p. 1118)와 同字

14〖窪〗 ☞ 穴部 9획(p. 1118)

14〖[氵+鳥]〗 澆(p. 918)와 同字

14〖[氵+恿]〗 ☞ 心部 10획(p. 588)

11/14 〖滺〗 물 흐르는 모양 유 |尤| ゆう

11/14 〖漪〗 물놀이 의 |支ㄧ (yi)| い(サザナミ)

풀이 ①물놀이. 잔물결. ¶戢鱗隱繁藻 頒首承綠—<張率> ②물결이 일다. ¶激水不— 槁木無陰<文心雕龍> ③물가. ¶日月昭昭乎侵已馳 與子期乎蘆之—<吳越春秋> ④어조사. 말 끝에 붙이어 어조를 고름. ㉠兮 猗. ¶刷盪—瀾<左思>

▷瀾—, 綠—, 碧—, 漣—, 淪—, 清—

11/14 〖漳〗 강 이름 장 |陽ㄓㄤ (zhang)| しょう

풀이 ①강 이름. 산서성(山西省)에서 발원하여 하남성(河南省)과 하북성(河北省)을 거쳐 운하(運河)로 흘러드는 강. ¶—水. ②막다. 둑. 通 障. ¶—汸而清<韓詩外傳>

11/15 〖漿〗 미음 장 |陽ㄐㄧㄤ (jiang)| しょう(コンズ) *gruel*

풀이 ①미음. ¶濃—. ②초. 빚어서 만든 식초. ¶辨四飮之物 三曰—<周禮> ③마실것. 음료. ¶簞食壺—<孟子> ④풀. 풀함. ¶—水.

【漿果】しょうか (장과) 즙이 많고 다육질(多肉質)인 과실. 감, 사과, 배 따위.

▷酪—, 濃—, 腦—, 簞食壺—, 仙—, 水—, 餘—, 醴—, 義—, 飴—, 酒—, 鐵—, 酢—, 寒—, 含—, 血—, 壺—

11/14 〖滴〗 물방울 적 |錫ㄉㄧ (di)| てき(シズク)

풀이 ①물방울. ¶流—垂氷<謝惠連> ②방울져 떨어지다. ¶握手淚再—<杜甫> ③매우 작은 것의 비유. ¶小臣涓—皆君賜<薩都剌> ④윤기있고 싱싱한 모양. ¶珠纓冷光—<蘇舜欽>

【滴瀝】てきれき (적력) 물방울이 뚝뚝 떨어짐. 또는, 물방울.

▷書—, 水—, 餘—, 瀝—, 涓—, 硯—, 漣—, 雨—, 溜—, 一—, 殘—, 點—, 簷—

11/14 〖漸〗 1 점점 점 |琰ㄐㄧㄢˋ| ぜん(ヨウヤク) 2 험할 참 |咸 (jian)| ざん 3 적실 점 |鹽| せん

源 會意·形聲. 「斬」은 수레[車]를 도끼[斤]로 찍어 틈을 냄의 뜻이며 음을 이룸. 「漸」은 도끼로 찍은 틈으로 물기가 차츰차츰 스며듦에서 「차츰」, 「번짐」을 뜻함.

풀이 1 ①점점. 차츰. ¶—入佳景<晋書> ②차츰 나아가다. ¶鴻—于干<易經> ③천천히 움직이다. ¶凡物有變移徐而不速 謂之—也<易經·注> ④점괘(卦). 64괘의 하나. 간하손상(艮下巽上). ䷴. 차례를 좇아 나아가는 상(象). ⑤심해지다. ¶七日大—<列子> ⑥익히다. ¶良工—乎矩鑿之中<淮南子> ⑦조짐. ¶—者 物事之端先見之辭<公羊傳·注> ⑧오래다. ¶文言曰其所由來者—矣<易經> ⑨통하다. 이끌어 통하게 함. ¶—九川<史記> ⑩물. ¶雖有腐髊流—<淮南子> ⑪자라다. ¶草木—包<書經> ⑫강 이름. ¶—水. ⑬(佛) 점교(漸敎). 소승(小乘)에서 대승(大乘)으로 높이듯, 차츰 오묘한 진리로 나아가는 교법. 2 ①험하다. 바위가 높고 험함. 通 巉. ¶——之石 維其高矣<詩經> ②흐르는 모양. ¶涕——兮<楚辭> 3 ①적시다. 번짐. 물듦. ¶其—之滫<荀子> ②흘러들다. ¶東—於海<書經> ③다하다. ¶享國—世<韋孟> ④속이다. ¶知詐—毒<莊子> ⑤보리 이삭이 팬 모양. ¶麥秀——兮<史記>

【漸卦】ぜんか (점괘) 64괘의 하나. 간괘(艮卦) 위에 손괘(巽卦)가 거듭된 것.

【漸移】ぜんい (점이) 차차 옮아감.

【漸入佳境】ぜんにゅうかきょう ヨウヤクカキョウニイル (점입가경) ①점점 아름다운 경지로 들어감. ②점점 흥미를 느끼게 됨. 차츰 잘 되어 감. ③문장이나 산수 따위가 점차로 재미있게 되어 감을 이름.

【漸漸】ぜんぜん (점점) ①천천히 나아가는 모양. ②보리 이삭이 팬 모양.
ざんざん (참참) ①산이 높고 험한 모양. ②눈물이 흐르는 모양.

【漸進】ぜんしん (점진) 점차로 나아감. 점점 발전함. ¶—的.

【漸次】ぜんじ (점차) 차례를 따라 점점.

【漸層】ぜんそう (점층) 어구를 점점 겹치어 어의(語意)를 높이며 강조하는 수사법의 한 가지. ¶—法. ↔漸降(점강).

▷南頓北—, 端—, 大—, 東—, 萌—, 社—, 沾—, 浸—

14〖湏〗 濎(p. 922)과 同字

11/14 〖漈〗 물가 제 |霽ㄐㄧˋ (ji)| せい

11/14 〖漕〗 1 배저을 조 |號ㄘㄠˊ| そう 2 땅 이름 조 |豪 (cao)| *row*

풀이 1 ①배를 젓다. ¶一舟至河口＜唐書＞ ②배로 실어 나르다. ¶轉一給軍＜史記＞ ③수레. 배. ④액즙(液汁)이 통하는 길. ¶以有血一爲巧＜武備志＞ 2 땅 이름. ¶土國城一＜詩經＞

【漕軍】そうぐん(조군) 조운선(漕運船)의 수부(水夫). 漕卒(조졸).

【漕運】そううん(조운) 배로 물건을 나르는 일. ¶一船.

【漕倉】そうそう(조창) 조운(漕運)할 곡식을 쌓아 두던 곳집. 漕運倉(조운창).

▷運一, 轉一, 海一, 血一, 回一

11 14 【漬】 담글 지 | 圓 ㄗˋ (zi) | し(ヒタス) soak

㊄涑

풀이 ①담그다. 물에 담금. ¶淹一以爲菹＜詩經·注＞ ②스미다. 뱀. ¶漸一於失教＜史記＞ ③물들이다. ¶淳而一之＜周禮＞ ④옮다. 전염함. ¶牛馬之屬也 若一箇死 則餘者更相染一而死＜禮記·注＞ ⑤앓다. ¶以覗孤寡老弱之一病＜呂覽＞

▷淹一, 漸一, 霑一, 沈一, 浸一, 漂一

11 14 【漲】 불을 창 | 圓 ㄓㄤˋ (zhang) | ちょう(ミナギル)

풀이 ①붇다. 물이 벌창함. ¶雲低岸花掩水一灘草沒＜岑參＞ ②성하다. 넘쳐 날 정도로 성함. ¶春日一雲岑＜杜甫＞ ③막다. 가림. ¶煙炎一天＜吳志＞ ④물결치다. ¶酒面玉紋一＜蘇舜欽＞ ⑤밀물. ¶數聲漁櫓鳴寒一＜陳勳＞ ⑥물결. ¶躋江津而起一＜郭璞＞ ⑦부풀어 오르다. 모래가 쌓여 모래섬이 됨. ¶析析寒沙一＜丘遲＞ ⑧물가가 오르다.

【漲溢】ちょういつ(창일) 물이 넘침. 張滿(창만).

▷怒一, 溟一, 泛一, 洗一, 積一, 暴一

11 14 【滌】 씻을 척 ㊊적 | 錫 ㄉㄧˊ (di) | てき(スズグ) wash

㊊滌 ㊗滌

풀이 ①씻다. ㉮헹구다. ¶射人宿視一＜儀禮＞ ㉯덜다. 덞. 청소함. ¶十月一場＜詩經＞ ②빠른 모양. ¶狄成一濫之音作＜禮記＞ ③우리. ¶帝牛必在一三月＜禮記＞ ④변하다. ¶寒日一 涷塗＜大戴禮＞ ⑤사물의 형용. ¶一一.

【滌煩】てきはん(척번) 번거로움을 씻어버린다는 물건의 뜻으로, 차[茶]를 이름.

▷蠲一, 削一, 雪一, 洗一, 掃一, 漱一, 浣一, 湔一, 潮一, 清一, 蕩一

14 【滌】 滌(p. 913)의 本字

14 【澈】 ☞ 水部 12획(p. 919)

11 14 【滯】 막힐 체 | 霽 ㄓˋ (zhi) | たい(トドコオル) blocked

㊗滞

풀이 ①막히다. ㉮막히어 통하지 아니하다. ¶流而不一＜淮南子＞ ㉯오래다. 오래 쌓임. ¶敢告一積 以紓執事＜國語＞ ㉰막히어 해결되지 아니하다. ¶條左氏疑一數十事 以問該＜後漢書＞ ㉱말이 잘 나오지 아니하다. ¶應對無一＜後漢書＞ ㉲쓸모 없게 되다. ¶振廢一＜左氏傳＞ ㉳팔리지 아니하다. ¶凡珍異之有一者＜周禮＞ ㉴꾸물거리다. ¶趣舍罔一＜蜀志＞ ②빠지다. ㉮남다. ¶此有一穗＜詩經＞ ㉯등용(登用)에서 빠지다. ¶訪賢擧一＜南史＞ ③골똘하다. ㉮한 가지에 구애되다. ¶聖人不凝一於物 而能與世推移＜楚辭＞ ㉯엉기다. 엉기어 굳어짐. ㉰쌓이다. ¶氣不沈一＜國語＞ ④칩충(蟄蟲). ¶震雷出一＜國語＞ ⑤물이 튀어 흩어지는 모양. ¶犇揚一沛＜史記＞

【滯氣】たいき(체기) ①체증의 기미. ②화를 냄. 또는, 탐탁하지 않게 여기는 일.

【滯納】たいのう(체납) 세금이나 요금 따위를 기일 안에 내지 아니함.

【滯留】たいりゅう(체류) ①막힘. 정체함. ②머무름. 滯在(체재).

【滯在】たいざい(체재) 객지에 머물러 있음. 滯留(체류)②.

【滯積】たいせき(체적) ①밀려 쌓여 있음. ②음식이 잘 삭지 않고 뭉치어 생기는 병. 食積(식적).

たいし(체자) ①쌓아 묵혀 둔 저축. ②풀지 못하고 오랫동안 쌓인 생각.

【滯症】(체증) 체하여 소화가 잘 되지 않는 증세.

【滯貨】たいか(체화) 밀려 쌓인 화물.

▷稽一, 曠一, 羈一, 澀一, 食一, 掩一, 延一, 濘一, 壅一, 頑一, 留一, 濡一, 凝一, 停一, 遲一, 沈一

11 14 【漎】 1 합류할 종 | 東 そう
2 빠를 송 | 董 しょう
3 물 소리 종 | 江 そう

11 14 【漼】 1 깊을 최 | 賄 ㄘㄨㄟˇ (cui) | さい deep
2 눈 쌓일 최 | 灰

풀이 1 ①깊다. 깊은 모양. ¶有一者淵＜詩經＞ ②곱다. 선명함. 通洒. ③눈물이 흐르는 모양. ¶指季豹而一焉＜陸機＞ ④꺾이다. 通摧. ¶名節一以隳落＜潘岳＞ 2 눈이 쌓이다. 눈과 서리가 쌓인 모양. ¶一澧.

11 14 【漆】 1 옻 칠 | 質 ㄑㄧ (qi) | しつ(ウルシ) lacquer
2 삼갈 철 | 屑 | せつ

同桼 柒 榛

풀이 1 ①옻. ㉮옻나무. ¶椅桐梓一＜詩經＞ ㉯옻. 옻나무 진. ¶厥貢一絲＜書經＞ ②옻칠하다. ¶豫讓又一身爲厲＜戰國策＞ ③검은 칠. 검다. ¶一車＜周禮＞ ④일곱. 七의 갖은자. ⑤강 이름. ¶一水. ⑥땅 이름. 2 삼가다. 전심(專心)하다. ¶濟濟一一＜禮記＞

【漆甲】(칠갑)[韓] 어떤 물건의 전체에 다른 물질을 칠하여 바름. 또는, 그래서 이루어진 겉더께.
【漆器】しっき(칠기) 옻칠을 한 기물. ¶螺鈿―.
【漆門】[韓] 관원이 간악탐오(奸惡貪汚)한 짓을 했을 때, 감찰이 야다시(夜茶時)에 죄를 적어 대문에 붙이고 문짝에 검은 칠을 하여 봉인하던 일.
【漆夜】しつや(칠야) 캄캄한 밤.
【漆園吏】しつえんり(칠원리) 장주(莊周)의 별명. 장주가 몽(蒙)의 칠원(漆園) 관리였던 데서 온 이름.
【漆板】(칠판) 분필로 글씨를 쓰는 판. 黑板(흑판).
【漆黑】しっこく(칠흑) 옻처럼 검음. 또는, 어두움.
▷乾―, 光―, 膠―, 丹―, 墨―, 泥金畫―, 點―, 綵―, 髹―, 黑―

11
14〖漯〗 강 이름 탑 |[國]ㄊㄚˇ (ta)| とう

[풀이]①강 이름. ㉮산동성(山東省) 임평현(茌平縣)에서 발원하여 동북으로 흘러 도해하(徒駭河)로 드는 강. ¶―河. ㉯하북성(河北省) 준화현(遵化縣)에서 발원하여 이하(梨河)로 흘러드는 강. 지금의 사하(沙河). ②모이는 모양. ¶潤濆淪而滀―<木華>

11
14〖漂〗 [1]떠돌 표 [2]빨래할 표 [3]빠를 표 |[國]ㄆㄧㄠ (piao) [國]ㄆㄧㄠˇ [國](piao)| ひょう (タダヨウ) wander ひょう

[풀이][1]①떠돌다. ㉮물에 떠돌다. 물에 뜸. ¶血流―杵<書經> ㉯물결에 떠내려가다. ¶平陳之歲 有―戰船 ―至海東<隋書> ㉰유랑하다. ¶―流二十年 始悟萬緣虛<蘇軾> ②움직이다. 흔듦. ¶衆喣―山<漢書> ③나부끼다. 붊. [通]飄. ¶風其―女<詩經> ④가벼운 모양. ¶―嶢峴而枝柱<王延壽> ⑤서늘하다. 서늘한 모양. ¶正瀏―以風洌<馬融> ⑥높다. 높고 멂. [通]標. ¶―然皆有節槩<漢書> ⑦문지르다. 스침. ¶―槩朱崖<杜篤> ⑧희고 가벼운 흙. [通]票. ⑨사물의 형용. ¶―蕩. [2]①빨래하다. ¶諸母―<史記> ②헹구다. 바래다. ③내 이름. [3]①빠르다. ¶迅―巧兮<王褒> ②사물의 형용. ¶―撇.
【漂客】ひょうかく(표객) 방랑하는 사람.
【漂浪】ひょうろう(표랑) 물결에 떠돈다는 뜻에서 방랑함을 이름.
【漂流】ひょうりゅう(표류) ①물에 떠서 흘러감. ②방랑함. ¶―記.
【漂母】ひょうぼ(표모) 빨래하는, 나이 지긋한 여자.
【漂泊】ひょうはく(표박) 배가 물 위에 정처 없이 떠돎.
【漂白】ひょうはく(표백) 물에 빨아 바래거나 약품을 써서 희게 함. ¶―劑.
【漂着】ひょうちゃく(표착) 표류하여 어떤 곳에 닿음.
▷浮―, 流―, 瀏―, 萍―

11
14〖滮〗 물 흐를 퓨 |[國]ㄅㄧㄠ (biao)| ひゅう

11
14〖滭〗 용솟음칠 필 |[質]| ひつ

11
14〖漢〗 [1]한수 한 [2]태세 이름 탄 |[翰]ㄏㄢˋ [寒](han)| かん たん
[略]汉

[풀이][1]①한수(漢水). 섬서성(陝西省) 영강현(寧羌縣) 파총산(嶓冢山)에서 발원한 강. ¶嶓冢導漾 東流爲―<書經> ②은하수. ¶維天有―<詩經> ③사나이. ㉮남자를 낮추어 이르는 말. ¶何物―子 我與官不肯就<北齊書> ㉯사나이를 기리어 이르는 말. ¶朕要―好―任使有乎<舊唐書> ④왕조 이름. 유방(劉邦)이 항우(項羽)를 멸하고 세운 왕조. ⑤나라 이름. 유비(劉備)의 촉한(蜀漢). ⑥종족 이름. 한족(漢族). 만주·몽고·회(回)·티베트[西藏]와 함께 5족(族)이라 이름. ¶―族. ⑦중국 본토와 중국 본토인을 이름. ¶沒蕃被囚思―土<白居易> ⑧지명. 한구(漢口)의 약칭. [2]태세(太歲) 이름. [通]灘. ¶涒―.
【漢江投石】(한강투석)[韓] 한강에 돌을 던지는 격이라는 뜻으로, 몹시 미미하여 전혀 효과가 없음의 비유.
【漢果】(한과)[韓] 유밀과의 하나. 밀가루를 꿀에 반죽하여 납작하고 네모 반듯하게 만들어서 기름에 튀겨낸 것.
【漢文】かんぶん(한문) ①한(漢)대의 문장. ②한(漢)의 문제(文帝). ③중국의 문장. 한자로 쓴 글. ¶―學.
【漢方】かんぽう(한방) 중국에서 들어온 의술(醫術) 또는 그 처방(處方). 우리 나라에서 발전 시행되고 있는 것은 한방(韓方)이라 함.
【漢三傑】かんさんけつ(한삼걸) 한(漢) 고조(高祖)의 뛰어난 세 공신. 소하(蕭何)·장양(張良)·한신(韓信).
【漢城】かんじょう(한성) ①서울의 옛 이름. ②근세 조선의 서울. ¶―府/―條約.
【漢詩】かんし(한시) ①한(漢)대의 시(詩). ②한자로 지은 시.
【漢室】かんしつ(한실) 한(漢)의 조정.
【漢藥】かんやく(한약) 한방(漢方)에서 쓰이는 약. 우리 나라에서 발전 시행되고 있는 것은 한방약(韓方藥)이라 함.
【漢陽】かんよう(한양) ①지명. 한수 이북. ②조선조(朝鮮朝)의 한성(漢城)을 이름. ③한양현(漢陽縣)에 있는 도시. 무창(武昌)·한구(漢口)와 무한삼진(武漢三鎭)을 이룸.
【漢語】かんご(한어) ①중국 본토의 말. ②중국말. 한자 숙어.
【漢言】かんげん(한언) 중국 말.
【漢譯】かんやく(한역) 한문으로 번역함. 또는, 그 책.
【漢五彩】(한오채) 중국 한(漢)대의 도자기. 청·황·백·주·녹의 오색을 띰.
【漢儒】かんじゅ(한유) 한(漢)대의 유학자.
【漢音】かんおん(한음) 한자의 본음. 곧, 중국음.

【漢醫】かんい(한의) 한방(漢方)의 의술(醫術). 우리 나라에서 발전 시행되고 있는 것은 한의(韓醫)라 함.
【漢人】かんじん(한인) ①한민족(漢民族). ②한(漢)나라 사람. ③한(漢)대의 사람.
【漢子】かんし(한자) ①남자. 본래는 호인(胡人)이 한인(漢人)을 가리켜 부른 말. ②남자를 낮추어 이르는 말. ③남편.
【漢字】かんじ(한자) ①한인(漢人)의 글자. ②중국 고유의 글자.
【漢字語】(한자어)韓 한자에 기초한 단어. 한자 말. 고유어에 상대하여 이르는 말.
【漢籍】かんせき(한적) ①한(漢)대의 서적. ②중국책. 한문으로 쓴 책.
【漢族】かんぞく(한족) 중국 본토에서 예로부터 살아오는 중국의 중심되는 민족.
【漢鍾離】かんしょうり(한종리) 선인(仙人)의 이름. 8선(仙)의 한 사람. 鍾離權(종리권).
【漢土】かんど(한토) 중국 땅. 중국 본토를 이름.
【漢學】かんがく(한학) ①송(宋)·명(明)의 성리학(性理學)에 대해 한(漢)·당(唐)의 훈고학(訓詁學)을 이름. ¶—者. ②중국의 문화, 역사, 언어, 문학 등에 관한 학문.
▷江—, 階下—, 空頭—, 羅—, 擔屎—, 擔板—, 東—, 鈍—, 無賴—, 門外—, 半—, 碧—, 史—, 西—, 星—, 霄—, 阿羅—, 惡—, 兩—, 炎—, 汭—, 雲—, 銀—, 牆外—, 田舍—, 天—, 賤—, 癡—, 風—, 韓—, 好—

11/14 〖滸〗 물가 호 | 麌 ㄏㄨˇ (hu) | こ(ホトリ)
풀이 ①물가. 물가에서 조금 떨어진 언덕 위의 땅. 通滹. ②회수(淮水)의 지류(支流) 이름. ③나무 조각이 떨어지는 모양. 通許. ¶——.

11/14 〖滹〗 1 강 이름 호 | 虞 ㄏㄨ | 2 물가 호 | 麌 (hu) | こ
풀이 1 강 이름. 산서성(山西省) 번치현(繁峙縣)에서 발원하여 하북(河北) 평원을 거쳐 천진(天津)에 이르러 북운하(北運河)로 흘러드는 강. ¶—沱. 2 물가. 같 滸.
【滹沱氷凝】こだひょうぎょう(호타빙응) 호타(滹沱) 물이 얾. 후한(後漢)의 광무제(光武帝)가 왕랑(王郎)에게 쫓겨 호타하(滹沱河)를 건너려 할 때, 왕패(王霸)가 먼저 정찰하고 돌아와서 여럿의 사기(士氣)가 떨어지지 않게 하기 위하여 거짓으로 호타가 얼어서 건너기 쉽다고 말하고 함께 이르러 보니 우연히도 얼어 있어서 쉽게 건넜다는 옛일.

11/14 〖滬〗 강 이름 호 | 麌 ㄏㄨˋ (hu) | こ
풀이 ①강 이름. 강소성(江蘇省) 상해현(上海縣)의 동북을 흐름. 송강(松江)의 하류. ¶—瀆. ②상해(上海)의 이칭. 호독(滬瀆)이 상해의 동북을 흐르는 데서 온 말. ③어부. 어부의 집. ④대나무로 만든 어살.
【滬上】こじょう(호상) 상해(上海)의 이칭.

11/14 〖漶〗 흐릴 환 | 翰 旱 ㄏㄨㄢˋ (huan) | かん *dim*
풀이 흐리다. 분간하지 못함. ¶爲其泰曼—而不可知＜漢書＞

12/15 〖澗〗 산골물 간 | 諫 ㄐㄧㄢˋ (jian) | かん(タニガワ)
本 澗
源 **會意·形聲**. 間은 사이. 또, 음을 이룸. 산 사이[間]를 흐르는 물[水] 곧 산골짜기에 흐르는 물을 뜻함.
풀이 通干. ①산골물. ¶于—之中＜詩經＞ ②산골짜기. ¶—溪/—谷. ③큰 수(數)의 이름. 수의 십등(十等)은 억(億)·조(兆)·경(京)·해(垓)·자(秭)·양(壤)·구(溝)·간(澗)·정(正)·재(載). ④강 이름. 하남성(河南省)에서 발원(發源)하여 낙수(洛水)로 흘러드는 강. ¶—水.
▷溪—, 枯—, 溝—, 冷—, 碧—, 山—, 石—, 邃—, 幽—, 絕—, 阻—, 淸—, 寒—

15 〖澗〗 澗(p. 915)의 本字

12/15 〖澉〗 씻을 감 | 感 ㄍㄢˇ (gan) | かん *wash*
풀이 ①씻다. ¶澹—手足＜枚乘＞ ②맛이 싱겁다. 맛이 없음. ¶—饕/—饖.
▷澹—

12/15 〖潔〗 깨끗할 결 | 屑 ㄐㄧㄝˊ (jie) | けつ(イサギヨイ) *clean*
俗 潔
풀이 ①깨끗하다. 같 絜. 가더러움이 없다. ¶粢盛不—＜孟子＞ 나행실이 바르다. ¶朕幼淸以廉—兮＜楚辭＞/—素/—士. ②깨끗이 하다. 몸을 닦음. ¶人—己以進＜論語＞
【潔白】けっぱく(결백) ①맑고 흼. ②마음이 깨끗하여 켕기는 데가 없음.
【潔癖】けっぺき(결벽) 유난스럽게 깨끗함을 좋아하는 성벽. ¶—症.
【潔齋】けっさい(결재) 부정을 하지 않게 육식을 삼가고 몸가짐을 깨끗이 함.
▷簡—, 高—, 公—, 皎—, 矯—, 方—, 不—, 氷—, 鮮—, 秀—, 修—, 純—, 淳—, 雅—, 嚴—, 涓—, 廉—, 玉—, 完—, 庸—, 禋—, 莊—, 齋—, 貞—, 淨—, 精—, 峻—, 淸—, 脆—, 豐—, 好—, 華—

12/15 〖潰〗 무너질 궤 | 隊 ㄎㄨㄟˋ (kui) | かい(ツイエル) *collapse*
풀이 ①무너지다. 가방죽이 터지다. ¶—渭洞河＜班固＞/—漏. 나집이 새다. 다패산(敗散)하다. ¶當之者—＜荀子＞ 라달아나다. 달아나 흩어짐. ¶凡民逃其上曰—＜左氏傳＞/—散. ②성내다. ¶有洸有—<詩經> ③어지럽다. 通憒. ¶沸—渝溢<木華>/——. ④문드러지다. 휡. 通殨. ¶—瘍. ⑤이루다. 해냄. 通遂. ¶是用不—于成<詩經> ⑥사물의 형용. ¶—洫.

【潰爛】かいらん(궤란) 허물어져 문드러짐. 또는, 허물어 문드러지게 함.
【潰滅】かいめつ(궤멸) 무너져 없어지거나 망함.
【潰瘍】かいよう(궤양) 피부나 점막이 헐어서 패어 들어가고 잘 낫지 않는 병의 총칭. ¶胃—.
【潰走】かいそう(궤주) 패하여 도망함.
▷決—, 驚—, 亂—, 奔—, 粉—, 崩—, 沸—, 殲—, 魚—, 裂—, 隕—, 鳥散魚—, 破—, 沆—, 洪—, 禍—

12 15 〖潙〗 1강 이름 규 支ㄍㄨㄟ き 2강 이름 위 支(wei) い

풀이 1강 이름. 산서성(山西省) 영제 현(永濟縣)에서 발원(發源)하여 황하로 흘러드는 강. ¶—水. 2강 이름. 호남성(湖南省) 영향현(寧鄉縣)에서 발원하여 상수(湘水)로 흘러드는 강. ¶—水.

12 15 〖潭〗 1깊을 담 覃ㄊㄢˊ たん(フカイ) 2물가 심 侵(tan) deep

풀이 1①깊다. 通深. ¶—根之毋伐<管子> ②소(沼). 물이 깊게 괸 곳. ¶泝江—兮<楚辭> ③물가. 물녘. ¶因江—而徃記兮<漢書> ④강 이름. 광서성(廣西省)을 흐르는 유강(柳江). 일명, 복록강(福祿江). ¶—水. 2①물가. 물가의 깊은 곳. 같 潯. ¶或橫江—而漁<揚雄> ②잠기다. 스며듦.

【潭府】たんぷ(담부) ①깊은 물. 깊은 소(沼). ②재상(宰相)이 있는 관부(官府). 또는, 그가 사는 곳. 나아가, 남의 저택(邸宅)의 경칭.
▷江—, 屈—, 綠—, 碧—, 深—, 玉—, 幽—, 澮—, 池—, 澄—, 淸—, 浸—, 寒—, 洪—

15 〖澹〗 澹(p. 921)과 同字

12 15 〖潼〗 1강 이름 동 東ㄊㄨㄥˊ とう 2무너뜨릴 충 (tong) 图 しょう destory

풀이 1①강 이름. 사천성(四川省) 평무현(平武縣)에서 발원(發源)하여 부강(涪江)으로 흘러드는 강. ¶—水. ②북극의 바다 이름. ¶—海. ③높은 모양. ¶——. ④수레의 포장. 수레 덮개에서 드리워, 부인의 얼굴을 가리는 비단 포장. ¶—容. 2①무너뜨리다. 물이 흘러 길을 무너뜨림. ②적시는 모양. 축축해지는 모양. ¶瀧—.

【潼關】とうかん(동관) 현(縣) 이름. 또는, 관(關) 이름. 섬서성(陝西省)에 있으며, 낙양(洛陽)에서 장안(長安)으로 들어가는 요지(要地).

12 15 〖潞〗 강 이름 로 遇ㄌㄨˋ(lu) ろ

풀이 ①강 이름. 가티벳에서 발원하여 운남성(雲南省)으로 흐르는 강. ¶—江. 나산서성(山西省)에서 발원(發源)하는 강. ¶—川. ②고을 이름. 춘추 시대 제(齊)의 고을. ¶子姑居於—<左氏傳> ③지치다. 피로해짐. ¶士民罷—<呂覽> ④춘추 시대의 종족 이름. ¶—氏.

12 15 〖澇〗 1큰 물결 로 豪ㄌㄠˋ ろう 2적실 로 號(lao) soak

풀이 1①큰 물결. ¶飛—相磢<木華> ②장마. 장마로 인한 수해. ③강 이름. 섬서성(陝西省) 호현(鄠縣)에서 발원(發源)하여 위수(渭水)로 흘러드는 강. 같 潦. ¶—水. 2적시다. 담금. ¶—漉.

12 15 〖潦〗 1큰비 료 本로 皓ㄌㄠˇ(lao) ろう(オオミズ) 2적실 료 本로 號ㄌㄠˋ(lao) ろう(ヒタス) 3사물의 형용 료 本로 豪ㄌㄧㄠˇ(liao) ろう りょう 4강 이름 료 蕭

풀이 1①큰비. ¶水—降<禮記>/—歲. ②장마. ¶霖—大水<晋書> ③길바닥에 괸 물. ¶泂酌彼行—<詩經> 2적시다. 담금. 같 澇. 3사물의 형용. ¶—倒. 4강 이름. ¶—水.

【潦倒】ろうとう(요도) ①용모와 자태가 우아하고 그윽한 모양. ②사물에 얽매이지 않는 일. ③노쇠하여 아무것도 하지 못하는 일. ¶吾受性— 不經世務<王績>
▷塗—, 水—, 雨—, 淫—, 泥—, 霖—, 積—, 行—, 洪—, 黃—, 潢—, 黑—

15 〖潹〗 漻(p. 908)의 俗字

15 〖澑〗 溜(p. 903)의 本字

12 15 〖潾〗 1맑을 린 眞ㄌㄧㄣˊ りん 2돌샘 린 震(lin) clear

풀이 1맑다. 물이 맑은 모양. ¶泗水——瀰以淸<杜甫> 2돌샘. 석간수(石間水). ¶出山石間水曰—<初學記>

12 15 〖澫〗 돌아 흐를 만 刪ㄨㄢ(wan) わん

풀이 ①돌아 흐르다. 물이 돌아 흐르는 모양. ¶瀹—. ②물이 깊고 넓다. ¶瀹—. ③큰물. 수량(水量)이 많음.

15 〖潹〗 涔(p. 910)의 本字

12 15 〖潘〗 1 뜨물 반 2 넘칠 번 3 고을이름 판 | 褰ㄆㄢ (pan) 冠ㄈㄢ 翻(fan) | はん (シロミズ) はん はん

풀이 1 ①뜨물. ¶面垢燂一請靧<禮記>/一沐. ②소용돌이. 소용돌이 침. ¶鯢旋之一爲淵<列子> ③강 이름. 하남성(河南省) 형양현(滎陽縣)에 있는 강. ¶一水. 2 ①넘치다. ¶決一渚<管子> ②쌀을 간 물. 쌀물. 3 고을 이름. 通番. ¶一縣.

【潘郎】はんろう(반랑) ①진(晋)의 반악(潘岳). ②샛서방. 정부(情夫).

【潘楊之好】はんようのよしみ(반양지 호) 인척 관계로 있는 오래 된 친숙한 교분(交分). 진(晋)나라 반악(潘岳)의 아버지와 양중무(楊仲武)의 조부가 친교가 있었고, 반악의 아내가 중무의 고모였기 때문에 반악과 양중무는 더욱 친밀했다는 옛일에서 유래. 潘楊(반양).

12 15 〖潑〗 1 뿌릴 발 2 난폭할 파 | 圓ㄆㄛ (po) | はつ(ソソグ) はい

풀이 1 ①뿌리다. ㉮물을 뿌리다. 물을 튀김. ¶酒酣之後 先以墨一絹 脚踏手揩 隨其形象 爲山爲水 爲石爲樹<畫斷>/一水. ㉯물이 끼얹어지다. ¶巨浪倒一東南天<孔武仲> ②물이 새다. ③물이 솟다. ¶居然受噴一 雷轉諸壑內<蘇轍> ④비가 한 바탕 오다. ¶雨一番一起 爲一一<俗呼小錄> ⑤활발하다. ¶牕外鳶魚活一<殷邁> ⑥무뢰배. ¶一皮. 2 난폭하다. ¶一賴.

【潑剌】はつらつ(발랄) 물고기가 뛰는 모양에서, 원기가 왕성함을 이름. 潑潑(발발).

【潑墨】はつぼく(발묵) 먹물로 큰 점을 찍어 산수를 그리는 방법. 흔히 비 오는 경치를 그리는 데 쓰임.

【潑散】はっさん(발산) ①그 해의 괴로움을 잊음. 忘年(망년). ②차·물 따위가 흘러 떨어짐.

【潑皮】はっぴ(발피) 건달.

【潑火雨】はっかう(발화우) 청명(淸明) 무렵에 오는 비. 도화(桃花)를 피게 하는 비. 潑火(발화).

【潑賴】はいらい(파뢰) ①추악함. ②악랄함. ¶一少年.

▷潑一, 噴一, 澆一, 活一

12 15 〖潎〗 1 빨리 흐를 별 2 고기 놀 폐 | 屑ㄆㄧˋ 霽(pi) | へつ へい

풀이 1 ①빨리 흐르다. 흐름이 가볍고 빠른 모양. ¶一洌. ②물결이 서로 부딪는 모양. ¶一洌. 2 ①고기가 놀다. 물고기가 헤엄치는 모양. ¶一一. ②빨래하다.

12 15 〖潽〗 내 이름 보 | 麌 | ほ

12 15 〖濆〗 1 뿜을 분 2 물가 분 3 용솟음칠 분 | 阮ㄆㄣ (pen) 文ㄈㄣˊ 吻(fen) | ふん (フク) *spout*

本 濆

풀이 1 뿜다. 通噴. 2 ①물가. 물녘. ¶鋪敦淮一<詩經> ②물이 서로 휘돌아 흐르는 모양. ¶一淪. ③여수(汝水)의 지류 이름. 3 ①용솟음치다. ¶一泉者何 直泉也 直泉者何 涌泉也<公羊傳>/一涌. ②움직이다. 떨쳐 일어남. 通奮. ¶以待天下之一作也<管子>

12 16 〖淜〗 물 소리 빙 | 蒸ㄆㄧㄥ (ping) | ひょう

풀이 ①물 소리. ②물결이 세어지는 모양.

12 15 〖潸〗 눈물 흐를 산 | 潸ㄕㄢ (shan) | さん

풀이 ①눈물이 흐르다. 눈물이 흐르는 모양. ¶一焉出涕<詩經>/一然. ②비가 오는 모양. ¶一一.

15 〖潸〗 潸(p.917)과 同字

15 〖潸〗 潸(p.917)의 訛字

15 〖滲〗 滲(p.910)의 俗字

12 15 〖澁〗 떫을 삽 | 緝ㄙㄜˋ (se) | じゅう(シブイ) *puckery*

略 渋 同 澀

源 **會意·形聲**. 원자(原字)는「澀」. 네 발자국이 마주 향하여 나아가지 못하는 모양. 물을 더하여도 술술 흐르지 않는다는 데서 껄끄러움을 뜻함.

풀이 ①떫다. ¶酸一如棠梨<杜甫> ②껄끄럽다. 미끄럽지 아니함. ¶冷一比于寒蜓<風俗通> ③말하기를 어려워하다. 말을 더듬음. ¶舌一於言論<南史> ④나아가기가 어렵다. 험난하여 가기가 어려움. ¶塗一無人行<晋子夜四時歌> ⑤막히다. 진척(進陟)이 되지 아니함. ¶乍離華廐移蹄一<張籍>/一滯.

【澁體】じゅうたい(삽체) 문장 등의 자구(字句)가 몹시 난삽(難澁)함을 이름.

▷艱一, 彊一, 蹇一, 結一, 梗一, 謹一, 奇一, 難一, 訥一, 朴一, 羞一, 鏽一, 頑一, 粗一, 皺一, 險一, 晦一

15 〖澀〗 澁(p.917)과 同字

12 15 〖潟〗 개펄 석 | 陌ㄒㄧˋ (xi) | せき(カタ)

※瀉(p.926)는 딴 자.

【潟湖】せきこ(석호) 바닷가에서 모래톱 등으로 바다의 일부가 끊기어 생긴 호수.

▷干一, 干一地, 鹹一

15【瀟】 ☞ 水部 13획(p.921)

12/15【潠】 뿜을 손 | 願ㄙㄨㄣˋ (sun) | そん

12/15【澌】 1 다할 시 2 목쉰 소리 서 | 因ㄙ (si) 齊 | し (ツキル) せい

풀이 1 ①다하다. 없어짐. 망함. ¶一盡. ②사물의 형용. ¶一一. 2 목쉰 소리. 흐린 소리. 갈 嘶 澌.

15【湜】 湜(p.897)과 同字

12/15【潯】 물가 심 | 侵ㄒㄩㄣˊ (xun) | しん (ミギワ)

풀이 ①물가. 물녘. ¶游於江一海裔<淮南子> ②소. 물가의 깊은 곳. ③강 이름. ㉮광서성(廣西省)에 있는 강. ㉯심양강(潯陽江)은 강서성(江西省)에 있는 구강(九江)의 이칭으로, 백거이(白居易)가 비파행(琵琶行)을 지은 곳.
▷江一, 浪一, 碧一, 烟一, 清一, 潢一

12/15【澆】 물댈 요 本교 | 蕭ㄐㄧㄠ (jiao) | ぎょう (ソソグ) *irrigate*

풀이 ①물을 대다. 물을 줌. ¶一漑. ②엷다. 경박함. 通 磽. ¶三季一浮 舊章陵替<南齊書> ③엷게 하다. 얇게 함. 경박하게 함. ¶一淳散樸<漢書> ④물결이 맴돌다. 맴도는 물결. ¶陽侯一兮掩鳧鷖<張衡>

【澆季】ぎょうき(요계) 인정 풍속이 경박해진 말세.

12/15【澐】 큰 물결 운 | 文ㄩㄣˊ (yun) | うん

15【濡】 濡(p.924)와 同字

12/15【潤】 젖을 윤 | 震ㄖㄨㄣˋ (run) | じゅん (ウルオウ)

풀이 ①젖다. 通 濡. ㉮물에 젖다. ¶山雲蒸而柱礎一<淮南子> ㉯은혜를 입다. ¶群萌皆一<李嶠> ②적시다. ㉮젖게 하다. ¶雨露之所一<孟子> ㉯은혜를 베풀다. ¶功一諸侯<漢書> ③윤기. ㉮비가 와서 축축하다. 젖음. ¶比日密雲 遂無大一<後漢書> ㉯물기. ¶吹雲吐一<曹植> ㉰은택. ¶祿一已優<北史> ㉱이익. ¶皆求利一<北史> ㉲광택. 윤이 남. ¶玉在山而木一<荀子> ④붇다. 불림. ¶樂章累朝多刪一<宋史>/一益. ⑤꾸미다. 수식함. ¶富一屋 德一身<大學> ⑥온화하다. ¶乏溫一之色<後漢書>

【潤氣】じゅんき(윤기) 윤택한 기운. 윤택이 나는 기운.

【潤文】じゅんぶん(윤문) 글을 윤색함.

【潤色】じゅんしょく(윤색) 광택을 내고 빛깔을 붙임. 이미 된 것에 문채를 더함. 시문(詩文) 따위의 초고(草稿)를 다듬어 완성하는 일. 文飾(문식). 潤飾(윤식).

【潤澤】じゅんたく(윤택) ①적심. 또는, 젖음. ②인정을 베풂. 혜택을 줌. ③기름기가 돌아 아름답게 번지르르함. ④물건이 많음. 물건이 풍부함.

【潤筆】じゅんぴつ(윤필) ①붓을 적신다는 뜻으로, 글씨를 쓰거나 그림을 그리는 일. ②글씨나 그림에 대한 사례금. 揮毫料(휘호료).

【潤下】じゅんか(윤하) 물건을 적시며 낮은 데로 흐른다는 뜻으로, 물[水]의 이칭.

【潤滑】じゅんかつ(윤활) 기름기나 물기가 있어 빽빽하지 않고 매끄러움. ¶一油.

【潤洽】じゅんこう(윤흡) 혜택이 널리 미침.
▷膏一, 光一, 大一, 芳一, 旁一, 氷清玉一, 刪一, 秀一, 濕一, 飾一, 深一, 榮一, 溫一, 存一, 譜一, 浸一, 擢一, 豊一, 河一, 瑩一, 惠一, 弘一

12/15【潏】 1 물 흐르는 모양 율 2 샘솟을 휼 本결 3 모래섬 술 | 質ㄩˋ (yu) 屑ㄐㄩㄝˊ 質 (jue) | いつ けつ しゅつ *sandbar*

풀이 1 물이 흐르는 모양. ¶泬一. 2 ①샘솟다. ¶天綱浡一<木華> ②물이 샘솟는 소리. ¶酆鎬潦一<漢書> ③사람이 만든 작은 섬. ④물이 빨리 흐르는 모양. ¶沒滑瀎一<張衡> ⑤강 이름. 섬서성(陝西省) 장안현(長安縣)에서 발원(發源)하는 강. ¶一水. 3 모래섬. 어량(魚梁)·물레방아와 같이 물의 흐름을 막는 것. 모래섬은 강어귀에 사석(沙石)이 쌓여 생긴 작은 섬.

12/15【潺】 졸졸 흐를 잔 | 刪ㄔㄢˊ (chan) | せん

풀이 ①졸졸 흐르다. 물이 졸졸 흐르는 모양. 또는, 그 소리. ¶乘月弄一湲<謝靈運> ②눈물을 줄줄 흘리다. ¶橫流涕兮一湲<楚辭>
▷淙一, 潀一

15【潹】 潺(p.918)의 俗字

12/15【潛】 잠길 잠 本潜 | 鹽ㄑㄧㄢˊ (qian) | せん (モグル) *sink*

풀이 ①잠기다. ㉮숨다. ¶一龍勿用<易經> ㉯숨기다. ¶慧日一影 慈輪罷應<梁簡文帝> ㉰마음을 모아 기울이다. ¶一心大業<漢書> ②자맥질하다. ㉮물속에 잠겨서 가다. ¶水一陸行<淮南子> ㉯땅속을 흐르다. ¶河水所一也<山海經> ③몰래. ¶銜枚一涉<國語> ④깊다. 또는, 소(沼). ¶蛟螭死于幽一<韓愈> ⑤달아나다. ⑥고기깃. 물고기가 모이도록 물 속에 넣어 두는 나뭇가지나 풀포기 따위. 通 罧. ¶一有

多魚＜詩經＞ ⑦한수(漢水)의 지류(支流) 이름. 通 涔. ¶沱ー既道＜書經＞

【潛龍】せんりゅう(잠룡) 잠복하여 아직 하늘에 오르지 않은 용이라는 뜻으로, 임금이 왕위에 오르기 전의 일컬음. 또는, 세상에 나타나지 않고 숨어 있는 성인이나, 활동할 기회를 얻지 못한 영웅의 비유. 臥龍(와룡). 伏龍(복룡).

【潛望鏡】せんぼうきょう(잠망경) 잠수함 등의 안에서 정찰하는 데 쓰는 광학 기구.

【潛寐】せんび(잠매) 숨어 잔다는 뜻으로, 죽음을 이름. 永眠(영면).

【潛伏】せんぷく(잠복) 드러나지 않게 숨어 있음.

【潛伏期】せんぷくき(잠복기) 병독이나 병원균이 몸에 들어 있으면서 병의 증세로 나타나지 않는 시기.

【潛水】せんすい(잠수) 물 속으로 들어감. 또는, 물 속에 잠김. ¶ー艦/ー服/ー夫.

【潛心】せんしん(잠심) 마음을 가라앉혀 깊이 생각함. 潛思(잠사). 潛神(잠신).

【潛熱】せんねつ(잠열) 물체의 온도는 더 높이지 못하고 물체의 상태를 변화시키는 데 소비되는 열. 기화열 따위.

【潛入】せんにゅう(잠입) 남 몰래 숨어 듦.

【潛在】せんざい(잠재) 밖에 드러나지 않고 속에 숨어 있음.

【潛在意識】せんざいいしき(잠재의식) 밖에 드러나지는 않으나 속에 깊이 숨어 있는 의식. 潛在精神(잠재정신).

【潛邸】せんてい(잠저) 임금이 즉위하기 전. 또는, 그 때에 살던 집. 龍邸(용저).

【潛通】せんつう(잠통) 몰래 통함. 곧, 간통(姦通) 또는 내통(內通)함.

【潛航】せんこう(잠항) ①몰래 항해함. ②물 속에 잠겨서 항진(航進)함. ③배에 몰래 숨어 들어 바다를 건넘.

【潛行】せんこう(잠행) ①물 속에 잠겨 감. ②남 모르게 다님. 넌지시 오고 감. 微行(미행).

▷逃ー, 韜ー, 壽ー, 深ー, 淵ー, 龍ー, 幽ー, 隱ー, 陰ー, 沈ー, 退ー, 晦ー

15〖濳〗 潜(p.918)의 本字

15〖潴〗 瀦(p.927)와 同字

12 15〖潮〗 조수 조 | 蕭 ㄔㄠˊ (chao) | ちょう(シオ) *tide*

本 淖

풀이 ①조수. ¶吐納靈ー＜郭璞＞/ー水. ②흘러들다. 강물이 바다로 흘러듦. ③조수가 밀다. 밀물. ¶海水上ー＜枚乘＞ ④빛깔이 들다. ¶醉面ー紅＜范成大＞ ⑤축축해지다. 습기. ¶征衫ー潤＜范成大＞ ⑥시대의 흐름. ¶思ー.

【潮流】ちょうりゅう(조류) ①조수의 흐름. ¶ー往還＜孫綽＞ ②시세나 세태(世態)의 경향.

【潮汐】ちょうせき(조석) 밀물과 썰물. 조수(潮水)와 석수(汐水). ¶ー去還＜顏氏家訓＞

【潮水】ちょうすい(조수) ①바닷물. 海水(해수). ¶ー帶星來＜隋煬帝＞ ②주기적으로 간만(干滿)의 현상을 이루는 바닷물.

【潮信】ちょうしん(조신) ①바닷물의 간조(干潮)·만조 시각. 潮候(조후). ¶東風ー滿＜李嘉祐＞ ②약속. 期約(기약). ¶ー有期＜剪燈餘話＞

【潮熱】ちょうねつ(조열) 날마다 같은 시각에 일어나는 신열(身熱).

【潮音】ちょうおん(조음) ①바닷물 소리. 파도 소리. ②《佛》 중들이 독경하는 소리. ¶梵音海ー＜法華經＞

▷干ー, 江ー, 高ー, 落ー, 怒ー, 旦ー, 晩ー, 滿ー, 望ー, 返ー, 奔ー, 思ー, 順ー, 信ー, 晨ー, 赤ー, 早ー, 初ー, 風ー, 紅ー

12 15〖澍〗 단비 주 | 遇 ㄕㄨˋ (shu) | じゅ

풀이 ①단비. ¶不聞ー雨之應＜後漢書＞ ②젖다. 많아지다. ¶群生ー濡＜史記＞ ③흘러들다. 같 注.

▷嘉ー, 甘ー, 連ー, 霖ー

15〖濬〗 濬(p.925)과 同字

12 15〖潗〗 샘솟을 집 | 緝 ㄐㄧˊ (ji) | しゅう

풀이 ①샘솟다. 물이 솟는 소리. ¶ー聲＜文同＞ ②물이 끓는 모양. ¶湁ー鼎沸＜史記＞

15〖澂〗 澄(p.919)과 同字

12 15〖澄〗 맑을 징 | 蒸 ㄔㄥˊ (cheng) | ちょう(スム) *clear*

古 浧 同 澂

풀이 ①맑다. 물이 깨끗함. ¶鑑於ー水＜淮南子＞/明ー. ②맑게 하다. ¶淸ー江濟＜國語＞

【澄明】ちょうめい(징명) 맑고 밝음. ¶流影ー＜梁元帝＞

【澄心】ちょうしん(징심) ①마음을 맑게 함. ¶ー淸意＜淮南子＞ ②고요하게 맑은 마음. ¶罄ー以凝思＜陸機＞

▷高ー, 明ー, 肅ー, 硏ー, 淵ー, 渟ー, 照ー, 淸ー, 平ー, 虛ー

15〖濺〗 濺(p.926)과 同字

12 15〖澈〗 물 맑을 철 | 屑 ㄔㄜˋ (che) | てつ(キヨイ)

풀이 ①물이 맑다. ¶論道者 或曰澄ー＜關尹子＞ ②물이 다하다. 마름. ¶地道距水ー＜易乾鑿度＞

▷鏡ー, 季ー, 爽ー, 澄ー, 淸ー

12 15〖潐〗 1 잦을 초 2 술 거를 초 3 강 이름 초 | 嘯 篠 蕭 ㄐㄧㄠˋ (jiao) | しょう *go down*

풀이 1 ①잦다. 물이 마름. 같 醮. ②밝은 모양. 2 술을 거르다. 3 강 이름. ¶常烝之山ー水出焉＜山海經＞

12
15 〖潨〗 흘러들 총 | ㊥ㄘㄨㄥˊ (cong) | そう

풀이 ①흘러들다. 물이 흘러 모이는 곳. ¶鳧鷖在―＜詩經＞ ②모여 흐르는 물소리. ¶石溜正―潺＜王筠＞ ③기슭.
▷驚―, 奔―, 飛―

15 〖澃〗 筑(p.1130)과 同字

12
15 〖潒〗 1 편할 탕 | ㊥ㄉㄤˋ | とう
2 흐름 세찰 상 | 養 (dang) | しょう
3 수면 넓을 양 | 養 | よう

풀이 1 ①편하다. 광대함. ¶彌望廣―＜張衡＞ ②표류하다. ¶―瀁. ③씻다. 헹구다. (通)盪. ④물이 흐르는 모양. 2 흐름이 세찬 모양. ¶滂―. 3 수면이 넓은 모양. (같)瀁 漾. ¶滉―.

12
15 〖澎〗 물 부딪는 기세 팽 | ㊥ㄆㄥˊ (peng) | ほう

풀이 ①물결 부딪는 기세. ¶洶涌―湃＜司馬相如＞ ②물결 소리. ¶涉豐隆之―濞＜漢書＞ ③땅 이름.
【澎湃】ほうはい(팽배) ①물결이 힘차게 부딪쳐 솟구침. 또는, 그 모양이나 소리. ¶洶涌―＜司馬相如＞ ②기운, 사조(思潮) 등이 세차게 읾.

15 〖⿰氵寒〗 寒(p.442)과 同字

15 〖澔〗 浩(p.882)와 同字

12
15 〖澒〗 1 수은 홍 | 董 ㄏㄨㄥˋ | こう
2 혼돈할 홍 | (hong)
(本)항 | 講

풀이 1 ①수은. (같)汞. ②유동하는 모양. 또는, 감돌아 흐르는 모양. ¶混―回轉＜正字通＞ ③잇단 모양. ¶―洞不可掇＜杜甫＞ ④큰 물의 형용. (같)鴻. ¶濛―. 2 혼돈한 기운. ¶―濛鴻洞＜淮南子＞
▷濛―, 水―

15 〖⿰氵聒〗 活(p.871)과 同字

12
15 〖潢〗 1 웅덩이 황 | 陽 ㄏㄨㄤˊ | こう
2 깊을 황 | 養 (huang) | puddle
3 장황할 황 | 漾

풀이 1 ①웅덩이. ¶決陂―而相浚＜木華＞ ②용맹스런 모양. ¶武夫――＜鹽鐵論＞ ③나루터. (通)潢. 2 물이 깊고 넓은 모양. (같)滉. 3 장황(裝潢)하다. 표구(表具)함. ¶染―及治書法＜齊民要術＞
▷江―, 星―, 流―, 銀―, 臨―, 裝―, 絕―, 天―, 陂―

12
15 〖潝〗 물 흐르는 소리 흡 | 緝 ㄒㄧˋ (xi) | きゅう

풀이 ①물이 빨리 흐르는 소리. ②부화뇌동하는 모양. ¶――然患＜詩經＞

13
16 〖⿰氵歇〗 목마를 갈 | 曷 ㄍㄜˊ (ge) | かつ

풀이 ①목마르다. (같)渴. ②탐하다. ③더디다고 여기다. (通)愒. ¶沉日而―歲＜國語＞

13
16 〖激〗 부딪쳐흐를 격 | 錫 ㄐㄧ (ji) | げき (ハゲシイ)

풀이 ①부딪쳐 흐르다. ¶―而行之＜孟子＞/相―. ②보(洑). ¶名曰五女―＜水經＞ ③흘러들다. ¶縱橫潎―＜崔伯易＞ ④치다. 부딪치다. ¶水石相衝―＜元結＞ ⑤빠르다. 격렬하다. ¶風力迅―＜晋書＞ ⑥분발하다. 격려하다. ¶―秦孤立＜漢書＞ ⑦깨끗하다. 분명하다. ¶脣如―丹＜莊子＞ ⑧맑은 소리. ¶發―楚些＜楚辭＞
【激減】げきげん(격감) 갑자기 많이 줆. ↔激增(격증).
【激怒】げきど(격노) 몹시 성냄. 또는, 그 분노. 激忿(격분). ¶軍士―＜後漢書＞ ※震怒(진노).
【激突】げきとつ(격돌) 심하게 부딪침.
【激動】げきどう(격동) ①급격하게 움직임. ②몹시 감동함.
【激浪】げきろう(격랑) 거센 파도. 激波(격파). 怒濤(노도). ¶廻波―＜潘尼＞
【激勵】げきれい(격려) 분발하도록 마음을 북돋워 줌. ¶―三軍＜六韜＞/―辭.
【激烈】げきれつ(격렬) 매우 맹렬함. ¶弦聲何―＜李白＞
【激論】げきろん(격론) 격렬한 논의. 劇論(극론).
【激流】げきりゅう(격류) ①물살이 센 흐름. ¶―逡聚沫＜謝靈運＞ ②물을 급히 흐르게 함. ¶賊復―灌城＜後漢書＞
【激務】げきむ(격무) 몹시 바쁘고 힘든 직무. 고된 근무. 劇務(극무).
【激發】げきはつ(격발) ①일부러 이상한 행동을 하여 남을 놀라게 함. ¶敢爲―之行＜漢書＞ ②분발하게 함. ¶故―我耳＜後漢書＞ ③심히 노함. ¶韻聲―＜琴苑要錄＞
【激變】げきへん(격변) ①급격히 변함. 또는, 그 변화. ②지방관이 부정을 저질러 민심을 격분시켜 변란을 일으킴. ¶非法行事 ―良民＜明律＞
【激忿】げきふん(격분) ☞激怒(격노).
【激憤】げきふん(격분) 심히 분개함. ¶―建策 內外協同＜後漢書＞
【激甚】げきじん(격심) 매우 심함. 劇甚(극심). 激烈(격렬).
【激昂】げきこう(격앙) 감정이 고조됨. 신경이 흥분함. ¶噴息―＜傅毅＞
【激戰】げきせん(격전) 격렬한 싸움. 血戰(혈전). 激鬪(격투). ¶―地.
【激切】げきせつ(격절) ①말이 격렬하고 절실함. ¶其言多―＜漢書＞ ②격려하여 연마시킴. ¶操不―＜袁宏＞
【激情】げきじょう(격정) 격렬한 감정. ¶―風烈＜趙至＞
【激增】げきぞう(격증) 급격한 증가. ↔激減(격감).
【激讚】げきさん(격찬) 몹시 칭찬함. 激賞(격상).
【激鬪】げきとう(격투) ☞激戰(격전).
【激化】げきか(격화) 격렬해짐.

【激化一路】げきかいちろ(격화일로) 갈수록 더 격렬해지기만 함.
▷感一, 過一, 急一, 憤一, 奮一, 悲一, 迅一, 切一, 峻一, 衝一

13 16【[氵+窟]】 깊을 굴 | [月] | こつ

13 16【濃】 짙을 농 | [冬] ㄋㄨㄥˊ (nong) | のう(コイ) *deep*
풀이 ①짙다. ¶陽和色更一<陸贄>/一厚. ②두텁다. ¶憶語道情一<章孝標> ③때가 한창이다. 무성하다. ¶枝一鳥相失<梁簡文帝> ④이슬이 많다. ¶零露一一<詩經> ⑤태도나 동작이 신중하다. ¶態一意遠<杜甫>
【濃淡】のうたん(농담) 짙고 연함. 진한 빛깔과 엷은 빛깔. ¶一樹榮枯<杜甫>
【濃度】のうど(농도) 기체나 액체에 들어 있는 각 성분의 양의 정도.
【濃霧】のうむ(농무) 짙은 안개. 密霧(밀무). ¶初日收一<趙孟頫>
【濃密】のうみつ(농밀) 빽빽하고 진함.
【濃睡】のうすい(농수) 잠을 잘 잠. 熟睡(숙수). ¶何人得一<吳融>
【濃艶】のうえん(농염) 화사하고 아름다움. 요염함.
【濃縮】のうしゅく(농축) 농도가 짙게 졸아듦.
【濃湯】(농탕)㊥ 짙게 끓인 국물.
【濃厚】のうこう(농후) ①매우 두터움. ¶德一若神<風俗通> ②빛깔이 짙음. ③액체의 농도가 짙음. ④가망성이 많음.

13 16【澾】 미끄러울 달 | [曷] ㄊㄚˋ (ta) | たつ

13 16【澹】 1 담박할 담 2 넉넉할 섬 | [勘] ㄉㄢˋ (dan) [豔] | たん せん *enough*
㊐ 澹
풀이 1 ①담박하다. ¶淸一退靜<晉書> ②움직이다. ¶震一心<漢書> ③조용하다. 편안하다. ¶一容與獻壽觴<漢書> ④물이 출렁이는 모양. ¶淥水一一<張衡> ⑤안정되다. ¶意斟慑而不一兮<後漢書> ⑥땅 이름. ㉠ 檐. ¶滅一林<史記> 2 넉넉하다. ㉠ 贍. ¶富一天下<淮南子>
【澹泊】たんぱく(담박) ①욕심이 없이 마음이 깨끗함. 淡泊(담박). 淡白(담백). ¶淸虛一<漢書> ②맛이나 빛깔이 산뜻함.
【澹月】たんげつ(담월) 어슴푸레한 달빛. ¶疎星一<元好問>
▷淳一, 恬一, 澄一, 淸一, 平一, 閒一

13 16【濂】 1 시내 이름 렴 2 경박할 섬 | [鹽] ㄌㄧㄢˊ [琰] (lian) | れん せん
풀이 1 ①시내 이름. ¶一溪. ②작은 시내. 큰 내가 갈고 다시 흐르는 작은 시내. ㉠ 溓. ③엷다. 2 경박하다. ¶一洓.
【濂溪學派】れんけいがくは(염계학파) 송(宋) 주돈이(周敦頤)의 학파.

13 16【澪】 강 이름 령 | [靑] | れい

13 16【澧】 강 이름 례 | [薺] ㄌㄧˇ (li) | れい
풀이 ①강 이름. ¶一水. ②파도 소리. ¶波一一而揚澆兮<楚辭> ③단술. ㊀ 醴. ¶地出一泉<禮記>

16【澷】 漫(p. 909)의 俗字

16【[氵+賣]】 瀆(p. 917)의 本字

13 16【濇】 껄끄러울 색 | [職] ㄙㄜˋ (se) | しょく

13 16【澨】 물가 서 | [霽] ㄕˋ (shi) | せい
풀이 ①물가. ¶決睢一<左氏傳> ②강변의 매립지. ③강 이름. ¶一水.

13 16【潚】 1 강 이름 소 2 빠를 축 | [蕭] ㄒㄧㄠ [屋] (xiao) | しょう しゅく
풀이 1 ①강 이름. ㉠ 瀟. ¶一水. ②깊고 맑다. ③비바람이 세찬 모양. 2 ①빠르다. ㊀ 速. ②새그물의 모양. ¶飛罕一箭<張衡>

16【濉】 睢(p. 1068)와 同字

13 16【澠】 1 강 이름 승 2 고을 이름 민 | [蒸] ㄕㄥˊ (sheng) [軫] ㄇㄧㄣˇ (min) | しょう びん べん
풀이 1 강 이름. ¶一水. 2 고을 이름. ¶一池縣.
【澠池會】べんちのかい(민지회) 인상여(藺相如)가 조(趙)의 혜문왕(惠文王)을 도와 진(秦)의 소왕(昭王)과 민지(澠池)에서 회견하여 국위를 크게 떨친 옛일. ¶爰在一 二主克交歡<盧諶>

16【澝】 演(p. 911)의 本字

13 16【澦】 강 이름 예 | [御] ㄩˋ (yu) | え

13 16【澳】 1 깊을 오 2 후미 욱 | [號] ㄠˋ (ao) [屋] ㄩˋ (yu) | おう (フカイ) いく
풀이 1 ①깊다. ¶深潭之一溟<何遜> ②강 이름. ¶一水. ③호주(濠洲)의 별칭. ④마카오[澳門]의 약칭. 2 ①후미. ㉮물가의 굽진 곳. ¶瞻彼淇一<大學> ㉯바다나 강이 활등처럼 굽어 배를 대기 알맞은 곳. ¶無港一以容舟楫<宋史> ②흐리다.
▷淇一, 隈一, 港一

13 16 〖澱〗 앙금 전 | [霰]ㄉㄧㄢˋ (dian) | でん(オリ) *dregs*

[풀이]①앙금. 찌끼. ¶—淤. ②물이 괴다. ¶諸河淺—<宋史> ③얕게 괸 물. [通]淀. ¶洊—爲涔<郭璞> ④물이 감돌아 흐르다. ¶波如—<楊維楨> ⑤남옥(藍玉). ⑥지체되다. ¶亭樹鬱霧—<葉適>

【澱粉】でんぷん(전분) 녹말.

▷沈—

13 16 〖澶〗 [1]땅 이름 전 [先]ㄔㄢˊ せん / [2]멋대로 할 단 [翰](chan) たん

[풀이][1]①땅 이름. ¶—淵縣. ②물이 조용히 흐르는 모양. [2]①멋대로 하다. ¶—漫爲樂<莊子> ②느슨하고 긴 모양. ¶—漫爲樂<莊子>

13 16 〖濎〗 물 적을 정 | [迥]ㄉㄧㄥˇ (ding) | てい

[풀이]①물이 적은 모양. ¶梁弱水之—濙兮<揚雄> ②물이 흐르는 모양. ¶淥流—濘<蕭子雲>

13 16 〖澡〗 씻을 조 | [皓]ㄗㄠˇ (zao) | そう(アラウ) *wash*

[풀이]①씻다. 헹구다. ¶飮水—頰<東觀漢記> ②깨끗하게 하다. ¶—身而浴德<禮記> ③다스리다. ④장식 구슬. [같]璪. ⑤바래다. 표백함. [같]藻. ¶帶—麻不絕本<禮記>

【澡雪】そうせつ(조설) 씻어서 깨끗이 함.

【澡室】(조실)[中] 목욕탕. 욕실.

▷灌—, 沐—, 濯—

13 16 〖濈〗 [1]화목할 즙 [緝]ㄐㄧˊ しゅう / [2]여울 삽 [洽](ji) そう

[풀이][1]①화목하다. ¶其角——<詩經> ②물이 흐르다. 흐름. ¶流湍投—<張衡> ③땀이 나다. ④빠른 모양. ¶—然鳧沒<曹植> [2]여울. ¶澈—.

16 〖㶉〗 灋(p.928)과 同字

16 〖濅〗 浸(p.879)의 本字

13 16 〖濁〗 흐릴 탁 | [覺]ㄓㄨㄛˊ (zhuo) | だく(ニゴル) *cloudy*

[풀이]①흐리다. ¶律長則聲—<律呂新書>/—流. ②흐리게 하다. ¶—亂王室<漢書> ③흐림. 때. ¶水者受垢—<白虎通> ④더러워지다. 추하다. ¶擧世皆—<楚辭> ⑤더럽히다. ¶—乎大倫<後漢書> ⑥더러운 행실. ¶反淸爲—<新書> ⑦어지럽다. ¶書策綢—<戰國策> ⑧분명하지 않다. ¶渾兮其若—<老子> ⑨윤택해지다. ¶—澤而有光<山海經> ⑩강 이름. ¶—水.

【濁流】だくりゅう(탁류) ①탁한 흐름. ↔淸流(청류). ②불량한 패거리. ¶此輩淸流可投—<歐陽脩>

【濁甫】(탁보)[韓] ①성질이 흐리터분한 사람. ②아무 분수도 모르는 사람을 놓으로 이르는 말. ③막걸리를 좋아하는 사람을 놓으로 이르는 말. 濁客(탁객). 濁春秋(탁춘추).

【濁世】だくせい①·じょくせ②(탁세) ①도덕, 풍속 등이 퇴폐한 세상. 濁代(탁대). 亂世(난세). ¶皆避—<東方朔> ②(佛) 탁한 세상. 인간 속세를 이름. ¶—惡比丘<法華經>

【濁水】だくすい(탁수) ①흐린 물. ¶河心生—<裴說> ↔淸水(청수). ②강 이름. 감숙성(甘肅省)에서 발원하여 양수(漾水)와 합침.

【濁音】だくおん(탁음) 흐린 소리. 有聲音(유성음).

【濁酒】だくしゅ(탁주) 막걸리. ¶—半壺<陶潛>

【濁質凡姿】(탁질범자) 흐릿하고 평범한 자질. 자기에 대한 겸칭.

▷垢—, 鈍—, 冒—, 放—, 紛—, 穢— 五—, 汚—, 疑—, 滓—, 重—, 塵—, 淸—, 貪—, 混—, 渾—, 溷—

13 16 〖澤〗 [1]못 택 / [2]풀 석 / [3]전술 역 / [4]별 이름 탁 | [陌]ㄗㄜˊ (ze) / [陌]ㄕˋ / [陌](shi) / [藥] | たく(サワ) *pond* / せき / えき / たく

[略]沢 [同]泽

[풀이][1]①못. 늪. 진펄. ¶山林川—<周禮> ②윤. 윤이 나다. 윤을 내다. ¶車甚—<左氏傳> ③윤택하게 하다. ¶潤—萬物<風俗通> ④혜택. ¶—潤生民<書經> ⑤우로(雨路). 습기. ¶—滲灕<漢書> ⑥유풍(遺風). 여덕(餘德). ¶君子之— 五世而斬<孟子> ⑦완롱(玩弄)하다. ¶—劍首<禮記> ⑧택하다. ¶—者 所以擇士也<禮記> ⑨비비다. ¶共飯不—手<禮記> ⑩손때. ¶手—存焉爾<禮記> ⑪땀. ¶熱多則淖—<素問> ⑫잠방이. [通]襗. ¶與子同—<詩經> ⑬녹봉(祿俸). ¶則是干—也<孟子> ⑭기름. ¶膏—. [2]풀다. 풀림. [通]釋. ¶農及雪—<大戴禮> [3]전술. 전내기의 술. [같]醳. ¶舊—之酒<禮記> [4]별 이름. ¶格—星 如災火之狀<史記>

【澤澤】たくたく(석석) 풀어져 흩어지는 모양. ¶其耕—<詩經>

【澤宮】たくきゅう(택궁) 주(周)대에 인재를 뽑기 위해 활쏘기를 하던 궁전. ¶王親立于—<孔子家語>

【澤雨】たくう(택우) 만물을 적셔주는 비.

【澤虞】たくぐ(택우) ①주(周)대에 수택(水澤) 일을 관장하던 벼슬. ②새 이름.

▷嘉—, 格—, 膏—, 光—, 口—, 雷—, 德—, 美—, 粉—, 肥—, 山—, 色—, 聖—, 沼—, 手—, 渥—, 淵—, 靈—, 雨—, 威—, 潤—, 恩—, 利—, 仁—, 脂—, 震—, 沛—, 豊—, 惠—, 厚—

16 〖澤〗 澤(p.922)과 同字

16 〖𤄷〗 漂(p.914)와 同字

13〖澩〗 1 잦은 샘 학 覺ㄒㄩㄝˊ かく
16 2 엇갈릴 교 巧(xue) こう

풀이 1 ①잦은 샘. 겨울에 마르는 샘. ②큰 파도가 부딪치는 소리. ③강 이름. ¶一水. 2 ①엇갈리다. ②물소리. ¶一捎.

13〖澣〗 빨 한 旱ㄏㄨㄢˇ(huan) かん
16 ㄨㄢˇ(wan) (アラウ)

풀이 ①빨다. 빨래함. ¶薄一我衣<詩經> ②발을 씻다. ¶和灰請一<禮記> ③열흘. 열흘마다 있던 휴일. ¶上一.

【澣沐】かんもく(한목) 발을 씻고 머리를 감음. ¶一失時<南史>

▷磨一, 上一, 漱一, 中一, 濯一, 下一

13〖澥〗 바다 이름 해 蟹ㄒㄧㄝˋ かい
16 (xie)

풀이 ①바다 이름. 通解. ¶勃一. ②끊어진 강물. ③작은 강.

13〖澴〗 1 소용돌이칠 환 刪ㄏㄨㄢˊ かん
16 2 강 이름 환 (huan) けん
本현 霰

13〖濊〗 1 물 많을 회 泰ㄏㄨㄟˋ
16 2 깊고 넓을 회 (hui) かい
本외 泰ㄨㄟˋ わい
3 흐릴 예 隊(wei) わい
4 그물 치는 소리 활 曷ㄏㄨㄛ かつ (huo)

풀이 1 물이 많은 모양. 2 ①깊고 넓다. ¶堪恩汪一<漢書> ②많다. ¶澤汪一輯萬國<漢書> ③더러움. 通穢. ¶盪滌濁一<漢書> 3 ①흐리다. 더러워지다. 通薉. ②종족 이름. ¶復與一貊玄菟<後漢書> 4 ①그물치는 소리. ¶施罛一一<詩經> ②흐름을 막다.

【濊貊】わいはく(예맥) ①한족(韓族) 선민(先民)들의 총칭. ②예맥조선(濊貊朝鮮).

▷汚一, 汪一, 濁一, 汗一

13〖澮〗 봇도랑 회 泰ㄎㄨㄞˋ かい
16 本괴 (kuai) *ditch*

풀이 ①봇도랑. ¶濬畎一<書經>/一渠. ②시내. ¶商摧涓一<郭璞> ③깊고 평평한 모양. ¶嶰壑一峴<馬融> ④강 이름. ¶一水.

14〖濘〗 1 진창 녕 徑ㄋㄥˋ(neng) ねい
17 2 諄을 녕 青ㄋㄧㄥˊ (ドロ) (ning)

풀이 1 ①진창. ¶流汗霢霂而中逵泥一<左思> ②작은 시내. 또는, 흐름이 작은 모양. ¶滎一. 2 ①물이 끓는 모양. ②얕은 시내. ¶何異促鱗之游汀一<張協>

【濘溺】ねいでき(영닉) 진창에 빠짐.

【濘滯】ねいたい(영체) 흙탕물이 굄.

▷深一, 泥一, 汀一, 瀞一

14〖濤〗 1 큰물결 도 豪ㄊㄠ とう
17 2 비출 도 號(tao) (ナミ)

풀이 1 ①큰 물결. ¶鼓怒而作一<郭璞> ②물결치다. ¶二月已風一<杜甫> ③조수(潮水). 通潮. ④쌀을 씻다. ¶一米. 2 비추다. 널리 비춤. 같燾.

▷驚一, 狂一, 瀾一, 怒一, 翻一, 奔一, 憤一, 松一, 雲一, 銀一, 張一, 層一, 波一, 風一, 玄一, 洪一

14〖濫〗 1 퍼질 람 勘ㄌㄢˋ らん(ミダル)
17 2 고을이름 (lan) *spread*
람 覃 らん
3 샘 함 豏 かん
4 목욕통 함 勘 かん

풀이 1 퍼지다. ¶氾一於中國<孟子> ②넘치다. ¶不潛不一<左氏傳> ③어지럽힘. 문란. ¶不一其度<逸周書> ④함부로. ¶一入黨中<後漢書> ⑤담그다. ¶一於泗淵<國語> ⑥훔치다. ¶小人窮斯一矣<論語> ⑦엿보다. ¶美者不能一<淮南子> ⑧탐하다. ¶一於寶與馬<呂覽> ⑨난잡한 음악. ¶鄭音好一<禮記> ⑩부화(浮華)의 말. ¶每除煩而去一<陸機> ⑪그물을 치다. 通檻. ⑫음료 이름. 通醠. 2 고을 이름. ¶以一來奔<左氏傳> 3 샘. ¶一泉正出<爾雅> 4 ①목욕통. ¶同一而浴<莊子> ②목욕하다. ¶冬日之不一<管子>

【濫擧】らんきょ(남거) 아무나 가리지 않고 함부로 채용함. ¶一之法不改<晋書>

【濫巾】らんきん(남건) 함부로 건(巾)을 쓴다는 말로, 은사(隱士)가 아니면서 은사인 체함을 이름. ¶一北岳<孔稚珪>

【濫讀】らんどく(남독) 순서도 없이 아무렇게나 함부로 읽음.

【濫發】らんぱつ(남발) ①함부로 발행함. ②총을 함부로 쏨. ③말을 함부로 함.

【濫伐】らんばつ(남벌) 나무를 마구 벌채함.

【濫觴】らんしょう(남상) 술잔에 넘친다는 뜻으로, 양자강 같은 큰 강도 그 근원은 술잔에 넘칠 정도의 작은 샘이라는 데서, 사물의 시초를 이르는 말로 쓰임. 起源(기원). ¶創其一<虞世南>

【濫竽】らんう(남우) ☞濫吹(남취).

【濫作】らんさく(남작) 시문 따위를 함부로 지음.

【濫錢】らんせん(남전) 질이 나쁜 돈. ¶民間盜鑄一<資治通鑑>

【濫造】らんぞう(남조) 함부로 만듦. 濫製(남제). ↔精製(정제).

【濫徵】らんちょう(남징) 돈, 곡식 따위를 불법으로 징수함.

【濫吹】らんすい(남취) 함부로 피리를 분다는 뜻으로, 무능하면서도 재능이 있는 체함을 이름. 濫竽(남우).

유래 전국(戰國) 시대 제(齊)의 선왕(宣王)이 우(竽: 큰 생황)를 좋아하여 악사 300명을 동원하여 우를 불게했는데, 처사 남곽(南郭)은 불 줄도 모르면서 악사들 틈에 끼어 부는 체하여 악사 벼슬을 했다. 그러나 다음 왕인 민왕(湣王)이 악사

를 한 사람씩 불러 우를 불게 하자 남곽은 도망쳤다.＜韓非子＞

【濫刑】らんけい(남형) 함부로 형벌을 과함. 또는, 과중한 형벌. 濫罰(남벌). 「음.

【濫獲】らんかく(남획) 짐승이나 물고기를 마구 잡

▷苛—, 冒—, 放—, 氾—, 枉—, 越—, 謬—, 淫—, 僭—, 暴—, 酷—, 橫—

14 17【濛】 1 가랑비 올 몽 2 큰물 몽 | 東ㄇㄥˊ 董(meng) | もう

풀이 1 ①가랑비 오는 모양. ¶零雨其—＜詩經＞ ②어둡다. ¶滿禁碧——＜盧綸＞ 2 ①큰물. ¶—鴻. ②도랑.

▷傾—, 空—, 冥—, 鴻—

14 17【瀰】 1 치렁치렁할 미 2 넘칠 니 本 녜 | 紙ㄇㄧˇ (mi) 霽 | び でい

풀이 1 ①치렁치렁하다. 通 彌. ②평평하게 이어진 모양. ¶—迤平原＜鮑照＞ 2 ①넘치다. ②물건이 많은 모양. ¶垂轡——＜詩經＞

14 17【濮】 강 이름 복 | 屋ㄆㄨˊ (pu) | ぼく

【濮上之音】ぼくじょうのおん(복상지 음) 음란한 음곡. 위(衛)의 영공(靈公)이 복수(濮水) 강변에서 주왕(紂王) 때의 음란한 곡을 들었다는 옛일에서 온 말. ¶桑間—＜禮記＞

14 17【濞】 물소리 비 | 寘ㄆㄧˋ (pi) ㄅㄧˋ (bi) | び

풀이 ①물소리. ¶——有聲＜晋書＞ ②물이 부딪치는 소리. ¶滂—沆漑＜漢書＞ ③강 이름. ¶—水.

▷滂—, 溢—, 彭—

14 17【濱】 물가 빈 | 眞ㄅㄧㄣ (bin) | ひん(ハマ)

古 涥 俗 濵 浜

풀이 ①물가. ¶海—廣斥＜書經＞ ②끝. ¶率土之—＜詩經＞ ③물에 가까이 있다. ¶—洙泗＜史記＞ ④임박하다. ¶是以—於死＜國語＞

▷江—, 沙—, 水—, 河—, 海—

17【濵】 濱(p. 924)의 俗字

14 17【濕】 1 축축할 습 2 강 이름 답 3 나라 이름 압 4 사람 이름 섭 | 緝ㄕ (shi) 合 合 葉 | しつ, しゅう (シメル) とう ごう しょう

略 湿 同 溼

풀이 1 ①축축하다. ¶秋傷於—＜素問＞ ②우로(雨路). ¶辟燥—＜呂覽＞ ③자연 그대로의 것. ¶必因角幹之—＜周禮＞ ④마르다. ¶暵其—矣＜詩經＞ ⑤낙심하다. ⑥스스로 비하(卑下)하다. ¶卑—重遲貪利＜荀子＞ 2 강 이름. ¶—水. 3 나라 이름. ¶平原郡—陰＜後漢書＞ 4 사람 이름. 通 燮 隰. ¶獲蔡公子—＜穀梁傳＞

【濕氣】しっき(습기) 축축한 기운.

【濕度】しつど(습도) 대기에 들어 있는 수증기의 많고 적음의 정도. ¶—計.

【濕潤】しつじゅん(습윤) 축축하게 젖음. 또는, 적심. ¶置之—＜春渚紀聞＞

【濕地】しっち(습지) 물기가 많은 땅. 濕土(습토). ¶苔生—＜皇甫松＞

【濕疹】しっしん(습진) 피부에 물집 등이 생기는 염증. 「겊.

【濕布】しっぷ(습포) ①찜질함. ②찜질에 쓰는 헝

▷乾—, 冷—, 多—, 卑—, 肥—, 温—, 雨—, 潤—, 泥—, 潮—, 燥—, 蒸—, 沾—, 平—, 下—

14 17【濡】 1 젖을 유 2 머리감을 난 | 虞ㄖㄨˊ (ru) 翰 | じゅ(ヌレル) *wet* びん

同 渪 渜

풀이 1 ①젖다. 젖어 윤이 남. ¶六轡如—＜詩經＞ ②적시다. 혜택을 줌. ¶涵—群生＜宋史＞ ③습기. 혜택. ¶區宇懷—＜柳宗元＞ ④온화하다. ¶我志濡—＜晋書＞ ⑤설사. ¶傳爲—寫＜素問＞ ⑥소변. 오줌. ¶今客腎—＜史記＞ ⑦참고 견디다. 인내함. ¶—忍之心＜史記＞ ⑧멈추다. 지체함. ¶是何—滯也＜孟子＞ ⑨강 이름. ¶公與齊侯燕人盟于—上＜漢書＞ 2 머리를 감다. ¶—濯弃于坎＜禮記＞

【濡弱】じゅじゃく(유약) 온화하고 약함. ¶以—謙下爲表＜莊子＞

▷染—, 柔—, 滋—, 澤—, 漂—

14 17【潍】 강 이름 유 | 支ㄨㄟˊ (wei) | い

14 17【濟】 1 건널 제 2 많고 성할 제 | 霽ㄐㄧˋ (ji) 薺ㄐㄧˇ (ji) | せい, さい (ワタス) *cross*

古 湆 泲 俗 済

풀이 1 ①건너다. ¶—河而西＜禮記＞/—度. ②나루터. ¶—有深涉＜詩經＞ ③구제하다. ¶道—天下＜易經＞ ④더하다. ¶—師於王＜左氏傳＞ ⑤이루다. ¶—惡者不才＜張載＞ ⑥쓰다. ¶臼杵之利萬民以—＜易經＞ ⑦통하다. ¶强—天下＜淮南子＞ ⑧그치다. ¶厲風—＜莊子＞ ⑨근심하다. 通 懠. ⑩망하다. 없애다. ¶以相—也＜國語＞ ⑪날이 개다. 通 霽. ⑫밀어내다. 通 擠. ⑬끝나다. 해결하다. ¶決—. 2 ①많고 성하다. ¶——多士＜詩經＞ ②넣다. ¶君子—人於患＜呂覽＞ ③같다. 通 齊. ④강 이름. ¶—水.

【濟度】せいど①·さいど②(제도) ①물을 건넘. ¶—奔走＜漢書＞ ②(佛) 속세에서 중생을 건져 극락으로 인도함. ¶—衆生＜法華經＞

【濟世安民】さいせいあんみん(제세안민) 세상을 평화롭고 바르게 하고 백성을 편안하게 함.
【濟世之才】さいせいノさい(제세지 재) 어지러운 세상을 구제할 만한 재능. 또는, 그러한 인재. 濟時才(제시재).
【濟濟多士】せいせいタルたし(제제다사) 훌륭한 인재가 많음. ¶一 文王以寧＜詩經＞
【濟衆】せいしゅう(제중) 세상의 많은 사람을 구제함. ¶知大事之必以一也＜國語＞
【濟河焚舟】カワヲワタリテフネヲヤク(제하분주) 강을 건너고는 타고 간 배를 불사른다는 뜻으로, 싸움터로 나가면서 살아 돌아오기를 기약하지 않는 굳은 결의를 보임. ¶秦伯伐晋 一＜左氏傳＞
▷康一, 皆一, 開一, 決一, 兼一, 經一, 共一, 光一, 廣一, 救一, 給一, 旣一, 未一, 博一, 返一, 辨一, 輔一, 成一, 掃一, 養一, 寧一, 全一, 振一, 通一, 弘一

14 17【濬】 칠 준 | 震ㄐㄩㄣˋ (jùn) | しゅん(サラウ) *remove*
同 容
풀이 ①치다. 바닥을 파내어 물길을 통함. ¶封十有二山 一川＜書經＞ ②깊다. ¶一哲維商＜詩經＞ ③부르짖다. 通 徇. ④복종시키다.

14 17【濜】 빨리 흐를 진 | 軫ㄐㄧㄣˇ (jǐn) | しん
풀이 ①물이 빨리 흐르는 모양. ¶一粼. ②물결치는 모양. ¶湞一. ③강 이름. ¶一水.

14 17【濯】 1 씻을 탁 2 상앗대 도 | 覺ㄓㄨㄛˊ (zhuó) 效 | たく(ススグ) *wash* とう
풀이 1 ①씻다. 헹구다. ¶洒一其心＜左氏傳＞/洗一. ②크다. 通 燿. ¶王公伊一＜詩經＞ ③아름답다. 빛나다. ¶鉤膺一一＜詩經＞ ④목욕으로 더러워진 물. ¶濡一棄於坎＜禮記＞ ⑤산이 민둥민둥한 모양. ¶是以若彼一一也＜孟子＞ ⑥살지다. ¶麀鹿一一＜孟子＞ ⑦사당(祠堂). 通 祧. 2 ①상앗대. 通 櫂. ¶以一船爲黃頭郎＜史記＞ ②뜨물.
【濯足】たくそく(탁족) ①발을 씻음. ¶一萬里流＜左思＞/一會. ②세속을 초탈(超脫)함. ③먼 여행길에서 돌아온 사람을 초대함. ¶周乃呼斗酒一＜書言故事＞
【濯足萬里流】アシヲばんりノナガレニススグ (탁족 만리류) 발을 만 리의 강물에 씻는다는 뜻으로, 대자연 속에 은거하여 세속의 때를 벗음을 이름.
【濯枝雨】たくしう(탁지우) 음력 6월경에 내리는 큰비. ※梅雨(매우).
▷盥一, 祓一, 洗一, 洒一, 漱一, 淳一, 視一, 沃一, 濡一, 湔一, 澡一 滌一, 澣一

17【盪】 ☞ 皿部 12획(p. 1054)
17【濚】 滎(p. 906)과 同字

14 17【濠】 해자 호 | 豪ㄏㄠˊ (háo) | ごう(ホリ) *moat*
풀이 ①해자(垓字). 通 壕. ②강 이름. ¶一水. ③호주(濠洲)의 약칭. ¶一大陸/白一主義.
【濠梁】ごうりょう(호량) ①호수(濠水)에 놓은 어량(魚梁). 또는, 호수를 건너는 다리. ②해자(垓字)에 놓은 다리.
【濠濮閒想】ごうぼくかんノオモイ(호복한상) 속세를 떠나 자연에 사는 한가로운 심경. 장자(莊子)가 호수(濠水)에서 고기가 노는 것을 보고 즐거워하고, 복수(濮水)에서 낚시질을 즐기면서 초(楚) 임금의 초빙에 응하지 않았던 옛일에서 유래.
【濠洲】ごうしゅう(호주) 오스트레일리아의 약칭.
【濠隍】ごうこう(호황) 성(城) 둘레에 판 해자(垓字). 城池(성지).
▷空一, 內一, 城一, 外一, 塹一

17【⿰氵暠】 滈(p. 906)의 同字
17【鴻】 ☞ 鳥部 6획(p. 1678)

14 17【濩】 1 낙수물 떨어질 확 2 고을이름 확 3 퍼질 호 | 藥ㄏㄨㄛˋ 陌 (huò) 遇ㄏㄨˋ (hù) | かく こ *spread*
풀이 1 ①낙수물이 떨어지는 모양. ¶滴一. ②삶다. 通 鑊. ¶是刈是一＜詩經＞ ③더러워지다. 2 고을 이름. ¶一澤河東郡 縣二十四＜漢書＞ 3 ①퍼지다. ¶布一. ②은(殷) 탕왕(湯王)의 음악. ¶大一＜周禮＞
▷濩一, 濆一, 布一, 渾一, 蠖一

17【濶】 闊(p. 1567)의 俗字
18【灌】 灌(p. 928)의 俗字

15 18【⿰氵虢】 물 갈라질 괵 획 | 陌ㄍㄨㄛˊ (guó) | かく
풀이 ①물이 갈라져 흐르다. ②물 소리. 같 湱. ¶水一一循除鳴＜韓愈＞

15 18【⿰氵膠】 강 이름 교 | 肴ㄐㄧㄠ (jiāo) | こう
풀이 ①강 이름. ¶一水. ②물이 편한 모양. ¶一濄浩汗＜木華＞

15 18【瀆】 1 도랑 독 2 구멍 두 | 屋ㄉㄨˊ (dú) 宥 | とく *ditch* とう
풀이 1 ①도랑. ¶溝一滄池之禁＜周禮＞ ②큰 강. 通 隫. ③더러워지다. 더럽힘. 通 嬻. ¶一則不告＜禮記＞ ④업신여기다. ¶上交不諂 下交不一＜易經＞ ⑤바꾸다. ¶一齊盟＜左氏傳＞ ⑥세다. 헤아림. ¶一貨無厭＜左氏傳＞ ⑦부서지다. 通 殰. ¶凍氷一＜太玄經＞ ⑧어지럽히다. ¶再三一＜易經＞ 2 구멍. 같 竇. ¶墓門之一＜左氏傳＞

【瀆慢】とくまん(독만) 버릇없이 함부로 굶. ¶寵幸大過 則一之心生<宋史>
【瀆職】とくしょく(독직) 관리가 직무상 비행(非行)을 저질러 그 직무를 더럽힘. 汚職(오직). ¶一罪.
▷灌一, 溝一, 四一, 汚一

18【濫】 ☞ 水部 14 획(p. 923)

15/18【濼】 1 강 이름 락·록 2 늪 박 | 㽞ㄌㄨㄛˋ(luo) 圜ㄅㄛˊ(bo) 㽞ㄆㄛ(po) | らく ろく はく
풀이 1 ①강 이름. ¶一水. ②질병으로 힘이 없다. ¶淫一. 2 늪. 못. ¶陂一.

15/18【濾】 거를 려 | 御ㄌㄩˋ(lü) | ろ(コス) strain
풀이 ①거르다. ¶一過. ②맑게 하다. ¶汲新水淋汁一淸<福惠全書> ③씻다.
【濾過】ろか(여과) 거름. 걸러서 찌꺼기를 없앰. ¶一紙.

15/18【瀃】 1 강 이름 뢰 2 물 용솟음칠 루 | 賄 紙 | らい るい
풀이 1 강 이름. ㉦灅. ¶一水. 2 물이 용솟음치는 모양. ¶潩一潰瀑<郭璞>

15/18【瀏】 맑을 류 | 㞊ㄌㄧㄡˊ(liu) | りゅう clear
풀이 ①맑다. ¶一其淸矣<詩經> ②흐르다. ¶一漣漣<太玄經> ③맑고 밝은 모양. ¶賦體物而一亮<陸機> ④바람이 빠른 모양. ¶秋風一以蕭蕭<楚辭> ⑤서늘한 바람. 또는, 숲에서 부는 바람 소리. ¶一莅. ⑥눈이 고운 모양. ⑦눈을 부릅뜬 모양. ¶一睨.

18【懣】 ☞ 心部 14 획(p. 599)

15/18【瀎】 1 닦아 없앨 말 2 칠할 멸 | 曷ㄇㄧㄝ(mie) 屑 | ばつ べつ wipe
풀이 1 ①닦아 없애다. ¶一泧. ②강물이 빠르게 흐르는 모양. ¶一潏. 2 칠하다. 장식함.

15/18【瀉】 1 쏟을 사 2 게울 사 ㊈泻 | 馬ㄒㄧㄝˋ 禡(xie) | しゃ pour
※潟(p. 917)은 딴 자.
풀이 1 ①쏟다. ¶石磴一紅泉<謝靈運> ②물기를 없애다. ㊐寫. 2 ①게우다. ¶盡一其食<淮南子> ②설사하다. ¶腎主一<白虎通> ③염분이 많은 땅. ¶一土.
▷傾一, 湍一, 泄一, 注一, 泉一, 澤一, 吐一

18【瀟】 瀟(p. 928)의 俗字

18【灑】 灑(p. 929)의 俗字

15/18【瀋】 즙 심 | 㾐ㄕㄣˇ(shen) | しん juice
풀이 ①즙. ¶猶拾一也<左氏傳> ②강 이름. ¶一水.

15/18【瀁】 강 이름 양 | 漾ㄧㄤˋ(yang) | よう
풀이 ①강 이름. ㉦漾. ¶一水. ②물이 넘치는 모양. ③물이 끝없이 퍼진 모양. ㉦潒. ¶滉一.
▷滔一, 浩一, 滉一, 瀇一

15/18【瀇】 물 깊고 넓을 왕 | 養ㄨㄤˇ(wang) | おう

18【滴】 滴(p. 912)과 同字

15/18【瀍】 강 이름 전 | 㞊ㄔㄢˊ(chan) | てん

15/18【瀄】 물 흐를 즐 | 質 | しつ
풀이 ①물 흐르는 소리. ¶一汨澎湃<嵇康> ②물결이 맞부딪다. ¶偪側泌一<司馬相如>

18【澂】 澂(p. 919)과 同字

15/18【濺】 1 흩뿌릴 천 2 빨리 흐를 천 ㊍전 | 霰 㞊ㄐㄧㄢˋ(jian) | せん sprinkle
풀이 1 흩뿌리다. ¶一沫驚飛鳥<張九齡> 2 물이 빠르게 흐르는 모양. ¶流水一一<王安石>

18【懘】 ☞ 心部 14 획(p. 599)

15/18【瀑】 1 폭포 폭 2 소나기 포 3 용솟음칠 팍 | 屋ㄆㄨˋ(pu) 號ㄅㄠˋ(bao) 覺 | ばく fall
풀이 1 폭포. ¶一布飛流<孫綽> 2 ①소나기. ¶濺一. ②거품. 물보라. ¶拊拂一沫<郭璞> ③빠르다. 바람이 빠름. ㊐暴. 3 ①물결이 용솟음치는 모양. ¶濆一. ②물끓는 소리. ¶龍池瀑一<左思>
【瀑布】ばくふ(폭포) 높은 데서 쏟아져 내리는 물. 飛泉(비천). ¶長虹雙一<庾信>
▷落一, 濆一, 飛一, 濺一, 懸一

15/18【瀌】 눈비 퍼부울 표 | 蕭ㄅㄧㄠ(biao) | ひょう

15/18【瀅】 맑을 형 ㊍영 | 徑ㄧㄥˊ(ying) | えい clear
풀이 ①맑다. 물이 맑음. ②개천. ¶洪河左一縈<杜甫>

16 19 【濩】 물결 소리 곽 | [藥]ㄏㄨㄛˋ (huo) | かく

풀이 ①물결 소리. ¶一汴. ②빛나는 모양. ¶一濩燐亂<王延壽> ③강 이름. ¶一水.

19 【濼】 滕(p.1243)의 俗字

16 19 【瀝】 거를 력 | [錫]ㄌㄧˋ (li) | れき *strain*

풀이 ①거르다. ②물이 방울져 떨어지다. 또는, 그 소리. ¶動滴一以成響<王延壽> ③흘리다. 부음. ¶皆決一之<晋書> ④물방울. ¶水一滴地<佛國記> ⑤거른 술. ¶和楚一只<楚辭> ⑥비바람 소리.

【瀝青】れきせい (역청) ①송지(松脂)에 기름을 섞어 만든 도료(塗料). ②석탄, 석유 등을 증류할 때 생기는 유기물질. 도로 포장 등에 씀. 아스팔트. 피치(pitch). ¶一炭.

▷淅一, 餘一, 淋一, 霖一, 滴一, 披一

16 19 【瀘】 강 이름 로 | [虞]ㄌㄨˊ (lu) | ろ

16 19 【瀧】 ①비올 롱 | [東]ㄌㄨㄥˊ (long) | ろう
②강 이름 상 | [江] | そう
③여울 랑 | [江]ㄕㄨㄤ | ろう
④젖을 롱 | [送] (shuang) | ろう

풀이 ①①비 오는 모양. ¶雨一一<說文> ②적시다. 담금. ②강 이름. ¶一水. ③여울. ¶一夫. ④젖다. 축축해짐. ¶一涷.

▷驚一, 急一, 湍一, 奔一

16 19 【瀨】 여울 뢰 | [泰]ㄌㄞˋ (lai) | らい

풀이 ①여울. ¶北揭石一<漢書> ②급류. ¶抑減怒一<淮南子>

19 【瀬】 瀨(p.927)의 略字

16 19 【瀕】 물가 빈 | [眞]ㄅㄧㄣ (bin) ㄆㄧㄣ (pin) | ひん (ミギワ)

풀이 ①물가. ㉮濱. ¶海一廣斥<漢書> ②따르다. 임박함. ¶一海之觀<漢書>/一死.

【瀕死】ひんし (빈사) 죽을 때가 임박함. 거의 죽을 지경에 이름. ¶一狀態.

19 【瀟】 ☞水部 17획(p.928)

16 19 【瀡】 미끄러울 수 | [寘]ㄙㄨㄟˇ (sui) | すい (ナメラカ)

16 19 【瀛】 바다 영 | [庚]ㄧㄥˊ (ying) | えい(ウミ) *sea*

풀이 ①바다. ¶乃有大一海<史記>/滄一. ②못 속. 늪 속. ¶疏山駕一碣<任昉> ③신산(神山)의 이름. ¶一洲.

【瀛洲】えいしゅう (영주) ①3신산(神山)의 하나. 발해만(渤海灣) 동쪽에 있으며 신선이 산다고 함. ②명예로운 지위. ¶登一<唐書>

【瀛表】えいひょう (영표) 해외(海外). 외국. ¶流惠澤於一<無名氏>

【瀛海】えいかい (영해) 큰 바다. 大洋(대양). ¶九州之外 更有一<論衡>

▷大一, 東一, 登一, 蓬一, 四一, 滄一

16 19 【瀯】 돌아 흐를 영 | [迥]ㄧㄥˊ [庚] (ying) | えい

19 【瀩】 澒(p.921)와 同字

16 19 【瀢】 ①물고기 떼지을 유 | [紙] | い
②물에 모래 밀릴 대 | [隊] | たい

풀이 ①①물고기가 떼지어 노는 모양. ②물고기가 많은 모양. ③물 흐르는 모양. ④고액(膏液). ②물에 모래가 밀리는 모양. ¶一沲.

▷瀢一

16 19 【瀜】 물 깊고 넓을 융 | [東] | ゆう

19 【潜】 潛(p.919)의 俗字

16 19 【瀦】 웅덩이 저 | [魚]ㄓㄨ (zhu) | ちょ *puddle*

풀이 ①웅덩이. ¶以一畜水<周禮> ②물이 괴다. ¶流出復一<宋史>

▷堰一, 汚一, 淸一

16 19 【瀞】 맑을 정 | [敬] | せい

16 19 【瀚】 넓을 한 | [翰]ㄏㄢˋ (han) | かん *wide*

풀이 ①넓다. 넓고 큰 모양. ¶浩浩一一<淮南子> ②사막 이름. ㉠翰. ¶一海.

【瀚海】かんかい (한해) 몽고의 고비 사막. ¶臨一<史記>

▷蔥一, 浩一, 混一

16 19 【瀣】 이슬 기운 해 | [卦]ㄒㄧㄝˋ (xie) | かい

20 【瀿】 滐(p.926)과 同字

17 20 【瀾】 ①물결 란 | [寒]ㄌㄢˊ | らん
②뜨물 란 | [翰] (lan) | *wave*

풀이 ①①물결. 큰 파도. ¶必觀其一<孟子> ②물놀이. 잔물결. ③물결이 일다. ¶流波之將一<宋玉> ④잇닿다. ㉠連. ⑤눈물 흐르는 모양. ¶涕垂睫以沈一<陸機> ②①뜨물. 쌀뜨물. ¶潘一戔餘<周禮> ②넓고 많은 모양. ¶洪濤一汗<木華>

【瀾波】らんぱ(난파) 큰 물결. 洪濤(홍도). 波瀾(파란). ¶—洶湧<新論>
▷驚—, 狂—, 濤—, 碧—, 漪—, 澄—, 波—, 洪—

17 20【瀲】넘칠 렴 | ㄌㄧㄢˋ (lian) | れん overflow

풀이 ①넘치다. 물이 넘치는 모양. ¶—灩. ②물에 뜨다. ¶泛—于潮波<郭璞> ③물가. ¶青蕃蔚乎翠—<潘岳> ④잔물결이 이는 모양. ¶回風還——<吳融>
▷泛—, 翠—

17 20【瀰】1 물 넓을 미 2 세게 흐를 미 | ㄇㄧˊ (mi) | び

풀이 1 물이 넓다. ¶渺—. 2 ①세게 흐르다. 물살이 세찬 모양. ¶河水——<詩經> ②물이 깊다. ¶有—濟盈<詩經>
【瀰漫】びまん(미만) 널리 퍼짐. 蔓延(만연). 漫瀰(만미). ¶端溪—駛<楊衡>
▷漫—, 渺—

20【[illegible]】湄(p.896)와 同字

20【[illegible]】湄(p.896)와 同字

17 20【瀿】넘칠 번 | 园 | はん

17 20【瀵】물 스며들 분 | ㄈㄣˋ (fen) | ふん

풀이 ①물이 스며들다. ②산꼭대기의 샘. ¶名曰神—<列子> ③여러 수원(水源)의 물이 합쳐 흐르는 강. ④적시다. 담금. ¶翹莖—蘂<郭璞>

17 20【瀟】강 이름 소 | ㄒㄧㄠ (xiao) | しょう

풀이 ①강 이름. ¶—水. ②물이 맑고 깊다. ③비바람이 사나운 모양. ¶風雨——<詩經>
【瀟湘八景】しょうしょうはっけい(소상팔경) 소수(瀟水)와 상수(湘水)의 강변에 있는 좋은 경치 여덟. 평사낙안(平沙落雁), 원포귀범(遠浦歸帆), 산시청람(山市晴嵐), 강천모설(江天暮雪), 동천추월(洞天秋月), 소상야우(瀟湘夜雨), 연사만종(煙寺晩鐘), 어촌석조(漁村夕照).
【瀟灑】しょうしゃ(소쇄) 산뜻하고 깨끗하여 속기(俗氣)가 없음. 瀟洒(소쇄). ¶秋色正—<杜甫> ※しょうしゃ

17 20【瀹】데칠 약 | ㄩㄝˋ(yue) ㄧㄠˋ(yao) | やく boil

풀이 ①데치다. 삶음. ¶皆可—茹<本草綱目> ②씻다. ¶疎—而心<莊子> ③적시다. ¶其實皆—<儀禮> ④물을 다스리다. ¶—濟漯<孟子> ⑤물이 빠르게 흐르는 모양. ⑥둑이 무너지다.
【瀹祭】やくさい(약제) 새 나물을 삶아서 지내는 제사. ¶不如西隣之—<漢書>
▷潭—, 疎—, 淵—

17 20【瀼】1 이슬많을 양 2 물빛 일렁일 상 3 물 흐를 낭 4 강 이름 양 | ㄖㄤˊ (rang) ㄋㄤˇ (nang) | じょう しょう どう じょう

풀이 1 이슬이 많이 내린 모양. ¶零露——<詩經> 2 물빛 일렁이는 모양. ¶——濕濕<木華> 3 ①물 흐르는 모양. ¶涓流泱—<木華> ②흙탕. 4 강 이름. ¶—水.

17 20【瀯】졸졸 흐를 영 | ㄧㄥˊ (ying) | えい

풀이 ①졸졸 흐르다. ¶且洛邑之渟—<後漢書> ②물 흐르는 소리. ¶——之聲與耳謀<柳宗元> ③물이 돌아 흐르는 모양.
▷淦—

17 20【瀴】1 물 질펀할 영 2 큰물 영 | ㄧㄥˇ (ying) | えい

풀이 1 물이 질펀하다. ¶經途—溟<木華> 2 큰물.

17 20【瀺】1 물소리 참 2 물고기 놀 참 3 물 떨어질 참 | ㄔㄢˊ (chan) | さん せん さん

풀이 1 물소리. ¶—灂. 2 물고기 노는 모양. ¶游鱗—灂<潘岳> 3 ①물이 떨어지다. ②물이 흘러들다. ¶碓投—穴<馬融>

17 20【瀳】물 이름 천 | せん

17 20【瀸】적실 첨 | ㄐㄧㄢ (jian) | せん

풀이 ①적시다. 담금. 通 漸. ¶—濇肌膚<淮南子> ②두루 미치다. ¶—於民心<呂覽> ③때때로 마르는 샘. ④별 이름. ¶—臺星近天漢<史記> ⑤멸하다. 망함. ¶齊人—于遂<公羊傳> ⑥물이 조금 있는 모양. ¶化作——流<瑯嬛記>

18 21【灌】1 물댈 관 2 손 씻을 관 | ㄍㄨㄢˋ (guan) | かん (ソソグ) irrigate

俗 潅

풀이 1 ①물대다. 관개(灌漑)함. ¶時雨降矣 而猶浸—<莊子> ②흘러 들어가다. ¶百川—河<莊子> ③붓다. 술 따위를 따름. ¶—用玉瓚大圭<禮記> ④헹구다. 씻음. ¶當病—汗<素問>/—澡. ⑤적시다. 스며듦. ⑥끼얹다. ¶—頂. ⑦마시다. ¶奉觴日賜—<禮記> ⑧모여 나다. 나무가 총생(叢生)함. 또는, 그 나무. ¶木族生爲—<爾雅> ⑨지어 붓다. 주조(鑄造)함. 通

燿. ¶萬辟千—＜張協＞ ⑩강신제(降神祭)를 지내다. 通祼. ¶—用鬱鬯＜禮記＞ ⑪근심하다. 고민함. 通懽. ¶——. ⑫물이 세차게 흐르는 모양. ¶——. ⑬성의(誠意)를 다하는 모양. ¶老夫—— 小子蹻蹻＜詩經＞ ⑭익다. 익숙해짐. ¶義遂爲守—謁者＜後漢書＞ ⑮물 이름. 하남성(河南省)에서 발원(發源)하는 강. ¶—水. 2손을 씻다. 갈盥.

【灌漑】かんがい(관개) 논밭에 물을 댐. 농작물에 물을 줌. 灌沃(관옥). ¶汲井決陂 —園田＜論衡＞/—用水.

【灌木】かんぼく(관목) 키가 작고 뿌리에서 총생(叢生)하는 나무의 총칭. 떨기나무. ¶黃鳥于飛 集于—＜詩經＞ ↔喬木(교목).

【灌佛會】かんぶつえ(관불회) 석가 탄생일인 음력 4월 초파일에, 그 불상 위에 감로수(甘露水)를 뿌리는 불사(佛事). 佛生會(불생회).

【灌沃】かんよく(관옥) 관개(灌漑)한다는 뜻으로, 교훈(敎訓)하여 선도함을 이름.

【灌腸】かんちょう(관장) ①순대. 돼지의 창자로 만든 요리의 한 가지. ②직장(直腸)에 약물을 주입하여 비결(祕結)된 변(便)을 통하게 하는 일. ¶—器.

【灌頂】かんじょう(관정)《佛》①불문(佛門)에 들어가는 수계자(受戒者)나 일정한 지위에 오르는 수도자(修道者)의 정수리에 향수를 끼얹는 의식. ②인도의 국왕이 즉위할 때 4대해(大海)의 물을 그 정수리에 뿌려 축하하던 일.

▷漑—, 漫—, 沃—, 澆—, 澡—, 浸—

21【澑】 溜(p.903)와 同字

21【灋】 法(p.854)의 古字

21【灐】 瀯(p.929)과 同字

21【灘】 漢(p.928)의 本字

18/21【灉】 강 이름 옹 | 图ㄩㄥ 困(yong) | よう

풀이 강 이름. 산동성(山東省)에서 발원(發源)하여 저수(沮水)와 합류하여 황하로 들어가는 강. ¶—河.

18/21【灊】 물 이름 잠·심 | 鹽ㄑㄧㄢˊ 侵(qian) | せん しん

풀이 ①물 이름. 사천성(四川省)에 있는 지금의 거강(渠江). 通潛. ¶—水. ②땅 이름. 한(漢)대에 설치한 안휘성(安徽省)의 한 고을. ¶—縣.

21【灊】 灊(p.929)의 俗字

18/21【灂】 1옻칠할 조 2물 소리 착 | 嘯ㄐㄧㄠˋ (jiao) 覺ㄓㄨㄛˊ (zhuo) | しょう lacquer さく

풀이 1옻칠하다. 수레의 채에 옻칠을 함. ¶良輈環—＜周禮＞ 2물 소리. 작은 물 소리. 또는, 큰 물결 소리. ¶潝渚槩—＜郭璞＞

21【瀺】 瀺(p.928)의 俗字

19/22【灑】 물 이름 라 | 歌 | ら

풀이 물 이름. 호남성(湖南省)에서 발원(發源)하여 동정호(洞庭湖)로 흘러드는, 상수(湘水)의 지류(支流). 멱수(汨水)와 합류하는 멱라수(汨灑水)는 굴원(屈原)이 투신한 곳.

19/22【灕】 스며들 리 | 支ㄌㄧˊ (li) | り (シミコム)

풀이 ①스며들다. 물이 땅에 스며듦. ②물 흐르는 모양. ¶澤滲—而下降＜漢書＞/—然. ③가을비 내리는 모양. ¶淋—. ④수레의 장식물이 드리워진 모양. ¶—虖襂纚＜揚雄＞ ⑤물 이름. 감숙성(甘肅省)에 있는 강. ¶—水.

▷滲—, 湘—, 淋—

19/22【灑】 뿌릴 쇄 | 蟹ㄙㄚˇ (sa) | さい(ソソグ) *sprinkle*

풀이 ①뿌리다. ㉮물을 뿌리다. ¶—水. ㉯홍건히 흘러 내리다. ¶涕淚所— 松草變色＜梁書＞ ㉰씻다. 소제함. ¶淸—舊京＜孫綽＞ ②나누다. 나누어짐. ¶開竇—流＜張衡＞ ③흩다. 흩어짐. ¶時風夕—＜陸機＞ ④깨끗하다. 티끌이 없어 상쾌한 모양. ¶神韻蕭—＜南史＞/—落. ⑤던지다. 던져 넣음. ¶—釣投網＜潘岳＞ ⑥악기의 한 가지. 큰 거문고. ¶大瑟謂之—＜爾雅＞ ⑦끊이지 않고 이어가는 모양. ¶先後次序數百言 ——可聽＜貴耳錄＞

【灑落】さいらく・しゃらく(쇄락) 인품(人品)이 깨끗하여 속기가 없는 모양. ¶人品甚高 胸懷— 如光風霽月＜宋史＞

【灑淚雨】さいるいう(쇄루우) 음력 7월 6일에 오는 비. 견우(牽牛)·직녀(織女)의 만남을 방해한다는 데서 이르는 말. ¶七月六日有雨 謂之—＜荊楚歲時記＞

【灑掃】さいそう(쇄소) 물을 뿌리고 먼지를 씀. 깨끗이 소제함. 灑埽(쇄소). ¶—室堂及庭＜禮記＞

▷高—, 汎—, 弗—, 飛—, 颯—, 蕭—, 淸—, 脫—, 播—, 揮—

22【灔】 灩(p.930)과 同字

19/22【灘】 1여울 탄 2해 탄 | 寒ㄊㄢ 翰(tan) | たん (セ, ナタ) *shallow*

源會意·形聲. 물[水]의 진로에 장애가 있어 어려움[難]을 겪으므로「水+難」으로 여울의 뜻을 나타냄.

풀이 **1** ①여울. 물이 얕고 빠르며 돌이 많아 배가 다니기에 위험한 곳. ¶却放輕舟下急一<崔道融> ②물가. 사주(砂洲). ¶一地. ③㊥ 소금밭. 염전(鹽田). ¶一鹽. **2**해(歲). 태세(太歲)에 신(申)이 든 해. ¶太歲在申曰涒一<爾雅>
▷急一, 惡一, 峻一

24【灠】 濫(p.923)과 同字

21
24【灞】 물 이름 파 | 國ㄅㄚˋ (ba) | は

【灞橋驢上】はきょうろじょう(파교노상) 파교를 건너는 나귀의 등이란 뜻으로, 시흥(詩興)을 일으키는 절호의 장소를 이름. 파교(灞橋)는 장안(長安) 동쪽의 파수(灞水)에 있는 다리. 예로부터 이 다리 근처에서 버들가지를 꺾어 주며 송별하는 것이 관례로 되어온 데서 이름.

21
24【灝】 넓을 호 | 國ㄏㄠˋ (hao) | こう(ヒロイ) *wide*

풀이 ①넓다. 크다. 물이 한 없이 넓은 모양. 通浩. ¶然後一溔潢漾<司馬相如>/一一. ②천상(天上)의 맑은 기운. 호기(灝氣). ¶悠悠乎與一氣俱<柳宗元> ③콩을 삶은 물. 두즙(豆汁).

22
25【灣】 물굽이 만 本완 | 國ㄨㄢ (wan) | わん *bay*

略湾

풀이 ①물굽이. 육지로 굽어 들어온 바다나 강의 부분. ¶沙如龍尾一<庾信> ②물이 육지로 굽어져 들어온 모양. ¶泓然爲池 一然爲溪<柳宗元>

【灣曲】わんきょく(만곡) 활처럼 굽음. 彎曲(만곡).

【灣流】わんりゅう(만류) 조류(潮流)의 하나. 멕시코 만류를 이름. 적도 해류로서 멕시코 만에서 동북으로 흘러 유럽 북서안을 따라 흘러 북극해(北極海)에 이르는 난류(暖流).

【灣商】(만상)韓 옛날 의주(義州) 사람으로서 중국과 교역(交易)하던 큰 장사꾼.

【灣尹】(만윤)韓 의주 부윤(義州府尹)의 별칭.
▷綠一, 臺一, 濤一, 深一, 銀一, 澄一, 港一, 海一

23
26【灤】 샐 란 | 國ㄌㄨㄢˊ (luan) | らん(モレル) *leak*

풀이 ①새다. 새어 흐름. ②물 이름. 내몽고(內蒙古)에서 발원하여 열하성(熱河省)을 거쳐 발해(渤海)로 흘러드는 강. ¶一河.

23
26【灩】 물 그득할 염 | 國ㄧㄢˋ 國(yan) | えん

풀이 ①물이 그득하다. 또는, 물결치는 모양. ¶瀲一/一一. ②달빛이 물에 비치어 빛나는 모양. ¶一一隨波千萬里<張若虛>

【灩澦堆】えんよたい(염예퇴) 바위 이름. 사천성(四川省) 구당협(瞿唐峽) 어귀에 우뚝 솟아 있는 큰 바위. 그 부근은 물살이 세어 배가 다니기 어려운 곳으로 알려져 있음. 燕窩石(연와석). 英武石(영무석).

火(灬)<불 화>部

火 灬 ② 灯 灰 灰 ③ 灸 灺 灼 災 ④ 炅
炁 炉 炎 炙 炒 炊 炕 炘 ⑤ 炬 炟 炳 炤
炸 点 炷 炭 炭 炱 炮 炰 炫 烔 ⑥ 烓 烙
烈 烊 烟 烏 烑 烝 烕 烘 烜 烋 ⑦ 烾 烽
烰 焉 焌 烹 烱 焄 ⑧ 焞 無 焙 焚 焫 焠
然 焰 焱 焯 焦 焜 焮 ⑨ 煢 煖 煗 煅 煉
煤 煩 煞 煁 煬 煙 煐 煜 煒 煟 煣 煮 煠
煎 照 煆 煥 煌 煦 煇 熙 ⑩ [illegible] 煽 熄 熅
熉 熊 熒 熇 熀 熏 熈 ⑪ 熲 熢 熑 熟 熠
熯 熱 熬 熨 熭 熛 ⑫ 燉 燈 燎 燐 燔 燒
燖 燃 燕 燁 燀 燋 熾 燙 熿 熹 ⑬ 燮 燧
營 燠 燥 燦 燭 燬 ⑭ 燾 爁 燹 燼 燿 爀
燻 ⑮ 爍 爇 爊 爆 ⑯ 爐 爓 爗 ⑰ 爛 爚 ⑱
爟 爝 ㉕ 爨

0
4【火】 불 화 | 國ㄏㄨㄛˇ (huo) | か(ヒ) *fire*

古灮

源象形. 불이 활활 타 오름을 본뜸. 일설에, 화산이 불을 토해 내는 형상을 본떴다고도 함.

풀이 ①불. ㉮물체가 연소할 때 생기는, 열과 빛을 가진 기체. ¶鑽燧取一<韓非子> ㉯빛을 발하는 것. ¶練囊盛數十螢一以照書<晋書> ㉰타는 것. 횃불·등불 따위. ¶若夜蛾之投一<北史> ㉱화재. ¶陳不救一<左氏傳> ㉲불타는 모양의 무늬, 12장(章)의 하나. ㉳심화(心火). 격정(激情). ¶漫漫心一 冥冥世流<江總> ②오행(五行)의 하나. 방위로는 남(南), 계절로는 여름, 별로는 심성(心星), 10간(干)으로는 병·정(丙丁), 12지(支)로는 인(寅), 오사(五事)로는 시(視), 오장(五臟)으로는 심(心)에 해당함. ③타다. 태움. ㉮불 때다. 사름. ¶一耕水耨<漢書> ㉯불에 익히다. ¶有不一食者<禮記> ④따르다. 쏠림. ¶一之爲言 委隨也<白虎通> ⑤양(陽). 태양. ¶火 太陽也<風俗通> ⑥동아리. ㉮군대의 편오(編伍). 10인 1조(組). ¶五人爲烈…二烈爲一<通典> ㉯동반자(同伴者). 화반(火伴). ¶出門看一伴<木蘭辭> ⑦몹시 급하다. 화급(火急). ¶帝特愛非時之物 取求一急<北史>

【火炬】かきょ(화거) 횃불. 관솔불. 松明(송명). ¶閃閃熒熒 一縱橫<李爲>

【火攻】かこう(화공) 불로써 공격함. ¶又習一 以焚敵舟<宋史>

【火光衝天】かこうてんヲツック (화광충천) 불빛이 하늘을 찌름. 불길이 맹렬함을 이름.

【火口】かこう (화구) ①화산의 분화구(噴火口). ②불을 때는 아궁이의 아가리.

【火具】かぐ (화구) ①화공(火攻)에 쓰는 도구. ¶上軍先備一 乃投火焚之<宋書> ②화재를 방지하는 도구. ¶家設一 每物須備<宋史> ③불을 켜서 밝히는 데 쓰는 제구. ④폭발물(爆發物)을 폭발하는 데 쓰는 제구.

【火毬】かきゅう (화구) 병기의 한 가지. 인화(引火)하기 쉬운 것의 덩이에 불을 붙여 적진에 던져 군수품을 불사르게 하는 전구(戰具).

內燃松柴墜落城之大半

火毬
(武備志)

【火剋金】かきんヲカツ (화극금) 오행설(五行說)에서 화(火)는 금(金)을 이긴다는 말. 상극(相剋)의 한 가지.

【火急】かきゅう (화급) ①몹시 급함. 火速(화속). ¶作詩一如追逋<蘇軾> ②몹시 바쁨. ¶恰得一犁雨 農事正一<徐積>

【火氣】かき (화기) ①불기. 불의 뜨거운 기운. ¶電者 一也<春秋繁露> ②심화(心火). 怒氣(노기). 鬱火症(울화증).

【火器】かき (화기) ①화약을 사용하는 무기. 총·대포 따위. ②불을 담는 그릇의 총칭. 화로 따위.

【火斗】かと (화두) 다리미. 熨斗(울두). 火熨(화울).

【火頭】かとう (화두) ①취사(炊事) 따위의 천역(賤役)에 종사하는 사람. 炊夫(취부). ¶置一具飮膳<宋史> ②《佛》 절에서 불을 때는 일을 맡아 보는 사람. ③㊥ ㉮불을 낸 집. ㉯요리인(料理人). ㉰담뱃대의 대통.

【火遁】かとん (화둔) ①불을 이용하여 몸을 숨기는 도가(道家)의 술법. ②요란(擾亂)의 원인이 되는 다섯 가지 방일(放逸)한 행동의 하나. 遁은 逸.

【火力】かりょく (화력) ①불의 힘. ¶一旣足 表裏堅固<陶弘景>/一發電所. ②연소(燃燒)의 정도. ③불이 가진 열에너지의 도수. ④총포의 위력.

【火廉】(화렴) 매장한 시체의 빛깔이 까맣게 변하는 일.

【火爐】かろ (화로) 불을 담아 두는 그릇. 또는, 난로(煖爐). ¶復此紅一 雪中相暖熱<白居易>

【火輪】かりん (화륜) ①태양(太陽)의 별칭. ¶一迸飮燒長空<王轂> ②㊥ 기선(汽船).

【火輪車】かりんしゃ (화륜거) 기차(汽車)의 구칭(舊稱).

【火輪船】かりんせん (화륜선) 기선(汽船)의 구칭.

【火綿】(화면)㊥ 화약(火藥)의 한 가지. 솜화약.

【火木】(화목) 땔나무.

【火伴】かはん (화반) 같은 부대의 군사. 火는 고대의 병제(兵制)에서 10인조(人組)를 이름. 뜻이 바뀌어, 동아리. 同伴(동반). 伴侶(반려).

【火夫】かふ (화부) ①화재 감시인. ¶令一獄卒 掃除潔淨<福惠全書> ②등불을 들고 관원의 야행(夜行)을 도우는 일을 맡은 사람. ¶令五城各設一 遇百官夜飮歸 提燈傳送<稱謂錄> ③보일러에 불을 때는 사람. ④《佛》 절에서 불 때는 일을 맡은 사람.

【火山】かざん (화산) 땅 속의 암장(岩漿)과 가스가 지각(地殼)의 얇은 곳을 뚫고 지표로 분출(噴出)하는 곳. 또는, 그 분출물이 쌓여 된 산.

【火傷】かしょう (화상) 불에 뎀. 또는, 그 상처.

【火色】かしょく (화색) ①불의 빛. 붉은 빛. ¶曈曈太陽如一<白居易> ②붉게 생기가 도는 얼굴. ¶鳶肩一<唐書>

【火生土】かどヲしょうズ (화생토) 오행설(五行說)에서 화(火)는 토(土)를 낳는다는 말. 상생(相生)의 한 가지.

【火石】かせき (화석) ①옛 병기의 하나. 돌을 퉁기는 대포. ¶城上一弓矢 無所用之<宋書> ②부싯돌. 燧石(수석). ¶鍊丹費一<李白>

【火星】かせい (화성) 태양계 혹성의 하나. 금성(金星) 다음으로 지구에 가깝고 밝으며, 두 개의 위성이 있음. 熒惑星(형혹성).

【火城】かじょう (화성) ①당(唐)대에, 원단(元旦)이나 동지(冬至) 등의 조회(朝會)에, 수많은 횃불을 벌려 세우던 일. ¶北闕向曙 東方未明 相君啓行 煌煌一<王禹偁> ②적의 침입을 막기 위하여 횃불을 성 둘레에 늘어세우는 일. ¶侃乃令多擲火爲一 以斷其路<梁書>

【火巢】(화소) 산불을 막기 위하여 능원(陵園)·묘(墓) 등의 해자(垓字) 밖에 있는 초목을 불살라 버린 곳을 이름.

【火速】かそく (화속) ☞火急(화급)①.

【火繩】かじょう (화승) 화약 심지. ¶可以作一 以發炮<通雅>

【火食】かしょく (화식) 음식을 불에 익혀 먹는 일. ¶孔子窮于陳蔡之間 七日不一<莊子> ↔生食(생식).

【火藥】かやく (화약) 초석(硝石)·유황(硫黃)·목탄(木炭) 등을 혼합하여 만든 폭발물. 焰硝(염초).

【火伍】かご (화오) 당(唐)대의 군제(軍制)로서, 火는 10인, 伍는 5인 곧 5인조(人組)·10인조를 이름. ¶唐制 兵五人爲伍 十人爲火<稱謂錄>

【火曜】かよう (화요) ①햇빛. 日光(일광). ¶一舒乾陽<郝經> ②화요일. 7요일의 셋째.

【火牛計】かぎゅうノはかりごと (화우계) 전국 시대 전단(田單)이 쓴 병법. 천여 마리의 소의 뿔에 칼을 묶고, 꼬리에는 기름을 부은 갈대 묶음을 달아 불을 붙여 적진으로 돌진하게 하고, 그 뒤로 5천 명의 군사로 들이치게 하여 연(燕)의 군사를 대파함. ¶卽墨門開縱火牛 燕師營裏血波流<胡曾>

【火印】かいん (화인) 낙인(烙印). ¶崔嵬瘦骨帶一<陸游>

【火葬】かそう (화장) 시체를 불에 태워 남은 재를 거두어 장사지내는 일. ↔土葬(토장).

【火災】かさい (화재) 불로 인한 재앙. 화사(火事).

【火箸】かちょ(화저) 부저. 부젓가락.

【火賊】(화적)㊛ 떼를 지어 다니는 강도. 不汗黨(불한당).

【火田】かでん(화전) 산림(山林)을 불태워 개간한 밭. 부대밭. ¶吏徵漁戶稅 人納一租<白居易>/一民.

【火正】かせい(화정) 화성(火星)을 제사하며, 불에 관한 정사(政事)를 맡던, 옛날의 벼슬 이름. 祝融(축융). ¶古之一 謂火官也<漢書>

【火定】かじょう(화정)《佛》 불도를 닦는 사람이 열반에 들기 위하여 스스로 불 속에 몸을 던져 죽는 일. 火化(화화).

【火帝】かてい(화제) ☞炎帝(염제)①.

【火齊】かさい(화제) ①화력(火力)의 정도. 火候(화후). ¶陶器必良 一必得<禮記> ②옥돌 이름. ¶翡翠一 終以美玉<張衡> ③유리(琉璃)의 별칭.

【火主】かしゅ(화주) 불을 낸 집. 실화(失火)한 집. ¶京都大火 王弘知天爲之災 故不罪一<晉書>

【火酒】かしゅ(화주) ①주정분(酒精分)이 매우 강한 술. ②㊥ 주정(酒精). 알콜. 「병」.

【火症】かしょう(화증) 울화증(鬱火症). 火病(화병).

【火車】かしゃ(화차) ①화공(火攻)에 쓰는 차. ¶推一 數道攻戰<南齊書> ②《佛》 죄인을 실어 지옥으로 운반한다는 차. ¶一來迎 生入地獄<智度論> ③㊥ 기차(汽車).

火車①(武備志)

【火槍】かそう(화창) 화총(火銃). 철포(鐵砲).

【火宅】かたく(화택)《佛》 번뇌가 많은 사바(娑婆)세계. 곧, 이 세상. ¶三界無安 猶如一<法華經>

【火筒】かとう(화통) ①총통(銃筒). ②기차·기선·공장 등의 굴뚝. ③기관차(機關車)의 속칭(俗稱).

【火砲】かほう(화포) 총포(銃砲).

【火刑】かけい(화형) 불에 태워 죽이는 형벌. 火罪(화죄).

【火化】かか(화화) ①생물을 불에 익혀 먹는 일. ¶昔者先王 未有一<禮記> ②화장(火葬). ¶自釋氏一之說起 於是死而焚尸者 所在皆然<容齋續筆>

【火花】かか(화화) ①나방의 별칭. 飛蛾(비아). ¶飛蛾善拂燈 一名一 一名慕光<古今注> ②등잔 심지 끝에 맺는 불똥. ¶陸賈方驗於一<李商隱>

【火候】かこう(화후) ☞火齊(화제)①.

【火堠】かこう(화후) 봉화대(烽火臺). ¶塞口雲生一遲<盧綸>

▷改一, 炬一, 擧一, 劫一, 見煙知一, 膏一, 篝一, 鬼一, 近一, 禁一, 起一, 爐一, 大一, 屯一, 燈一, 猛一, 明一, 明若觀一, 武一, 文一, 發一, 放一, 兵一, 烽一, 赴一, 焚一, 噴一, 不通水一, 飛蛾赴一, 飛一, 石一, 舌端吐一, 星一, 聖一, 水一, 燧一, 宿一, 失一, 心一, 夜一, 野一, 漁一, 烟一, 烈一, 炎一, 燎一, 燎原之一, 慾一, 遠水不救近一, 流星一, 流一, 陰一, 人一, 燐一, 電光石一, 情一, 鎭一, 執一, 鑽一, 天一, 燭一, 炭一, 湯一, 抱薪救一, 香一, 懸一, 螢一, 號一, 花一

0 4【灬】 불 화 | 圖 | か(ヒ)

풀이 ①불. 맹렬한 불. 열화(烈火). ②불화받침. 한자의 구성에서, 火가 반침으로 쓰일 때의 자형(字形).

6【灮】 光(p. 151)의 本字

6【灱】 赦(p. 1436)와 同字

6【灲】 灾(p. 933)와 同字

2 6【灯】 1 열화 정 2 등불 등 | 圖 ㄉㄥ (deng) | ちん とう

풀이 1 열화(烈火). 맹렬한 불. 2 燈의 俗字.

6【灮】 火(p. 930)의 古字

2 6【灰】 재 회 | 因 ㄏㄨㄟ (hui) | かい(ハイ) *ash*

㊀炇 ㊇灰

풀이 ①재. 불에 탄 뒤에 남은 가루. ¶毋燒一<禮記> ②재로 만들다. 태워 버림. ¶燔康居一珍奇<後漢書> ③재가 되다. 멸망함. ¶應手一滅<謝惠連> ④활기(活氣)를 잃은 것. 적멸(寂滅). ¶心若死一<莊子> ⑤석회(石灰)의 약칭. ¶燒靑石爲一也<本草綱目>

【灰冷】かいれい(회랭) ①불기가 없어져 재가 식음. 또는, 식은 재. ¶一銅爐香欲滅<蘇轍> ②마음이 냉정하고 욕심이 없는 일. ¶百念漸一 有牛不須牧<王炎>

【灰滅】かいめつ(회멸) ①죽음. 灰沒(회몰). ¶孤負聖恩 自貽一<魏書> ②멸망하여 없어짐. 또는, 타서 없어짐. ¶旣已一而無餘矣<蘇轍>

【灰滅之咎】かいめつノトガメ(회멸지 구) 멸족(滅族)의 형벌. ¶身被梟懸之戮 妻孥受一<後漢書>

【灰沒】かいぼつ(회몰) 죽음. 灰滅(회멸). ¶施重山岳 義足一<陸機>

【灰壁】かいへき(회벽) 석회를 바른 벽.

【灰分】かいぶん(회분) 석회질의 성분.

【灰死】かいし(회사) ①불이 꺼져 재가 됨. ¶階除一燒丹火<杜甫> ②부활하지 않음의 비유. ¶一韓安國<駱賓王> ③마음이 평정하여 움직이지 않음의 비유. ¶一如我心 雪白如我髮<白居易>

【灰色】かいしょく(회색) ①잿빛. 쥐색. ②주의(主義)나 소속(所屬)이 모호함을 비유.

【灰身】かいしん(회신) ①몸을 재로 만듦. 죽음을 이름. ¶臣一滅族 不足以塞四海之責<晉書> ②목숨이 붙어 있는 한 애써 노력함의 비유. ¶非臣一所能報答<曹植>

【灰燼】かいじん(회신) ①불탄 끄트머리. 또는, 재. ¶宗廟焚爲—＜曹冏＞ ②멸망하여 없어짐. ¶赤軸靑箱 多從—＜庾信＞ ③진시황(秦始皇)의 분서(焚書)를 이름. ¶鴻儒碩學解散 甚於坑夷 五典九流淪於—＜沈不害＞
【灰心】かいしん(회심) ①마음에 욕심이 없고 고요하여 외물(外物)에 유혹되지 아니하는 일. ¶泥尾休搖掉 —罷激昻＜白居易＞ ②의기저상(意氣沮喪)하여 활기가 없는 마음. 극도로 실의(失意)한 마음. ¶—寧復然 汗喘久已靜＜蘇軾＞
【灰土】かいど(회토) 재와 흙. ¶金玉如山 何益於—乎＜神仙傳＞
▷劫—, 槁木死—, 冷—, 死—, 石—, 蜃—, 燼—, 熱—, 飮—滌胃, 寒—, 蛤—

6〖灰〗灰(p. 932)의 俗字
6〖[illegible]〗灰(p. 932)의 本字

3 7〖灸〗뜸 구 |宥ㄐㄧㄡˇ (jiu)|きゅう(ヤイト) *moxa*
同𤆍
源會意·形聲. 불[火]에 오랫동안[久] 굽는다는 뜻. 久가 음을 이룸.
풀이 ①뜸. 약쑥으로 살갗을 떠서 병을 다스리는 일. ¶形弊者不當關—鑱石＜史記＞ ②뜸뜨다. ¶爲—兩穴＜顔氏家訓＞ ③버티다. 지탱함. ¶—諸牆 以眡其橈之均也＜周禮＞
▷無病自—, 點—, 天—

7〖𤆍〗灸(p. 933)와 同字
7〖灵〗靈(p. 1606)의 俗字

3 7〖灺〗불똥 사 |馬ㄒㄧㄝˋ (xie)|しゃ (モエカス)

3 7〖灼〗사를 작 |藥ㄓㄨㄛˊ (zhuo)|しゃく(ヤク) *burn*
俗焯
풀이 ①사르다. 불에 태움. ¶—爛者在於上行＜漢書＞ ②뜸. 약쑥으로 살갗을 태우는 일. ¶唐虞點—而毁議＜楚辭＞ ③밝다. 성(盛)한 모양. ¶—繡頸而袞背＜潘岳＞ ④놀리다. ¶旣知審實 懷用悼—＜後漢書＞
【灼骨】しゃっこつ(작골) 점술(占術)의 한 가지. 뼈를 구워서 그 상태를 보아 길흉을 판단하는 일. ¶—以卜 用決吉凶＜後漢書＞
【灼怛】しゃくだん(작달) 애타게 슬퍼하는 일. ¶內—其如傳兮 又何知其所愬＜皮日休＞
【灼熱】しゃくねつ(작열) 새빨갛게 불에 닮. 몹시 더움의 형용.
▷燔—, 焚—, 燒—, 炎—, 鬱—, 焯—, 照—, 焦—, 熾—, 薰—, 熙—

3 7〖災〗재앙 재 |灰ㄗㄞ (zai)|さい(ワザワイ) *calamity*
本烖 同灾
풀이 ①재앙. ㉮큰 화재. ¶天火日—＜左氏傳＞ ㉯천재(天災). 홍수·한발·지진 따위. ¶眚—肆赦＜書經＞ ②응징(膺懲)하다. 주벌(誅伐)함. ¶不裁我躬＜詩經＞ ③해치다. 상하게 함. ¶害物日—＜易經·注＞ ④죄. 죄악. ¶—紀也＜穀梁傳＞
【災咎】さいきゅう(재구) 재앙. 천재. 하늘이 내리는 벌. 殃咎(앙구). ¶陛下聖德允明 深悼—＜後漢書＞
【災難】さいなん(재난) 재앙. 災禍(재화). ¶—延于宗子＜晋書＞
【災變】さいへん(재변) 자연의 재앙. 天災地變(천재지변). ¶數上書陳救—之術＜後漢書＞
【災煞】さいさつ(재살) 음양가(陰陽家)들이 말하는 오행(五行) 음기(陰氣)의 방위(方位)를 이름. 독한 음기의 살이 낀 방위는 해마다 바뀌는데, 그 해의 큰 행사 때는 이 방위를 피해야 함.

災煞(協紀辨方書)

【災殃】さいおう(재앙) 재해. 재난. ¶—將及吏人＜後漢書＞
【災厄】さいやく(재액) 재앙. 재난. ¶苟不愼樞機 —從此始＜范質＞
【災異】さいい(재이) 천재지이(天災地異)의 준말. 災變(재변). ¶以春秋—之變 推陰陽所以錯行＜史記＞
【災異者天地之戒】さいいはてんちノイマシメ(재이자 천지지계) 천재지변(天災地變)은 천지 자연이 사람에게 주는 경고임. ¶郡國四十九地震 或山崩水出 詔曰 蓋—也＜漢書＞
【災害】さいがい(재해) 재앙으로 입은 해. 災難(재난). 災厄(재액). ¶—不生 禍亂不作＜孝經＞
【災禍】さいか(재화) 재앙. 災害(재해). 災厄(재액). ¶—不至 所求不匱＜漢書＞
▷戒勝—, 三—, 眚—, 水—, 息—, 攘—, 除—, 天—, 風—, 旱—, 火—, 後—, 恤—, 凶—

7〖灾〗災(p. 933)와 同字
7〖烾〗赤(p. 1435)의 本字
7〖灻〗赤(p. 1435)과 同字
7〖灶〗竈(p. 1120)의 俗字
8〖杰〗☞木部 4 획(p. 752)

4 8〖炅〗빛날 경 |迥ㄐㄩㄥˇ (jiong)|けい(ヒカル) *shine*
풀이 ①빛나다. 빛이 나타남. ②열. 열기(熱氣). ¶得—則痛立止＜素問＞ ③사람 몸의 원기(元氣). ¶——.

4 8〖炁〗기운 기 |未ㄑㄧˋ (qi)|き(キ)
풀이 기운. 운기(雲氣). 기식(氣息). ㉠氣. ¶以——生萬物＜關尹子＞

8〖炉〗 爐(p. 959)의 俗字

4
8〖炎〗 1 불꽃 염 2 불탈 염 3 말잘할 담 | 㘝 㘝 | 丨ㄢ (yan) | えん(ホノオ) flame たん

풀이 1 불꽃. 㕝 焰 燄. ¶光一燭天地<後漢書> 2 ①불타다. 타오름. ¶火日一上<書經> ②태우다. ¶火一崑岡<書經> ③덥다. 뜨거움. ¶觀一氣之相仍兮<楚辭> ④불길이 성한 모양. ¶南有一火千里<楚辭> ⑤사물의 모양. 성(盛)한 모양. ¶一一. ⑥남쪽. 남방(南方). 오행(五行)에서 火는 남(南)에 해당함. ¶南方曰一天<呂覽> 3 말을 잘 하다. 달변(達辯). 또는, 아름답고 성(盛)한 모양. ¶大言一一 小言詹詹<莊子>

【炎涼世態】えんりょうせいたい(염량세태) 세태의 성쇠(盛衰), 인정(人情)의 반복(反覆)을 이름. 곧, 권세가 있을 때는 아부하다가 세력을 잃으면 푸대접하는 세상 인심.

【炎魃】えんばつ(염발) 가뭄. 또는, 한발의 신(神). ¶六丁白晝誅一<劉克莊>

【炎序】えんじょ(염서) 여름. 夏節(하절).

【炎熱地獄】えんねつじごく(염열지옥)《佛》 맹렬한 불길 속에서 열고(熱苦)에 시달린다는 지옥. ¶炎熾周圍 熱苦難任 故名一<順正理論>

【炎威】えんい(염위) 혹심한 더위. ¶蔽日無一<劉禹錫>

【炎精】えんせい(염정) ①해. 태양(太陽). ¶純陽之月樂一<庾信> ②화덕(火德)의 군대. ¶紹伊唐之一<王延壽> ③한(漢)의 덕(德)을 이름. ¶社稷復存 一更輝<後漢書>

【炎帝】えんてい(염제) ①여름의 신(神). ¶孟夏之月 其日丙丁 其帝一<禮記> ②신농씨(神農氏). 화덕(火德)으로써 왕이 되었다 하여 이르는 말. ¶神農氏 … 長於姜水 因以爲姓 火德王 故曰一<史記> ③태양(太陽)을 이름. ¶一者 太陽也<白虎通>

【炎晝】えんちゅう(염주) 뜨거운 낮. ¶但見柳青青夾路忘一<周伯琦>

【炎症】えんしょう(염증) 신체의 한 부위에 세균이나 독소가 침입하여 열이 나고 아픈 증세.

【炎天】えんてん(염천) ①여름의 더운 하늘. ¶一方埃鬱 暑晏闐塵粉<顏延之> ②남쪽 하늘. ¶南方曰一<呂覽> ③몹시 더운 여름의 기후.

【炎飆】えんぴょう(염표) 여름의 더운 바람. ¶一謝節 爽候開辰<王勃>

【炎風】えんぷう(염풍) ①몹시 더운 바람. ¶一吹沙埃<岑參> ②동북풍(東北風). ¶東北曰一 東方曰滔風<呂覽>

【炎湖】えんこ(염호) 동정호(洞庭湖)의 별칭.

【炎荒】えんこう(염황) 남쪽의 먼 미개(未開)의 땅. ¶久處一 備薰瘴毒<李商隱>

【炎黃】えんこう(염황) 염제(炎帝)와 황제(黃帝). ¶一唐虞之苗裔<漢書>

▷景一, 光一, 涼一, 陽一, 餘一, 一一, 朱一, 火一

4
8〖炙〗 고기구울 적·자 | 㘝 㘝 | ㄓˋ (zhi) | せき, しゃ (アブル)
俗 熫

풀이 ①고기를 굽다. ¶飮醇酒 一肥牛<古樂府> ②구운 고기. ¶黃帝始燔肉爲一<事物紀原> ③친근(親近)하다. 몸소 가르침을 받음. ¶而況於親一之者乎<孟子> ④노하다. 화냄. ⑤韓 적. 어육(魚肉)을 대꼬챙이에 꿰어서 양념하여 구운 음식. 산적·누름적 따위.

【炙鐵】(적철) 韓 적쇠. 석쇠. 燔鐵(번철).

【炙膾】せきかい(적회) 잘게 썬 고기를 꿰어 익힌 것. 산적(散炙).

【炙手可熱】テヲアブレバねっスベシ(적수가열) 그것에 손을 쬐면 데겠다는 뜻으로, 권세가 대단하여 접근하기 어려움의 비유. ¶一勢絶倫 愼莫近前丞相瞋<杜甫>

▷燔一, 釜一, 奔一, 散一, 燒一, 魚一, 燕一, 燎一, 殘一, 酒一, 蒸一, 親一, 脯一, 暴一, 赫一, 膾一, 肴一, 薰一

4
8〖炒〗 볶을 초 | 㘝 ㄔㄠˇ (chao) | しょう(イル) parch

풀이 ①볶다. ¶一栗. ②떠들다. 시끄러움. ¶照管孩兒們 莫作一<黃庭堅> ③中 기름에 튀기다.

4
8〖炊〗 불땔 취 | 㘝 ㄔㄨㄟ (chui) | すい(カシグ) make a fire

풀이 ①불 때다. 밥을 지음. ¶一飯. ②굽다. 태움. ¶一人一之<漢書> ③불다. 㕝 吹. ¶可一而僨也<荀子>

【炊桂】すいけい(취계) 계수나무를 때어 밥을 짓는다는 뜻으로, 물가가 비싼 외국에서 생활하기가 어려움을 비유하는 말. ¶飯玉一 猶尙優泰<應璩>

【炊骨易子】すいこつえきし(취골역자) 해골로 밥을 짓고, 자식을 서로 바꾸어 잡아 먹음. 전국 시대에 조(趙)나라가 진(秦)에 공격당하였을 때, 식량이 없어 행했다는 옛일. ¶邯鄲之民 一而食 可謂急矣<史記>

【炊臼之夢】すいきゅうのゆめ(취구지 몽) 절구에 밥을 짓는 꿈이란 뜻으로, 상처(喪妻)함의 비유. ¶夢炊於臼中問王生 生曰 君歸不見妻矣<酉陽雜俎>

【炊金饌玉】すいきんせんぎょく(취금찬옥) 황금으로 밥을 짓고, 주옥(珠玉)으로 반찬을 한다는 뜻으로, 값진 음식을 칭찬하여 이르는 말. 또는, 남의 환대에 대한 감사의 뜻으로 씀. ¶平臺戚里帶崇墉 一待鳴鐘<駱賓王>

【炊累】すいるい(취루) 먼지가 바람에 날려 올라가는 모양. 吹累(취루). ¶從容無爲 而萬物一焉<莊子>

【炊事】すいじ(취사) 밥을 지음. 음식을 만듦. 부엌일.

▷晩一, 一一, 新一, 自一, 雜一, 蒸一

4
8〖炕〗 1 마를 항 本강 2 뻗을 항 | 㘝 ㄎㄤˋ (kang) 㘝 | こう (カワク) dry

풀이 1 ①마르다. 건조함. ¶一陽而暴虐<漢書> ②말리다. 불에 쬐어 말림. ¶

一火曰炙＜詩經·注＞ ③끓다. 끓어짐. ¶一其氣＜漢書＞ ④올리다. 오름. (같)抗. ¶一浮柱之飛榱＜揚雄＞ ⑤구들. 온돌(温突). ¶熾火其下 相與寢食起居 其上 謂之一＜北盟會編＞ 2뻗다. 뻗어 퍼짐. (통)揚. ¶晝聶宵一＜爾雅＞

4 8 【炘】 구울 흔 | 文 ㄒㄧㄣ (xin) | きん(アブル) *roast*

풀이 ①굽다. 또는, 불기[火氣]. (같)焮. ②빛이 성한 모양. 열기(熱氣)가 대단한 모양. ¶揚光曜之燎燭兮 垂景炎之一一＜揚雄＞

5 9 【炬】 횃불 거 | 語 ㄐㄩˋ (ju) | きょ(タイマツ) *torch*

풀이 ①횃불. (같)苣. ¶牛尾一火 光明炫燿＜史記＞ ②등불. ¶蠟一成灰淚始乾＜李商隱＞ ③사르다. 땜. ¶楚人一一可憐焦土＜杜牧＞

【炬蠟】きょろう(거랍) 불 켜는 데 쓰는 초.
【炬眼】きょがん(거안) 횃불 같은 눈이란 뜻으로, 사물을 밝게 관찰하는 재능을 이름.
【炬火】きょか(거화) 횃불. 松明(송명). 炬燭(거촉). ¶人操一 二人同鼓 必知敵人所在＜六韜＞
▷蠟一, 猛一, 明一, 目光如一, 蜜一, 松一, 列一, 烈一, 燎一, 紙一, 智一, 智林法一, 燭一, 火一

5 9 【炟】 불 일 달 | 曷 ㄉㄚˊ (da) | たつ

풀이 ①불이 일다. 불이 붙음. ②터지다. 작렬(炸裂)함. ③후한(後漢) 장제(章帝)의 휘(諱). ④(韓) 다래. 다래과에 속하는 낙엽 활엽 관목. 또는, 그 열매.

5 9 【炳】 밝을 병 | 梗 ㄅㄧㄥˇ (bing) | へい(アキラカ) *bright*
(同)昞

풀이 ①밝다. 빛남. ¶大人虎變 其文一也＜易經＞ ②단청색(丹青色). ¶睿圖一睟＜顔延之＞ ③잡다. 잡아쥠. (통)秉. ¶古人思一燭夜遊 良有以也＜魏文帝＞

【炳靈】へいれい(병령) 신령의 밝은 위엄(威嚴). 또는, 신령의 위엄을 밝힘. ¶近則江漢一 世載其英＜左思＞
【炳然】へいぜん(병연) 환한 모양. 명확한 모양. 炳焉(병언). ¶大義一 而否德暗弱＜蜀志＞
▷明一, 文一, 彪一, 煥一

5 9 【炤】 1 밝을 소 (本)조 / 2 비출 조 | 蕭 / 嘯 ㄓㄠˋ (zhao) | しょう(アキラカ) *bright*

풀이 1밝다. (같)昭. ¶是釋其一一而道其冥冥也＜淮南子＞ 2①비추다. 빛남. (같)照. ¶明耀以一之＜國語＞ ②환히 보이는 모양. ¶一一. ③반딧불. ¶螢火即一＜爾雅＞

9【為】 爲(p. 961)의 略字

5 9 【炸】 1 터질 작 (本)사 / 2 튀길 작 (本)찰 | ㄓㄚˋ (zha) / ㄓㄚˊ (zha) | さく(ハジケル) *break*

풀이 1터지다. 폭발함. 2(中) 튀기다. 또는, 기름에 튀긴 음식. 튀김.

【炸裂】さくれつ(작렬) 폭발하여 터짐.
【炸藥】さくやく(작약) 맹렬한 화약(火藥). 지뢰(地雷)·수뢰(水雷) 등에 씀. 爆發藥(폭발약).

9【点】 點(p. 1693)의 俗字

5 9 【炷】 심지 주 | 遇 ㄓㄨˋ (zhu) | しゅ(トウシン) *wick*

풀이 ①심지. 등불의 심지. ¶然燈不下一 有油邦得明＜讀曲歌＞ ②등불. ③불태우다. ¶竹爐重一海南沈＜陸游＞ ④약쑥. 심지처럼 만들어 뜸뜨는 데에 씀. ¶疢病灸療艾一＜北史＞ ⑤향을 사르다. ¶一香. ⑥선향(線香) 따위를 세는 단위. ¶一一清香晝日留＜蘇軾＞

9【秋】 ☞ 禾部 4획(p. 1103)
9【秌】 ☞ 禾部 4획(p. 1104)
9【炧】 灺(p. 933)와 同字
9【炨】 灺(p. 933)와 同字

5 9 【炭】 숯 탄 | 翰 ㄊㄢˋ (tan) | たん(スミ) *charcoal*
(俗)炭

풀이 ①숯. ㉮숯. 목탄. ¶草木黃落 乃伐薪爲一＜禮記＞ ㉯석탄. ¶一鑛. ㉰숯불. ¶民墜塗一＜書經＞ ②재. 불타고 남은 것. ¶掌除牆屋 以蜃一攻之＜周禮＞ ③탄소(炭素). 화학 원소의 한 가지.

【炭價】たんか(탄가) 목탄이나 석탄의 값.
【炭坑】たんこう(탄갱) 석탄을 캐내는 굴.
【炭鑛】たんこう(탄광) 석탄이 나는 광산.
【炭酸】たんさん(탄산) 탄산가스가 물에 녹아서 된 묽은 산.
【炭素】たんそ(탄소) 동식물체(動植物體)를 구성하는 무취(無臭) 무미(無味)의 원소.
【炭水化物】たんすいかぶつ(탄수화물) 탄소와 수소의 화합물(化合物).
【炭疽】たんそ(탄저) 소, 말, 양 등 가축에 발생하는 전염병. ¶一病.
【炭田】たんでん(탄전) 석탄이 많이 묻혀 있는 땅.
【炭質】たんしつ(탄질) 숯이나 석탄의 품질.
【炭層】たんそう(탄층) 땅 속에 쌓여 있는 석탄의 층.
▷褐一, 塗一, 木一, 麩一, 氷一, 石一, 獸一, 玉一, 煨一, 泥一, 漆身呑一, 懸一, 朽一, 黑一

9〖炭〗 炭(p. 935)의 俗字

5 9〖炱〗 그을음 태 | [灰] ㄊㄞˊ (tai) | たい(スス) *soot*

[풀이]①그을음. 매연(煤煙). 연진(煙塵). [같]炲. ②검은빛. 흑색. ¶其色—<素問>

9〖炲〗 炱(p. 936)와 同字

5 9〖炮〗 [1]구울 포 [2]터질 포 | [肴] ㄆㄠˊ (pao) [效] | ほう(ヤク) *roast* ほう(サケル)

[풀이][1]①굽다. 통으로 구움. ㉮짐승을 털째로 굽다. ¶—毛炙肉也<說文> ㉯짐승을 무엇에 싸서 통으로 굽다. ¶—取豚若將<禮記> ②한약재를 법제(法製)하는 방법의 한 가지. ¶—製. ③제사 이름. 섶을 태워 하늘에 지내는 제사. ¶—祭. [2]①터지다. 작렬(炸裂)함. [通]爆. ②지지다. 살을 태우는 형벌. ¶—烙.

【炮烙之刑】ほうらくのけい (포락지 형) ①단근질하는 형벌. ②은(殷)의 주(紂)가 애첩 달기(妲己)를 웃기기 위하여 구리 기둥에 기름을 발라 숯불 위에 세우고, 죄인이 그것을 타고 오르게 한 형벌.

【炮鳳烹龍】ほうほうほうりょう (포봉팽룡) 봉을 굽고 용을 삶는다는 뜻으로, 큰 의식 때의 성대한 요리를 이르는 말. ¶所謂—者 鳳乃雄雉 龍則宰白馬代之<酌中志>

【炮祭】ほうさい (포제) 섶을 태워 하늘에 제사지내는 일. ¶三日—<周禮>

【炮犧】ほうぎ (포희) ☞伏羲(복희).

▷甘—, 毛—, 燔—, 燖—, 蒸—, 烹—

5 9〖炰〗 구울 포 | [肴] ㄆㄠˊ (pao) | ほう(ヤク) *roast*

[풀이]①굽다. 고기를 통째로 구움. [같]炮. ¶毛—胾羹<詩經> ②굳세다. 사납고 용맹스런 모양. ¶女—烋于中國<詩經>

5 9〖炫〗 빛날 현 | [霰] ㄒㄩㄢˋ (xuan) | げん(ヒカル) *shine*

[풀이]①빛나다. ¶—耀. ②비추다. 빛나게 함. ¶—熿于道<戰國策> ③빛. 불빛. ④황금을 녹이다. ¶—金. ⑤자랑하다. 자찬함. [通]衒. ¶美價初— 微明內融<張仲方> ⑥눈부시다. [通]眩.

▷矜—, 自—, 電—, 煥—

5 9〖炯〗 빛날 형 | [迥] ㄐㄩㄥˇ (jiong) | けい(ヒカル) *shine*

[俗]烱

[풀이]①빛나다. ¶目——而不寢<潘岳> ②밝다. 명찰(明察)하는 모양. ¶——. ③굳다. 지조가 굳음. [通]耿. ¶—介在明叔<顏延之>

【炯鑒】けいかん (형감) ☞明鑒(명감).

【炯眼】けいがん (형안) ①날카로운 눈. ②사물을 명찰(明察)하는 눈.

10〖耿〗 ☞耳部 4획(p. 1217)

6 10〖烓〗 [1]화덕 계 [2]밝을 계 | [齊] [霽] | けい

10〖羔〗 ☞羊部 4획(p. 1203)

6 10〖烙〗 지질 락 | [藥] ㄌㄠˋ (lao) | らく(ヤク) *brand*

[풀이]①지지다. 달군 쇠로 살을 지짐. 또는, 그 형벌. 단근질. ¶忽降全恩 謹充炮—<庾信> ②화침(火鍼). 달군 침으로 환부(患部)를 찔러 치료함. ¶鍼—熨裹成瘢痂<文同>

【烙印】らくいん (낙인) ①불에 달구어 찍는 쇠도장. 火印(화인). ¶行令京西 未發者皆—退印還民<司馬光> ②씻기 어려운 오명(汚名)을 비유하여 이르는 말.

【烙竹】らくちく (낙죽) 달군 쇠로 지져서 무늬를 놓는 죽세공(竹細工)의 한 가지.

【烙刑】らくけい (낙형) ☞炮烙之刑(포락지 형).

【烙畫】らくが (낙화) 대나무 따위에 인두로 지져서 그린 그림.

▷刻—, 鍼—, 炮—

6 10〖烈〗 세찰 렬 | [屑] ㄌㄧㄝˋ (lie) | れつ(ハゲシイ) *fierce*

[古]烮 [本]烮

[풀이]①세차다. ㉮불길이 세다. ¶益—山澤而焚之<孟子> ㉯거칠다. 맹렬함. ¶若事嚴主—君<淮南子> ㉰굳세다. ¶天吏逸德 —于猛火<書經> ②위엄(威嚴). ¶觀武無—<國語> ③㉮기상이 강하고 바르다. ¶其姊亦—女也<史記> ㉯엄하고 맹렬한 기운. ¶應風披靡 揚芳吐—<漢書> ④굽다. 태움. ¶載燔載—<詩經> ⑤나타나다. 드러남. ¶—祖康叔<左氏傳> ⑥아름답다. ¶烝衎—祖<詩經> ⑦공(功). 공업(功業). ¶伊尹乃明言 —祖之成德<書經> ⑧나머지. ¶宣王承厲王之—<詩經> ⑨상해(傷害). 해독(害毒). ¶若湯之旱 則桀之餘—也<漢書> ⑩벌이다. 행렬(行列). [通]列. ¶火—具擧<詩經> ⑪슬퍼하다. ¶—刑罰之峭峻<後漢書> ⑫짓무르다. ¶載燔載—<詩經> ⑬찢다. 찢어짐. [通]裂. ¶軍人分—莽身支節肌骨<漢書> ⑭바람이 세차다. ¶二之日栗—<詩經> ⑮사물의 모양. ¶——.

【烈女】れつじょ (열녀) 기상이 강하고 절개가 굳은 여자. 烈婦(열부). 貞女(정녀). ¶非獨政能也 其姊亦—女也<史記>

【烈女不更二夫】れつじょにふニツカエズ (열녀 불경이부) 열녀는 개가(改嫁)하지 않음. 생사를 불문하고 오직 한 남편만 섬긴다는 뜻. ¶忠臣不事兩國 —<王節>

【烈烈】れつれつ(열렬) ①높고 큰 모양. ¶南山—<詩經> ②근심하는 모양. ¶憂心—<詩經> ③몹시 추운 모양. 栗栗(율율). ¶冬日—<詩經> ④위무(威武)가 당당한 모양. ¶—征師<詩經> ⑤불길, 바람, 물살 따위가 성한 모양. ¶如火—<詩經>

【烈名】れつめい(열명) 명성이 높은 이름. ¶氣淸力勁 則—生焉<人物志>

【烈夫】れっぷ(열부) ☞烈士(열사).

【烈婦】れっぷ(열부) ☞烈女(열녀).

【烈士】れっし(열사) 기상이 장하고 절의(節義)를 굳게 지키는 사람. 烈夫(열부). 義烈士(의열사). ¶—死節之行 顯於世<史記> ※義士(의사).

【烈士徇名】れっしナニシタガウ(열사순명) 열사는 이름을 위하여 목숨을 버림. ¶貪夫徇財兮 —<賈誼>

【烈性】れっせい(열성) 맹렬한 성질. ¶體貞剛之— 亮金德之所輔<曹植> 「<楚辭>

【烈業】れつぎょう(열업) 뛰어난 공업. ¶建—兮垂勳

【烈日】れつじつ(열일) 강렬한 햇볕. 심한 더위. ¶—不融頭上雪<徐夤>

【烈蹟】れっせき(열적) 열사(烈士)의 행적.

【烈節】れっせつ(열절) 열사(烈士)의 절개.

【烈操】れっそう(열조) 높은 절조(節操).

【烈祖】れっそ(열조) 공업(功業)이 큰 조상. ¶皇祖文王 —康叔 文祖襄公<左氏傳>

【烈寒】れっかん(열한) 혹독한 추위. 酷寒(혹한). 嚴寒(엄한). ¶隆冬—<新序>

【烈火】れっか(열화) ①맹렬하게 타는 불. 猛火(맹화). ¶此猶養魚沸鼎之中 棲鳥—之上<後漢書> ②불길을 세게 함. ¶伐去惡木—而焚之<柳宗元> ③짙게 붉은 것의 형용. ¶—緋桃照地春<唐彥謙>

▷決—, 耿光大—, 鯁—, 功—, 光—, 猛—, 武—, 芳—, 芬—, 丕—, 霜—, 先—, 成—, 盛—, 嚴—, 餘—, 熱—, 郁—, 雄—, 威—, 遺—, 栗—, 義—, 壯—, 前—, 慘—, 忠—, 熾—, 風—, 寒—, 酷—, 鴻—, 禍—, 孝—, 驍—, 勳—, 休—

10〖馬〗部首 글자

6/10〖烊〗구울 양 |陽|丨尢 (yang)| よう(アブル) *roast*

풀이 ①굽다. 고기를 구움. ②녹이다. 쇠붙이를 녹임. ㉠煬. ¶鐵鉗開口 灌以—銅<法苑珠林>

10〖爲〗焉(p.939)의 俗字

10〖烟〗煙(p.947)과 同字

10〖剡〗☞刀部 8획(p.211)

6/10〖烏〗1 까마귀 오 2 나라 이름 아 |虞|ㄨ(wu) |麻|丨丫(ya) | お, う (カラス) *crow*

源 象形. 까마귀의 형상을 본뜸. 까마귀는 몸이 검어, 멀리서 보아서는 눈을 분별할 수 없으므로, 鳥에 한 획을 줄여 뜻을 나타냄.

풀이 1 ①까마귀. 또는, 까마귀 유의 총칭. ¶純黑而反哺者 謂之—<小爾雅> ②검다. 흑색. ¶北方盡—驪馬<史記> ③아아. ㉮탄식하는 소리. ¶— 又爲歎詞者<埤雅> ㉯환호하는 소리. ¶仰天拊缶 而呼——<漢書> ④어찌. ㉠惡焉. 2 서역의 나라 이름. ¶—秅.

【烏角巾】うかくきん(오각건) 은사(隱士)가 쓰는 검은 두건(頭巾). 烏巾(오건). 烏帽(오모). ¶歸臥養天眞 鹿裘—<許渾>

【烏江】うこう(오강) ①안휘성(安徽省)에 있는 강. 초(楚)의 항우(項羽)가 투신(投身)한 곳. ¶羽欲東渡—<史記> ②흑룡강(黑龍江)의 별칭.

【烏巾】うきん(오건) ☞烏角巾(오각건).

【烏骨鷄】うこつけい・おこっけい(오골계) 털, 살갗, 뼈까지 검은 닭. 강장제(強壯劑)로 씀.

【烏口】うこう①・カラスグチ②(오구) ①까마귀의 부리. ②까마귀의 부리처럼 만든 제도용구(製圖用具). 선(線)을 긋는 데에 씀. 까막부리. 새부리. 鋼筆(강필).

【烏鬼】うき(오귀) ①가마우지의 별칭. 노자(鸕鷀). ¶陝中人謂鸕鷀爲—<夢溪筆談> ②산돼지의 별칭. ¶家家養— 頓頓食黃魚<嬾眞子>

【烏金】うきん(오금) ①구리 100에 금 3~6의 비율로 섞은 합금. 장식품에 씀. ②적동(赤銅)·철(鐵)·먹 따위의 별칭.

【烏臺】うだい(오대) ☞烏府(오부).

【烏銅】うどう(오동) 검은 빛을 띤 적동(赤銅). 장식품에 쓰임. 紫銅(자동). 紅銅(홍동).

【烏銅壽福】うどうじゅふく(오동수복) 백통으로 만든 숟가락, 담뱃대 따위 기구에 壽, 福의 글자를 은(銀)으로 인쇄한 무늬.

【烏鷺相爭】うろアイアラソウ(오로상쟁) 까마귀와 해오라기가 서로 다툰다는 뜻으로, 바둑 두는 것을 이름. 바둑돌이 흑백임에 비유. 圍棋(위기).

【烏輪】うりん(오륜) 해의 별칭. 태양 속에 세 발 까마귀가 있다는 전설에서 온 말. 金烏(금오). ¶—海觀昇<袁桷>

【烏梅】うばい(오매) 껍질을 벗기고 씨를 뺀 뒤, 짚불 연기에 검게 그을려서 말린 매실(梅實). 해열(解熱), 발한(發汗)의 약재.

【烏帽】うぼう(오모) ☞烏角巾(오각건).

【烏帽紅裙】うぼうこうくん(오모홍군) 신사(紳士)와 숙녀(淑女). ¶— 天然風韻<桃花扇>

【烏府】うふ(오부) 어사대(御史臺)의 별칭. 잣나무가 무성하여 까마귀가 항상 깃들임에서 유래. 烏臺(오대). 烏署(오서). 柏府(백부). ¶再喜登— 多慙侍赤墀<白居易>

【烏飛梨落】(오비이락) 까마귀 날자 배 떨어진다는, 우리 속담의 한역어(漢譯語).

【烏飛兎走】うひとそう(오비토주) 해와 달이 날고 달린다는 뜻으로, 세월이 빠름의 비유. 烏는 금오(金烏), 兎는 옥토(玉兎). ¶金烏長飛玉兎走 青鬢長青古無有<韓琮>

【烏鬢】うびん(오빈) 검은 살쩍. 소년(少年)을 이름. ¶賈生自以良才見異 不以—而見擧<左思>

【烏紗帽】うさぼう(오사모) 관복을 입을 때 쓰는 검은 깁으로 만든 모자. 紗帽(사모). ¶領得一 全勝白接䍦＜李白＞

烏紗帽
(三才圖會)

【烏石】カラスイシ(오석) 검은 파리질(玻璃質)의 암석. 黑曜石(흑요석).

【烏蟾】うせん(오섬) 해 속에 있다는 까마귀와 달 속에 있다는 두꺼비. 해와 달을 이르는 말. 日月(일월). ¶一俱沈光 晝夜恨暗度＜陸龜蒙＞

【烏有】うゆう(오유) 어찌 이럴 수가 있으랴의 뜻으로, 아무것도 남은 것이 없음을 한탄한 데서, 화재로 가재(家財)가 다 타버림을 이름. ¶夢當好處成一 歌到狂時近自然＜袁桷＞

【烏有先生】うゆうせんせい(오유선생) 한(漢)의 사마상여(司馬相如)가 그의 문장 가운데 망시공(亡是公)과 아울러 쓴 가상 인물(假想人物). ¶一者 烏有此事也 爲齊難 亡是公者亡是人也＜漢書＞

【烏鵲橋】うじゃくノハシ(오작교) 칠석(七夕)날 밤, 견우(牽牛)와 직녀(織女)를 만나게 하기 위하여, 까막까치가 모여 은하(銀河)에 놓는다는 전설상의 다리. ¶鴛鴦機上疏螢度 一邊一雁飛＜宋之問＞

【烏雜】うざつ(오잡) ☞烏合(오합).

【烏賊魚】うぞくぎょ(오적어) 오징어.

【烏鳥私情】うちょうノしじょう(오조사정) 길러준 어미의 은혜에 보답하여 반포(反哺)할 줄 아는 까마귀의 애정(愛情). 자식이 부모에게 효도하는 마음을 이르는 말. ¶一 得盡歡於展養＜白居易＞ 「紫竹(자죽). ¶一軒.

【烏竹】クロちく(오죽) 줄기의 빛깔이 검은 대나무.

【烏之雌雄】カラスノしゆう(오지 자웅) 까마귀의 암수를 구별하기 어렵다는 뜻으로, 일의 시비와 곡직(曲直)을 판단하기 어려움의 비유. ¶誰知一＜詩經＞

【烏集】うしゅう(오집) ①까마귀가 모임. ¶視一于富人之屋＜詩經·注＞ ②까마귀처럼 많이 모임. 烏合之衆(오합지 중). ¶山東大擾 異姓竝起 英俊一＜史記＞ ③까마귀가 모이듯이 갑자기 모여 듦. ¶一醉飽吏民之家＜漢書＞

【烏集之交】うしゅうノマジワリ(오집지 교) 신의가 없는 사귐. ¶一 雖善不親＜管子＞

【烏集之衆】うしゅうノしゅう(오집지 중) ☞烏合之卒(오합지 졸). ¶奮三尺之劍 驅一＜曹冏＞

【烏騅馬】うすいば(오추마) ①검은 바탕에 흰 털이 섞인 말. ②초(楚) 항우(項羽)의 준마(駿馬) 이름.

【烏兎】うと(오토) 금오(金烏)와 옥토(玉兎). 해와 달. 세월. ¶世事燕鴻南北去 人生一東西落＜趙師使＞ 「없음. 烏雜(오잡).

【烏合】うごう(오합) 까마귀의 모임처럼 규율이

【烏合之卒】うごうノそつ(오합지 졸) 어중이떠중이들의 모임. 질서 없이 모였다가 흩어지는 까마귀 떼처럼 단결이 되지 않는 무리. 烏合之衆(오합지 중). 烏集之衆(오집지 중).

【烏合之衆】うごうノしゅう(오합지 중) ☞烏合之卒(오합지 졸).

【烏香】うこう(오향) 아편(阿片)의 별칭. ¶其貢物有木香丁香一＜明史＞

【烏呼】おこ(오호) 아아. 탄식이나 찬탄할 때의 감탄사. 嗚呼(오호). 烏乎(오호).

【烏獲之力】うかくノチカラ(오획지 력) 진(秦)의 장사 오획의 힘. 대단한 힘을 이르는 말.

【烏喙】うかい(오훼) ①까마귀의 부리처럼 생긴 입. 까마귀는 욕심이 많은 새이므로, 욕심 많은 사람의 상(相)을 이름. ¶越王爲人 長頸一＜吳越春秋＞ ②수레의 멍에.

▷渴一, 群一, 金一, 晩一, 飛一, 三足一, 霜一, 栖一, 曙一, 素一, 馴一, 晨一, 雅一, 愛及屋一, 夜一, 野一, 陽一, 靈一, 乳一, 慈一, 寒一, 孝一, 曉一

6
10【烑】 빛날 요 | 圖 | よう

10【烖】 災(p. 933)의 本字

6
10【烝】 찔 증 | 圖ㄓㄥ (zheng) | しょう(ムス) *steam*

풀이 ①찌다. ㉮더운 김이 오르다. ¶陰迫而不能一＜國語＞ ㉯더운 김을 올려 익히다. ¶一之浮浮＜詩經＞ ②물쿠다. 무더움. ¶氣觸石而結一兮＜潘尼＞/煩一. ③올리다. 진상(進上)함. ¶一畀祖妣＜詩經＞ ④희생(犧牲)을 올리다. ¶大飮一＜禮記＞ ⑤많다. 여러. 뭇. ¶天生一民＜詩經＞ ⑥임금. 군왕. ¶文王一哉＜詩經＞ ⑦오래다. 이윽고. 通仍. ¶一然罩罩＜詩經＞ ⑧겨울 제사. ¶冬祭曰一＜禮記＞ ⑨치붙다. 손윗여자와 사통함. ¶上淫曰一下淫曰報 旁淫曰通＜小爾雅＞ ⑩이에. 발어사(發語辭). ¶一在桑野＜詩經＞ ⑪사물의 모양. ¶一一.

【烝冬】じょうとう(증동) 음력 10월의 별칭. ¶以一享先王＜周禮＞

【烝黎】じょうれい(증려) ☞烝民(증민).

【烝民】じょうみん(증민) 온 백성. 萬民(만민). 庶民(서민). 烝黎(증려). 烝庶(증서). ¶天生一 有物有則＜詩經＞

【烝嘗】じょうしょう(증상) 조상의 제사. 겨울 제사는 烝, 가을 제사는 嘗. ¶國於是乎一 家於是乎嘗祀＜國語＞

【烝庶】じょうしょ(증서) ☞烝民(증민).

▷結一, 敲一, 裹一, 爛一, 萊一, 煩一, 浮一, 上一, 藜一, 炎一, 鬱一, 飮一, 炊一, 薰一

10【烛】 燭(p. 958)의 俗字

10【烞】 爆(p. 959)의 俗字

10【烕】 害(p. 437)와 同字

6
10【烕】 1 멸망할 혈 2 불꺼질 멸 | 圖ㄒㄩㄝˋ (xue) 圖 | けつ(ホロビル) べつ

6/10 〖烘〗 횃불 홍 | 東 ㄏㄨㄥ (hong) | こう(カガリビ) torch

풀이 ①횃불. ②횃불을 켜다. ¶樵彼桑薪 卬一於煁＜詩經＞ ③불을 쬐다. ¶暖手竹爐一＜楊萬里＞

6/10 〖烜〗 1 빛날 훤 2 불 훼 | 阮 ㄒㄩㄢˇ (xuan) 紙 | けん shine き

풀이 1 ①빛나다. 밝음. 광명. ¶赫兮一兮＜爾雅＞ ②마르다. 말림. ¶日以一之＜易經＞ ③불이 성한 모양. 2 불. 제사에 쓰는 불, 또는, 그 불을 맡아 보는 벼슬. ㉠ 爟. ¶一 取火於日官名＜說文＞

6/10 〖烋〗 1 아름다울 휴 2 뽐낼 효 | 尤 ㄒㄧㄡ (xiu) 肴 | きゅう beantiful こう

풀이 1 ①아름답다. 通 休. ②경사롭다. 즐거움. ③화(和)하다. ④그을다. 2 뽐내다. 자랑하며 거들거림. ㉠ 咻. ¶一一.

11 〖烾〗 熒(p. 946)과 同字

7/11 〖烽〗 봉화 봉 | 冬 ㄈㄥ (feng) | ほう(ノロシ) signal fire

同 爔 烾 熢

풀이 ①봉화. ¶晝則擧一 夜則擧火＜墨子＞ ②경계. 적에 대한 경계. ¶疆埸臥鼓 邊鄙收一＜庾信＞ ③마구(馬具)의 한 가지. 말 머리에 씌우는 물건. ¶下一馳逐＜漢書＞

【烽燧】ほうすい(봉수) 烽은 밤에 올리는 봉화(烽火), 燧는 낮에 올리는 봉연(烽煙). 병란(兵亂)을 먼 거리에 알리던 신호. 烽火(봉화). ¶與城上一相望 晝則擧火 夜則擧火＜墨子＞

【烽燧軍】ほうすいぐん(봉수군) 봉화를 맡아보는 군사.

【烽燧臺】ほうすいだい(봉수대) 봉화를 올리는 곳. 봉화둑.

【烽煙】ほうえん(봉연) 봉화의 연기. 烽烟(봉연). ¶朝夕候一＜席預＞

【烽涌】ほうよう(봉용) 불길이 활활 타고 샘물이 끊임없이 솟아오른다는 뜻으로, 덕(德)이 성(盛)함의 비유.

【烽火】ほうか(봉화) ①변란이 있음을 중앙에 알리기 위하여 봉수대(烽燧臺)에서 올리던 신호의 불. 烽燧(봉수). ¶發邊卒 築亭候脩一＜後漢書＞ ②병란. 전란. ¶一連三月 家書抵萬萬＜杜甫＞

11 〖烾〗 烽(p. 939)과 同字

7/11 〖烰〗 찔 부 | 尤 ㄈㄨˊ (fu) | ふう(ムス) steam

풀이 ①찌다. 김을 올려 익힘. ¶烝之一一＜詩經＞ ②조리하다. 通 炰. ¶令一人養之＜呂覽＞ ③불기운. 화기(火氣).

11 〖魚〗 部首 글자

7/11 〖焉〗 1 어찌 언 2 어조사 이 3 새이름 언 | 先 ㄧㄢ (yan) 支 阮 | えん why い

俗 爲

源 象形. 새의 모양을 본뜸.

풀이 1 ①어찌. ☞ 句法 ②이에. 접속사. ㉮이에. 이에 있어서. ㉠ 於 是. ¶天子一始乘舟＜禮記＞ ㉯이에. 곧. 그래서. ㉠ 乃. ¶七敎脩 一可以守 三至行一可以征＜大戴禮＞ ㉰즉. 곧. ㉠ 則. ¶有知 一謂之友 無知 一謂之主＜大戴禮＞ ③이. 여기. 사물, 처소 등을 지시하는 대명사. ¶上有好者 下必有甚一者矣＜孟子＞ ④발어사(發語辭). ¶一猶是也＜經傳釋詞＞ 2 어조사(語助辭). ¶其餘日月至一而已矣＜論語＞ 3 새 이름. 황색의 봉황. ¶一一曰 鳥黃色出江淮＜集韻＞

句法

①의문·반어

㉮[焉…] 어찌. 어찌하여. 安과 쓰임이 같음. ¶未能事人 焉能事鬼＜論語＞/割鷄焉用牛刀＜論語＞

㉯[焉…] 어디. 어떻게. 어떤. 何와 쓰임이 같음. ¶其子焉往＜孟子＞/焉知賢才 而擧之＜論語＞

㉰[焉…] …인가. …는가. 乎와 쓰임이 같음. ¶子何觀焉＜禮記＞/又何加焉＜論語＞

②비교

[…焉] …보다. 於와 쓰임이 같음. ¶人莫大焉亡親戚君臣上下＜孟子＞

③단정

[…焉] …인 것이다. …임에 틀림없다. 矣와 쓰임이 같음. ¶有君子之道四焉＜論語＞/三人行 必有我師焉＜論語＞

④형용

[…焉] 형용어의 접미사로 쓰임. 然과 쓰임이 같음. ¶瞻之在前 忽焉在後＜論語＞

【焉敢生心】ナンゾアエテココロニしょうせん(언감생심) 어찌 감히 그런 생각을 할 수 있으랴. 그런 마음을 먹을 수도 없다는 뜻.

【焉烏】えんう(언오) 焉과 烏. 서로 비슷하여 틀리기 쉬운 두 글자. 烏焉(오언). 魚魯(어로). ¶目不辨於一＜宋祁＞

【焉哉乎也】えんさいこや(언재호야) 「천자문」(千字文)의 맨 끝 구(句). 넉 자 모두 조자(助字)임. ¶謂語助字 一＜千字文＞

▷ 揭一, 狡一, 俛一, 勃一, 潸一, 終一, 忽一

11 〖烕〗 尉(p. 452)의 本字

11 〖烾〗 赤(p. 1435)의 古字

11 〖鳥〗 部首 글자

7 11【焌】 태울 준 | 震ㄐㄩㄣˋ (jun) | しゅん, そん (ヤク) *burn*

풀이 태우다. 또는, 그 불. ㉮불을 붙이다. ㉯점을 치기 위하여 귀갑(龜甲)을 굽다.

7 11【烹】 삶을 팽 | 庚ㄆㄥ (peng) | ほう (ニル) *boil*

풀이 ①삶다. 같 亨. ¶以一魚肉<左氏傳> ②삶아 죽이다. 삶아 죽이는 형벌. ¶狡兔死 走狗一<史記>/一刑. ③익힌 음식. 요리. ¶寒庖有珍一<蘇軾>

【烹茶】ほうちゃ(팽다) 차를 달임. 煎茶(전다). ¶一留野客<李中>

【烹卵】(팽란) 달걀을 삶음. 또는, 삶은 달걀. 熟卵(숙란).

【烹鮮】ほうせん(팽선) 작은 생선을 익히듯 해야 한다는 뜻으로, 나라를 다스리는 일을 비유한 말. 작은 생선을 익힐 때 잔손질을 많이 하면 부스러지게 되듯, 너무 번거로운 법령을 만들어 백성을 괴롭히지 말고, 될 수 있는 대로 자연에 맡기라는, 노자의 치국 이념. 烹魚煩碎(팽어번쇄). ¶治大國者 若烹小鮮<老子>

【烹鮮手】ほうせんしゅ(팽선수) 국가를 경영하는 수완. ¶勿袖一 須聞牧犢身<楊維楨>

【烹魚煩碎】ほうぎょはんさい(팽어번쇄) ☞烹鮮(팽선). ¶烹魚煩則碎 治民煩則散<玉海>

▷熟一, 餁一, 蒸一, 割一, 鑊一

11【烱】 炯(p.936)의 俗字

7 11【焄】 김쐴 훈 | 文ㄒㄩㄣ (xun) | くん (フスベル) *steam*

풀이 ①김쐬다. 태워서 연기나 냄새가 피게 함. 훈자(熏炙). 같 熏. ¶舞文巧詆下戶之猾 以一大豪<禮記> ②향기. ¶一蒿悽愴<禮記> ③냄새 나는 채소. 파·마늘 따위. 훈채(葷菜). 같 葷. ¶則志不在於食一<孔子家語>

11【黒】 ☞黑部 0획(p.1692)

11【烯】 晞(p.721)와 同字

11【熈】 熙(p.950)의 古字

12【煎】 兼(p.182)의 俗字

12【焭】 煢(p.946)과 同字

12【毯】 ☞毛部 8획(p.828)

8 12【焞】 1 귀갑 태우는 불 돈 | 元ㄊㄨㄣ (tun) | とん
2 성할 퇴 | 灰
3 밝을 순 | 眞

풀이 1 ①귀갑(龜甲)을 태우는 불. ②어스레한 모양. 희미하게 보이는 모양. ¶鶉之賁賁 天策一一<左氏傳> 2 성하다. 기세가 성한 모양. ¶嘽嘽一一<詩經> 3 밝다.

12【烈】 烈(p.936)의 本字

12【労】 ☞力部 10획(p.223)

8 12【無】 없을 무 | 虞ㄨˊ (wu) | む, ぶ (ナイ) *not exist*
同无

풀이 通 毋. ①없다. ¶剛而一虐 簡而一傲<書經> ②허무의 도(道). 뒤섞여 구별이 없는 만물의 근원이 되는 도. 도가(道家)의 말. ¶天下之物生於有 有生於一<老子> ③무엇. 같 何. ¶楚國一以爲寶<禮記> ④비록 …하더라도. 같 雖. ¶國一小 不可易也<左氏傳> ⑤발어사(發語辭). ¶一念爾祖<詩經> ⑥대저. 무릇. 허두를 돌리는 말. ⑦가벼이 여기다. ¶上一天子 下一方伯<公羊傳> ⑧대체로. 모두. ¶一慮.

句法
①부정
㉮[無…] …이 없다. …하지 아니하다. …가 아니다. ¶民免而無恥<論語>
㉯[無…無…] …와…의 구별 없다. ¶無貴無賤<韓愈>
②이중 부정
㉮[無不…] …하지 아니하는 것은 없다. ¶於物無不陷也<韓非子>
㉯[無…不…] …하여…하지 않는 것은 없다. ¶無遠不到<柳宗元>
③금지
[無…] …하지 말라. …해서는 안된다. ¶無友不如己者<論語>
④가정
[無…] …이 없으면. …이 없었다고 하면. ¶民無信 不立<論語>
⑤반어
[無寧…乎] …하는 편이 좋지 않겠는가. ¶無寧死於二三子之手乎<論語>

【無價】むか(무가) ①값이 없음. ②정한 값이 없음. ③값을 매길 수 없을 만큼 귀중함. ¶一之寶.

【無可奈】(무가내) 무가내하(無可奈何)의 준말.

【無可奈何】(무가내하) 어찌 할 수 없음. 無可奈(무가내). 莫無可奈(막무가내).

【無可無不可】かもなくふかもなし(무가 무불가) 가도 없고 불가도 없음. ㉮언행에 과불급(過不及) 없이 중용(中庸)에 맞음. ㉯시비를 따질 것이 없음. 옳고 그름이 없음.

【無價寶】むかほう(무가보) 값을 매길 수 없는 귀중한 보배.

【無價値】むかち(무가치) 가치가 없음. 쓸모가 없음.

【無間奈落】むげんならく·むけんならく(무간나락) ☞無間地獄(무간지옥).

【無間地獄】むげんじごく·むけんじごく(무간지옥)《佛》팔열지옥(八熱地獄)의 하나. 오역죄(五逆罪)를 지은 사람이 저승에 가서 끊임없는 고통을 받

는다는 지옥. 無間奈落(무간나락). 阿鼻地獄(아비지옥).

【無感覺】むかんかく(무감각) 아무 감각도 없음.

【無疆】むきょう(무강) 끝이 없음. ¶一之辭<書經>/萬壽一.

【無蓋】むがい(무개) 뚜껑이 없음. 덮는 것이 없음. ¶一車. 「이 없음.

【無經界】むけいかい(무경계) 시비와 선악의 구별

【無告】むこく(무고) 아무에게도 하소연할 곳이 없는 사람. 의지할 곳이 없는 가난한 사람. 無告之民(무고지 민).

【無故】むこ(무고) ①까닭이 없음. 또는, 까닭없이. ②㊊ 탈 없음. 무사(無事)함. ↔有故(유고).

【無辜】むこ(무고) 아무 죄가 없음. 또는, 죄 없는 사람. 辜는 罪. 不辜(불고).

【無骨】むこつ(무골) ①뼈가 없음. ②줏대가 없는 사람. ¶一好人. ③뼈대가 없는 지리 멸렬한 문장.

【無骨蟲】むこつちゅう(무골충) ①뼈 없는 벌레. 곤충 따위. ②기개(氣槪)가 없는 남자를 비웃는 말. 無腸公子(무장공자)②.

【無骨好人】(무골호인) 줏대가 없이 물렁하여 남의 비위에 두루 맞는 사람.

【無功】むこう(무공) 아무 공적도 없음.

【無冠】むかん(무관)㊊ ①벼슬이 없음. ②지위가 없음. 無位(무위).

【無關】むかん(무관) ①문빗장이 없음. ②㊊ ㉮관계가 없음. 無關係(무관계). ㉯마음에 거리낌이 없음.

【無關心】むかんしん(무관심) ①마음에 두지 않음. ②거리끼는 마음이 없음.

【無垢】むく(무구) 때가 묻지 않음. 淸淨潔白(청정결백). ¶純眞一/淸淨一.

【無窮】むきゅう(무궁) 한(限)이 없음. 시간이나 공간이 끝이 없음. 無限(무한). ¶一無盡.

【無窮無盡】むきゅうむじん(무궁무진) ①끝이 없음. ②다함이 없음.

【無窮花】むきゅうか・むくげ(무궁화) 무궁화과에 속하는 갈잎 떨기나무. 또는, 그 꽃. 木槿(목근). 槿花(근화).

【無軌道】むきどう(무궤도) ①궤도가 없음. ②상도(常道)에서 벗어남. 제멋대로 행동함. 생활에 절도가 없음.

【無極】むきょく(무극) ①끝이 없음. ②태극(太極)의 이칭. 우주의 본체(本體)를 정적(靜的) 견지에서 이르는 명칭.

【無根】むこん(무근) 뿌리가 없음. 곧, 근거가 없음. 無據(무거). ¶事實一/一之說.

【無給】むきゅう(무급) 보수(報酬)가 없음. ↔有給(유급).

【無期】むき(무기) 기한이 없음. 無期限(무기한). ¶一囚. ↔有期(유기).

【無氣力】むきりょく(무기력) 기력이 없음.

【無記名】むきめい(무기명) 성명을 쓰지 않음. ¶一投票. ↔記名(기명).

【無難】むなん・ぶなん(무난) ①재난(災難)이 없음. ②어려움이 없음. 쉬움. ③두려워하고 주저할 바가 없음. ④수수하여 탈될 것이 없음. 「딸.

【無男獨女】(무남독녀) 아들이 없는 사람의 외

【無乃】むしろ(무내) ☞無寧(무령). ¶一辱吾君<左氏傳>

【無念無想】むねんむそう(무념무상) 완전히 무아(無我)의 경지에 든 상태.

【無能】むのう(무능) ①능력이 없음. 無能力(무능력). ↔有能(유능). ②잘하는 일이 없음.

【無端】むたん(무단) ①끝이 없음. 실마리가 없음. ②까닭이 없음.

【無斷】むだん(무단) ①사전에 연락이나 허락이 없음. ¶一缺席. ②㊥ 결단력이 없음. 우유부단(優柔不斷)함.

【無德】むとく(무덕) ☞不德(부덕).

【無道】むどう・ぶどう(무도) ①세상에 도덕이 행해지지 않음. ②정도(正道)에서 어긋남. 도리에 벗어남. 또는, 그런 행위와 그런 사람. ¶一之人.

【無毒】むどく①・ぶどく②③(무독) ①흙을 쌓아 만든 대(臺)가 없음. 毒은 壔. 곧, 보루(堡壘). ②독성이 없음. ③성질이 독기가 없이 착함.

【無量劫】むりょうこう(무량겁)《佛》 헤아릴 수 없는 긴 시간. 영원. 永劫(영겁). 「광대함.

【無量無邊】むりょうむへん(무량무변)《佛》 한량 없이

【無慮】むりょ(무려) ①어떤 수효 앞에 붙여서, 그 만큼은 넉넉하게 또는 강조하는 뜻으로 쓰는 말. ②깊이 생각함이 없음. ③어지럽게 하지 말라. ¶夫子盍行乎 一吾農事<呂覽>

【無力】むりょく(무력) 힘이 없음. 세력, 능력, 재력(財力)이 없음. ↔有力(유력).

【無寧】むしろ(무령←무녕) ①오히려. 차라리. 無乃(무내). ②안심하지 않음.

【無禮】ぶれい(무례) 예의에 벗어남. 도리에 어긋난 짓을 함. 缺禮(결례).

【無論】むろん(무론) 말할 나위가 없음. 毋論(무론). 勿論(물론).

【無賴輩】ぶらいはい(무뢰배) ☞無賴漢(무뢰한).

【無賴漢】ぶらいかん(무뢰한) 일정한 직업 없이 불량한 짓이나 하며 돌아다니는 사람. 無賴輩(무뢰배). 「有料(유료).

【無料】むりょう(무료) 요금이 필요하지 않음. ↔

【無聊】むりょう・ぶりょう(무료) ①근심이 있어 즐겁지 않다는 뜻으로, 심심하고 지루함을 이름. ②㊊ 열적은 생각이 남.

【無漏】むろう①・むろ②(무루) ①빠뜨림이 없음. ¶一參席. ②《佛》 번뇌를 벗어난, 청정무구(淸淨無垢)한 경지(境地).

【無類】むるい(무류) ①견줄 데가 없을 만큼 뛰어남. ②또래가 없음. 유(類)가 없음. ¶不飭一一失親<孔子家語>

【無理】むり(무리) ①이치나 도리에 맞지 않음. 까닭이 없음. ②힘에 부치는 일을 억지로 함. ③맥리(脈理)가 없음. 전체를 통하는 이치가 없음.

【無妄】むぼう・むもう(무망) ①속이지 않음. ¶誠者眞實一之謂<中庸> ②㊊ ☞無妄中(무망중). ¶一之福/一之災/一之禍. ③궁(窮)한 데서 일어나는 재앙.

【無望】むぼう(무망) ①희망이 없음. 가망이 없음. ↔有望(유망). ②망제(望祭)가 없음.

③예기하지 않음. 뜻하지 않음. 無妄(무망). ④경계(境界)가 없음.
【無妄中】(무망중)(韓) 뜻하지 않은 가운데. 無妄(무망). 「轉.
【無免許】むめんきょ(무면허) 면허가 없음. ¶—運
【無名】むめい(무명) ①이름이 없음. 또는, 이름을 모름. ②세상에 이름이 알려지지 않음. ¶—勇士. ↔有名(유명). ③명분이 서지 아니함. 정당한 이유가 없음. ④이름지을 수가 없음. 말로 나타낼 수가 없음. ⑤아직 이름조차 나오지 않음. 천지 창조 이전의 것.
【無明】むめい①·むみょう②(무명) ①눈이 보이지 아니함. ②(佛) 사견(邪見) 또는 망집(妄執)으로 불법(佛法)의 진리에 어두움. ¶—世界.
【無名氏】むめいし(무명씨) ①이름을 모르는 사람. ②이름 없는 이. 失名氏(실명씨).
【無名指】むめいし(무명지) 네째손가락. 약손가락. ¶有無名之指 屈而不信<孟子>
【無謀】むぼう(무모) 꾀가 없음. 앞뒤를 헤아리는 깊은 생각이나 분별력이 없음. 無分別(무분별).
【無文】むもん(무문) ①문자(文字)가 없음. 책에 쓰여 있지 아니함. ②학문이나 지식이 없음. ③☞無紋(무문).
【無紋】むもん(무문) 무늬가 없음. 無文(무문)③. ¶—土器.
【無聞】むぶん(무문) ①세상에 알려지지 않음. ②듣지 아니함. ¶耳— 目不見<列子>
【無味】むみ(무미) ①맛이 없음. ②재미가 없음. 沒趣味(몰취미). 「마름.
【無味乾燥】むみかんそう(무미건조) 재미가 없고 메
【無班鄕】(무반향)(韓) 옛날, 사대부(士大夫)나 양반이 살지 않은 고장.
【無妨】むぼう(무방) 방해될 것이 없음. 괜찮음. 지장(支障)이 없음.
【無防備】むぼうび(무방비) 방비가 없음.
【無配當】むはいとう(무배당) 이익 배당이 없음. 특히 주식(株式)에서 배당이 없을 때 이르는 말.
【無法】むほう(무법) ①도리에 벗어남. 난폭함. ¶—者. ②(中) 방법이 없음.
【無法天地】むほうてんち(무법천지) 법이 없는 세상이란 뜻으로, 약육강식(弱肉強食)하는 세상. 폭력이 난무하는 곳.
【無邊法界】むへんほうかい(무변법계)(佛) 광대 무변한 불법(佛法)의 세계. 「壽.
【無病】むびょう(무병) 병이 없음. 건강함. ¶—長
【無報酬】むほうしゅう(무보수) 보수가 없음.
【無服之親】むふくノしん(무복지 친) 복(服)이 없는 친척. ↔有服之親(유복지 친).
【無分別】むふんべつ(무분별) ①분별이 없음. ②(佛) 물심일여(物心一如)의 경지.
【無不干涉】かんしょうセザルナシ(무불간섭) 간섭하지 아니함이 없음. 아무데나 다 간섭함.
【無不通知】つうちセザルナシ(무불통지) 두루 통하여 알지 못함이 없음. 모르는 것이 없음.
【無比】むひ(무비) 견줄 데가 없음. ¶——色.
【無非】むひ(무비) ①그렇지 않음이 없음. 모두 …임. ②(中) 이왕 …려면.
【無私】むし(무사) 사사로움이 없음. 공정(公正)함. ¶公平—/—無偏.
【無似】むじ(무사) 현인(賢人)을 닮지 않았다는 뜻으로, 자기의 겸칭. 못난 이. 不肖(불초).
【無事】ぶじ(무사) ①할 일이 없음. 한가함. ②탈이 없음. 無故(무고)②. ¶—安逸.
【無嗣】むし(무사) ☞無後(무후)①.
【無事泰平】ぶじたいへい(무사태평) ①아무 탈 없이 편안함. ②어떤 일에도 개의(介意)하지 아니하고 태평함. 「—者.
【無産】むさん(무산) 재산이 없음. ¶—階級/
【無上】むじょう(무상) ①더 위가 없음. 最上(최상). ¶—大法. ②윗자리에 있으면서 명령을 내릴 사람이 없음. ③윗사람이나 임금을 업신여김.
【無常】むじょう(무상) ①일정함이 없음. ¶—出入. ※無時(무시). ②덧없음. ③(佛) 모든 것은 생멸(生滅) 변전(變轉)하여 잠시도 머무름이 없는 일. ¶諸行—.
【無想】むそう(무상) 마음에 아무것도 생각하지 않음. 無心(무심). 無念(무념).
【無償】むしょう(무상) ①보상(報償)이 없음. ②거저. 無料(무료). ¶—援助.
【無上士】むじょうし(무상사)(佛) ①부처 10호(號)의 하나. 부처는 무상의 사부(士夫)라는 뜻. ②중. 승려(僧侶).
【無常出入】(무상출입)(韓) 아무 때나 거리낌 없이 드나듦.
【無色】むしょく(무색) ①아무 빛깔도 없음. ¶—無臭. ↔有色(유색). ②(韓) ☞無顏(무안).
【無色界】むしきかい(무색계)(佛) 삼계(三界)의 하나. 물질적 속박의 세계를 벗어나 정신적으로만 사는 세계. 無色天(무색천).
【無生物】むせいぶつ(무생물) 생활 기능을 가지지 않은 모든 것. ↔生物(생물).
【無線】むせん(무선) ①전선(電線)을 가설하지 아니하는 일. ②무선 전신(無線電信)의 준말. ③무선 전화(無線電話)의 준말. ↔有線(유선).
【無性】むせい①·むしょう②(무성) ①하등 동물 등의 암수 구별이 없는 것. ¶—生殖. ↔有性(유성). ②(佛) ㉮제법(諸法)은 인연의 화합으로 생기며 자성(自性)이 없는 일. 無自性(무자성). ㉯성불(成佛)할 소질이 없는 것.
【無聲映畫】むせいえいが(무성영화) 소리 없는 영화. 토키 영화 이전에 있던, 녹음이 들지 않은 영화.
【無所不知】シラザルトコロナシ(무소부지) 알지 못하는 것이 없다는 뜻으로, 다 앎을 이름.
【無所不能】アタワザルトコロナシ(무소불능) 능하지 않은 것이 없다는 뜻으로, 모든 것에 다 능함을 이름.
【無所屬】むしょぞく(무소속) 어느 정당(政黨)이나 단체에도 딸리어 있지 않음. 또는, 그 사람.
【無所畏】オソルルトコロナシ(무소외) ①두려워할 것이 없음. ②(佛) ☞無畏(무외)②. ③불안과 공포를 벗어나 마음의 평정을 얻은 상태.
【無數】むすう(무수) ①셀 수 없이 많음. ②혹은 많고 혹은 적어 일정한 수가 없음.

【無時】むじ(무시) 일정한 때가 없음. ※無常(무상)①.

【無視】むし(무시) ①보지 않음. ②업신여김. 안중에 두지 않음. 蔑視(멸시).

【無始無終】むしむしゅう(무시무종) ①처음도 끝도 없음. ②《佛》 불변의 진리 또는 윤회(輪廻)의 무한성.

【無試驗】むしけん(무시험) 시험을 치르지 않음. 시험이 없음. ¶一制.

【無識】むしき(무식) 지식이 없음. ↔有識(유식).

【無信】むしん(무신) ①신의가 없음. ②소식이 없음. ↔有信(유신).

【無神經】むしんけい(무신경) ①감각이 둔함. 鈍感(둔감). ②자기에 대한 욕이나 나쁜 소문 따위를 염두에 두지 않음. ③염치 없는 짓을 하면서도 태연함.

【無神論】むしんろん(무신론) 신의 존재를 부인하는 학설. ↔有神論(유신론).

【無實】むじつ(무실) ①그러한 사실이 없음. ②실속이 없음. ¶有名一. ③성실한 마음이 없음. 沒實(몰실).

【無心】むしん(무심) ①아무런 생각이 없음. 虛心(허심). ②무정함. ③《佛》 속세에 대하여 아무 관심이 없는 경지.

【無心中】(무심중)㊙ 아무 생각도 없이.

【無心毫】むしんごう(무심호) 심을 넣지 않은 붓. 중심에 강한 털을 넣지 않은, 매우 부드러운 붓.

【無雙】ぶそう·むそう(무쌍) 맞설 수 없음. 둘도 없음. 無比(무비). 無類(무류).

【無我】むが(무아) ①자기를 잊음. 자기의 존재를 깨닫지 못함. 沒我(몰아). ¶一境. ②마음이 공평무사(公平無私)함. 사욕이 없음. ③《佛》 인간이나 만물에는 영원불변의 실체(實體)가 없는 일.

【無我境】むがきょう(무아경) 정신이 어느 한 곳에 통일되거나 쏠리어 자신의 존재를 잊은 경지(境地).

【無顔】(무안)㊙ 면목이 없음. 부끄러워 볼 낯이 없음. 無色(무색)②.

【無涯】むがい(무애) 끝이 없음. 한(限)이 없음. 無崖(무애).

【無碍】むがい(무애) 거리낌이 없음. 막히는 것이 없음. 無礙(무애). 無㝵(무애).

【無恙】むよう(무양) 일신에 탈이나 병이 없음. 평안 무사. 편지투에서 안부를 묻는 말. 無頉(무탈). ¶別來一.

【無言】むげん·むごん(무언) 말이 없음. 말을 하지 않음. ¶一中.

【無言劇】むごんげき(무언극) 말은 하지 않고 얼굴의 표정과 동작으로 하는 연극. 판토마임(pantomime). 默劇(묵극).

【無嚴】(무엄)㊙ 삼가고 어려워하는 마음이 없음.

【無射】ぶえき(무역) ①12율(律)의 하나. 양률(陽律)의 여섯째. ②싫어하지 않음.

【無煙炭】むえんたん(무연탄) 석탄 가운데 가장 탄화도(炭火度)가 높은 것. 탄소 90% 이상을 함유(含有)하는 석탄.

【無厭】むえん(무염) 싫어하지 않음. 싫증남이 없음.

【無鹽女】むえんじょ(무염녀) 얼굴이 못생긴 여자. 추녀(醜女). 제(齊) 선왕(宣王)의 정사(政事)를 내조한 정실 부인 종이춘(鍾離春)이 박색(薄色)이고 무염 고을 사람인 데서 유래.

【無畏】むい(무외) ①두려움이 없음. ②《佛》 부처가 중생에게 설법할 때 태연하여 두려움이 없는 덕(德). 無所畏(무소외)②. ¶一施.

【無慾】むよく(무욕) 욕심이 없음.

【無用】むよう(무용) 소용이 없음. 쓸모가 없음. ¶一之物. ↔有用(유용).

【無用長物】(무용장물) ☞無用之長物(무용지 장물).

【無用之長物】むようのちょうぶつ(무용지 장물) 아무 소용없는 방해물. 無用長物(무용장물).

【無憂】むゆう(무우) 근심·걱정이 없음. 無虞(무우). ¶一華.

【無憂樹】むうじゅ·むゆうじゅ(무우수) 보리수(菩提樹)의 이칭. 마야 부인(摩耶夫人)이 이 나무 아래서 석가(釋迦)를 낳고 근심할 것이 없어졌다 함.

【無爲】むい(무위) ①아무 일도 하지 않음. 인위(人爲)를 하지 않음. ②《佛》 인연에 의하여 생성되지 아니하는 존재. 생사의 변화를 초월한, 상주불변(常住不變)하는 일. 열반(涅槃)의 세계. ↔有爲(유위).

【無爲徒食】むいとしょく(무위도식) 아무것도 하는 일 없이 먹고 놀기만 함. ※尸位素餐(시위소찬).

【無爲自然】むいしぜん(무위자연) 일부러 힘써서 함이 없고, 생긴 그대로 둠. 노장(老莊) 사상의 기본적 개념을 이루는 인위부정(人爲否定)의 사상을 나타냄.

【無爲之治】むいのち(무위지 치) 성인(聖人)의 덕은 지극히 커서 인위적으로 잘 다스리려 하지 않아도 천하가 저절로 다스려짐.

【無依無託】むいむたく(무의무탁) 몸을 의탁할 곳이 없다는 뜻으로, 매우 가난하고 외로운 처지를 이름.

【無意識】むいしき(무의식) ①의식(意識)이 없음. ②자아(自我)라는 관념이 활동하지 않는 일.

【無意志】むいし(무의지) ①의지가 없음. ②정신병 환자에게 흔히 있는 멍한 상태.

【無二】むに(무이) ①둘도 없음. ¶唯一一. ②두 마음이 없음. 배반할 마음이 없음.

【無已】むい(무이) ①끝이 없음. ②게을리하지 아니함. ③마지 못함. 부득이함.

【無異】むい(무이) ①다름이 없음. 같음. ②의심하지 말라는 뜻.

【無益】むえき·むやく(무익) 이로운 것이 없음. ↔有益(유익).

【無人島】むじんとう(무인도) 사람이 살지 않는 섬. 빈섬. 無人孤島(무인고도). 無人絶島(무인절도).

【無人之境】むじんのきょう(무인지 경) 사람이라고는 전혀 없는 곳.

【無日】むじつ(무일) ①영구(永久). ②며칠 안되어. 不日(불일).

【無一物】むいちぶつ①·むいちもつ②(무일물) ①아무것도 없음. 아무것도 가진 것이 없음. ②《佛》 마음은 본래 허명(虛明)하여 아무것도 집착(執着)할 것이 없음.

【無賃】むちん(무임) 삯이 없음. 공짜로 하는 일.

공짜. ¶一乘車. ↔有賃(유임).

【無任所】むにんしょ(무임소) 공통된 직책 외에 맡겨진 다른 임무가 없음. ¶一長官.

【無子】むし(무자) 대(代)를 이을 아들이 없음. 無子息(무자식).

【無慈悲】むじひ(무자비) 자비로운 마음이 없음. 사정(私情)에 끌림이 없이 냉혹함.

【無酌定】(무작정)㊙ ①정한 것이 없음. ②무턱대고. ¶一上京.

【無腸公子】むちょうこうし(무장공자) ①게의 이칭. ②담력이나 기개가 없는 사람을 비웃어 이르는 말. 無骨蟲(무골충)②.

【無才】むさい(무재) 재주가 없음. 재능이 없음.

【無才無能】むさいむのう(무재무능) 아무 재능이 없음.

【無敵】むてき(무적) 아주 강하여 맞설 상대가 없음. ¶一艦隊.

【無籍】むせき(무적) 호적, 학적, 국적 등의 적(籍)이 없음. ¶一者.

【無電機】むでんき(무전기) 무선 통신을 하는 기계.

【無錢旅行】むせんりょこう(무전여행) 돈 없이 하는 여행.

【無錢取食】(무전취식)㊙ 남이 파는 음식을 먹고 값을 치르지 않음.

【無節制】むせっせい(무절제) 절제가 없음. 조절하고 억누름이 없음. 不節制(부절제).

【無情】むじょう(무정) ①감정이 없음. 목석(木石) 따위. ¶一物. ②진정이 없음. ③애정이나 인정이 없음. 동정심이 없음. 薄情(박정). ↔有情(유정).

【無定見】むていけん(무정견) 일정한 주견이 없음.

【無精卵】むせいらん(무정란) 교미(交尾)하지 않고 암컷 홀로 낳은 알. 수탉 없이 낳은 달걀. 홀알.

【無政府】むせいふ(무정부) 정부가 없음. 곧, 통일적인 제도와 질서 없이 문란함을 이름. ¶一狀態/一主義.

【無情歲月】むじょうさいげつ(무정세월) 덧없이 흘러가는 세월.

【無定形】むていけい(무정형) 일정한 형식이나 형체가 없음.

【無題】むだい(무제) 표제(標題)가 없음.

【無制限】むせいげん(무제한) 아무런 제한이 없음.

【無條件】むじょうけん(무조건) 아무런 조건이 없음. ¶一降服.

【無足而至】アシナクシテイタル(무족이 지) 발이 없어도 이른다는 뜻으로, 소문이 멀리 전해짐을 이름. 無脛而行(무경이 행). ¶此三寶者 皆一 <新序>

【無罪】むざい(무죄) 죄가 없음. ↔有罪(유죄).

【無主孤魂】むしゅここん(무주고혼) 의지할 곳 없이 떠돌아 다니는 외로운 영혼.

【無主空山】むしゅくうざん(무주공산) 임자 없는 빈 산이란 뜻으로, 인가(人家)도 인기척도 전혀 없는 쓸쓸한 산. 또는, 개인의 소유도 아니고 나라에서 관리하지도 않는 산.

【無主物】むしゅぶつ(무주물) 임자 없는 물건. ¶一先占.

【無主塚】むしゅづか(무주총) 자손이나 거두어 주는 사람이 없는 무덤. 묵은 무덤.

【無地】むじ(무지) ①땅이 없음. 토지가 없음. ②높은 데서 땅을 굽어볼 때 땅이 없는 것처럼 보이는 것. ③이 이상 더 없음. ¶惶恐一.

【無知】むち(무지) ①아는 것이 없음. 지식이 없음. ②분별이 없음. 지각이 없음. ③지혜가 없음.

【無知莫知】(무지막지)㊙ 아주 무지하고 상스러움.

【無知曚昧】むちもうまい(무지몽매) 아는 것이 없고 미욱하며 어리석음. 無智曚昧(무지몽매).

【無職】むしょく(무직) 일정한 직업이 없음. 무직업. ¶一者.

【無盡燈】むじんとう(무진등)《佛》①한 사람의 법력(法力)으로 많은 사람을 차례차례로 이끌어 그치지 않는 일. ②하나의 등이 무수하게 보인다는 뜻으로, 진리가 모든 물건에 두루 미침의 비유. ③장명등(長明燈).

【無盡藏】むじんぞう(무진장) 다함이 없이 굉장하게 많음.

【無差別】むさべつ(무차별) 차별이 없음.

【無慚】むざん(무참) ①나쁜 짓을 하고도 부끄러워하지 않음. ②아주 잔인함. ③㊙ 매우 열적음.

【無策】むさく(무책) 계책이 없음. ¶束手一.

【無趣味】むしゅみ(무취미) 전혀 취미가 없음. 沒趣味(몰취미).

【無頉】(무탈)㊙ ☞無恙(무양).

【無痛】むつう(무통) 아프지 아니함. 아픔을 느끼지 못함. ¶一分娩.

【無風地帶】むふうちたい(무풍지대) ①해양상에서 1년 내내, 또는 계절을 따라 바람이 거의 없고 공기가 침체해 있는 지역. 적도 부근과 회귀선 근처에 있으므로 회귀 무풍대라고도 함. 無風帶(무풍대). ②갈등이나 말썽 따위가 없는 평안 무사한 공직(公職)의 비유.

【無何】むか(무하) ①시간적으로, 얼마 안 되어. 곧. ②아무 죄도 없음. 無罪(무죄). ③다른 일은 없음. ④무하유지 향(無何有之鄕)의 준말.

【無何有之鄕】むかゆうノきょう(무하유지 향) 어떠한 인위(人爲)도 없는 자연(自然) 그대로의 세계. 장자(莊子)가 말하는 이상향(理想鄕). 無何(무하). 無何鄕(무하향). ※武陵桃源(무릉도원).

【無學】むがく(무학) ①학문이 없음. 배운 것이 없음. ②성문승(聲聞僧)의 제사아라한과(第四阿羅漢果). 학행이 뛰어나 그 이상 배울 것이 없는 지위. ¶一大師. ↔有學(유학).

【無限】むげん(무한) 한이 없음. 끝이 없음. ¶一大/一量/一定. ↔有限(유한).

【無限軌道】むげんきどう(무한궤도) 탱크나 트랙터 따위의 바퀴 둘레에 끝이 없게 고리처럼 이어 씌운, 띠 모양의 장치.

【無恒産無恒心】こうさんナケレバこうしんナシ(무항산 무항심) 항산이 없으면 항심도 없다는 뜻으로, 일정한 생업(生業)이 없으면 불변(不變)하는 도덕심을 가지지 못함을 이름. ¶若民則一<孟子>

【無害】むがい(무해) 해로움이 없음. 해침이 없음. ↔有害(유해).

【無害無得】むがいむとく(무해무득) 해로울 것도 없고 이로울 것도 없음. 손해도 이득도 없음. 無得無失(무득무실).

【無血占領】むけつせんりょう(무혈점령) 피 흘리지 않고 점령한다는 뜻으로, 전투 없이 차지함을 이

름.

【無形】むけい(무형) 형상이나 형체가 없음. ¶ 一文化財/一物/一資本/一財產.

【無形無迹】むけいむせき(무형무적) 형적이 전혀 없음. 무형적. 烏有(오유).

【無花果】むかか(무화과) 뽕나무과의 갈잎 떨기나무. 약 3m. 꽃이 숨어 잘 보이지 않으므로 무화과라 이름. 열매는 식용함.

【無懷氏】むかいし(무회씨) 중국 전설상의 옛 임금. 그 백성들이 잘 먹고 편하게 살았다 함. ¶昔一 封泰山<漢書>

【無效】むこう(무효) ①효력이 없음. ②법률 행위가 어떤 원인으로 당사자의 의도한 효력을 나타내지 못함. ↔有效(유효).

【無後】むご(무후) ①대(代)를 이을 자손이 없음. 無後嗣(무후사). 無嗣(무사). 絕嗣(절사). ¶不孝有三 一爲大<孟子> ②늦지 않음. ¶秦稱之 天下安之 王乃稱之 一也<史記>

【無後塚】むごちょう(무후총) 자손이 없는 이의 무덤.

【無休】むきゅう(무휴) ①휴일이 없음. ¶年中一. ②쉼이 없음.

▷皆一, 空一, 南一, 文一, 三一, 慮一, 有一, 引一, 絕一, 絕世一, 天下一, 虛一

8
12〖焙〗 쬘 배 | 廣ㄅㄟˋ (bei) | ほう, はい, ほい (アブル)

풀이 ①쬐다. 불에 쬠. ¶次得大安樂 諸人會得 則火一之 中有丈六金身<傳燈錄> ②배롱(焙籠).

【焙籠】はいろう・ほいろう(배롱) 화로에 덮어씌워 기저귀나 젖은 옷 따위를 말리는 대소쿠리 비슷한 기구.

8
12〖焚〗 1 불사를 분 2 넘어질 분 | 因ㄈㄣˊ 圓 (fen) | ふん (ヤク) burn

俗 枎 同 燓

源 會意. 숲[林]에 불[火]을 놓아 사냥함을 뜻함.

풀이 1 ①불사르다. 태움. ¶玉石俱一<書經> ②불을 놓아 사냥하다. ¶一咸丘<春秋> ③화형(火刑)하다. ¶凡殺其親者一之<周禮> ④마르다. 通乾. 2 넘어지다. 같 僨. ¶象有齒 以一其身<左氏傳>

【焚坑】ふんこう(분갱) 분서갱유(焚書坑儒)의 준말.

【焚書坑儒】ふんしょこうじゅ(분서갱유) 책을 불사르고 선비를 묻었다는 뜻으로, 진시황(秦始皇)이 학자들의 정치 비평을 금하기 위해 시서육경(詩書六經)을 태우고 유학자 460여 명을 생매장한 옛일.

【焚身】ふんしん(분신) ①몸을 태움. ¶一自殺. ②몸을 넘어뜨림. 코끼리가 인간에게 재물이 되는 어금니를 가졌기 때문에 사람에게 잡혀 죽는 것처럼 사람이 뇌물을 탐내다가 화(禍)를 입음의 비유.

【焚香】ふんこう(분향) 향을 태움. 燒香(소향). ¶一再拜.

【焚化】ふんか(분화) 태워 버림.

▷熑一, 燒一, 玉石俱一, 熇一

12〖梺〗 焚(p. 945)의 俗字

12〖爲〗 象(p. 1414)의 古字

12〖舄〗 ☞臼部 6획 (p. 1255)

8
12〖焫〗 불사를 설 本 열 | 圓ㄖㄨㄛˋ (ruo) | ぜつ (ヤク)

12〖焼〗 燒(p. 954)의 略字

8
12〖焠〗 담금질 쉬 本 쵀 | 廣ㄘㄨㄟˋ (cui) | さい (ニラグ) quench

풀이 ①담금질하다. ¶清水一其鋒<漢書> ②지지다. 불에 단 부젓가락 따위로 지짐. ¶有子惡臥而一掌 可謂能自忍矣<荀子> ③칠하다. 스며들게 함. ¶使工以藥一之<史記>

8
12〖然〗 그러할 연 | 因ㄖㄢˊ (ran) | ぜん, ねん (シカリ) so

풀이 ①그러하다. ㉮맞다. 이치에 맞고 내 마음에 맞다는 뜻. ¶雍之言一<論語> ㉯대답하는 말. ¶子曰一 有是言也<論語> ②그렇다고 여기다. ¶心一元計<後漢書> ③이. 이것. 같 是. ¶凡乞假於人 爲人從事者亦一 一故上無怨而下遠罪也<禮記> ④또. 그 위에. ¶年旣已過大半兮 一埳軻而留滯<楚辭> ⑤동의(同意)하다. 승낙함. ¶耳餘始居約時 相一信<漢書> ⑥타다. 사름. ¶若火之始一 泉之始達<孟子> ⑦이에. 같 乃. ¶始也我以女爲聖人邪 今一君子也<莊子> ⑧곧. 즉. 같 則. ¶鮒魚曰 吾得斗升之水一活耳<莊子> ⑨밝다. ¶葵之鄉日 雖有明智 非能一也<淮南子>

句法

①순접

㉮[…然…] …하면서…. 而와 같음. ¶識其不可 然且至<孟子>

㉯[…然…矣] …그러므로…. 然則의 뜻. ¶夫草木水火 與土無異 然杞梁之妻 不能崩城明矣<論衡>

㉰[…然而…] …그렇게 하고도…. 如是而의 뜻. ¶七十者衣帛食肉 黎民不飢不寒 然而不王者 未之有也<孟子>

②역접

㉮[…然…] …그러나…. 然而와 같음. ¶夫二子之勇 未知其孰賢 然而孟施舍守約也<孟子>

㉯[…然而…] …그리고도…. ¶吾友張也 爲難能也 然而 未仁<論語>

③형용

[…然] 형용의 접미사. 如와 같음. ¶夫子循循然善誘人<論語>

④조사

㉮이. 여기. 焉과 같음. ¶穆公召縣子而問然<禮記>

㉯결정. …이다. 也와 같음. ¶羿善射 奡盪舟 俱不得其死然＜論語＞
㉰추측. …ㄴ가(인가). 乎와 같음. ¶若由也 不得其死然＜論語＞

【然否】ぜんぷ・ぜんぴ(연부) 그러함과 그러하지 아니함. 然不(연불).
▷欿—, 介—, 慨—, 居—, 傑—, 缺—, 公—, 跫—, 果—, 塊—, 魁—, 具—, 瞿—, 懼—, 蹶—, 歸—, 嶔—, 爛—, 朗—, 冷—, 凜—, 瞠—, 徒—, 陶—, 同—, 僮—, 漠—, 萬象森—, 瞞—, 茫—, 緬—, 穆—, 渺—, 憮—, 無間—, 未—, 勃—, 浡—, 皤—, 法—, 炳—, 叟—, 芬—, 不—, 茀—, 斐—, 死灰復—, 颯—, 爽—, 色—, 奭—, 釋—, 洒—, 昭—, 蕭—, 謏—, 率—, 灑—, 睟—, 雖—, 肅—, 愕—, 晏—, 闇—, 黯—, 亮—, 嫣—, 闇—, 儼—, 易地皆—, 淵—, 燕—, 恬—, 完—, 宛—, 莞—, 汪—, 巍—, 蔚—, 喟—, 魏—, 油—, 幽—, 柔—, 悠—, 听—, 隱—, 依—, 毅—, 怡—, 日月皎—, 自—, 雜—, 寂—, 適—, 輒—, 亭—, 挺—, 卒—, 粲—, 悵—, 淒—, 天—, 超—, 愀—, 甓—, 卓—, 脫—, 泰—, 侗—, 退—, 隤—, 頹—, 闖—, 皤—, 軒—, 瑩—, 惠—, 浩—, 廓—, 確—, 渙—, 驩—, 豁—, 恢—, 欣—, 仡—, 翕—, 歙—

8 12 【焰】 ①불꽃 염 ②불 당길 염 | ㄧㄢˋ (yan) | えん(ホノオ) *flame*

同 燄

풀이 ① ①불꽃. ¶莫放—光高二丈 來年燒殺杏園華＜李群玉＞ ②빛. 불빛. ㉠ 爓. ③기세가 아직 안 세다. 마음이 곧고 바르지 못함의 비유. ¶其氣—以取之＜左氏傳＞ ②불이 당기다. 불이 붙기 시작한 모양.
▷光—, 氣—, 濫—, 飛—, 腥—, 聲—, 烟—, 讒—, 虐—, 火—, 凶—

8 12 【焱】 불꽃 염 | ㄧㄢˋ (yan) | えん(ホノオ)

12 【爲】 ☞ 爪部 8획(p.961)

12 【尉】 尉(p.452)의 古字

12 【煮】 煮(p.948)의 略字

8 12 【焯】 밝을 작 | ㄓㄨㄛˊ (zhuo) | しゃく *bright*

풀이 通 灼. ①밝다. ¶—見三有俊心＜周書＞/——. ②지지다. 불에 지짐. ③화기(火氣).

8 12 【焦】 ①그스를 초 ②가마솥 추 | ㄐㄧㄠ (jiao) | しょう しゅう

풀이 ① ①그스르다. 태움. 탐. ¶卜戰龜—＜左氏傳＞ ②애타다. 애태움. ¶勞身—思＜史記＞ ③들피지다. 지침. 通 憔. ¶朝爲榮華 夕而—瘁＜漢書＞ ④탄내 나다. ¶其味苦 其臭—＜禮記＞ ⑤황흑색. ¶心悲則面— 腦減則髮素＜眞誥＞ ⑥새 이름. ⑦나라 이름. ② 가마솥. 通 鐎.

【焦桐】しょうとう(초동) 거문고의 이칭. 焦尾琴(초미금).

【焦眉】しょうび(초미) 눈썹에 불이 붙음. 아주 위급한 경우의 비유. ¶—之急.

【焦尾宴】しょうびえん(초미연) 당(唐)대에, 처음으로 재상(宰相)이 되었을 때 임금에게 음식을 바치거나 선비가 진사 급제하여 베푸는 잔치. 焦尾는 새로 온 양(羊)이 양의 무리 속에 들어가면 이를 떠받아 못 견디게 하는데, 그 꼬리를 불사르면 진정한다는 데서 온 말.

【焦心】しょうしん(초심) 마음을 졸임. 속을 태움. 또는, 초조한 마음. 焦志(초지). 焦思(초사).

【焦熱地獄】しょうねつじごく(초열지옥)《佛》 8대 지옥의 하나. 맹화(猛火)의 고통을 받는다는 지옥.

【焦僥】しょうぎょう(초요) ☞僬僥(초요).

【焦點】しょうてん(초점) ①볼록렌즈나 오목거울 따위에서 평행 광선이 굴절 또는 반사되어 한 곳에 모이는 점. ②사물의 가장 중요로운 부분.

【焦燥】しょうそう(초조) 애를 태워서 마음을 졸임.

【焦土】しょうど(초토) ①까맣게 탄 흙. ②불탄 자리. 또는, 그 남은 재. ¶—化.
▷枯—, 鐺—, 命—, 三—, 憂—

8 12 【焜】 빛날 혼 곤 | ㄎㄨㄣ (kun) | こん *shine*

풀이 ①빛나다. ②밝다. 밝힘. ¶—燿寡人之望＜左氏傳＞ ③초목이 누렇게 시드는 모양. ¶—黃華葉衰＜古樂府＞

12 【欻】 ☞欠部 8획(p.804)

12 【黑】 部首 글자

8 12 【焮】 구울 흔 | ㄒㄧㄣˋ (xin) | きん(ヤク)

9 13 【煢】 외로울 경 | ㄑㄩㄥˊ (qiong) | けい(ヒトリ) *lonely*

同 惸 㷀

풀이 ①외롭다. 형제나 배우자가 없어 의지할 데가 없음. ¶無虐—獨＜書經＞/—獨. ②근심하다. ¶——余在疚＜左氏傳＞ ③주사위. ¶古爲大博則六箸 小博則二—＜顔氏家訓＞

9 13 【煖】 따뜻할 난 훤 | ㄋㄨㄢˇ (nuan) | だん, けん (アタタカ) *warm*

풀이 ①따뜻하다. 따뜻하게 함. ㉠ 暖 煊. ¶七十非帛不—＜禮記＞/—衣飽食. ②불기운[火氣].

【煖坑】だんこう(난갱) 온돌.
【煖爐】だんろ(난로) ①불을 때어 방안을 따뜻하게 하는 장치. ②스토브.
【煖爐會】だんろかい(난로회) 옛날 음력 시월 초하룻날에 난로를 처음으로 때고 여러 사람이 술을 마시며 놀던 모임.
【煖房】だんぼう(난방) ①방을 따뜻이 함. 또는, 따뜻한 방. ②이사 가서 이웃·친지를 청하여 대접하는 일. 煖屋(난옥).
▷甘—, 輕—, 燠—, 寒—, 嘘—

13〖煗〗煖(p.946)·暖(p.724)과 同字

13〖煅〗鍛(p.1544)과 同字

9/13〖煉〗불릴 련 | [霰] ㄌㄧㄢˋ (lian) | れん(ネル) *temper*

풀이 ①불리다. 쇠붙이를 정련(精鍊)함. ㉠鍊. ¶女媧銷—五色石 以補蒼天<論衡> ②(韓) 굽다. 고다. 반죽하여 굽다. ¶—藥.
【煉丹】れんたん(연단) ①도사(道士)가 단약(丹藥) 곧 장생 불사의 약을 만드는 일. ②몸의 기(氣)를 배꼽 아래의 단전(丹田)에 모아서 심신을 수양하는 일.
【煉藥】(연약)(韓) 약을 곰. 또는, 고아 만든 약.
【煉獄】れんごく(연옥) 영혼이 천국에 들어가기 전에 불로써 단련하여 그 영혼을 정화(淨化)한다고 하는 곳. 천국과 지옥의 사이.
【煉瓦】れんが(연와) 벽돌.
【煉乳】れんにゅう(연유) 달여서 진하게 만든 우유.
【煉炭】れんたん(연탄) 가루 석탄에 흙을 넣어 반죽하여 굳힌 연료.

13〖煭〗烈(p.936)의 古字

9/13〖煤〗그을음 매 | [灰] ㄇㄟˊ (mei) | ばい(スス) *soot*

풀이 ①그을음. ¶鬻者—臭入甑中<呂覽> ②먹. ¶蜀紙麝—沾筆興<韓偓> ③석탄. ¶—炭/—礦.
【煤煙】ばいえん(매연) ①그을음. 煤烟(매연). ②(中) 석탄이 타는 연기.
▷奇—, 墨—, 寶—, 麝—, 松—, 埃—, 竈—

13〖⿰火背〗焙(p.945)와 同字

9/13〖煩〗번거로울 번 | [元] ㄈㄢˊ (fan) | はん,ぼん(ワズラワシイ) *troublesome*

源 會意. 머리[頁]가 더워져서[火] 아픔. 따라서 번거로움을 뜻함.

풀이 ①번거롭다. ㉮번잡하여 간단하지 않다. ¶法省而不—<淮南子> ㉯장황하다. ¶憂深 故語—<舊唐書> ㉰심하다. ¶—辱之事<周禮> ㉱다투다. ¶—言. ㉲귀찮다. 번잡함. ¶—而不察<說苑> ②괴로와하다. ㉮열이 나 머리가 아프거나 가슴이 답답하다. ¶病使人—懣<史記> ㉯마음 조이다. 안달함. ¶—則喘喝<素問> ㉰번민하다. ¶心—於慮 而身親其勞<司馬相如> ③괴롭히다. ¶敢以—執事<左氏傳> ④번민. ¶鬱蒸之—<應璩> ⑤어지럽다. ¶世濁則禮—而樂淫<呂覽>
【煩惱】ぼんのう(번뇌) ①마음으로 몹시 괴로와함. 또는, 그 괴로움. ②(佛) 욕정(欲情)에서 오는 괴로움. ↔菩提(보리).
【煩多】はんた(번다) 번거롭게 많음. 繁多(번다).
【煩禮】はんれい(번례) 번거로운 예법. 縟禮(욕례).
【煩文】はんぶん(번문) 번거롭고 까다로운 문장이나 예문(禮文). 繁文(번문).
【煩文縟禮】はんぶんじょくれい(번문욕례) 번거롭게 형식만 차린 몹시 까다로운 예문(禮文).
【煩悶】はんもん(번민) 번거롭고 답답하여 괴로와함. 煩懣(번만).
【煩瑣】はんさ(번쇄) 자질구레하고 성가심. 煩碎(번쇄).
【煩憂】はんゆう(번우) 괴로와하고 걱정함.
【煩雜】はんざつ(번잡) 번거롭고 뒤섞여 어수선함.
▷苛—, 嫁—, 劇—, 勞—, 累—, 樓—, 冥—, 迷—, 粉—, 頻—, 宂—, 滋—, 叢—, 荷—, 昏—, 喧—

9/13〖煞〗1 죽일 살 2 빠를 쇄 | [黠] ㄕㄚ (sha) [卦] | こつ(コロス) *kill* さい

풀이 1 ①죽이다. ㉠殺. ②매듭을 짓다. ③(中) ㉮단속하다. ㉯수가 많다. ④(韓) 살. 사람 또는 사람과의 관계를 해치는 모진 귀신의 독기. ¶驛馬—. 2 빠르다.

9/13〖煁〗화덕 심 | [侵] ㄔㄣˊ (chen) | しん

9/13〖煬〗1 쬘 양 2 쇠녹일 양 | [漾] ㄧㄤˋ (yang) [陽] ㄧㄤˊ (yang) | よう(アブル) *bask*

풀이 1 ①쬐다. ㉮쬐어 말리다. ¶冬則—之<莊子> ㉯불을 쬐다. ¶若竈則不然 前之人— 則後之人無從見也<戰國策> ㉰볕에 바래다. ㉱비추다. ¶北熿幽都 南—丹崖<揚雄> ②불을 때다. 밥을 지음. ¶—者避竈<莊子> 2 쇠를 녹이다. ㉠烊.

9/13〖煙〗1 연기 연 2 제사지낼 인 | [先] ㄧㄢ (yan) [眞] | えん(ケムリ) *smoke* いん

同 烟

源 會意·形聲. 「垔」은 향로의 모양으로 연기를 냄. 여기에 불[火]을 더하여 연기를 뜻함.

풀이 1 ①㉮연기. ¶以其—被之<周禮> ㉯산수(山水)에 끼이는 흐릿한 기운. 놀·운무(雲霧)·이내 따위. ¶夜爇膏炬 晝凌風—<柳宗元> ㉰건조한 기운. ¶草樹浮—<素問> ㉱먼지. ¶—埃朦鬱<素問> ㉲연기처럼 끼인 기운. ¶每入室 常覺有雲—氣體<梁書> ②연기가 끼다. ¶寒食 莫敢—爨<後漢

書> ③그을음. ¶乃丸漆一松煤<洞天清錄> ④담배. ¶歸家之後 猶能飮酒喫一<仕學大乘> 2제사 지내다. 정결히 하여 제사 지냄. ㉮禋. ¶一祀.

【煙客】えんかく(연객) 연기를 마시고 사는 사람. 곧, 신선.

【煙景】えんけい(연경) ①연하(煙霞)가 낀 봄 경치. ②호수에 일어나는 연파(煙波). ③연기나 구름이 비낀 모양.

【煙氣】(연기) ①무엇이 탈 때 나는 흐릿한 기체. ②㊥ 아편독이 얼굴에 나타난 것.

【煙突】えんとつ(연돌) 굴뚝. 煙筒(연통).

【煙幕】えんまく(연막) ①적의 눈을 가리기 위하여 피우는 연기. ②자기의 잘못이나 범행을 일시적으로 흐릿하게 얼버무림.

【煙霧】えんむ(연무) ①연기와 안개. ②아지랭이. 봄안개. ③흔적이 없음의 비유.

【煙墨】えんぼく(연묵) ①먹. 좋은 먹은 대개 송연(松煙)으로 만듦. ②매연(煤煙)이나 유연(油煙)을 모은 검은 가루. 물감 등에 쓰임. ③그을음.

【煙水】えんすい(연수) 연하(煙霞)와 물. 연기 낀 듯 흐릿한 수면(水面). 煙波(연파).

【煙月】えんげつ(연월) 희미한 달. 으스름달.

【煙竹】えんちく(연죽) ①낚싯대로 쓰이는 대나무의 한 가지. ②안개가 낀 대숲. ③㊞ 담뱃대. 煙管(연관).

【煙草】えんそう(연초) ①풀 이름. 담배. ②안개 따위가 낀 풀. 풀밭에 안개가 끼어 흐릿하게 보이는 풀.

【煙霞】えんか(연하) ①연기와 놀. ②산수(山水)의 경치.

【煙霞痼疾】えんかこしつ(연하고질) 고질이 된 것처럼 몹시 산수를 사랑하는 일. 은거(隱居)하는 일. 泉石膏肓(천석고황). 煙霞之癖(연하지 벽).

【煙火中人】えんかちゅうノヒト(연화중인) 화식(火食)을 하는 사람이라는 뜻으로, 속세의 인간을 이름.

【煙花巷】えんかこう(연화항) 화류계(花柳界).

▷輕一, 空一, 禁一, 喫一, 狼一, 濃一, 凌一, 斷一, 晩一, 蔓草寒一, 煤一, 暮一, 無一, 蚊一, 碧一, 浮一, 鬢絲茶一, 祥一, 盛一, 素一, 松一, 水一, 晨一, 野一, 炎一, 涌一, 雲一, 油一, 柳一, 陰一, 凝一, 人一, 長一, 篆一, 節一, 竈一, 廚一, 炊一, 翠一, 吐一, 風一, 寒一, 香一, 黑一, 吸一

13〖焰〗 焰(p. 946)의 俗字

9/13〖煐〗 사람 이름 영 | 庚 ㄧㄥ (ying) | えい

13〖塋〗 ☞ 土部 10획(p. 353)

13〖煴〗 熅(p. 950)과 同字

9/13〖煨〗 불씨 외 | 灰 ㄨㄟ (wei) | わい(ウズミビ)

풀이 ①불씨. 화로 따위에 묻은 불. ¶犯白刃 蹈一炭<戰國策>/一塵. ②굽다. 재에 묻어서 구움. ¶一熟/一栗.

9/13〖煜〗 빛날 욱 | 屋 ㄩˋ (yu) | いく(カガヤク) *shine*

풀이 ①빛나다. 빛나는 모양. ㉮焴. ¶其餘焱飛景附 一霅其間者 蓋不可勝載<漢書> ②불꽃. ③성(盛)한 모양. ¶管絃曄一<班固>

▷炳一, 曄一, 燿一, 暉一

9/13〖煒〗 1 빨갈 위 2 빛날 휘 | 尾 ㄨㄟˇ 微 (wei) | い(アカイ) き

풀이 1 ①빨갛다. 붉은빛. ¶彤管有一<詩經> ②매우 밝은 모양. ¶一如. 2 빛나다. 빛. ㉮煇. ¶靑一登平<漢書>/一曄.

9/13〖煟〗 불빛 위 | 未 ㄨㄟˋ (wei) | い *light*

풀이 ①불빛. ②밝은 모양. ¶一一. ③빠른 모양. ¶輶軒蓼擾 轂騎一煌<左思>

9/13〖煣〗 휘어바로잡을 유 | 有 ㄖㄡˇ (rou) | じゅう(タメル)

9/13〖煮〗 삶을 자 ㊟저 | 語 ㄓㄨˇ (zhu) | しゃ(ニル) *boil*
略煑 同煮

풀이 ①삶다. 익힘. ㉮鬻. ¶職外內饔之爨亨一 辨膳羞之物<周禮>/一湯. ②삶기다. 익음. ¶豆至難一<晋書> ③소금을 굽다. 짠물을 달이어 소금을 만듦. 또는, 그 소금. ¶燕有遼東之一<管子>/一鹽.

【煮豆燃豆萁】マメヲニルニマメガラヲヤク(자두 연두기) 콩을 삶는 데 콩대를 땔감으로 함. 콩과 콩대는 같은 뿌리에서 자라난 것이면서 서로 해친다는 뜻으로, 형제가 서로 다툼의 비유. 煮豆燃萁(자두연기).

▷羹一, 官一, 爨一, 私一, 雜一, 旨一, 炊一, 炮一, 亨一, 灰一, 熏一

13〖煑〗 煮(p. 948)와 同字

9/13〖煠〗 데칠 잡 | 洽 ㄓㄚˊ (zha) | そう(ユデル) *boil*

풀이 ①데치다. 삶다. ¶湯一/一熟. ②튀기다. ㊕炸. ¶一治.

9/13〖煎〗 1 달일 전 2 전 전 | 先 ㄐㄧㄢ 霰 (jian) | せん(イル) *decoct* せん

풀이 1 ①달이다. ¶一茶/一藥/一水作氷. ②졸이다. ¶凡糗不一<儀禮> ③마음을 졸이다. 애태움. ¶雖云暫歡適 終久還愁一<梅堯臣> ④급박(急迫)하다. ¶漸見愁一迫<古詩> ⑤쇠붙이를 정련(精鍊)하다. ¶改一金錫 則不耗<周禮> 2 전. ㉮기름에 지진 음식. ¶拖油

煎之曰蘿葡一＜山家清供＞ ㉯㊙ 저냐. 물고기나 고기붙이를 얇게 저미거나 곱게 다져서 반대기를 지어 밀가루와 달걀을 씌워서 지진 음식.

【煎茶】せんちゃ(전다) 차를 달임. 또는, 달인 차. 烹茶(팽다). 煮茗(자명). 「지.

【煎餠】せんべい(전병) ①부꾸미. ②과자의 한 가

▷甲一, 藁火自一, 濃一, 焚一, 熬一, 烹一, 炮一, 合一, 香一, 花一

9 13【照】 비출 조 | 嘯ㄓㄠˋ (zhao) | しょう(テラス) shine

㊐ 曌

풀이 ①비추다. ㉮밝게 하다. ㉯빛을 보내다. ¶大人以繼明 一于四方＜易經＞ ㉰대조하여 보다. ¶忠臣孝子 覽一前世 以爲鏡誡＜後漢書＞ ㉱깨우치다. ㊟詔. ¶一惑者 以東爲西 惑也＜淮南子＞ ㉲알게 하다. ¶指日月使延一兮＜楚辭＞ ㉳비추어서 보다. ¶左車中攬鏡自一＜晋書＞ ②비치다. ¶日月得天 而能久一＜易經＞ ③볕. 햇빛. ¶連山晩一紅＜杜甫＞ ④의거(依據)하다. 준거(準據)함. ¶一例. ⑤증명서. 증권(證劵). ¶取索契一＜文獻通考＞ ⑥돌보다. 뒷바라지함. ¶一應. ⑦사진. 영상(影像). ¶傳神寫一＜晋書＞ ⑧거울. ¶賣半一＜群談採餘＞ ⑨통고(通告)하다. 문서로써 알림. ¶一會.

【照鑑】しょうかん(조감) ①비추어 봄. 분명히 봄. ②신불(神佛)이 밝게 보살핌. 照覽(조람).

【照空燈】(조공등) 탐조등(探照燈).

【照膽鏡】しょうたんきょう(조담경) ①진(秦)대에 있었던, 오장(五臟)을 비추었다는 거울. ②거울. 明鏡(명경).

【照覽】しょうらん(조람) ①비추어 봄. 분명히 봄. ②신불(神佛)이 밝게 보살핌. 照鑑(조감).

【照臨】しょうりん(조림) ①일월(日月)이 사방을 비춤. ②임금이 천하를 다스림. 君臨(군림). ③상대방을 높이어 그가 자기의 있는 곳에 옴을 이름. 光來(광래). 枉臨(왕림).

【照明】しょうめい(조명) 밝게 비춤. 또는, 비추어 밝게 함.

【照覆】しょうふく(조복) 조회에 대한 회답.

【照射】しょうしゃ(조사) 빛이 반사하는 일.

【照像】(조상)㊥ 사진. 또는, 사진을 찍음. 照相(조상).

【照星】しょうせい(조성) 총포의 가늠쇠.

【照耀】しょうよう(조요) 빛남. 비침. 照曜(조요).

【照妖鏡】しょうようきょう(조요경) 요사스런 마귀를 비추어 형체를 나타나게 하는 거울.

【照應】しょうおう(조응) ①앞뒤를 재어 균형을 잡음. 서로 통함. ②어구의 전후가 서로 응하여 조화를 이룸. ③시중 듦. 요구를 따라 편의를 보아줌. ④원인을 따라 결과가 나타남.

【照準】しょうじゅん(조준) 총포로 목표물을 겨눔. 겨냥.

【照尺】しょうしゃく(조척) 착탄 거리를 조준하는 데 쓰는 눈금을 새긴 쇳조각. 가늠쇠.

【照會】しょうかい(조회) 일정한 일에 관하여 관계되는 대상을 공적으로 알아 봄.

▷肝膽相一, 簡一, 契一, 光一, 落一, 朗一, 對一, 同明相一, 晩一, 半一, 返一, 辨一, 普一, 覆一, 査一, 斜一, 寫一, 夕一, 小一, 餘一, 淵一, 燃一, 玉一, 日月無私一, 臨一, 殘一, 浚一, 察一, 參一, 燭一, 破鏡不重一, 徧一, 瑩一, 護一

13【蒸】 ☞ 艸部 10획 (p. 1298)

9 13【煆】 불사를 하 | 禡ㄒㄧㄚˊ (xia) | か burn

풀이 ①불사르다. 구움. ②덥다. 뜨거움. ③마르다. 건조함. ④빛나다.

9 13【煥】 불꽃 환 | 翰ㄏㄨㄢˋ (huan) | かん flame

풀이 ①불꽃. 불빛. ②밝다. 빛남. ㊟奐. ¶一乎其有文章＜論語＞/一爛. ③문채 있는 모양. ¶堯舜一其蕩蕩兮＜後漢書＞

【煥然】かんぜん(환연) ①깨끗이 녹아 버리는 모양. ②밝은 모양. 훌륭한 모양.

▷明一, 炳一, 昭一, 蔚一, 照一, 雕一, 燭一, 彪一, 華一, 煇一

9 13【煌】 빛날 황 | 陽ㄏㄨㄤˊ (huang) | こう shine

풀이 ①빛나다. 빛남. ¶一星/一燿. ②사물의 모양. ¶一一.

▷敦一, 炫一, 熒一, 焜一, 煒一, 煇一

9 13【煦】 ①따뜻하게 할 후 ②말릴 후 | 遇ㄒㄩˇ 虞ㄒㄩˋ (xu) | く warm

풀이 ① ①따뜻하게 하다. 햇빛이 만물을 따뜻하게 함. ¶天地訢合 陰陽相得 一嫗覆育萬物＜禮記＞ ②찌다. ③은혜를 베풀다. ④붉은 모양. 붉은빛. ⑤눈동자가 움직이다. ¶及生三月而微一 然後有見＜孔子家語＞ ②말리다. 가열(加熱)함. ¶一煆.

【煦伏】くふく(후부) 새가 알을 품는다는 뜻으로, 양육함을 이름.

▷嫗一, 明一, 陽一, 温一, 恩一, 照一, 春一, 吹一, 含一, 涵一, 和一, 喧一

13【熏】 燻(p. 951)의 略字

9 13【煇】 ①빛날 휘 ②구울 훈 ③햇무리 운 | 微ㄏㄨㄟ 文(hui) 問 | き(カガヤク) くん うん

㊐ 燿

풀이 ① ①빛나다. 빛. ㊟暉 輝. ¶庭燎有一＜詩經＞ ②얼굴빛이 번드르르하다. ¶故德一動于內＜禮記＞ ② ①굽다. 지짐. ¶去眼一耳＜史記＞ ②붉은 모양. ¶一一. ③햇무리. ㊟暈 暈. ¶一暉爲日月光氣之通名＜禮記·注＞

▷光一, 德一, 十一, 餘一, 淸一

9 13 【熙】 1 빛날 희 | 因ㄒㄧ (xi) | き shine い
2 성 이 | 因

古㷩 俗熈 煕 熈

풀이 1 ①빛나다. 빛. ¶於緝一敬止<詩經>/一朝. ②마르다. 말림. ¶仰一丹崖<盧諶> ③넓다. 넓히다. ¶庶績咸一<書經> ④일다. 일으킴. ¶時純一矣<詩經> ⑤기뻐하다. 기뻐하여 웃음. ¶在家一然有棄朕之心<列子> ⑥희롱하다. 장난하다. 通嬉. ¶鼓腹而一<淮南子>/一笑. ⑦아아. 탄식하는 소리. ¶一爲我孺子之故<漢書> ⑧복. 행복. 通禧. ¶一事備成<漢書> ⑨사물의 모양. ¶一一. 2 ①성(姓). ②사람 이름. ¶辟殺子一<左氏傳>

【熙洽】きこう(희흡) ①화락(和樂)함. ②명덕(明德)한 임금이 왕위를 계승하는 일. 곧, 태평하게 잘 다스려진 세상을 이름.

▷光一, 木一, 輔一, 阜一, 恬一, 榮一, 雍一, 滋一, 重一 累洽, 緝一, 洪一

14 【犖】 ☞ 牛部 10획(p. 973)

10 14 【粦】 도깨비불 린 | 震 眞 | りん

10 14 【煽】 부칠 선 | 霰ㄕㄢ (shan) | せん(アオル) fan

풀이 ①부치다. 부채질함. 通扇. ¶一熛章華<新論> ②부추기다. 꼬드김. ¶日畏讒口一<陸游> ③성(盛)하다. 불길이 셈. ¶貪暴滋一<唐書>/一熾.

【煽動】せんどう(선동) 부추김. 부채질하여 일을 일으키게 함. 扇動(선동).

【煽誘】せんゆう(선유) 부추기어 꾐.

【煽熾】せんし(선치) 선동하여 왕성하게 함.

【煽惑】せんわく(선혹) 선동하여 현혹시킴.

▷鼓一, 狂一, 驅一, 挾一

10 14 【熄】 꺼질 식 | 職ㄒㄧˊ (xi) | そく(ヤム) die out

풀이 ①꺼지다. 그침. ¶猶以一杯水 救一車薪之火也 不一則謂之水不勝火<孟子> ②없어지다. 망함. ¶王者之迹一而詩亡<孟子>

14 【榮】 ☞ 木部 10획(p. 784)

10 14 【熅】 1 숯불 온 | 文ㄩㄣ (yun) | うん
2 뭉근할 온 | 元 | あん
3 더울 온 | 阮ㄩㄣˋ | おん
4 다릴 온 | 問 (yun) | うん

풀이 1 ①숯불. 불꽃 없는 불. ¶鑿地爲坎 置一火<漢書> ②천지의 기운. ¶天地烟一<後漢書> ③따뜻하다. ¶天清澈地富一<新書> 2 뭉근하다. 불이 뭉근함. ¶一一. 3 덥다. 뜨거움. ¶一炳. 4 다리다. 다리미로 다림.

▷富一, 棼一, 煙一, 燿一

14 【熔】 鎔(p. 1547)의 俗字

10 14 【熉】 노랄 운 | 文ㄩˇ•ㄣˊ (yun) | うん(キイロイ) yellow
吻

풀이 노랗다. 노란 모양. ¶照紫幄珠一書<漢書>

10 14 【熊】 1 곰 웅 | 東ㄒㄩㄥˊ (xiong) | ゆう(クマ) bear
2 세발자라 내 | 灰 | だい

풀이 1 ①곰. ¶一膽/一魚. ②빛나는 모양. ¶一一. 2 세 발 자라. 같能. ¶今夢黃一入於寢門<左氏傳>

【熊經鳥伸】ゆうけいちょうしん(웅경조신) 도가(道家) 도인법(導引法)의 한 가지. 熊經은 곰이 앞발로 나무를 잡고 서서 숨을 쉬는 것, 鳥伸은 새가 목을 길게 빼고 숨을 쉬는 것으로, 그와 같이 호흡을 조절함.

【熊膽】ゆうたん(웅담) 곰의 쓸개. 약으로 씀.

▷夢一, 夢一夢羆, 白一, 伏一, 封一, 北一, 馮媛當一, 有一, 赤一, 蹲一

10 14 【熒】 1 등불 형 | 靑ㄧㄥˊ (ying) | けい lamp えい
2 내 이름 형 | 庚
3 미혹할 영 | 迥

源 會意. 불꽃[炏]으로 덮어 가린다[冖]는 뜻으로, 집 안을 밝히는 등불을 뜻함.

풀이 1 ①등불. 등불의 불빛. ¶一一. ②빛나다. ¶美人一一兮 顏若苕之榮<史記> ③밝다. ¶明星一一<杜牧> ④등(燈). 불꽃이 작은 등. ¶守突奧之一燭<漢書> ⑤아찔하다. 당혹함. ¶而目將一之<莊子> ⑥풀 이름. 나리의 한 가지. ⑦개똥벌레. 通螢. ¶一光/一火. ⑧경영하다. 通營. ⑨빛이 조금 비치는 모양. 희미함. 2 내 이름. 같滎. 3 미혹하다. 갈피를 잡지 못함. 通瑩. ¶是皇帝之所聽一也<莊子>

【熒惑】けいわく(영혹) 미혹함. 현혹함.
(형혹) ①재화(災禍)·병란(兵亂)의 징조를 보여 준다는 별. 화성(火星)의 이칭. ②화신(火神)의 이름.

▷晶一, 煌一

14 【滎】 ☞ 水部 10획(p. 906)

10 14 【熇】 1 뜨거울 혹 | 沃ㄏㄨˋ (hu) | こく(アツイ)
2 불꽃 셀 학 | 藥ㄏㄜˋ (he) | かく
3 엄할 효 | 肴ㄎㄠˇ | こう
4 불에 쬘 고 | 號 (kao) | こう

풀이 1 ①뜨겁다. 불이 뜨거움. ②활활 타는 모양. ¶多將一一<詩經> 2 불꽃이 세차다. 불이 세차게 타는 모양. ¶一一. 3 ①엄하다. 通嗃. ¶一一. ②볕에 바래다. 같�. 4 불에 쬐다. 불에 쬐어 굽거나 말림. 같燺. ¶一焚.

【熇暑】こくしょ(혹서) ☞酷暑(혹서).

14〖熀〗 晃(p. 720)의 俗字

10 14〖熏〗 연기낄 훈 | 㓜ㄒㄩㄣ (xun) | くん (クスブル) *smoke up*

略熏 俗燻

풀이 ①연기가 끼다. 연기가 올라감. ②그을리다. ㉮연기에 그을리다. ¶穹窒一鼠＜詩經＞ ㉯향을 피우다. ¶一香. ③스미다. 스며듦. ¶嵐一瘴染却膚腴＜蘇軾＞ ④타다. 태움. ¶憂心如一＜詩經＞ ⑤뜨겁다. ⑥화기(火氣)가 성하다. ⑦움직이다. 감동함. ¶一天. ⑧황혼. 땅거미. ¶一夕. ⑨분홍빛. 通纁. ¶玄衣一裳＜禮記＞ ⑩취하다. 술 취함. ⑪향을 몸에 바르다. ⑫사물의 모양.

【熏腐】くんぷ(훈부) ①남자를 거세함. 궁형(宮刑)에 처함. ②환관(宦官)을 이름.

【熏腐之餘】くんぷのよ(훈부지 여) 환관(宦官)을 이름.

【熏夕】くんせき(훈석) 저녁 때. 黃昏(황혼).

【熏子】くんし(훈자) 남자의 음부를 그스름. 환자(宦者)를 이름.

【熏風】くんぷう(훈풍) 동남풍. 景風(경풍).

▷光一, 三一, 燒一, 屋鼠不一, 香一, 火一

14〖熈〗 熙(p. 950)의 俗字

11 15〖熲〗 빛날 경 | 迥ㄐㄩㄥˇ (jiong) | けい (カガヤク) *shine*

풀이 ①빛나다. 반짝반짝 빛남. 같耿. ¶神光兮一一＜楚辭＞ ②빛. 불빛. 멀리 빛나는 빛. ¶不出于一＜詩經＞ ③경침(警枕). 잠을 자면 떨어져서 깨도록 만든 둥근 나무토막 베개. 通穎. ¶一枕琴瑟＜禮記＞

11 15〖熢〗 1 연기 자욱할 봉 東 / 2 불기운 봉 董 | ほう

풀이 1 연기가 자욱하다. 연기 낀 모양. ¶一焞. 2 불기운. 화기(火氣). ¶一 熢焞火氣＜集韻＞

15〖熨〗 烽(p. 939)과 同字

11 15〖熟〗 익을 숙 | 屋ㄕㄨˊ (shu) | じゅく (ニル, ミノル) *ripe*

풀이 ①익다. ㉮날것이 익다. 삶아짐. ¶宰夫胹熊蹯不一＜左氏傳＞/半一. ㉯곡식·과일 따위가 영글다. ¶歲則大一＜書經＞ ㉰익숙하다. 숙달함. ¶目一朝廷之事＜唐書＞/習一. ㉱완전한 데까지 이르다. ¶思之未一＜周髀算經＞ ②익히다. 삶아서 익게 함. ¶君賜腥 必一而薦之＜論語＞/一食. ③생물이 잘 자라게 하다. ¶成一萬物＜史記＞ ④무르다. 무르게 하다. ¶委靡軟一＜唐書＞ ⑤익히. 곰곰히. 유심히. ¶灌將軍一視笑曰＜史記＞/深思一考.

【熟考】じゅっこう(숙고) 곰곰 생각함. 충분히 생각함. 熟思(숙사). 熟慮(숙려).

【熟達】じゅくたつ(숙달) 익숙하여 통달함. 熟練(숙련). ↔未熟(미숙).

【熟讀】じゅくどく(숙독) 충분히 음미하면서 읽음. 익숙하도록 읽음.

【熟讀玩味】じゅくどくがんみ(숙독완미) 충분히 되풀이해 읽어서 그 뜻을 깊이 음미함.

【熟練】じゅくれん(숙련) ①익숙함. 熟達(숙달). ¶一工. ②누인 명주로 지은 의복. ¶一試單衣＜陸游＞

【熟眠】じゅくみん(숙면) 잠이 깊이 듦. 또는, 그런 잠. 熟睡(숙수). 熟寐(숙매).

【熟蕃】じゅくばん(숙번) 대륙 문화에 동화된 대만의 번족(蕃族). ↔生蕃(생번).

【熟設】(숙설)韓 잔치 때 음식을 만듦. ¶一間.

【熟設次知】(숙설차지)韓 ☞熟手(숙수)②.

【熟手】じゅくしゅ(숙수) ①솜씨가 노련한 사람. 또는, 숙련된 솜씨. 熟練家(숙련가). ②韓 잔치 때 음식 조리를 맡은 사람. 또는, 그 일을 업으로 삼는 사람. 熟設次知(숙설차지).

【熟語】じゅくご(숙어) ①두 개 이상의 낱말이 합쳐서 하나의 뜻을 나타내는 말. 익은말. ②☞熟字(숙자).

【熟女眞】じゅくじょしん(숙여진) 만주 서남부에 있어, 요(遼)에 순종하던 여진족(女眞族). ↔生女眞(생여진).

【熟議】じゅくぎ(숙의) 충분히 의논함. 深議(심의).

【熟字】じゅくじ(숙자) 한자어에 있어 두 자 이상이 합쳐서 하나의 뜻을 나타내는 말. 林, 明 따위. 熟語(숙어)②.

【熟知】じゅくち(숙지) ①익히 앎. 잘 앎. 詳知(상지). ②서로 잘 아는 사이의 사람.

【熟地黃】じゅくちこう(숙지황) 생지황(生地黃)을 술에 넣고 여러 번 찐 한약재. 보혈(補血)·보음(補陰)의 강장제로 씀. 熟苄(숙변). ↔生地黃(생지황).

【熟醉】じゅくすい(숙취) 술에 녹초가 될 정도로 취함. 爛醉(난취). 酩酊(명정). 沈醉(침취). ¶一爲身謀＜杜甫＞

【熟親】じゅくしん(숙친) 정분이 아주 가까움. 또는, 그 친분.

【熟曉】じゅくぎょう(숙효) 깊이 통달함. 정통(精通)함.

▷爛一, 登一, 晩一, 未一, 半生半一, 半一, 蕃一, 成一, 收一, 睡一, 習一, 練一, 軟一, 完一, 圓一, 異一, 飪一, 稔一, 精一, 劑一, 早一, 秋一, 豊一, 烹一, 亨一, 和一, 黃一, 洽一

11 15〖熠〗 빛날 습 | 緝ㄧˋ (yi) | ゆう, しゅう (カガヤク) *bright*

풀이 ①빛나다. 선명함. ¶一耀其羽＜詩

經> ②빛. 밝은 빛. ㉮曄. ¶一 盛光也 <說文>
▷明一, 宵一, 熠一, 燿一, 煜一, 煌一

11 15 〖熯〗 ①공경할 연 ②말릴 한 ③불기 한 | ㄖㄢˇ (ran) | ぜん (ツツシム) | respectful | ㄏㄢˋ (han) | かん (カキ)

풀이 ①①공경하다. ¶我孔一矣<詩經> ②불 사르다. 태움. ¶燒炳一焚鄭地<管子> ②말리다. ㉮焊 暵. ¶一 乾也<集韻> ③불기[火氣]. 불기운. ¶燥萬物者 莫一乎火<易經>

11 15 〖熱〗 더울 열 | ㄖㄜˋ (re) | ねつ(アツイ) | hot

풀이 ①덥다. 따뜻하다. ¶如火益一<孟子>/一食. ②더워지다. 타다. ¶天下敖然如焦一<淮南子>/炙手可一<唐語林> ③더위. 여름철 더운 기운. ¶觸冒一<北史> ④열. ㉮더운 감각을 주는 본원(本源). ¶地藏其一<揚雄> ㉯몸의 열. 체온. ¶靜勝一<老子>/平一. ㉰체온이 높아지는 병. 열병. 또는, 병으로 높아진 체온. ¶使人身一無色 頭痛嘔吐<漢書>/煩一. ⑤몸달다. 흥분함. 열중함. ¶身沒名亦盡 念之五情一<陶潛> ⑥바쁘다. 때를 만나 드날림. ¶非不愛作一官<北齊書>

【熱客】ねっかく(열객) ①더위를 무릅쓰고 오는 빈객. ②권세 있는 사람을 봉영(逢迎)하는 사람. ③친밀한 손. ④창기(娼妓)에게 열중하는 손.
【熱狂】ねっきょう(열광) 미친 듯이 열중함. 너무 기뻐 미친 듯이 날뜀.
【熱氣】ねっき(열기) ①뜨거운 기운. 더위. ②높은 체온. 또는, 분발하는 기세.
【熱帶】ねったい(열대) 적도(赤道)를 중심으로 하여 남북 회귀선(回歸線) 사이의 지대. ↔寒帶(한대).
【熱量】ねつりょう(열량) 열을 양(量)으로 표시한 것. 칼로리(calorie)로 표시함.
【熱烈】ねつれつ(열렬) ①관심이나 감정 따위가 더할 나위 없이 강함. 또는, 열성의 정도가 맹렬함. ②권세가 대단함. ¶居乎一之勢<抱朴子>
【熱望】ねつぼう(열망) 열렬히 바람. 또는, 진심으로 원함. 渴望(갈망).
【熱辯】ねつべん(열변) 열렬한 변설(辯舌).
【熱病】ねつびょう(열병) 신열(身熱)이 대단히 나는 병. 장티푸스 따위.
【熱性】ねっせい(열성) 걸핏하면 격앙(激昻)하기 쉬운 성질. 격하기 쉬운 성질. ↔冷性(냉성).
【熱誠】ねっせい(열성) 열렬한 정성. 극히 깊은 성심(誠心). 丹誠(단성). 赤誠(적성).
【熱水】ねっすい(열수) 뜨거운 물. 데운 물. ↔冷水(냉수).
【熱心】ねっしん(열심) 한 가지 일에 깊이 마음을 쏟음. 熱中(열중). 「랑.
【熱愛】ねつあい(열애) 열렬히 사랑함. 또는, 그 사
【熱演】ねつえん(열연) 영화, 연극, 음악 등에서 열렬하게 연기함.
【熱意】ねつい(열의) 열렬한 마음. 열렬한 의지.
【熱戰】ねっせん(열전) ①열띤 격렬한 승부. 또는, 열렬한 쟁패전(爭霸戰). ②무력에 의한 본래의 전쟁. ↔冷戰(냉전).
【熱情】ねつじょう(열정) ①열렬한 애정. 뜨거운 정. ②열중하는 마음. 情熱(정열). ¶一的.
【熱中】ねっちゅう(열중) ①정신을 한 곳으로 집중시킴. ②초조하게 몸닮. 또는, 번민함. ¶心熱曰一<書言故事>
【熱湯】ねっとう(열탕) ①끓는 물. ②뜨거운 물. ③끓는 국.
【熱河】ねっか(열하) 중국 하북성(河北省) 승덕현(承德縣)의 이칭. 요하(遼河) 상류에 있으며, 목축이 성함.
【熱血】ねっけつ(열혈) ①뜨거운 피. ②열정으로 인하여 끓는 피. 情熱(정열). 熱誠(열성). ¶一男兒. 「중.
【熱火】ねっか(열화) ①뜨거운 불. ②매우 급한 화
▷苦一, 高一, 暖一, 癉一, 毒一, 微一, 發一, 白一, 煩一, 沸一, 盛一, 燒一, 勝一, 身一, 餘一, 炎一, 温一, 鬧一, 隆一, 耳一, 殘一, 低一, 電一, 蒸一, 滄一, 焦一, 平一, 解一, 向學一, 酷一, 火一

15 〖瑩〗 ☞ 玉部 10획(p. 1001)

11 15 〖熬〗 볶을 오 | ㄠˊ (ao) | ごう(イル) | parch

풀이 ①볶다. ㉮마른 것을 타도록 익히다. ¶共飯米一穀<周禮>/煎一. ㉯음식에 물을 약간 붓고 끓이다. ¶少汁則一而不可熟<後漢書> ②심한 고통을 견디다. ¶一夜/一刑. ③근심하는 소리. ¶下至衆庶 一一苦之<漢書>
▷敖一, 煎一, 焦一, 烹一, 炮一

15 〖窯〗 ☞ 穴部 10획(p. 1119)

11 15 〖熨〗 ①눌러 덥게할 위 ②다릴 울 | ㄩˋ (yu) | ㄨㄟˋ (wei) | い うつ (ノス) | iron

풀이 ①①눌러서 덥게 하다. 의료(醫療)하는 방법의 하나. ¶更一兩脇下<史記> ②고약을 눌러 붙이다. ¶案杌毒一<史記> ②①다리다. 다리미로 옷 따위의 주름을 폄. ¶一衣燈火映深房<白居易>/一貼. ②다리미. 의복 따위의 주름을 펴는 기구. ¶火斗曰一<通俗文>/一斗.

熨斗(三才圖會)

【熨斗】うっと(울두) 다리미. 火斗(화두).
▷攻一, 毒一, 洗一, 澡一, 湯一, 砭一, 火一

11 15 〖熭〗 널어 말릴 위 | ㄏㄨㄟˋ (hui) | えい

15〖爊〗 炙(p.934)의 俗字

15〖熒〗 爨(p.960)과 同字

11
15〖熛〗 불똥 표 | 圖ㄅㄧㄠ (biao) | ひょう(トビヒ) *spark*

풀이 ①불똥. 튀어 흩어지는 썩 작은 불덩이. ¶一至風起<史記> ②불똥 튀다. ¶炎熾一怒<詩經·注> ③빛나다. ¶雷動電一<後漢書> ④붉다. 붉은 색. ¶前一闕而後應門<揚雄> ⑤질풍. 빠른 바람. ¶卒如一風<史記>

【熛至風起】ひょうしふうき(표지풍기) 비화(飛火)처럼 빨리 달려옴. 재빨리 도달함.

15〖勲〗 勳(p.225)의 略字

12
16〖燉〗 이글거릴 돈 | 园ㄉㄨㄣˋ (dun) | とん

풀이 ①이글거리다. 불이 성(盛)한 모양. ¶一 火盛皃<玉篇> ②불빛. ¶一 火色<集韻> ③찌다. ¶俗謂隔湯氣熟物曰一<中華大字典>

【燉煌】とんこう(돈황) 감숙성(甘肅省) 서부(西部)에 있는 땅 이름. 불교가 서역(西域)에서 처음 들어온 곳. 여기서 전진(前秦) 당(唐) 대에 걸쳐 만든, 불교 예술의 귀중한 문서, 불전, 조각, 벽화 등이 발굴됨. 敦煌(돈황).

12
16〖燈〗 등불 등 | 圜ㄉㄥ (deng) | とう(トモシビ) *lamp*

풀이 ①등불. 등명(燈明). ¶上元然一 自昏至晝<春明退朝錄>/一影. ②등. 등잔. ¶一下不明/街一. ③《佛》 불법. 부처의 가르침. 불법(佛法)을 등불에 비유해서 이름. ¶佛所言 如一傳照<大般若經>

【燈檠】とうけい(등경) 등잔걸이. 燈架(등가).

【燈期】とうき(등기) 등불을 보고 즐기는 시기란 뜻으로, 상원절(上元節)을 이름. ¶微雨惱一<陸游>

【燈臺】とうだい(등대) ①등불을 올려 놓는 대(臺). 燈架(등가). 燈檠(등경). ②항로(航路) 표지의 한 가지. 해안이나 섬에서 밤에 불을 켜 놓아 뱃길의 목표나 위험한 곳의 소재를 알리는 장치. 燈塔(등탑). 光塔(광탑).

【燈籠】とうろう(등롱) 대오리나 철사로 살을 만들고, 종이나 헝겊을 씌워 그 속에 등불을 켜 놓는 기구. 작대기를 달아 들고 다니기도 하고 매달아 놓기도 함. 초롱. ¶壁上掛葛一<南史>

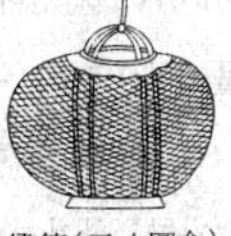
燈籠(三才圖會)

【燈籠草】とうろうそう(등롱초) 꽈리. 곧, 산장(酸漿)의 이칭. 열매가 등롱 비슷하여 붙인 이름.

【燈明】とうめい(등명) ①등불. 또는, 등불의 밝음. ¶煎灼一<後漢書> ②《佛》 부처 앞에 바치는 등불. 또는, 미혹의 어둠을 환히 비추어 쫓는 지혜의 빛. ¶百千一 懺悔罪<菩薩藏經>

【燈夕】とうせき(등석) 음력 정월 보름날. 상원 저녁에 등불을 달아 밤을 비추는 일. 元宵節(원소절). ¶嘗一設宴<宋史>

【燈心】とうしん(등심) 등잔의 심지. 등심초의 고갱이로 만듦. 燈炷(등주).

【燈油】とうゆ(등유) 등불에 쓰는 기름.

【燈盞】とうさん(등잔) 등불의 기름을 담아서 불을 켜는 데 쓰는 기구. 사기나 쇠붙이 따위로 만듦.

【燈節】とうせつ(등절) ①《佛》 음력 사월 초파일. 연등절(燃燈節)의 준말. ②중국에서, 음력 정월 보름날로부터 열이렛날에 이르기까지 집집마다 초롱을 내겂. 元宵節(원소절). 燈夕(등석).

【燈炷】とうしゅ(등주) 등불 심지. 燈心(등심).

【燈燭】とうしょく(등촉) 등불과 촛불. 등불. ¶夜張一 設帳帷<漢書>

【燈皮】(등피)韓 남포의 불을 밝게 하기 위해 쓰는 유리로 만든 기구.

【燈下不明】とうかふめい(등하불명) 등잔 밑이 어둡다는 우리말의 속담과 같은 뜻으로, 가까운 데 생긴 일을 먼 데 일보다 더 모른다는 비유.

【燈火】とうか(등화) 등불.

【燈火可親】とうかシタシムベシ(등화가친) 등불을 가까이할 만하다는 뜻으로, 가을 밤은 서늘하여 등불 밑에서 글을 읽기 좋다는 말. ¶新涼入郊墟 燈火稍可親<韓愈>

【燈火管制】とうかかんせい(등화관제) 적의 야간 공습에 대비하여 등불을 가리거나 끄게 하는 일.

▷街一, 檠一, 孤一, 毬一, 冷一, 籠一, 萬一, 明一, 微一, 放一, 法一, 佛一, 貧者一一 一, 檠一, 常夜一, 石一, 聖一, 焠一, 神一, 暗一, 魚一, 瓦斯一, 誘蛾一, 殘一, 長明一, 電一, 傳一, 點一, 提一, 挑一, 走馬一, 篝一, 青一, 風一, 風前一, 寒一, 行一, 軒一, 獻一, 弧一, 紅一, 華一

16〖燗〗 爤(p.960)과 同字

12
16〖燎〗 화톳불 료 | 圖ㄌㄧㄠˇ 圖(liao) | りょう *bonfire*

풀이 ①화톳불. 모아 놓은 장작 따위에 지펴 놓은 불. ¶庭一之光<詩經>/一火. ②태우다. 타다. 불을 놓음. 연소(燃燒)함. ¶若火之一于原<書經>/火一眉毛. ③밝다. 화톳불을 놓은 듯이 밝음. ¶佼人一兮<詩經>/一朗. ④불에 쬐다. 불로 말리거나 따뜻이 함. ¶光武對竈一衣<後漢書> ⑤들불. 야화(野火). ¶一之方揚<詩經> ⑥섶을 태워 하늘에 지내는 제사. ¶一祭天 報之義也<白虎通>/郊一之禮<晋書>

【燎原】りょうげん(요원) ①불이 들판을 태움. 또는, 들판을 태우듯이 불길이 맹렬하게 번져 감.

②화란(禍亂)을 쉽게 평정하기 어려움의 비유. ¶一之火.
▷郊一, 猛一, 門一, 燔一, 焚一, 守一, 柴一, 薪一, 炎一

12 16【燐】 도깨비불 린 | (真)ㄌㄧㄣˊ (lin) | りん (オニビ) *elffire*

풀이 ①도깨비불. 귀화(鬼火). ¶久血爲一<淮南子> ②인. 비금속 원소의 하나. ¶黃一/赤一. ③반딧불. 형화(螢火). ¶一 螢火也<詩經·注>

【燐光】りんこう(인광) ①황린을 공기 중에 방치할 때 저절로 생기는 푸른 빛. ②금강석이나 방해석(方解石) 따위에 빛을 비추었다가 그 빛을 없앤 뒤에도 잠시 방출하는 빛.
▷鬼一, 白一, 野一, 赤一, 黃一

12 16【燔】 구울 번 | (元)ㄈㄢˊ (fan) | はん(ヤク) *burn*

풀이 ①굽다. 불이 미치는 면을 넓히어서 태움. ¶炮之一之<詩經> ②불에 찐 제물이나 구운 고기. ㉺膰. ¶與執一焉<左氏傳>

【燔瘞】はんえい(번예) 하늘과 땅에 제사지내는 일. 燔은 천제(天祭) 때 희생을 불에 태우는 일, 瘞는 땅에 제사지낼 때 희생을 땅에 묻는 일.
【燔祭】はんさい(번제) 유태교에서 하늘에 지내는 제사의 한 가지. 조석(朝夕)과 안식일 또는 매달 초하루 등에 지냄.
【燔鐵】(번철)㊎ 지짐질할 때에 쓰는 무쇠 그릇. 煎鐵(전철).
▷燒一, 炰一

16【燓】 焚(p. 945)과 同字

12 16【燒】 1 사를 소 2 야화 소 | (蕭)ㄕㄠ (嘯)(shao) | しょう (ヤク) *burn*

풀이 1①사르다. 불태움. ¶非秦記皆一之<史記>/一却. ②타다. 불에 탐. ¶薰以香自一<漢書>/燃一. ③익히다. 불에 쬐어 익게 함. ¶上手自一二梨以賜之<鄴侯家傳> ④애태우다. 안달함. ¶悔至心自一<孟郊> ⑤소주(燒酒)의 준말. ¶高粱一/麥一. ⑥연무(煙霧) 따위가 해에 비치어 붉게 되다. ¶氣一天地紅<岑參>/晩霞一迴潮<顧況> ⑦불꽃처럼 붉다. ¶火齊滿枝一夜月<皮日休> 2①야화(野火). 들에 놓은 불. ¶夕照紅於一<白居易> ②불나다. 화재가 일어남. ¶齊之北澤一 火光照堂下<管子>

【燒却】しょうきゃく(소각) 태워 버림. 燒棄(소기). ¶一場.
【燒死】しょうし(소사) 불에 타 죽음.
【燒失】しょうしつ(소실) 불에 타 없어짐. 燒亡(소망). ¶家屋一.
【燒夷】しょうい(소이) ①불태워 없앰. ¶一彈. ②불질러 토평(討平)함. ¶項羽遂一齊城郭<漢書>
【燒夷彈】しょういだん(소이탄) 인축(人畜), 가옥 등을 불사르는 데에 쓰는, 포탄이나 투하 폭탄.
【燒酒】しょうしゅ(소주) 증류(蒸溜)하여 만든 무색 투명한 독한 술. 燒酎(소주). 火酒(화주). ¶一之法 自元始<飮膳正要>
【燒紙】しょうし(소지) ①장사 지낼 때 돈 모양의 종이를 태우는 일. ②신령 앞에서 비는 뜻으로, 얇은 종이를 오려서 불을 붙여 공중으로 날리는 민속. 또는, 그 종이.
【燒盡】しょうじん(소진) 죄다 타 버림.
▷劫一, 屠一, 半一, 兵一, 焚一, 山一, 爇一, 宿一, 野一, 延一, 燃一, 獵一, 類一, 殘一, 雜一, 田一, 全一, 縱一, 薰以香自一

16【⿰阝⿱㒸火】 燧(p. 956)와 同字

12 16【燖】 1 삶을 심 2 튀할 점 | (侵)ㄒㄩㄣˊ (鹽)(xun) | しん *boil* せん

풀이 1①삶다. 음식을 삶아 익힘. ¶以炮以一<路史> ②데우다. 따뜻하게 함. ¶若可一也 亦可寒也<左氏傳> ③새로이하다. 세월이 흘러 열이 식어진 동맹이나 사귐을 부활함. ¶一盟. 2튀하다. 새, 짐승의 털을 뽑기 위해 끓는 물에 잠깐 넣었다 꺼냄. ¶一 沈肉於湯也<集韻>

【燖炮】じんぽう(심포) 삶는 일과 굽는 일. ¶一煨爊孰飛奔<韓愈>

12 16【燃】 사를 연 | (先)ㄖㄢˊ (ran) | ねん(モエル) *burn*

풀이 사르다. 열을 내며 탐. ㉺然. ¶一犀角而照之<晉書>/一燒.

【燃燈會】ねんとうかい(연등회)(佛) 불교 의식으로, 음력 정월 보름에 등불을 켜고 부처에게 복을 빌며 노는 놀이. 燃燈(연등).
【燃料】ねんりょう(연료) 열을 얻기 위하여 태우는 재료. 석탄, 나무, 기름, 가스 따위.
【燃燒】ねんしょう(연소) 탐. 물질이 공기 중의 산소와 결합하여 열과 빛을 내는 현상.
▷可一, 不一, 再一

12 16【燕】 1 제비 연 2 연나라 연 | (霰)ㄧㄢˋ (yan) (先)ㄧㄢ (yan) | えん (ツバメ) *swallow*

풀이 1①제비. ㉺鷰. ¶一雀不知天地之高<鹽鐵論>/一雛. ②잔치. 잔치하다. 通 宴 醼 讌. ¶我有旨酒 嘉賓式一以敖<詩經>/一樂. ③편안하다. 편안히 하다. 한가하여 심신이 편안함. 또는, 편안하게 함. ¶有它不一<易經>/一居/一息. ④어여쁜 모양. ¶一婉之求<詩經> 2연 나라. ㉮전국(戰國) 시대 화북(華北)에 있던 나라. 칠웅(七雄)의 하나. ㉯동진(東晋) 때, 선비족

(鮮卑族)이 지금의 하북, 산서성에 세운 나라.

【燕居】えんきょ(연거) 한가히 집에 있음. 燕處(연처). 安居(안거). 閒居(한거). 宴居(연거). ¶子之─ 申申如也<論語>

【燕京】えんけい(연경) 북경의 별명. 오대(五代) 이후에 그렇게 불림. 연(燕)의 도읍지였던 데서 유래.

【燕几】えんき(연궤) ①거실에서 몸을 편안히 기대는 안석. ¶綴足用─<儀禮> ②연회 때 놀이에 쓰던 안석.

燕几 ①
(三才圖會)

【燕器】えんき(연기) 느긋이 휴식할 때 쓰는 기구. ¶敬則用─<禮記>

【燕丹】えんたん(연단)《人》전국 시대, 연(燕)의 태자인 단(丹). 희(喜)의 아들로 진(秦)에 볼모로 잡혀 있다가 도망하여, 형가(荊軻)를 시켜 진시황(秦始皇)을 죽이려다 실패함. 진이 연을 침공하자 연의 임금은 단을 목베어 진에 바침.

【燕臺召】えんだいしょう(연대소) 임금에게 은총을 받음. 연(燕)의 소왕(昭王)이 대(臺)를 쌓고 어진 이를 초청한 옛일에서 유래.

【燕礫】えんれき(연력) ☞燕石(연석).

【燕禮】えんれい(연례) 군신(君臣)·상하(上下)가 함께 즐기는 잔치. 宴禮(연례). ¶凡養老有虞氏以─<禮記>

【燕麥】えんばく(연맥) 귀리.

【燕毛】えんもう(연모) 제사를 지내고 술을 마실 때, 모발(毛髮)의 빛깔로 장유(長幼)의 석차를 정하는 예(禮).

【燕尾服】えんびふく(연미복) 빛깔은 검고 저고리의 뒷자락이 제비꼬리 모양인 남자용 서양 예복의 한 가지.

【燕服】えんぷく(연복) 임금이 신하들과 잔치를 베풀 때 입는 검은 평상복. 宴服(연복). 讌服(연복). 燕衣(연의).

燕服
(三才圖會)

【燕朋】えんぽう(연붕) 벗과 화목하게 지냄. 또는, 흉허물 없이 지내는 벗.

【燕私】えんし(연사) ①가족끼리 화목하게 격의 없이 이야기함. ②느긋하게 휴식을 취함. ③느긋한 가정 생활. 宴私(연사). 讌私(연사).

【燕商】えんしょう(연상) 북경(北京)에 왕래하던 상인(商人).

【燕石】えんせき(연석) 중국 하북성에 있는 연산(燕山)에서 나는, 옥(玉) 비슷하면서도 옥이 아닌 돌. 송(宋)의 어리석은 사람이 그 돌을 진짜 옥으로 믿어 세상 웃음거리가 된 옛일에서, 사이비(似而非)한 것, 가치가 없는 것을 비유하는 말. 燕礫(연력).

【燕席】えんせき(연석) 연회의 자리. 宴席(연석).

【燕室】えんしつ(연실) 한가하게 휴식하는 방. 연거(燕居)하는 방.

【燕樂】えんがく·(연악) 주연에서 연주하는 음악.
えんらく(연락) 잔치를 베풀고 즐김.

【燕安】えんあん(연안) 심신이 한가하고 편안함. 燕閒(연한).

【燕語】えんご(연어) ①제비가 지저귀는 소리. ②서로 화목하게 터놓고 하는 이야기. ③연석에서 서로 터놓고 이야기함. ④여자가 재잘거림.

【燕燕于歸】えんえんうき(연연우귀) 결혼을 이름. ¶若不是─<燕子箋>

【燕窩】えんか(연와) 바닷가 바위 틈에 사는 금사연(金絲燕)의 집. 물고기와 해조(海藻)를 물어다가 침을 발라 지은 것으로, 중국 요리의 진귀한 음식임. 燕巢(연소).

【燕衣】えんい(연의) 임금이 군신(群臣)들과 연회할 때 입는 평상복. 燕服(연복).

【燕翼】えんよく(연익) ①제비의 날개. ②조상이 자손을 도와 평안하게 함. 또는, 어진 신하가 임금을 보필하는 일. ¶詒厥孫謀 以─子<詩經>

【燕子】えんし(연자) 제비. 燕兒(연아). 玄鳥(현조).

【燕雀】えんじゃく(연작) ①제비와 참새. ②도량이 좁은 사람이나 소인(小人)의 비유.

【燕雀安知鴻鵠志】(연작 안지홍곡지) 제비나 참새 같은 작은 새가, 어찌 기러기나 고니 같은 큰 새의 뜻을 알겠느냐는 뜻으로, 소인은 영웅의 원대한 포부를 이해하지 못함의 뜻. ¶嗟呼─哉<史記>

【燕雀處屋】えんじゃくしょおく(연작처옥) 안거(安居)하여 화(禍)가 장차 미칠 것을 잊고 있음의 비유로, 연작이 사람의 집에 의지하여 집짓고 살면서 그 집이 불이 나서 는 줄도 모르고 있었다는 옛 우화에서 나온 말. ¶─ 子母相哺<孔叢子>

【燕朝】えんちょう(연조) 천자가 편히 쉬는 궁전. 內朝(내조). 便殿(편전).

【燕脂】えんし(연지) ①여자가 단장할 때에 양쪽 뺨에 찍는 화장품. 臙脂(연지). ②영거시과의 한해살이풀. 또는, 이 풀을 원료로 해서 만든 홍색 안료(顔料). 紅藍(홍람).

【燕處】えんしょ(연처) 한가로이 집에 머묾. 燕居(연거).

【燕出】えんしゅつ(연출) 천자의 미행(微行). ¶諫臣多言 ─之害及女寵<漢書>

【燕寢】えんしん(연침) 천자가 편히 쉬는 궁전. ¶還開─賦詩工<高啓>

【燕惰】えんだ(연타) 몸단속을 하지 않음. 또는, 노는 데 팔려 일을 게을리 함. ¶亦思醉其下─恐瀆君<陸游>

【燕風臺】えんぷうだい(연풍대) ①기생이 추는 탈춤의 한 가지. ②기생들이 노래를 부를 때 빙빙 돌아다니는 곳. ③농악의 장구 놀이에서, 장구 치는 사람이 빠른 속도로 온 몸을 거의 눕다시피하고 회전하는 동작.

【燕賀】えんが(연하) 제비가 사람이 집짓는 것을 보고 축하하여 기뻐한다는 뜻으로, 남이 집을 짓는 것을 축하하는 말. 燕雀相賀(연작상하).

【燕閒】えんかん(연한) ①휴식함. 쉼. ②아무 근심이 없고 몸과 마음이 한가함. 燕安(연안).

【燕頷虎頸】えんがんこけい(연함호경) 제비 같은 턱과 범 같은 목. 먼 나라에서 봉후(封侯)가 될 인상이라 함. 燕頷虎頭(연함호두).

【燕行】えんこう(연행) 사신이 되어 연경(燕京)에 감. 또는, 그 일행(一行).

▷紺─, 驚─, 歸─, 金絲─, 幕上─, 拂

一, 飛一, 息一, 安一, 梁一, 燕一, 往一, 越一, 乳一, 族一, 周一, 春一, 寢一, 閒一

16〖㷊〗 熱(p.952)의 本字

16〖燄〗 焰(p.946)과 同字

12 16〖燁〗 빛날 엽 | 葉 ㄧㄝˋ (ye) | よう

▷燁一, 煒一, 焜一

16〖爗〗 燁(p.956)과 同字

16〖𤏸〗 燥(p.957)의 俗字

16〖㷖〗 鑄(p.1553)의 古字

12 16〖燀〗 1 밥지을 천 2 따뜻할 단 3 더울 천 | 銑 ㄔㄢˇ (chan) 旱 ㄉㄢˇ 先 (dan) | せん (カシグ) たん (アタタカ)

풀이 1 ①밥 짓다. 밥을 지으려고 불을 활활 땜. ¶一之以薪<左氏傳> ②불꽃이 이는 모양. ¶火無炎一<國語> ③맹렬하다. 세력이 불길처럼 맹렬함. ¶一耀威靈<漢書> ④불이 타다. ¶火之一也固定上<逸周書> 2 따뜻하다. 덥다. ¶衣不一熱<呂覽> 3 덥다. 더운 모양. ¶冬不淒寒 夏不炎一<何晏>/炎一.

12 16〖燋〗 1 홰 초 2 불 안붙인 홰 착 | 蕭 ㄐㄧㄠ (jiao) 覺 ㄑㄧㄠˊ (qiao) | しょう (タイマツ) torch さく

풀이 1 ①홰. 갈대 따위를 묶어서 불을 붙여 밝히는 물건. ¶以明火爇一也<周禮> ②그을다. 그을리다. 通焦. ¶一頭爛額<漢書> 2 ①불 안 붙인 홰. 불 붙인 홰는 촉(燭). ¶主者執燭抱一<禮記> ②거북을 태우다. ¶一灼龜也<集韻>

燋①(禮器圖)

12 16〖熾〗 성할 치 | 寘 ㄔˋ (chi) | し (サカン) furious

풀이 ①성하다. 횃불이 활활 유난히 타오름. 맹렬하게 일어남. 또는, 그 모양. ¶蕩心復一<杜子春>/一烈. ②불을 피우다. 불을 붙여 이글이글 피게 함. ¶柳一炭于位<左氏傳>

【熾烈】しれつ(치열) 불길이 매우 세거나 햇볕이 몹시 뜨거움. ¶陽光一 堅氷立消<列子>

▷繁一, 煽一, 盛一, 炎一, 隆一, 殷一, 昌一, 豊一

12 16〖燙〗 데울 탕 | 漾 ㄊㄤˋ (tang) | とう (アタタメル) warm

풀이 ①데우다. 끓는 물로 따뜻하게 함. ¶一 俗謂以熱水 温物曰一<中華大字典>/一酒. ②손을 쬐다. ¶一 俗又謂炙手曰一<中華大字典> ③中 ㉮사르다. ㉯인두질하다.

16〖螢〗 ☞ 虫部 10획(p.1331)

12 16〖熿〗 1 빛날 황 2 밝을 황 | 陽 漾 | こう (カガヤク, アキラカ)

16〖熺〗 熹(p.956)와 同字

12 16〖熹〗 성할 희 | 支 ㄒㄧ (xi) | き (サカン) furious

풀이 ①성하다. ㉮불이 활활 탐. ¶一炭重燔<木華> ㉯은성(殷盛)하다. 왕성함. ¶改元延一<後漢書> ②희미하다. 희미한 빛. ¶恨晨光之一微<陶潛> ③기뻐하다. 通喜. ¶劉寬碑 河東聞一<說文通訓定聲> ④밝다. 광명이 있음. ¶東暾淡未一<楊萬里> ⑤희롱하다. 장난침. ¶神龍所一<漢靈臺碑> ⑥밥을 짓다.

17〖黛〗 ☞ 黑部 5획(p.1693)

13 17〖燮〗 화할 섭 | 葉 ㄒㄧㄝˋ (xie) | しょう (ヤワラグ)

풀이 ①화하다. 조화(調和)함. 조화시킴. ¶一賴時相 感應由聖君<王禹偁>/一理陰陽<書經> ②삶다. 불로 익히다. ¶一 火熟也<玉篇> ③점차로. 차츰차츰. ¶一一涼葉奪<江淹> ④韓 불꽃.

【燮理陰陽】しょうりいんよう(섭리음양) ①천지의 도(道)를 조화시킴. 뜻이 바뀌어, 재상이 나라를 다스림을 이름. ¶惟三公 論道經邦 一<書經> ②삼공(三公), 재상(宰相)의 직(職). ¶一 宰相之職<金史>

【燮和】しょうわ(섭화) ①조화시켜 알맞게 함. ¶一天下<書經> ②재상(宰相)의 직(職). ¶一皆達識<姚合>

▷燮一, 調一, 烹一, 緦一

13 17〖燧〗 부싯돌 수 | 寘 ㄙㄨㄟˋ (sui) | すい (ヒウチ) flint

풀이 ①부싯돌. 불을 일으키는 돌. 나무나 쇠붙이로도 대용함. ¶鑽一改火 期可已矣<論語>/石一/木一. ②횃불. ¶幽王爲烽一<史記> ③봉화. 적의 침입을 경보하는 불. ¶攻烽一<史記> ④적에 대한 경계. ¶息一而摧櫓<周邦彥> ⑤불을 취하다. ¶薰一而負戴<淮南子>

【燧烽】すいほう(수봉) 봉화(烽火). 燧는 낮에, 烽은 밤에 올리는 봉화. 烽燧(봉수).

【燧人氏】すいじんし(수인씨) 옛 중국 삼황(三皇)의 한 사람인 전설적인 인물. 처음으로 불을 일으켜 화식(火食)하는 법을 가르쳐 주었다 함.

▷鑽一, 擧一, 關一, 金一, 木一, 邊一, 烽

一, 巢一, 陽一, 炎一, 陰一, 亭一

17〖熒〗 燧(p.956)와 同字

13/17〖營〗 1 경영할 영 2 변명할 형 | 庚 ㅣㄥ (ying) 靑 | えん (イトナム) manage けい

풀이 1 ①경영하다. ㉮짓다. 만듦. ¶經之一之<詩經>/一造. ㉯재다. 측량함. ¶一丘壟之小大<呂覽> ㉰꾀하다. ¶豕人一之<儀禮> ㉱다스리다. ¶召伯一之<詩經> ㉲하다. 행함. ¶四一而成易<易經> ㉳갈다. 경작함. ¶萯藋是一<楚辭> ㉴얻다. ¶何往一班祿<楚辭> ㉵맡아보다. ¶執政一事<淮南子> ㉶꾸려 나가다. 알맞게 처리함. ¶賣炭得錢何所一<白居易> ②경영. 영위하는 것. ¶無一無欲<束皙> ③진영(陣營). 군사가 둔치는 가옥(假屋). ¶以師兵爲一衛<史記>/兵一/一舍. ④청(淸)대의 병제. 일영(一營)은 약 500명 규모의 부대. ¶第二一/綠一. ⑤활력(活力). ㉮신체를 경영하는 것. ¶取血於一<素問> ㉯한방·의학에서, 식품에서 얻어지는 에너지에 의한 것. ¶一養/一氣. ⑥집. 주거(住居). ¶冬則居一窟<禮記> ⑦오락가락하는 모양. ¶一一青蠅<詩經> ⑧미혹하다. 혹란(惑亂)함. 혹란케 함. 通 熒. ¶精神亂一 不得須臾平<淮南子>/一亂. ⑨두려워하다. 황공함. ¶夙夜屛一<後漢書>/正一. 2 변명하다. 변해(辯解)함. ¶口將一之<莊子>

【營內】えいない(영내) 진영(陣營)의 안. 병영(兵營)의 안. 營中(영중). 「法.

【營農】えいのう(영농) 농업을 경영함. ¶一費/一方

【營力】えいりょく(영력) 지구 표면을 변화시키는 힘. 물·바람·동식물 등의 작용에 의한 외적인 영력과, 지진·화산·지각 등의 운동에 의한 내적인 영력으로 나뉨.

【營利】えいり(영리) 이득을 꾀함. 재산상의 이득을 도모함. ¶一活動. 「¶一署.

【營林】えいりん(영림) 삼림(森林)을 경영하는 일.

【營門】えいもん(영문) ①군영의 문. 軍門(군문). ②감영(監營)의 이칭. ¶全羅一. ③구세군(救世軍)에서 개개의 교회를 일컫는 말.

【營私】えいし(영사) 사리(私利)를 꾀함. ¶憑公一.

【營舍】えいしゃ(영사) 병영의 건물. 營所(영소). 兵舍(병사).

【營繕】えいぜん(영선) 주로 토목이나 건축 따위에서, 새로 짓거나 수리하는 일. ¶比年一 竝已修整<晋書>

【營所】えいしょ(영소) ☞營舍(영사). ¶到一 先宣恩信<後漢書>

【營室】えいしつ(영실) ①가옥을 지음. ¶先王建都一<李華> ②별 이름. 28수(宿) 가운데 북방 현무(玄武) 일곱 별 중의 하나. ¶孟春之節 日在一<禮記> ③방. 영방(營房).

【營實】えいじつ(영실) 찔레나무의 열매. 이뇨제(利尿劑)로 씀.

【營養】えいよう(영양) 생물이 양분을 섭취하여 생명을 유지하는 일. 또는, 그러한 일을 하는 데 불가결한 양분. ¶一分/一價/一素.

【營業】えいぎょう(영업) ①사업을 경영함. ②영리를 목적으로 경영하는 사업. ¶一稅/一鑑

【營爲】えいい(영위) 일을 경영함. 「札.

【營田】えいでん(영전) ①토지를 경작함. 營農(영농). ②둔전제(屯田制)에 의한 경작지(耕作地). 또는, 둔전병(屯田兵)이 되는 일. ③전지(田地)에 관한 제도. 유민(流民)을 모아서 관(官)에서 여사(廬舍)를 주고 관을 위하여 경작에 힘쓰게 하는 일. 또는, 그 전지(田地). ④개간(開墾)한 토지. ⑤왕조시대 관부(官府)가 장정(壯丁)에게 경작시킨 토지. 공영전(公營田). 백성이 사비로 개간한 땅은 사영전(私營田)이라 하였음.

【營造】えいぞう(영조) 토목이나 건축 따위의 일을 경영함. 또는, 그 시설이나 건물. 營作(영작). ¶一物.

【營造尺】えいぞうじゃく(영조척) 목수(木手)들이 쓰는 자. 주척(周尺)의 1자 9푼 9리에 해당함. 木尺(목척). 「矢如雨中<魏志>

【營中】えいちゅう(영중) ☞營內(영내). ¶紹射一

【營倉】えいそう(영창) ①군대에서 군율(軍律)을 어긴 군인을 처벌하기 위해 수용하는 병영 안의 감금소(監禁所). ②영창에 갇힐 만한 벌(罰). 중영창(重營倉)과 경영창(輕營倉)이 있음.

▷監一, 經一, 公一, 共一, 空一, 官一, 軍一, 歸一, 禁一, 露一, 綠一, 屯一, 泊一, 邊一, 兵一, 屛一, 本一, 府一, 繕一, 水一, 修一, 宿一, 野一, 連一, 營一, 運一, 柳一, 斫一, 殘一, 裁一, 正一, 造一, 中一, 軫一, 陣一, 築一, 偸一, 廢一, 行一

17〖營〗 ☞ 言部 10획(p.1401)

13/17〖燠〗 1 따뜻할 욱 2 위로할 오 本 우 | 屋 ㄩˋ (yu) 遇 | いく (アタタカイ) warm う

풀이 1 ①따뜻하다. 더움. 열이 속에 있음. ¶問衣一寒<禮記> ②온화하다. 그윽하고 고상한 마음을 가짐. 通 隩. ¶史遷作其民一<書經·注> 2 위로하다. 아픈 데에 입김을 불어 따뜻이 함. 또는, 고통을 가엾이 여겨 위로하는 소리. ¶民人痛疾 而或一休之<左氏傳>

【燠休】いくく(오휴) ①남의 고통에 대한 염려 또는 아픈 데에 입김을 불어 따뜻이 하는 일. ②남의 궁핍을 돕는 일. 燠咻(오휴). ¶先料其民力 而一之<魏志>

▷極一, 涼一, 炎一, 燠一, 温一, 鬱一, 殘一, 災一, 暄一

13/17〖燥〗 마를 조 | 號 ㄗㄠˋ 皓 (zao) | そう (カワク) dry

풀이 ①마르다. 건조함. ¶一則欲溼 溼則

欲一＜呂覽＞ ②말리다. 건조시킴. ¶一萬物者 莫熯乎火＜易經＞ ③마른 것. ¶火就一＜易經＞

【燥渴症】(조갈증) 물을 자꾸 마셔도 계속 목이 마르는 병. 口渴症(구갈증). 「一症.

【燥急】そうきゅう(조급) 참을성이 없고 성급함. ¶

【燥吻】そうふん(조문) 바싹 마른 입술이란 뜻으로, 시문(詩文)의 가구(佳句)가 쉽게 떠오르지 않음을 이르는 말. ¶始躑躅于一 終流離于濡翰＜陸機＞

▷乾一, 枯一, 高一, 明一, 濕一, 卬一, 暘一, 炙一, 燥一, 焦一, 風一, 暵一, 亢一

13 17【燦】 빛날 찬 | ㊀ㄘㄢˋ (can) | さん(アキラカ) *shine*

【燦爛】さんらん(찬란) ①선명하게 빛나는 모양. ②눈부시게 아름다운 모양. 粲爛(찬란).

【燦然】さんぜん(찬연) 선명하게 빛나는 모양. 粲然(찬연). ¶文理一而厚＜春秋繁露＞

▷光一, 明一, 閃一, 燦一, 煥一

13 17【燭】 촛불 촉 | ㊀ㄓㄨˊ (zhu) | しょく(トモシビ) *candle*

풀이 ①촛불. ¶古人秉一夜遊＜李白＞/一火. ②초. 심지를 한가운데 박고 불을 켜는 것. ¶一淚在地 往往成堆＜歸田錄＞ ③비추다. 비침. ¶火一一隅＜呂覽＞ ④빛나는 모양. ¶一一晨明月＜蘇武＞ ⑤촉. 전등 따위의 밝기의 단위. ¶一光/三十一.

【燭光】しょっこう(촉광) ①등불 빛. ②전등 따위의 광도(光度) 단위.

【燭膿】しょくのう(촉농) 초가 탈 때 녹아서 엉기는 것. 촛농. 燭淚(촉루).

【燭臺】しょくだい(촉대) 촛대. 燭架(촉가). ¶銀一.

【燭籠】しょくろう(촉롱) ☞燈籠(등롱). ¶一左右列成行＜張籍＞

【燭淚】しょくるい(촉루) 촛농. 초가 녹아 내리는 것을 눈물에 비유한 말. 燭膿(촉농). ¶一落時民淚落＜春香傳＞

【燭陰】しょくいん(촉음) 종산(鍾山)의 신(神). 얼굴은 사람, 몸은 뱀 모양의 용신(龍神)으로, 눈을 뜨면 낮이 되고, 눈을 감으면 밤이 된다 함. 燭龍(촉룡).

燭陰(三才圖會)

【燭寸詩】しょくすんし(촉촌시) 시재(詩才)를 시험하기 위해, 초가 한 치 탈 동안에 짓게 하는 시. 刻燭爲詩(각촉위시).

▷刻一, 巨一, 炬一, 擧一, 膏一, 光一, 南天一, 蠟一, 丹一, 洞房花一, 燈一, 明一, 發一, 旁一, 秉一, 宵一, 手一, 夜一, 列一, 玉一, 燎一, 銀一, 殘一, 田一, 電一, 地一, 紙一, 智一, 執一, 燭一, 洞一, 風一, 熒一, 紅一, 華一, 輝一

13 17【燬】 불 훼 | ㊀ㄏㄨㄟˇ (hui) | き(ヒ) *fire*

풀이 ①불. 맹렬하게 타는 불. 열화(烈火)에 형체 없이 탐. ¶王室如一＜詩經＞ ②화재(火災). ¶一失.

14 18【燾】 비출 도 | ㊀ㄉㄠˋ (dao) ㊁ㄊㄠˊ (tao) | とう *shed on*

풀이 ①비추다. 온통 덮어 비춤. ¶周公盛魯公一＜公羊傳＞ ②덮다. 通幬. ¶伊我皇之仁德兮 配一育於二儀＜傅咸＞

14 18【爁】 불 번질 람 | ㊀ㄌㄢˋ (lan) | らん

풀이 ①불이 번지다. 불이 세차게 타 번짐. 화세(火勢)가 강함. ¶火一焱而不滅＜淮南子＞ ②세력이 강하다. ¶立事要 一炎而不定＜人物志＞

14 18【燹】 들불 선 | ㊀ㄒㄧㄢˇ (xian) | せん(ノビ)

풀이 ①들불. 야화(野火). ②병화(兵火). 병란(兵亂)으로 일어난 불. ¶經鬼章兵一＜宋史＞ ③맞불 놓다. ¶一 字林云逆燒＜廣韻＞

18【[火+爾]】 燹(p. 958)과 同字

14 18【燼】 깜부기불 신 | ㊀ㄐㄧㄣˋ (jin) | じん(モエノコリ) *dying fire*

풀이 ①깜부기불. 타다가 남은 것. 탄 나머지. ¶欲隨寒一滅＜韋應物＞/灰一/餘一. ②나머지. ㉮재난을 겪고 살아남은 백성. ¶民靡有黎 具禍以一＜詩經＞ ㉯멸망한 나라의 유민(遺民). ¶收二國之一＜左氏傳＞

【燼餘】じんよ(신여) ①불탄 나머지. ②살아 남은 사람. 또는, 유민(遺民).

▷焚一, 餘一, 煨一, 遺一, 火一, 灰一

14 18【燿】 1 빛날 요 2 뾰족할 초 3 녹일 삭 | ㊀ㄧㄠˋ (yao) ㊁ㄕㄠˋ (shao) ㊂ㄕㄨㄛˋ (shuo) | よう(カガヤク) *shine* そう(スルドイ) *sharp* しゃく

풀이 1 ①빛나다. 빛남. 같耀曜. ¶五色炫以相曜兮 爛一一以成光＜司馬相如＞ ②비추다. 비침. ¶焜一寡人之望＜左氏傳＞/流一. ③빛. 광명(光明). ¶天樞凝一＜宋書＞ ④밝다. ¶淳一惇大＜國語＞ 2 뾰족하다. 깎이어 가늘고 날카로움. ¶大胸一後＜周禮＞ 3 녹이다. 금속을 가열하여 녹임. 같鑠. ¶後世一金爲刃＜漢書＞

【燿蟬】ようせん(요선) 불빛을 밝혀 매미를 모여들게 함. 임금이 자신의 덕으로써 백성들을 감화시켜 모여들게 함의 비유.

▷光一, 詵一, 明一, 炳一, 鮮一, 昭一, 熠一, 焜一, 榮一, 靈一, 燿一, 煜一, 流一, 精一, 照一, 衒一, 華一, 晃一, 輝一

18【[貝+戈]】 熾(p. 956)의 古字

14 18 〖爀〗 붉을 혁 | 陌 | かく (アカイ)
㊐赫
풀이 붉다. 불빛이 붉음.

14 18 〖燻〗 그스를 훈 | 文 ㄒㄩㄣ (xun) | くん (クスブル) *scorch*
풀이 ①그스르다. 그슬림. 불에 쬐어 거죽만 조금 태워 검게 함. ㉠熏. ②연기가 끼다. ③질식하다.
【燻肉】くんにく(훈육) 훈제(燻製)한 짐승의 고기나 물고기.
【燻製】くんせい(훈제) 소금에 절인 생선이나 수육(獸肉)을 훈실(燻室)에 매달고 수지(樹脂)가 적은 떡갈나무·졸참나무 등을 태워 그 연기를 흡수시키면서 말린 것으로, 독특한 향기와 풍미를 가지는 저장용 식품. 베이컨·햄 따위.
【燻造】(훈조) 메주.
▷燒—, 屋鼠不—, 香—

15 19 〖爍〗 1 빛날 삭 2 벗겨질 락 | 藥 ㄕㄨㄛˋ (shuo) 覺 | しゃく *shine* らく
풀이 1 ①빛나다. 빛을 냄. ¶光—如電＜唐書＞/灼—. ②덥다. 뜨거움. ¶燀—熱暑＜枚乘＞ ③끄다. 꺼짐. ¶是人當肉—也＜素問＞ ④끓다. 태워서 끓음. ¶—絕竽瑟＜莊子＞ ⑤무너뜨리다. 완전히 무너지게 함. ¶下—山川之精＜莊子＞ ⑥녹다. 금속이 열에 녹음. 2 벗겨지다. 박락(剝落). ㉥落. ¶劉爆—而希也＜詩經·注＞
▷爍—, 閃—, 灼—

15 19 〖爇〗 불 사를 설 ㊉열 | 屑 ㄖㄨㄛˋ (ruo) | ねつ (ヤク)

19 〖爇〗 爇(p. 959)의 俗字

19 〖燓〗 燮(p. 956)의 俗字

15 19 〖爊〗 통째로 구울 오 | 豪 ㄠ (ao) | おう
풀이 ①통째로 굽다. 짐승을 털째로 구움. ②따뜻하게 하다.

15 19 〖爆〗 1 터질 폭 ㊉포 2 불사를 폭 3 말릴 박 | 效 ㄅㄠˋ (bao) 覺 藥 ㄅㄛˊ (bo) | ばく (サケル) *explode*
源 會意·形聲. 화열(火熱)에 의해서 속의 것이 노출되면서 밖으로 터져나옴을 뜻함.
풀이 1 터지다. 화력으로 갈라짐. ¶—裂. 2 ①불 사르다. ¶— 灼也＜玉篇＞ ②터져 벌어지다. 튀김. ¶冷灰裡有一粒豆子—＜傳燈錄＞ 3 ①말리다. 습기를 없앰. ¶— 火乾也 一曰 熱也＜集韻＞ ②지지다. 불로 지짐. ¶靈虵以神見—＜新論＞
【爆擊】ばくげき(폭격) 비행기에서 폭탄을 떨어뜨려 적의 진지나 중요 시설을 파괴하는 일. ¶—機.
【爆發】ばくはつ(폭발) ①화력(火力)으로 인하여 갑자기 터짐. 爆裂(폭렬). ¶—物. ②어떤 일이 별안간 터짐. ¶—的人氣.
【爆死】ばくし(폭사) 폭발물의 폭발로 인해 죽음. ¶—者.
【爆笑】ばくしょう(폭소) 갑자기 터져 나오는 웃음. 많은 사람들이 일시에 웃음을 터뜨림. 또는, 그 웃음.
【爆音】ばくおん(폭음) ①폭발하는 소리. 폭발물이나 화산 따위가 폭발할 때 남. ②항공기·오토바이 등의 발동기 안에서, 가솔린이 공급 되기 전에 기화(氣化)할 때의 소리.
【爆竹】ばくちく(폭죽) 가는 대통 속에 화약을 다져 넣고, 도화선으로 여러 개를 연결시켜 한 쪽에 불을 지르면 차례차례로 폭파하여 큰 소리를 내는 일종의 딱총. 중국에서 축제일에 흔히 이것을 폭파시키는 놀이를 함. ¶正月一日 鷄鳴而起 先於庭前—＜荆楚歲時記＞
【爆彈】ばくだん(폭탄) ①적의 진지나 시설물을 공격하는 병기의 하나로, 폭발성의 약품을 장치한 탄알. 爆裂彈(폭렬탄). ②폭탄처럼 위력이나 반향(反響)이 큰 것. ¶—宣言.
【爆破】ばくは(폭파) 폭발물을 써서 파괴함. ¶橋梁—.
▷空—, 起—, 盲—, 猛—, 水—, 原—, 自—

19 〖爗〗 燁(p. 949)와 同字

20 〖爞〗 焞(p. 940)의 本字

16 20 〖爐〗 화로 로 | 虞 ㄌㄨˊ (lu) | ろ(イロリ) *brazier*
풀이 ①화로. 불을 피우거나 담아 놓는 그릇. ㉠鑪. ¶—煙細細駐游絲＜杜甫＞/香—. ②위로(圍爐). 마루 바닥을 네모로 도려 내고 불을 피우는 장치. ¶守—消夜漏 停燭待春風＜高啓＞
【爐甘石】ろかんせき(노감석) 동광(銅鑛)·황화아연광(黃化亞鉛鑛) 속에서 나는 흰 빛의 장방형 또는 육면체의 광석. 한방에서는 안약으로 씀.
【爐頭】ろとう(노두) 화롯가. 爐邊(노변).
【爐邊】ろへん(노변) 화롯가. 화로를 둘러싼 가까운 자리.
【爐邊談話】ろへんだんわ(노변담화) 화로나 난롯가에 둘러 앉아서 나누는 친밀한 이야기.
▷高—, 焜—, 煖—, 冬扇夏—, 手—, 藥—, 鎔鑛—, 提—, 風—, 寒—, 香—, 紅—, 火—, 圍—, 懷—, 薰—

16 20 〖爓〗 1 불꽃 염 2 데칠 섬 | 豔 ㄧㄢˋ (yan) 鹽 | えん(ホノオ) *flame* せん(ユデル)
풀이 1 불꽃. 빛. ㉠焰. ¶光—朗以景彰＜班固＞ 2 데치다. 고기를 끓는 물에

넣어 익힘. ¶三獻一<禮記>
▷三獻一, 火一

16〖爗〗 빛날 엽 | 簡ㄧㄝˋ (ye) | よう(カガヤク) *shine*
20

풀이①빛나다. 아름답게 빛나는 모양. 번쩍번쩍 빛나는 모양. ㉠曄. ¶一如花/一然. ②밝히다. 밝음. ¶有一之電 天爲之明<龍飛御天歌>

【爗爗】ようよう(엽엽) 아름답게 빛나는 모양. 爗然(엽연). ¶華一 固靈根<漢書>

17〖爛〗 문드러질 란 | 簡ㄌㄢˋ (lan) | らん(タダレル) *crumble*
21

源會意·形聲. 불의 열로 인해 형체가 문드러져 넘쳐 나옴의 뜻.

풀이①문드러지다. ㉮화상을 입어 살이 문드러지다. ¶廢于鑪炭一<左氏傳> ㉯썩어 문드러지다. ¶一灰生蠅<淮南子> ㉰너무 익어 문드러지다. ¶熟而不一<呂覽> ㉱다치어 피부가 헐다. ¶肌膚刻一<蜀志> ㉲속이 상해 마음을 썩이다. ¶心一形燋<南齊書> ②문드러지게 하다. ¶糜一其民而戰之<孟子> ③빛나다. 선명함. ¶明星有一<詩經> ④흩어져 사라지다. 소산(消散)함. ¶忽一漫而無成<楚辭>

【爛柯】らんか(난가) 도끼 자루가 썩는다는 뜻으로, 시간 가는 줄 모르고 어떤 일에 열중함을 이르는 말. 진(晋)의 왕질(王質)이 신선들이 바둑 두는 것을 구경하다가 도끼 자루가 썩는 줄을 몰랐다는 옛일에서 유래.

【爛開】らんかい(난개) 꽃이 난만하게 핌. 꽃이 만발함. 爛發(난발). ¶一梔子渾如雲<楊萬里>

【爛漫】らんまん(난만) ①꽃이 아름답게 피어 무르녹는 모양. ¶百花一. ②화려한 광채가 넘쳐 흐르는 모양. 또는, 선명한 모양. ¶天眞一是吾師<蘇軾> ③많이 흩어져 성(盛)한 모양. ¶忽一而無成<楚辭> ④물이 넉넉한 모양. ¶曾經一濯我纓<王禹偁> ⑤숙면하는 모양. ¶衆離一睡<杜甫>

【爛商】らんしょう(난상) 충분히 의논함. 爛議(난의). ¶一公論/一討議.

【爛熟】らんじゅく(난숙) ①과실 따위가 무르익음. ¶一期. ②더할 수 없이 충분히 발달함. ¶世態十年看一<陸游> ③충분히 어느 일에 통달함.

▷刻一, 繼一, 光一, 潰一, 煐一, 爛一, 糜一, 腐一, 昭一, 消一, 熟一, 魚一, 炎一, 煜一, 委一, 灼一, 照一, 粲一, 燦一, 燋一, 敗一, 絢一, 朽一, 毁一

17〖爚〗 빛날 약 | 簡ㄩㄝˋ (yue) | やく, しゃく(カガヤク)
21

풀이①빛나다. 빛을 발함. ¶光明熠一<何晏> ②빛. 광휘(光輝). ¶彌融一以隱處<史記> ③번개. 전광(電光). ¶震震一一<班固> ④흩어지다. 소산(消散)함. 녹음. ¶外立其德 而以一亂天下者也<莊子>

▷爍一, 爚一, 煜一, 融一, 灼一

18〖爟〗 봉화 관 | 簡ㄍㄨㄢˋ (guan) | かん(ノロシ) *signal fire*
22

풀이①봉화. 봉수(烽燧). ¶一火通於灞上<庾信> ②횃불. 거화(炬火). ¶一爈. ③불을 일으키다. 또는, 그 일을 맡은 벼슬아치. ¶司一氏. ④불을 피워 올리다. 불이 세차게 타 오름. 또는, 그 불. 화톳불. ¶爝以一火<呂覽>

▷司一, 祭一

18〖爝〗 횃불 작 | 簡ㄐㄩㄝˊ (jue) | しゃく(タイマツ)
22

풀이①횃불. 홰에 붙인 불. 거화(炬火). 송명(松明). ¶日月出矣 而一火不息<莊子> ②횃불을 피워 푸닥거리하다. ¶祓之于廟 一以爟火<呂覽>

▷烽一, 螢一

23〖[illegible]〗 然(p.945)의 古字

23〖[illegible]〗 [illegible](p.960)과 同字

25〖爤〗 爛(p.960)과 同字

25〖爥〗 燭(p.958)과 同字

25〖爨〗 부뚜막 찬 | 簡ㄘㄨㄢˋ (cuan) | さん(カマド)
29

풀이①부뚜막. 아궁이 위에 솥을 걸게 된 시설. ¶執一踖踖<詩經> ②불을 때다. 밥을 지음. ¶以釜甑一<孟子>/一炊. ③조미(調味)하다. 또는, 그 일을 하는 곳. ¶一 銓也 銓度甘辛 調和之處也<釋名>

▷稟一, 同一, 薪一, 饔一, 烟一, 異一, 炊一

爪<손톱 조>部

爪 爫 ④ 爭 爬 ⑤ 爰 ⑧ 爲 ⑭ 爵

0〖爪〗 손톱 조 | 簡ㄓㄠˇ (zhao) ㄓㄨㄚˇ (zhua) | そう(ツメ) *fingernail*
4

源象形. 손으로 아래쪽에 있는 물건을 집으려는 형상을 본뜸.

풀이①손톱. 발톱. ¶螾無一牙之利 筋骨之強<荀子> ②깍지. 손가락 끝에 끼어 손톱을 대신하는 기구. ¶彈箏者以鹿角爲一<樂錄>/琴一. ③메뚜기. 기구 끝에 달아 물건을 걸거나 긁는 데 씀. ¶葩一文畫<吳志> ④긁다. 할큄. ¶一其膚 以驗其生枯<柳宗元> ⑤손톱, 발톱을 깎다. ¶小臣一足<禮記> ⑥돕고 지키다. 손톱·발톱의 구실을 함. ¶予王之一士<詩經> ⑦한자(漢字)의 부수(部首)이름. 손톱조부. ⑧움켜잡다. 손바닥을 아래로 하여 움켜 잡음.

【爪牙之士】そうがのし(조아지 사) 손발톱과 어금니가 되어 임금을 호위하는 무사란 뜻으로, 보필하는 신하를 비유해 이르는 말.

▷鷙—, 猛—, 生—, 雪泥鴻—, 牙—, 鷹—, 利—, 匿—, 指—, 觜—, 虎牙鷹—

0 4〖爫〗 爪가 글자 머리로 올 때의 자형.

5〖爬〗 紑(p.1154)와 同字

7〖孚〗 ☞子部 4 획(p.417)

7〖妥〗 ☞女部 4 획(p.400)

8〖受〗 ☞又部 6 획(p.257)

8〖爲〗 爲(p.961)의 古字

8〖乳〗 ☞乙部 7 획(p.50)

4 8〖爭〗 다툴 쟁 | 庚ㄓㄥ (zheng) | そう(アラソウ) *quarrel*

풀이 ①다투다. ㉮겨루다. ¶天下莫與汝—能＜書經＞/競—. ㉯말다툼하다. 옳고 그름을 따지어 말함. ¶滕侯薛侯 來朝—長＜左氏傳＞ ㉰소송하다. 하소연함. ¶使人不同功 故莫—訟＜韓非子＞ ㉱결판을 내다. ¶以與吳王——旦之死＜呂覽＞ ㉲서로 빼앗다. ¶以—爵祿＜說苑＞ ②다툼. ㉮소송. 하소연. ¶分—辨訟＜禮記＞ ㉯논의. 왈가왈부. ¶有競有—＜莊子＞ ㉰싸움. ¶又好—訟＜書經＞ ③간하다. ㊀諍. ¶天子有—臣七人＜孝經＞ ④어찌. 반어의 뜻을 나타냄. ㊀怎. ¶—敢將公歸＜盧仝＞/—如.

【爭諫】そうかん(쟁간) 서로 다투어 간함. 諫爭(간쟁). ¶切切— 終不見聽＜越絕書＞

【爭功】そうこう(쟁공) 서로 공을 다툼. ¶群臣飮—＜漢書＞

【爭論】そうろん(쟁론) 서로 말로 다툼. 말다툼. 爭議(쟁의). 爭語(쟁어). 爭辨(쟁변). ¶閨中七友—記.

【爭名】そうめい(쟁명) 명성을 다툼.

【爭名爭利】そうめいそうり(쟁명쟁리) 명예와 이익을 다툼. 명리(名利)를 다툼.

【爭先】そうせん(쟁선) 앞을 다툼. ㉮제후들이 회맹(會盟)할 때 희생의 피를 먼저 들려고 다툼. ¶—歃血＜左氏傳·注＞ ㉯바둑에서 선수(先手)를 칠 것을 다툼. ¶相對雖無語—各有心＜江南夜話＞

【爭訟】そうしょう(쟁송) 서로 송사를 하여 다툼. 또는, 송사. 다툼. ¶其有— 輒求判正＜後漢書＞

【爭友】そうゆう(쟁우) 친구의 잘못을 충고하는 벗. 諍友(쟁우). ¶士有— 不行不義＜孔子家語＞

【爭議】そうぎ(쟁의) 서로 다른 의견을 주장하여 다툼. ¶勞動—.

【爭子】そうし(쟁자) 아버지의 잘못을 간하는 아들. 諍子(쟁자). ¶父有— 不行無禮＜荀子＞

【爭點】そうてん(쟁점) 쟁송(爭訟)의 중심이 되는 점.

【爭取】そうしゅ(쟁취) 싸워 빼앗아 가짐.

【爭奪】そうだつ(쟁탈) 서로 빼앗으려고 다툼. 다투어 빼앗음. ¶黨權—/—戰.

【爭鬪】そうとう(쟁투) ①서로 다투어 싸움. 또는, 패권(霸權)을 잡으려고 다툼. ¶三國—戰. ②우승을 다툼.

▷犬兔之—, 競—, 係—, 交—, 權—, 難以口舌—, 內—, 論—, 黨—, 蠻觸之—, 面—, 兵—, 忿—, 紛—, 軋—, 兩虎之—, 力—, 蝸角之—, 龍戰虎—, 雄—, 李牛—, 戰—, 廷—, 政—, 挺—, 鬪—, 派—, 抗—, 喧—, 鷸蚌之—

8〖采〗 ☞ 采部 0획(p.1525)

4 8〖爬〗 긁을 파 | 麻ㄆㄚˊ (pa) | は(カク) *scratch*

풀이 ①긁다. ㉮손톱으로 긁다. ¶蟣蝨痛癢 不足—搔＜羅隱＞ ㉯가려운 데를 긁다. ¶意其可—癢＜麻姑山記＞ ②기다. 바닥에 몸을 대고 기어감. ㊀匍. ¶今謂手行曰—＜新方言＞/—蟲類. ③잡다. ㊂把.

【爬癢】はよう(파양) 가려운 데를 긁음. 搔癢(소양).

【爬行】はこう(파행) 벌레·뱀 따위가 땅에 몸을 대고 기어감.

▷搔—, 搜—, 聚—

5 9〖爰〗 이에 원 | 元ㄩㄢˊ (yuan) | えん(ココニ) *hereupon*

풀이 ①이에. 이리하여. 발어의 조사. ㊀于 於 曰 聿. ¶—居—處 —喪其馬＜詩經＞ ②여기에서. 이때를 당하여. ¶將答賦而不暇兮 —整駕而亟行＜張衡＞ ③성내다. 슬퍼하며 화를 냄. ¶— 恚也＜方言＞ ④바꾸다. 바꾸어 고침. ¶晋於是乎作—田＜左氏傳＞ ⑤느즈러지다. 서완(徐緩)함. ¶有兔—— 雉離于羅＜詩經＞ ⑥곧. ㊀乃. ¶陽離—死＜楚辭＞ ⑦미치다. 도달함. ¶—周郅隆＜史記＞

【爰居】えんきょ(원거) ①이사(移徙)함. ¶少—永興＜吳志＞ ②바닷새의 일종. 크기는 망아지만 하고, 잡현(雜縣)이라고도 함. 鶢居(원거).

【爰書】えんしょ(원서) 죄인의 범죄 사실을 조사한 서류. 爰은 바꾼다는 뜻인데, 옛날에 재판관의 편파를 막기 위해 서로 옥서(獄書)를 교환하여 심리(審理)하게 한 데서 나온 말.

10〖奚〗 ☞大部 7 획(p.392)

11〖覓〗 ☞見部 4 획(p.1362)

8 12〖爲〗 ①할 위 ②위할 위 | 支ㄨㄟˊ (wei) | い(ナス) *do* | 寘ㄨㄟˋ (wei) | い(タメニス) *for*

풀이 ① ①하다. ㉮행하다. ¶不仁而不可—也＜禮記＞/—政. ㉯…라고 하다. 그렇게 이름. ㊀曰. ¶——乾豆 二—賓客 三—充君之庖＜穀梁傳＞ ②만들다. 지음. ¶以—樂器＜周禮＞ ③다스리다.

㉮정치를 하다. ¶何以一民＜左氏傳＞ ㉯병을 고치다. ¶疾不可一也＜國語＞ ④되다. ㉮완성하다. 이룸. ¶五穀不一＜淮南子＞ ㉯일정한 형태가 이루어지다. ¶一人斂給＜史記＞ ㉰당하다. 피동을 나타냄. ¶伍胥父兄 一戮於楚＜史記＞ ㉱상태가 변하다. ¶松柏摧一薪＜古詩＞ ⑤삼다. 간주함. 인정함. ¶乾一馬 坤一牛＜易經＞ ⑥생각하다. …라고 여김. ¶百姓皆以王一愛也＜孟子＞ ⑦배우다. 학습함. ¶抑一之不厭＜論語＞ ⑧가장하다. 위장함. ¶佯一不知永巷而入其中＜史記＞ ⑨어기다. ㉤違. ¶君子不一也＜荀子＞ ⑩속하다. 붙음. ¶不戰而已一秦矣＜國語＞ ⑪있다. ㉥有. ¶將一君子焉 將一野人焉＜孟子＞ ⑫설치하다. 둠. ¶越海收東萊諸縣 一營州刺史＜後漢書＞ ⑬행위. 짓. ¶羞前之一＜韓愈＞ **2** ①위하여 하다. …을 위하여 꾀함. ¶古之學者一己＜論語＞ ②위하여. 때문에. ¶一人謀而不忠乎＜論語＞ ③돕다. ¶夫子一衛君乎＜論語＞ ④갚음. 보답. ¶不求其一＜禮記＞ ⑤하게 하다. 시킴. 사역을 나타냄. ¶一我心惻＜易經＞ ⑥더불어. 함께. ¶道不同不相一謀＜論語＞

句法

① [以…爲…]
  ㉮ …을 …라고 생각하다. ¶百姓皆以王爲愛也＜孟子＞/子以我爲不信＜戰國策＞
  ㉯…을 …로 삼다. ¶天將以夫子爲木鐸＜論語＞/以修身爲本＜大學＞
② [以爲…] …라고 생각하다. …로 여기다. ¶子曰 事君盡禮 人以爲諂＜論語＞/鄒人與楚人戰 則王以爲孰勝＜孟子＞
③ [爲…所…] …하는 바가 되다. 당하다. ¶先則制人 後則爲人所制＜史記＞/爲流矢所中＜史記＞

【爲鷄口無爲牛後】けいこうトナルトモぎゅうごトナルナカレ(위계구 무위우후) 큰 데 붙어 부하 노릇 하지 말고 작더라도 남의 우두머리가 되라는 말.
유래 전국 시대의 소진(蘇秦)이 한(韓)의 선혜왕을 찾아, 진(秦)에 대항하는 합종책(合縱策)을 권하면서 한 말이다. 「한의 국력과 대왕의 덕망을 가지고 아직도 진나라에 굴종함은 세상의 웃음거리입니다. 속담에 닭 주둥이가 될망정 소의 궁둥이는 되지 말라고 하였읍니다.」이 말에 선혜왕은 진에 따르지 않고 합종책을 취하게 되었다. ＜史記＞

【爲先】(위선) ①다른 것에 앞서. 우선. ②조상을 받들어 위하는 일. 위선사(爲先事)의 준말.
【爲始】(위시) 시작함. 비롯함.
【爲人】いじん(위인) ①사람된 품. ¶其一也 孝弟而好犯上者鮮矣＜論語＞ ②남을 위하여 함. 출세의 미끼로 함. ¶古之學者爲己 今之學者一＜論語＞
【爲人設官】いじんせっかん(위인설관) 사람을 위하여 벼슬자리를 마련함.
【爲將三世者必敗】(위장삼세자 필패) 3대에 걸쳐 장수를 지낸 집안은 반드시 패망함. 선대에서 많은 인명을 앗은 갚음이라 함.
【爲政者】いせいしゃ(위정자) 정치를 행하는 사람. ¶一 不賞私勞 不罰私怨＜左氏傳＞
【爲主】いしゅ(위주) ①주인이 됨. ¶一制客＜吳志＞ ②주로 함. 제일(第一)로 함. ¶以何一＜通俗編＞
▷曷一, 敢一, 改一, 規一, 旣一, 當一, 無能一, 無一, 無不一, 變一, 不作一, 所一, 施一, 營一, 云一, 有一, 以一, 人一, 作一, 至一, 奚一, 行一, 胡一, 興一

13【愛】☞心部 9획(p.582)

17【谿】☞谷部 10획(p.1412)

17【爵】爵(p.962)과 同字

14
18【爵】잔 작 | ㊥ㄐㄩㄝˊ (jue) | しゃく(サカズキ) *wine cup*

풀이 ①잔. ㉮참새 모양을 한, 울창주를 따라 마시는 잔. 쇠붙이나 나무로 만듦. ㉯술을 따라 마시는 그릇의 총칭. ¶舍一策勳焉＜左氏傳＞ ㉰한 되들이 잔. ¶一升曰一＜廣雅＞ ②작위. 벼슬. ㉮신분의 위계. ¶列一惟五＜書經＞/受一. ㉯작위를 내리다. ¶任事然後一之＜禮記＞ ③참새. ㉥雀. ¶爲叢敺一者鸇也＜孟子＞ ④다하다. ¶一者 盡也 各量其職 盡其才也＜白虎通＞

爵
(西淸古鑑)

【爵祿】しゃくろく(작록) 작위(爵位)와 봉록(俸祿).
【爵弁】しゃくべん(작변) 관(冠)의 한 가지. 모양은 면류관(冕旒冠)과 비슷하나 유(旒)가 없고, 빛깔은 붉은 색. 가관(加冠)의 예(禮)에서 피변(皮弁) 다음에 씀.
【爵位】しゃくい(작위) 관작(官爵)과 위계(位階). 신분의 지위. ¶定一 著功罪＜司馬法＞
【爵帖】しゃくちょう(작첩) 봉작(封爵)의 직첩(職帖).

爵弁
(三禮圖)

【爵土】しゃくど(작토) 작위(爵位)와 봉토(封土).
【爵號】しゃくごう(작호) 작위(爵位)의 칭호. 곧, 공(公)·후(侯)·백(伯)·자(子)·남(男).
▷高一, 公一, 貴一, 男一, 祿一, 賣一, 名一, 美一, 伯一, 罰一, 封一, 士一, 敍一, 世一, 授一, 襲一, 榮一, 五等一, 五一, 玉一, 人一, 子一, 尊一, 天一, 貶一, 豊一, 顯一, 好一, 侯一

21【鷄】☞鳥部 10획(p.1681)

父<아비 부>部

父 ④ 爸 ⑥ 爹 ⑨ 爺

0/4 【父】 [1]아비 부 [漢]ㄈㄨˋ (fu) ふ, ほ (チチ)
[2]남자 미칭 보

[源]會意. 손[又]에 채찍[丨]을 들고 가족을 거느리어 가르친다는 뜻.

[풀이][1] ①아비. ㉮아버지. ¶一母. ㉯짐승의 아비. ¶禽獸知母而不知一<儀禮> ㉰만물·생민(生民)을 나게 하고 자라게 하는 것. 하늘·임금 따위. ¶惟天地萬物一母<書經> ㉱아버지의 생존 중의 일컬음. 사후(死後)에는 考라 함. ¶生稱一 死稱考<公洋傳·注> ②친족의 부로(父老)의 일컬음. ㉮아버지쪽의 직계 존속. ¶王一 /曾祖王一. ㉯아버지쪽의 방계 존속. ¶世一/叔一. ㉰어머니쪽의 직계 존속. ¶外王一/外曾王一. ㉱동성의 친족. ¶以速諸一<詩經> ③연로한 사람의 경칭(敬稱). ¶一老何自爲郞<史記> ④처음. 비롯함. ¶吾將以爲敎一<老子> [2]남자의 미칭(美稱). [갈]甫. ㉮남자를 높여 이름. 太公望을 師尙父, 管仲을 仲父, 范增을 亞父라 한 따위. ㉯신분이 낮은 늙은이를 부르는 말. ¶田一/漁一.

【父系】ふけい(부계) 혈연 관계에서 아버지의 계통.

【父敎】ふきょう(부교) ①아버지의 가르침. ②아버지의 명령.

【父權】ふけん(부권) ①아버지가 가지는 친권. ↔母權(모권). ②가장권(家長權).

【父女】ふじょ(부녀) 아버지와 딸.

【父黨】ふとう(부당) 아버지 쪽의 친족. 父族(부족).

【父道】ふどう(부도) ①아버지로서 지켜야 할 도리. ②아버지가 평생에 해 온 길. ¶三年無改於父之道 可謂孝矣<論語> ③아버지 항렬. 道는 行.

【父老】ふろう(부로) ①한 마을, 한 고을에서 중심이 되는 덕망이 있는 노인. ②연로(年老)한 이에 대한 높임말.

【父命】ふめい(부명) 아버지의 명령.

【父母】ふぼ(부모) ①아버지와 어머니. 어버이. ②임금. 君主(군주). ¶爲民一行政<孟子> ③주현(州縣)의 장관. 원.

【父母官】ふぼかん(부모관) 백성의 부모로서 그 지방을 다스리는 사람. 곧, 지방관(地方官).

【父母倶沒】ふぼぐぼつ(부모구몰) 양친이 다 돌아감. ↔父母倶存(부모구존).

【父母倶存】ふぼぐそん(부모구존) 양친이 다 살아 있음. 군자삼락(君子三樂)의 한 가지. ¶一兄弟無故 一樂也<孟子>

【父母德】ふぼノとく(부모덕) 부모 덕택.

【父母之遺體】ふぼノいたい(부모지 유체) 부모의 끼친 몸. 곧, 자신의 몸.

【父父子子】ふふしし(부부자자) 아버지는 아버지답고, 자식은 자식다움. ¶君君臣臣一<論語>

【父師】ふし(부사) ①아버지와 스승. 또는, 할아버지와 스승. ②태사(太師). 삼공(三公)의 하나. ③일흔이 되어 벼슬에서 물러난 대부(大夫). ④국학(國學)의 교수(敎授).

【父事之】ふじス(부사지) 아버지뻘 되는 어른을 아버지처럼 대접함. ¶年長以倍 則一<禮記>

【父喪】ふそう(부상) 아버지의 상사(喪事). 外艱(외간).

【父先亡】(부선망)[韓] 아버지가 어머니보다 먼저 죽음.

【父王】ふおう(부왕) 임금인 아버지를 이름.

【父蔭】ふいん(부음) 아비의 덕으로 벼슬을 하는 일. 父廕(부음). ¶少以一爲太子親衛<隋書>

【父任】ふにん(부임) 아비의 덕으로 벼슬을 함. 또는, 아버지의 관직.

【父子】ふし(부자) ①아버지와 아들. ②작은아버지와 조카. 叔姪(숙질).

【父子有親】ふしシンアリ(부자유친) 오륜(五倫)의 하나. 아버지와 아들의 도리는 친애(親愛)함에 있음. 부모는 자식을 사랑하고, 자식은 부모를 공경하여 그 사이에 진정한 친애의 정이 이루어짐.

【父慈子孝】ちちじこハこう(부자자효) 부모는 자녀에게 자애롭고, 자녀는 부모에게 효성을 다함. 부모는 자애를, 자녀는 효행을 주로 함.

【父在母喪】(부재모상)[韓] 아버지가 살아 있을 때 당하는 어머니의 상사.

【父傳子傳】(부전자전)[韓] 대대로 아버지가 아들에게 전함. 父子相傳(부자상전).

【父祖】ふそ(부조) ①아버지와 할아버지. ②조상.

【父族】ふぞく(부족) ☞父黨(부당).

【父主】(부주)[韓] 아버님.

【父主前】(부주전)[韓] 아버님 앞 이란 뜻으로 구식 편지에 쓰던 말. ¶一上書.

【父執】ふしゅう(부집) 아버지의 벗으로, 나이가 아버지와 비슷한 사람. 執은 뜻을 같이하는 사람.

【父天母地】ふてんぼち(부천모지) 부모를 천지에 비기어 이르는 말.

【父親】ふしん·チチオヤ(부친) 아버지.

【父風母習】(부풍모습)[韓] 모습이나 언행이 아버지와 어머니를 골고루 닮음.

【父兄】ふけい(부형) ①아버지와 형. ↔母姉(모자). ②여러 사람. 연장자. ③동성(同姓)의 나이 많은 신하.

▷家一, 假一, 褐一, 季一, 高祖一, 宏一, 舅一, 君一, 乃一, 老一, 弩一, 大一, 代一, 伯一, 婦一, 師一, 尙一, 世一, 叔一, 神一, 亞一, 阿一, 嶽一, 養一, 漁一, 嚴一, 王一, 義一, 尼一, 慈一, 田一, 折一, 亭一, 諸一, 祖一, 族一, 尊一, 從一, 主一, 仲一, 曾祖一, 傖一, 樵一, 親一

8 【斧】 ☞ 斤部 4 획(p.696)

4/8 【爸】 아비 파 [漢]ㄅㄚˋ (ba) は(チチ)

【爸爸】はは(파파) ①아빠. 아버지의 속칭. ②노인의 높임말.

6 10【爹】 아비 다 [음]ㄉㄧㄝ (die) た(チチ)

【爹爹】たた(다다) ①아버지의 속칭. ②젊은 남자를 친근하게 부르는 말. 아저씨.

10【釜】 ☞ 金部 2획(p.1532)

9 13【爺】 아비 야 [麻]ㄧㄝˊ (ye) や(チチ) *father*

[풀이]①아비. 아버지. ¶軍書十二卷 卷卷有一名<木蘭> ②남자의 존칭. ㉮천자(天子). ¶萬歲一有旨<長生殿> ㉯주인. 상관. 존귀한 사람. ¶威聲日著 北方聞其名 常尊憚之 對南人 言必曰宗一一<宋史> ③[中] 신(神). ¶老天一.

【爺爺】やや(야야) ①아버지에 대한 존칭. 연장자에 대한 존칭. ②[中] 할아버지.

【爺孃】やじょう(야양) 부모에 대한 속칭. 爺娘(야낭).

▷老一, 阿一, 太一, 好好一

爻<효 효>部

爻 ⑦ 爽 ⑩ 爾

0 4【爻】 효 효 [肴]ㄧㄠˊ [效] (yao) こう

[源]指事. 육효(六爻)의 머리가 엇걸린 모양을 본떠서 엇걸림의 뜻을 나타냄. 부수 명칭은 점괘효.

[풀이]①효. 육효(六爻). 주역의 하나하나의 괘를 이루는, 6개의 가로 그은 획. 「一」을 양(陽), 「--」을 음(陰)으로 하여, 음양이 어울리어 사물의 변화를 나타냄. ¶六一之動 三極之道也<易經> ②엇걸리다. ③본받다. [같]效. ¶一也者 效此者也<易經> ④변하다. ¶一者 言乎變者也<易經> ⑤흐리다. [通]淆.

【爻象】こうしょう(효상) ①주역의 효사(爻辭)와 상사(象辭)를 풀어 놓은 말. 卦象(괘상). ②[韓] 좋지 못한 몰골이나 상태·광경.

【爻周】(효주)[韓] 어떤 글의 글자를 爻 모양의 부호를 그려서 지워버리는 일.

▷卦一, 上一, 六一, 二一, 初一, 下一

9【爼】 俎(p.114)의 訛字

7 11【爽】 시원할 상 [養]ㄕㄨㄤˇ (shuang) そう (サワヤカ) *fresh*

[풀이]①시원하다. 마음이 맑고 즐거움. ¶神氣淸一<杜陽雜篇> ②밝다. ㉮분명하다. ㉯날이 새다. ¶時甲子昧一<書經> ㉰높고 밝다. ¶營新宮於一塏<左思> ㉱영검이 있다. ¶是以有精一 以至于神明<左氏傳> ㉲머리가 맑다. ¶啜多思一都忘寐<趙抃> ③날래다. 뛰어나게 용맹스러움. ¶豪一有風槪<晋書> ④어긋나다. [通]喪. ㉮잘못하다. ¶其德不一<詩經> ㉯망하다. ¶五味令人口一<老子> ㉰썩다. ¶露鷄臛蠵 厲而不一些<楚辭> ㉱미혹하다. ¶昏然五情一惑<楚辭> ㉲상하다. 다침. ¶使口一傷<淮南子> ㉳황홀하여 멍한 모양. ¶又一然自失矣<史記> ㉴줄다. ⑤벙어리. ¶天生人也 使其口可以言 不學其言 不若一<呂覽> ⑥책망하다. 책망. ⑦매. 새매. ¶一鳩.

【爽快】そうかい(상쾌) 마음이 시원하고 거뜬함.

▷健一, 高一, 昧一, 颯一, 秀一, 英一, 精一, 俊一, 澄一, 差一, 淒一, 淸一, 豪一

10 14【爾】 너 이 [紙]ㄦˇ (er) じ, に(ナンジ) *you*

[本]𤕨 [俗]你 您

[풀이]①너. [通]汝 女 而. ㉮상대자를 부르는 말. ¶棄一幼志<儀禮> ㉯귀인(貴人)에 대한 2인칭. ¶天保定一<詩經> ㉰천한 자에 대한 2인칭. ¶一汝. ②그. [같]彼. ¶一爲一 我爲我<孟子> ③이. [같]是 此. ④그. [같]其. ⑤이와 같이. ¶富歲子弟多賴 凶歲子弟暴 非天之降才一殊也<孟子> ⑥그리하여. [같]而. ¶晝一于茅 宵一索綯<詩經> ⑦응낙하는 말. ¶諾諾復一一<古詩> ⑧곱고 아름답다. ¶麗一. ⑨꽃이 활짝 핀 모양. ¶彼一維何 維常之華<詩經> ⑩가깝다. [같]邇. ¶道在一<孟子>

[句法]

①형용

[…爾] 사물을 형용함. 然과 쓰임이 같음. ¶夫子喟爾歎曰<史記>/夫子莞爾而笑曰<論語>

②단정

[…爾] 矣·焉·也와 쓰임이 같음. ¶噫嘻成王 旣昭假爾<詩經>/則中國曷爲獨言齊宋至爾<公羊傳>/仁義之化存爾<韓詩外傳>

③의문

[…爾] 乎와 쓰임이 같음. ¶然則何言爾<公羊傳>

④강조

[…爾] 耳·而已와 쓰임이 같음. ¶沛吾所生者 極不忘爾<史記>

【爾時】じじ(이시) 그 때. 그 당시.

【爾雅】じが(이아) ①문장, 언어, 풍속이 바르고 아름다움. 雅正(아정). ②13경(經)의 하나. 옛 중국의 사전(辭典). 19권.

【爾汝】じじょ(이여) 너. ㉮썩 친한 사이의 2인칭. ㉯남을 낮추어 이르는 말.

【爾餘】じよ(이여) 그 밖. 그 외. 自餘(자여).

【爾爲】じい(이위) 이와 같음. 如此(여차).

【爾爾】じじ(이이) 그래. 동의하는 말.

【爾曹】じそう(이조) 너희.

【爾後】じご(이후) 그 후. 以後(이후). 自後(자후).

▷當一, 徒一, 蔑一, 法一, 不一, 颯一, 率一, 莞一, 聊一, 云一, 灼一, 寂一, 蕞一, 蹴一, 卓一, 嘑一, 確一

15【𤕨】 爾(p.964)의 本字

爿<장수 장 변>部

爿 ④ 牀 ⑥ 牂 ⑬ 牆

0 4 〖爿〗 나무 조각 장 | 陽くㄧㄤ́ (qiang) | しょう(キギレ)

源 **指事**. 木을 세로로 두 쪽 낸 그 왼쪽 절반의 모양을 나타냄. 부수 명칭은 將의 변과 같으므로 장수 장 변이라 함.

풀이 ①나무 조각. ②창(槍). ③평상. 침상. 같 牀.

7〖壯〗 ☞ 士部 4획(p.362)

7〖妝〗 ☞ 女部 4획(p.400)

7〖⿰爿弋〗 ☞ 弋部 4획(p.529)

4 8 〖牀〗 평상 상 | 陽ㄔㄨㄤ́ (chuang) | しょう(ネダイ) *wooden bed*

俗床

풀이 ①평상. 침상. ¶剝一以足<易經> ②마루. ③우물 귀틀. 우물 아가리에 나무를 네모로 짜서 얹은 것. ¶後園鑿井銀作一<古樂府> ④연모를 매달아 두는 대(臺). 붓통을 필상(筆牀)이라고 하는 따위. ⑤사물의 바탕. 광물(鑛物)을 함유(含有)하는 광상(鑛床). 잇몸을 아상(牙牀)이라 하는 따위.

【牀榻】しょうとう (상탑) 깔고 앉거나 눕거나 하는 제구.

▷空一, 匡一, 交一, 東一, 眠一, 茅居蒿一, 方一, 蛇一, 牀上施一, 牀下安一, 禪一, 宵一, 繩一, 御一, 遨一, 臥一, 縟一, 銀一, 倚書一, 簟一, 糟一, 銃一, 廁一, 弊一, 筆一, 胡一

8〖狀〗 ☞ 犬部 4획(p.976)

8〖戕〗 ☞ 戈部 4획(p.606)

8〖斨〗 ☞ 斤部 4획(p.696)

6 10 〖牂〗 암양 장 | 陽ㄗㄤ (zang) | そう(メヒツジ) *sheep*

풀이 ①암양. ¶一羊墳首<詩經> ②배를 매는 말뚝. ¶一牁. ③성(盛)한 모양. ¶一一. ④괴이하다. ¶一雲.

11〖將〗 ☞ 寸部 8획(p.453)

11〖⿰爿酉〗 醬(p.1524)의 古字

13〖裝〗 ☞ 衣部 7획(p.1351)

14〖臧〗 ☞ 臣部 8획(p.1248)

14〖奬〗 ☞ 大部 11획(p.393)

15〖⿰爿庸〗 墉(p.355)과 同字

15〖漿〗 ☞ 水部 11획(p.912)

13 17 〖牆〗 담 장 | 陽くㄧㄤ́ (qiang) | しょう(カキ) *wall*

本⿰爿⿱來回 同墻

풀이 ①담. ¶而在蕭一之內也<論語> ②경계. 사물을 나누어 놓은 간막이. ③관을 꾸미는 덮보. ¶至于廟門 不毁一<禮記> ④관 옆 널. ¶後重以一翣之飾<後漢書>

【牆外漢】しょうがいかん (장외한) 담 밖의 사나이. 곧, 국외자(局外者). 門外漢(문외한).

【牆有耳】しょうみみあり (장유이) 담에 귀가 있다는 뜻으로, 비밀은 새어 나가기 쉬움을 이름.

【牆衣】しょうい (장의) 담의 옷이란 뜻으로, 담에 낀 이끼를 이름. 垣衣(원의).

▷禁一, 丹一, 短一, 堵一, 面一, 門一, 藩一, 粉一, 卑一, 蘇一, 蕭一, 女一, 垣一, 踰一, 庭一, 土一, 閱一, 夾一, 圜一

19〖⿰爿⿱來回〗 牆(p.965)의 本字

片<조각 편>部

片 ④ 版 ⑤ 牉 ⑧ 牋 牌 ⑨ 牐 牒 牏 ⑩ 牔 ⑪ 牖 ⑮ 牘

0 4 〖片〗 1 조각 편 | 霰ㄆㄧㄢ̀ | へん(キレ)
2 절반 반 | 翰(pian) | はん

源 **指事**. 木을 세로로 두 쪽 낸, 그 오른쪽 절반의 모양을 나타냄.

풀이 1 ①조각. ㉮나무 조각. 두 쪽을 낸 한 쪽. ¶一言可以折獄者<論語> ㉯토막. 조각. ¶乃破荻爲一 縱橫以爲棊局<南史> ②얇은 조각. ㉮꽃잎. ¶輕將玉枝敲花一 旋把金鞭約柳枝<張祜> ㉯눈, 서리 등의 조각. ¶密一無聲急復遲 粉粉猶勝落花時<方干> ㉰얇은 조각을 세는 수사(數詞). 음성이나 광선에도 씀. ¶長安一一月 萬戶擣衣聲<李白> ㉱싹이나 눈을 세는 말. ¶綠芽十一火前春<白居易> ③쪼개다. 터뜨림. ④명함(名銜). ⑤상주문(上奏文)에 붙이는 부전(附箋). 찌지. ⑥中 필름(film). 2 절반. ¶雌雄一合<莊子>

【片鱗】へんりん (편린) 한 조각의 비늘. 곧, 사물의 극히 적은 일부분.

【片面】へんめん (편면) 한쪽 면.

【片時】へんじ (편시) 짧은 시간. 잠깐. 片刻(편각). 片晌(편상).

【片言折獄】へんげんごくをさだむ (편언절옥) 한 마디로 재판을 정함. 또는, 한쪽 말만 믿고 옥사(獄事)를 정함.

【片言隻辭】へんげんせきじ (편언척사) 짤막한 말. 片言隻句(편언척구).

【片影】へんえい (편영) 한 조각의 그림자. 언뜻 보인 그림자.

【片雲】へんうん (편운) 조각 구름.

【片月】へんげつ (편월) 조각달.

【片肉】(편육) ①韓 얇게 저민 수육. ②中 고기를 자름. 또는, 고기 조각.

【片楮】へんちょ (편저) ①종이쪽. 紙片(지편). ②간단한 편지. 寸楮(촌저).

【片舟】へんしゅう (편주) 쪽배. 偏舟(편주). ¶一葉一.

【片紙】へんし (편지) ①종이 조각. ②韓 서신(書信). 書簡(서간).

▷斷—, 木—, 斑—, 飛—, 碎—, 鵶—, 雨絲風—, ——, 楮—, 紙—, 鐵—, 打成——, 破—, 片—, 花—

7〖牀〗 壯(p. 400)의 訛字

4/8〖版〗 널 판 |[潸]ㄅㄢˇ (ban)|はん(イタ) *board*

[풀이]①널. ㉮ 널빤지. ㉯ 담틀. 담을 쌓을 때, 흙을 안팎에서 끼는 널빤지. ¶縮—以載<詩經> ㉰ 얇고 판판한 금석(金石). ㉠ 鈑. ¶共其金—<周禮> ㉱ 수레의 가로 덮개의 널빤지. 또는, 관(棺)의 옆쪽 널빤지. ¶棺槨其貌象—蓋<荀子> ②책. 편지. ¶修業不息—<管子> ③이름표. 명부. ¶掌王宮之士庶子 凡在—者<周禮> ④호적부(戶籍簿). ¶式負—者<論語> ⑤길이의 이름. 8척(尺), 6척, 2척, 1장(丈) 등이 있음. ⑥홀(笏). ¶投—棄官而去<後漢書> ⑦비뚤어지다. 어그러짐. 어긋남. ¶——. ⑧판목(版木). 인쇄를 뜻함. ¶木—本.

【版局】(판국)[韓] ①벌어져 있는 형편이나 국면. ②집터나 묘지의 위치와 형세.

【版權】はんけん(판권) 저작물의 복제(複製)나 판매에 관하여 독차지하는 권리.

【版圖】はんと(판도) ①한 나라의 영토. ②호적과 「지도.

【版木】はんぎ(판목) 인쇄하기 위하여 글자나 그림을 새긴 널조각. 板木(판목).

【版本】はんぽん(판본) 목판으로 박은 책. 板本(판본). 木版本(목판본). 板刻本(판각본). ↔寫本(사본).

【版稅】はんぜい(판세) 인세(印稅).

【版勢】(판세)[韓] 판국의 형세.

【版位】はんい(판위) ①궁정(宮廷) 의식(儀式) 때, 여러 신하들의 설 자리를 나타낸 표지. ②위패(位牌). 神位(신위).

【版尹】はんいん(판윤) 호적을 맡은 벼슬.

【版籍】はんせき(판적) ①판도(版圖)와 호적. 토지와 호적을 기록한 장부. ②토지와 백성을 이름.

【版畫】はんが(판화) 판면(版面)으로 찍어 낸 그림. 목판·석판·동판 따위가 있음. 특히, 목판화를 이름.

▷刻—, 改—, 古—, 舊—, 金—, 銅—, 木—, 負—, 寫眞—, 三色—, 石—, 神—, 新—, 鉛—, 原—, 原色—, 雲—, 位—, 印—, 再—, 重—, 初—, 出—, 戶—, 活—

5/9〖牉〗 나눌 반 |[翰]ㄆㄢˋ (pan)|はん(ワカツ) *divide*

[풀이]①나누다. 나뉨. ¶背膺—以交痛兮<楚辭> ②절반. ㉠片. ¶夫婦—合也<儀禮>

8/12〖牋〗 장계 전 |[先]ㄐㄧㄢ (jian)|せん

[풀이]①장계(狀啓). 한위(漢魏) 시대에는 천자, 태자, 제후(諸侯), 대신에게 올리는 글을 총칭하였으나, 후대에는 천자에게는 표(表), 제후에게는 계(啓), 황후와 태자에게는 전(牋)이라 함. ¶所著賦—奏書 凡五篇<後漢書> ②종이. ¶出小碧—<侯鯖錄>

【牋翰】せんかん(전한) 종이와 붓.

12〖牒〗 牒(p. 966)과 同字

12〖牕〗 牕(p. 967)의 俗字

8/12〖牌〗 패 패 |[佳]ㄆㄞˊ (pai)|はい(フダ) *tablet*

[풀이]①패. ㉮ 방(榜). ¶眞宗爲玉石小—二 勒銘以戒飭之<宋史> ㉯ 명찰(名札). ¶闔兵捧門—<湘山野錄> ㉰ 시 등을 쓰는 패. ¶賞佳廟壁 爲詩—<王安石> ㉱ 공(功)을 새긴 패. ¶功—銀爍爚<楊愼> ㉲ 간판. 상표(商標). ¶懸—服藥—子<避戎嘉話> ②부신(符信). 부절(符節). 당송(唐宋) 이후 역마를 타는 사람에게 주던 표. ¶馬—. ③포고문. ¶檄—. ④공문서의 한 가지. ¶—文. ⑤화폐의 한 가지. ¶銅銙—. ⑥위패(位牌). ¶主—. ⑦집 10호. ¶保甲法 置— 書戶數姓名<宋史> ⑧방패. ¶蠻—木刀<東京夢華錄> ⑨가투(歌鬪). ¶牙—/骨—.

▷骨—, 金—, 禁—, 對—, 銅—, 馬—, 木—, 門—, 旁—, 犯由—, 象—, 時—, 十家—, 牙—, 玉—, 位—, 銀—, 竹—, 招—, 標—

9/13〖牐〗 빗장 삽 |[洽]ㄓㄚˊ (zha)|そう *crossbar*

[풀이]①빗장. 성문을 잠그는 빗장. ¶—版. ②널빤지를 덮어 가리다. ③수문(水門)의 문짝. ④나무로 만든 울타리.

【牐版】そうはん(삽판) ①적을 막기 위한 문. ②수문(水門)의 문짝.

13〖牎〗 窗(p. 1117)과 同字

9/13〖牒〗 서찰 첩 |[葉]ㄉㄧㄝˊ (die)|ちょう(フダ)

[풀이]①서찰. 글씨판. 문서를 적는 엷은 쪽. ¶右師不敢對 受—而退<左氏傳> ②계보(系譜). ¶取之譜—<史記> ③공문서. ㉮관리의 문서. ¶—案塡委 章程紊撓<唐書> ㉯ 이첩(移牒). 상관한테 받은 공문을 다음 기관에 다시 알림. ¶凡京師諸司 有符移關—下諸州者<唐書> ㉰사령(辭令). 임명서. ¶但以無階朝廷 故隨—在遠方<漢書> ㉱ 증명서. ¶納利錢受~<唐書> ㉲ 상관에게 보내는 공문. ¶下之達上 其制有六 … 六日—<唐書> ④송사(訟辭). 소장(訴狀). ¶分掌訟—<宋書> ⑤서약서(誓約書). ⑥명부(名簿). ¶其高第者上名—<後漢書> ⑦장부. 기록(記

錄). ¶皆顯史― 傳之無窮<晉書> ⑧널. 널빤지. 판자(板子). ⑨포개다. [通]疊. ¶積―旋石<淮南子>

【牒案】ちょうあん(첩안) 공문서(公文書).

【牒狀】ちょうじょう(첩장) 여러 사람이 돌려 보도록 쓴 문서. ¶請―.

▷簡―, 戒―, 官―, 金―, 錄―, 度―, 名―, 報―, 譜―, 符―, 簿―, 史―, 書―, 誓―, 訟―, 案―, 玉―, 陳―, 綵―, 請―, 通―

9 13【牏】 담틀 투 [因]ㄊㄡˊ(tou) とう / 유 [虞]ㄩˊ(yu) ゆ

[풀이]①담틀. ②변기. 대소변을 받아 내는 그릇. ③땀받이. ¶廁―.

10 14【牔】 박공 박 [藥] はく

14【牓】 榜(p.783)과 同字

11 15【牗】 바라지 유 [有]ㄧㄡˇ(you) ゆう

[풀이]바라지. 햇빛을 받기 위하여 벽에 낸 자그마한 창.

【牗迷】(유미) 어리석은 사람을 가르쳐 일깨움.

【牗戶】ゆうこ(유호) 들창과 지게문. 출입문.

▷街―, 闔―, 茅―, 房―, 星―, 甕―, 窓―, 扁―, 穴―, 戶―

15【牕】 窗(p.1119)과 同字

15 19【牘】 편지 독 [屋]ㄉㄨˊ(du) とく(フダ) *letter*

[풀이]①편지. ¶緹縈通尺―<史記> ②글자를 쓰는 나무 조각. ¶持―趨謁<漢書> ③책. 서적. ¶所見篇― 一覽多能誦記<後漢書> ④공문서. ⑤악기 이름. 대나무로 만들어 그 끝에 두 구멍을 내고, 땅을 두드려 소리를 냄.

▷簡―, 觚―, 文―, 書―, 案―, 連篇累―, 章―, 奏―, 札―, 尺―, 版―, 篇―, 筆―, 翰―, 憲―

牙<어금니 아>部

牙 ⑧ 牚

0 4【牙】 [1]어금니 아 [麻]ㄧㄚˊ が(キバ) / [2]바퀴테 아 [禡](ya) が

[源]象形. 입을 다물었을 때, 아래위의 어금니가 맞닿은 모양을 본뜸.

[풀이][1]①어금니. ㉮어금니. ㉯송곳니. ¶齧輔奇― 宜笑嘕只<楚辭> ㉰이의 총칭. ¶齒―. ㉱동물의 입 밖에까지 나온 이. ¶豶豕之―<易經> ㉲동물의 날카로운 이. ¶虎聚磨― 以待豚豬<易林> ㉳병기(兵器). 무기(武器). ¶切齒磨― 常伺其便<北史> ②자기를 도와 지키는 것. ¶予王之爪―<詩經> ③깨물다. ¶投之一骨 輕起相―<戰國策> ④이를 갈다. ¶始皇方獵六國 而翦―欽<法言> ⑤말뚝. 돼지를 매는 말뚝. ⑥천자나 대장이 세우는 기. ¶高―乃建<潘岳> ⑦본진(本陣). 아기(牙旗)가 선 곳. ¶頡利驚擾 因徙―于磧口<舊唐書> ⑧고르지 아니하다. 굴곡함. ¶佶屈聱―<蘇軾> ⑨어금니처럼 생긴 물건. ㉮종을 다는 가름대에 톱니 모양이 새겨진 것. ¶崇―樹羽<詩經> ㉯패옥(佩玉)의 한 가지. ¶佩玉有衝―<禮記> ㉰돌쇠뇌의 시위를 얹는 곳. ¶弩―. ㉱사람의 이 모양을 새긴 옥제 병부(兵符). ¶―璋以起軍旅<周禮> ⑩관아(官衙). ¶命宰相南北―群臣<唐書> ⑪싹트다. [通]芽. ¶霍氏有事萌―<漢書> ⑫거간꾼. ¶―儈. [2]바퀴테. ¶―也者 以爲固抱也<周禮>

【牙距】がきょ(아거) 어금니와 며느리발톱. 글씨가 힘참. 또는, 무력(武力)으로 도움.

【牙旗】がき(아기) 임금이나 대장군의 기(旗). 깃대 위를 상아로 꾸몄음.

【牙門】がもん(아문) ①아기(牙旗)를 세우는 문. 본진의 문. 대장군의 진영. 牙營(아영). ②관아(官衙). 衙門(아문).

【牙兵】がへい(아병) 대장의 휘하에 있는 군사.

【牙保罪】(아보죄)[中] 장물(贓物)을 알선한 죄.

【牙城】がじょう(아성) 아기(牙旗)를 세운, 주장(主將)이 있는 성.

【牙璋】がしょう(아장) 발병부(發兵符). 병부(兵符).

【牙箏】(아쟁) 대쟁(大箏)과 비슷하나 그보다 작은 칠현(七絃) 악기(樂器).

【牙爪】がそう(아조) ①짐승의 어금니와 발톱. 방위(防衛)의 도구. ②앞잡이 노릇하는 사람. 爪牙(조아).

【牙儈】がかい(아쾌) 물건의 흥정을 붙이는 사람. 거간꾼. 仲買人(중매인). 牙郎(아랑). 牙保(아보). 牙人(아인). 牙子(아자). 牙行(아행).

【牙婆】がば(아파) ①남을 취직 알선하고 구전을 받는 여자. ②유곽에서 창녀를 감독하는 여자. ③[韓] 방물 장수.

【牙牌】がはい(아패) ①상아로 만든 호패(號牌). 이품(二品) 이상의 문무관이 가짐. ②놀이에 쓰는 도구의 하나. 골패(骨牌).

▷倨―, 鋸―, 犬―, 高―, 奇―, 佶倔聱―, 弩―, 大―, 挑―, 萌―, 崩―, 磐―, 輔―, 査―, 象―, 崇―, 聱―, 雀角鼠―, 爪―, 奮―, 衝―, 齒―, 置齒―, 澤吻磨―

7【邪】 ☞ 邑部 4획(p.1505)

12【雅】 ☞ 隹部 4획(p.1591)

8 12【牚】 버팀목 탱 [敬]ㄔㄥ(cheng) とう *stay* / [本]당

[풀이]①버팀목. [같]橕. ②버티다. ¶―拒/支―.

15【鴉】☞ 鳥部 4 획(p. 1677)

—— 牛＜소 우＞部 ——

牛 ② 牟 牝 ③ 牢 牡 牣 ④ 牦 牧 物 ⑤ 牯 牲 牴 牮 ⑥ 牷 特 ⑦ 牽 牼 牿 犁 牾 ⑧ 犅 犂 犇 犀 犉 犄 ⑨ 犍 犎 ⑩ 犗 犖 犒 ⑪ 犛 ⑮ 犢 犦 ⑯ 犧

0/4【牛】소 우 | 㕛 ㄋㄧㄡˊ (niu) | ぎゅう(ウシ) *cow*

源 象形. 머리와 두 뿔이 솟고, 꼬리를 늘어뜨린 소의 모양을 본뜸.

풀이 ①소. ¶一曰一元大武＜禮記＞ ②무릅쓰다. ¶一者冒也 言地雖凍 能冒而生也＜史記＞ ③별 이름. 견우성. ¶斗一之間 常有紫氣＜晋書＞ ④희생. ¶諸侯之祭 牲一曰太牢＜大戴禮＞

【牛角】ぎゅうかく (우각) ①쇠뿔. ②《佛》 ☞ 互角(호각).

【牛角歌】ぎゅうかくノウタ (우각가) 춘추 시대 영척(甯戚)이 제(齊)의 환공(桓公)에게 등용되려고, 환공이 지나갈 때에 소의 뿔을 두드리며 불렀다는 노래. 飯牛歌(반우가).

【牛角掛書】ぎゅうかくしょヲカク (우각괘서) 쇠뿔에 책을 걸었다는 뜻으로, 부지런히 독서함의 비유. 당(唐)의 이밀(李密)이 쇠뿔에 「한서」(漢書) 한 질(帙)을 걸고 소를 타고 가면서도 글을 읽은 옛일에서 유래.

【牛角莎】(우각사)㊥ 무덤의 후면에서 좌우로 반월형의 흙을 쌓고 떼를 심은 것.

【牛車】ぎゅうしゃ (우거) 소가 끄는 승거(乘車).
(우차) 소가 끄는 짐수레.

【牛驥同皁】ぎゅうきどうそう (우기동조) 걸음이 느린 소와 천리마가 같은 대우를 받는 일. 皁는 구유 또는 마판. 현인(賢人)과 불초(不肖)가 같은 예우를 받음의 비유. 牛驥一皁(우기일조). 牛驥共牢(우기공뢰).

【牛桃】ぎゅうとう (우도) 앵두나무의 이칭.

【牛刀割鷄】ぎゅうとうニワトリヲサク (우도할계) 소 잡는 칼로 닭을 잡는다는 뜻으로, 큰 일을 할 재능을 작은 일에 씀의 비유. ¶割鷄焉用牛刀＜論語＞

【牛痘】ぎゅうとう (우두) 천연두를 예방하기 위하여 놓는 접종약(接種藥).

【牛酪】ぎゅうらく (우락) 버터(butter).

【牛囊】(우랑←우낭) 소의 불알. 쇠불알.

【牛郎】ぎゅうろう (우랑) ①소치는 목동. 牛童(우동). 牛豎(우수). ②견우성(牽牛星).

【牛眠地】ぎゅうみんち (우면지) 명당(明堂) 묏자리. 진(晋) 도간(陶侃)이 도인(道人)의 말대로, 앞 언덕의 소가 잠자는 곳에 아버지를 장사지낸 옛일에서 유래.

【牛步】ぎゅうほ (우보) 소의 걸음. 느린 걸음. 또는, 일의 진척이 느림의 비유.

【牛腹洞】(우복동)㊥ 소의 뱃속과 같은 마을. 곧, 병화(兵禍)가 미치지 못한다는 상상적인 동네. 피난지.

【牛星】ぎゅうせい (우성) 28수(宿)의 하나. 견우성(牽牛星)은 딴 별. 牛宿(우수).

【牛溲馬勃】ぎゅうそうばぼつ (우수마발) 소 오줌과 말불버섯. 모두 천한 약의 이름으로, 평소에는 잘 쓰이지 않는 것, 쓸모 없는 물건 따위를 이름.

【牛心】ぎゅうしん (우심) 소의 염통.

【牛乳】ぎゅうにゅう (우유) 소의 젖.

【牛飮馬食】ぎゅういんばしょく (우음마식) 소가 물을 마시듯, 말이 풀을 먹듯 많이 마시고 먹음. 暴飮暴食(폭음폭식).

【牛耳】ぎゅうじ (우이) ①소의 귀. 쇠귀. ②우두머리. 맹주(盟主). 옛날, 제후들이 모여서 맹세할 때, 희생이 되는 소의 왼쪽 귀를 베어서 그 피를 마셨는데, 이 때 맹주가 쇠귀를 잡았던 데서 나온 말.

【牛耳讀經】(우이독경)㊥ 쇠귀에 경 읽기. 어리석은 사람은 아무리 가르쳐도 알아 듣지 못하여 소용이 없음을 이름. 牛耳誦經(우이송경).

【牛耳誦經】(우이송경) ☞ 牛耳讀經(우이독경).

【牛蹄魚】ぎゅうていぎょ (우제어) 소의 발자국에 괸 물에 노는 물고기. 좁은 곳에는 큰 인물이 나지 않음의 비유.

【牛脂】ぎゅうし (우지) 소의 지방(脂肪). 쇠기름. 식용 또는 비누의 원료로 씀.

【牛喘】ぎゅうぜん (우천) 소가 더위를 못 이겨 헐떡임.

【牛黃】ぎゅうこう (우황) 소 쓸개에 생긴 담석(膽石). 약재로 씀.

【牛後】ぎゅうご (우후) 소의 엉덩이. 권세 있는 사람을 따름. 또는, 그런 사람을 욕으로 이르는 말.

▷見角知一, 牽一, 耕一, 九一一毛, 歸馬放一, 大一, 童一, 斗一, 賣劍買一, 駁一, 肥一, 犀一, 小一, 水一, 野一, 犂一, 蝸一, 乳一, 以羊易一, 菜一, 天一, 犎一, 鬪一, 庖丁解一, 汗一, 蹊田奪一, 犧一

2/6【牟】①보리 모 ②어두울 무 | 㕛 ㄇㄡˊ 㑹 (mou) | ぼう *barley*

풀이 ① ①보리. ¶貽我來一＜詩經＞ ②소가 우는 소리. ¶一然而鳴＜柳宗元＞ ③탐하다. 빼앗음. ¶如此富商大賈 亡所一大利＜漢書＞ ④범(犯)하다. ¶侵一萬民＜漢書＞ ⑤같다. ㊐侔. ¶德一往初＜漢書＞ ⑥더하다. 갑절함. ¶成梟而一 呼五白些＜楚辭＞ ⑦많다. ¶毋或侵一＜淮南子＞ ⑧크다. ¶一而難知＜呂覽＞ ⑨가리다. ㊐冒. ⑩투구. ㊐鍪. ¶着岑一單紋之服＜後漢書＞ ⑪눈동자. ㊐眸. ¶堯舜參一子＜荀子＞ ⑫제기(祭器). 기장 등을 담는 제기. ¶敦一卮匜＜禮記＞ ⑬나아가다. ¶一一. ②어둡다. ㊎務. ¶擧一光＜荀子＞

【牟尼】むに (모니)《佛》 범어(梵語) muni의 음역. 적묵(寂默)·성자(聖者)의 뜻. 주로 석가모니(釋迦牟尼)를 이름.

【牟利輩】ぼうりはい (모리배) 이익을 탐하는 무리. 謀利輩(모리배).

▷蓋一, 盧一, 敦一, 兜一, 彌一, 憐一, 鐵一, 侵一

2/6【牝】암컷 빈 | 㕛 ㄆㄧㄣˋ (pin) | ひん(メス) *female*

풀이①암컷. 날짐승은 자웅(雌雄), 길짐승은 빈모(牝牡)라 함이 보통임. ¶一鷄無晨<書經> ②음(陰). 양(陽)의 상대적 성(性). ¶一貞常慈<太玄經> ③골짜기. ¶有似黃金擲虛一<韓愈> ④자물쇠. 열쇠는 모(牡)에 해당함.

【牝鷄司晨】ひんけいししん(빈계사신) 암탉이 새벽에 운다는 뜻으로, 집안에서 여인이 세력을 부림의 비유. 牝鷄之晨(빈계지 신).

【牝鷄之晨】ひんけいノしん(빈계지 신) ☞牝鷄司晨(빈계사신).

【牝馬之貞】ひんばノてい(빈마지 정) 역(易)에서 곤(坤)의 네가지 덕(德) 가운데 하나. 암말의 유순한 덕. 나이가 유순한 덕으로 힘든 일을 잘 참아서 성공함의 비유. ¶坤 元亨利一<易經>

【牝牡】ひんぼ(빈모) ①암컷과 수컷. 암수. ※雌雄(자웅). ②별의 위치. 태백성(太白星)이 남쪽에, 태세성(太歲星)이 북쪽에 있을 때의 위치를 이름. 태백성은 금성, 태세성은 목성. ¶太白在南 歲在北 名曰一<漢書>

【牝朝】ひんちょう(빈조) 당(唐)대 측천무후(則天武后)의 조정. 무후가 여자의 몸으로 국정을 전단(專斷)한 데서 이름.

▷牡一, 牧一, 晨一, 游一, 雌一, 蓄一, 虛一, 玄一

3
7【牢】 1우리 뢰 ㊍로 | 豪ㄌㄠˊ(lao) | ろう(オリ) cage
2깎을 루 | 尤ㄌㄡ(lou) | ろう(ケズル)
3에워쌀 루 | 宥 | りゅう
4약탈할 로 | 號 | ろう

源會意. 마소의 우리를 뜻함.

풀이1 ①우리. ¶繫于一<周禮> ②둘러싸다. ¶辜一天下<荀子> ③옥. 감옥. ¶赤帝行德 天一爲之空<史記> ④녹(祿). 녹미(祿米). ¶因官器作煮鹽 官與一盆<史記·注> ⑤품삯. ¶今代人言雇手一盆<史記> ⑥희생. 좋은 음식. ¶一禮. ⑦굳다. 견고함. ¶欲連固根本一甚<史記> ⑧굳게 지키다. 절조(節操)를 지킴. ¶陛下將一太過耳<晋書> ⑨사물의 형용. ¶一騷/一愁/一剌/一落. 2깎다. ¶一中旁寸<儀禮> 3에워싸다. ¶一籠天地<淮南子> 4약탈하다. 노략질함. ¶卓縱放兵士 突其廬舍 淫略婦女 剽虜資物 謂之搜一<後漢書>

【牢堅】ろうけん(뇌견) 굳음. 단단함. 牢固(뇌고).

【牢固】ろうこ(뇌고) ☞牢堅(뇌견).

【牢落】ろうらく(뇌락) ①광활함. ②쓸쓸한 모양. ③성긴 모양. 듬성듬성함.

【牢禮】ろうれい(뇌례) 희생을 갖추어 빈객(賓客)을 향응(饗應)하는 예(禮).

【牢籠】ろうろう(뇌롱) 남을 마음대로 부림. 또는, 남을 수중에 넣어 마음대로 놀림. 籠絡(농락). ¶豪傑自一<唐玄宗>
(누롱) 하나로 묶음. 일괄함. ¶秉大一者 一天地 彈壓山川<淮南子>

【牢死】ろうし(뇌사) 감옥에서 죽음. 獄死(옥사).

【牢賞】ろうしょう(뇌상) 관(官)에서 상으로 주는 쌀.

【牢囚】ろうしゅう(뇌수) 단단히 가둠. 또는, 그 죄수.

【牢獄】ろうごく(뇌옥) 감옥. 牢檻(뇌함).

▷堅一, 皐一, 圈一, 亡羊補一, 牲一, 少一, 搜一, 獄一, 完一, 將一, 中一, 太一, 狴一, 餼一

3
7【牡】 수컷 모 ㊍무 | 有ㄇㄨˇ(mu) | ぼ(オス) male

源會意. 원래는「牛+土」. 土는 남성을 뜻함.

풀이①수컷. 보통, 수놈을 날짐승은 雄, 길짐승은 牡라 함. ¶雉鳴求其一<詩經> ②양(陽). 음(陰)에 상대되는 성(性). ¶牝一群貞<太玄經> ③왼쪽. ¶凡陳之道 設右以爲牝 益左以爲一<國語> ④언덕. ¶邱陵爲一<大戴禮> ⑤열쇠. ¶長安章成門 門一自亡<漢書>

【牡丹】ぼたん(모란←모단) 작약과의 갈잎 떨기나무. 중국 원산으로 관상용이나 약용으로 심음. 껍질은 목단피(牧丹皮)라 하여 약재로 씀. 牧丹(목단). 木芍藥(목작약). ¶一花樽.

【牡丹屛】ぼたんべい(모란병←모단병) 모란을 그린 병풍.

【牡丹餠】ぼたん·ぼたもち(모란병←모단병) 모란꽃처럼 생긴 떡의 한 가지.

▷關一, 廣一, 門一, 肥一, 牝一, 四一, 乘一, 籥一

3
7【牣】 찰 인 | 震ㄖㄣˋ(ren) | じん(ミチル) pull

풀이①차다. ㉮충만(充滿)하다. ¶於一魚躍<詩經> ㉯살지다. 소가 살짐. ②더하다. ③막다. 막힘. ④질기다. 또는, 부드럽다. ¶白所以爲堅也 黃所以爲一也<呂覽>

4
8【牦】 소 모 | 豪ㄇㄠˊ(mao) | ぼう(ウシ)

풀이소. 중국 서북부에 사는 들소의 한 가지. 모양이 물소를 닮았으며 꼬리가 긺.

4
8【牧】 칠 목 | 屋ㄇㄨˋ(mu) | ぼく cultivate

풀이①치다. 마소를 놓아 기름. ¶一六畜而阜蕃其物<周禮> ②마소를 치는 사람. ¶馬有圉 牛有一<左氏傳> ③목장. ¶求一與芻矣<孟子> ④기르다. ¶君子卑以自一也<易經> ⑤성 밖. 교외. ¶郊外 謂之一<爾雅> ⑥다스리다. ¶請一基<荀子> ⑦벼슬 이름. ㉮지방의 장관. ¶宅乃一<書經> ㉯전답을 맡아보는 관리. ¶自一歸荑<詩經> ㉰배를 맡아보는 관리. ¶命舟一覆舟<禮記> ⑧법. 법도. ¶爲天下者用一<逸周書> ⑨농토(農土)의 크기. 9부(夫)의 땅. ¶九夫爲一 二一而當一井<周禮·注>

【牧歌】ぼっか(목가) ①목동이 부르는 노래. ¶

一的. ②전원시(田園詩)의 하나. 목부(牧夫)나 농부의 생활을 주제로 한 시가.
【牧丹】(목단) ☞牡丹(모란).
【牧童】ぼくどう(목동) 양, 마소를 먹이는 아이. 牧子(목자). 牧豎(목수). 牧兒(목아).
【牧民】ぼくみん(목민) ①[韓] 백성을 다스림. ¶一心書<丁若鏞> ②「관자」(管子)의 편(篇) 이름. 「칭.
【牧民官】ぼくみんかん(목민관) 옛날, 지방 장관의 이
【牧伯】ぼくはく(목백) 태수(太守)나 자사(刺史) 등의 지방 장관.
【牧夫】ぼくふ(목부) ①가축을 기르는 머슴. ②옛 중국의 목민관. 또는, 목축의 일을 맡아 본 사람. 牧人(목인).
【牧司】ぼくし(목사) ①지방 장관. 牧民官(목민관). ②단속함. 일을 맡아 봄.
【牧師】ぼくし(목사) ①주(周)대에 목장을 관장한 벼슬. ②기독교 교역자의 하나.
【牧守】ぼくしゅ(목수) 지방 장관. 牧司(목사).
【牧野】ぼくや(목야) ①목장(牧場). ②주(周)의 무왕(武王)이 은(殷)의 주왕(紂王)을 쳐 없앤 곳. 지금의 하남성(河南省) 기현(淇縣)의 남쪽에 있음.
【牧牛】ぼくぎゅう(목우) ①소를 침. 소를 놓아 기름. ②놓아 기르는 소.
【牧人】ぼくじん(목인) ☞牧夫(목부).
【牧者】ぼくしゃ(목자) ①양을 치는 사람. ②신자를 보호하고 지도하는 성직자.
【牧場】ぼくじょう(목장) 가축을 놓아 먹이는 곳.
【牧豬奴戲】ぼくちょどノタワムレ(목저노희) 돼지를 치는 사람이 하는 천한 놀이라는 뜻으로, 도박을
【牧笛】ぼくてき(목적) 목동이 부는 피리. ⌊이름.
【牧正】ぼくせい(목정) 주(周)대의 벼슬 이름. 목관(牧官)의 장(長).
【牧草】ぼくそう(목초) 가축의 사료로 쓰이는 풀.
【牧畜】ぼくちく(목축) 가축을 침. 길러진 가축.
▷耕一, 經一, 九一, 農一, 民一, 放一, 司一, 岳一, 養一, 遊一, 人一, 州一, 樵一, 畜一

4/8 【物】 만물 물 | ㄨˋ (wu) | ぶつ(モノ) *thing*

[풀이]①만물. 천지간의 모든 것. ¶品一流行<易經> ②일. ¶以鄕三一教萬民<周禮> ③무리. 종류. ¶是其生也 與吾同一<左氏傳> ④재물. 의복·병기(兵器). ¶辨其一<周禮> ⑤직업. ¶不失舊一<左氏傳> ⑥권세. ¶用一精多<左氏傳> ⑦표지. 기호(記號). ¶吾未敢有一以出<左氏傳> ⑧먹을 거리. ¶九曰一貢<周禮> ⑨잡색 소. ¶三十維一<詩經> ⑩귀신. ¶殺大虵有一曰 蛇白帝子<漢書> ⑪외경(外境). ¶人心之感於一也<禮記> ⑫보다. 살펴봄. [通]吻. ¶一其地 圖而授之<周禮> ⑬고르게 하다. ¶一馬而頒之<周禮> ⑭없어지다. 죽음. [通]歾. ¶其心冀幸丞相一故也<史記> ⑮기(旗)의 이름. 주(周) 대에 대부(大夫)나 사(士)가 세우던 기. ¶雜帛爲一<周禮> ⑯활을 쏠 때 서는 자리. ¶一長如笴<周禮> ⑰이름을 붙이다. ¶不可方一<國語>
【物價】ぶっか(물가) 물건의 값. 시세. ¶一指數.
【物件】ぶっけん(물건) ①물품. ②법률에서 권리의 목적물.
【物故】ぶっこ(물고) ①사람의 죽음. 物化(물화). ¶治道二歲不成 士卒多一<史記> ②사고. ¶卽有一鼓<墨子>
【物極則反】モノキワマレバスナワチカエル(물극즉반) 만물은 극도에 달하면 다시 처음으로 돌아감. 物極必反(물극필반).
【物力】ぶつりょく(물력) ①물건의 힘. ②물건을 생산하는 힘. ③조세(租稅) 이외에 백성의 재산의 다소를 헤아려 돈을 징수하는 일. ④[韓] 집 짓는 데 쓰이는 돌·기와·흙 등의 재료. 物役(물역). 「¶一學.
【物理】ぶつり(물리) 만물의 이치. 물건의 성질.
【物望】ぶつぼう(물망) 여러 사람이 우러러보는 사람. 평판이 좋음. 또는, 그 사람. ¶卿東南一 朕宿昔所聞<南史>
【物目】(물목)[韓] 물품의 목록.
【物物交換】ぶつぶつこうかん(물물교환) 화폐를 쓰지 않고 물건을 맞바꿈.
【物産】ぶっさん(물산) 그 고장에서 나는 물건.
【物象】ぶっしょう(물상) ①물체의 형상. ②자연의 풍경. ③[韓] 물리학·화학·광물학 등을 포괄(包括)한 교과(敎科).
【物色】ぶっしょく(물색) ①물건의 모양이나 빛깔. ②많은 사람 가운데서 적당한 사람을 고름. ③인상화(人相畫)로 사람을 찾음. 또는, 화상. ④동물의 털 빛깔. ⑤모양. 모습. 형상. ⑥자연의 경치. 풍경. ⑦여러 가지 물건. ⑧산물(產物)과 세물(稅物).
【物心】ぶっしん(물심) ①인정·세태에 통하는 마음. ②물질과 정신. ¶一兩面.
【物我一體】ぶつがいったい(물아일체) 외물(外物)과 자아(自我)의 구별이 없음. 객관과 주관이 혼융일체(渾融一體)가 됨.
【物外】ぶつがい(물외) 물질에 얽매이지 않는 세계. 속세를 벗어난 곳. 物表(물표). 世外(세외). ¶歸來一情<宋之問> 「욕심.
【物慾】ぶつよく(물욕) 금전, 주색 등 물질에 대한
【物議】ぶつぎ(물의) 세상의 평판. 중인(衆人)의 평론. 物論(물론). 「품.
【物資】ぶっし(물자) ①물건을 만드는 자료. ②물
【物壯則老】モノサカンナレバスナワチオユ(물장즉 노) 세상 모든 것이 극성(極盛)하면 노쇠해짐. 物盛則衰(물성즉 쇠).
【物的】ぶってき(물적) ①물질에 관한 것. ②금전 따위의 경제적인 것. 物質的(물질적).
【物的證據】ぶってきしょうこ(물적증거) 물건으로 뚜렷이 드러난 증거. 物證(물증).
【物情】ぶつじょう(물정) ①어떤 사물의 실정. 속내. ②세상의 인심. 세상 돌아가는 형편.
【物主】ぶつしゅ(물주) ①소유주. ②[韓] ㉮공사판이나 장사판에서 밑천을 대는 사람. ㉯노름판에서, 애기패를 상대로 패를 잡고 승부를 다투는 사람. 「말.
【物證】ぶっしょう(물증) 물적 증거(物的證據)의 준
【物質】ぶっしつ(물질) ①물건의 본바탕. ②물품. ③물체. ¶一界/一的/一主義.

【物體】ぶったい (물체) 물질의 집합(集合)으로 이루어진 형체. 감각이나 정신이 없는 유형(有形)의 물질.

【物則】ぶっそく (물칙) 사물의 법칙.

【物表】ぶっぴょう (물표) ☞ 物外(물외).

【物品】ぶっぴん (물품) 일정하게 쓰일 가치가 있는 물건. ¶ 一稅.

【物形】ぶっけい (물형) 물건의 형태.

【物化】ぶっか (물화) ①물건이 변화하는 일. 만물이 변화하는 모습. ②사람의 죽음. 物故(물고)①.

【物華】ぶっか (물화) 물건의 빛. 보물 따위의 정채(精彩).

【物換星移】モノカワリホシウツル (물환성이) 사물은 바뀌고 세월은 흘러감. 세월 따라 세상도 바뀌고 경물(景物)도 바뀜을 이름.

【物活論】ぶっかつろん (물활론) 물질에도 생명과 영혼이 있다는 학설.

【物候】ぶっこう (물후) 만물이 철 따라 나타나고 찾아드는 일. 氣候風物(기후풍물).

▷傑一, 格一, 古一, 鑛一, 怪一, 舊一, 群一, 鬼一, 貴一, 禁一, 奇一, 棄一, 老一, 賂一, 大一, 代一, 貸一, 對一, 動一, 魔一, 萬一, 每一, 賣一, 名一, 毛一, 木一, 無一, 無用長一, 文一, 美一, 微一, 博一, 方一, 變一, 寶一, 不一, 四一, 事一, 死一, 私一, 邪一, 賜一, 謝一, 產一, 三一, 生一, 庶一, 素一, 俗一, 贖一, 食一, 植一, 信一, 阿堵一, 藥籠中一, 惡一, 英一, 靈一, 禮一, 汚一, 外一, 尤一, 雲一, 遠一, 遺留一, 以身投一, 人一, 鱗一, 長一, 珍一, 什一, 天一, 幣一, 廢一, 品一, 風一, 下一, 荷一, 海一, 化一, 貨一, 凶一, 胸中無宿一

5 9 【牯】 암소 고 | 廣 ㄍㄨˇ (gu) | こ (メウシ)

풀이 ①암소. ②거세한 수소.

5 9 【牲】 희생 생 | 庚 ㄕㄥ (sheng) | せい (イケニエ)

풀이 희생. 천지, 신명 등의 제사에 쓰는 온 마리 소. 기를 때는 畜, 제물일 때는 牲이라 함.

▷絜一, 牢一, 犓一, 肥一, 三一, 野一, 五一, 玉一, 六一, 特一, 犧一

5 9 【牴】 1 부딪칠 저 2 수양 저 | 薺 ㄉㄧˇ 齊 (di) | てい (フレル) *run into*

풀이 1 ①부딪치다. ¶ 一觸. ②만나다. ③대략. 대저(大牴). 2 수양. 양의 수컷. 通 羝.

▷角一, 觳一, 大一, 相一, 犧一

5 9 【牮】 버팀목 천 | 霰 ㄐㄧㄢˋ (jian) | せん *stay*

풀이 ①버팀목. 기운 집을 버티어 받치는 막대기. ②보(洑). 물을 대기 위하여 쌓은 둑.

10 【牂】 ☞ 羊部 4 획 (p. 1203)

6 10 【牷】 희생 전 | 先 ㄑㄩㄢˊ (quan) | せん (イケニエ) *sacrifice*

풀이 ①희생. ㉮순색(純色)의 소. ㉯몸이 온전한 것. ¶ 攘竊神祇之犧一牲<書經> ㉰털이 순색이며 몸이 온전한 것. ¶ 牲一肥腯<左氏傳> ②온전하다. 通 全.

6 10 【特】 유다를 특 | 職 ㄊㄜˋ (te) | とく (トクニ) *special*

풀이 ①유다르다. ㉮뛰어난 사람. ¶ 百夫之一<詩經> ㉯유달리 무성한 모[苗]. ¶ 有菀其一<詩經> ②달리하다. ¶ 天下之人 唯各一意哉<荀子> ③특히. 특별히. ¶ 乃今以久一聞<莊子> ④다만. ¶ 豈一宮室哉<呂覽> ⑤수컷. ㉮수소. ¶ 一牛. ㉯수말. ¶ 凡馬一居四之一<周禮> ⑥서너 살 된 짐승. ¶ 獸三歲曰一 一說爲四歲之獸<詩經·注> ⑦한 마리. 한 마리의 희생. ¶ 子其爲我具 一羊之饗<國語> ⑧홀로. 하나. ¶ 我一以三國城從之<戰國策> ⑨하나하나. ¶ 孤卿一揖<周禮> ⑩짝. 배필. ¶ 求爾新一<詩經> ⑪매우. 같 太. ⑫말 발굽 소리. ⑬곧. 이에. 같 乃.

【特價】とっか (특가) 특별히 싸게 매긴 값.

【特講】とっこう (특강) 특별 강의. ※補講(보강).

【特磬】とっけい (특경) 경쇠의 한 가지. 풍류를 그칠 때에 치는 아악기(雅樂器). 편경(編磬)보다 크며 한 가자(架子)에 하나만 닮.

特縣磬(三禮圖)

【特攻隊】とっこうたい (특공대) 적진을 기습하기 위하여 특별히 훈련된 부대.

【特科】とっか (특과) 특별한 병과(兵科). 곧, 포병, 공병, 헌병 따위.

【特權】とっけん (특권) 일부의 사람만 특별히 가지는 권리. ¶ 一階級/一意識.

【特勤】とっきん①·とっきん② (특근) ①근무 시간 외에 특별히 더 하는 근무. ②돌궐(突厥) 및 터어키 계통의 여러 나라에서, 임금 자제의 칭호.

【特急】とっきゅう (특급) 특별 급행 열차.

【特技】とくぎ (특기) 남이 쉽게 본받을 수 없는 특수한 기술. 長技(장기).

【特記】とっき (특기) 특별히 기록함. ¶ 一事項.

【特達】とったつ (특달) ①선물을 보낼 때 다른 물건을 끼우지 않고 그 선물만을 보냄. ②여럿 중에서 특별히 뛰어남.

【特等】とくとう (특등) 특별한 등급. ¶ 一賞.

【特例】とくれい (특례) 특별한 예. 특별한 예규·판례·관례 따위. ¶ 一法.

【特立之士】とくりつのし (특립지 사) 세속 밖에 우뚝 뛰어난 훌륭한 사람.

【特賣】とくばい (특매) ①특가(特價)로 팖. ②경매 입찰에 의하지 않고 수의 계약(隨意契約)에 의하여 특정인에게 팖.

【特命】とくめい (특명) ①특별한 명령. 또는, 특별히 명령함. ②특별한 임명. 또는, 특별히 임명함. ¶ 一全權大使.

【特務】とくむ (특무) 특별한 임무. ¶ 一隊/一機關.

【特別】とくべつ(특별) 보통이 아님. 일반과 다름.
【特報】とくほう(특보) 특별한 보도. 「¶—法.
【特使】とくし(특사) 특별히 보낸 사자(使者).
【特產】とくさん(특산) 그 지방에서 특별히 생산되는 물건. 特產物(특산물).
【特賞】とくしょう(특상) 특별한 상. 또는, 가장 뛰어난 사람에게 주는 상. 「난 점.
【特色】とくしょく(특색) 보통 것보다 다른 점. 뛰어
【特選】とくせん(특선) 특별히 골라 뽑음. 또는, 그 뽑힌 것. ¶—作.
【特設】とくせつ(특설) 특별히 마련함. 특별히 베풂. ¶—舞臺. 「—教育.
【特殊】とくしゅ(특수) 보통과 다름. 特異(특이). ¶
【特需】とくじゅ(특수) 특별한 수요(需要).
【特約】とくやく(특약) 특별한 약속. ¶—店.
【特用】とくよう(특용) 특별히 씀. ¶—作物.
【特牛】とくぎゅう(특우) ①수소. 황소. ②희생으로 쓰는 한 마리의 소.
【特有】とくゆう(특유) 그것에만 특별히 있음.
【特異】とくい(특이) 보통과 아주 다름. 표나게 다름. 特殊(특수). ¶—體質.
【特長】とくちょう(특장) 특별히 나은 점.
【特典】とくてん(특전) ①특별한 은전(恩典). ②특별한 대우. ③특별히 행하는 의식(儀式).
【特定】とくてい(특정) 특별히 정함. 특별한 지정(指定). ¶—人物.
【特製】とくせい(특제) 특별히 만듦. 또는, 그 물건. ¶—品.
【特種】とくしゅ(특종) ①특별한 종류. ②신문·잡지의 기사 중 그 사(社)에서만 입수한 특별한 기사 거리. ¶—記事.
【特鐘】とくしょう(특종)㊕쇠로 만든 타악기의 한 가지. 음악을 시작하는 데에 씀.
【特地】とくち(특지) 특히. 특별히. 地는 조자(助字). ¶春半邊城—寒<韓愈>
【特旨】とくし(특지) ①특별한 취지. ②특별한 왕지(王旨). 特敎(특교).
【特進】とくしん(특진) ①한(漢) 이후 제후나 장군 가운데 공적이 있는 사람에게 주던 명예 직위. ②고려 때 문관의 품계(品階). ③특별한 공로 등으로 일반 규례를 벗어나 특별히 시키는 직위의 진급.
【特質】とくしつ(특질) 다른 것과 구별되는, 사물의 특정적인 질 또는 성질.
【特輯】とくしゅう(특집) 일정한 내용이나 대상을 특별히 정하고 하는 편집.
【特徵】とくちょう(특징) ①다른 것과 구별되는 독특한 표징. ②벼슬을 시키려고 임금이 특별히 부름.
【特差】とくさ(특차) 특별히 보내는 사자(使者).
【特採】とくさい(특채) 특별히 채용함.
【特請】とくせい(특청) 특별한 청. 「음.
【特出】とくしゅつ(특출) 특별히 뛰어남. 유달리 높
【特稱】とくしょう(특칭) ①전체에서 그것만 특히 가려 내어 일컫는 칭호. ②주개념(主槪念)이 지시하는 대상의 어느 한 부분에 대하여 긍정 또는 부정하는 것. ¶—命題. ↔全稱(전칭).
【特派】とくは(특파) 특별히 파견함. 어떤 사명을 주어 특별히 보냄. ¶—員.
【特許】とっきょ(특허) ①특별히 허락함. ②특정의 사람을 위하여 새로이 특정의 권리를 설정하는 행정 행위. ③발명으로 등록할 가치가 있는 창안을 한 자(者)에게 그 창안의 이용을 독점할 수 있게 함. ¶—權.
【特惠】とっけい(특혜) 특별한 혜택. 「¶—藥.
【特效】とっこう(특효) 특별한 효과. 특수한 효능.
▷介—, 傑—, 孤—, 怪—, 奇—, 獨—, 秀—, 殊—, 新—, 英—, 絕—, 挺—, 峻—, 懸—

11〖牿〗 ☞ 角部 4 획(p. 1367)

7
11〖牽〗 끌 견 |㊥ㄑㄧㄢ (qian)|けん(ヒク) *drag*
풀이 ①끌다. ㉮몰고 가다. ¶有—牛而過堂下者<孟子> ㉯끌어 당기다. ¶鉤不能—<戰國策> ㉰거느리다. 이끎. ¶—帥老夫 以至於此<左氏傳> ㉱만류하다. ¶留—攸船 不得進<晋書> ㉲강요하다. ¶君子之教喩也 道而弗—<禮記> ㉳활시위를 켕기다. ②거리끼다. ¶學者—於所聞<史記> ③매이다. ¶此—乎天者也<張衡> ④이어지다. ¶—復 吉<易經> ⑤줄. 밧줄. ¶施—其外<獨斷> ⑥희생. 끌려가는 동물. ¶惟是脯資餼—竭矣<左氏傳> ⑦별 이름. 견우성. ¶旦—牛中<禮記>
【牽強附會】けんきょうふかい(견강부회) 자기에게 편리하도록 말을 억지로 끌어다 붙임.
【牽夫】(견부) 마부(馬夫).
【牽絲】けんし(견사) ①처음으로 벼슬함. 인끈을 잡는다는 뜻에서 온 말. ②실을 당김. 혼인을 정함. 당(唐)의 곽원진(郭元振)이 재상(宰相) 장가정(張嘉貞)의 신임을 얻어 사위 되어 주기를 요청받자, 장씨의 다섯 딸을 각각 실을 잡고 늘어서게 한 다음, 그 가운데의 하나를 잡아당겨 의중(意中)을 보여 세째 딸과 혼인했다는 옛일에서 유래.
【牽牛星】けんぎゅうせい(견우성) 은하(銀河) 동쪽 가에 있는 별 이름. 해마다 칠석(七夕)에 은하를 건너 직녀성과 만난다는 전설이 있음. 擔鼓(담고).
【牽引】けんいん(견인) 끌어당김. ¶—車.
【牽制】けんせい(견제) ①붙들어 놓고 자유를 속박함. ②적을 자기가 바라는 곳으로 끌어들이거나 그 곳에 붙들어 매 놓는 일. ③마음에 걸림. 구애됨.
▷拘—, 羈—, 挽—, 連—, 留—, 引—

7
11〖牼〗 정강이뼈 경 |㊥ㄎㄥ (keng)|きょう

7
11〖牿〗 우리 곡 |㊥ㄍㄨˋ (gu)|こく(オリ) *cage*
풀이 ①우리. 마소를 기르는 곳. ②우마를 가두어 기르다. ¶今惟淫舍—牛馬<書經> ③쇠뿔에 가로 댄 나무. 사람이 다침을 막음.

11〖犁〗 犂(p. 973)와 同字

7/11【牻】 얼룩소 방 |江| ぼう (マダラウシ)

11【犀】 犀(p. 973)와 同字

7/11【牾】 거스를 오 |虞ㄨˇ (wu)| ご (サカラウ)

8/12【犅】 수소 강 |陽| こう (オウシ)

8/12【犂】 1 쟁기 려 |齊ㄌㄧˊ (li)| れい(スキ) *plow*
2 얼룩소 리 |支| り
3 떨 류 |尤| りゅう

풀이 1 ①쟁기. ¶丈夫二一 童五尺一一<管子> ②갈다. 쟁기질함. ¶古墓一爲田<古詩> ③검다. ¶面目一黑<戰國策> ④동틀 무렵. 어둑어둑할 때. ¶一旦/一明. ⑤땅 이름. 춘추 시대 제(齊)의 읍. ¶取一及轅<左氏傳> 2 ①얼룩소. ¶一牛之子<論語> ②검버섯. 늙은이의 살갗에 생기는 얼룩점. ¶播棄一老<書經> 3 떨다. 두려워서 떪. ¶一然.
▷耕一, 輓一, 鋤一, 牛一, 耦一

犂①(農政全書)

8/12【犇】 달아날 분 |元ㄅㄣ (ben)| ほん (ハシル)
源 會意. 「牛」석 자로, 무리 지은 소가 놀라 달아남을 뜻함.
풀이 ①달아나다. 달림. ②소가 놀라다.

8/12【犀】 무소 서 |齊ㄒㄧ (xi)| さい(サイ)
同 犀
풀이 ①무소. 코뿔소. ¶黃支國獻一牛<漢書> ②무소 뿔. ¶飾以文一<曹植> ③굳다. ¶器不一利<漢書> ④날카롭다. 잘 듦. ¶今俗刀兵利爲一<漢書·注> ⑤박씨. ¶齒如瓠一<詩經> ⑥무소뿔로 만든 장식. ¶通天白一帶 照地紫麟袍<白居易> ⑦이마의 윗부분이 튀어나온 상(相). 귀인(貴人)의 상. ¶惡角一豐盈<國語>
【犀角】さいかく (서각) ①무소의 뿔. 가루를 내어 해독, 해열제로 씀. ②이마의 윗부분이 튀어나온 귀인의 상(相).
▷角一, 木一, 文一, 野一, 龍一

8/12【犉】 누르고 입술 검은 소 순 |眞ㄖㄨㄣˊ (run)| じゅん

8/12【犄】 불깐 소 의·기 |支ㄐㄧ (ji)| い, き
풀이 ①불을 깐 소. 거세(去勢)한 소. ②길다. ③베풀다. ④불을 깐 개.

9/13【犍】 1 불깐 소 건 |元| けん
2 짐승 이름 건 |阮| けん

9/13【犎】 들소 봉 |冬| ほう

13【犓】 搊(p. 661)과 同字

10/14【犗】 불깐 소 개 |卦ㄐㄧㄝˋ (jie)| かい
풀이 ①불을 깐 소. ¶任公子爲大鉤巨緇五十一以爲餌<莊子> ②불 까다. 거세(去勢)함. ③힘 센 가축.

10/14【犖】 얼룩소 락 |覺ㄌㄨㄛˋ (luo)| らい (マダラウシ)
풀이 ①얼룩소. ¶赤瑕駁一<司馬相如> ②밝다. 명백함. ¶此其一一大者<史記> ③뛰어나다. 훌륭함. ¶卓一乎方州<班固>
▷駁一, 卓一

10/14【犒】 호궤할 호 |號ㄎㄠˋ (kao)| こう (ネギラウ)
풀이 ①호궤하다. 음식을 보내어 군사를 위로함. ¶使展喜一師<左氏傳> ②맛좋은 음식. 호궤할 음식. ¶救死具八珍 不如一簞一<韓愈>
【犒饋】こうき (호궤) 군사들에게 음식을 베풀어 위로함.
▷給一, 頒一, 宴一, 飮一, 支一, 豊一

11/15【犛】 검정소 리 |支ㄌㄧˊ (li)| り
모 |肴ㄇㄠˊ (mao)| ぼう

17【犪】 夔(p. 1415)과 同字

17【犠】 犧(p. 973)의 略字

15/19【犢】 송아지 독 |屋ㄉㄨˊ (du)| とく (コウシ)
▷耕一, 孤一, 羔一, 牲一, 乳一, 舐一, 佩一

15/19【犦】 들소 박 |覺| はく

16/20【犧】 1 희생 희 |支ㄒㄧ (xi)| ぎ(イケニエ) *sacrifice*
2 술그릇 사 |歌| さ
略 犠
풀이 1 ①희생. 종묘 제향에 쓰는 희생. ¶肉袒執一<呂覽> ②사랑하여 기르다. ¶自憚其一也<左氏傳> ③술통. 소의 형상을 새기거나 소 모양을 한 술통. ¶一尊. 2 술그릇. 비취로 꾸민 제사용 술통.
【犧象】きしょう (사상) 주(周)대의 술그릇. 봉황을 그리고 상아로 꾸민 것.
【犧牲】ぎせい (희생) ①천지·종묘에 제사 지낼 때 바치는 짐승. 소, 양, 돼지 등을 씀. ②남을

위하여 자기 목숨을 바침. 또는, 자기의 손해를 무릅쓰고 남을 위하여 일함. 은(殷)의 탕왕(湯王)이 가뭄에 자신의 몸을 희생으로 삼아 비가 내리도록 하늘에 제사지냈다는 옛일에서 유래.
【犧牷】ぎせん(희전) 온전한 희생.
【犧尊】ぎそん(희준) 소의 모양을 한 술단지. 일설에는, 소의 그림을 그린 술단지.
　　きそん(사준) 비취로 꾸민 술단지. 犧尊(희준). 獻尊(헌준).

犧 尊 (西淸古鑑)

▷郊—, 廟—, 牲—, 騂—, 純—, 醇—, 牷—, 芻—

犬(犭)<개 견>部

犬 ② 犯 ③ 犰 犴 犵 ④ 狂 狃 狀 犽 狁
狄 狆 犿 ⑤ 狗 狚 羚 狎 狘 狖 狙 狐 ⑥
狡 独 狫 狩 狤 狪 狠 狟 ⑦ 狷 � 狼 狸
狻 狻 狺 狾 狽 狴 狹 ⑧ 猓 猍 猛 猜 猒
猊 猗 猙 猘 猝 猖 猋 猇 ⑨ 猲 猱 猫 猩
猥 猧 猬 猶 猷 猪 猵 猷 猢 猴 ⑩ 獅 猷
獄 猺 猿 猾 ⑪ 獍 獿 獏 獒 獐 ⑫ 獟 獗
獥 獞 獠 獘 獢 獝 ⑬ 獦 獳 獨 獸 獩 獬
獫 獧 獪 ⑭ 獰 獳 獱 獮 獲 獯 ⑮ 獷 獶
獵 獸 ⑯ 獺 獹 獻 ⑰ 獼 ⑱ 玃 玁 ⑲ 玀
⑳ 玁 玃

0
4【犬】개 견 |㊥くㄩㄢ(quan)| けん(イヌ) dog

㊍象形. 개의 모양을 본뜸.

풀이 ①개. ¶吠— 短喙善守<本草綱目> ②하찮은 것의 비유. 자신의 것에 대한 겸양이나 남을 업신여겨 말할 때 쓰는 접두어. ¶不任—馬之誠<謝朓> ③중국 서방(西方) 이민족(異民族)의 이름. ¶—戎. ④부수(部首) 이름.
【犬馬之勞】けんばのろう(견마지 로) 남을 위하여 애쓰는 자기 노력의 겸칭.
【犬馬之養】けんばのやしない(견마지 양) 어버이를 물질로만 부양할 뿐, 공경하는 마음이 없는 봉양(奉養)을 이름. ¶今之孝者 是謂能養 至犬馬皆能有養 不敬何以別乎<論語>
【犬馬之齒】けんばのよわい(견마지 치) 자기 나이의 겸칭. 齒는 齡.
【犬牙相制】けんがそうせい(견아상제) 국경(國境)이 개의 이빨처럼 들쭉날쭉 엇갈리도록 하여 서로 견제(牽制)하게 하는 일. ¶高帝封王子弟 地—<史記>
【犬猿】けんえん(견원) 개와 원숭이. 매우 나쁜 사이의 비유. 犬猫(견묘). ¶—之間.
【犬戎】けんじゅう(견융) 옛날, 섬서성(陝西省)에 있던 나라 이름. 또는, 그 나라에 살던 이민족(異民族). 서융(西戎).
【犬兔之爭】けんとのあらそい(견토지 쟁) 개가 토끼를 쫓다가 둘 다 지쳐서 죽은 것을 농부가 주웠다는 옛일에서, 무익(無益)한 싸움 또는 제삼자만이 이익을 차지함의 비유. 蚌鷸之爭(방휼지 쟁). 鷸蚌之爭(휼방지 쟁). ※漁父之利(어부지 리).
▷鷄—, 狂—, 軍—, 群—, 豚—, 猛—, 食—, 狎—, 愛—, 野—, 洋—, 養—, 獵—, 田—, 駿—, 蜀—, 鬪—, 吠—, 黃—

2
5【犯】범할 범 |㊥ㄈㄢˋ(fan)| はん, ほん(オカス) commit

㊍㐰

풀이 ①범하다. ㉮저촉하다. ¶衆怒難—<左氏傳> ㉯치다. 돌격함. ¶宵—齊師<左氏傳> ㉰이기다. 상대를 능멸함. ¶其爲人也孝弟 而好—上者鮮矣<論語> ㉱거스르다. 거역함. ¶事親有隱而無—<禮記> ㉲법을 무시하다. ¶爲—二名律乎 爲—嫌名律乎<韓愈> ㉳어긋나다. ¶—令陵政則杜之<周禮> ㉴해치다. ¶水火之所—<國語> ㉵속이다. ¶民猶—齒<禮記> ㉶강간하다. ¶—姦. ②죄. 법령을 거역한 죄. ¶私鬻茶三—<唐書> ③죄인(罪人). ¶共—. ④변조(變調)의 사곡(詞曲) 이름. 궁음(宮音)과 상음(商音)을 뒤바꾸어 놓은 곡. ¶—聲/—調.
【犯戒】はんかい(범계)《佛》 불법의 계율(戒律)을 범함.
【犯界】はんかい(범계) 경계선을 넘어 남의 영역을 침범함.
【犯科】はんか(범과) ☞犯法(범법). ¶若有作姦— 及爲忠善者<諸葛亮>/—者.
【犯過】はんか(범과) 과오를 범함.
【犯闕】はんけつ(범궐) 대궐을 침범함.
【犯禁】はんきん(범금) 금제(禁制)를 범함. 또는, 그 사람. ¶殺僇—以振之<管子>
【犯難】はんなん(범난) 위험을 범함. 冒險(모험).
【犯令】はんれい(범령) 법령을 어김.
【犯路】(범로)㊊ ①통행이 금지된 길에 들어가는 일. ②집 따위를 길을 범하여 지음.
【犯房】(범방)㊊ 방사(房事)를 함.
【犯法】はんぽう(범법) 법을 범함. 犯科(범과).
【犯分亂理】はんぶんらんり(범분난리) 분수에 어긋나는 짓을 하고 사리(事理)를 어지럽힘. ¶合於— 而歸於暴<荀子>
【犯上】はんじょう(범상) 웃사람을 범함.
【犯顔】はんがん(범안) 싫어하는 기색이 보여도 개의하지 않고 간(諫)함. ¶不—而諫<禮記>
【犯意】はんい(범의) 죄를 범하려는 의사.
【犯人】はんにん(범인) 죄를 범한 사람. 犯罪人(범죄인).
【犯葬】(범장)㊊ 남의 산소의 경계를 범하여 장사지냄.
【犯跡】はんせき(범적) 범죄의 흔적.
【犯接】(범접)㊊ 가까이 범하여 접촉함.

【犯罪】はんざい(범죄) 죄를 지음. 또는, 그 죄. ¶一行爲/靑少年一.
【犯則】はんそく(범칙) 규칙을 범함. ¶一金.
【犯蹕】はんぴつ(범필) 임금이 거둥하는 길을 침범함. ¶一人一 當罰金<史記>
【犯行】はんこう(범행) 법령에 위배된 행위. 犯罪行爲(범죄행위).
【犯諱】はんき(범휘) 어른의 이름자(字)를 함부로 입에 올리는 일. ¶下官以一被代<南史>
▷干一, 輕一, 警一, 驚一, 競合一, 共同正一, 共一, 窮一, 累一, 陵一, 單獨一, 未遂一, 防一, 不一, 憑一, 女一, 虞一, 違一, 抵一, 再一, 戰一, 正一, 從一, 主一, 眞一, 初一, 觸一, 侵一, 破廉恥一, 現行一

7【状】 狀(p.976)의 俗字

3/6【狏】 이리 시 [紙][廣] し(オオカミ) wolf

6【犲】 豺(p.1417)와 同字

3/6【犴】 들개 안 [寒]ㄢ (an) かん(ノイヌ) *stray dog*
풀이 ①들개. 야견(野犬). ②옥(獄). 향정(鄕亭)에 있는 감옥. ¶獄一不治<荀子>/一戶.

3/6【犵】 오랑캐 이름 힐 [質]ㄍㄜ (ge) きつ(エビス)
【犵狫】きつろう(힐로) 옛날, 광서(廣西)·호남(湖南)·귀주(貴州) 등지에 살던 오랑캐. 犵獠(힐로).

4/7【狂】 미칠 광 [陽]ㄎㄨㄤˊ (kuang) きょう(クルウ) *mad* ㊀㞷
풀이 ①미치다. ㉮정신이 착란(錯亂)하다. ¶一氣. ㉯얼빠지다. 사리를 분별하지 못함. ¶吾以是一而不信也<莊子> ㉰상규(常規)를 벗어나다. ¶幼而一<左氏傳> ㉱경솔하다. ¶其蔽也一<論語> ②미치광이. ㉮미친 개. 광견(狂犬). ㉯정신착란증. 또는, 그 사람. ¶其知不若一<呂覽> ③함부로 성내어 덤비다. ¶芳草發一<素問> ④정처없이 떠돌다. ¶妬得柳花一<白居易> ⑤허둥거리다. 황급함. ¶一顧南行<楚辭> ⑥오만 무례(傲慢無禮)하다. ¶怠慢驕恣 謂之一<南齊書> ⑦나란히하다. ¶竽瑟一會<楚辭> ⑧가다. ㊊往. ¶我其發出一<書經> ⑨기세가 대단하다. ¶捧土障瀾一<文天祥> ⑩어리석음. 또는, 그 사람. ¶一者 下愚之稱<書經·注> ⑪한 가지 일에만 골똘한 사람. ¶映畫一. ⑫뜻은 높고 행동이 소략(疏略)한 사람. ¶不得中行而與之 必也一狷乎<論語> ⑬새 이름. ¶一鳥.
【狂簡】きょうかん(광간) 뜻은 높으나 행동이 이에 따르지 못하고 소략(疏略)함. ¶一 斐然成章 不知所以裁之<論語>
【狂犬】きょうけん(광견) 미친 개. ¶一病.
【狂氣】きょうき(광기) ①미친 증세. ②뜻이 커서 상규에 구애되지 않는 기상(氣象).
【狂女】きょうじょ(광녀) 미친 여자.
【狂濤】きょうとう(광도) 사나운 파도. 狂瀾(광란). 狂浪(광랑).
【狂亂】きょうらん(광란) 미친 듯이 날뜀.
【狂奔】きょうほん(광분) ①미쳐 날뜀. ②어떤 목적을 위하여 분주하게 돌아다니며 애씀.
【狂生】きょうせい(광생) 미친 사나이. 또는, 방탕한 사람. 스스로 잘난 체하는 사람. ¶皆一而無其本者也<淮南子>
【狂信】きょうしん(광신) 도를 넘어 맹목적으로 지나치게 믿음. ¶一者/一徒.
【狂藥】きょうやく(광약) 술의 별칭. ¶戒爾勿嗜酒 一非佳味<宋文鑑>
【狂炎】きょうえん(광염) 맹렬하게 타오르는 불꽃. 또는, 맹렬한 정열(情熱).
【狂飮】きょういん(광음) 무턱대고 술을 마구 마심.
【狂人】きょうじん(광인) 미친 사람. 미치광이.
【狂逸】きょういつ(광일) 미쳐 날뜀.
【狂譟】きょうそう(광조) 미쳐 날뜀. 狂噪(광조). 狂躁(광조). ¶愛之不可入 抵觸發一<王令>
【狂症】(광증) 미친 증세.
【狂草】きょうそう(광초) 아주 부드럽게 흘려 쓴 초서체(草書體). 당(唐)의 장욱(張旭)에서 비롯되어, 장지(張芝)·회소(懷素) 등이 유명함.
【狂態】きょうたい(광태) 미친 듯한 태도.
【狂暴】きょうぼう(광포) 미친 듯이 행동이 몹시 사나움.
【狂風】きょうふう(광풍) 미친 듯이 사납게 부는 바람. ¶一陣一.
【狂華】きょうか(광화) ①제철이 아닌 때 피는 꽃. ¶一笑院香<岑參> ②엉뚱한 곳에 또는 엉뚱하게 피는 꽃. ¶一生枯木<晋書> ③아찔할 때 눈 앞에 불꽃 같은 것이 어른거리는 것. 眼花(안화). ¶是諸一 非從空來 非從目出<楞嚴經>
【狂喜】きょうき(광희) 미친 듯이 기뻐함.
▷發一, 詐一, 疎一, 詩一, 佯一, 熱一, 愚一, 癲一, 酒一, 倡一, 淸一, 楚一, 醉一, 風一

4/7【狃】 **1** 친압할 뉴 **2** 짐승이름 누 [有]ㄋㄧㄡˇ [尤](niu) じゅう(ナレル) *impolite*
풀이 **1** ①친압하다. ㉮개가 길들다. ㉯습관이 되다. ¶一 習也<書經·注> ㉰친근하여 버릇이 없다. ②탐하다. 탐냄. ¶嗛嗛之食 不足一也<國語> ③바로잡다. ¶使臣一中軍之司馬<國語> ④손가락. 발가락. ¶闕洩多一<爾雅> ⑤호리(狐狸) 등의 발자국. **2** 짐승 이름.

8【戾】 ☞ 戶部 4획(p.611)

4/8 〖狀〗 ① 형상 상 本장 ② 문서 장 | 篆ㄓㄨㄤˋ (zhuang) 篆 | じょう (カタチ) *shape*
俗状

풀이 ① ①형상. 모양. ㉮개의 형상. ㉯거푸집. 주형(鑄型). ㉰용모(容貌). ¶王后悅其―＜戰國策＞ ㉱정상(情狀). ¶―若捷武＜王褒＞ ②형용하다. ㉮본뜨다. 닮게 함. ¶―乎無形影 然而成文＜荀子＞ ㉯말하다. 진술(陳述)함. ¶自―其過 以不當亡者衆＜莊子＞ ② ①문서. 소장(訴狀). ¶―詞. ②문체 이름. 주소(奏疏) 따위. ③편지. 서간(書簡). ¶書―.

【狀態】じょうたい(상태) 모양. 형편.

【狀況】じょうきょう(상황) 일이 되어 가는 형편이나 모양.

【狀啓】(장계)韓 왕명이나 감사(監司)의 명을 받고 지방으로 출장간 관원이 서면(書面)으로 보고하는 계본. 狀達(장달).

▷告發―, 告訴―, 公開―, 公―, 詭―, 奇―, 難―, 亡―, 名―, 貌―, 無―, 白―, 訃告―, 上―, 賞―, 書―, 訴―, 召喚―, 信用―, 信任―, 連―, 連判―, 年賀―, 令―, 容―, 寃―, 委任―, 儀―, 異―, 逸―, 姿―, 情―, 呈―, 千態萬―, 牒―, 請牒―, 招待―, 招請―, 推薦―, 治―, 行―, 形―, 廻―

4/7 〖犽〗 짐승 이름 아 | 禡 麻 | が

풀이 ①짐승 이름. 이리와 비슷하며 꼬리가 길. ②오랑캐 이름.

4/7 〖狁〗 오랑캐 윤 | 軫ㄩㄣˇ (yun) | いん (エビス)

풀이 오랑캐 이름. 옛날 화북(華北) 지방에 살던 만족(蠻族). 한(漢)대 이후는 흉노(匈奴)라 했음. ¶玁―.

4/7 〖狄〗 오랑캐 적 | 錫ㄉㄧˊ (di) | てき (エビス)

풀이 ①오랑캐. 북방의 미개인. ¶南征 北―怨＜書經＞ ②오랑캐로 간주하다. 오랑캐로 간주하여 물리침. ¶何爲謂之荆―之也＜穀梁傳＞ ③천(賤)한 관리. 악공(樂工) 따위. ¶―設黼扆綴衣＜書經＞ ④사악(邪惡). 사벽(邪辟). ⑤업신여기다. ⑥빠르다. 왕래가 빠른 모양. ¶―成. ⑦꿩의 깃. 꿩의 깃 무늬를 그린 부인의 옷. 通翟. ¶揄―闕―＜周禮＞ ⑧뛰는 모양. 通趯. ¶――然＜荀子＞ ⑨멀다. 通逖. ¶舍爾介―＜詩經＞ ⑩파내다. 제거(除去)함. ¶―彼東南＜詩經＞

【狄人】てきじん(적인) ①중국 북방에 살던 미개 종족. ②우리 나라 북방에 살던 여진족.

▷闕―, 白―, 北―, 戎―, 夷―, 赤―

4/7 〖狆〗 오랑캐 중 | ちゅう (エビス)

풀이 오랑캐 이름. 귀주(貴州)·운남(雲南) 지방에 살던 만족(蠻族). 같 仲.

4/7 〖犿〗 ① 이리 환 寒 かん(オオカミ) ② 빙빙 돌 변 阮 はん

8 〖狜〗 怯(p.562)의 本字

9 〖畎〗 ☞田部 4획(p.1015)

5/8 〖狗〗 개 구 | 宥ㄍㄡˇ (gou) | く(イヌ) *dog*
同 豿

풀이 ①개. ㉮작은 개. ¶大者爲犬 小者爲―＜禮記·注＞ ㉯강아지. ¶未成毫―＜爾雅＞ ②역(易)의 간(艮). ¶艮爲―＜易經＞ ③범 새끼. 또는, 곰 새끼.

【狗盜】くとう(구도) 좀도둑. 鼠盜(서도). 鼠賊(서적). 狗竊(구절). ¶最下坐有能爲―者＜史記＞

【狗頭生角】くとうつのをしょうず(구두생각) 개 대가리에 뿔이 남. 있을 수 없는 일의 비유.

【狗尾續貂】くびぞくちょう(구미속초) 담비 꼬리로 꾸민 관 곧 초선관(貂蟬冠) 뒤에 개꼬리로 꾸민 관이 잇따른다는 뜻으로, ㉮관작(官爵)을 남발(濫發)함의 비유. ㉯선미(善美)한 것에 조악(粗惡)한 것이 뒤따름의 비유. 貂續(초속). 貂不足狗尾續(초부족 구미속).

【狗黃】(구황) 개의 쓸개주머니 속에 생긴 담석(膽石). 폐경(肺經)의 풍독(風毒)·담화(痰火)·악창(惡瘡) 등의 약으로 씀. 狗寶(구보). ※牛黃(우황).

▷功―, 盧―, 屠―, 尨―, 喪家之―, 牲―, 良―, 獵―, 庸―, 赤―, 走―, 跖―, 天―, 芻―, 韓―, 海―, 好―, 畫虎類―

5/8 〖狚〗 짐승 이름 단·달 | 翰ㄉㄢˋ (dan) 曷 | たん たつ

풀이 ①짐승 이름. ㉮큰 이리. ¶猲―. ㉯이리 비슷한 짐승. ¶獵―/獦―. ②오랑캐 이름. 광서(廣西) 지방에 살던 미개족.

5/8 〖狑〗 좋은개 이름 령 | 靑 | れい

풀이 ①좋은 개 이름. 양견(良犬)의 이름. ②오랑캐 이름. 광서성(廣西省)에 살던 만족(蠻族).

5/8 〖狎〗 익숙할 압 | 洽ㄒㄧㄚˊ (xia) | こう(ナレル) *familiar*

풀이 ①익숙하다. ㉮일에 능숙해지다. ¶未―君政＜國語＞ ㉯가깝다. 친근함. ¶賢者―而敬之＜禮記＞ ㉰업신여기다. 만모(慢侮)함. ¶―大人＜論語＞ ㉱소홀히 하다. 가벼이 여김. ¶水懦弱 民―而翫之＜左氏傳＞ ㉲희롱하다. 농락함. ¶今俳優侏儒―徒 詈侮而不鬪者＜荀子＞ ㉳친압하다. 무람없음. ¶雖―必變＜論語＞ ②길들이다. 길들게 함. ¶夫龍之爲蟲也 可擾―而騎也＜史

記> ③갈마들다. 교대함. ¶且晋楚一主天下之盟也 久矣<左氏傳> ④많은 것이 나란히 벌이다. ¶車騎竝一<傳毅>

【狎近】こうきん(압근) 친압하게 접근함. 또는, 가까이하여 귀여워함. 狎昵(압닐).

▷串一, 款一, 慣一, 近一, 慢一, 褻一, 愛一, 擾一, 游一, 恩一, 昵一, 親一, 好一, 歡一, 戲一

5 8【狘】 놀라 달아날 월 |(月)ㄒㄩㄝˋ (xue)| けつ

풀이 ①짐승이 놀라 달아나는 모양. ¶麟以爲畜 故獸不一<禮記> ②짐승 이름.

5 8【狖】 검은 원숭이 유 |(宥)ㄧㄡˋ (you)| ゆう(サル)

5 8【狙】 원숭이 저 |(御)(魚)ㄐㄩ (ju)| そ(サル) *monkey*

풀이 ①원숭이. ¶朝三而暮四 衆一皆怒<莊子> ②교활하다. 속임. ¶兵固天下之一喜也<戰國策> ③개[犬]. ④노리다. 엿봄. ¶良與客一擊秦皇帝博浪沙中<史記> ⑤찾다.

【狙擊】そげき(저격) 기회를 노려 침.

【狙公】そこう(저공) 원숭이를 부리는 사람.

5 8【狐】 여우 호 |(虞)ㄏㄨˊ (hu)| こ(キツネ) *fox*

【狐假虎威】キツネトラノイヲカル(호가호위) 여우가 범의 위엄을 빌어 다른 짐승들을 위협한다는 뜻으로, 아랫사람이 웃사람의 권세를 빌어 위세를 부림을 이름. ¶倚勢作威曰一<書言故事>

【狐裘】こきゅう(호구) 여우의 겨드랑 밑의 흰털가죽으로 지은 갖옷. 귀인(貴人)의 옷. 狐白裘(호백구). ¶君子至止 錦衣一<詩經>

【狐裘蒙戎】こきゅうもうじゅう(호구몽융) 호구의 털이 흐트러져 있다는 뜻으로, 부귀한 사람의 문란한 행동으로 나라가 어지러움의 비유. 蒙戎은 흐트러진 모양. ¶一 匪車不東 叔兮伯兮 靡所與同<詩經>

狐裘(四書引蒙略圖解)

【狐狼】ころう(호랑) ①여우와 이리. ②교활한 마음으로 남을 해치는 사람의 비유. ¶董璋一<五代史>

【狐埋之而狐搰之】(호매지이 호골지) 여우는 의심이 많아서, 한 번 묻은 것을 다시 파서 확인한다는 뜻으로, 지나치게 의심이 많으면 일을 이루지 못한다는 중국 속담. 狐埋狐搰(호매호골). ¶諺曰 一 是以無成功<國語>

【狐媚】こび(호미) 여우가 사람을 호리듯이, 교묘한 아양으로 유혹함의 비유.

【狐死首丘】キツネシシテオカニカシラス(호사수구) 여우는 죽을 때 제가 살던 언덕 쪽으로 머리를 향하여 죽는다는 뜻으로, ㉮근본을 잊지 않음의 비유. ¶狐死正丘首 仁也<禮記> ㉯고향을 그리워함의 비유. 首丘初心(수구초심). ¶鳥飛反故鄕兮 狐死必首丘<楚辭>

【狐死兔泣】キツネシシテウサギナク(호사토읍) 여우의 죽음에 토끼가 운다는 뜻으로, 동류(同類)의 불행을 슬퍼함의 비유. 兔死狐悲(토사호비). ¶一 李氏滅 夏氏寧得獨存<宋史>

【狐鼠】こそ(호서) 여우와 쥐. 소인(小人) 또는 좀도둑의 비유. ¶一蜂蟻爭噬呑<柳宗元>

【狐疑】こぎ(호의) 의심이 많아 결정하지 못함. 또는, 그런 사람. ¶趙危而荆一<韓非子>

【狐臭】こしゅう(호취) 암내. 겨드랑이에서 나는 악취. 腋臭(액취). 胡臭(호취).

▷九尾一, 狼一, 短一, 魅一, 木野一, 白一, 封一, 城一, 野一, 養一, 妖一, 雄一, 疑一, 貂一, 貉一

6 9【狡】 교활할 교 |(巧)ㄐㄧㄠˇ (jiao)| こう(ズルイ) *cunning*

(俗)狕

풀이 ①교활하다. 간교함. ¶一兔死 良狗烹<漢書> ②재빠르다. 용건(勇健)함. ¶時奏一弄<王褒> ③시기하다. 시의(猜疑)함. ¶烏鳥之一 雖善不親<管子> ④미치다. 흐트러짐. ¶亂氣一憒<左氏傳> ⑤해치다. ¶量之無一民之辭<大戴禮> ⑥섞이다. 교착(交錯)함. (通)交. ¶血氣一憒<左氏傳> ⑦용모는 예쁘나 성실하지 못하다. (通)佼. ¶不見子充 乃見一童<詩經> ⑧개의 이름. ¶一犬. ⑨개가 짖다. ⑩짐승 이름. 개 비슷하며 표범 무늬에 쇠뿔 같은 뿔이 있다는 짐승.

狡⑩(三才圖會)

【狡詐】こうさ(교사) 교활한 꾀로 남을 속임. 狡譎(교휼).

【狡惡】こうあく(교악) 교활하고 간악함. 또는, 그 사람.

【狡智】こうち(교지) 교활한 지혜. 잔꾀.

【狡獪】こうかい(교쾌) ☞狡猾(교활).

【狡兔死走狗烹】こうとしシテそうくにラル(교토사 주구팽) 빠른 토끼가 죽고 나면, 사냥개는 필요가 없게 되어 주인에게 삶아 먹히게 된다는 뜻으로, 적국을 정복한 뒤에는 전공(戰功)이 있었던 충신도 죽음을 당함의 비유. 또는, 필요할 때는 소중히 여기다가 용무가 끝나면 버림의 비유. ¶蜚鳥盡良弓藏 一<史記>

【狡猾】こうかつ(교활) 간사한 꾀가 많음. 狡獪(교쾌).

▷彊一, 輕一, 童一, 肆一, 烏鳥之一, 雄一, 壯一, 剽一, 凶一

9【独】 獨(p. 983)의 俗字

6 9【狫】 오랑캐 이름 로 |(皓)ㄌㄠˇ (lao)| ろう(エビス)

풀이 ①오랑캐 이름. 광서(廣西)·호남(湖南)·귀주(貴州) 지방의 만족(蠻族). ¶犵一. ②문신(文身). 입묵(入墨).

6 9【狩】 사냥할 수 | [宥]ㄕㄡˋ (shou) | しゅ(カル) *hunt*
풀이 ①사냥하다. ¶不一不獵<詩經> ②사냥. ㉮몰이꾼·사냥개를 풀어 하는 사냥. ¶田一畢弋<國語> ㉯겨울 사냥. ¶冬獵爲一<爾雅> ㉰불을 놓아 하는 사냥. ¶火田爲一<爾雅> ③군사를 조련하는 일. ¶莫重乎其與讐一也<公羊傳> ④임지(任地). 명을 받아 다스리는 곳. ¶巡一者 巡所守也<孟子> ⑤순행(巡行)하다. 천자가 국토를 순찰함. ¶五一期恒岱<韓愈> ⑥치다. 정벌(征伐)함. ¶明夷于南一<易經> ⑦짐승. ¶一猶獸也<公羊傳·注>
【狩獵】しゅりょう(수렵) 사냥. 또는, 사냥함. ¶一期/一時代.
▷南一, 冬一, 山一, 蒐一, 巡一, 岳一, 田一, 扈一

9【狥】 徇(p. 543)의 俗字

6 9【狧】 1 핥을 시 2 탐낼 탑 | [紙]ㄕˋ(shi) [合]ㄊㄚˋ(ta) | じ(ネブル) *lick* とう
源 會意. 가는 혀로 핥아 먹음의 뜻.
풀이 1 핥다. 개가 혀로 음식을 핥아 먹음. 通 舐. ¶一糠及米<漢書> 2 ①탐내다. 대식(大食)하는 모양. ¶一一. ②물다. 개가 짖지 아니하고 묾. ¶冷一.

6 9【狪】 오랑캐 이름 통 | [東]ㄊㄨㄥ (tong) | とう(エビス)
풀이 ①오랑캐 이름. 월서(粵西) 지방의 만족(蠻族). 갈 峒. ②짐승 이름. 체내에 구슬을 지녔다는 돼지 비슷한 짐승. ¶一一.

6 9【狠】 1 개 싸우는 소리 한 2 물 한 | [刪]ㄨㄢˊ(wan) [阮]ㄏㄣˇ(hen) | がん *bite*
풀이 1 개가 싸우는 소리. 2 ①물다. ②패려궂다. 通 很. ③ 中 매우. 몹시.
▷介一, 狂一

6 9【狟】 1 개돌아다닐 환 2 오소리 훤 | [寒]かん [阮]けん(マミ)
풀이 1 ①개가 돌아다니다. ②용맹스러운 모양. 通 桓. ¶一一. 2 오소리. ¶一貉.

9【㺃】 貅(p. 1417)와 同字

7 10【狷】 성급할 견 | [霰]ㄐㄩㄢˋ (juan) | けん(キミジカ)
풀이 ①성급하다. 단려(短慮). ¶狂一. ②절의를 지켜 뜻을 굽히지 아니하는 일. ¶一介. ③의심하여 주저하다.
【狷介】けんかい(견개) 절의를 지켜 타협하지 않음. ¶巢許一之士 未達堯心<晋書>
▷介一, 高一, 狂一

7 10【犾】 오랑캐 구 | きゅう(エビス)
풀이 오랑캐. 운남(雲南) 지방에 살던 만족. ¶一夷.

10【猎】 ☞ 山部 7획(p. 479)

7 10【狼】 1 이리 랑 2 땅이름 랑 | [陽]ㄌㄤˊ [漾](lang) | ろう(オオカミ) *wolf*
풀이 1 ①이리. 입이 크고 사나운 개 비슷한 맹수. ②짐승 이름. 앞발은 길고 뒷발은 몹시 짧아서 패(狽)가 도와야만 서서 다닐 수 있다는 짐승. ¶一無狽不立 狽無一不行<博物典彙>/一狽. ③흐트러지다. 어수선함. ¶一藉. ④거칠다. 사나움. ¶秦國之俗貪一<淮南子> ⑤거스르다. 어긋남. ⑥오랑캐 이름. ⑦별 이름. 천랑성(天狼星). ¶一星. 2 땅 이름. 通 浪. ¶博一沙.
【狼顧】ろうこ(낭고) 이리는 비겁하여 자주 뒤를 돌아보는 습성이 있음에서, 사람이 의심하여 뒤돌아봄의 비유. ¶邊境無鹿駭一之憂矣<鹽鐵論>
【狼跋其胡載疐其尾】(낭발기호 재치기미) 늙은 이리는 턱밑의 살이 늘어져, 앞으로 갈 때는 그것을 밟아 넘어지고, 뒤로 갈 때는 꼬리를 밟아 자빠진다는 뜻에서, 진퇴양난(進退兩難)의 처지를 비유함.
【狼星】ろうせい(낭성) 별 이름. 봄철 은하(銀河) 옆에 보이는, 큰개자리의 주성(主星). 천랑성(天狼星).
【狼煙】ろうえん(낭연) ☞狼火(낭화).
【狼藉】ろうぜき(낭자) 흩어져 어수선한 모양. 난잡한 모양. ¶杯盤一<史記>
【狼疾】ろうしつ(낭질) 마음이 산란한 모양. 일설에는, 마음이 흐트러져 반성할 줄 모르고, 작은 것을 위하여 큰 것을 잃음의 비유. ¶養其一指而失其肩背而不知 則爲一人也<孟子>
【狼貪虎視】ろうたんこし(낭탐호시) 이리처럼 탐내고, 범처럼 노려봄. 야심만만(野心滿滿)함의 비유. 虎視耽耽(호시탐탐). ¶一威風大<長生殿>
【狼狽】ろうばい(낭패) 狼은 앞다리가 길고 뒷다리가 몹시 짧은 짐승, 狽는 반대로 앞다리가 몹시 짧고 뒷다리가 긴 짐승으로, 서로 의지하여서만 서서 다닐 수가 있고 떨어지면 넘어지게 됨에서, ㉮당황하여 허둥댐. 허겁지겁 어찌할 바를 모름. ¶臣之進退 實爲一<李密> ㉯넘어짐. 거꾸러짐. 실패함. ¶一而走<後漢書> ㉰둘이 서로 어울려 떨어질 수 없음.
【狼毫】ろうごう(낭호) 이리의 털. 또는, 그 털로 맨 「붓.
【狼火】ろうか(낭화) 봉화(烽火). 狼煙(낭연).
▷白一, 豺一, 餓一, 如一如虎, 虎一, 狐一

10【貍】 貍(p. 1417)와 同字

7 10【狻】 오랑캐 이름 사 | さ(エビス)

풀이 오랑캐 이름. 광서(廣西) 지방에 살던 만족(蠻族).

7 10【狻】 사자 산 | 寒ㄙㄨㄢ (suan) | さん, しゅん (シシ)

7 10【狺】 으르렁거릴 은 | 文 ㄧㄣˊ (yin) | ぎん (ホエル)

7 10【狾】 미친개 제 | 霽ㄓˋ (zhi) | せい

7 10【狽】 짐승 이름 패 | 泰ㄅㄟˋ (bei) | はい

풀이 짐승 이름. 앞발은 짧고 뒷발은 길어서, 낭(狼)과 함께라야 서서 다닐 수 있다는 짐승. ¶狼—.

7 10【狴】 1 짐승 이름 폐 | 齊ㄅㄧˋ | へい
2 감옥 폐 | 霽 (bi)

10【狸】 悍(p. 572)의 俗字

7 10【狹】 좁을 협 | 洽ㄒㄧㄚˊ (xia) | きょう (セマイ)

略狭 同陜

풀이 ①좁다. ¶長安地—<史記>/廣—. ②좁히다. 좁아짐. ¶無自廣而—<書經> ③소리가 급한 일.

【狹量】きょうりょう(협량) 도량이 좁음.
【狹小】きょうしょう(협소) 좁고 작음.
【狹義】きょうぎ(협의) 좁은 범위의 뜻.

8 11【猓】 긴꼬리원숭이 과 | 哿ㄍㄨㄛˇ (guo) | か (オナガザル)

8 11【猍】 너구리 래 | 灰 | らい(タヌキ)

11【猟】 獵(p. 985)의 略字

8 11【猛】 사나울 맹 | 梗ㄇㄥˇ (meng) | もう(タケシ) *fierce*

풀이 ①사납다. ㉮날래다. 용감함. ¶勇—. ㉯엄하다. ¶惟有德者 能以寬服民 其次莫如—<左氏傳> ㉰잔혹(殘酷)하다. ¶苛政—于虎也<禮記> ②사나운 개. ③성내다. 마구 날뜀. ④갑자기. 졸연(卒然). ¶若不測地—省起來 則其懈時之放 自不得遠去<朱子全書>

【猛擊】もうげき(맹격) 맹렬하게 공격함. 猛攻(맹공).
【猛犬】もうけん(맹견) 사나운 개.
【猛禽】もうきん(맹금) 사나운 새. ¶—類.
【猛烈】もうれつ(맹렬) 기세가 사납고 세참.
【猛省】もうせい(맹성) ①갑자기 깨달음. ②깊이 반성함. 深省(심성).
【猛獸】もうじゅう(맹수) 사나운 짐승. 사자, 범 따위. ¶—不群 鷙鳥不雙<淮南子>
【猛威】もうい(맹위) 맹렬한 위세.
【猛將】もうしょう(맹장) 용맹스러운 장수. 勇將(용장).
【猛打】もうだ(맹타) 맹렬히 침. 몹시 때림.
【猛暴】もうぼう(맹포) 사납고 거칢. 매우 포악(暴惡)함.
【猛爆】もうばく(맹폭) 맹렬히 폭격함. 또는, 그 폭격.
【猛虎】もうこ(맹호) ①사나운 범. 強虎(강호). ②사납고 센 것의 비유. ¶—部隊.
【猛虎伏草】もうこクサニフス(맹호복초) 풀숲에 엎드려 있는 사나운 범이란 뜻으로, 영웅이 숨어 있어도 언젠가는 반드시 세상에 나타남의 비유. ¶猛虎伏尺草 雖藏難蔽身<李白>
【猛虎在深山】もうこしんざんニアリ(맹호 재심산) 사나운 범이 깊은 산에 있다는 뜻으로, 호걸이 제 뜻을 펼 만한 곳을 얻음의 비유. ¶— 百獸震恐<司馬遷>
【猛火】もうか(맹화) 맹렬하게 타는 불. 烈火(열화).
▷強—, 剛—, 勁—, 寬—, 武—, 嚴—, 獰—, 勇—, 雄—, 威—, 威而不—, 壯—, 粗—, 鷙—, 梟—, 驍—

8 11【猜】 시기할 시 | 灰ㄘㄞ (cai) | さい(ネタム) *jealous*

풀이 ①시기하다. 의심하고 꺼림. ¶於心有—<後漢書> ②원망하다. 의심하며 원망함. ¶送往事居 耦俱無— 貞也<左氏傳> ③의심하다. 두려워함. ¶寡君—焉<左氏傳> ④시기. 의심. ¶愚者懷—<梁書> ⑤헤아리다. 추측함. ¶—拳.

【猜忌】さいき(시기) 남의 재능이나 세력을 새암하여 미워함. 疑忌(의기).
【猜疑】さいぎ(시의) 새암하여 의심함. 猜嫌(시혐).
▷雄—, 怨—, 疑—, 妬—, 嫌—, 懷—

12【然】 ☞ 火部 8 획(p. 945)

8 12【猒】 1 물릴 염 | 鹽ㄧㄢ(yan) | えん
2 막을 압 | 洽ㄧㄚ(ya) | おう

풀이 1 ①물리다. 싫증남. ㉠厭. ②족하다. 넉넉함. ¶豈敢—縱其耳目心腹 以亂百度<國語> ③편안하다. 안정됨. ④속이다. 기만함. ¶是以君臣彌久 而不相—<淮南子> 2 ①막다. ¶於是東游以—當之<漢書> ②몰아치다. ③합하다.

8 11【猊】 사자 예 | 齊ㄋㄧˊ (ni) | げい(シシ) *lion*

풀이 ①사자. 通麑 猊. ¶狻—. ②부처가 앉는 자리. 사자좌(獅子座). 뜻이 바뀌어, 고승(高僧)이 앉는 자리. ¶—座.

【猊下】げいか(예하) 고승(高僧)에 대한 경칭.
▷怒—, 獅—, 狻—

8 11【猗】 1 아름다울 의 | 支ㄧ (yi) | い (ウルワシイ) *beautiful*
2 더할 의
3 부드러울 의 | 紙
本아 | 哿 | あ
4 붙을 의 | 寘 | い

풀이 1 ①아름답다. ¶—與偉與<漢書> ②아! 감탄사. ¶—嗟. ③길다. ¶有實其—<詩經> ④초목이 우거진 모양. ¶瞻彼淇奧 綠竹——<詩經> ⑤순진한 모양. ¶吾與之虛而—移<列子> ⑥어조(語調)를 고르는 조자(助字). ㉠兮. ¶河水淸且漣—<詩經> ⑦거세(去勢)한 개나 소. 2 ①더하다. 보탬. ¶—于畝丘<詩經> ②기대다. 의지함. 通倚. ¶—重較兮<詩經> ③다발로 묶다. ¶—彼女桑<詩經> ④우아하다. 야들야들함. 섬약(纖弱)함. 3 부드럽다. 유순함. ㉠阿. ¶—儺其枝<詩經> 4 붙다. 치우침. ¶兩驂不—<詩經>

【猗頓】いとん(의돈)《人》 춘추 시대 노(魯)의 대부호(大富豪). 「(의차).

【猗與】いよ・ア(의여) 아! 감탄하는 소리. 猗嗟

▷陶—, 邈—, 漣—, 漣—, 鬱—

12【奬】獎(p.982)의 本字

8 11【猙】흉악할 쟁 本정 | 庚ㄓㄥ (zheng) | そう (ニクラシイ) *wicked*

풀이 ①흉악하다. 우락부락한 용모. ¶—獰. ②개털. 개의 털. ¶—獰. ③짐승 이름. 여우 비슷하며 날개가 있다는 상상의 동물.

猙③ (山海經圖)

11【猪】猪(p.981)의 略字

8 11【猘】미친개 제 | 霽ㄓˋ (zhi) | せい (キチガイイヌ)

풀이 ①미친개. 광견(狂犬). ㉠狾. ¶—狗. ②거칠다. 강포(強暴)함. ¶—兒.

8 11【猝】갑자기 졸 | 月ㄘㄨˋ (cu) | そつ(ニワカ) *suddenly*

풀이 ①갑자기. ㉮풀숲에서 개가 갑자기 달려 나오는 일. ㉯갑자기. 느닷없이. 창졸. ¶—然. ②빠르다. 급속함. ③갑자기 지르는 성난 목소리. 通咄. ¶項王意烏—嗟<漢書>

【猝富】(졸부) 벼락부자.

【猝然】そつぜん(졸연) 갑작스러운 모양. 卒然(졸연). 俄然(아연).

【猝地】(졸지) 갑작스러운 판. 느닷없는 장면.

▷雜—, 倉—

8 11【猖】미쳐 날뛸 창 | 陽ㄔㄤ (chang) | しょう (クルウ) *run amuck*

풀이 ①미쳐 날뛰다. ¶—狂無妄之福<後漢書> ②어지럽히다. 흐트러짐. 옷을 입고 띠를 매지 않은 모양. ㉠昌. ¶何桀紂之—披兮<楚辭>

【猖獗】しょうけつ(창궐) ①미쳐 날뜀. 좋지 못한 세력이 기승을 부려 걷잡을 수가 없는 일. ②전복(顚覆)함. 실패함. ③韓 전염병이 맹렬히 퍼짐. 「방을 어지럽히는 일.

【猖亂】しょうらん(창란) 도적의 세력이 강성하여 지

【猖披】しょうひ(창피) ①옷을 입고 띠를 매지 아니한 모양. 난동을 부림. ②韓 체면이나 마음에 대한 부끄러움.

▷姦—, 披—

11【猇】悵(p.578)의 俗字

8 12【猋】달릴 표 | 蕭ㄅㄧㄠ (biao) | ひょう(ハシル) *run*

풀이 ①달리다. 빨리 떠나가는 모양. ¶—遠擧兮雲中<楚辭> ②개가 달리는 모양. ③회오리바람. 선풍(旋風). ㉠飄. 通飆. ¶—風暴雨總至<禮記>

8 11【猇】범 으르렁거릴 효 | 肴ㄒㄧㄠ (xiao) | おう こう

풀이 ①범이 으르렁거리는 소리. ②현(縣) 이름. 한(漢)대에 산동성(山東省)에 둔 현. ¶—縣.

9 12【猲】1 개 갈 本할 2 으를 겁 | 月ㄒㄧㄝˋ 沿(xie) | かつ(イヌ) きょう, こう (オドス)

풀이 1 개. 주둥이가 짧은 개. 2 으르다. 위협함. 通喝. ¶恫疑虛—<戰國策>

9 12【猱】원숭이 노 | 豪ㄋㄠˊ (nao) | どう(サル)

9 12【猫】고양이 묘 | 蕭ㄇㄠ (mao) | びょう(ネコ)
同貓

풀이 ①고양이. ¶迎— 爲其食田鼠<禮記> ②털이 엷은 범. ¶有—有虎<詩經> ③닻. 通錨. ¶船上鐵—<俗書刊誤>

【猫鼠同眠】びょうそどうみん(묘서동면) 고양이와 쥐가 함께 잠잔다는 뜻으로, 상하가 결탁하여 부정을 행함의 비유.

9 12【猩】성성이 성 | 庚ㄒㄧㄥ (xing) | しょう (ショウジョウ)

풀이 ①성성이. ¶——. ②붉은 빛깔. 다홍색. ¶—紅. ③개 짖는 소리. ¶——.

【猩猩】しょうじょう・せいせい③(성성) ①성성이. 유인원과(類人猿科)의 짐승. 오랑우탄. ②상상적 동물. 머리털이 길고 술을 좋아하며 사람의 말을 이해하여 잘 지껄인다 함. ③개 짖는 소리.

【猩紅熱】しょうこうねつ(성홍열) 소아에게 전염하는 법정 전염병. 고열, 두통이 나며, 얼굴이 다홍색을 띠면서 온몸에 발진(發疹)하는 병.

9 12【𢘑】두려워할 시 | 寘 | し(オソル)

9 12〖猧〗 발바리 와 |歐ㄨㄛ (wo)|わ(チン)

9 12〖猥〗 함부로 외 |賄ㄨㄟˇ (wei)|わい(ミダリニ) random

풀이 ①함부로. ㉮ 뜻을 굽히어. ¶一用晁錯之計<曹冏> ㉯ 외람되이. 외람스럽게. ¶一託賓客之上<後漢書> ㉰ 구차이. ¶一以不誦不絕<漢書> ②뒤섞이다. ¶取此雜一之物<左氏傳> ③통합하다. 한가지로 함. ¶科別其條 勿一勿并<漢書> ④많다. ¶水一盛則放溢<漢書> ⑤성(盛)하다. 성하게 됨. ¶雖有惡種 無不一大<漢書> ⑥쌓다. 또는, 쌓인 것. 通委. ¶兼受其一<漢書> ⑦두텁다. ¶今一 被以大罪<漢書> ⑧천하다. 야비함. ¶卑一. ⑨평범하다. ¶一荷公叔擧<潘岳> ⑩갑자기. 돌연히. ¶厲公一殺四大夫<公羊傳> ⑪지치다. 약함. 通痿. ⑫개 짖는 소리.

【猥濫】(외람) 분수에 넘쳐 죄송함.
【猥褻】わいせつ(외설) 음란(淫亂)함. 언행이 사회의 풍속을 해칠 정도로 추잡함.
【猥雜】わいざつ(외잡) 음탕하고 난잡함.
▷凡一, 卑一, 冗一, 淫一, 雜一, 積一, 貪一

12〖猨〗 猿(p. 981)과 同字

12〖猶〗 猨(p. 981)의 俗字

12〖猬〗 蝟(p. 1329)와 同字

9 12〖猶〗 1 오히려 유 2 노래 요 |尤ㅣㄡˊ (you) 蕭|ゆう(ナオ) rather よう(ウタ)
俗犹

풀이 1 ①오히려. 차라리. ¶天作孼 一可違<孟子> ②닮다. 또는, 만약. 같似若. ¶寔命不一<詩經> ③같다. 마찬가지임. ¶過一不及<論語> ④느슨한 모양. ¶君子蓋一一爾<禮記> ⑤의심하다. ¶一豫. ⑥원숭이의 일종. ⑦큰 개. ¶五尺犬爲一<顏氏家訓> ⑧꾀. 모략. 방법. 같猷. ¶王一允塞<詩經> ⑨그림. 도화. ¶允一翕河<詩經> ⑩속이다. 꾐. 通誘. ⑪앓다. 通瘉. ¶無相一矣<詩經> 2 ①노래. 通謠. ②움직이다. 흔들림. ¶咏斯一 一斯舞<禮記>

【猶父】ゆうふ(유부) ①아버지와 같이 섬긴다는 뜻으로, 선생(先生)을 이름. ¶子曰 回也視予一<論語> ②아버지의 형제를 이름.
【猶父猶子】ゆうふゆうし(유부유자) 아저씨와 조카. 곧, 숙질(叔姪) 사이를 이름.
【猶孫】ゆうそん(유손) 형제의 손자. 從孫(종손). 姪孫(질손).
【猶與】ゆうよ(유여) 의심하여 망설임. 주저함. 猶豫(유예)①.
【猶豫】ゆうよ(유예) ①주저하여 결정하지 못함. ¶一未決. ②날짜를 미룸. 연기함. ¶執行一.
【猶爲不足】なおたらずとなす(유위부족) 오히려 부족함. 싫증이 나지 않는다는 뜻.
【猶子】ゆうし(유자) 형제의 아들. 조카.
▷仇一, 相一, 五一, 夷一

9 13〖猷〗 꾀 유 |尤ㅣㄡˊ (you)|ゆう(ハカリゴト) trick

풀이 ①꾀. 꾀함. 通猶. ¶汝一黜乃心 無傲從康<書經>/貽厥嘉一<千字文> ②길. ¶秩秩大一<詩經> ③따르다. 通友. ④그리다. 그림. ¶以一鬼神示之居<周禮> ⑤아! 감탄사. 또는, 발어사(發語辭). ¶一大誥爾多邦<書經>

9 12〖猪〗 1 멧돼지 저 2 암퇘지 차 |魚ㄓㄨ 麻 (zhu)|ちょ(イノコ)
本豬 略猪

풀이 1 ①멧돼지. 돼지. ②멧돼지 새끼. ③웅덩이. 같瀦. ¶大野既一<書經> 2 암퇘지. 종돈(種豚). ¶既定爾婁一<左氏傳>

【猪膽】ちょたん(저담) 멧돼지의 쓸개. 번갈(煩渴), 안질(眼疾) 등의 약으로 씀.
【猪突】ちょとつ(저돌) 멧돼지처럼 맹목적으로 돌진(突進)함. ¶一的.
【猪突豨勇】ちょとつきゆう(저돌희용) 멧돼지처럼 돌진하는 용맹이란 뜻으로, 한(漢)의 왕망(王莽)이 죄수, 노예 등을 모집하여 조직한 군대의 이름. ¶匈奴侵寇甚 莽大募天下囚徒人奴 名曰一<漢書>
【猪苓】ちょれい(저령) 단풍나무 뿌리에 생기는 버섯. 이뇨제(利尿劑)로 씀.
【猪毛筆】ちょもうひつ(저모필) 돼지털로 맨 붓.
【猪水】ちょすい(저수) 괸 물. 瀦水(저수).
【猪勇】ちょゆう(저용) 분별 없이 저돌하는 용기. 蠻勇(만용).
【猪肉】ちょにく(저육) 돼지 고기. (제육←저육)韓 돼지 고기.
【猪八戒】ちょはっかい(저팔계) ①중국 소설 「서유기」(西遊記)의 등장 인물의 하나인 돼지. ②성질이 음흉한 사람의 별명.
▷鸞一, 牧一, 墨一, 伏一, 山一, 野一, 偃一, 箭一, 蒿一, 豪一

9 12〖猵〗 1 수달 편 本변 2 짐승 이름 편 |先 霰|へん(カワオソ) otter

13〖猷〗 獻(p. 986)의 俗字

13〖猷〗 獻(p. 986)과 同字

9 12〖猢〗 원숭이 호 |虞ㄏㄨˊ (hu)|こ(サル)

9 12〖猴〗 원숭이 후 |尤ㄏㄡˊ (hou)|こう(サル)

【猴猿】こうえん(후원) 원숭이.
▷群一, 母一, 沐一, 獮一, 猿一, 狙一, 倩一, 玃一

12〖猴〗 猴(p.981)의 本字

10
13〖獅〗 사자 사 | 因ㄕ (shi) | し(シシ) *lion*

【獅子身中蟲】ししんちゅうノムシ (사자 신중충)《佛》 사자의 몸에 기생하며 그 몸을 해치는 벌레라는 뜻으로, 나쁜 불제자(佛弟子)가 불법을 해침을 이름. 뜻이 바뀌어, 널리 제 편을 해치는 사람을 비유하여 이르는 말. ¶如一自食獅子肉 非餘外蟲<梵網經>

【獅子座】ししざ (사자좌)《佛》 부처의 설법하는 좌석. 나아가, 고승(高僧)의 자리를 이름. 猊座(예좌). 獅座(사좌).

【獅子吼】ししく (사자후) ①사자가 사납게 소리를 지름. ②《佛》 석가(釋迦)의 설법에 의하여 악마가 습복(慴伏)하는 일. ③웅변을 토하여 진리를 주장하고 사설(邪說)을 배격하는 일. ¶於大衆中能一<白居易> ④질투심 많은 아내가 남편에게 발악하는 소리의 비유. ¶忽聞河東一<蘇軾>

10
14〖獃〗 어리석을 애 | 因ㄉㄞ (dai) | がい(オロカ)

풀이 ①어리석다. 분별이 없음. ¶一癡. ②실의(失意)한 모양.

10
14〖獄〗 옥 옥 | 因ㄩˋ (yu) | ごく(ヒトヤ) *prison*

풀이 ①옥. 감옥. ¶一舍. ②소송하다. ¶禁民一<周禮> ③판결(判決). ¶使者覆一<漢書> ④재판(裁判)하다. ¶一者 核實道理之名<詩經> ⑤죄(罪). ¶褒人褒姁有一<國語> ⑥법. 형법(刑法). ¶遂使書一<漢書>

【獄吏】ごくり (옥리) 옥을 다스리는 관리. 獄官(옥관). 獄胥(옥서).

【獄死】ごくし (옥사) 감옥에서 죽음. 牢死(뇌사).

【獄事】ごくじ (옥사) 살인, 반역 등 중대한 범죄 사건. 또는, 그런 사건을 다스리는 . 罪獄(죄옥).

【獄鎖匠】(옥쇄장)㊥ 옥문지기. 獄卒(옥졸).

【獄案】ごくあん (옥안) 소송 사건의 조서(調書).

【獄丁】ごくてい (옥정) ☞獄卒(옥졸)①.

【獄卒】ごくそつ (옥졸) ①감옥에서 죄수를 감시하는 하례(下隷). 獄丁(옥정). ②《佛》 죽은 사람을 괴롭힌다는, 지옥의 악귀(惡鬼).

【獄中】ごくちゅう (옥중) 옥 안. 감옥의 안.

【獄窓】ごくそう (옥창) ①감옥의 창. ②옥 안. 獄中(옥중).

▷假一, 監一, 決一, 牢一, 斷一, 擊一, 訟一, 煉一, 疑一, 入一, 典一, 詔一, 地一, 聽一, 滯一, 出一, 脫一, 片言折一, 下一, 刑一

10
13〖猺〗 오랑캐 이름 요 | 圖ㄧㄠˊ (yao) | よう(エビス)

풀이 ①오랑캐 이름. 양광(兩廣), 호남(湖南), 운남(雲南) 지방에 살던 만족(蠻族). ②짐승 이름. ③개의 한 가지. ¶獏一.

13〖熊〗 熊(p.950)과 同字

10
13〖猿〗 원숭이 원 | 冠ㄩㄢˊ (yuan) | えん(サル) *monkey*
俗 猨 同 猨

【猿臂之勢】えんぴのいきおい (원비지 세) ①형세를 감안하여 군대의 진퇴(進退)와 공수(攻守)를 자유로이 하는 일. 猨臂之勢(원비지 세). ②먼 곳에 진을 치는 일.

【猿嘯】えんしょう (원소) 원숭이가 욺. 또는, 그 소리. 猿啼(원제). 猿鳴(원명).

▷窮一, 獼一, 飛一, 愁一, 心一, 哀一, 夜一, 類人一, 意馬心一, 玃一, 猴一

13〖猨〗 猿(p.982)의 俗字

13〖獉〗 榛(p.784)과 同字

13〖猫〗 畜(p.1017)과 同字

10
13〖猾〗 교활할 활 | 黠ㄏㄨㄚˊ (hua) | かつ(ワルガシコイ)

풀이 ①교활하다. 또는, 그 사람. ¶不能進臣等 專言大一<史記> ②어지럽다. 어지럽힘. ¶蠻夷一夏<書經> ③희롱하다. 가지고 놂. ¶齒牙爲一<國語>

▷姦一, 巧一, 狡一, 老一, 邪一, 佞一, 貪一, 險一, 獪一, 凶一

11
14〖獍〗 맹수 이름 경 | 敬ㄐㄧㄥˋ (jing) | きょう

풀이 맹수 이름. 아비, 어미를 잡아먹는다는 짐승이므로, 불효(不孝)의 비유로 씀.

11
14〖獟〗 요란할 교 | 肴 | こう(ミダル)

14〖獏〗 貘(p.1418)과 同字

11
15〖獒〗 개 오 | 豪ㄠˊ (ao) | ごう(イヌ)

14〖獄〗 ☞ 犬部 10획 (p.982)

11
14〖獐〗 노루 장 | 陽ㄓㄤ (zhang) | しょう(ノロ)

15〖獘〗 弊(p.393)의 本字

12
15〖獟〗 ①날랠 효 ②미친개 요 | 嘯 | きょう(イサム)

12
15〖獗〗 날뛸 궐 | 月ㄐㄩㄝˊ (jue) | けつ(タケル)

12
15〖獤〗 ㊥돈피 돈

12/15 【獞】 오랑캐 이름 동 | [東]ㄓㄨㄤˋ (zhung) | とう

[풀이]①오랑캐 이름. 호남(湖南), 양광(兩廣) 지방에 살던 만족(蠻族). ¶一錦. ②개 이름.

12/15 【獠】 [1]밤사냥 료 | [蕭]ㄌㄧㄠˊ | りょう
[2]사냥 료 | [嘯](liao) | りょう
[3]오랑캐 이름 로 | [晧]ㄌㄠˇ (lao) | (カリ) ろう

[풀이][1]밤 사냥. ¶宵田爲一<爾雅> [2]사냥. 사냥함. [3]①오랑캐 이름. 형주(荊州) 지방에 살던 만족(蠻族). ②남을 욕하는 말. ¶何不撲殺此一<唐書>

16 【默】 ☞ 黑部 4 획(p. 1693)

16 【猷】 獸(p. 985)의 俗字

15 【獃】 殪(p. 819)의 俗字

12/16 【獘】 넘어질 폐 | [霽]ㄅㄧˋ (bi) | へい(タオレル) *fall down*

[풀이]①넘어지다. ②해어지다. 弊의 俗字. ③짐승 이름.

12/15 【獢】 주둥이 짧은 개 효 | [蕭]ㄒㄧㄠ (xiao) | きょう (イヌ)

12/15 【獝】 놀랄 휼 | [質] | きつ(オドロク)

13/16 【獦】 큰 이리 갈 | [曷] | かつ

13/16 【獶】 삽살개 노·농 | [豪]ㄋㄨㄥˊ [冬](nong) | どう

[풀이]①삽살개. ②털이 길다. 또는, 긴 털. ¶旄毛一長<爾雅> ③오랑캐 이름. 묘족(苗族)의 한 갈래.

16 【獩】 獺(p. 985)과 同字

13/16 【獨】 홀로 독 | [屋]ㄉㄨˊ (du) | とく, どく (ヒトリ) *alone*

[俗]独 [同]獸

[풀이]①홀로. ㉮혼자. ¶哀此惸一<詩經> ㉯남과 다르다. 독특함. ¶其行一也<莊子> ㉰돕는 사람이 없다. 단독. ¶無卿相輔佐足任者 謂之一<荀子> ㉱다만. 오로지. [같]但. ¶一可耕且爲與<孟子> ②홀몸. ㉮늙어서 자식 없는 사람. ¶老而無子曰一<孟子> ㉯홀어미. 남편 없는 여자. ¶無夫曰一<後漢書·注> ㉰자손이 없는 사람. ¶無子孫曰一<周禮·注> ③어찌. 어찌하여. [같]寧 豈. ¶且女一未聞牧野之語乎<禮記> ④장차. [같]將. ¶棄君之命一誰受之<左氏傳> ⑤어느. [같]孰 何. ¶一如嚮之人<呂覽> ⑥그. [같]其. ¶一如宋王何<孟子> ⑦오히려 …와 같다. ¶一 一爲猶尙之義<古書虛字集> ⑧필시. 틀림없이. [같]定. ¶失實離本一已多矣<論衡> ⑨이에. 곧. [같]乃. ¶龍逢比干一如彼<漢書> ⑩개 싸움. ⑪원숭이를 잡아 먹는 큰 원숭이. ⑫고립(孤立)해 있는 산. ⑬외발이. 월형(刖刑)을 당한 사람. ⑭짐승 이름.

[句法]
①한정·강조
[獨…] 오직 …뿐. ¶今獨臣有船<史記>
②접속
[非獨…] 오직 …뿐만 아니라. 오직 …할 뿐더러. 不獨과 쓰임이 같음. ¶非獨賢者有是心也<孟子>
③반어
[獨…哉], [獨…乎] 어찌하여 …할 것인가(아니 그럴 수는 없다). ¶籍獨不愧於心乎<史記>

【獨居】どっきょ(독거) ①홀로 있음. ②남편 없이 홀로 삶. 홀어미 살이. 寡居(과거). ¶一掩涕<任昉>

【獨斷】どくだん(독단) ①제멋대로 정함. 專斷(전단). ¶一的. ②주관적 편견만으로 판단하는 일. 도그머(dogma).

【獨對】(독대) 벼슬아치가 홀로 임금을 대하여 정치에 관한 의견을 아뢰는 일.

【獨樂】どくらく(독락) ①자기 혼자서 즐김. ②자기 혼자만이 즐김. ¶民欲與之偕亡 雖有臺池鳥獸 豈能一哉<孟子> ③다만 …만을 즐김. ¶一其志 不厭其道<禮記>

【獨力】どくりょく(독력) ①자기 혼자의 힘. 自力(자력). ②짧고 추한 모양. ¶着一之衣<後漢書>

【獨立】どくりつ(독립) ①혼자 서 있음. ¶嘗一 鯉趨而過庭<論語> ②남의 힘을 빌지 않는 일. ¶一國/一軍/一權/一門/一語/一運動/一自尊. ③동떨어져 있음. ㉮세속에서 초연히 벗어나 있음. ¶君子以一不懼 遯世無悶<易經> ㉯남이 간섭할 수 없는 위치에 있음. ¶一而無稽者 人主之位也<管子>

【獨木橋】どくぼくきょう(독목교) 외나무다리.

【獨舞臺】どくぶたい(독무대) ①배우가 혼자서 연기하는 일. ②여럿 가운데서 혼자만이 특히 뛰어난 활동을 함. ③마음먹는 대로 행동할 수 있는 일. 판치는 일.

【獨房】どくぼう(독방) ①혼자 거처하는 방. ②죄수 한 사람만 가두는 감방. ③[中] 외딴집. 떨어져 있는 방.

【獨白】どくはく(독백) ①혼자서 중얼거림. ②연극에서, 상대자 없이 혼자 말하는 대사(臺詞). ※傍白(방백).

【獨步】どっぽ(독보) ①남이 따를 수 없이 홀로 뛰어남. ¶一天下 唯與爲偶<後漢書>/一的. ②홀로 감. 혼자서 걸음.

【獨夫受】どくふじゅ(독부수) 은(殷)의 주(紂) 왕. 受는 주왕의 이름. 獨夫는 한 사나이. 필부(匹夫).

【獨不將軍】(독불장군) ①혼자서는 장수가 될 수 없다는 뜻으로, 남과 협조해야 한다는 말. ②제멋대로 일을 처리하는 사람. ③고

립되어 외롭게 된 사람.
【獨床】(독상)㊞ 한 사람 몫으로 혼자 먹게 차린 밥상. ↔兼床(겸상).
【獨善】どくぜん(독선) ①자기 홀로 착하게 되기 위하여 힘씀. ¶窮則一其身 達則兼善天下<孟子> ↔兼善(겸선). ②혼자만 옳다고 믿고 객관성을 생각하지 아니하는 일. ¶一的/一主義.
【獨守空房】どくしゅくうぼう・ひとりくうぼうヲ(독수공방) ①빈 방에 혼자 거처함. ②남편 없이 홀로 규방(閨房)을 지킴. 獨宿空房(독숙공방).
【獨習】どくしゅう(독습) 혼자 배워서 익힘. 獨學(독학). 獨修(독수). 「차지함.
【獨食】どくしょく(독식) ①혼자 먹음. ②이익을 독
【獨身】どくしん(독신) ①혼자 몸. 배우자가 없는 몸. ¶一主義. ②동기(同氣)가 없는 사람.
【獨也青青】(독야청청) 홀로 푸름. 홀로 절개를 굽히지 않음.
【獨語】(독어) ①혼잣말. ②독일어(獨逸語).
【獨往獨來】どくおうどくらい(독왕독래) 외물에 구애됨이 없이 자유 자재로 노닒. ¶一 獨出獨入<列子>
【獨子】どくし(독자) ①외아들. ②부모 형제가 없거나, 멀리 떨어져 있어 외로운 몸. ¶一無兄弟 歸養<史記>
【獨自】どくじ(독자) ①자기 혼자. 單獨(단독). ②남과 달라서 독특한 일. ¶一性.
【獨酌】どくしゃく(독작) 혼자 술을 마심. 手酌(수작). ¶一虛室<江淹>
【獨裁】どくさい(독재) ①독단(獨斷)으로 일을 처결함. ②특정의 개인이나 계급이 권력을 쥐고 독단으로 지배하는 일. ¶一政治.
【獨占】どくせん(독점) ①혼자 차지함. 독차지. ②기업(企業)이 제품의 판매 시장이나 원료 자원지(資源地)를 독차지하여 자기만의 이익을 꾀하는 경제 현상. ¶一價格/一資本.
【獨奏】どくそう(독주) ①혼자 악기를 연주함. ②혼자서 상주(上奏)함.
【獨唱】どくしょう(독창) ①노래를 혼자서 부름. ↔合唱(합창). ②혼자 주창(主唱)함.
【獨創】どくそう(독창) 모방함이 없이 처음으로 만들어 내는 일. ¶一的/一力/一性.
【獨擅】どくせん(독천) 제멋대로 함.
【獨寢】どくしん(독침) 혼자서 잠. ↔同寢(동침).
【獨特】どくとく(독특) 홀로 특별함. 그것만이 특별히 다름. 「함. 獨習(독습). 獨修(독수).
【獨學】どくがく(독학) 스승 없이 혼자 힘으로 학습
【獨行】どっこう(독행) ①혼자 길을 감. ↔同行(동행). ②혼자 힘으로 행함. 또는, 높은 절개를 지니고 세속(世俗)에 좌우되지 아니하는 일. ¶士之特立一 適於義而已<韓愈>
▷介一, 惸一, 煢一, 孤一, 寡一, 單一, 愼一, 幽一, 唯一, 惟一, 唯我一尊, 專一

17【獨】 獨(p.983)과 同字

17【獣】 獸(p.985)의 俗字

13/16【獩】 민족 이름 예 | ㊥ | わい
풀이 민족 이름. 만주(滿洲)와 우리 나라 북부 지방에 살던 종족. ㉮穢. ¶一貊.

13/16【獬】 해태 해 | ㊥ㄒㄧㄝˋ (xie) | かい(カイチ)
풀이 ①해태. 맹수 이름. ¶一豸. ②굳센 모양.
【獬冠】かいかん(해관) ☞獬豸冠(해태관).
【獬豸】かいち(해태) 소 비슷하게 생긴, 사람의 선악을 판단하여 안다는 신수(神獸). ¶一神羊 能別曲直<後漢書>
【獬豸冠】かいちかん(해태관) 법관(法官)이 쓰는 관의 이름. 해태는 시비 곡직(是非曲直)을 능히 판단할 줄 안다는 데서 온 이름. 해치관은 豸의 오독(誤讀)에서 유래된 것임. 獬廌冠(해채관).

13/16【獫】 1 오랑캐 험 2 개 렴 | ㊥ㄒㄧㄢˇ (xian) | けん れん
【獫狁】けんいん(험윤) 흉노(匈奴)의 별칭. 獫允(험윤).

13/16【獧】 1 뛸 환 2 견개할 견 | ㊥ㄐㄩㄢˋ (juan) 銑 | けん (オドル) *jump*
풀이 1 ①뛰다. 빨리 뛰어오름. ㉠蹬. ②개가 뛰다. ③빠르다. ㉶懁. 2 견개(狷介)하다. 절개가 매우 굳음. ㉠狷. ¶必也狂一乎<孟子>

13/16【獪】 교활할 회 쾌 | ㊥ㄎㄨㄞˋ (kuai) | かい *cunning*
▷姦一, 狡一, 詐一, 黠一, 猾一, 譎一

16【獲】 ☞犬部 14획(p.984)

14/17【獰】 모질 녕 | ㊥ㄋㄧㄥˊ (ning) | どう (ワルイ)
▷姦一, 嬌一, 猙一, 噤一

14/17【獳】 1 개 성낼 누 2 짐승 이름 유 | どう じゅ

17【獵】 獵(p.985)의 俗字

14/17【獱】 수달 빈 | ひん(カワオソ)

14/17【獮】 사냥 선 | ㊥ㄒㄧㄢˇ (xian) | せん(カリ) *hunting*
풀이 ①사냥. ㉮가을 사냥. ¶一之日 涖卜來歲之戒<周禮> ㉯여름 사냥. ¶田之散名 春苗 秋蒐 冬狩 夏一<春秋繁露> ㉰종묘 제사를 위해 사냥하다. ㉠禰. ②죽이다. ¶遂以一田<周禮>

14/17【獲】 1 얻을 획 2 실심할 확 | ㊥ㄏㄨㄛˋ (huo) | かく(エル) *get* かく
풀이 1 ①얻다. ㉮사냥하여 새짐승을 잡다. ¶一者取左耳<周禮> ㉯손에 넣다. ¶耕者之所一<孟子> ㉰ 빼앗다. 탈취함. ¶毋固一<禮記> ㉱ 일의 마땅함을 얻다. ¶其政不一<詩經> ㉲ 때의 마땅함을 얻다. ¶笑語卒一<詩經> ②얻어지다. ㉮ 잡히다. ¶趯趯毚兎 遇犬一之<詩經> ㉯ 신임을 받게 되다. ¶在下位不一乎上<中庸> ③잡은 것. ㉮ 사냥하여 잡은 새짐승. ¶田獵之一 常過人矣<呂覽> ㉯ 전쟁에서 얻은 포로. ¶君死于位曰滅 生得曰一<公羊傳> ④맞히다. 화살이 명중하는 일. ¶一者坐<儀禮> ⑤그르치다. 通誤. ¶不一五度<淮南子> ⑥계집종. ¶女而歸奴 謂之一<方言> ⑦…게 되다. 피동(彼動)의 뜻을 나타냄. ¶繩墨之匠 一忌於曲木之肆<抱朴子> **2**①실심(失心)하다. 실심한 모양. 通穫. ¶隕一. ②크고 넓은 모양.

【獲得】かくとく(획득) 손에 넣음. 잡아 가짐.

【獲麟】かくりん(획린) ①기린(麒麟)을 얻음. 노(魯)의 애공(哀公)이 14년 봄에 서방으로 사냥을 가 기린을 얻은 옛일. ②공자(孔子)가 「춘추」(春秋)를 「서수획린」(西狩獲麟)의 구에서 끝맺었으므로, 절필(絶筆), 임종(臨終) 등의 뜻으로 씀.

▷固一, 攻一, 禽一, 拿一, 搏一, 俘一, 殺一, 漁一, 獵一, 弋一, 臧一, 田一, 採一, 探一, 捕一

14 17 〖獯〗 오랑캐 훈 | 文ㄒㄩㄣ (xun) | くん (エビス)

【獯鬻】くんいく(훈육) 중국 북방의 이민족. 주(周)대에는 험윤(獫狁), 한(漢)대 이후에는 흉노(匈奴)라고 일컬었음.

15 18 〖獷〗 사나울 광 | 梗ㄍㄨㄤˇ (guang) | こう (アライ) rough

풀이 ①사납다. 난폭한 모양. ¶耕夫習牛則一<關尹子> ②사나운 개. 맹견(猛犬). ③추악한 모양. ¶政移一俗<後漢書> ④깨닫는 모양. 각오(覺悟). 通憬. ⑤韓 족제비. ¶黃狁 一作一<潛谷筆談>

▷强一, 頑一, 殘一, 麤一, 荒一, 凶一

15 18 〖獶〗 **1** 원숭이 노 **2** 개 놀랄 뇨 | 豪ㄋㄠˊ 巧 (nao) | どう(サル) monkey

풀이 **1**①원숭이. 같猱. ¶一雜子女<禮記> ②희롱하다. ¶一雜. **2**개가 놀라는 모양.

【獶雜】どうざつ(노잡) 원숭이의 흉내를 내며 희롱함. ¶優侏儒 一子女<史記>

15 18 〖獵〗 사냥 렵 | 葉ㄌㄧㄝˋ (lie) | りょう(カリ) hunting

略猟 俗獦

풀이 ①사냥. 또는, 사냥함. ¶不狩不一<詩經> ②잡다. 체포함. ¶吏所一也<太玄經> ③놀래다. 경동(驚動)하게 함. ¶興其衆庶 以犯一吳國之師徒<國語> ④잡다. 손으로 잡아 쥠. 通擸. ¶一纓正襟危坐<史記> ⑤지나다. 거쳐 감. 通歷. ¶一蕙草<宋玉> ⑥밟다. 걸음. ¶衡一之<詩經·注> ⑦넘다. 타넘음. ¶不一禾稼<荀子> ⑧다투다. 경쟁함. ¶無一獲<儀禮> ⑨화살이 빗나가다. ¶一矢從旁<儀禮·注> ⑩소리. 바람·피리 등의 소리. ¶一若枚折<王褒> ⑪사물의 모양. ¶一捷/一攤. ⑫거북의 이름. ¶南龜曰一屬<周禮>

【獵犬】りょうけん(엽견) 사냥개. 獵狗(엽구).

【獵官】りょうかん(엽관) 관직(官職)에 나아가려고 온갖 방법을 쓰며 경쟁함.

【獵具】りょうぐ(엽구) 사냥에 쓰이는 도구.

【獵奇】りょうき(엽기) 기괴하고 이상한 것에 흥미가 쏠리어 즐겨 좇아다님. ¶一小說/一的.

【獵期】りょうき(엽기) ①사냥하기 좋은 시기. ②법령으로 사냥을 허락한 기간.

【獵銃】りょうじゅう(엽총) 사냥하는 데 쓰는 총.

▷禁一, 射一, 涉一, 狩一, 漁一, 游一, 戎一, 弋一, 畋一, 田一, 出一, 捕一

15 19 〖獸〗 짐승 수 | 宥ㄕㄡˋ (shou) | じゅう (ケモノ) beast

풀이 ①㉮짐승. ¶四足而毛 謂之一<爾雅> ㉯야생(野生) 동물. ¶家養謂之畜 野生謂之一<左氏傳·注> ②포(脯). 말린 고기. ¶實一于其上東首<儀禮>

【獸性】じゅうせい(수성) ①짐승의 성질. ②인간이 동물과 공통으로 가지고 있는 성질. 육체적인 욕심. ③잔인하고 야만적인 성질.

【獸心】じゅうしん(수심) 짐승 같은 마음. 도리를 분별하지 못하는 잔인·비열한 마음. ¶人中有一<孟郊>/人面一.

【獸慾】じゅうよく(수욕) ①야수 같은 동물적 욕심. ②짐승 같은 천한 성욕(性慾).

【獸醫】じゅうい(수의) 가축의 병을 고치는 의사. ¶一師.

【獸中之王】じゅうちゅうノおう(수중지 왕) 범을 이름. ¶麟爲毛蟲之長 虎乃一<故事成語考>

▷巨一, 怪一, 禽一, 奇一, 猛一, 百一, 瑞一, 馴一, 狎一, 野一, 六一, 仁一, 鳥一, 走一, 珍一, 畜一

16 19 〖獺〗 수달 달 | 曷ㄊㄚˇ (ta) | だつ (カワオソ) otter

【獺祭魚】カワオソウオヲマツル(달제어) 수달이 잡은 물고기를 사방에 벌여 놓는 것이 젯상에 제수를 진설(陳設)함과 같음에서, 시문(詩文)을 지을 때 많은 참고서를 좌우에 벌여놓거나, 또는 고사를 많이 인용함을 이름.

▷白一, 猯一, 山一, 水一, 豺一, 猵一, 海一

16 19 〖獹〗 개 이름 로 | 虞 ろ

풀이 개 이름. 전국 시대 한(韓)의 준견(駿犬). ¶韓一.

16
20 〖獻〗 1 바칠 헌 | 顧 ㄒㄧㄢˋ (xian) | けん(タテマツル) dedicate
2 술그릇 이름 사 | 漢 さ
3 위의있을 의 | 漢 ぎ
俗献 同献

풀이 1 ①바치다. ㉮개를 종묘에 희생으로 바치다. ¶ — 本祭祀奉犬牲之稱＜說文·注＞ ㉯주악(奏樂)하여 신에게 제사 지내다. ¶初—六羽＜左氏傳＞ ㉰받들다. 임금에게 올림. ¶無不咸—其力＜呂覽＞ ㉱상주(上奏)하다. 임금께 아뢺. ¶以—其功＜左氏傳＞ ㉲남에게 물건을 보내다. ¶西北面—賓＜儀禮＞ ㉳주식(酒食)을 바치다. ¶或—或酢＜詩經＞ ②바치는 물건. ㉮종묘에 바치는 희생. ¶犬曰羹—＜禮記＞ ㉯군주나 빈객에게 바치는 물건. ¶奠— 再拜稽首＜儀禮＞ ③맞다. 맞이함. ¶大淵—之歲＜淮南子＞ ④좋다. 잘함. ¶—笑不及排＜莊子＞ ⑤현인(賢人). 通賢. ¶萬邦黎—＜書經＞ 2 술그릇 이름. 비취로 장식한 것. 같 犧 戲. ¶其朝踐用兩—尊＜周禮＞ 3 위의(威儀)가 있다. 通儀. ¶鬱齊—酌＜周禮＞

【獻可替否】けんかたいひ(헌가체부) 옳은 일을 권하고 악한 일을 못하게 진언(進言)하여 임금을 보필함. 獻替(헌체). 獻可(헌가). ¶臣以—爲忠＜後漢書＞

【獻官】(헌관) 나라의 제사에 임시로 임명하는, 헌작(獻酌)하는 제관(祭官).

【獻芹】けんきん(헌근) 미나리를 올린다는 뜻으로, 남에게 선물을 보낼 때 보잘것 없는 정성이란 뜻의 겸양어. ¶謙送禮曰—＜故事成語考＞

【獻金】けんきん(헌금) 돈을 바침. 또는, 그 돈.

【獻納】けんのう(헌납) ①금품을 바침. 獻供(헌공). ②임금에게 충언(忠言)을 올림. 또는, 그 직책을 맡은 벼슬. ¶—之任 允皆專之矣＜蜀志＞

【獻俘】けんぷ(헌부) 포로를 묘사(廟社)에 바쳐 승전을 고유(告由)함. ¶三軍凱入 —於太廟＜隋書＞

【獻上】けんじょう(헌상) 바침. 올림. 獻進(헌진).

【獻歲】けんさい(헌세) 정월 초하루를 이름. 새해가 다가왔다는 뜻. 歲首(세수). ¶—元辰 東風發春＜李華＞ ↔守歲(수세).

【獻笑】けんしょう(헌소) ①웃음을 바침. 명랑하게 웃음. ¶—不及排＜莊子＞ ②자기 의견의 겸칭. ¶幾何不爲—之資＜朱熹＞

【獻壽】けんじゅ(헌수) ①축하의 선물을 바침. 남에게 금품을 증정(贈呈)하는 일. ¶乃命執事—羞璧＜謝莊＞ ②회갑 잔치 등에 장수를 비는 뜻으로 술잔을 올리는 일. 上壽(상수). 稱觴(칭상).

【獻詩】けんし(헌시) 시를 지어 바침. 또는, 그 시.

【獻身】けんしん(헌신) ①신명(身命)을 바쳐 진력(盡力)함. ②스스로 그 장소에 나아감. ¶男女無媒不交 … 以此坊民 民猶有自獻其身＜禮記＞

【獻酌】けんしゃく(헌작) 제사 때 술잔을 올림. 獻爵(헌작).
ぎしゃく(의작) 위의(威儀)가 있는 술잔. ¶鬱齊—＜周禮＞ 「진).

【獻呈】けんてい(헌정) 바침. 獻上(헌상). 獻進(헌

【獻策】けんさく(헌책) 좋은 계책을 올림. ¶以布衣—＜宋史＞

【獻替】けんたい·けんテイ(헌체) 옳은 일을 권하고 옳지 못한 일을 못하게 함. 임금을 보좌하는 도리를 이름. 獻可替否(헌가체부). ¶入能—謀寧社稷＜袁宏＞

【獻春】けんしゅん(헌춘) 첫봄. 初春(초춘). 孟春(맹춘). ¶朱顏感—＜王浚＞

▷嘉—, 貢—, 納—, 文—, 奉—, 亞—, 禮—, 靖—, 終—, 進—, 初—

17
20 〖獼〗 원숭이 미 | 漢 ㄇㄧˊ (mi) | び(サル)

18
21 〖獶〗 1 원숭이 노 | 漢 どう(サル)
2 개짖을 뇨 | 漢 どう
3 미장이 뇌 | 漢 だい

18
21 〖獾〗 1 오소리 환 | 漢 ㄏㄨㄢ (huan) | かん(マミ)
2 고을 이름 권 | 漢 けん

19
22 〖玀〗 오랑캐 라 | 漢 ら(エビス)

풀이 ①오랑캐 이름. 운남(雲南), 귀주(貴州), 사천(四川) 지방에 살던 만족. ¶——. ②허리를 굽히고 걷다.

20
23 〖玁〗 오랑캐 험 | 漢 ㄒㄧㄢˇ (xian) | けん(エビス)

【玁狁】けんいん(험윤) 흉노(匈奴)의 고칭(古稱). 獫狁(험윤).

20
23 〖玃〗 1 원숭이 확 | 漢 ㄐㄩㄝˊ (jue) | かく(サル)
2 칠 격 | 漢 げき

玄＜검을 현＞部

玄 ⑤ 玆 ⑥ 玈 率

0
5 〖玄〗 검을 현 | 漢 ㄒㄩㄢˊ (xuan) | げん(クロイ) black

풀이 ①검다. 검은빛. ¶明月之—珠＜楚辭＞ ②적흑색. 붉은빛을 띤 검은빛. ¶何草不—＜詩經＞ ③하늘빛. ¶天—而地黃＜易經＞ ④아득히 멂. 通遠. ¶在天爲—＜素問＞ ⑤깊다. 깊이 숨음. ¶名實—紐＜荀子＞ ⑥고요하다. ¶以—默爲神＜漢書＞ ⑦통(通)하다. ¶睿哲—覽＜張衡＞ ⑧북방(北方). 북향(北向). ¶天子居—堂＜呂覽＞ ⑨음력 9월의 별칭. ¶九月爲—＜爾雅＞ ⑩신묘(神妙)하다. 불가사의함. ¶—謀設而陰行＜張衡＞ ⑪현손(玄孫). ¶曾孫之子爲—孫＜爾雅＞ ⑫도가(道家)의 말. ㉮도(道). 천지 만물의 근원. ¶—之又— 衆妙之門＜老子＞ ㉯이치의 미묘한

것. ¶惟昔聖賢 懷—抱眞<參同契> ㉰마음. ¶心爲上—<黃庭經> ⑬빛나다. (같)炫. ¶采色—耀<漢書> ⑭현기증이 나다. (通)眩. ¶上周密則下疑—矣<荀子>

【玄鑑】げんかん(현감) 현묘한 거울. 사람의 마음을 이름. ¶明明大象 —照微<白居易>

【玄關】げんかん(현관) ①가택 정면의 입구. ¶冥寂閉—<李白> ②《佛》 ㉮불도를 깨닫는 관문. ¶於是—幽鍵 感而遂通<王巾> ㉯선사(禪寺)의 객전(客殿)으로 들어가는 문.

【玄敎】げんきょう(현교) 현묘(玄妙)한 가르침. 노장(老莊)의 가르침.

【玄穹】げんきゅう(현궁) 하늘. 玄天(현천). 上天(상천). ¶高冠拂—<張華>

【玄宮】げんきゅう(현궁) ①북쪽의 궁전. 또는, 임금이 정사(政事)를 생각하는 궁전. ¶麗哉神聖 處於—<揚雄> ②깊숙한 궁전. ¶潛—兮幽以淸<班倢伃> ③임금의 재궁(梓宮)을 묻은 광(壙). 玄室(현실).

【玄圭】げんけい(현규) 검은 옥으로 만든 홀(笏). 玄珪(현규). ¶禹錫— 告厥成功<書經>

【玄根】げんこん(현근) 도(道)의 근본. ¶處其— 廓焉靡結<盧諶>

【玄琴】(현금) 거문고.

【玄機】げんき(현기) 현묘한 도리. 도가(道家)의 말. ¶玉牒啓—<張說>

【玄女】げんじょ(현녀) 황제(黃帝)에게 육임(六壬)과 둔갑술(遁甲術)을 가르쳤다는, 상고 시대의 여신(女神).

【玄德】げんとく(현덕) ①숨은 덕. 현묘한 덕. ¶沐浴— 稟仰太龢<班固> ②하늘의 덕. 천덕(天德). ¶淸風協於—<張衡> ③천지의 현묘한 이치. 공덕(功德)을 베풀고도 그것을 잊어버리는 일. ¶生而不有 爲而不恃 長而不宰 謂之—<老子> ④삼국 시대 촉(蜀)의 유비(劉備)의 자(字).

【玄菟】げんと(현도) 한사군(漢四郡)의 하나. 지금의 함경도와 만주(滿洲) 길림성(吉林省)에 걸쳐 있었음.

【玄冬】げんとう(현동) 겨울.

【玄同】げんどう(현동) 재지(才智)를 숨기고 속인에 섞이어 평범하게 사는 일. 무차별하여 평등하게 지냄. ¶和其光 同其塵 是謂—<老子>

【玄理】げんり(현리) 현묘한 이치. 또는, 학설. ¶頗言— 時爲詩詠<南史>

【玄謨】げんぼ(현모) 심오한 계책. 深謨(심모).

【玄妙】げんみょう(현묘) 심오하고 미묘함. 또는, 그러한 도리(道理)를 이름. ¶志存太虛 安心—<曹植>

【玄武】げんぶ(현무) ①북쪽 하늘에 보이는 일곱 별. 곧, 두(斗)·우(牛)·여(女)·허(虛)·위(危)·실(室)·벽(壁)의 총칭. ②북방의 신. 물의 신. 청룡(靑龍)·백호(白虎)·주작(朱雀)과 함께 4신(神)의 하나. 거북과 뱀을 합한 모양을 함. ③북방(北方). 북쪽.

【玄默之化】げんもくのか(현묵지 화) 무언(無言)의 감화(感化).

【玄門】げんもん(현문) ①심원(深遠)한 도(道). ¶玄之又玄 衆妙之門<老子> ②도교(道教)를 이름. ③《佛》 현묘한 법문(法門). 불법(佛法)을 이름. ¶淨土— 十方咸讚<迦才淨土論>

【玄米】げんまい(현미) 겉겨만 벗기고 쓿지 않은 쌀.

【玄裳縞衣】げんしょうこうい(현상호의) 검은 치마에 흰 저고리를 입은 선녀라는 뜻으로, 학(鶴)의 이칭. ¶— 戛然長鳴<蘇軾>

【玄塞】げんさい(현새) 북의 요새(要塞). 곧, 만리장성(萬里長城). ¶北出—<曹植>

【玄聖】げんせい(현성) ①출중한 덕이 있는 임금. ②노자(老子) 또는 공자(孔子)를 이름. ¶—素王之道也<莊子> ③신선(神仙). 仙人(선인). ¶—之所遊化 雲仙之所窟宅<孫綽>

【玄孫】げんそん(현손) 증손(曾孫)의 아들.

【玄水】げんすい(현수) ①북방의 내 이름. ②《佛》 술을 일컫는 말. 麯茶(곡차).

【玄室】げんしつ(현실) ①캄캄한 방. 暗室(암실). ②무덤의 광중(壙中). 墓室(묘실). ¶爰定爰兆 克成—<晋書>

【玄奧】げんおう(현오) 현묘하고 심오함. ¶—難原<後漢書>

【玄耀】げんよう(현요) 하늘이 빛남. ¶化育—<淮南子>

【玄元皇帝】げんげんこうてい(현원 황제) 노자(老子)를 이름. 당(唐)을 세운 이연(李淵)이 노자를 동성(同姓)이라 하여 시조(始祖)로 삼으며 바친 존호. ※老子(노자).

【玄遠】げんえん(현원) 현묘하고 심원함. ¶辭賦淸新 屬言—<任昉>

【玄月】げんげつ(현월) 음력 9월의 별칭.

【玄衣】げんい(현의) 검은빛에 붉은빛을 띤 주(周)대의 예복.

【玄義】げんぎ(현의)《佛》 깊은 뜻. 유현(幽玄)한 의리(義理). ¶我以五章 略譚—<法華經玄義>

【玄鳥】げんちょう(현조) ①제비의 별칭. ②학(鶴)의 별칭.

【玄酒】げんしゅ(현주) 물의 별칭. 제사나 예식에 술 대신 쓰는 물.

【玄之又玄】げんノマタげん(현지우현) 도(道)가 유원(幽遠)하여 헤아릴 수 없음. 지극히 현묘함. ¶— 衆妙之門<老子>

【玄津】げんしん(현진) 부처의 가르침. ¶妙辨漱—<駱賓王>

【玄天】げんてん(현천) ①자연의 도(道). 천연(天然)의 상도(常道). ¶亂天之經 逆物之情 —弗成<莊子> ②북방(北方)의 하늘. ¶北方曰 —<呂覽> ③널리 하늘을 이름. ¶—高明<魏書>

【玄針】げんしん(현침) ①올챙이의 별칭. ②칠석(七夕)에, 여자가 달을 향하면서 실을 꿰는 바늘. ¶私風被弱縷 迎暉貫—<宋孝武帝>

【玄圃】げんぽ(현포) 곤륜산(崑崙山) 위에 있다는, 선인(仙人)의 거처.

【玄圃積玉】げんぽせきぎょく(현포적옥) 현포에 쌓여 있다는 갖가지 미옥(美玉). 문장의 아름다움을 찬미하여 이름. ¶葛洪著書稱機文 猶玄圃之積玉 無非夜光<晋書>

【玄風】げんぷう(현풍) ①노장(老莊)의 도(道). 심원한 도. ②천자의 덕교(德教). ¶弱冠濯纓 沐浴—<庾亮>

【玄學】げんがく(현학) ①노장(老莊)의 학문. ¶始

置祟一 習老子莊子文子列子<唐書> ②형이상학(形而上學).

【玄海】げんかい(현해) 북쪽의 바다. 北海(북해).

【玄虛】げんきょ(현허) 현묘(玄妙)하고 허무함. 노자(老子)의 도(道) 또는 노장(老莊)의 설(說)을 이름.

【玄玄】げんげん(현현) 몹시 심원한 모양. 또는, 심원한 도(道). ¶仰之若華嶽一焉<蔡邕>

【玄玄孫】げんげんそん(현현손) 자손(子孫). 後孫(후손).

【玄黃】げんこう(현황) ①하늘의 빛과 땅의 빛. 흑색(黑色)과 황색(黃色). ②천지(天地). 우주(宇宙). ¶一剖判 上下相嘔<揚雄> ③흑색 또는 황색의 폐백(幣帛). ¶篚厥一 昭我周王<書經> ④중앙(中央)에 있는 상제(上帝)의 별칭. ¶謁一兮納贄<楚辭> ⑤병. 질병의 통칭. 또는, 말(馬)의 병. ¶陟彼高岡 我馬一<詩經> ⑥찬란하게 아름다운 빛깔. ¶目惑一 耳務 淫哇<嵇康>

【玄纁】げんくん(현훈) 검붉은 색. 또는, 검은 색과 붉은 색의 비단. 폐백(幣帛)을 이름.

▷九一, 鉤一, 穹一, 妙一, 上一, 素一, 深一, 淵一, 幽一, 儒一, 蒼一, 天一, 青一, 淸一, 太一

9【玅】妙(p. 399)와 同字

5
10【玆】이 자 | 因ㄗ(zi) | し(ここ)

※玆(p. 1277)는 본래 딴 자이나 지금은 혼용됨.

풀이①이. 가까운 사물을 가리킴. ¶受一介福<易經> ②이곳. 여기. ¶爰宅于一<書經> ③이때. 지금. ¶歷載臻一<漢書> ④이에. 발어사(發語辭). ⑤흐리다. 通滋. ¶何故使吾水滋<左氏傳> ⑥검다. ⑦해[年]. ¶何能待來一<古詩>

▷今一, 來一, 念一, 在一, 徂一

10【畜】☞ 田部 5획(p. 1017)

11【牽】☞ 牛部 7획(p. 972)

6
11【玈】검을 로 | 虞ㄌㄨˊ(lu) | ろ(クロイ) *black*

풀이①검다. 흑색. ②활 이름. 검은 칠을 한 활. ¶一弓. ③나그네. 旅의 俗字.

6
11【率】1거느릴 솔 2우두머리 수 3비율 률 | 質ㄕㄨㄞˋ(shuai) 寘ㄌㄩˋ 質(lü) | そつ(ヒキイル) すい りつ

同率

源象形. 새그물과 그물을 벌여 치는 손잡이 장대의 형상을 본뜸.

풀이1①거느리다. 통솔함. ¶天子親一<淮南子> ②좇다. 通述. ㉮준봉(遵奉)하다. ¶一由舊章<詩經> ㉯따르다. 의거함. ¶一西水滸<詩經> ㉰복종하다. ¶惟時有苗弗一<書經> ㉱행하다. 실행함. ¶一義之謂勇<左氏傳> ③본받다. ¶相一而爲僞者也<孟子> ④앞장서다. 인도함. ¶爲衆一先<晋書> ⑤거칠다. 조포(粗暴)함. ⑥갑자기. 갑작스러운 모양. 또는, 가벼운 모양. 通卒 猝. ¶一然/一爾. ⑦솔직하다. 숨김 없이 곧은 모양. ¶坦一行己<晋書> ⑧거두어 들이다. 수렴(收斂)함. ¶悉一百禽<張衡> ⑨닦다. ¶初一其辭<易經> ⑩권(勸)하다. ⑪모집(募集)하다. ⑫쓰다. 사용함. ¶帝命一育<詩經> ⑬목표. 표적. ¶一州表一也<漢書> ⑭새 잡는 그물. 2우두머리. 장수. 같帥. ¶方伯連一之職<詩經> 3①비율(比率). ¶諸將多中首虜一爲侯者<漢書> ②대략. 총계. ¶一常在下杜<漢書> ③법도. 규율. 通律. ¶其一用此與<禮記> ④견주다. 비교함. ⑤비교하여 세는 기본 약수(約數). 비례. ¶以周一乘之<晋書>/圓周一/比一.

【率家】(솔가)韓 객지에 살다가 가족을 다 데려가는 일. 率眷(솔권).

【率更體】そつこうたい(솔경체) 당(唐)의 구양순(歐陽詢)의 서체. 일찌기 그가 솔경령(率更令)이 된 적이 있기 때문에 이름.

【率口而發】(솔구이발) 경솔하게 함부로 지껄임.

【率堵婆】(솔도파)(佛) 범어 Sutūpa의 역음. 탑. 불탑. 窣堵婆(솔도파).

【率普】そっぷ(솔보) 온 천하. 보천지하 솔토지빈(普天之下 率土之濱)의 약어(略語).

【率先】そっせん(솔선) 앞장섬. 남보다 앞서 행함. ¶一垂範.

【率性】そっせい(솔성) 천성에 따라 행하는 일. ¶天命之謂性 一之謂道 修道之謂敎<中庸>

【率然】そつぜん(솔연) ①갑자스러운 모양. 경솔한 모양. 率爾(솔이). ¶一高擧 遠集吳地<東方朔> ②상산(常山)에 산다는 뱀의 이름.

【率由】そつゆう(솔유) 따름. 좇음. ¶一典常 以蕃王室<書經>

【率爾】そつじ(솔이) 경솔한 모양. 率然(솔연). ¶子路一而對<論語>

【率直】そっちょく(솔직) 꾸밈 없고 정직함.

【率土之民】そつどのたみ(솔토지 민) 온 천하의 백성.

【率土之濱】そつどのひん(솔토지 빈) 온 천하. 하해(河海)와 접한 육지 전부. 率濱(솔빈). ¶普天之下 莫非王土 一 莫非王臣<詩經>

▷家一, 渠一, 輕一, 高一, 穀一, 糾一, 大一, 督一, 百分一, 比一, 疎一, 連一, 圓周一, 利一, 因果一, 將一, 獎一, 低一, 粗一, 直一, 眞一, 草一, 總一, 親一, 坦一, 統一, 效一

玉(王)<구슬 옥>部

王 玉 ② 玏 玎 ③ 玗 玖 玕 ④ 玠 玦 玫 玟 玞 玩 ⑤ 珈 珂 珏 玳 玲 珉 珀 珊 玷 珍 珎 玼 玻 珌 ⑥ 珓 珪 珞 珕 班 珣 珧 珢 珥 珠 珮 珩 ⑦ 球 琅 琉 理 琇 琊 珽

現 ⑧ 琚 琨 琯 琴 琦 琪 琭 琳 琲 琺 琫 琵 琰 琬 琖 琤 琱 琮 琛 琢 琶 琥 ⑨ 瑙 瑇 瑁 瑨 瑂 瑞 瑄 瑟 瑯 瑛 瑛 瑀 瑗 瑋 瑜 瑑 瑊 瑒 瑕 瑚 瑋 瑝 ⑩ 瑰 瑯 瑠 瑪 瑣 瑩 瑤 瑢 瑱 瑳 瑲 ⑪ 璆 瑾 瑻 璉 璃 璊 璇 璅 璈 璋 璁 璀 ⑫ 璟 璠 璣 璢 璘 璞 璠 璗 璜 ⑬ 璫 璧 璨 環 ⑭ 璽 璿 璵 瓀 ⑮ 瓊 瓅 瓚 ⑯ 瓏 ⑰ 瓖 瓔 ⑱ 瓘 ⑲ 瓚

0 4 【王】 [1]임금 왕 [2]임금 노릇할 왕 [3]갈 왕 | 陽ㄨㄤˊ(wáng) 漾ㄨㄤˋ 養(wàng) | おう(キミ) *king*

源 **指事**. 천지인(天地人) 삼재(三才)를 꿰뚫어 존재하는 것. 곧, 천자(天子)를 가리킴.

풀이 [1] ①임금. 천자(天子). ¶帝一. ②제후(諸侯). 춘추시대 초(楚)에서 비롯함. ¶我自尊耳 乃自立爲武一<史記> ③황족(皇族) 남자의 칭호. 한(漢)대에 비롯함. ¶高帝十一年 卽立子長爲淮南一<漢書> ④신하로서 최고의 작위(爵位). ¶爵爲淸邊郡一<韓愈> ⑤우두머리. 동류(同類)의 수령(首領). ¶蜂以千百數 中有大者爲一<爾雅翼> ⑥몸집이 특별히 큰 것. ¶春獻一鮪<周禮> ⑦혈통상(血統上) 웃대의 존칭. ¶父之考爲一父<爾雅>/一姑母. ⑧신(神). ¶并百一于上天而祭祀之也<荀子> ⑨왕으로서 섬기다. 천자를 섬김. ¶荒服者一<國語> ⑩제후가 봉작(封爵)을 세습(世襲)할 때 천자에게 뵈는 일. ¶莫敢不來一<詩經> ⑪바루다. 바로잡음. ¶四國是一<法言> [2] ①임금 노릇하다. 군림(君臨)함. ¶然而不一者 未之有也<孟子> ②패왕(霸王). ③성(盛)하다. ¶神雖一不善也<莊子> ④낫다. 보다 나음. ¶彼兀者也 而一先生<莊子> ⑤음양가(陰陽家)의 말. 通旺. ¶一相. [3] 가다. 通往. ¶及爾出一<詩經>

【王家】おうか(왕가) 임금의 집안. 王室(왕실).

【王考】おうこう(왕고) ①돌아간 할아버지. ¶一廟者 祖廟也<禮記·注> ②돌아간 아버지. ¶一夏卿以太子少保<韓愈>

【王姑】おうこ(왕고) 조부의 자매를 이름. 王姑母(왕고모). ¶王父之姊妹爲一<爾雅>

【王公】おうこう(왕공) ①왕(王)과 공(公). 천자(天子)와 제후(諸侯). 또는, 신분이 고귀한 사람. ②죽어서 제사를 받는 귀신. ¶可薦於鬼神 可羞於一<左氏傳> ③왕사(王事). 왕업(王業). ¶一伊濯 維豊之垣<詩經>

【王冠】おうかん(왕관) 임금이 쓰는 관. 원유관(遠遊冠).

【王國】おうこく(왕국) 임금이 다스리는 나라. 君主國(군주국).

【王宮】おうきゅう(왕궁) ①왕의 궁전. 황거(皇居). 또는, 조정(朝廷)을 이름. ②태양을 제사지내는 제단. ¶一祭日也<禮記>

【王權】おうけん(왕권) 제왕(帝王)의 권력(權力).

【王氣】おうき(왕기) ①왕자(王者)가 나올 조짐이 보이는 지기(地氣). ②韓 잘될 징조.

【王畿】おうき(왕기) 옛날, 천하를 구복(九服)으로 나누어, 국도(國都)를 중심으로 사방 500리 이내의 천리의 땅을 일컬음. 國畿(국기). 邦畿(방기). ¶乃辨九服之邦國 方千里曰一<周禮>

【王女】おうじょ·おうにょ(왕녀) ①임금의 딸. ↔王子(왕자). ②풀 이름. 새삼. 토사(菟絲)의 별칭.

【王黨】おうとう(왕당) 임금을 위하여 충성을 다하는 파(派)의 사람들. ¶一派.

【王臺】おうだい(왕대) 왕봉(王蜂)이 될 알을 받아 기르는 벌집.

【王度】おうど(왕도) 왕의 법도(法度). 王法(왕법).

【王都】おうと(왕도) 왕궁(王宮)이 있는 도성(都城). 서울. 王京(왕경). 帝都(제도).

【王道】おうどう(왕도) ①왕자(王者)로서 마땅히 행해야 할 길. 공명 정대(公明正大)하며, 무사 무편(無私無偏)한, 하(夏)·은(殷)·주(周) 3대(代)의 치도(治道). ¶一衰 禮義廢<詩經> ②천하에 왕 노릇하는 길. 도덕으로 백성을 다스려야 한다고 주장한, 맹자(孟子)의 치국(治國) 이념. ¶以不忍人之心 行不忍人之政 治天下可運之掌上<孟子> ↔覇道(패도).

【王略】おうりゃく(왕략) 임금의 계략(計略). 임금의 정치.

【王旅】おうりょ(왕려) 임금편의 군대. 王師(왕사).

【王領】おうりょう(왕령) 임금의 영토(領土).

【王陵】(왕릉) 임금의 무덤.

【王莽】おうもう(왕망)《人》 신(新)의 국왕. 외척으로 전한(前漢)의 애제(哀帝)를 폐하고 평제(平帝)를 독살한 뒤 스스로 황제가 되어 국호를 신(新)이라 하였으나, 재위 15년 만에 후한(後漢)의 광무제(光武帝)에게 망함. (B.C.45~A.D.23).

【王命】おうめい(왕명) 임금의 명령.

【王母】おうぼ(왕모) ①조모(祖母)를 이름. ↔王父(왕부). ②곤륜산(崑崙山)에 산다는 선인(仙人)인 서왕모(西王母)의 약칭(略稱). ③꾀꼬리. ¶子規夜啼山竹裂 一晝下雲旗翻<杜甫> ④韓 정재(呈才) 때, 헌선도(獻仙桃) 춤에 선도반(仙桃盤)을 드리는 여기(女妓). 仙母(선모).

【王蜂】おうバチ(왕봉) 여왕봉(女王蜂). 장수벌.

【王父】おうふ(왕부) 조부(祖父)를 이름. ↔王母(왕모)①.

【王妃】おうひ(왕비) ①임금의 비(妃). ②왕족(王族)의 비.

【王師】おうし(왕사) ①임금의 군대. 王旅(왕려). ②임금의 스승.

【王舍城】おうしゃじょう(왕사성) 인도(印度) 중부에 있었던 마가다국의 도성(都城). 석가(釋迦) 교화(敎化)의 중심지.

【王城】おうじょう(왕성) ①천자(天子)의 도성(都城). 옛날, 왕기(王畿) 천 리를 나누어 사방 오백 리를 왕성이라 하고, 사방에 삼문(三門)을 두어, 문마다 세 갈래 길을 통하게 했음. ②《佛》 불타(佛陀)가 있는 곳.

【王世孫】おうせいそん(왕세손) 세손(世孫)에 책봉

된 왕손(王孫). 世孫(세손).

【王昭君】おうしょうくん(왕소군)《人》 전한(前漢) 원제(元帝)의 궁녀(宮女)로, 이름은 장(嬙). 소군은 자(字). 미인이었으나, 흉노(匈奴)에 대한 화친책(和親策)으로 칙명(勅命)에 의하여 흉노 왕에게 시집갔음.

【王孫】おうそん(왕손) ①임금의 손자. 또는, 그 후손. ②귀인(貴人)의 자제. 귀공자(貴公子). ③원숭이의 별칭. ④귀뚜라미의 별칭.

【王守仁】おうしゅじん(왕수인)《人》 명(明)의 학자·정치가. 호는 양명(陽明), 자는 백안(伯安). 육구연(陸九淵)의 심즉리(心卽理)의 입장을 잇고 지행합일론(知行合一論)과 치양지설(致良知說)을 주장하여 주자학파(朱子學派)와 대립(對立)하였음. 그의 학파를 요강학파(姚江學派)라 함. 저서로는 「왕문성전집」(王文成全集), 「전습록」(傳習錄) 등이 있음. 시호는 문성(文成). (1472~1529). ※陽明學(양명학).

【王室】おうしつ(왕실) ①임금의 집안. ②국가.

【王楊盧駱】おうようろらく(왕양노락) 시문에 뛰어난, 초당 사걸(初唐四傑)로 손꼽히는 왕발(王勃), 양형(楊炯), 노조린(盧照隣), 낙빈왕(駱賓王)의 총칭.

【王陽明】おうようめい(왕양명) ☞王守仁(왕수인).

【王業】おうぎょう(왕업) 제왕의 사업. 임금이 나라를 다스리는 일.

【王月】おうげつ(왕월) 음력 정월(正月)을 이름. 王正月(왕정월). 春王正月(춘왕정월).

【王位】おうい(왕위) ①왕의 자리. 제왕의 위(位). 皇位(황위). ②봄[春]을 이름. ¶王以精歲本首─<漢書>

【王威】おうい(왕위) 임금의 위엄. 제왕의 위의.

【王乳】(왕유) 왕봉(王蜂)이 될 새끼를 기르기 위하여 꿀벌이 분비하는 흰 액체. 로열젤리.

【王猷】おうゆう(왕유) 임금의 방책(方策). 왕자(王者)의 치도(治道).

【王維】おうい(왕유) ①왕정(王政)의 대강(大綱)을 이름. ¶拯─於已墜<王儉> ②《人》 당(唐)의 시인·화가. 자는 마힐(摩詰). 벼슬은 상서우승(尙書右丞)에 이름. 성당(盛唐) 시대의 대표적인 자연 시인이자 남화(南畫)의 시조(始祖). (699~759).

【王子】おうじ·おうし(왕자) 임금의 아들. ↔王女(왕녀).

【王者】おうじゃ(왕자) ①군주(君主)인 사람. 제왕(帝王). ¶─中立而聽乎天下<鹽鐵論> ②왕도(王道)에 의하여 천하를 다스리는 군주. ¶如有─ 必世而後仁<論語> ↔霸者(패자).

【王子喬】おうしきょう(왕자교) 주(周)대의 선인(仙人). 영왕(靈王)의 태자(太子). 이름은 진(晋). 생황(笙簧)을 불며 흰 학을 타고 구름 속으로 사라졌다 함.

【王者無外】おうしゃむがい(ワウシャムグワイ)(왕자무외) 왕자는 천하를 포괄하여 집으로 삼기 때문에 밖이란 데가 따로 없다는 말. ¶─ 言奔則有外之辭也<公羊傳>

【王子學】おうしがく(왕자학) 명(明)의 왕양명(王陽明)의 학설. 陽明學(양명학). 王學(왕학).

【王丈】(왕장) 남의 할아버지에 대한 존칭. 王大人(왕대인). 「太王 肇基─<書經>

【王迹】おうせき(왕적) 왕업(王業)을 이름. ¶至于

【王政】おうせい(왕정) ①왕도(王道)로써 다스리는 정치. ②임금의 친정(親政).

【王制】おうせい(왕제) 왕자(王者)의 제도(制度).

【王朝】おうちょう(왕조) ①임금이 정무(政務)를 보는 일. 또는, 그 장소. ②임금의 조정(朝廷). 제왕이 친정(親政)하는 조정.

【王族】おうぞく(왕족) 임금의 친족(親族). 임금의 일가.

【王座】おうざ(왕좌) ①임금의 자리. 玉座(옥좌). 王位(왕위). ②최고의 지위.

【王佐才】おうさのさい(왕좌재) 제왕을 보좌(輔佐)하기에 족한 재능(才能). 또는, 그 사람. 王佐之才(왕좌지 재). ¶郭林宗嘗見允而奇之曰 王生一日千里 ─也<後漢書>

【王旨】おうし(왕지) 임금의 전지(傳旨). 敎旨(교지). 「왕지(王地).

【王土】おうど(왕토) 임금의 영토. 王領(왕령).

【王統】おうとう(왕통) 제왕의 혈통.

【王八】(왕팔) ①무뢰한(無賴漢)을 욕하는 말. 망팔덕(忘八德) 곧 효제(孝悌), 충신(忠信), 예의(禮義), 염치(廉恥)를 잊은 자란 뜻. ②㊥ 음행(淫行)이 있는 여자의 남편을 욕하는 말. ③자라[鼈]의 속칭.

【王學】おうがく(왕학) 왕양명(王陽明)의 학설. 陽明學(양명학). 王子學(왕자학).

【王化】おうか(왕화) 임금의 훌륭한 정치에 의하여 백성이 착하게 됨. 제왕의 덕화(德化).

【王后】おうこう(왕후) ①임금. 군왕(君王). ¶遹追來孝 ─烝哉<詩經> ②임금의 아내. 皇后(황후). 王妃(왕비)①.

【王侯將相】おうこうしょうしょう(왕후장상) 제왕·제후·장수·재상의 총칭. ¶─寧有種乎<史記>

【王羲之】おうぎし(왕희지) 진(晋)의 서가(書家). 자는 일소(逸少). 서성(書聖)으로 숭앙됨. 특히, 초서(草書), 예서(隸書)는 고금(古今)을 통하여 특히 유명하며, 아들 헌지(獻之)와 아울러 이왕(二王)이라 일컬어짐. (321~379).

▷覺─, 谷─, 國─, 君─, 郡─, 勤─, 來─, 大─, 名─, 明─, 木─, 百谷─, 百花─, 梵─, 梵天─, 法─, 辟─, 蜂─, 神─, 三─, 象─, 先─, 盛─, 聖─, 素─, 厲憐─, 女─, 寧─, 六─, 蟻─, 前─, 帝─, 天─, 哲─, 親─, 霸─, 賢─, 花─, 皇─, 后─, 後─

0 5 〖玉〗 구슬 옥 |㊀ㄩˋ (yu)| ぎょく(タマ) *jade*

源象形. 「三+丨」. 구슬 세 개를 끈으로 꿴 모양을 본뜸. 「王」과 구별하기 위하여 후세에 「丶」을 첨가했음.

풀이 ①구슬. ㉮장식 등에 쓰이는 아름다운 돌의 총칭. ¶鼎─鉉<易經> ㉯옥으로 만든 홀(笏). ¶執─. ㉰패옥(佩玉). ¶─不去身<禮記> ②남의 것에 대한 미칭(美稱). ¶得見君之─面<公羊傳>/─食. ③아껴 소중히 여기다. ¶毋金─爾音<詩經> ④갈다. 훌륭하게

함. ¶王欲一女<詩經>

【玉匣】ぎょっこう(옥갑) ①옥으로 장식한 작은 상자. ②거울을 넣는 갑. ③칼집. ④한(漢)대에 쓰던 제왕의 장구(葬具). 玉柙(옥갑).

【玉京】ぎょっけい(옥경) 도가(道家)에서 말하는 천제(天帝)의 거소(居所). 나아가, 황도(皇都)를 이름.

【玉鏡】ぎょっきょう(옥경) ①옥으로 만든 거울. ②달의 별칭. ¶一飛空天地白<許謙> ③수면(水面)이 맑고 고요함의 형용. ¶淡掃明湖開一<李白> ④얼음이 언 모양의 형용. ¶氷含一春寒在<鄭谷>

【玉階】ぎょっかい(옥계) 옥섬돌이란 뜻으로, 섬돌의 미칭(美稱). 대궐의 섬돌을 이름. 玉砌(옥체).

【玉稿】ぎょっこう(옥고) 남의 원고(原稿)에 대한 경칭.

【玉昆金友】ぎょっこんきんゆう(옥곤금우) 남의 형제를 칭찬하여 이르는 말. 昆은 형, 友는 아우. ¶銓錫二王 可謂一<南史>

【玉骨仙風】ぎょっこつせんぷう(옥골선풍) 옥 같은 골격에 신선 같은 풍채란 뜻으로, 고결한 풍격(風格)의 비유.

【玉貫子】(옥관자)韓 옥으로 만든, 고관들의 망건 관자. 또는, 그 고관.

【玉關】ぎょっかん(옥관) ①☞玉門關(옥문관). ②하늘의 관문. 天門(천문). ③도가(道家)에서 코[鼻]를 이르는 말. ¶丹田了一<李白>

【玉關情】ぎょっかんのじょう(옥관정) 원정(遠征)간 남편을 그리는 정. 옥관은 감숙성(甘肅省)에 있는, 흉노(匈奴)와의 접경에 설치한 관문. ¶秋風吹不盡 總是一<李白>

【玉闕】ぎょっけつ(옥궐) 대궐의 미칭(美稱).

【玉女】ぎょくじょ(옥녀) ①남의 딸에 대한 경칭. ②미녀(美女)를 이름. ③선녀(仙女)를 이름. 天女(천녀). ④너를 옥처럼 훌륭하게 함. 女는 汝. ¶王欲一 是以大諫<詩經>

【玉堂】ぎょくどう(옥당) ①아름다운 전당(殿堂). 훌륭한 집. ②한(漢)대의 궁전 이름. ③송(宋)대 이후 한림원(翰林院)의 별칭. ④韓 ㉮홍문관(弘文館)의 별칭. ㉯홍문관 부제학(副提學) 이하 실무를 담당하던 관원의 총칭. ⑤신선이 있는 곳. ⑥초(楚)의 난대(蘭臺)의 궁(宮).

【玉帶】ぎょくたい(옥대) 옥으로 장식한 띠.

【玉臺】ぎょくだい(옥대) 옥으로 지은 누대(樓臺). 곧, 천제(天帝)의 거소(居所).

【玉童】ぎょくどう(옥동) ①선동(仙童). ②미동(美童).

【玉斗】ぎょくと(옥두) ①옥으로 만든 술구기. 玉杓(옥작). ②북두성(北斗星)을 이름.

【玉輦】ぎょくれん(옥련) 옥으로 장식한 임금이 타는 가마.

【玉露】ぎょくろ(옥로) 구슬같이 아름다운 이슬. ¶一凋傷楓樹林<杜甫>

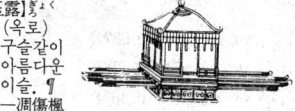

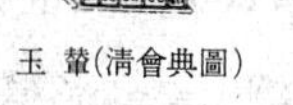

玉 輦(淸會典圖)

【玉漏】ぎょくろう(옥루) 옥으로 장식한 물시계. ¶天涼一遲<白居易>

【玉樓】ぎょくろう(옥루) ①아름다운 누각(樓閣). 화려한 궁전. ¶一宴罷醉和春<白居易> ②눈이 쌓인 누각. ¶泉暖鷺銀磧 花開愛一<蘇頲> ③도가(道家)에서 양쪽 어깨를 이름. ¶道家以項肩骨爲一 眼爲銀海<蘇軾>

【玉輪】ぎょくりん(옥륜) 달의 별칭. 玉盤(옥반). 玉魄(옥백). 玉鏡(옥경)②.

【玉門】ぎょくもん(옥문) ①옥으로 장식한 문. ②궁궐을 이름. ¶背一以犇騖兮<楚辭> ③여자의 음문(陰門). ④☞玉門關(옥문관).

【玉門關】ぎょくもんかん(옥문관) 옛날 서역(西域)으로 통하는 요로(要路)인 양관(陽關) 서북쪽에 설치했던 관문 이름. 玉關(옥관)①. 玉門(옥문)④. ¶臣不敢望到酒泉郡 但願生入一<後漢書>

【玉盤】ぎょくばん(옥반) ①옥으로 장식한 쟁반. ¶大珠小珠落一<白居易>/一佳肴. ②달의 별칭. 玉輪(옥륜). 玉魄(옥백). ¶銀漢無聲轉一<蘇軾> ③국화의 한 가지. ④모란의 한 가지.

【玉杯】ぎょくはい(옥배) 옥으로 만든 잔. 또는, 술잔의 미칭. 玉巵(옥치). 玉爵(옥작).

【玉帛】ぎょくはく(옥백) ①옥과 비단. ②제후(諸侯)가 조빙(朝聘)할 때나 회맹(會盟)할 때 쓰던 것. 나라와 나라 사이의 예물을 이름.

【玉步】ぎょくほ(옥보) 여자 또는 귀인(貴人)의 걸음걸이의 미칭.

【玉璽】ぎょくじ(옥새) 임금의 도장. 御璽(어새).

【玉色】ぎょくしょく(옥색) ①옥의 빛깔. ㉮감청색(紺青色)을 이름. ㉯결백(潔白)한 빛깔을 이름. ¶氷肌一裳<葉顒> ②옥처럼 빛이 변하지 않는 일. ③지조가 굳고 훌륭함의 형용. ¶經危蹈險 不易其節 金聲一 久而彌彰<魏志> ④용모가 아름다움의 형용. ¶在內者皆一<韓詩外傳>

【玉署】(옥서)韓 홍문관(弘文館)의 별칭.

【玉石俱焚】ぎょくせきともにやく(옥석구분) 옥과 돌이 함께 탐. 선악(善惡) 현우(賢愚)의 구별이 없이 해를 입음의 비유. 玉石同沈(옥석동침). 玉石俱碎(옥석구쇄). ¶火炎崑岡 一<書經>

【玉石混淆】ぎょくせきこんこう(옥석혼효) 옥과 돌이 한데 섞임. 선악(善惡)의 구별이 없이 뒤섞여 있음의 비유. 玉石相揉(옥석상유). 玉石同匱(옥석동궤). 玉石雜糅(옥석잡유). ¶眞僞顚倒 一<抱朴子>

【玉蟾】ぎょくせん(옥섬) 달의 별칭. 달 속에 두꺼비가 있다는 전설에서 유래. 玉蟾蜍(옥섬여). ¶三五一秋<方干>

【玉碎】ぎょくさい(옥쇄) ①옥이 부서짐. ②옥으로서 부서짐. 공명을 세우거나 절의를 지켜서 죽음의 비유. ¶大丈夫寧可一 不能瓦全<北齊書> ↔瓦全(와전).

【玉水】ぎょくすい(옥수) ①옥을 웅덩이에 간직하고 있는 물. ¶水方折者有玉 圓折者有珠<太平御覽> ②아름다운 물. 맑은 물. ¶因風弄一 映日上金堤<王僧孺>

【玉食】ぎょくしょく(옥식) 맛좋은 음식. 美食(미식).

【玉顔】ぎょくがん(옥안) 아름다운 얼굴. 미인의 얼

굴. 玉面(옥면).
【玉容】ぎょくよう(옥용) 아름다운 용모. 玉姿(옥자). ¶一寂寞淚闌干 梨花一枝春帶雨<白居易>
【玉韻】ぎょくいん(옥운) 훌륭한 시의 미칭. 또는, 남의 시에 대한 경칭.
【玉潤】ぎょくじゅん(옥윤) ①윤기가 있고 아름다움. ¶一碧鮮<左思> ②사위를 칭찬하여 이름. 女壻(여서). ¶婦翁氷淸 女壻一<晋書>
【玉音】ぎょくおん・ぎょくいん(옥음) ①맑은 소리. 또는, 부드러운 음성. ¶韓公吹玉笛 惆悵流一<李白> ②임금의 말. ¶一寵諭臣<史浩> ③유덕(有德)한 사람의 말. 남의 말의 경칭. ¶敬佩一 服之無斁<謝莊> ④남의 편지의 미칭. 玉札(옥찰)②. ¶騎置迢迢阻一<楊億> ⑤경(經)을 외는 소리. ¶擧一法事<夢粱錄>
【玉人】ぎょくじん(옥인) ①옥처럼 티없이 맑은 사람. ¶一時頓有兩一耳<南史> ②옥바치. 玉工(옥공). ③옥으로 만든 인형(人形). ¶夜則擁后而玩一<拾遺記>
【玉爵】ぎょくしゃく(옥작) ☞玉杯(옥배).
【玉笛】ぎょくてき(옥적) 옥피리.
【玉折】ぎょくせつ(옥절) 옥이 부서짐의 뜻으로, 훌륭한 죽음. 또는, 요절(夭折)의 비유. ¶一蘭摧<陳後主>
【玉題】ぎょくだい(옥제) ①서까래 끝을 감추어 장식하는, 옥으로 만든 가리개. 玉璫(옥당). ¶一相暉<左思> ②아름다운 글씨로 쓴 책의 표제(標題). 제첨(題簽)의 미칭. ¶八景琅函記一<吳澄>
【玉座】ぎょくざ(옥좌) 옥으로 꾸민 자리. 곧, 임금의 자리. 寶座(보좌). 王座(왕좌).
【玉池】ぎょくち(옥지) ①아름다운 못. 못의 미칭. ②책의 마구리를 꾸미는 비단. ¶古裝褫卷軸 引首後以綾黏者曛 唐人謂之一<楊愼> ③도가(道家)에서 입을 이름. ¶口爲一大和官<黃庭內景經>
【玉札】ぎょくさつ(옥찰) ①옥으로 만든 서찰(書札). ②남의 편지의 경칭. 玉音(옥음)④. ③약재 이름. 지유(地楡)의 별칭.
【玉釵】ぎょくさい(옥채) 옥비녀. 玉簪(옥잠).
【玉牒】ぎょくちょう(옥첩) ①제왕(帝王)·왕족(王族)의 계보(系譜)를 적은 것. ¶修一官一人<唐書> ②하늘에 제사지낼 때 제문을 적은 문서(文書). 뜻이 바뀌어, 비적(祕籍)을 이름.
【玉體】ぎょくたい(옥체) ①임금 또는 귀인(貴人)의 몸의 경칭. ②미인의 몸. ¶一映羅裳<傅玄>
【玉齒】ぎょくし(옥치) ①옥같이 아름다운 이. ②치과(齒科)에서 시공한 의치(義齒).
【玉枕】ぎょくちん(옥침) ①옥으로 장식한 베개. ②후두부(後頭部)에 돌기(突起)한 머리뼈. 뒤통수. 玉枕關(옥침관). ¶金槌一 磊落相望<劉峻>
【玉兎】ぎょくと(옥토) 달의 별칭. 달 속에 옥토끼가 있다는 전설에서 온 말.
【玉兎銀蟾】ぎょくとぎんせん(옥토은섬) 달의 별칭. 달속에 옥토끼와 은두꺼비가 산다는 전설에서 온 말. ¶照他幾許人腸斷 一遠不知<白居易>
【玉篇】ぎょくへん(옥편) ①양(梁)의 고야왕(顧野王)이 편찬한 한자 자전(字典). 후에 당(唐)의 손강(孫強), 송(宋)의 진팽년(陳彭年) 등이 증보(增補)한 후 널리 퍼짐. 총 30권. 수록 자수 약 1만 7천 자. ②㊕ 한자 자전의 범칭(凡稱).
【玉瑕】ぎょっか(옥하) 옥의 티. 많은 장점 속에 미세한 결점이란 뜻으로, 완미(完美)하지 못함을 애석하게 여겨 이르는 말. ¶珠之有纇 玉之有瑕 置之而全 去之而懷<淮南子>
【玉衡】ぎょっこう(옥형) ①옥으로 장식한 천문 관측기(天文觀測器). 璿璣玉衡(선기옥형). ②북두칠성(北斗七星). 또는, 북두칠성의 다섯째 별.
【玉毫】ぎょくごう(옥호)《佛》 부처의 양미간(兩眉間)에 있는 흰 털.
【玉皇】ぎょっこう(옥황) 도교에서, 천제(天帝)를 이름. 玉皇上帝(옥황상제).

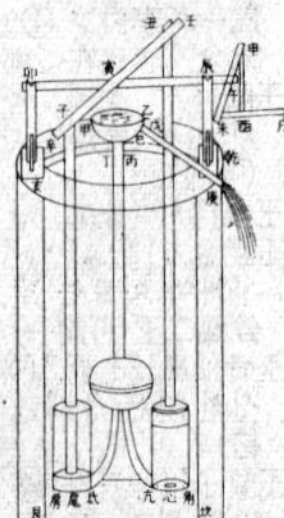
玉衡①
(農政全書)

▷嘉一, 瓊一, 曲一, 崑山一, 攻一, 龜一, 金一, 藍田一, 埋一, 美一, 璞一, 白一, 璧一, 寶一, 漱鳴一, 水一, 愛一, 良一, 如一, 軟一, 五一, 瑤一, 積一, 切一, 精金良一, 種一, 珠一, 尺一, 靑一, 炊金饌一, 佩一, 抱一哭, 抛磚引一, 被褐懷一, 玄圃積一, 紅一, 火一, 懷一其罪

6【匡】 ☞匚部 4획(p.231)

2/6【玏】 옥돌 륵 | ㊥ㄌㄜˋ (le) | ろく (アラダマ)

6【全】 ☞入部 4획(p.164)

2/6【玎】 옥소리 정 | ㊥ㄉㄧㄥ (ding) | てい

3/7【玕】 옥돌 간 | ㊥ㄍㄢ (gan) | かん

3/7【玖】 옥돌 구 | ㊥ㄐㄧㄡˇ (jiu) | く (アラダマ)

풀이 ①옥돌. 옥 비슷한 검은 빛깔의 미석(美石). ¶報之以瓊一<詩經>/一璇. ②아홉. 九의 갖은자.

7【弄】 ☞廾部 4획(p.527)
8【宝】 ☞宀部 5획(p.428)
7【尫】 ☞尢部 4획(p.463)

3/7【玗】 옥돌 우 | ㊥ㄩˊ (yu) | う

₈〖玨〗 珏(p.993)의 古字

⁴₈〖玠〗 큰 홀 개 | 国ㄐㄧㄝˋ (jie) | かい(ケイ)

풀이 큰 홀. 제후(諸侯)를 봉할 때 신표(信標)로 쓰던 1자 2치의 대규(大圭). ㉮介. ¶錫爾一珪<詩經>

⁴₈〖玦〗 패옥 결 | 屑ㄐㄩㄝˊ (jue) | けつ(オビタマ)

풀이 ①패옥(佩玉). 허리에 차는 옥. 고리 모양에 한 쪽이 트였으므로 결단(決斷), 절연(絶緣) 등의 뜻이 있음. ¶君子能決斷則佩一<白虎通> ②활깍지. 활을 쏠 때 오른손 엄지에 끼는 것. ㉯決 抉.
▷玉一, 佩一

玦①

⁴₈〖玫〗 매괴 매 | 灰ㄇㄟˊ (mei) | ばい, まい(バイカイ)

풀이 ①매괴. ②아름다운 돌.

【玫瑰】ばいかい·まいかい(매괴) ①미옥(美玉)의 이름. 남방(南方)에서 나는 붉은빛의 구슬. 火齊珠(화제주). 玟瑰(민괴). ②장미과의 갈잎떨기나무. 때찔레. 海棠花(해당화).

⁴₈〖玟〗 1 옥돌 민 2 옥무늬 문 | 眞ㄇㄧㄣˊ 文(min) | びん, みん ぶん

⁴₈〖玞〗 옥돌 부 | 虞ㄈㄨ (fu) | ふ

⁴₈〖玩〗 희롱할 완 | 翰ㄨㄢˊ (wan) | がん (モテアソブ) *ridicule*

同翫

源 **會意·形聲**. 元이 음을 나타내며, 둥글다의 뜻을 지님. 둥근 구슬, 나아가 노리개의 뜻.

풀이 ①희롱하다. 노리개로 삼음. ¶一人喪德 一物喪志<書經> ②익다. 익숙해짐. ¶一其文也久矣<列子> ③탐하다. 탐냄. ㉯忨. ④사랑하다. 애상(愛賞)함. ¶一爾淸藻<潘尼> ⑤진기하다. 진기한 물건. ¶一好女樂<國語> ⑥노리개. 완구(玩具).

【玩具】がんぐ(완구) 노리개. 장난감. 玩物(완물). ¶一店.

【玩讀】がんどく(완독) ①글 뜻을 깊이 완미(玩味)하며 숙독(熟讀)함. ②비판적으로 읽지 않고, 심취(心醉)하여 탐독(耽讀)함. ¶概乎一者 可謂迷也<愼思錄>

【玩弄】がんろう(완롱) ①가지고 놂. 弄玩(농완). ②우스갯감으로 함. 농락함.

【玩味】がんみ(완미) ①음식물을 잘 씹어서 맛봄. ②시문(詩文) 등의 뜻을 잘 음미(吟味)함. 또는, 정취(情趣)나 예술 작품 등을 감상하여 상미(賞美)함.

【玩賞】がんしょう(완상) 즐기며 감상함. 사랑하는 마음으로 구경함.

【玩世】がんせい(완세) 세간의 일을 경시(輕視)함. ¶依隱一 詭時不逢<漢書>

【玩詠】がんえい(완영) 음미(吟味)하며 읊음. 玩諷(완풍). ¶皆爲世所一<魏志>

【玩月】がんげつ(완월) 달을 완상함. ¶還題一詩<韋應物>

【玩月砂】がんげつさ(완월사) 토끼의 똥. 안질(眼疾), 폐로(肺癆), 치루(痔瘻) 등의 약으로 씀. 翫月砂(완월사).

【玩好】がんこう(완호) 가지고 놀며 즐김. 또는, 그 물건. ¶以供一之用<周禮>

▷嘉一, 垢一, 奇一, 嗜一, 器一, 樂一, 弄一, 祕一, 賞一, 聲一, 世一, 飾一, 愛一, 悅一, 妖一, 游一, 展一, 傳一, 精一, 雕一, 持一, 珍一, 執一, 瞻一, 耽一, 把一, 華一, 携一, 戲一

₈〖尪〗 ☞ 尢部 4획(p.463)

₈〖枉〗 ☞ 木部 4획(p.756)

⁵₉〖珈〗 머리꾸미개 가 | 麻ㄐㄧㄚ (jia) | か(カミカザリ)

풀이 머리꾸미개. 여자의 머리에 꽂는, 주옥(珠玉)의 장식. ㉮笳. ㉯笳. ¶副笄六一<詩經>

⁵₉〖珂〗 옥 이름 가 | 歌ㄎㄜ (ke) | か

풀이 ①옥 이름. ②흰 마노(瑪瑙). ③소라 고둥의 한 가지. 그 껍데기는 말굴레의 장식으로 씀. ④패각(貝殼)으로 장식한 말굴레.

【珂里】かり(가리) 남의 향리(鄕里)의 미칭. 珂鄕(가향). 鳴珂里(명가리)②.

【珂鄕】かきょう(가향) ☞珂里(가리).

▷鳴一里, 玉一, 佩一

⁵₉〖珏〗 쌍옥 각·곡 | 覺屋 | かく

⁵₉〖玳〗 대모 대 | 隊ㄉㄞˋ (dai) | たい(タイマイ)

【玳瑁】たいまい(대모) 바다거북의 한 가지. 등껍데기는 대모갑(玳瑁甲)이라 하여 공예품, 장식품 등에 쓰임. 瑇瑁(대모).

【玳筵銀燭】たいえんぎんしょく(대연은촉) 대모로 꾸민 자리와 은촛대란 뜻으로, 화려한 연회석(宴會席)을 이름.

⁵₉〖玲〗 옥소리 령 | 靑ㄌㄧㄥˊ (ling) | れい

풀이 ①옥 소리. 옥 또는 금옥(金玉)의 울리는 소리. ¶一一/一瓏. ②투명하고 아름답게 보이는 모양. ¶一瓏.

【玲瓏】れいろう(영롱) ①옥이 울리는 소리. 瓏玲(농령). ¶和鑾一<班固> ②투명하게 아름다운 모양. ③옥이 조각된 모양. ¶簾窓映竹見一<韓愈>

▷瓏一, 玲一, 玉一

5 9【珉】 옥돌 민 |眞ㄇㄧㄣˊ (min)|びん

5 9【珀】 호박 박 |陌ㄆㄛˋ (po)|はく (コハク)

9【玹】 珐(p. 998)의 略字

5 9【珊】 산호 산 |寒ㄕㄢ (shan)|さん(サンゴ) *coral*

풀이 ①산호. ¶一瑚叢生<漢書> ②패옥(佩玉) 소리. ¶時聞雜佩聲一一<杜甫> ③비틀거리는 모양. 通 姍. ④조잔하다. 한 철이 지나 쓸쓸해지는 모양. ¶闌一.

【珊瑚】さんご(산호) 산호충(珊瑚蟲)의 뼈가 모여 나뭇가지 모양을 이룬 것. 장식품으로 씀. ¶一島/一樹/一礁.

▷ 闌一, 嫩一

9【珊】 珊(p. 994)의 俗字

10【坔】 璽(p. 1003)의 俗字

5 9【玷】 1 이지러질 점 2 헤아릴 점 |豔 ㄉㄧㄢˋ (dian) 琰|てん (カク) *wane*

풀이 1 ①이지러지다. 옥의 한쪽이 이지러짐. ¶白圭之一 尙可磨也<詩經> ②흠. ㉮옥의 티. ¶白璧無瑕一 靑松有歲寒<孟浩然> ㉯잘못. ¶斯言之一<詩經> ③욕되게 하다. 더럽힘. ¶久一三臺之末<蘇頌> 2 헤아리다. 손으로 헤아림. ¶一捶.

▷微一, 瑕一, 毁一

5 9【珍】 보배 진 |眞ㄓㄣ (zhen)|ちん(メズラシイ) *precious things*

俗 珎

풀이 ①보배. ¶儒有席上之一<禮記> ②진귀하다. ¶一禽奇獸<書經> ③맛좋은 음식. ¶五味八一. ④귀하게 여기다. ¶一之也<左氏傳>

【珍客】ちんかく·ちんきゃく(진객) 진귀한 손님.

【珍貴】ちんき(진귀) 보배롭고 귀중함. ¶此魚自一久矣<東坡詩話>

【珍圭】ちんけい(진규) 제왕의 사신(使臣)이 표적으로 가지는 옥. ¶一王使之瑞節<鄭康成>

【珍奇】ちんき(진기) 보배롭고 기이함. 또는, 그 물건. 珍異(진이).

【珍聞】ちんぶん(진문) 진기한 소문. 이상스러운 풍문.

【珍味】ちんみ(진미) 썩 좋은 맛. 진기한 요리. ¶山海一/水陸一.

【珍寶】ちんぽう(진보) 진귀한 보물. 珍幣(진폐).

【珍本】ちんぽん(진본) 진귀한 책. 珍書(진서).

【珍膳】ちんぜん(진선) 진귀하고 맛좋은 음식. ¶衣服寶貨一之屬<後漢書>

【珍羞盛饌】(진수성찬) 썩 맛이 좋고 잘 차린 음식.

【珍異】ちんい(진이) 진기하고 이상한 물건. 귀중한 물건. 진귀한 음식물. 珍奇(진기). ¶六畜一<周禮>

【珍籍】ちんせき(진적) 진귀한 서적. 珍書(진서). 珍本(진본).

【珍饌】ちんせん(진찬) 맛있는 요리. 珍羞(진수).

【珍品】ちんぴん(진품) 진기한 물품. 珍物(진물).

▷嘉一, 坤一, 妙一, 寶一, 席上一, 殊一, 繻一, 時一, 自一, 饌一, 天下一, 八一, 海一

9【珎】 珍(p. 994)의 俗字

5 9【玼】 1 옥빛깨끗할 체 2 훌륭할 차 3 옥티 자 |薺 ㄘˇ (ci) 紙 支 ㄘ (ci)|せい(アザヤカ) し し

5 9【玻】 유리 파 |歌ㄅㄛ (bo)|は(ハリ) *glass*

5 9【珌】 칼장식 옥 필 |質ㄅㄧˋ (bi)|ひつ (サヤカザリ)

9【皇】 ☞ 白部 4 획(p. 1044)

6 10【珓】 옥 산통 교 |效ㄐㄧㄠˋ (jiao)|こう

풀이 옥 산통. 옥 또는 조가비로 만든 그릇. 이것을 던져 그 엎어지고 젖혀짐에 따라 길흉을 점침. ¶杯一.

10【珪】 圭(p. 336)의 古字

6 10【珞】 1 구슬목걸이 락 2 조약돌 력 |藥 ㄌㄨㄛˋ (luo) 錫|らく れき *pebble*

6 10【珕】 칼 자개 장식 려 |霽|れい

10【琉】 琉(p. 996)의 本字

6 10【班】 나눌 반 |刪ㄅㄢ (ban)|はん(ワケル) *divide*

源 會意. 구슬을 칼로 갈라서 나누어 줌을 말함.

※斑(p. 998)은 딴 자.

풀이 ①나누다. ㉮서옥(瑞玉)을 나누다. ¶一瑞于群后<書經> ㉯나누어 주다. ¶而一先王之大物<國語> ㉰반포(頒布)하다. ¶制禮樂 一度量<漢書> ㉱석차(席次)를 정하다. ¶以官位序一<玉海> ②헤어지다. 이별함. ¶有一馬之聲<左氏傳> ③이어지다. ¶周室一爵祿也 如之何<孟子> ④펴다. 깖. ¶一荊相與食<左氏傳> ⑤차례. 순서. ¶一次. ⑥지위. 위계(位階). ¶一在九人<左氏傳> ⑦줄. 행렬. ¶分行侍位於丹墀之下 謂之蛾眉一<玉海> ⑧같다. 대등함. ¶若是一乎<孟子>

⑨돌이키다. 돌아옴. ¶一師振旅<書經> ⑩서성거리다. ㉠般. ¶乘馬一如<易經> ⑪얼룩. 아롱짐. ㉠斑. ¶一白者不提挈<禮記> ⑫㊕ 양반. ¶一常.

【班家】(반가)㊕ 양반의 집안.
【班馬】はんば(반마) ①「한서」(漢書)의 저자 반고(班固)와 「사기」(史記)의 저자 사마천(司馬遷)의 병칭. ②대열(隊列)에서 떨어진 말. ¶蕭蕭一鳴<李白>
【班脈】(반맥)㊕ 양반의 혈맥. 양반의 계통.
【班名】(반명)㊕ 양반이라고 일컫는 명색(名色).
【班門弄斧】はんもんろうふ オノヲモテアソブ(반문농부) 노(魯)의 명공(名工) 반수(班輸)의 문전에서 함부로 도끼질한다는 뜻으로, 분수를 모름을 나무라는 말. ¶魯班門前弄大斧<梅之渙>
【班閥】(반벌)㊕ 양반의 문벌(門閥).
【班祔】(반부) 자식이 없는 사람의 신주(神主)를 조상의 사당에 함께 모시는 일.
【班史】はんし(반사) 「한서」(漢書)의 이칭. 반고(班固)가 지은 역사서라는 데서 온 말. ¶一自成一家之言<歐陽修>
【班師】はんし(반사) 군대를 철수함. ¶一振旅<書經>
【班常】(반상)㊕ 양반과 상사람.
【班序】はんじょ(반서) ☞ 班次(반차).
【班瑞】はんずい(반서) 서옥(瑞玉)을 나눔. 제후가 천자를 조현(朝見)할 때 먼저 서옥을 천자에게 바치고, 뒤에 다시 이것을 되돌려 받던 일.
【班旋】はんせん(반선) 되돌아오는 일.
【班首】はんしゅ(반수) ①수석(首席)의 자리에 있는 사람. 수반. 우두머리. ②보부상(褓負商)의 우두머리.
【班輸之巧】はんこう シュノ(반수지 교) 기계를 만드는 재주의 교묘함을 이름. 班輸는 춘추 시대 노(魯)의 공인(工人).
【班列】はんれつ(반열) 신분, 등급의 차례. 품계(品階)의 차례. 班次(반차).
【班員】はんいん(반원) 한 반을 이루는 각 사람.
【班位】はんい(반위) ①지위. 계급. ②같은 지위에 있음.
【班資】はんし(반자) 직위와 봉급. ¶計一之崇庳<韓愈>
【班爵】はんしゃく(반작) 제후(諸侯)·대부(大夫)의 서열(序列). 또는, 그 서열을 세움.
【班長】はんちょう(반장) 한 반의 우두머리.
【班田】はんでん(반전) 나라에서 백성에게 일정 기간 논밭을 나누어 주고 경작하게 하는 법.
【班制】はんせい(반제) 존비(尊卑)의 차(差). 존비의 차례.
【班族】(반족)㊕ 양반의 겨레붙이.
【班種】(반종)㊕ 양반의 씨.
【班次】はんじ(반차) 지위의 순서. 서열(序列). 班列(반열). 班序(반서).
【班村】(반촌)㊕ 양반이 많이 사는 마을.
【班鄕】(반향)㊕ 양반이 많이 사는 고을.
【班戶】(반호)㊕ 양반의 집. ↔常戶(상호).
▷官一, 同一, 末一, 武一, 文一, 微一, 常一, 崇一, 押一, 兩一, 榮一, 雄一, 輪一, 朝一, 淸一, 下一, 戲一

6 10 〖珣〗 옥그릇 순 | 圓ㄒㄩㄣˊ (xun) | しゅん(タマウツワ) *jade vessel*

6 10 〖珧〗 강요주 요 | 䔥ㄧㄠˊ (yao) | よう(タイラギ)
풀이 ①강요주. 살조개. 고막. ②자개. ¶天子玉琫而一珌<詩經> ③활 이름. 대합조개의 자개로 장식한 활 이름.

6 10 〖珢〗 옥돌 은 | 圓ㄎㄣˇ (ken) | ぎん(アラタマ) *gem stone*

6 10 〖珥〗 귀고리 이 | 紙ㄦˇ (er) | じ(ミミカザリ) *earring*
풀이 ①귀고리. ¶夫人脫簪一叩頭<史記> ②햇무리. ¶抱一虹蜺<漢書> ③날밑. ¶撫長劍兮玉一<楚辭> ④새의 귀를 베다. ¶致禽而一焉<周禮> ⑤끼우다. 삽입함. ¶七葉一漢貂<左思> ⑥먹이. ㉠餌.
▷冠一, 玉一, 簪一, 珠一

10 〖琤〗 琤(p. 998)의 略字

6 10 〖珠〗 구슬 주 | 虞ㄓㄨ (zhu) | しゅ(タマ) *pearl*
풀이 ①구슬. ㉮패류(貝類)에서 나는 원형의 옥. 진주. ¶經寸之一<史記>/一貝. ㉯보석 따위. ¶腕前推下水精一<李白> ㉰둥근 알. ¶口噴紅光汗溝一<李白> ㉱아름다운 것의 비유. ¶詩成一玉在揮毫<杜甫> ②붉다. ㉠朱. ¶一丹.

【珠聯璧合】しゅれんへきごう(주련벽합) 구슬이 줄지어 모임. 훌륭한 선비가 모임을 이름. ¶開國承家 一<庾信>
【珠簾】しゅれん(주렴) 구슬로 꾸민 발. 珠箔(주박).
【珠槃玉敦】しゅばんぎょくたい(주반옥대) 주옥으로 꾸민 쟁반. 옛날 제후(諸侯)가 회맹(會盟)할 때 주반에는 쇠귀를, 옥대에는 쇠피를 담았음. ¶若合諸侯 則共一<周禮>
【珠算】しゅざん(주산) 주판으로 하는 계산.
【珠纓】しゅえい(주영) 구슬로 꾸민 갓끈.
【珠玉】しゅぎょく(주옥) ①구슬과 옥. ②아름답고 값진 물건의 비유. ¶咳唾落九天 隨風生一<李白>
【珠簪】しゅしん(주잠) 옥비녀.
▷紺一, 江一, 貴一, 露一, 淚一, 明一, 美一, 寶一, 蠙一, 細一, 隋一, 數一, 眼一, 連一, 念一, 瓔一, 烏一, 蚌一, 瑤一, 耳一, 眞一, 滄海遺一, 靑一, 玄一, 懸一, 火一

10 〖珮〗 佩(p. 109)와 同字

6 10 〖珩〗 노리개 형 | 庚ㄏㄥˊ (heng) | こう(オビタマ)
풀이 ①노리개. 패옥(佩玉). ㉠衡. ¶雜佩一璜<詩經> ②갓끈. 관의 끈. ¶一紞紘綖<張衡>

7
11 **〖球〗** 구슬 구 | 因くㅣㄡ (qiu) | きゅう(タマ) *pearl*

풀이 ①구슬. 아름다운 옥. ¶受小一大一<詩經> ②공. 通毬. ¶一技. ③경석(磬石). ¶戛擊鳴一<書經>

【球莖】きゅうけい (구경) 구상(球狀)의 지하경(地下莖).

【球菌】きゅうきん (구균) 구상(球狀)의 세균에 대한 형태학적 통칭. 폐렴(肺炎) 또는 화농(化膿)을 일으키는 세균은 이에 속하는 것이 많음. 球狀菌(구상균).

【球根】きゅうこん (구근) 구형(球形) 또는 괴상(塊狀)의 지하경(地下莖)이나 뿌리의 총칭. 감자·수선화 따위의 뿌리가 이에 속함.

【球技】きゅうぎ (구기) 공으로 승부를 겨루는 경기의 총칭. 축구·배구·야구 따위.

【球琳】きゅうりん (구림) ①아름다운 구슬. ¶厥貢惟一琅玕<書經> ②뛰어난 재능의 비유. ¶夫子有盛才 主司得一<李白>

【球狀】きゅうじょう (구상) ☞ 球形(구형).

【球形】きゅうけい (구형) 공처럼 둥근 모양. 球狀(구상).

▷氣一, 籠一, 撞一, 排一, 送一, 水一, 野一, 琉一, 電一, 庭一, 地一, 蹴一, 打一, 卓一, 投一, 血一

7
11 **〖琅〗** 1 옥이름 랑 2 방자할 랑 | 陽ㄌㄤ 漾(lang) | ろう

풀이 1 ①옥 이름. ㉮구슬 비슷한 아름다운 돌. ¶厥貢惟球琳一玕<書經> ㉯푸른 산호. ②금석 소리. ¶一一. ③문고리. ¶木門倉一根<漢書> ④긴 쇠사슬. 通鋃. 2 ①방자하다. 맹랑함. 通浪. ¶以一湯淩轢人<管子> ②물결. ¶一然.

【琅琅】ろうろう (낭랑) ①옥이나 금속에 부딪쳐 울리는 소리. ②아름다운 소리의 형용. ③새가 지저귀는 소리. ¶珍禽無數語一<蘇舜欽>

▷玕一, 璫一, 琺一, 玲一, 倉一, 青一

7
11 **〖琉〗** 유리 류 | 因ㄌㄧㄡ (liu) | りゅう(ルリ) *glass*

本琉

풀이 ①유리. 돌. 규석(硅石). 같瑠. ②나라 이름. 通流. ¶一球.

【琉璃】るり (유리) ①석영(石英)을 원료로 하여 만든 투명한 제품. ¶一窓. ②《佛》칠보(七寶)의 하나. 청색의 보옥(寶玉). ¶罽賓有琥珀一<漢書>

7
11 **〖理〗** 다스릴 리 | 紙ㄌㄧˇ (li) | り(オサメル) *regulate*

源 **會意·形聲** 구슬[玉]의 무늬[里]가 잘 나타나도록 한다는 데서 「다스리다」의 뜻이 됨. 里가 음을 이룸.

풀이 ①다스리다. ㉮옥을 갈다. ¶玉未一者璞<戰國策> ㉯바루다. 바르게 함. ¶先王疆一天下<左氏傳>/一國. ㉰재판을 하다. ¶峻文決一<史記> ㉱통하다. ¶生氣乃一<淮南子> ㉲손질하다. 수선함. ¶修一長安高廟<後漢書> ㉳처리하다. ¶幹一家事<南史> ㉴구별하다. ¶我疆我一<詩經> ㉵꾸미다. 장식함. ¶夸容乃一<傳毅> ②다스려지다. ¶政平訟一<漢書> ③길. 도(道). ¶禮也者 一也<禮記> ④결. ㉮무늬. ¶形體色一<荀子> ㉯살결. ¶君疾在腠一<史記> ⑤성질. ¶天一滅矣<禮記> ⑥매개(媒介). ¶吾令蹇修以爲一<楚辭> ⑦행동. ¶一發諸外<禮記> ⑧의지하다. ¶大不一於口<孟子> ⑨관리. 通吏. ㉮재판관. ¶命一瞻傷<禮記> ㉯사자(使者). ¶行一之命<左氏傳> ⑩깨닫다. 이해함. ¶一會.

【理科】りか (이과) 자연 과학(自然科學)에 속하는 학문의 총칭. 물리학·수학·공학 따위. ↔文科(문과).

【理官】りかん (이관) 옥송(獄訟)에 관한 일을 맡아보는 벼슬. 재판관. 判官(판관).

【理窟】りくつ (이굴) 까닭. 사리(事理). ¶張馮勃窣爲一<晋書>

【理氣】りき (이기) ①호흡을 조절하는 일. ②이(理)와 기(氣). 본체계(本體界)와 현상계(現象界). ¶一二元論/一合一.

【理念】りねん (이념) ①이성(理性)의 판단으로 얻은 최고의 개념. ②생각. 의식 내용.

【理路】りろ (이로) 사물이나 말의 조리(條理). ¶一整然.

【理論】りろん (이론) ①사물의 이치. 조리(條理). ②실험에 의하지 않고 순수한 관념에 의한 논리. ↔實踐(실천).

【理髮】りはつ (이발) 머리를 빗어 가지런히 함. 긴 머리털을 깎음. ¶一館.

【理法】りほう (이법) 사물의 이치와 법칙. 사물의 도리(道理).

【理事】りじ (이사) ①사물을 다스림. ②법인(法人)을 대표하여 사물을 처리하며 권리를 행사하는 기관. 또는, 그 사람.

【理想】りそう (이상) 뜻하고 노력하여 도달하여야 할 최고의 목표. 이성(理性)에 의하여 상상할 수 있는 최선의 상태. ↔現實(현실).

【理想鄕】りそうきょう (이상향) 실재(實在)하지 않는 이상적인 세계. 유토피아(Utopia).

【理性】りせい (이성) ①사물을 바르게 판단하는 능력. ¶是以聖人導人一<後漢書> ②사람이 본디 타고 나는 지적(知的) 능력. 개념(槪念)을 사유하는 능력. ↔感性(감성). ③양심(良心). ④《佛》만유(萬有)의 본성. ↔事相(사상).

【理勢】りせい (이세) 자연의 형세. 자연의 이치.

【理容】りよう (이용) ①이발과 미용의 총칭. ②용모를 가다듬음.

【理由】りゆう (이유) 까닭. 내력.

【理財】りざい (이재) 재산을 잘 간직하고 유리하게 운용(運用)하는 일. 理產(이산).

【理智】りち (이지) ①사물을 분변(分辨)하고 이해하는 슬기. ②이성(理性)과 지혜. ¶一的.

【理致】りち (이치) 사물의 정당한 도리. 도리에 맞는 취지. ¶一淸達<晋書>

【理解】りかい (이해) 사리를 분별하여 앎. 깨달

음. 理會(이회).
▷幹—, 疆—, 決—, 公—, 管—, 校—, 具—, 窮—, 肌—, 論—, 達—, 大—, 道—, 脈—, 木—, 妙—, 無—, 文—, 物—, 背—, 法—, 辨—, 補—, 輔—, 分—, 非—, 事—, 生—, 攝—, 性—, 疏—, 手—, 受—, 修—, 心—, 審—, 連—, 料—, 運—, 原—, 倫—, 義—, 人—, 章—, 政—, 整—, 提—, 助—, 條—, 調—, 綜—, 腠—, 地—, 眞—, 天—, 哲—, 推—, 治—, 統—, 平—, 學—, 行—, 玄—, 化—, 和—

11 【望】 ☞ 月部 7획(p.740)

7 11 【琇】 옥돌 수 | 宥 ㄒㄧㄡˋ (xiu) | しゅう *gem stone*

7 11 【琊】 땅 이름 야 | 麻 ㄧㄝˊ (ye) | や

7 11 【珵】 옥홀 정 | 迥 靑 | てい

7 11 【現】 ① 나타날 현 ② 옥 다음가는 돌 현 | 霰 ㄒㄧㄢˋ (xian) 銑 | げん (アラワレル) *appear*

풀이 ① ①나타나다. 나타냄. ㉠見. ¶或形—往來＜抱朴子＞ ②현재. ¶雖不—作＜大藏法數＞ ③이승. ¶生乎—境＜梁武帝＞ ② 옥 다음 가는 돌. ¶—石之次玉者＜集韻＞
【現今】げんこん(현금) 이제. 지금.
【現金】げんきん(현금) ①현재 가지고 있는 돈. ②현재 통용되고 있는 돈. ③바로 그 자리에서 돈을 주고받는 일. 맞돈.
【現代】げんだい(현대) 지금의 이 시대. 當代(당대). ¶—國家/—史/—社會/—語.
【現夢】(현몽) 망인(亡人)이나 신령이 꿈에 나타남.
【現物】げんぶつ(현물) ①현재 있는 물건. ②주식(株式)·채권(債券)·쌀·생사(生絲) 등의 현물을 이름. ¶—去來/—市場.
【現象】げんしょう(현상) ①눈에 보이는 모습. 나타난 상태. ②인간의 보통 감각에 의하여 지각(知覺)하고 경험할 수 있는 것의 형상(形象). 주관(主觀)에 비친 모습. ¶—界. ↔本體(본체).
【現像】げんぞう(현상) ①형상을 드러냄. 또는, 그 형상. ②사진술에서, 촬영한 잠상(潛像)을 나타나게 하는 일.
【現生】げんしょう(현생)《佛》이 세상의 생애(生涯). ※前生(전생)·後生(후생).
【現世】げんせい①·げんぜ②(현세) ①역사상 시대 구분의 하나. 現代(현대). ②《佛》삼세(三世)의 하나. 현재의 세상. 娑婆世界(사바세계). ¶—安穩 後生善處＜未曾有經＞ ※前世(전세)·來世(내세).
【現身】げんしん(현신) ①현세(現世)에 있는 몸. ②《佛》부처의 삼신(三身)의 하나. 應身(응신). ③㊙ 아랫사람이 웃사람에게 뵘.
【現身佛】げんしんぶつ(현신불)《佛》중생을 제도하기 위하여 육신으로 이 세상에 나타난 부처.
【現實】げんじつ(현실) 실제의 사실 또는 상태. ¶—逃避. ↔理想(이상).
【現額】げんがく(현액) 현재의 액수.
【現業】げんぎょう(현업) 관리적인 사무가 아닌 실제의 업무. 현장의 업무.
【現役】げんえき(현역) ①현재 군(軍)에 복무하고 있는 사람. ↔豫備役(예비역). ②현재 직(職)을 가지고 일하고 있는 사람. 「사람.
【現任】げんにん(현임) 현재 그 직에 있음. 또는, 그
【現場】げんじょう·げんば(현장) ①사물이 현존한 장소. ②노무자의 작업장. 工事場(공사장).
【現在】げんざい(현재) ①이제. 지금. ②《佛》삼세(三世)의 하나. 이승. ¶生而未已滅名—＜俱舍論＞
【現存】げんそん(현존) 현재에 존재함. 지금 있음.
【現住所】げんじゅうしょ(현주소) 현재 거주하고 있는 곳.
【現地】げんち(현지) ①현재 있는 곳. ②현재 어떤 일이 행하여지고 있는 곳. 現場(현장).
【現職】げんしょく(현직) 현재의 직무. 또는, 현재 근무하고 있는 일.
【現版】げんぱん(현판) 지형(紙型)에 부어 낸 연판(鉛版)이 아닌, 활자판에 직접 박아 내는 인쇄판. 「물).
【現品】げんぴん(현품) 현재 있는 물품. 現物(현
【現行】げんこう(현행) 현재 행함. 현재 행하고 있음. ¶—犯/—法. 「現狀(현상).
【現況】げんきょう(현황) 현재의 형편. 현재의 상황.
▷具—, 權—, 發—, 普—, 實—, 應—, 再—, 體—, 出—, 表—, 顯—

8 12 【琚】 패옥 거 | 魚 ㄐㄩ (ju) | きょ (オビタマ)
【琚瑀】きょう(거우) 금관 조복 좌우에 늘이어 차는 옥. 佩玉(패옥). ¶衡牙玭珠 以納其間—以雜之＜大戴禮＞
▷雙—, 瑛—, 珮—

8 12 【琨】 옥돌 곤 | 元 ㄎㄨㄣ (kun) | こん(アラタマ) *gem stone*
【琨珸】こんご(곤오) 산 이름. 또는, 그 산에서 나는 돌 이름. 이 곳에서 나는 돌에서 철을 뽑아 검(劍)을 만들면 광채가 수정과 같았다 함.

8 12 【琯】 ① 옥피리 관 ② 금옥빛 곤 | 旱 ㄍㄨㄢˇ (guan) 願 | かん (タマブエ) こん

8 12 【琴】 거문고 금 | 侵 ㄑㄧㄣˊ (qin) | きん (コト)
㊕栞
源 象形. 거문고 모양을 본뜸.
【琴堂】きんどう(금당) 현감(縣監)이 집무하는 곳. 공자의 제자인 복자천(宓子賤)이 선보(單父)라는 고을의 원으로 있을 때, 거문고를 타며 몸은 당(堂) 아래에 내려가지 않아도 고을이 잘 다스려졌다는 옛일에서 온 말.
【琴道】きんどう(금도) 거문고의 이론과 타는 기술.

【琴線】きんせん(금선) ①거문고의 줄. ②공명(共鳴)하기 쉬운 감정을 비유하여 이르는 말.

【琴瑟】きんしつ(금슬) ①거문고와 큰 거문고. ②조화(調和)함. 부부가 화합함을 비유하여 이르는 말. 琴瑟之樂(금슬지 락). ¶窈窕淑女一友之<詩經>

【琴瑟之樂】きんしつのたのしみ(금슬지 락) 부부의 화락. 일가 화합(一家和合)의 즐거움.

▷鼓一, 大一, 對牛彈一, 鳴一, 木一, 無絃一, 寶一, 素一, 瑟一, 心一, 瑤一, 月一, 幽一, 調一, 淸一, 彈一, 風一, 絃一, 胡一, 和一

12【琹】琴(p.997)의 俗字

8 12【琦】옥 이름 기 | 囡く丨ˊ (qi) | き

풀이 ①옥 이름. ¶一賂寶貨<漢書> ②훌륭하다. 아름다움. ¶夫聖人瑰意一行<宋玉> ③기이하다. 通奇. ¶玩一辭<荀子>/一瑋.

8 12【琪】옥 기 | 囡く丨ˊ (qi) | き(タマ) *jade*

8 12【琭】옥 록 | 屋 | ろく(タマ) *jade*

8 12【琳】아름다운 옥 림 | 侵カ丨ㄣˊ (lin) | りん(タマ)

▷球一, 碧一, 紫一, 華一

12【斑】☞文部 8획(p.693)

8 12【琲】구슬 꿰미 배 | 賄ㄅㄟˋ 隊(bei) | はい

풀이 ①구슬 꿰미. 구슬을 꿰어 만든 장식. ¶珠一闌干<左思> ②꿰뚫다. ¶劉曰 一 貫也<左思>

8 12【琺】법랑 법 | ㄈㄚˇ (fa) | ほう(ホウロウ) *enamel ware*

【琺瑯】ほうろう(법랑) 사기그릇이나 쇠그릇 거죽에 올리는 유리질의 유약.

8 12【琫】칼집장식 봉 | 董ㄅㄥˇ (beng) | ほう(サヤカザリ)

【琫珌】ほうひつ(봉필) 패도(佩刀)의 장식. 琫은 칼집의 윗부분, 珌은 칼집의 아랫부분을 장식함을 이름.

▷玉一

8 12【琵】비파 비 | 囡ㄆ丨ˊ (pi) | ひ, び(ビワ)

풀이 ①비파. ¶一琶. ②낮은 음정으로 활주(滑奏)하다. ¶推手爲一却手琶<歐陽脩>

【琵琶】びわ(비파) 동양 현악기의 한 가지. 줄은 넷이며 튕기어서 연주함.

琵琶(三才圖會)

【琵琶別抱】びわべつぼう(비파별포) 여자가 재혼함을 이름. ¶休抱琵琶過別船<余懷>

8 12【琰】옥 갈 염 | 琰丨ㄢˇ (yan) | えん

풀이 ①옥을 갈다. 옥을 갈아 아름다운 빛을 내는 일. ¶圭一上寸半<周禮> ②홀. 절반 이상 깎은 날카로운 홀. ¶一圭九寸<周禮> ③아름다운 옥 이름. ¶琬一之玉<淮南子>

【琰圭】えんけい(염규) 길이 9촌의 홀. 홀의 반 이상을 깎아 날카롭게 한 것. 불의(不義)한 짓을 한 제후(諸侯)를 칠 때 천자의 사신(使臣)이 가지고 가는 서절(瑞節). ¶一以易行以除慝<周禮>

▷琬一, 貞一, 彫一

8 12【琬】홀 완 | 阮ㄨㄢˇ (wan) | えん(シルシタマ)

풀이 ①홀. 모나지 않은 홀. ¶一圭以治德<周禮> ②아름다운 옥. ¶一琰.

【琬圭】えんけい(완규) 끝이 뾰족하지 않은 홀. 천자(天子)가 덕이 있는 제후에게 상을 내릴 때 사자(使者)가 가지고 가는 것.

琬圭① (古玉圖譜)

8 12【琖】옥잔 잔 | 潸ㄓㄢˇ (zhan) | さん(サカズキ)

8 12【琤】옥소리 쟁 | 庚ㄔㄥ (cheng) | そう(タマノオト)

풀이 ①옥소리. ¶前溪忽調琴 隔林寒一一<孟郊> ②물건이 부딪는 소리. ¶佩玉一一<白居易>

▷玉一, 淙一, 琮一

8 12【琱】옥 다듬을 조 | 蕭ㄉ丨ㄠ (diao) | ちょう(キザム) *trim off*

풀이 ①옥을 다듬다. ②새기다. 아로새김. 같彫. ¶斲一而爲樸<漢書> ③그리다. 그림을 그림. ¶牆塗而不一<漢書>

8 12【琮】옥홀 종 | 図ㄘㄨㄥˊ (cong) | そう

풀이 ①옥홀. 서옥(瑞玉) 이름. 외변(外邊)은 8각(角)으로 땅을 뜻하고, 가운데는 둥근 구멍이 뚫려 무궁함을 뜻함. ②부신(符信). ¶一以發岳<公羊傳>

▷大一, 駔一, 琭一, 黃一

琭琮① (名物圖)

8 12【琛】보배 침 | 侵ㄔㄣ (chen) | ちん(タカラ) *jewel*

8 12【琢】쫄 탁 | 覺ㄓㄨㄛˊ (zhuo) | たく(ミガク) *trim*

풀이①쪼다. ㉮옥을 다듬다. ¶如—如磨＜詩經＞ ㉯덕이나 기량을 닦다. 연마함. ¶終無—磨之實＜北齊書＞ ②꾸미다. ¶不在鐫—語言＜宣和畫譜＞ ③가리다. 선택함. ¶敦—其旅＜詩經＞ ④부리로 쪼다. 通啄.

【琢磨】たくま(탁마) ①옥석(玉石)을 세공(細工)하는 일. ②학문, 덕행을 닦고 가는 일. ¶切磋—.

▷磨—, 刓—, 鐫—, 切磋—磨, 雕—, 採—, 追—

8 12【琶】비파 파 | ㄆㄚˊ (pa) | は, ば (ビワ)

풀이①비파. ②음정이 높아지게 활주(滑奏)하다. ¶推手爲琵却手—＜歐陽脩＞

8 12【琥】호박 호 | ㄏㄨˇ (hu) | こ(コハク) *amber*

풀이①호박(琥珀). 장식품의 한 가지. ②서옥(瑞玉). ③옥으로 만든 범 형상의 그릇. ㉮천지 사방을 제사 지내는 육기(六器)의 하나로, 서방(西方)을 제사지낼 때 씀. ¶以白—禮西方＜周禮＞ ㉯제후가 서로 선물하는 예물로 씀. ¶—以繡＜周禮＞

白琥③(禮器圖)

【琥珀】こはく(호박) 지질 시대(地質時代)에 수지(樹脂) 따위가 땅 속에 매몰되어 생긴 일종의 화석. 대체로 황색을 띠고 투명한데, 장식품으로 쓰임.

▷珊—

9 13【瑊】옥돌 감·짐 本함 | かん, しん (アラタマ) *gem stone*

9 13【瑙】마노 노 | ㄋㄠˇ (nao) | のう(メノウ) *agate*

9 13【瑇】대모 대 | ㄉㄞˋ (dai) | たい (タイマイ) *hawksbill*

【瑇瑁】たいまい(대모) 남해에 사는 바다거북의 하나. 玳瑁(대모). ¶—鼈黿＜史記＞

9 13【瑁】①서옥 모 ②대모 모 本매 | ㄇㄠˋ (mao) | ぼう(タマ) ばい(タイマイ)

풀이①서옥(瑞玉). 제후가 내조(來朝)할 때 그 홀(笏)에 천자가 맞추어 보는 사방 4치의 옥. 通冒. ②대모(瑇瑁). 바다거북.

9 13【瑉】옥돌 민 | びん(アラタマ) *gem stone*

9 13【瑸】문채날 빈 편 | ひん はん

9 13【瑞】상서 서 | ㄖㄨㄟˋ (rui) | ずい (メデタイ) *auspicious*

풀이①상서. 길조(吉兆). ¶麟鳳五靈 王者之嘉—也＜杜預＞ ②경사스럽다. ¶—應辨至＜史記＞ ③홀(笏). 천자가 제후를 봉할 때 주는 홀[圭]. ¶圭—. ④부절(符節). 부신(符信). ¶司馬請—焉＜左氏傳＞

【瑞光】ずいこう(서광) 상서로운 빛. 祥光(상광).

【瑞氣】ずいき(서기) 상서로운 기운.

【瑞夢】ずいむ(서몽) 상서로운 꿈. 좋은 꿈. ¶仍感—＜隋煬帝＞

【瑞雪】ずいせつ(서설) 상서로운 눈. 풍년의 징조가 되는 눈.

【瑞獸】ずいじゅう(서수) 상서로운 징조가 나타나는 짐승. 용, 기린 따위. ¶—異禽 遊園鳴閣＜隋書＞

【瑞玉】ずいぎょく(서옥) 옥으로 만든 홀. 곧, 천자가 오등(五等) 제후를 봉할 때 신표(信標)로 주던 환규(桓圭)·신규(信圭)·궁규(躬圭)·곡벽(穀璧)·포벽(蒲璧)을 이름.

【瑞祐】ずいゆう(서우) 복되고 길한 일.

【瑞典】ずいてん①②·スウェーデン③(서전) ①상서로운 징조. 祥瑞(상서). ②경사로운 의식(儀式). 慶典(경전). ③스웨덴(Sweden)의 음역(音譯).

【瑞兆】ずいちょう(서조) 상서로운 조짐. 吉兆(길조). 瑞相(서상). 瑞祥(서상). 瑞徵(서징). 瑞應(서응).

【瑞鳥】ずいちょう(서조) 상서로운 새. 봉황(鳳凰) 따위.

▷嘉—, 慶—, 圭—, 極—, 吉—, 符—, 祕—, 祥—, 聖—, 靈—, 五—, 應—, 異—, 仁—, 典—, 絕—, 珍—, 徵—, 天—, 鴻—

9 13【瑄】도리옥 선 | ㄒㄩㄢ (xuan) | せん(タマ) *big jade*

풀이도리옥. 여섯 치의 큰 옥. 通宣. ¶有司奉—玉＜漢書＞

9 13【瑟】큰 거문고 슬 | ㄙㄜˋ (se) | しつ (オオゴト)

풀이①큰 거문고. ¶搏拊琴—＜書經＞ ②많은 모양. ¶—彼柞棫＜詩經＞ ③엄숙하다. 엄격함. ¶—兮僩兮＜詩經＞ ④차고 바람이 사납다. ¶悲哉秋之爲氣也蕭—兮＜楚辭＞ ⑤쓸쓸하다. 通索. ¶—居. ⑥선명한 모양. ¶—彼玉瓚＜詩經＞ ⑦바람소리. ¶——.

瑟①(三才圖會)

▷鼓—, 膠—, 琴—, 鳴—, 蕭—, 靜—, 淸—, 好竽鼓—

13【瑘】琊(p. 997)와 同字

9 13【瑌】옥돌 연 | ぜん(アラタマ) *gem stone*

9 13 【瑛】 옥빛 영 |庚|ㄧㄥ (ying)|えい luster
풀이 ①옥빛. 옥의 광채. 通英. ②투명한 옥. 수정(水晶). ¶玉一/一琚.
▷玉一, 瑤一

9 13 【瑀】 패옥 우 |麌|ㄩˇ (yu)|う(オビタマ) ornamental jade
풀이 ①패옥(佩玉). ¶乃爲大佩 衝牙雙一璜 皆以白玉＜後漢書＞ ②옥 버금가는 돌.

13 【頊】 ☞ 頁部 4획 (p.1622)

9 13 【瑗】 1 도리옥 원 2 옥고리 환 |霰|ㄩㄢˋ (yuan)|えん(タマ) jade |刪|かん

9 13 【瑋】 옥 이름 위 |尾|ㄨㄟˇ (wei)|い
풀이 ①옥 이름. ②아름다운 구슬. ③아름답다. 아름다와함. ¶梁惠王一其照乘之珠＜後漢書＞ ④진기하다. 진귀함. ¶一寶.
【瑋質】いしつ(위질) 타고난 성품이 뛰어나게 훌륭함. ¶瑰姿一 紛葩艶讃＜宋玉＞
▷瑰一, 奇一, 琦一, 珍一

9 13 【瑜】 아름다운 옥 유 |虞|ㄩˊ (yu)|ゆ(タマ) pretty jade
풀이 ①아름다운 옥. ¶瑾一匿瑕＜左氏傳＞ ②옥의 광채. ¶瑕不揜一＜禮記＞ ③아름다운 모양. ¶象載一白集西＜漢書＞
▷瑾一, 瑕不揜一, 懷瑾握一

9 13 【瑑】 홀에 아로새길 전 |霰|ㄓㄨㄢˋ (zhuan)|てん engrave

9 13 【瑒】 1 옥 이름 탕 2 옥잔 창 |養|ㄧㄤˊ (yang)|とう |漾|ちょう
풀이 1 ①옥 이름. ¶一琫一珌＜漢書＞ ②황금. 패도(佩刀)에 장식으로 쓰는 황금. 2 옥잔. 울창주를 따라 땅에 부어 강신할 때 쓰는 종묘의 제기. ¶一圭尺有二寸 有瓚 以祠宗廟者也＜說文＞

9 13 【瑕】 티 하 |麻|ㄒㄧㄚˊ (xia)|か(キズ) blemish
풀이 ①티. ㉮옥의 티. ¶一不揜瑜＜禮記＞ ㉯옥의 흠. ¶審乎無一＜淮南子＞ ②허물. 잘못. ¶不女疵一也＜左氏傳＞ ③멀다. 거리·시간·정도가 많이 차이 나는 모양. 通遐. ¶不一有害＜詩經＞ ④어찌. 같何 胡. ¶一不謂矣＜禮記＞
【瑕疵】かし(하자) 옥의 티. 흠절(欠節). 缺點(결점). 過失(과실). 瑕累(하루). ¶指前人之一＜韓愈＞
▷瑾瑜匿一, 微一, 白玉微一, 白一, 纖一, 細一, 瑜一, 疵一, 披毛求一, 含垢匿一, 毁一

9 13 【瑚】 산호 호 |虞|ㄏㄨˊ (hu)|こ(サンゴ) coral
풀이 ①산호(珊瑚). ¶珊一. ②호련(瑚璉). ¶夏之四璉 殷之六一＜禮記＞
【瑚璉】これん(호련) ①서직(黍稷)을 담아 종묘에 바치는 제기(祭器). ②사람의 존경할 만한 품격을 이름. ¶鄭公一器 華岳金天昌＜杜甫＞

9 13 【琿】 아름다운 옥 혼 |元|ㄏㄨㄣˊ (hun)|こん

9 13 【瑝】 옥 소리 황 |陽|こう (タマノオト)
풀이 ①옥 소리. 옥이 부딪치어 나는 큰 소리. ②종 소리. 通鍠.

14 【瑴】 玨(p.993)과 同字

10 14 【瑰】 구슬이름 괴 |灰|ㄍㄨㄟ (gui)|かい
풀이 ①구슬 이름. 원형의 미주(美珠). ¶惑與己瓊一食之＜左氏傳＞ ②크다. 훌륭함. 通傀. ¶一意琦行＜宋玉＞ ③진기하다. 뛰어남. ¶因一材而究奇＜後漢書＞ ④아름답다. ¶一姿譎起＜傅毅＞
▷瓊一, 玖一, 奇一, 瑋一

14 【瑯】 琅(p.996)의 俗字
14 【瑠】 琉(p.996)와 同字

10 14 【瑪】 마노 마 |馬|ㄇㄚˇ (ma)|ば, め(メノウ) agate
【瑪瑙】めのう(마노) 석영(石英), 단백석(蛋白石), 옥수(玉髓)가 암석 틈에 침전하여 생긴 것. 세공물, 조각 재료 등에 많이 쓰임. 文石(문석). ¶一釉.
【瑪瑙油】(마노유) 마노 빛깔을 한 사기 그릇의 잿물.

14 【碧】 ☞ 石部 9획 (p.1082)

10 14 【瑣】 자질구레할 쇄 |哿|ㄙㄨㄛˇ (suo)|さ(コマカイ) petty
俗 瑣
풀이 ①자질구레하다. 잚. ¶豈特委一握齱拘文牽俗＜漢書＞ ②세분하다. 잘게 구별함. ③부스러지다. 옥의 부스러기. ¶庚桑一隷＜後漢書＞ ④젊고 예쁘다. ¶一兮尾兮 流離之子＜詩經＞ ⑤천하다. 비천함. ¶名地卑一＜南史＞ ⑥쇠사슬. 같鎖. ¶赤墀青一＜漢書＞ ⑦궁문(宮門). ¶欲少留此靈一兮＜楚辭＞ ⑧피로한 모양. 지치고 쇠약하여짐. ¶一瑣. ⑨좀스럽다. 도량이 좁음. 같璅.
【瑣末】さまつ(쇄말) 매우 작음. 瑣細(쇄세).
【瑣事】さじ(쇄사) 자질구레한 일. 하찮은 일.

▷微—, 熉—, 小—, 連—, 嵬—, 委—, 青—

14【瑣】 瑣(p. 1000)의 俗字

10 15【瑩】 1 밝을 영 2 의혹할 형 | 庚 ㄧㄥˊ (ying) 迥 | えい (アキラカ) *bright*

풀이 1 ①밝다. ㉮옥의 빛. ¶如玉之—<法言> ㉯거울같이 맑다. ¶此人之水鏡 見之—然<晋書> ㉰사물이 밝다. ¶一生一死 性命—矣<太玄經> ㉱마음이 밝다. ¶抱照—疑怪<韓愈> ②갈다. ¶—磨. ③시들다. ¶蘅芷彫兮—嫇<楚辭> ④귀막이 옥. 옥 비슷한 아름다운 돌. ¶充耳琇—<詩經> 2 의혹하다. ㉠熒. ¶黃帝之所聽—<莊子>
▷瓊—, 磨—, 照—, 平—, 紅—

10 14【瑤】 아름다운 옥 요 | 蕭 ㄧㄠˊ (yao) | よう (タマ) *gem*

풀이 ①아름다운 옥. 아름다운 돌. ¶報之以瓊—<詩經> ②사물의 미칭(美稱). 말 머리에 붙여 광명(光明), 결백(潔白)을 비유하거나 진귀(珍貴)하다는 뜻을 나타냄. ¶—札. ③북두 자루. ¶—光.

【瑤階】ようかい(요계) ①옥 계단. 섬돌의 미칭. ②눈 쌓인 계단의 비유.
【瑤光】ようこう(요광) 북두 칠성의 일곱째 별. 破軍星(파군성).
【瑤臺】ようだい(요대) ①옥으로 장식한 아름다운 누대(樓臺). ②신선이 살고 있는 누대. 달을 이름. ¶會向—月下逢<李白> ③눈이 쌓인 누대. ¶權陋— 暫踐盈尺<謝惠連>
【瑤池】ようち(요지) ①신선이 사는 곳. 곤륜산(崑崙山)에 있는, 옛날 목천자(穆天子)가 서왕모(西王母)를 만났다는 곳. ②아름다운 못.
【瑤池鏡】(요지경)韓 ①확대경을 통해서 상자 안에 들어 있는 여러 가지 그림을 돌려 가며 구경하게 되어 있는 장난감. ②세상 일이 알쏭달쏭하여 분간하기 어려움을 이르는 말.
【瑤札】ようさつ(요찰) 훌륭한 편지. 남의 편지의 미칭. 瑤緘(요함)②.
【瑤草】ようそう(요초) 아름다운 풀. 향기로운 풀. ¶方期拾—<杜甫>
【瑤函】ようかん(요함) 진귀한 편지. 남의 편지의 미칭. 貴翰(귀한).
【瑤緘】ようかん(요함) ①책을 넣는 옥상자. ②훌륭한 편지. 남의 편지의 미칭. 貴翰(귀한). 貴墨(귀묵). 瑤札(요찰).

10 14【瑢】 패옥소리 용 | 冬 ㄖㄨㄥˊ (rong) | よう (オビタマノオト)

10 14【瑱】 귀막이 옥 진 | 霰 ㄊㄧㄢˋ (tian) ㄓㄣˋ (zhen) | てん, ちん (ミミダマ)

풀이 ①귀막이 옥. 남의 말을 듣지 아니함을 뜻함. ¶玉之—也<詩經> ②옥 이름. ¶巡華過盈—<江淹> ③왕이 지니는 서옥(瑞玉).

【瑱圭】ちんけい(진규) 육서(六瑞)의 하나. 임금이 지니는 서옥(瑞玉). ¶成六瑞 王用—<周禮>
▷玉—, 華—, 環—

瑱③
(禮器圖)

10 14【瑳】 깨끗할 차 | 歌 ㄘㄨㄛ (cuo) | さ (アザヤカ) *clean*

풀이 ①깨끗하다. ㉮옥빛이 희고 깨끗하다. ¶瑀珉——<宋史> ㉯빛깔이 선명하고 성하다. ¶—兮—兮 其之展也<詩經> ②귀엽게 웃다. ¶巧笑之—<詩經> ③이를 드러내어 귀엽게 웃다. ¶女齒笑——<梅堯臣> ④갈다. ㉠磋. ¶如切如—<詩經>
▷切—

11 14【瑲】 옥소리 창 | 陽 ㄑㄧㄤ (qiang) | しょう

풀이 ①옥소리. ¶有—蔥珩<詩經> ②풍류 소리. ③방울 소리.

14【瑸】 璸(p. 998)의 本字

11 15【璆】 아름다운 옥 구 | 尤 ㄑㄧㄡˊ (qiu) | きゅう (タマ) *jem*

풀이 ①아름다운 옥. 경쇠를 만드는 데 씀. ㉠球. ¶—磬金鼓<漢書>/—琳. ②옥경쇠. ③옥소리. ¶環珮玉聲—然<史記>/—鏘.
▷琅—, 白—, 瑤—, 琳—

11 15【瑾】 1 아름다운 옥 근 2 붉은 옥 근 | 吻 ㄐㄧㄣˇ 問 ㄐㄧㄣˋ (jin) | きん *jem*

풀이 1 아름다운 옥. ¶懷—握瑜兮<楚辭> 2 붉은 옥.
▷瑤—, 瑕—, 懷—

11 15【璂】 피변꾸미개 기 | 支 ㄑㄧˊ (qi) | き *jem*

풀이 피변(皮弁) 꾸미개. 가죽 고깔의 좌우 솔기에 오색으로 된, 12개의 옥 꾸미개. ¶王之皮弁 會五采玉—<周禮>

11 15【璉】 1 호련 련 2 이을 련 | 銑 ㄌㄧㄢˇ 先 (lian) | れん (コレン)

풀이 1 호련(瑚璉). 서직(黍稷)을 담는 종묘 제기. ¶夏之四—<禮記> 2 잇다. 이어짐. ㉦連.

11 15【璃】 유리 리 | 支 ㄌㄧˊ (li) | り (ルリ) *glass*

11 15【璊】 붉은 옥 문 | 元 ㄇㄣˊ (men) | もん (アカタマ) *red jade*

11 15 【璇】 아름다운 옥 선 | 㐲ㄒㄩㄢˊ (xuan) | せん(タマ) *jem*

㊀琁 璿

풀이 ①아름다운 옥. ¶有一瑰瑤磬<書經>/一閨. ②별 이름. 북두 칠성의 둘째 별. ¶斗第二一<史記>

【璇璣】せんき(선기) ①천체(天體)를 관측하는 기계. 渾天儀(혼천의). 璿璣(선기). ②북두 칠성의 둘째와 세째의 별. 또는, 첫째부터 네째까지의 네 별.

【璇花】せんか(선화) 옥처럼 새하얀 꽃이란 뜻으로, 눈을 이름.

▷玫一, 白一, 仙一, 玉一, 瑤一

11 10 【璅】 1 옥돌 소 2 옥 울리는 소리 쇄 | 皓ㄙㄨㄛˇ (suo) 蟹 | そう(アラタマ) さ

풀이 1 옥돌. 옥 비슷한 돌. 2 ①옥 울리는 소리. ㊀瑣. ②궁문(宮門)에 아로새긴 장식. 임금을 직접 지칭하기를 꺼려 영소(靈璅)라 함. ¶欲少留此靈一兮<楚辭> ③사물의 모양. ¶一一.

11 15 【璈】 악기 이름 오 | 豪ㄠˊ (ao) | ごう

11 15 【璋】 반쪽 홀 장 | 陽ㄓㄤ (zhang) | しょう(シルシタマ)

풀이 ①반쪽 홀(笏). ¶載弄之一<詩經> ②구기. 장(璋)으로 자루를 만든 구기. 종묘·산천 등의 제사에서 울창주를 따르는 데 씀. ¶左右奉一<詩經>/一瓚. ③밝다. ㊉章.

璋瓚(三禮圖)

11 15 【瑽】 패옥 소리 종 ㊍총 | 冬ㄘㄨㄥ (cong) | しょう

11 15 【璀】 옥빛 찬란할 최 | 賄ㄘㄨㄟˇ (cui) | さい(アザヤカ)

풀이 ①옥빛이 찬란하다. 옥빛이 빛남. ¶一璨. ②사물의 모양. 구슬이 주렁주렁 달린 모양. ¶琪樹一璨而垂珠<孫綽> ③옥 이름.

15 【瑻】 珌(p. 994)의 古字

12 16 【璟】 옥빛 경 | 梗ㄐㄧㄥˇ (jing) | えい(タマノヒカリ)

풀이 ①옥빛. ②옥에 광채(光彩)가 나다. ③사람 이름. ¶一夫/一臣.

12 16 【璚】 1 옥 이름 경 2 패옥 결 | 庚ㄑㄩㄥˊ 屑 (qiong) | けい けつ

12 16 【璣】 구슬 기 | 微ㄐㄧ (ji) | き(タマ) *pearl*

풀이 ①구슬. ㉮둥글지 아니한 구슬. ¶貫魚眼與珠一<楚辭> ㉯작은 구슬. ¶珠一瑇瑁<逸周書> ②천문 측정 기구 이름. 혼천의(渾天儀). ¶璿一玉衡<書經>/一衡. ③북두칠성의 세째 별.

▷瓊一, 明一, 璇一, 瑤一, 珠一

16 【璢】 瑠(p. 1000)의 本字

12 16 【璘】 옥빛 린 | 眞ㄌㄧㄣˊ (lin) | りん(タマノヒカリ)

▷班一

12 16 【璞】 옥돌 박 | 覺ㄆㄨˊ (pu) | はく(アラタマ) *jade*

풀이 ①옥돌. 아직 다듬지 아니한 옥돌. ¶一玉渾金<晋書> ②본바탕. 진실. ¶顏歜抱一 蘧瑗保生<後漢書>

▷奇一, 卞一, 寶一, 良一, 玉一, 荊一, 和一

12 16 【璠】 번여 옥 번 | 元ㄈㄢˊ (fan) | はん

【璠璵】はんよ(번여) 노(魯)의 보옥 이름. 璠璵(번여). ¶孔子曰 美哉一<說文>

12 17 【璗】 황금 탕 | 養ㄉㄤˋ (dang) | とう *gold*

【璗琫】とうほう(탕봉) 황금(黃金)으로 만든 칼집 장식. 제후(諸侯)의 칼집 윗부분에 하는 장식. ¶諸侯一而璆珌<詩經·注>

12 16 【璜】 패옥 황 | 陽ㄏㄨㄤˊ (huang) | こう(オビダマ)

풀이 ①패옥(佩玉). 벽옥(璧玉)을 두 쪽 낸 모양의 것. ¶衝牙雙蠵一皆以白玉<後漢書> ②서옥(瑞玉). ㉮천지 사방을 제사지내는 육기(六器)의 하나. ¶以玄一禮北方<周禮> ㉯많은 사람을 징발(徵發)하는 데 쓴다. ¶一以發衆<公羊傳> ③옥에 버금가는 돌. ¶一臺十成<楚辭> ④빛나다. 빛나는 모양. ¶一一.

三代周玉元璜① (古玉圖譜)

13 17 【璫】 귀고리 옥 당 | 陽ㄉㄤ (dang) | とう(ミミダマ)

풀이 ①귀고리 옥. ¶耳著明月一<古詩> ②관(冠)의 꾸미개. ¶貂一之飾<後漢書> ③구슬. ¶綴一施釧<北史> ④서까래 끝의 서옥(瑞玉)의 꾸미개. ¶華榱璧一<漢書> ⑤패옥(佩玉)이 울리는 소리. ¶更愛玉佩聲琅一<蘇軾>

▷金一, 琅一, 碧一, 璧一, 寶一, 耳一, 瑱一, 丁一, 珠一, 榱一, 佩一

13 18 【璧】 둥근 옥 벽 | 陌ㄅㄧˋ (bi) | へき(タマ) *pearl*

※壁(p. 359)은 딴 자.

풀이 ①둥근 옥. 둥글납작하며, 중앙에 둥근 구멍이 있음. ¶肉倍好謂之一<爾雅> ②아름다운 옥. ¶金一以飾璫<班

固> ③아름다운 것의 비유. ¶一月. ④주름. [通]襞.

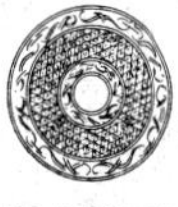
璧(名物圖)

【璧玉】へきぎょく(벽옥) 옥. 넓적하게 생긴 것을 璧, 둥근 것을 玉이라 함. ¶一珠璣<新語>
【璧雝】へきよう(벽옹) 주(周)대에 천자(天子)가 세운 학교. 둘레에 둥글게 못을 팠음. 璧雍(벽옹). 璧沼(벽소). 璧堂(벽당). 璧水(벽수).
【璧趙】へきちょう(벽조) ☞完璧(완벽).
▷穀一, 拱一, 圭一, 藍一, 白一, 寶一, 符一, 雙一, 夜光一, 御一, 連一, 玉一, 完一, 印一, 趙一, 楚一, 蒲一, 合一, 和氏之一, 環一

13 17 【璨】 빛날 찬 [刪]ㄘㄢˋ (can) さん(ヒカル) *lustrous*
[풀이] ①빛나다. 옥의 빛. ②아름다운 옥. ③구슬이 드리워진 모양. ¶琪樹璀一而垂珠<孫綽> ④사물의 미칭. ¶一瑳.

13 17 【環】 [1]고리 환 [刪]ㄏㄨㄢˊ かん(ワ) [2]물러날 환 [諫](huan) *ring*
[풀이] [1] ①환옥(環玉). 고리 모양의 옥. ¶肉孔若一 謂之一<爾雅> ②고리. ¶獻金剛指一<南史> ③돌다. [通]旋. ㉮둘러싸다. ¶一而塹之<左氏傳> ㉯선회하다. ¶一拜以鍾鼓爲節<周禮> ㉰두루 미치다. ¶惟歷聘而轍一 曾仲尼之暖席<陳造> [2]① 물러나다. ¶一四方之故<周禮> ②두르다. ¶守濮陽一水<漢書>

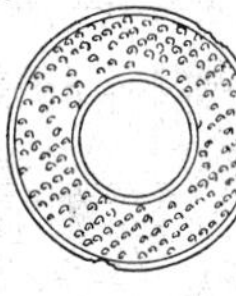
古玉指南車飾蚩尤環(古玉圖譜)

【環境】かんきょう(환경) ①사위(四圍)의 외계(外界). 주위의 사물. 특히 인간 또는 생물을 둘러싸고 상호 작용을 하는 외계의 형편. ②둘러싸인 구역. ¶一作堡砦<元史>
【環球】かんきゅう(환구) 지구. 온 세계.
【環刀】(환도) 옛 군복에 갖추어 차던 군도(軍刀).
【環堵】かんと(환도) 사방이 각각 1도(堵)의 집이라는 뜻으로, 가난한 집을 이름. 堵는 5판(版)을 이르며, 版은 길이 1장(丈). ¶一蕭然<晋書>
【環狀】かんじょう(환상) 고리와 같이 둥근 모양. ¶一列島.
【環絰】かんてつ(환질) 성복(成服)때 상제가 사각건(四角巾)에 덧씌워 쓰는 짚과 삼으로 꼰 테. 首絰(수질).

環絰不糾(名物圖)

【環海】かんかい(환해) ①나라의 사방을 에워싼 바다. 四海(사해). ②국내(國內). 海內(해내).
【環形】かんけい(환형) 고리처럼 둥근 모양.
▷九連一, 金一, 刀一, 半一, 旋一, 循一, 連一, 縈一, 玉一, 瑤一, 耳一, 琳一, 周一, 指一, 珮一, 花一

14 19 【璽】 도장 새 [本]사 [俗]玺 [紙]ㄒㄧˇ (xi) じ(インショウ) *royal seal*
[源]會意·形聲. 「爾」는 도장의 모양을 본뜬 상형문자. 「玉」을 더하여 도장의 뜻으로 굳었음.
[풀이]도장. ㉮옥새. 옥으로 만든 천자만 쓰는 도장. ¶懷一藏紱<張衡> ㉯제후·경대부(卿大夫)의 도장. ¶予之一書<國語> ㉰표지의 도장. ¶以一節出入之<周禮>

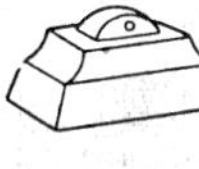
秦始皇璽(金石索)

【璽符】じふ(새부) 인장과 부절(符節). 천자의 도장.
【璽書】じしょ(새서) 천자의 조서(詔書).
【璽節】じせつ(새절) 재화(財貨)를 문관(門關)에 출입시킬 때 쓰던 도장.
▷劍一, 國一, 寶一, 封一, 符一, 信一, 神一, 御一, 玉一, 印一, 紫一, 傳國一, 佩一

14 18 【璿】 선옥 선 [先]ㄒㄩㄢˊ (xuan) せん
【璿璣玉衡】せんきぎょくこう(선기옥형) ①혼천의(渾天儀). ②북두칠성. 첫째 별에서 네째 별까지를 璿璣, 나머지를 玉衡이라 함.

14 18 【璵】 옥 여 [魚]ㄩˊ (yu) よ(タマ)

14 18 【瓀】 옥돌 연 [先]ㄖㄨㄢˇ (ruan) ぜん(アラタマ)

15 19 【瓊】 [1]옥 경 [2]아름다운 옥 선 [庚]ㄑㄩㄥˊ (qiong) [先] けい(タマ) せん

19 【瓗】 瓊(p. 1003)과 同字

15 19 【瓈】 유리 려 [齊]ㄌㄧˊ (li) り(ガラス)

19 【瓉】 瓚(p. 1004)의 俗字

20 【瓌】 瑰(p. 1000)와 同字

16 20 【瓏】 [1]옥소리 롱 [東]ㄌㄨㄥˊ ろう [2]홀 롱 [冬](long) りょう
[풀이][1]①옥 소리. 금옥의 소리. ¶唐素不貞 亡彼一玲<太玄經> ②바람 소리. ③밝은 모양. 선명함. ¶和氏玲一<揚雄> [2]홀[圭]. 기우제에 쓰며 용의 무늬가 새겨진 것.
▷玲一, 瓦一, 八面玲一, 鴻一

17 21 【瓖】 뱃대끈 장식 양 [陽]ㄒㄧㄤ (xiang) しょう

풀이①뱃대끈 장식. ¶亡人之所懷 挾瓔一以望君之塵垢者<國語> ②옥 이름.

17
21【瓔】구슬목걸이 영 |庚ㅣㄥ (ying)|えい

풀이①구슬 목걸이. ¶一珞. ②옥돌. 옥 비슷한 아름다운 돌. ¶一琅.

【瓔珞】ようらく(영락) 구슬을 꿰어 만든 목걸이.
▷寶一, 連一, 珠一,

18
22【瓘】옥 이름 관 |翰ㄍㄨㄢˋ (guan)|かん

19
23【瓚】제기 찬 |旱ㄗㄢˋ (zan)|さん

풀이제기. 술그릇. 옥잔. 쥘손을 옥으로 만든, 울창주(鬱鬯酒)를 담는 구기 모양의 술그릇. ¶瑟彼玉一<詩經>

玉 瓚 (禮器圖)

瓜<오이 과>部

瓜 ⑤ 瓝 ⑥ 瓠 ⑪ 瓢 ⑭ 瓣

0
5【瓜】오이 과 |麻ㄍㄨㄚ (gua)|か(ウリ) *cucumber*

源象形. 「八」는 오이의 덩굴을, 「ㄙ」는 오이의 열매를 본뜸.

【瓜期】かき(과기) ①오이가 익을 무렵. 곧, 음력 7월. ②관직을 바꾸거나 임기가 끝나는 시기. 춘추 시대 제(齊) 양공(襄公)이 연칭(連稱)과 관지부(管至父)에게 규구(葵丘)의 수비를 맡겨 보낼 때, 다음 해 오이가 익을 무렵에는 돌아오게 하겠다고 말한 옛일에서 온 말. 瓜時(과시). ③월경(月經)이 시작되는 15~16세 무렵. 瓜를 파자(破字)하면 두개의 八자가 됨에서 이름. 破瓜期(파과기).

【瓜年】かねん(과년) ①벼슬의 임기가 끝나는 해. ②여자가 혼기(婚期)에 이른 나이.

【瓜代】かだい(과대) 임기가 참을 이름. ※瓜期(과기)②.

【瓜李之嫌】かりノけん(과리지 혐) 억울한 혐의의 비유. ※瓜田不納履(과전 불납리)·李下不正冠(이하 부정관).

【瓜田不納履】かでんニクツヲイレズ(과전 불납리) 오이밭에서는 신이 벗겨져도 허리를 굽혀 신을 집지 않음의 뜻으로, 의심받을 일을 하지 않음의 비유. ※李下不正冠(이하 부정관).

【瓜田李下】かでんりか(과전이하) 오이밭과 오얏나무 밑이라는 뜻으로, 혐의 받기 쉬운 곳 또는 그런 경우를 이름. ※瓜田不納履(과전 불납리)·李下不正冠(이하 부정관).

【瓜遞】かてい(과체) 벼슬의 임기가 차서 갈림.

【瓜限】かげん(과한) 벼슬의 기한. 瓜期(과기)②.
▷甘一, 苦一, 昆侖一, 及一, 南一, 東陵一, 木一, 美一, 貧土市一, 絲一, 西一, 召平一, 守一, 王一, 越一, 以杞包一, 天一, 甜一, 破一, 寒一, 瓠一, 葫一

5
10【瓝】1 오이 박 2 호로병박 포 |覺ㄅㄛˊ (bo) 肴|はく(ウリ) *cucumber* ほう

풀이1①오이. 작은 오이. 북치. 같瓟. ②오이지. ¶一醬調秋菜 白瑳解冬寒<宋孝武帝> 2호로병박. 조롱박. 물을 뜨는 표주박. 같匏.

6
11【瓠】1 표주박 호 2 우수수 떨어질 확 |遇ㄏㄨˋ(hu) 藥ㄏㄨㄛˋ(huo)|こ(ヒサゴ) かく

풀이1①표주박. 바가지. ¶幡幡一葉 采之亨之<詩經> ②병. 단지. 通壺. ¶斡棄周鼎 寶康一兮<漢書> 2우수수 떨어지다. 또는, 얕고 평평하여 물건을 담지 못하는 모양. ¶一落.

【瓠犀】こさい(호서) 호리병박의 씨라는 뜻으로, 미인의 아름다운 이[齒]의 비유.

【瓠尊】こそん(호준) 박 모양으로 생긴 술통. 尊은 樽.

【瓠巴】こは(호파) 옛날 초(楚)나라 사람. 거문고의 명수임.
▷康一, 巨一, 圓一, 瓢一, 懸一

周瓠尊 (博古圖)

11
16【瓢】박 표 |蕭ㄆㄧㄠˊ (piao)|ひょう(ヒサゴ) *gourd*

풀이①박. ②박으로 만든 그릇. ㉮바가지. 표주박. ¶一簞食 一一飮<論語> ㉯박속을 판 그릇. 술도 담고 부낭(浮囊)으로도 씀. ¶一囊. ③구기. 구기의 총칭.
▷空一, 簞一, 詩一, 顏一, 飮一, 一一, 酒一, 瓠一

14
19【瓣】오이씨 판 |諫ㄅㄢˋ (ban)|べん(ハナビラ)

풀이①오이씨. ¶梅李核瓜一<謝惠連> ②오이 열매. ③꽃잎. ¶羿家奔娥太輕稅 須臾踢破蓮花一<楊維禎>
▷瓜一, 半月一, 蓮一, 靜脈一, 花一

瓦<기와 와>部

瓦 ④ 瓮 ⑤ 瓴 ⑥ 瓶 瓷 ⑦ 甁 ⑧ 甁 瓿 甀 ⑨ 甄 甃 ⑩ 甎 ⑪ 甌 甍 甋 甏 ⑫ 甑 甒 甔 甓 ⑬ 甕 甓 甖 ⑭ 甖 ⑯ 甗

0
5【瓦】기와 와 |馬ㄨㄚˇ (wa)|が(カワラ) *tile*

源象形. 지붕을 인 기와가 맞물려 나란한 모양을 본뜬 글자.

풀이①기와. ¶秦軍 鼓譟勒兵 武安屋一盡振<史記> ②질그릇. 구운 토기(土器)의 총칭. 굽지 아니한 것은 배(坏)라 함. ¶君尊一甒<禮記> ③실패. 실을 감는 물건 ¶載弄之一<詩經> ④방패의 등. ¶射之中楯一<左氏傳>

【瓦家】(와가)韓 기와집. ↔草家(초가).

【瓦鷄】がけい(와계) 기와로 만든 닭. 외양만 갖추었을 뿐 아무 쓸모가 없음의 비유.
【瓦工】がこう(와공) 기와를 굽는 사람. 瓦匠(와장). 瓦師(와사).
【瓦溝】がこう(와구) 기왓고랑. 암키와가 이어져서 도랑처럼 되어 빗물을 받아 흘리는 곳.
【瓦當】がとう(와당) 기와의 마구리.
【瓦釜雷鳴】がふらいめい(와부뇌명) 질그릇으로 만든 솥이 우뢰같은 소리를 냄. 현사(賢士)가 때를 얻지 못하고 우매한 사람이 높은 자리에 앉아 큰소리 침의 비유.
【瓦師】がし(와사) ☞ 瓦工(와공).
【瓦斯】ガス(와사) ①가스(gas)의 음역(音譯). ¶—燈. ②기체(氣體)의 총칭.
【瓦硯】がけん(와연) 흙을 구워 만든 벼루.
【瓦全】がぜん(와전) 기와로 온전하게 살아 남음. 곧, 아무 보람 없이 목숨을 보전하거나 겨우 구명도생(救命圖生)함의 비유. ↔玉碎(옥쇄).
【瓦合】がごう(와합) ①자기의 방정(方正)함을 깨뜨리고 뭇 사람과 영합(迎合)하는 일. ②오합지 중(烏合之衆)을 이름.
【瓦解】がかい(와해) 기와 깨지듯이 조직이나 계획 등이 깨어져 흩어짐. ¶土崩—.
▷古—, 鬼—, 弄—, 陶—, 銅—, 銅雀—, 碧—, 飛—, 霜封—, 石—, 魚鱗—, 屋—, 銀—, 竹—, 簷—, 靑—, 靑瑤—, 翠—, 漆—, 片—, 毁—

4
9 【瓮】 독 옹 | 送 ㄨㄥˋ (weng) | おう(カメ)

5
10 【瓴】 동이 령 | 靑 ㄌㄧㄥˊ (ling) | れい(カメ)
풀이 ①동이. 양옆에 귀가 달린 동이. ¶夫救火者 汲水而趍之 或以甕— 或以盆盂<淮南子> ②암키와. ③벽돌. 바닥에 까는 벽돌. ¶—甋.
▷建—, 碧—, 甕—, 瓦—

6
11 【瓶】 병 병 | 靑 ㄆㄧㄥˊ (ping) | へい(ビン) *bottle*
㊍甁
풀이 ①병. 단지. 항아리. ¶金—汎羽巵<沈約> ②두레박. ¶未繘井 羸其—<易經> ③시루. ¶盛於盆 尊於—<禮記>
【瓶梅】へいばい(병매) 화분에 심은 매화나무. 또는, 꽃병에 꽂꽂이한 매화.
【瓶洗】へいせん(병세) 꽂꽂이한 꽃.
▷空—, 金—, 罍—, 銅—, 銀—, 酒—, 鐵—, 土—, 花—

6
11 【瓷】 오지 그릇 자 | 支 ㄘˊ (ci) | し(ヤキモノ)

7
12 【瓻】 술단지 치 | 支 ㄔ (chi) | ち

13 【甁】 瓶(p.1005)의 本字

8
13 【瓿】 단지 부 | 宥 ㄅㄨˋ (bu) | ほう(ホトギ)
풀이 단지. 작은 항아리. ¶吾恐後人用覆醬—也<漢書>
▷醬—

8
13 【甀】 항아리 추 | 寘 ㄔㄨㄟˊ (chui) | つい(カメ)

9
14 【甄】
1 질그릇 견 | 先 ㄓㄣ | けん
2 질그릇 진 | 眞 (zhen) | しん
3 땅 이름 견 | 霰 | けん
4 밝을 계 | 齊 | けい

풀이 1 ①질그릇. ②녹로(轆轤). 오지 그릇을 만드는 데 쓰는 물레. ¶—陶品類<後漢書> ③가마. 질그릇을 굽는 가마. ④질그릇 굽는 사람. ¶惟—者之所爲<漢書> ⑤벽돌. 바닥에 까는 벽돌. ⑥땅. ⑦바꾸다. 바뀜. 화육(化育)함. ¶—陶國風<何晏> ⑧살피다. 분별함. ¶—無名之士於草萊<抱朴子> ⑨나누다. 구별지음. ¶論難於前 無所—明<後漢書> ⑩면(免)하다. 벗어남. ⑪나타나다. 나타냄. ¶聖心豈徒— 惟德在無忘<謝瞻> ⑫힘쓰다. ⑬흔들다. 흔들림. 通 震. ¶薄聲—<周禮> ⑭밝다. ¶靈既自—<後漢書> ⑮종(鐘)의 약한 소리. ⑯새가 나는 모양. ¶——. ⑯진법(陣法) 이름. ¶——. ⑰굴뚝의 밑둥. 2 질그릇. 3 땅 이름. 通 鄄. ¶諸侯會桓公於—<史記> 4 밝다. 밝힘. ¶神農始立地形—度四海<春秋命曆敍>

甄② (三才圖會)

【甄工】けんこう(견공) 옹기장이. 甄者(견자).
▷陶—, 兩—, 精—

9
14 【甃】 벽돌담 추 | 宥 ㄓㄡˋ (zhou) | しゅう (イシガキ)
풀이 ①벽돌담. ¶井—無咎<易經>/—砌. ②우물 벽돌. 우물 바닥이나 우물벽을 쌓은 벽돌. ¶缺—之崖<莊子>/—甎. ③꾸미다. ¶光明藹不發 腰龜徒—銀<李賀>
▷缺—, 碧—, 壁—, 石—, 井—, 苔—

10
15 【甈】 항아리 계 | 霽 ㄑㄧˋ (qi) | けい(カメ)

11
16 【甌】
1 사발 구 | 尤 ㄡ | おう
㊍우 | (ou) | *bowl*
2 종족 이름 우 | 宥 | おう

풀이 1 ①사발. ②중발. 주발. ③악기. 열 두 개의 사기 그릇에 물을 채워, 젓가락으로 두드려 소리를 냄. ④땅 이름. ¶—越. 2 종족 이름. ¶—越.

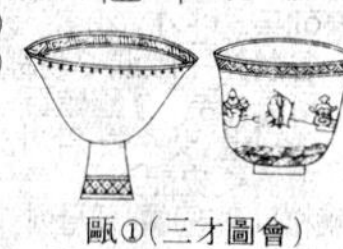
甌①(三才圖會)

【甌越】おうえつ(구월) ①월족(越族)이 살던 곳. 절강성(浙江省)에 있음. 본래 그 지대가 구강(甌江)에 임해 있었기 때문에 종족 이름으로도 삼음. ②광동성(廣東省) 해남도(海南島)의 일부.
▷擊一, 金一, 東一, 白一, 西一, 素一, 升一, 盎一, 瓦一

11 16〖甍〗 용마루 맹 |㊥ㄇㄥˊ (meng)|ぼう (イラカ)
풀이①용마루. 용마루 기와. ¶鎮其一矣<國語> ②싹트다. ㊀萌.
▷棟一, 飛一, 連一, 雲一, 彫一

11 16〖甋〗 벽돌 적 |㊥ㄉㄧˋ (di)|てき

11 16〖甎〗 벽돌 전 |㊥ㄓㄨㄢ (zhuan)|せん
【甎瓦】せんが(전와) ①바닥에 까는 기와나 벽돌. ②벽돌과 기와.
▷甋一, 磨一成鏡, 甃一

12 17〖甐〗 그릇 린 |㊥ㄌㄧㄣˋ (lin)|りん (ウツワ) vessel
풀이①그릇. ②움직이다. ③해지다. 닳음. ㊂磷. ¶是故輪雖敝 不一於鑿<周禮>

12 17〖甒〗 술단지 무 |㊥ㄨˇ (wu)|ぶ, む

12 17〖甑〗 시루 증 |㊥ㄗㄥˋ (zeng)|そう (コシキ)
【甑塵釜魚】そうじんふぎょ(증진부어) 시루에 먼지가 쌓이고 솥에 물고기가 생김. 극히 가난함의 비유.
▷補一, 覆一, 釜一, 石一, 瓦一, 坐一, 炊一

12 17〖甏〗 항아리 팽 |㊥ㄆㄥˋ (peng)|ほう (カメ)

13 18〖甔〗 항아리 담 |㊥ㄉㄢ (dan)|たん (カメ)

13 18〖甓〗 벽돌 벽 |㊥ㄆㄧˋ (pi)|へき
풀이①벽돌. 바닥에 까는 벽돌. ¶中唐有一<詩經> ②기와.
▷古一, 瓴一, 瓦一, 塼一

13 18〖甕〗 독 옹 |㊥ㄨㄥˋ (weng)|おう (カメ) jar
풀이독. 단지. ㊀瓮. ㉮옹기 두레박. ¶井谷射鮒一敝漏<易經> ㉯술이나 젓을 담는 독. ¶醯醢百一<禮記> ㉰쳐서 장단을 맞추는 악기. ¶夫擊一扣缻 彈箏搏髀<史記>
【甕棺】(옹관)㊛ 옛날에 쓰던, 오지로 만든 관.
【甕器】(옹기)㊛ 질그릇, 오지그릇의 총칭.
【甕器匠】(옹기장)㊛ 옹기장이. 陶工(도공).
【甕頭】おうとう(옹두) 처음 익은 술. 「酒.
【甕頭春】おうとうしゅん(옹두춘) 옹두(甕頭). 春은
【甕城】おうじょう(옹성) 큰 성문을 엄호하기 위하여 성문 밖에 반달 모양으로 쌓은 성.
【甕天】おうてん(옹천) 독 안에서 바라보는 하늘을 하늘의 전부로 앎. 견문이 좁음의 비유. 井底蛙(정저와).
▷金一, 漏一, 釀一, 瓦一, 入一

14 19〖甖〗 술단지 앵 |㊥ㄧㄥ (ying)|おう

16 21〖甗〗 시루 언 |㊥ㄧㄢˇ (yan)|げん (コシキ)

甘<달 감>部

甘 ④ 甚 ⑥ 甜 ⑧ 甞

0 5〖甘〗 달 감 |㊥ㄍㄢ (gan)|かん (アマイ) sweet
源指事. 「一」은 입안에 맛있는 음식이 들어 있음을 나타냄.
풀이①달다. ㉮단 맛이 있다. ㉯맛이 좋다. ㉰쾌하다. 기분이 좋음. ¶幣重而言一<左氏傳> ㉱느릿하다. 느슨함. ¶徐則一而不固<莊子> ②달게 여기다. ㉮좋다고 하다. ¶一易牙之和<淮南子> ㉯즐기다. 좋아하여 싫증이 나지 아니함. ¶一酒嗜音<書經> ㉰즐기다. ¶一與子同夢<詩經> ㉱만족해하다. ¶一心首疾<詩經> ③맛좋은 것. ㉮맛좋은 음식. ¶爲肥一不足於口歟<孟子> ㉯맛의 바탕이 되는 것. ¶味者一立而五味亭矣<淮南子> ④익다. 잘. 충분히. ㊂酣. ¶一寢秉羽<莊子> ⑤간사하다. 바르지 아니함. ¶一臨.
【甘橘】かんきつ(감귤) 밀감(蜜柑).
【甘棠之愛】かんとうのあい(감당지 애) 선정(善政)한 사람을 사모하는 마음이 간절함의 비유. 백성들이 주(周) 소공(召公)의 선정에 감동하여, 그가 쉬었다는 팥배나무를 소중하게 받들었다는 옛일에서 온 말.
【甘醴】かんれい(감례) 맛이 좋은 술. 또는, 단술. 甘酒(감주).
【甘露】かんろ(감로) ①단 이슬. 천하가 태평하면 내린다고 함. 神漿(신장). ②《佛》 부처의 교법(敎法)을 이름.
【甘露水】かんろすい(감로수) ①설탕을 타서 끓인 뒤에 식힌 물. 빙수(氷水) 등에 씀. ②맛이 좋은 물의 일컬음.
【甘露酒】(감로주) 소주에 용안육, 구기자, 대추 등을 넣어 우린 술.
【甘味】かんみ(감미) 단맛. ¶一料. ↔苦味(고미).
【甘受】かんじゅ(감수) 달게 받음. 쾌히 받음.
【甘言利說】かんげんりせつ(감언이설) 남의 비위를 맞추는 달콤한 말과 이로운 조건을 내세워 꾀는 말. 사탕발림.
【甘藷】かんしょ(감저) 고구마. 甘薯(감서).

【甘井先竭】かんせいせんけつ(감정선갈) 물맛이 좋은 우물은 먼저 마름. 재능이 출중한 사람은 혹사(酷使)당하여 빨리 쇠폐(衰廢)함의 비유. 「좋아함.
【甘酒】かんしゅ(감주) ①좋은 술. ②단술. ③술을
【甘泉】かんせん(감천) ①맛좋은 물이 솟는 샘. ②한(漢)대의 궁전 이름. ③수(隋)대의 궁전 이름.
【甘草】かんぞう(감초) ①콩과에 속하는 여러해살이풀. 중화(中和)·교미(矯味)·해독(解毒) 등의 약재로 널리 쓰임. ②어떤 방면에나 두루 쓰이는 사람. ③아무 일에나 참견하고 나서는 사람의 비유. 감초는 어느 약방문에나 거의 빠지지 않고 드는 데서 온 말.
【甘呑苦吐】(감탄고토)韓 달면 삼키고 쓰면 뱉음. 제게 유리하면 이용하고 불리하면 내치는 이기적인 태도를 이름.
【甘湯】(감탕)韓 ①엿을 고아낸 솥을 가신 물. ②메주 솥에 남은 진한 물.
▷口—, 露—, 味—, 蜜—, 芳—, 分—共苦, 肥—, 酸—, 食—, 心—, 言—, 旨—, 珍—, 泉—, 甜—, 寢—, 豊—, 含—

8【邯】☞ 邑部 5획(p.1506)
9【某】☞ 木部 5획(p.759)

4 9【甚】 1 심할 심 2 무엇 심 | 寢 ㄕㄣˋ (shen) 沁 | じん(ハナハダ) severe じん

풀이 1 ①심하다. 정도에 지나침. ¶—矣吾衰也<論語> ②편안하고 즐겁다. ¶— 尤安樂也<說文> ③두텁다. 중후함. ¶鄙者宰穀臣之觴吾子也—歡<呂覽> ④진실로. ¶左右皆曰 —然<戰國策> ⑤깊다. ¶王之不說嬰也—<呂覽> 2 무엇. 의문사로 씀. ¶夜涼獨自—情緒<姜夔>
【甚急】じんきゅう(심급) 매우 급함. 형세가 매우 절박함.
【甚麼】イカン(심마) 무엇. 어느. 어떤.
【甚深】じんしん(심심) 매우 깊음. 신비스러운일.
【甚愛】じんあい(심애) 몹시 사랑함. 도에 지나치게 사랑함. ¶—必大費 多藏必厚亡<老子>
【甚至於】(심지어) 심하면. 심하게는.
▷劇—, 未—, 說—, 銳—, 愈—, 已—, 藉—, 太—, 恨—, 幸—

6 11【甜】 달 첨 | 鹽 ㄊㄧㄢˊ (tian) | てん(アマイ)

源 會意. 혀[舌]로 단 맛[甘]을 봄의 뜻.
풀이 ①달다. 맛있음. ¶酸—滋味 百種千名<張衡> ②잘 자다. 달게 잠. ¶三杯軟飽後 一枕黑—餘<蘇軾>
▷甘—, 苦—, 肥—, 酸—, 黑—

11【甛】 甜(p.1007)과 同字
13【甞】 嘗(p.312)과 同字

生<날 생>部

生 ⑤ 甡 ⑥ 產 産 ⑦ 甥 甦

0 5【生】 날 생 | 庚 ㄕㄥ 敬 (sheng) 梗 | せい, しょう (ウマレル) born

源 象形. 초목이 나서 자라 땅 위로 돋는 모양을 본뜸.
풀이 ①나다. ㉮태어나다. ¶孔子—魯昌平鄉陬邑<史記> ㉯천생으로. 나면서부터. ¶—而知之<中庸> ㉰초목이 나다. ¶師之所處 荊棘—焉<老子> ②낳다. ¶乃—男子 載寢之牀<詩經> ③살다. ㉮살아 있다. ¶狄人歸其元 而如—<左氏傳> ㉯살아 나가다. ¶—乎今之世 反古之道<中庸> ㉰산 채로. ¶以其不—得也<左氏傳> ④살리다. ¶能—死一人<呂覽> ⑤삶. ㉮살아 있는 일. ¶—亦我所欲也<孟子> ㉯바둑에서 두 집을 내어 살다. ¶動若棊— 靜若棊死<唐書> ⑥산 것. ㉮산 사람. ¶事死如事—<中庸> ㉯산 동물. ¶君賜—必畜之<論語> ㉰목숨 있는 것. 모든 생물(生物). ¶常畏—類之殄也<張衡> ⑦날것. ¶與—一彘肩<史記> ⑧새롭다. ⑨서투르다. 낯설음. ¶不可容—人入內<致富奇書> ⑩천연의. 가공하지 않은. ¶—鐵. ⑪자라다. ¶其母竊擧—之<史記> ⑫기르다. ¶以—萬民<周禮> ⑬백성. 인민. ¶蒼—更始<史岑> ⑭생업. 생활. ¶勃以織薄曲爲—<史記> ⑮의리. ¶民懷—矣<左氏傳> ⑯천성. 通 性. ⑰이루다. ¶天之—物 必因其材<中庸> ⑱나오다. 냄. ¶—於不學<呂覽> ⑲나아가다. 초목이 자람. ¶汝萬民乃不——<書經> ⑳일어나다. 발생함. ¶哽而不止則跈 跈則衆害—<莊子> ㉑한평생. ¶——及<公羊傳> ㉒포로(捕虜). ¶斬虜獲—<漢書> ㉓사물. ¶故神降之嘉—<漢書> ㉔선비. 학문을 지닌 사람. ㉮학생. ¶而官諸—之職者也<管子> ㉯선생. ¶以魏地萬戶封—<漢書> ㉰선배. 노인. ¶遂以摯見於鄉大夫鄉先—<儀禮> ㉱학문하는 사람의 자칭 및 대칭(對稱)의 대명사. 저. 그대. ¶—揣我何念<史記> ㉕조사(助辭). ¶未來且置 卽今事作麼—<傳燈錄> ㉖공교롭게도. 딱하게도. ¶—憎. ㉗끊이지 않는 모양. ¶——. ㉘희생. 通 牲. ㉙《佛》이승에 태어남. 12 인연의 하나. ¶—老病死.
【生家】せいか(생가) ①자기가 난 집. ②양자(養子)가 자기가 난 집을 이름. 本生家(본생가). 本生(본생). ↔養家(양가).
【生薑】せいきょう·しょうが(생강) 새앙. 生姜(생강).
【生梗】せいこう(생경) ①두 사람 사이에 불화가 생김. ②부드러운 맛이 없이 꺽꺽함.
【生硬】せいこう(생경) ①시문(詩文) 따위가 세련되지 않아 딱딱함. ②세상 물정에 어둡고

완고함.
【生計】せいけい(생계) ①살아나가는 방도. 生道(생도). ②꾀를 냄. 방책(方策)을 냄.
【生苦】せいく(생고)《佛》 사고(四苦) 또는 팔고(八苦)의 하나. 이 세상에 태어나는 괴로움.
【生穀】せいこく(생곡) ①오곡(五穀)을 이름. ②익히지 않은 곡식. ③곡식을 산출(產出)함.
【生果】せいか(생과) 생생한 과실. 생과실.
【生寡婦】(생과부)㊇ ①남편과 생이별한 여자. ②갓 결혼하였거나 약혼만 하였다가 과부가 된 여자.
【生光】せいこう(생광) ①빛을 냄. ②해나 달의 개기식(皆旣蝕)이 끝나고 다시 빛이 나는 일. ③㊇ ㉮낯이 남. 生色(생색). ㉯아쉬울 때 잘 쓰게 되어 보람이 있음.
【生壙】せいこう(생광) 생전에 미리 만들어 놓은 묘. 壽藏(수장).
【生剋】せいこく(생극) 오행(五行)의 상생(相生)과 상극(相剋). 상생은, 木은 火를, 火는 土를, 土는 金을, 金은 水를, 水는 木을 생(生)함. 상극은, 木은 土에, 土는 水에, 水는 火에, 火는 金에, 金은 木에 극(剋)함.
【生金】せいきん(생금) ①황금을 산출(產出)함. ②금기(金氣)를 냄. ¶地以四— 天以五生土<漢書> ③㊇ 정련하지 아니한, 캐낸 대로의 금. 「禽(생금).
【生擒】せいきん(생금) 사로잡음. 生捕(생포). 生
【生氣】せいき(생기) ①만물을 생장, 발육시키는 힘. ②활발하고 생생한 기운. ③적개심을 일으킴. ④성을 냄.
【生寄死歸】せいきしき(생기사귀) 인간이 이 세상에 사는 것은 잠깐 머무는 것이고, 죽는 것은 본집으로 돌아가는 것임.
【生男】(생남) 아들을 낳음. 生子(생자).
【生年】せいねん·しょうねん(생년) ①태어난 해. ②살아 있는 동안. 수명을 이름.
【生年月日時】(생년월일시)㊇ 태어난 해·달·날·시. 四柱(사주). 「의 학생.
【生徒】せいと(생도) ①학생. 제자. ②사관 학교
【生動】せいどう(생동) ①살아서 생기 있게 움직임. ②예술 작품이나 이야기 따위가 생생한 실감이 남. ¶—感.
【生得】せいとく①·しょうとく②(생득) ①사로잡음. ②《佛》 타고남. 타고난 법(法). 나면서 터득한 법.
【生來】せいらい·しょうらい(생래) ①세상에 난 뒤. ②타고난 성질. 天性(천성). 「민(人民).
【生靈】せいれい(생령) ①생명. ②생민(生民). 인
【生老病死】しょうろうびょうし(생로병사)《佛》 인생의 네 가지 큰 고통. 남, 늙음, 병듦, 죽음. 四苦
【生栗】なまぐり(생률) 날밤. 「(사고).
【生理】せいり(생리) ①유기체의 기능과 작용. 곧, 유기체의 생명 현상과 생활 현상. ②사람으로 타고난 까닭. ③생물의 사활(死活)의 원리. ④생계. 직업. ⑤생리학(生理學)의 준말. ⑥월경(月經)을 이름. ¶—休暇/—日.
【生埋葬】(생매장) 산 채로 땅에 묻음.
【生麥酒】なまビール(생맥주) 살균하기 위한 가열을 하지 않은, 양조된 그대로의 맥주.
【生面不知】(생면부지)㊇ 서로 만나 본 일이 한 번도 없어서 전혀 모르는 사람.
【生滅】せいめつ①·しょうめつ②(생멸) ①사는 일과 망하는 일. 남과 죽음. ②《佛》 생(生)과 멸(滅). 곧, 생과 사(死). 변화 무상(無常)함을 이름.
【生命】せいめい(생명) ①목숨. 하늘이 부여한 바를 命, 사람이 얻은 바를 生이라 함. ②어떤 사물 현상 등의 기능에 있어 본질적이며 기본적인 것.
【生母】せいぼ(생모) 자기를 낳은 어머니. 친어머니. ↔養母(양모).
【生木】せいぼく(생목) ①산 나무. ②갓 벤 나무. ③㊇ 잿물에 삶아 바래지 않은 포목.
【生物】せいぶつ(생물) ①생명을 가지고 생활을 하는 것. 동물, 식물의 총칭. ②물품을 생산함. ③산 것.
【生民】せいみん(생민) ①백성. 人民(인민). 蒼生(창생). ②백성을 가르치고 기름. ¶—欲寬<荀子> ③백성을 낳음.
【生蕃】せいばん(생번) ①교화되지 않은 야만인. ↔熟蕃(숙번). ②무성하게 자람. ③대만의 고사족(高沙族) 중, 아직도 숲 속에서 원시적 생활을 하고 있는 토족(土族).
【生別】せいべつ(생별) 생이별. ↔死別(사별).
【生病】(생병)㊇ ①무리한 일을 한 탓으로 생긴 병. ②꾀병.
【生父】せいふ(생부) 자기를 낳은 아버지. 친아버지. ↔養父(양부).
【生佛】イキボトケ(생불)《佛》 살아 있는 부처. 자비심 많은 고승(高僧)을 기리어 이르는 말.
【生死】せいし(생사) ①삶과 죽음. ②《佛》 모든 생물이 과거의 업(業)의 결과로 개체를 이루었다가 다시 해체(解體)되는 일.
【生絲】きいと(생사) 생명주실. ↔練絲(연사).
【生祠堂】(생사당)㊇ 백성이 감사(監司)나 수령(守令)의 선정(善政)을 기리기 위하여 생전부터 모시던 사당. 生祠(생시).
【生死流轉】しょうじるてん(생사유전)《佛》 생과 사의 사이를 한없이 윤회하는 일.
【生死肉骨】せいしにくこつ(생사육골) 죽은 사람을 살려 백골에 살을 붙인다는 뜻으로, 큰 은혜를 베풂을 이름.
【生產】せいさん(생산) ①자연물에 인력을 가하여 사람에게 유용(有用)한 재화(財貨)를 만들어내는 일. ↔消費(소비). ②생계의 방편이 되는 산업. 生業(생업). ③아이나 새끼를 낳음.
【生殺與奪】せいさつよだつ(생살여탈) 살리고 죽이고, 주고 빼앗음. ¶—權. 「(수삼).
【生蔘】(생삼)㊇ 캐낸 그대로의 인삼. 水蔘
【生色】せいしょく(생색) ①생생한 윤기. ②안색에 드러남. ③㊇ 어떤 도움이나 영향으로 남 앞에 떳떳이 나설 수 있는 체면.
【生生】せいせい(생생) ①만물이 끊임없이 생성되는 일. ¶—之謂易<易經> ②자기의 삶에 집착함. ¶殺生者不死 —者不生<莊子> ③역(易)에서, 생의 덕을 생장수장(生長收藏)의 4가지로 나눈 때의 생의 덕. 生長(생장)②. ¶易之易者 —之謂也<皇極經世書>

【生生世世】しょうじょうせぜ(생생세세)《佛》현세나 내세나 언제까지나. 永世(영세). 永劫(영겁).
【生鮮】せいせん(생선) ①韓 말리거나 절이지 아니한 잡은 그대로의 물고기. 鮮魚(선어). ②어류, 육류의 신선한 것.
【生成】せいせい(생성) ①생기어 이루어지거나, 생기어 이루어지게 함. ②천성(天性). 타고난 성질. ③사물이 그 상태를 바꾸어 다른 것이 되는 일.
【生疎】せいそ①②·サンス③(생소) ①친숙하지 못하여 낯이 섦. ②익숙하지 못하여 서투름. ③《佛》거칠고 막됨. 상스럽고 천함.
【生水】ナマミズ(생수) 샘에서 나오는 물. 샘물.
【生受】せいじゅ(생수) 받기 어려움. 사의(謝意)를 표하는 말. 고맙습니다, 수고했습니다 등의 뜻. ¶交百姓—<通俗編>
【生遂】せいすい(생수) 기름. 자람. ¶春三月 綏施—<新書>
【生時】せいじ(생시) ①난 시간. 난 시(時). ②자지 아니하고 깨어 있을 때. ③사람이 살아 있는 동안. 「날로 먹음.
【生食】せいしょく(생식) 음식물을 익히지 아니하고
【生殖】せいしょく(생식) ①낳아서 번식함. ②생물체가 새 개체(個體)를 낳는 현상. 유성생식(有性生殖), 무성생식(無性生殖)이 있음.
【生殖器】せいしょくき(생식기) 동식물의 생식을 맡은 기관. 「칭.
【生辰】せいしん(생신) 윗사람이나 남의 생일의 존
【生心】せいしん(생심) ①딴마음을 품음. ②타고난 그대로의 마음. ③식물의 눈이 틈. ④韓 할 생각을 냄. 또는, 그 생각.
【生涯】せいがい·しょうがい(생애) ①한평생. ②생활하기 위한 사업. 生業(생업).
【生藥】せいやく(생약) ①식물성 약재. 제제(製劑)하지 아니한 약재. ②먹기에 익숙하지 않은 약.
【生業】せいぎょう(생업) 생활하기 위한 직업.
【生員】せいいん(생원) ①과거에 급제한 사람. ㉮원고(院考)에 급제하여 부주현학(府州縣學)의 학생이 된 사람. ㉯소과(小科) 종장에서 경의(經義) 시험에 급제한 사람. ②韓 나이가 많은 선비 또는 남자의 그 성(姓) 아래 붙여 부르는 말.
【生肉】せいにく(생육) 날고기. 신선한 고기.
【生育】せいいく(생육) ①낳아 기름. 또는, 성장 발육함. ②생업에 종사하여 이제는 살림살이가 자리잡힘.
【生意】せいい(생의) ①활발하고 생생한 기운. 生氣(생기). ②만물이 성장하는 의의. ③사사로운 인정을 가짐. ④생업. 상업. 영업. ⑤韓 무엇을 하려고 하는 마음을 먹음. 生心(생심).
【生離別】せいりべつ(생이별) 부부가 서로 살아 있으면서 하는 이별. 生別(생별).
【生而知之】ウマレナガラニシテコレヲシル(생이지지) 태어나면서부터 앎. 배우지 아니하고 앎. 生知(생지). ※學而知之(학이지지)·困而知之(곤이지지).
【生日】せいじつ(생일) 태어난 날. 탄생일(誕生日).
【生子】せいし(생자) ①낳은 아들. 또는, 아들을 낳음. ②아이를 낳음.
【生者】せいじゃ(생자) 살아 있는 사람. 살아 있는 것. ↔死者(사자).
【生者必滅】しょうじゃひつめつ(생자 필멸)《佛》목숨이 있는 것은 반드시 죽음.
【生長】せいちょう(생장) ①나서 자람. ②역(易)의 4가지 생의 덕 가운데서 장(長)의 덕. ※生生(생생)③.
【生前】せいぜん(생전) ①살아 있는 동안. 죽기 전. ②태어나기 전의 세상. 前生(전생). ③韓 아무리 애써 보아도. 결코. 전혀.
【生存】せいぞん(생존) 살아 있음. 生息(생식). ¶—競爭/—權. 「게. 얄밉게.
【生憎】せいぞう·アイニク(생증) 공교롭게도. 계제 사납
【生地】せいち(생지) ①살려면 살 수 있는 곳. ↔死地(사지). ②땅을 낳음. 땅이 생김. ③생지황(生地黃)의 준말. ④미지의 곳. 낯선 곳. ⑤출생지.
【生知安行】せいちあんこう(생지안행) 나면서 도(道)를 알고, 깊이 생각하지 않고도 편하게 행함. 성인(聖人)의 경우를 이름. 「生而知之安而行之」의 준말.
【生地獄】イキじごく(생지옥) 처참할 정도로, 아주 고통스러운 경우를 이름.
【生地黃】せいじおう(생지황) 지황의 날뿌리. ↔熟地黃(숙지황). 「고함의 비유.
【生鐵】せいてつ(생철) ①무쇠. 銑鐵(선철). ②견
【生初喪】(생초상)韓 변고로 자기 명을 다 살지 못한 사람의 초상.
【生齒】せいし(생치) ①당년에 난 아이. 남자는 8달, 여자는 7달만에 이가 나므로 이름. ②인민. 인구(人口).
【生呑活剝】せいどんかっぱく(생탄활박) 산 채로 삼키고 산 채로 껍질을 벗김. 남의 시문을 송두리째 도용(盜用)함을 이름.
【生頉】(생탈)韓 ①탈이 생김. ②일부러 탈을 만들어냄. 또는, 탈.
【生態】せいたい(생태) 생물의 생활 상태. ¶—界.
【生捕】せいほ·イケドリ(생포) 산 채로 잡음. 生擒(생금).
【生號令】(생호령)韓 까닭 없이 하는 호령.
【生花】せいか①②·イケバナ③④(생화) ①꽃이 핌. ②꽃을 나타내 보이는 요술의 하나. ③꽃꽂이. ④실물의 화초. ↔造花(조화).
【生還】せいかん(생환) 살아서 돌아옴.
【生活】せいかつ(생활) ①살아나감. ②생계. 살림살이. ③공작품.
【生後】せいご(생후) 난 후. 출생 후.
▷可憐—, 嘉—, 更—, 輕—, 狂—, 麴—, 群—, 寄—, 樂極哀—, 樂—, 卵—, 怒—, 對—, 倒—, 同年—, 同—, 蔓—, 忙—, 門—, 物—, 末末—, 民—, 發—, 放—, 白面書—, 本立道—, 蘖—, 浮—, 復—, 不聊—, 死—, 師—, 寫—, 殺—, 書—, 先—, 攝—, 小—, 所—, 俗—, 瘦—, 濕—, 視死如—, 新—, 十死一—, 野—, 養—, 旅—, 餘—, 寤—, 往—, 友—, 衛—, 儒—, 輪—, 一—, 一切衆—, 自—, 資—, 滋—, 長—, 再—, 楮—, 全—, 諸—, 濟—, 族—, 簇—, 尊—, 終—, 蠢—, 重—, 叢—, 畜—, 出—, 治—, 七—, 誕

一, 貪一, 胎一, 偷一, 平一, 閉戶先一, 筆一, 學一, 寒一, 幸一, 鄕先一, 互一, 化一, 禍從口一, 厚一, 後一

9〖牲〗 ☞ 牛部 5획 (p. 971)

9〖星〗 ☞ 日部 5획 (p. 715)

10〖眚〗 ☞ 目部 5획 (p. 1061)

5 10〖甡〗 우글거릴 신 |圓ㄕㄣ (shen)| しん

6 11〖產〗 1 낳을 산 2 기를 산 |潸ㄔㄢˇ 諓(chan)| さん(ウム) *bear*

⑮産

풀이 1 ①낳다. ㉮아이를 낳다. ¶出一. ㉯만들어 내다. ¶一萬物者聖也<禮記> ②나다. ㉮태(胎)에서 나다. ¶鴻鵠千歲者 皆胎一<毛詩陸疏廣要> ㉯물(物)에서 나다. ¶金芝九莖一于函德殿銅池中<漢書> ③일어나다. 비롯함. ¶私說日益 公說日損 國家之不治 從此一矣<管子> ④산물(產物). ¶屈一之乘<左氏傳> ⑤출신(出身). 생장지. ¶陳良楚一也<孟子> ⑥재산. 생업. ¶有恒一者有恒心<孟子> ⑦기르고 있는 희생. 通 犍. ⑧큰 피리. 같 簅. ⑨산이 굽이지다. 通 嵼. ¶思蹇一而不釋<楚辭> ⑩내 이름. 通 滻. ¶霸一豊澇<漢書> 2 기르다.

【產故】(산고)韓 아이를 낳는 일. 「(산로).
【產苦】さんく(산고) 아이를 낳는 괴로움. 產勞
【產氣】さんき①・さんけ②(산기) ①만물을 낳는 기운. ②아이를 낳을 기미.
【產期】さんき(산기) 밴 아이를 낳을 시기.
【產卵】さんらん(산란) 알을 낳음. ¶一期.
【產勞】さんろう(산로) ☞產苦(산고).
【產母】さんぼ(산모) 아이를 갓 낳은 여자.
【產物】さんぶつ(산물) ①그 지방에서 생산되어 나오는 물건. ②어떤 것에 의하여 생겨나는 사물.
【產米】さんまい(산미) ①농사를 지어 산출하는 쌀. ②해산 어미가 먹을 밥을 짓는 쌀. 해산쌀.
【產朔】(산삭)韓 해산달. 產月(산월).
【產室】さんしつ(산실) 아이를 낳는 방.
【產兒制限】さんじせいげん(산아제한) 인위적 방법으로 아이 낳는 일을 제한하는 일.
【產額】さんがく(산액) 생산액.
【產業】さんぎょう(산업) ①생산을 하는 일. 농업·공업·수산업 등. ②살아가기 위하여 하는 일. 生業(생업). ③재산. 자산(資產).
【產褥】さんじょく(산욕) 해산할 때에 산모가 까는 요. 產蓐(산욕).
【產院】さんいん(산원) 산부(產婦)나 갓난 아이를 수용하여 돌보는 시설을 한 곳.
【產月】さんげつ(산월) 해산달. 產朔(산삭).
【產前】さんぜん(산전) 아이를 낳기 바로 전.
【產地】さんち(산지) ①물품이 생산되는 곳. 생산지. ②출생한 곳.
【產出】さんしゅつ(산출) 만들어냄. 산물이 남.
【產婆】さんば(산파) 해산 때 아이를 받고, 산모를 구완하는 일을 업으로 하는 여자. 助產員(조산원).
【產婆役】さんばやく(산파역) 어떤 일을 잘 주선해 이루어지게 하는 구실. 또는, 그런 구실을 하는 사람.
【產後】さんご(산후) 해산한 뒤. ↔產前(산전).
▷家一, 甲一, 蹇一, 經一, 工一, 公一, 鑛一, 國一, 難一, 農一, 同一, 動一, 末一, 無一, 物一, 牛一, 不動一, 副一, 死一, 私一, 生一, 小一, 所一, 水一, 安一, 有一, 流一, 陸一, 理一, 異一, 貲一, 資一, 財一, 定一, 助一, 中一, 天一, 畜一, 出一, 治一, 土一, 破一, 恒一, 海一, 解一, 後一

11〖産〗 產(p. 1010)과 同字

7 12〖甥〗 생질 생 |圊ㄕㄥ (sheng)| せい(オイ) *sister's son*

⑮ 甠

풀이 ①생질. ¶韓侯娶妻 汾王之一<詩經> ②외손자. ¶展我一兮<詩經> ③처남. 매부. ④사위. ¶帝館一于貳室<孟子>

【甥姪】せいてつ(생질) 자매(姊妹)의 아들딸.

12〖甠〗 甥(p. 1010)과 同字

12〖甦〗 穌(p. 1112)와 同字

14〖甦〗 甦(p. 1010)과 同字

—— 用<쓸 용>部 ——

用 ① 甪 ② 甫 甬 ③ 甯

0 5〖用〗 쓸 용 |困ㄩㄥˋ (yong)| よう(モチイル) *use*

源 會意. 옛날에는 점쳐서[卜] 맞으면 [中] 반드시 시행했으므로 「씀」을 뜻함.

풀이 ①쓰다. ㉮베풀다. 시행함. ¶初九 潛龍勿一<易經> ㉯부리다. 사역(使役)함. ¶雖楚有材 晋實一之<左氏傳> ㉰등용하다. 인물을 끌어 씀. ¶魯一孔丘<史記> ㉱행하다. 일함. ¶焉一稼<論語> ㉲다스리다. 나라를 다스림. ¶仁人之一國<荀子> ㉳들어 주다. ¶何鄕者慕一之誠 後相背之盭也<漢書> ②작용. 능력. ¶顯諸仁 藏諸一<易經> ③용도(用途). ¶吾爲其無一而掊之<莊子> ④방비(防備). ¶時至而求一<國語> ⑤비발. 비용(費用). ¶有財此有一<大學> ⑥재산. 밑천. ¶乘其財一之出入<周禮> ⑦제구(諸具). 연장. ¶利器一也<左氏傳> ⑧써. 같 以. ¶王由足一爲善<孟子> ⑨말미암다. 같 由. ¶故謀一是作<禮記> ⑩하다. 같 爲. ¶何一不臧<詩經> ⑪통하다. ¶一也者 通也<莊子·注> ⑫말. 언어. ¶文貌情一 相爲內外表裏<荀

子> ⑬쇠북. 종. 큰 종. 通鏞.
【用間】ようかん(용간) 간첩을 씀.
【用件】ようけん(용건) 볼일. 用務(용무).
【用管窺天】(용관규천) 대롱 구멍으로 하늘을 엿봄. 견문(見聞)이 좁음의 비유. 管은 筦으로도 씀. 以管窺天(이관궁천). 「구.
【用具】ようぐ(용구) 소용되는 기구. 필요한 기
【用器】ようき(용기) 기구를 씀. 또는, 그 기구.
【用達】ようたし(용달) 상품이나 물품 등을 개별적 요구에 응하여 전문적으로 배달하는 일. ¶
【用途】ようと(용도) 쓰는 자리나 방면. 「一車.
【用量】ようりょう(용량) 쓰는 분량. 주로, 약제(藥劑) 등에 대하여 씀.
【用力】ようりき(용력) 힘을 씀.
【用例】ようれい(용례) ①전부터 써 오는 실례. ②무엇의 사용을 보여 주는 예.
【用務】ようむ(용무) 볼일. 「법.
【用法】ようほう(용법) ①법률을 적용함. ②쓰는 방
【用兵】ようへい(용병) 전투에서 군대를 지휘함. ¶
【用費】ようひ(용비) 비발. 비용. 「一術.
【用色】(용색) 남녀가 교접(交接)함. 색을 씀.
【用水】ようすい(용수) ①물을 씀. 또는, 그 물. ②음료수에 대하여 허드렛물을 이름.
【用心】ようじん(용심) ①마음을 씀. 주의함. ¶天王之一何如<莊子> ②韓 심술궂은 마음.
【用語】ようご(용어) 일정한 분야에 쓰이는 말. 사용하는 자구(字句). 「제공하는 일.
【用役】ようえき(용역) 생산과 소비에 필요한 품을
【用意】ようい(용의) 어떤 일을 하려고 마음을 먹음. 또는, 그 마음. ¶說者一異也<論衡>/一周到.
【用人】ようにん(용인) 사람을 씀. 「씀.
【用材】ようざい(용재) 쓰는 재목. 또는, 재료로
【用紙】ようし(용지) ①종이를 씀. ②쓰이는 종이.
【用志不分】(용지불분) 오로지 한 가지 일에 몰두하여 정신을 분산(分散)시키지 않음. ¶孔子顧謂弟子曰 一 乃凝於神<莊子>
【用處】ようしょ(용처) 쓸 곳.
【用品】ようひん(용품) 쓰는 물건. 필요한 물품.
▷剛戾自一, 擧一, 經一, 公一, 功一, 共一, 國一, 軍一, 起一, 器一, 內一, 多一, 大器小一, 大一, 代一, 貸一, 棟梁一, 登一, 妙一, 無一, 無一之物, 竝一, 柄一, 寶一, 服一, 復一, 賦一, 費一, 聘一, 私一, 使一, 善一, 選一, 歲一, 小一, 施一, 試一, 食一, 信一, 實一, 惡一, 藥一, 兩一, 外一, 運一, 有一, 應一, 利一, 引一, 日一, 任一, 自一, 自家一, 作一, 雜一, 財一, 適一, 節一, 尊一, 遵一, 徵一, 借一, 采一, 採一, 聽一, 楚材晉一, 擢一, 通一, 特一, 佩一, 嚮一, 效一, 勳一

1 6 【甪】 사람 이름 록 [屋]ㄌㄨˋ(lu) ろく
※일설에 角(p.1367)의 와자(訛字)로 봄.
풀이 ①사람 이름. ¶一里. ②짐승 이름.
【甪里先生】ろくりせんせい(녹리선생) 진(秦)을 피하여 은거한 상산 사호(商山四皓)의 한 사람. 성은 주(周), 이름은 술(術), 자는 원도(元道). 패상선생(霸上先生)이라고도 함. 祿里先生(녹리선생). ※商山四皓(상산사호).

2 7 【甫】 1 클 보 [虞]ㄈㄨˇ(fu) ふ(オオキイ) 2 남새밭 포 [虞] ほ
풀이 1 ①크다. ¶無田一田<詩經> ②아무개. 남자의 미칭. ¶臨諸侯 畛於鬼神曰 有天王某一<禮記> ③비롯하다. 비로소. ¶一竁亦如之<周禮> ④많다. ¶一一. ⑤넓다. ⑥돕다. 通輔. ⑦나[我]. 2 남새밭. 通圃.
▷年一, 尼一, 章一, 衆一, 台一

2 7 【甬】 1 길 용 [腫]ㄩㄥˇ(yong) よう(ミチ) 2 대롱 동 [董] とう(クダ)
풀이 1 ①길. 양쪽을 널판장으로 가린, 골마루 같은 길. ¶一道. ②꽃이 피는 모양. ¶一一. ③범상(凡常)하다. 심상함. 通庸. ④말[斛]. ¶齊升一<呂覽> ⑤종(鐘)의 꼭지. ⑥품팔이꾼. 고용인(雇傭人). 通傭. ⑦쓰다. 부림. 通用. ⑧솟아오르다. 通踊. ⑨땅 이름. 2 대롱.
▷斗一, 楚一

12 【甯】 寧(p.444)과 同字

田<밭 전>部

田 甲 申 由 ② 男 甸 町 ③ 畀 画 ④ 畎 畊 界 畍 畇 畓 畏 畋 ⑤ 留 畝 畞 畔 畚 畛 畜 ⑥ 略 畧 異 畤 畢 畦 ⑦ 畱 番 畬 畭 畯 畳 畫 ⑧ 畸 當 畹 畷 畵 ⑨ 畽 ⑩ 畿 ⑭ 疆 疇 ⑮ 疈 ⑰ 疊

0 5 【田】 1 밭 전 [先]ㄊㄧㄢˊ(tian) でん(タ) 2 밭 갈 전 [霰] *field*
源 象形. 「口」는 사방의 경계선, 「十」은 동서 남북으로 통하는 길을 본뜸. 우리 나라에서는 田은 밭, 畓은 논을 나타냄.
풀이 1 ①밭. 곡식을 심는 경지. ¶一畓. ②경지 구획의 이름. ㉮1정(井)의 밭. 900묘(畝). ㉯50묘(畝). ㉰한 사람이 갈 밭. 100묘(畝). ③심다. 종자를 가려서 심음. ¶一者 擇種而種之<說苑> ④갈다. 경작(耕作)함. ¶令民得一之<漢書> ⑤생업(生業). 농업. ¶收其一里 敎之樹畜<孟子> ⑥사냥. 通畋. ㉮사냥의 총칭. ¶一无禽<易經> ㉯봄 사냥. ¶春曰一 夏曰苗 秋曰蒐 冬曰狩<穀梁傳> ⑦차다. 가득함. ⑧벌이다. 벌여 놓음. 通陳. ⑨사물의 형용. ¶蓮葉何一一<古詩> ⑩북 이름. 큰 북. ¶應一縣鼓<詩經> ⑪동(東). 동쪽. ⑫인체 부위(部位)의 이름. ¶丹一. ⑬벼슬 이름. 농사를 맡아 봄. ¶一畯. ⑭별 이름. ¶龍左角曰 天一<石氏星傳> 2 밭 갈다. 경작지(耕作地)를 다스림. 通佃. ¶無一甫一 維莠驕驕<詩經>

【田家】でんか(전가) ①시골 집. 농가. ②시골.
【田歌】でんか(전가) 농민의 노래. 모내기 노래.
【田車】でんしゃ(전거) 사냥에 쓰이는 수레.
【田結】でんけつ(전결) ①전지(田地)의 장부(帳簿). ②㊞韓 논밭의 조세(租稅).
【田穀】でんこく(전곡) 밭에서 나는 곡식.
【田單】でんたん(전단)《人》 춘추 전국 시대 제(齊)의 무장(武將). 화우(火牛)의 계(計)를 써서 연군(燕軍)을 대파(大破)하여 70여 성을 되찾음. ※火牛計(화우계).
【田畓】(전답)㊞韓 밭과 논. 농토.
【田稻】でんとう(전도) ①벼. 水稻(수도). ②벼를 심음. ¶暑濕耕田 一<史記>
【田獵】でんりょう(전렵) 사냥. 또는, 사냥함. 佃獵(전렵). ¶百姓一<禮記>
【田里】でんり(전리) ①100묘(畝)의 밭과 5묘의 집. ②마을. 촌락. 곧, 고향을 이름.
【田畝】でんぽ(전묘) ①논밭. 田畓(전답). ②밭고랑. ③밭의 면적.
【田文】でんぶん(전문) ☞孟嘗君(맹상군).
【田賦】でんぷ(전부) 토지에 부과하는 조세.
【田舍】でんしゃ①・いなか④(전사) ①전답(田畓)과 집. ②시골집. ③조선 때 창덕궁, 경복궁 안에 논을 만들어 농사짓는 상황을 임금에게 보이던 곳. ④시골. 농촌.
【田舍翁】でんしゃおう(전사옹) ①촌 사람. ②시골 노인. 田叟(전수). ③농부.
【田舍漢】でんしゃかん(전사한) ①촌 사람. 시골뜨기. ②농부. ③우직한 사람의 비유.
【田稅】でんぜい(전세) 전지(田地)에 부과하는 조세. 田賦(전부). 田租(전조).
【田叟】でんそう(전수) 시골 노인. 田舍翁(전사옹).
【田野】でんや(전야) ①시골. ②논밭. 들판.
【田園】でんえん(전원) ①논밭. ②시골. 郊外(교외). ¶一都市/一詩人.
【田字窓】(전자창)㊞韓 창살을 田 자 모양으로 만든 창.
【田作】でんさく(전작) 밭농사. 또는, 그 곡식.
【田庄】でんしょう(전장) ①논밭을 남에게 소작을 줌. ②㊞韓 자기가 소유하는 논밭.
【田莊】でんそう(전장) 시골. 논밭. 농가.
【田籍】でんせき(전적) 논밭의 소재, 자호(字號), 위치, 등급, 형상, 면적, 사표(四標), 소유주 등을 기록한 공부(公簿). 量案(양안).
【田制】でんせい(전제) 전지(田地)에 관한 제도.
【田齊】でんせい(전제) 전국 시대에 전씨(田氏)가 제왕(齊王)이 되고부터의 제나라의 칭호. ↔姜齊(강제).
【田租】でんそ(전조) ☞田稅(전세).
【田祖】でんそ(전조) 농업의 신(神). 처음으로 농업을 가르쳤다는 신농씨(神農氏)를 이름.
【田主】でんしゅ(전주) ①논밭의 신(神). ②논밭의 주인.
【田地】でんち(전지) ①경작하는 토지. 논밭. ②입각지(立脚地). 처지. 형편.
【田宅】でんたく(전택) 전답과 집.
▷懇一, 耕一, 膏一, 公一, 功一, 瓜一, 區一, 歸一, 圭一, 均一, 藍一, 鹵一, 弄一, 丹一, 代一, 屯一, 縵一, 名一, 墓一, 薄一, 方一, 騈一, 甫一, 服一, 福一, 葑一, 悲一, 寺一, 沙一, 私一, 賜一, 山一, 桑一, 生一, 石一, 獮一, 小一, 水一, 守一, 狩一, 搜一, 蒐一, 熟一, 乘一, 食一, 心一, 秧一, 良一, 様一, 量一, 穰一, 力一, 硯一, 鹽一, 塋一, 營一, 沃一, 爰一, 轅一, 油一, 游一, 猶獲石一, 陸一, 隱一, 義一, 藉一, 莊一, 井一, 種玉藍一, 職分一, 職一, 滄海桑一, 靑一, 寸一, 炭一, 阪一, 閒一, 火一

0 5 【甲】 갑옷 갑 | 中 ㄐㄧㄚˇ (jia) | こう(ヨロイ) armor

源象形. 초목의 떡잎이 초목의 씨의 껍질을 인 채 땅 밖으로 돋아 나온 모양을 본뜸. 일설에는, 거북의 등딱지를 본떴다고 함.

풀이 ①갑옷. ¶離爲一冑<易經> ②첫째 천간(天干). 방위로는 동방, 오행(五行)으로는 木, 오음(五音)으로는 角에 해당함. ③거북의 등딱지. ¶虎爪有一<山海經> ④껍질. 떡잎이 쓰고 있는, 초목의 씨의 껍질. ¶雷雨作 而百果草木皆一坼<易經> ⑤무장한 병사. ¶秦下一攻趙<戰國策> ⑥의복. ⑦손발톱. 손발톱처럼 생긴 것. ¶銀一彈箏用 金魚換酒來<杜甫> ⑧낫다. ㉮빼어나다. 첫째 감. ¶北闕一第<張衡> ㉯우두머리가 되다. ¶能不我一<詩經> ⑨첫째. ¶一乙相伍<後漢書> ⑩비롯하다. 시작됨. ¶一于內亂<書經> ⑪무람없다. 친압(親狎)함. 通狎. ¶能不我一<詩經> ⑫수급(首級). 해골. ¶人頭空爲一<說文> ⑬수결(手決). ⑭법률. 창제(創制)한 법령. ¶先一三日後一三日<易經> ⑮아무. 모(某). 미지의 사람을 차례로 말할 때의 첫째 사람. ¶奮長子建 次子一 次子乙<史記> ⑯시각의 이름. 오후 8시. ¶一夜. ⑰지방 제도의 이름. 송(宋)·청(淸) 등의 제도. 10집을 한 조(組)로 한 것. ¶十戶爲一 五一爲團<正字通>

甲①(禮器圖)

【甲殼】こうかく(갑각) 게, 새의 등의 단단한 껍데기. ¶一類.
【甲骨文字】こうこつもんじ・こうこつもじ(갑골문자) 옛날 중국에서 귀갑(龜甲)과 짐승의 뼈에 새긴 상형 문자. 은(殷)의 도읍지였던, 지금의 하남성(河南省) 안양현(安陽縣)에서 많이 발

굴되었음.

【甲科】こうか(갑과) 과거(科擧)에서 성적으로 나눈 등급의 하나. 한(漢) 때는 갑(甲)·을(乙)·병(丙) 3과, 당초(唐初)에는 명경(明經)에 갑·을·병·정 4과, 진사(進士)에 갑·을 2과가 있었음. 갑과의 첫째는 장원랑(壯元郞), 둘째는 방안(榜眼), 세째는 탐화랑(探花郞)임. 「서관.

【甲館】こうかん(갑관) ①☞甲觀(갑관). ②㊥ 도

【甲觀】こうかん(갑관) ①태자의 궁(宮). ②남북조 시대의 도서를 맡아 보던 관(館). ③세자 시강원(世子侍講院)의 별칭(別稱).

【甲年】(갑년)㊙ 회갑(回甲)이 되는 해.

【甲令】こうれい(갑령) 법률의 제1조 또는 제1편. 일설에는 법령. 甲은 令의 뜻.

【甲論乙駁】こうろんおつばく(갑론을박) 서로 논란하고 반박함. 여러 사람이 옳으니 그르니 서로 자기의 주장을 내세우고 남의 주장을 반박 「함.

【甲門】こうもん(갑문) ☞甲族(갑족).

【甲班】(갑반)㊙ 으뜸가는 양반. 甲族(갑족).

【甲方】こうほう(갑방) 24방위의 하나. 정동에서 북으로 15°를 중심으로 한 방위.

【甲部】こうぶ(갑부) ☞經部(경부). 「부).

【甲富】(갑부) 첫째 가는 큰 부자. 首富(수

【甲士】こうし(갑사) 갑옷을 입은 군사. 甲兵(갑병). 甲卒(갑졸). 「(초경).

【甲夜】こうや(갑야) 초저녁. 오후 8시경. 初更

【甲魚】(갑어)㊙ 자라의 이칭.

【甲宴】(갑연)㊙ 회갑 잔치.

【甲葉】こうよう(갑엽) 갑옷 미늘.

【甲乙】こうおつ(갑을) ①10간(干)의 첫째와 둘째. ②낫고 못함. 우열(優劣). ③이름을 모르는 사람이나 가정(假定)의 사물을 들어 하는 말. 아무개. 무엇무엇. 某某(모모).

【甲日】(갑일) 회갑일(回甲日).

【甲第】こうだい(갑제) ①훌륭한 저택. 으뜸가는 저택. ②과거(科擧)에 첫째로 급제하는 일.

【甲族】こうぞく(갑족) 지체가 높은 집안. 甲門(갑문). 甲班(갑반). ¶三韓—.

【甲種】こうしゅ(갑종) 으뜸가는 종류. 첫째 종류.

【甲冑】かっちゅう(갑주) 갑옷과 투구.

【甲蟲】こうちゅう(갑충) 윗날개와 껍데기가 단단한 곤충의 총칭. 개똥벌레, 가뢰, 딱정벌레, 풍뎅이 등.

【甲板】かんぱん(갑판) 큰 배 위에 철판이나 나무로 깐 넓고 평평한 바닥.

▷鎧—, 堅—, 巻—, 龜—, 金—, 鏤—, 帶—, 同—, 遁—, 某—, 文—, 鼈—, 兵—, 保—, 伏—, 孚—, 苻—, 莩—, 上—, 犀—, 素—, 鎖—, 手—, 戍—, 首—, 兕—, 顏—, 偃—, 令—, 義—, 裏—, 鱗—, 掌—, 裝—, 赤—, 田—, 鼎—, 精—, 蝴—, 進—, 穿—, 綴—, 鐵—, 村—, 衷—, 貝—, 敝—, 合—, 蟹—, 玄—, 還—, 回—, 胸中鱗—

0 5 〖申〗 1 납 신 2 펼 신 | 圓ㄕㄣ (shen) 廣 | しん (モウス, ノブ) *monkey*

풀이 1 ①납. 원숭이. 아홉째 지지(地支). 방향으로는 서남서, 시로는 오후 3시부터 5시 사이. 띠로는 원숭이. ¶太歲在—<爾雅> ②거듭하다. 반복함. ¶福祿—之<詩經>/—論. ③말하다. ㉮말씀드리다. 아룀. ¶官府吏文—請于上者<正字通>/—奏. ㉯신칙하다. 타일러 경계함. ¶命闔尹 —宮令<呂覽>/—令. ④펴다. 늘임. ㉠信伸. ¶行止屈— 與時息兮<班彪> ⑤기지개. 기지개를 켬. ¶熊經鳥—<莊子> ⑥앓다. ㉤呻. ¶—者 呻之也<淮南子>/鳥—. ⑦환하다. 명백함. ¶罪無—證<後漢書> 2 ①펴다. ¶— 伸也<集韻> ②끌다.

【申告】しんこく(신고) 국민이 법률상의 의무로서 행정 관청에 일정한 사실의 진술을 하는 일. ¶出生—.

【申救】しんきゅう(신구) 억울한 죄를 밝혀 구해 냄. ¶力言王導忠誠 —甚至<晋書>

【申旦】しんたん(신단) 밤부터 그 이튿날 아침까지. 申은 至. 徹夜(철야). 終夜(종야).

【申末】しんまつ(신말) 신시(申時)의 마지막 시각. 오후 5시 직전. ↔申初(신초).

【申方】シンポウ(신방) 24방위의 하나. 서남서.

【申報】しんぽう(신보) ①상위자에게 보고함. 또는, 그 보고. ②알림. 통지.

【申不害】しんふがい(신불해)(人) 중국 전국(戰國) 시대 한(韓)의 사상가. 그의 학문은 노장(老莊) 사상에 바탕을 두고 형명(刑名)을 주창하여 상벌을 엄격히 하였음. 한비(韓非)와 함께 법가(法家)의 비조(鼻祖)로 일컬어짐. (? ~B.C. 337).

【申時】しんじ(신시) 12시의 아홉째 시. 오후 3시에서 5시 사이.

【申申當付】(신신당부)㊙ 몇 번이고 거듭 간절히 하는 부탁. 申申付託(신신부탁). 申託(신탁). 「부).

【申申付託】(신신부탁) ☞申申當付(신신당

【申寃】しんえん(신원) 원통함을 풂. ¶—雪恥.

【申正】しんせい(신정) 신시(申時)의 중간. 곧, 하오 4시.

【申請】しんせい(신청) ①신고하여 청구함. ¶—者/—書. ②한 사인(私人)이 국가 기관이나 법원 또는 공공 기관에 대하여 어떤 사항을 청구하기 위해 그 의사를 표시하는 일.

【申初】しんしょ(신초) 신시의 첫 시각(時刻). 곧, 오후 3시. ↔申末(신말).

【申飭】しんちょく(신칙) 단단히 일러서 경계함. 알아듣도록 거듭 타이름. ¶—將帥 愼固封守<宋史>

【申託】(신탁) ☞申申當付(신신당부).

▷具—, 屈—, 內—, 三令五—, 上—, 申—, 燕—, 熊經鳥—, 鳥—, 追—

0 5 〖由〗 말미암을 유 | 圓 ㄧㄡˊ (you) | ゆう, ゆ (ヨル)

源 象形. 술이나 즙 따위를 뽑아 내는, 아가리가 붙은 항아리를 본뜸.

풀이 ①말미암다. ㉮겪다. ¶觀其所—<論語> ㉯인연하다. ¶願見 無—達<儀禮> ㉰좇다. 본받음. ¶民可使—之<論語>/率—. ㉱말미암아. 인

(因)하여. ¶一是觀之<孟子> ②…에서. …으로부터. 기점(起點)을 나타내는 조사. ¶一湯至於武丁<孟子>/皆一此塗出也<禮記> ③까닭. 곡절. 이유. ¶雖欲從之 末一也已<論語>/一來/理一. ④쓰다. 사용함. 등용함. …로써. ㉠用 以. ¶君子不一也<荀子>/不能一吾子<左氏傳> ⑤행하다. 실행함. ¶隆禮一禮<禮記> ⑥느긋하다. ㉠悠. ¶一一然與之偕而不自失焉<孟子> ⑦움. 싹틈. ¶若顚木之有一櫱<書經> ⑧마치 …와 같다. 마치 …과 같음. ㊟猶. ¶一水之就下沛然<孟子>

【由來】ゆらい(유래) ①사물의 내력. 由緖(유서). ②본디. 전부터. 元來(원래). ¶一命分爾<韓愈>

【由緖】ゆいしょ(유서) 사물의 내력. 由來(유래).

【由是觀之】コレニヨリテコレヲミレバ(유시관지) 이 일로 미루어 생각하면. 由此觀之(유차관지).

【由緣】ゆえん(유연) 사물의 유래. 인연. 來歷(내력).

【由此觀之】コレニヨリテコレヲミレバ(유차관지) ☞由是觀之(유시관지).

▷居一, 經一, 來一, 斷一, 不自一, 事一, 所一, 率一, 緣一, 遠一, 由一, 夷一, 理一, 因一, 自一, 職一, 何一, 解一

7〖田巛〗 甽(p. 1015)과 同字

2/7〖男〗 사내 남 | 圖ㄋㄢˊ (nan) | だん(オトコ) *male*

풀이 ①사내. 남자. 장부(丈夫). ¶乾道成一 坤道成女<易經>/一耕女織. ②젊은이. 장정(壯丁). ¶民有二一以上<史記> ③아들. 사내 자식. ¶生一勿喜歡<陳鴻>/長一. ④남작(男爵). 5등작의 맨 아래. ¶公侯伯子一 凡五等<禮記>

【男系】だんけい(남계) 남자 쪽의 혈통. ↔女系(여계).

【男根】だんこん(남근) 자지. 陰莖(음경). ↔女根(여근).

【男禨】だんき(남기) ☞男服(남복)①.

【男女老少】だんじょろうしょう(남녀노소) ①남자와 여자, 늙은이와 젊은이. ②모든 사람들.

【男女貿功】だんじょこうヲかウ(남녀무공) 남녀가 각각 다른 일을 하여 서로 도움. ¶一 資相爲業<亢倉子>

【男女不同席】だんじょせきヲオナジクセズ(남녀 부동석) 남녀가 같은 자리에 앉지 아니함. 남녀의 구별을 바르게 함을 뜻함. ¶七年一 不共食<禮記>

【男女相悅之詞】(남녀상열지 사) 남녀가 함께 어울려 즐긴 노래란 뜻으로, 조선 초기의 유학자들이 고려 가요를 낮추어 이르던 말.

【男女有別】だんじょべつあり(남녀유별) 남자와 여자 사이에는 지키고 좇아야 할 범절의 구별이 있음. ¶一而后夫婦有義<禮記>

【男妹】(남매) 오라비와 누이. 오누이. 또는, 오라비와 누이의 관계.

【男服】だんぷく(남복) ①9복(服)의 하나. 男禨(남기). ②남자의 의복. ③여자가 남자의 옷차림을 함. ¶一女人.

【男負女戴】だんぷじょたい(남부여대) 남자는 짐을 지고 여자는 이고 감. 피란살이나 초라한 세간살이를 가지고 이곳저곳 돌아다니며 삶을 이름.

【男寺黨】(남사당)㊥ 떠돌아 다니면서 소리와 춤을 팔고 놀던 사내.

【男相】だんそう(남상) 남자처럼 생긴 여자의 얼굴. ↔女相(여상).

【男色】だんしょく・なんしょく(남색) ①남자끼리 행하는 간음. 비역. 鷄姦(계간). ②남창(男娼). 여자들에게 몸을 파는 남자.

【男性】だんせい(남성) ①사내. 남자. ↔女性(여성). ②남자의 성질 또는 체질. ¶一的. ③독일어(獨逸語) 등 일부 서구어(西歐語)의 문법에서 명사에 붙여 남자의 성질을 나타내는 것. ¶一名詞.

【男聲】だんせい(남성) 남자의 목소리. ↔女聲(여성).

【男兒】だんじ(남아) ①사내아이. 아들. ¶雖有五一 總不好紙筆<陶潛> ↔女兒(여아). ②사나이. 丈夫(장부). ¶一二十未平國 後世誰稱大丈夫<南怡>

【男兒一言重千金】(남아일언 중천금) 남자의 한 마디 말은 천금의 무게가 있음. 곧, 언행이 신중해야 함을 이름.

【男爵】だんしゃく(남작) 5등작(等爵)의 맨 아래 작위.

【男裝】だんそう(남장) 여자가 남자의 옷차림을 함. 또는, 그 차림. 男服(남복)③. ¶一美人. ↔女裝(여장).

【男丁】だんてい(남정) ①20세 이상의 장정이 된 사내. 옛날에는 15세 이상으로 침. ②사투리로, 남편 또는 남자.

【男尊女卑】だんそんじょひ(남존여비) 사회 관습상 권리나 지위 등에서, 남자는 높고 여자는 낮다고 생각하는 일.

【男左女右】だんさじょゆう(남좌여우) ①옛 중국에서, 남녀가 처음으로 머리를 땋아 올릴 때, 남자는 왼쪽, 여자는 오른쪽을 묶었음. ②㊥ 음양설(陰陽說)에서 왼쪽은 양(陽), 오른쪽은 음(陰)이므로, 남자는 왼쪽을, 여자는 오른쪽을 숭상해야 한다는 말. 진맥(診脈), 손금 보기, 앉는 자리 따위에서 남자는 왼쪽, 여자는 오른쪽을 취함.

【男娼】だんしょう(남창) ☞男色(남색)②.

【男唱】だんしょう(남창) ①남자가 부르는 노래. ↔女唱(여창). ②여자가 남자 비슷한 목소리로 부르는 노래.

【男湯】(남탕) 남자 목욕탕. ↔女湯(여탕). ※混湯(혼탕).

【男便】(남편) 장가들어 여자의 짝이 된 사내를, 그 여자에 대하여 이르는 말. 지아비.

【男婚】だんこん(남혼) 아들의 혼사. ↔女婚(여혼).

【男婚女嫁】だんこんじょか(남혼여가) 남자는 장가들고 여자는 시집감. 男婚女姻(남혼여인). 男婚女配(남혼여배).

▷奇一, 多一, 童一, 得一, 美一, 生一, 庶一, 善一, 聖一, 息一, 長一, 嫡一, 丁一, 次一, 醜一, 快一, 好一兒

7〖畓〗 留(p.1020)의 俗字

2/7〖甸〗 ①경기 전 ②사냥할 전 ③육십사 정/승 | ㄉㄧㄢˋ (dian) でん | ㄊㄧㄢˊ (tian) でん(カリ) | ㄕㄥˋ (sheng) しょう

풀이 ① ①경기. 옛 중국에서, 도성(都城) 둘레 500 리 안. 천자가 직할하는 지역. ㉠ 畿. ¶五百里 一服<書經> ②교외(郊外). 도성 밖 지역. ¶郊外曰一<左氏傳·注> ③시골. 지방(地方). ¶一東三省各縣多以一稱<中華大字典> ④경계(境界). 구역. ¶區一分其內外<南史> ⑤다스리다. ¶一四方<書經> ⑥농작물. ¶納一於有司<禮記> ② ①사냥하다. 수렵(狩獵). ¶凡師一<周禮> ②밭갈다. ㉠ 畋. ¶畋 說文 平田也 亦作一<集韻> ③ 64정(井). 주(周)대 세제(稅制)에서, 4구(丘)의 지적(地積). ¶十六井爲丘 四丘六十四井曰一<禮記>

【甸畿】でんき (전기) ☞ 甸服(전복)②.

【甸服】でんぷく (전복) ①주(周)대 5복(服)의 하나. 도성(都城)에서 500리 이내의 지역. ②9복(服)의 하나. 도성에서부터 사방 500리 밖에서 1천 리 이내의 땅. 甸畿(전기).

▷郊一, 區一, 畿一, 大一, 緬一, 畝一, 邦一, 師一, 千一, 夷一, 海一, 寰一, 侯一

2/7〖町〗 ①밭두둑 정 ②사슴 발자국 전 | ㄊㄧㄥˇ (ting) ちょう(アゼ) | てん

풀이 ① ①밭두둑. 밭의 둔덕. ¶一 田畔埒<字彙>/一畦. ②밭이랑의 두둑한 데. ¶編一成篁<張衡> ③경계(境界). 구획. ¶彼且爲無一畦<莊子> ④지적(地積)의 단위. 정보(町步). ② 사슴의 발자국.

【町步】ちょうぶ (정보) 지적(地積)의 단위. 1정보는 3천 평(坪).

▷鉤一, 接一, 畦一

8〖甽〗 甽(p.1015)과 同字

8〖甽〗 甽(p.1015)의 古字

8〖畄〗 留(p.1016)의 俗字

3/8〖畀〗 줄 비 | ㄅㄧˋ (bi) ひ(アタエル) *give*

※卑(p.238)는 딴 자.

8〖画〗 畫(p.1021)와 同字

8〖画〗 畫(p.1021)의 略字

4/9〖甽〗 ①밭도랑 견 ②밭이랑 경 | ㄑㄩㄢˇ (quan) けん(タナカノミゾ) | けい

㊀甽 ㊁畎 畖

풀이 ① ①밭도랑. ¶濬一澮 距川<書經> ②물 대다. 통함. ¶聖人一流大道<易乾鑿度> ③골짜기. ¶羽一夏翟<書經>/岱一. ④골짜기의 시내. ② 밭 이랑. ¶一 田畝也<集韻>

【甽畝】けんぽ (견묘) ①밭의 고랑과 이랑. ②시골. 田園(전원). ③민간(民間). ¶吾輩空懷一憂<陸游>

【甽夷】けんい (견이) 오랑캐 이름. 견융(犬戎)의 이칭. 서융의 한 갈래.

▷疆一, 溝一, 岱一, 淸一, 畦一

9〖畊〗 耕(p.1215)의 古字

4/9〖界〗 지경 계 | ㄐㄧㄝˋ (jie) かい(サカイ) *boundary*

㊁畍

源 **會意·形聲**. 전답[田] 가운데 구획을 양쪽으로 나눔[八]을 뜻함. 介의 변음이 음을 이룸.

풀이 ①지경(地境). ㉮구획하여 양쪽으로 나눈 경계선. ¶域民不以封疆之一<孟子>/境一. ㉯한계. 한정. ¶奢儉之中以禮爲一<後漢書>/限一. ㉰논밭가. ¶田邊謂之一<急就篇> ②둘레 안. 범위. 세계. ¶實是欲一之仙都<陶弘景>/社交一/學一. ③경계로 삼다. 경계가 됨. ¶三國與秦 壤一而患急<戰國策> ④이간하다. ¶范睢一涇陽<揚雄> ⑤《佛》범어 dhatu의 역. 차별, 종류, 인(因), 성(性) 등의 뜻.

【界說】かいせつ (계설) 정의(定義). 그 말의 의의에 한계를 정하므로 계(界)라 함.

【界首主人】(계수주인) 韓 서울에 살면서 각 도(道) 감영(監營)에 관한 사무를 맡아 보던 사람. 界首番(계수번).

▷疆一, 結一, 經一, 境一, 經濟一, 苦一, 空一, 國一, 內一, 隴一, 大千世一, 刀圭一, 畔一, 蕃一, 法一, 法曹一, 邊一, 福一, 封一, 部一, 分一, 斯一, 三一, 上一, 生物一, 仙一, 世一, 俗一, 視一, 新世一, 十一, 眼一, 壤一, 業一, 靈一, 外一, 幽一, 銀世一, 夷一, 隣一, 財一, 政一, 淨一, 宗敎一, 塵一, 天一, 下一, 學一, 限一, 香一, 花柳一

9〖畍〗 界(p.1015)와 同字

4/9〖畇〗 밭 일굴 균 | きん(タツクル)

4/9〖畓〗 韓 논 답

▷乾一, 奉一, 水一, 良一, 沃一, 位一, 田一, 天水一

9〖畆〗畝(p. 1017)의 俗字

9〖毗〗☞ 比部 5획(p. 827)

9〖思〗☞ 心部 5획(p. 564)

4/9〖畏〗두려워할 외 | 困ㄨㄟˋ (wei) | い(オソレル) fear

同 畏

풀이 ①두려워하다. ㉮겁을 내다. ¶永一惟罰<書經> ㉯꺼리다. 싫어함. ¶魚不一網<莊子>/一忌. ㉰경외(敬畏)하다. ¶一天命<論語>/一友/一服. ㉱심복하다. ¶一而愛之<禮記> ㉲삼가고 조심하다. ¶子一於匡<論語>/一愼. ㉳두려움. ¶君子有三一<論語> ②으르다. 위협함. ¶不一不怒<列子> ③죽다. 조문하지 않는 죽음. 옥사(獄死) 따위. ¶死而不弔者三一厭溺<禮記> ④활의 굽은 부분. ¶弓之曲處 謂之一<正字通>

【畏敬】いけい(외경) 어려워하고 공경함. ¶嚴容一<管子>/一之心. 「<史記>

【畏懼】いく(외구) 두려워함. ¶富貴則親戚一之

【畏服】いふく(외복) 두려워 복종함.

【畏附】いふ(외부) 두려워 붙좇음.

【畏惡】いお(외오) 두려워하고 미워함.

【畏友】いゆう(외우) 외경하는 벗. 또는, 외경할 만한 촉망(囑望)이 있는 벗. 주로, 후배에게 보내는 글에 씀. ¶王君我一 時寄五色鮮<舒頔>

【畏日】いじつ(외일) 여름날. ¶冬日可愛 夏日可畏<左氏傳·注>

【畏怖】いふ(외포) 크게 두려워함. ¶是臣一天威<陳琳>

【畏兄】いけい(외형) 경외하는 형이란 뜻으로, 편지글 따위에서 친구끼리 상대편을 높이어 이르는 말.

【畏犧辭聘】ぎきおそれへいをじす(외희사빙) 희생될까 두려워 임금의 초빙을 사양한다는 뜻으로, 장자(莊子)가 벼슬하기를 사양했다는 옛일에서 유래.

▷可一, 兼一, 顧一, 恭一, 愧君子三一, 愧一, 兢一, 勞一, 屛一, 懾一, 疏一, 羞一, 愁一, 猜一, 抑一, 嚴一, 憂一, 寅一, 尊一, 震一, 天一, 淸一, 惴一, 憚一, 怖一, 嫌一, 後生可一

9〖畏〗畏(p. 1016)와 同字

9〖胃〗☞ 肉部 5획(p. 1230)

4/9〖畋〗밭갈 전 | 囲ㄊㄧㄢˊ (tian) | でん plow

풀이 ①밭을 갈다. 通 田. ¶一爾田<書經> ②사냥하다. 사냥의 총칭. ¶一于有洛之表<書經>

▷郊一, 翔一, 蒐一, 漁一, 游一, 中一, 出一

10〖畗〗答(p. 1129)·福(p. 1096)의 古字

5/10〖留〗1 머무를 류 2 기다릴 류 | 因ㄌㄧㄡˊ 閣(liu) | りゅう (トドマル) stay

本 畱 略 畄 俗 㽞 同 留

풀이 1 ①머무르다. ㉮체류하다. 정지함. ¶可急去矣 愼勿一<說文>/滯一/逗一. ㉯남다. 사라지지 않음. ¶高名千載一<梁簡文帝>/一名. ㉰변하지 아니하다. 굳게 지킴. ¶不慕古 不一今<管子> ②머무르게 하다. 만류(挽留)함. ¶因一沛公與飮<史記> ③지체하다. ¶不一獄<易經>/遲一. ④오래다. ¶悉數之乃一<禮記> ⑤다하다. ¶哭不一日<逸周書> ⑥엿보다. 기회를 엿봄. ¶執彈而一之<莊子> ⑦혹. 옹이. 通 瘤. ⑧소련의 화폐 단위. 루블(ruble). 2 ①기다리다. 묵으며 서로 기다림. 같 徿. ¶至東萊宿一之<史記> ②별 이름. 28수(宿)의 하나. 묘성(昴星).

【留客雨】りゅうかくう(유객우) 손을 머무르게 하는 비라는 뜻으로, 여름철, 하루에 세 번 내리는 비. 우산(羽山)의 신선이 좌원방(左元放)과 함께 계자훈(薊子訓)의 집에 가서 이러한 비로 붙들리어 함께 놀았다는 옛일에서 유래.

【留念】りゅうねん(유념) 마음에 새겨 둠.

【留臺】りゅうだい(유대) ☞ 留守(유수)②.

【留保】りゅうほ(유보) ①멈추어 두고 보존함. 保留(보류). ¶一事項. ②권리를 넘길 때까지 자기의 이익 조건을 그 속에 포함시켜 두는 일.

【留聲器】(유성기) 음성을 소리판 속에 녹음하여 필요할 때마다 들을 수 있게 만든 기계. 蓄音器(축음기).

【留守】りゅうしゅ(유수) ①머물러 있으면서 지킴. ②천자의 순행(巡行)중에 중신(重臣)으로 하여금 서울을 지키게 하던 벼슬. 留臺(유대). ③韓 조선 때 개성, 강화, 광주(廣州), 수원, 춘천 등 요긴한 곳을 맡아 다스리던, 정종2품(正從二品) 외관직. ¶開城一.

【留宿】りゅうしゅく(유숙) 남의 집에 머물러 묵음.

【留心】りゅうしん(유심) ☞ 留意(유의).

【留意】りゅうい(유의) 마음에 둠. 주의(注意)함. 留心(유심).

【留任】りゅうにん(유임) 임기가 찬 후에도 갈리지 않고 그냥 그 자리에 머물러 있음. 連任(연임).

【留置】りゅうち(유치) ①맡아 둠. 보관하여 둠. ②韓 피의자를 일정한 곳에 잡아 가둠. ¶一場. 「부함. ¶一生.

【留學】りゅうがく(유학) 외국에 머물러 있으면서 공

【留鄕所】(유향소) 고려말에 생긴 수령(守令)의 자문 기관. 鄕廳(향청). 鄕所(향소).

【留後】りゅうご(유후) 절도사(節度使)의 유고시(有故時) 그 직무를 대리하던 벼슬.

▷苛一, 去一, 居一, 稽一, 繫一, 久一, 句一, 拘一, 寄一, 羈一, 同好相一, 逗一, 挽一, 彌一, 保一, 扶一, 浮一, 費一, 須一, 息一, 押一, 抑一, 淹一, 延一, 緩一,

邀—, 慰—, 遺—, 栗—, 凝—, 在—, 裁—, 停—, 駐—, 止—, 遲—, 陳—, 遮—, 滯—, 行—

5 10【畝】이랑 묘 [本]무 | [有]ㄇㄨˇ (mu) | ほ(ウネ)
[古]畞 [俗]畆

[풀이]①이랑. 이랑의 도랑은 甽, 두둑은 畝. ¶南東其—<詩經>/南—. ②논밭·집터 따위의 면적 단위. 중국 상고 시대에는 사방 6척을 1보(步), 100보를 1묘(畝)라 하고, 진(秦) 이후는 240보를 1묘로 함. 현재는 100m^2의 넓이.
【畝數】ほすう(묘수) 토지의 평수(坪數).
【畝鍾】ほしょう(묘종) 1묘(畝)에 1종(鍾)의 수확을 얻을 수 있을 만큼 비옥함. 1종(鍾)은 6섬 4말, 또는 8섬이나 10섬.
【畝鍾之國】ほしょうノクニ(묘종지 국) 한 묘(畝)마다 한 종(鍾)을 수확할 수 있는 부유한 나라. ¶河埱諸侯 —也<管子>
▷甽—, 南—, 隴—, 茶薺不同—, 以—定稅, 田—

10【畞】畝(p. 1017)의 古字

5 10【畔】두둑 반 | [翰]ㄆㄢˋ (pan) | はん(アゼ) *ridge*

[풀이]①두둑. 논밭의 경계. ¶如周入界 耕者皆讓—<史記>/—界. ②지경(地境). 100묘(畝)의 경계. ¶修其疆—<國語> ③물가. 수애(水涯). [通]泮. ¶行吟澤—<楚辭> ④곁. 근처. 가. ¶當時叢—唯思我<白居易>/枕—. ⑤떨어지다. ¶—官離次<書經> ⑥배반하다. 적대함. [같]叛. ¶公山弗擾以費—<論語>/—逆. ⑦사납고 강하다. ¶無然—援<詩經> ⑧어지러운 모양. ¶—回穴其若玆兮<漢書>
▷江—, 疆—, 徑—, 橋—, 壟—, 道—, 水—, 岸—, 崖—, 額—, 離—, 隣—, 渚—, 際—, 池—, 天—, 千反萬—, 枕—, 澤—, 河—, 海—, 湖—

5 10【畚】삼태기 분 | [阮]ㄅㄣˇ (ben) | ほん(フゴ)

10【畣】晼(p. 1023)과 同字

5 10【畛】두렁길 진 | [軫]ㄓㄣˇ [眞](zhen) | しん(アゼミチ)

[풀이]①두렁길. 논밭 사이의 작은 길. ¶其無所—域<莊子>/—畷. ②두렁. 논밭 둘레의 경계를 이룬 두둑. ¶徂隰徂—<詩經> ③사물의 근본. 본바탕. ¶黃純於潜 不見其—<太玄經> ④극진한 데까지 이르다. [通]殄. ¶臨諸侯 —于鬼神<禮記>
▷徑—, 郊—, 封—, 連—, 畦—

10【畍】畛(p. 1017)의 俗字

5 10【畜】[1]쌓을 축 [2]가축 축 [3]기를 휵 | [屋]ㄔㄨˋ [宥](chu) [屋]ㄒㄩˋ (xu) | ちく(タクワエル) *cattle* きく

[풀이][1]①쌓다. ㉮비축하다. 간직함. [같]蓄. ¶趣民收斂 務—菜<禮記>/—積. ㉯보유하다. ¶德—之<老子> ②쌓이다. 모임. ¶用儉則財—<魏志> ③비축. 준비해 두는 일. ¶無私貨 無私—<禮記> ④개간한 밭. ¶淮南王曰 玄田爲—<說文> ⑤붙들다. 못 하게 만류(挽留)함. ¶—君何尤<孟子> [2]가축(家畜). 육축(六畜). ¶掌共六—<周禮> [3]①기르다. [通]育. ㉮사육하다. ¶君賜生必—之<論語> ㉯양육하다. ¶君子以容民—衆<易經> ②일으키다. ¶拊我—我<詩經> ③좇다. 따름. ¶—謂順於德敎<禮記> ④효도하다. ¶無服之喪 以—萬邦<禮記> ⑤용납하다. 받아들임. ¶天下誰—之<左氏傳>
【畜犬】ちっけん(축견) 개를 기름. 또는, 기르는 개. 畜狗(축구). 飼犬(사견).
【畜類】ちくるい(축류) ①가축의 종류. ②집에서 기르는 짐승. 家畜(가축). ③짐승. 獸類(수류).
【畜舍】ちくしゃ(축사) 가축을 기르는 건물.
【畜産】ちくさん(축산) ①집에서 기르는 소, 말, 닭, 돼지 따위. ②가축을 사육, 증식하는 산업. ¶—業. ③축산에서 나오는 산물. ¶—物.
【畜生】ちくしょう(축생) ①가축류. 짐승. 금수(禽獸). ②사람을 욕하는 말. 짐승 같은 놈, 개돼지만도 못한 놈 따위. ③《佛》 축생도(畜生道)의 준말. 육도(六道)의 하나로, 생전의 악행(惡行)에 의해서, 사후에 축생(畜生)으로 환생하여 괴로움을 받는 세계.
【畜生道】ちくしょうどう(축생도) ①☞畜生(축생)③. ②골육(骨肉) 사이의 정사(情事) 등, 인도적으로 용서할 수 없는 못된 짓.
【畜積】ちくシ(축적) ☞蓄積(축적).
▷家—, 耕—, 鬼—, 羈—, 奴—, 大—, 蠻—, 牧—, 飼—, 小—, 豕交獸—, 養—, 五—, 擾—, 有—, 六—, 育—, 人—, 仁—, 雜—, 止—, 聚—, 詡—

11【畣】答(p. 1129)의 古字

6 11【略】다스릴 략 | [藥]ㄌㄩㄝˋ (lüe) | りゃく(オサメル) *rule*
[同]畧

[풀이]①다스리다. 경영함. ¶天子經—<左氏傳> ②둘러보다. 순행(巡行)함. ¶吾將—地焉<左氏傳> ③빼앗다. 노략질함. ¶以—狄土<左氏傳>/—奪. ④배반하다. 범(犯)함. ¶—則行志<國語> ⑤치다. 정벌(征伐)함. ¶謀東—<詩經> ⑥꾀. 계략(計略). ¶圖上方—<漢書> ⑦슬기. 지혜(智

慧). 지략(智略). ¶雖有心—辭給<枚乘> ⑧길. ㉮도(道). ¶然而功名不滅者其—得也<淮南子> ㉯경로(經路). ¶以遏亂—<書經> ㉰법도(法度). ¶侵敗王—<左氏傳> ⑨경계(境界). 지경(地境). ¶東盡虢—<左氏傳> ⑩요점(要點). 요약(要約). ¶其言—而循理<淮南子> ⑪대략(大略). ㉮대강(大綱). ¶嘗聞其—也<孟子>/大—. ㉯대충 추리다. ¶—陳因陋<司馬遷>/—述. ㉰거의. 얼추. ¶—法先王<荀子> ⑫줄이다. ㉮간략하게 하다. ¶嵎夷旣—<書經> ㉯자세하지 않다. ¶傳者久則論— 近則論詳<荀子> ㉰감쇄(減殺)하다. ¶養—而動罕<荀子> ⑬세다. 셈함. ¶達—天地<淮南子> ⑭날카롭다. 예리(銳利)함. ¶有—其耜<詩經>

【略記】りゃっき (약기) 간략하게 적음. 또는, 그 기록. ¶今擇奇異者—<淸異錄>

【略圖】りゃくず (약도) 간략하게 그린 도면(圖面). 要圖(요도). ¶住所—/設計—.

【略歷】りゃくれき (약력) 대강의 이력. ¶—紹介.

【略論】りゃくろん (약론) 주요 부분만을 논한 논설. 또는, 대요(大要)를 논술함. ↔詳論(상론).

【略史】りゃくし (약사) 대강 줄거리만 쓴 역사.

【略說】りゃくせつ (약설) 간략하게 설명함. 또는, 그러한 설명.

【略少】りゃくしょう (약소) 간략하고 적음. 또는, 적고 변변하지 못함.

【略述】りゃくじゅつ (약술) 대략을 말함. 줄거리만을 진술함. ↔詳述(상술).

【略式】りゃくしき (약식) 정식 순서를 일부 생략한 방식. 略儀(약의). ↔正式(정식).

【略語】りゃくご (약어) ☞略言(약언).

【略言】りゃくげん (약언) 대강 말함. 또는, 줄인 말. 略語(약어).

【略字】りゃくじ (약자) 획을 줄이어 쓴 간단한 글자. 簡化字(간화자). ↔正字(정자).

【略傳】りゃくでん (약전) 간략하게 기록한 전기. ¶孔子—.

【略取】りゃくしゅ (약취) 약탈하여 가짐. 掠取(약취).

【略稱】りゃくしょう (약칭) 간략하게 줄이어 부르는 명칭.

【略解】りゃっかい (약해) ①대략의 뜻을 풀어 밝힘. 또는, 그러한 문서. ¶國際法—. ②내용의 대략을 이해함.

【略號】りゃくごう (약호) 간략하게 만든 부호.

【略畫】りゃくが (약화) 사물의 요점을 간결하게 그린 그림. 약식의 그림. 스케치.

▷簡—, 槪—, 劫—, 輕—, 計—, 功—, 攻—, 軍—, 權—, 規—, 機—, 膽—, 大—, 韜—, 謀—, 妙—, 武—, 方—, 兵—, 封—, 三—, 上—, 商—, 省—, 疏—, 率—, 神—, 心—, 崖—, 英—, 勇—, 雄—, 遠—, 六韜三—, 將—, 才—, 戰—, 前—, 政—, 智—, 誌—, 策—, 淺—, 鈔—, 麤—, 七—, 侵—, 脫—, 奪—, 霸—, 下—, 脅—, 忽—, 蠖—, 後—, 譎—

11〖畧〗 略(p. 1018)과 同字

11〖累〗 ☞糸部 5획(p. 1162)

11〖畄〗 留(p. 1016)의 略字

11〖畨〗 番(p. 1020)의 略字

6
11〖異〗 다를 이 | 圓 ì (yì) | い(コトナル) *different*

풀이 ①다르다. ㉮같지 아니하다. ¶其志與衆—<史記>/—同. ㉯한 사물이 아니다. ¶事爲—別<禮記>/—日. ㉰뛰어나다. 비범(非凡)함. ¶皆—能之士也<史記> ㉱진기(珍奇)하다. ¶珍—之物 以時斂<周禮>/奇—. ㉲이상하다. 괴이함. ¶據有—焉<左氏傳>/—物. ②달리하다. ㉮다르게 하다. 따로 함. ¶諸將各—意<魏志>/—事. ㉯특별히 다루다. ¶選后入太子宮 … 遂見寵—<後漢書> ㉰따로따로 떨어지다. ¶手足—處<史記> ③의심하다. 이상하게 여김. ¶王無—於百姓之以王爲愛也<孟子> ④재앙(災殃). 천재(天災). ¶乖氣致—<漢書> ⑤모반(謀叛)하다. ¶天下無—意<史記>

【異見】いけん (이견) 남과 다른 생각. 또는, 보통과 다른 의견. 異論(이론).

【異曲同工】いきょくどうこう (이곡동공) 연주하는 곡은 다르지만 그 공교함은 거의 같다는 뜻으로, 방법은 다르지만 결과는 같음을 이름. 大同小異(대동소이). 同工異曲(동공이곡).

【異觀】いかん (이관) 색다른 경치. 썩 좋은 경치. ¶極風采之—<左思>

【異敎】いきょう (이교) ①이단(異端)의 종교. ¶—徒. ②정통의 가르침과 다른 가르침. ¶修—<蘇軾>

【異口同聲】いくどうせい・いこうどうせい (이구동성) 여러 사람의 하는 말이 한결같이 같음. 여러 사람의 의견이 일치함을 이름. 異口同音(이구동음).

【異國情調】いこくじょうちょう (이국정조) 외국의 풍물을 접하여 느끼는 기분. 다른 나라에서 느끼는 정서. 엑조티시즘. 異國情緖(이국정서).

【異卷】いかん (이권) 다른 책. 別卷(별권).

【異能】いのう (이능) 뛰어난 재능. 특이한 기능. 異才(이재).

【異端】いたん (이단) ①성인(聖人)의 도(道)가 아닌 따로 일단을 이룬 도. ¶—者. ②유가(儒家)에서, 사도(斯道) 이외의 사상. 불교 및 노(老), 장(莊), 양(楊), 묵(墨) 따위 제자백가(諸子百家)를 이르는 말. ¶攻乎— 斯害也已<論語>

【異端邪說】いたんじゃせつ (이단사설) 성인의 도가 아닌 따로 일단을 이룬 설. 옳지 않은 설.

【異圖】いと (이도) 모반하려는 마음. 異心(이심). 異志(이지).

【異同】いどう (이동) ①다름. 같지 아니함. 同은 별 뜻이 없는 조자. ②韓 다름과 같음. 다른 것과 같은 것. 同異(동이).

【異例】いれい(이례) 전례(前例)에 없는 특별한 일. ¶一的.

【異論】いろん(이론) ①남과 다른 의론. 또는, 반대의 의견. 異見(이견). 異議(이의). ②논설을 달리함. 말하는 바가 제각기 다름. ¶人一百家殊方<漢書>

【異類】いるい(이류) ①인종(人種)이나 정교(政教) 등을 달리하는 종족. ②인류와 다른 것. 조수(鳥獸), 요괴(夭怪) 따위. 異物(이물)③⑤.

【異倫】いりん(이륜) ①동류에서 빼어남. 또는, 그 사람. ②다른 것과 구별함. 차등(差等)을 붙임.

【異名】いめい(이명) ①이름을 달리함. ¶同出而一<老子> ②본이름 외에 달리 부르는 이름. 딴이름. 別名(별명).

【異聞】いぶん(이문) ①이상한 소문. 珍聞(진문). ②특별히 들은 남모르는 이야기. ③이야기 내용이 전해지는 동안에 달라짐. ¶淵流逐往 詳略一<顏延之>

【異物】いぶつ(이물) ①기이한 물건. ②음험하여 측량하기 어려운 사람. ③사자(死者)나 유귀(幽鬼) 따위 사람과 다른 것. ¶元瑜長逝 化爲一<魏文帝> ④몸 밖에서 들어갔거나 몸 안에서 생겨 신체의 원래 조직과 다른 물질. ¶一質/一感. ⑤인류 이외의 동물.

【異民族】いみんぞく(이민족) 언어, 풍습 따위가 다른 민족. 「一人.

【異邦】いほう(이방) 다른 나라. 異國(이국). ¶

【異變】いへん(이변) ①괴이한 변고(變故). 비상한 변사(變事). ②문장 따위의 보통과는 달리 우수한 것. ¶其奇文一<傅玄>

【異腹】いふく(이복) 배가 다르다는 뜻으로, 아버지는 같고 어머니가 다름을 이름. 別腹(별복). 異母(이모). ¶一兄弟. ↔同腹(동복).

【異本】いほん(이본) ①진기한 책. 珍本(진본). ②같은 책이면서 내용이나 글자가 다소 다른 책. 別本(별본). 異書(이서). ↔定本(정본). 「형제).

【異父同母】いふどうぼ(이부동모) ☞異父兄弟(이부

【異父兄弟】いふきょうだい(이부형제) 어머니는 같으나 아버지가 다른 형제.

【異士】いし(이사) 비범한 사람. 출중한 선비. ¶千載上有英才一<南史>

【異常】いじょう(이상) 보통과 다름. 非常(비상). ¶精神一. ↔正常(정상).

【異色】いしょく(이색) ①빛깔을 달리함. 또는, 다른 빛. ②다른 태(態). ¶一的. ③다른 것과 달리 뛰어난 모양.

【異書】いしょ(이서) ☞異本(이본)②.

【異說】いせつ(이설) ①보통과 다른 설. 남과 다른 설. 異論(이론). ②진기한 설. 珍說(진설). ③각양 각색의 의견.

【異性】いせい(이성) ①남성이 여성을 또는 여성이 남성을 가리켜 이르는 말. ②성질이 다름. 또는, 다른 성질.

【異姓】いせい(이성) 자기와 다른 성(姓). 자기와 조상을 달리하는 겨레붙이. 他姓(타성). ↔同姓(동성).

【異姓親】(이성친)[韓] 성(姓)이 다른 친척. 외숙, 이모, 내종(內從), 외종 등. 外戚(외척).

【異俗】いぞく(이속) ①풍속을 달리함. 또는, 다른 풍속. ②다른 나쁜 풍속. ¶革正一<漢書>

【異心】いしん(이심) ①다른 마음. 딴생각. 특이한 생각. ②모반(謀反)하고자 하는 마음. 두 마음. 異心(이심). 異意(이의). 異志(이지)①.

【異域】いいき(이역) 외국의 땅. 異國(이국). 外國(외국). ¶立功一 以取封侯<後漢書>/一萬里.

【異意】いい(이의) ①서로 뜻이 다름. ②모반할 마음. 異心(이심). ¶天下無一<史記>

【異義】いぎ(이의) ①다른 뜻. 다른 의미. 別義(별의). ②의미를 달리함. 도리를 달리함. ¶與宗廟一<白虎通> ③다른 의견. 異議(이의). ¶此懷多一<宋境錄>

【異議】いぎ(이의) ①남과 다른 의론. 異論(이론). 異見(이견). ¶每有四方一<後漢書> ②법원이나, 이 밖의 국가 기관의 처분에 대하여 불복의 뜻을 나타내는 일. ¶一申請.

【異人】いじん(이인) ①다른 사람. 他人(타인). ¶同名一. ②특이한 사람. 뛰어난 사람. ¶一輻輳 猛士如林<陸機> ③신인(神人), 선인(仙人) 등, 범인(凡人)과 다른 사람. ¶一祕精魂<謝靈運> ④외국인(外國人).

【異蹟】いせき(이적) 사람의 힘으로는 할 수 없는 불가사의한 일. 奇蹟(기적). 「족).

【異族】いぞく(이족) ☞異種(이종)①. ↔同族(동

【異種】いしゅ(이종) ①다른 종족. 異族(이족). ↔同種(동종). ②다른 종류. 또는, 색다른 종류. 變種(변종).

【異志】いし(이지) ①☞異心(이심)②. ②보통 사람과 다른 비범한 뜻. ¶王次仲 少有一<書斷>

【異質】いしつ(이질) ①성질이 다름. 다른 성질. ¶一的. ↔同質(동질). ②뛰어난 자질. 또는, 그런 자질을 가진 사람. ¶高才一 其各擧所知<魏志> ③진기한 모양. ¶鱗甲一<木華>

【異彩】いさい(이채) ①이상한 광채. 다른 빛깔. ②남보다 월등한 특색. 색다른 모양. 異采(이채). ¶一煥發.

【異體】いたい(이체) ①형체를 달리함. ②다른 몸. 동일하지 않은 몸. ↔同體(동체).

【異趣】いしゅ(이취) ①정취(情趣)가 다름. 또는, 다른 정취. ②취미가 다름. 또는, 다른 취미. ③가는 길을 달리함. ¶一而同歸<管子> 「別稱(별칭).

【異稱】いしょう(이칭) 달리 부르는 칭호. 딴이름.

【異態】いたい(이태) ①보통과 다른 모양. 異狀(이상). ②뛰어난 상태. 또는, 상태를 달리함. ¶是州之山水有一者 皆我有也<柳宗元>

【異風】いふう(이풍) ①보통과 다른 풍속이나 모습. ②보통과 다른 괴상한 바람. ¶望一作赤黃霾<續文獻通考>

【異行】いこう(이행) 보통 사람과 다른 특이한 행동.
【異香】いこう(이향) ①특이한 냄새. ②좋은 향기. ¶—片—天上來<李山甫>
【異形】いけい(이형) 모양을 달리함. 또는, 이상한 모양. 기이한 형상.
▷隔—, 堅白同—, 敬—, 驚—, 怪—, 乖—, 詭—, 貴—, 奇—, 黨同伐—, 大同小—, 同—, 無—, 變—, 別—, 分—, 相—, 世殊事—, 秀—, 殊—, 神—, 崖—, 靈—, 妖—, 尤—, 雄—, 謬—, 疑—, 離—, 災—, 絕—, 尊—, 僞—, 珍—, 寵—, 卓—, 歎—, 特—, 判—, 褒—, 表—, 衒—, 顯—, 好—

6 11〖畤〗 제터 치 [紙] ㄓˋ (zhi) | じ | altar

풀이 ①제터. 천지 신령께 제사지내는 곳. ¶祠上帝西—<史記>/五—. ②지경(地境). 한계. (같)峙.
▷郊—, 密—, 靈—, 雍—

6 11〖畢〗 마칠 필 [質] ㄅㄧˋ (bi) | ひつ(オワル) | finish

(源)象形. 새 따위를 덮쳐 잡는 자루 달린 그물을 본뜸.
풀이 ①마치다. 끝냄. ¶公事— 然後敢治私事<孟子>/兵役—. ②다하다. 남기지 아니함. ¶誠思—力竭情<班固> ③이상(以上). 끝났음을 뜻함. ¶吾事—矣. ④모두. 죄다. ¶群賢—至<王羲之>/—賀. ⑤그물. ㉮사냥에 쓰는 자루 달린 그물. ¶羅網—翳<禮記> ㉯그물질하다. ¶—之羅之<詩經> ⑥간찰(簡札). 글씨를 쓴 댓조각. ¶呻其佔—<禮記> ⑦별 이름. 28수(宿)의 하나. 서쪽에 있음. ¶— 西方白虎之宿<淮南子·注>/—宿. ⑧빽빽하고 무성한 대숲. 또는, 촘촘한 대울타리. (通)篳. ⑨빠르다. ¶體便輕—<淮南子>
【畢竟】ひっきょう(필경) 마침내. 결국. 究竟(구경).
【畢納】ひつのう(필납) 납세나 납품을 끝냄. 전부 바침.
【畢門】ひつもん(필문) 왕성(王城) 정전(正殿) 문의 이칭. 路門(노문).
【畢方】ひっぽう(필방) ①화재(火災)를 맡았다는, 새 형상을 한 귀신. ②나무의 정령(精靈). ③늙은 귀신. 老鬼(노귀).
【畢生】ひっせい(필생) 생명이 다할 때까지. 一生(일생). 平生(평생). 一平生(일평생).
【畢役】ひつえき(필역) 역사(役事)를 마침. 竣工(준공).
▷簡—, 檢查—, 納稅—, 農功—, 能事—, 未—, 兵役—, 呻佔—, 了—, 佔—, 終—, 歡樂—

11〖畡〗 垓(p.345)와 同字

6 11〖畦〗 밭두둑 휴 [齊] ㄒㄧ (si) ㄑㄧ (qi) | けい(アゼ) | ridge

풀이 ①밭두둑. ¶菜茹有—<漢書>/—町. ②경계(境界). 지경(地境). ¶彼且爲無町—<莊子>/—畛. ③밭. 채마밭. ¶方將爲圃—<莊子>/荒—. ④밭 넓이의 단위. 논밭의 50묘(畝). ¶—留夷與揭車兮<楚辭> ⑤신(神)에게 제사지내는 곳. ¶—畤.
【畦町】けいてい·けいちょう(휴정) ①밭두둑. ②경계(境界). ③학문·예술 등의 법칙. ¶慘澹脫去筆墨—<畫鑒>
▷灌—, 綠—, 稻—, 無町—, 桑—, 野—, 圃—, 夏—, 荒—

12〖畱〗 留(p.1016)의 本字
12〖畮〗 畝(p.1017)의 本字

7 12〖番〗 1 갈마들 번 2 날랠 파 3 땅 이름 반 [元] ㄈㄢ (fan) [歌] ㄆㄢ [寒] (pan) | ばん | alternate

(源)象形. 발톱[釆]이 삐죽삐죽하게 나온 짐승의 발바닥[田]을 본뜸.
풀이 1 ①갈마들다. 갈음하여 듦. ¶迭爲三—<列子>/—戍. ②수(數). ㉮차례. 순서. ¶隨—讐校<舊唐書> ㉯회수(回數). ¶往復數—<南史> ㉰개수(個數). 장수(張數). ¶賜側理紙萬—<天中記> ③무성하다. 번성함. (通)蕃. ¶鳥獸草木—茂<無極山碑> ④짐승의 발바닥. (通)蹯. ¶獸足謂之—<說文> ⑤오랑캐. 미개한 번족(蕃族). 뜻이 바뀌어, 외국에서 수입한 물건에 붙이는 접두어. ¶—茄/—船. 2 ①날래다. 용맹함. ¶——良士<書經> ②머리가 세다. 머리털이 하얀 모양. (通)皤. ¶黃髮——<史記> 3 땅 이름. 춘추시대 조(趙)의 지명. ¶—吾.
【番戍】ばんじゅ(번수) 번들어 지킴. ¶—之勞<宋史>
【番地】ばんち(번지) ①오랑캐 땅. 蕃地(번지). 異域(이역). ②번호를 붙여 나눈 땅. ¶—數.
【番號】ばんごう(번호) 차례를 나타내는 호수(號數).
▷更—, 交—, 當—, 番—, 分—, 非—, 上—, 順—, 輪—, 地—, 遞—, 吐—

7 12〖畬〗 1 새밭 여 2 따비밭 사 [魚] ㄩˊ [麻] (yu) | よ(アラタ) しゃ(ヤキタ)

풀이 1 ①새 밭. 개간한 지 두세 해쯤 되는 밭. ¶如何新—<詩經> ②논밭을 일구다. 개간함. ¶— 治田也<集韻> 2 ①따비밭. ¶— 燒榛種田<廣韻> ②겨레 이름. 요민(猺民)의 하나.
▷燒—, 菑—

12〖畭〗 畬(p.1020)와 同字
12〖異〗 異(p.1018)의 本字

7
12〖畯〗 농부 준 | 圓ㄐㄩㄣˋ (jun) | しゅん(ノウフ) *farmer*

풀이 ①농부. ¶ー 農夫之稱＜正字通＞ ② 뛰어나다. 뛰어난 사람. 㕣俊. ¶登崇ー良＜韓愈＞ ③권농관(勸農官). 농사를 권장하는 벼슬아치. ¶田ー至喜＜詩經＞ ④농사의 신(神). ¶擊土鼓以樂田ー＜周禮＞

【畯儒】しゅんじゅ(준유) 벼슬 않은 학자. ¶讀書爲ー＜剪燈餘話＞

▷農ー, 田ー, 寒ー

12〖畟〗 畯(p. 1021)과 同字

12〖畳〗 疊(p. 1024)의 略字

7
12〖畫〗 1그림 화 2고를 획 | 國ㄏㄨㄚˋ 圖(hua) | かい, が (エ, エガク) *picture* かく

略画 俗畵 同画

풀이 1①그림. ¶妙ー通靈＜晋書＞/繪ー/山水ー. ②그리다. 그림을 그림. ¶ー地爲蛇＜戰國策＞/ー虎. ③채색(彩色). 색을 칠함. ¶加繅席ー純＜周禮＞/ー彩. ④장신구(裝身具). ¶介者拸ー外非譽也＜莊子＞ 2①고르다. 고루 갖춤. 가지런히 함. ②획. 자획(字畫). ¶點ー.

【畫架】がか(화가) 그림을 그릴 때 화포(畫布)를 받치는 삼각(三脚)의 틀.

【畫家】がか(화가) 그림을 그리는 것을 전문으로 하는 사람. 미술가. 畫人(화인). 畫工(화공).

【畫角】がかく(화각) ①악기 이름. 길이는 5척(尺), 모양은 죽통(竹筒)과 비슷하며, 밑은 가늘고 끝은 넓음. 대, 나무, 가죽, 구리 등으로 만들며, 바깥에 채회(彩繪)를 가하므로 화각이라 이름. 옛날에 군중(軍中)에서 저녁과 새벽을 알리고 사기(士氣)를 북돋우는 데 썼음. ②목기(木器) 세공품을 곱게 하는 꾸밈새의 한 가지. 채화를 그리고, 그 위에 쇠뿔을 얇게 오려 덧붙임. 華角(화각). ¶ー鏡臺/ー尺.

【畫閣】がかく(화각) 단청을 한 누각(樓閣). 畫樓(화루).

【畫格】がかく(화격) 그림의 품격. 畫品(화품). ¶自此ー日進＜夢溪筆談＞

【畫稿】がこう(화고) ①그림을 그릴 때 초벌로 그린 그림. ②관문서(官文書)에 상관이 行 자 한 자를 써서 허가하는 일.

【畫工】がこう(화공) ①그림 그리는 것을 업으로 하는 사람. 畫家(화가). 畫匠(화장). ②그림 그리는 기술.

【畫具】がぐ(화구) 그림 그리는 데 필요한 도구. かく(획구) 서명을 함. 또는, 수결(手決)함. ¶各ー供狀＜福惠全書＞

【畫戟】がげき(화극) 채색하거나 장식을 한 창(槍). 경위(警衛)할 때 씀.

【畫壇】がだん(화단) ①화가(畫家)의 사회. 畫苑(화원). ②그림 전시장. 畫廊(화랑)②.

【畫圖】がず・がと(화도) ①그림. ¶萬戶千門入ー＜李白＞ ②그림을 그림. ¶宋元君將ー＜莊子＞

【畫廊】がろう(화랑) ①화상(畫商)의 점포. ②회화를 진열하여 놓는 곳. ③그림을 그려 아름답게 꾸민 서양식 건축의 긴 복도.

【畫龍點睛】がりょうてんせい(화룡점정) 사물의 가장 요긴한 곳에 역점을 두거나 일의 가장 긴요한 부분을 끝내어 완성시킴을 이름. 點睛(점정).

【유래】 남북조시대 양(梁)의 장승요(張僧繇)라는 화가가 금릉 안락사(安樂寺)의 벽화를 맡아 그렸을 때의 일이다. 용 두 마리를 그린 그는, 눈동자까지 그리면 용이 승천한다면서 눈동자는 그리지 않았다. 사람들은 그의 말을 믿지 않고 눈동자를 그리게 했다. 승요가 마지못해 용 그림에 눈동자를 그려넣자, 별안간 뇌성벽력이 일어나며 그 용이 하늘로 올라갔고, 벽에는 눈동자 없는 용그림 하나만이 남았다고 한다. ＜歷代名畫記＞

【畫樓】がろう(화루) ☞畫閣(화각).

【畫面】がめん(화면) ①그림의 표면. 또는, 영사막에 비친 사진의 면. ②필름, 인화지 따위에 촬영된 영상이나 사상(寫像). ③문신(文身)한 얼굴.

【畫名】がめい(화명) ①그림이나 영화 등의 제명(題名). ②화가로서의 명성.

【畫伯】がはく(화백) 화가의 존칭. 또는, 그림에 조예가 깊은 사람.

【畫法】がほう(화법) 그림을 그리는 법.

【畫報】がほう(화보) 세상에 일어난 일을 그림이나 사진으로 알리는 인쇄물. 또는, 사진이나 그림을 모아 엮은 책자.

【畫譜】がふ(화보) ①회화를 그 갈래를 따라 모은 첩(帖)이나 서책. ②화법을 논한 책. 또는, 그림본. ③화가의 전통.

【畫師】がし(화사) ☞畫工(화공).

【畫蛇添足】がだてんそく(화사첨족) 뱀을 그리고 발을 더 그려 넣는다는 뜻으로, 무용지물(無用之物)의 비유. 蛇足(사족).

【畫商】がしょう(화상) 그림을 사고 파는 장사. 또는, 그 장수.

【畫像】がぞう(화상) ①그림으로 그린 사람의 얼굴. 肖像(초상). ②모양 또는 형상을 그림.

【畫宣紙】がせんし(화선지) 선지(宣紙)의 한 가지. 옥판(玉版) 선지보다 크고 질이 낮음. 서화(書畫)에 씀.

【畫省】がしょう(화성) 한(漢)대 상서성(尙書省)의 이칭. 그 벽에 고현 열사(古賢烈士)의 화상이 그려져 있는 데서 이름.

【畫聖】がせい(화성) 그림의 성인이란 뜻으로, 극히 뛰어난 화가를 높이어 이르는 말.

【畫室】がしつ(화실) ①화가나 조각가가 작품 일을 하는 방. 아틀리에. ②벽화가 있거나, 그림으로 꾸민 아름다운 방.

【畫押】がおう(화압) 날인(捺印)함. 서명하거나 수결(手決)함. 花押(화압).

【畫苑】がえん(화원) ☞畫壇(화단)①.

【畫六法】がろっぽう(화육법) 그림을 그리는 여섯 가지 법식. 남제(南齊)의 사혁(謝赫)의

설. 기운 생동(氣韻生動), 골법 용필(骨法用筆), 응물 상형(應物象形), 수류 전채(隨類傳彩), 경영 위치(經營位置), 전모이사(傳模移寫). 「멋.

【畫意】がい(화의) 그림에 담긴 뜻. 또는, 그림의

【畫衣冠】がいかん(화의관) 옛날에, 범죄자에게 실형(實刑)을 과하지 않고, 그의 의관에 특수한 색채나 무늬를 베풀어서 그 죄를 표시하던 일.

【畫材】がざい(화재) 그림의 소재(素材).

【畫題】がだい(화제) ①그림의 제목. 그림의 이름. 사군자(四君子), 명황 취귀(明皇醉歸) 따위. ②동양화의 위나 옆 여백에 쓰는 시문. 「(화첩).

【畫集】がしゅう(화집) 그림을 모아 엮은 책. 畫帖

【畫讚】がさん(화찬) 동양화의 화면 위나 옆 여백에, 그 그림을 찬양하는 뜻으로 쓴 시문. 畫贊(화찬).

【畫帖】がちょう(화첩) ①☞畫集(화집). 畫譜(화보). ②그림을 그릴 수 있도록 화선지 등을 여러 장 한데 모아 만든 책.

【畫板】がばん(화판) 그림을 그릴 때 밑에 받치는 널판. 또는, 유화(油畫)를 그리는 널판.

【畫布】がふ(화포) 유화(油畫)를 그리는 데 쓰는 베. 캔버스.

【畫幅】がふく(화폭) ①그림을 그린 족자(簇子). ②그림을 그린 천이나 종이 따위의 크고 작은 조각. ※書幅(서폭).

【畫風】がふう(화풍) 회화의 작풍(作風). 그림을 그리는 풍도(風度).

【畫筆】がひつ(화필) 그림을 그릴 때 쓰는 붓.

【畫數】かくすう(획수) 자획(字畫)의 수. 「례.

【畫順】かくじゅん(획순) 글씨를 쓸 때의 자획의 차

【畫引】かくびき(획인) 획수를 따라 찾는 한자 색인(索引)의 하나.

▷缺一, 計一, 界一, 古一, 口講指一, 口一, 區一, 規一, 琴棋書一, 企一, 奇一, 綺一, 機一, 烙一, 南一, 圖一, 讀一, 東洋一, 名一, 毛筆一, 謀一, 描一, 妙一, 墨一, 文一, 眉目如一, 民一, 壁一, 祕一, 揷一, 西洋一, 書一, 石一, 聲一, 俗一, 水彩一, 勝一, 詩中有一, 神一, 心一, 案一, 洋一, 如一, 鉛筆一, 染一, 映一, 油一, 異一, 字一, 裁一, 點一, 題一, 措一, 主一, 指一, 錯一, 贊一, 參一, 采一, 肖像一, 版一, 筆一, 繪一

13【畺】 疆(p.1024)과 同字

8 13【畸】 뙈기밭 기 | 因ㄐㄧ (ji) | き(ワリノコリノタ)

풀이 ①뙈기밭. 옛 중국에서, 정전(井田)으로 구획하고 남은 귀퉁이 땅. 자투리 땅. ¶零田不可井者爲一＜正字通＞/一零. ②우수리. 단위수에 차지 못한 나머지. ¶居地方三百一十六里有一＜論語·注＞ ③기이하다. ㉠奇. ¶敢問一人＜莊子＞ ④병신(病身). 불구(不具). ㉠倚 踦. ¶一形. ⑤가지런하지 않다. ¶墨子有見於齊 無見於一＜荀子＞

【畸形】きけい(기형) 생물의 생김새, 구조 따위가 정상이 아닌 모양. 언청이, 육손이 따위. ¶一兒.

▷羅一, 無見于一, 無一, 宋一, 零一

8 13【當】 1 마땅할 당 2 주관할 당 | 陽ㄉㄤ (dang) 漾 | とう (アタル) *suitable*

풀이 1 ①마땅하다. 의당 …여야 함. ¶一殺之＜史記＞/宜一. ②대적(對敵)하다. ㉮맞서다. 정면에서 대항함. ¶兩敵相一＜馬融＞/一騎一千. ㉯당해 내다. 견딜 만함. ¶一仁不讓於師＜論語＞/擔一. ㉰상당하다. 들어맞음. ¶必一其位＜呂覽＞/該一. ㉱막다. 지킴. ¶一夫一關萬夫莫開＜李白＞ ㉲일을 당하다. 당면함. ¶一食不歎＜禮記＞/一此之時. ㉳처벌하다. 단죄함. ¶廷尉奏一＜史記＞/一斬. ㉴떠맡다. 책임 짐. ¶一國 秉政＜左氏傳·注＞/一路. ㉵마주 대하다. ¶逢滑一公而進＜左氏傳＞ ㉶덮다. 씌워 가림. ¶使祝薪賓戈於車薪以一門＜左氏傳＞ ③가슴에 대는 갑옷. 2 ①주관하다. 通掌. ¶鼓無一於五聲＜禮記＞ ②맞다. ㉮사리에 맞다. ¶唯其一之爲貴＜荀子＞ ㉯바르다. ¶豈非用賞罰一邪＜呂覽＞ ㉰합당하다. ¶斬殺必一＜禮記＞ ③잡히다. 전당(典當)함. ¶典一胡夷＜後漢書＞ ④밑. 밑바탕. ¶玉巵無一＜左思＞ ⑤이. 그. 지시대명사. ¶喪一家之寶＜北史＞

【當家】とうか(당가) ①이 집. 그 집. 당사자의 집. ②자기의 가업을 맡아 함. ¶百姓一則力農工＜史記＞ ③집안 일을 맡아 하는 하인. 管家(관가). ④아내가 남에 대하여 자기 남편을 이르는 속칭. 當家的(당가적).

【當故】(당고)韓 부모의 상(喪)을 당함. 當喪(당상).

【當局】とうきょく(당국) ①어떤 일을 담당함. 또는, 그 곳. ②바둑을 둠. 對局(대국). ¶迷執由一＜白居易＞

【當局者】とうきょくしゃ(당국자) ①어떤 지위에 있어 어떤 일을 맡아보는 사람. ②바둑을 두는 사람. 對局者(대국자).

【當歸】とうき(당귀) 승검초의 뿌리. 보혈(補血)에 쓰는 한약재.

【當今】とうこん(당금) 지금. 이때. 現今(현금). 現時(현시).

【當年】とうねん(당년) ①올해. 금년. ②그때. 그해. 그 사건이 있었던 때. ③장년(壯年). 장년 때에. ¶一詎有幾 縱心復何疑＜陶潛＞

【當代】とうだい(당대) ①사람의 한평생. 사람의 일대(一代). ②그 시대. 그 대(代). ③지금 세상. 現代(현대).

【當到】(당도)韓 목적한 일이나 장소에 다다름. 到達(도달).

【當路】とうろ(당로) ①도로(道路) 한가운데 있어 길을 가로막음. ¶大禹治水 山陵一者毁之＜漢書＞ ②중요한 지위에 있어 권력을

잡는 일. 또는, 그 사람. 當塗(당도). ¶夫子一於齊<孟子>
【當路者】とうろしゃ(당로자) 중추적인 중요한 지위에 있는 사람. 當路之人(당로지 인).
【當面】とうめん(당면) ①마주 봄. 마주 대함. 對面(대면). ②눈앞. 목전(目前). ¶一問題.
【當務者】とうむしゃ(당무자) 그 직무를 맡은 사람.
【當方】とうほう(당방) ①이쪽. 이편. ②그 방면.
【當番】とうばん(당번) 번드는 차례에 당함. 또는, 그 사람. ¶淸掃一/宿直一. ↔非番(비번).
【當璧】とうへき(당벽) 후사(後嗣)로 뽑힘을 이름. 초(楚)의 공왕(共王)이 총애하는 아들 5형제 중에서 한 사람의 후사를 가려내기 위해, 미리 벽옥(璧玉)을 태실(太室)의 뜰에 묻어 놓고, 그들을 들어오게 하여 벽옥을 파묻은 곳에 절을 한 사람을 후사로 택한 옛일에서 나온 말.
【當否】とうひ(당부) ①맞음과 맞지 않음. ②마땅함과 마땅하지 않음. ¶不察其一<韓非子>
【當分間】とうぶんかん(당분간) 얼마 동안.
【當社】とうしゃ(당사) ①이 회사. 本社(본사). ②이 사(社). 社는 25 가(家)를 단위로 하여 향당(鄕黨)의 일을 하던 공공 조직체. 當該社(당해사).
【當事者】とうじしゃ(당사자) 그 일에 직접 관계하는 사람. 當者(당자).
【當選】とうせん(당선) 선거나 추첨 등에서 뽑힘. 선발(選拔)됨.
【當世】とうせい(당세) ①군주가 즉위하여 국정을 잡음. ②지금 세상. 지금 시대. 今世(금세). ③[韓] 그 시대의 세상. ¶一之風.
【當世之風】とうせいノ(당세지 풍) 그 시대의 세상 풍조.
【當時】とうじ(당시) ①이때. 지금. ②그때. 옛날. ¶名重一<後漢書> ③즉시. 즉석.
【當身】とうしん(당신) ①[韓]어른을 높여 이르는 3인칭. 또는, 「하오」해야 할 자리의 상대를 일컫는 말. 또는, 부부간의 호칭. ②자신(自身). 육체 그 자체. ¶所好一之娛 非所去也<列子>
【當夜】とうや(당야) ①이 밤. 今夜(금야). ②그 일이 있었던 밤. 그날 밤.
【當陽】とうよう(당양) ①양지 바름. 환함. ¶一之地. ②남으로 정면(正面)하여 위치함. 곧, 천자가 남면(南面)하여 천하를 다스림을 이름. ¶天子一 諸侯用命也<左氏傳>
【當然】とうぜん(당연) 도리상 그렇게 되어야 할 일. 當然之事(당연지 사).
【當月】とうげつ(당월) ①이 달. 今月(금월). ②그 달. 그 일이 있었던 달. ¶一而有孕<北史>
【當爲】とうい(당위) 당연히 해야 할 일.
【當日】とうじつ(당일) ①그날. 그 일이 있었던 날. ¶哀怨如一<陸游> ②오늘. 今日(금일). ③당직(當直) 날. ¶臣敢煩一<國語>
【當者】とうしゃ(당자) ☞當事者(당사자).
【當場】とうじょう(당장) 바로 그 자리. 卽席(즉석). 現場(현장).
【當店】とうてん(당점) ①이 가게. 이 점포. ②전당포(典當鋪).
【當朝】とうちょう(당조) ①당대의 조정. 또는, 지금의 임금. ②일반적으로 윗사람을 이르는 말. 대신, 재상 따위. ¶激怒一<琵琶記>
【當座】とうざ(당좌) ①바로 그 자리. 그 경우. 卽席(즉석). ②잠시 동안. 당분간. 얼마간. ¶一預金/一手票.
【當罪】とうざい(당죄) 죄의 경중에 따라 적당한 형벌에 처함. 抵罪(저죄). ¶審刑一 則人不易訟<管子>
【當直】とうちょく(당직) 당번으로서 일직이나 숙직을 함. ¶鳳詔裁成一歸<李商隱>
【當處】とうしょ(당처) 이 곳. 그 곳. 일이 생긴 그 자리. 當地(당지). 當所(당소). ¶不離一常湛然<傳燈錄>
【當籤】とうせん(당첨) 제비뽑기에 뽑힘. 또는, 뽑힌 제비. ¶福券一.
【當初】とうしょ(당초) 일이 생긴 처음. 일의 시초. 애초. 그 맨 처음. 最初(최초).
【當軸】とうじく(당축) ☞要路(요로). ¶伖閣處一之權<北史>/一之士.
【當兎】とうと(당토) 굴대의 중앙에 있어서 차체(車體) 곧 차상(車箱)과 굴대를 연결하는 물건. 좌우에 있는 것은 복토(伏兎)라고 함.
【當筆】とうひつ(당필) 재상이 정무를 보는 근번(勤番)의 날.
【當該】とうがい(당해) ①이 일. 그 일. ②그것에 해당되는. 그와 관계되는. ¶一官廳. ③그 계(係). 그 담당.
▷家一, 勘一, 堪一, 過一, 官一, 句一, 郎一, 琅一, 擔一, 名實無一, 伴一, 配一, 別一, 併一, 屛一, 不一, 不敢一, 相一, 承一, 失一, 厭一, 玉巵無一, 穩一, 允一, 應一, 一了白一, 抵一, 適一, 典一, 丁一, 正一, 至一, 充一, 妥一, 平一, 該一

13 【畱】 留(p. 1016)와 同字

13 【畲】 畬(p. 1017)과 同字

8/13 【畹】 밭 넓이 단위 원 | [阮]ㄨㄢˇ (wan) | えん

8/13 【畷】 밭두둑길 철 | [屑] | てつ

13 【畵】 畫(p. 1021)의 俗字

14 【畻】 塍(p. 353)과 同字

9/14 【畽】 [1] 염우없을 톤 [2] 마당 탄 | [阮]ㄊㄨㄢˇ (tuan) [旱] | とん たん (アキチ)

[풀이] [1]염우(廉隅)없다. 품행이 바르지 않고 지조가 없음. [2]①마당. 집 앞뒤의 빈터. ¶町一鹿場<詩經> ②밭두둑길. ③사슴 발자국.

10/15 【畿】 경기 기 | [微]ㄐㄧ (ji) | き

[풀이] ①경기(京畿). 도성(都城) 둘레 500

리 안의 땅. ¶邦一千里<詩經>/近一/一內. ②지역 이름. 주(周)대, 도성(都城)을 중심으로 사방 500리 밖의 땅을 500리씩 차례대로 갈라 9등분한 것.

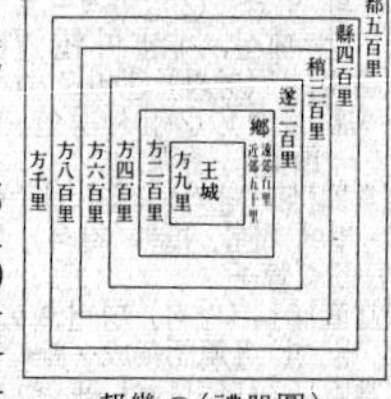

邦畿①(禮器圖)

¶九一. ③서울. 국도(國都). ¶俘我洛一<顏延之> ④경계(境界). 지경(地境). ¶制一封國<周禮> ⑤뜰. 집의 마당. ¶薄送我一<詩經> ⑥전야(田野). 논밭으로 된 들. ¶晨光照麥一<梁簡文帝> ⑦문지방. 문한(門限). ¶門一.

【畿內】きない(기내) ①왕성(王城)을 중심으로 사방 500 리 이내의 땅. 천자의 직할지. 畿甸(기전). ¶京師 天子之一千里<獨斷> ②韓 경기도내(京畿道內).

【畿伯】きはく(기백) ①주(周)대의 벼슬 이름. 대사도(大司徒)에 속함. ②韓 경기도 관찰사의 이칭. 畿察(기찰).

【畿輔】きほ(기보) 국도(國都)에 가까운 지역.

【畿服】きふく(기복) ①왕기(王畿)와 구복(九服). 곧, 천하(天下)를 이름. ¶毀裂一<後漢書> ②왕기(王畿) 천 리의 안을 이름.

【畿封】きほう(기봉) ①토지의 경계. ②토지의 경계에 표지로서 높이 쌓은 둑.

【畿營】(기영)韓 경기도 감영(京畿道監營).

【畿外】きがい(기외) 도성(都城)을 중심으로 500 리 바깥의 땅. ↔畿內(기내)①.

【畿甸】きでん(기전) ☞畿內(기내).

【畿察】(기찰)韓 ☞畿伯(기백)②.

【畿湖】(기호)韓 경기도, 황해도 남부, 충청남도 북부를 포함한 지역의 총칭. ¶一地方.

▷京一, 九一, 國一, 近一, 邦一, 四一, 王一, 甸一, 帝一, 侯一

15〖畦〗 蹊(p. 1450)와 同字

18〖壘〗 ☞ 土部 15획(p. 360)

14 19〖疆〗 [1] 지경 강 [2] 굳은땅 강 | 陽ㄐㄧㄤ (jiang) 養 | きょう (サカイ) *border*

※彊(p. 536)은 딴 자.

풀이 [1] ①지경. 경계(境界). ¶制其畿一<周禮>/一界. ②한계(限界). 끝. ¶萬壽無一<詩經> ③경계 짓다. 지경을 그음. ¶迺一迺理<詩經> ④두둑. 논밭의 경계를 이룬 두둑. ¶勸於一場<張衡> ⑤행정 구역 이름. 왕기(王畿) 1천 리의 맨 바깥쪽의 땅. ⑥나라 땅. 국토(國土). ¶闢土開一<晉書> [2] ①굳은 땅. 딱딱하고 메마른 땅. ¶可以美土一<禮記>/一潦. ②불타서 그슬린 땅. ¶一北方謂土焦曰一<字彙補>

【疆域】きょういき(강역) ①강토(疆土)의 구역. 곧, 국경의 안. ②국경(國境). 나라의 지경.

【疆場】きょうえき(강역) ①경지(耕地)의 경계. 밭두둑. 논두렁. ②☞疆域(강역). ¶一之事愼守其一<左氏傳>

【疆土】きょうど(강토) ①국경. ②국경 이내의 땅. 領土(영토). ¶遂戢干戈 靖我一<晉書>

▷畎一, 無一, 邊一, 封一, 分一, 四一, 出一, 侵一, 土一

19〖櫐〗 ☞ 木部 15획(p. 798)

14 19〖疇〗 두둑 주 | 尤ㄔㄡˊ (chou) | ちゅう (ウネ) *ridge*

풀이 ①두둑. 길게 뻗은 두둑길. ¶農不去一<呂覽>/畫一. ②논밭. 전답(田畓). ㉮정리된 농경지(農耕地). ¶男樂其一<史記> ㉯삼밭[麻田]. ¶季夏之月 可以糞田一<禮記> ㉰정전(井田). 1정(井)의 땅. ¶一井爲一<一切經音義> ㉱나란히 이웃한 밭. ¶取我田一<左氏傳> ③북돋우다. 배토(培土)함. ¶灌以滐水 一以肥壤<淮南子> ④무리. ㉮부류(部類). ¶草木一生<荀子>/洪範九一. ㉯무리. 제배(儕輩). ¶今髡賢者之一也<戰國策> ㉰짝. 배필(配匹). ¶咬咬黃鳥 顧一弄音<嵇康> ⑤행동을 같이 하다. ¶人與人相一<國語> ⑥동등하게 하다. ¶一其爵邑<漢書> ⑦가업(家業)을 세습(世襲)하다. ¶一人子弟分散<漢書> ⑧누구. 通誰. ¶一咨若時 登庸<書經> ⑨접때. 이전에. ¶一昔之羊<左氏傳>

▷範一, 先一, 新一, 良一, 沃一, 園一, 田一, 翠一, 平一, 洪範九一, 荒一, 畫一

15 20〖副〗 [1] 가를 벽 [2] 쪼갤 복 | 錫ㄆㄧˋ 屋(pi) | へき ふく

21〖纍〗 ☞ 糸部 15획(p. 1193)

21〖罍〗 ☞ 缶部 15획(p. 1196)

17 22〖疊〗 겹쳐질 첩 | 葉ㄉㄧㄝˊ (die) | じょう (タタム)

풀이 ①겹쳐지다. 포개짐. ¶雖累葉百一而富強相繼<左思>/重一. ②겹치다. 포갬. 겹쳐 놓음. ¶吐其舌 三一之<宋史> ③두려워하다. 通慴. ¶莫不震一<詩經> ④진동(震動)하다. ¶鉦鼓一山<左思> ⑤노래 구절을 되풀이하는 일. ¶陽關三一. ⑥무명. 면포(綿布). ¶白一. ⑦옷에 주름을 잡다. 또는, 그 주름. ¶襞一衣也<漢書>

【疊鼓】じょうこ(첩고) ①북을 빠르게 침. ¶一送華輈<謝朓> ②韓 입직(入直) 군사를 모으기 위해 대궐 안에서 북을 치는 일.

【疊書】じょうしょ(첩서) 글씨를 쓸 때에 잘못하여

같은 글자나 글귀를 거듭 씀.
【疊語】じょうご(첩어) 같은 낱말을 거듭하여 한 단어를 이룬 말. 팔랑팔랑, 철썩철썩 따위. ※疊字(첩자).
【疊用】じょうよう(첩용) 거듭 씀. 반복하여 사용함.
【疊雲】じょううん(첩운) 중첩한 구름. 層雲(층운).
【疊韻】じょういん(첩운) ①같은 운(韻)을 써서 시를 지음. 화운(和韻). ②두 자로 된 숙어에서 두 자가 모두 같은 운(韻)인 것. 연면(連綿). 소요(逍遙). 선연(嬋娟) 따위.
【疊字】じょうじ(첩자) 겹친 글자. 또는, 그렇게 쓴 말. 교교(皎皎), 망망(茫茫), 청청(青青) 따위.
【疊疊】じょうじょう(첩첩) 중첩한 모양. 겹친 모양. ¶一山中.
▷白一, 複一, 摺一, 雙一, 陽關三一, 積一, 稠一, 重一, 震一, 千一玉山 疊一, 層一

22〖疉〗 疊(p. 1024)과 同字

疋<짝 필>部

疋 疋 ⑦ 疏 疎 ⑨ 疑 疐 ⑪ 疐

0
5〖疋〗 1 발 소 2 바를 아 3 짝 필 | 魚ㄕㄨ(shu) 馬ㄧㄚˇ(ya) 質ㄆㄧˇ(pi) | そ(アシ) foot が ひつ

源象形. 무릎 아래 다리의 모양을 본뜸.
풀이 1 ①발. 같 足. ②적다. 기록함. 같 疏. ③낮은 벼슬아치. 通 胥. 2 ①바르다. 단아함. 같 雅. ②기다리다. 3 ①짝. 通 匹. ②8장(丈)의 길이. 5척(尺)을 묵(墨), 배묵(倍墨)을 장(丈), 배장을 단(端), 배단을 양(兩), 배량을 필(疋)이라 이름. ③작다. ④필. ㉮피륙의 치수를 세는 단위. 1필은 40자[尺]. ㉯마소를 세는 단위.
【疋木】(필목) ①모시, 무명 따위를 두루 이름. ②필로 된 모시, 무명 따위.
▷馬一

5〖疋〗 1 正(p. 807)의 古字 2 疋(p. 1025)과 同字

9〖胥〗 ☞ 肉部 5획(p. 1230)

11〖疏〗 疏(p. 1025)의 本字

7
12〖疏〗 1 트일 소 2 거칠 소 3 적을 소 | 魚ㄕㄨ(shu) 䖏 御 | そ(トオル) get cleared そ(ソマツ) そ(シルス)

本 疏 同 疎

풀이 1 ①트이다. 통함. ¶一通知遠 書教也<禮記> ②트다. ㉮막힌 것을 없애고 트다. ¶禹一九河<孟子> ㉯열다. ¶隨山一濬潭<謝靈運> ③멀다. ㉮친하지 아니하다. ¶不濅近兮愈一<楚辭> ㉯에돌아 멀다. 우활(迂闊)함. ¶毋乃已一乎<禮記> ㉰서투르다. 소루(疏漏)함. ¶惜哉劍術一 奇功遂不成<陶潛> ㉱늦다. ㉲길다. 크고 넓음. ¶體大者節一<淮南子> ④멀리하다. 멀어짐. ¶王已奪之 而一太子<呂覽> ⑤먼 친척. ¶定親一<禮記> ⑥거칠다. ㉮성기다. ¶天網恢恢 一而不失<老子> ㉯부주의하다. 빠뜨림. ¶其於計一矣<史記> ㉰조악(粗惡)하다. ¶客飧 主人辭以一<禮記> ⑦크다. ¶車轂均一<太玄經> ⑧가르다. 갈림. ¶九川旣一<漢書> ⑨드물다. ¶不知其稼之一<呂覽> ⑩다스리다. ¶一峰抗高館 對嶺臨迴溪<謝靈運> ⑪새기다. ¶一屛 天子之廟飾也<禮記> ⑫그리다 ¶大夫一器甲兵<管子> ⑬버리다. 치움. ¶公令一軍而去之<國語> ⑭씻다. ¶一其穢 而鎭其浮<國語> ⑮깔다. 폄. ¶一石蘭兮爲芳<楚辭> ⑯채소(菜蔬). 通 蔬. ¶聚斂一材<周禮> ⑰맨발. ¶子佩一揖<淮南子> ⑱거친 베. ⑲빗질하다. 머리를 빗음. 通 梳. ⑳찾다. 수색함. 通 搜. ¶合一捕山閒虜<漢書> 2 거칠다. 通 粗. ¶飯一食飮水<論語> 3 ①적다. ㉮조목별로 나누어 진술하다. ¶數一光過失<漢書> ㉯기록하다. ¶暗一之 無一字謬<唐書> ②주(注). 주석(注釋). ③편지. 서간체(書簡體). ¶洞庭無過雁 書一莫相忘<杜甫> ④문체(文體)의 이름. 상소문·주소(奏疏) 따위.
【疏開】そかい(소개) ①막힘이 없이 통하게 함. ②공습·화재 등의 피해를 줄이기 위하여 밀집 상태에서 성기게 흩어 버리거나 자리를 옮김.
【疏隔】そかく(소격) ☞疏遠(소원).
【疏略】そりゃく(소략) 소홀히 함. 정밀하지 아니함. 粗略(조략). ↔精密(정밀).
【疏漏】そろう(소루) 생각이나 행동이 꼼꼼하지 못하여 얼뜨고 거칢.
【疏密】そみつ(소밀) ①엉성함과 촘촘함. ②교분이 두터움과 엷음.
【疏薄】そはく(소박) ①등한히 함. ②韓 아내를 박대하거나 또는 미워하여 아내로 여기지 아니함.
【疏食】そし(소사) ①채식과 곡식(穀食). ②육미가 없는 험한 밥. 麤飯(추반). ¶一不足祭也<禮記>
【疏外】そがい(소외) ①사이가 점점 멀어짐. ¶一感. ②꺼리어 멀리함. ¶背先帝所一<諸葛亮>
【疏遠】そえん(소원) 지내는 사이가 스스럽고 버성김. 疏隔(소격).
【疏章】そしょう(소장) 임금에게 올리는 글.
【疏奠】(소전) 나물 제수(祭需). 변변하지 못한 제수. 자기가 올리는 제수의 겸칭.
【疏注】そちゅう(소주) 주석(注釋). 또는, 이전 사람의 주석에 주석을 닮.
【疏奏】そそう(소주) 조목별로 써서 상주(上奏)함.
【疏廳】(소청)韓 유생들이 모여 건의·상소하는 집.
【疏脫】そだつ(소탈) ①어설프게 하여 죄인을 놓침. ②형식이나 예절에 구애되지 않고 수

수하고 털털함.

【疏通】そつう(소통) ①막히지 않고 트임. 뜻이 서로 통함. ②조리가 섬.

【疏忽】そこつ(소홀) ①경솔함. 덜렁덜렁함. ②범연하여 탐탁하지 아니함.

【疏闊】そかつ(소활) ①오래 소식이 막힘. 積阻(적조). ②에돌아서 멂. 迂闊(오활). ③소홀함. 정밀하지 못함. 簡略(간략).

▷諫―, 簡―, 渠―, 計―, 寬―, 綺―, 道場―, 募緣―, 密―, 封―, 扶―, 浮―, 分―, 上―, 星―, 手―, 蕭―, 暗―, 影―, 義―, 奏―, 註―, 親―, 花―, 闊―, 稀―

11【踈】疏(p.1025)와 同字

※疏의 [1]의 ①,②와 [2],[3]의 뜻으로는 관습상 이 자를 쓰지 아니함.

9
14【疑】 [1]의심할 의 [支] ㄧˊ | ぎ(ウタガウ)
[2]정할 응 [蒸](yi) | *doubt*
[3]설 을 [物] | ぎょう
[4]비길 의 [紙] | ぎつ

풀이[1] ①의심하다. ㉮의혹(疑惑)하다. ¶三人―之<戰國策> ㉯정해지지 아니하다. 결정되지 아니함. ¶時至而―<逸周書> ㉰괴이히 여기다. ¶有立武者見―<淮南子> ㉱두려워하다. ¶皆爲―死<禮記> ㉲어긋나다. ¶同而―<晋書> ㉳싫어하다. ②의심스럽다. ㉮의심스럽다. ¶罪―惟輕<書經> ㉯닮다. 비슷함. ¶過虞舜於九―<漢書> ③의심하건대. 아마도. ¶―是銀河落九天<李白> ④의심. 혐의. ¶其妻獻―<列子> ⑤헤아리다. ¶若不得則正方不―君<儀禮> ⑥옛 벼슬 이름. 천자를 모시고 정치를 돕는 사람. ¶虞夏商周 有師保 有―丞<禮記> [2]정(定)하다. 정해짐. ¶靡所止―<詩經> [3]서다. 엄연히 섬. ¶賓升西階上―之<儀禮> [4]비기다. 견줌. ㉠擬. ¶不以公卿爲賓 而以大夫爲賓 爲―也<禮記>

【疑懼】ぎく(의구) 의심하며 두려워함. ¶―心.

【疑念】ぎねん(의념) 의심하는 마음. 疑心(의심).

【疑問】ぎもん(의문) ①의심스러운 점을 물음. ②의심스러운 일.

【疑兵】ぎへい(의병) 적을 현혹하기 위하여 군사가 있는 것처럼 보이게 하는 것. 가짜 병정.

【疑心】ぎしん(의심) 확실히 알 수 없어서 믿지 못함. 또는, 그런 마음.

【疑心生暗鬼】ぎしんあんきをしょうず(의심 생암귀) 의심하는 마음이 있으면 귀신이 나타나 보인다는 말로, 의심이 사람을 홀려 대상을 잘못 보게 한다는 뜻.

【유래】옛날, 도끼를 잃은 한 사람이 이웃집 아이를 의심했다. 그래서 유심히 본즉, 그 아이의 걸음걸이가 틀림없이 도끼를 훔친 사람으로 보이고, 얼굴도 영락없는 도둑이었다. 이야기를 나누어 보니 더욱 더 그러했다. 그 아이의 동작, 태도, 표정, 어느 하나도 도끼 도둑으로 보이지 않는 것이 없었다. 그러다가 문득 풀섶을 보니 도끼가 거기 있었다. 그런데 왜 도끼 도둑으로 보였을까 하여 이웃집 아이를 다시 보니, 어디에도 도둑으로 의심할 만한 수상한 데가 전혀 없었다.<列子>

【疑訝】(의아) 의심스럽고 괴이쩍음.

【疑獄】ぎごく(의옥) ①죄의 유무가 의심스러운 재판 사건. ②범죄 혐의가 있어 심리를 받는 일. ③주로 직무상의 부정이나 증수회(贈收賄) 사건 등을 이름.

【疑症】ぎしょう(의증) 의심을 잘 하는 성질. 또는, 그런 증세.

【疑妻症】(의처증)㊇ 공연히 아내의 행실을 의심하는 변태적인 성벽(性癖).

【疑塚】ぎちょう(의총) 남이 파낼 염려가 있는 무덤을 보호할 목적으로, 남의 눈을 홀리기 위하여 그와 똑같이 만들어 놓은 여러 개의 가짜 무덤.

【疑惑】ぎわく(의혹) 의심스럽게 여겨 분간하지 못함. 또는, 그런 생각.

▷可―, 決―, 稽―, 九―, 群―, 不―何卜, 釋―, 涉―, 宿―, 猜―, 容―, 傳―, 遲―, 質―, 蓄―, 沈―, 奚―, 獻―, 嫌―, 狐―, 懷―

9
14【疐】 [1]엎드러질 치 [寘] ㄓˋ | ち
[2]꼭지 체 [霽](zhi) | てい

풀이[1] ①엎드러지다. 넘어짐. ㉠躓. ¶―其尾<詩經> ②말리어 못 가게 하다. ③넘어지다. [2]꼭지. 오이·가지 따위의 꼭지. ㉠蒂.

16【疐】疐(p.1026)의 本字

疒<병 질>部

疒 ② 疔 ③ 疚 疝 疙 ④ 疥 疧 疪 疫 疣 疢 疤 ⑤ 痂 疳 痀 疸 疼 病 疿 疴 疵 痄 疽 痁 症 疻 疹 疾 疱 疲 ⑥ 痒 痏 痍 痊 痔 痎 痕 ⑦ 痙 痘 痢 痗 痡 痦 痟 㾐 痤 痛 ⑧ 痼 痯 痰 痳 痲 痻 痭 痺 痹 痱 瘂 痾 瘀 痿 瘃 瘁 痴 ⑨ 瘑 瘈 瘲 瘏 瘍 瘓 瘖 瘇 瘋 瘕 瘌 瘊 ⑩ 瘛 瘝 瘚 瘤 瘢 瘦 瘜 瘞 瘟 瘣 瘨 瘥 瘡 瘠 瘧 ⑪ 瘽 瘰 瘻 瘼 瘴 瘯 瘵 瘱 瘳 瘭 ⑫ 癇 癎 癉 癆 療 癅 癃 癌 㿉 癄 癈 ⑬ 癘 癖 癙 癕 癒 癜 ⑭ 癠 癡 ⑮ 癢 癤 癥 ⑯ 癨 癧 癩 ⑰ 癬 癭 癮 ⑱ 癯 癰 ⑲ 癲 癱

0
5【疒】 병들어 기댈 녁·상 [陌] ㄔㄨㄤˊ | だく
[陽](chuang) | そう

※부수 이름은 병질(病疾)임. 疒은 질병과 관계됨을 뜻함.

2
7【疔】 정 정 [靑] ㄉㄧㄥ (ding) | ちょう(カサ)

풀이 정. 흔히 얼굴에 나는 악성 종기.

3/8 【疚】 오랜 병 구 | 宥 ㄐㄧㄡˋ (jiu) | きゅう (ヤマシイ)

풀이 ①오랜 병. 고질병. ②꺼림하다. ㉮마음이 괴롭다. 근심스러움. ¶憂心孔—<詩經> ㉯양심에 가책을 느끼다. ¶內省不— 夫何憂何懼<論語> ③거상(居喪). ¶自仲秋而在—兮<潘岳>
▷窮—, 勞—, 不—, 衰—, 怨—, 利—, 在—, 疾—, 慙—

3/8 【疝】 산증 산 | 諫 ㄕㄢˋ 刪 (shan) | さん, せん (センキ)

풀이 산증. 허리 또는 아랫배가 아프고 오줌이 잘 내리지 않는 병. ¶—症.

3/8 【疙】 쥐부스럼 흘·기 ㊍을 | 物 ㄍㄜ 困 (ge) | ぎつ, き

풀이 ①쥐부스럼. 머리에 툭툭 불거지는 부스럼. ②어리석은 모양.

4/9 【疥】 옴 개 | 卦 ㄐㄧㄝˋ (jie) | かい (ヒゼン) *itch*

풀이 ①옴. 몹시 가려운 피부병의 한 가지. ¶仲冬行春令 民多—癘<禮記> ②더럽히다. ¶人問其故 曰無事—吾壁也<酉陽雜俎> ③학질(瘧疾). 하루거리. ㉣痎.

【疥癬】かいせん (개선) 옴. 연한 살가죽부터 시작하여 온 몸에 좁쌀 같은 것이 돋고 몹시 가려운 피부병의 한 가지.
▷痒—, 蟲—, 風—

4/9 【疧】 앓을 기·저 | 支 ㄓ 寘 (zhi) | き, てい (ヤム)

4/9 【疪】 다리병 비 | 寘 | ひ

풀이 ①다리 병. 각기병. ②두둔하다. 비호함. ㉣庇. ③저리다. ㉣痹.

4/9 【疫】 염병 역 | 陌 ㄧˋ (yi) | えき (エヤミ) *typhoid fever*

풀이 ①염병. 돌림병. ¶諺曰鬻棺者欲歲之—<漢書> ②역귀(疫鬼). ¶始難毆—<周禮>

【疫鬼】えきき (역귀) 전염병을 퍼뜨리는 귀신.
【疫癘】えきれい (역려) 악성 전염병. 疫病(역병).
【疫病】えきびょう·やくびょう (역병) 전염병. 악성의 유행병. 열병(熱病). 疫癘(역려).
【疫神】えきしん (역신) ①천연두. ②마마를 맡는다는 신.
【疫疾】えきしつ (역질) ☞疫病(역병).
▷救—, 毆—, 大—, 防—, 送—, 惡—, 癘—, 瘟—, 夭—, 瘴—, 災—, 疾—, 逐—

4/9 【疣】 사마귀 우 | 尤 ㄧㄡˊ (you) | ゆう (イボ) *wart*

풀이 사마귀. 피부에 낟알만하게 도도록이 돋은 군살. ㉠肬. ¶彼以生爲附贅縣—<莊子>

【疣贅】ゆうぜい (우췌) ①사마귀와 혹. ②가욋것. 쓸데없는 물건.
▷附—, 贅—, 懸—

4/9 【疢】 열병 진 | 震 ㄔㄣˋ (chen) | ちん (ネツビョウ) *fever*

풀이 ①열병(熱病). ②앓다. 병(病). ¶—如疾首<詩經> ③맛있는 음식. 감질나게 하는 것. ¶美—不如惡石<左氏傳>

【疢毒】ちんどく (진독) 기분은 좋으나 몸에는 해가 되는 것. 고식적(姑息的) 사랑 따위. ¶其爲— 胡可單言<後漢書>
【疢疾】ちんしつ (진질) ①열병(熱病). ②재환(災患)을 이름.

4/9 【疤】 흉 파 | 麻 ㄅㄚ (ba) | は (キズアト) *scar*

풀이 ①흉. 흉터. ㉠瘢. ②신경통(神經痛).

5/10 【痂】 헌데 딱지 가 | 麻 ㄐㄧㄚ (jia) | か (カサブタ)

풀이 ①헌데 딱지. ¶邕性嗜食瘡—<南史> ②옴. 피부병의 한 가지.

5/10 【疳】 감병 감 | 覃 ㄍㄢ (gan) | かん

풀이 ①감병. ②창병. 매독. ¶下—.

【疳病】(감병) 어린아이 병의 한 가지. 흔히 젖·음식 따위를 잘못 조절하여 생김. 얼굴이 누렇게 뜨고 영양 장애, 만성 소화불량이 나타남. 疳氣(감기). 疳疾(감질).
【疳瘡】かんそう (감창) ①매독(梅毒)으로, 음부(陰部)에 헌데가 생기는 병. ②어린아이 감병(疳病)의 한 가지. 피부에 결핵성 또는 영양 장애로 생기는 헌데.
▷脾—, 五—, 下—

5/10 【痀】 곱사등이 구 | 虞 ㄐㄩ (ju) | く (セムシ)

【痀僂】くる (구루) 곱사등이. 곱추. 佝僂(구루).

5/10 【疸】 황달 달 ㊍단 | 翰 ㄉㄢˇ 旱 (dan) | たん (オウダン)

▷酒—, 黃—, 黑—

5/10 【疼】 아플 동 | 冬 ㄊㄥˊ (teng) | とう (ウズク)

【疼痛】とうつう (동통) 몸이 쑤시고 아픔. 또는, 그 통증.

5/10 【病】 병 병 | 敬 ㄅㄧㄥˋ (bing) | びょう (ヤマイ) *illness*

풀이 ①병. ㉮질병. ¶謝—屛居<史記> ㉯위독한 병. ¶疾—外內皆埽<禮記> ㉰흠. 결점. ¶皆切於時—<史記> ㉱근심. ¶是楚—也<戰國策> ㉲굳어진 버릇. 성벽(性癖). ¶好辭工書皆癖—也<柳宗元> ②괴로와하다. ㉮앓

다. ¶一癒 我且往見<孟子> ㉯위독해지다. ¶曾子寢疾一<禮記> ㉰근심하다. ¶君子一無能焉<論語> ㉱괴로와하다. ¶諸侯之幣重 鄭人一之<左氏傳> ㉲어려워하다. 꺼림. ¶堯舜其猶一諸<論語> ㉳원망하다. ¶與刖其父而弗能一者何如<左氏傳> ㉴피곤하다. 지침. ¶今日一矣<孟子> ③괴롭히다. ㉮헐뜯다. 비방함. ¶舅所一也<國語> ㉯모욕(侮辱)하다. ¶恐不能共事以一吾子<儀禮> ㉰꾸짖다. 책망함. ¶君子不以其所能一人 不以人之所不能者愧人<禮記> ④시들다. 마름. ¶葉一多紫 花凋少白<盧照鄰> ⑤주리다. ¶從者一<論語> ⑥손상(損傷)하다. ¶候民一利<後漢書> ⑦닦이지 않은 행동. ¶學而不能行 謂之一<莊子> ⑧패배(敗北)하다. ¶以韓之一<國語>

【病假】びょうか(병가) 몸의 병으로 얻는 휴가. 假는 暇.

【病監】びょうかん(병감) 병든 죄수를 수용하는 감방.

【病客】びょうかく(병객) ①늘 병을 지니고 있는 사람. ②병자. ③지친 나그네. 피곤한 손. ¶南山好顏色 一有心情<白居易>

【病苦】びょうく(병고) ①병으로 인한 고통. 병으로 고생함. ②《佛》 사고(四苦). 곧, 생고(生苦)·노고(老苦)·병고(病苦)·사고(死苦)의 하나.

【病故】びょうこ(병고) ①병으로 죽음. ②병에 걸리는 일.

【病骨】びょうこつ(병골) ①☞病軀(병구). ②(韓) 병으로 몸이 약한 사람.

【病軀】びょうく(병구) 병든 몸. 病骨(병골)①.

【病救援】(병구원)(韓) 병구완의 원말. 앓는 사람을 곁에서 돌보는 일. 간호하는 일.

【病菌】びょうきん(병균) 병의 원인이 되는 세균. 病原菌(병원균).

【病革】ヤマイアラタマル(병극) 병이 위독하여짐. ¶夫子之一矣 不可以變<禮記>

【病毒】びょうどく(병독) 병의 근원이 되는 독기. 병을 일으키는 독기.

【病棟】びょうとう(병동) 병원의, 여러 개의 입원실로 된 한 채의 건물. 病舍(병사).

【病理】びょうり(병리) 병의 이론. 병의 원리. ¶一學.

【病魔】びょうま(병마) 병을 마귀에 비유하여 이르는 말.

【病萬變藥亦萬變】(병만변 약역만변) 양의(良醫)는 만병을 따라 거기에 알맞은 약을 준다는 뜻으로, 시대의 변천에 따라 법을 바꾸어야 함의 비유. ¶世易時移 變法宜矣 譬之若良醫一<呂覽>

【病名】びょうめい(병명) 병의 이름.

【病沒】びょうぼつ(병몰) ☞病死(병사).

【病歿】びょうぼつ(병몰) ☞病死(병사).

【病死】びょうし(병사) 병으로 죽음. 病沒(병몰). 病歿(병몰). 病斃(병폐).

【病床】びょうしょう(병상) 병든 사람이 누워 있는 침상. 病牀(병상). 病褥(병욕).

【病色】(병색)(韓) 병으로 앓는 얼굴빛이나 기색.

【病席】びょうせき(병석) 환자가 누워 있는 곳.

【病身】びょうしん(병신) ①병든 몸. 몸이 약하여 병을 자주 앓는 사람. 病軀(병구). ②(韓) ㉮모양을 온전히 갖추지 못한 사람이나 물건. ㉯바보스러운 사람. 못난 사람.

【病室】びょうしつ(병실) 환자가 있는 방.

【病弱】びょうじゃく(병약) ①병에 시달려 쇠약해짐. 또는, 그런 몸. 病衰(병쇠). 病孱(병잔). ②병에 약함. 병에 잘 걸림.

【病原】びょうげん(병원) 병의 원인. 病根(병근). ¶一菌/一體.

【病因】びょういん(병인) 병의 원인. 병이 난 원인.

> 【病入膏肓】ヤマイこうこうニイル(병입고황) 불치의 병에 걸림. 또는, 취미에 깊이 빠지거나 고질적인 버릇이 들었음의 비유.
>
> **유래** 춘추 시대 진(晋)의 경공(景公)이 꿈에 도깨비한테 저주를 받고 병석에 누웠다. 그러자 진(秦)에서 명의로 알려진 완(緩)을 급파했다. 완이 당도하기 전날 밤, 경공은 꿈에 두 아이가 말하는 것을 보았다.「완은 명의이다. 그러나 우리가 고(膏:심장 바로 밑)와 황(肓:심장 위)에 숨어 있으면 명의인들 별수 없겠지」
> 드디어 완이 도착했다. 그러나 경공을 진찰한 그는 고개를 가로저었다.「병이 고와 황에 들어 있어, 침이 닿지 않고 약효도 미치지 못합니다」경공은「과연, 명의로고…」하며, 후히 대접하여 완을 돌려보냈다. 경공은 그해 여름에 죽었다.<左氏傳>

【病者】びょうしゃ(병자) 병든 사람. 病人(병인).

【病孱】びょうせん(병잔) ☞病弱(병약).

【病的】びょうてき(병적) 건전하지 못하여 정상적이 아닌 (것).

【病占】(병점)(韓) 병의 경과가 어찌 될지 알고자 점을 침. 또는, 그러한 점.

【病中】びょうちゅう(병중) 병을 앓고 있는 동안. 病間(병간).

【病症】びょうしょう(병증) 병의 증세. 病證(병증).

【病蟲害】びょうがいちゅう(병충해) 식물이 입는 병균에 의한 해와 해충(害蟲)에 의한 해.

【病弊】びょうへい(병폐) 어떤 사물이 입는, 내부에 있는 폐해.

【病斃】びょうへい(병폐) 병으로 죽음. 病死(병사).

【病害】びょうがい(병해) 농작물 등이 병으로 입는 해독.

【病患】びょうかん(병환) ①병. 질환. ②(韓) 남을 높이어 그의 병을 이름.

【病後】びょうご(병후) 병을 앓고 난 뒤. 病餘(병여).

▷看一, 痼一, 悸一, 繼一, 急一, 內一, 老一, 多一, 大一, 篤一, 萬一, 癖一, 負薪之一, 痹一, 邪一, 詐一, 謝一, 俗一, 瘦一, 時一, 佯一, 養一, 語一, 疫一, 熱一, 臥一, 尫一, 療一, 憂一, 流行一, 利一, 羸一, 疵一, 殘一, 積一, 傳染一, 酒一, 重一, 疾一, 癡一, 寢一, 稱一, 罷一, 八一, 詬一, 毁一

5 10 〖痱〗 땀띠 비 | ㊇ㄈㄟ(fei) | ひ(アセボ)

5〖疴〗 1 병 아 歌さ(e) | あ
10 2 경풍 가 歌ㄎさ(ke) | か

▷舊—, 微—, 百—, 宿—, 養—, 妖—, 沈—

5〖疵〗
10
1 흠 자 支ㄘ | し(キズ)
2 노려볼 새 卦(ci) | ちい(ニラム)
3 앓을 제 霽 | せい(ヤム)
4 비방할 자 紙 | し(ソシル)

풀이 1 ①흠. 결점(缺點). ¶不吹毛而求小—<韓非子> ②병(病). ③사마귀. ¶目中有—<淮南子> ④헐다. ¶使物不—癘<莊子> ⑤재앙. ¶—癘. ⑥아첨하는 모양. ¶卑—而前<史記> 2 노려보다. 通眦. 3 앓다. 4 비방하다. 通訾.

▷痂—, 大醇小—, 無—, 卑—, 纖—, 細—, 小—, 隱—, 箴—, 吹毛求—, 八—, 瑕—, 毁—

5〖痄〗 1 병 더칠 자 麻 | さ
10 2 상처 아물지 않을 차 禡ㄓㄚˋ(zha) | さ

5〖疽〗 1 등창 저 魚ㄐㄩ | そ
10 2 가려운 병 저 語(ju) | そ

5〖痁〗 학질 점 鹽ㄕㄢ | せん, てん
10 豔(shan) | (オコリ)

5〖症〗 증세 증 敬ㄓㄥˋ(zheng) | しょう
10

풀이 ①증세. 병의 증세. ②證의 俗字.

【症勢】(증세) 병으로 앓는 여러 가지 모양. 症候(증후). 症狀(증상). 症情(증정).
【症候】しょうこう(증후) ☞症勢(증세). ¶—群.

▷渴急—, 渴—, 病—, 不眠—, 不妊—, 炎—, 疑—, 疑妻—, 重—, 痛—, 虛—

5〖疻〗 멍 지 紙支 | し
10 (ミミズバレ)

5〖疹〗 1 홍역 진 軫ㄓㄣˇ | しん(ハシカ)
10 2 열병 진 (zhen) | *measles*
震 | ちん

풀이 1 ①홍역(紅疫). 홍진. ②천연두(天然痘). 두창(痘瘡). ③앓다. ¶思百憂以自—<張衡> ④오래 된 병. ¶無損不足益有餘 以成其—<素問> 2 열병(熱病). 같疢.

▷痲—, 發—, 水泡—, 濕—, 痒—, 癮—, 紅—

5〖疾〗 병 질 質ㄐㄧˊ(ji) | しつ(ヤマイ)
10 *ailment*

풀이 ①병(病). ㉮질병. ¶若藥弗瞑眩 厥—弗瘳<書經> ㉯급병(急病). ㉰전염병. 유행병. ¶譬之如—<國語> ㉱불구(不具). 폐질(癈疾). ¶鰥寡孤—<國語> ㉲흠. 하자(瑕疵). ¶中諸侯之—<史記> ㉳고통. 괴로움. ¶凡牧民必知其—<管子> ㉴버릇. 성벽(性癖). ¶雲有笑—<晉書> ②병이 나게 하는 해독(害毒). ¶山藪藏—<左氏傳> ③앓다. ㉮병에 걸리다. ¶昔者—今日愈<孟子> ㉯근심하다. ¶君子—沒世而名不稱焉<論語> ㉰고생하다. ¶使民—與<荀子> ④앓게 하다. ⑤원망하다. ¶故民不—其威<管子> ⑥미워하다. ¶夫撫劍—視<孟子> ⑦성내다. 성나게 함. ⑧비방하다. ¶邇臣不—<禮記> ⑨나쁘다. ¶辰在子卯謂之—日<左氏傳> ⑩빠르다. ¶破乃愈—<淮南子> ⑪빨리. 곧. ¶—討陳<左氏傳> ⑫아름답다. 성(盛)하다. ¶嗚呼美哉 成事—<管子> ⑬힘쓰다. ¶—諷誦<呂覽> ⑭향하다. 달림. ¶聖人生於—學<呂覽> ⑮다투다. ¶—取救守<呂覽> ⑯시새우다. 通嫉. ¶人之有技 冒—以惡之<書經>

【疾苦】しっく(질고) ①괴로와함. 또는, 괴롭힘. ②병고(病苦).
【疾疚】しっきゅう(질구) 병. 질병.
【疾驅】しっく(질구) 수레나 말을 빨리 몲.
【疾病】しっぺい(질병) ①병. 疾患(질환). ②병이 위독해짐.
【疾速】しっそく(질속) 빠름. 민속(敏速)함.
【疾視】しっし(질시) 밉게 봄. 흘겨봄.
【疾疫】しつえき(질역) 유행병. 전염병. 疾癘(질려).
【疾雨】しつう(질우) 세차게 쏟아지는 비. 強雨(강우). 猛雨(맹우).
【疾日】しつじつ(질일) 꺼려야 할 불길한 날. 惡日(악일).
【疾走】しっそう(질주) 빨리 달림.
【疾置】しっち(질치) 파발마(擺撥馬). 빠른 역말.
【疾風】しっぷう(질풍) 빠른 바람. 센 바람. 暴風(폭풍). ¶—甚雨.
【疾風迅雷】しっぷうじんらい(질풍신뢰) 빠른 바람과 사나운 우뢰. 몹시 빠름의 비유.
【疾風知勁草】しっぷうけいそうをしる(질풍 지경초) 강한 바람에 비로소 굳센 풀이 눈에 띔. 어려움을 당하여 비로소 굳은 절개를 알게 됨의 비유. ¶— 嚴霜識貞木<宋書>
【疾患】しっかん(질환) 병. 疾病(질병).

▷脚—, 潔—, 勁—, 輕—, 痼—, 蠱—, 寬—, 奇—, 狼—, 內—, 多—, 跳—, 篤—, 末—, 冒—, 腹—, 扶—, 忿—, 詐—, 山藪藏—, 舒—, 笑—, 衰—, 首—, 愁—, 宿—, 時—, 迅—, 心—, 惡—, 眼—, 厲—, 癘—, 力—, 烟霞痼—, 熱—, 憂鬱生—, 怨—, 六—, 瘖—, 義—, 躁—, 罪—, 重—, 憎—, 疢—, 疹—, 天—, 躄—, 稱—, 託—, 吐—, 痛—, 廢—, 暴—, 剽—, 飄—, 風霜之—, 風—, 瘧—, 寒—, 眩—, 惑—

5〖疱〗 천연두 포 肴ㄆㄠˋ(pao) | ほう
10 (ホウソウ)

【疱瘡】ほうそう(포창) 천연두.

5〖疲〗 1 피곤할 피 支ㄆㄧˊ | ひ(ツカレル)
10 2 앓을 지 (pi) | *tired*
支 | し

풀이 1 ①피곤하다. 고달픔. 고달프게 함. ¶一民以逞<左氏傳> ②힘이 적다. 힘도 재주도 없는 사람. ¶一駑無以輔治<漢書> ③지치다. 앓음. ¶今賊適一於西<諸葛亮> ④노쇠(老衰)하다. ¶一馬戀君軒<鮑照> ⑤여위다. ¶以一馬犬羊爲幣<管子> ⑥느른하다. ¶我自樂此不爲一<後漢書> ⑦싫증 나다. 귀찮음. 2 앓다. 병. ㉠疷.

【疲困】ひこん(피곤) 지쳐서 괴로움. 고달픔.
【疲勞】ひろう(피로) 피곤함. 느른함.
【疲馬不畏鞭箠】ひばへんすいヲオソレズ(피마 불외편추) 지친 말은 채찍을 두려워하지 않는다는 뜻으로, 백성이 피폐하고 곤궁하면 어떤 엄벌도 두려워하지 않고 죄를 범하게 됨의 비유.
【疲暮】ひぼ(피모) 늙고 쇠약함.
【疲兵】ひへい(피병) 지친 군사.
【疲弊】ひへい(피폐) 지치고 쇠약해짐. 凋瘵(조락).
【疲斃】ひへい(피폐) ①지쳐서 넘어짐. ②과로로 죽음.
▷困一, 氣一, 勞一, 忘一, 民一, 神一, 心一, 力一, 形一, 昏一

11 【疣】 癬(p. 1035)과 同字

11 【痠】 瘦(p. 1033)와 同字

6 11 【痒】 1 가려울 양 | 養 | 尢 (yang) | よう (カユイ)
2 앓을 양 | 陽 | 尢 (yang) | itchy しょう

풀이 1 가렵다. ㉠癢. ¶老少痛一之何故<抱朴子> 2 ①앓다. 걱정하여 속을 끓임. ¶癙憂以一<詩經> ②옴. 종기. ¶夏時有一疥疾<周禮> ③상처(傷處).

【痒疥】ようかい(양개) 가려운 부스럼. 옴. 疥는 옴.
▷隔靴搔一, 痲姑爬一, 心一, 痛一

6 11 【痏】 1 멍 유 | 紙 ㄨㄟˇ | い(ウチキズ)
2 멸 유 | 宥 (wei) | ゆう
3 앓을 욱 | 屋 | いく

6 11 【痍】 상처 이 | 支 ㄧˊ (yi) | い(キズ) wound

풀이 ①상처(傷處). 다친 곳. ②상처 나다. ¶王一者何 傷乎矢也<公羊傳> ③깎다. 머리를 깎음. ㉣鬀. ¶芟一我農功<左氏傳>

6 11 【痊】 병 나을 전 | 先 ㄑㄩㄢˊ (quan) | せん(イエル) recover

풀이 병이 낫다. ¶藥驗者 疾易一 理妙者<謝靈運>

6 11 【痔】 치질 치 | 紙 ㄓˋ (zhi) | じ(ジ)

【痔瘻】じろう(치루) 항문 주위나 내부 또는 직장(直腸)에 구멍이 뚫리고 고름이 나오는 악성 치질(痔疾). 痔漏(치루).
【痔疾】じしつ(치질) 항문 안팎에 나는 병의 총칭.
【痔核】じかく(치핵) 직장의 정맥이 이완(弛緩)하여 항문 둘레에 혹처럼 된 일종의 종기.
▷內一, 瘻一, 牡一, 牝一, 外一, 腸一, 血一

6 11 【痎】 학질 해 | 佳 ㄐㄧㄝ (jie) | かい (オコリ)
㊍개

6 11 【痕】 흉터 흔 | 元 ㄏㄣˊ (hen) | こん(キズアト) scar

풀이 ①흉터. 헌데 자국. ¶沙場白首兮 刀一箭瘢<蔡琰> ②자취. 흔적. ¶綠錢侵履跡 紅粉濕啼一<岑參> ③발뒤꿈치.

【痕跡】こんせき(흔적) 뒤에 남은 자국이나 자취.
▷舊一, 屐一, 淚一, 黛一, 刀一, 凍一, 無斧鑿一, 墨一, 瘢一, 蘚一, 沁一, 殘一, 粧一, 潮一, 漲一, 苔一, 瑕一

7 12 【痙】 심줄 당길 경 | 梗 ㄐㄧㄥˋ (jing) | けい

【痙攣】けいれん(경련) 근육이 발작적으로 당기는 증세.

7 12 【痘】 마마 두 | 宥 ㄉㄡˋ (dou) | とう(ホウソウ) smallpox

풀이 마마. 천연두(天然痘). ¶一面.

【痘疹】とうしん(두진) 천연두를 앓을 때 피부에 나타나는 발진.
【痘瘡】とうそう(두창) 마마. 손님. 천연두(天然痘). 痘病(두병).
【痘痕】とうこん(두흔) 천연두를 앓은 자국. 얽은 자국.
▷水一, 神一, 牛一, 種一, 天然一

7 12 【痢】 이질 리 | 寘 ㄌㄧˋ (li) | り (リビョウ)

【痢症】(이증)㊕ 이질(痢疾)의 증세.
【痢疾】りしつ(이질) 똥에 곱이 섞여 나오면서 뒤가 잦은 병. 피가 섞여 나오는 것을 적리, 흰 곱만 나오는 것을 백리라 함.
▷渴一, 瀉一, 泄一, 疫一, 赤一, 下一, 血一

7 12 【痗】 앓을 매 | 隊 ㄇㄟˋ (mei) | ばい(ヤム)

7 12 【痡】 1 앓을 부 | 虞 ㄆㄨ (pu) | ほ(ヤム)
2 결릴 포 | 遇 | ふ

풀이 1 ①앓다. 느른함. ¶我僕一矣<詩經> ②병. 지쳐서 걷지 못하는 병. ③괴롭히다. ¶毒一四海<書經> 2 결리다. 뱃속이 결림. 체증(滯症). ㉠痞.

7 12 【痞】 1 뱃속결릴 비 | 紙 ㄆㄧˇ (pi) | ひ
2 앓을 부 | 宥 | ふ
3 약할 배 | 灰 | へ

풀이 1 ①뱃속이 결리다. 체한 증세. ②가슴이 답답하다. ③㊥ ㉮만성 비장종대증(慢性脾臟腫大症). ㉯악한(惡漢).

②앓다. 병(病). ③①약하다. ②경련(痙攣).
▷流一, 地一

7 12 〖痟〗 두통 소 | 蕭ㄒㄧㄠ (xiao) | しょう (ズツウ)

풀이 ①두통. ¶春時有一首疾<周禮>/一癢. ②소갈증. 通消.

【痟渴症】しょうかつ(소갈증) 갈증이 나는 병. 당뇨병, 과로 등의 원인으로 생김.

7 12 〖[疒+酉]〗 앓을 유 | 尤ㄧㄡˊ (you) | ゆう(ヤム)

풀이 ①앓다. 병. ②썩은 나무 냄새.

7 12 〖痤〗 부스럼 좌 | 歌ㄘㄨㄛˊ (cuo) | ざ (ハレモノ)

풀이 ①부스럼. 뾰루지. ②옴. 옴딱지. ③등창. 발찌. ¶汗出見溼 乃生一痱<素問>

7 12 〖痛〗 아플 통 | 送ㄊㄨㄥˋ (tong) | つう(イタイ) *painful*

풀이 ①아프다. 아파함. ㉮앓다. ¶非不一<後漢書> ㉯마음 아파하다. ¶常一於心<史記> ㉰슬퍼하다. ¶可甚悼一<漢書> ②괴롭히다. ¶斯是用一心疾首<左氏傳> ③괴로움. 슬픔. ¶每懷風樹之一<韓翃> ④몹시. ¶以稽市物一騰躍<漢書> ⑤힘껏. ¶姦臣一言人情以驚主<管子> ⑥원한(怨恨). 증오. ¶使神無有怨一于楚國<國語> ⑦엄(嚴)하다. ¶冷一不可勝<孟郊>

【痛感】つうかん(통감) ①몹시 마음에 사무치게 느낌. ②아픈 느낌. 痛覺(통각).

【痛哭】つうこく(통곡) 큰 소리로 슬피 욺. 또는, 그 울음.

【痛烈】つうれつ(통렬) 몹시 맵고 사나움. 猛烈(맹렬).

【痛罵】つうば(통매) 통렬히 꾸짖음. 마구 욕을 퍼부음.

【痛駁】つうばく(통박) 통렬히 공박함.

【痛憤】つうふん(통분) 몹시 분노함.

【痛癢】つうよう(통양) ①아픔과 가려움. ②사물이 자기에게 미치는 영향.

【痛飮】つういん(통음) 술을 흠뻑 많이 마심.

【痛切】つうせつ(통절) ①몹시 간절함. 뼈에 사무치게 절실함. ②참을 수 없는 고통. ③아주 적절함.

【痛症】つうしょう(통증) 아픈 증세.

【痛快】つうかい(통쾌) 아주 기분이 좋음. 극히 마음이 상쾌함.

【痛歎】つうたん(통탄) 매우 한탄하며 슬퍼함.

【痛風】つうふう(통풍) ①신체의 일부가 몹시 쑤시고 아픈 병. 류머티즘(rheumatism). ②요산성(尿酸性)의 관절염.

【痛恨】つうこん(통한) 크게 한탄함. 매우 유감스럽게 생각함.

【痛悔】つうかい(통회) 뼈아프게 뉘우침.

▷苦一, 悼一, 疼一, 頭一, 腹一, 憤一, 酸一, 愁一, 心一, 哀一, 冤一, 切一, 陣一, 鎭一, 疾一, 慚一, 楚一, 惻一, 沈一

8 13 〖痼〗 고질 고 | 遇ㄍㄨˋ (gu) | こ (ジビョウ)

【痼疾】こしつ(고질) ①오래 된 병. 고치기 어려운 병. 宿疾(숙질). ②오래 되어 굳어진 습관. 痼癖(고벽).

▷根一, 癖一, 沈一, 癈一

8 13 〖瘝〗 병에 지칠 관 | 刪ㄍㄨㄢˇ 翰(guan) | かん

8 13 〖痰〗 가래 담 | 覃ㄊㄢˊ (tan) | たん *phlegm*

풀이 ①가래. 담(痰). ②천식(喘息). ③지랄병. 간질. ④위병(胃病). 만성 위(胃)카타르. ¶一飮.

8 13 〖痳〗 임질 림 | 侵ㄌㄧㄣˊ (lin) | りん

【痳疾】りんしつ(임질) 임균(痳菌)으로 일어나는 성병. 요도, 생식기 및 기타 장기들에 화농성 염증을 일으킴. 淋疾(임질). 陰疾(음질).

8 13 〖痲〗 저릴 마 | 麻ㄇㄚˊ (ma) | ま(シビレル) *numb*

※痳(p. 1031)은 딴 자.

풀이 ①저리다. 마비(痲痹). 중풍(中風). 通麻. ¶痹病 或痛痒或一<華佗中藏經> ②홍역(紅疫). ¶一疹. ③얼굴이 얽다. ¶一子.

【痲痹】まひ(마비) 신체가 저리어 감각을 잃는 일. 麻痺(마비).

8 13 〖痻〗 앓을 민·혼 | 眞 元 | みん, こん (ヤム)

8 13 〖痭〗 ① 부인병 이름 붕 ② 단복고창 팽 | 庚ㄅㄥ (beng) 徑 | ほう ひょう

풀이 ① 부인병 이름. 하혈이 멈추지 않는 병. ② 단복고창(單腹鼓脹). 배만 몹시 부어 오르는 병.

8 13 〖痺〗 암메추라기 비 | 支ㄅㄟ (bei) | ひ

※痹(p. 1031)는 딴 자.

풀이 ①암메추라기. ②痹의 俗字.

8 13 〖痹〗 저릴 비 | 寘ㄅㄧˋ (bi) | ひ(シビレル)

※痺(p. 1031)는 딴 자이나 혼용(混用)하기도 함.

풀이 ①저리다. ¶臂已一而猶攘<歐陽脩> ②신경통(神經痛). 신체가 마비되어 감각을 잃는 신경계의 병. ③화살 이름. 예사(禮射)에 씀. ¶恒矢一矢用諸散射<周禮> ④나란하다. ¶一之言倫比<周禮>

▷冷一, 痲一, 頑一, 痿一, 風一

8 13【痱】 1 중풍 비 [微]ㄈㄟˊ ひ
2 땀띠 비 [未](fei) (チュウフウ)
3 신경통 비 [尾] ひ(アセモ)

13【疕】 痱(p. 1032)와 同字

8 13【痖】 벙어리 아 [馬]ㄧㄚˇ (ya) あ(オシ)
㊐啞

8 13【痾】 앓을 아 [歌]ㄜ [箇](e) あ(ヤム)

8 13【瘀】 어혈 어 [御]ㄩ [魚](yu) お(フルチ)
풀이 ①어혈. 뇌충혈, 폐병, 타박상 등의 피. ②앓다. ¶形銷鑠而一傷<楚辭> ③상기(上氣)하다. ¶久低徊而慍一 空仰訟於上玄<元結>
【瘀血】おけつ(어혈) 타박상 등으로 혈액 순환이 잘 되지 못하여 피가 한 곳에 맺혀 있는 일. 또는, 그런 병. ※凝血(응혈).

8 13【痿】 저릴 위 [支]ㄨㄟˇ (wei) い(シビレル) *sore*
풀이 ①저리다. 마비됨. ②음위증(陰痿症). ¶端爲人賊戾 又陰一<史記> ③앉은뱅이. ¶多陽則一<呂覽> ④저리다. ¶善肌肉一<素問>
▷蹶一, 委一, 陰一, 躄一

8 13【瘃】 동상 촉 [沃]ㄓㄨˊ (zhu) ちょく (シモヤケ)
【瘃墮】ちょくだ(축타) 동상(凍傷)으로 손가락, 발가락이 떨어져 나감.

13【瘯】 瘃(p. 1032)과 同字

8 13【瘁】 병들 췌 [寘]ㄘㄨㄟˋ (cui) すい(ヤム) *get sick*
풀이 ①병들다. ¶唯躬是一<詩經> ②여위다. 고달픔. ¶哀哀父母 生我勞一<詩經> ③근심하다. ¶戚貌一而尠歡<陸機> ④무너지다. 헐림. ¶悼堂構之隤一<陸機>
▷癯一, 勞一, 呰食體一, 殄一, 盡一, 憔一, 隤一

13【痴】 癡(p. 1035)의 俗字

9 14【瘍】 1 더위먹을 갈 [曷] かつ
㊍알
2 앓을 해 [泰] かい
풀이 1 ①더위 먹다. ㊎暍. ②속이 답답하다. ③앓다. 2 ①앓다. ②돌림병. 유행병.

9 14【瘈】 미칠 계 [霽]ㄓ (zhi) けい(クルウ) *mad*
풀이 ①미치다. 개가 미침. ¶國人逐一狗<左氏傳> ②경풍(驚風). ¶一瘲. ③지랄병. ④미친개.

14【瘷】 瘶(p. 1033)의 俗字

9 14【瘏】 앓을 도 [虞]ㄊㄨˊ (tu) と(ヤム) *be ill with*
풀이 ①앓다. 병에 지침. ¶我馬一矣<詩經> ②말이 지쳐 나아가지 아니하다. ③두려워하다.

14【瘙】 瘙(p. 1034)과 同字

14【瘖】 瘖(p. 1031)과 同字

14【瘦】 瘦(p. 1033)와 同字

9 14【瘍】 1 종기 양 [陽]ㄧㄤˊ よう (デキモノ)
2 설사 탕 [漾](yang) とう
풀이 1 ①종기(腫氣). ㉮두창(頭瘡). ¶荀偃癉疽 生一於頭<左氏傳> ㉯등창. 등에 난 큰 부스럼. ¶凡邦之有疾病者疕一者造焉<周禮> ㉰악창(惡瘡). ②상처. ㊟痒 傷. 2 설사(泄瀉). 가축의 설사.
▷乾一, 潰一, 金一, 死一, 析一, 腫一, 瘡一

14【瘴】 痿(p. 1032)의 俗字

9 14【瘐】 앓을 유 [麌]ㄩˇ (yu) ゆ(ヤム)
※瘦(p. 1033)는 딴 자.
풀이 ①앓다. 속을 곯여 앓음. ②죄인이 기한(飢寒)으로 옥사(獄死)하다. ③속박(束縛)하다.
【瘐死】ゆし(유사) 감옥에서 고문, 기한(飢寒), 질병 등에 시달려 죽음.

9 14【瘖】 1 벙어리 음 [侵]ㄧㄣ いん
2 매우 아플 음 [沁](yin) (オシ)
풀이 1 ①벙어리. ¶一聾跛躃<禮記> ②어두움. ㊟闇. 2 매우 아프다.
▷僞一, 噫一

9 14【瘇】 수중다리 종 [腫]ㄓㄨㄥˇ (zhong) しょう (カッケ)
풀이 수중다리. 각기(脚氣). ㊎尰. ¶天下之勢 方病大一<漢書>

14【瘵】 癈(p. 1035)의 略字

9 14【瘋】 두풍 풍 [東]ㄈㄥ (feng) ふう(ズツウ)
풀이 ①두풍(頭風). ②미치광이. ¶既無失心之一<桃花扇> ③문둥병. ¶痲一.

9 14【瘕】 1 목병 하 [麻]ㄐㄧㄚˇ か
2 뱃병 가 [禡](jia) か

풀이 [1]①목병. ②흠. 通瑕. [2]①뱃병. ㉮이상 임신(異狀妊娠). ㉯적취(積聚). 적병(積病). ②기생충병. ¶臣意診其脈曰蟯—＜史記＞

14【瘧】☞疒部 10획(p.1034)

14【⿸疒皆】痎(p.1030)와 同字

9
14【⿸疒胡】 목멜 호 | 虞 | こ

풀이 ①목이 메다. 목에 음식이 넘어가지 않음. ②벌레가 쏘다.

【⿸疒胡⿸疒蒦】こかく(호확) 목으로 음식이 넘어가지 않는 병.

9
14【瘊】 무사마귀 후 | 尤 ㄏㄡˊ (hou) | こう

10
15【瘛】 경풍 계 | 霽 ㄔˋ (chi) | い(ヒキツケ)

【瘛瘲】けいしょう(계종) 어린아이가 경련(痙攣)을 일으키는 병. 驚風(경풍).

10
15【瘝】 앓을 관 | 刪 ㄍㄨㄢ (guan) | かん (ヤム)

풀이 ①앓다. ¶恫—乃身＜書經＞ ②부질없게 하다. 헛되게 함. ¶若時—厥官＜書經＞

10
15【瘚】 상기 궐 | 月 ㄐㄩㄝˊ (jue) | けつ

풀이 상기(上氣). 피가 머리로 모이는 병. ¶無使小民飢寒 則—不作＜韓詩外傳＞

10
15【瘤】 혹 류 | 尤 ㄌㄧㄡˊ 宥 (liu) | りゅう (コブ)

【瘤贅】りゅうぜい(유췌) 혹. 贅瘤(췌류). 瘤腫(유종).

▷根—, 木—, 宿—, 腫—, 贅—

10
15【瘢】 흉터 반 | 寒 ㄅㄢ (ban) | はん(キズアト) *scar*

풀이 ①흉터. ¶若黥者雖欲改過 其瘡—不可復滅也＜漢書＞ ②자국. 흉터. ¶縈廻掞烟彩 刻剝獻雨—＜吳萊＞ ③주근깨. ④허물의 비유. ¶惡則洗垢索—＜新唐書＞

▷刀—, 傷—, 蘚—, 洗垢索—, 新—, 瘡—

10
15【瘦】 파리할 수 | 宥 ㄕㄡˋ (shou) | そう(ヤセル) *thin*

※瘐(p.1032)는 딴 자.

풀이 ①파리하다. 여윔. ¶久餓羸—＜漢書＞/—軀/—懼. ②가늘다. 글자 획이 가늚. ¶二子俱學於德昇 而胡書肥 鍾書—＜能書錄＞

【瘦硬】そうこう(수경) 자획(字劃)이 가늘고도 힘이 있음.

【瘦長】そうちょう(수장) 운필법(運筆法). 자획이 가늘고도 긴 필법.

【瘦瘠】そうせき(수척) 여윔. 파리함.

▷老—, 疏—, 羸—, 瘠—, 清—, 疲—

10
15【瘜】 궂은살 식 | 職 ㄒㄧ (xi) | そく (ゼイニク)

10
15【瘞】 묻을 예 | 霽 ㄧˋ (yi) | えい (ウズメル)

풀이 ①묻다. 희생 등을 묻음. ¶上下奠—＜詩經＞ ②무덤. ¶發—出尸＜晋書＞ ③지신제(地神祭). ¶有年—土＜呂覽＞ ④달에 제사지내다.

10
15【瘟】 [1] 염병 온 | 元 ㄨㄣ | おん
[2] 괴로와할 올 | 月 (wen) | おつ
[3] 좀 아플 온 | 文 | うん

10
15【瘣】 앓을 외 ㊍회 | 賄 ㄏㄨㄟˋ (hui) | かい(ヤム)

풀이 ①앓다. 상처 남. ¶譬彼—木＜詩經＞ ②옹두리. ③산이 높고 험한 모양. ¶崴磈嵬—＜史記＞ ④병으로 가지가 없는 나무. ¶—木.

10
15【瘨】 [1] 앓을 전 | 先 ㄉㄧㄢ | てん
[2] 배 부을 진 | 眞 (dian) | しん

풀이 [1]①앓다. 괴로와함. ¶胡寧—我以旱＜詩經＞ ②미치다. 지랄병. ㉠癲. ¶—而殫悶＜戰國策＞ ③넘어지다. [2]배가 붓다. 배가 붓는 병.

10
15【瘥】 [1] 앓을 차 | 歌 ㄘㄨㄛˊ | さ
[2] 병 나을 채 | 卦 (cuo) | さい

10
15【瘡】 부스럼 창 | 陽 ㄔㄨㄤ (chuang) | そう(カサ) *boil*

풀이 ①부스럼. 종기. ¶石患面—＜晋書＞/—瘢. ②상처 내다. ③상처(傷處). ¶秦文公伐南山大梓樹 —隨合＜列異傳＞ ④흉터. ¶所惡成—痏＜張衡＞

【瘡病】(창병)韓 매독(梅毒). 瘡疾(창질).

▷故—, 金—, 凍—, 痘—, 頭—, 面—, 百孔千—, 惡—, 力—, 連珠—, 豌豆—, 疱—

10
15【瘠】 파리할 척 | 陌 ㄐㄧˊ (ji) | せき(ヤセル) *thin*

풀이 ①파리하다. 여윔. ¶羸—老弱＜史記＞/—瘦. ②뼈대가 굵다. 건장한 모양. ¶爲—馬＜易經＞ ③살이 썩다. ¶國亡損—者＜漢書＞ ④버려진 송장. ¶分爲溝中—＜文天祥＞ ⑤메마른 땅. 박토(薄土). ¶擇—土而處之＜國語＞/—田. ⑥박정(薄情)하다. ¶若是則—＜荀子＞ ⑦줄이다. ¶—魯以肥杞＜左氏傳＞

【瘠薄】せきはく(척박) 땅이 메마름. 또는, 그 땅. 瘠土(척토).

▷磽—, 癯—, 黴—, 消—, 損—, 瘦—, 捐—, 毁—

10 15 【瘧】 학질 학 | 藥ㄋㄩㄝˋ(nue) ㄧㄠˋ(yao) | ぎゃく (オコリ)

【瘧疾】ぎゃくしつ (학질) 하루거리. 초학. 말라리아. 瘧病(학병).
▷温一, 瘖一, 瘴一

15 【瘚】 欮(p. 802)의 俗字

11 16 【瘽】 앓을 근 | 文くㄧㄣˊ 震(qin) | きん be ill with

풀이 앓다. 지침. ㊀通 懃. ¶今一身從事而有租稅之賦<漢書>

11 16 【瘰】 연주창 라 | 哿ㄌㄨㄛˇ 歌(luo) | るい (ルイレキ)

11 16 【瘻】 1 연주창 루 2 곱사등이 루 | 宥ㄌㄡˋ 遇(lou) | ろう る

풀이 1 ①연주창(連珠瘡). 부스럼. ¶鷄頭已一<淮南子> ②오래 된 부스럼. ③혹. 通 瘤. 2 곱사등이. ¶一痀.
▷痔一

11 16 【瘼】 병들 막 | 藥ㄇㄛˋ (mo) | ばく get sick

풀이 ①병들다. 앓음. ¶亂離一矣<詩經> ②흩어지다. ¶亂離斯一<任昉>

16 【瘲】 癬(p. 1035)과 同字

11 16 【瘴】 장기 장 | 漾ㄓㄤˋ (zhang) | しょう

【瘴氣】しょうき (장기) 축축하고 더운 땅에서 생기는 독기. 瘴毒(장독).
▷嵐一, 毒一, 氛一, 炎一, 瘧一

11 16 【瘯】 옴 족 | 屋ㄘㄨˋ (cu) | ぞく (カイセン)

【瘯蠡】ぞくら (족라) 가축의 살갗병. 비루, 버짐, 옴 따위.

11 16 【瘵】 1 앓을 채 2 사귈 제 | 卦ㄓㄞˋ 霽(zhai) | さい せい

풀이 1 ①앓다. 병. ¶士民其一<詩經> ②지치다. 피로해짐. ¶疾病既一者 靜躬祈福<蔡邕> ③㊥ 폐로병(肺勞病). 폐결핵. 2 사귀다. ¶無自一焉<詩經>

11 16 【[疒帶]】 1 두창 체 2 대하증 대 | 霽 泰 | てい たい

11 16 【瘳】 나을 추 | 尤ㄔㄡ (chou) | ちゅう(イエル) recover

풀이 ①낫다. 병이 나아짐. ¶若藥弗瞑眩 厥疾弗一<書經>/旣見君子 云胡不一<詩經> ②줄다. 줄임. ¶君不度而賀大國之襲 於己何一<書經> ③낫다. 좋음. ¶其何一於晋<左氏傳> ④국세(國勢)를 떨치다. ¶庶幾其國有一乎<莊子>
▷弗一, 夷一, 創痍未一

11 16 【瘭】 생안손 표 | 蕭ㄅㄧㄠ 嘯(biao) | ひょう (ヒョウソ)

풀이 ①생안손. 생안발. ¶一疽. ②솔. 좁쌀알같이 돋는 피부병의 한 가지.

12 17 【癇】 경풍 간 ㊄본 한 | 刪ㄒㄧㄢˊ (xian) | かん(ヒキツケ) fits

풀이 ①경풍(驚風). 경기(驚氣). ¶一病. ②간질. 지랄병. ¶一疾.

17 【癎】 癇(p. 1034)의 本字

12 17 【癉】 1 앓을 단 2 피로할 다 | 寒ㄉㄢˋ 哿(dan) | たん た

풀이 1 ①앓다. 괴로와함. 괴롭힘. ¶下民卒一<詩經> ②악성 부스럼. ¶一疽. ③황달병. ¶南方暑溼 近夏一熱<漢書> ④학질. 말라리아성의 열병. 2 ①피로하다. ②노(怒)하다. ③황달.

12 17 【癆】 폐결핵 로 | 號ㄌㄠˊ (lao) | ろう phthisis

풀이 ①폐결핵. 쇠약해지고 여윔. ②중독(中毒). ③아프다. 아픔.

【癆漸】(노점) ☞ 癆瘵(노채).

【癆瘵】ろうさい (노채) 폐병(肺病). 폐결핵. 癆痎(노해). 癆病(노병).
▷肺一

12 17 【療】 1 병고칠 료 2 앓을 삭 | 嘯ㄌㄧㄠˊ (liao) 藥 | りょう cure しゃく

풀이 1 병을 고치다. ¶凡一瘍 以五毒攻之<周禮> 2 앓다. 병듦.

【療飢】りょうき (요기) 시장기를 면할 정도로 조금 먹음. 療饑(요기).

【療方】りょうほう (요방) ☞ 療法(요법).

【療法】りょうほう (요법) 병을 고치는 방법. 療方(요방).

【療養】りょうよう (요양) 병을 치료하고 조섭(調攝)함. 치료와 양생(養生).
▷加一, 功一, 救一, 施一, 醫一, 診一, 治一

17 【瘤】 瘤(p. 1033)의 本字

12 17 【癃】 느른할 륭 | 東ㄌㄨㄥˊ (long) | りゅう languid

풀이 ①느른하다. 몸이 쇠하여 폐인이 됨. ¶年老一病勿遣<漢書> ②위독(危篤)하다. ¶平公一病<淮南子> ③늙다. ④곱사등이. ¶臣不幸有罷一之病<史記>

【癃疾】りゅうしつ (융질) 허리가 굽고 등이 높아지는 병. 곱사등이.

12 17 【癌】 암 암 | 咸ㄧㄢˊ (yan) | がん cancer

풀이 암. 가장 치료하기 어려운 종양.
▷肝—, 膽—, 脾—, 舌—, 腎—, 胃—, 乳—, 子宮—, 腸—, 膵—, 肺—, 皮膚—, 喉頭—

12 17 【⿸疒朁】 아플 참 感 さん(イタイ)

12 17 【癄】 여윌 초 蕭 嘯 しょう (ヤセル)

12 17 【癈】 폐질 폐 隊 ㄈㄟˋ (fei) はい
【癈疾】はいしつ (폐질) 고칠 수 없어 폐인이 되는 병. 癈疾(폐질).

18 【⿸疒解】 疥(p.1027)의 俗字

18 【癏】 瘝(p.1033)과 同字

13 18 【癘】 1 유행병 려 2 문둥병 라 本 뢰 霽 ㄌㄧˋ 泰 (li) れい らい
同 ⿸疒厲
풀이 1 ①유행병. 염병. ¶—疾不降<左氏傳>/—疫. ②창질(瘡疾). ¶仲冬行春令民多疥—<禮記> ③죽이다. ¶不—雛轂<管子> ④담금질하다. ¶戈戟之緊 其—何若<管子> 2 문둥병. 같 癩. ¶—病/—人.
▷疥—, 饑—, 疫—, 瘴—, 疾—, 瘡—, 瘧—

13 18 【癖】 버릇 벽 陌 ㄆㄧˇ (pi) へき(クセ) *habit*
풀이 ①버릇. 기호(嗜好)의 치우친 습관. ¶臣有在傳—<晋書>/—性. ②적취(積聚). 소화 불량.
▷潔—, 痼—, 怪—, 舊—, 嗜—, 嬾—, 盜—, 病—, 書—, 性—, 睡—, 習—, 詩—, 惡—, 煙霞痼—, 一—, 腸—, 錢—, 酒—

13 18 【癙】 속 끓일 서 語 御 ㄕㄨˇ (shu) しょ
풀이 ①속을 끓이다. 조심함. ¶—憂以痒<詩經> ②나력(瘰癧). 연주창.

18 【癕】 癰(p.1036)과 同字

13 18 【癒】 병 나을 유 麌 ㄩˋ (yu) ゆ(イエル) *recover*
同 瘉
【癒着】ゆちゃく (유착) 서로 별개의 사물이 한데 연결되거나 유합함. 「한살이 됨.
【癒合】ゆごう (유합) 피부나 근육 따위가 아물어
▷全—, 治—, 快—, 平—

13 18 【癜】 어루러기 전 霰 ㄉㄧㄢˋ (dian) てん(ナマズ)
【癜風】でんぷう (전풍) 어루러기.

14 19 【癠】 앓을 제 霽 薺 ㄐㄧˋ (ji) せい
풀이 ①앓다. 병듦. ¶親—色容不盛<禮記> ②짧다. ③작다. 자라지 아니함.

14 19 【癡】 어리석을 치 支 ㄔ (chi) ち(オロカ) *foolish*
俗 痴
풀이 ①어리석다. ②미치다. 미치광이. ③《佛》 삼독(三毒)의 하나. 사물에 집착하여 생기는 번뇌. ¶—毒.
【癡呆】ちほう (치매) 멍청이. 천치. 바보.
【癡人說夢】ちじんユメヲトク (치인설몽) ①어리석은 사람이 해몽함. ②어리석은 사람이 허황한 말을 늘어놓는 일. 설명이 요령부득임의 비유. 「남녀간의 애정.
【癡情】ちじょう (치정) 옳지 못한 관계로 맺어진
【癡漢】ちかん (치한) ①어리석고 못생긴 사나이. ②여자에게 장난을 걸고 희롱하는 남자. 癡는 지각(知覺) 없음의 뜻, 漢은 남자에 대한 비칭(卑稱).
▷狂—, 驕—, 白—, 書—, 頑—, 愚—, 音—, 情—, 天—, 虎—

20 【⿸疒滕】 疼(p.1027)의 俗字

20 【⿸疒數】 瘦(p.1033)와 同字

15 20 【癢】 가려울 양 養 ㄧㄤˇ (yang) よう(カユイ) *itchy*
풀이 ①가렵다. ¶疾痛苛— 而敬抑搔之<禮記> ②근지럽다. 근질거림. ③넓다.
▷隔靴搔—, 伎—, 汪—, 痛—

15 20 【癤】 부스럼 절 屑 ㄐㄧㄝ (jie) せつ *boil*
풀이 ①부스럼. 작은 부스럼. ②나력(瘰癧). 멍울.

15 20 【癥】 적취 징 蒸 ㄓㄥ (zheng) ちょう
풀이 ①적취(積聚). 적병(積病). ¶—瘕. ②발에 난 부스럼.

16 21 【癨】 곽란 곽 本 확 藥 ㄏㄨㄛˋ (huo) かく
【癨亂】かくらん (곽란) ☞霍亂(곽란).

16 21 【癩】 1 중독 랄 2 문둥병 라 本 뢰 曷 泰 ㄌㄞˋ (lai) らつ らい
【癩頭瘡】(나두창) 머리에 나는 부스럼의 한 가지. 白禿頭瘡(백독두창).
【癩病】らいびょう (나병) 문둥병.

16 21 【癧】 연주창 력 錫 ㄌㄧˋ (li) れき

17 22 【癬】 옴 선 銑 ㄒㄧㄢˇ (xian) ㄒㄩㄢˇ (xuan) せん *itch*

同 瘵 癃

풀이 ①옴. 가려운 피부병의 한 가지. ¶ 一疥. ②옮다. ③종기(腫氣).

▷疥一

17
22 【癭】 혹 영 | 梗 | ㄥˇ (ying) | えい (コブ)

17
22 【癮】 두드러기 은 | 吻 | ㄣˇ (yin) | いん

18
23 【臞】 여윌 구 | 虞 ㄑㄩˊ (qu) | く (ヤセル)

18
23 【癰】 등창 옹 | 冬 ㄩㄥ (yong) | よう (デキモノ)

同 癕

풀이 ①등창. 악창(惡瘡). ¶ 寒熱不散 聚積成一 其患在表浮淺＜巢氏病源＞ ②냄새를 맡지 못하다.

24 【癯】 癯(p.1035)와 同字

19
24 【癲】 미칠 전 | 先 ㄉㄧㄢ (dian) | てん (クルウ)

▷瘋一

19
24 【癱】 사지 틀릴 탄 | 寒 ㄊㄢ (tan) | たん

풀이 사지가 틀리다. 사지가 마비되는 병. 중풍증(中風症).

26 【癵】 瘰(p.1034)와 同字

癶＜필발 머리＞部

癶 ④ 癸 発 ⑦ 登 發

0
5 【癶】 배반할 발 | 曷 ㄅㄛ (bo) | はつ (ソムク)

※부수 글자. 필 발(發) 자의 머리가 된다는 뜻.

풀이 ①배반하다. ②가다. 걸음.

4
9 【癸】 열째 천간 계 本 규 | 紙 ㄍㄨㄟˇ (gui) | き

풀이 ①열째 천간(天干). 철로는 겨울, 방위로는 북, 오행으로는 수(水)에 해당함. ¶ 若登首山 以呼曰庚一乎＜左氏傳＞ ②헤아리다. ¶ 一之言 揆也 言萬物可揆度也＜史記＞ ③무기(武器). ④월경(月經). ¶ 一水.

【癸方】きほう(계방) 24방위(方位)의 하나. 정북에서 동으로 15° 되는 쪽을 중심한 15°의 방위.

【癸水】きすい(계수) 월경(月經). 몸엣것. 天癸(천계). 紅潮(홍조).

▷庚一, 天一

9 【発】 發(p.1037)의 略字

10 【癹】 登(p.1036)의 古字

7
12 【登】 1 오를 등 2 밟을 등 3 얻을 득 | 蒸 ㄉㄥ 徑 (deng) 職 | とう (ノボル) climb とう, とく

古 癹

풀이 1 ①오르다. ㉮높은 곳에 오르다. ¶ 一高必自卑＜中庸＞ ㉯높은 지위에 오르다. ¶ 帝竟一大位＜晉書＞ ㉰수레 따위를 타다. ¶ 出門一車去＜古詩＞ ②올리다. ㉮사람을 끌어올려 쓰다. ¶ 疇咨若時 一庸＜書經＞ ㉯장부에 싣다. ¶ 掌一萬民之數＜周禮＞ ㉰드리다. 바침. ¶ 農乃一黍＜呂覽＞ ③높다. ¶ 不哀年之不一＜國語＞ ④들다. 들어감. ¶ 錦繡一廟＜淮南子＞ ⑤더하다. 보탬. ¶ 皆一一焉＜左氏傳＞ ⑥잡다. 포획함. 잡음의 높임말. ¶ 一龜取黿＜禮記＞ ⑦익다. ¶ 五穀不一＜孟子＞ ⑧되다. 이루어짐. 通 成. ¶ 蠶事既一＜禮記＞ ⑨이루다. 성취함. ¶ 一是南邦＜詩經＞ ⑩정하다. 정해짐. ¶ 一其夫家之衆寡六畜車輦＜周禮＞ ⑪바로. 곧. ¶ 一加罪戮＜晉書＞ 2 밟다. 通 蹬. 3 얻다. 通 得. ¶ 公曷爲遠而觀魚 一來之也＜公羊傳＞

【登高】とうこう(등고) ①높은 곳에 오름. ②음력 9월 9일 중양절(重陽節)에 높은 곳에 올라 머리에 수유(茱萸)를 꽂고 국화주를 마시어 재액(災厄)을 쫓는 행사. ③음력 정월 7일 및 상원일(上元日 : 정월 15일)에 등고의 행사가 있었음. 「고필부」.

【登高能賦】とうこうのうふ(등고능부) ☞ 登高必賦(등

【登高必賦】(등고필부) 군자가 높은 산에 오르면 반드시 시를 읊어 회포를 풂. 登高能賦(등고능부).

【登科】とうか(등과) 과거에 급제함. 登第(등제).

【登校】とうこう(등교) 학생이 학교에 감. 출석함. ↔下校(하교).

【登極】とうきょく(등극) ①지붕의 용마루에 오름. 極은 棟. ②임금의 자리에 오름. 極은 뭇 별이 향하는 북극성을 뜻함. 登祚(등조). 登壇(등단)②. 即位(즉위).

【登記】とうき(등기) ①장부에 기재함. ②민법상의 권리 관계 또는 사실을 밝히기 위하여 일정한 사항을 등기소의 장부에 올리는 일. ¶ 一簿. ③등기우편(登記郵便)의 준말.

【登壇】とうだん(등단) ①연단(演壇)에 오름. ②☞ 登極(등극)②. ③제단(祭壇)에 오름. ④문단(文壇), 화단(畫壇) 등에 처음 등장함.

【登徒子】とうとし(등도자) 전국 시대 초(楚)의 송옥(宋玉)이 지은 「등도자 호색부」(登徒子好色賦)에 나오는 가설 인물. 호색가(好色家)의 대명사로 씀.

【登錄】とうろく(등록) ①장부에 올림. 장부에 기재함. ②일정한 사항을 공증(公證)하기 위하여 공부(公簿)에 기재하는 일.

【登聞鼓】とうぶんこ(등문고) 옛 중국에서, 대궐의 문루(門樓)에 달아, 백성이 간(諫)하거나

원정(寃情)을 하소연하려 할 때 치게 한 북. ※申聞鼓(신문고).
【登攀】とうはん(등반) 높은 곳에 더위잡아 오름. ¶巖壁一.
【登簿】とうぼ(등부) 관공서에 비치한 장부에 올 「림.
【登仙】とうせん(등선) ①신선이 되어 하늘에 오름. ②귀인의 죽음의 높임말.
【登歲】とうさい(등세) 풍년이 듦. 또는, 그 해.
【登時】とうじ(등시) 지금 곧. 즉시. 즉각.
【登御】とうぎょ(등어) 나아가 시중듦.
【登瀛洲】とうえいしゅう(등영주) 선계(仙界)에 오른 듯하다는 뜻으로, 선비가 영예와 예우(禮遇)를 받음의 비유. 영주는 신선이 산다는 삼신산(三神山)의 하나. 당(唐) 태종(太宗)이 천책상장군(天策上將軍)으로 있을 때, 문학관(文學館)을 짓고 방현령(房玄齡), 두여회(杜如晦) 등 18명의 초상을 염입본(閻立本)에게 그리게 하고, 저양(褚亮)에게 찬(贊)을 짓도록 하여 이를 18학사라 이름하고 서부(書府)에 간수하여 예현(禮賢)의 중함을 밝힌 옛일에서 유래.
【登用】とうよう(등용) 인재를 골라 뽑아서 씀. 登庸(등용). 擧用(거용). 昇擢(승탁).

【登龍門】とうりゅうもん(등용문) 입신출세에 이르는 직접적인 과정·고비를 이름.
【유래】용문(龍門)에 오른다는 뜻으로, 황하 상류의 한 급류 지점의 이름이다. 이곳은 물살이 매우 세어 힘 좋은 잉어도 이 급류를 거슬러 오르지 못하므로, 여기만 오르면 용이 된다는 전설에서, 뜻을 이루어 크게 영달(榮達)하는 직접적인 계기를 이른다.

【登稔】とうねん(등임) 오곡이 풍성하게 여묾. 登熟(등숙).
【登場】とうじょう(등장) ①시험장에 나옴. ②곡식이 잘 익은 밭. ③배우가 무대에 나옴. 또는, 어느 장면이나 장소에 인물이 나타남. ¶一人物. 「揭載(게재).
【登載】とうさい(등재) 신문, 잡지 등에 글을 실음.
【登程】とうてい(등정) 여정(旅程)에 오름. 길을 떠남. 登途(등도). 「(등과).
【登第】とうだい(등제) 과거(科擧)에 급제함. 登科
【登天】とうてん(등천) 하늘에 오름. 昇天(승천).
【登廳】とうちょう(등청) 관청에 출근함. ↔退廳(퇴청).
【登遐】とうか(등하) ①어느 목표나 경지에 다다름. ②먼 길에 오름. ③임금의 죽음. 昇遐(승하). 登霞(등하). ④신하의 죽음.
【登霞】とうか(등하) ☞登遐(등하)③.
▷窮一, 大一, 晩一, 攀一, 白一, 步一, 先一, 仰一, 延一, 躐一, 前一, 薦一, 超一, 趨一, 秋一, 擢一, 榻一, 飄一, 豊一

7/12〖發〗 1필 발 2물고기 뛸 발 | 囲ㄈㄚ(fa) 圜ㄅㄛ(bo) | はつ,ほつ (ヒラク) *spread* はつ

略発

풀이 1 ①피다. 꽃이 핌. ¶臘梅朝始一<庾肩吾> ②쏘다. 활·총 따위를 쏨. ¶壹一五豝<詩經> ③가다. 떠남. ¶疾趨則欲一 而手足毋移<禮記> ④보내다. 파견함. ¶王何不一將而擊之<戰國策> ⑤일어나다. 일으킴. ¶仁者以財一身<大學> ⑥내다. 남. ¶雷乃一聲<禮記> ⑦싹이 트다. ¶是故草木之一如蒸氣<淮南子> ⑧이삭이 패다. ¶實一實秀<詩經> ⑨행하다. 행해짐. ¶謀未一而聞於國<呂覽> ⑩오르다. 올림. ¶六爻一揮<易經> ⑪펴다. 펴짐. ¶一於事業<易經> ⑫비롯하다. 비롯소. ¶諸德之一也<禮記> ⑬이루다. ¶因一酒於宣孟<呂覽> ⑭움직이다. ¶底滯而不一<淮南子> ⑮나타나다. 나타냄. ¶故君子樂其一也<禮記> ⑯열다. 열림. ¶一京倉<張衡> ⑰밝히다. ¶不悱不一<論語> ⑱들추다. 드러냄. ¶不相譎一<列子> ⑲흩어지다. 흩뜨림. ¶惡氣不一<素問> ⑳어지럽다. ¶毋一我笱<詩經> ㉑새다. 새어나옴. ¶是謂一天地之藏<禮記> 2물고기가 뛰다. 물고기가 힘차게 뜀. ¶鱣鮪一一<詩經>

【發覺】はっかく(발각) 숨긴 일이 드러남.
【發刊】はっかん(발간) 인쇄하여 세상에 폄. 刊行(간행).
【發姦擿伏】はっかんてきふく(발간적복) 바르지 못한 일이나 숨기고 있는 일을 들추어 냄.
【發見】はっけん(발견) 새로운 사물(事物)을 남보다 먼저 찾아냄. ※發明(발명)③.
(발현) 나타남. 드러남.
【發狂】はっきょう(발광) 미침. 정신에 이상이 생김.
【發光體】はっこうたい(발광체) 제 몸에서 빛을 내는 물체. 光體(광체).
【發軍】はつぐん(발군) ☞發兵(발병).
【發掘】はっくつ(발굴) 묻힌 것을 파내거나 숨은 것을 찾아냄. ¶文化財一/新人一.
【發券】はっけん(발권) 은행권, 채권, 승차권 따위를 발행함.
【發給】はっきゅう(발급) 발행하여 내어줌.
【發起】ほっき(발기) ①새로운 일을 꾸미어 일으킴. ¶一人. ②《佛》 남을 떨쳐 일어나게 함.
【發端】はったん·ほったん(발단) 일의 실마리.
【發達】はったつ(발달) ①성장함. ②사물이 피어 나서 더욱 완전한 상태에 이름.
【發動】はつどう(발동) ①움직이기 시작함. 활동을 시작함. ②동력을 일으킴. ¶一機. ③韓 떠듦. 시끄러움.
【發令】はつれい(발령) ①명령을 내림. ②법령이나 사령(辭令)을 발포(發布)하거나 공표함.
【發賣】はつばい(발매) 상품을 내어 팖. 發售(발수). ¶新一/一品.
【發明】はつめい(발명) ①경사(經史)의 뜻을 깨달아 밝힘. ②무죄임을 변명하여 밝힘. 辨白(변백). ③연구하여 새로운 물건이나 방법을 생각해 냄. ¶一特許. ④열어서 밝게 함.
【發兵】はっぺい(발병) 군사를 냄. 군사를 일으킴. 發軍(발군). 出兵(출병).
【發病】はつびょう(발병) 병이 남.
【發福】(발복) 운이 틔어서 복이 닥침.
【發射】はっしゃ(발사) 활·총 등을 쏨.

【發散】はっさん(발산) ①바깥으로 퍼져 흩어짐. 또는, 밖으로 흩뜨림. ②광선이 한 점에서 부채꼴로 퍼져나가는 일. ③무한 급수의 합(合)이나, 적분(積分)의 값이 무한대나 부정(不定)으로 되는 일.
【發祥】はっしょう(발상) ①상서로운 조짐이 나타남. ②역사에서 큰 의의를 가질 만한 현상이 처음으로 나타남. ¶文明一地.
【發喪】はっそう(발상) ①상제가 머리를 풀고 곡하여 초상난 것을 알리는 일. ②사람의 죽음을 여러 사람에게 알리는 일.
【發想】はっそう(발상) 악곡(樂曲)의 감정적 내용을 연주(演奏)로 나타내는 일.
【發祥地】はっしょうち(발상지) ①나라를 일으킨 임금이 난 땅. ②문명이나 큰 사업이 처음 일어난 곳.
【發生】はっせい(발생) ①생겨남. 일어남. ②생물이 난세포(卵細胞)에서 자라서 한 개체가 되는 일. ③봄[春]을 이름.
【發說】(발설)㊙ 입 밖에 말을 냄.
【發聲】はっせい(발성) 소리를 냄. 또는, 그 소리. ¶一練習.
【發送】はっそう(발송) ①물품을 부침. ②사자(使者)를 보내어 전송함.
【發信】はっしん(발신) 편지나 전신 등을 냄.
【發心】はっしん①·ほっしん②(발심) ①무엇을 하겠다고 마음을 냄. ②《佛》 구도(求道)의 마음을 냄. ¶初一.
【發芽】はつが(발아) ①초목의 눈이 틈. ②씨앗에서 싹이 나옴. 芽生(아생).
【發惡】(발악)㊙ 옳고 그른 것을 가리지 않고 악을 씀.
【發案】はつあん(발안) ①고안해 냄. 또는, 그 고안. ②안을 냄. 또는, 의안(議案)을 제출함. 發議(발의)②.
【發揚】はつよう(발양) ①떨쳐 일으킴. 명성, 국위 등을 크게 빛냄. ¶同胞愛一. ②인재를 등용함.
【發言】はつげん(발언) ①말을 꺼냄. 또는, 그 말. ②구두(口頭)로 의견을 말함. 또는, 그 의견. ¶一臺.
【發熱】はつねつ(발열) ①열을 냄. ②병으로 체온이 보통 이상으로 오름. 신열이 남.
【發源】はつげん(발원) ①물이 솟아남. 또는, 그 곳. 강물의, 비롯하여 흐르는 곳. ②사물의 일어나는 근원. 起源(기원).
【發育】はついく(발육) 생물체가 자라남. 성장함.
【發音】はつおん(발음) ①소리를 냄. 發聲(발성). ②말의 음운(音韻)을 음성으로 나타내는 일. 또는, 그 음성. 이에는 고저, 장단, 강약, 음색 등의 속성이 포함됨. ¶一器官/一記號/一符號.
【發議】はつぎ(발의) ①의견 또는 이의(異議)를 냄. ②의안(議案)을 제출함.
【發靷】はついん(발인) 장사 때 상여(喪輿)가 묘지를 향해 집을 떠남. 靷은 영구차에 매어 당기는 줄.
【發作】はっさ·ほっさ(발작) ①갑자기 일어남. 갑자기 발동함. ②병의 증상이 때때로 갑자기 일어남.
【發展】はってん(발전) ①널리 퍼짐. ②번영함. ③더 높은 단계로 옮음. ※發達(발달).
【發電】はつでん(발전) ①전기를 일으킴. ¶一所/一機. ②전보를 침. 發信(발신).
【發情】はつじょう(발정) ①인정에 끌리어 일어남. ②정욕을 일으킴. ¶一期.
【發足】はっそく·ほっそく(발족) ①첫발을 내어디딤. ②조직, 기관(機關) 등이 이루어져서 그 활동을 개시하는 일.
【發疹】はっしん(발진) 열이 몹시 나는 병을 앓을 때 살가죽에 여러 가지 크기의 두드러기가 내돋음. 또는, 그 두드러기.
【發車】はっしゃ(발차) 차가 떠남. ↔停車(정차).
【發着】はっちゃく(발착) 떠나감과 닿음. 출발과 도착.
【發破】はっぱ(발파) 남포질.
【發布】はっぷ(발포) 법령이나 정강(政綱) 등을 세상에 널리 펴서 알림.
【發砲】はっぽう(발포) 총포를 쏨.
【發表】はっぴょう(발표) ①임금에게 서장(書狀)을 올리는 일. ②널리 세상에 알림. 여러 사람에게 드러내어 보임. 公表(공표).
【發汗】はっかん(발한) 땀이 남. 땀을 냄. ¶一劑.
【發行】はっこう(발행) ①출발함. ②출판물을 출판하여 사회에 내어보냄. ③화폐나 공채 등을 만들어 통용하게 사회에 내어보냄.
【發現】はつげん(발현) 드러나 보임. 또는, 드러냄. 發見(발현).
【發火】はっか(발화) 불이 남. 타기 시작함. ¶一點.
【發效】はっこう(발효) 효력을 내기 시작함.
【發酵】はっこう(발효) 효소의 작용으로, 유기 물질의 화학적 분해가 일어남. ¶一食品.
【發揮】はっき(발휘) 재능이나 역량 등을 떨쳐 드러냄.
▷墾一, 開一, 激一, 擊一, 啓一, 告一, 空一, 圈一, 爛一, 亂一, 明一, 未一, 憤一, 奮一, 不一, 散一, 爽一, 先一, 召一, 秀一, 始一, 連一, 英一, 耀一, 引而不一, 一觸卽一, 摘一, 謫一, 傳一, 點一, 早一, 遲一, 徵一, 着一, 初一, 出一, 踔厲風一, 吐一, 表一, 解一, 虛一, 興一

白<흰 백>部

白 ① 百 ② 皃 皁 ③ 的 ④ 皆 皈 皇 ⑤ 皋 ⑥ 皐 皎 ⑦ 皕 皓 皖 ⑧ 皙 ⑩ 皚 皠 皜 皛 ⑪ 皠 ⑫ 皤 皞 ⑬ 皦 ⑮ 皪 皫 ⑯ 皭 皬 ⑱ 皭

0 5 〖白〗 1 흰 백 2 서방 빛 파 3 작위 백 4 말할 자 本지 | 陌ㄅㄞˊ 陌(bai) 陌 寘 | はく(シロイ) white は はく じ

풀이 1 ①희다. ㉮빛깔이 희다. ¶孟子曰生之謂性也 猶白之謂一與<孟子> ㉯채색하지 아니하다. 꾸미지 아니함. ¶一賁无咎<易經> ㉰깨끗하다. ¶巽爲一<易經> ②흰빛. 오색의 한 가지. 방향으로는 서(西), 사철로는 가을, 오행으로는 금(金), 역(易)에서는 진(震) 또는 손(巽), 오장으로는 폐(肺), 길흉으로는 상(喪)의 빛. ¶不曰一乎

涅而不淄<史記> ③밝다. ㉮환하다. ¶明―. ㉯날이 새다. ¶不知東方之旣―<蘇軾> ④다듬다. ¶乃斫大樹 ―而書<史記> ⑤희다고 하다. ¶白馬之―也無異於白人之―也<孟子> ⑥밝히다. ¶吾將以身死―之<呂覽> ⑦좋은 쪽의 말. 賢·淸·正·優 등. ¶詳衆士之―黑<後漢書> ⑧여쭈다. 사뢰. ¶鍾瑾常以李膺言―皓<後漢書>/主人―. ⑨잔. 술잔. 본래는 벌주의 잔. ¶飛觴擧―<左思> ⑩벼. 볶은 벼. ¶其實䵄蕡―黑<周禮> ⑪술. 청주. ¶酒淸―<禮記> ⑫관록(官祿)이 없음. ¶―丁. ⑬풋나기. 훈련하지 않은 것. ¶―徒. ⑭은(銀). ¶―銀. ⑮공허하다. 빈 것. 공백(空白). ¶持紙終日不下筆人謂之曳―<唐書> ⑯㊥ ㉮속어. ㉯헛되다. ㉰속이다. **2**서방(西方)의 빛깔. **3**작위. 백작. ㊎伯. **4**말하다. 문장의 기품. 사기(詞氣). ㊎自.

【白系露人】はくけいろじん(백계노인) 시월 혁명 후 소비에트 연방 정부에 반대하여 해외로 망명한 러시아 사람.

【白骨】はっこつ(백골) ①흰 뼈. 송장의 살이 썩고 남은 뼈. 枯骨(고골). ②칠을 하지 않은 목기(木器)나 목물(木物) 따위.

【白骨難忘】はっこつワスレガタシ(백골난망) 죽은 뒤에도 은혜를 잊을 수 없음.

【白骨南行】(백골남행) ㊙ 과거(科擧)에 의하지 않고, 다만 부조(父祖)의 덕으로 얻어 하는 벼슬. 蔭職(음직).

【白骨養子】(백골양자) 죽은 사람을 양자로 하여 대를 잇는 일. 또는, 그런 아들. 神主養子(신주양자).

【白果】はっか(백과) 은행나무. 또는, 은행.

【白駒】はっく(백구) ①흰 망아지. ②햇빛. 광음(光陰). 세월.

【白駒過隙】はっくげきヲスグ(백구과극) 세월이 빠름의 비유. 벽틈으로 내다보면, 그 앞을 말이 지나가는 것이 매우 빠르게 보임에서 온 말.

【白圭】はっけい(백규) ①희고 맑은 옥(玉). ②말을 삼가야 함의 비유. 말을 삼가라는 시 백규(白圭)를 날마다 세 번씩 외었다는 옛일에서 온 말. ¶三復―<論語>

【白圭壑隣】はっけいトナリヲタニニス(백규학린) 전국 시대 백규(白圭)의 정치 사상을 맹자가 비평하여, 물을 다스린다면서 물을 이웃 나라로 돌려 빼는 것과 같다고 한 옛일. 남에게 폐해가 되는 일을 감히 함을 이름.

【白旗】はっき(백기) ①흰 기. ②적에 항복을 알리는 기.

【白徒】はくと(백도) ①과거를 거치지 않고 벼슬아치가 되는 일. 또는, 그 사람. ②훈련되지 않은 병정.

【白道】はくどう(백도) ①흰 길. ②흰 꽃이 어지러이 피어 길게 이어짐을 이름. ③달이 천구상(天球上)에 그리는 궤도(軌道).

【白頭】はくとう(백두) ①센 머리. 白首(백수). ②㊙ 지체는 높으나 벼슬하지 못한 양반. 민머리.

【白頭如新】はくとうシンノゴトシ(백두여신) 백발이 되도록 사귀어도 서로간에 마음을 모르면 새로 사귄 사람이나 다름이 없다는 뜻으로, 친구 사이에 서로 마음을 이해하지 못했음을 사과하는 말로 씀.

【白頭翁】はくとうおう(백두옹) ①백발의 노인. ②일본할미꽃. 미나리아재비과의 여러해살이풀. ¶上倚嵯峨之山色 其名曰―<三國史記> ③시베리아알락할미새. 할미새과에 속하는 새.

【白蠟】はくろう(백랍) ①정제한 밀랍(蜜蠟). 황랍을 햇볕에 쬐어 얻은, 백색이나 회백색의 납덩이. ②백랍벌레 수놈 애벌레가 분비한 밀랍(蜜蠟)을 가공한 것. 공업용 또는 약재로 씀. 水蠟(수랍).

【白露】はくろ(백로) ①24절후의 하나. 9월 8일경. ②흰 이슬.

【白鷺】はくろ(백로) 해오라기. 雪客(설객). 舂鋤(용서).

【白露爲霜】はくろシモトナル(백로위상) 흰 이슬이 엉기어 서리가 됨. 백로에서 상강(霜降)으로 접어 듦. 곧, 날씨가 차츰 음산해짐을 이름.

【白鹿洞書院】はくろくどうしょいん(백록동 서원) 중국 강남성(江南省)의 여산(廬山) 오로봉(五老峰) 아래에 있던 서원. 오대(五代) 남당(南唐) 때 처음으로 세워졌으며, 남송(南宋) 때 주희(朱熹)가 중수(重修)함.

【白痢】はくり(백리) 흰 곱똥이 나오는 이질의 한 가지. ↔赤痢(적리).

【白笠】(백립) ㊙ 흰 베로 만든 갓. 국상(國喪) 때의 백성이나 대상(大祥) 후의 상인(喪人)이 썼음.

【白馬】はくば(백마) 흰 말. 부루말.

【白面書郞】はくめんしょろう(백면서랑) ☞白面書生(백면서생).

【白面書生】はくめんしょせい(백면서생) ①얼굴이 해맑은 젊은이. ②연소하여 경험이 적은 서생. 글만 읽고 세상 일에는 조금도 경험이 없는 사람을 이름.

【白墨】はくぼく(백묵) ①먹의 한 가지. ②㊙ 분필(粉筆).

【白門】はくもん(백문) ①성문. ②서남방. 금기(金氣)가 시작하는 곳이라는 데서 이름. 金은 빛깔에서는 白에 해당함.

【白米】はくまい(백미) 희게 쓿은 멥쌀.

【白眉】はくび(백미) 흰 눈썹의 뜻. 여럿 가운데서 가장 뛰어난 사람이나 물건을 이름.

유래 삼국시대 촉한(蜀漢)의 명참모인 마양(馬良)은, 남달리 총명한 그의 다섯 형제 가운데서도 가장 재주가 뛰어나 어려서부터 장래가 크게 촉망되었는데, 양은 눈썹에 흰 털이 나 있어 그의 고향 사람들이 「백미(白眉)가 제일」이라고 하면서 양의 성장을 지켜보았다 한다.<蜀志>

【白民】はくみん(백민) ①관작(官爵)이 없는 백성. ②나라 이름. 남만(南蠻)의 하나.

【白飯】はくはん(백반) 흰밥. 쌀밥.

【白礬】はくばん(백반) 명반(明礬)을 구워서 만든 것. 지혈(止血), 수렴(收斂)의 약으로 씀.

【白髮】はくはつ(백발) 센 머리. 노인을 이름.

【白放】(백방) ㊙ 무죄로 판명되어 방면(放免)됨.

【白白】はくはく(백백) ①바른 것을 밝힘. ¶明明―. ②새하얌. ③헛되이. 아무 보람도 없

이.

【白兵】はくへい(백병) 칼집에서 뺀 칼·창 따위의 병기. 白刃(백인). 「붙은 접전.

【白兵戰】はくへいせん(백병전) 백병(白兵)으로 맞

【白傅】はくふ(백부) 당(唐)의 백거이(白居易)를 이름. 그가 태자 소부(太子小傅)를 지냈으므로 이름. 「가지. 흰분.

【白粉】はくふん(백분) ①흰 가루. ②화장품의 한

【白沸湯】(백비탕) 맹탕으로 끓인 물.

【白沙】はくさ(백사) ①흰 모래. 白砂(백사). ¶一場. ②상어의 한 가지.

【白沙青松】はくさせいしょう(백사청송) 흰 모래톱에 푸른 소나무. 물가의 아름다운 경치를 이름.

【白蔘】(백삼)㊙ 잔털을 다듬고 껍질을 벗겨 햇볕에 말린 수삼. ※紅蔘(홍삼).

【白色恐怖】はくしょくきょうふ(백색공포) 집권자측에서 반정부 운동 또는 혁명 운동에 대하여 가하는 극심한 탄압. 본래 백합(百合)이 프랑스 왕실의 표징(表徵)이었던 데서 유래. 백색 테러.

【白書】はくしょ(백서) ①나무를 깎은 흰 바탕에 쓴 글자. ②정부에서 발표하는 공식적인 실정(實情) 보고서. 영국 정부가 보고서를 흰 종이에 쓴 데서 온 말.

【白選】はくせん(백선) 한(漢) 무제(武帝) 때의 화폐. 은(銀)과 주석으로 만들었음.

【白雪】はくせつ(백설) 흰 눈.

【白蘇】はくそ(백소) ①들깨. 野荏(야임). ②백거이(白居易)와 소식(蘇軾)의 병칭.

【白松】はくしょう(백송) 소나무의 한 가지. 껍질이 흼. 「(淸白)한 마음.

【白水】はくすい(백수) ①흰 물. 맑은 물. ②청백

【白首】はくしゅ(백수) 센머리. 노인의 머리털. 白

【白叟】はくそう(백수) 백발 노인. ⌊頭(백두)①.

【白首文】はくしゅぶん(백수문) 「천자문」(千字文). 후량(後梁)의 주흥사(周興嗣)가 이를 하룻밤 사이에 짓고 나니 머리가 더 세었다는 옛일에서 유래.

【白首緣】はくしゅのえん(백수연) 부부의 인연이 깊음을 이름. 백년해로의 약속.

【白水眞人】はくすいしんじん(백수진인) 돈의 이칭. 왕망(王莽) 때 돈을 화천(貨泉)이라 하였는데, 白과 水의 합자(合字)는 泉, 眞과 人의 합자가 貨가 됨에서 온 말. 「¶軟鷄一.

【白熟】(백숙)㊙ 맹물에 삶음. 또는, 그 음식.

【白柹】(백시)㊙ 곶감. 乾柹(건시).

【白堊】はくあ(백악) ①흰 빛깔의 흙. 白土(백토). ②석회를 바른 흰 벽. ¶一館. ③분필. 土筆(토필). 白墨(백묵)②.

【白眼】はくがん(백안) ①눈의 흰자위. 白目(백목). ②흘겨보는 눈. 가볍게 여겨서 시쁘게 보는 눈. 냉담한 눈초리. ↔靑眼(청안).

【白眼視】はくがんし(백안시) 냉대함. 또는, 그 눈초리. ↔靑眼視(청안시).

【白夜】はくや(백야) ①달 밝은 밤. ②극지방(極地方)에 가까운 곳에서 해가 진 뒤에도 반영(反映)되는 태양 광선 때문에 희뿌옇게 밝은 현상.

【白羊】はくよう(백양) ①흰 양(羊). ②황도십이궁(黃道十二宮)의 첫째. 춘분에 태양이 이 궁에 듦. ③성좌(星座) 이름. 모양(牡羊)자리.

【白楊】はくよう(백양) ①버들과의 갈잎 큰키나무. 황철나무. ②사시나무. ③은백양.

【白魚】はくぎょ(백어) ①흰 물고기. ②물고기 이름. 뱅어. ③좀의 이칭.

【白魚入舟】はくぎょしゅうにいる(백어입주) 흰 물고기가 배에 들었다는 뜻으로, 적(敵)이 항복함의 비유. 주(周) 무왕(武王)이 은(殷) 주왕(紂王)을 치려고 강을 건널 때 흰 물고기가 배에 뛰어들었다는데, 이는 곧 은이 항복할 조짐이라고 본 옛일에서 유래. 白은 은나라의 색(色). 「(흑업).

【白業】はくぎょう(백업)《佛》 선업(善業). ↔黑業

【白熱】はくねつ(백열) ①물체가 백색광에 가까운 빛을 낼 정도로 아주 높은 온도에서 가열되는 일. ¶一燈. ②극도로 열중하는 일. 최고조에 이르는 일.

【白玉】はくぎょく(백옥) 흰 옥. 흰 구슬.

【白屋】はくおく(백옥) ①흰 띠[白茅]로 지붕을 인 집. 모옥(茅屋). ②천한 사람이 사는 집. 천한 사람·서민(庶民)의 일컬음.

【白玉京】(백옥경)㊙ 옥황상제가 있다는 천상의 궁전.

【白玉樓】はくぎょくろう(백옥루) 문인(文人)의 죽음을 이름. 당(唐)의 시인 이하(李賀)가 죽을 때 천사(天使)가 찾아와, 상제(上帝)의 백옥루가 완공되었으므로, 너를 불러들여 그 기문(記文)을 짓도록 하였다고 했다는 옛일에서 유래.

【白玉樓中人】はくぎょくろうちゅうのひと(백옥루중인) 백옥루 속의 사람이 된다는 뜻으로, 문인(文人)의 죽음을 이름.

【白玉微瑕】はくぎょくのびか(백옥미하) 흰 옥의 작은 티. 훌륭한 사람의 조그마한 결점의 비유. 白璧微瑕(백벽미하).

【白玉盤】はくぎょくばん(백옥반) ①봉선(封禪) 때 제수를 담는 그릇. 封禪은 천자가 하늘과 땅에 제사 지내는 일. ②달의 이칭.

【白羽】はくう(백우) ①흰 깃. ②흰 새깃으로 만든 기. ③흰 새깃의 화살. ④흰 깃으로 만든 부채. 백우선(白羽扇).

【白雨】はくう(백우) ①소나기. ②우박.

【白雲】はくうん(백운) 흰 구름. 「거처.

【白雲鄕】はくうんきょう(백운향) 천상 세계. 천제의

【白元味】はくげんみ(백원미) 흰 쌀을 굵게 갈아 쑨 죽. 「별. 星宿(성수).

【白楡】はくゆ(백유) ①껍질이 흰 느릅나무. ②

【白衣】はくい(백의) ①흰 옷. ¶一民族. ②벼슬이 없는 사람. 무의 무관(無衣無冠)의 사람. 布衣(포의). ③《佛》 속인(俗人)의 이칭.

【白衣使者】はくいのししゃ(백의사자) 술을 들고 온 심부름꾼. 진(晋)의 도잠(陶潛)이 중양절날 마침 술이 떨어진 판에 강주자사(江州刺史) 왕홍(王弘)이 흰 옷 입은 사람을 시켜 술을 보낸 옛일에서 유래.

【白衣政丞】はくいせいじょう(백의정승) 야인(野人)으로 있으면서 정승의 대우를 받음. 또는 그 사람. 白衣宰相(백의재상).

【白衣從軍】はくいじゅうぐん(백의종군) 벼슬 없는 신분으로 싸우려고 전장에 나감.

【白人】はくじん(백인) ①백색 인종. 백인종. ②보

통 사람. 평민.
【白刃】はくじん(백인) 칼집에서 뺀 칼. 시퍼런 칼날. 白兵(백병).
【白日】はくじつ(백일) ①한낮. 대낮. 白晝(백주). ②빛나는 태양. ¶青天一/一下. ③석양(夕陽). 夕日(석일).
【白日夢】はくじつむ(백일몽) 대낮의 꿈. 낮꿈. 엉뚱한 공상의 비유.
【白日場】(백일장)㊞ 유생(儒生)들의 학업을 권장하는 의미에서 베풀어지는, 시문을 짓는 시험.
【白瓷】はくじ(백자) 흰빛의 자기. 白沙器(백사기). ¶李朝一.
【白藏】はくぞう(백장) 가을의 이칭. 가을은 오색(五色)에서 白이며, 모든 것을 수장(收藏)하는 시기이므로 이르는 말.
【白戰】はくせん(백전) ①맨손으로 싸움. ②시인(詩人)이 시재(詩才)를 겨루기 위하여 시제(詩題)와 밀접한 관계가 있는 글자를 쓰지 않는 일. 예를 들면, 시제가 눈[雪]일 때 玉·月·梨·梅·練·絮·鶴·鷺·皓·素·銀·鹽 등을 쓰지 않음. 禁體詩(금체시).
【白錢】はくせん(백전) ①은전(銀錢). ②청(淸)대 순치(順治) 이후에 주조한 동전.
【白顚】はくてん(백전) ①이마에 흰 털이 있는 말[馬]. ②희게 센 머리. 白頭(백두).
【白拈賊】はくてんぞく(백점적) 맨손으로 물건을 교묘하게 훔치고 흔적을 남기지 아니하는 도둑.
【白丁】はくてい(백정) ①평민. 白民(백민). 白身(백신). ②장정(壯丁)이 되었어도 병적(兵籍)에 들지 않은 사람. ③㊞ 가축류의 도살을 주업으로 하고 고리를 겯는 일을 부업으로 하는 사람. 백장.
【白帝】はくてい(백제) 가을의 신(神). 또는, 서방(西方)의 신.
【白帝城】はくていじょう(백제성) 성 이름. 지금의 사천성(四川省) 봉절현(奉節縣) 동쪽 백제산에 있음. 중국의 삼국(三國) 때 촉(蜀)이 이곳에서 오(吳)를 막았음. 유비(劉備)가 죽은 곳.
【白鳥】はくちょう(백조) ①흰 새. ②고니. 天鵝(천아). 黃鵠(황곡). ③백로의 이칭. ④모기[蚊]의 이칭.
【白酒】はくしゅ(백주) 막걸리. 탁주. 또는, 소주. 白醝(백차).
【白晝】はくちゅう(백주) 대낮. 한낮. 日中(일중).
【白地】はくち(백지) ①흰 바탕. ②까닭 없이. 공연히.
【白芷】はくし(백지) 미나리과의 여러해살이풀. 구리때.
【白紙】はくし(백지) ①흰 종이. ¶一張. ②아무것도 쓰지 않은 종이. 空紙(공지). ③우리나라에서 생산되는 창호지보다 얇은, 닥나무 껍질로 만든 종이. 주로 책지(册紙)로 씀. ④백지상태(白紙狀態)의 준말.
【白紙狀態】はくしじょうたい(백지상태) 선입견(先入見)이 없는 일. 아무것도 없었던 원래의 상태.
【白紙委任】はくしいにん(백지위임) 조건을 붙이지 않고 모든 것을 맡기는 일.
【白粲】はくさん(백찬) ①한(漢)대에 부녀자에게 과하던 형벌의 하나. 제사에 쓸, 상하지 않은 쌀알을 고르게 하였음. 형기는 3년. ②쌀의 이칭. 白米(백미).
【白氅】はくしょう(백창) 새의 깃으로 만든 옷. 위사(衛士)가 입었음.
【白天】はくてん(백천) ①서쪽 하늘. ②㊥ 대낮. 白晝(백주).
【白朮】はくじゅつ(백출) 엉거시과의 여러해살이풀. 뿌리는 건위제(健胃劑)로 씀.
【白痴】はくち(백치) 지능이 몹시 낮은 사람. 바보. 天癡(천치). 白癡(백치).
【白湯】サユ·シラユ(백탕) 맹탕으로 끓인 물. 白沸湯(백비탕).
【白苔】(백태) 신열(身熱), 위장병, 영양 부족 등으로 혓바닥에 끼는 황백색의 물질. 舌苔(설태).
【白澤】はくたく(백택) ①신수(神獸)의 이름. 사람의 말을 하며 유덕한 임금의 치세(治世)에 나타난다고 함. ②백택(白澤)의 무늬를 넣은 명(明)대 귀척(貴戚)의 복식(服飾). ③약초 이름. ④사자(獅子)의 이칭.
【白土】はくど(백토) ①빛깔이 흰 흙. ②규산(硅酸)칼슘의 속칭. 벽화·건축의 도료(塗料)나 도기(陶器)의 재료로 씀. ③아편.
【白退】(백퇴) 옳고 그름을 따지지도 않고 소장(訴狀)을 무조건 각하(却下)하는 일.
【白波】はくは(백파) ①흰 물결. ②도둑을 이름. 후한(後漢) 때 황건적(黃巾賊)이 서하(西河)의 백파곡(白波谷)에 근거를 둔 데서 온 말.
【白牌】(백패)㊞ 소과(小科)에 급제한 생원(生員)이나 진사(進士)에게 주던 흰 종이의 증서.
【白布】はくふ(백포) 흰 베.
【白鶴】はっかく①·びゃっかく②(백학) ①털빛이 흰 학. ②《佛》 사라수(娑羅樹)의 흰 모양.
【白毫】はくごう(백호) ①흰 털. ②《佛》 부처의 32상(相)의 하나. 빛을 발하여 무량(無量)의 국토를 비춘다는, 부처의 미간(眉間)에 있는 흰 털.
【白虎】はっこ·びゃっこ(백호) ①흰 호랑이. ②사방위신(四方位神)의 하나. 사방위신은 청룡, 백호, 주작(朱雀), 현무(玄武). 백호는 서방을 지킴. ③두부의 이칭. ④㊥ 음모(陰毛)가 없는 여자.
【白虹】はっこう(백홍) ①흰 무지개. ②보검(寶劍) 이름.
【白虹貫日】はっこうひをつらぬく(백홍관일) 흰 무지개가 해를 꿰뚫음. ㉮정성이 하늘에 감응되어 나타나는 일. 정성에 하늘이 감동함. ㉯임금에게 위해(危害)가 닥칠 징조. 白虹은 兵, 日은 君을 상징함.
【白話】はくわ(백화) 중국의 구어(口語). 현재의 중국어.
【白話文】はくわぶん(백화문) 백화로 쓴 중국의 현대문.
【白話體】はくわたい(백화체) 중국의 구어체. 중국의 언문 일치체.
▷擧一, 建一, 堅一, 敬一, 啓一, 告一, 孤一, 闕一, 淡一, 大一, 戴一, 桃紅李一, 獨一, 明一, 半一, 斑一, 頒一, 粉一, 肥一, 飛一, 三一, 鮮一, 素一, 粹一, 純一, 淳一, 醇一, 深一, 廉一, 紫一, 曳一, 五一, 繚一, 引滿擧一, 自一, 貞一, 精一, 條一, 讚一, 蒼一, 淺一, 徹一, 淸一, 靑蠅染一, 葱一, 抽黃對一, 太一, 漂一, 虛一, 虛室生一, 皓一, 紅一, 黃

一，黑一

1
6 【百】 ①일백 백 ②힘쓸 맥 | 匯ㄅㄞˇ(bai) 匯ㄅㄛˊ(bo) ㄇㄛˋ(mo) | ひゃく (モモ) *hundred* みゃく

풀이 ①①일백. 100. ②모든. 여러. ¶一官以治<易經> ③백 번 하다. 여러 번 함. ¶人一能之 已一之<中庸> ②힘쓰다. ¶距躍三一 曲踊三一<左氏傳>

【百家】ひゃっか (백가) ①많은 집. ②많은 학자. 또는, 유가(儒家)의 계통 이외에, 스스로 일가를 이룬 학자의 총칭. 百氏(백씨). 百子(백자). 諸子百家(제자백가). ③☞百家書(백가서).

【百家書】(백가서) 백가 곧 여러 학자의 저서.

【百家爭鳴】(백가쟁명) 여러 사람 또는 여러 세력이 서로 자기 주장을 내세움.

【百結】ひゃっけつ (백결) ①해진 옷. 누더기. ¶一衣/一先生. ②많은 매듭. ③가슴에 맺힌 많은 근심.

【百計】ひゃっけい (백계) 갖가지 계책.

【百谷】ひゃっこく (백곡) 많은 골짜기.

【百穀】ひゃっこく (백곡) 온갖 곡식.

【百谷王】ひゃっこくおう (백곡왕) 많은 골짜기의 물을 모으는 곳. 곧, 하해(河海).

【百工】ひゃっこう (백공) ①모든 관원(官員). 百官(백관). ②모든 장인(匠人).

【百科】ひゃっか (백과) 각종 학과나 과목.

【百科事典】ひゃっかじてん (백과사전) 학문, 예술, 기술 및 일상 생활 전반에 걸쳐 과거, 현재를 통하여 인간 생활에 관련된 사항을 간명하게 상식적으로 풀이하여 배열한 사전. 百科辭典(백과사전). 「¶滿朝一.

【百官】ひゃっかん (백관) 모든 관원. 百揆(백규)②.

【百鬼夜行】ひゃっきやこう (백귀야행) 온갖 요괴(妖怪)가 밤에 돌아다님. 악인(惡人)이 멋대로 날뜀의 비유.

【百揆】ひゃっき (백규) ①서정(庶政)을 총괄하는 벼슬. 백관(百官)의 장(長). ②모든 관원. ③온갖 정사(政事). 百政(백정).

【百鈞】ひゃっきん (백균) 3천 근의 무게. 매우 무거운 것을 이름. 「승의(僧衣).

【百衲衣】ひゃくのうい (백납의) 헝겊을 잇대어 지은

【百年佳約】ひゃくねんかやく (백년가약) 결혼하여 평생 같이 지낼 것을 다짐하는 아름다운 언약.

【百年河淸】ひゃくねんかせい (백년하청) 황하(黃河)는 늘 흐려 맑을 때가 없다는 뜻으로, 아무리 바라고 기다려도 이루어지기 어려운 것을 이름.

【유래】전국 시대 정(鄭)이 무모하게 초(楚)의 속국인 채(蔡)를 침공하여 그 공자를 사로잡은 일이 있었다. 아니나다를까 그해 겨울 초의 대군이 정을 공격해 왔다. 정의 지도자들은 연일 모여 대책을 의논했으나 항복하자는 의견과 진(晋)에 도움을 청하여 싸우자는 주장으로 갈려 결론이 나지 않았다. 그러자 항복론자인 자사(子駟)가 말했다. 「시경에, 황하물 맑기를 기다리다가는 목숨이 몇 개가 있어도 모자란다는 말이 있읍니다. 의견 일치를 기다리다가는 끝이 없으니 의논은 이만 그치고 나를 따르시오」 자사는 일부의 반대를 억누르고 초와 화평을 맺음으로써 나라가 초군에게 유린되는 것을 막았다. <左氏傳>

【百年偕老】ひゃくねんかいろう (백년해로) 부부가 화락하게 함께 늙음.

【百代】ひゃくだい (백대) 오랜 세대. 百世(백세).

【百代之過客】ひゃくだいのかかく (백대지 과객) 영원히 지나가는 나그네. 곧, 세월을 이름. ¶光陰者 一<李白>

【百黎】ひゃくれい (백려) 많은 백성. 百靈(백령).

【百鍊】ひゃくれん (백련) ①거듭 단련함. ②옛날 중국의 명검(名劍)의 하나. 「신령.

【百靈】ひゃくれい (백령) ①☞百黎(백려). ②모든

【百祿】ひゃくろく (백록) 많은 복록. 온갖 행복.

【百雷】ひゃくらい (백뢰) 많은 우뢰. 소리가 큼의 비유. 「료).

【百僚】ひゃくりょう (백료) 모든 벼슬아치. 百寮(백

【百寮】ひゃくりょう (백료) ☞百僚(백료).

【百六】ひゃくろく (백륙) ①한식절(寒食節). ②액운(厄運). ③일백 여섯. 106. 「액운(厄運).

【百六會】ひゃくろくかい (백륙회) 106년마다 오는

【百里負米】ひゃくりふまい (백리부미) 자로(子路)가 어버이를 위하여 백 리나 떨어진 곳에 쌀을 지고 간 옛일에서 가난한 가운데 효양(孝養)함의 비유.

【百里才】ひゃくりのさい (백리재) 한 현(縣)을 다스리기에 족한 재능. 재기(才器)가 큼의 비유.

【百里奚】ひゃくりけい (백리해) 《人》 춘추 시대 우(虞)의 사람. 자는 정백(井伯). 우공(虞公)을 섬겨 대부(大夫)가 됨. 우가 진(晋)에 망하였을 때 포로가 되었다가 초(楚)로 달아나다 잡혔는데, 진(秦) 목공(穆公)이 그가 어질다는 소문을 듣고 암양 다섯 마리의 가죽, 곧 오고양피(五羖羊皮)를 몸값으로 주고 신하를 삼아 국정을 맡겼으므로 오고대부라 일컬음. 목공이 오패(五霸)의 한 사람이 된 데는 그의 공이 큼. 「자.

【百萬長者】ひゃくまんちょうじゃ (백만장자) 재물이 많은 부

【百畝之田】ひゃくほのでん (백묘지 전) 정전법(井田法)에서 한 가구가 받는 땅의 넓이. 1정(井)은 900묘인데, 중앙 100묘는 공전(公田)으로 공동 경작하고 주위의 800묘를 8가구에 나누어 주었음.

【百無一取】ひゃくにいっしゅナシ (백무일취) 온갖 언행(言行) 가운데 하나도 취할 것이 없음.

【百聞不如一見】ひゃくぶんいっけんニシカズ (백문 불여일견) 백 번 듣는 것이 한 번 보는 것만 못함.

【百味】ひゃくみ (백미) ①갖가지 맛있는 음식. ②도마.

【百發百中】ひゃっぱつひゃくちゅう (백발백중) ①백 번 쏘아 백 번 맞힘. 사술(射術)이 교묘함의 비유. ②모든 일이 계획대로 들어맞음. 모두 다 성공함. 「③여러 나라.

【百方】ひゃっぽう (백방) ①여러 방면. ②여러 방법.

【百拜】(백배) 몇 번이고 절을 함. ¶一謝罪/一謝禮/一致賀.

【百分比】(백분비) 어떤 수를 백으로 할 때 그것에 대하여 가지는 비례. 퍼센티지(percentage). 百分率(백분율).

【百分率】(백분율) ☞百分比(백분비).

【百朋】(백붕) 백의 붕(朋). 많은 녹(祿). 朋은 이패(二貝) 또는 오패(五貝).

【百司】(백사) ①모든 관원. ②모든 관서(官署).

【百舌】(백설) ①지빠귀. ②때까치. 百舌鳥(백설조).

【百姓】(백성) ①많은 관리. 예전에 유덕한 사람에게 벼슬을 주고 성(姓)을 내렸기 때문에 이르는 말. ②서민. 일반 국민.

【百世】(백세) 오랜 세대(世代).

【百世不磨】(백세불마) 영원히 소멸하지 아니함.

【百世之師】(백세지 사) 백 대의 후세까지도 인류의 사표(師表)가 될 사람. 곧, 성인(聖人).

【百歲瘡】(백세창) 일생에 한 번은 꼭 치른다는 뜻으로, 천연두(天然痘)를 이름.

【百歲後】(백세후) ①백 년 뒤. ②사람이 죽은 뒤를 완곡하게 표현하는 말.

【百獸率舞】(백수솔무) 많은 짐승들까지 음악에 감동하여 춤을 춤.

【百乘之家】(백승지 가) 봉읍(封邑)에서 병거(兵車) 100대를 낼 수 있는 집. 곧, 경대부(卿大夫)의 집을 이름.

【百氏】(백씨) 많은 학자. 諸子百家(제자백가). 百子(백자).

【百藥】(백약) 온갖 약. 모든 약.

【百藥之長】(백약지 장) 술을 기리어 한 말.

【百越】(백월) 옛날의 강절(江浙)·민월(閩越) 지방. 곧, 지금의 절강(浙江)·복건(福建)·강서(江西)·광동(廣東)의 여러 성에서 안남(安南)에 이르는 지역. 百粵(백월).

【百爾君子】(백이군자) 관직에 있는 모든 사람.

【百仞】(백인) 8백 척(尺). 仞은 8척. 매우 길거나 깊음의 형용.

【百忍】(백인) 온갖 어려움을 참고 견딤. 당(唐)의 장공예(張公藝)의 집안이 9대(代)가 한집에 살고 있음을 듣고 고종(高宗)이 비결을 묻자, 忍을 100자 써서 올렸다는 옛일에서 유래.

【百一】(백일) ①일백 하나. ②백분의 일. 백에 하나. 아주 얻기 어려움의 비유. ③양수(陽數)의 극(極).

【百一物】(백일물)《佛》 각종 집기(什器) 중에서, 비구(比丘)가 하나만 가져야 할 물건.

【百日齋】(백일재)《佛》 사람이 죽은 지 백일만에 드리는 불공.

【百日咳】(백일해) 백일해균에 의하여 전염하는 소아병. 한 번 발작한 기침은 호흡 곤란을 일으킬 만큼 길게 연달아 나는 것이 특징임.

【百日紅】(백일홍) ①부처꽃과의 갈잎 큰키나무. 관상용으로 심음. 배롱나무. 紫薇(자미). ②백일초(百日草).

【百子】(백자) ①제자백가(諸子百家)가 지은 책. ②여러 아들. ¶一千孫. ③여러 학자. 百家(백가)①.

【百戰老將】(백전노장) ①수많은 싸움을 치른 노련한 장수. ②세상의 온갖 어려운 일을 많이 겪은 노련한 사람의 비유.

【百戰百勝】(백전백승) 백 번 싸워 백 번 이김. 번번이 이김. ¶一不如一忍<黃庭堅>

【百折不屈】(백절불굴) 수없이 꺾여도 굽히지 않음. 만난(萬難)을 무릅쓰고 이겨 나감. 百折不撓(백절불요).

【百折不撓】(백절불요) ☞百折不屈(백절불굴).

【百足之蟲至死不僵】(백족지충 지사불강) 노래기는 죽어도 넘어지지는 않는다는 말로, 도와 주는 이가 많은 사람은 쉽게 망하지 않음의 비유.

【百種】(백종) ①백 가지. 여러 가지. 온갖 종류. ②《佛》 ☞百中(백중)②.

【百中】(백중) ①쏘면 꼭 맞힘. ¶百發一. ②《佛》 명일(名日)의 하나. 음력 7월 보름날. 百種(백종)②.

【百尺竿頭】(백척간두) 백 척의 장대 끝. 매우 위태롭고 어려운 지경의 비유. ※風前燈火(풍전등화).

【百尺竿頭進一步】(백척간두 진일보) 백 척의 장대 끝에서 한 걸음 더 나아감. 지극히 어려운 가운데서도 더 한층 노력함의 비유.

【百川異源而皆歸于海】(백천이원 이개귀우해) 모든 내의 그 근원은 각기 다르나 모두 바다로 돌아간다는 뜻으로, 사람은 제각기 태어난 곳은 다르나 돌아가는 곳은 같음의 비유. ¶一 百家殊業 而皆務于治<淮南子>

【百川學海】(백천학해) 모든 냇물은 흐르고 흘러, 마침내 바다에 들어감. 사람도 도(道)를 배우면 마침내 도를 얻는 데에 이름의 비유.

【百草】(백초) ①갖가지 풀. ②백 가지 풀을 섞어서 만든 약.

【百出】(백출) 여러 가지로 나타남. ¶意見一.

【百雉】(백치) 길이 300장(丈), 넓이 500보(步)인 성(城)의 담[墻].

【百態】(백태) 갖가지 형태.

【百八煩惱】(백팔번뇌)《佛》 중생의 과거·현재·미래를 통한 일체의 번뇌.

【百八念珠】(백팔염주)《佛》 염주의 한 가지. 108개의 염주알을 꿴 것으로 백팔 번뇌를 상징함.

【百八鐘】(백팔종)《佛》 절에서 아침 저녁으로 108번씩 치는 종. 인간에게 백팔 번뇌를 깨치게 한다는 뜻.

【百廢俱興】(백폐구흥) 폐지된 많은 행사나 예전(禮典)이 다시 일어남.

【百害無益】(백해무익) 해롭기만 할 뿐 조금도 이로울 것이 없음. 百害無一益(백해 무일익).

【百行】(백행) 온갖 행동. 모든 행위.

【百花爛漫】ひゃっからんまん(백화난만) 온갖 꽃이 한물로 활짝 피어 흐무러짐. 百花燎亂(백화요란).

【百花生日】ひゃっかせいじつ(백화생일) 음력 2월 열 이튿날. ¶二月十二日爲一 無雨百花熟<陶朱公書>

【百花王】ひゃっかおう(백화왕) ①모란의 이칭. 花中王(화중왕). ②석류(石榴)의 이칭.

【百貨店】ひゃっかてん(백화점) 여러 가지 상품을 부문별로 나누어 진열 판매하는 대규모의 상점.

【百會】ひゃっかい(백회) ①정수리의 숨구멍이 있는 자리. 머리의 꼭대기. ②무슨 일이라도 다 할 수 있음.

【百戲】ひゃくぎ(백희) 여러 가지 연희(演戲). 여러 가지 곡예(曲藝).

▷去一利一, 擧一廢一, 敎一識一, 罰一勸一, 凡一, 勝一服一, 旅一, 一當一, 刑一正一, 號一

7〖皃〗 貌(p. 1417)와 同字

2
7〖皁〗 하인 조 | 簡ㄗㄠˋ (zao) | そう(シズ) servant

풀이 ①하인. 천한 사람. ¶士臣一<左氏傳> ②마구간. ¶一畜約制<逸周書> ③말 우리. 말을 가두어 기르는 곳. ¶編之以一棧<莊子> ④마판(馬板). 마구간 바닥에 깐 널빤지. ⑤구유. ¶牛驥同一<文天祥> ⑥말을 먹이는 사람. 말을 먹이는 구실아치. ⑦말 열두 필. ¶三乘爲一<周禮> ⑧검다. 검은 빛. ⑨검은 비단. ⑩쭉정이. ¶旣方旣一<詩經> ⑪도토리. 상수리. ¶一斗. ⑫이르다. 해가 돋기 전.

【皁白】そうはく(조백) ①흑(黑)과 백(白). 시(是)와 비(非). 흑백. ②검정 옷과 흰 옷. 한(漢)대에 관리는 검정 옷을, 천역자(賤役者)는 흰 옷을 입었음.

▷門一, 上一, 臣一, 輿一, 櫪一, 牛驥同一

7〖皂〗 皁(p. 1044)의 俗字

7〖皀〗 香(p. 1645)의 古字

8〖帛〗 ☞ 巾部 5획(p. 497)

3
8〖的〗 과녁 적 | 國ㄉㄧˋ (di) ㄉㄜ˙ (de) | てき(マト) target

풀이 ①과녁. ¶發彼有一<詩經> ②표준. 사물을 행하는 기준. ¶天下以爲準一<後漢書> ③사북. 요점. ¶采詩者以爲中一<湘山野錄> ④밝다. 똑똑하게 보이는 모양. ¶小人之道 一然而日亡<中庸> ⑤희다. ⑥참되다. 바름. ¶泛之爲言 無一之辭<南齊書> ⑦확실하다. 적확(的確)함. ¶不敢一言是非 故云儻也<史記> ⑧얼굴을 단장하다. 연지를 찍음. 같 旳. ¶珥明璫之迢迢 點雙一以發姿<傅玄> ⑨멀다. ⑩연밥. 연(蓮)의 열매. 通 菂. ⑪기러기발. 通 約. ⑫조사(助辭). 속어에서, 명사, 동사, 형용사, 부사 등에 붙임. ¶知是行一主意 行是知一功夫<傳習錄>

【的中】てきちゅう(적중) ①화살이 과녁에 맞음. 쏜 것이 목표물에 맞음. ②예측대로 맞음. ③연밥[蓮實]의 속.

【的確】てっかく(적확) 의심할 나위 없이 확실함.

▷格一, 鵠一, 公一, 金一, 內一, 端一, 目一, 物一, 史一, 私一, 射一, 審一, 外一, 精神一, 準一, 眞一, 質一, 表一, 標一, 玄一

4
9〖皆〗 다 개 | 国ㄐㄧㄝ (jie) | かい(ミナ) all

源 會意. 많은 사람들[比]이 말하다[白]. 곧, 모두란 뜻.

풀이 ①다. 모두. ¶天下之惡一歸焉<論語> ②나란하다. ¶入三揖一行<儀禮> ③두루 미치다. ¶降福孔一<詩經> ④함께. 通 偕.

【皆勤】かいきん(개근) 일정한 기간 동안 휴일 외에는 하루도 빠짐 없이 출석 또는 출근함. ¶一賞.

【皆既蝕】かいきしょく(개기식) 개기 일식과 개기 월식의 총칭.

▷擧一

9〖皈〗 歸(p. 814)와 同字

9〖皀〗 氣(p. 832)의 古字

9〖皍〗 陰(p. 1580)의 古字

9〖泉〗 ☞ 水部 5획(p. 861)

4
9〖皇〗 1 임금 황 2 갈 왕 | 陽ㄏㄨㄤˊ (huang) 養 | こう(キミ) king おう(イク)

源 會意. 처음[白→自→鼻]의 임금[王]. 곧, 중국 최초의 임금인 삼황(三皇)을 가리키며, 나아가 천자(天子)·상제(上帝)를 뜻함.

풀이 1 ①임금. 군주(君主). 왕(王)이나 패(霸)보다 공덕이 높고 큰 임금. ¶一王維辟<詩經> ②천자나 상제에 관한 사물 위에 붙이는 말. ¶一器猶神器 謂天位也<後漢書·注> ③천제(天帝). 만물의 주재자(主宰者). ¶信上一而質正<楚辭> ④죽은 조부모·부모·남편에게 붙이는 경칭. 또는, 아버지. ¶祭王父曰一祖考 王母曰一祖妣 父曰一考 母曰一妣 夫曰一辟<禮記> ⑤크다. ¶惟一上帝<書經> ⑥아름답다. 아름다운 모양. ¶繼序其一之<詩經> ⑦엄숙하게 차리다. ¶賓入門一<儀禮> ⑧바로잡다. 通 匡. ¶四國是一<詩經> ⑨꽃. 화려함. ⑩사물의 모양. ¶一一. ⑪겨를. 여가. ⑫하물며. ⑬벽이 없는 방. ¶列坐堂一上<漢書> ⑭관(冠) 이름. 깃을 그려 장식한 관. ¶有虞氏一而祭<禮記> ⑮춤 이름. 5색의 깃을 들고 추는 춤. ⑯황부루. 누른 바탕에 흰색이 섞인 말. 通 騜. ⑰봉황

새. ㉠凰. **2**①가다. 가려 함. ②엄숙하다. 제사 의식을 성하게 함. ¶齊齊——<禮記>

【皇家】こうか(황가) ☞皇室(황실).

【皇綱】こうこう(황강) 삼황(三皇) 오제(五帝)의 큰 법칙. 곧, 천자가 천하를 다스리는 큰 법칙. 皇維(황유). ¶鄭帝紘 恢—<班固>

【皇居】こうきょ(황거) ☞皇城(황성).

【皇繼】こうけい(황계) ☞皇嗣(황사).

【皇考】こうこう(황고) ①돌아간 아버지의 존칭. ②할아버지. ¶假哉— 綏予孝子<詩經> ③증조부. ¶曰—廟<禮記> 「姑).

【皇姑】こうこ(황고) 돌아간 시어머니. 선고(先

【皇衢】こうく(황구) 천자가 지나가는 길. 衢는 사통 팔달의 큰길.

【皇穹】こうきゅう(황궁) 하늘. 蒼穹(창궁). ¶仰—兮歎息<潘岳>

【皇宮】こうきゅう(황궁) 대궐(大闕). 宮禁(궁금).

【皇極】こうきょく(황극) ①세상을 다스림에 있어 한쪽으로 치우치지 않는 중정(中正)의 도(道). ¶—統三德<漢書> ②황제의 자리. 帝位(제위). ¶舊布衣以登—<班固>

【皇基】こうき(황기) 황제의 국가 통치의 사업.

【皇器】こうき(황기) 황제의 자리. 神器(신기).

【皇女】こうじょ(황녀) 황제의 딸. ↔皇子(황자).

【皇都】こうと(황도) 도성(都城). 帝都(제도).

【皇圖】こうと(황도) ①하도(河圖). ②천자의 판도(版圖). ③☞皇謨(황모). 「령.

【皇靈】こうれい(황령) ①상제의 혼령. ②제왕의 신

【皇路】こうろ(황로) ①큰길. 大道(대도). ②군주가 행할 길. ¶—當淸夷 含和吐明庭<文 ⌊天祥>

【皇命】こうめい(황명) 황제의 명령.

【皇明】こうめい(황명) ①천자의 총명. ¶天人合應以發—<班固> ②큰 명덕(明德).

【皇謨】こうぼ(황모) 제왕의 계책. 皇猷(황유). 皇圖(황도)③. ¶經史子集燦今古 粉繪帝道張—<王禹偁>

【皇辟】こうへき(황벽) ①아내가, 죽은 남편을 제사 지낼 때 쓰는 경칭. ②천자(天子).

【皇墳】こうふん(황분) 삼황(三皇)이 지었다는 분전(墳典). ¶險語破鬼 膽高詞媲—<韓愈>

【皇妃】こうき(황비) 황제의 아내. 皇后(황후).

【皇妣】こうひ(황비) 돌아간 어머니의 경칭. 중국에서, 제사 때 썼음. ¶父曰皇考 母曰—<禮記>

【皇嗣】こうし(황사) 황제의 후사(後嗣). 곧, 황위(皇位)를 계승할 사람. 皇太子(황태자). 皇儲(황저). 皇繼(황계).

【皇上】こうじょう(황상) 현재의 임금. 今上(금상). 聖上(성상). ¶—纂隆 經敎弘道<陸機>

【皇城】こうじょう(황성) 궁성(宮城). 大闕(대궐). 皇居(황거). ¶泚以李忠正爲—使<事物紀原> 「胄(황주).

【皇孫】こうそん(황손) 황제의 손자 또는 후손. 皇

【皇壽】こうじゅ(황수) 황제의 수명 또는 나이.

【皇叔】こうしゅく(황숙) 천자의 숙부.

【皇室】こうしつ(황실) 황제의 일가 또는 집안. 皇家(황가). 「업.

【皇業】こうぎょう(황업) 천자가 천하를 다스리는 사

【皇英】こうえい(황영) 아황(娥皇)과 여영(女英). 요(堯)임금의 두 딸로서 순(舜)임금의 비(妃)가 됨. 英皇(영황). ¶美—之女虞兮 榮任姒之母周<班婕妤> 「윤).

【皇裔】こうえい(황예) 천자의 자손. 皇胤(황

【皇運】こううん(황운) ①제왕이 될 운명. ②제왕의 운수. 「조).

【皇位】こうい(황위) 제왕의 자리. 皇祚(황

【皇威】こうい(황위) 제왕의 위광(威光).

【皇猷】こうゆう(황유) ☞皇謨(황모). ¶仗忠貞 贊—<唐書>

【皇維】こうい(황유) ☞皇綱(황강). ¶屛逐大盜 載張—<陸贄>

【皇胤】こういん(황윤) ☞皇裔(황예).

【皇恩】こうおん(황은) 황제의 은혜. 皇澤(황택). 聖恩(성은). ¶天文光七政 —被九區<岑文本>

【皇彝】こうい(황이) 천자의 법도.

【皇子】こうし(황자) 황제의 아들. ¶—汎稱天子之子<名物六帖> ↔皇女(황녀).

【皇邸】こうてい(황저) 황제가 앉는 자리 뒤에 치는 병풍(屛風). ¶—延髦俊 多士出幽遐<陸機>

【皇儲】こうしょ(황저) ☞皇嗣(황사).

【皇帝】こうてい(황제) ①제왕(帝王). 천자(天子)의 존호(尊號). 덕(德)과 공(功)이 삼황(三皇) 오제(五帝)와 맞먹는다는 뜻으로, 진(秦) 시황제(始皇帝)에서 비롯된 호칭. ¶漢天子正號曰— 自稱曰朕 臣民稱之曰陛下<獨斷> ②황제(黃帝). ③삼황 오제(三皇五帝)의 준말.

【皇祚】こうそ(황조) ☞皇位(황위).

【皇祖】こうそ(황조) ①제왕의 선조(先祖) 또는 시조(始祖). ②죽은 조부의 경칭.

【皇朝】こうちょう(황조) 당대(當代)의 조정(朝廷). 聖朝(성조).

【皇祖考】こうそこう(황조고) 죽은 할아버지. ¶祭王父曰—王母 曰皇祖妣<禮記>

【皇族】こうぞく(황족) 제왕의 겨레붙이.

【皇宗】こうそう(황종) ①☞皇族(황족). ¶欽 字思若 少好學 時人語曰 —略略 壽安思若<魏書> ②역대의 제왕.

【皇州】こうしゅう(황주) 서울. 帝都(제도). ¶宛洛佳遨遊 春色滿—<謝朓> 「손).

【皇胄】こうちゅう(황주) 천자의 자손. 皇孫(황

【皇天】こうてん(황천) 하늘의 경칭. 또는, 하늘의 주재신(主宰神). 上帝(상제). 天帝(천제). ¶—無親 惟德是輔<書經>

【皇天后土】こうてんこうど(황천후토) 하늘의 신(神)과 땅의 신. 곧, 천지의 모든 신. 皇과 后는 높임말. 天神地祇(천신지기). ¶— 實所共鑒<李密>

【皇太孫】こうたいそん(황태손) 황위(皇位)를 계승할 황손(皇孫).

【皇太子】こうたいし(황태자) ☞皇嗣(황사).

【皇太后】こうたいごう(황태후) 선제(先帝)의 황후. 금상(今上 : 당대 황제)의 어머니.

【皇統】こうとう(황통) 황제의 혈통. ¶援立— 奉承大宗<後漢書>

【皇風】こうふう(황풍) 천자의 덕. ¶揚緝熙 宣—<班固>

【皇祜】こう(황호) 큰 복. 大福(대복).

【皇化】こうか (황화) 황제의 덕화(德化). 임금의 어진 덕으로 백성을 교화(敎化)함. 王化(왕화).

【皇華】こうか (황화) ①황제의 위덕(威德). 皇威(황위). ②황제의 사신(使臣). 勅使(칙사). ¶君遣使臣也 送之以禮樂 言遠而有光華也<詩經>

【皇后】こうごう (황후) ①제왕의 정비(正妃)에 대한 존칭. 진(秦)·한(漢) 이후의 칭호. ¶七年 漢王卽皇帝位 尊王后曰一<漢書> ②천자. 진(秦)·한(漢) 이전의 칭호. 皇은 大, 后는 君. ¶一憑玉几 道揚末命<書經>
▷覺一, 敎一, 堂一, 東一, 方一, 法一, 鳳一, 三一, 上一, 聖一, 於一, 女一, 英一, 玉一, 聿一, 人一, 張一, 窒一, 經一, 倉一, 天一, 靑一, 太上一

10【皋】皐(p.1046)와 同字

10【皕】白(p.1038)과 同字

6
11【皐】 1 못 고 ⦅篆⦆《幺(gao) こう
2 명령할 호 ⦅號⦆厂幺(hao) (サワ)
3 현이름 호 ⦅虞⦆《メ(gu) こ
⦅同⦆皋

풀이 1 ①못. 늪. ¶鶴鳴于九一<詩經> ②논. ¶耕東一之沃壤兮<潘岳> ③물가. 못 주변의 땅. ¶牧隰一<左氏傳> ④경계. 한계. ¶步余馬于蘭一兮<楚辭> ⑤길게 끌어 사람을 부르는 소리. ⦅通⦆号. ¶升屋而號 告曰一某復<禮記> ⑥느리다. 소리가 느림. ¶齊人因歌之曰 魯人之一<左氏傳> ⑦명령하다. ⦅通⦆號. ¶詔來瞽 一舞<周禮> ⑧높다. ⦅通⦆高. ¶天子一門<禮記> ⑨5월. ¶五月爲一<爾雅> ⑩완고하다. 심기가 가라앉지 않는 모양. ¶一一. 2 명령하다. 3 현(縣) 이름. 탁호(橐皐)는 지금의 안휘성(安徽省) 소현(巢縣) 서북쪽에 있음.

【皐鼓】こうこ (고고) 큰 북의 이름. 길이 1발[丈] 2자[尺]. 역사(役事) 때에 썼음.

皐鼓(三禮圖)

【皐夔稷契】こうきしょくせつ (고기직설)《人》 주(周) 문왕(文王)의 선조인 고요(皐陶)·기(夔)·후직(后稷)과, 은(殷) 탕왕(湯王)의 선조인 설(契)의 병칭(竝稱). 모두 요순(堯舜) 시대의 명신(名臣).

【皐陶】こうとう (고도) 북을 치는 막대기. 북채. 鼓棒(고봉) ¶鞸人爲一<周禮>
(고요)《人》 순(舜)임금의 신하(臣下). 벼슬은 사구(司寇). 법을 세워 형벌로 사회 질서를 바로잡음.

【皐比】こうひ (고비) ①호랑이 가죽. 虎皮(호피). ②장군 또는 학자의 좌석. ¶坐一者 洸洸干城之具也<劉基> ③강의하는 자리. ④교사(敎師).

【皐月】サツキ (고월) 음력 5월의 별칭. ¶五月爲一<爾雅>

▷乾一, 九一, 蘭一, 東一, 隰一, 澤一, 寒一

6
11【皎】 달빛 교 ⦅篠⦆ㄐㄧㄠˇ(jiao) こう
⦅巧⦆ moonlight

풀이 ①달빛. 달의 밝은 빛. ¶月出一兮<詩經> ②햇빛. ¶晞白日兮一一<楚辭> ③희다. 밝음. ¶一一白駒<詩經> ④깨끗하다. 결백함. ⦅通⦆皓. ¶一一練絲 在所染之<詩經>

【皎皎】こうこう (교교) ①결백(潔白)한 모양. 皓皓(호호). ¶一一白駒 食我場苗<詩經> ②밝은 모양. ¶一一窓中月 照我室南端<潘岳>
▷素一, 晶一, 珠一

11【皐】兜(p.158)와 同字

11【皌】皪(p.1047)과 同字

7
12【皕】 이백 벽 ⦅職⦆ㄅㄧˋ(bi) ひょく
비 ⦅寘⦆ ひ

7
12【皓】 1 흴 호 ⦅晧⦆厂幺ˋ こう(シロイ)
2 머리털 셀 회 (hao) white
⦅灰⦆ かい

풀이 1 ①희다. 희게 빛남. ②밝다. ¶月出一兮<詩經> ③깨끗하다. ¶安能以一一之白 而蒙世俗之塵埃乎<楚辭> ④비고 넓은 모양. ¶一一. ⑤물이 넓은 모양. ⦅通⦆浩. ⑥하늘. ⦅通⦆昊. 2 머리털이 세다.

【皓首】こうしゅ (호수) 백발의 머리. 늙은이.

【皓皓白髮】(호호백발) 온통 하얗게 센 머리. 또는, 그런 늙은이.
▷綺一, 明眸一齒, 商山四一, 商一, 夷一, 照一, 太一, 縞一

7
12【皖】 1 샛별 환 ⦅潸⦆ㄨㄢˇ かん
2 현 이름 환 (wan)

풀이 1 ①샛별. ②밝은 모양. ⦅같⦆晥. 2 현 이름. ¶一縣.

8
13【晳】 살결 흴 석 ⦅錫⦆ㄒㄧ せき
(xi)
※晳(p.723)은 딴 자.

풀이 ①살결이 희다. 백인종. ¶四曰墳衍 其民一而瘠<周禮> ②희다. ¶一幘而衣貍製<左氏傳> ③대추나 무의 한 가지. ¶一 無實棗<爾雅>

15【魄】☞鬼部 5획(p.1668)

10
15【皚】 흴 애 ⦅灰⦆ㄞˊ がい(シロイ)
(ai)

15【皠】 艙(p.1262)과 同字

10
15【皜】 흴 학 ⦅覺⦆厂ㄜˋ かく(シロイ)
(he)

10 15 〖皜〗 흴 호・고 |皓厂幺̀ (hao)|こう(シロイ) *white*
풀이 ①희다. 흰 모양. 㫥顥. ¶一然. ②단단하고 바른 모양. ¶一一.

15 〖皞〗 皥(p.1047)의 本字

10 15 〖皛〗 1 나타날 효 |篠T丨幺̌ |きょう
2 칠 박 |陌(xiao)|はく
源 會意. 白을 세 개 포개어 온통 흼을 뜻함.
풀이 1 ①나타나다. 밝게 나타냄. 똑똑히 드러남. ¶虛一滷德＜潘岳＞ ②희다. 물빛이 몹시 흼. ¶沆瀁一溔＜郭璞＞ ③밝다. ¶一一川上平＜陶潛＞ ④온통 흰 음식. ¶設飯一盂 蘿蔔一碟 白湯一盞蓋以三白爲一也＜曾慥漫錄＞/一飯. 2 치다. 두드림. ¶一貙氓於葽艸＜左思＞
▷皎一, 精一, 輝一

11 16 〖皠〗 높고 험할 최 |賄ㄘㄨㄟ̌ (cui)|さい
풀이 ①높고 험한 모양. ②희다. ¶繽翻落羽一＜韓愈＞ ③서리・눈 따위의 흰 모양.

17 〖皜〗 皜(p.1047)와 同字

12 17 〖皤〗 1 머리센모양 파 |歌ㄆㄛ́ |は
2 말옆걸음칠 반 |寒(po)|はん
풀이 1 ①머리 센 모양. ¶一一國老＜班固＞/一翁. ②희다. ¶賁如一如＜易經＞ ③배가 불룩하고 살찐 모양. ¶一其腹＜左氏傳＞ ④벌레・물고기 따위의 아랫배의 흰 부분. ¶蟞蛙拘送主府官 帝箸下腹嘗其一＜韓愈＞ ⑤풍족한 모양. ¶行庖一一＜左思＞ 2 말이 옆걸음 치다. 말이 똑바로 가지 않는 모양.
【皤皤老人】はは ろうじん(파파노인) 백발이 된 늙은이.

12 16 〖皥〗 밝을 호 |皓厂幺̀ (hao)|こう *bright*
풀이 ①밝다. ②희다. ③진득하다. 도량이 넓고 너그러워 느긋한 모양. ¶王者之民一一如也＜孟子＞ ④하늘. 通昊. ¶一天罔極＜漢書＞

13 18 〖皦〗 옥돌 흴 교 |篠ㄐ丨幺̌ (jiao)|きょう
풀이 ①옥돌의 흰 빛. ②희다. ¶有如一日＜詩經＞ ③밝다. 또렷함. ¶恢獨一然不汙於世＜後漢書＞ ④맑다. 깨끗함. ⑤달빛이 밝다. 㫥皎.
【皦皦】きょう きょう(교교) 희고 밝은 모양. 皎皎(교교).
【皦如】きょう じょ(교여) 밝은 모양. 또렷한 모양. ¶一也 繹如也 以成＜論語＞
▷有如一, 日一

15 20 〖皪〗 1 흰모양 력 |錫ㄌ丨̀ |れき
2 흰빛 락 |藥(li)|らく
3 얼룩빛 박 |覺|はく
풀이 1 ①흰 모양. ②비추다. 빛나는 모양. ¶的一江靡＜司馬相如＞ ③밝다. 환하게 빛남. ¶丹藕凌波而的一＜左思＞ ④밝은 구슬의 빛. 2 흰 빛. 3 얼룩빛. 잡색. ¶一犖.

15 20 〖皫〗 흰빛 표 |篠ㄆ丨幺̌ |ひょう
皓(piao)|ほう

21 〖皪〗 皪(p.1047)과 同字

16 21 〖皬〗 꽃 위 |紙ㄨㄟ̌ (wei)|い(ハナ)

16 21 〖皬〗 흴 학 |藥|かく(シロイ)

18 23 〖皭〗 흴 작 |藥ㄐ丨幺̀ (jiao)|しゃく

皮＜가죽 피＞部

皮 ③ 皯 皱 ⑤ 皰 ⑦ 皴 ⑧ 皵 ⑨ 皷 皸 ⑩ 皺 ⑪ 皻 ⑬ 皽

0 5 〖皮〗 가죽 피 |支ㄆ丨́ (pi)|ひ(カワ) *skin*
源 會意. 손[手→攴]으로 벗긴[丿] 짐승의 껍질을 뜻함.
풀이 ①가죽. ㉮생가죽. ¶生曰一 理之曰革 柔之曰韋＜易經・注＞ ㉯겉가죽. 껍질. ¶一膚. ②거죽. 물건의 표면. ¶楡莢車前蓋地一＜韓愈＞/一封. ③갖옷. 털옷. 모피옷. ¶冬日衣一毛＜莊子＞ ④과녁. 가죽으로 싼 과녁. ¶射不主一＜論語＞ ⑤벗기다. 껍질을 벗김. ¶因自一面抉眼＜戰國策＞ ⑥떨어지다. 뗌. ⑦억지로 발라맞추다. ⑧엷은 것. 동피(銅皮), 철피(鐵皮), 두부피(豆腐皮) 따위. ⑨이끼. 선태(蘚苔).
【皮褐】ひかつ(피갈) 천한 사람이 입는 갖옷.
【皮甲】(피갑)韓 돼지 날가죽으로 대략 두 치 평방의 미늘을 만들어 검은 녹비(鹿皮)로 얽어 만든 갑옷.
【皮骨相接】(피골상접)韓 살갗과 뼈가 서로 맞닿을 정도로 몸이 여윔.
【皮冠】ひかん(피관) 옛날, 사냥할 때 쓰던 가죽 관.
【皮裘】ひきゅう(피구) 가죽으로 만든 옷. 갖옷.
【皮帶】ひたい(피대) ①가죽띠. ②두 개의 기계 바퀴에 걸어서 다른 쪽에 동력(動力)을 전달하는 데에 쓰는 가죽띠. 벨트(belt).
【皮弁】ひべん(피변) 녹비(鹿皮)로 만든 관(冠). 벼슬아치가 조정에 출사(出仕)할 때 썼음. ¶王之一 會五采玉璂＜周禮＞
【皮封】(피봉)韓 겉봉. 편지를 봉투에 넣고 다시 싸서 봉한 종이. 外封(외봉).
【皮膚】ひふ(피부) 사람이나 동물의 몸의 표면을 둘러싸고 있는 조직. 살가죽. 살갗.

【皮相的】ひそうてき (피상적) 일이나 현상 등의 본질은 추구하지 않고 겉으로 드러나 보이는 현상에만 관계하는 것.

【皮相之見】ひそうのけん (피상지 견) 속은 깊이 알지 않고 겉으로만 보는 것. 또는, 겉만 보고 세운 의견. 皮肉之見(피육지 견). 皮膚之見(피부지 견).

【皮紙】ひし (피지) ①석가여래(釋迦如來)가 자기 살갗을 벗겨 만들었다는 종이. ¶有如來昔作摩休圖 剝皮爲紙 析骨爲筆處<洛陽伽藍記> ②질이 존존한 종이. ③㊀韓 닥나무 껍질이 많이 섞인, 질이 낮은 창호지의 한 가지. 피딱지.

【皮下注射】ひかちゅうしゃ (피하주사) 살갗 밑에 놓는 주사.

「죽의 총칭.

【皮革】ひかく (피혁) ①날가죽과 다룬 가죽. ②가 ▷桂一, 雞一, 皐一, 果一, 麻一, 面一, 毛一, 木一, 文一, 麋蒙虎一, 剝面一, 薄一, 封一, 上一, 象一, 樹一, 獸一, 筝一, 羊質虎一, 儷一, 姸一, 外一, 乳一, 柔一, 竹一, 眞一, 鐵面一, 草根木一, 脫一, 表一, 豹一, 虎一

3 8 【皯】 기미 낄 간 | 㫖 ㄍㄢˇ (gan) | かん

풀이 ①기미 끼다. 얼굴이 거무스름함. ②얼굴이 검어지는 피부병.

8 【皯】 皯(p.1048)과 同字

3 8 【皰】 살 부어 오를 박 | 覺 | はく

풀이 ①살이 부어 오르다. ②가죽이 터지다. ③불룩해지다.

8 【皰】 皰(p.1048)과 同字

10 【皸】 皸(p.1617)과 同字

5 10 【皰】 여드름 포 | 㕺 ㄆㄠˋ (pao) | ほう (ニキビ)

풀이 ①여드름. ②천연두.

7 12 【皴】 주름 준 | 圓 ㄘㄨㄣ (cun) | しゅん (シワ)

풀이 ①주름. 살갗, 치마 따위에 잔줄이 진 것. ②트다. 손, 발등 같은 곳이 얼어 터짐. ¶執筆觸寒 手爲一裂<梁書> ③준법(皴法). 화법의 한 가지. 산·바위 따위의 중첩이나 굴곡, 옷의 주름 따위를 그릴 때 쓰는 법. ¶一法 源麻皮一 范寬雨點一<妮古錄>

8 13 【皵】 주름 작 | 㯼 ㄑㄩㄝˋ (que) | しゃく (シワ)

풀이 ①주름. 피부의 잔주름. ②나무의 껍질이 꺼칠꺼칠하다. ③손발이 트다. 추위로 손발이 틈.

14 【皷】 鼓(p.1698)의 俗字

9 14 【皸】 틀 군 | 㕎 ㄐㄩㄣ (jun) | くん (アカギレ) きん

풀이 트다. 손발의 살갗이 틈.

14 【頗】 ☞頁部 5획(p.1622)

10 15 【皺】 ①주름 추 ②오그라들 추 | 宥 ㄓㄡˋ (zhou) 尤 | しゅう (シワ) *wrinkles*

풀이 ①①주름. ㉮살갗이 늘어났다 오그라들어 잔줄이 생긴 것. ¶爛漫堆衆一<韓愈>/一面. ㉯주름 잡히다. ¶面一髮欲疎<黃庭堅>/一月/一紋. ②마른 대추. ¶紅一曬檐瓦<韓愈> ②①오그라들다. ②밤송이. ¶新蟬避栗一<貫休>

11 16 【皻】 ①여드름 사 ②살이 틀 조 | 麻 ㄓㄚ (zha) 虞 ㄘㄨˇ (cu) | さ そ

13 18 【皽】 살갗 엷은막 전 | 銑 ㄓㄠ (zhao) | せん

풀이 ①살갗의 엷은 막. 박막(膊膜). ②피부에 탄력이 없다.

皿<그릇 명>部

0 5 【皿】 그릇 명 | 梗 ㄇㄧㄣˇ (min) | べい (サラ) *dish*

源 象形. 반침이 있는 접시 모양을 본뜸.

풀이 ①그릇. 기명(器皿). ②그릇의 덮개. ¶牲穀器一<孟子>

8 【孟】 ☞子部 5획(p.419)

3 8 【盂】 바리 우 | 虞 ㄩ (yu) | う (ワン)

풀이 ①바리. 사발. ¶置守宮一下<漢書> ②진(陣) 이름. 사냥할 때의 진형의 이름. ¶宋公爲右一 鄭伯爲左一<左氏傳>

漢乳盂 ① (西淸古鑑)

【盂蘭盆】うらんぼん·うらぼん (우란분) 《佛》 범어(梵語) Ullambana의 음역. 고(苦)를 구원한다는 뜻. 백중(百中)날에 행하는 불사(佛事). 여러 가지 음식을 차려 조상의 영전에 바쳐 아귀(餓鬼)에게 시주하고 조상의 명복을 빌며 그 고뇌를 구제한다고 함.

【盂蘭盆會】うらぼんえ (우란분회) 《佛》 백중(百中) 곧 음력 7월 15일에 행하는 우란분의 법회. 于蘭會(우란회).

【盂鉢】うはち (우발) 《佛》 밥그릇.

▷旄一, 飯一, 盤一, 杯一, 玉一, 瓦一

4 9 〖盃〗 잔 배 | (因)ㄅㄟ (bei) | はい(サカズキ) *cup*

(本)杯

풀이 잔. ㉮술잔. 음료수·국 따위를 담는 그릇. (같)桮. ¶一觴. ㉯잔의 수량을 나타내는 말. ¶一一一一復一一<李白> ㉰잔처럼 생긴 물건. 흔히 우승 기념으로 줌. ¶大統領一.

【盃中蛇影】はいちゅうだえい(배중사영) 잔 속의 뱀 그림자라는 뜻으로, 의심이 많아 고민하는 것을 이른 말. 蛇弓(사궁). 蛇影(사영).
유래 진(晋)의 악광(樂廣)의 친구가, 마시던 술잔 속에 비친 뱀 그림자를 보고 병이 났다. 뒷날, 악광이 다시 술잔을 놓아 보고 벽에 걸린 각궁(角弓)이 술잔에 뱀 그림자로 비친 것임을 밝히자 병이 나았다. <晋書>

▷擧一, 乾一, 瓊一, 金一, 螺一, 茶一, 木一, 返一, 觴一, 玉一, 流一, 銀一, 一一, 酒一

4 9 〖盆〗 [1]동이 분 [2]물솟을 분 | (元)ㄆㄣˊ (願)(pen) | ほん, ぼん (ハチ)

풀이 [1] ①동이. ㉮물동이. ¶新一槃瓶廢敦重鬲 皆濯<儀禮> ㉯피를 담는 그릇. ¶共其牛牲之互 與其一簝<周禮> ㉰술동이. 두드려서 장단을 맞춤. ¶請奉一缻秦王 以相娛樂<史記> ②밥 짓는 그릇. ¶盛於一<禮記> ③소금 굽는 그릇. ¶作鬻鹽官與牢一<漢書> ④목욕통. ¶堂後東北爲赤帟焉 浴一在其中<逸周書> ⑤양(量)의 단위. ¶土之生五穀也 人善治之 則畝數一<荀子> ⑥적시다. ¶夫人繅 三一手<禮記> ⑦덮다. ⑧주먹을 움켜쥐다. [2]물이 솟다. (通)湓.

【盆景】ぼんけい(분경) ①화분에 화훼를 심어 자연의 경치를 꾸며 놓은 것. ¶虎邱人善於盆中植奇花異卉 盤松古梅 置之几案 清雅可愛 謂之一一<王鏊> ②조화(造花)의 분재. 주옥(珠玉)으로 조화를 만들어 심어 놓은 화분.
【盆臺】ぼんだい(분대) 화분을 받치는 대. 분받침.
【盆梅】ぼんばい(분매) 화분에 심은 매화(梅花).
【盆栽】ぼんさい(분재) 화초나 나무 등을 화분에 심어 가꿈.
【盆地】ぼんち(분지) 사방이 산 또는 대지(臺地)로 둘러싸인 평평한 땅.
▷缺一, 鼓一, 金一, 牢一, 大一, 陶者用缺一, 盟一, 配一, 瓶一, 覆一, 覆水不歸一, 沙一, 盎一, 偃一, 煙草一, 瓦一, 浴一, 盂蘭一, 栽一, 載一, 彫一, 酒一, 火一, 花一

4 9 〖盈〗 찰 영 | (庚)ㄧㄥˊ (ying) | えい(ミツ) *fill up*

풀이 ①차다. 그릇에 가득 참. ②가득 차 넘치다. ¶樂主其一<禮記> ③펴지다. ¶不縮不一<張衡> ④족하다. 충분함. ¶一 莫不有也<墨子> ⑤뜻대로 되다. ¶一而不偪<國語> ⑥나아가다. ¶一縮 猶進退也<後漢書·注> ⑦노하다. 크게 꾸짖는 소리. ⑧많다. ¶一 猶多也<詩經·注> ⑨아름답다. (通)嬴. ¶一一樓上女<古詩> ⑩만월(滿月). 보름달이 됨. ¶日月一昃<千字文> ⑪나머지. 잔여(殘餘). (通)贏.

【盈貫】えいかん(영관) ①활을 충분히 잡아당김. 貫은 살촉. ②돈꿰미에 돈을 가득히 뀀. 貫은 돈꿰미. ¶俸隨日計錢一 祿逐年支粟滿囷<白居易> ③돈꿰미에 돈을 꿴다는 뜻으로, 죄악이 매우 많음을 비유한 말. ¶中行桓子曰 使疾其民 以盈其貫 將可殪也<左氏傳>
【盈月】えいげつ(영월) 보름달. 滿月(만월).
【盈則必虧】ミツレバスナワチカナラズカク(영즉 필휴) 꽉 차서 극에 달하면 반드시 이지러짐. ¶極則必反一<呂覽>
【盈尺】えいしゃく(영척) 자에 가득 참. 한 자 남짓.
▷貫一, 滿一, 衍一, 充一, 虧一

4 9 〖盅〗 빌 충 | (東)ㄓㄨㄥ (zhong) | ちゅう (ムナシイ)

풀이 ①비다. 그릇이 빔. (通)沖. ②그릇 이름. ¶穀一.

9 〖盇〗 盍(p.1050)의 本字

5 10 〖盎〗 동이 앙 | (漾)ㄤˋ(ang) (養) | おう(ハチ)

풀이 ①동이. 배가 부르고 아가리가 작은 것. 盆은 바닥이 좁고 아가리가 큰 것. ②성한 모양. 넘침. ¶睟然見於面 一於背<孟子> ③가득 차다. ¶一 豐厚盈溢之意<孟子·注>

5 10 〖盌〗 주발 완 | (旱)ㄨㄢˇ (wan) | わん

(俗)碗 (同)椀

5 10 〖益〗 [1]더할 익 [2]넘칠 일 | (陌)ㄧˋ (質)(yi) | えき(マス) *more* いつ(アフレル)

(源)**會意.** 접시[皿]에 물[水]을 더한다는 뜻.

풀이 [1] ①더하다. ㉮불리다. 더함. ㉯보태다. ¶而一之以三怨<國語> ㉰덧붙이다. ¶一一言 臣請烹<戰國策> ㉱돕다. ¶於是出私金 以一公賞<戰國策> ㉲많고 커지다. ¶灕水暴一<呂覽> ㉳풍부하다. 많아짐. ¶其家必日一<呂覽> ②보탬. 증가. ¶請一則起<禮記> ③보람. 효험. ¶終夜不寢以思 無一<論語> ④이득. ¶小損當大一 初貧後富 必然理也<後漢書> ⑤넉넉하다. ⑥넓다. ¶一 以弘裕爲義<易經·注> ⑦익괘. 64괘(卦)의 하나. 진하손상(震下巽上). ䷩. 위를 덜고 아래를 더하는 상. ⑧많다. ¶可以一割于楚<戰國策> ⑨크다. ¶中山雖一廢王 猶且聽也<戰國策> ⑩더욱. ¶三命茲

一恭＜左氏傳＞ ⑪차츰. 조금씩. ¶故亂一亡＜禮記＞ 2①넘치다. 通溢. ②24냥(兩). 通鎰.

【益母草】やくもそう(익모초) 꿀풀과에 속하는 여러해살이풀. 암눈비앗. 잎과 줄기의 생즙은 통경(通經), 수렴(收斂) 등 부인과(婦人科) 약제로 많이 쓰임.

【益壽】えきじゅ(익수) 오래 삶. 장수(長壽)함. ¶延年一千萬歲＜宋玉＞

【益友】えきゆう(익우) 사귀어서 유익한 친구.

【益者三樂】えきしゃさんらく(익자삼요) 사람이 좋아하고 바라는 유익한 것 세 가지. 곧, 예악(禮樂)을 알맞게 지키며, 남의 착함을 말하며, 착한 벗이 많음을 좋아하는 것. ¶一 損者三樂＜論語＞ ↔損者三樂(손자삼요).

【益者三友】えきしゃさんゆう(익자삼우) 사귀어서 자기에게 유익한 세 가지 유형의 벗. 곧, 정직한 사람, 신의가 있는 사람, 견문이 많은 사람. ¶一 損者三友＜論語＞ ↔損者三友(손자삼우).

【益鳥】えきちょう(익조) 식용·장식·해충 구제 등 인류에 이익을 주는 조류(鳥類)의 총칭(總稱). 제비·해오라기·황새 따위.

【益智】えきち(익지) ①지혜가 늚. ¶廣仁一 莫善於問＜文中子＞ ②풀 이름. 잎은 뾰족하고 길며 꽃은 연꽃 비슷함. 열매는 작은 대추 비슷하고 씨를 빼고 꿀이나 설탕에 재어 먹음. 「물 등의 성장을 돕는 벌레.

【益蟲】えきちゅう(익충) 사람에게 이익을 주거나 식

▷開卷有一, 公一, 共一, 匡一, 廣一, 規一, 多言無一, 無一, 法一, 補一, 附一, 富一, 裨一, 損一, 純一, 實一, 饒一, 有一, 誘一, 潤一, 利一, 增一, 忠一, 便一

5 10 〖盍〗 1 덮을 합 2 새 이름 갈 | 㕡 ㄏㄜˊ (he) 曷 | こう (オオウ) cover かつ

本 盇

풀이 1 ①덮다. ②합하다. ¶朋一簪＜易經＞ ③☞ 句法 2 새 이름. ¶一旦.

句法

의문·반어

㉮[盍…] 어찌하여…. 어찌…. 何와 같이 쓰임. ¶盍不出從＜管子＞/勢位富貴盍可忽乎哉＜戰國策＞

㉯[盍…] 어찌하여 …하지 않는 것인가. …하면 좋지 않은가. 何不…과 마찬가지이며, 何不의 두 음(音)이 축약된 것임. ¶盍各言爾志＜論語＞

5 10 〖盉〗 조미할 화 | 歐 ㄏㄜˊ 圖 (he) | か

풀이 通和. ①조미(調味)하다. 맛을 고르게 맞춤. ②조미하는 그릇.

11 〖盖〗 蓋(p. 1295)의 俗字

6 11 〖盛〗 1 담을 성 2 성할 성 | 庚 ㄔㄥˊ (cheng) 敬 ㄕㄥˋ (sheng) | せい fill

本 盛

源 會意·形聲. 다 익은[成] 음식을 그릇[皿]에 수북이 쌓은 것을 뜻함.

풀이 1 ①담다. ㉮그릇에 채우다. ¶于以一之＜詩經＞ ㉯물건을 받아들이다. ¶壺者所以一也＜漢書＞ ②제상에 차려 놓은 음식. 제수(祭需)·신불(神佛) 앞에 바치는 서직(黍稷) 따위. ¶粢一＜公羊傳＞ ③바리. 주발. ¶食粥於一＜禮記＞ ④이루다. 이루어짐. 通成. ⑤햇곡식. 제사에 쓸 햇곡식. ¶魯祭周公 何以爲一＜公羊傳＞ 2 ①성하다. ㉮넘치다. ¶生氣方一＜禮記＞ ㉯많다. ¶學者滋一 弟子萬數＜後漢書＞ ㉰무성하다. ¶樹木一則飛鳥歸之＜呂覽＞ ㉱강하다. ¶此其備必已一矣＜呂覽＞ ㉲한창 때. ¶天子春秋鼎一＜漢書＞ ㉳길다. ㉴번성하다. ¶物一則衰＜史記＞ ②성함. ㉮절정(絕頂). ¶平者水停之一也＜莊子＞ ㉯원기 왕성할 때. ¶一而不驕＜國語＞ ③활발해지다. ¶太后一氣而胥之入＜史記＞ ④엄정(嚴正)하게 하다. 通整. ¶齊明一服＜禮記＞ ⑤칭찬하다. ¶一夏后之致美＜張衡＞ ⑥성한 일. 대업(大業). ¶明主尙賢使能 而饗其一＜荀子＞

【盛擧】せいきょ(성거) 왕성한 계획. 훌륭한 사업. 축제 등을 성대하게 치름.

【盛京】せいけい(성경) 중국 심양(瀋陽)의 옛 이름.

【盛觀】せいかん(성관) ①훌륭하여 볼 만한 광경. 壯觀(장관). ②훌륭하게 꾸밈. ¶瞽夫違一竦踊企一方＜謝瞻＞

【盛年】せいねん(성년) 원기가 왕성한 젊은 나이. 壯年(장년).

【盛年不重來】せいねんカサネテキタラズ(성년 부중래) 한창 때는 두번 다시 오지 않음. ¶一 一日難再晨 及時當勉勵 歲月不待人＜陶潛＞

【盛唐】せいとう(성당) ①당(唐)대를 이름. 성(盛)은 칭송하여 이르는 말. ¶赫矣一 大哉靈慶＜李百藥＞ ②당시(唐詩)를 말할 때 초(初)·성(盛)·중(中)·만(晩)의 네 기(期)로 나눈 둘째 시기. 곧, 현종(玄宗)에서 대종(代宗) 사이. 이백(李白), 두보(杜甫) 등 유명한 시인들이 나온 시기. ③산 이름.

【盛大】せいだい(성대) 성하고 큼. 「(성세).

【盛代】せいだい(성대) 번성하고 태평한 세상. 盛世

【盛德】せいとく(성덕) ①높고 훌륭한 덕. ②천지(天地)의 왕성한 기운. ¶孟春之月 一在木＜禮記＞

【盛冬】せいとう(성동) 추위가 가장 심한 겨울철.

【盛望】せいぼう(성망) 갸륵한 덕망. 훌륭한 인망(人望).

【盛名】せいめい(성명) 큰 명예. 훌륭한 명성.

【盛服】せいふく(성복) 훌륭히 차려 입은 옷. 위의(威儀)를 갖춘 정장(正裝).

【盛服先生】せいふくせんせい(성복선생) 유학자(儒學者)를 빈정대어 이르는말. ¶一 謂儒紳也 秦之時 羞文學 好勇武 故云＜留靑日札＞

【盛事】せいじ(성사) 매우 훌륭한 일. 성대한 사업. ¶文章經國之大業 不朽之一＜魏文帝＞

【盛色】せいしょく(성색) ①아름다운 얼굴빛. ¶一無

十年<李白> ②훌륭한 옷차림.

【盛世】せいせい(성세) 번성하고 태평한 세상. 국운이 강성한 시대. 盛代(성대). 盛時(성시).

【盛衰】せいすい(성쇠) 성함과 쇠함. 隆替(융체). ¶興亡―.

【盛時】せいじ(성시) ①번영하여 세력이 왕성한 때. ②나이가 젊고 의기가 왕성한 때. 壯時(장시). ¶―不可再<曹植>

【盛顔】せいがん(성안) 장년 때의 원기 왕성한 얼굴빛.

【盛業】せいぎょう(성업) ①성대한 사업. ¶―光於後嗣<劉峻> ②사업이 번창함. ¶―中.

【盛宴】せいえん(성연) 성대한 연회. 盛筵(성연).

【盛筵】せいえん(성연) ☞盛宴(성연).

【盛炎】せいえん(성염) 한창 심한 더위. 한더위. 盛熱(성열). 盛暑(성서).

【盛運】せいうん(성운) ①번영하는 기운(氣運). 昌運(창운). ¶啓―千年之―<白居易> ②좋은 운수. 好運(호운).

【盛位】せいい(성위) 존귀한 지위. 높은 자리. 高位(고위). 顯位(현위).

【盛裝】せいそう(성장) 옷을 화려하게 차려 입음. 또는, 화려한 복장. 盛飾(성식).

【盛典】せいてん(성전) ①화려한 식전. ②화려한 의식(儀式). 盛儀(성의).

【盛族】せいぞく(성족) 번성한 집안. 세력이 있는 일족.

【盛坐】せいざ(성좌) 성대한 연회(宴會). 盛座(성좌). ¶當時每有―<晋書>

【盛旨】せいし(성지) 고마운 뜻. 盛意(성의). 盛指(성지). ¶今重違公子之― 則有諂禮之愆焉<孔叢子>

【盛饌】せいさん(성찬) 푸짐하게 차린 음식. ¶有―必變色而作<論語> ↔素饌(소찬).

【盛寵】せいちょう(성총) ①극진한 총애(寵愛). ②남의 첩을 이르는 말. ¶是時魯王覇有―<吳志>

【盛夏】せいか(성하) 더위가 한창인 여름. 한 여름.

【盛寒】せいかん(성한) 호된 추위. 酷寒(혹한).

【盛行】せいこう(성행) 매우 성하게 행해짐.

【盛況】せいきょう(성황) 성대한 상황.

▷嘉―, 強―, 彊―, 貴―, 極―, 大―, 明―, 茂―, 美―, 彌―, 繁―, 阜―, 富―, 山―, 鮮―, 受―, 榮―, 旺―, 猥―, 容―, 隆―, 殷―, 粢―, 全―, 齊―, 尊―, 酒―, 衆―, 昌―, 春秋鼎―, 熾―, 豊―, 花―, 犧―

11【盞】盞(p. 1052)의 略字

11【盡】盡(p. 1053)의 俗字

6/11【盒】 1합 합 2그릇아가리 빨 암 | ㄏㄜˊ (he) | ごう (サラ, ハチ) あん

풀이 1①합. 식기의 한 가지. 둥글넓적하며 뚜껑이 있는 것. ②찬합(饌盒). 2그릇 아가리가 빨다.

▷飯―, 饌―, 香―

6/11【盔】 바리 회 ㊅괴 | ㄎㄨㄟ (kui) | かい(ハチ)

풀이 ①바리. 음식물을 담는 공기. ②투구.

【盔甲】かいこう(회갑) 투구와 갑옷. ¶古時之― 或以牛皮爲之 或以鐵爲之 鐵片綴成<六部成語>

7/12【盜】 도둑 도 | ㄉㄠˋ (dao) | とう(ヌスム) *thief*

풀이 ①도둑. 비적(匪賊). ¶刑―于市<周禮> ②훔치다. ㉮몰래 남의 재물을 가로채다. ¶竊人之財 猶謂之―<左氏傳> ㉯몰래 부당 행위로 이익을 취하다. ¶―名字者不可勝數<後漢書> ③밀통(密通)하다. ¶然特毋奈其善―嫂何也<漢書> ④도둑질하다. ¶君子不爲―<莊子> ⑤소인(小人). ¶君子信―<詩經> ⑥천인(賤人). ¶―竊寶玉大弓<春秋> ⑦달아나다. ¶有罪當―械者 皆頌繫<漢書>

【盜掘】とうくつ(도굴) 몰래 광물(鑛物)이나 매장물(埋藏物) 따위를 캐냄.

【盜難】とうなん(도난) 물건을 도둑맞는 재난(災難).

【盜名】とうめい(도명) 명예를 도둑질한다는 뜻으로, 실력도 없이 이름 내기를 좋아하는 짓을 이름. 有名無實(유명무실).

【盜伐】とうばつ(도벌) ①남의 갓의 나무를 몰래 벰. ②벌채 허가 없이 나무를 벰. 盜斫(도작).

【盜犯】とうはん(도범) 절도 또는 강도의 범죄.

【盜癖】とうへき(도벽) 남의 물건을 훔치는 버릇.

【盜心】とうしん(도심) 도둑질하려는 나쁜 마음.

【盜用】とうよう(도용) 남의 명의(名義)나 물건 또는 시문(詩文) 따위를 몰래 훔쳐서 씀.

【盜竽】とうう(도우) 도둑의 우두머리. 盜魁(도괴).

【盜儒】とうじゅ(도유) 언행이 일치하지 않는 학자.

【盜葬】とうそう(도장) 남의 땅에 몰래 송장을 묻음.

【盜賊】とうぞく(도적) 도둑. 盜人(도인).

【盜電】とうでん(도전) 전력을 몰래 훔쳐 씀.

【盜憎主人】とうしゅじんヲニクム(도증주인) 도둑은 주인을 미워한다는 뜻으로, 자기 잘못을 나무라는 사람을 싫어함의 비유. ¶― 民惡其上<左氏傳>

【盜跖】とうせき(도척)《人》 고대 중국의 큰 도적의 이름. 9천여 명의 부하를 거느리고 천하를 주름잡았다 함. 盜蹠(도척).

【盜泉】とうせん(도천) ①산동성(山東省) 사수현(泗水縣)에 있는 샘. 공자(孔子)는 그 이름을 미워하여 목이 말라도 그 물을 마시지 않았다 함. ②나쁜 이름으로 인한 불의(不義)의 비유. ¶志士渴不飮―之水 廉者不受嗟來之食<後漢書>

【盜聽】とうちょう(도청) 몰래 엿들음. 기계 따위로 엿듣는 장치를 하여 남의 비밀을 캠.

【盜取】とうしゅ(도취) 훔쳐 가짐.

【盜汗】とうかん(도한) 몸이 허약하거나 병으로, 잠자는 중에 저절로 나는 식은땀.

▷姦―, 強―, 開門揖―, 巨―, 劫―, 鷄鳴狗―, 求―, 狗―, 寇―, 群―, 劇―, 大―, 慢藏誨―, 耗―, 邦―, 宿―, 掠―, 淫―, 殘―, 賊―, 竊―, 穿―, 鈔―, 偸―, 捕―, 剽―, 行―, 險―

12【盛】 盛(p.1050)의 本字

13【葢】 ☞ 艸部 9획(p.1289)

8/13【盝】 다할 록 | 圜カㄨˋ (lu) | ろく(ツクス) *exhaust*

풀이①다하다. 다 없어짐. ¶一 竭也<爾雅> ②마르게 하다. 물기를 없앰. ¶一去水也<廣韻> ③물방울이 듣다. ¶一灑也<玉篇> ④거르다. 通漉. ¶涑帛淸水灰而一之<周禮> ⑤방물 상자. 방물은 화장품, 바느질 도구, 패물 따위. ¶上脂一妝具<唐書>

8/13【盟】 1 맹세 맹 本명 2 땅 이름 맹 | 庚ㄇㄥˊ (meng) 敬 | めい(チカイ) *oath*

풀이 1 ①맹세. 맹세함. 옛 중국에서, 제후(諸侯)들끼리 맹약할 때 희생의 피를 그릇에 담아 맹세하였음. ¶涖牲曰一<禮記> ②약속. ¶慰藉贈縞輕 金蘭舊一改<洪适> ③동호자(同好者)끼리의 모임. ¶僧國主詩一<余靖> ④구역. 옛 몽고에서, 몇 부락을 합친 것. 2 땅 이름. 맹진(盟津).

【盟契】めいけい(맹계) 굳은 언약. 盟約(맹약). ¶一無羌 邦必昌矣<京房易傳>

【盟誓】めいせい(맹서) ①신불(神佛) 앞에서 약속함. ②장래를 두고 다짐하여 약속함. 맹세.

【盟約】めいやく(맹약) 맹세함. 또는, 맹세. 盟契(맹계). ¶與爲一<漢書>

【盟友】めいゆう(맹우) 친교(親交)를 맺은 정다운 벗.

【盟主】めいしゅ(맹주) 동맹(同盟)의 주재자(主宰者). 동맹 주체. 盟首(맹수). ¶以爲一 而利其難<左氏傳>

【盟寒沙鳥】めいかんさちょう(맹한사조) 갈매기와 맹세한 것이 희미해졌다는 뜻으로, 은거(隱居)하여 갈매기를 벗삼아 지내다가 다시 벼슬길에 오름을 이르는 말. ¶身效轅駒一<李淣>

【盟兄】めいけい(맹형) 친우(親友)의 존칭.

【盟好】めいこう(맹호) 동맹의 정의(情誼).

【盟休】めいきゅう(맹휴) 동맹 휴학(同盟休學)의 준말.

▷改一, 結一, 交一, 舊一, 鷗一, 大一, 同一, 詩一, 尋一, 約一, 連一, 聯一, 要一, 詛一, 宗一, 主一, 酒一, 渝一, 寒一, 會一

8/13【盞】 잔 잔 | 潸ㄓㄢˇ (zhan) | さん(サカズキ) 略 盏

풀이①잔. 옥으로 만든 술잔. ¶一臺. ②등잔. ¶寒燈一一夜修書<趙師>

【盞臺】(잔대) 韓 술잔 받침. 托盤(탁반).

▷金一, 燈一, 滿一, 玉一, 瓦一, 銀一, 酒一

9/14【監】 1 볼 감 2 살필 감 3 헤아릴 감 | 咸ㄐㄧㄢ 陷(jian) 勘 | かん(ミル) *see*

풀이 1 ①보다. 내려다 봄. ②경계(警戒)하다. 단속함. ¶何用不一<詩經> ③겸하다. ¶一 韻府 攝也<康熙字典> ④거울삼다. ¶周一於二代<漢書> ⑤우두머리. ¶教育一. ⑥문지기. ¶或一門御旅抱關擊柝<荀子> ⑦감옥(監獄). 2 ①살피다. ②감찰. ㉮한 나라를 감찰하는 사람. 임금. ¶立其一<周禮> ㉯어사(御史). ¶一 御史 秦官掌一郡<漢書> ㉰정위(廷尉)의 아랫벼슬. 정위는 진(秦)·한(漢) 때 형벌에 관한 사무를 맡은 벼슬. 또는, 그 관청. ¶丙吉爲廷尉一<漢書> ③산림·천택(川澤)을 맡아 다스린 벼슬. ¶乃命四一<禮記> ④관공서. ⑤내시(內寺). 환관(宦官). ⑥거울. 본보기. 경계(警戒). 通鑑. ¶天一其德<書經> 3 헤아리다. 밝게 살핌.

【監考】かんこう(감고) 벼슬 이름. ㉮조선 때 궁궐이나 각 관청에서 금품의 출납(出納)과 간수를 살피는 따위의 잡무에 종사하던 사람. ㉯조선 때 봉화간(烽火干)을 감시, 감독하던 사람. ㉰당(唐)대에 백관의 동정(動靜), 감찰을 맡은 사람.

【監國】かんこく(감국) ①제후(諸侯)의 나라를 감시함. ②국사(國事)를 감독함. 옛날, 군주(君主) 부재시에는 태자가 대행(代行)하였으므로 태자라는 뜻으로도 씀. ¶君行 太子居以一也<國語>

【監軍】かんぐん(감군) 군대를 감독하던 벼슬. 군의 감찰관(監察官).

【監禁】かんきん(감금) 신체의 자유를 구속하여 일정한 장소에 가두어 두는 일.

【監奴】かんど(감노) 종의 우두머리. ¶讓有一 典任家事<後漢書>

【監農】かんのう(감농) 농사 짓는 일을 살펴서 거름하기, 물 조절 따위의 시기를 놓치지 않도록 하는 일.

【監督】かんとく(감독) ①감시하여 단속함. 또는, 그 일을 하는 사람. ②청(淸)대의 벼슬 이름.

【監理】かんり(감리) ①감독하고 관리함. ¶建築一者. ②감리서(監理署)의 우두머리.

【監房】かんぼう(감방) 감옥에서 죄인을 가두어 두는 방.

【監司】かんし(감사) ①감찰. 단속함. ②조선 때 관찰사(觀察使)의 별칭. ③옛날, 중국의 주(州)·군(郡)을 감찰하던 관리. 憲司(헌사).

【監史】かんし(감사) 감(監)과 사(史). 천자의 잔치를 감독하던 벼슬. 史는 監을 돕는 사람. ¶旣立之監 或佐之史<詩經>

【監事】かんじ(감사) ①특수 기관이나 단체 등에서 서무를 맡아 보는 사람. ②법인(法人)의 재산 또는 업무를 감독, 검사하는 사람. ③《佛》 주지(住持)와 감무(監務)를 보좌하고, 절의 전곡(錢穀) 출납을 맡은 승직(僧職).

【監查】かんさ(감사) 감독, 검사함. 감찰, 조사함.

【監修】かんしゅう(감수) ①책의 저술이나 편집을 감독하는 일. 또는, 그 사람. ②수리(修理)를 감시함. ¶一 監視修理也<六部成語>

【監獄】かんごく(감옥) ①죄인이나 형사 피고인을

잡아 가두는 곳. 矯導所(교도소). ②옥(獄)을 감시하고 죄수를 단속함. ¶補書佐署守屬一＜漢書＞

【監察】かんさつ(감찰) ①주의 깊게 살핌. 감독함. ②조선 때 사헌부(司憲府)의 정 6 품 벼슬.

【監護】かんご(감호) 감독하고 보호함. 보살핌.

▷看一, 校一, 國子一, 軍一, 宮一, 技一, 大一, 副一, 祕書一, 四一, 舍一, 上一, 阿一, 令一, 殷一, 藏一, 總一, 統一, 學一

14【蓋】☞ 艸部 10획(p.1295)

9/14【盡】 1 다할 진 軫ㄐㄧㄣˋ しん 2 진력할 진 震(jin) じん

㊍盡 ㊎尽

풀이 1 ①다하다. ㉮비다. 그릇이 빔. ㉯다 없어지다. ¶固民是一＜禮記＞ ㉰줄다. 적어짐. ¶臨財毋一 則爲已＜呂覽＞ ㉱끝나다. ㉲그치다. ㉳극진하다. ¶心力備一＜隋書＞ ㉴자상하다. ¶明者禮之一＜史記＞ ㉵죽다. ¶速一爲惠＜後漢書＞ ㉶끝까지 가다. 한계에 이름. ¶君子不一人之歡＜禮記＞ ㉷모두 보이다. 자세히 함. ¶書不一言 言不一意＜易經＞ ㉸멋대로 하게 하다. 맡김. ¶一其家 貸於公＜左氏傳＞ ㉹몰살하다. ¶一敵而反＜左氏傳＞ ②정성. 정성을 다함. ¶誠信之謂一＜禮記＞ ③죄다. 다. ¶一莫不然＜墨子＞ ④멋대로. 뜻대로. ㉠儘. ¶一 唐人詩 一君花下醉青春＜正字通＞ ⑤월식. ⑥섣달 그믐. ¶大酺小一＜歲華記麗＞ ⑦깜부기불. ㉡燼. 2 진력(盡力)하다. ¶齊國佐其語一＜國語＞

【盡年】じんねん(진년) 목숨이 다함. 천수(天壽)를 다함.

【盡力】じんりょく(진력) 있는 힘을 다함.

【盡命】じんめい(진명) 목숨을 다함. 목숨을 바침.

【盡善盡美】じんぜんじんび(진선진미) 더할 나위 없이 잘 됨. 盡善完美(진선완미).

【盡信書則不如無書】(진신서즉 불여무서) 「서경」(書經)을 모두 믿을 바에는 「서경」이 없는 것이 낫다는 뜻으로, 「서경」의 내용 가운데는 오류가 더러 있으므로 모두를 믿어서는 안 된다는 말. 맹자는 오로지 「서경」에 대하여만 말했으나, 넓은 뜻으로 다른 책들에도 적용됨. ¶一 吾於武成 取二三策而已矣＜孟子＞

【盡心竭力】じんしんかつりょく(진심갈력) 마음과 힘을 다함.

【盡言】じんげん(진언) 생각한 바를 말함. 거리낌없이 충분히 충고함. 極言(극언). ¶書不一言不盡意＜易經＞

【盡人事待天命】じんじヲツクシテてんめいヲマツ(진인사 대천명) 사람으로서 할 수 있는 최선을 다하고 그 뒤는 천명(天命)에 맡김. ※修人事待天命(수인사 대천명).

【盡日】じんじつ(진일) ①온종일. 하루 종일. ¶今足下一攻 士卒傷者必多＜漢書＞ ②그믐날. 또는, 섣달 그믐날.

【盡終日】(진종일)㊕ 온종일. 하루 종일.

【盡忠報國】じんちゅうほうこく(진충보국) 충성을 다하여 국가에 보답함. ¶飛裂裳以背示鑄 有一四文字 深入膚理＜宋史＞

▷竭一, 弓折失一, 窮一, 歸一, 大一, 代一, 刀折矢一, 賣一, 無一, 靡一, 兵少食一, 散一, 勢窮力一, 小一, 一網打一, 自一, 彫一, 鐘鳴漏一, 周一, 處一, 燭一, 彈一, 敝一

14【盡】 盡(p.1053)의 本字

10/15【盤】 소반 반 寒ㄆㄢˊ(pan) ばん(サラ, ハチ)

㊂槃

풀이 ①소반. ¶乃饋一飧寘璧焉＜左氏傳＞ ②대야. 목욕통. ¶湯之一銘＜大學＞ ③대(臺). 밑받침. ¶能以篆筆畫基一＜畫史＞ ④물건의 바탕을 의지하는 곳. ⑤여물고 확실한 물건. ¶木中根固者 椎柹爲最 俗謂之柹一＜爾雅·注＞ ⑥굽다. 꾸불꾸불함. ¶若將世路比山路 世路更多千萬一＜范成大＞ ⑦서리다. ㉡蟠. ¶拾大以謀細 虬一而蠖伸＜元稹＞ ⑧돌다. ¶一舞. ⑨소용돌이치다. ¶江流激激過俟灘 更上山腰看打一＜沈遼＞ ⑩반석. ㉡磐. ¶坐一石＜成公綏＞ ⑪즐기다. ¶一遊無度＜書經＞ ⑫광대한 모양. ¶軋一涌裔＜枚乘＞ ⑬바둑 두는 법의 한 가지. 두 개의 돌이 바둑판 가에서 연락하는 일.

【盤庚】ばんこう(반경) ①《人》 은(殷)의 17대(代) 임금. 중흥의 명군(名君). ②「서경」(書經)의 편(篇) 이름.

【盤溪曲徑】ばんけいきょくけい(반계곡경) 일을 순리로 하지 않고 부당한 방법으로 억지로 함. 旁岐曲徑(방기곡경).

【盤古】ばんこ(반고) ①태고(太古). ②옛 중국의 전설적인 임금. 천지 개벽 시초에 이 세상을 다스렸다 함.

【盤領】ばんりょう(반령) 둥근 깃을 단 두루마기의 한 가지.

【盤舞】ばんぶ(반무) ☞圓舞(원무).

【盤石】ばんせき(반석) 큰 바위. 일이 단단함의 비유.

【盤旋】ばんせん(반선) ①빙빙 돎. 盤回(반회). ②여기저기 돌아다님. ¶隱者之所一＜韓愈＞ ③어른 곁에서 시중 듦.

【盤松】ばんしょう(반송) 키가 작고 가지가 옆으로 퍼진 소나무. 또는, 화분에 심어 인공으로 손질한 소나무.

【盤盞】ばんさん(반잔) 받침이 있는 술잔. ¶盞今世所用一之象＜事物紀原＞

盤盞(三才圖會)

【盤纏】ばんてん(반전) 여비(旅費). 노자(路資). 盤費(반비).

【盤瓠】ばんこ(반호) 개 이름. 고신씨(高辛氏)가 기른 개로, 남만(南蠻)의 조상이었다는 전설이 있음.

【盤回】ばんかい(반회) 빙빙 돎. 길이나 물이 빙 돌게 됨. 盤旋(반선). ¶流水—山百轉<韓愈>

▷骨—, 屈—, 基—, 羅針—, 大—, 對—, 銅—, 磨—, 算—, 石—, 旋—, 星—, 小—, 素—, 承露—, 麗—, 棨—, 五辛—, 玉—, 渦—, 紆—, 嶅—, 圓—, 遊—, 銀—, 音—, 潛—, 篆—, 折—, 彫—, 澡—, 周誥殷—, 燭—, 春—, 層—, 鍼—, 擢—, 香—

11/16【盥】 대야 관 | 韻 ㄍㄨㄢˋ (guan) | かん (タライ)

同 盥

源 會意. 그릇[皿]에 물[水]을 담아 두 손[臼]을 씻는다는 뜻.

풀이 ①대야. ¶承姑奉— 訓子停機<庾信> ②씻다. 손을 씻음. ③양치질하다. ④강신제(降神祭). 通 灌. ¶—者進爵灌地 以降神也<易經>

16【[酖/皿]】 ☞ 酉部 9획(p.1522)

11/16【盧】 밥그릇 로 | 韻 ㄌㄨˊ (lu) | ろ rice bowl

풀이 ①밥그릇. ②화로. 같 爐. ③창 자루. ¶侏儒扶—<國語> ④목로. 술청. ¶令文君當—<漢書> ⑤검다. 通 黸. ㉮ 검은 빛. ¶—弓—<書經> ㉯ 검은 석비레. 通 壚. ㉰ 검은 물. ¶拔—好<後漢書> ㉱ 눈동자. 通 矑. ¶玉女無所眺其清—兮<漢書> ㉲ 저포(樗蒲)놀이에서 다섯 말[주사위]이 모두 거멍이 나오는 일. ㉳ 가마우지. 수로아(水路鴉). 텃새로 한국과 일본에 분포함. 通 鸕. ⑥흰 꿩. ¶箴疵鷁—<漢書> ⑦사냥개. ¶—令令<詩經> ⑧갈대. 通 蘆. ⑨웃는 소리. ¶—胡.

【盧弓盧矢】ろきゅうろし(노궁노시) 검은 칠을 한 활과 화살. ¶盧弓— 盧矢百<書經>

【盧跗】ろふ(노부) 옛날, 노의(盧醫)라고 불리던 의술가(醫術家) 편작(扁鵲)과 유부(兪跗).

【盧生】ろせい(노생) 노(魯)의 사람. 진시황이 불로초(不老草)를 구해 오라고 하였으나 구하지 못하고 후생(侯生)과 함께 도망하자, 시황이 노하여 함양(咸陽)에서 땅에 묻어 죽였다고 함.

【盧生之夢】ろせいのゆめ(노생지 몽) 노생(盧生)의 꿈이란 뜻으로, 인생의 영고성쇠(榮枯盛衰)가 꿈처럼 헛되고 덧없음을 이르는 말. 노생이 한단(邯鄲)에서 도사 여옹(呂翁)의 베개를 빌려 잠이 든 사이에, 부귀와 영화에 찬 한평생의 꿈을 꾸었다는 옛일에서 유래. 邯鄲之夢(한단지 몽). 一炊之夢(일취지 몽). 黃粱夢(황량몽). 邯鄲枕(한단침).

【盧子】(노자) 눈동자. 黑瞳(흑동).

▷觚—, 鹿—, 都—, 扶—, 的—, 呼—, 胡—

11/16【盦】 뚜껑 암 | 韻 ㄢ (an) | あん lid

풀이 뚜껑. 그릇 뚜껑. ¶周有交虬— 蓋鼎之盦也<博古圖>

12/17【盩】 1 칠 주 / 2 사람이름 주 / 3 뽑을 추 | 尤 ㄓㄡ 宥 (zhou) 尤 | ちゅう beat

풀이 1 ①치다. 끌어서 침. ②산의 후미진 곳. ③고을 이름. 2 사람 이름. 諸 는 주(周) 태왕(太王)의 아버지. 3 뽑다. 抽의 古字. ¶涉血—肝以求之<呂覽>

12/17【盪】 1 씻을 탕 / 2 깨끗이할 탕 / 3 부딪칠 탕 | 養 ㄉㄤˋ 漾 (dang) 陽 | とう wash

풀이 1 ①씻다. 기와 가루나 자갈을 넣은 물로 그릇을 흔들어 씻음. ¶以—腸正世<漢書> ②흔들리는 모양. 通 蕩. 2 ①깨끗이 하다. ㉮ 기물(器物) 등을 깨끗이 씻다. ㉯ 마음을 깨끗하게 하다. ¶聊以—意平心<漢書> ②밀다. ¶八罫相—<易經> ③움직이다. ¶此四六者不—中則正<莊子> ④흔들거리다. ¶帳裏春風—<江淹> ⑤어루만지다. ¶鴻門高高屹屹 日光—雲霧塞<李東陽> ⑥비틀거리다. 확고하지 못함. ¶周賈—而貢墳兮<班固> ⑦찢다. ¶河神巨靈 手—腳蹋 開而爲兩<水經> ⑧빠르다. ⑨녹아 내리다. ¶其情景相融—<宋濂> ⑩놓다. 방임함. ¶不得令晨夜去皇孫敖—<漢書> ⑪사물의 모양. ¶——. ⑫ 中 ㉮ 막다. ㉯ 글 줄. ㉰ 회수(回數)나 도수(度數)를 나타내는 말. 3 부딪치다. ¶單騎出—<宋書>

▷跳—, 騰—, 摩—, 洗—, 搖—, 振—, 震—, 推—

17【[酤/皿]】 醢(p.1523)와 同字

13/18【盬】 소금밭 고 | 韻 ㄍㄨˇ (gu) | こ

풀이 ①소금밭. ¶必居郇瑕氏之地 沃饒而近—<左氏傳> ②호렴. 굵은 소금. ¶倚頓用—鹽起<史記> ③무르다. ¶王事靡—<詩經> ④거칠다. ⑤마시다. ¶楚子伏己而—其腦<左氏傳> ⑥갑자기. ⑦잠깐.

▷近—, 鹽—, 王事靡—

18【[酭/皿]】 醢(p.1523)와 同字

20【籃】 ☞ 竹部 14획(p.1144)

15/20【盭】 어그러질 려 | 霽 ㄌㄧˋ (li) | れい (モトル)

풀이 ①어그러지다. 戾의 정자(正字)였으나, 지금은 안 씀. ②굽다. ③등지다. 배반함. ¶—僣也<廣雅> ④발바닥이 부르트다. ¶病非徒瘇也 又苦跋—<漢

書> ⑤굳은살. 못. ¶陳有惡人 長肘而一<呂覽> ⑥풀 이름. 초록색 끈. 쑥과 비슷한데 녹색을 물들이는 데에 씀. 通綟. ¶諸侯王 高帝初置 金璽一綬<漢書>

23【蠱】☞虫部 17획(p.1336)

23【盬】 釁(p.1525)과 同字

24【鹽】☞鹵部 13획(p.1686)

—— 目(罒)<눈 목>部 ——

目 ② 盯 ③ 盰 盲 盱 直 盰 ④ 看 眒 眄
明 眊 眇 眉 眅 盼 相 省 盾 眗 眈 県 盻
⑤ 眛 眜 眠 眚 眣 眢 眑 眐 眥 眦 眞 真
眕 眡 眙 眩 眈 眓 眯 ⑥ 眶 眷 眽 眳 眸
眯 眼 眲 眺 眹 眰 眵 眗 眭 ⑦ 睊 睋 睇
着 睞 睍 睆 睅 睎 ⑧ 睔 督 睞 睩 睦 睥
睤 睗 睒 睡 睟 睕 睚 睪 睨 睕 睛 睜 睫
睢 ⑨ 睾 睽 睹 瞀 睿 瞜 瞈 睼 瞑 瞃 ⑩
瞏 瞑 瞍 瞋 瞎 ⑪ 瞡 瞠 瞗 瞞 瞢 瞟 ⑫
瞰 瞳 瞭 瞵 瞥 瞬 瞫 瞪 瞧 瞲 ⑬ 瞼 瞽
瞿 瞻 ⑭ 矇 矉 ⑮ 矍 ⑯ 矑 矐 ⑱ 矔 ⑲
矙 矗 ⑳ 矙 ㉑ 矚

0 5【目】눈 목 | 國ㄇㄨˋ (mu) | もく(メ) *eye*

源象形. 사람의 눈 모양을 본뜸. 처음에는 가로로 누운 자였음.

풀이 ①눈. ㉮오관(五官)의 하나인 눈. ¶一者 心之符也<韓詩外傳> ㉯눈알. 안구(眼球). ¶將死曰 而縣吾一於東門 以見越之入 吳國之亡也<國語> ②보다. ㉮눈에 비쳐 보다. 주시(注視)함. ¶內大惡諱 此其一言之何 遠也<公羊傳> ㉯눈여겨 보다. ¶船人見其美丈夫獨行 疑其亡將要中當有金玉寶殺 一之 欲殺乎<史記> ㉰응시하다. ¶一逆而送之<左氏傳> ㉱눈짓하다. ¶范增數一羽擊沛公<漢書> ㉲성이 나서 눈을 부릅뜨다. 흘겨봄. ¶國人莫敢言 道路以一<國語> ③말하다. 가리켜 부름. ¶其不一而曰仲孫 疎之也<穀梁傳> ④알다. 마음에 깨달음. ¶一 默也 默而內識也<釋名> ⑤보는 일. 아는 일. ¶明四一 達四聰<書經> ⑥사북. 추요(樞要). 요점(要點). ¶掌三易 以辨九簭之名…四曰 巫一<周禮> ⑦조목. 개조(箇條). ¶請問其一<論語> ⑧잘게 나누다. 세분(細分)함. ¶一事而再見者 前一而後凡也<公羊傳> ⑨나뭇결. 목리(木理). ¶善問者 如攻堅木 先其易者 後其節一<禮記> ⑩품평(品評). ¶曹操微時 常卑辭厚禮 求爲己一<後漢書> ⑪죄명. ¶凡殺人 皆磔屍車上 隨其罪一 宣示屬縣<後漢書> ⑫빈틈. 허점(虛點). ¶乃作射虎車 爲方一<吳志> ⑬바깥. ¶聖人爲腹 不爲一<老子> ⑭우두머리. 지배자. ¶仰各頭一用心照管<元典章> ⑮바둑판의 눈금 위치. ¶小一/大一. ⑯예산 편제상의 단위의 한 가지. 항(項)의 아래. ¶項一. ⑰생물 분류학상의 한 단위. 강(綱)의 아래. ¶綱一科.

【目擊】もくげき(목격) ①눈으로 직접 봄. 目見(목견). 目睹(목도). ②언뜻 봄.

【目耕】もっこう(목경) 눈으로 지전(紙田)을 간다는 뜻으로, 책을 읽음을 이름. 독서를 밭갈이에 견준 말. ¶王徐答曰 我常一耳<世說新語>

【目睹】もくと(목도) 자기의 눈으로 직접 봄. 目見(목견). 目擊(목격).

【目讀】もくどく(목독) ☞默讀(묵독).

【目禮】もくれい(목례) 눈으로 인사함. 또는, 그 인사.

【目錄】もくろく(목록) ①어떤 물품의 이름을 순서대로 적은 것. ②☞目次(목차).

【目論】もくろん(목론) 눈이 다른 것은 잘 보나 가까운 자기 눈썹은 못 보는 것처럼, 남은 잘 알면서도 자신은 잘 모름의 비유. ¶今王知晉之失計 而不自知越之過 一也<史記>

【目不識丁】メニテイヲシラズ(목불식정) 丁자를 보고도 그것이 고무래임을 알지 못하는 일자 무식. 낫 놓고 ㄱ자도 모른다와 같은 말.

【目不忍見】メニミルニシノビズ(목불인견) 눈으로 차마 볼 수 없음.

【目使頤令】もくしいれい(목사이령) 눈과 턱으로 사람을 부림. 남을 마음대로 부리는 일. ¶家畜聲伎 一 自視王侯 人莫不惡之<唐書>

【目算】もくさん(목산) ①눈어림. 눈대중. ②의도(意圖). 계획.

【目食耳視】もくしょくじし(목식이시) 눈으로 요기하고 귀로 봄. 겉치레를 위하여 의식(衣食) 본래의 목적을 잃고 사치에 흐르는 일. ¶不以耳視而目食者鮮矣<司馬光>

【目語】もくご(목어) 눈으로 말함. 눈짓으로 의사를 통함. ¶一心計 不宣脣齒<吳志>

【目容】もくよう(목용) 눈매.

【目的】もくてき(목적) 실현하거나 도달하려는 목표. ¶一論/一意識.

【目前】もくぜん(목전) 눈앞. 당장. 眼前(안전). ¶一之計.

【目指】もくし(목지) 눈짓으로 지시하거나 지휘함. 目使(목사). ¶太祖一<魏志>

【目指氣使】もくしきし(목지기사) 눈짓이나 얼굴빛만으로 아랫사람을 마구 부리는 일. 위세가 대단함의 형용. ¶家富執足 一<漢書>

【目次】もくじ(목차) 책 내용 중의 제목의 차례. 目錄(목록).

【目睫】もくしょう(목첩) 눈과 속눈썹. 아주 가까움의 비유. ¶古人所以致論於一也<後漢書>

【目測】もくそく(목측) 눈대중으로 거리나 크기 등을 재는 일. ↔實測(실측).

【目標】もくひょう(목표) 목적 삼는 곳. 목적하여 지향하는 곳. ¶一指向.

【目下】もっか(목하) ①지금. 방금(方今). 現今(현금). 目今(목금). ②눈 아래. 眼下(안하).

【目下十行】メジュウギョウヲクダル(목하십행) 한눈에 열 줄을 읽는다는 뜻으로, 속독(速讀)을 이르는 말.

▷綱一, 講一, 開一, 擧一, 孔一, 科一, 課一, 過一, 刮一, 巧一, 窮一, 貴耳賤一, 極一, 亂一, 瞠一, 道路以一, 頭一, 滿一, 芒一, 盲一, 面一, 名一, 瞑一, 眇一, 美一, 反一, 本來面一, 比一, 費一, 飛耳長一, 事一, 肆一, 四一, 三綱領八條一, 傷一, 書一, 細一, 手臂扞頭一, 拭一, 深一, 眼一, 魚一, 掩一, 要一, 寓一, 遊一, 耳一, 以一, 視一, 人天眼一, 張一, 絕一, 節一, 除一, 題一, 眺一, 條一, 拙一, 注一, 衆一, 指一, 眞面一, 瞋一, 屬一, 屬耳一, 總一, 聽耳明一, 聚一, 側一, 奪一, 閉一, 品一, 項一, 炫一, 懸一東門, 蒿一, 橫一

7【見】部首 글자

2/7【盯】똑바로 볼 정 [庚]ㄉㄧㄥ [梗](ding) とう
[풀이]①똑바로 보다. 직시함. [같]瞪. ②부릅뜨다. 눈을 크게 뜸. [通]瞠. ¶眼剽強一矖<韓愈·孟郊>

7【助】☞ 力部 5획 (p. 219)

3/8【盰】부릅뜰 간 [旱][翰] かん
[풀이]①부릅뜨다. ¶一目陳兵 天下富昌<白虎通> ②희번덕거리다. 눈에 흰자위가 많은 모양.

8【具】☞ 八部 6획 (p. 180)

3/8【盲】[1]소경 맹 [2]바라볼 망 [庚]ㄇㄤˊ (mang) [漾] もう (メクラ) *blind man*
※肓(p. 1227)은 딴 자.
[풀이][1]①소경. 장님. 봉사(奉事). ㉮눈이 멀다. ㉯청맹과니. 청맹(青盲). ¶一者 目形存而無能見也<淮南子> ㉰색맹(色盲). ¶目不見青黃 曰一<論衡> ㉱도리를 분별하지 못하다. ¶當今一於心<韓愈> ②눈이 어둡다. ¶天大風晦一<呂覽> ③빠르다. ¶一風. [2]바라보다. [같]望.
【盲瞽】もうこ(맹고) 소경. 盲人(맹인). ¶知今不知古 謂之一<論衡>
【盲龜値浮木】もうきふぼくニアウ(맹귀 치부목)(佛) 눈먼 거북이 물에 뜬 나무를 만남. 어려운 처지에서 뜻밖의 행운을 만남의 비유. 盲龜浮木(맹귀부목).
【盲聾】もうろう(맹롱) 소경과 귀머거리.
【盲目的】もうもくてき(맹목적) 선악과 시비(是非)를 가리지 못하고 행동하는 모양. 無批判的(무비판적).
【盲信】もうしん(맹신) 옳고 그름을 가리지 않고 믿음. 덮어놓고 믿음. ¶一者.
【盲啞】もうあ(맹아) 소경과 벙어리. 盲瘖(맹음).
【盲者】もうじゃ(맹자) 소경. 눈이 먼 사람. 盲人(맹인). ¶毋貽一鏡<淮南子>
【盲者正門】(맹자정문)[韓] 소경이 문을 바로 찾는다는 속담(俗談)으로, 무능하고 우둔한 사람이 요행히 사리에 맞는 일을 함의 비유. 盲人正門(맹인정문).
【盲錢】(맹전)[韓] 가운데에 구멍이 없는 옛날 돈을 이름. 無孔錢(무공전).
【盲點】もうてん(맹점) ①안구(眼球) 속 시신경(視神經)이 망막(網膜)으로 들어가는 부위에 있는 백색 유두(乳頭) 모양의 돌기(突起). 망막이 없으므로 이 부분은 시각이 생기지 않음. ②의외로 사람들이 알아차리지 못하는 점.
【盲從】もうじゅう(맹종) 맹목적으로 좇음. 시비(是非), 선악(善惡)의 분별 없이 덮어놓고 따름.
【盲風】もうふう(맹풍) 바람의 한 가지. 질풍(疾風). ¶仲秋之月 … 一至<禮記>
▷鷄一, 群一, 聾一, 問道於一, 明一, 文一, 色一, 闇一, 夜一, 佯一, 一一引衆一, 雀一, 青一, 偏一, 昏一, 晦一

8【⿱目寸】㝵(p. 451)의 譌字

3/8【盱】쳐다볼 우 [虞]ㄒㄩ (xu) く(ミアゲル)
※盰(p. 1056)은 딴 자.
[풀이]①쳐다보다. ¶一豫<易經> ②부릅뜨다. ¶一衡而誥<左思> ③검고 고운 눈. ④크다. [通]訏. ¶廣一營表<漢書> ⑤근심하다. [通]忬. ⑥바라다. ¶云何其一<詩經> ⑦우쭐하여 날뛰는 모양. ¶睢睢一一<莊子>

8【⿰目亏】盱(p. 1056)의 本字
8【⿰目亐】盱(p. 1056)와 同字
8【⿰目也】貤(p. 1420)의 譌字

3/8【直】[1]곧을 직 [2]값 치 [職]ㄓˊ (zhi) [寘] ちょく(スナオ) *straight* ち
[俗]直
[源]**會意**. 열[十] 눈[目], 곧 많은 사람들이 보므로 숨긴 것까지도 모두 바르게 본다는 뜻.
[풀이][1]①곧다. ㉮굽은 데가 없다. ¶其一如矢<詩經> ㉯기울지 않다. ¶頭容一<禮記> ㉰굽히지 않다. ¶骨一以立<周禮> ㉱바르게 보다. 바름. ¶爰得我一<詩經> ㉲공정하다. ¶王道正一<書經> ㉳순직(純直)하다. ¶洵一且侯<詩經> ㉴꾸미지 않다. ¶尤簡一<避暑錄話> ㉵아첨하지 않다. ¶以一傷義<左氏傳> ②바른 길. 바른 행실. ¶友一<論語> ③바루다. ㉮바로잡다. ¶正一是與<詩經> ㉯억울함을 씻다. ¶一其冤<韓愈> ④맞다. ㉮향하다. ¶一東序<儀禮> ㉯대적하다. ¶一秦之銳士<漢書> ㉰상당하다. ¶正

一其地<漢書> ⑤시중들다. ¶入一殿中<晉書> ⑥숙직(宿直)하다. ¶候其上一<晉書> ⑦다만. ¶一不百步耳<孟子> ⑧곧. 즉시. ¶一使送之<戰國策> ⑨일부러. 고의로. ¶一墜其履圯下<史記> ⑩똑바로. ⑪발어사(發語辭). ¶骨一空枯<史記> ⑫생기다. 번식함. ¶一 東方也春也<太玄經> ⑬세로. ¶有神人一目<山海經> **2**①값. 품삯. ¶受若一<柳宗元> ②세. 임대료. ¶應與雇舍一<法苑珠林> ③직면하다. ¶一夜潰圍<史記>

【直閣】ちょっかく(직각) ①편수관(編修官). ②조선 때, 규장각(奎章閣)의 종6품에서 정3품까지의 벼슬. ②고려 때 보문각(寶文閣)에 딸린 종육품 벼슬의 하나.

【直覺】ちょっかく(직각) ☞直觀(직관).

【直諫】ちょっかん(직간) 바른 말로 웃사람에게 충고함. ¶一之臣<新論>

【直感】ちょっかん(직감) ☞直觀(직관).

【直徑】ちょっけい(직경) ①곧바로 통함. 외줄기로 흐름. ¶一馳乎三危<漢書> ②지름.

【直系】ちょっけい(직계) ①직접으로 계승되어 오는 계통. 또는, 그 사람. ¶一弟子. ②혈통이 부자(父子)의 관계로 이루어지는 계통. ¶一尊屬/一卑屬. ↔傍系(방계).

【直告】(직고) 바른 대로 말함. 사실대로 고함. ¶以實一.

【直觀】ちょっかん(직관) ①판단·추리 등의 사유(思惟)를 거치지 않고 대상을 직접으로 식별·파악하는 일. 直覺(직각). 直感(직감). ②감관(感官)에 의하여 직접 외계 지식을 얻음.

【直躬證父】ちょっきゅうしょうふ(직궁증부) 옛날, 초(楚)의 직궁(直躬)이 양을 훔친 아버지를 관청에 고발하고 증인이 되었다는 옛일에서, 지나치게 정직함은 도리어 정도(正道)에 어긋남을 이름. ¶一 尾生溺死 信之患也<莊子>

【直談】じきだん(직담) 본인과 직접 이야기함.

【直答】ちょくとう(직답) ①직접 대답함. ②곧 대답함.

【直隷】ちょくれい(직례) 조정 또는 정부에 직접 예속됨. ¶皆一京師<宋史>

【直立】ちょくりつ(직립) ①똑바로 섬. 꼿꼿이 섬. ¶弭手一<詩經>/一猿人. ②우뚝 솟음.

【直面】ちょくめん(직면) 직접 대면함.

【直方】ちょくほう(직방) 정직과 방정(方正). ¶廉潔一<韓詩外傳>

【直房】(직방)㊄ 옛날, 조신(朝臣)들이 모여 조례(朝禮)를 기다리던 방. 朝房(조방).

【直方大】ちょくほうだい(직방대) 정직·방정·거대함. 군자의 유순(柔順)한 덕을 이름. ¶一 不習无不利<易經>

【直赴】(직부) ①옛날, 전강(殿講)·절일제(節日製)·황감제(黃柑製)·외방별과(外方別科) 등에 합격한 사람이 곧 문과의 복시(覆試) 또는 전시(殿試)에 응할 자격을 얻는 일. ②과거에 급제하고 아직 벼슬을 하지 못한 사람의 호칭.

【直北】ちょくほく(직북) ☞正北(정북).

【直射】ちょくしゃ(직사) ①광선이 곧게 비침. ¶一光線. ②바로 대고 쏨. ③탄도(彈道)가 거의 직선을 이루는 일. ¶一砲. ↔曲射(곡사).

【直蔘】(직삼) 곧게 말린 백삼. ↔曲蔘(곡삼).

【直席】ちょくせき(직석) ☞卽席(즉석).

【直說】ちょくせつ(직설) ①사실대로 말함. ¶一的. ②직접적인 표현으로 서술함. ¶一法.

【直所】(직소) 번을 드는 곳. 초소(哨所). 대기소.

【直訴】じきそ(직소) 일정한 절차를 거치지 않고 웃사람이나 책임자에게 직접 하소연함.

【直屬】ちょくぞく(직속) 직접 예속됨. ¶一部下.

【直孫】ちょくそん(직손) 직계 자손.

【直視】ちょくし(직시) 똑바로 봄. 직접 봄. ¶一千里外<鮑照>/現實一.

【直臣】ちょくしん(직신) 아첨하지 않고 직언(直言)하는 신하. 바른 신하. ¶以旄一<漢書>

【直言極諫】ちょくげんきょっかん(직언극간) 직언하여 끝까지 간함. ¶能一者<漢書>

【直譯】ちょくやく(직역) 원문의 문구대로 번역함. ↔意譯(의역).

【直營】ちょくえい(직영) 직접 경영함.

【直日】ちょくじつ(직일) 당직(當直) 날. 번드는 날. ¶一奏事<南史>

【直腸】ちょくちょう(직장) ①정직한 마음. ¶誤一<韓偓> ②곧은창자. 대장(大腸)의 끝 부분.

【直壯曲老】ちょくそうきょくろう(직장곡로) 사리(事理)가 바르면 사기가 떨치고, 사리가 바르지 않으면 사기가 죽음.

【直前】ちょくぜん(직전) ①곧바로 나아감. 주저하지 않고 나아감. 直進(직진). ¶一衝入賊圍<魏志> ②바로 앞. 目前(목전). ③바로 전. ↔直後(직후).

【直錢】ちせん(직전) 맞돈. 현금.
(치전) 돈 주고 살 만함. 또는, 물건의 가치. 값. ¶黃金重一斤一萬<漢書>

【直截】ちょくせつ(직절) ①직각적(直覺的)으로 판별함. ②재결(裁決)함. ③간략함. 簡直(간직). ¶一天淵矣<朱子全書>

【直節虛心】ちょくせつきょしん(직절허심) 곧은 마디와 빈 속. 곧, 대[竹]의 형용.

【直接】ちょくせつ(직접) 중간에 아무 거침이 없이 곧바로. ¶一選擧. ↔間接(간접).

【直情】ちょくじょう(직정) 곧은 성정(性情). 꾸밈없는 심정. ¶高志一<後漢書>

【直情徑行】ちょくじょうけいこう(직정경행) 감정 내키는 대로 행동함. ¶有一者 戎狄之道也<禮記>

【直指人心】じきしにんしん(직지인심)《佛》 교리나 계행(戒行)에 의하지 않고 직접 사람의 마음을 지도하여 불과(佛果)를 얻게 하는 일.

【直進】ちょくしん(직진) ①똑바로 나아감. ¶忠臣一<管子> ②곧 나아감.

【直致】ちょくち(직치) ①서투름. 어색함. ¶言多一<顧雲> ②꾸미지 아니한 것의 정취(情趣).

【直吐】ちょくと(직토) 사실을 있는 대로 다 말함.

【直通】ちょくつう(직통) 두 지점 사이를 중계 없이 바로 통함. ¶一電話.

【直播】ちょくはん(직파) 묘판 없이 논·밭에 직접

씨앗을 뿌림. ¶乾畓一.
【直筆】ちょくひつ (직필) ①사실대로 적음. ¶時無一之史<晉書> ↔曲筆(곡필). ②붓을 꼿꼿이 세워 잡고 쓰는 필법(筆法).
【直逼】ちょくひつ (직핍) 바싹 다가듦.
【直下】ちょっか (직하) ①바로 아래. ②곧게 내려감. ¶不敢一<晉書> ③일직선으로 떨어짐. ¶飛流一三千尺<李白>/急轉一.
【直轄】ちょっかつ (직할) 직접 관할함. ¶一市.
【直行】ちょっこう (직행) ①자기 생각대로 행함. ②바른 행실. 또는, 바르게 행함. ¶正道一<史記> ③곧장 감. 바로 감. ④도중에서 쉬지 않고 목적지까지 바로 감. ¶一列車.
【直後】ちょくご (직후) 무슨 일이 있은 바로 뒤. ↔直前(직전).
▷價一, 簡一, 敢一, 剛一, 強一, 彊一, 堅一, 勁一, 梗一, 硬一, 曲一, 狂一, 訥一, 端一, 當一, 半一, 方一, 司一, 誠一, 疏一, 率一, 垂一, 宿一, 純一, 繩一, 時一, 實一, 亮一, 廉一, 愚一, 遺一, 日一, 切一, 正一, 貞一, 朝一, 質一, 清一, 忠一, 平一, 抗一

8【直】直(p. 1056)의 俗字

3/8【盰】멀리 볼 천 | 囲ㄑㄧㄢ (qian) | せん
풀이 멀리 보다. 아득함. ¶一瞑.

4/9【看】볼 간 | 寒ㄎㄢˋ 翰(kan) | かん(ミル) *see*
俗 看
源 會意. 손[手]을 눈 위에 대고 유심히 바라봄[目]을 뜻함.
풀이 ①보다. 바라봄. ¶一伺空隙<吳志> ②방문하다. ¶其姊往一之<韓非子> ③지키다 ¶一守. ④대접(待接). 대우(待遇). ¶猶作布衣一<高適> ⑤터득하다. ¶道理一<傳燈錄> ⑥행하다. ¶不復重一<周書> ⑦분별하다.
【看過】かんか (간과) ①훑어봄. 대충 봄. ②못 보고 빠뜨림. ¶一情由<福惠全書> ③못 본 체함. 눈감아 줌. 默過(묵과). 默許(묵허).
【看官】かんかん (간관) ①구경꾼. 觀客(관객). ②독자(讀者). 책에서 저자가 독자를 부르는 말. ¶一不要心慌<水滸傳>
【看病】かんびょう (간병) 환자의 시중을 듦. 看護(간호). ¶佛自往一<雜阿含經>
【看山】(간산)韓 ①묏자리를 잡으려고 산을 살핌. ②성묘(省墓).
【看色】(간색)韓 ①색대. ②품질을 살피기 위하여 물건의 일부분을 뽑아서 봄. ③구색(具色)으로 일부분씩 내놓는 눈비음. 監色(감색).
【看守】かんしゅ (간수) ①지킴. 또는, 지키는 사람. ¶撥派一<福惠全書> ②교도관(矯導官)의 구칭.
【看雲步月】かんうんほげつ (간운보월) 고향과 가족 생각이 간절하여, 낮이면 고향쪽 하늘의 구름을 바라보고, 밤이면 달을 바라보며 거닌다는 뜻.
【看做】かんさ (간주) 그렇다고 침.
【看秋】(간추)韓 지주가 소작인의 추수 상황을 살펴봄. 看坪(간평).
【看取】かんしゅ (간취) ①봄. ¶一蓮花淨<孟浩然> ②보아서 알아차림. ¶一春風盃酒間<前言往行錄>
【看破】かんぱ (간파) 속마음을 알아차림.
【看板】かんばん (간판) ①가게 따위에서 상호, 업종 등을 써서 내거는 표지(標識). ②외관·학벌·경력 등, 남 앞에 내세울 만한 것의 속칭.
【看坪】(간평)韓 지주가 추수 전에 소작 논밭을 답사하여 작황(作況)을 살피는 일. 看秋(간추).
【看坪賭租】(간평도조)韓 잡을도조. 간평 후 수확 예상량을 기준으로 지주가 소작인과 협의하여 정하던 도조.
【看品】(간품) 품질이 어떠한가를 자세히 살펴봄.
【看護】かんご (간호) 병약자를 돌보아 도와 줌. ¶一員.
▷慣一, 登一, 相一, 熟一, 愛一, 臥一, 傳一, 坐一, 重一, 探一, 貪一, 回一

9【𦒹】耆(p. 1213)와 同字

4/9【昒】1 볼 매 | 隊ㄇㄟˋ | ばい(ミル)
2 훔쳐볼 말 | 曷(mei) | ばつ
3 어두울 물 | 物 | ぶつ
풀이 1 ①보다. 오래 봄. ②눈 감아도 멀리 보이다. ③새벽. 2 훔쳐보다. 3 어둡다. ¶飄寂寥荒一<劉歆>

9【𥃭】覓(p. 1363)의 訛字

4/9【眄】애꾸눈 면 | 霰ㄇㄧㄢˇ 銑(mian) | べん
풀이 ①애꾸눈. ②한쪽 눈으로 자세히 보다. ③곁눈질하다. ¶一視指使<戰國策>/一目兒. ④보다. ¶更相一伺<漢書> ⑤어수룩한 모양. ¶目一一兮<鮑溶> ⑥돌보다. ¶慈一如子<晉書> ⑦소경.
▷顧一, 瞠一, 遲一, 仰一, 要一, 流一, 遊一, 恩一, 慈一, 長一, 佇一, 幻一

9【眀】明(p. 711)과 同字

4/9【眊】눈 흐릴 모 | 號ㄇㄠˋ (mao) | ぼう
풀이 ①눈이 흐리다. 눈에 정기가 없음. ②눈이 어둡다. ¶眸子一焉<孟子> ③늙은이. 같 耄. ¶哀夫老一<漢書> ④어지러워지다. ¶厥咎一<後漢書> ⑤실망하다. ¶顧我自爲都一矂<蘇軾>
▷老一, 聾一, 眸一, 昏一, 惛一

9【冒】☞冂部 7획(p. 184)

4/9〖眇〗 ①애꾸눈 묘 篠ㄇㄧㄠˇ びょう
②이룰 묘 嘯(miao) みょう

源會意. 한쪽 눈이 꺼져서 작음을 뜻함.
풀이 ①①애꾸눈. 짝눈. ¶一能視<易經> ②눈을 가늘게 뜨고 보다. ¶娭光一視<楚辭> ③희미하다. 작다. 가늘다. 通秒. ¶眇以一身<漢書> ④천하다 ¶一乎小哉<莊子> ⑤멀다. ¶一不知其所蹠<楚辭> ⑥높다. ¶一然絶俗<漢書> ⑦넓다. 通渺. ⑧다하다. ¶仁一天下<荀子> ⑨눈이 귀여운 모양. ②①이루다. ¶一萬物<易經> ②자세하다. ¶窮極幼一<漢書> ③아름답다. ¶美要一兮<楚辭> ④오묘하다. 通妙. ¶究其微一<漢書>
【眇茫】びょう(묘망) 아득히 먼 모양. 眇漠(묘막). ¶神者一恍惚<論衡>
▷杳一, 微一, 要一, 幽一, 至一, 沖一, 玄一, 鴻一, 幻一

4/9〖眉〗 눈썹 미 支ㄇㄟˊ び(マユ)
(mei) eyebrow

源象形. 눈[目] 위의 눈썹을 본뜸.
풀이 ①눈썹. ¶白一. ②노인. ¶一壽萬年<儀禮> ③가장자리. 通湄. ¶居井之一<漢書> ④글귀 따위를 들어 적다. 또는, 그 곳. ¶一曰西王母之山<穆天子傳> ⑤아양떨다. 通媚. ¶不一近戚<仲定碑>
【眉間】みけん(미간) 두 눈썹 사이. 兩眉間(양미간). ¶一一尺<吳越春秋> ※みけん
【眉間珠】(미간주)《佛》 불상의 미간에 있는 구슬.
【眉目】びもく(미목) ①눈과 눈썹이란 뜻으로, 매우 가까움의 비유. ②얼굴. ¶一疏朗<魏志>
【眉壽】びじゅ(미수) 노인. 장수(長壽)하는 사람. ¶爲此春酒 以介一<詩經>
▷開一, 擧眼齊一, 曲一, 廣一, 彎一, 墨一, 龐一, 白一, 顰一, 舒一, 書一, 雪一, 纖一, 細一, 秀一, 修一, 愁一, 鬚一, 伸一, 新月一, 雙一, 蛾一, 兩一, 揚一, 連一, 列一, 斂一, 柳一, 作一, 長一, 赤一, 展一, 井一, 直一, 焦一, 翠一, 豪一, 毫一

4/9〖眅〗 흰자위 많을 반 刪ㄆㄢ はん
潸(pan)

풀이 ①눈에 흰자위가 많은 모양. ¶一睛. ②노려보다.

4/9〖盼〗 ①눈 예쁠 반 諫ㄆㄢˋ はん
②고운 눈 반 刪(pan) はん
③날 새려할 분 文 ふん

풀이 ①①눈이 예쁘다. ¶美目一兮<詩經> ②미인이 눈을 움직이는 모양. ③보다. 돌아보다. 通 眄. ¶同被齒一<宋書> ②고운 눈. ③날이 새려 하는 모양. ¶進瞵一兮<楚辭>
▷顧一, 美一, 流一, 恩一, 睇一, 齒一

4/9〖相〗 ①서로 상 陽ㄒㄧㄤ そう(アイ)
②볼 상 (xiang) mutually
③빌 양 漾ㄒㄧㄤˋ そう, しょう
陽(xiang) じょう

源會意. 나무[木] 위에서 자세히 봄[目]을 뜻함.
풀이 ①①서로. ¶戚戚 內一親也<詩經·注>/一關. ②바탕. 질(質). ¶追琢其章 金玉其一<詩經> ③따르다. ¶其一胡公<左氏傳> ②①보다. ㉮자세히 보다. ¶一時而動<左氏傳> ㉯점치다. ¶以一民宅 而知其利害<周禮> ㉰관상을 보다. ¶其能一人也<左氏傳> ②형상. 얼굴. ¶無如季一<史記> ③돕다. ¶莫一予位焉<禮記> ④인도하다. 도움. ¶問誰一禮<國語> ⑤다스리다. ¶楚所一也<左氏傳> ⑥가리다. 택(擇)함. ¶凡一笴<周禮> ⑦정승. 대신(大臣). ¶一被冕服<書經> ⑧곁꾼. 시중드는 사람. ¶使一告之<左氏傳> ⑨담당자. ¶爲計一<漢書> ⑩방아 타령. ¶舂不一<禮記> ⑪타악기(打樂器)의 한 가지. ¶先擊一<太平御覽> ⑫겨. ¶謂穅爲一<禮記> ⑬생각하다. 通想. ③빌다. 기도(祈禱)함. 通禳. ¶一近於壇<禮記>

相⑪(三禮圖)

【相距】そうきょ(상거) 서로 떨어져 있음. 또는, 두 지점 사이의 거리.
【相見】そうけん(상견) 서로 봄. 만남. 對面(대면). ¶與親一<論衡>
【相見禮】そうけんれい(상견례) ①공식적으로 만나 보는 예. ②혼례에서, 신랑과 신부가 마주 서서 절하는 예. 맞절. ③옛날, 신임 사부(師傅)나 빈객이 처음으로 동궁(東宮)을 뵙던 일.
【相公】しょうこう(상공) ①재상(宰相). 相君(상군). ¶一征關右<王粲> ②나 어린 선비. 또는, 일반 신사의 경칭. ¶僭稱一<通俗編> ③여자로 분장한 남자 배우.
【相關】そうかん(상관) ①서로 관계가 있음. ②남의 일에 간섭함.
【相國】しょうこく(상국) ①재상(宰相)의 통칭. ¶一之官<荀子> ②조선 때, 영의정·좌의정·우의정의 총칭. 相臣(상신).
【相君】しょうくん(상군) ☞相公(상공)①.
【相剋】そうこく(상극) ①오행설(五行說)에서 금(金)은 목(木)을, 목은 토(土)를, 토는 수(水)를, 수는 화(火)를, 화는 금을 이김을 이름. ↔相生(상생). ②서로 화합하지 못하고 늘 충돌함.
【相器】しょうき(상기) 재상(宰相)이 될 만한 기량. 宰相之器(재상지 기).
【相談】そうだん(상담) 서로 의논함. 相議(상의). ¶傳言一<易林>/一所.
【相當】そうとう(상당) ①서로 적합함. ②서로 우열이 없음. ¶兵馬鼓旗一<後漢書> ③대단함.
【相對】そうたい(상대) ①서로 마주 대함. ¶坐持几

—<儀禮> ②서로 겨룸. 또는, 겨룰 만한 대상. ③서로 대비시킴. ¶—概念. ④서로 관계를 가지는 일. ¶—性. ↔絶對(절대).
【相輪】そうりん(상륜)《佛》 불탑 꼭대기에 있는, 청동으로 된 9층의 원륜(圓輪). 九輪(구륜).
【相輪塔】そうりんとう(상륜탑)《佛》 상륜을 올린 불탑. 상륜 모양의 탑주(塔柱). 相輪樘(상륜당).
【相馬失之瘦】(상마 실지수) 말을 감정할 때 살이 빠진 탓으로 준마임을 몰라보는 수가 있다는 말로, 가난하여 초라하게 보이는 탓으로 현사(賢士)를 몰라봄의 비유. ¶— 相士失之貧<史記>
【相望】アイノゾム(상망) ①서로 바라보임. 서로 가까이 있음을 이름. ¶都都—<班固> ②재상이 될 만한 명망(名望).
【相面】そうめん(상면) ①인상(人相)을 봄. ¶—識心腹<蘇轍> ②서로 만나봄. 또는, 처음으로 대면하여 알게 됨.
【相貌】そうぼう(상모) 얼굴 생김새. 容貌(용모). ¶撡—憑才姓<西廂記>
【相門】しょうもん(상문) 재상(宰相)의 집안. 相家(상가). ¶—必有相<史記>
【相撲】そうぼく·スモウ(상박) ①씨름. 角力(각력). ②서로 때림.
【相反】そうはん(상반) 서로 반대됨.
【相半】そうはん(상반) 서로 절반씩 됨. 서로 비슷비슷함.
【相逢】そうほう(상봉) 서로 만남.
【相扶相助】そうふそうじょ(상부상조) 서로서로 도움.
【相府】しょうふ(상부) 재상(宰相). 또는, 재상이 정무를 보던 관가. ¶以兵圍—<漢書>
【相似】そうじ(상사) ①서로 닮음. ¶年年歲歲花—悲感<劉廷芝> ②도형(圖形)을 축소 또는 확대하여 모양이 서로 닮은 것.
【相思】そうし(상사) 서로 그리워함. ¶上愈益—<漢書>
【相思病】(상사병) 연정(戀情)에 사로잡혀 생기는 병. 花風病(화풍병). 懷心病(회심병). ¶恰學害—<西廂記>
【相生】そうせい(상생) 오행설(五行說)에서, 목(木)은 화(火)를, 화는 토(土)를, 토는 금(金)을, 금은 수(水)를, 수는 목(木)을 낳는 일. ↔相剋(상극). ※そうしょう
【相續】そうぞく(상속) ①차례로 계승됨. ¶—秉政<漢書> ②《佛》 인과(因果)가 차례로 연속하여 끊이지 않는 일. ③민법에서, 권리·의무를 계승하는 일. ¶財產—/戶主—.
【相殺】そうさい(상쇄) 셈을 서로 비김. 맞비김.
【相乘】そうじょう(상승) 두 개 이상의 수를 서로 곱함. ¶—作用/—積/—比.
【相臣】(상신) ☞相國(상국)②.
【相室】しょうしつ(상실) ①재상(宰相). ¶重—<新書> ②신부(新婦)의 시중을 드는 사람.
【相愛】そうあい(상애) 서로 사랑함. ¶交—<墨子>
【相月】しょうげつ(상월) 음력 7월의 이칭.
【相位】しょうい(상위) ①정승의 자리. ②조선 때 의정부의 하례(下隷)가 의정(議政 : 영의정·좌의정·우의정)을 일컫던 말.
【相違】そうい(상위) 서로 틀림. 서로 어긋남.
【相應】そうおう(상응) ①서로 응하거나 기맥을 통함. ¶式權以—<國語> ②서로 어울림. ③《佛》 사리(事理)에 부합됨.
【相議】そうぎ(상의) ☞相談(상담).
【相異】そうい(상이) 서로 다름. ¶—點.
【相印】しょういん(상인) 재상(宰相)의 도장. ¶佩六國之—<史記>
【相字】そうじ(상자) 글씨를 보고 그 사람의 운세(運勢)를 점치는 일. 拆字(탁자). ¶以—言人禍福<小知錄>
【相者】しょうしゃ①·そうじゃ②(상자) ①모임 따위에서, 주인을 돕는 곁꾼. ¶—東面坐<儀禮> ②관상장이. 相人(상인).
【相殘】そうざん(상잔) 서로 모질게 싸우고 죽임. ¶同族—.
【相才】しょうさい(상재) 재상이 될 만한 인재.
【相爭】そうそう(상쟁) 서로 다툼. ¶骨肉—.
【相接】そうせつ(상접) 서로 사귐. 또는, 서로 붙음. ¶皮骨—.
【相助】そうじょ(상조) 서로 도움. 相扶(상부). ¶—會.
【相從】そうじゅう①·アイシタガウ②③(상종) ①시집감. 出嫁(출가). ¶心只要—<燕子箋> ②서로 친하게 사귐. ③함께 따라감.
【相坐】そうざ (상좌) ☞連坐(연좌).
【相地】そうち(상지) 지상(地相)을 보아 묏자리나 집터 따위의 길흉을 점치는 일. ¶后稷—之宜<史記>
【相衝】そうしょう(상충) 서로 어긋남. 서로 부딪침. ¶意見—.
【相通】アイツウズ(상통) ①서로 통함. ¶有無—. ②서로 길이 트임. ③서로 공통된 바가 있음.
【相避】そうひ(상피) ①서로 피함. ②㊕ ㉮친족 또는 그밖의 특별한 관계가 있을 때 그곳에서의 벼슬이나 청송(聽訟), 시관(試官)이 되기를 피하던 일. ㉯근친 남녀간의 성적 교접(交接).
【相學】そうがく(상학) 인상(人相)·지상(地相) 등을 연구하는 학문.
【相互】そうご(상호) 서로서로. 피차(彼此). 互相(호상). ¶—作用/—防衛條約.
【相好】そうこう①·そうごう②(상호) ①서로 좋아함. 또는, 친구. ¶同聲者—<孔叢子> ②《佛》 용모. 자태(姿態). 인상(人相). ¶—圓明 普利一切<金光明經>
【相換】そうかん(상환) 서로 바꿈.
▷家—, 假—, 卿—, 計—, 骨—, 公—, 觀—, 交—, 國—, 貴—, 金骨—, 奇—, 吉—, 內—, 萬物—, 面—, 名—, 妙—, 反—, 方—, 法—, 輔—, 卜—, 死—, 手—, 首—, 丞—, 實—, 亞—, 良—, 様—, 愚—, 異—, 人—, 將—, 宰—, 地—, 眞—, 台—, 皮—, 賢—, 好—, 凶—

4 9 〖省〗	1 살필 성 2 덜 생 3 마을 성 ㊍ 생 4 가을사냥 선	㥴ㄒㄧㄥˇ (xing) 㥴ㄕㄥˇ (sheng) 㥴ㄒㄧㄢˇ ㊕ (xian)	せい (カエリミル) *deliberate* しょう (ハブク) せい せん

源會意. 작은 것도 밝게 봄을 뜻함.
풀이 1 ①살피다. ㉮자세히 보다. ¶一其私<論語> ㉯조사하다. ¶日一月試<禮記> ㉰문안하다. ¶昏定晨一. ㉱점치다. ¶望雲一氣<後漢書> ②분명하다. ¶實僞之辨如此其一也<列子> ③깨닫다. ¶忽大一日<宋史> ④좋게 하다. 通靖. ¶帝一其山<詩經> 2 ①덜다. ㉮없애다. 그만둠. ¶一肉食獸<漢書> ㉯줄이다. ¶一囹圄<禮記> ㉰간략하게 하다. ¶法一而不煩<淮南子> ②허물. ¶飾一宣義<史記> ③재앙. ¶惟干戈一厥躬<書經> ④적다. ¶一求多功<荀子> 3 ①마을. 관아(官衙). ¶六一是也<唐書> ②궁중. ¶共養一中<漢書> ③공경(公卿)이 있는 곳. ¶禁臺一中<左思> ④지방 행정 구역. ¶河南一. 4 ①가을 사냥. ¶以誓一<禮記> ②가을 제사. ¶春社秋一<禮記>

【省略】せいりゃく(생략) 줄임. 뺌. ¶雖性簡惰一<蜀志> ※しょうりゃく
【省禮】(생례)韓 인사를 생략한다는 뜻으로, 상중에 있는 사람에게 보내는 편지 첫머리에 쓰는 말. 省式(생식).
【省墓】(성묘)韓 조상의 산소를 찾아 살핌. 參墓(참묘). 看山(간산).
【省試】しょうし(성시) 당(唐)·송(宋) 때, 향시(鄕試) 합격자를 대상으로 상서성(尙書省)에서 실시하던 과거.
【省中】しょうちゅう(성중) ①궁중(宮中). 禁中(금중). ¶漏洩一語<後漢書> ②마을. 관아(官衙).
【省察】せいさつ(성찰) 깊이 생각함. 또는, 반성하여 자기를 살핌. ¶不能一<史記>
【省親】せいしん(성친) 관리가 귀향하여 부모에게 문안을 드림. 또는, 그 문안.
▷簡一, 減一, 儉一, 顧一, 官一, 歸一, 禁一, 內一, 猛一, 默一, 反一, 刪一, 三一, 損一, 修一, 巡一, 術一, 飾一, 晨一, 掖一, 略一, 人事不一, 日月試一, 自一, 展一, 定一, 停一, 存一, 澄一, 學一, 行一, 昏定晨一

9【[目+卆]】睟(p.1067)의 俗字

4 9【盾】 1 방패 순 / 2 벼슬이름 윤 / 3 사람이름 돈 | 軫 ㄉㄨㄣˋ (dun) / 軫 ㄩㄣˇ / 阮 (yun) | じゅん(タテ) *shield* いん とん
源象形. 방패로 몸을 가린 모양을 본뜸.
풀이 1 ①방패. ¶兵尙脅一<管子>/矛一. ②피하다. 숨음. ③별 이름. 2 벼슬 이름. ¶數遣中一<漢書> 3 사람 이름. ¶晋有趙一<左氏傳>
【盾戈】じゅんか(순과) 방패와 쌍날창.
▷甲一, 矛一, 擁一, 龍一, 圓一, 鈹一, 脅一

9【眂】視(p.1363)의 古字

4 9【眄】 1 눈알굴릴 전 先 てん / 2 큰눈 현 先 げん / 3 볼 민 眞 びん

4 9【眈】 1 노려볼 탐 覃 ㄉㄢ たん / 2 범이 볼 탐 感 (dan) たん / 3 머리 내밀 침 寢 ちん
※耽(p.1217)은 딴 자.
풀이 1 ①노려 보다. 범이 노려 보는 모양. ¶虎視一一<易經> ②가까운 데를 보면서 먼 곳을 노리다. ③즐기다. 2 ①범이 보는 모양. ¶一虎視也<集韻> ②천천히 보다. ㉠[甚+見]. 3 머리를 내밀고 보다.

9【県】縣(p.1184)의 略字

4 9【盻】 흘겨볼 혜 霽 ㄒㄧˋ / 本계·예 薺 (xi) | けい(ニラム) げい
풀이 ①흘겨보다. 노려봄. ¶瞋目一之<魏志>/一恨. ②돌아보다. ¶芥千金而不一<孔稚圭>

10【看】看(p.1058)의 俗字

5 10【眜】 1 어두울 말 曷 ㄇㄛˋ ばつ / 2 땅 이름 멸 屑 (mo) べつ
풀이 1 ①어둡다. 눈이 흐림. ②무릅쓰다. ¶相與一潛險<左思> 2 땅 이름. 通蔑. ¶盟于一<公羊傳>

5 10【眛】 눈어두울 매 隊 ㄇㄟˋ 泰 (mei) | ばい

10【眿】眽(p.1064)과 同字

5 10【眠】 1 잘 면 先 ㄇㄧㄢˊ / 2 쉴 면 霰 (mian) / 3 볼 민 軫 | みん, めん (ネムル) *sleep*
풀이 1 ①자다. 눈을 감고 잠. ¶竟夕不一<後漢書>/睡一. ②모르다. 지각(知覺)이 없음. ③어지러워지다. ④누에가 잠자다. ¶謂之大一<蠶書> ⑤죽은 체하다. ¶見人則一<山海經> ⑥누이다. ¶一琴綠陰<司空圖> ⑦어둡다. 색이 진함. ¶遠望兮仟一<楚辭> 2 ①쉬다. 누워서 쉼. ②약물에 중독되다. 3 보다.
【眠食】みんしょく(면식) ①잠자는 일과 먹는 일. 寢食(침식). ¶行坐一<南史> ②사람의 행동거지. 起居(기거). ¶一何似<韓愈>
▷甘一, 求一, 露一, 冬一, 不一, 睡一, 熟一, 失一, 安一, 永一, 午一, 長一, 阡一, 醉一, 快一, 惰一

5 10【眚】 눈에 백태낄 생 梗 ㄕㄥˇ (sheng) | せい

풀이 ①눈에 백태가 끼다. ②잘못. 허물. ¶一災肆赦<書經> ③재앙(災殃). ¶一沴息矣<後漢書> ④괴이하다. ¶无一<易經> ⑤앓다. 병. ¶除其一<張衡> ⑥여위다. ⑦덜다. 줄임. ¶一禮<周禮> ⑧용서하다. ¶肆大一<春秋>
▷大一, 无一, 災一, 除一, 天一

9【眂】視(p. 1363)의 古字

10【眎】視(p. 1363)의 古字

5/10【眣】 1 눈 깜짝일 순 | 㽞ㄕㄨㄣˋ (shun) | しゅし(マタタク)
2 볼 심 | 㾓 | しん
3 과녁 시 | 㑥 | し(マト)

풀이 1 ①눈을 깜짝이다. ㉠瞚. ②눈짓하다. ㉠眣. ¶一晉大夫<公羊傳> 2 보다. 3 과녁.

10【眘】愼(p. 588)의 古字

5/10【眢】 소경 완 | 㽞ㄩㄢ | わん(メクラ)
원 | 园(yuan) | えん

풀이 ①소경. ②우물이 마르다. ③마른 우물.

5/10【眑】 1 깊을 유 | 宥 | ゆう
2 움펑눈 요 | 㤇 | よう

5/10【眐】 바라볼 정 | 庚 | せい(ミツメル)

풀이 ①바라보다. ②홀로 가는 모양. ¶魂一一以寄獨兮<楚辭>

5/10【眥】 1 눈초리 제 | 霽ㄗˋ | せい(マブチ)
2 눈초리 지 | 寘(zi) | し
3 노려볼 자 | 佳 | さい
同眦

풀이 1 ①눈초리. ¶拭一揚眉<列子> ②깃이 포개지는 부분. 2 ①눈초리. ②흘기다. 노려봄. ③적시다. ㉠漬. ④멸(滅)하다. ¶一娀<莊子> 3 ①노려보다. ¶睚一之怨<史記> ②눈초리가 찢어지다.

10【眦】眥(p. 1062)와 同字

5/10【眞】 참 진 | 眞ㄓㄣ (zhen) | しん(マコト) *true*
略真 俗真

풀이 ①참. ㉮거짓이 아니다. ¶一僞/一實. ㉯진짜. ¶帝王自有一<後漢書> ㉰순수하다. ㉱바르다. ¶識曲聽其一<古詩> ②변함이 없다. ¶質一而素樸<淮南子> ③있는 그대로. 자연. ¶況其一乎<莊子> ④도(道). 묘리(妙理). ¶反吾一<漢書> ⑤천성. ¶謂反其一<莊子> ⑥본질(本質). ¶多失其一<後漢書> ⑦혼(魂). 신기(神氣). ¶以利惑其一<莊子> ⑧몸. ¶精神反至一<淮南子> ⑨조상(肖像). 사진. ¶御一. ⑩참으로. ¶一積力<荀子> ⑪신선이 되어 하늘에 오르다. ⑫천(天). 도가(道家)에서 말하는 이상(理想)의 경지. ⑬도가의 경서(經書). ¶改爲一經<舊唐書> ⑭서체(書體)의 한 가지. 해서(楷書). ⑮《佛》부처. ¶佛號正一<南齊書> ⑯관리의 별칭. ¶呼內左右爲直一<南齊書>

【眞價】しんか(진가) 참된 값어치.

【眞箇】しんこ(진개) ①참되며 거짓이 없는 일. 眞個(진개). ¶不是一龍虎<朱子全書> ②과연. 역시. ¶明日懶人一歸<許月卿> ③㊥ 자. 그런데. 발어사(發語辭).

【眞景】しんけい(진경) ①실제의 경치. 實景(실경). ¶幽明生一<雲笈七籤> ②실제의 경치 그대로 그린 그림. ¶一山水.

【眞經】しんきょう(진경) 도가(道家)의 경서(經書). ¶授其圖籙一<隋書>

【眞境】しんきょう(진경) 세속의 먼지가 묻지 않은 깨끗한 곳. 신선들이 사는 곳. ¶一勝人間<宋史>

【眞骨】(진골) 신라 때의 골품(骨品)의 하나. 부모 중 한쪽만이 왕족인 사람.

【眞空】しんくう(진공) ①공기가 없는 공간. ¶一狀態/一包裝. ②《佛》일체의 색상(色相)을 초월한 실재(實在)의 모습.

【眞君】しんくん(진군) ①진정한 임금. 만물의 주재자(主宰者). ②신선의 존칭.

【眞金不鍍】しんきんふと(진금부도) 진짜 황금은 도금하지 않는다는 뜻으로, 참으로 유능한 사람은 겉치레를 하지 않음의 비유.

【眞談】(진담) 진정으로 하는 말. 참말. ↔弄談(농담).

【眞理】しんり(진리) ①참된 도리(道理). 올바른 이치. ②누구에게나 타당하다고 인정되는 지식.

【眞面目】しんめんもく(진면목) 참모습. 眞相(진상). 實狀(실상). ¶不識廬山一<蘇軾> ※しんめんぼく

【眞犯】しんぱん(진범) 죄를 저지른 바로 그 범인. 眞犯人(진범인).

【眞本】しんぽん(진본) 사본이나 모조품이 아닌 진짜 책이나 서화(書畫). ¶班固一<南史> ↔贋本(안본).

【眞否】しんぴ(진부) 참됨과 참되지 못함. 眞僞(진위).

【眞相】しんそう①・しんしょう②(진상) ①사물의 참모습·참내용. 實相(실상). 本體(본체). ¶得其一<洛陽伽藍記> ②참된 재상(宰相). ¶不爲一<却掃編>

【眞書】しんしょ(진서) ①㊙ 조선 시대에 한문을 이름. ↔諺文(언문). ②해서(楷書). 眞字(진자). 正書(정서).

【眞善美】しんぜんび(진선미) 참됨과 착함과 아름다움.

【眞成】しんせい(진성) 참으로. ¶一薄命久尋思<王昌齡>

【眞性】しんせい①・しんしょう②③(진성) ①천성(天性). ¶孝是一<孝經·注> ②순수한 성질. ③의학에서, 진짜 증세의 것. ↔擬似(의사).

【眞誠】しんせい(진성) 거짓 없는 참된 정성. ¶一知人矣<韓愈>
【眞所謂】(진소위) 그야말로. 참말로.
【眞俗】しんぞく(진속) ①《佛》 진제(眞諦)와 속제(俗諦). ②승려와 속인. 僧俗(승속).
【眞率】しんそつ(진솔) 천진하며 꾸미지 않음. 정직하고 깨끗함. ¶其一如此<南史>
【眞髓】しんずい(진수) 사물의 가장 본질적인 골자. 精髓(정수). 神髓(신수).
【眞是】(진시) 진실로. 참으로.
【眞實】しんじつ(진실) 참됨. ¶秉心一<陸雲> ↔ 虛僞(허위).
【眞心】しんしん(진심) ①참된 마음. 眞意(진의). 眞情(진정)①. ¶亂惑一<後漢書> ②《佛》 참되어 허튼 데가 없는 마음. ¶但能一徹致者<往生禮贊>
【眞言】しんごん(진언) ①《佛》 부처의 말. 密語(밀어). ②주문(呪文). ③《佛》 진언종(眞言宗)의 준말. ④참말. ↔虛言(허언).
【眞如】しんにょ(진여) ①《佛》 영구히 변치 않는 일체 만유의 본성(本性). ②도가(道家)에서, 인간 본래의 품성을 이르는 말. ¶本一性而言 謂之一<天隱子>
【眞如立】しんじょタツガゴトシ(진여립) 해서(楷書)는 사람이 서 있는 것과 같음. ¶一 行如行草如走<東坡志林>
【眞如月】しんにょげつ(진여월)《佛》 번뇌를 벗고 나타나는 마음의 본체(本體).
【眞影】しんえい(진영) ①참모습. ¶一來現<呂溫> ②사진.
【眞吾】しんご(진오) 실재(實在)의 나. 진짜 나의 모습. ¶吾亦見一<朱熹>
【眞僞】しんぎ(진위) 참과 거짓. 眞假(진가). 眞贋(진안). 眞否(진부). ¶不明一<後漢書>
【眞儒】しんじゅ(진유) 참된 학자. 君子儒(군자유). ¶千載無一<宋史> ↔俗儒(속유).
【眞意】しんい(진의) 참된 마음. 眞心(진심)①. ¶此中有一<陶潛>
【眞義】しんぎ(진의) 참뜻. 참된 의미. 本義(본의).
【眞人】しんじん①②③・しんにん④(진인) ①도교(道敎)에서, 도통하여 신선이 된 사람. 至人(지인). ¶古之一 不逆寡 不雄成<莊子> ②남자 신선. ¶男之高仙曰一<事物異名錄> ③현인(賢人). ¶一東行<世說新語> ④《佛》 진리를 깨달은 사람. 아라한(阿羅漢) 또는 부처를 이름. ¶義曰一<中本起經>
【眞字】しんじ(진자) ☞眞書(진서)②.
【眞宰】しんさい(진재) 도가(道家)에서, 조물주를 이르는 말. 眞君(진군). ¶一倒持生殺柄<白居易>
【眞蹟】しんせき(진적) ①진짜 필적. 眞筆(진필). 眞迹(진적). ②실제의 유적.
【眞詮】しんせん(진전) 진리를 표현한 글귀. 또는, 참된 깨달음. ¶衣褐向一<杜甫>
【眞正】しんせい(진정) 틀림이나 거짓이 없음. 眞實(진실). ¶內非一<後漢書>
【眞情】しんじょう(진정) ①진심(眞心). 참된 마음. ②실정(實情). 실제의 형편.
【眞諦】しんたい(진제)《佛》 진실하며 완전한 깊은 도리. ↔俗諦(속제).
【眞珠】しんじゅ(진주) ①진주조개 따위에 들어있는 구슬. ¶一出南海<本草綱目> ②진짜 구슬. ¶似珠非一<論衡> ③모란의 한가지. ④술.
【眞摯】しんし(진지) 참되고 착실함. 진실하며 열심임.
【眞彩】(진채) 진하게 쓰는 원색적인 채색. 단청(丹青)에 씀.
【眞宅】しんたく(진택) 이승을 가택(假宅)으로 보고, 사후(死後) 세계를 이르는 말. ¶歸其一<列子>
【眞品】しんぴん(진품) 진짜 물건.
【眞筆】しんぴつ(진필) ☞眞蹟(진적)①. ↔僞筆(위필).
【眞紅】しんく(진홍) 짙은 홍색. ※しんこう
▷高一, 九一, 歸一, 陶一, 童一, 明一, 保一, 本一, 寫一, 聖一, 率一, 守一, 淑一, 純一, 失一, 養一, 女一, 玉一, 全一, 正一, 貞一, 精一, 質一, 天一, 淸一, 沖一, 逼一

10〖真〗 眞(p. 1062)의 俗字

10〖眞〗 眞(p. 1062)의 略字

5
10〖眕〗 진중할 진 | 圖ㄓㄣˇ (zhen) | しん (シノブ)

풀이 ①진중하다. 참고 견딤. 通鎭. ¶能一者鮮矣<左氏傳> ②원한을 품은 눈매. ③알리다. 通診.

5
10〖眡〗 엿볼 첨 | 圖 てん 圖 せん

풀이 ①엿보다. 같 覘. ②처진 눈. ③음란하다. ¶一睐.

5
10〖眙〗 1눈여겨볼 치 2눈여겨볼 증 3눈 치뜰 이 | 圖ㄔ 圖(chi) 因ㄧˊ (yi) | ち(ミツメル) ちょう い

풀이 1 ①눈여겨보다. 응시(凝視)함. ¶目一不禁<史記> ②머무르다. 기다림. 通竢. ③놀란 눈으로 보는 모양. ¶覩斯而一<王延壽> 2눈여겨보는 모양. 같 瞪觀. 3눈을 치뜨는 모양.

5
10〖眩〗 1아찔할 현 2팔 견 3요술 환 | 圖ㄒㄩㄢˋ 圖(xuan) 圖 | げん (クラム) *giddy*

풀이 1 ①아찔하다. ㉮ 현기증이 나다. ¶忽忽一冒<素問> ㉯ 갈피를 잡지 못하다. ¶敬大臣則不一<禮記> ㉰ 착각하다. ¶一于名實<漢書> ②현혹시키다. ¶慾一之也<新論> ③어둡다. ¶照物而不一<淮南子> ④현기증. ¶患一疾<後漢書> ⑤보는 모양. ¶目一一兮<楚辭> ⑥눈부시다. 通炫. ¶揚精華以一耀<楚辭> 2팔다. 같 衒. 3 같 幻. ①요술. ②속여 호리다. ¶一人.
【眩氣】げんき(현기) 눈이 아찔하고 어지러운 증세. 眩暈(현훈). ¶一症.
【眩亂】げんらん(현란) 눈앞이 캄캄하고 아찔함.

【眩惑】げんわく(현혹) 정신이 혼미하여 어지러움. 또는, 홀려 미혹되게 함. ¶世俗之所—也<淮南子>
【眩暈】げんうん(현훈) ☞眩氣(현기). ¶—症.
▷驚—, 苦—, 瞑—, 眊—, 旋—, 耀—, 震—, 吐—, 汗—, 昏—

5 10〖眖〗 놀라 볼 혈 | 屑 ㄒㄩˇㄝˋ (xue) | けつ
풀이 ①놀라서 보다. 두리번거림. ¶佐欺猥以鵰—<王延壽> ②눈이 우묵한 모양.

5 10〖眓〗 처다볼 활 | 曷 かつ | 屑 けつ

5 10〖眛〗 1 눈 움푹할 홀 | 質 きつ
2 눈 움직일 율 | 質 いつ

11〖䀁〗 眀(p. 1065)의 俗字

6 11〖眶〗 눈자위 광 | 陽 ㄎㄨㄤˋ (kuang) | きょう (マブチ)
풀이 ①눈자위. ¶矢來注眸子 而—不睫<列子> ②우묵한 눈. ¶隅目高—<張衡>
▷高—, 目—, 眼—

6 11〖眷〗 돌아볼 권 | 霰 ㄐㄩㄢˋ (juan) | けん (カエリミル) *look back*
㊐睠
풀이 ①돌아보다. ¶乃—西顧<詩經>/—顧. ②사모하다. ¶—戀. ③은혜. ¶蒙—累世<晋書> ④친족. ¶—屬. ⑤동아리. 동료. ¶法—撞鐘鼓<李夢陽> ⑥소실(小室). 첩. ¶問是誰家好宅—<朱德潤>
【眷戀】けんれん(권련) 사모함. 愛戀(애련). 拳攣(권련). ¶—想南枝<潘岳>
【眷屬】けんぞく(권속) ①일가. 친척. 眷族(권족). 眷黨(권당). ¶億世—千載子孫<雲笈七籤> ②식구. 가족.
【眷率】けんそつ(권솔) 자기가 거느리는 집안 식구. 딸린 가족. 食率(식솔).
▷過—, 舊—, 篤—, 殊—, 宿—, 宸—, 深—, 哀—, 延—, 睿—, 禮—, 優—, 隆—, 恩—, 佇—, 朝—, 天—, 親—, 宅—, 荷—, 歡—, 廻—, 厚—

6 11〖眽〗 1 훔쳐볼 맥 | 陌 ㄇㄛˋ (mo) | ばく
2 곁눈 멱 | 錫 | べき
풀이 1 ①훔쳐보다. ②서로 보다. ¶——不得語<古詩> ③보는 모양. ¶目——兮<楚辭> ④흉악한 눈매. 2 ①곁눈. 곁눈질함. ㉠覓. ②남을 업신여기다. ¶—蜴. ③보다. ¶—隆周之太寧<漢書>

6 11〖眳〗 눈두덩 명 | 庚 ㄇㄧˊㄥ (ming) | 迥 | べい
풀이 ①눈두덩. ¶—藐流眄<張衡> ②노하다. ¶—睜 不悅視也<字林> ③눈이 작다.

6 11〖眸〗 눈동자 모 | 尤 ㄇㄡˊ (mou) | ぼう (ヒトミ)
풀이 ①눈동자. ¶—子不能掩其惡<孟子>/明—. ②눈. ¶和顏揚—<劉楨> ③자세히 보다. ¶—而見之<荀子>
▷明—, 放—, 雙—, 兩—, 揚—, 靈—, 凝—, 瞋—, 瞪—, 淸—, 秋—, 昏—, 橫—, 黑—

6 11〖眯〗 1 눈 잘 못뜰 미 | 紙 ㄇㄧˇ | べい
2 가위눌릴 미 | 寘 (mi) | び
3 애꾸눈 미 | 支 | び
풀이 1 ①눈을 잘 못 뜨다. 눈에 티가 듦. ¶若—而撫<淮南子> ②편안하다. ㉠救. 2 가위눌리다. ¶必且數—焉<莊子> 3 애꾸눈.

6 11〖眼〗 1 눈 안 | 潸 ㄧㄢˇ (yan) | がん (メ) *eye*
2 눈 불거질 은 | 阮 ㄣ (en) | ごん
풀이 1 ①눈. ㉮눈알. ¶抉吾—<史記> ㉯눈구멍. ¶精之窠爲—<靈樞經> ㉰눈매. ¶—如望羊<史記> ②보다. 보는 기능. ¶—識. ③구멍. ¶穿鍼—<歲華紀麗> ④고동. 사북. 요점. ¶字—. ⑤나무의 싹. ¶柳—挑金<歲華紀麗> ⑥부처의 이치를 밝게 보는 능력의 비유. ¶佛—/慧—. 2 눈이 불거진 모양. ¶望其轂 欲其—也<周禮>
【眼開】がんかい(안개) ①눈이 뜨임. ②욕심이 남. ¶不要見錢—<桃花扇>
【眼瞼】がんけん(안검) 눈꺼풀. 眼胞(안포).
【眼界】がんかい(안계) ①눈에 보이는 범위. 視野(시야). ②생각이 미치는 범위.
【眼高手卑】(안고수비)㊙ 눈은 높고 손은 낮다는 뜻으로, 이상은 크고 높으나 능력이 없어서 성취하지 못함을 이름.
【眼光】がんこう(안광) ①눈빛. 눈의 정기(精氣). 眼彩(안채). ¶—作電<蘇軾> ②사물을 분별하는 힘. 眼識(안식).
【眼光徹紙背】がんこうしはいにてっす(안광 철지배) 눈빛이 종이 뒷면까지 꿰뚫음의 뜻으로, 책을 읽어 해득하는 힘이 강하고 예리함을 이름. 眼透紙背(안투지배).
【眼球】がんきゅう(안구) 눈알. 眼珠(안주).
【眼根】げんこん(안근)《佛》육근(六根)의 하나로, 안식(眼識)이 생기는 근원. ¶心淸淨 —淸淨<圓覺經>
【眼到】がんとう(안도) 책에 눈을 집중하는 일. 주희(朱熹)가 말하는 독서 삼도(讀書三到)의 하나. ¶讀書有三到 心到—口到<朱子語類>
【眼同】がんどう(안동) 함께. 입회하여. ¶—交付<福惠全書>
【眼力】がんりょく(안력) ①시력(視力). ¶滅書存—<劉禹錫> ②사물의 내용, 실상을 분간하는 힘. 鑑識力(감식력). ※がんしき

【眼目】がんもく(안목) ①눈매. ¶此小兒一異＜北史＞ ②주안점(主眼點). ¶參學一＜傳燈錄＞ ③㊙ 사물을 분별하는 견식.
【眼目所視】(안목소시)㊙ 남들이 보고 있는 터. 眼目所見(안목소견).
【眼識】がんしき①·げんしき②(안식) ①사물, 선악을 분별하는 힘. ②《佛》 색경(色境)을 분별하는 기능. ¶一無明＜梁簡文帝＞
【眼藥】がんやく·メグスリ(안약) 눈약.
【眼窩】がんか(안와) 눈구멍. 眼窠(안과).
【眼前】がんぜん(안전) 눈앞. 目前(목전). ¶不獨淒涼一事＜吳融＞
【眼睛】がんせい(안정) 눈동자. 眸子(모자).
【眼中】がんちゅう(안중) ①눈의 속. 眼底(안저). ¶掌中蓮花一刺＜白居易＞ ②늘 염두에 두는 일. ¶不見一人＜李白＞
【眼中無人】がんちゅうヒトナシ(안중무인) ☞眼下無人(안하무인).
【眼中有鐵】がんちゅうてつアリ(안중유철) 눈도 철갑으로 무장하고 있다는 뜻으로, 완전 무장하여 정신이 긴장되어 있음을 이름.
【眼中人】がんちゅうノヒト(안중인) 늘 마음에 두고 촉망하는 사람. 또는, 서로 안면이 있는 사람. ¶髣髴一＜陸運＞
【眼中丁】がんちゅうノてい(안중정) 눈 속의 못[釘]이라는 뜻으로, 방해자 또는 장애물을 이름. 남송(南宋) 때 사람들이 정위(丁謂)를 미워하여 부르던 말임. 眼中釘(안중정). 眼中刺(안중자).
【眼中釘】がんちゅうノてい(안중정) 눈 속의 못. 곧, 방해자·훼방꾼 따위의 비유. 眼中刺(안중자).
【眼疾】がんしつ(안질) 눈병. ¶晩嗜琴 有一＜唐書＞
【眼廢】(안폐) 눈이 멂. 失明(실명).
【眼下無人】がんかヒトナシ(안하무인) 교만하여 저밖에 없는 듯이 사람을 모두 업신여김. 眼中無人(안중무인). 傍若無人(방약무인).
▷開一, 客一, 檢一, 具一, 近視一, 冷一, 老一, 露一, 綠一, 淚一, 獨一, 滿一, 媚一, 反一, 方一, 榜一, 白一, 法一, 碧一, 佛一, 斜一, 書一, 洗一, 俗一, 心一, 雙一, 兩一, 魚一, 五一, 龍一, 遠視一, 柳一, 肉一, 字一, 慈一, 點一, 主一, 遮一, 着一, 隻一, 千里一, 天一, 青一, 醉一, 湯一, 砲一, 血一, 慧一, 患一

6 11【䀩】 업신여길 액 陌 だく(アナドル) / 이 寘 じ / 척 職 ちょく

11【睁】 睜(p.1068)의 俗字

6 11【眺】 바라볼 조 嘯 ㄊㄧㄠˋ (tiao) 篠 ちょう (ナガメル) *gaze at*
풀이 ①바라보다. ¶高望而遠一＜孔子家語＞/一望. ②살피다. ③두리번거리다. ¶邪一旁剔＜潘岳＞ ④빠르다. ⑤피하다. 通 逃.

【眺望】ちょうぼう(조망) ①멀리 바라봄. 眺覽(조람). 眺矚(조촉). ¶可以遠一＜禮記＞ ②전망(展望). 경치.
▷顧一, 登一, 晚一, 伏一, 邪一, 視一, 野一, 延一, 遙一, 遠一, 凝一, 臨一, 瞻一, 遐一, 閑一, 迴一

11【眾】 衆(p.1338)의 本字

6 11【眹】 1 눈동자 진 軫 ㄓㄣˋ (zhen) ちん / 2 눈동자 접 葉 しょう *pupil*
풀이 1 ①눈동자. ¶無目一 謂之瞽＜周禮＞ ②조짐(兆眹). ③점괘(占卦). ④흔적. 자취. ¶變化之一＜鬼谷子＞ 2 눈동자.

6 11【眰】 1 눈불거질 질 屑 てつ / 2 볼 질 質 しつ

11【着】 着(p.1066)과 同字

6 11【眵】 눈곱 치 支 ㄔ (chi) し(メヤニ)
풀이 ①눈곱. ¶兩目一昏頭雪白＜韓愈＞ ②눈꼬리를 상(傷)하다. ③보다.

6 11【眴】 1 깜작일 현 霰 ㄒㄩㄢˋ (xuan) けん(マタタク) / 2 눈짓할 순 震 / 3 아찔할 순 眞 しゅん
풀이 1 ①깜작이다. 같 旬. ②현기증이 나다. ¶臣嘗有顛一病＜揚雄＞ 2 ①눈짓하다. ¶梁一籍曰＜漢書＞ ②놀라다. ¶一若皆棄之而走＜莊子＞ 3 ①아찔하다. ②눈을 움직이다. 通 恂.
【眴渙】けんかん(현환) 산뜻함. 선명(鮮明)함. ¶一粲爛＜宋玉＞
▷瞑一, 鱗一, 顚一

6 11【眭】 1 움펑눈 휴 支 ㄏㄨㄟ (hui) き / 2 볼 계 霽 けい / 3 노려볼 에 寘 い
풀이 1 ①움펑눈. ②건강한 모양. ¶一盱. ③우러러보다. 같 睢. 2 보다. ¶今人之所以一然能視＜淮南子＞ 3 노려보다. 같 睚.

7 12【睊】 흘겨볼 견 霰 ㄐㄩㄢˋ (juan) 先 えん(ミルサマ) けん

12【買】 ☞貝部 5획(p.1423)

12【睂】 眉(p.1059)의 本字

7 12【睋】 바랄 아 歌 ㄜˊ (e) が(ノゾム)
풀이 ①바라다. 또는, 바라봄. ②보다. ¶一北阜＜班固＞ ③별안간. 같 俄. ¶一而鋟其板＜公羊傳＞

7
12〖睇〗 1흘끗 볼 제 2맞아서 볼 제 | 霽ㄉㄧˋ 齊(di) | てい

풀이 1①흘끗 보다. ¶離婁微一<史記>/一眄. ②한눈 팔다. 2①맞아서 보다. ㉠睼. ②보다.

【睇眄】ていべん(제면) 곁눈질함. 睇視(제시).

▷微一, 邪一, 遙一, 流一, 含一

7
12〖着〗 붙을 착 | 藥ㄓㄨㄛˊ(zhuo) ㄓㄠ(zhao) ㄓㄜ(zhe) | ちゃく(ツク) *stick to*

本著

풀이 ①붙다. 붙이다. ㉮달라붙다. ¶底一滯淫<國語> ㉯옷을 입다. ¶便一衣幘<晉書> ㉰신발을 신다. ¶一軟材平底木屐<晉書> ㉱머리에 쓰다. ¶一皮弁<禮記·注> ㉲손대다. 일을 시작함. ¶無復一手處<晉書> ㉳자리잡다. ¶其俗或土一<史記> ㉴더하다. ¶取奇言怪語 附一之耳<風俗通> ②있다. 거처함. ¶樂一大始<禮記> ③놓다. 둠. ¶從陰收一<吳越春秋> ④솜옷. ¶一 組繫<儀禮> ⑤옷. ⑥바둑을 두다. ¶一點. ⑦술통 이름. 은(殷)대의 발 없는 술통. ⑧붙인 것. 또는, 붙이는 곳. ¶眡其一<周禮> ⑨하게 하다. 명령의 조동사. ¶一候堂事畢<福惠全書> ⑩조사(助辭). 동작을 나타내는 말에 붙임. ¶何可嗜一<梁武帝>/見一.

【着根】ちゃっこん(착근) ①옮겨 심은 초목이 뿌리를 내림. ②타향에 정착하여 정이 붙음.

【着犢鼻褌讀書】とくびこんツキテショヲヨム(착독비곤 독서) 쇠코잠방이 하나만 입고 글을 읽음의 뜻으로, 가난하게 지내면서 독서함을 이름.

【着目】ちゃくもく(착목) ☞着眼(착안).

【着服】ちゃくふく(착복) ①옷을 입음. 着衣(착의). ¶死爲之一<晉書> ②남의 금품을 부당하게 자기 것으로 함. ¶公金一.

【着想】ちゃくそう(착상) ①일의 실마리가 될 만한 생각. 着意(착의)②. ②예술 창작에서, 작품을 구상하는 활동.

【着席】ちゃくせき(착석) 자리에 앉음. ↔起立(기립).

【着手】ちゃくしゅ(착수) 일에 손을 대어 시작함. 실행의 개시(開始).

【着信】ちゃくしん(착신) 편지·전보 따위 통신이 도착함. 또는, 그 통신. 來信(내신). ↔發信(발신).

【着實】ちゃくじつ(착실) ①침착하고 진실함. ¶一飛聲<張說> ②실로. 심히. ¶一如此下手<朱子全書>

【着眼】ちゃくがん(착안) 일의 기틀을 깨달아 잡음. 또는, 중요한 점에 주의함. 着目(착목). ¶一細看君勿誤<蘇軾>

【着用】ちゃくよう(착용) 옷을 입거나 모자를 쓰거나 신발을 신거나 함. ¶一感.

【着衣】ちゃくい(착의) ①옷을 입음. 또는, 입은 옷. 着服(착복)①. ¶被鐘聲催一<項斯> ②거울. 着衣鏡(착의경). ¶梳頭新罷照一<庾信>

【着意】ちゃくい(착의) ①주의함. 留意(유의). ¶天公自一<蘇軾> ②☞着想(착상)①.

【着着】ちゃくちゃく(착착) ①일을 차례대로 침착하게 처리하는 모양. ②질서 정연(整然)한 모양.

【着彈】ちゃくだん(착탄) 쏜 탄알이 목표에 도달함. 또는, 그 탄알. ¶一距離.

【着火】(착화) 불이 붙음. 또는, 불을 붙임. ¶一點.

▷結一, 膠一, 歸一, 根一, 落一, 撞一, 到一, 倒一, 頓一, 瞞一, 悶一, 密一, 發一, 逢一, 附一, 先一, 失一, 愛一, 延一, 戀一, 遇一, 癒一, 裝一, 粘一, 接一, 定一, 住一, 地一, 執一, 沈一, 土一, 橫一

7
12〖䀹〗 1속눈썹 첩 2애꾸눈 협 | 葉ㄐㄧㄝˊ 洽(jie) | しょう(ヤツゲ) こう

풀이 1①속눈썹. ¶忽忽承一<史記> ②깜박이다. ③끼우다. 섞임. 2①애꾸눈. ②깜박이다. ¶一其一目<韓非子>

7
12〖睍〗 1불거진 눈 현 2눈 작을 현 | 銑ㄒㄧㄢˇ 霰(xian) | けん

풀이 1①불거진 눈. ②흘끗 보다. ¶伈伈一一<唐書> ③아름다운 모양. ¶一睆黃鳥<詩經> 2눈이 작다.

7
12〖睆〗 1가득찰 환 2추파 던질 완 | 潸ㄏㄨㄢˇ 旱(huan) | かん *pull*

풀이 1①가득 찬 모양. ¶有一其實<詩經> ②퉁방울눈. ㉠睅. ③눈을 깜박이다. ④끝까지 보는 모양. ¶一一然<莊子> ⑤밝은 모양. ¶華而一<禮記> ⑥옻칠을 하다. 通垸. 2추파를 던지다. ㉠睕.

▷睍一, 華一

7
12〖睅〗 퉁방울눈 환 한 | 潸ㄏㄢˋ 旱(han) | かん

7
12〖睎〗 바라볼 희 | 微ㄒㄧ(xi) | き(ノゾム) *look*

풀이 ①바라보다. ¶一秦嶺<班固> ②흘끗 보다. ③그리워하다. ¶一驥之馬<法言> ④바라다. 通希.

▷仰一, 瞻一, 遐一

13〖瞏〗 睘(p. 1068)과 同字

8
13〖睔〗 큰눈 곤 관 론 | 願ㄍㄨㄣˋ 諫(gun) 阮 | こん かん ろん

13〖⿰目昆〗 睔(p. 1066)과 同字

13〖睠〗 眷(p. 1064)과 同字

8
13〖督〗 살펴볼 독 | 沃ㄉㄨ(du) | とく(シラベル) *look around*

풀이 ①살펴보다. ¶使離婁一繩<漢書>/一察. ②조사하다. ¶一責之術<史記>

③생각하다. ¶—參鞠之<韓非子> ④통솔하다. ¶唯度請身—戰<唐書> ⑤촉구하다. ¶趣—倚辦<唐書> ⑥단속하다. ¶—事<漢書> ⑦바르다. ¶謂—不忘<左氏傳> ⑧훈계하다. ¶宜有以教—<漢書> ⑨문책하다. 꾸짖음. ¶—過之<史記> ⑩후하다. 극진함. ⑪가운데. 중앙. ¶—旁之脩<周禮·注> ⑫맏아들. ¶家有長子 曰家—<史記> ⑬줍다. 通叔. ⑭우두머리. ¶總—.

【督勵】とくれい(독려) 감독하며 격려함. ¶親自—<北史>

【督郵】とくゆう(독우) 한(漢)대의 벼슬 이름. 군수(郡守)의 보좌관으로, 관내를 순찰하며 관리들의 근무 성적을 조사하는 일을 맡았음.

【督戰】とくせん(독전) 싸움을 독려함. ¶乃躬執以—<晋書>/—隊.

【督促】とくそく(독촉) 재촉함. ¶—發遣<後漢書>

【督辦】とくべん(독판) 청(淸)대의 벼슬 이름. 총판(總辦)의 사무를 감독했음.

▷家—, 監—, 檢—, 教—, 都—, 董—, 搜—, 繩—, 緣—, 程—, 提—, 天—, 總—, 催—, 鞭—

8 13【睞】 1 한눈 팔 래 2 사팔눈 될 래 | 隊 ㄌㄞˋ 因 (lai) | らい

풀이 1 ①한눈 팔다. ¶明眸善—<曹植> ②보다. ¶瞵悍目以旁—<潘岳> ③눈동자가 안쪽으로 모이다. ④돌보다. ¶眄—成飾<任昉> 2 사팔눈이 되다.

▷眄—, 旁—

8 13【睩】 삼가 볼 록 | 屋 ㄌㄨˋ 沃 (lu) | ろく

풀이 ①삼가 보다. ②보는 모양. ¶娥眉曼—<楚辭> ③소인이 득세하는 모양. ¶哀世兮——<楚辭> ④복록(福祿). 通祿.

8 13【睦】 화목할 목 | 屋 ㄇㄨˋ (mu) | ぼく (ムツマジイ)

풀이 ①화목하다. ¶九族既—<書經>/親—. ②눈매가 온순하다. ③공손하다. 삼감. ¶旼旼——<史記> ④도탑다. ¶於周爲—<左氏傳> ⑤가깝다. ¶漢之—親<漢書> ⑥부드러워지다. ¶百姓親—<左氏傳> ⑦통하다. ¶莧—夬夬<易經>

▷恭—, 篤—, 敦—, 修—, 肅—, 雍—, 友—, 慈—, 輯—, 親—, 協—, 和—

8 13【睥】 흘겨볼 비 | 霽 ㄅㄧˋ (bi) 薺 | へい (ニラム)

풀이 ①흘겨보다. ¶—睨天地之間<後漢書> ②엿보다. ③성가퀴. 通埤.

13【睤】 睥(p. 1067)와 同字

8 13【睗】 빨리 볼 석 | 陌 ㄕˋ (shi) | しゃく

풀이 ①빨리 보다. ¶木魅—睒<庾信> ②번갯불. ¶雷電生睒—<韓愈>

8 13【睒】 언뜻 볼 섬 | 琰 ㄕㄢˇ (shan) | せん (チラットミル)

풀이 ①언뜻 보다. 잠시 봄. ¶—矚乎廢空<郭璞> ②보다. ¶鬼—其室<太玄經> ③엿보다. ¶瞢復—天<太玄經> ④빛나다. 번갯불. ¶電炟炟其光—也<元包經>

8 13【睡】 졸 수 | 寘 ㄕㄨㄟˋ (shui) | すい (ネムル) *doze*

풀이 ①졸다. 잠. ¶被介冑而—<漢書> ②잠. ¶破—見茶功<白居易>/—眠. ③꽃봉오리 지는 모양. ¶只恐夜深花—去<蘇軾>

【睡蓮】すいれん(수련) 수련과에 속하는 여러해살이물풀.

【睡魔】すいま(수마) 졸음을 불러 오는 마신(魔神). 또는, 졸음을 마귀에 비유하여 이르는 말. ¶僧房戰—<蘇軾>

【睡眠】すいみん(수면) 잠. 또는, 잠을 잠. ¶耆蒙—<易林>

【睡語】すいご(수어) 잠꼬대. ¶—應難續<蘇軾>

▷假—, 甘—, 酣—, 美—, 熟—, 佯—, 陽—, 午—, 坐—, 寢—, 破—, 疲—, 昏—

8 13【睟】 바로 볼 수 | 寘 ㄙㄨㄟˋ (sui) | すい

풀이 ①바로 보는 모양. ②눈이 청명하다. ¶臨朝凝—<沈約> ③윤이 나는 모양. ¶—然見於面<孟子> ④순수하다. ¶牛玄騂白—而角<法言>

▷炳—, 凝—

8 13【[目+享]】 1 무딘 눈 순 | 震 | しゅん
2 어두울 돈 | 元 | とん
3 눈 크게 뜰 곽 | 藥 | かく

8 13【睚】 눈초리 애 | 佳 ㄧㄚˊ 卦 (ya) | がい (マナジリ)

풀이 ①눈초리. ②쳐다보다. ③노려보다. 흘겨봄. ¶報—眦怨<漢書>

8 13【睪】 1 엿볼 역 | 陌 ㄧˋ (yi) | えき
2 못 택 | 陌 | たく
3 패할 투 | 遇 | と

풀이 1 ①엿보다. ②끌어당기다. ③주다. ④즐거워하는 모양. 2 못. 같澤. ¶代—而食<荀子> 3 패하다.

8 13【睨】 흘겨볼 예 | 霽 ㄋㄧˋ 薺 (ni) | げい (ニラム) leer at

풀이 ①흘겨보다. ¶—而視之<中庸> ②자세히 보다. ¶忽臨—夫舊鄉<楚辭> ③기울다. 해가 기욺. ¶日方中方—<莊子> ④엿보다. ¶眇—.

▷眄—, 眇—, 辟—, 睥—, 傲—, 瞋—, 睇—

8 13【睕】 1 눈 우묵할 완 |㊥ㄨㄢˇ| わん
2 추파 던질 완 |㊀(wan)|

풀이 1 눈이 우묵한 모양. ¶卿目——正耐溺中<晉書> 2 ①추파를 던지다. ㊀脘. ②눈길을 돌리다.

8 13【睛】 1 눈동자 정 |㊥ㄐㄧㄥ| せい
2 싫어하는 눈빛 정 |(jing)| (ヒトミ) pupil

풀이 1 눈동자. ¶不能見其—<淮南子> 2 싫어하는 눈빛. ㊀睁.
▷瞳—, 方—, 白—, 眼—, 點—, 橫—, 黑—

8 13【睜】 싫은 눈빛 정 |㊥ㄓㄥ (zheng)| せい

풀이 ①싫은 눈빛. ㊀睛. ②눈을 크게 뜨다. 부릅뜨는 모양. ¶——.

13【鼎】 部首 글자

8 13【睫】 속눈썹 첩 |㊥ㄐㄧㄝˊ (jie)| しょう (マツゲ)

풀이 ①속눈썹. ¶陛下不交—解衣<漢書> ②깜박이다. ¶矢來注眸子 而眶不—<列子>

13【蜀】 ☞ 虫部 7획(p. 1327)

8 13【睢】 1 부릅떠 볼 휴 |㊥ㄙㄨㄟ| き
2 강 이름 수 |(sui)| すい
※雎(p. 1594)는 딴 자.

풀이 1 ①부릅떠 보다. ㉮성을 내어 사나운 눈으로 봄. ¶暴戾恣—<史記> ㉯놀라 휘둥그런 눈으로 봄. ¶萬衆——<漢書> ②우러러보다. ③헐뜯다. 비방함. ¶暴慢恣—<史記> 2 ①강 이름. ¶—水. ②땅 이름. ¶—陽.

【睢陽】すいよう(수양) ①진(秦)대의 현(縣) 이름. 지금의 하남성(河南省) 상구현(商邱縣) 남쪽. ②당(唐) 장순(張巡)의 별칭. 안녹산(安祿山)의 난 때 수양성(睢陽城)에 웅거하였으므로 이름.
▷睽—, 恣—, 天—

9 14【睾】 1 못 고 |㊥ㄍㄠ| こう
2 광대할 호 |(gao)| (サワ)

풀이 1 ①못. 늪. ②높은 모양. ¶自望其廣 則—如也<孔子家語> ③불알. ¶腰脊控—而痛<靈樞經> 2 광대한 모양. ¶——廣廣 孰知其德<荀子>

【睾丸】こうがん(고환) 불알.

9 14【睽】 1 사팔눈 규 |㊥ㄎㄨㄟˊ| けい
2 부릅뜰 계 |(kui)| き

풀이 1 ①사팔눈. ②노려 보다. ③등지다. 배반함. ¶—者 乖也<易經> ④부릅뜨다. ⑤규괘(卦). 64괘의 하나. 태하 이상(兌下離上). ☲. 2 부릅뜨는 모양. ¶—睢.
▷孤—, 乖—, 久—, 先—, 阻—

9 14【睹】 볼 도 |㊥ㄉㄨˇ (du)| と (ミル)

9 14【瞀】 1 어두울 무 |㊥ㄇㄠˋ| ぼう (クライ)
2 눈흐릴 막 |(mao)| ばく
3 현기증 모 | | ぼう
4 야맹증 목 | | ぼく

풀이 1 ①어둡다. ㊋眊. ㉮눈이 흐리다. ¶夫—視者 以黚爲赤<亢倉子> ㉯어리석다. 미련함. ¶愚陋傋—<荀子> ②눈을 내리뜨고 공손히 보다. 정면으로 보지 않는 모양. ③흐트러지다. ¶中悶—之忳忳<楚辭> 2 ①눈이 흐리다. ②눈을 내리깔고 공손히 보다. ③번민하다. ㊋悶. 3 현기증. ¶—病. 4 야맹증(夜盲症). 밤눈이 어두움.
▷狂—, 昧—, 矇—, 迷—, 悶—, 眼—, 雀—, 眩—, 昏—

14【睃】 瞍(p. 1067)의 本字

9 14【睿】 깊고 밝을 예 |㊥ㄖㄨㄟˋ (rui)| えい (アキラカ)
㊞叡

풀이 ①깊고 밝다. ②통하다. 세미(細微)한 일에 통함. ¶—者 通乎微也<書經·注> ③임금. 성인(聖人). 천자에 관한 사물의 접두어. ④총명하다. 슬기로움. ⑤너그럽다.

【睿斷】えいだん(예단) 임금의 결단. 聖斷(성단). ¶特出—<宋史>

【睿聖】えいせい(예성) 뛰어나게 현명함. 천자의 덕을 칭송하는 말. ¶謂之—武公 子實不— 於倚相何害<國語> 「지).

【睿智】えいち(예지) 뛰어나게 총명함. 叡智(예
▷敏—, 神—, 聰—

9 14【瞏】 멀리 볼 요 |㊥ㄧㄠˇ (yao)| よう

풀이 ①멀리 보다. ¶—眇. ②먼지가 이는 모양. ¶—眇蟬蜎<木華>

9 14【瞈】 알랑거리는 모양 유 |㊥ㄩ (yu)| ゆ

9 14【睼】 볼 제·천 | | てい てん

9 14【瞁】 볼 혁 | | けき

9 14【睺】 애꾸눈 후 |㊥ㄏㄡˊ (hou)| こう (カタメ)

14【瞜】 睺(p. 1068)와 同字

10 15【瞏】 1 놀라서 볼 경 |㊥ㄑㄩㄥˊ| けい
2 돌아올 선 |(qiong)| せん

풀이 [1]①놀라서 보다. ¶百節皆縱 目一絕系<素問> ②외롭다. ¶獨行一一<詩經> ③근심하다. ¶一一在疚<詩經> [2]돌아오다. (通)還.

10 15 【瞑】 [1]눈감을 명 [2]잘 면 [3]중독될 면 | [青][先]ㄇㄧㄥˊ (ming) [霰]ㄇㄧㄢˊ (mian) | めい (メヲツブル) *close*

풀이 [1]①눈을 감다. ¶謚之曰靈 不一 曰成 乃一<左氏傳> ②눈이 어둡다. ¶耳目聾一<晋書> ③소경. ¶師曠不可曰 請使一臣往與之言<逸周書> ④백성. ¶民者一也<春秋繁露> [2](通)眠. ①자다. ②어둡다. [3]①중독(中毒)되다. ②아찔하다. 현기증이 남.

【瞑目】めいもく(명목) ①눈을 가림. 눈을 감음. ②편안히 죽음. ¶甘心一<後漢書>

【瞑想】めいそう(명상) 눈을 감고 생각에 잠김.

10 15 【瞍】 소경 수·소 | [有]ㄙㄡˇ [蕭](sou) | そう (メクラ)

풀이 ①소경. 봉사. ¶矇一奏公<詩經> ②여위다. ③총명하다. ④늙은이. (通)叟. ¶祗載見瞽一<書經>
▷瞽一, 矇一

10 15 【瞋】 부릅뜰 진 | [眞]ㄔㄣ [震](chen) | しん (メヲミハル)

풀이 ①부릅뜨다. 성내어 눈을 크게 뜸. ¶項王一目而叱之<史記> ②성내다. ¶濟陰王思一怒無度<魏略>

【瞋怒】しんど(진노) 눈을 부릅뜨고 성냄.

【瞋色】しんしょく(진색) 성난 얼굴빛.

【瞋恚】しんい(진에)《佛》 삼독(三毒)의 하나. 제 마음에 맞지 않는 것에 대해 성냄.

10 15 【瞎】 애꾸눈 할 | [黠]ㄒㄧㄚ (xia) | かつ (カタメ)

풀이 ①애꾸눈. 척안(隻眼). ¶吾聞 一兒一淚 信乎<十六國春秋> ②소경. ¶盲人騎一馬<晋書> ③어둡다. 사리(事理)에 어두움.

11 16 【瞡】 [1]훔쳐볼 규 [2]볼 규 | [支]ㄍㄨㄟ [眞](gui) | き (ヌスミミル)

풀이 [1]①훔쳐보다. 슬쩍 봄. ¶一一然瞿瞿然<荀子> ②한 눈을 감고 보다. 한쪽 눈을 지그시 감고 봄. ¶學者之嵬一一然<荀子> [2]①보다. ②성내는 모양. 눈에 노기를 띰.

11 16 【瞠】 볼 당 (本)청 | [庚]ㄔㄥ [敬](cheng) | どう (メヲミハル)

풀이 ①보다. 똑바로 봄. ¶一若乎後<莊子> ②눈을 휘둥그래 뜨고 보다. 놀라서 보는 모양.

11 16 【瞝】 볼 리 (本)치 | [支] | ち (メグリミル)

11 16 【瞞】 [1]속일 만 [2]부끄러워할 문 | [寒]ㄇㄢˊ (man) [元] | まん (アザムク) *deceive* もん

풀이 [1]①속이다. (通)謾. ¶淺薄間一 其謀乃獲<逸周書> ②수평으로 된 눈. ③눈을 감은 모양. [2]부끄러워하다. 부끄러워하는 모양. ¶一然.

11 16 【瞢】 [1]어두울 몽 [2]소경 맹 | [東]ㄇㄥˊ [庚](meng) | ぼう *dark*

풀이 [1]①어둡다. ㉮눈이 어둡다. ¶瞪一忘食<王褒> ㉯똑똑하지 아니하다. ¶物失明貞 莫不一一<太玄經> ㉰일월(日月)의 빛이 밝지 아니하다. ¶冥昭一闇 誰能極之<楚辭> ②부끄러워하다. ¶有靦一容<左思> ③번민하다. ¶不與於會 亦無一焉<左氏傳> [2]소경. (같)盲.
▷聾一, 闇一, 愚一, 雲一, 靦一, 瞪一, 昏一

11 16 【瞟】 [1]볼 표 [2]찾을 표 [3]밝게 볼 표 | [篠]ㄆㄧㄠˇ [嘯](piao) [蕭] | ひょう (ミル) *look*

풀이 [1]①보다. ㉮엿보다. ㉯곁눈질하다. ②애꾸눈. ③작은눈의 모양. [2]찾다. [3]①밝게 보다. ②돌아보다. ③흐리다. 눈이 잘 보이지 않는 모양. ¶忽一眇以響像<王延壽>

12 17 【瞰】 볼 감 | [勘]ㄎㄢˋ (kan) | かん (ミル) *look*

풀이 ①보다. ¶東一目盡<揚雄> ②멀리 내려다보다. ¶雲車十餘丈 一臨城中<後漢書> ③물고기의 눈이 감기지 않는 일. ¶魚一鷄睨<埤雅>

17 【瞸】 瞠(p.1069)과 同字

12 17 【瞳】 눈동자 동 | [東]ㄊㄨㄥˊ [絳](tong) | どう (ヒトミ) *pupil*

풀이 ①눈동자. (通)童. ②어리석은 모양. ¶一焉.

【瞳孔】どうこう(동공) 눈동자. 瞳子(동자). 瞳睛

【瞳子】どうし(동자) ☞瞳孔(동공). 〔(동정).
▷紺一, 綠一, 明一, 方一, 雙一, 龍一, 月頰星一, 重一, 青一, 漆一, 昏一

12 17 【瞭】 밝을 료 | [篠]ㄌㄧㄠˇ [蕭](liao) | りょう (アキラカ)

풀이 ①밝다. ㉮눈동자가 또렷하다. ¶胸中正 則眸子一焉<孟子> ㉯사물이 분명하다. ¶人物之在三遠也 高遠者明一<林泉高致> ②멀다. 아득함. (通)杳. ¶一冥冥而薄天<楚辭> ③새 이름. 새매. ④(中) 각막(角膜).

【瞭然】りょうぜん(요연) 환한 모양. 분명한 모양. 瞭焉(요언). ¶一目一.
▷明一, 照一

12 17 【瞵】 1 눈빛 린 圓ㄌㄧㄣˊ りん 2 어두울 린 (lin) りん 3 노려볼 련 れん

풀이 1 ①눈빛. 눈동자의 빛. ②눈을 부라리며 보는 모양. ¶鷹一鶚視<左思> ③아찔하다. 눈앞이 캄캄해짐. ④굽어보는 모양. ⑤하늘이 밝아지는 모양. 2 어둡다. 보아도 분명하지 아니함. 3 노려보는 모양.

12 17 【瞥】 1 언뜻볼 별 ㄆㄧㄝ べつ 2 침침할 폐 (pie) へい

풀이 1 ①언뜻 보다. 잠깐 봄. ¶雖偶見一觀 皆卽疏記<梁書> ②안정되지 못한 모양. 일정하지 아니함. ¶一一. 2 침침하다. 눈이 흐려 보이지 아니함.

【瞥眼間】(별안간)韓 ①언뜻 보는 사이. 썩 짧은 시간. 瞬間(순간). 霎時間(삽시간). ②느닷없이.

▷斜一, 一一, 電一

12 17 【瞬】 눈깜박일 순 ㄕㄨㄣˋ (shun) しゅん (マタタク)

풀이 ①눈을 깜박이다. 같 瞚. ¶先學不一而後可言射矣<列子> ②잠깐 사이. 눈 깜박할 사이. ¶撫四海於一一<陸機>

【瞬間】しゅんかん(순간) 눈 깜박할 사이. 극히 짧은 동안. 瞬時(순시).

【瞬息間】しゅんそくかん(순식간) 극히 짧은 동안. 瞬息(순식). ¶得失一<杜甫>

▷倏一, 一一, 轉一, 淸一

12 17 【瞫】 볼 심 ㄕㄣˇ (shen) しん

12 17 【瞪】 바로 볼 징 ㄉㄥˋ (deng) じょう (ミツメル)

풀이 ①바로 보다. 주시(注視)함. 같 町. ②中 멍하다. 얼빠진 모양.

12 17 【瞧】 몰래 볼 초 ㄑㄧㄠˊ (qiao) しょう

풀이 ①몰래 보다. 훔쳐보는 모양. ¶覩文籍則目一<嵇康> ②中 가바라보다. 나만나보다. 방문(訪問)함. 면회(面會)함.

17 【瞩】 矚(p. 1071)의 俗字

12 17 【瞲】 1 눈 움푹할 휼 きつ 2 휘둥그래질 혈 けつ

13 18 【瞼】 눈꺼풀 검 ㄐㄧㄢˇ (jian) けん (マブタ) eyelid

풀이 ①눈꺼풀. ¶一垂覆目 不得視<北史> ②고을. 남만(南蠻)의 말. ¶南蠻有十一<唐書>

13 18 【瞽】 소경 고 ㄍㄨˇ (gu) こ (メクラ) *blind man*

풀이 ①소경. ¶一者無以與乎文章之觀<莊子> ②마음이 어둡다. 분별이 없음. ¶舜父有目不能分別善惡 故時人謂之一<書經·注>/一子. ③악인(樂人). 악관(樂官). 음악담당 벼슬아치. ¶一 矇也 以爲樂官者<詩經·注> ④눈치가 없는 사람.

【瞽史】こし(고사) ①주(周)대의 벼슬 이름. 瞽는 악사(樂師)로 음악을, 史는 大史(태사)·小史(소사)로 음양(陰陽)·천문·예법을 맡아 보았음. ②소경 악사(樂師).

【瞽叟】こそう(고수) ☞瞽瞍(고수).

【瞽瞍】こそう(고수) 순(舜)임금 아버지의 호칭. 어리석어 선악을 판단하지 못하므로, 그때 사람들이 이렇게 불렀다 함. 또는, 진짜 소경이었다는 설도 있음. 瞽叟(고수).

【瞽宗】こそう(고종) ①은(殷)대의 학교. ②향학(鄕學)의 스승 가운데 사원(祠院)에 배향(配享)된 사람. ¶鄕先生沒 其人可祀於社者 謂之一<稱謂錄>

▷狂一, 聾一, 盲一, 矇一, 頑一, 愚一

13 18 【瞿】 볼 구 ㄐㄩˋ (ju) ㄑㄩˊ (qu) く (ミル) *see*

풀이 ①보다. 가매·소리개 따위가 노려보다. 나놀라서 보다. 휘둥그래져서 봄. 다두루 살피다. ¶雀俯而啄 仰而四顧 所謂一也<埤雅> ②마음속으로 놀라다. ¶聞名心一<禮記> ③검소하다. ④사물(事物)의 형용. ¶一然/一一. ⑤두려워하다. 通 懼.

【瞿曇】くどん(구담)(佛) 범어(梵語) Gotama의 음역. 지최승(地最勝). 가석가족의 조상. 나석가여래의 성(姓). 다석가여래. 부처. 라불교.

▷強一, 句一, 心一

18 【曌】 照(p. 949)와 同字

※당(唐)의 측천무후(則天武后)가 만든 19자(字) 중 하나. 자신의 이름, 明空을 합쳐 만들었는데, 뒤에 曌자로 잘못 씌어짐.

13 18 【瞻】 볼 첨 ㄓㄢ (zhan) せん (ミル) *look*

풀이 ①보다. ¶一前而顧後兮<楚辭> ②쳐다보다. 우러러봄. ¶一彼日月<詩經> ③굽어보다.

【瞻仰】せんぎょう(첨앙) ①우러러봄. 위를 쳐다 봄. ②우러러 사모함. 瞻望(첨망).

▷顧一, 觀一, 翹一, 具一, 視一, 仰一, 眺一

18 【䁟】 曦(p. 729)와 同字

14 19 【矇】 청맹과니 몽 ㄇㄥˊ (meng) もう (メクラ)

풀이 ①청맹과니. ¶一瞍奏公<詩經> ②어둡다. 가눈이 어둡다. 나어리석다. ¶人未學問曰一<論衡>

【矇昧】もうまい(몽매) ①사물의 이치에 어두움. 어리석음. ②소경. 봉사.

【矇瞍】もうそう(몽수) ①소경. 矇은 동자가 있는 소경, 瞍는 동자가 없는 소경. ②악인(樂人). 옛 중국에서, 소경을 악공(樂工)으로 삼은 데서 유래.

▷發一, 瞍一, 心一, 愚一

14
19 【矉】 찡그릴 빈 | 圓ㄆㄧㄣˊ (pin) | ひん (シカメル)

풀이 ①찡그리다. 얼굴을 찌프림. ㉰顰. ¶西施病心 而一其里<莊子> ②노려보다. ③급하다. ㉤頻. ¶國步斯一<詩經>

15
20 【矍】 두리번거릴 확 ㉯곽 | 藥ㄐㄩㄝˊ (jue) | かく

풀이 ①두리번거리다. 놀라서 보는 모양. ¶視一一<易經> ②기운이 솟는 모양. ¶一鑠哉是翁也<後漢書>

16
21 【矑】 눈동자 로 | 虞 | ろ

21 【矒】 瞢(p. 1069)과 同字

16
21 【矐】 [1] 겹눈동자 학 [2] 눈뜰 확 | 藥ㄏㄨㄛˋ (huo) | かく

풀이 [1] ①겹눈동자. ②빛. 광명. ③눈을 멀게 하다. 눈을 빼냄. ¶秦始皇惜高漸離善擊筑 重赦之 乃一其目<史記> [2] ①눈을 뜨다. ②놀라서 보다. ㉰矆.

18
23 【矔】 부릅뜰 관 | 翰ㄍㄨㄢˋ (guan) | かん

풀이 ①부릅뜨다. ②두리번거리다. ③노려보다. 매섭게 쏘아봄. ④눈에 광채가 많다. ⑤한 쪽 눈을 감다.

19
24 【矖】 [1] 눈으로 찾을 시 [2] 볼 쇄 [3] 사람 이름 리 | 紙ㄒㄧˇ 蟹(xi) 支 | し さい り

풀이 [1] 눈으로 찾다. ¶一目八荒<魏書> [2] 보다. ¶目一鼎俎<後漢書> [3] 사람 이름. ㉤離. ¶一瞜.

19
24 【矗】 우거질 촉 ㉯축 | 屋ㄔㄨˋ (chu) | ちく(シゲル) しゅく

풀이 ①우거지다. 초목이 무성함. ②가지런하다. ¶一似長雲<鮑照> ③곧다. ④길고 곧은 모양. ¶蜂房水渦 一不知其幾千萬落<杜牧> ⑤높이 솟은 모양. ¶釋宮斯闡 上一星斗<舒元輿>/一石樓.

20
25 【矙】 엿볼 감 | 勘ㄎㄢˋ (kan) | かん

21
26 【矚】 볼 촉 | 沃ㄓㄨˇ (zhu) | しょく(ミル)

▷瞥一, 眷一, 覽一, 旁一, 騁一, 俯一, 麗一, 遊一, 凝一, 佇一, 停一, 眺一, 瞻一, 聽一, 下一, 軒一, 欣一

矛<창 모>部

矛 ④ 矜 ⑦ 矟 矞 ⑧ 矠

0
5 【矛】 창 모 | 尤ㄇㄠˊ (mao) | ぼう(ホコ) む

源 象形. 무기고에 세우는, 장식 달린 긴 창 모양을 본뜸.

풀이 창. 자루 긴 창. 주척(周尺)으로, 2장(丈)의 것을 추모(酋矛), 2장 4척(尺)의 것을 이모(夷矛), 날이 세모인 것을 구모(厹矛)라 함.

矛 (禮器圖)

【矛戈】ぼうか(모과) 창. 戈는 가지가 달린 창. ¶一異適<宋書>

【矛戟】ぼうげき(모극) 창. 戟은 쌍지창(雙枝槍).

【矛盾】むじゅん(모순) ①창과 방패. ¶其兵有一木弓竹矢<後漢書> ②말의 앞뒤가 맞지 않음의 비유. 초(楚)의 한 병기(兵器) 장수가 자기의 방패는 어떤 창으로도 뚫을 수 없고, 자기의 창은 어떤 방패로도 막을 수 없다고 자랑하므로, 한 사람이, 당신의 창으로 당신의 방패를 뚫으면 어찌 되겠느냐고 하자 말문이 막혔다는 옛일에서 유래. 矛楯(모순). 自家撞着(자가당착).

▷戈一, 亡戟得一, 蛇一, 楯一, 衛一, 夷一, 利一, 杖一, 持一, 酋一

4
9 【矜】 [1] 불쌍히 여길 긍 [2] 창 자루 근 [3] 홀아비 환 ㉯관 | 蒸ㄐㄧㄣ 眞(jin) 刪ㄍㄨㄢ (guan) | きょう(アワレム) きん かん

풀이 [1] ①불쌍히 여기다. 가엾게 여김. ¶吾聞之 君子見人之厄 則一之<公羊傳> ②괴로와하다. ¶爰及一人<詩經> ③아끼다. ¶不一細行 終累大德<書經> ④위태로와하다. 위태함. ¶居以凶一<詩經> ⑤공경하다. 삼감. ¶皆有所一式<孟子> ⑥존중하다. 숭상함. ¶故人一節行<漢書> ⑦자랑하다. ¶不一而莊<禮記> ⑧가지다. 보존함. ⑨엄숙하다. ¶君子一而不爭<論語> ⑩스스로 삼가다. ¶一一. [2] 창 자루. ¶起窮巷 奮棘一<史記> [3] ①홀아비. ㉤鰥. ¶至于一寡<詩經> ②앓다. ¶寤寐恫一<漢書>

【矜救】きょうきゅう(긍구) 불쌍히 여겨 도와줌.

【矜恕】きょうじょ(긍서) 불쌍히 여겨 용서함.

【矜哀】きょうあい(긍애) 불쌍히 여김. 哀矜(애긍).

【矜持】きょうじ(긍지) ①제 뜻을 눌러 삼감. ②스스로를 꾸밈. ③믿는 바가 있어 자랑함. 矜恃(긍시).

【矜恤】きょうじゅつ(긍휼) 불쌍히 여겨 도움. 憐恤(연휼). 矜憐(긍련).

【矜寡孤獨】かんかこどく(환과고독) ☞鰥寡孤獨(환과고독).

▷可一, 去一, 誇一, 驕一, 伐一, 哀一, 仁一, 自一, 恫一, 凶一

9〖柔〗 ☞木部 5획(p.761)

11〖務〗 ☞力部 9획(p.223)

7/12〖矟〗 긴창 삭 | 覺ㄕㄨㄛˋ (shuo) | さく

풀이 창. 삼지창. 길이가 주척(周尺)으로 1장(丈) 8척(尺). 기병(騎兵)이 썼음. ㉠槊.

7/12〖矞〗 1 송곳질할 율 2 속일 휼 本결 | 質ㄩˋ(yu) 屑ㄐㄩㄝˊ(jue) | いつ けつ *deceive*

풀이 1 ①송곳질하다. 송곳으로 구멍을 뚫음. ②놀라서 겁내는 모양. 허둥지둥하는 모양. ㉠獝. ¶鳳以爲畜 故鳥不—<禮記> ③구름 이름. 색채가 있는 상서로운 구름. ④사물의 모양. ¶——. 2 속이다. 궤휼함. ㉠譎. ¶—宇嵬瑣<荀子>

8/13〖矠〗 1 창 색 2 작살질할 착 | 陌 覺 | さく(ホコ)

15〖⿰矛倉〗 槍(p.785)과 同字

矢<화살 시>部

矢 ② 矣 ③ 知 ④ 矧 ⑤ 矩 ⑦ 短 矬 ⑧ 矮 ⑫ 矯 矰 ⑭ 矱

0/5〖矢〗 화살 시 | 紙ㄕˇ (shi) | し(ヤ) *arrow*

풀이 ①화살. ㉮화살. 활의 현(弦)에 걸어서 쏘는 것. ㉠箭. ¶箭 自關而東 謂之—<方言> ㉯투호(投壺)에 쓰는 화살 모양의 대산가지. ¶侍投則擁—<禮記> ②벌어 놓다. 通陳. ¶皐陶—厥謨<書經> ③맹세하다. ¶之死—靡它<詩經> ④바르다. 곧음. ¶得黃—貞吉<易經> ⑤맞다. ¶無—我陵<詩經> ⑥베풀다. ¶—其文德<詩經> ⑦떠나다. 감. ¶適—復沓<莊子> ⑧등지다. ¶殺生相—<太玄經> ⑨똥. ㉠屎. ¶三遺—<史記>

【矢誓】しせい(시서) 맹세함. 誓盟(서맹). ¶周公與群下—<蜀志>

【矢石】しせき(시석) 화살과 쇠뇌로 쏘는 돌이란 뜻으로, 전쟁을 이름.

【矢詩】しし(시시) 시를 읊음. ¶—不多 維以遂歌<詩經>

▷激—, 勁—, 櫜弓—, 弓—, 棘—, 毒—, 馬—, 蓬—, 飛—, 舍—如破, 桑蒿蓬—, 鼠—, 乘—, 枉—, 雨—, 流—, 遺—, 竹—, 砥—, 戢干戈櫜弓—, 砥—, 直如—, 攢—, 鏃—, 投—, 蒿—, 火—, 嚆—

2/7〖矣〗 어조사 의 | 紙ㄧˇ (yi) | い

句法

①단정·결정
[…矣]…이다. 일 뿐이다. 也와 쓰임이 같음. ¶民德歸厚矣<論語>/吾以女爲死矣<論語>

②한정·강조
[…矣] 오직 …뿐. 오직 …에 불과하다. 耳와 쓰임이 같음. ¶有赴東海而死矣<戰國策>

③의문·반어
[…矣] …일 것인가. 乎와 쓰임이 같음. ¶將焉用彼相矣<論語>

④영탄
[…矣] …하구나. ¶甚矣吾衰也<論語>/庶矣哉<論語>

8〖矤〗 矧(p.1073)과 同字

3/8〖知〗 1 알 지 2 슬기 지 | 支ㄓ(zhi) 寘ㄓˋ(zhi) | ち(シル) *know*
同 ⿰知可

源 會意. 입[口]으로 표현됨이 화살[矢]과 같이 빠르다는 뜻.

풀이 1 ①알다. ㉮인정하다. 인지(認知)함. ¶—我者其天乎<論語> ㉯깨닫다. 느낌. 터득함. ¶而終不自—<呂覽> ㉰변별(辨別)하다. 분별함. ¶以寒暑日月晝夜—之<呂覽> ㉱잊지 아니하다. 기억함. ¶父母之年 不可不—也<論語> ㉲듣다. 들어서 앎. ¶不—其以匱之也<國語> ㉳보다. 보아서 앎. ¶文侯不悅 —於顏色<呂覽> ㉴사귀다. ¶公孫明—叔孫於齊<左氏傳> ㉵나타내다. ¶齊王—顏色<呂覽> ㉶다스리다. ¶子產其將—政矣<左氏傳> ②알리다. 기별(寄別)함. ¶風流御史報人—<吳融>/昨夜新秋一葉—<戴復古> ③앎. 지식. ¶淮南太史公者 其多—與<法言> ④아는 바가 많은 일. 지자(智者). ¶擇不處仁 焉得—<論語> ⑤아는 작용. 지능. ¶草木有生而無—<荀子> ⑥아는 사이. 교우(交友). ¶遂如故—<左氏傳> ⑦사귐. 교유(交游). ¶絕賓客之— 亡室家之業<司馬遷> ⑧대우. 대접. ¶忽蒙國士—<岑參> ⑨짝. ¶樂子之無—<詩經> ⑩병이 낫다. ¶二刺則—<素問> ⑪지사(知事). 주현(州縣)의 우두머리. 2 슬기. ㉠智. ¶好學近乎—<中庸>

【知覺】ちかく(지각) ①앎. 깨달음. ②감관에 의하여 외계(外界)의 사물을 인식하는 기능. 감각(感覺)보다 복잡하여 현재의 감각과 과거의 경험을 결합함으로써 이루어짐.

【知己】ちき(지기) 자기의 마음을 알아 주는 사람. 참다운 벗. 知己之友(지기지 우).

【知己之友】ちきのとも(지기지 우) ☞知己(지기).

【知能】ちのう(지능) 두뇌의 작용. 슬기와 능력. ¶—犯/—指數.

【知德】ちとく(지덕) 지식과 덕행(德行). ¶—合—/—體.

【知得】ちとく(지득) 얻을 것을 앎. ¶文言曰 —而不知喪 其唯聖人乎<易經>

【知力】ちりょく(지력) 지혜의 작용. 知能(지능).

【知面】ちめん(지면) 얼굴을 앎. 아는 사이. 舊面

(구면).
【知名】ちめい (지명) 이름이 널리 알려짐. ¶一度.
【知命】ちめい (지명) ①천명(天命)을 앎. ②50세를 이르는 말. 知命之年(지명지 년).
【知聞】ちぶん (지문) 들어서 앎.
【知士】ちし (지사) 도리(道理)에 밝은 사람.
【知事】ちじ (지사) ①일을 앎. ②주(州) 또는 현(縣)의 장관. ③韓 도(道)의 장관.
【知性】ちせい (지성) ①총명(聰明)한 성질. ②사람의 본성을 앎. ③지적(知的) 작용에 관한 성능. 인식과 이해의 능력. 사고(思考)하는 힘.
【知識】ちしき (지식) ①알고 있는 내용. ②사물의 이치를 판별하여 앎. ③아는 사람. 知人(지인). ¶海內一零落殆盡<孔融> ④(佛) ㉮번뇌를 떠나 정법(正法)을 앎. ㉯고승(高僧). 善知識(선지식).
【知遇】ちぐう (지우) 학문·인격·재능 등을 알아 잘 대우하는 일.
【知音】ちいん (지음) ①음(音)을 앎. ②거문고 소리를 앎의 뜻으로, 마음을 잘 알아주는 친한 벗을 이르는 말. 백아(伯牙)가 타는 거문고 소리를 듣고 악상(樂想)을 일일이 알아맞혔다는 종자기(鍾子期)와의 옛일에서 유래. 知己之友(지기지 우). ¶世路少一<崔致遠>
【知印】ちいん (지인) 자기의 직임(職任)에 관계되는 문서에 책임을 밝히기 위해 도장을 찍는 일. ¶詔參知政事與宰相 分一奏事<宋史>
【知仁勇】ちじんゆう (지인용) 지(知)와 인(仁)과 용(勇). 도(道)를 앎과 도를 체득함과 도를 용감히 행하는 일. ¶一三者 天下之達德也<中庸>
【知人之鑑】ちじんノかん (지인지 감) 사람을 알아보는 식견(識見). 知鑑(지감).
【知子莫若父】コヲシルハチチニシカナシ (지자 막약부) 자식에 대하여는 누구보다도 아비가 잘 앎. ¶鮑叔曰 先人有言 曰 一 知臣莫若君<管子>
【知者不博】ちしゃハハクナラズ (지자불박) 참으로 아는 사람은 잡다(雜多)한 지식을 가지고 있지 않음. ¶一 博者不知<老子>
【知者不惑】ちしゃハマドウズ (지자불혹) 지자는 이치에 밝으므로, 사물에 미혹되지 않음. ¶一 仁者不憂 勇者不懼<論語>
【知者樂水】ちしゃハミズヲタノシム (지자요수) 지자는 사리에 통달해서, 물과 같이 흘러 막힘이 없으므로, 물을 좋아하고 즐김. ¶一 仁者樂山 知者動 仁者靜 知者樂 仁者壽<論語>
【知足】ちそく (지족) 족함을 앎. 분수를 알아 탐내지 않음. ¶安分一.
【知彼知己百戰不殆】(지피지기 백전불태) 그를 알고 나를 알면 여러 번 싸워도 위태롭지 않음. ¶一 不知彼而知己 一勝一負 不知彼不知己 每戰必敗<孫子>
【知行合一】ちこうごういつ (지행합일) 명(明)의 왕수인(王守仁)의 학설. 주자학(朱子學)의 선지후행(先知後行)의 입장을 반대하여, 지(知)는 행의 시초이고 행(行)은 지의 이름이므로 지와 행은 본래 분리할 수 없는 것이라는 뜻. ¶外心以求理 此知行之所以二也 求理於吾心 此聖門一之教<傳習錄>
【知縣】ちけん (지현) 현(縣)의 장관. 縣知事(현지사).
【知慧】ちえ (지혜) 슬기.
▷感一, 見一, 告一, 故一, 困一, 舊一, 權一, 奇一, 旣一, 機一, 冷暖自一, 路人所一, 獨一, 無一, 聞一, 未一, 訪一, 報一, 不識不一, 朋一, 非一之艱, 四一, 上一, 相一, 生一, 先一, 熟一, 承一, 心一, 良一, 諒一, 與一, 靈一, 予一, 豫一, 了一, 以辯飾一, 人一, 才一, 迪一, 前一, 精一, 蚤一, 周一, 至一, 眞一, 徵一, 察一, 揣一, 致一, 探一, 通一, 學一, 後一

4/9 【矧】 하물며 신 | 軫 ㄕㄣˇ (shen) | しん (イワンヤ)
풀이 ①하물며. ¶至誠感神 一茲有苗<書經> ②잇몸. 치은(齒齦). ¶笑不至一<禮記>

9 【矤】 矧(p.1073)과 同字
9 【矦】 侯(p.117)의 古字

5/10 【矩】 곱자 구 | 麌 ㄐㄩˇ (ju) | く (カネザシ)
풀이 ①곱자. 곡척(曲尺). 사각형(四角形)을 그리는 데에 씀. ¶規一誠錯<史記> ②네모. 직사각형. ¶偭規一而改錯<楚辭> ③모. 모서리. ④법. 법도. ¶不踰一<論語> ⑤땅. 하늘은 둥글고, 땅은 네모졌다는 설에서 나온 말. ¶一地. ⑥자. 길이를 재는 기구의 한 가지. ⑦새기다. 표함. ¶凡斬轂之道 必一其陰陽<周禮> ⑧가을. ¶秋爲一<淮南子> ⑨폭과 길이. 가로와 세로. ¶方出於一<周髀算經>
【矩度】くど (구도) 법도. 법칙. ¶一有常<宋史>
【矩墨】くぼく (구묵) 곱자와 먹줄. 법칙을 이름. 矩繩(구승). ¶造矩繩一以誨後人<潛夫論>
【矩繩】くじょう (구승) ☞矩墨(구묵).
【矩地】くち (구지) 대지(大地). 옛날에는 땅이 네모진 줄 알고 있었으므로 이른 말.
【矩尺】くしゃく (구척) 곱자. 曲尺(곡척).
【矩形】くけい (구형) 네모꼴. 직사각형.
【矩矱】くわく (구확) 먹줄과 자. 법칙, 법도를 이름. ¶下合一於虞唐<楚辭>
▷ 規一, 度一, 模一, 茂一, 方一, 不踰一, 師一, 成一, 聖一, 繩一, 尋一, 靈一, 遺一, 儀一, 前一, 風一, 下一, 憲一, 絜一, 後一

10 【⿰矢可】 知(p.1072)와 同字
12 【䂓】 規(p.1362)의 本字

7/12 【短】 짧을 단 | 旱 ㄉㄨㄢˇ (duan) | たん (ミジカイ) *short*
풀이 ①짧다. ㉮길이가 짧다. ¶彼其髮一而心甚長<左氏傳> ㉯키가 작다. ¶

帝堯長 帝舜ー＜荀子＞ ㉰숨이 가쁘다. ㉱오래 되지 아니하다. ¶報劉之日ー也＜李密＞ ㉲적다. 부족함. ¶絶長補ー. ㉳가깝다. ②짧게 하다. ¶ー右袂＜論語＞ ③모자라다. ¶尺有所ー 寸有所長＜楚辭＞ ④뒤떨어지다. ¶卜人曰筮ー龜長 不如從長＜左氏傳＞ ⑤허물. 결점. ¶愼勿談人之ー＜朱熹＞ ⑥어리석다. 천박함. ¶以臣愚ー當此至難＜晋書＞ ⑦불구(不具). ⑧헐뜯다. ¶上官大夫ー屈原於頃襄王＜史記＞ ⑨아우를 잃다. ¶兄喪弟曰ー＜漢書＞ ⑩요사(夭死). ⑪㊥ 빚. 부채(負債).

【短歌】たんか(단가) ①짧은 노래. 짧은 시. ②시조를 노래로 부를 때의 일컬음. 또는, 시조라는 명칭이 생긴 영조(英祖) 이전의 시조의 이름. ↔長歌(장가). ③광대가 부르는 노래의 한 가지.

【短褐】たんかつ(단갈) 굵은 베로 기장을 짧게 지은 옷. 짧은 베잠방이. 천인(賤人)이 입었음. ¶凍寒不得ー＜晏子＞ 「비석.

【短碣】たんかつ(단갈) 무덤 앞에 세우는 작고 둥근

【短劍】たんけん(단검) 짧은 칼. 短刀(단도).

【短見】たんけん(단견) 천박한 생각. 얕은 소견. 淺見(천견). 短慮(단려). 短視(단시).

【短檠】たんけい(단경) 짧은 등경걸이. ↔長檠(장경).

【短古】たんこ(단고) 구(句) 수가 적은 고시(古

【短袴】たんこ(단고) 짧은 바지. 　　　　└詩).

【短句】たんく(단구) 짧은 문구(文句).

【短晷】たんき(단구) 짧은 해. 短日(단일). ¶何微陽之ー 覺涼夜之方永＜潘岳＞ 「구).

【短軀】たんく(단구) 키가 작은 체구. 矮軀(왜

【短氣】たんき(단기) ①갑자기 기력을 잃음. 낙담(落膽)함. ¶當今人物眇然 而艱疾若此 令人ー＜王羲之＞ ②조급함. ③㊥ 숨이 참. 호흡이 곤란함. 「(장기).

【短期】たんき(단기) 짧은 기간. ¶ー間. ↔長期

【短刀】たんとう(단도) 짧은 칼. 短劍(단검).

【短命】たんめい(단명) 짧은 수명. 短壽(단수). 短世(단세).

【短文】たんぶん(단문) ①짧은 글. ↔長文(장문). ②학식이 넉넉하지 못함.

【短髮】たんぱつ(단발) 짧은 머리털. ↔長髮(장발).

【短書】たんしょ(단서) ①소설, 잡문(雜文) 따위의 책. ¶若夫ー俗記 竹帛胤文 非儒者所見＜論衡＞ ②편지. ¶袖中有ー 願寄雙飛燕＜江淹＞ 「음.

【短小】たんしょう(단소) ①짧고 작음. ②몸집이 작

【短簫】たんしょう(단소) 대로 만든 관악기의 한가지. 퉁소보다 짧고, 구멍이 앞에 다섯, 뒤에 하나 있음.

【短時日】たんじじつ(단시일) 짧은 시일.

【短信】たんしん(단신) 짧은 서신. 간단한 편지. 短簡(단간).

【短惡】たんあく(단악) 단처(短處). 缺點(결점).
　　たんお(단오) 흉보며 비방함. ¶人有ー 噲者＜漢書＞

【短音】たんおん(단음) 짧은 음. ↔長音(장음).

【短杖】(단장)㊙ 짧은 지팡이. 손잡이가 꼬부라진 짧은 지팡이.

【短長】たんちょう(단장) ①짧음과 긺. ②단점과 장점. ③단명(短命)과 장수(長壽). ¶人有ー＜吳子＞ ④손익. ¶苟合取容 無所ー之效＜司馬遷＞

【短亭長亭】たんていちょうてい(단정장정) 큰 여관과 작은 여관. 옛날 중국에 5리마다 작은 여관, 10리마다 큰 여관을 두었음. 亭은 여사(旅舍). ¶十里ー長亭 五里ー短亭＜六帖＞

【短調】たんちょう(단조) ①짧은 곡조. ②단음계(短音階) 곡조.

【短札】たんさつ(단찰) ①짧은 서찰(書札). 짧은 편지. ↔長書(장서). ②자기 편지의 겸칭. 寸楮(촌저). 寸書(촌서). ¶以書與人 曰僭貢ー 諸葛亮碑 願奮ー 以排群議＜書言故事＞

【短處】たんしょ(단처) 결점. 약한 곳. 短所(단소). ↔長處(장처).

【短縮】たんしゅく(단축) 짧게 줄임. 짧게 줄어짐. ↔延長(연장).

【短針】たんしん(단침) 짧은 바늘. 시계의 시침(時針). ↔長針(장침).

【短波】たんぱ(단파) 파장(波長)이 짧은 전파(電波). 원거리까지 전파되기 때문에 국제 통신에 쓰임. ¶超ー. ※長波(장파)·中波(중파). 「長篇(장편).

【短篇】たんぺん(단편) 짧은 시문. ¶ー小說. ↔

【短評】たんぴょう(단평) 짤막한 비평.

【短筆】たんぴつ(단필) 서투른 글씨. 拙筆(졸필). ¶但恨ー 不足書美誄＜南史＞ ↔能筆(능필)·達筆(달필). 「(장화).

【短靴】たんか(단화) 목이 짧은 구두. ↔長靴

▷較ー量長, 屈ー, 窮ー, 陋ー, 凡ー, 非ー, 筮ー龜長, 細ー, 損ー, 修ー, 闇ー, 庸ー, 愚ー, 以ー攻ー, 疵ー, 訾ー, 長ー, 爭長競ー, 截長補ー, 操ー, 志大才ー, 譏ー, 淺ー, 醜ー, 取長舍ー, 偏ー, 毁ー

12【躷】 射(p.452)의 本字

7
12【矬】 키 작을 좌 |國ㄘㄨㄛˊ (cuo)| さ

풀이 ①키가 작다. 난장이. ¶侏儒曰ー＜一切經音義＞ ②㊥ 낮추다. 낮아짐.

12【智】 ☞日部 8획(p.723)

8
13【矮】 키 작을 왜 |國ㄞˇ (ai)| わい(ヒクイ)

풀이 ①키가 작다. ¶足ー不便＜易林＞ ②짧게 하다. 움츠림. ¶猨墮高木 不ー手足＜易林＞ ③난장이.

【矮小】わいしょう(왜소) 몸집이 작음. 短小(단소).

【矮子看戲】わいしかんぎ(왜자간희) 난장이가 키 큰 사람 뒤에서 극(劇) 보는 일. 앞사람의 비평에 덩달아 비평하는 것으로, 식견이 없음의 비유. 矮子觀場(왜자관장). 矮子看場(왜자간장). 矮人觀場(왜인관장). ¶如ー相似 見人道好他道好＜朱子語類＞

▷松形一, 足一

12
17〖矯〗 바로잡을 교 | 篠ㄐㄧㄠˇ (jiao) | きょう(タメル) *straighten*

풀이 ①바로잡다. ㉮곧추다. ¶一箭控弦＜漢書＞ ㉯바루다. ¶將何以一之＜漢書＞ ②도지개. 뒤틀린 활을 바로잡는 기구. ③속이다. ㉮이법(理法)을 굽히다. ¶一誣上天＜書經＞ ㉯핑계하다. 속여 왕명(王命)을 빙자함. ¶羽一殺卿子冠軍＜漢書＞ ④거스리다. ¶賢人之所以一世者＜淮南子＞ ⑤힘쓰다. ¶以繩墨自一＜莊子＞ ⑥굳세다. ¶強哉一＜中庸＞ ⑦날쌔다. 용감함. 通 趫. ⑧들다. 같 翹. ¶一茲媚以私處兮＜楚辭＞ ⑨날다. ¶整輕翮而思一＜孫綽＞

【矯角殺牛】きょうかくさつぎゅう(교각살우) 뿔을 바로잡으려다가 소를 죽인다는 뜻으로, 작은 흠을 고치려다가 도리어 큰 손해를 입음의 비유.

【矯正】きょうせい(교정) 바로잡음. 矯直(교직).

【矯風】きょうふう(교풍) 나쁜 풍속을 바로잡음. 矯俗(교속). 矯弊(교폐).

▷輕一, 匡一, 詭一, 奇一, 騰一, 誣一, 夭一, 自一, 烝一

12
17〖矰〗 주살 증 | 蒸ㄗㄥ (zeng) | ぞう

풀이 ①주살. 오늬에 줄을 매어 쏘는 화살. ¶飛者可以爲一＜史記＞ ②짧은 화살.

【矰繳之說】ぞうしゃくのせつ(증작지 설) 주살로 나는 새를 쏘듯이, 제 이익을 목적으로 남을 설득하는 일. ¶事敗而弗誅 則游說之士 孰不爲用一而徼倖其後＜韓非子＞

▷飛一, 弋一, 繳一

14
19〖矱〗 자 확 | 藥ㄏㄨㄛˋ (huo) | わく(モノサシ) *standard*

풀이 ①자(尺). ¶協準一之貞度＜後漢書＞ ②법. 표준. ¶求榘一之所同＜楚辭＞

石＜돌 석＞部

石 ① 乭 ② 矴 ③ 矸 矼 矻 矽 矺 ④ 砍 砆 砒 砏 砂 砑 砐 研 砌 砊 砉 ⑤ 砝 砮 砢 砟 砡 砨 砠 砥 砦 砧 破 砰 砭 砲 ⑥ 硅 硋 硑 硏 硃 ⑦ 硜 硨 硬 硡 硠 硫 硰 硯 硝 硧 ⑧ 硿 碕 碁 碓 碌 碖 碐 碄 碱 碑 碎 碔 碍 碗 硂 碏 碇 碓 碆 硼 碑 ⑨ 碣 碯 碧 碩 碟 磁 碪 碭 碬 ⑩ 磕 磎 碾 磏 磊 磐 磅 磑 磈 磝 磁 磌 磋 磔 確 ⑪ 磬 磟 磨 磝 磧 磧 磩 磪 磡 ⑫ 磵 磲 磽 磯 磴 磿 磷 磻 磶 礁 磺 磩 ⑬ 礌 礒 礎 礉 礐 ⑭ 礛 礚 礙 礜 ⑮ 礦 礪 礫 礧 礨 礬 礩 ⑯ 礱 礮 ⑰ 礴

0
5〖石〗 돌 석 | 陌ㄕˊ (shi) | せき(イシ) *stone*
同 石

풀이 ①돌. ¶鈆松怪一＜書經＞/岩一. ②돌로 만든 악기. ¶予擊一＜書經＞ ③비석. ¶銘乎金一＜呂覽＞ ④돌침. 돌침을 놓다. ¶宜一而寫之＜素問＞ ⑤약. ¶藥一＜左氏傳＞ ⑥운석(隕石). ⑦돌팔매. ¶親受矢一＜左氏傳＞ ⑧화살촉. ⑨단단하다. ¶沈而一者＜素問＞ ⑩숫돌. ¶加密一焉＜國語＞ ⑪부피의 단위. 섬. ⑫녹봉(祿俸)의 단위. ¶三公號稱萬一＜漢書＞ ⑬열 사람의 힘이라야 당겨지는 활의 세기. ¶兩一弓＜漢書＞ ⑭쓸모 없음의 형용. ¶一田.

【石假山】せっかざん(석가산) 정원 등에 돌·흙을 쌓아서 산처럼 만든 것. 假山(가산).

【石刻】せっこく(석각) 담벽이나 비석 따위 돌에 글자나 그림을 새김. 또는, 그 글자나 그림. ¶一燒殘＜元好問＞

【石澗】せっかん(석간) 돌이 많은 골짜기를 흐르는 시내. ¶一籠陰＜梁簡文帝＞

【石間水】せっかんすい(석간수) 바위 틈에서 솟는 샘물. 石泉(석천).

【石碣】せっけつ(석갈) 둥근 비석.

【石龕】せきがん(석감)《佛》 돌로 만든 감실(龕室). 또는, 석탑(石塔). ¶一苔蘚積＜戴叔倫＞

【石敢當】せきかんとう(석감당) 불길한 일을 누르기 위하여 다리나 길가에 세우던 돌. 한면에 石敢當…이라 새겼는데, 이는 진(晋)의 용사 이름이라 함. ¶鐫一以鎭之＜繼古叢編＞

【石蓋】せきがい(석개) 돌 뚜껑.

【石渠】せっきょ(석거) ①돌로 쌓은 도랑. 또는, 돌이 많은 도랑. ¶一流雪水＜孟浩然＞ ②한(漢)의 장서각 이름. 石渠閣(석거각).

【石決明】せっけつめい(석결명) 전복 껍질. 눈병에 약재로 쓰임.

【石經】せっけい(석경) 돌에 새긴 경서(經書). 후한(後漢)의 채옹(蔡邕)이 칙명으로 돌에 오경(五經)을 새겨 대학 문 밖에 세웠다 함.

【石磬】せっけい(석경) 돌로 만든 경쇠. 아악기의 한 가지.

【石鏡】せっきょう(석경) ①돌로 만든 거울. ②해파리의 이칭.

【石階】せっかい(석계) 돌층계. 섬돌. 石級(석급).

【石鷄】せっけい(석계) ①닭의 한 가지. 밀물이 들 때 운다고 함. ②두꺼비의 한 가지.

【石膏】せっこう(석고) 황산 칼슘으로 이루어진 광물. 백색 안료(顔料), 분필 등의 재료. ¶一像.

【石鼓文】せっこぶん(석고문) 주(周) 선왕(宣王) 때, 사주(史籒)가 북 모양의 돌에 임금의 업적을 칭송하여 새긴 글.

【石工】せっこう(석공) ①석수(石手). ②석공업(石工業).

【石槨】せっかく(석곽) 돌로 만든 곽. ¶一墓.

【石橋】イシバシ(석교) 돌다리.

【石窟】せっくつ(석굴) 바위에 뚫린 굴. 巖窟(암굴).

【石根】せっこん(석근) 돌의 밑동. ¶一秋水明＜李賀＞

【石金】せっきん(석금) 돌에 박혀 있는 금.

【石器】せっき(석기) ①돌로 만든 그릇. ②고대인이 사용하던, 돌을 이용한 생활 도구. ¶一時代.

【石麒麟】せききりん (석기린) 매우 총명한 어린아이를 칭찬하여 이르는 말. 天上石麟(천상석린).

【石楠花】シャクナゲ (석남화) ①석남의 꽃. 石南花(석남화). ②철쭉꽃을 잘못 이르는 말. ③만병초의 꽃.

【石女】せきじょ (석녀) 아이를 낳지 못하는 여자. 돌계집.

【石砮】せきど (석노) 돌로 만든 살촉. ¶楛矢—<國語>

【石腦油】せきのうゆ・せきのうゆう (석뇌유) ①석유. ②나프타.

【石壇】せきだん (석단) 돌로 만든 단. ¶—承祀<庾信>

【石洞】せきどう (석동) 바위에 뚫린 동굴. ¶源上有—<述異記>

【石頭記】せきとうき (석두기) 「홍루몽」(紅樓夢)의 이칭.

【石燈】せきとう (석등) 돌로 만든 등롱. 長明燈(장명등). 石燈籠(석등롱).

【石龍】せきりょう (석룡) ①도마뱀의 이칭. 石龍子(석룡자). ②돌로 만든 용의 형상.

【石榴】せきりゅう・ザクロ・ジャクロ (석류) 석류나무. 또는, 그 열매.

【石淋】せきりん (석림) 신장 또는 방광에 결석(結石)이 생기는 병.

【石馬】せきば (석마) 능묘(陵墓) 앞에 세우는, 돌로 만든 말.

【石磨】せきま (석마) 맷돌.

【石綿】せきめん (석면) 돌솜. 石絨(석융).

【石墨】せきぼく (석묵) ①흑연(黑鉛). ②석탄.

【石物】(석물)㊙ 무덤 앞에 돌로 만들어 놓은 물건. 상석(象石), 석인(石人), 석수(石獸) 따위. 石儀(석의).

【石民】せきみん (석민) 나라의 초석이 되는 사민(四民). 사(士)·농(農)·공(工)·상(商).

【石壁】せきへき (석벽) ①바위 절벽. ¶水際—傑立<水經> ②돌로 쌓은 담이나 벽.

【石本】せきほん (석본) 돌에 새긴 글자·그림을 그대로 박아낸 사본. 拓本(탁본). 搨本(탑본).

【石斧】せきふ (석부) 돌도끼.

【石趺】せきふ (석부) 돌로 만든 받침대. 비석받침 따위.

【石佛】せきぶつ (석불) 돌부처.

【石碑】せきひ (석비) 돌비. 碑石(비석).

【石像】せきぞう (석상) 돌을 조각하여 만든 상(像). ¶供養—<南史>

【石鼠】せきそ (석서) ①땅강아지. 螻蛄(누고). 碩鼠(석서). ②쥐의 한 가지.

【石手】(석수)㊙ 돌을 다루어 물건을 만드는 사람. 石工(석공). 石匠(석장).

【石獸】せきじゅう (석수) 무덤 앞에 세우는, 돌로 만든 짐승의 형상. 석마(石馬), 석호(石虎), 석양(石羊) 따위.

【石筍】せきじゅん (석순) 석회동(石灰洞) 안에 탄산석회의 용액이 떨어져 응적하여 죽순 모양을 이룬 돌. 돌순.

【石崇】せきすう (석숭)《人》진(晋)의 남피(南皮) 사람. 형주 자사(荊州刺史)를 지낼 때 해상무역으로 거부가 되어 호사를 다했으나, 기녀(妓女)인 녹주(綠珠)를 달라는 손수(孫秀)의 요구를 거절, 그의 참소로 일가가 몰살함.

【石室】せきしつ (석실) ①돌로 만든 방. 뜻이 바뀌어, 매우 견고하고 안전함의 비유. ¶金城—<吳志> ②도서를 보관하는 방. 藏書室(장서실). ③산중의 은거하는 방. ¶雲山—<馬存> ④어사(御史)의 별칭. ¶—先鳴者<張九齡>

【石心鐵腸】せきしんてっちょう (석심철장) 돌 같은 마음과 쇠 같은 창자라는 뜻으로, 지조가 굳음의 비유. 鐵心石腸(철심석장).

【石鹽】せきえん (석염) 돌소금. 巖鹽(암염).

【石英】せきえい (석영) 무수규산(無水硅酸)으로 된 광물. 유리 같은 광택이 있으며, 순수한 것은 수정이라 함.

【石尤風】せきゆうふう (석우풍) 역풍(逆風). 옛날, 석씨(石氏)가 남편 우랑(尤郞)이 장사 떠나는 것을 막지 못한 한을 품고 죽으면서, 혼백이 역풍으로 불어 세상 남편들 먼길 떠나는 것을 막으리라 다짐했다는 옛일에서 온 말.

【石人】せきじん (석인) ①돌로 만든 사람의 형상. 무덤 앞의 문석인(文石人) 따위. ②영구히 존재하여 죽지 않는 사람. 또는, 형체만 사람일 뿐 무지한 사람.

【石印】せきいん (석인) ①돌에 새긴 도장. ②석판 인쇄(石版印刷)의 준말. 또는, 석판으로 인쇄한 책.

【石長栍】(석장생)㊙ 돌로 만든 장승.

【石材】せきざい (석재) 건축·조각 등의 재료로 쓰이는 돌. ↔木材(목재).

【石田】せきでん (석전) ①돌이 많아 경작할 수 없는 땅. ¶—無稼<易林> ②쓸모없는 것의 비유.

【石戰】(석전)㊙ 돌팔매질로 겨루는 편싸움.

【石造】せきぞう (석조) 돌로 만듦. 또는, 그 물건. ¶—殿.

【石柱】せきちゅう (석주) 돌기둥.

【石皴】せきしゅん (석준) 돌의 주름. 또는, 이 주름을 나타내는 화법(畫法).

【石晋】せきしん (석진) 중국 오대(五代) 때 후진(後晋)의 별칭. 석경당(石敬瑭)이 후당을 멸하고 세운 나라라는 데서 이름.

【石泉】せきせん (석천) ☞石間水(석간수).

【石淸】(석청)㊙ 산속의 나무나 돌 사이에 벌이 집을 짓고 모아 둔 꿀. 石蜜(석밀).

【石築】(석축) ①돌로 쌓은 옹벽. ②돌로 쌓음. 또는, 돌을 쌓아 만든 시설.

【石版】せきはん (석판) 평판 인쇄(平版印刷)의 한 가지. 돌 겉면에 유성잉크로 글씨·그림을 그린 인쇄판.

【石版畫】せきはんが (석판화) 석판으로 박은 그림.

【石筆】せきひつ (석필) ①서화를 그리는, 분필 비슷한 용구. ②납석(蠟石) 따위로 만든 경필(硬筆). 석판에 글씨, 그림을 그리는 데 쓰임.

【石壕吏】せきごうり (석호리) 두보(杜甫)가 석호 마을을 지나는 길에, 그 곳 관리가 장정을 징집하고 부족하자 노약자마저 징발하는 광경을 보고 탄식하여 지은 시의 제명(題名). 뜻이 바뀌어, 가렴 주구(苛斂誅求) 또는 냉혹한 벼슬아치를 이름.

【石火】せっか (석화) ①돌이 부딪쳐 나는 불똥. ¶電光—. ②몹시 빠르거나 덧없음의 비유. ¶人之短生 猶如—<新論>

【石花】せっか (석화) ①탄산석회의 용액이 떨어져서 굳어 꽃 모양을 이룬 것. ②지의류(地

衣類)에 속하는 식물의 총칭. ③산호수(珊瑚樹)의 한 가지. ④우뭇가사리. 石花菜(석화채). ⑤韓 굴.

【石灰】せっかい(석회) 석회석 따위를 구워서 얻는 생석회(生石灰)와, 여기에 물을 부어 얻는 소석회(消石灰)의 총칭.

▷嘉—, 碣—, 介—, 巨—, 輕—, 磬—, 鑛—, 怪—, 塊—, 卷—, 鈞—, 金—, 碁—, 蠟—, 礓—, 大—, 臺—, 望夫—, 木—, 墓—, 文—, 密—, 盤—, 屛風—, 寶—, 浮—, 盆—, 碑—, 小—, 水—, 壽—, 試金—, 信—, 岩—, 藥—, 礫—, 然—, 燕—, 湼—, 玉—, 溫—, 瓦—, 隕—, 磁—, 定—, 柱—, 砥—, 誌—, 支—, 采—, 鐵—, 礎—, 側—, 他山之—, 投—, 布—, 響—, 衡—, 化—, 火—

1 6【乭】韓 돌 돌

풀이 돌. 아이, 종의 이름에 많이 쓰여 왔음. ¶—釗/福—.

6【石】石(p.1075)과 同字

2 7【矴】닻 정 | 徑 ㄉㄧㄥˋ (ding) | てい(イカリ)

7【[石+巳]】砭(p.1079)과 同字

3 8【矸】 1 산돌 간 / 안 2 칠 간 | 寒 翰 旱 ㄍㄢˋ (gan) | かん がん

풀이 1 ①산돌의 모양. ②돌. 같 干. ③돌이 희고 깨끗한 모양. ¶南山—<甯戚> ④주사(朱砂). 단사(丹砂). ⑤다듬잇돌. 2 ①치다. ②다듬이질하다.

3 8【矼】 1 징검다리 강 2 성실할 공 | 江 送 ㄍㄤ (gang) | こう こう

3 8【矻】 1 돌 골 / 本 굴 2 단단할 갈 | 月 黠 ㄎㄨˋ (ku) | こう(イシ) かつ

3 8【矽】규소 석 | ㄒㄧˋ (xi) | せき(シリコン)

8【岩】☞山部 5획(p.478)

3 8【矺】돌 던질 책 | 陌 ㄊㄨㄛ (tuo) | たく

풀이 ①돌을 던지다. ②찢다. 몸뚱이를 찢음. 같 磔.

4 9【砍】벨 감 | 感 ㄎㄢˇ (kan) | かん(キル)

4 9【砆】옥돌 부 | 虞 ㄈㄨ (fu) | ふ

4 9【砒】비소 비 | 支 ㄆㄧ (pi) | ひ

【砒霜】ひそう(비상) 비석(砒石)을 가열 승화(昇華)하여 얻은 결정체(結晶體)의 독약. 白砒(백비). 信石(신석). ¶中—毒者<福惠全書>

【砒素】ひそ(비소) 비금속 원소의 하나. 회백색의 무른 결정체로, 독성이 강하며 의약, 농약의 원료로 쓰임.

4 9【砏】 1 우뢰 소리 빈 2 돌 구르는 소리 반 3 큰 소리 분 | 眞 刪 文 | ひん はん ふん

4 9【砂】모래 사 | 麻 ㄕㄚ (sha) | さ, しゃ(スナ) *sand*

풀이 ①모래. 같 沙. ¶—土. ②약재 이름. 단사(丹砂), 진사(辰砂) 따위.

【砂丘】さきゅう(사구) 사막, 해안에 강풍으로 말미암아 이루어진 모래 언덕. 沙丘(사구).

【砂金】さきん·しゃきん(사금) 모래 속에서 섞여 나오는 금.

【砂礫】されき(사력) 모래와 자갈.

【砂漠】さばく(사막) ☞沙漠(사막).

【砂防】さぼう(사방) 산·해안 등에 흙이나 모래가 흘러내리는 것을 막음. ¶—工事.

【砂洲】さしゅう(사주) 강이나 해안 수면에 모래가 쌓여 이루어진 퇴적 지형.

【砂塵】さじん·しゃじん(사진) 바람에 날리는 모래 먼지.

【砂糖】さとう(사탕) ①설탕. ②과자의 하나. 알사탕 따위.

▷丹—, 白—, 鍊—, 熱—, 流—, 朱—, 辰—, 土—, 平—, 黃—

4 9【砑】갈아 광채낼 아 | 禡 ㄧㄚˋ (ya) | が

4 9【砐】산 우뚝할 업 | 合 | ごう

4 9【研】 1 갈 연 2 벼루 연 3 관이름 형 | 先 ㄧㄢˊ (yan) 霰 靑 | げん(トグ) *whet* げん けい

本 硏

풀이 1 ①갈다. ¶直—乃見眞色<墨經>/—磨. ②궁구하다. ¶能—諸侯之慮<易經> ③자세히 밝히다. ¶—覈是非<張衡> 2 벼루. 같 硯. ¶—室. 3 관(關) 이름. ¶石—關<漢書>

【研究】けんきゅう(연구) 사물을 깊이 생각하거나 상세히 조사하여 진리를 밝히는 일. 研鑽(연찬). ¶諸儒之書 深所—<元史>

【研磨】けんま(연마) ①갈고 닦음. ¶天受玉質—百爲<淸異錄> ②먹을 갊. ③학문, 기술을 익히고 닦음.

【研北】けんぽく(연북) ☞硯北(연북).

【研修】けんしゅう(연수) 연구하고 수련함. ¶—會/—生.

【研子磨】(연자마)韓 연자매. 연자방아.

【研精】けんせい(연정) 정밀하게 연구함. ¶學好—<後漢書>

【研鑽】けんさん(연찬) 깊이 연구함. 研讚(연찬).

▷攻一, 窮一, 墨一, 圓一, 精一, 竹一, 鑽一

9【斫】 ☞斤部 5획(p. 696)

4 9【砌】 섬돌 체 | 음ㄑㄧˋ (qi) | せい(ミギリ)
▷鳴一, 玉一, 幽一, 鱗一, 甃一, 苔一

4 9【砊】 1 돌 소리 항 (本)강 2 우뢰 소리 강 | 漾 陽 | こう

4 9【砉】 뼈바르는 소리 획·혁 | 錫 陌 ㄏㄨㄛˋ (huo) | けき, かく

5 10【砝】 1 단단할 겁 2 돌소리 갑 3 법마 법 | 葉 合 ㄈㄚˊ (fa) | きょう こう ほう

5 10【砮】 돌살촉 노 | 麌 ㄋㄨˇ (nu) | ど

10【砐】 砮(p. 1078)와 同字

5 10【砢】 1 돌 쌓일 라 2 아름다운 돌 가 | 哿 歌 ㄌㄨㄛˇ (luo) | ら か
풀이 1 ①돌이 쌓인 모양. ¶水玉磊一<司馬相如> ②사람의 성품이 훌륭한 모양. ¶其人磊一<世說新語> ③크게 울리는 소리. ¶轟轟一一<顧雲> ④서로 돕다. ¶間一<漢書> ⑤맺히다. 2 아름다운 돌. 옥에 버금가는 돌. ㉠珂.

10【砇】 珉(p. 994)과 同字

10【砶】 珀(p. 994)과 同字

5 10【砟】 1 빗돌 사 2 돌 작 | 禡 藥 ㄓㄚˇ (zha) | さ さく
풀이 1 빗돌. 비석(碑石). 2 돌.
【砟硌】さくらく(작락) 돌이 포개진 모양. ¶礔磈一爾自爲神<魏武帝>

10【砠】 墠(p. 357)과 同字

5 10【砡】 가지런히할 악 옥 | 覺 沃 | ぎく ぎょく

5 10【砨】 옥이름 애 액 | 卦 陌 | あい やく

10【砈】 砨(p. 1078)와 同字

5 10【砠】 돌산 저 | 魚 ㄐㄩ (ju) | そ(イシヤマ)

5 10【砥】 숫돌 지 | 紙 齊 ㄉㄧˇ (di) | し(トイシ) whetstone
풀이 ①숫돌. ¶礪一<書經> ②평평하다. ¶周道如一<詩經> ③갈다. 연마(硏磨)함. ¶一德修政<淮南子> ④검은 돌. ¶黑水宜一<淮南子>
【砥礪】しれい(지려) ①숫돌. 砥石(지석). ¶其中多一<山海經> ②학문, 품성 등을 갈고 닦음. ¶一百姓<荀子>
【砥屬】しょく(지속) 사방이 평정되어 복종함. ¶日月所照 莫不一<史記>
【砥矢】しし(지시) 숫돌과 화살. 평평하고 곧음의 비유. ¶言如一<蔡邕>
【砥柱】しちゅう(지주) 하남성(河南省) 섬주(陝州) 동쪽 50리쯤, 황하(黃河) 중류의 강 가운데 있는 큰 바위산. 모양이 기둥 같음에서 유래. ¶山見水中若柱然 故曰一也<水經>
▷如一, 礪一, 柔一, 平一, 滑一

5 10【砦】 울타리 채 | 卦 ㄓㄞˋ (zhai) | さい(トリデ) fence
풀이 ①울타리. 바자울. ㉠柴. ¶下有古木一<袁桷> ②작은 성채(城砦). ㉠寨. ¶拔一遁去<宋史>

5 10【砧】 다듬잇돌 침 | 侵 ㄓㄣ (zhen) | ちん(キヌタ)
풀이 ①다듬잇돌. ㉠碪. ¶秋至拭淸一<杜甫> ②모탕. ㉠椹. ¶不闌腰不持刀一<李商隱雜纂>
▷藁一, 刀一, 秋一, 寒一

5 10【破】 1 깨뜨릴 파 2 무너질 비 | 箇 ㄆㄛˋ (po) 寘 | は(ヤブル) break ひ
풀이 1 ①깨뜨리다. ㉮부수다. 망그러뜨림. ¶淫一義<左氏傳> ㉯가르다. ¶天下莫能一焉<中庸>/一字. ㉰격파하다. ¶敵國一 謀臣亡<史記> ②깨지다. 망그러짐. ¶兒寒敎補一<黃庭堅> ③다하다. 바닥남. ¶凶賊殄一<後漢書> ④악곡 이름. 2 무너지다.
【破家瀦宅】(파가저택) 옛날, 죄인의 집을 헐어 없애고, 그 터를 파서 못으로 만드는 형벌. 「¶一的.
【破格】はかく(파격) 격식, 상례(常例)를 깨뜨림.
【破鏡】はきょう(파경) ①깨어진 거울. ②부부의 생이별. ※破鏡重圓(파경중원). ③이지러진 달. ¶一飛上天<古詩> ④아비를 잡아먹는다는 짐승 이름.
【破境重圓】はきょうじゅうえん(파경중원) 깨어진 거울이 다시 본래대로 둥글어졌다는 뜻으로, 헤어진 부부가 다시 결합함. 진(陳)의 서덕언(徐德言)이 악창 공주(樂昌公主)를 아내로 맞았으나 난리를 만나 헤어지게 되자, 둥근 거울을 깨어 절반씩을 나누어 가졌는데, 그것을 증표로 훗날 다시 만날 수 있었다는 옛일에서 유래.
【破戒】はかい(파계)【佛】계율(戒律)을 깨뜨리고 지키지 않음. ¶一僧.
【破瓜】はか(파과) 파과지 년(破瓜之年)의 준말로, 여자의 나이 16세, 남자의 나이 64세

를 이름. 瓜를 파자하면 八이 둘이니 十六이고, 또 八을 제곱하면 六十四임.

【破壞】はかい(파괴) 깨뜨림. 무너뜨림. ¶一四方<後漢書>

【破局】はきょく(파국) 판국(版局)이 결딴남. 또는, 그러한 판국.

【破軍星】はぐんせい(파군성) 별 이름. 북두칠성의 일곱째 별. 搖光星(요광성).

【破棄】はき(파기) ①깨뜨려서 버림. ②재판에서, 원심 판결을 취소하는 일. ¶一還送. ③계약 따위를 일방적으로 어기고 지키지 않음.

【破器相接】(파기상접) 깨진 그릇 맞추기라는 속담으로, 이미 글러진 일을 수습하거나 바로잡으려고 헛 애씀을 이름.

【破落戶】はらっこ(파락호) 쇠락한 집안. 또는, 그러한 집안의 불량한 자제. 뜻이 바뀌어, 양민을 괴롭히는 건달, 불량배. ¶浮浪一子弟<水滸傳>

【破廉恥】はれんち(파렴치) 염치를 모르고 뻔뻔스러움. 鐵面皮(철면피). ¶一犯/一漢.

【破笠】はりつ・ヤブレガサ(파립) 해어진 갓. 敝笠(폐립). ¶敝袍一.

【破滅】はめつ(파멸) 파괴되어 멸망함. ¶宗廟一<墨子>

【破卯】はぼう(파묘) 새벽녘. 破曉(파효). 卯는 오전 5시부터 7시까지.

【破門】はもん(파문) ①부숴진 문. ¶溪上一風擺斜<羅鄴> ②종교에서, 신도(信徒) 자격을 빼앗고 종문(宗門)에서 내쫓음. ③스승이 그 제자와 사제 관계를 끊음.

【破邪顯正】はじゃけんしょう(파사현정)《佛》사도(邪道)를 쳐부수고 정법(正法)을 드러나게 함. ※斥邪衛正(척사위정).

【破產】はさん(파산) ①재산이 거덜남. ¶傾身一<後漢書> ②빚을 갚을 힘이 없는 채무자의 남은 재산을 모든 채권자에게 공평히 나눠 판제(辦濟)할 것을 목적으로 하는 재판상의 제도. ¶一宣告.

【破傷風】はしょうふう(파상풍) 전염병의 한 가지. 외상(外傷)으로 파상풍균이 감염되어서 일어나며, 심한 경련을 일으킴.

【破船】はせん(파선) 배가 난파함. 또는, 난파한 배. 難破船(난파선).

【破損】はそん(파손) 깨어져 못 쓰게 됨. 또는, 깨고 부숨. ¶民間會子一<宋史>

【破顔】はがん(파안) 얼굴빛을 부드럽게 하여 웃음. ¶一微笑<五燈會元>/一大笑.

【破約】はやく(파약) 약속, 계약 등을 깨뜨림. 背約(배약). 解約(해약).

【破裂】はれつ(파열) 깨어지거나 갈라져서 터짐. ¶逆竪頭一<文天祥>

【破獄】はごく(파옥) 죄수가 감옥의 시설을 부수고 달아남. 脫獄(탈옥).

【破字】はじ(파자) ①한자(漢字)의 획을 분합(分合)하여 맞추는 수수께끼. 곧, 李를 木子, 姜을 八王女로 하는 따위. ②마음대로 짚은 글자의 자획을 갈라 풀이하여 길흉을 판단하는 점(占). 파자점(破字占)의 준말. ③경문(經文)의 주석(註釋)에서 잘못된 글자를 바로잡아 읽거나 해석하는 일.

【破字占】はじウラナイ(파자점) ☞破字(파자)②.

【破齋】はさい(파재) ①금기(禁忌)를 어김. ¶莫作一人<白居易> ②《佛》법회나 재회(齋會)를 모두 마침. 罷齋(파재).

【破寂】(파적)㊕ ①고요함을 깨뜨림. ②심심풀이. 破閑(파한). 消閑(소한).

【破竹之勢】はちくノイキオイ(파죽지 세) 대를 쪼개는 기세란 뜻으로, 거침없이 나아가는 기세. ¶乘一 鼓行而東<北史>

【破紙】はし(파지) ①찢어진 종이. ②규격에 맞지 않아 쓰지 못하게 된 용지.

【破天荒】はてんこう(파천황) 천지 미개의 혼돈한 상태를 깨뜨려 개벽(開闢)을 이룸. ㉮아무도 하지 못한 일을 처음으로 개척함. ㉯인재가 나지 않은 고장에서 처음으로 훌륭한 사람이 남. ㉰옛 중국에서, 진사(進士) 급제자의 별칭.

【破綻】はたん(파탄) ①찢어지고 터짐. ¶壞屋如敝衣 隨意補一<方回> ②일, 계획에 지장이 생겨 실패함. ¶自己一滲漏處<福惠全書> ③오류(誤謬). ¶要覓一 竝無毫髮<長生殿>

【破片】はへん(파편) 깨어진 조각.

【破閑】(파한) ☞破寂(파적)②.

【破婚】はこん(파혼) 약혼을 파함. 退婚(퇴혼). ↔約婚(약혼).

【破曉】はぎょう(파효) 새벽. 破卯(파묘). ¶今朝一下前溪<陸游>

【破興】はきょう(파흥) 흥이 깨어짐. 흥을 깨뜨림. 敗興(패흥).

▷看一, 擊一, 窮一, 難一, 論一, 牢不可一, 膽一, 踏一, 撞一, 大一, 道一, 讀一, 突一, 撲一, 燔一, 剖一, 腐一, 奔一, 傷一, 說一, 掩一, 裂一, 入一, 裁一, 抵一, 殄一, 摧一, 椎一, 打一, 綻一

5
10【砰】 1 물결소리 팽 本평 2 돌구르는 소리 팽 本평 | 庚ㄆㄥ (peng) 敬 | ほう

5
10【砭】 돌침 폄 | 鹽ㄅㄧㄢ (bian) | へん (イシバリ)

풀이 ①돌침. ¶石針曰一<戰國策> ②돌침을 놓다. ¶士病吾能一<王安石> ③경계(警戒). 계명(戒銘). ¶日思一鍼<柳宗元>

▷石一, 鍼一

5
10【砲】 돌쇠뇌 포 | 效ㄆㄠˋ (pao) | ほう (イシユミ)

풀이 ①돌쇠뇌. 같 礮. ¶遠一勿虛發<劉克莊> ②대포(大砲). ¶銃一.

【砲擊】ほうげき(포격) 대포를 쏘아 공격함.

【砲口】ほうこう(포구) 탄알이 나가는 대포 구멍. 포문(砲門)①.

【砲臺】ほうだい(포대) 대포를 설치한 축조물. 砲壘(포루). 砲墩(포돈).

【砲門】ほうもん(포문) ①☞砲口(포구). ②성벽이나 군함 등에 사격을 목적으로 내놓은 구멍. 砲眼(포안).

【砲殺】ほうさつ(포살) 총포로 쏴 죽임. 銃殺(총살).

【砲聲】ほうせい(포성) 대포 소리. 총포를 발사하는 소리. 砲響(포향).

【砲手】ほうしゅ(포수) ①대포의 발사를 맡아 보는 군인. ②㊥ 엽총으로 짐승을 잡는 일을 업으로 하는 사람. 사냥꾼.
【砲術】ほうじゅつ(포술) 대포를 조작하는 기술.
【砲身】ほうしん(포신) 대포의 몸통.
【砲眼】ほうがん(포안) ☞砲門(포문)②.
【砲煙】ほうえん(포연) 총, 대포를 쏘았을 때 나는 연기. 砲烟(포연). ※硝煙(초연).
【砲煙彈雨】ほうえんだんう(포연탄우) 총포의 화약 연기와 빗발치는 탄알이라는 뜻으로, 치열한 전투를 이름.
【砲陣地】ほうじんち(포진지) 대포를 설치한 진지.
【砲車】ほうしゃ(포차) ①옛날, 돌쇠뇌를 장치한 수레. 抛車(포차). ②대포를 끄는 차.
【砲彈】ほうだん(포탄) 대포의 탄알.
【砲艦】ほうかん(포함) 군함의 하나. 연안, 하천 경비에 주로 쓰는 작은 군함.
【砲火】ほうか(포화) ①총포를 쏠 때 나는 불꽃. ②화력 기재와 포.
【砲丸】ほうがん(포환) ①포탄(砲彈). ②포환 던지기에 쓰는 쇠공. ¶投一.
▷巨一, 高射一, 空一, 臼一, 機關一, 大一, 迫擊一, 發一, 野一, 六穴一, 直射一, 鐵一, 銃一, 艦一, 火一

6 11 【硅】 ①규소 규 ㄍㄨㄟ けい ②깨뜨릴 괵 陌(gui) かく

11 【硃】 礵(p. 1086)와 同字

11 【硫】 ☞石部 7획(p. 1080)

6 11 【硋】 거리낄 애 隊 泰 がい

6 11 【䃾】 짐승 이름 액 陌 がく

11 【硏】 研(p. 1077)의 本字

11 【硱】 硯(p. 1080)과 同字

11 【硂】 銓(p. 1539)과 同字

6 11 【硃】 주사 주 虞 ㄓㄨ (zhu) しゅ

7 12 【硜】 ①돌소리 갱 庚 ㄎㄥ こう ㊍경 (keng) けい ②경쇠 경 徑

풀이 ① ①돌 소리. ¶石聲一一<史記> ②소인(小人)의 모양. ¶一一然小人哉<論語> ③비천한 모양. ¶鄙哉一一乎<論語> ② 경쇠. 옥이나 돌로 만든 아악기(雅樂器)의 한 가지. ㊟磬.

7 12 【硨】 조개 이름 거·차 麻 ㄔㄜ (che) しゃ

7 12 【硬】 ①굳을 경 庚 ㄧㄥˋ こう ㊍앵 (ying) (カタイ) ②가로막을 경 梗 *hard*

풀이 ① ①굳다. 단단함. ¶堅一. ②강하다. ¶強一. ③㊥ 억지로. ② 가로막다. ㊟梗.
【硬骨】こうこつ(경골) ①단단한 뼈. ②강직하여 남에게 굽히지 않음을 이름. ¶一殘形知幾秋<全唐詩話>/一漢. ③척추동물의 골격을 이루는 굳은 뼈. ↔軟骨(연골).
【硬度】こうど(경도) ①물체의 단단함의 정도. ②물에 칼슘염 등이 들어있는 정도. ③광물이 충격에 견디는 강도. ④X선 투과도의 크기.
【硬性】こうせい(경성) 단단한 성질. ¶一洗劑. ↔軟性(연성).
【硬水】こうすい(경수) 칼슘염, 마그네슘염 따위 광물질이 비교적 많이 들어있는 물. 센물. ↔軟水(연수).
【硬直】こうちょく(경직) ①굳어서 뻣뻣하게 됨. ↔弛緩(이완). ②융통성이 없음.
【硬彩】こうさい(경채) 도자기에 그린 그림의 빛깔이 짙은 것. ↔軟彩(연채).
【硬化】こうか(경화) ①단단하게 굳어짐. ¶動脈一. ②의견, 태도가 강경하여짐.
【硬貨】こうか(경화) 금속으로 된 돈. 금화, 은화, 동전 따위. ↔紙幣(지폐).
▷強一, 堅一, 生一, 石一, 瘦一

7 12 【硡】 돌떨어지는 소리 굉 庚 こう

7 12 【硠】 돌부딪치는 소리 랑 陽 ろう

7 12 【硫】 유황 류 尤 ㄌㄧㄡˊ りゅう(イオウ) (liu) *sulfur*
【硫黃泉】いおうせん(유황천) 황화수소 이온이 많은 온천. 피부병, 신경통 등의 치료에 이용됨. 유황샘.

7 12 【硰】 땅 이름 사 麻 ㄕㄚ さ 箇 (sha)

7 12 【硯】 벼루 연 霰 ㄧㄢˋ けん (yan) (スズリ)
㊐ 硱
【硯匣】けんこう(연갑) 벼룻집. 硯床(연상).
【硯臺】けんだい(연대) 벼루.
【硯北】けんぽく(연북) 벼루의 북쪽. 남향으로 벼루의 북쪽에 앉아 글을 대하는 것이 보통이므로, 흔히 편지 겉봉의 수신자 이름 밑에 쓰는 상투어. 硏北(연북).
【硯滴】けんてき(연적) 벼룻물을 담는 그릇. 硯水(연수). 水丞(수승). 水注(수주).

漢龜硯滴
(西淸古鑑)

【硯田】けんでん(연전) 문필(文筆)로써 생계를 유지함을 이름. 벼루를 밭에 비유. ¶一無惡歲<唐庚>
【硯池】けんち(연지) 벼루의 한쪽 가, 물을 담는 우묵한 부분. 硯海(연해). ¶雨添窓下一滿<史肅>
【硯海】けんかい(연해) ☞硯池(연지).
▷枯一, 冷一, 端一, 陶一, 石一, 洗一, 洮

一, 朱一, 鐵一, 筆一, 寒一

7 12 〖硝〗 초석 초 [本]소 | [蕭]ㄒㄧㄠ (xiao) | しょう

【硝酸】しょうさん (초산) 질소와 산소의 화합물로서, 부식성(腐蝕性)이 있는 무색의 액체. 폭약 제조, 금속을 삭이는 데, 탈색 등에 씀.

【硝煙】しょうえん (초연) 총포를 쏜 뒤 일어나는 화약 연기. ※砲煙(포연). ¶一雨.

▷芒一, 白一, 煙一, 英一, 風化一

7 12 〖确〗 자갈땅 학 | [覺]ㄑㄩㄝˋ (que) | かく (ソネ)
[同]㱿

[풀이] ①자갈땅. [같]埆. ¶僻處一瘠<資治通鑑> ②박(薄)하다. 적음. ¶同年而議豊一乎<左思> ③정확하다. [通]塙. ¶言辯而一<後漢書> ④진실. ¶不復質一其過<後漢書> ⑤겨루다. 비교함. [通]交 觸. ¶數與虜一<漢書> ⑥산에 큰 돌이 많다. [같]礐.

▷磽一, 犖一, 質一

8 13 〖硿〗 돌 굴러내리는 소리 공 | [東] | こう

8 13 〖碕〗 [1]굽은 물가 기 [2]돌솟은 모양 기 | [支]ㄑㄧˊ [紙](qi) | き

13 〖碁〗 棋(p. 773)와 同字

8 13 〖碓〗 방아 대 | [隊]ㄉㄨㄟˋ (dui) | たい (ウス) *mill*

[풀이] ①방아. 디딜방아. ¶一則任足<說文・注>/一樂. ②망치. [通]椎. ¶圜如一頭<周禮>

▷山一, 水一, 舂一, 雲一

8 13 〖碌〗 [1]돌모양 록 [2]자갈땅 락 [3]돌푸른빛 록 | [屋]ㄌㄨˋ [覺](lu) [沃] | ろく らく ろく

8 13 〖碖〗 [1]돌떨어질 론 [2]돌모양 론 [3]돌 륜 | [阮] [願] [眞] | ろん ろん りん

8 13 〖碐〗 돌 모양 릉 | [蒸] | りょう

8 13 〖碄〗 깊은 모양 림 | [侵] | りん

8 13 〖碔〗 옥돌 무 | [麌]ㄨˇ (wu) | ぶ

[풀이] ①옥돌. ¶碝石一砆<司馬相如> ②속돌. 부석(浮石).

13 〖碈〗 碣(p. 1082)과 同字

13 〖碚〗 培(p. 348)와 同字

8 13 〖碑〗 비석 비 | [支]ㄅㄟ (bei) | ひ (イシブミ) *tomb stone*
[俗]碑 [同]碑

[풀이] ①비석. ¶鐫文於石 皆曰一<初學記>/一石. ②돌기둥. [가]묘문(廟門) 안에 희생 짐승을 매어 두던 돌기둥. ¶旣入廟門 麗于一<禮記> [나]해의 그림자 측정에 쓰던 돌기둥. ¶東面北上 上當一<儀禮> [다]귀인의 장례 때 구덩이의 사방에 세워 하관(下棺)에 쓰던 돌기둥. ¶公室視豊一<禮記> ③문체(文體) 이름. 비문(碑文). ④길이 전하다. ¶口一.

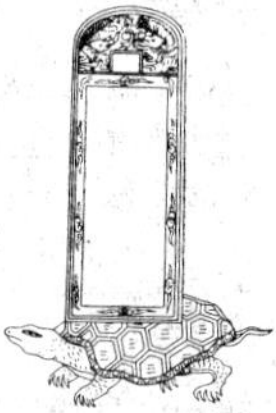
碑碣(三才圖會)

【碑閣】ひかく (비각) 비를 보호하기 위해 세운 집.

【碑碣】ひけつ (비갈) 비석. 네모진 것을 碑, 위가 둥그런 것을 碣이라 함. ¶墓前一<封氏聞見記>

【碑面】ひめん (비면) 비석 앞쪽. ↔碑陰(비음).

【碑銘】ひめい (비명) 묘비(墓碑)에 새기는 명(銘). ¶吾爲一多矣<後漢書>

【碑文】ひぶん (비문) ①비석에 새긴 글. 碑刻(비각). 碑版(비판). 비표(碑表). ¶刊正一<後漢書> ②문체(文體) 이름. 碑誌(비지).

【碑石】ひせき (비석) ①빗돌. ②돌로 만든 비. 石碑(석비).

【碑陰文】ひいんぶん (비음문) 비의 뒤쪽에 새긴 글. 또는, 그 문체(文體).

【碑誌】ひし (비지) ☞碑文(비문)②. ¶與人作一<盧氏雜說>

【碑帖】ひじょう (비첩) 비문(碑文) 등의 탁본(拓本). 또는, 그것을 첩으로 만든 것.

【碑版】ひはん (비판) ☞碑文(비문)①.

【碑表】ひひょう (비표) ①☞碑文(비문)①. ¶一無滅<任昉> ②비의 앞쪽. ↔碑陰(비음). ③경계(境界)의 표지(標識). ¶無一之足據<福惠全書>

▷建一, 古一, 口一, 舊一, 紀念一, 斷一, 木一, 墓一, 無字一, 石一, 神道一, 頑一, 殘一, 打一, 苔一

13 〖碑〗 碑(p. 1081)의 俗字

8 13 〖碎〗 부술 쇄 | [隊]ㄙㄨㄟˋ (sui) | さい (クダク) *break*

[풀이] ①부수다. ¶粉一. ②부서지다. ¶今與璧俱一於柱矣<史記>/玉一. ③깨뜨리다. ¶一敵. ④부스러기. ¶初若煩一<漢書>/一屑. ⑤잘다. 번거로움. ¶與凡人言宜一<晋書>

【碎金】さいきん (쇄금) 금싸라기. 뜻이 바뀌어, 대가(大家)의 아름다운 글귀를 이르는 말. ¶此謝安石一也<晋書>

【碎氷船】さいひょうせん (쇄빙선) 언 강이나 바다의 얼음을 부수어 뱃길을 내는 배.

【碎辭】さいじ (쇄사) 잔단 말. 자질구레한 이야

기. 瑣言(쇄언). 傞說(사설·새설). ¶煩言一<漢書>
【碎瑣】さいさ(쇄쇄) ①부스러져 잚. ②번거롭고 자질구레함.
【碎身粉骨】さいしんふんこつ(쇄신분골) ☞粉骨碎身(분골쇄신).
▷苛一, 擊一, 踏一, 紊一, 糜一, 煩一, 繁一, 劈一, 粉一, 鄙一, 細一, 小一, 瑣一, 零一, 玉一, 搖一, 殞一, 雜一, 摧一, 槌一, 破一, 敗一, 毀一

8 13【⿰石亞】 돌 이름 아 | [麻]ㄧㄚ (ya) | あ
[풀이]①돌 이름. ②울퉁불퉁한 모양.

13【碍】 礙(p.1086)의 俗字
13【硯】 研(p.1080)과 同字
13【碗】 盌(p.1049)의 俗字

8 13【碒】 산 험할 음 | [沁] | ぎん

8 13【碏】 [1]삼갈 작 [2]훼방할 석 | [藥]ㄑㄩㄝˋ (que) [陌] | しゃく(ツツシム) せき

8 13【碇】 닻 정 | [徑]ㄉㄧㄥˋ (ding) | てい(イカリ) *anchor*
[풀이]①닻. ㉠矴. ¶下一稅<漢書> ②닻을 내리다. ¶一宿大海中<東坡志林>
【碇泊】ていはく(정박) 배가 닻을 내리고 댐.

8 13【硾】 찧을 추 | [寘]ㄓㄨㄟˋ (zhui) | つい(ツク) *pound*
[풀이]①찧다. 침. ②누르다. ¶一之以石<呂覽> ③가라앉히다. ④무게를 달다. ⑤추. ㉠錘.

8 13【碆】 돌살촉 파 | [歌] | は

8 13【硼】 [1]돌 이름 평 [2]붕사 붕 | [庚]ㄆㄥˊ (peng) | ほう *borax*
[풀이][1]①돌 이름. ㉠磞. ②소리가 큰 모양. ¶伐靈鼓之一隱兮<魏文帝> [2]붕사(硼砂).
【硼砂】ほうしゃ(붕사) 붕산나트륨의 백색 결정체. 방부제, 에나멜이나 특수 유리의 원료 등으로 씀.

8 13【⿰石咢】 맷돌 학 | [藥] | ぎゃく
[풀이]①맷돌. ②입술이 큰 모양. ¶一[illegible].

14【碟】 磔(p.1085)와 同字

9 14【碣】 [1]선돌 게 [2]둥근 비석 갈 [3]우뚝선 돌 갈 [4]크게 노할 알 | [霽]ㄐㄧㄝˊ [月](jie) [屑] [黠] | けい けつ けつ あつ
[풀이][1]①선 돌. ②산이 우뚝 솟은 모양. ¶一以崇山<漢書> [2]①둥근 비석. ¶員者謂之一<後漢書·注> ②새의 형용. ¶往來勃一<郭璞> [3]우뚝 선 돌. ¶一石. [4]크게 노하는 모양. ¶建一磍之虛<揚雄>
▷墓一, 勃一, 碑一, 刓一, 苔一

14【碯】 瑙(p.999)와 同字
14【碈】 琘(p.999)과 同字

9 14【碧】 푸를 벽 | [陌]ㄅㄧˋ (bi) | へき(アオイ) *blue*
[풀이]①푸른다. ㉮짙은 청록색. ¶寬時衣一<唐書> ㉯청백색. ②푸른 옥돌. ¶綠一紫英<張衡>
【碧溪】へきけい(벽계) 물빛이 매우 맑아 푸른 빛이 도는 시내. ¶夜到一裏<張籍>/青山裏一水<黃眞伊>
【碧空】へきくう(벽공) 푸른 하늘. 蒼空(창공). 碧虛(벽허). 碧宇(벽우). 碧霄(벽소). ¶朝光蕩一<梁簡文帝>
【碧琳侯】へきりんこう(벽림후) 거울의 이칭. ¶方諸還拜一<陸龜蒙>
【碧鮮】へきせん(벽선) 대의 이칭. 龍孫(용손). 碧虛郞(벽허랑). ¶玉潤一<左思>
【碧眼】へきがん(벽안) ①푸른 눈동자. ¶何處霜眉一客<蘇軾> ②서양인(西洋人).
【碧眼胡僧】へきがんこそう(벽안호승) 달마(達摩)의 별칭.
【碧巖】へきがん(벽암) 푸른 바위. 이끼 낀 바위. ¶一無霧<陶弘景>
【碧梧桐】へきごとう(벽오동) 오동나무. 青桐(청동). 碧梧(벽오).
【碧玉】へきぎょく(벽옥) ①푸른 옥. ¶黃金一之車<拾遺記> ②푸른 하늘이나 맑은 시내의 형용. ¶寥天如一<元稹>
【碧翁翁】へきおうおう(벽옹옹) 하늘의 별칭.
【碧昌牛】(벽창우)㊕ 벽창호의 원말. 평안북도 벽동(碧潼), 창성(昌城) 지방의 소라는 뜻으로, 그 소의 성질에서, 고집이 세고 성질이 무뚝뚝한 사람의 비유.
【碧波】へきは(벽파) 푸른 물결. 碧瀾(벽란). 碧浪(벽랑).
【碧虛郞】へききょろう(벽허랑) ☞碧鮮(벽선).
▷鉗一, 空一, 曠一, 穹一, 藍一, 老一, 嫩一, 丹一, 斷一, 微一, 深一, 遙一, 遠一, 淨一, 澄一, 青一, 寸一, 翠一, 虛一, 渾一

14【碑】 碑(p.1081)와 同字

9 14【碩】 클 석 | [陌]ㄕˊ (shi) ㄕㄨㄛˋ (shuo) | せき(オオキイ) *great*
[풀이]①크다. ¶一人其頎<詩經> ②머리가 크다. ③가득하다. 충실함. ④왕성하고 아름다운 모양. ¶一大無明<詩經> ⑤단단하다. ㉤石. ¶明棄一交<阮瑀>
【碩德】せきとく(석덕) ①높은 덕. 또는, 덕이 높은

사람. ¶我心懷一<何遜> ②《佛》 덕이 높은 중. 「一<揚雄>
【碩老】せきろう(석로) 덕이 높은 노인. ¶耆儒
【碩茂】せきも(석무) ①크게 무성함. 뜻이 바뀌어, 자손이 번영함을 이름. ¶支葉一<漢書> ②재덕(才德)이 뛰어난 큰 인물. ¶邦之一<鄭曼季>
【碩輔】せきほ(석보) 어질고 훌륭한 중신(重臣). ¶天錫皇帝 彪臣一<韓愈>
【碩士】せきし(석사) ①학덕이 높은 사람. 賢士(현사). ¶朝得一<韓愈> ②학위(學位)의 한 가지. 대학원의 석사학위 과정을 마치고 석사 학위 논문이 통과된 사람에게 주는 학위, 또는 그것을 받은 사람.
【碩師】せきし(석사) ☞碩學(석학).
【碩言】せきげん(석언) 훌륭한 말.
【碩儒】せきじゅ(석유) 큰 유학자. 巨儒(거유). 大儒(대유). 鴻儒(홍유).
【碩人】せきじん(석인) ①덕이 높은 훌륭한 사람. 偉人(위인). ¶一之寬<詩經> ②미인.
【碩學】せきがく(석학) 큰 학자. 碩師(석사).
▷孔一, 耆一, 博一, 肥一, 材一, 豊一

9 14【碟】 ①가죽 다룰 설 ②접시 접 | 屑ㄉㄧㄝˊ (die) | せつ

9 14【磁】 자석 자 | 支ㄘˊ (ci) | じ(ジシャク) *magnet*

本 磁

풀이 ①자석. 通慈. ¶一石召鐵或引之<呂覽> ②사기그릇. 瓷의 俗字. ¶一器.
【磁界】じかい(자계) 자기(磁氣)의 작용이 미치는 범위. 磁場(자장).
【磁器】じき(자기) 사기그릇. 하남성(河南省)의 사주(沙州)에서 많이 생산된 데서 유래. 瓷器(자기). ※陶瓷器(도자기).
【磁力】じりょく(자력) 자기(磁氣)의 작용하는 힘. 곧, 자석 등이 쇠를 끌어당기는 힘. 磁氣力(자기력).
【磁石】じしゃく(자석) ①자성(磁性)을 띤 산화철(酸化鐵). ②강철편에 인공적으로 자성을 띠게 한 것. 「질.
【磁性】じせい(자성) 물체가 쇠를 끌어당기는 성
【磁針】じしん(자침) 시계바늘꼴의 자석. 나침반(羅針盤)의 바늘. 指南針(지남침).
【磁土】じど(자토) 도자기의 원료가 되는 점토(粘土). 瓷土(자토). 陶土(도토).
▷陶一, 電一, 青一

9 14【碪】 ①다듬잇돌 침 ②산우뚝할 암 | 侵ㄓㄣ (zhen) 覃 | ちん(キヌタ) がん

9 14【碭】 무늬있는 돌 탕 | 漾ㄉㄤˋ 養 (dang) | とう

풀이 ①무늬 있는 돌. ¶墉垣一基<何晏> ②지나치다. ¶一駭. ③크다. 通宕. ④찌르다. ⑤넘치다. ¶呑舟之魚 一而失水 則蟻能苦之<莊子> ⑥맑은대기(大氣). ¶西顥沆一 秋氣蕭殺<漢書>
▷芒一, 沆一

9 14【碬】 숫돌 하 | 麻 | か(トイシ)

10 15【磕】 ①돌부딪는 소리 개 ②부술 갈 | 泰ㄎㄜ (ke) 曷 | かい かつ *break*

풀이 1①돌 부딪는 소리. ②북 소리. ¶雷鼓一<漢書> 2①부수다. ¶一破. ②돌 이름.
【磕睡】がいすい(개수) 앉아서 졺.

15【磎】 谿(p.1412)와 同字

10 15【碾】 맷돌 년 | 霰ㄋㄧㄢˇ 銑 (nian) | てん(ヒキウス)

풀이 ①맷돌. 같 輾. ②맷돌에 갈다. ¶擣藥一茶聲<李商隱雜纂>
▷茶一, 石一, 藥一

10 15【磏】 거친 숫돌 렴 | 鹽ㄌㄧㄢˊ (lian) | れん

풀이 ①거친 숫돌. ②모난 돌. ③애쓰다. 고심하여 인(仁)을 구함. ¶仁道有四 一爲下<韓詩外傳>

10 15【磊】 돌무더기 뢰 | 賄ㄌㄟˇ (lei) | らい

同 礧

源 會意. 많은 돌[石]이 포개져 있음을 뜻함.

풀이 ①돌무더기. ¶石一一兮葛蔓蔓<楚辭> ②큰 돌. ③사물이 크고 활달한 모양. ¶其狀一落<世說新語>
【磊落】らいらく(뇌락) ①뜻이 크고 활달한 모양. ¶辭氣一 觀者忘志<北史> ②용모가 준수한 모양. ¶風神一<庾信> ③높고 큰 모양. ¶山嶽一<成公綏> ④구르는 모양. ¶一如珠<文心雕龍> ⑤수효가 많은 모양. ¶一蔓衍<潘岳> ⑥많은 것이 뒤섞이는 모양. ¶連衡者六印一<後漢書> ⑦큰소리가 사방에서 들리는 모양. ¶鄲琅一<馬融>
【磊磊落落】らいらいらくらく(뇌뢰낙락) ①☞磊落(뇌락)①. ②분명한 모양. ¶一向曙星<古樂府> 「一<成公綏>
【磊魂】らいかい(뇌외) 산이 높고 큰 모양. ¶山嶽

10 15【磐】 너럭바위 반 | 寒ㄆㄢˊ (pan) | ばん(イワオ)

풀이 ①너럭바위. ¶鴻漸于一<易經>/一石. ②도사리다. ¶山中石一紆<易經> ③머무르다. ¶久一京邑<後漢書> ④이어지다. 한 통이 됨. ¶一牙連歲<後漢書> ⑤광대한 모양. ¶一礴.
【磐石】ばんせき・ばんじゃく(반석) ☞盤石(반석).
▷落一, 地一

10 15【磅】 돌 떨어지는 소리 방·팽 | 陽ㄅㄤˋ (bang) 庚ㄆㄤ (pang) | ほう

풀이①돌 떨어지는 소리. ¶砰—訇磕<司馬相如> ②돌을 치다. ③가득 차서 막히는 모양. ¶—礴而鬱積<韓愈> ④파운드. ㉮영국의 무게 단위. ㉯영국 화폐의 단위.

15【磇】 砒(p.1077)와 同字

10 15【磑】
1 맷돌 애 | 隊ㄨㄟˋ | かい
2 쌓을 외 | 灰(wei) | がい
3 단단할 애 | 灰ㄞˊ | がい
4 갈 마 | 箇(ai) | ま
5 들어맞을 개 | 隊 | かい

풀이1 ①맷돌. ¶碾—. ②맷돌에 갈다. ¶深院無風看—茶<陸游> 2쌓다. ¶——即即<漢書> 3①단단하다. 견고함. ¶行積氷之——<張衡> ②높은 모양. 4갈다. 문지름. ¶陰陽相—<太玄經> 5들어맞다. 가까움.
▷茶—, 石—, 碾—

10 15【磈】 1높고 험한 모양 외 | 紙 | い
2돌 많은 모양 외 | 賄 | がい
풀이1 ①높고 험한 모양. ¶崴—. ②돌의 모양. 2돌이 많은 모양. 산에 돌이 있는 모양.
▷磊—, 崴—

10 15【磤】 우뢰같은 큰소리 은 | 吻ㄧㄣˇ 文(yin) | いん
풀이우뢰 같은 큰 소리. ㉦殷.

15【磁】 磁(p.1083)와 同字

10 15【磌】 돌떨어지는 소리 전·진 | 先ㄊㄧㄢˊ 眞(tian) | てん しん
풀이①돌 떨어지는 소리. ¶聞其—然<公羊傳> ②주춧돌. ③누르다. 진압(鎭壓)함.

15【碵】 磌(p.1084)의 俗字

10 15【磋】 갈 차 | 歌ㄘㄨㄛ 箇(cuo) | さ(ミガク) *grind*
풀이①갈다. 상아를 갊. ¶如切如—<詩經> ②닦다. 수양함. ㉦瑳. ¶以禮義相切—<詩經·注>
▷相—, 切—

10 15【磔】 찢을 책 | 陌ㄓㄜˊ (zhe) | たく(ハリツケ)
풀이①찢다. 가름. ②형벌(刑罰)의 이름. ㉮시체(屍體)를 거리에 버리는 형벌. ¶改—曰棄市<漢書> ㉯팔다리를 찢어 죽이는 형벌. ¶伍子胥不—姑蘇東門外乎<荀子> ④제사지내다. ¶—攘以畢春氣<禮記> ⑤물건의 소리. ⑥서법(書法)의 하나. 파임[乀].
【磔刑】たっけい(책형) ①사지를 수레에 매어 찢어 죽이는 형벌. ②기둥에 묶어 놓고 창으로 찔러 죽이는 형벌.
▷僵—, 車—, 刳—, 分—, 離—

10 15【確】 굳을 확 ㊍각 | 覺ㄑㄩㄝˋ (que) | かく(カタイ) *hard*
㊐碻
풀이①굳다. ¶—乎能其事<莊子> ②강하다. 굳셈. ¶夫乾—然 示人易矣<易經> ③확실하다. 분명함. ¶數充校考使 升退詳—<唐書>
【確固】かっこ(확고) 확실하고 견고함. 確乎(확호). ↔不確固(불확고).
【確固不動】かっこふどう(확고부동) 확실하고 굳건하여 움직이지 않음. 確乎不動(확호부동). 確乎不拔(확호불발).
【確答】かくとう(확답) 확실한 대답.
【確率】かくりつ(확률) ①어떤 사상(事象)이 일어난 확실성의 정도를 나타내는 수치(數値). 곧, 그것이 일어날 수 있는 도수(度數)를 나타낸 비율. 蓋然率(개연율). ②공산(公算).
【確立】かくりつ(확립) 굳게 섬. 확실하게 정하여 움직이지 않음. ¶紀綱—.
【確保】かくほ(확보) ①확실한 보증(保證). ②확실히 보전함. 확실히 지님.
【確信】かくしん(확신) ①확실히 믿음. 굳게 믿음. ②확실한 신념. ③㊥ 확실한 소식.
【確實】かくじつ(확실) 틀림이 없음. 「한 약속.
【確約】かくやく(확약) 확실히 약속함. 또는, 확실
【確言】かくげん(확언) ①확실히 말함. 틀림없는 말. 明言(명언). ②경계(警戒)의 말.
【確然】かくぜん(확연) ①확실한 모양. 確乎(확호). ¶—有柱石之固<漢書> ②굳센 모양. ¶夫乾— 示人易矣<易經>
【確認】かくにん(확인) ①확실하게 인정함. ②확실하게 양해함. ③확실하게 허가함.
【確定】かくてい(확정) 틀림없이 작정함. 「거.
【確證】かくしょう(확증) 확실히 증거함. 확실한 증
【確執】かくしつ(확집) 자기의 의견을 굳게 지키어 양보하지 아니함. 불화함. 다툼.
【確乎】かっこ(확호) ☞確然(확연)①.
▷堅—, 端—, 明—, 詳—, 的—, 正—, 貞—, 挺—, 精—

11 16【磬】
1 경쇠 경 | 徑ㄑㄧㄥˋ (qing) | けい
2 경돌치는 소리 경 | 迥 |

풀이1 ①경쇠. 옥이나 돌로 만든 악기. ¶子擊—於衛<論語> ②비다. 다함. ㊐罄. ¶—龜無腹<淮南子> ③말을 달리다. ¶抑—控忌<詩經> ④허리를 굽히어 절하다. ¶簪筆—折<史記> ⑤목매어 죽다. ¶—於甸人<禮記> 2경돌을 치는 소리.

磬①(禮器圖)

【磬折】けいせつ(경절) ①경쇠 모양으로 구부러짐. ②경쇠 모양으로 허리를 굽혀 절함. 삼가 공경하는 모양. ¶鷩躍就車 —而入<後漢書>

▷擊一, 掉一, 梵一, 浮一, 石一, 玉一, 遠一, 離一, 鐘一, 淸一, 特一, 編一

11 16 〖磟〗 고무래 륙·록 屋 りく / 屋 ろく

11 16 〖磨〗 1갈 마 歌 ㄇㄛˊ ま(スル) 2연자매 마 箇 (mo) *whet* 同磨

풀이 1 ①갈다. 돌을 갈아 광을 냄. ¶如琢如一<詩經> ②숫돌에 갈다. ③문지르다. 마찰함. 通摩. ¶不曰堅乎 一而不磷<論語> ④닳다. 닳아 없어짐. ¶百世不一矣<後漢書>/風一雨洗. ⑤곤란을 당하다. 재앙. ¶一劫. 2 ①연자매. ②연자매로 찧다.

磨 2①(淸會典圖)

【磨勘】まかん(마감) ①송(宋) 때 관리의 성적을 평가하던 제도. ②사람을 파견하여 향회시(鄕會試)의 답안을 재심사하던 일. ③연구함. 탐구(探究)함.
【磨滅】まめつ(마멸) ①닳아 없어짐. ②괴로움. 어려움. 磨折(마절).
【磨墨如病夫】まぼくびょうふノゴトシ(마묵 여병부) 먹을 갈 때는 병든 사람같이 손을 부드럽게 하여야 함을 이름. ¶一 把筆如壯士<岩棲幽事>
【磨石】ませき(마석) 맷돌.
【磨崖】まがい(마애) 석벽에 글자나 그림을 새김. ¶一佛.
▷羯一, 揩一, 鏡新一, 空一, 刮一, 臼一, 礱一, 茶一, 馬一, 百世不一, 消一, 水一, 研一, 鍊一, 紫一, 切一, 砥一, 琢一, 擺一, 瑩一

16 〖磨〗 磨(p.1085)와 同字

11 16 〖磝〗 1성 이름 오 豪 ごう 2단단할 교 肴 こう 3돌 많은 산 오 肴 *hard*

풀이 1성(城) 이름. ¶磝一. 2단단하다. 단단한 돌. 같磽. 3돌 많은 산. 자갈 땅.

11 16 〖磭〗 입술 두터울 작 藥 しゃく / 은 軫 ぎん

16 〖䃌〗 砠(p.1078)의 俗字

11 16 〖磧〗 서덜 적 陌 ㄑㄧˋ (qi) せき(カワラ)

풀이 ①서덜. 냇가, 강가 등 물가의 돌이 많은 곳. ②물속에 모래가 많이 쌓여서 생긴 섬. 삼각주(三角洲). ③여울. ④사막(沙漠). ¶今君渡沙一<杜甫>
▷枯一, 空一, 廣一, 錦一, 大一, 白一, 沙一, 石一, 細一, 幽一, 淺一, 灘一

16 〖磚〗 甎(p.1006)의 俗字

11 16 〖磩〗 1옥돌 척 錫 せき 2주춧돌 축 屋 しゅく

11 16 〖磪〗 1산 높고 험한 모양 최 灰 さい 2실굵은 모양 최 賄

11 16 〖磞〗 돌칠 팽·평 庚 ほう

12 17 〖磵〗 골짜기 간 諫 かん

12 17 〖磲〗 옥돌 거 魚 ㄑㄩˊ (qu) きょ

12 17 〖磽〗 메마른 땅 교 肴 ㄑㄧㄠ 篠 (qiao) こう *barren*

풀이 ①메마른 땅. 돌이 많은 땅. ¶地有肥一<孟子> ②단단하다. ③나쁘다. ¶今年尙可 後年一<後漢書>

12 17 〖磯〗 물가 기 微 ㄐㄧ (ji) き(イソ)

풀이 ①물가. 강가의 자갈밭. ②물결이 바위에 부딪치다. 물을 격(激)하게 함. ¶親之過小而怨 是不可一也<孟子> ③문지르다. ④감격하다.

12 17 〖磴〗 돌비탈길 등 徑 ㄉㄥˋ (deng) とう

풀이 ①돌비탈길. ¶羊腸坂在晋陽西北石一縈委 若羊腸焉<水經> ②돌다리. 돌사다리. 같嶝. ¶跨穹隆之懸一<孫綽> ③개울물이 붇다. ④늘다. 불어남. ¶一之以瀿瀷<郭璞>
▷蘿一, 複一, 石一, 蘚一, 巖一, 苔一, 滑一

12 17 〖磿〗 조약돌 대그락대그락할 력 錫 れき

12 17 〖磷〗 1돌 문채 린 眞 ㄌㄧㄣˊ りん 2험할 령 庚 (lin) ろう 3얇은 돌 린 震 りん

풀이 1 ①돌 문채. ②돌틈으로 물이 흐르는 모양. 2험하다. 험한 모양. ¶徑入雷室之砰一鬱律兮<司馬相如> 3 ①얇은 돌. ②돌이 닳아서 얇아지다. ¶磨而不一<論語> ③운모(雲母). ④조약돌. ⑤옥돌이 빛나는 모양. ¶一一.
▷隱一, 緇一

12 17 〖磻〗 1강 이름 반 寒 ㄆㄢˊ はん 2돌추 파 歌 (pan) は

【磻溪】はんけい(반계) ①섬서성(陝西省)을 동남으

로 흘러 위수(渭水)로 들어가는 강 이름. 태공망(太公望)이 낚시질을 하였다는 시내. ②韓 유형원(柳馨遠)의 호(號). ¶一隨錄.

12 17 【磶】 주춧돌 석 | 陌 ㄒㄧˋ (xi) | せき(イシズエ)

12 17 【礁】 물속 돌 초 | ㄐㄧㄠ (jiao) | しょう(カクレイワ)
▷亂一, 撞一, 浮一, 暗一, 危一, 坐一, 環一

12 17 【磺】 1 유황 황 陽 ㄏㄨㄤˊ こう | 2 쇳돌 광 梗 (huang) おう

12 17 【[石+爲]】 헐 훼 | 紙 ㄏㄨㄟˇ (hui) | き(ヤブル) *destory*
풀이 ①헐다. 무너뜨림. ㊀毀. ¶休于天鈞而不一＜淮南子＞ ②갈다. 갈음함. 대체(代替)됨. ¶只作兒童一齒看＜陸游＞

18 【[石+廉]】 磏(p. 1083)과 同字

13 18 【礌】 1 돌 내리굴릴 뢰 隊 ㄌㄟˋ らい | 2 돌무더기 뢰 賄 (lei)

13 18 【礒】 돌모양 의 | 紙 | ぎ

13 18 【礎】 주춧돌 초 | 語 ㄔㄨˇ (chu) | そ(イシズエ) *cornerstone*
【礎石】そせき(초석) 주춧돌. 礎舃(초석).
【礎潤而雨】そウルオイテアメフル(초윤이우) 주춧돌이 축축해지면 비가 올 줄 안다는 뜻으로, 사물이 일어남에는 조짐이 있음의 비유. ¶月暈而風 一 人人知之＜蘇洵＞
▷基一, 石一, 柱一

18 【礈】 墜(p. 358)와 同字

13 18 【礉】 1 해석할 핵 陌 かく | 2 돌 평평하지 않을 교 效 こう | 3 단단한 돌 교 肴 こう

18 【[鄉+石]】 響(p. 1619)과 同字

18 【[石+僉]】 險(p. 1588)과 同字

13 18 【礐】 1 돌 소리 각·학 覺 かく | 2 돌 부딪는 소리 력 陌 らく

14 19 【礛】 숫돌 감·람 | 咸 かん | 覃 らん

14 19 【礚】 돌 부딪는 소리 개 | 泰 | かい

14 19 【礙】 1 거리낄 애 隊 ㄞˋ がい(サマタゲル) | 2 푸른 돌 의 支 (ai)
俗 碍 同 㝵
풀이 1 ①거리끼다. 방해함. ¶孰能一之＜列子＞ ②가로막다. 저지함. ③한정하다. ¶聖人之治天下也 一諸治禮樂＜法言＞ ④걸다. ¶洞同覆載 而無所一＜淮南子＞ 2 푸른 돌.
【礙産】(애산) 아이의 머리만 나오고 목이 걸려 매우 힘드는 해산(解産).
【礙子】がいし(애자) 사기로 만든 전류 절연체(絶緣體). 뚱딴지. 碍子(애자).
▷關一, 拘一, 累一, 無一, 妨一, 留一, 障一, 阻一, 窒一, 滯一, 避一, 限一

14 19 【礜】 독 있는 돌 여 | 御 ㄩˋ 魚 (yu) | よ
【礜石】よせき(여석) 비소(砒素)가 섞인 독석(毒石). 독이 있는 광물(鑛物). ¶人食一而死 蠶食之而不饑＜淮南子＞

19 【礟】 礮(p. 1087)와 同字

20 【[石+廣]】 鑛(p. 1553)과 同字

20 【[春+石]】 蠢(p. 1336)와 同字

15 20 【礪】 거친 숫돌 려 | 霽 ㄌㄧˋ (li) | れい(アラト)
풀이 ①거친 숫돌. ¶金就一則利＜荀子＞ ②숫돌에 갈다. ¶一乃鋒刃＜書經＞
▷礱一, 磨一, 勉一, 淬一, 砥一

15 20 【礫】 1 조약돌 력 錫 ㄌㄧˋ れき(コイシ) | 2 뛰어날 락 覺 (li) らく
▷澗一, 錦一, 丹一, 飛一, 沙一, 石一, 燕一, 瓦一, 磧一, 積一, 違一, 黃一

15 20 【礧】 1 큰 돌 뢰 賄 ㄌㄟˋ らい | 2 부딪칠 루 (lei) るい | 3 돌굴려떨어뜨릴 뢰 紙 隊 らい
풀이 1 큰 돌의 모양. 2 부딪치다. 돌이 서로 부딪침. ¶駭崩浪而相一＜郭璞＞ 3 ①돌을 굴려 떨어뜨리다. ②포개어 지다.
▷礨一, 魁一, 礌一, 磈一

15 20 【礨】 작은 구멍 뢰 | 賄 | らい

20 【[石+磊]】 磊(p. 1083)와 同字

15 20 【礬】 명반 반 | 元 ㄈㄢˊ (fan) | ばん *alum*
【礬紙】ばんし(반지) 명반(明礬)물에 적시어 말린 미농지(美濃紙). 그림 따위의 투사용(透寫用)으로 씀.
▷綠一, 膽一, 明一, 白一, 山一, 石一

15
20〖礩〗 주춧돌 질 지 | 質zhí (zhi) | しつ，し (イシズエ)

21〖礐〗 砦(p.1086)과 同字

16
21〖礱〗 갈 롱 | 東カメㄥ (long) | ろう(スル) grind

풀이 ①갈다. 숫돌에 갊. ¶斲之一之<穀梁傳> ②벼를 찧다. ③숫돌. ④맷돌.
▷磨一, 磋一, 斲一

21〖礲〗 礱(p.1087)과 同字

21〖礮〗 砲(p.1079)와 同字

17
22〖礴〗 뒤섞일 박 | 藥ㄅㄛˊ (bo) | はく mixed

풀이 ①뒤섞이다. ¶將旁一萬物以爲一<莊子> ②널리 덮다. 가득 참. ¶昆侖旁一幽<太玄經> ③다리를 뻗고 앉다. ¶解衣般一<莊子>

23〖礶〗 罐(p.1196)과 同字

24〖礳〗 磨(p.1085)의 本字

―――― 示<보일 시>部 ――――

示 ① 礼 礼 ③ 祁 祀 社 礿 ④ 祈 祇 祋 祆 神 祉 祊 祅 ⑤ 祛 祔 祓 祕 祠 祏 祟 祡 神 祐 祖 祚 祗 祝 祜 ⑥ 祣 祥 祭 祧 票 祫 ⑦ 祴 祲 ⑧ 祼 禁 祺 祹 祿 禀 ⑨ 禊 禖 福 禗 禕 禋 禎 禘 禔 禍 ⑩ 禡 禠 禜 ⑪ 禦 禤 ⑫ 禨 禫 禩 禪 禧 ⑬ 禮 ⑭ 禰 禱 ⑰ 禴 禳

0
5〖示〗 1 보일 시 2 지신 기 | 寘ㄕˋ (shi) 支 | し，じ(シメス) be seen き

※「礻」는 부수 보일 시(示)변의 속자체(俗字體).

풀이 1 ①보이다. ¶國奢則一之以儉<禮記> ②가르치다. ¶一戮斬牲<張衡> ③알리다. ¶武王一之病<戰國策> ④보다. 通視. 2 지신(地神). ㉠祇. ¶掌天神人鬼地一之禮<周禮>

【示達】じたつ(시달) 상부에서 명령, 통지 따위를 하부에 내려 보냄.

【示滅】じめつ(시멸)《佛》 중이 죽는 일. 入寂(입적). 示寂(시적).

【示範】しはん(시범) 모범을 보임.

【示唆】しさ(시사) 미리 암시하여 알려 줌.

【示威】じい(시위) 위력이나 기세를 드러내어 보임. ¶叛而不討 何以一<左氏傳>/街頭一行列.

【示寂】じじゃく(시적)《佛》 부처, 보살, 중의 죽음. 圓寂(원적). 寂滅(적멸). 入寂(입적). 示滅(시멸).

【示現】じげん(시현) ①나타내 보임. ②《佛》 ㉮신불(神佛)이 영험(靈驗)을 나타내 보이는 일. ㉯보살이 중생을 제도(濟度)하기 위하여 속세에 태어나는 일.

【示現塔】じげんとう(시현탑) 자연적으로 된 탑. 금강산의 수미탑(須彌塔) 따위.
▷肝肺相一, 開一, 揭一, 戒一, 告一, 公一, 誇一, 觀一, 光一, 敎一, 覽一, 內一, 明一, 默一, 班一, 發縱指一, 宣一, 昭一, 垂一, 帥一, 申一, 暗一, 耀一, 張一, 展一, 呈一, 提一, 指一, 彰一, 表一, 風一, 懸一, 顯一, 誨一, 曉一, 訓一

6〖礼〗 禮(p.1098)의 古字

6〖礼〗 禮(p.1098)의 古字

6〖礼〗 禮(p.1098)의 略字

7〖祘〗 祟(p.1090)와 同字

3
8〖祁〗 1 성할 기 2 땅 이름 지 | 支ㄑㄧˊ (qi) 紙 | き prosper し

풀이 1 ①성하다. 큼. ¶冬一寒 小民亦惟曰怨咨<書經> ②많다. ¶采蘩一一<詩經> ③조용히. 천천히. ¶興雨一一<詩經> ④오가는 모양. ¶厥賜一一<漢書> ⑤이. ㉠是. ¶資冬一寒<禮記> ⑥땅 이름. ¶一縣. 2 땅 이름.

【祁山】きざん(기산) ①안휘성(安徽省) 기문현 동북에 있는 산. ②감숙성(甘肅省) 서화현의 서북에 있는 산. 중국 통일을 위해 제갈양(諸葛亮)이 여섯 번 위(魏)의 땅인 기산에 나아갔으나 그 곳에서 병사(病死)함.

【祁寒】きかん(기한) 혹독(酷毒)한 추위.

【祁奚薦讐】きけいしゅうヲススム(기혜천수) 기혜가 원수를 천거하였다는 말로, 인재 등용에 공평무사한 마음가짐을 이르는 말. 춘추 시대의 진(晉)의 대부(大夫) 기혜가 제 후임자로서 그의 원수인 해호(解狐)를 천거하고, 호가 죽은 후에는 제 아들 오(午)를 천거한 옛일에서 유래.

3
8〖祀〗 제사 사 | 紙ㄙˋ (si) | し(マツリ) sacrificial rite

同 祖 禩

풀이 ①제사. ¶國之大事 在一與戎<左氏傳> ②제사지내다. ¶法施於民則一之<禮記> ③해. 은(殷)대의 연기(年紀). ¶夏曰歲 商曰一 周曰年 唐虞曰載<爾雅>

【祀孫】しそん(사손) 조상 제사를 받드는 자손. 奉祀孫(봉사손).
▷郊一, 群一, 貴一, 禱一, 望一, 明一, 燔一, 報一, 封一, 賓一, 社一, 祠一, 常一, 先一, 世一, 修一, 順一, 崇一, 時一, 神一, 逆一, 雩一, 元一, 陰一, 淫一, 禋一, 典一, 制一, 祭一, 宗一, 淸一, 冢一, 特一, 閒一, 合一, 享一, 饗一, 孝一

3
8 【社】 토지신 사 | ㊥ㄕㄜˋ (she) | しゃ(ヤシロ)
㊄ 袿

풀이 ①토지의 신. ¶一 所以神地之道也＜禮記＞ ②제사 이름. ¶擇元日命民一＜禮記＞ ③단체. ㉮옛날 법으로 규정된 25호(戶)의 자치 단체. ¶請致千一＜左氏傳＞ ㉯민간에서 임의로 만든, 5호 혹은 10호의 단체. ¶禁民私所自立一＜漢書＞ ㉰백성 자위(自衛)단체. ¶以戰一自衛＜宋史＞ ㉱동지(同志), 벗 등, 일을 같이 하는 사람이 모여 만든 단체. ¶遠法師與諸賢結一＜蓮社高賢傳＞ ㉲사방 6리(里)를 한 구역으로 하는 단체. ¶方六里名之曰一＜管子＞ ④사일(社日). 입춘, 입추 후의 다섯째 무일(戊日).

【社告】しゃこく(사고) 회사에서 알림. 또는, 회사에서 내는 광고.

【社交】しゃこう(사교) 사회 생활에서의 교제. ¶一性/一界. 「隅＜唐書＞

【社壇】しゃだん(사단) ☞社稷壇(사직단). ¶一四

【社團】しゃだん(사단) 두 사람 이상이 공동 목적으로 설립한 단체. ¶一法人. ↔財團(재단).

【社廟】しゃびょう(사묘) 사당(祠堂).

【社費】しゃひ(사비) 회사의 비용.

【社祠】しゃし(사사) 토지의 주신(主神). 또는, 그를 모신 사당.

【社鼠】しゃそ(사서) 사당(祠堂)이나 신전(神殿)에 깃든 쥐라는 뜻으로, 임금 측근에 있는 간신을 이름. ¶桓公問管仲曰 治國最奚患 對曰 最憂一矣＜韓非子＞

【社說】しゃせつ(사설) 신문이나 잡지에서 그 사의 주장으로 게재하는 논설.

【社燕】しゃえん(사연) 제비의 이칭. 대개 봄 사일(社日)에 와서 가을 사일에 더운 지방으로 날아 가기 때문임. ¶燕春社來 秋社去 故謂之一＜格物總論＞ 「물.

【社屋】しゃおく(사옥) 회사의 업무용으로 쓰는 건

【社友】しゃゆう(사우) ①같은 결사(結社) 단체에서 함께 일하는 동지. ②같은 회사에 근무하는 동료.

【社員】しゃいん(사원) ①사단법인(社團法人)이나 상사 회사(商事會社)의 구성원. ②회사에 근무하는 사람.

【社日】しゃじつ(사일) 입춘 및 입추 후 다섯 번째 무일(戊日)로, 사직신(社稷神)에게 제사 지내는 날. 춘사일(春社日)과 추사일이 있었음.

【社長】しゃちょう(사장) ①옛 중국에서, 마을의 우두머리. 里長(이장). ¶縣帖取一 嗔怪見官遲＜顧況＞ ②㊥ 조선 때 사창(社倉)의 곡식을 관리하던 사람. ③결사(結社)의 우두머리. ¶若是要推我作一＜紅樓夢＞ ④회사의 대표.

【社稷】しゃしょく(사직) ①토지신(土地神)과 곡신(穀神). ¶建國之神位 右一 而左宗廟＜禮記＞ ②국가. ¶能保其一 而和其民人＜孝經＞/宗廟一.

【社稷壇】しゃしょくだん(사직단) 옛날, 사직에게 제사지내는 단. 사직단은 왕궁의 오른편에, 종묘(宗廟)는 왼편에 세웠음. 社壇(사단).

【社稷爲墟】しゃしょくきょとなる(사직위허) 사직이 폐허가 된다는 뜻으로, 국가가 멸망함을 이름. ¶身死人手 一＜淮南子＞

【社稷主】しゃしょくのしゅ(사직주) 임금.

【社稷之器】しゃしょくのうつわ(사직지 기) 국정의 중책(重責)을 맡길 만한 인재.

【社稷之臣】しゃしょくのしん(사직지 신) 국가의 안위(安危)를 한 몸에 맡은 중신(重臣).

【社倉】しゃそう(사창) ①㊥ 조선 때 환곡(還穀)을 쌓아 둔, 각 고을의 곳집. ¶一米. ②흉년에 빈민을 구제하기 위하여 각 고을에 설치했던 미곡창(米穀倉). 「련한 주택.

【社宅】しゃたく(사택) 회사에서 사원을 위하여 마

【社會】しゃかい(사회) ①공동 생활을 하는 인류의 집단. ②세상. ③일정한 지역의 집단. ④동지 또는, 동류(同類)의 집단. ¶一學/一問題/一事業/一制度/一主義.

▷結一, 公一, 官一, 郊一, 國一, 大一, 末一, 廟一, 方一, 蕃一, 保一, 復一, 本一, 分一, 商一, 書一, 僧一, 神一, 王一, 吟一, 里一, 入一, 帝一, 朝一, 宗一, 酒一, 村一, 秋一, 春一, 退一, 鄉一, 香一, 懸一, 火一, 會一, 侯一

3
8 【礿】 봄 제사 약 | ㊥ㄧㄠˋ (yao) | やく

【礿禘】やくてい(약체) 하(夏), 은(殷)대 종묘(宗廟)에 지내던, 봄 제사와 여름 제사. ¶一陽義也 嘗烝陰義也＜禮記＞

4
9 【祈】 [1]빌 기 | ㊥ㄑㄧˊ | き(イノル)
[2]산제사 궤 | ㊥(qi) | pray

풀이 [1] ①빌다. 신에게 빌어 복을 구함. ¶春夏一穀于上帝也＜詩經＞ ②구(求)하다. ¶以一爾爵＜詩經＞ ③고하다. ㉮신에게 고하다. ¶掌六一＜周禮＞ ㉯사람에게 고하다. ¶以一黃耇＜詩經＞ ④갚다. 보답함. ¶報養黃耇之老人＜詩經＞ [2]산제사. 산제사 이름. ㊂ 祓.

【祈求】ききゅう(기구) 빌어 구함. 기도하여 바람.

【祈年殿】きねんでん(기년전) 천신(天神)에게 풍년이 들기를 비는 전각(殿閣).

【祈禱】きとう(기도) 바라는 바가 이루어지도록 신불(神佛)에게 비는 일. 또는, 그 의식(儀式). ¶小人常破貲產 以一＜後漢書＞/百日一.

【祈父】きほ(기보) 주(周)대에 봉기(封祈) 곧 도성(都城)을 중심으로 사방 천 리 지역의 병기와 갑옷 등 군장비 관리를 맡던 벼슬. 圻父(기보). 司馬(사마). ¶一 予王之爪牙＜詩經＞ 「¶一祭.

【祈雨】きう(기우) 가물 때 비 내리기를 비는 일.

▷懇一, 禱一, 遠一, 齋一, 宗一, 秋一, 春一

4
9 【祇】 [1]토지신 기 | ㊥ㄑㄧˊ (qi) | ぎ
[2]조사 지 | ㊥ㄓ (zhi) | し

※祗(p. 1093)는 딴 자.

풀이 1 ①토지의 신. ㉠示. ②크다. ¶无一悔<易經> ③편안하다. ¶俾我一也<詩經> 2 ①조사(助詞). ㉮마침. ¶一攪我心<詩經> ㉯다만. ¶亦一以異<論語> ②앓다. 병. ¶俾我一也<詩經> ③편안하다.

【祇林】ぎりん(기림)《佛》 기타태자(祇陀太子)의 숲이라는 뜻으로, 절을 이르는 말. 祇陀林(기타림). ¶一寺.

【祇園精舍】ぎおんしょうじゃ(기원정사) ①옛날, 인도(印度) 마가다 국(Magadha國)의 수달 장자(須達長者)가 석가(釋迦)를 위하여 세운 설법 도량(說法道場). 精舍는 정련행자(精錬行者)가 있는 곳이라는 뜻. ②절. 寺刹(사찰).

【祇悔】ぎかい(기회) 커다란 후회(後悔). ¶不遠復 無一<易經>

▷明一, 方一, 百一, 山一, 水一, 僧一, 神一, 阿僧一, 靈一, 雨一, 地一, 皇一, 后一

4/9【祋】 창 대·탈 | 㚒ㄉㄨㄟ 圓(dui) | たい, たつ (ホコ)

풀이 ①창(槍). ¶彼候人兮 何戈與一<詩經> ②난입을 막기 위해 양피(羊皮)를 높이 걸다. 또는, 그것을 거는 장대. ③꾸짖어 세우는 소리. 순라군이 지르는 소리.

9【𧘝】 頭(p.1624)의 古字

9【𥘈】 祟(p.1090)와 同字

4/9【祅】 재앙 요 | 蕭ㄧㄠ (yao) | よう(ワザワイ)

4/9【祌】 1 신 이름 중 | 送 | ちゅう 2 화할 충 | 東 | しゅう

4/9【祉】 복 지 | 紙ㄓˇ (zhi) | し(サイワイ) good fortune

풀이 복. 하늘에서 내리는 행복. ¶既受帝一<詩經>

▷嘉一, 介一, 祿一, 發一, 繁一, 福一, 丕一, 祥一, 壽一, 餘一, 元一, 帝一, 衆一, 遐一, 休一

4/9【祊】 제사 이름 팽 | 庚ㄅㄥ (beng) | ほう

同 𥛱 鬃

풀이 제사 이름. ㉮사당 안에서, 조상에게 지내는 제사. ¶祝祭于一祀事孔明<詩經> ㉯사당 안에서 제사지낸 이튿날, 그 제물로써 사당 밖에서 지내는 제사. ¶設祭于堂 爲一乎外<禮記>

4/9【祆】 하늘 현·천 | 先ㄒㄧㄢ (xian) | けん てん

【祆敎】けんきょう(현교) 배화교(拜火敎)의 중국 명칭. 조로아스터 교(敎).

9【𥘵】 禍(p.1097)의 俗字

5/10【祛】 떨어 없앨 거 | 魚ㄑㄩ (qu) | きょ (ハラウ) exterminate

풀이 ①떨어 없애다. 재앙을 떨어 없앰. ¶封禪告成 合一於天地<漢書> ②보내다. ③쫓다. ④흩다. ⑤열다. 열림. ¶合一於天地<漢書> ⑥떠나다. ¶惑一吝亦泯<殷仲文> ⑦강건하다. 굳셈. ¶有驔有魚 以車一一<詩經>

【祛痰】きょたん(거담) 담을 제거함. 가래를 없앰. ¶一劑.

5/10【祔】 합사할 부 | 遇ㄈㄨˋ (fu) | ふ

源 會意·形聲. 붙여서[付] 제사 지낸다[示]는 뜻. 「付」가 음을 이룸.

풀이 ①합사(合祀)하다. ②합장(合葬)하다. ¶周公蓋一<禮記>

【祔祭】ふさい(부제) 삼년상(三年喪)을 마친 뒤, 그 신주(神主)를 그의 조상 신주 곁에 모실 때 지내는 제사.

【祔窆】ふへん(부폄) 합장(合葬)함. ¶一雙魂 淑聲無窮<權德輿>

5/10【祓】 푸닥거리할 불 | 物ㄈㄨˊ (fu) | ふつ

풀이 ①푸닥거리하다. 재액을 떪. ¶帝一霸上<漢書> ②부정(不淨)을 없애다. ¶一飾厥文<漢書>

【祓禊】ふっけい(불계) 신에게 빌어 재액(災厄)을 떨어 버림. 음력 3월 상사일(上巳日)에 강가에서 목욕 재계(齋戒)하고 지내는 제사.

▷修一, 齋一, 湔一, 澡一, 淸一

5/10【祕】 1 숨길 비 | 寘ㄇㄧˋ (mi) | ひ hide 2 헤아리기 어려울 필 | 質ㄅㄧˋ (bi) | ひつ

俗 秘

풀이 1 ①숨기다. 알리지 아니함. ¶一不發喪<十八史略> ②신(神). ③헤아리기 어렵다. ¶其計一 世莫得聞<史記> 2 헤아리기가 어렵다.

【祕訣】ひけつ(비결) 비밀한 방법. 쉽사리 남에게 알리지 않고 쓰는 가장 좋은 방법.

【祕結】ひけつ(비결) ☞便祕(변비).

【祕經】ひけい(비경) ①소중히 간직하는 책. 祕本(비본). ¶閱品物於幽記 訪叢育於一<謝脁> ②경서(經書)를 바탕으로 삼은, 미래·길흉·화복 따위를 예언한 책. ③《佛》 밀교(密敎)의 법을 설법한 불경. 「금강정경」(金剛頂經), 「대일경」(大日經) 따위.

【祕境】ひきょう(비경) 신비로운 지경. 공개되지 않은 지역.

【祕計】ひけい(비계) ☞祕策(비책).

【祕記】ひき(비기) ①비밀의 기록. ②길흉, 화복 따위의 예언을 적은 기록.

【祕錄】ひろく(비록) 비밀 기록.

【祕密】ひみつ(비밀) ①숨기어 남에게 공개하지 아니하는 일. ¶一結社/一選擧. ②《佛》 심오(深奧)하여 쉽사리 알려질 수 없는 교의(敎義)라는 뜻으로, 진언종(眞言宗)에서 자가(自家)의 교의를 이르는 말.

【祕方】ひほう(비방) ①비밀한 방법. 祕法(비

법). 祕術(비술). ②한방(韓方)에서, 비밀히 전해 오는 약의 처방(處方).
【祕法】ひほう(비법) ☞祕方(비방)①.
【祕史】ひし(비사) ①비밀히 감추어 둔 역사. ②세상에 알려지지 아니한 이면사(裏面史). ¶宮中一.
【祕書】ひしょ(비서) ①임금의 장서(藏書). ②비밀히 간직해 둔 서적. 祕本(비본). ③비밀한 문서. 또는, 그 사무를 맡아 보는 사람. ④비밀히 글을 씀. 「제).
【祕藥】ひやく(비약) 비방(祕方)의 약. 祕劑(비
【祕苑】ひえん(비원) ①대궐 안에 있는 동산. 御苑(어원). 禁苑(금원). ②㊗ 서울 창덕궁(昌德宮) 안에 있는 금원(禁苑). 일제(日帝)가 지은 이름임.
【祕藏】ひぞう(비장) 비밀히 간직함.
【祕傳】ひでん(비전) 비밀히 전하여 내려옴. 또는, 그 술법. 「祕畫(비획).
【祕策】ひさく(비책) 비밀의 계책. 祕計(비계).
【祕話】ひわ(비화) 숨은 이야기. 逸話(일화).
【祕戲圖】ひぎず(비희도) 남녀의 음란한 장면을 그린 그림. 春畫(춘화). 春意圖(춘의도).
▷極一, 奇一, 機一, 便一, 神一, 深一, 靈一, 奧一, 幽一, 隱一, 尊一, 珍一, 樞一, 冲一, 緘一

5 10〖祠〗 사당 사 | 㕜ㄘˊ (ci) | し(オタマヤ)

풀이 ①사당. 신사(神祠). ¶又間令廣之次所旁叢一中<漢書> ②제사. 봄제사. ¶禴一烝嘗<詩經> ③제사지내다. ¶伊尹一于先王<書經> ④보답하여 제사를 지내다. ¶禱一于上下神示<周禮> ⑤말. 서약의 말. 通辭. ⑥생뢰(牲牢)와 날[日]을 점치다. ⑦음식물.
【祠堂】しどう(사당) ①신주(神主)를 모셔 두는 집. 祠廟(사묘). ②사원(寺院).
【祠堂養子】しどうようし(사당양자) 죽은 사람을 양자로 삼아서 대를 잇게 하는 일. 白骨養子(백골양자).
【祠廟】しびょう(사묘) ☞祠堂(사당)①.
【祠兵】しへい(사병) 전쟁터에 나갈 때 근교(近郊)에서 제사를 지낸 뒤, 군사에게 음복(飮福)시킨 일.
【祠宇】しう(사우) 사당집. 祠屋(사옥).
▷監一, 潔一, 古一, 舊一, 祺一, 禱一, 望一, 報一, 葆一, 奉一, 佛一, 社一, 生一, 先一, 小一, 崇一, 靈一, 遙一, 類一, 淫一, 仁一, 禋一, 湛一, 齋一, 祖一, 種一, 重一, 稷一, 叢一, 解一, 行一, 昏一, 荒一

10〖祖〗 祀(p. 1087)와 同字

10〖祫〗 祀(p. 1087)와 同字

5 10〖祏〗 위패 석 | 㕜ㄕˊ (shi) | せき(イハイ)

풀이 ①위패(位牌). ②돌로 만든 감실(龕室). ¶命我先人典司宗一<左氏傳>
【祏室】せきしつ(석실) 신주(神主)를 모셔 두는, 종묘(宗廟)의 석실(石室).

5 10〖祟〗 빌미 수 | 㕜ㄙㄨㄟˋ (sui) | すい(タタリ)

源 會意·形聲. 신[示]이 내보내[出] 경계(警戒)한다는 뜻.
※崇(p. 481)은 딴 자.

풀이 빌미. 앙화(殃禍)를 입음. ¶一在巫蠱<漢書>

5 10〖祡〗 시제사 시 | 㕜ㄔㄞˊ (chai) | さい

풀이 시제사. 섶나무를 태우며 하늘에 지내던 제사. 通柴.

5 10〖神〗 신 신 | 㕜ㄕㄣˊ (shen) | しん(カミ) God, ghost

풀이 ①신. ㉮하늘의 신. 상제(上帝). ¶一天一 引出萬物者也<說文> ㉯신령(神靈). ¶山林川谷丘陵 能出雲 爲風雨 見怪物 皆曰一<禮記> ②불가사의(不可思議)한 것. 보통 생각으로는 헤아릴 수 없이 이상 야릇한 것. ¶陰陽不測之謂一<易經> ③혼(魂). 사람의 정령(精靈). ¶費一傷魂<呂覽> ④마음. 사람의 본바탕. ¶一出於忠<呂覽> ⑤덕이 아주 높은 사람. ¶聖而不可知之之謂一<孟子> ⑥지식이 두루 넓은 사람. ¶知人所不知 謂之一<淮南子> ⑦화(化)하다. ¶其動人心不一<呂覽>
【神監】しんかん(신감) ①영묘(靈妙)한 감식(鑑識). ¶體睿履正 一淵邈<任昉> ②신(神)이 보는 일. ¶天秩有禮 一孔明<夏侯湛>
【神格】しんかく(신격) 신으로서의 자격. 신의 격식(格式). ↔人格(인격).
【神經】しんけい(신경) ①불가사의(不可思議)한 내용의 책. ②동물의 몸 속에 퍼져 있어 지각, 운동 기타 일체의 유기적 연락 관계를 맡은 기관(器官). 구심성(求心性) 신경과 원심성(遠心性) 신경으로 구별됨. ③지각(知覺). 精神(정신). ¶一性/一衰弱/一質.
【神工】しんこう(신공) 영묘(靈妙)하게 만듦. 또는, 그 작품.
【神功】しんこう(신공) ①신의 공덕(功德). 영묘(靈妙)한 공력(功力). ②영묘한 공적. 불가사의한 공력. ③신이 하는 일. ¶至寶雕不琢 一謝鋤耘<韓愈>
【神工鬼斧】しんこうきふ(신공귀부) 정교한 솜씨로 영묘(靈妙)하게 만든 물건.
【神敎】しんきょう(신교) 신의 가르침.
【神君】しんくん(신군) ①도가(道家)의 신. 또는, 음사(淫祠)의 신. ②신처럼 공덕이 높은 사람. 현명한 지방 장관을 기리어 이르는 말.
【神宮】じんぐう(신궁) ①신을 모신 사당. ¶珠璣鎖飾 煥如一<十六國春秋> ②별 이름.
【神權】しんけん(신권) ①신의 권리. ②신으로부터 부여되었다고 주장하는 신성한 권력. ㉮군주 전제(君主專制)의 정치적 밑받침이 된 학설. ㉯천주교에서, 성직자가 행사하는 「직권.
【神技】しんぎ(신기) 신묘한 기술.
【神祇】しんぎ·じんぎ(신기) 하늘의 신과 땅의 신. 天

神地祇(천신지기).
【神氣】しんき(신기) ①이상한 운기(雲氣). ②만물(萬物) 생성(生成)의 원기(元氣). ③정신과 기력. ④뛰어난 풍취(風趣).
【神器】しんき・じんぎ (신기) ①신령에게 제사 지낼 때 쓰는 그릇. 大器(대기). ②왕위(王位) 계승에 따르는 보물. 옥새(玉璽)와 보정(寶鼎) 따위. ③임금의 자리. ¶劉宗委馭巽其一<左思> ④신령한 그릇.
【神女】しんにょ・じんにょ(신녀) ①여신(女神). 天女(천녀). ②까치의 이칭. ¶鵲 一名一<古今注>
【神農】しんのう(신농) ①옛 중국의 전설상 제왕의 하나. 농사 짓는 법을 처음으로 가르쳤으므로 신농씨(神農氏), 화덕(火德)으로 다스렸으므로 염제(炎帝)라고도 하며, 제약법(製藥法)과 역(易)의 64효(爻)를 만들었다고 함. ②토지신.
【神農氏】しんのうし(신농씨) ☞神農(신농)①.
【神堂】しんどう(신당) ①아름다운 전각(殿閣). ②㊙ 신령을 모신 집. 각 관아에서 신령을 모신 집. 府君堂(부군당).
【神道】しんどう(신도) ①묘소(墓所)로 가는 길. ¶大爲修冢塋 開一<後漢書> ②사람의 지혜로는 알 수 없는 신묘한 도리. ¶聖人以一設教<易經>
【神道碑】しんどうひ(신도비) 묘소로 가는 길가에 세운 비. 우리 나라에서는 종2품 이상 높은 벼슬아치의 묘소에 한하여 세울 수 있었음.
【神童】しんどう(신동) 재주와 지혜가 특출한 아이.
【神靈】しんれい(신령) ①죽은 사람의 혼(魂). 靈魂(영혼). ②신기하고 영묘한 신(神). ¶一所生 其物異形<列子> ③사람이 섬기는 여러 신(神)들. 神明(신명).
【神明】しんめい(신명) ①하늘과 땅의 신령. ¶天地一. ②사람의 마음. 정신. ¶勞一 爲一 不知其同也<莊子> ③신(神)처럼 밝음. ④영검이 있음. ⑤☞神靈(신령)③.
【神謀】しんぼう(신모) 신통한 꾀. 신묘한 모책(謀策).
【神物】しんぶつ(신물) ①선인(仙人). ②신성(神聖)한 것. 점 치는 기구 따위. ③불가사의한 것. 상서(祥瑞). ¶皇天嘉況 一竝見<漢書>
【神罰】しんばつ(신벌) 신이 내리는 벌.
【神父】しんぷ(신부) ①옛 중국에서, 신(神)이나 아버지와 같다는 뜻으로, 장관을 존경하며 친숙하게 일컫던 말. ¶爲汝陰令 政爲明能 號稱一<後漢書> ②천주교(天主教) 교직의 하나. 司祭(사제).
【神佛】しんぶつ(신불) 신령과 부처.
【神不歆非類】シンハタグイニアラザルヲウケズ(신 불흠비류) 신은 그 족속이 아닌 사람의 제사는 받지 아니함. ¶鬼神非其族類 不歆其祀<左氏傳>
【神祕】しんぴ(신비) ①인지(人智)로는 알 수 없다고 생각되는 신묘한 일. ¶一主義. ②비밀에 부쳐 남에게 알리지 않는 일.
【神事】しんじ(신사) ①신을 제사지내는 의식(儀式). 祭典(제전). ¶合一於內朝<國語> ②신선 또는 신(神)에 관한 일.
【神祠】しんし(신사) 신(神)을 모신 사당.
【神山】しんざん(신산) ①신선이 산다는 산. ②신령스럽고 거룩한 산. 靈山(영산). ¶黃銀出于一<隋書>/三一.
【神算】しんさん(신산) 신묘한 계책. 神策(신책). 妙算(묘산).
【神像】しんぞう(신상) ①신령을 그린 그림이나 조각한 형상. 또는, 조상의 상(像). ②㊥ 죽은 사람의 상.
【神仙】しんせん(신선) 선도(仙道)를 닦아서 도통하여 불로불사(不老不死)하고 변화자재(變化自在)한다는 사람. 神僊(신선). 仙人(선인).
【神性】しんせい(신성) ①신의 성격. 또는, 신의 속성(屬性). ②마음. 정신. ¶頤養一<北史>
【神聖】しんせい(신성) ①신령스럽고 거룩함. 영묘하고 존엄(尊嚴)함. ¶一不可侵. ②천자(天子).
【神授】しんじゅ(신수) 신이 내려 준 것. 하늘이 내려 준 것. ¶王權一說.
【神市】(신시)㊙ 환웅(桓雄)이 하늘의 뜻을 받들어 부하 3천 명을 거느리고 태백산(太白山)의 신단수(神壇樹) 아래로 내려와서 베풀었다는 도시. ¶雄率徒三千 降於太伯山頂神壇樹下 謂之一<三國遺事>
【神魚】しんぎょ(신어) 상서로운 물고기. 瑞魚(서어).
【神韻】しんいん(신운) 신비하고 고상(高尙)한 운치(韻致).
【神位】しんい(신위) 죽은 사람의 영혼이 의지할 자리. 神主(신주).
【神意】しんい(신의) ①신(神)의 뜻. ②정신.
【神人】しんじん(신인) ①신통력을 가진 사람. ¶至人無己 一無功<莊子> ②신과 사람. ¶一以和<書經> ③신(神)과 같이 잘 생긴 사람. ④그리스도교에서 그리스도를 이르는 말.
【神將】しんしょう(신장) ①신병(神兵)을 거느린 장수. ②신과 같은 장수. ③《佛》 화엄신장(華嚴神將)의 준말. ④㊙ 갑옷과 투구 차림의 귀신.
【神哉】しんさい・しんナルカナ(신재) 감탄사로, 신묘(神妙)하구나! ¶歸舊川兮一沛 不封禪兮安知外<漢書>
【神殿】しんでん(신전) 신령을 모신 전각(殿閣).
【神接】(신접)㊙ 신이 몸에 붙음. 신들림.
【神政】しんせい(신정) 지배 권력이 신에게 있다는 원리에서, 신의 대변자인 사제(司祭)가 지배권을 가지던 정치 형태.
【神主】しんしゅ(신주) ①죽은 사람의 위패(位牌). 祠版(사판). 神位(신위). ②백성. ¶棄好背盟 陵虐一<左氏傳> ③하늘의 뜻을 받들어 백성을 다스리는 사람. ¶眷求一德 俾作一<書經>
【神州】しんしゅう(신주) ①중국 사람이 자기 나라를 일컫는 말. ②신선이 살고 있는 곳. ③국도(國都)와 그 부근 지역. 京畿(경기).
【神出鬼沒】しんしゅつきぼつ(신출귀몰) 귀신이 출몰한다는 뜻으로, 나타났다 사라짐이 자유자재하다는 말. 神出鬼行(신출귀행). ¶兩頭三面 一<唐戲場語>
【神衷】しんちゅう(신충) ①신의 마음. ②임금의 뜻. ③마음. 정신. ¶春望動一<袁奭>
【神託】しんたく(신탁) 신이 사람을 매개로 하여 그

의 뜻을 나타내는 일. 신의 분부. 神勅(신칙).

【神通】じんつう(신통) ①영묘하여 변화 무궁함. 또는, 그 것. ¶一力. ②마음이 통함.

【神品】しんぴん(신품) ①인공으로는 만들 수 없는, 썩 훌륭한 물품. ②고상한 품격(品格). 逸品(일품). 絶品(절품).

【神筆】しんぴつ(신필) 썩 잘 쓴 붓글씨.

【神火】しんか(신화) ①불가사의한 불. ②화산의 연기. ③귀신불. 도깨비불.

【神化】しんか(신화) ①신기한 변화. 신의 조화. ②신의 화육(化育). 신의 덕화(德化). ③신이 아닌 것을 신처럼 높임. 神格化(신격화).

【神話】しんわ(신화) 지혜가 미개한 상고(上古) 시대의 신을 중심으로 한 전승적 설화(傳承的說話). ¶建國一. 「多<晋書>

【神效】しんこう(신효) 신기한 효험. ¶友卜占一甚

▷降一, 敬一, 谷一, 過化存一, 怪力亂一, 軍一, 群一, 鬼一, 貴一, 金剛一, 雷一, 大一, 明一, 武一, 放一, 百一, 蕃一, 騁一, 邪一, 山一, 三一, 庶一, 善一, 城隍一, 水一, 守護一, 識一, 失一, 心一, 惡一, 嶽一, 女一, 如一, 女精一, 媼一, 怡一, 一一, 入一, 潜一, 雜一, 傳一, 錢一, 精一, 竈王一, 祖一, 至誠感一, 至誠如一, 地一, 至一, 稷一, 天一, 風一, 海一, 花一

10【祢】 禰(p.1099)와 同字

10【祳】 禰(p.1099)와 同字

10【袟】 殃(p.816)의 古字

5 10【祐】 도울 우 | 圕ㄧㄡˋ (you) | ゆう(タスケル) *help*

同佑

※祜(p.1094)는 딴 자.

풀이 ①돕다. ¶自天一之<易經> ②천지신명의 도움. ③복. 행복. ¶驚女采薇鹿何一<楚辭> ④권하다. 通侑. ¶可與一神<易經>

▷嘉一, 降一, 冥一, 薄一, 福一, 祥一, 靈一, 帝一, 天一, 享一, 皇一, 休一

10【祭】 祭(p.1094)의 俗字

5 10【祖】 할아비 조 | 圕ㄗㄨˇ (zu) | そ(ジジ) *grandfather*

古 祖

풀이 ①할아비. ②조상(祖上). ㉮시조(始祖). 시조와 대대의 조상. ¶似續妣一<詩經> ㉯처음으로 봉해진 사람. 국조(國祖). ¶始封必爲一<穀梁傳> ㉰집이나 나라를 처음으로 세워 공이 있는 사람. ¶有功者謂之一<孔子家語·注> ㉱분가하여 새로 집을 세운 사람. ¶別子爲一<禮記> ③사당(祠堂). ¶左一右社<周禮> ④처음. 비롯함. ¶及一飾棺<周禮> ⑤근본. ¶物之大一也<淮南子> ⑥개조(開祖). ¶晋以顧長康張僧繇陸微 爲畫家三一<因話錄> ⑦본받다. ¶一陽氣之發於東方也<禮記> ⑧익히다. 배움. ¶秦王必一張儀之故智<史記> ⑨이어받다. ¶一述. ⑩복되다. ¶一 祚也 祚物先也<釋名> ⑪가다. ⑫도신(道神). ¶榮行一於江陵北門<史記> ⑬도신에게 제사지내다. ¶夢襄公一<左氏傳> ⑭길잔치를 열다. 송별연을 엶. ¶一於江陵北門<漢書> ⑮제사지내다. 죽은이를 보내는 데에 공양을 들여 제사지내는 일.

【祖考】そこう(조고) ①죽은 할아버지. 亡祖父(망조부). ¶纘乃舊服 無忝一<書經> ↔ 祖妣(조비). ②죽은 할아버지와 아버지. ¶曰天曰人 是祖是考<王勃> ③먼 조상. 遠祖(원조).

【祖功宗德】そこうそうとく(조공종덕) 공(功) 있는 임금을 祖라 하고, 덕(德) 있는 임금을 宗이라 함. ¶古者祖有功而宗有德 謂之祖宗者其廟皆不毁<孔子家語>

【祖國】そこく(조국) 조상적부터 살아온 나라. 자기가 태어난 나라. 父母國(부모국). 母國(모국).

【祖道】そどう(조도) ①먼 여행길에 무사하기를 도신(道神)에게 비는 제사. ②먼 길을 떠나는 사람을 송별하는 일. 또는, 그 연회. 祖送(조송). 祖餞(조전).

【祖靈】それい(조령) 조상의 영혼.

【祖龍】そりゅう(조룡) 진시황(秦始皇)의 별칭. 祖는 始, 龍은 제왕의 상징. ¶華山神操璧以授鄭客曰 今年一死<後漢書>

【祖廟】そびょう(조묘) 선조의 묘(廟). 조상의 신주(神主)를 모신 사당(祠堂). 祖祠(조사).

【祖武】そぶ(조무) 조상이 남겨 놓은 공적. 武는 보무(步武)로 유적(遺跡)의 뜻. ¶昭茲來許 繩其一<詩經>

【祖父母】そふぼ(조부모) 할아버지와 할머니.

【祖妣】そひ(조비) 죽은 할머니. 亡祖母(망조모). ↔祖考(조고)①.

【祖師】そし(조사) ①한 학파(學派)를 창시한 사람. ②《佛》 한 종파(宗派)를 세우고 종지(宗旨)를 열어 주장한 사람.

【祖山】そざん(조산) 풍수지리설(風水地理說)에서 말하는, 혈(穴)에서 가장 멀리 있는 용(龍)의 봉우리.

【祖上】(조상)㊅ 한 혈통을 이어오는 돌아간 어버이 위로 대대의 어른. 先祖(선조).

【祖生之鞭】そせいのむち(조생지 편) 남보다 앞서 착수함. 진(晋)의 유곤(劉琨)이 조적(祖逖)의 임용(任用) 소식을 듣고 조생에게 앞지름을 당했다고 말한 옛일에서 유래. 祖生鞭(조생편). 祖鞭(조편). ¶常恐祖生先吾著鞭<晋書>

【祖先】そせん(조선) ①가계(家系)의 초대(初代) 先祖(선조). ②조상(祖上). 「과 후손.

【祖孫】そそん(조손) ①할아버지와 손자. ②조상

【祖送】そそう(조송) ☞祖道(조도)②. ¶於是車駕一 流涕而訣<後漢書>

【祖述】そじゅつ(조술) 스승이나 조상의 도(道)를

이어받아 서술하는 일. ¶仲尼一堯舜 憲章文武<中庸>
【祖神】そじん(조신) 도로(道路)의 신(神)인 공공씨(共工氏)의 아들 수(脩). 일설에는 황제(黃帝)의 아들 누조(纍祖)가 먼 여행을 좋아하다가 마침내 길에서 죽었으므로, 후인이 이를 제사 지내어 도로의 복을 구했다 함. 道祖神(도조신).
【祖業】そぎょう(조업) ①선조의 공업(功業). ¶潤色一 傳于無窮<漢書> ②조상 때부터 전하여 오는 가업(家業).
【祖宴】そえん(조연) 길 떠나는 사람을 송별하는 연회. 송별연. 祖筵(조연). 祖帳(조장).
【祖帳】そちょう(조장) ☞祖宴(조연). ¶一已傷離<王維>
【祖奠】そてん(조전) ①발인(發靷) 전에 영결(永訣)을 고하는 제사. 日晡祭(일포제). ②조상의 사당에 제수를 차려 놓고 제사 지냄. ¶其用命者 則加爵受賜于一之前<孔叢子>
【祖餞】そせん(조전) ☞祖道(조도)②.
【祖宗】そそう(조종) ①임금의 시조(始祖)와 중흥(中興)의 조(祖). ②당대(當代) 이전의 대대 임금의 총칭.
【祖統】そとう(조통) 조상의 유업(遺業). ¶今聖朝興復一<後漢書>
【祖鞭】そべん(조편) ☞祖生之鞭(조생지 편).
【祖行】(조항)韓 할아버지뻘의 항렬(行列). 大夫列(대부열).
▷開一, 高一, 乃一, 累一, 無形者物之大一, 文一, 父一, 佛一, 鼻一, 師一, 蛇一, 先一, 禪一, 始一, 列一, 烈一, 藝一, 外一, 元一, 遠一, 田一, 傳一, 曾一, 初一, 太一, 彭一, 皇一

5 10 【祚】 복 조 | 國ㄗㄨㄛˋ (zuo) | そ(サイワイ)

풀이 ①복. 신이 내리는 행복. ¶必有章譽蕃育之一<國語> ②복을 내리다. ¶天一明德<左氏傳> ③녹(祿). 녹봉(祿俸). ④임금의 자리. ¶漢一中缺<班固> ⑤갚다. 보답함. ¶一靈主以元吉<張衡> ⑥해. 연(年). ¶初歲元一<曹植>
【祚命】そめい(조명) 신(神)의 도움. 神助(신조). ¶一于晉 世有哲王<晉書>
【祚胤】そいん(조윤) ①복을 길이 자손에게 전함. 행복한 자손이 영원히 이어지는 일. ¶君子萬年 永錫一<詩經> ②훌륭한 자손.
▷嘉一, 景一, 慶一, 光一, 吉一, 德一, 登一, 門一, 寶一, 福一, 丕一, 錫一, 攝一, 聖一, 受一, 餘一, 年一, 延一, 永一, 榮一, 靈一, 運一, 帝一, 天一, 踐一, 遐一, 顯一, 皇一, 休一

5 10 【祗】 삼갈 지 | 國ㄓ (zhi) | し(ツツシム) *respect*

古 祬

※祇(p.1088)는 딴 자.

풀이 ①삼가다. 존경함. ¶无一悔<易經> ②조사(助辭). ㉮마침. ¶亦一以異<詩經> ㉯이. 이것. ¶一吾子之不知言也<張衡>
▷虎一, 肅一

5 10 【祝】 1 빌 축 2 저주할 주 3 약 바를 주 | 國ㄓㄨˋ (zhu) | しゅく *pray* | 宥 しゅう | 遇 しゅ

古 祝

풀이 1 ①빌다. 기원함. ¶操一豚蹄酒一盂 而一<史記> ②신직(神職). 신(神)을 섬기는 일을 업(業)으로 하는 사람. ¶祫祭於祖 則一迎四廟之主<禮記> ③박수. 사내 무당. ¶工一招君 背行先些<楚辭> ④원하다. ¶王爲群臣一<呂覽> ⑤축문(祝文). ¶尸一齋戒<淮南子> ⑥축하하다. 하례(賀禮)함. ¶請一聖人<莊子> ⑦기쁜 일. 경사(慶事). ¶犀首跪行 爲儀千秋之一<戰國策> ⑧축배(祝杯)를 드리다. ¶武伯爲一<左氏傳> ⑨붙다. 이어짐. 通 屬. ⑩짜다. ¶素絲一之<詩經> ⑪예(禮)를 익히는 사람. ¶一取銘置于重<儀禮> ⑫끊다. 자름. ¶一髮文身<穀梁傳> ⑬나라 이름. ¶封帝堯之後於一<禮記> 2 ①저주하다. 갈 呪. ¶侯作侯一<詩經> ②말하다. 신(神)에게 고(告)함. ¶逸一册<書經> ③축문(祝文). 신(神)에게 아뢰는 글. ¶使東方朔 枚皋作禖一<漢書> 3 약을 바르다. ¶掌腫瘍 潰瘍 金瘍 折瘍之一藥<周禮>
【祝官】しゅっかん(축관) ①제사 때 축문을 읽는 사람. ②종묘·사직 및 문묘(文廟)의 제사 때 축문을 맡아 읽던 임시 벼슬.
【祝禱】しゅくとう(축도) ①축복하고 기도함. ②예수교에서, 예배(禮拜)를 마칠 때 목사(牧師)가 하나님의 축복을 빌며 드리는 기도.
【祝文】しゅくぶん(축문) ①제사 때, 신명(神明)에게 아뢰는 글. ②축하하는 글.
【祝杯】しゅくはい(축배) 축하하는 뜻을 나타내기 위하여 마시는 술. 또는, 그 술잔.
【祝福】しゅくふく(축복) 신의 은총을 기원함. 행복을 빎.
【祝辭】しゅくじ(축사) 축하하는 말이나 글.
【祝手】(축수) 두 손바닥을 마주 대고 빎.
【祝壽】しゅくじゅ(축수) 오래 살기를 빎. ¶無計拔清裁 唯持一觴<杜牧>
【祝宴】しゅくえん(축연) 축하하는 잔치.
【祝筵】しゅくえん(축연) 축연(祝宴). 또는, 그 자리.
【祝願】しゅくがん(축원) 잘 되기를 빎. 祈願(기원).
【祝月】(축월) 음력 정월, 5월, 9월의 별칭.
【祝融】しゅくゆう(축융) ①여름의 신(神). ¶孟夏之月 其帝炎帝 其神一<禮記> ②불을 맡았다는 신. ③불. 火災(화재). ④남해(南海)의 신.
【祝意】しゅくい(축의) 축하하는 뜻. 축하하는 마음.
【祝儀】しゅくぎ(축의) 축하하는 의례(儀禮). 축하하는 의식(儀式). ¶一金.
【祝日】しゅくじつ(축일) ①축하하는 날. ②기도하는 날. 기도하여 마음의 안식(安息)을 가지는 날.

【祝典】しゅくてん (축전) 축하하는 의식 또는 식전(式典).
【祝電】しゅくでん (축전) 축하하는 전보.
【祝砲】しゅくほう (축포) 축의(祝意)를 나타내기 위하여 쏘는 공포(空砲). 축하포. ↔弔砲(조포). ※禮砲(예포). 「(祝慶).
【祝賀】しゅくが (축하) 경사를 치하하는 일. 축경
▷慶一, 工一, 巫一, 奉一, 祕一, 三一, 尸一, 心一, 野一, 自一

5 10 〖祜〗 복 호 | 廣 ㄏㄨˋ(hu) | こ(サイワイ) *good fortune*
풀이 ①복. 신이 주는 행복. ¶受天之一 <詩經> ②복이 두텁다.

11 〖祣〗 禱(p.1099)와 同字

6 11 〖祣〗 여제 려 | 語 | りょ
풀이 여제(祣祭). 산천에 지내는 제사. 通旅.

6 11 〖祥〗 상서로울 상 | 陽 ㄒㄧㄤˊ(xiang) | しょう *lucky*
풀이 ①상서롭다. 복(福). 넓은 뜻으로는 재앙까지를 두루 일러 祥이라고 하나, 좁은 뜻으로는 복. ¶一瑞. ②좋다. ¶夫佳兵 不一之器<老子> ③재앙. ¶孔子旣一<禮記> ④조짐. ¶是何一也 吉凶安在<左氏傳> ⑤요괴(妖怪). ¶毫有一<書經> ⑥제사 이름. ¶朞而小一 又朞而大一<儀禮> ⑦자세하다. 通詳.
【祥瑞】しょうずい (상서) 길한 조짐. 吉兆(길조).
▷嘉一, 祺一, 禨一, 吉一, 大一, 美一, 發一, 百一, 福一, 氛一, 不一, 三不一, 瑞一, 善一, 小一, 殊一, 淑一, 異一, 慈一, 禎一, 兆一, 珍一, 徵一, 休一

11 〖祻〗 禋(p.1097)과 同字

6 11 〖祭〗 1 제사 제 | 霽 ㄐㄧˋ(ji) | さい(マツリ)
2 나라 이름 채 | 卦 | *ritual*
풀이 1 ①제사. ¶一者 薦其時也 薦其敬也 薦其美也 非享味也<穀梁傳> ②제사지내다. ¶一百神<禮記> ③사귀다. 사람과 신이 서로 접함. ¶而守其一祀<孝經> ④미루어 헤아리다. ¶一者察也 言人事至於神也<尚書大傳> ⑤갚다. 신에게 보답함. ¶旣一 反命於國<周禮> 2 ①나라 이름. 성(姓)은 희(姬), 작(爵)은 백(伯). 하남성(河南省) 정현(鄭縣) 동북에 있었음. ②땅 이름.
【祭官】さいかん (제관) ①제사를 맡은 관리. 享官(향관). ②제사에 참여하는 사람.
【祭具】さいぐ (제구) ☞祭器(제기).
【祭器】さいき (제기) 제사에 쓰는 기구. 祭具(제구).
【祭壇】さいだん (제단) 제사를 지내는 단.
【祭禮】さいれい (제례) ①제사(祭祀)의 의식(儀式). 祭典(제전). ②中 부의(賻儀).
【祭文】さいぶん (제문) ①제사 때, 제물을 올리고 영전(靈前)에서 읽는, 조상(弔喪)하는 글. ②韓 대소상(大小祥) 때 영전에 제물(祭物)을 차려 놓고 읽는, 죽은 이를 회상하고 슬퍼하는 내용을 담은 글.
【祭物】(제물) ☞祭需(제수).
【祭祀】さいし (제사) 조상이나 신령에게 음식을 바치어 정성을 나타내는 예절. 祭享(제향).
【祭牀】(제상) 韓 제물(祭物)을 진설(陳設)하는 상. 祭床(제상).
【祭需】(제수) 제사에 쓰는 여러 가지 음식이나 재료. 제물(祭物). ¶一錢. ※祭儀(제의).
【祭詩】さいし (제시) 자기가 지은 시(詩)를 제사 지내어 그 애씀을 위로하는 일. 당(唐)의 가도(賈島)가 연말(年末)에, 한 해 동안에 지은 자작시를 제사지낸 옛일에서 유래.
【祭儀】さいぎ (제의) 제물로 바치는 물품.
【祭典】さいてん (제전) ☞祭禮(제례).
【祭奠】さいてん (제전) ①제물. ②의식을 갖춘 제사와 그것을 생략한 제사의 총칭. 제사. ¶宗祀廢絕 一無主<北史>
【祭政一致】さいせいいっち (제정일치) 제사와 정치가 일치하는 사상. 또는, 그 정치 형태. 政敎一致(정교일치).
【祭主】さいしゅ (제주) 제사를 주재(主宰)하는 사람. 主祭者(주제자).
【祭酒】さいしゅ (제주) ①제사에 쓰는 술. ②옛날, 회동향연(會同饗宴)에 연장자(年長者)가 먼저 술로써 지신(地神)에게 제사지내던 일. ③나이가 많고 덕망이 높은 사람. 尊老(존로). ④학정(學政)을 맡은 장관(長官)을 이름.
(좨주) 韓 ①고려 때 국자감(國子監)의 종삼품 벼슬. ②조선 때, 주로 석전(釋奠)의 제향(祭享)을 맡아 보던 성균관(成均館)의 벼슬. 정 3 품 이상으로, 학덕이 높은 이를 시켰음. 「일.
【祭天】さいてん (제천) 임금이 하늘에 제사지내는
【祭廳】(제청) ①장례 때 무덤 옆에 임시로 마련한 제터. ②제사를 지내기 위하여 마련한 대청.
【祭享】さいきょう (제향) ①나라에서 지내는 제사. ②제사의 높임말. 祭饗(제향).
▷告一, 冠婚喪一, 郊一, 國一, 忌一, 大一, 禡一, 望一, 配一, 氾一, 兵一, 報一, 賻一, 司一, 師一, 常一, 商一, 小一, 豺一, 時一, 繹一, 練一, 例一, 遙一, 燎一, 雩一, 類一, 尹一, 日一, 井一, 弔一, 禘一, 醮一, 祝一, 徧一, 炮一, 享一, 血一, 祫一

6 11 〖祧〗 조묘 조 | 蕭 ㄊㄧㄠ(tiao) | ちょう
풀이 ①조묘(祧廟). 원조(遠祖)를 합사(合祀)한 사당. ¶以先君之一處之<左氏傳> ②조묘로 옮기다. 5대조(代祖)부터 그 위의 먼 조상의 신주를 조묘로 합사(合祀)함.

【祧廟】ちょうびょう(조묘) 천주(遷主)를 모시는 사당(祠堂). 遷廟(천묘). ¶建郊宮 定一＜漢書＞

【祧師】ちょうし(조사) 옛 중국에서 백성에게 예의(禮儀), 윤리(倫理) 등을 가르치던 관리. ¶一典春 … 以禮義倫理教訓人民＜新書＞

▷廟一, 不遷之一, 宗一, 合一

11【䄪】祗(p.1093)의 古字

6 11【票】 ①불똥튈 표 ㉠ㄆㄧㄠ ②쪽지 표 ㉡(piao) ひょう ticket

풀이 ① ①불똥이 튀다. ㉮熛. ¶見一如素明＜太玄經＞ ②요동하는 모양. ¶一崑崙＜漢書＞ ② ①쪽지. 어음, 물표, 관람권 따위. ②빠르다. ¶遣一輕吏＜漢書＞ ③가볍게 오르는 모양. ¶去穢累兮而一輕＜後漢書＞

【票決】ひょうけつ(표결) 투표로 결정함.

▷開一, 軍一, 記一, 得一, 賣一, 白一, 福一, 散一, 手一, 鬮一, 郵一, 傳一, 車一, 彩一, 投一

6 11【祫】 합사할 협 ㉠ㄒㄧㄚˊ (xia) こう

풀이 합사(合祀)하다. 모든 조상을 태조의 묘(廟)에 함께 모심. ¶大一者何 合祭也＜公羊傳＞

7 12【祴】 ①악장 이름 개 ㉠ ②벽돌길 개 ㉡ かい

12【䅐】祿(p.1096)의 俗字

12【䄲】社(p.1088)의 古字

12【視】☞ 見部 5획(p.1363)

12【䄻】折(p.622)과 同字

7 12【祲】 ①요기 침 ㉠ㄐㄧㄣ ②햇무리 침 ㉡(jin) しん

㊍祲 ㊐祲

풀이 ① ①요기(妖氣). 재앙을 일으키는 기운. ②성하게 하다. ¶一威盛容＜班固＞ ② 햇무리. ¶豐荒之一象＜周禮＞

▷氣一, 祥一, 妖一

8 13【祼】 강신제 관 ㉠ㄍㄨㄢˋ (guan) かん

풀이 ①강신제(降神祭). ¶王入大室一＜書經＞ ②제사에 모인 손이 서로 술을 나누다. ¶以肆先王 以一賓主＜周禮＞

8 13【禁】 ①금할 금 ㉠ㄐㄧㄣ(jin) きん ②견딜 금 ㉡ㄐㄧㄣ(jin) forbid

풀이 ① ①금하다. ¶王不能一＜戰國策＞/一止. ②기(忌)하다. 꺼림. ¶牽于一忌＜漢書＞ ③규칙. 계율. ¶入境而問一＜禮記＞ ④삼가다. ¶一人以行＜禮記＞ ⑤비축(備蓄)하다. ¶散一財＜張衡＞ ⑥비밀. ¶我有一方＜史記＞ ⑦대궐. ¶一中. ⑧술잔을 받치는 대. ⑨짐승을 기르는 우리. ¶禽獸之一＜管子＞ ⑩저주(詛呪). ¶祝一. ⑪마술(魔術). ¶賊中有善一者＜抱朴子＞ ⑫감옥. ¶脫於重一之中＜晋書＞ ② ①견디다. ¶猶不能一＜漢書＞ ②억누르다. ③위협하다. ④옷고름. ¶其纓一緌＜荀子＞

【禁錮】きんこ(금고) ①감옥에 감금하는 형벌. ¶無期一. ②벼슬길을 막아버리는 형벌. ¶免官一＜後漢書＞

【禁軍】きんぐん(금군) 대궐을 경비하고 임금을 호위하는 군사. 禁兵(금병). 禁旅(금려). 禁衛軍(금위군).

【禁闕】きんけつ(금궐) 궁궐. 宮禁(궁금). 禁裏(금리).

【禁忌】きんき(금기) ①꺼리어 싫어함. ②불길하다고 하여 꺼리고 금하는 일. 터부. ¶今俗聞多有一＜風俗通＞

【禁男】きんなん(금남) 남자의 출입이나 접근을 금함. ↔禁女(금녀).

【禁斷】きんだん(금단) 금하여 못하게 함. 禁制(금제). ¶一淫祀＜魏志＞

【禁獵】きんりょう(금렵) 사냥이나 고기잡이를 금함. ¶一區/一期.

【禁令】きんれい(금령) 금지하는 법령. 禁法(금법). 禁制(금제). ¶掌其一＜周禮＞

【禁林】きんりん(금림) ①금원(禁苑)의 숲. ¶集一而屯聚＜班固＞ ②한림원(翰林院)의 별칭. ¶備位一＜蘇軾＞

【禁門】きんもん(금문) ①대궐 문. ②궁궐. 禁裏(금리). ③일반의 출입이 금지된 문.

【禁物】きんぶつ(금물) ①매매나 사용이 금지된 물건. 禁制品(금제품). ②해서는 안 되는 일.

【禁法】きんぽう(금법) 금지하는 법령. 禁令(금령). ¶有犯違一＜後漢書＞

【禁書】きんしょ(금서) ①나라가 특정 서적의 간행이나 소지 등을 금하는 일. 또는, 그 서적. ②비밀 도서. 공개가 금지된 책.

【禁輸】きんゆ(금수) 수출, 수입을 금함. ¶一品.

【禁食】きんしょく(금식) 종교상의 계율이나, 심신 단련 등을 위해 얼마 동안 음식을 먹지 않는 일. 斷食(단식). ¶一祈禱.

【禁壓】きんあつ(금압) 억눌러서 못하게 함.

【禁掖】きんえき(금액) 대궐. 宮中(궁중). ¶命出入一＜唐書＞

【禁養】きんよう(금양) 벌채를 금하고 숲을 보호하여 나무를 기르는 일.

【禁煙】きんえん(금연) ①아편이나 담배 피우는 일을 금함. ②담배를 끊음. 斷煙(단연). ③한식절(寒食節)의 이칭. ④대궐 안에서 나는 연기.

【禁營】きんえい(금영) 금문(禁門)을 지키는 일. 또는, 그 막사. 禁衛(금위). ¶分好旌旗入一＜王建＞

【禁慾】きんよく(금욕) 욕정(慾情)을 억제함. ¶一主義.

【禁苑】きんえん(금원) 대궐 안에 있는 동산. 임금의 원유(園囿). 禁園(금원). 祕苑(비원). ¶上林一＜張衡＞

【禁制】きんせい(금제) 어떤 행위를 금함. 또는, 그 법규. 禁斷(금단). 禁令(금령). ¶河大川難一＜漢書＞

【禁足】きんそく(금족) 외출을 금함. ¶一令.

【禁酒】きんしゅ(금주) ①음주를 금함. 술을 끊음. 斷酒(단주). ②술의 제조·판매를 금함. ¶一令.

【禁中】きんちゅう(금중) ①대궐 안. 禁裏(금리). 禁內(금내). 宮中(궁중). ¶二世常居一＜史記＞ ②감옥 안. ¶一原有女監＜福惠全書＞

【禁止】きんし(금지) 제지하여 못하게 함. ¶一伐木＜禮記＞

【禁體詩】きんたいし(금체시) 한시의 한 체. 송(宋)의 구양수(歐陽脩)에서 비롯된 것으로, 제명(題名)과 연관 있는 글자를 쓰지 못하게 함. 흰 눈을 읊는 시에 白, 玉, 舞, 梨, 梅 등을 금하는 따위.

【禁婚】きんこん(금혼) ①일정한 경우의 통혼을 금하는 일. ②세자(世子)·세손의 비를 간택하는 동안 서민의 혼인을 금하던 일. ¶一令.

▷苛一, 監一, 戒一, 錮一, 科一, 拘一, 國一, 宮一, 糾一, 丹一, 大一, 門一, 發一, 防一, 邦一, 犯一, 法一, 常一, 嚴一, 軟一, 禮一, 威一, 幽一, 日一, 紫一, 齋一, 酒一, 重一, 通一, 解一, 憲一, 刑一

8
13【祺】 복 기 |國くㄧˊ (qi)| き(サイワイ) *good fortune*

풀이 ①복. ¶壽考維一＜詩經＞ ②길조(吉兆). ¶維周之一＜詩經＞ ③편안한 모양. ¶一然. ④편지 끝에 상대의 행복을 비는 뜻으로 쓰는 말. ¶文一/臺一/旅一.

▷受一, 禎一, 春一

8
13【祹】 좋을 기 |⽇| き

13【禂】 禱(p.1099)와 同字

8
13【祿】 복 록 |國カㄨˋ (lu)| ろく(サイワイ) *good fortune*

俗 禄

풀이 ①복. ¶使女受一天＜儀禮＞/福一. ②녹봉. ¶一位. ③녹을 주다. ¶位定而然後一之＜禮記＞ ④기록하다. ¶奠其一＜周禮＞ ⑤상으로 주는 물건. ¶福一如茨＜詩經＞ ⑥전읍(田邑). ¶請納一與車服＜國語＞ ⑦작위(爵位). ¶更名光一勳＜漢書＞ ⑧곡식. 通 穀. ¶祭天之司民司一＜周禮＞

【祿米】ろくまい(녹미) 녹봉으로 받는 쌀. ¶七十受一＜韓非子＞

【祿俸】ろくほう(녹봉) 봉급. 俸祿(봉록). 秩祿(질록). 祿料(녹료). 食祿(식록). ¶一妄請＜陸長源＞

【祿邑】ろくゆう(녹읍) ①나라에서 공신 등에게 준 농토. 食邑(식읍). ②韓 신라 때 벼슬아치에게 직전(職田)으로 준 논밭.

【祿秩】ろくちつ(녹질) 관리의 녹봉. 秩祿(질록). ¶絕滅百吏之一＜韓非子＞

▷家一, 干一, 高一, 官一, 光一, 國一, 吉一, 納一, 大一, 斗一, 萬鐘一, 無一, 美一, 微一, 薄一, 百一, 福一, 奉一, 封一, 俸一, 世一, 小一, 尸一, 食一, 失一, 餘一, 佞一, 榮一, 利一, 爵一, 竊一, 重一, 祉一, 秩一, 天一, 寸一, 寵一, 豊一, 倖一, 顯一, 胡一, 後一, 厚一

13【禅】 禪(p.1098)의 俗字

13【禊】 祆(p.1089)와 同字

13【禀】 稟(p.1109)의 俗字

9
14【禊】 계제 계 |國ㄒㄧˋ (xi)| けい(ミソギ)

【禊事】けいじ(계사) 요사(妖邪)를 떨어버리기 위해 봄가을에 물가에서 지낸 제사.

【禊帖】けいちょう(계첩) 왕희지(王羲之)의 「난정첩」(蘭亭帖)의 이칭.

▷灌一, 洛一, 祓一, 修一, 秋一, 春一, 解一

9
14【禖】 매제 매 |國ㄇㄟˊ (mei)| ばい

풀이 매제(禖祭). 득남(得男)하려고 지내는 제사. 또는, 그 신(神). ¶爲立一＜漢書＞

▷高一, 郊一, 祈一

9
14【福】 1 복 복 |國ㄈㄨˊ (fu)| ふく(サイワイ)
2 간직할 부 |⽇| ふう

俗 福 同 福

풀이 1 ①복. ¶一祚流于亡窮＜漢書＞/幸一. ②복을 받다. 복을 이룸. ¶鬼神害盈而一謙＜易經＞ ③하늘의 도움. ¶必受其一＜禮記＞ ④제사에 쓴 고기·술. ¶爲人祭 曰致一＜禮記＞/飮一. 2 간직하다.

【福券】(복권)韓 ①제비를 뽑아 당첨되면 상금 등을 받게 되는 표찰. 福票(복표). ¶住宅一. ②경품권.

【福堂】ふくどう(복당) ①복이 모이는 곳. ¶禍爲德根 憂爲一＜吳越春秋＞ ②감옥의 별칭. ¶囹圄與一同居＜魏書＞

【福德房】(복덕방)韓 부동산의 거래를 중개하는 곳.

【福力】ふくりょく(복력) 복을 누리는 운수. ¶獨蒙一＜易林＞

【福祿】ふくろく(복록) 행복과 녹봉(祿俸). 福履(복리). ¶名利一＜荀子＞

【福利】ふくり(복리) 행복과 이익. ¶無窮之一＜後漢書＞

【福履】ふくり(복리) ☞福祿(복록).

【福不福】(복불복) ①복이 있음과 없음. ②韓 운수의 좋고 나쁨. 행운과 불운.

【福相】ふくそう(복상) 복스러운 상(相). ↔貧相(빈상).

【福音】ふくいん(복음) ①기쁜 소식. ②기독교에서,

예수의 가르침. 福音書(복음서).

【福田】ふくでん(복전)《佛》①여래 또는 비구(比丘)를 이르는 말로, 공양(供養)하면 복이 생긴다는 데서 나옴. ②보은전(報恩田), 공덕전(功德田), 빈궁전(貧窮田)의 총칭.

【福地】ふくち(복지) ①복을 누리며 살 만한 땅. 吉地(길지). ②신선이 사는 곳. ¶—奧區之湊＜王融＞

【福祉】ふくし(복지) 행복. 福利(복리). 福祚(복조). ¶—國家/—社會.

▷家—, 嘉—, 介—, 景—, 官—, 奇—, 祈—, 祺—, 吉—, 多—, 萬—, 冥—, 薄—, 祥—, 瑞—, 盛—, 速—, 壽—, 餘—, 艷—, 五—, 威—, 利—, 子息—, 財—, 淨—, 至—, 祉—, 妻—, 天—, 淸—, 招—, 追—, 祝—, 豊—, 遐—, 幸—, 享—, 胡—, 洪—, 禍—, 厚—

9 14【禗】귀신 불안할 사 | 支 | し

9 14【禕】아름다울 의 | 支 丨 (yi) | い(ヨイ)

9 14【禋】1 제사지낼 인 2 천제지낼 연 | 眞 丨ㄣ 先 (yin) | いん えん
同 䄄

풀이 1 ①제사지내다. ¶—于六宗＜書經＞ ②삼가다. ¶—潔之服＜國語＞ 2 천제(天祭)지내다. 하늘에 제사지냄. ¶—祀 祭天神也＜周禮·注＞
▷郊—, 烝—

14【斎】齋(p. 1701)의 本字

9 14【禎】상서 정 | 庚 ㄓㄣ (zhen) | てい *lucky omen*

풀이 ①상서(祥瑞). ¶必有—祥＜禮記＞ ②복. ¶流—祺＜唐書＞ ③바르다. 곧음. ¶咸有—祥＜漢書＞ ④선하다. 좋음.
▷嘉—, 祥—, 休—

9 14【禘】종묘 제사 체 | 霽 ㄉㄧˋ (di) | てい

풀이 ①종묘의 제사 이름. ¶飮酎高廟—祭＜後漢書＞ ②대제(大祭)의 이름. 천자(天子)가 정월에 하늘에 드리는 제사. ¶不王不—＜禮記＞ ③자세하다. 通 諦.

【禘郊】ていこう(체교) 임금이 지내는 제사. 禘는 시조(始祖)의 제사, 郊는 교외에서 하늘에 올리는 제사. ¶—祖宗＜禮記＞

【禘嘗】ていしょう(체상) ①임금이 신곡을 종묘에 올리는 제사. ②천자, 제후(諸侯)가 여름, 가을에 종묘(宗廟)에 올리는 제사.

【禘祫】ていこう(체협) 임금이 조상의 혼령들을 한 번에 합쳐 지내는 대제(大祭).
▷吉—, 大—, 時—, 春—, 饗—

9 14【禔】복 지 / 제 | 支 ㄓ (zhi) 齊 ㄊㄧˊ (ti) | し / てい

풀이 ①복. ¶中外—福＜漢書＞ ②기쁨. ③편안하다. ④다만. 바야흐로. 같 祇. ¶—取辱耳＜史記＞

9 14【禍】재난 화 | 哿 ㄏㄨㄛˋ (huo) | か(ワザワイ)
同 禍

풀이 ①재난. ㉮불행. ¶—亂不作＜孝經＞ ㉯재앙. ¶君子愼以辟—＜禮記＞ ㉰걱정. ¶行私而無—＜荀子＞ ②재앙을 미치다. 화근이 됨. ¶天道福善—淫＜書經＞ ③죄. 허물. ¶罪—有律＜荀子＞ ④무너지다. ⑤황폐한 곳. ¶在—則反＜太元經＞

【禍根】かこん(화근) 재앙의 근원. 禍源(화원). ¶以絶—＜漢書＞

【禍福】かふく(화복) 재앙과 복록. ¶—不告＜左氏傳＞/吉凶—.

【禍不單行】ワザワイハたんこうセズ(화불단행) 재난은 대개 연거푸 당하기 마련임을 이름.

【禍泉】かせん(화천) 재난의 원천이라는 뜻으로, 술의 이칭. ¶一言蔽之 曰—而已＜淸異錄＞
▷嫁—, 艱—, 奇—, 白—, 士—, 召—, 速—, 水—, 宿—, 殃—, 養—, 女—, 陰—, 人—, 災—, 戰—, 轉—, 慘—, 黃—, 橫—

10 15【禡】마제 마 | 禡 ㄇㄚˋ (ma) | ば

【禡祭】ばさい(마제) 군대가 머무는 곳에서 군신(軍神)에게 지내는 제사. ¶禡于所征之地＜禮記＞

15【福】福(p. 1096)의 俗字

10 15【禠】복 사 / 기 | 支 ㄙ 紙 (si) | し / き

10 15【禜】재앙 막는 제사 영 | 敬 庚 | えい

15【禍】禍(p. 1097)와 同字

11 16【禦】막을 어 | 御 ㄩˋ 語 (yu) | ぎょ(フセグ) *check*

풀이 ①막다. ㉮대적하다. ¶莫之能—也＜國語＞ ㉯거역하다. ¶是—福也＜莊子＞ ㉰대비하다. ¶所以—災也＜國語＞ ㉱제지하다. ¶外—其務＜詩經＞ ㉲피하다. ¶可以—火＜山海經＞ ②방어. ㉮막는 일. ¶守—之備＜國語＞ ㉯방비. ¶加置左右—＜隋書＞ ㉰방호. ¶少置屯—＜獨孤及＞ ③제사지내다. 평안을 빎. ④강하다. ¶曾是彊—＜詩經＞ ⑤대로 엮은 수레 덮개. ⑥대신(大臣). ¶禽—八百＜逸周書＞

【禦侮】ぎょぶ(어모) ①외적의 내습 등 모욕을 막

아냄. ¶一將軍. ②무신(武臣). ¶太僕吾之一也<後漢書>

【禦寒】ぎょかん(어한) 추위를 막음. 防寒(방한). ¶絲麻不足以一<詩經·注>

▷彊一, 控一, 救一, 屯一, 防一, 并一, 備一, 率一, 守一, 戍一, 綏一, 鎭一, 懲一, 抗一

16【⿰礻頃】 穎(p.1112)과 同字

16【⿰礻虘】 詛(p.1379)와 同字

12 17【禨】 1 제사 기 2 좋은 조짐 기 3 나쁜 조짐 기 | 國ㄐㄧ 困(ji) 實 | き(マツリ) ritual

풀이 1 ①제사. ¶越人一<呂覽> ②조짐. ¶無一祥<淮南子> ③빌미. 2 ①좋은 조짐. ②목욕한 뒤에 술을 마시다. ㉠醆. ¶進一進羞<禮記> 3 나쁜 조짐.

12 17【禫】 담제 담 | 國ㄉㄢˋ (dan) | たん

풀이 ①담제. 담사(禫祀). ②조용하다. 평안함.

【禫祭】たんさい(담제) 대상(大祥) 후 3개월 만의 정일(丁日)이나 해일(亥日)에 지내는 제사. 禫祀(담사).

17【⿰礻番】 膰(p.1243)과 同字

17【禩】 祀(p.1087)의 古字

12 17【禪】 1 봉선 선 2 고요할 선 | 霰ㄕㄢˋ(shan) 先ㄔㄢˊ(chan) | ぜん

略禅 俗禅 同禮

풀이 1 ①봉선(封禪). ㉮하늘에 세사지내다. ㉯산천에 제사지내다. ¶一梁甫<大戴禮> ②사양하다. ㉮선위(禪位)하다. ¶唐虞一<孟子> ㉯전하다. ¶一五世<史記> ㉰주다. ¶後主諱一<蜀志> ㉱바뀌다. ¶一代不同<班彪> 2 ①고요하다. 정려(靜慮)함. ¶一那不動處<白居易> ②좌선(坐禪). ¶睡穩如一息息勻<蘇軾> ③불교의 한 파. ¶一宗/一家.

【禪家】ぜんけ(선가)(佛) ①선종(禪宗). 또는, 선종의 절. ¶應憐一子<皎然> ②참선하는 사람. 禪客(선객).

【禪客】ぜんかく(선객) ☞禪家(선가)②.

【禪教】ぜんきょう(선교)(佛) ①선종(禪宗)의 가르침. ②선종과 교종(敎宗). ¶一兩門/一習合.

【禪那】ぜんな(선나)(佛) 참선하여 무념무상의 삼매경에 드는 일. 禪定(선정). ¶一不動處<白居易>

【禪尼】ぜんに(선니) 선정니(禪定尼)의 준말. 곧, 참선하는 여승 따위.

【禪代】ぜんだい(선대) 대(代)가 바뀜. ¶遭遇異時一不同<班彪>

【禪道】ぜんどう(선도)(佛) 참선하는 도(道). 선종(禪宗)의 도. 禪法(선법). ¶一惟在妙悟<滄浪詩話>

【禪林】ぜんりん(선림)(佛) 선종(禪宗)의 절. ¶悵別依一<常建>

【禪味】ぜんみ(선미) 참선하는 재미. 선(禪)의 취미.

【禪房】ぜんぼう(선방)(佛) ①참선하는 방. 禪室(선실). ②선종(禪宗)의 절. 禪林(선림). 禪院(선원). 禪刹(선찰). ¶永言題一<李白>

【禪師】ぜんじ(선사)(佛) ①선종의 고승(高僧). 法師(법사). ¶一吟絶後<蘇軾> ②지덕이 높은 선승(禪僧)에게 조정에서 내리는 칭호. 「자).

【禪僧】ぜんそう(선승)(佛) 선종의 중. 禪和子(선화

【禪室】ぜんしつ(선실)(佛) ①☞禪房(선방)①. ②불도를 닦는 곳. 道場(도량). ③선사(禪寺) 주지의 통칭.

【禪讓】ぜんじょう(선양) 임금이 자리를 타성(他姓)의 유덕한 사람에게 물려주는 일. 撣讓(선양). 禪位(선위). ¶堯舜一聖賢<書經> ↔放伐(방벌).

【禪讓放伐】ぜんじょうほうばつ(선양방벌) 왕위를 타성(他姓)의 유덕자에게 물려 주는 일과 무도한 임금을 쳐서 내쫓는 일.

【禪院】ぜんいん(선원)(佛) ☞禪房(선방)②.

【禪位】ぜんい(선위) 임금이 그 자리를 물려줌. 讓位(양위). 禪讓(선양).

【禪杖】ぜんじょう(선장)(佛) ①선승(禪僧)이 짚는 지팡이. ¶過橋一落<劉基> ②참선할 때 졸음을 쫓는 데 쓰는 대막대기.

【禪定】ぜんじょう(선정)(佛) ☞禪那(선나).

【禪宗】ぜんしゅう(선종)(佛) 참선으로 진리를 직관하여 해탈하려는, 불교의 한 종파.

【禪和子】ぜんなす(선화자) ☞禪僧(선승).

▷內一, 逃一, 登一, 封一, 受一, 野一, 立一, 坐一, 參一, 解脫一

17【⿰礻焦】 醮(p.1524)의 本字

12 17【禧】 복 희 | 支ㄒㄧ (xi) | き(サイワイ) good fortune

풀이 ①복. ¶同心仰福一<范鎭>/新一. ②경사스럽다. ③고하다. 通 諰. ¶一告也<爾雅>

【禧年】きねん(희년) 천주교에서, 30년마다 돌아오는 복된 해.

▷福一, 新一

13 18【禮】 예도 례 | 薺ㄌㄧˇ (li) | れい courtesy

古 礼 禮 略 礼

풀이 ①예도. 예의. ¶不議一<禮記>/一儀. ②예법. 경의를 표하는 일. ¶一賢者<禮記>/敬一. ③예식. 의식. ¶凶荒殺一<周禮> ④예물. ¶無一不相見也<禮記> ⑤음식 대접. ¶饗一乃歸<儀禮> ⑥귀천·상하의 구별. ¶天秩有一<書經> ⑦예의의 총칭. ¶一樂射

御書數＜周禮＞ ⑧예를 적은 경서.「예기」(禮記),「의례」(儀禮),「주례」(周禮) 등.

【禮經】れいきょう(예경) ①예의 상도(常道). 常禮(상례). ¶著誠去僞 禮之經也＜禮記＞ ②성현이 정한 예법을 기록한 경서.「예기」(禮記),「의례」(儀禮) 따위.

【禮記】らいき(예기) 예(禮)의 이론과 실제를 설명한 경서(經書).「주례」(周禮),「의례」(儀禮)와 함께 삼례(三禮)라 함. 오경(五經)의 하나. 오늘날 전하는「예기」는 한(漢)의 대성(戴聖)이 편찬한「소대례」(小戴禮)임.

【禮器】れいき(예기) ①제례(祭禮) 등 예식에 쓰는 그릇. 또는, 예식에 관한 제도, 문장. ¶魯諸儒持孔氏之一＜史記＞ ②예를 행하는 데에 중요한 덕목(德目). ③「예기」(禮記)의 편(篇) 이름. ※らいき

【禮單】(예단) 예물의 품목을 적은 단자(單子).

【禮緞】(예단) 예물로 보내는 비단.

【禮論】れいろん(예론) ①예절에 관한 이론. ②「순자」(荀子)의 편(篇) 이름.

【禮帽】れいぼう(예모) 예복 차림에 갖추어 쓰는 모자.

【禮文】れいぶん(예문) ①예경(禮經)의 명문(明文). ¶或據一＜書經·注＞ ②그 나라의 문명을 나타내는 제도·문물. ¶一尤具＜漢書＞ ③사례(謝禮)의 편지. 또는, 그 문장. ④《佛》예불(禮佛)하는 의식.

【禮物】れいぶつ①②③·れいもつ④(예물) ①예식에 쓰는 물건. ¶引一于西洞門＜遼史＞ ②전례(典禮)와 문물. ¶修其一＜書經＞ ③혼례 선물. ④인사로 주고받는 선물. ¶官府往來互以一＜六部成語＞

【禮訪】れいほう(예방) 인사차 방문함. 또는, 예의를 갖추어 방문함.

【禮拜】れいはい(예배) ①신이나 부처 앞에 경배함. 또는 그 의식. ¶燒香一＜漢武故事＞ ②㊥예배일. 일요일. 또는, 1주간(週間).

【禮法】れいほう(예법) ①예의로서 지킬 규범(規範)이나 법칙. ②예식 절차 등, 예의를 갖추는 방법·격식. ¶指一爲流俗＜晉書＞

【禮服】れいふく(예복) 예식 때 입는 옷. 禮衣(예의). ¶立明堂 制一 以興太平＜漢書＞

【禮佛】れいぶつ(예불) 부처를 예배함. ¶一贖愆＜南史＞

【禮俗】れいぞく(예속) 관혼상제 따위 예로부터 행해져 오는 의례(儀禮). ¶一之變 一文一質＜北史＞

【禮訟】れいしょう(예송) 예법에 관한 논란.

【禮式】れいしき(예식) 예로서 올리는 의식. ¶一場.

【禮樂】れいがく(예악) 예절과 음악. ¶道之以一＜孝經＞

【禮讓】れいじょう(예양) ①예의 바르고 겸손함. ¶一興行 而風俗純美＜歐陽脩＞ ②예를 지켜 사양함.

【禮遇】れいぐう(예우) 예를 갖추어 대우함. 禮待(예대). 禮接(예접). ¶一甚厚＜晉書＞

【禮闈】れいい(예위) ①한(漢)대 상서성(尙書省)의 이칭. ②당(唐)대 예부(禮部)의 이칭. ③명(明)·청(淸)대 예부에서 진사(進士)를 시험함을 이름.

【禮儀】れいぎ(예의) ①예교(禮敎)의 요목(要目). ¶一三百 威儀三千＜中庸＞ ②경의(敬意), 근신(謹愼)을 나타내는 법식. ¶一既備＜詩經＞

【禮義生於富足】れいぎはふそくにしょうず(예의 생어부족) 생계가 넉넉해지면 자연히 예의를 소중하게 됨을 이름. ¶一 盜竊起於貧窮＜潛夫論＞

【禮典】れいてん(예전) ①나라가 예법을 제정한 규칙. ¶不崇一＜晉書＞ ②예에 관하여 쓴 책. ¶案之一 便合傳家＜後漢書＞

【禮節】れいせつ(예절) 예의 범절. 禮法(예법). ¶廉恥一 以治君子＜新書＞

【禮讚】らいさん(예찬) ①감사하며 찬송함. 禮拜讚美(예배찬미). ②《佛》삼보(三寶)를 예배하고 그 공덕을 찬미함. ③《佛》불덕(佛德)을 찬송하는 제문.

【禮砲】れいほう(예포) 예식 등에서 환영, 존경, 축하의 뜻을 표하여 쏘는 공포(空砲).

▷家一, 嘉一, 敬一, 古一, 過一, 冠一, 軍一, 吉一, 答一, 目一, 無一, 返一, 拜一, 繁一, 報一, 復一, 非一, 卑一, 賓一, 娉一, 三一, 尙一, 喪一, 俗一, 修一, 崇一, 失一, 約一, 陽一, 六一, 隆一, 陰一, 儀一, 葬一, 典一, 祭一, 弔一, 朝一, 終一, 主一, 周一, 重一, 治一, 悖一, 賀一, 學一, 割一, 合一, 亢一, 虛一, 昏一, 婚一, 回一, 凶一

18【禶】禪(p.1098)과 同字

14 19【禰】 아비 사당 녜 本니 | 圈ㄋㄧˇ (ni) | でい

同 祢 袮

풀이 ①아비 사당. ¶近爲一宮＜穀梁傳＞ ②사당에 모신 아버지. ¶生稱父 死稱考 入廟稱一＜公羊傳·注＞ ③행군 때 모시고 가는 신주. ¶釋幣于一＜公羊傳＞

【禰廟】でいびょう(이묘) 아버지를 모신 사당. 禰宮(이궁).

▷公一, 祈一, 宿一, 祖一

14 19【禱】 빌 도 | 圈ㄉㄠˇ 圖(dao) | とう(イノル) *pray*

풀이 ①빌다. 기원함. ¶凡內一祠之事＜周禮＞/祈一. ②제사지내다. ¶一祠名山諸神＜史記＞

▷祈一, 默一, 拜一, 祠一, 素一, 齋一, 精一, 祝一

19【𥜽】齊(p.1700)와 同字

22【禴】礿(p.1088)과 同字

17 22【禳】 1 제사이름 양 2 푸닥거리할 양 | 圈ㄖㄤˊ 陽(rang) | じょう

풀이 1 제사 이름. 악귀, 재앙을 막기 위한 제사. ¶擧焚之以爲一禬＜唐書＞ 2 푸닥거리를 하다. ¶此何祥 其可一乎

<後漢書>
【禳禍求福】じょうか きゅうふく (양화구복) 신명에게 제사를 지내어 재앙을 물리치고 행복을 기구(祈求)함.
▷祓—, 侯—, 磔—

内<자귀 유>部

内 ④ 禹 禺 ⑥ 离 ⑦ 禼 ⑧ 禽

0
5【内】 자귀 유 | [有]ㄖㄡˊ (rou) | じゅう (アシアト)
[源]象形. 짐승의 발자국 모양을 본뜸.
[풀이]자귀. 짐승의 발자국.

4
9【禹】 하우씨 우 | [麌]ㄩˇ (yu) | う
[풀이]①하우씨(夏禹氏). 하(夏)의 우임금. ¶—湯罪已<左氏傳> ②벌레. ③돕다. ¶—者 輔也<風俗通> ④늘어지다. ⑤곱자. 곡척(曲尺)으로 잼. [같]榘.
【禹門】うもん (우문) 산서성(山西省)에 있는 용문(龍門)의 이칭. 우(禹)임금이 그 문을 뚫었다고 함. 禹門河(운문하).
【禹域】ういき (우역) 중국(中國)의 별칭. 우임금이 홍수를 다스리고 다니면서 발자국을 남긴 지역이라는 뜻. 禹跡(우적). 禹甸(우전).
【禹跡】うせき (우적) ☞禹域(우역).
【禹甸】うでん (우전) ☞禹域(우역).
【禹湯】うとう (우탕) 하(夏)의 우임금과 은(殷)의 탕임금. 폭군(暴君)인 걸주(桀紂)에 대한 성군(聖君)을 이름.
【禹行舜趨】うこう しゅんすう (우행순추) 우임금과 순임금의 걸음걸이를 흉내 낸다는 뜻으로, 성군(聖君)의 겉모양만 본받을 뿐 실행이 없음을 비유한 말. 禹步舜趨(우보순추). ¶禹行而舜趨 是子張氏之賤儒也<荀子>
▷大—, 授—, 神—, 帝—, 佐—

4
9【禺】 [1]원숭이 우 [2]가름 우 | [遇]ㄩˋ (yu) [虞]ㄩ (yu) | ぐ monkey
[풀이][1]원숭이. 긴꼬리원숭이. ¶—似獼猴而大<正字通> [2]①가름. 구역. ¶是爲十—<管子> ②나타나다. 실마리가 풀림. ¶將合可以—<管子> ③해가 지는 곳. [通]虞. ¶—谷. ④의탁하다. [通]寓 偶.
【禺彊】ぐきょう (우강) ①해신(海神)의 이름. 禺強(우강). ②천신(天神)의 이름. 禺疆(우강).
【禺谷】ぐこく (우곡) 해가 지는 곳. 禺淵(우연). 禺淵(우연).
【禺中】ぐちゅう (우중) 정오 가까운 시각. 巳時(사시).

6
11【离】 [1]산신 리 [2]흩어질 리 | [支]ㄔ (chi) [支]ㄌㄧˊ (li) | ち り
[풀이][1]①산신(山神). 짐승 모양의 산신. ②맹수(猛獸). [2]①흩어지다. ¶形神已—<晋書> ②괘(卦) 이름. [通]離. ③분명하다.

11【离】 离(p. 1100)의 俗字

7
12【禼】 사람 이름 설 | [屑]ㄒㄧㄝˋ (xie) | せつ
[풀이]①사람 이름. 은(殷)의 시조. [같]契 偰. ②벌레.

8
13【禽】 날짐승 금 | [侵]ㄑㄧㄣˊ (qin) | きん(トリ) birds
[풀이]①날짐승. ¶珍—奇獸<書經> ②짐승. 금수(禽獸)의 총칭. ¶—者何 鳥獸之總名<白虎通> ③사로잡다. 사로잡힘. 포로. [通]擒. ¶將卒—俘<唐書>
【禽獸】きんじゅう (금수) 날짐승과 길짐승의 총칭. 鳥獸(조수). ¶—繁殖<孟子>
【禽獲】きんかく (금획) 사로잡음. 擒獲(금획).
▷家—, 嘉—, 輕—, 驚—, 歸—, 籠—, 猛—, 鳴—, 暮—, 文—, 蜚—, 朔—, 祥—, 翔—, 生—, 棲—, 瑞—, 仙—, 涉—, 水—, 時—, 神—, 野—, 五—, 勇—, 幽—, 游—, 逸—, 珍—, 彩—, 兌—, 胎—, 閒—, 喧—

禾<벼 화>部

禾 ② 禿 私 秀 ③ 秊 秉 秈 秅 ④ 秔 科 秏 秒 秕 秋 秌 种 ⑤ 秬 秣 秠 秘 秧 秭 秨 租 秦 秩 秫 秤 秿 ⑥ 秸 移 ⑦ 稈 稉 稌 稂 稃 稅 程 稊 稍 稀 ⑧ 稇 稞 稑 稜 稤 稔 稠 稙 稚 稗 稟 ⑨ 稭 稧 穀 稬 稻 稰 種 稯 稱 ⑩ 稼 稽 稿 稾 穀 穅 稲 穗 稷 稹 穑 穉 ⑪ 穅 穊 穆 穌 穎 穏 積 穐 ⑫ 穜 穗 穉 ⑬ 穠 穡 穟 穢 ⑭ 穩 穧 穪 穫 ⑮ 穮 ⑯ 穐 ⑰ 穰

0
5【禾】 [1]벼 화 [2][韓]말이빨 수효 수 | [歌]ㄏㄜˊ (he) | か (イネ) rice plant
[풀이][1]①벼. ¶—苗秀實<書經·注>/—稻. ②곡물. ¶十月納—稼<詩經> ③곡식의 모. 곡식의 줄기. ¶—則盡起<書經> ④벼농사. ¶孝悌勤蠶—<歐陽脩> [2]말 이빨의 수효.
【禾粟】かぞく (화속) ①벼. ②곡식. ¶聚—繕城郭<左氏傳>
▷嘉— 稜—, 登—, 晩—, 麥—, 祥—, 嘗—, 黍—, 瑞—, 委—, 珍—, 芻—

2
7【禿】 대머리 독 | [屋]ㄊㄨ (tu) | とく(ハゲ) bald
[풀이]①대머리. ¶—者不免<禮記> ②민둥산. ¶—山不游麋鹿<淮南子> ③벗어지다. ㉮대머리가 되다. ¶髮—骨力羸<韓愈> ㉯민둥산이 되다. ¶燒餘山頂—<劉克莊> ㉰잎이 다 떨어지다. ¶谷老崖堅松柏—<揭傒斯> ㉱붓이 모지라지다. ¶中書君老而—<韓愈>

④맨머리. 모자 따위를 안 쓴 머리. ¶一巾微行<後漢書>
【禿頭】とくとう(독두) 대머리. 禿首(독수).
【禿山】とくざん(독산) 민둥산.
【禿翁】とくおう(독옹) 대머리 노인. 禿老(독로).
【禿丁】とくてい(독정) 중을 욕하여 이르는 말. ¶此寺十年後 當有一作亂<北夢瑣言>
【禿筆】とくひつ(독필) ①끝이 무지러진 붓. 몽당붓. 禿毫(독호). ¶戲拈一掃驊騮<杜甫> ②자작(自作) 시문의 겸칭.
▷老一, 斑一, 病一, 頑一, 愚一, 酒一, 疙一

7〖利〗☞ 刀部 5획(p.201)

7〖𥝌〗秉(p.1102)과 同字

7〖秅〗秕(p.1103)와 同字

2 7〖私〗사사 사 | 國ム | し(ワタクシ) (si) | *private*

풀이 ①사사. ㉮자기. ¶身者 非其一有也<呂覽> ㉯개인. 사사로움. ¶反公爲一<新書> ㉰불공평. ¶公正無一<淮南子> ㉱사곡(邪曲). ¶一道塞矣<淮南子> ㉲자기 욕망. ¶少一寡欲<老子> ㉳비밀. ¶嫌探人之一也<禮記> ②사사로이하다. ㉮자기 소유로 삼다. ¶王雖有萬金 不得一也<戰國策> ㉯사리(私利)를 취하다. ¶有一龍斷焉<孟子> ③은밀하다. ¶弟子一嘲之<後漢書> ④홀로. 마음 속으로. ¶有一淑艾者<孟子> ⑤사랑하다. ¶一之也<禮記> ⑥편애하는 것. ¶君多一<國語> ⑦사처(私處). 자기 집. ¶緇衣者 居一朝之服也<詩經·注> ⑧평복. ¶薄汚我一<詩經> ⑨가신(家臣). ¶夫子之賤一<儀禮> ⑩가족. ¶請以其一屬<左氏傳> ⑪자매 남편의 호칭. ¶譚公維一<詩經> ⑫오줌 누다. ¶將一焉<左氏傳> ⑬간통. ¶一通 ⑭음부(陰部). ¶早有一病 不近婦人<飛燕外傳>
【私家】しか(사가) ①개인의 집. 自宅(자택). ↔官邸(관저). ②신하의 집. ¶冕弁兵革 藏於一 非禮也<禮記> ③재야인(在野人). 私人(사인). ④아내의 친정. ⑤자기 집의 이(利)를 꾀함.
【私憾】しかん(사감) 개인적인 원한. 私怨(사원). 私忿(사분). ¶釋其一<後漢書>
【私見】しけん(사견) ①개인 자격으로 사사로이 봄. ②개인적인 견해. 자기 혼자의 의견.
【私耕】(사경)韓 ①묘지기, 마름 등이 보수 대신 얻어서 부쳐 먹는 논밭. 사래 논밭. ¶一畓/一田. ②한 해 품삯으로 머슴에게 주는 돈이나 물건.
【私企業】しきぎょう(사기업) 민간인의 출자로써 경영되는 기업. ↔公企業(공기업).
【私奴】しど(사노) 개인의 노비. 私奴婢(사노비). ¶呼一 命駕將歸國<資治通鑑> ↔官奴(관노).
【私談】しだん(사담) 사사로이 하는 말. ↔公談(공담).
【私黨】しとう(사당) 사사로운 목적을 위하여 모인 도당. ↔公黨(공당).
【私論】しろん(사론) ①사적(私的)인 의견. ↔公論(공론). ②은밀히 논함. 또는, 그 논의. ¶官無一 士無私議<管子>
【私利私慾】しりしよく(사리사욕) 사사로운 이득과 개인의 욕심. 私利私腹(사리사복).
【私立】しりつ(사립) ①제멋대로 정함. ¶一文法<宋史> ②사인(私人)이 세움. ↔公立(공립). ③사립 학교(私立學校)의 준말.
【私務】しむ(사무) 사사로운 용무. ↔公務(공무).
【私文書】しぶんしょ(사문서) 사인(私人)의 문서. ↔公文書(공문서).
【私物】しぶつ(사물) 개인이 사사로이 소유하는 물건. 私有物(사유물). ↔官物(관물).
【私兵】しへい(사병) 사사로이 보유하는 군사. ↔官兵(관병).
【私服】しふく(사복) ①제복, 관복이 아닌 보통 옷. ↔官服(관복). ②사복 형사(私服刑事)의 준말.
【私腹】しふく(사복) 개인의 이익이나 욕심. 私利(사리).
【私夫】しふ(사부) ①옛날, 관기(官妓)가 남몰래 두는 남편. ②샛서방. 間夫(간부). ¶奴殺其一<漢書>
【私憤】しふん(사분) 사사로운 일로 인한 분개. ¶以法報一耳<宋史> ↔公憤(공분).
【私費】しひ(사비) ①개인이 부담하는 비용. 自費(자비). ¶以供一<晉書> ↔官費(관비)·公費(공비). ②공금, 관물을 사사로이 씀. 또는, 공인(公人)이 사사로이 쓰는 비용. ¶有公用無一<申鑑>
【私事】しじ(사사) ①개인적인 일. 사삿일. ¶公事畢 然後治一<孟子> ↔公事(공사). ②내밀한 일. 密事(밀사).
【私生兒】しせいじ(사생아) 법률상 부부가 아닌 남녀 사이에서 난 자식. 私生子(사생자).
【私書函】ししょかん·ししょばこ(사서함) 승인을 얻어 우체국에 설치하는 개인 전용의 우편물 함. 우편 사서함(郵便私書函)의 준말.
【私席】しせき(사석) 사사로운 자리. 私座(사좌). ↔公席(공석).
【私設】しせつ(사설) 개인이 설립함. 또는 그 시설. ¶一講習所. ↔官設(관설)·公設(공설).
【私淑】ししゅく(사숙) 직접 가르침은 없어도 마음으로 그 덕을 사모하거나 스승으로 삼는 일. ¶予一諸人也<孟子>
【私塾】しじゅく(사숙) 개인이 경영하는 글방. 私學(사학).
【私諡】しし(사시) 인품과 학덕이 훌륭하면서, 벼슬이 낮아 조정에서 시호를 내리지 않을 때, 그 친지, 제자 등이 지어 주던 시호. ¶一始於周末<碑版廣例>
【私食】ししょく(사식) 감옥이나 유치장에 갇힌 사람에게 사비(私費)로 들여 주는 음식. ↔官食(관식).
【私信】ししん(사신) 개인의 사사로운 편지. 私書(사서).
【私心】ししん(사심) ①자기 혼자만의 생각. 私意

(사의). ②부정한 마음.
【私營】しえい(사영) 개인이 경영함. ↔官營(관영)·公營(공영).
【私慾】しよく(사욕) 자기의 이익만을 탐하는 욕심. 私欲(사욕). ¶一不違＜左氏傳＞
【私用】しよう(사용) ①개인이 사용함. 또는, 그 물건. ¶以擬一＜宋書＞ ②공공의 물품을 사사로이 씀. ③개인의 용건. ↔公用(공용).
【私怨】しえん(사원) 사사로운 원한. 私憾(사감). ¶賢君無一＜列子＞
【私有】しゆう(사유) 개인의 소유. ¶身者 非其一也＜呂覽＞/一財產. ↔國有(국유)·公有(공유).
【私人】しじん(사인) ①하인. 또는, 가신(家臣). ¶一之子＜詩經＞ ②개인 자격으로서의 사람. ↔國家(국가)·公共團體(공공단체)·公法人(공법인).
【私財】しざい(사재) 개인의 재산. 私資(사자). ¶悉以家一佐軍＜史記＞
【私邸】してい(사저) 개인의 저택. 私第(사제). 私宅(사택). ↔官邸(관저).
【私的】してき(사적) 개인에 관계되는. 사사로운. 個人的(개인적). ↔公的(공적).
【私情】しじょう(사정) ①사사로운 정. 개인적인 감정. ¶不堪父子一＜漢書＞ ②자기 욕망만을 앞세우는 감정. 私心(사심). ¶一行而公法毁＜管子＞
【私第】してい(사제) ☞私邸(사저).
【私製】しせい(사제) 개인이 사사로이 만듦. 또는, 그 물건. ¶使貿易用之 禁一者＜唐書＞ ↔官製(관제).
【私卒】しそつ(사졸) 개인에게 속한 병졸.
【私娼】ししょう(사창) 관(官)의 허가 없이 숨어 매음하는 행위. 또는, 그 창녀. ↔公娼(공창).
【私債】しさい(사채) 개인 사이의 사사로운 빚. ¶農時作一＜皮日休＞ ↔公債(공채).
【私賤】しせん(사천) 사가(私家)의 노비. 私奴婢(사노비). ¶公賤爲輕 一爲重＜令義解＞ ↔公賤(공천).
【私親】ししん(사친) ①자기의 친족. ¶婦若有一兄弟＜禮記＞ ②자기와 친한 사람. ③서자(庶子)의 생모. ④종실(宗室)로서 왕위에 오른 임금의 생가 어버이.
【私通】しつう(사통) ①내밀히 서로 연락함. ¶與蘇秦一＜史記＞ ②남녀가 몰래 정을 통함. 密通(밀통). ¶太后時時竊一呂不韋＜史記＞
【私鬪】しとう(사투) 사사로운 싸움. 개인 사이의 다툼. ¶兩虎安得一＜後漢書＞
【私學】しがく(사학) ①사립 학교. 私塾(사숙). ↔官學(관학). ②자기가 좋아하는 학술. ¶人善其所一＜史記＞
▷家一, 曲一, 公一, 眷一, 滅一, 無一, 燕一, 營一, 外一, 陰一, 姻一, 便一

2 7 〖秀〗 빼어날 수 | 〔宥〕ㄒㄧㄡˋ (xiu) | しゅう (ヒイデル)

풀이 ①빼어나다. ㉮높이 솟아나다. ¶一出中天＜張協＞ ㉯뛰어나다. ¶擧其一士＜呂覽＞ ㉰성장하다. ¶或一或苗＜後漢書＞ ②꽃이 피다. ¶一而不實者＜論語＞ ③꽃. ¶方疏含一＜張協＞ ④수꽃. ¶贊陽一也＜國語＞ ⑤꽃이 없이 열매가 맺는 것. ¶不榮而實者 謂之一＜爾雅＞ ⑥무성하다. ¶一茂. ⑦아름답다. ¶一麗. ⑧지초(芝草). ¶采三一兮於山間＜楚辭＞ ⑨정수(精粹). ¶得其一而最靈＜太極圖說＞ ⑩자수(刺繡). 通 綉.
【秀麗】しゅうれい(수려) 빼어나고 아름다움. ¶山川一＜南史＞/石鏡娥眉眞一＜駱賓王＞
【秀逸】しゅういつ(수일) 빼어나고 뛰어남. 또는, 그런 사람. ¶風儀一＜北史＞
【秀才】しゅうさい(수재) ①재능, 학문이 뛰어난 사람. 秀士(수사). ↔凡才(범재)·菲才(비재). ②미혼 남자의 미칭. ③옛날, 과거(科擧) 과목의 하나. 茂才(무재). ¶察孝廉一＜後漢書＞
▷高一, 孤一, 魁一, 翹一, 閨一, 奇一, 端一, 獨一, 邁一, 明一, 茂一, 芳一, 爽一, 竦一, 崇一, 神一, 雅一, 彥一, 娟一, 英一, 穎一, 靈一, 聳一, 優一, 鬱一, 偉一, 逸一, 才一, 前一, 貞一, 挺一, 整一, 蚤一, 俊一, 峻一, 珍一, 淸一, 擢一, 通一, 特一, 標一, 軒一

8 〖秆〗 稈(p.1106)과 同字

8 〖季〗 ☞子部 5획(p.417)

8 〖秊〗 年(p.509)의 本字

3 8 〖秉〗 ①잡을 병 ②자루 병 | 〔梗〕ㄅㄧㄥˇ 〔敬〕(bing) | へい(トル) *grasp*

풀이 ① ①잡다. 손에 쥠. ¶古人一燭夜遊＜李白＞ ②마음으로 지키다. ¶民之一彝＜詩經＞ ③볏단. 한 줌의 벼. ¶彼有遺一＜詩經＞ ④용량의 단위. 곡식 16곡(斛)을 이름. ¶冉子與之粟五一＜論語＞ ② ①자루. 通 柄. ②권병(權柄). ¶治國不失一＜管子＞
【秉權】へいけん(병권) 권력을 쥠. 정권을 잡음. ¶當路一＜顏氏家訓＞
▷素一, 遺一, 總一

3 8 〖秈〗 메벼 선 | 〔先〕ㄒㄧㄢ (xian) | せん(ウルチ)

8 〖委〗 ☞女部 5획(p.401)

8 〖秕〗 移(p.1105)와 同字

3 8 〖秅〗 벼 사백 뭇 차·타·투 | 〔麻〕ㄔㄚˊ 〔遇〕(cha) | た と

풀이 ①벼 400 뭇. ¶四百秉爲一一＜儀禮＞ ②볏단. 같 秺. ③나라 이름. ¶烏一國王＜漢書＞

8 〖和〗 ☞口部 5획(p.290)

4/9【杭】 메벼 갱 庚ㄐㄧㄥ(jing) こう
㊉경 ㄍㄥ(geng) (ウルチ)
㊐粳 粳

4/9【科】 1 과정 과 歌ㄎㄜ かー
2 떨기로 날 과 箇(ke) article
源會意. 곡식[禾]을 말[斗]로 되어 나눔의 뜻.
풀이 1 ①과정. 조목. ¶三一九旨<公羊傳·注>/一目. ②품등. 정도. ¶爲力不同一<論語> ③밑동. 벼뿌리. ¶一一三莖<宋史> ④규정. 법률의 조문(條文). ¶作奸犯一<諸葛亮> ⑥과거. ¶一擧之士<蘇軾> ⑦구덩이. 通坎. ¶不盈一不行<孟子> ⑧공허하다. 通窾. ¶其於木也 爲一上槁<易經> ⑨맨머리. 모자 따위를 쓰지 않음. ¶跿跔一頭<戰國策> ⑩배우의 연기. ¶一諢之妙<閒情偶寄> 2 떨기로 나다. 무성함.
【科擧】かきょ(과거) 옛날 관리 등용을 위해 시행하던 시험. 고려 광종 때부터 조선 말까지 문과(文科), 무과(武科), 잡과(雜科)로 나뉘어 시행됨. 중국은 수(隋)대부터 청(淸)대까지 시행.
【科斗文字】かともんじ(과두문자) 옛 중국에서, 필묵(筆墨)이 발명되기 전에 나무 끝에 옻을 묻혀서 쓴 글자. 획이 머리는 굵고 꼬리는 가늘어, 올챙이처럼 생긴 글자. 蝌蚪文字(과두문자).
【科料】かりょう(과료) 재산형(財産刑)의 하나. 경미한 죄과에 대하여 물리며, 벌금보다 가벼움.
【科望】(과망) 과거에 급제하리라는 중망(衆望).
【科目】かもく(과목) ①분류한 조목. ②학문의 구분. ③교과(敎科)를 잘게 나눈 영역. 敎科目(교과목). ④과거. 또는, 그 시험 종목. ¶大抵衆科之目 進士尤爲貴<唐書> ⑤《佛》불경의 뜻을 알기 쉽게 추린 장구(章句).
【科榜】(과방) 과거에 급제한 사람의 명단을 발표하던 방(榜).
【科試】かし(과시) 향시(鄕試)에 응시하려는 생원(生員)이 보는 예비 시험.
【科場】かじょう(과장) 과거를 보이는 장소.
【科第】かだい(과제) ①시험을 보여 우열을 가림. ¶以此一郞從官<漢書> ②과거(科擧). ¶國家一與風漢<陸游> ③등급. ¶一相序<新語>
【科題】かだい(과제) 과거에서의 글 제목.
▷價一, 甲一, 輕一, 高一, 工一, 敎一, 舊一, 內一, 農一, 登一, 末一, 明一, 文一, 百一, 法一, 別一, 丙一, 兵一, 本一, 分一, 上一, 常一, 選一, 首一, 眼一, 嚴一, 豫一, 外一, 律一, 乙一, 醫一, 理一, 全一, 前一, 專一, 制一, 罪一, 峻一, 重一, 催一, 齒一, 學一, 刑一

4/9【秏】 1 덜 모 豪 もう
2 어두울 모 號 reduce
3 벼 호 號ㄏㄠˋ(hao) こう

4/9【秒】 1 까끄라기 묘 篠ㄇㄧㄠˇ びょう
2 시간단위 초 (miao) second
㊉묘
풀이 1 ①까끄라기. ②미소(微小)하다. 미묘함. 2 시간, 각도, 온도 등의 단위. 분(分)의 60분의 1
【秒速】びょうそく(초속) 1초 동안의 속도.
【秒針】びょうしん(초침) 시계의 초를 가리키는 바늘.
▷分一, 衰一, 寸一

4【秠】 秠(p. 1104)와 同字

4/9【秕】 쭉정이 비 紙ㄅㄧˇ(bi) ひ(シイナ)
풀이 ①쭉정이. ¶是用一稗也<左氏傳> ②질이 나쁜 쌀. 通粃. ¶一糠. ③어긋나다. ¶一我王度<後漢書> ④더럽히다.
【秕政】ひせい(비정) 국민을 괴롭히는 나쁜 정치. 粃政(비정). 惡政(악정). ¶一日亂<後漢書>
▷糠一, 垢一, 揚一

9【秐】 耘(p. 1216)과 同字

4/9【秋】 가을 추 尤ㄑㄧㄡ(qiu) しゅう(アキ) autumn
古穐 同烁
풀이 ①가을. 네 철의 하나로 오행(五行)으로는 금(金), 오방(五方)으로는 서(西), 오음(五音)으로는 상(商), 오색(五色)으로는 백(白)에 해당함. ②결실(結實). ¶若農服田力穡 乃亦有一<書經> ③성숙한 때. 결실한 때. ¶百穀各以其初生爲春 熟爲一<太平御覽> ④때. 시기. ¶此誠危急存亡之一也<諸葛亮> ⑤나이. 세월. ¶人皆壽命得千一<盧照鄰> ⑥말이 뛰어오르는 모양. ¶飛龍一游上天<漢書>
【秋耕】しゅうこう(추경) 가을에 논밭을 갈아 두는 일. 가을카리. ↔春耕(춘경).
【秋景】しゅうけい(추경) 가을 경치.
【秋季】しゅうき(추계) ①가을철. ②가을이 끝날 무렵. 늦가을. 秋杪(추묘).
【秋穀】しゅうこく(추곡) 가을에 거두는 곡식. ↔夏穀(하곡).
【秋官】しゅうかん(추관) 주(周)대의 육관(六官)의 하나. 형벌을 맡아 봄. 사법관. 가을은 초목을 마르게 하듯이 법관은 엄정(嚴正)하다는 뜻에서 이르는 말.
【秋官衙門】(추관아문)韓 조선 때 형조의 이칭. 秋曹(추조).
【秋光】しゅうこう(추광) ①가을 경치. 秋景(추경). 秋色(추색). ②가을 햇빛. 가을의 등불빛. ¶銀燭一 冷畫屛 輕羅小扇撲流螢<杜牧>
【秋郊】しゅうこう(추교) 가을 들판. 秋野(추야).
【秋宮】しゅうきゅう(추궁) 황후궁(皇后宮)의 이칭. ¶一亦遠 軒景前虧<南齊書>
【秋期】しゅうき(추기) 가을의 시기.
【秋涼】しゅうりょう(추량) ①가을의 서늘하고 맑은 기

운. ②㊥ 음력 8월의 이칭.
【秋分】しゅうぶん (추분) 24절기의 하나. 양력 9월 20일 전후. 태양이 추분점에 이르러 밤낮의 길이가 같음. ↔春分(춘분).
【秋士】しゅうし (추사) 자기의 노쇠(老衰)를 느끼는 남자. 늙은 남자.
【秋社】しゅうしゃ (추사) 가을의 사일(社日). 입추(立秋)후 다섯 번째의 무일(戊日). ¶立秋後逢五戊爲一<正字通>
【秋史體】(추사체)㊕ 김정희(金正喜)의 글씨체.
【秋三期】しゅうさんき (추삼기) 음력 7·8·9월의 석 달.
【秋嘗】しゅうしょう (추상) 가을에 햇곡으로 신에게 제사지내는 일. ¶一多烝 裸用斝彝黃彝<周禮>
【秋霜】しゅうそう (추상) ①가을 서리. ②당당한 위세(威勢), 엄한 형벌, 굳은 절개 등의 비유. ¶氣若浮雲 志如一<傳毅> ③백발(白髮)을 비유하는 말. ¶不知明鏡裏 何處得一<李白>
【秋上甲】(추상갑) 입추 후 첫번째로 드는 갑자일(甲子日). 이 날에 비가 오면 그 해에 비가 많아 아직 거두지 않은 곡식에서 싹이 난다 함.
【秋霜烈日】しゅうそうれつじつ (추상열일) 가을의 찬 서리와 여름의 강렬한 햇볕이란 뜻으로, 형벌이나 권위 등이 몹시 엄함의 비유.
【秋色】しゅうしょく (추색) 가을 경치. 秋光(추광). ¶一正瀟灑<杜甫>
【秋夕】しゅうせき (추석) ①가을의 저녁. 가을 밤. ②㊕ 음력 8월 15일. 한가위. 仲秋節(중추절).
【秋扇】しゅうせん (추선) 가을이 되어 필요 없게 된 부채란 뜻으로, 사랑을 잃은 여자나 가치가 없어진 물건의 비유. 秋風團扇(추풍단선). ¶妾身似一 君恩絶履綦<劉孝綽>
【秋收】しゅうしゅう (추수) 가을에 익은 곡식을 거둬들이는 일. 가을걷이. 秋成(추성). 秋穫(추확).
【秋夜】しゅうや (추야) 가을밤. 秋宵(추소).
【秋節】しゅうせつ (추절) ①가을철. ②가을 명절. 중추절(仲秋節). 한가위.
【秋曹】しゅうそう (추조) 형조(刑曹)의 이칭. 秋官衙門(추관아문).
【秋千】しゅうせん (추천) 그네. 한(漢) 무제(武帝) 때 후궁(後宮)들이 시작한 놀이. 장수(長壽)를 빈다는 뜻으로 千秋라 하다가 뒤에 바뀌었음. 鞦韆(추천). ¶綠楊樓外出一<歐陽脩>
【秋草】しゅうそう (추초) 가을의 풀.
【秋波】しゅうは (추파) ①가을철의 잔잔하고 아름다운 물결. ¶一落泗水<李白> ②미인(美人)의 시원한 눈매. 여자의 아양 떠는 눈초리. 곁눈. 윙크(wink). ¶佳人未肯回一<蘇軾>
【秋判】(추판) 형조판서(刑曹判書)의 이칭.
【秋風過耳】しゅうふうかじ (추풍과이) 조금도 마음에 두지 아니함. ¶富貴之于我 如秋風之過耳<吳越春秋>
【秋風落葉】しゅうふうらくよう (추풍낙엽) ①가을 바람에 떨어지는 잎. ②낙엽처럼, 세력 따위가 시들어 떨어짐의 비유.

【秋胡妻】しゅうこのつま (추호처) 춘추 시대 노(魯)나라 추호의 아내로 정조가 매우 굳었다. 혼례 후 5일 만에 추호는 진(陳)으로 부임하여 떠났다. 5년 후에 집으로 오던 길에 뽕을 따는 여인에게 말을 건네면서 황금을 주었으나 여인은 거절하고 떠나 버렸다. 집에 와서 보니 그 여인은 바로 자기의 부인이었다. 부인은 남편의 불효불의(不孝不義)를 책하며 강에 투신하였다.<列女傳>

【秋毫】しゅうごう (추호) 가을철에 털갈이하여 새로 난 짐승의 가는 털이란 뜻으로, 매우 작음의 비유. 秋豪(추호). ¶明足以察一之末<孟子>
【秋懷】しゅうかい (추회) 가을철에 느껴지는 갖가지 생각. 秋思(추사). ¶今日復今夕 一方浩然<元稹>
▷開一, 勁一, 季一, 高一, 九一, 窮一, 凜一, 登一, 晩一, 未一, 麥一, 孟一, 暮一, 防一, 悲一, 四一, 三一, 霜氣橫一, 上一, 盛一, 小一, 素一, 首一, 始一, 新一, 涼一, 危急存亡之一, 一年虛渡一, 一葉落天下知一, 立一, 早一, 肇一, 中一, 仲一, 千一, 淸一, 初一, 杪一, 春一, 皮裏陽一

9【秌】 秋(p.1103)와 同字

4 9【种】 어릴 충 |團 ㄔㄨㄥˊ (chong)| ちゅう (ワカイ)

9【香】 部首 글자

5 10【秬】 검은 기장 거 |語 ㄐㄩˋ 魚 (ju)| きょ

5 10【秣】 꼴 말 |圓 ㄇㄛˋ (mo)| まつ(マグサ) *pasture*
풀이 ①꼴. 말먹이. ¶芻一之式<周禮> ②말을 먹이다. ¶一馬利兵<左氏傳>
▷糧一, 料一, 芻一

5 10【秠】 검은 기장 비·부 |支 有| ひ ふう

5 10【祕】 1 숨길 비 2 향기로울 별 |寘 ㄇㄧˋ 屑 (mi)| ひ べつ
풀이 1 숨기다. 祕의 俗字. 2 향기롭다.

5 10【秧】 1 모 앙 2 벼 무성한 모양 앙 |陽 ㄧㄤ (yang) 養| おう (ナエ)
풀이 ①모. ㉮볏모. ¶宿麥已登實 新禾未抽一<歐陽脩> ㉯초목의 모종. ¶斷一餘幾花 強勉著土攤<郝經> ②심다. 재배함. ③물고기 새끼. 치어(稚魚). 2 벼가 무성한 모양. ¶一穰.
▷揷一, 桑一, 松一, 移一, 抽一

10【秡】 移(p. 1105)의 俗字

5 10【秭】 부피 이름 자 | [紙] ㄗˇ (zi) | し

[풀이]①부피 이름. 벼 200뭇. 한 뭇은 16곡(斛). ②수의 이름. ㉮만억(萬億). ㉯해(垓)의 억 배(億倍). ③쌓다.

5 10【秨】 벼 일렁거릴 작·조 | [藥] [遇] | さく そ

[풀이]①벼가 일렁거리다. 벼 이삭이 물결침. ②벼농사.

5 10【租】 [1]구실 조 [2]쌀 저 | [虞] ㄗㄨ (zu) [魚] | そ(ミツギ) *tribute* しょ(ツツム)

[풀이][1]①구실. 세금. ¶罷榷酤官 令民得以律占一<漢書> ②쌓다. [通]貯 儲. ③세들다. 세 냄. ¶每年該一房 錢若干<玉堂雜字> ④비롯하다. [通]祖. [2]싸다. 꾸러미로 쌈. ¶一飽 茅裹肉也<周禮·注>

【租界】そかい(조계) 중국의 개항 도시(開港都市)의, 외국인이 자유롭게 통상(通商)·거주할 수 있도록 허용된 지역. 전관(專管) 조계와 공동 조계가 있었음. ¶上海法國一.

【租稅】そぜい(조세) ①공물(貢物). ②구실. 세금. 租籍(조적).

【租庸調】そようちょう(조용조) 당(唐)대에 비롯한 3가지 징세법(徵稅法). 토지세인 租는 곡물(穀物), 庸은 노역(勞役), 가업(家業)에 부과하는 調는 포목(布木)으로 거두었음.

【租借】そしゃく(조차) ①한 나라가 다른 나라의 땅의 일부분에 대한 통치권을 얻어 일정한 기간 지배하는 일. ②가옥 또는 토지를 빎.

【租借地】そしゃくち(조차지) 조차한 땅.

▷官一, 賭一, 免一, 房一, 本一, 負一, 賦一, 稅一, 市一, 庸一, 殘一, 田一, 折一, 正一, 地一, 逋一, 欠一

5 10【秦】 나라 이름 진 | [眞] ㄑㄧㄣˊ (qin) | しん

[풀이]①나라 이름. ㉮주(周)대의 나라. 시황(始皇) 때 천하를 통일함. ㉯5호(胡) 16국(國)의 하나. ②중국의 통칭(通稱). 지나(支那)·차이나(China)는 이에서 온 말임. ③감숙성(甘肅省)의 옛 이름. ④섬서성(陝西省)의 약칭. ⑤벼 이름.

【秦鏡】しんきょう(진경) 진시황(秦始皇)이 궁중에 비치한 거울. 마음속까지 비췄다 함.

【秦隸】しんれい(진례) 진시황(秦始皇) 때 정막(程邈)이 대소전(大小篆)을 다시 간략하게 만든 서체(書體). 금례(今隸)에 대하여 고례(古隸)라 하고, 또 좌서(佐書)라고도 함. ¶時有六書 … 四曰 佐書 一書也<北史>

【秦聲】しんせい(진성) 진나라의 음악. 진나라 지방에서 불리던 속요(俗謠)를 이름.

【秦越】しんえつ(진월) 춘추 시대의 진(秦)과 월(越). 이 두 나라는 서로 멀리 떨어져 있었으므로, 사물이 현격(懸隔)하게 다름의 비유로 쓰임.

【秦篆】しんてん(진전) 진(秦)대에 이사(李斯)가 주문(籀文)을 간편하게 만든 글자. 주문을 대전(大篆)이라고 하는 데 대하여 소전(小篆)이라고도 함.

【秦皇】しんこう(진황) 진시황(秦始皇).

▷三一, 西一, 先一, 又生一一, 儀一, 前一, 後一

5 10【秩】 차례 질 | [質] ㄓˋ (zhi) | ちつ(ツム) *order*

[풀이]①차례. ¶提衡爭一<管子> ②차례를 세우다. 차등을 붙임. ¶天一有禮<書經> ③쌓다. 차례로 쌓아 올림. ④녹(祿). 녹봉. ¶官人益一 庶人益祿<荀子> ⑤정돈하다. ⑥항상. 평상. ¶興一節<禮記> ⑦벼슬. 관직. ¶委之常一<左氏傳> ⑧10년. ¶已開第七一<容齋隨筆> ⑨사물의 모양. ¶一一.

【秩序】ちつじょ(질서) 사물의 바른 순서. 차례. 秩次(질차). 次第(차제).

▷官一, 祿一, 望一, 美一, 辯一, 俸一, 卑一, 常一, 榮一, 優一, 位一, 爵一, 祭一, 宗一, 竣一, 職一, 寵一, 平一, 品一, 顯一, 厚一

5 10【秫】 차조 출 [本]술 | [質] ㄕㄨˊ (shu) | じゅつ

[풀이]①차조. 찰기장. ¶染羽以朱湛丹一<周禮> ②찹쌀. ③찰수수. ④기장. ⑤바늘. 긴 바늘. [通]鉥. ¶鯷冠一縫<戰國策>

5 10【秤】 저울 칭 | [徑] ㄔㄥˋ (cheng) | しょう(ハカリ) *scales*

※枰(p. 763)은 딴 자.

[풀이]저울. 稱의 俗字.

▷官一, 我心如一, 天一

10【秫】 稱(p. 1109)의 俗字

10【称】 稱(p. 1109)의 略字

6 11【秸】 [1]볏짚 갈 [2]새 이름 길 | [黠] ㄐㄧㄝ (jie) [質] | かつ きつ

[풀이][1]①볏짚. [같]稭. ②짚고갱이. 겉잎을 추려 낸 짚. [2]새 이름. [같]鵠. ¶一鞠.

11【犁】 ☞牛部 7획(p. 972)

11【梨】 ☞木部 7획(p. 769)

6 11【移】 [1]옮을 이 [2]여유있을 이 [3]클 치 | [支] ㄧˊ (yi) [寘] ㄧˋ (yi) [紙] ㄔˇ (chi) | い(ウツル) *move* い し

[俗]秡 [同]迻

[풀이][1]①옮다. ㉮딴 데로 가다. ¶則民不

一<國語> ㉯변하다. ¶於是精一神駭<曹植> ㉰나아가다. 따라 감. ¶一而從所仕<荀子> ㉱미치다. 도달함. ¶絕族無一服<禮記> ㉲나아가다. 돌아옴. ¶賞重則民一之<呂覽> ㉳떠나다. ¶思怨一只<楚辭> ㉴피하다. ②옮기다. ㉮모내기하다. ¶一秧. ㉯바꾸다. ¶貧賤不能一<孟子> ㉰다른 데로 보내다. ¶若禁之可一於令尹<左氏傳> ㉱움직이다. ¶手足毋一<禮記> ㉲밀다. ¶化人一之<列子> ③베풀다. ¶如有一德於我<史記> ④양보하다. 전(傳)함. ¶以田相一 終死不敢復爭<漢書> ⑤알리다. 글을 보내 알림. ¶弘乃一病免歸<漢書> ⑥회장(回狀). 사발통문. ¶致僚屬作文一<後漢書> [2]여유가 있다. 느직함. ¶雀得鷂言 意甚不一<曹植> [3]크다. 옷의 품이 큼. ¶衣服以一之<禮記>

【移監】いかん(이감) 죄수를 다른 감옥으로 옮김. 移囚(이수).

【移居】いきょ(이거) 주거(住居)를 옮김. 移屋(이옥).

【移管】いかん(이관) 관할을 옮김. 옮기어 관할함.

【移記】いき(이기) 옮겨 기록함. 移錄(이록).

【移動】いどう(이동) 옮기어 움직임. 위치를 변동함.

【移木之信】いぼくのしん(이목지 신) ☞徙木之信(사목지 신).

【移民】いみん(이민) ①흉년에 백성을 구제하던 방법의 하나. 어느 지방에 흉년이 들면 그 주민을 다른 지방으로 옮기고, 그 곳의 곡식으로써 구휼(救恤)하던 일. ¶若邦凶荒 令一通財<周禮> ②자기 나라를 떠나 외국에 옮겨 사는 일. 또는, 그 사람.

【移徙】いし(이사) ①옮김. 옮겨 감. 移轉(이전). ②이식(移植)함.

【移席】いせき(이석) 좌석을 옮김. 앉은 자리를 옮김. ¶燭暗頻一<范梈>

【移設】いせつ(이설) 딴 곳으로 옮겨 설치함.

【移送】いそう(이송) ①옮겨 보냄. ②소송 또는 행정의 절차에 있어서 사건의 처리를 어느 관청에서 다른 관청으로 옮기는 일.

【移植】いしょく(이식) 옮겨 심음.

【移殖】いしょく(이식) ①옮기어 늘림. ¶蘭芷傾頓 桂林一<趙至> ②㊥이주(移住)함. 移民(이민). 植民(식민).

【移安】いあん(이안) 옮겨서 안치(安置)함. 신주(神主) 등을 딴 곳으로 옮기어 모심.

【移秧】いおう(이앙) 모내기. ¶一機.

【移讓】いじょう(이양) 남에게 양보하여 넘겨줌.

【移御】いぎょ(이어) 임금이 거처를 옮김.

【移越】いえつ(이월) ①부기(簿記)에서 계산의 결과를 다음 쪽으로 보내는 일. ②회계계정(會計計定)을 차기 회계에 편성하는 일.

【移入】いにゅう(이입) ①옮겨 들어옴. 옮겨 넣음. ②같은 나라 안의 어떤 지역에서 화물을 들여옴. ↔移出(이출).

【移葬】いそう(이장) 무덤을 옮김. 緬禮(면례). 改葬(개장).

【移籍】いせき(이적) 호적(戶籍)을 다른 곳으로 옮김.

【移轉】いてん(이전) ①장소나 주소를 옮김. ②권리를 딴 사람에게로 옮김. ¶登記一.

【移接】いせつ(이접) ①거처를 잠시 옮겨 다른 곳에 자리를 잡음. ②동접(同接)을 옮김.

【移住】いじゅう(이주) 딴 곳으로 옮겨 삶.

【移職】いしょく(이직) 직업을 옮김.

【移牒】いちょう(이첩) 받은 공문(公文)이나 통첩(通牒)을 다음 기관으로 다시 알림. 또는, 그 공문이나 통첩.

【移項】いこう(이항) 항목(項目)을 옮김.

【移行】いこう(이행) 옮아 감. 변해 감.

▷家一, 公一, 歸一, 對一, 文一, 物換星一, 飛一, 貧賤不能一, 上知與下愚不一, 量一, 與世推一, 委一, 流一, 倚一, 猗一, 轉一, 除一, 支一, 推一, 奪一, 渝一, 割一, 回一

11【粢】 齋(p.1701)·粢(p.1149)와 同字

7/12【稈】 짚 간 |㊤ㄍㄢˇ (gan)| かん(ワラ)

12【稉】 秔(p.1102)과 同字

7/12【稌】 [1]찰벼 도 [2]마 서 |㊥ㄊㄨˊ ㊥(tu)| と(モチイネ) しょ

7/12【稂】 강아지풀 랑 |陽ㄌㄤˊ (lang)| ろう

풀이 강아지풀. 곡식을 해치는 가라지. ¶不一不莠<詩經>

【稂莠】ろうしゅう(낭유) 곡식을 해치는 잡초. 가라지.

12【犂】 ☞牛部 8획(p.973)

7/12【稃】 왕겨 부 |㊥ㄈㄨ ㊥(fu)| ふ

12【黍】 部首 글자

7/12【稅】 [1]구실 세 [2]추복 입을 태 [3]검은 옷 단 [4]벗을 탈 [5]기뻐할 열 [6]검은 상복 수 |㊥ㄕㄨㄟˋ ㊥(shui) ㊥ㄊㄨㄟˋ ㊥(tui) ㊥ㄩㄝˋ ㊥(yue)| ぜい(ミツギ) たい たん たつ えつ すい

풀이 [1]①구실. 조세. ¶征一. ②거둬 들이다. 징수(徵收)함. ¶初一畝<穀梁傳> ③두다. 방치함. ④풀다. 휴식함. ¶一牛於桃林<呂覽> ⑤바꾸다. 바꿈. ¶以有本爲一<禮記> ⑥보내다. 선사함. ¶未仕者不敢一人<禮記> ⑦세내다. [2]추복(追服)을 입다. 상을 뒤에 듣고 복을 입음. ¶小功不一<禮記> [3]검은 옷. 왕후의 옷. [4]벗다. ㊥脫. ¶不一冠帶<禮記> [5]기뻐하다. ㊥悅. [6]검은 상복. ㊥襚.

【稅穀】ぜいこく(세곡) 조세로 바치는 곡식.
【稅金】ぜいきん(세금) 조세로 바치는 돈.
【稅納】ぜいのう(세납) 세금을 바침. 納稅(납세).
【稅吏】ぜいり(세리) 세무 행정에 종사하는 관리.
【稅務】ぜいむ(세무) 세금의 부과·징수에 관한 행정 사무. ¶一署.
【稅米】ぜいまい(세미) ①조세로 바치는 쌀. ②곡식을 찧어 주고, 그 삯으로 받는 쌀.
【稅額】ぜいがく(세액) 조세의 액수.
【稅源】ぜいげん(세원) 세금을 부과하는 근원으로서 납세자의 소득, 재산, 자본 등을 이름.
【稅率】ぜいりつ(세율) 세원(稅源)에 대하여 세액(稅額)을 산출해 나가는 비율.
【稅入】ぜいにゅう(세입) 세금으로 받아들인 수입.
【稅政】ぜいせい(세정) 세금을 받아들이는 일에 관한 행정. 세무(稅務)에 관한 행정.
【稅制】ぜいせい(세제) 조세의 부과, 징수에 대한 제도.
【稅衣】すいい(수의) 상복(喪服). 검은 의복. 襚衣(수의). ¶士妻以一<禮記>
　たつい(탈의) 옷을 벗음. 脫衣(탈의). ¶一就功<管子>
【稅冕】だつべん(탈면) 관(冠)을 벗음. ¶燔肉不至不一而行<孟子>
【稅喪】ぜいそう(태상) 시일이 경과한 뒤에 친족이 죽었음을 알고 추복(追服) 입는 일. ¶生不及祖父母諸父昆弟 而父一已 則否<禮記>
▷間接一, 減一, 估一, 課一, 關一, 國一, 均一, 納一, 累進一, 登錄一, 免一, 附加一, 保一, 賦一, 比例一, 常一, 所得一, 收一, 輸入一, 輸出一, 兩一, 營業一, 徭一, 人頭一, 印一, 雜一, 財產一, 田一, 征一, 租一, 酒一, 重一, 增一, 地方一, 直接一, 徵一, 儆一, 脫一, 逋一, 血一, 戶一

7 12 【程】 법 정 | ㄔㄥˊ (cheng) | てい(ノリ) *law*

풀이 ①법. 법도. 표준. ¶後世以爲法一<呂覽> ②길이의 단위. ㉮한 치의 10분의 1. ㉯한 치의 100분의 1. 리(釐). ㉰1분(分)의 12분의 1. ③도량형(度量衡)의 계량기. ¶一者物之準也<荀子> ④한도. ¶明宵有一<左思> ⑤헤아리다. ¶引重鼎不一其力<禮記> ⑥벼르다. 할당함. ¶一角觝之妙戲<張衡> ⑦길. ㉮도로(道路). ¶野一江樹遠<林逋> ㉯도중(道中). ¶秋一風雨多<何景明> ㉰노정(路程). ¶計一今日到梁州<白居易> ⑧보이다. 나타냄. 通徵. ¶侲僮一材<張衡> ⑨짐승 이름. 표범의 한 가지.
【程度】ていど(정도) ①알맞은 한도(限度). ②얼마 가량의 분량(分量).
【程明道】ていめいどう(정명도) ☞程顥(정호).
【程文】ていぶん(정문) 과거 볼 때에 쓰던 일정한 법식의 문장. 科文(과문).
【程門】ていもん(정문) 정자(程子)의 학통을 이은 사람의 총칭.
【程門立雪】ていもんりっせつ(정문입설) 제자가 스승을 받듦이 지극함을 이름. 유작(游酢)과 양시(楊時)가 정이(程頤)를 눈이 한 자가 쌓일 때까지 곁에서 시립(侍立)했던 옛일에서 유래.
【程式】ていしき(정식) ①법식(法式). 규정. ¶此爲國者之一也<漢書> ②㊥ 격식. 서식(書式).
【程頤】ていい(정이)《人》 북송(北宋)의 대학자. 낙양(洛陽) 사람. 자는 정숙(正叔). 호(顥)의 아우. 이천백(伊川伯)을 지냈으므로 이천 선생으로 불리었음. 호(顥)와 함께 주돈이(周敦頤)의 제자. 시호는 정공(正公). (1033~1107).
【程伊川】ていいせん(정이천) ☞程頤(정이).
【程子冠】ていしかん(정자관) 위는 터지고 세 봉우리 진 관. 말총으로 떴으며 유자(儒者)들이 썼음.
【程朱學】ていしゅがく(정주학) 정호(程顥)·정이(程頤) 형제와 주희(朱熹)의 학문.
【程顥】ていこう(정호)《人》 북송(北宋)의 대학자. 낙양(洛陽) 사람. 자는 백순(伯淳). 명도 선생(明道先生)이라 불리었으며, 아우인 이(頤)와 함께 주염계(周濂溪)의 문인(門人). 이들 형제를 이정(二程)이라고도 부름. 시호는 순공(純公). (1032~1085).
▷兼一, 工一, 過一, 課一, 教一, 規一, 揆一, 期一, 路一, 短一, 道一, 發一, 方一, 法一, 鵬一, 射一, 商一, 常一, 水一, 修一, 嚴一, 旅一, 驛一, 音一, 里一, 日一, 殘一, 章一, 典一, 前一, 準一, 便一, 標一, 品一, 航一, 行一, 險一, 訓一

7 12 【稊】 돌피 제 | ㄊㄧˊ (ti) | てい

풀이 ①돌피. ¶不似一米之在太倉乎<莊子> ②싹. 움. ㉠荑.
【稊秕】ていひ(제비) 돌피와 쭉정이란 뜻으로, 쓸모 없는 것을 비유하여 이르는 말. 稊稗(제패). ¶秣之以一<劉禹錫>
▷枯楊一, 穀似一, 太倉一米

7 12 【稍】 1 벼줄기 끝 초 2 구실 소 | ㄕㄠ (shao) | そう しょう

※梢(p. 772)는 딴 자.

풀이 1 ①벼 줄기의 끝. ②점점. 조금씩 조금씩 더하거나 덜하여지는 모양. ¶諸侯一微<史記>/一蠶食之. ③작다. 적음. ¶凡王之一事<周禮> ④녹. 녹봉. ¶均其一食<禮記> ⑤지역 이름. 도성(都城)에서 300리 되는 지역. ¶一人. 2 구실. 세금. ¶一 稅也<集韻>
▷家一, 廩一

12 【嵇】 ☞山部 9획(p. 483)

7 12 【稀】 드물 희 | ㄒㄧ (xi) | き(マレ) *rare*

풀이 드물다. 通希. ㉮벼가 드문드문하다. ㉯성기다. ¶土廣民一 中地未墾

<後漢書> ㉰적다. ¶親落落而日— <陸機> ㉱묽다. ¶火冷餳—杏粥— <蘇軾>

【稀曠】きこう(희광) 적어서 빈 것 같음. ¶城中人民亦— 止有衆僧萬戶<佛國記>

【稀貴】きき(희귀) 드물어 귀함.

【稀年】きねん(희년) 70세. 두보(杜甫)의 시(詩) 인생칠십 고래희(人生七十古來稀)에서 유래. 古稀(고희).

【稀代】きだい(희대) 세상에 드묾. 稀世(희세).

【稀微】きび(희미) ①분명하지 못하고 어렴풋함. 똑똑하지 못하고 아리송함. ②어둠침침함.

【稀薄】きはく(희박) ①기체, 액체 따위의 밀도(密度)나 농도(濃度)가 낮음. 묽음. ②일이 그렇게 될 가망이 적음.

【稀釋】きしゃく(희석) 용액에 물이나 다른 물질을 타서 농도를 묽게 하는 일. ¶—燒酒.

【稀姓】きせい(희성) 드문 성(姓). 僻姓(벽성).

【稀世】きせい(희세) ☞稀代(희대).

【稀少】きしょう(희소) 드물고 적음. ¶—價値.

【稀有】きゆう(희유) 드물게 있음.

【稀罕】きかん(희한) 매우 드물어서 좀처럼 볼 수 없음. 진귀함. ¶搜剔入—<劉弇>

▷古—, 信—, 月明星—, 依—, 漸—

8 13【稛】 1 묶을 곤 2 가득찰 균 | 阮ㄎㄨㄣˇ 軫(kun) | こん きん

8 13【稞】 1 보리 과 2 알곡식 과 라 | 歌ㄎㄜ 馬(ke) 箇 | か(ムギ) か ら

8 13【稑】 올벼 륙 | 屋ㄌㄨˋ(lu) | りく

8 13【稜】 1 모서리 릉 2 논두렁 릉 | 蒸ㄌㄥˊ 徑(leng) | りょう(カド) *corner*

풀이 1 ①모서리. ¶晴明出—角<韓愈> ②서슬. 위광(威光). ¶—威憺於隣國<漢書> 2 논두렁. 밭이랑. ¶幾—.

【稜岸】りょうがん(능안) 풍채가 훤칠하고 늠름함. ¶文季風采— 善于進止<南史>

【稜威】りょうい(능위) 존엄스러운 위엄. 威光(위광).

▷觚—, 幾—, 山—, 三—, 巖—, 威—, 旱—

8 13【稤】 韓 궁중 소임 숙

【稤宮】(숙궁) 각 궁(宮)의 사무를 맡았던 사람.

8 13【稔】 곡식 익을 임 | 寢ㄖㄣˇ(ren) | じん(ミノル) *ripen*

풀이 ①곡식이 익다. ②쌓다. 쌓임. ¶惡積釁— 親舊側目<任昉> ③해. 벼가 한 번 익는 기간. 1년간.

【稔惡】じんあく(임악) 나쁜 일을 자꾸 함. 또는, 쌓인 나쁜 일.

▷累—, 大—, 登—, 積—, 豐—

8 13【稠】 1 빽빽할 조 本 주 2 고를 조 3 움직일 조 | 尤ㄔㄡˊ(chou) 蕭ㄊㄧㄠˊ 嘯(tiao) | ちょう *packed*

풀이 1 ①빽빽하다. 많음. ¶黍發—華<束皙> ②풍족하게 익다. 2 고르다. 화함. ¶可謂—適而上遂矣<莊子> 3 움직이다. 흔들림.

【稠密】ちょうみつ(조밀) 촘촘하고 빽빽함.

▷繁—, 粘—, 稀—

8 13【稙】 일찍 심은 벼 직 | 職ㄓ(zhi) | ちょく, しょく

8 13【稚】 어릴 치 | 寘ㄓˋ(zhi) | ち(オサナイ) *young*

풀이 ①어리다. ¶驪姬有二子 長曰奚齊 —曰卓子<穀梁傳>/—顔/幼—. ②만생종(晩生種). ¶五穀—熟<尙書考靈曜> ③어린 벼. 작은 벼.

【稚稼】ちか(치가) 늦게 심은 벼. ¶—不得育時<淮南子>

【稚氣】ちき(치기) 어린이 같은 기분. 稚心(치심).

【稚魚】ちぎょ(치어) 어린 물고기. 물고기 새끼.

【稚子】ちし(치자) ①어린 자식. 어린애. 유아(幼兒). 穉子(치자). ¶—候門<陶潛> ②천자에서 경대부(卿大夫)에 이르기까지의 적자(嫡子). ¶以夔爲典樂 敎—<史記> ③죽순(竹筍)의 이칭. ¶筍根—無人見 沙上鳧雛傍母眠<杜甫>

【稚拙】ちせつ(치졸) 유치하고 서투른 것.

【稚齒】ちし(치치) 나이가 젊음. 年少(연소). 穉齒(치치).

【稚戲】ちき(치희) ①어린애들의 장난. ②유치한 짓. 어리석은 짓.

▷孤—, 嬌—, 驕—, 孥—, 撫—, 孫—, 嬰—, 幼—, 孩—

8 13【稗】 피 패 | 卦ㄅㄞˋ(bai) | はい(ヒエ)

풀이 ①피. 화본과(禾本科)의 일년초. 또는, 그 열매. ¶用秕—<左氏傳>/—飯. ②잘다. 작음. ¶算—販之緡<唐書>

【稗官】はいかん(패관) ①옛날의 벼슬 이름. 민간에 흩어져 있는 전설, 설화 따위를 수집하는 일을 맡아 보았음. ¶小說家者流 蓋出於—<漢書>/—文學/—雜記/—小說. ②소설 또는 소설가.

【稗史】はいし(패사) ①사관(史官) 이외의 사람이 쓴 역사 기록. 野史(야사). ②민간의 자잘한 일을 기록한 것. 小說(소설). 傳說(전설).

【稗說】はいせつ(패설) ①항간에 떠도는, 이야깃거리가 될 수 있는 모든 이야기. 街談巷說(가담항설). ②패관소설(稗官小說)의 준말.

【稗販】はいはん(패판) 구멍가게. 또는, 그 장수. ¶算—之緡<唐書>

▷秕—, 荑—

8 13 【稟】 [1]녹 품 [2]곳집 름 | [沁]ㄅㄧㄥˇ (bing) | ひん(フチ) *stipend* | [寢]ㄌㄧㄣˇ (lin) | りん *storehouse*
[俗]禀

[풀이][1] ①녹. 녹미(祿米). ¶既一稱事 所以勸百工也<中庸> ②주다. 내려 줌. ¶天一其性<漢書> ③받다. ¶臣下罔攸一令<書經> ④천품(天稟). 타고난 성품. ¶此乃天然異一<陳琳> ⑤삼가다. [通]懍. ⑥말씀 올리다. 사뢺. [2]곳집. 광. 곡식 창고.

【稟達】ひんたつ(품달) ☞稟申(품신).
【稟命】ひんめい(품명) ①상관의 명령을 받음. 稟令(품령). ②타고난 성질. 天性(천성). ③운명. 天命(천명). ¶凡人一 有二品<論衡>
【稟性】ひんせい(품성) 타고난 성품. 稟賦(품부). 稟質(품질).
【稟承】ひんしょう(품승) 상관의 지시를 받음. 承稟(승품). ¶往京口一計畫<南史>
【稟申】ひんしん(품신) 상관 등에게 말씀 올리는 것. 稟告(품고). 稟達(품달).
【稟議】ひんぎ(품의) 웃어른이나 상관에게 글이나 말로써 여쭈어 의논함.
▷官一, 既一, 賦一, 性一, 夙一, 承一, 英一, 異一, 諮一, 奏一, 天一, 特一

9 14 【稭】 짚고갱이 갈 / 개 | [黠]ㄐㄧㄝ (jie) [佳] | かつ / かい

9 14 【稧】 [1]벼 계 [2]볏집 설 [本]결 | [霽] けい | [屑] けつ

[풀이][1] ①벼. 베어 놓은 벼. ②재계하다. [通]禊. [2]볏짚.

【稧事】けいじ(계사) 죄, 부정(不淨) 따위를 씻기 위하여 재계하는 일. 禊事(계사).

14 【穀】 穀(p.1110)의 略字

9 14 【稬】 찰벼 나 | [箇]ㄋㄨㄛˋ (nuo) ㄋㄨㄢˇ (nuan) | だ

14 【稲】 稻(p.1111)의 俗字

14 【稟】 廩(p.524)과 同字

9 14 【稰】 거두어들일 서 | [魚]ㄒㄩ [語](xu) | しょ *reap*

[풀이]①거두어 들이다. 추수함. ¶一穛<禮記> ②고사(告祀)쌀. ¶費椒一以要神兮<漢書>

9 14 【種】 [1]씨 종 [2]심을 종 [3]늦벼 종 | [腫]ㄓㄨㄥˇ (zhong) | しゅ(タネ) *seed* | [宋]ㄓㄨㄥˋ [冬](zhong) | しょう / ちょう

[풀이][1] ①씨. ㉮곡식의 씨. ¶誕降嘉一<詩經> ㉯식물의 씨. ¶以青囊盛百穀瓜果一<唐書> ㉰동물의 씨. ¶入蠶于蠶室 奉一浴于川<禮記> ㉱근본. 원인. ¶百千萬劫菩提一<白居易> ㉲핏줄. 혈통. ¶女不必貴一 要之貞好<史記> ②갖가지 종류. 품류(品類). ¶新年鳥聲千一囀<庾信> ③부족. ¶鮮卑異一滿離高句驪之屬<後漢書> ④무리. ¶無俾易一于玆新邑<書經> ⑤부스럼. [通]腫. [2] ①심다. [같]穜. ¶南北一梧桐<古詩> ②펴다. ¶皐陶邁一德<書經> [3]늦벼. 만생종(晩生種). [通]穜.

【種豚】しゅとん(종돈) 씨받이 돼지. 씨돼지.
【種痘】しゅとう(종두) 우두(牛痘)를 접종(接種)하여 천연두(天然痘)를 예방하는 의술.
【種類】しゅるい(종류) 사물의 부문(部門)을 나누는 갈래. 種屬(종속). 類(유).
【種馬】しゅば(종마) 번식 또는 종자 개량을 위하여 기르는 말의 수컷. 씨말.
【種目】しゅもく(종목) 종류의 명목. 종류의 항목.
【種苗】しゅびょう(종묘) 씨를 심어 묘목을 가꿈. 또는, 그 가꾼 묘목.
【種別】しゅべつ(종별) 종류에 의한 구별.
【種玉】しゅぎょく(종옥) ①옥(玉)을 심음. 한(漢)의 양공(羊公)이 지극한 효성으로 돌을 심어서 아름다운 옥(玉)과 좋은 아내를 얻었다는 옛일에서 온 말. ¶一之緣. ②신선(神仙)의 농사. ¶何處田中非一<劉廷琦>
【種牛】しゅぎゅう(종우) 씨받이 소.
【種子】しゅし(종자) ①초목의 씨. 씨앗. ②사물의 근본을 이름. ③《佛》 부처의 가르침을 구하는 마음. 菩提心(보리심).
【種族】しゅぞく(종족) ①사람의 종류. 人類(인류). ②동일한 종류의 것. 같은 무리. ③동일한 조상에서 나온 씨족으로 이루어진 사회. ④일족이 몰살당하는 일. 族滅(족멸). ¶蕭曹等皆文吏自愛 恐事不就 後秦一其家盡讓劉季<史記>
【種畜】しゅちく(종축) 씨를 받기 위하여 기르는 가축. ¶一場.
【種齒】しゅし(종치) ☞義齒(의치).
▷嘉一, 各一, 健一, 貴一, 根一, 驥一, 隴一, 同一, 芒一, 名一, 文一, 變一, 別一, 上一, 書一, 善一, 疏一, 首一, 純一, 蒔一, 良一, 洋一, 糧一, 業一, 五一, 龍一, 移一, 異一, 人一, 雜一, 將一, 接一, 諸一, 尊一, 播一, 品一, 下一, 好一

9 14 【稯】 여든 올 종 | [東]ㄗㄨㄥ [董](zong) | そう

[풀이]①여든 올. 80 날실의 베. ¶令徒隷衣七一布<史記> ②볏단. 벼 40뭇을 묶은 단. ¶四秉曰筥 十筥曰一<儀禮>

14 【䅺】 稷(p.1111)과 同字

9 14 【稱】 [1]일컬을 칭 [2]저울 칭 | [蒸]ㄔㄥ [徑](cheng) | しょう *call*
[略]称 [俗]称 穪

[풀이][1] ①일컫다. ㉮이르다. ¶其知不足

一也<國語> ㉯부르다. ¶王一左畸<國語> ㉰설명하다. ¶必一此二士也<呂覽> ②기리다. 칭찬함. [通]偁. ¶君子一人之善則爵之<禮記> ③명성. 명예. ¶少交結英豪 有名一<後漢書> ④명칭. 이름. ¶子者 男子之通一也<趙岐> ⑤들다. ㉮들어올리다. ¶一爾戈<書經> ㉯얼굴을 들다. ¶賓一面<儀禮> ㉰일으키다. ¶女何故一兵于蔡<左氏傳> ㉱행하다. ¶君子不自一也<國語> ㉲쓰다. 등용함. ¶禹一善人<左氏傳> ⑥빌다. 꿈. ¶取倍一之息<漢書> [2]①저울. [같]秤. ¶苦一量之不審兮<楚辭> ②저울질하다. 닮. ¶蠶事既登 分繭一絲<禮記> ③㉮맞다. ¶巽一而隱<易經> ㉯걸맞다. 어울림. ㉰알맞다. ¶禮不同 不豊不殺 蓋言一也<禮記> ④알맞은 정도. ¶貧富輕重 皆有一者也<荀子> ⑤한 벌. 일습(一襲). ¶衣衾一襲<後漢書> ⑥따르다. ¶一家之有亡<禮記>

【稱擧】しょうきょ (칭거) 등용(登用)함. ¶朋黨相一數譖訴大臣<漢書>

【稱道】しょうどう (칭도) 칭찬하여 말함. 道는 言. 稱說(칭설). 稱述(칭술).

【稱量】しょうりょう (칭량) ①저울로 닮. ②사정이나 형편을 헤아림. ¶人有逆順 事有一<管子>

【稱老】しょうろう (칭로) 늙음을 핑계 삼음.

【稱名】しょうめい (칭명) ①이름을 부름. ②(佛)부처의 명호(名號)를 부르는 일.

【稱病】しょうびょう (칭병) 병을 핑계함. 稱疾(칭질). ¶嘗一閒居 不慕官爵<史記>

【稱頌】しょうしょう (칭송) 공덕을 찬양하여 기림.

【稱謂】しょうい (칭위) ①호칭. 名稱(명칭). ②의견을 진술함. 稱述(칭술).

【稱制】しょうせい (칭제) 태후(太后) 등이 임금을 대신하여 정령(政令)을 내림. ¶今太后一 王昆弟諸呂 無所不可<史記>

【稱讚】しょうさん (칭찬) ①잘한다고 추어 올림. 좋은 점을 들어 기림. ②훌륭한 명망(名望).

【稱託】しょうたく (칭탁) 핑계를 댐.

【稱頉】(칭탈)[韓] 사고(事故)가 있다고 핑계함.

【稱號】しょうごう (칭호) 사회적으로 불리는 명칭.

▷佳一, 假一, 嘉一, 謙一, 敬一, 古一, 公一, 過一, 矯一, 權一, 內一, 對一, 德一, 斗一, 面一, 名一, 美一, 別一, 卑一, 私一, 詐一, 令一, 聲一, 俗一, 殊一, 時一, 愛一, 良一, 廉一, 英一, 宜一, 人一, 自一, 藉一, 著一, 傳一, 尊一, 賤一, 追一, 他一, 嘆一, 通一, 褒一, 互一, 呼一, 號一, 孝一

10 15 〖稼〗 심을 가 | [禡]ㄐㄧㄚˋ (jia) | か(ウエル)

[풀이]①심다. 농사. ¶樊遲請學一<論語> ②익은 벼 이삭. ¶十月納禾一<詩經> ③베지 아니한 벼. ¶曾孫之一<詩經>

【稼器】(가기) 농구(農具).

【稼動】かどう (가동) 사람이나 기계가 움직여 일함.

【稼穡】(가색) 곡식을 심고 거두는 일. ¶先知一之艱難<書經>

【稼政】(가정) 논밭 또는 그에 딸린 도랑 따위에 관한 정사(政事). ¶正歲簡稼器 修一<周禮>

▷耕一, 共一, 躬一, 農一, 稻一, 晩一, 苗一, 百一, 桑一, 首一, 熟一, 五一, 穉一

10 15 〖稽〗 [1]생각할 계 [2]조아릴 계 | [齊]ㄐㄧ (ji) [薺]ㄑㄧˇ (qi) | けい *conceive*

[풀이][1]①생각하다. 검토함. ¶必一其所敝<禮記> ②머무르다. ¶是以令出而不一<管子> ③머무르게 하다. ¶何足久一天下士<後漢書> ④쌓다. 저축함. ¶以一市物<漢書> ⑤헤아리다. 셈함. [通]計. ¶簡一鄕民<周禮> ⑥묻다. 점(占)침. ⑦견주다. ¶婦姑不相悅 則反脣而相一<漢書> ⑧두드리다. ¶一其門<太玄經> ⑨가지런하다. [通]齊. ¶古人與一<禮記> ⑩해당하다. ¶維一古<史記> ⑪같다. ¶三王世家 維一古<史記> ⑫이르다. ¶大浸一天而不溺<莊子> [2]①조아리다. ¶禹拜一首<書經> ②깃발을 단 창. ¶擁鐸拱一<國語>

【稽古】けいこ (계고) ①옛 도(道)를 생각함. ¶曰若一帝堯<書經>/一之力. ②학문. 또는, 학습함. 연습함.

【稽顙】けいそう (계상) ①이마가 땅에 닿도록 절함. 稽首(계수). ②부모가 죽은 지 100일 이후부터 만 1년의 전일(前日)까지의 동안. ¶百日外曰一 期年曰小祥<故事成語考>

▷簡一, 考一, 滑一, 無一, 留一, 會一

10 15 〖稿〗 볏짚 고 | [皓]ㄍㄠˇ (gao) | こう(ワラ)

[同]稾 稁

[풀이]①볏짚. ¶已奉穀租 又出一稅<漢書> ②화살대. ③초고(草稿). 초안(草案). 원고. ¶頗好屬文 成輒棄一<北史> ④호궤(犒饋)하다. 군사들에게 음식물을 먹여 위로함. [通]犒.

【稿料】こうりょう (고료) 저작물, 번역물 등의 원고에 대한 보수. 原稿料(원고료).

▷舊一, 起一, 寄一, 腹一, 祕一, 玉一, 原一, 遺一, 奏一, 草一, 脫一, 投一

15 〖稾〗 稿(p. 1110)와 同字

10 15 〖穀〗 곡식 곡 | [屋]ㄍㄨˇ (gu) | こく *grain*

[略]穀 [俗]穀

[풀이]①곡식. 곡물. ¶子執一璧<周禮> ②양식(糧食). ¶公樂聚一<宋玉> ③착하다. 착하게 함. ¶不至於一<論語> ④기르다. ¶以一我士女<詩經> ⑤살다. ¶一則異室 死則同穴<詩經> ⑥녹. 행복. [通]祿. ㉮복. 행복. ¶俾爾戩一<詩經> ㉯녹. 녹을 받음. ¶邦有

道一＜論語＞ ⑦젖을 먹여 기르다. 通穀. ⑧알리다. 고함. 通告. ¶齊一王姬之喪＜禮記＞

【穀價】こっか(곡가) 곡물의 가격. 곡식값.

【穀氣】こっき(곡기) ①곡식으로 만든 음식의 총칭. 낟알기. ②인체에 영양이 되는 곡식의 성분. ¶動搖則一得銷＜後漢書＞

【穀梁傳】こくりょうでん(곡량전) 「춘추」(春秋) 주석(注釋)의 하나. 주(周)대의 학자 곡량적(穀梁赤) 지음. 20권. 「좌씨전」(左氏傳)·「공양전」(公羊傳)과 아울러 춘추 삼전(春秋三傳)이라 함.

【穀類】こくるい(곡류) 쌀·보리 등의 곡물.

【穀物】こくもつ(곡물) 벼·보리·조·기장·콩 따위의 총칭. 穀食(곡식)②.

【穀璧】こくへき(곡벽) 옛날, 중국의 여섯 가지 상서로운 것[六瑞]의 하나. 자작(子爵)의 제후(諸侯)들이 가지던 것으로서, 곡식의 줄기와 이삭을 새긴 백옥(白玉). 일설에는, 좁쌀 같은 무늬를 놓은 것이라 함. ¶子執一＜周禮＞

【穀商】こくしょう(곡상) ①곡물 장사. ②곡물 장수.

【穀城】こくじょう(곡성) ①현(縣) 이름. 춘추 시대 제(齊)의 관중(管仲)의 봉토(封土). 지금의 산동성(山東省) 동아현(東阿縣). ②산 이름. 산동성 동아현 동북에 있는 산. 이상(圯上)의 노인이 장양(張良)에게 곡성산하(穀城山下)의 황석(黃石)이 자기라고 말한 곳. 또, 유방(劉邦)이 항우(項羽)를 장사 지낸 곳.

【穀食】こくしょく(곡식) ①곡물을 주식(主食)으로 함. ¶九州之民 乃知一＜管子＞ ②☞穀物(곡물). ¶修兵革聚一 夜以繼日 三十餘年矣＜史記＞

【穀雨】こくう(곡우) 24절기의 여섯째. 곡식을 기르는 비라는 뜻으로, 청명(淸明)과 입하(立夏) 사이. 양력 4월 20일경.

【穀日】こくじつ(곡일) 좋은 날. 吉日(길일). 吉辰(길신). 佳辰(가신). 穀旦(곡단). ¶一 吉旦 悉是良辰＜書言故事＞

【穀酒】こくしゅ(곡주) 곡식으로 빚은 술.

【穀倉】こくそう(곡창) ①곡물의 창고. 穀廩(곡름). ¶修兵革 聚一＜史記＞ ②곡식이 많이 나는 고장. 穀鄕(곡향). ¶一地帶.

▷嘉一, 九一, 舊一, 祈一, 斷一, 稻一, 米一, 百一, 辟一, 不一, 新一, 糧一, 年一, 五一, 熬一, 六一, 臧一, 貯一, 儲一, 戩一, 錢一, 絕一, 陳一, 倉一, 打草一, 脫一, 布一, 禾一

10 15【䅯】 1 기장 당 / 2 韓 옥수수 당 | 陽 | とう

10 15【稻】 벼 도 | 皓 ㄉㄠˋ (dao) | とう(イネ)
俗 稲

풀이 벼. 화본과(禾本科)에 딸리는 한해살이풀. ¶十月穫一＜詩經＞
▷嘉一, 粳一, 稾一, 穀一, 晩一, 水一, 秧一, 野一, 熬一, 陸一, 早一, 靑一, 秫一

15【黎】 ☞黍部 3획(p.1692)

15【穆】 穆(p.1111)의 俗字

15【穂】 穗(p.1112)의 略字

10 15【稷】 기장 직 | 職 ㄐㄧˋ (ji) | しょく
同 稷

풀이 ①기장. ¶彼一之苗＜詩經＞ ②오곡(五穀)의 신. 또는, 그 사당. ¶祭社一五祀五嶽＜周禮＞ ③농관(農官). 농사를 다스리는 벼슬. ¶一田正也＜左氏傳＞ ④해가 기울다. 通昃. ⑤빠르다. 즉시. 通卽. ¶旣齊旣一＜詩經＞ ⑥삼가다. 通肅. ⑦합하다. ¶从一耦萬 遂不一＜太玄經＞

【稷蜂】しょくほう(직봉) ☞稷狐(직호). ¶一不攻而社鼠不薰＜韓詩外傳＞

【稷契】しょくせつ(직설) 요순(堯舜) 때의 두 명신(名臣)인 직(稷)과 설(契). 稷은 농업을, 契은 교육을 맡아보았음. ¶禹拜稽首 讓于一暨皐陶 帝曰 兪 汝往哉＜書經＞

【稷正】しょくせい(직정) 곡신(穀神). 稷神(직신).

【稷下】しょっか(직하) 산동성(山東省) 임치현(臨淄縣) 북쪽. 옛날 제성(齊城)의 서쪽 땅. 稷은 산 이름. 또는, 성문(城門) 이름이라고도 함. 제(齊) 선왕(宣王)이 학자를 우대하였으므로, 한때 수많은 학자들이 이 곳에 모였음.

【稷狐】しょっこ(직호) 오곡(五穀)의 신(神)을 모신 사당에 깃들어 있는 여우라는 뜻으로, 함부로 손댈 수 없는 임금 측근의 간신(奸臣)의 비유. 稷蜂(직봉). 社鼠(사서). ¶未見一見攻 社鼠見燻也＜說苑＞
▷稻一, 社一, 黍一, 粢一, 后一

10 15【稹】 떨기로 날 진 | 軫 ㄓㄣˇ 眞 (zhen) | しん

풀이 ①떨기로 나다. 떼지어 모임. ¶櫧杞一薄＜郭璞＞ ②치밀하다. ¶一理而堅＜周禮＞ ③뿌리가 얽히다.

10 15【稸】 쌓을 축 | 屋 ㄒㄩˋ (xu) | ちく(ツム)

15【稺】 稚(p.1108)와 同字

16【穅】 糠(p.1152)과 同字

11 16【穊】 빽빽할 기 | 寘 | き

11 16【穆】 화목할 목 | 屋 ㄇㄨˋ (mu) | ぼく(ヤワラグ) もく
俗 穆

풀이 ①화목(和睦)하다. 온화함. ¶一如淸風＜詩經＞ ②삼가다. 공경함. ¶我其爲王一卜＜書經＞ ③기뻐하다. 기쁘게 함. ¶一君之色＜管子＞ ④아름답다. ¶於一淸廟＜詩經＞ ⑤편안하다. 고요

함. ¶一 靖也<正字通> ⑥신주(神主)의 배향(配享) 차례. 오른쪽에 해당함. 왼쪽은 소(昭)라 함. ¶辨廟祧之昭一<周禮> ⑦섬세한 무늬. 그윽한 모양. ⑧말이 없는 모양. 通默. ¶於是吳王一然<東方朔>
▷敦一, 昭一, 粹一, 肅一, 安一, 悅一, 雍一, 婉一, 友一, 怡一, 緝一, 淸一

11/16 【穌】 긁어모을 소 | 虞ㄙㄨ (su) | そ
俗甦
풀이 ①긁어모으다. 갈퀴로 짚을 긁어 모음. ②가득 차다. ③잠이 깨다. 通寤. ④되살아나다. ⑤살다.

11/16 【穎】 이삭 영 | 梗ㄧㄥˇ (ying) | えい(ホサキ) *ear*
풀이 ①이삭. 벼 이삭. ¶異畝同一<書經> ②뾰족한 끝. 물건의 뾰족한 끝. 송곳 끝, 칼 끝, 붓 끝 따위. ¶錐之處囊中 乃一脫而出<史記> ③빼어나다. 훌륭함. ¶皆當世秀一 一時顯器<吳志> ④자루. 칼자루. ¶刀却刃授一<禮記> ⑤경침(警枕). 둥근 나무 토막 베개. ¶枕几一杖<禮記>
【穎敏】えいびん(영민) 총명하고 민첩함. 英敏(영민).
【穎脫】えいだつ(영탈) 주머니 속의 송곳 끝이 밖으로 비져 나왔다는 뜻으로, 재기(才氣)가 겉으로 나타남을 이름. ¶乃一而出 非特其末見而已<史記>
▷嘉一, 剛一, 警一, 奇一, 明一, 毛一, 鋒一, 秀一, 英一, 才一, 俊一, 重一, 聰一, 禾一

16 【䄯】 藝(p.1313)와 同字
16 【穏】 穩(p.1113)의 略字

11/16 【積】 1 쌓을 적 2 저축 자 | 陌ㄐㄧ (ji) 寘 | せき(ツム) *pile up* し
同䅬
풀이 1 ①쌓다. ㉮모으다. 모임. 본래는 곡식을 모은다는 뜻. ¶素一. ㉯저축하다. ¶然則鄕之所謂知者 不乃爲大盜一者也<莊子> ㉰포개다. 쌓임. ¶書衣流埃一<皎然> ㉱떼지어 모이다. ¶嘉木樹庭 芳草如一<張衡> ㉲오래되다. ¶其不用天下之法度 非一日之一也<漢書> ②적(積). 수학 용어. 곱하여 얻은 결과. 2 저축. 벌어 놓은 재물. ¶無一日之一<國語>
【積功】せきこう(적공) 공을 쌓음. 공을 들임. ¶一之塔.
【積極】せっきょく(적극) 일의 긍정적·능동적인 것. 능동(能動), 진취(進取), 철저(徹底) 등의 뜻을 나타내는 말. ¶一的. ↔消極(소극).
【積金】つみきん(적금) ①돈을 모아 둠. 또는, 그 돈. ②은행 저금의 한 가지. 일정한 기간, 다달이 일정한 금액을 부어 만기가 되면 원금(元金)과 이윤(利潤)을 아울러 찾을 수 있는 저금.
【積德】せきとく(적덕) ☞積善(적선). ¶不乃敢大言汝有一<書經>/一累善.
【積立】ツミタテ(적립) 모아서 쌓아 둠.
【積善】せきぜん(적선) 착한 일을 많이 함. 積德(적덕). ¶一之家 必有餘慶<易經> ↔積惡(적악).
【積雪】せきせつ(적설) 쌓인 눈. ¶一量.
【積小成大】(적소성대) ☞積土成山(적토성산).
【積薪之歎】せきしんのたん(적신지 탄) 섶을 쌓는 한탄. 섶나무를 쌓는데, 나중 것은 위에 있고 먼저 쌓은 것은 늘 아래쪽에서 눌려 있듯이, 고참자로서 승진하지 못하고 항상 남의 아랫자리에만 머물러 있게 된 한탄. 沈淪(침륜). ¶陛下用群臣 如積薪耳 後來者居上<史記>
【積玉】せきぎょく(적옥) 쌓여 있는 미옥(美玉)이란 뜻으로, 한 곳에 모여 있는 훌륭한 문장을 비유하여 이름. ¶機 字士衡 葛洪著書 稱機文 猶玄圃之一<晋書>
【積載】せきさい(적재) 물건을 실음. 배, 수레 따위에 물건을 쌓아서 실음. ¶一量.
【積阻】(적조) 오랫동안 서로 소식이 막힘. 隔阻(격조).
【積滯】せきたい(적체) 쌓이어 통하지 못하고 막힘.
【積土成山】せきどヤマヲナス(적토성산) 흙을 모아 산을 이룸. 작은 것도 쌓이면 큰 것이 됨을 비유. 積羽沈舟(적우침주). 積小成大(적소성대). 土積成山(토적성산).
【積弊】せきへい(적폐) 오랫동안 쌓인 폐단. 또는, 거듭되는 피폐(疲弊). 積敝(적폐). ¶承微一 王室遂卑<陸機>
▷求一, 露一, 累一, 多一, 面一, 襞一, 阜一, 私一, 山一, 秀一, 餘一, 盈一, 壅一, 猥一, 容一, 鬱一, 委一, 庾一, 凝一, 貯一, 儲一, 重一, 珍一, 體一, 滯一, 叢一, 蓄一, 充一, 堆一, 豊一, 火一, 厚一, 興一

16 【䅬】 積(p.1112)과 同字
16 【穐】 龝(p.1113)의 略字
16 【𥢶】 馨(p.1645)과 同字

12/17 【穜】 늦벼 동 | 東ㄊㄨㄥˊ (tong) | とう

12/17 【穗】 이삭 수 | 寘ㄙㄨㄟˋ (sui) | すい(ホ)
【穗穗】(수수) 잘 익은 벼의 형용.
▷落一, 麥一, 實一, 滯一, 好一, 禾一

17 【稺】 稚(p.1108)와 同字

13/18 【穠】 무성하여 많을 농 | 冬ㄋㄨㄥˊ (nong) | じょう
▷繁一, 丰一, 鮮一, 妖一

13/18 〖穡〗 거둘 색 | 職ㄙㄜˋ (se) | しょく *harvest*

풀이 ①거두다. 수확함. ¶不稼不─<詩經> ②거둘 곡식. ¶參參其─<東晳> ③농사. ¶力於農─<左氏傳> ④조세(租稅). ⑤검약하다. ¶務─勸分<左氏傳> ⑥인색하다. 通嗇. ¶舍我─事<書經> ⑦붙다. ¶相─着者<管子>
▷稼─, 農─, 省─, 蠶─

13/18 〖穟〗 이삭 수 | 寘ㄙㄨㄟˋ (sui) | すい(ホ)

풀이 ①이삭. 通穗. ¶七月黍─吐<元好問> ②벼 이삭이 보기 좋은 모양. ¶禾穎──<詩經>

18 〖穣〗 穰(p.1113)의 略字

13/18 〖穢〗 더러울 예 | 隊ㄏㄨㄟˋ (hui) 泰ㄨㄟˋ (wei) | わい, え (ケガレル) *dirty*

풀이 ①더럽다. 더럽힘. ¶無起─以自臭<書經>/汚─. ②더러운 곳. ③더러운 것. ¶故將得錢而夢─<晋書> ④거칠다. 거친 땅. ¶竝蹈潛─<班固> ⑤잡초. ¶艸─旣除<詩經> ⑥동이(東夷)의 하나. ¶─貊之城也<晋書> ⑦악하다. 악인(惡人). ¶芟─弭難<蜀志>
【穢德】あいとく(예덕) ①나쁜 행실. 惡德(악덕). ②임금의 불미한 행동. ¶君無─<左氏傳>
【穢土】えど(예토)《佛》이 세상. 塵世(진세). 濁世(탁세). 娑婆(사바). ¶堪忍─<觀經妙宗鈔>/厭離─. ↔淨土(정토).
【穢溷】あいこん(예혼) ①흐리고 더러워짐. 穢濁(예탁). ②뒷간. ¶如落─汙渠中<隨隱漫錄> ③돼지우리.
▷苛─, 奸─, 垢─, 蕪─, 煩─, 腐─, 糞─, 鄙─, 腥─, 汚─, 惡─, 滓─, 榛─, 塵─, 草─, 叢─, 醜─, 濁─, 貪─, 汙─, 溷─, 荒─, 朽─, 凶─

18 〖魏〗 ☞ 鬼部 8획(p.1668)

14/19 〖穩〗 평온할 온 | 阮ㄨㄣˇ (wen) | おん(オダヤカ) *calm*
略稳

풀이 ①평온하다. 通隱. ¶行人安─<晋書>/─健. ②곡식을 거두어 모으다.
【穩健】おんけん(온건) 온당하고 건실함.
【穩當】おんとう(온당) ①온화하며 환경에 잘 어울림. ②사리에 맞음.
【穩全】(온전) 흠이 없이 완전함.
▷不─, 深─, 安─, 靜─, 平─

14/19 〖穧〗 1 볏단 제 | 霽ㄐㄧˋ (ji) | せい
2 볏단 자 | 寘 | し

풀이 1 ①볏단. ¶此有不斂─<詩經> ②베다. ③분량 이름. 움큼. ㉠撮. ④적다. 자밤. 손가락 끝으로 집을 만한 분량. 2 ①볏단. ②벼를 쌓다.

19 〖穪〗 稱(p.1109)의 俗字

14/19 〖穫〗 1 거둘 확 | 藥ㄏㄨㄛˋ (huo) | かく *reap*
2 땅 이름 호 | 遇 | こ

풀이 1 ①거두다. ¶以歲之不─也<國語>/收─. ②벼를 베다. ¶八月其─<詩經> ③얻다. 通獲. ¶稼就而不─<呂覽>/─得. 2 땅 이름. ¶焦─.
▷耕─, 收─, 刈─, 隕─, 秋─

20 〖黧〗 ☞ 黑部 8획(p.1695)

15/20 〖穮〗 1 김 맬 표 | 蕭 | ひょう
2 쭉정이 포 | 肴 | ほう

21 〖穐〗 秋(p.1103)의 古字

17/22 〖穰〗 볏대 양 | 陽ㄖㄤˊ 養 (rang) | じょう

풀이 ①볏대. 수숫대. ②풀. ¶─草. ③쑥. ¶衣─而提贄<孔子家語> ④푸지다. 풍작(豊作). ¶所居野大─<史記> ⑤풍년을 빌다. 通禳. ¶見道傍有─田者<史記> ⑥왕성한 모양. ¶長安中浩─<漢書> ⑦어지러워지다. ¶時益都擾─<李翊碑>
【穰歲】じょうさい(양세) 풍년(豊年).
【穰田】じょうでん(양전) 곡식이 잘 익도록 신명에게 빎. ¶見道傍有─者<史記>
▷飢─, 饑─, 紛─, 豊─, 浩─

22 〖龢〗 ☞ 龠部 5획(p.1707)

30 〖[illegible]〗 國(p.328)의 古字

穴<구멍 혈>部

穴 ① 穵 ② 究 ③ 空 穹 突 穸 ④ 穾 窀 穼 突 窆 窃 穽 穿 ⑤ 窌 窋 窊 窅 窈 窉 窄 窆 ⑥ [illegible] 窒 窔 窕 窐 窓 ⑦ 窖 窘 ⑧ 窠 窟 窞 窣 ⑨ 窪 窩 窬 窨 ⑩ 窮 窯 窰 窱 ⑪ 窶 窺 窻 ⑫ 窾 窿 竂 竀 ⑬ 竅 竄 ⑭ 竆 ⑮ 竇 ⑯ 竈 ⑰ 竊

0/5 〖穴〗 1 구멍 혈 | 屑ㄒㄩㄝˋ (xue) | けつ(アナ) *hole*
2 굴 휼 | 質 | きつ

풀이 1 ①구멍. ㉮움. ㉯구덩이. 광중(壙中). ¶死則同─<詩經> ㉰뚫린 구멍. ¶─隙. ㉱소굴(巢窟). ¶二都盡爲戎─<晋書> ㉲동굴. ¶上古─居而野處<易經>/其國東有大─<後漢書> ㉳샘. ¶萬─俱流<木華> ㉴오

목한 곳. ¶地一玲瓏石炭紅<尹廷高> ㉵인체의 경혈(經穴). ②구멍을 뚫다. ¶攻一之<柳宗元> ③옆. 곁. ¶氿泉一出<爾雅> ④그릇되다. ¶叛廻一其若茲兮<班固> 2굴. ¶山壞由猿一<孔融>

【穴居】けっきょ(혈거) 굴 속에서 삶. ¶土氣極寒 常爲一<後漢書>/一生活.

【穴見】けっけん(혈견) 구멍으로 봄의 뜻으로, 식견(識見)이 좁음의 비유.

▷經一, 孔一, 空一, 管一, 九一, 灸一, 舊一, 窟一, 竅一, 隙一, 金一, 丹一, 陶一, 洞一, 墓一, 複一, 封一, 巢一, 巖一, 幽一, 潛一, 點一, 側一, 層一, 偸一, 破一, 偕老同一, 虎一, 廻一

1/6【穵】 구멍 알 | 圖ㄨㄚ (wa) | あつ(アナ)

풀이 ①구멍. ②구멍 속을 더듬다. ③구멍을 뚫다.

【穵子】(알자)㊥ 귀이개. 또는, 귀를 후빔.

2/7【究】 궁구할 구 | 圖ㄐㄧㄡˋ (jiu) | きゅう *grope about*

俗 究

풀이 ①궁구하다. ¶一事之情<淮南子>/一明. ②끝. ¶其一爲健<易經> ③다하다. 끝남. ¶害氣將一矣<漢書> ④굴. 동굴. ⑤골짜기. ¶南陵一<水經> ⑥미워하는 모양. ¶自我人一一<詩經> ⑦주사위.

【究竟】きゅうきょう①②·くきょう③(구경) ①마침내. 필경. ¶一如何<通俗編> ②궁구함. 窮極(궁극). ¶一要道<漢書> ③(佛) 이법(理法)의 지극한 경지. 無上(무상). 究極(구극).

【究考】きゅうこう(구고) 끝까지 파고들어 연구함.

【究極】きゅうきょく(구극) ①궁구(窮究)함. ¶一經傳繼世相次<漢書> ②극에 달함. 또는, 종국(終局). ¶故能一榮位<吳志>

【究明】きゅうめい(구명) 파고들어서 밝힘.

▷講一, 檢一, 考一, 窮一, 覽一, 論一, 磨一, 博一, 辨一, 詳一, 宣一, 諳一, 研一, 練一, 精一, 質一, 察一, 闡一, 追一, 推一, 測一, 探一, 討一, 通一, 評一, 畢一, 學一, 詰一

3/8【空】 1빌 공 2구멍 공 3곤궁할 공 | 東ㄎㄨㄥ (kong) 董ㄎㄨㄥˇ 送(kong) | くう(ソラ, アク) *empty*

풀이 1①비다. ㉮다하다. ¶杼柚其一<詩經> ㉯없다. ¶尊中酒不一<後漢書> ㉰속이 비다. ¶有三一之厄哉<後漢書> ㉱근거 없다. ¶皆一語無事實<史記> ㉲적막하다. ¶露滴獼猴夜嶽一<周賀> ㉳보람이 없다. ¶一言無施<韓愈> ②부질없이. ¶兵不一出<漢書> ③공허하게 하다. ¶潭影一人心<常建> ④크다. ¶在彼一谷<詩經> ⑤하늘. 공중. ¶周一霧密<謝偃> ⑥허심(虛心)한 모양. 성실한 모양. ¶一一如也<論語> ⑦(佛) 결국에는 실체(實體)가 없어 보이는 경지. ¶一者理之別目<大乘義章> 2①구멍. (通)孔. ¶不似礨一之在大澤乎<莊子> ②뚫다. ¶鑿一. ③혈맥(血脈). ¶血行而不得反其一<素問> 3①곤궁하다. ¶不宜一我師<詩經> ②높고 넓다. ¶乃見天宇一<黃庭堅>

【空家】あきや(공가) 빈 집. 空舍(공사).

【空間】くうかん(공간) ①비어 있는 곳. ②건물의 비워둔 간. ③상하, 사방으로 무한히 퍼져 있는 빈 영역. ↔時間(시간).

【空谷足音】くうこくそくおん(공곡족음) 빈 골짜기의 사람 발자국 소리라는 뜻으로, 매우 진기한 일이나 뜻밖의 기쁜 일의 비유. 空谷跫音(공곡공음). ¶夫逃空谷者 聞人之足音跫然而喜矣<莊子>

【空閨】くうけい(공규) 남편 없이 아내 혼자 지내는 방. 獨守空房(독수공방). 空房(공방). ¶一靜復寒<鮑泉>

【空竅】くうきょう(공규) 틈. 구멍. 또는, 사람의 귀, 눈, 코, 입. ¶鑑生一<新書>

【空氣】くうき(공기) ①대기(大氣). ②분위기.

【空念佛】くうねんぶつ(공염불) ①건성으로 외는 염불. ②실천이 따르지 않는 빈 말이나 알맹이 없는 주장. ③아무리 타일러도 효과가 없는 말.

【空欄】くうらん(공란) 지면(紙面)의 빈 난.

【空路】くうろ(공로) 항공로(航空路).

【空理空論】くうりくうろん(공리공론) 소용이 없는 헛된 이론. 또는, 근거없는 이론. 空言(공언).

【空明】くうめい(공명) ①맑은 물에 비치는 달 그림자. ¶擊一兮泝流光<蘇軾> ②공중. ¶群仙出沒一中<蘇軾>

【空門】くうもん(공문)(佛) ①불교. ¶始覺一意味長<本事詩> ②사문(四門)의 하나. 부처가 설법한 공리(空理)의 문. ¶以一爲始 不以空門爲終<五教章>

【空白】くうはく(공백) ①하늘이 맑음. ¶一凝雲頹不流<李賀> ②텅 비어 아무것도 없음. ¶一期. ③지면(紙面)의 글씨나 그림이 없는 빈 부분. 餘白(여백).

【空瓶】くうびん·あきびん(공병) 빈 병.

【空腹】くうふく(공복) ①빈 속. ②배가 고픔. 또는, 주린 배. ¶一一盞粥<白居易>

【空山】くうざん(공산) ①사람 없는 적막한 산. ¶一不見人<王維> ②나뭇잎이 다 떨어진 산. ¶一啼夜猿<魏徵>/無主一.

【空山明月】くうざんめいげつ(공산명월) ①적막한 산에 비치는 밝은 달빛. ②韓 ㉮산과 달이 그려진 화투짝 이름. ㉯대머리를 놓으로 이르는 말.

【空想】くうそう(공상) 현실을 떠난 사상(思想). 또는, 실현성 없는 헛된 생각.

【空席】くうせき(공석) 비어 있는 자리. 또는, 좌석이 비어 있음.

【空疎】くうそ(공소) 내용이 없고 조잡함. ¶臣才質一 器量庸淺<王筠>

【空手】くうしゅ·からて(공수) 맨손. 빈 손. 空拳(공권). 徒手(도수). 赤手(적수). ¶一搏熊羆

猛獸<漢書>

【空輸】くうゆ(공수) 항공기로 수송함. ¶—部隊.

【空手來空手去】くうしゅニテキタリくうしゅニテサル(공수래 공수거)《佛》빈 손으로 왔다가 빈 손으로 간다는 뜻으로, 사람의 태어남과 죽음이 그러한데, 재물에 연연할 것이 없음을 이르는 말.

【空手票】(공수표) ①자격, 능력 없이 발행한 소용 없는 수표. 부도수표(不渡手票). ②韓 빈말. 헛약속.

【空襲】くうしゅう(공습) 항공기로 공중에서 습격함. 또는, 그 습격. ¶—警報.

【空然】くうぜん(공연) 텅 빈 모양. ¶孰視其狀貌 窅然—<莊子>

【空王】くうおう(공왕)《佛》부처의 존칭. ¶只合事—<白居易>

【空日】くうじつ(공일) ①관아에서 공무(公務)를 쉬는 날. ¶擇定—<福惠全書> ②韓 일요일의 속칭.

【空轉】くうてん(공전) ①기계나 바퀴가 헛돎. ②일이나 계획이 헛되이 진행됨.

【空前絶後】くうぜんぜつご(공전절후) 이전에도 없었고 이후에도 없을 것이라는 말로, 매우 뛰어나거나 아주 진귀함의 형용. 前無後無(전무후무).

【空中】くうちゅう(공중) 하늘과 땅 사이의 공간. 하늘. ¶雌雄—鳴<白居易>

【空中樓閣】くうちゅうろうかく(공중누각) ①공중에 떠 있는 누각이라는 말로, 신기루(蜃氣樓)의 별칭. ②근거나 토대가 없는 사물의 비유. ※沙上樓閣(사상누각).

【空卽是色】くうそくぜしき(공즉시색)《佛》우주 만물의 본연의 모습은 공(空)이라는 말. 色卽是空(색즉시공).

【空地】くうち(공지) ①빈터. 비어 있는 땅. ¶上林中多—棄<史記> ②여백.

【空冊】(공책)韓 필기장. 노트.

【空出物】(공출물)韓 ①추렴없이 놀이에 참석함. ②밑천이나 힘을 들이지 않고 공으로 남의 일에 참여함. ③내지 않아도 될 자리에 공연히 돈이나 물품을 냄. 또는, 그 금품.

【空砲】くうほう(공포) 헛총.

【空閑】くうかん(공한) ①하는 일 없이 한가함. ②집이나 토지가 이용되지 않은 상태로 비어 있음. ¶又擇—之地<吳志>/—地.

【空港】くうこう(공항) 민간 항공기가 뜨고 내리는 데 필요한 시설을 갖춘 비행장.

【空虛】くうきょ(공허) ①텅 빔. ¶使囹圄—<漢書> ②실속이 없이 헛됨. ¶其實—<戰國策> ③하늘. 虛空(허공). ¶彩翠滿—<歐陽脩> ④허전하고 쓸쓸함.

▷架—, 嵌—, 高—, 寬—, 謹—, 壘—, 大司—, 滿—, 望—, 碧—, 司—, 上—, 翔—, 樹—, 靈—, 映—, 悟—, 頑—, 雲—, 遠—, 危—, 淨—, 中—, 眞—, 澄—, 蒼—, 天—, 靑—, 晴—, 翠—, 太—, 土—, 寒—, 航—, 虛—, 懸—, 滑—

8【究】究(p.1114)의 俗字

3/8【穹】하늘 궁 | 東ㄑㄩㄥ (qiong) | きゅう(ソラ) *sky*

풀이 ①하늘. ¶以念—蒼<詩經> ②높다. ¶鬱竝起而—崇<司馬相如> ③깊다. ¶幽林—谷<班固> ④구멍. ¶—窒熏鼠<詩經> ⑤궁륭형(穹窿形). ¶破—廬<漢書> ⑥다하다. ⑦풀 이름. 천궁. 通 芎. ¶—窮昌蒲<史記>

【穹窿】きゅうりゅう(궁륭) ①중앙이 높고 주변이 드리워진 형상. 穹隆(궁륭). ¶草堂對—<周必大> ②활 모양으로 굽음. 또는, 그런 형상.

▷高—, 紫—, 蒼—, 天—, 靑—, 淸—, 秋—, 遐—, 玄—, 昊—, 皇—

8【宊】突(p.1115)과 同字

8【窀】窀(p.1116)의 訛字

3/8【穸】광중 석 | 陌ㄒㄧˋ (xi) | せき

풀이 ①광중. 무덤 구덩이. ¶杪秋即—<顏延年> ②밤. ¶唯是春秋窀—之事<左氏傳>

8【穼】字(p.415)의 古字

9【㝋】竅(p.1120)와 同字

4/9【突】갑자기 돌 | 月ㄊㄨˊ (tu) | とつ(ニワカニ) *suddenly*

同 突

풀이 ①갑자기. ¶—而弁兮<詩經>/—發. ②찌르다. ㉮ 부딪치다. ¶—騎<後漢書> ㉯ 범하다. ¶排—陛衛<南史> ㉰ 건드리다. ¶盜賊奔—<王延壽> ③불룩하게 나오다. ¶子能以闕爲—乎<呂覽> ④사나운 말. ¶御駻—<漢書> ⑤파다. 뚫음. 通 掘. ¶宵—陳城<左氏傳> ⑥속이다. 通 譎. ⑦굴뚝. 같 堗. ¶墨—不黔<漢書> ⑧민머리. 대머리. ¶—禿長左<荀子>

【突擊】とつげき(돌격) 돌진하여 공격함. ¶—破之<唐書>

【突貫】とっかん(돌관) ①꿰뚫음. ②돌파하여 진격함. ③단숨에 일을 실행함.

【突厥】とっけつ(돌궐) 종족 이름. 6세기 중엽, 몽고와 중앙 아시아에 대제국을 세운 터키계(系) 유목민.

【突起】とっき(돌기) 불쑥 솟음. 또는, 그러한 부분. ¶—睛高<醫宗金鑑>

【突發】とっぱつ(돌발) 갑자기 일어남. 별안간 발생함. ¶—事故/—的.

【突變】とっぺん(돌변) 갑작스럽게 변함.

【突然】とつぜん(돌연) 별안간. 느닷없이. 突如(돌여). ¶—變異. 「<高適>

【突兀】とつこつ(돌올) 우뚝 높이 솟음. ¶—長林東

【突入】とつにゅう(돌입) 갑자기 뛰어듦. 또는, 뚫고 들어감. ¶—其家捕之<後漢書>

【突梯】とってい(돌제) ①모나지 않고 세속에 따라

순종하는 일. ¶—滑稽＜楚辭＞ ②종잡을 수 없는 모양.

【突進】とっしん(돌진) 거침 없이 나아감. 또는, 곧장 나아감.

【突出】とっしゅつ(돌출) ①쑥 솟아나옴. ¶因震—＜唐書＞ ②별안간 튀어나옴. ¶鐵騎—＜白居易＞/平地—.

【突破】とっぱ(돌파) ①뚫고 나아감. ¶五關—＜三國演義＞/—口. ②일정한 기준이나 기록 따위를 넘어섬.

【突風】とっぷう(돌풍) 갑자기 세게 부는 바람.

▷干—, 黔—, 激—, 曲—, 欺—, 冷—, 陵—, 唐—, 撞—, 墨—, 排—, 奔—, 煙—, 温—, 抵—, 豬—, 前—, 地—, 直—, 沖—, 衝—, 馳—, 碭—, 寒—, 騁—

4 9【窀】 광중 둔 |圓ㄓㄨㄣ (zhun)| ちゅん

풀이 ①광중(壙中). 무덤의 구덩이. 둔석(窀穸). ②두텁다. 길다. ③후하게 장사지내다.

4 9【宷】 굴뚝 삼 |侵| しん(ケムダシ)

풀이 ①굴뚝. ②깊다. 그윽함.

4 9【窔】 1 깊을 요 |嘯| ㄧㄠˋ 2 지도리 소리 요 |篠| (yao) | よう

풀이 1 ①깊다. ②어둠침침한 곳. ¶—奧. ③방의 동남쪽 구석. ㉤窔. 2 지도리 소리.

4 9【窅】 1 지도리 소리 요 |篠| 2 방의 동남구석 요 |嘯| よう

9【𥥛】 寂(p. 441)과 同字

9【窃】 竊(p. 1120)의 俗字

4 9【穽】 허방다리 정 |敬| ㄐㄧㄥˇ |梗| (jing) | せい | pitfall

▷坎—, 阬—, 陷—, 檻—

4 9【穿】 뚫을 천 |先| ㄔㄨㄢ |霰| (chuan) | せん(ウガツ) | bore

풀이 ①뚫다. ㉮ 파서 통하게 하다. ¶引渭—渠＜漢書＞ ㉯ 구멍을 내다. ¶何以—我墉＜詩經＞ ㉰ 파다. ¶—井得土缶中如羊＜史記＞ ㉱ 꿰뚫다. ¶貫—經傳＜漢書＞ ㉲ 파고들다. 궁구함. ¶以意—鑿＜漢書＞ ②구멍. ¶柱有——＜宋書＞ ③구멍이 나다. ¶衣弊履—＜莊子＞ ④해어지다. ¶古者杅不—＜公羊傳＞ ⑤묘혈(墓穴). 무덤의 구덩이. 광중(壙中). ¶銜土投丁姬—中＜漢書＞

【穿孔】せんこう(천공) ①구멍을 뚫음. ¶如珠未—＜白居易＞ ②엽전의 구멍. ¶其國鑄金銀爲錢 無—＜宋史＞

【穿耳客】せんじかく(천이객) 달마(達磨)의 별칭. 인도 사람으로 귀고리를 단 데서 생긴 이름.

【穿鑿】せんさく(천착) ①구멍을 뚫음. ②학문을 깊이 파고듦. 또는, 꼬치꼬치 캐고 따짐. ¶不依章句 妄生—＜後漢書＞ 「未—

▷貫—, 排—, 纖—, 水滴石—, 節—, 鐵硯

5 10【窌】 움 교 |効| ㄐㄧㄠˋ (jiao) | こう | mud hut

풀이 ①움. 움막. ㉤窖. ¶垣—倉廩＜荀子＞ ②갈무리하다. ③크다.

5 10【窈】 1 깊을 교 |嘯| きょう 2 그윽할 요 |篠| よう

10【窆】 肞(p. 1229)의 訛字

5 10【窊】 1 우묵할 와 |麻| ㄨㄚ 2 우묵한 땅 와 |禡| (wa) | わ (クボム)

▷深—, 苑—, 隆—, 杓—

5 10【窅】 1 움펑눈 요 |篠| ㄧㄠˇ 2 한탄할 면 |先| (yao) | よう べん

풀이 1 ①움펑눈. ②멀리 바라보다. ¶歸徑—如迷＜謝朓＞ ③으슥한 모양. ¶—眇寂寥＜王融＞ 2 한탄하는 모양. ¶—喪其天下焉＜莊子＞

▷杳—, 幽—, 陰—

5 10【窈】 아득할 요 |篠| ㄧㄠˇ (yao) | よう | remote

풀이 ①아득하다. ¶—然無際＜列子＞ ②유현(幽玄)하다. ¶深微—冥 難以知論＜淮南子＞ ③으슥하다. ¶哀—窕＜詩經＞ ④얌전하다. ¶—窕淑女＜詩經＞ ⑤느긋하다. ¶舒—糾兮＜詩經＞ ⑥깊숙하다. 또는, 방의 동남쪽 구석. ㉤窔.

【窈糾】ようきゅう(요교) ①계집의 날씬하고 나긋나긋한 자태. ¶佼人僚兮 舒—兮＜詩經＞ ②깊이 맺힌 시름. ¶—之情＜詩經·注＞

【窈窕淑女】ようちょうしゅくじょ(요조숙녀) 얌전하며 아름다운 여자. ¶— 君子好逑＜詩經＞

【窈窕章】ようちょうしょう(요조장) 「시경」(詩經) 진풍(陳風) 월출(月出)편의 첫 장을 이름.

10【窋】 岨(p. 478)와 同字

5 10【窋】 굴 줄 |質| ㄓㄨㄛˊ (zhuo) | ちゅつ(イワヤ) | bend

풀이 ①굴. 通 窟 堀. ¶伏甲士於—室中＜吳越春秋＞ ②물건이 구멍 안에 있는 모양. ¶—詫垂珠＜王延壽＞ ③속이 비다. 공허함. ④구멍에서 나오기 시작하는 모양.

5 10【窄】 좁을 착 ㊔ 책 |陌| ㄓㄞˇ (zhai) ㄗㄜˊ (ze) | さく | narrow

풀이 ①좁다. ¶且南道—狹＜魏志＞/狹—. ②닥치다. 임박함. ¶前途漸就—

＜陶潛＞
【窄小】さくしょう(착소) 좁고 작음. 狹小(협소).
【窄韻】さくいん(착운) 글자 수가 적은 운(韻). 險韻(험운). ↔寬韻(관운).
【窄狹】さっきょう(착협) 몹시 좁음. 협착함.
▷傾—, 局—, 緊—, 短—, 險—, 狹—

5 10【窆】 하관할 폄 | 豔ㄅㄧㄢˇ 琰(bian) | へん bury
풀이 ①하관(下棺)하다. ㉮ 椾 堋 窌 封. ¶共喪之—器＜周禮＞ ②광중(壙中). 무덤의 구덩이. ¶作穿—宅兆＜說苑＞/合—.
▷改—, 客—, 孤—, 故—, 歸—, 埋—, 祔—, 野—, 旅—, 遷—

11【穽】 窌(p.1116)의 訛字

6 11【窐】 구멍 궤 | 紙 | き hole

6 11【窐】 1 구멍 규 | 齊ㄍㄨㄟ(gui) | けい
와 | 麻ㄨㄚ(wa) | わ
2 깊을 요 | 肴 | こう

6 11【窔】 으늑할 요 | 嘯ㄧㄠˋ 篠(yao) | よう cozy
풀이 ①으늑하다. ¶雷鬱律于巖—＜揚雄＞ ②구석. 방의 동남쪽 구석. ¶奧—之間＜荀子＞
【窔奧】ようおう(요오) 방의 동남 및 서남쪽 구석. 어둡고 으늑한 곳을 이름. ¶守—之熒燭＜班固＞
▷堂—, 巖—, 奧—, 玄—

11【窑】 窯(p.1119)의 俗字
11【窅】 垣(p.345)과 同字

6 11【窕】 1 정숙할 조 | 篠ㄊㄧㄠˇ(tiao) | ちょう chaste
2 가벼울 조 |
3 아리따울 요 | 蕭 蕭 | ちょう よう
풀이 1 ①정숙하다. ¶哀窈—＜詩經＞ ②깊고 넓다. ¶—邃弗章＜阮籍＞ ③가득 차지 않다. ¶小者不—＜左氏傳＞ 2 ①가볍다. ㉲佻. ¶楚師輕—＜左氏傳＞ ②도전하다. ¶目—心與＜枚乘＞ 3 아리땁다. ㉲姚. ¶不至於—冶＜荀子＞
▷輕—, 杳—, 霄—, 窈—

6 11【窒】 1 막을 질 | 質ㄓˋ(zhi) | ちつ(フサグ) stop up
2 묘문 절 | 屑 | てつ
풀이 1 ①막다. 막히다. ¶穹—熏鼠＜詩經＞ ②가득 차다. ③메다. 통하지 않음. ④멈추다. 그침. ¶惕中—＜易經＞ ⑤음력 7월의 이칭. 2 묘문(廟門). 사당이나 무덤 앞의 문. ¶履及于—皇＜左氏傳＞
【窒皇】てっこう(절황) ①사당이나 무덤 앞의 문. ②궁전 앞에 흙을 돋운 곳. 또는, 그 복도. ¶履及于—＜左氏傳＞
【窒息】ちっそく(질식) 숨이 막힘. ¶—死.
▷軌—, 穹—, 屯—, 堙—, 惷—, 懲—

6 11【窓】 1 창 창 | 江ㄔㄨㄤ | そう(マド)
2 굴뚝 총 | 東(chuang) | window
풀이 1 창. 창문. ㉮ 囪 窗 窻 牕. ¶—戶玲瓏相望＜雲仙雜記＞ 2 굴뚝.
【窓口】マドグチ(창구) 사무실에서 바깥 손님을 응대하기 위해 낸 작은 창문.
【窓門】(창문)㊕ 방의 채광이나 환기를 위해 「낸 창.
【窓外】そうがい(창외) 창 밖. ¶——三更雨 燈前萬里心＜崔致遠＞
【窓前草不除】そうぜんノクサノゾカズ(창전초 부제) 자연에 맡겨 둠. 송(宋)의 주돈이(周敦頤)가, 그의 창문 앞에 난 풀을 천지의 생성하는 기운을 받은 자기의 의사와 근본이 같다고 하여 베어 없애지 아니한 옛일에서 유래.
【窓戶】そうこ(창호) 창문과 출입구의 문.
【窓戶紙】(창호지)㊕ ①문을 바르는 종이. ②한지(韓紙)의 한 가지. 닥종이.
▷客—, 隔—, 鷄—, 綺—, 南—, 綠—, 同—, 東—, 梅—, 明—, 蓬—, 北—, 紗—, 書—, 深—, 涼—, 映—, 獄—, 車—, 天—, 風—, 學—

11【窐】 穿(p.1116)과 同字
11【窩】 向(p.278)과 同字
11【窖】 宧(p.433)의 俗字

7 12【窖】 1 움 교 | 效ㄐㄧㄠˋ(jiao) | こう mud hut
2 부엌 조 | 號 | そう
풀이 1 ①움. 움집. ㉮ 窌. ¶穿竇—＜禮記＞ ②구멍. ¶縵者—者＜莊子＞ ③깊다. ④갈무리하다. ¶—菜唐花＜陔餘叢考＞ 2 부엌. ㉮ 竈.
▷大—, 竇—, 土—

12【窌】 窌(p.1116)의 本字
12【窈】 究(p.1114)와 同字

7 12【窘】 막힐 군 | 軫ㄐㄩㄥˇ(jiong) | きん stopped
| 問ㄐㄩㄣˇ(jun) | くん
풀이 ①막히다. ¶喜怒—窮＜韓愈＞ ②닥치다. 임박함. ¶—路狹且促＜後漢書＞ ③고생하다. ¶又—陰雨＜詩經＞ ④얽매인 모양. ¶—若囚拘＜賈誼＞ ⑤사북. 요점. ¶—乎哉＜素問＞ ⑥저리다.
▷艱—, 困—, 窮—, 饑—, 危—, 逐—

12【窉】 竅(p.1120)와 同字

12【窅】 覔(p.1362)과 同字

12【窗】 窓(p.1117)의 本字

8/13【窠】 보금자리 과 | 國ㄎㄜ (ke) | か(ス) *nest*

풀이 ①보금자리. ㉮구멍 속의 새집. ¶一宿異禽＜左思＞ ㉯짐승의 집. ¶雞犬竟同一＜周昻＞ ㉰벌레의 집. ¶革蜂一＜本草綱目＞ ②오목한 곳. 구멍. ¶水一頗佳＜雲林石譜＞ ③방. ¶移一＜東京夢華錄＞ ④도장에 새긴 글자. 또는, 도장을 세는 단위. ¶尋金印銀一＜舊唐書＞ ⑤격자형(格子形). ¶小一無文＜唐書＞ ⑥꽃송이. ¶小一勻＜裴說＞ ⑦식물을 세는 말. ¶一一極大＜文昌雜錄＞

【窠臼】かきゅう(과구) ①새의 둥우리. ②관례(慣例). 常套(상투). 科臼(과구). 臼窠(구과).

▷臼一, 舊一, 燕一, 蜂一

8/13【窟】 굴 굴 | 國ㄎㄨ (ku) | くつ(イワヤ) *tunnel*

풀이 ①굴. ¶洞一/石一. ②움. ¶爲土一居之＜晋書＞ ③사람이 모이는 곳. ¶京華遊俠一＜郭璞＞ ④물건이 모이는 곳. ¶淮陽牡丹一＜張耒＞ ⑤짐승이 사는 굴. ¶獸因一而獲騁＜沈約＞ ⑥물고기나 벌레의 구멍. ¶楚水魚辭一＜裴說＞

▷狡兎三一, 洞一, 寶一, 石一, 巢一, 深一, 巖一, 營一, 幽一, 土一

8/13【窞】 구덩이 담·람 | 國ㄉㄢ 國(dan) | たん, らん *hollow*

13【窮】 堋(p.348)과 同字

8/13【窣】 갑작스러울 솔 | 國ㄙㄨ (su) | そつ *sudden*

풀이 ①갑작스럽다. ¶灞岸垂楊一地新＜唐玄宗＞ ②느릿느릿 걷는 모양. ¶勃一上金堤＜司馬相如＞ ③소리가 불안한 모양. ¶窸一.

【窣堵波】そとば(솔도파) 범어(梵語) stūpa의 음역. 탑. 率堵波(솔도파). 塔婆(탑파). 浮圖(부도).

【窣地】そっち(솔지) 갑자기. 돌연. ¶灞岸垂楊一新＜唐玄宗＞

▷勃一, 屑一, 窸一

13【奄】 掩(p.646)과 同字

13【窬】 窬(p.1118)와 同字

14【窟】 窟(p.1118)과 同字

14【寔】 寔(p.442)과 同字

9/14【窪】 웅덩이 와 | 國ㄨㄚ (wa) | わ *puddle*

풀이 ①웅덩이. ㉠洼 ②우묵하다. 낮음. 通窊. ¶一則盈＜老子＞ ③맑은 물. ④괸 물.

▷阜一, 拗一, 低一, 蹄一

9/14【窩】 움집 와 | 國ㄨㄛ (wo) | か, わ(ムロ) *dugout, mud hut*

풀이 ①움집. 굴. ②우묵한 곳. ¶彈一. ③숨기다. 숨기는 곳. ¶知情一藏＜元典章＞ ④집. 별장. ¶搭蓋一鋪＜福惠全書＞

【窩家】かか(와가) ①☞窩主(와주). ¶一潛頓＜福惠全書＞ ②도둑의 소굴. 窩窟(와굴).

【窩主】かしゅ(와주) 도둑이나 그 장물을 숨겨 주는 사람. 窩亭主人(와정주인). 窩家(와가)①.

▷舊一, 蜂一, 燕一, 彈一

9/14【窬】 협문 유 / 두 | 國ㄩ (yu) | ゆ, とう *small door*

풀이 ①협문(夾門). 작은 문. ¶篳門圭一＜禮記＞ ②넘다. 通踰. ¶其猶穿一之盜也與＜論語＞ ③속이 비다. 공허. ¶乃爲一木方版＜淮南子＞ ④뚫다. ⑤뒷간. ¶厠一.

▷圭一, 窺一, 穿一

14【窬】 窬(p.1118)와 同字

9/14【窨】 1 움 음 / 2 검을 음 | 國ㄧㄣ (yin) | いん(ムロ)

14【窠】 柘(p.762)와 同字

14【窻】 窗(p.1117)의 俗字

10/15【窮】 다할 궁 | 國ㄑㄩㄥ (qiong) | きゅう(キワマル) *finish*

本 竆

풀이 ①다하다. ㉮끝나다. ¶永世無一＜書經＞ ㉯그만두다. ¶竝應無一＜淮南子＞ ㉰멈추다. ¶儒有博學而不一＜禮記＞ ㉱바닥이 나다. ¶指一於爲薪＜莊子＞ ㉲막히다. ¶遁辭知其所一＜孟子＞ ㉳곤란하다. 어려움을 겪음. ¶亂則一矣＜荀子＞ ②궁구하다. ㉮추구하다. ¶一理盡性 以至於命＜易經＞ ㉯다하다. ¶一道本末＜淮南子＞ ㉰괴롭히다. ¶公孫衍欲一張儀＜戰國策＞ ㉱책망하다. ¶一者罰之也＜呂覽＞ ㉲조사하다. ¶深一治其獄＜史記＞ ③끝. ¶出奇無一＜史記＞ ④빈자(貧者). ¶賜貧一＜呂覽＞ ⑤불운. ¶我諱一久矣＜莊子＞ ⑥빈곤. ¶三揖一鬼而告之＜韓愈＞ ⑦삼가는 모양. 通竆.

【窮竟】きゅうきょう(궁경) ①깊이 연구함. ¶及得此事一其事＜史記＞ ②마침내. 결국. 究竟(구경). 畢竟(필경).

【窮境】きゅうきょう(궁경) 곤궁한 처지. 窮地(궁지). 困境(곤경).

【窮計】きゅうけい (궁계) ☞窮餘之策(궁여지 책).
【窮苦】きゅうく (궁고) ①고생. 고난. 困窮(곤궁). ¶親處—之實<新書> ②고생함. ¶—生自—<王維>
【窮谷】きゅうこく (궁곡) ☞幽谷(유곡).
【窮究】きゅうきゅう (궁구) 깊이 파고들어 연구함. ¶無不—<後漢書>
【窮屈】きゅうくつ (궁굴) 막다름. 다하여 막힘. ¶智巧—<呂覽>
【窮極】きゅうきょく (궁극) ①끝. ¶天地無—<曹植> ②다함. ¶—奇巧<後漢書> ③극도로 가난함.
【窮奇】きゅうき (궁기) ①순(舜)임금 때 사흉(四凶)의 하나인, 공공(共工)을 이름. 괴상한 짓을 잘했다 함. ②천신(天神)의 이름. ③중국의 서북 지방에 산다는 괴수(怪獸). 선인은 해치고 악인을 돕는다고 함. ④악한 사람.
【窮年累世】きゅうねんるいせい (궁년누세) 본인의 일생과 자손 대대. ¶人欲夫餘財蓄積之富也 然而—不知足 是人之情也<荀子>
【窮達】きゅうたつ (궁달) 곤궁과 영달(榮達). 窮通(궁통). ¶脩—身 任—<列子>
【窮途】きゅうと (궁도) ①막다른 길. ②곤궁한 처지. ¶—悔短計<鮑照>
【窮到骨】キュウホネニイタル (궁도골) 곤궁이 극도에 달함. ¶先生年來—<蘇軾>
【窮覽】きゅうらん (궁람) ①더할 나위 없는 구경거리. ¶天下之—<揚雄> ②속속들이 봄. ¶—其山川<班固>
【窮理】きゅうり (궁리) ①사물의 이치를 연구함. ¶—盡性<魏志> ②주자학(朱子學)에서, 격물치지(格物致知)하여 일관된 원리를 찾음. ¶居敬—<朱子語類>
【窮迫】きゅうはく (궁박) 극도로 곤궁함. ¶稍煎蹙而—<束晳>
【窮僻】きゅうへき (궁벽) ①매우 외지고 으슥함. ¶處—之鄉<淮南子> ②곤궁하여 마음이 비뚤어져 있음. ¶親信—之人<戰國策>
【窮奢極侈】きゅうしゃきょくし (궁사극치) 사치가 극도에 달함. 또는, 극심한 사치.
【窮狀】きゅうじょう (궁상) 곤궁한 상태. 窮態(궁태).
【窮相】きゅうそう (궁상) 궁하게 생긴 상(相). 貧相(빈상).
【窮塞】きゅうさい (궁새) 국경. 나라의 끝. 邊塞(변새). ¶可憐勝境當—<歐陽脩>
(궁색)㊙ 몹시 곤궁함.
【窮餘之策】きゅうよノさく (궁여지 책) 몹시 궁한 끝에 짜낸 계책. 窮餘一策(궁여일책).
【窮而後工】キュウシテノチニタクミナリ (궁이후공) 시인이 궁하면 궁해질수록 그 시문(詩文)이 훌륭해짐.
【窮人謀事】きゅうじんノ (궁인모사) 빈궁한 사람이 꾸미는 일이라는 뜻으로, 일이 뜻대로 되지 아니함을 이름.
【窮日】きゅうじつ (궁일) ①온종일. 終日(종일). ¶—盡明<韋曜> ②일진이 계해(癸亥)인 날. 액일(厄日)이라 하여 꺼림. ¶—不出<後漢書>
【窮鳥】きゅうちょう (궁조) ①쫓겨 궁지에 몰린 새. ②궁지에 빠진 것을 이름.
【窮鳥入懷】キュウチョウフトコロニイル (궁조입회) 쫓겨 몹시 급한 새가 사람의 품안으로 날아든다는 뜻으로, 곤궁하여 의지해 오는 사람이 있으면 마땅히 보살펴 주어야 함을 비유하여 이름.
【窮地】きゅうち (궁지) ①벽지(僻地). ②땅끝까지 감. ¶—而游<張協> ③곤궁한 처지. 苦境(고경).
【窮盡】きゅうじん (궁진) 한껏 다함. ¶—要妙<吳志>
【窮乏】きゅうぼう (궁핍) 빈궁함. 몹시 가난함. 또는, 그 사람. ¶振貸—<漢書>
【窮荒】きゅうこう (궁황) ①흉작(凶作)으로 고생함. ¶百姓—<後漢書> ②황량한 먼 벽지. ¶越—踰毒水<李華>
▷困—, 饑—, 無—, 貧—, 送—, 阨—, 研—, 幽—, 追—, 詰—

10 15 〖窯〗 1가마 요 2쓸쓸할 교 | ㄧㄠˊ (yao) | よう こう
同窰

풀이 1 ①가마. 기와굽는 가마. ¶瓦—. ②오지그릇. ¶舊哥—<格古要論> 2 쓸쓸하다. ¶—寥.
【窯業】ようぎょう (요업) 질그릇, 사기, 벽돌 따위를 만드는 직업.
【窯戶】(요호)㊥ ①탄갱(炭坑)의 주인. ②요업(窯業)에 종사하는 사람.
▷陶—, 瓦—, 燕—, 青—

15 〖窰〗 窯(p. 1119)와 同字

10 15 〖窱〗 아득할 조 | ちょう *remote*

11 16 〖窶〗 1가난할 구 2좁은땅 루 | ㄐㄩˋ (ju) | く(マズシイ) *poor* ろう

【窶壻】くせい (구서) 가난한 남편. ¶贈粧奩以資—<福惠全書>
▷孤—, 困—, 甌—, 貧—, 辭—, 凋—, 寒—

11 16 〖窺〗 엿볼 규 | 因 ㄎㄨㄟ (kui) | き(ウカガウ) *watch for*

풀이 ①엿보다. ¶不—密<禮記> ②보다. ¶莫得—乎<呂覽>
【窺看】きかん (규간) 엿봄. 窺見(규견).
【窺諫】きかん (규간) 임금의 안색을 살펴서 간함. ¶—者禮也<白虎通>
【窺知】きち (규지) 엿보아 앎.
【窺察】きさつ (규찰) 들여다봄. 은근히 살핌. 伺察(사찰).
▷管—, 俯—, 伺—, 詳—, 闇—, 籬—, 潛—, 坐—, 踐—, 遍—, 遐—

16 〖窯〗 窯(p. 1119)와 同字

16 〖窻〗 窗(p. 1117)의 俗字

12 17 〖窾〗 빌 관 | ㄎㄨㄢˇ (kuan) | かん, こう(ウツロ) *empty*

풀이 ①비다. 공허함. ¶導大—<莊子>

②구멍. 움푹 들어간 곳. ㉢科. ¶見一木浮而知爲舟<淮南子> ③법도(法度). 규칙. ¶襲九一<淮南子> ④마르다. ¶一枯木丁衝振其技<太玄經>
▷空一, 大一, 小一, 崖一

17〖窺〗 窺(p.1119)와 同字

17〖竅〗 竅(p.1120)와 同字

12〖窿〗17 활처럼 굽은 모양 륭 | 東カメㄥˊ (long) | りょう
▷穹一

12〖竄〗17 팔 취 / 천 | ㄘㄨㄟ (cui) | せい, せん(ウガツ) dig
풀이 ①파다. 구멍을 팜. ¶大喪甫一<周禮> ②광(壙). 무덤. 구덩이. ¶先有冢一<南史> ③동굴. ¶月一來賓<顏延之>

12〖竀〗17 ①똑바로 볼 탱 ②살필 정 | 庚イㄥ (cheng) | とう てい
풀이 ① ①똑바로 보다. ②깊은 마음. ③연붉은색. ㉢頳. ¶魚一尾<左氏傳> ② 살피다.

13〖竅〗18 구멍 규 本교 | ㄑㄧㄠˋ (qiao) | きょう(アナ) hole
풀이 ①구멍. ¶人皆有七一<莊子> ②구멍을 뚫다. ¶一於山川<禮記> ③통하다. ¶一領天地<淮南子>
【竅如七星】きょうしちせいノゴトシ(규여칠성) 집이 헐어 군데군데 뚫린 구멍으로 빛이 새어드는 모양.
【竅藏】きょうぞう(규장) 구규(九竅)와 오장(五臟). 인체의 아홉 구멍과 오장. ¶一不通 步不相過<呂覽>
【竅中】きょうちゅう(규중) 윗입술과 코 밑 사이의 우묵한 곳. 인중(人中).
▷孔一, 竹一, 七一, 瑕一, 穴一

13〖竄〗18 숨을 찬 | ㄘㄨㄢˋ (cuan) | ざん(カクレル) hide
풀이 ①숨다. ¶隱匿分一<呂覽> ②달아나다. ¶歸逋一也<易經> ③숨기다. ¶君又一之<左氏傳> ④받아들이다. ¶一其姦<呂覽> ⑤손을 놓다. ¶貧窶者有所一其手<荀子> ⑥은밀히. ¶敏能一謀<國語> ⑦버리다. ¶一三苗于三危<書經> ⑧죽이다. ⑨글자를 고치다. ¶多所點一<魏志> ⑩향 따위가 배어들게 하다. ¶卽一以藥<史記> ⑪꼬드기다.
【竄竊】ざんせつ(찬절) ☞剽竊(표절).
▷改一, 逃一, 塗一, 亡一, 伏一, 奔一, 鼠一, 遠一, 流一, 隱一, 潛一, 藏一, 點一, 鳥一, 走一, 斥一, 縮一, 投一, 逋一, 閒一

19〖竆〗 窮(p.1118)의 本字

19〖竈〗 竈(p.1120)와 同字

20〖竇〗 究(p.1114)와 同字

15〖竇〗20 ①구멍 두 ②도랑 독 | 宥ㄉㄡˋ (dou) 屋 | とう(アナ) hole とく(ミゾ)
풀이 ① ①구멍. ¶逃出自一<左氏傳> ②구멍을 내다. ¶不一澤<國語> ③수도(水道). ¶有大雨 自其一入<左氏傳> ④협문(夾門). 작은 문. ㉢窬. ¶篳門閨一<左氏傳> ②도랑. ㉢瀆. ¶四一.
▷嵌一, 狗一, 圭一, 石一, 水一, 巖一, 雲一, 幽一

20〖竊〗 竊(p.1120)과 同字

20〖竊〗 竊(p.1120)의 俗字

21〖竊〗 竊(p.1120)의 訛字

16〖竈〗21 부엌 조 | 號ㄗㄠˋ (zao) | そう(カマド) kitchen
풀이 ①부엌. ¶寧媚於一<論語> ②조왕(竈王). 부엌을 맡은 귀신. ¶一有髻<莊子>
【竈王】そうおう(조왕) 부엌을 맡아 지키는 귀신. 竈神(조신).
【竈丁】そうてい(조정) 소금을 굽는 사람. 또는, 그 집.
▷跨一, 媚一, 背一, 石一, 蜃一, 野一, 土一

17〖竊〗22 훔칠 절 俗窃 | 屑ㄑㄧㄝˋ (qie) | せつ(ヌスム) steal
풀이 ①훔치다. ㉮도둑질하다. ¶賢人不爲一<莊子>/一盜. ㉯범하다. ¶一仁人之號<史記> ㉰헛되이 녹을 받다. ¶一位. ②도둑. ¶鼠一狗盜<史記> ③몰래. ¶一負而逃<孟子> ④얕다. ㉢淺. ¶棘扈一丹<左氏傳·注> ⑤분명하다. 분명하게 함. ¶一其有益<荀子> ⑥붙다. ⑦물리다. ¶詭銜一轡<莊子>
【竊念】せつねん(절념) 몰래 혼자서 생각함. 竊思(절사). 竊惟(절유).
【竊盜】せっとう(절도) 남의 물건을 몰래 훔침. 도둑. 盜竊(도절). ¶一者刑<淮南子>
【竊名】せつめい(절명) 아무 실적 없이 명성만 높음. ¶下士一<顏氏家訓>
【竊命】せつめい(절명) 신하가 임금의 실권을 빼앗아 정령(政令)을 발(發)함. ¶姦臣一<陸機>
【竊位】せつい(절위) 자질이 없으면서 벼슬 자리에 있음. 또는, 관직에 있으면서 그 책무를 다하지 않음. ¶是不免於一也<後漢書>
【竊取】せっしゅ(절취) 몰래 훔침.
▷據一, 叩一, 狗一, 寇一, 濫一, 盜一, 鼠一, 攘一, 隱一, 竄一, 偕一, 草一, 侵一, 貪一, 剽一

立<설 립>部

立 ④ 奇 彦 竑 ⑤ 竜 竝 竚 站 ⑥ 竟 章 ⑦ 童 竢 竦 竣 ⑧ 竪 竫 ⑨ 竭 端 ⑪ 竱 ⑮ 競 ⑰ 競

0
5〖立〗 1설 립 | 中ㄌㄧˋ (lì) | りつ(タツ) 2자리 위 | stand

풀이 1 ①서다. ㉮멈추어 서다. ¶山一時行<禮記> ㉯똑바로 서다. ¶正一不動<晉書> ㉰일어서다. ¶豕人一而啼<左氏傳> ㉱확고히 서다. ¶三十而一<論語> ㉲정해지다. ¶主名未一<後漢書> ㉳이루어지다. ¶而后禮儀一<禮記> ㉴나타나다. ¶德無所一<淮南子> ㉵전해지다. ¶既沒其言一<左氏傳> ㉶존립하다. ¶漢賊不兩一<諸葛亮> ㉷임하다. ¶明主一政<史記> ㉸즉위하다. ¶桓公一<左氏傳> ㉹출사(出仕)하다. ¶賢者共一於朝<詩經> ㉺확립하다. ¶以操一見稱<南史> ②세우다. ㉮일으키다. ¶一爾矛<書經> ㉯두다. ¶故一君<呂覽> ㉰수립하다. ¶一人之道<易經> ㉱설립하다. 꾸미다. ¶營一明堂<漢書> ㉲만들다. ¶草一紀傳<沈約> ③곧. 즉시. ¶其末一見<史記> ④쌀. 곡식. 通粒. ¶一我烝民<詩經> 2자리. 通位.

【立脚】りっきゃく(입각) ①발판을 정함. ②근거를 두어, 그 입장에 섬.

【立件】りっけん(입건) 피의자의 혐의 사실을 인정하여 사건을 성립시킴. ¶刑事一.

【立國】りっこく(입국) ①나라를 세움. 建國(건국). ②나라의 발전을 도모함. ¶工業一. ③상대하여 대립할 수 있는 나라. ¶對無一<六韜>

【立稻先賣】(입도선매)韓 아직 논에서 자라고 있는 벼를 팖.

【立冬】りっとう(입동) 24절기의 하나. 11월 7일 경.

【立論】りつろん(입론) 의론의 체계를 세움. 또는, 그 의론. ¶祖述老莊一<晉書>

【立名】りつめい(입명) 이름을 떨침. 명예를 얻음. ¶中士一<顏氏家訓>

【立命】りつめい(입명) 천명에 맡겨 마음의 평안을 얻음. ¶安心一.

【立法】りっぽう(입법) 법률을 제정함. ¶一機關/一活動.

【立像】りつぞう(입상) 서 있는 상(像). ¶得釋迦一<漢書> ↔坐像(좌상).

【立石】りっせき①・たていし②(입석) ①돌을 세움. 비석이나 이정표 따위를 세움. ¶一封祠祀<史記> ②선돌. 또는, 정원 등에 세우는 돌.

【立侍】りつじ(입시) 서서 시중들며 모심. ¶升堂一<孔子家語>

【立式】りっしき(입식) 서서 활동하도록 하는 방식. 또는, 그러한 구조. ¶一廚房.

【立身】りっしん(입신) ①수양하여 훌륭한 사람이 됨. ¶一行道<孝經> ②출세함. ¶一出世.

【立身揚名】りっしんようめい(입신양명) 세상에서 출세하여 이름을 들날림. ¶一亦已備矣<顏氏家訓> ※ミヲタテナヲアグ

【立案】りつあん(입안) ①골격을 구상함. ②초안을 엮음. 문안을 작성함.

【立節】りっせつ(입절) ①절개를 지켜 평생토록 변함이 없음. 毀節(훼절). ②「설원」(說苑)의 편(篇) 이름.

【立地】りっち(입지) ①곧. 즉시. ¶一階前賜綵衣<王建> ②땅 위에 섬. ③영토를 새로 얻음. ¶一開天之運<王勃> ④일정한 장소에서 식물이 생육하는 환경. ¶一條件. ⑤사람이 경제 활동을 위해 선택하는 장소.

【立志】りっし(입지) ①뜻을 세움. ¶一傳的. ②마음을 바르게 잡음. ¶信以一<左氏傳> ③분발함. ¶懦夫有一<孟子>

【立體】りったい(입체) 길이, 나비, 두께가 있는 물체. ¶一音響/一映畫. ↔平面(평면).

【立哨】りっしょう(입초) 한자리에 서서 경계하는 보초. ↔動哨(동초).

【立秋】りっしゅう(입추) 24절기의 하나. 8월 8일경. ¶一祀白帝<唐書>

【立錐之地】りっすいのち(입추지 지) 송곳 끝이나 간신히 세울 만한 땅. 극히 좁은 장소를 이름. 置錐之地(치추지 지). ¶使無一<史記>

【立春】りっしゅん(입춘) 24절기의 하나. 2월 4일경.

【立夏】りっか(입하) 24절기의 하나. 5월 6일경.

【立憲】りっけん(입헌) 헌법을 제정함. 制憲(제헌). ¶一王國.

【立會】たちあい(입회) 현장에 함께 참석하여 지켜봄. ¶一人.

【立後】りつご(입후) ①후계자를 세움. ②양자를 들임.

【立候補】りっこうほ(입후보) 선거에 후보자로 나섬.

▷却一, 介一, 建一, 傑一, 兼一, 孤一, 鵠一, 公一, 共一, 官一, 國一, 群一, 起一, 羅一, 端一, 對一, 獨一, 壁一, 竝一, 扶一, 私一, 山一, 設一, 成一, 竦一, 竪一, 樹一, 侍一, 兩一, 擁一, 凝一, 而一, 人一, 自一, 雀一, 佇一, 積一, 正一, 挺一, 鼎一, 制一, 造一, 存一, 中一, 直一, 創一, 椒一, 隻一, 峙一, 特一, 廢一, 鶴一, 懸一, 孑一, 會一, 確一, 屹一

7〖辛〗部首 글자

7〖竎〗亦(p. 71)과 同字

8〖竡〗竢(p. 1123)와 同字

8〖妾〗☞女部 5획(p. 402)

9〖奇〗奇(p. 388)의 俗字

9〖彦〗彥(p. 538)의 俗字

9〖音〗部首 글자

4
9〖竑〗넓을 횡 | 中ㄏㄨㄥˊ (hong) | こう(ヒロイ) wide

풀이 ①넓다. ②재다. 측량함. ¶一其幅廣<周禮> ③굳세다.

10【竜】龍(p.1704)의 古字

5
10【竝】 [1]아우를 병 [2]곁 방 [3]짝할 반 | 迥ㄅㄧㄥˋ 漾(bing) 旱 | へい(ナラブ) ぼう はん

同並 並

풀이[1]①아우르다. (같)倂 幷. ¶—於鬼神＜禮記＞ ②견주다. ¶—天功也＜太玄經＞ ③함께 하다. ¶古固有不—兮＜楚辭＞ ④모여들다. ¶人倫—處＜荀子＞ ⑤겸하다. ¶—封列侯＜後漢書＞ ⑥모두. 다. ¶以—受此丕丕基＜書經＞ ⑦결코. ¶—無賖取戶行＜福惠全書＞ [2]①곁. 따르다. (通)傍 徬. ¶—流而承之＜列子＞ ②잇다. 연함. ¶—南山＜史記＞ [3]짝하다. (같)伴.

【竝立】へいりつ(병립) 나란히 섬. ¶功名不—＜晋書＞

【竝發】へいはつ(병발) 한꺼번에 두 가지 이상의 일이 일어남.

【竝設】へいせつ(병설) 아울러 갖추거나 세움.

【竝用】へいよう(병용) 아울러 같이 씀.

【竝進】へいしん(병진) 나란히 함께 나아감. ¶群臣輻湊—＜淮南子＞

【竝唱】へいしょう(병창) ①한데 어울려서 노래를 부름. ②국악에서, 악기를 타면서 노래를 부름. 또는, 그 노래. ¶伽倻琴—.

【竝置】へいち(병치) 나란히 둠. 또는, 아울러 설치함. 竝設(병설). ¶義雖相反 猶—之＜漢書＞

【竝稱】へいしょう(병칭) ①아울러서 일컬음. ②모두가 말함. 또는, 다들 칭찬함. ¶—曰 崇哉＜揚雄＞

【竝行】へいこう(병행) ①나란히 함께 감. ¶與人—＜列子＞ ②한꺼번에 아울러서 행함. ¶二者—＜漢書＞

▷比—, 相—

10【竚】佇(p.101)와 同字

5
10【站】 역참 참 | 陷ㄓㄢˋ 國(zhan) | たん(タテバ)

풀이①역참(驛站). ¶—夫. ②우두커니 서다. ¶門子—立堂簷之右＜福惠全書＞ ③서다.

【站夫】たんぷ(참부) 역부(驛夫). 역에서 화물 운반 등에 종사하는 사람. ¶驛傳之馬 皆官置之 —之名＜天下郡國利弊書＞

▷兵—, 驛—, 車—

6
11【竟】 [1]마칠 경 [2]지경 경 | 敬ㄐㄧㄥˋ 梗(jing) | きょう *finish*

풀이[1]①마치다. 끝남. ¶歲—此兩家常折券棄責＜史記＞ ②마침내. ¶—廢申公及太子＜史記＞/畢—. ③다하다. ¶恩與天無—＜沈約＞ ④두루 미치다. ¶恩施下—同學＜漢書＞ ⑤이어지다. ¶連里—巷＜後漢書＞ ⑥도리어. ¶—以壽終＜史記＞ ⑦거울. (通)鏡. [2]지경. (通)境. ¶國中至邊—＜詩經·注＞

▷究—, 屈—, 窮—, 無—, 讀—, 終—, 畢—

11【翊】☞羽部 5획(p.1208)

6
11【章】 문채 장 | 陽ㄓㄤ (zhang) | しょう *sheen*

풀이①문채(文彩). ¶維其有—矣＜詩經＞ ②악곡·시문(詩文)의 한 단락. ¶讀樂—＜詩經＞/—句. ③글. 문장. ¶下筆成—＜魏志＞ ④조목. ¶約法三—耳＜漢書＞ ⑤규정. 법식(法式). ¶政令者氣之—＜素問＞ ⑥표징. ¶變前之大—＜國語＞ ⑦밝다. 밝힘. (通)彰. ¶—民之別＜禮記＞ ⑧나타나다. 나타냄. ¶反論自—＜素問＞ ⑨구획. 정도. ¶講事成—＜國語＞ ⑩모범. ¶維民之—＜詩經＞ ⑪성하다. ¶其氣—＜呂覽＞ ⑫크다. ¶帝座—而光＜孝經內事圖＞ ⑬구별. ¶上下有—＜孔子家語＞ ⑭형태. ¶合而成—＜呂覽＞ ⑮기(旗). ¶以爲旗—＜呂覽＞ ⑯도장. ¶祚爾輝—＜陸機＞ ⑰당황하는 모양. (같)慞. ⑱큰 재목. (通)樟. ¶東園主—＜漢書＞ ⑲문체(文體)의 이름. 주소(奏疏) 따위. ⑳은(殷)의 관(冠) 이름. ¶—甫. ㉑음력에서, 열 아홉 해를 이름.

【章句】しょうく(장구) ①글의 장(章)과 구(句). ②문장의 단락을 나누어 음미하는 일. ¶觀書鄙—＜顏延之＞

【章句小儒】しょうくしょうじゅ(장구소유) 장구(章句)에만 매달려서, 문장의 대의(大義)에는 통하지 못하는 사람. ¶—破碎大道＜漢書＞

【章句囚】しょうくしゅう(장구수) 글의 장구에만 사로잡혀 헛되이 애쓰는 학도를 이름.

【章句之學】しょうくのがく(장구지 학) 글의 장구(章句) 풀이에 중점을 두는 학문. 한(漢)대의 훈고학(訓詁學)을 이름. ¶任心觀書不爲—＜江淹＞

【章臺】しょうだい(장대) ①전국 시대 진왕(秦王)이 세운 궁전 이름. ②한(漢)대 낙양의 북궁(北宮)에 있었던 문의 이름. ③유곽(遊廓).

【章臺柳】しょうだいりゅう(장대류) 당(唐)대 장안의 장대(章臺)에 있었던 기녀 유씨(柳氏). 뜻이 바뀌어, 유녀(遊女)를 이름.

【章牘】しょうとく(장독) 편지. 문서.

【章甫】しょうほ(장보) ①장보관(章甫冠). ②유생(儒生)의 별칭.

【章甫冠】しょうほかん(장보관) 은(殷)대의 예관(禮冠) 이름. 공자(孔子)가 즐겨 쓴 데서 유학자의 관이 됨. 章甫之冠(장보지관).

章甫冠
(三禮圖)

【章服】しょうふく(장복) ①기호, 문장(紋章) 따위의 무늬를 넣은 옷. ¶—之美＜列子＞ ②죄수에게 입히는 특수한 옷. 罪囚服(죄수복).

【章魚】しょうぎょ(장어) 낙지. 章擧(장거). 章拒(장거).

【章奏】しょうそう(장주) 임금에게 상주(上奏)하는 「글.

【章草】しょうそう(장초) 초서(草書)의 한 체. 한(漢)의 사유(史游)가 시작한 서체로, 초서에 예서를 가미한 것임.

▷肩一, 舊一, 記一, 旗一, 圖一, 明一, 文一, 紋一, 飯一, 拜一, 法三一, 報一, 服一, 詞一, 辭一, 喪一, 宣一, 身一, 雅一, 樂一, 玉一, 龍一, 銀一, 印一, 典一, 朝一, 彫一, 周一, 奏一, 采一, 天一, 總一, 寵一, 誕一, 篇一, 平一, 表一, 標一, 抗一, 憲一, 顯一, 勳一, 徽一

7 12〖童〗 1 아이 동 2 땅이름 종 | 東 ㄊㄨㄥˊ (tong) 冬 | どう(ワラベ) *child*

풀이 1 ①아이. ¶成一舞象<禮記>/兒一. ②어리석다. ¶頑一窮固<國語> ③뿔이 나지 않은 어린 양이나 소. 通 犝. ¶一牛之牿<易經> ④민둥산. ¶一土之地<莊子> ⑤대머리. ¶頭一齒豁<韓愈> ⑥물건이 없는 모양. ¶一寡有<太玄經> ⑦종. 노복(奴僕). 通 僮. ¶一手指千<漢書> ⑧눈동자. 通 瞳. ¶項羽又重一子 〈漢書〉 ⑨같다. 通 同. ¶狀不必一而智一<列子> ⑩왕성한 모양. ¶望見一一<蜀志> 2 땅 이름. 通 鐘. ¶公會宋公于夫一<公羊傳>

【童丱】どうかん(동관) 어린아이. ¶蠻夷一<顔氏家訓>

【童妓】(동기) 머리를 쪽찌지 않은 어린 기생.

【童男童女】どうなん・どうにょ(동남동녀) 사내아이와 계집아이. ¶一數千<吳志>

【童蒙】どうもう(동몽) ①어린이. ¶一者弗惡也<韓詩外傳> ②무지(無知). ¶一則活<法言>

【童僕】どうぼく(동복) 사내아이 종. ¶無車馬一<晋書>

【童蔘】(동삼)韓 동자삼(童子蔘)의 준말.

【童心】どうしん(동심) 어린이의 마음. 어린이와 같은 순진한 마음. 稚心(치심). ¶猶有一<史記>

【童顔】どうがん(동안) ①어린아이의 얼굴. ②어린아이처럼 혈색이 좋고 주름이 없는 얼굴. 또는, 천진스러워 보이는 얼굴.

【童謠】どうよう(동요) 어린이의 노래.

【童子】どうじ(동자) ①어린아이. 童兒(동아). 童孺(동유). 童男童女(동남동녀). ②사동(使童). ③눈동자. 眸子(모자). 瞳子(동자). ④《佛》 금강동자(金剛童子).

【童子蔘】(동자삼)韓 어린아이 모양으로 생긴 산삼. 童蔘(동삼).

【童子石】(동자석)韓 ①어린아이 형상으로 만들어서 무덤 앞에 세우는 돌. ②돌난간의 기둥 사이에 죽석(竹石)을 받치는 돌.

【童子何知】どうしナニヲカシラン(동자하지) 어린아이가 무엇을 알까. 어려서 사물의 이치를 모른다고 얕잡아 하는 말. ¶國之存亡天也 一焉<左氏傳>

【童貞】どうてい(동정) 이성과의 성적 접촉이 없는 사람. 또는, 그러한 순결성. 주로 남성의 경우를 이름.

【童眞】どうしん(동진) ①《佛》 사미(沙彌)의 별칭. 또는, 삭발하지 않은 동자(童子). ②한평생 여색(女色)을 멀리한 사람.

【童濯】どうたく(동탁) ①씻은 듯이 깨끗함. ②산에 나무가 없는 모양.

【童昏】どうこん(동혼) 어리석고 비천함. 僮昏(동혼). ¶信立一<後漢書>

【童話】どうわ(동화) 어린이를 위해 지은, 재미있고 유익한 이야기.

▷歌一, 結一, 狂一, 狡一, 嬌一, 奇一, 奴一, 蠻一, 牧一, 凡一, 使一, 仙一, 成一, 聖一, 小一, 神一, 兒一, 野一, 宛一, 頑一, 幼一, 孺一, 津一, 靑一, 樵一, 村一, 河一, 學一, 奚一, 海一

12〖竪〗 望(p. 740)과 同字

7 12〖竢〗 기다릴 사 | 紙 ㄙˋ (si) | し(マツ) *wait*

7 12〖竦〗 두려워할 송 | 腫 ㄙㄨㄥˇ (song) | しょう(スクム) *fear*

풀이 ①두려워하다. 通 悚. ¶不戁不一<詩經>/一懼. ②삼가다. ¶一意而覽<東方朔> ③놀라다. ¶怒形則千里一<漢書> ④주눅들다. ¶一然異之<後漢書> ⑤서다. 세우다. ¶一余身而順止兮<張衡> ⑥발돋움하다. ¶一而望歸<漢書> ⑦오르다. 올리다. 通 崇. ⑧움직이다. ¶莫振莫一<木華> ⑨손에 들다. 通 捀. ¶一長劍兮<楚辭> ⑩권하다. 通 慫 聳. ¶整輿一戌<揚雄> ⑪갑자기. ¶恤而一而<太玄經>

【竦懼】しょうく(송구) 두려워하며 떪. 悚懼(송구). ¶群臣一於下<韓非子>

【竦然】しょうぜん(송연) 두려워서 움크림. 오싹해지는 모양. ¶毛骨一.

▷傾一, 驚一, 孤一, 高一, 恐一, 喬一, 奮一, 森一, 戰一, 峻一, 直一, 惶一

7 12〖竣〗 마칠 준 전 | 眞 ㄐㄩㄣˋ 先 (jun) | しゅん, せん *finish*

풀이 ①마치다. ¶一工/一功. ②멈추다. 고치다. 通 悛. ③웅크리다. ④물러나다. 通 逡. ¶有司已於事而一<國語> ⑤엎드리다.

【竣工】しゅんこう(준공) 공사를 마침. 竣功(준공). 竣役(준역). 竣成(준성).

8 13〖竪〗 더벅머리 수 | 麌 ㄕㄨˋ (shu) | じゅ

本 豎

풀이 ①더벅머리. 관례를 치르지 않은 총각 아이. 심부름하는 아이. 通 孺. ¶公夢疾爲二一子<左氏傳> ②내시(內侍). 환관(宦官). ¶諸梁秉權一宦充朝<後漢書> ③천하다. 비루함. ¶一儒

幾敗乃公事＜史記＞ ④짧다. 작음. ¶衣則一褐不完＜荀子＞ ⑤서다. 세움. ¶毛髮爲森—＜唐書＞ ⑥세로. ¶霞文橫—＜梁簡文帝＞ ⑦곧다. 바름. ¶直—不斜＜晋書＞

【豎儒】じゅじゅ (수유) 못난 학자. 유학자를 욕하는 말. 또는, 유학자의 자칭 겸사.

▷桀—, 賈—, 群—, 內—, 奴—, 倒—, 牧—, 僕—, 斜—, 森—, 小—, 閹—, 堯—, 牛—, 二—, 孌—, 橫—, 凶—

13〖新〗☞斤部 9획(p.697)

13〖意〗☞心部 9획(p.584)

8 13〖竫〗 편안할 정 | 梗 ㄐㄧㄥˋ (jìng) | せい(ヤスイ) *peacefull*

풀이 ①편안하다. 通 靖. ②바르다. ¶—立安坐＜呂覽＞ ③고요하다. 同 靜. ¶—潛思於至賾兮＜後漢書＞ ④택하다. ¶惟諓諓善—言＜公羊傳＞ ⑤장식하다.

13〖靖〗☞青部 5획(p.1609)

9 14〖竭〗 다할 갈 本 걸 | 屑 ㄐㄧㄝˊ (jié) | けつ(ツキル) *finish*

풀이 ①다하다. ㉮있는 힘을 다하다. ¶—力以從役＜國語＞ ㉯바닥이 나다. ¶人道—矣＜禮記＞ ②물이 마르다. 通 渴. ③등에 지다. ¶五行之動 迭相—也＜禮記＞ ④끝나다. ¶齊明而不—＜荀子＞ ⑤패하다. ¶且律—也＜左氏傳＞ ⑥망하다. ¶脣—而齒寒＜呂覽＞ ⑦모두. ¶—在敵國矣＜管子＞

【竭力】けつりょく (갈력) 있는 힘을 다함. 盡力(진력). ¶殫智—＜呂覽＞/盡忠—.

【竭忠】けっちゅう (갈충) 충성을 다함. 盡忠(진충).

▷乾—, 傾—, 枯—, 困—, 空—, 屈—, 窮—, 極—, 耗—, 貧—, 衰—, 疲—, 疾—, 虛—

9 14〖端〗 바를 단 | 寒 ㄉㄨㄢ (duan) | たん(ハシ) *straight*

풀이 ①바르다. ¶必—平＜禮記＞/—正. ②바르게 하다. ¶以—其位＜禮記＞ ③끝. ㉮가장자리. ¶執其兩—＜中庸＞ ㉯가. ¶歸於無—＜後漢書＞ ㉰말단. ㉱한(限). ¶運轉而無—＜淮南子＞ ④실마리. 발단. ¶剛柔淸濁 各有—序＜文中子＞ ⑤처음. ¶仁之—也＜孟子＞ ⑥근본. ¶天下之大—＜禮記＞ ⑦등차(等差). ¶吏道雜而多—＜漢書＞ ⑧자세하다. ¶視疵—而趨疾＜戰國策＞ ⑨오로지. ¶敢—其願＜戰國策＞ ⑩일. ¶更—則起而對＜禮記＞ ⑪포백(布帛) 길이의 단위. ⑫주(周)대의 조복(朝服). ¶其齊服有 玄—素—＜周禮＞ ⑬남쪽 정문(正門). ¶南—攸遵＜左思＞

【端居】たんきょ (단거) 평소. 居常(거상). 平居(평거). ¶—恥聖明＜孟浩然＞

【端溪】たんけい (단계) 광동성(廣東省)의 난가산(爛柯山) 기슭에 있는 벼루의 명산지. ¶—硯.

【端拱】たんきょう (단공) ①☞垂拱(수공). ②신하가 단정한 태도로 조정에 섬을 이름. ¶終日—＜南史＞

【端揆】たんき (단규) 재상(宰相). ¶久處—＜南史＞

【端麗】たんれい (단려) 몸가짐이 단정하고 자태가 아름다움. ¶姿色—＜後漢書＞

【端末】たんまつ (단말) 끝. 末端(말단).

【端士】たんし (단사) 품행이 방정한 선비. 端人(단인). ¶輔以天下之—＜魏志＞

【端緖】たんしょ (단서) 일의 실마리. 發端(발단). 端序(단서). ¶旣開—＜漢書＞

【端雅】たんが (단아) 단정하고 온아(溫雅)함. ¶風韻——＜宋書＞

【端陽】たんよう (단양) 단오(端午). ¶—節.

【端役】(단역) 韓 연극이나 영화 따위에서 대수롭지 않은 역. 또는, 그 역을 맡은 사람.

【端午】たんご (단오) 음력 5월 5일의 명절. 수릿날. 端五(단오). 端陽(단양). 重五(중오). 重午(중오).

【端五】たんご (단오) ☞端午(단오).

【端月】たんげつ (단월) 정월(正月). ¶陽氣和—＜歲華紀麗＞

【端人】たんじん (단인) 마음이 바른 사람. 端士(단사). 正人(정인).

【端日】たんじつ (단일) 정월 초하루. ¶元日爲—＜歲華紀麗＞

【端的】たんてき (단적) ①과연. ¶—爲官淸政＜柳永＞ ②바로. 실로. 결국. ¶此身—老江湖＜張表臣＞ ③의지할 만한 것. ¶錦子無—＜晏幾道＞ ④사정. 내용. ¶細說此中—＜柳永＞

【端正】たんせい (단정) 흐트러진 데 없이 깔끔하고 바름. 端整(단정). 端方(단방). 方正(방정). ¶儀狀—者＜史記＞

【端整】たんせい (단정) ☞端正(단정).

【端坐】たんざ (단좌) 단정하게 앉음. 正坐(정좌). 危坐(위좌). ¶誰能—＜北史＞

▷開—, 極—, 多—, 大—, 萬—, 末—, 無—, 發—, 百—, 鋒—, 四—, 事—, 上—, 序—, 先—, 舌—, 審—, 兩—, 憂—, 委—, 異—, 履—, 爭—, 戰—, 尖—, 侈—, 他—, 平—, 筆—, 下—, 玄—, 毫—

14〖颯〗☞風部 5획(p.1632)

16〖竸〗 競(p.1124)과 同字

11 16〖竱〗 가지런히할 전 銑 せん / 단 霰 てん, たん

16〖親〗☞見部 9획(p.1363)

15 20〖競〗 다툴 경 | 敬 ㄐㄧㄥˋ (jìng) | きょう, けい(キソウ) *quarrel*

풀이 ①다투다. 말다툼으로 겨룸. ¶師

一已甚<左氏傳>/一爭. ②좇다. ¶有一有爭<莊子> ③나아가다. ¶天下皆一<呂覽> ④향하여 가다. ¶一時 謂趨時也<後漢書·注> ⑤나란히 서다. ¶皆一進以貪婪兮<楚辭> ⑥굳세다. 通 勍. ¶心則不一<左氏傳> ⑦높다. 通 亢. ⑧갑자기. ¶使肥與有職一焉<左氏傳> ⑨성하다. ¶惠一爽<左氏傳>

【競技】きょうぎ(경기) ①기술이나 능력을 겨룸. ②운동 경기(運動競技)의 준말.

【競落】けいらく·きょうらく(경락) 경매(競賣)에 의하여 목적물을 취득함. ¶一價格.

【競馬】けいば(경마) 말을 타고 달리는 경주에서 그 우승하는 말을 점치게 하는 내기. ¶一場.

【競賣】きょうばい(경매) 여러 원매자(願買者) 가운데 가장 많은 값을 부른 사람에게 파는 일.

【競演】きょうえん(경연) 연극·무용·음악 따위를 실연(實演)하여 겨루는 일.

【競艷】きょうえん(경염) 여자들이 아름다움을 겨룸.

【競泳】きょうえい(경영) 빠르기를 다투는 수영 경기.

【競爭】きょうそう(경쟁) 서로 우위에 서려고 다툼.

【競走】きょうそう(경주) ①빨리 달리기를 겨루는 육상 경기. ②다투어 달림. 放走(방주). ¶形與影一也<莊子>

【競進】きょうしん(경진) 서로 다투어 앞으로 나아감. ¶一不案禮<論衡>/一大會.

【競合】せりあい(경합) ①서로 차지하려고 경쟁함. ②법률에서, 하나의 사실이나 요건에 대하여 평가, 또는 평가의 효력이 중복되는 일.

▷誇一, 校一, 矜一, 浮一, 奔一, 紛一, 爭一, 躁一, 進一, 趨一, 馳一

22〖競〗 競(p. 1124)과 同字

竹<대 죽>部

竹 ② 竻 竺 ③ 竿 竽 ④ 笈 笓 笇 笑 笋
笊 笆 笔 笏 ⑤ 笳 笴 笊 笻 笱 笯 笭 笠
笢 筓 笵 符 笨 笥 笙 笤 笛 笘 第 笮 笞
⑥ 筓 筇 筈 筐 筊 筋 答 等 筏 筅 筍 筌
策 筑 筒 筆 ⑦ 筥 筧 筦 筠 筤 筣 筮 筬
筲 筵 筽 筰 節 筳 筴 筷 筩 ⑧ 箇 箝 箍
箜 管 箘 箟 箕 箊 箔 箙 箪 箅 箆 算 箠
箏 箋 箈 箚 箠 ⑨ 範 箱 箬 箴 箸 篆 箭
節 箯 篇 篋 篛 篊 篁 篌 ⑩ 篙 篝 篤 篩
篑 篠 篔 篨 篪 篡 篘 築 篗 ⑪ 篕 篋 篿
篼 篚 簍 篾 篷 簁 簌 簍 簃 篸 篴 簇 簎
簀 簑 簉 簒 篳 ⑫ 簡 簣 簞 簦 簝 簙 簠
簪 簫 簨 簮 簟 簜 簧 ⑬ 簳 簻 簹 簾 簿
簺 籀 簷 簽 籅 ⑭ 籉 籃 籋 籍 籊 籌 籈
籆 ⑮ 籔 籒 ⑯ 籙 籠 籟 籞 籝 籛 籜 ⑰
籧 籥 籣 籤 籥 籑 籅 籦 籖 ⑱ 籩 籪 ⑲
籮 籬 ⑳ 籯 籰 ㉖ 籲

0
6〖竹〗 대 죽 | 國ㄓㄨˊ (zhu) | ちく(タケ) bamboo

源象形. 대나무가 자라는 모양을 본뜸.

풀이①대. 대나무. ¶取一箭<禮記>/松一. ②피리. ¶匏一在下<禮記> ③죽간(竹簡). ¶一帛.

【竹簡】ちっかん(죽간) 옛날 종이가 없을 때 글을 쓰던 대쪽. ¶更以一寫之<孔安國>

【竹簡子】ちっかんし(죽간자) 정재(呈才) 때 춤을 추는 데 쓰이던 기구의 하나.

【竹溪六逸】ちくけいりくいつ(죽계육일) 죽계의 주우(酒友), 곧 당(唐)의 공소보(孔巢父), 이백(李白), 한준(韓準), 배정(裵政), 장숙명(張叔明), 도면(陶沔)을 이름. 죽계는 산동성(山東省) 조래산(徂徠山) 기슭에 있는 명승지.

【竹豆】ちくとう(죽두) 대로 만든 제기(祭器)의 하「나.

【竹籟】ちくらい(죽뢰) 대나무가 바람에 불려 나는 소리. 뜻이 바뀌어, 피리를 이름. ¶一笙鳳鳴<貢師泰>

【竹龍】ちくりょう(죽룡) ①대로 엮은 뗏목. ¶號爲一載甲士<五代史> ②죽통(竹筒)을 이어 물을 끌어대는 홈통.

【竹林之遊】ちくりんのゆう(죽림지 유) 은자(隱者)들의 교유(交遊)를 이름.

【竹林七賢】ちくりんのしちけん(죽림칠현) 중국 위진(魏晉)의 초기에 노장(老莊)의 허무 사상을 숭상하여 유교의 형식주의를 무시하고 죽림(竹林)에 모여 청담(淸談)을 일삼던 일곱 명의 선비. 완적(阮籍)·완함(阮咸)·혜강(嵇康)·산도(山濤)·상수(向秀)·유령(劉伶)·왕융(王戎)의 일곱 사람.

【竹馬】ちくば(죽마) 아이들이 장난으로 말이라 하여 가랑이에 끼고 끌고 다니는 대막대기.

【竹馬故友】ちくばのこゆう(죽마고우) 죽마를 타고 놀던 어릴 때부터의 벗. 竹馬舊友(죽마구우). 竹馬之友(죽마지 우).

【竹馬舊友】ちくばきゅうゆう(죽마구우) ☞竹馬故友(죽마고우).

【竹馬之友】ちくばのとも(죽마지 우) ☞竹馬故友(죽「마고우).

【竹帛】ちくはく(죽백) ①책. 서적. 옛날 종이가 없을 때 대쪽이나 비단에 글을 썼던 데서 온 말. 竹素(죽소). ¶書之一<墨子> ②역사. ¶垂功名于一<後漢書>

【竹帛之功】ちくはくのこう(죽백지 공) 역사에 기록하여 전할 만한 공.

【竹夫人】ちくふじん(죽부인) 여름에 더위를 덜기 위해 잠자리에 놓는, 대오리로 만든 기다란 바구니. 竹几(죽궤). 竹奴(죽노). 竹姬(죽희).

竹夫人
(三才圖會)

【竹筍】ちくじゅん(죽순) 대나무의 땅속줄기에서 돋아나는 싹. 竹芽(죽아). 竹萠(죽붕). 竹胎(죽태).

【竹實】ちくじつ(죽실) 대나무 씨. 竹米(죽미). ¶食帝一<韓詩外傳>

【竹芽】ちくが(죽아) ☞竹筍(죽순).

【竹杖】ちくじょう(죽장) 대지팡이. ¶感枸醬一<漢書>

【竹杖芒鞋】ちくじょうぼうあい(죽장망혜) 대지팡이와 짚

신. ※ちくじょうほうかい
【竹秋】ちくしゅう(죽추) ①음력 2월의 이칭. ②음력 3월의 이칭.
【竹醉日】ちくすいじつ(죽취일) 대나무를 심기에 좋은 날이라 하여 음력 5월 13일을 이름. 또는, 8월 8일. 竹迷日(죽미일).
▷江南—, 巨—, 孤—, 苦—, 羅宇—, 南山—, 綠—, 嫩—, 淡—, 孟宗—, 綿—, 茂—, 墨—, 斑—, 比—, 絲—, 湘—, 石—, 成—, 洗—, 孫—, 松—, 修—, 新—, 椽—, 烏—, 王—, 雄—, 銀—, 慈—, 子母—, 箭—, 眞—, 青—, 叢—, 翠—, 破—, 匏—, 爆—, 風—, 皮—, 篁—

2/8【竻】 1 대 뿌리 륵 (職) ㄌㄜˋ(le) ろく
2 힘줄 근 (文) きん

2/8【竺】 1 대나무 축 (屋) ㄓㄨˊ (zhu) じく(タケ) *bamboo*
本 죽
2 두터울 독 (沃) とく(アツイ)
풀이 1 ①대나무. 같 竹. ②나라 이름. 지금의 인도(印度). ¶天—/西—＜蘇軾＞ 2 두텁다. 같 篤.
【竺乾公】じくけんこう(축건공) 부처. 竺乾(축건). ¶獨禮—＜馬戴＞
【竺經】じくきょう(축경) 불경(佛經). ¶何妨勸—＜李洞＞

3/9【竿】 1 장대 간 (寒) ㄍㄢ (gan) かん(サオ) *bamboo pole*
2 화살대 간 (旱)
3 횃대 간 (翰)
풀이 1 ①장대. ¶藋藋竹—＜詩經＞/釣—. ②죽순(竹筍). ¶毋拊—＜管子＞ ③범하다. 通 干. ¶—摩車＜後漢書＞ ④죽간(竹簡). ¶不離苞苴—牘＜莊子＞ 2 화살대. ¶嚴秋筋—勁＜鮑照＞ 3 횃대. ¶衣—.
▷旗—, 幢—, 帆—, 相風—, 修—, 緣—, 檣—, 旌—, 釣—, 竹—, 叉—, 靡—

3/9【竽】 피리 우 (虞) ㄩˊ (yu) う *flute*
풀이 ①피리. ¶鐘鼓—笙. ②괴수. 두목. ¶財貨有餘 是謂盜—＜老子＞
▷濫—, 盜—

10【筓】 笄(p.1128)의 俗字

4/10【笈】 책 상자 급 (葉) ㄐㄧˊ (ji) きょう(オイ)
(緝)
풀이 ①책 상자. ¶負—游學. ②책. ¶祕—. ③길마. 짐 싣는 말안장.
▷巾—, 經—, 負—, 書—, 藥—, 函—

4/10【笓】 1 새우잡는 기구 비 (齊) ㄆㄧˊ (pi) へい ひ
2 참빗 비 (寘) ㄅㄧˋ (bi) ひつ
3 버금 필 (質)
【笓篱】ひり(비리) 대로 만든 어량(魚梁). 또는 대울타리. 篱笓(이비).

4/10【笇】 셀 산 (翰) ㄙㄨㄢˋ (suan) さん(カゾエル)

4/10【笑】 웃을 소 (嘯) ㄒㄧㄠˋ (xiao) しょう(ワラウ) *smile*
古 咲
풀이 ①웃다. ㉮기뻐서 웃다. ¶樂然後—＜論語＞ ㉯비웃다. ¶以五十步—百步＜孟子＞ ㉰미소짓다. ¶莞爾而—＜論語＞ ②꽃이 피다. ¶花—鶯歌詠＜樂府＞ ③업신여기다. ¶顧我則—＜詩經＞ ④뒤떨어지는 모양. ¶一握爲—＜易經＞ ⑤개가 사람을 반겨 짖는 소리.
【笑劇】しょうげき(소극) ①크게 웃어댐. 哄笑(홍소). ¶金屛—如花女＜程嘉燧＞ ②中 희극. 코메디.
【笑面虎】しょうめんこ(소면호) 웃는 낯으로 남을 대하나 속은 엉큼한 사람. 笑面夜叉(소면야차). 笑中刀(소중도).
【笑問】しょうもん(소문) 웃는 낯으로 물음. ¶歸來—諸從事＜元稹＞
【笑殺天下人】てんかのひとをしょうさつす(소살 천하인) 세상 사람들을 크게 웃김. ¶萬—然—＜唐書＞
【笑資】しょうし(소자) 웃음거리.
【笑中刀】しょうちゅうのとう(소중도) 겉으로는 웃는 낯으로 대하나 속으로는 악의를 품음. 笑裏刀(소리도).
【笑話】しょうわ(소화) 우스운 이야기.
▷可—, 強—, 開口—, 乾—, 輕—, 苦—, 愧—, 轟—, 巧—, 嬌—, 冷—, 談—, 大—, 帶—, 妄—, 侮—, 目—, 媚—, 微—, 俳—, 非—, 鄙—, 誹—, 世—, 哂—, 失—, 言—, 燕—, 優—, 戮—, 匿—, 忍—, 竊—, 調—, 嘲—, 嗤—, 爆—, 含—, 孩—, 哄—, 歡—, 嬉—

10【笋】 筍(p.1130)과 同字

4/10【笊】 조리 조 (巧) ㄓㄠˋ (zhao) そう(ザル)
(效)
풀이 ①조리. ¶—籬. ②보금자리. 구멍에 만든 새의 집. 둥지.
【笊籬】そうり(조리) 쌀 이는 데 쓰는 기구.

4/10【笆】 1 가시대 파 (馬) ㄅㄚ (ba) は
2 대바자 파 (麻)
풀이 1 가시대. 가시가 있는 대나무. 2 대로 결은 바자. ¶旁織—籬護＜白居易＞

10【笔】 筆(p.1131)과 同字

4/10【笏】 1 홀 홀 (月) ㄏㄨˋ (hu) こつ(シャク)
2 피리가락고를 문 (吻) ぶん
풀이 1 홀. 신하가 임금을 뵐 때 조복에 갖추어 손에 드는 수판(手板). ¶古者貴賤皆執—＜晋書＞ 2 피리가락을 고르

다. 손가락으로 피리에 구멍을 막아 가락을 맞추는 모양. ¶篔一抑隱<馬融>

【笏記】(홀기)㊆ 의식(儀式)의 진행 순서를 적은 글.

▷帶一, 象一, 紳一, 玉一, 執一, 投一

大夫笏(名物圖) 士笏(名物圖)

10【笅】 筊(p.1129)과 同字

5 11【笳】 갈잎피리 가 | ㊀ㄐㄧㄚ (jia) | か

▷悲一, 吹一, 胡一

5 11【笴】 화살대 가 | ㊀ㄍㄜˇ (ge) | か

▷矢一, 羽一

11【笏】 腱(p.1239)과 同字

5 11【笟】 테 고 | ㊀ | こ(タガ) *noop*

풀이 테. 그릇의 조각이 어그러지지 못하게 둘러맨 줄. ㊀箍.

11【笻】 筇(p.1128)의 俗字

5 11【笱】 통발 구 | ㊀ㄍㄡˇ (gou) | こう (ウエ, ウケ)

풀이 통발. ¶毋發我一<詩經>

5 11【笯】 새장 노 나 | ㊀ㄋㄨˊ (nu) | ど(トリカゴ) だ

5 11【笭】 1 종다래끼 령 2 멍석 령 | ㊀ㄌㄧㄥˊ (ling) | れい

풀이 1 ①종다래끼. ¶一箐. ②수레의 먼지막이 대발. ¶車一<說文> ③배 안에 까는 마루. 2 멍석. 수레 안에 까는 멍석. ¶一篂.

5 11【笠】 삿갓 립 | ㊀ㄌㄧˋ (li) | りゅう(カサ)

【笠帽】(입모)㊆ 갈모.

【笠房】(입방)㊆ 갓방.

▷蓋一, 農一, 臺一, 方一, 白一, 蓬一, 喪一, 雨一, 圓一, 戰一, 釣一, 草一, 行一

笠(三禮圖)

5 11【笢】 대껍풀 민 | ㊀ㄇㄧㄣˇ (min) | びん

풀이 ①대 껍풀. 대나무의 푸른 외피. ㊀篾. ②피리 구멍을 손가락으로 막아 가락을 고르는 모양. ¶一笏抑隱<馬融> ③말 갈기를 빗는 솔. ¶一子.

5 11【笲】 폐백상자 번 | ㊀ㄈㄢ (fan) | はん(カゴ) へん

5 11【笵】 법 범 | ㊀ㄈㄢˋ (fan) | はん(ノリ)

풀이 ①법. 법률. ②거푸집. 대로 만든 틀. 본. 흙으로 만든 것은 型, 쇠로 만든 것은 鎔이라 함. ㊀範.

5 11【符】 부신 부 | ㊀ㄈㄨˊ (fu) | ふ(ワリフ)

풀이 ①부신(符信). ¶銅虎一<漢書>/一號. ②수결(手決). 도장. ¶奉其一璽<史記> ③상서(祥瑞). 길조. ¶以風一 應合于天地<史記> ④미래기(未來記). 예언서. ¶西王母以一授之<帝王世紀> ⑤부적. 호부(護符). ¶造桃一著戶<白孔六帖> ⑥신명(神明)의 영험(靈驗). ¶審於一者<淮南子> ⑦모범. 예(例). ¶抑有前一<陸機> ⑧맞다. ¶同一三皇<揚雄>/一合. ⑨무늬. ¶一采彪炳<左思> ⑩문체(文體)의 이름. 아래 관청에 내리는 글의 체. ⑪은밀한 계략을 쓴 글. ¶得大公陰一之謀<戰國策>

【符契】ふけい(부계) ①부절(符節). 符信(부신). ②꼭 부합함의 비유.

【符同】ふどう(부동) ①부합함. ②나쁜 일에 어울리어 한 통속이 됨. 扶同(부동). ¶信情一者<明律> ③억지로 합치시킴.

【符籙】ふろく(부록) ☞符讖(부참).

【符命】ふめい(부명) ①하늘이 상서(祥瑞)로써 임금에게 내리는 명령. ¶帝王之興 必有一<翰林志> ②문체(文體)의 이름. 길조(吉兆)를 들어 임금의 덕을 칭송하는 글.

【符璽】ふじ(부새) ①임금의 도장. 玉璽(옥새). 璽符(새부). ¶奉其一<史記> ②인형(印形). ③옥새(玉璽)를 관리하는 벼슬. ¶一御史<漢書>

【符瑞】ふずい(부서) 상서로운 조짐. 符祥(부상). ¶一之應 昭然著聞<後漢書>

【符信】ふしん(부신) ①증표(證票). 증거. 신용(信用). ②부절(符節). ¶約束一<六韜>

【符作】(부작) ☞符籍(부적)②.

【符籍】ふせき(부적) ①여행권(旅行券)과 호적. ¶一不審則姦民勝<管子> ②㊆ 악귀나 잡신을 쫓는 액막이로서 그려 붙이는 주부(呪符). 符作(부작).

【符節】ふせつ(부절) 부패(符牌). 어음. 옛날, 대나무에 글자를 쓰고 두 조각으로 내어 양자가 하나씩을 가지고, 후일 그것을 맞추어 봄으로써 증거로 삼던 것. 符信(부신).

【符讖】ふしん(부참) 부명(符命)과 도참(圖讖). 곧, 미래에 나타날 일을 미리 짐작하여 적은 글. 符籙(부록). 未來記(미래기).

【符合】ふごう(부합) 꼭 들어맞음. ¶一如影響<宋書>

【符號】ふごう(부호) 표. 기호(記號).

▷乾一, 桃一, 同一, 門一, 辟邪一, 辟火一, 寶一, 剖一, 祥一, 璽一, 神一, 握一, 靈一, 伍一, 元一, 陰一, 音一, 將一, 地一, 天一, 割一, 合一, 虎一, 護一, 護身一

5 11【笨】 거칠 분 |阮ㄅㄣˋ (ben)|ほん(アライ) rough
풀이①거칠다. ¶常乘羸牛一車<宋書> ②대나무 속껍질.

5 11【笥】 상자 사 |寘ㄙˋ(si) 支|し(ハコ) box
▷經一, 簞一, 璧一, 藥一, 衣一, 竹一, 革一, 篋一

5 11【笙】 1 생황 생 2 땅이름 신 |庚ㄕㄥ 眞(sheng)|しょう しん
풀이1 ①생황(笙簧). 아악(雅樂)에 쓰는 관악기(管樂器)의 한 가지. ¶鼓瑟吹一<詩經> ②당(堂)의 동쪽에 배치하는 악기 이름. ¶一鏞以閒<書經> ③작다. 가늘다. 2땅 이름. ¶自晋至一<春秋>
【笙磬同音】しょうけいどうおん(생경동음) 여러 악기의 소리가 잘 어울림. 뜻이 바뀌어, 사람들이 서로 화합함의 비유.
【笙鏞】しょうよう(생용) ①생황과 큰 종. ¶一以間鳥獸蹌蹌<書經> ②동쪽에 두는 악기 생(笙)과 서쪽에 두는 악기 용(鏞). 笙庸(생용).

5 11【笤】 대비 소 本조 |蕭ㄊㄧㄠˊ (tiao)|ちょう (タケボウキ)
풀이대비. 대로 만든 비.

11【笑】 矢(p.1072)와 同字

5 11【笛】 피리 적 |錫ㄉㄧˊ (di)|てき(フエ) flute
풀이①피리. ¶長一/玉一. ②취악기(吹樂器). 또는, 소리나는 기구. ¶汽一.
▷笳一, 警一, 鼓一, 汽一, 冷一, 短一, 晩一, 明一, 牧一, 霧一, 聞一, 簫一, 雅一, 哀一, 夜一, 洋一, 漁一, 玉一, 腰一, 怨一, 銀一, 鄰一, 長一, 竹一, 淸一, 草一, 樵一, 吹一, 寒一, 胡一, 橫一

5 11【笘】 1 회초리 점 2 대쪽 첨 |鹽ㄕㄢ 葉(shan)|せん (ムチ) ちょう
풀이1 ①회초리. 대회초리. ②분판(粉板). 옛날, 아이들이 글씨 공부에 쓰던 대나무 조각. 2대쪽.

5 11【第】 차례 제 |霽ㄉㄧˋ (di)|だい, てい(ツイデ) order
풀이①차례. 갈弟. ¶亂必有一<呂覽>/一三位. ②차례를 정하다. ¶品而一之<晋書> ③품등(品等). 계급. ¶爲三等之一<晋書> ④집. 저택. ¶賜大一室<漢書> ⑤과거(科擧). 또는, 그 시험에 합격함. ¶劉蕡下一<唐書>/登一. ⑥만일. 가령. ¶藉一令毋斬<史記> ⑦다만. ¶陛下一出僞遊雲夢<史記>

【第三者】だいさんしゃ(제삼자) 당사자 이외의 사람.
【第一】だいいち(제일) ①첫째. ¶治平爲天下一<漢書> ②가장 훌륭함. 으뜸.
【第一人者】だいいちにんしゃ(제일인자) 그 방면에서 가장 으뜸인 사람.
▷家一, 簡一, 甲一, 居一, 高一, 科一, 官一, 館一, 及一, 落一, 登一, 等一, 門一, 別一, 私一, 賜一, 乙一, 邸一, 次一, 策一, 就一, 品一, 下一

5 11【笮】 1 좁을 착 2 밧줄 작 3 짤 자 |陌ㄗㄜˊ (ze) 藥ㄗㄨㄛˊ 禡(zuo)|さく(セマイ) narrow さく さ
풀이1 ①좁다. 갈窄. ¶狹一. ②빠르다. ③전동. 대로 만든 화살통. ¶甲冑干一<儀禮> ④누르다. 通措. 2 ①밧줄. 대밧줄. 갈筰. ¶絕叫斷雙一<范成大> ②자자(刺字). 입묵(入墨)하는 형벌. ¶刻鏤鑽一<馬融> 3 ①짜다. 눌러 짬. 갈醡. ¶一馬糞汁而飮之<後漢書> ②술을 담는 그릇.
▷干一, 錦一, 鑽一, 狹一

11【笧】 冊(p.183)·策(p.1130)과 同字

11【笐】 筑(p.1130)의 譌字

5 11【笞】 볼기칠 태 本치 |支ㄔ (chi)|ち (ムチウツ)
풀이①볼기를 치다. ¶不中程輒一瞥十數<因話錄> ②매질하다. ¶一擊問之<史記> ③태형(笞刑). ¶不中程輒一督<漢書>
【笞刑】ちけい(태형) 오형(五刑)의 하나. 매로 볼기를 치는 형벌. 笞罰(태벌).
▷撻一, 掠一, 捶一, 鞭一

6 12【笄】 비녀 계 |齊ㄐㄧ (ji)|けい (コウガイ)
俗笄
풀이①비녀. 동곳. ¶字而一之<公羊傳>/皮弁一<儀禮>/一冠. ②비녀를 꽂다. 동곳을 꽂음.
【笄冠】けいかん(계관) 비녀와 갓. 성인례(成人禮)를 올림을 이름.
【笄年】けいねん(계년) 여자가 처음으로 비녀를 꽂는 나이. 곧, 15세를 이름. ¶一守志<宋史>
【笄字】けいじ(계자) 여자가 약혼하여 비녀를 꽂을 때 자(字)를 지어 부르던 일. 또는, 약혼을 이름.
【笄總】けいそう(계총) 여자가 비녀를 꽂아 쪽을 찌거나, 남자가 상투를 틀어 동곳을 꽂는 일. ¶櫛縰一<禮記>
▷加一, 及一, 玉一, 爵弁一, 皮弁一

6 12【筇】 대 이름 공 |冬ㄑㄩㄥˊ (qiong)|きょう
풀이①대 이름. ¶一竹. ②지팡이. ¶杖

一.

6 12【筈】 오늬 괄 |圆ㄎㄨㄛˋ (kuo)| かつ (ヤハズ)

풀이 오늬. 화살 머리를 시위에 끼도록 에어 낸 부분. 通 括. ¶離合非有常 譬彼弦與一<陸機>

6 12【筐】 광주리 광 |陽ㄎㄨㄤ (kuang)| きょう (カタミ) *basket*

풀이 ①광주리. 네모진 대광주리. ¶不盈傾一<詩經> ②침상. ¶與王同一牀<莊子> ③작은 비녀. ¶一不可以持屋<淮南子>

【筐榼】きょうこう(광합) 도시락과 술동이. 궤. ¶一盈滿<南史>

【筐篋】きょうきょう(광협) 책 상자. 책

▷傾一, 茶一, 粉一, 篚一, 瑤一, 敝一

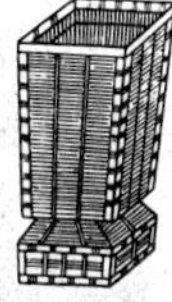

筐① (農政全書)

6 12【筊】 노 교 / 효 |巧ㄐㄧㄠˇ 肴 (jiao)| ぎょう, こう(ナワ) *string*

풀이 ①노. 대오리로 꼰 새끼. ¶搴長一兮沈美玉<史記> ②단소(短簫).

6 12【筋】 힘줄 근 |文ㄐㄧㄣ (jin)| きん(スジ) *muscle*

풀이 ①힘줄. ¶凡藥以辛養一<周禮>/一肉. ②힘. 체력. ¶一力.

【筋骨】きんこつ(근골) ①근육과 골격. ②체력. ¶一之強<荀子> ③글씨 쓰는 법. 필법. ¶一緊密<書斷>

【筋力】きんりょく(근력) ①근육의 힘. ②체력(體力), 기력(氣力)을 이름.

【筋脈】きんみゃく(근맥) ①힘줄과 혈맥. ¶一和同<素問> ②글씨 쓰는 법. ¶一相連<王羲之>

【筋肉】きんにく(근육) 힘살.

▷骨一, 膠一, 細一, 隨意一, 轉一, 地一, 鐵一, 平滑一, 豊一, 骸一, 橫紋一

6 12【答】 대답할 답 |合ㄉㄚˊ (da)| とう(コタエル) *answer*

풀이 ①대답하다. ㉮응하다. ¶以一嘉瑞<漢書>/應一. ㉯물음에 답하다. ¶天子不一<論語> ㉰보답하다. ¶禮人不一<孟子> ㉱대(對)가 되다. ¶一陽之義也<禮記> ㉲합당하다. ㉳만나다. ¶旣一而來奔<左氏傳> ②대답. ¶時以爲名一<南史> ③막다. ¶聽言則一<詩經> ④대밧줄. ⑤두껍게 포갠 모양. ¶一布皮革<漢書>

【答禮】とうれい(답례) 받은 예(禮)를 갚는 일. 또는, 그 인사. 返禮(반례). ¶以一行誼<漢書>

【答辯】とうべん(답변) 물음에 답하여 말함. 또는, 그 답하는 말. 辯疎(변소).

【答辭】とうじ(답사) ①대답하는 말. 答言(답언). ②축사·식사(式辭) 등에 답하는 인사의 말.

【答書】とうしょ(답서) 회답의 편지. 答狀(답장). 答信(답신). 答簡(답간). 答札(답찰). 答翰(답한).

【答申】とうしん(답신) 물음에 답하여 아룀.

【答信】とうしん(답신) ☞答書(답서).

【答案】とうあん(답안) ①문제에 대한 답. 또는, 그 답을 쓴 지면. ¶一紙. ②대답의 안건(案件).

【答狀】とうじょう(답장) ☞答書(답서).

【答電】とうでん(답전) 회답의 전보.

▷口一, 對一, 明一, 名一, 問一, 拜一, 報一, 奉一, 批一, 選一, 速一, 手一, 酬一, 誤一, 往一, 優一, 慰一, 謬一, 應一, 裁一, 卽一, 贈一, 表一, 筆一, 解一, 確一, 回一

6 12【等】 등급 등 |迴ㄉㄥˇ (deng)| とう (ヒトシイ, ナド) *class*

풀이 ①등급. ㉮품등. 계급. ¶貴賤一矣<禮記> ㉯단계. ¶土階三一<呂覽> ㉰구분하다. 차별. ¶以一其功<周禮> ②같다. 같게 함. ㉮가지런히 하다. ¶一平. ㉯수량·정도가 같다. ¶一冑之親疏也<國語> ㉰동일하다. ¶與無法一<淮南子> ③동아리. 부류. ¶爻有一<易經> ④견주다. 측량하다. ¶一百世之王<孟子> ⑤기다리다. ¶以俟爲一<通俗編> ⑥무엇. 같 何. ¶用一稱才學<應璩> ⑦들. 다수를 나타내는 접미사. ¶吾一.

【等價】とうか(등가) ①같은 값. 同價(동가). 等値(등치). ②증권 매매에 있어서 액면 가격과 매매 가격이 같은 경우.

【等高】とうこう(등고) 같은 높이. ¶一線.

【等級】とうきゅう(등급) 우열·고하 등의 차례. ¶明尊卑爵秩一<史記>

【等待】とうたい(등대) 미리 준비하고 기다림. 等候(등후). ¶遲回一者<李珥>

【等等】とうとう(등등) ①등. 같은 종류의 것이 앞에 열거되어 있음을 나타내는 말. ②中 기다림.

【等分】とうぶん(등분) 서로 같게 나눔. 또는, 그 분량.

【等比】とうひ(등비) ①서로 같음. ¶一皆免<漢書> ②같은 것. 견줄 만한 것. ¶來未有一<後漢書> ③수학에서, 두 개의 비(比)가 서로 같음.

【等速】とうそく(등속) 속도가 같음. ¶一運動.

【等數】とうすう(등수) ①등급. 등급의 차례. ②동수(同數).

【等身】とうしん(등신) 자기의 키와 같은 높이. ¶一像/一大/一佛.

【等神】(등신) 韓 ①나무·흙 따위로 만든 사람의 형상. 等像(등상). ②어리석은 사람.

【等身書】とうしんしょ(등신서) 키만큼 쌓은 책이라는 뜻으로, 책이 많음을 이름.

【等壓線】とうあつせん(등압선) 천기도(天氣圖)에서, 기압이 같은 지점을 이은 선.

【等溫】とうおん(등온) 온도가 같음. 또는, 같은 온도.

【等外】とうがい(등외) 정한 등급의 밖.

【等位】とうい(등위) ①등급. 지위. ¶辨其一以賓

禮待之＜宋史＞ ②같은 위치.

【等子】とうし (등자) 아주 적은 양을 다는 저울의 하나. 천칭(天秤) 따위.

【等狀】(등장) 관청에 연명(連名)으로 하소연하는 일. 等訴(등소).

【等質】とうしつ (등질) 모든 부분의 성질이 동등하며 고름. 均質(균질).

【等差】とうさ (등차) 등급의 차이. 差等(차등). ¶諸侯以下 各有—＜後漢書＞

【等閒】とうかん (등한) ①소홀함. 等閑(등한). ②서로 떨어져 있어서 소원(疎遠)해짐. ¶宦情惟—＜孟郊＞

【等閒視】とうかんし (등한시) 대수롭지 않게 여김. 소홀히 대함.

【等號】とうごう (등호) 수학에서, 수와 식이 서로 같음을 나타내는 부호. 「=」로 표시함. 等標(등표).

【等候】とうこう (등후) ☞等待(등대).

▷高—, 均—, 幾—, 對—, 同—, 凡—, 不—, 上—, 殊—, 劣—, 吾—, 優—, 一—, 絕—, 齊—, 儕—, 中—, 次—, 差—, 平—, 下—, 何—

12【𥬠】 栳(p.766)와 同字

6 12【筏】 떼 벌 | 月 ㄈㄚˊ (fa) | ばつ(イカダ)

풀이 ①떼. 뗏목. ¶縛—以濟＜南史＞/舟—. ②바다에 있는 큰 배. ㉠橃.

▷巨—, 桴—, 船—, 舟—, 津—

12【笧】 1 栅(p.763)과 同字 2 册(p.183)의 古字

6 12【筅】 솔 선 | 銑 ㄒㄧㄢˇ (xian) | せん(ササラ)

풀이 ①솔. 부엌솔. ㉠箲. ¶—帚. ②병기(兵器) 이름. ¶狼—.

6 12【筍】 1 죽순 순 | 軫 ㄙㄨㄣˇ (sun) | じゅん(タケノコ)
2 여린대 윤 | 眞 | いん
3 가마 순 | 震 | じゅん

同 笋

풀이 1 ①죽순. ¶其蔌維何 維—及蒲＜詩經＞ ②악기를 다는 틀. 종이나 경쇠를 다는 가름대. ¶梓人爲—虡＜周禮＞ ③장부. 한쪽 끝을 다른 한쪽 구멍에 꽂는 부분. 2 ①여린 대. ¶敷重—席＜書經＞ ②대 껍질. 3 가마. 거여(車輿). 대를 엮어 만든 가마. ¶—將而來也＜公羊傳＞

▷嫩—, 萌—, 迸—, 石—, 蔬—, 新—, 牙—, 野—, 竹—, 春—, 稚—

6 12【筌】 통발 전 | 先 ㄑㄩㄢˊ (quan) | せん(ウエ)

풀이 통발. 대오리로 만든, 물고기를 잡는 기구. ¶得魚而忘—＜莊子＞

▷篝—, 得魚忘—, 冥—, 漁—, 意—, 蹄—

6 12【策】 꾀 책 | 陌 ㄘㄜˋ (ce) | さく(ハカリゴト) plan

同 筞

풀이 ①꾀. 꾀함. ¶此勝之一—也＜呂覽＞/計—. ②채찍. 말의 채찍. ¶君車將駕 則僕執— 立于馬前＜禮記＞ ③채찍질하다. ¶—其馬曰 非敢後也 馬不進也＜論語＞ ④지팡이. ¶師曠之枝—也＜莊子＞ ⑤지팡이 짚다. ¶—杖時能出＜杜甫＞ ⑥대쪽. ¶百名以上書於—＜儀禮＞ ⑦책. 문서. ¶闕玉—於金縢＜左思＞ ⑧명령서. 왕명을 전하는 것. ¶—命之＜周禮＞ ⑨적다. 씀. ¶—名委質＜左氏傳＞ ⑩세우다. ¶—名淸時＜李陵＞ ⑪점대. 점을 치는 데 쓰는 대오리. ¶迎日推—＜史記＞ ⑫수. 수효. ⑬제비. 심지. ¶戲抽拂—＜柳宗元＞ ⑭작다. ⑮회초리. ⑯작은 키[箕]. ⑰경계(警戒). ¶立片言而居要 乃一篇之警—＜陸機＞ ⑱대나무 울짱. ㉠柵. ⑲문체(文體)의 이름. 임금이 정치상 문제를 간책(簡策)에 써서 의견을 묻는 것을 책문(策問), 이에 대하는 것을 대책(對策)이라 함. ¶射—甲科 以不應令＜漢書＞ ⑳사물의 모양. ¶——.

【策動】さくどう (책동) ①은밀히 꾀를 써서 행동함. ②남을 부추겨 어떤 일을 하게 함.

【策略】さくりゃく (책략) 어떤 일을 처리하는 꾀와 방법. 策謀(책모). 計略(계략).

【策勵】さくれい (책려) 채찍질하여 격려함. 策勉(책면).

【策名】さくめい (책명) 이름을 신적(臣籍)에 올림. 신하가 됨.

【策命】さくめい (책명) 임금이 신하에게 주는 사령장(辭令狀). 策書(책서). 策文(책문). ¶史由君右 執—之＜禮記＞

【策謀】さくぼう (책모) ☞策略(책략).

【策問】さくもん (책문) ①과시(科試)에서 시무(時務)의 문제를 내어 고시함. 또는, 그 문체(文體). 策試(책시). ②점대에 의하여 생각함. ¶—其事 卜省其辭＜越絕書＞

【策府】さくふ (책부) 임금의 서책(書策)을 간직하던 곳. 당(唐)대에는 비서성(祕書省)이라 했음. 册府(책부).

【策士】さくし (책사) 책략을 잘 쓰는 사람.

【策試】さくし (책시) ☞策問(책문)①.

【策定】さくてい (책정) 계책을 세워 결정함.

【策勳】さくくん (책훈) 공훈이 있는 사람의 이름을 책(册)에 기록하는 일. 또는, 공훈을 찬양하고 상을 주는 일.

▷建—, 決—, 警—, 高—, 龜—, 奇—, 對—, 得—, 謀—, 妙—, 彌縫—, 方—, 祕—, 轡—, 射—, 上—, 善後—, 首—, 施—, 時—, 試—, 失—, 實—, 王—, 遺—, 長—, 著—, 定—, 政—, 停—, 制—, 拙—, 籌—, 陳—, 筆—, 鞭—, 下—, 獻—, 畫—, 後—

6 12【筑】 악기이름 축 | 屋 ㄓㄨˊ (zhu) | ちく

풀이①악기 이름. 거문고 비슷한, 대로 만든 악기. ¶上擊一<漢書> ②줍다. ㊀叔.

筑① (三才圖會)

6 12〖筒〗 1 대통 통 東去ㄊㄨㄥˇ | とう(ツツ)
2 통소 통 送(tong) | *tube*

▷筠一, 封一, 算一, 水一, 連一, 煙一, 箸一, 釣一, 竹一, 吹一, 筆一, 喞一, 號一, 吸一

6 12〖筆〗 붓 필 質ㄅㄧˇ (bi) | ひつ(フデ) *writing brush* 同笔

풀이①붓. ¶史載一<禮記> ②쓰다. 적음. ¶一 述也 述事而書之也<釋名> ③덧보태어 쓰다. ¶一則一 削則削<史記> ④산문(散文). 시가 아닌 보통 글. ¶今之常言 有文有一 以爲無韻者一也 有韻者文也<文心雕龍> ⑤필적(筆迹). 글씨. ¶旭親之 天下之奇一<唐書> ⑥필재(筆才).

【筆匣】ひっこう(필갑) 붓을 넣어두는 갑. 筆盒(필합).

【筆耕】ひっこう(필경) 글자를 베끼고 그 보수로 생활하는 일. 대서료를 받고 글씨를 쓰는 일. ¶一士.

【筆耕硯田】ひっこうけんでん(필경연전) 문필로 생활하는 일.

【筆記】ひっき(필기) 써서 기록함. 말을 받아 씀. ¶一道具/一試驗.

【筆端】ひったん(필단) ①붓끝. ②붓의 운용(運用). 문장을 쓰는 방식. ¶挫萬物于一<陸機>

【筆談】ひつだん(필담) 글로 써서 의사를 통함.

【筆答】ひっとう(필답) 글로 써서 답함.

【筆頭】ひっとう(필두) ①붓끝. 筆端(필단)①. ¶珠璣續向一生<方干> ②붓처럼 뾰죽하게 생긴 머리. 筆公(필공). ③어떤 단체나 동아리의 주장이 되는 사람.

【筆頭生花】ひっとうしょうか(필두생화) 당(唐)의 이백(李白)이 어렸을 때 붓끝에 꽃이 핀 꿈을 꾼 후부터 글 재주가 크게 진보했다는 옛일에서, 문필에 재주가 있음을 이르는 말. 夢筆頭生花(몽필두생화). ¶李太白少夢一 後天才贍逸 名聞天下<雲仙雜記>

【筆力】ひつりょく(필력) ①글씨의 획에 드러난 힘. 운필(運筆)의 힘. 筆勢(필세). ②문장의 힘.

【筆名】ひつめい(필명) ①글씨를 잘 써서 떨치는 명예. ②글을 써서 발표할 때 쓰는 본명 아닌 다른 이름. 雅號(아호).

【筆妙舌妙】ひつみょうぜつみょう(필묘설묘) 중국 삼국 시대 오(吳)의 심우(沈友)가 문필, 변론, 무사(武事)에 뛰어났던 옛일.

【筆墨】ひつぼく(필묵) ①붓과 먹. ¶紙一. ②문장.

【筆墨紙硯】ひつぼくしけん(필묵지연) 붓, 먹, 종이, 벼루. 문방사우(文房四友)를 이르는 말.

【筆房】(필방)韓 붓을 만들어 파는 가게.

【筆法】ひっぽう(필법) ①붓을 만드는 법. ¶製筆之法 以尖齊圓健爲四德<考槃餘事> ②글씨나 시문을 쓰는 법.

【筆鋒】ひっぽう(필봉) ①붓끝. ②서화 또는 문장의 힘. 筆勢(필세). ③논쟁(論爭)따위의 위세.

【筆史】ひっし(필사) 기록하는 사람. ¶一疲於寫錄<歸田錄>

【筆寫】ひっしゃ(필사) 붓으로 베껴 씀. 書寫(서사). ¶一本.

【筆削褒貶】ひっさくほうへん(필삭포폄) 써 넣어야 할 곳은 써 넣고, 지워야 할 곳은 지우고, 칭찬해야 할 곳은 칭찬하고, 나무랄 곳은 나무란다는 뜻으로, 공자(孔子)의 춘추(春秋) 필법(筆法)을 이르는 말. ¶春秋自孔子加一爲後王立法<經學歷史>

【筆算】ひっさん(필산) ①숫자를 써서 하는 계산. ↔珠算(주산)·暗算(암산). ②쓰는 일과 셈하는 일.

【筆生】ひっせい(필생) 글씨를 베껴 쓰는 일을 직업으로 하는 사람. 寫字生(사자생).

【筆舌】ひつぜつ(필설) ①붓과 혀. ②글과 말.

【筆苑】ひつえん(필원) ①문필가들의 사회. ②명필들의 이름을 모아 적은 책.

【筆者】ひっしゃ(필자) ①글씨를 쓰거나 그림을 그리는 사람. ②문장을 지은 사람.

【筆匠】ひっしょう(필장) 붓을 만드는 일을 업으로 삼는 사람. 筆工(필공). 筆師(필사).

【筆才】ひっさい(필재) 글씨나 문장의 재능. 文才(문재). ¶庾以一逾親<文心雕龍>

【筆迹】ひっせき(필적) ☞筆跡(필적).

【筆跡】ひっせき(필적) 쓴 글씨나 그림의 형적. 글씨의 씀새. 쓴 글씨 또는 그린 그림. 手蹟(수적). 筆迹(필적). 筆蹟(필적). 筆蹤(필종).

【筆蹟】ひっせき(필적) ☞筆跡(필적).

【筆誅】ひっちゅう(필주) 남의 죄를 글로 써서 견책함.

【筆誅墨伐】ひっちゅうぼくばつ(필주묵벌) 남의 죄과를 글로 써서 공격함.

【筆陣】ひつじん(필진) ①시문의 웅건(雄健)함을 행진(行陣)에 비유한 말. ②필자의 진용(陣容).

【筆帖】(필첩) 옛 사람의 필적을 모은 서첩(書帖).

【筆致】ひっち(필치) ①글씨를 쓰는 솜씨. ②문장의 운치(韻致).

【筆筒】ひっとう(필통) ①필기 도구를 넣어 가지고 다니는 갑. ②붓을 꽂아 두는 통. 筆櫝(필독).

【筆翰】ひっかん(필한) ①붓. 또는, 글씨를 쓰는 일. ②서한(書翰). 筆札(필찰).

【筆禍】ひっか(필화) 지은 시문이 말썽이 되어 화를 당하는 일. 文字獄(문자옥). ↔舌禍(설화).

▷加一, 呵一, 擱一, 渴一, 健一, 曲一, 骨一, 落一, 亂一, 能書不擇一, 能一, 短一, 達一, 大手一, 刀一, 韜一, 禿一, 董孤之一, 末一, 名一, 毛一, 妙一, 氷一, 墨一, 文一, 史一, 沙一, 肆一, 石一, 善書不擇紙一, 旋風一, 速一, 宸一, 惡一, 良一, 椽大一, 五色一, 用一, 運一, 雄一, 僞一, 潤一, 一一, 自一, 簪一, 才一, 載一, 切一, 絶一, 停一, 精一, 拙一, 主

一, 朱一, 走一, 直一, 眞一, 執一, 鐵一, 醉一, 親一, 退一, 投一, 特一, 敗一, 鴻一, 畫一, 揮一

7 13 【筥】 ①광주리 거 ②밥통 려 |語ㄐㄩˇ 語(ju)| きょ, りょ

풀이 ① ①광주리. 대오리로 둥글고 깊게 만든 그릇. ¶予以盛之 維筐及一<詩經>/一米. ②볏단. 한 줌의 단을 秉, 4秉을 筥라 함. ②밥통. 같 簇.
▷筐一, 飯一, 箱一

筥① (農政全書)

7 13 【筧】 대 홈통 견 |銑ㄐㄧㄢˇ (jian)| けん(カケヒ)

풀이 ①대 홈통. 대나무 홈. ¶南有一 放水溉田<白居易>/一水. ②대나무 이름.
▷曲一, 山一, 接一, 竹一, 翠一

7 13 【筦】 피리 관 |旱ㄍㄨㄢˇ (guan)| かん(フエ)

풀이 ①피리. 같 管. ¶磬一將將<詩經> ②말아 다스리다. 같 管. ¶周大夫尹氏一朝事<漢書>/一執. ③꾸릿대. 실을 감는 대나무 대롱.

7 13 【筠】 대나무 균 本윤 |眞ㄩㄣˊ 文(yun)| いん, うん bamboo tree

풀이 ①대나무의 한 가지. ¶停車欲去繞叢竹 偏愛新一十數竿<韋應物> ②대의 푸른 껍질. 대의 가장 여문 부분. ¶其在人也 如竹箭之有一<禮記> ③윤택하다. 광택이 나는 모양.
【筠心】균심 대나무처럼 곧은 마음.
【筠筒】균통 ①대로 만든 통. 대통. 竹筒(죽통). ②초(楚)의 사람들이, 멱라수(汨羅水)에 투신 자살한 굴원(屈原)의 넋을 달래는 뜻으로, 쌀을 넣어 물에 던지던 대통.
▷雪一, 疎一, 松一, 新一, 野一, 貞一, 翠一

7 13 【筤】 바구니 랑 |陽ㄌㄤˊ (lang)| ろう(カゴ)

풀이 ①바구니. ②어린 대. 햇대. 창랑(蒼筤). ¶震 爲蒼一竹<易經> ③산 이름. ¶笱一. ④의장(儀仗)의 한 가지. 자루가 굽은 부채의 일종으로 의장(儀仗)의 한 가지. ¶扇一.

7 13 【筣】 대울타리 리 |因ㄌㄧˊ 齊(li)| り

풀이 ①대울타리. ②어량(魚梁). 통발. ¶一篗. ③대 이름.

7 13 【筮】 점대 서 |霽ㄕˋ (shi)| せい(メドギ)

源 會意. 무당[巫]이 쓰는 댓개비[竹]라는 뜻.

풀이 ①점대. 아주 옛날에는 비수리를 썼으나, 뒷날에는 댓개비를 썼음. ¶筴爲一<禮記> ②점을 치다. 점대로 점을 침. ¶一于暦門<儀禮>
▷卦一, 龜一, 枚一, 白雉一, 卜一, 蓍一, 易一, 預一, 占一, 泰一

筮① (三禮圖)

7 13 【筬】 바디 성 |庚| せい(オサ)

풀이 ①바디. 베틀·가마니틀 따위에 딸린 기구. ②대나무 이름.

7 13 【筲】 대그릇 소 삭 |肴ㄕㄠ 覺(shao)| そう, しょう さく

풀이 ①대그릇. 둥구미. ¶苞二一三<儀禮> ②밥통. 닷 되, 한 말 또는 한 말 두 되들이의 적은 분량을 뜻함. 또는, 평범한 사람을 이름. ¶斗一之人<論語> ③수저통. 같 箱. ④부엌솔. 같 箱.

筲① (三禮圖)

【筲斗】소두 적은 분량의 뜻으로, 그릇이 작은 사람의 비유. 보통사람.
▷斗一, 瓶一, 苞一

7 13 【筵】 대자리 연 |先ㄧㄢˊ (yan)| えん(ムシロ)

풀이 ①대자리. ㉮대를 결어 만든 자리. ㉯깔개의 총칭. ¶司几一<周禮> ②좌석. ¶賓之初一<詩經> ③곳. 장소. ¶一 經一 王者講讀之處<正字通>/一說/一奏.
【筵席】연석 ①대자리. ¶鋪陳曰一 藉之曰席<周禮> ②주석(酒席). 연회의 자리.
▷講一, 開一, 經一, 瓊一, 綺一, 談一, 玳一, 綿一, 滿一, 舞一, 密一, 法一, 別一, 賓一, 四一, 詩一, 御一, 宴一, 莞一, 恩一, 長一, 初一, 蒲一

筵① (三禮圖)

7 13 【筽】 韓 버들고리 오

7 13 【筰】 대 밧줄 작 착 |藥ㄗㄨㄛˊ 陌(zuo)| さく

풀이 ①대 밧줄. 대오리로 꼰 동아줄. 배를 끄는 데 씀. ¶桂樹君船 青絲爲君一<漢鼓吹曲> ②촉박하다. 같 笮. ¶侈聲一<周禮> ③한(漢)대 서남 오랑캐의 나라 이름. ¶南距羌一之塞<漢書>

13 【節】 節(p.1137)의 俗字

7 13 【筳】 ①꾸릿대 정 ②들보 정 |青ㄊㄧㄥˊ 迥(ting)| てい

풀이 ① ①꾸릿대. 꾸리를 감는 데 쓰는

대. ②대오리. 점대. ¶索藑茅以—篿兮<楚辭> ③대의 장대. ④바구니. 2들보.

7/13【筴】 1 점대 책 | 陌ㄘㄜˋ(ce) | さく(メドギ)
2 집을 협 | 葉 | きょう
3 젓가락 협 | 洽 | こう

풀이 1 ①점대. ¶龜爲卜 —爲筮<禮記> ②꾀. 계책. (같)策. ¶怨陳王不用其—<史記> 2①집다. ¶掇黃岡 —漢陽<韓愈> ②젓가락. ¶火— 一名筯<茶經> ③작은 키. 곡식을 까부르는 기구. 3①젓가락. ②끼다. 끼움. (通)夾.

7/13【筷】 젓가락 쾌 | ㄎㄨㄞˋ(kuai) | かい(ハシ) *chopstick*

7/13【筩】 1 대통 통 | 東ㄊㄨㄥˊ(tong) | とう
2 전동 용 | 腫 | よう *quiver*

풀이 1 ①대통. ¶越上—而通下管<潘岳> ②작은 아가리가 있는 통. 한 번 넣은 것은 다시 꺼내지 못하도록 만든 통. 벙어리 저금통 따위. ③낚시. ¶—灑連鋒<郭璞> 2전동(箭筒). 화살을 담는 통. ¶氷 箭—蓋 可以取飮<左氏傳·注>

8/14【箇】 낱 개 | 箇ㄍㄜˋ(ge) | こ, か *piece*

풀이 (通)個 介 个. ①낱. 물건을 세는 단위. ¶負矢五十—<荀子> ②대나무를 셀 때 붙이는 말. ③(中) 물건이나 장소를 가리킬 때 붙이는 말. ¶這—/那—. ④어조(語調)를 고르는 말. ¶老翁眞—似童兒<韓愈>

【箇條】かじょう(개조) 하나하나의 조목. 낱낱의 조목.

▷幾—, 那—, 別—, 若—, 一—, 這—, 早—, 眞—, 此—, 好—, 渾—

8/14【箝】 재갈먹일 겸 | 鹽ㄑㄧㄢˊ(qian) | かん *gag*

풀이 ①재갈 먹이다. ¶—語燒書<漢書> ②끼우다. (같)鉗. ¶蚌合而—其啄<戰國策> ③항쇄(項鎖). 칼.

【箝口】かんこう(겸구) ①입을 다물고 말하지 않음. 緘口(함구). 無言(무언). 箝默(겸묵). ¶賢智— 小人鼓舌<逸周書> ②언론의 자유를 빼앗음. 鉗口(겸구). 箝語(겸어).

【箝制】かんせい(겸제) 속박하여 자유롭게 해주지 않음. ¶彼是共相— 而不敢私逃<福惠全書>

▷口—, 塞—, 閉—

14【[illegible]】 箝(p.1133)과 同字

8/14【箍】 테 고 | 虞ㄍㄨ(gu) | こ(タガ) *hoop*

풀이 ①테. 그릇이나 물건 따위의 둘레를 둘러매는 줄. (같)苽. ②테를 메우다. ③둘레. 두름.

8/14【箜】 공후 공 | 東ㄎㄨㄥ(kong) | こう, く

풀이 ①공후(箜篌). 서구(西歐)의 하프(harp)와 비슷한 악기. ②바구니.

【箜篌】くご(공후) 현악기의 하나. 옛날부터 동양 각국에서 썼음. 23줄의 수공후(竪箜篌), 4~6줄의 와공후(臥箜篌), 10여 줄의 봉수공후(鳳首箜篌)가 있음. ¶益召歌兒作二十五弦及— 瑟自此起<史記>

箜篌(三才圖會)

8/14【管】 1 대롱 관 | 旱ㄍㄨㄢˇ(guan) | かん(クダ) *tube*
2 집 관 | 寒

풀이 1 ①피리. ¶—者形長尺圍寸 有孔無底 其器今亡<蔡邕> ②대나무로 만든 악기의 총칭. ¶—籥之音<孟子> ③대롱. ¶用—窺天<莊子> ④붓대. ¶貽我彤—<詩經> ⑤열쇠. ¶掌其北門之—<左氏傳> ⑥불다. 취주(吹奏)함. ¶乃—新宮三終<儀禮> ⑦맡아 다스리다. ¶—在縣官<漢書> ⑧법. ¶以信爲—<呂覽> ⑨고동. 사북. 추요(樞要). ¶聖人也者 道之—也 天下之道—是也<荀子> 2집. 저택. (通)館. ¶—人布幕于寢門外<儀禮>

【管鍵】かんけん(관건) ①열쇠. ②사북.

【管見】かんけん(관견) 대롱 구멍으로 내다봄의 뜻에서, 좁은 견식의 비유. 또는, 자기의 견식을 겸손하게 이르는 말. 管窺(관규). 管蠡(관려).

【管見蠡測】かんけんれいそく(관견여측) 대롱 구멍으로 하늘을 보고 표주박으로 바닷물을 된다는 뜻으로, 소견이 극히 좁음을 이르는 말.

【管庫】かんこ(관고) ①창고를 관리함. 또는, 창고를 관리하는 하급관리. 창고지기. 고지기. ②창고.

【管區】かんく(관구) 관할 구역(管轄區域)의 준말.

【管內】かんない(관내) 맡아 다스리는 구역 안. 管下(관하). ↔管外(관외).

【管理】かんり(관리) ①관할하고 처리함. 단속하는 일. ②재산의 보존, 이용, 개량을 꾀하는 일.

【管狀】かんじょう(관상) 대롱과 같은 모양.

【管城子】かんじょうし(관성자) 붓의 이칭.

【管樂】かんがく(관악) 관악기로 연주하는 음악. ¶—器. ↔絃樂(현악).

【管外】かんがい(관외) 관할하는 지역 밖. ↔管內(관내).

【管夷吾】かんいご(관이오) ☞管仲(관중).

【管掌】かんしょう(관장) 맡아서 주관함.

【管井】かんせい(관정) 둥글게 판 우물.

【管制】かんせい(관제) 관리하고 통제함. ¶燈火—/—塔.

【管仲】かんちゅう(관중) 춘추 시대 제(齊)의 현상(賢相). 이름은 이오(夷吾). 仲은 자(字). 환공(桓公)을 섬겨 부국강병(富國強兵)에

힘쓰고 제후(諸侯)를 규합하여 환공을 오패(五霸)의 으뜸이 되게 함. 시호는 경(敬) 또는 경중(敬仲). ※管鮑之交(관포지 교).

【管中窺天】かんちゅうてんヲウカガウ(관중규천) 대롱 구멍으로 하늘을 본다는 뜻으로, 소견이 아주 좁음을 비유하여 이르는 말. 管蠡(관려). 管見(관견). 管窺(관규). ¶今之學者於道 如一<王學提綱>

【管鮑貧時交】かんぽうひんじノマジワリ(관포 빈시교) 춘추 시대 제(齊)의 관중(管仲)과 포숙아(鮑叔牙)가 가난하던 시절부터 부귀하게 된 후까지, 그들의 우정이 변하지 않았던 일. 친밀한 교제의 비유. ¶君不見一 此道今人棄如土<杜甫>

【管鮑之交】かんぽうノマジワリ(관포지 교) 관중(管仲)과 포숙아(鮑叔牙)의 사귐. 시종 두터운 우정을 나누는 사귐을 이름.

유래 춘추 시대 제(齊)의 포숙아는 관중을 재상으로 추천하고 그 밑에서 일했으며, 젊어서 장사를 같이 했을 때 관중이 이익을 더 많이 가졌으나 숙아는 관중이 자기보다 가난함을 생각하여 탓하지 않았다. 또, 관중이 싸움터에서 도망해 돌아왔을 때 숙아는 관중이 노모(老母)를 모시는 몸임을 들어 부득이한 일이라고 했으며, 관중이 파직당했을 때도 그 불운을 슬퍼할 뿐, 그의 능력을 의심하지는 않았다. 관중은 말했다.「나를 낳아 준 이는 부모이지만, 참으로 나를 알아 준 사람은 숙아다.」<列子>

【管下】かんか(관하) ①아래를 지배함. ②관할하는 구역 안. 管內(관내).

【管翰】かんかん(관한) 붓. 管城子(관성자).

【管轄】かんかつ(관할) ①맡아 관리함. ②가장 중요한 지위의 비유. 管은 열쇠. 轄은 수레 굴대에 끼우는 비녀장. ¶綱紀居一之任<孫綽> ③수레 굴대의 비녀장. ¶車堅一 舟利櫓楫<吳子>

【管絃】かんげん(관현) ①관악기와 현악기. 絲竹(사죽). ¶一樂. ②음악.

▷笳一, 権一, 拘一, 窺一, 急一, 氣一, 機一, 毛一, 彤一, 保一, 司一, 絲一, 笙一, 所一, 素一, 蕭一, 收一, 試驗一, 煙一, 鉛一, 玉一, 鐃一, 移一, 伊一, 詮一, 照一, 綜一, 主一, 只一, 職一, 參一, 擅一, 淸一, 總一, 樞一, 濁一, 下一, 弦一, 血一

8
14〖箘〗 이대 균 | 軫 ㄐㄩㄣˋ 眞 (jun) | きん

㊆簠

풀이 ①이대. 화살 재료로 알맞은 대나무. ②화살. ③대의 순. 죽순(竹筍). ¶和之美者 越駱之一<呂覽> ④쌍륙(雙六)의 주사위.

14〖簠〗 箘(p. 1134)의 古字

8
14〖箕〗 키 기 | 支 ㄐㄧ (ji) | き(ミ) *winnow*

箕(農政全書)

풀이 ①키. 곡식을 까부르는 데에 쓰는 기구. ②28수(宿)의 하나. ¶成是南一<詩經> ③쓰레받기. ¶凡爲長者糞之禮 必加帚於一上<禮記> ④두 다리를 뻗고 앉다. ¶立毋跛 坐毋一<禮記> ⑤만물의 뿌리. ¶一者 言萬物根棋<史記>

【箕斗】きと(기두) ①별 이름. 28(宿)의 하나인 기성(箕星)과 두성(斗星). ②지문(指紋) 이름. 나선형(螺旋形)의 지문을 斗, 그 밖의 것을 箕라 한다.

【箕伯】きはく(기백) ①바람을 맡은 신. 風伯(풍백). 風神(풍신). ②箕子(기자). 伯은 제후(諸侯)·맹주(盟主)의 뜻. ¶朝鮮之地一所保<易林>

【箕山】きざん(기산) 중국의 하남성(河南省) 등봉현(登封縣) 동남쪽에 있는 산 이름. 요(堯)임금 때 고사(高士) 소부(巢父)와 허유(許由)가 은거하였다 함.

【箕山之節】きざんノせつ(기산지 절) 기산에 숨은 소보(巢父)와 허유(許由)의 절조란 뜻으로, 욕심이 없음을 이름. 箕山之操(기산지 조). ¶小臣欲守一也<漢書>

【箕星】きせい(기성) 별 이름. 28수(宿)의 하나. 네 개의 별자리. 箕宿(기수).

【箕宿】きしゅく(기수) ☞箕星(기성).

【箕營】(기영)㊗ 평안감영(平安監營)의 이칭. 浿營(패영).

【箕子】きし(기자) 은(殷) 주왕(紂王)의 숙부. 은이 망한 후 기자 조선을 세웠다는 설(說)이 있음. 평양(平壤)에 기자묘(箕子廟)가 있으나 최근 우리 국사(國史)에서는 인정하지 않음. 미자(微子)·비간(比干)과 더불어 은의 삼인(三仁)이라 함.

【箕帚妾】きそうしょう(기추첩) 쓰레받기와 비를 잡는 계집종이란 뜻으로, 자기 딸이 귀인의 시첩(侍妾)이 되는 것의 겸칭. 箕帚(기추). ¶臣有息女 願爲季一<史記>

【箕風】きふう(기풍) 바람. 기성(箕星)이 바람을 맡았다고 하는 데서 이름. ¶涼沙振野 一動天<鮑照>

▷弓一, 南一, 斗一, 北一, 箵一, 巢一之叟

8
14〖簽〗 뱃줄 념 | 藥 | でん じょう

8
14〖箔〗 발 박 | 藥 ㄅㄛˊ (bo) | はく(スダレ)

풀이 ①발[簾]. ¶門下施一<唐書> ②잠박(蠶箔). ¶春蠶看滿一<韓愈> ③금속의 얇은 조각. ¶禁以金一飾佛像<宋史>

8
14〖箙〗 전동 복 | 屋 ㄈㄨˊ (fu) | ふく(ヤナグイ)

풀이 전동(箭筒). 화살을 넣는 통. ¶中秋獻矢一<周禮>

8 14 〖箄〗 [1]종다래끼 비 [2]떼 패 [3]발 비 [4]쳇불 비 | 齊ㄅㄟ 佳(bei) 寘 紙 | へい (カゴ) はい ひ ひ

풀이[1]①종다래끼. 작은 대바구니. ②물고기를 잡는 대그릇. 통발. [2]떼. 대를 엮어 만든 큰 뗏목. ¶乘枋一下江關<後漢書> [3]발. 대발. [4]쳇불. 체 바닥의 그물.

8 14 〖箅〗 덧바퀴 비·폐 | 紙ㄅㄧˋ 霽(bi) | へい

풀이①덧바퀴. 수레의 덧바퀴. ¶輪一則車行不掉<周禮> ②시루 밑에 까는 발. 시루밑. ¶敝一不能救鹽池之鹹<庾信>

8 14 〖箆〗 [1]대무성할 비 [2]대산자 파 | 支 ひ 麻 は

풀이[1]①대가 무성한 모양. ②대 이름. [2]대로 엮은 산자. 通笆.

8 14 〖算〗 [1]셈할 산 [2]산가지 산 | 旱ㄙㄨㄢˋ 翰(suan) | さん count

同筭

源會意. 대 산가지[竹]로 수를 갖춘다[具]는 뜻.

풀이[1]①셈하다. ¶噫 斗筲之人 何足一也<論語> ②수. 수효. ¶國家居廣漠之地 民畜無一<魏書> ③바구니. 대그릇. ¶其餽遺人 不過一器食<史記> [2]①산가지. ¶一人執一以從之<儀禮> ②세는 법. 산술(算術). ¶所以一數事物<漢書> ③꾀하다. 계략. ¶長一屈於短日<陸機> ④슬기. 지혜. ¶自長非所增 自短非所損 一之所亡若何<列子> ⑤명수(命數). 수명(壽命). ¶齒一延長 聲價隆振<顔延之>

【算無遺策】さんむいさくナシ(산무유책) 계책에 빈 틈이 없다는 뜻으로, 계략이 반드시 적중(的中)함을 이름. ¶經略指授 一<晋書>

【算法】さんぽう(산법) 계산하는 방법.

【算部】さんぶ(산부) 수명(壽命)을 이름. ¶若水風骨秀邁 神仙姿格 朕只疑其一促隘<雲谷雜記>

【算賦】さんぷ(산부) 한(漢)대에 장정(壯丁)에게 과하던 세금. 고조(高祖) 4년에 처음으로 15세 이상 56세까지의 백성에게 부과했음. 壯丁稅(장정세). ¶四年八月 初爲一<漢書>

【算數】さんすう(산수) ①셈함. 또는, 그 방법. 수학. ②☞算術(산술)②.

【算術】さんじゅつ(산술) ①계산의 방법. 算道(산도). 數學(수학). ¶紀於一 協於十 長於百 大於千 衍於萬 其法在一<漢書> ②수학의 한 분과. 算數(산수).

【算入】さんにゅう(산입) 셈에 넣음. 세어 넣음.

【算子】さんし(산자) 산가지. 주판(珠板). 「림.

【算定】さんてい(산정) 셈하여 정함. 어림함. 헤아

【算出】さんしゅつ(산출) 셈하여 냄. 계산하여 답을 냄.

【算筒】(산통)韓 ①산가지를 넣어 두는 통. ②계원들이 일정한 곗돈을 내고, 통 속에 들어 있는 계알을 흔들어 뽑힌 사람에게 일정한 금액을 태워주는 계. 算筒契(산통계).

【算學】さんがく(산학) 셈에 관한 학문. 數學(수학).

▷加一, 假一, 檢一, 決一, 計一, 公一, 口一, 起一, 多一, 目一, 妙一, 廟一, 無一, 寶一, 負一, 成一, 星一, 細一, 勝一, 神一, 心一, 握一, 暗一, 良一, 曆一, 靈一, 英一, 豫一, 運一, 雄一, 遠一, 謬一, 意一, 精一, 珠一, 籌一, 智一, 採一, 淸一, 推一, 打一, 通一, 筆一, 合一, 換一、

8 14 〖箑〗 부채 삽 | 洽ㄕㄚˋ 葉(sha) | しょう(ウチワ) fan

【箑脯】しょうほ(삽포) 요(堯)임금 때 부엌에서 생겨났다고 하는 상서로운 물건. 부채처럼 얇고, 움직이면 바람이 일어 음식물이 쉬지 않게 하였다 함. ¶廚中自生肉 其薄如箑 搖動則風生 食物寒而不臭 名曰一<竹書紀年>

8 14 〖箏〗 쟁 쟁 | 庚ㄓㄥ (zheng) | そう

풀이①쟁. 거문고 비슷한, 13줄의 악기. ¶挾人一而彈緯<楚辭> ②풍경(風磬). ¶風一.

箏(三才圖會)

▷琴一, 哀一, 奏一, 彈一, 風一

8 14 〖箋〗 찌지 전 | 先ㄐㄧㄢ (jian) | せん(ハリフダ) tag

풀이①찌지. 부전(附箋). ②주해(注解). 주석(註釋). ¶鄭玄作毛詩一<後漢書> ③글. 글을 쓴 것. ④편지. 서한(書翰). ¶豈期厚眷 特枉長一<曾鞏> ⑤쪽지. ¶五色華一 河北膠東之紙<徐陵> ⑥명함. ¶姻友投一互拜<熙朝樂事> ⑦문체(文體) 이름. 같牋.

【箋文】せんぶん(전문) 길흉의 일이 있을 때 임금께 아뢰던 사륙체(四六體)의 글.

【箋注】せんちゅう(전주) 본문의 뜻을 풀이함. 또는, 그 글. 箋註(전주). ¶古聖人言 其旨密微 一紛羅 顚倒是非<韓愈>

【箋註】せんちゅう(전주) ☞箋注(전주).

【箋惠】せんけい(전혜) 남이 보낸 편지의 경칭(敬稱). 惠書(혜서).

▷短一, 附一, 御一, 矮一, 用一, 吟一, 紅一, 花一

14 〖箎〗 篪(p.1139)의 俗字

8 14 〖箈〗 죽순 지 대 태 | 支ㄔˊ 灰(chi) 賄 | ち(タケノコ) たい

8 14【箚】 차자 차 | 㘝ㄓㄚˊ | さつ
本잡 | (zha) | *prick*

풀이 ①차자(箚子). 간단한 서식의 상소문. ②찌르다. ¶一 削竹刺入也<六書故> ③위에서 내리는 공문서. ¶降勅一差主首<魏郯錄> ④파호(破戶)하다. 기법(棋法)의 한 가지. ⑤머무르다. 주재(駐在)함.

【箚記】さっき(차기) 독서하여 얻은 바를 수시로 기록하여 놓은 것. 隨錄(수록).

【箚子】さっし(차자) ①간단한 서식으로 하는 상소문(上疏文)의 한 체(體). 표(表)나 장(狀)이 아닌 것. 차(箚). 箚文(차문). 奏箚(주차). ¶箚 牋箚 用以奏事 非表非狀者 謂之一<正字通> ②상관이 하관에게 내려 보내는 공문서(公文書).

▷駐一, 抄一, 勅一

14【箣】 策(p.1130)과 同字

8 14【箠】 1 채찍 추 | 紙ㄔㄨㄟˊ | すい
2 대 이름 수 | 支(chui) | *whip*

풀이 1 ①채찍. 말 채찍. ¶士以馬一擊亭長<漢書> ②채찍질 하다. ¶召宣欲一殺之<後漢書> ③태형(笞刑). ¶景帝中六年 定一令<漢書> 2 ①대 이름. ¶篠簳箛一<張衡> ②대의 마디. ¶一竹節<集韻>

▷馬一, 榜一, 杖一, 鞭一

14【箒】 帚(p.498)의 俗字

9 15【範】 법 범 | 豏ㄈㄢˋ | はん(ノリ)
(fan) | *rule*

풀이 ①법. ②본. 골. 틀. ¶經諸一<揚雄> ③한계. 구획. ¶宇量高雅 器一自然<晉書> ④늘. 항상. ⑤조상신에게 지내는 제사. ⑥만나다. 通逢. ¶一一人之形而猶喜<淮南子>

【範例】はんれい(범례) 본보기.

【範圍】はんい(범위) ①거푸집에 넣어서 둘레를 바로잡는 일. ②일정한 구역의 언저리. 어떤 것이 미치는 한계.

【範疇】はんちゅう(범주) ①같은 성질의 것이 속하여야 할 부류(部類). 부속(部屬). 범위(範圍). 「서경」(書經) 홍범구주(洪範九疇)에서 유래된 말. ¶帝乃震怒 不畀洪範九疇 彝倫攸斁<書經> ②대상을 인식하여 개념으로 삼는 경우, 꼭 의존해야 할 사유(思惟)의 형식. 사고(思考)의 근본 형식.

▷格一, 敎一, 軌一, 規一, 閨一, 模一, 師一, 聖一, 秀一, 垂一, 淑一, 勝一, 示一, 圓一, 遺一, 儀一, 典一, 體一, 憲一, 洪一, 訓一, 休一

9 15【箱】 상자 상 | 陽ㄒㄧㄤ | しょう(ハコ)
(xiang) | *box*

풀이 ①상자. ㉮수레의 짐을 싣거나 사람이 타는 곳. ¶乃求萬斯一<詩經> ㉯물건을 담는 그릇. ¶出一一書付門生<晉書> ②곳집. 쌀을 간수하는 곳간. ③곁방. 通廂. ¶側耳於東一廳<漢書>

【箱子】(상자) 나무·대·종이 따위로 만든, 물건을 넣어 두는 그릇. 箱筥(상거). 箱篋(상협).

▷巾一, 瓊一, 筐一, 方一, 書一, 瑤一, 重一, 風一, 合一, 行一

15【箲】 筅(p.1130)과 同字

15【篑】 簣(p.1142)과 同字

15【箰】 筍(p.1130)과 同字

9 15【箬】 대 껍질 약 | 藥ㄖㄨㄛˋ | じゃく
(ruo)

9 15【箴】 바늘 잠 | 侵ㄓㄣ | しん(ハリ)
本침 | (zhen) | *needle*

풀이 ①바늘. 通鍼. ㉮시침 바늘. 옷을 시칠 때 쓰는 바늘. ¶衣裳綻裂 紉一請補綴<禮記> ㉯침. 병을 고치는 침. ¶一石湯火<漢書> ②경계(警戒). 경계함. ③꽂다. 지름. 찌름. ④문체(文體)의 하나. 경계(警戒)의 글.

【箴戒】しんかい(잠계) 남을 훈계(訓戒)함. 충고(忠告)함. 箴誡(잠계). 箴儆(잠경). ※頂門一鍼(정문일침).

【箴銘】しんめい(잠명) 잠(箴)과 명(銘). 문체(文體)의 이름. ¶詩以言志 賦以敷陳 一誄頌各有倫<謝靈運>

【箴言】しんげん(잠언) ①경계나 교훈이 되는 말. ②「구약성서」의 편(篇) 이름.

【箴砭】しんぺん(잠폄) ①돌침. 箴石(잠석). ②남을 훈계하여 잘못을 바로잡음.

▷官一, 規一, 大寶一, 明一, 文一, 世一, 良一, 酒一, 學一, 皇極一

9 15【箸】 1 젓가락 저 | 御ㄓㄨˋ | ちょ(ハシ)
2 붙을 착 | 藥(zhu) | *chopstick*
ちゃく

풀이 1 ①젓가락. 같筯. ¶紂爲象一 而箕子唏<史記> ②대통[竹筒]. ③통. 크고 깊은 그릇. 2 ①붙다. 같著. ¶兵一晉陽三年矣<戰國策> ②입다. 옷을 입음.

▷匕一, 象一, 匙一, 玉一, 前一, 竹一, 火一

9 15【篆】 전자 전 | 銑ㄓㄨㄢˋ | てん
(zhuan)

풀이 ①전자(篆字). 진(秦)의 이사(李斯)가 만들었다 함. 주문(籀文)을 대전(大篆)이라 함에 대하여, 소전(小篆)이라 함. 예서(隸書)는 전자에서 탈화(脫化)한 것. ②도장. 도장 글자를 전자체로 쓰기 때문임. ③사람의 이름자. 도장에 전자체를 쓰기 때문임.

【篆刻】てんこく(전각) ①전자(篆字)를 새김. ¶文

彭文嘉 竝工—<明史> ②어구(語句)만 다듬어 허식이 많고 실질이 없는 문장을 이름. ¶童子雕蟲— 俄而曰 壯夫不爲也 <法言>

【篆款】てんかん(전관) 전서(篆書)로 음각(陰刻)하여 도장을 새기는 일. ¶獲—鏡 其銘字如菽大 —甚精<仇池筆記>

【篆銘】てんめい(전명) 전자(篆字)로 쓴 명(銘).

【篆文】てんぶん(전문) ☞篆字(전자).

【篆書】てんしょ(전서) ☞篆字(전자).

【篆額】てんがく(전액) 전자(篆字)로 쓴 비문(碑文)의 제자(題字).

【篆字】てんじ(전자) 전서(篆書)의 글자. 篆文(전문). 篆書(전서).

漢西嶽華山碑篆額
(金 石 索)

【篆籒】てんちゅう(전주) 대전(大篆). 주(周) 선(宣)왕의 태사(太史) 사주(史籒)가 만들었음. ¶讐校—篇章畢覿<左思>蠡(관려).

【篆體】てんたい(전체) 전자(篆字)의 서체(書體).

【篆畫】てんかく(전획) 전자(篆字)의 획.

▷大—, 繆—, 小—, 鳥—, 秦—, 草—

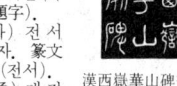

9
15【箭】 화살 전 | 㕍ㄐㄧㄢˋ (jian) | せん(ヤダケ) *arrow*

풀이 ①화살. ②화살대. ③이대. 대나무 이름. ¶其利金錫竹—<周禮> ④쌍륙(雙六)의 주사위. ⑤물시계의 눈금 바늘. ¶寒更傳曉—<王維> ⑥나아가다.

【箭筒】せんとう(전동←전통) 화살을 넣는 통. 箭筩(전용). ¶—自有虞氏始也 周禮有矢箙<事物紀原>

【箭風】せんぷう(전풍) 건강을 해치는 나쁜 바람. ¶以爲人當避暗風 —者 蓋此之謂也<緯略>

▷激—, 更—, 勁—, 弓—, 笴—, 急—, 漏—, 斷—, 帶—, 毒—, 猛—, 鳴—, 木—, 飛—, 如—, 篠—, 緩—, 流—, 竹—, 叢—, 快—, 被—如蝟, 壺—, 火—, 曉—

9
15【節】 마디 절 | 㕍ㄐㄧㄝˊ (jie) | せつ(フシ) *joint*

俗節

풀이 ①마디. ㉮대 또는 초목의 마디. ¶夕則然松—讀書<南史> ㉯지체(肢體)의 마디. ¶客勝則大關—不利<素問> ㉰가락. 음악의 곡조(曲調). ¶音—. ②절개. ¶士大夫莫不敬—死制<荀子> ③규칙. 제도. ¶夫祀國之大—也<國語> ④법. 법도. ¶必有—於今<荀子> ⑤예절. ¶興秋—<禮記> ⑥등급(等級). 등차(等差). ¶大禮與天地同—<史記> ⑦징험(徵驗)하다. ¶無—於內者 觀物弗之察矣<禮記> ⑧맞는 정도. ¶發而皆中— 謂之和<中庸> ⑨단락(段落). 매듭. ⑩관습(慣習). ¶其有不安— 則內豎以告文王<禮記> ⑪행사(行事). ¶臨大—而不可奪<論語> ⑫때. 시기. ¶天—不遠<國語> ⑬시절 구분의 이름. ¶夫陰陽四時八位二十四—<史記> ⑭두공(斗拱). 기둥 위에 댄 방형 또는 구형(矩形)의 나무. ¶山—藻梲<論語> ⑮알맞게 하다. ¶—其帑<周禮> ⑯알맞다. ¶風雨—寒暑時<禮記> ⑰맞다. 들어 맞음. ¶—乎性也<呂覽> ⑱줄이다. ¶—用而愛人<論語> ⑲검소하다. ¶其唯仁且—與<呂覽> ⑳부신(符信). 병부(兵符). ¶若合符—<孟子> ㉑깃발. 기치(旗幟). ¶九—五正<周禮> ㉒경절(慶節). 국경일. ¶仲秋—. ㉓높고 험한 모양. ¶—彼南山<詩經> ㉔절괘(卦). 64괘의 하나. 태하 감상(兌下坎上). ䷻. 일정한 곳에 머무는 상(象). ㉕악기 이름. ㉮박(拍). 박자(拍子). ¶巴姬彈絃 漢女擊—<左思> ㉯박판(拍板)의 한 가지. 대를 걸어 키 모양으로 만들어서, 그것을 문질러 소리를 내는 악기.

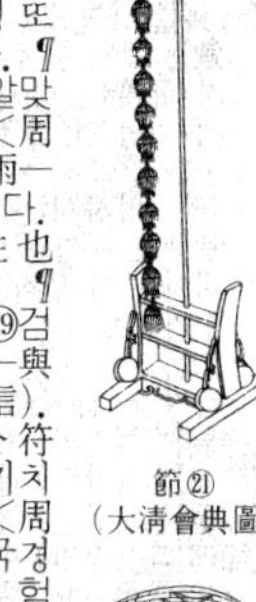
節㉑
(大清會典圖)

節㉕
(大清會典圖)

【節減】せつげん(절감) 절약하여 줄임. 節略(절략). 節省(절성).

【節介】せっかい(절개) 절조를 굳게 지켜 세속에 맞지 않음. ¶家貧而尚—<後漢書>

【節概】(절개) 지조(志操)와 기개(氣概). 기개있는 지조. 氣節(기절). 「(검절).

【節儉】せっけん(절검) 절약하고 검소하게 함. 儉節

【節季】せっき(절계) ①시절(時節). 계절. 또는, 계절의 끝. ②세밑. 歲暮(세모). ③단오절(端午節), 중추절(仲秋節), 세밑.

【節氣】せっき(절기) ①지구가 태양의 둘레를 공전(公轉)하는 궤도(軌道)를 24등분(等分)한, 기후의 표준점. 15~16일 만에 한 번씩 돌아옴. 절후(節候). ¶二十四—. ②철. 사철.

【節度】せつど(절도) ①규칙. 법도(法度). ②정도. 알맞은 도수. ③지시. 指令(지령).

【節旄】せつぼう(절모) 임금이 사자(使者)에게 부신(符信)으로 주는 기. 旄는 깃대 끝에 다는 모우(旄牛)의 꼬리 털. ¶杖漢節牧羊 臥起操持 —盡落<漢書>

【節目】せつもく(절목) ①나무·돌 따위의 결이 배게 된 부분. ¶節 則木理之剛 目 則木理之精<禮記·注> ②규칙의 조목. 細目(세목).

【節文】せつぶん(절문) 사물을 알맞게 꾸밈. 品節文章(품절문장). 文은 문식(文飾). ¶禮之實—斯二者 是也<孟子>

【節物】せつぶつ(절물) 철 따라 나오는 산물(産物).

【節米】せつまい(절미) 쌀을 절약함. 「부).

【節士】せっし(절사) 지조가 굳은 선비. 節夫(절

【節死】(절사) 절개를 지키어 죽음.

【節約】せつやく(절약) ①묶음. 속박함. 節束(절속). ②아끼어 군비용이 나지 않게 함. 아

끼어 씀. 儉約(검약).

【節鉞】せつえつ(절월) ①부절(符節)과 부월(斧鉞). 옛날 중국에서 임금이, 부임하는 절도사(節度使)나 정도(征途)에 오르는 장군에게 주던 것. ¶天子當階南面 授之—<孔叢子> ②조선 때 관찰사(觀察使), 유수(留守), 병사(兵使), 수사(水使), 통제사(統制使), 대장(大將) 등이 부임할 때 임금이 내어 주던 부절(符節)과 부월(斧鉞). 節은 수기(手旗)와 같은 신표(信標)이며, 鉞은 도끼같이 만든 것으로 생살권(生殺權)을 상징함. 節斧鉞(절부월).

【節義】せつぎ(절의) ①절개와 의리. ②굳은 지조.

【節日】せつじつ(절일) ①명절날. ②임금의 생일.

【節電】せつでん(절전) 전기의 사용을 절약함.

【節傳】せつでん(절전) 관문(關門)을 통과할 때 제시(提示)하는 부신(符信).

【節制】せっせい(절제) ①잡도리하여 도를 넘지 않도록 함. 조심스럽게 행하는 일. ②절도와 규범이 있음. 규율이 엄정함. ③지휘 관할함.

【節調】せっちょう(절조) 장단이나 가락을 알맞게 함. ¶十五拍兮—促<蔡琰>

【節操】せっそう(절조) ①절개와 지조. ②음악의 선율. 가락. ¶條暢洞達中—兮 終詩卒曲尚有餘音兮<王褒>

【節酒】せっしゅ(절주) 술을 절제하여 적게 마심. 節飮(절음). ¶始—自厲 甚有能名<晋書>/—杯.

【節鎭】せつちん(절진) ①절도사(節度使)가 있는 관아(官衙). 節度府(절도부). ②절도사를 둔 요충이 되는 큰 고을. ③순무총독(巡撫總督)의 이칭. ④절도사의 번진(藩鎭).

【節次】せつじ(절차) 일의 순서.

【節醜】せつしゅう(절추) 바로잡아 서로 같게 함. ¶—其衣服<禮記>

【節孝祠】せっこうし(절효사) 절효의 여자를 모시는 사당. 공자묘(孔子廟)의 좌우(左右)에 있음. ¶京師以及各省州縣衛 建忠義孝弟祠— — —<清國行政法汎論>

【節候】せっこう(절후) 사철의 절기. 24절기.

▷佳—, 季—, 階—, 孤—, 高—, 曲—, 關—, 奇—, 氣—, 當—, 大—, 萬壽—, 萬愚—, 晩—, 末—, 名—, 邦—, 芳—, 變—, 符—, 不以盛衰改—, 匪躬之—, 死—, 士—, 使—, 徙—, 刪—, 璽—, 瑞—, 盛—, 聖—, 蘇武—, 疏—, 時—, 若合符—, 逆—, 禮—, 玉—, 雄—, 音—, 貞—, 情—, 旌—, 除—, 撙—, 志—, 千秋—, 八—, 品—, 寒—, 抗—, 換—, 環—

15〖築〗 築(p. 1139)의 訛字

9 15〖箯〗 가마 편 | 囲ㄅㄧㄢ (bian) | べん(アンダ)

풀이 가마. 대로 만든 가마.

9 15〖篇〗 책 편 | 囲ㄆㄧㄢ (pian) | へん(フミ) *book*

풀이 ①책. 완결된 책. ¶著之于—<漢書> ②완결된 시문(詩文). 사장(詞章). ¶早能綴文—<韓愈> ③시문을 세는 단위. ¶詩三百—<漢書> ④편액(扁額). 通 扁. ⑤가볍게 날리는 모양. 같 翩.

【篇技】へんぎ(편기) 시문(詩文)을 짓는 재주.

【篇牘】へんとく(편독) 편권(篇卷).

【篇章】へんしょう(편장) ①시문의 편(篇)과 장(章). ②문장 또는 서적.

【篇籍】へんせき(편적) 책. 서적. 篇卷(편권).

【篇帙】へんちつ(편질) 책의 편(篇)과 질(帙).

▷佳—, 歌—, 古—, 群—, 奇—, 內—, 短—, 斷—, 名—, 祕—, 詩—, 連—, 靈—, 外—, 雄—, 遺—, 長—, 掌—, 全—, 前—, 中—, 陳—, 初—, 咳唾成—, 豪—, 華—, 後—

9 15〖篋〗 상자 협 | 圏ㄑㄧㄝˋ (qie) | きょう(ハコ) *box*

풀이 상자. 작고 긴 사각 상자. 같 匧. ¶文侯示之謗書——<戰國策>

▷巾—, 筐—, 囊—, 籠—, 牢—, 倒—, 寶—, 箱—, 書—, 石—, 深—, 竹—, 塵—, 弊—

篋(名物圖)

9 15〖箶〗 전동 호 | 圜ㄏㄨˊ (hu) | こ(ヤナグイ)

풀이 ①전동(箭筒). 화살을 넣는 통. ¶—籠. ②대나무 이름.

9 15〖篊〗 1 홈통 홍 2 통발 홍 | 東ㄏㄨㄥˊ 囫(hong) | こう (トイ)

풀이 1 ①홈통. 물받이. ②다발. 다발로 묶음. 2 ①통발. ¶織作中流萬尺—<陸龜蒙> ②꼬챙이. 산적(散炙) 꼬챙이.

9 15〖篁〗 대숲 황 | 陽ㄏㄨㄤˊ (huang) | こう

풀이 ①대숲. ¶風—成韻<謝莊> ②대의 통칭(通稱). ¶邛州靈境產脩—<齊己> ③피리. ¶志感絲—<文心雕龍> ④대 이름.

▷筠—, 綠—, 碧—, 絲—, 修—, 瘦—, 野—, 幽—, 叢—, 翠—

9 15〖篌〗 공후 후 | 因ㄏㄡˊ (hou) | こう, ご

풀이 공후(箜篌). 서구(西歐)의 하프(harp)와 비슷하게 생긴 악기.

10 16〖篙〗 상앗대 고 | 圏ㄍㄠ (gao) | こう(サオ) *pole*

※蒿(p. 1299)는 딴 자.

【篙工】こうこう(고공) 뱃사공. ¶—船師 可當君之輕足驃騎<越絶書>

【篙師】こうし(고사) 뱃사공. 水夫(수부). 舟子(주자). 篙工(고공). 篙人(고인). 篙手(고수).

【篙手】こうしゅ(고수) 뱃사공.

▷輕—, 老—, 短—, 撐—, 竹—

10 16 【篝】 [1]배롱 구 [尤]ㄍㄡ こう
[2]대그릇 구 [宥](gou) (フセゴ)

[풀이][1] ①배롱(焙籠). 화로에 덮어 씌워 젖은 옷가지를 말리는, 대소쿠리 비슷한 것. ②바구니. 물건을 넣어 지고 다니는 농. ¶甌窶滿一<史記> ③모닥불. ¶一一松火照微茫<柳貫> [2]대그릇.
▷衣一, 寒一, 香一

10 16 【篤】 도타울 독 [沃]ㄉㄨˇ (du) とく(アツイ) *generous*

[풀이]①도탑다. ㉮마음이 굳다. 흔들리지 아니함. ¶信道不一<論語> ㉯인정이 많다. ¶君子一於親<論語> ㉰미쁘다. 신실(信實)함. ¶朋友不一<呂覽> ㉱오로지. ¶一行而不倦<禮記> ②도타이 하다. ¶天之生物 必因其材而一焉<中庸> ③말이 천천히 걷다. ④괴로와하다. 고생함. ¶高年鰥寡孤獨 及一癃無家屬 貧不能自存者<後漢書> ⑤병이 위중(危重)하다. ¶病遂稱一<史記>
【篤降】とくこう(독강) 돈후한 성질을 타고 남. 천성(天性)이 돈독함.
【篤老】とくろう(독로) 매우 늙음. 高年(고년). ¶上疏乞骸骨 上以其一許之<漢書>
【篤老侍下】とくろうじか(독로시하) 70세 이상의 연로한 어버이를 모시는 처지.
【篤信】とくしん(독신) 독실하게 믿음. ¶一好學 守死善道<論語>/一者.
【篤愼】とくしん(독신) 매우 신중함.
【篤實】とくじつ(독실) 인정이 두텁고 일에 충실함. 친절하고 정직함. 誠實(성실).
【篤志】とくし(독지) ①뜻을 오로지 한 곳에만 두어 열심히 함. ②친절한 마음씨. 후한 뜻. ¶一家.
【篤學】とくがく(독학) ①독실하게 학문을 닦음. ¶顏淵雖一 附驥尾 而行益顯<史記> ②학식이 독실한 사람. ¶一者.
【篤行】とくこう(독행) ①돈후(敦厚)한 행위. 인정이 두터운 행실. ②성실히 실행함.
▷懇一, 謹一, 敦一, 病一, 純一, 醇一, 危一, 仁一, 慈一

16 【篭】 籠(p.1145)과 同字

10 16 【篩】 체 사 [支]ㄕㄞ [佳](shai) し(フルイ) *sieve*

[풀이]①체. 치거나 거르는 데에 쓰는 기구. ¶一子. ②치다. 체로 침. ¶一土築阿房之宮<漢書>

16 【簑】 蓑(p.1297)와 同字

10 16 【篠】 조릿대 소 [篠]ㄒㄧㄠˇ (xiao) しょう(シノ)

[풀이]①조릿대. 화살대 재료 따위로 알맞은 가는 대. ¶一屋楓林下<陸游> ②삼태기. ¶遇丈人以杖荷一<論語>

16 【篛】 箬(p.1136)과 同字

10 16 【篔】 왕대 운 [文]ㄩㄣˊ (yun) うん

[풀이]①왕대. ¶一簹. ②계곡 이름.
【篔簹】うんとう(운당) ①왕대. 물가에 나는데, 껍질이 얇고 마디 사이가 길며, 큰 것은 키가 수장(數丈), 둘레가 한 자 남짓함. ¶其竹則一林筡 桂前射筒<左思> ②계곡 이름. 섬서성(陝西省)에 있으며, 대가 많음. ¶一谷在洋州 與可嘗令余作洋州三十詠<蘇軾>

10 16 【篨】 대자리 저 [魚]ㄔㄨˊ (chu) じょ

[풀이]①대자리. 죽석(竹席). ②새가슴. 구흉(鳩胸). 비둘기 가슴처럼 비정상적으로 불룩 나온 가슴. ¶燕婉之求 籧一不鮮<詩經>

10 16 【篪】 저 이름 지 [支]ㄔˊ (chi) ち

[풀이]①저[笛] 이름. 가로 부는 관악기(管樂器)의 한 가지. [같]竾. ¶調竽笙壎一<呂覽> ②대 이름.

10 16 【篡】 빼앗을 찬 [諫]ㄘㄨㄢˋ (cuan) さん(ウバウ) *take*
[俗]簒
※纂(p.1193)은 딴 자.

[풀이]①빼앗다. ¶弑逆一盜者<范甯>/一奪. ②주살로 잡다.
【篡奪】さんだつ(찬탈) 임금의 자리를 빼앗음.

10 16 【篘】 용수 추 [尤]ㄔㄡ (chou) しゅう(サケコシ)
※芻(p.1299)는 딴 자.

[풀이]①용수. 대오리로 결은 둥글고 긴 통. 주로, 맑은 술을 뜨는 데에 씀. ¶新酒竹一一<杜荀鶴>/一子. ②술. ¶兒子欣將宿醞一<沈周>

10 16 【築】 쌓을 축 [屋]ㄓㄨˊ (zhu) ちく(キズク) *plied up*

[풀이]①쌓다. 건축함. ¶政一宮<史記>/建一/一造. ②달구. 건축 기초 공사 때 땅을 다지는 기구. 판축(板築). ¶身負板一<史記> ③다지다. 달구로 땅을 다짐. ¶一之登登 削屢馮馮<詩經> ④날개치다. ¶逗翳翅相一<韓愈> ⑤거실(居室).
【築臺】(축대) ①대(臺)를 쌓음. ②[韓] 쌓아 올린 담벼락.
【築舍】ちくしゃ(축사) 집을 지음. ¶一東皐野之濱「<仇遠>
【築城】ちくじょう(축성) 성을 쌓음.
【築造】ちくぞう(축조) 다지고 쌓아서 만듦. 토목 공사(土木工事)를 함. 築構(축구). 築作(축작). 造築(조축).
【築港】ちっこう(축항) 항구(港口)를 만듦. 항만(港灣)에 배를 댈 수 있도록 방파제(防波堤) 등을 쌓는 일. 또는, 그 방파제.

▷架—, 改—, 建—, 功—, 構—, 畚—, 修—, 新—, 列—, 營—, 傭—, 增—, 創—, 穿—, 推—, 板—, 興—

10 16〖籆〗 자새 확 [藥]ㄩㄝˋ (yue) わく(イトワク) *small reel*
[풀이]자새. 얼레. 연줄, 낚싯줄 등의 실을 감는 기구. [같]篗.

11 17〖簋〗 궤 궤 [紙]ㄍㄨㄟˇ (gui) き
[풀이]궤. 기장, 피를 담는 제기(祭器). 겉은 둥글고 안쪽은 모남.
【簋簠】きほ(궤보) ①옛 중국의 제기(祭器). 궤와 보. 기장, 피를 담음. 簠簋(보궤). ¶進饌者 實諸籩豆—<唐書> ②예의.
▷簠—, 樽—, 土—, 胡—

簋 (禮器圖)

11 17〖簂〗 첩지 궤·괵 [灰]ㄍㄨㄟˋ (gui) かい
[풀이]①첩지. 옛 중국에서, 시집간 여인의 머리 꾸미개의 한 가지. [같]幗. ¶猶中國有—步搖<後漢書> ②개두(蓋頭). 옛날, 상복(喪服)을 입을 때에 쓴 쓰개의 한 가지. 국상(國喪) 때에 왕비 이하 나인(內人)들이 머리에 썼음. ③광주리. 대오리로 결어 만든 광주리. [같]檲.

11 17〖篿〗 [1]둥구미 단 [寒]たん [2]점대 전 [先]せん
※蓴(p.1302)은 딴 자.

11 17〖篼〗 구유 두 [尤]ㄉㄡ (dou) とう *trough*
[풀이]①구유. 말에게 먹이를 주는 그릇. ②통. 말에게 물을 먹이는, 대로 만든 통. ③대로 만든 가마. 죽여(竹輿).

11 17〖簏〗 대상자 록 [屋]ㄌㄨˋ (lu) ろく(ハコ)
▷筐—, 書—, 篋—

11 17〖簍〗 대농 루 [尤][有]ㄌㄡˇ (lou) ろう(タケカゴ)
[풀이]①대농. 대로 만든, 고(高)가 높은 상자. 죽롱(竹籠). ②수레의 덮개. 또는, 그 덮개의 살대. 또는, 수레바퀴의 테.

11 17〖篾〗 대껍질 멸 [屑]ㄇㄧㄝˋ (mie) べつ
[풀이]①대의 껍질. 대나무의 겉껍질을 벗겨 낸 속껍질. ¶敷重—席<書經> ②대 이름. 도죽(桃竹). 도지죽(桃枝竹). 대자리를 겯는 재료로 씀.
▷剖—, 細—, 竹—, 靑—, 翠—

17〖䈼〗 篾(p.1140)과 同字

11 17〖篷〗 뜸 봉 [東]ㄆㄥˊ (peng) ほう(トマ)
[풀이]①뜸. 대·띠·부들 따위를 엮어, 배·수레 등에 차일(遮日)로 쓰는 것. 초둔(草芚). ②거룻배. 마상이.
【篷窓】ほうそう(봉창) 배 안에 설치한 뜸집의 창. 船窓(선창). ¶—高枕雨如繩<蘇軾>/—恰受夕陽明<方岳>
▷孤—, 船—, 細—, 疎—, 雨—, 釣—, 靑—, 風—

11 17〖簁〗 체 사·시 [佳] し(フルイ)

11 17〖簌〗 체 속 [屋]ㄙㄨˋ (su) そく(フルイ)
[풀이]①체. ②무성한 모양. 또는, 소리의 형용. ¶——.

11 17〖篲〗 [1]대비 수 [霽]ㄏㄨㄟˋ (hui) すい(ホウキ) [2]살별 세 [霽] せい
[풀이][1]①대비. 대로 만든 비. [같]彗. ¶操拔— 以侍門庭<莊子> ②이대. 설대. 바구니, 조리 따위를 만듦. [2]살별. 꼬리별. 혜성(彗星).

17〖篽〗 籞(p.1145)와 同字

11 17〖簃〗 누각 곁채 이 [支]ㄧˊ (yi) い(ワキベヤ)
[풀이]누각의 곁채. 누각의 부속 건물로 달아 낸 작은 집.

11 17〖篸〗 [1]비녀 잠 [2]들쭉날쭉할 참 [覃]ㄗㄢ [侵](zhan) さん(カンザシ) しん
[풀이][1]①비녀. [같]簪. ¶山如碧玉—<韓愈> ②바늘. 봉침(縫針). [2]①들쭉날쭉하다. 참치부제(篸差不齊)함. ②대나무가 긴 모양. ③퉁소. [같]參.
▷碧玉—

11 17〖篴〗 피리 적 [錫]ㄉㄧˊ (di) てき(フエ)

11 17〖簇〗 [1]조릿대 족 [屋]ㄘㄨˋ (cu) そく(ササダケ) [2]모일 주 [宥] そう(ムラガル) [3]살촉 족 [本]족 [覺] ぞく
[풀이][1]조릿대. 가는 대. 세죽(細竹). [通]蔟. [2]모이다. 떨기짐. ¶蜂—野花吟細韻<韋莊> [3]살촉. 화살촉.
【簇子】(족자)[韓] ①서화(書畫)를 표구(表具)한 두루마리. ②정재(呈才) 때 쓰는 기구의 한 가지.
【簇生】そうせい(족생) ①초목이 떨기져 더부룩하게 남. 뭉쳐나기. 叢生(총생). ②인물이 한꺼번에 많이 배출됨. 簇出(족출).
▷大—, 秦—

11 17【簎】 작살 착 | 陌ㄘㄜˋ (ce) | さく(ヤス) *fish spear*

풀이 ①작살. 작살로 물고기를 찌름. ¶以時一魚鼈龜蜃凡貍物<周禮> ②우리. 희생을 기르는 우리.

17【簒】 簒(p.1139)의 俗字

11 17【簀】 살평상 책 | 陌ㄗㄜˊ (ze) | さく

풀이 ①살평상. ②대자리. 죽석(竹席). ¶華而睆 大夫之一與<禮記> ③쌓다. 모음. ¶綠竹如一<詩經>
▷家一, 易一, 玉一, 招一

11 17【箾】 1 키 초 2 솥솔 삭 | 肴ㄕㄠ (shao) 覺 | そう(カジ) *rudder* さく(ササラ)

풀이 1 ①키. 배의 방향 조종기. ②움직이다. 通 梢. ¶其應清風也 纖末奮一<馬融> ③나무 이름. 같 梢. 2 솥솔. 밥솥 안을 닦는 솔. 같 筲.

11 17【簉】 버금 추 | 宥ㄗㄠˋ (zao) | しゅう *second*

풀이 ①버금. 둘째. ¶我偶尚書一<馬祖常> ②부거(副車). 임금이 거둥할 때, 여벌로 끌고 가던 수레. ¶屬車之一<張衡> ③가지런히 하다. 정제(整齊)함. ¶一羽鵷鷺<唐書> ④섞이다. 섞음. ¶琳琅簇一<張彧> ⑤차다. 가득 참. ⑥받다. 충돌함.

11 17【篻】 대 이름 표 | 蕭ㄆㄧㄠˇ 篠 (piao) | びょう, ひょう

풀이 ①대 이름. 표죽(篻竹). 속이 꽉 차서 쇠뇌살 재료로 알맞은, 가는 대. ¶一簩. ②대로 만든 문. 죽문.

11 17【篳】 사립문 필 | 質ㄅㄧˋ (bi) | ひつ(イバラ)

풀이 ①사립문. 시문(柴門). ¶一門圭窬<禮記> ②바자. 울타리. ③악기 이름. 필률(篳篥). 通 蓽.

【篳門】ひつもん(필문) 대를 결어 만든 사립문. 뜻이 바뀌어, 가난한 집을 이름. 柴門(시문).

12 18【簡】 대쪽 간 | 潸ㄐㄧㄢˇ (jian) | かん(タケフタ)
本 簡

풀이 ①대쪽. 종이가 없던 옛날, 글을 쓰던 댓조각. ¶竹一/一札/書一. ②글. 문서. 서책(書册). ¶請肄一諒<禮記> ③편지. ¶辱致來一<柳宗元> ④홀(笏). 수판(手板). ⑤줄이다. 간략(簡略)하게 함. ¶一珠玉<張衡> ⑥단출하다. 간단함. ¶謙愿儉一 事多循仍<唐書> ⑦적다. 수량이 적음. ¶一稅防災<後漢書> ⑧생략(省略)하다. ¶信一禮而薄葬<陸機> ⑨소략(疎略)하다. ¶可也 一<論語> ⑩뽐내다. 교만(驕慢)함. ¶自驕則一士<呂覽> ⑪게을리 하다. 태만함. ¶長不一慢矣<呂覽> ⑫업신여기다. 무례함. ¶是一驩也<孟子> ⑬천하다. 천하게 여김. ¶非一之也<淮南子> ⑭견주어 세다. ¶一稽鄉民<周禮> ⑮뽑다. 선발(選拔)함. ¶一兵蒐乘<左氏傳> ⑯검열하다. 조사함. ¶正歲一稼器<周禮> ⑰나누다. 분별함. ¶食於苟一之田<莊子> ⑱일다. 체 따위로 일어서 가려냄. ⑲익히다. 익숙하게 함. 通 摜. ¶一服吳國之士於甲兵<國語> ⑳크다. ¶一兮一兮<詩經> ㉑정성(精誠). ¶有旨無一不聽<禮記> ㉒통(通)하다. ¶智氣一備<大戴禮> ㉓밝다. 간명(簡明)함. ¶宣考績功課 一在兩府<漢書> ㉔간(諫)하다. 通 諫. ¶是用大一<左氏傳>

【簡潔】かんけつ(간결) ①간략하고 요령이 있음. ②검소하고 청결함. ③결백하여 양심에 가책되지 않음. ¶性一 以聲利爲汙 疾邪太甚<唐書>

【簡牘】かんとく(간독) 종이가 없던 옛날, 글을 적던 대쪽과 나무쪽. 뜻이 바뀌어, 책 또는 편지를 이름. 簡札(간찰). ¶一湮散<顏氏家訓> ※竹帛(죽백).

【簡略】かんりゃく(간략) 번거롭지 않음. 생략하여 간단함. 簡省(간생). 簡約(간약).

【簡明】かんめい(간명) 간단하여 알기 쉬움. 簡單明瞭(간단명료).

【簡師】かんし(간사) 정병(精兵)을 뽑아 모음. 또는, 그 군사. ¶一會之<左氏傳>

【簡省】かんせい(간생) ☞簡略(간략).

【簡書】かんしょ(간서) ①대쪽에 적은 글. ②편지. 書簡(서간). ③명령, 계명(戒名) 등을 적은 문서. ¶豈不懷歸 畏此一<詩經>

【簡選】かんせん(간선) ☞簡擇(간택).

【簡素】かんそ(간소) ①간략하고 소박함. 儉素(검소). ②대쪽과 비단. 종이가 없던 옛날에 글을 적던 것.

【簡傲】かんごう(간오) 뜻이 크고 오만함. 또는, 교만을 부림. 簡倨(간거). ¶性一 以才地自矜<北史>

【簡要】かんよう(간요) 간단하고 요령이 있음.

【簡易】かんい(간이) ①간단하고 쉬움. ②예절 따위가 번거롭지 않음.

【簡字】かんじ(간자) 한자의 자체를 간단하게 한 것. 간이 자체(簡易字體). 略字(약자).

【簡定】かんてい(간정) 가려 정함. ¶一律曆<曹植>

【簡紙】かんし(간지) ①죽간(竹簡)과 종이. ②韓 두껍고 품질이 좋은 편지지.

【簡札】かんさつ(간찰) 편지. 簡牘(간독).

【簡策】かんさく(간책) ①대쪽. 竹簡(죽간). ②책. 서적. 簡册(간책).

【簡擇】かんたく(간택) 선택함. 簡選(간선). ¶相賀一 期精專<韓愈>

【簡便】かんべん(간편) 간단하고 편리함.

▷高一, 寬一, 狂一, 苟一, 斷篇殘一, 答一, 騰一, 妙一, 白一, 煩一, 書一, 手一,

恬一, 料一, 夷一, 易一, 仁一, 自繁入一, 殘一, 詮一, 折一, 精一, 竹一, 錯一, 賤一, 淸一, 脫一, 篇一, 平一, 汗一, 虛一, 和一

18〖簡〗 簡(p.1141)의 本字

12 18〖簣〗 삼태기 궤 | 国ㄎㄨㄟˋ (kui) | かい, き (アジカ)

12 18〖簞〗 대광주리 단 | 國ㄉㄢ (dan) | たん (カタミ)
※簞(p.1143)은 딴 자.
풀이 ①대광주리. 대오리로 결어 만든 작은 그릇. ¶與之一一珠<左氏傳> ②대도시락. 대로 만든 작은 고리짝. ¶一食壺漿 以匠王師<孟子> ③호리병박. 호로(葫蘆). ¶甘此瓢一<曹植> ④대 이름. 단죽(簞竹).

簞(名物圖)

【簞食】たんし (단사) ①대도시락에 밥을 담음. ¶爲之一與肉 寘諸槖以與之<左氏傳> ②도시락에 담은 밥. ¶觴酒豆肉一 未嘗不分也<國語>
【簞笥】たんし (단사) 도시락. 대로 만든 밥그릇으로, 둥근 것은 簞, 네모난 것은 笥.
【簞食瓢飮】たんしひょういん (단사표음) 도시락밥과 표주박에 담은 물이란 뜻으로, 곧 청빈(淸貧)한 생활을 이름. 簞瓢(단표)②. ¶子曰 賢哉回也 一簞食一瓢飮 在陋巷 人不堪其憂 回也不改其樂<論語>
【簞食壺漿】たんしこしょう (단사호장) 도시락의 밥과 표주박의 음료(飮料). 음식물을 갖추어 군사를 환영하는 일. ¶一 以迎王師<孟子>
【簞瓢】たんぴょう (단표) ①도시락과 표주박. ②단사표음(簞食瓢飮)의 준말. ¶顔淵 樂於一<班固>/竹杖芒鞋一子.
▷空一, 一一, 瓢一

12 18〖簦〗 우산 등 | 國ㄉㄥ (deng) | とう (サシガサ) *umbrella*
▷擔一, 臺一

12 18〖簝〗 제기 이름 료·로 | 國ㄌㄧㄠˊ 國(liao) | りょう, ろう
풀이 제기(祭器) 이름. 종묘(宗廟) 제사에 고기를 담는 그릇.

12 18〖簙〗 쌍륙 박 | 國ㄅㄛˊ (bo) | はく (スゴロク)
풀이 쌍륙(雙六). 주사위를 던져 승부를 가르는 놀이. 또는, 노름. ⓣ博. ¶菎蔽象棊 有六一些<楚辭>

12 18〖簠〗 보궤 보 | 國ㄈㄨˇ (fu) 國 | ほ
풀이 보궤. 제기(祭器) 이름. 겉은 네모지고 안은 둥근데, 제사 때 기장, 피를 담는 그릇.

【簠簋】ほき (보궤) 옛 중국의 제기(祭器) 이름. 보(簠)와 궤(簋). 기장과 피를 담음. 簋簠(궤보)①. ¶一俎豆 制度文章 禮之器也<禮記>
▷簋一, 竹一

簠(禮器圖)

12 18〖簭〗 점칠 서 | 國ㄕˋ (shi) | ぜい *divine*
풀이 ①점(占)치다. 점. 점대. ⓖ筮. ¶一人掌三易 以辨九一之名<周禮> ②물다. 깨묾. ¶凡攫閷援一之類必深其瓜出其目<周禮>
【簭人】ぜいじん (서인) 주(周)대의 벼슬 이름. 점치는 일을 맡음.

12 18〖簫〗 퉁소 소 | 國ㄒㄧㄠ (xiao) | しょう (フエ) *bamboo flute*
俗 䇾
풀이 ①퉁소. 대로써 만든 피리의 한 가지. ¶一管備擧<詩經> ②순(舜)의 악곡(樂曲) 이름. ¶一勺群慝<漢書> ③조릿대. 대의 한 가지. ⓣ篠. ¶林一蔓荆<馬融> ④활고자. 시위를 매는 활의 두 끝. ¶右手執一<禮記>

簫(三禮圖)

【簫管】しょうかん (소관) ①퉁소. ②옛날 관현악(管絃樂)의 총칭. ¶金石一之音 八佾六代之舞<潘尼>
【簫笛】しょうてき (소적) 퉁소.
▷笳一, 鼓一, 管一, 籟一, 樓一, 文一, 邊一, 鳳一, 頌一, 雅一, 餘一, 玉一, 洞一, 風一, 和一

12 18〖簨〗 1 악기 다는 틀 순 2 대그릇 찬 | 國ㄙㄨㄣˇ (sun) 國 | しゅん (カネカケ) さん

18〖簦〗 簹(p.1139)과 同字

12 18〖簪〗 비녀 잠 | 國ㄗㄢ 國(zan) | しん, さん (カンザシ)
풀이 ①비녀. ㉮관(冠)을 고정하기 위하여 끈을 꿰어 머리에 꽂는 물건. ⓖ旡. ¶聊欲投吾一<左思> ㉯부인의 머리에 꽂는 물건. ¶夫人脫一珥叩頭<史記> ②꽂다. 찌름. ¶一枝臍欲一雙髻<陳思道> ③빠르다. 민속(敏速)함. ¶朋盍一<易經>

簪(三才圖會)

【簪帶】しんたい (잠대) 비녀와 띠. 뜻이 바뀌어, 벼슬아치를 이름. ¶捧白簡 整一<晋書> ※冠帶(관디←관대).
【簪弁】しんべん (잠변) 비녀와 관. 뜻이 바뀌어, 벼슬아치를 이름. ¶五都一 百僚卿士<陳書>

【簪紱】しんふつ(잠불) 비녀와 인끈. 관리의 예복을 이름. ¶一紱縈衮<黃滔>

【簪纓】しんえい(잠영) 비녀와 갓끈. 뜻이 바뀌어, 고관(高官)을 이름. ¶鵠路頹風 想一於幾載<梁昭明太子>

【簪筆】しんぴつ(잠필) ①털로 장식한 비녀. 관(冠)의 앞쪽에 꽂음. ¶西門豹一磬折<史記> ②붓을 귓등 위에 꽂는다는 뜻으로, 구실아치가 됨을 이름. ¶小臣濫一 無以頌唐風<李嶠>

【簪笏】しんこつ(잠홀) ①비녀와 홀. 곧, 예복(禮服). ②예복을 입은 벼슬아치. 또는, 그것이 됨. ¶兄弟俱一<白居易>

【簪花】しんか(잠화) 꽃을 꽂아 머리를 꾸미는 일. 또는, 축하연 때 머리에 쓰는 꽃장식. ¶人老一不自羞<蘇軾>

▷瓊一, 冠一, 金一, 斜一, 玉一, 遺一, 珠一, 投一, 盍一, 花一

18〖篴〗 笛(p. 1128)과 同字

12
18〖簟〗 대자리 점 |國ㄉㄧㄢˋ 圖(dian)| てん(タカムシロ)

※簞(p. 1142)은 딴 자.

풀이①대자리. 삿자리. 대나 갈대를 결어 만든 자리. 점석(簟席). ¶上莞下一<詩經> ②방문석(方文席). 사각형 무늬를 넣어 만든 자리. ¶一笰朱鞹<詩經> ③대 이름. 점죽(簟竹).

▷綠一, 象一, 暑一, 涼一, 莞一, 瑤一, 珍一, 青一, 清一, 秋一, 翠一, 枕一, 夏一, 華一, 滑一

12
18〖簜〗 왕대 탕 |圖ㄉㄤˋ (dang)| とう

풀이①왕대. 마디 사이가 길고 굵은 대. ¶竹節相去一丈曰一<爾雅·注> ②피리. 죽관 악기의 한 가지. ¶篠一旣敷<書經>

12
18〖簧〗 생황 황 |陽ㄏㄨㄤˊ (huang)| こう(フエ)

풀이①생황(笙簧). 관악기의 한 가지. ¶左執一<詩經> ②피리의 혀. 불면 떨어 울리는 엷은 조각. ¶竝坐鼓一<詩經> ③비녀의 장식. 보요(步搖). ④탄력성이 있는, 기계의 부속품. ¶彈一/鎖一.

▷鼓一, 巧言如一, 鳴一, 笙一, 鶯一, 幽一

13
19〖簳〗 조릿대 간 |旱ㄍㄢˇ (gan)| かん(シノダケ)

풀이①조릿대. 화살 만드는 가는 대. ¶其竹則篠一箛箑<張衡> ②화살대. 通笴. ¶名曰風條 可以爲一<山海經>

13
19〖簻〗 1채찍 과 2풀 이름 과 |麻ㄓㄨㄚ (zhua) 歌| か(ムチ) whip か

풀이1①채찍. 채찍질함. 通檛. ¶栽以當一便易持<馬融> ②피리. ¶古人謂樂之管爲一<夢溪筆談> 2①풀 이름. 같 過. ②너그러운 모양. ③주린 모양.

19〖篝〗 篝(p. 1139)와 同字

13
19〖簹〗 1왕대 당 2수레먼지받이 당 |陽ㄉㄤ (dang) 漾| とう

13
19〖簾〗 발 렴 |鹽ㄌㄧㄢˊ (lian)| れん(スダレ) *bamboo blind*

풀이발. 문발. 주렴. ¶下一而授老子<漢書>

【簾幕】れんまく(염막) 주렴과 장막(帳幕). ¶秋深一千家雨<白居易>

【簾外】れんがい(염외) ①발을 친 바깥. ¶一春寒賜錦袍<王昌齡> ②과시(科試)에서, 시험에는 관여 않고 과장(科場)만 감독하는 시험관. 外簾官(외렴관).

▷舊一, 篩一, 撤一, 湘一, 細一, 疎一, 水一, 垂一, 御一, 玉一, 葦一, 帷一, 荻一, 珠一, 竹一, 毳一, 下一

13
19〖簿〗 1장부 부 2발 박 |遇ㄅㄨˋ (bu) 覺| ぼ(チョウメン) *account book* はく

풀이1①장부(帳簿). ②홀(笏). ¶一今手版<周禮> ③맡아 다스리다. 관장함. ¶五官一之而不知<荀子> ④조사하다. ¶命一錄其家<唐書> ⑤벌열(閥閱). 벌족(閥族). 또는, 열력(閱歷). ¶官一皆在方進之右<漢書> ⑥행렬. 임금의 거둥 행렬. 노부(鹵簿). ¶鼓嚴一<漢書> 2발. 문발. 잠박(蠶箔). 잠박은 누에 채반. 通薄.

【簿記】ぼき(부기) ①장부에 적음. ¶教學則一課業<唐書> ②회계 장부를 기록하는 방식. 단식(單式)과 복식(複式)으로 나눔.

【簿書】ぼしょ(부서) ①돈이나 곡식의 출납을 적는 장부. ②보고서나 관청의 문서. ¶公卿但以文案一報答爲事也<漢書>

【簿冊】ぼさつ(부책) 장부(帳簿). 簿牒(부첩).

▷家計一, 計一, 空一, 軍一, 金蘭一, 鹵一, 名一, 文一, 班一, 白一, 手一, 原一, 貲一, 帳一, 長髯主一, 點鬼一, 主一, 會計一

13
19〖簺〗 쌍륙 새 |隊ㄙㄞˋ (sai)| さい

풀이①쌍륙(雙六). 오락물(娛樂物)의 한 가지. 격오(格五). 박새(博簺). 通塞. ¶一有四采 塞 白乘 五是也<後漢書> ②쌍륙 놀이를 하다.

19〖籲〗 ☞竹部 12획(p. 1142)

19〖籀〗 籒(p. 1145)의 俗字

13 19 【簷】 처마 첨 ㊀염 | 圖ㄧㄢˊ (yan) | えん(ノキ) eaves

풀이 ①처마. 또는, 차양(遮陽). ②모첨(帽簷). 덮어서 사방으로 드리워지는 것. ¶帽一曉滴淋蟬露<杜荀鶴>

【簷階】(첨계) 댓돌.
【簷燈】えんとう(첨등) 처마 끝에 다는 등.
【簷馬】えんば(첨마) 풍경(風磬)의 한 가지.
【簷牙】えんが(첨아) 처마. 추녀.
【簷月】えんげつ(첨월) 처마 끝에 걸려 있는 달. ¶一驚殘夢<元稹>
▷帽一, 活一

13 19 【簽】 농 첨 | 圖ㄑㄧㄢ (qian) | せん(カゴ)

풀이 ①농. 죽롱(竹籠). ②찌. 쪽찌. ㉡籤. ③제첨(題簽). 책의 표제(標題). ④수결 두다. 서명함.
【簽記】せんき(첨기) 적음. 기록함.
【簽押】せんおう(첨압) 서명 날인(署名捺印)함.
▷附一, 浮一, 題一, 表一

13 19 【簸】 까부를 파 | 圖ㄅㄛˇ 圖(bo) | は(ヒル) winnow

풀이 ①까부르다. 키질함. ¶或一或蹂<詩經> ②일다. 물로 흔들어 가림. ¶沙灘淨如一<梅堯臣> ③마구 흔들어 대다. ¶蕩川瀆 一林薄<張衡>
【簸弄】はろう(파롱) ①희롱함. ¶一明月珠<韓愈> ②유언 비어를 퍼뜨려 사실을 뒤바꿔게 하는 일. 또는, 선동하여 문제를 일으키게 함. ¶天下不安 皆由京下二人一<宣和遺事>
▷浪一, 翻一, 揚一, 吹一, 飄一

20 【篝】 篝(p.1139)와 同字

14 20 【籉】 삿갓 대 | 因ㄊㄞˊ (tai) | たい(カサ)

풀이 ①삿갓. ②대. ㉢臺.

14 20 【籃】 대바구니 람 | 圍ㄌㄢˊ (lan) | らん(カゴ)

풀이 ①대바구니. 또는, 대광주리. ②배롱(焙籠). ¶烘一.

籃輿(三才圖會)

【籃輿】らんよ(남여) 대를 결어 만든, 뚜껑이 없는 가마. 籃轝(남여). 竹輿(죽여). ¶一一病夫<白居易>
▷傾一, 筐一, 筠一, 蔬一, 藥一, 魚一, 搖一, 竹一, 綵一, 篴一, 花一

14 20 【籋】 쪽집개 섭 ㊀녑 | 圖ㄋㄧㄝˋ (nie) | じょう(ケヌキ)

풀이 ①쪽집개. ㉡鉗 鑷. ②밟다. ㉢躡. ¶一浮雲 晻上馳<漢書> ③작은 상자. ㉡鉗.

14 20 【籍】 ①문서 적 ②온화할 자 | 陌ㄐㄧˊ 禡(ji) | せき(フミ) document しゃ

源會意·形聲. 「耤」이 음을 나타내며, 쓰다의 뜻에서 유래됨. 문자를 쓴 대쪽이란 뜻.

풀이 ① ①문서. 책. 서적(書籍). ¶履天子之一<淮南子> ②장부. ¶明習天下圖書計一<史記> ③명부. 인명부. ¶當高罪死 除其官一<史記> ④호적(戶籍). ¶著一引<史記> ⑤적다. 기록함. ¶非禮也 勿一<左氏傳> ⑥명부에 등록하다. ¶一屬縣富人<後漢書> ⑦빌다. 빌림. ¶空一五歲矣<史記> ⑧깔다. 바닥에 깔고 앉음. ¶枕經一書<班固> ⑨구실. 조세(租稅). ㉢耡. ¶急則不賦一<尙書大傳> ⑩밟다. ¶不修一於千畝<史記> ⑪갈다. 경작함. ⑫사물의 모양. ¶一一. ② 온화하다. 관대함. ㉢藉. ¶治敢往 少溫一<漢書>
【籍沒】せきぼつ(적몰) 중죄인의 재물을 관에서 몰수함. ¶其親屬等 多被一<北史>
【籍田】せきでん(적전) 종묘에 제사할 곡식을 임금이 친경(親耕)하던 전지(田地). 籍은 밟다의 뜻. 藉田(적전). ¶其開一 朕親率耕 以給宗廟粢盛<漢書>
▷經一, 計一, 貫一, 國一, 軍一, 群一, 禁一, 妓一, 記一, 落一, 狼一, 圖一, 名一, 無一, 文一, 門一, 民一, 法一, 兵一, 譜一, 本一, 封一, 附一, 簿一, 墳一, 史一, 書一, 仙一, 船一, 聖一, 屬一, 禮一, 伍一, 原一, 遺一, 六一, 入一, 在一, 載一, 典一, 轉一, 除一, 租一, 地一, 就一, 脫一, 通一, 版一, 篇一, 學一, 戶一, 宦一, 黃一

14 20 【籊】 대 길찬 보양 적 | 錫ㄊㄧˋ (ti) | てき

풀이 대나무가 길차고 끝이 빤 모양. ¶一一竹竿 以釣于淇<詩經>

14 20 【籌】 산대 주 | 尤ㄔㄡˊ (chou) | ちゅう(カズトリ)

源會意·形聲. 壽의 변음이 음을 나타내며, 세다의 어원인 數에서 유래됨. 셈하는 댓가지란 뜻.

풀이 ①산대. 산가지. ¶箭一八十<儀禮> ②꾀. 계책. ¶非經國遠一也<晋書> ③세다. 헤아림. ¶豫一其事<後漢書> ④제비. 심지. ¶州頗有優劣 文令探一取之<北史> ⑤투호(投壺)의 살. ¶一室中五扶<禮記>
【籌略】ちゅうりゃく(주략) ☞籌算(주산)②.
【籌備】ちゅうび(주비) ①조달(調達)하는 일. ②계획하여 준비함. ¶一委員會.
【籌司】(주사) 비변사(備邊司)의 별칭.
【籌算】ちゅうさん(주산) ①산대. 주판. 또는, 그것으로 계산함. ②계책. 계략. 籌策(주책). 籌略(주략).
【籌板】(주판)㊇ 셈하는 데에 쓰는 기구. 珠板(주판). 算盤(산반).

▷更―, 觥―, 軍―, 邊―, 象―, 深―, 牙―, 良―, 運―, 遠―, 箭―, 酒―, 探―

14/20 〖籈〗 1 악기채 진 2 대그릇 견 | 圓ㄓㄣ (zhen) 囲 | しん (ササラ) けん

풀이 1 악기채. 어(敔)를 두드리는 채. 대막대기 끝을 잘게 쪼갠 것. ¶所以鼓敔 謂之―<爾雅> 2 대그릇. 죽기(竹器).

籈(禮器圖)

20〖纂〗 ☞ 糸部 14획(p.1193)

14/20 〖籰〗 얼레 확 | 藥 | わく(イトワク) *reel*

15/21 〖籔〗 1 휘 수 | 麌ㄕㄨˋ(shu) | す, しゅ 2 조리 수 | 有ㄙㄡˇ(sou) | そう

풀이 1 ①휘. 용량(容量)의 단위로 열 엿 말. (같)藪. ¶十六斗曰― 十―曰秉<儀禮> ②대로 만든 또아리. 2 조리. 쌀을 이는 데 쓰는 기구. (같)筊.

15/21 〖籀〗 주문 주 | 宥ㄓㄡˋ (zhou) | ちゅう

풀이 주문. 서체의 한 가지. 주(周)의 태사(太史) 주(籀)가 창작함. 소전(小篆)의 전신(前身)으로 대전(大篆)이라고 함. 주서(籀書). 주전(籀篆).

21〖籑〗 撰(p.664)·饌(p.1643)과 同字

21〖籖〗 籤(p.1146)의 俗字

16/22 〖籙〗 책상자 록 | 沃ㄌㄨˋ (lu) | ろく (フミカゴ)

풀이 ①책 상자. ②장부. 또는, 서책(書冊). ③대쪽. 죽간(竹簡). ④미래기(未來記). 예언서(豫言書). ¶高祖膺―受圖 順天行誅<張衡> ⑤도교(道教)의 비문(祕文). ¶受道之法 初受五千文―<隋書>

▷圖―, 符―, 祕―, 攝―, 帝―

16/22 〖籠〗 1 대그릇 롱 2 대이름 롱 3 젖을 롱 | 東ㄌㄨㄥˊ (long) 冬 董 | ろう (カゴ) りょう ろう

(俗)篭

(源) **會意·形聲.** 龍의 변음이 음을 나타내며, 넣어 두다를 뜻하는 어원인 留에서 유래됨. 속에 넣어 바깥으로 나오지 못하게 하는 대로 만든 기구란 뜻.

풀이 1 ①대그릇. ㉮물건을 넣어 두는 죽기(竹器)의 총칭. ¶匿於茶―中<五代史>/藥―/香―. ㉯흙을 담아 운반하는 기구. ¶荷―負鍤<漢書> ㉰새장. 대로 만든 조롱(鳥籠). ¶閉以雕―<禰衡> ②전동(箭筒). 대로 만든 화살통. ¶充―箙矢<周禮> ③수레의 굴대. ¶令其宗人盡斷其車軸末而傅鐵―<史記> ④들어앉다. 틀어박힘. ¶黃雲―室 紫雲盈庭<列仙傳>/―城. ⑤쌓아 넣다. 쌈. 포괄함. ¶盡―天下之貨物<史記> ⑥대로 만든 가마. ¶―輿. 2 ①대 이름. ¶其竹則鍾―篁篾<張衡> ②풀 이름. ¶有―與斥<管子> 3 ①젖다. 적심. (通)瀧. ¶東―而退耳<荀子> ②대바구니. ¶今人不言篋笥而言箱― 淺者爲箱 深者爲―也<六書故>

【籠禽】ろうきん(농금) 새장의 새. 籠鳥(농조). ¶―羨歸翼<韋應物>

【籠東】ろうとう(농동) 참패(慘敗)하는 모양. 東籠(동롱). 籠陳(농진). ¶―軍士 爾曹主何在 而獨住此<北史>

【籠絡】ろうらく(농락) ①교묘한 수단으로 남을 제 손아귀에 넣어 마음대로 조종함. ¶―當世之務<方孝孺> ②포괄(包括)함. ¶彌綸天下 ―萬品<尹文子>

【籠蒙】(농몽) 눈을 가늘게 하고 보는 모양. ¶―視 冶由笑<淮南子>

【籠城】ろうじょう(농성) ①성문을 굳게 닫고 지킴. ②어떤 목적을 관철하기 위하여 그 자리에 틀어박혀 있음. ③흉노(匈奴)의 지명. ¶單于五月大會― 祭其先人<海錄碎事>

【籠鳥】ろうちょう(농조) ①새장에 갇힌 새. 籠禽(농금). ②자유를 잃은 몸의 비유. 籠中鳥(농중조). ¶斯與―檻獸未有異也<中論>

【籠鳥戀雲】ろうちょう クモヲコウ(농조연운) 새장의 새가 구름을 그리워한다는 뜻으로, 속박된 몸이 자유를 갈망함의 비유.

【籠中鳥】ろうちゅうノトリ(농중조) ☞ 籠鳥(농조).

▷筠―, 牢―, 東―, 兜―, 燈―, 尾―, 樊―, 紗―, 石―, 藥―, 魚―, 旅―, 竽―, 印―, 雕―, 珠―, 竹―, 綵―, 香―, 火―, 熏―

16/22 〖籟〗 퉁소 뢰 | 泰ㄌㄞˋ (lai) | らい(フエ)

풀이 ①퉁소. 세 구멍 퉁소. 또는, 퉁소의 별칭. ¶摐金鼓 吹鳴―<史記> ②소리. 음향(音響). ¶地―則衆竅是已 人―則比竹是已 敢問天―<莊子>

▷澗―, 萬―, 爽―, 簫―, 松―, 竽―, 人―, 竹―, 地―, 天―, 淸―, 風―

16/22 〖籞〗 나라 동산 어 | 語ㄩˋ (yu) | ぎょ (トメバ)

풀이 ①나라의 동산. 금원(禁苑). (같)御. ¶折竹以繩懸連之 使人不得往來 謂之―<後漢書·注> ②양어장. 못 속에 대울타리를 둘러치고 고기를 기르는 곳. ¶池―. ③새우리. 대울타리를 둘러치고 새를 기르는 곳. ¶籠―. ④막다. 또는, 가리다. ¶禁―.

16/22 〖籯〗 광주리 영 | 庚 | えい(カゴ) *round basket*

풀이 ①광주리. ②수저통.

16
22【籛】 언치 전 |㊥ㄐㄧㄢ(jian)| せん

풀이 ①언치. 마소의 안장이나 길마 밑에 까는 것. ②성(姓).

16
22【籜】 대껍질 탁 |㊥ㄊㄨㄛˋ(tuo)| たく

풀이 ①대의 껍질. ¶初篁苞綠—＜謝靈運＞ ②풀 이름.

【籜龍】たくりょう(탁룡) 죽순(竹筍).

▷枯—, �—, 嫩—, 筍—, 荀—, 新—, 餘—, 竹—

17
23【籧】 ① 대자리 거 ② 대광주리 거 |㊥ㄑㄩˊ(qu)| きょ

풀이 ① ①대자리. 올이 굵은 대자리. ②천상바라기. 새가슴. 가슴이 앞으로 튀어나온 사람. ¶燕婉之求 —篨不鮮＜詩經＞ ② 대광주리. 뽕잎을 담아 두는 광주리. ¶—筐.

17
23【籟】 심문할 국 |㊥ㄐㄩˊ(ju)| きく(ナジル) interrogate

풀이 ①심문하다. 국문함. ㉠鞫. ②다하다. 궁극에 이름. ㉠鞠. ¶皆歸射— 而無害厥躬＜楚辭＞

17
23【籣】 동개 란 |㊥ㄌㄢˊ(lan)| らん(エビラ)

풀이 동개. 활과 화살을 넣어 등에 지는 기구. 가죽으로 만듦. ¶抱弩負—＜漢書＞

17
23【籢】 거울집 렴 |㊥ㄌㄧㄢˊ(lian)| れん

풀이 ①거울집. 거울을 넣어 두는 상자. 경갑(鏡匣). ㉠匳 匲. ¶鏡—. ②향 그릇. 향(香)을 담아 두는 작은 상자.

17
23【籥】 피리 약 |㊥ㄩㄝˋ(yue)| やく(フエ)

풀이 ①피리. 구멍이 셋 또는 여섯인 짧은 피리. ¶天地之道 其猶鼓—＜後漢書＞ ②자물쇠. 또는, 열쇠. ㉠鑰. ¶啓—見書＜書經＞ ③쇠를 채우다. 잠금. ¶—口. ④분판(粉板). 글씨 연습용 대쪽[竹簡]. ⑤풀무의 송풍관(送風管). ¶天地之間 其猶橐—乎＜老子＞ ⑥뛰다. ⑦성(姓).

▷管—, 籟—, 舞—, 笙—, 哀—, 竽—, 葦—, 淸—, 橐—

17
23【籑】 조리 양 |㊥陽 養| じょう(ザル)

풀이 ①조리. 쌀을 이는 기구. ②싸다. 또는, 대그릇에 담음.

17
23【籅】 대그릇 여 |㊥魚| よ(カゴ) bamboo ware

풀이 ①대그릇. 대광주리. ②가마. ㉠輿.

17
23【籦】 대이름 종 |㊥冬| しょう

17
23【籤】 제비 첨 |㊥ㄑㄧㄢ(qian)| せん(クジ) lot

㊗籖

풀이 ①제비. 심지. 또는, 점대. ¶當—. ②시험하다. 가부(可否)를 점침. ③미래기(未來記). 예언의 기록. ㊌讖. ④산대. 산가지. ¶乃敕送者 必投—於階石之上 令鎗然有聲＜陳書＞ ⑤대꼬챙이. ¶每盾削竹—十六 穿于革＜宋史＞ ⑥찌. 표지(標識). ⑦날카롭다. ⑧꿰다.

【籤子】(첨자) ①㊥ 점대. 또는, 심지. 제비. ②㊥찌. 표지(標識). ③㊙ 장도가 칼집에서 헐겁게 빠지지 못하게 하는 장식.

▷漏—, 當—, 書—, 牙—, 典—, 抽—

18
24【籩】 제기 이름 변 |㊥ㄅㄧㄢ(bian)| へん(タカツキ)

【籩豆】へんとう(변두) 제기 이름. 변과 두. 변은 과일, 포 등을 담는 대오리를 결어서 만든 굽이 높은 제기. 두는 식혜·김치 등을 담는 나무로 만든 제기.

▷豆—, 百—, 肆—, 羞—, 薦—

籩
(名物圖)

18
24【籮】 돛 쌍 |㊥ㄕㄨㄤ(shuang)| そう sail

풀이 ①돛[帆]. ㉠欆. ②배[船]. ¶細雨滯吳—＜王世貞＞ ③용수. 맑은 술을 뜨기 위하여 술독에 박아 두는 기구.

19
25【籮】 키 라 |㊥ㄌㄨㄛˊ(luo)| ら(ミ) winnow

풀이 ①키[箕]. ②광주리. 밑바닥은 네모지고 위는 둥근 광주리.

19
25【籬】 울타리 리 |㊥ㄌㄧˊ(li)| り(マガキ) fence

【籬落】りらく(이락) 울. 울타리. ¶—栽山果＜戴叔倫＞

【籬垣】りえん(이원) 울타리. 籬落(이락). 「근).

【籬下】りか(이하) 울타리 밑. 울 밑. 籬根(이

▷缺—, 枯—, 棘—, 槿—, 短—, 東—, 藩—, 疎—, 垣—, 肉—, 牆—, �—, 竹—, 笆—, 荒—

20
26【籯】 바구니 영 |㊥ㄧㄥˊ(ying)| えい(カタミ) basket

풀이 ①바구니. ¶遺子黃金滿— 不如一經＜漢書＞ ②수저통. 수저를 꽂는 통. ③주머니. 자루. ¶—金所過＜左思＞

20
26【籰】 얼레 확 |㊥ㄩㄝ(yue)| わく(イトワク) leel

26
32【籲】 부르짖을 유 약 |㊥遇 藥 ㄩˋ(yu)| ゆ(ヨブ) shout

풀이①부르짖다. ¶無辜ー天<書經> ②화(和)하다. ¶率ー衆慼<書經>

——米<쌀 미>部——

米 ③ 籹 粁 ④ 粉 粃 粆 粋 ⑤ 粔 粝 粒
粕 粜 粘 粗 ⑥ 粱 粞 粟 粤 粢 粧 粥 ⑦
粳 粱 粮 粰 粲 ⑧ 粼 粹 粻 精 精 粽 精
粺 ⑨ 糆 糕 糅 糉 糊 糇 ⑩ 糓 糗 糖 糒
糔 ⑪ 糠 糢 糜 糜 糞 糝 糌 糟 糙 ⑫ 糧
糦 ⑭ 糯 糰 ⑮ 糲 ⑯ 糵 糴 ⑰ 糵 ⑲ 糶
㉑ 糷

0 6 〚米〛 쌀 미 | 層ㄇㄧˇ (mi) | べい, まい(コメ) *rice*

源象形. 소전체 米의 네 점은 곡식의 낟알을 본뜸. 十은 낟알이 따로따로임을 나타낸 것.

풀이①쌀. ②쌀 모양을 한 식물의 열매. ¶野客病時分竹ー<皮日休> ③수(繡)의 무늬. 通絥. ¶藻火粉ー<書經> ④길이의 단위. 미터(meter)의 취음.

【米價】べいか(미가) 쌀값. 穀價(곡가).
【米穀】べいこく(미곡) ①쌀. ②곡식.
【米粒】べいりゅう(미립) 쌀의 낟알. 쌀알. 「물).
【米麥】べいばく(미맥) 쌀과 보리. 곡식. 穀物(곡
【米壽】べいじゅ(미수) 여든 여덟 살. 米자를 파자(破字)하면 八十八이 되기 때문에 이름. 米年(미년).
【米鹽】べいえん(미염) ①쌀과 소금. 생활 필수품. ②번거롭고 자질구레함의 비유. ¶ー靡密初若煩碎<漢書>
【米作】べいさく(미작) 벼농사. 稻作(도작).
【米點】べいてん(미점) 화법(畫法)의 이름. 암석(岩石), 봉만(峰巒) 등을 그리는 데 찍는 작은 점. 송(宋)의 미원휘(米元暉) 부자(父子)가 즐겨 썼으므로 이름.

▷古ー, 菰ー, 穀ー, 老ー, 祿ー, 菱ー, 飯ー, 百里負ー, 白ー, 腐ー, 粉ー, 稅ー, 粟ー, 新ー, 粱ー, 糲ー, 五斗ー, 六ー, 義ー, 薏ー, 粒ー, 子路負ー, 貯ー, 赤ー, 節ー, 精ー, 粗ー, 珠ー, 竹ー, 陳ー, 秩ー, 芻ー, 太倉稊ー, 蝦ー, 玄ー, 禾ー, 還ー

8 〚凼〛 齒(p.1701)의 略字

3 9 〚籹〛 중배끼 여 | 語ㄋㄩˇ (nü) | じょ

풀이중배끼. 유밀과(油蜜菓)의 한 가지. ¶粔ー作人情<杜甫>

3 9 〚粁〛 킬로미터. 미터(meter)의 길이를 나타내는 단위. 1000미터를 한 단위로 일컫는 말.

10 〚粇〛 糠(p.1111)과 同字

10 〚氣〛 ☞ 气部 6 획(p.832)

10 〚料〛 ☞ 斗部 6 획(p.694)

10 〚粁〛 料(p.694)와 同字

10 〚敉〛 ☞ 攴部 6 획(p.680)

4 10 〚粉〛 가루 분 | 吻ㄈㄣˇ (fen) | ふん(コナ) *powder*

풀이①가루. ㉮쌀가루. 옛날에는 쌀가루를 안료(顔料)로 사용했다고 함. ㉯고물. 차진 음식에 입혀 서로 붙지 않게 하는 가루. ¶糗餌ー餈<周禮> ㉰분. 백분. 화장품의 한 가지. ¶燒鉛錫成胡ー<博物志> ㉱석회(石灰). ㉲잘게 부순 가루의 통칭. 분말(粉末). ②가루로 빻다. 가루가 됨. ¶應聲ー潰<馬融> ③분바르다. 화장함. ¶ー其題<太玄經> ④색칠하다. 채색함. ⑤희다. ¶藻火ー米<書經>

【粉匣】(분갑) 화장품을 넣는 갑.
【粉骨碎身】ふんこつさいしん(분골쇄신) 뼈를 가루내고 몸을 부순다는 뜻으로, 목숨을 아끼지 아니하고 전력을 다함의 비유. 碎骨粉身(쇄골분신). ¶ー 難報此德<禪林類纂>
【粉團】ふんだん(분단) 떡의 한 가지. 瓊團(경단).
【粉黛】ふんたい(분대) ①분과 눈썹먹. ②화장함. 粉綠(분록). 粉墨(분묵). ③미인(美人)을 비유로 이르는 말. ¶六宮ー無顔色<白居
【粉末】ふんまつ(분말) 가루. 易>
【粉面】ふんめん(분면) 화장한 얼굴.
【粉壁紗窓】ふんぺきさそう(분벽사창) 흰 벽과 깁을 바른 창이란 뜻으로, 미인이 거처하는 곳의 미칭.
【粉本】ふんぽん(분본) ①초벌 그림. 소묘(素描). ②모사(模寫)한 그림.
【粉省】ふんしょう(분성) 상서성(尙書省)의 별칭. 그 벽에 백분으로 옛 현인 열사(賢人列士)를 그린 데서 온 말. 나아가, 출세(出世)함의 비유. 畫省(화성). ¶紫界金牆白ー闈<白居易> 「짐.
【粉碎】ふんさい(분쇄) 잘게 부숨. 또는, 잘게 부서
【粉愁香怨】ふんしゅうこうえん(분수향원) 미인이 한스러이 슬퍼하는 일. ¶ー不勝情<丁鶴年>
【粉食】ふんしょく(분식) 가루 음식. 밀가루, 메밀가루 따위. 또는, 그 제품.
【粉飾】ふんしょく(분식) ①분을 발라 꾸밈. 화장함. ②사람을 칭찬하여 선도함. ¶善ー人者 故人樂之<韓詩外傳> ③겉만 꾸밈. 한갓 외관만을 꾸미는 일. ¶豈有別生義理 曲加ー而能欺天下哉<蘇軾>
【粉劑】ふんざい(분제) 가루로 된 약제(藥劑).
【粉脂】ふんし(분지) 분과 연지(臙脂).
【粉彩】ふんさい(분채) ①채색하여 꾸밈. ②도자기에 그린 연하고 고운 빛깔. 또는, 그 물감. 軟彩(연채). ↔硬彩(경채).
【粉板】ふんばん(분판) ①칠판. 흑판(黑板). ②분을 기름에 개어 발라 결게 한 나무판. 아이들의 습자(習字)에 사용했음. 「筆).
【粉筆】ふんぴつ(분필) ①백묵(白墨). ②화필(畫
【粉紅】ふんこう(분홍) ①분과 연지. ¶ー輕淺靚妝新<吳融> ②분홍빛.

▷穀―, 骨―, 金―, 丹―, 麥―, 白―, 石―, 施―, 鉛―, 艷―, 膩―, 製―, 脂―, 蛤―, 香―, 胡―, 紅―, 花―

4
10【粃】 쭉정이 비 | [紙]ㄅㄧˇ (bi) | ひ(シイナ)

[풀이]①쭉정이. [같]秕. ¶塵垢―糠<莊子> ②모르다. ③아니다.

4
10【粆】 [1]사탕 사 [2]건량자루 초 | [麻]ㄕㄚ (sha) | さ sugar しょう

[풀이][1]사탕[砂糖]. [같]沙. [2]건량(乾糧)을 넣는 자루. ¶―袋.

10【粋】 粹(p.1149)와 同字

5
11【粔】 중배끼 거 | [語]ㄐㄩˋ (ju) | きょ

[풀이]중배끼. 유밀과(油蜜菓)의 한 가지. 거여(粔籹). [같]秬.

11【粝】 糲(p.1153)의 俗字

5
11【粒】 낟알 립 | [緝]ㄌㄧˋ (li) | りゅう(ツブ) grain

[풀이]①낟알. 쌀알. ¶米―. ②낟알. 동글동글한 구슬, 환약(丸藥) 등의 총칭. ¶壺中――長生藥<中山詩話> ③쌀밥을 먹다. ¶蒸民乃―<書經> ④곡물(穀物)의 총칭. ¶穀 謂之―<小爾雅>

【粒子】りゅうし(입자) ①낟알. 알갱이. ②물질을 구성하고 있는 가장 작은 단위.

▷麥―, 米―, 微―, 飯―, 砂―, 細―, 粟―, 遺―, ――萬倍, 絶―, 種―, 慘―

5
11【粕】 지게미 박 | [藥]ㄆㄛˋ (po) | はく(カス) lee

11【粛】 ☞ 聿部 6획(p.1224)

11【粜】 糶(p.1153)과 同字

5
11【粘】 붙을 점 [本]념 | [鹽]ㄓㄢ (zhan) | ねん(ネバル) stick

[풀이]붙다. 끈끈함. [같]黏.

【粘液】ねんえき(점액) ①끈끈한 액체. ②점막(粘膜)에서 분비되는 액체.

【粘土】ねんど(점토) 찰흙. 붉은 빛깔의 차진 흙.

5
11【粗】 거칠 조 | [虞]ㄘㄨ (cu) | そ(アライ) rough

[源]形聲. 거칠다는 뜻의 어원인 疏에서 유래되어 거친 쌀의 뜻이 되고, 나아가 일반적으로 거칠다의 뜻.

[풀이]①거칠다. 정세(精細)하지 않음. 소략함. ¶愚者之言 芴然而―<荀子>/精―. ②크다. ¶其器高而―<禮記> ③대략(大略). ¶故―爲賓言 梗槪如此<張衡> ④쓿지 않은 쌀. ¶―米.

【粗略】そりゃく(조략) 소홀함. 정성이 들어 있지 않음. 거칠고 간략함.

【粗惡】そあく(조악) 물품의 질이 거칠고 나쁨.

【粗野】そや(조야) ①거칠고 촌스러움. ②무례하고 야비함.

【粗雜】そざつ(조잡) 거칠고 난잡함. ↔精密(정밀).

【粗製濫造】そせいらんぞう(조제 남조) 조악(粗惡)한 제품을 함부로 많이 만들어 냄.

【粗暴】そぼう(조포) 행동이 거칠고 포악함.

12【粱】 粱(p.1149)의 略字

6
12【粞】 싸라기 서 | [齊][霽]ㄒㄧ (xi) | さい(コゴメ)

6
12【粟】 조 속 | [沃]ㄙㄨˋ (su) | ぞく(アワ) millet

[古]䅇

[源]會意. 겨를 벗기지 아니한 곡식 낟알, 특히 조를 뜻함.

[풀이]①조. 좁쌀. 오곡(五穀)의 하나. ¶穗小而毛短 粒細者爲―<本草綱目> ②오곡(五穀)의 총칭. ¶古者以―爲黍稷粱秫之總稱<本草綱目> ③벼. 겨를 벗기지 아니한 쌀. ¶古以米之有孚殼者 皆稱―<爾雅·注> ④낟알. 알. 조알같이 생긴 것. ¶英水多丹―<山海經> ⑤녹(祿). 봉록(俸祿). ¶義不食周―<史記> ⑥군량(軍糧). ¶―米之征<孟子> ⑦몸을 삼가고 경계함. [通]悚. ¶米敢自恃 自命曰―<管子> ⑧소름. ¶凍合玉樓寒起―<蘇軾>

【粟帛】ぞくはく(속백) 곡식과 비단. ¶致―多者 復其身<史記>

【粟紅貫朽】ぞっこうかんきゅう(속홍관후) 곡식과 돈이 썩는다는 뜻으로, 태평한 세상에 전곡(錢穀)이 남아 돈다는 비유. ¶太倉之粟 紅腐而不可食 都內之錢 貫朽而不可校<漢書>

▷嘉―, 間―, 管―, 給―, 廩―, 丹―, 稻―, 秣―, 米―, 腐―, 耡―, 稅―, 輸―, 菽―, 罌―, 餘―, 屋―, 黏―, 陳―, 倉―, 滄海一―, 脫―

12【粊】 粃(p.1147)와 同字

6
12【粤】 어조사 월 | [月]ㄩㄝˋ (yue) | えつ

[풀이]①어조사. ㉮이에. 발어사(發語辭). ¶―其聞曰<漢書> ㉯이에. 이에 있어서. 위를 이어 아래를 일으키는 말. 於是와 같음. [같]越. ㉰아! 탄식하는 말. 烏呼와 같음. ㉱에. 을. 를. [같]于 於. ¶尙―其幾<漢書> ②두텁다. 후함. ¶天爲―宛<管子> ③종족 이름. 옛날, 강(江), 절(浙), 민(閩), 월(粤) 지방에 살던 민족. [같]越. ④주(周)대의 나라 이름. 남월(南粤). [같]越. ⑤땅 이름. 지금의 광동(廣東), 광서(廣西) 등지를 이름.

【粤犬吠雪】えっけんユキニホユ(월견폐설) 월(粤) 지방에

는 눈 오는 일이 드물므로, 눈이 오면 개가 이상히 여겨 짖는다는 뜻으로, 낯선 것은 의심하기 쉬움. 또는, 좁은 식견으로 탁월한 언행을 비난함의 비유로 이르는 말. 蜀犬吠日(촉견폐일). ¶一非差事 粵人語氷夏蟲似<楊萬里>
▷南一, 百一, 兩一

6 12 【粢】 1 기장 자 2 술 제 | ㊤ㄗ (zi) | し(キビ) せい(サケ)

풀이 1 ①기장. ¶以供一盛<孟子> ②육곡(六穀)의 총칭. ¶黍稷稻粱麥苽 是諸穀皆名一也<左氏傳·注> ③제수(祭需)로 바치는 곡물(穀物). ㉿ 齍. ¶上帝之一盛<國語> ④떡. 쌀떡. ㉿ 餈. ¶食則一糲<列子> ⑤술. 2 술. 通 齊. ¶一醍在堂<禮記>
【粢盛】しせい(자성) 제물로 그릇에 담은 곡식. ¶犧牲一 旣于凶盜<書經>
【粢醍】せいてい(제제) 술. 기장으로 빚은 술. ¶一在堂 澄酒在下<禮記>
▷潔一, 稻一, 明一, 糲一, 六一, 祭一

6 12 【粧】 단장할 장 | 陽ㄓㄨㄤ (zhuang) | しょう (ヨソオウ) *adorn*

本 妝

풀이 ①단장하다. 또는, 단장. ¶一鏡/一具. ②中 …체하다. ¶一不知道.
【粧刀】(장도) 韓 차례로 옷고름에 차는 작은 칼. 장도칼. ¶銀一.
【粧聾】しょうろう(장롱) 귀머거리인 체함.
【粧睡】しょうすい(장수) 자는 체함.
【粧飾】しょうしょく(장식) 화장하여 꾸밈. 妝飾(장식).
▷假一, 濃一, 美一, 淡一, 盛一, 新一, 姸一, 啼一, 紅一, 化一, 華一

6 12 【粥】 1 죽 죽 2 팔 육 | 屋ㄓㄡ (zhou) | しゅく(カユ) *rice-gruel* | 屋ㄩˋ (yu) | いく(ウル) *sell*

同 鬻

풀이 1 ①죽. ¶祟爲客作豆一 咄嗟便辨<晋書> ②사물의 모양. ¶一一. 2 ①팔다. ¶魯之一牛馬者 不豫賈<荀子> ②기르다. ¶與其國一<周禮> ③시집보내다. ¶請一庶弟之母<禮記> ④나다. 내다. ¶好婬惡一<太玄經>
【粥飯僧】しゅくはんそう(죽반승) 먹기만 하는 쓸모없는 중이란 뜻으로, 무능한 사람을 욕하는 말. ¶不數平生一<陳與義>
【粥米】いくべい(육미) 쌀을 냄. 값을 받고 쌀을 남에게 넘겨 줌. ¶工賈競臻 一商鹽<徐陵>
▷麴一, 臘一, 茶一, 淡一, 豆一, 茗一, 糜一, 薄一, 沸一, 芋一, 煮一, 饘一, 寒一, 香一, 葷一

13 【粳】 杭(p.1103)과 同字

7 13 【粱】 기장 량 | 陽ㄌㄧㄤˊ (liang) | りょう (オオアワ) *millet*

略 梁 同 粮

풀이 ①기장. ¶重車餘棄一肉<漢書> ②쓿은 곡식. 정제(精製)한 곡물. ¶米可食曰一<說文·注> ③기장밥. ¶大夫不食一<禮記>
【粱飯】りょうはん(양반) 쌀밥. ¶願賜美酒一<史記>
▷高一, 膏一, 稻一, 童一, 白一, 黃一

13 【粮】 糧(p.1153)과 同字

7 13 【粰】 1 산자 부 2 겨 부 | 尤ㄈㄨ 虞 (fu) | ふ(オコシ) ふ(モミガラ)

풀이 1 ①산자(馓子). 밥풀과자. ¶士卒唯給一椽<晋書> ②죽(粥). 2 ①겨. 왕겨. ②찌꺼기. 빈 껍데기. ¶時俸盡食醬一<北堂書鈔>

7 13 【粲】 정미 찬 | 翰ㄘㄢˋ (can) | さん(シラゲヨネ) *polished rice*

풀이 ①정미(精米). 현미(玄米)를 찧어 희게 만든 입쌀. 백미. ②밝다. 선명함. ¶於一洒埽<詩經> ③맑다. 청결한 모양. ¶俄而一然有秉芻豢稻粱而至者<荀子> ④문채. 장식. ⑤웃는 모양. ¶軍人一然皆笑<穀梁傳> ⑥용모가 아름답다. ¶灼灼懷春一<陸雲> ⑦우아(優雅)하다. ⑧많다. 중다(衆多). ¶三英一兮<詩經> ⑨세 미녀(美女). 1처(妻)와 2첩(妾). ¶女三爲一<國語> ⑩음식. 通 餐. ¶還 予授子之一兮<詩經>
▷白一, 星一, 笑一, 薪一, 一一, 灼一, 華一

8 14 【粼】 물 맑을 린 | 眞ㄌㄧㄣˊ (lin) | りん

풀이 ①물이 맑다. 청철(淸澈)한 모양. ¶揚之水 白石一一<詩經> ②대의 한 가지. 속이 찬 대.

14 【粦】 構(p.1152)와 同字

8 14 【粹】 1 순수할 수 2 부서질 쇄 | 寘ㄘㄨㄟˋ (cui) 隊 | すい *pure* さい (クダケル)

同 粋

풀이 1 ①순수하다. 전일(專一)함. ¶一而能容雜<荀子> ②쓿은 쌀. 정미(精米). ③아름답다. ¶朋精一而爲徒<後漢書> ④같다. 동등함. ¶昔三后之純一兮<楚辭> ⑤온전하다. 이지러진 데가 없음. ¶一而王<荀子> ⑥상세하다. 정밀(精密)함. ¶析速一孰而不急<荀子> ⑦변하지 아니하다. 불변함. ¶文言曰 純一精也<易經> 2 ①부서지

다. ⓣ碎. ¶舍一折無適也<荀子> ② 싸라기. 부서진 쌀.

【粹白】すいはく(수백) ①순수한 흰빛. 純白(순백). ②순수함. 잡된 것이 섞이지 않음. ¶道非一<資治通鑑>

▷寬一, 端一, 明一, 拔一, 秀一, 純一, 淳一, 醇一, 神一, 雅一, 温一, 夷一, 貞一, 精一, 眞一, 天一, 淸一, 沈一, 平一, 和一

8/14 〖粻〗 양식 장 | 陽ㄓㄤ (zhang) | ちょう(カテ) *food*

풀이 ①양식(糧食). 먹을 거리. ¶五十異一<禮記> ②엿.

8/14 〖精〗 정미할 정 | 庚ㄐㄧㄥ (jing) | せい, しょう (クワシイ) *minute*

同精 粇

풀이 ①정미(精微)하다. 자세함. 면밀(綿密)함. ¶用志如此其一也<呂覽> ② 찧다. 쓿음. ¶一瓊靡以爲粻<楚辭> ③쓿은 쌀. 정미(精米). ¶鼓筴播一<莊子> ④그윽하다. 깊숙함. ¶其知彌一<呂覽> ⑤전일(專一)하다. ¶惟一惟一<書經> ⑥교묘하다. ⑦날카롭다. 정예(精銳)함. ¶抗士卒之一<司馬相如> ⑧맑다. ¶祓除其心一也<國語> ⑨아름답다. ¶朋一粹而爲徒<後漢書> ⑩좋다. ⑪바르다. ⑫개다. 하늘이 맑음. ¶天一而見景星<史記> ⑬밝다. 명료(明瞭)함. ⑭밝히다. 의혹을 없앰. ¶子貢辭而一之<法言> ⑮빛. 일월(日月)의 빛. ⓣ晶. ¶一行四時<呂覽> ⑯해·달·별. ¶三一霧塞<後漢書> ⑰근본. ㉮생명의 근원. 남자의 정액(精液). ¶男女構一 萬物化生<易經> ㉯만물을 생성하는 음양(陰陽)의 기운. ¶天地之襲一 爲陰陽<淮南子> ⑱영혼. 혼백. 정령(精靈). ¶一交接以來往<宋玉> ⑲마음. 진심. 정성(精誠). ¶各厲志竭一<漢書> ⑳진실. 참됨. ¶中不一者 必不治<管子> ㉑신령. 요괴(妖怪). ¶雲霧晦冥方降一<杜甫>/妖一. ㉒옥(玉). 구슬. ㉓몹시 호되다. 심함. ¶乃自伐之一者也<呂覽> ㉔눈동자. ㉠睛. ¶用一惑也<荀子> ㉕꽃. ⓣ菁. ¶將擊芙蓉之一<宋玉>

【精簡】せいかん(정간) ☞精選(정선).

【精巧】せいこう(정교) 정밀, 자세하고 교묘함.

【精勤】せいきん(정근) 부지런히 힘씀. 또는, 자세하게 마음을 씀. ¶一手當.

【精金】せいきん(정금) 우수한 금속. 주로 구리를 이름. ¶一百練 在割能斷<世說新語>

【精氣】せいき(정기) ①천지 만물의 근원이 되는 기운. 원기(元氣). ¶一爲物 遊魂爲變<易經> ②인체(人體)의 원기(元氣). 體氣(체기). ¶一內傷 不見於外<漢書> ③우수한 기운. ¶煩氣爲蟲 一爲人<淮南子> ④성심. 성의. ¶一動城<論衡>

【精讀】せいどく(정독) 글을 자세히 읽음.

【精慮】せいりょ(정려) ①자세한 생각. 熟慮(숙려). ②정신(精神). 사려(思慮) ¶病由飢飽色欲一煩散<列子>

【精勵】せいれい(정려) 힘을 다하여 애씀. ¶學者一遠近同慕<後漢書>

【精廬】せいろ(정려) ①서재(書齋). 정사(精舍) ②절[寺]. ¶一向此分<賈島>

【精力】せいりょく(정력) ①신체의 활동력. 끈기. 元氣(원기). 精分(정분). 精氣(정기). ②부지런히 애씀. ¶常客傭以自給 一不倦<後漢書>

【精練】せいれん(정련) ①잘 훈련함. 또는, 훈련됨. ②실이나 옷감을 공 들여 씻음.

【精靈】せいれい①②·しょうりょう③(정령) ①귀신. 또는, 신선. ¶豈非一之感哉<荀悅> ②매우 영묘한 기운. 우주 만물의 본체. ¶陰陽一之氣 氤氳積聚而爲萬物也<易經·注> ③《佛》 죽은이의 영혼. ¶上品一 中品妖魅 下品邪人<大佛頂首楞嚴經>

【精靈會】しょうりょうえ(정령회)《佛》 음력 7월 보름에, 죽은이의 명복을 비는 불사(佛事). 盂蘭盆會(우란분회).

【精米】せいまい(정미) 쓿은 쌀. 또는, 쌀을 쓿음. ¶一所.

【精密】せいみつ(정밀) 자세하고 치밀함. 精細(정세). 精緻(정치). ¶一機械.

【精兵】せいへい(정병) 정예(精銳)한 군사. 精卒(정졸). 精手(정수). 精銳(정예)②.

【精舍】せいしゃ·しょうじゃ④(정사) ①학사(學舍). 또는, 서재(書齋). ②정신이 깃들어 있는 곳. 곧, 마음. ¶定心在中 耳目聰明 四肢堅固 可以爲一<管子> ③도사(道士)가 사는 곳. ¶立一 燒香讀道書<吳志> ④《佛》 절. 사원(寺院). ¶王舍城有五一<大智度論>

【精算】せいさん(정산) 정밀하게 계산함. 또는, 그렇게 한 계산. ¶年末一. ↔概算(개산).

【精選】せいせん(정선) 정밀하게 고름. 精簡(정간).

【精誠】せいせい(정성) 순수한 참된 마음. 精心誠意(정심성의).

【精手】せいしゅ(정수) ☞精兵(정병).

【精粹】せいすい(정수) ①세밀하고 순수함. ②맑은 공기. ¶吸一而吐氣濁兮<楚辭>

【精髓】せいずい(정수) 사물의 참된 속 뜻. 사물의 가장 정요(精要)한 곳. 眞髓(진수). 心髓(심수).

【精神】せいしん(정신) ①마음. 얼. 영혼. 정기(精氣). ↔肉體(육체). ②생기가 넘쳐 아름다움. ¶有梅無雪不一 有雪無詩俗了人<方岳> ③기력(氣力). 根氣(근기). ④의의(意義). 이념(理念).

【精神一到何事不成】せいしんいっとうナニゴトカナラザラン(정신일도하사불성) 정신을 집중하여 행하면 무슨 일이든 아니 되는 일이 없음. ¶陽氣發處 金石亦透 一<朱子語類>

【精液】せいえき(정액) ①순수한 진액. ②수컷의 생식기에서 쏘아 내는 정수(精水). 무수한 정충(精蟲)이 들어 있음. 또는, 암컷의 생식기에서 분비하는 액. ¶飮女一<本草綱目>

【精陽】せいよう(정양) 음력 6월의 별칭.

【精銳】せいえい(정예) ①매우 날래고 용감함. ¶擁一之衆<後漢書> ②☞精兵(정병).

【精要】せいよう(정요) 정밀하고 긴요함. ¶少而機察一 纖奇之 故名之曰理＜魏志＞

【精耀】せいよう(정요) 선명하게 빛남. 또는, 그 빛. ¶一相炤 曠然相信＜論衡＞

【精油】せいゆ(정유) ①원유(原油)를 정제(精製)함. ②정제한 식물유. 芳香油(방향유).

【精肉】せいにく(정육) 뼈와 지방을 발라낸 살코기. ¶一店.

【精一】せいいつ(정일) 마음이 세밀하고 전일(專一)함. ¶惟精惟一 允執厥中＜書經＞

【精子】せいし(정자) 정충(精蟲)의 별칭.

【精製】せいせい(정제) ①정밀하게 제작함. ②불순물을 제거하여 순수하게 만듦. 「麤(정추).

【精粗】せいそ(정조) 정밀함과 조잡(粗雜)함. 精

【精進】せいしん①・しょうじん②(정진) ①정력을 다하여 열심히 노력함. ②《佛》㉮일심으로 불도를 닦음. ¶有二一 一心一爲小 二心一爲大＜大智度論＞ ㉯육식(肉食)을 피하고 채식(菜食)하는 일.

【精彩】せいさい(정채) 윤기 있는 광채. 발랄한 기상. ¶瑤姬天帝女 一化朝雲＜李白＞

【精蟲】せいちゅう(정충) 정액(精液) 속에 들어 있는 웅성 세포(雄性細胞). 精子(정자). ↔卵子(난자).

【精緻】せいち(정치) 정세(精細)하고 치밀(緻密)함. 詳密(상밀).

【精通】せいつう(정통) ①자세하게 통함. 깊이 앎. 精密通達(정밀통달). 精曉(정효). 通曉(통효). ②정신이 다른 것에 감통하는 일. 感應(감응). ¶一于天＜淮南子＞

【精悍】せいかん(정한) 성질이 날래고 굳셈. 또는, 그런 사람. 精銳強悍(정예강한). ¶其人一處事分明＜漢書＞

【精解】せいかい(정해) 세밀하게 이해함. 또는, 상세한 해석.

【精華】せいか(정화) 우수하고 아름다움. 또는, 순수하고 아름다움. 또는, 그러한 것. 菁華(정화).

【精確】せいかく(정확) 자세하고 확실함. 또는, 몹시 굳셈. ¶志業該練 心力一＜江總＞

【精曉】せいぎょう(정효) 깊이 깨달아 앎. 精通(정통).

▷竭一, 交一, 金一, 木一, 山一, 三一, 水一, 受一, 養一, 勵一, 研一, 悅一, 妖一, 雲一, 元一, 日一, 專一, 酒一, 至一, 地一, 黃一

14【精】精(p.1150)과 同字

14【𥻆】精(p.1150)과 同字

8/14【粽】주악 종 | 送ㄗㄨㄥˋ (zong) | そう (チマキ)

풀이 주악. 웃기떡의 한 가지. 각서(角黍). 조각(糙角).

14【粥】粥(p.1149)과 同字

8/14【粺】정미 패 | 卦ㄅㄞˋ 隊(bai) | はい (ミラゲヨネ)

풀이 ①정미(精米). 정백미(精白米). ¶彼疏斯一＜詩經＞ ②피. 돌피. 通稗. ¶是用粃一＜孔子家語＞

14【粡】餉(p.1639)과 同字

15【糆】麪(p.1688)과 同字

9/15【糂】나물죽 삼 | 感ㄙㄢˇ (san) | さん (コナガキ)
同糝 餕 糣

풀이 ①나물죽. 나물국에 쌀을 넣어 끓인 죽. ②국에 싸라기를 풀다. ¶藜羹不一＜荀子＞ ③섞이다. 또는, 섞음. ④낟알. 쌀알.

9/15【糅】섞을 유 | 宥ㄖㄡˇ 宥(rou) | じゅう (マジル) *mix*

풀이 ①섞다. 섞임. ¶邪正雜一＜漢書＞ ②여러 가지 섞어 장만한 안주. ③잡곡밥. 또는, 비빔밥.

▷駮一, 紛一, 雜一, 叢一, 混一

15【糉】粽(p.1151)과 同字

9/15【糊】풀 호 | 虞ㄏㄨˊ (hu) | こ (ノリ) *paste*

풀이 ①풀. 또는, 죽. ㉠黏. ¶一附裝. ②끈끈하다. ③호구(糊口)하다. 입에 풀칠함. 겨우 살아감. ¶饘于是 粥于是 以一余口＜宋正考父＞ ④모호(模糊)하다. 멍함. 흐릿함. ⑤이기다. 이겨서 차지게 함. ¶製礎石以禦衝 一楨壤以飛文＜鮑照＞

【糊口】ここう(호구) 입에 풀칠을 함. 겨우 생활하여 감. ¶百姓嗷然 無一之寄＜晋書＞/一之策.

【糊塗】こと(호도) 얼버무림. 일을 애매(曖昧)하게 함. 분명하지 않음.

【糊丸】こがん(호환) 약가루를 풀로 반죽하여 지은 환약. ※蜜丸(밀환).

▷漫一, 模一, 饘一, 含一

9/15【糇】말린 밥 후 | 尤ㄏㄡˊ (hou) | こう (ホシイイ)

풀이 ①말린 밥. 건량(乾糧). ㉠餱. ②양식(糧食). ¶屑瑤蕊以爲一兮＜後漢書＞

16【糓】穀(p.1110)의 俗字

10/16【糗】볶은 쌀 구 | 有ㄑㄧㄡˇ (qiu) | きゅう (イリゴメ)

풀이 ①볶은 쌀. 볶은 곡식. ¶一餌粉餈＜周禮＞ ②미싯가루로 빚은 떡. ¶入于房 取一與腶脩＜儀禮＞ ③볶은 쌀로 쑨 죽. ¶今寒粥 若一飯雜水也＜周禮·注＞ ④씹다. ⑤말린 밥. 건량(乾糧). ㉠餱. 通糒. ¶舜之飯一茹草也＜孟子＞ ⑥부

수다. 깨물어 부숨.
▷羹藜含一, 粱一

10
16【糖】사탕 당 |陽ㄊㄤˊ (tang)|とう(サトウ) *sugar*

풀이 ①사탕. 설탕. ¶南箕無舌 飯多沙一<易林> ②엿. ㉠飴.
【糖尿病】(당뇨병) 오줌에 많은 당분(糖分)이 섞여 나오는 병.
【糖類】(당류) 단맛이 나는, 물에 녹는 탄수화물(炭水化物)의 총칭.
【糖分】(당분) 어떤 물건에 포함되어 있는 당류(糖類)의 성분(成分).
▷乾一, 果一, 麥芽一, 白一, 沙一, 雪一, 乳一, 精一 製一, 粗一, 葡萄一, 黑一

10
16【糒】말린 밥 비 |寘ㄅㄟˋ (bei)|ひ (ホシイイ)

10
16【糔】묵은 쌀뜨물 수 |有ㄒㄧㄡˇ (xiu)|しゅう

풀이 ①묵은 쌀뜨물. 구감(久泔). ②반죽하다.

11
17【糠】겨 강 |陽ㄎㄤ (kang)|こう(ヌカ) *chaff*
同穅

풀이 ①겨. 쌀겨. ¶里語有之 舐一及米<史記> ②매우 작은 것의 비유. ¶塵垢粃一<莊子>
【糠粃】(강비) 겨와 쭉정이. 가치 없는 것의 비유. ¶雖有糜粥 一相半<後漢書>
▷饑者甘糟一, 粃一, 粒一, 舐一及米, 糟一

17【糢】模(p.786)의 俗字

11
17【糜】죽 미 |支ㄇㄧˊ (mi)|び(カユ) *gruel*

풀이 ①죽. 된죽. ②싸라기. ③흩다. 소비함. 通靡. ④문드러지다. 피폐(疲弊)하게 함. ¶一爛其民 而戰之 大敗<孟子> ⑤눈썹. 通眉. ¶赤一聞之不敢入界<漢書> ⑥멸(滅)하다. 마멸(磨滅)함. ¶萬鈞之所壓 無不一滅者<漢書>
【糜軀】(미구) 매우 어렵게 고생함. 粉骨碎身(분골쇄신). ¶未伸刺股之誠 先定一之誓<李商隱>
【糜爛】(미란) ①썩어 문드러짐. ②피폐(疲弊)함의 비유.
▷糠一, 豆一, 茗一, 薄一, 淖一, 肉一, 殘一

17【糜】☞鹿部 6획(p.1686)

11
17【糞】똥 분 |問ㄈㄣˋ (fen)|ふん(クソ) *dung*

源 會意. 쌀[米]이 변해서 달라진 것[異]을 뜻함.

풀이 ①똥. 배설물. ¶今者臣竊嘗大王之一<吳越春秋> ②치다. 더러운 것을 치움. ¶古謂除穢曰一 今人直謂穢曰一<說文·注> ③쓸다. 청소함. ¶堂上不一 則郊草不瞻曠芸<荀子> ④걸우다. 땅을 걸게 함. ¶却走馬以一<老子> ⑤볍씨를 뼈 곤 물에 담그어 걸우는 일. ¶一種.
【糞尿】(분뇨) 똥과 오줌. 대소변(大小便).
【糞門】(분문) ㊥ 항문(肛門).
【糞除】(분제) 변을 쳐 내어 없앰의 뜻으로, 스스로 몸을 닦아 청결히 함을 이름. ¶一先人之敝廬<左氏傳> 「志>
【糞汁】(분즙) 똥물. ¶絞一飮之 乃解<魏
【糞土】(분토) ①썩은 흙. 더러운 땅. 糞壤(분양). ②몹시 비하(卑下)하거나 혐오하는 뜻으로 씀.
【糞土之牆不可杇】(분토지장 불가오) 썩은 흙으로 쌓은 담은 고쳐 바를 수 없다는 뜻으로, 지기(志氣)가 박약하고 게으른 사람은 가르쳐도 소용없음의 비유. ¶子曰 朽木不可雕也 一<論語>
【糞溷】(분혼) 뒷간. 변소.
▷漑一, 犬一, 擔一, 馬一, 放一, 佛頭着一, 掃一, 蠅一, 屎一, 遺一, 人一, 除一, 脫一

11
17【糝】국죽 삼 |感ㄙㄢˇ (san)|さん (コナガキ)

풀이 ①국죽. ㉠糂. ㉮나물을 넣어 끓인 죽. 나물 죽. ㉯고기를 넣어 끓인 죽. 고기죽. ②국에 쌀을 넣거나 쌀가루를 풂. ¶藜羹不一<莊子> ③이기다. 차지게 함. ④모래가 섞인 밥. ⑤밥알. ⑥섞이다.

17【粧】妝(p.400)과 同字

11
17【糟】지게미 조 |豪ㄗㄠ (zao)|そう(カス) *dregs*

풀이 ①지게미. 술을 거르고 남은 찌꺼기. 술지게미. ¶古人之一魄<莊子> ②전국. 청주를 떠내지 않은 막걸리. 또는, 동동주. ③㊥ 헐다. 해침.
【糟糠不厭】(조강불염) 지게미나 쌀겨도 충분히 먹지 못한다는 뜻으로, 몹시 가난함의 비유. 糟糠不飽(조강불포). ¶回也屢空 一<史記>
【糟糠之妻】(조강지 처) 가난할 때 고생을 함께 해 온 아내. 糟糠之婦(조강지 부). ¶貧賤之知不可忘 一不下堂<後漢書>
【糟糠之妻不下堂】(조강지처 불하당) 조강지처는 소중히 여겨, 부귀한 뒤에라도 버려서는 안 됨.
【糟丘】(조구) 산처럼 쌓인 술지게미란 뜻으로, 술에 탐닉함을 이름. ¶一是蓬萊<李白>
【糟粕】(조박) ①지게미. 찌꺼기. ②보잘것없는 것의 비유. ¶金沙乃一<皮日休>
▷肥一, 醪一, 酒~

11 17 〖糙〗 매조미쌀 조 | 號ㄘㄠ (cao) | ぞう (クロゴメ)

풀이 ①매조미쌀. 현미(玄米). ㉠糲. ②거칠다. 살결이 곱지 않음. ¶玉體渾身一漆<長生殿>

12 18 〖糧〗 양식 량 | 陽ㄌㄧㄤˊ (liang) | りょう (カテ) *food*

同粮

풀이 ①양식. ㉮식량의 총칭. 곡식(穀食). ¶每月初得祿 裁留身一 其餘悉分振親族<晋書> ㉯건량(乾糧). 여행·행군 때의 휴대용 식량. ¶共其資一扉屨<左氏傳> ㉰학량(學糧). 유학(留學)에 소요되는 양식. ¶若學一不繼 使至者無歸<蘇軾> ②구실. 조세. ¶度田屋錢一之數 以給之<宋史> ③봉록(俸祿). 급여(給與). ¶新至官者 計日給一<唐書>

【糧穀】りょうこく(양곡) 양식이 되는 곡물.

【糧道】りょうどう(양도) ①군량(軍糧)을 수송하는 길. ¶東擊齊 南絶楚之一<漢書> ②韓 양식을 조달할 방도.

【糧食】りょうしょく(양식) ①식량. 또는, 군량(軍糧). ②식량을 징발(徵發)함. 또는, 군사에게 양식을 급여함. ¶今也不然 師行而一<孟子>

【糧政】りょうせい(양정) 양곡(糧穀)에 관한 정책이나 행정.

【糧草】りょうそう(양초) 군량(軍糧)과 마초(馬草). 糧秣(양말). ¶河內又有一船<水滸傳>

▷粳一, 見一, 穀一, 關一, 糗一, 口一, 軍一, 給一, 農一, 斗一, 米一, 兵一, 捨一沈船, 書一, 食一, 年一, 資一, 齎一, 絶一, 租一, 秋一, 聚一, 學一, 後一

12 18 〖糦〗 술과 안주 치 / 희 | 寘ㄔ 因 (chi) | し

풀이 ①술과 안주. 주식(酒食). ㉠饎. ②찌다. 찐 밥. ③기장. 또는, 기장밥. ¶大一是承<詩經> ④대제(大祭)에 바치는 주식(酒食). ¶大一爲大祭所供也<陳喬樅>

19 〖糴〗 糴(p. 1153)와 同字

14 20 〖糯〗 찰벼 나 | 箇ㄋㄨㄛˋ (nuo) | だ (モチゴメ)

▷新一, 香一

14 20 〖糰〗 경단 단 | 寒ㄊㄨㄢˊ (tuan) | だん (ダンゴ)

【糰子】だんし(단자) 경단(瓊團). 둥글게 빚어 고물을 묻힌 떡.

15 21 〖糲〗 현미 려 / 랄 | 霽ㄌㄧˋ 曷 (li) | れい (クロゴメ) らつ

俗粝 同糷

풀이 ①현미(玄米). 매조미쌀. ¶一粱之食<史記> ②맷돌에 갈다. ¶一礱也<史記·注>

【糲藿】れいかく(여곽) 현미와 콩. 거친 음식. ¶一之食 未嘗飽也<韓詩外傳>

▷飯一, 粢一, 粗一

16 22 〖糵〗 누룩 얼 | 屑ㄋㄧㄝˋ (nie) | げつ (コウジ) *yeast*

풀이 ①누룩. 곡자(麯子). ¶秫稻必齊 麴一必時<禮記> ②엿기름. 보리에 싹을 틔운 것. ③싹트다. 보리에 싹을 틔워 엿기름을 만듦. ¶一 缺也 漬麥覆之 使生芽開缺也<釋名> ④빚다. 일을 만들어 냄.

▷麴一, 媒一

16 22 〖糴〗 쌀 사들일 적 | 錫ㄉㄧˊ (di) | てき (カイヨネ)

풀이 ①쌀을 사들이다. ㉠粂 糴. ¶臧孫辰告一于齊<春秋> ②구두쇠. 인색한 사람. ¶凡靳不施惠 曰夜一<風俗通>

【糴價】てきか(적가) 팔아들이는 곡식의 값.

▷儉一, 貴一, 貸一, 盜一, 私一, 收一, 夜一, 抑一, 增一, 販一, 平一

23 〖糱〗 糵(p. 1153)과 同字

19 25 〖糶〗 쌀낼 조 | 嘯ㄊㄧㄠˋ (tiao) | ちょう (ウリヨネ)

풀이 쌀을 내다. 쌀을 팖. ㉠粜 糶 拼. ¶一二十病農<史記>

【糶糴】ちょうてき(조적) ①곡식을 매매하는 일. ②내는 쌀과 사는 쌀. ¶一之不及窮民<福惠全書>

【糶糴斂散】ちょうてきれんさん(조적염산) 풍년에 나라에서 곡식을 사들이는 일을 적렴(糴斂), 흉년에 내어 파는 일을 조산(糶散)이라 함.

▷儉一, 貴一, 私一, 販一, 平一

21 27 〖糷〗 1 밥 질 란 2 밥 차질 란 | 翰ㄌㄢˋ 寒 (lan) | らん

糸<실 사>部

糸 ① 系 糺 ② 糾 ③ 紀 紃 約 紆 紉 紂 紅 紈 紇 ④ 紟 紘 紟 級 納 紐 紞 紋 紊 紡 紑 紛 紕 紗 索 紓 素 純 紜 紝 紙 紖 ⑤ 紺 絅 結 絇 累 紩 絆 紼 紱 紲 細 紹 絁 紳 紫 紵 組 終 紬 絓 紾 紩 紮 絀 紽 紿 絃 ⑥ 絳 結 絝 絖 絓 絞 絭 給 絙 絡 絫 絣 絲 絮 絏 絨 絪 絍 絶 絰 統 絯 絎 絇 絜 ⑦ 綌 絹 綆 綎 綖 綵 綃 絻 綍 緜 綀 続 綏 綖 綎 綈 絛 綃 絺 綅 綄 ⑧ 綱 綮 緄 綰 綣 綺 綦 緊 綟 綯 緉 綻 綠 綸 綾 網 綿 緋 緋 緆 綫 綬 緎 維 綏 綽 綜 綢 綵 綪 綴 緀 綷 緅 緇 緂 綻 ⑨ 緷 緱 緪 緞 練 緬 緜 緲 緡 緥 緗 緒 線 緰 緤 緦 緣 緩 緺 緯 緹 緹 緵 緟 緝 締 緻 編 緶 緘 縻 ⑩ 縑 縠 縃 縢 縛 縏 縊 縋 縈 縕 縟 縡 縓 縝 縉 縗 縋 縐 縠 縒 縣 縞 ⑪ 縩 縪 縺 縷 縲 縴 縭 縵 縸 繆 縻

繁 縫 繃 縿 縹 縦 縗 縯 緊 繇 績 縳 縱
縶 總 縮 縹 縪 ⑫ 繑 繟 繚 繙 繖 繕 繸
繐 繡 繞 繘 縛 繪 織 繣 繢 ⑬ 繮 繭 繫
繷 繰 繩 繶 繹 繳 繲 繯 繪 ⑭ 繾 繼 辮
繽 繻 纆 纂 纁 ⑮ 纊 纇 纍 纆 纖 續 纏
纉 纈 ⑯ 纜 纑 纓 ⑰ 纖 纓 纔 ⑲ 纛 纚
纘 ㉑ 纜

0 6 【糸】 ①실 멱 ②실 사 | 漢ㄇㄧˋ (mi) | 支ㄙ(si) | べき(イト) thread し(イト)

源 象形. 실타래의 모양을 본뜸.

풀이 1 ①실. 가는 실. 실오리. ②아주 작은 분량. 1의 1만분의 1. 누에가 토하는 한 가닥 명주실의 굵기는 홀(忽), 5홀이 1멱(糸), 10홀이 1사(絲). ③명주실. 또는, 명주실로 짠 비단. ¶妾不衣一<漢書> 2 실. 絲의 略字.

1 7 【系】 이을 계 | 霽ㄒㄧˋ (xi) | けい(ツナグ) join

풀이 ①잇다. ㉮뒤를 이음. ¶一高頊之玄青兮<漢書> ㉯두 사이를 잇다. ②실마리. 단서(端緖). ¶繼天而作一<班固> ③핏줄. 혈통(血統). ¶自姬發一<王僧孺> ④계보(系譜). ¶失其先一<唐書> ⑤실오리. ¶由孔子時師弟子相傳 歷暴秦不斷若一<唐書>

【系念】けいねん(계념) 마음에 두고 걱정하거나 잊지 않고 주의함. 掛念(괘념).

【系圖】けいず(계도) 대대의 계통을 한눈에 볼 수 있게 만든 도표(圖表).

【系譜】けいふ(계보) 조상 대대로 내려오는 혈통과 선조의 약사(略史)를 계통적으로 적은 책.

【系孫】けいそん(계손) ☞遠孫(원손).

【系列】けいれつ(계열) 계통의 서열(序列).

【系統】けいとう(계통) ①혈통(血統). ②개개의 사물의 관계를, 일정한 원리(原理)나 법칙에 의하여, 순서있게 배열한 전체.

▷家一, 根一, 大一, 傍一, 譜一, 先一, 姓一, 世一, 帝一, 直一, 體一, 統一

7 【糺】 糾(p.1154)와 同字

8 【糿】 緑(p.1173)와 同字

2 8 【糾】 ①꼴 규 ②느직할 교 | 有ㄐㄧㄡ (jiu) | 篠 | きゅう(アザナウ) twist

同 糺

풀이 1 ①꼬다. 새끼·노 따위를 꼼. 또는, 새끼 세 가닥으로 밧줄을 드림. ¶何異一纆<史記> ②모으다. 모아서 합침. 通 捄. ¶收離一散<後漢書> ③거두다. 규합(糾合)함. ¶一合宗族于成周<左氏傳> ④얽히다. 맺힘. ¶一一葛屨<詩經> ⑤바루다. 시정함. 通 督. ¶以一邦國<周禮>/一正. ⑥조사하다. 규찰함. ¶以五刑一萬民<周禮>/一察. ⑦규탄(糾彈)하다. 적발(摘發)함. ¶繩愆一繆<書經>/一彈. ⑧으르다. 위협함. ¶慢則一之以猛<左氏傳> ⑨엄(嚴)하다. ⑩급박(急迫)하다. 通 絿. ⑪경건(敬虔)하다. ¶一虔天刑<國語> ⑫고(告)하다. ⑬패려궂다. ⑭뒤얽히다. ¶一紛. ⑮삿갓이 가뜬하다. ¶其笠伊一<詩經> ⑯머리에 이다. 通 俅. 2 ①느직하다. 여자의 얼굴이 느직하고 숙부드러운 모양. ¶舒窈一兮<詩經> ②가슴에 맺혀 있는 시름.

【糾明】きゅうめい(규명) 사리(事理)를 따져 밝힘. 죄상(罪狀)을 밝힘. 糾察(규찰).

【糾問】きゅうもん(규문) 죄를 따져 물음.

【糾繩】きゅうじょう(규승) 잘못을 바로잡음. ¶若不一何以肅厲<隋書>

【糾正】きゅうせい(규정) 그릇된 일을 밝혀 바로잡음.

【糾察】きゅうさつ(규찰) 죄를 따져 조사함. 糾明(규명).

【糾彈】きゅうだん(규탄) 죄를 조사하여 폭로함. 관리의 죄상을 밝혀 탄핵(彈劾)함. ¶許方幅一<唐書>

【糾合】きゅうごう(규합) 흩어져 있는 사람들을 한데 모음. 鳩合(구합). ¶起一之衆 收散亂之兵<史記>

▷結一, 蟠一, 紛一, 繩一, 窈一, 蓼一, 繚一, 黜一, 裁一, 纏一, 彈一

3 9 【紀】 벼리 기 | 紙ㄐㄧˋ (ji) | き(コズナ) discipline

同 紹

풀이 ①벼리. 기강(紀綱). 규칙. 법. ¶亂其一綱<書經> ②인도(人道). 인륜(人倫). ¶無亂人之一<呂覽> ③사북. 요점(要點). ¶中和之一<禮記> ④실마리를 잡다. ⑤실마리. 단서(端緖). ⑥다스리다. ¶綱一四方<詩經> ⑦일. ¶喪一以服之輕重爲序<禮記> ⑧근본. 通 基. ¶有一有堂<詩經> ⑨해와 달이 만나는 일. ¶月窮于一<禮記> ⑩통하다. ¶經一山川<淮南子> ⑪수(數). ¶飭喪一<呂覽> ⑫종말(終末). 궁극(窮極). ⑬고치다. 개역(改易)함. 通 改. ¶若亡國不過十年 數之一也<國語> ⑭열두 해. 목성(木星)이 일주(一周)하는 동안. ¶旣歷三一<書經> ⑮1세(世). 30년. 지금은 100년. ¶皇十一而鴻漸兮<班固> ⑯해. 세(歲)·월(月)·일(日)·시(時) 따위. ¶五一 一日歲 二日月 三日日 四日星辰 五日曆數<書經> ⑰적다. 기록함. 通 記. ¶咸用一宗<張衡> ⑱본기(本紀). 임금의 사적(事績)을 기록한, 기전체(紀傳體) 역사의 한 부분. ¶稽之於秦一<揚雄> ⑲주(周)대의 나라 이름. 지금의 산동성(山東省)에 있었음. ¶一人伐夷<左氏傳> ⑳실의 굵기.

【紀綱】きこう(기강) ①국가의 제도와 기율. ②다스림. 단속함. ③종. 奴婢(노비). ¶介途遼遠 頗乏一<福惠全書>

【紀綱之僕】きこうノぼく(기강지 복) 재능이 있어 일을 잘 처리하는 사람. ¶秦伯送衛於晋三千人 實一＜左氏傳＞

【紀功碑】きこうひ(기공비) 공로를 새겨 기념하는 비.

漢敦煌太守裴岑紀功碑(金石索)

【紀年】きねん(기년) ①나이. 年齡(연령). ②기원(紀元)에서부터 헤아린 햇수.

【紀念】きねん(기념) 사적을 전하여 깊이 잊지 않음. 후일의 추억으로 남겨 두는 사물. 記念(기념). ¶一物/一事業/一寫眞.

【紀事本末體】きじほんまったい(기사본말체) 역사 기술의 한 형식. 연대에 구애됨이 없이, 사건마다 그 전말(顚末)을 기술하는 방법. ※編年體(편년체).

【紀序】きじょ(기서) 법. 질서. ¶天下有道 則不失一＜史記＞

【紀元】きげん(기원) ①건국의 첫해. ②연대를 세는 기본이 되는 해. ¶一前/檀君一/西曆一.

【紀律】きりつ(기율) 일정한 규범. 법칙. 규칙. 規律(규율).

【紀章】きしょう(기장) 공이 많은 사람에게 주는 휘장(徽章). 紀念章(기념장).

【紀傳體】きでんたい(기전체) 역사 기술의 한 형식. 임금의 사적을 기술한 본기(本紀)와 신하의 사적을 기술한 열전(列傳)으로 구성됨. ※編年體(편년체)·紀事本末體(기사본말체).

【紀行】きこう(기행) 여행중에 보고 듣고 느낀 것을 적은 글. 紀行文(기행문).

▷綱一, 經一, 季一, 官一, 校一, 國一, 軍一, 來一, 檀一, 大一, 民一, 芳一, 邦一, 譜一, 本一, 西一, 書一, 世一, 女一, 年一, 五一, 遙一, 遠一, 六一, 倫一, 律一, 人一, 前一, 創世一, 天一, 風一

3/9【紃】끈 순 |圓ㄒㄩㄣˊ (xun) | しゅん(ウチヒモ) round string

풀이 ①끈. ㉮신에 선을 두르는 둥근 끈. ㉯납작하게 엮은 끈. ¶織紝組一＜禮記＞ ②규칙. 법칙. ¶以道爲一＜淮南子＞ ③좇다. 따름. 같 循. ¶反一察之＜荀子＞

▷組一, 纚一

3/9【約】1 묶을 약 2 부절 요 |圓ㄩㄝ (yue) 嘯 | やく(ムスブ) bind おう(ワリフ)

풀이 1 ①묶다. ㉮단으로 묶다. 다발 지음. ¶一之閣閣＜詩經＞ ㉯맞추다. 결합함. ¶今君一天下之兵＜戰國策＞ ②따르다. 준거(準據)함. ¶一史記＜孔安國＞ ③약속하다. 약속. 맹약. 계약. ¶大信不一＜禮記＞ ④신표(信標). 증권. ¶掌邦國及萬民之一劑＜周禮＞ ⑤검소(儉素)하다. 검약함. ¶以一失之者鮮矣＜論語＞ ⑥줄이다. 생략함. ¶君子一言＜禮記＞ ⑦축약(縮約)하다. ¶凡任索一＜周禮＞ ⑧적다. ¶故操彌一而事彌大＜荀子＞ ⑨개괄(概括)하다. 요점을 얻음. 요회(要會). ¶孟施舍守一也＜孟子＞ ⑩나눗셈하다. 제산(除算)함. ¶二乘而三一之者 爲下生之實＜宋史＞ ⑪곤궁(困窮)하다. 빈궁함. ¶不可以久處一＜論語＞ ⑫유약(柔弱)하다. ¶綽一微達似察＜荀子＞ ⑬쇠(衰)하다. ¶不爲豊一擧＜國語＞ ⑭엷다. ⑮비천(卑賤)하다. ¶一辭行成＜國語＞ ⑯구두쇠. 인색한 사람. ¶一者有筐篋之藏＜荀子＞ ⑰말리다. 만류(挽留)함. ¶燕王欲往 蘇代一燕王＜戰國策＞ ⑱굽히다. 구부림. ¶土伯九一＜楚辭＞ ⑲끈. 새끼. 노. ¶人尋一＜左氏傳＞ ⑳대략(大略). 대강(大綱). ¶一略環區宇＜元稹＞ ㉑분명하지 않다. ¶春秋一而不速＜荀子＞ ㉒갖추다. ¶王其爲臣一車并幣＜戰國策＞ ㉓장식(裝飾). 아름다움. ¶旄象之一＜呂覽＞ ㉔바둑 용어. 날일(日) 자로 두는 수. 2 ①부절(符節). 부신(符信). ②사북. 요점. 通 要.

【約款】やっかん(약관) 약속한 조목.

【約禮】やくれい(약례) 예법에 맞도록 몸가짐을 삼감. ¶君子博學於文 約之以禮＜論語＞

【約論】やくろん(약론) 요약하여 논함. 또는, 그러한 논의.

【約法三章】やくほうさんしょう(약법삼장) ☞法三章(법삼장). ¶與父老一耳 殺人者死 傷人者及盜抵罪＜史記＞

【約束】やくそく(약속) ①묶음. 다발지음. ②언약함. 맹세함. ③단속함. 檢束(검속). ¶至一兵丁 素無紀律＜福惠全書＞

【約言】やくげん(약언) ①요약해서 말함. 約說(약설). ¶君子一＜禮記＞ ②약속한 말.

【約而達】やくニシテたっス(약이달) 말이 간략하면서 뜻이 통달함. ¶其言也 一 微而臧＜禮記＞

【約定】やくじょう(약정) 약속하여 정함. 또는, 그 정한 약속.

【約條】(약조) ①조항을 정하여 약속함. ②약속하여 정한 조항.

【約婚】やっこん(약혼) 혼인을 약속함.

▷儉一, 經一, 契一, 困一, 公一, 口一, 舊一, 規一, 金石盟一, 旣一, 期一, 納一, 大一, 盟一, 密一, 誓一, 新一, 言一, 豫一, 要一, 婁一, 違一, 隱一, 陰一, 綽一, 節一, 條一, 集一, 締一, 協一, 婚一, 確一

3/9【紆】굽을 우 |圓ㄩ (yu) | う(マガル) bent

풀이 ①굽다. ¶中弱則一＜周禮＞ ②굽히다. 구부림. ¶一體衡門＜漢書＞ ③감돌다. 두름. ¶水澹澹而盤一兮＜宋玉＞ ④얽히다. ¶一縈. ⑤울적하다. 우울함. ¶心鬱結而一軫＜楚辭＞ ⑥드리워지다. 아래로 늘어뜨림. ¶一皇組＜張衡＞ ⑦새끼. 노끈.

▷盤一, 煩一, 縈一, 鬱一, 長一, 摧一, 環

一, 回一

9【紆】 紆(p. 1155)의 本字

3 9【紉】 새끼 인 | 圓ㄖㄣˋ (ren) | じん(ナワ) *straw rope*

풀이 ①새끼. 노. ②새끼나 노를 꼬다. ③잇다. ¶一秋蘭以爲佩＜楚辭＞ ④째다. 찢음. ⑤문지르다. ¶裸體一胷稱疾＜管子＞ ⑥매다. 결속(結束)함. ¶情素潔於一帛＜楚辭＞ ⑦바늘에 실을 꿰다. ¶衣裳綻裂 一箴請補綴＜禮記＞
▷補一, 縫一

3 9【紂】 말고삐 주 | 宥ㄓㄡˋ (zhou) | ちゅう *rein*

풀이 ①말고삐. 마유(馬緧). 늑설(勒紲). ②주(紂)임금. 은(殷)의 마지막 임금. 하(夏)의 걸(桀)과 병칭(竝稱)되는 폭군. ¶桀一.

3 9【紅】 1 붉을 홍 2 길쌈할 공 3 검붉을 강 | 東ㄏㄨㄥˊ 東(hong) 絳 | こう(クレナイ) *red*

풀이 1 ①붉다. 선홍색(鮮紅色). ¶一紫不以爲褻服＜論語＞ ②붉은 모양. ¶一杳渺以眩湣兮＜史記＞ ③연지(臙脂). ¶高樓一粉 仍定魯魚之文＜徐陵＞ ④붉은 꽃. ¶墮一殘蕚暗參差＜李賀＞ ⑤말여뀌. 개여뀌. 마료(馬蓼). ⑥미녀(美女). ¶採一駿使＜燕山君日記＞ 2 ①길쌈하다. 여공(女功). 通工. ¶害女一之物＜漢書＞ ②상복 이름. 通功. ¶服大一十五日＜漢書＞ 3 검붉다.

【紅裙】こうくん(홍군) ①붉은 치마. 紅裳(홍상). ②기녀. 또는, 미인. ¶一妬殺石榴花＜萬楚＞

【紅燈街】こうとうがい(홍등가) 붉은 등이 켜져 있는 거리란 뜻으로, 유곽(遊廓) 또는 화류계(花柳界)를 이르는 말.

【紅燈綠酒】こうとうりょくしゅ(홍등녹주) 붉은 등과 푸른 술. 화류계(花柳界)를 이름.

【紅羅】こうら(홍라) ①붉은 깁. ②붉은 비단 치마를 입은 무희(舞姬). ¶十年閉戶不作舞 爲客一整一裙＜晁補之＞ ③여지(荔枝)의 별칭.

【紅爐】こうろ(홍로) 불이 발갛게 타고 있는 화로(火爐).

【紅淚】こうるい(홍루) 붉은 눈물. ㉮피눈물. 혈루(血淚). ㉯여자의 눈물. 미인의 눈물.

【紅樓】こうろう(홍루) ①붉은 칠을 한 누각. ②부잣집 여자나 미인이 거처하는 집. ¶長安春色本無主 古來盡屬一女＜韋莊＞ ③청루(青樓). 妓樓(기루).

【紅梅】こうばい(홍매) 붉은 꽃이 피는 매화나무. 또는, 그 꽃.

【紅毛人】こうもうじん(홍모인) 머리털이 붉은 사람이란 뜻으로, 서양 사람을 홀하게 이르는 말.

【紅寶石】(홍보석) 홍옥(紅玉). 루비.

【紅絲】こうし(홍사) ①붉은 실. 홍실. ②남녀의 인연을 맺는 줄. ③韓 오라.

【紅衫】(홍삼)韓 조복(朝服)에 딸린 웃옷. 붉은 바탕에 검은 선을 둘렀음.

【紅蔘】(홍삼)韓 수삼(水蔘)을 쪄서 말린 붉은 빛깔의 인삼.

【紅裳】こうしょう(홍상) 붉은 치마. 紅裙(홍군).

【紅顏】こうがん(홍안) 붉고 윤이 나는 얼굴. ㉮미인의 얼굴. ㉯소년(少年). ¶一宿昔白頭新＜駱賓王＞

【紅於】こうお(홍어) 단풍의 별칭. 두목(杜牧)의 시에서 유래. ¶停車坐愛楓林晩 霜葉一二月花＜杜牧＞

【紅疫】(홍역) 전염병의 한 가지. 紅疹(홍진).

【紅葉良媒】こうようりょうばい(홍엽양매) 단풍잎에 시를 적은 것이 혼인의 중매가 된 옛일. 당(唐) 희종(僖宗) 때, 어구(御溝)에서 시가 적힌 단풍 한 잎을 주운 우우(于祐)가 다른 잎에 답시(答詩)를 써서 냇물에 띄웠는데 이것을 한부인(韓夫人)이 주운 것이 인연이 되어 결혼하게 되었다는 이야기. 「태평광기」(太平廣記)에 전함.

【紅玉】こうぎょく(홍옥) ①붉은 옥. 루비. 紅寶石(홍보석). ②미인의 살색. 아름다운 얼굴빛. ¶酒入四肢一軟＜施肩吾＞

【紅友】こうゆう(홍우) 술의 별칭. ¶偶然兒子致一＜王世貞＞

【紅雨】こうう(홍우) ①붉은 비. ¶宮中下一 色若桃花＜致虛閣雜俎＞ ②꽃에 뿌리는 비. ¶一花上滴＜孟郊＞ ③붉은 꽃이 지는 것을 형용하여 이름. ¶身行一亂花間＜黃庭堅＞

【紅旭】こうきょく(홍욱) 아침해. 紅暾(홍돈).

【紅日】こうじつ(홍일) 붉은 해. 아침해. 紅旭(홍욱).

【紅一點】こういってん(홍일점) ①푸른 풀 속에 피어 있는 한 송이 꽃. ¶萬綠叢中一＜王安石＞ ②많은 남자들 사이에 단 한 사람의 여자가 섞여 있어 돋보이는 일. 또는, 어중이떠중이 속에 섞여 있는 특출한 한 사람.

【紅粧】こうしょう(홍장) 미인의 화장. 또는, 화장한 미인. 紅妝(홍장).

【紅潮】こうちょう(홍조) ①아침해에 물들어 붉게 보이는 바다. ②취한 얼굴. 또는, 부끄럽거나 상기되었을 때의 얼굴이 붉어지는 일. ③월경(月經).

【紅塵】こうじん(홍진) ①왕래가 잦은 번화한 곳에 이는 티끌. 번잡(繁雜)함을 이름. ¶紫陌一拂面來＜劉禹錫＞ ②세상의 번거로운 일. 또는, 속세(俗世).

【紅蛤】(홍합) 홍합과의 바다 조개. 별칭은 해동부인(海東夫人).

【紅花】こうか①・べにばな②(홍화) ①붉은 꽃. ②잇꽃. 꽃은 한약재. 紅藍花(홍람화).
▷橘一, 老一, 濃一, 丹一, 淡一, 桃一, 百日一, 薄一, 鮮一, 閃一, 羞一, 深一, 雁來一, 女一, 映一, 雄一, 柳綠花一, 殷一, 一點一, 刺一, 紫一, 絕一, 點一, 彫一, 眞一, 陳一, 千日一, 千紫萬一, 淺一, 堆一

3 9【紈】 흰깁 환 | 寒ㄨㄢˊ (wan) | がん(シロギヌ)

풀이 ①흰 깁. 희고 올이 가는 생견(生絹). ②맺다. ③겹치다. 포개짐.

【紈袴】がんこ(환고) ①흰 깁으로 만든 바지란 뜻으로, 귀족 자제의 옷. ②귀족의 자제. ¶一不餓死＜杜甫＞
▷輕一, 綺一, 薄一, 氷一, 素一

3 9【紇】 묶을 흘 |圓ㄏㄜˊ (he)|こつ(ツカネル) *bind*
풀이 ①묶다. ②핫길의 명주실. ③사람 이름. 숙량흘(叔梁紇). 공자(孔子)의 아버지. ④종족 이름. 회흘(回紇).

10【紞】 綆(p.1171)과 同字

4 10【紒】 1 상투 틀 계 2 인끈 계 |圖ㄐㄧˋ (ji)|けい (ユウ)
풀이 1 ①상투를 틀다. ㉮髻結. ¶將冠者采衣一＜儀禮＞ ②총명하지 못하다. 2 인끈. 인수(印綬). 옛날, 지휘권(指揮權)이 있는 무관(武官)이 발병부(發兵符) 주머니를 매달아 차는, 길고 널찍한 녹비(鹿皮) 끈. ㉲綬.

4 10【紘】 끈 굉 ㉯횡 |庚ㄏㄨㄥˊ (hong)|こう(ヒモ) *string*
풀이 ①끈. 갓끈. ¶緇組一纁邊＜儀禮＞ ②경쇠를 매다는 끈. ¶蕤倚于頌磬西一＜儀禮＞ ③바. 굵은 밧줄. ¶八殥之外而有八一＜淮南子＞ ④경계를 표시한 줄. ¶廓帝一＜班固＞ ⑤넓다. 큼. ㉲弘宏. ¶天地之道 至一以大＜淮南子＞ ⑥묶다. ¶一宇宙而彰三光＜淮南子＞ ⑦안쪽이 넓은 그릇.
▷網一, 帝一, 朱一, 至一, 地一, 八一

紘② (三禮圖)

4 10【紟】 1 옷고름 금 2 홑이불 금 |侵ㄐㄧㄣ (jin)|きん (ツケヒモ)
풀이 1 ①옷고름. ②포백(布帛) 이름. ㉮衿紟. 2 홑이불. ¶緇絞一＜儀禮＞

4 10【級】 등급 급 |緝ㄐㄧˊ (ji)|きゅう(シナ) *grade*
㉰阪 ㉱汲
풀이 ①등급(等級). 위차(位次). ¶貴賤之等一＜禮記＞ ②층계(層階). 계단. ¶拾一聚足＜禮記＞ ③수급(首級). 전쟁에서 베어 얻은 적군의 머리. 진(秦)의 군법(軍法)에서 유래. ¶斬首數十一＜後漢書＞
【級友】きゅうゆう(급우) 같은 학급에서 배우는 벗.
▷階一, 高一, 功一, 官一, 同一, 等一, 末一, 俘一, 上一, 石一, 首一, 昇一, 年一, 榮一, 一一, 低一, 中一, 進一, 斬一, 特一, 陛一, 下一, 學一, 限一, 顯一, 勳一

4 10【納】 들일 납 |合ㄋㄚˋ (na)|のう(オサメル) *receive*
풀이 ①들이다. 받아들임. 납입(納入)함. ¶百里賦一總＜書經＞ ②보내다. 줌. ¶一女於天子＜禮記＞ ③거두어 들이다. 수확(收穫)함. ¶十月一禾稼＜詩經＞ ④넣다. 간직함. ¶一册于金縢之匱中＜書經＞ ⑤받다. 받아들임. ¶九江一錫大龜＜書經＞ ⑥인도(引導)하다. ¶小臣一卿大夫＜儀禮＞ ⑦돌리다. 되돌림. ¶則請一祿與車服＜國語＞ ⑧신을 신다. ¶坐左一右＜禮記＞ ⑨옷을 깁다. ¶多所補一＜華陽國志＞ ⑩부마(副馬). ¶仁以爲一＜孔子家語＞ ⑪포목(布木)의 이름. ⑫실이 눅눅한 모양.
【納骨】のうこつ(납골) 죽은 사람의 유골을 거두어 들임. ¶一堂.
【納款】のうかん(납관) 적과 내통함. 배반하여 적에게 충성할 것을 맹세함. ¶有苗一 未勞征伐＜魏收＞
【納期】のうき(납기) 세금, 공과금 등을 납입(納入)할 기한.
【納吉】のうきつ(납길) ①주(周)대, 혼례(婚禮)의 육례(六禮) 가운데 하나. 가묘(家廟)에 점쳐 길조(吉兆)를 얻게 되면, 사자를 부가(婦家)에 보내어 알리고, 비로소 혼사(婚事)를 정하는 예. ②㊥ 신랑집에서 신부집으로 혼인날을 받아 보내는 일.
【納涼】のうりょう(납량) 여름 더위를 피하여 시원한 바람을 쐼.
【納履】のうり(납리) ①신을 신음. ②발을 들여놓음. ¶瓜田不一 李下不整冠＜古樂府＞
【納本】のうほん(납본) 출판물의 견본을 관계 관청에 바침. 또는, 그 출판물.
【納付】のうふ(납부) ☞納入(납입).
【納日】のうじつ(납일) 지는 해. 저녁해. ¶寅餞一平秩西成＜書經＞
【納徵】のうちょう(납징) ①주(周)대, 혼례(婚禮)의 육례(六禮) 가운데 하나. 납길(納吉) 후, 신랑집에서 신부집으로 예물을 보내어, 혼약(婚約)이 성립되었음을 증거삼는 예(禮). 納幣(납폐). ②금품을 거두어 들임. ¶復所益一錢千萬＜漢書＞
【納采】のうさい(납채) 주(周)대, 혼례(婚禮)의 육례(六禮) 가운데 하나. 먼저 매자(媒子)를 보내어 혼인의 뜻을 통고한 뒤에, 예물을 보내어 채택(採擇)의 예를 행하는 일.
【納幣】のうへい(납폐) ☞納徵(납징)①.
【納隍】のうこう(납황) 해자(垓字) 속으로 밀어 넣는다는 뜻으로, 남을 괴롭힘을 이름. ¶人或不得其所 若己納之於隍也＜張衡＞
▷嘉一, 開一, 格一, 結一, 金一, 撫一, 物一, 未一, 拜一, 普一, 補一, 奉一, 分一, 上一, 賞一, 選一, 笑一, 收一, 受一, 詢一, 信一, 延一, 完一, 誘一, 允一, 引一, 前一, 傳一, 接一, 徵一, 察一, 採一, 滯一, 聽一, 出一, 吐一, 褒一, 獻一

4 10【紐】 끈 뉴 |有ㄋㄧㄡˇ (niu)|ちゅう(ヒモ) *string*
풀이 ①끈. ¶朱裏延一＜周禮＞ ②인끈. ¶龜一之璽＜淮南子＞ ③매다. ¶名實玄一＜荀子＞ ④매듭. ¶并一約＜禮記＞ ⑤근원하다. ¶禹舜之所一也＜莊子＞ ⑥주름. ⑦맥. ¶下有破陰之一＜史記＞ ⑧반절법(反切法)에서 반절의 자

음(子音)에 해당하는 것. ⑨비틀다. 꼭 짐. ㉮扭.

【紐帶】ちゅうたい(유대) 서로 연결시키는 기능. 또는, 상호간의 밀접한 상태. ¶相互一.
▷綱一, 結一, 屈一, 根一, 樞一, 解一

4 10〖紞〗 귀막이 끈 담 | 國ㄉㄢˇ (dan) | たん

풀이 ①귀막이 끈. ¶衡一紘綖＜左氏傳＞ ②이불의 가선. ㉮枕. ③북 치는 소리. ¶一如打五鼓＜晋書＞

4 10〖紋〗 무늬 문 | 図ㄨㄣˊ (wen) | もん(アヤ) *figure*

풀이 ①무늬. 직물의 무늬. ㉮文. ¶一章. ②주름. ¶疊風一兮連復連＜唐太宗＞/波一.

【紋樣】もんよう(문양) 무늬의 모양. 무늬.
【紋銀】もんぎん(문은) 은의 함유량이 가장 많은 최상품의 은괴(銀塊). 馬蹄銀(마제은).
【紋織】もんおり(문직) 무늬를 넣어 짬. 또는, 그 옷감.
▷金一, 錦一, 綺一, 羅一, 斑一, 細一, 水一, 手一, 雲一, 衣一, 足一, 縱一, 指一, 皺一, 波一, 花一, 横一

4 10〖紊〗 어지러울 문 | 問ㄨㄣˋ (wen) 図 | ぶん, びん (ミダレル) *dizzy*

풀이 어지럽다. 어지럽히다. ¶有條而不一＜書經＞

【紊亂】ぶんらん(문란) 어지러워짐. 어지럽힘.
▷妨一, 繁一, 散一, 枉一, 弛一, 彫一, 侵一, 滑一

4 10〖紡〗 자을 방 | 養ㄈㄤˇ (fang) | ぼう(ツムグ) *spin*

풀이 ①잣다. 기계나 물레 따위를 돌려, 실을 뽑음. ¶女子一績＜史記＞ ②실. ¶一絲. ③걸다. ¶一於庭之槐＜國語＞

【紡績】ぼうせき(방적) 길쌈. ¶夫人自一＜漢書＞
【紡織】ぼうしょく(방직) 실을 잣고 낳아서 피륙을 짬. ¶一機/一工.
【紡車】ぼうしゃ(방차) 물레. ¶月色夜夜照一＜劉銑＞
【紡錘】ぼうすい(방추) ①물레의 가락. ②북. 베틀의 부속품.
▷綿一, 毛一, 績一, 織一, 混一

小紡車
(三才圖會)

4 10〖紑〗 산뜻할 부 | 尤ㄈㄡ 宥 (fou) | ふう (アザヤカ)

4 10〖紛〗 어지러울 분 | 図ㄈㄣ (fen) | ふん(マギレル) *dizzy*

풀이 ①어지러워지다. ㉣紊. ¶獄之放一＜左氏傳＞/一糾. ②어지러워진 모양. ¶一而封哉＜莊子＞ ③섞이다. ¶一瑰麗＜張衡＞ ④엉크러지다. ¶挫其銳 解其一＜老子＞ ⑤많다. ¶一若 吉无咎＜易經＞ ⑥성한 모양. ㉣份. ¶卿雲一郁＜宋史＞ ⑦어둡다. ㉣惛. ¶青雲爲一＜漢書＞ ⑧느슨해지다. ⑨물건을 닦는 헝겊. ㉣帉. ¶左佩一帨＜禮記＞ ⑩깃발. ⑪끈. ¶莞筵一純＜周禮＞ ⑫말꼬리를 싸는 주머니. ⑬기뻐하다.

【紛沓】ふんとう(분답) ☞紛雜(분잡).
【紛亂】ふんらん(분란) ①엉크러져 어지러움. ¶群言一＜漢書＞ ②말썽. 葛藤(갈등). ¶解一而無取也＜史記＞
【紛末】ふんまつ(분말) 가루. 粉末(분말).
【紛失】ふんしつ(분실) 알지 못하는 사이에 잃어버림. ¶一物.
【紛如】ふんじょ(분여) ①무늬가 있는 모양. ¶鸞鳳一＜太玄經＞ ②어지러운 모양. 紛然(분연).
【紛擾】ふんじょう(분요) 어지럽고 소란함. ¶世事一＜魏志＞
【紛紜】ふんうん(분운) ①흥성하는 모양. ¶一六幕浮大海＜漢書＞ ②왕성한 모양. 紛云(분운). ¶威武一＜漢書＞
【紛雜】ふんざつ(분잡) 엉크러져 복잡함. 紛沓(분답). 雜沓(잡답). ¶篇卷一＜梁書＞
【紛爭】ふんそう(분쟁) 엉크러져 다툼. 紛諍(분쟁). ¶中蘇一.
▷交一, 糺一, 糾一, 內一, 放一, 繽一, 絮一, 世一, 時一, 雜一, 妬一, 玄一, 喧一

10〖紼〗 紱(p.1162)과 同字

4 10〖紕〗 1 가선 비 | 支ㄆㄧˇ (pi) 2 꾸밀 비 | 寘ㄆㄧˋ (pi) 3 모직물 비 | 紙ㄅㄧˇ (bi) | ひ *hem*

풀이 1 ①가선. 가장자리 장식. ¶縞冠素一＜禮記＞ ②합사(合絲)를 꼬다. ¶素絲一之＜詩經＞ ③깁다. ④잘못. 허물. ¶五者一物一繆＜禮記＞ ⑤실의 매듭. 2 ①꾸미다. ②다스리다. 3 모직물(毛織物). ㉣毞.
▷縫一, 素一, 玉一

4 10〖紗〗 1 깁 사 | 麻ㄕㄚ 2 미미할 묘 | 篠 (sha) | さ, しゃ びょう

풀이 1 ①깁. 엷은 견직물의 하나. ¶隔一帷以聽焉＜北史＞ ②외올실. 외가닥의 실. 2 미미(微微)하다. 희미함. ㉣眇.

【紗籠】さろう(사롱) 깁으로 둘러 바른 등롱(燈籠). 紗燈籠(사등롱). 紗燈(사등). ¶暫留紅袖 少却一＜蘇軾＞
【紗籠中人】さろうちゅうノヒト(사롱중인) 재상이 될 운명을 타고난 사람. 재상은 저승에서 반드시 그 상(像)을 세우고 사롱을 둘러 보호한다는 옛이야기에서 온 말.
【紗帽】さぼう(사모) 관복을 입을 때 쓰던, 깁으로 만든 예모(禮帽). 烏紗帽(오사모). ¶一冠帶.
▷更一, 輕一, 捲一, 錦一, 羅一, 棉一, 緋

一, 素一, 烏一, 窓一

4 10【索】 [1]동아줄 삭 [2]찾을 색 [3]구할 소 | [藥] ㄙㄨㄛˇ (suo) [陌] [遇] | さく(ツナ, モトメル) cord, search for そ

[풀이][1]①동아줄. ¶宵爾一綯<詩經>/一道. ②꼬다. ¶一鐵歙金<淮南子> ③택하다. ¶以一牛馬<左氏傳> ④수효를 세다. ¶一一而得男<易經> ⑤다하다. ¶惟家之一<書經> ⑥떨어지다. 분산함. ¶吾離群而一居<禮記> ⑦공허하다. ⑧법(法). ¶疆以周一<左氏傳> ⑨몸에 걸치는 모양. ¶蕭一輪囷<史記> ⑩두려워하는 모양. [2]①찾다. 구함. ¶吹毛一疵<漢書> ②바라다. 원함. ¶我一過去救兄弟<元曲> ③취(取)하다. [3]①구(求)하다. ¶八一. ②성덕(聖德)이 있고 벼슬이 없는 사람이 정한 법.

【索居】さっきょ(삭거) 무리와 떨어져서 홀로 있음.

【索道】さくどう(삭도) 케이블카가 다니는, 철삭(鐵索)을 공중에 맨 선로. 架空索道(가공삭도).

【索虜】さくりょ(삭로) 남북조(南北朝) 시대, 남조 사람들이 북조 사람을 업신여겨 부르던 말. 북조 사람들은 끈으로 변발(辮髮)하는 풍습이 있었음. 索頭(삭두). 索頭虜(삭두로).

【索莫】さくばく(삭막) ①황폐하여 쓸쓸한 모양. 索寞(삭막). 索漠(삭막). 寂莫(적막). ¶一竟何事<柳宗元> ②신기(神氣)를 잃은 모양. 실의에 빠진 모양. ¶一無言而如土<王冕>

【索寞】さくばく(삭막) ☞索莫(삭막).

【索漠】さくばく(삭막) ☞索莫(삭막).

【索辮】さくべん(삭변) 변발(辮髮).

【索引】さくいん(색인) ①찾아 이끌어냄. ¶愛我嬰女 一不得<易經> ②책 속의 내용, 사항 등을 찾아보기 쉽도록 특별히 꾸며놓은 목록. 찾아보기. 引得(인득).

【索出】さくしゅつ(색출) 뒤져서 찾아 냄.

▷鋼一, 郭一, 露一, 踏一, 大一, 覓一, 模一, 部一, 思一, 消一, 搜一, 蕭一, 繩一, 沮一, 紙一, 鐵一, 探一, 討一, 八一, 布一

4 10【紓】 느슨할 서 | [魚] ㄕㄨ (shu) [語] | しょ(ユルイ) slack

[풀이]①느슨하다. 헐거워짐. ¶彼交匪一<詩經> ②풀다. 화해함. ¶難必一<左氏傳>

10【紸】 紸(p. 1163)의 略字

4 10【素】 흴 소 | [遇] ㄙㄨˋ (su) | そ(シロイ) white

[풀이]①희다. ¶一絲五紽<詩經> ②생명주(生明紬). ¶純以一<禮記> ③무늬 없는 피륙. ¶以一爲裳<儀禮> ④질소(質素)하다. ¶一而不飾<淮南子> ⑤근본. ㉮처음. 본시. ¶著其一<尙書大傳> ㉯감. 원료. ¶春獻一<周禮> ㉰바탕. ¶已悲一質隨時染<杜甫> ㉱예비. ¶夫謀必一 見成事焉<國語> ㉲본래(本來). 유래(由來). ¶皆非其一所能也<素問> ㉳예. 구고(舊故). ⑥평소. 평생. ¶飯一食<儀禮> ⑦성질. ¶平易者道之一<淮南子> ⑧정성. 진정. ¶夫子照情一<謝靈運> ⑨바르다. ¶賢達之一交<劉峻> ⑩넓다. ⑪분수에 따르다. ¶君子一其位<中庸> ⑫헛되다. 공연히. ¶不一餐兮<詩經> ⑬콧날. ⑭덕이 있으나 벼슬이 없는 일. ¶玄聖一王之道也<莊子>

【素憾】そかん(소감) 전부터 품고 있는 원한.

【素故】そこ(소고) 오랜 교우(交友). 舊交(구교).

【素官】そかん(소관) 낮은 벼슬. 또는, 청빈한 벼슬아치. ¶我本一 不求富貴<南史>

【素交】そこう(소교) 오래전부터의 사귐. 또는, 바른 교우(交友). ¶一零落盡<杜甫>

【素轎】(소교)[韓] 상제가 타는 흰 가마.

【素女】そじょ(소녀) 옛날 신녀(神女)의 이름. ㉮노래를 잘 부르는 신녀. ¶一之淸聲<揚雄> ㉯음양 천도(陰陽天道)를 아는 신녀. ¶此一之道<吳越春秋> ㉰방중술(房中術)이 능했다는 여자. ¶一爲我師<張衡>/一經.

【素念】そねん(소념) 평소 가진 생각. 素志(소지).

【素來】そらい(소래) 원래. 종래. ¶一矜異類<李商隱>

【素麪】そうめん(소면) 양념을 하지 않은 국수. 맨국수.

【素描】そびょう(소묘) 채색(彩色)을 하지 않는 선화(線畫). 데생. ↔彩畫(채화).

【素門】そもん(소문) 비천한 가문(家門). 또는, 그 출신. 素流(소류). ¶臣一凡流<任昉>

【素朴】そぼく(소박) 검소하고 질박함. 素樸(소박). ¶體貌一<蜀志>

【素飯】(소반) 소밥. 고기반찬 없는 밥. 素食(소식).

【素魄】そはく(소백) 달의 별칭. ¶月羽皎一<宋孝武帝>

【素服】そふく(소복) 빛깔. 무늬 없는 흰 옷. 주로 상복으로 입는 경우를 이름. ↔華服(화복).

【素封】そほう(소봉) ①큰 부자. 작록(爵祿)이나 봉토(封土) 없이, 그 재산이 제후 못지않음을 이름. 素侯(소후). ¶俾知禁於一<白居易> ②공로 없이 봉작(封爵)을 받는 일.

【素食】そしょく(소식) ①하는 일 없이 먹음. 徒食(도식). ¶不一兮<詩經> ②채소만 먹음. 菜食(채식). 蔬食(소식).

そし(소사) 평소 먹는 음식. ¶飯一<儀禮>

【素絲良馬】そしりょうば(소사양마) 기에 단 흰 실의 술과 대부(大夫)가 타는 좋은 말. 현자(賢者)를 예우하는 말로 쓰임.

【素商】そしょう(소상) 가을의 별칭. 素秋(소추).

【素書】そしょ(소서) ①편지. ¶長跪讀一<古樂府> ②송(宋)의 장상영(張商英)이 황석공

(黃石公)의 이름을 빌어 주(註)를 붙이는 형식으로 엮은 책. 유(柔)로써 강(剛)을 누르고 퇴(退)로써 진(進)하는 이치를 밝힘. 전 1권.

【素蟾】そせん(소섬) 달의 별칭. ¶雲疎點一<韓琦>

【素性】そせい(소성) 타고난 성질. 素質(소질). 性質(성질). ¶一頑鄙<後漢書>

【素心】そしん(소심) ①평소의 마음. 本心(본심). ¶一正如此<陶潛> ②소박한 마음. 결백한 마음. ¶長賓一<顏延之>

【素娥】そが(소아) ①월궁(月宮)의 선녀. 姮娥(항아). 常娥(상아). ②달의 별칭. ¶一嘗藥去<李華> ③소복을 입은 미녀.

【素養】そよう(소양) 평소의 교양. 평소에 닦은 학덕, 기예. ¶士不一 不可以重國<漢書>

【素王】そおう(소왕) ①왕위에 있지는 않으나 임금의 덕을 갖춘 사람. 유가(儒家)에서는 공자(孔子)를, 도가(道家)에서는 노자(老子)를 이름. ②태고(太古)의 제왕인 태소상황(太素上皇)을 이름.

【素月】そげつ(소월) ①흰 달빛. 밝은 달. 皓月(호월). 皎月(교월). ②음력 8월의 이칭.

【素因】そいん(소인) 근본 원인. 原因(원인).

【素材】そざい(소재) ①기본이 되는 재료. 原料(원료). ¶新一. ②예술 창작에서, 내용의 재료를 이름.

【素節】そせつ(소절) ①가을. ¶一今已居<歐陽脩> ②밝은 마음. ¶丹心一<喬知之> ③평소의 행실.

【素族】そぞく(소족) 관직이 없는 집안. 平民(평민). ¶吾家本一<南史>

【素地】そち(소지) 본디의 바탕.

【素志】そし(소지) 평소에 지닌 뜻. 素意(소의). 素望(소망). 素念(소념). 宿志(숙지). ¶宿心一<任昉>

【素餐】そさん(소찬) 하는 일 없이 관록을 먹음. 또는, 공로 없이 높은 벼슬에 오름. 素飧(소손). 素食(소식). ¶一尸祿<漢書>/尸位一.

【素饌】そせん(소찬) ①고기나 생선을 쓰지 않은 음식. 素菜(소채). ¶其日尙食供一<翰林志> ②맛없는 반찬. 자기가 대접하는 음식을 이르는 겸사. ↔盛饌(성찬).

【素秋】そしゅう(소추) 가을. 三秋(삼추). 九秋(구추). 素商(소상). 高商(고상).

【素懷】そかい(소회) 평소에 지닌 생각. 本懷(본회). ¶一出塵意<韋應物>

▷簡一, 儉一, 潔一, 道一, 朴一, 酸一, 誠一, 束一, 水一, 純一, 尸一, 心一, 約一, 鹽一, 葉綠一, 要一, 元一, 積一, 情一, 窒一, 質一, 尺一, 天一, 靑一, 淸一, 忠一, 臭一, 炭一, 太一, 平一, 弊一, 布一, 寒一, 閑一, 楷一, 毫一, 繪一, 酵一

4 10 〖純〗 1 생사 순 / 2 선두를 준 / 3 묶을 돈 / 4 온전할 전 / 5 검은비단 치
廣 ㄔㄨㄣˊ (chun) じゅん (イト) / 廣 ㄓㄨㄣˇ (zhun) しゅん とん / 先 ㄊㄨㄣˊ せん / 國 (tun) し

풀이 1 ①생사(生絲). ¶今也一儉<論語> ②순색(純色)의 비단. ③순수하다. ¶文王之德之一<詩經> ④오로지. 通 嫥. ¶德不一<國語> ⑤천진하다. ¶蒙厚一樸<呂覽> ⑥도탑다. ¶一孝. ⑦온전하다. ¶一全. ⑧온화하다. ¶從之一如也<論語> ⑨착하다. 通 善. ¶非德不一<史記> ⑩크다. ¶一嘏爾常矣<詩經> ⑪아름답다. 정교함. ¶一麗之物<漢書> ⑫모두. ¶諸侯一九<周禮> ⑬밝다. ¶光一天地<漢書> ⑭길이의 이름. 15척(尺). 2 ①선 두르다. 가선. 通 緣. ¶設莞筵紛一<周禮> ②피륙의 폭. 通 淳. 3 ①묶다. 쌈. 通 稇 纙. ¶白茅一束<詩經> ②피륙의 양(量) 이름. 1돈은 반 필. ¶錦繡千一<戰國策> 4 온전하다. 通 全. ¶二算爲一<禮記> 5 검은 비단. 같 緇·紂. ¶一帛 無過五兩<周禮>

【純潔】じゅんけつ(순결) ①마음에 더러움이 없이 깨끗함. ¶有一之操<王安石> ②이성과의 육체 관계 없이 몸이 깨끗함.

【純潔無垢】じゅんけつむく(순결무구) 마음과 몸이 깨끗하여 조금도 티가 없음.

【純鉤】じゅんこう(순구) 월왕(越王)의 명으로 구야(歐冶)가 만든 명검. 純鈞(순균).

【純金】じゅんきん(순금) 잡물이 섞이지 않은 황금. 精金(정금). ¶常遺扶南王一<南史>

【純度】じゅんど(순도) 물질의 순수한 정도.

【純毛】じゅんもう(순모) 순수한 털실이나 모직물.

【純美】じゅんび(순미) ①순수하고 아름다움. ¶風俗一<歐陽脩> ②미적 정조(情操)만을 일으키는 형상(形象).

【純朴】じゅんぼく(순박) 순진하고 소박함. 純樸(순박).

【純白】じゅんぱく(순백) ①순수한 흰 빛. ②순수하고 깨끗함. ¶機心存于胸中 則一不備<莊子>

【純粹】じゅんすい(순수) ①잡된 것의 섞임이 없음. 精純(정순). ¶一而不雜<莊子>/一文學. ②완전하여 흠이 없음. ③사욕이나 사념(邪念)이 없음.

【純殷】じゅんいん(순은) 한가운데. 중앙. ¶蒼昊之一<王延壽>

【純銀】じゅんぎん(순은) 순수한 은. 正銀(정은).

【純益】じゅんえき(순익) 순수한 이익. 純利(순리).

【純一】じゅんいつ(순일) ①순전하고 단일함. ②마음이 순박함. ¶至虛無一<淮南子>

【純全】じゅんぜん(순전) 티없이 완전함.

【純情】じゅんじょう(순정) ①순진한 성정(性情). ②순결한 애정.

【純種】(순종) 딴 계통이 섞여들지 아니한 순수한 종(種). ↔雜種(잡종).

【純直】じゅんちょく(순직) 순진하고 정직함. ¶惇少一<北史>

【純眞】じゅんしん(순진) 순수하고 참됨. 자연 그대로이며 티가 없음. 無垢(무구). ¶白鷺之白非一<李白>

【純帛】しはく(치백) 검은 비단.

▷纘一, 單一, 不一, 溫一, 一一, 全一, 貞一, 精一, 至一, 眞一, 淸一, 忠一, 緇一, 下一, 畫一

4
10【紜】 어지러울 운 | 文ㄩㄣˊ (yun) | うん *dizzy*

풀이 어지럽다. 사물이 많아 어지러움. ¶ 牛馬走——<白居易>

4
10【紝】 짤 임 | 沁ㄖㄣˋ 侵(ren) | じん(オル) *weave*

풀이 ①짜다. 베를 짬. ¶ 可充一織<北史> ②베틀에 거는 실. ③비단. 명주(明紬). ¶ 織一組紃<禮記>

4
10【紙】 종이 지 | 紙ㄓˇ (zhi) | し(カミ) *paper*

풀이 ①종이. ¶ 以楮爲一<蘇易簡>/白一. ②종이를 세는 단위. 장. ¶ 千萬一<元史>

【紙價】しか(지가) 종이값.
【紙匣】しこう(지갑) ①종이로 만든 갑. ②韓 가죽·헝겊 따위로 쌈지같이 만든 것으로, 돈·증명서 등을 넣어 휴대하는 데 씀.
【紙燈】しとう(지등) 종이로 만든 초롱.
【紙籠】しろう(지롱) 종이로 만든 등롱. 초롱.
【紙縷】(지루)中 지승(紙繩).
【紙類】しるい(지류) 종이 종류.
【紙馬】しば(지마) 귀신을 제사지낼 때 쓰는, 오색 종이에 신상(神像)을 그린 것. ¶ 用一以祀鬼神<知新錄>
【紙面】しめん(지면) ①종이의 겉면. ②신문, 잡지 따위의 기사를 실은 면. 紙上(지상). ③편지, 문서의 문언(文言).
【紙墨】しぼく(지묵) 종이와 먹.
【紙物】しぶつ(지물) 종이의 총칭. 紙屬(지속).
【紙物鋪】(지물포) 종이 가게. 紙廛(지전).
【紙榜】(지방)韓 종이에 신위(神位) 이름을 써서 간단히 만든 신주.
【紙背】しはい(지배) ①종이나 문서의 뒷면. ②문서의 문면 뒤에 담긴 깊은 뜻. ¶ 眼透一.
【紙上】しじょう(지상) 신문, 잡지의 기사가 실려 있는 면. 紙面(지면)②.
【紙上空文】しじょうくうぶん(지상공문) 실행할 수 없는 헛된 조문(條文).
【紙所】(지소) ①종이를 만드는 곳. ②천민인 지장(紙匠)이 집단으로 거주하던 곳.
【紙屬】(지속) ☞紙物(지물).
【紙繩】かみ(지승) 종이로 꼰 노끈. 撚紙(연지). ¶ 一工藝. 「¶ 一社.
【紙業】(지업) 종이를 생산·판매하는 영업.
【紙雨傘】カミアマガサ(지우산) 종이우산.
【紙衣】しい(지의) ①종이로 만든 옷. ¶ 常衣一<辯疑志> ②염습할 때 시체에 입히는 종이옷. 冥衣(명의). 明衣(명의). ¶ 遺命葬以一瓦棺<元史> ③《佛》 영혼을 천도(薦度)할 때 쓰는, 종이로 만든 영가(靈駕)의 옷.
【紙匠】しじょう(지장) 종이를 뜨는 공인(工人). 紙工(지공). ¶ 有熟一十人<西溪叢書>
【紙田】しでん(지전) 종이에 글을 씀을 밭을 갊에 비유하여 이르는 말. 필경(筆耕)으로 생계를 잇는 생활. ¶ 窮年墾一<楊萬里>
【紙錢】しせん(지전) ①지폐(紙幣). 紙貨(지화). ②장례 때, 돈 모양으로 오려 관에 넣는 종이. 冥錢(명전).
【紙廛】(지전) ☞紙物鋪(지물포).
【紙質】しっ(지질) 종이의 품질. 紙地(지지).
【紙片】しへん(지편) 종이 조각.
【紙幣】しへい(지폐) ①종이 화폐. 紙貨(지화). ②신에게 바치는 폐백. 紙錢(지전). 冥錢(명전). ¶ 竟持一挂廟陬<梅堯臣>
【紙筆墨】(지필묵) 종이와 붓과 먹.
▷嘉一, 諫一, 簡一, 間一, 缺一, 界一, 故一, 空一, 官一, 罫一, 斷一, 臺一, 滿一, 墨一, 薄一, 半一, 白一, 色一, 生一, 熟一, 試一, 試驗一, 新聞一, 洋一, 用一, 原一, 油一, 銀一, 印一, 壯一, 剪一, 製一, 竹一, 窓戶一, 尺一, 牒一, 破一, 片一, 便一, 廢一, 包裝一, 表一, 筆一, 韓一, 畫一, 厚一, 休一

4
10【紖】 고삐 진 / 인 | 軫ㄓㄣˋ 軫(zhen) | ちん, いん(ハナヅナ) *rein*

풀이 ①고삐. 소의 고삐. ¶ 牛則執一<禮記> ②밧줄. 같 紼. ③수레를 끄는 밧줄.

10【紇】 紇(p. 1157)의 本字

5
11【紺】 반물 감 | 勘ㄍㄢˋ (gan) | かん, こん *dark blue*

풀이 반물. 감색. ¶ 一碧.

【紺色】こん(감색) 검은빛을 띤 남빛. 반물.
【紺宇】かんう·こんう(감우) ①귀인(貴人)의 저택. ¶ 一出青蓮<蘇軾> ②절의 별칭. 紺園(감원). ¶ 一橫天室<宋之問>
【紺園】こんえん(감원) ①나무잎이 울창한 동산. ¶ 一澄夕霽<沈佺期> ②절의 별칭. ¶ 敞朗一開<劉憲>
【紺珠】かんじゅ·こんじゅ(감주) ①손으로 어루만지면 기억이 되살아난다는 구슬. ②박학다식(博學多識)의 비유. 또는, 유서(類書)의 이름으로 쓰임. ¶ 小學一<方回>
【紺青】こんじょう(감청) ①짙은 군청색 안료(顏料). 空青(공청). 金青(금청). ¶ 一五十匹<魏志> ②짙고 산뜻한 남빛.

5
11【絅】 1 끌어쥘 경 2 홑옷 경 | 青ㄐㄩㄥˇ 迥(jiong) | けい

풀이 1 ①끌어죄다. 다잡음. ②엄하다. 심함. 2 홑옷. 通 褧. ¶ 衣錦尚一<中庸>

11【経】 經(p. 1171)의 俗字

5
11【絝】 풀이름 고 | 虞 | こ

5
11【絇】 신코 장식 구 | 虞ㄑㄩˊ 遇(qu) | く

풀이 ①신코 장식. ¶ 繩屨無一<禮記> ②합사(合絲)로 짠 피륙의 올. ③올가미.
▷屨一, 青一

11〖絽〗 紀(p.1154)와 同字

5
11〖累〗
1 묶을 루 㕛 ㄌㄟˊ るい
2 포갤 루 㕛(lei) (シバル)
3 괴롭힐 루 㕛 tie
4 벌거벗길 라 㕛 ら
5 땅이름 렵 㕛 りょう

풀이 1 ①묶다. ¶係一其子孫<孟子>/一囚. ②새끼를 찾는 어미소. ㉠纍. 2 ①포개다. 여럿. ¶層臺一榭<楚辭>/一世. ②늘다. 늘임. ㉤絫. ③쌓다. 쌓임. ¶善一而後進之<穀梁傳> ④빈번히. 잇달아서. ¶一戰皆捷<晋書> ⑤모두. ¶一數皆至也<穀梁傳>/一計. 3 ①괴롭히다. ㉮수고를 끼치다. ¶終一大德<書經> ㉯위탁하다. ¶天其一我以民<漢書> ②번거로움. ㉮근심. ¶此國一也<戰國策> ㉯부담. 패배. ¶主無所避其一矣<呂覽> ③연루. 언걸먹다. 연루(連累)됨. ¶坐小一下<唐書> ④패거리. 권속(眷屬). ¶迎其家一<晋書> ⑤따르다. ¶則蓬一而行<史記> ⑥두려워하게 하다. ¶因太祖以一其心<淮南子> 4 벌거벗기다. ㉠裸. ¶爲大夫一之<禮記> 5 땅 이름.

【累家】るいか·るいけ(누가) 대대로 이어온 집안.
【累計】るいけい(누계) 소계(小計)를 누가(累加)하여 계산함. 또는, 그 합계. 累算(누산).
【累句】るいく(누구) ①둔하고 어색한 데가 많은 글귀. ¶爲文章 多鄙言一<宋書> ②자기 시문(詩文)의 겸칭.
【累及】るいきゅう(누급) ☞ 累坐(누좌).
【累年】るいねん(누년) 여러 해. 해를 거듭함. 累歲(누세). 連年(연년). 積年(적년). 累載(누재).
【累代】るいだい(누대) 대대(代代). 累世(누세). ¶焚一之寶<晋書>
【累卵】るいらん(누란) 포개어 놓은 알이라는 뜻으로, 매우 위태함을 비유하여 이름. 重卵(중란). ¶危如一<胡銓>
【累卵之危】るいらんのき(누란지 위) 포개어 놓인 알처럼 금방 무너질 듯한 위태로움. 매우 위험한 형편을 비유하는 말. 危於累卵(위어누란). ¶去一 就永安之計<鍾會>
【累萬】るいまん(누만) 아주 많은 수. ※鉅萬(거만).
【累犯】るいはん(누범) 범죄를 거듭함. 또는, 그 죄인. 전과자가 다시 범죄함. ¶一者.
【累世】るいせい(누세) 세대를 거듭하여 내려옴. 累代(누대). 代代(대대). 累葉(누엽). ¶一之怨<戰國策>
【累葉】るいよう(누엽) ☞ 累世(누세).
【累載】るいさい(누재) ☞ 累年(누년).
【累積】るいせき(누적) 포개어 쌓음. 포개어 쌓임. 累蓄(누축). ¶交加一<宋玉>
【累祖】るいそ(누조) ①대대의 조상. 先祖代代(선조대대). ②나그네의 안전을 지키는 신. 道祖神(도조신). 祖神(조신).
【累朝】るいちょう(누조) 대대의 조정. 歷朝(역조).
【累坐】るいざ(누좌) 남의 범죄에 연루되어 벌을 받음. 언걸먹음. 連坐(연좌). 累及(누급).
【累增】るいぞう(누증) 갈수록 점점 더함. 거듭하여 더함.
【累進】るいしん(누진) ①계급·등급 따위가 여러 차례 거듭하여 올라감. 累遷(누천). ②가격·수량 따위가 증가됨에 따라 그에 대한 비율이 점점 높아짐. ¶一稅. 「번.
【累次】るいじ(누차) 여러 차례. 거듭하여 여러
【累遷】るいせん(누천) 벼슬이 자꾸 올라감. 累進(누진)①.
【累七】るいしち(누칠)《佛》사후 49일까지, 7일째마다 추선공양(追善供養)하는 일. 齋七(재칠).
▷家一, 係一, 繫一, 口腹一, 物一, 煩一, 縲一, 負俗一, 私一, 世一, 俗一, 損一, 連一, 外一, 積一, 情一, 罪一, 增一, 塵一, 炊一, 禍一, 患一

11〖絒〗 綸(p.1176)의 俗字

5
11〖絉〗 버선 말 ㉠ㄨㄚˋ ばつ ㉡(wa)

풀이 ①버선. ㉠韈. ②허리띠. ㉠袜.

5
11〖絆〗 줄 반 ㉠ㄅㄢˋ はん,ばん(キズナ) (ban) bond

풀이 ①줄. ㉮말의 다리를 얽매어 못 걷게 하는 줄. ¶一驥還千里<庾信> ㉯물건을 얽매는 줄. ¶仁義之羈一<漢書> ②얽어매다. ¶籠一朝市<隋書>
【絆子】(반자)㊥ 발을 얽매어 못 걷게 하는 것.
【絆創膏】ばんそうこう(반창고) 고약의 한 가지로, 피부에 붙이도록 한 헝겊이나 테이프. 붕대를 고정시키는 데도 씀.
▷脚一, 系一, 拘一, 羈一, 籠一, 勒一, 四一, 圉一, 連一, 縶一, 絕一, 釘一, 華一

膝 絆
(武備志)

5
11〖紼〗
1 얽힌삼 불 ㉠ㄈㄨˊ ふつ
2 북더기삼 비 ㉡(fu) ひ

풀이 1 ①얽힌 삼. ②동아줄. ¶其出如一<禮記> ③상여를 끄는 줄. ㉠綍. ¶助喪必執一<禮記> ④인끈. ㉤紱. ¶加一而封之<漢書> ⑤폐슬(蔽膝). ㉤芾. ¶一蔽. 2 북더기삼.
【紼謳】ふつおう(불구) ☞ 挽歌(만가).

5
11〖紱〗 인끈 불 ㉠ㄈㄨˊ ふつ (fu) (ヒモ)

㊀紼 ㊁紼

풀이 ①인끈. ¶授單于印一<漢書> ②제복(祭服). ¶朱一方來<易經> ③입다.
【紱冕】ふつべん(불면) 인수(印綬)와 관(冠). 예복. 또는, 고위 고관(高位高官)을 이름. ¶一之緖<後漢書>
▷釋一, 繡一, 纓一, 紆一, 印一, 組一, 朱一, 佩一, 解一, 華一

11【紲】 絏(p. 1162)의 俗字

5/11【紲】 고삐 설 | [屑]ㄒㄧㄝˋ (xie) | せつ(ハナヅナ) *rien*

(略)紲 (同)絏

[풀이]①고삐. ¶臣負羈—＜左氏傳＞ ②오다. ¶雖在縲—之中＜論語＞ ③매다. ¶—絏纍纍＜福惠全書＞ ④실마리. ⑤도지개. ¶譬如終—＜周禮＞ ⑥넘다. (通)跇. ⑦평상복. (通)褻. ¶是—袢也＜詩經＞
▷係—, 羈—, 縲—

5/11【細】 가늘 세 | [霽]ㄒㄧˋ (xi) | さい(コマカイ) *thin*

[풀이]①가늘다. ¶轉看腰—＜梁元帝＞/—流. ②작다. ¶沙土人—＜淮南子＞/—小. ③여위다. ¶豊—異形＜劉楨＞ ④적다. 드묾. ¶雲—月娟娟＜蘇軾＞ ⑤잘다. 자세함. ¶帛心薄—＜蔡邕＞ ⑥잗달다. 번거로움. ¶其—已甚＜左氏傳＞ ⑦비천하다. ¶與寒— 無異＜南史＞ ⑧미약하다. ¶風—雨聲遲＜梁元帝＞ ⑨소인(小人). ¶抑奸—不逞之計＜晋書＞ ⑩가는 실. ⑪세밀하다. ¶—看潜溪樹＜元好問＞

【細工】さいく(세공) 잔손질이 많이 가는 수공(手工). 또는, 작은 물건을 만드는 수공. ¶金銀—.

【細君】さいくん(세군) ①제후(諸侯)의 부인. 小君(소군). ②남의 아내를 이르는 말. ③남에 대하여 자기 아내를 이르는 호칭. ¶有傳柑遺—＜蘇軾＞

【細窮民】(세궁민) 매우 가난한 백성.

【細菌】さいきん(세균) 미세한 단세포 미생물(微生物). 박테리아.

【細流】さいりゅう(세류) 작은 시내. 가는 물줄기. ¶河海不擇—＜李斯＞

【細柳】さいりゅう(세류) ①실버들. ¶—夾道生＜劉楨＞ ②서쪽의 들. ¶旦出扶桑 暮入—＜論衡＞

【細柳營】さいりゅうえい(세류영) ①군율(軍律)이 엄정한 군영(軍營). 한(漢)의 주아부(周亞夫)가 장군이 되어 세류(細柳)에 진을 쳤을 때, 다른 진영보다 군율이 엄정하였으므로 순시하던 문제(文帝)가 붙인 이름. ②장군의 막부(幕府). 柳營(유영).

【細馬】さいば(세마) 좋은 말. 良馬(양마). 「함.

【細末】さいまつ(세말) ①곱게 빻은 가루. ②세밀

【細目】さいもく(세목) 잘게 나눈 조목. 또는, 자상하게 규정한 조목. ¶務存大綱 不拘—＜晋書＞

【細民】さいみん(세민) 가난한 백성. 貧民(빈민). 零細民(영세민).

【細密】さいみつ(세밀) 잘고 자세함. 綿密(면밀). 緻密(치밀). ¶雖號— 百姓安之＜北史＞

【細部】さいぶ(세부) 잘게 나뉜 부분. 세밀한 부분. ¶—事項.

【細分】さいぶん(세분) 잘게 나눔.

【細事】さいじ(세사) 자질구레한 일. 些事(사사). 細故(세고). ¶吏人多以—受鞭罰＜南史＞ 「모양.

【細細】さいさい(세세) ①자세한 모양. ②가느다란

【細心】さいしん(세심) ①주의 깊음. 또는, 면밀한 마음. ②대담하지 못함. 도량이 작음. 小膽(소담). 小心(소심).

【細腰】さいよう(세요) ①가는 허리. 미인을 형용하는 말. 柳腰(유요). 蜂腰(봉요). 纖腰(섬요). ¶楚王好—＜後漢書＞ ②절굿공이. 細腰杵(세요저). ③나나니벌. 細腰蜂(세요봉). ④대추. ¶棗名—＜事物異名錄＞

【細雨】さいう(세우) 가랑비. 이슬비. 微雨(미우). 絲雨(사우). ¶—濕高城＜范成大＞

【細作】さいさく(세작) 간첩. 細間(세간). 間者(간자).

【細則】さいそく(세칙) 자세하게 규정한 규칙.

【細胞】さいぼう(세포) ①생물체를 이루는 기본 단위로, 세포핵과 세포질, 원형질막으로 되어 있음. ¶—分裂. ②단체에서, 조직의 최소 구성 단위를 이르는 말. ¶—組織.

【細筆】さいひつ(세필) ①잔글씨를 씀. ②가는 붓.
▷奸—, 巨—, 輕—, 謹—, 縷—, 短—, 明—, 微—, 薄—, 煩—, 繁—, 卑—, 些—, 詳—, 纖—, 疎—, 嚴—, 委—, 柔—, 仔—, 精—

5/11【紹】 [1]이을 소 | [篠]ㄕㄠˋ (shao) | しょう *succeed*
[2]느슨할 초 | [蕭]ㄔㄠ (chao) | *slack*

[풀이][1]①잇다. ¶以此—殷＜呂覽＞ ②받다. ¶迺—天明意＜漢書＞ ③소개하다. 알선함. ¶士爲—擯＜禮記＞ ④단단하게 끈 세 가닥 노끈. [2]느슨하다. ¶匪—匪遊＜詩經＞

【紹介】しょうかい(소개) ①거래 따위가 이루어지도록 주선함. 仲介(중개). ②모르는 사이를 서로 알도록 알선해 줌.

【紹復】しょうふく(소복) 선조나 선배의 사업을 이어 다시 홍왕하게 함. ¶—先王之大業＜書經＞ 「는 行.

【紹衣】しょうい(소의) 들은 바를 그대로 행함. 衣
▷介—, 繼—, 克—, 要—, 遠—, 後—

5/11【絁】 깁 시 | [支]ㄕ (shi) | し(アシギヌ)

[풀이]①깁. ¶輸綾—二丈＜唐書＞ ②가늘다.

5/11【紳】 큰띠 신 | [眞]ㄕㄣ (shen) | しん(オオオビ) *girdle*

[풀이]①큰 띠. 예복에 갖추어 매는 띠. (같)鞕. ¶加朝服拖—＜論語＞ ②다발짓다.

【紳衿】しんきん(신금) 향당(鄕堂)에 있는 사대부(士大夫).

【紳士】しんし(신사) ①도성(都城) 이외에 있는 벼슬아치. 또는, 벼슬에서 물러난 사람. ②교양이 있고 언행이 깨끗한 남자. 君子(군자). ③남자의 미칭. ¶—淑女.

【紳商】しんしょう(신상) ①상도(商道)를 지키는 훌

륭한 상인. 豪商(호상). ②㊥ 신사와 상인.

【紳笏】しんこつ(신홀) 큰 띠와 홀(笏). 문관의 복식을 이름. 官服(관복). ¶一儼然<宋史>
▷高一, 貴一, 纓一, 搢一, 薦一, 解一, 華一

5 11 〖紫〗 자주빛 자 | [紙]ㄗˇ (zi) | し(ムラサキ) *purple*

[풀이] ①자주빛. ¶一煙滿室<梁書>/一色. ②자주빛 의관과 인수(印綬). ¶懷金垂一<後漢書> ③신선·제왕이 사는 곳의 빛깔. ¶一宮/一禁.

【紫蓋】しがい(자개) ①수레의 자주빛 덮개. ¶青幢一<韓愈> ②별 이름. ¶黃旗一<宋書>

【紫姑】しこ(자고) 뒷간의 신(神). 이 신은 생전에 첩으로, 정처의 시샘 때문에 늘 뒷간 청소를 하다가 죽었는데, 후세에 정월 보름날 뒷간 가까이에서 제사지내고 길흉을 점치는 민속이 생겼음. 子姑(자고).

【紫誥】しこう(자고) 조서(詔書). 자색 종이에 쓴 데서 생긴 이름.

【紫宮】しきゅう(자궁) ①별 이름. 紫微宮(자미궁). ②대궐. ¶雙飛入一<晋書> ③신선이 있는 곳. ¶青丘山上有一<神異經>

【紫極】しきょく(자극) ①대궐. ②제위(帝位). ¶希心一<晋書>

【紫禁】しきん(자금) 대궐. 紫微(자미)②. ¶收華一<謝莊> ※紫微宮(자미궁).

【紫禁城】しきんじょう(자금성) ①북경(北京)에 있는 청(淸)대의 궁전. ②대궐. 宮禁(궁금).

【紫氣東來】しきとうらい(자기동래) 성인(聖人)이 옴. 또는, 벗이 옴. ¶火雲千丈 一<長生殿>

【紫泥書】しでいしょ(자니서) 조서(詔書). 紫泥封(자니봉).

【紫磨】しま(자마) 순금(純金).

【紫陌】しはく(자맥) 도성(都城)의 길. ¶高樓對一<李白>

【紫冥】しめい(자명) 하늘. 紫穹(자궁). 紫虛(자허). ¶翰飛一<高允>

【紫微】しび(자미) ①북두(北斗)의 북쪽에 있는 별의 이름. 천제(天帝)의 궁궐이라 함. 紫微宮(자미궁). ②궁궐. 禁城(금성). 京師(경사). 紫禁(자금). ③당(唐)대 중서성(中書省)의 별칭.

【紫微宮】しびきゅう(자미궁) ☞紫微(자미)①.

【紫塞】しさい(자새) 만리 장성(萬里長城)의 별칭. 그 흙이 자주빛인 데서 생긴 이름. ¶北走一鴈門<鮑照>

【紫書】ししょ(자서) 도가(道家)의 경전(經典). 道經(도경).

【紫石稜】しせきりょう(자석릉) ①농주(隴州)에서 나는 자주빛의 모난 돌. ②눈에 능각(稜角)이 있어 눈빛이 날카로움을 이름. ¶温眼如一<晋書>

【紫石英】しせきえい(자석영) 자수정(紫水晶).

【紫霄】ししょう(자소) ①하늘. 青霄(청소). 碧霄(벽소). ¶表裏一<鮑照> ②왕궁(王宮). ¶一宮闕<韓偓>

【紫水晶】ムラサキすいしょう(자수정) 자주빛 수정. 紫石英(자석영).

【紫筍】しじゅん(자순) 좋은 차(茶)를 이름. ¶造一茶<元史>

【紫宸】ししん(자신) 천자의 궁전. 紫宸殿(자신전).

【紫宸殿】ししんでん(자신전) ☞紫宸(자신).

【紫煙】しえん(자연) ①자주빛 연기. 또는, 자주빛 안개. 이내. ¶駕鴻乘一<郭璞> ②담배 연기.

【紫玉玦】しぎょくけつ(자옥결) 차(茶)의 별칭. ¶遠致一<蘇軾>

【紫宇】しう(자우) ①영기(靈氣). ②눈썹 언저리. 眉宇(미우).

【紫電】しでん(자전) ①자주빛 번개. ¶上通一<陳琳> ②상서로운 빛. 瑞光(서광). ③빠른 모양. ④예리한 눈빛의 비유. ¶一明雙瞳<李白> ⑤오(吳)의 명검(名劍) 이름.

【紫庭】してい(자정) 대궐의 뜰. 宮庭(궁정). 禁裏(금리). ¶希涉一<後漢書>

【紫宙】しちゅう(자주) 하늘. 紫虛(자허). ¶綱一兮<江淹>

【紫霞】しか(자하) ①보라빛 안개. ¶乘一<陸機> ②선궁(仙宮). ¶高擧凌一<李白>

【紫虛】しきょ(자허) 하늘. ¶排霞凌一<曹植>
▷金一, 濃一, 賜一, 純一, 襲一, 深一, 朱一, 淺一, 青一, 紅一

5 11 〖紵〗 모시 저 | [語]ㄓㄨˋ (zhu) | ちょ(カラムシ)

[풀이]①모시. ¶可以漚一<詩經> ②모시베. ¶揄一縞<史記>

5 11 〖組〗 [1]끈 조 [2]땅이름 저 | [麌]ㄗㄨˇ (zu) [魚] | そ(クミヒモ) *string* しょ

[풀이][1]①끈. ¶織紝一紃<禮記> ②짜다. ㉮베를 짜다. ¶執轡如一<詩經> ㉯꿰매다. ¶素絲一之<詩經> ㉰[韓] 짝이 되다. 조직함. ¶一合. ③풀 이름. ¶一草. [2]땅 이름.

【組閣】そかく(조각) 내각(內閣)을 조직함.

【組練】それん(조련) ①갑옷과 투구. 甲冑(갑주). ¶日華光一<張說> ②병사(兵士). 군대. ¶川廻一<李華> ③끈목과 누임질한 명주. ¶曳以一<五代史>

【組成】そせい(조성) 짜 맞추거나 만듦. 構成(구성).

【組織】そしき(조직) ①실을 자아 베를 짬. ¶樹桑麻習一<遼史> ②하나 하나씩 차례로 완성시킴. ¶一仁義<劉峻> ③개개 요소가 결합하여 일체를 이룸. 또는, 그 결합체. ¶私一/一網. ④같은 형태·기능을 가진 세포의 모임. ¶筋肉一.

【組版】クミはん(조판) 인쇄에서, 판을 짜는 일. 또는, 그 판. 製版(제판).

【組合】クミアイ(조합) ①여럿을 모아 한 덩어리가 되게 함. ②공통된 이해(利害)나 사회 직능(社會職能)에 따라 연대적으로 결합된 집단. ③노동 조합(勞動組合), 수리 조합(水利組合) 등의 약칭. ④수학에서, 많은 것 중에서 정한 몇 개의 것을 뽑아 모은 짝.
▷結一, 綺一, 文一, 縫一, 素一, 縟一, 簪一, 朱一, 織一, 綵一, 尺一, 楚一, 解一, 華一

5 11 【終】 끝날 종 | 東ㄓㄨㄥ (zhong) | しゅう(オワル) finish

풀이 ①끝나다. ㉮다하다. ¶數將旣—<呂覽> ㉯그치다. ¶婦怨無—<左氏傳> ㉰마치다. ¶升歌三—<禮記> ㉱걸치다. 미침. ¶—日不食<論語> ㉲이루다. ¶純明則—<國語> ㉳가득 차다. ¶廣—幅<儀禮> ㉴죽다. ¶送其—也<楊惲> ②끝. 종말. ¶愼始而敬—<禮記> ③마침내. ㉮끝에는. 결국. ¶—累大德<書經> ㉯끝까지. ¶—不可諠兮<大學> ④다 감고 끝매듭지은 실. ⑤12년. ¶十二年矣 是謂一—<左氏傳> ⑥사방 100리의 땅. ¶成十爲—<漢書>

【終講】しゅうこう (종강) 강의를 끝마침. 또는, 그 강의.
【終決】しゅうけつ (종결) 결말이 남.
【終結】しゅうけつ (종결) 끝마침. 終末(종말). 終局(종국)②.
【終古】しゅうこ (종고) ①세월이 무궁함. 永久(영구). ¶經—而常然<陸機> ②옛날. 古昔(고석). ¶冠乎—<晋書> ③항상. 평소에. ¶—登阤也<周禮>
【終局】しゅうきょく (종국) ①바둑의 끝내기 단계. 또는, 대국(對局)을 끝냄. ②끝판. 또는, 결말을 지음. 終結(종결).
【終期】しゅうき (종기) ①일의 끝나는 시기. 末期(말기). ②정한 기간의 끝. ↔始期(시기).
【終南捷徑】しゅうなんしょうけい (종남첩경) 종남산(終南山)에 벼슬을 얻는 지름길이 있다는 말. 일정한 단계를 거치지 않고 벼슬을 얻는 것을 이름. 당(唐)대 노장용(盧藏用)이 전시(殿試)에 낙제하고 도성에서 가까운 종남산에 은거하자, 사람들이 그를 은둔한 현사(賢士)로 여기고 그 소문이 임금 귀에 들어가 등용되었다는 옛일에서 온 말.
【終乃】(종내) 마침내. 필경.
【終了】しゅうりょう (종료) 일을 끝냄. 또는, 끝. 結了(결료).
【終幕】しゅうまく (종막) ①연극 따위의 마지막 막. ②사건의 끝판.
【終末】しゅうまつ (종말) 끝. 끝판. 結末(결말). 終尾(종미).
【終無消息】(종무소식) 끝끝내 아무 소식이 없음.
【終生】しゅうせい (종생) ①일생을 마침. ¶誰可與兮—<楚辭> ②한평생. 終身(종신).
【終熄】しゅうそく (종식) 끝남. 그침. 終止(종지).
【終身】しゅうしん (종신) ①한평생. 죽을 때까지. ②임종(臨終).
【終身之計莫如樹人】しゅうしんのけいは ヒトヲウウルニシクハナシ (종신지계 막여수인) 사람이 한평생의 계획을 세우는 데는, 인재를 육성하는 일보다 나은 것이 없음.
【終焉】しゅうえん (종언) ①자리잡고 편히 지내는 일. 또는, 정착할 곳으로 삼는 일. ¶喟然有—之心<魏志> ②다함. 곤궁함. ¶吾道卜—<杜甫> ③일생의 마지막. 죽음. 臨終(임종).
【終業】しゅうぎょう (종업) ①소정의 과정을 마침. 한 학기·학년을 끝냄. 卒業(졸업). 畢業(필업). ¶—式. ②하던 일을 마침.
【終日】しゅうじつ (종일) ①아침부터 저녁까지. 하루 내내. ②하루 해를 마침.
【終場】しゅうじょう (종장) ①과시(科試)에서 마지막 과목의 시험. ②㊥ 종국(終局).
【終戰】しゅうせん (종전) 전쟁을 끝냄. 전쟁이 끝남.
【終點】しゅうてん (종점) 끝나는 곳. 마지막 지점. ↔起點(기점).
【終着】しゅうちゃく (종착) 마지막으로 닿음. 마지막에 이름. ¶—驛. ↔始發(시발).
【終獻】(종헌) 제사에서, 세번째로 잔을 올리는 일. 또는, 그 사람. ※初獻(초헌)·亞獻(아헌).
▷古—, 無—, 死—, 歲—, 始—, 愼—, 令—, 永—, 有—, 臨—, 最—

5 11 【紬】 1 명주 주 2 업 주 3 실마리 주 | 尤ㄔㄡˊ (chou) 宥 宥 | ちゅう (ツムギ) silk しゅう

풀이 1 ①명주(明紬). 굵은 명주. ¶白—<北齊書>/山—. ②잣다. 실을 뽑음. ¶—績日分<史記> ③모아 꿰매다. 철(綴)함. ¶—史記石室金匱之書<史記> ④현(絃)을 타다. ¶—大絃<宋玉> 2 업(業). 일. 3 실마리.
【紬緞】ちゅうだん (주단) 명주와 비단.
▷絹—, 繭—, 白—, 山—

5 11 【紸】 댈 주 | 遇ㄓㄨˋ (zhu) | しゅ(ツケル)

【紸纊】しゅこう (주광) 사람이 운명하려 할 때 입과 코에 새 솜을 대어 솜이 움직이는지를 보는 일. 屬纊(촉광). ¶—聽息之時<荀子>

5 11 【紾】 1 비틀 진 2 결거칠 진 3 실감을 긴 | 軫ㄓㄣˇ (zhen) 銑ㄊㄧㄢˇ 軫 (tian) | しん twist てん きん

풀이 1 ①비틀다. ¶—兄之臂<孟子> ②돌다. 회전함. ¶千變萬—<淮南子> ③감기다. ¶以相繆—<淮南子> ④홑옷. 通袗 襌. ¶—絺綌<論語> 2 ①결이 거칠다. ②끊어지려는 모양. ③새끼를 감다. 3 실을 감다. 팽팽히 감음. ㉠緊.
▷繆—, 錯—

5 11 【紩】 기울 질 | 質ㄓˋ (zhi) | ちつ(ヌウ) patch

풀이 ①깁다. 꿰맴. ②들이다. ③밧줄. 通紼 縪.

5 11 【紮】 묶을 찰 | 黠ㄗㄚ (za) ㄓㄚ (zha) | さつ(マトウ) tie

풀이 ①묶다. 동임. ¶—縛. ②활줌통을 싸매다. ③머무르다. ¶衆軍士且暫—住在此<燕子箋>

5 11 【絀】 꿰맬 출 | 質ㄔㄨˋ (chu) | ちゅつ(ヌウ) sew

풀이 ①꿰매다. 솔기. 通紩. ¶卻冠秫—<史記> ②물리치다. 通黜. ¶君—以

爵<禮記> ③허리를 굽히다. 겸양(謙讓)함. 通詘. ¶恭敬縛一<荀子> ④ 中 부족하다.

5 11【紽】 타래 타 | 廣ㄊㄨㄛˊ(tuo) | た skein

풀이 타래. 실을 세는 단위. ¶素絲五一<詩經>

11【組】 綻(p.1179)과 同字

5 11【紿】 속일 태 | 賄ㄉㄞˋ(dai) | たい(アザムク) deceive

풀이 ①속이다. 通詒. ¶一呂祿<史記> ②의심하다. ③빌리다. 通貸. ④이르다. ¶出百死而一一生<淮南子> ⑤느슨하다. ⑥게을리하다. ⑦실이 삭아서 약해지다.

11【統】 ☞ 糸部 6획(p.1170)

5 11【絃】 1 악기줄 현 2 밧줄 현 | 先ㄒㄧㄢˊ(xian) 霰 | げん (イト)

풀이 1 ①악기 줄. 通弦. ¶絕一. ②현악기(絃樂器). 거문고·가야금 따위. ¶絲竹筦一<漢書> ③현악기를 타다. ¶令樂人調一之<史記> 2 밧줄.

【絃樂】げんがく(현악) 현악기로 연주하는 음악. ¶管一/一四重奏.

▷管一, 嬌一, 斷一, 大一, 伯牙絕一, 繁一, 悲一, 小一, 續一, 夜一, 絕一, 朝歌夕一, 調一, 淸一, 彈一

6 12【絳】 진홍 강 | 絳ㄐㄧㄤˋ(jiang) | こう(アカ) scarlet

풀이 ①진홍(眞紅). 진홍색. ¶衣一衣<漢書> ②땅 이름. ¶一州. ③합치다. 通縫.

▷似一, 緹一, 淺一

12【絛】 絳(p.1166)과 同字

6 12【結】 1 맺을 결 2 이을 계 | 屑ㄐㄧㄝˊ(jie) 霽 | けつ(ムスブ) tie けい

풀이 1 ①맺다. ㉮묶다. ¶一束相連<後漢書> ㉯매듭을 짓다. ¶上古一繩而治<易經> ㉰단단하게 하다. ¶一根彌於華岱<孫綽> ㉱동여매다. ¶精華一紐<春秋元命苞> ㉲사귀다. 약속하다. ¶好以義一<摯虞> ㉳쌓다. 모음. ¶傾雲一流藹<陸機> ㉴거두다. 닫다. ¶德車一旌<禮記> ㉵열매를 맺다. ¶花落實一<傅玄> ㉶마음이 울적해지다. ¶我心薀一兮<詩經> ㉷여막, 암자 따위를 짓다. ¶一廬在人境<陶潛> ㉸끝내다. ¶思乎其所一<淮南子> ㉹완성하다. ¶使陰里一之<左氏傳> ②매듭. 솔기. ¶帶有一<左氏傳> ③바로잡다. 문책함. ¶以一延年<漢書> ④물리치다. 막음. ¶一徒營<張衡> ⑤굽다. 굽힘. ¶一軌還轅<漢書> ⑥결구(結句). ⑦증서(證書). ⑧《佛》 번뇌. ¶斷一成佛<法華經> 2 ①잇다. 같系. ¶釋之跪而一之<漢書> ②상투. 通髻. ¶激楚之一<楚辭>

【結跏趺坐】けっかふざ(결가부좌) 《佛》 좌선(坐禪)할 때의 바른 좌법(坐法)으로, 좌우 다리를 각각 반대쪽 넓적다리에 올려 금강불괴(金剛不壞)의 자세를 취하는 일. 僧趺(승부). 結跏(결가). ↔半跏趺坐(반가부좌).

【結界】けっかい(결계) 《佛》 ①불도를 닦는 데 방해가 되는 것을 일체 금하여 들어오지 못하게 하는 구역. ②절의 내진(內陣) 또는 외진에 승속(僧俗)의 좌석을 구분하기 위하여 마련한 목책(木柵). ③출입금지 구역.

【結果】けっか(결과) ①열매를 맺음. 結實(결실). ②원인에 의하여 이루어진 결말. 成果(성과). ↔原因(원인). ③최후. 끝남. ④일의 끝판. ⑤죽임. ¶莫若無人處一了他<福惠全書>

【結課】けっか(결과) 벼슬아치의 근무 성적을 조사하는 일. 考課(고과). ¶常綢繆於一<孔稚珪>

【結句】けっく(결구) 시문(詩文) 등의 마지막구(句).

【結構】けっこう(결구) ①얽거나 엮어 만듦. 또는, 그 짜임새. ②집이나 문장 등을 지음. ¶一文辭<後漢書>

【結局】けっきょく(결국) ①마침내. 필경. ②장기·바둑의 끝판. 終局(종국).

【結黨】けっとう(결당) ①정당(政黨)을 결성함. ②도당(徒黨)을 만듦. ¶一連群<張衡>

【結聯】けつれん(결련) ①결부시킴. ¶且復一他種<漢書> ②율시(律詩)의 제7·제8의 두 구(句).

【結綠】けつりょく(결록) 옛날 송(宋)에 있었다는 미옥(美玉). ¶宋有一<戰國策>

【結論】けつろん(결론) ①의론(議論)의 끝마무리를 이루는 부분. ②삼단 논법(三段論法)의 세째 명제. 곧, 단정(斷定).

【結縭】けつり(결리) ①딸이 시집갈 때 어머니가 딸의 띠에 향주머니를 채워주던 일. 結帨(결세). ②출가(出嫁). 결혼.

【結末】けつまつ(결말) 끝. 끝마무리. 終局(종국). 結尾(결미).

【結盟】けつめい(결맹) 맹약(盟約)을 맺음. 締盟(체맹). ¶解仇一<後漢書>

【結縛】けつばく(결박) ①몸이나 두 손을 묶어 자유를 빼앗음. ②《佛》 번뇌(煩惱). ¶煩惱一<無量壽經>

【結髮】けっぱつ(결발) ①쪽을 찌거나 상투를 틂. ②정처(正妻). 본처(本妻). 원배(元配). ③관례(冠禮). 또는, 그 나이 무렵. ¶臣一遊學<史記>

【結髮夫婦】けっぱつふうふ(결발부부) ①관례(冠禮)를 올린 해에 결혼한 부부. ②정식으로 혼인한 부부. 結髮夫妻(결발부처).

【結卜】(결복) ①조세(租稅)를 매기는 데에 쓴 토지 면적 단위. 목·짐·뭇의 총칭. 結負(결부). ②韓 짐짝을 묶음.

【結付】けっぷ(결부) 서로 연결됨. 또는, 서로 부합함.
【結負】(결부) ☞結卜(결복)①.
【結氷】けっぴょう(결빙) 얼음이 얾. 또는, 그 얼음. 結凍(결동). 凍氷(동빙). ¶陰精正一<張彙征>
【結社】けっしゃ(결사) 공동의 목적을 위하여 단체를 결성함. 또는, 그 단체.
【結辭】けつじ(결사) 끝맺는 말. 또는, 그 글. 結語(결어).
【結成】けっせい(결성) ①단체의 조직을 형성함. ②동맹(同盟)을 맺음. ③성취함. ¶兼言事一<庾肩吾>
【結稅】(결세) 옛날, 토지의 결복(結卜)에 따라 매기던 조세(租稅).
【結束】けっそく(결속) ①한 덩이로 묶음. ¶何爲自一<古詩> ②여행, 출진(出陣)을 위한 몸차림. 結裝(결장). ③얽매임. 羈束(기속). 拘束(구속). ¶何以自一<孟郊> ④끝남. 마무리함. ⑤약속함. 同盟(동맹).
【結手】(결수) ☞結印(결인).
【結綬】けつじゅ(결수) 관인(官印)의 인끈을 맨다는 말로, 관직에 취임함을 이름. ¶一登王畿<顏延之> ↔解綬(해수).
【結數】(결수) 결복(結卜)의 수효.
【結繩文字】けつじょうもじ(결승문자) 고대에 노끈을 매듭지어 일종의 부호 문자로서 쓰던 것.
【結繩風】けつじょうのふう(결승풍) 태고의 풍속·양상. ¶深村人有一<陸游>
【結實】けつじつ(결실) ①열매를 맺음. ¶一如麥<晋書> ②성과를 얻음. ③확실히. ¶不可太一<福惠全書>
【結審】けっしん(결심) 재판에서, 심리(審理)를 마침을 이름. ¶一公判.
【結緣】けつえん①·けちえん②(결연) ①인연을 맺음. ↔離緣(이연). ②《佛》 불도에 귀의(歸依)함. ¶和光同塵 一之始<止觀>
【結義】(결의) 의형제(義兄弟)를 맺음. ¶桃園一<三國志演義>/一兄弟.
【結印】(결인)《佛》 두 손의 손가락을 맞붙여 법덕(法德)의 표시인 인(印)을 맺음. 結手(결수).
【結者解之】(결자해지)(韓) 맺은 사람이 풀어야 한다는 말로, 일을 저지른 사람이 그 일로 인한 문제를 해결해야 함의 뜻.
【結晶】けっしょう(결정) ①광물 등이 일정한 법칙에 따라 특유의 규칙적 형태를 이룬 상태. 또는, 그 물질. ②애써 노력한 끝에 얻은 보람된 결과. ③뭉쳐서 단단해짐. 凝固(응고).
【結集】けっしゅう(결집) ①한데 모여 뭉침. ②《佛》 석가가 죽은 뒤, 제자들이 모여 이단(異端)을 막고 불타(佛陀)의 설법(說法)을 경전으로 펴낸 일.

【結草報恩】くさをむすびておんにむくゆ(결초보은) 죽어서 은혜를 갚음을 이름.
【유래】 전국 시대 진(晋)의 위무자(魏武子)는 병이 들자 아들 과(顆)를 불러, 만일 자기가 죽거든 첩을 개가시키라고 유언했다가, 다시 마음이 바뀌어 자기를 따라 순사(殉死)하게 하도록 명하고 죽었다. 과는 아버지의 정신이 맑았을 때의 유언을 따라 서모(庶母)를 다른 집에 개가하게 했다. 그후, 그는 출진하여 진(秦)의 용사 두회(杜回)와 싸웠는데, 이때 한 노인이 나타나서 두회가 달려오는 길에 풀을 잡아매어 놓아 두회를 걸려 넘어지게 했다. 그리하여 과는 손쉽게 두회를 사로잡고 승전고를 울렸다. 그날밤 과의 꿈에 나타난 그 노인은, 자기 딸의 순사를 막아 목숨을 살려준 은혜를 갚기 위해 적장의 앞길에 풀을 잡아매었던 것이라고 말했다.<左氏傳>

【結託】けったく(결탁) 서로 연계하여 한통속이 됨. 합심하여 서로 도움. ¶一善惡同<陶潛>
【結夏】けつげ(결하)《佛》 음력 4월 15일부터 90일 동안 중이 여름 수도에 들어가는 일. 夏安居(하안거). 結制(결제). 夏籠(하롱).
【結合】けつごう(결합) 서로 합하여 하나가 됨. ¶一體.
【結好】けっこう(결호) 친교를 맺음. 친근해짐. 結款(결관).
【結婚】けっこん(결혼) 부부 관계를 맺음. 結昏(결혼). ¶爲壽一<漢書>
【結喉】けっこう(결후) 울대뼈.
▷哽一, 固一, 科一, 括一, 絓一, 魁一, 交一, 捲一, 歸一, 糾一, 團一, 凍一, 屯一, 面一, 撫一, 百一, 紛一, 氷一, 死一, 約一, 連一, 聯一, 縈一, 蘊一, 完一, 枉一, 要一, 紆一, 憂一, 鬱一, 冤一, 誘一, 凝一, 積一, 纏一, 終一, 集一, 締一, 總一, 解一

6 12 【絝】 바지 고 | 遇 ㄎㄨˋ (ku) | こ(ハカマ) *trousers*
▷絳一, 小一, 野一, 襦一, 皮一, 紈一

6 12 【絖】 솜 광 | 漾 ㄎㄨㄤˋ (kuang) | こう(ワタ) *cotton*

6 12 【絓】 1 걸릴 괘·과 2 풀솜실 괘 | 卦 圖 ㄍㄨㄚˇ (gua) 佳 | かい, か *stick* かい
풀이 1 ①걸리다. 通挂. ¶心一結而不解<楚辭> ②홀로. 단독. ③거친 명주. ④막히다. 거리끼어 멈춤. 通[illegible]. 2 ①풀솜실. 괘사(絓絲). ②솜을 자루에 넣어 물에 담가 씻는 일.

6 12 【絞】 1 목맬 교 2 염습 효 3 검누른 명주 교 | 巧 ㄐㄧㄠˇ (jiao) 肴 ㄒㄧㄠˊ (xiao) 效 | こう (クビル) *strangle*
풀이 1 ①목매다. ¶若其有罪 一縊以戮<左氏傳> ②꼬다. 새끼를 꼼. ③묶다. ④두르다. 에두름. ⑤엄하다. 조금의 여유도 없음. ¶直而無禮則一<論語> ⑥헐뜯다. 비방(誹謗)함. ⑦주(周)의 나라 이름. ⑧땅 이름. 춘추 시대 주(周)의 읍(邑). 2 ①염습(斂襲). ¶小斂布一<禮記> ②초록빛. ¶褒一衣以裼之<禮記> 3 검누른 명주.
【絞死】こうし(교사) 목매어 죽음. 또는, 목을 졸라 죽임.

【絞首】こうしゅ(교수) 목을 조름. 목을 졺.
【絞紟】こうきん(효금) 絞는 대렴(大斂)·소렴(小斂) 때에 옷을 매는 연두빛의 천. 紟은 홑옷.
【絞帶】こうたい(효대) 상복(喪服)에 띠는 삼띠. 腰絰(요질).

斬衰絞帶 (禮器圖)

6
12〖絭〗 멜빵 권 |願ㄑㄩㄢˋ (quan) 先 |けん (タスキ)

풀이 ①멜빵. 소매를 걷어 매는 끈. ②묶다. 속박함. ③보다. 돌아보다. (통)眷. ¶一其首尾<太玄經> ④쇠뇌. 여러 개의 화살을 잇달아 쏘게 만든 활.

6
12〖給〗 넉넉할 급 |緝ㄐㄧˇ(ji) ㄍㄟˇ(gei) |きゅう(タリル) *enough*

풀이 ①넉넉하다. ¶古者上求薄 而民用一<淮南子> ②더하다. 보탬. ¶且何地以一之<呂覽> ③대다. 공급함. ¶恐不能一也<戰國策> ④갖추어지다. ¶外內齊一<國語> ⑤주다. ¶一錢五萬以助其裝<宋史> ⑥미치다. ¶豫而後一<國語> ⑦빠르다. 제때에 댐. ¶言論一捷<後漢書> ⑧급여(給與). ¶仰一縣官<史記> ⑨말미. 휴가(休暇). ¶不一復憂盜賊治官事<漢書> ⑩말이 재다. 구변이 좋음.
【給料】きゅうりょう(급료) 노력에 대한 보수.
【給付】きゅうふ(급부) 재물을 공급 교부(交付)함. ¶反對一.
【給仕】きゅうじ(급사) 일제(日帝) 때 관공서, 회사, 단체 따위에서 심부름하는 아이를 일컫던 말.
【給水】きゅうすい(급수) 물을 공급함.
【給食】きゅうしょく(급식) ①음식물을 공급함. 식사를 제공함. ②생계를 세움.
【給與】きゅうよ(급여) 돈이나 물품을 줌. 또는, 그 돈이나 물품.
【給油】きゅうゆ(급유) 기름을 공급함. ¶一所.
▷加一, 減一, 經一, 高一, 共一, 供一, 官一, 口一, 饋一, 敏一, 配一, 辯一, 奉一, 俸一, 富一, 分一, 賜一, 辭一, 賞一, 贍一, 昇一, 女一, 年一, 佞一, 營一, 完一, 倭一, 饒一, 月一, 恩一, 日一, 自一, 資一, 粗一, 坐一, 周一, 週一, 支一, 賑一, 捷一, 寵一, 出一, 充一, 豊一, 餉一, 汁一

12〖絚〗 緪(p. 1179)과 同字

6
12〖絡〗 맥락 락 |藥ㄌㄨㄛˋ (luo) |らく(カラム) *veins*

풀이 ①맥락. ¶其實一濡<素問> ②헌솜. ③누이지 아니한 삼[麻]. ④명주. 깁. ⑤생명주. ⑥두레박끈. ⑦얼레에 감은 실. ⑧고삐. ¶晨風白金一 桃花紫玉珂<梁簡文帝> ⑨얽다. 얽힘. ¶緜一天地<漢書> ⑩에두르다. ¶籠山一野<班固> ⑪묶다. 잡아맴. ¶鄭綿一些<楚辭> ⑫잇다. 계속됨. ¶連一. ⑬그물. 그물눈과 같은 것. ¶振天維 衍地一<張衡> ⑭조리(條理). 사리. ¶地典受州一<論語摘輔象>
【絡繹】らくえき(낙역) 내왕이 끊임이 없음. 絡驛(낙역). ¶一不絕<後漢書>
【絡纓】らくえい(낙영) 말의 가슴걸이.
▷結一, 經一, 繫一, 交一, 羈一, 羅一, 籠一, 幕一, 網一, 脈一, 綿一, 蒙一, 覆一, 連一, 聯一, 纓一, 維一, 織一, 穿一, 包一

6
12〖絫〗 포갤 루 |紙ㄌㄟˇ (lei) |るい(ツム) *pile up*

풀이 ①포개다. 쌓음. (같)累. ②무게의 단위. 수(銖)의 10분의 1.

6
12〖絣〗 1 명주 붕 2 켕긴 줄 팽 |庚ㄅㄥ 梗(beng) |ほう *silk*

풀이 1 ①명주. 무늬 없는 명주. ②줄무늬베. ③솜. ¶妻自組甲一<戰國策> ④잇다. 이어짐. ¶將一萬嗣<後漢書> ⑤섞이다. ¶一之以象類<漢書> ⑥먹줄을 치다. ⑦활시위를 얹다. (같)絣. 2 ①켕긴 줄. 팽팽한 줄. ②명주. 또는, 줄무늬베.

6
12〖絲〗 실 사 |支ㄙ (si) |し(イト) *thread*
(略)糸

풀이 ①실. ¶鳶輒引一而上<埤雅> ②명주실. ¶厥貢漆一<書經> ③명주(明紬). ¶食不重肉 妾不衣一<漢書> ④실을 잣다. ¶不蠶不一<郭璞> ⑤악기 이름. 거문고 따위의 현악기. ¶擊石彈一<太玄經> ⑥소수(小數)의 이름. 1의 1만분의 1. ⑦가늘고 길다. 실과 같이 김. ¶王言如一<禮記>
【絲瓜】しか(사과) 수세미오이.
【絲桐】しとう(사동) 거문고의 이칭.
【絲蘿】しら(사라) 토사(兔絲)와 송라(松蘿). 혼인의 비유. ¶與君爲新婚 兔絲附松蘿<古詩>
【絲綸】しりん(사륜) 조서(詔書). 임금의 선지(宣旨)를 일반에게 알릴 목적으로 적은 문서. 綸은 인끈. 詔勅(조칙). ¶王言如絲 其出如綸<禮記>
【絲不如竹竹不如肉】(사불여죽 죽불여육) 음악에서 거문고, 비파 따위는 피리 따위만 못하고, 피리 따위는 육성의 노래만 못함.
【絲竹】しちく(사죽) ①현악기와 관악기. 거문고와 피리. ②음악의 총칭.
▷絹一, 繭一, 故一, 機一, 麻一, 鳴一, 毛一, 悲一, 生一, 素一, 練一, 撚一, 蓮一, 圓一, 願一, 柳一, 遊一, 蛛一, 鐵一, 寸一, 菟一

6
12〖絮〗 1 솜 서 2 간 맞출 처 3 실헝클어질 나 |御ㄒㄩˋ (xu) 御ㄔㄨˋ 麻(chu) |は(ワタ) *cotton* ちょ だ

풀이 1 ①솜. ㉮헌 풀솜. ¶一緜. ㉯거친

풀솜. ㊁버들개지, 눈송이 따위. ¶千絲萬一惹春風＜鄭谷＞/柳一. ②솜옷. 핫옷. ¶冬不衣一＜孝子傳＞ ③막히다. ㊟絮. ④밀리다. 침체(沈滯)함. ⑤장황(張皇)하다. ¶一語. ⑥두건(頭巾). ¶冒一. [2]간을 맞추다. ㊟挐. [3]실이 헝클어지다.
▷輕一, 繫一, 故一, 聒一, 壞一, 落一, 綿一, 冒一, 柳一, 紵一, 敗一, 弊一

12〖絤〗 綫(p. 1177)와 同字

6 12〖絏〗 [1]맬 설 [2]소매 예 | 屑 ㄒㄧㄝˋ (xie) 霽 | せつ(シバル) えい
풀이 [1]①매다. 묶음. ¶雖在縲一之中 非其罪也＜論語＞ ②고삐. ¶解一任所之 顥氣升岡巒＜方夔＞ [2]①소매. ②옷의 기장이 긴 모양.

12〖緃〗 纓(p. 1194)과 同字

6 12〖絨〗 융 융 | 東 ㄖㄨㄥˊ (rong) | じゅう cotton flannel
풀이 ①융. 감이 두툼한 모직물. ②가는 베. 고운 베.
【絨緞】じゅうたん(융단) 무늬를 넣어 짠 두꺼운 모직물의 한 가지. 양탄자. 마루에 깔기도 하고 벽에 걸기도 함.
【絨毛】(융모) ①소장(小腸), 특히 십이지장의 안벽에 난 털 모양의 점막(粘膜) 돌기(突起). 장의 표면적을 크게 하며 소화를 맡고 흡수를 쉽게 함. 융털 돌기. ②식물의 꽃, 잎 등에 있는 작고 가는 털. ③㊥ 모직용의 양털.
▷石一, 五色一, 製一

12〖翐〗 翼(p. 1210)과 同字

6 12〖絪〗 기운 인 | 眞 ㄧㄣ (yin) | いん pep
풀이 ①천지의 기운. 또는, 그 기운이 성한 모양. ¶一緼. ②요. 깔개. ¶加畫繡一馮＜漢書＞

12〖絍〗 紝(p. 1161)과 同字

12〖紫〗 ☞ 糸部 5획(p. 1164)

6 12〖絶〗 끊을 절 | 屑 ㄐㄩㄝˊ (jue) | ぜつ(タツ) cut
풀이 ①끊다. ㉮실을 자르다. ㉯분리하다. ¶必一其謀＜戰國策＞ ㉰막다. 차단(遮斷)함. ¶遏一狂狡窺欲之源＜後漢書＞ ㉱그만두다. 중지(中止)함. ¶嗜酒甘而不能一于口＜呂覽＞ ㉲가로막다. 금(禁)함. ¶悉令禁一＜後漢書＞ ㉳사이가 뜨다. ¶位次與諸將一席＜後漢書＞ ㉴교제를 끊다. ¶晋侯使呂相一秦＜左氏傳＞ ㉵없애다. ¶子一四 毋意 毋必 毋固 毋我＜論語＞ ㉶버리다. ¶一世于良＜左氏傳＞ ㉷멸(滅)하다. 죽임. ¶天用勦一其命＜書經＞ ②끊어지다. ㉮실이 잘리다. ¶淳于髡仰天大笑 冠纓索一＜史記＞ ㉯무너져 떨어지다. ¶秋七月大雨 渭橋一＜漢書＞ ㉰잘리다. ¶秦王驚 自引而起 袖一＜戰國策＞ ㉱후사(後嗣)가 끊어지다. ¶繼一世＜論語＞ ㉲물이 다하다. 물이 마름. ¶江河山川 一而不流＜淮南子＞ ㉳망하다. ¶禮經泯一＜魏書＞ ㉴숨이 그치다. ㉵없다. 양식이 떨어짐. ¶振乏一＜呂覽＞ ㉶시들어 떨어지다. ¶雖萎一其亦何傷兮＜楚辭＞ ㉷죽다. 마름. ¶稼穡既殄一 川澤復枯槁＜儲光義＞ ③건너다. 건너질러 감. ¶不敢一馳道＜漢書＞ ④지나가다. 지나침. ¶又一諸侯之地＜呂覽＞ ⑤멀다. ¶邈彼一域＜孫綽＞ ⑥넘다. 남보다 나음. ¶博見彊志 過一于人＜漢書＞ ⑦뛰어나다. ¶文體英一＜張融＞ ⑧절대로. ¶秦漢以來之所一無而僅有＜蘇軾＞ ⑨매우. 더 이상 없음. ¶秦女一美＜史記＞ ⑩극(極)에 이르다. ¶榮寵一矣＜後漢書＞ ⑪다하다. 힘을 다함. ¶一目盡平原＜鮑照＞
【絶佳】ぜっか(절가) 아주 아름다움.
【絶家】ぜっけ·ぜっか(절가) 손(孫)이 끊어진 집.
【絶裾】ぜっきょ(절거) 남의 만류를 뿌리치고 떠남. 진(晋)의 온교(溫嶠)가, 어머니가 만류하는데도 옷소매를 끊어 버리고 떠난 일에서 유래.
【絶景】ぜっけい(절경) 아주 훌륭한 경치.
【絶穀】ぜっこく(절곡) 주로 병을 앓아 음식을 먹지 아니하고 끊음.
【絶交】ぜっこう(절교) 교제를 끊음. 斷交(단교).
【絶口】ぜっこう(절구) ①입을 다물고 말하지 않음. ②음식을 먹지 않음. ③극구 칭찬함.
【絶句】ぜっく(절구) ①한시의 형식의 한 가지. 오언 또는 칠언의 각각 네 구(句)로 이루어짐. ②끊어져 계속되지 않는 글귀.
【絶叫】ぜっきょう(절규) 부르짖음.
【絶對】ぜったい(절대) ①견줄 만한 상대가 없음. ↔相對(상대). ②아무런 제약도 받지 않고 어떠한 조건도 붙지 않는 일. ③모든 현상에서 초월하는 일.
【絶對者】ぜったいしゃ(절대자) 다른 어떤 것에도 의존하지 않으며 아무런 제약도 받지 않고 무조건 완전히 독립하여 존재하는 대상. 신(神)·본체(本體)·실체(實體) 따위.
【絶對値】ぜったいち(절대치) 어떤 실수에서 정부(正負)의 부호를 떼어 버린 수. 절대값.
【絶島】ぜっとう(절도) 육지에서 멀리 떨어진 외딴섬.
【絶倒】ぜっとう(절도) ①감정이 극도에 이르러 밖에 드러나는 일. 기절하여 넘어짐. 卒倒(졸도). ②☞抱腹絶倒(포복절도).
【絶糧】ぜつりょう(절량) 양식이 떨어짐. ¶一農家.
【絶類離倫】るいヲタチりんヲハナツ(절류이륜) 같은 동아리에서 매우 뛰어남.
【絶倫】ぜつりん(절륜) 아주 두드러지게 뛰어남. 倫

은 類. 絶等(절등). 出倫(출륜). 超倫(초륜). 絶類離倫(절류이륜).

【絶望】(절망) 소망이 끊어짐. 희망이 없음. ¶一的.

【絶滅】(절멸) 멸망하여 뒤가 끊어짐.

【絶命】(절명) 목숨이 끊어짐. 죽음.

【絶命詞】(절명사) 임종 때 남기는 시문(詩文).

【絶妙】(절묘) 아주 묘함. 더할 나위 없이 묘함.

【絶妙好辭】(절묘호사) 뛰어나게 묘하고 좋은 글. 문장, 시가의 특별히 뛰어남을 기리는 말.

【絶壁】(절벽) 낭떠러지.

【絶色】(절색) 비할 데 없이 아름다운 여자. ¶天下一.

【絶世】(절세) ①세상에 둘도 없을 만큼 뛰어남. ②세상과 인연을 끊음. 죽음을 이름. ¶大命隕隊 一于良<左氏傳> ③대를 이을 자손이 끊어짐.

【絶世佳人】(절세가인) 세상에 비할 만한 사람이 없을 만큼 뛰어나게 예쁜 여자. 絶代佳人(절대가인). 絶世美人(절세미인).

【絶俗】(절속) ①속세를 떠남. 시속의 일에 관계하지 않음. ②세속 사람보다 월등하게 뛰어남.

【絶孫】(절손) 자손이 끊어짐. 無後(무후).

【絶勝】(절승) ①경치가 비할 데 없이 훌륭함. ②형세(形勢)가 아주 좋은 요지(要地). ③매우 뛰어남.

【絶食】(절식) 일정한 기간, 의식적으로 음식을 먹지 아니함. 斷食(단식).

【絶緣】(절연) ①인연을 끊음. 관계를 끊음. ②전기나 열을 통하지 못하게 함. ¶一體.

【絶纓】(절영) 관(冠)의 끈을 끊음. 관대한 은전(恩典)을 이름.

유래 초(楚) 장왕(莊王)이 밤에 신하들과 잔치를 벌였는데, 마침 촛불이 꺼지자 한 미인의 옷소매를 당기는 사람이 있었다. 여자는 그 사람의 관끈을 끊고 왕에게 불을 밝혀 그 사람을 찾자고 했으나, 왕은 도리어 여러 신하에게 관끈을 모두 끊게 하였다. 훗날 진(晋)과 싸울 때 늘 왕의 앞에 나서서 적을 물리치는 이가 있어, 왕이 알아 보았더니, 전날 여자에게 관끈을 끊긴 그 사람이었다.<說苑>

【絶異】(절이) 아주 뛰어나게 다름.

【絶人之勇】(절인지 용) 남보다 뛰어난 용기.

【絶長補短】(절장보단) 긴 것을 잘라 짧은 것을 기움. 남는 것으로써 모자라는 것을 기움. 截長補短(절장보단). 斷長補短(단장보단).

【絶頂】(절정) ①산의 맨 꼭대기. 絶巓(절전). ②사물의 정점(頂點).

【絶調】(절조) ①더할 나위 없이 잘 갖추어짐. ②韓 아주 뛰어나게 훌륭한 곡조.

【絶讚】(절찬) 극구 칭찬함. 또는, 그 칭찬.

【絶唱】(절창) ①더할 나위 없이 뛰어난 시문(詩文). ②韓 아주 뛰어나게 잘 부르는 노래. 名唱(명창). 絶調(절조).

【絶版】(절판) ①출판된 책이 떨어져서 없어짐. ②원판이 없어져서 간행할 수가 없이 됨. ③인쇄판이 없어져서 인쇄할 수가 없이 됨.

【絶品】(절품) 품질이 아주 좋은 물품.

【絶筆】(절필) ①평생에서 마지막에 쓴 글씨 또는 저서. ②붓을 놓고 쓰기를 그만둠. ③비할 바 없이 뛰어난 필적.

【絶學】(절학) ①학문을 중도에서 그침. ②학문이 중도에 끊어져 후세에 전하지 아니함.

【絶海孤島】(절해고도) 육지에서 아주 멀리 떨어진 외딴 섬.

【絶險】(절험) 아주 험준함. 또는, 그곳.

【絶絃】(절현) 지기지 우(知己之友)의 죽음을 이름. 백아(伯牙)가 자기의 거문고 소리를 잘 알아 준 종자기(鍾子期)가 죽자, 거문고의 줄을 끊고 다시는 거문고를 타지 않았다는 옛일에서 온 말. ¶伯牙一.

【絶好】(절호) ①더할 나위 없이 좋음. ②정분을 끊음. 絶交(절교).

【絶後】(절후) ①이후로는 그런 일이 다시는 없음. ¶空前一/一光前. ②대를 이을 사람이 없음. 無後(무후). ¶空前一. ③죽은 다음.

▷奸一, 拒一, 距一, 鬲一, 隔一, 困一, 過一, 冠一, 曠一, 禁一, 岐一, 奇一, 斷一, 斗一, 杜一, 邈一, 妙一, 泯一, 悶一, 謝一, 秀一, 殊一, 遏一, 闕一, 抑一, 五一, 雍一, 萎一, 韋編三一, 義一, 離一, 中一, 遮一, 嶄一, 淒一, 斥一, 超一, 勦一, 七一, 卓一, 踔一, 遍一, 閉一, 廢一, 乏一, 懸一, 橫一

12【絛】 ☞ 糸部 7획(p.1174)

6
12【絰】 질 질 | 圓ㄉㄧㄝˊ (dié) | てつ

풀이 질(絰). 수질(首絰)과 요질(腰絰). ¶凡弔事弁一服<周禮>

大功牡麻絰 (三禮圖)

【絰皇】(질황) 무덤 앞의 땅을 두두룩하게 한 곳.

▷弁一, 首一, 腰一, 苴一, 衰一

12【絏】 緤(p.1184)와 同字

6
12【統】 거느릴 통 | 困ㄊㄨㄥˇ (tǒng) | とう(スベル) *command*

풀이 ①거느리다. ㉮통괄하다. 통솔함. ¶前在方外 仍一軍實<後漢書> ㉯한데 묶다. ¶一大魁以爲笙<潘岳> ㉰다스리다. ¶冢宰掌邦治 一百官<書經> ㉱살피다. ¶一楫群元<漢書> ②벼리. 큰 줄기. ¶而抽其一紀 則不能成絲<淮南子> ③혈통. 핏줄. ¶德橫天地 興復宗一<後漢書> ④실마리. ¶拓迹開一

＜揚雄＞ ⑤처음. 본시(本始). ¶大一一也＜公羊傳＞ ⑥근본. ⑦바탕을 두다. ¶乃一天＜易經＞ ⑧법. 강기(綱紀). ¶端慤以爲一＜荀子＞ ⑨연기(年紀)의 이름. 1통(統)은 1539년.

【統監】とうかん(통감) 통괄하여 감독함.

【統計】とうけい(통계) ①한데 몰아 쳐서 계산함. ②많은 현상을 종합적으로 한 눈에 알아 볼 수 있도록 일정할 체제에 의하여 수자로 표현함. 또는, 그렇게 해 놓은 것. ¶一學.

【統領】とうりょう(통령) 전체를 거느림. 또는, 그 사람. 統率(통솔).

【統論】とうろん(통론) 총체(總體)를 뭉뚱그려 논함.

【統理】とうり(통리) 도맡아 다스림. 統治(통치).

【統率】とうそつ(통솔) ☞統領(통령).

【統帥】とうすい(통수) ①부하를 통솔하는 장수. ②통솔(統率).

【統御】とうぎょ(통어) 주로 부하를 거느려 제어함.

【統營】(통영) ①통제사(統制使)의 군영(軍營). ②경상 남도 충무시(忠武市)의 옛 이름.

【統一】とういつ(통일) 하나로 통괄함. 하나의 것으로 되게 함.

【統制】とうせい(통제) ①통일적인 규율이나 규정을 따라 제약하거나 제한함. ②심신을 의식적으로 제한, 지배하는 일.

【統體】とうたい(통체) ①사물(事物)을 통괄하는 본체. ②문체(文體)를 서술함.

【統治】とうち(통치) ①도맡아 다스림. 統乂(통예). ②한 나라의 원수가 주권으로 국토, 국민을 다스리는 일. ¶一權/一機關.

【統稱】とうしょう(통칭) 개개의 것을 하나로 묶어 일컬음. 또는, 그 명칭.

【統轄】とうかつ(통할) 모두 거느려서 다스림.

【統合】とうごう(통합) 조직이나 기구 등의 둘 이상의 단위를 하나로 모음. 통일함. ¶一教授/一軍.

▷監一, 乾一, 兼一, 系一, 繼一, 官一, 管一, 光一, 根一, 大一, 道一, 都一, 本一, 分一, 聖一, 世一, 屬一, 垂一, 王一, 元一, 源一, 閏一, 戎一, 一一, 掌一, 適一, 全一, 典一, 傳一, 正一, 祖一, 宗一, 旨一, 鎮一, 踐一, 總一, 遐一, 血一, 洪一, 皇一

6 12 【絯】 1 묶을 해 2 걸 해 | 因ㄍㄞ 蟹(gai) | かい(ククル) *bind*

풀이 1 ①묶다. ②걸다. ③거리낌. 장애(障礙). ¶方且爲物一＜莊子＞ 2 ①걸다. ②실.

6 12 【絎】 꿰맬 행 | 敬ㄏㄤˊ (hang) | こう(ヌウ) *sew*

풀이 ①꿰매다. 바느질함. ②가. 가장자리.

6 12 【絢】 1 무늬 현 2 노끈 순 | 霰ㄒㄩㄢˋ (xuan) 眞 | けん(アヤ) *pattern* しゅん

풀이 1 ①무늬. 문채. ¶素以爲一兮＜論語＞ ②문채 나다. ¶一爛. ③빠르다. 通侚. ¶一練夐絕＜顏延之＞ 2 노끈. 같 紃.

【絢爛】けんらん(현란) ①눈부시게 빛남. ②시문(詩文)의 자구(字句)가 풍부하고 화려함.

▷光一, 明一, 炳一, 英一, 流一, 遺一, 摛一, 彫一, 藻一, 彩一, 華一

6 12 【絜】 1 헤아릴 혈 2 깨끗할 결 3 들 계 4 홀로 갈 | 屑ㄒㄧㄝˊ 屑(xie) 霽ㄐㄧㄝˊ 黠(jie) | けつ(ハカル) *consider* けい, かつ

풀이 1 ①헤아리다. 通挈. ¶是以君子有一矩之道也＜大學＞ ②에두르다. 묶음. ¶一之百圍＜莊子＞ 2 ①깨끗하다. 같 潔. ¶主人之所以自一而以事賓也＜禮記＞ ②맑다. ¶直哉 維靜一＜史記＞ ③희다. ④고요하다. ⑤삼 한 단. 3 들다. 손으로 잡음. 4 홀로. 같 挈.

【絜矩之道】けっくのみち(혈구지 도) 자기의 마음을 미루어, 남의 마음을 헤아리는 도덕상의 법도. 서(恕)의 도(道). 絜은 잼, 矩는 자.

12 【絵】 繪(p. 1192)의 略字

7 13 【綌】 칡베 격 | 陌ㄒㄧˋ (xi) | げき

▷輕一, 衫一, 絺一

7 13 【絹】 1 명주 견 2 그물 견 | 霰ㄐㄩㄢˋ 銑(juan) | けん(キヌ) *silk*

풀이 1 ①명주. ¶遺一二疋＜後漢書＞ ②생명주(生明紬). 생견(生絹). ③과녁을 매놓은 줄. 2 그물. 덫으로 쳐 놓은 그물. 通羂.

【絹絲】きぬいと(견사) 명주실.

【絹織物】きぬおりもの(견직물) 명주실로 짠 피륙의 총칭.

▷官一, 本一, 俸一, 生一, 素一, 贖一, 純一, 軟一, 人一, 人造一, 租一

13 【綖】 繭(p. 1190)의 古字

7 13 【綆】 1 두레박줄 경 2 수레바퀴 치우칠 병 | 梗ㄍㄥˇ (geng) 梗 | こう へい

▷汲一, 縻一, 纖一

7 13 【經】 날 경 | 靑ㄐㄧㄥ (jing) | けい, きょう(タテイト) *warp*

略 経

풀이 ①날. 날실. ¶黑一白緯曰織＜禮記＞ ②세로. 상하, 남북으로 통하는 것. 또는, 그 방향. ③길. ㉮조리(條理). ¶王之大一也＜左氏傳＞ ㉯도로(道路). ¶一途九軌＜張衡＞ ④떳떳하다. 변하지 아니함. ¶政有一矣＜左氏傳＞ ⑤법. ¶凡爲天下國家有九一＜中庸＞ ⑥이(理). 이치. ¶是非之一＜呂覽＞ ⑦의(義). 의리(義理). ¶拂一. ⑧다스리

다. ¶—國家＜左氏傳＞ ⑨경영하다. ¶吾子—楚國＜國語＞ ⑩구제(救濟)하다. 건짐. ¶君子以—綸＜易經＞ ⑪따르다. 좇음. ¶—而無絶＜周禮＞ ⑫헤아리다. 측량(測量)함. ¶—始靈臺＜詩經＞ ⑬비롯하다. 처음. 시초(始初). ¶—起秋毫之末＜鬼谷子＞ ⑭경계(境界). 경계함. ¶夫仁政必自—界始＜孟子＞ ⑮짜다. 베를 짬. ¶—緯天地曰文＜左氏傳＞ ⑯목매다. ¶靈王—而死＜公羊傳＞ ⑰걸다. 걸림. ¶遂—其頸於樹枝＜史記＞ ⑱흔들리다. ¶熊—鳥伸＜淮南子＞ ⑲주맥(主脈). ¶人有四—十二從＜素問＞ ⑳월경(月經). 경도(經度). ㉑지내다. 겪음. ㉒일찌기. ¶其語不—見＜史記＞ ㉓보이다[示]. ㉔경서(經書). 성인(聖人)이 지은 책. ¶制成六—＜揚雄＞ ㉕책(册). ¶挾—秉枹＜國語＞ ㉖적다. 기록함. ¶—誹譽＜淮南子＞ ㉗실로 엮어 맨 것. 대쪽, 나뭇잎을 엮어서 만든 책. ㉘경. 불경(佛經). ¶來自西天竺 持—奉紫微＜耿湋＞ ㉙작은 술병. 목이 잘록하고 아가리가 작은 술병. ㉚수(數)의 이름. 10조(兆). ㉛오음(五音)의 하나. 각(角)의 이칭.

【經過】けいか (경과) ①지냄. 지남. 經歷(경력). 通過(통과). ②일의 경과. ③시일이 지나감. ④살아가는 형편.

【經國】けいこく (경국) 나라를 경륜(經綸)함. 나라를 다스림.

【經國之大業】けいこくのたいぎょう (경국지 대업) 나라를 다스리는 데 필요한 큰 사업. 문장(文章)을 이름.

【經卷】けいかん①·きょうかん② (경권) ①성현이 지은 서적. 사서(四書), 오경(五經) 따위. ②《佛》 불경(佛經).

【經紀】けいき (경기) ①조리(條理). 치국(治國)의 대법(大法). 綱紀(강기). ②순리(順理)를 따라 다스림. ③천문(天文) 운행의 도수. ④한 집안을 다스림. 또는, 장사를 함. ⑤거간꾼. 중개인.

【經年】けいねん (경년) 몇 해를 지냄.

【經度】けいど (경도) ①지표(地表)의 임의점을 지나는 자오선(子午線)이 기준 자오선과 이루는 각(角). ↔緯度(위도). ②㊕ 월경(月經). 經行(경행).

【經略】けいりゃく (경략) ①천하를 경영하며 사방을 공략(攻略)함. ②나라를 다스림.

【經歷】けいれき (경력) ①세월이 지나감. 經過(경과). ②겪어 지내온 일. 履歷(이력). ③이곳 저곳 두루 다님. 遍歷(편력). ④벼슬 이름. 금(金)·원(元)·명(明)대에 문서의 출납을 맡아 봄.

【經路】けいろ (경로) ①지나는 길. ②일의 진행 과정. ③이유. 까닭.

【經論】けいろん·きょうろん (경론) ①경서에 대한 논의(論議). ②조리를 세워서 논함. ③《佛》 삼장(三藏) 가운데의 경장(經藏)과 논장(論藏).

【經綸】けいりん (경륜) ①천하를 경영하여 다스림의 비유. 제도를 세워서 국가를 경리(經理)하는 일. 經은 실마리를 찾아서 다스림, 綸은 유별(類別)하여 합침. ②어떤 포부를 가지고 일을 계획하고 조직함. 또는, 그 계획이나 조직.

【經理】けいり (경리) ①법에 의하여 다스림. ②당연한 이치. 常理(상리). ¶道也者 治之—也＜荀子＞ ③경서(經書)의 의리(義理). ④금전의 출납, 물자의 관리 등을 맡아 보는 사무. ④지배인.

【經脈】けいみゃく (경맥) 몸의 맥(脈). 血管(혈관). 脈管(맥관).

【經文】けいぶん·きょうもん (경문) 경전(經典)의 글.

【經文緯武】けいぶんいぶ (경문위무) 문을 날로, 무를 씨로 삼음. 문무를 겸비함.

【經方】けいほう (경방) 고대의 의술. 또는, 그 의술을 적은 책.

【經部】けいぶ (경부) 옛날 서적을 경(經)·사(史)·자(子)·집(集)의 4부로 분류한 것 중의 경에 딸린 부류. 사서·삼경 따위가 이에 속함.

【經費】けいひ (경비) ①어떤 일에 쓰는 비용. 비발. ②무엇을 경영, 운영하기 위하여 예산에서 쓰는 돈. 經常費(경상비).

【經史】けいし (경사) 경서(經書)와 사서(史書). ¶—子集.

【經死】けいし (경사) 목매어 죽음. 縊死(액사).

【經師】けいし (경사) ①경서를 가르치는 스승. ②정신 교육을 하지 않고, 다만 경서의 글자 풀이에 그치는 스승. ↔人師(인사).

【經絲】けいし (경사) 피륙의 날실. ↔緯絲(위사).

【經史子集】けいしししゅう (경사자집) 옛 중국의 서적 분류법. 경서(經書)·역사서(歷史書)·제자류(諸子類)·시문집(詩文集). 이 분류법은 「수서」(隋書) 경적지(經籍志)에서 비롯됨. ※四庫(사고).

【經產】けいさん (경산) 질서가 잡힌 산업.

【經產婦】けいさんぷ (경산부) 아이를 낳은 경험이 있는 부인.

【經常收入】けいじょうしゅうにゅう (경상수입) 매년 정해 놓고 계속적으로 들어오는 수입.

【經書】けいしょ (경서) 사서(四書), 오경(五經), 십삼경(十三經) 등의 총칭. 經은 날실로, 근본됨을 뜻함.

【經線】けいせん (경선) ①자오선. ②날[經].

【經世】けいせい (경세) 세상을 경륜함. 나라를 다스림.

【經世家】けいせいか (경세가) 정치가.

【經世濟民】けいせいさいみん (경세제민) 세상을 다스리고 백성을 건짐.

【經水】けいすい (경수) ①산에서 흘러나와 곧장 바다로 들어가는 물. 또는, 흐르는 물. 本流(본류). ②월경(月經).

【經眼】(경안)《佛》 불경을 볼 만한 안목. 경문을 이해할 수 있는 능력을 이름.

【經夜】(경야) ①밤을 지냄. ②죽은 사람을 장사 지내기 전에 친척이나 친구들이 관 앞에서 밤이 새도록 지키는 일.

【經業】けいぎょう (경업) ①일정한 업무. 常業(상업). ②경학(經學)의 수업(修業).

【經筵】けいえん (경연) 임금 앞에서 경서를 강론하는 자리. 經幄(경악). 經帷(경유). ¶—官.

【經營】けいえい(경영) ①일정한 규모로 집을 지음. ②사업이나 기업을 경리하고 운영함. ③동서남북의 방위를 이름. ④오가는 모양.
【經緯】けいい(경위) ①날과 씨. ②경선과 위선. 경도와 위도. ③세로와 가로. ④사물의 전말. ⑤사물의 골자가 되는 것. 도(道)의 상법(常法). ⑥다스려 정리함. ⑦도로의 남북과 동서. ⑧칭칭 얽어맴.
【經由】けいゆ(경유) 거쳐 지남.
【經籍】けいせき(경적) ☞經書(경서).
【經典】けいてん①·きょうてん②(경전) ①☞經書(경서). ②☞佛經(불경).
【經傳】けいでん(경전) 경서와 경서의 주석서(注釋書). 經은 성인(聖)의 저술, 傳은 현인(賢人)의 글.
【經濟】けいざい(경제) ①나라를 다스려 백성을 구제함. 경세제민(經世濟民)의 준말. ②인간 생활의 유지·발전에 필요한 재화를 획득하고 사용하는 일체의 활동. ¶一恐慌/一學. ③절약. 節儉(절검). ¶一的.
【經天緯地】けいてんいち(경천위지) 천지를 다스림. 천하를 경영함.
【經板】きょうはん(경판) ①경서(經書)의 각판(刻板). ②불경의 인판(印板).
【經學】けいがく(경학) 경서를 연구하는 학문. 儒學(유학). 經術(경술).
【經行】けいこう·きょうぎょう④(경행) ①일정한 행동. 節操(절조). ②☞經度(경도)②. ③지나감. 통과함. ④《佛》 일정한 곳을 왔다갔다 함. 운동을 하려거나 좌선(坐禪) 중에 졸음을 막기 위하여 자리에서 일어나 방 안을 조용히 거니는 일. ¶置一之室<王巾>
【經驗】けいけん(경험) ①겪어 보거나 하여 보거나 함. 또는, 그 과정에서 얻은 지식, 기능, 교훈적인 것 등의 총체. ②감관(感官)으로 얻은 지각(知覺). 또는, 지각(知覺)으로 결합한 지식.
【經穴】けいけつ(경혈) 경락(經絡) 중의 요처(要處). 침을 놓거나 뜸을 뜨는 자리. 鍼灸穴(침구혈).
▷九一, 群一, 紀一, 羅一, 大一, 道一, 讀一, 東一, 明一, 反一, 梵一, 不一, 佛一, 常一, 西一, 石一, 善一, 聖一, 小一, 誦一, 心一, 十三一, 禮一, 五一, 熊一, 月一, 儒一, 六一, 麟一, 全一, 典一, 正一, 政一, 中一, 天一, 帖一, 雉一, 七一, 行常帶一, 鴻一, 橫一

13〖継〗繼(p.1192)의 略字

13〖絋〗紘(p.1157)의 俗字

7 13〖絿〗 급할 구 | 尤くㄧㄡˊ (qiu) | きゅう *urgent*

풀이 ①급하다. 급박함. 通糾. ¶不競不一<詩經> ②느슨하다. ③구하다. 通逑. ④작다. 어림. 通幼.

7 13〖絽〗 줄무늬베 려 | 語 | りょ, ろ (シマオリ)

풀이 ①줄무늬가 있는 베. ②궤매다. 바느질함.

13〖綂〗旒(p.707)와 同字

7 13〖絻〗 1 상복 문 | 問ㄨㄣˋ | ぶん
2 관 면 | 銑(wen) | べん

풀이 1 ①상복. 옛 중국의 상복(喪服). 발상(發喪) 때 쓰는 것. 통건(通巾). ②상엿줄. 2 관(冠). 通冕.

7 13〖綍〗 1 상엿줄 발 本불 | 物ㄈㄨˊ (fu) | ふつ
2 밧줄 발 本비 | 未 | ひ

7 13〖緐〗 1 갈기장식 번·반 | 元 寒 | はん
2 성 파 | 歌 | は

13〖[沙+糸]〗紗(p.1158)와 同字

7 13〖綀〗 베 소 | 魚ㄕㄨ (shu) | しょ(ヌノ) *hemp plant*

풀이 ①베. ¶繭衡着一巾<後漢書> ②자아 낸 굵은 실. ③갈포(葛布). ¶一出於兩江洲洞 似苧<范成大>

13〖続〗續(p.1193)의 略字

7 13〖綏〗 1 편안할 수 | 支ㄙㄨㄟˊ | すい (ヤスイ)
2 기 드림 유 | 支(sui) | すい
3 드리울 타 | 哿ㄊㄨㄛˇ | た
4 덜 훼 | 寘(tuo) | き
5 편안할 퇴 | 灰 | たい

풀이 1 ①편안하다. 通妥. ¶北州以一<史記> ②수레 손잡이 줄. ¶升車 必正立執一<論語> ③편안한 마음으로 지내다. ¶一之斯來<論語> ④물러서다. 通退. ¶將軍死一 咫步無却<任昉> ⑤말리다. 멈추게 함. ¶使民勸一謗言<國語> ⑥느리다. 천천함. 서서(徐徐)함. ¶時恬淡以一肆<王褒> ⑦새앙의 한 가지. ¶實一澤焉<儀禮> ⑧사물의 형용. ⑨털이 긴 모양. 2 기드림. 깃대 끝에 다는 장식. 通緌. 3 ①드리우다. 물건을 가슴 아래까지 내려 듦. 通垂. ¶國君則平衡 大夫則一之<禮記> ②편안하다. 4 덜다. 음식을 먹기 전에 조금 덜어서 먼저 신주에게 바침. 5 ①편안하다. ②가슴 아래까지 늘어뜨리다.
【綏服】すいふく(수복) 오복(五服)의 하나. 도성(都城) 둘레 500리 지점에서 1천리까지 떨어진 지역. 임금의 정치에 편안한 마음으로 복종한다는 뜻.
【綏旌】すいせい(유정) 깃발을 드리움.
【綏視】たし(타시) 얼굴 아래 옷깃 위를 봄.
▷交一, 來一, 撫一, 授一, 安一, 王一, 蕤一, 靖一, 鎭一, 緝一, 寵一, 妥一, 惠一

7 13【綖】[1]면류관 싸개 연 | 先 ㄧㄢˊ | えん
[2]실 선 | 霰 (yan) | せん

풀이 [1]면류관 싸개. 판(版)을 검은 베나 비단으로 싸서 면류관 위를 덮는 것. ¶衡紞紘一<左氏傳> [2]실. 줄. (같)綫.

7 13【綎】 띠술 정 | 靑 ㄊㄧㄥˊ (ting) | てい

풀이 띠술. 패옥(佩玉) 따위를 띠에 차는 끈. ¶端委搢一<後漢書>

13【[糸呈]】 綎(p.1174)과 同字

7 13【綈】 깁 제 | 齊 ㄊㄧˊ (ti) | てい

▷戈一, 卑一, 繪一

7 13【絛】 끈 조 (本)도 | 豪 ㄊㄠ (tao) | とう (ヒラヒモ)

13【[糸帋]】 紙(p.1161)의 俗字

13【綕】 織(p.1190)과 同字

7 13【綃】 [1]생사 초 (本)소 | 蕭 ㄒㄧㄠ (xiao) | しょう *raw silk*
[2]끌어 올릴 소 | 肴 ㄕㄠ (shao) | そう

풀이 [1]①생사(生絲). 명주실. ②생명주(生明紬). ③무늬비단. ¶玄一衣以裼之<禮記> ④얇은 비단. ¶曳霧一之輕裾<曹植> [2]①끌어 올리다. 머리털을 끌어 올림. ②돛대. 돛 줄. ¶維長一<木華>

【綃紈】しょうがん(초환) 얇은 흰 비단.
▷絳一, 單一, 微一, 飛一, 生一, 素一, 窓一

7 13【絺】 [1]칡베 치 | 支 ㄔ | ち
[2]수놓을 치 | 紙 (chi) | ち

풀이 [1]①칡베. 고운 갈포(葛布). ¶爲一爲綌<詩經> ②홑옷. 갈포 홑옷. ¶天子始一<呂覽> ③춘추 시대의 땅 이름. 하남성(河南省) 하내현(河內縣)의 서남. [2]수놓다. (通)黹. ¶一繡.
▷葛一, 單一, 纖一, 紵一, 粗一

7 13【綅】 [1]실 침 | 侵 ㄑㄧㄣ | しん(イト)
[2]비단 섬 | 鹽 (qin) | せん

풀이 [1]실. [2]①비단. 흰 실과 검은 실의 교직(交織) 비단. ②실. 끈. (通)纖. ¶貝冑朱一<詩經>

13【綂】 統(p.1170)의 俗字

8 14【綱】 벼리 강 | 陽 ㄍㄤ (gang) | こう(ツナ)
※網(p.1176)은 딴 자.

풀이 ①벼리. ㉮그물을 폈다 오므렸다 하는 굵은 줄. ¶若網在一 有條而不紊<書經> ㉯과녁을 펴서 치는 줄. ¶上一與下一 出舌尋<周禮> ㉰사물의 근본이 되는 것. 추요(樞要). ¶君爲臣一/父爲子一/夫爲婦一. ②줄을 치다. ¶一紀四方<詩經> ③통괄(統括)하다. ¶此朕所以垂拱總一 責成于良二千石<晋書> ④비끄러매다. ¶一惡馬<周禮> ⑤줄. 늘어선 줄. 행렬(行列). ¶離一別赴 合緖相依<鮑照> ⑥화물(貨物)을 총괄하여 이르는 말. ¶花石一/茶一/鹽一. ⑦그물. (通)網. ¶子釣而不一<論語>

【綱擧目長】こうきょもくちょう(강거목장) 대강(大綱)을 들면 세목(細目)은 저절로 밝혀짐. 하(下)는 상(上)을, 소(小)는 대(大)를 따름의 비유.
【綱貫】こうかん(강관) 조리(條理).
【綱紀】こうき(강기) ①벼릿줄과 가는 줄. 국가를 다스리는 대법(大法)과 세칙(細則)을 이름. ②나라를 다스리는 일. ¶勉勉我王 一四方<詩經>
【綱紀肅正】こうきしゅくせい(강기숙정) 법강(法綱)과 풍기(風紀)를 바르게 함.
【綱領】こうりょう(강령) ①일의 으뜸되는 큰 줄거리. 綱은 벼리, 領은 옷깃. ②정당·단체의 취지, 목적, 행동 규범 따위.
【綱目】こうもく(강목) 강과 목. 사물을 분류 정리하는 대단위와 소단위.
【綱常】こうじょう(강상) 삼강(三綱)과 오상(五常). 사람이 마땅히 지켜야 할 도덕. 삼강은 군신·부자·부부의 도리. 오상은 인(仁)·의(義)·예(禮)·지(智)·신(信).
【綱維】こうい·こうゆい③(강유) ①큰 밧줄로 동여맴. 큰 밧줄. 나라의 법도를 이름. ②국가를 통치함. ③《佛》 절[寺]을 다스리고 불사(佛事)를 유지하는 사람.
▷擧一, 乾一, 宏一, 國一, 權一, 紀一, 大一, 道一, 斗一, 民一, 本一, 三一, 王一, 要一, 維一, 人一, 政一, 提一, 條一, 朝一

8 14【綮】 [1]힘줄 얽힌 곳 경 | 迥 ㄑㄧㄥˇ (qing) | けい
[2]발 고운 비단 계 | 霽 ㄑㄧˇ (qi) |

풀이 [1]힘줄이 얽힌 곳. 힘줄이 뼈에 붙는 곳. ¶技經肯一之未嘗<莊子> [2]①발이 고운 비단. ②기치(旗幟). ③창집. 창을 넣어 두는 자루. (通)棨. ④창날 가지. ⑤힘줄이 얽힌 곳.

14【[綮 異體]】 綮(p.1174)과 同字

8 14【緄】 [1]띠 곤 | 阮 ㄍㄨㄣˇ | こん(オビ)
[2]꿰맬 곤 | (gun) | *belt*
[3]오랑캐 이름 혼 | 元 | こん
| 元 | こん

풀이 [1]①띠. 짜서 만든 허리띠. ¶童子佩刀 一帶各一<後漢書> ②새끼. 노. ¶竹閉一縢<詩經> ③단. 다발. (通)梱. ¶束組三百一<戰國策> ④곤룡포(袞龍

袍). 通衮. 2①꿰매다. ②오랑캐 이름. 3오랑캐 이름. 通混. ¶一夷.
【緄戎】こんじゅう(혼융) 한(漢)대 서융(西戎)의 이름. ¶自隴以西 有緄諸一＜史記＞

8 14【綰】얽을 관 潸ㄨㄢˇ 本완 (wan) わん(ツナグ) weave
풀이①얽다. 비끄러맴. 과녁이 켕겨지게 치는 줄. ②꿰뚫다. 관통(貫通)함. ③곱지 않은 붉은빛. ④올가미. ⑤매다. 묶음. ¶絳侯一皇帝璽＜漢書＞ ⑥다스리다. 지배함. ¶東一穢貉朝鮮眞番之利＜史記＞ ⑦쭈그러뜨리다.

8 14【綣】1정다울 권 阮ㄑㄩㄢˇ けん 2다발 지을 균 軫(quan) きん
풀이1①정답다. 곡진(曲盡)함. ¶非先生好之樂之…孰能勤勤一一若此之至＜韓愈＞ ②털가죽 목도리. ¶古者有鍪而一領 以王天下者矣＜淮南子＞ 2다발을 짓다.
▷繾一, 短一

8 14【綺】비단 기 紙ㄑㄧˇ (qi) き(アヤギヌ) silk
풀이①비단. 무늬가 놓인 비단. ¶賈人毋得衣錦繡一＜漢書＞ ②무늬. 광택. ¶流一星連＜張協＞ ③아름답다. ¶充備一室＜後漢書＞
【綺談】きだん(기담) 재미 있고 아름다운 이야기. ※美談(미담).
【綺文】きもん(기문) 아름다운 무늬. 綺紋(기문).
【綺紋】きもん(기문) ☞綺文(기문).
【綺靡】きび(기미) 아름답고 화려함.
【綺節】きせつ(기절) 칠석(七夕)의 이칭.
【綺紈】きがん(기환) 무늬 놓인 비단과 누인 명주. 아름다운 옷감이나 의복을 이름.
▷輕一, 錦一, 羅一, 綠一, 綾一, 文一, 奢一, 紫一, 雕一, 淸一, 華一, 紈一

8 14【綦】연두빛 비단 기 支ㄑㄧˊ 寘(qi) き
풀이①연두빛 비단. 같綥. ¶縞衣一巾＜詩經＞ ②빛깔 이름. ㉮연두빛. 쑥빛. ㉯검푸른 빛. ¶四人一弁＜書經＞ ㉰검붉은 빛. ③둘매끈. ¶組一繫于踵＜儀禮＞ ④끝가다. 궁극(窮極)에 이름. 通極. ¶目欲一色 耳欲一聲＜荀子＞ ⑤바탕. 通基. ¶是一定也＜荀子＞ ⑥내 이름. 하천(河川) 이름. 通淇.
▷文一, 履一, 珠一

14【綨】綦(p.1175)와 同字

8 14【緊】굳게 얽을 긴 軫ㄐㄧㄣˇ (jin) きん(シマル)
풀이①굳게 얽다. 굳게 감음. ②감다. ¶心一絭兮傷懷＜楚辭＞ ③오그라지다. 줄어듦. ¶其德淸潔 其化一斂＜素問＞ ④속이 들다. 속이 참. ¶風物自淒一＜殷仲文＞ ⑤엄하다. 급함. ⑥단단하다. 굳음. ¶鉤弦之造 戈戟之一＜管子＞ ⑦호구(戶口)로 구분한 주(州), 현(縣)의 이름. ¶一縣. ⑧中 ㉮매우. ㉯긴축(緊縮)하다. ㉰위태하다.
【緊急】きんきゅう(긴급) ①느슨함이 없이 켕김. ②일이 아주 긴하고 급함.
【緊談】きんだん(긴담) 긴절한 이야기.
【緊密】きんみつ(긴밀) 관계가 아주 긴하고 가까움.
【緊迫】きんぱく(긴박) 아주 긴장되게 절박함.
【緊要】きんよう(긴요) 아주 필요함. 매우 소중함. ※樞要(추요).
【緊張】きんちょう(긴장) ①팽팽하게 켕김. ②힘이나 주의를 집중함. ↔弛緩(이완).
【緊切】きんせつ(긴절) 절실히 요긴함.
【緊札】(긴찰) 매우 긴요한 내용의 편지.
【緊請】(긴청) 긴하게 부탁함. 또는, 그 부탁. ※懇請(간청).
【緊縮】きんしゅく(긴축) 경비 따위를 바짝 줄임.
【緊縣】きんけん(긴현) 후주(後周) 때, 2천호 이상의 호수(戶數)를 가진 지방을 이름.
▷高一, 喫一, 鮮一, 細一, 要一, 道一, 淒一, 圜一

8 14【緂】1옷채색 선명할 담 覃 たん 2연두빛 담 感 たん

8 14【綯】꼴 도 豪ㄊㄠˊ (tao) とう(ナウ) twist
풀이①꼬다. 새끼, 노 따위를 꼼. ¶宵爾索一＜詩經＞ ②새끼. 노끈.

8 14【緉】신 한켤레 량 養 漾 りょう

8 14【綟】1연두빛 려 霽ㄌㄧˋ れい(モエギ) 2연두빛 렬 屑(li) れつ
풀이1①연두빛. 조개풀물을 들인 색. 또는, 그 비단. ②굵은 삼실. ¶麻則三纑爲一＜唐六典·注＞ 2①연두빛. ②조개풀로 물들인 인끈. ¶復設諸侯王金璽一綬＜東觀漢紀＞

14【練】練(p.1179)의 略字

8 14【綠】초록빛 록 沃ㄌㄩˋ (lu) りょく(ミドリ) grass-green
同緑
※緣(p.1180)은 딴 자.
풀이①초록빛. 초록빛 비단. ¶一兮衣兮＜詩經＞ ②조개풀. 通菉. ¶一竹猗猗＜詩經＞
【綠卿】りょくけい(녹경) 대나무의 이칭.
【綠茶】りょくちゃ(녹다·녹차) 푸른빛이 그대로 나도록 말린 차. ※紅茶(홍차).
【綠林】りょくりん(녹림) ①푸른 숲. ②도둑의 이칭. 호북성(湖北省)에 있는 산이름으로, 왕망(王莽) 때 왕광(王匡), 왕봉(王鳳) 등 도둑의 무리가 이 산에 웅거한 데서 이름. ¶

一客/一黨.

【綠末】(녹말)㊗ ①물에 불린 녹두, 감자 따위를 갈아서 그 앙금을 말린 가루. ②식물의 잎 속에서 만들어지는 탄수화물의 하나. 澱粉(전분).

「은 빛깔의, 달인 차.

【綠茗】りょくめい(녹명) ①푸른빛의 차나무. ②좋

【綠肥】りょくひ(녹비) 생풀이나 생나무 잎으로 하는 거름. 풋거름. ※堆肥(퇴비).

【綠蓑衣】りょくさい(녹사의) 도롱이.

【綠水】りょくすい(녹수) 푸른 물. 또는, 푸른 나무 그림자가 비친 물.

「오는 비.

【綠雨】りょくう(녹우) 녹음(綠陰)이 짙은 계절에

【綠陰芳草】りょくいんほうそう(녹음방초) 푸른 나무잎 그늘과 향기로운 풀. 여름철의 자연 경치를 이름. ¶一勝花時<王安石>

【綠蟻】りょくぎ(녹의) 미주(美酒)의 이칭.

【綠衣紅裳】りょくいこうしょう(녹의홍상) 연두 저고리와 다홍 치마. 젊은 여자의 고운 차림을 이름.

【綠耳】りょくじ(녹이) 주(周) 목왕(穆王)의 준마(駿馬) 이름. 팔준(八駿)의 하나.

【綠化】りょっか(녹화) 초목을 많이 가꾸어 푸르게 만듦. ¶山地一.

▷結一, 故一, 穠一, 淡一, 橙黃橘一, 萬一, 繁一, 碧一, 粉白黛一, 粉紅駭一, 常一, 新一, 深一, 淺一, 草一, 縮一, 翠一, 寒一, 紅一

14 〖緑〗 綠(p. 1175)과 同字

8/14 〖綸〗 ① 낚싯줄 륜 | 眞 ㄌㄨㄣˊ (lun) | りん (ツリイト) fishline
② 허리끈 관 | 刪 ㄍㄨㄢ (guan) | かん

풀이 ① ①낚싯줄. ¶言一之繩<詩經> ②현악기(絃樂器)의 줄. ③실. 굵은 실. ¶王言如絲 其出如一<禮記> ④푸른 실로 드린 허리 끈. ⑤새끼. 끈. ⑥다스리다. ⑦통괄하다. ¶君子以經一<易經> ⑧싸다. 하나로 묶음. ¶彌一天地之道<易經> ⑨길. 도(道). ㊣倫. ⑩솜. ¶一組節束<淮南子> ⑪땅 이름. 춘추 시대 우(虞)의 읍. 하남성(河南省) 우성현(虞成縣) 동남에 있었음. ② ①허리 끈. ②두건 이름. ¶一巾. ③해초 이름. 다시마. 곤포(昆布).

【綸言如汗】りんげんアセノゴトシ(윤언여한) 임금의 윤언은 땀과 같음. 임금의 윤언은 한 번 내리면 고칠 수 없음을 이름.

「言(윤언).

【綸音】りんいん(윤음) 임금의 말. 詔勅(조칙). 綸

【綸旨】りんし(윤지) 임금의 말. 綸命(윤명).

【綸巾】かんきん(관건) ①비단으로 만든 두건. 제갈양(諸葛亮)이 늘 쓴 것이라 하여 제갈건(諸葛巾)이라고도 함. ②풍류인이 쓰는 두건.

【綸布】かんぷ(관포) 다시마의 이칭.

▷縑一, 經一, 彌一, 緡一, 紛一, 絲一, 纖一, 垂一, 修一, 釣一, 青一, 沈一, 投一

8/14 〖綾〗 비단 릉 | 蒸 ㄌㄧㄥˊ (ling) | りょう (アヤギヌ) silk

풀이 ①비단. 무늬가 있는 비단. ②평평하지 않은 모양. ¶前繪一而龍鱗<王延壽>

【綾羅錦繡】りょうらきんしゅう(능라금수) 명주실로 짠 비단의 총칭. 고귀한 사람이 입는 옷을 이름.

▷綺一, 文一, 色一, 細一, 輭一, 吳一, 繚一, 異一, 繪一, 綵一, 青一, 胡一

8/14 〖網〗 그물 망 | 養 ㄨㄤˇ (wang) | もう (アミ) net

㊐罔

※綱(p. 1174)은 딴 자.

풀이 ①그물. ¶魚一之設<詩經> ②그물 무늬. 날과 씨가 빗겨 엇걸리는 무늬. ¶一戶朱綴<楚辭> ③규칙. 법. ¶天一恢恢 疎而不失<老子> ④그물질하다. ㉮그물로 잡다. ¶漁人駢集 以釣以一<王十朋> ㉯법망을 씌우다. 법으로 몲. ¶是一民也<孟子> ㉰휩싸다. 망라함. ¶一羅天下異能之士<漢書>

【網巾】もうきん(망건) 실 또는 말총 등으로 그물처럼 짠 쓰개의 한 가지. 상투를 튼 사람이 머리털이 흩어지지 않게 머리에 쓰는 물건.

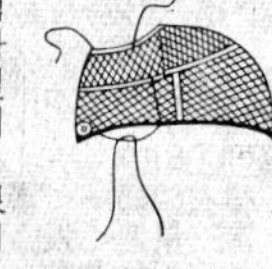

網巾(三才圖會)

【網膜】もうまく(망막) 안구(眼球)의 안 벽에 있어 시신경(視神經)이 분포되어 있는 얇은 막.

【網紗】(망사) ①㊗ 그물과 같이 성기게 짠 깁. ②㊥ 배우가 쓰는 가발.

【網之一目】アミノいちもく(망지 일목) 하나의 그물코. 그것에 새 따위가 잡히지만, 한 코짜리 그물로는 잡지 못하는 것처럼, 단독으로는 일을 이루지 못함의 비유.

▷綱一, 計一, 罟一, 科一, 交通一, 極一, 金一, 禁一, 機一, 羅一, 文一, 密一, 放送一, 法一, 罘一, 纖一, 世一, 疎一, 魚一, 連絡一, 威一, 淫一, 罝一, 蛛一, 塵一, 天一, 湯一, 通信一, 投一, 解一, 憲一, 刑一, 虎一

8/14 〖綿〗 솜 면 | 先 ㄇㄧㄢˊ (mian) | めん (ワタ) cotton

㊐緜

풀이 ①솜. ㉮고치를 푼 솜. 풀솜. ㉯목화(木花)에서 딴 솜. ¶一絲. ②이어지다. 가늘고 길게 이어짐. ¶一一. ③잇다. 연속(連續)함. ¶一日月而不衰<張衡> ④두르다. 걸침. ¶鄭一絡些<宋玉> ⑤공략(攻略)하다. ¶一之以方城<淮南子> ⑥퍼지다. 만연(蔓延)함. ¶一地千里<穀梁傳> ⑦줄을 치다. ¶爲一蕞<史記> ⑧베풀다. ⑨멀다. 아득함. ¶去家邈以一<陸機> ⑩약하다. 박약함. ¶且越人一力薄材 不能陸戰<漢書> ⑪명주(明紬). ⑫홑옷. ⑬「시경」(詩經)의 편(篇) 이름. ⑭땅 이름. ¶一上.

【綿綿】めんめん(면면) ①길이 이어지는 모양. ②세

밀한 모양. ③편안하고 조용한 모양. ④아득한 모양.
【綿密】めんみつ(면밀) 자세하고 빈틈이 없음. 찬찬함.
【綿紡】めんぼう(면방) 목화(木花)의 섬유로 실을 뽑는 일. ¶一織業.
【綿絲】めんし(면사) 솜을 자아 만든 실. 무명실.
【綿羊】めんよう(면양) 털이 많고 긴, 양의 한 가지. 緬羊(면양).
【綿織】めんしょく(면직) ①면사로 짬. ②면직물(綿織物)의 준말.
【綿織物】めんオリモノ(면직물) 무명실로 짠 피륙.
【綿花】めんか(면화) 목화(木花).
▷佳一, 落一, 木一, 絮一, 石一, 純一, 連一, 柳一, 纏一, 周一, 芊一, 海一

14〖緍〗 緡(p.1180)과 同字

14〖絣〗 絣(p.1168)의 本字

14〖綳〗 繃(p.1186)과 同字

8 14〖緋〗 붉은빛 비 | 微ㄈㄟ (fei) | ひ(アカ)
풀이 ①붉은빛. ¶一衣乃易＜唐書＞ ②붉게 누인 명주.
【緋緞】(비단) 명주실로 짠 피륙의 총칭.
▷上一, 染一

14〖緒〗 緖(p.1180)의 略字

8 14〖緆〗 1 고운 베 석 | 錫ㄒㄧˋ | しゃく
2 치맛단 장식 이 | 寘(xi) | い
풀이 1 ①고운 베. ¶被阿一＜司馬相如＞ ②누인 마포(麻布). 2 치맛단 장식. ¶縓綼一＜儀禮＞

14〖綫〗 線(p.1180)과 同字

8 14〖綬〗 인끈 수 | 宥ㄕㄡˋ 宥(shou) | じゅ
풀이 ①인끈. ¶轉相結受 故謂之一＜後漢書＞ ②폐슬(蔽膝)의 끈. ③끈목. ¶掌帷幕幄帟一之事＜周禮＞
▷結一, 挂一, 卷一, 文一, 璽一, 釋一, 纓一, 綸一, 印一, 紫一, 章一, 組一, 解一, 華一

8 14〖緎〗 솔기 역 | 職ㄩˋ (yu) | よく(ヌイメ) *seam*
풀이 ①솔기. 가죽옷의 솔기 장식. ¶羔羊之革 素絲五一＜詩經＞ ②꿰매다. 바느질함.

8 14〖維〗 밧줄 유 | 支ㄨㄟˊ (wei) | い, ゆい(ツナ) *rope*
풀이 ①밧줄. ㉮과녁을 고정시키는 바. ¶中離一綱＜儀禮＞ ㉯금줄. ¶法令爲一綱＜管子＞ ㉰벼리. ¶略擧綱一＜史通＞ ㉱밧줄의 총칭. ¶居其一首＜左氏傳＞ ②매다. 묶음. ㉮밧줄을 건너매어 든든하게 하다. ¶一王之大常＜周禮＞ ㉯동이다. ¶縶之一之＜詩經＞ ㉰걸다. ㉱맛매다. ¶以一邦國＜周禮＞ ㉲배를 매다. ¶諸侯一舟＜爾雅＞ ㉳휘감기다. ③지탱하다. ¶大小相一＜逸周書＞ ④구석. ¶土不及四一＜素問＞ ⑤생각하다. 헤아림. 通惟. ¶一萬世之安＜史記＞ ⑥발어사. ㉮이. ¶一鵲有巢＜詩經＞/一歲次. ㉯다만. ¶非一下流水多邪＜荀子＞ ⑦조사(助辭). ㉮…와(과). ¶旐一旟矣＜詩經＞ ㉯…로써. ¶一子之故＜詩經＞
【維那】いな(유나)《佛》삼강(三綱)의 하나. 재(齋)를 올리는 의식을 지휘하는 중.
【維斗】いと(유두) 북두성(北斗星)의 이칭. ¶一得之 以成其威＜韓非子＞
【維摩】ゆいま(유마)《人》석가의 제자(弟子). 집에 있으면서 불도를 닦아 보살이 되었음. 維摩居士(유마거사).
【維城】いじょう(유성) 성(城)처럼 나라를 지키는 방패가 되는 사람. ¶宗子一＜詩經＞
【維歲次】(유세차) 「이에 해로 말하면」의 뜻으로, 제문(祭文)이나 축문(祝文) 첫머리에 쓰는 말.
【維新】いしん(유신) 세상 만사가 바뀌어 새로와짐. 구폐(舊弊)를 일소하여 혁신함. ¶周雖舊邦 其命一＜詩經＞
【維日不足】コレヒモタラズ(유일부족) 종일 힘써도 부족함. ¶降爾遐福 一＜詩經＞
【維持】いじ(유지) 지탱하여 감. 부지해 감. ¶不能相一＜魏志＞
▷綱一, 乾一, 坤一, 國一, 羈一, 屠一, 四一, 纖一, 水一, 王一, 地一, 天一, 皇一

8 14〖緌〗 갓끈 유 | 支ㄖㄨㄟˊ (rui) | ずい *string*
풀이 ①갓끈. 갓끈이나 띠의 끝. ¶冠一雙止＜詩經＞ ②기(旗). ③앞치마 끈. ④잇다. ⑤매미의 부리. ¶范則冠而蟬有一＜禮記＞
▷素一, 垂一, 綏一, 纓一, 紫一, 長一

8 14〖綽〗 너그러울 작 | 藥ㄔㄨㄛˋ (chuo) ㄔㄠ (chao) | しゃく(ユルヤカ) *generous*
풀이 ①너그럽다. ¶寬兮一兮＜詩經＞ ②숙부드럽다. ¶一約閑靡＜傳毅＞ ③느긋하다. ¶滂心一態＜楚辭＞
【綽名】しゃくめい(작명) 별호. 용모나 성벽 등의 특징에 따라 부르는 별명. 綽號(작호).
▷寬一, 卓一, 閒一, 弘一, 和一, 揮一

8 14〖綜〗 잉아 종 | 宋ㄗㄨㄥˋ (zong) | そう *warp ties*
풀이 ①잉아. 베틀의 날실을 한 간씩 걸러서 끌어 올리도록 맨 굵은 실. ¶推而往引而來者一也＜列女傳＞ ②통괄(統括)하다. ¶錯一其數＜易經＞ ③다스리다.
【綜合】そうごう(종합) 여러 갈래의 것을 한데 모아

하나로 뭉침. ¶一大學/一藝術.
▷關一, 窮一, 機一, 研一, 專一, 詮一, 錯一, 參一, 探一, 通一, 畢一, 該一

8 14 【綢】 1 얽을 주 2 쌀 도 3 용머리 움직일 조 | 尤 ㄔㄡˊ (chóu) 豪 ㄊㄠ 嘯 (tao) | ちゅう (マトウ) ちょう

풀이 1 얽다. 얽힘. ¶一繆束薪 三星在天<詩經> ②묶다. ¶薜荔拍兮蕙一<楚辭> ③빽빽하다. 무성함. ¶一直如髮<詩經> ④사물의 형용. ¶一繆. ⑤견직물. 2 싸다. 숨김. 通 韜. ¶靡屈虹而爲一<漢書> 3 용머리가 움직이는 모양. 조료(蜩蟉). ㉣ 蜩.
【綢緞】(주단) ㊥ 견직물의 총칭. 비단.
【綢繆】ちゅうびゅう(주무) ①뒤얽힘. 신고(辛苦) 경영(經營)의 뜻으로 씀. ②심오(深奧)함. 그윽함. ③잇다는 모양. 연속(連續)하는 모양. 連綿(연면). ④「시경」(詩經) 당풍(唐風)의 편명. 진(晋)의 난(亂)을 꼬집은 시. 나라가 어지러우면 혼인도 때를 잃음을 읊은 것. ⑤미리 준비함. ¶一未雨.
【綢密】ちゅうみつ(주밀) 빽빽하게 들어섬. 빽빽함.

8 14 【綵】 비단 채 | 賄 ㄘㄞˇ (cai) | さい (アヤ) silk

풀이 ①비단. ¶繪一三五尺<宋書> ②무늬. 채색. ㉣ 采 彩. ¶色兼列一<梁昭明太子>
【綵緞】(채단) 빛깔 있는 비단. 또는, 비단의 호칭.
▷輕一, 奇一, 綾一, 文一, 繡一, 五一, 雜一, 翦一, 繪一

8 14 【綪】 1 붉은비단 천 2 연옥색 청 3 새끼 쟁 | 霰 ㄑㄧㄢˋ 青 (qian) 庚 | せん せい そう

풀이 1 ①붉은 비단. 꼭두서니로 물들인 비단. ¶分康叔以一茷<左氏傳> ②청홍색. 2 연한 옥색. 3 ①새끼. 밧줄로 드리기 전의 새끼. ②굽히다. ¶一結佩<禮記> ③두르다. 감음. ¶王一繳蘭臺<史記> ④맺다.

8 14 【綴】 1 꿰맬 철 本 체 2 막을 철 | 霽 ㄓㄨㄟˋ (zhui) 屑 | てい (ツヅル) sew てつ, せつ

풀이 1 ①꿰매다. ¶一甲厲兵 效勝於戰場<戰國策> ②연(連)하다. ¶比一以度<國語> ③맺다. 한데 맴. ¶一鬼谷於北辰<楚辭> ④끊이지 않다. ¶一之以祀<漢書> ⑤실을 잣다. ⑥가장자리. ¶網戶朱一<楚辭> ⑦장식(裝飾)하다. ¶赤一戶也<大戴禮> ⑧깃발. ¶熊耳爲一<揚雄> ⑨표지(標識). 通 蕝. ¶行其一兆<禮記> 2 ①막다. 通 輟. ¶禮者所以一淫也<禮記> ②굽히다. ¶一足用燕几<儀禮>
【綴字】ていじ(철자) ①글자를 맞추어 낱말을 만듦. ②자음과 모음을 맞추어 한 글자를 만듦. ¶一法.
▷牽一, 校一, 羅一, 班一, 補一, 縫一, 比一, 連一, 聯一, 書類一, 粘一, 點一, 接一, 集一, 緝一, 鈔一, 編一, 筆一

8 14 【緁】 꿰맬 첩 | 葉 ㄑㄧˋ 緝 (qi) | しょう (ヌウ)
同 緝

풀이 ①꿰매다. ¶一以偏諸<漢書> ②연(連)하다. ¶一獵.

14 【総】 總(p. 1187)과 同字

8 14 【綷】 1 오색비단 채 2 옷 스치는 소리 최 3 두루 미칠 졸 | 隊 ㄘㄨㄟˋ (cui) 寘 質 | さい すい しゅつ

풀이 1 ①오색 비단. ¶一雲蓋<漢書> ②오색. ¶孔雀一羽<左思> ③같다. ④섞다. ¶綴以萬年 一以紫榛<何晏> 2 옷 스치는 소리. 3 두루 미치다. 널리 퍼짐.

8 14 【緅】 검붉을 추 | 尤 ㄗㄡ 遇 (zou) | しゅ

8 14 【緇】 검을 치 | 支 ㄗ 寘 (zi) | し (クロイ) black
本 紂

풀이 ①검다. 검게 물들임. ¶表弗一之素質<謝惠連> ②검은 옷. ¶衣一衣而反<列子> ③승복(僧服). 검은 승복. ¶披一別家人<高啓> ④중. 승려(僧侶). ¶泯跡在一流<盧綸> ⑤검은 비단. 검은빛. ¶一衣羔裘<論語>
【緇褐】しかつ(치갈) ①검고 거친 베옷. ②중. 僧侶(승려). 緇徒(치도). 緇侶(치려). 緇衲(치납)②. ¶一誦楞伽<劉子翬>
【緇衲】しのう(치납) ①승복(僧服). 緇衣(치의). ②☞緇褐(치갈)②. 「<孟浩然>
【緇徒】しと(치도) ☞緇褐(치갈). ¶一擁錫迎
【緇林】しりん(치림)(佛) 중들이 모이는 곳. 승려의 사회. ¶昭玄都僧達及僧道順竝一<北齊書>

緇撮
(三才圖會)

【緇素】しそ(치소) ①검정과 백색. 검은 옷과 흰 옷. ¶一青黃<孔叢子> ②승려와 속인(俗人). ※緇黃(치황).
【緇帷】しい(치유) 깊은 숲 이름. 나무가 울창하여 해를 가려 음침해서 장막을 친 듯하기 때문임. 공자가 이 숲에서 놀며 행단(杏壇) 위에서 앉아 쉬었다 함. ¶孔子遊乎一之林 休坐乎杏壇之上<莊子>
【緇撮】しさつ(치촬) 검은 베로 만든 관. ¶臺笠一<詩經>
【緇布冠】しふかん(치포관) 관례(冠禮)

緇布冠
(名物圖)

때 쓰던, 검은 관. 緇冠(치관).
【緇黃】(치황) 중과 도사(道士). 중은 치의를 입고 도사는 도교를 닦는 사람인데 황관(黃冠)을 쓴 데서 이름.
▷名—, 紡—, 涅—, 披—

8 14 【綝】 1 말릴 침 2 성할 림 3 늘어질 삼 | 侵ㄔㄣ (chen) 侵ㄌㄧㄣˊ 侵(lin) | ちん (トメル) りん しん

풀이 1 ①말리다. 금지함. ②잡아매다. ③좋다. 通良. 2 성한 모양. 3 옷의 장식 따위가 늘어진 모양.

8 14 【綻】 옷 터질 탄 | 諫ㄓㄢˋ (zhan) | たん (ホコロビル)

풀이 ①옷이 터지다. 솔기가 터짐. ¶衣裳—裂<禮記> ②꽃이 피다. ¶梅欲—<王禹偁> ③터지다. ¶肉—般紅透<郝經> ④꿰매다. 기움. ¶補—缺壞<崔寔>
【綻露】(탄로) 숨긴 것이 드러남.
【綻裂】(탄열) 터지고 찢어짐.
▷斷—, 衣—, 破—

9 15 【緷】 1 깃다발 곤·혼 2 씨실 운 | 阮ㄩㄣˋ 問(yun) | こん うん

풀이 1 ①깃 다발. 깃 100개 또는 10개를 합친 다발. ②다발. 2 씨실.

9 15 【緱】 칼자루 감을 구 | 尤ㄍㄡ (gou) | こう

풀이 칼자루를 감다. 노로 감은 칼자루. ¶又蒯—<史記>

9 15 【緪】 동아줄 긍 | 蒸ㄍㄥ 徑(geng) | こう

풀이 ①동아줄. 通絙. ¶可爲—索<陸機> ②줄을 팽팽하게 매다. ¶—瑟兮交鼓<楚辭> ③급하다. ④빠르다. ¶如日月之—昇<杜牧> ⑤미치다. 걸침. 같亙. ⑥끝내다. 마침. ¶—以年歲<班固>

9 15 【緞】 1 비단 단 2 신 뒤축 헝겊 하 | 旱ㄉㄨㄢˋ 麻(duan) | たん, どん

▷緋—, 綢—

9 15 【練】 익힐 련 | 霰ㄌㄧㄢˋ (lian) | れん(ネル) *practice*
略 練

풀이 ①익히다. ㉮명주 따위를 누이다. ¶春暴—<周禮> ㉯단련하다. ¶繕甲—兵<北史> ㉰시험하다. 경험함. ¶音靡不—<漢書> ②누인 명주. ¶—衣. ③익다. 숙달(熟達)함. ¶閑—故事<後漢書> ④가리다. 택(擇)함. 通柬 揀. ¶—時日<漢書> ⑤일다. 일어서 가려냄. 通湅. ¶灑—五藏<枚乘> ⑥흐물흐물하게 익히다. ⑦희다. ¶見—絲而泣之<淮南子> ⑧소상(小祥)에 입는 상복(喪服). 또는, 소상. ¶付—祥<周禮>
【練句練字】れんくれんじ(연구연자) 시문(詩文)을 짓는 데에 자구(字句)를 여러 번 퇴고(推敲)함.
【練達】れんたつ(연달) 익어 통달함. 熟達(숙달). 熟練(숙련). ¶心力克壯 —事體<後漢書>
【練磨】れんま(연마) 갈고 닦음. 연습 연마(練習研磨)의 준말. 研磨(연마).
【練武】れんぶ(연무) 무술을 익힘.
【練兵】れんぺい(연병) ①군대를 훈련함. ¶繕甲—<北史>/—場. ②잘 단련된 병기(兵器). ¶—宜雨洗<崔禽錫>
【練服】れんぷく(연복) 소상(小祥) 뒤 담제(禫祭) 전에 입는 상복.
【練士】れんし(연사) 병사를 훈련함. 또는, 잘 훈련된 병사. ¶—厲兵<史記>
【練祀】(연사) ☞練祭(연제).
【練祥】れんしょう(연상) 사람이 죽은 지 1년 만에 지내는 제사. 小祥(소상).
【練習】れんしゅう(연습) 학술이나 기예 등을 되풀이하여 익힘. 鍊習(연습). ¶輔之父原—兵馬<晉書>
【練實】れんじつ(연실) 대나무의 열매. 竹實(죽실). ¶非—不食<莊子>
【練若】れんにゃ(연야)《佛》 절. 사찰(寺刹). 범어 āranya의 음역.
【練祭】れんさい(연제) 부재모상(父在母喪) 때 소상(小祥)을 당겨서 11개월 만에 지내는 제사. 연제사(練祭祀)의 준말. 練祀(연사). ¶主人—而不旅<禮記>
【練繒】れんしょう(연증) 누인 명주.
▷簡—, 瓜—, 校—, 老—, 鍛—, 達—, 大—, 對—, 明—, 文—, 未—, 詳—, 選—, 洗—, 素—, 修—, 水—, 手—, 熟—, 歷—, 浣—, 精—, 調—, 綜—, 通—, 閑—, 該—, 絢—, 縞—, 訓—

15 【⿰糸娄】 縷(p.1185)의 略字

9 15 【緬】 가는 실 면 | 銑ㄇㄧㄢˇ (mian) | めん (ホソイト)

풀이 ①가는 실. ②멀다. 아득함. 通緜. ¶—然若雙潛<陸機> ③생각하는 모양. ¶—然長思<孔子家語> ④다한 모양. ¶冀闕—其堙盡<潘岳> ⑤가볍다. ⑥나라 이름. 버마. ¶—甸 古朱波地<明史>
【緬禮】(면례) 韓 조상의 무덤을 옮겨 장례를 다시 지냄. 移葬(이장).
【緬奉】(면봉) 韓 면례(緬禮)의 높임말.
▷陵—, 冥—, 崇—, 迂—, 悠—, 超—, 遐—, 懷—

15 【緜】 綿(p.1176)과 同字

9 15 【緲】 아득할 묘 | 篠ㄇㄧㄠˇ (miao) | びょう

9/15〖緡〗 1 낚싯줄 민 2 성할 민 3 새우는 소리 면 | 眞ㄇㄧㄣˊ (min) 軫 先 | びん fishline めん

풀이 1 ①낚싯줄. 같 緍. ¶迎潮水而振一<左思> ②밧줄. 通 涽. ¶置其滑一<莊子> ③엽전 꿰는 끈. 또는, 꿴 돈. ¶初算一錢<漢書> ④입다. 입힘. ¶言一之絲<詩經> ⑤베풀다. ⑥맞다. ⑦땅 이름. ¶伐宋圍一<左氏傳> 2 ①성(盛)하다. ¶草木之一<莊子> ②맞다. 합당함. ③어둡다. 通 瞑. ¶當我一乎<莊子> ④아파하다. 같 愍. 3 새우는 소리. 通 緜. ¶一蠻黃鳥<詩經>
▷算一, 垂一, 釣一, 錢一, 胣一, 沈一

15〖緕〗 褙(p. 1353)와 同字

9/15〖緥〗 포대기 보 | 晧ㄅㄠˇ (bao) | ほう

9/15〖緗〗 담황색 상 | 陽ㄒㄧㄤ (xiang) | しょう

【緗素】しょうそ(상소) ①담황색 명주. ②책. ¶彫以一<江總>
【緗縹】しょうひょう(상표) ①담황색. 또는, 그런 빛깔의 옷. ¶賈人一而已<後漢書> ②책. 서적. 緗素(상소). ¶一如山書掩關<范成大>
▷縑一, 綈一, 靑一

15〖縃〗 胥(p. 1230)와 同字

9/15〖緒〗 1 실마리 서 2 나머지 사 | 語ㄒㄩˋ (xu) 麻 | しょ(イトグチ) clue しゃ

略 緒

풀이 1 ①실마리. ¶繭成一<張衡>/一言. ②시작(始作). 발단. ¶端一. ③줄기. 계통. ¶門承胄一<蘇頲> ④차례. ¶必取其一<莊子> ⑤행렬. ¶合一相依<鮑照> ⑥마음. ¶絲中傳意一<王融> ⑦일. 사업(事業). ¶展其功一<周禮> ⑧따르다. ¶一信所變<阮瑀> ⑨찾다. ¶一正律曆<史記> ⑩끈. 通 組. 2 나머지. ¶秋冬之一風<楚辭>
【緒論】しょろん(서론) 본론(本論)에 들어가기 전의, 서두에 펴는 논설. 序論(서론).
【緒信】しょしん(서신) 따르고 믿음.
【緒言】しょげん(서언) ①논설의 발단으로서 하는 말. 또는, 나머지 말. ¶一餘論<任昉> ②책의 머리말. 序言(서언).
【緒戰】しょせん(서전) 첫싸움. 初戰(초전).
【緒胄】しょちゅう(서주) 혈통(血統). 胄는 맏아들. ¶一莫詳<陸倕>
▷家一, 功一, 基一, 端一, 談一, 頭一, 萬一, 苗一, 茂一, 紊一, 福一, 絲一, 先一, 聖一, 心一, 由一, 遺一, 意一, 前一, 情一, 帝一, 宗一, 就一, 鴻一, 勳一

9/15〖線〗 줄 선 | 霰ㄒㄧㄢˋ (xian) | せん(イトスジ) line

同 綫

풀이 줄. 실. ¶縫一之事<周禮>
【線路】せんろ(선로) ①좁은 길. 細路(세로). ¶一不容足<蘇軾> ②기차 따위의 길. 鐵路(철로).
▷幹一, 經一, 曲一, 光一, 罫一, 路一, 單一, 短一, 斷一, 導一, 銅一, 綿一, 傍一, 白一, 伏一, 複一, 本一, 不連續一, 非常一, 死一, 素一, 垂一, 水平一, 熟一, 視一, 沿一, 緯一, 前一, 戰一, 電一, 絕一, 點一, 接一, 支一, 地平一, 直一, 鐵一, 脫一, 波一, 平和一, 海岸一, 混一

9/15〖縇〗 韓 선 두를 선

풀이 선 두르다. 가선을 두름.

15〖緤〗 紲(p. 1163)과 同字

15〖縄〗 繩(p. 1191)의 俗字

9/15〖緦〗 시마복 시 | 支ㄙ (si) | し

풀이 ①시마복(緦麻服). ¶無一服<禮記> ②모으다.
【緦麻】しま(시마) ①상제(喪制) 오복(五服) 중 가장 짧은 기간의 복. 3개월 동안 입는데, 친족으로는 7촌(寸)·8촌, 외족(外族)으로는 3촌, 처족으로는 장인(丈人)·장모 등에 해당. 우리 나라 복제(服制)는 중국과 약간 달랐음. ②시마의 상복(喪服). 조금 익힌 가는 베로 지음. 緦麻服(시마복).
【緦麻冠】しまかん(시마관) 시마복에 쓰는 두건(頭巾). 올이 가는 삼베로 만듦.

9/15〖緣〗 1 가선 연 2 연줄 연 3 연의 단 | 霰ㄩㄢˊ 先 (yuan) 翰 | えん(フチ) hem たん

略 縁

풀이 1 ①가선. 옷의 가장자리선. ¶一廣寸半<禮記> ②물건의 가장자리. ¶裂其薄餠一<周書> ③묶다. 활고자의, 끈으로 동여맨 부분. ¶弓有一者<爾雅> ④가장자리를 꾸미다. ¶白黑雜繒一之<書經> ⑤꾸미다. 장식(裝飾)함. ¶一飾以儒術<漢書> 2 ①연줄. ㉮연유(緣由)하다. ¶一耳而知聲可也<荀子> ㉯따르다. ¶故一地之利<管子> ㉰더위잡아 오르다. ¶一木而求魚<孟子> ②두르다. ¶一之以方城<荀子> ③거치다. ¶上一求妃<漢書> ④인연(因緣). ¶永絕平生一<謝靈運> ⑤겉. ⑥버리다. 通 捐. ¶好一而好駔<管子> ⑦《佛》 마음이 외계(外界)로 향해 움직여 알다. 3 연의(緣衣). 왕후 육복(王后六服)의 한 가지. 通 褖.
【緣覺】えんがく(연각)《佛》 ①스승 없이 혼자서 불

법(佛法)을 깨닫는 일. 獨覺(독각). ②12 인연(因緣)의 사연을 관찰하여 진리를 깨닫는 일.

【緣竿】えんかん(연간) 곡예(曲藝)의 한 가지. 장대 오르기. 緣橦(연동). ¶此卽今一戲也<通俗編>

【緣界】えんかい(연계) 가장자리. 境界(경계).

【緣故】えんこ(연고) ①까닭. 事由(사유). ②혈통이나 정분 등에 의한 남다른 관계. ¶一者/一權.

【緣起】えんぎ(연기)《佛》 ①사물이 생기는 연유이나 연혁(沿革). 由來(유래). ②사물이 연(緣)을 만나 과(果)를 일으키는 일. ③절 등의 창건된 경위. 또는, 그 유래를 적은 문서.

【緣木求魚】えんぼくきゅうぎょ(연목구어) 나무에 올라가서 물고기를 잡으려 한다는 뜻으로, 불가능함을 비유하여 이름. ¶一 言必不可得<孟子·注>

【緣法】えんぽう(연법) ①종래의 법을 따름. ¶一而治者 吏習而民安之<史記> ②인연을 맺음. ③《佛》 인연이 있음.

【緣邊】えんぺん(연변) 가. 둘레. 周邊(주변).

【緣分】えんぶん(연분) ①인연으로 정해진 분수. ②하늘이 배필로 정해 준 인연. ¶天生一. ③인연을 맺은 남다른 관계. 「성).

【緣姓】えんせい(연성) 중이 되기 전의 성. 俗姓(속

【緣由】えんゆう(연유) 까닭. 由來(유래). ¶後會何一<杜甫>

▷結一, 舊一, 起一, 奇一, 內一, 來一, 萬一, 妙一, 無一, 百一, 邊一, 佛一, 世一, 俗一, 宿一, 新一, 十二因一, 良一, 外一, 由一, 有一, 依一, 離一, 因一, 人一, 前一, 情一, 地一, 塵一, 合一, 血一

15【緑】 綠(p. 1180)의 略字

15【縕】 縕(p. 1184)과 同字

9 15【緩】 느릴 완 |㊥ㄏㄨㄢˇ (huan)| かん(ユルイ) *slow*

풀이 ①느리다. 늦음. ¶謝一秦賂<國語>/一行. ②느슨하다. ¶三人一帶<穀梁傳> ③늦추다. ¶君子以議獄一死<易經> ④늘어지다. 처짐. ¶連一耳<後漢書> ⑤부드럽다. 부드러워짐. ¶嘽一慢易<史記>

【緩急】かんきゅう(완급) ①느긋함과 엄함. 완만함과 급함. ¶審一之道<淮南子> ②절박함. 위급함. ¶計一之事<管子>

【緩慢】かんまん(완만) ①움직임이 느릿느릿함. 또는, 경사가 급하지 아니함. ¶行步一<賓退錄> ②느리고 태만함. 緩怠(완태). ¶寬弘者失於一<書經>

【緩步】かんぽ(완보) 천천히 걸음. 또는, 느릿느릿한 걸음. 徐步(서보). ¶一闊視<列子> ↔疾步(질보).

【緩衝】かんしょう(완충) 충돌을 완화함. ¶一役/一地帶.

【緩行】かんこう(완행) ①천천히 감. 徐行(서행). ¶堦前每一<杜甫> ②완행 열차의 준말. ↔急行(급행).

【緩和】かんわ(완화) 느슨하게 함. 부드럽게 함. 긴박한 것이 풀려 느긋해짐.

▷寬一, 急一, 矜一, 徐一, 舒一, 踈一, 優一, 儒一, 弛一, 停一, 靜一, 遲一, 疲一, 閑一

9 15【緺】 자청색 인끈 왜 ㊥과 |㊥ㄍㄨㄛ (guo)| かい か

9 15【緯】 [1]씨 위 [2]묶을 위 |㊥ㄨㄟˇ (wei)| い(ヨコ) *woof*

풀이 [1] ①씨. ㉮피륙의 씨실. ¶嫠不恤其一<左氏傳> ㉯좌우·동서의 방향. ¶東西爲一<大戴禮> ㉰동서로 통하는 길. ¶國中九經九一<周禮> ②길. 줄기. ¶形地之一<太玄經> ③짜다. 베를 짬. ¶恃一蕭而食<莊子> ④현(弦). 악기(樂器)의 줄. ¶挾人箏而彈一<楚辭> ⑤별. 오성(五星)의 우전(右轉)하는 것. ⑥예언서 이름. 위서(緯書). ¶探綜圖一<蔡邕> [2]묶다. 다발로 묶음. ¶農一厥耒<大戴禮>

【緯度】いど(위도) 지구 표면의 위치를 나타내는 데에 쓰는, 적도(赤道)에 평행선을 이루는 좌표(座標). 적도를 중심으로 남위(南緯)와 북위로 나뉨. 씨도. ↔經度(경도)①.

【緯武經文】いぶけいぶん(위무경문) 무(武)를 씨실로, 문(文)을 날실로 삼는다는 뜻으로 문무(文武)로써 나라를 다스림을 이름. ¶自家刑國 一<晉書>

【緯象】いしょう(위상) 천문(天文). ¶旣彰一<南史>

【緯書】いしょ(위서) 미래의 일 또는 길흉 화복을 예언한 책. ↔經書(경서).

【緯線】いせん(위선) 지구상의 위치를 나타내는 데에 쓰는, 적도(赤道)에 평행하는 가상(假想)의 선. ↔經線(경선).

【緯世】いせい(위세) 천하를 다스림. 經世(경세). ¶一之量<晉書>

【緯俗】いぞく(위속) 풍속을 바로잡아 훌륭하게 함. ¶經邦一 藏用於百代<北史>

▷經一, 絡一, 圖一, 符一, 祕一, 精一, 綜一, 辰一, 讖一, 七一

9 15【緸】 움직일 인 |㊥| いん

15【緾】 纏(p. 1193)의 略字

15【緈】 綎(p. 1174)의 俗字

9 15【緹】 붉은 비단 제 |㊥ㄊㄧˊ (ti)| てい

풀이 ①붉은 비단. ¶一緡十重<後漢書> ②붉다. ¶張一絳維<史記>

【緹齊】ていせい(제제) 빛깔이 붉은 하급 술. 주(周)대 다섯 가지 술 등급인 오제(五齊) 중의 네째. ¶辨五齊之名 一曰泛齊…四曰一 五曰沈齊<周禮>

▷赤一, 青一, 布一

9 15【緵】 새 종 |東ㄗㄨㄥ 送(zong)| そう

풀이 ①새. 승(升). 날실을 세는 단위. 한 새는 날실 80올. 우리 나라는 40올. ¶衣七一布＜史記＞ ②그물. 어망(魚網). ¶一罟 謂之九罭 九罭 漁罔也＜爾雅＞

9 15【緟】 1 더할 중 |图 2 명주실 중 |宋| ちょう(マス) add

풀이 1 ①더하다. ②거듭하다. ③두껍다. 2 명주실. 같 種.

9 10【緝】 길쌈할 집 |緝ㄑㄧˋ (qi)| しゅう ㊄즙 (ウム)

풀이 ①길쌈하다. ¶一績作衣服＜詩經·注＞ ②잇다. ¶授几有一御＜詩經＞ ③모으다. 通 緁. ¶一華裔之衆＜顏延之＞ ④맞다. 적합함. ¶人謀雖一＜後漢書＞ ⑤거두다. ¶衣冠未一＜王儉＞ ⑥빛나다. 밝음. 通 熠. ¶於一熙敬止＜詩經＞ ⑦두려워하며 삼가다. 通 慴. ¶授几有一御＜詩經＞ ⑧㊥ 잡다. 체포함.

【緝綴】しゅうてい(집철) 글을 모아 엮음. 또는, 문장을 지음. ¶一素朴＜顏氏家訓＞

【緝績】しゅうせき(집적) 길쌈함.

▷撫一, 補一, 縫一, 連一, 寧一, 營一, 製一, 綜一, 采一, 綴一, 招一, 總一, 編一, 諧一

9 15【締】 맺을 체 |霽ㄉㄧˋ (di)| てい(ムスブ) tie

풀이 ①맺다. ㉮끈으로 묶다. ¶一 結也＜廣雅＞ ㉯연결하다. ¶合從一交＜史記＞ ②울적해지다. ¶氣繚轉而自一＜楚辭＞

【締結】ていけつ(체결) ①계약이나 조약을 맺음. ¶一條約＜清國行政法汎論＞ ②단단히 묶음. 마무리를 지음.

15【緰】 緰(p. 1174)와 同字

15【総】 總(p. 1187)의 俗字

15【緻】 緻(p. 1184)의 本字

15【緇】 緇(p. 1178)의 本字

9 15【編】 1 엮을 편 |先ㄅㄧㄢ 2 땋을 변 |銑(bian)| へん(アム) knit

풀이 1 ①엮다. ㉮죽간(竹簡)을 엮다. ¶出一一書＜漢書＞ ㉯문서를 모아 책으로 만듦. ¶并一敞教＜漢書＞ ㉰기록하다. ¶春秋一年＜穀梁傳＞ ㉱늘어 세우다. ¶一之徒官＜漢書＞ ㉲맺다. ¶一愁苦以爲膺＜楚辭＞ ㉳얽다. ¶織茅一竹＜徐夤＞ ㉴짜다. 베를 짬. ②글. 문서. ¶往聖遺一＜舊唐書＞ ③책끈. 책을 맨 끈. ¶讀之韋一三絶＜漢書＞ ④끈. ⑤다리. 머리에 덧드리는 딴 머리. ⑥호적(戶籍)에 올리다. 通 扁. ¶爲一戶民＜漢書＞ ⑦호적. 2 ①땋다. 通 辮. ¶解一髮 削左衽＜漢書＞ ②엷은 비단. ¶一綃. ③꼬다. ④가늘다.

【編磬】へんけい(편경) 아악기(雅樂器)의 하나. 두 층의 경가(磬架)에 층마다 8개의 경쇠를 음계 순으로 매단 것.

編磬(禮器圖)

【編年】へんねん(편년) 연대순으로 엮음.

【編年體】へんねんたい(편년체) 연대순으로 엮는 역사 편찬의 한 체재. ※紀事本末體(기사본말체)·紀傳體(기전체).

【編柳】へんりゅう(편류) 버드나무를 엮는다는 뜻으로, 고학(苦學)함을 이름. 초(楚)의 손경(孫敬)이 가난하여 버드나무쪽을 엮어 경서(經書)를 베껴 공부했다는 옛일에서 유래.

【編氓】へんぼう(편맹) 호적에 오른 백성. 庶民(서민). 編民(편민). ¶害及一＜宋史＞

【編物】アミモノ(편물) 뜨개질. 또는, 뜨개질로 만든 물건.

【編民】へんみん(편민) ☞編氓(편맹).

【編成】へんせい(편성) ①책이나 신문 따위를 엮어서 만듦. ¶一員. ②모아서 조직을 이룸. ¶學級一.

【編修】へんしゅう(편수) ①의례(儀禮) 등이 정돈되어 바름. ¶百禮一＜漢書＞ ②사서(史書)를 저술함. 또는, 그 벼슬. ③책을 편집하고 수정함. 編纂(편찬).

【編述】へんじゅつ(편술) ☞編著(편저).

【編譯】へんやく(편역) 편집과 번역.

【編入】へんにゅう(편입) ①짜 넣음. ②한 동아리에 끼어 들어감. ¶一土番＜福惠全書＞

【編者】へんしゃ(편자) 책을 엮은 사람. 엮은이.

【編著】へんちょ(편저) 자료를 모아 엮어 저술함. 編述(편술). ¶法者一之圖籍＜韓非子＞ ※著作(저작).

【編制】へんせい(편제) 개개의 것을 모아 단체를 만듦. 또는, 그 기구나 체제.

【編鐘】へんしょう(편종) 아악기의 하나. 음계가 각기 다른 16개의 종을 두 층의 종가(鐘架)에 차례로 달아 놓은 것.

【編緝】へんしゅう(편집) ☞編輯(편집).

【編輯】へんしゅう(편집) 여러 재료를 모아 배열하여 책이나 신문, 잡지 따위를 엮음. 編緝(편집). 編纂(편찬).

編鐘(禮器圖)

【編纂】へんさん(편찬) ☞編輯(편집).

【編綴】へんてい(편철) 책 따위를 맴. 또는, 서류나

신문 등을 모아 철함.

【編置】へんち(편치) 옛 중국에서, 귀족이나 관리 등이 죄를 범했을 때 그 신분을 평민으로 내리어 벽지로 추방한 일. ¶―羈管<宣和遺事>

【編蒲】へんぽ(편포) 부들을 엮는다는 뜻으로, 고학(苦學)함을 이름. 한(漢)의 노온서(路溫舒)가 가난하여 부들 줄기를 쪼개어 엮은 것에 경서(經書)를 베껴 공부한 옛일에서 유래. ※編柳(편류).

【編戶】へんこ(편호) 호적에 편입함. 또는, 호적에 실린 백성. 平民(평민). 編氓(편맹). 編民(편민). ¶況匹夫―之民乎<史記>

【編髮】べんぱつ(변발) 머리를 땋아 늘임. 또는, 그 머리. 辮髮(변발). ¶皆―隨畜遷徙<史記>

▷佳―, 間―, 簡―, 改―, 故―, 共―, 群―, 短―, 斷―, 末―, 名―, 別―, 祥―, 續―, 詩―, 新―, 完―, 雄―, 韋―, 遺―, 前―, 全―, 齊―, 中―, 陳―, 次―, 後―

9 15 〖緶〗 1 꿰맬 편 | 先ㄆㄧㄢˊ(pian) | 2 옷걷을 변 | 銑ㄅㄧㄢˇ(bian) | へん sew

풀이 1 ①꿰매다. ②옷의 가선을 두르다. ③삼새끼를 꼬다. 2 옷을 걷다. 옷자락을 치켜 올림.

9 15 〖緘〗 1 봉할 함 本감 2 관묶는 줄 함·감 | 咸 陷 ㄐㄧㄢ (jian) | かん (トジル) close up かん

풀이 1 ①봉하다. ¶葛以―之<墨子> ②봉함(封緘). 봉한 곳. ③문서함(文書函). ¶捧瑤―<崔融> ④봉투. ⑤편지. ¶兩月勞君寄兩―<王禹偁> ⑥함을 묶는 끈. ¶解篋―<漢書> ⑦밧줄. ¶攝―縢<莊子> 2 관(棺)을 묶는 줄.

【緘口】かんこう(함구) 입을 다물고 말을 하지 아니함. 緘默(함묵). 緘脣(함순). ¶避禍宜―<耶律楚材>

【緘默】かんもく(함묵) ☞緘口(함구).

【緘書】かんしょ(함서) 봉함한 편지. 封書(봉서). 緘札(함찰). 緘翰(함한). ¶―當見時<韋應物>

【緘愁】かんしゅう(함수) 시름을 숨김. 또는, 근심되는 일을 편지에 써서 봉하여 부침. ¶束紛反―<江總>

▷開―, 啓―, 封―, 三―, 素―, 披―, 華―

9 15 〖[illegible]〗 띠 혈 | 屑 | けつ

10 16 〖縑〗 합사 비단 겸 | 鹽ㄐㄧㄢ (jian) | けん

풀이 ①합사 비단. ¶春―衣<管子> ②생명주(生明紬). ¶―之性黃<淮南子> ③비단. ¶作―單衣<漢書>

▷輕―, 綾―, 斷―, 生―, 素―, 熟―, 新―, 綵―, 尺―, 紈―

16 〖縘〗 繫(p.1119)와 同字

10 16 〖縠〗 주름 비단 곡 | 屋ㄏㄨˊ (hu) | こく

▷繢―, 綺―, 文―, 紋―, 薄―, 碧―, 纖―, 細―, 綃―, 紈―

10 16 〖縎〗 1 맺힐 골 | 月ㄍㄨˇ(gu) | こつ
2 비단 홀 | 月ㄏㄨㄚˊ(hua) | こつ

16 〖縧〗 絛(p.1174)와 同字

10 16 〖縢〗 봉할 등 | 蒸ㄊㄥˊ (teng) | とう(カラゲル) close up

풀이 ①봉하다. 묶음. ¶周公作金―<書經>/封―. ②노. 노끈. ¶朱英綠―<詩經> ③끈. 띠. ¶甲不組―<禮記> ④행전(行纏). ¶贏―履蹻<戰國策> ⑤가. 가장자리. ¶無―. ⑥주머니. 通幐. ¶必攝緘―<莊子>

▷金―, 封―, 纓―, 行―

10 16 〖縛〗 1 묶을 박 2 밧줄 부 3 韓 얽을 박 | 藥 遇 ㄈㄨˊ (fu) | ばく (シバル) bind ふ

풀이 1 ①묶다. ㉮얽어매다. 묶음. ¶―繩駕長橋<袁桷> ㉯감다. ¶――如瑱<左氏傳> ㉰매다. 속박함. ¶晉襄公―楚囚<左氏傳>/束―. ②오랏줄. ¶武王親釋其―<左氏傳> ③복토(伏兎). 수레 바닥에 가로 댄 나무. 2 밧줄. 같紼. 3 韓 얽다. 얼굴에 천연두를 앓은 자국이 있음.

【縛格】ばっかく(박격) 묶고 손수 목을 벰. ¶收郞―之<後漢書>

▷劫―, 結―, 繫―, 毆―, 擒―, 急―, 羈―, 緊―, 勒―, 面―, 反―, 生―, 束―, 囚―, 收―, 繩―, 連―, 自繩自―, 纏―, 塵―, 執―, 就―, 捕―, 解―

10 16 〖縏〗 주머니 반 | 寒ㄆㄢˊ (pan) | はん

10 16 〖縊〗 목맬 액 本예·의 | 霽 寘 ㄧˋ (yi) | えい, い (クビル) hang

풀이 ①목을 매다. ¶―於荒谷<左氏傳>/―死. ②목을 매어 죽이다.

【縊死】いし(액사) 목매어 죽음. ¶孔達―而死<左氏傳>

【縊殺】いさつ(액살) 목을 매어 죽임. ¶因令―之<後漢書>

【縊刑】いけい(액형) 교수형(絞首刑). 絞刑(교형).

▷絞―, 刎―, 自―

10 16 〖縌〗 인끈 역 | 陌 | げき, ぎゃく

10 16【縈】 얽힐 영 |㊥ㅣㄥˊ (ying)|えい wind round

풀이 ①얽히다. 두름. ¶一結. ②굽다. ¶千崖信一折<岑參>

【縈青繚白】(영청요백) 푸른 산으로 둘러싸이고 맑은 물이 감돌아 흐름. 산수(山水)의 경치의 형용. ¶一外與天際<柳宗元>

▷牽一, 盤一, 蟠一, 煩一, 垂一, 緣一, 遶一, 繚一, 紆一, 纏一, 廻一

10 16【縕】 ①헌솜 온 ②어지러울 온 ③분홍빛 온 |㊥ㄩㄣˋ ㊀(yun) ㊁|うん うん おん

풀이 ①①헌솜. 삼 북더기. ¶衣敝一袍<論語> ②풍부하다. 비축함. 通蘊. ¶天地絪一<易經> ②①어지럽다. ¶齊桓之時一<法言> ②깊숙한 곳. 창고(倉庫). 通醞. ¶乾坤其易之一耶<易經> ③솜. ¶一爲袍<禮記> ③분홍빛. 적황색(赤黃色). 通纁. ¶士佩瓀玟而一組綬<禮記>

【縕巡】うんじゅん(온순) 나란히 가는 모양.

▷紛一, 細一, 疏一, 弊一, 袍一

10 16【縟】 무늬 욕 |㊥ㄖㄨˋ (ru)|じょく(アヤ) pattern

풀이 ①무늬. 채색. ¶一繡. ②번다한 채식(彩飾). ¶一組爭映<郭璞> ③번다하다. ¶喪成人者 其文一<儀禮> ④잘다. 미세함. ⑤요. 잠자리. 通褥. ¶援綺衾兮坐芳一<謝惠連>

【縟禮】じょくれい(욕례) 번거로운 의례 범절. 繁禮(번례). 繁文縟禮(번문욕례).

▷芳一, 繁一, 紛一, 鮮一, 婉一, 優一, 柔一, 雕一, 珍一, 華一

10 16【縡】 일 재 |㊥ㄗㄞˇ ㊁(zai)|さい(コト)

10 16【縓】 주황색 전 |㊥ㄑㄩㄢ ㊁(quan)|せん

풀이 ①주황색(朱黃色). 또는, 그 비단. ¶黃裏一緣<禮記> ②붉은빛.

10 16【縝】 ①삼실 진 ②촘촘할 진 |㊥ㄓㄣˇ ㊁(zhen)|しん (アサイト)

풀이 ①①삼실. 마사(麻絲). ②무리져 성하다. ¶一紛. ②①촘촘하다. ¶一密以栗<禮記> ②맺다. ③홑옷. ④머리숱이 많고 검다. 같鬒. ¶誰能一不變<謝朓> ⑤검다.

10 16【縉】 꽂을 진 |㊥ㄐㄧㄣˋ ㊀(jin)|しん し

풀이 ①꽂다. 通搢. ¶一紳. ②붉은 비단. ¶禮有一緣<說文> ③분홍빛. ¶一紳者弗道<漢書>

【縉紳】しんしん(진신) ①속대(束帶)할 때 띠에 홀을 꽂는 일. 뜻이 바뀌어, 신분이나 벼슬이 높은 사람. 또는, 유학(儒學)하는 선비를 이름. ¶一考六藝<魏志> ②벼슬에서 물러나 집에 있는 사람.

16【縉】 縉(p.1184)의 略字

10 16【縗】 ①상복 이름 최 ②깃옷 최 ③도가머리 최 |㊥ㄘㄨㄟ ㊁(cui) ㊀|さい さ すい

풀이 ①상복(喪服) 이름. 상복 가슴에 대는 베. 같衰 襊. ¶一絰之中<左氏傳> ②깃옷. 해오라기의 깃털을 엮어 만든 옷. ③도가머리. 해오라기의 관모(冠毛).

10 16【縋】 매어달 추 |㊥ㄓㄨㄟˋ (zhui)|つい(カケル) hang

풀이 ①매어달다. ¶夜一而出<左氏傳> ②밧줄. 걸어 늘어뜨린 밧줄. ¶乘一而入秦園<晋書>

▷繩一, 下一, 懸一

10 16【縐】 ①주름질 추 ②주름질 축 ③거친 명주 초 |㊥ㄓㄡˋ ㊁(zhou) ㊀|しゅう (チヂム) しゅく そう

10 16【緻】 촘촘할 치 |㊥ㄓˋ (zhi)|ち(コマカイ) close

本緻

풀이 ①촘촘하다. 잚. ¶一密. ②꿰매다. 기움. ③찬찬하다. 면밀함. ¶用思精一<唐書>

【緻密】ちみつ(치밀) ①자상하고 꼼꼼함. ¶一無所失<詩經> ②결이 섬세하고 고움. ③촘촘하게 얽힘. 緊密(긴밀). ¶林木一<水經>

▷堅一, 工一, 巧一, 密一, 詳一, 細一, 周一, 叢一, 會一

10 16【縒】 ①가지런하지 않을 치 ②빛 고울 차 ③어지러울 착 |㊀ㄘ(ci) ㊁ㄘㄨㄛˇ (cuo) ㊂ㄘㄨㄛˋ (cuo)|し さ さく

10 16【緆】 올무 던져 잡을 탑 |㊀ㄊㄚˋ (ta)|とう

10 16【縣】 ①고을 현 ②달 현 |㊥ㄒㄧㄢˋ (xian) ㊥ㄒㄩㄢˊ (xuan)|けん けん (カケル) hang up

略県

源 會意. 「県[거꾸로 매단 머리]+系」. 목을 거꾸로 매닮의 뜻에서 매다, 매이다의 뜻을 나타냄.

풀이 ①고을. 행정 구역 이름. ¶郡一制. ②①달다. 같懸. ㉮밧줄로 공중에 매달다. ¶一蠻夷邸門<漢書> ㉯목 매다. ¶

處曲沃以東一＜國語＞ ㉰매다. 잡아맴. ¶不足以一天下＜荀子＞ ㉱줄지어 잇다. ¶一之以王者之功名＜荀子＞ ㉲올리다. ¶一象著明＜易經＞ ㉳나타내다. ¶不可一以利＜淮南子＞ ㉴공포하다. ¶一衰冠之式＜周禮＞ ㉵일으키다. ¶夫一法以誘民＜漢書＞ ②걸리다. ¶心搖搖然如一旌＜史記＞ ③사이가 떨어져 있다. ¶一隔千里＜漢書＞ ④무게를 달다. ¶一石鑄鍾虡＜漢書＞ ⑤저울추. ¶故衡誠一＜禮記＞ ⑥악기 걸이. ¶適一間＜左氏傳＞ ⑦매단 악기. ¶正樂一之位＜周禮＞

【縣隔】けんかく(현격) 멀리 떨어져 있음. 懸隔(현격). ¶一千里＜史記＞

【縣君】けんくん(현군) ①부인(婦人)의 봉호(封號). ¶五品爲一＜事物紀原＞ ②고려 때 외명부(外命婦)의 정6품 벼슬.

【縣主】けんしゅ(현주) ①황족인 여자의 봉호(封號). ②현(縣)의 지사(知事). ③왕세자(王世子)의 서녀(庶女)인 외명부(外命婦)의 품계(品階).

【縣次續食】けんじぞくしょく(현차속식) 지나는 길의 각 현(縣)이 차례로 음식을 공급하는 일. ¶一令與計偕＜漢書＞

【縣圃】けんぽ(현포) 옛날, 신선이 살았다는 산. 玄圃(현포). 懸圃(현포).

▷曲一, 挂一, 區一, 郡一, 近一, 畿一, 同一, 僻一, 邊一, 府一, 比一, 山一, 宿一, 心一, 樂一, 宇一, 州一, 村一, 軒一

10 16 〖縞〗 비단 호 | 晧 ㄍㄠˇ 號 (gao) | こう(キヌ) *silk*

풀이 ①비단. 명주(明紬). ㉮주름 비단. ㉯발이 고운 명주. 또는, 엷은 비단. ¶一衣綦巾＜詩經＞ ㉰흰 비단. ¶履絲曳一＜漢書＞ ㉱누인 명주. ㉲생명주(生明紬). ¶一冠素紕＜禮記＞ ②흰색. ¶一晧. ③풀 이름.

【縞衣綦巾】こういききん(호의기건) 흰 옷과 담황색 슬갑(膝甲). 주(周)대 천한 계집의 복색이었던 데서, 자기 아내를 이르는 겸칭. 일설에 縞衣는 남자 옷, 綦巾은 여자 옷.

▷綺一, 萬頃一, 薄一, 鮮一, 纖一, 素一, 阿一, 曳一, 吳一

11 17 〖繈〗 포대기 강 | 養 ㄑㄧㄤˇ (qiang) | きょう

풀이 ①포대기. 또는, 기저귀. 通襁. ¶不穀免衣一褓＜呂覽＞ ②마디 많고 거친 실. ③밧줄. ¶一屬不絶＜漢書＞ ④돈꿰미. ¶臧一千萬＜漢書＞

【繈褓】きょうほ(강보) ①어린아이를 업는 포대기와 젖먹이의 배내옷 또는 기저귀. ¶臣靑子在一中＜史記＞ ②어린아이.

11 17 〖縴〗 1 헌솜 견 2 밧줄 념 | 先 ㄑㄧㄢˋ 豔 (qian) | けん ねん

11 17 〖縺〗 실 얽힐 련 | 先 | れん

11 17 〖縷〗 1 실 루 2 누더기 루 | 麌 ㄌㄩˇ 尤 (lü) | る, りゅう *thread*

풀이 1 ①실. ¶有布一之征＜孟子＞ ②실처럼 가늘고 긴 것. ¶雍人一切＜潘岳＞ ③명주(明紬). ¶朝一綿＜管子＞ ④곡절(曲折)을 밝히다. ¶秉筆覼一＜柳宗元＞ ⑤자세하다. 상세함. ¶不足一責＜吳志＞/一述. 2 누더기. 通褸. ¶襤一.

▷結一, 金一, 藍一, 襤一, 繁一, 絲一, 線一, 細一, 縺一, 紙一, 寸一, 布一, 香一

11 17 〖縲〗 1 포승 루 2 밧줄 라 | 支 ㄌㄟˊ 歌 (lei) | るい ら

11 17 〖繂〗 동아줄 률 | 質 ㄌㄩˋ (lü) | りつ

풀이 ①동아줄. 삼 밧줄. ②닻줄. ③관을 묶는 밧줄. ¶一繞. ④옥 밑에 받치는 가죽 깔개. ¶藻一鞶厲＜張衡＞

11 17 〖縭〗 1 향주머니끈 리 2 빗질할 리 本 치 | 支 ㄌㄧˊ (li) 支 | り ち

풀이 1 ①향주머니를 차는 끈. ②실을 신발에 장식하다. ③폐슬(蔽膝). ¶親結其一＜詩經＞ ④띠. 허리띠. ¶獻環琨與琛一兮＜張衡＞ ⑤잇다. 2 빗질하다. 머리를 빗음. ¶風一露沐＜唐書＞

縭圖③ (三才圖會)

11 17 〖縵〗 1 명주 만 2 무늬 없을 만 | 翰 ㄇㄢˋ 寒 (man) | まん *silk*

풀이 1 ①명주(明紬). 무늬 없는 명주. ¶一帛. ②장식 없는 수레. ¶乘一不擧＜國語＞ ③밭고랑이 없다. ¶一田. ④합주(合奏)하다. 또는, 합주하는 악기. ¶一樂鼓員十三人＜漢書＞ ⑤느슨하다. 완만(緩慢)함. 通慢. ¶一者 窖者＜莊子＞ 2 무늬가 없다. ¶女兒帶環着一布＜沈遼＞

▷紕一, 乘一, 絁一, 緹一

11 17 〖縸〗 1 헌 솜 모 2 그물칠 막 | 遇 ぼ 藥 ばく

11 17 〖繆〗 1 삼 열단 무 2 졸라맬 규 3 잘못할 류 本 무 4 두를 료 5 배향차례 목 6 실모양 료 7 꿈틀거릴 료 | 尤 ㄇㄡˊ 尤 (mou) 宥 ㄇㄧㄡˋ 篠 (miu) 屋 ㄇㄨˋ (mu) 蕭 ㄌㄧㄠˊ 嘯 (liao) | びゅう きゅう びゅう りょう ぼく りょう りょう

풀이 1 ①삼[麻] 열 단. ¶一枲之一絜＜說文＞ ②묶다. ¶綢一. 2 ①졸라 매다. 通摎. ¶卽自一死＜漢書＞ ②두르다. 감김. ③맺다. ¶不可一而捉＜莊子＞

④엇걸리다. ⑤꼬다. 새끼를 꼼. 通糾. 3①잘못하다. 通謬. ¶—論. ②어긋나다. ¶錯—. ③속이다. ¶多辭—說<莊子> ④다르다. 바뀜. ¶事各—形<王延壽> 4두르다. 같繚. 5①배향(配享)의 차례. ¶序以昭—<禮記> ②깊이 생각하는 모양. ¶—然. 6실 모양. 7꿈틀거리는 모양. 같蟉. ¶蜩—.
▷乖—, 紕—, 綢—, 錯—

11 17 〖縻〗 얽어맬 미 | 因ㄇㄧˊ 寘(mi) | び(ツナグ) bind up

풀이 ①얽어매다. ¶—鎖. ②고삐. ¶羈—勿絕<史記> ③밧줄. ¶吟咏作—綆<賈島> ④흩다. 通靡. ⑤갈다. 빻음. 通礳. ⑥나누다.
▷綆—, 繫—, 拘—, 羈—, 斷—

17〖䌕〗 縻(p.1186)와 同字

11 17 〖繁〗 1많을 번 2뱃대끈 반 3성 파 | 元ㄈㄢˊ(fan) 寒ㄆㄢˊ(pan) 歌ㄆㄛˊ(po) | はん(オオイ) は

同緐

풀이 1①많다. ㉮적지 않다. ¶正月—霜<詩經> ㉯성하다. ¶草木—廡<張衡> ㉰번거롭다. ¶—碎職事<南史> ㉱섞이다. ¶刪裁—蕪<後漢書> ㉲자주. ¶箠策—用者<淮南子> ②무성하다. ¶卉木—榮<陶潛> ③번성하다. ¶種類—熾<後漢書> ④바쁘다. ¶遺於—務之中<羅隱> ⑤대개. ⑥풀 이름. 2①뱃대끈. 通鞶. ¶—纓一就<禮記> ②말갈기의 장식. 3성(姓).

【繁禮】はんれい(번례) ①의식·예법을 번거롭게 함. ¶—飾貌<史記> ②번거로운 예식. 縟禮(욕례). ¶絕流遁之—<何晏>
【繁茂】はんも(번무) 초목이 무성함. 榮茂(영무). 繁蕪(번무). 繁蔚(번울). ¶果竹—<宋書>
【繁文縟禮】はんぶんじょくれい(번문욕례) 쓸데없는 허례(虛禮)나 번잡한 규칙 따위. ¶芟除—之弊<清國行政法汎論>
【繁盛】はんせい(번성) 번영하고 기운이 왕성해짐. ¶—復風流<李中>
【繁殖】はんしょく(번식) 붇고 늘어서 많이 퍼짐. ¶禽獸—<孟子>
【繁榮】はんえい(번영) 번창함. 繁盛(번성).
【繁昌】はんじょう(번창) ①초목이 무성함. 繁茂(번무). ¶生植日—<揭傒斯> ②나라나 집안이 번성함. ¶其祚胤—<史記>
【繁華】はんか(번화) ①초목이 무성하고 꽃이 핌. 뜻이 바뀌어, 사람의 젊은 시절을 이름. ¶窈窕—<班固> ②번창하여 흥청거림. ¶—街.
【繁華子】はんかし(번화자) 얼굴빛이 꽃처럼 화사한 사람. 미인. 또는, 부귀·영달한 사람.
▷劇—, 穠—, 阜—, 不勝—, 頻—, 庶—, 世—, 殷—, 滋—, 翠—, 浩—, 喧—

11 17 〖縫〗 1궤맬 봉 2솔기 봉 | 冬ㄈㄥˊ(feng) 宋ㄈㄥˋ(feng) | ほう(ヌウ) sew ほう(ヌイメ)

풀이 1①궤매다. 바느질함. ¶—衣淺帶<莊子>/裁—. ②합치다. 결합함. ¶—合. 2솔기. ¶—界.
【縫合】ほうごう(봉합) 실로 꿰맴. ¶既而—<後漢書>/—手術.
▷躬—, 彌—, 書—, 深—, 瓦—, 裁—, 天衣無—, 縮—, 袍—, 合—, 衡—

11 17 〖繃〗 묶을 붕 | 庚ㄅㄥ(beng) | ほう(ククル) bind

풀이 ①묶다. 감음. ¶葛以—之<墨子> ②어린아이 업는 포대기.
【繃帶】ほうたい(붕대) 상처를 싸 매는 따위에 쓰는 엷은 면포 띠.
▷錦—, 羅—, 倒—, 繡—, 懷—

11 17 〖縿〗 1기의 정폭 삼 2깃발 섬 3생명주 소 4실감을 소 5반물 명주 참 | 咸ㄕㄢ 鹽(shan) 蕭ㄒㄧㄠ 豪(xiao) 感 | さん せん しょう そう さん

풀이 1기의 정폭(正幅). 같幓 襂. 2깃발. 3생명주(生明紬). 명주실. 通綃. ¶—幕 魯也<禮記> 4실을 감다. 같繅. 5반물 명주.

17〖䌖〗 織(p.1194)과 同字

11 17 〖繅〗 1고치켤 소 2무늬 조 | 豪ㄙㄠ(sao) 皓ㄗㄠˇ(zao) | そう

풀이 1고치를 켜다. 같繰 縿. ¶左回右轉隨—車<蘇軾> 2①무늬. 같繰 藻. ②관(冠)에 드리우는 끈. ¶五采—十有二就<周禮> ③가죽 옷받침. ¶加—席畫純<周禮> ④규벽(圭璧)이 떨어지지 않게 매는 끈. ¶取圭垂—<儀禮>

11 17 〖縰〗 머리싸개 쇄 本사 | 紙ㄕˇ(shi) | し

풀이 ①머리싸개. 같纚. ¶櫛—笄總<禮記> ②많은 모양. ¶——莘莘<宋玉>

11 17 〖縗〗 실감을 쇄 | 隊ㄙㄨㄟˋ(sui) | さい

풀이 ①실을 토리로 감다. ¶—車. ②짜다. ¶—苧.

11 17 〖縯〗 1길 연 2당길 인 | 銑ㄧㄢˇ(yan) 軫ㄧㄣˇ(yin) | えん(ナガイ) いん

11 17 〖繄〗 1창전대 예 2탄성 예 | 齊ㄧ 霽(yi) | えい

풀이 1①창전대(槍纏帶). 창 끝에 씌우는 주머니. ②검붉은 비단. ③검푸른 비단. ④발어사. ㉮아아. ¶一我獨無＜左氏傳＞ ㉯이. ¶惟德一物＜左氏傳＞ ㉰다만. ¶王室之不壞 一伯舅是賴＜左氏傳＞ [2]①탄성(歎聲). 탄식하는 소리. ②턱받이. ¶一格.

11 17 【繇】 [1]부역 요 ㊞ㄧㄠˊ(yao) よう [2]말미암을 유 ㊞ㄧㄡˊ(you) ゆう [3]점괘 주 ㊞ㄓㄡˋ(zhou) ちゅう

풀이 [1]①부역. ¶一役橫作＜漢書＞ ②따르다. 순종함. ③노래. ㊀謠. ¶參人民一俗＜漢書＞ ④무성하다. ㊀繇. ¶厥草惟一＜書經＞ ⑤흔들리다. ㊀搖. ¶筋骨一復＜素問＞ ⑥근심하다. ㊀悠. [2]①말미암다. ㊁由. ㉮연유하다. ¶不知所一＜漢書＞ ㉯…로부터. ¶政一羽出＜漢書＞ ㉰인하여. ¶一是怨嫂＜漢書＞ ㉱지나가다. ¶一朐汏輈＜左氏傳＞ ㉲쓰다. 사용함. ¶必一其道也＜呂覽＞ ②길. 도(道). ¶先聖之大一＜漢書＞ ③꾀. 계책(計策). ㊁猷. ④기뻐하다. ㊀𤏠. [3]점괘(占卦). ㊀籒. ¶成風聞成季之一＜左氏傳＞

【繇役】ようえき (요역) 부역(賦役). 또는, 부역에 나감. 徭役(요역). ¶興一 奪民時＜漢書＞
▷率一, 優一, 皇一

11 17 【績】 자을 적 ㊞ㄐㄧ(ji) せき(ウム) spin thread

풀이 ①잣다. 실을 자음. ¶不一其麻＜詩經＞ ②잇다. ③일. 업(業). ¶維禹之一＜詩經＞ ④이루다. 성취(成就)함. ⑤공(功). ¶庶一咸熙＜書經＞ ⑥쌓다. ㊀積.
▷巨一, 考一, 功一, 舊一, 名一, 美一, 微一, 紡一, 丕一, 庶一, 善一, 成一, 聲一, 殊一, 實一, 業一, 遠一, 異一, 蠶一, 政一, 紬一, 緝一, 織一, 治一, 敗一, 勳一, 徽一

11 17 【縳】 [1]흴 전 ㊞ㄓㄨㄢˇ(zhuan) てん white [2]장목 전 てん [3]감을 전 ㊞ㄔㄨㄢˊ(chuan) てん [4]고운 명주 전 せん [5]명주 견 けん

풀이 [1]①희다. ②흰 명주. [2]장목. 깃대 끝에 장식으로 다는 꿩의 꽁지 깃. ¶十摶爲一＜周禮＞ [3]감다. [4]고운 명주(明紬). 발이 고운 명주. [5]명주. ㊁絹.

11 17 【縱】 [1]늘어질 종 ㊞ㄗㄨㄥˋ(zong) じゅう [2]바쁜 모양 종 そう [3]세로 종 ㊞ㄗㄨㄥ(zong) じゅう [4]상투클 종 そう [5]종용할 종 しょう

풀이 [1]①늘어지다. 느슨함. ¶蓬髮弛一＜南齊書＞ ②용서하다. ¶一釋有罪＜漢書＞ ③놓다. ㉮활을 쏘다. ¶抑一送忌＜詩經＞ ㉯놓아 주다. ¶七一七擒＜蜀志＞ ㉰좇다. ¶莫敢一兵＜漢書＞ ㉱불을 놓다. ¶一火焚麋＜史記＞ ④버리다. ㊀捨 舍. ⑤제멋대로 하다. 자유에 맡김. ¶一欲而不忍＜楚辭＞ ⑥멋대로. 자유로이. ¶一言至於禮＜禮記＞ ⑦규격을 벗어나다. ¶諸侯僭一＜後漢書＞ ⑧자유자재(自由自在). ¶意奮而筆一＜論衡＞ ⑨어지럽다. 어지럽힘. ⑩낳다. 살림. ¶姚氏一華感樞＜尙書緯帝命驗＞ ⑪가령(假令). 설령(設令). ¶一江東父兄憐而王我＜史記＞ [2]바쁜 모양. 또는, 많은 모양. ¶喪事欲其一一爾＜禮記＞ [3]①세로. 또는, 남북. 동서(東西)를 橫, 남북을 縱이라 함. ㊀從. ¶不別橫之與一＜楚辭＞ ②밟다. ㊀蹤. [4]상투가 큰 모양. [5]종용하다. ㊀慫.

【縱貫】じゅうかん (종관) ①세로로 꿰뚫음. ②남북으로 관통함. ¶一鐵道.
【縱斷】じゅうだん (종단) 세로로 자름. 또는, 남북 방향으로 자름. ↔橫斷(횡단).
【縱隊】じゅうたい (종대) 세로로 늘어선 대형. ¶二列一. ↔橫隊(횡대).
【縱列】じゅうれつ (종렬) 세로로 줄지어 늘어섬. 또는, 그 대열. ↔橫列(횡렬).
【縱書】タテガキ (종서) 글자를 위에서 아래로 내리씀. 세로쓰기. ↔橫書(횡서).
【縱橫家】じゅうおうか (종횡가) ①전국(戰國) 시대에 나라를 보전·융성할 전략을 제후(諸侯)에게 유세하며 다니던 책사(策士). 합종(合縱)을 주장한 소진(蘇秦), 연횡(連衡)을 역설한 장의(張儀)가 대표적임. ②책사(策士)나 세객(說客)을 이름.
【縱橫無盡】じゅうおうむじん (종횡무진) 자유 자재로 거침이 없음.
▷假一, 矜一, 放一, 肆一, 阿一, 壓一, 英一, 傲一, 緩一, 弛一, 任一, 恣一, 操一, 知一, 僭一, 天一, 誕一, 合一, 衡一, 橫一

11 17 【縶】 [1]맬 집 ㊞ㄓˊ(zhi) ちゅう tie up [2]사람이름 집 しゅう

풀이 [1]①매다. 잡아 맴. ¶一之維之＜詩經＞ ②고삐. 굴레. ¶以一其馬＜詩經＞ ③붙잡다. ¶南冠而一者誰也＜左氏傳＞ ④잇다. ⑤실. [2]사람 이름. ¶盜殺衛侯之兄一＜春秋＞
▷繫一, 拘一, 羈一, 籠一, 維一

17 【縚】 絛(p. 1178)과 同字

11 17 【總】 [1]거느릴 총 ㊞ㄗㄨㄥˇ(zong) そう (スベル) control [2]꿰맬 총 [3]그물 종
㊐総 ㊂摠

풀이 [1]①거느리다. ㉮모아서 묶다. ¶德之所一要＜淮南子＞ ㉯합하다. ¶一集

瑞命<張衡> ㉰단속하다. ㉱이끌다. ¶若—其罪人以臨之<左氏傳> ②모이다. ¶功名之—也<史記> ③모임. ¶萬物之—<淮南子> ④모두. ¶—員. ⑤끝마무리. 합계. ¶執其—<周禮> ⑥맺다. ¶—余轡乎扶桑<楚辭> ⑦매다. 잇다. ¶—光耀之采旄<史記> ⑧술. ¶錫面赤—<周禮> ⑨단. 짚단. ¶百里賦納—<書經> ⑩머리털을 묶는 끈. ¶布—. ⑪손에 들다. ¶—干而山立<禮記> ⑫무리. 다중(多衆). ㊐衆. ¶因其耆老及其—害<逸周書> ⑬갑자기. 느닷없이. ¶寒氣—至<禮記> **2** ①꿰매다. ②솔기. ③청색 비단. 또는, 엷은 명주. ㉖緫. **3**그물. ㉖緵.

【總角】そうかく(총각) ①머리를 갈라 빗어 양쪽 귀 뒤에서 묶어, 두 개의 뿔처럼 보이는 아이들의 머리 모양. 뜻이 바뀌어, 관례(冠禮) 전의 어린이. 總丱(총관). ¶兄弟—<後漢書> ②㊗ 아직 결혼하지 아니한 남자. ↔處子(처자).

【總綱】そうこう(총강) 정치의 대강(大綱)을 통괄함. 또는, 그 대강. ¶此朕所以垂拱—<晋書>

【總決算】そうけっさん(총결산) ①수입과 지출을 통틀어서 결산함. 또는, 그 결산. ②일 처리를 모두 끝냄. 또는, 그 결과.

【總計】そうけい(총계) 전체를 통틀어 합산함. 또는, 그 합계. 通計(통계). ¶掌文簿—財貨<宋史>

【總戈】そうか(총과) 끝에 술이 달린 창. ¶—成林<宋書>

【總丱】そうかん(총관) ☞總角(총각)①.

【總括】そうかつ(총괄) 통틀어 한데 묶음. ¶—質問.

【總代】そうだい(총대) 관계자 전원의 대표.

【總督】そうとく(총독) ①전체를 거느려 다스림. ¶—城郭三十有六<漢書> ②벼슬 이름. 명(明)·청(淸)대 성(省)의 장관. 또는, 식민지의 장관.

【總攬】そうらん(총람) ①전체를 한손에 장악함. 또는, 국정을 통괄하여 지휘함. 總執(총집). ¶—權綱<後漢書> ②천하의 인심을 모두 끌어 자기에게 심복시킴. ¶—英雄 思賢如渴<蜀志>

【總力】そうりょく(총력) 전체의 모든 힘. ¶—戰.

【總論】そうろん(총론) 전체를 묶어서 논술함. 또는, 그 논술. 總說(총설). ↔各論(각론).

【總理】そうり(총리) ①총괄하여 관리함. 또는, 그 관직. ¶係乎—之人<福惠全書> ②국무총리(國務總理)의 약칭.

【總務】そうむ(총무) 전체에 걸치는 일반적인 사무. 또는, 그 사무를 맡아 보는 사람.

【總兵】そうへい(총병) 군병(軍兵)을 통솔함. ¶—守平江<宋史>

【總本山】そうほんざん(총본산)《佛》 전체의 본산(本山)을 총괄하는 절. 總本寺(총본사).

【總辭職】そうじしょく(총사직) 전원이 일제히 사직함.

【總選擧】そうせんきょ(총선거) 일정한 수의 전 의원을 한꺼번에 뽑는 선거. 總選(총선). ¶國會議員—.

【總說】そうせつ(총설) ☞總論(총론).

【總攝】そうせつ(총섭) 전체를 총괄하여 다스림. 또는, 그 벼슬. ¶—後事<宋書>

【總數】そうすう(총수) 전체를 합한 수효.

【總額】そうがく(총액) 전부를 합한 액수.

【總員】そういん(총원) 전체의 인원. 全員(전원).

【總戎】そうじゅう(총융) 군병을 통솔 지휘함. 總兵(총병). ¶只愁煩作—身<杜甫>

【總意】そうい(총의) 전체의 의사.

【總長】そうちょう(총장) 전체를 통할하는 우두머리.

【總章】そうしょう(총장) ①만물을 이루어 이를 밝힌다는 뜻으로, 임금이 조회를 받던 정전(正殿)을 이름. ¶天子居—左个<呂覽> ②악관(樂官) 이름. ¶—協律<庾信>

【總裁】そうさい(총재) 전체를 총괄하여 다스림. 또는, 그 직책. ¶事多—<宋史>

【總之】そうし(총지) 요컨대. 즉. 필경. ¶— 不離古文<史記>

【總持】そうじ(총지)《佛》 만선(萬善)의 덕을 잃지 아니하고 중악(衆惡)의 해를 막는 일. 범어(梵語) 다라니(陀羅尼)의 역어.

【總執】(총집) ☞總攬(총람)①.

【總集】そうしゅう(총집) ①모두 모임. ¶男女—而合行<詩經·注> ②여러 사람의 시문을 한데 모은 책. ↔別集(별집).

【總體】そうたい(총체) 전부. 全體(전체).

【總則】そうそく(총칙) 전체를 총괄하는 규칙.

【總稱】そうしょう(총칭) 전체를 묶어서 부르는 이름. 總名(총명).

【總統】そうとう(총통) ①전체를 총괄하여 통솔함. 또는, 그 사람. ¶—諸郡<魏志> ②군사를 통솔하는 통령(統領)의 우두머리.

【總辦】そうべん(총판) ①일을 통틀어 관장함. 또는, 그 직책. ②㊗ 구한말(舊韓末) 때, 전환국(典圜局)·기기국(機器局)·통신원(通信院)·친왕부(親王府) 등의 으뜸 벼슬.

【總轄】そうかつ(총할) 전체를 관할함. ↔分轄(분할).

【總合】そうごう(총합) ①전부를 모아 합침. ②개개의 개념과 판단을 결합하여 하나의 계통 아래 구성함. ↔分析(분석).

【總行】そうこう(총행) 본점(本店). 총본점.

【總和】そうわ(총화) ①구성원 모두가 한데 화합함. ¶國民—. ②전체를 합한 수. 總計(총계).

【總會】そうかい(총회) ①모두가 모임. 또는, 모두를 모음. ¶—仙倡<張衡> ②통틀어 한데 합침. ¶故作孝經 以—之<鄭玄> ③회사나 단체 등에서 관계자 전원이 모이는 회의.

▷監—, 兼—, 笄—, 躬—, 分—, 紛—, 任—, 專—, 塡—, 銓—, 組—, 親—, 該—

11
17 〖縮〗 오그라들 축 ㊍숙 | 圍ㄙㄨㄛ(suo) ㄙㄨˋ(su) | しゅく (チヂム) *curl up*

풀이 ①오그라들다. ㉮물러서다. 주름잡히다. ¶退舍爲—<漢書> ㉯짧다. 모자라다. ¶孟秋如—<淮南子> ㉰늦다. ¶晩出爲—<漢書> ㉱움츠리다. 기가 죽다. ¶賊氣沮—<唐書> ②오그라뜨리다. 적게 하다. ¶—于財用<戰國策> ③다스리다. 바르게 하다. ④바르다. ¶自反而不—<孟子> ⑤세로. ¶

冠一縫＜禮記＞ ⑥다리가 움츠러지다. 通蹴. ⑦빼다. ¶一取備物＜國語＞ ⑧가지다. 취(取)함. ¶一於財用＜國語＞ ⑨다발로 묶다. ¶一版以載＜詩經＞ ⑩실. ⑪거르다. ¶無以一酒＜左氏傳＞ ⑫조리. 通籔.

【縮圖】しゅくず (축도) 실물이나 원화(原畫)를 축소한 그림.

【縮小】しゅくしょう (축소) 줄여 작게 함. 또는, 작아짐. ↔擴大(확대). 「서 인쇄함. ¶一版.

【縮刷】しゅくさつ (축쇄) 책이나 그림의 크기를 줄여

【縮地法】しゅくちほう (축지법) 땅을 주름잡아 먼 거리도 단축하여 가깝게 만든다는 술법.

【縮地補天】しゅくちほてん (축지보천) 땅을 축소시켜 하늘을 보충한다는 말로, 임금이 천하를 개조함을 이름. ¶高祖一 重張區宇＜舊唐書＞

【縮尺】しゅくしゃく (축척) ①실물의 크기를 줄여 그릴 때의 축소 비례. ¶一五萬分之一. ②피륙 따위가 일정한 길이에 차지 아니함.

▷卻一, 減一, 恐一, 愧一, 局一, 軍一, 卷一, 緊一, 濃一, 短一, 舒一, 收一, 羞一, 伸一, 壓一, 盈一, 畏一, 萎一, 展一, 掣一, 退一, 寒一

11 17 【縹】 옥색 표 (篠) ㄆㄧㄠˇ (piao) (篠) ひょう *light blue*

풀이 ①옥색(玉色). 옥색 비단. ¶賈人緗一而已＜後漢書＞ ②사물이 가볍게 날아 오르거나 펄럭이는 모양. ¶鳳一一其高逝兮＜賈誼＞/一一.

【縹帙】ひょうちつ (표질) 옥색의 책갑(册匣)이라는 말로, 서적(書籍)을 이름. ¶一舒還卷＜唐太宗＞

▷碧一, 緗一, 裝一, 淺一, 靑一, 翠一

11 17 【縪】 1그칠 필 2홀 맬 별 (質) ㄅㄧˋ (bi) (屑) ひつ *stop* へつ

풀이 1 ①그치다. ②묶다. ③꿰매다. ④관(冠)의 솔기. ¶冠六升外一＜儀禮＞ ⑤무릎덮개. 2홀(笏)의 가운데를 매다. 같必.

12 18 【繑】 1바지끈 교 2신 각 (蕭) ㄑㄧㄠ (藥) (qiao) きょう きゃく

12 18 【繟】 1느슨할 단 2계속될 선 (寒) たん (先) せん

18 【⿰糸桼】 膝(p. 1183)과 同字

12 18 【繚】 1감길 료 2다스릴 료 3사람 이름 요 (蕭) ㄌㄧㄠˊ (liao) (篠) (篠) りょう (マトウ) *rolled* じょう

풀이 1 ①감기다. 달라붙음. ¶隣囷一糾＜王褒＞ ②두르다. ¶一以周牆＜班固＞ ③어긋나다. 위배(違背)됨. ¶一戾宛轉＜楚辭＞ ④매다. 속박(束縛)함. ¶一之兮杜衡＜楚辭＞ 2다스리다. 通撩. ¶一意絕體而爭此＜莊子＞ 3사람 이름.

▷䌫一, 屈一, 縈一, 繞一, 回一

12 18 【繙】 번역할 번 (元) ㄈㄢˊ (fan) はん, ほん *translate*

풀이 ①번역(飜譯)하다. 通翻. ¶孔子一十二經 以說老聃＜莊子＞/一譯. ②어지럽다. 어지럽힘. ③찾다. 연구함. ¶焚香日一繹＜岑安卿＞ ④바람에 펄럭이는 모양. ¶繽一.

12 18 【繖】 일산 산 (旱) ㄙㄢˇ (翰) (san) さん(キヌガサ) *sunshade*

풀이 ①일산(日傘). ¶形如一蓋＜梁書＞ ②우산(雨傘). ¶遇雨請以一入＜晉書＞

【繖蓋】さんがい (산개) 비단으로 만든 일산. ¶形如一＜梁書＞

▷錦一, 羅一, 大一, 方一, 御一, 夾一, 火一

大繖 (淸會典圖)

方繖 (淸會典圖)

12 18 【繕】 기울 선 (霰) ㄕㄢˋ (shan) ぜん(ツクロウ) *repair*

풀이 ①깁다. 보완(補完)함. ¶一城郭＜左氏傳＞ ②다스리다. ¶一甲兵＜左氏傳＞ ③좋게 하다. ¶一性於俗＜莊子＞ ④음식이 갖추어지다. ¶一兵不傷衆＜史記＞ ⑤모으다. 문서를 모아 엮음. ¶以殺靑書可一寫＜劉向＞ ⑥강하다. 강하게 함. ¶一人＜周禮＞ ⑦쓰다. 베낌. 등사(謄寫)함.

▷督一, 謄一, 修一, 飾一, 營一, 戎一, 征一, 葺一, 興一

12 18 【繏】 밧줄 선 (霰) ㄒㄩㄢˋ (先) (xuan) せん(ナワ) *rope*

풀이 ①밧줄. ②촉(蜀)에서 나는 비단. ¶紈一繩續＜揚雄＞ ③누에 시렁을 매다는 끈.

12 18 【繐】 베 세 혜 (霽) ㄙㄨㄟˋ (霽) (sui) けい, せい *hemp cloth*

풀이 ①베. 가늘고 성긴 베. ¶小功之一＜儀禮＞ ②누이지 아니한 실. ¶不屨一屨＜儀禮＞

12 18 【繡】 1수 수 2생초 초 (宥) ㄒㄧㄡˋ (xiu) (蕭) しゅう (ヌイトリ) *embroidery* しょう

풀이 1수. 수놓다. ¶予夫人一衣日 聽於二子＜左氏傳＞ 2생초(生綃). 생명주

(生明紬). ¶諸侯—黼丹朱中衣<詩經·注>

【繡口】しゅうこう (수구) 수놓은 입이라는 말로, 시문(詩文) 따위를 짓는 재주가 풍부함을 이름. ¶錦心—<柳宗元>

【繡衾】しゅうきん (수금) 수놓은 비단 이불.

【繡衣】しゅうい (수의) ①오색 수를 놓은 옷. 繡服(수복). ¶衣—持節虎符<史記> ②암행어사(暗行御史)의 미칭.

【繡衣夜行】しゅういやこう (수의야행) ☞錦衣夜行(금의야행).

【繡梓】しゅうし (수자) 문서를 판목에 아름답게 새긴다는 말로, 책을 출판함.

【繡腸】しゅうちょう (수장) 아름다운 창자라는 말로, 시문(詩文) 등의 재주가 풍부함. 또는, 아름다운 사상을 이름. 繡腑(수부). ¶平生錦—<蘇軾>

【繡鞋】しゅうあい (수혜) 수 놓은 여자 신. 綉鞋(수혜). ¶暗中微覺—香<韓偓>

▷錦—, 綺—, 文—, 繁—, 繢—, 縟—, 印—, 刺—, 組—, 錯—, 綵—, 紈—, 絺—

12 18 〖繞〗 1 두를 요 2 감길 요 | 嘯 ㄖㄠˋ (rao) 篠 | じょう(マトウ) put around じょう

풀이 1 ①두르다. ¶—腰以下<南史> ②굽다. ¶眉連娟以增—兮<傅毅> 2 ①감기다. 달라붙음. ¶—纏. ②감돌다. ¶日—辰極<晉書> ③에워싸다. ¶圍—數重<晉書> ④싸다. ¶—黃山而款牛首<張衡> ⑤치맛자락.

▷盤—, 紛—, 連—, 縈—, 繚—, 紆—, 圍—, 纏—, 夾—, 圜—, 環—, 回—

12 18 〖繘〗 1 두레박줄 율 2 실오리 결 | 質 ㄩˋ (yu) 屑 ㄐㄩˊ (ju) | いつ けつ

12 18 〖繜〗 1 누를 준 2 두렁이 존 | 阮 ㄗㄨㄣˇ 元 (zun) | そん press

풀이 1 누르다. 通 撙. ¶不能則恭敬—絀<荀子> 2 두렁이. ¶名曰—衣 狀如襜褕<說文>

12 18 〖繒〗 비단 증 | 蒸 ㄗㄥ 徑 (zeng) | そう silk

풀이 ①비단. 명주(明紬). ¶裸壤垂—<謝惠連> ②주살. 오늬에 줄을 매어 쏘는 화살. 繒繳(증작). 같 矰. ③평평하지 않은 모양. ¶—綾. ④종묘 제사에, 신에게 고하는 글을 단서(丹書)하는 비단. ⑤높다. ¶今離其—牧之處<詩經·注>

▷絳—, 縑—, 金—, 縵—, 文—, 霜—, 織—, 細—, 素—, 練—, 雜—, 粗—, 重—, 好—, 厚—

12 18 〖織〗 1 짤 직 2 무늬비단 치 | 職 ㄓ (zhi) 寘 | しょく(オル) weave し

풀이 1 ①짜다. 베를 짬. ¶紡—. ②구성하다. ¶組—仁義<劉峻> ③베틀. 실. ¶休其蠶—<詩經> ④직물(織物). ¶母粥機—資給<宋史> ⑤고운 모시. ¶厥篚—貝<書經> ⑥모직(毛織). ¶其毳毛—之<書經·注> 2 ①무늬 비단. ¶士不衣—<禮記> ②기치(旗幟). 같 幟. 通 識. ¶—文鳥章<詩經>

【織機】しょっき (직기) 베틀. 織器(직기). ¶— 織絲具也<三才圖會>

【織女】しょくじょ (직녀) ①베 짜는 여자. 織婦(직부). ②별 이름. 織女星(직녀성). ¶—三星<晉書>

【織女星】しょくじょせい (직녀성) 별 이름. 은하 너머로 견우성(牽牛星)과 마주 대하여 동쪽에 있는 별. 일년에 한 번, 칠석날에 은하를 건너 견우성과 만난다는 전설이 있음. 織女(직녀).

【織文】しょくぶん (직문) 무늬 있는 피륙. ¶其篚—<史記> しぶん (치문) 기(旗)의 문양(紋樣). 또는, 기. ¶—鳥章<詩經>

【織物】おりもの (직물) 직기(織機)에 씨와 날을 걸어 짠 물건의 총칭. ¶絹—/綿—.

【織造】しょくぞう (직조) 기계로 피륙을 짜는 일.

▷耕—, 交—, 機—, 羅—, 麻—, 綿—, 毛—, 文—, 紡—, 桑—, 手—, 紝—, 蠶—, 組—, 促—, 混—

18 〖纂〗 纂(p. 1193)과 同字

12 18 〖繣〗 밧줄 홰 획 | 卦 ㄏㄨㄚˋ 陌 (hua) | かい, かく rope

풀이 ①밧줄. 세 가닥으로 드린 밧줄. ②끈. ¶有—結項中<周禮> ③어긋나다. ¶忽緯—其難遷<楚辭> ④깨지는 소리. ¶—瓦解而氷泮<潘岳>

12 18 〖繢〗 1 토끝 회 2 채색고울 회 3 토끝 궤 | 隊 ㄏㄨㄟˋ 灰 (hui) 寘 | かい かい き

풀이 1 ①토끝. 피륙의 끄트머리. ②붉은 끈. ¶紐—. ③채색하다. 通 會. ¶衣—而裳繡<詩經> ④그림. ¶衣純以—<禮記> ⑤그림, 무늬 있는 비단. ¶緣以—<漢書> ⑥무늬. 채색(彩色). ¶狗馬被—罽<漢書> 2 채색이 곱다. 3 토끝.

繢⑤(禮器圖)

▷錦—, 綺—, 文—, 繁—, 粉—, 純—, 雅—, 染—, 織—, 釆—

18 〖繪〗 繪(p. 1192)의 俗字

13 19 〖繮〗 고삐 강 | 陽 ㄐㄧㄤ (jiang) | きょう (タヅナ)

13 19 〖繭〗 고치 견 | 銑 ㄐㄧㄢˇ (jian) | けん(マユ)

源 會意. 누에[虫]가 실[糸]을 뽑아 몸을 덮었다[巿]는 뜻.

풀이 ①고치. 누에고치. ¶世婦卒蠶奉—＜禮記＞ ②지스러기. 솜. ③이어지다. ¶—衣裳＜禮記＞ ④솜옷. 通襺. ¶重—衣裘＜左氏傳＞ ⑤발의 물집. 발의 못. 굳은살. ¶百舍重—＜戰國策＞
▷角—, 累—, 絲—, 山—, 繰—, 野—, 魚—, 玉—, 蠶—, 重—

13 19 〖繫〗 맬 계 | 霽 ㄒㄧˋ (xi) | 霽 ㄐㄧˋ (ji) | けい(ツナグ) *tie*
同 係

풀이 ①매다. ㉮ 동여매다. ¶以繩—之＜北史＞ ㉯ 머무르게 하다. ¶堪—野人心＜戎昱＞ ㉰ 붙잡다. 구속(拘束)함. ¶捕—豪強＜漢書＞ ㉱ 유지(維持)하다. ¶—援. ㉲ 잇다. ¶—邦國之名＜周禮＞ ②매달다. 매달림. ¶取金印如斗大 —肘＜晋書＞ ③걸리다. ¶民命—矣＜淮南子＞ ④죄수(罪囚). ¶出輕—＜禮記＞ ⑤끈. ¶著組—＜儀禮＞ ⑥매듭. ¶解屨 是解—也＜禮記·注＞ ⑦고삐. ¶官—何因得再遊＜白居易＞ ⑧이어지다. 계통. ¶世奠—＜周禮＞ ⑨괘사(卦辭). 「주역」(周易)의 괘와 효(爻)에 대한 설명.
【繫累】けいるい(계루) ①☞係累(계루). ②이어 묶음. 또는, 정신이 이어짐.
【繫留】けいりゅう(계류) 붙들어 맴. 포박(捕縛)함. 留繫(유계). ¶妄—人＜漢書＞
【繫辭】けいじ(계사) ①명제(命題)의 주사(主辭)와 빈사(賓辭)를 결부시켜 긍정과 부정을 나타내는 말. 甲爲乙, 甲非乙에서 爲·非 따위. ②문왕(文王)이 지었다는 괘사(卦辭). 곧, 역(易)의 괘(卦) 아래 붙인 경문(經文).
【繫屬】けいぞく(계속) 연계되어 매임. 또는, 연계시킴. ¶故—吉凶文辭於卦爻之下＜易經＞
▷輕—, 械—, 官—, 拘—, 毆—, 羈—, 縲—, 誣—, 泊—, 束—, 頌—, 囚—, 收—, 宿—, 業—, 列—, 繞—, 寃—, 留—, 纏—, 組—, 踵—, 坐—, 徵—, 捕—, 劾—

13 19 〖繷〗 많을 농 | 匯 ㄋㄠˊ (nao) | どう(オオイ) *many*
풀이 ①많다. 성하고 많음. ¶紛—塞路＜後漢書＞ ②선(善)하지 않다.

19 〖[illegible]〗 縵(p.1185)의 俗字

19 〖[illegible]〗 宻(p.438)과 同字

13 19 〖繰〗 1 고치 켤 소 2 야청통견 조 | 豪 ㄙㄠ (sao) | 皓 ㄗㄠ (zao) | そう しょう
풀이 1 고치를 켜다. 실을 잣다. ㉠繅. ¶—絲鳴機杼＜李白＞ 2 ①야청 통견(通絹). ②야청빛. 짙은 감색. 반물. ③합사로 짠 비단. ④무늬. 通藻. ¶朱綠—＜禮記＞

19 〖繡〗 ☞ 糸部 12획(p.1189)

13 19 〖繩〗 1 노끈 승 2 알밸 잉 3 끝없을 민 4 밧줄 승 | 蒸 ㄕㄥˊ (sheng) | 徑 | 軫 ㄧㄥ | 徑 (ying) | じょう(ナワ) よう びん
俗 縄

풀이 1 ①노끈. 새끼. ¶—索之貫＜詩經·注＞/捕—. ②먹줄. ¶背—墨而追曲兮＜楚辭＞ ③법도(法度). ¶缺—者誅＜淮南子＞ ④헤아리다. ¶以—德厚＜禮記＞ ⑤바로잡다. ¶—之以文武之道＜漢書＞ ⑥바르다. ¶進退履—＜淮南子＞ ⑦훈계하다. ¶—其祖武＜詩經＞ ⑧묶다. ¶—檢之＜朱子全書＞ ⑨옷의 등솔기. ¶負—及踝以應直＜禮記＞ ⑩뒤를 잇다. 通承. ⑪기리다. 通譝. 2 알이 배다. 결실(結實)함. 通孕. ¶秋—而芟之＜周禮＞ 3 끝 없는 모양. ¶——不可名＜老子＞ 4 밧줄. ¶負—梯登厓＜宋史＞

繩②(三才圖會)

【繩矩】じょうく(승구) ①먹줄과 곡척(曲尺). ②규범. 法度(법도). 繩準(승준). ¶言動有—＜唐書＞
【繩纓】じょうえい(승영) 수질(首絰). ¶衰冠—菅屨＜禮記＞
【繩祖】じょうそ(승조) ①조상의 행적에 대하여 명심하고 삼감. ②조상의 사업을 계승함.
【繩準】じょうじゅん(승준) 규칙. 法度(법도). 準繩(준승). ¶—嘉言＜李邕＞
【繩尺】じょうせき·じょうしゃく(승척) ①먹줄과 곡척(曲尺). 繩矩(승구). ②규칙. 규범. 法度(법도). 繩準(승준). ③관할 구역. 또는, 세력이 미치는 범위.
▷巨—, 結—, 矩—, 鉤—, 糾—, 規—, 麻—, 法—, 負—, 絲—, 世—, 申—, 綸—, 長—, 赤—, 準—, 紙—, 直—, 綵—, 推—, 脆—, 捕—, 火—

繩纓條屬(名物圖)

13 19 〖繶〗 끈 억 | 職 ㄧˋ (yi) | おく(ウチヒモ)
풀이 ①㉮끈. ㉯신 가장자리에 장식으로 박는 끈. ¶赤—黃—＜周禮＞ ②무늬. 술잔 가장자리에 새긴 무늬. ¶—爵. ③다발로 묶다.
▷赤—, 黃—

13 19 〖繹〗 1 궁구할 역 2 풀 석 | 陌 ㄧˋ (yi) | 陌 | えき(タズネル) *study* せき
本 繹

풀이 1 ①궁구(窮究)하다. ¶—之爲貴＜論語＞ ②실을 뽑아내다. 이치를 헤아림. ③늘어놓다. ¶會同有—＜詩經＞ ④잇달다. ¶—如也＜論語＞ ⑤뜻이 통하다. ⑥실마리. ¶神歆靈—＜揚

雄＞ ⑦길다. 큼. 가득함. ⑧정제(正祭) 이튿날에 지내는 제사. ¶壬午猶一＜左氏傳＞ ⑨기뻐하다. 通懌. ¶亦不夷一＜詩經＞ **2** 풀다. 通釋.
▷講一, 絡一, 論一, 繙一, 思一, 紓一, 尋一, 衍一, 連一, 演一, 吟一, 夷一, 理一, 闡一, 追一, 討一

19【繹】 繹(p.1191)의 本字

13 19【繳】 **1** 주살의 줄 작 **2** 감길 교 **3** 깃의심 핵 **4** 다툴 규 | 藥ㄓㄨㄛˊ (zhuo) 篠ㄐㄧㄠˇ (jiao) 陌 嘯 | しゃく きょう かく きょう

풀이 **1** ①주살의 줄. ¶負矰繳一＜張華＞ ②생사(生絲). **2** ①감기다. 달라붙음. ¶名家苛察一繞＜漢書＞ ②바치다. 되돌려 줌. 通交. ③행전(行纏). 한복의 바지 아래 가랑이를, 걷기 편하게 묶은 것. 또는, 상복(喪服) 등에서, 끈을 아래위로 달아 정강이 밑에서 복숭아뼈 위까지 감아 둘러치는 헝겊. 같 幧. **3** 깃의 심. 같 覈. **4** ①다투다. ¶紛一爭言＜劉向＞ ②번잡하다. ¶名家苛察一繞＜史記＞
▷輕一, 弓一, 織一, 繩一, 縈一, 弋一, 纏一, 釣一, 矰一

13 19【繲】 헌옷 해 | 卦ㄐㄧㄝˋ (jie) | かい

13 19【繯】 **1** 얽힐 현 **2** 누에 시렁 기둥끈 환 | 銑ㄏㄨㄢˊ 諫(huan) | けん binded かん

풀이 **1** ①얽히다. ②두르다. ¶一橐四野之飛征＜後漢書＞ ③매다. 연계(連繫)함. ④고리. 고. ¶紅蜺爲一＜漢書＞ ⑤올가미. ¶一網. **2** ①누에 시렁의 기둥을 거는 끈. ②엷은 비단의 무늬.

13 19【繪】 **1** 그림 회 **2** 머리털을 묶을 쾌 | 隊ㄏㄨㄟˋ (hui) 泰 | かい(エ) picture かい
略 絵 俗 繢

풀이 **1** ①그림. ¶施之圖一＜唐書＞/一畫. ②그림 그리다. ¶一事後素＜論語＞ ③그림이나 무늬가 있는 비단. ¶身拕黼一＜潘岳＞ ④채색(彩色). 무늬. 수(繡). ¶勒面一總＜詩經＞ **2** 머리털을 묶다.
【繪畫】かいが(회화) 그림. ¶雕刻一＜新語＞
▷刻一, 圖一, 墨一, 文一, 美一, 粉一, 鮮一, 素一, 裝一, 彩一, 品一, 華一

14 20【繾】 곡진할 견 | 銑ㄑㄧㄢˇ 軫(qian) | けん きん

14 20【繼】 이을 계 | 霽ㄐㄧˋ (ji) | けい(ツグ) succeed to
略 継

풀이 ①잇다. 가 계속하다. ¶一其業者＜呂覽＞ 나 계승하다. ¶紘入一本宗＜晋書＞ 다 더하다. 포갬. ¶不一富＜論語＞ 라 이어지다. ¶日入孤霞一＜常建＞ 마 걸다. 연계(連繫)함. ¶群下一望＜後漢書＞ ②후계(後繼). 가 후사(後嗣). ¶祈廟嗣一＜揚雄＞ 나 후속 부대. ¶帥諸將以爲後一＜孟子＞
【繼起】けいき(계기) ①뒤를 이어 번성함. 再興(재흥). ¶一之人＜福惠全書＞ ②잇달아 일어남. 「妾爲其一＜列女傳＞
【繼母】けいぼ(계모) 아버지의 후처(後妻). ¶使
【繼配】(계배) ①후처(後妻). ②남을 높여, 그 후처를 이르는 말. 後室(후실). 後配(후배). 繼室(계실).
【繼父】けいふ(계부) ①아버지의 뒤를 이음. ¶能一是其美德＜詩經＞ ②의붓아비.
【繼妃】(계비) 임금의 후취(後娶)인 비.
【繼嗣】けいし(계사) 대를 잇는 아들. 後嗣(후사). 繼後(계후). 繼貳(계이). ¶一不明＜史記＞
【繼續】けいぞく(계속) ①뒤를 이음. 끊이지 않게 함. ¶當一長養之＜禮記＞ ②中 재혼(再婚)함. 再嫁(재가).
【繼承】けいしょう(계승) 뒤를 이어받음. 承繼(승계).
【繼室】けいしつ(계실) ☞繼配(계배).
【繼子】けいし(계자) ①의붓아들. 아내의 전남편 아들. ②양자(養子).
▷過一, 嗣一, 常一, 紹一, 承一, 聯一, 引一, 傳一, 中一, 纘一, 天一, 表一, 後一

20【繿】 襤(p.1357)과 同字

14 20【辮】 땋을 변 | 銑ㄅㄧㄢˋ (bian) | べん(アム) braid

풀이 ①땋다. 엮음. 꼼. ¶織繩曰一＜一切經音義＞ ②땋은 머리. ¶一髮隨畜＜後漢書＞
【辮髮】べんぱつ(변발) 뒤로 길게 땋아 늘인 머리. 만주인의 고유한 풍습의 하나임. ¶一衣錦＜南史＞
▷交一, 絛一, 索一, 弛一, 髻一

14 20【繽】 어지러울 빈 | 眞ㄅㄧㄣ (bin) | ひん

풀이 ①어지러운 모양. ¶大鵬一翻＜左思＞ ②왕성한 모양. ¶旌旗一紛＜孔子家語＞

14 20【繻】 고운명주 수 유 | 虞ㄒㄩ(xu) 虞ㄖㄨˊ(ru) | しゅ じゅ

풀이 ①고운 명주(明紬). ②명주 조각. 通 襦. ¶一有衣袽＜易經＞ ③헝겊 신표(信標). ④코가 촘촘한 그물.

20【纆】 纆(p.1193)의 略字

20【縱】 縱(p.1187)과 同字

20【繻】 紬(p.1165)의 俗字

14 20 〖纂〗 모을 찬 | 旱ㄗㄨㄢˇ (zuan) | さん(アツメル) *collect*

※篹(p.1139)·籑(p.1145)은 딴 자.

풀이 ①모으다. 通欑. ¶未經—集＜晋書＞ ②붉은 끈. ¶錦繡—組＜漢書＞ ③무늬. ¶衣—錦＜淮南子＞ ④잇다. 通纘. ¶—修其緖＜國語＞

【纂修】さんしゅう(찬수) ①문서를 모아 정리함. 또는, 자료를 수집하여 책을 엮음. ¶—篇章＜新語＞ ②가다듬어 갖추고 닦음. ¶—其身＜國語＞

【纂述】さんじゅつ(찬술) 자료를 모아서 저술함. ¶尤好—＜宋史＞

【纂集】さんしゅう(찬집) ☞纂輯(찬집).

【纂輯】さんしゅう(찬집) 자료를 모아 책을 엮음. 編輯(편집). 纂集(찬집).

▷論—, 嗣—, 纆—, 參—, 編—

14 20 〖纁〗 분홍빛 훈 | 文ㄒㄩㄣ (xun) | くん *pink*

풀이 ①분홍빛. ¶爵弁服 —裳＜儀禮＞ ②분홍비단. ¶—披六＜禮記＞

▷詩—, 深—, 玄—

15 21 〖纊〗 솜 광 | 漾ㄎㄨㄤˋ (kuang) | こう(ワタ) *cotton*

풀이 ①솜. ¶—爲繭＜禮記＞ ②솜옷. ¶冬日不衣綿—＜南史＞ ③누에고치. ¶如寢關曝—＜淮南子＞

▷綿—, 白—, 絮—, 纖—, 旒—, 重—, 挾—

15 21 〖纇〗 실마디 뢰 | 隊ㄌㄟˋ (lei) | らい

풀이 ①실마디. ¶絲之約結不解者曰—＜說文·注＞ ②어그러지다. ¶忿—無期＜左氏傳＞ ③한쪽으로 치우치다. ¶刑之頗—＜左氏傳＞ ④깁다. 고요함. ¶夷道若—＜老子＞ ⑤흠. ¶明月之珠 不能無—＜淮南子＞ ⑥잘못. 과실.

▷結—, 微—, 忿—, 疵—, 瑕—, 花—, 荒—

21 〖纝〗 儡(p.145)와 同字

15 21 〖纍〗 1 맬 루 2 산 이름 루 3 연루시킬 루 | 支ㄌㄟˊ (lei) 賄 寘 | るい *bind* らい るい

풀이 1 ①매다. 철(綴)함. ②얽히다. ¶葛藟—之＜詩經＞ ③묶다. 결박(結縛)함. ¶兩釋—囚＜左氏傳＞ ④잇달다. ¶墳——以接隴＜潘岳＞ ⑤갑옷, 투구를 넣는 그릇. ¶諸侯甲不解—＜國語＞ ⑥연좌(連坐)되다. ¶大罪勿—＜尙書大傳＞ ⑦밧줄. ¶以劍斫絶—＜漢書＞ ⑧재앙(災殃). ¶欽弔楚之湘—＜漢書＞ ⑨어그러지다. ¶骨—其肉＜太玄經＞ ⑩피로(疲勞)한 모양. ¶喪容——＜禮記＞ 2 산 이름. ¶嵔—. 3 연루(連累)시키다. 같 累.

▷係—, 魁—, 羈—, 僕—, 湘—, 族—

15 21 〖纆〗 노 묵 | 職ㄇㄛˋ (mo) | ぼく(ナワ)

풀이 노. 두겹 또는 세겹으로 꼰 노. ¶夫禍之與福兮 何異糾—＜史記＞

21 〖纎〗 纖(p.1194)의 俗字

15 21 〖續〗 이을 속 | 沃ㄒㄩˋ (xu) | ぞく(ツヅク) *continue*

略 続

풀이 ①잇다. ㉮잇달다. ¶—衽鉤邊＜禮記＞ ㉯덧붙이다. 달아 냄. ¶貂不足 狗尾—＜晋書＞ ㉰연계(連繫)하다. ¶以馬羈相—＜魏志·注＞ ②이어지다. ¶刑者不可復—＜史記＞ ③뒤를 잇다. ¶似—妣祖＜詩經＞ ④계속(繼續). 후속. ¶此亡秦之—耳＜史記＞ ⑤전승(傳承)되다. ¶教順施—＜淮南子＞ ⑥보상(報償)하다. 通贖. ⑦공적. 通績.

【續刊】ぞっかん(속간) 정간(停刊)되었던 정기 간행물을 다시 간행함.

【續開】ぞっかい(속개) 일단 멈추었던 회의 등을 다시 엶.

【續落】ぞくらく(속락) 물가 따위가 계속 떨어짐.

【續報】ぞくほう(속보) 앞의 보도에 계속하여 알림. 또는, 그 보도.

【續續】ぞくぞく(속속) 잇닿는 모양. 자꾸 잇달아서. ¶低眉信手—彈＜白居易＞

【續集】ぞくしゅう(속집) 이미 엮어져 있는 서책에 잇대어 그 뒤의 것을 모아 엮은 문집(文集).

【續貂】ぞくちょう(속초) 봉작(封爵)을 함부로 주는 일. 동진(東晋)의 조왕(趙王) 사마윤(司馬倫)이 그의 일당을 모두 고관에 앉히고 종에게까지 작위를 주다가, 관(冠)에 장식으로 달 담비 꼬리가 모자라 개꼬리로 대신한 옛일[貂不足 狗尾續]에서 유래. 뜻이 바뀌어, 남의 업을 승계함을 이르는 겸사로도 쓰임. ※狗尾續貂(구미속초).

【續出】ぞくしゅつ(속출) 잇달아 나옴. 頻出(빈출).

【續編】ぞくへん(속편) 정편(正編)에 잇대어 쓰거나 엮은 책.

【續篇】(속편) 이미 만든 책이나 영화에 잇대어 만든 것.

【續行】ぞっこう(속행) 계속하여 행함.

【續絃】ぞくげん(속현) 금슬(琴瑟)의 끊어진 줄을 잇는다는 말로, 다시 아내를 맞음을 이름. 再娶(재취). 續娶(속취). ↔斷絃(단현).

▷更—, 繼—, 膠—, 斷—, 補—, 嗣—, 似—, 紹—, 迭—, 延—, 連—, 陸—, 轉—

15 21 〖纏〗 얽힐 전 | 先ㄔㄢˊ 霰 (chan) | てん(マトウ) *tangle*

풀이 ①얽히다. ¶萬物乃—＜太玄經＞ ②매다. 묶음. ¶以朱—約＜詩經·注＞ ③밧줄. ¶儋—采薪＜淮南子＞ ④당기다. ¶質弱易版—＜謝靈運＞ ⑤과정을 밟다. 겪음. 通躔. ¶歲—星紀＜漢書＞ ⑥中 ㉮괴롭히다. ㉯속다.

【纏帶】(전대)韓 옛날, 나들이할 때 돈이나 물

건을 넣어 허리에 두르거나 어깨에 걸고 다닌, 띠 모양의 자루. 肩帶(견대).

【纏袋】てんたい(전대) ☞纏帶(전대).

【纏足】てんそく(전족) 옛 중국 풍속에서, 여자의 발을 어릴 때부터 베로 동여매어 자라지 못하게 한 일. 또는, 그 발.

▷牽一, 結一, 拘一, 糾一, 縛一, 邪一, 縈一, 腰一, 紆一, 包一

21【纉】 纘(p.1195)의 俗字

21【纅】 爆(p.1357)과 同字

15/21【纈】 홀치기염색 힐 本혈 | 屑ㄒㄧㄝˊ(xie) | けつ

풀이 ①홀치기 염색. ¶衣綾綺一<魏書>/一文. ②무늬 있는 비단. ③맺다. ④눈이 침침해지다. 안화(眼花). ¶花鬢醉眼一<庾信>

22【戀】 ☞山部 19획(p.486)

22【纜】 纜(p.1195)의 俗字

22【孌】 ☞女部 19획(p.413)

16/22【纑】 실 로 | 虞ㄌㄨˊ(lu) | ろ(イト) thread

풀이 ①실. 무명실. 삼실. ¶教女學紡一<趙孟頫> ②어저귀. ¶竹穀一<史記> ③삼을 누이다. ¶妻辟一<孟子> ④명주(明紬)를 누이다. ⑤틈. 틈새. ⑥거칠다. ¶悉土之次曰五一<管子>

▷紡一, 辟一

22【彎】 ☞弓部 19획(p.536)

22【轡】 ☞車部 15획(p.1469)

22【纎】 繖(p.1189)의 本字

22【纒】 纏(p.1193)의 俗字

23【纛】 纛(p.1194)과 同字

23【欒】 ☞木部 19획(p.800)

23【攣】 ☞手部 19획(p.673)

23【纕】 綫(p.1177)과 同字

17/23【纖】 가늘 섬 俗繊 | 鹽ㄒㄧㄢ(xian) | せん(ホソイ) thin

풀이 ①가늘다. ¶雜一羅<司馬相如>/一細. ②발이 가는 비단. 엷은 비단. ¶被文服一<楚辭> ③잘다. 작음. ¶一弱. ④가는 선(線). ¶縷積于一<賈餗> ⑤검소하다. ¶周人既一<史記> ⑥덧입는 옷의 장식. ¶蜚一垂髾<史記> ⑦무늬. 채색(綵色). ¶禫而一<禮記> ⑧날이 검고 씨가 흰 피륙. ⑨끝이 뾰족한 모양. ¶欲其掣爾而一也<周禮> ⑩여자의 가냘픈 손 모양. 通攕. ¶一一出素手<古詩> ⑪찌르다. 通鑯 殲. ¶其刑罪則一剸<禮記> ⑫소수(小數)의 이름. 1의 천만분의 1.

【纖芥】せんかい(섬개) ①티끌. 纖塵(섬진). 纖埃(섬애). ②조금. 미세(微細). 纖介(섬개). 纖毫(섬호).

【纖毛】せんもう(섬모) ①가는 털. 細毛(세모). ②짚신벌레 따위의 세포 겉면에 있는 물결털.

【纖纖玉手】せんせんぎょくしゅ(섬섬옥수) ①가냘프고 고운 여자 손. ②미인의 손. ¶纖纖擢素手 札札弄機杼<古詩>

【纖細】せんさい(섬세) ①가냘프고 가늚. ¶一如牛毛<趙孟頫> ②아주 찬찬하고 세밀함. 纖微(섬미).

【纖弱】せんじゃく(섬약) 가냘프고 연약함.

【纖月】せんげつ(섬월) 초승달. 纖魄(섬백). ¶風林一落<杜甫>

【纖維】せんい(섬유) ①생물체를 이루는 가는 실 모양의 물질. ¶神經一. ②실 모양의 고분자(高分子) 물질. ¶光一.

▷輕一, 微一, 玉一, 至一, 珍一, 尖一, 洪一

17/23【纓】 갓끈 영 | 庚ㄧㄥ 敬(ying) | えい

풀이 ①갓끈. ¶其一禁緌<荀子> ②장식 끈. 술. ¶婦之一<儀禮> ③가슴걸이. ¶擊厲游一<左氏傳> ④감기다. 얽힘. ¶不一垢氛<謝靈運>

▷冠一, 羅一, 絡一, 馬一, 繁一, 玉一, 簪一, 長一, 絶一, 組一, 珠一, 華一

17/23【纔】 1 겨우 재 2 밤색 삼 | 灰ㄘㄞˊ(cai) 咸ㄕㄢ(shan) | さい barely さん

풀이 1 ①겨우. 通才. ¶遠縣一至<漢書> ②조금. 잠깐. ¶一小怠於防嚴<歐陽脩> ③한 번 물들인 명주(明紬). 2 ①밤색. ②밤색 천.

23【纗】 鑴(p.1615)의 俗字

19/25【纛】 둑 독·도 | 因ㄉㄠˋ(dao) 號ㄉㄨˊ(du) | とく とう

풀이 둑(纛). 쇠꼬리나 꿩 꽁지로 꾸민 큰 기. ¶黃屋左一<漢書>

【纛旗】とうき(둑기←독기) 원수(元帥)의 큰 기. ¶元帥之大旗曰一<六部成語·注>

【纛島】(둑도←독도)韓 뚝섬. 서울 성동구 성수동(聖水洞) 한강가에 있는 유원지, 낚시터. 조선 때 관마(官馬)를 기른 곳이며, 왕

吉爾丹纛(淸會典圖)
纛 (禮器圖)

가(王家)의 별장처럼 지은 낙천정(樂天亭)과 화양정(華陽亭)의 터가 남아 있음.
▷鸞一, 大一, 牙一, 旌一, 左一

19 25【纚】 1 머리싸개 사 2 갓끈 리 3 떨어지는 모양 쇄 4 수레장식 시 5 이어질 리 | 紙ㄕˇ(shi) 支 蟹ㄙㄚˇ(sa) 支 紙ㄌㄧˊ(li) | しり さい しり

풀이 1 ①머리 싸개. ¶緇一廣終幅 長六尺<儀禮> ②잇달다. ¶輦道一屬<漢書> ③가다. ¶一乎淫淫<漢書> 2 ①갓끈. 通 縭. ¶紼一維之<詩經> ②매다. ¶一朱鳥以承旗<後漢書> 3 ①떨어지는 모양. ¶落英幡一<史記> ②그물. 그물로 잡음. ¶一鰋鮋<張衡> 4 ①수레 장식. ¶灕虖幓一<漢書> ②깃이 드리워진 모양. ¶被羽翮之襂一<木華> 5 이어지다.
▷緇一, 幡一

纚①
(名物圖)

19 25【纘】 이을 찬 | 旱ㄗㄨㄢˇ(zuan) | さん(ツグ)
▷繼一, 承一

21 27【纜】 닻줄 람 | 勘ㄌㄢˋ(lan) | らん(トモヅナ) cable
▷舸一, 結一, 繫一, 錦一, 收一, 艤一, 解一

缶<장군 부>部

缶 缶 ③ 缸 ④ 缺 ⑥ 缾 缿 ⑧ 鉼 ⑩ 罄 ⑪ 罄 罅 罅 ⑫ 罇 ⑬ 罋 ⑭ 罌 ⑮ 罍 ⑯ 罏 ⑱ 罐

0 6【缶】 장군 부 | 有ㄈㄡˇ(fou) | ふ, ふう(ホトギ)

풀이 ①장군. 술, 간장, 물 따위를 담는 그릇. 진(秦)의 사람들은 장단을 맞추는 타악기로도 썼음. ¶坎其擊一<詩經>/一器. ②용량의 단위. ㉮4곡(斛). ㉯16두(斗).
▷擊一, 罌一, 瓦一, 土一

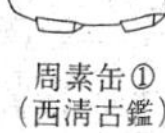
周素缶①
(西淸古鑑)

6【缶】 缶(p.1195)의 俗字

8【缷】 卸(p.246)의 俗字

8【缷】 ☞ 卩部 6획(p.246)

3 9【缸】 항아리 항 | 江ㄍㄤ(gang) | こう(カメ) jar

【缸面酒】こうめんしゅ(항면주) 갓 익은 술. ¶設一<法書要錄>

【缸胎】(항태) 韓 ①오지그릇의 한 가지. ②잿물을 올리기 전 도자기의 몸.
▷罌一, 玉一, 酒一, 花一

4 10【缺】 1 이지러질 결 2 머리띠 규 | 屑ㄑㄩㄝ(que) 紙 | けつ(カク) wane き

풀이 1 ①이지러지다. ㉮그릇이 깨지다. ¶甕破缶一<易林> ㉯한쪽이 망그러지다. ¶咸以正無一<孟子> ㉰부족하다. ¶禮樂廢 詩書一<史記> ②틈. 빈틈. ③흠. ¶無瑕一<西京雜記> ④떠나다. 사라짐. ⑤관직(官職). 지위. ¶宗室一<淸會典> ⑥관직의 빈 자리. ¶修列大夫之一<史記> 2 머리띠. 通 頍. ¶纓屬於一<儀禮>

【缺格】けっかく(결격) 필요한 자격을 갖추지 못함. 갖춘 자격에 결함이 있음. ¶一事由.

【缺口】けっこう(결구) 언청이. 缺脣(결순). 兎脣(토순). ¶一而長鬚<韓愈>

【缺勤】けっきん(결근) 근무를 빠짐. 闕勤(궐근). ↔出勤(출근).

【缺禮】けつれい(결례) 예절을 갖추지 않음. 예의에 어긋남. 失禮(실례).

【缺本】けっぽん(결본) ①낙질(落帙)된 책. 또는, 전질(全帙)에서 빠진 책. ②파본(破本).

【缺席】けっせき(결석) 출석하지 아니함. 闕席(궐석). ↔出席(출석).

【缺損】けっそん(결손) ①일부분이 축나거나 망가짐. ¶一家庭. ②손실이 생김.

【缺如】けつじょ(결여) ①이지러져 불완전한 모양. ②있어야 할 것이 빠져서 없음. ¶資格一.

【缺員】けついん(결원) 정원(定員)에서 일부가 모자람. 또는, 그 모자라는 인원.

【缺點】けってん(결점) 흠. 부족한 점. 短點(단점). ↔ 長點(장점).

【缺乏】けつぼう(결핍) 없거나 모자라거나 함.

【缺陷】けっかん(결함) 흠이 있어 불완전함. 또는, 그 흠.

【缺航】けっこう(결항) 정기 노선의 배나 항공기가 운항(運航)을 거름.
▷亡一, 無一, 微一, 剝一, 病一, 補一, 散一, 損一, 脣一, 淪一, 殘一, 積一, 點一, 凋一, 充一, 兎一, 頹一, 破一, 廢一, 虧一

10【缼】 缺(p.1195)의 俗字

10【缹】 桮(p.770)와 同字

11【缻】 缶(p.1195)와 同字

12【罂】 器(p.314)와 同字

6 12【缾】 두레박 병 | 靑ㄆㄧㄥˊ(ping) | へい(ツルベ)

풀이 ①두레박. 같 瓶. ②물장군. 술 담는 그릇. ¶一之罄矣<詩經>

【缾罌】へいおう(병앵) 단지. 항아리. ¶一走千里<蘇軾>

【缾之罄罍之恥】へいのつくるはらいのはじ(병지경 뇌지치) 술단지에 술이 떨어짐은 술독의 수치라는 뜻

으로, 자기의 본분을 다하지 못함을 이름. 부자가 가난한 사람을 돕지 않는 일, 대중이 소수를 동정하지 않는 일 따위의 풍자(諷刺).
▷罄一, 空一, 短一, 德一, 銅一, 罌一, 磁一, 長一

6
12 〖缿〗 저금통 항 | 講ㄒㄧㄤˋ (xiang) | こう

풀이 ①저금통. 질그릇으로 만든 벙어리 저금통. ②투서함(投書函). ¶投一 購告言姦<史記>
【缿筩】こうとう(항통) 비밀 문서나 밀고하는 투서를 넣는 통. 투서함(投書函). ¶敎吏爲一及得投書<漢書>

14 〖缾〗 缾(p. 1195)의 本字

10
16 〖罃〗 물독 앵 | 庚ㄧㄥ (ying) ㊟本영 | よう (ミズガメ)

풀이 ①물독. 방화용 물독. ¶一壺. ②술단지. ㉠罌.

11
17 〖罄〗 빌 경 | 徑ㄑㄧㄥˋ (qing) 迥 | けい (ムナシイ) *empty*

풀이 ①비다. 공허(空虛)함. ¶罍滿漸一缾<韓愈> ②다하다. 바닥이 남. ¶缾之一矣<詩經> ③모두. 죄다. ¶一無不宜<詩經> ④엄숙하게 가다듬는 모양. ¶師曠一然<逸周書> ⑤보이다. 나타남. ¶且暮一於前<韓非子> ⑥경쇠. ㉠磬.
▷空一, 窘一, 凋一, 疲一, 盧一, 歡一

17 〖𦉪〗 缾(p. 1195)과 同字

17 〖繇〗 ☞糸部 11획(p. 1187)

11
17 〖罅〗 틈 하 | 禡ㄒㄧㄚˋ (xia) | か(スキマ) *gap*

풀이 ①틈. 구멍. ¶一隙呈露<剪燈餘話> ②갈라지다. 그릇에 금이 감. ¶一缺未博<徐禎卿> ③골짜기. ¶一者山間也<鬼谷子>
▷孔一, 隙一, 明一, 石一, 疏一, 巖一, 雲一, 林一, 窓一, 寸一

17 〖𦉶〗 罅(p. 1196)와 同字

12
18 〖罇〗 술독 준 | 元ㄗㄨㄣ (zun) | そん

▷金一, 茶一, 芳一, 酒一, 淸一, 華一

13
19 〖罋〗 독 옹 | 送ㄨㄥˋ 腫 (weng) | おう(カメ) よう

풀이 ①독. 항아리. ㉠甕. ②두레박.

19 〖𦌃〗 鬱(p. 1665)의 古字

14
20 〖罌〗 양병 앵 | 庚ㄧㄥ ㊟本영 敬 (ying) | おう

풀이 ①양병(洋甁). 배가 부르고 목이 좁고 짧은 오지병. ¶以木一缶度軍<漢書> ②병의 총칭.
▷銅一, 杯一, 缾一, 浮一, 玉一, 湯一, 壺一

15
21 〖罍〗 술독 뢰·류 | 灰ㄌㄟˊ 支 (lei) | らい るい

풀이 ①술독. ㉠櫑. ¶皆有一<周禮>/一樽. ②대야. 세수대야.
▷金一, 甁一, 玉一, 瓦一, 樽一

周攻罍①
(西淸古鑑)

21 〖𦉸〗 鬱(p. 1665)의 古字

22 〖罎〗 壜(p. 360)과 同字

18
24 〖罐〗 두레박 관 | 翰ㄍㄨㄢˋ (guan) | かん (ツルベ)

풀이 ①두레박. ㉠鑵. ②㊥ 항아리.

24 〖𦉵〗 罌(p. 1196)과 同字

网<그물 망>部

网 ③ 罔 罕 ④ 罘 ⑤ 罡 罟 罛 罠 罝 罜 ⑥ 罣 ⑦ 罥 罦 ⑧ 罫 罯 罨 罭 罩 罪 置 ⑨ 罰 署 罳 ⑩ 罶 罵 罸 罷 ⑪ 罹 罻 ⑫ 罽 罿 罾 ⑬ 羂 ⑭ 羅 羃 羆 ⑰ 羇 ⑲ 羉 羈

0
6 〖网〗 그물 망 | 養ㄨㄤˇ (wang) | ぼう(アミ)

源象形. 그물의 모양을 본뜸.
※부수로는 罒·网으로도 쓰임.

4 〖罒〗 网(p. 1196)의 訛字

8 〖𦊂〗 軍(p. 1457)의 古字

3
8 〖罔〗 그물 망 | 養ㄨㄤˇ (wang) | もう, ぼう(アミ) *net*
古罖

풀이 ①그물. ㉠网. ㉮짐승, 물고기를 잡는 그물. ¶結繩而爲一罟<易經> ㉯죄인을 잡는 그물. ¶禁一疏闊<漢書> ㉰굴레. ¶形隨世一嬰<張九齡> ②그물질하다. 잡음. ¶是一民也<孟子> ③맺다. ¶一薜荔兮爲帷<楚辭> ④없다. 通無 亡. ¶以謹一極<詩經> ⑤아니다. 通不. ¶乃一畏畏<書經> ⑥어둡다. 通盲. ¶學而不思則一<論語> ⑦속이다. 모함함. ¶可欺也 不可一也<論語> ⑧덮다. ¶不可一以非類<漢書> ⑨근심하다. 通悵. ¶一兮不樂<宋玉> ⑩망령되다. 通妄. ⑪재난. ¶天之降一<詩經> ⑫도깨비. ㉠魍. ¶

捎一兩 拂游光<後漢書>

【罔極】もうきょく·むきょく(망극) ①끝이 없음. 無窮(무궁). ¶昊天一<詩經> ②끝없이 악을 행하는 사람. ¶以謹一<詩經> ③중정(中正)의 도(道)가 없음. ¶遭世一兮 乃隕厥身<賈誼>

【罔極之痛】もうきょくノイタミ(망극지 통) 한 없는 슬픔. 임금이나 부모의 상사(喪事)에 쓰는 말. ※むきょくノイタミ

【罔知所措】オクトコロヲシラズ(망지소조) 허둥지둥하여 어찌할 바를 모름. 罔措(망조).

▷姦一, 降一, 罟一, 禁一, 欺一, 誣一, 文一, 勿一, 迷一, 罘一, 漁一, 天一, 侵一, 敝一, 罕一, 惑一

8〖罒〗 罔(p.1196)의 古字

9〖罓〗 网(p.1196)의 古字

3〖罕〗 1그물 한 2땅이름 한 | 旱ㄏㄢˇ (han) | かん(アミ) net

7

풀이 1 ①그물. 새 잡는 그물. ㉠罕. ¶一車飛揚<揚雄> ②기(旗). ¶荷一旗以先驅<史記> ③드물다. 드물게. 통 尟. ¶子一言利<論語> 2땅 이름. ¶枹一.

【罕車】かんしゃ(한거) ①그물을 싣는 수레. 獵車(엽거). ¶及至一飛揚<揚雄> ②필성(畢星).

【罕畢】かんぴつ(한필) 천자의 의장(儀仗). ¶旄頭一 以前驅<晋書>

▷罘一, 雲一, 旄一, 駐一, 畢一, 稀一

8〖罒〗 罕(p.1197)의 本字

9〖罓〗 罒(p.1197)의 本字

9〖罕〗 罕(p.1197)과 同字

4〖罘〗 1그물 부 2덮치기 부 | 尤ㄈㄨˊ (fu) | ふ(アミ) net

9

풀이 1 ①그물. ㉮토끼 그물. ㉠罦. ¶一罔彌山<史記> ㉯사슴 그물. ¶解一放麟<張衡> ②거듭하다. ¶一 復也<釋名> 2덮치기. 수레 위에 쳐서 새, 짐승을 잡는 그물.

▷罟一, 罝一

5〖罡〗 별 이름 강 | 陽ㄍㄤ (gang) | こう

10

풀이 별 이름. 북두성(北斗星)의 별칭. ¶天一.

5〖罟〗 그물 고 | 麌ㄍㄨˇ (gu) | こ(アミ) net

10

풀이 ①그물. ¶一罔之所布<莊子>/一罘. ②물고기 그물. ¶罛一不敢入於淵<呂覽> ③규칙. 법도. ¶畏此罪一<詩經> ④그물질하다. ¶掌一田獸<周禮>

▷罛一, 羅一, 罔一, 網一, 守一, 獸一, 漁一, 烏一, 罪一, 數一, 兎一

5〖罛〗 그물 고 | 虞ㄍㄨ (gu) | こ(アミ) net

10

풀이 ①그물. 물고기 그물. ¶施一濊濊<詩經> ②나타나는 모양. ¶睽一庨豁<張衡>/一罟.

▷睽一, 施一, 圓一

5〖罠〗 낚싯줄 민 | 眞ㄇㄧㄣˊ (min) | びん(ツリイト) fishline

10

풀이 ①낚싯줄. ②토끼 그물. 멧돼지 그물. ㉠緡. ¶張修一<張協> ③고라니 그물. ¶一䗂連網<左思>

10〖罒〗 罦(p.1197)와 同字

5〖罝〗 짐승 그물 저·차 | 魚ㄐㄩ 麻 (ju) | しょ しゃ

10

풀이 ①짐승 그물. ¶繯網一罦<呂覽> ②토끼 그물. ¶肅肅兔一<詩經> ③그물. ¶結一百里<張衡>

▷羅一, 繁一, 罘一, 疎一, 兔一

5〖罜〗 작은 그물 주 독 | 遇ㄓㄨˇ 屋 (zhu) | しゅ とく

10

6〖罣〗 걸 괘 | 卦ㄍㄨㄚˋ 蟹 (gua) | かい, けい(カケル) hang

11

풀이 ①걸다. 걸림. ㉠絓. ②가로막다. 방해함. ㉠詿. ¶心無一礙 故無恐怖<般若心經>

7〖罥〗 1얽을 견 2그물 견 | 銑ㄐㄩㄢˋ 霰 (juan) | けん bind

12

풀이 1 ①얽다. 옭아 맴. ¶或挂一於岑嶅之峰<木華> ②맺다. ¶荒葛一塗<鮑照> 2그물. 올가미를 만듦. ㉠羂.

12〖詈〗 ☞言部 5획(p.1377)

12〖買〗 ☞貝部 5획(p.1423)

7〖罦〗 그물 부 | 虞ㄈㄨˊ 尤 (fu) | ふ(アミ) ふう

12

13〖罛〗 罛(p.1197)와 同字

8〖罫〗 1줄 괘 2거리낄 홰 | 蟹ㄍㄨㄚˇ (gua) 卦ㄏㄨㄚˋ (hua) | けい かい

13

풀이 1줄. ㉠絓. ¶一紙之稅<周禮政要> 2거리끼다. 지체됨.

【罫線】けいせん(괘선) ①가로 세로로 교차하여 반듯히 친 줄. ②인쇄판에 있는 괘로써 인쇄물에 나타낸 선.

【罫中】けいちゅう(괘중) 바둑판의 가로선과 세로선이 교차하는 곳. 또는, 바둑판의 한복판.

【罫紙】けいし(괘지) 괘선(罫線)이 인쇄되어 있

는 종이. 印札紙(인찰지).
▷方一

13【署】 署(p. 1199)의 略字

8【罨】 그물 엄·압 | [琰] ㄧㄢˇ [合] (yan) | あん(アミ) net
13

[풀이]①그물. ¶一 以網魚也<玉篇>/一鳥網<廣韻> ②그물질하다. 그물로 덮어 씌움. ¶一翡翠<左思>

【罨法】あんぽう(엄법) 염증(炎症)을 없애고 충혈(充血)을 풀기 위해 찜질하거나 열을 식히는 치료법. ¶冷一/熱一.

【罨畫】あんが(엄화) 채색한 그림. ¶凝香薰一<白居易>

8【罭】 어망 역 | [職] ㄩˋ (yu) | いき(ウオアミ) fishing net
13

[풀이]어망(魚網). 잔 물고기를 잡는 작은 어망. ¶九一之魚鱒魴<詩經>
▷九一, 網一

13【罫】 ☞ 目部 8획(p. 1067)

8【罩】 가리 조·탁 | [效] ㄓㄠˋ (zhao) | とう(ウオトリカゴ)
13

[풀이]①가리. 물고기를 잡는 기구로, 통발 비슷하게 대를 엮어 만든 것. ¶一兩魪<左思> ②끼다. 연기 따위가 공간에 낌. ¶荷塘烟一小齋虛<司空圖> ③무리지어 놀다. 고기가 떼지어 노는 모양. ¶南有嘉魚 烝然一一<詩經>
▷鉤一, 籠一, 網一, 釣一, 罩一, 罾一

12【罩】 罩(p. 1198)와 同字

8【罪】 허물 죄 | [賄] ㄗㄨㄟˋ (zui) | ざい(ツミ) crime
13

[풀이]①허물. ㉮죄(罪). 범죄. ¶一疑惟輕<書經>/犯一. ㉯과오(過誤). 실수. ¶一在朕躬<論語>/謝一/一過. ㉰재앙(災殃). 화(禍). ¶懷璧有一<左氏傳> ㉱형벌. ¶行一無疑<呂覽> ②벌주다. 책망함. ¶四一而天下咸服<書經>/一我者 其惟春秋乎<孟子>

【罪譴】ざいけん(죄견) 죄. 허물. 譴은 꾸짖어 내치는 일.

【罪辜】ざいこ(죄고) 죄. 辜는 허물.

【罪過】ざいか(죄과) 죄와 과실. 또는, 죄될 만한 과실.

【罪魁】ざいかい(죄괴) 범죄자 일당의 두목. 범죄의 장본인. 首謀者(수모자).

【罪萬】(죄만) 죄송만만(罪悚萬萬)의 준말.

【罪名】ざいめい(죄명) 범죄의 명목. 罪目(죄목).

【罪目】ざいもく(죄목) 범죄 사실의 명목. 罪名(죄명).

【罪報】ざいほう(죄보)《佛》악업(惡業)에 대한 갚음. 죄악에 대한 과보(果報).

【罪不容誅】ツミちゅうニイレズ(죄불용주) 매우 중한 범죄로 주살(誅殺)하여도 오히려 부족할 정도임. 罪不容於死(죄불용어사). ¶事有不允 一<庾亮>

【罪狀】ざいじょう(죄상) 죄를 저지른 정상(情狀). 범죄의 실상.

【罪悚】(죄송) 죄스럽고 송구스러움.

【罪悚萬萬】(죄송만만) 더할 수 없이 죄송함. 罪萬(죄만).

【罪囚】ざいしゅう(죄수) 옥에 갇힌 죄인. 囚人(수인).

【罪案】ざいあん(죄안) ①죄과(罪科)에 대한 재판의 기록. ②범죄 사건(犯罪事件).

【罪業】ざいごう(죄업)《佛》신(身)·구(口)·의(意)의 세 가지 업(業)에 의하여 짓는 죄. ¶一因緣故 失樂及樂想<法華經>

【罪疑惟輕】ツミノウタガワシキハコレカルクス(죄의유경) 죄상이 분명하지 않아 벌의 경중을 판단하기 어려울 때에는, 가벼운 쪽을 따름. ¶一 功疑惟重<書經>

【罪人】ざいじん·ざいにん(죄인) ①죄를 범한 사람. 범죄인(犯罪人). 유죄(有罪) 판결을 받은 사람. ②죄를 남에게 돌리는 일. 제 허물을 남에게 전가하는 일. ↔罪己(죄기). ③[韓] 부모의 상중에 있는 사람이 스스로를 이르는 말.

【罪迹】ざいせき(죄적) 범죄의 자취. 罪跡(죄적).

【罪跡】ざいせき(죄적) ☞罪迹(죄적).

【罪證】ざいしょう(죄증) 범죄의 증거. ¶一湮滅.

【罪質】ざいしつ(죄질) 범죄의 성질. 파렴치죄(破廉恥罪), 국사범(國事犯) 따위의 구별은 이에 의함.

【罪責】ざいせき(죄책) ①범죄상의 책임. ②잘못에 대한 가책. ¶一感.
▷加一, 嫁一, 減一, 開一, 愆一, 輕一, 辜一, 公一, 功一, 過一, 舊一, 斷一, 待一, 徒一, 同一, 得一, 免一, 無一, 問一, 微一, 白一, 犯一, 伏一, 服一, 死一, 赦一, 娭一, 謝一, 塞一, 成一, 聲一, 贖一, 首一, 宿一, 怨一, 原一, 冤一, 有一, 宥一, 流一, 陰一, 疑一, 罹一, 杖一, 抵一, 除一, 坐一, 重一, 懲一, 治一, 擢髮贖一, 破廉恥一, 蔽一, 顯一, 刑一, 獲一, 橫一

14【辠】 罪(p. 1198)의 本字

8【置】 둘 치 | [寘] ㄓˋ (zhi) | ち(オク) place
13

[풀이]①두다. ㉮일정한 곳에 놓다. ¶出安一前窓下<古詩> ㉯놓아 두다. 내버려 둠. ¶其一顏色 出辭氣效<荀子> ②베풀다. ¶嘗一酒大會耆老<晋書>/設一. ③세우다. 즉위하게 함. ¶不可一妾之子<呂覽> ④버리다. 폐(廢)함. ¶是以小怨一大德也<國語> ⑤용서하다. 풀어줌. ¶無有所一<史記> ⑥역마을. 역참(驛站). ¶速於一郵而傳命<孟子>/一傳. ⑦역말. 역참의 말. ¶乘疾一以聞<漢書>

【置家】(치가)[韓] 첩을 얻어 딴살림을 차림. 妾置家(첩치가).

【置簿】ちぼ(치부) 금전이나 물품의 출납을 기록해 둠. 또는, 그 장부. 置簿册(치부책).

【置重】ちじゅう(치중) 중요하게 여김. 또는, 어떠한 곳에 중점을 둠.
【置之度外】コレヲどがいニオク(치지도외) 의중(意中)에 두지 않음. 度外視(도외시). 「놓음.
【置換】ちかん(치환) 이것과 저것을 서로 바꾸어
▷改—, 建—, 拘—, 廢—, 均—, 庋—, 騎—, 代—, 對—, 倒—, 驚—, 放—, 排—, 配—, 變—, 倂—, 備—, 散—, 署—, 選—, 設—, 召—, 安—, 易—, 驛—, 誤—, 郵—, 位—, 留—, 移—, 裝—, 謫—, 前—, 傳—, 轉—, 亭—, 措—, 存—, 迭—, 疾—, 創—, 處—, 廢—, 布—, 鋪—, 標—, 換—

14【罫】羅(p.1200)와 同字

9 14【罰】벌 벌 |因ㄈㄚˊ (fa)|ばつ(バチ) punishment
풀이 ①벌. 형벌. ¶刑一淸而民服<易經>/懲—. ②죄(罪). ¶淫爲大一<列女傳> ③벌하다. 형벌을 줌. ¶三讓而一<周禮>/信賞必—. ④죄를 씻다. ¶爰書降一鍰<柳宗元> ⑤죽이다. ¶致天之一<書經> ⑥별 이름. ¶一者 白虎 其宿主兵<後漢書>
【罰金】ばっきん(벌금) ①죄를 씻기 위해 내는 돈. 벌로서 내는 돈. ②범죄인에게 돈을 내게 하는 재산형(財產刑).
【罰酒】ばっしゅ(벌주) 벌로서 마시게 하는 술. 罰盃(벌배). ¶板落豈緣無一<杜牧>
【罰責】ばっせき(벌책) 처벌하는 규칙.
▷譴—, 辜—, 科—, 咎—, 勸—, 極—, 亂—, 濫—, 明—勅法, 撲—, 私—, 賞—, 信賞必—, 神—, 審—, 殃—, 嚴—, 郵—, 威—, 佚—, 謫—, 罪—, 誅—, 重—, 懲—, 責—, 處—, 陟—, 天—, 體—, 偏—, 鞭—, 褒—, 蒲鞭—, 顯—, 刑—, 後—, 訓—

14【罸】罰(p.1199)의 本字

9 14【署】나눌 서 |御ㄕㄨˇ (shu)|しょ(ワリアテル) section
풀이 ①나누다. 부서를 정함. ¶選一衆神以並轂<楚辭>/—置. ②부서(部署). 나누어져 있는 부위(部位). ¶北面受一<後漢書>/部—. ③관직. 벼슬. ¶重以虎威章溝嚴更之一<張衡> ④마을 관청. ¶學士入一 常視日影爲候<唐書>/官—/公—. ⑤임명하다. 관리에 임명함. ¶召一主簿<後漢書> ⑥맡다. ㉮관할하다. ¶總一曹事<後漢書> ㉯대리로 맡다. ¶有一理以權其乏<嘉慶會典> ⑦쓰다. 적음. ㉮제목, 표제를 적다. ¶一其官爵姓名<漢書> ㉯표기하다. ¶翟公大一其門<漢書> ㉰서명(署名)하다. 수결(手決) 둠. ¶不肯平—<後漢書>/—名.
【署經】しょけい(서경) ①임금이 관리를 임명한 뒤에, 그 사람의 성명·문벌·이력 등을 갖추어 써서 대간(臺諫)에게 서명으로써 그 가부를 묻던 일. ②고을 원이 부임할 때 상신(相臣)·장신(將臣)·육경(六卿)·전관(銓官) 들에게 고별(告別)하던 일.
【署內】しょない(서내) 관청의 내부. 관공서의 안.
【署理】しょり(서리) 공석(空席)중에 있는 직무를 대리함. 또는, 그 사람. ¶國務總理—.
【署名】しょめい(서명) 서류 따위에 책임을 밝히기 위하여 직접 이름을 적어 넣음. 또는, 그 일. 사인(sign).
【署書】しょしょ(서서) 진(秦)의 팔체서(八體書)의 하나. 현판(懸板) 등에 많이 쓰임.
【署押】しょおう(서압) ①서명 날인함. ②수결(手決)을 둠.
【署員】しょいん(서원) 관서(官署)의 직원. 경찰서, 세무서 따위의 직원. 「정).
【署長】しょちょう(서장) 관서의 우두머리. 署正(서
【署正】しょせい(서정) ☞署長(서장).
▷警察—, 公—, 官—, 局—, 禁—, 內—, 大—, 本—, 府—, 部—, 副—, 分—, 寺—, 稅務—, 消防—, 案—, 連—, 營林—, 委—, 自—, 典—, 專賣—, 題—, 中—, 支—, 總—, 治—, 親—, 平—, 廨—, 宦—

15【罯】署(p.1199)의 本字

9 14【罳】가리개 시 ㊄사·새 |因ㄙ(si) 灰|し さい

10 15【罶】통발 류 |有ㄌㄧㄡˇ (liu)|りゅう(ウエ, ウケ)

10 15【罵】욕할 매 |禡ㄇㄚˋ (ma)|ば(ノノシル) abuse
【罵倒】ばとう(매도) 몹시 욕설을 퍼부음. 또는, 대단히 꾸짖음.
▷呵—, 叫—, 極—, 怒—, 漫—, 慢—, 嫚—, 面—, 侮—, 謗—, 忿—, 笑—, 誶—, 惡—, 仰—, 詈—, 殘—, 竊—, 嘲—, 卒—, 呪—, 瞋—, 讒—, 責—, 推—, 捶—, 箠地—, 醉—, 唾—, 笞—, 痛—, 詬—

16【駡】罵(p.1199)의 本字

15【罸】罰(p.1199)과 同字

10 15【罷】1 그만둘 파 2 고달플 피 |蟹ㄅㄚˋ (ba) 因ㄆㄧˊ (pi)|はい(ヤメル) cease ひ(ツカレル)
풀이 1 ①그만두다. 일을 중지함. ¶欲一不能<論語>/—息. ②그치다. 쉼. ¶雨一葉生光<梁元帝> ③덜다. 줄임. ¶一官之無事<淮南子> ④내치다. 파면함. ¶時欲沙汰郎官非才者一之<晉書> ⑤놓다. 방면(放免)함. ¶乃一魏勃<史記> ⑥돌아가다. 퇴출함. ¶遠者一而未至<國語> ⑦흩어지다. 해산함. ¶布路而一<左氏傳> 2 ①고달프

다. 지침. 피로함. (通)疲. ¶騰駕—牛兮＜賈誼＞/—苦. ②앓다. 병듦. ¶—士無伍＜國語＞ ③둔하다. 노둔(駑鈍)함. ¶誅譏—只＜楚辭＞/—駑. ④약하다. 능력이 모자람. ¶君子賢而能容—＜荀子＞

【罷官】はいかん(파관) ①관직을 그만두고 떠남. 退職(퇴직). ②면직(免職). 罷免(파면).

【罷軍】はいぐん(파군) ☞罷陣(파진).

【罷漏】はいろう(파루) 옛날, 오경(五更) 삼점(三點)에 큰 쇠북을 33번 쳐 통행금지를 해제하던 일. 바라. ↔人定(인정).

【罷免】ひめん(파면) 직무를 해면(解免)함. 免職(면직).

【罷業】はいぎょう(파업) 집단적으로 일제히 작업을 중지함. 또는, 그러한 일. 스트라이크. 罷工(파공). ¶同盟—.
ひぎょう(피업) 힘이 다하여 지침. 피곤함.

【罷議】はいぎ(파의) 의논을 그만둠.

【罷場】はいじょう(파장) ①과장(科場)이 끝남. ②시장(市場)이 파함.

【罷職】はいしょく(파직) 관직을 파면함. ¶封庫—.

【罷陣】はいじん(파진) 군대의 진을 풀어 헤침.

【罷民】ひみん(피민) ①일정한 주거나 생업이 없는 부랑민(浮浪民). ¶以圜土聚教—＜周禮＞ ②백성을 피폐(疲弊)하게 함. ¶取陵於大國 —而無功＜左氏傳＞

【罷士】ひし(피사) 지친 병사. 또는, 재능이 변변치 못한 사람. ¶—無伍 罷女無家＜國語＞

▷去—, 九朽——, 郞—, 老—, 斥—, 聽—, 廢—

16【罷】 罷(p.1199)의 本字

16【罶】 罶(p.1199)와 同字

11 16【罹】 걸릴 리 ㉠ㄌㄧˊ (li) り(カカル) *incur*

※羅(p.1200)는 딴 자.

풀이 ①걸리다. 휘말림. 병이나 재앙 따위에 걸림. ¶—其凶害＜書經＞/—災/—患. ②만나다. 당함. ¶以—寒暑之數＜漢書＞ ③근심. 근심함. ¶逢此百—＜詩經＞

【罹災】りさい(이재) 재해를 입음. 재난을 만남. 罹難(이난). 罹厄(이액). ¶凡稱善士 莫不—被災毒＜范曄＞/—民.

16【罔】 网(p.1196)의 古字

11 16【罻】 그물 위 ㉠ㄨㄟˋ(wei) い(アミ) / 울 ㉡物 うつ

16【罝】 罝(p.1197)와 同字

15【罹】 罝(p.1197)의 俗字

12 17【罽】 그물 계 ㉠ㄐㄧˋ (ji) けい(アミ) *net*

풀이 ①그물. 어망(魚網). ¶— 魚网也＜說文＞ ②담. 융단. 모직물의 한 가지. ¶狗馬被績—＜漢書＞

▷罟—, 績—

16【罽】 罽(p.1200)의 俗字

12 17【罿】 그물 동 ㉠ㄊㄨㄥˊ (tong) とう(トリアミ) / 총 ㉡ しょう

풀이 그물. ㉮새그물. ¶忼辭免—＜法言＞ ㉯수레 위에 쳐서 새를 잡는 그물. ¶雉離于—＜詩經＞

12 17【罾】 그물 증 ㉠ㄗㄥ (zeng) そう(ヨツデアミ)

풀이 그물. 네 귀를 들어 올리는 어망(魚網). ¶—何爲兮木上＜楚辭＞/—罺.

▷魚—, 漁—, 破—

13 18【羂】 올무 견 ㉠ㄐㄩㄢˋ (juan) けん(ワナ)

풀이 ①올무. 덫. 짐승을 꾀어 잡는 기구. ¶— 罥也＜字彙＞ ②올무나 덫을 걸어서 잡다. (같)罥. ¶罥 挂也 或作—＜集韻＞ ③얽어 매다. ¶罝羅之所—結＜張衡＞

18【羁】 黔(p.1693)의 古字

14 19【羅】 1 그물 라 ㉠ㄌㄨㄛˊ (luo) ら(アミ) *net* / 2 돌 라

풀이 1 ①그물. 새 그물. ¶鳥網爲—＜詩經·注＞ ②그물질하다. ㉮그물을 쳐서 잡다. ¶掌—烏鳥＜周禮＞ ㉯그물질하듯 휘몰아 들이다. ¶網—天下異能之士＜漢書＞ ③깔다. 널리 폄. ¶旁—日月星辰＜史記＞ ④늘어서다. 벌여 놓음. ¶步騎—些＜楚辭＞/從車—騎＜漢書＞ ⑤비단. 얇은 비단. ¶—幬張些＜楚辭＞ 2 돌다. 순찰(巡察)함. (같)邏.

【羅郭】らかく(나곽) ☞羅城(나성).

【羅網】らもう(나망) ①새를 잡는 그물. ②법망(法網). 또는, 법률. ③그물을 씌워 잡듯이 사람에게 죄를 뒤집어 씌움. ¶今君在— 何以有羽翼＜杜甫＞ ④(佛) 구슬을 그물 모양으로 이어 꿴 장식물.

【羅拜】らはい(나배) 죽 둘러싸고 함께 절함. ¶平生親友—柩前＜白居易＞

【羅紗】らしゃ(나사) 포르투갈어 Raxa의 음역(音譯). 양복감으로 쓰이는 두꺼운 모직물. ¶—店.

【羅繖】らさん(나산) 얇은 비단으로 만든 우산이나 양산. 羅傘(나산). ¶中原數頂黃—＜貴耳集＞

【羅扇】らせん(나선) 얇은 비단으로 만든 부채.

【羅星】らせい(나성) 죽 늘어선 별. 列宿(열수). ¶遙望—心如—＜黃庭內景經＞

【羅城】らじょう(나성) ①큰 성(城)의 바깥 주위. 외곽의 작은 성은 자성(子城)이라 함. 羅郭(나곽). ②로스앤젤레스의 음역.

【羅列】られつ(나열) 죽 벌이어 놓음. 죽 늘어 섬. 羅陳(나진).

【羅甸】らてん(나전) Latin의 음역. 라틴. 羅典(나전). ¶一語.

【羅卒】らそつ(나졸) ①순찰(巡察)하는 병졸. ②옛날에, 지방관청에 딸렸던 군뢰(軍牢), 사령(使令)의 총칭.

【羅陳】らちん(나진) ☞羅列(나열).

【羅刹】らせつ(나찰)《佛》 rākṣasa의 음역. 포악(暴惡), 가외(可畏)의 뜻. 악귀(惡鬼)의 통칭. 사람을 잡아 먹는다 함.

【羅針盤】らしんばん(나침반) 자침(磁針)이 보통의 경우 남북을 가리키는 특성을 이용하여, 방위나 지평각(地平角) 등을 측정하는 기구. 羅針板(나침판).

【羅漢】らかん(나한)《佛》 arhat의 음역인 아라한(阿羅漢)의 준말. 응공(應供), 진인(眞人) 따위로 번역함. 소승 불교의 최상급의 수행자로, 공덕(功德)을 구비한 성자(聖者).

▷伽一, 宏一, 輕一, 綺一, 羅一, 籠一, 摩一, 馬尾一, 曼陀一, 網一, 汨一, 婆一門, 紗一, 參一, 森一, 霜一, 纖一, 星一, 修多一, 水一, 修一, 新一, 奄一, 濾水一, 列一, 閻一, 弋一, 轔一, 鱗一, 一目之一, 雀一, 罝一, 旃陀一, 鳥一, 耽一, 土一, 爬一, 包一, 亢一, 海一, 紅一

14〖羃〗 덮을 멱 |鍚ㄇㄧˋ (mi)|べき(オオウ) cover
19

풀이 ①덮다. 덮어 씌움. ㊀冪. ¶皆以青帛一之＜春渚紀聞＞ ②덮어 씌우는 막. 덮는 보. ㊀幎. ③수학용어의 하나. 동일한 수의 상승적(相乘積). 5^3 따위. ¶一根.

14〖羆〗 큰 곰 비 |因ㄆㄧˊ (pi)|ひ(ヒグマ)
19

21〖羅〗 籠(p.1145)과 同字

17〖羇〗 나그네 기 |因ㄐㄧ (ji)|き(タビ) passenger
22

풀이 ①나그네. 타향에서 임시로 삶. ¶爲一終世 可謂無民＜左氏傳＞/一客. ②굴레. 말굴레. ㊈羈. ¶孰負一縶而從＜韓詩外傳＞

【羇旅之臣】きりょのしん(기려지 신) 다른 나라에서 와서 우거(寓居)하며 객원(客員)으로 있는 신하. 羈旅之臣(기려지 신). 羈臣(기신). ¶今臣一也 交疎於王＜史記＞

▷孤一, 旅一

19〖羂〗 1그물 견 |霰|けん(アミ, カケル)
24 2칠 견 |銑|net

풀이 1 ①그물. ¶一 鳥羅＜廣韻＞ ②올무. 2치다. 그물을 쳐서 잡음. ㊀罥. ¶罥 挂也 或作一＜集韻＞

19〖羈〗 굴레 기 |因ㄐㄧ (ji)|き(オモガイ) bridle
24

㊗覊

풀이 ①굴레. ㉮고삐에 걸쳐 얽어 매는 줄. ¶一縻勿絶＜史記＞/一絡. ㉯얽매이다. 계루(繫累). ¶絶一獨放＜傅亮＞ ②재갈. 소의 경우는 고삐. ¶其義一縻勿絶而已＜司馬相如＞ ③매다. 잡아맴. 구속함. ¶元曉不一＜三國遺事＞ ④꼭지머리. 상투 등을 위로 끌어올려 묶은 머리. ¶男角女一＜禮記＞ ⑤나그네. 타향살이. ㊈寄. ¶一旅之臣＜史記＞/一孤.

【羈角】きかく(기각) ①옛날, 어린아이의 머리를 두 갈래로 갈라 양쪽 귀 위에 뿔처럼 동여맨 머리 모양. 남자는 각(角), 여자는 기(羈)라 함. 總角(총각)①. ¶男角女羈＜禮記＞ ②어린 시절.

【羈旅】きりょ(기려). 여행. 나그네. 또는, 타관에 우거(寓居)하는 일. 羇旅(기려). ¶一無疇匹 俛仰懷哀傷＜阮籍＞

【羈旅之臣】きりょのしん(기려지 신) ☞羇旅之臣(기려지 신).

【羈絆】きはん(기반) ①굴레. ②굴레를 씌우듯이 자유를 구속함. 속박. 羈束(기속). 羇絆(기반).

【羈束】きそく(기속) 얽어 맴. 묶음. 구속함. 羈絆(기반)②.

【羈臣】きしん(기신) ☞羇旅之臣(기려지 신).

【羈鳥戀舊林】きちょうきゅうりんヲコウ(기조 연구림) 새장에 갇힌 새가 본디 살던 숲을 그리워한다는 뜻으로, 나그네가 고향을 생각하는 마음을 비유. ¶一 池魚思故淵＜陶潛＞

▷牽一, 係一, 繫一, 金一, 轗一, 絆一, 不一

―羊(⺷)＜양 양＞部―

羊 ① 羋 ② 羌 ③ 美 羑 羐 ④ 羔 羖 羕 羘 羓 ⑤ 羜 羚 羞 羝 羚 ⑥ 羠 羡 ⑦ 群 羣 善 羨 義 ⑨ 羯 羹 羭 ⑩ 羲 ⑪ 羵 ⑬ 羹 羸 羶 ⑮ 羼

0〖羊〗 양 양 |陽ㄧㄤˊ (yang)|よう(ヒツジ) sheep
6

源象形. 뿔이 난 양의 생김새를 본뜸. ※부수로서 머리에 쓰일 때는 ⺷.

풀이 ①양. 가축의 하나. 성질이 순하며 털이 희고 부드러움. 착하고 아름다운 것 등에 비유함. ¶羔一之皮＜詩經＞/一頭狗肉. ②상서롭다. ㊈祥. ¶一 祥也＜釋名＞

【羊角風】ようかくふう(양각풍) 회오리 바람. 旋風(선풍). 羊角(양각).

【羊踏破菜園】ヒツジさいえんヲとうはス(양 답파채원) 평소에 푸성귀만 먹던 사람이 갑자기 양고기[육미]를 먹었더니 꿈에 오장(五臟)의 신(神)이 나타나서 양이 채마밭을 밟아 결딴냈구나 하였다 함. 잘 먹고 배탈 난 사람을 놀려서 하는 말. 羊踏菜園(양답채원).

【羊頭狗肉】ようとうくにく(양두구육) 양의 머리를 내걸고 개고기를 판다는 뜻으로, 겉으로는 훌륭한 체하고 실제로는 못된 짓을 함의 비

유.

【羊毛】ようもう(양모) 면양(緬羊), 산양(山羊) 등의 털. 양털.

【羊水】ようすい(양수) 양막(羊膜) 속의 태아를 싸고 있는 액체. 모래집물. 포의수(胞衣水).

【羊腸】ようちょう(양장) ①양의 창자. ②꼬불꼬불한 길의 비유. ¶十里一僅通路＜陸游＞/九折一.

【羊皮紙】ようひし(양피지) 종이 이름. 양가죽 따위로 만든 종이. 백색 불투명하며 부드럽고 질겨 물이 배지 않는 것이 특징임.

▷告朔餼一, 羔一, 群一, 多岐亡一, 屠所之一, 望一, 亡一補牢, 牧一, 綿一, 緬一, 方一, 白石變一, 白一, 山一, 相一, 商一, 野一, 羚一, 牛一, 以一易牛, 牂一, 羝一, 梟一, 犧一

1 8 【芈】 양 울 미 | 紙ㄇㄧˇ (mi) | び

풀이 양이 울다. 양의 울음 소리. ¶一 羊鳴也＜說文＞

2 8 【羌】 1 오랑캐 강 | 陽ㄑㄧㄤ | きょう
2 고달플 강 | 漾(qiang) | (エビス)
同羗

풀이 1 ①오랑캐. 중국 서쪽의 오랑캐 이름. 티베트족(族). ¶西一之本 出自三苗＜後漢書＞/一胡. ②아아. 발어사. 탄식하는 소리. ¶一內恕己以量人兮＜楚辭＞ 2 고달프다. 새새끼가 굶주려 괴로와하는 모양. ¶一 羌量 鳥雛飢困貌＜集韻＞

9 【姜】 ☞ 女部 6획 (p. 403)

3 9 【美】 아름다울 미 | 紙ㄇㄟˇ (mei) | び (ウツクシイ) *beautiful*

源 會意. 크고 살진 양의 뜻.

풀이 ①아름답다. ㉮미려(美麗)하다. ¶一孟姜矣＜詩經＞/一人/一文. ㉯착하다. 옳음. ¶君子修一＜淮南子＞/尊五一 屛四惡一＜論語＞/一政/一談. ㉰좋다. 훌륭함. ¶其田一而多＜蘇軾＞/一風良俗. ㉱미묘한 아름다움. ¶盡一矣 未盡善矣＜論語＞/眞善一. ②맛나다. 맛이 있음. ¶膾炙與羊棗孰一＜孟子＞/一味滋養. ③기리다. 칭찬함. ¶一之也＜穀梁傳＞/或一或惡＜荀子＞ ④경사스럽다. 경사스러운 것. ¶然后天地之一生＜管子＞ ⑤좋게 하다. ¶彼將惡始而一終＜國語＞ ⑥바르다. 옳음. ¶君子知至學之難易 而知其一惡＜禮記＞ ⑦가득 차다. 충실(充實)함. ¶忠實之謂一＜孟子＞ ⑧미국(美國)의 약칭.

【美觀】びかん(미관) 훌륭한 경치. 아름다운 조망. 또는, 아름다운 외관(外觀).

【美妓】びぎ(미기) 아름답게 생긴 기생.

【美談】びだん(미담) 아름다운 이야기. 갸륵한 이야기. ¶人情一.

【美德】びとく(미덕) 아름다운 덕. 훌륭한 덕. 休德(휴덕).

【美童】びどう(미동) ①예쁘게 생긴 사내아이. ②남색(男色)에서 사랑받는 아이. 면.

【美麗】びれい(미려) 아름답고 고움.

【美祿】びろく(미록) ①후한 봉록(俸祿). 많은 봉급. ②술의 이칭. ¶酒者天之一＜漢書＞

【美名】びめい(미명) ①아름다운 이름. 좋은 평판. 美譽(미예). 美聲(미성). ②그럴 듯한 명목(名目). 「용).

【美貌】びぼう(미모) 아름다운 얼굴. 美容(미

【美文】びぶん(미문) 아름다운 글. 우아한 말로 아름답게 꾸민 문장.

【美芾】(미불) 미화(美貨).

【美仕】びし(미사) 좋은 관직에 나아감. 또는, 그러한 벼슬 살이. ¶人尤謂之才 且得一＜韓愈＞ 「룽한 글귀.

【美辭麗句】びじれいく(미사여구) 아름다운 말과 훌

【美色】びしょく(미색) ①아름다운 빛. ②아름다운 용모. ¶丈夫年五十 而好色未解 婦人年三十 而一衰矣＜韓非子＞

【美聲】びせい(미성) ①아름다운 소리. 고운 목소리. 美音(미음). ②좋은 평판. 美名(미명). 美譽(미예). ¶是以一溢譽 有過其實＜蜀志＞

【美術】びじゅつ(미술) ①미를 표현하는 기술. ②미의 표현을 목적으로 하며, 시각(視覺)에 의하여 관상(觀賞)하는 예술. 회화·조각·공예·건축 따위. 造形美術(조형미술).

【美食】びしょく(미식) 맛난 음식. 사치한 음식. ¶一家. 「一長大＜莊子＞

【美髯】びぜん(미염) 아름답게 난 구레나룻. ¶

【美容】びよう(미용) ①아름다운 용모. 美貌(미모). 美顏(미안). ②용모를 아름답게 단장함. 美粧(미장). ¶一師.

【美意識】びいしき(미의식) 미(美)에 대하여 느끼고 판단하는 의식.

【美人】びじん(미인) ①용모가 예쁜 여자. 美女(미녀). 美姬(미희). ¶一薄命. ②용모가 아름다운 남자. 美男(미남). ③재덕이 뛰어난 사람. 賢人(현인). 君子(군자). ¶望一兮天一方＜蘇軾＞ ④그리워하는 사람. 또는, 임금을 이름. ¶思一曲. ⑤미국 사람.

【美人計】びじんけい(미인계) 상대 남자가 어떤 행위를 하도록 여자로 하여금 꾀게 하는 계책. 美人局(미인국). 「림.

【美裝】びそう(미장) 아름답게 단장함. 고운 차

【美洲】びしゅう(미주) 아메리카 주.

【美酒】びしゅ(미주) 맛 좋은 술. 佳酒(가주). ¶金樽一千人血 玉盤佳肴萬姓膏＜春香傳＞ ↔薄酒(박주).

【美質】びしつ(미질) 좋은 성질. 뛰어난 바탕. ¶其有賢才一＜白虎通＞ 「一.

【美醜】びしゅう(미추) 아름다움과 추함. ¶善惡

【美稱】びしょう(미칭) ①아름답게 일컬음. ②좋은 평판. 美名(미명). ¶德行內著 一外昭＜吳志＞

【美態】びたい(미태) 아름다운 태도. 예쁜 자태.

【美風】びふう(미풍) 아름다운 풍속. 美俗(미속). ¶一良俗.

【美行】びこう(미행) 아름다운 행실. 착한 행동.

【美化】びか(미화) ①아름답게 만듦. ¶環境—. ②훌륭한 교화(敎化). 또는, 아름다운 감화. ¶淳風— 盈塞區宇＜南史＞
【美姬】びき(미희) 용모가 아름다운 여자. 美女(미녀). ¶貪財貨 好—＜史記＞
▷脚線—, 甘—, 古典—, 曲線—, 姣—, 具—, 綺—, 肥—, 悲哀—, 賞—, 善—, 鮮—, 盛—, 頌—, 粹—, 淑—, 醇—, 崇高—, 審—, 雙—, 雅—, 麗—, 軟—, 艶—, 沃—, 優—, 肉體—, 潤—, 溢—, 刺—, 自然—, 咨—, 專—, 濟—, 鍾—, 遒—, 衆—, 至—, 盡—, 讚—, 擅—, 淸—, 追—, 醜—, 歎—, 耽—, 便—, 褒—, 豊—, 虛—, 華—

9【庠】☞广部 6획(p.517)

3 10【羑】인도할 유 | 有 ㄧㄡˇ (you) | ゆう (ミチビク)
【羑里】ゆうり(유리) ①은(殷)대의 감옥 이름. ¶殷曰— 周曰囹圄＜玉篇＞ ②땅 이름. 하남성(河南省)에 있음. 은(殷)의 주(紂)가 주(周) 문왕(文王)을 가두었던 곳.

9【羙】羑(p.1203)의 俗字
10【羗】羌(p.1202)과 同字

4 10【羖】검은 암양 고 | 麌 ㄍㄨˇ (gu) | こ (クロヒツジ)
풀이 ①검은 암양. ②불 깐 양. 거세(去勢)한 양. ¶— 亦羯也＜一切經音義＞

4 10【羔】새끼양 고 | 豪 ㄍㄠ (gao) | こう(コヒツジ) *lamb*
풀이 ①새끼양. 양의 새끼. ¶小曰— 大曰羊＜詩經·注＞/—羊. ②오양(烏羊). 양의 한 가지. ¶緇衣—裘＜論語＞
▷豚—, 璧—, 胹—, 烝—

10【牂】牂(p.965)의 訛字

4 10【羘】①숫양 장 ②韓 양 양 | 陽 ㄗㄤ (zang) | そう (オヒツジ) *ram*
풀이 ①숫양. 양의 수컷. ¶— 羝羊也＜字彙補＞ ②韓 양(羊). 소의 밥통. 䑋의 俗字.

4 10【羓】포 파 | 禡 ㄅㄚ (ba) | は(ホシシ)
풀이 포(脯). 말린 고기. ¶— 腊屬＜集韻＞

11【盖】☞皿部 6획(p.1050)
11【辜】辜(p.1470)와 同字

5 11【羚】영양 령 | 靑 ㄌㄧㄥˊ (ling) | れい(カモシカ) *antelope*
【羚羊】れいよう(영양) 소과(科)의 짐승. 염소 비슷한데, 암수 모두 뿔이 남. 뿔은 한약재, 모피(毛皮)는 옷감으로 씀.

5 11【羞】부끄러울 수 | 尤 ㄒㄧㄡ (xiu) | しゅう (ハジル) *ashamed*
풀이 ①부끄럽다. ¶—愧流汗＜後漢書＞/—惡之心. ②부끄러움. 수치. 치욕. ¶不恒其德 或承之—＜論語＞ ③모욕(侮辱)당하다. 부끄러움을 당하게 함. ¶以—先帝之遺德＜漢書＞ ④드리다. 음식을 올림. ¶—以含桃＜呂覽＞ ⑤음식물. ¶群鳥養—＜禮記＞/珍—盛饌. ⑥육포. 속수(束脩). 속수는 육포의 묶음. ¶折瓊枝以爲—兮＜楚辭＞
【羞明】しゅうめい(수명) ①낮에 내리면서 녹아서 쌓이지 않는 눈. ¶凡雪日間不積 謂之—＜月令廣義＞ ②강한 빛의 자극을 두려워하는 병. 눈이 부심. 신경 쇠약의 한 가지.
【羞惡之心】しゅうおのしん(수오지 심) 자신의 불선(不善)을 부끄러워하며, 남의 불선을 미워하는 마음. ¶無— 非人也＜孟子＞
【羞恥】しゅうち(수치) 부끄러움. 羞愧(수괴).
▷嘉—, 嬌—, 常—, 嘗—, 庶—, 膳—, 時—, 神—, 深—, 養—, 飮膳之—, 忍—, 珍—, 慙—, 薦—, 包—, 豊—, 含—, 香—, 好—

11【羛】義(p.1204)와 同字

5 11【羝】숫양 저 | 齊 ㄉㄧ (di) | てい(オヒツジ) *ram*
풀이 ①숫양. 양의 수컷. ¶—羊觸藩＜易經＞ ②세 살짜리 양. ¶三歲曰—＜一切經音義＞

5 11【羜】새끼양 저 서 | 語 ㄓㄨˋ 語 (zhu) | ちょ, しょ (コヒツジ)

12【翔】☞羽部 9획(p.1208)
12【善】☞口部 9획(p.306)

6 12【羠】불깐 양 시 이 | 紙 ㄧˊ (yi) 支 | し い
풀이 ①불 깐 양. 거세(去勢)한 양. ¶—犍羊也＜玉篇＞ ②들양. 큰 뿔이 있는 야생의 암양. ¶牡者曰羱 牝者曰—＜急就篇·注＞

6 12【羡】땅 이름 이 | 支 ㄧˊ (yi) | い
※羨(p.1204)은 딴 자.
풀이 땅 이름. ¶沙—.

12【着】☞目部 7획(p.1066)

7 13【群】무리 군 | 文 ㄑㄩㄣˊ (qun) | ぐん(ムレ) *crowd*

㊍羣

풀이①무리. 떼. ¶或一或友<詩經>/獸三爲一<國語>/拔一. ②동아리. 벗. 동료(同僚). ¶吾離一而索居<禮記> ③부류(部類). ¶用其則必有一<逸周書> ④친족. 일가. ¶因以飾一<禮記> ⑤떼지다. 한데 모임. ¶一而不黨<論語> ⑥모으다. ¶一天下之英傑<荀子>/一集. ⑦여러. 많음. ¶王爲一姓立社<禮記>/一雄割據.

【群居】ぐんきょ(군거) 떼지어 있음. 모여서 삶. ¶一五人 則長者必異席<禮記>

【群居守口獨坐防心】ぐんきょクチヲマモリ どくざココロヲフセグ(군거수구독좌방심) 여러 사람들이 함께 있을 때는 언행을 삼가고, 혼자 앉아 있을 때는 사념(邪念)이 일지 않도록 힘써야 함.

【群犬吠所怪】ぐんけん アヤシキトコロニ ホユ(군견 폐소괴) 뭇 개들이 괴상히 여겨 짖는다는 뜻으로, 속인들이 모여 현인(賢人)의 언행이 범인(凡人)과 다름을 괴이하게 여겨 비방함을 비유한 말. ¶邑犬群吠兮 吠所怪也<楚辭>

【群輕折軸】ぐんけい ジクヲオル(군경절축) 가벼운 물건도 많이 모이면 수레의 굴대를 부러뜨린다는 뜻으로, 작은 힘이라도 일치 단결하면 강적도 대항할 수 있음의 비유. ¶積羽沈舟一<史記>

【群鷄一鶴】ぐんけいノいっかく(군계일학) 많은 닭 가운데 한 마리의 학이란 뜻으로, 많은 사람 가운데 홀로 빼어남을 이름. 鷄群之一鶴(계군지 일학). 群鷄之一鶴(군계지 일학).

【群起】ぐんき(군기) 떼지어 일어남. 蜂起(봉기). 「一亂立.

【群黨】ぐんとう(군당) 무리. 떼. 여러 당파. ¶大小

【群島】ぐんとう(군도) 일정한 해역 안의 작고 큰 여러 섬. ¶南洋一. 「단.

【群盜】ぐんとう(군도) 많은 도적의 떼. 도둑의 집

【群落】ぐんらく(군락) ①많은 부락. 聚落(취락). ②같은 환경에서 자라는 식물군(植物群).

【群生】ぐんせい(군생) ①많은 사람. 民衆(민중). ¶理育一<史記> ②모든 생물 또는 식물 등이 한 곳에 모여 남. 叢生(총생).

【群書】ぐんしょ(군서) 많은 서적. 群籍(군적).

【群小】ぐんしょう(군소) ①많은 작은 것들. ¶一國家. ②많은 소인(小人). ¶一 衆小人在君側者<詩經·注>

【群臣】ぐんしん(군신) 많은 신하들. 諸臣(제신).

【群雄】ぐんゆう(군웅) 많은 영웅. 群豪(군호). 群英(군영).

【群雄割據】ぐんゆうかっきょ(군웅할거) 많은 영웅이 각지에 자리잡고 서로 세력을 다툼.

【群籍】ぐんせき(군적) 많은 책. 群書(군서).

【群衆】ぐんしゅう(군중) 많이 모인 여러 사람. ¶一集會.

【群集】ぐんしゅう(군집) 떼를 지어 모임. 또는, 많은 사람이 모임.

【群酋】ぐんしゅう(군추) 여러 두목들. 뭇 괴수.

【群醜】ぐんしゅう(군추) ①군중(群衆). 醜는 類. ¶夫征不復 離一也<易經> ②흉악한 무리. 群兇(군흉). ¶無征不剋 一破滅<晋書>

▷冠一, 鷄一, 大一, 拔一, 不一, 殊一, 羊一, 越一, 離一, 鱗一, 逸一, 絕一, 珍一, 超一, 出一, 特一, 匹一

13【羣】 群(p. 1204)의 本字

13【譱】 善(p. 306)의 古字

7/13【羨】 [1]부러워할 선 [2]묘도 연 | 霰 ㄒㄧㄢˋ (xian) | せん (ウラヤム) covet | 先 ㄧㄢ (yan) | えん

※羡(p. 1203)는 딴 자.

풀이[1]①부러워하다. ㉮탐내어 부러워하다. ¶臨河而一魚<淮南子>/貪一. ㉯동경하여 부러워하다. ¶昔爲人所一<古詩>/欽一/一望. ②나머지. 잉여(剩餘). ¶以一補不足<孟子> ③남다. 넘침. ¶功一於五帝<史記> ④잘못하다. 빗나감. ㊂愆. ¶有天下不一其和<淮南子> ⑤길다. ¶璧一以起度<周禮> ⑥가까이 부르다. ¶乃一公侯卿士<張衡> [2]묘도(墓道). 묘소로 통하는 길. ¶共伯入釐侯一 自殺<史記>/一道.

【羨望】せんぼう(선망) 부러워함.

【羨道】えんどう(연도) 무덤의 입구에서 현실(玄室)에 이르는 길. 墓道(묘도).

▷嘉一, 慶一, 企一, 奇一, 曼一, 慕一, 壁一, 仰一, 餘一, 盈一, 榮一, 流一, 充一, 歎一, 豊一, 欽一, 歆一

7/13【義】 옳을 의 | 寘 ㄧˋ (yi) | ぎ(ヨイ) righteous

풀이①옳다. ㉮예의 행위가 도리에 합당하다. ¶行而宜之 之謂一<韓愈> ㉯의롭다. 바른길을 좇음. ¶春秋無一戰<孟子> ②의(義). ㉮군신간의 도덕. ¶君臣有一. ㉯사람이 지킬 준칙. ¶仁一禮智信. ㉰직분(職分). ¶背恩忘一<漢書> ㉱혈연 관계가 없는 사람과 친척 관계를 맺는 일. ¶結一兄弟. ㉲실물의 대용물. ¶一齒. ㉳국가·공공을 위한 마음씨. 또는, 그 일. ¶一捐金/一擧. ③뜻. 행위나 말에 포함되어 있는 의미나 이유. ¶字一/轉一/意一. ④은혜. 자혜. ¶發一米振糴<宋史> ⑤의협. 약자를 돕거나 남의 곤란을 구하는 일. ¶以公子之高一 爲能急人之困<史記> ⑥문체의 한 가지. 이치에 근거하여 풀어 밝히는 문체. ¶冠一/射一/祭一.

【義擧】ぎきょ(의거) 정의를 위해 일을 일으키는 일. 의로운 거사(擧事). ¶四一九一.

【義氣】ぎき(의기) 의로운 기개. 의리를 소중히 여기는 마음. ¶一男兒.

【義旗】ぎき(의기) 정의를 위해 일으킨 군사. 또는, 그 깃발. 義兵(의병). 義師(의사).

【義女】ぎじょ(의녀) 의붓딸. 加捧女(가봉녀).

【義旅】ぎりょ(의려) 정의의 군대. 義師(의사). 義兵(의병).

【義理】ぎり(의리) ①사람으로서 지켜야 할 바른 도리. ¶一 禮之文也<禮記> ②신의를 지

켜야 할 교제상의 도리. ③뜻. 의미. ¶又從然講論一<後漢書>

【義母】ぎぼ(의모) 의붓어머니나 수양어머니.

【義務】ぎむ(의무) ①자기 분한을 따르지 않으면 안 될 일. ②사람이 자기의 호오(好惡)에 관계 없이 당연히 해야 할 일. ¶一感. ③법률의 주체인 사람에게 법률상 부과된 구속(拘束). ¶一教育. ↔權利(권리).

【義兵】ぎへい(의병) 의(義)를 위하여 일어나는 군사. 義軍(의군). 義師(의사). 義徒(의도).

【義父】ぎふ(의부) 의붓아버지나 수양아버지.

【義士】ぎし(의사) 의리와 지조를 굳게 지키는 사람. ¶安重根一.

【義師】ぎし(의사) ☞義兵(의병). ¶海內輿一 共欲討不祥<後漢書>

【義疏】ぎそ(의소) 문장이나 문자를 풀이한 것. 경서(經書)를 해석한 책. 義解(의해). 註疏(주소).

【義塾】ぎじゅく(의숙) 사인(私人)이 공익을 위하여 세운 학사(學舍). ¶徽文一.

【義眼】ぎがん(의안) 사람이 만들어 박은 눈.

【義捐】ぎえん(의연) 자선과 공익을 위하여 금품을 기부함. 또는, 그 금품. ¶一金.

【義烈】ぎれつ(의열) 뛰어난 충의. 또는, 충렬한 사람. ¶今王室將危 此誠天下一 報恩救命之秋也<魏志>

【義勇兵】ぎゆうへい(의용병) 국가의 위기를 당하여 군적(軍籍)도 없는 사람이 자원하여 된 병사. 義勇隊(의용대).

【義人】ぎじん(의인) 의로운 사람. 의를 행하는 사람.

【義子】ぎし(의자) ①의붓아들. 加捧子(가봉자). ↔義女(의녀). ②수양아들.

【義賊】ぎぞく(의적) 불의(不義)의 재물을 빼앗아 가난한 사람에게 나누어 주는 의로운 도적.

【義戰】ぎせん(의전) 정의를 위하여 일으키는 싸움. 의로운 전쟁. 또는, 명분이 서는 싸움. 義軍(의군).

【義絶】ぎぜつ(의절) ①맺었던 의를 끊음. ②의리를 위하여 절교함. 義斷(의단).

【義弟】ぎてい(의제) ①의붓아우. ②의(義)로 맺은 아우. ↔義兄(의형).

【義足】ぎそく(의족) 사람이 만들어 붙인 나무나 고무의 발. 義脚(의각).

【義衆】ぎしゅう(의중) 의(義)를 위하여 일으킨 군대. 義兵(의병). ¶蘇峻之亂 彝糾合一<晋書>

【義倉】ぎそう(의창) 흉년에 대비하여 해마다 토지 수확의 일부를 저축하여 두는, 지방 공유(共有)의 곡물 창고. ¶一制度.

【義塚】ぎちょう(의총) ①무연고자의 무덤. 또는, 공동 묘지. ¶收瘞頻年交兵遺骸 立爲一<宋史> ②의사(義士)의 무덤. ¶錦山七百一.

【義齒】ぎし(의치) 사람이 만들어 박은 이.

【義俠】ぎきょう(의협) ①정의를 위하여 강자를 누르고 약자를 돕는 일이나 마음. 또는, 그런 일을 하는 사람. ¶一心. ②체면을 중하게 알고 의리를 지키는 일. 俠義(협의).

【義兄】ぎけい(의형) ①의붓형. ②의(義)로 맺은 형. ↔義弟(의제).

【義兄弟】ぎきょうだい(의형제) ①의붓형제. ②결의 형제(結義兄弟).

▷講一, 從一, 見利思一, 經一, 古一, 故一, 高一, 公一, 廣一, 教一, 起一, 難一, 論一, 斷章取一, 談一, 大一, 德一, 道一, 得一, 名一, 問一, 文一, 發一, 法一, 本一, 赴一, 不一, 佛一, 朋一, 死一, 邪一, 私一, 辭一, 常一, 釋一, 守一, 信一, 新一, 失一, 深一, 語一, 衍一, 悅一, 禮一, 五一, 奧一, 六一, 恩一, 依一, 意一, 疑一, 異一, 理一, 仁一, 人一, 字一, 詮一, 轉一, 節一, 正一, 情一, 精一, 第一一, 主一, 遵一, 重一, 旨一, 眞一, 集一, 唱一, 彰一, 忠一, 通一, 學一, 解一, 狹一, 好一, 孝一, 後一, 訓一

9
15【羯】불깐 양 갈 | 月 ㄐㄧㄝˊ (jie) | かつ

풀이 ①불깐 양. 거세(去勢)한 검은 양. ¶羖之犗者爲一<急就篇·注>/犗一. ②오랑캐. 산서성(山西省)에 살던 흉노(匈奴)와 동족(同族). ¶詩隨一鼓成<李煜>

▷羌一, 寇一, 戎一, 拓一, 胡一, 獯一

15【羮】羹(p.1206)의 俗字

9
15【羭】검은 암양 유 | 虞 ㄩˊ 遇 (yu) | ゆ (クロメヒツジ)

풀이 ①검은 암양. 검은 양의 암컷. ¶老一之爲猨也<列子> ②아름답다. ¶攘公之一<左氏傳>

10
16【羲】숨 희 | 支 ㄒㄧ (xi) | ぎ(イキ)

풀이 ①숨. 내쉬는 숨. ②사람 이름. ㉮복희(伏羲)의 약칭. ¶基隆於一農<班固> ㉯왕희지(王羲之)의 약칭. ¶鍾張云沒 一獻獵之<書譜>

【羲經】ぎけい(희경) 복희씨(伏羲氏)가 처음으로 8괘(卦)를 만든 데서, 「역경」(易經)의 이칭.

【羲娥】ぎが(희아) 희화(羲和)와 항아(姮娥). 전자는 태양 수레를 부리는 사람, 후자는 달의 여신(女神). 곧, 해와 달. 日月(일월).

【羲和】ぎか(희화) ①희씨(羲氏)와 화씨(和氏). 둘 다 고대의 역법(曆法)을 맡는 벼슬자리에 있었음. ②전설상의 인물로, 태양 수레를 부리는 사람. ③태양. ¶悲風鳴我側 一逝不留<曹植>

【羲皇】ぎこう(희황) 복희씨(伏羲氏)의 존칭.

【羲皇上人】ぎこうじょうじん(희황상인) 복희(伏羲) 이전의 사람. 안락하게 세상을 살다 간 태고적 인민을 이름.

11
17【羵】양 모일 지 | 寘 | し

풀이 ①양이 모이다. ¶一羊相羵一也<說文> ②양의 전염병.

17【羴】羲(p. 1205)의 俗字

13 19【羹】국 갱 | [庚]ㄍㄥ (geng) | こう(アツモノ) *soup*

[俗]羮

[풀이]국. 고기와 나물을 넣어 끓인 국물이 있는 음식의 한 가지. ¶亦有和—<詩經>/菜—/肉—.

【羹獻】こうけん(갱헌) 개고기를 신에게 제수로 올릴 때의 일컬음. ¶凡祭宗廟之禮 犬曰—<禮記>

▷骨董—, 大—, 芼—, 藜—, 肉—, 一簞食一豆—, 胾—, 菜—, 啜—, 和—

13 19【羸】여윌 리 | [支]ㄌㄟˊ (lei) | るい(ヤセル) *emaciate*

[풀이]①여위다. 파리함. 수척함. ¶民之—餒日已甚矣<國語> ②고달프다. 피로함. ¶身病體—<禮記>/瘠—. ③약하다. 약하게 함. ¶或強或—<老子>/請—師以張之<左氏傳> ④휘감기다. 곤란을 당함. ¶羝羊觸藩 —其角<易經> ⑤엎다. 엎지름. 전복시킴. ¶—其瓶<易經> ⑥앓다. ¶恤民之—<國語> ⑦알몸. 벌거숭이. 나체(裸體). ¶而體—露<左氏傳>

▷老—, 貧—, 瘦—, 餓—, 危—, 罷—, 疲—

13 19【羶】[1]누린내 전 [2]향기 형 | [先]ㄕㄢ (shan) [青] | せん(ナマグサイ) けい

[풀이][1]①누린내. 수육(獸肉)의 냄새. 또는, 그 냄새가 남. ¶過屠家覺—<李商隱> ②비린 고기. ¶靈鳳不啄—<白居易> ③냄새. ㉮양의 냄새. 누린내. ¶羊泠毛而毳 —<周禮> ㉯나무 냄새. ¶其臭—<禮記> ④남이 흠모하다. ¶舜有—行<莊子> [2]향기. [같]馨. ¶燔燎—薌<禮記>

【羶行】せんこう(전행) 개미가 고기 냄새를 좋아하듯이, 남들이 흠모(欽慕)하는 착한 행위. 仁行(인행).

▷群蟻附腥—, 逐—, 庖—, 葷—

15 21【羼】뒤섞일 찬 | [諫]ㄔㄢˋ (chan) | さん(マザル)

[풀이]①뒤섞이다. 양이 뒤섞임. 뒤섞음. ¶皆由後人所— 非本文也<顏氏家訓> ②다투어 앞으로 나서다. ¶— 一日 相出前也<說文> ③곁에서 끼어들다. ¶傍入曰—<集韻>

羽<깃 우>部

羽 ③ 羿 ④ 翂 翅 翁 翀 翆 ⑤ 翎 翏 習 翋 翌 翊 翐 翍 ⑥ 翔 翗 翕 ⑦ 翛 ⑧ 翡 翣 翟 翠 ⑨ 翭 翨 翫 翥 翦 翩 翬 ⑩ 翰 翯 ⑪ 翳 翼 ⑫ 翶 翹 翻 ⑬ 翾 翽 ⑭ 翿 ⑯ 耀

0 6【羽】[1]깃 우 [2]느슨할 호 | [麌]ㄩˇ (yu) [遇] | う(ハネ) *wing* こ

[源]象形. 새의 깃. 또는, 그것으로 만든 물건 모양을 본뜸.

[풀이][1]①깃. ㉮새의 날개. 새의 깃. ¶齒革—毛<書經> ㉯날벌레의 날개. ¶螽斯— 詵詵兮<詩經> ㉰적우(翟羽). 춤출 때 쥐는 장대 끝에 단 새의 깃. ¶舞干—于兩階<書經> ㉱화살의 깃간도피 아래 붙인 깃털. ¶留我一白—<鮑照> ㉲낚시찌에 단 깃털. ¶魚有大小 餌有宜適 —有動靜<呂覽> ②깃털 장식. ¶崇牙樹—<詩經> ③새. 날짐승. ¶奇禽異— 或巖際而逢迎<張充> ④기러기. ¶冬宜鮮—<禮記> ⑤오음(五音)의 하나. 가장 맑은 음. ¶在音爲—<素問> ⑥돕다. 돕는 사람. ¶翕其—<太玄經> [2]느슨하다. 느슨해짐. ¶弓而—綱<周禮>

【羽客】うかく(우객) ①날개가 난 사람. 선인(仙人). ②도사(道士). 羽士(우사). ③봉선화(鳳仙花)의 이칭.

【羽檄】うげき(우격) ☞羽書(우서). ¶以鳥羽插檄書 謂之—<史記·注>

【羽隊】うたい(우대) 궁시(弓矢)를 갖춘 군사의 일대(一隊).

【羽櫂】うとう(우도) 날개로 만든 노. 가벼운 배 또는 빠른 배를 이름.

【羽流】うりゅう(우류) 선인(仙人)의 동아리. 선술(仙術)을 닦는 사람들. 羽士(우사). 羽客(우객).

【羽林】うりん(우림) ①별 이름. 천군(天軍)을 주관하는 큰 별. ②금위(禁衛). 임금의 숙위(宿衛)를 맡아봄.

【羽士】うし(우사) 도사(道士). 羽客(우객)②.

【羽觴】うしょう(우상) ①참새 형상을 본떠 양쪽에 날개 같은 것을 붙인 술잔. 술잔의 범칭. ②축하의 뜻을 말하는 일. 축복함.

【羽書】うしょ(우서) 아주 급하다는 뜻으로, 새의 깃을 꽂아 표시한 격문(檄文). 羽檄(우격). ¶燒陵園 剽城市…—日聞<後漢書>

【羽書之警】うしょのけい(우서지 경) 전쟁 발발의 경보.

【羽扇】うせん(우선) 새의 깃으로 만든 부채.

【羽衣】うい(우의) 새의 깃으로 만든 옷. 신선(神仙)이나 도사(道士)를 뜻함.

【羽儀】うぎ(우의) ①큰기러기는 몸짓이 우미(優美)하므로, 그 의용(儀容)을 의표(儀表)로 삼음. 남의 모범 또는 일대(一代)의 사표(師表) 등을 이름. ②의용(儀容)을 갖추고 당당한 풍채로 조정에 출사(出仕)함. ③노부(鹵簿)의 정모(旌旄)의 유(類). 노부는 임금이 거둥할 때의 의장(儀仗), 정모는 의장의 각종 기(旗). ④의식(儀式).

【羽翼】うよく(우익) ①새의 날개. ②웃사람을 도와 일하는 사람의 비유. ③도움으로 삼음. 힘으로 믿음. ④도둑의 동아리.

【羽人】うじん(우인) ①주(周)의 벼슬 이름. 부세

(賦稅)로 조류(鳥類)를 산택(山澤)의 농가에서 징수하는 일을 맡아보았음. ②선인(仙人)이나 도사(道士).

【羽翮飛肉】うかくにくをとばす(우핵비육) 새의 가벼운 깃이 무거운 육체를 자유로이 날게 함. 경미(輕微)한 것도 많이 모이면 힘이 남의 비유.

【羽化】うか(우화) ①번데기가 날개가 있는 나방으로 됨. ②몸에 날개가 돋아서 선인(仙人)이 됨. ③도사(道士)의 죽음.

▷干—, 怪—, 鷺—, 毛—, 暮—, 舞—, 拂—, 蟬—, 素—, 刷—, 陰—, 飮—, 異—, 鱗—, 箭—, 戢—, 砥礪括—, 縞—, 華—, 候—

3/9 〖羿〗 사람 이름 예 | 霽 ㄧˋ (yi) | げい

풀이 ①사람 이름. 하(夏)대의 제후(諸侯)로, 궁술(弓術)의 명인. ¶有窮后—＜書經＞ ②날개를 치며 날아 오르다.

10 〖耄〗 ☞ 毛部 6획(p.828)

4/10 〖翂〗 천천히 날 분 | 文 ㄈㄣ (fen) | ふん (トブ)

풀이 천천히 날다. 천천히 나는 모양. 일설에는 낮게 나는 모양. ¶其爲鳥也——翐翐而似無能＜莊子＞

10 〖扇〗 ☞ 戶部 6획(p.614)

4/10 〖翅〗 날개 시 | 寘 ㄔˋ (chi) | し(ツバサ) *wing*

풀이 ①날개. ¶折—傷翼＜史記＞ ②나는 모양. ¶——. ③다만 …만이 아니라. 通 啻. ¶奚—食重＜孟子＞

▷廣—, 金—鳥, 薄—, 奮—, 拂—, 比—, 舒—, 雙—, 羽—, 翼—, 皓—

4/10 〖翁〗 1 늙은이 옹 2 창백할 옹 | 東 ㄨㄥ (weng) 董 | おう (オキナ) *old man*

풀이 1 ①늙은이. 노인의 존칭. ②목털. 새의 목에 난 털. ¶殊—雜＜漢書＞ ③아버지. 通 公. ¶吾—卽汝—＜漢書＞ 2 창백한 모양. ¶——.

【翁姑】おうこ(옹고) 시아버지와 시어머니.

【翁嫗】おうう(옹구) 늙은 남자와 늙은 여자.

【翁壻】おうせい(옹서) 장인과 사위.

【翁媼】おうおう(옹온) ☞ 翁嫗(옹구).

【翁主】おうしゅ(옹주) ①제왕(諸王) 또는 제후의 딸로서 국인(國人)에게 시집간 사람. ②韓 서출(庶出)의 왕녀(王女).

【翁仲】おうちゅう(옹중) ①진(秦)의 남해(南海)의 거인(巨人)인 완옹중(阮翁仲). 흉노를 물리치는 데 공이 컸으므로 동상(銅像)을 세움. ②동상(銅像) 또는 석상(石像).

▷家主—, 孤—, 老—, 棹—, 禿—, 白頭—, 不倒—, 婦—, 鳧—, 山—, 塞—, 殊—, 信天—, 嶽—, 野—, 漁—, 田舍—, 田—, 酒—, 主人—, 天下—, 樵—, 村—, 醉—, 皤—

4/10 〖翀〗 높이 날 충 | 東 ㄔㄨㄥ (chong) | ちゅう

10 〖翆〗 翠(p.1209)와 同字

5/11 〖翎〗 깃 령 | 靑 ㄌㄧㄥˊ (ling) | れい(ハネ) *feather*

풀이 ①깃. 화살 깃. ②청(淸)대 유공자(有功者)의 관 장식. ¶—子.

【翎毛】れいもう(영모) ①깃털. ②새나 짐승을 그린 그림. 翎은 새의 깃, 毛는 짐승의 털. ③동양화에서, 주로 꽃과 새를 그린 그림. 花鳥畫(화조화).

▷光—, 藍—, 毛—, 白—, 複—, 素—, 翅—, 雙—, 羽—, 蝶—, 綵—, 花—

5/11 〖翏〗 높이 날 류·료·륙 | 宥 ㄌㄧㄡˋ (liu) 嘯 ㄌㄧㄠ 屋 (liao) | りゅう りょう りく

풀이 ①높이 날다. ②나는 모양. ¶——. ③바람 소리. 멀리서 불어 오는 바람 소리. ¶夫大塊噫氣 其名爲風…而獨不聞之——乎＜莊子＞

5/11 〖習〗 익힐 습 | 緝 ㄒㄧˊ (xi) | しゅう(ナラウ) *practise*

풀이 ①익히다. ㉮새새끼가 나는 법을 익히다. ¶鷹乃學—＜禮記＞ ㉯되풀이하다. 연습함. 복습함. ¶學而時—之＜論語＞ ㉰배우다. ¶退而—之＜呂覽＞ ㉱닦다. ¶不—无不利＜易經＞ ②숙달하다. 통효(通曉)함. ¶不—於誦＜戰國策＞ ③익다. ㉮손에 익다. ¶便—山谷＜後漢書＞ ㉯친압(親狎)하다. 무람없음. ㉰물들다. 옮음. ¶人情易—＜五代史＞ ④길들이다. ¶調—田馬＜詩經＞ ⑤습관. 관습. ¶性相近也 —相遠也＜論語＞ ⑥포개지다. 通 疊. ⑦쌓다. 쌓임. ¶—坎入于坎＜易經＞ ⑧조절(調節). ¶旣知其以生有—＜大戴禮＞ ⑨어렴성 없이 가까운 사람. ¶終淪褻—＜後漢書＞

【習慣】しゅうかん(습관) 버릇. 行習(행습). ¶—成則民體俗矣＜司馬法＞

【習得】しゅうとく(습득) 배워서 터득함.

【習性】しゅうせい(습성) 버릇이 된 성질.

【習俗】しゅうぞく(습속) 습관된 풍속.

【習字】しゅうじ(습자) 글씨 쓰기를 익힘. ¶—紙.

【習作】しゅうさく(습작) 연습삼아 지음. 또는, 그 작품.

▷簡—, 講—, 見—, 貫—, 慣—, 校—, 教—, 究—, 舊—, 近—, 篤—, 明—, 腹—, 復—, 素—, 誦—, 宿—, 崇—, 時—, 新—, 業—, 歷—, 沿—, 演—, 練—, 染—, 豫—, 温—, 翫—, 狃—, 積—, 專—, 傳—, 調—, 耽—, 便—, 風—, 學—, 閑—, 曉—, 翕—

11【習】習(p.1207)과 同字

5 11【翌】이튿날 익 | 職 ì 屋(yi) | よく(アクルヒ)

풀이①이튿날. 익일(翌日). 명일(明日). ¶一朝/一月. ②돕다. 같翼.

【翌年】よくねん(익년) 이듬해.

【翌亮】よくりょう(익량) 도움. 보익(補翼)함.

【翌日】よくじつ(익일) 이튿날. 明日(명일).

5 11【翊】도울 익 | 職 ì(yi) 緝 | よく(タスケル) *help*

풀이①돕다. 通翼. ¶左內史更名左馮一<漢書> ②나는 모양. ③이튿날. 通翌. ④사물의 모양. ¶一一. ⑤군(郡) 이름. ¶馮一.

【翊戴】よくたい(익대) 임금으로 추대함. 翼戴(익대).

【翊成】よくせい(익성) 도와 이루게 함.

【翊贊】よくさん(익찬) 임금의 정치를 도움. 翼贊(익찬).

▷匡一, 輔一, 馮一, 鎭一, 環一

11【⿰羽只】翅(p.294)와 同字

5 11【翐】나는 모양 질 | 質 | ちつ

풀이①나는 모양. ②천천히 나는 모양.

5 11【翍】1날개펼 피 | 支 ㄆㄧ | ひ 2날 파 | 歌(pi) | は 3날개 피 | 寘 | ひ

풀이1①날개를 펴다. ②터놓다. 열어 놓음. 披의 古字. ¶一桂椒而鬱聚也<漢書> 2날다. 나는 모양. 3날개. 깃.

6 12【翔】돌아 날 상 | 陽 ㄒㄧㄤˊ(xiang) | しょう(カケル)

풀이①돌아 날다. 빙 돌며 낢. ¶一而後集<論語> ②날다. ㉮높이 날다. ¶一鶤仰而弗逮<張衡> ㉯날개를 편 채 바람을 타고 날다. ¶雖欲翱一 其勢焉得<淮南子> ③달리다. 뛰어 감. ¶室中不一<禮記> ④배회하다. 어정거림. ⑤놀다. ¶一畋于曠原<穆天子傳> ⑥머무르다. 앉음. ¶鳳凰一於庭<淮南子> ⑦돌다. 선회(旋回)함. ¶前弱則俛 後弱則一<周禮> ⑧삼가다. 근신(謹愼)함. ¶一一. ⑨자세하다. 通詳.

【翔陽】しょうよう(상양) 태양의 이칭. 해 속에 까마귀가 있다는 전설에서 유래.

▷驚一, 高一, 翺一, 群一, 翻一, 飛一, 馴一, 燕翼鳳一, 雲一, 遊一, 趨一, 沈一, 回一, 嬉一

12【⿰羽⿱羽】⿱羽(p.1207)의 本字

6 12【翕】합할 흡 | 緝 ㄒㄧ(xi) | きゅう(アツマル)

同 ⿰羽合 ⿰合羽

풀이①합하다. 화합함. ¶兄弟既一<詩經> ②일다. 새가 날아 오름. ③많은 것이 한꺼번에 일어나다. ¶樂其可知也 始作 一如也<論語> ④끌다. 通歙 吸. ¶載一其舌<詩經> ⑤따르다. ¶一其志<太玄經> ⑥닫다. 通闔. ¶夫坤 其靜也一<易經> ⑦거두다. ¶代一代張<荀子> ⑧모으다. ⑨많다. ⑩불에 굽다. ⑪성(盛)하다. ¶一如也<論語>

【翕習】きゅうしゅう(흡습) ①위세·명망 따위가 대단한 모양. ②바람이 부는 모양. ③힘차게 나는 모양. ④음악의 가락이 느린 형용. ⑤친압(親狎)함.

【翕如】きゅうじょ(흡여) 여러 악기의 소리가 일제히 울려 나는 모양.

【翕饗】きゅうきょう(흡향) ①잠시. 짧은 시간. ②어지러운 모양. ③소리가 아름다운 모양.

▷前一, 靜一, 吐一, 噓一, 呼一

12【⿰羽合】翕(p.1208)과 同字

12【⿰合羽】翕(p.1208)과 同字

13【勠】☞ 力部 11획(p. 224)

7 13【翛】1날개 찢어질 소 | 蕭 ㄒㄧㄠ(xiao) | しょう 2빠를 유 | 尤 ㄕㄨ | ゆう 3나는모양 숙 | 屋(shu) | しゅく

풀이1①날개가 찢어지는 모양. ¶一一. ②날개치는 소리. 2빠른 모양. ¶一然而往<莊子> 3나는 모양.

13【⿱攸羽】翛(p.1208)의 訛字

8 14【翡】물총새 비 | 未 ㄈㄟˇ(fei) | ひ(カワセミ) *kingfisher*

풀이물총새. 물총새의 수컷. ¶一翠火齊<班固>

【翡色】ひしょく(비색) 비취색. 고려 청자와 비슷한 빛깔.

【翡翠】ひすい(비취) ①물총새. ②물총새의 아름다운 깃. ③푸른 날개. ④푸르고 윤이 나는 아름다운 것. ⑤비취옥. 녹색의 경옥(硬玉).

8 14【翣】운불삽 삽 | 洽 ㄕㄚˋ 葉(sha) | そう, しょう

풀이①운불삽(雲黻翣). 발인(發靷)할 때 영구(靈柩)의 앞뒤에 세우고 가는 기구. 운삽과 불삽. ②덮개. 깃털로 꾸민 부채 모양의 가리개. ¶有一羽蓋<周禮> ③부채. ¶冬日之不用一者<淮南子> ④종고(鐘鼓) 걸이틀의 꾸미개. ¶周之璧一<禮記> ⑤기(旗)를 담는 함.

雲翣①
(禮器圖)

8 14 〖翟〗 1 꿩 적 2 땅이름 택 3 멧새 탁 | 錫ㄉㄧˊ (di) 陌ㄓㄞˊ 覺(zhai) | てき *pheasant* たく たく

풀이 1 ①꿩. 꽁지가 긴 꿩. ¶羽畎夏—＜書經＞ ②꿩의 깃. 춤추는 데 씀. ¶右手秉—＜詩經＞ ③꿩의 깃으로 꾸민 수레. ④꿩의 깃으로 꾸민 옷. ¶其之—也＜詩經＞ ⑤오랑캐. 通狄. 2 땅 이름. 중국의 현(縣) 이름. ¶陽—. 3 멧새. 산새.

【翟車】てきしゃ(적거) 황후가 타던 수레.

【翟公書門】てきこうもんにしょす(적공서문) 염량 세태(炎涼世態)를 탄식함을 이름.

【유래】 한(漢)의 하규(下邽) 사람 적공(翟公)이 정위(廷尉)로 있을 때, 방문객들이 들끓다가 벼슬을 그만 두자 찾는 사람이 없어 대문밖에 참새 그물을 칠 정도였다. 그 후 다시 정위가 되니 또 방문객들이 찾아오므로, 그는 자기집 대문에「一死一生乃知交情 一貧一富乃知交態 一貴一賤交情乃見」이라고 크게 써 붙였다. 그 글을 풀이하면 다음과 같다.「죽음과 삶에서 사귀는 정분을 알고, 가난하고 가멸함(부자)에서 사귀는 태도를 알았으며, 귀하고 천함에서 우정을 알았도다.」

▷簡—, 舞—, 馴—, 厭—, 夏—, 翬—

14 〖⿰羽青〗 旌(p. 705)과 同字

8 14 〖翠〗 물총새 취 | 寘ㄘㄨㄟˋ (cui) | すい (カワセミ) *kingfisher*

풀이 ①물총새. 물총새의 암컷. ¶翡—珠被＜楚辭＞ ②비취색. ¶歌屛朝揜—＜王勃＞ ③꽁지 살. ¶肉之美者 雋觾之—＜呂覽＞

▷空—, 光—, 金—, 嵐—, 綠—, 濃—, 晩—, 翡—, 疎—, 松—, 宿—, 新—, 深—, 野—, 聳—, 鬱—, 幽—, 精—, 蒼—, 彩—, 靑—, 蔥—

9 15 〖⿰革羽〗 날개 격 혁 | 陌 職 | かく, こく (ハネ)

15 〖戮〗 ☞ 戈部 11획(p. 608)

9 15 〖翨〗 칼깃 시 | 寘ㄔˋ (chi) | し, き

풀이 ①칼깃. ②사나운 새. 맹조(猛鳥). ③거칠다. 사나움.

9 15 〖翫〗 노리개 완 | 翰ㄨㄢˋ (wan) | がん (モテアソブ)

풀이 通玩. ①노리개. ¶服—車馬 皆窮一時之驚絶＜南史＞ ②가지고 놀다. 되풀이 즐김. ¶—花. ③즐거워하다. ¶流目—鯈魚＜張華＞ ④얕보다. ¶寇不可—＜左氏傳＞ ⑤탐(貪)하다. ¶—歲而愒日＜左氏傳＞

9 15 〖翥〗 높이 날 저 | 御ㄓㄨˋ (zhu) | しょ

9 15 〖翦〗 1 자를 전 2 화살 전 | 銑ㄐㄧㄢˇ 霰(jian) | せん(キル) *cut*

俗剪 同䥣

※숙어는 剪(p. 213)을 볼 것.

풀이 1 ①자르다. ㉮간종그려 자르다. ¶實始—商＜詩經＞ ㉯끊다. 벰. ¶不—其類也＜禮記＞ ㉰깎다. ¶其—以賜諸侯＜左氏傳＞ ㉱다하다. 끝남. ¶—諸鶉首＜張衡＞ ㉲멸망시키다. ㉳죽이다. ㉴제거하다. 없앰. ¶勿—勿伐＜詩經＞ ②가위. ¶便欲手把并州—＜楊維楨＞ ③깃을 붙인 화살. 2 화살. ㉠箭.

【翦商之業】(전상지 업) 무도(無道)함을 쳐 없애는 혁명 사업. 전상(翦商)은 주(周)의 고공 단보(古公亶父)가 상(商 : 殷)의 무도한 폭군 주(紂)를 정벌한 일. ¶西土建—＜無忌＞

【翦鬚和藥】(전수화약) 수염을 깎아서 약에 탔다는 뜻으로, 당(唐) 태종(太宗)이 자신의 수염을 잘라 불에 태워서 재로 만들어 신하 이적(李勣)에게 약에 타 먹게 하여 그의 중병을 낫게 한 옛일을 이름. ¶醫曰 用須灰可治 帝乃自翦須以和藥＜唐書＞

▷開—, 闕—, 剋—, 禽—, 刪—, 碎—, 夷—, 裁—, 除—, 誅—, 剔—

15 〖⿰前羽〗 翦(p. 1209)과 同字

9 15 〖翩〗 빨리날 편 | 先ㄆㄧㄢ (pian) | へん (ヒルガエル)

풀이 ①빨리 날다. ¶——者鵻＜詩經＞ ②나부끼다. 펄럭임. ¶—其反矣＜詩經＞ ③사물의 형용. ¶——.

▷聯—, 翠羽—

9 15 〖翬〗 날개칠 휘 | 微ㄏㄨㄟ (hui) | き *flap*

풀이 ①날개를 치다. 훨훨 낢. ②꿩. ¶如—斯飛＜詩經＞

▷飛—, 翛—, 衛—

10 16 〖翰〗 날개 한 | 翰ㄏㄢˋ 寒(han) | かん(ハネ) *wing*

풀이 ①날개. ¶豈可謂其借—於晨風＜陳琳＞ ②산새. ¶大—若翬雉＜逸周書＞ ③빠르게 날다. ¶如飛如—＜詩經＞ ④높이 날다. ¶—音登于天＜易經＞ ⑤높다. ¶—飛戾天＜詩經＞ ⑥길다. ¶鷄曰—音＜禮記＞ ⑦줄기. 기둥. 通榦. ¶王后維—＜詩經＞ ⑧깨끗하다. 흼. ¶白馬—如＜易經＞ ⑨백마(白馬). ⑩붓. ¶於是染—操紙＜潘岳＞ ⑪글. 문서. 편지. ¶札—忽相鮮＜高適＞

【翰林】かんりん(한림) ①학자 또는 문인의 모임. 翰은 붓, 林은 衆. ②당(唐) 이래의 벼슬이

름. 문학·문필에 관한 일을 맡았음. ③조선 때, 예문관(藝文館) 검교(檢校)의 이칭.

【翰林院】かんりんいん(한림원) ①당(唐) 이래의 관청 이름. 주로 문학·문필에 관한 일을 맡음. ②아카데미(academy)의 역어(譯語).

【翰林學士】かんりんがくし(한림학사) ①한림원의 학사. ②고려 때 학사원·한림원의 학사.

【翰墨】かんぼく(한묵) 필묵(筆墨). 문학의 뜻으로 쓺.

【翰苑】かんえん(한원) 한림원(翰林院).

【翰音】かんおん(한음) ①높이 날아서 욺. 명성이 터무니 없이 높이 나서 실지와 맞지 않음의 비유. ②닭의 이칭.

【翰長】かんちょう(한장) ①한림원(翰林院)의 장관. ②한림원의 선배.

【翰藻】かんそう(한조) 문장. 文辭(문사). 文藻(문조).

【翰札】かんさつ(한찰) 편지. 翰牘(한독). 書札(서찰).

▷輕一, 驚一, 鼓一, 管一, 貴一, 內一, 弄一, 藩一, 屛一, 飛一, 史一, 書一, 手一, 宸一, 雙一, 染一, 羽一, 柔一, 遺一, 牋一, 點一, 藻一, 札一, 尺一, 翠一, 投一, 筆一, 揮一

10/16【翯】 1 함치르르할 학 2 흰 깃 호 | [覺] ㄏㄜˋ (he) [皓] | かく ごう

풀이 1 ①함치르르한 모양. ¶白鳥一一＜詩經＞ ②깃이 깨끗하고 흰 모양. ③물이 맑고 빛나는 모양. ¶一乎滈滈＜史記＞ ④희다. 通 皜. ⑤학(鶴). 通 鶴. 2 흰 깃.

11/17【翳】 일산 예 | [霽] ㄧˋ (yi) [齊] | えい (キヌガサ)

풀이 ①일산(日傘). 깃으로 꾸민 일산. 임금의 수레에 씀. ②몸가리개. 활 쏘는 사람의 몸가리개. ¶畢一. ③방패. ¶兵不解一＜國語＞ ④덮다. 가림. ¶石嶮嵯以一日＜楚辭＞ ⑤깃 일산. 춤출 때 드는 깃 일산. ¶左手操一＜山海經＞ ⑥들다. 손에 듦. ¶乘彼白鹿 手一芝草＜曹植＞ ⑦막다. 거절함. ¶縱過而一諫＜國語＞ ⑧물리치다. 몰아붙임. ¶是去其藏而一其人也＜國語＞ ⑨숨다. ¶抱道懷眞 潛一海隅＜魏志＞ ⑩그늘. ¶有聲有寂 有光有一＜蜀志＞ ⑪눈이 침침해지다. ¶目爲之一＜宋史＞ ⑫삼눈. 눈병의 하나. ¶去一如拆屋＜蘇軾＞ ⑬쓰러지다. 죽음. 通 殪. ¶其菑其一＜詩經＞ ⑭새 이름. 봉(鳳)을 닮은 새. ¶駟玉虬而乘一＜屈原＞

▷媒一, 霾一, 冥一, 目一, 蒙一, 屛一, 氛一, 纖一, 掩一, 雲一, 淪一, 隱一, 陰一, 潛一, 叢一, 菑一, 沈一, 蔽一, 荒一, 薈一

11/17【翼】 날개 익 | [職] ㄧˋ (yi) | よく (ツバサ) *wing*

本 翼 同 翐 䔬

풀이 ①날개. ㉮새의 날개. 깃. ¶明夷于飛 垂其一＜易經＞ ㉯곤충의 날개. ¶王獨不見夫蜻蛉乎 六足四一＜戰國策＞ ②돕다. 도움. ¶一戴天子＜左氏傳＞ ③이루다. ¶鳥一鷇卵＜國語＞ ④천거(薦擧)하다. ¶一姦以獲封侯＜漢書＞ ⑤받들다. ¶欽一皇象＜尙書中候＞ ⑥받다. ¶彤雲斐亹以一檽＜孫綽＞ ⑦삼가다. ¶有嚴有一＜詩經＞ ⑧법(法). ¶降承龍一＜班固＞ ⑨아름답다. 성(盛)함. ¶有馮有一＜毛鄭詩考正＞ ⑩가슴지느러미. ¶振鱗奮一＜宋玉＞ ⑪솔귀. ¶呑三翮六一＜史記＞ ⑫처마. ¶列棼橑以有一＜後漢書＞ ⑬배[舟]. ¶千一泛飛浮＜顏延之＞ ⑭좌우의 부대. ¶多爲奇陳 張左右一＜史記＞ ⑮다음날. 通 翌 昱. ⑯빼앗다. 通 弋. ¶非我小國敢一殷命＜書經＞ ⑰몰다. ¶一猶驅也＜書經·注＞ ⑱방종한 모양. ¶一放縱而綽寬＜宋玉＞ ⑲바른 모양. ¶趨進一如也＜論語＞ ⑳빠른 모양. ¶駢馳一驅＜嵇康＞ ㉑사물의 형용. ¶一一. ㉒춘추 시대 진(晋)의 옛 서울. 지금의 산서성(山西省) 익성(翼城)의 동남.

【翼善冠】よくぜんかん(익선관) ①관(冠) 이름. 당(唐) 태종(太宗) 때 옛 법을 따라 제정한 것. ②조선 때, 임금이 상복(常服)으로 정무를 볼 때 쓰던 관. 翼蟬冠(익선관).

【翼室】よくしつ(익실) 큰방 좌우에 딸린 방.

【翼贊】よくさん(익찬) 도움. 보좌(輔佐)함. 翼助(익조). 輔贊(보찬). 翊贊(익찬).

▷角而一, 鼓一, 匡一, 跂一, 綺一, 卵一, 圖南一, 補一, 輔一, 服一, 扶一, 拊一, 鵬一, 比一, 毗一, 憑一, 舒一, 蟬一, 素一, 垂一, 修一, 翅一, 十一, 勵一, 燕一, 斂一, 右一, 爲虎傅一, 銀一, 壯一, 鵜不濡一, 鳥一, 左一, 振一, 贊一, 鶴一, 虎一, 鴻漸之一, 翕一

12/18【翺】 날 고 本 요 | [豪] ㄠˊ (ao) | こう (カケル) *fly*

풀이 날다. 비상(飛翔)함. ㉮날아다니다. 노닒. ㉯날개를 치며 날다. ¶雖欲一翔 其勢焉得＜淮南子＞

▷翹一, 風一

12/18【翹】 꼬리 긴 깃털 교 | [蕭] ㄑㄧㄠˊ (qiao) | きょう ぎょう

풀이 ①꼬리의 긴 깃털. ②꼬리. ¶蜛蝫森衰以垂一＜郭璞＞ ③날개. ¶砥室翠一＜楚辭＞ ④들다. 들림. 通 趬. ¶一尾而走＜淮南子＞ ⑤발돋움하다. ¶大臣內叛 諸侯外反 亡可一足而待也＜史記＞ ⑥걸다. 달림. ¶一思慕遠人＜曹植＞ ⑦재능이 뛰어나다. ¶英一是務＜韋希賢＞ ⑧머리 꾸미개. 부인의 머리 깃털 장식. ¶寶髻珊瑚一＜梁簡文帝＞

【翹首】ぎょうしゅ(교수) 고개를 듦. 간절히 기다림을 이름. 翹企(교기).

【翹材客】ぎょうざいかく(교재객) 재능이 뛰어난 사

람. 재상(宰相)을 이름.

【翹足而待】ぎょうそくシテマツ(교족이 대) 발돋움을 하여 기다림. 시간이 많이 걸리지 않음을 이름.

【翹楚】ぎょうそ(교초) 잡목에서 특출한 나무. 여럿 가운데서 뛰어난 사람의 비유.

▷大―, 雙―, 連―, 雲―, 異―, 藻―, 春―, 翠―, 雉―

12 18 〖翻〗 날 번 | 元ㄈㄢ 刪(fan) | ほん(ヒルガエル) *flutter*

同飜

풀이 ①날다. ¶衆鳥翩― <張衡> ②나부끼다. ¶星―漢廻 曉月將落 <鮑照> ③뒤집다. ¶風―鳥隼文 <李嶠> ④번역하다. ¶今之佛經羅什所譯 姚興與之對― <唐書> ⑤엮다. 엮어서 폄. 편술(編述)함. ¶偸得新―數般曲 <元稹>

【翻刻】ほんこく(번각) ①한 번 새긴 책판(冊板) 따위를 그 본새대로 똑같게 다시 새김. ②형식은 같지 않더라도 간행(刊行)된 판본(板本)과 같은 내용으로 다시 새김.

【翻弄】ほんろう(번롱) 멋대로 놀림.

【翻覆】ほんぷく·はんぷく(번복) 안팎이 뒤집어짐. 변하기 쉬움을 이름.

【翻手作雲覆手雨】(번수작운 복수우) 손을 뒤집으면 구름이 되고, 손을 엎으면 비가 된다는 뜻으로, 세상 인정의 경박함과 무상(無常)함의 비유. 翻雲覆雨(번운복우).

【翻案】ほんあん(번안) ①안(案)을 뒤집음. 사건을 다시 조사함. 再審(재심). ②시문(詩文)을 본뜻을 바꾸어 새 뜻으로 다시 만듦. ③외국의 문예 작품을 줄거리는 그대로 두고 인정·풍속·지명·인명 등만 자기 나라 것으로 고쳐 쓰는 일. ※翻譯(번역).

【翻譯】ほんやく(번역) 한 나라의 말이나 글을 딴 나라의 말이나 글로 옮김.

【翻雲】ほんうん(번운) 구름을 뒤집음. 물이 소용돌이치며 흐름을 이름.

【翻意】ほんい(번의) 마음을 돌이킴.

▷翹―, 亂―, 騰―, 覆―, 飛―, 繽―, 聯―, 翩―, 翾―

18 〖䍦〗 翼(p. 1210)과 同字

13 19 〖翾〗 조금 날 현 | 先ㄒㄩㄢ (xuan) | けん

풀이 ①조금 날다. ②빠르다. ¶喜則輕而― <荀子>

▷輕―, 連―, 翩―, 飄―

13 19 〖翽〗 날개 치는 소리 홰·쾌 | 隊ㄏㄨㄟˋ 卦(hui) | かい

14 20 〖翿〗 깃 일산 도 | 號ㄉㄠˋ 豪(dao) | とう

풀이 ①깃 일산. 춤출 때 드는 일산. 같翳. ¶君子陶陶 左執― <詩經> ②둑. 通纛.

16 20 〖耀〗 빛날 요 | 嘯ㄧㄠˋ (yao) | よう(カガヤク) *brigt*

同曜 燿

풀이 ①빛나다. ¶素甲日― 玄幕雲起 <潘岳> ②빛내다. ¶以―德於廣遠也 <國語> ③빛. ¶建天地之功 增日月之― <後漢書>

▷光―, 誑―, 明―, 文―, 炳―, 鮮―, 英―, 榮―, 靈―, 晶―, 精―, 照―, 藻―, 震―, 淸―, 燭―, 炫―, 衒―, 焜―, 華―, 晃―

老(耂)<늙을 로>部

老 ② 考 ④ 耆 耄 者 ⑤ 耇 者 ⑥ 耋 耊

0 6 〖老〗 늙을 로 | 皓ㄌㄠˇ (lao) | ろう(オイル) *old*

※「耂」는 글자에서 머리에 쓰일 때의 모양.

풀이 ①늙다. ㉮나이를 많이 먹다. 오래 삶. ¶君子偕― <詩經> ㉯늙어 빠지다. 늙어서 약해짐. ¶學者罷― <漢書> ㉰지치다. ¶一師費財― <左氏傳> ㉱쉬다. ¶治之道美不― <荀子> ㉲쇠(衰)하다. 약해짐. ¶師直爲壯 曲爲― <左氏傳> ㉳썩다. ②늙은이. 일흔 이상이나 예순 이상 또는 쉰 이상의 늙은이. ¶及其―也 <論語> ③치사(致仕)하다. 늙어서 벼슬을 그만둠. 또는, 그 사람. ¶歸―於家 <史記> ④품위(品位)가 있다. ㉮노숙(老熟)하다. ¶子美骨格― 太白文采奇 <徐積> ㉯크다. 학문의 공이 크거나 나이가 많은 위치에 있음. ¶―杜/―蘇. ⑤익숙하다. 노련함. ¶枚乘文章― <杜甫> ⑥경로(敬老)하다. ¶上―老 而民興孝 <大學> ⑦신(臣)의 우두머리. ㉮천자의 상공(上公). ¶屬於天子之―二人 <禮記> ㉯천자의 대부(大夫) 총칭. ¶天子之― <左氏傳> ㉰제후의 상경(上卿). ¶國君不名卿―世婦 <禮記> ㉱대부(大夫)의 가신(家臣). ¶―牽牛以致之 <儀禮> ㉲군리(群吏)의 존장(尊長). ¶授―鴈 <儀禮> ⑧어른을 높이어 이르는 말. ¶卿―. ⑨어버이. ¶以其財養死政之― <周禮> ⑩선인(先人). ¶先人爲― <顔氏家訓> ⑪연공(年功)을 쌓다. ¶物―爲妖 人―成精 <晉書> ⑫근본. ¶吾適豐沛 問其遺― <史記> ⑬노자(老子)의 약칭. ¶攘斥佛― <韓愈> ⑭사람 이름에 붙이는 조자(助字). ¶米―書如天馬脫銜 <朱熹>

【老客】ろうかく(노객) ①늙은 손님. ②韓 늙은이를 얕잡아 이름.

【老去】ろうきょ(노거) 나이를 먹음. 늙은이가 됨.

【老健】ろうけん(노건) ①늙어서도 몸이 건강함. ②문장 따위가 노련하고 힘참.

【老境】ろうきょう(노경) 늙바탕. 노인의 지경. 晩境(만경).

【老姑】ろうこ(노고) ①아버지의 자매(姊妹). 姑母(고모). ②韓 할미.

【老骨】ろうこつ(노골) ①늙은 몸의 뼈. ②노인이 자기를 이르는 겸칭.
【老公】ろうこう(노공) ①노인. 또는, 나이 지긋한 귀인(貴人). ②거세한 남자. 환관(宦官).
【老軀】ろうく(노구) 늙은 몸. 老身(노신).
【老君】ろうくん(노군) ①노인에 대한 존칭. ②노자(老子)의 존칭. 太上老君(태상노군).
【老妓】(노기)㊅ 늙은 기생.
【老年】ろうねん(노년) 늙음. 또는, 늙은이.
【老當益壯】オイテハマサニマスマスサカンナルベシ(노당익장) 늙어서는 더욱더 의기를 굳건히 해야 함. ¶丈夫爲志 窮當益堅 —＜後漢書＞
【老大】ろうだい(노대) ①나이를 먹음. 노년이 됨. ↔少小(소소). ②대단함.
【老大家】ろうたいか(노대가) 나이와 경험이 많은, 그 방면에 뛰어난 사람.
【老大國】ろうたいこく(노대국) 옛날에는 강성하였으나 지금은 그렇지 못한 나라.
【老德】ろうとく(노덕)《佛》 늙은 중의 높임말.
【老杜】ろうと(노두) 성당(盛唐)의 시인 두보(杜甫)의 이칭. ※小杜(소두).
【老鈍】ろうどん(노둔) 늙어서 둔함.
【老來】ろうらい(노래) 나이를 먹음. 늙바탕. 來는 조자(助字). 晩來(만래).
【老練】ろうれん(노련) 오랫동안 경험을 쌓아서 익숙하고 능란함.
【老齡】ろうれい(노령) 늙은 나이. 老年(노년).
【老論】(노론)㊅ 사색 당파(四色黨派)의 하나. 조선 숙종(肅宗) 때 송시열(宋時烈)을 중심으로 한 파로 서인(西人)에서 갈려 나왔음. 「그 사람.
【老羸】ろうるい(노리) 늙어서 몸이 쇠약함. 또는,
【老馬之智】ろうばノち(노마지 지) 늙은 말의 지혜라는 뜻으로, 경험이 많아 연달(練達)된 지혜를 이름. 제(齊)의 관중(管仲)이 산중에서 길을 잃었을 때 늙은 말을 풀어 놓아, 그 뒤를 따라가 길을 찾았다는 옛일에서 유래.
【老妄】(노망)㊅ 늙어서 망령을 부림. 또는,
【老母】ろうぼ(노모) 늙은 어머니. ［그 망령.
【老耄】ろうぼう(노모) 늙어빠진 노인. 耄는 여든 또는 아흔 살을 이름.
【老木】ろうぼく(노목) 늙은 나무. 老樹(노수).
【老物】ろうぶつ(노물) ①노인이 자기를 일컫는 겸칭. ②늙다리. 남을 욕하는 말. ③낡은 물건. 舊物(구물). ④늙고 피로한 만물의 신(神). 또는, 그 신을 위한 제사. 物은 만물
【老輩】ろうはい(노배) 늙은 사람들. ［의 신(神).
【老兵】ろうへい(노병) ①늙은 병사. ②노련한 병사. 「비).
【老僕】ろうぼく(노복) 늙은 남자 종. ↔老婢(노
【老父】ろうふ(노부) ①늙은 아버지. ②늙은이.
【老夫】ろうふ(노부) ①늙은 남자. 또는, 늙은 남자가 자기를 일컫는 말. ②일흔 살에 치사(致仕)한, 대부(大夫)의 자칭.
【老婦】ろうふ(노부) ①늙은 여자. ②부인(夫人)이 천자에 대하여 자기를 일컫는 말. ③황후(皇后)가 신하에 대하여 자기를 일컫는 말. ④처음으로 부엌일을 가르친 신(神).
【老佛】ろうぶつ(노불) ①노자(老子)의 학문과 불타(佛陀)의 학문. 佛老(불로). 道釋(도석). ②《佛》 노승(老僧)의 존칭.
【老婢】ろうひ(노비) 늙은 여종. ↔老僕(노복).
【老師】ろうし(노사) ①중에 대한 존칭. ②나이 많은 스승. 또는, 단순히 스승에 대한 높임말. ③오랫동안 전장에 있어 군사를 피로하게 하는 일. 「은 선비.
【老士宿儒】ろうししゅくじゅ(노사숙유) 늙고 학식이 많
【老生】ろうせい(노생) ①늙은이. 노인. ②늙은이의 자칭(自稱).
【老成】ろうせい(노성) ①경험을 쌓아 일에 익숙함. 문장 따위가 노련한 모양. 또는, 그 사람. 老功(노공). ②어리면서 어른 티가 남.
【老小】ろうしょう(노소) ①노인과 아이. 老幼(노유). ②진(晋)의 제도. 老는 66세 이상, 小는 12세 이하. 「소년.
【老少】ろうしょう(노소) 늙은이와 어린이. 노인과
【老蘇】(노소) 북송(北宋)의 대학자 소순(蘇洵)의 별칭. ※大蘇(대소)·小蘇(소소).
【老少同樂】ろうしょうどうらく(노소동락) 노소가 함께 즐김.
【老少不定】ろうしょうふじょう(노소부정)《佛》 늙은이나 어린이나 언제 죽을지 모름. 사람의 수명은 알기 어려움의 비유.
【老松】ろうしょう(노송) 늙은 소나무. 「떨어짐.
【老衰】ろうすい(노쇠) 늙어서 쇠함. 늙어서 기운이
【老手】ろうしゅ(노수) 노련한 솜씨. 익숙한 기량. 또는, 그 사람.
【老叟】ろうそう(노수) 늙은이. 老翁(노옹). 「수).
【老壽】ろうじゅ(노수) 오래 삶. 명이 김. 長壽(장
【老宿】ろうしゅく(노숙) ①나이 많고 경험이 풍부한 사람. 宿老(숙로). ②《佛》 불도(佛道)를 많이 닦은 중. 高僧(고승).
【老熟】ろうじゅく(노숙) 경험이 많아 익숙함. 노련함. 또는, 그 사람. 「칭.
【老僧】ろうそう(노승) ①늙은 중. ②늙은 중의 자
【老臣】ろうしん(노신) ①늙은 신하. ②신분이 높은 신하. 重臣(중신).
【老眼】ろうがん(노안) ①늙어서 시력이 약해진 눈. 老眊(노모). 老視(노시). ¶—鏡. ②노련한 안식(眼識).
【老爺】ろうや(노야) ①존귀한 사람에 대한 경칭. ②㊥ ㉮주인 어르신네. 영감. ㉯외손자가 외조부를 부르는 말. ㉰아내가 남편을 부르는 말.
【老弱者】ろうじゃくしゃ(노약자) ①늙은이와 어린이. ②늙은이와 젊은이.
【老炎】ろうえん(노염) 늦더위.
【老媼】ろうおう(노온) ☞老嫗(노구).
【老翁】ろうおう(노옹) 늙은 남자. 老叟(노수).
【老儒】ろうじゅ(노유) ①나이 많고 학덕이 높은 학자. ②늙어서 쓸모 없는 학자.
【老人】ろうじん(노인) ①늙은이. 老者(노자). ②남에 대하여 자기 부모를 이르는 말. ③남극노인성(南極老人星).
【老人丈】(노인장)㊅ 노인을 부르는 높임말.
【老子】ろうし(노자) ①주(周)대의 철학자. 성은 이(李), 이름은 이(耳), 자는 백양(伯陽). 도가(道家)의 시조로 인위(人爲)를 거부하고 무위자연(無爲自然)을 강조하였음. 시호는 담(聃). ②노래자(老萊子)를 이름. ③주(周)의 태사담(太史儋)을 이름. ④노자의 저서. 道德經(도덕경). ⑤노인의 자

칭(自稱). ⑥아버지. ⑦남을 일컫는 말.

【老壯】ろうそう(노장) 노년과 장년(壯年).

【老莊】ろうそう(노장) 노자(老子)와 장자(莊子). 또는, 그들의 학문. 老莊學(노장학). ¶一哲學.

【老措大】ろうそだい(노조대) 늙은 서생(書生).

【老拙】ろうせつ(노졸) 늙고 못남. 노인의 겸칭.

【老酒】ろうしゅ(노주) 음력 섣달에 빚어서 오래 저장할 수 있는 술. 또는, 오래도록 저장한 좋은 술.

【老傖】ろうそう(노창) 늙은 시골나기. 늙고 천함.

【老妻】ろうさい(노처) 늙은 아내.

【老總角】(노총각) 결혼할 나이가 훨씬 지난 총각. 늙은 총각.

【老逐】(노축)㊙韓 늙은 축. 늙은 패. 老牌(노패).

【老婆】ろうば(노파) ①늙은 여자. 할미. 老媼(노온). 老嫗(노구). ②남편이 아내를 일컫는 말. 老妻(노처).

【老婆心】ろうばしん(노파심) ①남의 일을 지나치게 걱정하는 마음. 필요 이상의 친절한 마음. ②의견·충고 따위를 말할 때 자기 마음을 이르는 겸칭.

【老牌】(노패)㊙韓 ☞老逐(노축).

【老廢】ろうはい(노폐) 늙어서 쓸모 없게 됨. 또는, 물건이 낡아서 못 쓰게 됨.

【老圃】ろうほ(노포) ①늙은 농부. ②농사에 익숙한 사람. 老農(노농).

【老革】ろうかく(노혁) 늙은 병사(兵士). 老兵(노병).

【老兄】ろうけい(노형) ①늙은 형. 동생에 대한 형의 자칭. ②나이가 위인 친구에 대한 높임말. ③나이가 비슷한 사람을 부르는 높임말.

【老昏】ろうこん(노혼) 늙어서 정신이 흐림.

【老患】ろうかん(노환) 늙어서 병듦. 또는, 그 병.

【老獪】ろうかい(노회) 노련하고 능갈침. 老狡(노교). 老猾(노활).

【老朽】ろうきゅう(노후) ①낡아서 못 쓰게 됨. ②늙어서 쓸모가 없음. 또는, 그 사람.

【老後】ろうご(노후) 늙은 뒤. 晩景(만경). 晩年(만년).

▷家一, 閣一, 卿一, 古一, 告一, 故一, 孔一, 舊一, 國一, 窮一, 耆一, 單一, 堂一, 大一, 篤一, 文章宿一, 物壯則一, 父一, 扶一, 佛一, 鄙一, 辭一, 三一, 庶一, 碩一, 釋一, 衰一, 垂一, 宿一, 野一, 養一, 犂一, 愚一, 元一, 月下一, 幼一, 遺一, 癃一, 羸一, 長一, 莊一, 拙一, 宗一, 終一, 中一, 直長曲一, 耋一, 請一, 初一, 醜一, 退一, 罷一, 鄕一, 黃一, 朽一

2
6【考】 상고할 고 | 皓 ㄎㄠˇ (kao) | こう (カンガエル) *think*

풀이 ①상고(詳考)하다. ㉮곰곰 생각하다. ¶視履一祥＜易經＞ ㉯밝히다. 자세히 함. ¶中以自一也＜易經＞ ㉰살펴보다. ¶一世俗之行＜淮南子＞ ㉱견주어 보다. ¶一省不倦＜國語＞ ㉲궁구하다. ¶一其文理＜漢書＞ ㉳조사하다. ¶詔遣覆一＜後漢書＞ ㉴꾸짖다. 책(責)함. ¶各各一事＜後漢書＞ ㉵묻다. ¶疑一舊＜太玄經＞ ②치다. 두드림. ㊂通 搉. ¶弗鼓弗一＜詩經＞ ③이루다. ㊂通 就. ¶五曰 一終命＜書經＞ ④오르다. ¶一降無有近悔＜儀禮＞ ⑤맞다. 맞춤. ¶一中聲而量之以制＜國語＞ ⑥마치다. ¶身憔悴而一旦＜楚辭＞ ⑦오래 살다. 장수함. ¶周王壽一＜詩經＞ ⑧죽은 아비. ¶遂成一功＜楚辭＞ ⑨흠. ㊂通 朽. ¶夏后氏之璜 不能無一＜淮南子＞ ⑩시험. 고시(考試). ¶不由銓一 擢授朝列＜宋史＞ ⑪고거 논증(考據論證)한 문장. 또는, 사체(史體)의 하나.

【考據】こうきょ(고거) 고적(古籍)의 자의(字義) 및 역대의 문물 제도를 연구 고증하여 확고한 근거가 있는 것. ※考證(고증).

【考格】こうかく(고격) ①시험에 관한 규칙. ②관리의 성적을 매기는 규칙.

【考古】こうこ(고고) 예를 상고(詳考)함. 옛것을 상고함. ¶一學.

【考課】こうか(고과) 관리의 성적을 조사하는 일. 考績(고적). ¶一表.

【考究】こうきゅう(고구) 깊이 관찰 연구함. 깊이 생각함.

【考慮】こうりょ(고려) 생각하여 헤아림.

【考妣】こうひ(고비) 돌아간 아버지와 어머니.

【考査】こうさ(고사) ①상고하여 조사함. 考檢(고검). ②시험. ¶學力一.

【考試】こうし(고시) ①익힌 학업을 시험함. 또는, 그 시험. ¶行政一. ②재능을 고찰(考察)함.

【考案】こうあん(고안) ①상고하여 조사함. 考檢(고검). ②머리를 짜서 새로운 안을 생각해 냄, 또는, 그 안.

【考終命】めいヲこうしゅうス(고종명) 오복(五福)의 한 가지. 제 명대로 다 살고 죽음. 천수(天壽)를 누림. 考는 이루다의 뜻.

【考證】こうしょう(고증) 옛 문헌이나 옛 물건 들에 기초하여 이론적으로 해명함.

【考察】こうさつ(고찰) 연구하는 처지에서 생각하여 살핌.

▷勘一, 檢一, 覆一, 上一, 詳一, 先一, 收一, 壽一, 掠一, 研一, 夷一, 銓一, 祖一, 參一, 皇一

7【孝】 ☞子部 4획(p.417)

4
10【耆】 1 늙은이 기 2 이를 지 3 즐길 기 ㊂本 시 | 支 紙 寘 ㄑㄧˊ (qi) | き(トシヨリ) *old man* し(イタス) し(タシナム)

풀이 1 ①늙은이. 70세 또는 60세 이상의 늙은이. ¶六十日一＜禮記＞ ②어른. 스승. ¶一艾修之＜國語＞ ③지휘하다. 일을 시킴. ④세다. 강(強)함. ㊂通 榰. ¶不懦不一＜左氏傳＞ 2 이르다. 도달함. ㊂通 底. ¶一定爾功＜詩經＞ 3 즐기다. ㊂通 嗜. ¶節一欲＜禮記＞

【耆老】きろう(기로) 연로하고 덕이 높은 사람. 또는, 늙은이. 耆는 예순 살, 老는 일흔살. 耆耄(기모).

【耆老所】(기로소)㊙韓 조선 때 일흔 살이 넘은 문관의 정2품 이상 되는 노인이 들어가서 대우받던 곳.

【耆婆】きば(기바)《佛》 범어 jivaka의 역어. 활(活)·명(命)·능 활(能活)·수 명(壽命)의 뜻. 불제자(佛弟子)로 옛 인도의 명의(名醫).

【耆宿】きしゅく(기숙) 연로하고 학덕이 있는 사람. 늙어서 명망이 있는 사람. 耆儒(기유).

【耆艾】きがい(기애) ①늙은이. 노인. 耆는 예순 살, 艾는 쉰 살. ②어른. 스승.

【耆英會】きえいかい(기영회) ①송(宋)의 문언박(文彦博)이 서경 유수(西京留守)로 있을 때, 당(唐)의 구로회(九老會)의 옛일을 따라 부필(富弼), 사마광(司馬光) 등 13명의 노인들로 조직한 모임. 英은 뛰어나고 아름답다는 뜻. ②나이 많고 학덕이 있는 사람들의 모임.

【耆儒】きじゅ(기유) 학덕이 있는 노학자. 耆宿(기숙). 老儒(노유).

【耆耋】きてつ(기질) 늙은이. 노인. 耆는 예순 살, 耋은 일흔 살 또는 여든 살. 耆老(기로). 耆年(기년).

【耆哲】きてつ(기철) 경험을 쌓아 현명함. 또는, 그 사람.

▷屠—, 癡—, 焉—, 村—

8〖耄〗 耄(p. 1214)와 同字

4 10〖耄〗 늙은이 모 | 號ㄇㄠˋ (mao) | もう, ぼう (トシヨリ)

풀이 ①늙은이. ㉮아흔 살. ¶八十九十曰—＜禮記＞ ㉯여든 살. ㉰일흔 살. ②늙다. 늙어빠짐. ¶亦聿旣—＜詩經＞ ③혼몽(昏懜)하다. 정신이 흐릿하여 가물가물함. ¶心悼怵而—思＜楚辭＞

【耄期】ぼうき(모기) 노인. 期는 백 살.

▷耆—, 老—, 衰—, 昏—

8〖者〗 者(p. 1214)의 俗字

5 9〖耇〗 늙을 구 | 有ㄍㄡˇ (gou) | こう(オイル) *old*

풀이 ①늙다. 장수함. ¶遐不黃—＜詩經＞ ②검버섯이 핀 얼굴. ¶年其逮—＜漢書＞

▷耆—, 壽—, 胡—, 黃—

11〖耈〗 耇(p. 1214)와 同字

5 9〖者〗 놈 자 | 馬ㄓㄜˇ (zhe) | しゃ(モノ) *person*

俗者

풀이 ①놈. 것. ㉮사람을 가리켜 이름. ¶爲此詩— 其知道乎＜孟子＞ ㉯일을 가리켜 이름. ¶危—使平 易—使傾＜易經＞ ㉰물건을 가리켜 이름. ¶桀—居前 毳—居後＜韋誕＞ ㉱곳을 가리켜 이름. ¶請更諸爽塏—＜左氏傳＞ ②이. 通這. ¶只— 一箇無字 乃宗門一關也＜無門關＞ ③때. 경우. ¶若不得— 則大憂以懼＜莊子＞ ④…은. …라는 것은. ¶仁— 人也＜中庸＞/孝悌也— 其爲仁之本與＜論語＞ ⑤조자(助字). 때를 뜻하는 말에 쓰임. ¶昔—/今—.

【者流】しゃりゅう(자류) 그 동아리. 그 부류(部類).

【者番】しゃばん(자번) 이번. 금번. 此回(차회). 這番(저번).

【者也之乎】しゃやしこ(자야지호) 모두 문장을 돕는 조자(助字). 이 조자를 많이 쓰는 데서 딱딱한 문장이나 말투가 됨을 이름.

▷介—, 缺缺—, 夸—, 冠—, 近—, 記—, 乃—, 綠衣使—, 當事—, 屠—, 讀—, 亡—, 門—, 保菌—, 使—, 相—, 昔—, 選—, 聖—, 屬—, 識—, 信—, 謁—, 譯—, 緣故—, 王—, 愚—, 肉食—, 隱—, 仁—, 日—, 作—, 將命—, 長—, 著—, 前科—, 帝—, 造物—, 尊—, 從—, 菜食—, 諜—, 霸—, 編輯—, 筆—, 學—, 行—, 賢—, 俠—, 好事—, 閽—, 化—, 宦—, 患—, 候補—

10〖耊〗 耋(p. 1214)과 同字

6 12〖耋〗 늙은이 질 | 屑ㄉㄧㄝˊ (die) | てつ (トシヨリ) *the old*

풀이 늙은이. ㉮여든 살. ¶年八十曰—＜說文＞ ㉯일흔 살. ¶以伯舅—老＜左氏傳＞ ㉰예순 살. ¶使帥一二—老而綏焉＜公羊傳＞

▷大—, 羸—, 齠—, 孩—

11〖教〗 ☞ 支部 7획 (p. 681)

16〖覩〗 ☞ 見部 9획 (p. 1363)

而＜말 이을 이＞部

而 ② 耐 ③ 耐 耑 耍 耎 耏

0 6〖而〗 1 말 이을 이 2 편안할 능 | 支ㄦˊ (er) 蒸 | じ (シコウシテ) どう

源象形. 코밑 수염을 본뜸. 턱수염 또는 구레나룻을 본떴다고도 함.

풀이 1 ① ☞ 句法 ②너. ¶余知—無罪也＜左氏傳＞ ③…와 같다. 같如 若. ¶垂帶—厲＜詩經＞ ④그러하다. 같然. ¶啓呱呱—泣＜書經＞ ⑤곧. 같乃 則. ¶期逝不至 —多爲恤＜詩經＞ ⑥써. 같以. ¶使天下之爲善者可—勸也＜墨子＞ ⑦잘. ¶其誰可—爲之＜呂覽＞ ⑧구레나룻. ⑨턱수염. 2 편안하다. 평온함. ¶宜建侯—不寧＜易經＞

句法

①접속

㉮[…而…] …하고. 그리하여. 순접(順接). ¶學而時習之＜論語＞/君子遵道而行＜中庸＞

㉯[…而…] …이지만. 그러나. 역접(逆接). ¶雍也仁而不佞＜論語＞/人不知而不慍＜論語＞

㉰[…而…] …와. 또한. 병렬(竝列). ¶謹而信＜論語＞/聞善而不善＜墨子＞

㉣[…而(而後)…] …하여 비로소. …한 후에 …. ¶陳亢退而喜曰＜論語＞/三思而後行＜論語＞
②한정·강조
[…而已. …而已矣] 오직 …뿐. 오직 …에 지나지 않는다. ¶何必曰利 亦有仁義而已矣＜孟子＞
③가정
[而…] 만일. 가령. ¶而居堯之宮 逼堯之子 是簒也＜孟子＞

【而公】じこう(이공) 너의 임금. 임금의 자칭(自稱). 而는 汝. 乃公(내공).
【而今】じこん(이금) 지금에 이르러. 이제 와서.
【而立】じりつ(이립) 30세를 이름. 而立之年(이립지 년). ¶子曰 吾十有五而志於學 三十―＜論語＞
【而夫】じふ(이부) ①평범한 사람. 凡夫(범부). ②비루한 사람.
【而父】じふ(이부) ①너의 아버지. ②아버지가 자식에 대해 자기를 일컫는 말. 乃父(내부).
【而還】じかん(이환) 그 후. 그로부터.
【而況】ジカルヲイワンヤ(이황) 하물며. 게다가.
▷餒―, 然―, 褘―, 已―, 在―, 悽―

8【而刂】 耏(p. 1215)와 同字

3/9【耐】 1견딜 내 2능할 능 | 隊ㄋㄞˋ (nai) 蒸 | たい(タエル) *endure* どう
풀이 1①견디다. 참음. ¶能―任之 則愼行此道也＜荀子＞ ②수염을 깎는 형벌. ㉦耏. ③임무를 감당하다. 2①능하다. 능히 함. 能의 古字. ¶聖人―以天下爲一家＜禮記＞ ②곰의 한 가지. ㉦能.
【耐久】たいきゅう(내구) 오래 견딤. 오래 지속함. ¶―財/―力.
【耐熱】たいねつ(내열) 열에 잘 견딤. 열에 강함. ¶―材.
【耐乏】たいぼう(내핍) 궁핍(窮乏)함을 견딤. ¶―生活.
【耐火】たいか(내화) 불에 잘 견딤. 불에 녹거나 타거나 하지 않음.
▷堪―, 忍―

3/9【耑】 1끝 단 2구멍 천 | 寒ㄉㄨㄢ (duan) 先ㄓㄨㄢ (zhuan) | たん(ハシ) *end* せん(アナ)
풀이 1①끝. ㊢端. ②꼭대기. 2①구멍. 구멍을 깊이 뚫음. ¶已下則摩其―＜周禮＞ ②오로지. 한결같이. ㊢專.

3/9【耍】 희롱할 사 | 馬ㄕㄨㄚˇ (shua) | さ *joke*
풀이 ①희롱하다. ②재빠르다. ③㊥ ㉮만지다. 짓궂게 굶. ㉯노름하다.

3/9【耎】 연약할 연 | 銑ㄖㄨㄢˇ (ruan) | ぜん(ヨワイ) *tender*
풀이 ①연약하다. ¶鄭魏者楚之―國＜戰國策＞ ②끝이 밑보다 크다. ③부드럽다. ④물러서다. ¶是爲―而伏＜漢書＞ ⑤굼틀거리다. ㊢蝡. ¶惴―之蟲＜莊子＞

3/9【耏】 1구레나룻 이 2구레나룻 깎을 내 | 支ㄦˊ (er) 隊ㄋㄞˋ (nai) | じ だい
풀이 1①구레나룻. ¶冒―之類＜後漢書＞ ②머리 숱이 많다. ③털이 많은 짐승. ④수염을 깎다. 2구레나룻을 깎는 형벌. ㊢耐.

10【需】 ☞雨部 6획(p. 1602)

耒＜쟁기 뢰＞部

耒 耒 ③ 耔 ④ 耕 耗 耘 耖 耙 ⑤ 耞 耜 ⑦ 耡 ⑧ 䅳 耤 ⑨ 耦 ⑩ 耨 ⑪ 耬 ⑮ 耰

6【耒】 來(p. 105)의 略字

0/6【耒】 쟁기 뢰 | 隊ㄌㄟˇ 賄(lei) | らい, るい(スキ) *plow*
풀이 ①쟁기. 농기구의 한 가지. ②쟁기의 자루. ¶斲木爲耜 揉木爲―＜易經＞/―耜. ③부수 이름. 쟁기 뢰변.
▷耕―, 秉―, 負―, 釋―, 御―, 執―, 輟―, 脫―爲兵, 投―, 抱―

3/9【耔】 북돋울 자 | 紙ㄗˇ 支(zi) | し(ツチカウ)

4/10【耕】 갈 경 | 庚ㄍㄥ (geng) | こう(タガヤス) *plow*
풀이 ①갈다. 농기구로 논밭을 갊. ¶深―易耨＜孟子＞/農―/耦―. ②농사에 힘쓰다. ¶三年― 必有一年之食＜禮記＞ ③농사 짓다. 농사. ¶有不勸―之心＜漢書＞ ④부지런히 힘쓰다. 게을리하지 아니함. ¶―道而得道 獵德而得德＜法言＞ ⑤농사 이외 일로 생계를 꾸리다. ¶舌―/筆―. ⑥정돈하다.
【耕耘】こううん(경운) 논밭을 갈고 김을 맴. 농사짓는 일. ¶―機.
【耕作】こうさく(경작) 땅을 갈아 농사를 지음. ¶―地.
【耕田】こうでん(경전) 논을 갊. 또는, 그 경지(耕地). ¶鑿井而飮 ―而食＜擊壤歌＞
【耕地】こうち(경지) 땅을 갊. 또는, 갈아 놓은 땅. ¶―整理.
▷墾―, 楛―, 躬―, 歸―, 農―, 耨―, 屯―, 馬―, 目―, 舌―, 時―, 深―, 力―, 傭―, 牛―, 耦―, 耘―, 晝―夜讀, 輟―, 秋―, 春―, 筆―, 火―

4/10【耗】 1줄 모 本호 2어두울 모 | 號ㄏㄠˋ (hao) 號 | こう, もう(ヘル, ヘラス) *decrease*
풀이 1①줄다. 줄임. 감소(減少)함. ¶改

煎金錫則不—<周禮>/精力漸—/磨—. ②쓰다. 소비함. ¶以—散其眞<素問> ③비다. 아무것도 없음. ¶其虛則—<史記> ④토박하다. ¶—土之人醜<大戴禮> ⑤소식(消息). 음신(音信). ¶音—/—息. ⑥형편. 동정(動靜). ¶特正問處厚近—<揮麈三錄>/探—. ⑦어지럽다. 난잡함. ¶官—亂不能治<史記> 2어둡다. ㉠眊.
▷計—, 近—, 磨—, 省—, 消—, 損—, 息—, 信—, 抑—, 音—, 雀—, 殆乎—, 虛—

4 10【耘】 김맬 운 | 文 ㄩㄣˊ 問(yun) | うん(クサギル) weed

풀이 ①김매다. 전답이나 작물 사이의 잡초를 제거함. ¶或—或耔<詩經>/—耕. ②북돋우다. 작물의 뿌리를 흙으로 덮어 줌. ¶—藜藿與蘘荷<楚辭> ③없애다. 제거(除去)함. ¶不戰而—<集韻>
▷決—, 耕—, 歸—, 耘—, 鉏—

4 10【耖】 써레 초 | 效 ㄔㄠˋ (chao) | そう(マグワ)

풀이 ①써레. 갈아 놓은 무논 바닥을 고르거나 흙덩이를 잘게 부수는 농기구. ¶—如耙 其齒更長<農政全書> ②거듭 갈다. 한 번 뒤 간 흙을 다시 갈아 잘게 함. ¶覆耕曰—<集韻>

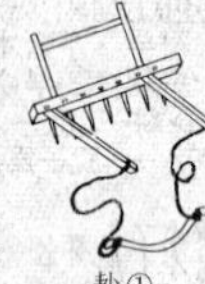
耖① (農政全書)

4 10【耙】 써레 파 | 禡 ㄆㄚˊ(pa) ㄅㄚ(ba) | は(マグワ)

5 11【耞】 도리깨 가 | 麻 ㄐㄧㄚ (jia) | か(カラザオ)

5 11【耜】 보습 사 | 紙 ㄙˋ (si) | し(スキ, スキザキ) plowshare

풀이 ①보습. 쟁깃술 끝에 맞추는 날. 본래는 나무로 했으나 뒤에 철제를 씀. ¶斲木爲—<易經> ②따비로 갈다. ¶冬日至而—之<周禮> ③쟁기를 손질하다. ¶三之日于—<詩經>
▷耒—, 耨—, 覃—, 良—, 持—, 枀—, 縣—

7 13【耡】 1호미 서 本조 2구실 서 | 魚 ㄔㄨˊ (chu) 御 | じょ(スキ)

풀이 1호미. ㉠鋤. 2①구실. 공조(公租). ¶掌聚野之—粟<周禮> ②집회 장소. 주(周)대에 마을 사람을 모아 상부상조(相扶相助)를 의논하던 곳. ¶以歲時合耦于—<周禮> ③주(周)대의 상부상조하던 조직. ¶以興—利甿<周禮>

14【耘】 耘(p.1216)의 俗字

8 14【耤】 1적전 적 2깔개 자 | 陌 ㄐㄧˊ 禡 (ji) | せき しゃ

풀이 1①적전(籍田). 임금의 친경(親耕) 논밭. 친경(親耕)함. ㉠藉. ¶—田. ②빌다. 빌림. ¶以軀—友報仇<漢書> ③구실. 세금(稅金). ¶— 稅也<廣雅> 2깔개. ㉠藉.
【耤田】せきでん(적전) ☞藉田(적전).

9 15【耦】 짝 우 | 有 ㄡˇ (ou) | ぐう(ツレアウ) mate

풀이 ①짝. 짝지음. ㉮배우자(配偶者). ¶人各有—<左氏傳> ㉯상대자. ¶喪其—<莊子> ㉰짝지음. ¶姬結— 其子孫必蕃<左氏傳> ②나란히 갈다. 두 사람이 나란히 서서 밭을 갊. ¶—而耕<論語>/二耜爲—<周禮> ③쌍으로 이루어진 끌. ¶—俱無猜<左氏傳> ④짝수. 우수(偶數). ¶陽卦奇 陰卦—<易經> ⑤맞서다. 상대함. ¶—視而先俯<荀子>/—語. ⑥한 자 넓이. 주(周)대에 쟁기의 넓이는 5치인데 두 사람이 나란히 갈 때는 한 자가 되므로 이름. 5치 넓이는 伐이라 함. ¶二伐爲—<說文>
【耦國】ぐうこく(우국) 신하가 다스리는 도성(都城)의 크기가 임금의 국성(國城)과 맞설 만큼 넓음을 이름. ¶— 亂之本也<左氏傳>
【耦語】ぐうご(우어) 마주 보고 이야기함. 對語(대어). ¶—者棄市<漢書>
【耦坐】ぐうざ(우좌) 마주 대하여 앉음. 偶坐(우좌).
▷嘉—, 耕—, 對—, 得—, 不—, 妃—, 怨—, 人各有—, 敵—, 衆—, 合—

10 16【耨】 김맬 누 녹 | 宥 ㄋㄡˋ (nou) 沃 | どう(クサギル) weed

풀이 ①김매다. 제초(除草)함. ¶深耕易—<孟子> ②없애다. 나쁜 일을 제거함. ¶講學以—之<禮記> ③호미 또는 괭이. 논밭의 흙을 부드럽게 부수는 농기구. ¶耒—之利<易經>
▷耕—, 水—, 深耕易—, 春—, 火—

11 17【耬】 1씨뿌리는 기구 루 2밭갈 루 | 尤 ㄌㄡˊ (lou) 宥 | ろう(タネマキキグ) る.

15 21【耰】 씨 덮을 우 | 尤 ㄧㄡ (you) | ゆう

풀이 ①씨를 덮다. 씨를 뿌리고 흙으로 덮음. ¶—而不輟<論語> ②갈다. 농구로 흙을 파 뒤집음. ¶深其耕而孰—之<莊子> ③곰방메. 논밭의 흙을 고루는 농구. 씨앗을 뿌리고 덮는 데에 씀. ¶耒耜—鋤<淮南子>
【耰鉏】ゆうしょ(우서) 가래.

耳<귀 이>部

耳 ② 耵 ③ 耶 ④ 耿 耼 耻 耽 ⑤ 聃 聆 聊 聈 ⑥ 聒 ⑦ 聘 聖 ⑧ 聝 聞 聟 聡 聚 ⑨ 聨 聦 ⑪ 聯 聲 聱 聳 聴 聰 ⑫ 聶 聵 職 ⑭ 聹 聻 ⑯ 聾 聽 ⑰ 聺

0 6 〖耳〗 1귀 이 2팔대손 잉 | 紙儿(er) 蒸 | じ(ミミ) ear じょう

源象形. 귀 모양을 본뜸.

풀이 1 ①귀. ㉮오관(五官)의 하나로 청각(聽覺)을 맡음. ¶一目者 視聽之官也<管子>/一朶. ㉯귀처럼 생긴 곁손. ¶有雉登鼎一<史記> ②귀에 익다. 듣다. ¶六十而一順<論語>/一食. ③곡식이 비를 맞고 싹트다. 또는, 그 싹. ¶秋甲子雨 禾頭生一<朝野僉載> ④어조사(語助辭). ☞ 句法 2 8대 손. 현손(玄孫)의 증손. 通仍.

句法

한정·강조

[…耳] 오직 …뿐. …일 뿐이다. 而已·爾 따위와 쓰임이 같음. ¶前言戲之耳<論語>/此亡秦之續耳<史記>

【耳加聰】(이가총) 귀가 점점 더 밝아짐의 뜻으로, 지식이 늘어남의 비유. ¶吾目加明一<說苑>

【耳垢】じこう(이구) 귀에지. 귓구멍의 때.

【耳鳴】じめい·みみなり(이명) ①귀안에서 연속적으로 소리가 나는 것처럼 느끼는 증상. ¶一症. ②자기만 알고 남이 알지 못함의 비유. ¶所謂陰德者何 猶一 己獨聞之<隋書>

【耳明酒】(이명주)韓 음력 정월 보름날 아침에 귀가 밝아지라고 마시는 술. 귀밝이술.

【耳目】じもく(이목) ①귀와 눈. ②듣는 일과 보는 일. ¶巽而一聰明<易經> ③귀로 듣고 눈으로 봄. 자세히 살핌. ¶一人間 知外患苦<晉書> ④남의 앞잡이가 되어, 그의 귀나 눈이 되어 일하는 사람. ¶人君用士 當自任一<孔叢子> ⑤남을 지도하는 사람. ¶聖賢時人之一<韓愈>

【耳目口鼻】じもくこうび(이목구비) ①귀·눈·입·코. ②얼굴의 생김새. 相貌(상모).

【耳目導心】じもくココロヲミチビク(이목도심) 이목의 욕망에 마음이 따르는 일.

【耳目之官】じもくノかん(이목지 관) ①천자의 이목이 되어 국가의 치안을 보호하는 벼슬. 어사대부(御史大夫). ②듣고 보는 감관(感官). 이목의 작용.

【耳鼻咽喉科】じびいんこうか(이비인후과) 귀·코·목의 병을 전문으로 진료하는 의학의 한 분과. ¶一專門醫.

【耳順】じじゅん(이순) 60살. 공자(孔子)가 60살이 되어서 천지 만물의 이치를 통달하였으므로, 어떤 말을 들어도 이해할 수 있었다 함에서 유래. ¶五十而知天命 六十而一<論語>

【耳視】じし(이시) 귀로 본다는 뜻으로, 전해 들은 일에 뇌동(雷同)하여 시비를 따져 보지도 않고 행함을 이름.

【耳食】じしょく(이식) 듣기만 하고 그 맛을 판단한다는 뜻으로, 남의 말만 듣고 함부로 추종함을 비유해 이르는 말.

【耳語】じご(이어) 귀에 입을 대고 속삭이는 일. 귀엣말. 귓속말. 耳言(이언).

【耳朶】じだ(이타) 귓불. 귀.

【耳孫】じそん(잉손) 현손(玄孫)의 증손(曾孫). 일설에는, 현손의 아들.

▷傾一, 卷一, 內一, 馬一東風, 面命提一, 木一, 蒙一, 犯顏逆一, 洗一, 俗一, 秀一, 植一, 言猶在一, 掩一, 逆一, 盈一, 苶一, 忤一, 外一, 搖首帖一, 牛一讀經, 垣有一, 李一, 臧三一, 鼎一, 中一, 執牛一, 屬一, 秋風過一, 出口入一, 忠言逆一, 充一, 側一, 駭一, 虎一, 黃一

2 8 〖耵〗 귀지 정 | 迥ㄉㄧㄥˇ 胄(ding) | てい (ミミアカ)

8 〖取〗 ☞ 又部 6획 (p.258)

3 9 〖耶〗 1어조사 야 2간사할 사 | 麻ㄧㄝˊ 麻(ye) | や じゃ

풀이 1 ①어조사. 같邪. ☞ 句法 ②아버지를 부르는 말. 같爺. ¶見一背面啼<杜甫> ③옛 명검(名劍)의 이름. ¶莫一. 2 간사하다. 같邪. ¶一枉僻回失道途<荀子>

句法

①의문·반어

[…耶] …일까. 어째서 …일까. 歟와 쓰임이 같음. ¶其眞不識馬耶<韓愈>/王曰 齊無人耶<晏子>/安敢毒耶<柳宗元>

②감탄

[…耶] (어쩌면)…느냐. 歟와 쓰임이 같음. ¶二年之別 千里結言 爾何相信之審耶<搜神記>

③선택

[…耶…耶] …인가 …인가. ¶天道是耶非耶<史記>/怨耶非耶<史記>

【耶蘇】やそ(야소) 라틴어 Jesus의 음역. 그리스도. 예수. 耶穌(야소). ¶一教.

【耶孃】やじょう(야양) 어버이. 당(唐)대의 속어. 耶는 爺, 孃은 母. ¶一妻子走相送<杜甫>

▷莫一, 是一非一, 汙一

4 10 〖耿〗 빛날 경 | 梗ㄍㄥˇ (geng) | こう(ヒカル) shine

풀이 ①빛나다. 비춤. ¶其光一於民矣<國語> ②환하다. 명백(明白)함. ¶一吾旣得此中正兮<楚辭> ③맑다. 행실이 청백함. ¶聘丘園之一絜<張衡> ④빛. 광휘. 성덕. ¶以覲文王之一光<書經> ⑤한결같다. 지조가 굳은 모양. ¶厲一介之專心兮<潘岳> ⑥슬퍼하다. ¶甚以酸一<梁昭明太子> ⑦마음이 편안치 않다. 근심으로 잠을 못 이룸. ¶夜一一不寐兮<楚辭>

【耿介】こうかい(경개) ①지조가 굳어 변하지 않는 모양. ¶獨一而不隨兮＜楚辭＞ ②덕이 빛나고 큰 모양. ¶彼堯舜之一兮＜楚辭＞
【耿耿】こうこう(경경) ①잠이 오지 않거나 불안한 모양. ¶一不寐 如有隱憂＜詩經＞ ②불빛이 반짝거리는 모양. ¶星河一秋還迴＜蘇舜欽＞
▷剛一, 耿一, 光一, 憂一, 雄一, 淸一

4 10 **〖聃〗** 귓바퀴 없을 담 | 中 ㄉㄢ (dan) | たん

풀이 ①귓바퀴가 없다. 귓불이 커 축 처져 귓바퀴가 없음. ¶一 耳無輪郭也＜說文·注＞ ②사람 이름. 노자(老子)의 이름. ¶老一.

10 **〖恥〗** ☞心部 6획(p. 569)

10 **〖耻〗** 恥(p. 569)의 俗字

4 10 **〖耽〗** 즐길 탐 ㊎ 담 | 中 ㄉㄢ (dan) | たん(タノシム) enjoy
㊀ 躭

풀이 ①즐기다. 기쁨을 누림. ¶兄弟旣翕 和樂且一＜詩經＞ ②빠지다. 탐닉함. 열중하여 일에 빠짐. ¶士之一兮 猶可說也＜詩經＞/一溺. ③귀가 처지다. 귀가 커서 축 처짐. ¶夸父一耳＜淮南子＞
【耽溺】たんでき(탐닉) 어떤 일을 몹시 즐겨서 거기에 빠짐. 사물에 열중함.
【耽讀】たんどく(탐독) 온 정신을 쏟아 읽는 데에 열중함. 열중하여 읽음.
【耽美】たんび(탐미) 미를 추구하여 거기에 빠짐. ¶一主義.
▷樂一, 深一, 玩一, 耽一, 荒一

11 **〖聃〗** 聃(p. 1218)의 俗字

5 11 **〖聆〗** 들을 령 | 中 ㄌㄧㄥˊ (ling) | れい(キク) listen

풀이 ①듣다. 귀 기울여 들음. ¶吉音汝每一＜王安石＞/一風. ②깨닫다. 깨치어 알아냄. ¶告之以東西南北 所居一一＜淮南子＞ ③나이. 연령(年齡). ㊇ 齡. ¶夢帝與我九一＜禮記＞
▷俯一, 聆一, 靜一, 側一

5 11 **〖聊〗** 애오라지 료 | 中 ㄌㄧㄠˊ (liao) | りょう(イササカ)
㊎ 聊

풀이 ①애오라지. 마음에 부족하나마 그대로. ¶一與子同歸兮＜詩經＞/一逍遙以相羊＜楚辭＞ ②귀가 울리다. 이명(耳鳴)이 남. 또는, 어렴풋이 들림. ¶耳一啾而慌慌＜劉向＞ ③두려워하다. ¶一兮慄兮＜枚乘＞ ④즐기다. 즐거움. ¶與子別後 益復無一＜李陵＞ ⑤의지하다. 힘을 입음. ㊇ 賴. ¶民無所一＜戰國策＞ ⑥바라다. 원함. ¶一與之謀＜詩經＞ ⑦어조사(語助辭). 어조를 고르는 조자(助字). ¶椒一且＜詩經＞ ⑧멋대로. 멋대로 떠돎. ¶一浪虖宇內＜揚雄＞
【聊爾】りょうじ(요이) 한때. 잠시. 임시. ¶洗墨無池筆無冢 一作戲悅我神＜蘇軾＞
▷無一, 椒一

5 11 **〖聈〗** 고요할 유 | 日 ゆ(シズカ)

6 12 **〖聒〗** 떠들썩할 괄 | 中 ㄍㄨㄚ (gua) | かつ(カマビスシイ)

풀이 ①떠들썩하다. 시끄러움. ¶一而與之語＜左氏傳＞ ②어리석다. 무지한 모양. ¶今汝一一 起信險膚＜書經＞ ③올챙이. 개구리의 유생(幼生). 과두(蝌蚪). ¶蝌皆出 謂之一子＜本草綱目＞
▷強一, 驚一, 聒一, 叫一, 惡一, 鳥一, 噪一, 喧一

13 **〖聠〗** 聊(p. 1218)의 本字

7 13 **〖聘〗** 부를 빙 | 中 ㄆㄧㄣˋ (pin) ㄆㄧㄥˋ (ping) | へい(マネク) call

풀이 ①부르다. ㉮폐백(幣帛)을 보내고 예를 갖추어 부르다. ¶湯使人以幣一之＜孟子＞/一徵. ㉯보수(報酬)를 주고 사람을 부르다. ¶欲一倡妓＜白居易＞ ②찾다. 방문하여 안부를 물음. ¶靡使歸一＜詩經＞/一問. ③장가들다. 예를 갖추어 아내를 맞음. ㊇ 娉. ¶一則爲妻 奔則爲妾＜禮記＞/一納. ④구(求)하다. ¶一取天下之合＜太玄經＞
【聘母】(빙모)㊞ 아내의 친정 어머니. 丈母(장모). 外姑(외고). ↔聘父(빙부).
【聘父】(빙부)㊞ 아내의 친정 아버지. 丈人(장인). 外舅(외구). ↔聘母(빙모).
【聘丈】(빙장) 빙부(聘父)의 경칭. 岳丈(악장).
▷辟一, 報一, 使一, 盛一, 召一, 禮一, 畏犧辭一, 朝一, 重一, 徵一, 拓一, 招一, 幣一

7 13 **〖聖〗** 성스러울 성 | 中 ㄕㄥˋ (sheng) | せい(ヒジリ) saint

풀이 ①성스럽다. 지덕(智德)이 매우 뛰어나고 사리(事理)에 통하지 않음이 없음. ¶乃一乃神＜書經＞ ②성인(聖人). ㉮거룩한 사람. ¶先一後一 其揆一也＜孟子＞/一賢. ㉯어느 방면에 우뚝 뛰어난 사람. ¶樂一/詩一/書一. ③임금의 존칭. ¶一上神聰＜晉書＞/一主. ④임금에 관한 사물의 경칭. ¶一駕淸道＜魏書＞/一恩/一旨. ⑤슬기. 지혜. ¶絕一棄智＜老子＞/母氏一善＜詩經＞ ⑥맑은 술. 청주(淸酒)의 별칭. ¶樂一且銜杯＜李適之＞
【聖歌】せいか(성가) 찬송가(讚頌歌). 찬미가(讚美歌). ¶一隊/一劇.

【聖經】せいけい(성경) ①성인이 지은 책. 유교의 경전. ②종교상 신앙의 최고 법전. 불교의 불경이나 기독교의 교리를 적은 구약·신약 성서의 총칭. 또는, 회교의 코란 따위.

【聖經賢傳】せいけいけんでん(성경현전) 유가(儒家)에서, 성현(聖賢)이 지은 경전(經傳). 성인의 서(書)를 經, 경에 대한 현인의 주석서(注釋書)를 傳이라 함. ¶稽聖經 訂賢傳 述此篇 以訓蒙士＜小學＞

【聖君】せいくん(성군) 성덕(聖德)이 뛰어난 천자. 聖主(성주). 聖王(성왕).

【聖躬】せいきゅう(성궁) 천자의 몸. 聖體(성체).

【聖代】せいだい(성대) 덕 있는 임금이 다스리는 세상. 聖世(성세). ¶太平一.

【聖德】せいとく(성덕) 거룩한 덕. 또는, 천자의 덕.

【聖讀而庸行】せいどくシテようこうス(성독이 용행) 성인의 글을 읽어도 행하는 바는 범인과 다를 바가 없음.

【聖靈】せいれい(성령) ①선성(先聖)의 신령. ②천자의 존엄한 위세. ¶下民欽一 仰光曜之日久矣＜柳宗元＞ ③기독교에서, 삼위 일체(三位一體) 중 제3위.

【聖林】せいりん(성림) 공자(孔子)의 묘소(墓所)를 둘러싸고 있는 숲. 孔林(공림). ¶詣一拜墓＜祖庭廣記＞

【聖明】せいめい(성명) ①천자의 거룩하고도 밝은 덕. 또는, 지덕 총명(智德聰明)한 임금의 견식(見識). ②천자. 또는, 천자의 좋은 치세(治世).

【聖謨】せいぼ(성모) 임금의 통치하는 방책. 聖謀(성모). 聖算(성산)②.

【聖武】せいぶ(성무) ①지덕을 겸비한 무용(武勇). 또는, 뛰어난 무위(武威). ¶惟我商王 布昭一＜書經＞ ②한(漢) 무제(武帝) 또는 위(魏) 무제(武帝)를 이름.

【聖算】せいさん(성산) ①☞聖壽(성수). ②☞聖謨(성모).

【聖上】せいじょう(성상) 당대 임금의 높임말. 主上(주상). ¶一神聰 元輔賢明＜晉書＞

【聖像】せいぞう(성상) ①공자(孔子)의 상(像). ¶孔聖之有一＜三餘偶筆＞ ②천자의 상. ¶謁一 奉安於玉清宮＜宋史＞ ③《佛》 불상(佛像). ④그리스도의 상.

【聖善】せいぜん(성선) ①뛰어나게 착함. 어머니의 덕(德)을 칭송하여 이름. 至善(지선). ¶母氏一 我無令人＜詩經＞ ②남의 어머니에 대한 경칭. ¶稱人母曰一＜書言故事＞

【聖世】せいせい(성세) ☞聖代(성대). ¶於皇一 時文惟晋＜陸機＞

【聖壽】せいじゅ(성수) 임금의 나이. 寶算(보산). 聖算(성산)①.

【聖獸】せいじゅう(성수) 기린(麒麟)의 이칭.

【聖域】せいいき(성역) ①성인의 지위. 또는, 성인의 경지. 聖境(성경). ¶禹入一 而不優＜漢書＞ ②신성한 지역. ¶檀君遺蹟地一化.

【聖恩】せいおん(성은) 임금의 은혜. 皇恩(황은). 聖澤(성택). ¶一遺戒 顧重天下＜後漢書＞

【聖人】せいじん(성인) ①지혜와 도덕이 뛰어나고 사물의 이치에 통달하여 만세의 사표(師表)가 될 만한 사람. 聖者(성자). ¶三大一. ②청주(清酒)의 이칭. ¶醉客謂酒清者爲一 濁者爲賢人＜魏志＞

【聖子神孫】せいししんそん(성자신손) 성인의 아들이나 신의 손자란 뜻으로, 천자의 자손을 이름. ¶一 繼繼承承於千古＜韓愈＞

【聖戰】せいせん(성전) 거룩한 사명을 띤 전쟁이란 뜻으로, 침략자들이 전쟁을 합리화한 말.

【聖典】せいてん(성전) ①성인이 정한 법. ②성인이 지은 책. 만세에 전거(典據)가 될 책. 聖經(성경). 聖籍(성적). ¶夫辯是與非 宜據一＜南史＞

【聖殿】せいでん(성전) 신성한 전당(殿堂). 神殿(신전).

【聖節】せいせつ(성절) 천자가 탄생한 날. 聖旦(성단). 聖誕(성탄). 萬壽節(만수절).

【聖地】せいち(성지) 성인의 유적이 있는 곳. ¶一巡禮.

【聖旨】せいし(성지) 성인의 의지(意志). 또는, 천자의 뜻. 聖慮(성려). ¶臣伏讀一＜蔡邕＞

【聖職】せいしょく(성직) 거룩한 직분.

【聖職者】せいしょくしゃ(성직자) 종교적 직분을 맡은 교역자(敎役者).

【聖天子】せいてんし(성천자) 거룩한 천자. 聖帝(성제).

【聖哲】せいてつ(성철) 성인(聖人)과 철인(哲人). 덕이 높고 총명한 사람. ¶非一之書不好也＜漢書＞

【聖寵】せいちょう(성총) ①임금의 은총. ②천주교에서, 천주(天主)의 은혜.

【聖聰】せいそう(성총) 임금의 총명. 신하가 임금을 일컫는 말.

【聖誕】せいたん(성탄) ①성인의 탄생일. 또는, 천자의 생일. ②그리스도의 탄일. 크리스마스. 聖誕節(성탄절).

【聖賢】せいけん(성현) ①성인과 현인. ②청주(清酒)와 탁주(濁酒). 청주는 성인(聖人), 탁주는 현인에 비유됨. ¶已聞清比聖 復道濁如賢＜李白＞

▷棋一, 大一, 明一, 書一, 仙一, 先一, 詩一, 神一, 亞一, 樂一, 列一, 叡一, 往一, 仁一, 前一, 至一, 眞一, 哲一, 清一, 聽一, 玄一, 賢一, 顯一, 畫一, 後一, 希一

13【聖】聖(p. 1218)과 同字

13【聦】聰(p. 1221)과 同字

8/14【聝】귀벨 괵 |陌|かく(ミミヲキル)

8/14【聞】1 들을 문 |文|ㄨㄣˊ |ぶん(キク)
2 들릴 문 |問|(wen) |hear
古 䎽

풀이 1 ①듣다. ㉮귀로 소리를 알아듣다. ¶聽而不一＜大學＞/前代未一. ㉯들어서 알다. ¶我未一者＜戰國策＞/多一/一知. ㉰들어서 관여하다. ¶必一其政＜論語＞ ②들어서 알다. ¶友多一＜論語＞/一一以知十. ③냄새 맡다. ¶五里一香＜魏文帝＞ ④가르침을 받다. ¶願一所以行三言之道 可得一乎＜禮記＞ ⑤받다. 삼가 받음. ¶義渠君曰 謹一令＜戰國策＞ ⑥들려 주다. 알림. ¶臣具以表一＜李密＞/不敢以一＜禮記＞ ⑦

방문(訪問)하다. ¶平生親舊 無復相一者<宋史> ⑧소문(所聞). 전하여 들음. ¶百一不如一見<漢書>/求天下奇一壯觀<蘇轍>/傳一. **2**①들리다. ㉮공간적 거리를 넘어서 듣게 되다. ¶鷄犬之聲相一<老子> ㉯널리 알려지다. ¶謀未發而一於國<戰國策>/名一天下. ②널리 알려진 이름. 명망(名望). ¶舊有令一<書經>/一達.

【聞達】ぶんたつ(문달) 명성이 높고 현달(顯達)함. 입신 출세(立身出世)함.

【聞道】ぶんどう①·きくナラク②(문도) ①도리를 들어 앎. 또는, 도를 앎. ¶朝一 夕死可矣<論語> ②듣는 바에 의하면. 들으니. 聞說(문설). ¶一神仙不可接<張說>

【聞人】ぶんじん(문인) 명성이 세상에 알려진 사람. 유명한 사람. ¶少正卯 魯之一也<孔子家語>

【聞喜宴】ぶんきえん(문희연) ①옛 중국에서, 과거에 급제하여 새로 진사가 된 사람을 위하여 예부(禮部)에서 베풀던 잔치. ¶一分爲兩日 宴進士<宋史> ②㊕ 조선 때, 과거에 급제한 사람이 친척이나 친지들에게 베푼 잔치.

▷嘉一, 見一, 寡一, 具一, 舊一, 記一, 奇一, 多一, 名一, 明一, 博一, 發一, 方一, 瞥一, 上一, 瞻一, 腥一, 聲一, 所一, 承一, 新一, 艷一, 令一, 臥一, 外一, 流一, 以一, 異一, 仁一, 傳一, 轉一, 奏一, 珍一, 淺一, 薦一, 聽一, 聽而不一, 醜一, 仄一, 側一, 他一, 特一, 風一

14【䏩】堉(p. 362)의 俗字

14【聡】聽(p. 1221)과 同字

8/14【聚】모일 취 ㊍추 | ㊥ㄐㄩˋ (ju) | しゅう (アツマル) *assemble*

풀이 ①모이다. ㉮모여들다. 회합(會合)함. ¶類一/一散. ㉯몰려들다. 폭주(輻湊)함. ¶財散則民一<大學> ㉰갖추어지다. ¶六材旣一<周禮> ㉱하나가 되다. ¶方以類一 物以群分<易經> ②모으다. ㉮모이게 하다. ¶一徒教習<梁簡文帝> ㉯갖추다. ¶拾級一足<禮記> ㉰거두어 들이다. ¶諸侯相一<公羊傳>/一斂. ㉱모으다. 저축함. ¶命司徒循行積一 無有不斂<禮記> ③누적(累積)된 것. ¶敬德之一也<左氏傳> ④무리. 모인 사람들. 군중(群衆). ¶禹有百人之一<史記> ⑤저축(貯蓄). ¶以稍一待賓客<周禮> ⑥마을. 촌락(村落). ¶禹無十戶之一<漢書>/一落. ⑦함께. ¶一居異情惡<國語>

【聚落】しゅうらく(취락) 사람들이 모여 사는 곳. 마을. 部落(부락). 村落(촌락).

▷鳩一, 累一, 陵一, 屯一, 霧一, 民一, 保一, 蜂一, 生一, 搜一, 宴一, 斂一, 完一, 雲一, 類一, 蟻一, 以類一, 雜一, 貯一, 積一, 集一, 叢一, 畜一, 萃一, 合一, 環一, 會一

15【聠】聯(p. 1220)의 略字

15【䏰】聞(p. 1219)의 古字

15【聦】聽(p. 1221)의 俗字

11/17【聯】잇닿을 련 | ㊥ㄌㄧㄢˊ (lian) | れん (ツラナル) *relate*

㊕聠

㊴**會意**. 적군의 귀를 잘라 끈으로 꿴을 뜻함.

풀이 ①잇닿다. ㉮뒤를 이어 닿다. ¶繚垣緜一 四百餘里<張衡> ㉯잇다. 연결함. ¶結一他種<漢書> ②합치다. 한패를 이룸. ¶一兄弟<周禮> ③나란히 하다. 좌우로 나란히 함. ¶二子舊不識 欣然肯一鞍<蘇軾>/一步. ④주(周)대 호구(戶口) 편제(編制)의 한 단위. 10호 또는 10명이 연(聯)이 됨. ¶五家爲比 十家爲一<周禮>/五人爲伍 十人爲一<周禮> ⑤연(聯). 대귀(對句)가 되는 두 구의 한 짝. ¶落霞孤雁齊飛 秋水長天一色之句 世以爲警一<螢雪叢說>/柱一.

【聯關】れんかん(연관) 이어짐. 연결됨. 關聯(관련).

【聯立】れんりつ(연립) ①연합하여 섬. ¶一內閣. ②잇닿아 섬. 또는, 잇닿게 하여 세움. ¶一住宅.

【聯盟】れんめい(연맹) ①공동 목적을 위해 동일한 행동을 취할 것을 맹약함. 또는, 그 단체. ②국제연맹(國際聯盟)의 준말.

【聯名】れんめい(연명) ☞連名(연명).

【聯邦】れんぽう(연방) 몇 나라가 연합하여 하나의 주권 국가를 이루고 있는 나라. 聯邦國(연방국). 聯合國家(연합국가).

【聯想】れんそう(연상) 한 관념에 의하여 그에 관련되는 다른 관념을 상기하는 심리 현상. ¶一心理學.

【聯珠】れんじゅ(연주) ①구슬을 꿴다는 뜻으로, 아름다운 시문(詩文)을 이름. ②「연주시격」(聯珠詩格)의 준말. ③바둑놀이의 한 가지. 五目(오목).

【聯合】れんごう(연합) 두 가지 이상의 것이 합하여 하나의 조직체를 만듦. 또는, 그 조직체. ¶國際一/一國家/一軍.

▷結一, 頸一, 警一, 官一, 關一, 校一, 鉤一, 起一, 羈一, 對一, 綿一, 門一, 尾一, 榜一, 比一, 雙一, 蟬一, 星一, 屬一, 首一, 承一, 詩一, 頷一, 楹一, 留一, 姻一, 一一, 轉一, 接一, 柱一

11/17【聲】소리 성 | ㊥ㄕㄥ (sheng) | せい (コエ) *voice*

㊕声

풀이 ①소리. ㉮음향(音響). ¶風一鶴唳

<晋書> ㉯음성. ¶聞其一不忍食其肉<孟子>/音一/笑一. ㉰말. 언어. ¶府吏嘿無一<古詩> ㉱음악. 음조(音調). ¶五一/去一. ②명예. ¶一施千里<淮南子>/名一/一譽. ③소문(所聞). 평판(評判). ¶交絕不出惡一<史記> ④가르치다. 교육. ¶朔南暨一教<書經>/風一. ⑤소리내다. 발성함. ¶如三歲兒 晝夜不一<列仙傳> ⑥소리치다. 공표함. ¶一其罪也<國語>/一討. ⑦소리가 울리다. 소리가 진동함. ¶金一而玉振之也<孟子> ⑧소식(消息). 음신(音信). ¶界上亭長 寄一謝我<漢書>

【聲價】せいか(성가) 명성과 평가. 세상의 좋은 평판. 名聲(명성).

【聲教】せいきょう(성교) 임금이 백성을 교화하는 덕. 임금의 덕화(德化). ¶一訖于四海<書經>

【聲帶】せいたい(성대) 목구멍 가운데에 있는 발성 기관(發聲器官).

【聲東擊西】せいとうげきせい(성동격서) 동쪽을 친다는 소문을 퍼뜨리고 실제로는 서쪽을 친다는 뜻으로, 기묘한 용병(用兵)으로 승리를 거둠의 비유. ¶聲言擊東 其實擊西<通典>

【聲量】せいりょう(성량) 목소리의 크기나 지속성 따위의 총합. 音量(음량).

【聲律】せいりつ(성률) 한자의 발음에 대한 사성(四聲: 平·上·去·入)의 규율. 또는, 그 법을 따라 지은 시부나 문장.

【聲望】せいぼう(성망) 명성과 인망. 명망과 인기. 좋은 평판.

【聲明】せいめい①·しょうみょう②(성명) ①㉮ 발설함. 말하여 밝힘. ¶文物以紀之 一以發之<左氏傳> ㉯자기의 의지나 태도에 대하여 공공연하게 발표함. 言明(언명). ¶一書. ②《佛》 오명(五明)의 하나. 음운(音韻)의 원리를 연구하는 학문.

【聲問】せいもん·せいぶん(성문) 소식. 音信(음신). 聲息(성식). 音問(음문). ¶一不數<後漢書>

【聲聞】せいぶん①·しょうもん②(성문) ①㉮좋은 평판. 聲譽(성예). ㉯소리가 들림. ¶一于天<詩經> ②《佛》 부처의 가르침을 듣고 도리를 깨달은 경지에 들어감.

【聲色】せいしょく(성색) ①음악과 여색(女色). ¶以一自娛<陳鴻> ②말소리와 얼굴빛. 언어와 태도.

【聲勢】せいせい(성세) ①명성(名聲)과 위세(威勢). ②성음(聲音)의 여세(餘勢).

【聲樂】せいがく(성악) ①사람의 음성으로 이루는 음악. ¶一家. ↔器樂(기악). ②음악. ¶堂廡之上 不絕一<列子>

【聲優】せいゆう(성우) 모습을 나타내지 않고 음성만으로 출연하는 배우.

【聲援】せいえん(성원) 말로 격려함. 또는, 소리쳐서 사기를 북돋움.

【聲爲律身爲度】こえはりつとなりみはどとなる(성위율 신위도) 소리는 음률(音律)이 되고, 몸은 척도(尺度)가 된다는 뜻으로, 언행이 법도에 맞음을 이르는 말. ¶其人可親 其言可信 一<史記>

【聲音】せいおん·せいいん(성음) ①음악. ¶一之道 與政通矣<禮記> ②목소리. 音聲(음성). ¶樂必發於一<禮記>

【聲調】せいちょう(성조) ①음성의 가락. 장단·강약·지속(遲速)·경중(輕重) 따위. ②사성(四聲)의 고저 장단(高低長短).

▷家一, 歌一, 澗一, 去一, 溪一, 軍一, 金一, 奇一, 櫓一, 德一, 濤一, 曼一, 萬一, 名一, 無一, 文一, 發一, 百舌之一, 梵一, 沸一, 四一, 上一, 善一, 笑一, 頌一, 殊一, 市一, 新一, 失一, 心一, 惡一, 陽一, 揚一, 軟一, 艷一, 英一, 曳履一, 五一, 怨一, 有一, 柔一, 肉一, 吟一, 音一, 淫一, 陰一, 倚一, 異一, 履一, 入一, 逸一, 正一, 政一, 鄭一, 鳥一, 終一, 鐘一, 俊一, 中一, 秦一, 淸一, 聽一, 初一, 秋一, 醜一, 仄一, 呑一, 歎一, 珮一, 平一, 爆一, 風一, 諧一, 虛一, 形一, 惠一, 洪一, 和一, 喜一

11
17 〖聱〗 말듣지 아니할 오 | 看ㄠˊ (ao) | ごう (キカナイ)

【聱牙】ごうが(오아) ①어구(語句)나 문구가 까다로와 이해하기 어려움. 문장이 유창하지 않고 어려움. ②남의 말을 잘 받아 들이지 않는 모양. ¶其間一事一 常至終身淪棄<蘇軾> ③고목(古木)이 꼬불꼬불 굽은 모양. ¶百年蟠木老一<朱熹>

11
17 〖聳〗 솟을 용 本송 | 腫ㄙㄨㄥˇ (song) 講 | しょう (ソビエル) tower up

풀이 ①솟다. 높음. 通崇. ㉮우뚝 높이 솟다. ¶梢一振寒聲<沈約>/一立. ㉯높이 오르다. ¶眉軒席次 袂一筵上<孔稚圭> ②솟게 하다. 높이 세움. ¶層巒一翠<王勃>/一耳. ③두려워하다. 공구(恐懼)함. 通慫. ¶駟氏一<左氏傳>/一懼. ④삼가다. 공경함. 通竦. ¶昔殷武丁能一其德<國語> ⑤권장하다. 유도(誘導)함. ¶一善而抑惡焉<國語> ⑥귀머거리. 배냇귀머거리. ¶一聾也 生而聾<方言>

【聳動】しょうどう(용동) ①놀람. 또는, 놀라게 함. 竦動(송동). ②中 부추김. 선동(煽動)함.

【聳立】しょうりつ(용립) 우뚝 솟음. 산 따위가 높이 솟은 모양.

▷孤一, 高一, 斗一, 碧一, 森一, 慴一, 秀一, 修一, 直一, 青一, 特一

17 〖聴〗 聽(p. 1223)의 俗字

11
17 〖聰〗 귀밝을 총 | 東ㄘㄨㄥ (cong) | そう (サトイ)

俗聡 同聦 聡

풀이 ①귀가 밝다. ㉮귀가 잘 들린다. ¶耳徹爲一<莊子> ㉯총명하다. 명민(明敏)함. ¶一作謀<書經>/一明. ②듣다. ¶尚寐無一<詩經>

【聰記】そうき(총기) 영리하고 기억력이 좋음. ¶一強識 半面不忘<北齊書>

【聰氣】そうき(총기) ①총명한 기질. ②기억하는 능력. 기억력. 지닐총.

【聰明】そうめい(총명) ①귀가 잘 들림과 눈이 잘 보임. ②무슨 일에도 잘 통하여 앎. ③재주가 있고 영리함.

▷明一, 四一, 塞一, 聖一, 宸一, 掩一, 天一

12 18 〖聶〗 1 소곤거릴 섭 本 녑 2 저밀 접 | 藥ㄋㄧㄝˋ (nie) 藥ㄓㄜˊ (zhe) | じょう (ササヤク) ちょう

풀이 1 ①소곤거리다. 같 囁. ¶乃效兒女子呫一耳語<史記> ②잡다. 쥠. 通 攝. ¶兩手一其耳<山海經> ③주름지다. ¶一辟氣不足<素問> 2 저미다. 고기 따위를 엷게 뜸. ¶一而切之爲膾<禮記>

12 18 〖聵〗 배냇 귀머거리 외 | 國ㄎㄨㄟˋ (kui) | かい (ツンボ)

▷聾一, 聵一

12 18 〖職〗 벼슬 직 | 職ㄓˊ (zhi) | しょく (ヤクメ) *position*

풀이 ①벼슬. 관직(官職). ¶六卿分一<書經>/行一. ②구실. 직분. ¶共爲子一而已矣<孟子>/一責. ③일. 직업. ¶閒民無常一<周禮>/一業. ④맡다. 일정한 일의 책임을 짐. ¶非博士官所一<史記> ⑤공물(貢物). 나라에 바치는 물건. ¶四吏納一<淮南子> ⑥오로지. 본디. ¶蓋言語漏洩 則一女之由<左氏傳> ⑦부세(賦稅). 通 賦. ¶貢一不美<莊子> ⑧작용(作用). ¶輪皦三才不失一 謂之完<周禮> ⑨표(標)하다. 通 識 幟.

【職權】しょっけん(직권) 직무상의 권한. ¶一濫用.

【職能】しょくのう(직능) ①직무상의 능력. ②직업에 따라 다른 고유한 기능. ¶一代表制.

【職名】しょくめい(직명) 직업이나 직책의 이름.

【職務】しょくむ(직무) 관직 또는 직업상의 임무. 담임하는 사무. ¶一遺棄/一怠慢.

【職方】しょくほう(직방) 벼슬 이름. 수(隋)·당(唐) 이후에 설치되어 나라의 지도(地圖) 제작, 통계 및 이민족(異民族)의 내공(來貢), 외교 등을 맡았음.

【職分】しょくぶん(직분) 직무상의 본분. 그 직에 있으면서 해야 할 일. 職責(직책). 任務(임무). ¶一用於百事<漢書>

【職所】しょくしょ(직소) ☞職場(직장).

【職業】しょくぎょう(직업) ①생계를 위하여 하는 일. 生業(생업). ¶一紹介所/一意識/一學校. ②관직상의 일. ¶使無忘一<史記>

【職員】しょくいん(직원) 직무를 맡은 사람. 일정한 직장에 소속된 인원(人員). ¶一動態.

【職位】しょくい(직위) 직책상의 지위. 또는, 관직과 관위(官位). ¶一解除.

【職印】しょくいん(직인) 관직이나 업체의 책임을 나타내는 인장(印章). 직무상 쓰는 도장. ¶一僞造.

【職任】しょくにん(직임) 직무상 맡은 책임. 職責(직책). 職務(직무). ¶爲一莫重焉<漢書>

【職場】しょくば(직장) 일정한 직책을 가지고 항시적으로 일을 하는 곳. 職所(직소). 勤務處(근무처). ¶一人.

【職掌】しょくしょう(직장) 직무를 관장함. 또는, 그 직무.

【職田】しょくでん(직전) 직분에 따라 관(官)에서 급여하는 논밭. 職分田(직분전). 采邑(채읍).

【職制】しょくせい(직제) 직무상에 관한 제도(制度). ¶一規程.

【職責】しょくせき(직책) 직무상의 책임. 職任(직임). ¶一完遂.

【職牒】しょくちょう(직첩) 조정에서 내리는 벼슬아치의 임명서. 告身(고신). 職帖(직첩).

【職品】しょくひん(직품) 관직의 품계(品階).

【職銜】しょっかん(직함) 벼슬 이름. 官銜(관함).

▷諫一, 兼一, 公一, 貢一, 官一, 曠一, 教一, 軍一, 宮一, 貴一, 浪一, 內一, 瀆一, 得一, 末一, 免一, 名譽一, 無一, 武一, 藩一, 復一, 本一, 奉一, 不一, 非一, 卑一, 史一, 辭一, 散一, 常一, 聖一, 殉一, 述一, 失一, 女一, 憐一, 營一, 汚一, 外一, 要一, 右一, 越一, 吏一, 移一, 任一, 在一, 典一, 前一, 轉一, 停一, 宗一, 重一, 贈一, 天一, 遷一, 賤一, 就一, 退一, 廢一, 閒一, 現一, 顯一, 休一

14 20 〖聹〗 귀지 녕 | 國ㄋㄧㄥˊ 回(ning) | でい (ミミアカ)

14 20 〖聻〗 1 어조사 니 2 귀신 적 | 紙ㄋㄧˇ (ni) 陌ㄐㄧㄢˋ (jian) | じ せき

풀이 1 ①어조사(語助辭). 범어(梵語)에서 어조(語調)를 돕는 조사. ¶何故一云未見桃花時一<正字通> ②가리키는 모양. 2 귀신(鬼神). 귀신이 죽어서 또다시 귀신이 된 것으로 귀신을 쫓는다 하여 이 글자를 써서 부적(符籍)으로 함. ¶人死作鬼 人見懼之 鬼死作一鬼見怕之<五音集韻>

20 〖聴〗 聽(p. 1223)의 俗字

16 22 〖聾〗 귀머거리 롱 | 東ㄌㄨㄥˊ (long) | ろう (ツンボ) *deaf*

同 聋

풀이 ①귀머거리. 귀가 들리지 않음. ¶一者無以與乎鐘鼓之聲<莊子>/一聵. ②귀가 먹다. ¶不癡不一 不爲姑公<宋書> ③어리석다. 어두움. 세상 물정에 밝지 못함. ¶雖一蟲而不自陷<淮南子>/鄭昭宋一<左氏傳>/一昧.

【聾啞】ろうあ(농아) 귀머거리와 벙어리. ¶一者/一教育/一學校.

【聾者之歌】ろうしゃのうた(농자지 가) 귀머거리의 노

래. 귀머거리는 자기가 노래를 불러도 그것을 들을 수 없는 데서, 자기가 행하면서도 거기에서 즐거움을 찾을 수 없음의 비유.
【聾蔽】ろうへい(농폐) 귀머거리. 聾聵(농외).
▷盲―, 半―, 頑―, 瘖―, 耳―, 痴―

22〖⿰耳龍〗 聾(p.1222)과 同字

16/22〖聽〗 1 들을 청 | 徑 ㄊㄧㄥ | 靑(ting) | ちょう(キク) hear
2 허락할 청

㊗聽 聴

풀이 1 ①듣다. ㉮자세히 정신을 차리고 듣다. ¶―其言而信其行<論語>/視―. ㉯말을 들어서 단정하다. 재판함. ¶―訟吾猶人也<論語> ㉰들어 주다. 용납함. ¶王勿―其事<戰國策>/―許. ㉱말을 잘 듣다. 따름. 순종함. ¶姑慈婦―<晏子> ②기다리다. ¶以―天命<周禮>/進―嘏<儀禮> ③맡기다. ¶其議民欲徙寬大地者―之<漢書> ④살피다. 밝힘. ¶王何不―乎<戰國策> ⑤다스리다. 평정(平定)함. ¶不可以不―也<戰國策>/以―官府之六計<周禮> 2 ①허락하다. ¶三月而―<呂覽> ②이목(耳目). 사물을 보고 듣는 기관(器官). 또는, 염탐꾼. ¶且仁人之用十里之國 則將有百里之―<荀子> ③마을. 관청. ㉠廳. ¶徑至―事前<晋書>
【聽覺】ちょうかく(청각) 오관(五官)의 하나로, 음향을 청신경에 의하여 대뇌에 전달하는 지각 작용. 聽感(청감).
【聽講】ちょうこう(청강) 강의를 들음. ¶―生.
【聽力】ちょうりょく(청력) 소리를 듣는 능력.
【聽令】ちょうれい(청령) ①명령을 들음. ②㊥「차려」의 구령(口令).
【聽聞】ちょうぶん①・ちょうもん②(청문) ①사람의 말이나 악기 소리, 새 소리 따위를 들음. 또는, 의견이나 말 따위를 정신 차려 들음. ¶―會. ②(佛) 설교(說敎)를 들음.
【聽而不聞】キケドモキコエズ(청이불문) 들어도 들리지 않는다는 뜻으로, 한 일에 열중하면 딴 일은 도무지 알지 못함을 이르는 말. ¶心不在焉 視而不見 ―<大學>
【聽政】ちょうせい(청정) 정사(政事)를 들음. 정무(政務)를 봄. ¶垂簾―.
【聽衆】ちょうしゅう(청중) 설교나 연설 등을 듣는 사람들.
【聽診】ちょうしん(청진) 체내의 음향을 들어 병을 진단하는 일. ¶―器.
【聽取】ちょうしゅ(청취) 말, 라디오, 음악 따위를 자세히 들음. ¶―者.
【聽許】ちょうきょ(청허) 듣고 허락함. 聽容(청용).
▷兼―, 敬―, 傾―, 姑慈婦―, 曲―, 遇―, 觀―, 謹―, 道―, 盜―, 妄―, 拜―, 博―, 傍―, 服―, 俯―, 上―, 聖―, 細―, 試―, 視―, 玩―, 惟命是―, 倚―, 潛―, 竊―, 靜―, 周―, 重―, 衆―, 天―, 諦―, 聰―, 側―, 偏―, 風―

17/23〖⿰耳闋〗 심한 귀머거리 얼·외 | 黠 | 卦 | がつ(カナツンボ) がい

풀이 ①심한 귀머거리. 절벽. ②귀가 없는 사람.

聿<붓 율>部

聿 ② 肀 ④ 肂 ⑥ 肃 ⑦ 肆 肅 肄 ⑧ 肇 肈

0/6〖聿〗 붓 율 | 質 ㄩˋ (yu) | いつ(フデ) writing brush

풀이 ①붓. 초(楚)의 방언. 연(燕)에서는 弗, 진(秦) 이후로는 筆로 씀. ㉠筆. ②드디어. 마침내. ¶蟋蟀在堂 歲―其莫<詩經> ③스스로. ¶―來胥宇<詩經> ④펴다. ¶―脩厥德<詩經> ⑤닦다. ¶―懷. ⑥함께. ¶爰及姜女 ―來胥宇<孟子> ⑦따르다. 좇음. ¶密勿朝夕 ―同始卒<後漢書> ⑧발어사(發語辭). 오직. 이에. ¶―懷多福<左氏傳> ⑨빠르다. ¶―越巉嶮<左思>

8〖肀〗 肅(p.1224)의 俗字

4/10〖肂〗 광 사·이 | 寘 ㄙˋ(si) | 寘 | し い

풀이 ①광(壙). 무덤 구덩이. ¶掘―見衽<儀禮> ②관을 묻다. ¶威公薨 ―九月不得葬<呂覽> ③길가에 가매장함.

10〖書〗 ☞曰部 6획(p.732)
11〖肃〗 肅(p.1224)의 俗字
11〖晝〗 ☞日部 7획(p.721)
12〖畫〗 ☞田部 7획(p.1021)

7/13〖肆〗 1 방자할 사 | 寘 ㄙˋ | し impudent
2 방자할 실 | 質(si) | しつ
3 나머지 이 | 寘 ㄧˋ | い
4 악장 이름 해 | 灰(yi) | かい
5 제물 적 | 錫 | てき

풀이 1 ①방자(放恣)하다. 제멋대로 함. ¶寧貧賤而輕世―志焉<史記> ②끝까지 다하다. 극에 다다름. ¶藪澤―旣<國語> ③거리낌없이 말하다. ¶古之狂也 ―<論語> ④지나치다. ¶―者何跌也<公羊傳> ⑤펴다. ¶旣東封鄭 又欲―其西封<左氏傳> ⑥죄인을 죽여 효시(梟示)하다. ¶吾力猶能―諸市朝<論語> ⑦죽이다. ¶狸子肇―<大戴禮> ⑧늘어놓다. 진열(陳列)함. ¶問大夫之幣 俟于郊爲―<儀禮> ⑨줄. 열(列). ¶歌鐘二―<左氏傳> ⑩두다. ¶― 置也<廣雅> ⑪드디어. 마침내. ¶―類于上帝<書經> ⑫그러므로. 고로. ¶―予以爾衆士<書經> ⑬참으로. ¶―其靖之<詩經> ⑭그래서 이

제. 이제. ¶一王惟德用和懌＜書經＞ ⑮느슨해지다. 느슨하게 함. ¶一眚圍鄭＜左氏傳＞ ⑯크다. ¶越厥疆土 于先王一＜書經＞ ⑰길다. ¶其風一好＜詩經＞ ⑱빠르다. ¶一伐大商＜詩經＞ ⑲버리다. ¶平不一險＜揚雄＞ ⑳헤아리다. ㉑부리다. 조종함. ¶一筆而成書＜法言＞ ㉒웅크리다. ㉓줄다. ㉔찌르다. 범함. ¶是伐是一＜詩經＞ ㉕바르다. 곧음. ¶一直而慈愛者＜史記＞ ㉖힘쓰다. ¶厥庸孔一＜張衡＞ ㉗편안한 마음으로 지냄. ¶時恬淡以綏一＜王褒＞ ㉘고사(故事). 전례(前例). ¶子惟率一矜爾＜書經＞ ㉙가게. 저자. 시장. ¶樓船擧颿而過一＜左思＞ ㉚관영(官營) 공장. ¶百工居一＜論語＞ ㉛역(驛). 역참(驛站). ㉜넷. 四의 갖은자. ㉝성(姓). **2**방자하다. **3**나머지. 通肄. ¶一束及帶＜禮記＞ **4**악장(樂章) 이름. 通陔. ¶一夏. **5**①제물(祭物). 쪼개어 제기에 차린 희생. ¶祀五帝 奉牛牲羞其一＜周禮＞ ②다룬 고기. ¶腥一爓腍祭＜禮記＞ ③뼈를 바르다. 같剔.

【肆廛】してん(사전) 가게. 店鋪(점포).

▷開一, 踞一, 廣一, 驕一, 衢一, 矜一, 茶一, 放一, 奢一, 書一, 城一, 市一, 安一, 藥一, 列一, 游一, 恣一, 廛一, 店一, 縱一, 酒一, 熾一, 惰一, 鮑魚之一, 閑一, 橫一

7 12 〖肅〗 **1**엄숙할 숙 **2**공경할 소 | 圖ㄙㄨˋ(su) 嘯 | しゅく solemn しょう

俗 粛 肃

풀이 **1**①엄숙하다. ¶罔不祗一＜書經＞ ②공경하다. ¶一而寬＜左氏傳＞ ③정중(鄭重)하다. ¶氣容一＜禮記＞ ④경계하다. ⑤가지런하다. 가지런히 함. ¶其政凝一＜素問＞ ⑥엄하다. 엄격함. ¶一而不悖＜淮南子＞ ⑦고요하다. ¶終爲一＜素問＞ ⑧맑다. ¶其政一＜素問＞ ⑨차다. 추움. ¶春行冬政一＜管子＞ ⑩오그라지다. 추위로 오그라짐. ¶九月一霜＜詩經＞ ⑪죽이다. 상함. 엄해짐. ¶天地始一＜呂覽＞ ⑫빠르다. ¶刑一而俗敝＜禮記＞ ⑬나아가다. ¶民有一心＜詩經＞ ⑭서행(徐行)하여 나아가다. ¶徐行前曰一＜書經·注＞ ⑮이끌다. 인도함. ¶主人一客而入＜禮記＞ ⑯물건의 소리. ⑰절의 한 가지. 허리를 굽히고 손을 내림. 군중(軍中)에서 무장한 병사가 하는 절. ¶敢一使者＜左氏傳＞ ⑱성(姓). **2**①공경하다. ②퉁소 소리. ¶一一.

【肅敬】しゅっけい(숙경) 삼가 존경함. 공손히 섬김. 肅恭(숙공).

【肅戒】しゅっかい(숙계) 훈계함. 충고함. 戒肅(계숙). ¶招歡合好 一友朋＜劉楨＞

【肅啓】(숙계) 삼가 아룀. 편지에서 첫머리에 쓰는 말. 肅白(숙백).

【肅軍】しゅくぐん(숙군) 군(軍)의 기강(紀綱)을 바로잡음.

【肅黨】しゅくとう(숙당) 당(黨)의 기강을 바로 잡음.

【肅拜】しゅくはい(숙배) ①머리를 숙이고 손을 내려 절함. 또는, 그 절. ②웃사람에게 올리는 편지 끝에 쓰는 말. ③서울을 떠나 임지(任地)로 향하는 관원이 임금께 작별을 아뢰던 일. 下直(하직). ¶謝恩一.

【肅愼】しゅくしん(숙신) ①공손하게 삼감. ¶衆賓一＜詩經·注＞ ②춘추 전국 시대에 중국 북쪽에 있던 오랑캐 나라 이름. 한(漢)대 이후에는 읍루(挹婁)라고도 함. 지금의 송화강(松花江)과 흑룡강(黑龍江) 유역.

【肅然】しゅくぜん(숙연) ①삼가는 모양. 근신하는 모양. 肅如(숙여). ¶一歸德＜李康＞ ②두려워하는 모양. 송구스러워하는 모양. ¶一而恐＜蘇軾＞

【肅正】しゅくせい(숙정) ①공손하고 바름. ¶接遇一謂之敬＜新書＞ ②엄격하게 바로잡음.

【肅淸】しゅくせい(숙청) ①다잡아서 부정(不正)을 없애는 일. 또는, 부정이 없고 깨끗함. ¶王朝一 唯俊之庭＜漢書＞ ②차고 맑은 모양. 고요한 모양. ¶冬夜一 朗月垂光＜嵇康＞

▷恪一, 簡一, 虔一, 謙一, 敬一, 戒一, 恭一, 匡一, 勤一, 端一, 明一, 文一, 嚴一, 厲一, 雍一, 畏一, 正一, 靜一, 整一, 祗一, 振一, 澄一, 淸一, 忠一

7 13 〖肄〗 **1**익힐 이 **2**죽여 효시할 시 | 圖ㄧˋ 圖(yi) | い し

풀이 **1**①익히다. 배움. ¶敎習講一＜魏志＞ ②애쓰다. 힘씀. 수고(手苦). ¶莫知我一＜左氏傳＞ ③살펴보다. ¶稅一郡國出入關者＜漢書＞ ④어린 나뭇가지. ⑤움돋이. 그루터기에서 나오는 움. ⑥나머지. ¶伐其條一＜詩經＞ **2**죽여 효시(梟示)하다. 같肆.

▷講一, 敎一, 都一, 素一, 習一, 條一, 存一

8 14 〖肇〗 비롯할 조 | 篠ㄓㄠˋ(zhao) 皓 | ちょう (ハジメル) originate

本 肈

풀이 ①비롯하다. 시작함. ¶一我邦于有夏＜書經＞ ②치다. 공격함. ③꾀하다. 도모함. ¶一敏戎公＜詩經＞ ④바르다. 바로잡음. 通矯. ¶竱本一末＜國語＞ ⑤재빠르다. 민첩함. ¶一牽車牛遠服賈＜書經＞ ⑥길다. ⑦교제(郊祭)의 신위(神位). ¶以歸一祀＜詩經＞

【肇建】ちょうけん(조건) 처음으로 세움.

【肇國】ちょうこく(조국) 처음으로 나라를 세움. 建國(건국). ¶檀君一.

【肇基】ちょうき(조기) 토대를 닦음. 기초를 확립함. ¶一王迹＜書經＞

【肇冬】ちょうとう(조동) 초겨울. 初冬(초동). 孟冬(맹동).

【肇歲】ちょうさい(조세) 한해의 시작. 年初(연초). 歲首(세수).

【肇業】ちょうぎょう(조업) ①사업을 시작함. ②나라

의 대업을 시작함. 創業(창업).
【肇域】ちょういき(조역) 경계를 엶. 국가의 영역을 정함. ¶一彼四海＜詩經＞
【肇秋】ちょうしゅう(조추) 초가을. 初秋(초추). 孟秋(맹추).
【肇春】ちょうしゅん(조춘) 초봄. 初春(초춘). 孟春(맹춘).
【肇夏】ちょうか(조하) 초여름. 初夏(초하). 孟夏(맹하).
▷生一, 初一

14〖肈〗肇(p.1223)의 本字

肉(月)＜육달월＞部

肉 ② 肎 肌 肋 ③ 肝 肚 肜 肘 肖 肛 肓
④ 肩 股 肱 肯 肵 肭 肪 肦 肥 肫 肬 育
肢 肺 肴 肸 ⑤ 胛 胠 胊 胆 脉 胉 胖 胈
背 胚 胕 胥 胃 胤 胔 胇 胄 胑 胝 胗 胣
胎 胏 胞 胡 ⑥ 胳 胯 胱 能 胴 脈 脈 脅
胵 胦 胰 脈 胭 胾 脂 脊 脆 脃 脛 胻 脅
脇 胷 胸 ⑦ 脚 脛 脳 脰 脖 脢 脕 脟 脩
脣 脤 脘 脡 脞 脫 脯 脬 脝 ⑧ 腔 腒 腂
腐 腑 腓 脾 腊 腎 腎 腋 腌 腕 腆 脹 ⑨
腳 腱 腩 腦 腶 腯 腜 腹 腺 腥 腧 膃 腰
腢 腴 腸 腤 腞 腫 腠 腷 ⑩ 膈 膏 膂 膐
膊 膀 膍 膆 膄 膃 膇 腿 膗 膎 ⑪ 膕 膠
膛 膢 膟 膜 膚 膝 膹 膓 膞 膣 ⑫ 膩 膴
膰 膳 膷 膱 膲 膵 膨 膮 ⑬ 膈 臄 臉 膿
膻 膽 臀 臋 臂 臆 臃 膺 臊 臅 臈 膾 ⑭
臑 臘 臏 臖 臍 臕 ⑮ 臢 臘 臙 ⑯ 臚 臟
臙 臛 ⑰ 臝 ⑱ 臞 臟 ⑲ 臠

06〖肉〗 1 고기 육 屋 ㄖㄡˋ 2 옥둘레 유 尤 (rou) 3 살 유 遇 にく meat

源 象形. 잘라 낸 고깃덩어리를 본뜸.
풀이 1 ①고기. ㉮베어 낸 고기. 고깃덩이. ¶觴酒豆一＜禮記＞ ㉯동물의 살. ¶五藏已具 而後生一＜管子＞ ㉰과실·채소 등의 껍질에 싸인 연한 부분. ¶嚼棗一以哺之＜蔡邕＞ ㉱몸. 육체. ¶治古無一刑＜荀子＞ ②피부. ¶紅顔白面花映一＜杜甫＞ ③살이 붙다. 살이 오름. ¶生死而一骨也＜左氏傳＞ ④새의 이칭. ¶飛土逐一＜吳越春秋＞ ⑤미록(麋鹿)의 이칭. ¶一曰脫之＜爾雅＞ ⑥목소리. 노랫소리. ¶絲不如竹 竹不如一＜晉書＞ ⑦부수 글자. 육달월부. 부수(部首)로 변에 붙일 때는 달 월(月)자 꼴로 쓰기 때문임. 2 ①옥 둘레. 구멍이 뚫린 돈이나 옥의 몸 부분. ¶命之一倍好者＜漢書＞ ②살찌다. ¶使其曲直繁瘠 廉一節奏＜禮記＞ ③두텁다. 굵음. ¶寬裕一好＜禮記＞ 3 살. 근육. ¶其民豐一而庳＜周禮＞
【肉感】にくかん(육감) ①육체의 감각. ②육욕적(肉慾的)인 느낌. 성적(性的)인 느낌.
【肉塊】にくかい(육괴) ①고깃덩이. ②살진 사람을 놀리거나 놀려서 부르는 말. 뚱뚱보.
【肉交】にくこう(육교) 성교(性交).
【肉氣】にくき(육기) ①몸의 살진 상태. ②육미(肉味).
【肉袒】にくたん(육단) 웃도리를 벗어 맨살을 드러냄. 복종(服從)·항복(降服)·사죄(謝罪) 등의 뜻을 나타냄. ¶田單免冠 徒跣一而進 退而請死罪＜戰國策＞
【肉談】(육담)韓 음담(淫談) 따위의 야비(野卑)한 이야기. 품격이 낮은 말. ※肉頭文字(육두문자).
【肉臺盤】にくだいばん(육대반) 육체의 쟁반이란 뜻으로, 남당(南唐) 때 손성(孫晟)이 잔치하고 술 마시는 날에, 상을 차리지 않고, 쟁반처럼 계집종들을 빙 둘러서게 하여 음식을 들고 있게 한 일에서 유래. ¶宴飮之日 不設几案臺盤 使家妓環立而侍 號謂一＜五代史＞ ※肉陣(육진).
【肉帒飯囊】(육대반낭)韓 고깃자루로 된 밥주머니라는 뜻으로, 하는 일 없이 밥만 먹는 사람을 놀려서 하는 말.
【肉德】(육덕)韓 몸에 살이 많아 후덕(厚德)스럽게 보인다는 뜻.
【肉跳風月】(육도풍월)韓 글자를 잘못 써서 이해하기 어려운 한시(漢詩)를 이름.
【肉頭文字】(육두문자)韓 육담(肉談)으로 하는 욕설(辱說). ※肉談(육담).
【肉瘤】にくりゅう(육류) 혹. ¶景左足上有一 狀似龜＜南史＞
【肉類】にくるい(육류) 먹을 수 있는 짐승의 고기 따위.
【肉味】にくみ(육미) ①육류(肉類)로 만든 음식. ②고기의 맛.
【肉糜】(육미)韓 고기 죽.
【肉迫】にくはく(육박) ☞肉薄(육박).
【肉薄】にくはく(육박) ①몸으로 적진(敵陣) 가까이 쳐 들어가는 일. ¶一戰. ②엄격하게 따져듦. 肉迫(육박).
【肉屛風】にくびょうぶ(육병풍) ☞肉陣(육진).
【肉補】(육보)韓 육미(肉味)로 보신함. ↔藥補(약보).
【肉聲】にくせい(육성) ①사람의 입에서 직접 나오는 소리. ②반주 없이 부르는 노래.
【肉水】(육수)韓 고기를 삶아 낸 물.
【肉食】にくしょく(육식) ①고기를 먹음. 동물성 음식을 먹음. ↔菜食(채식). ②좋은 음식을 먹음. 미식(美食)함. ③《佛》중이 고기를 먹음을 이름.
【肉身】にくしん(육신) ①사람의 몸. 肉體(육체). 身體(신체). ②친자형제(親子兄弟). 친척. 血族(혈족).
【肉眼】にくがん(육안) ①안경 따위의 힘을 빌지 않는 그대로의 눈. 또는, 그 시력(視力). ②사물의 표면만을 보는 열은 안식(眼識). 凡眼(범안). ↔心眼(심안).
【肉慾】にくよく(육욕) ①육체상의 모든 욕심. ②남녀 사이의 육체적인 정욕(情慾). 色慾(색욕).
【肉重】(육중)韓 덩치가 크고 매우 무거움.
【肉陣】にくじん(육진) 육체를 늘어 세웠다는 뜻으로, 사람으로써 병풍으로 삼았다는 말. 당(唐) 현종(玄宗) 때, 양국충(楊國忠)이 겨울철에 풍만한 계집종들을 앞쪽에 늘어 세

워 바람막이로 삼은 일에서 유래. 肉障(육장). 肉屛風(육병풍).

【肉質】にくしつ(육질) ①고기의 질(質). ②살이 많은 체질. ③살로 된 부분.

【肉汁】にくじゅう(육즙) 고기를 끓여서 낸 국물.

【肉體】にくたい(육체) 사람의 몸. 肉身(육신).

【肉親】にくしん(육친) 부자(父子), 형제(兄弟)와 같이 혈족(血族)관계에 있는 사람. 血族(혈족).

【肉彈】にくだん(육탄) 육체를 탄환(彈丸)삼아 적진(敵陣)에 돌입하는 일. 또는, 그 사람. ¶一戰.

【肉脫】にくだつ(육탈) ①몸이 몹시 여위어 살이 빠짐. ②매장한 시체의 살이 완전히 빠져 뼈만 남음.

【肉脯】にくほ(육포) ①육(肉)과 포(脯). 인체(人體)를 이름. ②쇠고기를 얇게 저며 말린 포.

【肉筆】にくひつ(육필) 당자(當者)가 직접 쓴 글씨.

▷強食弱一, 乾一, 鷄頭一, 骨一, 筋一, 肌一, 爛一, 牢一, 豚一, 豆一, 臀一, 馬一, 孟母豬一, 膰一, 肥一, 飛一, 髀一, 祥一, 生一, 腊一, 獸一, 宿一, 視一, 粱一, 魚一, 餘一, 臠一, 牛一, 濡一, 一塊一, 印一, 殘一, 截一, 胙一, 鳥一, 酒一, 土一, 豐一, 皮一, 行口走一, 懸羊頭賣狗一

6【肎】 肯(p.1227)과 同字

2/6【肌】 1 살 기 2 몸 기 | 支ㄐㄧ 困(ji) | き(ハダ) *flesh*
同 骩

풀이 1 ①살. ¶割皮解一＜史記＞ ②피부. ¶洗盡鉛華見雪一＜蘇軾＞ 2 몸. 신체.

【肌膚】きふ(기부) 살과 살갗. 또는, 살·피부.

▷膚一, 粉一, 氷一, 死一, 雪一, 細一, 素一, 軟一, 玉一, 完一, 鳥一, 侵一, 浸一, 豊一, 皮一

2/6【肋】 1 갈빗대 륵 2 힘줄 근 | 職ㄌㄜˋ 文(le) | ろく(アバラ) *rib* きん

【肋骨】ろっこつ(늑골) 갈빗대.

【肋膜】ろくまく(늑막) 늑골(肋骨)의 안쪽에 있어서 흉곽의 내면과 폐의 표면을 싼 장액막(漿液膜). 胸膜(흉막). ¶一炎.

▷鷄一, 沙一, 山一, 羊一, 兩一, 脇一

6【刖】 ☞刀部 4획(p.200)

6【月丁】 釘(p.1636)과 同字

8【脊】 脊(p.1228)와 同字

3/7【肝】 간 간 | 寒ㄍㄢ (gan) | かん(キモ) *liver*

풀이 ①간. 간장(肝臟). ¶祭先一＜呂覽＞ ②정성. 충정(衷情). ¶披腹心 輸一膽＜史記＞

【肝腦塗地】かんのうちにまみる(간뇌도지) 간(肝)과 골이 흙과 뒤범벅이 된다는 뜻으로, 전장(戰場)에서 참살(慘殺)된 모습을 이르는 말. 肝膽塗地(간담도지). ¶使天下無事之人 一＜史記＞

【肝膽】かんたん(간담) ①간장(肝臟)과 담낭(膽囊). 간과 쓸개. ②참마음. 진심(眞心). ③서로 가까이 있는 두 사물을 비유하여 이르는 말.

【肝膽相照】かんたんあいてらす(간담상조) 서로 속마음을 터놓고 사귐. ¶所恃知己 一＜文天祥＞

【肝要】かんよう(간요) 썩 요긴함. 아주 중요함.

【肝腸】かんちょう(간장) ①간과 창자. ②마음.

【肝臟】かんぞう(간장) 오장(五臟)의 하나. 뱃속의 오른쪽 위 횡격막(橫隔膜) 아래에 자리잡아 담즙(膽汁)을 분비(分泌)하여 담낭(膽囊)으로 보내며 영양을 저장하는 장기.

▷嘔出心一, 鳳胎龍一, 剖心析一, 銘一, 析一, 洗一, 輸一, 心一, 雕一, 鐵一, 忠一, 肺一

3/7【肚】 배 두 | 虞ㄉㄨˋ 遇(du) | と(ハラ) *belly*

풀이 ①배[腹]. ¶脚在一下＜五燈會元＞ ②위(胃). 밥통.

7【育】 育(p.1228)의 本字

3/7【肜】 1 융제사 융 2 배가는 모양 침 | 東ㄖㄨㄥˊ (rong) 侵 | ゆう ちん

풀이 1 융제사. 제사 이튿날의 제사. ¶祭之明日又祭 殷曰一 周曰繹＜書經·注＞ 2 배가 가는 모양. 배가 나아가는 모양.

3/7【肘】 팔꿈치 주 | 有ㄓㄡˇ (zhou) | ちゅう(ヒジ) *elbow*

풀이 ①팔꿈치. 팔의 관절. ¶取金印如斗大 繫一＜晉書＞ ②말리다. 팔을 붙잡고 말림. ¶高聲索果栗 欲起時被一＜杜甫＞ ③척도(尺度)의 명칭. 1주(肘)는 2자. 일설에는 1자 5치.

▷曲一, 戟一, 臂一, 素一, 雙一, 兩一, 引一, 掣一, 枕一

3/7【肖】 1 닮을 초 2 꺼질 소 | 嘯ㄒㄧㄠˋ 蕭(xiao) | しょう *resemble*

풀이 1 ①닮다. 골상(骨相), 육체가 닮음. ¶速哉 七十子之一仲尼也＜法言＞ ②법. 법규. ¶一 法也＜方言＞ ③좋다. 선함. ¶若一久矣＜老子＞ ④작다. 通小. 2 ①꺼지다. 녹음. 없어짐. 通消. ¶達於知者一＜莊子＞ ②쇠약하다. ¶申呂一矣＜史記＞ ③작다.

【肖像】しょうぞう(초상) 닮은 모습. 그 사람을 닮게 만드는 화상(畫像)또는 우상(偶像).

▷摹一, 不一, 十二一, 僭一

3/7【肛】 똥구멍 항 | 江ㄍㄤ 東(gang) | こう *anus*

(풀이)①똥구멍. ¶一門重十二兩<史記> ②부풀다. ¶形軀頓脝一<韓愈>
【肛門】こうもん(항문) 똥구멍.
▷脝一, 脫一

3/7【肓】 명치끝 황 | (陽)ㄏㄨㄤ (huang) | こう
(풀이)명치끝. 심장 아래, 횡경막 위. ¶膏一之疾/泉石膏一.

4/7【肩】 1어깨 견 2어깨뼈 간 3여위고 작을 혼 | (先)ㄐㄧㄢ (jian) (刪) (元) | けん(カタ) かん こん
(풀이)1①어깨. ¶脅一諂笑<孟子> ②견디다. 무거운 짐을 견딤. ③이겨내다. ④맡기다. 임용(任用)함. ¶朕不一好貨<書經> ⑤단단하다. ⑥세 살 난 짐승. ¶並驅從兩一兮<詩經> 2어깨뼈. 3여위고 약하다. 여위고 작음.
【肩章】けんしょう(견장) 제복(制服) 어깨에 붙여서 계급 따위를 나타내는 표지(標識).
▷比一, 雙一, 兩一,

4/7【股】 넓적다리 고 | (麌)ㄍㄨˇ (gu) | こ(マタ) *thigh*
(풀이)①넓적다리. ㉮무릎 윗부분. ¶赤芾在一<詩經> ㉯두 가닥 난 물건. ¶釵一欲分猶半疑<韓偓> ②정강이. ¶有脩一民<淮南子> ③끝. ④수레의 바퀴통에 가까운 부분. ¶參分其一圍<周禮> ⑤가닥지다. 가지. ¶皆往往一引取之<漢書> ⑥고(股). 직각삼각형의 직각을 낀 두 변 가운데서의 긴 변. 짧은 것은 句. ⑦가닥. 새끼와 노를 이루고 있는 가닥. ⑧㊥ ㉮주(株). 주식(株式). ㉯위원(委員). ㉰당(黨). 파(派).
【股間】こかん(고간) 샅. 두 다리의 사이.
【股肱之臣】ここうのしん(고굉지 신) 손발처럼 돕는 가장 믿는 신하. 股掌之臣(고장지 신). ¶輔拂一配焉 忠信行道 以奉主上<史記>
【股本】(고본)㊥ 주식 자본(株式資本).
▷脛一, 句一, 金釵一, 四一, 脩一, 引錐刺一, 赤一, 八一, 合一

4/7【肱】 팔 굉 | (蒸)ㄍㄨㄥ (gong) | こう(カイナ) *arm*
▷股一, 曲一, 三一, 折一, 枕一

4/7【肯】 1즐길 긍 2뼛사이 살 개 | (迥)ㄎㄣˇ (ken) (賄) | こう *enjoy* かい
(同)肎 肻 肯
(풀이)1①즐기다. 기꺼이. ¶惠然一來<詩經> ②뼛사이의 살. 뼈에 붙은 살. ¶技經一綮之未嘗<莊子> ③살이 붙지 않은 뼈. ④옳게 여기다. 수긍(首肯)함. ¶高祖數讓 衆莫一爲<漢書> 2뼛사이 살.
【肯構】こうこう(긍구) 아버지의 사업을 아들이 이어받아 성취함을 이름. 肯堂(긍당).
【肯定】こうてい(긍정) 그러하다고 인정함. 동의(同意)함. ↔否定(부정).
▷不一, 首一, 惠一

8【肎】 肯(p.1227)과 同字
10【肻】 肯(p.1227)과 同字

4/8【肵】 공경할 기 근 | (微)ㄑㄧˊ (問)(qi) | き, きん(ツツシム) *respect*
(풀이)①공경하다. 삼감. ¶載于一俎<儀禮> ②적대(炙臺). ㉮염통과 혀를 담는 적대. ¶佐食升一俎<儀禮> ㉯시동(尸童)에게 차리고 남은 고기를 담는 적대. ¶祭殤不擧 無一俎<禮記>

4/8【肭】 살찔 눌 | (月) (黠) | どつ(コエル) だつ

4/8【肪】 기름 방 | (陽)ㄈㄤˊ (fang) | ぼう(アブラ)
(풀이)①기름. 비계. ②살찌다.

8【肧】 胚(p.1230)와 同字
8【肤】 膚(p.1242)와 同字

4/8【肦】 1머리 클 분 2나눌 반 | (文)ㄅㄢ (刪)(ban) | ふん はん
(풀이)1①머리가 큰 모양. ②많은 모양. (같)頒. 2①나누다. 배분함. (같)頒. ¶一肉及瘦車<儀禮> ②높다. 높고 큼.

4/8【肥】 1살찔 비 2가벼이 여길 비 | (微)ㄈㄟˊ (紙)(fei) | ひ *fat*
(풀이)1①살찌다. ¶吾牲牷一腯<左氏傳> ②걸우다. 땅을 걸게 함. ¶恩一土域<史記> ③거름. ¶澆一之法 草與木不同<花經> ④살진 말. ¶乘堅策一<漢書> ⑤살진 고기. ¶甘一飮美<後漢書> ⑥어육(魚肉). ¶沐浴盛潔棄一葷<雲笈七籤> ⑦즐기다. 느긋하게 만족함. ¶一遯无不利<易經> ⑧냇물의 한 가지. ㉮같은 근원의 물이 하류에서 갈라지는 내. ¶我思一泉<詩經> ㉯다른 근원의 물이 하류에선 합쳐지는 내. ¶水異出流行合同 曰一<爾雅·注> ⑨나라 이름. 춘추 시대 오랑캐의 나라. 산서성(山西省) 석양현(昔陽縣)의 동쪽에 있었음. ⑩성(姓). ⑪㊥ ㉮기름기가 많은 고기. ㉯차지한 이익. 2가벼이 여기다. (通)鄙. ¶口所偏一 晋國黜之<列子>
【肥己潤身】(비기윤신) 제 몸만 살찌움. 제 이익만 취함. 肥己(비기).
【肥大】ひだい(비대) ①살찌고 몸집이 큼. ②생체의 기관이나 조직의 부피가 정상 이상으로 커지는 일. ③부력(富力)이나 세력(勢力)

이 너무 커져서 스스로 주체를 하지 못하는 상태를 이름.
【肥鈍】(비둔) 너무 살쪄 행동이 둔함.
肥遁ひとん(비둔) ☞肥遯(비둔).
【肥遯】ひとん(비둔) 유유한 심정으로 세상을 피하여 숨음. 肥遁(비둔). ¶一无不利<易經>
【肥料】ひりょう(비료) 식물의 생장을 촉진하는 영양 물질. 거름. 질소(窒素)·인산(燐酸)·칼리의 3요소(要素)로 이루어짐.
【肥滿】ひまん(비만) 살져서 뚱뚱함. 肥張(비장). ¶一症.
【肥沃】ひよく(비옥) 땅이 기름짐. 肥饒(비요).
▷甘一, 輕一, 驕一, 金一, 基一, 綠一, 馬一, 鮮一, 魚一, 軟一, 盈一, 温一, 溢一, 珍一, 天高馬一, 天下一, 追一, 堆一, 豊一, 瓠一

8【肦】 肸(p. 1228)와 同字

4 8【肫】 1 광대뼈 순 眞ㄓㄨㄣ じゅん cheek bone
2 말린고기 순 震(zhun) せつ
3 광대뼈 졸 屑ㄔㄨㄣ とん
4 떡 둔 阮(chun) じゅん
5 아래턱 준 軫

풀이 1 ①광대뼈. ②새의 밥통. ③정성스러운 모양. 通 惇. ¶一一其仁<中庸> 2 ①말린 고기. 通 純. ¶腊一一<儀禮> ②정강이뼈. 짐승 뒷다리의 경골(脛骨). ¶右肩臂臑一胳<儀禮> ③장딴지. 3 광대뼈. 4 떡. 만두. ¶腒一. 5 아래턱.

4 8【肬】 사마귀 우 尤 ㄧㄡˊ(you) ゆう(イボ) wart

풀이 ①사마귀. 通 疣. ②붓다. 부어 오름.

4 8【育】 1 기를 육 屋 ㄩˋ(yu) いく(ソダツ)
2 맏아들 주 宥 ちゅう
本 育

풀이 1 ①기르다. ¶長我一我<詩經> ②자라다. ¶旣生旣一<詩經> ③낳다. ¶婦孕不一<易經> 2 맏아들. 같 胄.
【育苗】いくびょう(육묘) 모나 묘목을 기름.
【育成】いくせい(육성) 기르고 키움. 養成(양성). ¶呑吐風雲 一萬品<高允>
【育兒】いくじ(육아) 어린애를 기름.
【育英】いくえい(육영) 영재(英才)를 교육함. 인재를 기름. ¶得天下英才而教育之 三樂也<孟子>
【育種】いくしゅ(육종) 유용 동식물(有用動植物)을 육성하는 일. 유전학적(遺傳學的) 품종개량(品種改良), 원종(原種)의 유지 관리 등을 포함함. ¶一學.
▷坤一, 教一, 鞠一, 德一, 撫一, 發一, 繁一, 覆一, 萯一, 生一, 成一, 率一, 愛一, 養一, 遺一, 仁一, 孕一, 長一, 載一, 濟一, 知一, 智一, 遮一, 體一, 治一, 惠一, 化一, 誨一, 訓一, 薰一

10【肴】 炙(p. 934)와 同字

4 8【肢】 1 사지 지 支 ㄓ し(シシ) limb
2 찌뿌드드할 시 寘(zhi)
同 胑

풀이 1 사지. 팔다리. 같 躰. ¶四一之於安佚也<孟子> 2 찌뿌드드하다. 몸이 거북함.
【肢體】したい(지체) ①사지(四肢)와 몸통. ②몸. 신체. 體軀(체구). ③손발. ¶一相髓骨節相救<三略>
▷四一, 上一, 雪一, 腰一, 折一, 下一

4 8【肺】 1 허파 폐 隊 ㄈㄟˋ はい lung
2 무성한모양 패 泰(fei)
同 肺

풀이 1 ①허파. 부아. 오장(五臟)의 하나. ¶一者 氣之本 魄之處也<素問> ②마음. 충심(衷心). ¶人莫能探其膺一<唐書> ③지저깨비. 나무를 다듬거나 깎을 때 생기는 잔 조각. 通 柿. ¶蚡以一附爲相<漢書> ④붉다. 通 柹. ¶以一石達窮民<周禮> 2 무성한 모양. 초목이 무성함. ¶一一.
【肺結核】はいけっかく(폐결핵) 결핵균에 의한 폐장의 질환. 폐병.
【肺氣】はいき(폐기) 딸꾹질.
【肺氣腫】はいきしゅ(폐기종) 허파꽈리가 확장되어 공기가 유체되어 호흡이 곤란해지는 병.
【肺腑】はいふ(폐부) ①폐장(肺臟). 또는, 모든 장부(臟腑). ②마음 속. 心腹(심복). ③긴요한 곳. 요점(要點). ④황실(皇室)의 사람들. 皇族(황족). ¶諸侯子弟若一<史記>
【肺石】はいせき(폐석) 붉은 돌. 주(周)대에 이것을 조정(朝廷)에 세워 원근(遠近)의 노유(老幼)가 상감에게 아뢸 일이 있을 때에 그 오른쪽 위에 앉게 하였음. ¶以一達窮民<周禮>
【肺活量】はいかつりょう(폐활량) 숨을 깊이 들이쉬었다 한껏 내쉴 때의 공기의 양. 肺量(폐량). 肺氣量(폐기량).
▷肝一, 枯一, 愁一, 心一, 膺一

4 8【肴】 안주 효 肴 ㄧㄠˊ(yao) こう(サカナ) savory
同 餚

풀이 ①안주(按酒). 술안주. 새, 짐승, 물고기 따위를 뼈째 구워 익힌 고기. ¶玉盤佳一萬姓膏<春香傳> ②채소 절임. 채소를 소금이나 등겨 따위에 절인 것. ¶雜一蔬兮進侯堂<韓愈>
▷佳一, 嘉一, 甘一, 美一, 山一, 上一, 鮮一, 異一, 酒一, 旨一, 珍一, 豊一

8【肻】 匈(p. 227)과 同字

4 8【肸】 1 소리 울릴 힐 質 ㄒㄧˋ(xi) きつ
2 땅 이름 비 寘 ひ

풀이 1 ①소리가 울리다. ②떨쳐 일어나다. ¶一蠁布寫<漢書> ③웃음 소리의 모양. ¶――. ④사람 이름. ⑤나라 이름. ¶―頓. [2]땅 이름. 노(魯)의 읍명(邑名). ㉮費.

5 9〖胛〗 어깨뼈 갑 |[洽]ㄐㄧㄚˇ (jia)| こう

【胛骨】(갑골) 어깨뼈. 견갑골(肩胛骨)의 준말.
▷肩―, 祖―

5 9〖胠〗 겨드랑 거·겁 |[魚]ㄑㄩ (qu)| きょ
|[藥]| きょう

풀이 ①겨드랑. ¶兩―下滿<素問> ②오른편 군대. 우익군(右翼軍). ¶―商子車御侯朝<左氏傳> ③열다. 옆에서부터 엶. ¶―篋探囊<莊子> ④막다. ㊞陆. ¶―於沙而思水 則無逮矣<荀子>

5 9〖朐〗
[1]구운 포 구 [虞] く
[2]오랑캐 이름 우 [虞] *roast*
[3]지렁이 준 [軫] しゅん
[4]손가락 마디 울 박 [覺] はく
※月부의 朐(p. 739)는 딴 자.

풀이 [1]①구운 포(脯). ¶左―右末<禮記> ②굽다. 불에 구움. ③멀다. ¶古之祭者 有時而―<管子> ④풀 이름. ㉮蒟. [2]북방 오랑캐 이름. ¶―衍. [3]①지렁이. ②땅 이름. ¶―忍. [4]손가락 마디가 울다.

5 9〖胆〗
[1]어깨 벗을 단 [旱]ㄉㄢˇ たん
[2]살찐 모양 달 [曷](dan) たつ
[3]침 단 [寒]

풀이 [1]①어깨를 벗다. ㉮膻. ②쓸개. 膽의 俗字. [2]살찐 모양. ¶膈―. [3]침. 타액(唾液).

9〖脉〗 脈(p. 1233)의 俗字

5 9〖胉〗
[1]어깨뼈 박 [藥] はく
[2]옆구리 백 [陌]

5 9〖胖〗
[1]희생 반쪽 반 [翰]ㄆㄢˋ(pan)
[2]편안할 반 [寒]ㄆㄢˊ(pan) はん
[3]안심 반 [潸]ㄅㄢˇ(ban)

풀이 [1]①희생 반 쪽. ¶凡祭祀共豆脯薦脯膴―凡腊物<周禮> ②갈비살. 갈비에 붙은 살. ¶鵠鴞―<禮記> ③넓적한 고기 조각. ④㊥ 살찌다. [2]편안하다. 너그러움. ¶心廣體―<大學> [3]안심. 소의 갈비 안쪽 채끝에 붙은 고기.
▷膴―, 左―, 體―

5 9〖胈〗 정강이 털 발 [曷]ㄅㄚˊ はつ
패 [泰](ba) はい

풀이 ①정강이 털. ¶堯舜於是乎股無― 脛無毛<莊子> ②솜털. 몸에 난 잔 털. ¶躬胝骿胝無― 膚不生毛<漢書> ③흰 살갗. 흰 피부. ¶躬胝無― 膚不生毛<史記>

5 9〖背〗 [1]등 배 [隊]ㄅㄟˋ はい(せ)
[2]배반할 배 [隊](bei) *back*

풀이 [1]①등. ¶見於面 盎於―<孟子> ②뒤. 등쪽. ¶腹―擊之<晉書>/―毀. ③양(陽). ¶璧在― 琮在腹<周禮> ④음(陰). ¶有獻牛足出―上<史記> ⑤당(堂)의 북쪽. ¶言樹之―<詩經> ⑥간괘(艮卦). ¶艮爲―<易經·注> ⑦배자(褙子). ⑧햇무리. 일훈(日暈). ¶暈適―穴<漢書> [2]①배반하다. ¶噂沓―憎<詩經> ②달아나다. 버리고 떠남. ¶生孩六月 慈父見―<李密> ③물러나다. ¶―穴偃蹠<宋玉> ④외다. 암송함. ¶每日工夫 先考德 次―書<齊家寶要> ⑤등지다. 등 뒤에 둠. ¶早―胡霜過戍樓<羅鄴>

【背景】はいけい(배경) ①그림이나 사진 등에서 제재(題材)의 배경(背景). ②무대 뒷벽에 꾸민 경치. ③소설에서 인물을 둘러싼 주위의 정경(情景). ④뒤에서 도와주는 세력(勢力). ⑤배후의 경치. ↔前景(전경).

【背教】はいきょう(배교) ①가르침을 배반(背反)함. ②종교의 교의(教義)를 배반함.

【背囊】はいのう(배낭) ①물건을 넣어 등에 지는, 가죽이나 피륙으로 된 자루. ②짊어진 자루. ¶―囊肩杵 奔走踏舞<盧肇>

【背德】はいとく(배덕) 은덕을 배반함. 도의(道義)에 어그러짐. 悖德(패덕).

【背理】はいり(배리) 도리에 어긋남. 乖理(괴리). ¶棄義― 不知其惡 有時而亡<枚乘>

【背面】はいめん(배면) ①얼굴을 돌림. ¶十五泣春風 ―鞦韆<李商隱> ②뒤쪽.

【背反】はいはん(배반) ☞背叛(배반).

【背叛】はいはん(배반) 믿음과 의리를 저버리고 돌아섬. 背反(배반). 離反(이반). 乖叛(괴반).

【背書】はいしょ(배서) ①글을 욈. 背文(배문). 背講(배강). ¶每日工夫 先考德 次―講書<齊家寶要> ②문서 따위의 뒷면에, 앞면의 기재에 대한 주기(注記)나 승인, 보증의 뜻을 적는 일. 특히 수표나 어음의 뒷면에 서명 날인하여 그 유효를 증명하는 일.

【背水陣】はいすいのじん(배수진) ①강을 배후에 두고 진을 침. 물러서면 강물에 빠져 죽게 되므로 결사적으로 싸우게 됨. ②죽음을 각오하고 전력을 다해 성패를 시도(試圖)함의 비유.

【背信】はいしん(배신) 신의(信義)를 저버림.

【背泳】はいえい(배영) 수영의 한 가지. 송장 헤엄.

【背恩】はいおん(배은) 은의(恩義)를 저버림. 은혜를 입고 배반함.

【背恩忘德】はいおんぼうとく(배은망덕) 입은 은덕을 잊어버리고 배반하는 일.

【背任】はいにん(배임) 임무를 저버림. 임무의 본지(本旨)를 어김. ¶―罪/―行爲.

【背子】はいし(배자) 적삼 위에 덧입는 옷. 褙子(배자).

【背地】はいち(배지) 남몰래. 살짝. ¶奈朝來― 有人在那裡<長生殿>

【背馳】はいち(배치) 어긋남. 서로 반대가 됨.
【背後】はいご(배후) ①뒤. 배면(背面). ②살짝. 남모르게. 背地(배지).
▷乖—, 傴—, 棄—, 刀—, 逃—, 芒刺在—, 反—, 翻—, 腹—, 拊咽搤—, 手—, 捐—, 違—, 離—, 裝—, 紙—, 台—, 悖—, 項—, 向—, 鄉—, 廻—, 後—

5/9 【胚】 아이밸 배 | 囙ㄆㄟ (pei) | はい(ハラム) *pregnant*
同肧
풀이 ①아이배다. ②엉기다. 어리다. ¶類一渾之未凝<郭璞> ③시초. 비롯함. ¶造化發育之妙 實一胎乎其中<眞德秀>
【胚芽】はいが(배아) ①알의 노른자 위에 있는 희게 보이는 원형질. 알눈. 胚盤(배반). ②식물의 씨 속에 있는 두 잎의 두꺼운 떡잎을 갖춘 부분. 식물의 싹이 됨.
【胚胎】はいたい(배태) ①잉태(孕胎)함. ②사물의 시초, 사물의 원인이 되는 빌미.
▷瑟瑟—, 絶其—, 造化—, 種—

5/9 【胕】 1 장부 부 / 2 발 부 / 3 종기 부 | 週ㄈㄨˇ(fu) 虞ㄈㄨ(fu) 虞ㄈㄨˊ(fu) | ふ
풀이 1 장부(臟腑). 갇腑. 2 ①발. 갇跗. ¶治一腫也<山海經> ②살갗. 갇膚. ¶尾湛一潰<戰國策> 3 종기.

5/9 【胥】 1 서로 서 / 2 깨날 소 | 魚ㄒㄩ (xu) 虞 | しょ(アイ) *mutually* そ
풀이 1 ①서로. 함께. 갇與. ¶載一及溺<詩經> ②게장. 게젓. ¶青州之蟹一<周禮> ③다. 모두. ¶民一然矣<詩經> ④보다. 자세히 봄. 通相. ¶一令而動者也<管子> ⑤기다리다. ¶帝將一天下而遷之焉<孟子> ⑥잠깐. ⑦돕다. ⑧성기다. 멂. 通疏. ¶是於聖人也一易<莊子> ⑨아전(衙前). 하급 관리. ¶一十有二人<周禮> ⑩여쭈다. ¶以比追一之事<周禮> ⑪어조사(語調辭). ¶侯氏燕一<詩經> ⑫악관(樂官). ¶一齊南<禮記> ⑬나비. 호접(胡蝶). 2 깨나다. 通蘇.
【胥動浮言】(서동부언) 韓 유언비어로 민심을 선동함.
【胥吏】しょり(서리) 지방 관아에 딸린 하급 관리. 衙前(아전).
▷樂—, 徒—, 相—, 象—, 閭—, 餘—, 靈—, 淪—, 儲—, 追—, 蟹—, 猾—, 熏—, 薰—

5/9 【胃】 밥통 위 | 困ㄨㄟˋ (wei) | い(イブクロ) *stomach*
同[illegible]
풀이 ①밥통. 위. ¶水穀入口 則一實而腸虛<素問> ②마음. ¶淵一往藏 朗思來照<陸雲> ③별 이름. 28 수(宿)의 하나. 서쪽에 있으며 창고(倉庫)를 맡아 봄.
【胃經】いけい(위경) ①위(胃)에 붙은 질긴띠[靭帶]의 총칭. ②위장에 딸린 경락(經絡).
【胃痙攣】いけいれん(위경련) 위의 근육이 발작적으로 오그라지며 심한 아픔을 일으키는 증세. 胃脘痛(위완통). 「밥통.
【胃腑】いふ(위부) 육부(六腑)의 하나. 위(胃).
【胃酸】いさん(위산) 위액(胃液)에 섞여 분비되는, 소화 작용을 하는 산(酸).
【胃腺】いせん(위선) 위벽 안에 있어 위액(胃液)을 분비(分泌)하는 선(腺).
【胃癌】いがん(위암) 위 안에 생기는 악성 종양(惡性腫瘍).
【胃液】いえき(위액) 위에서 분비되는 소화액.
【胃炎】いえん(위염) 위에 생긴 염증(炎症).
【胃腸】いちょう(위장) 위(胃)와 장(腸). 밥통과 창자. 소화 기관의 총칭.
【胃下垂】いかすい(위하수) 위가 무력하여 보통 위치보다 아래로 처져 있는 증세.
【胃擴張】いかくちょう(위확장) 수축력(收縮力)이 약해져 위가 아래로 처지는 병.
▷肝—, 健—, 腹—, 脾—, 心—, 飮灰洗—, 腸—, 調—, 治—

5/9 【胤】 이을 윤 | 震ㄧㄣˋ (yin) | いん(ツグ) *eldest son*
풀이 ①잇다. 자손이 조상의 뒤를 이음. ¶予乃一保 大相東土<書經> ②맏아들. 후사(後嗣). ¶一子朱 啓明<書經> ③핏줄. 혈통(血統). ¶周公之一也<左氏傳> ④악곡(樂曲). 通引.
【胤裔】いんえい(윤예) 자손. 말손(末孫). 또는, 혈통(血統). 胤孫(윤손). 「이르는 말.
【胤玉】いんぎょく(윤옥) 남을 높이어 그의 아들을
▷來—, 名—, 苗—, 昭—, 淑—, 令—, 傳—, 帝—, 祖—, 枝—, 天—, 冢—, 賢—, 皇—, 後—

5/11 【胾】 1 썩은고기 자 / 2 사람 창자이름 자 / 3 여윌 적 | 寘ㄗˋ 支(zi) 陌 | し し せき
풀이 1 ①썩은 고기. ¶掩骼埋一<禮記> ②살이 붙은, 새나 짐승의 남은 뼈. 2 ①사람의 창자 이름. ②바다거북. ③물속에서 사는 동물 이름. 해면(海綿) 동물의 총칭. ¶海水雖大 不受一芥<淮南子> 3 ①여위다. ②앓다.

5/9 【胏】 밥찌끼 자 | 紙ㄗˇ (zi) | し
풀이 ①밥찌끼. 먹다 남은 밥. ②뼈가 붙은 마른 고기. ¶噬乾一<易經> ③마른 고기. 포. ④대자리. 通笫.

5/9 【胄】 맏아들 주 | 宥ㄓㄡˋ (zhou) | ちゅう(ヨツギ) *eldest son*
※冑(p.185)는 딴 자.
풀이 ①맏아들. 후사(後嗣). ¶教一子<書經> ②핏줄. 혈통. ¶等一之親疎也<國語>

【胄筵】ちゅうえん(주연) 왕세자(王世子)가 강론하던 곳. 離筵(이연). 書筵(서연).

【胄裔】ちゅうえい(주예) 핏줄. 자손. 後胤(후윤). 裔胄(예주). 胄胤(주윤).

【胄子】ちゅうし(주자) ①천자(天子)에서 경대부(卿大夫)에 이르기까지의 적자(嫡子)를 이름. 後嗣(후사). ¶帝曰 夔 命汝典樂 敎—＜書經＞ ②국자 학생(國子學生)을 이름. ¶莘莘— 祁祁學生＜潘尼＞

▷開—, 高—, 國—, 貴—, 末—, 名—, 門—, 緖—, 世—, 餘—, 裔—, 遠—, 胤—, 支—, 齒—, 遐—, 洪—, 華—, 皇—

9〖胑〗 肢(p. 1228)와 同字

5 9〖胝〗 1 굳은살 지 因ㄓ ち 2 멀떠구니 치 因(zhi) し

풀이 1 굳은살. 변지. 못. ¶累跡救宋 重—存楚＜任昉＞ 2 멀떠구니. 또는, 오장(五臟).

5 9〖胗〗 입술 틀 진 軫ㄓㄣˇ しん 긴 軫(zhen) きん

풀이 ①입술이 트다. ¶中脣爲—＜宋玉＞ ②종기. 부스럼. ③부스럼 딱지.

5 9〖胣〗 창자 가를 치 紙ㄔˇ(chi) ち 이 紙 い

5 9〖胎〗 아이밸 태 灰ㄊㄞ(tai) たい(ハラム) *pregnant*

풀이 ①아이를 배다. ¶三月而—＜淮南子＞ ②잉부(孕婦). 임신부(妊娠婦). ¶刳—殺夭＜淮南子＞ ③태아(胎兒). ¶不殺—＜禮記＞ ④태아처럼 싸여 있는 물건. ¶剖明月之珠—＜漢書＞ ⑤사물의 기원(起源). ¶福生有基 禍生有—＜漢書＞ ⑥기르다. ⑦검버섯. 늙은 사람의 살갗에 생기는 검은 점. 通鮐. ¶背有—文＜孔耽碑＞ ⑧달아나다. 벗어남. 通駘.

【胎甲】たいこう(태갑) 뱃속. 胎中(태중). 胎內(태내). ¶六子生於乾坤之包中 如物之處—者＜夢溪筆談＞

【胎敎】たいきょう(태교) 잉부(孕婦)가 태아(胎兒)에게 좋은 영향을 주기 위하여 음식을 가려 먹고 행동거지를 삼가는 일. 胎誨(태회). ¶未生— 旣生保敎＜元稹＞

【胎禽】たいきん(태금) 학(鶴)을 이름. 胎仙(태선).

【胎氣】たいき(태기) ①잉태(孕胎)한 기미. ②잉태(孕胎)중의 자양분(滋養分). ¶女始則—不足 乳湩有餘＜列子＞

【胎內】たいない(태내) ①뱃속. 胎甲(태갑). 胎中(태중). ②몸을 구부리고 들어갈 수 있는 암굴.

【胎動】たいどう(태동) ①태내의 태아의 움직임. ②어떤 일이 일어날 기운(氣運)이 돎.

【胎夢】たいむ(태몽) 잉태할 조짐을 보인 꿈.

【胎盤】たいばん(태반) 태아의 태낭(胎囊)이 모체의 자궁벽과 결합하여 배꼽의 태로부터 양분을 받는 곳. 胞衣(포의). 胎衣(태의).

【胎生】たいせい(태생) ①태어난 곳을 이름. ②모태(母胎) 안에서 일정한 기간 발육한 뒤에 출생하는 것. ↔卵生(난생).

【胎仙】たいせん(태선) 학(鶴)의 이칭. 胎禽(태금). ¶琴心三疊 舞—＜黃帝內景經＞

【胎屎】たいし(태시) 갓난아이의 똥. 배내똥. 胎便(태변).

【胎息】たいそく(태식) 뱃속까지 숨을 들이마셔 마음을 가라앉히고 기운을 기르는 법. 도교(道敎) 장수법(長壽法)의 한 가지. 복식 호흡법(腹式呼吸法).

【胎兒】たいじ(태아) 태내(胎內)의 아이.

【胎熱】たいねつ(태열) 어린아이가 태내에서 받은 열이 출생 후에도 계속되는 병증. 흔히, 얼굴이 붉어지고 변비(便祕)가 생기며 오줌빛이 적황색으로 변하고 젖을 먹지 않음.

▷落—, 卵—, 動—, 母—, 胚—, 聖—, 受—, 夭—, 元—, 孕—, 竹—, 處—, 出—, 墮—, 胞—, 換骨奪—, 懷—

9〖胏〗 肺(p. 1228)와 同字

5 9〖胞〗 1 태보 포 肴ㄅㄠ(bao) ほう 2 숙수 포 肴ㄆㄠˊ(pao) (エナ) 3 여드름 포 效

풀이 1 ①태보. 삼. ¶善臧我兒—＜漢書＞ ②종기(腫氣). ¶夫癘雖癰腫—疾＜戰國策＞ ③中 친형제. 2 숙수(熟手). 조리사. ¶湯以—人籠伊尹＜莊子＞ 3 여드름. 같 皰.

【胞宮】ほうきゅう(포궁) 아기집. 子宮(자궁).

【胞門】ほうもん(포문) 산모(産母)의 음부. 産門(산문).

【胞人】ほうじん(포인) ①요리하는 사람. 庖人(포인). 熟手(숙수). ¶湯以—籠伊尹 秦穆公以五羊之皮籠百里奚＜莊子＞ ②한(漢)대의 벼슬 이름. 소부(少府)에 딸렸으며, 취사(炊事)를 맡았음.

【胞子】ほうし(포자) 은화식물(隱花植物)의 자낭(子囊) 속에 있는 특별한 생식 세포. 모체를 떠나 새로운 개체를 이룸.

【胞胎】ほうたい(포태) ①태(胎). 胞衣(포의). ②中 자궁. 아기집. ③韓 임신함. 孕胎(잉태).

▷空—, 僑—, 單細—, 同—, 細—, 育—

5 9〖胡〗 1 오랑캐 호 虞ㄏㄨˊ こ(エビス) 2 목 호 遇(hu)

풀이 1 ①오랑캐 이름. 진(秦) 이전은 흉노(匈奴)만을 일컬었으나 뒤에는 새외(塞外) 민족의 총칭(總稱)이 되었음. ¶—無弓車＜周禮＞ ②멀다. 通遐. ¶永受—福＜儀禮＞ ③장수하다. ¶—考之寧＜詩經＞ ④크다. ⑤어찌. 通曷. ¶—能有定＜詩經＞ ⑥창날 가지. ⑦하(夏)의 예기(禮器) 이름. 같 瑚. ⑧네모진 언덕. ⑨엉터리. 두서 없음. ¶周筠告變 時韓佗胄已被酒 視之曰這漢又來—說＜齊東野語＞ ⑩풀. 붙이는 풀. ⑪

턱밑살. 턱에 드리워진 살. ¶有龍垂一顙 下迎黃帝<漢書> ⑫드리워지다. ¶謂一下也<禮記> ⑬주(周)의 나라 이름. 지금의 안휘성(安徽省) 부양현(阜陽縣) 서북. 2목[頸]. ¶日磾捽一投何羅殿下<漢書>

句法

의문·반어

㉮[胡…] 어째서 …일까. 어찌 …일 것인가. 何와 쓰임이 같음. ¶田園將蕪胡不歸<陶潛>

㉯[胡爲…] 어째서 …일까. 어찌 …일 것인가. 何爲와 쓰임이 같음. ¶胡爲乎遑遑欲何之<陶潛>

【胡笳】こか(호가) 호인(胡人)이 갈대잎으로 만든 피리. ¶涼秋九月 塞外草衰 夜不能寐 側耳遠聽 一互動 牧馬悲鳴<李陵>

【胡考】ここう(호고) 장수(長壽)함. 또는, 노인(老人). 胡老(호로). ¶有椒其馨 一之寧<詩經>

【胡耇】こく(호구) 90세를 이름. 역년구원(歷年久遠)의 뜻. 뜻이 바뀌어, 노인(老人) 또는 원로(元老)를 뜻함.

【胡國】ここく(호국) 북쪽 오랑캐의 나라.

【胡弓】こきゅう(호궁) 현악기의 하나. 줄은 셋. 말총으로 맨 활로 켜서 연주함.

【胡琴】こきん(호금) 현악기의 하나. 깡깡이 비슷한 악기(樂器).

胡琴(大淸會典圖)

【胡桃】クルミ(호도) 호도나무의 열매. 호두.

【胡亂】うろん(호란) ①확실하지 않은 일. 대충대충. 적당히. 그럭저럭. ¶不可將古人垂示言教一穿鑿<大慧書> ②괴이하고 의심스러움. 수긍이 가지 않음. ③호인들이 일으킨 난리. ④韓 병자호란(丙子胡亂)의 준말.

【胡老】ころう(호로) ☞胡考(호고).

【胡麻】ごま(호마) 참깨와 검은깨의 총칭. 油麻(유마). 芝麻(지마).

【胡馬依北風】こばほくふうニヨル(호마 의북풍) 호마(胡馬)는 북풍에 마음을 달랜다는 뜻으로, 고향을 그리워함의 비유. ¶一 越鳥巢南枝<古詩>

【胡麥】こばく(호맥) 호밀.

【胡白】こはく(호백) 무슨 말이냐의 뜻으로, 그 말이 도리에 맞지 않음을 꾸짖는 말. ¶太后怒曰一<資治通鑑>

【胡服】こふく(호복) 북쪽 오랑캐의 옷.

【胡粉】ごふん(호분) 조개껍질을 태워서 만든 흰 가루. 채료(彩料)·도료(塗料)로 씀.

【胡不歸】ナンゾカエラザル(호불귀) ①어찌 돌아가지 않고 있을 수 있으리오. ¶歸去來兮 田園將蕪一<陶潛> ②어째서 돌아가지 않느냐. 돌아가라는 뜻을 강력히 나타내는 말. ¶式微式微一<詩經>

【胡思亂想】こしらんそう(호사난상) 이것저것 쓸데없는 생각을 함. 胡思亂量(호사난량). ¶無許多一則久久自於物欲上輕<朱子全書>

【胡蒜】こさん(호산) 마늘.

【胡昭】こしょう(호소)《人》 삼국(三國)시대 위(魏)의 영천(潁川) 사람. 자(字)는 공명(孔明). 벼슬하기를 좋아하지 않아 전원(田園)에 숨어 살며 농경과 독서를 즐기어 사방에 그 덕망을 떨침. 건안(建安)말에 손랑(孫狼) 등이 반란을 일으켰을 때 그들은 서로 경계하여 호소가 사는 마을을 침범하지 않았다 함.

【胡孫】こそん(호손) 원숭이의 별칭. 獼猻(호손).

【胡僧】こそう(호승) ①호인(胡人)의 승려. ②달마(達摩)의 별칭. 碧眼胡僧(벽안호승).

【胡市】こし(호시) 외국과 교역(交易)함. ¶開上谷一之利 通漁陽鹽鐵之饒<後漢書>

【胡言亂語】こげんらんご(호언난어) 얼토당토 않은 말을 함. 胡言亂道(호언난도). 胡言亂說(호언난설). ¶怎敢在此一 鬼畫妖符 妄言惑衆<西湖佳話>

【胡然】こぜん(호연) ①어째서 그런가. 말이 이치에 닿지 않음을 꾸짖어 하는 말. ¶紳委章甫有益於人乎 孔子作色而對曰 君一焉<孔子家語> ②아득한 모양. 어렴풋한 모양. ¶一近日 稍乏其人<白居易>

【胡元】こげん(호원) 북호(北胡)에서 일어났다 하여, 원(元)을 낮추어 이르는 말.

【胡越】こえつ(호월) 호국(胡國)과 월국(越國). 서로 멀리 떨어져 있거나 소원(疎遠)함을 비유하여 이르는 말. 胡는 북쪽, 越은 남쪽에 있는 나라.

【胡越一家】こえついっか(호월일가) 원격(遠隔)·이향(異鄕)의 사람이 한 집에 모인다는 뜻으로, 사해(四海)가 모두 하나로 통일됨을 이르는 말. ¶一統之世 眞是一 唐高祖之時<故事成語考>

【胡爲乎】ナンスレゾ(호위호) ①어째서. 하고(何故)로. ¶嗟爾遠道之人 一來哉<李白> ②무턱대고 일을 함.

【胡人】こじん(호인) ①옛 중국에서, 북방 또는 서역(西域)의 이민족(異民族)을 이름. ②남을 업신여겨 하는 말.

【胡笛】こてき(호적) 관악기의 한 가지. 날라리. 太平簫(태평소).

【胡蝶】こちょう(호접) ①나비. ②잠자리의 이칭.

【胡蝶之夢】こちょうノゆめ(호접지 몽) 물아(物我)의 구별을 잊음의 비유. 장주(莊周)가 꿈에 나비가 되어 노닐다가 깨어난 뒤에 자신이 꿈을 꾼 것인지, 본래 나비가 지금 꿈을 꾸고 있는 것인지 알 수 없었다는 일에서 유래. ¶昔者莊周夢爲胡蝶<莊子>

【胡竹】こちく(호죽) ①관악기(管樂器)의 한 가지. 호국(胡國)의 대로 만든 데서 이름. ②韓 담뱃대의 한 가지. 담배통이 너부죽하게 생긴 것. 吳竹(오죽).

【胡地】こち(호지) 옛 중국에서, 북쪽 이민족(異民族)이 사는 땅.

【胡椒】こしょう(호초) 후추.

【胡風】こふう(호풍) ①옛 중국에서, 북쪽 오랑캐 땅에 부는 바람. 또는, 북쪽에서 불어 오는 바람. 朔風(삭풍). 北風(북풍). ¶一吹朔雪 千里度龍山<鮑照> ②호인(胡人)의 풍속.

▷彊一, 盧一, 隴一, 東一, 曼一, 鏝一, 跋一, 肥一, 柴一, 五一, 由一, 玼一, 鶘一,鵜—, 彫—, 含—, 函—, 闔—

6 10 〖胳〗 1 겨드랑이 각 | 藥 ㄍㄜ | かく
2 목뒤뼈 격 | 陌 (ge)

풀이 1 겨드랑이. 2 ①목뒤뼈. 희생의 목뒤뼈. ②겨드랑이.

10 〖骨〗 部首 글자

6 10 〖胯〗 1 사타구니 과 | 禡 ㄎㄨㄚˋ | こ
2 부드럽게 살찐 과 | 蟹 (kua) | (マタ) crotch
3 다리 고 | 遇 | かい

풀이 1 ①사타구니. 같 跨. ②中 가팔에 걸다. 나허리에 차다. 2 부드럽게 살찐 모양. 3 다리. 넓적다리.

6 10 〖胱〗 오줌통 광 | 陽 ㄍㄨㄤ | こう
(guang) | (ボウコウ)

10 〖胸〗 ☞ 月部 6획(p. 739)

6 10 〖能〗 1 능할 능 | 蒸 ㄋㄥˊ (neng) | のう able
2 세발자라 내 | 灰 ㄊㄞˊ (tai) | だい
3 별 이름 태 | 灰 ㄋㄞˋ (nai) | たい
4 견딜 내 | 泰

풀이 1 ①능하다. ¶寡人弗—拔<史記> ②잘하다. 보통 이상으로 뛰어남. ¶唯聖者—之<中庸> ③미치다. 영향이 감. ¶不—被德承澤<淮南子> ④능히. 잘. ¶愛之—勿勞乎<論語> ⑤재주가 뛰어나다. 또는, 그 사람. ¶足以容天下之—士 矣<荀子> ⑥재량(才量). ¶君知我而使我畢—<呂覽> ⑦곰의 한 가지. 발이 사슴 발 비슷함. ⑧이와 같이. ¶萎毋尚—瘦<范成大>

能②(三才圖會)

2 세 발 자라. 3 별 이름. 4 견디다. 通 耐. ¶其性—寒<漢書>

句法
①가능
[能…] …할 수 있다. ¶唯仁者能好人 能惡人<論語>
②불가능
[不能…] …할 수 없다. ¶聞義不能徙<論語>
③반어
[豈能…] 어찌 …할 수 있을까. 아니, 할 수 없다. ¶豈能佩六國相印乎<史記>

【能幹】のうかん (능간) 솜씨. 일을 감당하는 재주와 능력. 才幹(재간). ¶孟嘗淸行出俗 —絕群<後漢書>
【能率】のうりつ (능률) ①일정한 시간에 해 낼 수 있는 일의 분량(分量). ②실제 작업량의, 표준작업량에 대한 비(比).
【能名】のうめい (능명) 재능이 있다는 평판.
【能文】のうぶん (능문) 글을 잘 함. 문필(文筆)의 재주가 있음. ¶俊邁— 尙氣慨<宋史>
【能辯】のうべん (능변) 말솜씨가 능란함. 또는, 그 말.
【能否】のうひ (능부) ①능력이 있음과 없음. 또는, 재능이 있는 사람과 없는 사람. ¶依黜陟 以章—<後漢書> ②할 수 있음과 없음.
【能不能】のうふのう (능불능) 할 수 있음과 할 수 없음. 또는, 재능이 있는 사람과 없는 사람. ¶爲君更奏湘神曲 夜就儂來—<白居易>
【能士】のうし (능사) 재능이 있는 선비. 유능한 사람.
【能事】のうじ (능사) ①해 낼 수 있는 일. 또는, 해 내지 않으면 안 될 일. ②특별히 뛰어난 기술. ③일을 할 수 있음.
【能小能大】(능소능대) 작고 큰 모든 일에 두루 능함.
【能手】のうしゅ (능수) 일에 능란한 솜씨. 또는, 그 사람.
【能臣】のうしん (능신) 재능이 있는 신하. 일을 훌륭하게 처리하는 신하. ¶治世之— 亂世之姦雄<孫盛雜語>
【能言鳥】のうげんちょう (능언조) 앵무새.
【能仁】のうにん (능인) 《佛》 석가(釋迦 : Saka)의 역어(譯語).
【能者】のうしゃ (능자) 재능이 있는 사람. 일을 해 낼 수 있는 사람. ¶—不可弊 敗者不可飾<韓非子>
【能通】のうつう (능통) 사물에 잘 통달함.
▷可—, 幹—, 堪—, 功—, 官—, 伎—, 技—, 機—, 多—, 萬—, 無—, 放射—, 本—, 不可—, 不—, 性—, 殊—, 良—, 力—, 欲罷不—, 吏—, 異—, 才—, 低—, 全—, 全知全—, 知—, 智—, 賢—, 效—

6 10 〖胴〗 1 큰창자 동 | 送 ㄉㄨㄥˋ | どう
2 곧은 모양 동 | 董 (dong)

풀이 1 큰창자. 대장(大腸). 2 ①곧은 모양. ¶侗—. ②창자. ③韓 몸통.
【胴體】どうたい (동체) 몸통. 몸에서 머리·목·다리 따위를 제외한 부분.

6 10 〖脈〗 맥 맥 | 陌 ㄇㄞˋ (mai) | みゃく(スジ)
ㄇㄛˋ (mo) | vein

俗 脉 同 衇

源 會意·形聲. 몸[月] 안에서 나뉘어 흐르는 줄기[𠂢]를 뜻함.

풀이 ①맥. ¶脹—憤而體如瘻水<薛勝> ②물길. 수로(水路). ¶側峭緣溝—<韋應物> ③줄기. 연닮. 잇닿음. 사물이 관통 연락하여 계통을 이루는 것. ¶語—新奇<珊瑚鉤詩話> ④맥박. (脈搏). ¶特以診—爲名耳<史記> ⑤진맥(診脈)하다. 맥을 짚음. ¶至今天下言—者 由扁鵲也<史記>
【脈絡】みゃくらく (맥락) ①혈관. 脈管(맥관). ②일관(一貫)된 계통. 條理(조리).
【脈搏】みゃくはく (맥박) 맥관(脈管)의 박동(搏動).

곧, 심장의 박동이 혈관에 파급되어 동맥이 주기적으로 팔딱팔딱 뛰는 일.
▷經一, 礦一, 國一, 筋一, 金一, 絡一, 亂一, 道一, 動一, 命一, 苗一, 文一, 死一, 山一, 色一, 水一, 語一, 葉一, 人一, 切一, 正一, 靜一, 支一, 地一, 診一, 執一, 土一, 平一, 血一, 洪一

10【脈】 脈(p. 1233)과 同字

6/10【脀】 1미련할 승 2어리석을 증 |蒸ㄓㄥ (zheng) 徑| しょう clumsy じょう
풀이 1 ①미련하다. 어리석음. ②적대(炙臺)나 솥에 희생을 담다. ¶宗人告祭—<儀禮> ③적대에 담은 희생. ¶有—<儀禮> ④삶다. 찜. 익힘. 通烝. 2 ①어리석다. ②붓다. 부어 오름.

10【脉】 脀(p. 1234)과 同字

10【腴】 腴(p. 1240)의 俗字

6/10【胰】 등심 이 |支ㄧˊ (yi)| い(セニク)

6/10【胹】 삶을 이 |支ㄦˊ (er)| じ(ニル)

6/10【胭】 목구멍 인 本연 |先ㄧㄢ (yan)| いん(ノド)

6/12【胾】 고깃점 자 |寘ㄗˋ (zi)| し(キリミ)

10【胖】 ☞羊部 4획 (p. 1203)

6/10【脂】 1기름 지 2손가락 지 |支ㄓ 寘(zhi)| し(アブラ) oil
풀이 1 ①기름. ㉮뿔이 있는 짐승이나 가축의 기름. ¶一者膏者<周禮> ㉯굳기름. ¶一用葱<禮記> ㉰동물성 기름의 총칭. ㉱사람 이외의 것의 기름. ㉲화장 기름. ㉳송진(松津). 소나무나 잣나무 따위의 줄기에서 나오는 끈끈한 액체. ②기름기가 돌다. ¶膚色一澤<列子> ③기름을 치다. 기름을 바름. ¶載一載舝<詩經> ④영화(榮華). ¶出泥入一<太玄經> ⑤노력하여 얻은 소득. ¶戒石銘曰 爾俸爾祿 民膏民一<腐談> ⑥입술연지. ⑦두 달 된 태아(胎兒). 2손가락. 同指.
【脂麻】しま(지마) 깨의 이칭. 胡麻(호마).
【脂肪】しぼう(지방) 동물, 식물에 들어 있는 기름. 불휘발성(不揮發性) 탄수화물(炭水化物)로서 지방산(脂肪酸)과 글리세린의 결합물(結合物). 脂膏(지고). 脂油(지유).
【脂粉】しふん(지분) 연지(臙脂)와 백분(白粉).
▷口一, 丹一, 手一, 樹一, 獸一, 脣一, 燕一, 臙一, 油一, 凝一, 胭一, 穢一

6/10【脊】 등골뼈 척 |陌ㄐㄧˇ (ji)| せき(セボネ) backbone
풀이 ①등골뼈. 등. 척주(脊柱). ¶狸去正一<禮記>/一梁. ②등성마루. ¶必折天下之一<史記>/山一/屋一. ③조리(條理). 사리. ¶有倫有一<詩經> ④어지럽다. 질서가 문란한 모양. ¶天下一一大亂 罪在攖人心<莊子> ⑤해골.
【脊髓】せきずい(척수) 등골뼈 안에 들어 있는 회백색의 물질. 뇌수(腦髓)와 함께 중추 신경계를 이름. 등골.
【脊椎】せきつい(척추) 등뼈. 脊柱(척주). 척추골(脊椎骨)의 준말.
▷曲一, 穹一, 刀一, 山一, 首一, 瘦一, 嶺一, 屋一, 隆一

6/10【脆】 무를 취 |霽ㄘㄨㄟˋ 屑(cui)| ぜい(モロイ) fragile
풀이 ①무르다. 바탕이 단단하지 않아 견딜 힘이 적음. ¶無委致圍 城一致衝<管子>/一弱. ②가볍다. 경박함. ¶風俗一薄<後漢書> ③연(軟)하다. 무르고 부드러움. ¶芥藍如菌蕈 一美牙頰響<蘇軾>/一葉.
【脆弱】ぜいじゃく(취약) 무르고 약함. 여림. ¶俗益卑弊 人益一<唐書>/一點/一性.
▷甘一, 輕一, 嬌一, 凍一, 肪一, 浮一, 肥一, 新一, 耎一, 危一, 柔一, 清一

10【脃】 脆(p. 1234)의 本字

6/10【胵】 1멀떠구니 치 2살찔 치 |支ㄓ 寘(zhi)| し ち (コエル)

6/10【胻】 1배 행 2정강이 항 행 |庚ㄏㄥˊ 陽(heng) 敬| こう (ハラ) belly
풀이 1 ①배. ②정강이의 윗부분. 정강이의 무릎 가까운 데. ¶脛近膝者曰一<說文·注> 2정강이. ¶褚先生曰 壯士斬其一<史記>/一骨.

6/10【脅】 1겨드랑이 협 2으쓱거릴 흡 同脇 脇 |葉ㄒㄧㄝˊ 緝(xie)| きょう きゅう
풀이 1 ①겨드랑이. 늑골이 있는 가슴의 측면. ¶折一摺齒<史記>/胸一. ②곁. 옆. ¶滄島之一 有白沙之墟焉<顧況> ③으르다. 위협함. ¶一劫士庶<白居易>/一奪. ④거두다. 수렴(收斂)함. ¶翡翠一翼而來萃兮<司馬相如> 2으쓱거리다. 어깨를 으쓱으쓱 쳐듦. ¶一肩諂笑 病于夏畦<孟子>
【脅勒】きょうろく(협륵) 위협함.
【脅迫】きょうはく(협박) ①으르고 대듦. 脅喝迫害(협갈박해). ②사람을 공포에 빠지게 할 목적으로 해악을 끼칠 뜻을 통고함.
▷劫一, 鼓一, 恐一, 驅一, 迫一, 駢一, 剖一, 仳一, 傷一, 汚一, 威一, 裹一, 抽一,

蔽—, 逼—, 挾—, 胸—

10〖脇〗 脅(p. 1234)과 同字

10〖胎〗 脅(p. 1234)과 同字

10〖胷〗 胸(p. 1235)과 同字

6/10〖胸〗 가슴 흉 | 图ㄒㄩㄥ (xiong) | きょう(ムネ) *breast*

同胷

풀이 ①가슴. 목과 배 사이의 젖이 있는 부분. ¶—滿腹張<素問>/—廓. ②마음. 가슴 속. ¶是以披聞見 掃心—<南史>/—襟. ③앞. 전면(前面). ¶濟水盪其—<張衡> ④요충지. 몸의 가슴에 견줄 만한 요처. ¶韓天下之咽喉 魏天下之—腹<戰國策> ⑤옷섶. 깃.

【胸曲】きょうきょく(흉곡) ☞胸中(흉중).

【胸廓】きょうかく(흉곽) 흉강(胸腔)을 이루는 골격. 가슴 부분의 몸통. ¶—呼吸.

【胸襟】きょうきん(흉금) 마음 속. 胸中(흉중). ¶紛—之憂患<賈餗>

【胸裏】きょうり(흉리) 가슴 속. 마음 속. 胸中(흉중).

【胸背】きょうはい(흉배) ①가슴과 등. ②예날에, 관복(官服)의 가슴과 등에 붙이던 수(繡) 놓은 헝겊 조각.

【胸府】きょうふ(흉부) 마음. ¶聽其所問 殊開人—<晋書>

【胸部】きょうぶ(흉부) 가슴 부분. 가슴.

【胸圍】きょうい(흉위) 가슴 둘레.

【胸中】きょうちゅう(흉중) ①가슴 속. ②마음. 생각. 胸曲(흉곡). 心中(심중). ¶—懷刀.

▷鷄—, 鳩—, 龜—, 氣—, 摩—, 滿—, 心—, 椎—, 充—, 肺—

7/11〖脚〗 다리 각 | 團ㄐㄧㄠˇ (jiao) | きゃく(アシ) *leg*

本腳

풀이 ①다리. ㉮하지(下肢). ¶捶笞臏—<荀子>/馬—. ㉯아래에 붙어 그 물건을 떠받치는 것. ¶橋—/三—架. ㉰물건의 아래 부분. ¶庭閑土瘦根—獰<李咸用>/山—. ㉱다리가 있어 걷는 것처럼 보이는 것. ¶雲—飛銀綿<韓愈> ②걸음걸이. ¶鹿移泉眼趁行—<蘇軾> ③몸둘 곳. 지위(地位). ¶失—墮世網<陸游> ④파발꾼. 급한 전갈을 하는 심부름꾼. ¶—價/—夫. ⑤다리를 잡다. 다리를 잡아 당김. ¶射麋—麟<史記>

【脚光】きゃっこう(각광) ①조명 장치의 하나. 극장의 무대 전면 아래쪽에서 연기하는 배우를 비춤. ②사회의 주목을 끄는 일.

【脚力】きゃくりょく(각력) ①다리 힘. 걷는 힘. ②편지 따위를 전달하는 사람. 脚夫(각부). ¶—張儼 遞牒入京<酉陽雜俎>

【脚絆】きゃはん(각반) 먼 길을 갈 때 다리에 감는 행전(行纏)의 한 가지. 脛巾(경건).

【脚本】きゃくほん(각본) ①연극의 무대 장치 및 배우들의 대사 등을 적은 책. ②희곡(戱曲).

【脚色】きゃくしょく(각색) ①벼슬할 때에 내는 이력서. 또는, 신분 증명서. ②소설을 각본이 되게 만드는 일.

【脚線美】きゃくせんび(각선미) 여성의 다리의 선이 보여 주는 아름다움.

【脚韻】きゃくいん(각운) 시구의 끝 글자에 다는 운(韻). 각 시구의 끝에, 같거나 비슷한 음으로 해조(諧調)가 되게 하는 작시법의 한 가지. ↔頭韻(두운).

【脚注】きゃくちゅう(각주) 가로짜기 글에서, 흔히 본문 아래 난(欄) 밖에 다는 주석(注釋). 脚註(각주). ↔頭注(두주).

【脚註】きゃくちゅう(각주) ☞脚注(각주).

▷健—, 蹇—, 高—, 老—, 露出馬—, 頓—, 鈍—, 別—, 卑—, 山—, 三—, 水—, 信—, 失—, 鴨—, 軟—, 雨—, 韻—, 雲—, 日—, 赤—, 左—, 註—, 醉—, 跛—, 豹—, 行—

7/11〖脛〗 정강이 경 本형 | 徑ㄐㄧㄥˋ 迴(jing) | けい, こう(スネ) *shin*

풀이 ①정강이. 무릎 아래에서 복사뼈까지의 부분. ¶以杖叩其—<論語>/—骨. ②적다. 얼마 안 되는 모양. ¶其—毛不改<韓非子> ③바르다. 정직함. ¶——者未必全也<漢書> ④걸음. 보행(步行). ¶想白日之寸—兮<陸雲>

▷脛—, 高—, 沒—, 瘦—, 雙—, 赤—, 寸—, 鶴—

11〖脳〗 腦(p. 1239)의 略字

11〖豚〗 ☞豕部 4획(p. 1414)

7/11〖脰〗 목 두 | 宥ㄉㄡˋ (dou) | とう(ウナジ) *neck*

풀이 ①목. 머리와 몸통을 잇는 잘록한 부분. 목줄기. ¶兩矢夾—<左氏傳>/—毛. ②목구멍. ¶咽 青徐謂之—<釋名> ③정강이. ¶絶其—<公羊傳>

▷頸—, 短—, 斷—, 白—, 邪—, 垂—, 昻—, 縮—

7/11〖脟〗 1 갈비살 렬 2 저민 고기 련 3 오줌통 표 | 屑ㄌㄨㄢˊ (luan) 銑 肴 | れつ れん (キリニク) ひょう

풀이 1 ①갈비 살. 갈비에 붙은 살. ¶—脅肉也<說文> ②창자의 비계. 쇠창자의 기름기. 2 ①저민 고기. ②가르다. 쨈. ¶—割輪焠<漢書> ③굽다. 만곡(彎曲)함. 通輪. ¶龍邛—圈<楚辭> 3 오줌통. 방광(膀胱). ¶— 腹中水府<正韻>

13〖𦠆〗 脟(p. 1235)과 同字

7/11〖脢〗 등심 매·미 | 灰ㄇㄟˊ 隊(mei) | ばい, び (セニク)

7 11〖脕〗 1 싹틀 문 2 함치르르할 만 | 問 ぶん(メグム) 願 ばん(ツヤ)

7 11〖脗〗 맞을 문 | 吻ㄨㄣˇ 軫(wen) | ふん(アウ)

풀이 맞다. 꼭 맞음. ¶爲其一合 置其滑涽<莊子>/一然.

7 11〖脩〗 포 수 | 尤ㄒㄧㄡ (xiu) | しゅう(ホシシ) *dried meat*

풀이 ①포. 포육(脯肉). 고기를 말리어 얇고 길게 저민 것. ¶凡肉一之頒賜 皆掌之<周禮>/束一. ②닦다. 通修. ¶心正而后身一<大學>/一善. ③익히다. ¶藏焉一焉<禮記> ④길다. 짧지 아니함. ¶四牡一廣<詩經>/一竹. ⑤마르다. 건조(乾燥)함. ¶暵其一矣<詩經> ⑥멀다. 가깝지 아니함. ¶路一遠兮周流<楚辭>/一路. ⑦오래다. 장구(長久)함. ¶及其大一也<周禮>/一久. ⑧쓸다. 청소함. ¶一其祖廟<中庸> ⑨씻다. 세척(洗滌)함. ¶凡酒一酌<周禮> ⑩단정히 하다. 조신(操身)함. ¶見善一然<荀子> ⑪베풀다. 마련함. ¶立仁義一禮樂<淮南子> ⑫행하다. 힘씀. ¶講信一睦<禮記> ⑬삼가다. 경계하여 조심함. ¶吾冀而朝夕一我<國語> ⑭속수(束脩). 옛 중국에서, 육포 10개를 한 묶음으로 하여 선물로 보내던 일. ¶自行束一以上 吾未嘗無誨焉<論語>

▷段一, 束一, 脩一, 日一, 酒一, 脯一, 遐一, 廻一

7 11〖脣〗 1 입술 순 2 맞을 민 | 眞ㄔㄨㄣˊ (chun) 軫 | しん (クチビル) *lip* びん

※唇(p. 298)은 딴 자.

풀이 1 ①입술. 부드럽게 떠는 입술. 또는, 입술과 같은 모양을 한 것. ¶一亡齒寒<左氏傳>/一音. ②가. 언저리. 물건의 가장자리. ¶澗一時外拓<王維> 2 맞다. 꼭 맞음. ¶一 脗合無波際貌<類篇>

【脣亡齒寒】クチビルホロビテハサムシ(순망치한) 입술이 없으면 이가 시리다는 뜻으로, 이해(利害) 관계가 서로 밀접하여 한 쪽의 멸망이 곧 다른 한쪽의 위기가 됨을 가리키는 말. ¶古者有語 脣亡則齒寒 趙氏朝亡 我夕從之<墨子>

【脣齒】しんし(순치) ①입술과 이. ¶言泉流於一<陸機> ②입술과 이처럼 이해 관계가 밀접한 것. ¶一輔車.

▷絳一, 缺一, 丹一, 反一, 宣一, 染一, 搖一, 牛一, 濡一, 張一, 朱一, 舐一, 兔一, 緘一, 紅一, 厚一

7 11〖脤〗 제육 신 | 軫ㄕㄣˋ (shen) | しん (ヒモロギ)

풀이 제육(祭肉). 제사에 쓰는 날고기. ¶受命于廟 受一于社<左氏傳>

【脤膰】しんぱん(신번) 사직단이나 종묘에서 제사 지낸 뒤, 동성(同姓)의 나라에 하사하던 고기. 脤은 날고기, 膰은 삶은 고기.

7 10〖脘〗 밥통 완 | 旱ㄨㄢˇ (wan) | かん(イブクロ) *stomach*

풀이 ①밥통. 위(胃). ¶胃一痛<素問> ②밥통을 말린 것. 위포(胃脯).

7 11〖脡〗 포 정 | 迥ㄊㄧㄥˇ (ting) | てい(ホシシ)

풀이 ①포(脯). 곧은 포. ¶高子執簞食與四一脯<公羊傳> ②희생(犧牲)의 등줄기 복판. 등줄기 고기 중 앞쪽 것을 정체(正體), 복판 것을 脡, 뒷것을 橫이라 함. ¶一脊一<儀禮> ③곧다. 똑바름. ¶鮮魚曰 一祭<禮記>/一一.

7 11〖脞〗 잘 좌 | 哿ㄘㄨㄛˇ (cuo) | さ(コマカイ)

풀이 ①잘다. 자질구레함. 좀스러움. ¶元首叢一哉<書經> ②저민 고기. ¶一曰切肉爲一<集韻>

▷叢一, 隳一

7 11〖脫〗 1 벗을 탈 2 기뻐할 태 3 허물벗을 열 | 曷ㄊㄨㄛ 泰(tuo) 屑 | だつ *take off* たい

풀이 1 ①벗다. 갓이나 옷 따위를 벗음. ¶一衣就功<國語>/一袴. ②벗기다. 껍질을 벗김. ¶肉曰一之<禮記> ③벗어나다. ㉮어려운 일에서 헤어나다. ¶俗緣不一三生債<劉迎> ㉯탈출하다. ¶自以爲不得一長安<漢書> ④벗어나게 하다. 면제함. ¶至踐更時 一之<史記> ⑤풀다. 맨 것을 풂. ¶虎賁之士一劍<孔子家語> ⑥빠지다. 빠뜨림. ¶無有遺一<漢書> ⑦떨어지다. 나뭇잎 같은 것이 짐. ¶木葉盡一<蘇軾> ⑧거칠다. 소략함. ¶凡禮始乎一<史記>/疏一. ⑨나오다. 떨어져 나옴. ¶言一于口 而令行乎天下<管子> ⑩없어지다. 나아짐. ¶一然愈<公羊傳> ⑪만약. 혹은. ¶一其不勝 取笑於諸侯<吳子> 2 ①기뻐하다. ¶一然而喜矣<淮南子> ②느릿느릿 걷는 모양. ¶舒而一一兮<詩經> 3 ①허물을 벗다. 또는, 그 모양. ¶其狀若一<莊子> ②벌레의 허물.

【脫却】だっきゃく(탈각) ①벗어남. ②벗어 버림. ¶一巾帽 解却衣袍<琵琶記>

【脫殼】だっかく(탈각) ①껍질을 벗음. 또는, 껍질에서 벗어남. ②구태(舊態)에서 벗어남을 이름.

【脫稿】だっこう(탈고) 원고(原稿)를 다 씀. 초고가 완성됨.

【脫穀】だっこく(탈곡) ①곡식의 이삭에서 낟알을 떨어내는 일. ②곡식의 겉겨를 낟알에서 벗

기는 일. 打穀(타곡). ¶一機.
【脫黨】だっとう(탈당) 소속된 당에서 탈퇴함.
【脫落】だつらく(탈락) ①털 같은 것이 빠짐. ②내버림. 벗어 버림. ¶崇尙莊老 一名敎<晉書> ③빠져 버림.
【脫漏】だつろう(탈루) 새어 나감. 빠져 나감. 遺漏(유루). ¶小魚一不可紀 半死半生猶戢戢<杜甫>
【脫毛】だつもう(탈모) ①털이 빠짐. 또는, 빠진 털. ¶一症. ②짐승이 털갈이하는 일.
【脫帽】だつぼう(탈모) ①모자를 벗음. ②두건을 벗고 귀복(歸服)할 뜻을 나타냄. ¶單于一<後漢書> 「남.
【脫法】だっぽう(탈법) 법을 지키지 아니하고 벗어
【脫喪】(탈상) ㊇부모의 삼년상(三年喪)을 마침. 脫孝(탈효).
【脫色】だっしょく(탈색) 염색된 물감을 뺌. 또는, 색이 바래어 없어짐. ↔染色(염색).
【脫線】だっせん(탈선) ①기차나 전차의 바퀴가 궤도에서 벗어남. ②행동이 상규(常規)를 벗어남. ③본래의 취지나 의도에서 벗어나 다른 방면으로 빗나감.
【脫稅】だつぜい(탈세) 속여서 세금을 포탈함.
【脫俗】だつぞく(탈속) 속기(俗氣)를 벗어남. 속계(俗界)를 초월함. 脫塵(탈진). 超俗(초속).
【脫水】だっすい(탈수) ①물질에 함유된 물기를 뺌. ②심한 토사 따위로 말미암아 체내의 수분이 정상 이하로 빠짐. ¶一狀態.
【脫營】だつえい(탈영) 군인이 병영에서 불법으로 탈출함. ¶一兵.
【脫獄】だつごく(탈옥) 감옥에서 탈출함. 脫監(탈감). ¶一囚.
【脫衣】だつい(탈의) 옷을 벗음. 脫服(탈복). ¶一室. 「자.
【脫字】だつじ(탈자) 글자를 빠뜨림. 또는, 그 글
【脫走】だっそう(탈주) 달아남. 도망감. ¶一者.
【脫盡】だつじん(탈진) 기운이 다 빠짐.
【脫出】だっしゅつ(탈출) 빠져 나감. 도망함. 脫去(탈거). 「聯盟一.
【脫退】だったい(탈퇴) 관계하던 일에서 물러남. ¶
【脫皮】だっぴ(탈피) ①파충류나 곤충류 따위가 성장함에 따라 겉껍질을 벗는 생리현상. ②낡은 생각에서 벗어나 한층 더 진보하는 일. 脫殼(탈각).
▷簡一, 傾一, 輕一, 高一, 詭一, 漏一, 度一, 得一, 免一, 剝一, 蟬一, 踈一, 洒一, 灑一, 穎一, 誤一, 遺一, 離一, 逸一, 條一, 超一, 通一, 擺一, 解一, 虛一, 活一

7/11〖脯〗 포 포 ㊅보 | 襲ㄈㄨˇ(fu) ㄆㄨˇ(pu) | ほ(ホシシ) *dried meat*
풀이①포. 얇게 저미어 말린 고기. 육포(肉脯). ¶沽酒市一不食<論語>/一脩/束一. ②포를 뜨다. ¶殺鬼侯而一之<呂覽> ③과일이나 채소 따위를 말린 것. ¶生徒修棗一<吳萊>
▷福一, 肥一, 束一, 脩一, 市一, 棗一, 杏一, 瓠一

7/11〖脬〗 오줌통 포 | 肴ㄆㄠ(pao) | ほう(ボウコウ)

7/11〖脝〗 배 불룩할 형 | 庚ㄏㄥ(heng) | こう, きょう

8/12〖腔〗 ①빈속 강 ②양포 공 | 江ㄑㄧㄤ 送(qiang) | こう(ウツロ) *hollow*
풀이①①빈속. 몸 안의 빈 곳. ¶滿一子是惻隱之心<近思錄>/鼻一/口一. ②가락. 곡조. 시가(詩歌)의 가락. ¶紫韻紅一細細吟<謝宗可>/一調. ②①양포(羊脯). ¶酒壺綴羊一<韓愈> ②갈빗대. 양의 갈빗대.
▷空一, 口一, 滿一, 腹一, 鼻一, 新一, 羊一, 體一, 土一, 胸一

8/12〖腒〗 꿩포 거 | 魚ㄐㄩ 御(ju) | きょ(トリノ ホシシ)
풀이①꿩포. 말린 꿩고기. ¶夏行一鱐 膳膏臊<周禮>/一腊. ②구운 포. 구운 건육(乾肉). ¶一 乾脯<後漢書·注> ③절반(折半)이 못 되다. ㊣巨.

8/12〖腇〗 연약한 모양 뇌 | 賄ㄋㄟˇ(nei) | だい(ヨワイ)
풀이①연약한 모양. ¶萎一咋舌<後漢書> ②주리다. 굶주림. ㊥餒.

8/14〖腐〗 썩을 부 | 襲ㄈㄨˇ(fu) | ふ(クサル) *rot*
풀이①썩다. ㉮부패하다. 살·초목·물 따위가 썩음. ¶一草爲螢<禮記>/流水不一<呂覽>/一爛. ㉯낡아서 쓸모 없이 되다. ¶安用一儒哉<漢書>/陳一/一生. ②썩이다. 썩게 함. ¶美味一腸<論衡> ③부형(腐刑). 거세(去勢)하는 형벌. 궁형(宮刑). ¶死罪欲一者許之<漢書> ④악취(惡臭)가 나다. 썩는 냄새가 남. ¶淹芳芷於一井兮<楚辭> ⑤마음을 상하다. 고심(苦心)함. ¶此臣之日夜切齒一心也<史記>
【腐史】ふし(부사)「사기」(史記)를 이름. 지은이 사마 천(司馬遷)이 부형(腐刑)을 받은 데서 생긴 이름.
【腐生】ふせい(부생) ☞腐儒(부유).
【腐蝕】ふしょく(부식) ①썩고 벌레가 먹음. 또는, 썩어서 개먹어 들어감. ②외부적 환경으로 인하여 생물체의 조직이나 금속 등이 사멸 또는 파괴되는 일.
【腐心】ふしん(부심) 속을 썩임. 苦心(고심). ¶切齒一.
【腐儒】ふじゅ(부유) 활용할 재주가 없는 쓸모 없는 학자. 腐生(부생).
【腐敗】ふはい(부패) ①썩어서 못 쓰게 됨. ②정신이 타락하거나 기강이 문란함.
【腐刑】ふけい(부형) ☞宮刑(궁형). ¶受辱最下一極矣<司馬遷>
▷枯一, 爛一, 豆一, 盈一, 流水不一, 陳一, 摧枯折一, 臭一, 敗一, 紅一, 朽一

8/12〖腑〗 장부 부 | 襲ㄈㄨˇ 遇(fu) | ふ(ハラワタ)

풀이 ①장부. 담, 위, 대장, 소장, 방광, 삼초(三焦)의 여섯 가지 내장 기관. ¶五臟六—/—臟. ②마음속. 충심(衷心). 흉금(胸襟). ¶保大殫襟—<源乾曜>/披肺—. ③일가. 친족이나 극히 가까운 사이의 사람. ¶諸侯子弟若肺—<史記>
▷襟—, 六—, 臟—, 肺—

12〖⿰月附〗 胕(p.1230)와 同字

8/12〖腓〗 장딴지 비 | [微]ㄈㄟˊ [未](fei) | ひ(コムラ) *calf*

풀이 ①장딴지. ¶—無胈 脛無毛<莊子>/—腸. ②피하다. 회피함. ¶君子所依 小人所—<詩經> ③덮다. 덮어 가림. ¶小人所—<詩經> ④앓다. 병듦. ¶百卉具—<詩經> ⑤다리를 자르는 형벌. ¶—辟之屬五百<白虎通>

8/12〖脾〗 [1]지라 비 [2]허벅다리 비 | [支]ㄆㄧˊ [紙](pi) | ひ(ヒゾウ)

풀이 [1]지라. 비장(脾臟). ¶孟春之月 祭先—<禮記>/—臟. [2]①허벅다리. 넓적다리. ㉠髀. ¶—肉之歎. ②소의 밥통. 소의 양(胖). ¶— 牛百葉<集韻>/—析. ③많이 살찌다. ¶— 盛肥也<集韻>

【脾胃】ひい(비위) ①지라와 밥통. 비장(脾臟)과 위경(胃經). ②韓 ㉮사물에 대하여 좋고 언짢음을 느끼는 기분. ㉯아니꼽고 싫은 것을 잘 참아내는 힘.

【脾臟】ひぞう(비장) 오장(五臟)의 한 가지. 지라. 위장 뒤쪽에 있어, 백혈구(白血球)의 자라남과 노폐한 적혈구를 없애는 기능이 있음.

12〖⿰月卑〗 脾(p.1238)의 俗字

8/12〖腊〗 [1]포 석 [2]납향 랍 | [陌]ㄒㄧˊ(xi) [合]ㄌㄚˋ(la) | せき(ホシシ) ろう

풀이 [1]①포(脯). ㉮생강이나 계피(桂皮) 등을 섞어 말린 고기. 건육(乾肉). ¶凡田獸之脯—膴胖之事<周禮>/—肉. ㉯말린 것의 총칭. ¶魚—<穆天子傳>/蓋花—耳<深異錄> ②낡다. 오래 됨. ¶— 久也 久酒有毒<禮記·注> ③심하다. 대단함. ¶厚味寔—毒<國語> ④주름살. ¶其脂可以已—<山海經> [2]㊥납향(臘享). 通 臘.
▷乾—, 枯—, 人—, 脯—

8/12〖腎〗 콩팥 신 | [軫]ㄕㄣˋ (shen) | しん(ジンゾウ) *kidney*

풀이 ①콩팥. ㉮오장(五臟)의 한 가지. 동물의 체내에서 오줌의 배설(排泄) 작용을 맡은 기관(器官). 신장(腎臟). ¶—者至陰也<素問>/—臟. ㉯오행(五行)에서는 물, 오상(五常)에서는 지(智)에 해당함. ¶— 智<白虎通> ②자지. 불알. ¶將板頭 點其—子<福惠全書>/—氣. ③굳다. 단단함. ¶— 堅也<廣雅>

【腎囊】じんのう(신낭) 불알. 陰囊(음낭).

【腎腸】じんちょう(신장) ①신장(腎臟)과 장(腸). ②참마음. 진심(眞心). ¶今予其敷心腹—<書經>

【腎臟】じんぞう(신장) 오장(五臟)의 한 가지. 콩팥. 복강(腹腔) 뒷벽 위쪽에 좌우 하나씩 있어, 혈액에서 오줌을 걸러 내어 방광(膀胱)으로 보내는 작용을 함. ¶—炎.
▷肝—, 內—, 副—, 心—, 外—, 腸—, 海狗—

8/14〖⿱臤肉〗 혹 신 | [軫] | しん(コブ) *tumor*

풀이 혹. 머리 위에 난 군살. ¶頭上有肉—<山海經·注>

8/12〖腋〗 겨드랑이 액 | [陌]ㄧㄝˋ (ye) | えき(ワキ) せき *armpit*

▷反—, 扶—, 兩—, 肘—, 集—成裘, 胸—

8/12〖腌〗 절인 고기 엄·업 | [葉]ㄧㄢ [鹽](yan) | よう えん

풀이 ①절인 고기. 초에 절인 고기. ¶— 漬肉也<說文> ②절인 생선. 소금에 절인 생선. ¶— 鹽漬魚也<廣韻> ③더럽다. 불결(不潔)함.

8/12〖腕〗 팔 완 | [翰]ㄨㄢˋ (wan) | わん(ウデ) *arm*

풀이 ①팔. ㉮팔목. 손목. ¶偏袒扼—<戰國策>/—骨. ㉯팔뚝. 팔꿈치로부터 팔목까지의 부분. ¶山谷乃懸—書<洞天淸錄> ㉰韓 어깨에서 손목까지의 부분. 어깨에서 팔꿈치까지를 상완(上腕), 팔꿈치에서 손목까지를 전완(前腕)이라 함. ②수완(手腕). 기량. ¶盡力輸老—<張雨>

【腕力】わんりょく(완력) ①팔의 힘. 주먹 기운. ②육체적으로 억누르는 힘.

【腕章】わんしょう(완장) 팔에 두르는 표장(標章).
▷關—, 怪—, 辣—, 敏—, 上—, 手—, 扼—, 弱—, 玉—, 提—, 鐵—, 枕—, 懸—, 皓—

12〖⿰月官〗 脘(p.1236)과 同字

12〖⿰月乳〗 乳(p.50)와 同字

8/12〖腆〗 두터울 전 | [銑]ㄊㄧㄢˇ (tian) | てん(アツイ) *thick*

源 會意·形聲. 고기를 정중하게 늘어 놓음을 뜻함.

풀이 ①두텁다. 후(厚)함. ¶—以致其厚<書經>/—志. ②많이 차리다. 음식을 많이 차림. ¶設膳— — 多也<說文> ③좋다. 착함. ¶辭無不—<儀禮> ④이

르다. 도착함. ¶殷小一<書經> ⑤주장(主掌)하다.
▷不一, 鮮一, 洗一, 益一, 腆一, 豐一, 荒一

8 12 〖脹〗 ①부를 창 ㊥장 ③창자 장 | 㵒ㄓㄤˋ (zhang) 腸 | ちょう (ハレル) satiated

풀이 ①부르다. ㉮배가 부르다. 부픔. ¶飲水徒一滿<梅堯臣> ㉯뚱뚱하다. 불룩해짐. ¶線膨一/一力. ②창자. ㉰腸.
▷鼓一, 痞一, 臚一, 水一, 膨一

13 〖腳〗 脚(p.1235)의 本字

9 13 〖腱〗 ①힘줄 근 ②힘줄밑둥 건 | 㓰ㄐㄧㄢˋ 㒖(jian) | きん けん

풀이 ①힘줄. ㉰筋. ¶筋 說文 肉之力也 或作一<集韻> ②힘줄의 밑둥. 힘줄의 끝. 수의근(隨意筋) 끝의 희고 억센 부분. ¶肥牛之一臑若芳些<宋玉>

9 13 〖腩〗 고기 남 | 㕞ㄋㄢˇ 覃(nan) | だん (ニク) meat

풀이 ①고기. 삶은 고기. ¶有一炙法<齊民要術> ②고깃국. ¶一 臛也<集韻> ③포. ¶一 脯也<廣雅> ④韓 간납(肝納). 제수(祭需)로 쓰는 저냐. 소의 간, 처녑이나 어육(魚肉) 따위로 만듦.

13 〖腨〗 腩(p.1239)과 同字

9 13 〖腦〗 뇌 뇌 ㊥노 | 皓ㄋㄠˇ (nao) | のう (ノウミソ) brain

풀이 ①뇌. 머릿골. 뇌수(腦髓). 두개골 안에 있는 회백색(灰白色)의 물질. ¶諸髓者 皆屬於一<素問>/一漿. ②머리. ㉮머리통. 두개골(頭蓋骨). ¶雲臺之高 墮者折脊碎一<淮南子> ㉯판단력. 기억력 등의 정신 작용. 또는, 정력. 끈기. ¶痛心拔一 有如孔懷<陸機>/頭一明晳. ③심(心). 중심. ¶葵心菊一厭甘涼<道潛>
【腦裏】のうり (뇌리) 머리 속. 마음속.
【腦髓】のうずい (뇌수) 머릿골. 뇌. 대뇌, 소뇌 두 부분으로 나뉘며, 그 아래 부분은 척수에 이어짐.
【腦炎】のうえん (뇌염) 뇌수에 생기는 염증의 총칭.
【腦溢血】のういっけつ (뇌일혈) 뇌 속의 동맥이 고혈압 등의 원인으로 말미암아 터져 출혈하는 병. 腦出血(뇌출혈). 中風(중풍).
【腦震蕩】のうしんとう (뇌진탕) 머리가 심히 부딪쳤을 때, 뇌에 기능 장애를 일으키는 현상.
▷肝一, 間一, 緊一, 大一, 頭一, 馬一, 洗一, 小一, 首一, 瘦一, 髓一, 龍一, 樟一

9 13 〖腶〗 약포 단 | 翰ㄉㄨㄢˋ (duan) | たん

풀이 약포. 마른 고기를 두들겨, 새앙·계피 등의 가루를 섞은 것. ¶吾飢而欲食御進一脯粱糗<新書>

9 13 〖腯〗 살찔 돈·돌 | 月ㄊㄨˊ 願(tu) | とつ, とん (コエル)

풀이 ①살찌다. 돼지 따위가 비대해짐. ¶牲牷肥一<左氏傳>/一膚/一肥. ②달아나다. 도피하여 숨음. ¶微子舍其孫一<禮記>
▷博一, 肥一, 豐一

9 13 〖腜〗 애 밸 매 | 灰ㄇㄟˊ (mei) | ばい (ハラム) conceive

풀이 ①애를 배다. 첫 임신. ¶一 婦孕始兆也<說文> ②아름답다. ¶一一坰野 奕奕菑畝<左思>

9 13 〖腹〗 배 복 | 屋ㄈㄨˋ (fu) | ふく (ハラ) belly

풀이 ①배. ㉮가슴 부분 아래쪽의 내장을 싸고 있는 부분. ¶抱一絶倒/鼓一. ㉯음식물이 들어가는 곳. ¶偃鼠飮河 不過滿一<莊子>/空一. ㉰마음. 심중. 심복. ¶臣視君如一心<孟子>/一誹. ㉱물건의 배에 해당하는 부분. ¶水出山一<廬山記>/中一. ㉲앞. 전면(前面). 전방(前方). ¶背一受敵<五代史> ㉳낳은 모체나 머물렀던 태내(胎內). ¶異一兄弟/同一. ㉴가운데. 중앙부. ¶一逕絶城一<韓維> ②안다. 품에 안음. ¶出入一我<詩經> ③두텁다. ¶水澤一堅<禮記>
【腹稿】ふっこう (복고) 붓을 들기 전에 미리 마음 속으로 복안(腹案)을 짜는 일.
【腹部】ふくぶ (복부) 배의 부분. 배.
【腹式呼吸】ふくしきこきゅう (복식호흡) 아랫배를 불리며 하는 심호흡(深呼吸). 丹田呼吸(단전호흡). ↔胸式呼吸(흉식호흡).
【腹心之疾】ふくしんのしつ (복심지 질) 뱃속의 무거운 병이란 뜻으로, 구제할 수 없는 우환(憂患)을 이르는 말. ¶吳有越 一<史記>
【腹案】ふくあん (복안) 마음속에 품고 있는 생각. 마음속의 고안(考案).
▷顧一, 鼓一, 皐一, 空一, 寬一, 口一, 同一, 馬一, 滿一, 半一, 背一, 剖一藏珠, 捧一, 私一, 山一, 小一, 心一, 量一而食, 魚一, 牛一, 遺一, 異一, 妾一, 坦一, 帕一, 皤一, 便一, 抱一, 飽一, 豊一, 含哺鼓一, 割一自殺, 胸一

9 13 〖腺〗 샘 선 | ㄒㄧㄢˋ (xian) | せん gland

풀이 샘. 생물체 안에서 분비(分泌) 작용을 하는 기관(器官). ¶淋巴一.
【腺病質】せんびょうしつ (선병질) 체질이 허약하고 흉곽이 편평(扁平)하여 빈혈(貧血)이 일어나기 쉬운 무력한 체질. 혹은, 신경질을 이름.
▷甲狀一, 內分泌一, 生殖一, 舌下一, 性一, 乳一, 耳下一, 淋巴一, 唾液一, 汗一

9 13【腥】 비릴 성 |(周)ㄒㄧㄥ (xing)|せい (ナマグサイ)

풀이 ①비리다. 날고기의 냄새가 남. 또는, 그 물건. ¶戰地風來草木一＜元好問＞/一臊. ②날고기. 생고기. ¶君賜一 必熟而薦之＜論語＞ ③더럽다. 추(醜)함. ¶庶群自酒 一聞在上＜書經＞/一穢. ④기름. ¶膳膏一＜周禮＞

【腥聞】せいぶん(성문) 품행이 좋지 못하다는 소문. 醜聞(추문).

▷鮮一, 魚一, 羶一, 祭一, 臊一, 臭一, 鹹一, 血一, 葷一

9 13【腧】 ①혈 수 ②아첨할 유 |ㄕㄨˋ (shu)|しゅ ゆ

풀이 ①혈. 경혈(經穴)의 이름. 등에 있는, 뜸질하는 요처(要處). ¶方書灸法一穴在脊中＜正字通＞ ②아첨하다. ¶一一 媚貌＜五音集韻＞

13【腽】 膃(p. 1242)의 俗字

9 13【腰】 허리 요 |ㄧㄠ (yao)|よう(コシ) waist

풀이 ①허리. ㉮척추(脊椎) 아래쪽과 골반(骨盤) 위쪽으로 이어진 관절(關節) 이름. 또는, 배와 엉덩이 사이. ¶蜂一/一帶. ㉯요해처(要害處). ¶梁者 山東之一也＜戰國策＞ ㉰밑둥. 또는, 산기슭 가까운 부분. ¶頃刻陰雲滿樹一＜陳樵＞/山一. ②허리에 띠다. 허리에 참. ¶負琴一劍成三友＜陸游＞ ③허리에 띠거나 차는 물건의 단위. ¶金九環 帶一一＜北史＞

【腰帶】ようたい(요대) ①가죽으로 만든 큰 허리띠. 盤帶(반대). ②골반(骨盤)의 이칭.

【腰刀】ようとう(요도) 허리에 차는 칼.

【腰部】ようぶ(요부) 허리 부분.

【腰折】ようせつ(요절) ①허리가 꺾어짐. ¶爲言一氣衝天＜元稹＞ ②몹시 우스워 허리가 꺾어질 듯함. 腰絶(요절). ¶一腹痛.

【腰斬】ようざん(요참) 옛날, 허리를 자르던 형벌. ¶不告姦者一＜史記＞

【腰痛】ようつう(요통) 허리 아픈 병. 허리앓이.

▷曲一, 弓一, 蜂一, 山一, 纖一, 細一, 伸一, 繞一, 柳一, 低一, 折一, 地一, 楚一, 蝦一

9 13【腢】 어깻죽지 우 |ㄡˇ (ou)|ごう (カタサキ)

13【腪】 胃(p. 1230)와 同字

9 13【腴】 살찔 유 |ㄩˊ (yu)|ゆ(コエル) grow fat

풀이 ①살찌다. 아랫배가 살찜. ¶桀紂之君 垂一尺餘＜論衡＞ ②아랫배가 살찐 고기. ¶羞濡魚者進尾 冬右一 夏右鰭＜禮記＞ ③창자. 개나 돼지의 창자. ¶君子不食圂一＜禮記＞ ④살찌고 기름기 많은 고기. ¶膳無鮮一＜南史＞ ⑤기름지다. ¶田甚肥一＜南齊書＞/瀉鹵可一＜王融＞/沃一. ⑥풍부하다. 번영함. ¶處一能約＜晉書＞ ⑦맛. 음식의 좋은 맛. 사물의 진미(眞味). ¶味道之一＜班固＞/勤味道一 幸遵雅尙＜王融＞ ⑧기름. 기름기. ¶甘而多一＜論衡＞/鮫人夜飮明月一＜楊維楨＞

▷甘一, 苦一, 膏一, 濃一, 道一, 肥一, 上一, 鮮一, 瞻一, 垂一, 沃一, 滋一, 羶一, 脂一, 珍一, 華一

9 13【腸】 창자 장 |ㄔㄤˊ (chang)|ちょう (ハラワタ) bowels

㊗膓

풀이 ①창자. 육부(六腑)의 하나. 위(胃)에서 항문(肛門)에 이르는, 가늘고 긴 소화 기관. ¶心腹腎一＜書經＞/胃一/斷一. ②마음. 기질(氣質). ¶哀鳴傷我一＜古詩＞/熱一.

【腸癌】ちょうがん(장암) 창자에 생기는 암종(癌腫). 주로, 대장(大腸)이나 직장(直腸)에 생김.

【腸窒扶斯】ちょうチフス(장질부사) 장티푸스(腸Typhus)의 음역.

▷剛一, 腔一, 枯一, 灌一, 刮一, 錦繡一, 錦心繡一, 冷一, 鹿一, 斷一, 大一, 盲一, 無一公子, 石一, 小一, 愁一, 腎一, 十二指一, 心一, 羊一, 女一, 熱一, 浣一, 胃一, 絕一, 調一, 酒有別一, 中一, 直一, 鐵心石一, 鐵一, 脫一, 肺一, 黃一, 回一

13【豬】 豬(p. 1416)와 同字

9 13【腞】 새길 전 |ㄓㄨㄢˋ (zhuan)|てん (チリバメル)

풀이 새기다. 아로새김. ㊀篆. ¶死得於一楯之上＜莊子＞

9 13【腫】 부스럼 종 |ㄓㄨㄥˇ (zhong)|しょう, しゅ (ハレモノ) swelling

풀이 ①부스럼. 종기(腫氣). ¶一瘍/浮一. ②붓다. 부기(浮氣)로 살가죽이 부풀어 오름. ¶目盡一＜左氏傳＞ ③물집. 부기(浮氣). 부증(浮症). ¶肉暴長者曰一＜論衡＞/水一. ④병(病). 머리의 병. ¶鬱處頭 則爲一爲風＜呂覽＞

【腫氣】しゅき(종기) 부스럼. 「(종창).

【腫瘍】しゅよう(종양) 부스럼. 종기(腫氣). 腫瘡

▷筋一, 疼一, 浮一, 水一, 癌一, 擁一, 肬一, 瘤一, 肉一, 陰一, 疽一, 赤一, 瘡一, 黃一, 掀一

9 13【腠】 살결 주 |ㄘㄡˋ (cou)|そう (ヒフノキメ)

▷膚一, 肉一, 中一

9 13 〖腷〗 답답할 픽 | 職ㄅㄧˋ (bi) | ひょく (ムスボレル)

풀이 ①답답하다. 가슴이 답답함. ¶遂一臆以泣事<魏武帝> ②치는 소리. ㉮홰 치는 소리. ¶——膊膊鷄初鳴<古詩> ㉯얼음장이 갈라지는 소리.

13 〖膎〗 喉(p. 308)와 同字

14 〖腱〗 腱(p. 1239)과 同字

10 14 〖膈〗 흉격 격 | 陌ㄍㄜˊ (ge) | かく (オウカクマク)

풀이 ①흉격. 횡격막(横膈膜). 심장과 지라 사이. ¶— 胸膈心脾之間<正韻> ②가슴 속. 흉중(胸中). ¶多病胸—痛<後漢書·注> ③종틀. 종(鐘)을 걸어 놓는 나무틀. ¶懸—鐘 尙拊—<史記>
▷肝—, 横—膜, 胸—

10 14 〖膏〗 1 기름 고 2 윤택하게 할 고 | 豪ㄍㄠ 號(gao) | こう (アブラ) fat

풀이 1 ①기름. ㉮지방(脂肪). ¶雉—不食<易經> ㉯등유(燈油). ¶焚—油以繼晷<韓愈> ㉰단장(丹粧)에 쓰는 기름. 연지(臙脂). ¶豈無—沐<詩經> ㉱기름약. 고약. 기름으로 만든 붙이는 약. ¶傅以神—<後漢書> ②기름지다. ㉮살지고 기름기가 흐르다. ¶不能爲—<國語> ㉯땅이 비옥하다. 또는, 그러한 땅. ¶内函要害於—腴<左思> ㉰윤이 흐르고 맛이 좋다. ¶天降—露<禮記>/爰有—菽—稻<山海經> ③살진 고기. 비육(肥肉). ¶—粱之性<國語> ④염통 아래 앞가슴. ¶居肓之上 —之下<左氏傳>/—肓. ⑤은혜. 은택. ¶屯其—<易經> ⑥아이 배다. 한 달째 되는 태아. ¶一月而—<淮南子> ⑦윤택. 광택. ¶屯其—<太玄經> 2 ①윤택하게 하다. 혜택을 줌. ¶陰雨—之<詩經> ②기름칠하다. 기름을 쳐 미끄럽게 함. ¶—吾車兮<韓愈>

【膏粱珍味】こうりょうちんみ(고량진미) 기름진 고기와 좋은 곡식으로 만든 맛있는 음식.

【膏藥】こうやく(고약) 종기나 상처에 붙이는 끈끈한 약. 약제를 기름에 고아 만듦.

【膏澤】こうたく(고택) 은택을 베풂. 또는, 그 은택. ¶—洽於黎庶<班固>

【膏土】こうど(고토) ①기름지고 건 땅. ②아편(阿片). 膏는 불에 구운 아편, 土는 정제하지 않은 아편.

【膏血】こうけつ(고혈) ①기름과 피. ②애써 얻은 이익이나, 백성의 노력 또는 재산을 비유해 이르는 말. ¶竭生民—<宋史>

【膏肓】こうこう(고황) ①명치. 심장과 격막 사이의 부분. 침이나 약으로 고치지 못하는 곳. ②사물의 고치기 어려운 병폐나 고질처럼 굳어진 습벽(習癖)을 이름. ¶泉石—.

【膏肓之疾】こうこうのしつ(고황지 질) 불치(不治)의 병(病).
▷硬—, 肌—, 蘭—, 民—民脂, 素—, 鉛—, 軟—, 雨如—, 腴—, 脂—, 土—, 豊—

14 〖膥〗 嗜(p. 309)와 同字

10 14 〖膂〗 등골뼈 려 | 語ㄌㄩˇ (lü) | りょ (セボネ) backbone

풀이 ①등골뼈. 척추골(脊椎骨). 척골. ¶作股肱心—<書經>/背—. ②힘. 근육의 힘. ¶—力.

【膂力】りょりょく(여력) 힘. 체력. ¶—過人 號爲飛將<魏志>
▷共—, 肱—, 筋—, 背—, 髀—, 心—

16 〖膐〗 膂(p. 1241)와 同字

14 〖膉〗 瘤(p. 1033)와 同字

10 14 〖膊〗 포 박 | 藥ㄅㄛˊ (bo) | はく (ホシシ)

풀이 ①포(脯). 건육(乾肉). 고기를 두들겨 붙여 말린 것. ②어깨. 견부(肩部). ¶拉—掣胸<潛夫論> ③팔. 어깨에서 손목까지의 부분. 팔꿈치 위를 상견(上肩), 아래를 하견(下肩). ④책형(磔刑)하다. 옛 중국에서, 기둥에 묶어 세우고 창으로 찔러 죽이던 형벌. ¶殺而—諸城上<左氏傳> ⑤버르집다. 들추어 냄. ⑥물건을 치는 소리. ㉮닭이나 새의 소리. ㉯물건이 갈라지는 소리. ⑦경계(境界). 한계. ¶福則有— 禍則有形<太玄經>
▷袒—, 臂—, 上—, 前—, 下—

10 14 〖膀〗 오줌통 방 | 陽ㄅㄤˇ (bang) ㄆㄤˊ (pang) | ほう (ボウコウ) bladder

풀이 ①오줌통. 방광(膀胱). ¶—胱爲津液之腑也<周禮·注> ②갈빗대. ③부풀다. ¶— 脹也<集韻>

【膀胱】ぼうこう(방광) 오줌통.
▷肩—

10 14 〖膍〗 1 처녑 비 2 배꼽 비 | 支ㄆㄧˊ 齊(pi) | ひ (イブクロ) へい (ヘソ)

풀이 1 ①처녑. 반추위(反芻胃)의 제삼위(第三胃). ¶— 牛百葉也<說文> ②후하다. 박하지 않음. ¶福祿—之<詩經> 2 배꼽. ¶脾腎五藏—齊乳<急就篇>

10 14 〖膆〗 멀떠구니 소 | 遇ㄙㄨˋ (su) | そ

풀이 ①멀떠구니. 소낭(嗉囊). ㉠嗉. ¶裂—破觜<潘岳> ②살지다.

10 14 〖膄〗 여윌 수 | 宥 | しゅう (ヤセル)

풀이①여위다. 수척(瘦瘠)함. ¶欒欒然一瘠也<詩經·注> ②줄다. 모자람.

14〖⿰月羞〗 羞(p.1203)와 同字

10 14〖膃〗 살찔 올 |月ㄨㄚˋ (wa)| おつ

풀이①살찌다. 부드럽고 살이 찐 모양. ¶一 膃肭 肥也<集韻> ②앓다. 병듦. ¶一 膃脖 病也<集韻> ③물개. 해구(海狗).

【膃肭臍】(올눌제) 물개의 자지. 海狗腎(해구신).

16〖⿱齊肉〗 臍(p.1246)와 同字

14〖⿰月蚤〗 臊(p.1245)와 同字

14〖膌〗 瘠(p.1033)의 本字

10 14〖膇〗 다리 부을 추 |寘ㄓㄨㄟˋ (zhui)| つい

▷重一, 沈一

10 14〖腿〗 넓적다리 퇴 |賄ㄊㄨㄟˇ (tui)| たい(モモ) *thigh*

풀이①넓적다리. 넓적다리와 정강이의 총칭. 넓적다리는 대퇴(大腿), 정강이는 소경(小脛)이라 함. ②다리 살. 넓적다리의 뒤쪽 살과 장딴지의 살.

▷大一, 小一, 下一

10 14〖膗〗 곰국 학 |藥ㄏㄨㄛˋ 屋(huo)| かく こく

10 14〖膎〗 포 해 |佳ㄒㄧㄝˊ (xie)| かい(ホシシ)

풀이①포(脯). 건육(乾肉). ¶古謂脯之屬爲一<說文·注> ②고기. 또는, 고기 반찬. ③익힌 음식. ¶多田不婁 費我一功<太玄經>

15〖⿰月巢〗 醵(p.1524)와 同字

11 15〖膕〗 1오금 괵 2오금 국 |陌ㄍㄨㄛˊ 職(guo)| かく (ヒカガミ)

풀이1①오금. 무릎의 구부리는 안쪽. ¶詘要撓一<荀子> ②발을 나란히 하다. ¶一 竝足也<集韻> 2오금.

11 15〖膠〗 1갖풀 교 2화할 교 |肴ㄐㄧㄠ 巧(jiao)| こう (ニカワ, ヤワラグ)

풀이1①갖풀. 아교(阿膠). 동물의 가죽이나 뼈를 고아 만든 풀. 주로 나무 따위의 접착제로 씀. ¶歡洽如一<列仙傳>/一漆. ②갖풀로 붙이다. ¶一柱鼓瑟<史記>/一黏. ③붙다. ㉮끈끈하여 달라붙다. ¶置杯焉則一<莊子>/一着. ㉯사물에 집착하다. ¶事至不一<宋史> ④굳다. 견고(堅固)함. ¶德音孔一<詩經>/一固. ⑤뒤섞이다. 혼잡(混雜)함. ¶虓虎之陳 從橫一輵<漢書> ⑥어그러지다. 괴려(乖戾)함. ¶朝臣舛午 一戾乖剌<漢書> ⑦학교 이름. ¶周人養國老於東一<禮記> ⑧속이다. 通謬. 2①화(和)하다. ¶群鳴一一<後漢書> ②움직여 혼잡하다. ¶一一擾擾乎<莊子>

【膠柱鼓瑟】ちゅうニ ニカワシテ しつヲこス (교주고슬) 기러기발을 갖풀로 붙여 놓고 거문고를 탄다는 뜻으로, 고지식하여 조금도 변통성이 없음을 이름. 膠瑟(교슬). 膠柱調瑟(교주조슬).

【膠漆】こうしつ (교칠) ①아교와 옻. ②교분(交分)이 돈독함의 비유. ¶與有道之士 爲一<史記> ③서로 미워함을 이름. ¶一相賊 氷炭相息也<淮南子>

▷東一, 阿一, 魚一, 漆一, 皓一

11 15〖膛〗 살찐 모양 당 本탕 |陽ㄊㄤˊ (tang)| とう

풀이①살찐 모양. ②물건의 속이 빈 것. ¶凡物之中腔曰一<中華大字典>

▷前一, 後一

11 15〖膢〗 제사 이름 루 |虞ㄌㄡˊ 尤(lou) 魚| る ろう りょ

풀이제사 이름. ㉮음력 2, 3, 12월에 지내는 음식신의 제사. ㉯음력 8월 초하루와 보름에 지내는 제사. ㉰입추에 지내는 사냥 제사. ㉱햇곡식을 곡신(穀神)에게 바치는 제사.

11 15〖膟〗 1제삿고기 률 2발기름 률 本술 |質ㄌㄩˋ (lü) 質| りつ しゅつ

11 15〖膜〗 1꺼풀 막 2무릎 꿇을 모 |藥ㄇㄛˊ 虞(mo)| まく も

풀이1①꺼풀. 동식물체 내부의 근육 및 모든 기관(器官)을 싸고 있는 얇은 막. ¶除其筋一<禮記>/網一/腹一. ②모랫벌. 사막(沙漠). 通漠. ¶西一之所謂鴻鷺<穆天子傳> 2무릎 꿇다. 무릎 꿇고 절함.

▷角一, 膈一, 結一, 鼓一, 腦一, 網一, 薄一, 腹一, 細胞一, 眼一, 粘一, 脆一, 皮一, 被一, 橫膈一

11 15〖膚〗 살갗 부 |虞ㄈㄨ 魚(fu)| ふ(ハダ) *skin*

풀이①살갗. ㉮피부(皮膚). ¶身體髮一受之父母<孝經> ㉯식물의 겉껍질. ¶用樹一麻頭及敝布魚網 以爲紙<後漢書> ②고기. ㉮돼지 고기. 제육. ¶一鮮魚鮮腊<儀禮> ㉯저민 고기. ¶麋一魚醢<禮記> ③얇다. 문사(文辭)가 천박함. ¶所謂未學一受<張衡> ④이끼. 선태(蘚苔). ¶青一聳瑤楨<韓愈·

孟郊> ⑤아름답다. 훌릉함. ¶公孫碩一<詩經> ⑥크다. 넓어져 큼. 通博. ¶殷士一敏<孟子>/一公. ⑦네 손가락을 나란히 한 폭이나 길이. ¶一寸而合<公羊傳> ⑧비계. 기름덩이. ¶噬一之恩<漢書> ⑨깔개. ¶剝牀以一<易經>

【膚公】ふこう(부공) 큰 공훈. 公은 功. 大功(대공). ¶薄伐玁狁 以奏一<詩經>

【膚引】ふいん(부인) 속뜻은 잘 모르면서 남의 책에서 이것저것 인용하여 서술함. ¶一公羊穀梁 適足自亂<杜預>

【膚寸】ふすん(부촌) 네 손가락을 붙인 가로 길이. 짧은 길이를 이름.

▷肌一, 鏤一, 腯一, 曼一, 銘一, 芳一, 氷一, 碩一, 雪一, 素一, 粟一, 身體髮一, 玉一, 完一, 倫一, 頳一, 淺一, 靑一, 體一, 豊一, 皮一, 寒一, 險一

15〖膳〗 羞(p. 1203)와 同字

11 15〖膝〗 무릎 슬 | 質 ㄒㄧ (si) | しつ (ヒザ) *knee*

풀이 무릎. ㉮정강이 위와 넓적다리 아래 사이의 관절. ¶袂屬幅長下一<儀禮>/屈一. ㉯앉은 자리의 바로 앞. 무릎 앞. ¶當造一諫之<魏志>

【膝甲】しっこう(슬갑)韓 추위를 막기 위해 무릎까지 덮는, 바지 위에 껴 입는 옷.

【膝匣盜賊】(슬갑도적)韓 남의 것을 훔쳐 잘못 쓰는 사람을 비웃는 말. 옛날, 어떤 도둑이 슬갑을 훔쳤으나 그것을 쓸 줄 몰라 이마에 붙이고 바깥에 나오니 보는 사람마다 웃었다 함. 뜻이 바뀌어, 남의 시문(詩文)의 자구(字句)를 표절(剽竊)하여 그것을 잘못 인용하는 자의 비유. 膝匣은 膝甲.

【膝癢搔背】しつようそうはい(슬양소배) 무릎이 가려운데 등을 긁는다는 뜻으로, 이론 따위가 이치에 맞지 않음의 비유. ¶議論無所依 如膝癢而搔背<鹽鐵論>

【膝下】しっか(슬하) ①부모의 무릎 아래. 부모의 곁. ②모시고 있는 어버이의 그늘 아래. ③자식의 부모에 대한 존칭.

【膝行】しっこう(슬행) 무릎으로 걷는다는 뜻으로, 매우 두려워 삼가는 모양의 비유. 膝步(슬보). ¶黃帝順下風 一而進<莊子>

▷傾一, 屈一, 蜂腰鶴一, 斂一, 擁一, 容一, 牛一, 立一, 慈一, 前一, 接一, 造一, 促一, 蔽一, 抱一, 鶴一

11 15〖膡〗 아름다운 눈 잉 | 徑 よう
등 | 蒸 とう

풀이 ①아름다운 눈. ②눈을 크게 뜨고 보다. ③불어나다. ④선물로 보내다. ⑤둘. 쌍(雙).

15〖膓〗 腸(p. 1240)의 俗字

11 15〖膞〗 1 썰 전 | 銑 ㄓㄨㄢˇ
2 넓적다리뼈 순 | 圓 (zhuan)
3 녹로대 천 | 先 | せん しゅん

풀이 1 ①썰다. 절육(切肉). ②창자. ③무릎. 2 넓적다리의 뼈. 3 녹로대(轆轤臺). 질그릇 만드는 틀. ¶器中一<周禮>

11 15〖膣〗 새살 돋을 질 | 質 ㄓˋ (zhi) | ちつ

풀이 ①새살이 돋다. 육아(肉芽) 조직이 자라남. ②음문(陰門). 여근(女根). 생식구(生殖口). 같 腟.

16〖膸〗 腦(p. 1239)와 同字

12 16〖膩〗 기름 니 | 寘 ㄋㄧˋ (ni) | じ(アブラ) *fat*

풀이 ①기름. ㉮지방(脂肪). 기름지다. ¶攻肉食之羶一<顧況> ㉯화장하는 기름. ¶素艶風吹一粉開<白居易> ㉰몸에서 스며나오는 기름. ¶肌濃汗一朱粉匀<小雲石海涯> ②매끄럽다. 살결이 고움. ¶靡顏一理<楚辭> ③때. 몸에 끼는 때. ¶玉滑無塵一<元稹> ④中 물리다. 싫증이 남.

16〖縢〗 ☞ 糸部 10획(p. 1183)

16〖螣〗 ☞ 虫部 10획(p. 1330)

12 16〖膴〗 1 포 무 | 虞 ㄏㄨ (hu)
本 호
2 두터울 무 | 麌 ㄨˇ
3 등심 매 | 灰 (wu) | ぶ(ホシシ) ぶ(アツイ) ばい

풀이 1 ①포(脯). 건육(乾肉). ②크게 벤 고기 토막. ¶凡掌共羞脩刑一胖骨鱐 以待共膳<周禮> ③법(法). 通模. ¶民雖靡一<詩經> ④크다. 2 ①두텁다. 후(厚)함. ¶則無一仕<詩經> ②아름답다. 풍족함. ¶周原一一<詩經> 3 등심. 소의 등골뼈에 붙은 고기.

12 16〖膰〗 제사고기 번 | 元 ㄈㄢˊ (fan) | はん (ヒモロギ)

풀이 ①제사 고기. 종묘와 사직의 제사에 쓰는 익힌 고기. 음복(飮福)으로 나눠 줌. 같 燔. ¶以脤一之禮 親兄弟之國<周禮> ②간(肝).

16〖臂〗 臂(p. 1245)와 同字

12 16〖膳〗 반찬 선 | 銑 ㄕㄢˋ
霰 (shan) | ぜん (ソナエモノ)
同 饍

풀이 ①반찬(飯饌). ¶以朝夕親君一者也<左氏傳> ②바치다. 상(床)을 차려 올림. ¶太子祠而一于公<呂覽> ③간

맞추다. ④먹다. 음식. ¶食下 問所— <禮記> ⑤고기. 희생의 고기. ¶掌王之食飮—羞<周禮> ⑥훌륭하다. 선미(善美)함. ㉤善. ¶—尊/—爵/—筐. ⑦돈. 화폐(貨幣). ㉤泉.

【膳物】(선물)㊙ 남에게 선사하는 물품.

【膳服】ぜんぷく(선복) 음식과 의복. ¶損撤— 克念政道<後漢書>

【膳夫】ぜんぷ(선부) ①주(周)대, 궁중의 요리를 맡은 관원. ②요리를 맡은 사람. 요리사.

【膳羞】ぜんしゅう(선수) ①희생의 고기와 맛있는 음식. ②음식. 찬.

▷加—, 供—, 配—, 本—, 常—, 素—, 損—, 羞—, 侍—, 食—, 玉—, 饔—, 六—, 典—, 珍—, 饗—

12 16 〖膟〗 1 건어 수 2 국 소 しゅう しょう

풀이 1 건어(乾魚). 말린 고기. ㉠鱐. 2 ①국. 고깃국. ②고기를 저미어 섞다.

16〖臍〗 臍(p.1246)와 同字

16〖膝〗 膝(p.1245)와 同字

12 16 〖膱〗 포 직 ㄓ (zhi) しょく(ホシシ)

풀이 ①포(脯). 포정(脯脡). ¶—長尺二寸<儀禮> ②고기가 썩다. ③썩는 냄새가 나다.

12 16 〖膲〗 삼초 초 ㄐㄧㄠ (jiao) しょう

풀이 ①삼초(三焦). 육부(六腑)의 하나. ㉤焦. ②살이 빠지다. ¶月虛而魚腦減 月死而蠃蛖—<淮南子>

12 16 〖膵〗 췌장 췌 ㄘㄨㄟˋ (cui) すい(スイゾウ)

【膵液】すいえき(췌액) 췌장(膵臟)에서 분비되는 소화액.

12 16 〖膨〗 배 불룩할 팽 ㄆㄥˊ (peng) ぼう(フクレル) swell out

【膨大】ぼうだい(팽대) 부풀어 커짐.

【膨滿】ぼうまん(팽만) ①배가 가득 부름. ¶—感. ②점점 부풀어 터질 듯함.

【膨脹】ぼうちょう(팽창) ①부풀어 커짐. ②발전하여 늘어남. ③온도의 상승에 따라 물체의 체적이 늘어나는 현상. ¶—係數.

12 16 〖膮〗 돼지고깃국 효 ㄒㄧㄠ (xiao) きょう

풀이 ①돼지고깃국. ¶臐以東 膮—牛炙<儀禮> ②향기롭다.

13 17 〖臈〗 1 살진 모양 갈 2 제사 이름 랍 ㄌㄚˋ (la) かつ そう

【臈月】(납월) ☞ 臘月(납월).

13 17 〖臄〗 1 순대 갹 2 꿩포 거 ㄐㄩㄝˊ (jue) きゃく きょ

풀이 1 ①순대. ②윗입천장의 오목한 곳. ¶嘉殽脾—<詩經> 2 꿩포. 말린 꿩고기.

13 17 〖臉〗 1 뺨 검 2 국 첨 ㄌㄧㄢˇ (lian) けん(ホホ) せん

풀이 1 ①뺨. 눈 밑, 뺨의 윗부분. ②얼굴. 안면(顔面). ¶玉貌歇紅—<梁簡文帝> 2 국.

13 17 〖膿〗 고름 농 ㄋㄨㄥˊ (nong) ㄋㄥˊ (neng) のう(ウミ) *pus*

풀이 ①고름. ¶嘔—死<史記> ②국. 진한 국물. ③짓무르다. ¶草悉—死<齊民要術> ④살찐 모양. ¶肥黍—肌<曹植>

▷排—, 釀—, 化—

13 17 〖膻〗 1 어깨 벗을 단 2 누린 전 ㄕㄢ (shan) たん せん(ナマグサイ)

풀이 1 ①어깨를 벗다. ㉠袒 襢. ¶—裼暴虎<詩經> ②횡격막(橫膈膜). 2 누리다. 누린내가 남. ¶王之嬪御 —惡而不可親<列子>

13 17 〖膽〗 쓸개 담 ㄉㄢˇ (dan) たん(キモ) *gallbladder*

풀이 ①쓸개. 담낭(膽囊). ②담력. 기백(氣魄). 결단력(決斷力). ¶瞋目張—<漢書> ③간이 크다. 대담함. ¶勇—猛戾<荀子> ④마음. 충심(衷心). ¶呑悲茹號 情—載絶<江淹> ⑤닦다. 씻음. ㉤幨. ¶桃曰—之<禮記> ⑥넘치다. ㉤澹. ¶川谷不—<淮南子> ⑦안정하다. ㉤憺. ¶—兮其若深淵<淮南子>

【膽氣】たんき(담기) ☞ 膽力(담력).

【膽囊】たんのう(담낭) 쓸개 주머니.

【膽大】たんだい(담대) 간이 큼. 대담함. ↔膽弱(담약).

【膽大心小】たんだいしんしょう(담대심소) 대담하면서도 세심함. ¶膽欲大而心欲小 智欲圓而行欲方<唐書>

【膽大於身】たんだいミヨリモ(담대어신) 쓸개가 몸뚱이보다 크다는 뜻으로, 지나친 대담성을 빗대어 이르는 말. 膽如斗(담여두). ¶臣觀其膽 乃大於身<唐書>

【膽略】たんりゃく(담략) ①담력(膽力)과 지략(智略). ②대담(大膽)한 책략(策略).

【膽力】たんりょく(담력) 두려워하지 않는 용기. 膽氣(담기).

【膽汁】たんじゅう(담즙) 간장에서 분비되는 소화액(消化液). 쓸개즙.

▷肝—, 落—, 大—, 斗—, 明目張—, 喪—, 嘗—, 石—, 小—, 心—, 臥薪嘗—, 勇—, 龍—, 熊—, 義—, 一身都是—, 壯—, 沮—, 猪—, 精—, 地—, 志—, 奪—, 破—, 披肝瀝—, 魂—

13 17〖臀〗볼기 둔 |冠ㄊㄨㄣˊ (tun) |でん(シリ) *buttocks*

풀이①볼기. 궁둥이. ¶規其一以墨<國語> ②밑. 바닥. ¶其一一寸<周禮>

【臀部】でんぶ(둔부) 볼기. 엉덩이.

【臀肉】でんにく(둔육) 볼기살.

19〖臋〗臀(p.1245)과 同字

17〖謄〗☞言部 10획(p.1400)

13 17〖臂〗팔 비 |寘ㄅㄧˋ(bi) ㄅㄟˋ(bei) |ひ(ヒジ) *arm*

풀이①팔. ㉮하박(下膊). 팔꿈치와 손목 사이. ㉯상박(上膊). 어깨와 팔꿈치 사이. ㉰상하박(上下膊). 어깨와 손목 사이. ¶交一而僨<呂覽> ②희생(犧牲)의 네 다리. ¶肩一臑<儀禮> ③앞발. 동물의 앞다리. ¶其狀如馬 文一<山海經> ④쇠뇌의 자루.

【臂使】ひし(비사) 팔이 손가락을 부리듯, 마음대로 사람을 부리는 일. ¶如身之使臂 臂之使指 莫不制從<漢書>

▷恝一, 交一, 怒一, 牛一, 般一, 攘一, 猨一, 肘一

17〖䐹〗☞肉部 12획(p.1244)

17〖膝〗膝(p.1243)의 俗字

17〖膝〗膝(p.1243)과 同字

13 17〖臆〗[1]가슴 억 [2]단술 의 |職ㄧˋ(yi) 紙 |おく(ムネ) *chest*

풀이[1]①가슴. ¶丹一蘭綷<潘岳> ②가슴의 뼈. 흉골(胸骨). ③생각. 마음. ¶中一一以曠<白居易> ④의도(意圖). 추량(推量). ¶請對以一<賈誼> ⑤기(氣)가 울결하여 막히다. 가슴이 답답함. [2]단술. 감주(甘酒). 예주(醴酒). ㉠醫. ¶漿水一<周禮>

【臆說】おくせつ(억설) 확실한 증거 없이 추측하여 이르는 말. ¶何故信凡人之一<顏氏家訓>

【臆測】おくそく(억측) 자기 혼자의 생각으로 어림잡아 헤아림. 憶測(억측). 臆度(억탁).

▷空一, 眠一, 服一, 含一, 胸一

13 17〖臃〗부스럼 옹 |图ㄩㄥ 腫(yong) |よう(ハレモノ)

19〖癕〗癰(p.1036)과 同字

13 17〖膺〗가슴 응 |㶊ㄧㄥ 徑(ying) |よう(ムネ) *breast*

풀이①가슴. 흉부(胸部). ¶無拊一<孔子家語> ②가슴뼈. 흉골(胸骨). ③품다. 마음에 가짐. ¶一保明德<國語> ④받다. ¶鹿何一之<楚辭> ⑤당하다. ¶戎狄是一<詩經> ⑥가깝다. 가까이함. ¶執箕一揭<禮記> ⑦막히다. ⑧말의 배때끈. ¶虎韔鏤一<詩經> ⑨앞가슴만 가리는, 덧입는 옷. 심의(心衣). ¶編愁苦以爲一<楚辭> ⑩치다. 정벌(征伐)함. ㉡枕 應. ¶戎狄是一<孟子>/一懲.

【膺圖】ようと(응도) 임금이 될 좋은 징조에 합치하는 일. ¶一受禪登明堂<韓愈>

【膺懲】ようちょう(응징) ①오랑캐를 정벌함. ¶戎狄是一<詩經> ②잘못을 뉘우치도록 징벌(懲罰)함.

▷光一, 鉤一, 鏤一, 篤一, 煩一, 服一, 懲一

17〖賸〗☞貝部 10획(p.1432)

17〖臝〗孕(p.415)과 同字

13 17〖臊〗누릴 조 |豪ㄙㄠ(sao) |そう(ナマグサイ)

풀이①누리다. 누린 냄새가 남. ¶犯肉腥一何足食<史記> ②개나 돼지의 기름. ¶夏行腒鱐 膳膏一<周禮> ③㊥ 부끄러워하다.

▷膏一, 腥一, 羶一

13 17〖臅〗비계 촉 |沃ㄔㄨˋ(chu) |しょく(アブラ)

13 17〖膷〗쇠고깃국 향 |陽 |きょう(アツモノ)

풀이①쇠고깃국. ¶一以東 臐膮牛炙<儀禮> ②군살. 혹이나 사마귀 따위.

13 17〖膾〗회 회 |泰ㄎㄨㄞˋ(kuai) |かい(ナマス)

풀이①회. 잘게 저민 날고기. ㉠鱠. ¶一不厭細<論語> ②회치다. ¶炰鱉一鯉<詩經>

【膾炙】かいしゃ・かいせき(회자) ①날고기 회와 구운 고기. ②널리 칭찬을 받아, 사람들 입에 오르내림을 이름. 膾炙人口(회자인구). ¶一篇一詠 一人口<林嵩>

【膾殘魚】かいざんぎょ(회잔어) 뱅어[白魚]의 별칭.

【膾截】かいせつ(회절) 회침. 어육을 썰어 만듦. ¶今由由俎上 任人一耳<晋書>

▷縷一, 鮮一, 蓴羹鱸一, 魚一, 玉一, 肉一, 蒸一

14 18〖臑〗[1]팔꿈치 노 ㊍유 [2]앞다리 노 [3]삶을 이 |豪ㄋㄠ(nao) 號 支ㄦ(er) |じゅ *elbow* どう じ

풀이[1]①팔꿈치. ②양이나 돼지 따위의 앞다리 윗부분. ¶人曰臂 羊豕曰一<說文・注> ③연하다. 부드러운 모양. [2]①앞다리. 희생의 앞다리 부분. ¶肩臂一<儀禮> ②팔. [3]삶다. 익힘. ㉠胹. ¶熊蹯之一<枚乘>

18〖臓〗膩(p.1243)와 同字

18〖臈〗 臘(p.1246)의 俗字

14 18〖臏〗 종지뼈 빈 |㊥ㄅㄧㄣˋ (bin) |ひん (ヒザボネ)

풀이①종지뼈. 무릎뼈. ㉭髕. ¶狙潛鉛而脫—＜潘岳＞ ②정강이뼈. 경골(脛骨). ¶王與孟說擧鼎絶—＜史記＞ ③월형(刖刑). 뒤꿈치를 자르는 형벌. ¶捶笞—脚＜荀子＞

【臏刑】ひんけい(빈형) 뒤꿈치를 자르는 형벌. 刖刑(월형).

▷膝—, 絶—, 脫—

18〖臞〗 瘦(p.1036)과 同字

18〖臓〗 臟(p.1247)의 略字

14 18〖臍〗 배꼽 제 |㊥ㄑㄧˊ (qi) |せい, さい(ヘソ) *navel*

㊐齊 脐

풀이배꼽. ㊤齊. ㉮배 한가운데에 있는 탯줄을 가른 자국. ¶然火置卓—中＜後漢書＞ ㉯과실의 꼭지 반대쪽, 오목하거나 볼록한 곳. ¶南極如瓜—＜博物志＞ ㉰물건의 배꼽 모양인 부분. ¶如輪之轂 如磑之—＜朱子語類＞

【臍帶】せいたい(제대) 탯줄.

【臍緖】へソノオ(제서) ☞臍帶(제대).

▷固—, 磨—, 噬—, 磑—, 膃肭—

14 18〖臐〗 양고깃국 훈 |㊥ㄒㄩㄣ (xun) |くん

19〖臏〗 殯(p.820)의 古字

15 19〖臘〗 납향 랍 |㊥ㄌㄚˋ (la) |ろう

㊕腊 ㊗臈

풀이①납향(臘享). 동지(冬至) 후 세째 술일(戌日)인 납일(臘日)에 지내는 제사. ¶祠門戶 比—＜漢書＞ ②섣달. 12월. ¶正月東都雪 多于舊—時＜梅堯臣＞ ③중의 나이. 득도(得度)한 해부터 기산(起算)함. 승납(僧臘). ¶我生五十有七矣 僧—方十二＜太平廣記＞ ④쌍날칼. 양쪽으로 날이 있는 칼. ⑤소금에 절인 고기. 또는, 건육(乾肉). ⑥찾다. ⑦칠. 출생 후 칠일째 되는 날. ¶人之初生 以七日爲—＜田藝蘅＞

【臘鼓】ろうこ(납고) 납제(臘祭) 때 치는 북. ¶—鳴春草生 村人竝擊細腰鼓＜荊楚歲時記＞

【臘尾】ろうび(납미) 세밑. 歲末(세말). ¶夜寒窮—＜宋祁＞

【臘月】ろうげつ(납월) 음력 섣달. 臈月(납월).

【臘肉】ろうにく(납육) 소금에 절여 말린 고기.

【臘日】ろうじつ(납일) 동지 뒤 세째 술일(戌日). 납향(臘享)하는 날. 우리 나라에서는 조선대에 동지 후 세째 미일(未日)을 납일로 정함. 臘平(납평).

【臘祭】ろうさい(납제) 음력 섣달 납일(臘日)에 조상과 여러 신(神)에게 지내던 제사. 臘享(납향).

【臘八】ろうはち(납팔)《佛》 음력 섣달 초여드레. 이 날 석가(釋迦)가 성도(成道)한 날이라 하여 사원(寺院)에서 법회(法會)를 엶.

【臘平】ろうへい(납평) ☞臘日(납일).

▷舊—, 窮—, 臈—, 法—, 伏—, 蜡—, 壽—, 正—, 眞—, 初—, 夏—, 寒—

19〖臚〗 膚(p.1242)와 同字

19〖臒〗 瘦(p.1033)와 同字

15 19〖臕〗 뚱뚱할 표 |㊥ㄅㄧㄠ (biao) |ひょう

20〖騰〗 ☞馬部 10획(p.1652)

16 20〖臚〗 1 벌일 려 2 제사 이름 려 |㊥ㄌㄨˊ (lu) ㊥ㄌㄩ (lü) |ろ (ツラネル) *display*

풀이1 ①벌이다. 진열(陳列)함. ㊤敷. ¶—於郊祀＜史記＞ ②살갗. 가죽. ¶淳于能解—以理腦＜抱朴子＞ ③아랫배. 하복부(下腹部). ④펴다. 차례대로 늘어놓음. ⑤전(傳)하다. ¶大儒—傳曰＜莊子＞ ⑥행(行)하다. ¶—人列＜張衡＞ ⑦붙이다. 2제사 이름. 여제(旅祭). ㊤旅. ¶大夫—岱＜漢書＞

【臚句】ろく(여구) 통역관(通譯官). 웃사람의 말을 아랫사람에게 전하는 것을 臚, 반대의 경우를 句라 함. ¶大行設九賓—傳＜史記＞

▷腹—, 傳—, 鴻—

16 20〖臛〗 1 국 소 2 말린 고기 꼬리 수 |㊥ ㊥ |しょう (アツモノ) しゅう

풀이1 ①국. 고깃국. ㉭臛. ②살코기를 다져서 섞음. 2말린 고기의 꼬리.

20〖臞〗 酥(p.1520)와 同字

16 20〖臙〗 연지 연 |㊥ㄧㄢ (yan) |えん(ベニ) *rouge*

풀이①연지. ②목. 인후(咽喉).

【臙脂】えんし(연지) 화장품의 한 가지. 붉은 색 안료(顔料). 燕支(연지). 燕脂(연지). 胭脂(연지).

16 20〖臛〗 곰국 학 |㊥ㄏㄨˋ (hu) |かく (アツモノ)

풀이①곰국. 고기를 곤 국. ¶露鷄—蠵＜楚辭＞ ②훈(燻)하다. 태워서 연기를 쐼.

17 21〖臝〗 벌거벗을 라 |㊥ㄌㄨㄛˇ (luo) |ら(ハダカ) *denude*

풀이①벌거벗다. ㉭裸. ¶有過者 輒令

一立擊鼓<漢書> ②털이 짧은 맹수(猛獸)의 총칭. ¶其動物宜一物<周禮>
▷瓜一, 果一, 螺一

21〖膞〗 膞(p. 1241)의 俗字

18
22〖臞〗 여윌 구 | 廣くㄩˊ (qu) | く(ヤセル) *get thin*

풀이 ①여위다. ¶形容甚一<史記> ②잘다. 세소(細小)함. ③닳다. 줄어듦. ¶赫河一<太玄經>
【臞耗】くこう 줄어서 없어짐.
【臞瘠】くせき 땅의 메마름.

18
22〖臟〗 오장 장 | 漾ㄗㄤˋ (zang) | ぞう (ハラワタ)

풀이 오장(五臟). 심(心)·신(腎)·간(肝)·폐(肺)·비(脾)의 총칭.
【臟器】ぞうき (장기) 내장의 여러 기관(器官). ¶一移植.
【臟腑】ぞうふ (장부) ①오장(五臟)과 육부(六腑). 내장의 총칭. 오장은 심(心)·신(腎)·간(肝)·폐(肺)·비(脾), 육부는 대장(大腸)·소장(小腸)·위(胃)·담(膽)·방광(膀胱)·삼초(三焦). ②회포(懷抱). ¶老去祗餘一明<周憲王>
▷肝一, 內一, 脾一, 腎一, 心一, 五一, 膵一, 肺一

19
25〖臠〗 1 고기도막 련 2 여윌 란 | 銑ㄌㄨㄢˊ (luan) 寒ㄌㄩㄢˇ (lüan) | れん (キリミ) らん (ヤセル)

풀이 1 ①고기 도막. 베어 낸 고깃덩이. ¶嘗一一肉 而知一鑊之味<淮南子> ②여위다. 여윈 모양. ¶棘人一一<詩經> 2 여위다. 여윈 모양.
【臠殺】れんさつ (연살) 도막쳐 죽임. 참살(慘殺). ¶先斷其兩臂 而後一之<宋史>

臣<신하 신>部

臣 ② 臥 ⑧ 臧 ⑪ 臨

0
6〖臣〗 신하 신 | 眞ㄔㄣˊ (chen) | しん(ケライ) *minister*

源 象形. 임금 앞에 엎드려 있는 사람의 모양을 본뜸.

풀이 ①신하(臣下). 공무(公務)로 임금을 섬기는 사람. ¶事君不貳 是謂一<國語> ②섬기다. 신하로서 섬김. ¶諸侯一伏<管子> ③거느리다. 신하로 삼음. ¶而欲以力一天下之主<戰國策> ④신하로서의 직분을 다하다. ¶君君臣一<論語> ⑤종. 하인(下人). ¶一妾逋逃<書經> ⑥포로. 수인(囚人). 남자의 천칭(賤稱). ¶一則左之<禮記> ⑦백성(百姓). 서민(庶民). ¶率土之濱 莫非王一<詩經> ⑧신하의 자칭(自稱). ¶朔初來 上書曰 一朔 少失父母<漢書> ⑨자기(自己)의 겸칭. ¶一少好相人<漢書> ⑩무엇에 종속(從屬)되는 것. ㉮양(陽)에 대한 음(陰). ㉯건(乾)에 대한 곤(坤). ㉰일(日)에 대한 월(月). ㉱오음(五音)에서, 궁성(宮聲)에 대한 상성(商聲).
【臣工】しんこう (신공) 군신 백관(君臣百官). 工은 官. ¶嗟嗟一 敬爾在公<詩經>
【臣道】しんどう (신도) 신하로서의 도리. ¶欲爲臣盡一<孟子>
【臣僚】しんりょう (신료) 벼슬아치. 관리(官吏). 官僚(관료). 臣寮(신료).
【臣民】しんみん (신민) 신하와 백성. 인민(人民). 臣庶(신서). ↔君主(군주).
【臣事】しんじ (신사) 신하로서 섬김.
【臣位】しんい (신위) 신하의 위계(位階). 신하로서의 지위. ¶主雖不知人 則一必當<孔叢子>
【臣一主二】しんいつしゅに (신일주이) 신하는 하나이고 임금은 여럿이라는 뜻으로, 신하가 임금을 가려서 벼슬할 만함의 뜻. 춘추(春秋) 시대에 열국(列國)이 갈라져 다스렸으므로 자유롭게 벼슬할 수 있었던 데서 온 말. ¶諺曰 一 吾豈無大國<左氏傳>
【臣子】しんし (신자) ①신하와 자식. ②신하. 신민(臣民). 子는 토씨. ¶使人由一之道<史記>
【臣節】しんせつ (신절) 신하로서 지켜야 할 절조. 臣道(신도). ¶時危見一<鮑照>
【臣妾】(신첩) ①신(臣)과 첩(妾). 신분이 낮은 구실아치. ¶役人賤者 男曰臣 女曰妾<書經·注> ②왕비가 임금에 대하여 말할 때에 쓴 자칭.
▷家一, 閣一, 孤一, 功一, 具一, 舊一, 君一, 群一, 權一, 闔閭之一, 近一, 羈旅之一, 亂一, 老一, 弄一, 大一, 盜一, 東海波一, 末一, 亡一, 名一, 謀一, 武一, 文一, 叛一, 陪一, 藩一, 法一, 柄一, 封疆之一, 不一, 史一, 使一, 社稷之一, 席一, 世一, 小一, 守一, 純一, 市井之一, 信一, 良一, 輿一, 力一, 逆一, 佞一, 禮一, 隸一, 王一, 外一, 庸一, 儒一, 遺一, 諛一, 纍一, 人一, 爭一, 貞一, 宗一, 主一, 重一, 衆一, 曾一, 直一, 盡一, 諂一, 草莽之一, 寵一, 逐一, 忠一, 親一, 波一, 嬖一, 下一, 幸一, 獻一, 賢一, 虎一, 猾一, 勳一

2
8〖臥〗 누울 와 | 箇ㄨㄛˋ (wo) | が(フス) *lie down*

俗 卧

源 會意. 임금 앞에 있는 신하의 자세를 뜻함.

풀이 ①눕다. ㉮엎드려 자다. 또는, 안석(案席) 같은 데에 기대어 잠깐 눈 붙이다. ¶不應 隱几而一<孟子> ㉯옆으로 누워 자다. ¶心一則夢<荀子> ㉰거짓 자다. 가매(假寐). ¶邊春之山有獸 見人則一 名曰幽鴳<山海經> ㉱넘어지다. ¶徒步之墓 遇風雨仆一中路<南史> ㉲쉬다. 휴식함. ¶上獨枕一宦者

一<史記> ㉶자리에 들다. ¶漢王病創一<史記> ②침실(寢室). ¶出入一內<後漢書> ③잠. 휴식(休息). ¶求安一 其可得乎<梁書> ④은둔(隱遁)하다. ¶累違朝旨 高一東山<晉書> ⑤그치다. 그만둠. ¶一名利者寫生危<管子>

【臥龍】がりょう(와룡) ①엎드려 있는 용. ②기회를 얻지 못하여 숨어 있는 영웅. ¶諸葛孔明一也<蜀志> ③간웅(姦雄)이 숨어 있음의 비유. ¶文帝曰 嵇康 一也<晉書>

【臥病】がびょう(와병) 병으로 누움. ¶一朝一無相識<宋之問>

【臥薪嘗膽】がしんしょうたん(와신상담) 원수를 갚으려는 일념으로 모진 고생을 참고 견딤. 또, 성공하기 위하여 고된 단련으로 힘을 기르며 애씀을 이름.

유래 춘추(春秋)시대 오왕(吳王) 부차(夫差)는 월왕(越王) 구천(句踐)에게 패하여 죽은 아버지 합려(闔閭)의 원수를 갚기 위하여, 밤이면 섶 위에서 자고 아침마다 복수를 맹세하면서 힘을 길렀다. 그리하여 3년 뒤, 부차는 월군을 쳐부수고 회계산(會稽山)에서 구천을 사로잡았다. 구천은 짐승 쓸개를 핥으며 보복을 다짐했다. 그러기를 12년, 구천은 부차의 항복을 받았으며, 부차는 자살했다. <史記>

【臥遊】がゆう(와유) 누워서 명승·고적 등의 여행기나 그림, 지도 등을 보면서 여행 기분을 맛봄. ¶一江山.

【臥治】がち(와치) 누워서 다스림. 번거로운 정치를 피하고, 덕화(德化)로써 다스림. 臥鎭(와진). ¶吾徒得君之重 臥而治之<史記>

【臥榻】がとう(와탑) 침대(寢臺). 와상(臥床). 침상(寢床).

【臥榻之側】がとうのかたわら(와탑지 측) 침상의 옆. 나아가, 자기의 영역(領域) 안을 이름. ¶一豈容他人鼾睡乎<續通鑑長編>

▷假一, 酣一, 偃一, 堅一, 高一, 露一, 眠一, 仆一, 扶一, 憊一, 熟一, 惡一, 安一, 仰一, 恬一, 雲一, 吟一, 裡一, 長一, 醉一, 閒一, 行住坐一, 橫一

8【卧】 臥(p.1247)의 俗字

9【宦】 ☞宀部 6획(p.433)

10【朢】 望(p.740)의 古字

11【堅】 ☞土部 8획(p.346)

12【腎】 ☞肉部 8획(p.1238)

12【豎】 ☞立部 8획(p.1123)

14【監】 ☞皿部 9획(p.1052)

14【㼉】 孤(p.418)와 同字

14【緊】 ☞糸部 8획(p.1175)

8/14【臧】 ①착할 장 ②곳집 장 | 陽ㄗㄤ (zang) 漾 | ぞう(ヨイ) *good* ぞう(クラ)

풀이 ① ①착하다. ¶何用不一<詩經> ②두텁다. ③거두다. ¶諸侯一金石<管子> ④숨다. 숨김. ㉠藏. ¶掩賊者爲一<國語> ⑤억누르다. ¶按擎摟一<馬融> ⑥모자라다. ¶愛惡不一<呂覽> ⑦뇌물을 받다. 또는, 뇌물. ㉢贓. ¶貪汙坐一<漢書> ⑧종. 노비(奴婢). ¶壻婢之子 謂之一<莊子·注> ⑨땅 이름. ¶文王觀于一<莊子> ② ①곳집. 곳간. 저축(貯蓄). ㉢藏. ¶出御府禁一 以贍之<漢書> ②오장(五臟). ㉠臟. ¶吸新吐故 以練一<漢書>

【臧否】ぞうひ(장부) ①선과 악. 또는, 선인과 악인. 可否(가부). 否臧(부장). ¶於乎小子 未知一<詩經> ②선악이나 양부(良否)를 비판(批判)함. ¶口不一人物<晉書>

【臧獲】ぞうかく(장획) 종. 노비(奴婢). 臧은 사내종, 獲은 계집종.

▷否一, 式一, 自一, 獲一

11/17【臨】 ①임할 림 ②곡할 림 | 侵ㄌㄧㄣˊ (lin) 沁 | りん (ノゾム)

㊀ [illegible]

풀이 ① ①임하다. ㉮내려다보다. ¶上帝一女<詩經> ㉯높은 곳에서 낮은 곳을 대하다. ¶照一下土<詩經> ㉰상사(上司)가 아랫사람에게로 가다. ¶凡王弔一<周禮> ㉱남이 내게로 옴을 높여 이르는 말. ¶使君不以鄙賤而辱一之<晉書>/下一/賁一/枉一. ㉲비추다. ¶實一照周之子孫<國語>/照一. ㉳다스리다. ¶一長晉國者<國語> ㉴어루만지다. ¶春秋有一天下之言焉<穀梁傳> ㉵지키다. ¶君一函谷<戰國策> ㉶치다. 공격함. ¶以一韓魏<戰國策> ㉷억제(抑制)하다. ¶循有燕以一之<戰國策> ㉸뵙다. ¶如一父母<易經> ㉹그 일에 당하다. ¶朝夕一政<左氏傳> ㉺그 장소에 나아가다. ¶奏遣蔣沇一按<唐書> ㉻그 때에 미치다. ¶一秋收斂<漢書> ②본떠 쓰다. 본떠 그림. ¶一寫. ③임거(臨車). 적진(敵陣)을 굽어볼 수 있게 만든 전차(戰車). ¶與爾一衝<詩經> ④크다. ⑤임괘(卦). 64괘(卦)의 하나. 태하곤상(兌下坤上). ䷒. 양기(陽氣)가 점차 자라나 음기(陰氣)에 육박하는 상(象). ⑥땅 이름. 산동성(山東省)에 있던, 춘추(春秋) 시대 진(晉)의 도읍. ¶趙稷奔一<左氏傳> ② ①곡하다. 장례식에 참례하여 곡(哭)함. ¶卜一于大宮<左氏傳> ②한쪽으로 기울어지다.

【臨渴掘井】りんかつくっせい・かつニノゾミテいヲホル(임갈굴정) 목이 말라야 우물을 판다는 뜻으로, 평소에 예비 없이 지내다가 일이 급해져서야 허둥거림의 비유. 臨耕掘井(임경굴정). 渴而穿井(갈이천정). 「事.

【臨檢】りんけん(임검) 현장에 나가 조사함. ¶一刑

【臨界】りんかい(임계) 경계(境界). 한계. ¶—温度.
【臨機應變】りんきおうへん(임기응변) 정세(情勢)의 변화에 응하여 그때그때 잘 처리하는 일. 臨時應變(임시응변).
【臨迫】(임박) 어떤 일이나 시기가 가까이 닥침.
【臨席】りんせき(임석) 그 자리에 나아감. ¶—上官.
【臨時】りんじ(임시) ①정하여진 때가 아닌, 필요에 따른 한 때. ②일시적인 얼마 동안. 일시적. ¶—變通/—政府. ↔經常(경상). ③일정한 시기에 다다름.
【臨月】りんげつ(임월) ☞產月(산월).
【臨戰】りんせん(임전) 전쟁에 임함. 전장(戰場)에 나아감. ¶—無退.
【臨政】りんせい(임정) ①정사(政事)를 집행함. ¶—思義<國語> ②임시정부(臨時政府)의 준말.
【臨存】りんそん(임존) 귀인이 사자(使者)를 보내어 위문함. ¶使重臣—<漢書>
【臨終】りんじゅう(임종) 韓 ①죽음에 임함. 臨命(임명). ②부모가 운명하는 자리에 자식이 함께 있음. 終身(종신).
【臨池】りんち(임지) ①습자(習字)를 이름. 후한(後漢)의 장지(張芝)가 못가에서 글씨 익히기를 계속하여 못물이 흑색으로 변했다는 옛일에서 온 말. ¶張芝—學書 池水盡黑<王羲之> ②못에 나아감. ¶引鏡皆明目—無洗耳<王融>
【臨淄】りんし(임치) 춘추 시대 제(齊)의 서울. 지금의 산동성(山東省) 임치현(縣).
【臨幸】りんこう(임행) 임금이 그 자리에 거둥하는 일. 臨御(임어).
【臨況】りんきょう(임황) 높은 사람이 자기 집을 방문함에 대한 경어. 況은 貺의 뜻. ¶辱賜—<書言故事>
▷監—, 瞰—, 光—, 君—, 窺—, 來—, 東出西—, 登—, 摹—, 撫—, 俯—, 賁—, 侍—, 枉—, 遠—, 慈—, 弔—, 照—, 至—, 親—

18【盬】☞皿部 13획(p.1054)
18【𦣞】僕(p.138)의 古字
21【覽】☞見部 14획(p.1365)

自<스스로 자>部

自 ④ 臬 臭 ⑥ 臯

0/6【自】스스로 자 | 漢ㄗˋ (zi) | じ(ミズカラ) *spontaneously*

古

풀이 ①스스로. 친히. 몸소. 자기(自己). ¶天行健 君子以—彊不息<易經> ②저절로. 절로. ¶—然而已<列子> ③좇다. 따름. ¶出入—爾師虞<禮記> ④쓰다. 사용(使用)함. ¶—仁率親<禮記> ⑤출처(出處). ¶知風之—<禮記> ⑥코. 鼻의 古字. ⑦시초(始初). ⑧비롯하다. ¶晨門曰 奚—<論語> ⑨조사. ☞句法

句法
①기점(起點)
[自…]…으로부터. ¶有朋自遠方來 不亦樂乎<論語>/夫仁政必自經界始<孟子>
②한정
[自非…]…이 아닌 한. ¶自非聖人 外寧必有內憂<左氏傳>

【自家】じか(자가) ①자기(自己). ②자기의 집.
【自家撞着】じかどうちゃく(자가당착) 같은 사람의 언행이 앞뒤가 맞지 않는 일. 着은 조사(助辭).
【自覺】じかく(자각) ①스스로 자기의 실력이나 가치를 깨달음. ②자기가 자기를 의식하는 작용. 自意識(자의식). ③《佛》삼각(三覺)의 하나. 스스로 미망(迷妄)에서 깨어나 정법(正法)을 깨닫는 일.
【自彊不息】じきょうふそく(자강불식) 스스로 힘써 쉬지 않음. ¶天行健 君子以—<易經>
【自激之心】(자격지 심) 스스로를 미흡하게 여기는 마음.
【自遣】じけん(자견) 스스로 제 마음을 달램. 스스로 시름을 풂. ¶高歌聊— 世事欲茫然<李郦>
【自決】じけつ(자결) ①스스로 결단함. ¶民族—主義. ②스스로 목숨을 끊음. 自殺(자살).
【自謙】じけん(자겸) 스스로 겸손함.
【自警】じけい(자경) 스스로 경계함.
【自古】じこ(자고) 예로부터. 自來(자래).
【自誇】(자과) ☞自矜(자긍).
【自愧】(자괴) 스스로 부끄러워함.
【自國】じこく(자국) 자기 나라. ↔他國(타국).
【自今】じこん(자금) 지금부터. 이제부터.
【自給】じきゅう(자급) 자기의 수요(需要)를 스스로 공급함. 자력으로 생활함. ¶單身窮困種瓜—<吳志>/—自足.
【自矜】じきょう(자긍) 스스로 자기의 장점을 자랑함. 自誇(자과). ¶—心.
【自己】じこ(자기) 저. 제 몸. 自身(자신).
【自擔】(자담) 스스로 부담하거나 담당함. 自當(자당).
【自黨】じとう(자당) 자기가 속해 있는 당.
【自瀆】じとく(자독) 용두질의 별칭. 手淫(수음). 自慰(자위). ¶—行爲.
【自得】じとく(자득) ①스스로 즐김. ¶誼既以適去 意不—<漢書> ②스스로 터득함. ¶積善成德 而神明—<荀子> ③스스로 만족하여 뽐냄. ¶意氣揚揚甚—也<史記>
【自來】じらい(자래) ①유래(由來). 사물의 내력. ②그로부터. 이후(以後). 以來(이래). 古來(고래). ¶—彌年代<謝靈運> ③자진(自進)하여 옴. ¶不召而—<老子>
【自力】じりょく・じりき(자력) ①자기의 힘. ↔他力(타력). ②스스로 노력함. ¶硜硜— 有知數<唐書> ③저절로 힘이 남. ¶自智— 自消自息<列子>
【自力更生】じりきこうせい(자력갱생) 자기 힘으로 노력하여 곤경을 헤쳐 나감.
【自立】じりつ(자립) ①자기 힘으로 섬. ②제멋대로 군주(君主)의 지위에 오름. ¶不立楚後而—<史記>

【自慢】じまん(자만) 스스로 자랑하여 거만하게 굶.

【自滅】じめつ(자멸) ①저절로 멸망함. ②스스로 자신을 망침. 自射(자석).

【自明】じめい(자명) 증명하지 않아도 스스로 명백함.

【自刎】じふん(자문) ☞自盡(자진)①.

【自問】じもん(자문) 자기가 자신에게 물음.

【自問自答】じもんじとう(자문자답) 스스로 묻고 스스로 대답함. 심중(心中)의 대화(對話)를 이름.

【自反】じはん(자반) ①스스로 반성(反省)함. 自省(자성). ¶—而縮 雖千萬人 吾往矣<孟子> ②소리를 멈춤. ¶或舒肆而— 或徘徊而復放<成公綏> ③한자(漢字)에서, 반절법(反切法)의 한 가지. 足亦의 跡, 矢引의 矧, 女良의 娘, 舍予의 舒, 欠金의 欽 등과 같이, 그 글자를 이룬 부분의 글자로 나타내는 반절법.

【自白】じはく(자백) 스스로 자기의 허물이나 범죄를 고백함. ¶—書.

【自辟】(자벽)㊅ ①장관(長官)이 제멋대로 사람을 천거하여 임명함. ②회의에서, 회장이 임의로 어떤 임원(任員)을 지명함.

【自服】じふく(자복) ①자백하여 복종(服從)함. ②스스로 종사(從事)함. ¶王來紹上帝 —于土中<書經>

【自負】じふ(자부) ①스스로 자신의 가치를 믿음. 自恃(자시). ②스스로 짊어짐.

【自費】じひ(자비) 자기가 부담하는 비용.

【自殺】じさつ(자살) 스스로 목숨을 끊음. 自決(자결). 自刎(자문). 自害(자해).

【自生】じせい(자생) 절로 남. 저절로 생김. ¶—的.

【自序】じじょ(자서) 저자(著者)나 편자(編者) 자신이 쓴 서문(序文).

【自敍傳】じじょでん(자서전) 자기 자신이 쓴 자기의 전기(傳記). 自傳(자전).

【自說】じせつ(자설) ①자기가 주장하는 학설. ②자기의 설(說)을 주장함.

【自成】じせい(자성) 남의 도움 없이 스스로 이룸. 또는, 스스로 이루어짐. ¶不求自至 不作—<論衡>

【自性】じせい(자성)《佛》 본래부터 갖추고 있는 불성(佛性). 본래의 성질. 自性本佛(자성본불).

【自省】じせい(자성) 스스로 반성(反省)함. 自反(자반). 自顧(자고).

【自首】じしゅ(자수) 스스로 자기 죄를 고백함. 自現(자현).

【自手成家】(자수성가) 자기 힘으로 한 살림을 이룩함.

【自肅】じしゅく(자숙) 스스로 자기 몸을 삼감.

【自習】じしゅう(자습) 스스로 배워 익힘. 自修(자수). 獨學(독학).

【自繩自縛】じじょうじばく(자승자박) 자기 끈으로 제 몸을 결박(結縛)함. 제가 잘못하여 불행을 자초(自招)함.

【自恃】じじ(자시) ☞自負(자부)①.

【自身】じしん(자신) 자기. 제 몸.

【自信】じしん(자신) 스스로 자기의 재능을 믿음. 또는, 자기의 견해나 주장이 틀림없다고 믿음.

【自新】じしん(자신) ☞改過遷善(개과천선). ¶皆得—更節修行 各愼其身<史記>

【自我】じが(자아) ①나. 자기. 자신. ¶—實現. ②한 개인으로서 스스로 의식하는 「나」의 관념. ¶達人貴— 高情屬天雲<謝靈運> ③나로부터. 자신으로부터. ¶—作古 何害<宋史> ④일체의 심적 상태(心的狀態) 가운데 가장 주관적으로 느껴지는 것.

【自我作古】ワレヨリインシエヲナス(자아작고) 고례(古例)에 구애됨이 없이, 신례(新例)를 창출(創出)하여, 후인으로 하여금 이를 고례로 삼아 준거(準據)하게 함. ¶孝宗欲不用易月之制 曰— 何害<宋史>

【自愛】じあい(자애) ①스스로 자신을 아낌. 自重(자중)①. 自惜(자석). ↔他愛(타애). ②자신의 이익만 생각함. 自利(자리). 利己(이기). ¶—主義.

【自若】じじゃく(자약) ☞自如(자여).

【自業自得】じごうじとく(자업자득) 자기가 지은 죄업(罪業)의 과보(果報)를 자신이 받음. 自作自受(자작자수).

【自如】じじょ(자여) 마음이 안정되어 있어 태연한 모양. 自若(자약).

【自營】じえい(자영) ①스스로 생계를 영위함. ¶—農. ②자기의 이익을 도모함. 自環(자환). ¶未嘗有所發明 脂韋—而已<唐書>

【自願】(자원) 스스로 원함. 自請(자청). ¶—奉仕.

【自慰】じい(자위) ①스스로 자기를 위로함. 혼자 즐기며 만족해함. ②☞自瀆(자독).

【自衞】じえい(자위) 스스로 막아 지킴.

【自由自在】じゆうじざい(자유자재) 마음 내키는 대로. 아무 거리낌이 없음.

【自律】じりつ(자율) ①스스로 자기를 제어함. ②자기의 의사가 이성(理性) 이외에 외적(外的)인 권위나 자연적인 욕망에 구속되지 아니하는 일. ↔他律(타율).

【自意】じい(자의) 자기의 뜻. 자기의 생각.

【自意識】(자의식) 자기 자신에 관한 의식. 자기 의식. 자각(自覺)②.

【自刃】じじん(자인) 칼로 자살함. 自害(자해). 自刎(자문). 自盡(자진).

【自引】じいん(자인) ①스스로 물러남. ¶超然—高揖而退<陸機> ②스스로 조심스럽게 삼감. ¶上以義自割 下以謙—<後漢書> ③자살함. ¶甘捐生而—<潘岳>

【自認】じにん(자인) 스스로 인정(認定)함.

【自任】じにん(자임) ①스스로 자기의 임무로서 떠맡음. ¶—以天下之重也<孟子> ②☞自負(자부)①. ③자연히 맡기어짐. ¶謂不勝而自勝 不任而—也<列子>

【自恣】じし(자자) 제멋대로 함. 自肆(자사). ¶專權—<漢書>

【自作】じさく(자작) ①자기 토지를 스스로 경작(耕作)함. ¶—農. ②손수 무엇을 제작(製作)함. 또는, 그 물건. 自製(자제). ¶—詩.

【自作孽】ミズカラナセルワザワイ(자작얼) 제 스스로 지은 재앙(災殃). 自作之孽(자작지 얼). ¶天作

孽 猶可違 一 不可逭<書經>

【自酌】じしゃく(자작) ①술을 손수 따라 마심. 自斟(자짐). 獨酌(독작). 自酌自飮(자작자음). ¶引壺觴而一<陶潛> ②자기 마음에 적합(適合)함.

【自傳】じでん(자전) ☞自敍傳(자서전).

【自轉】じてん(자전) ①저절로 돌아감. 또는, 자기의 의지대로 옮아감. ②스스로의 힘으로 운송(運送)함. ¶使內郡自省作車 又令耕者一以困農<漢書> ③지구나 다른 유성이 자신의 축(軸)을 중심으로 하여 회전함.

【自全之計】じぜんのけい(자전지 계) 자기 몸을 보전하는 계책.

【自淨作用】じじょうさよう(자정작용) 스스로 정화(淨化)하는 작용. 물이 흐르는 동안에 저절로 깨끗하게 되는 작용.

【自制】じせい(자제) 감정이나 욕망 등을 스스로 억제함. ¶一力/一心.

【自助】じじょ(자조) 남의 힘을 빌지 아니하고, 일을 함. ¶一自身.

【自照】じしょう(자조) ①스스로 비춤. ¶疎燈一孤帆宿<杜甫> ②개똥벌레의 별칭.

【自嘲】じちょう(자조) 자기가 자기를 조소(嘲笑)함. 제 자신을 비웃음.

【自足】じそく(자족) ①스스로 만족을 느낌. ②스스로 필요한 것을 충족함.

【自存】じそん(자존) ①자기의 존재(存在). 자신의 실재(實在). ②자신의 힘으로 생존하는 일. ¶獨立一.

【自尊】じそん(자존) ①스스로 자신을 높임. ②자기의 품위(品位)를 떨어뜨리지 아니하는 일. ¶一自大/一心.

【自主】じしゅ(자주) 독립하여 남의 도움이나 간섭을 받지 않는 일. ¶一獨立.

【自注】じちゅう(자주) 자기의 저서(著書)에 자기가 주(注)를 다는 일. 또는, 그 주서(注書). 自註(자주).

【自重】じちょう(자중) ①스스로 자기 몸을 소중히 여김. 自愛(자애). ②스스로 자기 인격을 소중히 여겨 언행을 신중히 하는 일. 自尊(자존).

【自中之亂】(자중지 란) ㊕ 같은 패 속에서 일어나는 싸움질. 內紛(내분). 蕭牆之變(소장지 변).

【自進】(자진) 스스로 나섬. 자의로 나섬.

【自盡】じじん(자진) ①스스로 목숨을 끊음. 自刃(자인). 自害(자해). 自刎(자문). ②스스로 힘을 다하여 노력함. ¶百姓戮力一之時也<漢書>

【自讚】じさん(자찬) 제가 저를 칭찬함. ¶自畫一.

【自責】じせき(자책) 스스로 자신을 책망함.

【自處】じしょ(자처) ①자기 일을 자기가 알아서 처리함. ②자기 스스로 어떤 사람인 체함. ③☞自決(자결).

【自薦】じせん(자천) 자기가 자기를 추천함. ↔他薦(타천).

【自請】(자청) 스스로 청함. 自願(자원).

【自體】じたい(자체) ①자기의 몸. 그 자신. ¶一監査. ②물건이나 사물의 본체(本體).

【自初至終】(자초지종) 처음부터 끝까지.

【自祝】じしゅく(자축) 자기의 경사를 스스로 축하함. ¶一宴.

【自充】(자충) ①바둑에서, 상전(相戰)할 때 자기 수를 자기가 줄이는 일. 自充手(자충수). ②군(軍) 훈련소 등에서, 그 부대에서 훈련받은 장병(將兵)을 그 부대 자체에 충원하는 일.

【自炊】じすい(자취) 손수 식사를 마련함. ¶彫胡方一<沈約>

【自稱】じしょう(자칭) ①스스로 일컬음. 남에 대한 자기 자신의 일컬음. ②자기가 자기를 칭찬함. ③제일인칭(第一人稱).

【自他】じた(자타) ①나와 남. ②자력(自力)과 타력(他力). ③자동사(自動詞)와 타동사(他動詞).

【自歎】じたん(자탄) 스스로 탄식함.

【自宅】じたく(자택) 자기가 살고 있는 집. 또는 자기 소유의 집.

【自派】じは(자파) 자기 편의 패거리. 자기 패.

【自辦】じべん(자판) ①스스로 제 일을 처리함. ②비용을 제가 부담함. 自辨(자변).

【自暴自棄】じぼうじき(자포자기) 스스로 자신의 몸을 해치고 버림. 절망 상태에 빠져 몸가짐을 마구 되는 대로 함. 自暴(자포). 自棄(자기). ¶自暴者不可與有言也 自棄者不可與有爲也<孟子>

【自爆】じばく(자폭) 폭발물을 터뜨려 자살함.

【自筆】じひつ(자필) 손수 씀. 또는, 손수 쓴 글씨. 自書(자서). ↔代筆(대필).

【自虐】じぎゃく(자학) 스스로 자기를 학대함.

【自害】じがい(자해) ☞自殺(자살).

【自現】じげん(자현) ①절로 나타남. ②☞自首(자수).

【自慊】じけん・じきょう(자협) 스스로 만족함. 양심에 부끄러운 바가 없음.

【自號】じごう(자호) 자기가 지은 자기의 호.

【自畫像】じがぞう(자화상) 자기가 그린 자기의 초상화(肖像畫).

【自畫自讚】じがじさん(자화자찬) 자기가 그린 그림을 자기가 칭찬한다는 뜻으로, 자기가 한 일을 스스로 칭찬함.

【自活】じかつ(자활) 자기 힘으로 생활함.

▷各一, 獨一, 思所一, 何一, 奚一

6【𦣻】自(p.1249)의 古字

7【阜】白(p.1038)의 古字

7【𦣹】自(p.1249)의 古字

8【直】惠(p.579)의 古字

9【泉】京(p.72)과 同字

9【臭】臭(p.1252)의 略字

10【息】☞心部 6획(p.568)

4/10【臬】과녁 얼 | 屑 ㄋㄧㄝˋ (nie) | げつ(マト) *target*

풀이 ①과녁. 관적(貫的). 사적(射的). ②목표(目標). ¶汝陳時一<書經> ③법(法). ④한도(限度). 극한(極限). ¶桃弧棘矢 所發無一<張衡> ⑤말뚝.

문을 맞닫을 때 맞물리도록 문지방 한 가운데 박은 나무. ㉠闑. ¶門中—＜穀梁傳·注＞ ⑥해그림자를 재는 기둥. 기둥의 그림자를 보고 방위를 재는 것. ¶樹八尺之— 以縣正之＜周禮·注＞
▷圭—, 無—, 藩—, 水—, 準—

10【皀】 雲(p.1600)과 同字

4 10【臭】 1 냄새 취 2 냄새 맡을 후 | 㫒ㄔㄡˋ (chou) 㫒Tㄧㄡˋ (xiu) | しゅう(ニオイ) きゅう(カグ)

略臭 俗臰

풀이 1 ①냄새. 코로 맡을 수 있는 기미(氣味)의 총칭. ㉮향기. 좋은 냄새. ¶其—如蘭＜易經＞ ㉯역한 냄새. 나쁜 냄새. ¶論者嫌其銅—＜後漢書＞ ②냄새 나다. ㉮향기롭다. ¶蘪蕪其—＜郭璞＞ ㉯악취가 풍기다. ¶工匠餓死 長安皆—＜後漢書＞ ③나쁜 소문. 추문(醜聞). ¶遺—萬載＜晋書＞ ④썩다. ¶愍芳香兮日—＜後漢書＞ ⑤더럽히다. 나쁜 냄새가 배어 듦. ¶—敗其所載物＜書經·注＞ ⑥㊥ 증권 시세가 떨어지다. 2 냄새를 맡다. ㊂嗅. ¶三—之不食也＜荀子＞

【臭氣】しゅうき(취기) 고약한 냄새. 나쁜 냄새.
【臭味】しゅうみ(취미) ①나쁜 맛. 고약한 맛. ②냄새와 맛. ③동류(同類).
【臭敗】しゅうはい(취패) 썩음. 부패함.
▷奇—, 氣—, 銅—, 醒—, 聲—, 惡—, 腋—, 餘—, 五—, 容—, 乳—, 遺—, 豬—, 赤—, 香—, 狐—, 酷—

10【皇】 皇(p.1044)의 本字
11【皐】 皇(p.1044)의 古字
12【臯】 皐(p.1046)의 俗字
12【臮】 暨(p.727)의 古字
12【臱】 終(p.1165)과 同字
12【臰】 臭(p.1252)의 俗字
14【鼻】 部首 글자
26【䶑】 佛(p.96)과 同字

至＜이를 지＞部
至 ④ 致 ⑧ 臺 ⑩ 臻

0 6【至】 이를 지 | 㫒ㄓˋ (zhi) | し(イタル) reach

古 臸 㞢

풀이 ①이르다. ㉮새가 날아 내려 땅에 닿다. ㉯오다. 도래(到來)함. ¶大功將—＜禮記＞ ㉰미치다. 이름. ¶—於犬馬皆能有養＜論語＞ ㉱도달하다. 통함. 두루 미침. ¶樂—則無怨 禮—則不爭＜禮記＞ ②몹시. 매우. 지극히. 대단히. 잘. ¶夫—用民者＜管子＞ ③궁극(窮極). 극한(極限). ¶方員之—也＜孟子＞ ④극진히 하다. 힘을 다함. ¶夫此有常以—其誠者也＜荀子＞ ⑤깊다. ¶固皆—矣＜國語＞ ⑥많다. ¶園囿汙池沛澤多 而禽獸—＜孟子＞ ⑦맞다. 중정(中正)을 얻음. ¶一曰 —德＜周禮＞ ⑧이루다. 성취(成就)함. ¶則大忠不—＜呂覽＞ ⑨얻다. ¶理奚由—＜呂覽＞ ⑩진실(眞實). ¶非—數也＜漢書＞ ⑪지일(至日). 동지와 하지. 한 해 중 해가 가장 짧은 날과 긴 날. ¶凡分—啓閉必書雲物＜左氏傳＞ ⑫적다. 기록(記錄)함. ㊂志. ¶是正者之—也＜荀子＞

【至竟】しきょう(지경) 마침내. 畢竟(필경). 結局(결국). ¶—江山誰是主＜杜牧＞
【至高】しこう(지고) 지극히 높음.
【至公無私】しこうニシテワタクシナシ(지공무사) 지극히 공평하여 사사로움이 없음. ¶忠者中也—＜忠經＞
【至極】しきょく·しごく(지극) ①극진한 데까지 이름. ②극한(極限). 최상(最上). ③몹시. 가장.
【至近】しきん(지근) 가장 가까움.
【至今】しこん(지금) ①이제. 只今(지금). ②이제에 이르기까지.
【至急】しきゅう(지급) 몹시 급함. 매우 바쁨.
【至難】しなん(지난) 썩 어려움. 몹시 곤란함.
【至當】しとう(지당) 지극히 당연함. 이치에 꼭 맞음.
【至大】しだい(지대) 가장 큼. ↔至小(지소).
【至德】しとく(지덕) 지극한 덕행. 또는, 지극한 덕을 지닌 사람. 大德(대덕). ¶— 中和之德也＜周禮·注＞
【至毒】しどく(지독) ①몹시 극렬한 독. 猛毒(맹독). ②매우 심하거나 모진 모양. 매우 독함.
【至樂】しらく(지락) 지극한 즐거움.
【至妙】しみょう(지묘) 지극히 묘함. 絶妙(절묘).
【至文】しぶん(지문) 문채(文彩)가 지극히 빼어남. 또는, 그런 글. ¶—無彩＜李華＞
【至美】しび(지미) 지극히 아름다움.
【至密】(지밀)㊕ 임금이나 왕비의 평소 처소. 각 궁방(宮房)의 침실. ¶—內人.
【至死不屈】しニイタレドモくっセズ(지사불굴) 죽음에 이르러서도 굽히지 않음.
【至上】しじょう(지상) 가장 높음. 最上(최상).
【至善】しぜん(지선) 지극한 선. 최고의 선. ¶止於—＜大學＞/～至美.
【至誠】しせい(지성) 지극한 정성. 지극히 성실함.
【至誠感天】しせいてんニかんズ(지성감천) 지극한 정성은 하늘도 감동시킴. 至感(지감).
【至小】ししょう(지소) 지극히 작음. ↔至大(지대).
【至純】しじゅん(지순) 지극히 순수함.
【至順】しじゅん(지순) 지극히 유순함. ¶夫坤 天下之—也＜易經＞
【至夜】しや(지야) 동짓날 밤.
【至言】しげん(지언) 가장 합당한 말. ¶—不出 俗言勝也＜莊子＞
【至嚴】(지엄) ①지극히 엄함. ②매우 위엄이 있음. 峻嚴(준엄).
【至人】しじん(지인) 도(道)를 닦아 지극한 경지

에 이른 사람. ¶一無己 神人無功 聖人無名<莊子>
【至情】しじょう(지정) ①지극한 정성. ②지극한 정분. ③아주 가까운 친척.
【至尊】しそん(지존) ①가장 존귀(尊貴)함. 至貴(지귀). ②임금. 또는, 임금의 자리.
【至賤】しせん(지천) ①매우 천함. ②너무 많아서 귀할 것이 없음.
【至治】しち(지치) 지극히 잘 다스려짐. 또는, 그러한 정치. ¶一馨香 感于神明<書經>
【至親】しん(지친) 가장 가까운 친족(親族). 肉親(육친). 近親(근친). ¶骨肉一.
【至孝】しこう(지효) 지극한 효성. 大孝(대효). ¶一近乎王<禮記>
▷南一, 乃一, 來一, 敦一, 冬一, 竝一, 北一, 愛多憎一, 飮一, 履霜堅氷一, 二一, 日一, 長一, 洊一, 徧一, 必一, 夏一, 後一

8【到】☞刀部 6획(p.206)
9【致】致(p.1253)의 本字
10【𦤺】致(p.1253)와 同字
10【𦤻】致(p.1253)의 俗字

4
10【致】이룰 치 ㊥ㄓˋ (zhì) ち(イタス) *accomplish*
㊀致 ㊁𦤻 ㊂𦤺

풀이 ①이루다. ㉮보내다. 선물을 보냄. ¶存問一賜<漢書> ㉯되돌리다. 반납함. ¶七十而一政<禮記> ㉰바치다. 헌납함. ¶獻田宅者操書一<禮記> ㉱주다. ¶吾將焉一乎魯國<公羊傳> ㉲주어 버리다. 내던짐. ¶士見危一命<論語> ㉳전(傳)하다. ¶工祝一告<詩經> ㉴옮기다. 나름. ¶是一是附<詩經> ㉵넣다. 들임. ¶文一之請讞<後漢書> ㉶끌어당기다. ¶一利除害<漢書> ㉷두다. ¶若一毫一於太虛<無門關> ㉸부르다. 초치(招致)함. ¶莽聞其言不強一<漢書> ㉹덤비다. 도전(挑戰)함. ¶掌一師<周禮> ㉺모으다. 합침. ¶以一萬民<周禮> ㉻지극(至極)히 하다. ¶一知在格物<大學> ㉠다하다. ¶人未有自一者也 必也親喪乎<論語> ㉡정성스럽게 하다. ¶其一之一也<老子> ②이르다. 도달(到達)함. ㊐至. ¶一日 一夢<周禮> ③극치(極致). ¶禮也者物之一也<禮記> ④나아가다. ¶故一數車無車<老子> ⑤적당하다. 맞음. ¶一喪三年<禮記> ⑥정세(精細)하다. 정치(精致)함. ¶德產之一也精微<禮記> ⑦포개다. 겹침. ¶因故棺爲一椁作冢<漢書> ⑧풍취(風趣). 풍운(風韻). ¶高情遠一<晋書> ⑨표찰(標札). ㊐質札.
【致家】(치가) 가업(家業)을 이룸.
【致命】ちめい(치명) ①목숨을 버림. ¶君子以一遂志<易經> ②명령을 전함. ¶大夫東面一<儀禮>
【致命傷】ちめいしょう(치명상) ①목숨이 위태로울 정도의 중상(重傷). ②큰 실패(失敗).
【致富】ちふ(치부) 부를 이룸. 부유하게 됨.
【致仕】ちし(치사) ①관직을 반납한다는 뜻으로, 사직(辭職)함을 이름. 致事(치사). ¶古之道 不卽人心 退而一<公羊傳> ②벼슬할 인재를 초치(招致)함.
【致死】ちし(치사) 죽음에 이르게 함. ¶一量.
【致謝】ちしゃ(치사) 사의(謝意)를 표함. ¶鄕飮酒禮有一<福惠全書>
【致辭】ちじ(치사) 치하(致賀)하는 말. 致語(치어).
【致誠】ちせい·マコトヲイタス(치성) ①정성을 다함. ②신불(神佛)에게 정성을 드림.
【致疑】(치의) 의심을 둠.
【致齋】ちさい(치재) 제관(祭官)이 제사 전(前) 3일 동안, 심신을 깨끗이 하여 재계(齋戒)하는 일. 致齊(치재).
【致奠】ちてん(치전) 제물을 바침. 소대상(小大祥) 때, 친척·친지가 영전(靈前)에 제수를 차려 놓고 제문(祭文)을 읽어 정회(情懷)를 나타내는 제식(祭式).
【致知】ちち(치지) 사물의 이치를 추구하여 통달하는 일. ¶一在格物<大學>
【致賀】(치하) 경사를 하례함. 祝賀(축하).
▷格一, 兼一, 景一, 高一, 拘一, 屈一, 極一, 奇一, 羈一, 羅一, 生一, 書一, 送一, 馴一, 勝一, 時一, 雅一, 案一, 韻一, 由一, 幽一, 誘一, 引一, 一一, 自一, 絶一, 精一, 坐一, 招一, 暴一, 風一, 必一, 興一

12【𦤹】屋(p.469)의 古字
13【𡒊】臺(p.1253)의 俗字

8
14【臺】대 대 ㊥ㄊㄞˊ (tái) だい(ウテナ) *tower*
※台(p.269)를 臺의 약자로 씀은 잘못.

풀이 ①대. ㉮돈대(墩臺). 사방을 관망할 수 있게 흙을 높이 쌓아 위를 평평하게 한 곳. ¶登武子之一<史記> ㉯누대(樓臺). 대사(臺榭). 돈대 위에 사방을 바라볼 수 있게 지은 건물. ¶惟宮室一榭<書經> ㉰높고 평평한 곳. ¶嚴子陵釣一 在桐城縣<寰宇記> ㉱물건을 올려 놓는 대. ¶似要題詩落硯一<司空圖> ②조정(朝廷). 또는, 관서(官署). 중국에서 중앙의 관성(官省) 또는 그 고관(高官). ¶中一/憲一/外一. ③성문(城門). ¶城一. ④능묘(陵墓). ¶陵一. ⑤남을 높이는 존칭. ¶堂一/一下/兄一. ⑥낮은 벼슬아치. ¶蓋自是一無饋也<孟子> ⑦기다리다. ㊐待. ⑧풀 이름. 사초(莎草). 부수(夫須). ⑨산 이름. ⑩쥐다. 잡음. 握의 訛字. ⑪상대. 짝. ㊐特.
【臺閣】だいかく(대각) ①대사(臺榭)와 고각(高閣). ¶一層層倚半空<羅鄴> ②상서성(尙書省). 일설에는, 묘당(廟堂). 내각(內

閣). ¶雖置三公 事歸一<後漢書> ③韓 사헌부(司憲府)와 사간원(司諫院)의 총칭.

【臺論】(대론)韓 사헌부(司憲府)나 사간원(司諫院)의 탄핵(彈劾). 臺彈(대탄).

【臺本】だいほん(대본) 영화나 연극의 각본.

【臺榭】だいしゃ(대사) 고대(高臺)와 망루(望樓). ¶以處一<禮記>

【臺省】だいしょう(대성) ①한(漢)대 상서성(尙書省)의 별칭. ②당(唐)대 상서(尙書)·문하(門下)·중서(中書) 세 성(省)의 총칭.

【臺臣】だいじん(대신) ①재상(宰相). ②대각(臺閣)의 신하. 大臣(대신).

【臺帳】だいちょう(대장) 기본이 되는 사항을 기록하는 장부. 原簿(원부). 元帳(원장).

【臺座】だいざ(대좌) ①기물을 올려 놓는 대. ②불상(佛像) 등을 안치하는 대. 蓮花座(연화좌). ③삼공(三公)의 지위. 臺位(대위).

▷鏡一, 高一, 觀一, 觀象一, 蘭一, 露一, 累一, 樓一, 丹一, 燈一, 望一, 舞一, 盤一, 氷一, 山一, 三一, 崇一, 廝一, 夜一, 邪馬一, 御史一, 輿一, 煙一, 演一, 靈一, 五一, 芸一, 輪一, 章一, 展一, 尊一, 座一, 中一, 重一, 燭一, 寢一, 夏一, 行一, 滑一, 黃金一

10 16【臻】이를 진 | 圓ㄓㄣ (zhen) | しん(イタル)

풀이①이르다. 다다름. ¶饑饉薦一<詩經> ②미치다. 영향을 줌. ¶澤一四表<後漢書> ③모이다. ¶商賈之所一<鹽鐵論> ④많다. ⑤곧. 이에.

【臻極】しんきょく(진극) 궁극에 이름.

▷來一, 旁一, 竝一

臼<절구 구>部

臼 ② 臾 臽 ③ 臿 ④ 舁 ⑤ 舂 ⑥ 舃 ⑦ 舅 與 ⑨ 興 ⑩ 擧 ⑪ 舉 ⑫ 舊 舋

0 6【臼】절구 구 | 宥ㄐㄧㄡˋ (jiu) | きゅう(ウス) *mortar*

源象形. 곡식이 든 확 모양을 본뜸.

풀이①절구. 곡식을 찧는 기구. ¶斷木爲杵 掘地爲一<易經>/杵一. ②찧다. ¶杵爲舂一之用<張衡>

【臼齒】きゅうし(구치) 어금니. 가운데가 확처럼 오목하기 때문임.

▷穀一, 踏一, 磨一, 石一, 杵一, 井一

漢雙螭臼① (西淸古鑑)

7【𦥑】齒(p.1701)의 古字

8【𦥔】申(p.1013)의 本字

8【兒】☞ 儿部 6획(p.157)

9【𦥕】曳(p.731)의 本字

2 8【臾】 1 잠깐 유 | 虞ㄩˊ (yu) | ゆ
2 권할 용 | 腫ㄩㄥˇ | よう
3 삼태기 궤 | 寘 (yong) | き
4 약한 활 유 | 虞 | ゆ

※臾(p.259)는 딴 자.

풀이 1 ①잠깐. ¶道也者 不可須一離也<中庸> ②말리다. 만류(挽留)함. 제지함. ③착하다. 2 권하다. 부추김. 종용(慫慂)함. 같 慂. 3 삼태기. 같 蕢. 4 약한 활. ¶往體多 來體寡 謂之夾一之屬<周禮>

▷須一, 縱一

2 8【臽】허방다리 함 | 陷 陷 | かん(オトシアナ) *trap*

풀이①허방다리. 함정(陷穽). ②함정에 빠지다. 함정에 빠뜨림.

3 9【臿】가래 삽 | 洽ㄔㄚ (cha) | そう(サス) *spade*

풀이①가래. 가래의 날. ¶擧一爲雲<漢書> ②끼다. 끼움. ¶雜一其間<史記> ③찧다.

10【臿】臿(p.1254)의 訛字

4 10【舁】마주 들 여 | 魚ㄩˊ (yu) 語 | よ(カク)

10【𦥷】舁(p.1254)의 古字

10【𦥸】貶(p.1425)의 本字

10【𦥹】貶(p.1425)과 同字

11【𦦅】鼠(p.1699)와 同字

5 11【舂】 1 방아 찧을 용 本 송 2 오랑캐 이름 창 | 冬ㄔㄨㄥ (chong) | しょう(ウスヅク) *mill*

풀이 1 ①방아를 찧다. ¶或一或揄<詩經> ②해가 지다. ¶日至于淵虞 是謂高一 至于連石 是謂下一<淮南子> ③치다. 공격함. ④찌르다. 通 撞 衝. ¶一其喉 以戈殺之<史記> ⑤형벌 이름. 옛 중국의, 여자에게 주는 형벌로 방아를 찧게 하는 노역(勞役). ¶有罪當刑及當爲城旦一者<漢書> ⑥산 이름. ㉮해가 지는 곳. 연석산(連石山). ㉯형산(荊山)의 별칭. 2 오랑캐 이름. 팔만(八蠻)의 하나. 방창(旁舂). ¶一 八蠻之類<正字通>

【舂歌】しょうか(용가) 방아를 찧거나 절구질을 하면서 부르는 노래. 방아타령 따위.

▷高一, 戈一, 宿一, 賃一, 下一, 喧一

6 12【舃】 1 신 석 | 陌ㄒㄧˋ (xi) | せき(クツ) *shoes*
2 클 석 本 탁 | 藥 | たく
3 까치 작 | 藥 | しゃく

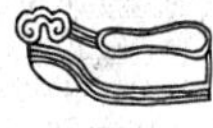
舃①(名物圖)

풀이 1 ①신. 바닥을 겹으로 한 신. ㉠鞨. ㊟藉. ¶帶裳幅一＜左氏傳＞ ②개펄. 간석지(干潟地). ㉠潟. ③주춧돌. ¶金楹齊列 玉一承跋＜何晏＞ 2 크다. 큰 모양. ¶松桷有一＜詩經＞ 3 까치. ㉠鵲.
▷金一, 馬一, 複一, 履一, 礎一, 海一, 革一

12【舄】舃(p. 1254)의 俗字

7/13【舅】시아비 구 | 囿ㄐㄧㄡˋ (jiu) | きゅう(シウト)
同 臼男

풀이 ①시아비. ¶尊如父而非父者一也＜稱謂錄＞/一姑. ②외삼촌. 외숙(外叔). ¶我送一氏＜詩經＞ ③장인. ¶壻親迎見於一姑＜禮記＞ ④처남(妻男). ¶吾諸子幼 得一代我 無憂矣＜新唐書＞ ⑤호칭. ㉮제후(諸侯)가 이성(異姓)의 대부(大夫)를 부를 때 씀. ¶公曰 一所病也＜國語＞ ㉯천자가 이성(異姓)의 제후를 부를 때 씀. ¶以速諸一＜詩經＞ ⑥오래 되다. ¶一者 舊也＜白虎通＞

【舅姑】きゅうこ(구고) ①시아비와 시어미. ¶見一禮. ②장인(丈人)과 장모.
【舅父】きゅうふ(구부) 어머니의 형제. 外叔(외숙). 舅氏(구씨)①. 母舅(모구). ¶封淮南王一趙兼 爲周陽侯＜史記＞
【舅嫂】きゅうそう(구수) 처남의 아내. 처남의 댁.
【舅氏】きゅうし(구씨) ①☞舅父(구부). ②장인(丈人). 聘父(빙부).
【舅弟】きゅうてい(구제) 외사촌 아우. 外從弟(외종제). ¶以舅之子曰一＜稱謂錄＞
▷姑一, 國一, 母一, 伯一, 父一, 叔一, 外一, 元一, 從一, 賢一

13【臼男】舅(p. 1255)와 同字

7/14【與】1 줄 여 2 참여할 여 3 어조사 여 | 語ㄩˇ (yu) 御ㄩˋ 魚ㄩˊ (yu) | よ(アタエル) give よ(アズカル)
略 与

풀이 1 ①주다. 베풂. ¶可以一 可以無一＜孟子＞ ②동아리. 무리. 당여(黨與). ¶群臣連一成朋＜漢書＞ ③편이 되다. 가담함. ㉮한패가 되다. ¶弗一矣＜漢書＞ ㉯따르다. 좇음. ¶桓公知天下諸侯多一已也＜國語＞ ㉰친하다. 친해짐. ¶諸侯之所一也＜管子＞ ㉱돕다. ¶不如一魏以勁之＜戰國策＞ ㉲허락하다. 편듦. ¶吾一女不如也＜論語＞ ㉳기뻐하다. ¶聖人不一也＜淮南子＞ ④함께하다. ¶今王一百姓同樂則王矣＜孟子＞ ⑤닮다. 비슷함. 동류(同類). ¶人之貌有一也＜莊子＞ ⑥상대(相對). 상대가 됨. ¶善勝者不一＜老子＞ ⑦갚다. 반환(返還)함. ¶貸錢者 多不能一其息＜史記＞ ⑧기다리다. ¶歲不我一＜論語＞ ⑨쓰다. 사용함. ¶我未一其本事也＜管子＞ ⑩모두. 죄다. 통틀어. ¶一世皆然兮＜楚辭＞ ⑪세다. 셈함. ¶生一來日＜禮記＞ ⑫피하다. ¶惟我一爾有是夫＜論語＞ ⑬화하다. 화합함. ¶內寇不一 外敵不可拒＜戰國策＞ ⑭말하다. 운위(云謂)함. 2 ①참여하다. ¶因邾以求一之盟＜穀梁傳＞ ②의지하다. 붙음. ¶一爲人後者＜禮記＞ ③의심하는 모양. ¶一乎其觚而不堅也＜莊子＞ 3 어조사(語助辭). ☞句法

句法
①병렬
[…與…] …와(과). ¶富與貴是人之所欲也＜論語＞/若聖與仁 則吾豈敢＜論語＞
②비교·선택
[與…]·[與…寧…] …보다도. …보다는 …한 편이 좋다. ¶禮與其奢也 寧儉 喪與其易也 寧戚＜論語＞
③의문·반어
[…與] …인가. ¶求之與 抑與之與＜論語＞/不識天下之以我備其物與＜淮南子＞
④가정
[…與] …이라면. ¶我之大賢與 於人何所不容 我之不賢與 人將拒我＜論語＞
⑤영탄
[…與] …이구나. ¶舜其大孝也與＜中庸＞/自喩適志與＜莊子＞

【與件】よけん(여건) 주어진 조건.
【與黨】よとう(여당) 정부 편에 서는 정당(政黨). ↔野黨(야당).
【與民同樂】タミトタノシミヲオナジクス(여민동락) 임금이 백성과 즐거움을 함께 함. 與民偕樂(여민해락). ¶此無他 一也＜孟子＞
【與否】(여부) 그러함과 그러하지 않음.
【與世推移】ヨトトモニすいいス·ヨトトモニオシウツッス(여세추이) 세상에 따름. 與世俯仰(여세부앙). 與世浮沈(여세부침). 與世偃仰(여세언앙). ¶聖人者不凝滯於物 而一＜楚辭＞
【與受】(여수) 주고받음. 줌과 받음.
【與信】(여신) 금융 기관에서 고객에게 신용을 부여하는 일. 곧, 어느 고객을 신용함. ↔受信(수신).
【與野】(여야) 여당과 야당.
【與奪】よだつ(여탈) 주는 일과 빼앗는 일. ¶貴賤殺生一一也＜荀子＞/生殺一.
▷關一, 歸一, 給一, 黨一, 貸一, 大一, 附一, 付一, 賦一, 私一, 賜一, 賞一, 巽一, 授一, 施一, 讓一, 易一, 容一, 猶一, 猗一, 儲一, 儔一, 贈一, 參一, 天一, 取一, 奪一

9/16【興】1 일 흥 2 홍취 흥 3 피바를 흔 | 㴞ㄒㄧㄥ (xing) 徑ㄒㄧㄥˋ 震(xing) | こう(オコル) きょう interest きん

풀이 **1** ①일다. 일어남. ㉮번성하다. 왕성함. ¶以莫不一＜詩經＞ ㉯시작되다. 시발(始發)함. ¶入門而懸一＜孔子家語＞ ㉰나다. 생겨남. ¶而淫樂一焉＜史記＞ ㉱이루어지다. ¶其可一乎＜國語＞ ㉲행하여지다. ¶則禮樂不一＜論語＞ ㉳움직이다. 발동함. ¶末應將一＜周禮＞ ㉴떨쳐 일어나다. 분기(奮起)함. ¶則民一於仁＜論語＞ ㉵출세하다. 관직에 나아감. ¶其言足而一＜禮記＞ ②일으키다. ㉮발(發)하다. ¶一空澤之士千甲＜左氏傳＞ ㉯행하다. ¶凡小祭祀則不一舞＜周禮＞ ㉰성(盛)하게 하다. ¶誰能一之＜國語＞ ㉱바치다. ¶其一物備矣＜禮記＞ ㉲뽑다. 등용(登用)함. ¶進賢一功＜周禮＞ ③징수(徵收)하다. 또는, 징수물. ¶平頒其一積＜周禮＞ ④일어나다. 기상(起床)함. ¶夙一夜寐＜詩經＞ **2** ①흥취. 홍겨움. ¶一盡悲來＜王勃＞ ②즐기다. 즐겁게 여김. ¶不一其藝 不能樂學＜禮記＞ ③본뜨다. ④견주다. 비유함. ¶詩可以一＜論語＞ ⑤시(詩)의 한 체(體). 「시경」(詩經) 육의(六義)의 하나. ¶詩有六義焉 一曰風 二曰賦 三曰比 四曰一 五曰雅 六曰頌＜詩經＞ **3** 피를 바르다. 제기(祭器)에 희생의 피를 바르는 의례(儀禮). 通 釁. ¶既一器用幣＜禮記＞

【興國】こうこく(홍국) 나라를 홍하게 함.

【興起】こうき①②・きょうき③(홍기) ①떨치고 일어남. 감동하여 분기함. ¶聞者莫不一也＜孟子＞ ②성(盛)하게 일어남. 홍왕해짐. ¶萬物莫不一＜鹽鐵論＞ ③홍미가 솟아남.

【興隆】こうりゅう(홍룽) 융성해짐. 홍왕함.

【興亡】こうぼう(홍망) 홍함과 망함. 興敗(홍패).

【興亡盛衰】こうぼうせいすい(홍망성쇠) 홍망과 성쇠. 홍성(興盛)함과 쇠망(衰亡)함.

【興味】きょうみ(홍미) ①재미. 홍취. ¶一津津. ②어떤 대상에 대하여 특별히 관심이 끌리는 감정.

【興奮】こうふん(홍분) ①기분이 고조된 상태. ↔沈靜(침정). ②자극에 의하여 일시적으로 신경이 고조되는 현상. 昂奮(앙분).

【興盛】こうせい(홍성) 왕성하게 일어남.

【興業】こうぎょう(홍업) ①산업(產業)을 일으킴. ②학업(學業)을 장려하여 일으킴. ¶孔子述文 弟子一＜史記＞

【興旺】(홍왕) 왕성해짐. 번창함.

【興盡悲來】きょうツキカナシミキタル(홍진비래) 즐거움이 다하면 슬픔이 닥쳐 온다는 뜻. ¶一 識盈虛之有數＜王勃＞ ↔苦盡甘來(고진감래).

【興替】こうたい・こうてい(홍체) ☞興廢(홍폐).

【興趣】きょうしゅ(홍취) 재미. 홍겨운 정취. 興致(홍치). ¶一江湖迥＜杜甫＞

【興致】きょうち(홍치) 홍겨운 운치(韻致). 情趣(정취). ¶盛唐諸人 惟在一＜嚴羽＞

【興廢】こうはい(홍폐) 홍함과 폐함. 盛衰(성쇠). ¶三代一 未有不由此者也＜漢書＞

【興行】こうこう①②・こうぎょう③(홍행) ①착한 행실을 힘써 닦음. ¶陳之以德義 而民一＜孝經＞ ②왕성하게 행해짐. ¶至於禮讓一 而風俗純美＜歐陽脩＞ ③구경꾼을 모아 돈을 받고, 영화, 연극, 서커스 등을 보이는 일. ¶一料/一物/一權.

▷感一, 更一, 繼一, 軍一, 代一, 妄一, 拔一, 勃一, 發一, 百廢俱一, 蕃一, 繁一, 竝一, 福一, 復一, 儐一, 奮一, 嗣一, 序一, 紹一, 夙一, 詩一, 晨一, 新一, 餘一, 鬱一, 遊一, 隆一, 作一, 再一, 座一, 酒一, 中一, 振一, 迭一, 遞一, 叢一, 寢一, 廢一, 暴一

17【轝】 轝(p. 1256)와 同字

18【擧】 擧(p. 668)의 俗字

12
18【舊】 옛 구 (图)ㄐㄧㄡˋ (jiu) きゅう(フルイ) *old*

略 旧

풀이 ①옛. 옛날. ¶台小子 一學于甘盤＜書經＞ ②묵다. 오래 됨. ¶舍其一而新是謀＜左氏傳＞ ③오래다. 通 久. ¶告爾一止＜詩經＞ ④오래도록. ¶一勞于外＜書經＞ ⑤예로부터. 본래. 원래. ¶一有令聞＜書經＞ ⑥옛벗. 친구(親舊). 구우(舊友). ¶故一不遺 則民不偸＜論語＞ ⑦늙은이. 노인. ¶江左耆一 先在關右者 咸相傾慕＜陳書＞ ⑧유서 있는 집안. 구가(舊家). ¶郡邑豪一 遂相率與出＜陶宏景＞ ⑨묵은 사례(事例). 고사(故事). ¶漢遵嬴一＜晉書＞ ⑩일상(日常). 평소. ¶不足以充入一貫之居＜漢書＞ ⑪역(易)의 건(乾). ¶一井无禽＜易經＞ ⑫올빼미. 부엉이.

【舊家】きゅうか(구가) ①지은 지 오래된 집. ②옛날에 살던 집. 옛집. 古家(고가). ③유서 있는 집안. 故家(고가).

【舊殼】(구각) ①묵은 껍질. ②시대에 맞지 않는 옛 제도나 관습.

【舊刊】きゅうかん(구간) 오래 전에 간행(刊行)한 출판물. ↔新刊(신간)

【舊故】きゅうこ(구고) 옛친구. 故舊(고구). 舊友(구우). 舊知(구지). 舊好(구호).

【舊稿】きゅうこう(구고) 전에 써 둔 원고(原稿). 묵은 원고.

【舊穀】きゅうこく(구곡) 묵은 곡식. ↔新穀(신곡).

【舊官】きゅうかん(구관) ①전직(前職) 관원. 이 전에 관직에 있었던 사람. ↔新官(신관). ②오래 관직에 있는 사람. 또는, 그 관직. ¶卿爲朕還一＜唐書＞

【舊觀】きゅうかん(구관) ①옛 모양. 옛 경관(景觀). ¶秀色還一＜王庭珪＞ ②오래 된 전각(殿閣). 舊閣(구각). ¶一丹青復＜袁桷＞

【舊交】きゅうこう(구교) 오래 된 교분. 舊友(구우). 舊故(구고).

【舊記】きゅうき(구기) 옛날의 기록. 古記(고기).

【舊基】きゅうき(구기) 옛터. 옛날에 살던 터전. 故址(고지).

【舊年】きゅうねん(구년) 거년. 작년. 客年(객년).

【舊都】きゅうと(구도) 옛 도읍. 옛 서울. 故都(고도). ↔新都(신도).

【舊臘】きゅうろう (구랍) 지난 해 섣달. 客臘(객랍).
【舊曆】きゅうれき (구력) 전에 시행하던 역법(曆法). 태음력(太陰曆). 음력(陰曆).
【舊例】きゅうれい (구례) 예로부터 내려오는 관례(慣例).
【舊老】きゅうろう (구로) 옛일을 잘 알고 있는 늙은이. 故老(고로). 宿老(숙로).
【舊路】きゅうろ (구로) 옛날부터 있어 온 길. 舊道(구도). ↔新作路(신작로).
【舊面】きゅうめん (구면) 전부터 안면이 있는 사람. 또는, 그러한 관계. ↔初面(초면).
【舊聞】きゅうぶん (구문) ①옛날에 들은 이야기. ②때가 지나서 들은 이야기나 소문. 신기하지 않은 소문. ↔初聞(초문).
【舊法】きゅうほう (구법) 이전에 시행하던 법률. 新法(신법).
【舊本】きゅうほん (구본) ①옛날부터 전해 내려오는 서책(書冊). ②고사본(古寫本)이나 구각본(舊刻本).
【舊朋】きゅうほう (구붕) ☞舊友(구우).
【舊山】きゅうざん (구산) ①고향(故鄕). 故山(고산). ②韓 ㉮조상의 무덤이 있는 곳. 先山(선산). ㉯오래된 묏자리. 舊墓(구묘). ↔新墓(신묘).
【舊說】きゅうせつ (구설) 옛날의 학설(學說). 예전의 주장.
【舊俗】きゅうぞく (구속) 옛 풍속. 또는, 예로부터 내려오는 습관. 舊慣(구관). 舊風(구풍).
【舊讐】きゅうしゅう (구수) 오래 된 원수. 舊仇(구구).
【舊習】きゅうしゅう (구습) 옛 습관. 옛 풍습.
【舊式】きゅうしき (구식) 옛 예절의 격식. 낡은 방식. 古式(고식). 舊套(구투). ↔新式(신식).
【舊臣】きゅうしん (구신) 옛 신하.
【舊惡】きゅうあく (구악) 전에 저지른 죄악.
【舊友】きゅうゆう (구우) 옛 친구. 오래 된 벗. 舊友(구우). 舊朋(구붕). 故舊(고구).
【舊雨今雨】きゅううこんう (구우금우) 옛 친구와 새 벗. 우(友)와 우(雨)는 음이 같으므로, 일부러 멋을 부린 말. ¶冷煖一 是非一波萬波 <范成大>
【舊怨】きゅうえん (구원) 오래 전부터의 원한. 舊恨(구한).
【舊恩】きゅうおん (구은) 옛날에 입은 은혜.
【舊邑】きゅうゆう (구읍) 예전에 관아가 있던 고을. 옛 영지(領地). 舊封(구봉).
【舊誼】きゅうぎ (구의) 예전에 가까이 지내던 정분. 舊好(구호). 舊情(구정)①.
【舊人】きゅうじん (구인) ①☞舊友(구우). ②구시대(舊時代) 사람. 시대에 뒤떨어진 사람. ↔新人(신인). ③☞舊臣(구신).
【舊作】きゅうさく (구작) 이전에 지은 작품. ↔新作(신작).
【舊情】きゅうじょう (구정) ①옛정. 舊誼(구의). 舊好(구호). ②예전의 기분. 옛 마음. ¶春物依稀有一 <徐鉉>
【舊制】きゅうせい (구제) ①전의 제도. 舊制度(구제도). ②낡은 격식(格式). 舊格(구격).
【舊主】きゅうしゅ (구주) ①옛 주인. ②전에 섬기던 임금. 舊君(구군).
【舊地】きゅうち (구지) ①이전의 영지(領地). 舊邑(구읍). 舊領(구령). ②☞古跡(고적).
【舊址】きゅうし (구지) 옛날에 건물이 있던 자리. 舊趾(구지).
【舊稱】きゅうしょう (구칭) 옛날에 일컫던 이름.
【舊態】きゅうたい (구태) 옛모습. ¶一依然.
【舊宅】きゅうたく (구택) 전에 살던 집. 舊居(구거).
【舊套】きゅうとう (구투) 예전의 형식이나 방식.
【舊弊】きゅうへい (구폐) 묵은 폐습(弊習). 이전부터 내려오는 폐해(弊害).
【舊學】きゅうがく (구학) ①예전에 배운 것. ¶一商量加邃密 <朱熹> ②근래 서구(西歐)에서 들어온 새로운 학문에 대한 재래(在來)의 한학(漢學). 舊學問(구학문). ↔新學(신학).
【舊好】きゅうこう (구호) ☞舊誼(구의).
【舊懷】きゅうかい (구회) 오래 회포. 지난 옛일을 그리는 마음.
▷感一, 故一, 耆一, 復一, 朋一, 世一, 素一, 新一, 恩一, 義一, 一見如一, 仍一, 知一, 親一, 鄕一, 懷一, 勳一

12 19 〖舋〗 틈 흔 | 震 ㄒㄧㄣˋ (xìn) | きん(スキ) *gap*

풀이 ①틈. ㊀釁. ¶其象似玉瓦原之一罅 <周禮·注> ②움직이다. ¶仡奮一而軒髻 <王延壽>

25 〖爨〗 爨(p. 960)과 同字

—舌<혀 설>部—

舌 ② 舍 ④ 舑 舐 ⑥ 舒 ⑦ 辞 ⑧ 舔 舓 ⑨ 舖 ⑩ 舘 ⑬ 舚

0 6 〖舌〗 혀 설 | 屑 ㄕㄜˊ (shé) | ぜつ, せつ(シタ) *tongue*

풀이 ①혀. ¶在竅爲一 <素問> ②말. 언어(言語). ¶重一之人 九譯 <張衡> ③혀 모양. 또는, 혀 노릇 하는 물건. ㉮과녁 좌우에 튀어 나온 부분. ¶倍躬以爲左右一 <儀禮> ㉯관악기 입구에 있는 작은 박편(薄片). ¶木一無時用 <孔魚> ㉰키[箕]의 가운데 부분. ¶維南有箕 載翕其一 <詩經>
【舌耕】ぜっこう (설경) ①강의(講義) 또는 강연으로 생계를 꾸림. 말품을 파는 일. ¶才士筆耕 辯士一 <從容錄> ②소설(小說). 설화(說話). ¶小說者 或名演史 或謂合生 或稱一 <戒庵漫筆>
【舌根】ぜっこん (설근) ①혀뿌리. 혀의 목구멍에 가까운 부분. ②《佛》 육근(六根)의 하나. 未官(미관).
【舌芒于劍】シタハケンヨリモぼうナリ (설망우검) 혀는 칼보다도 날카롭다는 뜻으로, 날카롭고 매서운 변설의 비유. ¶一激之怒炎于火 三寸之一 <黃憲>
【舌鋒】ぜっぽう (설봉) 날카로운 변설을 창날에 비유하는 말. 論鋒(논봉). 舌劍(설검).
【舌尙在】シタナオソンス (설상재) 변설(辯舌)로써 공을 세울 여력(餘力)이 아직 남아 있음을 이름. 전국 시대 위(魏)의 장의(張儀)가 제 아내에게 한 말에서 유래. ¶張儀謂其妻曰 視吾舌 尙在不 其妻笑曰 舌在也 儀曰 足矣

＜史記＞

【舌院】(설원)㊕ 사역원(司譯院)의 별칭.

【舌人】ぜつじん(설인) 통역(通譯)하는 사람. 通譯人(통역인). 象胥(상서).

【舌戰】ぜっせん(설전) 말다툼. 논쟁(論爭). 舌爭(설쟁).

【舌禍】ぜっか(설화) ①자기가 한 말이 화근이 되어 받는 재앙. ↔筆禍(필화). ②남의 구설에 오르는 재앙.

▷駃一, 結一, 膏脣拭一, 廣長一, 巧一, 口一, 卷一, 金口木一, 弄一, 訥一, 掉一, 美女破一, 反一, 百一, 辯一, 駟不及一, 詞一, 三寸一, 蘇張一, 惡一, 兩一, 虁一, 饒一, 搖脣鼓一, 利一, 長一, 張儀祕一, 重一, 讒一, 焦脣乾一, 忠一, 吐一, 筆一, 喉一

7【乱】☞乙部 6획(p. 50)

2
8【舍】 ①집 사 ②둘 사 ③풀 석 | 廣ㄕㄜˋ(she) 馬ㄕㄜˇ(she) 陌ㄕˋ(shi) | しゃ(イエ) *house* せき(オク) *put*

㊐舎

풀이 ① ①집. 가옥(家屋). ¶庶人一屋 許五架門＜宋史＞ ②머무르는 곳. ㉮여관. ¶天子賜一＜儀禮＞ ㉯거처(居處). ¶神歸其一＜鬼谷子＞ ㉰해·별이 머무르는 곳. ¶日爲之反三一＜淮南子＞ ㉱행군(行軍)할 때, 하룻밤의 숙영(宿營). ¶凡師出 一宿爲一＜左氏傳＞ ③관청. 관부(官府). ¶一人. ④곳집. 창고. ¶咸池曰天潢 五帝車一也＜春秋文耀鉤＞ ⑤방. 서재. ¶精一. ⑥묵다. ¶一故人之家＜呂覽＞ ⑦머무르다. ¶一於何藏＜素問＞ ⑧거처하다. ¶一彼枯園＜太玄經＞ ⑨쉬다. ¶定一 以待其勞＜漢書＞ ⑩은덕을 베풀다. ¶施一不倦＜左氏傳＞ ⑪용서하다. ㊊赦. ¶姦以事君 常刑不一＜漢書＞ ⑫30리. 군대가 하루에 걷는 거리. ¶軍行三十里爲一一＜呂覽·注＞ ⑬무엇. ¶一皆取諸其宮中而用之＜孟子＞ ② ①두다. ㉮놓아 두다. ¶以薦一於前＜穀梁傳＞ ㉯버려 두다. ¶山川其一諸＜論語＞ ㉰버리다. ㊊捨. ¶鍥而一之＜荀子＞ ②그만두다. ㉮벼슬에서 물러나다. ¶趨一有時＜史記＞ ㉯하지 않다. ¶一我穡事＜書經＞ ㉰쓰지 않다. ¶一藥物可也＜左氏傳＞ ㉱그치다. ¶不一晝夜＜論語＞ ③제거하다. ¶一彼有罪＜詩經＞ ④벗어나다. ¶一正路而不由＜孟子＞ ⑤거두다. ¶故物一其所長＜戰國策＞ ⑥받다. ¶一命不渝＜詩經＞ ③풀다. 놓음. ㊊釋. ¶春入學一采＜周禮＞

【舍監】しゃかん(사감) 기숙사(寄宿舍) 등의 사생(舍生)을 감독하는 사람.

【舍館】しゃかん(사관) 여관(旅館).

【舍廊】(사랑)㊕ 바깥 주인이 거처하며 손을 응접하는 방. 사랑방. ↔內室(내실).

【舍利】しゃり(사리)《佛》 범어 Sarira의 음역. 석가(釋迦)나 고승(高僧)의 유골(遺骨). 佛舍利(불사리). 佛骨(불골). ¶胡言謂之一＜魏書＞/一塔.

【舍伯】(사백) 자기의 맏형을 남에게 대하여 일컫는 말.

【舍叔】(사숙) 자기 숙부(叔父)를 남에게 일컫는 말.

【舍人】しゃじん(사인) ①마름. 舍音(사음). ②식객(食客). ③궁중에서 숙직하며 번을 서는 관원. ④여관의 주인. ⑤궁내(宮內)의 근시(近侍)의 벼슬. ⑥㊕ 신라 때, 대사(大舍)와 사지(舍知) 벼슬의 총칭. 조선 때 의정부(議政府)의 정4품 벼슬.

【舍姪】(사질) ①문장에서, 남에게 대하여 자기의 조카를 이름. ②삼촌에게 자기를 이름.

【舍宅】しゃたく(사택) ①집. 저택. ②기업체나 기관에 근무하는 직원을 위하여, 그 기관이나 기업체에서 지은 살림집.

【舍兄】しゃけい(사형) ①문장에서, 자기의 형을 남에게 대하여 일컫는 말. ②편지 등에서, 형이 아우에게 대하여 자기를 이르는 말. ↔舍弟(사제).

【舍然】せきぜん(석연) 의혹(疑惑)이 시원스럽게 풀리는 모양. 釋然(석연).

【舍采】せきさい(석채) 옛날, 처음 입학(入學)할 때 선사(先師)에게 바치던 채소류의 예물. 일설에는, 그것으로 제사함을 이름. 舍菜(석채). 釋菜(석채).

▷客一, 鷄一, 空一, 官一, 館一, 校一, 求田問一, 寄宿一, 壘一, 頓一, 豚一, 同一, 茅一, 茇一, 旁一, 比一, 肆一, 宿一, 僧一, 施一, 謁一, 野一, 旅一, 廬一, 屋一, 蝸一, 外一, 義一, 耳一, 二十八一, 隣一, 邸一, 田一, 傳一, 精一, 第一, 次一, 儆一, 趨一, 避三一, 學一, 横一, 休一

8【舎】舍(p. 1258)와 同字

9【舓】舐(p. 1258)와 同字

4
10【甜】 혀 빼물 담 / 첨 | 覃ㄊㄢ 鹽(tan) | たん

10【舑】吮(p. 282)과 同字

4
10【舐】 핥을 지 ㊍시 | 紙ㄕˋ (shi) | し(ナメル) *lick*

㊍舓 ㊐舓 䑛

풀이 핥다. 혀로 빪. ¶一痔者得車五乘＜莊子＞

【舐糠及米】ヌカヲネブリテコメニオヨブ(지강급미) 겨를 다 핥고 나면 쌀까지 먹고 만다는 뜻으로, 점차로 해(害)가 미침의 비유. 또는, 욕심이 점점 커짐의 비유. ¶言舐糠盡則至米 謂削土盡則至滅國也＜史記·注＞

【舐犢之愛】しとくのあい(지독지 애) 어미소가 송아지를 핥는 사랑이란 뜻으로, 자식을 깊이 사랑함의 비유. ¶愧無日磾先見之明 猶懷老牛一＜後漢書＞

【舐痔】しじ(지치) 진왕(秦王)의 치질(痔疾)을 핥고 많은 상(賞)을 얻었다는 옛일에서, 아첨함의 비유. ¶噉惡求媚 一自親＜隋書＞/吮癰一.

【舐筆】しひつ(지필) ①붓을 핥음. ②데면데면하게 씀. 글씨를 거칠게 씀. ¶擊鼓吹笛 一輒成＜唐書＞

11【舓】舐(p.1258)와 同字

11【舐】舐(p.1258)의 訛字

6 12【舒】펼 서 |圖ㄕㄨ (shu)|じょ(ノビル) *spread out*

풀이 ①펴다. ㉮펴지다. 신전(伸展)함. ¶其政一啓＜素問＞ ㉯흩어지다. 이산(離散)함. ¶贏縮卷一＜淮南子＞ ②넓히다. 전파함. ¶一之幎於六合＜淮南子＞ ③느긋하다. 通紓. ㉮느직하다. 서완(舒緩). ㉯늦다. ¶一窈糾兮＜詩經＞ ④우아(優雅)하다. 안정됨. ¶柔弱以靜 一安以定＜淮南子＞ ⑤게으르다. 소홀함. ¶貴而不一＜史記＞ ⑥순서를 정하다. 通敍. ⑦실마리. 단서(端緖). ⑧되살아나다. 소생(蘇生)함. ⑨춘추 시대 나라 이름. 지금의 안휘성(安徽省) 서성현(舒城縣)에 있었음. ¶荊一是懲＜詩經＞

【舒眉】じょび(서미) 찌푸렸던 눈살을 편다는 뜻으로, 시름을 잊고 즐김을 이름. 伸眉(신미).

【舒嘯】じょしょう(서소) 느직이 휘파람을 붊. 조용히 시가(詩歌)를 읊조림. 한가로이 풍월(風月)을 즐기는 일. ¶登東皐而一 臨淸流而賦詩＜陶潛＞

【舒情】じょじょう(서정) 정서(情緖)를 폄.

【舒遲】じょち(서지) 느직하고 우아한 모양. ¶君子之容一＜禮記＞

▷寬一, 卷一, 望一, 發一, 散一, 素一, 安一, 緩一, 長一, 淸一, 閑一

13【辞】辭(p.1471)의 俗字

8 14【舚】홀짝홀짝마실 답 |圖ㄊㄚˋ (ta)|とう (ススル)

14【舑】舚(p.1259)의 本字

14【舓】辭(p.1471)와 同字

14【舓】舐(p.1258)의 本字

15【舔】舓(p.1259)와 同字

15【舖】鋪(p.1541)의 俗字

15【舗】舖(p.1259)와 同字

16【憩】憩(p.593)와 同字

16【舘】館(p.1640)의 俗字

16【舚】舚(p.1259)의 俗字

18【舙】舍(p.1258)와 同字

18【舚】話(p.1385)의 古字

13 19【舚】혀 빼물 첨 |圖ㄊㄧㄢ (tian)|てん

23【舚】舚(p.1259)과 同字

舛＜어그러질 천＞部

舛 ⑥ 舜 ⑦ 舝 ⑧ 舞

0 6【舛】어그러질 천 |圖ㄔㄨㄢˇ (chuan)|せん(タガウ) *contrary to*

풀이 ①어그러지다. 배반(背叛)함. 패려(悖戾)함. ¶而見聞一馳於外者也＜淮南子＞ ②뒤섞여 어지럽다. 착란(錯亂). ③벗기다. 박탈(剝脫)함.

【舛錯】せんさく(천착) 서로 어긋남. 뒤섞임. 差錯(차착). 乖錯(괴착).

▷蹇一, 乖一, 壞一, 交一, 蕪一, 煩一, 紛一, 疏一, 訛一, 違一, 謬一, 雜一, 差一, 錯一

6 12【舜】순임금 순 |圖ㄕㄨㄣˋ (shun)|しゅん

풀이 ①순임금. 우순(虞舜). 중국의 옛 성군(聖君). ②나팔꽃. ③무궁화. 通蕣. ¶顔如一華＜詩經＞ ④총명하다. 현명함. 通俊.

【舜禹】しゅんう(순우) 순임금과 우임금. 모두 중국의 옛 성군(聖君).

【舜華】しゅんか(순화) ①무궁화. 槿花(근화). 木槿(목근). ②미인의 비유. 舜英(순영). ¶有女同車 顔如一＜詩經＞

▷堯一, 虞一

7 13【舝】비녀장 할 |圖ㄒㄧㄚˊ (xia)|かつ (クサビ)

풀이 ①비녀장. 굴대 끝에 꽂아서 바퀴가 빠져 나오지 못하게 하는 수레의 부속품. ㉠鎋 轄. ¶載脂載一＜詩經＞ ②별 이름. ¶旁有兩星曰鈐 北一星曰一＜史記＞

8 14【舞】춤출 무 |圖ㄨˇ (wu)|ぶ(マウ) *dance*

古 𦏶 同 儛

풀이 ①춤추다. ㉮무용(舞踊)하다. ¶不知足之蹈之 手之一之＜孟子＞ ㉯기뻐서 깡충깡충 뛰다. ¶百獸率一＜書經＞ ㉰돌다. 선회(旋回)함. ¶鳥一魚躍＜列子＞ ②춤. 무용. ¶樂容曰一＜蔡邕＞ ③춤추게 하다. ¶一幽壑之潛蛟＜蘇軾＞ ④고무(鼓舞)하다. ¶鼓之一之 以盡神＜易經＞ ⑤빠르다. ⑥업신여기다. 通侮. ¶一彼來者奚若＜列子＞ ⑦임무. 通務. ¶干協時一＜楚辭＞ ⑧별가리개. 차양(遮陽). ⑨종(鐘)의 윗부분. ¶鉦上謂之一＜周禮＞

【舞曲】ぶきょく(무곡) ①춤출 때 부르는 노래. 舞歌(무가). ②무악(舞樂)에 쓰는 악곡의 총칭. ¶圓—. ③춤과 노래.
【舞臺】ぶたい(무대) ①무용이나 연극 등을 연기하는 단(壇). ②기량이나 능력 등을 보이는 터전. ¶外交—.
【舞文弄法】ぶぶんろうほう(무문농법) 법조문(法條文)을 왜곡하여 법을 남용(濫用)함. 법을 편의(便宜)에 따라 적용함. 舞弄(무롱). ¶吏士— 刻章僞書<史記>
【舞樂】ぶがく(무악) ①춤에 맞추어 연주하는 음악. ②춤을 곁들이는 아악(雅樂).
【舞踊】ぶよう(무용) 춤. ¶—手/—團.
【舞雩】ぶう(무우) ①언덕 이름. ②기우제(祈雨祭)를 지내는 곳. 또는, 기우제. ¶浴于沂 風乎— 詠而歸<論語>
【舞衣】ぶい(무의) 춤출 때 입는 옷.
【舞筆】ぶひつ(무필) 사실대로 쓰지 않고 일부러 굽혀서 씀. 曲筆(곡필).
【舞鶴】ぶかく(무학) 춤추는 학.
【舞姬】ぶき·まいひめ(무희) 춤추는 여자. 舞妓(무기).
▷歌—, 劍—, 鼓—, 群—, 起—, 羅—, 亂—, 蹈—, 獨—, 馬—, 妙—, 抃—, 翔—, 手—, 僧—, 燕歌趙—, 軟—, 龍飛鳳—, 圓—, 輪—, 奏—, 集—, 聚—, 呼—, 環—, 掀—, 興—

16〖舜〗舜(p.1259)의 本字

舟<배 주>部

舟 ② 舠 ③ 舡 ④ 般 舫 航 ⑤ 舸 舲 舶 船 舴 ⿰舟召 舳 舵 舷 ⑦ 艀 艄 艅 艇 ⑧ 艋 ⑨ 艓 艐 艑 艎 ⑩ 艘 艖 艙 ⑪ 艛 ⑫ 艟 ⑬ 艢 ⑭ 艨 艦 ⑯ 艫 ⑱ 艭

0 6〖舟〗배 주 | 㘝ㄓㄡ(zhou) | しゅう(フネ) *boat*

풀이 ①배. ¶刳木爲— 剡木爲楫<易經> ②술두루미 따위를 받치는 그릇. ¶祼用鷄彝 鳥彝 皆有—<周禮> ③업다. 이다. ④띠다. 두름. 허리띠에 참. ¶何以—之 維玉及瑤<詩經> ⑤전하다. 줌. 通授. ⑥나라 이름. 通周. ¶—人之子<詩經>

周素舟② (西淸古鑑)

【舟橋】しゅうきょう(주교) ①배다리. 여러 척의 배를 이어 만든 임시 다리. 舟梁(주량). 船橋(선교). ②배와 다리. ¶—司.
【舟梁】しゅうりょう(주량) ☞舟橋(주교)①.
【舟師】しゅうし(주사) ①수군(水軍). 舟軍(주군). ②뱃사공. 舟子(주자).
【舟中敵國】しゅうちゅうてきこく(주중적국) 덕의(德義)를 닦지 않으면 제 편에서도 배반자가 나온다는 말. ¶在德不在險 若君不修德 則舟中之人 盡敵國也<史記>
【舟楫】しゅうしゅう(주즙) ①배와 노. 배를 이름. ②임금을 보필하는 신하. ¶若濟巨川 用汝作— 若歲大旱 用汝作霖雨<書經>
▷刻—, 芥—, 客—, 輕—, 孤—, 歸—, 獨木—, 同方—, 方—, 不繫—, 飛—, 犀—, 小隙沈—, 小—, 水載—水覆—, 漁—, 吳越同—, 龍—, 艤—, 一葉—, 一月三—, 積羽沈—, 造—, 釣—, 操—, 扁—, 編—, 虛—

2 8〖舠〗거룻배 도 | 㚖ㄉㄠ(dao) | とう(フネ)

8〖⿰舟乃〗服(p.738)과 同字

3 9〖舡〗 1 배 강 | 江ㄒㄧㄤ | こう(フネ)
2 배 선 | 先(xiang) | せん

풀이 1 배. ¶昔赤壁之役…燒—自還<文選> 2 배. 船의 俗字.

4 10〖般〗
1 돌 반 | 寒ㄅㄢ(ban) | はん(メグル) *turn*
2 되돌아올 반 | 刪ㄆㄢ(pan) | はん(カエル) *come back*
3 고을이름 반 |
4 반야 반 | 㘝ㄅㄛ(bo) |
本 발
古 𠕅

풀이 1 ①돌다. 또는, 돌림. ②옮기다. 나름. ¶自冬歷夏 —載不了<舊唐書> ③오래다. ¶—紛紛其離此尤兮<賈誼> ④머뭇거리다. ⑤가다. ⑥즐기다. 通槃. ¶民神禽鳥之—<太玄經> ⑦크다. 通伴. ¶—樂怠敖<孟子> ⑧물가. 수변(水邊). 通泮. ¶鴻漸于—<史記> ⑨바위. 반석. 通磐. ⑩주머니. 자루. ¶諸母—<穀梁傳> ⑪기좌(箕坐)하다. 다리를 뻗고 앉음. ¶—礴. ⑫흉터. 반흔(瘢痕). 通瘢. ⑬큰 배. 대선(大船). ⑭무리. 종류. ¶求淑女兮 豈樂多—<宋史> ⑮때. 시점(時點). ¶這—/今—/過—. ⑯범위. ¶百—/萬—/全—. 2 ①通班. ㉮되돌아오다. 또는, 되돌리다. ㉯잇닿다. ㉰펴다. ¶先以雨 —裔裔<漢書> ㉱나누다. 나누어 줌. ¶渙爵—秩<太玄經> ②얼룩. 通辨. ¶馬黑脊而—臂螻<周禮> ③어지럽다. 通斑. ¶—紛紛其離此郵兮<漢書> 3 ①고을 이름. 지금의 산동성(山東省)에 있었던 한(漢)대의 현(縣). ②면(面)이 평평한 모양. 4《佛》반야(般若). 지혜(智慧).
【般師】はんし(반사) ☞回軍(회군). ¶明主—罷兵<漢書> ※班師(반사).
【般若】はんにゃ(반야)《佛》범어 Prajñā의 음역. 미망(迷妄)을 버리고 진리를 깨닫는 지혜. ¶—波羅蜜多心經.
【般若湯】はんにゃとう(반야탕)《佛》술의 별칭. ¶僧謂酒— 魚爲水梭花<東坡志林>
【般遊】はんゆう(반유) 즐기며 놂. 般樂(반락). 盤遊(반유).
【般逸】はんいつ(반일) 즐기며 놂. 遊逸(유일).
▷各—, 箇—, 過—, 今—, 幾—, 多—, 萬—, 百—, 先—, 十八—, 兩—, 一—, 這

—, 全—, 前—, 諸—, 千—

10【舭】 般(p. 1260)의 古字

4【舫】 [1]배 방 [2]쌍배 방 | [漾]ㄈㄤˇ [陽](fang) | ほう(フネ)
10

[풀이][1]①배. ②뗏목. ③쌍배. 두 척을 매어 나란히 가게 한 배. [같]艕. ④사공(沙工). [2]쌍배. [通]方. ¶—船載卒＜史記＞

▷巨—, 輕—, 空—, 官—, 筏—, 船—, 驛—, 連—, 偶—, 遊—, 齋—, 敗—, 行—, 花—, 畫—

10【舨】 服(p. 738)의 本字

4【航】 건널 항 | [陽]ㄏㄤˊ (hang) | こう(ワタル) *across*
10

[풀이]①건너다. 배로 물을 건넘. ¶桓譚作論 明弱水之難—＜王褒＞ ②배. 방주(方舟). 주선(舟船). ¶譬臨河而無—＜張衡＞ ③배다리. 부교(浮橋). 주교(舟橋). ¶乃爲簽木方版以爲舟—＜淮南子＞

【航空】こうくう(항공) 비행기나 비행선으로 공중을 비행함. ¶—機/—母艦/—郵便.
【航路】こうろ(항로) 배나 비행기의 길.
【航運】こううん(항운) ☞漕運(조운).
【航程】こうてい(항정) 배나 항공기로 가는 노선과 거리.
【航海】こうかい(항해) 배로 바다를 건넘. 渡海(도해). ¶—船.
【航行】こうこう(항행) 배를 타고 감. ¶—區域.

▷輕—, 歸—, 急—, 寄—, 難—, 樓—, 渡—, 密—, 浮—, 艀—, 巡—, 夜—, 野—, 曳—, 離—, 直—, 津—, 車—, 出—, 就—, 回—

5【舸】 큰 배 가 | [哿]ㄍㄜˇ (ge) | か(フネ) *barge*
11

▷輕—, 單—, 慢—, 小—, 遙—, 利—, 走—

5【舲】 배 령 | [青]ㄌㄧㄥˊ (ling) | れい(フネ)
11

[풀이]①배. 지붕 있고 창이 달린 작은 배. ¶乘—船余上沅兮＜楚辭＞ ②작은 배. ¶越—蜀艇 不能無水而浮＜淮南子＞/—舟.

▷孤—, 同—, 漁—, 風—

5【舶】 당도리 박 | [陌]ㄅㄛˊ (bo) | はく(オオブネ)
11

[풀이]①당도리. 바다로 다니는 큰 나무배. ¶蠻夷汎海舟曰—＜集韻＞ ②장사배. 상선(商船).

【舶來】はくらい(박래) ①외국에서 배로 들여옴. ②☞舶來品(박래품).
【舶來品】はくらいひん(박래품) 외국에서 배로 들여온 물품. 외래품(外來品). 수입품(輸入品).

▷巨—, 賈—, 歸—, 來—, 大—, 蠻—, 蕃—, 寶—, 商—, 船—, 市—, 游—, 海—

5【船】 배 선 | [先]ㄔㄨㄢˊ (chuan) | せん(フネ) *ship*
11

[俗]舩 舡

[풀이]①배. ¶陸行乘車 水行乘—＜史記＞ ②옷깃. 의령(衣領).

【船價】せんか(선가) 뱃삯. 船賃(선임).
【船脚】せんきゃく(선각) ①배 밑의 물에 잠기는 부분. ¶坐倂—欹 行多馬蹄阻＜白居易＞ ②뱃삯. ¶—錢二百文＜宋史＞ ③뱃사공. 舟子(주자).
【船客】せんきゃく(선객) 배의 승객(乘客).
【船渠】せんきょ(선거) 배의 건조(建造), 수리, 하역(荷役) 등을 하기 위하여 해안(海岸)에 만든 설비. 도크(dock).
【船橋】せんきょう・フナバシ(선교) ①배다리. 舟橋(주교). ②배의 상갑판(上甲板)에 있는 선장이 지휘하는 곳.
【船具】せんぐ(선구) 배 안에서 쓰는 여러 가지 도구.
【船路】せんろ(선로) 뱃길. 航路(항로).
【船尾】せんび(선미) 고물. 배의 뒷부분.
【船舶】せんぱく(선박) 배. 배의 총칭. 舶은 큰 배. ¶燒齊—三千艘＜南史＞
【船腹】せんぷく(선복) 배의 허리 부분. 배의 내부. 船倉(선창).
【船首】せんしゅ(선수) 이물. 뱃머리. 船頭(선두).
【船室】せんしつ(선실) 배 안의 방.
【船員】せんいん(선원) 배에서 일하는 사람의 총칭. 船夫(선부).
【船遊】せんゆう(선유) 뱃놀이.
【船長】せんちょう(선장) 선원(船員)의 우두머리.
【船積】せんせき(선적) 배에 짐을 실음. 船載(선재). 舶載(박재).
【船籍】せんせき(선적) 선박이 등록되어 있는 원적(原籍). 또는, 그 국적(國籍).
【船主】せんしゅ(선주) 배의 임자. 또는, 선장.
【船窓】せんそう(선창) 배의 창문. 舷窓(현창).
【船體】せんたい(선체) 배의 몸체. 船身(선신).
【船暈】せんうん(선훈) 뱃멀미. 船醉(선취).

▷舸—, 駕—, 開—, 客—, 堅—, 輕—, 鯨—, 賈—, 航—, 汽—, 難—, 難破—, 樓—, 單—, 大—, 渡—, 泊—, 發—, 舫—, 病院—, 蓬—, 商—, 商賈—, 乘—, 夜—, 漁—, 連絡—, 運送—, 遊—, 遊覽—, 油漕—, 陸—, 輪—, 艤—, 弋—, 戰—, 定期—, 造—, 釣—, 漕—, 酒—, 蒸氣—, 綵—, 鐵—, 艤—, 鬪—, 破釜沈—, 破—, 便—, 皮—, 下—, 荷物—, 解—, 虛—, 渾—, 火輪—, 廻—

5【舴】 작은 배 책 | [陌]ㄗㄜˊ (ze) | さく(フネ)
11

5【船】 배 초 | [蕭] | ちょう(フネ)
11

[풀이]①오(吳)의 배. ②배 이름.

5【舳】 [1]고물 축 [2]이물 주 | [屋]ㄓㄨˊ (zhu) [宥] | じく(トモ) *stern* ゆう, ちゅう(ヘサキ)
11

풀이 [1] ①고물. 선미(船尾). ¶一艫千里<漢書> ②키. 배의 방향 조종 장치. [2]이물. 선수(船首). ¶船頭謂之一 尾謂之艫<小爾雅>

【舳艫相銜】じくろそうかん(축로상함) 고물과 이물이 서로 닿는다는 뜻으로, 많은 선박들이 잇닿아 있음을 이름. ¶舳艫尾相銜 密次若鱗甲<歐陽玄>

▷艫一, 連一, 玉一

11【舵】柁(p.763)와 同字

11【⿰舟㐌】舵(p.1262)와 同字

5 11【舷】뱃전 현 | 囲ㄒㄧㄢˊ (xian) | けん, げん (フナベリ)

풀이 뱃전. 선연(船緣). ¶於是 飮酒樂甚 扣一而歌之<蘇軾>

▷刻一, 扣一, 船一, 右一, 左一

12【⿰舟矣】朕(p.739)과 同字

7 13【艀】거룻배 부 | 囝 | ふ (ハシケ)

7 13【艄】[1]고물 소 [2]배 이름 소 | 看ㄕㄠ 囡(shao) | しょう (トモ)

7 13【艅】배 이름 여 | 魚ㄩˊ (yu) | よ

7 13【艇】거룻배 정 | 迥ㄊㄧㄥˇ (ting) | てい (コブネ)

▷孤一, 歸一, 短一, 舫一, 飛行一, 小一, 掃海一, 水雷一, 游一, 潜航一, 釣一, 舟一, 艦一

8 14【艋】거룻배 맹 | 梗ㄇㄥˇ (meng) | もう (コブネ)

14【⿰舟隹】津(p.869)의 古字

15【⿰舟風】帆(p.497)과 同字

15【⿰舟叜】艘(p.1262)와 同字

9 15【艓】낚싯거루 접 | 葉ㄉㄧㄝˊ (die) | ちょう

풀이 ①낚싯거루. 낚시질할 때 쓰는 거룻배. ¶輕一一萬 截其津要<宋書> ②작은 배. ¶一 小舟<字彙>

9 15【艐】[1]좌초할 종 [2]이를 계 | 東ㄗㄨㄥ (zong) 卦ㄐㄧㄝˋ(jie) | そう けい

9 15【艑】거룻배 편 변 | 銑ㄅㄧㄢ 先(bian) | へん (フネ) *boat*

풀이 ①거룻배. 뱃바닥이 평평한 배. ②오(吳)의 큰 배. ¶湘州七郡大一所出 皆受萬斛<北堂書鈔>

9 15【艎】큰배 황 | 陽ㄏㄨㄤˊ (huang) | こう (オオブネ)

풀이 ①큰 배. ¶飛一遡極浦<謝朓> ②거룻배. ③오(吳)의 배 이름.

10 16【艘】배 소 | 豪ㄙㄠ(sao) ㄙㄡ(sou) | そう (フネ) *vessel*

풀이 ①배. 배의 총칭. 同 ⿰舟叜. ¶汎舟航於彭蠡 渾萬一而旣同<左思> ②척(隻). 배를 세는 단위. ¶五一.

10 16【艖】거룻배 차 | 麻ㄔㄚ (cha) | さ (フネ) *small boat*

10 16【艙】선창 창 | ㄘㄤ (cang) | そう *pier*

풀이 선창(船艙). 물가에 배를 대도록 다리처럼 만든 곳. 중국, 일본에서는 배의 곳집 또는 선실의 뜻.

11 17【艛】누선 루 | 尤ㄌㄡˊ (lou) | ろう

풀이 ①누선(樓船). 선루(船樓)를 설치한 배. ¶修昆明池 治樓船 高十餘丈 … 本作樓 俗作一<正字通>/艘一. ②배 이름.

12 18【艟】[1]배 동 [2]싸움배 충 [3]짧은 배 당 | 東 冬ㄔㄨㄥ 絳(chong) | どう どう どう

19【艢】檣(p.796)과 同字

19【艥】楫(p.780)과 同字

14 20【艨】싸움배 몽 | 東ㄇㄥˊ (meng) | もう

【艨艟】もうしょう·もうどう(몽충) ☞艨衝(몽충).

【艨衝】もうしょう(몽충) 쇠가죽으로 선체를 덮어 시석(矢石)을 막으며 나아가 적을 격파하는 전선(戰船).

14 20【艦】싸움배 함 | 陷ㄐㄧㄢˋ (jian) | かん (イクサブネ)

【艦隊】かんたい(함대) 여러 척의 군함으로 조직한 해군 부대. ¶一司令官.

【艦船】かんせん(함선) 군함, 기선 등의 총칭.

【艦長】かんちょう(함장) 한 군함의 우두머리.

【艦載機】かんさいき(함재기) 항공 모함에 실은 비행기. 艦上機(함상기).

【艦艇】かんてい(함정) 전함, 구축함, 어뢰정, 구명정 등의 총칭.

【艦砲】かんぽう(함포) 군함에 장치한 여러 가지 대포의 총칭. ¶一射擊.

▷舸一, 巨一, 輕一, 驅逐一, 軍一, 旗一, 樓一, 大一, 母一, 船一, 巡洋一, 乘一, 僚一, 戎一, 潛水一, 戰鬪一, 戰一, 舟一, 哨戒一, 鬪一, 廢一, 砲一, 航空母一, 海防一

22【⿰舟騫】騰(p.1652)과 同字

16/22【艫】 고물 로 | 虞ㄌㄨˊ (lu) | ろ(トモ) *stern*

풀이 ①고물. 배의 꼬리쪽. ②배의 크기 이름. 직사각형의 배. ③배 이름. ¶初張東之代爲荆州 共乘一江中<唐書> ④㊥ 운송선.

18/24【艭】 배 쌍 | 江ㄕㄨㄤ (shuang) | そう(フネ)

25【艬】 艖(p. 1262)와 同字

艮<괘 이름 간>部

艮 ① 良 ⑪ 艱

0/6【艮】 [1]괘 이름 간 | 願ㄍㄣˋ | こん ; [2]끌 흔 | 阮(gen) | こん

풀이 [1]①괘(卦) 이름. ㉮8괘의 하나. ☶. 산을 상징하며, 머물러 나아가지 않는 상(象). 가족으로는 젊은 남자, 방위로는 동북에 해당함. ¶一 山也<左氏傳> ㉯64괘의 하나. 간상 간하(艮上艮下). ䷳. 머물러 나아가지 않는 상(象). ¶兼山 一 君子以思不出其位<易經> ②축(丑)과 인(寅) 사이. ㉮동북 방위. ¶秦之坤 蜀之一 連高夾深 九州之險也<歐陽詹> ㉯오전 2시에서 4시까지. ¶葬書多用乾一二時 竝是近半夜 此卽文與禮違<舊唐書> ③어긋나다. 거스름. ④그치다. (通)跟. ⑤어려워하다. (通)艱. ¶象一有守<太玄經> ⑥한정하다. (通)限. ⑦견고하다. [2]끌다. (같)拫.

【艮卦】こんけ(간괘) ①8괘(卦)의 하나. ②64괘(卦)의 하나.

【艮方】こんぽう(간방) ①24방위의 하나인 북동(北東)의 간방(間方). ②팔방의 하나인 동북의 간방.

【艮時】こんじ(간시) 하루를 24시로 나누었을 때의 자시(子時)부터 네째. 상오 2시 반에서 3시 반 사이.

【艮坐】こんざ(간좌) 묘터나 집터 등에서, 간방을 등지고 곤방을 향한 좌향(坐向). 艮坐坤向(간좌곤향).

【艮坐坤向】こんざこんこう(간좌곤향) ☞艮坐(간좌).

1/7【良】 [1]좋을 량 | 陽ㄌㄧㄤˊ | りょう(ヨイ) *good* ; [2]무덤 량 | 漾(liang) | ろう ; [3]도깨비 량 | 養

풀이 [1]①좋다. ㉮가멸다. 부(富)함. ¶問鄕之一家<管子> ㉯어질다. ¶一敬仲也<左氏傳> ㉰뛰어나다. ¶馬氏五常 白眉最一<蜀志> ㉱아름답다. ¶一蜩鳴 一蜩也者 五采具<大戴禮> ㉲길(吉)하다. ¶及一日<禮記> ㉳공교(工巧)하다. ¶陶器必一<禮記> ㉴편안하다. ¶其容一<荀子> ㉵평온하다. ¶安柔不苛謂之一<新書> ㉶온순하다. ¶夫子温一恭儉讓以得之<論語> ㉷가장 훌륭하다. ¶瑾瑜之玉爲一<山海經> ②잘. 능히. ¶弗一及也<左氏傳> ③진실로. 정말. ¶誅罰一重<漢書> ④깊다. ¶一夜乃罷<後漢書> ⑤매우. ¶上旣聞廉頗李牧爲人一說<漢書> ⑥조금. 좀있다가. ¶一久告退<列子> ⑦처음. 머리. ⑧타고나다. 천생(天生). ¶一心. ⑨공(功). 공로. ¶惟予小子無一<禮記> ⑩현인(賢人). ¶黃鳥 哀三一也<詩經> ⑪명의(名醫). ¶醫能治一病 謂之巧 能治百病 謂之一<論衡> ⑫지아비. 남편. ¶一人者所仰望而終身也<孟子> ⑬준마(駿馬). ¶乘堅驅一 逐狡兔<史記> ⑭헤아리다. ⑮베풀다. 재물을 베풂. ¶以財予人者 謂之一<管子> ⑯무덤. ⑰춘추 시대의 땅 이름. 지금의 강소성(江蘇省)에 있음. ¶晋侯會吳于一<左氏傳> [2]무덤. ¶闔胡嘗視其一<莊子> [3]도깨비. 망량(罔兩). ¶以戈擊四隅 敺方一<周禮>

【良家】りょうか(양가) ①좋은 집안. 청렴한 집. ②부호(富豪)의 집.

【良工】りょうこう(양공) 재주가 있는 장인(匠人). 良匠(양장). 「남.

【良久】りょうきゅう(양구) 매우 오램. 또는, 한참 지

【良弓】りょうきゅう(양궁) ①좋은 활. ②좋은 활을 만드는 사람. ¶一難張.

【良禽擇木】りょうきんたくぼく(양금택목) 좋은 새는 나무를 가려서 깃든다는 뜻으로, 현량한 신하는 임금을 가려서 섬김의 비유. ¶一而棲 賢臣擇主而事<蜀志>

【良能】りょうのう(양능) ①타고난 능력. ¶良知一. ②뛰어난 능력이 있는 사람.

【良馬】りょうば(양마) 좋은 말. 駿馬(준마).

【良民】りょうみん(양민) 선량한 백성.

【良否】りょうひ(양부) ①좋음과 나쁨. ②좋은 것과 나쁜 것. ※善惡(선악).

【良士】りょうし(양사) ①선량한 남자. 좋은 남자. ②선량한 선비. 또는, 훌륭한 무사(武士).

【良算】りょうさん(양산) ☞良策(양책).

【良相】りょうしょう(양상) 훌륭한 재상(宰相). 賢相(현상).

【良書】りょうしょ(양서) 좋은 책. ↔惡書(악서).

【良順】りょうじゅん(양순) 어질고 온순함.

【良識】りょうしき(양식) 올바른 판단력을 갖춘 탁월한 식견.

【良辰】りょうしん(양신) 좋을 때. 좋은 날.

【良心】りょうしん(양심) 사람의 본마음. 인간 고유의 선심(善心).

【良案】りょうあん(양안) 좋은 안(案). 좋은 생각.

【良夜】りょうや(양야) ①달이 밝은 밤. 경치가 좋은 달밤. 佳宵(가소). 良宵(양소). ②깊은 밤. 심야(深夜). 良은 深.

【良醞】りょううん(양온) 좋은 술. 美酒(미주).

【良友】りょうゆう(양우) 좋은 벗. 益友(익우).

【良月】りょうげつ(양월) ①좋은 달. ②음력 10월의 이칭. 상달.

【良二千石】りょうにせんせき(양이천석) 어진 지방 장관. 한(漢)대에 군(郡)의 태수 봉록(俸祿)이 2천 석이었던 데서 생긴 말.

【良人】りょうじん(양인) ①선량한 사람. ②아내가

남편을 일컫는 말. ③아름답고 착한 아내. ④천민(賤民)에 대한 일반 평민. ⑤한(漢)대의 여관(女官) 이름.

【良日】りょうじつ(양일) ①좋은 날. 吉日(길일). 吉辰(길신). ②칠석(七夕)의 이칭.

【良將】りょうしょう(양장) 훌륭한 장수. 名將(명장). 佳將(가장).

【良才】りょうさい(양재) 좋은 재주. 또는, 재주가 있는 사람. 良材(양재)②.

【良材】りょうざい(양재) ①좋은 재목이나 재료. ②☞良才(양재).

【良丁】りょうてい(양정) 양민으로 정년(丁年)이 된 사람. 양민의 장정.

【良知】りょうち(양지) ①헤아리지 않아도 사물을 알 수 있는 천부적인 능력. ¶所不慮而知者其一也<孟子> ②좋은 친구. 良友(양우). 知友(지우). ③마음의 허령(虛靈)한 내용. 마음의 본체. 명(明)의 왕수인(王守仁)이 맹자의 양지설(良知說)에 근거하여 백행(百行)의 지침(指針)으로 본 것. ¶吾心之一 卽所謂天理也<傳習錄>

【良知良能】りょうちりょうのう(양지양능) 경험이나 교육을 거치지 않고도 알거나 행할 수 있는 타고난 능력. 자식이 부모를 경애(敬愛)하는 일 따위. ¶一皆無所由 乃出於天<孟子·注>

【良質】りょうしつ(양질) 좋은 바탕. 좋은 성질. 좋은 품질.

【良策】りょうさく(양책) 좋은 계책(計策). 良算(양산). ※上策(상책).

【良妻】りょうさい(양처) 착한 아내. ¶家貧則思一 國亂則思良相<史記>/賢母一. ↔惡妻(악처).

【良賤】りょうせん(양천) 평민과 천민.

【良風】りょうふう(양풍) 좋은 풍속. 良俗(양속).

【良港】りょうこう(양항) 좋은 항구.

【良好】りょうこう(양호) 매우 좋음.

【良貨】りょうか(양화) ①좋은 보물. ②좋은 화물(貨物). ③좋은 화폐(貨幣).

▷佳一, 嘉一, 國一, 改一, 牢一, 丹一, 端一, 明一, 邦一, 不一, 善一, 選一, 聖一, 純一, 順一, 淳一, 馴一, 溫一, 完一, 優一, 元一, 柔一, 精一, 齊一, 調一, 畯一, 儁一, 駿一, 淸一, 最一, 忠一, 平一, 閑一, 賢一, 黃一

9〖哏〗 眼(p.832)의 訛字

11/17〖艱〗 어려울 간 | ㄐㄧㄢ (jian) | かん(カタイ) *hard*

풀이 ①어렵다. ¶稼穡之一難<書經> ②어려워하다. ¶后克一厥后 臣克一厥臣<書經> ③괴로와하다. ¶奏庶一食鮮食<書經> ④어려움. 괴로움. ¶莫知我一<詩經> ⑤험악하다. ¶其心孔一<詩經> ⑥어버이의 상(喪). ¶又以居母一 去官<王儉>

【艱難辛苦】かんなんしんく(간난신고) 어렵고 맵고 씀. 몹시 힘들고 괴로움을 이름.

▷曲一, 內一, 毋一, 私一, 辛一, 外一, 在一, 丁一, 阻一, 拙一, 險一, 後一

色〈빛 색〉部

色 ⑤ 艴 ⑩ [illegible] ⑬ 艷

0/6〖色〗 빛 색 | ㄙㄜˋ (se) | しょく, しき(イロ) *color*

풀이 ①빛. 빛깔. ㉮얼굴빛. ¶以五氣五聲五一眡其死生<周禮> ㉯빛깔. ¶以五采彰施于五一<書經> ㉰윤. 광택. ¶體一不變<北史> ㉱모양. 상세(狀勢). ¶車馬有行一<莊子> ㉲기색(氣色). ¶大夫占一<周禮> ㉳형상(形相). ¶一卽是空 空卽是一<般若心經> ②종류. ¶敦厚浮薄 一一有之<唐書> ③색정(色情). ¶少之時 血氣未定 戒之在一<論語> ④얼굴의 예쁨. 미인. ¶吾未見好德如好一者也<論語>/一荒. ⑤꾸미다. 단장함. ¶東里子產潤一之<論語> ⑥발끈하다. ¶諺所謂 室於怒 市於一者 楚之謂矣<左氏傳> ⑦생기가 돌다. ¶重圍克解 危城載一<潘岳> ⑧놀라다. ¶皆一然而駭<公羊傳> ⑨평온하다. ¶載一載笑<詩經> ⑩궤매다.

【色界】しきかい(색계) ①여색의 세계. 화류계. ②《佛》 삼계(三界)의 하나. 욕계(慾界)와 무색계(無色界)의 중간. 물질, 육체에 집착하는 경계.

【色骨】(색골)㊙ 여색을 즐기는 사람. 好色漢(호색한).

【色論】(색론)㊙ 사색 당파의 논쟁.

【色魔】しきま(색마) 색에 미쳐 비정상적인 행동을 하는 사람. 色狂(색광).

【色盲】しきもう(색맹) 빛깔을 가려낼 능력을 잃은 상태. 또는, 그 사람. 색소경.

【色目】しょくもく①②③·しきもく④(색목) ①종류와 명목(名目). 種目(종목). ②흔하지 않은, 썩 드문 성(姓). 僻姓(벽성). 稀姓(희성). ③당(唐)대의, 가문과 신분. ④원(元)대에, 서역(西域) 사람들의 총칭. ⑤㊙ 조선 때의 사색 당파 이름.

【色斯擧矣】イロミテココニアガル·ショクシトシテアガル(색사거의) 새가 사람의 안색을 살피고 날아가 버림. 일설에는, 공자가 남의 안색이 좋지 못함을 보고 떠남. 또는, 色斯는 색연(色然)과 같다고 함.

【色傷】(색상)㊙ 지나친 성교로 생기는 병. 色病(색병).

【色色】しょくしょく·いろいろ(색색) 여러 가지. 가지 각색.

【色眼鏡】いろめがね(색안경) ①빛깔이 있는 안경. ②주관이나 선입관에 사로잡힌 편벽된 관찰.

【色然】(색연) 놀라서 얼굴빛이 변하는 모양. ¶諸大夫見之 皆一而駭<公羊傳>

【色慾】しょくよく·しきよく(색욕) 남녀간의 욕정.

【色情】しきじょう(색정) 남녀간의 정욕. 色慾(색욕). 春情(춘정).

【色調】しきちょう(색조) ①빛깔의 강약이나 농담(濃淡)의 정도. ②빛깔의 조화.

【色酒家】(색주가) 술집에서 술과 색을 겸하여 파는 계집. 또는, 그 술집.

【色卽是空】しきそくぜくう(색즉시공)《佛》 무릇 형상을

갖춘 만물은 인연으로 생긴 것이어서 본래 실재(實在)하는 것이 아니므로 그대로 공무(空無)한 것임.
【色紙】しきし(색지) 색종이.
【色次知】(색차지)㊫ 기생을 주선하는 사람.
【色彩】しきさい(색채) ①빛깔. ②빛깔과 무늬.
【色鄕】しきょう(색향) 미인이 많이 나는 고장. 기생이 많이 나는 지방.
【色荒】しょくこう(색황) 여색에 빠짐. 색을 함부로 씀. ※色魔(색마)·色狂(색광).
【色候】しょくこう(색후) 안색에 나타난 병의 증세. 病色(병색).
▷假―, 各―, 脚―, 間―, 遽―, 景―, 古―, 苦―, 空卽是―, 觀―, 光―, 愧―, 驕―, 巧言令―, 句―, 具―, 國―, 鬼貌藍―, 禁―, 起―, 氣―, 基―, 饑―, 卵―, 男―, 藍―, 德―, 動―, 得―, 望―, 面―, 名―, 冒―, 暮―, 無人―, 物―, 白―, 補―, 服―, 本―, 不豫―, 祕―, 辭―, 三―, 生―, 鮮―, 設―, 盛―, 聲―, 隨聲逐―, 水天――, 神―, 愼―, 失―, 顔―, 夜―, 漁―, 言―, 女―, 厲―, 餘―, 染―, 艶―, 獵―, 令―, 五―, 忤―, 慍―, 温―, 玩―, 欲炙―, 容―, 有難―, 柔―, 柳―, 愉―, 潤―, 怡―, 異―, 印―, 姿―, 紫―, 赭―, 作―, 才―, 財―, 赤―, 戰―, 正―, 淨―, 朱―, 酒―, 着―, 察―, 采―, 彩―, 菜―, 天―, 青―, 秋―, 春―, 奪―, 脫―, 耽―, 貪―, 泰―, 特―, 變―, 風―, 寒―, 含―, 行―, 賢賢易―, 形―, 血―, 好―, 華―, 黃―, 灰―, 悔―, 曉―, 黑―, 喜怒不形―, 喜―

5
11 〖艴〗 ①발끈할 불 |物ㄈㄨˊ|ぼつ
발 |月(fu)|ほつ
②새벽 배 |隊|はい

풀이 ① ①발끈하다. 성난 얼굴. ㊐艳. ¶曾西―然不悅＜孟子＞ ②색칠하다. ② 새벽. ㊐昢.

14 〖𦫾〗 顔(p.1625)과 同字
14 〖䒊〗 艶(p.1265)과 同字
15 〖𦫿〗 顔(p.1625)과 同字

10
16 〖䳟〗 ①검푸를 명 |徑ㄇㄧˋ|めい
②눈 감을 명 |敬(ming)|めい

13
19 〖艶〗 고울 염 |豔ㄧㄢˋ (yan)|えん(アデヤカ) *beautiful*
㊍艷 ㊐豔

풀이 ①곱다. 요염함. ②광택(光澤). 광채(光彩). ¶海濱漁人常見夜有光―＜廬山記＞ ③미문(美文). ④초(楚)의 가사(歌辭) 이름. ⑤탐내다.
【艶名】えんめい(염명) 미인이라는 평판.
【艶聞】えんぶん(염문) 연애나 정사(情事)에 관한 소문.
【艶福】(염복) 아름다운 여자가 잘 따르는 남자의 복(福). 女福(여복).
【艶情】えんじょう(염정) 연정(戀情).
▷光―, 嬌―, 綺―, 冷―, 丹―, 濃―, 芳―, 浮―, 鮮―, 纖―, 麗―, 姸―, 婉―, 妖―, 柔―, 淫―, 絶―, 遒―, 變―, 豊―, 香―, 華―, 紅―, 歆―

24 〖艷〗 艶(p.1265)의 本字

艸(艹 ++)＜초두머리＞部

艸 ② 艽 艾 艿 艼 ③ 芎 芑 芒 芃 芋 芍
芊 芄 ④ 芡 芥 芹 芩 芨 芟 芚 芼 芴 芳
芣 芙 芬 芾 芘 芰 芽 芮 芶 芸 芫 芿 芧
芝 芷 芻 芭 花 ⑤ 苛 茄 苣 苦 苟 苶 苨
苓 苙 苺 茅 苜 苗 苪 茂 茇 范 苻 苯 苐
若 苒 英 苑 苡 茈 苧 苴 苫 茁 茗 苔 苹
苞 苾 ⑥ 茛 茖 茭 荍 荼 茼 荔 茘 茢 茫
茗 茯 茱 茍 茹 茸 茰 茙 茵 茬 茲 茨 荃
荑 茝 荐 茜 草 茷 荇 荊 荁 荒 茴 ⑦ 莒
莖 荼 荳 莨 莅 莉 莫 莓 莆 莩 莎 莈 莘
莪 莚 莞 莠 莊 荻 莛 莝 荷 莧 莟 莢 ⑧
菰 菎 菓 菅 菊 菌 菫 萁 菼 萄 菈 萊 菉
莽 萌 菩 菔 菶 菲 菽 菘 菴 菸 菀 萎 萇
菹 菂 萋 菁 菖 菜 萋 菆 萃 菑 菪 菭 菟
萍 菡 華 萑 ⑨ 葭 葛 葢 葵 董 落 葎 萬
葆 葍 葑 葥 葹 葚 葧 葯 葉 葛 葨 葽 葳
葦 葜 葰 葬 著 葶 葺 蒂 葱 葇 葘 葩 葿
葡 葫 葒 葦 萱 ⑩ 蓋 蒹 蒯 蒟 蓏 蒞 蓂
蒙 蒡 蓑 蒜 蓆 蓀 蒐 蒓 蓍 蒔 蒻 蓊 蓐
蓉 蓷 蒩 蒌 蒸 蓁 蒺 蒼 蒨 蒭 蓄 蒲 蒱
蓖 蒵 蒿 ⑪ 蔛 蔻 蔇 蓮 蓼 蔞 蔆 蔓 蔑
蓩 蔔 蓬 蔀 蓰 蔘 蔎 蔬 蔌 蓿 蓴 蔫 蓺
蔚 蔭 蔗 蔣 蔋 蔪 蓧 蔦 蔟 蓯 蔡 蔕 蔥
蓷 蓱 蓽 ⑫ 蕑 蕖 蕢 蕎 蕨 蕁 蕗 蕪 蕃
蕡 蕭 蕣 蕈 蕚 蕠 蕊 蕘 蕓 蔿 蕤 蕕 蕇
蕝 蕁 蕆 蕉 蕞 蕩 蔽 蕙 ⑬ 薑 薖 薘 薝
薍 薟 薵 薐 薇 薄 薛 薢 薓 薔 薜 薪 蕮
薏 蕷 薀 薁 薗 薉 薦 薙 薤 薢 薌 薈 薨
⑭ 藁 薹 藍 藐 藒 薩 薯 薽 藎 薳 薿 藉
藏 薺 藋 藔 藨 薰 ⑮ 藭 藤 藜 藘 藟 藩
藪 藥 藝 藕 ⑯ 藿 蘄 蘆 蘀 蘢 藾 蘧 蘷
藺 蘐 蘋 蘇 藹 蘂 藴 蘊 藷 藻 蘀 蘅 ⑰
蘧 蘭 蘞 蘦 蘗 蘩 蘚 蘘 蘖 蘙 蘗 ⑲ 蘿
蘽 蘸 蘼

0
6 〖艸〗 풀 초 |皓ㄘㄠˇ (cao)|そう(クサ) *grass*
㊐草

源 **會意**. 초목이 처음 돋아 나오는 모양을 본뜸. 「艸」가 글자 머리에 올 때는 「艹」가 됨.

2 6〖艽〗 1 나라 끝 구 2 오독도기 교 | 尤 ㄑㅣㄡ (qiu) 肴 ㄐㅣㄠ (jiao) | きゅう こう

풀이 1 ①나라의 끝. 궁벽한 땅. ¶我征徂西 至于—野<詩經> ②풀을 깐, 짐승의 잠자리. ¶野彘有—苩槎櫛 堀虛連比以像宮室<淮南子> 2 오독도기. 성탄꽃과의 여러해살이풀.

2 6〖艾〗 1 쑥 애 2 거둘 예 | 泰 ㄞˋ 霽 (ai) | がい(ヨモギ) *mugwort*

풀이 1 ①쑥. ¶彼采—兮<詩經> ②쑥빛. 通 蒗. ③뜸쑥. 뜸을 뜨는 데에 쓰도록 만든 쑥. ④늙은이. 50살. 일설에는, 70살. ⑤오래다. ¶夜未—<詩經> ⑥지내다. 겪음. ⑦나이. ¶朕未有—<詩經> ⑧크다. ⑨아름답다. 예쁨. ¶知好色則慕少—<孟子> ⑩부양(扶養)하다. ¶保—爾後<詩經> ⑪갚다. ¶—人必豊<國語> ⑫다하다. 끊어짐. ¶國未—也<左氏傳> ⑬이르다. 다다름. ⑭서로 보다. ⑮징계하다. ⑯남색(男色). ¶國君好—大夫殆 好內適子殆<國語> ⑰춘추 시대 오(吳)의 성읍(城邑) 이름. 2 ①거두다. 수확함. 通 刈. ¶一年不— 而百姓饑<穀梁傳> ②낫. ③다스리다. ¶或肅或—<詩經> ④편안하다. ¶天下—安<漢書>

【艾年】がいねん(애년) 50살. 머리털이 쑥빛처럼 희어지기 때문임. 「(초로).

【艾老】がいろう(애로) 쉰 살이 넘은 노인. ※初老

▷耆—, 蘭—, 老—, 保—, 福—, 蓬—, 秀—, 然—, 幼—, 銀—, 灼—, 芝—, 差—, 創—, 蒼—, 沛—, 好—, 蒿—, 橫—

2 6〖艿〗 1 풀 이름 잉 2 움 잉 3 씨감자 내 | 蒸 ㄖㄥˊ (reng) 徑 ㄖㄥˇ 隊 ㄋㄞ (nai) | じょう じょう でい

풀이 1 ①풀 이름. ②묵은 풀 속에 새로 난 풀. 2 움. 묵은 뿌리에 돋은 움. 3 씨감자. ¶芋—.

2 6〖艼〗 1 구장 정 2 술 취할 정 | 青 ㄊㅣㄥ (ting) 迥 ㄉㅣㄥˇ (ding) | てい てい

풀이 1 구장(蒟醬). 호추과의 풀. 필발(蓽茇). 2 ①술에 몹시 취하다. 같 酊. ②구장.

7〖芐〗 芥(p.1267)와 同字

3 7〖芎〗 궁궁이 궁 | 東 ㄑㄩㄥ (qiong) ㄒㄩㄥ (xiong) | きゅう

3 7〖芑〗 차조 기 | 紙 ㄑㄧˇ (qi) | き

풀이 ①차조. ¶維糜維—<詩經> ②풀 이름. ¶豊水有—<詩經> ③상추. ¶薄言采—<詩經> ④지황(地黃). ⑤나무 이름. 갯버들. 같 杞.

3 7〖芒〗 1 까끄라기 망 2 미숙할 황 3 어두울 황 4 형체 없을 망 | 陽 ㄇㄤˊ 陽 (mang) 養 養 | ぼう (ノギ) こう

풀이 1 ①까끄라기. ¶種之—種<周禮> ②털. 털 끝. ¶銳思於毫—之內<班固> ③바늘. 바늘 끝. ¶隄潰蟻孔 氣洩鍼—<後漢書> ④창. 창 끝. ¶建雲髦啓雄—<張協> ⑤불꽃. 불꽃 끝. ¶揚—熛而絳天兮<後漢書> ⑥크다. 넓다. 많다. 通 茫. ⑦어둡다. 어리석음. 通 盲. ¶人之生也 固若是—乎<莊子> ⑧망하다. 通 亡. ⑨잊다. 通 忘. ⑩부산하다. 경황없음. ¶——然歸<孟子> ⑪피곤한 모양. ¶——. ⑫산 이름. 북망산(北邙山). 通 邙. ⑬풀 이름. 억새. 2 ①미숙(未熟)하다. 서투름. ②대황락(大芒落). 태세(太歲)가 巳인 해. 3 어둡다. 같 慌. 4 형체가 없는 모양. ¶—芠.

【芒種】ぼうしゅ(망종) ①24절기의 하나. 소만(小滿)과 하지(夏至) 사이. 양력 6월 5일 경. ②까끄라기가 있는 곡식. 벼, 보리 따위.

【芒鞋】ぼうあい(망혜) 짚신. 미투리. 芒履(망리). ※麻鞋(마혜).

▷江—, 光—, 旬—, 麥—, 鋒—, 北—, 星—, 穎—, 雄—, 精—, 青—, 寒—, 毫—, 混—, 暉—

7〖𦬊〗 芒(p.1266)의 本字

3 7〖芃〗 우거질 봉 | 東 ㄆㄥˊ (peng) | ほう *grow thick*

※芃(p.1267)은 딴 자.

풀이 ①우거지다. 풀이 더부룩함. ¶——其麥<詩經> ②작은 짐승의 모양. 또는, 꼬리가 긴 모양. ¶有—者狐 率彼幽草<詩經> ③풀 이름.

3 7〖芋〗 1 토란 우 2 우거질 우 3 덮을 우 | 遇 ㄩˋ 虞 (yu) 虞 ㄏㄨ (hu) | う(サトイモ) *taro*

※芊(p.1267)은 딴 자.

풀이 1 토란. 2 우거지다. 풀이 더부룩한 모양. 3 ①덮다. ¶君子攸—<詩經> ②보유(保有)하다. ③크다.

▷家—, 綠—, 白—, 水—, 野—, 烏—, 紫—

7〖芌〗 芋(p.1266)의 本字

3 7〖芍〗 1 함박꽃 작 2 쇠귀나물 효 3 연밥 적 | 藥 ㄕㄠˊ 蕭 (shao) 錫 | しゃく きょう てき

同 葯

풀이 1 ①함박꽃. 작약꽃. ②언덕 이름. 2 쇠귀나물. 검은 쇠귀나물. 3 연(蓮)밥. 연꽃 열매.

【芍藥】しゃくやく(작약) 작약과에 딸리는 여러해살

이풀. 크고 아름다운 꽃이 핌. 관상용으로 많이 심으며, 뿌리는 한약재로 씀.

3/7 【芊】 ①우거질 천 先 くㄧㄢ せん ②초목섞일 천 霰 (qian) thick
※芋(p. 1266)는 딴 자.
풀이 ①①우거지다. 풀이 더부룩한 모양. ②골짜기의 푸른 모양. ¶仰觀山巔 肅何——<宋玉> ②①초목이 섞이다. 초목이 섞인 모양. ②초목이 우거지다. ③꼭두서니. 뿌리는 물감 원료로 씀. 通茜.

3/7 【芄】 왕골 환 寒 ㄨㄢˊ (wan) かん

4/8 【芡】 가시연 감 琰 くㄧㄢˋ 本검 (qian) けん
풀이 가시연. 못이나 늪에서 나는 연꽃의 한 가지.
▷菱—, 刺—

4/8 【芥】 ①겨자 개 卦 ㄐㄧㄝˋ (jie) かい(カラシ) *mustard* ②작은 풀 갈 黠 かつ
풀이 ①①겨자. ¶秋用—<禮記> ②갓. 씨는 겨자와 비슷하나 매운 맛이 적음. ③작은 풀. 티끌. 먼지. ¶視天下之間 猶飛羽浮—也<淮南子> ④작다. 잚. ¶春秋記纖—之失<春秋繁露> ⑤흙덩이. 通塊. ②작은 풀.
【芥子】かいし(개자) 겨자. 겨자씨. 극히 작은 것의 비유.
【芥舟】かいしゅう(개주) ①배처럼 떠 있는 작은 풀잎. ②작은 배.
▷蔕—, 腐—, 蒂—, 纖—, 塵—, 草—, 土—

4/8 【芹】 미나리 근 文 吻 くㄧㄣˊ (qin) きん(セリ)
풀이 ①미나리. ②선물할 때의 겸칭(謙稱). ¶—獻/—意.
【芹獻】きんけん(근헌) 남에게 선물을 보낼 때의 겸칭. 獻芹(헌근).
▷白—, 水—, 鴨兒—, 野—, 旱—, 香—, 獻—

4/8 【芩】 ①풀 이름 금 侵 くㄧㄣˊ きん ②물풀 이름 음 侵 (qin) ぎん
풀이 ①①풀 이름. 황금(黃芩). ¶食野之—<詩經> ②황금(黃芩)의 뿌리. 한약재로 씀. ②물풀 이름.

4/8 【芨】 말오줌나무 급 緝 ㄐㄧˊ (ji) きゅう(ソクズ)
풀이 ①말오줌나무. 넓은잎딱총나무. 삭조(蒴藋). ②바곳. 뿌리를 한방에서 오두(烏頭) 또는 부자라고 함. ③백급(白芨). 대왐풀. ④풀 이름. 껍질은 종이를 만듦. ¶剝—巖椒<謝靈運>

4/8 【芰】 마름 기 寘 ㄐㄧˋ (ji) き(ヒシ)

4/8 【芚】 ①채소 이름 둔 元 ㄊㄨㄣˊ とん ②어리석을 춘 眞 (tun) ちん
풀이 ①①채소 이름. ②초목이 싹트는 모양. ¶春木之—兮<法言> ②①어리석은 모양. ¶聖人愚—<莊子> ②두터운 모양. ③묶음.

4/8 【芼】 ①우거질 모 號 ㄇㄠˋ もう ②풀 모 豪 (mao) もう
풀이 ①①풀이 우거지다. 풀이 우거져 땅을 덮음. ②고르다. 가려 냄. ¶參差荇菜 左右—之<詩經> ③국에 넣는 나물. ¶雉兔皆有—<禮記> ②풀. 같毛. ¶野蔬盈傾筐 頗雜池沼—<柳宗元>

4/8 【芴】 ①순무 물 物 ㄨˋ (wu) ぶつ ②희미할 홀 月 ㄏㄨ (hu) こつ
풀이 ①순무. ②희미하다. 밝지 않음. ¶芒乎—乎 而无從出乎 —乎芒乎 而无有象乎<莊子>
▷軋—, 芒—

4/8 【芳】 꽃다울 방 陽 ㄈㄤ (fang) ほう(カンバシイ) *fragrant*
풀이 ①꽃답다. ㉮풀이 향기롭다. ㉯좋은 냄새가 나다. 향내가 남. ¶經歲寒而彌—<晋書> ㉰명성이 높다. ¶文景垂仁傳—于南頓<晋書> ②향기풀. ③향기. ㉮좋은 냄새. ¶草異色而同—<唐太宗> ㉯명성(名聲). ¶后承前訓 奉述遺—<晋書> ④향기가 있는 꽃. 냄새가 좋은 꽃. ¶是異乎衆—<益部方物略記> ⑤현자(賢者). ¶固衆—之所在<楚辭> ⑥아름답고 좋다. 아름다움의 비유. ¶肴—酒濃 夜寂琴暢<李白>
【芳年】ほうねん(방년) ①좋은 세월. ②꽃다운 나이. 여자의 한창 젊은 나이.
【芳命】ほうめい(방명) 웃사람의 분부. 임금의 명령. 御意(어의). 尊命(존명).
【芳名錄】ほうめいろく(방명록) 특별히 기념하기 위하여 여러 사람의 이름을 적은 책.
【芳墨】ほうぼく(방묵) ①☞芳札(방찰). ②향내 나는 좋은 먹.
【芳辰】ほうしん(방신) ☞訪春(방춘).
【芳信】ほうしん(방신) ①꽃 소식. 花信(화신). ②☞芳札(방찰).
【芳友】ほうゆう(방우) 난초의 이칭.
【芳樽】ほうそん(방준) 좋은 술을 담은 술단지. 또는, 좋은 술.
【芳札】ほうさつ(방찰) 남을 높여 그의 편지를 이름. 芳信(방신)②. 芳翰(방한). 貴函(귀함). 芳墨(방묵)①. 「綠陰—.
【芳草】ほうそう(방초) 향기로운 풀. 꽃다운 풀. ¶
【芳春】ほうしゅん(방춘) 꽃이 한창인 봄. 봄철. 芳辰(방신). 春節(춘절).
【芳翰】ほうかん(방한) ☞芳札(방찰).

▷群—, 美—, 微—, 百—, 芬—, 秀—, 垂—, 餘—, 姸—, 英—, 流—, 遺—, 摘—, 傳—, 衆—, 叢—, 秋—, 春—, 含—, 香—

4/8【芣】 1 질경이 부 尤ㄈㄡˊ ふ(オオバコ) / 2 당아욱 부 宥(fou) ふ

풀이 1 ①질경이. 씨는 차전자(車前子)라 하며 한약재로 씀. ②꽃이 성한 모양. 2 당아욱. 금규(錦葵).

4/8【芙】 연꽃 부 虞ㄈㄨˊ(fu) ふ(ハス)

【芙蕖】ふきょ(부거) 연(蓮). 또는, 연꽃.
【芙蓉】ふよう(부용) ①연꽃의 별칭. ¶芙蕖別名—<爾雅·注> ②미인의 형용. ③목부용(木芙蓉).
【芙蓉劍】ふようけん(부용검) 옛 보검의 이름.

4/8【芬】 향기로울 분 文ㄈㄣ(fen) ふん(カオル) *fragrant*

풀이 ①향기롭다. 풀의 향기가 퍼짐. ¶香臭—鬱<荀子> ②향기. ㉮좋은 냄새. ¶蘭蕙含—<傳咸> ㉯좋은 명성(名聲). ¶揚—千載之上<晋書> ③부드러워지다. 온화해짐. ④부풀어 오르다. ¶—然若灰<管子> ⑤많다. 성(盛)함. ⑥어지럽다. ㉠棻. ㉡紛. ¶—哉芒芒<漢書>
▷高—, 奇—, 蘭—, 芳—, 馥—, 餘—, 淸—, 澤—, 苾—, 含—

4/8【芾】 1 작은 모양 비 未ㄈㄟˋ(fei) ひ / 2 우거질 불 物ㄈㄨˊ(fu) ふつ

풀이 1 작은 모양. ㉠芇. ¶蔽—甘棠<詩經> 2 ①우거지다. ②슬갑(膝甲). ¶三百赤—<詩經>

4/8【芘】 풀 이름 비 支ㄆㄧˊ 寘(pi) ひ(ゼニアオイ)

풀이 ①풀 이름. ②당아욱. 금규(錦葵). ③나무 이름. ④가리다. 감쌈. ¶隱將—其所藾<莊子>

4/8【芟】 1 벨 삼 咸ㄕㄢ(shan) さん(カル) *mow* / 2 풀꽃 수 紙 し

풀이 1 ①베다. ㉮풀을 베다. ¶載—載柞<詩經> ㉯제거(除去)하다. ¶—除寇賊<魏志> ②큰 낫. ¶耒耜枷—<國語> 2 풀꽃. 풀에서 핀 꽃.
【芟除】さんじょ(삼제) ①풀을 베어 없앰. ②난적을 쳐서 나라를 평정함. 芟鋤(삼서).

4/8【芽】 싹 아 麻ㄧㄚˊ(ya) が(メ) *sprout*

풀이 ①싹. ②싹이 트다. ¶而今春物已爛漫 念昔草木氷未—<歐陽脩> ③조짐이 보이다. ¶消姦宄於未—<江統> ④처음. 시초. ¶永割偏執性 自長薰修—<宋之問> ⑤차(茶)의 새 싹. ¶自云凌煙露 采掇春山—<李群玉> ⑥지표(地表)에 드러난 광물(鑛物). ¶銀—生銀坑內石縫中<寶藏論> ⑦어금니. ㉠牙.
▷綠—, 嫩—, 麥—, 萌—, 發—, 芳—, 新—, 叢—, 抽—, 吐—

4/8【芮】 1 풀 뾰족뾰족 날 예 霽ㄖㄨㄟˋ(rui) ぜい / 2 나라이름 열 屑 ぜつ

풀이 1 ①풀이 뾰족뾰족 나다. ②작은 모양. ¶蕞—於城隅者 百不處—<潘岳> ③작은 벌레 이름. ¶眘—. ④솜. 솜옷. 핫옷. ¶不衣—溫<呂覽> ⑤방패를 매는 끈. ¶革抉吠— 無不畢具<史記> ⑥물가. ㉡汭. ¶—鞫之卽<詩經> ⑦나라 이름. 주(周)와 동성국(同姓國). 섬서성(陝西省) 조읍현(朝邑縣) 남쪽. ¶—城. 2 나라 이름. ¶——.
【芮戈】ぜいか(예과) 짧은 창.

8【苅】 刈(p. 198)의 俗字

4/8【芸】 1 운향 운 文ㄩㄣˊ(yun) うん / 2 단풍들 운 問 げい / 3 재주 예 霽 *talent*

풀이 1 ①운향(芸香). 향초(香草)의 한 가지. ¶—始生<禮記> ②채소 이름. 궁궁이. ¶菜之美者 陽華之—<呂覽> ③성(盛)한 모양. 많은 모양. ¶夫物—— 各復歸其根<老子> ④김매다. ㉡耘. ¶植其杖而—<論語> 2 단풍들다. ¶—其黃矣<詩經> 3 재주. 藝의 略字.
【芸閣】うんかく(운각) ①책을 간직하는 곳집. 藏書庫(장서고). ②독서실, 서재(書齋) 등을 이름. ③조선 때 교서관(校書館)의 별칭.
【芸帙】うんちつ(운질) ①좀먹는 것을 막기 위하여 운향(芸香) 잎을 넣은 서질(書帙). ②책. 서적. 藏書(장서). 芸編(운편).
【芸窓】うんそう(운창) 독서실. 서재(書齋).
【芸編】うんぺん(운편) ☞芸帙(운질)②
【芸香】うんこう(운향) 궁궁이. 川芎(천궁).

4/8【芫】 팥꽃나무 원 元ㄩㄢˊ(yuan) げん

4/8【芿】 1 새 풀싹 잉 徑ㄖㄣˋ / 2 풀 잉 蒸(ren) じょう

4/8【芧】 1 방동사니 저 語ㄓㄨˋ(zhu) ちょ / 2 상수리나무 서 語ㄒㄩˇ(xu) しょ

풀이 1 ①방동사니. 습한 곳에서 나는 사초(莎草)의 한 가지. ②모시. ㉡苧. 2 상수리나무. 도토리. ¶狙公賦—<莊子>/—栗.

4/8【芝】 지초 지 支ㄓ(zhi) し

풀이 ①지초(芝草). 상서로운 풀로 여기

는 신초(神草)로 버섯의 한 가지. ㊇芷. ②일산(日傘). ¶登夫鳳凰兮翳華—＜揚雄＞

【芝蘭】しらん(지란) ①지초(芝草)와 난초(蘭草). 둘 다 향초(香草). ②선인(善人)・군자의 비유. ¶—生於深林＜說苑＞

【芝蘭之交】しらんのまじわり(지란지 교) 아름다운 교제. 친구 사이의 고상하고 청아한 사귐.

【芝眉】しび(지미) 남의 얼굴의 경칭. 芝宇(지우). 尊顔(존안).

【芝宇】しう(지우) ☞芝眉(지미).

【芝草】しそう(지초) 모균류(帽菌類)의 버섯. 상서로움의 상징으로 여김. 靈芝(영지).

▷雷—, 祥—, 瑞—, 水—, 神—, 靈—, 華—

4 8 〚芷〛 구리때 지 | 紙ㄓˇ (zhi) | し

풀이 ①구리때. 미나리과의 두세해살이풀. 뿌리는 백지(白芷)라 하는 한약재. ②향초의 뿌리. ¶蘭槐之根 是爲—＜荀子＞ ③지초. ㊇芝. ¶—蘭生於深林＜荀子＞

【芷蘭】しらん(지란) 구리때와 난초. 선인(先人)・군자의 비유. 芝蘭(지란).

▷蘭—, 芳—, 白—

4 8 〚芻〛 꼴 추 | 虞ㄔㄨˊ (chu) | すう(マグサ) *pasture*

同 蒭

풀이 ①꼴. 마소에게 먹일 풀. ¶食以—叔＜莊子＞ ②꼴을 먹이다. ¶—之三月＜周禮＞ ③베어 묶은 풀. ④풀을 베다. 꼴을 벰. 또는, 그 사람. ¶—蕘. ⑤초식하는 가축. 소, 말, 양 따위. ¶猶—豢之悅我口＜孟子＞ ⑥풀. 짚. 줄풀. ¶塗車—靈＜禮記＞

【芻狗】すう・すうこう(추구) 짚으로 만든 개. 옛날, 중국에서 제사 때 쓰던 것. 쓰고는 버리는 데서, 필요할 때는 쓰고 필요 없을 때는 버리는 물건의 비유.

【芻蕘】すうじょう(추요) ①꼴꾼과 나무꾼. 무식한 사람의 뜻. 芻樵(추초). ②자기의 문장이나 작품의 겸칭.

▷牧—, 反—, 白飯青—, 飛—輓粟, 詢—, 玉—, 青—, 芯—

8 〚苹〛 萃(p. 1287)와 同字

4 8 〚芭〛 파초 파 | 麻ㄅㄚ (ba) | は, ば

풀이 ①파초. ¶—蕉. ②향초 이름. ¶傳—兮代舞＜楚辭＞ ③꽃. ㊈葩. ¶桐—始生 貌拂拂然也＜大戴禮＞

【芭蕉】ばしょう(파초) 파초과의 중국 원산 열대성 여러해살이풀. 잎은 크고 타원형이며 꽃은 황갈색임.

4 8 〚花〛 꽃 화 | 麻ㄏㄨㄚ (hua) | か(ハナ) *flower*

俗 苍

풀이 ①꽃. ㊈華. ㉮초목의 꽃. ㉯모란. ¶洛陽人謂牡丹爲—＜鶴林玉露＞ ㉰해당화(海棠花). ¶成都人謂海棠爲— 尊貴之也＜鶴林玉露＞ ㉱꽃 형상을 한 것. ¶剪得燈—自掃眉＜司空圖＞ ㉲꽃이 피는 초목. ¶澆—亦自有時＜歐陽脩＞ ②꽃이 피다. ¶春至梅梢次第—＜戴昺＞ ③꽃답다. 아름다운 것의 비유. ¶洞房—燭明 燕餘雙舞輕＜庾信＞ ④무늬. ¶競添—樣綾紗＜國史補＞ ⑤흐려지다. 어두워짐. ¶眼—落井水底眠＜杜甫＞ ⑥소비(消費)하다. ¶—費. ⑦비녀. ¶自皇后以下 小—竝如大—之數＜隋書＞

【花甲】かこう(화갑) 61세를 이름. 華甲(화갑). ¶—子.

【花客】かかく(화객) ①송(宋)의 장민숙(張敏叔)이 고른 12가지의 꽃. 상객(賞客 : 모란)・청객(清客 : 매화)・수객(壽客 : 국화)・가객(佳客 : 서향[瑞香])・소객(素客 : 정향[丁香])・유객(幽客 : 난초)・정객(靜客 : 연꽃)・아객(雅客 : 물억새)・선객(仙客 : 계수나무)・야객(野客 : 장미)・원객(遠客 : 말리[茉莉])・근객(近客 : 작약). ②꽃을 구경하는 사람. ③단골 손님. 顧客(고객). 花主(화주). 華客(화객).

【花冠】かかん(화관) ①아름답게 꾸민 관(冠). ¶—舞. ②꽃부리. ③韓 정재(呈才) 때 동기(童妓)・무동(舞童)・여령(女伶) 들이 쓰던 관.

【花魁】かかい(화괴) ①매화의 이칭. 백화(百花)의 선구(先驅)라는 뜻. ②난초의 이칭.

【花奴】かど(화노) 무궁화의 이칭.

【花壇】かだん(화단) 꽃밭.

【花無十日紅】ハナニじゅうじつノこうナシ(화무십일홍) 열흘 붉은 꽃이 없다는 뜻으로, 영화(榮華)는 오래 가지 못함의 비유.

【花紋】(화문)韓 꽃의 무늬. 꽃무늬. ¶—席.

【花瓶】かびん(화병) 꽃병.

【花譜】かふ(화보) 사철의 꽃을 계절 차례로 적고 또 그린 책.

【花盆】(화분) 화초를 심는 분.

【花粉】かふん(화분) 꽃가루.

【花蛇】かじゃ(화사) 산무애뱀. 흑화사・백화사・흑질 백장(黑質白章) 등이 있음. 풍증・나병의 약이나 보신 장양제(補身壯陽劑)로 씀.

【花仙】かせん(화선) 해당화의 이칭. 花中神仙(화중신선).

【花雪】かせつ(화설) ①싸라기눈. ②꽃잎의 눈보라 같은 휘날림. 꽃보라. ③꽃보라의 무늬.

【花樹會】(화수회)韓 같은 일가끼리 친목을 꾀하기 위하여 이룬 모임이나 잔치.

【花信】かしん(화신) 꽃이 피는 소식. 꽃소식.

【花押】かおう(화압) 문서의 자기 이름 밑에 자필(自筆)로, 도장 대신에 적는 표지. 사인(sign). 書判(서판).

【花王】かおう(화왕) 모란의 이칭. 花中王(화중왕). ¶—戒＜三國遺事＞

【花容月態】かようげったい(화용월태) 꽃 같은 얼굴과 달같은 자태. 아름다운 여자의 얼굴과 맵시.

【花苑】かえん(화원) 화초를 심은 동산. 꽃동산.

花園(화원).
【花園】かえん(화원) ☞花苑(화원).
【花子】かし(화자) ①거지. 乞人(걸인). ②여자의 얼굴 장식품의 하나. ③꽃씨.
【花煎】(화전)㊕ ①꽃전. ②꽃달임.
【花箋】かせん(화전) ①꽃무늬가 놓인 시전(詩箋). 花牋(화전). ②남의 편지의 경칭.
【花朝】かちょう(화조) ①꽃이 피는 아침. 花晨(화신). ②음력 2월 12일 또는 2월 15일.
【花鳥】かちょう(화조) ①꽃과 새. ②꽃과 새를 그린 그림. ③꽃에 깃든 새. ④새 이름. 꽃새.
【花鳥使】かちょうノツカイ(화조사) ①남녀 사이의 애정의 중개자. ②당(唐)의 개원(開元) 연간에 후궁(後宮)으로 들어올 미인을 간선하기 위하여 조정에서 파견한 사자(使者).
【花朝月夕】かちょうげっせき(화조월석) ①꽃 피는 아침과 달 뜨는 저녁. 봄 아침과 가을 저녁. 경치가 좋고 즐거운 시절을 이름. ②음력 2월 15일과 8월 15의 달 밤.
【花中君子】かちゅうノくんし(화중군자) 연꽃의 미칭.
【花中神仙】かちゅうノしんせん(화중신선) 해당화의 미칭.
【花中王】かちゅうおう(화중왕) ☞花王(화왕).
【花菜】(화채)㊕ 꿀이나 설탕을 탄 오미자 국에 과실을 썰어 넣고 잣을 띄운 음료.
【花債】(화채) ①㊕ 해웃값. 花代(화대). ②㊥ 창기(娼妓)한테 빈 돈.
【花草】かそう(화초) ①꽃과 풀. 또는, 꽃이 피는 풀. ¶一盆. ②㊕ 명사 위에 쓰이어, 그 물건이 실용적이 아니고 노리개나 장식품에 지나지 않음을 이르는 말. ¶一馬/一妾.
【花燭】かしょく(화촉) ①아름다운 초. 또는, 촛불. ②결혼식, 신방(新房) 등에 켜는 촛불. ¶何如一夜 輕扇掩紅粧<封氏聞見記> ③결혼의 의식(儀式). 華燭(화촉).
【花燭洞房】かしょくどうぼう(화촉동방) 화촉을 밝힌 깊은 방. 신혼(新婚)을 이름. 洞房華燭(동방화촉).
【花環】かかん(화환) 꽃을 모아 고리같이 둥글게 만든 물건. 축하·환영 등에 쓰임.
【花卉】かき(화훼) 꽃이 피는 풀. 花草(화초).
▷佳一, 假一, 嘉一, 開一, 牽牛一, 鷄一, 鼓子一, 空一, 嬌一, 菊一, 君子一, 群一, 宮一, 錦上添一, 金盞一, 禁一, 奇一, 綺一, 洛一, 落一, 浪一, 凌霄一, 菱一, 斷腸一, 丹一, 杜鵑一, 燈一, 晩一, 萬一, 陌上一, 名一, 美一, 芳一, 白一, 百一, 繁一, 凡一, 邊一, 餠一, 鳳仙一, 富貴一, 山茶一, 生一, 瑞一, 鮮一, 蘚一, 聖陽一, 洗水一, 細一, 疎一, 繡毬一, 水楼一, 眼一, 野一, 楊一, 御一, 女郎一, 燕子一, 豔一, 玉簪一, 蕘一, 六一, 隱逸一, 梨一, 異一, 紫陽一, 殘一, 簪一, 接一, 庭一, 弔一, 造一, 彫一, 衆一, 綵一, 天竺一, 天下眞一, 千一, 天一, 燭一, 叢一, 蟲媒一, 聚一, 貪一, 探一, 苔一, 鬪一, 風媒一, 筆頭生一, 解語一, 香一, 胡子一, 好一, 紅一, 火一, 黃一

8〖苍〗 花(p.1269)의 俗字

5/9〖苛〗 매울 가 ㊍하 | 㗊ㄎㄜ (ke) | か(キビシイ) hot

풀이 ①맵다. 사나움. ¶一關市之征<荀子> ②잘다. 자세(仔細)함. ¶父老苦秦一法久矣<漢書> ③번거롭다. ¶好一禮<史記> ④무지근하다. ¶筋肉拘一<素問> ⑤어지럽다. 어지럽힘. ¶朝夕一我邊鄙<國語> ⑥학대하다. 혹독함. ¶弭其百一<國語> ⑦밝게 살피다. ⑧꾸짖다. ㊀訶. ¶不敬者一罰之<周禮> ⑨성내다. ⑩작은 풀. ⑪작은 풀이 나는 모양. ⑫가렵다. 옴[疥]. ¶疾痛一癢<禮記> ⑬앓다. 병. ¶身無一殃<呂覽>
【苛斂誅求】かれんちゅうきゅう(가렴주구) 맵게 거두고 억지로 구한다는 뜻으로, 가혹하게 세금이나 금품을 긁어 모아 백성을 못 살게 구는 일.
【苛烈】かれつ(가열) 몹시 혹독함.
【苛征】かせい(가정) 세금의 가혹한 징수. 征은 징세(徵稅). 苛稅(가세).
【苛政猛於虎】かせいトラヨリモタケシ(가정 맹어호) 가혹한 정치는 범보다 사나움.
【苛酷】かこく(가혹) 몹시 혹독함. 무자비함. 苛刻(가각). 苛虐(가학). ¶一行爲.
▷煩一, 細一, 小一, 深一, 巖一, 殘一, 慘一, 暴一

5/9〖茄〗 ①가지 가 ②연줄기 가 | 㗊ㄑㄧㄝˊ (qie) 㗊ㄐㄧㄚ (jia) | か(ナスビ) eggplant か

풀이 ①가지. 가자(茄子). ¶別一拂葱<王褒> ②①연줄기. ¶蔕倒一於藻井<張衡> ②연(蓮). ㊀荷. ¶衿芰一綠衣兮<漢書> ③절[寺]. ㊀伽. ④나라 이름. ¶楚子使薳射城州屈復一人焉<左氏傳>
▷芰一, 白一, 黃一,

5/9〖苣〗 상치 거 | 㗊ㄐㄩˋ (ju) | きょ(チシャ) lettuce

풀이 ①상치. ②횃불. ㊁炬. ¶束一乘城<後漢書> ③깨. 참깨. ¶一藤.

9〖茎〗 莖(p.1280)의 略字

5/9〖苦〗 ①쓸 고 ②멀미 고 | 㗊ㄎㄨˇ (ku) | く(ニガイ) bitter

풀이 ①①쓰다. 쓴 맛. ¶一勝辛<素問> ②씀바귀. ¶采一采一<詩經> ③괴로와하다. 괴롭힘. ㉮고달프다. 지침. ¶勞一而功高如此<史記> ㉯힘쓰다. 애씀. ¶無勞勸之一<戰國策> ㉰앓다. 병(病). ¶皆甚一之<呂覽> ㉱아프다. 고통을 받음. ¶自一而居海上<呂覽> ㉲걱정하다. 근심함. ¶或一亂<法言> ㉳싫어하다. 꺼림. ¶亭長妻一之<漢書> ㉴막다르다. ㉵욕되게 하다. ¶或貪汙爲外國所一<漢書> ④소홀하다. 조략(粗略)함. ¶從師一而欲學之功也

<呂覽> ⑤나쁘다. ¶工事一慢<淮南子> ⑥거칠다. ¶鐵器一惡<史記> ⑦무르다. [通]盬. ¶辨其功一<國語> ⑧쉬다. 휴식함. ⑨꺼리다. 마음이 내키지 않음. ¶疾則一而不入<莊子> ⑩간절하다. 정성스러움. ¶坦之非而一諫之<晋書> ⑪마르다. 시듦. [通]枯. ¶此以其能 一其生者也<莊子> ⑫매우. 과도하게. ¶一加撻辱<侍兒小名錄> [2]멀미. 차멀미, 배멀미 따위. [같]痞. ¶今人以不善乘船 謂之一船 北人謂之一車<西谿叢語>

【苦諫】くかん(고간) 고언(苦言)으로써 간절히 간함.

【苦境】くきょう(고경) 어려운 처지. 괴로운 처지. 逆境(역경).

【苦難】くなん(고난) 괴로움과 어려움. 苦楚(고초).

【苦惱】くのう(고뇌) 고민함. 괴로와하며 번민함.

【苦待】(고대) ①[韓] 몹시 기다림. ②[中] 학대함.

【苦樂】くらく(고락) 괴로움과 즐거움.

【苦力】くりょく(고력) ①고생을 참고 힘써 일함. ②[中] 하층 노동자.

【苦味】くみ(고미) 쓴맛. ↔甘味(감미).

【苦悶】くもん(고민) 괴로와하고 속을 썩임.

【苦杯】くはい(고배) 쓴 술잔. 쓰라린 경험의 비유.

【苦生】(고생) 괴로운 생활. 괴롭게 수고함.

【苦笑】くしょう(고소) 마지못해 웃는 웃음. 쓴웃음.

【苦心】くしん(고심) 마음을 괴롭힘.

【苦心慘憺】くしんさんたん(고심참담) 처참할 만큼 몹시 걱정함.

【苦言】くげん(고언) ①귀에는 거슬리나 이로운 말. 苦語(고어). 忠言(충언). ②이 말. 약언(若言)의 잘못. 若은 此.

【苦役】くえき(고역) ①힘든 노동. ②형벌로 지우는 노역(勞役). 徒刑(도형). ③몹시 힘들고 괴로운 일.

【苦肉之計】くにくノハカリゴト(고육지 계) 적(敵)을 속이기 위하여 자신의 희생을 무릅쓰고 꾸미는 계책.

【苦肉策】くにくさく(고육책) ☞苦肉之計(고육지계).

【苦吟】くぎん(고음) 고심하여 시가(詩歌)를 지음. 또는, 그 시가.

【苦戰】くせん(고전) 몹시 힘들고 어렵게 싸움. 또는, 그 싸움.

【苦節】くせつ(고절) 고난을 당해도 굽히지 않는 절개.

【苦情】くじょう(고정) ①근거가 없는 주장. ②괴로운 마음. ③못마땅하게 여기는 마음.

【苦竹】くちく(고죽) 참대.

【苦盡甘來】(고진감래) 쓴 것이 다하고 단 것이 옴. 고생 끝에 즐거움이 옴. 苦는 樂의 씨[種].

【苦集滅道】くじゅうめつどう(고 집 멸 도)《佛》 사제(四諦). 苦는 생사의 고과(苦果), 集은 생사의 원인이 되는 번뇌, 滅은 고집(苦集)이 사라져버린 오경(悟境), 道는 오경에 도달하는 도정(道程). 苦集은 미혹(迷惑)의 결과와 원인. 滅道는 깨달음의 결과와 원인.

【苦楚】くそ(고초) ☞苦難(고난).

【苦衷】くちゅう(고충) 괴롭고 난처한 심정.

【苦學】くがく(고학) 학비를 자기 힘으로 벌며 고생하여 배움. ¶一生.

【苦海】くかい(고해) ①쓰레기통. ②《佛》 괴로움이 많은 인간 세계를 바다에 비기어 이름. 苦界(고계).

【苦行】くぎょう(고행)《佛》 깨달음을 얻기 위해 육신을 괴롭히고 고뇌를 견디어내는 일.

▷苛一, 刻一, 甘一, 困一, 功一, 菊一, 窮一, 勤一, 勞一, 病一, 悲一, 貧一, 四一, 三一, 笑一, 愁一, 辛一, 良一, 嚴一, 蓼一, 憂一, 危一, 疾一, 悽一, 淸一, 蟲不知一, 七難八一, 歎一, 痛一, 八一, 寒一, 鹹一

5
9【苟】 [1]구차할 구 [有]ㄍㄡˇ こう
[2]풀 이름 구 [尤](gou) く

[풀이][1]①구차하다. 눈앞의 안전만 꾀함. ¶則民不一<管子>/一安. ②☞[句法] ③단지. 다만. ¶非一知之<法言> ④혹은. ¶一錯諸地<易經> ⑤원컨대. ¶一捷有功<左氏傳> ⑥채소 이름. [2]풀 이름. ¶一吻.

[句法]

①가정

[苟…] 만일 …한다면. 적어도 …한다면. ¶苟能充之 足以保四海<孟子>

②정도·상태

㉮적어도. 구차스럽기는 하나. (속성의 정도) ¶小國之事大國也 苟免於討<左氏傳>

㉯진실로. 정작. (내용의 상태) ¶苟志於仁矣 無惡也<論語>

【苟且】こうしょ(구차) ①일시적으로 미봉함. ②가난하고 군색함.

【苟且偸安】こうしょとうあん(구차투안) 눈앞의 안일만을 탐내어 구차하게 삶.

5
9【苶】 나른할 날 [屑]ㄋㄧㄝˊ でつ, じょう
[本]녈 [葉](nie) *languid*

[풀이]①나른하다. 피로한 모양. ¶一然沮喪<顔氏家訓> ②멈추는 모양. ③잊다. ¶一然疲役<莊子>

5
9【苨】 잔대 니 [薺]ㄋㄧˇ でい
(ni)

[풀이]①잔대. 또는, 도라지. ¶桔梗一名薺一<本草綱目> ②무성하다. ¶維葉一一<詩經>

5
9【苓】 [1]도꼬마리 령 [青]ㄌㄧㄥˊ れい
[2]풀 이름 련 [先](ling) れん

[풀이][1]①도꼬마리. 권이(卷耳). ②향초(香草)의 한 가지. ③원추리. 훤초(萱草). ¶隰有一<詩經> ④복령(茯苓). ⑤떨어지다. [通]零. ¶失時者一落<漢書> ⑥수레의 가로대. [通]軨. [2]풀 이름.

▷茯一, 豬一

5
9【苙】 [1]돼지우리 립 [緝]ㄌㄧˋ りゅう
[2]구리때 급 [緝](li) きゅう

[풀이][1]돼지우리. ¶如追放豚 既入其一

<孟子> 2구리때. (같)茇.

5/9 〚苺〛 딸기 매/모 | ㄇㄟˊ (mei) | ばい, ぼう (イチゴ) *strawberry*

5/9 〚茅〛 1 띠 모 2 꼭두서니 매 | ㄇㄠˊ (mao) | ぼう ばい

풀이 1 ①띠. ¶首戴一蒲<國語>/一茨. ②띠를 베다. ¶晝爾于一<詩經> ③띳집. ¶淸廟一屋<左氏傳> ④어스레하다. (通)霿. ⑤강하다. (通)務. 2 꼭두서니.

【茅堂】(모당) ☞茅屋(모옥)①.

【茅屋】(모옥) ①띠로 지붕을 인 집. 검소한 생활을 나타내는 말. 茅宇(모우). 茅堂(모당). ¶起一數間<宋書> ②자기 집의 겸칭. 茅舍(모사). ¶終南有一<王維>

【茅土】(모토) 제후(諸侯)를 봉함. 옛날, 임금이 제후를 봉할 때 사방 및 중앙에 각각 청(靑), 백(白), 적(赤), 흑黑), 황색의 흙을 흰 띠에 싸서 하사하던 관례에서 유래. ¶享一之薦<李陵>

▷芒一, 白一, 葺一, 菁一, 草一, 包一, 衡一, 黃一

5/9 〚苜〛 거여목 목 | ㄇㄨˋ (mu) | もく

【苜蓿】(목숙) 거여목. 콩과의 두해살이 풀. 마소의 사료, 비료 등에 쓰임.

5/9 〚苗〛 모 묘 | ㄇㄧㄠˊ (miao) | びょう (ナエ)

풀이 ①모. ¶彼稷之一<詩經>/一木. ②곡식. ¶無食我一<詩經> ③싹. ¶根一相因依<蘇轍> ④여름철의 사냥. ¶夏一. ⑤찾다. 구함. ⑥후손. 후예. (通)秒. ¶帝高陽之一裔兮<楚辭> ⑦무리. 민중(民衆). ¶以贍黎一<後漢書> ⑧요절(夭折). ¶或秀或一<後漢書> ⑨업신여기다. ⑩종족 이름. ¶一人. ⑪땅 이름.

【苗木】(묘목) 나무 모종.

【苗民】(묘민) 중국 남부 오지에 사는 만족(蠻族)의 하나. 苗族(묘족)②. 苗子(묘자).

【苗床】(묘상) ☞苗板(묘판).

【苗緖】(묘서) ☞苗裔(묘예). ¶承黃虞之一<陸雲>

【苗裔】(묘예) 혈통. 먼 후손. 苗緖(묘서). 苗胤(묘윤). 末裔(말예). 苗末(묘말). 苗嗣(묘사). ¶后稷之一<吳越春秋>

【苗胤】(묘윤) ☞苗裔(묘예).

【苗子】(묘자) ☞苗民(묘민).

【苗族】(묘족) ①혈족. 후예(後裔). ¶劉氏一<蜀志> ②☞苗民(묘민).

【苗板】(묘판) 못자리. 苗床(묘상).

【苗圃】(묘포) 묘목을 기르는 밭.

▷嘉一, 昆一, 稻一, 晩一, 美一, 三一, 蒐一, 新一, 秧一, 藥一, 良一, 黎一, 靈一, 有一, 早一, 蚕一, 種一, 靑一, 禾一

5/9 〚茆〛 1 순채 묘 2 풀숲 모 | ㄇㄠˇ (mao) | ぼう

풀이 1 ①순채(蓴菜). 부규(鳧葵). ¶薄采其一<詩經> ②무성한 모양. ③띠. (通)茅. ¶風雨三更捲一屋<王守仁> 2 풀숲.

5/9 〚茂〛 우거질 무 | ㄇㄠˋ (mao) | も (シゲル) *grow thick*

풀이 ①우거지다. ¶一盛/繁一. ②가멸다. ¶支葉碩一<漢書> ③왕성하다. ¶德音是一<詩經> ④아름답다. ¶子之一兮<詩經> ⑤뛰어나다. ¶存問一材<漢書> ⑥선하다. ¶廣延一士<漢書> ⑦힘쓰다. (通)懋. ¶方一爾惡<詩經>

【茂盛】(무성) 초목이 잘 자라 우거짐. 또는, 사물이 풍부함. 繁盛(번성). 盛茂(성무). ¶功德一<漢書>

【茂勳】(무훈) 훌륭한 공훈. 偉勳(위훈). ¶一格於皇天<晋書>

▷高一, 蔓一, 美一, 朴一, 蕃一, 繁一, 富一, 生一, 碩一, 盛一, 秀一, 修一, 淑一, 純一, 淳一, 豔一, 英一, 榮一, 鬱一, 偉一, 幽一, 孳一, 滋一, 壯一, 俊一, 暢一, 叢一, 翠一, 熾一, 沈一, 豊一, 弘一, 黃一

9 〚茉〛 味(p. 287)와 同字

5/9 〚茇〛 1 풀뿌리 발 2 능소화 패 3 대밧줄 불 | ㄅㄚˊ (ba) ㄅㄟˋ (bei) | はつ はい ふつ

풀이 1 ①풀 뿌리. ②흰 꽃 피는 풀. ③한둔하다. 노숙(露宿)함. ¶召伯所一<詩經> ④나무 이름. 2 능소화(凌霄花). 3 대밧줄. 대오리로 만든 밧줄.

▷藁一, 草一

5/9 〚范〛 풀 이름 범 | ㄈㄢˋ (fan) | はん

풀이 ①풀 이름. ②벌. (通)蜂. ¶一則冠<禮記> ③거푸집. (通)笵. ¶一金合土<禮記> ④법도(法度). 틀. ¶鴻文無一<太玄經> ⑤수레의 앞턱 가로나무의 앞. (通)軓. ¶祭左右軌一<禮記>

【范蠡】(범여)(人) 춘추 시대 월(越)의 공신. 월왕 구천(句踐)을 도와서 20여 년 각고(刻苦) 끝에 오(吳)를 멸망시켜 회계(會稽)의 치욕을 씻어줌. 그 뒤 벼슬을 버리고 도(陶)에 은거하면서 거부(巨富)가 되었으므로 도주공(陶朱公)이라 불림.

【范雎】(범저)(人) 전국 시대 위(魏)의 변설가(辯舌家). 진(秦)의 소왕(昭王)에게 원교근공책(遠交近攻策)을 아뢰어 재상이 되고 응후(應侯)에 봉해짐.

【范增】(범증)(人) 초(楚) 항우(項羽)의 모신(謀臣). 항우에게 아부(亞父)라 불리며 존경을 받았으나, 후에 의심을 받자 도피하여 팽성(彭城)에서 병사(病死)함.

▷矩—, 軌—, 大—, 小—

5 9 【苻】 1 귀목풀 부 | 虞 ㄈㄨˊ (fu) | ふ
2 땅이름 포 | 虞 | ほ

풀이 1 ①귀목풀. 백영(白英). ②깍지. 通孚. ¶—甲. ③갈대의 속껍질. ¶蘆—之厚<淮南子> 2 땅 이름. ¶攻萑—之盜<左氏傳>

【苻秦】ふしん (부진) 오호 십륙국(五胡十六國)의 하나. 부홍(苻洪)이 세운 진(秦)나라라는 뜻. 前秦(전진).

5 9 【苯】 풀 우거질 분 | 阮 ㄅㄣˇ (ben) | ほん

5 9 【茀】
1 우거질 불 | 物 ㄈㄨˊ (fu) | ふつ(シゲル) exuberant
2 주살 불 | | ほつ
3 작은모양 비 | 未 | ひ
4 살별 패 | 隊 | はい
5 성 필 | 質 | ひつ

풀이 1 ①우거지다. ¶—盛. ②풀이 우거져 길을 막다. ¶道—不可行也<國語> ③덮다. 덮개. ¶翟—以朝<詩經> ④머리 꾸미개. 通髴. ¶婦喪其—<易經> ⑤슬갑(膝甲). 通韍. ⑥떨다. �. 通拂. ¶—厥豐草<詩經> ⑦복(福). 通祓. ¶—祿爾康矣<詩經> ⑧상엿줄. 通紼. ⑨작다. ⑩치다. 通刜. ⑪강성한 모양. ¶臨衝——<詩經> ⑫구불거리다. ¶白蜺嬰—<楚辭> 2 ①주살. 오늬에 줄을 매어 쏘는 화살. ②향기가 높다. ¶晻薆咇—<司馬相如> 3 작은 모양. 같芾. 4 살별. 같孛. 5 성(姓). 通佛. ¶—肸.
▷蔦—

5 9 【若】
1 같을 약 | 藥 ㄖㄨㄛˋ (ruo) | じゃく(ワカイ)
2 건초 야 | 馬 |
3 땅이름 야 | 麻 ㄖㄜˇ (re) | じゃ

풀이 1 ①같다. ☞ 句法 ②너. ¶如我從—飮<史記> ③또는. ¶—從踐土 —從宋<左氏傳> ④혹시. ¶—入於大都<左氏傳> ⑤및. ¶請爲靈—厲<左氏傳> ⑥이와 같은. 이러한. ¶以—所爲求—所欲<孟子> ⑦그 위에. ¶寵辱—驚<老子> ⑧그런 뒤. 연후(然後)에. ¶—其事立<管子> ⑨그대로. ¶織自—<戰國策> ⑩그. 이. ¶子—免之<左氏傳>/—天棐忱<書經> ⑪구(句) 끝의 어조사. ¶戚嗟—<易經> ⑫나물을 캐다. ⑬고르다. 선택함. ¶—夫二公子<國語> ⑭따르다. 通順. ¶欽—昊天<書經> ⑮좋다. 通善. ⑯해신(海神) 이름. ¶向—而嘆<莊子> ⑰두 약(杜若). ¶順微風揮—芳<傅毅> ⑱짚. ¶禾—. ⑲왕성한 모양. ¶紛紛——<列子> ⑳영목(靈木). ¶其陰多楉木之有—<山海經> 2 ①건초(乾草). 마른 풀. ②젊다. 유약(幼弱)함. 3 땅 이름. ¶—縣.

句法
①가정
[若…] 만약에 …하다면. 가령 …하다면. ¶若掘地而及泉 隧而相見<左氏傳>
②비교
㉮[若…] …와 같다. ¶民之望之若大旱之望雨也<孟子>
㉯[不若…] …에는 미치지 못한다. …한 편이 좋다.「不如…」와 쓰임이 같음. ¶吾與其富而畏人 不若貧而無屈<孔子家語>
㉰[莫若…] …에 미치는 것은 없다. …이 가장 좋다.「無如…」와 쓰임이 같음. ¶莫若六國從親 以擯秦<十八史略>
㉱[未若…] …에 미치지 못한다. …이 낫다. ¶未若貧而樂 富而好禮者也<論語>
③의문
㉮[若…何] …어떠한가. 어째서 …인가.「如何」와 쓰임이 같음. ¶若四國何<左氏傳>
㉯[何若]어떠한 것인가. 어떻게 하는 것인가.「何如」와 쓰임이 같음. ¶順天之意何若<墨子>
④반문
[豈若…] 어찌 …와 같겠는가. ¶予豈若是小丈夫然哉<孟子>

【若干】じゃっかん (약간) 얼마 되지 아니함. 또는, 그 정도. ¶加—<漢書>
【若輩】じゃくはい (약배) ①너희들. ¶不可屈—<宋史> ②젊은이. 弱輩(약배).
【若是】じゃくし (약시) 이와 같다. 若此(약차). 如此(여차). ¶—乎賢者之無益於國也<孟子> ※じゃくぜ
【若是若是】(약시약시) 이러이러한. 若此若此(약차약차). 如此如此(여차여차).
【若曹】じゃくそう (약조) 너희들. 若輩(약배)①. 汝輩(여배). ¶—敬聽吾言<楚國先賢傳>
【若此】じゃくし (약차) ☞若是(약시).
【若何】イカン①·イカンゾ② (약하) ①어떠한가. 어떻게. ¶故園今—<杜甫> ②어찌하여. ¶—滂滂去 此而死乎<晏子>
▷敬—, 蘭—, 老—, 丹—, 瞠—, 杜—, 萬—, 般—, 孰—, 肅—, 儼—, 苒—, 沃—, 允—, 自—, 祗—, 嗟—, 波—, 何—, 海—, 奚—, 炯—, 欽—

5 9 【苒】 풀 우거질 염 | 琰 ㄖㄢˇ (ran) | ぜん(シゲル)

풀이 ①풀이 우거진 모양. ¶金華紛—若<王融> ②부드럽고 약한 모양. ③차츰 자라는 모양. ¶荏—.
▷掩—, 荏—

5 9 【英】
1 꽃부리 영 | 庚 ㄧㄥ (ying) | えい corolla
2 못자리모 앙 | 陽 | おう
3 창 깃털 영 | 庚 |
4 장식 영 | 敬 | えい

풀이 1 ①꽃부리. ¶顏如舜—<詩經> ②열매를 맺지 못하는 꽃. ③꽃 장식. ¶

二矛重—＜詩經＞ ④아름답다. ⑤뛰어나다. ¶天下—才＜孟子＞ ⑥뛰어난 사람. ¶知出萬人爲—＜集韻＞ ⑦질 좋은 물건. ¶取鐵—＜越絶書＞ ⑧영예(榮譽). ¶浮—華＜漢書＞ ⑨싹. 초목의 눈. ¶毋夭—＜管子＞ ⑩부들. 향포(香浦). ⑪잎. ⑫녹나무. 장목(樟木). 通 楧. ⑬밝고 아름다운 모양. ¶——夫子＜潘岳＞ ⑭나라 이름. ¶—國. 2못자리에 있는 모. 3창에 장식으로 단 깃털. 4장식.

【英傑】えいけつ(영걸) 뛰어난 인물. 英雄(영웅). ¶小國—士＜戰國策＞

【英氣】えいき(영기) 뛰어난 기상(氣象). 훌륭한 용기. ¶—冠東萊＜蘇軾＞

【英斷】えいだん(영단) 슬기롭고 용기 있는 결단. 果斷(과단). ¶忠武—＜晋書＞

【英靈】えいれい(영령) ①훌륭한 사람의 영혼. 죽은 사람의 영혼에 대한 경칭. 英魂(영혼). ¶護國—. ②산천의 정기(精氣)를 타고난 사람. 뛰어난 사람. ¶江漢—見於此矣＜北史＞

【英邁】えいまい(영매) 지혜가 뛰어나고 품성이 훌륭함.

【英名】えいめい(영명) 뛰어난 명성. 英聲(영성). 英稱(영칭). ¶公子播—＜李紳＞

【英明】えいめい(영명) 영민하고 총명함. 英達(영달). ¶—廬江守＜李白＞

【英髦】えいぼう(영모) 뛰어난 젊은이. 훌륭한 사람. 俊髦(준모). 英俊(영준). ¶—秀達＜劉峻＞

【英文】えいぶん(영문) 영어로 쓴 문장.

【英敏】えいびん(영민) 영특하고 민첩함. 穎敏(영민).

【英譯】えいやく(영역) 영어로 번역함.

【英乂】えいがい(영예) 뛰어나고 어진 사람. 英士(영사). ¶—有爲之時＜魏志＞

【英勇】えいゆう(영용) 인품이 뛰어나고 용기가 있음. 또는, 그 사람. ¶爰命—＜南史＞

【英雄】えいゆう(영웅) 재능과 지력(智力)이 뛰어나 세상을 경륜(經綸)할 만한 사람. 英傑(영걸). ¶—割據雖已矣＜杜甫＞

【英雄譚】えいゆうたん(영웅담) 영웅 이야기. 영웅의 전기. 英雄傳(영웅전).

【英姿】えいし(영자) 훌륭한 모습. 늠름한 자태. ¶使—茂績＜范曄＞

【英資】えいし(영자) 뛰어난 자질(資質). 英稟(영품).

【英作】えいさく(영작) ①뛰어난 시문(詩文). 傑作(걸작). ¶天縱之—也＜文心雕龍＞ ②영작문.

【英才】えいさい(영재) 뛰어난 재능. 또는, 재능이 뛰어난 사람. 秀才(수재). 俊才(준재). ¶得天下—而教育之＜孟子＞/—教育.

【英主】えいしゅ(영주) 뛰어난 임금. 名君(명군). 明君(명군). 賢君(현군). ¶耳聞—提三尺＜唐彦謙＞

【英特】えいとく(영특) 혼자 출중하게 자질(資質)이 뛰어남. 英奇(영기). ¶龍顔—＜宋書＞

▷瓊—, 群—, 落—, 丹—, 麥—, 繁—, 三—, 祥—, 石—, 蕣—, 玉—, 雲—, 紫雲—, 殘—, 精—, 俊—, 重—, 衆—, 蒲公—, 玄—, 賢—, 豪—, 華—, 黃—

5 9 【苑】 1 나라 동산 원 2 굽을 울 | 願 ㄩㄢˋ (yuan) 物 ㄩˋ (yu) | えん うつ

풀이 1 ①나라 동산. 나라에서 울을 치고 새·짐승을 기르는 임야(林野). ¶北有胡—之利＜漢書＞ ②동산. 꽃, 채소, 과일나무 따위를 가꾸는 곳. ¶讌其群臣于內—新堂＜晋書＞ ③나무가 무성한 모양. ¶人皆集於—＜國語＞ ④사물이 유(類)를 따라 모이는 곳. ¶夕翱翔乎藝—＜韓愈＞/文—. ⑤틀어박히다. 쌓이다. ¶其葉若—＜管子＞ ⑥앓다. ¶百節莫—＜淮南子＞ ⑦마르다. ¶形—而神壯＜淮南子＞ ⑧무늬가 있는 모양. ¶蒙伐有—＜詩經＞ ⑨돌다. 순환함. 通 宛. ⑩솔솔바람. ¶適遇—風＜莊子＞ 2①굽다. ②맺히다. 울적함. 通 鬱.

【苑結】うっけつ(울결) 마음이 우울해지는 일. 鬱結(울결).

▷故—, 廣—, 舊—, 宮—, 根—, 禁—, 茂—, 文—, 上—, 神—, 藥—, 御—, 藝—, 園—, 囿—, 遊—, 天—, 廢—, 學—, 花—

5 9 【苡】 1 질경이 이 2 오랑캐 이름 와 | 紙 ㄧˇ (yi) 歌 | い わ

풀이 1 ①질경이. 차전자(車前子). ②율무. 의이(薏苡). 2 오랑캐 이름. 중국의 북방 오랑캐.

9 【苢】 苡(p. 1274)의 本字

5 9 【茈】 1 지치 자 2 올방개 자 3 돌미나리 시 | 紙 ㄗˇ (zi) 支 ㄘˊ (ci) 佳 ㄔㄞˊ (chai) | し し さい

풀이 1 ①지치. ¶勞山多—草＜山海經＞ ②패랭이꽃. 또는, 능소화나무. ¶—葳. ③고비. ¶—綦. ④가지런하지 않은 모양. 通 仳. 2 올방개. ¶鳧—. 3 돌미나리. ¶今太常用—胡＜本草綱目＞

5 9 【苧】 모시 저 | 語 ㄓㄨˋ (zhu) | ちょ

5 9 【苴】 1 속창 저 2 거친거적 조 3 마름 차 4 두엄 자 5 얕볼 사 6 나라이름 파 | 魚 ㄐㄩ 虞 (ju) 麻 ㄔㄚ 馬 (cha) 馬 | しゅ sole そ さ しゃ は

풀이 1 ①속창. 신발 속에 까는 깔개. ¶冠雖敝 不以—履＜漢書＞ ②풀숲. ¶—多膢蕃＜管子＞ ③삼. ¶—布之衣＜莊子＞ ④마른풀. ¶草—比而不芳＜楚辭＞ ⑤싸다. 또는, 선물. ¶苞—＜禮記＞ ⑥거칠다. 通 粗. ¶齊衰—杖＜荀子＞ ⑦검다. ¶—杖. ⑧언짢다. ¶—

惡貌也<禮記·注> ⑨김치. (같)菹. [2]거친 거적. 제사 때 쓰는 거적. (같)藉. [3]①마름. (같)蒼. ¶如彼棲—<詩經> ②남새밭. ③사냥터. ③남만(南蠻)의 하나. ¶望—蠻者<唐書> [4]두엄. (같)荖. [5]①얕보다. ②엿보다. [6]나라이름. (같)巴. ¶—蜀相攻擊<史記>
▷補—, 棲—, 叔—, 土—, 巴—, 苞—

5 9【苫】 [1]이엉 점 | [2]약초 이름 첨 | [3]뜸집 섬 | [4](韓)섬 섬 | 鹽ㄕㄢ 鹽(shan) 豔 | せん (トマ) てん せん

(풀이)[1]①이엉. ¶—茸. ②거적. ¶寢— 枕塊<儀禮> ③덮다. ¶不蓑—城<公羊傳·注> ④망그러지다. (같)沾. [2]약초 이름. ¶靑—. [3]뜸집. 띠나 부들 따위로 인 움집. [4](韓)섬. ㉮도서(島嶼). ㉯곡식을 담는 그릇.

【苫塊】せんかい(점괴) 거적 잠자리와 흙덩이 베개. 상제(喪制)의 거처(居處)를 이름. ¶孝子寢伏—<風俗通>

【苫前】(점전) 초상 치르기 전 상제에게 편지 낼 때, 그 이름 밑에 쓰는 말.

【苫次】せんじ(점차) 거적을 깔고 기거함. 친상중(親喪中)임을 이름. 苫席(점석).
▷蓑—, 廉—, 寢—

9【苐】 [1]荑(p.1278)와 同字 [2]第(p.1128)의 俗字

5 9【茁】 [1]풀 처음나는 모양 줄 | [2]싹틀 찰 | [3]풀이름 절 | 質ㄓㄨㄛˊ 黠(zhuo) 屑 | ちゅつ さつ しゅつ

(풀이)[1]풀이 처음 나는 모양. ¶——靑蒲芽<蔡珪>/—芽. [2]①싹이 트다. ¶彼—者葭<詩經> ②동물이 자라다. ¶牛羊—壯長而已矣<孟子> [3]풀 이름.
▷萌—, 草—

5 9【苕】 [1]능소화 초 | [2]풀이름 소 | 蕭ㄊㄧㄠˊ 蕭(tiao) | ちょう しゅう

(풀이)[1]①능소화(凌霄花). ¶—之華<詩經> ②완두(豌豆). ¶邛有旨—<詩經> ③갈대 이삭. ¶繫之葦—<荀子> ④높거나 먼 모양. ¶——歷千載<謝靈運> [2]풀 이름.
▷陵—, 連—, 葦—, 旨—

5 9【苔】 이끼 태 | 灰ㄊㄞˊ (tai) | たい(コケ) *moss*

【苔衣】たいい①·こけごろも②(태의) ①이끼류(類)의 총칭. ¶遶舍—積<陳師道> ②은자(隱者)가 입는 옷.
▷綠—, 碧—, 石—, 蘚—, 舌—, 陰—, 蒼—, 靑—, 砌—, 海—

5 9【苹】 [1]개구리밥 평 | [2]수레이름 병 | [3]부릴 병 | 庚ㄆㄧㄥˊ 靑(ping) 庚 | へい へい ほう

(풀이)[1]①개구리밥. 부평초. (같)萍. ¶湟潦生—<大戴禮> ②쑥. ¶食野之—<詩經> ③갈대. 부들. ④사과(沙果). ¶—果. ⑤풀이 우거진 모양. ¶馳——<宋玉> [2]수레 이름. ¶—車之萃<周禮> [3]①부리다. 사역(使役)함. (通)拼. ②물이 넘치는 모양. (通)澎. ¶—濞.

5 9【苞】 [1]그령 포 | [2]쥐눈이콩 포 | 肴ㄅㄠ 篠(bao) | ほう ひょう

(풀이)[1]①그령. 잎이 질겨 노, 신, 삿자리 따위의 재료로 씀. ¶—屨. ②밑동. 뿌리. ¶—有三蘖<詩經> ③싸다. (通)包. ¶白茅—之<詩經>/—裹/—天. ④봉오리. ¶方—方體<詩經> ⑤꾸러미. ¶—苴. ⑥무리져나다. 무성함. ¶草木漸—<書經> ⑦세밀하다. ¶集于—栩<詩經> ⑧가멸다. 넉넉함. ⑨포로(捕虜). (通)俘. ¶—人民<穀梁傳> ⑩꾸미다. (通)彪. ⑪조롱박. (같)匏. [2]쥐눈이콩. (같)藨.
▷家—, 兼—, 芳—, 集—, 香—

5 9【苾】 [1]향기로울 필 | [2]채소이름 별 | [3]연뿌리 밀 | 質ㄅㄧˋ 屑(bi) 質 | ひつ *fragrant* へつ みつ

(풀이)[1]①향기롭다. 향기. ¶不備—芬<後漢書> ②풀 이름. ③중의 별칭. ¶—芻. [2]채소 이름. [3]연뿌리. (같)蔤.

【苾芬】ひつぷん(필분) 향기로운 모양. ¶—孝祀 神嗜飮食<詩經>
▷契—, 芳—, 芬—, 苾—

6 10【茛】 [1]독초 이름 간 | [2]미나리아재비 간 | 願ㄍㄣˋ 願(gen) | こん けん

(풀이)[1]①독초 이름. ②초오(草烏)의 모종. ¶—乃草烏頭之苗<本草綱目> [2]미나리아재비.

6 10【葀】 [1]하눌타리 괄 | [2]풀이름 설 | 曷ㄍㄨㄚ 屑(gua) | かつ せつ

6 10【茭】 [1]꼴 교 | [2]풀이름 효 | [3]속임말 교 | [4]도지개 격 | 肴ㄐㄧㄠ 巧(jiao) 效 錫ㄐㄧ(ji) | こう *fodder* こう けき

(풀이)[1]①꼴. 가축에게 먹이려고 벤 풀. ¶峙乃芻—<書經> ②왜당귀. 승검초. ③줄풀. (通)菰. ④대로 만든 밧줄. (通)筊. ¶搴長—兮<史記> ⑤장대. 간짓대. ⑥엇걸리다. 이음매. (通)交. [2]풀이름. 뿌리가 식용으로 되는 식물. [3]속임말. ¶—媞 欺謾之語也<方言> [4]도지개. 궁경(弓檠).

6 10【荍】 당아욱 교 / 수 | 蕭ㄑㄧㄠˊ 尤(qiao) | きょう しゅう

(풀이)①당(唐)아욱. ¶視爾如—<詩經> ②메밀. ¶—麥如鋪雪<蘇軾>

10〚菜〛菫(p. 1284)의 古字

6〚茶〛차 다 [麻]ㄔㄚˊ | さ, ちゃ
10　　　차 (cha) | *tea*

[풀이]①차. ㉮차나무. ¶拔一而植桑<宋名臣言行錄> ㉯차나무 싹. ¶武陽買一<王褒> ㉰차잎을 달인 차. ¶羽嗜一<唐書> ㉱햇차. 신차(新茶). ¶早取一 晩取曰茗<茶經> ㉲초목의 잎을 삶아서 만든 음료. ¶菖蒲一<五燈會元> ②소녀(小女). ¶學念新詩似小一<元好問>

【茶褐色】ちゃかっしょく(다갈색) 약간 검은빛을 띤 갈색.

【茶果】さか(다과) 차와 과일. 또는, 차와 과자. 茶菓(다과). ¶賜一束帛<宋史>

【茶菓】さか(다과) ☞茶果(다과).

【茶具】さぐ・ちゃぐ(다구·차구) 다기(茶器). 차관, 찻잔, 찻숟가락 따위. ¶酒壺一船上頭<王冕>

【茶旗】さき(다기·차기) 찻잎. 茗旗(명기). ¶一經雨展<皮日休>

【茶器】ちゃき(다기·차기) ①☞茶具(다구). ¶傍邊洗一<白居易> ②《佛》 부처 앞에 물을 올리는 그릇.

【茶道】さどう(다도) 차를 달이어 손에게 권하거나 마실 때의 예의 범절. 또는, 그 예법을 통해 정신을 수양하는 일.

【茶禮】(다례·차례)[韓] 음력 명절날 등에 조상 앞에 드리는 제사. 茶祀(차사).

【茶飯事】さはんじ(다반사) 차 마시고 밥 먹듯 하는 일이란 뜻으로, 일상 있는 일이나 예사로운 일을 이름. 恒茶飯事(항다반사).

【茶房】さぼう(다방) ①차를 달여 파는 업소. 茶室(다실). ②차를 달이는 방. ¶一不壘階<張籍>

【茶毗】だび(다비)《佛》 화장(火葬). 茶昆(다비). 荼毗(다비). ¶一式.

【茶色】さしょく(다색) ①차의 종류. ¶一高下<宋史> ②차의 빛깔. ¶一貴白<茶錄> ③다갈색(茶褐色)의 준말.

【茶食】(다식)[韓] 유밀과(油蜜菓)의 한 가지. 콩가루, 쌀가루 등을 엿이나 꿀에 반죽하여 다식판에 박아낸 것.

【茶食板】(다식판)[韓] 다식을 박아 내는 틀.

【茶室】ちゃしつ(다실) ①차를 달이는 방. ②찻집. 茶房(다방). ③북경(北京)의 하급 기루(妓樓).

【茶宴】さえん(다연) 차(茶)를 마시며 즐기는 연회(宴會). 茗宴(명연). ¶東亭一詩<鮑君徽>

【茶托】ちゃたく(다탁·차탁) 차를 권할 때 찻잔을 올리는 대. 茶臺(다대).

【茶會】さかい(다회) ①차를 마시는 모임. 茶宴(다연). ¶一詩<錢起> ②상인들이 다방에 모여 거래를 의논하는 일.

▷綠一, 濃一, 淡一, 末一, 抹一, 名一, 銘一, 茗一, 薄一, 焙一, 餅一, 新一, 葉一, 烏龍一, 龍一, 煮一, 雀舌一, 殘一, 煎一, 點一, 製一, 烹一, 紅一

6〚茼〛쑥갓 동 [東]ㄊㄨㄥˊ | とう
10　　　(tong) | *crowndaisy*

6〚荔〛여지 려 [霽]ㄌㄧˋ | れい
10　　　(li) | *litchi*

[풀이]①여지(荔枝). ②꽃창포. 타래붓꽃. 마린(馬藺). ¶蕆析苞一<漢書> ③향초(香草)의 한가지. ¶貫薜一之落蕊<楚辭> ④오랑캐 나라 이름. ¶大一<史記>

▷丹一, 大一, 薜一, 山一, 香一

10〚茘〛荔(p. 1276)의 俗字

6〚茢〛[1]갈대꽃 렬 [屑]ㄌㄧㄝˋ | れつ
10　　[2]풀 이름 례 [霽](lie) | れい

[풀이][1]①갈대꽃. 갈대 이삭. ②비. 갈대 이삭으로 만든 비. 재액(災厄)을 떨어 없애는 데에 쓰였음. ¶贊牛耳桃一<周禮> ③여우오줌풀. 천명정(天名精). [2]풀 이름.

6〚茫〛아득할 망 [陽]ㄇㄤˊ | ぼう
10　　　(mang) | *remote*

[풀이]①아득하다. 물이 멀리 이어진 모양. ¶滄一. ②아득하다. ¶一一. ③빠르다. 신속함. ④갑자기. ⑤시무(時務). ⑥남만(南蠻)의 하나. ¶一蠻 本關南種<唐書>

【茫漠】ぼうばく(망막) 넓고 멀어 아득한 모양. 茫邈(망막). ¶一禹跡<拾遺記>

【茫茫】ぼうぼう(망망) ①광대한 모양. ②끝없이 먼 모양. ¶一一終古<左思> ③왕성한 모양. ④분명하지 아니한 모양. ⑤지쳐 나른한 모양.

【茫茫堪輿】ぼうぼうタル かんよ(망망감여) 광막한 천지.

【茫茫大海】ぼうぼうタル オオウミ(망망대해) 끝없이 넓고 큰 바다.

【茫洋】ぼうよう(망양) ①넓고 넓어 끝 없는 모양. ¶一窮乎玄閒<韓愈> ②멍청한 모양. 어리둥절한 모양.

【茫然】ぼうぜん(망연) ①멀어 끝 없는 모양. ¶四顧但一<杜甫> ②아무 생각없이 멍한 모양. ¶一失所詣<韓愈> ③두서 없거나 분명하지 아니한 모양.

【茫然自失】ぼうぜんじしつ(망연자실) 멍하니 정신이 나간 모양. ¶憮然 一之貌<孟子·注>

▷昧一, 冥一, 杳一, 渺一, 微一, 汪一, 滄一, 沆一, 浩一, 昏一, 混一

6〚茗〛차 명 [迥]ㄇㄧㄥˇ | めい(チャ)
10　　　(ming) | *tea*

[풀이]①차. 차나무 싹. ¶春風啜一時<杜甫>/佳一/一果/一具. ②늦게 딴 차. ¶晩采者爲一<封氏聞見記> ③높은 모양. ¶一邈苕嶢<張協>

▷佳一, 苦一, 濃一, 茶一, 薄一, 芳一, 新一, 玉一, 煮一, 煎一

6〖茯〗1 복령 복|圜ㄈㄨˊ|ふく
10 2 수레장식 비|圜(fu)|ひ

풀이 1 복령(茯苓). 한약재의 한가지. 2 수레의 장식. 같 袱.

【茯苓】ぶくりょう(복령) 소나무 뿌리에 기생하는 버섯의 한 가지. 수종(水腫), 임질(淋疾) 등의 약재(藥材)로 씀. 茯神(복신). ¶千年之松 下有一<淮南子>

【茯神】ぶくしん(복신) ☞茯苓(복령).

6〖茱〗수유 수|圜ㄓㄨ|しゅ
10 (zhu)

【茱萸】しゅゆ(수유) 운향과(芸香科)에 속하는 낙엽 교목. 또는, 그 열매. 말린 열매는 산수유(山茱萸)라 하며, 요통·해수 치료제 및 강장제 등의 약재로 쓰임.

6〖荀〗풀이름 순|圜ㄒㄩㄣˊ|じゅん
10 (xun)

풀이 ①풀 이름. ¶一草. ②주(周)의 제후(諸侯) 이름. ¶一侯賈伯伐曲沃<左氏傳>

【荀況】じゅんきょう(순황) 전국 시대 조(趙)의 사상가. 순자(荀子)는 존칭. 공자(孔子)를 제외한 제자(諸子)를 비판하였으며 성악설(性惡說)을 주장함. 저서로 「순자」 20권. 荀卿(순경). 孫卿(손경).

6〖茹〗먹을 여|御ㄖㄨˊ|じょ(クウ)
10 魚(ru)|eat

풀이 ①먹다. ¶一素. ②마소를 기르다. ③탐하다. 게걸스럽게 먹음. ¶柔亦不一<左氏傳> ④나물을 먹다. ¶食於舍而一葵<漢書> ⑤채소. ¶芳一甘荼<後漢書> ⑥말린 채소. 데친 채소. ⑦제멋대로. ⑧넣다. 받음. ¶柔則一之<詩經> ⑨섞다. ⑩부드럽다. ¶攬一蕙以掩涕兮<楚辭> ⑪꾀하다. 도모(圖謀)함. 通 慮. ¶不可以一<詩經> ⑫당기다. 잇닿음. 通 挐. ⑬역한 냄새가 나다. 通 帤. ¶神藥形一<左思>

【茹毛飮血】じょもういんけつ(여모음혈) 털을 먹고 피를 마신다는 뜻으로, 인류가 화식(火食)할 줄 모르던 상고(上古) 시대에 짐승 고기를 생식한 일을 이름. ¶未有火化 食草木之實 鳥獸之肉 飮其血 茹其毛<禮記>

【茹素】じょそ(여소) 채식(菜食)함.

▷茅一, 芳一, 蔬一, 連一, 菜一

6〖茸〗1 무성할 용|图ㄖㄨㄥˊ|じょう
10 本 융|(rong)|(シゲル)
2 어리석을 용|腫ㄖㄨㄥˇ|じゅう
(rong)|(オロカ)

풀이 1 ①무성하다. ¶草一一兮旣長<皇甫湜> ②흐트러지다. ¶旖旎狐裘一<李商隱> ③부들꽃. ¶新蒲含紫一<謝靈運> ④수놓는 실. ¶繡一慵理怯餘寒<岑安卿> ⑤무늬 있는 대. 반죽(斑竹). ¶阿那蓊一<張衡> ⑥녹용(鹿茸). ¶取一. ⑦나무 이름. ¶其杞其一<管子> 2 ①어리석다. 천(賤)함. ¶闒一之中<漢書> ②솜털. 가는 털. ¶一毛. ③밀다. 通 搑. ④모이는 모양. ¶龍一. ⑤풀이 나는 모양.

▷鹿一, 蘢一, 蒙一, 尨一, 乎一, 叢一

10〖茰〗萸(p. 1293)의 俗字

6〖茙〗접시꽃 융|東ㄖㄨㄥˊ|じゅう
10 (rong)

풀이 ①접시꽃. ¶一葵 本胡中葵<述異記> ②완두(豌豆). ¶進其一菽<列子> ③두터운 모양. ¶一一.

6〖茵〗자리 인|眞ㄧㄣ|いん(シトネ)
10 (yin)

풀이 ①자리. 수레 안에 까는 자리. ¶文一暢轂<詩經> ②관(棺)에 까는 자리. ¶加一用疏布<儀禮> ③풀 이름. ¶一陳春藕香<杜甫> ④기운이 왕성한 모양. ¶一蓋祇冥<江淹>

茵② (三禮圖)

▷錦一, 芳一, 軟一, 苔一, 花一

6〖荏〗들깨 임|寑ㄖㄣˇ|じん(エゴマ)
10 (ren)|*perilla*

풀이 ①들깨. ¶一子秋末成<齊民要術>/一油. ②누에콩. 잠두(蠶豆). ¶一菽. ③부드럽다. 通 集. ¶色厲而內一<論語> ④구르다. 세월이 흐름. ¶一苒代謝<張華> ⑤점점. ¶一染柔木<詩經>

▷桂一, 內一, 蘇一

6〖茲〗무성할 자|支ㄗ(zi)|じ(シゲル)
10 ㄘˊ(ci)|*exuberant*

풀이 ①무성하다. 만연(蔓延)함. ¶靑如草一<素問> ②늘다. 더욱더. ¶賦斂一重<漢書> ③거적. 멍석. ¶衛康叔封布一<史記> ④여기. 이에. 이. 通 此. ¶築室于一<詩經> ⑤지금. ¶一者. ⑥해[年]. 나이. ¶今一美禾<呂覽> ⑦힘쓰다. 通 孜. ¶由乎一免<管子> ⑧수염. 같 髭. ¶狼玕龍一<荀子> ⑨쟁기. 괭이. ¶一基. ⑩곧. 즉. ¶君而繼之 一無敗矣<左氏傳> ⑪조사(助辭). ¶嗚呼休一<書經>

▷龜一, 今一, 來一, 如一, 在一

6〖茨〗가시나무 자|支ㄘˊ|し(イバラ)
10 (ci)|*thorn*

풀이 ①가시나무. ¶地繁一棘<魏志> ②새 따위로 지붕을 이다. 새이엉집. ¶一蓋之<書經·注> ③쌓다. 모음. ④덮다. ⑤흙을 쌓다. 通 坔. ¶一其所決而高之<淮南子> ⑥납가새. 질려(蒺藜). 通 薺. ¶牆有一<詩經> ⑦떡. 같 餈.

▷棘一, 茅一, 葺一

10【莊】 莊(p.1282)의 略字

6/10【荃】 1 겨자무침 전 | 囲ㄑㄩㄢˊ | せん
2 향초이름 손 | 园(quan) | そん
3 고운베 철 | 圜 | せつ
4 풀이름 찰 | 黜 | さつ

풀이 1 ①겨자 무침. ¶芥一. ②통발. 通筌. ¶得魚而忘一<莊子> 2 향초(香草) 이름. 같蓀. 3 고운 베. 같絟. ¶遺建一葛<漢書> 4 풀 이름.

6/10【荑】 1 삘기 제 | 齊ㄊㄧˊ(ti) | てい
2 흰 비름 이 | 夷ㄧˊ(yi) | い

풀이 1 ①삘기. ¶自牧歸一<詩經> ②싹. 싹틈. ¶陵岡掇丹一<郭璞> ③버드나무 움. ¶枯楊生一<易經> ④풀. 땅위의 풀. ⑤돌피. 通稊. ¶不如一稗<孟子> 2 ①흰 비름. ¶莖一. ②베다. 通夷. ¶以水殄草而芟一之<周禮>
▷蕪一, 柔一

10【荥】 烝(p.1298)과 同字

6/10【茝】 구리때 채 | 廁ㄔㄞˇ(chai) | さい
치 | 紙ㄓˇ(zhi) | し

풀이 구리때. 향초(香草)의 한 가지. 뿌리는 백지(白芷)라 하여 약재로 씀. ¶一蘭.

10【莫】 天(p.371)의 古字

6/10【荐】 1 거듭할 천 | 霰ㄐㄧㄢˋ | せん
2 풀이름 존 | 願(jian) | *repeat* そん

풀이 1 ①거듭하다. ¶饑饉一降<國語> ②자주. ¶以一食上國<左氏傳> ③돗자리. ④풀. ¶戎狄一居<左氏傳> ⑤모이다. 쌓임. ¶禍菑一至<史記> ⑥풀이 다시 남. ⑦자주 굶다. ¶仍饑爲一<爾雅> ⑧천거(薦擧)하다. 같薦. 2 풀 이름.

6/10【茜】 꼭두서니 천 | 霰ㄑㄧㄢˋ(qian) | せん

풀이 ①꼭두서니. 모수(茅蒐). 빨강 물감으로 쓰는 풀. ¶千畝巵一<史記> ②빨강. ¶東北雲如一<于濆>
▷染藍一

6/10【草】 풀 초 | 皓ㄘㄠˇ(cao) | そう(クサ) *grass*
同 艸

풀이 ①풀. 같艸. ¶在彼豊一<詩經>/一木. ②풀숲. 초원(草原). ¶今賊依一結營<後漢書> ③잡초. ¶大一不生<呂覽> ④풀을 베다. ¶則民弗敢一也<禮記> ⑤천(賤)하다. ¶一野而倨侮<史記> ⑥거칠다. ¶以惡一具進楚使<史記> ⑦시작하다. 처음. 通造 俶. ¶天造一昧<易經> ⑧만들다. 초(草)를 잡음. ¶蕭何一律<漢書> ⑨조안(草案). 원고. ¶輒削其一<魏志> ⑩사물의 모양. ⑪서체(書體)의 한 가지. ¶一書. ⑫도토리. 通皁.

【草家】そうか(초가) ①韓 이엉으로 지붕을 인 집. 초가집. ¶一三間. ②한방의(漢方醫) 또는 식물학자를 이름. 本草家(본초가).

【草芥】そうかい(초개) 풀과 티끌이라는 말로, 하찮은 것 또는 경시(輕視)함을 이름. 土芥(토개). ¶斬刈黎民 如一焉<孔子家語>

【草稿】そうこう(초고) 시문(詩文)의 초벌 원고. 草藁(초고). 草槀(초고).

【草根木皮】そうこんぼくひ(초근목피) 풀뿌리와 나무 껍질. 뜻이 바뀌어, 험한 음식 또는, 한방 약재를 이름.

【草堂】そうどう(초당) ①韓 원채에서 따로 떨어져 있는, 짚이나 억새 따위로 지붕을 인 조그마한 집. ②제 집의 겸칭.

【草頭】そうとう(초두) ①풀잎의 끝. ¶生前富貴一露<蘇軾> ②강도의 두목. 초두천자(草頭天子)의 준말. ③한자 부수(部首)의 하나. 艹·艸를 이름.

【草笠】そうりゅう(초립) ①풀로 만든 삿갓이나 갓. ②韓 나이 어려서 관례(冠禮)한 남자가 쓰던, 풀로 결어 만든 누른 갓.

【草幕】そうまく(초막) ①조그만 초가집. ②(佛) 절 가까이에 있는 중의 집.

【草莽之臣】そうもうノしん(초망지 신) 벼슬에 오르지 않고 민간에 있는 사람. 草茅之臣(초모지 신).

【草昧】そうまい(초매) ①천지 창조 때의 어두운 세상. ¶天造一<易經> ②사물의 시초로서 아직 질서가 잡히지 못한 때. ¶一英雄起<杜甫> ③풀이 무성하여 어스레한 모양. ¶坰野一<左思>

【草木】そうもく(초목) ①풀과 나무. ②식물.

【草服】そうふく(초복) ①풀로 짠 옷. 허술한 옷. ¶一葛越<書經·注> ②풀을 결여 만든 관(冠). ③초야에 묻혀 있는 사람.

【草本】そうほん(초본) ①초잡은 글. 草案(초안). 草稿(초고). ¶毁削一<後漢書> ②풀에 속하는 식물. ↔木本(목본).

【草書】そうしょ(초서) 서체(書體)의 한 가지. 흘려 쓰는 글씨. 초고(草稿)에 쓰이는 글씨를 뜻한다 함. ↔正書(정서).

【草聖】そうせい(초성) 초서(草書) 글씨에 아주 뛰어난 사람. 후한(後漢)의 장지(張芝), 당(唐)의 장욱(張旭)을 이름. 草賢(초현). ¶三杯一傳<杜甫>

【草食】そうしょく(초식) ①풀을 먹음. ¶一動物. ↔肉食(육식). ②채소로 만든 음식. 菜食(채식). ③초근 목피(草根木皮)로 연명함을 이름. ¶飢者裸行一五百餘人<後漢書>

【草案】そうあん(초안) ①초잡은 글. 草稿(초고). ②기초(起草)한 의안(議案)·법안 따위.

【草庵】そうあん(초암) 이엉을 인 암자. 또는, 초가집. 草舍(초사). 草菴(초암). 草廬(초려). ¶其時臥一<寒山>

【草野】そうや(초야) ①초원(草原). ②천함. 촌스러움. ¶一而倨侮<韓非子> ③벼슬하지

않고 묻혀 있는 곳. 民間(민간). 草萊(초래). ¶布行於一＜杜預＞

【草如走】そうハハシルガゴトシ(초여주) 초서 글씨는 사람이 달리는 것과 같이 힘이 있음. ¶行如行一＜東坡志林＞

【草屋】そうおく・クサや(초옥) 초가집. 草堂(초당). 草房(초방). ¶居處作一土室＜魏志＞

【草原】そうげん(초원) 풀밭. 草地(초지). 野原(야원).

【草衣】そうい(초의) ①풀로 결은 옷이라는 말로, 검소하거나 매우 가난함을 이름. ¶一木食＜遼史＞ ②은자(隱者)의 옷. 또는, 은자. ¶難見一士＜趙師秀＞

【草材】(초재)韓 우리 나라에서 나는 한약재. 草藥(초약). ↔唐材(당재).

【草笛】クサぶえ(초적) ①풀피리. ②이대로 만든 피리.

【草賊】そうぞく(초적) 좀도둑. 草竊(초절).

【草創】そうそう(초창) ①처음으로 만듦. 일의 시초. 草昧(초매). ¶庶事一＜漢書＞/一期. ②초안을 잡음. 創草(창초). ¶裨諶一之＜論語＞

【草體】そうたい(초체) 서체(書體)의 하나. 흘림 글씨. 草書(초서). ¶一傷瘦而筆跡精絕＜法書要錄＞

【草草】そうそう(초초) ①근심하는 모양. ¶勞人一一＜詩經＞ ②경황없는 모양. ③고생하는 모양. ④초목이 무성한 모양.

▷諫一, 甘一, 結一, 驚蛇入一, 勁一, 枯一, 狂一, 奇一, 起一, 亂一, 蘭一, 露一, 綠一, 嫩一, 毒一, 蔓一, 牧一, 茂一, 美一, 芳一, 百一, 伐一, 本一, 腐一, 浮一, 史一, 莎一, 山一, 霜一, 生一, 庶一, 仙一, 善一, 纖一, 燒一, 水一, 神一, 惡一, 野一, 藥一, 煙一, 染一, 豔一, 靈一, 穢一, 幽一, 遺一, 異一, 雜一, 章一, 摘一, 牋一, 苫一, 除一, 珍一, 眞一, 青一, 秋一, 春一, 翠一, 豊一, 夏一, 行一, 香一, 荒一, 横一

10〖[艹朶]〗 朶(p.749)와 同字

10〖荓〗 萍(p.1287)과 同字

6/10〖茷〗 ①무성할 패 | 漢ㄈㄟˋ (fei) | はい exuberant
②나무 우거져 얽힐 발 | 圓 | はつ

풀이 ①①무성하다. 通芨. ②기(旗). ¶白一央央＜詩經＞ ③질서 있는 모양. ②나무가 우거져 얽힌 모양. ¶林木一骫＜楚辭＞

▷茅一, 白一, 綪一

6/10〖荇〗 마름 행 | 梗ㄒㄧㄥˋ (xing) | こう

▷綠一, 紫一

6/10〖荊〗 모형나무 형 | 庚ㄐㄧㄥ (jing) | けい

풀이 ①모형나무. 잎과 줄기는 약재로 씀. ¶黃一＜本草綱目＞ ②가시나무. ¶一棘. ③매. 곤장(棍杖). ¶肉袒負一＜史記＞ ④다스리다. 처벌함. 通刑. ⑤땅 이름. ¶一州. ⑥나라 이름. 초(楚)의 별칭. ¶周昭王親將征一＜呂覽＞ ⑦제 아내의 겸칭. ¶一妻.

【荊軻】けいか(형가)《人》 전국 시대 위(衛)의 자객(刺客). 연(燕)의 태자 단(丹)을 위해 진시황(秦始皇)을 저격했으나 실패하여 죽음을 당함.

【荊棘】けいきょく(형극) ①가시나무. 가시. ¶蒙一＜左氏傳＞ ②장애(障碍). ¶剗路除一＜劉長卿＞ ③고초나 난관의 비유. ¶爲吾披一定關中＜後漢書＞ ④남을 해치려는 마음의 비유. ¶肚裏生一＜孟郊＞

【荊吳】けいご(형오) 초(楚)와 오(吳)의 땅. 곧, 강남(江南)지방을 이름. ¶一相接水爲鄉＜孟浩然＞

【荊釵布裙】けいさいふくん(형차포군) 가시나무 비녀와 무명 치마라는 뜻으로, 여자의 소박한 차림. 후한(後漢) 양홍(梁鴻)의 아내 맹광(孟光)의 옛일에서 유래. 孟光荊釵(맹광형차).

【荊妻】けいさい(형처) 자기 아내의 겸칭. 荊室(형실).

【荊楚】けいそ(형초) 지금의 호북성·호남성(湖南省) 일대를 이름. 옛날, 구주(九州)의 하나인 형주(荊州)로, 전국 시대 초(楚)의 땅이었던 데서 생긴 이름.

【荊布】けいふ(형포) ①거친 옷. 허술한 옷차림. ②형차포군(荊釵布裙)의 준말로, 자기 아내의 겸칭. 荊妻(형처). 荊室(형실). ¶自稱妻曰一＜書言故事＞

▷牡一, 負一, 柴一, 識一, 紫一, 拙一

6/10〖荁〗 풀 이름 환 | 寒ㄏㄨㄢˊ (huan) | かん

6/10〖荒〗 ①거칠 황 | 陽ㄏㄨㄤ (huang) | こう (アレル) rough
②묵은땅 황 | 漾
③빌 강 | 陽
④어두울 황 | 養 | こう

풀이 ①①거칠다. ¶野一民散＜周禮＞/一廢. ②풀이 땅을 덮다. ¶一庭寂以閑＜張協＞ ③망치다. ¶一殷邦＜書經＞ ④황폐하다. ¶三徑就一＜陶潛＞ ⑤황무지. ¶開一五千餘頃＜晋書＞ ⑥굶주림. 기근(飢饉). 흉년. 通穅. ¶喪一之式＜周禮＞ ⑦덮다. ¶葛藟一之＜詩經＞ ⑧덮개. ¶振容黼一＜禮記＞ ⑨버리다. 잊음. 通忘. ¶無一失朕命＜書經＞ ⑩거칠어지다. 탐닉(耽溺)함. 通妄. ¶好樂無一＜詩經＞ ⑪패하다. ¶靡敵不一＜逸周書＞ ⑫손상하다. ¶以一禮哀凶札＜周禮＞ ⑬망하다. 멸망시킴. 通亡. ¶一家及國＜太玄經＞ ⑭이르다. 다다름. ¶遂一大東＜詩經＞ ⑮멀다. 변경. ¶將往觀乎四一＜楚辭＞ ⑯크다. 넓음. ¶大王一之＜詩經＞ ⑰형(兄). ¶謂兄爲一＜稱謂錄＞ ⑱거짓. 허황(虛荒)함. ¶一成不盟＜國語＞ ⑲늙다. ¶武王之志一矣＜禮記＞ ⑳어리석다. 서투름. 通芒. ㉑인정이 없다.

¶反恕爲一<新書> ㉒다스리다. 유지(維持)함. **2**묵은땅. 황무지(荒蕪地). ¶一田. **3**비다. 공허(空虛)함. **4**어둡다. ㉠慌.

【荒年】こうねん(황년) 흉년. 荒歲(황세). ¶國無天傷 歲無一<鹽鐵論>

【荒唐】こうとう(황당) 언행이 근거가 없고 엉터리임. 荒誕(황탄). ¶桃源之說誠一<韓愈>/一之言/一之辭.

【荒唐無稽】こうとうむけい(황당무계) 하는 말이 허황하고 두서가 없음. 엉터리없음. 荒誕無稽(황탄무계).

【荒涼】こうりょう(황량) 황폐하여 쓸쓸함. 荒寥(황료). ¶窮居一<韓愈>

【荒漠】こうばく(황막) ①황폐하여 쓸쓸함. 荒涼(황량). ¶地遠一<李衛公問對> ②거친 사막.

【荒忙】こうぼう(황망) 경황이 없음. 매우 급함. 急迫(급박). 慌忙(황망).

【荒蕪地】こうぶち(황무지) 개간하지 않은 땅. 또는, 잡초 따위가 우거져 황폐한 땅.

【荒僻】こうへき(황벽) 황폐한 벽촌. ¶莫歎一斷知聞<韓愈>

【荒服】こうふく①·アラタヘ②(황복) ①옛날 중국에서, 오복(五服) 중 가장 변두리 구역. 도성에서 2천 리 밖의 지역. ②발이 굵은 거친 피륙. ↔繒服(증복).

【荒城】こうじょう(황성) 버려 두어 황폐한 성.

【荒野】こうや(황야) 거친 들판. 荒原(황원). ¶一無虞<魏志>

【荒淫】こういん(황음) 지나치게 주색에 빠짐. ¶一相越<司馬相如>

【荒飮】こういん(황음) 지나치게 술을 마심.

【荒政】こうせい(황정) ①임금이 정사(政事)를 그르침. ¶怠忽一<書經> ②빈민 구제의 정책. ¶以一十有二<周禮>

【荒地】こうち(황지) 황폐하거나 거친 땅. 荒土(황토). 荒壤(황양). ¶集塞下一<晉書>

【荒誕無稽】こうたんむけい(황탄무계) ☞荒唐無稽(황당무계).

【荒廢】こうはい(황폐) ①버려 두어 거칠고 못 쓰게 됨. ¶室宅一<論衡> ②자기의 할 일을 팽개침.

▷開一, 窮一, 蕪一, 邊一, 四一, 色一, 殊一, 炎一, 幽一, 淫一, 酒一, 榛一, 怠一, 破天一, 八一, 包一, 豐一, 遐一, 忽一, 洪一, 懷一, 凶一

6 10 〖茴〗 회향 회 |灰ㄏㄨㄟˊ (hui)|かい

풀이 ①회향(茴香). ②방풍(防風)의 잎.

7 11 〖莒〗 감자 거 |語ㄐㄩˇ (ju)|きょ(イモ)

풀이 ①감자. ②주(周)의 봉국(封國)이름.

【莒刀】きょとう(거도) 옛 중국 돈의 이름. 제(齊)의 거읍(莒邑)에서 만들었음. ¶一亦齊器<金石索>

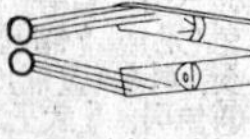

莒刀(金石索)

7 11 〖莖〗 줄기 경 ㊉형 |庚ㄐㄧㄥ (jing)|けい, きょう (クキ) *stalk*

풀이 ①줄기. ㉮식물의 줄기. 특히, 풀에 대하여 이름. ¶綠葉兮紫一<楚辭>/根一. ㉯줄기 모양을 한 물건. 또는, 그런 물건을 세는 단위. ¶數一白髮那抛得<杜甫> ②버팀목. 버티어 세우는 나무. ¶擢雙立之金一<後漢書> ③장대. 가늘고 긴 막대기. ¶旌旗躍一<左思> ④자루. 칼자루. 손잡이. ¶以其臘廣爲之一圍<周禮> ⑤홀로. 특히. ¶徑百常而一擢<張衡>

▷塊一, 球一, 根一, 綠一, 丹一, 碧一, 本一, 纖一, 細一, 修一, 宿一, 新一, 蓮一, 弱一, 柔一, 鱗一, 紫一, 長一, 枝一, 地下一, 翠一, 香一

7 11 〖荼〗 **1**씀바귀 도 |虞ㄊㄨˊ|と(ニガナ)
2차 다 |麻(tu)|た(チャ)

풀이 **1** ①씀바귀. 꽃상치과의 여러해살이풀. 고채(苦菜). ¶誰謂一苦<詩經> ②방가지똥. 꽃상치과의 두해살이풀. ③물억새 이삭. ¶予所捋一<詩經> ④띠[茅]의 이칭. ¶有女如一<詩經> ⑤차(茶). 일찍 딴 싹. 늦게 딴 것은 茗이라 함. ⑥해악(害惡). ¶民之貪亂 寧爲一毒<詩經> ⑦잡초(雜草). ¶以薅一蓼<詩經> ⑧느릿하고 조용하다. ¶厥呰一<尙書大傳> ⑨괴로움. ㊊塗. ¶生人陷一炭之艱<孫楚> **2**차. 다(茶). ㉠茶. ¶蔎一.

【荼毗】だび(다비)《佛》①범어(梵語) jhāpeta의 음역. 화장(火葬). 茶毗(다비). 荼毘(다비). ②중의 죽음.

【荼毘】だび(다비) ☞荼毗(다비).

▷苦一, 董一, 神一, 茹一, 如一如火

7 11 〖荳〗 콩 두 |宥ㄉㄡˋ (dou)|とう(マメ)

7 11 〖莨〗 **1**수크령 랑 **2**미치광이 랑 |陽ㄌㄤˊ (lang)|ろう

풀이 **1** ①수크령. 포아풀과의 여러해살이풀. ¶其埤濕則生藏一蒹葭<司馬相如> ②조. 알이 굵고 까끄라기가 억새며 향기가 남. ¶一 粱也<玉篇> **2**미치광이. 가지과의 한해살이 또는 두해살이풀. ¶一菪.

7 11 〖莅〗 다다를 리 률 |寘ㄌㄧˋ 質(li)|り(ノゾム) りつ

풀이 ①다다르다. ㉮그 자리에 가다. 임(臨)함. ¶君子以一衆<儀禮>/臨一. ㉯군림(君臨)하다. 임금이 됨. ¶一中國而撫四夷<孟子> ㉰감시하다. ¶一之以彊<漢書> ㉱맡아보다. ¶一事惟煩<書經> ②계급. ③녹(祿). ④나무가 바람에 흔들리는 소리.

▷遠一, 莅一, 臨一

7/11 〖莉〗 말리 리 | 因ㄌㄧˋ (li) | り

풀이 말리(茉莉). 목서과의 늘푸른 떨기나무

7/11 〖莫〗 1 없을 막 2 저물 모 | 入ㄇㄛˋ(mo) 遇ㄇㄨˋ(mu) | ばく (ナシ) not

풀이 1 ①없다. 부정이나 금지의 조사(助辭). 같 無. ☞ 句法 ②아득하다. 通 漠. ¶廣一之野<莊子> ③쓸쓸하다. 고요함. 通 嗼. ¶遂晻一而昧幽<漢書> ④어둡다. 우매(愚昧)함. 通 冡. ¶悖倫昏一 不終極<荀子> ⑤안정되다. ¶民之一矣<詩經> ⑥거스르다. 거역(拒逆)함. ¶君子之於天下也 無適也 無一也<論語> ⑦앓다. 병(病). 通 瘼. ¶一此下民<詩經> ⑧장막(帳幕). ¶上功一府<史記> ⑨막(膜). 얇은 겹질막. 通 膜. ¶皮肉之上魄一<禮記·注> ⑩깎다. 잘라 냄. ¶刀可以一鐵<管子> ⑪힘쓰다. ¶猶未之一與<淮南子> ⑫꾀하다. 通 謨. ¶聖人一之<詩經> 2 ①저물다. 해가 저묾. 通 暮. ¶不夙則一<詩經> ②늦다. ¶維一之春<詩經> ③밤. 야간(夜間). ¶星辰一同<尙書大傳> ④나물. 야채(野菜). ¶言采其一<詩經>

句法

①부정

[莫…] …이 없다. 無와 쓰임이 같음. ¶左右皆泣 莫能仰視<史記>

②금지

[莫…] …하지 말라. …해서는 아니된다. 無·勿과 쓰임이 같음. ¶醉臥沙場君莫笑<王翰>

③이중 부정

㉮[莫不…] …하지 않음이 없다. ¶莫不有文武之道焉<論語>

㉯[莫非…] …가 아님이 없다. ¶普天之下 莫非王土<詩經>

【莫可奈何】(막가내하) 어찌할 수 없음. 無可奈何(무가내하).

【莫強】きょうナルハナシ(막강) 매우 강함. ¶一之國.

【莫大】ばくだい(막대) ①수량이 예상 이상으로 많음. ②더할 수 없이 큼. 最大(최대). ¶人之行一於孝<孝經>

【莫不得已】(막부득이) 마지 못하여. 하는 수 없이.

【莫上莫下】(막상막하) 우열(優劣)의 차이가 없음. ※伯仲(백중).

【莫須有】ばくすう·アルベキコトナカランヤ(막수유) ①반드시 없다고는 할 수 없음. 있을는지도 모름. 반신반의(半信半疑)하는 일. ②원죄(冤罪)로 남을 죄망에 몰아넣어 모함하는 일.

【莫邪】ばくや(막야) ①춘추 시대 오의 명검(名劍) 이름. 鏌鋣(막야). ②큰 창. ¶一爲頓兮<史記> ③《人》 춘추 시대 오(吳)의 간장(干將)의 아내. 스스로 끓는 쇳물 속으로 들어가 남편이 명검을 만들 수 있게 하였다 함. 莫耶(막야).

【莫逆】ばくぎゃく·ばくげき(막역) 서로 뜻을 거스르지 아니함. 곧, 서로 허물없이 썩 친함.

【莫逆之間】ばくげきノアイダ(막역지 간) 막역한 사이. 벗으로서 허물없이 지내는 사이.

【莫逆之交】ばくげきノマジワリ(막역지 교) 막역한 사귐. 서로 뜻이 맞는 교제. 莫逆之契(막역지계).

【莫逆之友】ばくげきノトモ(막역지 우) 서로 막역한 친구. 의기 투합(意氣投合)한 친구.

【莫重】(막중) ①썩 무거움. ②아주 중요함. 매우 귀중함. ¶一之事.

【莫重國事】(막중국사) 더할 나위 없이 중대한 나라의 일.

【莫重大事】(막중대사) 더할 나위 없이 큰 일. 가장 중대한 일.

【莫春】ぼしゅん(모춘) 늦봄. 晩春(만춘). 暮春(모춘). ¶一三月 江南草長<丘遲>

▷廣一, 落一, 大一, 莫一, 侔一, 無適無一, 文一, 索一, 歲一, 夙一, 闇一, 寂一, 適一, 遮一, 昏一

11 〖莾〗 莽(p.1284)의 俗字

7/11 〖莓〗 나무딸기 매 | 因ㄇㄟˊ (mei) | ばい (キイチゴ)

풀이 ①나무딸기. 장미과의 갈잎떨기나무. 같 苺. ¶山一. ②이끼. ¶隨意坐一苔<杜甫> ③풀이 무성한 모양. ¶蘭渚一一<左思>

▷莓一, 木一, 蛇一, 烏蘞一, 五葉一, 蠶一

7/11 〖莆〗 1 서초 부 2 부들 포 | 虞ㄈㄨˇ(fu) ㄆㄨˊ(pu) | ふ

풀이 1 서초(瑞草). 요(堯)임금 때 푸주에 돋은 서초. 스스로 흔들려 부채질하여 음식물의 부패를 막았다 함. 2 부들. 通 蒲. ¶咸播秬黍 一雚是營<楚辭>

7/11 〖莩〗 1 갈대청 부 2 굶어죽을 표 | 虞ㄈㄨˊ(fu) 篠ㄆㄧㄠˇ(piao) | ふ(アマカワ) ひょう

풀이 1 ①갈대청. 갈대 줄기 속의 얇은 막. 얇은 것의 비유. ¶萬物一甲<後漢書> ②풀 이름. 독말풀. 귀목(鬼目). 가지과(科)의 한해살이풀. 通 苻. ③정세(精細)하다. ¶糟一曠沈<法言> 2 ①굶어죽다. 아사(餓死)함. 같 殍. ¶野有餓一<孟子> ②떨어지다.

▷葭一, 餓一

7/11 〖莎〗 1 향부자 사 2 베짱이 사 3 비빌 수 | 歌ㄙㄨㄛ(suo) 麻ㄕㄚ 支(sha) | さ (ハマスゲ) さ すい

풀이 1 향부자(香附子). 바닷가에 나며 적갈색의 꽃이 핌. ¶一 莖葉似三稜 … 謂之香附子<爾雅> 2 베짱이. 사계(莎鷄). ¶六月一鷄振羽<詩經> 3 비비다. 손으로 비빔.

【莎城】さじょう(사성) ①무덤 뒤를 반달 모양으로

두둑하게 둘러 쌓은 둑. ②풍수 지리에서, 묏자리의 뒤로부터 작은 맥이 혈(穴)의 가장자리를 에워싼 두둑.

【莎草】さそう (사초) ①향부자(香附子). ②방동사니과 사초류의 총칭. ③잔디. ④[韓] 오래되거나 허물어진 산소에 떼를 입히어 잘 가다듬는 일. 흔히 한식(寒食) 때 함.
▷綠—, 踏—, 摩—, 碧—, 鴨脚—, 捼—, 靑—, 叢—

7/11 〖荽〗 [1]고수풀 수 [因]ㄙㄨㄟ すい [2]둥굴레 뉘 [紙] (sui) ずい
[풀이][1]고수풀. 향초의 한 가지. 미나리과의 한해살이풀. ¶蓼—芬芳<潘岳>/胡—/香—. [2]둥굴레. 위유(萎蕤). 토죽(菟竹). 선인반(仙人飯). 은방울꽃과의 여러해살이풀.
▷蓼—, 香—, 胡—

11〖荾〗 荽(p. 1282)와 同字

7/11 〖莘〗 족두리풀 신 [眞]ㄕㄣ (shen) しん(ミラノネグサ)
[풀이]①족두리풀. 세신(細莘). 한방(韓方)의 약재(藥材). ¶一草生山澤 如蒲黃葉如芥<正字通> ②긴 모양. ¶魚在在藻 有—其尾<詩經> ③많다. ¶禍之長也茲—<莊子> ④나라 이름. ⑤땅 이름.
▷細—, 莘—

7/11 〖莪〗 지칭개 아 [歌]ㄜ (e) が(ギツネアザミ)
[풀이]①지칭개. 엉거시과의 두해살이풀. ②쑥의 한 가지. ¶匪—伊蒿<詩經>
▷蓼—, 靑—, 蓬—

11〖菜〗 葉(p. 1293)과 同字

7/11 〖莚〗 뻗을 연 [霰][先]ㄧㄢˊ (yan) えん(ノビル) *extend*
[풀이]①뻗다. 멀리 이어짐. ¶風連—蔓於蘭皐<左思> ②풀이름. ③자리. 멍석. [通]筵.

7/11 〖莞〗 [1]왕골 완 [本]환 [寒]ㄍㄨㄢ (guan) かん(イ, マルガマ) [2]웃을 완 [本]환 [潸]ㄨㄢˇ (wan) かん(ワラウ)
[풀이][1]①왕골. 방동사니과의 한해살이풀. 완초(莞草). ¶—蒲爲席<漢書>/—莚. ②골풀. 골풀과의 한해살이풀. 등심초(燈心草). ¶— 苻蘺<爾雅> ③왕골기직. 왕골로 만든 자리. ¶下—上簟<詩經> [2]웃다. 빙그레 웃음. 미소(微笑)함. ¶漁父—爾而笑<楚辭>

11〖莬〗 莞(p. 1282)과 同字

7/11 〖莠〗 가라지 유 [有]ㄧㄡˇ (you) ゆう(ハグサ)
[풀이]①가라지. 밭에 나는 강아지풀. ¶惡—恐其亂苗也<孟子>/稂—. ②추하다. [通]醜. ¶—言自口<詩經>
▷稂—, 藜—, 讒—

11〖莍〗 芍(p. 1266)과 同字

7/11 〖莊〗 엄숙할 장 [陽]ㄓㄨㄤ (zhuang) そう(オゴソカ) *solemn*
[풀이]①엄숙하다. ㉮예의 범절이 엄정한 모양. ¶臨之以—則敬<論語> ㉯무게가 있어 존귀하게 보임. ¶不—以涖之則民不敬<論語> ②삼가다. 정중하고 공손함. ¶非禮不誠不—<禮記> ③꾸미다. 성장(盛粧)함. ¶— 盛飾也<韻會> ④씩씩하다. [通]壯. ¶顏色之—與<詩經> ⑤시골 마을. 시골집. 촌락이나 산촌의 원포(園圃). ¶山下有小—<列仙傳>/村—. ⑥별저(別邸). 별장(別 莊). ¶得裴度午橋—<宋史>/—園. ⑦육거리. ¶得慶之之木百車於—<左氏傳>/康—. ⑧장전(莊田). 왕실, 귀족, 고관 들의 사유지. 장원(莊園). ⑨가게. 점포. ¶錢—.

【莊嚴】そうごん (장엄) ①고상하고 엄숙함. 규모가 크고 엄숙함. ②(佛) 아름답고 훌륭함. ¶功德—<阿彌陀經>

【莊園】そうえん (장원) ①별장과 거기에 딸린 동산. ②귀인(貴人)의 영지(領地).

【莊子】そうし (장자) ①(人) 장주(莊周)의 존칭. 전국 시대 송(宋) 사람. 그의 사상은 노자(老子)에 기초를 두었음. 南華眞人(남화진인). ②장자가 지은 책. 본래는 52편이었으나 현존하는 것은 33편. 「남화진경」(南華眞經).

【莊周】そうしゅう (장주) 장자(莊子)의 본이름.

【莊周之夢】そうしゅうのゆめ (장주지 몽) 장자(莊子)가 꿈에 호접(蝴蝶)이 되었다가 깬 후, 원래 사람인 자기가 꿈에 호접이 되었는지, 원래 호접인 자기가 꿈에 사람이 되었는지 몰랐다는 옛일에서, 물아일체(物我一體)하여 현실은 그 분화(分化)임을 비유한 말.

【莊重】そうちょう (장중) 장엄하고 정중함.
▷康—, 溪—, 矜—, 老—, 端—, 墨—, 美—, 別—, 山—, 肅—, 漁—, 嚴—, 衣—, 錢—, 靚—, 齊—, 祗—, 村—

7/11 〖荻〗 물억새 적 [錫]ㄉㄧˊ (di) てき(オギ) *reed*
[풀이]①물억새. 포아풀과의 여러해살이풀. ¶公宮之垣 皆以—蒿楛楚牆之<戰國策>/枯—/—花. ②쑥. 개사철쑥. ¶太山有草焉 名曰梨 其葉狀如—<山海經> ③갈잎 피리.
▷枯—, 亂—, 蘆—, 岸—, 以—畫地, 渚—, 靑—

7 11 〚莛〛 줄기 정 | 冑ㄊㄧㄥˊ (ting) | てい(クキ) *stalk*

풀이 ①줄기. 풀의 줄기. ¶以一撞鐘＜漢書＞ ②들보. 봇장. 형(桁). ¶擧一與楹＜莊子＞

7 11 〚莝〛 여물 좌 | 圕ㄘㄨㄛˋ (cuo) | さ(キリワラ) *chopped hay*

풀이 ①여물. 소먹이로 썬 짚. ¶糟糠汁 滓稾一芻＜急就篇＞ ②가볍고 작은 것의 비유. ¶合一脆以爲強＜柳宗元＞ ③꼴. (같)催. ④꼴을 베다.

11 〚莗〛 草(p. 1278)와 同字

11 〚萍〛 萍(p. 1287)과 同字

7 11 〚荷〛 ①멜 하 ②연 하 | 쁍ㄏㄜˋ (he) | か(ニナウ) *shoulder* | 歌ㄏㄜˊ (he) | か(ハス) *lotus*

풀이 ①메다. ㉮물건을 어깨에 걸메다. ¶有一簣而過孔氏之門者＜論語＞ ㉯무거운 짐이나 일을 떠맡다. ¶一天下之重任＜張衡＞/負一. ㉰남에게서 은혜를 받다. ¶世一朝恩＜晋書＞/感一/拜一. ㉱짐. 하물(荷物). ¶至有重一趣肆而徒返者＜唐書＞/一物/擔一. ②①연(蓮). 연꽃과의 여러해살이 물풀. (같)蓮. ¶隰有一華＜詩經＞/一葉. ②책망하다. (通)苛. ③번거롭다. (通)苛. ¶一禮.

【荷擔】かたん(하담) 짐을 짐. 어깨에 메는 것을 荷, 등에 지는 것을 擔.

【荷物】かもつ(하물) 짐. 운송하는 물품.

【荷葉】かよう(하엽) ①연 잎. ②남화(南畫)에서 돌의 주름살을 그리는 법.

【荷電】かでん(하전) 물체가 전기를 띠는 일. 帶電(대전).

【荷重】かじゅう(하중) ①짐의 무게. ②맡은 일이 중하고 힘에 겨움.

▷感一, 枯一, 露一, 綠一, 擔一, 薄一, 茗一, 拜一, 碧一, 負一, 衰一, 蘘一, 膺一, 入一, 重一, 池一, 集一, 忝一, 出一, 銜一, 紅一

7 11 〚莧〛 ①비름 한 ②자리공 현 ③웃는 모양 완 | 諫ㄒㄧㄢˋ (xian) 霰 潸 | かん (ヒユ) けん

풀이 ①①비름. 비름과의 한해살이풀. ¶一下于蒲＜管子＞ ②뱀도랏. 미나리과의 두해살이풀. 사상자(蛇床子). ②자리공. 자리공과의 여러해살이풀. 상륙(商陸). ¶一陸夬夬＜易經＞ ③웃는 모양. 방긋이 웃는 모양. (通)莞. ¶一莞爾笑貌＜集韻＞

7 11 〚莟〛 ①꽃봉오리 함 ②핀 꽃 함 | 勘 感 | かん (ツボミ)

풀이 ①①꽃봉오리. ¶櫻桃開通隔牆一＜楊萬里＞ ②꽃술. 화예(花蕊). ¶紅芳紫一處處有＜歐陽脩＞ ②①핀 꽃. ¶一 開華也＜集韻＞ ②연꽃. ¶一萏.

11 〚荅〛 荇(p. 1279)과 同字

7 11 〚莢〛 열매 협 (本)겹 | 葉ㄐㄧㄚˊ (jia) | きょう(ミ) *berry*

풀이 ①열매. 풀의 열매. ¶一果. ②꼬투리. 두각(豆角). ¶豆角謂之一＜廣雅＞/其植物宜一物＜周禮＞ ③비수리. 콩과의 여러해살이풀. 시초(蓍草). ④명협(蓂莢). 요(堯)임금 때 조정의 뜰에 났다는 서초(瑞草) 이름. ¶蓂一朱草＜漢書＞ ⑤쥐엄나무. 조협(皁莢). ⑥돈의 이름. 한(漢) 고조(高祖) 때 만든 돈. 협전(莢錢). 유협전(楡莢錢).

▷蓂一, 皁一

11 〚華〛 華(p. 1288)의 俗字

8 12 〚菰〛 줄 고 | 虞ㄍㄨ (gu) | こ(マコモ) *water-oat*

풀이 ①줄. 포아풀과의 여러해살이 물풀. ¶一根/一菜/一蔣. ②버섯의 한 가지. ¶一子.

▷淡巴一, 眞一, 蒲一, 胡一

8 12 〚菎〛 ①향초 곤 ②부추 곤 | 元ㄎㄨㄣ 阮(kun) | こん

풀이 ①①향초(香草). ②옥 이름. (같)琨. ¶一蔽象棊＜楚辭＞ ②부추. 달래과의 여러해살이풀.

8 12 〚菓〛 과일 과 | 哿ㄍㄨㄛˇ (guo) | か(クダモノ) *fruit*

풀이 ①과일. 먹는 과실. (같)果. ¶古者有春嘗一＜漢書＞ ②(韓) 과자(菓子). 옛날에는 과일을 썼음.

【菓子】かし(과자) ①과일. ②밀가루, 설탕, 쌀가루 따위를 재료로 만든 식품.

▷茶一, 茗一, 銘一, 氷一, 乳一, 油一, 製一

8 12 〚菅〛 골풀 관 간 | 寒ㄐㄧㄢ 刪(jian) | かん (フジバカマ)

풀이 ①골풀. 골풀과의 여러해살이풀. 관괴(菅蒯). 등심초(燈心草). ¶方秉一兮＜漢書＞ ②솔새. 포아풀과의 여러해살이풀. 삿갓 또는 도롱이를 만듦. ¶白華野一＜爾雅＞ ③띠로 엮은 뜸. 거적. ¶取一編一焉＜左氏傳＞ ④부정(不正). 사(私). 사곡(邪曲). ¶野蕪曠 則民乃一＜管子＞

【菅蒯】かんかい(관괴) 골풀과 황모(黃茅). 하찮은 것의 비유. ¶雖有絲麻 無棄一＜詩經＞

12 〚萮〛 苟(p. 1271)와 同字

8 12 〚菊〛 국화 국 | 屋ㄐㄩˊ (ju) | きく(キク) *chrysanthemum*

풀이①국화. 엉거시과의 여러해살이풀. ¶夕餐秋—之落英<楚辭>/黃—/—花. ②대국(大菊). 꽃송이가 큰 국화. 대륜(大輪).

【菊月】きくげつ(국월) 음력 9월의 이칭. ¶九月亦名—<陸機>

【菊版】きくばん(국판) ①나비 63cm, 길이 93cm 양지(洋紙)의 크기. ②양지(洋紙) 온 장을 16등분한 넓이로 맨 책의 크기.

▷佳—, 亂—, 東—, 晩—, 芳—, 白—, 芬—, 盆—, 霜—, 疏—, 殘—, 叢—, 秋—, 寒—, 黃—, 畦—

8 12 【菌】 1 버섯 균 本군 2 육계 균 | 軫ㄐㄩㄣˋ (jun) 眞 | きん (キノコ) *mushroom*

풀이 1 ①버섯. 민꽃식물의 한 가지. ¶采—. ②균. 세균(細菌). ¶黴—/細—/毒—. ③무궁화(無窮花). ④하루살이. ¶朝—不知晦朔<莊子> ⑤죽순(竹筍). ¶越駱之—<呂覽> ⑥얽히다. 구부러짐. ¶蒸成—<莊子> 2 육계(肉桂). 대와 비슷한 식물. ¶—桂.

▷耐—, 黴—, 滅—, 病—, 保—, 殺—, 細—, 松—, 濕—, 朝—, 黑—

8 12 【堇】 1 제비꽃 근 2 바곳 근 | 吻ㄐㄧㄣˇ 震(jin) | きん (スミレ) *violet*

풀이 1 ①제비꽃. 제비꽃과의 여러해살이풀. 오랑캐꽃. ¶—荼如飴<詩經> ②무궁화(無窮花). 通槿. ¶木—榮<禮記> ③넓은잎딱총나무. 분인동과의 갈잎떨기나무. 삭조(蒴藋). 2 바곳. 성탄꽃과의 여러해살이풀. 부자(附子). 오두(烏頭). ¶蝮蛇螫人 傅以和—則愈<淮南子>

▷菫—, 木—, 和—

8 12 【萁】 콩깍지 기 | 支ㄑㄧˊ 因(qi) | き (マメガラ)

풀이①콩깍지. 콩대. ¶—在釜下燃<曹植> ②풀 이름. 물억새와 비슷하며 옛날, 호인(胡人)이 전동(箭筒) 재료로 썼음. ¶檿孤—服<漢書> ③어조사(語助辭). 通其.

▷枯—, 豆—, 煮豆燃—, 薊—

8 12 【菼】 물억새 담 | 感ㄊㄢˇ (tan) | たん (オギ)

8 12 【萄】 포도 도 | 豪ㄊㄠˊ (tao) | とう (ブドウ) *vine*

▷葡—

8 12 【菈】 무 랍 | 合ㄌㄚ (la) | ろう (ダイコン) *radish*

풀이①무우. ②무너져 흔들리는 소리. 꺾어 부러뜨리는 소리. ¶—擸雷硠<左思>

8 12 【萊】 명아주 래 | 因ㄌㄞˊ (lai) | らい (アカザ) *goosefoot*

풀이①명아주. 명아주과의 한해살이풀. ¶北山有—<詩經> ②잡초. ¶燔—而播粟<鹽鐵論>/草—. ③계소(鷄蘇). 꿀풀과의 여러해살이풀. ④수유(茱萸). 운향과(芸香科)의 넓은잎큰키나무. ⑤묵정밭. 버려 두어 묵은 밭. 진전(陳田). ¶田—多荒<詩經> ⑥거칠다. 잡초가 우거져 거칢. ¶田卒汙—<詩經> ⑦김 매다. 제초(除草)함. ¶—山田之野<周禮> ⑧교외(郊外). ¶辨其夫家人民田—之數<周禮>

【萊衣】らいい(내의) 노래자(老萊子)의 옷이란 뜻으로, 색동옷을 이름. 주(周)의 큰 효자 노래자가 70세 때 그의 늙은 어버이를 즐겁게 해 드리기 위하여 입은 5색 무늬 옷에서 유래. 萊綵(내채).

【萊綵】らいさい(내채) ☞萊衣(내의). ¶天涯一別盧—<丘瑜>

【萊妻】らいさい(내처) ①노래자(老萊子)의 아내. 남편을 충고하여 벼슬을 하지 않고 청빈한 생활을 하게 한 현처(賢妻). 萊婦(내부). ②자기 아내의 겸칭. 荊妻(형처), 荊室(형실).

▷蒿—, 燔—, 蓬—, 汚—, 田—, 草—, 荒—

12 【菿】 莉(p.1276)과 同字

8 12 【菉】 녹두 록 | 因ㄌㄩˋ (lü) ㄌㄨˋ (lu) | りょく (カリヤス)

풀이①녹두(綠豆). 콩과의 한해살이 식물. 왕추(王芻). ②조개풀. 포아풀과의 한해살이풀. ③적다. 기록함. 通錄. ¶郭叔掌爲天子—幣焉<逸周書> ④푸르다. 通綠. ¶—竹猗猗<詩經>/—豆.

12 【菻】 麻(p.1689)와 同字

14 【蔴】 麻(p.1689)와 同字

8 12 【莽】 풀 우거질 망 | 養ㄇㄤˇ (mang) | ぼう, もう (クサムラ)

俗 莽 莾

풀이①풀이 우거지다. 풀숲이 무성함. ¶或地饒廣 薦草— 水泉利<漢書> ②거칠다. 조략(粗略)함. ¶君爲政焉勿鹵—<莊子> ③덮다. 구름이 해를 가림. ¶—若雲<漢書> ④멀다. 아득함. 유원(幽遠)한 모양. ¶晨裝凌—渺<顧況>/—眇之鳥. ⑤넓다. 광대(廣大)한 모양. ¶相與騰躍乎—☆之野<左思> ⑥크다. 장대함. ¶——. ⑦숲. 풀숲. 초원(草原). ¶伏戎于—<易經> ⑧풀. 잡초. ¶夕攬中州之宿—<楚辭>/草—. ⑨대의 한 가지. 마디 사이가 짧은 대. ¶—竹節短<爾雅·注>

【莽大夫】もうたいふ(망대부) 양웅(揚雄)의 별칭. 그는 한(漢)의 신하였으나 변절하여 한

(漢)의 역신(逆臣) 왕망(王莽)을 섬겼으므로 주희(朱熹)가 한 말. 뒷날, 절개를 굽혀 위조(僞朝)에 붙어 벼슬하는 사람을 욕하는 말로 쓰임. ¶戊寅 —揚雄死<通鑑綱目>
▷高—, 灌—, 鹵—, 衰—, 宿—, 深—, 穢—, 林—, 榛—, 蒼—, 草—, 叢—

12〖莾〗 莽(p.1284)의 俗字

8 12〖萌〗 싹틀 맹 | 庚ㄇㄥˊ (meng) | ぼう (メバエ) *sprout*

풀이 ①싹트다. ㉮초목의 싹이 나오다. 움틈. ¶孟春草木—動<禮記> ㉯비롯하다. 일이 시작됨. ¶明者遠見於未—<漢書> ②나타나다. ¶風先—焉<淮南子> ③싹. ㉮씨앗에서 터져 나오는 어린 잎. ¶—芽. ㉯조짐(兆朕). 사물의 시작이나 발단. ¶聖人見微以知—<韓非子> ④밭갈다. 경작(耕作)함. ¶春始生而—之<周禮> ⑤끔짝하지 아니하다. 움직이지 않는 모양. ¶—乎不震不止<莊子> ⑥백성(百姓). 서민. 通氓. ¶比於賓—<呂覽> ⑦촌사람. 시골뜨기. ¶謂高田之—<管子>
【萌黎】ぼうれい(맹려) 평민. 氓黎(맹려).
【萌芽】ぼうが(맹아) ①싹이 남. 싹이 틈. ②징후(徵候). 사물의 시초.
【萌漸】ぼうぜん(맹점) 사물의 징후(徵候).
【萌兆】ぼうちょう(맹조) ①싹이 틈. ②조짐(兆朕). 징조(徵兆).
▷蕨—, 未—, 邪—, 蘖—, 孳—, 竹—, 衆—

12〖蒡〗 蒡(p.1297)과 同字

8 12〖菩〗 1 모사풀 배 | 賄ㄆㄨˊ | はい
2 보살 보 | 虞(pu) | ぼ(ボサツ)

풀이 1 ①모사(茅沙)풀. 제사지낼 때 모사 그릇에 꽂는 풀. ②자리. 멍석. 같蔀. 2 《佛》①보살(菩薩). ②보리(菩提).
【菩薩】ぼさつ(보살)《佛》①범어 Bodhisattva의 역어. 용맹스런 마음으로 보리(菩提)를 구하고, 자비스런 마음으로 중생을 구제하는 자. ②나이 많은 신녀(信女). ③고승(高僧)의 존칭.
【菩提】ぼだい(보리)《佛》①범어 Bodhi의 음역. 제법(諸法)을 다 깨쳐 정각(正覺)을 얻는 일. ②불과(佛果)를 얻어 정토(淨土)에 왕생(往生)하는 일.
【菩提樹】ぼだいじゅ(보리수) ①피나무과에 속하는 낙엽 교목. 재목은 염주를 만드는 데 쓰임. ②뽕나무과에 속하는 상록 교목. 석가(釋迦)가 이 나무 아래에 앉아서 득도(得道)하였다 함.
【菩提心】ぼだいしん(보리심)《佛》성불득도(成佛得道)하려고 하는 마음. 불도를 구하는 마음.

12〖[艹+秉]〗 秉(p.1102)과 同字

8 12〖菔〗 무 복 | 職ㄈㄨˊ 屋(fu) | ふく(ダイコン) *radish*

8 12〖菶〗 무성할 봉 | 董ㄅㄥˇ 東(beng) | ほう (シゲル)

풀이 ①무성하다. 초목이 우거짐. ¶——萋萋<詩經> ②열매가 많다. 열매가 많이 열림.

8 12〖菲〗 1 엷을 비 | 尾ㄈㄟˇ | ひ
2 짚신 비 | 未(fei) | (ウスイ)
3 향기로울 비 | 微 | *thin*

풀이 1 ①엷다. 엷게 함. 박함. 박하게 함. ¶不以—廢禮<禮記>/—飮食<論語> ②채소 이름. 순무 비슷한 야채. ¶采葑采— 無以下禮<詩經> ③섞이는 모양. ¶白黑——<太玄經> 2 ①짚신. ㉮상복에 따른 것. ¶繩—/—杖. ㉯초리(草履). ¶手爲錯足下無—<古詩> ②초의(草衣). 도롱이 따위. ¶—繐菅屨<荀子> ③거적문. 초호(草戶). ¶以象—帷幬尉也<荀子> 3 ①향기롭다. 향초(香草). ¶春日生芳—<庾肩吾> ②우거지다. 풀이 무성함. 또는, 꽃이 아름다운 모양.
【菲德】ひとく(비덕) ①부족한 덕. 薄德(박덕). 寡德(과덕). ②자기 덕의 겸칭.
【菲禮】ひれい(비례) 변변치 못한 예물. 菲物(비물).
【菲才】ひさい(비재) ①변변치 못한 재능. 非才(비재). 鈍才(둔재). ②자기 재능의 겸칭. ¶淺學—.
▷芳—, 葑—, 芬—, 菲—, 采—, 萋—

14〖[艹+喪 variant]〗 喪(p.305)과 同字
12〖[禾+茁]〗 秈(p.1102)과 同字

8 12〖菽〗 콩 숙 | 屋ㄕㄨˊ (shu) | しゅく(マメ) *bean*

풀이 ①콩. 콩과식물 및 그 열매의 총칭. ¶含—飮水<世說新語>/—麥/—粟. ②대두(大豆). 콩. ¶采—采—<詩經> ③콩잎. 콩의 어린 잎. ¶烹葵及—<詩經>
【菽麥】しゅくばく(숙맥) ①콩과 보리. ②콩과 보리를 분별 못한다는 뜻으로, 어리석고 모자라는 사람의 비유. 불변숙맥(不辨菽麥)의 준말.
【菽水之歡】しゅくすいのかん(숙수지 환) 콩을 먹고 물을 마시는 가난한 처지에서도 어버이에게 효도를 다하여 그 마음을 즐겁게 함. 곧, 가난한 중에서도 부모를 잘 섬김을 이름.
▷穀—, 麥—, 蔬—, 食—, 薪—, 粱—, 茹—, 荏—, 含—

8 12〖菘〗 배추 숭 | 東ㄙㄨㄥ (song) | すう (トウナ)
▷甘—, 葵—, 晩—, 早—, 地—

8 12【菴】 [1]암자 암 [覃]ㄢ (an) | あん (イオリ) | [2]우거질 암 [勘] あん

[풀이][1]①암자(菴子). [같]庵. ¶爲一舍墓側<南齊書> ②깨끗한 대쑥. ¶一藺. [2]우거지다. 초목이 무성함. ¶一藹.

14【萳】 若(p.1273)과 同字

8 12【菸】 [1]시들 어 [魚]ㄩˋ(yu) | よ | [2]향초 연 [先]ㄧㄢ | wither | [3]악취 풀 어 [御](yan) | えん

[풀이][1]①시들다. ¶葉一邑而無色兮<楚辭> ②담배. [通]烟. ¶一草. ③향초. [2]향초(香草). [3]①악취 풀. 악취 나는 풀. ②썩다. ¶蔫一.

8 12【菀】 [1]자완 완 [阮]ㄨㄢˇ (wan) | えん | [2]무성할 울 [物]ㄩˋ(yu) | うつ

[풀이][1]①자완(紫菀). 엉거시과의 여러해살이풀. ②동산. [通]苑. ¶地者 萬物之本原 諸生之根一也<管子> [2]①무성하다. 우거짐. [通]鬱. ¶有一者柳<詩經>/一彼青青<楚辭> ②울적하다. 우울해짐. ¶我心一結<詩經> ③쌓다. [같]薀. ¶大怒則形氣絶而生一於上<素問>
▷女一, 茈一, 紫一

12【菳】 芸(p.1268)과 同字

8 12【萎】 [1]시들 위 [支]ㄨㄟ | い | [2]둥굴레 위 [紙](wei) | (シオレル) | [3]기를 위 [寘] | wither

[풀이][1]①시들다. [通]痿. ¶無木不一<詩經>/凋一. ②병들다. ¶哲人其一乎<禮記> ③쇠미(衰微)하다. 약함. ¶頹墮一靡 潰敗不可收拾<韓愈>/一腇. [2]둥굴레. 은방울과의 여러해살이풀. ¶一蕤/委一. [3]①기르다. 마소를 사육(飼育)함. [같]餧. ¶以穀一馬<說文·注> ②피곤하다. [通]痿. ¶氣象一茶<李漢>
【萎靡】いび(위미) 시듦. 기력이 떨어짐. 활기가 없음. 「펴지 못함.
【萎縮】いしゅく(위축) 시들어서 오그라듦. 기를
▷枯一, 委一, 猗一

12【萮】 芎(p.1266)과 同字

8 12【萇】 양도 장 [陽]ㄔㄤˊ (chang) | ちょう (イラクグサ)

[풀이]양도(羊桃). 괭이밥과의 여러해살이 덩굴풀. 오릉자(五稜子). ¶薇蕪蓀一<張衡>/一楚.

12【莖】 葬(p.1294)과 同字

8 12【菹】 [1]김치 저 [魚]ㄐㄩ | しょ, そ | [2]늪 제 [御](ju) | (ツケモノ)

[풀이][1]①김치. ¶水草之一<禮記>/菜一. ②젓갈. 육장(肉醬). ¶麋鹿魚爲一<禮記> ③절이다. 소금에 절게 함. ¶一其骨肉於市<漢書> ④마른풀. ¶一薪. [2]늪. 풀이 무성한 늪. ¶驅蛇龍而放之一<孟子>

12【葅】 菹(p.1294)와 同字

12【著】 著(p.1294)의 略字

8 12【菂】 연밥 적 [錫]ㄉㄧˋ | てき(ハスノミ) | 료 [嘯](di) | きょう

[풀이]연밥. 연실(蓮實). [같]芍. ¶綠房紫一<王延壽>/一菂/一薏.
▷蓮一, 紫一

12【萛】 典(p.181)과 同字

8 12【萋】 [1]개연꽃 접 [葉]ㄐㄧㄝ | しょう (アサザ) | [2]운삽 삽 [洽](jie) | そう

[풀이][1]개연꽃. 노랑어리연꽃. 접여(萋餘). [2]운삽(雲翣). 상여(喪輿) 앞뒤에 세우고 가는, 부채 모양의 널판. 구름 무늬를 그렸음. ¶棺羽飾也 或作一<說文>

8 12【菁】 [1]부추꽃 정 [庚]ㄐㄧㄥ | せい | [2]우거질 청 [青](jing)

[풀이][1]①부추꽃. ¶秋韭冬一<張衡> ②순무. 겨자과의 한해살이풀. ¶一菹. ③화려하다. 화미(華美)함. ¶麗服颺一<張衡> ④수초(水草). ¶唼喋一藻<司馬相如> ⑤채소 이름. ¶具區之一<呂覽> [2]①우거지다. 무성함. ¶一一者莪 在彼中阿<詩經> ②꽃이 성하다. ¶一 華盛貌<集韻>
▷冬一, 蔓一, 蕪一, 麗服颺一, 菁一

12【萮】 葺(p.1294)과 同字

8 12【菖】 창포 창 [陽]ㄔㄤ (chang) | しょう (ショウブ) sweetflag

【菖蒲】しょうぶ(창포) 창포과의 여러해살이풀. 단오절(端午節)에 뿌리와 함께 잎을 삶아 머리를 감고, 그 꽃을 머리에 꽂음. 뿌리는 한약재로 씀.
▷白一, 石一, 泥一, 夏一

8 12【菜】 나물 채 [隊]ㄘㄞˋ (cai) | さい(ナ) vegetable

[풀이]①나물. 푸성귀. ¶務畜一<禮記>/一蔬/野一. ②반찬(飯饌). 안주(按酒). ¶飯一精潔<北史> ③남새밭. 채전(菜田). ¶園中鋤一<世說新語> ④

주린 빛. 굶어서 변한 얼굴빛. ¶民無一色＜禮記＞ ⑤채취하다. 캐거나 땀. ㊀采. ¶躬一淩藕＜孔耽神祠碑＞ ⑥수레바퀴살이 바퀴통에 박히는 곳. ¶三月五月爲幬一＜荀子＞

【菜甲】さいこう(채갑) 채소의 처음 나온 잎. ¶二月二日新雨晴 草芽一一齊生＜白居易＞

【菜麻】さいま(채마) 심어 가꾸는 채소. 무우, 배추, 미나리 따위. 남새.

【菜麻田】さいまでん(채마전) 채소를 심은 밭. 남새밭. 채마밭. 菜園(채원). 菜圃(채포). 菜畦(채휴).

【菜蔬】さいそ(채소) 남새. 푸성귀.

【菜食】さいしょく(채식) ①반찬을 푸성귀로만 먹음. ↔肉食(육식). ②조식(粗食).

【菜園】さいえん(채원) ☞菜麻田(채마전).

【菜圃】さいほ(채포) ☞菜麻田(채마전).

▷咬一, 奇一, 美一, 白一, 蘋一, 舍一, 釋一, 蔬一, 水一, 蓴一, 野一, 茹一, 鹽一, 五一, 異一, 奠一, 甜一, 七一, 芭一, 解一, 葷

8/12【萋】 우거질 처 | 齊 く丨 (qi) | せい(シゲル)
체 | 薺 | *exuberant*
차 | 支 | し

풀이 ①우거지다. 초목이 무성한 모양. ¶中庭一兮綠草生＜漢書＞/維葉一一＜詩經＞ ②공손하다. 공경하고 삼가는 모양. ¶有一有且＜詩經＞ ③문채가 화려하다. ¶一斐.

12【菸】 芻(p. 1269)와 同字

8/12【菆】 ① 겨릅대 추 | 尤 ㄗㄡ (zou) | しゅう
② 초빈할 찬 | | さん
③ 떨기로 돋을 총 | 寒 東 | そう

풀이 ① ①겨릅대. 껍질을 벗겨 낸 삼대. ¶一 麻蒸也＜說文＞ ②깔개. 자리에 까는 물건. ¶蓐謂之一＜廣雅＞ ③좋은 화살. ¶左射以一＜左氏傳＞ ④식물의 줄기. ¶御以蒲一＜儀禮＞ ⑤더부룩이 나다. 풀이 떨기로 남. ¶一 草叢生也＜韻會＞ ② 초빈(草殯)하다. 송장이 든 널을 밖에 두고 이엉 따위로 덮어 두는 일. ¶一塗龍輴以槨＜禮記＞ ③ ①떨기로 돋는 모양. ¶欑猶一也＜禮記·注＞ ②새둥우리.

12【菷】 帚(p. 498)의 俗字

8/12【萃】 ① 모을 췌 | 寘 ㄘㄨㄟˋ | すい(アツメル)
㊍취 | 隊 (cui) | *collect*
② 곁들일 채 | | さい

풀이 ① ①모으다. ¶良朋一止＜仲長統＞/叢一. ②많은 것이 모인 것. ¶出於其類 拔於其一＜孟子＞/拔一. ③여위다. 지침. ¶勞苦煩一而無功＜荀子＞ ④이르다. 다다름. ¶悵懷一＜張衡＞ ⑤그치다. ¶北至回水一 何喜＜楚辭＞ ⑥옷 스치는 소리. ¶一蔡. ⑦췌괘(卦). 64괘의 하나. 곤하태상(坤下兌上). ䷬. 만물이 한데 모이는 상(象). ② 곁들이다. 버금. ¶掌戎路之一＜周禮＞

▷群一, 屯一, 霧一, 文一, 拔一, 雲一, 鱗一, 叢一, 出一, 畢一, 咸一, 會一

8/12【菑】 ① 묵정밭 치 | 支 ㄗ (zi) | し(アレタタ)
② 재앙 재 | 灰 ㄗㄞ (zai) | さい
③ 고목 치 | 寘 ㄗ (zi) | (ワザワイ)

풀이 ① ①묵정밭. 버려 둬 묵은 밭. ¶于此一畝＜詩經＞/田一歲曰一 二歲曰 新田＜爾雅＞ ②일구다. 황무지를 일굼. ¶不一畬＜易經＞ ③우거진 풀. ¶一榛穢＜淮南子＞ ② 재앙(災殃). ㊀災. ¶一害. ③ ①고목. 말라 죽은 나무. ¶其一其翳＜詩經＞ ②쪼개다. 가름. ¶一栗不迆則弓不發＜周禮＞ ③울타리나 담을 둘러치다. 울타리나 담. ¶以人爲一＜公羊傳＞ ④세우다. 수립(樹立)함. ¶泰山平原所樹立物爲一＜周禮＞

【菑畬】しよ(치여) 황무지를 개간함. ¶不耕穫 不一＜易經＞

▷斷一, 無一, 不一畬, 石一

8/12【菪】 미치광이 탕 | 漾 ㄉㄤˋ (dang) | とう(オニヒルグサ)

풀이 ①미치광이. 가지과의 여러해살이풀. ¶莨一. ②바곳. 성탄꽃과의 여러해살이풀. 부자(附子).

8/12【菭】 ① 물이끼 태 | 灰 ㄊㄞˊ (tai) | たい(ミズコケ)
② 국화 치 | 支 | ち(キク)

풀이 ① ①물이끼. 수의(水衣). ¶華殿塵兮玉階一＜漢書＞ ②이끼. 지의(地衣). ㊀苔. ¶五藨之狀 黑土黑一＜管子＞ ② 국화의 이칭. ¶一牆.

▷水一, 玉階一, 黑一

8/12【菟】 ① 새삼 토 | 遇 ㄊㄨˋ (tu) | と
② 범 도 | 虞 ㄊㄨˋ (tu) | と(トラ)

풀이 ① ①새삼. 새삼과의 한해살이 기생식물. 토사(菟絲). ②토끼. ㊀兔. ② 범. 범의 이칭. ¶於一.

▷於一, 玄一

8/12【萍】 개구리밥 평 | 庚 ㄆㄧㄥˊ (ping) | へい(ウキクサ)
㊍병

풀이 ①개구리밥. 개구리밥과의 여러해살이풀. 부평초(浮萍草). ¶一始生＜禮記＞/流一. ②쑥. ㊀苹.

▷輕一, 枯一, 密一, 白一, 浮一, 流一, 青一, 漂一

8/12【菡】 연꽃 함 | 感 ㄏㄢˋ (han) | かん(ハスノハナ)

8/12 【華】 빛날 화 | ㄏㄨㄚ (hua) | か(ハナヤカ) *brilliant*

풀이 ①빛나다. 문화가 빛남. ¶不以繁一時樹本<史記>/榮一. ②꽃. 꽃이 핌. ㉠花. ¶桂樹一不實<古詩>/桃始一<禮記> ③빛. ㉮광택(光澤). 황색. ¶以瓊一乎而<詩經>/大夫玄一<禮記> ㉯광휘(光輝). ¶日月光一兮<竹書紀年> ④아름답다. 화려함. ¶窮一極麗<隋書>/一麗. ⑤맛이 좋다. ¶其民一食而肥脂<素問> ⑥뛰어나다. 뛰어난 점. ¶儒學博通 有才一<北史> ⑦요염(妖艶)하다. ¶一者猶榮一容色之象也 以色亂國<隋書> ⑧풍채(風采). 드러나 보이는 사람의 겉모양. ¶謝琨風一 爲江左第一<南史> ⑨명성(名聲). 명망. ¶客游梁朝則聲一籍甚<任昉>/聲一. ⑩문덕(文德). ¶帝舜曰重一<書經> ⑪좋은 가계(家系). ¶員外散騎郎 此二職 淸一所不爲<南史> ⑫분(粉). 화장품. ¶鉛一不御<曹植> ⑬흰머리. 백발(白髮). ¶一首彌固<後漢書> ⑭치레. 허식(虛飾). ¶競比質而行趨一<潛夫論> ⑮중화(中華). 중국인이 자국(自國)을 일컫는 말. ¶夷不亂一<左氏傳>/一夏. ⑯수도(首都). 예문(禮文)이 성한 곳. ¶賈生西望憶京一<李白> ⑰색채(色彩). 빛. ¶一者 色也<漢書> ⑱모양. 장식. ¶一而睆 大夫之簀與<禮記>/一榱璧璫<司馬相如>

【華甲】かこう(화갑) 61세. 華자를 파자(破字)하면 十이 여섯, 一이 하나이므로, 예순 한 살에 빗댐. 花甲(화갑). 華年(화년). 回甲(회갑). 還甲(환갑).

【華京】かきょう(화경) 화려한 서울. 華洛(화락).

【華景】かけい(화경) ①음력 2월의 별칭. ②햇빛. 일광(日光). ¶輕蓋承一 騰步躡飛塵<陸機>

【華僑】かきょう(화교) 외국에 나가 사는 중국 사람.

【華麗】かれい(화려) 빛나고 아름다움. 華美(화미). ¶一江山.

【華奢】かしゃ(화사) 화려하고 사치스러움.

【華山】かざん(화산) ①중국 오악(五嶽)의 하나. 섬서성(陝西省) 화현(華縣)에 있음. ②韓 서울 삼각산(三角山)의 이칭.

【華商】かしょう(화상) 중국 장사꾼.

【華胥】かしょ(화서) ①이상국(理想國). 황제(黃帝)가 낮잠을 자다가 꿈에 화서씨(華胥氏)의 나라에서 놀았는데, 그곳은 우두머리가 없어도 저절로 돌아가는 이상향(理想鄕)이었다는 옛일에서 유래. 華胥之國(화서지국). ¶花陰眞是小一<元好問> ②복희씨(伏羲氏)의 어머니.

【華胥之國】かしょのくに(화서지 국) 태평한, 썩 잘 다스려진 나라.

【華胥之夢】かしょのゆめ(화서지 몽) ①꿈. 길몽(吉夢). ②낮잠. ※華胥(화서).

【華盛頓】ワシントン(화성돈) 미국의 수도 워싱턴(Washington)의 음역.

【華首之老】かしゅのろう(화수지 로) 백발 노인. ¶孝明帝多徵明儒 以充禮官 故朝多皤皤之良一<後漢書>

【華飾】かしょく(화식) 아름다운 장식. 아름답게 꾸밈.

【華陽巾】かようきん(화양건) 도사(道士)가 쓰는 두「건.

【華嚴】けごん(화엄)《佛》 ①만행(萬行)과 만덕(萬德)을 닦아 덕과(德果)를 장엄하게 하는 일. ②화엄경(華嚴經)·화엄종(華嚴宗)의 준말.

【華容】かよう(화용) 꽃같이 아름다운 얼굴. 美容(미용). 雪膚花容(설부화용). 花容(화「용).

【華節】かせつ(화절) 음력 정월을 이름. 春節(춘「절).

【華族】かぞく(화족) 귀한 집안. 귀족(貴族).

【華座】かざ(화좌) 부처·보살을 앉히는 꽃방석.

【華冑】かちゅう(화주) 귀족의 자손. 顯裔(현예).

【華淸宮】かせいきゅう(화청궁) 당 현종(玄宗)이 여산(驪山)에 세운 이궁(離宮).

【華燭】かしょく(화촉) ①화려한 등촉. 화려한 불빛. ②결혼의 이칭. 花燭(화촉). ¶一之典.

【華燭洞房】(화촉동방) 결혼 첫날밤 신혼 부부가 자는 방.

【華蟲】かちゅう(화충) 꿩의 이칭.

【華表】かひょう(화표) ①묘소 앞의 문. ¶大雨震萬安陵一<南史> ②옛날에 위정자에 대한 불평 따위를 백성에게 적도록 하기 위해 도로변에 세워 두던 나무. ③궁중, 성곽 등의 출입문. ④무덤 앞에 세우는 아름답게 꾸민 한 쌍의 돌기둥. 화표주(華表柱)의 준말.

【華夏】かか(화하) 중국 사람이 자기네 나라를 일컫는 말. ¶一蠻貊罔不率俾<書經>

【華翰】かかん(화한) 남의 편지나 필적(筆蹟)에 대한 존칭. 芳翰(방한). 華箋(화전). ¶每奉一 賜之哀言<劉禹錫>

▷京一, 枯木生一, 光一, 國一, 菊一, 南一, 露一, 端一, 德一, 名一, 文一, 物一, 芳一, 繁一, 法一, 浮一, 芬一, 紛一, 奢一, 鮮一, 聲一, 歲一, 素一, 韶一, 水一, 昇一, 亞鉛一, 顔如舜一, 女一, 年一, 姸一, 鉛一, 蓮一, 英一, 榮一, 容一, 優一, 園一, 月一, 才一, 節一, 菁一, 精一, 朱一, 冑一, 中一, 重一, 珍一, 淸一, 秋一, 春一, 翠一, 風一, 豊一, 荷一, 閑一, 含英咀一, 香一, 虛一, 豪一, 黃一

8/12 【萑】 1 물억새 환 2 풀 많을 추 | ㄏㄨㄢˊ (huan) ㄓㄨㄟ (zhui) | かん(オギ) すい

풀이 1 ①물억새. ¶八月一葦<詩經> ②눈물 흘리는 모양. ¶涕泣流兮一蘭<漢書> 2 ①풀이 많다. ¶一 艸多貌<說文> ②익모초(益母草). 꿀풀과의 두해살이풀. ③모시풀. 물에 아직 담그지 않은 모시풀. ¶一 一曰枲未漚者<集韻>

9/13 【葭】 1 갈대 가 2 멀 하 | ㄐㄧㄚ (jia) ㄒㄧㄚˊ (xia) | か か

풀이 1 ①갈대. ¶彼茁者—<詩經> ②갈잎 피리. 通笳. ¶校鳴—<張衡> 2 ①멀다. 아득함. 通遐. ¶—萌. ②연잎.

【葭莩】かふ(가부) ①갈대청. 갈대 줄기 속의 얇은 막. 뜻이 바뀌어, 매우 경박한 일의 비유. ¶事輕—<蔡邕> ②갈대청처럼 극히 엷은 관계라는 뜻으로, 먼 친척의 비유. 葭莩之親(가부지 친).

【葭莩之親】かふのしん(가부지 친) 먼 친척. ¶本無—<漢書>

▷蒹—, 鳴—

9 13 〖葛〗 칡 갈 | 國ㄍㄜˊ (ge) | かつ(クズ) *arrowroot*

풀이 ①칡. ¶—之覃兮<詩經>/—粉. ②덩굴. ¶—藟<易經> ③갈포(葛布). 거친 베. 通褐. ¶以—覆質<穀梁傳> ④옛 나라 이름. ¶—國.

【葛巾】かっきん(갈건) 갈포로 만든 건(巾). 야인(野人), 은자(隱者)의 두건. ¶鹿裘—<晋書>

【葛巾野服】かっきんやふく(갈건야복) 진(晋)의 도 잠(陶潛)이 갈건을 쓰고 야인(理人)의 차림으로 신선처럼 담백하게 지낸 옛일. ¶—陶淵明 眞陸地之神仙<故事成語考>

【葛根】かっこん(갈근) 칡뿌리. 한방에서 해열제 등의 약재로 씀.

【葛藤】かっとう(갈등) ①《佛》칡이나 등나무 덩굴처럼 마음에 얽힌 번뇌. 또는, 법문(法門)의 번거로운 분규. ②사물의 뒤얽힘.

【葛天氏】かってんし(갈천씨) 중국 신화 속의 임금. 무위(無爲)로 천하를 잘 다스렸다고 함.

【葛布】かっぷ(갈포) 칡의 섬유로 짠 베. ¶御賜—<後漢書>

【葛筆】かっぴつ(갈필) 칡뿌리로 만든 붓.

▷瓜—, 管—, 膠—, 裘—, 蘢—, 細—, 疎—, 虎—

13 〖葢〗 蓋(p. 1295)의 本字

13 〖蓍〗 苟(p. 1271)와 同字

9 13 〖葵〗 해바라기 규 | 國ㄎㄨㄟˊ (kui) | き *sunflower*

풀이 ①해바라기. ¶—花 九品一命<花經> ②채소 이름. ¶七月亨—及菽<詩經> ③헤아리다. 通揆. ¶天子—之<詩經> ④망치. 通椎.

【葵傾】きけい(규경) 해바라기꽃이 해를 향해 기운다는 뜻으로, 백성이 임금의 덕을 흠모함을 이름. 葵心(규심). ¶群戶—<宋史>/—向日.

【葵藿志】きかくのこころざし(규곽지) 해바라기가 해를 향하는 마음이란 뜻으로, 임금이나 웃어른을 존경하여, 정성된 마음을 다하려 하는 생각. ¶況我— 松柏眼前橫<江淹>

【葵心】きしん(규심) ☞葵傾(규경).

▷菫—, 錦—, 露—, 鳧—, 山—, 水—, 衛足—, 戎—, 錢—, 終—, 地—, 楚—, 蜀—, 菟—, 蒲—, 寒—, 向日—

9 13 〖董〗 1 바로잡을 동 | 國ㄉㄨㄥˇ (dong) | とう
2 짧을 종 | 國 | しょう
3 바로잡을 독 | 國 | とく

풀이 1 ①바로잡다. ¶—之用威<書經> ②거두다. 갈무리함. ¶氣當大—<史記> ③단단하다. ④연뿌리. ⑤움직이다. 通動. ⑥성(姓). 2 짧다. 머리털이 짧음. 通種. ¶——. 3 바로잡다. ¶—正.

【董狐之筆】とうこのひつ(동호지 필) 권세에 굴하지 않고 사실 그대로 기록하여 역사에 남기는 일. 춘추 시대 진(晋)의 사관(史官) 동호(董狐)가, 조돈(趙盾)이 그의 임금 영공(靈公)을 죽였다고 직필(直筆)한 옛일에서 유래. 董狐筆(동호필).

▷胥—, 校—, 商—, 紳—, 前—, 振—, 後—

9 13 〖落〗 떨어질 락 | 國ㄌㄨㄛˋ (luo) ㄌㄚˋ (la) ㄌㄠˋ (lao) | らく(オチル) *fall*

풀이 ①떨어지다. ㉮잎이 말라 떨어지다. ¶草木零—<禮記> ㉯낙하(落下)하다. ¶塵—甑中<論衡> ㉰흩어지다. ¶賓客益—<史記> ㉱빠지다. 탈락(脫落)함. ¶髮齒墮—<漢書> ㉲줄다. 감소(減少)함. ¶水—石出<蘇軾> ㉳차지하다. 귀착(歸着)함. ¶扁舟—吾手<杜甫> ㉴몰락하다. 영락함. ¶土民零—<管子> ㉵벗겨지다. ¶苔蘚剝—<李邕> ㉶가라앉다. ¶山靜風—<李子卿> ㉷해나 달이 지다. ¶日—西山. ㉸뒤떨어지다. ¶風流豈肯—人後<李白>/—後. ㉹모략(謀略) 따위에 빠지다. ¶不—賊計. ㉺함락하다. ¶城—. ②죽다. 通殆. ¶民人離—<國語> ③버리다. 폐(廢)함. ¶無—吾事<莊子> ④얽히다. 두름. 通絡. ¶—馬首 穿牛鼻<莊子> ⑤처음. 시초. ¶訪予—之<詩經> ⑥낙엽. 티끌. ¶涼風振—<張華> ⑦빗방울. 낙수물. ¶矗不知其幾千萬—<杜牧> ⑧울타리. 바자울. ¶揩枳—<張衡> ⑨마을. ¶村—/屯—/聚—. ⑩저택. 절이나 관청의 건물 따위. ¶廬—整頓<後漢書> ⑪전각(殿閣). 通閣. ¶禹從—中<漢書> ⑫낙성식(落成式). 옛 중국에서, 궁실(宮室)이 완공되었을 때 제사지내는 일. ¶與諸侯—之<左氏傳> ⑬새 종(鐘)에 피를 바르는 일. ¶饗大夫 以—之<左氏傳> ⑭나무 이름. ⑮술잔 담는 바구니. ¶杯—.

【落款】らっかん(낙관) 서화(書畫)에 필자가 서명하거나 아호(雅號)의 도장을 찍는 일. 또는, 그 서명·도장. ¶畫有一定—處<小山畫譜>

【落句】らっく(낙구) 오언(五言)·칠언(七言) 율시(律詩)에서, 끝의 두 연(聯). 結句(결구).

【落膽】らくたん(낙담) ①실망하여 맥이 풀림. ②몸

시 놀람. 또는, 두려워함. ¶長抱一驚<文同>

【落落長松】(낙락장송) 가지가 늘어진, 키가 큰 소나무. 「락.

【落雷】らくらい(낙뢰) 벼락이 떨어짐. 또는, 그 벼

【落淚】らくるい(낙루) 눈물을 흘림. 또는, 흐르는 눈물. 零淚(영루). 隕淚(운루). ¶一霑懷抱<魏文帝>

【落馬】らくば(낙마) 말에서 떨어짐.

【落寞】らくばく(낙막) 마음이 쓸쓸함. 落莫(낙막). ¶披雲同一<辨才>

【落望】らくぼう(낙망) 희망을 잃음. 失望(실망).

【落命】らくめい(낙명) 목숨을 잃음. 죽음.

【落盤】らくばん(낙반) 광산 갱내(坑內)의 천장이나 벽이 무너져 내리는 일. ¶一事故.

【落髮】らくはつ(낙발) 머리를 깎고 중이 됨. 落飾(낙식). 剃髮(체발). ¶一爲僧<五代史>

【落榜】(낙방) 시험에 떨어짐. 落第(낙제). 下第(하제). ↔及第(급제).

【落榜擧子】(낙방거자) ①과거에 떨어진 선비. ②한몫 끼려다 제외된 사람을 이르는 말.

【落魄】らくはく(낙백·낙탁) 영락(零落)함. 뜻을 얻지 못하여 불우한 모양. 落泊(낙박). 落托(낙탁). ¶以一嗜酒<晋書> ※らく

【落書】らくしょ①②·らくがき②(낙서) ①글자를 빠뜨리고 씀. ②아무 데나 함부로 글씨나 그림을 그적거림. 또는, 그 글씨나 그림.

【落選】らくせん(낙선) 선거·선발·심사 등에서 떨어짐. ↔當選(당선)·入選(입선).

【落成】らくせい(낙성) 공사를 다 이룸. 竣工(준공). ¶一式.

【落城】らくじょう(낙성) ①성이 함락됨. ②사물을 유지하지 못하여 남의 손에 넘기는 일. 또는, 남의 간청에 밀려 승낙함.

【落水】らくすい(낙수) ①물에 빠짐. ¶因大笑一<晋書> ②㊕ 낙수물. ③㊥ ㉮물에 담금. ㉯창녀가 됨. 「삭.

【落穗】おちぼ(낙수) 수확 뒤에 떨어져 있는 이

【落心】(낙심) 바라던 일이 되지 않아 맥이 빠짐. 失望(실망).

【落心千萬】(낙심천만) 몹시 실망함.

【落雁】らくがん(낙안) 땅에 내려오는 기러기. ¶一迷沙渚<孟浩然>

【落葉】おちば(낙엽) 잎이 떨어짐. 또는, 그 잎.

【落伍】らくご(낙오) ①대오(隊伍)에서 떨어짐. ¶一兵. ②모든 경쟁에서 뒤떨어짐.

【落日】らくじつ(낙일) 지는 해. 落陽(낙양). 夕陽(석양). ¶一深山哭杜鵑<李群玉>

【落字】らくじ(낙자) 빠뜨린 글자. 脫字(탈자).

【落張】(낙장) ①책의 장수가 빠짐. 또는, 그 책장. ②㊕ 화투 따위에서, 이미 바닥에 내어놓은 팻장. ¶一不入.

【落籍】らくせき(낙적) ①호적 따위에서 뺌. 除籍(제적). ②단체 따위에서 제명됨. ③기적(妓籍)에서 몸을 뺌.

【落點】(낙점) 관리를 선임할 때 삼망(三望)의 후보자 명단 가운데 하나에 임금이 친히 점을 찍어서 뽑던 일.

【落第】らくだい(낙제) ①시험에 떨어짐. 落榜(낙방). 下第(하제). ②성적이 나빠서 상급 학년에 진급하지 못함.

【落照】らくしょう(낙조) 저녁 햇빛. 夕陽(석양). 落暉(낙휘). ¶關門一深<王維>

【落塵】らくじん(낙진) ①천계(天界)나 선계(仙界)에서 속세로 내려옴. ②핵폭발 때 공중에서 떨어지는 방사능 오염 물질. 죽음의 재.

【落帙】らくちつ(낙질) ①책의 책장이 빠져 장수가 모자람. 脫簡(탈간). 落張(낙장). ②질(帙)로 된 책 가운데 빠진 권이 있음. 또는, 그 빠진 권.

【落差】らくさ(낙차) ①폭포나 흘러내리는 물의 원래 수면과 내려온 뒤의 수면 사이의 수직 거리(垂直距離). ②물체가 흐르면서 이루는 높이 변화의 정도.

【落着】らくちゃく(낙착) 일의 결말이 남. 또는, 그 결말. 段落(단락).

【落札】らくさつ(낙찰) 경쟁 입찰(競爭入札) 따위에서 뽑힘. ¶一契.

【落拓】らくたく(낙탁) ①기개와 도량이 큰 모양. 또는, 호방하여 사물에 구애받지 않는 모양. 落托(낙탁). ¶少一有大志<北史> ②산만하여 맺힌 데가 없음. ¶一之子<抱朴子> ③쓸쓸한 모양. ¶一東風<李山甫> ④영락함. ¶自嗟一無成事<來鵬>

【落胎】らくたい(낙태) 유산(流産)함. 유산시킴. ¶一罪.

【落筆】らくひつ(낙필) ①붓을 들어 쓰기 시작함. 落墨(낙묵). ¶一四座驚<杜甫> ②장난삼아 아무렇게나 쓰는 글씨. 落書(낙서). 戲書(희서).

【落筆點蠅】らくひつてんよう(낙필점승) 화가의 훌륭한 솜씨의 비유. 중국 삼국 시대 오(吳)의 화가 조불흥(曹不興)이 손권(孫權)의 병풍에 그림을 그릴 때, 실수로 떨어뜨린 붓 자국을 그대로 살려 파리를 그려 놓은 옛일에서 유래.

【落下】らっか(낙하) 떨어짐. 떨어져 내림.

【落下傘】らっかさん(낙하산) 항공기에서 낙하하는 데 쓰는 우산같이 생긴 기구. 패러슈트.

【落鄕】らっきょう(낙향) 벼슬을 그만두고 고향으로 돌아감. 또는, 서울을 떠나 시골로 거처를 옮김. 下鄕(하향).

【落婚】らっこん(낙혼) 자기보다 지체가 낮은 집안과 통혼함. 降婚(강혼).

【落花】らっか(낙화) 꽃이 짐. 또는, 지는 꽃. 落英(낙영). 落華(낙화). ¶一流水<趙長卿>

【落後】らくご(낙후) 뒤떨어짐.

▷刊一, 訣一, 缺一, 傾一, 枯一, 瓠一, 區一, 群一, 及一, 奈一, 牢一, 磊一, 段一, 斷一, 禿一, 沒一, 剝一, 撲一, 藩一, 碧一, 部一, 崩一, 擯一, 散一, 洒一, 灑一, 承一, 歷一, 漣一, 零一, 榮一, 寥一, 院一, 萎一, 流一, 留一, 遺一, 陸一, 淪一, 邑一, 籬一, 轉一, 凋一, 種一, 振一, 集一, 錯一, 拓一, 村一, 摧一, 墜一, 聚一, 墮一, 脫一, 頹一, 擺一, 暴一, 飄一, 下一, 陷一, 解一, 虎一, 廓一, 黃一

9
13 【葎】 한삼 덩굴 률 ㊥ㄌㄩˋ(lü) ㊐りつ

9
13 【萬】 일만 만 | 顧ㄨㄢˋ (wan) | まん, ばん (ヨロズ) *ten thousand*

풀이 ① 1 만. ㉖万. ¶公其以予一億年<書經> ②다수. 갖가지. ¶一國咸寧<易經> ③결코. 반드시. ¶千一不復全<古詩> ④크다. ⑤전갈(全蠍). ㉖蠆. ⑥벌. ⑦춤의 총칭. ¶方將一舞<詩經>

【萬感】ばんかん(만감) 많은 느낌. 온갖 감회. ¶一盈朝昏<謝靈運>

【萬康】ばんこう(만강) ☞萬安(만안).

【萬劫】まんごう(만겁)《佛》 영구(永久). ¶一不朽<梁簡文帝>

【萬頃】ばんけい(만경) 지면이나 수면이 매우 넓은 모양.

【萬頃滄波】ばんけいのそうは(만경창파) 끝없이 넓은 바다.

【萬古】ばんこ(만고) ①아주 오랜 옛날. 太古(태고). ¶歷一而一遇<劉峻> ②영구(永久)히. 千秋(천추). 萬世(만세). ¶千秋一北邙塵<劉希夷>

【萬古不易】ばんこふえき(만고불역) 영원히 바뀌지 않음.

【萬古逆賊】ばんこのぎゃくぞく(만고역적) 영원히 용서받지 못할 반역 죄인.

【萬古風霜】ばんこふうそう(만고풍상) 오랜 동안 겪어온 많은 쓰라림.

【萬斛】ばんこく(만곡) 매우 많은 분량. 萬石(만석). ¶一間愁何日盡<蘇軾>

【萬口成碑】ばんこうヒヲナス(만구성비) 세상의 많은 사람들한테 기림을 받음은, 송덕비(頌德碑)로 추앙받음과 같다는 말.

【萬國】ばんこく(만국) 세계의 모든 나라. 많은 나라. 萬邦(만방). 萬域(만역). 萬區(만구). ¶協和一<漢書>/一標準時.

【萬卷】まんがん(만권) 많은 책. 또는, 많은 족자. ¶一長開帙<李嘉祐>

【萬金】ばんきん(만금) ①많은 돈. ¶一之資<史記> ②고향 집에서 온 편지. ¶稱家書曰一<書言故事>

【萬機】ばんき(만기) 임금의 정무(政務). 모든 정사(政事). 萬幾(만기). 萬樞(만추). ¶宣帝始親一<漢書>

【萬難】ばんなん(만난) 온갖 어려움. 갖가지 많은 장애.

【萬年】ばんねん・まんねん(만년) 아주 오랜 세월. 萬歲(만세). 萬載(만재). 萬代(만대). ¶欲至于一<書經>

【萬年雪】まんねんユキ(만년설) 높은 봉우리 등, 설선(雪線) 이상의 저온(低温) 지대에 해마다 내려 쌓인 눈이 녹지 않고 얼음 덩어리를 이룬 적설층(積雪層).

【萬年幽宅】ばんねんゆうたく(만년유택) 무덤. 墳墓(분묘).

【萬年芝】ばんねんし(만년지) 영지(靈芝). ¶一令人不老 延年九千<抱朴子>

【萬能】ばんのう(만능) 온갖 일에 능통함. ㉮무슨 일이든 해낼 수 있음. ¶一選手. ㉯모든 면에 효능이 있음. ¶一藥.

【萬端】ばんたん(만단) ①모두. 모조리. 萬事(만사). 萬般(만반). 萬故(만고). ¶千緒一<晉書> ②가지가지. 형형 색색. ¶變故一<後漢書> ③여러 가지 방법. 온갖 수단. ¶說王一<史記>

【萬代】ばんだい(만대) 영구히. 永遠(영원). 萬年(만년). 萬世(만세). 萬葉(만엽). ¶清風激一<張協>/一不變.

【萬里】ばんり(만리) ①천 리의 10배. ②썩 먼 거리. 먼 곳. ¶登樓一春<盧僎>

【萬里鏡】(만리경) 망원경.

【萬里長城】ばんりのちょうじょう(만리장성) ①중국 북부의 산해관(山海關)에서 감숙성(甘肅省)의 가욕관(嘉峪關)에 이르는 장성. 전국 시대에 진(秦) 시황(始皇)이 완성한 것. 長城(장성). ②가장 믿을 만한 것의 비유. ¶復壞汝一<宋書>

【萬里之任】ばんりのにん(만리지 임) 도성에서 멀리 떨어진 땅을 지키는 임무. 지방 장관의 임무. 千里任(천리임). ¶授之以一<魏文帝>

【萬里侯】ばんりこう(만리후) 이역(異域)에 나가 공을 세워 제후(諸侯)로 봉해지는 일.

【萬無】(만무) 전혀 없음.

【萬物】ばんぶつ(만물) 천지간의 온갖 물건. 森羅萬象(삼라만상). 萬有(만유). ¶一竝作<老子>

【萬物皆備於我】ばんぶつミナワレニソナワル(만물 개비어아) 천지간의 온갖 사물의 이치는 모두 나의 천성(天性) 속에 갖추어져 있음. ¶一矣 反身而誠 樂莫大焉<孟子>

【萬物相】(만물상)㊅ 금강산에 있는 바윗산.

【萬物商】(만물상) 일용 잡화를 파는 장사. 또는, 그 상인이나 가게.

【萬民】ばんみん(만민) ①온 백성. 萬生(만생). 萬姓(만성). 群姓(군성). 萬夫(만부). ¶群生和而一殖<漢書> ②제후(諸侯)의 백성. ¶天子曰兆民 諸侯曰一<左氏傳>

【萬般】ばんぱん(만반) 갖가지 일. 모든 면. 萬事(만사). 萬端(만단). 百般(백반). ¶一人事五更頭<韓偓>

【萬邦】ばんぽう(만방) 모든 나라. 많은 나라. 萬方(만방). 萬國(만국). ¶儀刑文王一作孚<詩經>

【萬法】ばんぽう(만법) ①《佛》 우주의 만물. 제법(諸法). ¶一元無着<顔眞卿> ※まんぽう. ②여러 가지 방법.

【萬病】まんびょう(만병) 온갖 병. 四百四病(사백사병). ¶一通治.

【萬福】ばんぷく(만복) ①많은 복. 온갖 행복. 多福(다복). ¶一來助<李尤>/笑門一來. ②많은 복이 내리기를 빈다는 뜻으로 하는, 인사말. ¶伏惟一<韓愈> ※まんぷく

【萬不當】(만부당) 절대로 부당함. 千不當(천부당). 千萬不當(천만부당).

【萬不得已】ばんヤムヲエズ(만부득이) 부득이. 어쩔 수 없이.

【萬夫不當】ばんぷふとう(만부부당) 만인이 대들어도 당해 내지 못할 힘과 용맹.

【萬夫之望】ばんぷノぼう(만부지 망) 만인이 우러러 따름. 또는, 그 사람. ¶德乏一<後漢書>

【萬分】まんぶん(만분) ①1만분의 1. ¶以報一<蜀志> ②많은 갈래로 갈라짐. ¶一實一<通書> ③충분히. 매우. 萬萬(만만). ¶一多幸.

【萬事】ばんじ(만사) 모든 일. 온갖 일. ¶一得其

序＜禮記＞/一無心/一太平.
【萬死無惜】ばんし オシムナシ(만사무석) 만 번 죽어도 아깝지 않을 만큼 죄가 무거움.
【萬死一生】ばんし いっせい(만사일생) 살아날 가망은 만분의 하나뿐이라는 뜻으로, 생명이 심히 위태로움. 또는, 요행히 살아남을 이름. ※九死一生(구사일생).
【萬事亨通】(만사형통) 모든 일이 잘 됨.
【萬事休】ばんじ きゅうス(만사휴) 모든 일이 어찌할 수가 없게 됨. 萬事全休(만사전휴).
【萬象】ばんしょう(만상) 갖가지 형상. 온갖 사물. 森羅萬象(삼라만상). 萬物(만물). 萬彙群象(만휘군상). 萬有(만유). ¶一咸光昭＜謝靈運＞
【萬石】ばんせき(만석) ①한(漢)대 삼공(三公)의 별칭. ②1만 곡(斛)을 이르는 단위. ③무게 120만 근을 이르는 단위. ④만석군(萬石君)의 준말.
【萬石君】ばんせき くん(만석군) ①한(漢)의 석분(石奮)과 그의 네 아들이 모두 녹봉 2천 석 이상의 벼슬에 있음을 들어, 경제(景帝)가 분(奮)에게 내린 칭호. ②한 해에 벼 1만 석을 거두는 지주(地主).
【萬姓】ばんせい(만성) ①모든 백성. 萬民(만민). ¶一仇予＜書經＞ ②백관(百官).
【萬世】ばんせい(만세) 영원한 세대. 萬代(만대). 萬葉(만엽). ¶建一之安＜漢書＞
【萬歲】ばんざい(만세) ①영원한 세월. 萬年(만년). ¶一千秋＜盧照鄰＞ ②장수(長壽)를 축원하는 말. ¶直千金 壽一＜西京雜記＞ ③귀인(貴人)의 죽음. ④경하할 경사스러움. ¶流一之響＜謝偃＞ ⑤경축·환영의 뜻으로 외치는 말. ⑥나무 이름. 杻의 이칭.
【萬歲曆】ばんざい れき(만세력) 다가올 백 년 동안의 일월성신(日月星辰)의 운행과 절후를 추산하여 만든 책력(册曆). 千歲曆(천세력).
【萬世不忘】ばんせい ふぼう(만세불망) 영원히 잊지 아니함.
【萬世不易】ばんせい ふえき(만세불역) 영원히 변하지 아니함. 萬世不朽(만세불후). 萬世不刊(만세불간). 萬代不易(만대불역).
【萬世不朽】ばんせい ふきゅう(만세불후) ☞萬世不易(만세불역).
【萬歲後】ばんざいノ ノチ(만세후) 임금의 죽은 뒤를 이르는 말. 百世後(백세후). 萬世之後(만세지 후). ¶一吾魂魄猶樂思沛＜史記＞
【萬壽無疆】ばんじゅ カギリナシ(만수무강) 끝없이 수를 누리라는 뜻으로, 장수를 축복하는 말.
【萬壽節】ばんじゅ せつ(만수절) 임금의 생일.
【萬乘】ばん じょう(만승) ①1만 대의 병거(兵車). ¶雲輜一＜陳琳＞ ②병거 만 대의 동원이 가능한 넓이의 땅. ¶一之地未嘗有也＜史記＞ ③만승의 땅을 영유하는 임금. 天子(천자). 萬乘之君(만승지 군). ¶光據一＜傅玄＞
【萬乘之國】ばんじょうノ くに(만승지 국) 병거(兵車) 1만 대를 동원할 만한 힘이 있는 나라. 곧, 천자의 나라. ¶擅寵於一 心無後患之術＜荀子＞
【萬乘尊】ばんじょう そん(만승존) 천자(天子)의 지위. ¶漢皇一＜李白＞
【萬安】ばん あん(만안) 아주 평안함. 萬康(만강).
【萬葉】まんよう・ばんよう(만엽) ①영구(永久). 萬代(만대). 萬世(만세). ¶一而無虞＜晋書＞ ②많은 나무잎. ¶千枝一＜淮南子＞
【萬有】ばんゆう(만유) ①우주간에 있는 모든 것. 萬物(만물). 萬象(만상). ¶太初胚胎一＜子華子＞/一引力. ②만세(萬歲). ¶一千歲＜詩經＞
【萬人】ばんにん・まんにん(만인) 1만 명의 사람. 뜻이 바뀌어, 많은 사람. 또는, 모든 사람. 萬庶(만서). 萬生(만생). 萬夫(만부).
【萬人之上】(만인지 상) 일인지하 만인지상(一人之下 萬人之上)의 준말로, 영의정(領議政)의 지위를 이름.
【萬一】ばんいつ・まんいち(만일) ①만에 하나라도. 萬若(만약). ¶與君一爲交代＜白居易＞ ②1만분의 일. 극히 적은 분량. 僅少(근소).
【萬丈】ばんじょう(만장) 1만 길. 매우 높거나 깊음을 이름. 萬仞(만인).
【萬全】ばんぜん(만전) 아주 완전함. 만에 하나의 실수도 없음. ¶聖人萬擧一＜史記＞
【萬全之計】ばんぜんノ けい(만전지 계) 빈틈없는 계책. 萬全之策(만전지 책).
【萬全之策】ばんぜんノ さく(만전지 책) ☞萬全之計(만전지 계).
【萬情】ばんじょう(만정) ①많은 심회. 갖가지 생각. ¶一認之 積爲萬物＜關尹子＞ ②온갖 정.
【萬壑千峰】ばんがく せんぽう(만학천봉) 무수한 골짜기와 수많은 봉우리.
【萬幸】ばんこう(만행) 아주 다행함. 매우 행복함. 至幸(지행). 大幸(대행). ¶一不已.
【萬戶長安】ばんこ ちょうあん(만호장안) 인가가 많은 서울. 萬戶都(만호도).
【萬戶侯】ばんここう(만호후) 한(漢)대에 만 호의 백성을 가진 제후를 이르던 호칭. ¶一豈足道哉＜史記＞
【萬華鏡】まんげ きょう(만화경) 장난감의 한 가지. 원통 속에 직사각형 유리판을 삼각으로 짜 넣은 것으로, 안에 든 색종이 조각 따위가 유리 면에 비쳐 갖가지 맞섭꼴을 이룸.
【萬化方暢】ばんか ほうちょう(만화방창) 봄이 되어 만물이 창성(暢盛)함.
【萬彙群象】ばんい ぐんしょう(만휘군상) ☞萬物(만물).
▷巨一, 鉅一, 累一, 億一, 振一, 千一, 統一

13〖夣〗 夢(p.371)과 同字

9/13〖葆〗 1 더부룩히 날 보 | ㄅㄠˇ | ほう
2 넓을 보 | (bao) | ほう

풀이 1 ①더부룩히 나다. 초목이 무성한 모양. ¶頭如蓬一＜漢書＞ ②뿌리. 밑동. ③야채(野菜). ¶主一旅事＜史記＞ ④움돋이. ¶莖一長桐＜亢倉子＞ ⑤깃장식. ¶一車輿輦＜後漢書＞ ⑥보살피는 사람. 유모(乳母). 通保. ⑦칭찬하다. 通褒. ¶不樂一大＜禮記＞ ⑧보전하다. 유지함. ¶一之會稽＜墨子＞ ⑨평평하다. ¶從容之一＜素問＞ ⑩숨기다. 감쌈. 通包. ¶此之謂一光＜莊子＞

⑪벼슬 이름. ¶先王卜以臣爲一<呂覽> ⑫포대기. 通緥. ¶在強一之中<史記> ⑬보배. 通寶. ¶取而一祠之<史記> ⑭성채(城砦). 성과 요새(要塞). 通堡. ⑮굳세다. ¶一力之士<莊子> 2넓다.

【葆光】ほうこう(보광) ①빛을 감춤. 지덕(知德)을 숨김. ②희미한 빛. ③큰 빛.

▷褓一, 幡一, 蓬一, 羽一, 叢一

9/13〖葍〗 메꽃 복 | 屋 ㄈㄨˊ (fu) | ふく

9/13〖葑〗 1 순무 봉 | 冬 ㄈㄥ | ほう
빙 | 東 (feng) | ふう
2 줄뿌리 봉 | 宋 | ほう

9/13〖萷〗 1 우거질 소 | 蕭 ㄒㄧㄠ | しょう
2 마들가리 소 | 肴 (xiao) | そう
3 약초 이름 삭 | 覺 | さく

풀이 1우거지다. 2마들가리. 잔가지나 줄거리의 토막으로 된 땔나무. ¶紛溶一蔘<漢書> 3①약초 이름. ¶一藋. ②우듬지. 같 梢. ¶一櫹槮之可哀兮<楚辭>

9/13〖葹〗 도꼬마리 시 | 支 | し

9/13〖葚〗 오디 심 | 沁 ㄕㄣˋ (shen) | しん
寢 ㄖㄣˋ (ren) | mulberry

9/13〖萼〗 꽃받침 악 | 藥 ㄜˋ (e) | がく calyx

▷萬一, 發一, 素一, 妖一, 千一, 香一, 紅一, 花一

9/13〖葯〗 1 구리때 잎 약 | 藥 ㄧㄠˋ (yao) | やく
2 몸에 두를 적 | 錫 ㄉㄧˊ (di) | てき

풀이 1①구리때 잎. ¶一 白芷葉<玉篇> ②구리때. 미나리과의 두세해살이풀. ¶辛夷楣兮一房<楚辭> ③부들 싹. ④꽃밥. 꽃술의 꽃가루 주머니. 약포(葯胞). 2몸에 두르다. 감싸다. ¶首一綠素<潘岳>

9/13〖葉〗 1 잎 엽 | 葉 ㄧㄝˋ (ye) | よう(ハ) leaf
2 땅 이름 섭 | 葉 ㄕㄜˋ | しょう
3 책 접 | 葉 (she) | ちょう

풀이 1①잎. ¶一栥/落一. ②뽕. ¶蠶飢待一歸<通俗編> ③끝. 갈래. ¶芄蘭之一<詩經> ④시대. 세대(世代). ¶昔在中一<詩經> ⑤지다. 잎이나 꽃이 짐. ¶其一爲胡蝶<列子> ⑥누르다. 通擪. ¶一拱而對<孔子家語> ⑦종이 따위를 세는 말. ¶鼠翻書一響<王彥泓> ⑧잎처럼 얇고 평평한 물건. ⑨평평하고 작은 것의 비유. ¶駕一一之扁舟<蘇軾> ⑩숟가락의 끝. ¶覆之面一<儀禮> ⑪짧은 홑옷. 通褋. ⑫풀 이름. 2땅 이름. ¶及一而死<左氏傳>/一邑. 3책. 같 篥.

【葉書】ようしょ①・はがき②(엽서) ①나무잎에 쓴 편지. ¶一 傳野意<賈島> ②우편 엽서.

【葉煙草】はタバコ(엽연초) 잎담배. 葉草(엽초).

【葉月】はづき(엽월) 음력 8월의 별칭.

【葉錢】(엽전)韓 옛날, 놋으로 만든 돈.

【葉茶】(엽차) ①찻잎을 달인 물. ②홍차 잎을 재탕한 것.

【葉草】(엽초) 잎담배. 엽연초(葉煙草)의 준말.

【葉華】ようか(엽화) 잎과 꽃. 葉榮(엽영).

▷柯一, 甲一, 乾一, 枯一, 根一, 金枝玉一, 落一, 露一, 累一, 末一, 木一, 百一, 繁一, 碧一, 步一, 複一, 上一, 霜一, 衰一, 若一, 銀一, 庭一, 竹一, 中一, 枝一, 札一, 册一, 鐵一, 青一, 翠一, 貝一, 奕一, 紅一, 黃一, 後一

9/13〖萵〗 상치 와 | 歌 ㄨㄛ (wo) | わ lettuce

9/13〖葨〗 풀 이름 외 | 灰 | わい

9/13〖葽〗 1 풀 이름 요 | 蕭 ㄧㄠ | よう
2 애기풀 요 | 篠 (yao) | よう

풀이 1①풀 이름. ¶四月秀一<詩經> ②강아지풀. 구미초(狗尾草). ③풀이 무성한 모양. ¶豐草一<漢書> 2애기풀. 원지(遠志). ¶一繞 棘蒬<爾雅>

9/13〖葳〗 우거질 위 | 微 ㄨㄟ (wei) | い grow thick

풀이 ①우거지다. 초목이 무성한 모양. ¶上一蕤而防露兮<楚辭> ②둥굴레. 은방울과의 여러해살이풀. ③능소화(凌霄花).

9/13〖葦〗 1 갈대 위 | 尾 ㄨㄟˇ | い
2 짤 위 | 未 (wei) | reed

풀이 1①갈대. ¶八月萑一<詩經> ②거룻배. 작은 배. ¶縱一一之所如<蘇軾> ③변동하는 모양. ¶一然閔漢氏之終不可濟<漢書> ④대 이름. 通⿱竹韋. 2짜다. 풀을 결음. 通緯. ¶特緯蕭而食者<莊子>

▷葭一, 菅一, 枯一, 亂一, 蘆一, 踈一, 岸一, 蒲一, 萑一

13〖⿱艹庾〗 萸(p.1293)의 俗字

9/13〖萸〗 수유 유 | 虞 ㄩˊ (yu) | ゆ dogwood

풀이 ①수유. ②풀 이름. ¶薜一.

9/13〖葰〗 1 새앙 유 本수 | 支 ㄙㄨㄟ (sui) | すい
2 고을 이름 사 | 哿 ㄐㄩㄣˋ | さ
3 꽃술 준 | 震 (jun) | しゅん

풀이 1 새앙. 생강. 通 荽 葰. 2 고을 이름. ¶ 一人縣. 3 ① 꽃술. 通 蕤. ② 크다. 왕성(旺盛)함. 通 陵. ¶ 實葉一楙＜司馬相如＞

9
13 【葬】 장사지낼 장 | 漾 ㄗㄤˋ (zang) 陽 | そう (ホウムル) *funeral*

풀이 ① 장사지내다. 매장(埋葬)함. ¶ 以相一埋＜周禮＞/一禮. ② 장사(葬事). ¶ 助一必執紼＜禮記＞

【葬具】そうぐ (장구) 장사에 쓰는 기구. ¶ 備棺槨一＜後漢書＞

【葬列】そうれつ (장렬) 장송(葬送)의 행렬.

【葬禮】そうれい (장례) 장사의 예식. 葬儀(장의). 葬式(장식). ¶ 賵贈一＜後漢書＞/一式.

【葬費】そうひ (장비) 장사에 드는 비용. 葬事費(장사비). 葬需(장수).

【葬事】そうじ (장사) 장례지내는 일. ¶ 遂脩一＜禮記＞

【葬送】そうそう (장송) 시체를 장지(葬地)로 보냄. ¶ 一曲.

【葬魚腹】(장어복) 韓 물 속에 몸을 던져 시체(屍體)가 고기밥이 된다는 뜻으로, 물에 빠져 죽음.

【葬玉埋香】そうぎょくまいこう (장옥매향) 미인을 매장함을 이름. 玉葬香埋(옥장향매).

【葬儀】そうぎ (장의) ☞ 葬禮(장례). ¶ 一社.

【葬日】そうじつ (장일) 장례 지내는 날. 장사 날짜. ¶ 大夫卜宅與一＜禮記＞

【葬祭】そうさい (장제) 장례와 제사.

【葬地】そうち (장지) 매장하는 땅. 墓地(묘지).
▷ 改一, 儉一, 國一, 歸一, 埋一, 薄一, 反一, 祔一, 副一, 佛一, 奢一, 社會一, 燒一, 送一, 水一, 收一, 殉一, 神一, 深一, 暗一, 斂一, 禮一, 鳥一, 土一, 偷一, 風一, 合一, 火一, 會一, 厚一

13 【莚】 葬(p. 1294)과 同字

13 【葅】 菹(p. 1286)와 同字

9
13 【著】 1 드러날 저 | 御 ㄓㄨˋ | ちょ
2 저축할 저 | 語 (zhu)
3 붙일 착 | 藥 ㄓㄨㄛˊ | ちゃく
4 뜰 저 | 魚 (zhuo)

풀이 1 ① 드러나다. ¶ 一不息者天也＜禮記＞ ② 나타내다. ㉮ 밝히다. ¶ 一其善＜大學＞ ㉯ 짓다. 저술(著述)함. ¶ 一書. ㉰ 기재하다. ¶ 刻一于石＜司馬光＞ ㉱ 그리다. ¶ 皆一於明堂＜淮南子＞ ③ 두드러지다. ¶ 形則一＜中庸＞ ④ 분명하다. ¶ 名一而男女有別＜禮記＞ ⑤ 알다. 알림. ¶ 以一衆＜禮記＞ ⑥ 생각하다. ¶ 致懿則一＜禮記＞ ⑦ 오래 되다. ¶ 甲氏也一封也＜莊子＞ ⑧ 세우다. ¶ 先王一其教＜禮記＞ ⑨ 이루다. ¶ 一此水也＜禮記＞ ⑩ 지위(地位). ¶ 朝有一定＜漢書＞ ⑪ 참되게 하다. ¶ 以一萬物之理＜史記＞ ⑫ 정하다. 보완(補完)함. 2 ① 저축하다. ㉠ 貯. ¶ 廢一鬻財於曹魯之間＜史記＞ ② 뜰. ¶ 俟我於一乎而＜詩經＞ 3 붙이다. ㉠ 着. 4 ① 뜰. 通 宁. ② 약초 이름.

【著名】ちょめい (저명) 이름을 나타냄. 이름이 세상에 널리 드러남. 有名(유명). 顯名(현명). ¶ 皆以文辯一＜漢書＞/一人士.

【著書】ちょしょ (저서) 책을 저술함. 또는, 그 책. ¶ 彊爲我一＜史記＞

【著述】ちょじゅつ (저술) 책을 지음. 著作(저작). 述作(술작). ¶ 以一爲業＜班固＞/一業.

【著譯】ちょやく (저역) 글을 짓거나 번역함.

【著者】ちょしゃ (저자) 책을 지은 사람. 著作者(저작자). 作者(작자).

【著作】ちょさく (저작) ① 책을 지음. 또는, 그 책. 著述(저술). ¶ 一者/一物/一權. ② 조선 때 교서관(校書館)·승문관(承文館)·홍문관(弘文館)의 정8품 벼슬.
▷ 共一, 舊一, 論一, 名一, 雜一, 合一, 顯一

13 【蒃】 篆(p. 1136)과 同字

9
10 【葶】 1 두루미냉이 정 | 靑 ㄊㄧㄥˊ | てい
2 취어초 정 | 迥 (ting) | てい

풀이 1 두루미냉이. 꿀풀과의 여러해살이 풀. ㉠ 亭. ¶ 一藶. 2 취어초(醉魚草). ¶ 一薴 可以毒魚＜山海經＞

9
13 【葺】 지붕 일 집 | 緝 ㄑㄧˋ (qi) | しゅう (フク)

풀이 ① 지붕을 이다. ¶ 嗣而一之＜王禹偁＞ ② 덮다. ¶ 繕完一牆＜左氏傳＞ ③ 깁다. 수리(修理)함. ¶ 必一其牆屋＜左氏傳＞ ④ 포개다. 겹침. 通 緝. ¶ 一鱗鏤甲＜左思＞

【葺繕】しゅうぜん (집선) 낡거나 허름한 물건을 손보아 고침. 修繕(수선). ¶ 緣其發旨 卽加一＜魏書＞

【葺屋】しゅうおく (집옥) 초가(草家). 草屋(초옥).
▷ 補一, 繕一, 修一, 完一, 整一, 草一, 治一

13 【蒂】 帶(p. 1303)와 同字

13 【莗】 草(p. 1278)와 同字

9
13 【葱】 1 파 총 | 東 ㄘㄨㄥ | そう (ネギ)
2 창문 창 | 江 (cong) | *onion*

풀이 1 ① 파. ¶ 指如削一根＜古廬江＞ ② 부들. ③ 푸르다. ¶ 有瑲一珩＜詩經＞ ④ 기운이 통달하다. ¶ 嘉氣恒一一＜庾信＞ ⑤ 검(劍) 이름. ¶ 桓公之一＜荀子＞ 2 창문. 通 窗.

【葱嶺之教】そうれいのおしえ (총령지 교) 불교(佛教). 총령은 인도에 있는 산(山)으로, 석가가 이곳에서 수행한 데서 이름.

9
13 【萩】 1 사철쑥 추 | 尤 ㄑㄧㄡ | しゅう
2 사람 이름 초 | 蕭 (qiu) | しょう

풀이 1 ①사철쑥. ㉠菻. ②가래나무. 호도과의 갈잎큰키나무. 通楸. ¶山居千章之―<漢書> 2사람 이름. ¶楚子使―來聘<穀梁傳>

13【葘】 菑(p.1287)의 本字

9/13【葩】 1꽃 파 ㊥ㄆㄚ(pa) は / 2꽃 아 ㊥ あ

풀이 1 ①꽃. ¶披紅―之狎獵<張衡> ②꽃 모양의 쇠장식. ¶轙琱輿而樹―兮<張衡> ③화초가 희다. 화려한 모양. ④지다. 흩어짐. ¶―華蹈沺<木華> 2꽃. ¶山路―卉繁<王安石>
▷嘉―, 絳―, 瓊―, 群―, 奇―, 丹―, 豔―, 異―, 殘―, 春―, 含―

9/13【萹】 마디풀 편 ㊥ㄆㄧㄢ(pian) へん / 변 ㊥ㄅㄧㄢ(bian) へん

풀이 ①마디풀. ¶―竹/―蓄. ②초목(草木)이 흔들리는 모양.

9/13【葡】 1포도 포 ㊥ㄆㄨˊ(pu) ほ,ぶ / 2갖출 비 ㊥ ひ

풀이 1 ①포도. 通蒲. ¶―萄. ②포르투갈[葡萄牙]의 약칭. ¶―國遣使臣<淸史稿> 2갖추다. ㉠莆. 通備.
【葡萄】ぶどう(포도) 포도나무. 또는, 그 열매. 蒲萄(포도). ¶―酒/―糖.

13【葕】 莕(p.1283)·荇(p.1279)과 同字

13【萺】 享(p.73)과 同字

9/11【葫】 마늘 호 ㊥ㄏㄨˊ(hu) こ(ニンニク) *garlic*

풀이 ①마늘. ¶―爲大蒜<本草綱目> ②호리병박. ¶―瓜. ③줄풀의 열매. ④풀 이름. ¶―荽.
【葫蘆】ころ(호로) 박과의 한해살이 덩굴풀. 열매는 조롱박이 됨. 호리병박.
【葫蒜】こさん(호산) 마늘.
▷菰―, 瓜―, 蔬―, 土―, 風―

9/13【葒】 개여뀌 홍 ㊥ㄏㄨㄥˊ(hong) こう

13【葓】 葒(p.1295)과 同字

9/13【葷】 매운 채소 훈 ㊥ㄏㄨㄣ(hun) くん / 훈 ㄒㄩㄣˊ(xun)

풀이 ①매운 채소. 마늘, 파, 부추 따위의 냄새 나는 채소. ¶志不在於食―<荀子>/―菜. ②비리다. 육식(肉食). ¶奉佛 食不―<唐書>
【葷粥】くんいく(훈죽) 흉노(匈奴)의 별칭. ¶北逐―<史記>
【葷菜】くんさい(훈채) ①냄새가 강한 야채. 파, 마늘, 생강 따위. ¶―百果<管子> ②㊥ 고기 요리.
▷肥―, 膳―, 五―, 羶―

9/13【萱】 원추리 훤 ㊥ㄒㄩㄢ(xuan) けん *day lily*

【萱堂】けんどう(훤당) ①어머니의 거실. 뜻이 바뀌어, 어머니의 미칭. ¶白髮―上 孩兒更共誰<葉夢得> ②남의 어머니의 존칭. 慈堂(자당). 北堂(북당). ¶稱人母曰―<書言故事>
▷樹―, 紫―, 庭―, 秋―, 椿―

13【⿱艹胃】 彙(p.537)와 同字

14【⿱艹亶】 薑(p.1306)과 同字

10/14【蓋】 1덮을 개 ㊥ㄍㄞˋ(gai) かい,がい *cover* / 2어찌 아니할 합 ㊥ㄏㄜˊ / 3땅 이름 갑 ㊥(he) こう
㊍葢 ㊎盖

풀이 1 ①덮다. ¶所―多矣<左氏傳>/覆―. ②뚜껑. ¶器則執―<禮記> ③숭상하다. ¶君王之―威<國語> ④합하다. ¶―號以況榮<史記> ⑤바라다. ⑥가르다. 떨어짐. 通害 割. ¶鰥寡無―<書經> ⑦하늘. ¶―壤兩劘拂<韓愈> ⑧뜸. 띠를 결어 만든 덮개. ¶被苫―<左氏傳> ⑨일산(日傘). ㉮양산(陽傘). ¶傾―如故<史記> ㉯수레에 세운 우산. ¶雨而無―<孔子家語> ㉰의장(儀仗)으로 쓰는 일산. ¶王下則以―從<周禮> ⑩생각컨대. 아마도. ¶―十世希不失矣<論語> ⑪모두. ㉠皆. ¶―云歸哉<詩經> ⑫검다. 通黵. 2①☞ 句法 通盇. ②문짝. 通闔. ③부들자리. ¶蒲―. 3땅 이름. 通鄐. ¶―州.

句法
의문·반어
㉮[蓋…] 어찌 …하리요. 曷과 쓰임이 같음. ¶蓋可忽乎哉<戰國策>
㉯[蓋…] 어찌하여 …하지 않는 것인가. …하면 좋지 않겠는가. 何不과 쓰임이 같음. ¶子蓋言子之志於公乎<禮記>

【蓋棺事定】かんヲオオイテコトサダマル(개관사정) 관 뚜껑을 덮은 뒤에야 사실이 정해진다는 뜻으로, 사람은 죽은 뒤라야 그 공과(功過)가 바로 평가될 수 있다는 말. 蓋棺論定(개관논정).
【蓋石】がいせき(개석) 석실(石室) 위에 덮는 돌뚜껑.
【蓋世】がいせい(개세) 위세나 명성이 천하를 압도하여, 세상에 거칠 것이 없음. ¶力拔山兮氣―<項羽>
【蓋壤】がいじょう(개양) 하늘과 땅. 天地(천지). 霄壤(소양). 穹壤(궁양). 天壤(천양). ¶―兩劘拂<韓愈>
【蓋然性】がいぜんせい(개연성) 그러하리라고 생각되는 성질. ↔必然性(필연성).
【蓋瓦】がいが(개와) ①기와. ②기와로 지붕을 임.

【蓋草】がいそう(개초) ①이엉. ②지붕에 이엉을 임.
▷車一, 傾一, 冠一, 穹一, 大一, 方底圓一, 寶一, 覆一, 佛一, 素一, 偃一, 五一, 藏一, 苫一, 朱一, 遮一, 天一, 華一

10 14 〖蒹〗 갈대 겸 | 鹽 咸 ㄐㄧㄢ (jian) | けん, かん reed

10 14 〖蒯〗 황모 괴 | 卦 ㄎㄨㄞˇ (kuai) | かい

풀이 ①황모(黃茅). ¶雖有絲麻 無棄菅一<左氏傳>/一席. ②새끼줄로 감다. ¶一緱. ③땅 이름. ¶一鄕.
▷菅一, 麻一, 蒼一

10 14 〖蒟〗 구장 구 | 虞 寑 ㄐㄩˇ (ju) | く, こん

풀이 ①구장(蒟醬). 후추과의 풀. 이란 원산(原産). 필발(蓽拔). 通 枸. ②구약(蒟蒻). 천남성과의 여러해살이풀.

10 14 〖蓏〗 열매 라 | 哿 ㄌㄨㄛˇ (luo) | ら(ミ)
▷果一, 蔬一

14 〖蒞〗 莅(p. 1280)의 俗字

16 〖莾〗 莽(p. 1284)의 本字

10 14 〖蓂〗 [1] 명협 명 [2] 굵은 냉이 멱 | 靑 錫 ㄇㄧㄥˊ (ming) | めい べき

풀이 [1] ①명협(蓂莢). 달력풀. ¶一莢. ②약초 이름. 사명자(思蓂子). [2] 굵은 냉이. ¶析一.
【蓂曆】めいれき(명력) 태음력(太陰曆).
【蓂莢】めいきょう(명협) 서초(瑞草) 이름. 요(堯)임금 때 조정의 뜰에 났다는 전설상의 풀. 초하룻날부터 보름까지 날마다 한 잎씩 났다가, 열엿새째부터 그믐까지 매일 한 잎씩 떨어지므로 이것으로 달력을 만들었다고 함.

蓂莢(金石索)

10 14 〖蒙〗 [1] 입을 몽 [2] 어두울 몽 [3] 날릴 몽 [4] 두꺼울 방 | 東 尤 董 江 ㄇㄥˊ·ˇ (meng) | とう(コウムル) もう ぼう

풀이 [1] ①입다. 입힘. 通 冡. ㉮덮다. ¶一被綢絺<詩經> ㉯싸다. ¶以幕一之<左氏傳> ㉰받다. ¶今日所一 稽古之力也<後漢書> ㉱쓰다. 입음. ¶間一甲冑<國語> ②숨기다. ¶常一其罪<漢書> ③덮개. 덮어씀. ¶至說公孫弘等 如發一耳<漢書>/一塵. ④무릅쓰다. 通 冒. ¶雖有患禍 猶一死而存之<漢書> ⑤어지럽히다. 질서를 흐트림. ¶一者 君臣上下相冒亂也<後漢書> ⑥흐트러진 모양. 通 尨. ⑦섞이다. ¶一伐有苑<詩經> ⑧만나다. 通 逢. ¶以一大難<易經> ⑨속이다. ¶上下相一<左氏傳> ⑩어리석다. 어두움. ¶一昧. ⑪어리석은 사람. ⑫어린이. ¶童一求我<易經> ⑬어린 모양. ¶物生必一<易經> ⑭싹이 트다. 通 萌. ⑮이다. 치켜 듦. 通 捫. ¶籧篨一璆<國語> ⑯기운. 기(氣)의 모양. ¶一之比也<後漢書> ⑰저. 자기의 겸칭. ¶一竊惑焉<張衡> ⑱몽괘(卦). 감하 간상(坎下艮上). ䷃. 사물이 희미하여 밝지 아니한 상(象). ⑲새삼. 토사(菟絲). 여라(女蘿)의 이칭. ⑳어둡다. 通 濛. ㉑안개. 通 霧. ㉒땅 이름. 노(魯)의 고을. 산동성(山東省)에 있음. ¶公會齊侯盟于一<左氏傳> ㉓나라 이름. 몽고(蒙古)의 약칭. [2] 어둡다. 캄캄함. 通 霿. [3] 날리다. 바람에 나부끼는 모양. ¶蔑一. [4] 두껍다. 두터움. 通 厖. ¶爲下國駿一<荀子>

【蒙古】もうこ(몽고) 중국 북쪽과 시베리아 사이에 위치한 고원 지대. 또는, 그 곳에 사는 부족. 또는, 그 부족이 세운 나라. 원조(元朝)의 구칭(舊稱).
【蒙求】もうぎゅう(몽구) ①몽매한 사람이 나에게 의문을 풀어 줄 것을 바람. 童蒙求我(동몽구아). ②당(唐)의 이한(李瀚)이 지은, 아이들의 송독(誦讀)에 편리하도록 꾸민 책. 5대에서 남북조까지의 유명한 사람의 유사한 언행을 둘씩 배열하여 사자구(四字句)의 운어(韻語)로 기록하였음. 3권.
【蒙蘢】もうろう(몽롱) 초목이 우거진 모양. 蒙籠(몽롱)②.
【蒙籠】(몽롱) ①흐릿하고 밝지 않은 모양. 朦朧(몽롱). ②☞蒙蘢(몽롱).
【蒙吏】もうり(몽리) 장주(莊周)를 이름. 그가 몽읍(蒙邑)의 관리로 있었으므로 이름. 蒙莊(몽장).
【蒙利】もうり(몽리) 이익을 입음. ¶一地域.
【蒙昧】もうまい(몽매) 사리에 어둡고 어리석음. 愚昧(우매). 頑昧(완매).
【蒙喪】(몽상) 상복(喪服)을 입음.
【蒙叟】もうそう(몽수) 장주(莊周)의 존칭. 叟는 노선생(老先生). 장자가 몽현(蒙縣) 사람이었으므로 이름.
【蒙恩】もうおん(몽은) 은혜를 입음.
【蒙塵】もうじん(몽진) ①먼지를 덮어씀. ②임금이 난리를 만나 궁궐 밖의 다른 곳으로 피신하는 일. 평상시와 같이 깨끗이 청소한 다음 거둥하지 못하고 먼지를 뒤집어 쓰며 간다는 뜻. ¶義州一.
【蒙學訓長】(몽학훈장) 어린 아이나 가르칠 훈장. 蒙學은 小學.
▷啓一, 耆一, 唐一, 童一, 蔑一, 冥一, 發一, 相一, 吳下阿一, 愚一, 幼一, 旃一, 顚一, 衝一, 昏一, 鴻一

10 14 〖蒡〗 ①우엉 방 ②인동덩굴 방 | 廣ㄅㄤˋ 陽(bang) | ほう(ゴ ボウ)

풀이 ①우엉. 엉거시과의 두해살이풀. 우방(牛蒡). ②①인동덩굴. 은인(隱葱). ②흰쑥. 번모(繁母).

10 14 〖蓑〗 ①도롱이 사 ②잎 우거질 최 ③잎 시들 최 | 歌ㄙㄨㄛ 佳(suo) 灰 | さ (ミノ) さい

풀이 ①①도롱이. ¶何一何笠<詩經> ②덮다. 풀로 덮어 가림. ¶不一城也<公羊傳> ②잎이 우거진 모양. ¶一一. ③①잎이 시든 모양. ②꽃이 드리워진 모양. 通蓷.

【蓑笠】さりゅう (사립) 도롱이와 삿갓. 우장(雨裝).

【蓑衣】さい (사의) 도롱이.

▷綠一, 農一, 短一, 漁一, 雨笠煙一, 雨一, 長一, 釣一

14 〖蒳〗 莎(p. 1281)의 訛字

10 14 〖蒜〗 마늘 산 | 翰ㄙㄨㄢˋ (suan) | さん(ニンニク) garlic

풀이 ①마늘. 달래. ②문발의 누름쇠. 달래 모양으로 만든 발의 누름쇠. ¶幔繩金麥穗 簾鉤銀一條<庾信>

【蒜氣】さんき (산기) ①마늘 또는 달래 냄새. ②암내. 腋臭(액취).

▷大一, 卵一, 生一, 小一, 銀一

10 14 〖蓆〗 자리 석 | 陌ㄒㄧˊ (xi) | せき seat

풀이 ①자리. 같席. ②넓고 많다. 풀이 많음. ③크다. ¶緇衣之一兮<詩經> ④저축하다. 通儲.

14 〖蓨〗 蓨(p. 1307)과 同字

10 14 〖蓀〗 향풀 이름 손 | 元ㄙㄨㄣ 願(sun) | そん

풀이 향풀의 이름. 창포(菖蒲)의 한 가지. 꽃창포. 通蓀 荃 蓀 蕽.

10 14 〖蒐〗 ①모을 수 ②꼭두서니 수 ③향풀 회 | 宥ㄙㄡ 尤(sou) 賄 | しゅう (アツメル) collect かい

풀이 ①모으다. 수집(蒐集)함. ②①꼭두서니. 붉은 물을 들이는 데 씀. ¶鳖山其陰多一<山海經> ②사냥하다. 通搜. ㉮봄사냥. ¶遂以一田<周禮> ㉯가을 사냥. ¶秋曰一<公羊傳> ③모아 들이다. ④숨기다. 숨음. 通廋. ¶服讒一慝<左氏傳> ⑤고르다. 뽑음. ¶一乘補卒<左氏傳> ⑥수를 세다. 계산함. 通數. ¶一軍實<左氏傳> ⑦찾다. 구함. 通搜. ¶一三王之樂<陸機> ③향풀. 회양(懷羊). 같蒐.

【蒐集】しゅうしゅう (수집) 여러 가지 자료를 찾아 모음. 蒐輯(수집).

▷大一, 茅一, 山一, 春一

14 〖蒓〗 蓴(p. 1302)과 同字

10 14 〖蓍〗 시초 시 | 支ㄕ (shi) | し(メドハギ)

풀이 ①시초(蓍草). 비수리. 콩과의 여러살이풀. ②점대. 서죽(筮竹). ¶一蔡兮踴躍<楚辭>/一草占.

【蓍草】(시초) 비수리. 콩과의 여러해살이풀. 옛 중국에서, 그 대를 잘라 점칠 때 썼으나, 후세에 대나무 조각을 만들어 썼기 때문에 서죽(筮竹)이라고 함.

10 14 〖蒔〗 모종할 시 | 寘ㄕˋ (shi) | し (ウエル)

풀이 ①모종을 내다. 옮겨 심음. ②세우다. 심음. ¶一樹一根 以旌戰功<晋書> ③풀 이름. ④소회향(小茴香).

10 14 〖蒻〗 ①부들 약 ②콩 낙 | 藥ㄖㄨㄛˋ 覺(ruo) | じゃく だく

풀이 ①①부들. 어린 부들. ②부들의 밑동. 通弱. ③연(蓮)줄기가 진흙 속에 묻힌 부분. ④구약(蒟蒻)의 알뿌리. ¶蒟一球. ⑤자리. 부들 돗자리. ¶古者皮毛草蓐 無茵席之加 旃一之美<鹽鐵論> ⑥잘다. ¶匡牀一席 非不寧也<淮南子> ②콩.

14 〖葉〗 葉(p. 1293)과 同字

10 14 〖蓊〗 ①동 옹 ②우거질 옹 | 東ㄨㄥˇ 董(weng) | おう

풀이 ①①동. 장다리. 초목에서 나오는 꽃줄기. ②우거지다. ¶鬱一蓌蓊<張衡> ②①우거진 모양. ②풀 이름. 노랑물을 들이는 데 씀.

10 14 〖蓐〗 자리 욕 | 沃ㄖㄨˋ (ru) | じょく (シトネ) seat

풀이 ①자리. 깔개. ②거적. 거적자리. ③깃. 외양간. 마굿간의 깔개. ¶春除一<周禮> ④풀자리. 풀요. ¶左追一<左氏傳> ⑤산실(産室). ⑥새싹이 돋다. ⑦조개풀. 포아풀과의 한해살이풀. 황초(黃草). ⑧누에섶. 잠족(蠶簇). ⑨줄다. 쭈그러짐. ⑩두텁다. 도타움. ⑪나라 이름. ¶沈姒一黃<左氏傳>

【蓐月】じょくげつ (욕월) 산월(產月). 해산(解產)달. 臨月(임월). 當月(당월).

【蓐瘡】じょくそう (욕창) 오래 병상에서 지내는 환자의, 자리에 닿은 데의 살이 진물러서 생기는 종기.

▷產一, 牀一, 臥一, 茵一, 薦一, 草一, 虎一

10 14〖蓉〗 연꽃 용 / 왕 | 图ㄖㄨㄥˊ (rong) | よう

풀이 ①연꽃. 通容. ¶集芙一以爲裳<楚辭> ②목련. ¶木芙一.
▷金芙一, 木芙一, 芙一, 阿芙一

14〖萛〗 蕒(p.1305)·芸(p.1268)과 同字

14〖蔚〗 蔚(p.1302)과 同字

10 14〖蓫〗 산부추 육 | 屋ㄩˋ (yu) | いく (ヤマニラ)

10 14〖葅〗 1 띠거적 조·저 2 늪 저 3 깔개 자 | 魚ㄕㄨ 御(shu) 禡 | しょ しょ しゃ

풀이 1 ①띠거적. 거칠게 짠 거적. 띠로 짜서 제사 때 까는 자리. 같 苴. ②침채(沈菜). 김치. 通菹. ③삼백초(三白草). 멸. 즙채(蕺菜). 通蕺. ¶芘其芸一<後漢書> 2 늪. 3 깔개. 또는, 흩어서 어지러움. 같 藉.

10 14〖蓌〗 꾸벅할 좌 | 箇ㄘㄨㄛˋ (cuo) | さ

풀이 ①꾸벅하다. 절을 꾸벅 함. 通㚅 跧. ¶介者不拜 爲其拜而一拜<禮記> ②걸터앉다. 通蹲.

10 14〖蒸〗 찔 증 | 蒸ㄓㄥ 徑(zheng) | じょう(ムス) steam

풀이 ①찌다. 通烝. ㉮수증기 따위의 김이 오르다. ¶一靈液以播雲<嵇康> ㉯김을 올려 익히다. ¶穀未舂一曰粟<論衡> ②덥다. ¶其候溽一<素問> ③나아가다. 나아가게 함. ④제기에 담은 제물. ¶大飮一<呂覽> ⑤겨울 제사. ⑥아름답다. 通詡. ⑦무리. 많음. 通衆. ¶天生一民<孟子> ⑧임금. ⑨티끌. 먼지. ⑩음란(淫亂)함. 사통(私通)함. 通烝. ⑪겨릅대. 껍질을 벗긴 삼대. ¶燭用一<儀禮·注> ⑫횃불. ¶放乎旦而一盡<詩經·注> ⑬땔나무. 가는 섶나무. 졸가리. 굵게 쪼갠 장작은 薪, 본래부터 잔 것은 蒸. ¶以薪以一<詩經> ⑭불에 말린 대. ¶菎蕗雜於廞一兮<楚辭> ⑮사물의 모양. ¶一一.

【蒸氣】じょうき(증기) 김. 수증기.
【蒸溜】じょうりゅう(증류) 액체를 가열하여 생긴 증기를 다시 액화, 성분을 분리·정제함. ¶一水.
【蒸民】じょうみん(증민) ☞蒸庶(증서).
【蒸發】じょうはつ(증발) 액체 상태에 있는 물질이 그 표면에서 기체 상태로 변하는 일.
【蒸庶】じょうしょ(증서) 모든 백성. 蒸民(증민). 庶民(서민).
▷薪一, 黎一, 鬱一

14〖蔍〗 證(p.1404)과 同字

10 14〖蓁〗 우거질 진 | 眞ㄓㄣ (zhen) | しん luxuriant

풀이 ①우거지다. 풀이 우거진 모양. ②잎이 우거진 모양. ③많다. ④나무가 떨기로 나다. 같 榛. ¶逃於深一<莊子> ⑤사물의 모양. ¶一一. ⑥쥐꼬리망초. 쥐꼬리망초과의 한해살이풀.

【蓁芃】(진범) 쥐꼬리망초 뿌리. 한약재. 蓁艽(진규). 秦艽(진규).
▷深一, 葳一

10 14〖蒺〗 납가새 질 | 質ㄐㄧˊ (ji) | しつ

풀이 ①납가새. 납가새과의 한해살이풀. ¶一藜. ②벌레 이름. ¶一藜.

10 14〖蒼〗 1 푸를 창 2 어슴푸레할 창 | 陽ㄘㄤ (cang) 養 | そう (アオイ) blue

풀이 1 ①푸르다. ㉮풀의 푸른 빛깔. ¶震爲一筤竹<易經> ㉯푸른빛. 짙푸른 빛. ¶爲一頭軍<漢書> ㉰연푸른 빛깔. ¶在色爲一<素問> ㉱근교(近郊)의 푸른 경치. ②우거지다. ¶至于海隅一生<書經> ③늙은 모양. ¶一浪. ④허둥지둥 당황해하는 모양. ¶一黃. ⑤사물의 모양. ¶一一/一然. 2 ①어슴푸레하다. 근교(近郊)의 푸른 경치. ¶適莽一者三飡而反<莊子> ②쓸쓸한 모양. ¶莽一.

【蒼空】そうくう(창공) 푸른 하늘. 蒼天(창천)①. 蒼穹(창궁). 蒼旻(창민).
【蒼官】そうかん(창관) ①소나무의 이칭. ②측백나무나 잣나무의 이칭.
【蒼穹】そうきゅう(창궁) ☞蒼空(창공).
【蒼龍】そうりゅう(창룡) ①늙은 소나무의 형용. ②털이 푸른 큰 말[馬]. 8척 이상의 말을 용(龍)이라 함. 青龍(청룡). ③28수(宿) 중 동쪽의 일곱 별. ④산세(山勢)의 형용.
【蒼茫】そうぼう(창망) 푸르고 넓은 모양. 넓고 멀어서 아득한 모양.
【蒼氓】そうぼう(창맹) ☞蒼生(창생).
【蒼民】そうみん(창민) 백성. 蒼生(창생). 蒼氓(창맹).
【蒼白】そうはく(창백) ①푸르스름함. 푸른 기를 띤 흰빛. ②해쓱함.
【蒼生】そうせい(창생) ①모든 백성. 萬民(만민). 蒼民(창민). 黎民(여민). 蒼氓(창맹). ②초목이 우거져 있음의 비유.
【蒼蠅】そうよう(창승) 쉬파리. ㉮소인의 비유. ㉯사(邪)가 정(正)을 닮아 판별하기 어려움의 비유.
【蒼然】そうぜん(창연) ①푸른 모양. 초목이 푸른 모양. ②해질 무렵의 어두컴컴한 모양. ③물건이 오래되어 고색(古色)이 짙은 모양. ④머리털이 흰 모양.
【蒼髯叟】そうぜんそう(창염수) 소나무의 이칭.
【蒼烏】そうう(창오) 서조(瑞鳥)의 이름. 어진 임금이 행실을 닦고 백성을 사랑하며 살생을 하지 않으면 나타난다고 함.
【蒼蒼】そうそう(창창) ①성(盛)한 모양. ¶蒹葭一

白露爲霜<詩經> ②머리털이 센 모양. ③초목이 우거진 모양. ④봄 하늘의 푸른 빛. ⑤맑게 갠 하늘의 형용. ⑥푸른 달빛의 형용. ⑦늙은 모양. ⑧새벽 하늘의 형용.

【蒼天】そうてん(창천) ①☞蒼空(창공). ②봄 하늘. ③동쪽을 이름.

【蒼朮】そうじゅつ(창출) 삽주의 뭉치지 않은 뿌리. 건위(健胃)·발한(發汗) 등에 쓰는 한약재. 赤朮(적출). 山精(산정).

【蒼苔】そうたい(창태) 푸릇푸릇한 이끼.

【蒼波】そうは(창파) 푸른 물결. 푸른 파도. 蒼浪(창랑). ¶萬頃—.

【蒼海】そうかい(창해) 푸른 바다. 큰 바다. 滄海(창해).

【蒼黃】そうこう(창황) ①청(靑)과 황(黃). ②허둥지둥하는 모양. 당황해하는 모양. 倉惶(창황).

【蒼黃罔措】(창황망조) 창황하여 어찌할 바를 모름.

【蒼頡】そうけつ(창힐) 중국 고대 전설에 나오는 황제(黃帝)의 신하. 새의 발자국을 보고 한자(漢字)를 만들었다 함. 倉頡(창힐).

▷穹—, 老—, 莽—, 旻—, 鬱—, 靑—, 昊—

10 14【蒨】 꼭두서니 천 | 㝅くㄧㄢ(qian) | せん(アカネ)

[풀이]①꼭두서니. ㉮茜. ②나무 이름. ¶敖岸之山 北望河林 其狀如一如擧<山海經> ③우거진 모양. ㉮芊.

▷冬—, 姸—, 染—, 紫—, 蔥—

14【蒨】 茜(p.1278)과 同字

14【蒭】 芻(p.1269)와 同字

14【蒴】 蒭(p.1299)와 同字

10 14【蓄】 [1]쌓을 축 [2]푸성귀 휵 | 㞾ㄒㄩˋ(xu) 㞾 | ちく(タクワエル) store きく

[풀이][1]①쌓다. ¶洪恩素—<張衡> ②모으다. ¶我有旨—<詩經> ③저축하다. 저축. ¶乏於飮食之—<詩經·注> ④간직하다. 저장함. ⑤기르다. 양성함. ¶一力一紀<國語> ⑥기다리다. ¶孰謂時之可—<後漢書> [2]푸성귀. 겨울에 쓰려고 저장한 채소. (通)蓄.

【蓄力】ちくりょく(축력) 힘을 길러 쌓음.

【蓄財】ちくざい(축재) 재물을 모음. 돈을 모음.

【蓄積】ちくせき(축적) 많이 모아서 쌓음.

【蓄資】ちくし(축자) 저축(貯蓄).

【蓄妾】ちくしょう(축첩) 첩을 둠.

▷累—, 備—, 私—, 蘊—, 資—, 藏—, 貯—, 積—, 渟—, 含—, 涵—

10 14【蒲】 [1]부들 포 [2]땅 이름 박 | 㝅ㄆㄨˊ(pu) 㝅 | ほ(ガマ) はん

[풀이][1]①부들. 향포(香蒲). 부들과의 여러해살이풀. ②창포(菖蒲). ③왕골. 소포(小蒲). ④갯버들. 포류(蒲柳). ⑤자리. 부들로 짠 자리. ¶妾織—<孔子家語> ⑥초가 지붕. ⑦구기. 술이나 국 따위를 뜰 때 쓰는 기구. ⑧노름. 도박(賭博). (通)蒱. ⑨땅 이름. 춘추 시대의 지명. ㉮위(衛)의 땅. 지금의 하북성(河北省) 장원현(長垣縣). ㉯진(晋)의 읍. 지금의 산서성(山西省) 습현(隰縣)의 서북쪽. [2]땅 이름. 박고(蒲姑) 혹은 박고(薄姑). ¶將遷其君于一姑<書經>

【蒲公英】ほこうえい(포공영) 민들레. 민들레꽃.

【蒲柳之姿】ほりゅうノし(포류지 자) 몸이 쇠약함을 스스로 이르는 말. 또는, 체질이 유약함을 이름. 蒲柳는 갯버들. 姿는 質. 蒲柳之質(포류지 질).

【蒲柳之質】ほりゅうノしつ(포류지 질) ☞蒲柳之姿(포류지 자).

【蒲璧】ほへき(포벽) 주(周)대에 남작(男爵)이 명(命)을 받을 때에 가지던 서옥(瑞玉). 부들 무늬가 새겨졌음.

【蒲月】ほげつ(포월) 음력 5월의 이칭.

【蒲節】ほせつ(포절) 단오절(端午節)의 이칭.

【蒲鞭罰】(포편벌) 부들 채찍으로 하는 매질. 너그러운 형벌 또는 너그러운 정치를 이름. 蒲鞭之辱(포편지 욕). 蒲鞭之政(포편지 정).

▷菰—, 茅—, 白—, 石菖—, 深—, 莞—, 葦—, 槫—, 菖—, 蔥—

10 14【蒱】 도박 포 | 㝅ㄆㄨˊ(pu) | ほ

10 14【蓖】 아주까리 피·비 | 㝅ㄅㄧˋ(bi) | ひ

【蓖麻】ひま(피마) 아주까리. 피마자.

【蓖麻子】ひまし(피마자) 아주까리의 씨.

10 14【蒵】 [1]풀 이름 혜 [2]신 혜 [3]들메끈 계 | 㝅ㄒㄧˋ 㝅(xi) 㝅 | けい けい けい

[풀이][1]풀 이름. 머위. 토혜(菟蒵). [2]신. 신의 깔개. [3]들메끈. 신을 발에 동여 매는 끈.

10 14【蒿】 [1]쑥 호 [2]짚 고 | 㝅ㄏㄠ 㝅(hao) | こう mugwort

[풀이][1]①쑥. 파랑쑥. 사철쑥. 개사철쑥. ②김이 오르다. 수증기가 오름. ¶焄—悽愴<禮記> ③지치다. 소모(消耗)함. (通)耗. ¶使民—焉忘其安樂而有遠心<國語> ④흐트러지다. 어지러워짐. (通)眊. ¶今世之仁人—目 而憂世之患<莊子> ⑤땅 이름. ¶公會齊侯于—<穀梁傳> ⑥묘지(墓地). (通)薨. [2]짚. 볏짚. (通)槀 藁.

【蒿廬】こうろ(호려) 두메의 오두막집. 자기 집의 겸사(謙辭).

【蒿里】こうり(호리) ①태산(泰山)의 남쪽에 있는 산 이름. 죽은 사람의 혼백이 여기에 와서 머문다는 전설에서 묘지(墓地)를 이름. ②상여(喪輿)를 메고 갈 때 부르는 노래의 이름. 輓歌(만가). 薤露歌(해로가).

▷角一, 茼一, 牡一, 白一, 蓬一, 艾一, 青一, 焄一

11/15 【蔛】 석골풀 곡 | 圜ㄏㄨˊ (hu) | こく

15 【蓦】 蒀(p.1283)과 同字

15 【蓏】 苦(p.1275)과 同字

11/15 【蔲】 두구 구 | 宥ㄎㄡˋ (kou) | こう

풀이 두구(豆蔲). 열대 지방에서 나는 풀. ㉠통 莯. ¶草則藿蒳荳一＜左思＞

15 【蔛】 艽(p.1266)와 同字

15 【菫】 董(p.1284)의 本字

11/15 【蔇】 풀 많을 기 | 未ㄐㄧˋ 寘(ji) | き

풀이 ①풀이 많은 모양. ②이르다. 미침. ¶善鄭以勸來者 猶懼不一＜左氏傳＞ ③옛 땅 이름. 춘추 시대 노(魯)에 속함. ㉠같 曁. ¶公及齊大夫盟于一＜春秋＞

15 【蔛】 毒(p.825)의 古字

11/15 【蓮】 1 연밥 련 2 고을 이름 련 3 범부채 뿌리 섭 | 先ㄌㄧㄢˊ (lian) 霰 洽 | れん (ハス) *lotus* そう

풀이 1 ①연밥. 연실(蓮實). ②연. ¶一花之君子者也＜周敦頤＞ 2 고을 이름. ¶一勺. 3 범부채의 뿌리. 사간(射干). ¶烏一.

【蓮境】れんきょう(연경) 절. 寺院(사원). ¶方尋一去＜揚巨源＞

【蓮根】れんこん(연근) 연뿌리. 연의 땅속줄기.

【蓮府】れんぷ(연부) 대신(大臣)의 저택. 뜻이 바뀌어, 승상대신(丞相大臣)을 이름. 蓮幕(연막).

【蓮舍】れんしゃ(연사) 절. 連境(연경). 寺刹(사찰).

【蓮實】ハスノミ(연실) 연밥. 약용 또는 식용함. 蓮子(연자).

【蓮肉】れんにく(연육) 연밥의 살. 보중(補中)·익기(益氣)의 한약재로 쓰임. 蓮子肉(연자육).

【蓮子】れんし(연자) ☞蓮實(연실).

【蓮座】れんざ(연좌) ①연꽃 모양으로 만든 불좌(佛座). ②연꽃 새김을 한 대좌(臺座).

【蓮池】れんち(연지) 연못. 蓮塘(연당).

【蓮花】れんか·れんげ(연화) ①연꽃. ②여자의 가냘프고 예쁜 모양의 형용.

【蓮華】れんか·れんげ(연화) ①연꽃. 蓮花(연화). 불전(佛典)에 나오는 연화는 타원형의 수련(睡蓮)임. ②차(茶) 이름.

【蓮華臺】れんげだい(연화대) ①《佛》 극락 세계에 있다는 대(臺). ②정재(呈才) 때 추던 춤의 한 가지.

【蓮華世界】れんげせかい(연화세계) 《佛》 극락 세계.

【蓮華坐】れんげざ(연화좌) 《佛》 좌법(坐法)의 하나. 結跏趺坐(결가부좌).

【蓮華座】れんげざ(연화좌) 《佛》 불보살이 앉는 대좌(臺座). 蓮座(연좌).

▷枯一, 金一, 杜一, 白一, 碧一, 素一, 疎一, 水一, 睡一, 淤泥一, 池一, 靑一, 紅一

11/15 【蓼】 1 여뀌 료 2 찾을 로 3 장대한 모양 륙 4 서로 끌 류 | 篠ㄌㄧㄠˇ 晧(liao) 屋ㄌㄨˋ 宥(lu) | りょう (タデ) ろう りく りゅう

풀이 1 ①여뀌. 마디풀과의 한해살이풀. ¶以薅荼一＜詩經＞ ②신고(辛苦)함의 비유. ¶予又集于一＜詩經＞ ③춘추 시대의 나라 이름. ㉮고요(皐陶)의 후예로 초(楚)에 멸망됨. 지금의 하남성(河南省) 고시현(固始縣). ㉠통 鄝. ¶楚公子燮滅一＜左氏傳＞ ㉯고성(故城). 하남성(河南城) 당현(唐縣)의 남쪽 호양(湖陽). ¶鄖人軍於蒲騷 將與隨絞州一伐楚師＜左氏傳＞ 2 찾다. 수색(搜索)함. ¶摎一泙浪＜張衡＞ 3 ①장대한 모양. ②많은 섶. ㉠통 蓼. ¶一彼蕭斯＜詩經＞ 4 서로 끄는 모양. ¶糾一叫募＜司馬相如＞

【蓼蟲不知苦】りょうちゅうにがきをしらず(요충 부지고) 여뀌의 맛은 매우나 그것을 먹고 사는 벌레는 그 매운 맛을 모름. 사람도 제가 좋아해서 하면 무엇이든지 괴롭지 않음의 비유.

【蓼莪之詩】りくがのし(육아지 시) 「시경」(詩經) 육아(蓼莪)편의 시. 효자가 부역(賦役)으로 집을 나와서 어버이에게 효도를 못하고 부모 사후(死後)에 돌아와 그 슬픔을 읊은 것임.

▷甘一, 糾一, 摎一, 荼一, 馬一, 嘗一, 水一, 野一, 含一

11/15 【蔞】 1 쑥 루 2 상여 장식 류 | 尤ㄌㄡˊ (lou) 宥 | こう *mugwort* りゅう

풀이 1 ①쑥. 물쑥. ¶吳酸蒿一 不沾薄只＜楚辭＞ ②장대(長大)한 풀. 2 상여(喪輿) 장식. 상여에 다는 새의 깃 장식. ㉠같 輀 轞.

11/15 【蔆】 마름 릉 | 蒸ㄌㄧㄥˊ (ling) | りょう (ヒシ)

풀이 ①마름. 물풀의 이름. 열매가 세 모. 네 모의 것을 芰, 두 모의 것을 蔆이라 함. ②모[角]. 모남. ㉠통 稜.

15 【蔆】 蔆(p. 1300)과 同字

15 【蔴】 麻(p. 1689)의 俗字

11/15 【蔓】 1 덩굴 만 2 순무 만 | 願ㄇㄢˋ 寒(man) | まん(ツル) *vine*

풀이 [1] ①덩굴. 덩굴풀의 총칭. ②덩굴지다. ¶中通外直 不—不枝<周敦頤> ③자라다. 뻗어 나감. ¶野有—草<詩經> ④퍼지다. 만연(蔓延)함. ¶無使滋— —難圖也<左氏傳> ⑤흐트러지다. ¶鬚髮—頷兮顥鬢白<楚辭> ⑥감기다. 얽힘. ¶其支體纏— 若入懷袖也<拾遺記> [2]순무. 채소 이름. ¶—菁.

【蔓延】まんえん(만연) ①자라 퍼짐. 蔓衍(만연). ②풀 이름. ③놀이의 한 가지.

【蔓衍】まんえん(만연) ☞蔓延(만연)①.

▷枯—, 蘿—, 絡—, 綠—, 綿—, 碧—, 細—, 垂—, 修—, 野—, 延—, 柔—, 滋—, 長—, 纏—, 走—, 青—, 翠—, 荒—

11 15 【蔑】 [1]업신여길 멸 [屑]ㄇㄧㄝˋ(mie) べつ [2]사람이름 매 [霽]

풀이 [1]①업신여기다. 깔봄. ¶—祖辱親<沈約> ②버리다. ¶不—民功<國語> ③없다. 通弗. ¶喪亂—資<詩經> ④속이다. 通懱. ¶是—先王之官也<國語> ⑤어둡다. 시력(視力)이 떨어짐. 通⿰目蔑. ⑥잘다. 通末. ㉮작은 모양. ㉯정미(精微)하다. ¶—德降于國人<書經> ⑦회초리. 졸가리. ⑧깎다. ¶—貞凶<易經> ⑨멸망시키다. 通滅. ¶—殺其人民<國語> ⑩엷은 대쪽. 푸른 대의 꺼풀. 通篾. ⑪춘추 시대 노(魯)의 땅 이름. 지금의 산동성(山東省) 사수현(泗水縣)의 동북. ¶隱公及邾儀父盟于—<左氏傳> [2]①사람 이름. ¶兵殆於垂沙 唐—死<荀子> ②내의 이름.

【蔑德】べつとく(멸덕) ①자상하고 아름다운 덕. 妙德(묘덕). 美德(미덕). ¶—降于國人<書經> ②덕이 없음.

【蔑視】べっし(멸시) 업신여김.

▷輕—, 陵—, 侮—, 微—, 暴—

15 【薎】 蔑(p.1301)과 同字

11 15 【蓩】 [1]취어초 모·목 [2]도꼬마리 무 [3]풀더부룩할 무 [皓][屋][宥][宥] ぼう

풀이 [1]①취어초(醉魚草). 취어초과의 작은 갈잎 떨기나무. 정녕(葶薴). ②도꼬마리. 권이(卷耳). ③떨기로 나다. 더부룩하게 남. ④우거지다. [2]도꼬마리. [3]풀이 더부룩한 모양.

15 【⿱艹耄】 耄(p.1214)와 同字

15 【⿱艹⿱冖虫】 蜜(p.1327)과 同字

11 15 【蔔】 무 복 [職]ㄅㄛˊ(bo) ふく radish

풀이 ①무우. 나복(蘿蔔). ㉮菔. ②치자(梔子)꽃.

11 15 【蓬】 [1]쑥 봉 [2]초목 우거질 봉 [東]ㄆㄥˊ(peng) [送] ほう(ヨモギ) mugwort

풀이 [1]①쑥. 通莑. ¶彼茁者—<詩經> ②굽다. 굽어서 막힘. ¶夫子猶有—之心也夫<莊子> ③풀숲. 떨기. ¶—髮. ④흐트러지다. 通髼. ⑤무성한 모양. ¶——. ⑥떠돌다. 전전(轉轉)함. ¶飄風—龍<楚辭> ⑦흙덩이. 티끌. 通墣塕. ¶—顆. ⑧돕다. 거듦. 通扶. [2]초목이 우거진 모양.

【蓬丘】ほうきゅう(봉구) ☞蓬萊山(봉래산)①.

【蓬島】ほうとう(봉도) 신선이 살고 있다는 섬. 蓬萊山(봉래산)①. 蓬丘(봉구).

【蓬頭】ほうとう(봉두) ☞蓬髮(봉발).

【蓬頭亂髮】ほうとうらんぱつ(봉두난발) 머리를 빗지 않아 다북쑥처럼 흐트러져 있는 용모.

【蓬萊山】ほうらいさん(봉래산) ①신선(神仙)이 살고 있다는, 산으로 된 섬. 蓬丘(봉구). 蓬壺(봉호). 蓬島(봉도). ②韓 여름철의 금강산(金剛山)의 이칭.

【蓬髮】ほうはつ(봉발) 쑥처럼 흐트러진 머리털. 더벅머리. 蓬首(봉수). 蓬頭(봉두).

【蓬首】ほうしゅ(봉수) ☞蓬頭(봉두).

【蓬壺】ほうこ(봉호) 봉래(蓬萊)를 이름. 삼신산의 하나. 그 모양이 병과 비슷하다 해서 삼신산을 삼호(三壺)라고도 함.

▷斷根—, 斷—, 麻中—, 飛—, 轉—, 飄—

11 15 【蔀】 [1]빈지문 부 [2]별가리개 부 [有]ㄆㄡˇ(pou) [麌] ほう ほ

풀이 [1]①빈지문. 덧문. ¶豐其—<易經> ②덮개. 덮임. ③작다. ④작은 자리. 좁은 거적. ⑤어둡다. 캄캄함. ⑥채소 이름. 어제(魚薺). ⑦역법(曆法)의 이름. 일흔 여섯 해를 一蔀라 함. ⑧별 이름. ⑨자리. 通蓓. [2]①별가리개. 덧문. ②풀 이름.

【蔀會】ほうかい(부회) 고대 역법상(曆法上)의 말. 1부(蔀) 곧 76년의 기점(起點)이 만나는 곳.

▷二十——, ——

11 15 【蓰】 [1]다섯곱 사 [2]풀 이름 시 [支]ㄒㄧˇ(xi) [紙] し し

풀이 [1]①다섯곱. 5배(倍). ¶或相倍—<孟子> ②죽지가 늘어져 퍼덕이지 못하는 모양. ¶離—不能翽<韓愈·孟郊> [2]①풀 이름. ②다섯 곱.

11 15 【蔘】 [1]인삼 삼 [2]넓고 클 삼 [3]갈대 싹 삼 [侵]ㄕㄣ(shen) [覃] [豏] しん ginseng さん

풀이 [1]①인삼(人蔘). ㉮蓡. ②가지가 치솟다. ¶紛溶箾—<司馬相如> ③나무가 높게 자란 모양. ㉮槮. [2]①넓고 크다. ②늘어진 모양. [3]갈대의 싹.

【蔘綏】(삼수) ①넓고 큼. ②드리워진 모양.

【蔘圃】(삼포)韓 삼밭. 蔘場(삼장). 人蔘圃(인삼포).

▷家一, 嘉一, 乾一, 冬一, 童一, 童子一, 美一, 白一, 山一, 水一, 人一, 野一, 魚一, 園一, 柔一, 蒸一, 菜一, 青一, 草一, 稚一, 豊一, 紅一, 肴一, 畦一

11 15【蔎】 향기로울 설·살 | [屑]ㄕㄜˋ [曷](she) | せつ, さつ *aromatic*

[풀이]①향기롭다. 좋은 향기가 나는 모양. ¶懷椒聊之一一兮<楚辭> ②향기 나는 풀. ③차(茶)의 별칭.

11 15【蔬】 [1]나물 소 [2]버섯 소 [3]쌀알 소 | [魚]ㄕㄨ (shu) [虞]ㄙㄨ [語](su) | そ *vegetable* す そ

[풀이][1]①나물. 푸성귀. 남새. 식용하는 나물의 총칭. ㊣疏. ②풀의 열매. 풀씨. ¶能殖百穀百一<國語> ③벼. ¶稻曰嘉一<禮記> ④거칠다. 거칠게 찧음. ¶一食菜羹瓜<論語> ⑤버섯의 한 가지. [2]버섯. 땅버섯과 비슷한데 줄[眞菰] 속에서 남. ¶蘧一. [3]쌀알. ㊣糈. ¶鼠壤有餘一<莊子>

【蔬食】そし·そしょく(소사·소식) ①고기 반찬이 없는 거친 음식. 변변하지 못한 음식. 蔬飯(소반). ②풀이나 나무의 열매.

【蔬筍之氣】そじゅんノき(소순지 기) 채소나 죽순만 먹고 육식(肉食)하지 않는 사람의 풍도(風度)와 기상(氣象). 흔히, 승려의 기풍을 이름.

【蔬奠】そてん(소전) 변변하지 못한 제수(祭需). 자기가 올리는 제수의 겸칭.

【蔬菜】そさい(소채) 채소. 푸성귀.

▷家一, 嘉一, 蘧一, 冬一, 美一, 野一, 魚一, 園一, 柔一, 菜一, 青一, 草一, 豊一, 肴一, 畦一

11 15【蔌】 푸성귀 속·수 | [屋]ㄙㄨˋ [宥](su) | そく, そう

[풀이]①푸성귀. 채소의 총칭. 또는, 나물 반찬. ¶其一維何<詩經> ②흰 띠. 백모(白茅). ㊣藗. ③바람이 세게 부는 소리. ¶一一. ④사물의 모양. ¶一一.

▷蔬一, 野一, 肴一

11 15【蓿】 거여목 숙 | [屋]ㄙㄨˋ (su) | しゅく

11 15【蓴】 [1]순채 순 [2]풀 더부룩할 단 | [眞]ㄔㄨㄣˊ (chun) [寒] | しゅん たん

[풀이][1]①순채(蓴菜). 수련과(睡蓮科)의 여러해살이 풀. ㊣蒓. ②부들의 꽃. [2]풀이 더부룩하게 난 모양.

15【蒔】 蒔(p. 1297)와 同字

15【莘】 莘(p. 1282)과 同字

15【蒸】 藤(p. 1311)과 同字

15【菴】 庵(p. 519)과 同字

11 15【蔫】 [1]시들 언 [2]풀 이름 연 | [先]ㄋㄧㄢ [霰](nian) | えん *wither*

[풀이][1]①시들다. 풀이나 꽃 따위가 시듦. ㊀殮. ②신선하지 않다. 낡음. ③쉬다. 음식물이 상함. ㊀菸. [2]풀 이름. 고약한 냄새가 나는 풀.

11 15【蓺】 심을 예 | [霽]ㄧˋ (yi) | げい(ウエル) *plant*

[풀이]①심다. ㊀埶. ¶以教稼穡樹一<周禮> ②다하다. 끝남. ¶貪無一也<國語> ③과녁. 과녁을 맞힘. ¶用人無一<國語> ④재주. ㊀藝. ¶工執藝事以諫<書經>

15【莞】 莞(p. 1282)의 俗字

15【蒪】 蒪(p. 1297)과 同字

11 15【蔚】 [1]고을 이름 울 [2]제비쑥 위 [3]병들 위 | [物]ㄩˋ (yu) [未]ㄨㄟˋ [未](wei) | うつ

[풀이][1]①고을 이름. ②풀 이름. ③초목이 우거진 모양. ㊣鬱. ¶設一施伏<淮南子> [2]①제비쑥. 엉거시과의 여러해살이풀. ㊀蔚. ¶匪莪伊一<詩經> ②초목이 우거진 모양. ③무늬가 아름다운 모양. ¶君子豹變 其文一也<易經> [3]병들다. 앓음. ㊣瘀. ¶五藏無一氣<淮南子>

【蔚藍】うつらん(울람) 짙은 쪽빛. ¶水色天光共一<韓駒>

▷繁一, 炳一, 茀一, 彬一, 森一, 藹一, 蓊一, 窈一, 雄一, 幽一, 陰一, 蔭一, 猗一, 藻一, 粲一, 攢一, 芊一, 蒨一, 翠一, 彪一, 豊一, 煥一, 薈一

11 15【蔭】 [1]덕택 음 [2]가릴 음 | [沁]ㄧㄣˋ [侵](yin) | いん *shade*

[풀이][1]①덕택(德澤). ㉮도움. 비호(庇護). ¶臣不自揆 遠託大一<魏書> ㉯음보(蔭補). 음직(蔭職). ¶少以父一爲太子親衛<隋書> ②그늘. ㊣陰. ㉮풀 그늘. ㉯나무 그림자. 나무 그늘. ¶樹成一而衆鳥息焉<荀子> ㉰햇빛. 일영(日景). ¶趙孟視一日 朝夕不相及<左氏傳> ③물건의 그늘에 있음. ¶一不祥之木 爲雷電所撲<淮南子> ④다하다. 본분을 다함. ⑤덮다. 숨김. 감쌈. ¶況吾不能爲汝一政 應各自努力耳<南史> ⑥우거지다. 번성함. ¶桃李一翳<左思> [2]가리다. 그늘지게 함. 초목이 우거져 가림.

【蔭官】いんかん(음관) 부조(父祖)의 공덕으로 얻은 벼슬. 蔭仕(음사). 蔭職(음직). 白骨南行(백골남행). 南行(남행).

【蔭德】いんとく(음덕) ①조상의 덕. ②남 몰래 베푸는 선행(善行). 陰德(음덕). ↔陽德(양

덕).

【蔭補】いんぽ(음보) 조상의 덕으로 벼슬을 얻음.
【蔭仕】いんし(음사) ☞蔭官(음관).
【蔭生】いんせい(음생) 조상의 공덕으로 벼슬을 얻은 사람. 蔭子(음자).
▷嘉一, 軍一, 綠一, 木一, 茂一, 美一, 繁一, 庇一, 樹一, 涼一, 恩一, 資一, 慈一, 芭一, 勳一

11 15【蔗】 사탕수수 자·저 | [禡]ㄓㄜˋ (zhe) | しょ *sugar cane*
풀이 ①사탕수수. 감자(甘蔗). ㉠柘 䃸. ②맛이 좋다. 좋음. ¶一境.
▷甘一, 噉一, 都一, 食一, 瘏一, 藷一

11 15【蔣】 줄 장 | [陽]ㄐㄧㄤˇ [養](jiang) | しょう (マコモ)
풀이 ①줄. 줄풀. 진고(眞菰). 포아풀과의 여러해살이풀. ¶一茅靑蘋<漢書> ②격려하다. ㉡奬. ③깔개. 자리. ㉡薦藉. ④주(周)대의 나라 이름. 지금의 하남성(河南省) 고시현(固始縣)의 동쪽.

15【蔵】 藏(p. 1310)의 略字
15【蕣】 葬(p. 1294)과 同字
15【蔄】 荻(p. 1282)과 同字

11 15【蓫】 풀 말라죽을 적 숙 | [錫] [屋] | てき, しゅく
풀이 ①풀이 말라 죽다. ㉠菽. ②가물다. ㉡滌.

11 15【蔪】 ①쌀 점 ②벨 삼 ③우거질 첨 | [琰]ㄐㄧㄢ(jian) [咸]ㄕㄢ(shan) [鹽]ㄐㄧㄢ(jian) | せん さん せん
풀이 ①싸다. 풀이 얽혀 쌈. ㉡漸. ②베다. 베어버림. ㉡芟. ¶一去不義諸侯而虛其國<漢書> ③우거진 모양.
【蔪去】さんきょ(삼거) ☞芟除(삼제).

15【蓮】 造(p. 1484)와 同字

11 15【蓧】 ①삼태기 조 ②참소리쟁이 조 | [嘯]ㄉㄧㄠˋ [蕭](diao) | じょう
풀이 ①삼태기. 곡식 따위를 담아 나르는 그릇. ¶以杖荷一<論語> ②참소리쟁이. 마디풀과의 여러해살이풀. ㉠蓨.
▷荷一

11 15【蔦】 담쟁이 조 | [篠]ㄋㄧㄠˇ [嘯](niao) | ちょう (ツタ)

11 15【蔟】 ①누에섶 족 ②모일 주 ③작살 작 | [屋]ㄘㄨˋ [宥](cu) [覺] | そく (マブシ) しゅ さく(ヤス)
풀이 ① ①누에섶. 잠족(蠶蔟). ¶帥導群妾 咸循蠶一<揚雄> ②모이다. 무리를 지음. ㉡簇. ¶一以爲八<尙書大傳> ③보금자리. 새의 둥우리. ② ①모이다. 떼지어 모임. ㉡簇. ②12율(律)의 하나. 황종(黃鐘)에서 세째 율(律). ¶孟春之月 其音角 律中大一<禮記> ③나아가다. 풍악 소리가 울려 나감. ④누에 섶. ⑤음률의 이름. ㉡族. ③작살. 물고기를 찔러 잡는 기구. ㉠簎. ¶又一之所攙捔<張衡>

11 15【蓯】 ①종용 종 ②순무 총 ③뒤섞일 송 | [董]ㄘㄨㄥ [冬](chong) [腫] | そう しょう (カブラ)
풀이 ①종용(蓯蓉). 버섯의 한 가지. 육종용(肉蓯蓉). ② ①순무. 만정(蔓菁). ②풀이 우거진 모양. ③뒤섞이는 모양. 충송(衝蓯). ¶騷擾衝一<漢書>
【蓯滐】そうさい(종체) 물이 흐르는 모양.
▷龍一, 㯶一, 葑一, 衝一

15【蕐】 證(p. 1404)과 同字

11 15【蔡】 ①거북 채 ②내칠 살 | [泰]ㄘㄞˋ(cai) [曷]ㄙㄚ(sa) | さい さつ
풀이 ① ①거북. 점치는 데에 쓰는 큰 거북. ¶致大一焉<左氏傳> ②풀이 흐트러지다. ③티끌. 풀숲. ¶一莽螫刺<左思> ④법(法). ¶二百里一<書經> ⑤쇠약해지다. ㉡衰. ¶秋伯之樂舞一俶<尙書大傳> ⑥줄이다. 殺. ⑦나라 이름. 주(周)대의 나라. 하남성(河南省) 상채현(上蔡縣)의 서남쪽. ¶封功臣昆弟 於是封叔度於一<史記> ②내치다. 추방(追放)함. ㉡𢿱. ¶周公殺管叔 而一蔡叔<左氏傳>
【蔡邕】さいよう(채옹) 후한(後漢)의 문인(文人)이자 서가(書家). 자는 백개(伯喈). 효자로 알려지고, 거문고의 명수. 동탁(董卓) 밑에서 좌중랑장(左中郞將)을 지내다가 탁이 죽은 뒤 투옥되어 죽음. 저서에 「독단」(獨斷), 「채중랑집」(蔡中郞集) 등이 있음. (132~192).
▷居一, 神一, 靈一, 萃一

15【蒨】 蒨(p. 1299)과 同字
15【蒨】 蒨(p. 1299)과 同字

11 15【蔕】 ①꼭지 체 ㉯제 ②작은 가시 체 ③뿌리 대 | [霽]ㄉㄧˋ (di) [質] [泰] | たい てい たい
풀이 ① ①꼭지. 열매의 꼭지. 배꼽. 꽃받침. ¶抓白一<左思> ②꼭지로 달리다. 꼭지로 붙음. ¶一倒茄於藻井<張衡> ③밑둥. 뿌리. ㉡柢. ¶人生無根一<陶潛> ②작은 가시. 조그만 장애물. ㉠蔕. ¶一芥. ③뿌리. 초목의 뿌리.

▷根一, 綠一, 霜一, 翠一

15〖蔥〗 葱(p. 1294)의 本字

15〖蕞〗 蕞(p. 1306)의 俗字

15〖藿〗 蕢(p. 1297)와 同字

15〖蕢〗 春(p. 717)의 古字

11/15〖蓷〗 익모초 퇴 | [灰]ㄊㄨㄟ [因](tui) | たい, すい (ヤクモソウ)

11/15〖蓱〗 부평초 평 | [靑]ㄆㄧㄥˊ (ping) | へい (ウキクサ)

[풀이]①부평초. 개구리밥. ㉠萍. ②비를 맡았다는 신(神). 우사(雨師). 평예(蓱翳). ¶一號起雨<楚辭>

11/15〖蓽〗 필발 필 | [質]ㄅㄧˋ (bi) | ひつ

[풀이]①필발(蓽茇). 후추과의 풀. ②참소리쟁이. 마디풀과의 여러해살이풀. 양제(羊蹄)의 이칭. ¶一蓖. ③휘추리. ¶一門圭窬<禮記> ④사립문. ㉠篳.

【蓽門】ひつもん(필문) 휘추리로 만든 사립문. 가난한 사람의 집.

▷蓬一

15〖蒼〗 菫(p. 1295)과 同字

12/16〖蕑〗 등골나물 간 | [刪]ㄐㄧㄢ (jian) | かん (フジバカマ)

[풀이]①등골나물. 산란(山蘭). ¶士與女方秉一兮<詩經> ②연(蓮). ¶彼澤之阪 有蒲與一<詩經>

12/16〖蕖〗 연꽃 거 | [魚]ㄑㄩˊ (qu) | きょ (ハス)

[풀이]①연꽃. ㉠渠. ¶石一 青色 堅而甚輕 從風靡靡 覆其波上<拾遺記>/芙一. ②씨토란. 토란.

12/16〖蕢〗 1 상할 괴 2 삼태기 궤 | [卦]ㄎㄨㄟˋ [寘](kui) | かい き (アジカ)

[풀이]1 ①상하다. 썩음. ㉲殨. ¶草鬱則爲一<呂覽> ②흙덩이. ㉲塊. ¶夫禮之初…一桴而土鼓<禮記> ③붉은 비름. 적한(赤莧). 2삼태기. 흙 따위를 나르는 그릇. ㉠簣. ¶以一一障江河<漢書>

▷一一, 荷一

12/16〖蕎〗 메밀 교 | [蕭]ㄑㄧㄠˊ (qiao) | きょう (ソバ) *buckwheat*

[풀이]①메밀. 교맥(蕎麥). ②대극(大戟). 대극과의 여러해살이풀.

▷苦一, 收一, 花一, 辜一

12/16〖蕨〗 고사리 궐 | [月]ㄐㄩㄝˊ (jue) | けつ (ワラビ) *bracken*

[풀이]①고사리. ¶言采其一<詩經>/一薇. ②고비. 고사리과의 여러해살이 양치식물(羊齒植物). ¶迷一. ③마름. 물풀 이름. ¶一攈.

▷薇一, 山一, 野一, 藜一, 采一, 春一

12/16〖蕁〗 1 지모 담 2 쐐기풀 심 | [覃]ㄊㄢˊ (tan) [侵]ㄒㄩㄣˊ (xun) | たん じん

[풀이]1 ①지모(知母). 지모과의 여러해살이풀. ②열기(熱氣)가 오르다. ¶火上一 水下流<淮南子> ③풀가사리. 홍조류(紅藻類)의 바닷말. 포해태(布海苔). 해라(海蘿). 2쐐기풀. 쐐기풀과의 여러해살이풀. ¶一麻.

12/16〖蕗〗 감초 로 | [遇]ㄌㄨˋ (lu) | ろ (カンゾウ)

[풀이]①감초(甘草). 콩과의 여러해살이풀. 한약재로 씀. ②머위. 엉거시과의 여러해살이풀.

12/16〖蕪〗 1 거칠 무 2 무성할 무 3 풀이름 무 | [虞]ㄨˊ [麌](wu) [遇] | ぶ (アレル) *rough*

[풀이]1 ①거칠다. ㉮잡초가 우거지다. ¶田園將一胡不歸<陶潛> ㉯거친 풀. 잡초. ¶白露生庭一<顏延之> ②순무. ¶一菁. ③달아나다. ㉲逋. ¶孰兩東門之可一<楚辭> 2①무성하다. ㉠橆. ②어지럽다. 난잡함. ¶揚搉古今 擧要删一<舊唐書>/一音. 3풀 이름.

【蕪雜】ぶざつ(무잡) 난잡하게 어지러움.

【蕪菁】(무청←무정) 순무.

▷高一, 薇一, 靡一, 繁一, 疎一, 衰一, 野一, 榛一, 蒼一, 青一, 平一, 荒一, 黃一

12/16〖蕃〗 1 우거질 번 2 고을 이름 피 | [元]ㄈㄢˊ (fan) [支]ㄆㄧˊ (pi) | はん, ばん (シゲル) *grow thick* ひ

[풀이]1 ①우거지다. 무성함. ¶朱綠染繒深而一鮮<文心雕龍> ②붇다. 늘어남. ¶夏餘鳥獸一<宋之問> ③번성하다. ¶此盜賊所以一也<漢書> ④많다. ¶水陸草木之花 可愛者甚一<周敦頤> ⑤오랑캐. 부속(附屬). ¶九州之外 謂之一國<周禮> ⑥울타리. ㉲藩. ⑦붉다. ⑧변화하다. ㉲變. ⑨수레의 가로대. ⑩상자(箱子). ⑪풀 이름. 2고을 이름. 산동성 등현(滕縣). ㉲鄱.

【蕃畿】はんき(번기) 주(周)대 구기(九畿)의 하나. 왕기(王畿)의, 가장 먼 오백 리 땅.

【蕃殖】はんしょく(번식) 불어나 퍼짐.

【蕃息】(번식) ☞繁殖(번식). ¶一期.

▷生一, 熟一, 實一, 孳一, 眞一, 青一, 吐一

16〖蕭〗 篁(p. 1142)의 古字

16〖蘋〗 蘋(p. 1285)의 本字

12 16 【蕡】 [1]열매 많을 분 / 번 [2]삼씨 비 | [元]ㄈㄣˊ (fen) [未] | ふん ひ

16 【蔠】 蔘(p. 1301)과 同字

12 16 【蕭】 쑥 소 | [蕭]ㄒㄧㄠ (xiao) | しょう (カワラヨモギ) *mugwort*

[풀이]①쑥. 맑은대쑥. ②쓸쓸하다. 고적한 모양. ¶一寥激前階<孟郊> ③삼가다. ㊀肅. ④시끄러운 모양. ¶一然煩費<史記> ⑤바람 부는 소리. ¶風一一兮易水寒<史記> ⑥낙엽지는 소리. ¶無邊落木一一下<杜甫> ⑦말 우는 소리. ¶一一班馬鳴<李白> ⑧나라 이름. 춘추 시대 송(宋)의 부용국(附庸國).

【蕭郎】しょうろう(소랑) ①사랑하는 남자. 또는, 남편. ②당(唐)대의 남자의 통칭. ¶侯門一入深如海 從此一是路人<崔郊>

【蕭寺】しょうじ(소사) 절의 통칭. 양(梁) 무제(武帝)가 절을 세우고 절 이름에 자신의 성인 소(蕭)자를 넣은 데서 유래. ¶梁武帝好佛造浮屠 命蕭子雲 飛白大書曰一<杜陽雜編>

【蕭散】しょうさん(소산) ①조용하고 한가함. ②기분이 산뜻하고 꺼림한 것이 없음.

【蕭蕭】しょうしょう(소소) ①한가한 모양의 형용. ②쓸쓸한 소리나 모양의 형용.

【蕭瑟】しょうしつ(소슬) 가을 바람이 쓸쓸하게 부는 모양.

【蕭牆】しょうしょう(소장) ①군신(君臣)의 회견 장소에 친 담. ②집안. 내부(內部).

【蕭牆之憂】しょうしょうのうれい(소장지 우) 내란(內亂). 蕭牆之患(소장지 환).

【蕭牆之變】しょうしょうのへん(소장지 변) 내부에서 생긴 변고. 自中之亂(자중지 란).

【蕭條】しょうじょう(소조) ①쓸쓸한 모양. 蕭索(소삭). 蕭寂(소적). ¶原野一<班固> ②초목이 시드는 모양.
▷艾一, 寥一, 蓼一, 跳一, 采一, 飄一

16 【蕵】 蓀(p. 1297)과 同字

12 16 【蕣】 무궁화 순 | [震]ㄕㄨㄣˋ (shun) | しゅん (ムクゲ)
▷堇一, 白一, 朝一, 秋一

12 16 【蕈】 [1]버섯 심 [2]풀 담 | [寢]ㄒㄩㄣˋ [覃](xun) | しん(キノコ) たん

16 【蕚】 萼(p. 1293)의 俗字

12 16 【蕠】 [1]꼭두서니 여 [2]달라붙을 녀 | [魚]ㄖㄨˊ (ru) [魚]ㄋㄨˊ (nu) | じょ (ネバリツク)

16 【蕊】 蘂(p. 1314)의 本字

16 【蕋】 蕊(p. 1305)의 俗字

16 【薀】 蘊(p. 1308)과 同字

16 【蕘】 莞(p. 1282)과 同字

12 16 【蕘】 [1]땔나무 요 [2]나무꾼 요 [3]순무 뇨 | [嘯]ㄖㄠˊ [蕭](rao) [肴] | じょう (キコリ) にょう

12 16 【蕓】 평지 운 | [文]ㄩㄣˊ (yun) | うん

【蕓薹】うんだい(운대) 평지. 겨자과의 두해살이풀. 油菜(유채). 寒菜(한채).

12 16 【蔿】 [1]고을 이름 위 [2]떠들 화 [3]풀이름 와 [4]교활할 휘 | [紙]ㄨㄟˇ (wei) [麻] [歌] [支] | い か(カマビスシイ) が き

12 16 【蕤】 [1]꽃 유 [2]땅 이름 생 | [支]ㄖㄨㄟˊ [庚](rui) | ずい そう

[풀이][1]①꽃. ¶播芳一之馥馥<陸機> ②잇다. 이어짐. ¶應鐘生一賓<太玄經> ③평온하다. ¶一賓者 安而服也<淮南子> ④드리워지다. ¶飛英一於昊蒼<嵇康> ⑤장식(粧飾). 관(冠)이나 깃발에 늘어뜨린 꾸미개. ㊀緌. ⑥굼틀거리다. ¶蠖略一綏<揚雄> [2]땅 이름. 노(魯)의 땅.

【蕤賓】すいひん(유빈) ①12율(律) 중 일곱째 소리. ②음력 5월의 이칭.
▷芳一, 英一, 纓一, 玉一, 萎一, 葳一

12 16 【蕕】 누린내풀 유 | [尤]ㄧㄡˊ [宥](you) | ゆう

16 【蕑】 萸(p. 1293)와 同字

16 【蔭】 蔭(p. 1302)과 同字

16 【蕆】 莊(p. 1282)의 古字

12 16 【蕇】 두루미냉이 전 | [銑]ㄉㄧㄢˇ (dian) | てん

12 16 【蕝】 [1]표할 절 [2]썰매 체 | [屑]ㄐㄩㄝˊ (jue) [霽]ㄗㄨㄟˋ (zui) | せつ せい

12 16 【蕁】 더부룩 나는 풀 준 | [阮]ㄗㄨㄣˇ (zun) | そん

12 16 【蕆】 갖출 천 ㊥전 | [銑]ㄔㄢˇ (chan) | てん *ready*

[풀이]①갖추다. ②경계하다. ¶以一陳事<左氏傳> ③바로잡다.

12 16 【蕉】 파초 초 | [蕭]ㄐㄧㄠ (jiao) | しょう (バショウ)

[풀이]①파초(芭蕉). ②땔나무. ㊀樵. ¶覆之以一 不勝其喜<列子> ③야위다. ㊀

憔. ④티끌. 잡초. ¶澤若一<莊子> ⑤풀 베다. ⑥눋다. 탐. 그을림. ㊣焦.
▷甘一, 綠一, 牙一, 翠一, 芭一, 敗一

12 16 【蕞】 1 작을 최 | 㷸ㄗㄨㄟˋ (zui) | さい small
2 풀더부룩할 절 | 屑 | せつ
3 작을 촬 | 曷 | さつ

풀이 1 ①작다. 작은 모양. ¶一爾國<左氏傳> ②모이다. 모이는 모양. ¶一芮於城隅者<潘岳> ③땅 이름. 2 풀이 더부룩하다. 3 작다.

16 【蕠】 敢(p.1287)와 同字

16 【蕥】 萑(p.1288)의 本字

12 16 【蕩】 1 쓸어없앨 탕 | 養ㄉㄤˋ | とう
2 넓을 탕 | 陽(dang)
同 潒

풀이 1 ㊣盪. ①쓸어 없애다. 소탕함. ¶一天下之陰事<禮記>/掃一. ②흐르게 하다. 물이 흐르게 함. ¶以溝一水<周禮> ③움직이다. ¶天下不能一<荀子> ④흩어지다. ¶今我民用一析離居<書經> ⑤방자(放恣)하다. ㉮제멋대로 함. ¶今之狂也一<論語> ㉯음란하다. ⑥평탄하다. 평평함. ¶魯道有一<詩經> ⑦부수다. 깨뜨림. ¶幽王一以爲魁陵糞土溝瀆<國語> ⑧크다. 넓음. ⑨간편하다. ⑩두다. 놓음. ⑪내 이름. 탕수(蕩水). 하남성(河南省)에 있는 강. 2 넓은 모양.

【蕩減】(탕감) 韓 빚을 다 감해 줌.
【蕩論】とうろん(탕론) 탕평에 대한 의론. 蕩平論(탕평론).
【蕩兒】とうじ(탕아) 방탕한 사나이. 난봉꾼. 蕩子(탕자).
【蕩盡】とうじん(탕진) 재물, 힘 따위를 다 써 없앰. 蕩渴(탕갈). 蕩敗(탕패).
【蕩平】とうへい(탕평) 치우치지 않음. 蕩蕩平平(탕탕평평). ¶一策.
▷輕一, 灌一, 曠一, 矜一, 儻一, 動一, 莽一, 撲一, 放一, 燔一, 紛一, 焚一, 扇一, 消一, 掃一, 疎一, 漾一, 淹一, 恬一, 搖一, 流一, 遊一, 淫一, 夷一, 震一, 佚一, 跌一, 滌一, 淸一, 坦一, 誕一, 駘一, 波一, 播一, 板一, 平一, 逋一, 漂一, 飄一, 虛一, 浩一, 豪一, 豁一

12 16 【蔽】 1 가릴 폐 | 霽ㄅㄧˋ | へい(オオウ)
2 시들 별 | 屑(bi) | conceal へつ
3 가리개 불 | 物 | ふつ

풀이 1 ①가리다. ㉮보이지 않도록 가로막다. ¶雲能一日<傳習錄>/遮一. ㉯속이다. ¶姦臣一主<孔子家語> ㉰덮어 싸다. 씌움. ¶功名一天地<呂覽> ㉱숨기다. 비밀로 함. ¶罪無有掩一<禮記> ㉲포괄하다. 총괄함. ¶一言以一之<論語> ②가림. ㉮가려 막는 것의 총칭. ㉯바자. 울타리. ¶蒲一. ㉰지탱. 막이. ¶韓魏 趙之南一也<史記> ③가리개. 수레의 뒷문 가리개. ④어둡다. 사리(事理)에 어두움. ¶聰明先而不一<淮南子> ⑤정(定)하다. ¶惟先一志<書經> ⑥이르다. 도달함. ⑦가득차다. ⑧쓰러지다. ⑨주사위. 노름. ¶箟一象棊<楚辭> ⑩고을 이름. 2 ①시들다. ②나누다. 3 ①가리개. 수레 앞뒤에 치는 포장. ②수레의 장식. 여자용 수레의 꿩깃 장식. ③떨다. 먼지를 떪. ¶却行爲導 跪而一席<史記>

【蔽匿】へいとく(폐닉) 덮어 감춤. 숨김.
【蔽膝】へいしつ(폐슬) ①무릎을 덮어 가림. ②예복의 무릎 가리개. 궤배(跪拜)할 때 썼음.
【蔽一言】(폐일언) 한 마디로 다 말함. ¶詩三百 一言以蔽之 曰 思無邪<論語>
▷孤一, 欺一, 蒙一, 薄一, 藩一, 屛一, 覆一, 闇一, 掩一, 擁一, 壅一, 愚一, 隱一, 陰一, 翼一, 障一, 遮一, 侵一, 打一

12 16 【蕙】 향풀 이름 혜 | 霽ㄏㄨㄟˋ (hui) | けい

풀이 ①향풀 이름. 난초의 일종. ②혜초(蕙草). 영릉향(零陵香). ③아름답다. ¶一心.
▷蘭一, 芳一, 蓀一, 荃一, 蘅一

18 【𧃒】 惠(p.579)의 古字

16 【蕐】 華(p.1288)의 本字

13 17 【薑】 생강 강 | 陽ㄐㄧㄤ (jiang) | きょう (ショウガ) ginger

【薑桂之性】きょうけいのせい(강계지 성) 묵을수록 매운 생강과 육계(肉桂)의 성질. 늙을수록 더 강직한 사람의 비유. 薑性(강성). ¶一 到老愈辣<李燾>
▷乾一, 母一, 生一, 廉一

13 17 【薖】 너그러울 과 | 歌ㄎㄜ (ke) | か

풀이 ①너그럽다. ¶碩人之一<詩經> ②굶주리다. ③공허하다. ④아름답다. ⑤풀 이름.

17 【舊】 舊(p.1256)의 俗字

13 17 【蓬】 질경이 달 | 曷ㄉㄚˊ (da) | たつ (オオバコ)

13 17 【薝】 치자나무 담 | 感ㄓㄢˇ (zhan) | たん (クチナシ)

13 17 【薍】 1 달래 뿌리 란 | 翰ㄨㄢˋ | らん
2 물억새 환 | 諫(wan) | がん

13 17【蘞】 1 가위톱 렴 2 매운맛 험 3 부추 엄 4 너무 달 감 | ㄌㄧㄢˊ (lian) ㄒㄧㄢ (xian) | れん けん げん かん

13 17【蕾】 꽃봉오리 뢰 | ㄌㄟˇ (lei) | らい (ツボミ)

13 17【蔆】 시금치 릉 | ㄌㄥˊ (leng) | ろう (ホウレンソウ)

17【蕮】 蔓(p. 1300)과 同字

17【薎】 蠛(p. 1336)과 同字

17【蘉】 耄(p. 1214)와 同字

13 17【薇】 1 고비 미 2 향초이름 미 | ㄨㄟˊ (wei) | び (ゼンマイ) osmund

풀이 1 ①고비. 양치류(羊齒類) 식물. ②백일홍. 배롱나무. ¶紫一. ③장미. ¶薔一. ④살갈퀴. 콩과의 두해살이 풀. 2 향초 이름. ¶一蕪.

13 17【薄】 1 엷을 박 2 동자기둥 벽 3 풀 이름 보 | ㄅㄛˊ (bo) ㄅㄠˊ (bao) | はん (ウスイ) thin へき ほ

풀이 1 ①엷다. 通 脯. ¶如履一氷<詩經> ②빛 따위가 엷다. ¶一明. ③엷게 하다. 줄임. 박하게 함. ¶一滋味<呂覽> ④적다. ¶德一而位尊<易經>/一利多賣. ⑤천하다. 낮음. 얕음. ¶年少官一<史記> ⑥메마르다. ㉮토질이 나쁘다. ¶土一水淺<左氏傳> ㉯정(情)이 없다. ¶貴賤情何一<古詩>/刻一. ⑦가볍다. ㉮경박하다. ¶器樞不浮一<唐書> ㉯가볍다. 적음. ¶二日一征<周禮> ⑧가벼이 여기다. 업신여김. ¶骨肉還相一<左思> ⑨가까이하다. 접근함. ¶一而觀之<左氏傳> ⑩다그치다. 핍박(逼迫)함. 通 迫. ¶楚師一於險<左氏傳> ⑪이르다. 도달함. ¶飛鳴一廩<潘岳> ⑫붙다. 通 附. ⑬멈추다. ⑭모이다. ¶掩一草渚<史記> ⑮넓다. 通 博. ⑯힘쓰다. ⑰범(犯)하다. ¶陰陽相一<易經> ⑱펴다. 널리 베풂. 通 敷. ⑲두려워하다. 通 怖. ⑳발어사(發語辭). ¶一澣我衣<詩經> ㉑침범하다. ¶寒暑未一而疾<荀子> ㉒묵다. 머묾. 通 泊. ㉓싱겁다. 맛이 없음. ¶魯酒一而邯鄲圍<莊子> ㉔좁다. ¶此地狹一<史記> ㉕숲. ¶隱於榛一之中<淮南子> ㉖발. 가리기 위해 치는 것. ¶帷一之外不趨<禮記> ㉗대그릇. ㉘누에채판. 잠박(蠶箔). ¶勃以織一曲爲生<史記> ㉙어량(魚梁). 물고기를 잡는 장치. ㉚짚신. ㉛쇠장식. 2 동자기둥. 쪼구미. 通 欂. ¶爲銅一櫨…窮極百工之巧<漢書> 3 풀 이름.

【薄待】はくたい(박대) 푸대접. ↔厚待(후대).
【薄德】はくとく(박덕) 덕이 적음. 菲德(비덕). ¶才勝一. ↔厚德(후덕).
【薄利】はくり(박리) 적은 이익. ¶一多賣. ↔厚利(후리). 暴利(폭리).
【薄明】はくめい(박명) 희미하게 밝음. 특히 해가 뜨기 전이나 진 후의 어슴프레한 빛을 이름. ※未明(미명).
【薄命】はくめい(박명) 기구한 운명. 사나운 팔자. ¶美人一.
【薄暮】はくぼ·うすくれ(박모) 땅거미.
【薄福】はくふく(박복) 복이 없는 것. 薄幸(박행).
【薄俸】はくほう(박봉) 보잘것없는 봉급. 薄給(박급). 薄廩(박름). 薄況(박황). 薄祿(박록).
【薄氷】はくひょう(박빙) 엷은 얼음. 위험한 지경의 비유. ¶如履一<詩經>
【薄色】(박색) 못생긴 얼굴. 또는, 그런 여자.
【薄弱】はくじゃく(박약) ①굳세지 못하고 약함. ¶意志一. ②적고 약함. ¶根據一.
【薄情】はくじょう(박정) 인정이 없음. ↔多情(다정).
【薄土】はくど(박토) 메마른 땅.
▷刻一, 堉一, 儉一, 激一, 輕一, 空一, 寡一, 磽一, 詘一, 懦一, 陋一, 淡一, 靡一, 槃一, 旁一, 浮一, 濱一, 卑一, 飛一, 菲一, 鄙一, 貧一, 邪一, 鮮一, 憸一, 疏一, 修一, 身一, 深一, 涼一, 劣一, 畏一, 澆一, 愚一, 僞一, 帷一, 肉一, 林一, 訾一, 蠶一, 佻一, 嘲一, 拙一, 終一, 榛一, 瘠一, 淺一, 沾一, 叢一, 脆一, 土一, 褊一, 漂一, 狹一, 廻一, 厚一, 毀一

13 17【薜】 1 승검초 벽 2 줄사철 나무 폐 3 갈라질 박 4 수초 이름 배 | ㄅㄛˋ (bo) ㄅㄧˋ (bi) | へき (トウキ) へい はく はい

17【蘠】 薔(p. 1293)과 同字

13 17【葸】 1 너그러울 사 2 풀 이름 이 | ㄙˋ (si) | し い

13 17【蓡】 인삼 삼 | ㄕㄣ (shen) | しん (ニンジン)

13 17【薔】 1 물여뀌 색 2 장미 장 | ㄑㄧㄤˊ (qiang) | しょう (バラ)

13 17【薛】 쑥 설 | ㄒㄩㄝ (xue) | せつ (カワラヨモギ)
※薜(p. 1307)은 딴 자.

풀이 ①쑥. 맑은대쑥. ②향부자(香附子). ③나라 이름. 지금의 산동성(山東省)에 있던, 주(周)대의 제후국(諸侯國).

17【蕭】 ☞ 艸部 12획(p. 1305)

13 17 【薪】 섭나무 신 | 圓ㄒㄧㄣ (xin) | しん(タキギ) *brush wood*

풀이 ①섭나무. 땔나무. ¶越勾踐臥一嘗膽欲報吳<吳越春秋> ②나무하다. 땔나무나 풀을 벰. ③봉급. ¶一水. ④풀. ¶毀傷其一木<孟子>

【薪炭】しんたん(신탄) 섭나무와 숯.

▷鬼一, 勞一, 負一, 束一, 拾一, 輿一, 臥一, 錯一, 采一, 尺一, 芻一

17 【蕣】 莪(p.1282)와 同字

17 【薬】 藥(p.1312)의 略字

13 17 【薏】 율무 억·의 | 職 ㄧˋ 寘 (yi) | よく, い (ハトムギ)

풀이 ①율무. ¶一苡. ②연밥. 연실(蓮實). 연자(蓮子).

17 【蘖】 孽(p.422)과 同字

13 17 【蕷】 참마 여 | 御 ㄩˋ (yu) | よ(ヤマノイモ)

13 17 【薀】 1 붕어마름 온 | 元 ㄨㄣ | おん
2 쌓을 온 | 吻 (wen) | うん
本 운 | 問 ㄩㄣ | (ツム)
3 익힐 온 | (yun) | うん

풀이 1 붕어마름. ¶一藻. 2 ①쌓다. ¶芟夷一崇之<左氏傳> ②보관하다. ③왕성하다. ④풍부하다. 通醞. ⑤덥다. 通熅宛. 3 익히다. 배움.

13 17 【薁】 앵두나무 욱 | 屋 ㄩˋ | いく
오 | 號 (yu) | おう

풀이 ①앵두나무. ②까마귀머루. 포도과의 덩굴나무. ③풀 이름.

17 【薗】 園(p.332)과 同字

17 【蕰】 菹(p.1286)와 同字

13 17 【蕺】 1 삼백초 즙 | 緝 ㄐㄧˊ | しゅう
2 조그맣게 부러지는 소리 첩 | (ji) 葉 | (ドクダミ) しょう

13 17 【薦】 1 천거할 천 | 霰 ㄐㄧㄢˋ | せん(ス
2 꽂을 진 | (jian) 震 | スメル) しん

同 䕻 藨

풀이 1 ①천거하다. 추천함. ¶諸侯能一人於天子<孟子>/推一. ②올리다. 드림. 바침. ¶一其時食<中庸>/一新. ③공물(供物). 제수(祭需). 通饌 巽. ④풀. 까는 풀. 또는, 짐승의 먹이. ¶麋鹿食一<莊子> ⑤자리. 까는 자리. 通荐. ¶白茅以一<法苑珠林>/莞曰席 藁曰一<辭源> ⑥우거지다. 무성(茂盛)함. ¶一草多衍<管子> ⑦거듭. 줄곧. ¶饑饉一臻<詩經> ⑧말을 늘어놓다. ⑨제사 이름. 희생을 바치지 않는 제사. ¶無牲而祭 謂之一<公羊傳·注> 2 ①꽂다. 끼움. 通晋搢. ②집다.

【薦紳】せんしん(진신) 신분이 높은 사람. 경대부(卿大夫). 搢紳(진신). 縉紳(진신). ¶侍中儒者 皮弁一<史記>

【薦擧】せんきょ(천거) 사람을 추천함.

【薦祼】せんかん(천관) 제사의 의식(儀式). 薦은 제물을 올리는 일, 祼은 술을 땅에 부어 강신(降神)을 청하는 일. ¶一興俯 不中儀式<韓愈>

【薦靈】(천령)《佛》 재(齋)나 불공을 올려, 죽은 사람의 영혼을 건져 주는 일.

【薦羞】せんしゅう(천수) 제사에 올리는 음식. 祭物(제물). 祭需(제수). ¶與其一之物<周禮>

【薦新】せんしん(천신) 햇곡식이나 과일을 신(神)에게 먼저 올리는 일.

▷嘉一, 供一, 口一, 論一, 談一, 登一, 木一, 覆一, 席一, 謬一, 自一, 體一, 追一, 推一, 稱一, 他一, 蒲一, 褒一, 豊一, 顯一

13 17 【薙】 1 깎을 체 | 霽 ㄊㄧˋ | てい(ナグ)
2 깎을 치 | (ti) 紙 | *cut down* ち

풀이 1 ①깎다. ㉮풀을 옆으로 후려 쳐 베다. ¶一草得斷碑<蘇軾> ㉯털을 깎다. 通夷 雉 剃. ¶一髮刀. ②없애다. 2 ①깎다. 풀을 옆으로 후려 쳐 벰. ②백목련(白木蓮).

▷刊一, 耕一, 剷一, 辛一, 艾一

17 【䅼】 稺(p.1112)의 俗字

13 17 【薤】 염교 해 | 卦 ㄒㄧㄝˋ | かい, けい
혜 | 霽 (xie) | (ラッキョウ) *shallot*

풀이 염교. 백합과의 여러해살이풀. 갈 䪥. ¶一露歌.

【薤露】かいろ(해로) 호리(蒿里)와 함께 한(漢)대의 만가(輓歌). 사람의 목숨이 염교 잎의 이슬처럼 덧없다는 내용. ¶挽歌辭有一蒿里二章<搜神記>/一聲.

【薤葉】かいよう(해엽) 전서(篆書)의 한 체(體).

13 17 【薢】 1 마름 해 | 蟹 ㄒㄧㄝˋ | かい
2 초결명 개 | 佳 (xie) | (ヒシ)

13 17 【薌】 1 낟알기 향 | 陽 ㄒㄧㄤ | きょう,
2 소리 향 | 養 (xiang) | こう

풀이 1 ①낟알기. 곡기(穀氣). ¶黍曰一合 粱曰一萁<禮記> ②향기. 향내. 갈 香. ¶芬一以送之<荀子>/一氣. 2 소리. 나무가 바람에 흔들리는 소리. 通響.

▷芬一, 羶一

13 17 〖薈〗 우거질 회 ㊍외·의 | 㒃ㄏㄨㄟˋ (hui) 困 | わい, い (シゲル) *grow thick*

풀이 ①우거지다. 초목이 무성한 모양. ¶林木翳—<孫子> ②일다. 구름, 안개 따위가 피어오르는 모양. ¶—蔚. ③부추. ¶鴻—.
▷蘆—, 芳—, 翳—, 穢—, 蓊—, 蔚—, 榛—, 叢—, 鴻—

17 〖薫〗 薰(p. 1311)의 略字

13 17 〖薨〗 1 죽을 훙 ㊍홍 2 많을 횡 | 㒃ㄏㄨㄥ (hong) 庚 | こう(シヌ) *death* こう(オオイ)

풀이 1 죽음. 제후(諸侯)의 죽음. ¶天子死曰崩 諸侯曰—<禮記> 2 ①많다. 떼 지어 모인 모양. ¶螽斯羽——兮<詩經> ②빠르다.
【薨逝】こうせい(훙서) 왕공(王公)이나 귀인(貴人)의 죽음의 존칭. 薨去(훙거).

14 18 〖藁〗 짚 고 | 皓ㄍㄠˇ (gao) | こう(ワラ) *straw*

풀이 ①짚. 볏짚. ㉠稾 蒿. ¶席—待罪<史記> ②마르다. 건조(乾燥)함. ㉠槀. ㉮나무가 마르다. 마른 나무. ㉯말라 죽다. ¶中昊不雨 傷風病—<易林> ③원고(原稿). 글, 문서의 초안(草案). ㉠稿 稾.

14 18 〖薹〗 장다리 대 | 灰ㄊㄞˊ (tai) | たい, だい (トウ)

풀이 ①장다리. 무우, 배추 따위의 꽃줄기. ¶此菜易起—<本草綱目> ②삿갓사초. 방동사니과의 여러해살이풀. ③평지. 식물 이름. ¶蕓—.

14 18 〖藍〗 1 쪽 람 2 채소 무침 람 | 覃ㄌㄢˊ (lan) 勘 | らん (アイ) *indigo*

풀이 1 ①쪽. 마디풀과의 한해살이풀. ¶青出於—. ②쪽빛. 남색(藍色). ¶青於—<荀子>/出—. ③누더기. 通襤. ¶—縷 言衣敝壞<集韻> ④어지럽히다. 함부로 함. 通濫. ¶—之以樂 以觀其不寧<大戴禮> ⑤절. 사찰(寺刹). ¶創建精— 號平田禪院<傳燈錄>/伽—. 2 채소 무침. 초무침. 通薀.
【藍尾酒】らんびしゅ(남미주) 술자리에서, 맨 끝 차례 사람이 연거푸 석 잔 마시는 술. 婪尾酒(남미주). ¶三盃—<白居易>
【藍本】らんぽん(남본) 애벌 그림. 뜻이 바뀌어, 근거가 되는 책이나 또는 원본(原本)을 이름. 紅本(홍본). ¶今方修一統志 似當以舊通志爲—<居易錄>
【藍田生玉】らんでんぎょくをしょうず(남전생옥) 남전에서 좋은 구슬이 난다는 뜻으로, 훌륭한 집안에서 훌륭한 사람이 남을 이르는 말. 남전은 섬서성(陝西省)에 있는 산인데 아름다운 옥이 나는 곳.
▷伽—, 甘—, 俱—, 木—, 山—, 菘—, 蓼—, 蔚—, 青出於—, 出—, 紅—

14 18 〖藐〗 1 멀 막 2 작을 묘 3 지치 모 | 覺ㄇㄛˋ (mo) 篠ㄇㄧㄠˇ 效 (miao) | ばく, まく (トオイ) *far* びょう

풀이 1 ①멀다. 아득함. 넓음. 通邈. ¶—然甚慚<漢書> ②조금씩. 通稍. ③지초. 자초(紫草). ㉠藐. 2 ①작다. 通秒. ②멀다. ③업신여기다. 가벼이 봄. ④아름답다. 예쁨. ⑤어둡다. 通眊. 3 지치. 자색(紫色)의 염료로 쓰는 풀.

14 18 〖薶〗 1 메울 매 2 묻을 매 3 막을 리 4 더러울 왜 | 佳ㄇㄞˊ 卦 (mai) 支 歌 | ばい, まい (ウズメル) ばい

18 〖薹〗 耄(p. 1214)의 古字

14 18 〖薩〗 보살 살 | 曷ㄙㄚˋ (sa) | さつ

풀이 보살. 범어 sat의 음역.
▷菩堤—埵, 菩—, 布—

14 18 〖薯〗 마 서 | 御ㄕㄨˇ (shu) | しょ (ヤマノイモ)

풀이 마. 참마. 마과의 여러해살이풀. ㉠藷. ¶—蕷.

14 18 〖藇〗 1 고울 서 2 무성할 여 3 향초 이름 여 4 참마 여 | 語ㄒㄩˇ 語 (xu) 魚 御ㄩˋ (yu) | しょ(ウツクシイ) よ (シゲル)

18 〖蕬〗 蓀(p. 1297)의 俗字

14 18 〖藎〗 1 나아갈 신 2 풀 이름 진 | 震ㄐㄧㄣˋ 軫 (jin) | しん (ススム) *progress* じん

풀이 1 ①나아가다. 충심(衷心)으로 나아가 힘쓰는 모양. 通進. ¶王之—臣 無念爾祖<詩經> ②나머지. 타고 남은 것. ㉠燼. ¶具禍以—<詩經> ③조개풀. 포아풀과의 두해살이풀. 2 풀 이름.
【藎臣】じんしん(신신) 충신. 藎은 진(進)의 뜻.

14 18 〖薳〗 애기풀 원 위 | 阮ㄨㄟˇ 紙 (wei) | えん, い (ヒメハギ)

【薳志】えんじ(원지) 애기풀. 靈神草(영신초). 뿌리는 강장제(強壯劑)로 씀.

14 18 〖薿〗 무성할 의 | 紙 ǐ (yi) | ぎ(シゲル)
억 | 職 | ぎょく

14 18 〖藉〗 1 깔개 자 2 도울 적 | 禡 ㄐㄧㄝˋ (jie) | しゃ (シキモノ) | 陌 ㄐㄧˊ (ji) | mat せき

㊄ 耤

※籍(p.1144)은 딴 자.

풀이 1 ①깔개. ㉮제사 때 펴는 자리 밑에 까는 거적 따위. ㉥蒩. ㉯옥(玉) 받침. ¶執玉 其有一＜禮記＞ ②깔다. ¶一用白茅＜易經＞ ③빌다. ㉮차용(借用)하다. ¶一外論之＜莊子＞ ㉯남의 도움을 입다. ¶一兵乞食於西周＜戰國策＞ ㉰핑계 삼다. 빙자함. ¶若苟有以一口 而復於寡君＜左氏傳＞ ㉱빌리다. 빌려줌. ¶一寇兵而齎盜糧也＜十八史略＞ ④의지하다. ¶彼道自來 可一與謀＜管子＞ ⑤흐트러지다. ¶狼一. ⑥가령. ¶一使子嬰有庸主之材＜賈誼＞/一令. ⑦어조사(語助辭). ¶爲人溫雅有醞一＜漢書＞ 2 ①돕다. ㉥籍. ¶一之以樂＜左氏傳＞ ②깔개. ③적전(藉田). ④업신여기다. 능멸(凌蔑)함. ¶人皆一吾弟＜史記＞ ⑤밟다. 유린함. ⑥떠들썩하다. 왁자함. ㉥籍. ¶名聲一甚＜漢書＞ ⑦흐트러지다. 낭자(狼籍)함. ⑧노끈. ㉥組索. ⑨범(犯)하다. ⑩에우다. 에워쌈. ⑪위로하다. ¶慰一.

【藉藉】せきせき(자자) 여러 입에 오르내리는 모양. 떠들썩함. 籍籍(적적).

【藉田】せきでん(적전) 임금이 그곳에 딸린 농민을 두고 몸소 농사 지어, 거두어들인 곡식으로 신에 제사지내던 제전(祭田)의 한 가지. 籍田(적전).

▷權一, 狼一, 牢一, 蹈一, 崩一, 憑一, 承一, 慰一, 因一, 薦一, 枕一

14 18 〖藏〗 1 감출 장 2 곳집 장 | 陽 ㄘㄤˊ (cang) | ぞう (カクス) | 漾 ㄗㄤˋ (zang) | conceal ぞう(クラ)

풀이 1 ①감추다. 간직함. ㉥臧. ¶槐江之山 多一琅玕黃金玉＜山海經＞ ②품다. 마음속에 지님. ¶一怒以待之＜呂覽＞ ③저장하다. ¶君子一器於身＜易經＞ ④잠재(潛在)하다. 숨음. ¶衰乃殺 殺乃一＜呂覽＞ ⑤정돈하여 간직하다. ¶掌官契以治一＜周禮＞ ⑥깊다. ¶頭疾痛 爲一鍼之＜素問＞ ⑦우거진 모양. ¶一一. ⑧성채(城砦). 성과 요새(要塞). ¶義之修而禮之一也＜禮記＞ ⑨풀 이름. 물억새와 비슷하며 마소의 꼴로 씀. ¶其卑溼則生一莨蒹葭＜史記＞ ⑩쓸모 없이 되다. 버림. ㉥戕. ¶高鳥盡而強弩一＜淮南子＞ ⑪저축. 비축(備蓄). ¶厚積餘一＜史記＞ ⑫묻다. 매장(埋藏)함. ㉥葬. ⑬장물(贓物). 贓의 俗字. ⑭성(姓). 2 ①곳집. ¶俄而范氏之一大火＜列子＞ ②오장. ㉥臟. ¶參之以九一之動＜周禮＞ ③서장(西藏)의 약칭. ¶置駐一大臣 以統前一後一＜清會典＞ ④불경(佛經). 범어 Pitaka의 역(譯). ¶雖看盡萬一 猶無益也＜禪家龜鑑＞

【藏去】ぞうきょ(장거) 간수함. 서화 따위를 간직해 둠. 去는 藏. 藏弆(장거).

【藏經】ぞうきょう(장경) ①불교 경전의 총칭. 大藏經(대장경). ②라마경(喇嘛經)의 경문(經文). ③경서(經書)를 간직해 둠. ¶一閣.

【藏六】ぞうろく(장륙) 거북의 이칭. 머리·꼬리·두 손·두 발을 딱지 속에 숨기기 때문에 이름.

【藏鋒】ぞうほう(장봉) ①재능을 감추고 드러내지 않음. ②서법(書法)의 하나.

【藏書】ぞうしょ(장서) 책을 간직하여 둠. 또는, 그 책. ¶一閣.

【藏族】ぞうぞく(장족) 종족 이름. 티벳족.

▷家一, 蓋一, 經一, 姑一, 庫一, 歸一, 禁一, 機一, 內一, 錄一, 逃一, 韜一, 遁一, 慢一, 埋一, 無盡一, 迷一, 密一, 白一, 壁一, 寶一, 伏一, 封一, 府一, 祕一, 舍一, 三一, 所一, 收一, 壽一, 餘一, 斂一, 瘞一, 蘊一, 窩一, 用舍行一, 幽一, 留一, 輪一, 隱一, 潛一, 貯一, 積一, 墊一, 正法眼一, 地一, 珍一, 陳一, 捉迷一, 冢一, 畜一, 沈一, 帑一, 土一, 退一, 閉一, 包一, 含一, 行一, 晦一

20 〖䔢〗 葬(p.1294)의 古字

18 〖薀〗 葅(p.1294)와 同字

14 18 〖薺〗 1 냉이 제 2 납가새 자 | 霽 ㄐㄧˋ (ji) | せい (ナズナ) | 支 ㄑㄧˊ (qi) | し (ハマビシ)

풀이 1 ①냉이. 제채(薺菜). ¶其甘如一＜詩經＞ ②납가새. 질려(蒺藜). ㉥茨. 2 ①납가새. ②악장(樂章) 이름. ¶行以肆夏 趨以采一＜周禮＞/采一.

▷甘心如一, 甘一, 采一

14 18 〖藋〗 1 파랑명아주 조 2 넓은잎딱총나무 탁 3 수수 적 | 嘯 ㄉㄧㄠˋ (diao) | ちょう (アオアカザ) | 覺 ㄉㄧˊ 錫 (di) | たく てき

풀이 1 ①파랑명아주. 명아주의 한 가지. ¶夫逃虛空者 藜一柱乎鼪鼬之逕＜莊子＞ ②넓은잎딱총나무. 인동과의 갈잎떨기나무. 말오줌나무. ¶蒴一. 2 넓은잎딱총나무. 3 수수. 고량(高粱). 포아풀과의 한해살이 식물.

18 〖藻〗 藻(p.1315)의 本字

18 〖䕡〗 餕(p.1640)·饌(p.1643)과 同字

18 〖蓁〗 榛(p.784)과 同字

14/18 【蔡】 **1** 물고기잡는 독초 찰 | 黠 ㄔㄚˊ (cha) | さつ
2 땅 더럽힐 최 | 霽 | せい

풀이 **1** ①물고기를 잡는 독초(毒草). ②지푸라기. 초개(草芥). **2**땅을 더럽히다. 풀이 땅을 더럽힘.

18【⿱艹緇】 菑(p.1287)와 同字

18【⿱艹睪】 擇(p.1315)과 同字

18【⿱艹弊】 蔽(p.1306)와 同字

14/18 【薸】 개구리밥 표 | 蕭 ㄆㄧㄠˊ (piao) | ひょう

14/18 【薰】 향풀 훈 | 文 ㄒㄩㄣ 問 (xun) | くん (カオル)
略 薫 同 勳

풀이 ①향풀. 향초(香草). ¶一一一蕕<左氏傳> ②향내 나다. ¶陌上草一<江淹> ③향기. ¶一蕕不同器而藏<孔子家語> ④그을다. 연기만 남. 通 熏. ¶燎一爐兮炳明燭<謝惠連> ⑤그슬다. 불피움. ¶一胥以刑<漢書> ⑥바람이 부는 모양. ¶蕙風如一<左思> ⑦훈자(薰炙)하다. 선도함. 감화함. ¶一其德<韓愈> ⑧온화하다. ¶一然慈仁<莊子> ⑨매운 나물. 通 葷. ¶問夜膳一<儀禮> ⑩공. 공훈. 通 勳. ⑪흉노(匈奴)의 옛 이름. 通 獯. ¶一育. ⑫성(姓).

【薰氣】(훈기)韓 ①훈훈한 기운. 훈김. ②권세 있는 사람의 세력이나 그 영향의 비유.

【薰陶】くんとう(훈도) 흙을 반죽하여 질그릇을 만드는 것처럼 사람을 교화 훈육(訓育)함을 이름. 感化(감화).

【薰沐】くんもく(훈목) 향(香)을 옷에 배게 하고, 머리를 감고 몸을 깨끗이 함. 熏沐(훈목).

【薰門】(훈문)韓 권세 있는 집안.

【薰藥】(훈약)韓 불에 태워서 그 기운을 쐬어 병을 치료하는 약.

【薰蕕】くんゆう(훈유) 薰은 향기로운 풀, 蕕는 나쁜 냄새가 나는 풀. 선인과 악인, 군자와 소인, 선악(善惡)의 비유.

【薰育】くんいく(훈육) ①덕의(德義)로써 교육함. ②흉노의 옛 이름.

【薰以香自燒】くんはこうをもってみずからやく(훈 이향자소) 향초는 향기가 있기 때문에 불태워진다는 뜻으로, 재주 있는 사람이 그 재주 때문에 오히려 재난을 당할 수 있음의 비유. ※焚身(분신).

【薰蒸】くんじょう(훈증) ①연기를 피워 찜. ②찌는 듯 무더움. 薰熱(훈열).

【薰草】くんそう(훈초) ①풀이 향기를 피움. 풀에서 향내가 남. ②향초(香草)의 이름.

【薰風】くんぷう(훈풍) 남풍. 온화한 바람. 和風(화풍).

▷嘉一, 蘭一, 南一, 芬一, 麝一, 餘一, 染一, 蕕一, 香一

19【藁】 稾(p.1110)와 同字

15/19 【藭】 궁궁이 궁 | 東 ㄑㄩㄥˊ (qiong) | きゅう

19【⿱艹鄲】 蘄(p.1313)과 同字

19【薾】 苨(p.1271)와 同字

19【⿱蔕心】 蔕(p.1303)와 同字

15/19 【藤】 등나무 등 | 蒸 ㄊㄥˊ (teng) | とう (フジ) *wisteria*

풀이 ①등나무. ②덩굴. 등나무 덩굴. ③등(籐). 덩굴풀의 한 가지. 줄기는 질겨서 의자, 침대, 등거리 따위를 만드는 데에 씀. ④참깨. ¶☆一.

▷葛一, 亂一, 綠一, 白一, 常春一, 剡一, 紫一, 蒼一, 靑一, 寒一, 榼一, 荒一

19【⿱艹⿵門貝】 莧(p.1280)과 同字

15/19 【藜】 명아주 려 | 齊 ㄌㄧˊ (li) | れい (アカザ) *goosefoot*

풀이 ①명아주. 명아주과의 한해살이풀. 같 蔾. ¶以母老 并贈一杖一枚<晉書> ②검다. 通 黎. ③흩어지다. 通 離. ¶配一四施<揚雄> ④독초 이름. ¶一蘆.

▷配一, 杖一, 蒺一, 靑一, 靑一杖

15/19 【藘】 꼭두서니 려 | 魚 ㄌㄩˊ (lü) | りょ (アカネ)

풀이 ①꼭두서니. 꼭두서니과의 여러해살이 덩굴풀. ¶茹一在阪<詩經>/茹一. ②독초의 이름. ¶一藜.

15/19 【藟】 등나무 덩굴 루 | 紙 ㄌㄟˇ (lei) | るい

풀이 ①등나무 덩굴. 덩굴지는 식물의 총칭. 같 蘽. ¶南有樛木 葛一纍之<詩經> ②얽히다. 휘감김. ¶漁人遞往還 網罟相縈一<王績> ③봉오리. ¶梅初破一行江路<陸游> ④술 이름. 기장에 울금향(鬱金香 : 튤립)을 넣어 빚어, 종묘(宗廟)에 바치는 술.

19【⿱艹⿰禾西】 夢(p.371)과 同字

15/19 【藩】 울 번 | 元 ㄈㄢˊ (fan) | はん (マガキ) *hedge*

풀이 ①울. 울타리. ¶羝羊觸一<易經> ②덮다. 지킴. ¶吳人一衛侯之舍<左氏傳> ③수레의 휘장. 수레의 양편에 바람, 먼지를 막기 위해 치는 장막. ④휘장이 있는 수레. ¶以一載欒盈<左氏傳> ⑤경계. 한계. ¶吾願游於其一<莊子> ⑥왕후(王侯)의 영토. 변방을 지키는, 왕가의 부용국(附庸國). ¶外有大國賢王 竝爲一屛<後漢書> ⑦지모(知母). 지모과의 여러해살이풀.

¶茷—.

【藩國】はんこく(번국) 왕실의 울타리가 되는 나라. 곧, 제후의 나라. 藩邦(번방).

【藩邦】はんぽう(번방) ☞藩國(번국).

【藩屛】はんぺい(번병) 울타리. 왕실을 호위하는 제후를 이름. 藩蔽(번폐). 藩翰(번한). 藩籬(번리).

【藩服】はんぷく(번복) 옛 중국 구복(九服)의 하나. 왕성(王城)에서 5천 리 떨어진 곳의 사방 5백 리 지역. ※九服(구복).

【藩臣】はんしん(번신) 왕실을 수호(守護)하는 사람. 제후를 이름.

【藩鎭】はんちん(번진) ①당(唐)대 지방 관서의 이름. 절도사. ②왕실의 번병(藩屛)이 되는 제후. ③지방에 주둔하는 군대(軍隊).

▷疆—, 鉅—, 大—, 名—, 小—, 列—, 外—, 雄—, 遠—, 懿—, 籬—, 昵—, 牆—, 羝羊觸—, 宗—, 重—, 戚—, 親—, 翰—

19〖[illegible]〗 僕(p.138)과 同字

15 19〖藪〗 ①덤불 수 ②똬리 수 ③바퀴살 구멍 추 | 宥 ムㄡˇ 麌(sou) 宥 | そう bush

풀이 ① ①덤불. 수풀. ¶逡巡兮圃—<楚辭> ②늪. ㉮큰 늪. 못. ¶大澤曰—<說文·注> ㉯물이 얕아, 초목이 우거지고 새·짐승이 사는 곳. ¶澤虞 每大澤大—<周禮> ③구석진 깊숙한 곳. 후미진 곳. ¶步從容於山—<楚辭> ④연수(淵藪). 물건이 많이 모여 있는 곳. ¶叔在—<詩經> ⑤찾다. 구(求)함. 通搜. ⑥바퀴살이 박히는 구멍. 通橾. ¶以其圍之防捎其—<周禮> ⑦풀 이름. 술을 거르는 데에 씀. ¶以筐曰釃 以—曰湑<詩經·注> ② ①똬리. ¶窶—. ②부피의 단위. 16말. 通籔. ③바퀴살 구멍.

【藪澤】そうたく(수택) ①잡목, 잡초가 우거진 곳. 藪는 물이 없는 곳, 澤은 물이 있는 곳. ②물건이 많이 모여 있는 곳. 淵藪(연수).

▷窶—, 歸—, 萊—, 談—, 大—, 淵—, 原—, 幽—, 林—, 圃—

15 19〖藥〗 ①약 약 ②더운 모양 약 삭 ③간맞출 략 | 藥 ㄧㄠˋ 藥(yao) 覺 藥 | やく drug しゅく りゃく
略 薬 俗 薬

풀이 ① ①약. ㉮병을 고치는 데에 효과가 있는 것의 총칭. ¶以五味五穀五—養其病<周禮> ㉯방술사(方術士)가 복용하는 것. ¶未可爲求仙—<史記> ㉰화약. ¶裝—. ㉱심신을 유익하게 하는 것. ¶苦言—也<史記> ②독(毒). ¶季子和—而飮之<公羊傳> ③치료하다. 고침. ¶不可救—<詩經> ④담. 금원(禁苑). ⑤작약(芍藥)의 약칭. ¶紅—當階翻<謝朓> ⑥성(姓). ⑦㊥아편. 화약. ② 더운 모양. ③ ①간을 맞추다. ②양념한 젓갈이나 포(脯).

【藥局】やっきょく(약국) ①약을 조제하는 곳. ②약을 파는 가게.

【藥籠中物】やくろうちゅうのもの(약롱중물) 약 상자 속의 약품. 내 수중의 것, 달래어 내 편으로 한 것, 필요한 인물 등의 비유.

【藥物】やくぶつ(약물) 약 재료, 곧 제약의 원료. 또는, 약품. ¶—中毒.

【藥房】やくほう(약방) ①약을 짓는 방. ②조선 때 내의원(內醫院)의 이칭. ③약사(藥師) 없이 약을 파는 가게.

【藥方文】やくほうぶん(약방문) 약을 짓기 위한, 약명과 분량을 적은 글. 處方箋(처방전). ¶死後—.

【藥師】やくし(약사) ①《佛》 여래(如來)의 이름. 약사유리광여래(藥師瑠璃光如來). 중생의 병을 구(救)한다 함. 大醫王(대의왕). ②의약품의 감정(鑑定), 보존, 조제, 교부에 관한 일을 하는 사람. 藥劑師(약제사).

【藥石】やくせき(약석) ①약과 돌침. 약제(藥劑)의 총칭. 또는, 병의 치료. ②교훈이 되는 말. 또는, 통절(痛切)한 경계(警戒)가 될 만한 사물. ③《佛》 야식(夜食)으로 먹는 죽밥. 선가(禪家)의 은어(隱語)임.

【藥石之言】やくせきのげん(약석지 언) 사람을 경계(警戒)하여 그 잘못을 고치게 하는 말.

【藥水】(약수) ①약효가 있는 물. ②㊥ 물약.

【藥食】(약식)㊕ 물에 불린 찹쌀을 쪄서 만든 음식. 약밥.

【藥用】やくよう(약용) ①약으로 씀. ¶—植物. ②병자에게 약을 쓰는 방법. 處方(처방).

【藥材】やくざい(약재) 약을 짓는 데 드는 재료. 藥材料(약재료). 藥種(약종). 藥物(약물).

【藥田】やくでん(약전) ☞藥圃(약포).

【藥箋】やくせん(약전) 처방전(處方箋).

【藥劑】やくざい(약제) 약. 조제(調劑)한 약.

【藥劑師】やくざいし(약제사) 약사(藥師)의 구칭.

【藥種商】やくしゅしょう(약종상) 일정한 자격을 갖추고 면허를 얻어 약재를 파는 장수. 또는, 그 장사.

【藥酒】やくしゅ(약주) ①약을 넣은 술. 또는, 독주(毒酒). ¶夫—苦於口 而利於病<鹽鐵論> ②㊕ ㉮청주(淸酒)의 한 가지. 맑은술. 약주술. ㉯술의 높임말.

【藥指】くすりゆび(약지) 약손가락. 無名指(무명지).

【藥草】やくそう(약초) 약으로 쓰는 풀. 약풀.

【藥湯】やくとう(약탕) ①달여 먹는 약. 湯藥(탕약). ②약을 넣고 달인 물. ③약을 넣은 욕탕(浴湯).

【藥圃】やくほ(약포) 약초를 심은 밭. 藥田(약전).

【藥鋪】やくほ(약포) 약을 파는 가게. 약국.

【藥效】やっこう(약효) 약의 효력.

▷膏—, 狂—, 救—, 劇—, 奇—, 丹—, 毒—, 賣—, 妙—, 無病無—, 發—, 方—, 百—, 服—, 傅—, 腐腸—, 不龜手—, 不死—, 山—, 散—, 生—, 仙—, 善—, 成—, 水—, 神—, 新—, 仰—, 良—, 御—, 靈—, 五—, 瘖—, 應病與—, 醫—, 餌—, 勻—, 灼—, 芍—, 長生—, 裝—, 典—, 煎—, 坐—, 珍—, 採—, 祝—, 鍼—, 湯—, 投—, 爆—, 漢—, 韓—, 行—, 紅

一, 火一, 丸一

15 19【藝】 재주 예 | 霽 ì (yi) | げい(ワザ) *skill*

풀이 ①재주. 기예. 재능. 학문. ¶求也一<論語> ②심다. 씨를 뿌림. 같 埶. ¶純其一黍稷<書經> ③끝. 궁극. 한계. ¶貢之無一<左氏傳> ④법조. 규범. ¶陳之一極<左氏傳> ⑤과녁. 관적(貫的). 사적(射的). ¶一殪仆<史記> ⑥이치(理致). 도리. ¶協於分一<孔子家語> ⑦육예(六藝). ¶依於仁 游於一<論語> ⑧육경(六經). ¶亦講論六一<漢書> ⑨고요함.

【藝妓】げいぎ(예기) 기생. 가희(歌姬). 妓女(기녀).

【藝能】げいのう(예능) ①예술과 기능. ②예술. ③학술.

【藝道】げいどう(예도) 기예(技藝)의 도(道).

【藝林】げいりん(예림) ①전적(典籍)이 모이는 곳. ②학문과 예술의 사회. 藝苑(예원).

【藝苑】げいえん(예원) 예술가의 사회. 藝林(예림). 藝園(예원).

【藝園】げいえん(예원) ☞藝苑(예원).

【藝人】げいじん①·げいにん②(예인) ①도덕·학예에 뛰어난 신하. 일설에는, 복축서장(卜祝筮匠)의 기술로써 신사(臣事)하는 사람. ②배우, 만담가, 가수, 곡예사 등 여러 가지 기예를 닦아 발표하는 것을 업으로 하는 사람. ¶演一.

【藝祖】げいそ(예조) ①문덕(文德)이 있는 조상. 조상을 높이어 일컫는 말. ②중국에서, 태조(太祖) 또는 고조(高祖)의 통칭.

▷嘉一, 墾一, 耕一, 經一, 曲一, 工一, 群一, 技一, 農一, 多一, 道一, 篤一, 武一, 無一, 文一, 博一, 射一, 詞一, 手一, 樹一, 識一, 演一, 耘一, 雄一, 園一, 偉一, 遊一, 遺一, 六一, 異一, 壯一, 才一, 絕一, 諸一, 種一, 豊一, 學一

15 19【藕】 연뿌리 우 | 有 ǒu (ou) | ぐう(ハス)

풀이 ①연뿌리. 같 蕅 偶. ②연(蓮).

【藕斷絲連】ぐうだんしれん(우단사련) 연뿌리는 잘려도 실은 이어져 있다는 뜻으로, 이혼당하고서도 남편에게 미련을 가진 아내의 마음을 비유한 말.

▷干挺一, 菓一, 丹一, 素一, 蓮一, 玉一

19【藨】 蔗(p.1303)와 同字

19【藮】 醮(p.1317)의 俗字

19【藴】 菹(p.1286)과 同字

19【藡】 荻(p.1282)과 同字

19【藪】 藻(p.1310)와 同字

19【藆】 蹇(p.1026)와 同字

19【蘁】 樵(p.793)와 同字

19【藸】 蓄(p.1299)과 同字

20【藲】 薑(p.1306)과 同字

20【藭】 絅(p.1161)과 同字

16 20【藿】 1 콩잎 곽 2 낙화깔릴 수 3 韓미역 곽 | 藥 ㄏㄨㄛˋ 紙 (huo) | かく すい

풀이 1 ①콩잎. 콩의 어린 잎. ¶食我場一<詩經> ②쥐눈이콩. 서목태(鼠目太). ¶鹿一. ③곽향. 순형과(脣形科)의 한해살이 약초. ¶草則一蒳豆蔻<左思> 2 낙화가 깔리다. 꽃잎이 떨어져 깔리는 모양. 3 韓 미역. ¶蔚山一.

【藿食者】かくしょくしゃ(곽식자) 콩잎을 먹는 사람. 일반 백성을 이름. 관리·귀족을 육식자(肉食者)라 하는 데 대한 말.

▷葵一, 鹿一, 屠者羹一, 芳一, 菽一, 茹一, 藜一, 糲一, 牛一, 春一

20【蘜】 菊(p.1283)과 同字

16 20【蘄】 1 풀 이름 기 2 고을 이름 기 3 승검초 근 | 支 ㄑㄧˊ 微 (qi) 文 | き き きん

풀이 1 ①풀 이름. ㉮미나리. 근채(芹菜). ㉯승검초. 미나리과의 여러해살이 약초. 그 뿌리는 당귀(當歸). ¶山一. ②재갈. 마함(馬銜). 通 靳. ¶結駟方一<張衡> ③구(求)하다. 기원(祈願)함. 通 祈. ¶予惡乎知夫死者不悔其始之一生乎<莊子> ④나무 이름. ⑤부지런하다. 通 勤. ¶所以一有道行有義者<呂覽> 2 고을 이름. 3 승검초.

20【蘢】 驥(p.1656)의 古字

20【蘷】 夔(p.365)의 訛字

20【藤】 藤(p.1311)과 同字

20【蘭】 蘭(p.1315)의 略字

16 20【蘆】 1 갈대 로 2 절굿대뿌리 려 | 虞 ㄌㄨˊ (lu) 魚 | ろ(アシ) *reed* りょ

풀이 1 ①갈대. 패지 않은 갈대. ¶銜一而翔<淮南子> ②무우. ③냉이 뿌리. 2 절굿대 뿌리. ¶漏一.

【蘆雪】ろせつ(노설) 갈대의 이삭이 눈처럼 흰 모양의 비유.

【蘆葦】ろい(노위) 갈대. 蘆는 이삭이 아직 패지 않은 것, 葦는 한껏 자란 것.

▷葭一, 菰一, 漏一, 碧一, 岸一, 藜一, 葦一, 荻一, 秋一, 蒲一, 胡一, 壺一, 瓠一

16 20【藾】 말린 매실 로 | 皓 ㄌㄠˇ (lao) | ろう

풀이 ①말린 매실(梅實). ¶乾一榛實<周禮> ②말린 과실.

20【潦】 藾(p.1313)와 同字

16 20【蘢】 1 개여뀌 롱 | 東カメㄥˊ | ろう
2 모일 롱 | 董(long) | ろう
3 개여뀌 롱 | 肉 | りょう

풀이 1 ①개여뀌. 마디풀과의 한해살이 풀. ②덮어 가린 모양. ¶屮木蒙—＜漢書＞ 2 모이다. ¶—茸. 3 개여뀌.
▷蒙—

16 20【藾】 맑은대쑥 뢰 | 泰カㄞˋ | らい
(lai) | (カワラヨモギ)

풀이 ①맑은대쑥. 通 蘱. ¶—蕭. ②덮다. 가림. ¶隱將芘其所—＜莊子＞

16 20【藔】 잎성길 료 | 蕭 | りょう

16 20【虆】 풀 이름 루 |
本 구 | 虞 | く

풀이 ①풀 이름. ②목이(木耳)버섯. 같 蔞.

16 20【藺】 골풀 린 | 震カㄧㄣˋ | りん(イ)
(lin) | rush

풀이 ①골풀. 등심초(燈心草). ②팔맷돌. 돌덩이. 성(城)에서 적군에게 내려치는 돌. ¶—石. ③등골나물. 通 蘭.

【藺相如】りんしょうじょ(인상여)(人) 전국 시대 조(趙) 혜문왕(惠文王)의 명신(名臣). 진(秦)의 소양왕(昭襄王)이 조(趙)의 화씨벽(和氏璧)을 탐내어 15개 성과 바꾸자 하였을 때, 사신으로 가서 진왕의 속임수를 알아내고 그 보옥을 온전히 가지고 돌아왔음. 그 후 상경(上卿)이 되어 염파(廉頗)와 더불어 조(趙)의 융흥(隆興)에 힘썼음. ※完璧(완벽).

【藺席】りんせき(인석) 골풀로 짠 돗자리.

【藺石】りんせき(인석) 팔맷돌. 성 위에서 적에게 내려 던져 적의 공격을 막는 돌덩이.
▷馬—, 慕—, 廉—

16 20【蘉】 힘쓸 망 | 陽ㄇㄤˊ | ぼう
(mang)

20【虋】 耄(p.1214)와 同字

16 20【蘋】 마름 빈 | 眞ㄆㄧㄣˊ | ひん
(pin) | (ウキクサ)

풀이 ①마름. 바늘꽃과의 여러해살이 물풀. ②풀 이름. ¶冉冉高陵—＜陸機＞

20【蘚】 薛(p.1307)과 同字

16 20【蘇】 1 차조기 소 | 虞ㄙㄨ | そ(シソ)
2 향할 소 | 遇(su) | そ
同 穌

풀이 1 ①차조기. 자소(紫蘇). ②깨어나다. 소생(蘇生)함. ¶—而復上者三＜左氏傳＞ ③쉬다. 고달픔을 벗어나서 쉼. ¶后來其—＜書經＞ ④깨다. 잠에서 깸. 깨달음. ¶—世獨立＜楚辭＞ ⑤그르치다. 틀림. ⑥풀. ¶—者取而爨之＜莊子＞ ⑦땔나무. 섶. ¶若累塊積—焉＜列子＞ ⑧풀을 베다. ¶樵—後爨＜史記＞ ⑨나무 이름. ¶—方. ⑩잡다. 취(取)함. ¶—糞壤以充幃兮＜楚辭＞ ⑪찾다. 구함. ¶—援世事＜淮南子＞ ⑫차다. 가득 참. ⑬소홀히 하다. 通 疏. ⑭새의 꼬리. 또는, 술. 실을 모아서 만든 수식(垂飾). 通 須. ¶蒙鶡—＜史記＞ ⑮사물의 모양. ¶——. ⑯나라 이름. 2 ①향하다. ②거스르다. 어김. 通 遡. ¶—刃者死＜荀子＞

【蘇東坡】そとうば(소동파) 송(宋)의 시인. 소식(蘇軾)의 호(號).

【蘇生】そせい(소생) 다시 살아남. 甦生(소생). 回生(회생). 蘇活(소활).

【蘇仙】そせん(소선) 소식(蘇軾)의 아칭(雅稱).

【蘇張】そちょう(소장) 소진(蘇秦)과 장의(張儀)의 병칭. 둘 다 전국 시대의 변설가.

【蘇長公】そちょうこう(소장공) 소식(蘇軾)을 이름. 순(洵)의 장남이요 철(轍)의 형이기 때문에 長이라 이름.

【蘇秦】そしん(소진)(人) 전국 시대의 책사(策士). 여러 나라를 돌아다니며 유세(遊說), 연(燕)·조(趙) 등 6국을 합종(合從)하여 진(秦)에 대항하고 6국의 재상(宰相)이 되었음. (?～B.C. 371).

【蘇秦張儀】そしんちょうぎ(소진장의) 소진과 장의. 구변이 좋은 사람을 이름.
▷姑—, 故—, 落—, 來—, 老—, 大—, 屠—, 茅—, 三—, 小—, 昭—, 新—, 耶—, 流—, 紫—, 樵—, 香—

16 20【藹】 1 우거질 애 | 泰ㄞˇ | あい
2 우거진 모양 | (ai) | (シゲル)
애·알 | 曷 | あつ

풀이 1 ①우거지다. ㉮나무의 열매가 많이 달리다. ㉯초목이 우거지다. ②충근(忠勤)하다. 신하가 힘을 다하여 임금에게 충성을 다하는 모양. ¶——王多吉士＜詩經＞ ③번지르르하다. 윤택(潤澤)함. ¶—然若夏之靜雲＜管子＞ ④사물의 모양. ¶——. 2 우거진 모양.

【藹藹】あいあい(애애) ①성하고 많은 모양. 濟濟(제제). ②아름답고 성(盛)한 모양. ③초목이 우거진 모양. ④향기로운 모양. ⑤힘을 다하는 모양. ⑥달빛이 으스름한 모양. ⑦어지러이 나는 모양. ⑧구름이 이는 모양. ⑨어둑어둑한 모양. ⑩온화한 모양. 화기(和氣)가 넘치는 모양.
▷晻—, 菴—, 蓊—, 蔚—, 幽—, 黝—, 隱—, 蔭—

16 20【蘂】 1 꽃술 예 | 紙ㄖㄨㄟˇ | ずい
2 더부룩할 전 | 銑(rui) | せん
本 蕊 俗 蕋

풀이 1 ①꽃술. 꽃수염. ¶—花鬚頭點也＜楚辭·注＞ ②꽃. ¶翹莖瀵—＜郭璞＞ ③향초의 이름. ④열매. ¶貫薜荔之落—＜楚辭＞ 2 더부룩하다. 꽃이 더부룩하게 피어 있는 모양.

20【蘗】 蘖(p. 1314)의 訛字

16/20【蘁】 1 거스를 오 / 2 놀랄 악 | 遇ㄨˋ (wu) 藥 | ご go against あく

풀이 1 거스르다. 通 牾. ¶不敢一立<莊子> 2 ①놀라다. 通 噩 愕. ¶二日一夢<列子> ②꽃받침. 같 蕚.

16/20【蘊】 쌓을 온 | 問ㄩㄣˋ 吻(yun) | うん pile up

풀이 1 ①쌓다. 한 자리에 쌓임. ¶道化流而不一<孔子家語> ②모으다. 저축함. ¶一利生孼<左氏傳> ③간직하다. 감춤. ¶一匱古今<後漢書> ④받아들이다. 포용(包容)함. ¶一藉. ⑤맺히다. 우울해짐. ¶我心一結兮<詩經> ⑥깊은 속. 깊은 속내. ¶發揮聖賢一奧<宋史> ⑦모이다. ⑧덥다. 기온이 따뜻함. 通 熅. ¶一隆蟲蟲<詩經> ⑨초목이 우거지다. ⑩쏘시개. 불쏘시개. ¶里母 卽束一請火去婦之家<韓詩外傳> ⑪붕어마름. 수조(水藻)의 일종. ¶雜以一藻<左思>

【蘊藉】うんしゃ(온자) ①마음이 너그럽고 온화함. 縕藉(온자). ②함축성(含蓄性)과 여유가 있음.

【蘊蓄】うんちく(온축) ①물건을 모아서 쌓음. ②학문·기예 등의 소양이 깊음.

▷瓊一, 高一, 器一, 內一, 埋一, 密一, 崇一, 淹一, 餘一, 五一, 幽一, 潛一, 藏一, 才一, 底一, 精一, 賢一, 幻一

22【𦿎】 葬(p. 1294)의 古字

20【𧀲】 菹(p. 1286)와 同字

16/20【藷】 1 사탕수수 저 / 2 참마 제 서 | 魚ㄓㄨ (zhu) 魚ㄕㄨˇ 御(shu) | しょ(サトウキビ) ちょ しょ

풀이 1 ①사탕수수. 通 諸. ¶一蔗薑䐑<張衡> ②고구마. ¶一芋. 2 참마. 산약(山藥). 通 署 薯. ¶北望少澤 其上多草一萸<山海經>

【藷芋】しょう(저우) 고구마.

【藷蔗】しょしゃ·しょしょ(저자) 사탕수수. 甘蔗(감자).

▷甘一, 蒜腦一, 山一, 土一

16/20【藻】 마름 조 | 皓ㄗㄠˇ (zao) | そう(モ)

本 藻 同 藻

풀이 ①마름. 수조(水藻)의 총칭. ¶于以采一<詩經> ②무늬 있는 마름. 아름다운 물풀. ¶摛一如春華<班固> ③무늬. 채색(彩色). 아름다움. ¶華一繁縟<曹植> ④문채가 있는 문장. 아름다운 표현. ¶以述先王之盛一<陸機> ⑤꾸미다. 장식함. ¶識深甄一<後漢書> ⑥그리다. 마름 무늬를 그림. ¶山節一梲<論語> ⑦오색(五色)으로 물들인 실. 면류관 앞뒤에 옥을 달아 매는 데에 썼음. ¶天子玉一<禮記> ⑧5색(色)의 옥(玉). 通 璪. ¶嬰用一一玉<山海經> ⑨깔개. 다룬 가죽으로 널빤지를 덮어 싼 옥 받침대. ¶一 三采六等<禮記> ⑩감식(鑑識)하다. 품평함. ¶品一漢之將相<李德裕>

【藻鑑】そうかん(조감) 인물이나 물품의 감별. 鑑識(감식). 藻鏡(조경).

【藻思】そうし(조사) 시문을 잘 짓는 재능. 文才(문재).

▷嘉一, 擒一, 綺一, 馬一, 文一, 密一, 斧一, 浮一, 凫一, 蘋一, 詞一, 辭一, 盛一, 粹一, 麗一, 睿一, 玉一, 蘊一, 牛一, 才一, 萍一, 品一, 翰一, 海一, 鴻一

20【𧄈】 薦(p. 1308)과 同字

20【蘸】 樵(p. 793)와 同字

16/20【蘀】 1 낙엽 탁 / 2 벗풀 택 | 藥ㄊㄨㄛˋ 陌(tuo) | たく たく

풀이 1 ①낙엽(落葉). ¶一兮一兮 風其吹女<詩經> ②떨어지다. ¶十月隕一<詩經> ③풀 이름. ¶黃華而莢實 名曰一<山海經> ④갈대잎. ¶太液池邊皆是彫胡紫一綠節之類<西京雜記> 2 벗풀. 택사(澤瀉).

20【𧅁】 藨(p. 1311)와 同字

20【𧂿】 荅(p. 1283)과 同字

20【𧄍】 薙(p. 1308)와 同字

16/20【蘅】 족두리풀 형 | 庚ㄏㄥˊ (heng) | こう

20【𧄝】 薰(p. 1311)과 同字

20【𧀯】 萱(p. 1295)과 同字

17/21【蘧】 1 패랭이꽃 거 / 2 풀 이름 거 / 3 형태있는 모양 거 | 魚ㄑㄩˊ 語(qu) 御 | きょ

풀이 1 ①패랭이꽃. 너도개미자리과의 여러해살이풀. ¶一麥. ②연(蓮). ¶一藕拔<張衡> ③줄버섯. 줄풀에서 나는 버섯. ④여사(旅舍). ¶一廬. ⑤사물의 모양. ¶一一. 2 풀 이름. 3 형태가 있는 모양. 通 據. ¶一然覺<莊子>

【蘧蘧然】きょきょぜん(거거연) ①놀라는 모양. 경동(驚動)하는 모양. ②형상이 있는 모양.

21【蘜】 菊(p. 1283)과 同字

17/21【蘭】 난초 란 | 寒ㄌㄢˊ (lan) | らん orchid

略 蘭

풀이 ①난초. ㉮등골나물. 엉거시과의 여러해살이풀. ¶衡一芷若<漢書> ㉯난과에 깔린 향초 이름. ②목란(木蘭). 목련. 자목련. ¶於是一楄積重<何晏> ③병가(兵架). 도가(刀架). 창가(槍架). 병기를 거는 틀. ¶輕罪入一盾軩革二戟<管子> ④가로 뻗은 혈관. ¶夫以陽入陰支一藏者生<史記> ⑤우리. 차단(遮斷)함. ㉠闌 欄. ¶與牛馬同一<漢書> ⑥떠돌다. 방랑(放浪)함. ¶宋有一子<列子> ⑦얼룩. ㉡爛. ¶黃金車 斑一耳<吳志>

【蘭契】らんけい(난계) 뜻이 맞는 친구간의 교분. 金蘭之契(금란지 계). 蘭交(난교).

【蘭交】らんこう(난교) ☞蘭契(난계).

【蘭臺】らんだい(난대) ①춘추 시대 초왕(楚王)의 궁궐 이름. ②후한(後漢)의 벼슬 이름. 상주(上奏)·인공(印工)·문서에 관한 일을 맡아 보았음. ③어사대(御史臺)의 이칭. ④한(漢) 왕실의 문고(文庫). ⑤후한(後漢)의 반고(班固)를 이름. 난대영사(蘭臺令史)에 있었기 때문임.

【蘭省】らんしょう(난성) ①상서성(尙書省)의 이칭. ②왕후의 침실. 蘭閨(난규).

【蘭若】らんにゃ(난야)《佛》 범어 āranya의 음역. 절. 寺刹(사찰).

らんじゃく(난약) 난초와 두약(杜若). 향초를 이름.

【蘭言】らんげん(난언) 서로 뜻이 맞고 마음이 통하는 말. 친구의 말. ¶同心之言 其臭如蘭<易經>

【蘭輿】らんよ(난여) 난간을 베푼 아름다운 수레.

【蘭玉】らんぎょく(난옥) ①남을 높이어 그의 아들을 이름. ②여자의 절개의 비유.

【蘭章】らんしょう(난장) ①훌륭한 문장. ②남을 높이어 그의 편지를 이름.

【蘭殿】らんでん(난전) 왕후의 궁전.

【蘭藻】らんそう(난조) 아름다운 문장의 비유.

【蘭草】らんそう(난초) 난초과의 여러해살이풀.

【蘭秋】らんしゅう(난추) 음력 7월의 이칭.

▷金一, 樓一, 木一, 墨一, 芳一, 野一, 玉一, 香一, 蕙一, 芄一, 萑一

17 21【蘞】 1 거지덩굴 렴 ⾣ㄌㄧㄢˊ れん / 2 풀맛 매울 험 ⾣(lian) けん

풀이 1 거지덩굴. 포도과의 여러해살이덩굴풀. 오룡초(五龍草). 오렴매(烏蘞苺). 오조룡(五爪龍). 발룡갈(拔龍葛). ㉠蘝. 2 풀 맛이 맵다.

17 21【藶】 감초 령 ⾣ㄌㄧㄥˊ (ling) れい

풀이 ①감초(甘草). 콩과의 여러해살이풀. ②떨어지다.

21【𧄍】 𧃒(p. 1313)와 同字

17 21【蘼】 천궁 미 ⾣ㄇㄧˊ (mi) び

풀이 ①천궁(川芎). 미나리과의 여러해살이풀. ㉠蘪. ②물 속에 풀이 나다. 또는, 그 곳. ㉡湄 麋. ③풀이거칠다. 풀이 짙음.

21【蘗】 蘖(p. 1316)와 同字

17 21【蘩】 산흰쑥 번 ⾣ㄈㄢˊ (fan) はん

풀이 ①산흰쑥. 엉거시과의 여러해살이풀. 백호(白蒿). ¶于以采一<詩經> ②머위. 토혜(菟奚). ③부평초(浮萍草)의 한 가지. ¶雜以蘊藻 揉以蘋一<左思>

▷綠一, 蘋一, 水一, 采一

17 21【蘚】 이끼 선 ⾣ㄒㄧㄢˇ (xian) せん(コケ)

【蘚苔】せんたい(선태) 이끼. 선태류(蘚苔類)·지의류(地衣類) 따위의 총칭.

▷綠一, 碧一, 宣一, 水一, 貝一, 淨一, 蒼一, 苔一

17 21【蘘】 1 양하 양 ⾣ㄖㄤˊ じょう / 2 개맨드라미 상 ⾣(rang) しょう / 3 풀 이름 낭 ⾣ どう

풀이 1 양하. 생강과의 여러해살이풀. ¶一荷. 2 개맨드라미. 비름과의 한해살이풀. ㉡葙. ¶青一. 3 풀 이름. ¶䍧一.

17 21【蘖】 1 그루터기 얼 ⾣ㄋㄧㄝˋ げつ(キリカブ) / 2 황벽나무 벽 ⾣(nie)

※蘗(p. 1316)는 딴 자.

풀이 1 ①그루터기. 나무를 베어 내고 남은 밑동. ②움. 그루터기에서 돋은 움. ¶若顚木之有由一<書經> ③끊다. ¶苞有三一<詩經> ④가지를 치다. ¶然猶山不茬一<漢書> ⑤허물. 재앙(災殃). 2 황벽나무.

▷根一, 萌一, 孅一, 芽一, 由一, 育一, 栽一, 條一, 枝一, 黃一

17 21【虉】 우거질 예 ⾣ㄧ (yi) えい(シゲル)

21【藻】 藻(p. 1315)와 同字

21【蘯】 蕩(p. 1306)과 同字

17 21【蘗】 1 승검초 폐 ⾣ㄅㄛˋ (bo) へい / 2 황벽나무 벽 ⾣ㄅㄧ (bi) はく

풀이 1 승검초. 미나리과의 여러해살이풀. 약초. 그 뿌리는 당귀(當歸). ㉠薜. 2 ①황벽나무. 운향과(芸香科)의 갈잎 큰키나무. 황경나무. 황백나무. ㉠檗. ②쓰다. 괴로움. 황벽나무의 속껍질이 씀. ¶一苦.

【蘗苦】(벽고) 어렵고 괴로움. ¶一從朱履止金臺 一氷寒奉上台<羅隱>

22【蘳】 燒(p. 954)와 同字

22〖虆〗 虆(p.1314)와 同字

22〖蘲〗 蓾(p.1286)와 同字

22〖虉〗 鷊(p.1308)과 同字

23〖虈〗 蕭(p.1306)과 同字

23〖虇〗 蘿(p.1310)와 同字

19/23〖蘿〗 여라 라 |國ㄌㄨㄛˊ (luo)| ら(ツタ)

풀이 ①여라(女蘿). 소나무겨우살이. 풀에 난 것은 토사(菟絲), 나무에 난 것은 송라(松蘿). ¶蔦與女—＜詩經＞ ②지칭개. 엉거시과의 두해살이풀. 아호(莪蒿). ③무우. 나복(蘿蔔). ④바자울. 울타리. 通籬. ¶范圍藩—之材＜周禮·注＞ ⑤담쟁이덩굴.

【蘿蔔】らふく(나복) 무우. 蘿菔(나복).

▷綠—, 藤—, 蔓—, 碧—, 纖—, 松—, 深—, 女—, 幽—, 蔦—, 靑—, 翠—

19/23〖虆〗 등나무 덩굴 루 |國ㄌㄟˊ (lei)| るい

19/23〖蘺〗 천궁 리 |國ㄌㄧˊ (li)| り(マガキ)

풀이 ①천궁(川芎). 미나리과의 여러해살이풀. ¶江—. ②돌피. 포아풀과의 한해살이풀. ¶—先稻熟＜淮南子＞ ③왕골. ¶苻—. ④울타리. 바자울.

19/23〖蘸〗 담글 잠 |國ㄓㄢˋ (zhan)| さん

풀이 ①담그다. ¶朱開錦蹹 黛—油檀＜庾信＞ ②초례(醮禮). 醮의 俗字.

19/23〖虀〗 버무릴 제 |國ㄐㄧ (ji)| せい(タエル)

풀이 ①버무리다. 무침. 무친 음식. 같 齏. ②채소 절임.

23〖虊〗 藻(p.1315)와 同字

23〖虌〗 華(p.1288)와 同字

24〖虇〗 蘿(p.1310)와 同字

25〖虋〗 蘺(p.1317)와 同字

25〖虌〗 虀(p.1317)와 同字

28〖虈〗 蘦(p.1316)과 同字

虍＜범호 엄＞部

虍 ② 虎 虎 ③ 虐 虐 ④ 虔 虒 虓 ⑤ 處 處 虛 虖 ⑥ 虜 虛 ⑦ 虞 號 ⑧ 虡 ⑨ 虢 虣 ⑪ 虧 ⑫ 虪

0/6〖虍〗 범 무늬 호 |國ㄏㄨ (hu)| こ

※ 부수 이름으로는 범호 엄.

풀이 ①범의 무늬. 범가죽의 무늬. ②아직 드러나지 않은 모양.

8〖虎〗 虐(p.1318)과 同字

2/8〖虎〗 범 호 |國ㄏㄨˇ (hu)| こ(トラ) tiger

풀이 ①범. ¶龍蟠—踞帝王州＜李白＞ ②용맹스럽다. ¶矯矯—臣＜詩經＞ ③포학하다. ¶秦者—狼之國＜戰國策＞ ④바둑의 수법. 상대방의 공격에 대비하여 먼저 한 수를 두는 일. ¶—口.

【虎溪三笑圖】こけいさんしょうず(호계삼소도) 진(晋)의 혜원법사(慧遠法師)가 여산(廬山) 동림사(東林寺)를 들른 도잠(陶潛)과 육수정(陸修靜)을 전송하는 길에 이야기에 열중하다가 범 우는 소리를 듣고는 호계(虎溪)를 건넌 것을 알고 자신의 안거금족(安居禁足)의 맹세가 무너졌음을 깨닫고 셋이 크게 웃었다는 내용을 상정(想定)하여 그린 그림.

【虎口】ここう(호구) ①범의 입. 매우 위험한 지경이나 곳의 일컬음. ¶幸得安全 俱脫—＜後漢書＞ ②바둑에서, 상대편의 돌이 삼각형으로 놓인 곳의 한가운데. ③엄지와 검지 사이.

【虎鈕】こちゅう(호뉴) 호랑이 모양의, 도장 꼭지.

周鐓虎鈕(西淸古鑑)

【虎渡河】トラカワヲワタル(호도하) 범도 인정(仁政)을 베푸는 수령(守令)의 고을에는 해를 끼치지 않고 강을 건너 피한다는 말. 후한(後漢)의 유곤(劉昆)이 강릉(江陵) 태수로 있을 때의 옛일에서 유래.

【虎狼】ころう(호랑) ①호랑이와 이리. 탐욕스럽고 포학한 사람의 비유. ②韓 호랑이.

【虎班】(호반) 무관(武官)의 반열(班列). 西班(서반).

【虎榜】こぼう(호방) 진사(進士) 급제자의 성명을 발표하는 방. 龍虎榜(용호방).

【虎變】こへん(호변) 호피(虎皮) 무늬의 변화란 뜻으로, 덕이 날로 새로와짐. 또는 문장이 매우 아름다움을 이름. ¶大人— 未占有孚＜易經＞

【虎符】こふ(호부) 범 모양을 본떠 구리로 만든 병부(兵符). 銅虎符(동호부).

【虎負嵎】トラぐうヲオウ(호부우) 범이 산모퉁이를 등지고 있다는 뜻으로, 영웅이 한 지방에 웅거함을 이름. ¶— 莫之敢攖＜孟子＞

【虎賁】こほん(호분) ①용맹스런 군사. ②근위병(近衛兵).

【虎生而文炳】(호생이 문병) 범은 날 때부터 훌륭한 문채(文彩)를 가졌다는 뜻으로, 뛰어난 인물은 날 때부터 비범함을 이르는 말. ¶— 鳳生而五色＜蜀志＞

【虎視眈眈】こしたんたん(호시탐탐) 먹이를 노리는 범처럼 무서운 형세로 기회를 엿봄.

【虎闈】こい(호위) 공경대부(公卿大夫)의 자제를 가르치는 곳. 國子監(국자감). ¶國子監

爲一<宣室志>
【虎彝】こい(호이) 범 무늬를 새긴 술그릇. 순(舜)임금 때의 제기(祭器).
【虎而冠】トラニシテかんス(호이관) 겉은 사람의 의관을 차렸으나, 마음은 범처럼 포학함.
【虎子】こし(호자) ①범 새끼. ②변기(便器). ¶漢朝以玉爲一 以爲便器<西京雜記>
【虎皮】こひ(호피) 범의 가죽.
【虎皮下】こひか(호피하) 상대를 높여 편지 겉봉의 받는 사람 이름 아래 쓰는 말.
【虎穴】こけつ(호혈) 범의 굴. 몹시 위험한 곳의 비유. ¶不入一 不得虎子<後漢書>
【虎患】こかん(호환) 범이 끼치는 해(害).
▷騎一, 狼一, 餒一, 大一, 猛一, 搏一, 白一, 伏一, 貔一, 蠅一, 市一, 餓一, 扼一, 龍一, 乳一, 熊一, 逸一, 殿中一, 咆一, 暴一, 風從一

3 9 【虐】 모질 학 本약 | 圏ㄋㄩㄝˋ (nue) | ぎゃく (シイタゲル) *wicked*

同 虐

풀이 ①모질다. ㉮몹시 굴다. 학대함. ¶繼親一則兄弟爲讐<顏氏家訓> ㉯해치다. 괴롭힘. ¶方命一民<孟子> ②재앙(災殃). ¶殷降大一<書經> ③죽다. ¶無穢一士<左氏傳>
【虐待】ぎゃくたい(학대) 몹시 굶.
【虐使】ぎゃくし(학사) 잔학(殘虐)하게 부림. 酷使(혹사).
【虐殺】ぎゃくさつ(학살) 잔인하게 죽임.
【虐政】ぎゃくせい(학정) 백성을 가혹하게 다루는 정치. 苛政(가정). 暴政(폭정).
▷苛一, 狂一, 驕一, 亂一, 毒一, 芳一, 邪一, 肆一, 胥一, 五一, 傲一, 威一, 淫一, 自一, 殘一, 戕一, 賊一, 助桀爲一, 侵一, 貪一, 暴一, 害一, 酷一, 橫一

10 【虐】 虐(p. 1318)과 同字

4 10 【虔】 삼갈 건 | 囲ㄑㄧㄢˊ (qian) | けん(ツツシム) *sincere*

풀이 ①삼가다. 공경하는 마음으로 정성을 다하고 조심함. ㉠謹. ¶呱呱弗顧一一是欺<謝惠連>/一誠. ②빼앗다. ¶撟一吏<漢書> ③베풀다. 은혜를 줌. ¶上一郊祀<張華> ④굳다. 견고(堅固)함. ¶一共爾位<詩經> ⑤죽이다. ¶一劉我邊陲<左氏傳> ⑥모탕. 장작 팰 때의 받침. 通 枮. ¶方斲是一<詩經> ⑦어지럽게 하다. ⑧범이 가는 모양.
【虔劉】けんりゅう(건류) 모조리 죽여 해침. 劉는 죽임. 殺害(살해).
▷恪一, 敬一, 恭一, 矯一, 肅一, 嚴一, 寅一, 精一

4 10 【虒】 ①대궐 이름 사 ②고을 이름 제 ③어지러울 치 | 支ㄙ (si) 齊 紙 | し てい ち

4 10 【虓】 범 울 효 | 肴ㄒㄧㄠ (xiao) | こう (ウソブク)

10 【虓】 虓(p. 1318)와 同字

5 11 【虙】 성 복 | 屋ㄈㄨˊ (fu) | ふく

【虙妃】ふくひ(복비) 복희씨(伏羲氏)의 딸. 낙수(洛水)에 빠져 죽어 수신(水神)이 되었다 함. 宓妃(복비). ¶臣聞河洛之神 名曰一<曹植>

5 11 【處】 ①머무를 처 ②곳 처 ③사람 이름 거 | 語ㄔㄨˇ 御(chu) 御 | しょ(オル) *stay* (トコロ) きょ

俗 處 同 処

풀이 ①①머무르다. ㉮살다. ¶一江湖之遠<范仲淹> ㉯머물러 있다. ¶去者半一者半<禮記> ㉰머물러 쉬다. ¶不遑啓一<詩經> ㉱집에 있다. ¶或出或一<易經> ㉲자리를 차지하고 있다. ¶在所自一耳<史記> ㉳야(野)에 있다. 벼슬하지 않음. ¶一士. ㉴시집가지 않고 있다. ¶綽約若一子<莊子> ②두다. ㉮마음을 두다. ¶一仁遷義<孟子> ㉯넣어 두다. ¶一器之具<管子> ③분별하다. ¶一分旣定<晉書> ④처분하다. 부침. ¶一刑. ⑤정하다. 결정함. ¶臣愚不能一也<漢書>/一理. ⑥앓다. ②①곳. ㉮장소. ¶遷徙往來無常一<史記> ㉯위치. 지위. ②평상(平常). ¶喜怒無一<呂覽> ③관서(官署). ¶總務一. ③사람 이름. 通 據.
【處決】しょけつ(처결) ①결정하여 처분함. 處斷(처단). ②판결하여 처단함. ③中 사형에 처함.
【處斷】しょだん(처단) ☞處決(처결)①.
【處理】しょり(처리) ①일을 다스림. ¶單獨一. ②일을 마무리 지음.
【處方】しょほう(처방) ①병(病)의 증세에 맞추어 약재(藥材)를 배합하는 방법. 和劑(화제). ¶一箋. ②사물을 처리하는 방법.
【處罰】しょばつ(처벌) 벌을 줌.
【處變】しょへん(처변) ①일의 변화에 따라 융통성 있게 잘 처리함. ②변화에 대처함.
【處分】しょぶん(처분) ①처리하여 치움. ②지시나 결정. ③법규에 따른 처리. ¶行政一/不起訴一.
【處士】しょし(처사) ①초야(草野)에 묻혀 있는 선비. ②벼슬하지 아니한 선비.
【處事】しょじ(처사) 일을 처리함. 또는, 그 처리.
【處暑】しょしょ(처서) 24절기의 하나. 양력 8월 22일경.
【處世】しょせい(처세) 세상에서 살아감. 또는, 그 일. ¶一術/一訓.
【處所】しょしょ(처소) ①거처하는 곳. 居所(거소). ②곳. 場所(장소).
【處身】しょしん(처신) 몸가짐. ※運身(운신).
【處遇】しょぐう(처우) 조처하여 대우함. 또는, 그 대우. ¶一改善.
【處子】しょし(처자) ①처녀. ②처사(處士).

【處地】(처지) 처해 있는 경우나 환경.
【處處】しょしょ(처처) ①곳곳. 여기저기. ②어디 없이. 到處(도처). 「일. ¶應急一.
【處置】しょち(처치) 필요한 조치를 함. 또는, 그
【處刑】しょけい(처형) ①형벌에 부침. ②사형(死刑)을 집행함. 處斷(처단).
▷佳一, 居一, 啓一, 區一, 窮一, 難一, 獨一, 妙一, 僻一, 常一, 隨一, 安一, 嚴一, 野一, 燕一, 要一, 偶一, 幽一, 隱一, 雜一, 定一, 住一, 出一, 寢一, 特一, 閒一, 穴一

11〖處〗 處(p.1318)의 俗字

11〖虛〗 虛(p.1319)의 俗字

5 11〖虖〗
1 탄식하는 소리	호	虞	ㄏㄨ	こ
2 울부짖을	후	虞	(hu)	こ
3 사람이름	호	麌		こ
4 의문 조사	호	虞		こ
5 강 이름	형	靑		けい

6 12〖虜〗 사로잡을 로 | 麌 ㄌㄨˇ (lu) | りょ(トリコ) *capture*

㊗虜

풀이 ①사로잡다. 포로. ㉠擄. ¶其將固可襲而一也<漢書>/俘一. ②종. 사내종. ¶僕一. ③오랑캐. ㉮야만인. ¶强悍不屈之一庭<蘇洵>/羌一. ㉯적(敵). ¶不戰屈敵一<魏文帝> ㉰욕설(辱說). ¶胡一. ④빼앗다. ㊀鹵. ⑤강하다.
【虜掠】りょりゃく(노략) 사람을 사로잡고 재물을 빼앗음. 虜略(노략). ¶一無所得<後漢書>
【虜獲】りょかく(노획) 적을 사로잡거나 목베는 일. 獲은 목벰. ¶生得曰虜 斬首曰獲<連文釋義>
▷格一, 係一, 驕一, 劇一, 奴一, 蠻一, 亡一, 僕一, 俘一, 囚一, 守錢一, 臣一, 身一, 敵一, 捕一, 降一

6 12〖虛〗 빌 허 | 魚 ㄒㄩ (xu) | きょ, こ(ムナシイ) *empty*

㊗虛

풀이 ①비다. ㉮없다. ¶川竭而谷一<淮南子> ㉯드물다. 적음. ¶不知其稼居地之一也<呂覽> ㉰모자라다. ¶一者聶辟氣不足<素問> ㉱약하다. ¶齊國以一也<呂覽> ㉲공허하다. 속이 빔. ¶執一如執盈<禮記>/一名. ②비우다. ¶公子從車騎 一左<史記> ③틈. 구멍. ¶若循一而出入<淮南子> ④무념무상(無念無想)의 상태. ¶一者心齋也<莊子> ⑤하늘. ¶太一遼廓而無閡<孫綽> ⑥위치. 방위. ¶周流六一<易經> ⑦별자리. 28수(宿)의 하나. ¶宵中星一<書經> ⑧터. 언덕. ㉠墟. ¶升彼一矣<詩經> ⑨육갑(六甲)의 고허법(孤虛法)에서 고(孤)에 대한 진(辰). ⑩마음. ¶一室生白<淮南子> ⑪살다. ㊀居. ¶仁非其里而一之非禮<荀子> ⑫앓다. ¶八一甚久則身弊<呂覽>
【虛空】きょくう・こくう(허공) ①공중. ②텅빈 곳.
【虛空藏】こくうぞう・こくぞう(허공장)《佛》 보살(菩薩)의 하나. 자비심과 지혜가 허공처럼 무한함의 뜻.
【虛構】きょこう(허구) 실재(實在)하지 않는 일을 사실처럼 엮어 만듦. 또는, 그렇게 만든 이야기.
【虛己】きょき(허기) 사심(私心)을 없애고 마음을 비움. ¶武王親一而問焉<漢書>
【虛飢】(허기) 심한 시장기.
【虛氣平心】きょきへいしん(허기평심) 감정을 가라앉히고 마음을 고요히 가짐. ¶一 乃去怒喜<管子>
【虛頭】(허두) 말이나 글의 첫머리.
【虛浪】きょろう(허랑) 허황함. 「방탕함.
【虛浪放蕩】きょろうほうとう(허랑방탕) 실답지 못하고
【虛靈不昧】きょれいふまい(허령불매) 마음은 형체가 없어 텅비었으나 그 작용은 모든 것에 다 통하여 밝음. ¶一 自有以見其氣象<朱子全書> 「절이나 의식.
【虛禮】きょれい(허례) 겉으로만 꾸민, 형식적인 예
【虛勞】きょろう(허로) 허약하고 피로함.
【虛妄】きょぼう・きょもう(허망) 헛되고 공허함.
【虛名】きょめい(허명) 실제와는 다른 헛된 명성(名聲). 虛聲(허성). 虛譽(허예).
【虛名無實】きょめいむじつ(허명무실) 헛된 이름뿐 실상이 없음.
【虛無】きょむ(허무) ①헛되어 아무 것도 없음. ¶一感/一主義. ②천지 만물의 본체(本體). 유무(有無)의 상대성을 넘어선 경지. ¶道家無爲 其術以一爲本<史記>
【虛無學】きょむがく(허무학) 무위(無爲)를 도덕의 극치로 보는 설. 노장(老莊)의 철학. 道家哲學(도가철학).
【虛費】きょひ(허비) 돈 따위를 헛되이 씀.
【虛事】(허사) 헛된 일.
【虛辭】きょじ(허사) ①빈 말. 虛言(허언). ②실사(實辭)에 붙어서 관계를 짓는 구실만을 하는 말조각. 어조사(語助辭) 따위. 虛字(허자). ↔實辭(실사).
【虛說】きょせつ(허설) 거짓말. 虛言(허언). ¶信非一<世說新語> 「위).
【虛勢】きょせい(허세) 실상이 없는 기세. 虛威(허
【虛送】(허송) 헛되이 보냄. ¶一歲月.
【虛宿】きょしゅく・きょしゅう(허수) 28수(宿)의 하나. 현무(玄武) 7수의 제4수. 가을에 볼 수 있
【虛飾】きょしょく(허식) 겉치레. ¶虛禮一. 「음.
【虛失】きょしつ(허실) 헛되이 잃어버림. 「무.
【虛實】きょじつ(허실) ①거짓과 참. ②실속의 유
【虛室生白】きょしつしょうはく(허실생백) 방을 열면 광선이 저절로 들어와 환하게 된다는 뜻으로, 마음을 비우면 저절로 진리에 도달할 수 있음을 나타낸 말. ¶瞻彼闋者 一 吉祥止止<莊子>
【虛心坦懷】きょしんたんかい(허심탄회) 마음속에 거리낌이 없이 생각을 터놓고 말함.
【虛心平意】きょしんへいい(허심평의) 마음을 비우고 고요히 있는 것. 공평무사한 태도를 이름.
【虛弱】きょじゃく(허약) 실하지 못하고 약함.

【虛言】きょげん(허언) 거짓말. 또는, 빈 말. 虛語(허어).
【虛榮】きょえい(허영) 헛된 영화.
【虛慾】きょよく(허욕) 헛된 욕망.
【虛威】きょい(허위) ☞虛勢(허세).
【虛僞】きょぎ(허위) 거짓.
【虛字】きょじ(허자) ☞虛辭(허사)②.
【虛張聲勢】きょちょうせいせい(허장성세) 허세만 부림.
【虛掌實指】きょしょうじっし(허장실지) 붓글씨 쓸 때 손바닥을 우묵하게 하고 손가락에 힘을 주어 붓을 잡는 일.
【虛中子】きょちゅうし(허중자) 대나무의 이칭.
【虛沖】きょちゅう(허충) 겸허하고 매우 화목함. ¶壯士懷憤激 安能守一<張華>
【虛脫】きょだつ(허탈) 힘이나 의욕이 빠짐. ¶一狀態.
【虛風】(허풍) ①韓 실제와는 다른 과장된 언행. ②동짓날, 남쪽에서 불어 오는 세찬 바람. 흔히 이 바람에 감기 들기 쉬우므로 적풍(賊風)이라고도 함.
【虛行】きょこう(허행) 헛걸음.
【虛虛實實】きょきょじつじつ(허허실실) 허실의 계책으로 싸움. 곧, 계략이나 기량을 다하여, 적의 실(實)을 피하고 허(虛)를 틈타 싸움.
【虛荒】きょこう(허황) ①마음이 들떠 황당함. ②헛되고 믿음성이 적음.
▷謙一, 空一, 廣一, 淩一, 四一, 恬一, 盈一, 里一, 靜一, 中一, 淸一, 充一, 沖一, 太一, 平一

13〖虜〗 虜(p.1319)의 俗字

13〖𧆞〗 庸(p.519)의 訛字

13〖虞〗 虞(p.1320)와 同字

7
13〖虞〗 근심할 우 | 虞 ㄩˊ (yu) | ぐ(ウレエル) worry

풀이 ①근심하다. 염려함. ¶悔吝者 憂一之象也<易經> ②헤아리다. 마음 속으로 미리 생각함. 通慮. ¶有不一之譽<孟子> ③즐기다. 通娛. ¶君安一而民和睦<漢書> ④편안하다. 안심함. ¶一于湛樂<國語> ⑤대비. 방비. ¶衛文公有邢翟之一<國語> ⑥잘못. 通誤. ¶無貳無一<詩經> ⑦제사 이름. ¶一祭. ⑧성(姓). 순(舜)임금의 성. ¶一舜. ⑨벼슬 이름. 산택(山澤)을 맡은 벼슬. ⑩나라 이름. 순(舜)임금의 조상 및 아들 상균(商均)을 봉한 나라. ⑪고르다. 선택(選擇)함. ⑫거스르다. 거역함. ¶謐爾無一<崔駰> ⑬오로지하다. ¶一吉<易經> ⑭되돌리다. 돌이킴. ⑮속이다. ¶我無爾一<左氏傳> ⑯돕다.
【虞美人】ぐびじん(우미인)《人》 항우(項羽)가 사랑한 미녀. 항우와 함께 자살함.
【虞美人草】ぐびじんそう(우미인초) 개양귀비. 우미인의 무덤에 피었다 하여 생긴 이름.
【虞犯】ぐはん(우범) 성격, 환경 등으로 보아 범죄의 우려가 있음. ¶一者/一地帶.
【虞殯】ぐひん(우빈) 만가(輓歌). 薤露歌(해로가).
【虞舜】ぐしゅん(우순) 순(舜)임금.
【虞淵】ぐえん(우연) 해가 진다는 상상의 땅. 나아가 황혼(黃昏)을 이름. ¶至于一 是謂黃昏<淮南子>
【虞芮之訟】ぐぜいのしょう(우예지 송) 우예의 송사란 뜻으로, 경계를 다투던 우·예 두 나라 임금이 주(周) 문왕(文王)의 판결을 받고자 주의 땅에 들어서자, 그 곳 사람들의 생활에서 서로 양보하는 것을 보고 감화를 받아 되돌아간 후 다시는 싸우지 않았다는 옛일.
【虞祭】ぐさい(우제) 장례 후 3일 동안 지내는 초우(初虞)·재우(再虞)·삼우(三虞)의 총칭.
【虞初】ぐしょ(우초) ①《人》 한(漢) 무제(武帝) 때의 방사(方士). 그가 지은 「주설」(周說)은 주(周)대의 전설을 담은 것으로, 최초의 소설로 일컬어짐. ②소설을 이름.
【虞候】ぐこう(우후) ①산림(山林)과 소택(沼澤)을 맡아 보던 벼슬. 虞官(우관). 虞部(우부). 虞人(우인). 虞衡(우형). ②척후 또는 간사한 자를 살피던 벼슬. ③韓 조선 때의 무관직(武官職).
▷艱一, 近一, 多一, 唐一, 無一, 不一, 山一, 綏一, 外一, 憂一, 騶一, 澤一, 驪一

7
13〖號〗 1 부를 호 2 부르짖을 호 | 號 ㄏㄠˋ (hao) 豪 ㄏㄠˊ (hao) | ごう(ヨブ) call out ごう(サケブ)

略 号

풀이 1 ①부르다. ㉮일컫다. ¶自一隱君<北史> ㉯공언(公言)하다. 떠벌림. 선전함. ¶是時羽兵四十萬 一百萬<漢書> ②불러 오다. ¶一召天下之賢士<國語> ③이름. ㉮아호(雅號). 별명(別名). 호(號). ¶別一. ㉯명성. ¶嘉一布於外<說苑> ㉰시호(諡號). ¶詔其一<周禮> ㉱상호(商號). ④신호(信號). 군호(軍號). ¶火一休傳警<劉禹錫> ⑤표(標). 표지(標識). ¶殊徽一<禮記>/記一/符一. ⑥명령. ¶渙汗其大一<易經> ⑦호령하다. ¶何不一於國中<莊子> ⑧차례. 등급. ¶第五一/特一. 2 ①부르짖다. ㉮외치다. ¶下民一而上訴<後漢書>/叫一. ㉯큰 소리로 울다. ¶禮以哭有言者爲一<顏氏家訓>/一哭. ②울다. 닭이나 범 따위가 우는 것. ③어찌. 의문사. 같胡.
【號角】ごうかく(호각) 호루라기.
【號哭】ごうこく(호곡) 소리내어 슬피 욺. 號泣(호읍).
【號頭】ごうとう(호두) 여러 일꾼들이 영차! 하고 소리 낼 때 선창(先唱)하는 사람.
【號令】ごうれい(호령) ①큰 소리로 꾸짖음. ②지휘하여 명령함. 또는, 그 지휘 명령. ¶一於三軍<國語> ③구령(口令).
【號令如山】ごうれいヤマノゴトシ(호령여산) 호령은 산과 같음. 호령은 엄중하여 일단 내린 후, 다시 움직일 수 없다는 뜻.
【號令如汗】ごうれいアセノゴトシ(호령여한) 호령은 땀과

같다는 뜻으로, 한 번 내린 명령은 거두어 들일 수 없음을 이름.
【號屛】ごうへい(호병) 비의 신(神). 雨師(우사).
【號召】ごうしょう(호소) 불러 모음.
【號數】ごうすう(호수) 차례를 나타내는 번호의 수.
【號天】ごうてん(호천) 하늘에 부르짖어 하소연함.
【號牌】(호패) [韓] 조선 때 16세 이상의 남자에게 차게 하던, 신분을 증명하는 이름·주소 등을 적은 패. ¶一法.
▷改一, 驚一, 口一, 舊一, 國一, 叫一, 記一, 旗一, 怒一, 名一, 番一, 別一, 負一, 符一, 商一, 殊一, 諡一, 信一, 雅一, 暗一, 哀一, 年一, 泣一, 正一, 尊一, 僭一, 追一, 稱一, 呼一, 徽一

8 14 〖虡〗 종 거는 틀 거 | [語]ㄐㄩˋ (ju) | きょ
[풀이]①종을 거는 틀. 종경(鐘磬)을 거는, 나무로 만든 기둥. ②책상. ③짐승 이름. 사슴의 머리에 용의 몸을 가진 상상의 신령스런 동물. 기둥 장식 등으로 새김.

9 15 〖虢〗 발톱 자국 괵 | [陌]ㄍㄨㄛˊ (guo) | かく
[풀이]①발톱 자국. 범이 할퀸 발톱 자국. ②나라 이름. 주(周) 문왕(文王)의 아우인 괵중(虢仲)과 괵숙(虢叔) 및 그의 자손들을 봉한 나라.

9 15 〖虣〗 사나울 포 | [號]ㄅㄠˋ (bao) | ほう, ぼう (キビシイ)

11 17 〖虧〗 이지러질 휴 [本]규 | [支]ㄎㄨㄟ (kui) | き(カケル) *wane*
[풀이]①이지러지다. 손상됨. ¶日中則移 月滿則一＜史記＞ ②그치다. 그만 둠. ¶唯昭其質猶未一＜楚辭＞ ③줄다. 줄어듦. 깎임. ¶或言買馬一價者＜宋史＞/一本. ④무너지다. ¶先王之法一矣＜呂覽＞ ⑤다행히. …덕택으로 겨우. ¶一殺張勝立心至誠 到底不曾有染＜警世通言＞
【虧價】きか(휴가) 값을 깎음. ¶或言買馬一者＜宋史＞
【虧缺】きけつ(휴결) 한 부분이 떨어져 나감. 완전하지 않음. ¶治道一＜史記＞
【虧本】きほん(휴본) 밑천이 줄어듦.
【虧損】きそん(휴손) 이지러짐.
【虧盈而益謙】(휴영이 익겸) 가득 찬 것은 덜고 적어진 것에 더함. ¶天道一＜易經＞
▷傾一, 滿則一, 覆一, 盈一, 漸一, 中一, 贅一, 頹一, 蔽一

18 〖[illegible]〗 虡(p.1321)의 本字

18 〖[illegible]〗 靈(p.1606)과 同字

12 18 〖虩〗 [1]눈 휘둥그랠 혁 [2]범 놀랄 색 | [陌]ㄒㄧˋ [陌](xi) | げき(ハエトリグモ) さく
[풀이][1]①눈이 휘둥그래지다. ②승호(蠅虎). 승호과의 거미. 파리를 잘 잡아 먹음. [2]①범이 놀라는 모양. ②두려워하다. [같]愬.

18 〖[illegible]〗 虧(p.1321)와 同字

19 〖[illegible]〗 虩(p.1321)의 訛字

虫＜벌레 충＞部

虫 ① 虬 ② 虯 虱 ③ 虷 虻 虵 虶 蚩 虹
虺 ④ 蚧 蚣 蚑 蚪 蚊 蚄 蚌 蚨 蚡 蚍 蚜
蚦 蚋 蚘 蚓 蚝 蚕 蚤 蚩 ⑤ 蚶 蚷 蛄 蚯
蛋 蚸 蛉 蚹 蛇 蚰 蚴 蛆 蛅 蛁 蛀 蚳 蚱
蚿 ⑥ 蛩 蛟 蛣 蛑 蛙 蛜 蛓 蛛 蛭 蛤 蛔
⑦ 蛺 蜑 蜋 蜊 蜂 蜉 蛻 蛸 蜃 蛾 蜍 蜒
蜎 蜈 蛹 蜓 [illegible] 蜄 蛽 蜇 蜀 蜆 ⑧ 蜾 蜷
蜢 蜜 蜚 蜱 蜸 蜡 蜥 蜙 蜮 蜺 蜹 蜿 蜲
蜼 蜩 蜘 蜴 蜻 蝃 ⑨ 蝌 蝺 蝱 蝥 蝮 蝜
蝑 蝨 蝕 蝘 蝡 蝝 蝸 蝟 蝛 [illegible] 蝚 蝣 蝓
蝶 蝍 蝤 蝙 蝦 蝎 蝴 蝗 ⑩ 螗 螣 螂 螊
螞 螟 螃 螕 螄 螦 螉 融 螘 螠 螔 螓 螢
螇 螝 螖 ⑪ 蟈 螳 螺 蟉 螻 蟎 蟆 蟇 蟒
蟲 螯 蟀 蟋 蟓 螫 蟥 蟞 螬 蟊 螮 蟄 螵
⑫ 蟜 蟫 蟒 蟠 蟖 蟬 蟯 蟣 蟭 蟲 蟛 蟚
蟪 蟢 ⑬ 蠍 蟿 蟷 蠃 蠊 蟒 蟺 蟾 蠅 蟻
蟶 蠆 蠋 蟹 蠏 蠁 蠉 ⑭ 蠓 蠙 蠕 蠑 蠐
蠐 蠔 蠖 ⑮ 蠟 蠣 蠡 蠝 蠛 蠜 蠢 ⑯ 蠧
蠭 ⑰ 蠲 蠱 蠨 蠮 ⑱ 蠸 蠹 蠶 蠵 ⑲ 蠻
⑳ 蠼

0 6 〖虫〗 [1]벌레 훼 [2]벌레 충 | [尾]ㄏㄨㄟˇ (hui) [東]ㄔㄨㄥˊ (chong) | き(ムシ) *worm* ちゅう
[源]象形. 뱀이 몸을 서리고 있는 모양을 본뜸.
[풀이][1]①벌레. ②살무사. [通]虺. [2]벌레. 蟲의 略字. 원래는 딴 자.

7 〖虬〗 虯(p.1321)와 同字

2 8 〖虯〗 규룡 규 | [尤]ㄑㄧㄡˊ (qiu) | きゅう(ミズチ)
【虯角】きゅうかく(규각) 규룡(虯龍)의 뿔.
【虯龍】きゅうりゅう(규룡) ①용의 새끼로, 빛이 붉고 뿔이 있다는 상상적인 동물. ②고부라진 나무의 형용.
▷蛟一, 蟠一, 蟉一, 潛一, 赤一

8 〖虱〗 蝨(p.1329)과 同字

3 9 〖虷〗 [1]장구벌레 간 [2]침범할 간 | [寒]ㄏㄢˊ (han) [寒] | かん (ボウフリ) かん

9【独】 ☞犬部 6 획(p. 977)

9【虻】 蝱(p. 1329)과 同字

9【宝】 蝱(p. 1329)의 俗字

9【虵】 蛇(p. 1323)의 俗字

9【虽】 雖(p. 1595)의 俗字

3 9【虸】 며루 자 | 紙 ㄗˇ(zi) | し

3 9【蚕】 벌레 기어갈 천 | 銑 | てん

9【風】 部首 글자

3 9【虹】 1 무지개 홍 2 어지럽힐 항 | 東 ㄏㄨㄥˊ 江 (hong) | こう (ニジ) *rainbow*

同 蚕 蚀

풀이 1 ①무지개. ②기(旗). 채색한 기. ¶建一采以招指<楚辭>/一裳. ③기름 그릇. 등잔의 기름을 담는 접시. 같 釭. ④다리. 무지개처럼 둥근 다리. ¶獨吹長笛過垂一<陸游>/一橋. ⑤공격하다. 양(陽)이 음기(陰氣)를 공격함. 2 어지럽히다. 흐트러짐. 같 訌. ¶實一小子<詩經>

【虹橋】こうきょう(홍교) 무지개 모양으로 된, 아치형 다리. 홍예 다리.

【虹蜺】こうげい(홍예) 무지개. 옛날에 무지개를 용(龍)의 한 가지로 여겨, 虹을 수무지개, 蜺를 암무지개라 함. 虹霓(홍예).

【虹霓門】こうげいもん(홍예문) 문얼굴의 윗머리를 무지개처럼 반달 모양으로 만든 문. 虹蜺門(홍예문).

【虹泉】こうせん(홍천) 폭포.

▷絳一, 跨一, 錦一, 爛一, 丹一, 晩一, 文一, 白一, 霽一, 宛一, 雄一, 長一, 直一, 彩一

9【蚕】 虹(p. 1322)과 同字

9【蚀】 虹(p. 1322)과 同字

9【䖝】 虫(p. 1321)와 同字

3 9【虺】 1 살무사 훼 2 고달플 회 | 尾 ㄏㄨㄟˇ 灰 (hui) | き(マムシ) かい

풀이 1 ①살무사. ②작은 뱀. 어린 뱀. ¶爲一弗摧 爲蛇將若何<國語> ③천둥. ¶一一其雷<詩經> 2 고달프다. 말이 병들어 고달픈 모양. 또는, 말의 병. ¶我馬一隤<詩經>

【虺蛇入夢】きだユメニイル(훼사입몽) 살무사나 뱀 꿈을 꿈. 그것들은 음성(陰性)이라 딸을 낳을 태몽(胎夢)이라 함.

▷毒一, 蟒一, 蝮一, 蛇一, 王一, 維一

4 10【蚧】 조개 이름 개 | 卦 ㄐㄧㄝˋ (jie) | かい

풀이 ①조개 이름. 조개의 한 가지. ②옴. 피부병의 한 가지. 通 疥. ¶手足之一搔<後漢書> ③합개(蛤蚧). 도마뱀의 한 가지.

4 10【蚣】 1 지네 공 2 여치 송 | 東 ㄍㄨㄥ 冬 (gong) | こう しょう

4 10【蚑】 기어갈 기 | 支 ㄑㄧˊ 寘 (qi) | き (ハウ)

10【毒】 毒(p. 825)의 古字

4 10【蚪】 올챙이 두 | 有 ㄉㄡˇ (dou) | とう(オタマジャクシ)

4 10【蚊】 모기 문 | 文 ㄨㄣˊ (wen) | ぶん(カ) *mosquito*

同 蚉

【蚊脚】ぶんきゃく(문각) ①모기 다리. ②가는 글씨. ¶一傍低 鵠頭仰立<庾肩吾>

【蚊脚蟹行】ぶんきゃくかいこう(문각해행) 모기 다리와 게걸음이란 뜻으로, 로마자를 형용하는 말. 획이 가늘고 게가 기는 것처럼 가로로 쓰기 때문임.

【蚊睫】ぶんしょう(문첩) 모기의 속눈썹. 극히 미세함의 비유.

▷朝蠅暮一, 聚一, 避一

10【蚉】 蚊(p. 1322)과 同字

4 10【蚄】 며루 방 | 陽 ㄈㄤ (fang) | ほう

4 10【蚌】 방합 방 | 講 ㄅㄤˋ (bang) 梗 ㄅㄥˋ (beng) | ほう

풀이 ①방합(蚌蛤). ②씹조개.

【蚌鷸之爭】ぼういつノアラソイ(방휼지 쟁) 방합(蚌蛤)과 도요새의 다툼이란 뜻으로, 결국 제삼자만 득(得)을 보게 하는 싸움의 비유. ※漁父之利(어부지 리).

▷巨一, 老一, 鷸一

4 10【蚨】 파랑강충이 부 | 虞 ㄈㄨˊ (fu) | ふ

풀이 ①파랑강충이. 강충이과의 곤충으로 푸른 것. 청부(青蚨). ②돈의 이칭. 파랑강충이 피를 돈에 바르면 그 돈이 자기에게 되돌아온다 함.

4 10【蚡】 두더지 분 | 文 ㄈㄣˊ (fen) | ふん(ムグラモチ)

10【蚠】 蚡(p. 1322)과 同字

4 10【蚍】 왕개미 비 | 支 ㄆㄧˊ (pi) | ひ(オオアリ)

풀이 ①왕개미. ¶一蜉. ②당아욱.

【蚍蜉撼大樹】ひふだいじゅヲユラク(비부 감대수) 왕개미가 큰 나무를 흔들려고 한다는 뜻으로,

견식이 모자라는 사람이 저보다 나은 이를 비평함의 비유.

4 10【蚜】 진딧물 아 ㊀하 | 㽕 ㄧㄚˊ (ya) | か(アブラムシ)

4 10【蚺】 비단뱀 염 | 鹽 ㄖㄢˊ (ran) | ぜん (ニシキヘビ)

10【蚋】 蜹(p. 1328)와 同字

4 10【蚘】 1 치우 우 2 거위 회 | 尤 ㄧㄡˊ (you) 灰 ㄏㄨㄟˊ (hui) | う かい

풀이 1 치우(蚩蚘). 옛날 제후 이름. 2 거위. 회충. ㉮ 蛔.

4 10【蚓】 지렁이 인 | 軫 ㄧㄣˇ (yin) | いん (ミミズ)

▷蚯—, 附—, 紫—, 寒—

4 10【蚝】 풀쐐기 자 | 寘 ㄘˋ (ci) | し(ケムシ)

풀이 ①풀쐐기. ㉮ 蛓. ②가뢰.

4 10【蚕】 1 지렁이 전 2 누에 잠 | 銑 ㄊㄧㄢˇ (tian) 覃 ㄘㄢˊ (can) | てん (ミミズ) さん (カイコ)

풀이 1 지렁이. 2 누에. 蠶의 俗字.

4 10【蚤】 벼룩 조 | 皓 ㄗㄠˇ 巧 (zao) | そう(ノミ) flea

풀이 ①벼룩. ㉮ 蝨. ②손톱. 通 爪. ③일찍. 通 早. ¶ —起.

【蚤莫】そうぼ (조모) 아침과 저녁. 朝暮(조모). ¶ 視日— 侍坐者請出矣<禮記>

【蚤死】そうし (조사) 젊어서 죽음. 蚤夭(조요). 蚤世(조세). 夭折(요절).

【蚤歲】(조세) ①젊은 시절. ¶ 熹自— 卽嘗受讀而竊疑之<朱熹> ②연초(年初).

【蚤牙之士】そうがのし (조아지 사) ☞ 爪牙之士(조아지 사).

【蚤知之士】そうちのし (조지지 사) 일찍 알아차리는 인사(人士)라는 뜻으로, 선견지 명(先見之明)이 있는 사람. ¶ — 名成而不毁<樂毅>

10【蚽】 蚤(p. 1323)와 同字

4 10【蚩】 1 어리석을 치 2 기어갈 치 | 支 ㄔ 紙 (chi) | し ち

풀이 1 ①어리석다. ¶ 兒大黠 宗室無一者<後漢書> ②업신여기다. ¶ 鬻良雜苦 —眩邊鄙<張衡> ③못생기다. 추함. 通 醜. ¶ 姸—好惡<陸機> ④벌레 이름. ⑤바다 짐승. ¶ —尾. ⑥비웃다. 通 嗤. 2 기어가다. 벌레가 기어감.

【蚩笑】しょう (치소) 비웃음. 嗤笑(치소).

【蚩尤】しゆう (치우) ① ㉮ 황제(黃帝) 때의 제후로 전쟁을 즐기어 황제가 죽였다 함. 蚩蚘(치우). ㉯ 황제(黃帝)의 신하. ②별 이름. 병란의 조짐을 나타내는 별. 蚩尤旗(치우기).

【蚩尤旗】しゆうき (치우기) ☞ 蚩尤(치우)②.

10【蚉】 蚩(p. 1323)와 同字

10【虵】 虺(p. 1322)와 同字

5 11【蚶】 피조개 감 | 覃 ㄏㄢ (han) | かん (アカガイ)

풀이 ①피조개. 새고막조개. 피안다미조개. ¶ —田. ②다슬기. ㉮ 蜬.

5 11【蚷】 노래기 거 | 語 ㄐㄩˋ (ju) | きょ (ヤスデ)

5 11【蛄】 땅강아지 고 | 虞 ㄍㄨ (gu) | こ(ケラ)

풀이 ①땅강아지. ¶ 螻—. ②씽씽매미. ¶ 蟪—不知春秋<莊子> ③바구미.

11【蛊】 蠱(p. 1336)와 同字

11【蛍】 螢(p. 1324)의 俗字

5 11【蚯】 지렁이 구 | 尤 ㄑㄧㄡ (qiu) | きゅう (ミミズ)

【蚯蚓】きゅういん (구인) 지렁이.

5 11【蛋】 알 단 | 翰 ㄉㄢˋ (dan) | たん(タマゴ) egg

풀이 ①알. 새, 거북, 뱀 따위의 알. ¶ —殼. ②단민(蛋民). 중국 남쪽, 광동성 수상(水上) 거주민의 구칭. ㉮ 蜑.

【蛋白】たんぱく (단백) 알의 흰자. 卵白(난백).

【蛋白質】たんぱくしつ (단백질) 흰자질.

【蛋黃】たんおう (단황) 알의 노른자위. 卵黃(난황).

5 11【蛎】 방아깨비 력 | 錫 ㄌㄧˋ (li) | れき

5 11【蛉】 잠자리 령 | 青 ㄌㄧㄥˊ (ling) | れい(トンボ) dragon-fly

풀이 ①잠자리. ¶ 蜻—. ②뽕나무벌레. ¶ 螟—. ③씽씽매미. ¶ —蛄.

11【蛮】 蠡(p. 1332)와 同字

11【蚔】 蟲(p. 1332)과 同字

11【蚉】 蜜(p. 1327)과 同字

5 11【蚹】 비늘 부·복 | 遇 ㄈㄨˋ 屋 (fu) | ふ, ふく (ウロコ)

풀이 ①비늘. 뱀의 배에 있는 비늘. ¶ 蛇—. ②달팽이의 한 가지. ¶ —嬴.

5 11【蛇】 1 뱀 사 2 구불구불 갈 이 | 麻 ㄕㄜˊ (she) 支 ㄧˊ (yi) | じゃ, だ (ヘビ) snake い

㊗虵

풀이 [1] ①뱀. ㉠它. ②자벌레. ③별 이름. 북방의 별. [2] ①구불구불 가다. ¶一行. ②천박하다. 제 자랑을 함.

【蛇蠍】だかつ(사갈) 뱀과 전갈. 사람이 몹시 싫어하고 두려워하는 것을 이름. 蛇蝎(사갈).

【蛇蠍視】だかつし(사갈시) 사갈로 본다는 뜻으로, 몹시 싫어함의 비유.

【蛇矛】だぼう(사모) 세모창의 한 가지. ¶丈八一＜三國志演義＞

【蛇足】だそく(사족) 뱀의 발이란 뜻으로, 쓸데없는 군일로 다 된 일을 그르치는 어리석음의 비유. 화사첨족(畫蛇添足)의 준말.

【유래】 초(楚)의 어떤 사람이 제사를 지내고 종들에게 술 한 대접을 주었더니, 여럿이 마시기에는 부족하고 한 사람이 마시기에는 많아, 뱀을 빨리 그리는 사람이 마시기로 내기를 했다. 한 종이 얼른 뱀을 그린 뒤 왼손으로 술대접을 집어 들고 오른손으로 뱀 그림에 발까지 그려 보이며 자랑했다. 그러자 다른 종이, 뱀에 무슨 발이 있는가 하면서 냉큼 술대접을 빼앗아 마셔 버렸다.

뱀 그림에 발을 그려 넣어 웃음거리가 되었다는 이 우화는, 전국(戰國) 시대 초의 재상 소양(昭陽)이 위(魏)를 공격하여 점령하고는, 내친걸음에 제(齊)까지 치려고 했을 때, 진(秦)의 진진(陳軫)이 소양을 찾아가서 쓸데없는 전쟁을 하지 말도록 만류하며 비유한 이야기이다. ＜戰國策＞

【蛇呑象】へびぞうをのむ(사탄상) 뱀이 코끼리를 삼킨다는 뜻으로, 끝없는 욕심의 비유. ¶一一厥大何如＜楚辭＞

【蛇行】だこう(사행) 뱀처럼 구불구불하게 흘러가거나 벋음. ¶斗折一＜柳宗元＞

【蛇化爲龍不變其文】へびかしてりょうとなるもそのぶんをへんぜず(사화위룡 불변기문) 뱀이 용이 되어도 그 무늬는 변하지 않는다는 뜻으로, 큰 인물이 되어도 본바탕은 그대로임을 이르는 말. ¶一 家化爲國 不變其姓＜史記＞

▷巨一, 蛟一, 大一, 毒一, 白一, 蝮一, 靈一, 王一, 龍一, 委一, 長一, 青一, 海一, 虺一

11【蚺】 蚦(p.1323)의 俗字

5 11【蚰】 그리마 유 ㊥ㄧㄡˊ(you) ゆう(ゲジゲジ)

5 11【蚴】 꿈틀거릴 유 ㊥ㄧㄡˇ(you) ゆう wriggle

풀이 ①꿈틀거리다. ¶佩蒼龍之一虯兮＜楚辭＞ ②나나니벌. ¶一蛻.

11【蚵】 蛓(p.1325)와 同字

5 11【蛆】 구더기 저 ㊥ㄑㄩ(qu) しょ(ウジ) maggot

풀이 ①구더기. ¶一蟲. ②지네. ③노래기. ④거머리. ⑤술찌꺼기. 술 위에 뜨는 쌀알. ⑥쏘다. 벌레가 쏨.

▷水一, 玉一, 蟲一

5 11【蛅】 쐐기 점 ㊥ㄓㄢ(zhan) せん, ぜん(イラムシ)

5 11【蛁】 참매미 조 ㊥ㄉㄧㄠ(diao) ちょう

5 11【蛀】 나무좀 주 ㊥ㄓㄨˋ(zhu) しゅ(キクイムシ)

풀이 ①나무좀. ②좀먹다.

【蛀齒】しゅし(주치) 벌레 먹은 이. 蛀牙(주아). 蟲齒(충치).

5 11【蚳】 개미 알 지 ㊥ㄔˊ(chi) ち

풀이 ①개미 알. ②전갈(全蠍).

5 11【蚱】 벼메뚜기 책 ㊥ㄓㄚˋ(zha) さく(ハネナガイナゴ)

풀이 ①벼메뚜기. ¶蟲螽總名也 江東呼爲一蜢＜本草綱目＞ ②말매미. ¶一蟬 七月生＜玉篇＞

5 11【蚿】 노래기 현 ㊥ㄒㄧㄢ(xian) けん(ヤスデ)

11【蛍】 螢(p.1331)의 略字

6 12【蛩】 [1] 귀뚜라미 공 [2] 그리마 공 ㊥ㄑㄩㄥˊ(qiong) きょう(コオロギ) cricket ㊀蛬

풀이 [1] ①귀뚜라미. ㉠蛬. ¶陰壁夜多一＜許渾＞/一秋. ②메뚜기. ¶飛一滿野＜淮南子＞ ③발소리. ㊂跫. ④근심에 잠긴 모양. ⑤짐승 이름. 북해(北海)에 사는 말같이 생긴 짐승. ¶一一. [2] 그리마.

【蛩聲】きょうせい(공성) 귀뚜라미 우는 소리. 蛩語(공어). 蛩音(공음). 蛩吟(공음). 蟋蟀聲(실솔성).

▷亂一, 鳴一, 斑一, 幽一, 吟一, 潛一, 秋一, 寒一

12【蛬】 蛩(p.1324)과 同字

6 12【蛟】 교룡 교 ㊥ㄐㄧㄠ(jiao) こう(ミズチ) dragon

【蛟虯】こうきゅう(교규) 서리어 엉김. 蟠屈(반굴).

【蛟龍】こうりょう(교룡) 뿔 없는 용. 큰물을 일으킨다 함.

【蛟龍得雲雨】こうりょううんうをう(교룡득운우) 교룡이 구름과 비를 만났다는 뜻으로, 영웅이 때를 만나 세력을 떨침의 비유. ¶恐一 終非池中

物也<吳志>

【蛟篆】こうてん(교전) 종정(鐘鼎)에 새긴 전자(篆字). 글자 획이 교룡이 서린 것처럼 된 데서 이름.

▷騰—, 素—, 水—, 龍—, 潛—, 蟄—, 黑—

6/12【蛣】 장구벌레 길 | 質ㄐㄧㄝˊ (jie) | きつ (ボウフリ)

풀이 ①장구벌레. ¶—蟩. ②쇠똥구리.

12【蛮】 蠻(p.1337)의 略字

6/12【蛑】 꽃게 모 | 尤ㄇㄡˊ (mou) | ぼう

풀이 ①꽃게. ¶蝤—. ②뿌리를 잘라먹는 벌레. ㉟蟊. ③버마재비.

6/12【蛙】 개구리 와 / 왜 | 麻ㄨㄚ (wa) | あ, わ (カエル) *frog*

풀이 ①개구리. ②음란하다.

【蛙鳴蟬噪】あめいせんそう(와명선조) 개구리 울음과 매미 소리라는 뜻으로, 알아보기 어려운 졸렬한 문장이나 쓸데없는 입씨름 따위를 비유한 말. ¶殷文昌以駢四儷六 —之音<韓愈>

【蛙聲】あせい(와성) ①개구리 울음 소리. 蛙鼓(와고). 蛙吠(와폐). 蛙鳴(와명). 蛙吹(와취). ②음란한 음악소리. ¶紫色—.

【蛙市】あし(와시) 개구리가 떼를 지어 욺. ¶晚蛙聚鳴 謂之—<耕餘錄>

【蛙葉】あよう(와엽) 질경이의 이칭.

▷群—, 亂—, 鳴—, 淫—, 泥—, 井—, 井底—, 青—

6/12【蛜】 쥐며느리 이 | 支ㄧ (yi) | い (ワラジムシ)

풀이 ①쥐며느리. ¶—蝛. ②참매미. ¶—蚗. ③잠자리.

6/12【蛓】 풀쐐기 자 | 寘ㄘˋ (ci) | し (ケムシ)

6/12【蛛】 거미 주 | 虞ㄓㄨ (zhu) | ちゅ, しゅ (クモ) *spider*

【蛛絲馬跡】ちゅしばせき(주사마적) 거미가 줄을 뽑아내고 말이 발자국을 남긴 듯하다는 뜻으로, 거미줄은 숨은 듯 아련하고 말발자국은 희미하게 드러나 은근하고 깊은 뜻을 풍김의 비유.

▷饑—, 網—, 壁—, 蜘—, 簷—

6/12【蛭】 거머리 질 | 質ㄓˋ (zhi) | しつ (ヒル) *leech*

풀이 ①거머리. ¶水—. ②개밋둑.

【蛭蚓】しついん(질인) 거머리와 지렁이. 소인(小人)의 비유.

▷馬—, 山—, 石—, 水—, 泥—, 草—

12【[虫亦]】 蝪(p.1328)의 俗字

6/12【蛤】 대합조개 합 | 合ㄍㄜˊ (ge) | こう (ハマグリ) *clam*

풀이 ①대합조개. ¶雀入于海爲—<國語>/文—/—子. ②큰 두꺼비. ¶山—. ③개구리. ¶何處多啼—<高啓>

▷魁—, 牡—, 文—, 蚌—, 山—, 蜃—, 珠—, 瑕—, 海—, 花—

12【[合/虫]】 蛤(p.1325)과 同字

6/12【蛔】 거위 회 | 灰ㄏㄨㄟˊ (hui) | かい (カイチュウ)

【蛔蟲】かいちゅう(회충) 거위.

12【蛕】 蛔(p.1325)와 同字

7/13【蛺】 나비 겹 / 협 | 葉ㄐㄧㄚˊ / 洽 (jia) | きょう *butterfly*

7/13【蜑】 오랑캐 이름 단 | 旱ㄉㄢˋ (dan) | たん

풀이 ①오랑캐 이름. 중국 남쪽 열대 지방에 사는 만족의 하나. 수상(水上) 생활을 하며, 무자맥질을 잘함. ㉟蛋. ¶胡夷—蠻<柳宗元>/—人/—丁/—戶/—船. ②새알. 蛋의 古字. ③구불구불하고 긴 모양.

▷洞—, 烏—, 巴—

7/13【蜋】 1 버마재비 랑 | 陽ㄌㄤˊ | ろう
2 쇠똥구리 랑 | 陽 (lang) | りょう

풀이 1 버마재비. 사마귀. ¶螳—. 2 쇠똥구리. ¶蜣—.

【蜋蜩】ろうちょう(낭조) 매미의 한 가지.

▷蜣—, 螳—, 蟷—, 石—

7/13【蜊】 참조개 리 | 支ㄌㄧˊ (li) | り (アザリ)

13【[利/虫]】 蜊(p.1325)와 同字

7/13【蜂】 벌 봉 | 冬ㄈㄥ (feng) | ほう (ハチ) *bee*
㊤蠭

풀이 ①벌. ¶—鳥. ②창날. ㉠鋒. ¶突厥—銳<唐書> ③붐비다.

【蜂起】ほうき(봉기) 벌떼처럼 일어난다는 뜻으로, 반란이나 항쟁 따위가 곳곳에서 일시에 일어남의 비유. 蠭起(봉기). ¶兵革—<後漢書>

【蜂屯】ほうとん(봉둔) 벌떼처럼 모여듦. 蜂聚(봉취). ¶—蟻聚<韓愈>

【蜂蠟】ほうろう(봉랍) ☞蜜蠟(밀랍).

【蜂蜜】ほうみつ・はちみつ(봉밀) 벌꿀. 꿀.

【蜂房】ほうぼう(봉방) 벌집. 蜂巢(봉소). 蜂窠(봉과). 蜂窩(봉와). 蜂衙(봉아).

【蜂房水渦】ほうぼうすいか(봉방수와) 벌집과 물의 소

용돌이라는 뜻으로, 건물이 빽빽히 늘어서 있는 모양의 형용.
【蜂衙】ほうが(봉아) ①벌이 조석으로 일정한 시간에 벌집을 드나드는 모양을 관원(官員)이 출입하는 모양에 비유한 말. ②벌집. 蜂房(봉방).
【蜂午】ほうご(봉오) 붐빔.
【蜂王】ほうおう(봉왕) 여왕벌.
【蜂腰】ほうよう(봉요) ①가는 허리. 細腰(세요). 柳腰(유요). ②셋 중에서 가운데가 못함의 비유. ¶或問三周孰賢 人曰 若一矣<南史> ③한시(漢詩)에서의 결점의 한 가지. 구(句) 중 제 2 자와 제 4 자가 같은 측성(仄聲)으로 된 것.
【蜂腰體】ほうようたい(봉요체) 율시(律詩)에서 함련(頷聯) 즉 제 3, 4 귀가 대구(對句)로 되어 있지 않은 시. ¶一 凡頷聯不對<文體明辯> ※蜂腰(봉요)③.
【蜂蝶隨香】ほうちょうこうにしたがう(봉접수향) 벌과 나비가 향기를 따른다는 뜻으로, 남자가 여자의 아름다움에 끌림의 비유.
【蜂準長目】ほうせつちょうもく(봉준장목) 벌처럼 우뚝 솟은 콧마루와 가느스름한 긴 눈. 영특하고 생각이 깊은 상(相)을 이름. 隆準(융준). ¶秦王爲人一<史記>
▷木一, 蜜一, 分一, 奔一, 細一, 女王一, 雄一, 螽一, 土一, 胡一

7 13【蜉】 하루살이 부 | [尤]ㄈㄨˊ (fu) | ふ(カゲロウ) *ephemera*
풀이 ①하루살이. ¶一蝣之羽<詩經> ②왕개미. ¶蚍一.
【蜉蝣】ふゆう(부유) ①하루살이. 蜉蝤(부유). ②인생의 덧없음의 비유. ¶一之命.

7 13【蛻】 허물 세/태 | [霽]ㄊㄨㄟˋ [隊](tui) | せい, たい(ヌケガラ)
풀이 ①허물. 껍질. ¶蛇一. ②허물을 벗다. ¶蟬一龍變<夏侯湛>
▷變一, 蛇一, 蟬一, 神一, 委一, 遺一, 蜩一

7 13【蛸】 1 갈거미 소 2 사마귀 알 소 | [肴]ㄕㄠ (shao) [蕭]ㄒㄧㄠ (xiao) | しょう
풀이 1 ①갈거미. ¶蠨一在戶<詩經> ②낙지. 2 ①사마귀 알. ¶蜱一. ②오징어. ¶螵一.

7 13【蜃】 무명조개 신 | [軫]ㄕㄣˋ (shen) | しん(ハマグリ)
풀이 ①무명조개. 대합(大蛤). ¶雉入大水爲一<禮記> ②이무기. ¶海旁一氣<漢書> ③상여(喪輿). ¶一車之役<儀禮> ④제기(祭器). ¶以一盛溺<莊子> ⑤조개 껍질을 태운 재. ¶共白盛之一<周禮>
【蜃氣樓】しんきろう(신기루) ①사막이나 해상에서 광선의 이상 굴절로 먼 곳의 경치 따위가 공중에 어려 보이는 현상. 蜃市(신시). 海市(해시). 蜃樓(신루). 乾城(건성). ②근거 없는 가공(架空)의 사물. 空中樓閣(공중누각).
【蜃蛤】しんこう(신합) 대합조개. 큰 것은 蜃, 작은 것은 蛤.
▷老一, 文一, 蛟一, 海一

7 13【蛾】 1 나방 아 2 개미 의 | [歌]ㄜˊ (e) [紙]ㄧˇ (yi) | が(ヒイル) *moth* ぎ(アリ)
풀이 1 ①나방. ¶白一. ②눈썹. ¶揚一微眺<魏文帝> ③초승달. ¶雙一映水生<何遜> ④목이버섯. ¶木一. ⑤갑자기. 通 俄. ¶一而大幸<漢書> 2 개미. 같 蟻 螘. ¶朱一 其狀如蛾<山海經>
【蛾眉】がび(아미) ①아름다운 눈썹. 미인(美人)의 눈썹. 娥眉(아미). ¶螓首一<詩經> ②미인(美人). ¶一嬋娟<高適> ③초승달. ¶山月懸一<虞集>
【蛾術】ぎじゅつ(의술) 개미가 계속 흙을 날라 개밋둑을 쌓듯, 오랜 세월 동안 꾸준히 학문을 연구하여 성공함을 이름.
▷黛一, 文一, 白一, 飛一, 翅一, 雙一, 夜一, 野一, 蠶一, 青一

13【䖸】 蛾(p.1326)와 同字

7 13【蜍】 두꺼비 여/서 | [魚]ㄔㄨˊ [本](chu) | しょ(ヒキガエル)

7 13【蜒】 1 구불구불할 연 2 새알 단 | [先]ㄧㄢˊ [旱](yan) | えん たん
풀이 1 ①구불구불하다. ¶蝮蛇一只<楚辭> ②그리마. ¶蚰一. 2 새알. 새의 알. 같 蜑.
▷蜿一, 蚰一, 祝一

7 13【蜎】 장구벌레 연 | [先]ㄩㄢ [銑](yuan) | えん(ボウフリ)
풀이 ①장구벌레. ¶一化爲蚊<爾雅·注> ②휘다. ¶刺兵欲無一<周禮> ③기는 모양. ¶一一者蠋<詩經> ④예쁘다. 通 娟.
▷蟬一, 便一

7 13【蜈】 지네 오 | [虞]ㄨˊ (wu) | ご(ムカデ) *centipede*
【蜈蚣】ごこう(오공) 지네. ¶一船.
【蜈蚣鷄】(오공계) 닭의 내장을 빼고, 말린 지네를 넣어 곤 국. 내종(內腫)이나 부족증(不足症) 등에 씀.

7 13【蛹】 번데기 용 | [腫]ㄩㄥˇ (yong) | よう(サナギ) *chrysalis*
풀이 ①번데기. ¶繭中一兮<蔡邕> ②초파리.
【蛹臥】ようが(용와) 고치 속에 번데기가 누워 있듯, 은자(隱者)가 외딴 곳에 칩거함의 비유. ¶笠澤老龜蒙 一緣自裹<葉適>
【蛹蟲】(용충) 번데기.

13【蜨】 蝶(p.1330)과 同字

7 13【蜓】 1잠자리 정 | 青ㄊㄧㄥˊ | てん
2수궁 전 | 銑(ting) | てい
풀이1①잠자리. ②씽씽매미. 2수궁(守宮). 도마뱀붙이. ¶蝘—.
▷蝘—, 青—, 蜻—

7 13【蜍】 씽씽매미 제 | 齊ㄊㄧˊ (ti) | てい

7 13【蜄】 1움직일 진 | 震ㄕㄣˋ | しん
2무명조개 신 | 軫(shen) | *move*
풀이1①움직이다. ㉠賑. ¶萬物之—<史記> ②이무기. ㉠蜃. 2무명조개. ㉠蜃.

7 13【蜠】 차오 차 | 麻ㄔㄜ (che) | しゃ
풀이차오(蜠螯). 조개의 일종으로 대합(大蛤)과 비슷함. ㉧車.

7 13【蜇】 쏠 철 | 屑ㄓㄜˊ (zhe) | てつ(サス) *sting*
풀이①쏘다. 벌레가 독침으로 쏨. ②아프다. ¶—於口<列子> ③해파리. ¶海—.

7 13【蜀】 나라 이름 촉 | 因ㄕㄨˇ (shu) | しょく
풀이①나라 이름. ㉮촉한(蜀漢). ㉯전촉(前蜀). ㉰후촉(後蜀). ②사천성(四川省)의 약칭. ③사당(祠堂)의 기구. 제기(祭器). ¶抱—不言<管子> ④애벌레. 나비·나방의 유충. ㉠蠋. ⑤하나. 혼자. ⑥외따로 솟은 산. 독산(獨山).
【蜀客】しょっかく(촉객) ①촉(蜀)의 나그네. ②해당화의 이칭.
【蜀犬吠日】しょくけんはいじつ(촉견폐일) 촉(蜀) 땅은 산이 높고 날이 늘 궂어, 모처럼 해가 나면 개가 이상하게 여겨 짖는다는 말로, 식견 좁은 사람이 남의 훌륭한 언행을 이상하게 여겨 비난함의 비유.
【蜀葵】しょっき(촉규) 접시꽃. 아욱과의 여러해살이풀.
【蜀道】しょくどう(촉도) 촉(蜀 ; 지금의 사천성)으로 가는 험준한 길의 뜻으로, 매우 힘들고 고달픈 세상살이의 비유.
【蜀道難】しょくどうのなん(촉도난) 한시(漢詩) 악부(樂府)의 가사(歌辭) 이름. 촉으로 가는 길의 험난함을 읊음. 이백(李白)의 시와 양(梁) 간문제(簡文帝)의 글 등이 유명함.
【蜀魄】しょくはく(촉백) 소쩍새. 蜀魂(촉혼). 蜀鳥(촉조). 歸蜀道(귀촉도). 杜宇(두우). 子規(자규). 杜鵑(두견).
【蜀相】しょくしょう(촉상) 촉한(蜀漢)의 재상이란 뜻으로, 제갈 양(諸葛亮)을 가리킴. ¶—階前柏<李商隱>
【蜀鳥】しょくちょう(촉조) ☞蜀魄(촉백).
【蜀漢】しょっかん(촉한) ①중국 삼국 시대에 유비(劉備)가 세운 나라. ②촉군(蜀郡)과 한중(漢中). ¶—之粟 方船而下<漢書>
【蜀魂】しょっこん(촉혼) 소쩍새. 蜀魄(촉백).

▷得隴望—, 前—, 巴—, 後—

13【蜆】 貝(p.1418)의 俗字

7 13【蜆】 바지라기 현 | 銑ㄒㄧㄢˇ (xian) | けん
▷咳—, 掇蝦—

8 14【蜾】 나나니벌 과 | 哿ㄍㄨㄛˇ (guo) | か

8 14【蜷】 굽을 권 | 先ㄑㄩㄢˊ (quan) | けん
풀이①굽은 모양. ¶蛟龍連—<揚雄> ②벌레가 기어 가는 모양. ③나무좀. 길굴(蛣蝠).

14【蜹】 蠟(p.1335)의 俗字

8 14【蜢】 1벼메뚜기 맹 | 梗ㄇㄥˇ | ぼう
2두꺼비 맹 | 敬(meng)
▷蚱—

14【蜎】 蝙(p.1329)의 俗字

8 14【蜜】 꿀 밀 | 質ㄇㄧˋ (mi) | みつ(ハチミツ) *honey*
풀이①꿀. ¶—爲蜂液<論衡>/—月/—酒. ②명충(螟蟲)의 알.
【蜜柑】みかん(밀감) 귤. 귤나무.
【蜜蠟】みつろう(밀랍) 꿀벌의 집을 이루는 물질. 밀. 蜂蠟(봉랍).
【蜜蜂】みつばち(밀봉) 꿀벌.
【蜜月】みつげつ(밀월) 혼인한 지 한 달 동안. 허니문(honey moon)의 역어로, 신혼 때 꿀물이나 봉밀주(蜂蜜酒)를 마시는 서양 풍습에서 유래. ¶—旅行.
【蜜人】みつじん(밀인) 미이라의 이칭. 木乃伊(목내이). ¶俗曰—<輟耕錄>
▷口有—, 波羅—, 蜂—, 山—, 巖—, 崖—, 野—, 飴—

14【蜯】 蚌(p.1322)과 同字

8 14【蜚】 1바퀴 비 | 尾ㄈㄟˇ | ひ(ゴキブリ)
2날 비 | 微(fei) | *cockroach*
풀이1①바퀴. 바퀴과 곤충의 총칭. ㉠蠹. ②쌕새기. 여치과의 곤충. ¶有—不爲災<左氏傳> ③상상적인 짐승 이름. 소 비슷한데 대가리가 희고, 외눈에 뱀꼬리가 달린 짐승. ¶如牛而白首 一目而蛇尾 其名曰—<山海經> 2날다. ㉧飛. ¶翔—禽<漢書>
【蜚廉】ひれん(비렴) ①《人》 은(殷) 주왕(紂王)의 악신(惡臣). ②바람의 신. 風伯(풍백). ③바람을 일으키는 신금(神禽). ¶披—入苑門<後漢書>
【蜚語】ひご(비어) 근거 없이 떠도는 말. 飛語(비어). ¶乃有—<史記>/流言—.

8 14 〖蜱〗 사마귀알 비 | 囡ㄆㄧˊ (pi) | ひ

풀이 ①사마귀의 알. 같 蟆. ¶一蛸. ②긴맛. 긴맛과의 조개.

8 14 〖蜚〗 1 바퀴 비 | 微ㄈㄟˇ | ひ
2 뱀 비 | 未(fei) | cockroach

풀이 1 ①바퀴. ②빈대. 취충(臭蟲). 상슬(牀蝨). 2 신령한 뱀. 신사(神蛇).

8 14 〖蜡〗 1 납향제 사 | 禡ㄓㄚˋ (zha) | さ
2 구더기 저 | 御ㄑㄩ (qu) | しょ
3 벌레 축 | 屋 | せき

풀이 1 ①납향제(臘享祭). ¶周曰一 秦曰臘<辭源> ②찾다. 通 索. 2 구더기. 같 蛆. 3 벌레 이름.

【蜡月】さげつ(사월) 음력 12월의 이칭. 臘月(납월). ※蜡祭(사제).

【蜡祭】さい(사제) 옛 중국에서, 음력 12월에 백신(百神)에게 지낸 제사. 臘祭(납제). ¶神農氏作一<史記>

8 14 〖蜥〗 도마뱀 석 | 錫ㄒㄧ (xi) | せき(トカゲ) lizard

8 14 〖蜙〗 베짱이 송 | 冬ㄙㄨㄥ (song) | しょう

풀이 ①베짱이. ¶一蜙股鳴<酉陽雜俎> ②지네. ¶蜈一.

14 〖蝇〗 蠅(p. 1334)의 俗字

8 14 〖蜮〗 물여우 역 | 職ㄩˋ (yu) | よく

풀이 ①물여우. 전설적인 동물. 모래를 머금어 뿜으면 그 사람이 병든다 함. ¶爲鬼爲一<詩經>/一射. ②헷갈리게 하다. ③개구리. 두꺼비. ¶四月鳴一<大戴禮>

▷蟈一

8 14 〖蜺〗 무지개 예 | 齊ㄋㄧˊ (ni) | げい(ニジ) rainbow

풀이 ①무지개. 암무지개. 通 霓. ¶一 雌虹也<爾雅·注>/虹一. ②쓰르라미. ¶一 寒蜩<爾雅>

▷素一, 雲一, 妖一, 珥一, 虹一

8 14 〖蜹〗 1 파리매 예 | 霽ㄖㄨㄟˋ | ぜい
2 독충 예 | 霽(rui) | えい

풀이 1 ①파리매. 또는, 그 유충. ¶醯酸而一聚焉<荀子> ②독사 이름. 2 ①독충. ②모기. 문자(蚊子).

▷蚊一

8 14 〖蜿〗 1 굼틀거릴 완 | 寒ㄨㄢˇ | わん
2 구불거릴 원 | 元(wan) | wriggle
3 지렁이 원 | 阮 | えん

풀이 1 굼틀거리다. ¶如鶴如鵠如龍一<劉基> 2 ①뱀 따위가 구불거리며 가는 모양. ¶蛇行一蜒<易林> ②벌레가 구물거리는 모양. ③범이 걸어가는 모양. ¶虎豹一只<楚辭> 3 지렁이. ¶一蟮.

8 14 〖蜲〗 1 쥐며느리 위 | 紙ㄨㄟˇ | い
2 구불거릴 위 | 支(wei)

풀이 1 쥐며느리. 通 委. ¶一蜲. 2 ①구불거리다. 굼틀거림. ¶一一蜿蜿<宋玉> ②물의 요정. 通 蝺.

8 14 〖蜼〗 원숭이 유 | 紙ㄨㄟˋ (wei) | い

풀이 원숭이. 긴꼬리원숭이. 또는, 거미원숭이.

【蜼彝】いい(유이) 종묘(宗廟)에서 쓰는 물을 담는 병인 제기(祭器)로, 주례(周禮) 육이(六彝)의 하나.

14 〖蝅〗 蠶(p. 1337)과 同字

14 〖蝅〗 蠶(p. 1337)과 同字

14 〖蜨〗 蝶(p. 1330)의 本字

8 14 〖蜩〗 1 매미 조 | 蕭ㄊㄧㄠˊ | ちょう
2 굼틀거릴 조 | 嘯(tiao)

▷蜋一, 螗一, 馬一, 鳴一, 茅一, 蟬一, 瘖一, 殘一, 青一, 秋一, 蜺一, 寒一

8 14 〖蜘〗 거미 지 | 支ㄓ (zhi) | ち

【蜘蛛】ちちゅ(지주) 거미. ¶一網四屋<張協>

8 14 〖蜴〗 1 도마뱀 척 | 陌ㄧˋ | えき
本 역 | (yi) | せき
2 속일 석 | 錫

8 14 〖蜻〗 1 귀뚜라미 청 | 庚ㄑㄧㄥ | せい
2 씽씽매미 청 | 敬(qing) | cricket
3 잠자리 청 | 青

【蜻蛚】せいれつ(청렬) 귀뚜라미. 蟋蟀(실솔). ¶俯聞一吟<張載>

【蜻蛉】せいれい(청령) 잠자리. 蜻蜓(청정). 赤卒(적졸).

8 14 〖蝃〗 1 무지개 체 | 霽ㄉㄧˋ (di) | てい rainbow
2 거미 철 | 屑ㄓㄨㄛ (zhuo) | たつ

15 〖蜾〗 蚧(p. 1322)와 同字

9 15 〖蝌〗 올챙이 과 | 歌ㄎㄜ (ke) | か tadpole

【蝌蚪文字】かともじ(과두문자) 황제(黃帝) 때 창힐(蒼頡)이 지었다는 고대 문자. 글자 모양이 올챙이처럼, 머리는 굵고 꼬리가 가늚. 科斗文字(과두문자).

15 〖蚪〗 蝌(p. 1328)와 同字

9 15【蟝】 1 보기좋을 구 |㊥ㄑㄩˇ(qu)| く
2 곱사등이 우 |㊥ㄩˇ(yu)| う

15【蝨】 蟲(p. 1336)와 同字

15【蝼】 螻(p. 1332)의 俗字

9 15【蝱】 등에 맹 |㊥ㄇㄤˊ(mang)| ぼう gadfly
㊞ 宝 ㊐虻
풀이 ①등에. ¶一散積血〈淮南子〉 ②패모(貝母). 백합과의 여러해살이풀. ③새 이름. 날개와 다리가 한 개씩이라는, 전설적인 새. 두 마리가 서로 도와 난다 함.
▷蚊一, 奔一, 飛一, 牛一, 草一

9 15【蝥】 1 해충 모 |㊥ㄇㄠˊ(mao)| ぼう
2 가뢰 모 |
3 집게벌레 무 | ぶ
4 거미 무 |
【蝥蜮】ぼうよく(모역) 가뢰와 물여우. 둘 다 해충인 데서, 남을 괴롭히는 악인의 비유. ※鬼蜮(귀역).
【蝥賊】ぼうぞく(모적) ①농작물의 뿌리를 갉아 먹는 벌레와 마디를 갉아 먹는 벌레. ¶及其一〈詩經〉 ②양민을 괴롭히는 악인의 비유. ¶攘其一〈後漢書〉
【蝥弧】ぼうこ(모호) 옛날, 제후(諸侯)가 사용하던 기(旗). 蝥는 창, 弧는 별 이름.

9 15【蝮】 살무사 복 |㊥ㄈㄨˋ(fu)| ふく(マムシ)
풀이 ①살무사. 독사(毒蛇)의 한 가지. ¶一蠚手則斬手〈漢書〉 ②큰 뱀. ¶一蛇蓁蓁〈楚辭〉③매미 허물. ④메뚜기 새끼.
▷毒一, 蛇一, 青一, 虺一

9 15【蝜】 쥐며느리 부 |㊥ㄈㄨˋ(fu)| ふう
풀이 ①쥐며느리. ②독충 이름. ③벌레 이름. ④벼메뚜기. 초종(草螽). ¶一蠜.

9 15【蝑】 베짱이 서 |㊥ㄒㄩ(xu)| しょ

9 15【蝨】 이 슬 |㊥ㄕ(shi)| しつ(シラミ) louse
㊐虱
풀이 ①이. 반풍자(半風子). ¶一生於我〈抱朴子〉 ②나쁜 관리의 폐해. ¶一官生必削〈商子〉 ③함부로 섞이다. ¶得無一其間〈韓愈〉 ④참깨. 검은 깨. ¶狗一.
▷褌一, 狗一, 口中一, 群一, 捫一, 壁一, 沙一, 搔一, 蚤一, 竹一

9 15【蝕】 좀먹을 식 |㊥ㄕˊ(shi)| しょく(ムシバム)
풀이 ①좀먹다. ¶精銅下蠹一〈梅堯臣〉 ②일식(日蝕)·월식. ¶日月虧曰一〈釋名〉 ③썩어 들어간 상처. ㉥飾. ¶虧敗曰一〈漢書·注〉
▷皆既一, 蠹一, 剝一, 薄一, 腐一, 雨一, 月一, 日一, 震一, 侵一, 虧一

9 15【蝘】 수궁 언 |㊥ㄧㄢˇ(yan)| えん
풀이 ①수궁(守宮). 파충류의 하나. ¶一蜓. ②매미의 한 가지. ③두더지. ¶一鼠.

9 15【蝡】 굼틀거릴 연 |㊥ㄖㄨㄢˇ(ruan)| ぜん wriggle
㊐蠕
풀이 ①굼틀거리다. ¶一動之類〈漢書〉 ②뱀 이름. ¶一蛇.

9 15【蝝】 1 누리 새끼 연 |㊥ㄩㄢˊ(yuan)| えん
2 장구벌레 현 | けん
풀이 1 ①누리 새끼. 아직 날개가 나지 않은 황충(蝗蟲)의 새끼. ②왕개미 새끼. 2 장구벌레. 모기의 유충(幼蟲).

9 15【蝸】 1 달팽이 와 |㊥ㄨㄛ(wo)| か snail
㊍과
2 고둥 라 | ら
풀이 1 달팽이. ¶一牛角上爭何事〈白居易〉/一廬. 2 고둥. ㉥蠃.
【蝸角之爭】かかくしそう(와각지 쟁) 하찮은 일로 다툼의 비유. 달팽이 뿔 위에 있는 촉(觸)과 만(蠻)의 두 나라가 서로 영토를 다투었다는 옛일에서 유래. 蝸牛角上之爭(와우각상지 쟁). 蠻觸之爭(만촉지 쟁).
【蝸篆】かてん(와전) 달팽이가 기어 간 곳. 그 자국에 점액을 남긴 것이 전서(篆書) 비슷하므로 이름.

15【蝺】 蛹(p. 1326)의 俗字

9 15【蝟】 고슴도치 위 |㊥ㄨㄟˋ(wei)| い

9 15【蜮】 쥐며느리 위 |㊥ㄨㄟ(wei)| い

9 15【蚴】 굼틀거릴 유 |㊥ㄧㄡ(you)| ゆ

9 15【蝚】 1 거머리 유 |㊥ㄖㄡˊ(rou)| じゅ
2 원숭이 노 |㊥ㄋㄠ(nao)| どう

9 15【蝣】 하루살이 유 |㊥ㄧㄡˊ(you)| ゆう

9 15【蝓】 달팽이 유 |㊥ㄩˊ(yu)| ゆ
풀이 ①달팽이. 와우(蝸牛). ②알달팽이. 괄태충(括胎蟲). ¶蛞一.

9/15【蝶】 나비 접 |圍ㄉㄧㄝˊ (die)|ちょう butterfly
【蝶夢】ちょうむ (접몽) ①☞胡蝶之夢(호접지몽). ②꿈. ¶家山一隔<陳造>
▷孤一, 狂一, 粉一, 仙一, 素一, 野一, 異一, 彩一, 風一, 蛺一, 胡一, 黃一, 戲一

9/15【蝍】 지네 즉 |職ㄐㄧˊ (ji)|しょく

9/15【蝤】 1 나무굼벵이 추 2 하루살이 유 |尤ㄑㄧㄡ (qiu) 尤ㄧㄡ (you)|しゅ ゆう
풀이 1 ①나무굼벵이. 㘝蠐. ¶一蠐. ②꽃게. ¶一蠐. 2 하루살이. 通蝣. ¶蜉一出以陰<漢書>

9/15【蝙】 박쥐 편 |先ㄅㄧㄢ (bian)|へん

9/15【蝦】 두꺼비 하 |麻ㄒㄧㄚ (xia) ㄏㄚˊ (ha)|か
풀이 ①두꺼비. ¶一蟆無腸<酉陽雜俎> ②새우. ¶鰕音霞 俗作一 入湯則紅色如霞也<本草綱目>

9/15【蝎】 1 나무좀 할 2 무지개 홍 |曷ㄒㄧㄝ (xie) 東ㄏㄜˊ (he)|かつ こう
풀이 1 ①나무좀. 나무굼벵이. ¶一盛則木朽<嵇康> ②떡 이름. ¶一餅. ③멈추다. 通遏. ④도마뱀붙이. 수궁(守宮). ¶窓間守宮稱一虎<蘇軾> ⑤전갈. 2 무지개. 虹의 古字.

9/15【蝴】 나비 호 |虞ㄏㄨˊ (hu)|こ(チョウ) butterfly
【蝴蝶】こちょう (호접) 나비. 胡蝶(호접). 蛺蝶(협접). ¶一夢.

9/15【蝗】 누리 황 |陽ㄏㄨㄤˊ 敬(huang)|こう locust
【蝗蟲】こうちゅう (황충) ①누리. 벼메뚜기. ¶一大起<漢書> ②세업(世業)의 논밭을 팔아먹고 사는 못난 자제(子弟).
▷大旱一, 飛一

10/16【螗】 씽씽매미 당 |陽ㄊㄤˊ (tang)|とう
【螗蛦】とうい (당이) 씽씽매미. 胡蟬(호선). 螗蜩(당조).
【螗蠩】とうしょ (당저) 두꺼비. 蟾蠩(섬저).

16【蝨】 蟲(p.1336)의 古字

10/16【螣】 1 등사 등 2 박각시나방 애벌레 특 |蒸ㄊㄥˊ (teng) 職ㄊㄜˊ (te)|とう とく
【螣蛇】とうだ (등사) ①용 비슷하다는 신사(神蛇). ②별 이름. ¶一二十三星<晉書>

16【螂】 蜋(p.1325)과 同字

10/16【蠊】 조개 렴 |鹽ㄌㄧㄢˊ (lian) ㄒㄧㄢˊ (xian)|れん

10/16【螞】 말거머리 마 |馬ㄇㄚˇ (ma)|ば

10/16【螟】 마디충 명 |青ㄇㄧㄥˊ (ming)|めい
풀이 ①마디충. 명충(螟蟲). ¶去其一螣及其蟊賊 無害我田穉<詩經> ②배추벌레. ¶一蛉有子<詩經> ③모기. ¶山多蟲一<管子>
【螟蛉】めいれい (명령) ①배추벌레. ②타성(他姓)에서 맞아들인 양자. 나나니벌이 명령 새끼를 업어다가 제 새끼로 삼는다는 전설에서 유래. 螟蛉子(명령자).
【螟蛉子】めいれいし (명령자) ☞螟蛉(명령)②.
【螟螣】めいとく (명특) 배추벌레와 박각시나방의 애벌레. 다 같이 농작물의 해충인 데서, 세상에 해를 끼치는 간악한 사람의 비유. ¶去其一<詩經>
▷飛一, 焦一, 秋一, 蟲一

16【螌】 蟊(p.1322)의 俗字
16【螡】 蚊(p.1322)과 同字

10/16【螃】 방게 방 |陽ㄆㄤˊ (pang)|ぼう

10/16【螕】 1 진드기 비 2 왕개미 비 |齊ㄅㄧ 支(bi)|へい ひ

10/16【螄】 다슬기 사 本시 |支ㄙ (si)|し

16【蝍】 蜥(p.1328)의 俗字

10/16【螦】 韓배좀 소
풀이 배좀. 선박의 나무를 파먹는 좀.

10/16【螉】 나나니벌 옹 |東ㄨㄥ (weng)|おう

16【螆】 珧(p.995)와 同字

10/16【融】 화할 융 |東ㄖㄨㄥˊ (rong)|ゆう(トケル) mingle
풀이 ①화하다. ¶其樂也一一<左氏傳>/一和. ②녹다. 녹임. ¶東風一雪汁<蘇軾>/一解. ③길다. ④밝다. ¶昭明有一<詩經> ⑤명랑하다. ¶明而未一<左氏傳> ⑥통하다. 通通. ¶品物咸一<何晏> ⑦이어지다. 通庸. ⑧김이 오르다. ⑨화락하는 모양. ¶春光一一<杜牧>
【融釋】ゆうしゃく (융석) ①☞融解(융해). ②의심

이 풀림. ¶—衆疑<葉適>
【融資】ゆうし(융자) 자금을 융통함. ¶—會社.
【融通】ゆうずう(융통) ①막힘 없이 통함. ¶表裏—<任昉> ②돈이나 물건을 돌려 씀. ③임기응변으로 일을 처리함. 또는, 변통하는 재주가 있음. ※ゆずう
【融風】ゆうふう(융풍) 입춘(立春) 때 부는 바람. 동북풍. 條風(조풍). ¶—動而魚上氷<後漢書>
【融合】ゆうごう(융합) ①녹아서 한 가지가 됨. 녹여서 합함. 融化(융화). ②어울려 화합함. 融和(융화).
【融解】ゆうかい(융해) 녹음. 녹임. 融釋(융석)①. 溶解(용해). 熔融(용융).
【融化】ゆうか(융화) ①녹아서 다른 물건이 됨. ②같이 녹아서 하나로 됨.
【融和】ゆうわ(융화) 서로 어울려 화합함.
▷孔—, 光—, 金—. 圓—, 祝—, 饔—, 春—, 沖—, 顯—, 渾—

16【螎】 融(p.1330)과 同字

10 16【螘】 개미 의 |紙ㄧˇ(yi)| ぎ(アリ)
【螘動】ぎどう(의동) 나라가 어지러워 백성들이 개미떼 흩어지듯 소란해짐. 蟻動(의동). ¶天下—<後漢書>
【螘垤】ぎてつ(의질) 개밋둑. 蟻垤(의질). 蟻塚(의총). 蟻封(의봉). ¶猶—之比大陵也<韓非子>
▷大—, 飛—, 戰—, 蟲—, 打—

10 16【螠】 도롱이벌레 의 |寘ㄧˋ(yi)| い

10 16【螔】 1 달팽이 이 |支ㄧˊ(yi)| い
2 수궁 사 |支ㄙ(si)| し

16【螅】 蛓(p.1325)·蟋(p.1332)과 同字
16【蝅】 蠶(p.1337)과 同字
16【[illegible]】 蠶(p.1337)의 俗字
16【[illegible]】 蚤(p.1323)와 同字

10 16【螓】 씽씽매미 진 |眞ㄑㄧㄣˊ(qin)| しん
풀이 ①씽씽매미. 이마가 넓고 반듯하여 아름다우므로 미인 이마의 형용으로도 쓰임. ②큰 파리. ¶胡—.
【螓首蛾眉】しんしゅがび(진수아미) 털매미 이마에다 나방 눈썹이라는 뜻으로, 미인의 얼굴을 이름. 넓고 반듯한 이마에 반달같은 눈썹인 젊은 여자 얼굴의 형용. ¶— 巧笑倩兮<詩經>

16【蝹】 嗤(p.310)와 同字

10 16【螢】 개똥벌레 형 |靑ㄧㄥˊ(ying)| けい(ホタル)
【螢光】けいこう(형광) ①반딧불. 螢火(형화). ②어떤 물질이 빛 등을 받았을 때 내는 고유의 빛. ¶—燈/—染料.
【螢雪之功】けいせつの(형설지 공) 애써 공부하는 일. 진(晋)의 차윤(車胤)과 손강(孫康)이 가난하여 반딧불과 눈빛에 책을 읽은 옛일. 螢雪(형설).
【螢火】けいか(형화) ☞螢光(형광)①. ¶——名燿火<崔豹>
▷孤—, 高—, 群—, 飛—, 星—, 盛—, 疎—, 新—, 野—, 涼—, 流—

10 16【螇】 씽씽매미 혜 |齊ㄒㄧ(xi)| けい
풀이 ①씽씽매미. ¶—鹿. ②송장메뚜기. ③나나니벌. ㉮蜈.

10 16【螝】 1 번데기 회 |隊ㄏㄨㄟˋ| かい
2 살무사 훼 |賄(hui)|

10 16【螖】 방게 활 |黠ㄏㄨㄚˊ(hua)| かつ

11 17【蟈】 청개구리 괵 |陌ㄍㄨㄛ(guo)| かく
풀이 ①청개구리. ¶螻—鳴<禮記> ②물여우. ㉮蜮. ③여치.

11 17【螳】 버마재비 당 |陽ㄊㄤˊ(tang)| とう
【螳螂拒轍】とうろうきょてつ(당랑거철) 자기의 미약함을 헤아리지 않고 무모하게 강적이나 어려운 일에 대드는 만용(蠻勇)의 비유. 제(齊)의 장공(莊公)이 사냥을 나가는데, 버마재비 한 마리가 앞발을 들고 수레를 막으려 했다는 옛일에서 유래. 螳螂之斧(당랑지 부). 螳螂當車轍(당랑 당거철). 螳螂怒臂當車轍(당랑노비 당거철).

17【蚪】 蚪(p.1322)와 同字

11 17【螺】 소라 라 |歌ㄌㄨㄛˊ(luo)| ら(ニシ) *conch*
풀이 ①소라. 권패류(卷貝類). 우렁이, 소라 고둥, 다슬기, 소라 따위. ㉮蠃. ②달팽이. ¶陵—. ③소라 껍데기로 만든 술잔. ¶海月團團入酒—<梅堯臣> ④먹. ¶今送二—<陸雲> ⑤눈썹먹. ¶贈君千黛—<虞集> ⑥소용돌이. ¶旋—之狀<古器評> ⑦지문(指紋). ¶文如指上—<蘇軾> ⑧고수머리. ⑨소라 껍데기 모양으로 틀어올린 머리. ⑩산. ¶拂黛遙峰濯萬—<韓琦>
【螺角】らかく(나각) 소라고둥 껍데기로 만든 악기. 소라. 法螺(법라).
【螺階】らかい(나계) 나선형의 계단.
【螺髻】らけい(나계) ①소라 껍데기 모양으로 틀어올린 상투. 어린이의 결발(結髮)의 한 가지. 蝸髻(와계). ②청산(青山)을 이름. 青螺(청라). ¶亂峰—出<蘇軾>
【螺髮】らほつ(나발) ①곱슬머리를 이름. ②(佛)

부처의 곱슬곱슬한 머리털. ¶得佛紺春一相<淨住子>
【螺絲】らし(나사) 나사못. 螺旋(나선)②.
【螺旋】らせん(나선) ①소라 껍데기 모양으로 빙빙 틀린 형상. ¶—出窓 漸延于外<續高僧傳>/—形. ②☞螺絲(나사).
【螺鈿】らでん(나전) 자개 조각 오린 것을 그림이나 무늬대로 박아 넣거나 붙이는 장식. 또는, 그 공예품. 螺塡(나전). ¶以—作茶器<欒城遺言>/—漆器.
▷陵—, 馬珂—, 文—, 法—, 旋—, 鸚—, 榮—, 田—, 鈿—, 銓—, 青—, 吹—, 翠—, 陀—, 扁—, 香—

11 17【蟉】 1 머리흔들 료 | 嘯 ㄌㄧㄡˊ | りょう; 2 구불거릴 류 | 尤 (liu) | りゅう; 3 굼틀거릴 규 | 尤 | きゅう
풀이 1 머리를 흔들다. ¶蜩—. 2 ①구불거리다. ¶形—虯而逶迤<楚辭> ②벌레 이름. ¶[illegible]—. 3 굼틀거리다. ¶蚴—.
▷蟋—, 蚴—, 蜩—

11 17【螻】 땅강아지 루 | 尤 ㄌㄡˊ (lou) | ろう
풀이 ①땅강아지. ¶—蛄夕鳴悲<古詩> ②청개구리. ¶—蟈. ③풍뎅이의 애벌레. ¶天—. ④악취를 풍기다. 악취.
【螻蟻】ろうぎ(누의) 땅강아지와 개미. 뜻이 바뀌어, 하찮은 생명의 비유. ¶何令伍子胥從奢俱死 何異—<史記>

11 17【螭】 교룡 리 本치 | 支 ㄔ (chi) | ち
풀이 ①교룡(蛟龍). ¶—龍. ②용의 새끼. 용의 암컷. ¶蛟龍赤—<漢書> ③맹수의 하나. ¶拖熊—<班固> ④짐승 모습의 산신(山神). ¶以禦—魅<左氏傳>

螭 ①

【螭龍】ちりょう(이룡) 뿔 없는 용. (三才圖會) 상상의 동물임.
【螭魅罔兩】ちみもうりょう(이매망량) 온갖 도깨비. 魑魅魍魎(이매망량). ¶—夜叉惡鬼<法華經>
【螭首】ちしゅ(이수) 비갈(碑碣)의 머리나 건축물, 공예물 따위에 뿔 없는 용이 서린 모양을 아로새긴 형상. 螭頭(이두).
【螭陛】ちへい(이폐) 궁전의 섬돌. ¶瞻冕旒兮—<李長春>
▷蛟—, 虬—, 盤—, 蟠—, 伏—, 奔—, 蒼—

11 17【蟆】 두꺼비 마 | 麻 ㄇㄚˊ (ma) | ば

17【蟇】 蟆(p. 1332)와 同字

17【蠎】 蟒(p. 1333)의 俗字

17【蟊】 蝥(p. 1329)와 同字

17【蟁】 蚊(p. 1322)의 本字

11 17【螫】 1 쏠 석 | 陌 ㄕˋ (shi) | せき(サス); 2 성낼 학 | 藥 | かく
풀이 1 ①쏘다. 독충이 쏨. ¶自求辛—<詩經> ②독(毒). ¶盪亡秦之毒—<班固> 2 성내다. ¶有如兩宮—將軍則妻子毋類矣<史記>
▷噬—, 辛—, 遺—, 哲—

11 17【蟀】 귀뚜라미 솔 | 質 ㄕㄨㄞˋ (shuai) | しゅつ
▷蟋—

17【[illegible]】 蝕(p. 1329)과 同字

11 17【蟋】 귀뚜라미 실 | 質 ㄒㄧ (xi) | しつ *cricket*
【蟋蟀】しっしゅつ(실솔) ①귀뚜라미. ②「시경」(詩經)의 편(篇) 이름.

11 17【[illegible]】 반대좀 어 | 魚 | ぎょ
풀이 반대좀. 좀. 두어(蠹魚).

11 17【螯】 차오 오 | 豪 ㄠˊ (ao) | ごう
풀이 ①차오(車螯). 대합(大蛤) 비슷한 조개. ¶車—. ②집게발. 게의 앞발. ¶蟹六跪而二—…用心躁也<荀子>
▷車—, 蜱—, 蟹—

11 17【螾】 지렁이 인 | 震 眞 ㄧㄣˇ (yin) | いん
풀이 ①지렁이. ¶丘—. ②쓰르라미. ③그리마. ¶—蜑.
▷丘—, 蛭—

11 17【螿】 쓰르라미 장 | 陽 ㄐㄧㄤ (jiang) | しょう
▷蛩—, 啼—, 寒—

11 17【螬】 굼벵이 조 | 豪 ㄘㄠˊ (cao) | そう

11 17【螽】 누리 종 | 東 ㄓㄨㄥ (zhong) | しゅう
풀이 ①누리. 황충(蝗蟲). ②베짱이. ¶—斯. ③마디충. 명충(螟蟲). ④누리의 재해(災害). ¶—蟲災也<穀梁傳> ⑤방아깨비.
【螽斯】しゅうし(종사) ①베짱이. ②「시경」(詩經) 주남(周南)의 편명(篇名).
▷擊—, 阜—, 蜇—, 青—, 草—, 春—, 土—

17【[illegible]】 蜘(p. 1328)와 同字

11 17【螮】 무지개 체 | 霽 ㄉㄧˋ (di) | てい

풀이①무지개. ¶一蝀. ②덕(德). ¶一其蝌蝌<太玄經>

11 17【蟄】 숨을 칩 | 緝ㄓㄜˊ (zhe) | ちつ, ちゅう *hide*

풀이①숨다. 틀어박힘. ¶龍蛇之一 以存身也<易經>/一伏/一居. ②겨울잠 자는 벌레. ¶火伏而後一<孔子家語>/驚一. ③고요하다. ④즐거이 모이는 모양. ¶宜爾子孫 一一兮<詩經>

【蟄居】ちっきょ(칩거) ①집에 틀어박혀 있음. ②개구리 따위가 땅속에 틀어박혀 있음. 동면(冬眠)함. 蟄伏(칩복).

【蟄雷】ちつらい(칩뢰) 겨울잠 자는 동물을 깨우는 천둥이라는 뜻으로, 그 해 첫 번째 천둥을 이름. 春雷(춘뢰). ¶和君詩句吟聲大 蟲豸聞之謂一<杜荀鶴>

【蟄龍】ちつりょう(칩룡) ☞伏龍(복룡).

【蟄獸】ちつじゅう(칩수) 겨울잠 자는 짐승.

【蟄蟄】ちつちつ(칩칩) ①조용한 모양. ¶一始作 吾驚之以雷霆<莊子> ②많은 모양. 또는, 즐거이 모이는 모양. ¶螽斯羽揖揖兮 宜爾子孫一兮<詩經>

▷驚一, 啓一, 冬一, 發一, 幽一, 藏一, 土一, 閉一

11 17【螵】 오징어 표 | 蕭ㄆㄧㄠ (piao) | ひょう

풀이①오징어. ¶一蛸. ②사마귀 알. 또는, 그 알집. ¶一蛸.

12 18【蟜】 1 독충 교 2 개미 교 | 篠ㄐㄧㄠˇ 蕭(jiao) | きょう

풀이1 ①독충 이름. ¶蚑一. ②야인(野人) 이름. ③용이 서린 모양. ¶夭一. 2 ①개미. ¶�一. ②옛날 제후(諸侯)의 이름. ¶昔少典娶于有一氏<國語>

【蟜極】きょうきょく(교극)《人》중국 상고(上古) 때 고신씨(高辛氏)의 아버지. 橋極(교극). 僑極(교극).

【蟜牛】きょうぎゅう(교우)《人》순(舜)임금의 할아버지. 喬牛(교우). 橋牛(교우).

18【龜】 龜(p.1706)와 同字

12 18【蟫】 1 반대좀 담 2 반대좀 음 3 움직일 심 | 覃ㄊㄢˊ (tan) 侵ㄧㄣˊ 侵(yin) | たん いん しん

18【蟓】 螣(p.1330)과 同字

12 18【蟒】 1 이무기 망 2 황충 맹 | 養ㄇㄤˇ 梗(mang) | ぼう(ウワバミ)

풀이1 이무기. 큰 뱀. ¶一蛇. 2 황충(蝗蟲). 누리. 같蜢.

▷巨一, 怪一, 叫一, 大一, 毒一, 蟠一, 修一

12 18【蟠】 서릴 반 | 寒ㄆㄢˊ (pan) ㄈㄢˊ (fan) | はん, ばん *coil*

同 蟲番

풀이①서리다. 몸을 틀어감고 엎드림. ¶左側青龍一蜿<徐陵> ②쌓다. 축적. 축적됨. ③두르다. 빙 둘러 감음. ④모이다. ⑤크다. ⑥쥐며느리. 쥐며느리과의 절족동물(節足動物).

【蟠據】ばんきょ(반거) 서리고 웅거함. 盤據(반거).

【蟠虯紋】はんきゅうもん(반규문) 용이 서리어 있는 모양의 무늬.

【蟠桃】ばんとう(반도) 선계(仙界)에 있다는, 3천 년 만에 한 번씩 열린다는 복숭아. 장수(長壽)를 빌 때 쓰는 말. 仙桃(선도). ¶移天奠赴於一<三國遺事>

【蟠龍】はんりょう(반룡) 아직 등천(登天)하지 못하고 땅 위에 서리고 있는 용. 盤龍(반룡).

▷屈一, 根一, 龍一, 潛一

18【蟲番】 蟠(p.1333)과 同字

12 18【蟖】 쐐기 사 | 支ㄙ (si) | し(ケムシ) *caterpillar*

▷蛅一

18【蟴】 蟖(p.1333)와 同字

12 18【蟬】 1 매미 선 2 날 선 | 先ㄔㄢˊ (chan) 銑 | せん, ぜん (セミ) *cicada*

풀이1 ①매미. ¶一之不知雪<鹽鐵論> ②잇다. 연속함. ¶有周氏之一嫣兮 或鼻祖于汾隅<漢書> ③예쁘다. 아름다움. ¶一蜎. ④뻗다. 펴짐. ¶一 猶伸也<史記·注> ⑤겁내다. 두려워 떪. 通戰顫. ⑥마음 아파하다. 애처러워함. 通怛. 2 날다. 훨훨 낢.

【蟬聯】せんれん(선련) ①그침없이 이어짐. ¶一血食<史記> ②한시(漢詩)에서, 앞 구(句) 끝말을 다음 구 첫머리에 이어받는 일.

【蟬蛻】せんぜい(선세) ①매미가 허물을 벗음. 또는, 그 허물. 蟬殼(선각). ②매미가 허물을 벗듯 속세를 벗어남. ¶濯淖汙泥之中 一於濁穢<史記>

【蟬羽月】せんうげつ(선우월) 음력 6월의 이칭.

【蟬珥】せんじ(선이) 옛날 측근 신하가 쓴 초선관(貂蟬冠)에, 담비 꼬리와 매미 날개로 관(冠)을 장식한 데서 근신(近臣)을 이름. ¶進居一之榮<北齊書>

▷枯一, 亂一, 馬一, 鳴一, 暮一, 暗一, 涼一, 雌一, 蜩一, 噪一, 晝一, 蚱一, 青一, 紹一, 秋一, 脫殼一, 寒一

18【蠕】 蠕(p.1335)과 同字

12 18【蟯】 요충 요 | 蕭ㄖㄠˊ (rao) | ぎょう, じょう (ギョウチュウ) *pinworm*

18【䖴】蟯(p.1333)와 同字

12 18【蠘】방게 월 |⑪ㄩㄝˋ (yue)|えつ (アシハラガニ)

18【蟼】蠶(p.1337)과 同字

12 18【蟕】바다거북 주 |因ㄗㄨㄟ (zui)|すい,し (ウミガメ) *turtle*

12 18【蟲】1 벌레 충 2 좀먹을 충 3 더울 동 |東ㄔㄨㄥˊ (chong) 送 冬|ちゅう (ムシ) *worm* とう
略虫

풀이 1 ①벌레. ㉮동물의 총칭. ¶羽一. ㉯곤충(昆蟲). ②벌레의 피해. ¶旱及霜一 百姓饑乏<舊唐書>/一災. ③구슬 이름. ¶一珠七色而多赤<太平廣記> ④글씨체의 하나. 조충서(鳥蟲書). 2 좀먹다. 3 ①덥다. 찌는 듯이 무더운 모양. ¶一一. ②그을리다.

【蟲廉】(충렴) 무덤 속의 송장에 벌레가 꾀는 일.

【蟲媒花】ちゅうばいか(충매화) 곤충의 매개에 의해 수정되는 꽃. ↔風媒花(풍매화).

【蟲腹痛】(충복통) 거위배. 횟배앓이.

【蟲齒】ムシバ(충치) 벌레먹은 이. 齲齒(우치).

【蟲害】ちゅうがい(충해) 해충(害蟲)으로 인한 피해. 蟲損(충손). 蟲災(충재). ¶病一.

▷甲一, 昆一, 咬一, 寄生一, 裸一, 大一, 毛一, 沙一, 三尸一, 成一, 尸一, 夜一, 蟯一, 羽一, 幼一, 吟一, 陰一, 益一, 鱗一, 條一, 雕一, 草一, 寸一, 害一, 華一, 蛔一

12 18【蟛】방게 팽 |庚ㄆㄥˊ (peng)|ほう

18【髮虫】蟛(p.1334)과 同字

12 18【蟪】쓰르라미 혜 |霽ㄏㄨㄟˋ (hui)|けい(ツクツクボウシ)

12 18【蟢】갈거미 희 |紙ㄒㄧˇ (xi)|き(アシタカグモ)

13 19【蠍】전갈 갈 本헐 |月ㄒㄧㄝ (xie)|かつ(サソリ) *scorpion*
▷猛一, 蝮一, 蛇一

19【繭】☞糸部 13획(p.1190)

13 19【螫】방아깨비 계 |霽ㄑㄧˋ (qi)|けい

19【蟿】螫(p.1334)와 同字

13 19【蟷】사마귀 당 |陽ㄉㄤ (dang)|とう (カマキリ)

【蟷螂拒轍】とうろうきょてつ(당랑거철) ☞螳螂拒轍(당랑거철).

19【蟗】蟷(p.1334)과 同字

19【螳】蟷(p.1334)의 訛字

13 19【蠃】1 소라 라 2 나나니벌 라 |歌ㄌㄨㄛˇ (luo) 哿|ら(ニシ) ら (ジガバチ)
▷果一, 蜾一, 蚌一, 鸓一

19【蝨】蝨(p.1336)와 同字

19【蠇】蠣(p.1336)와 同字

19【蠆】蠆(p.1335)의 俗字

13 19【蠊】땅풍뎅이 렴 |鹽ㄌㄧㄢˊ (lian)|れん

19【蟒】蟒(p.1333)의 訛字

19【蜜】蜜(p.1327)과 同字

19【蠭】蠭(p.1336)의 古字

13 19【蟺】1 꾸불텅거릴 선 2 땅벌 선 |銑ㄕㄢˋ (shan) 先|せん (ウネル) *wriggle*

풀이 1 ①꾸불텅거리다. 긴 벌레가 꾸불텅거림. ¶蛩一相糾<嵇康> ②지렁이. ③장어(長魚). 通鱓. 2 ①땅벌. ②매미. 같蟬.

13 19【蟾】두꺼비 섬 |鹽ㄔㄢˊ (chan)|せん (ヒキガエル) *toad*

풀이 ①두꺼비. ¶一蜍. ②달. 달 속에 두꺼비가 있다는 전설에서, 달의 별칭. ¶孤一浮天<宋史> ③연적(硯滴). ¶一硯.

【蟾宮】せんきゅう(섬궁) ①달속의 궁전. 月宮(월궁). ②과거급제 후 들어가는 세계. 과거에 급제함. ¶及第之榮 比步一<書言故事>

【蟾魄】せんぱく(섬백) 달의 별칭. 蟾輪(섬륜). 蟾盤(섬반). 蟾蜍(섬여). 蟾兎(섬토).

【蟾眼】せんがん(섬안) 벼루의 별칭.

【蟾蜍】せんじょ(섬여) ①두꺼비. ②달의 별칭. ③연적(硯滴).

【蟾諸】せんしょ(섬제) 두꺼비. 蟾蜍(섬여)①. 蟾蠩(섬제).

【蟾彩】せんさい(섬채) 달빛. 蟾光(섬광). 月光(월광).

▷孤一, 硯一

13 19【蠅】파리 승 |蒸ㄧㄥˊ (ying)|よう(ハエ) *fly*
俗蝇

【蠅拂】ようふつ(승불) 파리채.

【蠅營】ようえい(승영) 파리가 먹이를 찾아 분주히 날아 다니듯이, 사소한 이익을 얻으려고 악착스러움을 이르는 말.
【蠅點】ようてん(승점) 파리가 앉아서 더럽힘. 간인(姦人)이 선(善)을 더럽힘의 비유.
▷飢—, 飛—, 蒼—, 青—, 寒—

19〖蠀〗 螫(p. 1332)와 同字

13 19〖蟻〗 개미 의 | 紙 ㄧˇ (yi) | ぎ(アリ) *ant*
同 螘

풀이 ①개미. ¶—穴. ②검다. ¶麻冕—裳 <書經> ③술구더기. 동동주 위에 뜨는 술찌꺼기. ¶浮—如萍<張衡>/綠—.
【蟻軍】ぎぐん(의군) 개미 떼. 蟻群(의군).
【蟻醅】ぎはい(의배) 탁주(濁酒).
【蟻附】ぎふ(의부) 개미 떼처럼 떼지어 달라붙음. 사방에서 모여들어 따름.
【蟻酸】ぎさん(의산) 개미나 벌의 몸에서 분비되는 산(酸)의 한 가지. 개미산.
【蟻視】(의시) 개미를 보듯이 남을 우습게 여겨 멸시함을 이르는 말. 輕視(경시).
【蟻援】ぎえん(의원) 원군(援軍).
【蟻蠶】ぎさん(의잠) 알에서 갓 나온 누에. 개미처럼 생겼으므로 이름.
【蟻垤】ぎてつ(의질) 개밋둑. 蟻封(의봉). 蟻壤(의양). 蟻塚(의총).
【蟻穴】ぎけつ(의혈) ①개미집. ②미소(微小)한 것의 비유. 蟻孔(의공).
▷巨—, 群—, 綠—, 螻—, 白—, 浮—, 赤—, 酒—, 職—, 香—

13 19〖蟶〗 긴맛 정 | 庚 ㄔㄥ (cheng) | てい (マテガイ)

13 19〖蠆〗 전갈 채 | 卦 ㄔㄞˋ (chai) | たい(サソリ) *scorpion*
풀이 ①전갈. ②가시. 같 蔕. ¶睚眦—芥 <張衡>

13 19〖蠋〗 나비 애벌레 촉 | 沃 ㄓㄨˊ (zhu) | しょく

13 19〖蟹〗 게 해 | 蟹 ㄒㄧㄝˋ (xie) | かい(カニ) *crab*
同 蠏
【蟹眼】かいがん(해안) 물이 끓을 때 넘어 오르는 거품. 게의 눈 비슷하므로 이름. ¶前世謂之—者 過熱湯也<蔡襄茶錄>
【蟹行】かいこう(해행) 모로 걸음. 橫步(횡보). ¶潮落平沙見—<高啓>
【蟹黃】かいこう(해황) 게의 뱃속에 있는 누른 장. 게장.
▷巨—, 乾—, 霜—, 石—, 魚—, 紫—, 糟—, 蝦—

19〖蠏〗 蟹(p. 1335)와 同字

13 19〖蠁〗 번데기 향 | 養 ㄒㄧㄤˇ (xiang) | きょう (ニシドチ)
풀이 ①번데기. ②초파리. ③향하다.
【蠁蟲】きょうちゅう(향충) 말을 알아 듣는 번데기. 옛말에, 방향을 잃었을 때 손바닥에 놓고 물으면 몸을 꿈틀거려 그쪽을 가리켰다고 함.

13 19〖蠉〗 장구벌레 현 | 銑 ㄏㄨㄢ (huan) | けん, げん (ボウフリ)
풀이 ①장구벌레. ②기다. 벌레가 기어가는 모양.

20〖蠒〗 繭(p. 1190)의 俗字

14 20〖蠓〗 눈에놀이 몽 | 董 ㄇㄥˇ (meng) | ぼう (ヌカカ)
【蠓蚋】ぼうぜい(몽예) 눈에놀이과의 작은 곤충. 蠛蠓(멸몽).

20〖蠚〗 蜱(p. 1328)·蝗(p. 1330)와 同字

14 20〖蠙〗 진주조개 빈 | 眞 ㄅㄧㄣ (bin) | ひん (ドブガイ)
【蠙珠】ひんしゅ(빈주) 진주(眞珠). 蚌珠(방주).

14 20〖蠕〗 꿈틀거릴 연 | 銑 ㄖㄨˊ (ru) | ぜん(ウゴメク) *wriggle*
【蠕動】ぜんどう·じゅどう(연동) ①벌레가 꿈틀거림. ②음식물을 소화시키기 위하여 위장(胃臟)이 꿈틀꿈틀 움직임. 蝡動(연동). ¶—運動.

14 20〖蠑〗 영원 영 | 庚 ㄖㄨㄥˊ (rong) | えい(イモリ) *salamander*
【蠑螺】えいら(영라) 소라고둥. 法螺(법라).
【蠑螈】えいげん(영원) 도롱뇽. 守宮(수궁).

14 20〖蠖〗 작은등에 유 | 寘 ㄨㄟˋ (wei) | い(アブ)

14 20〖蠐〗 굼벵이 제 | 齊 ㄑㄧˊ (qi) | せい (スクモムシ) *grub*
풀이 ①굼벵이. 매미의 어린 벌레. ¶蠐—. ②나무 굼벵이.

14 20〖蠔〗 굴조개 호 | 豪 ㄏㄠˊ (hao) | ごう(カキ)

14 20〖蠖〗 자벌레 확 | 藥 ㄏㄨㄛˋ (huo) | かく (シャクトリムシ) *looper*
【蠖屈】かっくつ(확굴) ①자벌레가 몸을 움츠림. ②뜻을 얻지 못한 사람이, 잠시 물러나 때를 기다림의 비유. ¶道隱則—<晋書>
▷蚇—, 温—, 柔—, 尺—

21〖蠲〗 蠲(p. 1336)과 同字

15 21〖蠟〗 밀 랍 | 合 ㄌㄚˋ (la) | ろう(ミツロウ) *wax*

俗 蠟

풀이 ①밀(蜜). 꿀벌 집을 이루는 주성분. 벌집을 끓여 짜낸 기름. ¶蜂—/蜜—. ②밀초. ③밀을 바르다. 밀을 발라 윤이 나게 함. ¶—書.

【蠟詔】ろうしょう(납조) 비밀 유지를 위하여 밀랍으로 봉한 조서(詔書).

▷綠—, 淚—, 蜜—, 白—, 封—, 蜂—, 香—, 紅—, 黃—

15/21【蠣】 굴조개 려 | 霽 ㄌㄧˋ (li) | れい(カキ) rock-oyster

15/21【蠡】 1 좀 려 2 소라 라 려 | 薺 ㄌㄧˇ (li) 歌 齊 | れい (キクイムシ) ら, れい

同 蠡

풀이 1 ①좀. 나무를 파 먹는 벌레. ②좀먹다. ③표주박. 2 ①소라. 通 螺. ¶聖人法—蚌而閉戶<類篇> ②달팽이. ③연잇다. 연속한 모양.

【蠡測】れいそく(여측) ☞ 以蠡測海(이려측해).

▷谷—, 螟—, 彭—

15/21【蠝】 날다람쥐 뢰 | 支 ㄌㄟˊ 紙 (lei) | るい (ムササビ)

15/21【蠇】 1 전갈 뢰 2 숫돌 려 | 泰 らい(サソリ) 霽 れい(トイシ)

15/21【蠛】 눈에놀이 멸 | 屑 ㄇㄧㄝˋ (mie) | べつ (ヌカカ)

15/21【蠜】 황충 번 | 元 ㄈㄢˊ (fan) | はん

15/21【蠢】 꿈틀거릴 준 | 軫 ㄔㄨㄣˇ (chun) | しゅん (ウゴメク) wriggle

同 惷

풀이 ①꿈틀거리다. 벌 따위가 꿈틀거리는 모양. ¶迅雷照風 莫不—然<陰符經> ②어리석다. ¶—茲有苗<書經>

【蠢動】しゅんどう(준동) ①조그만 벌레가 꿈틀거림. ¶幽蟄— 萬物樂生<傅玄> ②불순 세력이 활동함. ③보잘것없는 무리가 소동을 벌임.

21【蠉】 蠉(p.1335)과 同字

22【蠧】 蠹(p.1336)의 俗字

22【蠠】 螟(p.1330)과 同字

22【蟁】 蚊(p.1322)과 同字

16/22【蠭】 성 방 | 江 | ほう

22【⿱豈䖵】 螘(p.1331)와 同字

22【⿱天䖵】 蠶(p.1337)과 同字

22【⿱萬䖵】 蠆(p.1335)의 本字

17/23【蠲】 밝을 견 | 先 ㄐㄩㄢ (juan) | けん(アキラカ) clear

풀이 ①밝다. ㉮명백하다. ㉯밝히다. 분명하게 함. ②깨끗하다. 맑음. ③덜어내다. 제거함. ¶—苛救敝<後漢書> ④면제하다. 조세를 감하거나 면제함. ¶常歲平斂之 荒年—救之<唐書> ⑤빠르다. ⑥노래기. 그리마. ⑦병이 낫다.

▷吉—, 明—, 文—, 優—, 粢—, 濯—, 豊—

17/23【蠱】 미혹할 고 | 麌 ㄍㄨˇ (gu) | こ(マドウ) infatuate

同 蛊

풀이 ①미혹하다. 호림. ¶欲—文夫人<左氏傳> ②해독. ③벌레. ㉮뱃속에 있는 기생충. ¶腹有—<唐書> ㉯곡식 속에 있는 해충. ¶穀之飛亦爲—<左氏傳> ㉰그릇 따위에 생기는 벌레. ¶文皿蟲爲—<左氏傳> ㉱남을 해하려는 굿·주술 따위에 쓰이는 벌레. ④악기(惡氣). 사악한 기운. ¶以狗禦—<史記> ⑤남을 해하려는 굿. ⑥의심하다. ⑦신칙하다. ¶— 則飭也<易經> ⑧일. ¶幹父之—<易經> ⑨쌀겨. ⑩괘 이름. 64괘(卦)의 하나. ䷑ 손하 간상(巽下艮上). 괴란(壞亂)이 극(極)에 이르러 다하고 사물이 새로이 일어나는 상(象).

【蠱脹】(고창) 韓 창증(脹症)의 하나. 가스가 차서 복부가 붓는 병.

【蠱惑】こわく(고혹) ①남의 마음을 미혹(迷惑)하게 함. ②남을 꾀어 속임.

▷幹—, 毒—, 巫—, 禦—, 厭—, 妖—

23【⿰虫篾】 蠛(p.1336)과 同字

23【蠭】 蜂(p.1325)의 古字

23【⿱弗䖵】 蜚(p.1327)와 同字

17/23【蠨】 갈거미 소 | 蕭 ㄒㄧㄠ (xiao) | しょう

17/23【蠮】 나나니벌 열 | 屑 ㄧㄝ (ye) | えつ (ジガバチ)

18/24【蠸】 노린재 권 | 先 ㄑㄩㄢˊ (quan) | けん (ウリバエ)

18/24【蠹】 좀 두 | 遇 ㄉㄨˋ (du) | と(キクイムシ) moth

俗 蠧

풀이 ①좀. ㉮책, 옷 따위를 쏘는 해충. ㉯사물에 해독을 끼치는 것. ¶財用之—<左氏傳> ②좀먹다. ③나무굼벵이. ¶—衆而木折<商子> ④해치다. ⑤쐐기. ⑥벌에 쬐다.

【蠹書】としょ(두서) ①좀이 쏜 책. ②좀이 먹지 않도록 책을 볕에 쬐거나 바람에 쐼. 曬書

(쇄서). ¶一于羽林<穆天子傳>
【蠹書蟲】としょちゅう(두서충) 책을 좀먹는 벌레라는 뜻으로, 책을 읽기만 하고 활용할 줄 모르는 사람을 이름. 蠹魚(두어).
【蠹編】とへん(두편) 좀먹은 책. 蠹書(두서).
▷狡一, 老一, 螟一, 毛一, 浮一, 腐一, 粃一, 邪一, 桑一, 書一, 宿一, 汚一, 殘一, 蟲一, 敝一, 朽一

18
24【蠶】누에 잠 | 覃ㄘㄢˊ (can) | さん(カイコ) *silkworm*
略蚕 同蝅 蠺
풀이 ①누에. ¶三月一始生<趙孟頫> ②누에치다. ¶就公桑蠶室而一<禮記>/一婦.
【蠶史】さんし(잠사) 「사기」(史記)의 별칭. 사마천(司馬遷)이 궁형(宮刑)을 당한 뒤 잠실(蠶室)에 갇혀 지었으므로 이름.
【蠶食】さんしょく(잠식) 누에가 뽕잎을 갉아먹듯이 차츰차츰 남의 나라나 남의 것을 차지해 들어가는 일.
【蠶室】さんしつ(잠실) ①누에를 치는 방. ②궁형(宮刑)에 처한 사람을 수용하던 난방이 된 감옥.
【蠶叢】さんそう(잠총) ①촉왕(蜀王)의 선조 이름. ②촉(蜀)의 별칭.
▷繭一, 耕一, 農一, 晩一, 桑一, 石一, 野一, 養一, 原一, 再一, 族一, 地一, 天一, 秋一, 春一, 夏一

24【蠺】蠶(p.1337)과 同字

24【蠽】蠿(p.1332)과 同字

18
24【蠵】바다거북 휴 | 齊ㄒㄧ (xi) | けい(ウミガメ)

19
20【蠻】오랑캐 만 | 刪ㄇㄢˊ (man) | ばん(エビス) *barbarion*
略蛮
풀이 ①오랑캐. 남방의 미개족. ¶南方曰一<禮記> ②오랑캐의 총칭. ¶內撫諸夏 外綏百一<班固> ③업신여기다. ④권력을 자행(恣行)하다.
【蠻勇】ばんゆう(만용) 야만적인 용기.
【蠻地】ばんち(만지) 미개한 지역. 蕃地(번지).
【蠻行】ばんこう(만행) 야만스런 행위.
▷九夷八一, 群一, 南一, 綿一, 緡一, 百一, 野一, 遠一, 夷一, 荆一

25【蠠】蜜(p.1327)과 同字

25【蠢】螘(p.1331)·蟻(p.1335)와 同字

25【蠧】蠹(p.1336)과 同字

25【蠤】蠆(p.1335)와 同字

20
26【蠼】1큰원숭이 곽 2집게벌레 구 | 藥ㄐㄩㄝˊ (jue) ㄑㄩˊ (qu) | かく く

26【蠺】蠶(p.1337)의 俗字

27【蠻】蠣(p.1336)와 同字

血<피 혈>部

血 ② 衁 ③ 衂 衃 衄 ④ 衄 衅 衂 ⑤ 衆 ⑥ 衇 衈 ⑦ 衊 ⑧ 衉 ⑨ 衊

0
6【血】피 혈 | 屑ㄒㄩㄝˋ (xue) ㄒㄧㄝˇ (xie) | けつ(チ) *blood*
풀이 ①피. ¶一液. ②골육(骨肉). ¶一屬在焉<昨夢錄>/一胤. ③피칠하다. 희생의 피를 그릇에 바름. ¶兵不一刃而天下親焉<尉繚子> ④물들이다. 물들여 광채를 냄. ¶可以一玉<山海經> ⑤흠. 상처(傷處). ¶渙其一去<易經> ⑥눈물. ¶戰士爲陵飮一<李陵> ⑦느끼어 울다. ¶泣一. ⑧감괘(坎卦). ¶坎爲一卦<易經> ⑨근심. 걱정함. 通恤.
【血氣】けっき(혈기) ①목숨을 유지하는 피와 원기. ②왕성한 의기. ¶一方剛 戒之在鬪<論語>/一方壯/一旺盛. ③의협심(義俠心).
【血氣之精】けっきノせい(혈기지 정) 생물(生物). ¶陰陽之所生 一<淮南子>
【血膿】チウミ(혈농) 피고름.
【血尿】けつにょう(혈뇨) 피가 섞여 나오는 오줌.
【血痰】けったん(혈담) 피가 섞여 나오는 가래.
【血路】けつろ(혈로) ①적의 포위망 따위를 뚫고 나가는 도피로(逃避路). ②짐승 따위가 피를 흘리며 도망간 길. ¶羽空顚雉鷃 一迸狐麖<韓愈>
【血淚】けつるい(혈루) 피눈물. 몹시 원통해서 흘리는 눈물.
【血流】(혈류) 피의 흐름.
【血瘤】けつりゅう(혈류) 피가 뭉치어 된 혹.
【血脈】けつみゃく(혈맥) ①동물의 몸의, 피가 도는 줄기. 血管(혈관). ②핏줄. 血統(혈통). ③《佛》 스승으로부터 제자에게 전해 내려오는 불법(佛法)의 계통. 法脈(법맥). 宗脈(종맥). 法統(법통).
【血盟】けつめい(혈맹) 혈판(血判) 등을 찍어 굳게 맹세함. 또는, 그런 동맹.
【血便】けつべん(혈변) 피가 섞여 나오는 똥.
【血色】けっしょく(혈색) ①피의 빛깔. ②핏기. 얼굴빛.
【血書】けっしょ(혈서) 굳은 결의나 맹세의 표시로서, 피로 쓴 글씨.
【血誠】けっせい(혈성) 진심어린 정성. 血心(혈심). 血忱(혈침).
【血孫】けっそん(혈손) 핏줄을 잇는 자손. 血嗣(혈사). 血胤(혈윤).
【血讐】けっしゅう(혈수) 피맺힌 원수.
【血食】けっしょく(혈식) ①나라의 의식(儀式)으로, 희생을 올려 제사를 지냄. ②조상에게 지내는 제사. ¶置守冢三十家碭 至今一<史記>
【血眼】けつがん(혈안) ①핏발이 선 눈. ②기를 써서 핏대가 오른 눈.

【血緣】けつえん(혈연) 같은 핏줄로 맺어진 인연. 血統(혈통). ¶一社會/一集團. ※地緣(지연).
【血肉】けつにく(혈육) ①자기가 낳은 자녀. 所生(소생). ¶一點一. ②같은 피를 나눈 사람. 骨肉(골육).
【血戰】けっせん(혈전) 피투성이가 되어 싸움. 또는, 생사를 헤아리지 않고 싸움. 死戰(사전). 血爭(혈쟁). 血鬪(혈투).
【血族】けつぞく(혈족) 한 조상에서 갈려 나온 친족. 일가. 血屬(혈속).
【血統】けっとう(혈통) 같은 핏줄을 타고난 친족의 계통. 血脈(혈맥). 血緣(혈연). 血胤(혈윤). ¶一主義.
【血痕】けっこん(혈흔) 핏자국.
▷咯一, 喀一, 頸一, 膏一, 嘔一, 冷一, 淚一, 丹一, 白一, 碧一, 鮮一, 腥一, 輸一, 熱一, 溫一, 流一, 飮一, 泣一, 凝一, 箴一, 赤一, 戰一, 啼一, 止一, 地一, 採一, 喋一, 青一, 出一, 充一, 吐一, 下一, 汗一

8【⿰血力】 衄(p. 1338)과 同字
8【卹】 ☞卩部 6획(p. 246)
9【衂】 衄(p. 1338)과 同字
9【⿰血阝】 卹(p. 246)의 訛字

3/9【衁】 피 황 | 陽ㄏㄨㄤ (huang) | こう(チ)

10【⿰血夬】 缺(p. 1195)과 同字

4/10【衄】 코피 뉵 | 屋ㄋㄩˋ (nü) | じく(ハナヂ)
俗⿰血少 同⿰血力 衂
풀이 ①코피. 같䶊. ②지다. 꺾임. 좌절함. ¶臣兵累見折一<後漢書> ③오그라들다. 줄어듦. 通朒.
▷窮一, 奔一, 畏一, 沮一, 折一, 挫一, 敗一

10【⿰血少】 衄(p. 1338)의 俗字

4/10【衃】 어혈 배 | 因ㄈㄡ (fou) | はい(コリチ)
【衃血】はいけつ(배혈) 썩어 응혈진 피.

11【⿱亡血】 衁(p. 1338)과 同字
11【衇】 脈(p. 1229)과 同字

5/11【衅】 피 칠할 흔 | 震ㄒㄧㄣˋ (xin) | きん(チヌル)

12【衉】 ⿰血客(p. 1338)과 同字
12【[illegible]】 圖(p. 333)와 同字

6/12【衆】 무리 중 | 送ㄓㄨㄥˋ (zhong) | しゅう(モロモロ) *multitude*
本眾
풀이 ①무리. ㉮많다. ¶一少成多<漢書> ㉯많은 사람. ¶一怒如水火 不可爲謀<左氏傳> ㉰민심(民心). 많은 사람의 마음. ¶失一則失國<大學> ②땅. ¶坤爲一<易經> ③차조. ④메뚜기.
【衆寡不敵】しゅうかふてき(중과부적) 적은 수로는 많은 수에 대적할 수 없음.
【衆口難防】しゅうこうふせぎがたし(중구난방) ①여러 사람의 입은 막기 어려움. ②여러 사람이 마구 떠들어 어찌할 수 없음.
【衆論】しゅうろん(중론) 대부분 사람들의 견해. 衆議(중의).
【衆望】しゅうぼう(중망) 세상 사람 또는 백성들로부터 받는 신망(信望). 人望(인망).
【衆生】しゅせい・しゅじょう(중생)《佛》 모든 생물. ¶一濟度.
【衆庶】しゅうしょ(중서) ①백성. 萬民(만민). ②서출(庶出).
【衆陽之長】しゅうようのちょう(중양지 장) 태양의 별칭. ¶夫日者 一<漢書>
【衆議】しゅうぎ(중의) ☞衆論(중론).
【衆人環視】しゅうじんかんし(중인환시) 뭇사람이 둘러서서 보고 있음.
【衆知】しゅうち(중지) 뭇사람의 지혜.
【衆評】しゅうひょう(중평) 대부분 사람들의 논평 또는 비평.
▷家一, 公一, 觀一, 廣一, 群一, 大一, 民一, 士一, 四一, 義一, 聽一, 合一

7/13【⿰血夋】 고추자지 최 | 灰ㄗㄨㄟ (zui) | さい

8/14【⿰血臽】 선지국 감·담 | 勘ㄎㄢˇ (kan) | かん

14【⿰血區】 歐(p. 805)와 同字
14【⿱明血】 盟(p. 1052)과 同字

9/15【⿰血客】 피 토할 각·객 | 藥ㄎㄜˋ 陌(ke) | かく きゃく

18【⿰血敢】 ⿰血臽(p. 1338)과 同字
18【⿰血雋】 ⿰血夋(p. 1338)과 同字
20【䶊】 衄(p. 1338)과 同字

行<갈 행>部

行 ③ 衎 衍 ⑤ 術 衒 ⑥ 街 衕 衖 ⑦ 衙 ⑨ 衛 衝 衚 ⑩ 衞 衡 ⑫ ⿲彳童亍 ⑱ 衢

0/6【行】 1갈 행 2행위 행 3줄 항 | 庚ㄒㄧㄥˊ 敬(xing) 陽ㄏㄤˊ (hang) | こう, ぎょう (ユク) *walk* こう, ぎょう (オコナイ)
※부수(部首)로 쓸 때는 「彳」는 왼쪽, 「亍」는 오른쪽 가에로 갈라짐.

풀이 **1** ①가다. ㉮걷다. ¶臣少多病疾 九歲不一＜李密＞ ㉯걸어가다. ¶男女一者別於塗＜史記＞ ㉰나아가다. ¶膝一蒲伏＜史記＞ ㉱떠나다. ¶告之使一＜左氏傳＞ ㉲달아나다. ¶是將一＜左氏傳＞ ㉳돌아다니다. 순시(巡視)함. ¶入山一木 毋有斬伐＜禮記＞ ㉴돌다. 순환(循環)함. ¶日月運一. ㉵옮다. ¶氣不一＜素問＞ ②지나다. 거침. 겪음. ¶一年五十矣＜國語＞ ③흐르다. 물이 흐름. ¶水逆一＜孟子＞ ④움직이다. ¶天一健＜易經＞ ⑤보내다. 가게 함. ¶激而一之 可使在山＜孟子＞ ⑥하다. 행함. ¶吾無所一而不與二三子者＜論語＞ ⑦사용하다. 씀. ¶掌一火之政令＜周禮＞ ⑧주다. 베풂. ¶一糜粥飮食＜禮記＞ ⑨길. ㉮도로(道路). ¶一有死人＜詩經＞ ㉯도리(道理). ¶女子有一＜詩經＞ ㉰이정(里程). 여정(旅程). ¶千里之一 始於足下＜老子＞ ⑩여장(旅裝). ¶趣治一＜漢書＞ ⑪벼슬 이름. 빈객을 맡아 보던 벼슬. ⑫길의 신(神). ¶其祀一＜禮記＞ ⑬먼저. …에 앞서. ¶乃一卜＜史記＞ ⑭서체 이름. 행서(行書). ⑮시체(詩體)의 한 가지. ¶琵琶一. ⑯행. ㉮겸관(兼官)의 이름. 대관(大官)이 소관(小官)의 직을 겸하는 것을 行, 소관(小官)이 대관(大官)의 직을 겸하는 것을 守라 함. ¶觀文殿學士 特進一兵部尙書＜歐陽脩＞ ㉯품계가 높은 자가 낮은 관직을 맡음. ¶崇祿大夫一兵馬節度使. ⑰뻗다. 바둑 기법의 하나. ⑱말하다. **2** ①㉮행위. 행실. ¶觀其一＜論語＞ ㉯바른 행위. ¶劉子翼峭直有一＜世說新語＞ ②일. ¶貴祿而賤一＜禮記＞ ③순시(巡視)하다. **3** ①줄. 대열(隊列). 한 항은 25명. ¶一出犬鷄＜左氏傳＞ ②항렬. 서열(序列). ¶寘彼周一＜詩經＞ ③같은 또래. ¶漢天子我丈人一也＜史記＞ ④가게. 상점. 도매상. ¶大小貨一＜東京夢華錄＞

【行列】(항렬)㊞ 혈족간의 관계를 나타내는 계열. 「여서서 가는 줄.
ぎょうれつ(행렬) ①줄지어 섭. ②여럿이 벌

【行列字】(항렬자)㊞ 한 항렬에 속하는 것을 나타내려고 혈족 안에서 이름 한 자를 공통으로 쓰는 글자.

【行伍】ごう(항오) ①옛날의 군제로, 25명을 항(行), 5명을 오(伍)라 함. ②군대 또는 군대의 행렬.

【行脚】あんぎゃ(행각) ①《佛》 중이 여러 곳으로 돌아다니며 수행함. 또는, 그 중. ¶一僧. ②주로, 나쁜 행동을 하고 돌아다니는 일을 일컫는 말. ¶詐欺一. 「줄 사이.

【行間】ぎょうかん(행간) 글이나 행렬(行列)의 줄과

【行客】こうかく(행객) 나그네.

【行巾】(행건) 복인이나 상제가 쓰는 건.

【行軍】こうぐん(행군) ①군대가 줄지어 걸어감. ②「손자」(孫子)의 편 이름.

【行宮】あんぐう(행궁) 순행(巡幸) 때의 임금의 임시 숙소. 行在(행재). 行在所(행재소).

【行己】(행기) ①몸가짐. ②처신(處身)함.

【行氣】こうき(행기) ①마음을 부드럽게 함. ②도교(道敎)에서 심호흡을 행함을 이르는 말.

【行囊】こうのう(행낭) ①우편물을 넣어 보내는 자루. ②음식을 넣고 허리에 띠는 전대(纏帶).

【行年】こうねん(행년) ①살아온 해수. ¶一四十五＜白居易＞ ②☞享年(향년).

【行動】こうどう(행동) 생물체가 행하는 신체적·정신적 활동의 총칭. ¶精神的一.

【行動擧止】こうどうきょし(행동거지) 온갖 동작. 行爲(행위). 行動擧措(행동거조).

【行樂】こうらく(행락) 즐김. ¶一秩序.

【行廊】こうろう(행랑) 본채의 좌우 또는 대문 양쪽에 붙어 있는 방. 문간방. 行廊房(행랑방).

【行旅】こうりょ(행려) 나그네. ¶一病人/一病死者.

【行路】こうろ(행로) ①통행로. ②길을 가는 사람. 무관한 남을 이르는 말. 行路之人(행로지 인). ③세상을 살아가는 길. ¶一難 難於山＜白居易＞/人生一.

【行李】こうり(행리) ①☞行裝(행장). ②사자(使者) 또는 빈객에 대한 일을 맡아보던 벼슬. 李는 理로 통하며, 吏를 이름. 行吏(행리). 行理(행리).

【行馬】(행마) ①㊞ 장기나 바둑 따위에서 말을 씀. ②㊥ 말[馬]로 재주를 부리는 일. 曲馬(곡마).

【行文】こうぶん(행문) ①글을 지음. 또는, 지은 글이나 글을 짓는 방법. ②문사(文事)를 행함. ¶今陛下能偃武一＜史記＞

【行方】ユキガタ·ユクエ(행방) 가는 방향. 간 방향.

【行方不明】ユクエふめい(행방불명) 간 곳을 모름.

【行使】こうし(행사) ①권리 따위를 사용함. ②☞行人(행인)②.

【行事】こうじ(행사) ①일을 거행함. 또는, 그 일. ②사자(使者)의 근무상의 일. 「장례.

【行喪】(행상) 상여(喪輿)가 지나감. 또는,

【行商】ぎょうしょう(행상) 떠돌아다니며 물건을 팖. 또는, 그 사람. 行賈(행고). ¶一人.

【行色】こうしょく(행색) ①차리고 나선 모양. ②길을 떠나려고 하는 모양.

【行書】こうしょ(행서) 서체(書體)의 한 가지.

【行世】(행세) ①세상을 살아감. 또는, 그 태도. ②세상에서 사람의 도리를 행함.

【行首】こうしゅ(행수) 상인·기생 따위의 우두머리. ¶一妓生.

【行實】こうじつ·ぎょうじつ(행실) 실지로 드러난 행동.

【行惡】こうあく(행악) 나쁜 짓을 함. 또는, 그 짓.

【行營】こうえい(행영) ①당(唐)대에 절도사가 잠시 군대를 주둔하던 곳. ②진영(陣營).

【行雲流水】こううんりゅうすい(행운유수) 가는 구름과 흐르는 물이란 뜻으로, 아무 구애 없이 경우에 순응하여 행동함. 또는, 그런 심정의 비유. 「¶一能力/犯法一.

【行爲】こうい(행위) 목적을 가진 의식적인 행동.

【行人】こうじん(행인) ①길 가는 사람. ②빈객을 접대하던 벼슬. 行使(행사)②. ③사자(使者)의 통칭. ④☞行者(행자)①.

【行者】ぎょうじゃ(행자) ①《佛》 불도를 닦는 사람. 行人(행인)④. ②상여가 나갈 때 상제를 모

시고 가는 사내 종.

【行狀】ぎょうじょう(행장) 사람이 죽은 뒤 일생의 행적을 적은 글. 行述(행술). ¶尹氏—.

【行裝】こうそう(행장) 여행에 쓰는 장비와 짐. 行李(행리)①.

【行在所】あんざいしょ(행재소) ☞行宮(행궁).

【行跡】こうせき·ぎょうせき(행적) ①행동의 자취. 行迹(행적). 行蹟(행적). ¶—搜查. ②행실. 행위. ③평생의 한 일.

【行纏】こうてん(행전) 무릎 아래의 바지 겉에 돌라매는 헝겊. 行縢(행등).

【行政】ぎょうせい(행정) 국정(國政) 곧 입법·사법 이외의 정무(政務)의 총칭. ¶—區劃/—機關/—府/—訴訟. 「각함.

【行則思義】(행즉사의) 일을 함에는 의를 생

【行止】こうし(행지) ①행함과 그침. 또는, 그 일. ②조처. ③행실. 品行(품행).

【行進】こうしん(행진) 줄을 지어 나아감. ¶軍隊—/—曲.

【行次】(행차)㊙ 웃어른이 길을 감. ¶—所.

【行悖】(행패)㊙ 난폭한 짓을 함. 또는, 그 언행. 「는, 그 일.

【行幸】ぎょうこう(행행) 임금이 대궐 밖으로 남. 또

【行刑】こうけい(행형) 형벌을 집행함. 또는, 그에 관한 일. ¶—政策.

▷兼—, 景—, 苦—, 公—, 軍—, 群—, 急—, 吉—, 內—, 單—, 端—, 大—, 德—, 徒—, 篤—, 獨—, 尾—, 微—, 旁—, 配—, 排—, 輩—, 竝—, 步—, 奉—, 飛—, 師—, 蛇—, 索—, 徐—, 善—, 攝—, 性—, 星—, 細—, 殊—, 數—, 隨—, 膝—, 施—, 實—, 惡—, 雁—, 夜—, 弱—, 言—, 旅—, 力—, 逆—, 五—, 運—, 危—, 流—, 陸—, 戎—, 履—, 印—, 一—, 潛—, 前—, 諸—, 操—, 周—, 中—, 至—, 直—, 進—, 擇—, 通—, 特—, 平—, 品—, 偕—, 蟹—, 橫—, 孝—, 後—

8【㣔】 軌(p. 1458)의 古字

3
9【衎】 1 즐길 간 2 바를 간 | 韻ㄎㄢˋ (kan) | かん enjoy

풀이 1 ①즐기다. ¶嘉賓式燕以—＜詩經＞ ②기뻐하는 모양. 자득(自得)하는 모양. ¶居處言語飮食—爾＜禮記＞ 2 바르다. ㉠侃. ¶—賽不撓＜孫根碑＞

3
9【衍】 넘칠 연 | 銑ㄧㄢˇ (yan) | えん(アフレル) overflow

풀이 ①넘치다. 넘쳐 흐름. ¶至今—於四海＜尙書大傳＞ ②흐르다. 물이 흘러감. ¶—在中也＜易經＞ ③가다. 순행(巡行)함. ¶流—四方＜後漢書＞ ④남다. 군더더기. ¶—文. ⑤퍼지다. 만연함. ¶篠蕩敷—＜張衡＞ ⑥넓히다. ¶推—鹽鐵之議＜漢書＞ ⑦흩어지다. ⑧펴다. ¶布—. ⑨끌다. 끌어 넣음. ¶博—幽隱＜後漢書＞ ⑩이르다. 도달함. ¶水直—＜太玄經＞ ⑪즐기다. ⑫멀다. ⑬크다. ⑭넓다. 끝 없음. ¶陵高—之嶰㟧兮＜漢書＞ ⑮넉넉하다. ¶暴人—矣＜荀子＞ ⑯많다. ¶國富人—＜杜篤＞ ⑰성(盛)하다. ¶德星昭—＜漢書＞ ⑱평평한 땅. 평지(平地). ¶丘陵墳—＜周禮＞ ⑲섬. 물 가운데 있는 모래섬. ¶漾余舟於沙—＜江淹＞ ⑳못. 연못. ¶巡陸夷之曲—兮＜楚辭＞ ㉑고개. 비탈길. ¶其日止於鄗—＜史記＞ ㉒아름다운 모양. ¶釃酒有—＜詩經＞

【衍文】えんぶん(연문) 문장 가운데에서 쓸데없는 글귀.

【衍聖公】えんせいこう(연성공) 송(宋) 인종(仁宗) 때 공자(孔子)의 자손에게 내린 세습(世襲)의 작호(爵號). 「기 글자.

【衍字】えんじ(연자) 글 가운데에 들어간 군더더

▷高—, 寬—, 廣—, 曠—, 閎—, 登—, 摩訶—, 曼—, 蔓—, 普—, 富—, 敷—, 墳—, 肥—, 盈—, 沃—, 饒—, 流—, 推—, 充—, 平—, 布—, 豊—, 華—, 恰—

5
11【術】 1 꾀 술 2 마을이름 수 | 質ㄕㄨˋ 寘(shu) | じゅ, つ trick すい

풀이 1 ①꾀. 계략(計略). ¶用兵有—矣＜淮南子＞ ②길. ㉮통로(通路). ¶園囿—路＜漢書＞ ㉯마음의 말미암는 곳. 마음씨. ¶心—. ㉰규칙(規則). 법칙. ¶師—有四＜荀子＞ ㉱수단. 방법. ¶是乃仁—也＜孟子＞ ③일. 사업(事業). ④재주. 학문 기예(學問技藝). ¶學—/技—. ⑤짓다. 저술(著述)함. ㉠述. ⑥술수(術數). 음양가(陰陽家), 복서가(卜筮家) 따위의 술법. ¶—家. ⑦마을 이름. 1천 집의 마을. ¶百家爲里 里十爲—＜管子＞ 2 마을 이름. 주(周)대의 자치 단체로서 1만 2천 500호를 이름. ㉠遂. ¶—有序 國有學＜禮記＞

【術家】じゅつか(술가) 풍수(風水), 복서(卜筮), 점술(占術) 따위에 밝은 사람. 術客(술객).

【術客】じゅつかく(술객) ☞術家(술가).

【術計】じゅつけい(술계) ☞術策(술책).

【術科】じゅつか(술과) 기술(技術) 과목.

【術法】じゅつほう(술법) ①수단 방법. ②음양(陰陽)과 복술(卜術) 따위에 관한 이치. 또는, 그 실현 방법.

【術士】じゅつし(술사) ①유학(儒學)에 능통한 사람. 儒士(유사). ②방술(方術)에 능통한 사람. 方士(방사). ③술책이 교묘한 사람. 策士(책사).

【術數】じゅっすう(술수) ①☞術策(술책). ②법제(法制)로써 나라를 다스리는 방법. ¶明主者有— 而不可欺也＜管子＞ ③음양(陰陽), 오행(五行)의 원리에 의하여 인사(人事)의 길흉을 추측하는 복서(卜筮), 점술(占術) 따위.

【術語】じゅつご(술어) 학술상 특히 한정된 의미로 쓰는 낱말. 學術語(학술어).

【術策】じゅっさく(술책) 어떤 일을 꾸미는 꾀나 방법. 計略(계략). 術計(술계). 術數(술수).

▷劍—, 經—, 權—, 技—, 奇—, 道—, 馬

—, 魔—, 美—, 方—, 法—, 兵—, 卜—, 不學無—, 祕—, 算—, 相—, 商—, 書—, 性—, 星—, 手—, 數—, 心—, 藝—, 妖—, 柔—, 儒—, 醫—, 仁—, 才—, 占—, 智—, 針—, 他—, 學—, 話—, 幻—

5/11【衒】 발보일 현 | 霰 ㄒㄩㄢˋ (xuan) | げん (テラウ)
㊐衍

풀이①발보이다. ㉮자기를 선전하다. ¶故伊摯有負鼎之—＜後漢書＞ ㉯스스로를 자랑하여 남에게 내보이다. ¶矜—事多專決＜舊唐書＞ ②팔다. 돌아다니면서 팖. ¶妖夫曳— 何號于市＜楚辭＞ ③현기증이 나다.
【衒士】げんし(현사) 자기 재능을 스스로 자랑하는 사나이. 뽐내는 사나이. ¶衒女不貞—不信＜越絕書＞
【衒學】げんがく(현학) 스스로 제 학문을 자랑함. 학자인 체하는 일. ¶—者/—的.
▷估—, 賈—, 誇—, 矜—, 媒—, 女—, 自—

6/12【街】 거리 가 | 佳 ㄐㄧㄝ (jie) | がい (マチ) *street*

풀이①거리. 시가(市街). ¶入—下馬 擁經以前＜後漢書＞ ②한길. 큰길. ¶—衢相經＜張衡＞ ③네거리. 십자로(十字路). ④길. 통로(通路). ¶此腎之—也＜素問＞
【街衢】がいく(가구) 거리. 시가(市街). 또는, 사통팔달(四通八達)의 길.
【街談巷說】がいだんこうせつ(가담항설) 시중의 하찮은 소문. 세간의 뜬소문. 街談巷語(가담항어). 道聽塗說(도청도설).
【街談巷語】がいだんこうご(가담항어) ☞街談巷說(가담항설).
【街道】かいどう(가도) 곧고 넓은 큰 도로.
【街頭】がいとう(가두) 길거리. 거리 위. 街上(가상). ¶—示威/—販賣.
【街路】がいろ(가로) 도시(都市)의 넓은 길. ¶—燈/—樹.
【街上】がいじょう(가상) ☞街頭(가두).
【街彈】がいだん(가탄) 한(漢)대 이관(里官)의 사무소. 검문소 구실을 했음.
【街巷】がいこう(가항) 거리. 街는 곧고 넓은 길. 巷은 굽고 좁은 길.
▷藁—, 籠—, 大—, 都—, 四—, 雪—, 市—, 十字—, 御—, 長—, 天—, 巷—, 花—

6/12【衕】 거리 동 | 送 ㄊㄨㄥˋ 東 (tong) | とう *street*

풀이①거리. 길거리. ㉠同. ②설사하다. 하리(下痢). ¶食之已腹痛 可以止—＜山海經＞

12【[illegible]】 微(p.552)와 同字

12【[illegible]】 術(p.1340)과 同字

12【衘】 銜(p.1539)의 俗字

12【衖】 巷(p.495)과 同字

7/13【衙】 1 마을 아 2 갈 어 | 麻 ㄧㄚˊ (ya) 魚 | が *village* ぎょ

풀이1①마을. 관청. ¶官—. ②당(唐)대 천자(天子)의 거처(居處). ¶天子居曰—＜唐書＞ ③예궐(詣闕)하다. 조참(朝參)함. ¶晚庭三疊鼓催—＜張耒＞ ④병영(兵營). ¶天子禁軍者 南北—兵也＜唐書＞ ⑤줄. 행렬(行列). ¶亂峰迎客儼排—＜陳造＞ ⑥방(房). ¶花暖護蜂—＜趙奕＞ 2①가다. 가는 모양. ②소원(疎遠)한 모양. ¶——. ③막다. ㊇禦. ¶逆—.
【衙內】がない(아내) ①궁성 안. 또는, 관청 안. ②당(唐)대 궁성(宮城) 안을 지키던 금군(禁軍). ③귀족의 자제. 당(唐)말기에서 송(宋) 초엽(初葉)까지 귀족의 자제를 근아(近衙)의 무관(武官)으로 임명(任命)한 데서 유래.
【衙門】がもん(아문) ①병영(兵營)의 문. 또는, 관청의 문. ②관청.
【衙前】がぜん(아전) 지방 관청에 딸린, 낮은 벼슬아치. 여기서 衙는 육조(六曹)의 관아. 그 앞에 이서들이 일 보는 지방 관청이 있었기 때문임. 구실아치. 吏胥(이서). 書吏(서리). 書題(서제).
【衙衙】ぎょぎょ(어어) ①가는 모양. ¶導飛廉之—＜楚辭＞ ②소원(疎遠)한 모양.
▷公—, 官—, 蜂—, 殿—, 正—, 退—

13【[illegible]】 衒(p.1341)과 同字

14【銜】 ☞ 金部 6획(p.1539)

9/15【衛】 지킬 위 | 霽 ㄨㄟˋ (wei) | えい (マモル) *keep*
㊍衞

풀이①지키다. ¶朋友相—＜公羊傳＞ ②숙위(宿衛). 시위(侍衛)함. ¶禁—嚴警＜晉書＞ ③막다. 방비함. ¶爪牙不足以自守—＜呂覽＞ ④영위(營爲)하다. 경영(經營)함. ¶有貨以—身也＜國語＞ ⑤아름답다. ㊇褘. ⑥날카롭다. 예리(銳利)함. ¶彎棊—之箭＜淮南子＞ ⑦위복(衛服). 5복(五服)의 하나. 기내(畿內)에서 다섯째의 지경. ¶侯甸男邦采—＜書經＞ ⑧명(明)대 군영(軍營)의 이름. ¶軍—. ⑨나라 이름. 주(周)대 무왕(武王)의 아우 강숙(康叔)의 봉국(封國).
【衛兵】えいへい(위병) 경비하는 병사.
【衛服】えいふく(위복) ①옛 중국의 오복(五服)의 하나. 왕기(王畿) 밖 2천 5백 리(里)의 지역. ②구복(九服)의 하나. 주공(周公)에 이르러 구복으로 바뀜.
【衛士】えいし(위사) 궁성(宮城), 능, 관아(官衙), 군영(軍營)을 지키던 병사. 衛兵(위

병).

【衛士坐甲】えいしさこう(위사좌갑) 옛 중국에서, 천자의 상(喪)에 위사가 갑옷을 옆에 두고 있다가 일단 유사시에 곧 무장할 수 있도록 한 일.

【衛生】えいせい(위생) 신체의 건강과 질병(疾病)의 예방에 힘쓰는 일. ¶一自有經 息陰謝所牽<謝靈運>/公衆一.

【衛星】えいせい(위성) 혹성(惑星)의 둘레를 운행하는 별. 지구에 대한 달 따위.

【衛戍】えいじゅ(위수) ①군대가 일정한 지역에 오래 주둔하여 경비하는 일. ¶一令. ②수자리를 사는 일. 수자리.

▷警一, 近一, 禁一, 蟷螂一, 屯一, 武一, 門一, 防一, 兵一, 備一, 四一, 戍一, 守一, 宿一, 侍一, 迎一, 營一, 擁一, 外一, 儀一, 自一, 前一, 正當防一, 鄭一, 鎭一, 親一, 陛一, 護一, 後一

9 15【衝】 1 찌를 충 2 뒤얽힐 종 3 사북 충 | 图イメㄥ 匣(chong) 困 | しょう (ツク) *pierce*

㊍衝

풀이 1 ①찌르다. 침. ¶使輕車銳騎一雍門<戰國策> ②향하다. ¶首一南方<山海經> ③맞부딪치다. ¶不覺一大尹韓愈<唐詩紀事> ④치솟다. 위로 올라감. ¶怒髮上一冠<史記> ⑤나오다. ¶而目一然<莊子> ⑥움직이다. ⑦돌다. 회전함. ¶一風起兮橫波<楚辭> ⑧길. 통로. ¶及一擊之以戈<左氏傳> ⑨맥. 혈맥. 혈관(血管). ⑩전차(戰車) 이름. ¶與爾臨一<詩經> ⑪병선(兵船). ¶蒙一. 2 뒤얽히다. 3 사북. 요처(要處). ¶要一.

【衝車】しょうしゃ(충거) 병거(兵車)의 이름. 옆에서 적을 들이치는 병기. ¶或爲一以撞城<後漢書>

衝車(圖書編)

【衝激】しょうげき(충격) 서로 세차게 부딪침.

【衝擊】しょうげき(충격) ①나아가 적진을 돌파함. ¶日出于海 一而成愈琰<浙東志> ②마음에 심한 타격을 받는 일. ③외력(外力)의 돌발적인 자극. 또는, 정신적인 격동에 의한 반사적 허탈 상태(虛脫狀態).

【衝突】しょうとつ(충돌) ①서로 부딪침. ②다툼. 싸움. ③운동하는 물체가 서로 접촉하여 격력(擊力)을 미치는 현상.

【衝動】しょうどう(충동) ①심하게 마음을 들쑤시어 흔들어놓음. ②본능(本能), 반사 운동(反射運動), 습관적 동작 따위와 같이 명확한 의지(意志)도 없이 외계(外界)의 자극으로 행동을 일으키는 마음의 작용. ¶一的.

【衝天】しょうてん(충천) 높이 솟아 하늘을 찌름. 기세(氣勢)가 드높은 모양. 撑天(탱천). ¶意氣一.

▷街一, 渠一, 蒙一, 兵一, 水一, 緩一, 要一, 臨一, 折一, 尊俎折一, 中一

9 15【衚】 거리 호 | 圜厂乂 (hu) | こ

16【衞】 衛(p. 1341)의 本字

10 16【衡】 1 저울대 형 2 가로 횡 | 庚厂ㄥ (heng) 庚 | こう (ハカリ) *scale beam* おう

풀이 1 ①저울대. 저울. ¶猶一之於輕重也<禮記> ②달다. 저울질함. ¶銓一. ③쇠뿔의 가름대. 소의 두 뿔에 매어 사람을 뜨지 못하게 하는 나무. ¶設其楅一<周禮> ④가로나무. ㉮들보. 도리. 또는, 외나무를 가로지른 문. ¶一門之下<詩經> ㉯수레채 끝에 댄 가로나무. ¶倚於一<論語> ⑤멍에. ¶加之以一扼<莊子> ⑥비녀. 관(冠)이 벗겨지지 않게 머리에 지르는 관계(冠笄). ⑦난간(欄干). ¶百金之子不騎一<漢書> ⑧고르다. 평범함. ¶均一. ⑨바르다. ¶朝有定度一儀<管子> ⑩자루. 그릇 손잡이로 만든 것. ¶一四寸<周禮> ⑪혼천의(渾天儀)의 굴대 구실을 하는 가로나무. ¶璿璣玉一<書經> ⑫별 이름. 북두(北斗)의 중성(中星). ¶攝提運一<張衡> ⑬눈썹과 눈 사이. ⑭패옥(佩玉). ㉠珩. ¶一命縕韍幽一<禮記> ⑮형산(衡山). 중국 오악(五嶽)의 하나. ⑯임형(林衡). 산림(山林)을 관장한 벼슬. ¶一鹿. 2 ㉠橫. ①가로. ¶合從連一. ②가로로 눕다.

衡①
(三才圖會)

【衡門】こうもん(형문) ①두 개의 기둥에 한 개의 횡목(橫木)을 가로 질러서 만든 허술한 대문. 뜻이 바뀌어, 은자(隱者)의 거처를 이름. ②궁궐 앞에 서서 천자를 지키는 사람. ③「시경」(詩經) 진풍(陳風)의 편(篇) 이름. 희공(僖公)이 분발하지 아니함을 딱하게 여겨 기운을 북돋우기 위하여 지은 시.

【衡山】こうざん(형산) ①산 이름. 중국 오악(五嶽)의 하나. 호남성(湖南省) 형산현의 서북에 있음. 곽산(霍山). 남악(南嶽). ②회계산(會稽山)의 이칭.

【衡石】こうせき(형석) ①저울. 衡은 저울대, 石은 저울추. ②인재(人材)를 뽑는 직위. 銓衡(전형). ¶二公十數年 當居一<舊唐書>

【衡宇】こうう(형우) 형문(衡門)과 옥우(屋宇). 衡門은 지붕 없는 대문, 屋宇는 집이라는 뜻으로, 허술하고 작은 집의 비유. ¶乃瞻一 載欣載奔<陶潛>

【衡宰】こうさい(형재) 재상(宰相).

【衡平】こうへい(형평) 평균(平均). 평균함. 平衡(평형). ¶一天下<漢書>

【衡巷】こうこう(형항) 거리. 민간(民間). ¶散髮林丘 幅巾一<歐陽脩>

【衡人】こうじん(형인) 연횡설(連衡說)을 주장한

장의(張儀) 일파의 사람들. ¶從人合之一散之＜漢書＞
▷肝一, 坑一, 權一, 均一, 鈞一, 機一, 度量一, 保一, 璿璣玉一, 阿一, 連一, 爭一, 銓一, 樞一, 稱一, 台一, 平一, 抗一

18〖衜〗 衝(p.1342)의 本字

22〖衟〗 衢(p.1343)와 同字

18/24〖衢〗 1 네거리 구 / 2 갈 구 | 中くロ́ (qu) | く(ヨツカド) *crossroads*

풀이 1 ①네거리. ¶街一. ②길. 도로(道路). ¶二者亂之一也＜荀子＞ ③갈림길. 기로(岐路). 通岐. ¶楊朱哭一涂＜荀子＞ ④서로 엉클어져 뻗어 있는 나뭇가지. ¶宣山 其上有桑焉 其枝四一＜山海經＞ 2 가다.

【衢室之問】くしつノとい(구실지 문) 정치에서 민중의 의견을 들음을 비유. 요(堯)임금이 정사(政事)할 때 널리 백성의 의견을 들은 옛일에서 유래. ¶堯有一者 下聽於人也＜管子＞

【衢巷】くこう(구항) 거리. 街巷(가항).

▷街一, 康一, 廣一, 郊一, 路一, 四一, 修一, 術一, 隘一, 雲一, 長一, 天一, 通一, 皇一, 荒一

衣＜옷 의＞部

衣 ③ 衫 衩 表 ④ 衱 衮 衲 衿 衾 衲 袂
衰 衻 袁 衵 衽 衷 ⑤ 袈 袪 袞 袧 袒 袋
袜 袤 袢 袑 袖 袣 袘·袗 袟 袠 袙 袍 被
袨 ⑥ 袼 袺 袷 袴 袿 袽 裂 袹 袱 裀 裄
裁 袾 ⑦ 裘 裙 裊 裊 裏 裡 補 裒 裟 裞
裋 裑 裔 裕 裛 裝 裎 ⑧ 裾 褒 裹 褂 裷
裣 裸 裲 裴 裨 裳 裼 製 裯 裰 裧 ⑨ 褐
褌 褖 褙 褓 複 褎 褏 褔 褋 褕 褚 褋 褊
褒 褘 ⑩ 褰 褩 褠 褦 褭 褞 褥 褫 褪 ⑪
褷 褞 褸 褵 褻 褶 褷 襄 褽 襀 褻 褾 ⑫
襋 襌 襒 襆 襐 襓 襍 ⑬ 襟 襛 襢 襠 羸
襞 襚 襖 襘 襡 襗 ⑭ 襨 襤 襥 襦 ⑮ 襪
襮 襫 襭 ⑯ 襱 襲 襯 ⑰ 襴 ⑲ 襻 ㉑ 襼

0/6〖衣〗 옷 의 | 中 丨 (yi) | い(コロモ) *clothing*

풀이 ①옷. ㉮저고리. ¶綠一黃裳＜詩經＞/上一. ㉯예복. 나들이옷. ¶薄澣我一＜詩經＞ ㉰가사(袈裟). 중의 법복(法服). ¶竹房見一鉢 松宇淸身心＜崔顥＞ ②싸는 것. 덮는 것. ㉮기물을 덮는 덮개. ¶所載不過囊一＜漢書＞ ㉯몸의 한 부분을 가리는 가리개. ¶足一/面一/脛一. ③이끼. 청태(靑苔). ¶暖變牆一色＜白居易＞ ④깃털. 우모(羽毛). ¶偏承雨露潤毛一＜韓偓＞ ⑤살갗. 표피(表皮). ¶移鐺剝芋一＜李建勳＞ ⑥입다. ¶一弊縕袍＜論語＞ ⑦입히다. ⑧덮다. ¶古之葬者厚一之以薪＜易經＞ ⑨행하다. 실천함. ¶一德言＜書經＞

【衣冠】いかん(의관) ①의복과 갓. 옷차림. ¶一整齊. ②의관을 갖춘 사람이란 뜻으로, 관리나 귀인(貴人)을 이름. ③훌륭한 집안. ¶一族.

【衣錦之榮】いきんノえい(의금지 영) 비단옷을 입고 고향으로 돌아가는 영예로움. 錦衣還鄕(금의환향).

【衣帶】いたい(의대) ①옷과 띠. ②띠. ¶相去日以遠 一日以緩＜古詩＞ ※一衣帶水(일의대수).

【衣籠】(의롱) 옷을 간수하는 농. 옷농. ※衣欌(의장)·欌籠(장롱).

【衣類】いるい(의류) 옷의 종류. 옷 종류의 총칭.

【衣鉢】いはつ(의발) ①《佛》 ㉮가사(袈裟)와 바리때. 스승에게서 전수받은 불법(佛法)의 깊은 뜻. 달마조사(達摩祖師)가 혜가(慧可)에게 정법(正法)을 전수할 때에 그 증거로 이 두 가지 물건을 준 옛일에서 유래. ㉯중의 재물의 총칭. ②학문, 기예 등을 후학에게 전하는 일. ¶一＜莊子＞

【衣服】いふく(의복) 옷. ¶兄弟爲手足 夫婦如

【衣不重帛】いはくをかさねず(의불중백) 비단옷을 겹쳐 입지 아니한다는 뜻으로, 검소함을 비유하여 이르는 말. ¶一 家無儋石之儲＜晋書＞

【衣裳】いしょう(의상) ①여자의 겉옷. 저고리와 치마. ②배우나 무용수들이 연기할 때 입는 옷. ¶舞臺一.

【衣裳之會】いしょうノかい(의상지 회) 평화 회담. ¶一十有一 未嘗有歃血之盟也＜穀梁傳＞ ↔ 兵車之會(병거지 회).

【衣食】いしょく(의식) ①의복과 음식. ②입고 먹는 일이란 뜻으로, 일상 생활을 이름.

【衣食足則知榮辱】(의식족 즉지영욕) 의식이 족하면 저절로 명예를 중히 여겨 영욕을 알게 됨. ¶倉廩實則知禮節一＜管子＞

【衣食住】いしょくじゅう(의식주) ①옷, 음식, 집. 인간 생활의 3대 요소(要素). ②생활.

【衣欌】(의장)韓 옷을 넣는 장. 옷장. 장롱(欌籠).

▷客一, 褰一, 更一, 故一, 錦一, 綺一, 衲一, 綠一, 短一, 端一, 麻一, 白一, 絲一, 三一, 繡一, 鶉一, 僧一, 禮一, 浴一, 羽一, 雨一, 儒一, 戎一, 紫一, 蠶一, 征一, 朝一, 地一, 振一, 着一, 寢一, 脫一, 敗一, 弊一, 布一, 胞一

8〖袞〗 裔(p.1350)의 古字

8〖卒〗 卒(p.238)의 本字

7〖初〗 ☞ 刀部 5획(p.203)

8〖衻〗 巾(p.495)과 同字

3/8〖衫〗 적삼 삼 | 中 ㄕㄢ (shan) | さん

풀이 ①적삼. 웃도리에 입는 홑옷. ②내의(內衣). 땀받이. ¶脅汗一以當熱＜東皙＞ ③옷. 의복의 통칭. ¶士人以枲苧襴一爲上服＜唐書＞

▷襴一, 靑一, 翠一, 汗一

9【哀】☞ 口部 6획 (p. 292)

3
8【衩】옷섶 차 | ㄔㄚˋ (cha) | しゃ

풀이 ①옷섶. 깃 아래에 달린 긴 헝겊. ②홑옷. ③속옷. 평상복. ④옷깃. ⑤옷자락. ¶裙一芙蓉小<李商隱>

3
8【表】겉 표 | ㄅㄧㄠˇ (biao) | ひょう(オモテ) *outside*

풀이 ①겉. ㉮거죽. 겉면. ¶人見其一 莫測其裏<潘岳> ㉯바깥. 역외(域外). ¶海一. ②나타내다. ㉮밝히다. 명백히 함. ¶君子一微<禮記> ㉯표하다. 안표(眼標)를 해 둠. ¶水行者一深 使人無陷<荀子> ㉰드러내다. 표창하여 드러나게 함. ¶旌一. ③나타나다. ¶以一東海<左氏傳> ④뛰어나다. 특출함. ¶一獨立兮山之上<楚辭> ⑤우두머리. ¶爲世使一<漢書> ⑥특이(特異)한 곳. 특징(特徵). ¶先知必審徵一<呂覽> ⑦석물(石物). ㉮선행(善行)을 표상하여 그 집 대문이나 동구에 세운 돌기둥. ¶門一. ㉯죽은이의 덕을 기려 묘 앞에 세운 돌기둥. ¶石一. ㉰국경이나 소유지의 경계에 세운 표지. ¶千里立一<漢書> ⑧조짐. 징조. ¶俔天必有異一<後漢書> ⑨표적. 표지(表識). ⑩기. 정기(旌旗). ¶車無退一<國語> ⑪해시계의 기둥. ¶冬至之日樹八尺之一<隋書> ⑫규범(規範). 사표(師表). ¶仁者天下之一也<禮記> ⑬용모(容貌). 거동(擧動). ¶姿一瓌麗<南史> ⑭저고리. ¶一裘不入公門<禮記> ⑮웃옷 따위를 입다. 입힘. ¶必一而出<論語> ⑯표(表). 문체(文體)의 한 가지. 임금에게 올리는 서장(書狀). ¶出師一<諸葛亮> ⑰표. 사건을 늘어 놓아 한눈으로 볼 수 있게 만든 것. ¶東史年一<魚允迪>/統計一. ⑱책 겉장. ¶一紙. ⑲외가붙이. 외척(外戚). ¶宗族姻一<北史>/一兄弟. ⑳우듬지 끝. 나뭇가지의 끝. ¶林一吳岫微<射眺> ㉑시계. 회중시계.

【表決】ひょうけつ (표결) 의안(議案)에 대한 가부(可否)의 의사를 결정함.

【表具】ひょうぐ (표구) 종이, 천 따위를 써서 병풍, 족자 등을 꾸며 만드는 일. 장황(粧潢). 表裝(표장).

【表記】ひょうき (표기) ①표시하여 기록함. 또는, 그 기록. ②문체(文體) 이름. 표와 기. ③표. 표지(標識).

【表對】(표대) 한시의 안팎 짝이 꼭 들어맞게 된 대구(對句).

【表裏】ひょうり (표리) 겉과 속. 안팎. 언행과 내심(內心). 表裡(표리). ¶一不同.

【表妹】ひょうまい (표매) 외사촌 누이 동생.

【表面】ひょうめん (표면) 겉으로 드러난 쪽. 거죽. 外面(외면). ¶一張力. ↔裏面(이면).

【表明】ひょうめい (표명) ①표시하여 명백히 함. ②나타나 명백해짐.

【表文】ひょうぶん (표문) ①임금 또는 조정(朝廷)에 올리던 글의 한 가지. 表(표). ②일반 문장.

【表白】ひょうはく (표백) 드러내어 밝히거나 나타내어 말함.

【表象】ひょうしょう (표상) ①겉에 나타난 현상. ②상징. ③과거의 감각이나 지각에 터 잡아 현재 직접 지각(知覺)되지 않는 사물 현상을 직관적인 형상으로 반영하는 심리 과정. 영어 presentation의 역어(譯語).

【表石】ひょうせき (표석) 무덤 앞에 세운 푯말이나 푯돌. 墓表(묘표).

【表叔】ひょうしゅく (표숙) 외아저씨. 外叔(외숙).

【表示】ひょうじ (표시) ①나타내어 보임. ②표(表)로 만들어 보임.

【表式】ひょうしき (표식) ①표시하는 일정한 방식(方式). ②규범. 기준. 본보기.

【表意】ひょうい (표의) 뜻을 나타냄. ¶一文字.

【表箋】ひょうせん (표전) 왕실의 경사에 올리는 축하의 글. 태상황·황태후·황제에게 올리는 글을 표문(表文), 황후·태자에게 올리는 글을 전문(箋文)이라 함.

【表情】ひょうじょう (표정) ①마음 속의 감정을 겉으로 드러냄. ②㊙ 안색(顏色).

【表題】ひょうだい (표제) ①표지에 쓴 책 이름. ②연설, 강연, 강의, 예술 작품 따위의 제목. 標題(표제).

【表從】ひょうじゅう (표종) 외사촌. 外從(외종).

【表奏】ひょうそう (표주) 표(表)를 올려 아룀.

【表紙】ひょうし (표지) 책이나 장부 겉에 대어 맨 종이. 겉장.

【表姪】ひょうてつ (표질) 외사촌의 자녀. 外從姪(외종질).

【表徵】ひょうちょう (표징) 바깥에 드러난 특징. 또는, 겉에 나타남.

【表札】ひょうさつ (표찰) ①문패. 명패. ②소유, 소속 따위를 밝힌 표지물(標識物).

【表彰】ひょうしょう (표창) 선행을 기리어 널리 세상에 드러냄. 表章(표장). 表顯(표현).

【表出】ひょうしゅつ (표출) 겉으로 나타냄.

【表則之地】ひょうそくノち (표칙지 지) 재상(宰相)의 지위. 관민의 모범이기 때문에 이름.

【表親】ひょうしん (표친) 외척(外戚).

【表皮】ひょうひ (표피) 겉가죽이나 겉껍질.

【表現】ひょうげん (표현) ①표면에 나타내는 일. ②예술가가 자기의 감동이나 사상을 예술적으로 형상화함.

【表兄弟】ひょうけいてい (표형제) 외사촌 형제. 외종형제.

▷公一, 代一, 圖一, 墓一, 門一, 發一, 四一, 師一, 辭一, 上一, 年一, 雲一, 意一, 儀一, 人一, 章一, 旌一, 塵一, 天日之一, 八一, 風塵一, 賀一, 華一, 黑一

4
9【衱】옷자락 겁 | ㄐㄧㄝˊ (jie) | こう

풀이 ①옷자락. 일설에는, 옷 뒷자락. ②옷깃.

10【衮】袞(p. 1346)과 同字

9【⿰衤勾】 袧(p. 1346)의 俗字

9【⿰衤攵】 救(p. 682)와 同字

4 9【袀】 군복 균 |圓ㄐㄩㄣ (jun)|きん

풀이①군복. 융의(戎衣). ㊀均. ②검은 옷. ¶—服振振<漢書> ③같다. ¶六軍—服<左思> ④오로지. 한결같이.

4 9【衿】 1옷깃 금 2맬 금 |圓ㄐㄧㄣ 沁(jin)|きん(エリ) collar

同襟 裣

풀이1①옷깃. ¶青青子—<詩經> ②옷고름. ㉠紟. ¶施—結帨<詩經> 2①매다. 잡아 맴. ¶—纓綦屨<禮記> ②띠다. 띠 같은 것을 두름. ¶—芰茄之綠衣兮<漢書>

【衿契】きんけい(금계) 마음속 깊이 서로 허락한 벗. ¶周得之欣然 遂爲—<世說新語>

【衿帶】きんたい(금대) 옷깃과 띠. 뜻이 바뀌어, 산이 옷깃처럼 둘러싸고 강이 띠처럼 둘린 요해지(要害地)의 비유. ¶—之形 事異曩昔<晉書>

【衿喉】きんこう(금후) 옷깃과 목구멍. 뜻이 바뀌어, 요해지(要害地)의 비유. ¶三州刺史 各勒兵以通蜀漢—<唐書>

▷青—, 解—, 喉—

4 10【衾】 이불 금 |圓ㄑㄧㄣ (qin)|きん(フスマ) quilt

同衾

【衾具】きんぐ(금구) ☞衾枕(금침).

【衾影無慚】きんえいハズルナシ(금영무참) 이불이나 자기 그림자에 대하여도 부끄러운 짓은 하지 아니한다는 뜻으로, 홀로 있을 때, 홀로 잠잘 때, 즉 남이 보지 아니하는 곳에서도 품위를 떨어뜨리지 아니함을 이르는 말. ¶獨行不愧影 獨寢不愧衾<宋史>

【衾枕】きんちん(금침) 이불과 베개. 衾具(금구). 寢具(침구).

▷輕—, 孤—, 錦—, 羅—, 綾—, 單—, 同—, 薄—, 芳—, 複—, 鴛鴦—, 重—, 枕—, 破—, 布—, 夏—, 合歡—

10【⿱亽衣】 衾(p. 1345)과 同字

4 9【衲】 기울 납 |圓ㄋㄚˋ (na)|のう(ヌウ) patch

풀이①깁다. 옷을 꿰맴. ¶—被蒙領睡<戴復古> ②장삼(長衫). 중의 웃옷. ¶挂—雲林淨<戴叔倫> ③《佛》 중. 승려. 비구(比丘). ㉠納. ¶老—共茶盌<戴叔倫>

【衲衣】のうえ(납의) 《佛》 ①중이 입는 검정 웃옷. 長衫(장삼). ②중.

【衲子】のうす(납자) 《佛》 중. 衲僧(납승).

【衲被】のうひ(납피) ①군데군데 헝겊을 대어 기운 이불. ②남의 어구(語句)를 이어 모아 지은 글.

▷袿—, 老—, 半—, 梵—, 緋—, 野—, 愚—, 毳—, 癡—, 拙—, 敝—, 寒—

4 9【袂】 소매 메 |圓ㄇㄟˋ (mei)|べい(タモト) sleeve

풀이소매. 본래는 도포의 소매처럼 아래쪽으로 주머니처럼 늘어진 부분을 뜻했으나, 널리 소매의 뜻으로 씀. ¶反—拭面<公羊傳>

【袂別】べいべつ(메별) 소매를 나눔. 이별함.

▷分—, 奮—, 拂—, 聯—, 衣—, 振—, 投—, 把—, 行—, 香—, 華—, 揮—

4 10【衰】 1쇠할 쇠 2상복 최 3도롱이 사 |支ㄕㄨㄞ (shuai)|すい decline 灰ㄘㄨㄟ さい 歌(cui)|さ

풀이1쇠하다. ㉮약해지다. 기운이 없어짐. ¶及其老也 血氣既—<論語> ㉯작아지다. 적어짐. ¶其周德之—乎<左氏傳> ㉰늙다. ¶年—志憫<淮南子> ㉱여위다. ¶人之老也 形益—<呂覽> ㉲줄다. 감퇴(減退)함. ¶—則氣復反入<素問> ㉳게으르다. ¶年既老而不—<楚辭> ㉴세력이 없어지다. 기울어짐. ¶周室既—<史記> ㉵퇴색하다. 아름다움이 줆. ¶華落色—<詩經> 2①상복(喪服). ㉠縗. ¶斬—/齊—. ②줄다. 줄임. 감쇄(減殺)함. ¶等—. ③차(差). 등차(等差). 차제(次第). ㊀差. ¶遲速—序<左氏傳> ④후세로 내려오다. ¶自是以—<左氏傳> 3도롱이. 짚이나 풀로 엮어 만든 우장(雨裝). ㉠蓑. ¶何—何笠<詩經>

【衰亡】すいぼう(쇠망) 쇠잔하여 멸망함.

【衰微】すいび(쇠미) 쇠퇴하여 미약함. ¶王道—<史記>

【衰眼】すいがん(쇠안) 쇠약해진 시력(視力).

【衰弱】すいじゃく(쇠약) 몸이 쇠하여 약하여짐.

【衰運】すいうん(쇠운) 쇠하는 운수. 쇠하여 가는 시세(時勢). 衰勢(쇠세).

【衰殘】すいざん(쇠잔) 쇠퇴하여 상함. 영락(零落)함. ¶蕭蕭蘆葦半—<林逋>

【衰盡】すいじん(쇠진) 쇠하여 다됨.

【衰頹】すいたい(쇠퇴) 쇠하여 무너짐.

【衰麻】さいま(최마) ☞衰服(최복).

【衰服】さいふく(최복) 상복(喪服). 衰麻(최마). 衰裳(최상).

【衰裳】さいしょう(최상) ☞衰服(최복). ¶以—入朝<孔子家語>

【衰征】しせい(최정) 토지의 차등에 따라 조세를 받음. ¶相地而— 則民不移<國語>

▷終—, 老—, 墨—, 變—, 病—, 森—, 裼—, 盛—, 盛者必—, 蕭—, 一盛一—, 齊—, 斬—, 興亡盛—

4 9【衻】 끝동 염 |圞ㄖㄢˊ (ran)|ねん

풀이①끝동. 옷자락의 가장자리를, 딴 헝겊으로 가늘게 싸서 돌린 선. 또는, 그렇게 선을 돌리는 일. ¶純衣纁—<儀禮> ②활옷. 시집갈 때 입는 저고리.

③행주치마. 앞치마.

4 10 【袁】 옷 길 원 | 㘣ㄩㄢˊ (yuan) | えん

풀이 옷이 긴 모양.

10 【扆】 ☞ 戶部 6획 (p. 614)

4 9 【衵】 속속곳 일 | 質ㄋㄧˋ (ni) | じつ

풀이 ①속속곳. 여자의 맨 속에 입는 내의. ¶皆衷其一服 以戲于朝＜左氏傳＞ ②일상으로 입는 옷. 평상복(平常服).

4 9 【衽】 옷깃 임 | 沁ㄖㄣˋ (ren) | じん(オクミ) *collar*

풀이 ①옷깃. ¶且斂一以歸來兮＜潘岳＞ ②옷섶. ③여미다. 옷깃을 바로잡음. ¶一襟而肘見＜新序＞ ④소매. ⑤요. 까는 침구. ¶一席/臥一. ⑥깔다. 요 같은 것을 깖. ¶一金革＜中庸＞ ⑦솔기. 치마의 솔기. ¶攝一. ⑧자락. 치맛자락. ¶執一采藥＜司馬光＞ ⑨거멀장. 물건 사이를 이어 벌어지지 않게 하는 것. 두 끝이 넓고 가운데가 잘록한 쇳조각. ⑩치마. ¶衣一不敝＜周禮＞

▷結一, 衾一, 牀一, 斂一, 臥一, 左一, 綢一, 被髮左一, 懷一

9 【衼】 袾(p. 1349)와 同字

4 10 【衷】 속마음 충 | 東ㄓㄨㄥ (zhong) | ちゅう *sincerity*

풀이 ①속마음. 정성스러운 마음. ¶深一自此見＜顏延之＞ ②가운데. 중앙(中央). ¶不止將取其一＜左氏傳＞ ③속옷. 속속곳. 내의(內衣). ¶一其衵服＜左氏傳＞ ④맞다. 알맞음. ㉤中. ¶服之不一＜左氏傳＞ ⑤바르다. 올바름. ¶楚辟我一＜左氏傳＞ ⑥착하다. ¶惟皇上帝 降一于下民＜書經＞

【衷甲】ちゅうこう (충갑) 평복 속에 갑옷을 입음.

【衷曲】ちゅうきょく (충곡) 마음속 깊이 간직한 섬세한 감정. 간절하고 애틋한 마음. 心曲(심곡).

【衷款】ちゅうかん (충관) ☞衷心(충심).

【衷心】ちゅうしん (충심) 진정에서 우러나는 마음. 衷款(충관). 衷情(충정). 衷懷(충회).

【衷情】ちゅうじょう (충정) ☞衷心(충심).

▷潔一, 苦一, 微一, 聖一, 宸一, 深一, 誘一, 折一, 天一, 和一

9 【衴】 襟(p. 1356)와 同字

5 11 【袈】 가사 가 | 麻ㄐㄧㄚ (jia) | か, け

【袈裟】かさ・けさ (가사) ①털옷. 毛衣(모의). ②《佛》 범어 kasāya의 음역(音譯). 탐(貪)・진(瞋)・치(癡)의 삼독(三毒)을 버린 표적으로, 장삼 위에다 왼쪽 어깨에서 오른쪽 겨드랑 밑으로 걸쳐 입는 중의 옷.

5 10 【袪】 소매 거 | 魚ㄑㄩ (qu) | きょ(ソデ)

풀이 ①소매. ¶披斬其一＜左氏傳＞ ②큰 소매. 소매통. ¶摻執子之一兮＜詩經＞ ③들다. 옷자락을 추어 올림. ④열다. 흩음. ¶合一於天地神祇＜漢書＞ ⑤가다. 떠남. ¶惑一吝亦泯＜殷仲文＞ ⑥강한 모양. ¶一一.

▷分一, 長一, 齊一

5 11 【衮】 곤룡포 곤 | 阮ㄍㄨㄣˇ (gun) | こん

㊇褌 ㊐袞

풀이 ①곤룡포(衮龍袍). 용을 수놓은, 임금의 예복. ¶一衣繡裳＜詩經＞ ②재상(宰相)의 예복. ③삼공(三公). ¶位居上一＜北史＞ ④띠. 짜서 만든 허리띠. ⑤크다. ㉤公.

【衮闕】こんけつ (곤궐) 임금의 잘못. ¶王暢李膺 彌縫一＜後漢書＞

【衮龍袍】こんりょうほう (곤룡포) 임금이 입는 정복(正服). 황색 또는 적색 바탕에 가슴과 두 어깨에 걸쳐 발톱이 5개 있는 용의 무늬를 금실로 둥글게 수놓았음. 衮服(곤복). 蟒袍(망포).

【衮冕】こんべん (곤면) 곤룡포와 면류관.

【衮命】こんめい (곤명) 삼공(三公). 또는, 그 직위.

【衮裳】こんしょう (곤상) 천자 및 삼공이 입던 예복.

【衮衣】こんい (곤의) 천자가 입던, 용을 수놓은 예복. 衮龍袍(곤룡포).

【衮職】こんしょく (곤직) ①임금의 직책. 곧, 천자를 이름. ②임금을 보좌하는 삼공(三公)의 직책. 곧, 삼공을 이름.

▷上一, 御一, 龍一, 玄一, 華一

5 10 【袧】 1 주름 구 | 宥ㄎㄡ 2 제복 구 | 宥 (kou) | こう(ヒダ) *wrinkle*

풀이 1 ①주름. 옷의 주름. ②상복(喪服) 치마의 주름. 양쪽에 주름을 잡고 가운데는 비게 하는 것. ¶凡衰外削幅 裳內削幅 幅三一＜儀禮＞ 2 제복(祭服).

5 10 【袒】 1 위통 벗을 단 | 旱ㄊㄢˇ 2 옷솔기 타질 탄 | 諫 (tan) | たん

풀이 1 위통을 벗다. ㉤但. ㉮위통을 벗어 한쪽 어깨를 드러내다. ¶一臂. ㉯예법(禮法)에 따라 웃옷의 왼쪽 소매를 벗다. ¶一免. ㉰찬성하여 편드는 뜻을 나타내기 위하여 왼쪽 소매를 벗다. ¶左一. ㉱죄인이 형을 받을 때 오른쪽 소매를 벗다. ¶一右. 2 옷솔기가 타지다. ㉦綻袒.

【袒裼裸裎】たんせきらてい (단석나정) 웃옷을 벗어 어깨를 드러냄과 발가벗음. 모두 무례한 행위. 袒裸(단라). ¶雖一於我側 爾焉能浼我哉＜孟子＞

▷裸一, 露一, 鄙一, 兩一, 右一, 肉一面縛, 左一, 偏一, 解一

5 11 【袋】 자루 대 | 隊ㄉㄞˋ (dai) | たい(フクロ) *bag*

풀이 자루. 부대. 주머니. ㉠帒. ¶有司嘗進乾薑 以布一貯之＜隋書＞
▷角一, 甲一, 劍一, 琴一, 頭蛇一, 書一, 魚一, 慰問一, 布一, 皮一, 香一, 夾一

5 10【袜】 버선 말 | ㊍ㄨㄚˋ (wa) | ばつ(タビ)
풀이 ①버선. ㉠襪 韈. ②허리띠. 여자의 허리에 두르는 넓은 띠. ¶錦袖淮南舞 寶一楚宮腰＜隋煬帝＞

5 11【袤】 길이 무 | ㊊ㄇㄠˋ (mao) | ぼう(ナガサ)

5 10【袢】 1 속옷 번 / 2 차려입을 반 | ㄆㄢˋ (pan) | はん(ハダギ)
풀이 1 속옷. 땀받이로 속에 입는 옷. 2 ①차려 입은 모양. 나들이 옷을 차려 입은 모양. ¶一迅. ②속옷.

5 10【袑】 바지 소 | ㄕㄠˋ (shao) | しゅう(ハカマ) *trousers*
풀이 ①바지. ②바지의 허리 둘레. ¶褒衣大一＜漢書＞ ③옷깃.

5 10【袖】 소매 수 | ㄒㄧㄡˋ (xiu) | しゅう(ソデ) *sleeve*
풀이 ①소매. ㉠褎. ¶長一善舞＜史記＞/一納. ②소매에 넣다. 소매 속에 숨김. ¶一刃妬名娼＜劉禹錫＞
【袖手傍觀】しゅうしゅぼうかん (수수방관) 팔짱을 끼고 곁에서 보고만 있다는 뜻으로, 간섭하지 않고 그대로 내버려 둠을 이르는 말.
【袖珍】しゅうちん (수진) 소매 속에 들어갈 만한 작은 책. 수진본(袖珍本)의 준말. 珍은 寶. ¶置一自爲登記＜福惠全書＞
▷輕一, 廣一, 綺一, 羅一, 大一, 舞一, 半一, 芳一, 修一, 領一, 衣一, 長一, 窄一

5 10【袣】 1 긴옷 예 | ㅣˋ (yi) | えい / 2 소매 이 | い
풀이 1 ①긴옷. ②옷이 긴 모양. 2 소매. ¶一獨繭之褕袘＜史記＞

5 10【袘】 1 길 이 | ㅣˋ (yi) | い / 2 소매 이 | ㅣ (yi) | い / 3 가선 이 | い / 4 옷자락 타 | た
풀이 1 ①길. 웃옷의 섶과 무 사이의 넓고 큰 폭. ②옷이 치렁치렁한 모양. ¶袘獨繭之褕一＜史記＞ 2 소매. ㉠袖. ¶揚一戌削＜司馬相如＞ 3 가선. 옷자락 가장자리의 선(線). ㉠袘. ¶纁裳緇一＜儀禮＞ 4 옷자락. 袉의 俗字.

5 10【袗】 홑옷 진 | ㄓㄣˇ (zhen) | しん *unlined clothes*
풀이 ①홑옷. ㉠裖. ㊐禪 袗. ¶當暑一絺綌＜論語＞ ②아름다운 옷. 수놓아 꾸민 옷. ¶一衣. ③검은 옷. 위아래가 다 검은 옷. ㉠袀. ¶一玄. ④아름답다. ㊐珍. ⑤정식옷. 가름옷.

5 10【袟】 칼전대 질 | ㄓˋ (zhi) | ちつ
풀이 ①칼전대. 칼집에 꽂은 칼을 넣는 전대. 검의(劍衣). ②품계(品階). 차서(次序). ㊐秩. ③책갑. ㉠帙.

5 11【袟】 책갑 질 | ㄓˋ (zhi) | ちつ
풀이 ①책갑(册匣). ㉠袟 帙. ②의낭(衣囊). 옷에 붙은 주머니. ③10년.

10【袙】 帕(p. 497)와 同字

5 10【袍】 핫옷 포 | ㄆㄠˊ (pao) | ほう(ワタイレ)
풀이 ①핫옷. 솜옷. ¶縕一. ②웃옷. 겉옷. 외투(外套). ¶一仗精整＜唐書＞ ③평상복(平常服). ¶一必有表不禪＜禮記＞ ④앞깃. 옷깃의 앞 부분. ¶反袂拭面涕沾一＜公羊傳＞
▷綾一, 道一, 同一, 錦一, 綉一, 縕一, 綈一

11【[illegible]】 袍(p. 1347)와 同字

11【袌】 袍(p. 1347)와 同字

5 10【被】 1 이불 피 | ㄅㄟˋ (bei) | ひ / 2 입을 피 | ㄆㄧ (pi) | (フスマ) / 3 두를 피 | | *quilt*
풀이 1 ①이불. 덮는 침구. ¶翡翠珠一＜楚辭＞ ②잠옷. ③미치다. 일정한 곳까지 이름. ¶西一于流沙＜書經＞ ④덮다. 덮어 가림. 또는, 그 가리개. ¶皋蘭一徑兮＜楚辭＞ 2 ①입다. ㉮옷을 입다. ¶一袗衣＜孟子＞ ㉯은혜 등을 입다. ¶幼一慈母三遷之教＜趙岐＞ ㉰피해, 부상 등을 당하다. ¶陟險一創＜諸葛亮＞ ㉱쓰다. 덮어 씀. ¶一髮衣皮＜禮記＞ ②쓰고 입는 것. 갓이나 옷 따위의 총칭. ¶一練三千＜左氏傳＞ ③갑옷 따위를 세는 단위. ¶甲楯五百一＜史記＞ ④당하다. 수동적임을 나타내는 말. ¶信而見疑 忠而一謗＜史記＞ ⑤머리꾸미개. 여자의 수식(首飾). ㊐髲. ¶一之僮僮＜詩經＞ ⑥손잡이. ㊐披. ⑦깎다. 머리털을 자름. ㊐被. ¶一髮文身＜淮南子＞ ⑧그. 그 사람. ㊐彼. ¶復瞻一九蓋皆繼＜荀子＞ 3 ①두르다. 도롱이 따위를 두름. ¶一苫蓋＜左氏傳＞ ②띠를 안 맨 모양. ¶裮一. ③긴 모양. ¶一一.
【被檢】ひけん (피검) ①검거(檢擧)됨. 붙잡힘. ②검사를 받음.
【被擊】ひげき (피격) 습격을 받음. 공격을 당함.
【被教育者】ひきょういくしゃ (피교육자) 교육을 받는 사람.

【被動】ひどう(피동) 남에게서 작용을 받음. 受動(수동). ↔能動(능동).
【被拉】(피랍) 납치를 당함.
【被命】ひめい(피명) 웃사람에게서 명령을 받음.
【被服】ひふく(피복) ①옷을 입음. 또는, 의복. ②몸에 입음. 몸에 받음. ¶含氣有生之類 靡不一清風 沐浴玄德<魏志> ③몸소 행함. 실천함. ¶一法則<淮南子>
【被殺】ひさつ(피살) 살해를 당함.
【被選】ひせん(피선) 선거에서 뽑힘. 當選(당선).
【被訴】ひそ(피소) 제소(提訴)를 당함.
【被襲】ひしゅう(피습) 습격을 당함.
【被疑】ひぎ(피의) 의심, 혐의를 받음. ¶一者.
【被任】ひにん(피임) 어떠한 직위에 임명됨.
【被捉】ひそく(피착) ☞被逮(피체).
【被逮】ひたい(피체) 붙잡힘. 被捉(피착).
【被侵】ひしん(피침) 침범을 당함.
【被奪】ひだつ(피탈) 빼앗김. 약탈을 당함.
【被害】ひがい(피해) 위해(危害)나 손해(損害)를 입음. 또는, 그 위해나 손해. ↔加害(가해).
【被禍】ひか(피화) 재화(災禍)를 입음.
▷加一, 共一, 光一, 廣一, 錦一, 衲一, 同一, 蒙一, 覆一, 溥一, 四一, 繡一, 狷一, 寢一, 通一, 布一, 遐一, 香一, 横一

5 10【袨】 고운 옷 현 | 霰 ㄒㄩㄢˋ (xuan) | げん

풀이 ①고운 옷. 성장(盛裝)할 때 입는 좋은 옷. 성복(盛服). ②나들이옷. 가름옷. ③검은 옷.
【袨服】げんぷく(현복) ①훌륭히 차려 입은 옷. 성장(盛裝)한 옷. 盛服(성복). ②아름다운 옷. ¶一縟川<顔延之> ③미인의 옷. ¶全趙之一叢臺 方此爲劣<沈約> ④검은 옷. ¶有一荷戟 立廟門之下<陸機>

6 11【袼】 1 소매 각 | 藥 ㄍㄜˊ | かく
2 턱받기 락 | 藥 (ge) | らく

풀이 1 ①소매. ②옷겨드랑이의 솔기. ¶一之高下 可以運肘<禮記> 2 턱받기.

6 11【袺】 옷섶 잡을 결 | 屑 ㄐㄧㄝˊ (jie) | けつ

6 11【袷】 1 겹옷 겹 | 洽 ㄐㄧㄚˊ (jia) | こう
2 옷깃 겁 | 葉 ㄐㄧㄝˊ (jie)

6 11【袴】 1 바지 고 | 遇 ㄎㄨˋ (ku) | こ (ハカマ)
2 샅 과 本고 | 禡 | か
同 絝

풀이 1 바지. ¶衣不帛襦一<禮記> 2 샅. 사타구니. 같 胯. ¶出我一下<史記>
【袴衣】こい(고의) 남자의 홑바지.
▷故一, 寬一, 短一, 半一, 紗一, 小一, 長一, 破一, 弊一

6 11【袿】 여자 웃옷 규 | 齊 ㄍㄨㄚ (gua) | けい

풀이 ①여자의 웃옷. ¶一裳鮮明<後漢書> ②소매. ③옷의 뒷자락. ④긴 속옷.

6 11【袽】 해진 옷 녀 | 魚 ㄖㄨˊ (ru) | じょ

풀이 ①해진 옷. ¶繻有衣一<易經> ②해진 헝겊. 걸레. ¶一者 殘幣帛 可拂拭器物也<易經·注> ③실보무라지. 실의 부스러기. 사설(絲屑). ④솜 뭉치. ⑤마루.

12【⿱如衣】 袽(p. 1348)와 同字

6 12【裂】 1 찢을 렬 | 屑 ㄌㄧㄝˋ (lie) | れつ(サク) *split*
2 가선 두른 주머니 례 | 霽 | れい
古 ⿱列衣 同 ⿰衤列

풀이 1 ①찢다. 찢어짐. ¶衣裳綻一<禮記>/一指. ②깨지다. 무너짐. ¶戎車待游車之一<國語> ③차열(車裂). 수레에 묶어 사지를 찢은, 옛 중국의 형벌. ¶九一不恨<後漢書> ④비단 자투리. 비단 헝겊. ⑤마르다. 재단(裁斷)함. 2 가선 두른 주머니. ¶鞶一.
【裂脚聲】れっかくせい(열각성) 한시(漢詩)에서, 평측(平仄)에는 맞으나 글귀가 거칠게 된 것을 농(弄)으로 이르는 말.
【裂果】れっか(열과) 익으면 과피(果皮)가 저절로 떨어져 씨가 드러나는 과실의 총칭.
【裂傷】れっしょう(열상) 찢기어 난 상처.
【裂眥】れっせい(열자) 눈초리가 찢어진다는 뜻으로, 노하여 눈을 크게 부릅뜸을 이르는 말.
▷決一, 龜一, 褸一, 屠一, 凍一, 挽一, 滅一, 目眦盡一, 擘一, 剖一, 分一, 圮一, 四分五一, 碎一, 炸一, 輾一, 支離滅一, 震一, 車一, 抽一, 拆一, 綻一, 破一, 爆一, 横一

11【⿰衤列】 裂(p. 1348)과 同字
12【⿱列衣】 裂(p. 1348)의 古字

6 11【袹】 1 머리띠 말 | 黠 | ばつ
2 배띠 맥 | 陌 | はく

풀이 1 머리띠. 상복(喪服)의 머리띠. 같 帕 貊. 2 배띠. 배를 감는 띠. ¶著布一腹 爲齊持服<晋書>

6 11【袱】 보자기 복 | 屋 ㄈㄨˊ (fu) | ふく
▷裹一, 卓一, 包一

11【⿰衤旬】 袨(p. 1348)과 同字
11【⿰衤臾】 袣(p. 1347)와 同字

6 11【裀】 요 인 | 眞 ㄧㄣ (yin) | いん(シトネ)

풀이 ①요. 까는 침구. 通 茵. ¶一褥. ②겹옷.

11〖袵〗 衽(p.1346)과 同字

12〖装〗 裝(p.1351)의 略字

6 12〖裁〗 마를 재 | 囡ㄘㄞˊ (cai) | さい(タツ) *cut off*

풀이 ①마르다. 마름질함. ¶一斷. ②옷을 짓다. ¶一縫. ③헝겊. ¶衫布一一<唐書> ④자르다. ¶刪一繁蕪<後漢書> ⑤존절하다. 알맞게 줄임. ¶一其有餘<國語> ⑥헤아리다. 재량함. ¶取民則不一其力<淮南子> ⑦결단하다. 처단함. ¶大王一其罪<戰國策> ⑧분별하다. ¶於鑒一尤長<唐書> ⑨억제하다. ¶制一. ⑩본. 형(型). 체제(體制). ¶取殊一於八都<張衡> ⑪겨우. 通 才. ¶一什二三<漢書>

【裁可】さいか(재가) ①안건(案件)을 재량하여 결정함. ②임금이 국사를 결재하여 허가함. 允許(윤허). ¶一大事 不關咨晋<唐書>

【裁決】さいけつ(재결) 옳고 그름을 판단하여 결정함. 裁斷(재단)②.

【裁斷】さいだん(재단) ①옷감 따위를 마름. ②☞裁決(재결).

【裁量】さいりょう(재량) 짐작하여 헤아림. 裁度(재탁).

【裁縫】さいほう(재봉) 바느질.

【裁定】さいてい(재정) 옳고 그름을 판단하여 결정함.

【裁判】さいばん(재판) ①옳고 그름을 가려 심판함. ②소송(訴訟) 문제를 해결하기 위하여 판사(判事)가 행하는 법률 행위. 판결, 결정, 명령의 총칭.

▷檢一, 決一, 獨一, 抑一, 自一, 裝一, 剪一, 制一, 體一, 總一, 勅一, 親一, 討一, 品一, 風一, 割一

6 11〖袾〗 붉은 옷 주 | 㝎ㄓㄨ (zhu) | しゅ

풀이 ①붉은 옷. 通 絑 朱. ②길. 웃옷의 섶과 무 사이에 있는 넓고 큰 폭. 의신(衣身). ③옷이 품위 있고 아름다운 모양. 같 姝. 通 姝. ¶靜女其一<詩經>

11〖袧〗 禍(p.1097)와 同字

7 13〖裘〗 갖옷 구 | 㞹ㄑㄧㄡˊ (qiu) | きゅう(ケゴロモ)

풀이 ①갖옷. 가죽옷. 또는, 털가죽옷. 같 求. ¶孤一/一葛. ②갖옷을 입다. ¶天子始一<呂覽>

▷輕一, 羔一, 功一, 箕一, 鹿一, 大一, 索一, 菟一, 鯆一, 羊一, 良一, 氈一, 珍一, 千金之一, 貂一, 麤一, 敗一, 弊一, 皮一, 狐一, 狐白一

13〖⿰衤求〗 裘(p.1349)와 同字

7 12〖裙〗 치마 군 | 囟ㄑㄩㄣˊ (qun) | くん(モスソ) *skirt*

풀이 ①치마. 같 帬 裠. ¶紅一/一帶. ②속옷. ¶取親中一廁牏 身自浣滌<史記>/一襦.

▷羅一, 禿一, 舞一, 長一, 皁一, 靑一, 布一, 風一, 縞一, 紅一

13〖裠〗 帬(p.499)·裙(p.1349)과 同字

7 13〖裊〗 간들거릴 뇨 | 㵳ㄋㄧㄠˇ (niao) | じょう *tremble*

풀이 ①간들거리다. 연약한 것의 나부끼는 모양. 같 嫋. ¶一一. ②끈목을 말에 걸쳐 꾸미다. 끈목은 실로 짠 끈. ③사물의 상태. ¶一一.

7 13〖裏〗 속 리 | 㥁ㄌㄧˇ (li) | り(ウラ) *inside*

同 裡

풀이 ①속. ㉮가운데. 내부. ¶不知明鏡一<李白> ㉯뱃속. 또는, 가슴 속. ¶一急暴痛<素問> ㉰속마음. 충심(衷心). ¶伯父無一言<左氏傳> ㉱태(胎). 모태. ¶不屬于毛 不離于一<詩經> ②안. ㉮옷의 안. ¶綠衣黃一<詩經> ㉯사물의 안쪽. ¶表一忽通透<韓愈>/一題. ③다스려지다. 通 理. ¶宇宙一矣<荀子> ④안에 받아들이다. ¶伯父無一言<左氏傳> ⑤곳. ¶這一.

【裏面】りめん(이면) ①속. 안. 內面(내면). ②표면에 나타나지 아니한 내부의 사실. 內情(내정). ↔表面(표면).

【裏書】ウラガキ(이서) ①종이 뒤에 적음. ②어음이나 증권의 양도를 밝히기 위하여 일정한 방식을 따라 그 종이 뒷면에 적는 일.

【裏言】りげん(이언) 남을 내부로 받아들이기 위하여 거들어 하는 말.

▷匣一, 客一, 閨一, 禁一, 內一, 綠衣黃一, 腦一, 門一, 盃一, 山一, 袖一, 心一, 屋一, 甕一, 雨一, 園一, 牆一, 竹一, 塵一, 治一, 表一, 紅一, 花一, 胸一

12〖裡〗 裏(p.1349)와 同字

7 12〖補〗 기울 보 | 㬰ㄅㄨˇ (bu) | ほ(オギナウ) *patch*

古 𧛸

풀이 ①깁다. ㉮해진 옷 따위를 깁다. ¶衣裳綻裂 紉箴請一綴<禮記> ㉯고치다. ¶疾其過而不一也<大戴禮> ㉰보수(補修)하다. ¶事暴君者 有一削 無撟拂<荀子> ㉱더하다. 보탬. ¶又將無一與<漢書> ㉲돕다. ¶則令賻一之<周禮> ㉳책의 내용을 증정(增訂)하다. ②수(繡). 또는, 수를 놓음. 자수(刺繡)함. ¶上有蟒一<續文獻通考> ③임명(任命)하다. 벼슬을 줌. ¶選一衆職<後漢書> ④수(數). 수의 단위. 조(兆)의 1천 곱. ⑤땅 이름. 춘추시대 괵(虢)나라가 도읍한 곳. 지금의 하남성(河南省) 범수현(氾水縣).

【補強】ほきょう(보강) 보충하여 더 강하게 함.

【補缺】ほけつ(보결) ①☞補闕(보궐). ②결점을 보충함.
【補袞資】ほこんし(보곤자) 곤직(袞職)을 보좌할 자격. 곧, 재상감을 이름.
【補過拾遺】ほかしゅうい(보과습유) ①나의 잘못을 보완하고 착하게 하는 일. ②신하가 임금의 과오를 보좌하여 바로잡음. ¶出入禁闥 一臣之願也<漢書>
【補闕】ほけつ(보궐) ①빈 자리를 채움. 또는, 그 사람. 補缺(보결). ¶一選擧. ②당(唐)대에 임금의 잘못을 간(諫)하여 바로잡거나 보완하던 벼슬. ③韓 고려 때 중서문하성(中書門下省)의 낭사(郎舍) 벼슬.
【補給】ほきゅう(보급) 손실 또는 이익의 부족 등에 대한 보조급여(補助給與). 물자, 자금의 뒷바라지. ¶一路/一所.
【補脾胃】(보비위) ①비장, 위장의 기운을 도움. ②남의 비위를 잘 맞춤.
【補償】ほしょう(보상) 손해를 변상함.
【補選】ほせん(보선) 결원이 생긴 자리를 메우기 위한 선거. 보궐선거의 준말.
【補修】ほしゅう(보수) 수리하고 때움. ¶一工事.
【補身】ほしん(보신) 영양 음식이나 보약을 먹어 몸을 보함. ¶一湯.
【補藥】ほやく(보약) 몸을 보하는 약. 補劑(보제).
【補陽】ほよう(보양) 양기(陽氣)를 도움. 정력(精力)을 도움.
【補完】ほかん(보완) 보충하여 온전하게 만듦. 補全(보전).
【補任】ほにん(보임) 관직의 자리에 임명함. ¶一係.
【補塡】ほてん(보전) 보태어서 채움. 塡補(전보).
【補劑】ほざい(보제) ①☞補藥(보약). ②주약(主藥)을 돕거나 부작용을 더는 약.
【補助】ほじょ(보조) 모자라는 곳을 보태고 도움. 또는, 그 사람. ¶一費/一員.
【補足】ほそく(보족) 보태고 채움.
【補佐】ほさ(보좌) 자기보다 지위가 높은 사람을 도움. ¶一役.
【補注】ほちゅう(보주) 부족한 주석(註釋)을 보충함. 또는, 그 주석. 補註(보주).
【補註】ほちゅう(보주) ☞補注(보주).
【補職】ほしょく(보직) 관리에게 직무의 담당을 명함. 또는, 그 직무.
【補天浴日】ほてんよくじつ(보천욕일) 하늘을 깁고 해를 목욕시킨다는 뜻으로, 국가에 큰 공훈이 있음을 이름. 여와씨(女媧氏)가 하늘이 이지러진 곳을 깁고, 희화(羲和)가 해를 목욕시켰다는 전설에서 유래. 補天浴日之功(보천욕일지 공).
【補綴】ほてい(보철) ①깁고 꿰맴. ¶衣裳綻裂 紉箴請一<禮記> ②옛 글귀 따위를 모아 시문(詩文)을 지음. ¶朱君能以烟霞風景一藻繡 符于自然<顧況>
【補聽器】ほちょうき(보청기) 청력이 약한 사람에게 청력(聽力)을 보충하는 기구.
【補充】ほじゅう(보충) 모자람을 보태고 채움.
【補則】ほそく(보칙) 본칙(本則)을 보충하는 규칙(規則).
▷加一, 匡一, 毗一, 裨一, 刪一, 繕一, 小一, 修一, 蒐一, 試一, 完一, 蔭一, 塡一, 銓一, 添一, 寸一, 候一

7/13 【裒】 1 모을 부 2 큰 자락 보 | 尤 ㄆㄡˊ 豪 (pou) | ほう collect
풀이 1 ①모으다. 모임. ¶原隰一兮<詩經> ②많다. ¶一時之對<詩經> ③가지다. 취(取)함. 通 掊 ☆. ¶君子以一多益寡<易經> ④덜다. 줄임. ⑤사로잡다. 포로(捕虜). ¶一荆之旅<詩經> 2 큰 자락. 자락이 큰 옷. 같 褒.

7/13 【裟】 가사 사 | 麻 ㄕㄚ (sha) | さ
풀이 가사(袈裟). 장삼(長衫) 위에 걸치는 옷.

7/12 【裞】 수의 세 | 霽 ㄕㄨㄟˋ (shui) | せい shroud
풀이 ①수의(壽衣). 시체에게 입히는 옷. 수의(襚衣). ¶廼奉百金一<漢書> ②추복(追服) 입다. 상(喪)당한 일을 늦게 알고 그 때부터 복을 입는 일.

7/12 【裋】 해진 옷 수 | 遇 ㄕㄨˋ (shu) | じゅ
풀이 ①해진 옷. 남루한 옷. ¶一褐風霜入<杜甫> ②짧은 바지. 같 短. ¶寒者利一褐<史記> ③겹바지. ¶朕衣則一褐<列子>

7/12 【裑】 길 신 | 眞 | しん (ミゴロ)
풀이 길. 섶과 무 사이의 넓고 큰 폭.

7/13 【裔】 후손 예 | 霽 ㄧˋ (yi) | えい(アトツギ)
풀이 ①후손. 후사. ¶德垂後一<書經> ②옷자락. 옷단. ¶六經之支與流一<漢書> ③끝. ④변방. 변경. ¶一夷之俘<左氏傳> ⑤가. 부근. ¶故雖游於江潯海一<淮南子> ⑥오랑캐의 통칭. ⑦남다. ¶其中一<太玄經> ⑧보다. 通 睇. ⑨사물의 형용. ¶步一一兮曜殿堂<宋玉>
【裔孫】えいそん(예손) 먼 후손. 裔胄(예주).
【裔胄】えいちゅう(예주) ☞裔孫(예손).
▷末一, 苗一, 邊一, 四一, 殊一, 餘一, 容一, 遠一, 幽一, 流一, 融一, 胄一, 醜一, 遐一, 海一, 荒一, 後一

7/12 【裕】 넉넉할 유 | 遇 ㄩˋ (yu) | ゆう(ユタカ) enough
풀이 ①넉넉하다. ㉮품이 크다. ㉯유족하다. ¶天地一於萬物乎<法言> ㉰너그럽다. 관대함. ¶一乃以民寧<書經> ㉱여유(餘裕). ¶綽綽有一<詩經> ㉲누긋하다. ¶亨祀時至 而布施優一也<國語> ②풍요롭게 하다. ¶一其衆庶<國語> ③받아들이다. 용납함. ④열다. ⑤따르다. 의지(依支)함. 通 繇.
【裕福】ゆうふく(유복) 살림이 넉넉함. 부자(富者).
【裕足】(유족) ①韓 살림살이가 넉넉함. ②中

충분한.
▷謙—, 寬—, 廣—, 德—, 雅—, 餘—, 恬—, 溫—, 容—, 優—, 威—, 怡—, 閒—, 弘—, 和—

7 13 【裛】 책갑 읍·업 | 緝葉 ㄧˋ ㄝ (ye) | ゆう, よう
풀이 ①책갑. 책을 넣어 두는 집. ②보자기. ③얽혀 감다. ¶—以藻繡<班固> ④적시다. 通浥. ¶風含翠篠娟娟淨 雨—紅蕖冉冉香<杜甫>/—露. ⑤향내가 옷에 배다. ¶麝—戰袍香<韋莊>

7 13 【裝】 1 꾸밀 장 2 행장 장 | 陽 ㄓㄨㄤ 漾 (zhuang) | そう decorate
略 装 同 裵
풀이 1 ①꾸미다. ㉮화장(化粧)하다. ¶令易脂澤—具<後漢書> ㉯수식하다. ¶—飾. ②차리다. ㉮옷차림. ¶吏訶之曰 鼓史何不改—而輕敢進乎<後漢書> ㉯행장. 길 떠날 차비. ¶於是約車治—<戰國策> ㉰의복이나 신변의 도구. ¶貨其嫁時資—<晉書> ㉱짐. 보따리. ¶解其—<韓愈> ③장식품. 세공품. ¶上賜銀—箏一面<宋書> ④싸다. ¶賜陸生橐中—直千金<史記> ⑤묶다. ¶簡元辰而俶—<張衡> ⑥간직하다. ¶牒訴倥傯—其懷<孔稚珪> ⑦싣다. 적재(積載)함. ¶船—甚盛<晉書> ⑧흉내 내다. 닮게 함. ¶吳道子畫 今古一人而已 至今畫家 有輕拂丹青者 謂之吳—<圖畫見聞志> 2 행장(行裝).
【裝甲】そうこう (장갑) ①투구와 갑옷을 갖추어 차림. ②적탄을 막기 위하여 배나 차에 둘러싸는 특수한 강철판. ¶—車.
【裝具】そうぐ (장구) ①몸에 지니는 용구. ②☞裝身具(장신구).
【裝備】そうび (장비) 일정한 장치와 설비를 갖추어 차림. 또는, 그 장치와 설비.
【裝飾】そうしょく (장식) 치장으로 꾸밈. 또는, 그 꾸밈.
【裝身具】そうしんぐ (장신구) 몸치장을 하는 데에 쓰는 도구. 裝具(장구).
【裝藥】そうやく (장약) 총포에 탄알을 잼.
【裝塡】そうてん (장전) ①총포에 탄약을 잼. ②속에 채워 넣음.
【裝幀】そうてい (장정) ①책의 겉 모양을 꾸밈. ②제본(製本)함.
【裝置】そうち (장치) ①차리어 꾸밈. 또는, 그 차리어 꾸민 것. ②기계 따위의 설비.
▷嫁—, 改—, 輕—, 軍—, 歸—, 金—, 急—, 男—, 到—, 通—, 武—, 蠻—, 辦—, 變—, 服—, 扮—, 紛—, 船—, 盛—, 束—, 飾—, 新—, 女—, 旅—, 戎—, 衣—, 春—, 表—, 寒—, 行—, 活—

13 【裵】 裝(p.1351)과 同字

7 12 【裎】 1 벌거숭이 정 2 끈 정 | 梗 ㄔㄥˊ 庚 (cheng) | てい nude
풀이 1 ①벌거숭이. 벌거벗음. ¶雖袒裼裸—於我側<孟子>/—袒. ②홑옷. 깃이 없는 홑옷. 2 ①끈. 通綎. ②벌거숭이. ③옷을 추어 올리다. ④땅 이름. 通郢.
▷裸—, 徒—

13 【裕】 帢(p.498)과 同字

13 【裓】 䙜(p.1355)과 同字

8 13 【裾】 1 옷자락 거 2 거만할 거 | 魚 ㄐㄩ 御 (ju) | きょ (スソ)
풀이 1 ①옷자락. 옷의 뒷자락. ②옷깃. ③의낭(衣囊). 옷에 붙은 주머니. ④옷이 크다. 옷이 헐렁함. ¶楚莊王—衣博袍<淮南子> ⑤소매. ⑥옷이 찬란한 모양. ¶子路盛服見孔子 孔子曰 由 是——者何也<荀子> 2 ①거만하다. 通倨. ¶禹爲人廉—<漢書> ②목을 빳빳이 하다. ¶低卬夭蟜 —以驕驁兮<漢書> ③바르다. 방직(方直)함. ¶其流也埤下—拘 必循其理<荀子> ④의거(依據)하다. 通據. ¶由重山之束阨 因長川之—勢<左思>
▷輕—, 短—, 馬牛襟—, 修—, 衣—, 簪—, 長—, 征—, 翠—, 紅—, 華—

8 14 【褉】 옷 헤칠 계 | 霽 | けい
풀이 옷을 헤치다. 옷깃을 헤침.

13 【裩】 幝(p.504)과 同字

8 13 【裹】 쌀 과 | 哿 ㄍㄨㄛˇ (guo) | か (ツツム) wrap
풀이 ①싸다. 보자기 같은 것으로 쌈. ¶乃—餱糧<詩經> ②얽다. ③꾸러미. ¶松龕藏藥—<王維> ④그치다. 멈춤. ¶—足不入秦<戰國策> ⑤송이. 꽃송이. ⑥풀의 열매. 초실(草實). ¶濯穎散—<郭璞> ⑦보배. 싸서 간직해 두는 것. ¶富之以國—<管子> ⑧형체. 형해(形骸). ¶又況乎以無—之者邪<淮南子>
【裹屍馬革】かしばかく (과시마혁) 시체를 말가죽으로 싼다는 뜻으로, 전장에서 죽음을 이름. 裹革(과혁). 裹屍(과시).
【裹革】かかく (과혁) 과시마혁(裹屍馬革)의 준말.
▷馬革—, 覆—, 纏—, 苞—

8 13 【褂】 속적삼 괘 | 卦 ㄍㄨㄚˋ (gua) | かい
풀이 ①속적삼. ②융복(戎服)의 하나. ③청(淸)대의 예복 이름. ¶服有袍有—<淸會典>

8 13 【裷】 1 버선 권 | 阮 | けん
2 두건 원 | 元 | えん
3 임금 법복 곤 | 阮 | こん

13【裣】 襟(p. 1356)·衿(p. 1345)과 同字

8
13【裸】 벌거숭이 라 | 哿カメㄛˇ (luo) | ら(ハダカ) nude
同 躶 蠃

풀이 ①벌거숭이. ¶被髮而一<列子> ②벌거벗다. 옷을 모두 벗음. ¶一躬就笞<漢書> ③사람. 동물 분류상 털·깃·비늘·딱지가 없는 생물이라는 뜻. ¶一 爲無鱗甲毛羽 人爲之長也<太玄經·注>
【裸麥】ハダカムギ(나맥) 쌀보리.
【裸體】らたい(나체) 알몸. 赤裸(적라). 裸身(나신). ¶一畫.
▷袒一, 赤一, 赤一一

8
13【裲】 배자 량 | 養カㄧㄤˇ (liang) | りょう

풀이 배자. 저고리 위에 입는, 소매 없는 옷. 通 兩.

8
14【裴】 1 옷 치렁치렁할 배 2 나라이름 비 | 灰ㄆㄟˊ (pei) 微ㄈㄟˊ (fei) | はい ひ
俗 裵

풀이 1 ①옷이 치렁치렁하다. ②어정거리다. 通 徘. ¶彌節一回<史記> 2 나라 이름. 같 棐. ¶郋一.

14【裵】 裴(p. 1352)의 俗字

13【裲】 綳(p. 1177)과 同字

8
14【裨】 도울 비 | 支ㄅㄧˋ (bi) ㄆㄧˊ (pi) | ひ(ツギタス) help

풀이 ①돕다. 보좌(補佐)함. ¶籍爲一將<漢書> ②보태다. 모자란 데를 기움. ¶而一諸侯之闕<國語> ③주다. 通 埤. ④버금. 부장(副將). 도움. ¶偏一失利<晋書> ⑤작다. 通 稗. ¶於是有一海環之<史記> ⑥천하다. 비천함. ¶大夫一冕<荀子> ⑦성가퀴. 여장(女牆). 通 陴. ⑧땅 이름. 춘추 시대 용(庸)의 고을.
【裨補】ひほ(비보) 도와서 모자람을 채움.
【裨益】ひえき(비익) ①보탬. 기움. ②유익함.
【裨將】ひしょう(비장) ①부장군(副將軍). ②한 부대의 대장(隊長). ③韓 조선 때 관찰사(觀察使), 유수(留守), 병사(兵使), 수사(水使) 또는 외국에 파견되는 사신을 따라다니던 관원의 하나. 幕客(막객). 佐幕(좌막). ¶裵一傳.

8
14【裳】 치마 상 | 陽ㄕㄤ (shang) | しょう(モ) ckirt

풀이 ①치마. 같 常. ¶綠衣黃一<詩經> ②낮에 입는 옷. ¶載衣之一<詩經> ③사물의 형용. ¶一一者華 其葉湑兮<詩經>
▷甲一, 絳一, 裘一, 羅一, 綠衣紅一, 素一, 繡一, 霓一, 羽一, 帷一, 衣一, 玄一, 紅一, 纁一

8
13【裼】 1 위통 벗을 석 2 포대기 체 | 錫ㄒㄧˊ (xi) 霽去ㄊㄧˋ (ti) | せき てい

풀이 1 ①위통을 벗다. 위통을 벗어 어깨를 드러냄. ¶雖袒一裸裎於我側<孟子> ②소매를 걷어 올리다. 팔을 드러냄. ③웃옷. 홑갖옷 위에 입는 웃옷. 석의(裼衣). ¶君在則一<禮記> 2 포대기. 강보(襁褓). ¶載衣之一<詩經>
▷袒一, 襢一, 徒一, 素一, 偏一

8
14【製】 지을 제 | 霽ㄓˋ (zhi) | せい(タツ) make

풀이 ①짓다. ㉮옷을 짓다. ¶子有美錦 不使人學一焉<左氏傳> ㉯마르다. 재단. ¶一芰荷以爲裳兮<楚辭> ②만들다. ㉮기물을 만들다. ¶百官備而不一<後漢書> ㉯글을 짓다. ¶皇太子親一碑銘<南史> ㉰약을 짓다. ¶一藥. ③글. 시문(詩文). ¶灑落富清一<杜甫> ④옷. ㉮갖옷. ¶晳幘而衣貍一<左氏傳> ㉯비옷. 우의(雨衣). ¶成子衣一杖戈<左氏傳> ⑤모양. ㉮형(型). 틀. ¶服短衣楚一<史記> ㉯모습. 풍채(風采). ¶頎晳美姿一<唐書> ⑥벌. 의복을 세는 단위. ¶甯文子具紵絺三百一<說苑>
【製鋼】せいこう(제강) 시우쇠를 불리어 강철을 만듦.
【製菓】せいか(제과) 과자를 만듦. ¶一店.
【製糖】せいとう(제당) 설탕을 만듦.
【製圖】せいず(제도) 기계·건축물 등의 도면을 그리어 만듦. ¶一器/一用紙.
【製練】せいれん(제련) 피륙을 마전함. 또는, 마전한 피륙.
【製鍊】せいれん(제련) 광석에서 금속을 정제하여 냄. 精鍊(정련). ¶一所.
【製綿】せいめん(제면) 목화로 솜을 만듦.
【製本】せいほん(제본) 책을 매는 일. 또는, 그 책. ¶一所.
【製粉】せいふん(제분) 곡식 또는 약재를 빻아 가루를 만듦. ¶一機/一所.
【製氷】せいひょう(제빙) 얼음을 만듦.
【製絲】せいし(제사) 솜·고치 등으로 실을 뽑아 냄.
【製述】せいじゅつ(제술) 시나 글을 지음.
【製藥】せいやく(제약) 여러 가지 약재를 조합(調合)하여 약을 만듦. ¶一會社.
【製鹽】せいえん(제염) 소금을 만듦.
【製油】せいゆ(제유) ①기름을 짬. ②원유(原油)를 정제(精製)함. 精油(정유).
【製作】せいさく(제작) ①물건이나 기구 따위를 만듦. 製造(제조). ②영화, 연극, 방송 진행 순서 따위를 만듦.
【製材】せいざい(제재) 원목(原木)을 켜서 재목을 만듦. ¶一所.
【製造】せいぞう(제조) 물건을 만듦.
【製紙】せいし(제지) 종이를 만듦.
【製鐵】せいてつ(제철) 철광석을 원료로 하여 쇠를 제련, 정제(精製)함. ¶一所.
【製品】せいひん(제품) 원료로 물건을 만듦. 또는, 만든 물건. ¶新一.
【製革】せいかく(제혁) 짐승의 날가죽을 정제(精製)함. ¶一工場.

▷古—, 高—, 工—, 官—, 舊—, 謹—, 芰—, 名—, 密—, 別—, 私—, 聖—, 手—, 述—, 新—, 野—, 御—, 睿—, 禮—, 外—, 自—, 作—, 精—, 粗—, 調—, 織—, 親—, 特—, 匹—, 形—

13【製】 製(p.1352)와 同字

8 13【裯】 ①홑이불 주 ㉥ㄔㄡˊ ちゅう ②속옷 도 ㉮(chou) とう

풀이 ① ①홑이불. ¶抱衾與—<詩經> ②장막(帳幕). 휘장. ㉭幬. ② ①속옷. 땀받이. ¶被荷—之晏晏兮<楚辭> ②해진 옷. 남루한 옷.

8 13【裰】 기울 철 ㉦ㄉㄨㄛˊ たつ ㊍탈 (duo)

14【裻】 裰(p.1353)과 同字

8 13【裧】 ①휘장 첨 ㉤ㄔㄢ せん ②옷 헤칠 첨 ㉤(chan) せん ③털옷 담 ㉧ たん

풀이 ① ①휘장. 수레의 휘장. ¶婦車亦如之有—<儀禮> ②상여(喪輿) 휘장의 가장자리. ¶其輤有—<禮記> ③폐슬(蔽膝). 무릎을 가리는 헝겊. ㉟襜. ②옷을 헤치다. ㉟襜. ③털옷.

13【裭】 綻(p.1179)과 同字

15【裻】 袈(p.1346)와 同字

9 14【褐】 털옷 갈 ㉦ㄏㄜˊ かつ ㊍할 (he)

㊐褐

풀이 ①털옷. ¶無衣無—<詩經> ②베옷. 거친 베옷. ¶裋—不完<淮南子> ③버선 모양의 삼베신. ④핫옷. 솜옷. ⑤미천한 사람. ¶余與—之父睨之<左氏傳> ⑥갈색. 다색(茶色).

【褐巾】かっきん(갈건) 거친 베로 만든 두건.

【褐寬博】かつかんぱく(갈관박) ①미천한 사람이 입는, 헐렁한 모직옷. 寬博은 헐렁하고 넓은 옷. ②미천한 사람.

【褐夫】かっぷ(갈부) 갈관박(褐寬博)을 입는 미천한 사람. 褐父(갈부).

【褐色】かっしょく(갈색) 검은 빛을 띤 주황색.

【褐衣】かつい(갈의) 거친 모직물로 만든 옷. 또는, 짧은 옷. 미천한 사람이 입는 옷.

【褐炭】かったん(갈탄) 탄화 작용이 불완전한 흑갈색의 석탄.

▷裘—, 短—, 馬—, 毛—, 釋—, 素—, 豎—, 緼—, 粗—, 振—, 毳—, 敝—, 布—, 皮—, 解—

14【褏】 褎(p.1355)과 同字

9 14【褌】 잠방이 곤 ㉤ㄎㄨㄣ こん (kun)

㊐幝裩

풀이 ①잠방이. 여름철, 농부가 입던 짧은 바지. 사발고의. ②속옷. 가랑이가 짧은 내의.

14【褠】 構(p.1355)와 同字

14【褔】 襋(p.1356)과 同字

9 14【褖】 단옷 단 ㉧ㄊㄨㄢˋ たん (tuan)

풀이 ①단옷. 붉은 가선을 두른 검정옷. 상복(喪服)으로, 도포(道袍) 위에 입음. ②왕후의 옷 이름. 검정 천에 흰 안을 댄 옷.

14【褛】 褸(p.1355)의 略字

14【褚】 帽(p.504)와 同字

9 14【褙】 속적삼 배 ㉧ㄅㄟˋ はい (bei)

풀이 ①속적삼. ㉟緋. ②배접(褙接). 종이, 헝겊 따위를 포개어 붙임.

【褙子】(배자)㊕ 마고자모양의, 소매 없는 덧저고리.

9 14【褓】 포대기 보 ㉤ㄅㄠˇ ほう (bao)

㊐緥

【褓負商】(보부상)㊕ 봇짐장수와 등짐장수. 옛날의 행상(行商). 負褓商(부보상).

▷襁—, 錦—, 孺—

9 14【複】 ①겹옷 복 ㉦ㄈㄨˋ ふく ②겹쳐질 부 ㉧(fu) ふう

㊍複

풀이 ① ①겹옷. ②솜옷. 핫옷. ③겹. ¶以單攻—<魏志> ④겹쳐지다. ¶—廟重屋<張衡> ⑤겹치다. ¶憲具爲音注 援驗詳—<唐書> ⑥복도(複道). ¶從—道上望見諸將<史記> ②겹쳐지다.

【複道】ふくどう(복도) ①같은 층의 여러 방을 연결하는, 건물 안의 통로. ②집과 집 사이를 비가 맞지 않도록 지붕을 씌운 통로.

【複壁】ふくへき(복벽) 두 겹으로 만든 벽. 이중 벽.

【複本】ふくほん(복본) 원본과 똑같이 만든 부본(副本).

【複寫】ふくしゃ(복사) ①베낀 것을 또 베낌. ②두 장 이상을 포개어 한 번에 베끼는 일. ¶—器. ③어떤 현상이나 사물을 그대로 옮겨 놓음.

【複線】ふくせん(복선) ①겹줄. ②가고 오는 차가 각각 다른 궤도로 통하도록 두 가닥 이상으로 깔아 놓은 철도의 선로. 複線軌道(복선궤도). ↔單線(단선).

【複姓】ふくせい(복성) 두 자로 된 성. 사공(司空), 제갈(諸葛), 독고(獨孤), 남궁(南宮), 선우(鮮于) 따위.

【複式】ふくしき(복식) ①두 겹 또는 그 이상으로 된 방식. ②두 항(項) 이상으로 된 산식(算

式). ↔單式(단식). ③복식부기(複式簿記)의 준말.
【複雜】ふくざつ(복잡) 여러 갈래로 뒤얽혀 어수선함. ¶一多端.
【複製】ふくせい(복제) 본래의 것과 똑같이 만듦. ¶一品/一版.
【複合】ふくごう(복합) 두 가지 이상을 겹치어 합함. 또는, 합쳐짐. ¶一肥料/一語.
▷單一, 繁一, 諄一, 洋一, 重一, 持一, 千疊萬一, 廻一

9/15〖褎〗 1소매 수 | 宥 ㄒㄧㄡˋ | しゅう
2나아갈 유 | 宥 (xiu) | ゆう

풀이 1소매. ¶羔裘豹一<詩經> 2①나아가다. 通迪. ¶今子大夫一然爲擧首<漢書> ②옷의 화려한 모양. 옷을 잘 입는 모양. ¶叔兮伯兮 一如充耳<詩經> ③무성하다. 벼가 무성하게 자란 모양. ¶實種實一<詩經> ④웃는 모양. 通褏. ¶顔色一然<詩經>
【褎如充耳】ゆうじょじゅうじ ジュウジノゴトシ(유여충이) ①웃기만 하고 귀를 막고 듣지 않으려 함. ②대부(大夫)가 성장(盛裝)을 하고 있으나 덕이 그에 미치지 못함.
▷實一, 豹一

15〖褏〗 褎(p. 1354)와 同字

14〖[衤+屋]〗 幄(p. 504)과 同字

9/14〖褗〗 옷깃 언 | 阮 | えん

풀이 ①옷깃. ②숨기다. 가리어 숨김.

9/14〖[衤+耎]〗 옷 구길 연 | 銑 | ぜん

풀이 ①옷을 구기다. ②솔기. 두 폭을 맞대고 꿰맨 줄.

15〖[衣+齊]〗 裔(p. 1350)와 同字

14〖褞〗 襤(p. 1355)의 俗字

9/10〖褕〗 1고울 유 | 虞 ㄩˊ (yu) | ゆ
2황후 옷 요 | 蕭 | よう
3속옷 두 | 尤 | とう

풀이 1①곱다. 옷이 아름다움. ¶一衣甘食<史記> ②자락이 짧은 홑옷. ¶有一男子衣黃襜一<漢書> 2황후의 옷. 꿩을 그린 황후의 옷. 일설에는, 꿩의 깃으로 장식한 황후의 옷. 通揄. ¶一狄亦被於恩光<柳宗元> 3①속옷. 땀받이. ②소매가 없는 적삼.
▷短一, 襜一, 翬一

14〖[衤+施]〗 袘(p. 1347)와 同字

14〖褞〗 裀(p. 1348)과 同字

9/14〖褚〗 핫옷 저 | 語 ㄔㄨˇ (chu) | ちょ(ワタイレ)

풀이 ①핫옷. 솜옷. (같)衦. ¶上一五十衣 中一三十衣 下一二十衣<漢書> ②옷에 솜을 두다. 通絮. ③구의(柩衣). 관(棺)을 덮는 보자기. ¶素錦一<禮記> ④주머니. ¶傾一以濟<唐書> ⑤쌓다. 저축함. 通儲 貯. ¶取我衣冠而一之<左氏傳>
▷囊一, 縕一

9/14〖褋〗 홑옷 접 | 葉 ㄉㄧㄝˊ (die) | ちょう

풀이 ①홑옷. ②제복(祭服)의 한 가지. ¶遺余一兮醴浦<楚辭>

9/14〖褊〗 1좁을 편 | 銑 ㄅㄧㄢˇ | へん
2옷 펄럭일 변 | 先 (bian) |

풀이 1①좁다. ㉮품이 좁다. ㉯땅이 좁다. ¶齊國雖一小<孟子> ㉰능력의 한계가 좁다. ¶淺智一能兮<楚辭> ㉱도량이 좁다. ¶一性合幽棲<杜甫> ②성급하다. ¶維是一心<詩經> 2옷이 펄럭이다.
▷剛一, 卑一, 褌居一, 貪一

9/15〖褒〗 1기릴 포 | 豪 ㄅㄠ | ほう
(本)보 | (bao) | (ホメル)
2모을 부 | 尤 | ふ
(本)襃

풀이 1①기리다. ¶宣帝最先一之<漢書> ②넓고 큰 옷자락. ¶一衣博帶<漢書> ③넓다. 큼. ¶一人被之而不一<淮南子> ④나라 이름. 하우(夏禹)의 제후국. 지금의 섬서성(陝西省) 포성현(褒城縣). ¶一姒滅之<詩經> 2모으다. (같)裒.
【褒姒】ほうじ(포사) 주(周) 유왕(幽王)의 총비(寵妃). 褒는 나라 이름, 姒는 성(姓). 유왕이, 잘 웃지 않는 그녀를 웃기려고 거짓 봉화(烽火)를 올려 제후(諸侯)들을 불렀더니, 그들이 모여드는 것을 보고 비로소 웃었는데, 그 뒤 견융(犬戎)의 공격을 받아 봉화를 올렸으나, 제후들은 모이지 않고 유왕은 피살, 포사는 포로가 되었음.
【褒賞】ほうしょう(포상) ①칭찬하여 상을 줌. ¶一休暇. ②드러내어 칭찬함.
【褒錫】ほうしゃく(포석) 칭찬하여 물품을 하사함. 褒賜(포사).
【褒狀】ほうじょう(포장) 상의 증서. 賞狀(상장).
【褒章】ほうしょう(포장) 표창하여 주는 휘장(徽章).
【褒貶】ほうへん(포폄) 칭찬함과 나무람.
▷過一, 飾一, 榮一, 旌一, 寵一, 稱一

9/14〖褘〗 1폐슬 휘 | 微 ㄏㄨㄟ | き
2향낭 위 | 微 (hui) | い
3아름다울 위 | 因 | い
※禕(p. 1097)는 딴 자.

풀이 1①폐슬(蔽膝). 조복(朝服)이나 제복(祭服)을 입을 때 앞에 늘이는 헝겊. ②꿩을 그린, 왕후의 제복(祭服). 通翬. ¶祭先王則服一衣<周禮·注> 2①향낭(香囊). 通幃. ②손수건. 3아름답다. [通]褘.

10 16 【褰】 걷을 건 [先]ㄑㄧㄢ (qian) けん (カカゲル)

[풀이]①걷다. 옷을 추어올림. ¶ 一裳涉溱<詩經> ②바지. [같]襪. ¶ 徵一與襦<左氏傳> ③들다. 올림. ¶ 一虹旗於玉門<楚辭> ④접다. 주름을 잡음. ¶ 襞積一縐<史記>

10 16 【褧】 홑옷 경 [迥]ㄐㄩㄥˇ (jiong) けい

10 15 【褠】 소창옷 구 [尤] こう

[풀이]①소창옷. 홑으로 지은 창옷. 두루마기와 비슷한데, 소매가 좁고 무가 없는 웃옷의 한 가지. ②홑옷. ③팔찌. 토시. 비의(臂衣).

10 15 【褦】 패랭이 내 [隊]ㄋㄞˋ (nai) だい

[풀이]①패랭이. 대오리를 결어 만든 갓. 폐양자(蔽陽子). ②어리석다.

10 16 【褭】 간들거릴 뇨 [篠]ㄋㄧㄠˇ (niao) じょう *tremble*

[풀이]①간들거리다. 또는, 그런 모양. [같]裊 嫋. ¶ 山鹿奔而草低 野鶴飛而桂一<皇甫松> ②간들거리게 하다. ¶ 可能知我心無定 頻一花枝拂面啼<吳融> ③말뱃대끈. 뱃대끈을 맴. ④양마(良馬) 이름. ¶ 騕一.

10 15 【縕】 [1] 핫옷 온 [元]ㄩㄣˇ おん(ヌノコ) [2] 옷 운 [吻](yun) うん

[풀이][1]핫옷. 무명 핫옷. ¶ 一褐. [2]①옷. ②덧입는 옷. 옷 위에 걸쳐 입는 옷.

【縕褐】おんかつ(온갈) ①무명 핫옷. ②신분이 낮은 사람.

16 【褽】 製(p.1356)와 同字

10 15 【褥】 [1] 요 욕 [沃]ㄖㄨˋ じょく [2] 깃저고리 (ru) (シトネ) 녹 [沃] *mattress*

▷錦一, 芳一, 產一, 牀一, 席一, 茵一, 簟一, 蒲一, 皮一

15 【褱】 褱(p.1184)와 同字

10 15 【褫】 옷벗길 치 [紙]ㄔˇ (chi) ち(ハグ) *strip off*

[풀이]①옷을 벗기다. 옷을 벗겨 빼앗음. ¶ 或錫之鞶帶 終朝三一之<易經> ②벗다. 풂. ¶ 念解珮而一紳<謝惠連> ③빼앗다. ¶ 則強梁一氣<後漢書>

【褫職】ちしょく(치직) 관직을 빼앗음. 免職(면직). 褫革(치혁).

▷三一, 裝一, 摧一, 偸一

10 15 【褪】 바랠 퇴 [願]ㄊㄨㄣˋ たい(アセル) [本]톤 (tun) *fade*

[풀이]①바래다. 빛이 바래어 엷어짐. ¶ 蝶粉蜂黃都一了<周邦彥> ②벗다. 옷을 벗음. ¶ 髻雲鬆嚲衣斜一<桂安世> ③꽃이 지다. ¶ 驚見殘紅一杏梢<馬臻> ④물러나다. ¶ 十篙八九一 逆勢何乃爾<沈與求>

【褪色】たいしょく(퇴색) 빛이 바램. 또는, 바랜 빛깔.

16 【褢】 懷(p.600)의 古字

11 16 【襁】 포대기 강 [養]ㄑㄧㄤˇ (qiang) きょう
[同]襁 繈 強 襁

[풀이]①포대기. 어린애를 업을 때 두르는 띠. ¶ 幼在一褓之中<新書> ②업다. 사람을 등에 짐. ¶ 一負其子而至矣<論語> ③대바구니. 어린애를 담아 지고 다니는 기구(器具).

【襁褓】きょうほう(강보) ①포대기. ¶ 一幼兒. ②기저귀. ③어린 아이.

11 16 【褔】 턱받이 구 [宥]ㄡ おう [本]우 (ou) (ヨダレカケ)

[풀이]①턱받이. ②베옷. 천한 사람의 옷. ③모시로 결은 모자.

11 16 【褸】 누더기 루 [麌]ㄌㄩˇ (lü) ろう (ツヅレ)

[풀이]①누더기. ¶ 襤一. ②깁다. ③옷깃.

11 16 【褵】 향낭 리 [支]ㄌㄧˊ (li) り

[풀이]①향낭(香囊). 향을 넣어 차는 주머니. [通]離. ¶ 施衿結一 申父母之戒<後漢書> ②띠. 의대(衣帶).

16 【襆】 複(p.1353)의 本字

16 【襍】 縫(p.1186)과 同字

16 【襒】 繃(p.1186)과 同字

11 17 【褻】 속옷 설 [屑]ㄒㄧㄝˋ (xie) せつ (ケガレル)

[풀이]①속옷. ¶ 思有短褐之一<漢書> ②평복(平服). 평상복. ¶ 紅紫不以爲一服<論語> ③더럽다. 더럽힘. ¶ 凡一器<周禮>/猥一. ④무람없다. 친압(親狎)함. ¶ 雖一必以貌<論語> ⑤업신여기다.

【褻器】せっき(설기) ①똥·오줌을 받아내는 그릇. 요강. 虎子(호자). 便器(변기). ②손을 씻는 그릇. 기석례(旣夕禮) 때 손을 씻는 그릇.

▷私一, 燕一, 猥一

11/16【褶】 1 주름 습 | 緝ㄓㄜˊ(zhe) | しゅう *wrinkle*
2 겹옷 첩 | 葉ㄉㄧㄝˊ(die) | ちょう

풀이 1 ①주름. ¶看著遍頭香袖—＜張祜＞ ②사마치. 말을 탈 때 입는 아랫도리 옷. ¶隊各五十人 黑袴—將一人＜晋書＞ 2 ①겹옷. ¶帛爲—＜禮記＞ ②덧입는 옷. (같)襲.

11/16【褷】 털 날 시 | 支ㄕ(shi) | し

풀이 ①털 나다. 털이 처음 나는 모양. ¶鳧雛離—＜木華＞ ②깃으로 만든 옷의 모양.

11/17【襄】 도울 양 (本)상 | 陽ㄒㄧㄤ(xiang) | じょう *help*

풀이 ①돕다. ②옷을 벗고 밭갈다. ③수레를 맨 말. ¶兩服上—＜詩經＞ ④오르다. ¶懷山—陵＜書經＞ ⑤들다. ㉮머리를 들다. ¶交龍—首奮翼＜漢書＞ ㉯목소리를 높이다. ¶思日贊贊—哉＜書經＞ ⑥높다. ¶—岸夷塗＜張衡＞ ⑦떨다. 청소함. (通)攘. ¶牆有茨 不可—也＜詩經＞ ⑧이루다. ¶不克—事＜左氏傳＞ ⑨옮다. 운행(運行)함. ¶跂彼織女 終日七—＜詩經＞ ⑩장사(葬事)지내다. ¶朕爲卿辨— 雖百子何加＜宋史＞ ⑪서성거리는 모양. ¶—羊.
▷上—, 龍—, 定—, 贊—, 七—, 懷—

11/17【褽】 깔 외 | 隊ㄨㄟˋ(wei) | わい

풀이 ①깔다. ¶—之以玄纁＜左氏傳＞ ②옷깃. ③쌀 담는 그릇.

11/16【襀】 주름 적 | 陌ㄐㄧ(ji) | せき(ヒダ)

17【襃】 褒(p.1354)의 本字

11/16【褾】 소매끝 표 | 篠ㄅㄧㄠˇ(biao) | ひょう

풀이 ①소매부리. 소매의 끝. 메구(袂口). ¶兩袖及—略周＜虞龢＞ ②배접(褙接)하다. ¶—工.

12/17【襋】 옷깃 극 | 職ㄐㄧˊ(ji) | きょく

12/17【襌】 홑옷 단 | 寒ㄉㄢ(dan) | たん(ヒトエ)

풀이 ①홑옷. ¶—爲絅＜禮記＞ ②엷다. (같)薄. ③겹옷. ④속옷. 땀받이. ¶衣紗縠—衣＜漢書＞ ⑤다하다. (같)殫. ¶往稷黍—＜大戴禮＞

12/17【襒】 떨칠 별 | 屑ㄅㄧㄝˊ(bie) | へつ

풀이 ①떨치다. 떨어지게 함. ¶平原君側行—席＜史記＞ ②옷.

17【襆】 幞(p.506)과 同字

12/17【襐】 아이 머리 쓰개 상 | 養ㄒㄧㄤˇ(xiang) | しょう

풀이 ①아이의 머리 쓰개. ¶皆珠翠—飾＜唐書＞ ②꾸미다.

12/17【襓】 칼전대 요 | 蕭ㄖㄠˊ(rao) | じょう

풀이 칼전대. 칼집에 꽂은 칼을 넣는 자루. 검의(劍衣). ¶袟—.

17【䙛】 襦(p.1357)와 同字

17【襍】 雜(p.1596)의 本字

13/18【襟】 옷깃 금 | 侵ㄐㄧㄣ(jin) | きん(エリ)
(同)衿 紟

풀이 ①옷깃. ¶霑余—之浪浪＜楚辭＞ ②가슴. 마음. 생각. ¶歎—或遼 音問其先＜陶潛＞ ③재빠르다. (通)☆. ¶—侵尋而高縱＜漢書＞ ④집의 남쪽. ¶安得忘歸草 言樹背與—＜陸機＞ ⑤합류하는 곳. ¶—三江 而帶五湖＜王勃＞ ⑥새의 목. ¶曉幙紅—燕 春城白項烏＜丁仙芝＞
▷開—, 煩—, 愁—, 宸—, 憂—, 幽—, 衣—, 正—, 整—, 塵—, 青—, 懷—, 胸—

13/18【襛】 옷두툼할 농 | 冬ㄋㄨㄥˊ(nong) | じょう

13/18【襢】 1 웃통벗을 단 | 旱ㄊㄢˇ | たん
2 흰 베 전 | 銑(tan) | てん

풀이 1 ①웃통벗다. (같)袒. ¶—裼暴虎＜詩經＞ ②드러내다. ¶設牀—第＜禮記＞ 2 ①흰 베. 무늬 없는 흰 베. ②붉은 비단옷. 바닥이 오글오글한 비단.

13/18【襠】 잠방이 당 | 陽ㄉㄤ(dang) | とう

풀이 ①잠방이. 농부가 입는 짧은 홑고의. ②배자(褙子). 소매 없는 여자의 웃옷. ¶裲—.

19【臝】 裸(p.1352)의 本字

13/19【襞】 주름 벽 | 陌ㄅㄧˋ(bi) | へき(ヒダ) *wrinkle*

풀이 ①주름. 옷을 개킨 자국. 치마 주름. ¶—積褰縐＜史記＞ ②접다. 옷을 개킴.

18【䙐】 裋(p.1350)와 同字

13/18【襚】 수의 수 | 寘ㄙㄨㄟˋ(sui) | すい *grave clothes*

풀이 ①수의. 죽은 사람에게 입히는 옷. 또는, 그 옷을 보내는 일. ¶君使人—

＜儀禮＞ ②옷. 선물로 보내는 옷. 또는, 그 옷을 보내는 일. ¶謹上一三十五條＜西京雜記＞

【襚衣】すいい(수의) 염(殮)할 때 시체에 입히는 옷. 壽衣(수의).
▷衾一, 賵一, 賻一, 贈一

13 18 【襖】 웃옷 오 | 𝕮ㄠˇ (ao) | すう coat

풀이 ①웃옷. ㉮두루마기. 일설에는 도포(道袍). ¶破一請來綻＜韓愈＞ ㉯금(金)의 여자들이 입던, 도포 비슷한 옷. ¶大一子. ②갖옷. 가죽옷. ③겹옷.
▷素一, 襦一, 袍一

18 【襍】 襍(p. 1354)과 同字

13 18 【襜】 1 행주치마 첨 2 나라이름 담 | 𝕮ㄔㄢ (chan) 𝕮 | せん apron たん

풀이 1 ①행주치마. 또는, 폐슬(蔽膝). ¶終朝采藍 不盈一一＜詩經＞ ②겨드랑이. 옷의 겨드랑이. ③적삼. 단삼(單衫). ¶一褕. ④가지런한 모양. ¶衣前後一如也＜論語＞ ⑤옷이 휘날리는 모양. ¶裳一一而含風兮＜楚辭＞ ⑥수레의 휘장. 通幨. ¶絳一絡＜後漢書＞ 2 나라 이름. 오랑캐의 하나. ¶一襤.

13 18 【襡】 1 통치마 촉 2 보자기 독 | 𝕮ㄕㄨˇ (shu) | しょく とく

풀이 1 통치마. 일설에는, 긴 속옷. ¶妓女之徒 服袿一 炫金翠＜晋書＞ 2 ①보자기. ②보자기에 싸다.

13 18 【襗】 속고의 탁 | 𝕮ㄗㄜˊ (ze) | たく

14 19 【襨】 韓 의대 대

풀이 의대(衣襨). ㉮임금의 옷. ㉯무당이 굿할 때 입는 옷.

14 19 【襤】 누더기 람 | 𝕮ㄌㄢˊ (lan) | らん(ボロ)
同 𧝆 繿

풀이 ①누더기. ¶一褸. ②가선을 대지 않은 옷.

【襤褸】らんる(남루) ①누더기. ②옷 따위가 해어져 너덜너덜함.

19 【襥】 襆(p. 1356)과 同字

14 19 【襦】 1 저고리 유 2 韓 싸개갓장이 유 | 𝕮ㄖㄨˊ (ru) | じゅ (ハダギ) jacket
同 𧞅

풀이 1 ①저고리. ②속옷. 땀받이로 속에 입는 짧은 옷. ¶平生無一 今五袴＜後漢書＞ ③턱받이. 어린애 침받이. ④올이 고운 엷은 비단. 通繻. ¶蜡則作羅一＜周禮＞ 2 韓 ①싸개갓장이. 갓싸개하는 장색(匠色). ②동옷. 남자의 저고리.
▷裾一, 羅一, 珠一, 汗一

15 20 【襪】 버선 말 | 𝕮ㄨㄚˋ (wa) | ばつ

【襪線】ばっせん(말선) 버선의 실이란 뜻으로, 풀어도 쓸 만한 긴 올이 나오지 아니하는 데서, 특히 내세울 만한 재주가 없음의 비유로 씀. 襪線才(말선재).
▷羅一, 洋一

15 20 【襮】 수놓은 깃 박 | 𝕮ㄅㄛˊ (bo) | はく

풀이 ①수놓은 깃. 자수(刺繡)한 옷깃. ¶素衣朱一＜詩經＞ ②드러내다. 노출(露出)함. 通暴. ¶將務持重 豈宜自表一＜唐書＞ ③겉. 표면. ¶張修一而內逼＜班固＞ ④옷의 장식.

15 20 【襫】 비옷 석 | 𝕮ㄕˋ (shi) | せき

20 【襬】 裋(p. 1350)와 同字

21 【襃】 袍(p. 1347)와 同字

20 【襮】 表(p. 1344)의 古字

15 20 【襭】 옷자락 꽂을 힐 | 𝕮ㄒㄧㄝˊ (xie) | はつ

풀이 옷자락을 꽂다. 치맛자락 따위를 걷어, 올려 허리띠에 끼움. ¶薄言一之＜詩經＞

21 【襱】 襱(p. 1355)과 同字

16 21 【襱】 1 바짓가랑이 롱 2 옷 헐렁할 롱 | 𝕮ㄌㄨㄥˊ 𝕮(long) | こう りょう

풀이 1 ①바지의 가랑이. ②치마. 2 옷이 헐렁하다.

【襱褈】(용중) 옷이 헐렁한 모양.

21 【襶】 襚(p. 1356)와 同字

16 22 【襲】 엄습할 습 | 𝕮 ㄒㄧˊ (xi) | しゅう (オソウ) attack suddenly

풀이 ①엄습하다. ㉮불의(不意)에 치다. ¶齊侯一莒＜穀梁傳＞ ㉯잇다. 계승함. ¶一☆室與傾宮兮＜漢書＞ ㉰받다. ¶故一天祿＜左氏傳＞ ㉱미치다. 한계에 이름. ¶芳菲菲兮一予＜楚辭＞ ㉲종전대로 따르다. ¶卜筮不相一也＜禮記＞ ㉳들다. 들어감. ¶使晋一於爾門＜國語＞ ㉴뒤집다. ¶一九淵之神龍兮＜史記＞ ②겹치다. ㉮옷을 껴입다. ¶寒不

敢一<禮記> ㉯포개다. 쌓음. ¶此聖人所以重仁一恩<淮南子> ③겹쳐지다. ¶災變相一<漢書> ④벌. 갖추어진 옷을 세는 단위. ¶贈相國衣二一<史記> ⑤입다. 옷을 입음. ¶一経于序東<禮記> ⑥염습(殮襲)하다. 죽은 사람에게 옷을 입힘. ⑦수의(壽衣). 죽은 사람에게 입히는, 깃이 왼쪽으로 된 옷. ¶乃一三稱<儀禮> ⑧가리다. ㉮닫다. 닫아 걺. ¶無一門戶<逸周書> ㉯석의(裼衣)로 가리어 드러내지 아니하다. ¶服之一也 充美也<禮記> ⑨화합(和合)하다. 通協. ¶天地之一精爲陰陽<淮南子> ⑩맞추다. ¶劍則啓櫝蓋一之<禮記> ⑪상자(箱子). 通匣. ⑫돌아가다. ¶一窮泉兮朽壤<潘岳>

【襲擊】しゅうげき(습격) 갑자기 적을 덮쳐서 침.

【襲來】しゅうらい(습래) 갑자기 쳐들어옴.

【襲封】しゅうほう(습봉) 제후(諸侯)가 선대(先代)의 봉지(封地)를 세습함.

【襲用】しゅうよう(습용) 그전대로 눌러 씀.

【襲衣】しゅうい(습의) ①옷을 껴입음. ②염습(殮襲)할 때 시체에게 입히는 옷. 壽衣(수의). 襚衣(수의).

【襲爵】しゅうしゃく(습작) 선대(先代)의 작위(爵位)를 이어받음.

▷強一, 繼一, 空一, 急一, 奇一, 來一, 踏一, 蹈一, 世一, 什一, 承一, 夜一, 掩一, 逆一, 殮一, 因一, 仍一, 積一, 葺一, 勦一, 討一, 被一, 紅錦一

16
21 【襯】 속옷 친 ㊍츤 | 中 ㄔㄣˋ (chen) | しん *underwear*

풀이 ①속옷. ¶一衣. ②가까이하다. 접근함. ¶香肌冷一琤琤佩<李商隱> ③베풀다. ¶晞蕘 以一衆僧<續齊諧記> ④드러내다. 노출(露出)함. ⑤돕다. 곁에서 도움.

▷陪一, 貼一, 布一

17
22 【襴】 난삼 란 | 中 ㄌㄢˊ (lan) | らん

풀이 난삼(襴衫). 내리닫이옷.

【襴衫】らんさん(난삼) ①저고리와 치마가 이어지고 옷자락에 가선을 두른 남자옷. 진사(進士) 및 국자생(國子生), 주현생(州縣生)들이 입던 옷. ②韓 생원(生員), 진사에 급제했을 때 입던 예복. 녹색이나 검은색 단령(團領)에 각기 같은 색 선을 둘렀음. 幱衫(난삼).

23 【襻】 襻(p. 1357)과 同字

25 【襼】 袞(p. 1346)과 同字

24 【襹】 褵(p. 1355)와 同字

19
24 【襼】 소매 예 | 中 ㄧˋ (yi) | げい

26 【襶】 衫(p. 1343)과 同字

—襾<덮을 아>部—

襾 西 ③ 要 ⑤ 覀 ⑥ 覃 ⑫ 覆 覆 ⑬ 覇 覈 ⑰ 覊 ⑲ 羈

0
6 【襾】 덮을 아 | 中 ㄧㄚˇ (ya) | あ

0
6 【西】 서녘 서 | 中 ㄒㄧ (xi) | せい, さい (ニシ) *west*

※襾(p. 1358)는 딴 자.

풀이 ①서녘. 서쪽. 사시(四時)로는 가을, 오행(五行)으로는 금(金), 간지(干支)로는 유(酉), 8괘(卦)로는 태(兌)에 해당함. ¶一方金也 其星白虎也<論衡> ②서쪽으로 향하여 가다. ¶鼓行而一耳<漢書> ③깃들다. 새가 둥우리에 듦. 通棲 栖. ¶一遲衡門<漢書> ④서양(西洋). 구미(歐美) 각국의 총칭.

【西階】せいかい(서계) 당(堂)에 오르는 서쪽 계단. 손이 이용함.

【西曲】せいきょく(서곡) ①서쪽 모퉁이. ②옛날, 중국 형영(荊郢) 지방에서 부르던 악곡. ③산서(山西), 섬서(陝西) 지방에서 부른 소곡(小曲). ④서양 음악.

【西郊】さいこう(서교) ①서쪽 교외(郊外). ¶以迎秋於一<禮記> ②가을철의 들. 옛 중국에서 수도(首都)의 서쪽 들에서 교사(郊祀)를 지낸 데서 유래.

【西教】せいきょう(서교) ①옛 중국에서, 불교(佛教)를 이름. ¶一窮根深<洪希文> ②서양 종교라는 뜻으로 기독교를 이름.

【西歐】せいおう(서구) 서부 유럽.

【西國】さいこく(서국) ①서쪽에 있는 나라. ②《佛》극락정토(極樂淨土). ③서양(西洋)의 나라.

【西紀】せいき(서기) 서력 기원(西曆紀元)의 준말.

【西內】せいない(서내) 당(唐)대에 지은 태극궁(太極宮). ↔동내(東內).

【西頓】せいとん(서돈) 저녁 무렵.

【西涼】せいりょう(서량) ①나라 이름. 진(晋)대 16국의 하나. ②부(府) 이름. 송대(宋代)에 양주(涼州)를 고친 이름. 지금의 감숙성(甘肅省) 무위현(武威縣).

【西曆】せいれき(서력) 예수가 태어난 해를 기원(紀元)으로 한 책력. 실제로 그가 난 해는 기원전 4년이라 함. ¶一紀元.

【西陸】せいりく(서륙) 별 이름. 규(奎), 누(婁), 위(胃), 묘(昴), 필(畢), 자(觜), 삼(參) 등이 이에 속함.

【西班】せいはん(서반) ①무관(武官)의 반열(班列). ②무관. ↔東班(동반).

【西半球】ニシはんきゅう(서반구) 지구의 서쪽 반. 남북 아메리카 주(州) 등이 있는 부분. ↔東半球(동반구).

【西班牙】スペイン(서반아) 스페인(Spain)의 음역(音譯). ¶一語.

【西方】せいほう·さいほう(서방) ①서쪽. ②서쪽 지방. 또는, 서유럽의 자유주의 나라들. ↔東方(동방). ③☞西方淨土(서방정토).

【西方美人】せいほうのびじん(서방미인) 서쪽에 있는 미덕(美德)이 있는 사람. 서주(西周)의 성덕이 있는 임금을 이름. ¶ー 彼美人兮 西方之人兮<詩經>

【西方淨土】さいほうじょうど(서방정토)《佛》서쪽 십만억토(十萬億土) 저쪽에 있다고 하는 극락 세계. 아미타국(阿彌陀國).

【西伯利亞】シベリア(서백리아) 시베리아(Siberia)의 음역(音譯).

【西山】せいざん(서산) ①서쪽 산. ②산 이름. ㉮중국의 수양산(首陽山). 산서성(山西省)에 있음. 백이(伯夷)·숙제(叔齊)의 옛일로 유명한 산. ㉯북경시(北京市) 서쪽 교외(郊外) 일대의 승지(勝地). ㉰남창산(南昌山). 강서성(江西省)에 있음.

【西廂】せいしょう(서상) 집의 서쪽 채. 西序(서서) ①.

【西序】せいじょ(서서) ①☞西廂(서상). ②하(夏)대의 소학(小學). 일설에는 대학(大學). 왕궁의 서쪽에 있었기 때문임. ↔東序(동서).

【西席】せいせき(서석) ①스승이 앉는 자리. 뜻이 바뀌어, 스승. 태공망(太公望)이 동향(東向)으로 자리잡고 무왕(武王)에게 황제(黃帝)의 글을 가르쳤다는 옛일에서 유래. 師傅(사부). 西賓(서빈). ②㊥ 가정 교사.

【西昇】せいしょう(서승)☞西行(서행)②.

【西施】せいし(서시)《人》춘추 시대 월(越)의 미인. 월왕(越王) 구천(句踐)이 회계(會稽)에서 패하자, 범여(范蠡)가 미인계(美人計)로 서시(西施)를 오왕(吳王) 부차(夫差)에게 바쳤더니, 부차가 그 미모에 혹하여 정사(政事)를 돌보지 아니하여, 구천의 침공을 받아 멸망함. 西子(서자).

【西施矉目】(서시빈목) ☞效顰(효빈).

【西安】せいあん(서안) 전한(前漢), 수(隨), 당(唐)대의 도읍지. 한(漢)대의 경조(京兆)를 명(明)대에 바꾼 이름.

【西岸】せいがん(서안) 물가의 서쪽 언덕. 또는, 서쪽 해안. ↔東岸(동안).

【西洋】せいよう(서양) ①서쪽의 큰 바다. ②구미(歐美) 여러 나라를 동양 사람이 이르는 말. 泰西(태서). ↔東洋(동양).

【西域】せいいき(서역) 옛날, 중국의 서쪽 지역. 넓은 뜻에서는 소아시아, 중앙아시아 및 인도 지방의 여러 나라들, 좁게는 신강성(新疆省), 천산남로(天山南路) 지방을 가리킴.

【西王母】せいおうぼ(서왕모) 중국 신화상의 선녀(仙女). 곤륜산(崑崙山)에 살았다 함.

【西遊】せいゆう(서유) 서양에 유학하거나 유람함. ¶ー見聞<兪吉濬>

【西戎】せいじゅう(서융) ①중국 서쪽에 살던 이민족. ②서쪽 오랑캐. 西夷(서이).

【西子】せいし(서자) ☞西施(서시).

【西藏】チベット(서장) 티베트. 중국 남서부 히말라야 산 북쪽에 있는 고원 지대.

【西漸】せいぜん(서점) 차츰 서쪽으로 번져감. ↔東漸(동점).

【西征】せいせい(서정) ①서쪽으로 향하여 감. 또는, 서쪽을 정벌(征伐)함. ②사람의 죽음을 해가 서쪽으로 지는 것에 비유하여 이르는 말.

【西周】せいしゅう(서주) 주(周)의 무왕(武王)에서 유왕(幽王)까지 서경(西京)에 도읍한 시대. 평왕(平王) 때 동쪽 낙읍(洛邑)으로 수도(首都)를 옮긴 이후를 동주(東周)라 함.

【西窓】せいそう(서창) ①서쪽으로 난 창. ②여자의 거실(居室).

【西天】せいてん(서천) ①서쪽 하늘. ②서천 서역국(西天西域國). 옛 중국에서 인도(印度)를 일컫던 말.

【西淸】せいせい(서청) ①서쪽의 깨끗한 곁방. ②궁중의 휴식하는 곳. ③청(淸)의 한림학사가 출근하던 방. 南書房(남서방).

【西楚】せいそ(서초) 팽성(彭城)을 중심으로 패군(沛郡)에서 형주(荊州)에 이르는 일대의 땅.

【西便】(서편) 서쪽 편. ↔東便(동편).

【西風】せいふう(서풍) ①서쪽에서 불어 오는 바람. 갈바람. ↔東風(동풍). ②가을 바람. 오행설(五行說)에서 가을은 서(西)에 해당하므로 이름.

【西學】せいがく(서학) ①㊗ ㉮사학(四學)의 하나. ㉯서양의 학문. ㉰천주교. 기독교. ↔東學(동학). ②중국 주(周)대의 소학교.

【西漢】せいかん(서한) 전한(前漢).

【西海】せいかい(서해) ①서쪽의 바다. ②지금의 지중해(地中海). ③청해(靑海)의 이칭.

【西行】せいこう(서행) ①서쪽으로 감. ②《佛》서방정토(西方淨土)인 극락(極樂)에 왕생(往生)하는 일. 西昇(서승).

【西向】にしむき(서향) 서쪽으로 향함. ↔東向(동향).

【西湖】せいこ(서호) 절강성(浙江省) 항주시(杭州市) 서쪽에 있는 호수. 錢塘湖(전당호).

【西顥】せいこう(서호) ①서방(西方)을 맡은 신(神). ②가을 기운. ③한(漢)대 교사가(郊祀歌)의 한 가지.

▷江ー, 關ー, 洛ー, 南ー, 隴ー, 東ー, 北ー, 山ー, 陝ー, 城ー, 嶺ー, 遼ー, 移東就ー, 鎭ー, 泰ー, 河ー, 湖ー, 淮ー

3
9 〖要〗 1 구할 요 | 㰤 丨幺(yao) | よう
2 사북 요 | 嘯 丨幺(yao) | (カナメ) seek

㊐要

풀이 1 ①구하다. 요구함. ㊊徼. ¶以ー人爵<孟子> ②원하다. 바람. ¶後人謂欲曰ー 亦徼字<說文通訓定聲> ③잡다. ¶以ー飛鳥<淮南子> ④얻다. 취득(取得)함. ¶所ー輕也<呂覽> ⑤허리. ㊉腰. ¶楚靈王好士細ー<墨子> ⑥허리에 감다. ¶解玉佩 以ー之<曹植> ⑦허리띠. ¶ー之襋之<詩經> ⑧모으다. 합침. ¶ー其節奏<禮記> ⑨통괄하다. ¶ー之以仁義爲本<史記> ⑩말리다. ¶ー淫佚<管子> ⑪잠복하여 노리다. ¶將ー而殺之<孟子> ⑫으르다. 협박함. ¶上自欲征匈奴 群臣諫不聽 皇太后固ー 上乃止<漢書> ⑬바루다. 그릇된 것을 고침. ¶ー之以太歲<淮南子> ⑭조사하다. ¶丕蔽ー囚<書經> ⑮책망하다. ¶異其

死刑之罪而—之<周禮> ⑯누르다. ⑰금하다. ¶是門戶不—也<素問> ⑱맞히다. 적중(的中)함. ¶不—止洫<太玄經> ⑲언약하다. 맹세함. 通約. ¶夷蠻—服<國語> ⑳이루다. 성취함. 通就. ¶倡予—女<詩經> ㉑굽히다. 通夭. ¶微行—屈<張衡> 2 ①사북. 근본. ¶先王有至德—道<孝經> ②생략(省略)하다. 간략(簡略)히 함. ¶辭尙體—<書經> ③반드시. 꼭. ¶男兒—當死於邊野<後漢書> ④요컨대. 요약하여 말하면. ¶—自胸中無滯礙<韓愈> ⑤회계부. 출납 장부. ¶受其—<周禮> ⑥증권(證券). ¶由質—之故業<後漢書>

【要綱】ようこう(요강) 중요한 근본 골자나 줄거리. ¶入試—.

【要件】ようけん(요건) ①긴요한 용건. 요긴한 일. ②필요한 조건.

【要訣】ようけつ(요결) 중요한 비결. 또는, 그것을 쓴 책. 蘊奧(온오). ¶乞長生—<列仙傳>/擊蒙—<李珥>

【要求】ようきゅう(요구) ①약속함. 要結(요결). ②필요한 것을 청구함.

【要緊】ようきん(요긴) 중요하고 긴함. 緊要(긴요).

【要談】ようだん(요담) 중요한 이야기. 긴한 말.

【要覽】ようらん(요람) 주요한 것만 간추려서 보게 한 책. ¶萬機—.

【要領】ようりょう(요령) ①허리와 목. ¶是全— 以從先大夫於九京也<禮記> ②허리띠와 옷깃. 곧, 사물의 요점. ③경험에서 얻은 묘한 이치. 미립.

【要路】ようろ(요로) ①중요한 길목. ②권력을 쥔 지위. 要津(요진).

【要論】ようろん(요론) 중요한 의론.

【要望】ようぼう(요망) 꼭 그리하여 주기를 바람.

【要目】ようもく(요목) 요긴한 조목.

【要塞】ようさい(요새) 군사상 중요한 지점에 구축한 방어 시설.

【要所】ようしょ(요소) 긴요한 곳. 要處(요처).

【要素】ようそ(요소) 사물의 필요 불가결한 성분이나 성질.

【要式】ようしき(요식) 중요한 법식. 반드시 따라야 할 양식(樣式). ¶—行爲.

【要約】ようやく(요약) ①중요한 대목을 추려 냄. ②약속을 함. ¶—天下<新序>

【要員】よういん(요원) ①필요한 인원. ②요직(要職)을 맡은 임원(任員).

【要人】ようじん(요인) ①요로(要路)에 있는 사람. ②사람을 필요로 함. 사람을 맞음.

【要因】よういん(요인) 중요한 원인.

【要節】ようせつ(요절) ①행해야 할 때에 만남. ¶君—而踊 主人從踊<儀禮> ②절의(節儀)로 행동을 가다듬음. ¶執知夫出死—之所以養生也<荀子> ③글의 중요한 대목.

【要點】ようてん(요점) 중요한 점.

【要地】ようち(요지) ①중요한 곳. ②적을 막는데 요긴한 곳. 요해처. ③중요한 지위.

【要旨】ようし(요지) 중요한 취지. 말의 긴요한 내용. 要指(요지).

【要鎭】ようちん(요진) 군사상 중요한 곳. 또는, 요해지(要害地)에 있는 병영(兵營).

【要處】ようしょ(요처) ①긴요한 곳. 중요한 점. 要所(요소). 要點(요점). ②변소(便所). ¶不能不爲鶩鶩—掩鼻耳<胡應麟>

【要請】ようせい(요청) 요긴하게 청함. 요구(要求)함.

【要諦】ようたい(요체) ①중요한 깨달음. ②가장 중요한 점.

【要衝】ようしょう(요충) ①중요한 곳. 要所(요소). 要處(요처). ②요해처(要害處). 지세가 험준하여 적을 막기에 편리한 곳. 要衝地(요충지). 要害地(요해지).

【要害】ようがい(요해) ①지세(地勢)가 험조(險阻)하여 지키기에 편하고 공격하기 힘든 곳. 要害地(요해지). ②신체의 생명과 직결되는 중요한 부분. 急所(급소). 要害處(요해처).

【要害地】ようがいち(요해지) ☞要害(요해)①.

【要害處】ようがいしょ(요해처) ☞要害(요해)②.

▷肝—, 簡—, 強—, 綱—, 概—, 久—, 權—, 急—, 紀—, 機—, 緊—, 大—, 法—, 邊—, 祕—, 小—, 需—, 摘—, 切—, 提—, 主—, 重—, 知—, 撮—, 樞—, 衡—, 治—, 必—, 險—, 顯—, 會—

9【覀】要(p.1359)와 同字

10【栗】☞木部 6획 (p.766)

5 11【覂】 엎을 봉 ㊥ㄈㄥˇ(feng) ほう

풀이 ①엎다. 또는, 엎어짐. 通泛. ②다하다. 다하여 없어짐. ¶公私—竭<唐書>

11【票】☞示部 6획 (p.1095)

6 12【覃】 1 미칠 담 ㊥ ㄊㄢˊ たん 2 날카로울 염 ㊥(tan) えん

풀이 1 ①미치다. 한정된 곳에 이름. ¶—及鬼方<詩經> ②뻗다. 퍼짐. 通延. ¶葛之—兮<詩經> ③길다. ¶實—實訏<詩經> ④깊다. ¶硏精—思<孔安國> ⑤고요하다. ¶—思著述<後漢書> ⑥크다. ¶揚雄—思<漢書> ⑦찾다. 더듬어 찾음. 通探. 撢. ⑧자리잡다. 안정됨. ¶實—實訏<詩經> 2 날카롭다. 예리함. ¶以我—耜<詩經>

▷廣—, 普—, 遙—, 遠—, 遐—

12【粟】☞米部 6획 (p.1148)

13【賈】☞貝部 6획 (p.1426)

14【甄】☞瓦部 9획 (p.1005)

16【覇】覇(p.1199)와 同字

17【覊】羈(p.1218)과 同字

17【瓢】☞瓜部 11획 (p.1004)

12/18【覆】[1]뒤집힐 복 [屋]ㄈㄨˋ ふく
[2]덮을 부 [宥](fu) ふう cover

[同]覆

[풀이][1]①뒤집히다. ㉮반전(反轉)함. ¶沐則心一＜國語＞ ㉯넘어지다. 전도(顚倒)함. ¶棟生橈不勝任則屋一＜管子＞ ②무너지다. ¶毋越厥命以自一也＜禮記＞ ③망하다. ¶國一國事＜逸周書＞ ④뒤집다. ㉮뒤집어 놓다. ¶一舟斟尋＜楚辭＞ ㉯무너뜨리다. ¶一昏亂＜左氏傳＞ ㉰넘어뜨리다. 거꾸로 함. ¶鼎折足一公餗＜易經＞ ⑤도리어. 반대로. ¶一出爲惡＜詩經＞ ⑥되풀이하다. 겹침. ¶欲反一之＜史記＞ ⑦상고(詳考)하다. ¶一之而角至＜周禮＞ ⑧아뢰다. 고함. [通]告 白. ¶不從中一也＜漢書＞ [2]①덮다. ㉮덮어 씌우다. ㉯덮어 싸다. ㉰감싸다. 비호함. ㉱덮어 숨기다. ②숨어서 노리다. ¶而一諸山下＜左氏傳＞ ③덮개. 덮는 물건. ¶華蓋羽一＜魏志＞ ④옷. 의복. ¶神之一也＜鬼谷子＞ ⑤복병(伏兵). [通]伏. ¶君爲三一以待之＜左氏傳＞

【覆蓋】ふうがい(복개←부개) ①뚜껑. 덮개. ②뚜껑이나 덮개를 덮음. 개복(蓋覆). ¶一工事.

【覆啓】ふくけい(복계) 회답을 올림. 답장 첫머리에 쓰는 말. 復啓(복계).

【覆面】ふくめん(복면) 얼굴을 가림. 또는, 가리는 물건. ¶一強盜.
ふうめん(부면) 신불(神佛)에게 물건을 바칠 때 입김이 가지 않게 코나 입을 가리는 것.

【覆盆】ふうぼん(복분) ①동이를 엎음. 또는 엎은 동이. ②동이의 물을 뒤집어 엎는다는 뜻으로, 소나기의 형용. ¶電掣雷轟雨一＜祝簡＞ ③엎어 둔 동이는 속이 어둡다는 뜻으로, 무고(無辜)하게 죄를 뒤집어 씀의 비유. ④한번 시기(時機)를 놓치는 것.

【覆試】ふくし(복시) ①시험을 다시 치름. 또는, 제 2차 시험. ②초시(初試)에 합격한 사람이 다시 보던 과거.

【覆審】ふくしん(복심) ①다시 조사함. ②상소(上訴)한 사건을 법원이 다시 심리(審理)하는 일. 再審(재심).

【覆雨飜雲】ふくうほんうん(복우번운) 소인(小人)의 우정(友情)이 변덕스러움을 이름. 飜雲覆雨(번운복우).

【覆字】ふくじ(복자) 활자를 뒤집어 검게 박은 글자.

【覆育】ふいく(부육) ①천지가 만물을 감싸 기름. 天覆地育(천부지육). ②부형(父兄)의 은혜. ¶察父悊兄 一子弟 誠無以加＜漢書＞

【覆醬】ふしょう(부장) 장단지를 덮는다는 뜻으로, 자기 저서(著書)의 겸칭. 책의 내용을 이해 못하여 뒷사람이 장항아리의 덮개를 쓰지 않을까 싶다고, 유흠(劉歆)이 양웅(揚雄)의 책을 평한 말에서 유래. 覆瓿(부부).

▷蓋一, 檢一, 傾一, 反一, 翻一, 溥一, 私一, 申一, 掩一, 蔭一, 顚一

18【覆】覆(p.1361)과 同字

19【覇】霸(p.1605)의 俗字

13/19【覈】[1]핵실할 핵 [陌]ㄏㄜˊ かく
[2]보리싸라기 흘 [月](he) verify けつ

[풀이][1]①핵실(覈實)하다. 실상을 조사함. ¶研一是非＜張衡＞ ②엄하다. 엄격함. ¶峭一爲方＜後漢書＞ ③씨. 핵(核). [通]核. ¶其植物宜一物＜周禮＞ [2]보리 싸라기. [通]麧. ¶食糠一＜漢書＞

▷檢一, 考一, 校一, 窮一, 明一, 深一, 審一, 按一, 研一, 精一, 綜一, 推一, 肴一

20【飄】☞風部 11획 (p.1633)

23【覊】羈(p.1201)의 俗字

25【覊】羈(p.1201)의 俗字

見＜볼 견＞部

見 ④ 規 覔 覓 ⑤ 覚 覗 視 覘 ⑥ 覛 覜 ⑦ 覡 ⑧ 覥 ⑨ 覩 覧 覦 親 ⑩ 覯 覬 ⑪ 覲 覰 覷 ⑫ 覸 ⑬ 覺 ⑭ 覼 覽 ⑮ 覿 ⑱ 觀

0/7【見】[1]볼 견 [霰]ㄐㄧㄢˋ(jian) けん(ミル) see
[2]나타날 현 [霰]ㄒㄧㄢˋ(xian) けん
[3]관 덮는 보 간 [諫] かん

[源]會意. 사람이 눈으로 본다는 뜻.

[풀이][1]①보다. ㉮눈으로 보다. ¶行其庭不一其人＜易經＞ ㉯생각해 보다. 사고함. ¶深一天命＜漢書＞ ㉰돌이켜보다. 반성함. ¶未得省一＜漢書＞ ㉱변별(辨別)하다. ¶明弗能一者何＜淮南子＞ ②보이다. ㉮현상이 시각에 비치어 인식되다. ¶心不在焉 視而不一＜大學＞ ㉯마음에 터득하다. ¶讀書百遍 而義自一＜魏志＞ ③보는 바. 생각. 소견. ¶敢陳愚一＜晋書＞ ④당하다. 수동적임을 나타냄. ¶信而一疑 忠而被謗＜史記＞ [2]①나타나다. 드러남. ¶情一力屈＜漢書＞ ②나타내다. ㉮밝히다. 표백(表白)함. ¶不一賢良＜荀子＞ ㉯나타내 보이다. ¶天一大異＜漢書＞ ③벼슬하다. 출사(出仕)함. ¶天下有道則一＜論語＞ ④만나다. ㉮웃어른을 뵙다. ¶某也願一＜儀禮＞ ㉯불러서 만나보다. ¶延一群臣＜漢書＞ ㉰대면하다. ¶從者一之＜論語＞ ⑤지금. 현재. (같)現. ⑥해돋이. 일출(日出). ¶一晛曰消＜詩經＞ [3]①관(棺)을 덮는 보. [通]荒. ②섞다. [通]覵.

【見利思義】リヲミテギヲオモウ(견리사의) 이익을 당하여 의(義)를 생각함. ¶一 見危授命＜論語＞

【見聞】けんぶん(견문) 보고 들음. 또는, 그 지식. 聞見(문견).

【見物生心】(견물생심) 물건을 보면 욕심이 생김.

【見說】ミルナラク(견설) 보니. 듣는 바에 의하면. 聞說(문설). 당(唐)의 방언. ¶一白楊堪作柱<白居易>

【見性】けんしょう(견성)《佛》 자기의 본래부터 갖추어진 불성(佛性)을 깨달음.

【見習】ミナライ(견습) 남의 하는 것을 보고 익힘. 또는, 그 과정에 있는 사람. ※修習(수습). ¶一生/一課程.

【見識】けんしき(견식) ①견문과 학식. ②사물을 식별하고 판단하는 능력. 識見(식견). 知見(지견). ③슬기. 지혜(智慧). ④자신 있는 의견. ⑤남에게 자기 품위를 간직하려는 마음 가짐.

【見辱】(견욕) 욕을 당함. 逢辱(봉욕).

【見危授命】アヤウキヲミテイノチヲサズク(견위수명) 국가나 군부(君父)의 위급에 즈음하여서는 목숨을 바침. 見危致命(견위치명). ¶見利思義 一<論語>

【見危致命】けんきちめい(견위치명) ☞見危授命(견위수명). ¶士 一 見得思義<論語>

【見積】ミツモリ(견적) 어림잡아 한 계산. ¶一書.

【見地】けんち(견지) 사물을 관찰하거나 판단하는 자기 나름의 처지. 觀點(관점).

げんち(현지) 현재의 토지. 현지(現地). 또는, 현재 어떤 일이 행하여지고 있는 곳. 現場(현장).

【見天日】けんてんじつ(견천일) 다시 햇빛을 본다는 뜻으로, ㉮다시 제위(帝位)에 오름의 비유. ¶帝謂后曰 一朝一 誓不相禁忌<舊唐書> ㉯죄인(罪人)이 풀려 나옴. ㉰소경이 시력(視力)을 되찾음.

【見學】けんがく(견학) 실지로 보고 배움.

【見解】けんかい(견해) 의견과 해석.

【見賢思齊】けんけんしせい(견현사제) 현인(賢人)을 보고 자기도 그와 같이 되려고 생각함. ¶子曰一焉 見不賢而內自省也<論語>

▷高一, 顧一, 寡一, 管一, 露一, 短一, 達一, 讀書百遍意自一, 望一, 面一, 目一, 聞一, 博一, 發一, 白一, 百聞不如一一, 瞥一, 奮一, 邪一, 賜一, 散一, 相一, 想一, 先一, 召一, 所一, 識一, 實一, 謁一, 仰一, 豫一, 外一, 愚一, 隱一, 意一, 引一, 一一, 正一, 朝一, 知一, 進一, 淺一, 親一, 卓一, 偏一, 披一, 顯一, 會一

8〖皃〗 皃(p.157)와 同字

9〖覌〗 觀(p.1366)의 俗字

10〖㝵〗 得(p.547)의 古字

11〖覐〗 覺(p.1365)의 古字

11〖䚇〗 觀(p.1366)의 俗字

4
11〖規〗 법 규 | 国ㄍㄨㄟ (gui) | き(ノリ) *law*

㊄ 槼

풀이 ①법. 규정. 법칙. ¶極棟宇之弘一<左思> ②모범. 의범(儀範). ¶死爲壯士一<王粲> ③걸음쇠. 원을 그리는 기구. 콤파스. ¶一矩 方員之至也<孟子> ④동그라미. 원(圓). 또는, 원을 그림. ¶天道成一<太玄經> ⑤둥글다. 원만함. ¶曲眉一只<楚辭> ⑥하늘. ¶神象二生一<太玄經> ⑦베끼다. 모사(模寫)함. ¶一遵王度<張衡> ⑧본뜨다. 모범(模範)으로 삼음. ¶則同一乎般盤<張衡> ⑨한정하다. 구획함. ¶一方千里 以爲甸服<國語> ⑩가지다. 영유(領有)함. ¶不一東夏<國語> ⑪꾀하다. 또는, 책략. ¶心知一而師傅諭導<淮南子> ⑫바루다. 바로잡음. ¶子寧以他一我<左氏傳> ⑬간하다. 충고함. ¶近臣盡一<呂覽> ⑭용모. 풍채. ¶素德淸一<晋書> ⑮경계. 훈계. ¶上奉父母之嚴一<徐陵> ⑯사물(事物)의 형용. ¶一一. ⑰문체(文體)의 하나. 과실을 경계하는 글. ¶一之爲文 則漢以前絶無作者 至唐元結始作五一<文體明辯>

【規格】きかく(규격) ①본. 표준(標準). ②규정(規定)한 격식(格式).

【規矩】きく(규구) ①걸음쇠와 자. ②행위의 표준. 사물의 준칙. 일상 생활에 지켜야 할 법도. 常道(상도).

【規矩準繩】きくじゅんじょう(규구준승) ①걸음쇠, 곡척(曲尺), 수준기(水準器)와 먹줄. 모두 목수(木手)의 도구. ②사물의 준칙(準則).

【規圖】きと(규도) 꾀. 또는 꾀함. 規畫(규획).

【規模】きぼ(규모) ①걸음쇠와 물건의 틀. ②본보기. 規範(규범). ③물건의 크기나 구조(構造).

【規約】きやく(규약) 약정(約定)한 규칙.

【規律】きりつ(규율) ①행동의 준칙이 되는 본보기. ②일정한 질서나 차례.

【規定】きてい(규정) 규칙을 정함. 또는, 그 규칙.

【規程】きてい(규정) ①모든 행위의 준칙이 되는 규칙. ②공공 기관의 내부 조직 및 사무 처리상의 규칙

【規制】きせい(규제) ①규칙을 제정함. 또는, 규칙. ②규칙에 의하여 억제함.

【規準】きじゅん(규준) 걸음쇠와 수준기(水準器). 곧, 표준이 될 만한 것.

【規則】きそく(규칙) 지키고 따라야 할 준칙(準則).

▷家一, 官一, 宏一, 內一, 明一, 半一, 法一, 常一, 世一, 神一, 良一, 英一, 月一, 子一, 箴一, 正一, 定一, 制一, 朝一, 淸一, 忠一, 洪一

4
11〖覓〗 찾을 멱 | 國ㄇㄧˋ (mi) | べき *search for*

풀이 ①찾다. 구하여 찾음. ¶是猶欲登山者涉舟航而一路<晋書> ②곁눈질하다.

11〖覔〗 覓(p.1362)의 俗字

11〖視〗 視(p.1363)와 同字

11〖現〗☞玉部 7획(p.997)

12〖覚〗覺(p.1365)의 略字

5 12〖覗〗엿볼 사 |ㄙˋ (si)|し watch for

5 12〖視〗볼 시 |ㄕˋ (shi)|し(ミル) look at
古 眎 眂 同 視

풀이 ①보다. ㉮우러러보다. 바라봄. ¶中之質若一日<莊子> ㉯똑똑히 보다. ¶次三事曰一<尙書大傳> ㉰자세히 살피다. 조사하여 봄. ¶叔魚生 其母一之<國語> ㉱눈에 띄다. ¶河伯一之<史記> ㉲훔쳐보다. ¶尉左右一 盡不能對<史記> ㉳엿보다. ¶莫不竊一<漢書> ㉴맡아 보다. 주관함. ¶我監我一<漢書> ㉵뵈다. 알현(謁見)함. ¶殷覜曰一<周禮> ㉶문안(問安)하다. ¶親往一之<呂覽> ②대우(待遇)하다. 대접함. ¶荀罃善一之<左氏傳> ③돌보다. 기름. ¶遂弗一<國語> ④본받다. 모범으로 삼음. ¶一乃厥祖<書經> ⑤가르치다. ¶遂一之<儀禮> ⑥받아들이다. ¶則不一其饋<禮記> ⑦견주다. 비교함. ¶受地一侯<孟子> ⑧보이다. 通 示. ¶一民不恌<詩經> ⑨가리키다. 通 指. ¶一撝則諸侯從命<列子>

【視覺】しかく(시각) 물체의 현상이 눈속 망막(網膜)에 비치어 일어나는 감각. 視感(시감). ※視聽覺(시청각).

【視界】しかい(시계) ①머리와 눈을 움직이지 않고 한눈에 볼 수 있는 범위. ②시력이 미치는 범위. 視野(시야).

【視力】しりょく(시력) 눈으로 물체를 볼 수 있는 힘. 眼力(안력). ↔聽力(청력).

【視線】しせん(시선) ①물체를 향해 눈이 가는 길. ②눈동자의 중심점과 외계(外界)의 주시점을 이은 선.

【視野】しや(시야) ☞視界(시계)②.

【視而不見】しじふけん(시이불견) 보아도 보이지 않는다는 뜻으로, 시선이 물체에 향하여 있어도 마음이 딴 것에 사로잡혀 있으면 그것이 눈에 들어오지 않음을 이름. 視는 주의하여 봄, 見은 자연히 눈에 들어옴. ¶一聽而不聞<大學>

【視點】してん(시점) ①회화(繪畫)의 원근법에서 화면과 직각인 시선이 화면과 교차하는 점. ②시선이 모이는 점. 또는, 사물을 보는 처지. 觀點(관점).

【視察】しさつ(시찰) ①실지로 돌아다니며 사정을 살펴봄. ②주의하여 살펴봄.

【視聽】しちょう(시청) ①보고 들음. ¶一者. ②경험. 견문. ¶以廣一<文心雕龍>

【視聽覺】しちょうかく(시청각) 시각과 청각. ¶一室/一教育.

▷監一, 檢一, 輕一, 窺一, 近一, 亂一, 同一, 同一一, 等閑一, 妄一, 蔑一, 明一, 無一, 傍一, 白眼一, 俯一, 斜一, 詳一, 熟一, 巡一, 仰一, 弱一, 忤一, 傲一, 龍驤虎一, 雄一, 遠一, 凝一, 一一, 臨一, 長生久一, 敵對一, 敵一, 電一, 竊一, 點一, 正一, 坐一, 注一, 直一, 疾一, 嫉一, 聽一, 靑眼一, 諦一, 透一, 虎一

12〖硯〗☞石部 7획(p.1080)

5 12〖覘〗엿볼 점 本 첨 |ㄔㄢ (chan)|てん spy

풀이 ①엿보다. 몰래 봄. 같 貼 佔. ¶公使一之<國語> ②보다. ¶使人一之<孔子家語>

13〖覐〗覺(p.1365)의 古字

6 13〖覓〗1 몰래 볼 멱 2 볼 맥 |ㄇㄧˋ (mi)|げき glance at ばく

풀이 1 몰래 보다. 곁눈질함. ¶一往昔之遺館<張衡> 2 보다. 자세히 봄. ¶古者太史順時一土<國語>

13〖覔〗覓(p.1363)과 同字

6 13〖覜〗1 뵐 조 2 볼 조 3 바라볼 조 |ㄊㄧㄠˋ (tiao)|ちょう audience

7 14〖覡〗박수 격 |ㄒㄧˊ (xi)|けき wizard

풀이 박수. 남자 무당. 通 擊. ¶在男曰一在女曰巫<國語>

15〖寛〗☞宀部 12획 (p.447)

15〖靚〗☞靑部 7획 (p.1609)

15〖覙〗親(p.1363)과 同字

8 15〖覤〗놀랄 혁 |ㄒㄧˋ (xi)|きょく surprise

16〖覩〗睹(p.1068)와 同字

16〖覧〗覽(p.1365)의 俗字

9 16〖覦〗넘겨다볼 유 |ㄩˊ (yu)|ゆ aspire

풀이 넘겨다보다. 분수 밖의 일을 바람. ¶能官人 則民無一心<左氏傳>

16〖靦〗☞面部 7획(p.1612)

9 16〖親〗친할 친 |ㄑㄧㄣ (qin)|しん(シタシイ) related
古 亲 同 䞉

풀이 ①친하다. ㉮사랑하다. ¶人之一其兄之子<孟子> ㉯사이좋게 지내다. ¶不能相一<呂覽> ㉰가까이하다. ¶燈火

稍可—<韓愈> ㉱가깝다. ¶本乎天者—上 本乎地者—下<易經> ②화목하다. ¶交—而不比<荀子> ③친히. 손수. ¶世子—齊玄而養<禮記> ④몸소 하다. 손수 함. 친히 함. ¶弗躬弗— 庶民弗信<詩經> ⑤자애(慈愛). ¶慈保庶民—也<國語> ⑥우정(友情). ¶連六國從—<史記> ⑦어버이. 부모. ¶始聞—喪<禮記> ⑧겨레. 일가. (通)儭. ¶祿勳合—<左氏傳> ⑨친구. ¶輕則失—<左氏傳> ⑩새롭다. 새롭게 함. (같)新. ¶在—民<大學>

【親家】しんか(친가) ①친척집. 친척의 통칭(通稱). ②출가(出嫁)한 여자의 본집. 親庭(친정). 實家(실가). ③《佛》 중의 부모가 사는 속가(俗家).

【親見】しんけん(친견) 몸소 봄. 친히 봄.

【親耕】しんこう(친경) ①몸소 갊. ②옛날 농업 장려에 솔선하는 의미로 임금이 몸소 적전(籍田)을 갈던 의식(儀式). ¶天子— 以共粢盛 王后親蠶 以共祭服<穀梁傳>

【親交】しんこう(친교) 친밀하게 사귐. 또는, 그 사람. ¶—在門<古詩>

【親舊】しんきゅう(친구) ①오랫동안 가깝게 사귀어 온 벗. 故友(고우). 親故(친고). ②나이가 비슷하거나 아래인 사람을 친근하게 이르는 말.

【親鞫】しんきく(친국) 임금이 죄인을 직접 신문하던 일.

【親近】しんきん(친근) ①정의(情誼)가 아주 가까움. ¶—感. ②가까이 두고 부리는 신하. 近臣(근신). ③친척(親戚).

【親同氣】(친동기)(韓) 친형제. ¶—間.

【親睦】しんぼく(친목) 서로 친하여 뜻이 맞고 정다움. ¶—契/—團體/—會.

【親廟】しんびょう(친묘) 종묘(宗廟).

【親密】しんみつ(친밀) ①썩 사이가 좋음. ②임금과 가까이 지냄.

【親兵】しんぺい(친병) 임금이 직접 거느리는 군사. 근위병(近衛兵) 따위.

【親父】しんぷ(친부) 친아버지.

【親分】(친분)(韓) 가까운 정분. 친한 정분. 契分(계분).

【親山】(친산)(韓) 부모의 산소.

【親喪】しんそう(친상) 부모의 상사(喪事). 父母喪(부모상).

【親書】しんしょ(친서) ①몸소 글을 씀. 또는, 그 글. ②몸소 편지를 씀. 또는, 그 편지. 親信(친신). 親札(친찰). ③임금이 몸소 씀. 또는, 그 글.

【親善】しんぜん(친선) 서로 친하여 사이가 좋음. ¶—競技.

【親疎】しんそ(친소) 친함과 버성김.

【親熟】しんじゅく(친숙) 친하여 서로 허물이 없음. 熟親(숙친).

【親婭】しんあ(친아) 동서(同壻). ¶閹人— 侵虐天下<後漢書>

【親押】しんおう(친압) ①임금의 수결(手決). ②임금이 향실(香室)에 나아가 친히 축문(祝文)의 글자를 손가락으로 짚어 가며 잘못 여부를 살피던 일.

【親狎】しんこう(친압) 사이가 너무 가까와져서 무람없음.

【親愛】しんあい(친애) 친밀히 사랑함.

【親王】しんのう(친왕) ①황자(皇子). ②청(淸)대 봉작(封爵)의 하나. 군왕(郡王)의 상위(上位).

【親友】しんゆう(친우) 친한 벗. 親朋(친붕).

【親衛隊】しんえいたい(친위대) ①임금이나 국가 원수(元首)의 신변을 보호하는 군대. 親兵(친병). ②조선 말엽 서울의 수비를 맡았던 군대.

【親蠶】しんさん(친잠) 고례(古禮)로 왕후(王后)가 친히 뽕을 따다가 누에를 치던 일. 親桑(친상).

【親展】しんてん(친전) ①친히 만나 이야기함. ¶無因— 書以言心<陸雲> ②수신인이 친히 펴보라는 뜻으로 편지 겉봉에 쓰는 말.

【親切】しんせつ(친절) 남을 대하는 태도가 성의있고 정다움.

【親征】しんせい(친정) 천자가 몸소 정벌함.

【親政】しんせい(친정) 천자가 친히 정사를 봄. ¶皇帝在繈褓 未任—<漢書> ↔攝政(섭정).

【親庭】(친정)(韓) 시집간 여자의 생가(生家). 本家(본가). 親家(친가)②.

【親族】しんぞく(친족) 겨레붙이. 일가. 族親(족친).

【親知】しんち(친지) 썩 가깝게 지내는 사람. 親友(친우).

【親戚】しんせき(친척) ①친당(親黨)과 척당(戚黨). 친족과 외척(外戚). ②모든 일가. 모든 겨레붙이. ③부모. ¶令重於寶 社稷先於— 法重於民 權貴於爵祿<管子> ④아내. 형수. 제수.

【親筆】しんぴつ(친필) 손수 쓴 글씨. 眞筆(진필).

▷懇—, 強—, 繼—, 骨肉—, 君—, 近—, 內疎外—, 老—, 大義滅—, 等—, 燈火可—, 睦—, 不恩媒—, 水魚—, 熟—, 雙—, 兩—, 養—, 嚴—, 六—, 肉—, 懿—, 二—, 慈—, 切—, 族—, 宗—, 從—, 周—, 至—, 眞—, 和—

10 17〖覯〗 만날 구 | 圈ㄍㄡˋ (gou) | こう *meet*

풀이 ①만나다. 우연히 만남. ¶亦旣—止<詩經·注> ②이루다. 구성(構成)함. 또는, 됨. (通)構. ¶其惡易—<左氏傳> ③합치다. 서로 만나 합하게 함. ¶男女—精 萬物化生<詩經·注> ④혼인하다. ¶旣— 謂已昏也<詩經·注> ⑤수동(受動)을 나타내는 말. …게 되다. …을 당하다. ¶—閔旣多<詩經>

▷奇—, 塗—, 杳—

10 17〖覬〗 바랄 기 | 圈ㄐㄧˋ (ji) | き(ノゾム) *want*

풀이 ①바라다. 아래에서 위로 보고 바람. (通)冀. ②쳐지다. 드리워짐.

▷窺—, 妄—, 柄用—, 非—, 陰—, 終—, 貪—, 希—

17〖覶〗 賴(p. 1432)와 同字

18〖観〗 觀(p. 1366)의 略字

11 18 〖覲〗 뵐 근 | 慶ㄐㄧㄣˋ (jin) | きん (マミエル)

풀이 ①뵙다. 알현(謁見)함. 通殣. ¶諸侯北面而見天子曰—<禮記> ②보다. 만나 봄. 인견(引見)함. ¶日—四岳群牧<書經> ③겨우. ¶至於—存<呂覽> ④구슬. 옥(玉). 通瑾. ¶琅玕龍茲華—以爲實<荀子>

【覲禮】きんれい(근례) ①제후(諸侯)가 천자(天子)에게 알현(謁見)하는 의식. ¶— 天子不下堂 而見諸侯<禮記> ②「의례」(儀禮)의 편 이름.

【覲參】きんさん(근참) 찾아가서 뵘.

【覲親】(근친) ①시집간 여자가 친정에 가서 부모를 뵙는 일. 歸寧(귀녕). ②《佛》 중이 속가(俗家)의 부모를 뵈러 감.

【覲行】きんこう(근행) 근친(覲親)을 가거나 옴.

▷來—, 王—, 入—, 朝—, 參—

11 18 〖覷〗 엿볼 처 | 御ㄑㄩˋ 遇(qu) | しょ spy

풀이 ①엿보다. 기회를 노림. 같狙 䁦 覰. ¶北寇—邊<唐書> ②보다. ③거칠다. 촘촘하지 않음.

12 19 〖覶〗 자세할 라 란 | 歌ㄌㄨㄛˊ 翰(luo) | ら detail らん

풀이 ①자세하다. 말이 곡진(曲盡)함. ¶—縷. ②즐겁게 보다. ③차례. 차서(次序). ¶—縷.

19 〖覹〗 瞥(p. 1070)과 同字

19 〖覻〗 覷(p. 1365)의 俗字

13 20 〖覺〗 1 깨달을 각 2 깰 교 | 覺ㄐㄩㄝˊ (jue) 效ㄐㄧㄠˋ (jiao) | かく perceive こう

古 斍 覐 略 覚 同 覐

풀이 1①깨닫다. 터득함. ¶叔術—焉<公羊傳> ②깨우치다. 깨닫게 함. ¶使先知—後知<孟子> ③깨달음. 이치를 깨달아 아는 일. ¶無復圓—之風<梁元帝> ④달인(達人). 이치를 깨달은 사람. ¶未寤於前—也<左思> ⑤알다. 기억함. ¶厥德修罔—<書經> ⑥느끼다. ¶先被詩情—<韓愈·孟郊> ⑦나타나다. 드러남. ¶朗日開—<李邕> ⑧나타내다. 밝힘. ¶以—報宴<左氏傳> ⑨높고 크다. 通嶨 陪. ¶有—其楹<詩經> ⑩곧다. 똑바름. 通縮. ¶有—德行<詩經> ⑪견주다. 경쟁함. 通校 搉. ¶彼此相— 有善惡耳<孟子·注> 2①깨다. 꿈을 깸. ¶尙寐無—<詩經> ②깨우다. 일으킴. ¶中夜聞荒鷄鳴 蹴琨—<晋書> ③의승. 현실(現實). ¶—之所見者妄<列子>

【覺劍】かくけん(각검) 깨달음의 힘[力]. 그 힘이 능히 사악(邪惡)을 깨뜨리므로 검(劍)에 비유. ¶揮—而破邪山<王勃>

【覺羅】かくら(각라) ①만주어(滿洲語)로, 마을 이름. ②청(淸) 현종(顯宗)의 방계(傍系) 자손의 성(姓).

【覺非】かくひ(각비) ①잘못을 깨달음. 결점을 앎. ②잘못을 깨우침. ¶雅言—<丁若鏞>

【覺書】オボエガキ(각서) ①약속을 잊지 않게 하기 위하여 기록함. 또는, 그 문서. ②외교 문서의 한 가지.

【覺醒】かくせい(각성) ①잠에서 깸. ②잘못을 깨달음.

【覺悟】かくご(각오) ①깨달음. 잘못을 깨달아 앎. 醒悟(성오). ②《佛》 미혹에서 벗어나 진리를 깨닫고 진지(眞知)를 여는 일. 悟覺(오각). ③마음의 준비. ④결심함.

【覺王】かくおう(각왕)《佛》 ☞覺者(각자).

【覺者】かくしゃ(각자)《佛》 ①부처의 이칭. 覺王(각왕). 佛陀(불타). 覺皇(각황). ②우주와 인생의 진리를 깨달아 안심입명(安心立命)의 경지에 이른 사람.

【覺海】かくかい(각해)《佛》 불교의 이칭. 교의(敎義)의 깊고 넓음을 바다에 비유한 말. ¶投心— 束意玄門<盧思道>

【覺皇】かくこう(각황) ☞覺者(각자)①.

▷感—, 警—, 驚—, 大—, 晩—, 妙—, 味—, 發—, 先—, 善—, 睡—, 視—, 緣—, 悟—, 自—, 前—, 正—, 淨—, 至—, 知—, 直—, 眞—, 錯—, 聽—, 觸—, 統—, 痛—, 呼—, 幻—, 後—, 嗅—

20 〖覷〗 覷(p. 1365)와 同字

21 〖覼〗 覶(p. 1365)와 同字

14 21 〖覽〗 볼 람 | 感ㄌㄢˇ (lan) | らん (ミル) look at

略 覧 俗 覧

풀이 ①보다. ㉮살펴보다. 비교하여 봄. ¶又—纍之昌辭<漢書> ㉯바라보다. 전망함. ¶登茲泰山 周—東極<史記> ②전망. 경관. ¶富—山無盡<王惲> ③받다. 받아들임. ¶大王—其說<戰國策>

【覽古】らんこ(남고) 옛적을 생각함. 고적을 찾아 그 당시의 일을 회상함. 懷古(회고). ¶有興則泛小舟 出盤閶二門 吟嘯—於江山之間<宋史>

【覽揆之辰】らんきのしん(남규지 신) 태어난 날. 生日(생일). 誕日(탄일).

▷敬—, 高—, 顧—, 觀—, 校—, 登—, 博—, 俯—, 上—, 詳—, 聖—, 熟—, 巡—, 歷—, 閱—, 叡—, 流—, 遊—, 劉—, 乙—, 乙夜之—, ——, 展—, 眺—, 照—, 綜—, 縱—, 周—, 天—, 淸—, 親—, 台—, 便—, 徧—, 披—, 畢—, 玄—, 回—

15 22 〖覿〗 볼 적 | 錫ㄉㄧˊ (di) | てき see

풀이 ①보다. 만남. 뵙거나 보임. ¶三歲不—<易經> ②눈이 붉다. ③멀리 바라보는 모양.
▷俯—, 私—, 遠—

18 〖觀〗 ①볼 관 國ㄍㄨㄢ かん(ミル)
25 ②볼 관 漢(guan) *observe*
略観 俗观 規

풀이 ①①보다. 자세히 봄. ¶不知務內—<列子> ②보이다. 나타내 보임. ¶嘉量旣成 以—四國<周禮> ③드러내다. 명시함. ¶以—欲天下<漢書> ④볼품. 외관. ¶上用目則下飾—<韓非子> ⑤경관. 경치. ¶背湖山之— 而行桑麻之野<蘇軾> ⑥모양. 의용. ¶習容—玉聲<禮記> ⑦양관(兩觀). 궁문(宮門) 좌우에 있는 높은 대(臺). ⑧누각. 망루. ¶宮室不—<左氏傳> ⑨족루대(髑髏臺). 시체를 한데 쌓고 흙으로 덮어 둔 무덤. ¶收晉尸 以爲京—<左氏傳> ⑩도관(道觀). 선인(仙人)이나 도사(道士)가 수도하는 곳. ¶上寺留便二十一 上—道士十四<唐書> ⑪관괘(卦). 64괘의 하나. 곤하 손상(坤下巽上). ䷓. 내순 외손(內順外遜)의 상(象). ⑫많다. 通貫. ¶遹—厥成<詩經> ⑬황새. 通鸛. ¶—雀蚊虻<莊子> ②①보다. ㉮살펴보다. ¶予欲—古人之象<書經> ㉯점쳐 보다. ¶—成潢<漢書> ㉰바라보다. ¶諸將皆從壁上—<史記> ㉱쳐다보다. ㉲거울삼다. 본받음. ¶書而不法 後嗣何—<左氏傳> ㉳널리 보다. ¶—其所由<論語> ②눈. 또는, 시선(視線). ¶坐者皆屬—<後漢書> ③유람(遊覽)하다. ¶吾何修而可以比於先王—也<孟子> ④사고력(思考力). 판단 능력. ⑤체계화한 견해. ¶正—不起況邪—<范成大>/人生—. ⑥사념(思念)하다. 고구(考究)함. ¶萬物靜—皆自得 四時佳興與人同<程顥>

兩觀⑦(名物圖)

【觀客】かんかく(관객) 구경하는 사람. 관람객. 구경꾼. 看客(간객).

【觀光】かんこう(관광) ①다른 나라의 문물 제도를 봄. ②다른 지방이나 다른 나라의 풍광이나 풍속을 구경하며 돌아다님. ¶黎民歡仰德 萬國喜—<耶律楚材> ③㊥ 배안(拜顔)함. ④韓 과거(科擧)를 보러 감.

【觀闕之誅】かんけつのちゅう(관궐지 주) 성문의 관궐에서 공자(孔子)가, 정치를 문란하게 한 대부(大夫) 소정묘(少正卯)를 벤 옛일에서, 부정한 신하를 죽임을 이르는 말. ¶當伏—放於無人之域<漢書>

【觀劇】かんげき(관극) 연극을 구경함.

【觀念】かんねん(관념) ①생각. ②자극이 사라진 뒤에도 경험한 사물이 의식 가운데 남아 있는 심상(心象). ③의식(意識)을 통하여 얻어진 사상(寫像). 이데아(idea). ④《佛》 눈을 감고 마음을 가라앉혀 깊이 불법(佛法)을 생각하는 일.

【觀燈】かんとう(관등) ①정월 보름날 밤에 등불 구경을 하는 행사. ②《佛》 음력 4월 8일에 등을 달아 석가의 탄생을 기리는 일. ¶—會.

【觀覽】かんらん(관람) 연극·영화 따위를 구경함. ¶—券/—席/—料.

【觀蓮節】かんれんせつ(관련절) 중국에서, 음력 6월 24일. ¶六月二十四日 謂之—<內觀日疏>

【觀望】かんぼう(관망) ①멀리 바라봄. ②형세를 바라봄. ③전망. 또는, 외모. ¶乘車者飾—步行者襍文采<管子>

【觀兵】かんぺい(관병) ①군대의 위세를 보임. ②군대를 사열(查閱)하는 일. ¶—式.

【觀相】かんそう(관상) 인상(人相)을 보고 성질이나 운명 따위를 판단하는 일. ¶—家.

【觀象】かんしょう(관상) ①법식(法式)을 살펴봄. ¶予欲觀古人之象 日月星辰<書經> ②천문, 기상 등의 자연 현상을 관측함. ¶—監/—臺. ③점괘(占卦)를 봄. ¶望人設卦—<易經>

【觀世音菩薩】かんぜおんぼさつ(관세음보살)《佛》 범어(梵語) Avalokite svara의 음역. 자비(慈悲)의 화신(化身)인 보살. 세지보살(勢至菩薩)과 함께 아미타불(阿彌陀佛)의 좌우에서 부처의 교화(敎化)를 도움. 觀音(관음). 觀自在菩薩(관자재보살).

【觀自在】かんじざい(관자재)《佛》 관세음보살(觀世音菩薩)의 준말. 제법(諸法)을 자유롭게 봄의 뜻. ¶—菩薩.

【觀戰】かんせん(관전) ①바둑, 장기, 운동 경기 따위를 구경함. ¶—評. ②전쟁(戰爭)의 상황을 바라봄.

【觀點】かんてん(관점) 사물을 관찰할 때 그 사람이 보는 각도나 입장. 見地(견지).

【觀照】かんしょう(관조) ①사물을 충분히 생각하여 앎. 지혜로 사리(事理)를 비추어 봄. ¶于人法得無我 于—得甚深<李華> ②고요한 마음으로 자연이나 예술 작품 등을 관찰·음미함. ③미(美)를 직접적으로 지각하는 일.

【觀衆】かんしゅう(관중) 구경꾼.

【觀察】かんさつ(관찰) ①사물이 되어 가는 형편이나 동태 등을 자세히 살핌. ②자세히 조사(調査)해 봄. ¶巡問而—之<周禮>

【觀測】かんそく(관측) ①천문, 기상 등 자연 현상의 변화나 상태를 관찰하여 측정함. ¶—所. ②관찰하여 추측함.

▷可—, 概—, 客—, 傑—, 京—, 景—, 舊—, 宮—, 奇—, 樂—, 覽—, 內—, 來—, 樓—, 達—, 大—, 臺—, 道—, 門—, 美—, 博—, 傍—, 陪—, 竝—, 悲—, 寺—, 史—, 城—, 世界—, 列—, 娛—, 外—, 宇宙—, 遠—, 偉—, 遊—, 唯物史—, 儀—, 人生—, 一心三—, 臨—, 壯—, 邸—, 貞—, 靜—, 縱—, 坐—, 主—, 止—, 參—, 側面—

角<뿔 각>部

角 ④ 觖 觓 ⑤ 觚 觜 觝 ⑥ 觡 觥 解 觧
触 ⑦ 觫 ⑧ 觭 ⑨ 觲 觱 ⑩ 觳 ⑪ 觴 ⑫ 觶
⑬ 觸 ⑱ 觿

6【用】☞用部 1획(p.1011)

0/7【角】 [1]뿔 각 | [覺]ㄐㄧㄠˇ (jiao) | かく (ツノ) horn
[2]꿩 우는 소리 곡 | [屋]ㄐㄩㄝˊ (jue) | こく

[本]𧢲

[源]象形. 짐승의 뿔을 본뜸.

[풀이][1]①뿔. ㉮짐승의 뿔. ¶有捄其—<詩經> ㉯달팽이나 곤충의 촉각. ¶有國于蝸牛之左—者<莊子> ②모. 귀. 모진 데. ¶危樵緣磴— 倦衲憩松根<高啓> ③구석. 한 모퉁이. ¶德澤天外 文明地—<楊烱> ④뿔피리. 뿔로 만든 관악기. ¶帝乃駐馬 鳴—收兵<北史> ⑤뿔 세공(細工). ¶珠—擅奇<庾信> ⑥뿔을 잡다. ㉮뿔을 잡다. ¶譬如捕鹿 晉人—之<左氏傳> ㉯적의 전면(前面)을 제어하다. ⑦사람의 이마 한가운데가 도톰한 상(相). ¶龍準日—<後漢書> ⑧상투. ¶男—女羈<禮記> ⑨술잔. 술그릇. ¶一—一散<儀禮> ⑩되. 말. 양기(量器). ⑪짐승. 금수(禽獸). ¶山無—<太玄經> ⑫견주다. [通]校覈. ¶非親—材而臣之<漢書> ⑬겨루다. 경쟁함. ¶—無用之虛文<漢書> ⑭다투다. 싸움. ¶與子陽—力<後漢書> ⑮닿다. 댐. ¶物觸地而出 戴芒—也<漢書> ⑯시험하다. ¶肄射御—力<呂覽> ⑰뛰다. ⑱각지. 콩이나 팥 따위의 껍질. ⑲오음(五音)의 하나. ¶孟春之月 其音—<禮記> ⑳별 이름. 28수(宿)의 하나. ¶—宿未旦<楚辭> [2]꿩이 우는 소리. ¶——.

蒙古角④
(大淸會典圖)

角⑨
(三禮圖)

【角巾】かっきん(각건) ①모가 진 두건. 은자(隱者)가 쓰던 것. 方巾(방건). ②[韓] 정재(呈才) 때 무동(舞童)이 쓰던 건.
【角冠】かっかん(각관) 도사(道士)가 쓰는 관. 道冠(도관).
【角弓】かっきゅう(각궁) ①뿔로 꾸민 활. ②「시경」(詩經)의 편(篇) 이름. 유왕(幽王)이 구족(九族)을 멀리하고 간신을 가까이 한 것을 풍자한 시.
【角妓】かくぎ(각기) 예(藝)로 이름이 난 기녀. 名妓(명기).
【角掎】かくき(각기) 뿔을 잡아당기고 다리를 잡아끈다는 뜻으로, 앞뒤에서 적을 제어함의 비유.
【角度】かくど(각도) ①각의 크기. ②사물을 보는 관점. 方向(방향).
【角力】かくりょく・すもう(각력) ①서로 힘을 겨룸. ②씨름.
【角帽】かくぼう(각모) ①모난 모자. ②사각 모자의 준말로, 대학생을 이름.
【角門】かくもん(각문) 정문 옆에 있는 작은 문.
【角聲】かくせい(각성) ①오음의 하나. 청탁 고하(淸濁高下)의 중간 소리. ②각적(角笛)을 부는 소리. 각적은 군에서 쓰던 나팔 비슷한 것.
【角宿】かくしゅく(각수) 28수(宿)의 하나.
【角勝】かくしょう(각승) 승부를 겨룸. 또는, 다툼.
【角抵】かくてい(각저) ①힘이나 기예, 활쏘기, 말타기 등을 겨루는 일. 角觝(각저). ②씨름.
【角質】かくしつ(각질) 손톱, 발톱, 뿔, 알 껍데기, 비늘 등의 각소(角素)로 된 물질.
【角逐】かくちく(각축) 서로 이기려고 다툼. 角은 힘을 겨루어 다툼. 逐은 뒤쫓음. ¶—戰
【角戲】(각희)[韓] ①승부를 겨루는 모든 유희. ②씨름.
▷鼓—, 骨—, 圭—, 羈—, 鹿—, 樓—, 稜—, 多—, 端—, 銅—, 頭—, 俯—, 四—, 三—, 塞—, 犀—, 城—, 岸—, 眼—, 仰—, 羊—,, 軟—, 銳—, 屋—, 蝸—, 外—, 牛—, 牛毛麟—, 肉—, 一—, 日—, 折—, 地—, 直—, 錯—, 天—, 天涯地—, 觸—, 總—, 皮—, 見頭—

8【𧢲】角(p.1367)의 本字

4/11【觖】 [1]서운해할 결 | [屑]ㄐㄩㄝˊ (jue) | けつ sorry
[2]바랄 기 | [紙] | き
[3]혀찰 계 | [霽] | けい

[풀이][1]①서운해하다. ¶獨此尙—望<史記> ②들추어 내다. [通]抉. ¶欲擿—以揚我惡<漢書> [2]바라다. [같]冀. ¶爲群臣—望<史記> [3]혀를 차다.
▷摘—, 擿—

11【斛】☞斗部 7획(p.694)

11【𧢳】觸(p.1370)의 古字

4/11【觕】거칠 추 | [虞]ㄘㄨ (cu) | そ rough

[풀이]①거칠다. [같]麤. [通]粗. ¶—者曰侵 精者曰伐<公羊傳> ②대강. 대략. ¶—擧僚職<漢書>

11【觘】觶(p.1370)의 古字

5/12【觚】술잔 고 | [虞]ㄍㄨ (gu) | こ wine cup

[俗]䚝

[풀이]①술잔. 의식(儀式)에 쓰는 술잔. 술그릇. ¶—不觚<論語> ②모. 능각(稜角). [通]柧. ¶其—而不堅也<莊子> ③네모. 사각형. ¶漢興破—而爲圜<漢書> ④법. 법칙. ¶占之以其—<太玄經> ⑤쪽. 대쪽. 옛날, 글자를 쓰던 나무쪽. [같]觚. ¶或操—以率爾<陸機> ⑥홀로. 혼자. [通]孤. ¶其—而不堅也<莊子> ⑦줄. 포아풀과의 여러해살이 풀. 줄풀. 진고(眞菰). [通]菰 苽. ¶蓮藕—盧<漢書> ⑧손잡이. 자루. [通]把. ¶

操其一招其末<淮南子>
【觚不觚】こナラズ(고 불 고) 고(觚)가 고답지 않음. 觚는 향음에 쓰이는 술잔으로 옛날에는 모서리가 있었으나, 후세에는 없어지고 이름만 남았으므로, 옛 제도가 없어짐을 탄식한 말. 유명 무실(有名無實)함의 비유. ¶一 觚哉 觚哉<論語>
▷劍一, 操一, 執一

觚①
(三才圖會)

12〖觘〗 觚(p. 1367)의 俗字

5
12〖觜〗 1털 뿔 자 㚒ㄗ し 2부리 취 紙(zi) し 3바다거북 주 因 すい
풀이1 ①털 뿔. 부엉이 머리에 뿔처럼 난 털. ②뾰족한 끝. ¶鵂鶹飛達青山一<皇甫松> ③별 이름. 28수(宿)의 하나. 자수(觜宿). ④바다거북. ¶甲瑇瑁 戕一觿<後漢書> 2부리. 새의 주둥이. ¶武人厲其一吻<南齊書> 3바다거북.
【觜宿】しゅく(자수) 28수의 하나. 대설(大雪) 철의 밤 12시 30분경부터 중천에 나타나는 마름모꼴의 세 별. 觜星(자성).
【觜觿】けい(자휴) ①☞觜宿(자수). ②바다 거북.
▷曲一, 猛一, 蜂一, 沙一, 鴉一, 義一, 利一, 鐵一

5
12〖觝〗 1닥뜨릴 저 薺ㄉㄧˇ で(フレル) 2칠 지 紙(di) し
풀이1 ①닥뜨리다. 같 牴. ¶一排異端<韓愈> ②이르다. 도달함. ¶觸巖一隈<嵇康> 2치다. 같 抵.
▷角一, 相一

6
13〖觡〗 뿔 격 陌ㄍㄜˊ(ge) かく horn

6
13〖觥〗 뿔잔 굉 庚ㄍㄨㄥ(gong) こう
同 觵
풀이 ①뿔잔. 뿔로 만든 큰 술잔. ¶我姑酌彼兕一<詩經> ②크다. ¶一羊之穀<太玄經> ③강직한 모양.
▷巨一, 罰一, 兕一, 銀一, 酒一, 彭一

6
13〖解〗 1풀 해 2흩어질 해 蟹ㄐㄧㄝˇ(jie) 卦ㄒㄧㄝˋ(xie) かい, げ (トク) untie
俗 觧 觧
풀이1 ①풀다. ㉮가르다. 해부(解剖)함. ¶庖丁爲文惠君一牛<莊子> ㉯깎다. ¶晋文公一曹地 以分諸侯<國語> ㉰흩다. 흩뜨림. ¶苟能無一其五臟<莊子> ㉱벗다. 벗김. ¶一屨不敢當階<禮記> ㉲풀다. 매듭을 풂. ¶至仁一網<沈約> ㉳열다. ¶嚴城一扉<後漢書> ㉴용서하다. 면제함. ¶於法無以一<漢書> ㉵놓아 주다. ¶是故上必寬裕而有一舍<管子> ㉶풀이하다. 설명함. ¶百官詢事 則有關刺一牒<文心雕龍> ㉷강의(講義)하다. 뜻풀이를 함. ¶論一經傳<後漢書> ㉸타이르다. ¶訓導譬一<後漢書> ㉹변명하다. 해명함. ¶夫安敢以服爲一<漢書> ㉺서로 좋게 하다. ¶和一. ②풀리다. ㉮이해되다. ¶此臣之未一一也<諸葛亮> ㉯떨어지다. ¶鹿角一<呂覽> ㉰해지다. ¶冬則羊裘一札<淮南子> ㉱해이(解弛)해지다. 긴장이 풀림. ㉲게을러지다. ¶三月不一<禮記>/一怠. ㉳화목해지다. ¶業已講一<史記> ③깨닫다. 깨달음. ¶問計於詡 對曰 離之而已 太祖曰 一<魏志> ④핑계. 변명. ¶船交江中 皆以風爲一<史記> ⑤주석(注釋). 주해(注解). ¶求一言外<謝靈運> ⑥깨달음. 번뇌에서의 깨달음. ¶空一淵深 至理高妙<江總> ⑦해괘(卦). 감하 진상(坎下震上). ䷧. 어려움이 풀릴 상(象). ⑧악장(樂章)의 한 장(章). ⑨문체(文體) 이름. 논변(論辯)하는 글. ¶進學一/獲麟一. ⑩게. 通 蟹. ¶大一陵魚<呂覽> ⑪땀을 내다. 취한(取汗)함. ⑫대소변. 2①흩어지다. 흩음. ¶一散. ②마디. 뼈마디. ¶君知其一乎<史記> ③만나다. 뜻하지 않게 만남. 通 邂. ④게으름을 피우다. 나태함. ¶不一于位<詩經·注> ⑤없애다. 제거함. ¶一除. ⑥그치다. 그만둠. ¶歸獄不一<漢書> ⑦사과하다. ¶雖有一除<後漢書> ⑧희생으로 바치다. ¶禹之爲水 以身一於陽盱之河<淮南子> ⑨아뢰다. 여쭘. ⑩보내다. 파견함. ¶令監司守臣一送<宋史> ⑪향시(鄉試). 지방에서 시행되었기 때문임. ¶鄉試中頭 名曰一元<珠璣藪> ⑫마을. 관청. 通 廨. ¶高其一舍<商子>
【解渴】かいかつ(해갈) ①목마름을 풂. ②비가 내려 가물음을 면함.
【解決】かいけつ(해결) 얽힌 일을 풀어서 처리함. 문제를 풀어서 결말을 지음.
【解雇】かいこ(해고) 고용된 사람을 내보냄.
【解禁】かいきん(해금) 금령(禁令)을 풂. 解停(해정).
【解答】かいとう(해답) ①설명하여 답함. 또는, 그 답. ②문제를 풀어서 답함. 또는, 그 답.
【解道】かいどう(해도) ①앎. 知道(지도). ②…라고 말할 수 있음. 남의 명구(明句)를 인용할 때 씀. ¶令人還憶柳柳州 一千山絶飛鳥<楊萬里>
【解毒】げどく(해독) 독기를 풀어 없앰.
【解讀】かいどく(해독) ①알기 쉽게 풀어 읽음. ②알 수 없는 문장이나 암호 등을 풀어 읽음.
【解凍】かいとう(해동) ①언 것이 녹아서 풀림. ②이른 봄으로 접어듦. 「사람.
【解頭】かいとう(해두) 향시(鄕試)에 장원 급제한

【解得】かいとく(해득) 뜻을 깨쳐 앎.
【解例】かいれい(해례) 보기를 들어가며 풀이함.
【解娩】かいべん(해만) 분만(分娩)함. 해산함.
【解免】かいめん(해면) ①☞解任(해임). ②책임을 면함.
【解夢】かいむ(해몽) 꿈의 길흉을 판단함. 꿈풀이.
【解放】かいほう(해방) ①가두거나 얽매어 둔 것을 풀어 놓음. ②모든 인습적인 속박에서 풀려나서 자유로운 상태가 됨.
【解剖】かいぼう(해부) ①생물의 몸을 해체하여 내부를 조사하거나 치료하는 일. ②사물의 조리를 분석하여 연구함.
【解氷】かいひょう(해빙) 봄에 얼음이 풀림. 解凍(해동). ¶一期. ↔結氷(결빙).
【解產】(해산) 아이를 낳음. 分娩(분만).
【解散】かいさん(해산) ①모였던 사람들이 흩어지거나 흩어지게 함. ②집회·결사·법인의 존재를 없앰.
【解說】かいせつ(해설) ①알기 쉽게 뜻을 풀어서 밝힘. 설명함. ②말로 풀어서 자세히 밝힘.
【解消】かいしょう(해소) 해제하여 관계를 없앰.
【解約】かいやく(해약) ①계약을 해소함. ②해지(解止)에 해당하는 구민법(舊民法) 용어.
【解語】かいご(해어) ①말을 이해함. ②깨달음. 앎. 解悟(해오).
【解語花】かいごか(해어화) 말을 하는 꽃. 미인을 이름. 당(唐) 현종(玄宗)이 양귀비(楊貴妃)를 일컬은 말.
【解熱】かいねつ(해열) 신열(身熱)을 풀어 내림. 열이 내림. 消熱(소열). ¶一劑.
【解悟】かいご(해오) 깨달음. 도리를 터득함.
【解冤】かいえん(해원) 원한을 풂. 분풀이.
【解由】かいゆう(해유) ①송(宋)대에 관리가 부임할 때 증거로 하던 공문서. ②관청의 물품을 관리하는 관원이 경질될 때, 후임자에게 사무를 인계하고 호조(戶曹)에 보고하여 책임을 면하던 일. ③㊥ 호송장(護送狀).
【解由牒】かいゆうちょう(해유첩) 호조(戶曹)에서 이조(吏曹)에 관원의 해유를 알리는 통첩.
【解義】かいぎ(해의) 뜻을 풂. 解釋(해석).
【解弛】かいし(해이) 마음의 긴장이나 규율이 풀리어 느즈러짐.
【解頤】かいい(해이) 턱이 빠짐. 크게 웃음을 이름.
【解任】かいにん(해임) 맡은 임무에서 물러나게 함. 免職(면직).
【解字】かいじ(해자) ①글자의 뜻을 해석함. ②자형(字形)을 해석(解析)함.
【解除】かいじょ(해제) ①풀어서 없앰. 특별한 처치를 취소하고 평상 상태로 돌리는 일. ②기존의 법률 관계를 해소함. ¶職位一. ③마귀 따위를 쫓아 버림.
【解題】かいだい(해제) ①책의 저자·권수·내용 등을 풀이함. ②문장의 표제(標題)를 해설하는 일.
【解職】かいしょく(해직) 직책을 해제(解除)함. 免職(면직).
【解體】かいたい(해체) ①사람들이 뿔뿔이 흩어짐. 解散(해산). ②몸이 번민에서 벗어남. ③게으름을 피움. 태만히 함. ④기계를 뜯어 여러 부품으로 헤침. 분해함. ⑤몸을 가름. 解剖(해부).
【解惰】かいだ(해타) ☞解怠(해태).
【解脫】かいだつ①·げだつ②(해탈) ①구속을 벗겨 줌. 석방함. 또는, 탈옥 도주함. ②《佛》 미계(迷界)에 얽매인 굴레를 벗어남. 미혹이나 번뇌에서 벗어나 깨달음.
【解怠】かいたい(해태) 게으름을 피움. 解惰(해타).
【解土】かいど(해토) ①낙성식(落成式) 등에서 토지의 신에게 제사를 지냄. ②언 흙이 녹아 풀림. 땅풀림.
▷講一, 見一, 曲一, 難一, 論一, 讀一, 明一, 妙一, 辯一, 分一, 譬一, 氷一, 詳一, 尸一, 深一, 略一, 諒一, 領一, 誤一, 瓦一, 了一, 義一, 弛一, 理一, 一知半一, 沮一, 節一, 正一, 精一, 支一, 枝一, 知一, 體一, 聽一, 脫一, 土崩瓦一, 和一, 曉一, 訓一

13【觧】 解(p.1368)의 俗字

13【鮮】 解(p.1368)의 俗字

13【触】 觸(p.1370)의 俗字

7 14【觫】 곰송그릴 속 | 圜ㄙㄨˋ (su) | そく

풀이 곱송그리다. 죽음을 두려워하는 모양. ¶吾不忍其觳一若無罪而就死地<孟子>

14【觗】 觶(p.1370)와 同字

8 15【觭】 천지각 기 | 因ㄐㄧ (ji) | き

풀이 ①천지각(天地角). 하나는 위로, 하나는 아래로 향한 쇠뿔. ¶必有一重者矣<戰國策> ②외짝. 불구. 通踦. ¶匹馬一輪無反者<漢書> ③기이하다. 이상함. 通奇. ¶二曰一夢<周禮> ④얻다. 꿈에서 얻음. 通掎. ⑤쇠뿔.

15【餞】 琖(p.998)과 同字

9 16【觼】 대구 철 | 圜ㄔㄜˋ (che) | てつ

풀이 ①대구(帶鉤). 띠의 자물단추. ¶天子革帶玉鉤一 皇太子革帶金鉤一<隋書> ②뿔.

9 16【觱】 필률 필 | 圜ㄅㄧˋ (bi) | ひつ(ヒチリキ)

풀이 ①필률. 피리의 한 가지로, 중국 서쪽 변방의 토인이 불던 각적(角笛). ¶一栗本龜玆國樂<明皇雜錄> ②쌀쌀하다. 바람이 쌀쌀함. ¶一之日一發<詩經> ③용솟음치다. 샘물이 솟아나는 모양. ¶一沸檻泉<詩經>

觱篥 (淸會典圖)

【觱篥】ひつりつ·ひちりき(필률) 피리. 앞면에 일곱 개, 뒷면에 한 개의 구멍이 있는 피리.

10 17 〖觳〗 ① 뿔잔 곡 ② 겨룰 각 | 㘝ㄏㄨˊ 覺(hu) | こく *horn chalice* かく

풀이 ① ①뿔잔. 뿔로 만든 큰 잔. 술을 담아 두는 그릇. ②말. 양기(量器)의 이름. 세 말 혹은 한 말 두 되들이 말. 通斛. ¶鬲實五—<周禮> ③살촉. ④전동(箭筒). ⑤다하다. 끝이 됨. ¶雖監門之養 不—於此<史記> ⑥곱송그리다. 죽음을 두려워하는 모양. ¶—觫. ② ①겨루다. 견줌. 通角. ¶彊弱不—力<韓非子> ②전동(箭筒). ③메마르다. 通确. ¶五粟之狀 剛而不—<管子> ④윤기(潤氣)가 없다. ¶其道大—<莊子> ⑤검소하다. 검약함. ¶其奉君親 皆以儉—爲無窮計<唐書> ⑥토(吐)하다. ¶君將—之<左氏傳> ⑦발등. 通柎. ¶長及—<儀禮> ⑧뒷다리. ¶主婦俎—折<儀禮> ⑨닿다. 스침. 通觸.

【觳力】かくりょく (각력) 힘을 겨룸. 角力(각력).

【觳觫】こくそく (곡속) 소가 죽을 곳에 이르러 몹시 두려워하는 모양. 죽음을 두려워하는 모양.

11 18 〖觴〗 잔 상 | 陽ㄕㄤ (shang) | しょう(サカズキ) *winecup*

同 醻

풀이 ①잔. 술잔의 총칭. ¶執—杯豆而不醉<大戴禮> ②잔질하다. 술을 침. ¶—將軍<戰國策>/—詠.

▷擧—, 空—, 交—, 濫—, 累—, 杯—, 飛—, 壽—, 玉—, 羽—, 流—, 重—, 行—, 獻—

19 〖觵〗 觥(p. 1368)과 同字

19 〖觾〗 殺(p. 820)의 古字

12 19 〖觶〗 잔 치 | 寘ㄓˋ (zhi) | し *cup*

풀이 잔. ㉮향음주(鄕飮酒)의 의식에 쓰는 뿔잔. ¶賓勺—<儀禮> ㉯빈 술잔. 술을 치지 않은 잔. 술을 친 잔은 觴. ㉰벌주의 잔.

19 〖蟹〗 ☞ 虫部 13획(p. 1335)

13 20 〖觸〗 닿을 촉 | 沃ㄔㄨˋ (chu) | しょく(フレル) *touch*

俗 触

풀이 ①닿다. ㉮부딪히다. ¶—槐而死<左氏傳> ㉯받다. 떠받음. ¶羝羊—藩<易經> ㉰움직이다. ¶—類而長之<易經> ㉱범하다. 저촉(抵觸)됨. ¶去禮儀 —刑法<漢書> ㉲더럽히다. 더럽혀짐. ¶燋鯁在躬 輒復塵—<江淹> ②의거(依據)하다. ③《佛》마음이 외물을 따라 일어나는 심리 작용. ¶身根頑— 唯貪細軟<梁簡文帝>

【觸覺】しょっかく (촉각) 피부에 닿아서 생기는 감각. 눌림, 차고 더움, 아픔 따위. 觸感(촉감).

【觸禁】しょっきん (촉금) 법령에 저촉됨.

【觸媒】しょくばい (촉매) 자체는 반응에 참가하지 않고 반응의 속도를 증가시키거나 감소시키는 물질. ¶—作用.

【觸發】しょくはつ (촉발) ①일을 당하여 느낌이 일어남. ②다치거나 부딪히면 폭발함. 一觸卽發(일촉즉발).

【觸犯】しょくはん (촉범) 범(犯)함. 어김.

【觸手】しょくしゅ (촉수) ①물건을 잡는 손이란 뜻으로, 오른손. ②하등 동물의 촉각을 맡은 기관(器官). ③물건에 손을 댐.

【觸診】しょくしん (촉진) 만져서 진단하는 진단법의 한 가지.

▷感—, 繫—, 蠻—, 犯—, 抵—, 牴—, 接—

18 25 〖觿〗 뿔송곳 휴 | 齊ㄒㄧ (xi) | けい(ツノギリ)

풀이 뿔송곳. 풀이. 매듭을 푸는 데에 쓰므로, 글뜻 풀이의 뜻으로 씀. ¶左氏—/史記—.

【觿年】けいねん (휴년) 관례(冠禮)를 않은 사내아이. 옛 중국 10대(代) 소년들이 뿔송곳을 차고 다닌 데서 유래. 童年(동년).

▷大—, 史記—, 小—, 觜—, 佩—

觿

—言<말씀 언>部—

言 ② 計 訇 訃 訂 ③ 記 訕 訊 訏 訐 訑
訒 託 討 訌 訓 訖 ④ 訣 訥 訪 設 訟 訝
訳 訛 訞 訧 訬 許 訩 訢 ⑤ 訶 詌 詎 詁
詘 詉 詈 詐 詞 訴 詸 詠 詍 詒 訾 詆 詛
詀 詔 註 証 診 詄 評 詖 詷 ⑥ 誇 詿 詭
詗 詸 詳 詵 誠 詶 詢 詩 試 詣 誉 詮 誂
誅 詹 誃 詫 該 話 詵 詠 詡 詬 詾 詰 ⑦
誡 誥 誑 誋 読 誣 誓 說 誠 誦 誐 語 誤
誘 認 誌 誫 誚 誕 誷 誖 誨 誒 ⑧ 譽 課
誳 諆 談 諳 諒 論 誷 誹 誰 誶 諔 諄 諗
諉 誾 誼 諍 諓 諸 調 諑 諂 請 請 諏 諈
⑨ 諫 謍 諾 諵 謀 諡 諰 諟 諶 諤 謁 諳
諺 謡 諢 謂 諭 諭 諛 諮 諸 諜 諦 諞 諷
諴 諧 諠 諼 諱 ⑩ 謌 講 謇 謙 謙 謹 謟
謄 謎 謐 謗 謝 謅 謏 謖 謍 謠 謚 謘 謓
謎 謳 謈 謞 謔 謑 謋 ⑪ 謦 謳 謹 謬 謾
謨 謵 謷 繇 譸 謻 謪 謥 謯 謭 ⑫ 警 譑
譏 譊 譚 譈 譕 譜 譖 譔 識 譌 證 譖 譙
譓 譁 譛 譎 譆 ⑬ 警 謷 譨 譪 譜 譬 譱
譫 譣 譝 譪 譯 議 譟 護 譼 ⑭ 譴 譽 譺
譸 譹 護 ⑮ 讀 譒 讁 讂 讃 讖 ⑯ 變 讐
讐 讎 讌 讏 讕 ⑰ 讕 讓 讔 讒 讖 ⑱ 讙
⑲ 讚 ⑳ 讜 讞 ㉓ 讟

0 7 【言】 ①말씀 언 ㊀l ㄢ′ げん(イウ)
②화평할 은 ㊁(yan) *talk*
③소송할 언 ㊂ ぎん

풀이①①말씀. 말. ㉮말. 언어(言語). ¶一心聲也＜法言＞ ㉯시키는 말. 가르치는 말. ¶受一藏之＜詩經＞ ㉰호령하는 말. ¶有不祀則修一＜國語＞ ㉱맹세하는 말. ¶士載一＜禮記＞ ②말하다. ㉮말하다. 직언(直言)함. ¶一而不語＜禮記＞ ㉯타이르다. ¶然後一其喪算＜禮記＞ ㉰설명하다. ¶其可與一樂乎＜呂覽＞ ㉱서술하다. ㉲묻다. 물어봄. ¶及葬一鸞車象人＜周禮＞ ㉳헤아리다. 논의함. ¶使天下之士不敢一＜戰國策＞ ㉴여쭈다. 아룀. ③꾀. 계책(計策). ¶文公用咎犯之一＜呂覽＞ ④말씨. ¶婦德婦一＜周禮＞ ⑤여쭈는 글. 상표(上表). ⑥한 마디의 말. ¶一一而蔽之 曰思無邪＜論語＞ ⑦나. 자기. ¶受一藏之＜詩經＞ ⑧발어사(發語辭). 이에. ¶一既遂矣 至于暴矣＜詩經＞ ⑨어세(語勢)를 고르는 조사(助辭). ¶田有禽利執一＜易經＞ ⑩사물(事物)의 형용. ¶一一. ⑪땅 이름. 춘추 시대 위(衛)의 땅. 지금의 하북성 청풍현(清豊縣)의 북쪽. ¶出宿于干 飮餞于一＜詩經＞ ②화평하다. 온화하고 삼감. 通誾. ¶二爵而一一斯＜禮記＞ ③소송하다. 고소(告訴)함.

【言官】(언관) 조선 때, 간관(諫官)의 별칭. 임금에게 옳은 말로 간하는 일을 맡았음. 諫官(간관).

【言權】げんけん(언권) 말할 권리.

【言近而旨遠】げんチカクシテムネトオシ(언근이 지원) 말은 비근(卑近)하나 뜻은 깊음.

【言及】げんきゅう(언급) 하는 말이 그 일에 미침.

【言動】げんどう(언동) 언어와 행동.

【言路】げんろ(언로) 임금이나 정부에 말을 할 수 있는 길.

【言論】げんろん(언론) 말이나 글로써 자기의 주장이나 견해 등을 발표하는 일. 「함.

【言明】げんめい(언명) 분명히 말함. 공언(公言)

【言文一致】げんぶんいっち(언문일치) 글말이 현대의 입말과 일치하는 일.

【言辯】(언변)㊉ 말재주. 입담.

【言辭】げんじ(언사) 대화 과정에 진행되는 말이나 말씨. 「辭).

【言說】げんせつ(언설) ①설명하는 말. ②언사(言

【言聲】げんせい(언성) 말하는 소리. 말소리.

【言約】げんやく(언약) 말로 약속함. 또는, 그 약속.

【言語】げんご(언어) ①말. ②공문 사과(孔門四科)의 하나. 언어에 뛰어나고 외교 사령(辭令)에 교묘한 일.

【言語道斷】ごんごどうだん(언어도단) ①《佛》 말로 설명할 수 없는 깊은 진리. ②너무 엄청나게 사리(事理)에 멀거나 턱 없어서 말할 수가 없음.

【言語不通】げんごつうぜず(언어불통) 말이 달라 서로 통하지 않음.

【言外】げんがい(언외) 말로 나타내지 않은 바.

【言外之意】(언외지 의) ①말 뒤에 숨은 뜻. ②㊥ 암시하는 의미.

【言爭】イイアラソイ(언쟁) 말다툼. 「정당함.

【言正理順】(언정이순)㊉ 말이 바르고 논리가

【言中有骨】(언중유골)㊉ 말 속에 뼈가 있음. 예사로 들어 넘기지 못할 단단한 속뜻이 있다는 말.

【言則是也】げんスナワチゼナリ(언즉시야) 말인즉 옳음.

【言質】げんしつ(언질) 상대가 한 말을 꼬집어서 증거로 삼음.

【言必稱】(언필칭)㊉ ①말할 때마다 반드시. ②말할 때마다 무엇을 칭함.

【言下】げんか(언하) 말이 떨어지자마자.

【言行】げんこう(언행) 말과 행동.

【言行相反】げんこうアイはんス(언행상반) 말과 행동이 서로 다름. ↔言行一致(언행일치).

【言行一致】げんこういっち(언행일치) 말과 행동이 같음. ↔言行相反(언행상반).

▷佳一, 諫一, 甘一, 格一, 苦一, 高一, 公一, 空一, 過一, 寡一, 狂一, 巧一, 群一, 極一, 金一, 奇一, 訥一, 多一, 端一, 斷一, 談一, 大一, 代一, 德一, 妄一, 面從後一, 名一, 明一, 無一, 文一, 美一, 微一, 發一, 方一, 放一, 謗一, 煩一, 法一, 附一, 浮一, 不可一, 不一, 鄙一, 飛一, 私一, 緒一, 碩一, 釋一, 宣一, 善一, 聖一, 笑一, 矢一, 愼一, 失一, 雅一, 惡一, 藥石之一, 約一, 陽一, 揚一, 颺一, 豫一, 訛一, 王一, 妖一, 庸一, 寓一, 怨一, 違一, 僞一, 流一, 游一, 遺一, 綸一, 疑一, 耳一, 俚一, 一家之一, 一口二一, 一一, 逸一, 立一, 雜一, 適一, 前一, 傳一, 正一, 定一, 造一, 中冓之一, 衆一, 至一, 知一, 直一, 眞一, 陳一, 盡一, 讒一, 讖一, 昌一, 千里結一, 草茅危一, 忠一, 贅一, 他一, 擇一, 片一, 偏一, 虛一, 好一, 豪一

8 【言】 詞(p. 1378)의 古字

2 9 【計】 ①셀 계 ㊀ㄐ丨ˋ けい(カゾエル)
②꾀할 결 ㊁(ji) *calculate*
けつ(ハカル)

풀이①①세다. 헤아림. ¶命司農一耦耕事＜呂覽＞ ②산법(算法). 산술. ¶學書一＜禮記＞ ③회계. 출납의 결산. ④수(數). ¶使領郡錢穀一＜漢書＞ ⑤종계. ¶一八百餘字＜侍兒小名錄＞ ⑥계수(計數)의 장부. ㉮금전 등의 출납 장부. ¶受一于甘泉＜漢書＞ ㉯호구(戶口) 장부. ¶遣使奉一＜後漢書＞ ⑦비교 조사하다. 벼슬아치를 고찰(考察)함. ¶前後三考而黜陟命之 曰一＜春秋繁露＞ ⑧꾀하다. ㉮숙고(熟考)하다. ¶會薛一事＜史記＞ ㉯의논하다. ¶優孟曰請歸與婦一之＜史記＞ ⑨꾀. 계략. ¶漢王從其一＜史記＞ ⑩계획. ¶終身之一莫如樹人＜管子＞ ⑪경영. ¶我屈節 爲汝家作妾 門戶一耳＜晉書＞

[2]꾀하다. 계획함.
【計巧】(계교)[韓] 여러 모로 생각해 낸 꾀.
【計器】けいき(계기) 계량하는 데 쓰이는 기구나 기계. 計量器(계량기).
【計略】けいりゃく(계략) 계책과 모략. 꾀. 計謀(계모). 謀略(모략). 計圖(계도).
【計量】けいりょう(계량) 분량을 잼. 양을 계산함. ¶一器.
【計算】けいさん(계산) ①수량을 헤아림. 회계함. ②이해·득실을 따짐.
【計上】けいじょう(계상) ①계산에 넣음. ②수를 헤아리는 일. ③예산 편성에 넣음.
【計數】けいすう(계수) 수를 계산함. 또는, 그 결과로 얻은 값.
【計策】けいさく(계책) 계략.
【計測】けいそく(계측) 무게·부피·길이 등을 재어 계산함.
【計劃】けいかく(계획) 미리 꾀하여 작정함. 또는, 그 세운 꾀. 計畫(계획).
▷家一, 姦一, 堅一, 權一, 詭一, 奇一, 短一, 大一, 萬全一, 謀一, 妙一, 密一, 百一, 祕一, 邪一, 算一, 三十六一, 上一, 生一, 書一, 設一, 歲一, 熟一, 術一, 時一, 身後一, 失一, 心一, 深一, 良一, 愚一, 月一, 遺一, 陰一, 日一, 子孫一, 長久一, 點一, 正一, 早一, 終身一, 主一, 智一, 千年一, 總一, 度一, 太早一, 下一, 合一, 活一, 會一

2 9【訇】[1]큰소리 굉 [2]속일 균 | [庚]ㄏㄨㄥ [震](hong) | こう きん
[풀이][1]큰소리. ㉮폭포가 내리 쏟아지는 소리. ¶砰磅一礚<史記> ㉯종이나 북을 울리는 소리. ㉰놀라서 지르는 소리. [2]속이다.
▷隱一, 砰一

9【訆】 叫(p. 265)와 同字

2 9【訃】 부고 부 | [遇]ㄈㄨˋ (fu) | ふ *obituary*
[풀이][通]報 赴. ①부고. 죽음을 알리는 통지. ¶捧一哀號<柳宗元> ②부고하다. 통부(通訃)함. ¶凡一於其君曰君之臣某死<禮記> ③이르다.
【訃告】ふこく(부고) 사람의 죽음을 알림. 또는, 그 글. 訃報(부보). 訃音(부음). ¶一狀.
【訃報】ふほう(부보) ☞訃告(부고).
【訃音】ふいん(부음) ☞訃告(부고).
▷告一, 捧一, 奔一, 省一, 承一, 遠一

2 9【訂】 [1]바로 잡을 정 [2]고르게 할 정 | [徑]ㄉㄧㄥˋ (ding) [靑] | てい (タダス) *straighten* てい
[풀이][1]①바로잡다. 정(定)함. ¶亦足有所一正<晉書> ②머무르다. 나아가지 아니함. ③백성에게 부과(賦課)하다. [2]고르게 하다. 균평(均平)하게 함.
【訂正】ていせい(정정) 바로잡음. 글귀나 글자 등의 틀린 곳을 바로잡음. 訂譌(정와).
▷改一, 檢一, 校一, 再一, 增一

10【大/言】 誇(p. 1380)의 古字

3 10【記】 적을 기 | [寘]ㄐㄧˋ (ji) | き(シルス) *record*
[풀이]①적다. 기록함. ¶因江潭而湝一兮<漢書> ②외다. 기억함. ¶撻以一之<書經> ③문서(文書). ㉮일의 내력을 적은 문서. ¶一曰 脣亡則齒寒<公羊傳> ㉯교서(敎書). 웃관서에서 내린 문서. ¶受一考事<漢書> ㉰상주(上奏)하는 글. 주장(奏狀). ¶前後十餘通一<後漢書> ④주해(注解). 경서(經書)의 주해. ¶孔子所定謂之經 弟子所釋謂之傳 或謂之一<經學歷史> ⑤문체(文體)의 한 가지. 사실대로 적는 글. 기사(紀事), 지(志), 술(述) 따위. ⑥도장(圖章). 인장. ¶鑄銅一給之<宋史> ⑦발어사(發語辭). [같]其. ⑧[中] 접미어. 상가(商家)의 옥호(屋號) 밑에 붙이는 접미어.
【記功】(기공) 공적(功績)을 기록함.
【記念】きねん(기념) 뜻 깊은 일에 대하여 잊지 아니하고 마음에 간직함. 또는, 그 물건. ¶結婚一/一撮影.
【記錄】きろく(기록) ①사실을 적음. 또는, 그 글. ②수자로 나타내어 대비할 수 있는 일의 가장 높은 수준. ¶新一.
【記末】(기말)[韓] 편지를 쓸 때 자기보다 지위가 낮은 사람에게 자기를 낮추어 이르는 말. 記下(기하).
【記名】きめい(기명) ①성명을 적음. ¶無一. ②이름을 욈. 이름을 기억함.
【記事】きじ(기사) ①사실을 그대로 적음. 또는, 그 글. ②신문이나 잡지 등에 기록된, 주로 보도의 내용을 가진 글. ¶一化.
【記事本末】きじほんまつ(기사본말) 역사 서술의 한 체. 한 사건마다 그 전말(顚末)을 적는 형식. ※紀傳體(기전체)·編年體(편년체).
【記述】きじゅつ(기술) 일정한 대상에 대하여 그 내용을 기록하여 서술함. 또는, 그 기록.
【記憶】きおく(기억) ①이전의 인상이나 경험을 의식 속에 보존하거나 도로 생각해 냄. ②한 번 지각(知覺)·경험한 사물을 잊지 아니하고 인식하는 작용.
【記入】きにゅう(기입) 적어 넣음. ¶一欄.
【記者】きしゃ(기자) ①문서를 기초하는 사람. ②신문·잡지 따위의 기사를 취재, 집필, 편집하는 일에 종사하는 사람.
【記帳】きちょう(기장) 장부에 적어 넣음. 치부(置簿)함.
【記章】きしょう(기장) 어떤 일을 기념하는 뜻을 표시한 휘장. 記念章(기념장).
【記載】きさい(기재) 문서·신문·잡지 등에 기록하여 실음.
【記號】きごう(기호) 어떤 뜻을 나타내기 위하여 쓰는 부호.
▷強一, 舊一, 單一, 登一, 明一, 聞一, 別一, 附一, 簿一, 書一, 疏一, 速一, 手一, 授一, 實一, 暗一, 諳一, 連一, 列一, 位

一, 日一, 雜一, 傳一, 奏一, 聽一, 追一, 筆一, 勳一

3 10〖訕〗 헐뜯을 산 | [諫]ㄕㄢˋ (shan) | さん(ソシル) *slander*

▷無一, 造一

10〖訑〗 訕(p. 1373)의 俗字

3 10〖訊〗 물을 신 | [震]ㄒㄩㄣˋ (xun) | じん(トウ) *ask*

㊀諊 訙 ㊄訉

풀이 ①묻다. ㉮하문(下問)하다. ¶一之占夢<詩經> ㉯방문하다. ¶帝朝夕問一<漢書> ㉰고문(拷問)하다. ¶一鞫論報<漢書> ㉱따져 묻다. 힐문함. ¶乃一申胥<國語> ②알리다. ¶歌以一之<詩經> ③간(諫)하다. ¶歌以一之<詩經> ④말하다. ¶用情一之<周禮> ⑤말. 언어. ¶執一獲醜<詩經> ⑥소식. 편지. 서찰. ¶行遠疾速而不可託一者與<荀子> ⑦움직이다. 떨침. ¶猋駭雲一<漢書> ⑧다스리다. ¶一疾以雅<禮記> ⑨재빠르다. ㉠迅. ¶羽成而振一之<詩經>

【訊鞫】じんきく(신국) 죄인을 엄하게 따져 물음. 국문(鞫問)함. 訊鞠(신국).

【訊問】じんもん(신문) 물어서 캠. 죄를 따져물음.

▷鞫一, 問一, 芳一, 覆一, 騷一, 案一, 音一, 吏一, 振一, 驗一

10〖訙〗 訊(p. 1373)의 古字

10〖訉〗 訊(p. 1373)의 俗字

3 10〖訐〗 1 들추어낼 알 ㊉갈 2 거리낌없이 말할 계 | [月]ㄐㄧㄝˊ (jie) [隊] | けつ(アバク) *reveal* かい

※訏(p. 1373)는 딴 자.

풀이 1 ①들추어 내다. ¶惡一以爲直者<論語> ②비방하다. 2 거리낌 없이 말하다. 직언(直言)함.

▷告一, 驕一, 非一, 肆一, 詆一, 峭一

3 10〖訏〗 1 클 우 ㊉후 2 떠들 호 | [虞]ㄒㄩ (xu) [麌] [虞] | く(オオキイ) *big* こ

※訐(p. 1373)은 딴 자.

풀이 1 ①크다. ¶洵一且樂<詩經>/一一. ②속이다. ③큰소리 치다. 과장함. ④땅이 넓다. ⑤탄식하는 소리. ⑥진실. 2 떠들다. 큰 소리를 지름. ¶實覃實一<詩經>

3 10〖訑〗 1 으쓱거릴 이 2 수다할 시 3 속일 타 4 방자할 탄 | [支]ㄧˊ (yi) [支] [哿] [翰] | い *strut* し た たん

풀이 1 으쓱거리다. 스스로 만족해하는 모양. ㉠詑. ¶一一之聲音顏色 距人於千里之外<孟子> 2 수다하다. 말이 많음. 3 속이다. ㉠詑. ¶寡人甚不喜一者言也<戰國策> 4 방자하다. 제멋대로 함. ㉠誕.

3 10〖訒〗 말더듬거릴 인 | [震]ㄖㄣˋ (ren) | じん *stammer*

풀이 ①말을 더듬거리다. ¶仁者其言也一<論語> ②둔하다. ③참다. 말을 참고 아니함. ¶仁者其言也一<論語> ④사랑하다. 자비를 베풂. ⑤알다. 인정함. ㊂認.

3 10〖託〗 부탁할 탁 | [藥]ㄊㄨㄛ (tuo) | たく(タノム) *request*

풀이 ①부탁하다. 청탁함. ¶有所請一<後漢書> ②붙이다. ㉮의지하다. 힘으로 믿음. ¶士之不一諸侯何也<孟子> ㉯빌다. ¶凡人所生者神也 所一者形也<史記> ㉰붙어 살다. 기우(寄寓)함. ¶遠一異國 昔人所悲<李陵> ㉱붙다. 붙임. ¶可以一天下<呂覽> ③맡기다. ㉮위임하다. ㉯위탁하다. ¶可以一六尺之孤<論語> ④핑계하다. ¶一疾避官<嵇康> ⑤우의(寓意)하다. 뜻을 붙여 말함. ¶一諷禽鳥 寄辭草樹<唐書>

【託故】たっこ(탁고) 사고를 핑계함.

【託孤寄命】たっこきめい(탁고기명) 어린 임금을 부탁하고 국정을 맡김. 또는, 어린 임금을 옹립(擁立)하고 국정을 통괄함.

【託驥尾】きびにたくす(탁기미) 천리마의 꼬리에 붙는다는 뜻으로, 훌륭한 사람을 붙좇음의 비유. 「여 말함.

【託辭】たくじ(탁사) ①핑계하는 말. ②부탁하

【託送】たくそう(탁송) 남에게 부탁하여 물건을 보냄.

【託子】たくし(탁자) ①찻잔 받침. ②자식을 남에게 부탁하여 맡김.

▷假一, 結一, 顧一, 供一, 矯一, 寄一, 反一, 付一, 承一, 信一, 神一, 永一, 委一, 依一, 請一, 囑一, 詒一

3 10〖討〗 칠 토 | [晧]ㄊㄠˇ (tao) | とう(ウツ) *attack*

풀이 ①치다. ㉮토벌하다. ¶是故天子一而不伐<孟子> ㉯정벌(征伐)하다. ¶以一其故<呂覽> ㉰꾸짖다. ㉱죽이다. ②없애다. 제거함. ¶君子之於禮也 有順而一也<禮記> ③다스리다. 죄를 다스림. ¶其君無日不一國人而訓之<左氏傳> ④어지럽다. 뒤섞임. ⑤구(求)하다. ⑥탐구하다. ¶世叔一論之<論語>

【討究】とうきゅう(토구) 사물의 이치를 검토하여 궁구함. 討求(토구). 討窮(토궁).

【討論】とうろん(토론) ①바른 이치를 궁구함. ②어

떤 논제를 내걸고 여러 사람이 각자 의견을 말하여 논의함.
【討滅】とうめつ(토멸) 쳐 없앰. 토벌하여 멸망시킴.
【討伐】とうばつ(토벌) 군대를 보내어 침.
【討匪】とうひ(토비) 비적(匪賊)의 무리를 침.
【討索】とうさく(토색) 벼슬아치 등이 금품을 강청(強請)함.
【討逆】とうぎゃく(토역) 역적을 토벌함.
【討議】とうぎ(토의) 어떤 주제에 대하여 각자의 의견을 내어 검토하고 협의하는 일.
【討賊】とうぞく(토적) 도둑을 침. 역적을 토벌함.
【討捕】とうほ(토포) 무력으로 쳐서 잡음.
▷檢一, 攻一, 論一, 赴一, 奮一, 聲一, 手一, 搜一, 尋一, 夜一, 幽一, 專一, 征一, 鎭一, 追一, 探一, 平一, 捕一

3 10 【訌】 무너질 홍 | 東 ㄏㄨㄥˊ 送 (hong) | こう collapse

풀이 ①무너지다. 내부에서 무너짐. 通 虹. ¶蟊賊內一<詩經> ②집안 싸움. 내분. ③어지러워지다. 옥신각신함. ¶外阻內一<唐書>
▷內一, 兵一, 戢一

3 10 【訓】 1 가르칠 훈 2 길 순 | 問 ㄒㄩㄣˋ (xun) 震 | くん(オシエル) instruct しゅん

古 訔

풀이 1 ①가르치다. 훈계함. ¶四方其一之<詩經> ②인도하다. 이끎. ¶一諸理<法言> ③경계(警戒)하다. 경계. ¶學于古一<書經> ④따르다. 순종함. 通 順. ¶于帝是一<書經> ⑤풀다. 자구의 뜻을 풀이함. ⑥뜻. 문자의 해석. ¶一詁通而已<漢書> 2 길.
【訓戒】くんかい(훈계) 타일러 경계함. 訓誡(훈계). 格訓(격훈).
【訓故】くんこ(훈고) ☞訓詁(훈고).
【訓詁】くんこ(훈고) 경서 따위 고문의 자구(字句)를 해석하는 일. 훈(訓)은 숙어 또는 구, 詁는 자해(字解)의 뜻. 훈(訓)은 그 어기(語氣)를 따라 풀며, 고(詁)는 현대어로써 고어(古語)를 푸는 일. 訓故(훈고). ¶一學.
【訓局】(훈국)韓 훈련도감(訓鍊都監)의 별칭.
【訓導】くんどう(훈도) ①가르치고 인도함. 또는, 그 사람. ②명(明)·청(淸) 때의 부(府)·주(州)·현(縣)의 유학(儒學) 교원. ③조선 때 전의감(典醫監)·관상감(觀象監)·사역원(司譯院) 및 500호 이상의 큰 고을에 둔 종9품 벼슬. ④조선 선조(宣祖) 때 향학(鄕學)의 학사(學事) 감독을 맡아 보던 관리. 提督(제독).
【訓讀】くんどく(훈독) 한자의 뜻을 우리말로 새겨 읽음.
【訓練】くんれん(훈련) ①무술을 닦음. 調練(조련). 教練(교련). 訓鍊(훈련). ¶一所/一大將/一都監. ②숙달하도록 연습하거나 단련하는 일.
【訓鍊】くんれん(훈련) ☞訓練(훈련).
【訓令】くんれい(훈령) 상급 관청이 하급 관청에 훈시나 명령을 내림. 또는, 그 훈시나 명령.
【訓蒙】くんもう(훈몽) 어린아이나 초학자를 가르침.
【訓民】くんみん(훈민) 백성을 가르침. ¶一歌<鄭澈>/一正音.
【訓辭】くんじ(훈사) 훈계하는 말. 訓言(훈언).
【訓手】(훈수)韓 바둑·장기 따위를 둘 때, 수를 뚱기어 줌. 또는, 그 수.
【訓示】くんじ(훈시) ①가르쳐 보이거나 타이름. ②상관이 집무상의 주의 사항을 부하 직원에게 일러 주는 일.
【訓喩】くんゆ(훈유) ☞訓諭(훈유).
【訓諭】くんゆ(훈유) 가르쳐 타이름. 訓喩(훈유).
【訓育】くんいく(훈육) ①훈계하여 기름. ②피교육자의 도덕적 품성의 도야(陶冶)를 목적으로 하는 교육.
【訓長】(훈장)韓 글방 선생.
【訓話】くんわ(훈화) 교훈의 말. 훈시(訓示)하는 말.
▷家一, 戒一, 高一, 詁一, 校一, 敎一, 規一, 內一, 大一, 導一, 明一, 師一, 善一, 聖一, 垂一, 嚴一, 遺一, 音一, 彝一, 慈一, 箴一, 典一, 庭一, 祖一

10 【訔】 訓(p. 1374)의 古字

3 10 【訖】 1 이를 흘 2 마칠 글 | 物 ㄑㄧˋ 物 (qi) | きつ(イタル) けつ(オエル) finish

풀이 1 이르다 같 迄. ¶一今不改<漢書> 2 ①마치다. 끝남. ②그치다. 그만둠. ¶毋一糴<穀梁傳> ③다. 모두. ¶民一自若是多盤<書經> ④이미. 벌써. ¶一亦有孚<逸周書> ⑤마침내. 필경(畢竟). ¶莽以錢幣一不行<漢書>

4 11 【訣】 1 이별할 결 2 결정할 계 | 屑 ㄐㄩㄝˊ 霽 (jue) | けつ(ワカレル) part from けい

풀이 1 ①이별하다. ¶東出衛郭門與其母一<史記> ②사별하다. 애도(哀悼)의 뜻을 표함. ¶生死永一<唐書> ③끊다. 잘라 냄. ¶一厲悄切<王褒> ④비결(祕訣). 비방. ¶大禹聞長生之一<魏書> ⑤성내어 꾸짖다. 2 결정하다.
【訣別】けつべつ(결별) ①기약없는 작별을 함. 또는, 그런 이별. ②교제나 관계를 영원히 끊음.
【訣要】けつよう(결요) 비술(祕術). 祕法(비법).
▷口一, 道一, 妙一, 祕一, 辭一, 四句一, 生一, 神一, 永一, 要一, 引一, 眞一

4 10 【訥】 말더듬을 눌 | 月 ㄋㄜˋ (ne) | とつ(ドモル) stammer

源 會意. 말[言]이 입 안[內]에 있어 입 밖에 잘 나오지 않는다는 뜻.
풀이 말을 더듬다. 같 吶 詘. ¶君子欲一於言而敏於行<論語>/一言.

▷口—, 大辯若—, 木—, 拙—, 質—

4 11〖訪〗 찾을 방 | 漾ㄈㄤˇ (fang) | ほう(オトズレル) *visit*

풀이①찾다. ㉮방문하다. 심방(尋訪)함. ¶欲徒步—兩蘇<宋史> ㉯구(求)하다. 찾음. ¶博—遺書<晋書> ②널리 꾀하다. ③꾀하다. 의논함. ¶使—物官<國語> ④묻다. 문의함. ¶王—于箕子<書經> ⑤바야흐로. 通方. ¶—以呂氏故 幾亂天下<漢書> ⑥미치다.

【訪戴】ほうたい(방대) 벗을 찾음의 뜻으로 씀. 진(晋)의 왕휘지(王徽之)가 산음(山陰)에 살 때, 큰 눈이 내리는 밤에 잠이 깨어 문을 열어젖히고 술을 마시고 나니 문득 벗인 섬계(剡溪)의 대규(戴逵) 생각이 나서 배를 타고 그 집 문 앞에까지 이르렀는데, 술이 깨자 흥이 사그러져 그냥 되돌아왔다는 옛일에서 온 말.

【訪問】ほうもん(방문) 찾아 봄. 尋訪(심방). ※探訪(탐방).

▷見—, 顧—, 來—, 博—, 搜—, 巡—, 詢—, 尋—, 歷—, 往—, 咨—, 採—, 諏—, 探—

4 11〖設〗 베풀 설 | 屑ㄕㄜˋ (she) | せつ(モウケル) *display*

풀이①베풀다. ㉮늘어 놓다. 진열함. ¶整—于屏外<禮記> ㉯베풀어 두다. 설치함. ¶規矩誠設 不可欺以方圜<禮記> ㉰세우다. 설립함. ¶故高帝—之以撫海內<漢書> ㉱설비하다. 시설함. ¶權之所—<公羊傳> ②베풀어 둔 것. 설비(設備). ¶質文異—<魏書> ③주연(酒宴). 연회(宴會). ¶客來早者得佳—<晋書> ④차비하다. 준비(準備)함. ¶—以子女貂裘<漢書> ⑤크게 하다. ¶中其莖 —其後<周禮> ⑥크다. ¶益長裕而不—<易經> ⑦탐하다. 욕심냄. ¶—策於前<戰國策> ⑧설령. 가령. ¶—百歲後<史記> ⑨합치다.

【設計】せっけい(설계) ①계획을 세움. 또는, 그 계획. ②제작이나 공사 등의 목적으로 구조·입지(立地)·비용 등에 관한 계획을 세워 도면으로 나타냄. ¶建築—.

【設令】せつれい(설령) 그렇다 치더라도. 가령. 設或(설혹). 設使(설사). 設若(설약).

【設立】せつりつ(설립) ①베풀어 세움. ②공적(公的)인 기관, 업체 등을 새로 만듦.

【設問】せつもん(설문) 문제를 내어 물어 봄. 또는, 그 문제. ¶—調査.

【設備】せつび(설비) 베풀어 갖춤. 또는, 그 베푼 것.

【設使】せっし(설사) ☞設令(설령).

【設帨】せつぜい(설세) 딸을 낳음. 옛 중국에서, 딸을 낳으면 대문 오른쪽에 수건을 건 데서 유래. ¶子生 男子設弧于門左 女子—于門右<禮記>

【設施】せっし(설시) ①시설함. ②계획을 시행함. 또는, 시행할 바를 계획함. ¶孔子之所—之矣<論衡>

【設宴】せつえん(설연) 잔치를 베풂.

【設筵】せつえん(설연) 자리를 베풂. 주연(酒宴)이나 의식(儀式)의 자리를 만듦.

【設定】せってい(설정) ①베풀어 정함. ②새로 권리를 발생시키는 일. ¶抵當權—.

【設彩】(설채) 먹으로 바탕을 그린 다음 색채를 올림. 設色(설색).

【設置】せっち(설치) 베풀어 둠.

【設或】(설혹) ☞設令(설령).

▷假—, 開—, 概—, 建—, 公—, 具—, 併—, 附—, 敷—, 私—, 常—, 詳—, 施—, 新—, 整—, 增—, 陳—, 特—, 布—, 合—

4 11〖訟〗 송사할 송 | 宋ㄙㄨㄥˋ (song) | しょう(ウッタエル)
古 訟

풀이①송사(訟事)하다. ㉮재산을 다투다. ¶以兩造禁民—<周禮> ㉯죄를 다투다. ¶分爭辨—<禮記> ㉰시비 곡직(是非曲直)을 가리다. ㉱글을 올려 억울함을 하소연하다. ¶吏上書寃—莽者以百數<漢書> ㉲매매 계약에 위배됨을 하소연하다. ¶若有馬— 則聽之<周禮> ②송사(訟事). ¶必也使無—乎<論語> ③논쟁(論爭)하다. 말다툼함. ¶分徒而—<淮南子> ④떠들며 주장하다. ¶—謂閭娵爲醜惡<楚辭> ⑤꾸짖다. ¶吾未見能見其過而內自—者也<論語> ⑥다스려 바로잡다. ¶使尹氏與聃啓—周公于晋<左氏傳> ⑦송괘. 64괘(卦)의 하나. 감하건상(坎下乾上). ䷅. 서로 다툴 상(象). ¶天與水違行—<易經> ⑧흉하다. 通凶. ¶嚚—可乎<書經> ⑨드러내 놓다. 通公. ¶天下—見之<淮南子> ⑩외다. 암송(暗誦)함. 通誦. ¶未敢—言誅之<史記> ⑪칭송(稱頌)하다. 通頌. ⑫법정(法廷). ¶何以速我—<詩經>

【訟事】しょうじ(송사) 소송하는 일.

【訟獄】しょうごく(송옥) 재판 사건. 訟은 민사 사건, 獄은 형사 사건.

▷健—, 辨—, 訴—, 水—, 新—, 獄—, 陰—, 自—, 爭—, 地—, 聽—, 滯—, 聚—, 鬪—, 貨—

11〖訨〗 詩(p.1382)와 同字

11〖⿰言戈〗 識(p.1404)과 同字

11〖訠〗 矧(p.1073)과 同字

11〖訫〗 信(p.113)의 古字

11〖訦〗 諶(p.1396)과 同字

4 11〖訝〗 맞을 아 | 禡ㄧㄚˋ (ya) | が(ムカエル) *meet*

풀이①맞다. 위로함. 같迓. ¶厥明—賓于館<儀禮> ②의심하다. 수상히 여김. ¶高祖—無表<唐書> ③놀라다. 서로 만나 놀람. 通遻.

▷譴—, 驚—, 怪—, 猜—, 疑—, 嗟—

11【訳】譯(p.1406)의 略字

4/11【訛】그릇될 와 | 歌さ (e) | か(ナマル) *wrong*

同 譌

풀이 ①그릇되다. ㉮문자나 언어가 그릇 전해져 잘못되다. ¶校正一謬<舊唐書> ㉯발음이 변하여 그릇되다. ¶其音一爲慕容<晉書> ②속이다. 거짓됨. ¶民之一言<詩經> ③거짓. 거짓말. ¶一言大水至<漢書> ④사투리. 방언. ¶自是後人 語一相承<唐國史補> ⑤어긋나다. 틀림. ¶毫髮盡備無差一<韓愈> ⑥유언비어. 이상쩍은 소리. ¶止一之術 在乎識斷 不在乎厭勝<宋史> ⑦변하다. 바꿈. ¶平秩南一<書經> ⑧움직이다. ¶或寢或一<詩經>

【訛謬】かびゅう(와류) 잘못됨. 잘못되어 이치에 틀림. 誤謬(오류).

【訛說】かせつ(와설) ☞訛言(와언)②.

【訛言】かげん(와언) ①거짓말. 유언(流言). ②잘못 전해진 말. 訛說(와설). ③사투리. 訛語(와어).

【訛音】かいん(와음) ①그릇 전해진 글자의 음. ②사투리.

【訛傳】かでん(와전) 그릇 전함. 그릇된 전언(傳言).

【訛脫】かだつ(와탈) 글자의 와전과 탈락.

▷姦一, 欺一, 文一, 浮一, 妖一, 澆一, 違一, 轉一, 差一, 錯一, 舛一, 遷一

11【[言+文]】謠(p.1401)와 同字

4/11【訞】요사할 요 | 蕭 ㄧㄠ (yao) | よう *capricious*

풀이 ①요사(妖邪)하다. 괴이한 말. ㉳妖. ¶今法有誹謗一言之罪<漢書> ②교묘하게 말하는 모양. ③재앙. 通祆.

4/11【訧】허물 우 | 尤 ㄧㄡ (you) | ゆう(アヤマチ) *fault*

풀이 ①허물. 죄. 通尤. ¶報以庶一<周書> ②잘못. 과실(過失). ¶俾無一兮<詩經>

11【訡】吟(p.283)과 同字

4/11【訬】1 재빠를 초 2 가냘플 묘 3 가벼울 초 | 肴 ㄔㄠ (chao) 篠 嘯 | そう *quick* びょう しょう

풀이 1 ①재빠르다. 민첩함. ¶越人有重遲者而人謂之一<淮南子> ②교활하다. ¶一獪. ③어지럽다. 소란함. ¶一擾. ④건전하다. 건강함. ⑤쓰다. 글이나 글씨를 씀. 2 ①가냘프다. 여자의 허리가 가늘고 아리따운 모양. 通秒. ¶舒一婧之纖腰兮<張衡> ②높다. 通杪. ¶通天一以竦峙<張衡> 3 가볍다. ㉳吵.

4/11【許】1 허락할 허 2 이영차 호 | 語 ㄒㄩˇ 麌 (xu) | きょ(ユルス) *permit* こ

풀이 1 ①허락하다. ㉮받아들이다. 승인함. ¶王子一<呂覽> ㉯따르다. 들어줌. ¶聽一. ㉰편이 되다. 가담함. ¶一夷狄者 不一而足也<公羊傳> ㉱약속하다. ¶何自妄一與劉季<史記> ㉲맡기다. 위탁함. ¶老母在 政身未敢以一人也<史記> ㉳진실로 여기다. ¶不見輿薪 則王一之乎<孟子> ②나아가다. 通御. ¶昭茲來一<詩經> ③흥하다. 일으킴. ④기대하다. 바람. ¶管仲晏子之功 可復一乎<孟子> ⑤곳. 장소. 通處. ¶欲與共詣思遠一<世說新語> ⑥쯤. 정도. ¶赴河死者五萬一人<漢書> ⑦얼마. 어느만큼. ¶相去詎幾一<王維> ⑧이[此]. ¶吾頭顱如一報國無路<宋史> ⑨어미에 붙이는 조사. ¶奈何一 石闕生口中 銜碑不得語<古樂府> ⑩나라 이름. 주(周)대 하남성(河南省)에 있던 나라. 2 이영차. 여러 사람들이 무거운 물건을 들 때나 옮길 때 지르는 소리. 일설에는, 나무를 벨 때 도끼밥이 떨어져 내리는 모양. ¶伐木一一<詩經>

【許可】きょか(허가) ①웃사람이 아랫사람의 소원을 들어 줌. ②법률이 제한하는 행위를 특정한 경우나 대상자에 해제하여 허락하는 행정 행위.

【許嫁】きょか(허가) ☞許婚(허혼).

【許交】(허교) ①사귐을 허락함. ②가까이 사귀어 서로 허물없이 지냄.

【許久】(허구) 매우 오래 됨.

【許國】きょこく(허국) 나라를 위하여 신명(身命)을 바침.

【許多】きょた(허다) 매우 많음. 수두룩함.

【許諾】きょだく(허락←허낙) 청원을 들어 줌.

【許否】きょひ(허부) 허락함과 허락하지 아니함. ※可否(가부).

【許劭】きょしょう(허소) 후한(後漢) 때의 은사(隱士). 평여(平輿) 사람. 자(字)는 자장(子將). 향당(鄕黨)의 인물을 평론하기를 좋아하였음. 조조(曹操)를 평시(平時)의 간적(姦賊), 난세(亂世)의 영웅이라고 하였으며, 그의 형 정(靖)과 더불어 즐겨 인물을 평론하면서 매월 초하루에 그 품제(品題)를 바꾸었으므로 월단평(月旦評)이란 말이 생김. ¶君淸平之姦賊 亂世之英雄 操大悅<後漢書>

【許身】きょしん(허신) 여자가 몸을 남자에게 허락함.

【許心】きょしん(허심) 마음을 허락함.

【許與】きょよ(허여) ①허락하여 줌. ②마음으로 허락하여 칭찬함. ③불러 들임.

【許容】きょよう(허용) 허락하여 용납함.

【許由】きょゆう(허유) ①(人) 요(堯)임금 때의 고사(高士). 요임금이 천하를 그에게 넘겨 주려 했으나 거절하고 기산(箕山)에 들어가

숨음. ※巢父(소보)·洗耳(세이). ②말미를 허락함.

【許婚】혼인(허혼) 혼인을 허락함. 許嫁(허가).

【許許】호(호호) 여러 사람이 같이 일을 할 때 기운을 돋우려고 함께 지르는 소리. 이영차, 이여차 따위. 許邪(호야). ¶伐木—<詩經>

▷官—, 幾—, 免—, 赦—, 少—, 邪—, 然—, 允—, 認—, 自—, 裁—, 從—, 聽—, 勅—, 特—, 何—

4 11 【訩】 송사할 흉 |图ㄒㄩㄥ (xiong)| きょう *litigate*

풀이 ①송사(訟事)하다. 다툼. ㉠訩 說. ¶不告于—<詩經> ②재앙. 재화(災禍). ¶降此鞫—<詩經> ③떠들썩하다. 다투어 소란한 모양. ¶天下—— 只爭品位<晋書> ④울다.

4 11 【訢】 1 기뻐할 흔 2 공손할 은 4 화기 서릴 희 |図ㄒㄧㄣ 眞(xin) 因 ㄒㄧ (xi)| きん *delighted* ぎん き

※訴(p. 1378)는 딴 자.

풀이 1 기뻐하다. ㉠欣. 2 공손하다. ㊂言. ¶僮僕——如也<漢書> 3 화기가 서리다. 천지의 화기(和氣)가 교감(交感)하는 모양. ㊂熹. ¶天地—合 陰陽相得<禮記>

11 【訖】 訖(p. 1374)의 本字

11 【訞】 哂(p. 291)와 同字

5 12 【訶】 꾸짖을 가 本하 |歌ㄏㄜ (he)| か *scold*

▷譴—, 禁—, 摩—, 詆—, 誅—, 訓—

5 12 【詌】 입 다물 감 |勘ㄍㄢ (gan)| かん

5 12 【詎】 어찌 거 |語ㄐㄩ (ju)| きょ *why*

풀이 ①어찌. 반어(反語)의 어조사(語助辭). ㊂巨 距 渠 遽. ¶沛公不先破關中 公—能入乎<漢書> ②적어도. 진실로. ③그치다. ④이르다. 도달함. ⑤…에서. …부터. 동작이나 작용의 기점(起點)을 나타냄. ¶—非聖人 必偏而後可<國語>

▷寧—, 庸—

5 12 【詁】 주낼 고 |麌ㄍㄨ (gu)| こ *annotate*

풀이 주(注)내다. 자구(字句)에 해석을 붙임. 지금의 말로써 옛말의 뜻을 풀이하여 밝힘. ¶訓—.

▷釋—, 纂—, 解—, 訓—

5 12 【詘】 1 굽힐 굴 2 내칠 출 3 말더듬을 눌 |物ㄑㄩ 質(qu) 月| くつ *bent* ちゅつ どつ

풀이 1 ①굽히다. 굽음. ㊂屈. ㉮몸을 굽히다. 복종함. ¶—服. ㉯뜻을 굽히다. ¶賢能—於不肖<史記> ㉰손가락 따위를 굽히다. ¶—五指<荀子> ②말이 막히다. 대꾸할 말이 없음. ¶魏王聞其言也 甚—<戰國策> ③짧다. ¶往者—也 來者信也<周髀算經> ④덜다. 감함. ¶皆—其勞<史記> ⑤따르다. 따르게 함. ¶敵國不待試而—<荀子> ⑥접다. 주름을 잡음. ¶凡陳衣不—<禮記> ⑦꿀리다. 두려워함. ¶無所—<漢書> ⑧도리어. 오히려. ¶—令韓魏歸帝重於齊<戰國策> ⑨ 뚝 끊어지는 모양. ㊂闋. ¶叩之 其聲淸越以長 其終—然<禮記> ⑩다하다. ¶徼紭受—<史記> ⑪궁지에 빠지다. ¶其兵不—<管子> ⑫기꺼이 절개를 버리는 모양. ¶不充—於富貴<禮記> ⑬나다. ㊂出. 2 내치다. 물리침. ㉠黜. 3 말을 더듬다. ㉠訥.

▷俛—, 不—, 身—, 抑—, 充—, 詰—

12 【詉】 侫(p. 95)과 同字

5 12 【詉】 1 시끄러울 뇨 2 말 불명할 나 3 나쁘게 말할 노 |肴ㄋㄠ 麻(nao) 遇| どう *noisy* だ ど

풀이 1 시끄럽다. 소란함. ㉠呶. ¶以號—爲令德<舊唐書> 2 말이 불명(不明)하다. 말을 이해할 수가 없음. ¶諸—. 3 나쁘게 말하다. 남을 헐뜯어 말함.

5 12 【詈】 꾸짖을 리 |寘ㄌㄧ (li)| り(ノノシル) *scold*

12 【詍】 謀(p. 1395)의 古字

12 【詉】 謐(p. 1400)과 同字

12 【詟】 辯(p. 1472)의 俗字

5 12 【詐】 속일 사 |禡ㄓㄚ (zha)| さ(イツワル) *deceive*

源 會意·形聲. 만든[乍] 말[言]을 한다는 뜻.

풀이 ①속이다. 거짓말함. ¶匿行曰—<荀子> ②기롱(欺弄)하다. ¶擒契司—<荀子> ③말을 꾸미다. 교묘한 말. 교언(巧言). ¶繁戰之君 不足於—<呂覽> ④갑자기. 문득. ㊂乍. ¶—戰不日<公羊傳>

【詐欺】사기(사기) ①속임. 詐譎(사휼). ②남을 속여 이득을 꾀함.

【詐術】さじゅつ(사술) 남을 속이는 꾀. 詐謀(사모). 詭術(궤술). 詐數(사수).

【詐僞】さぎ(사위) 속이는 일. 거짓.

【詐取】さしゅ(사취) 사기로 남의 금품을 취득함.

【詐稱】さしょう(사칭) 이름, 직업, 나이, 주소 등을 속이어 이름. 僞稱(위칭). 僞名(위명). ¶官名—.

▷姦—, 巧—, 權—, 詭—, 欺—, 多—, 謀—, 變—, 逆—, 矮—, 愚—, 作—, 譎—

5/12【詞】 말 사 | ㊁ㄘˊ (ci) | し(コトバ) language

㊂ 詞 ㊇ 䛐

풀이 ①말. 언어. ¶其—則丘有罪焉爾<公羊傳> ②알리다. 고함. ¶其—于賓曰<禮記> ③청하다. 원함. ④말하다. 설명함. ⑤호소하다. 송사함. ⑥잇다. 뒤를 이음. ⑦글. 문장. ¶是時天子方好文—<史記> ⑧문체의 한 가지. 운문(韻文)의 한 가지. ¶—曲.

【詞客】しかく(사객) ①시문(詩文)을 짓는 사람. 詩人(시인). 詩客(시객). ②사(詞)를 짓는 사람. 詞人(사인). ¶楚俗饒— 何人最往還<韋應物>

【詞壇】しだん(사단) ☞詞林(사림)②.

【詞林】しりん(사림) ①시문(詩文)을 모은 책. ②문인(文人)들의 사회. 文壇(문단). 詞壇(사단). 詞場(사장). ¶鉤深學海 囊括—<蕭嵩> ③한림원(翰林院)의 별칭.

【詞伯】しはく(사백) 시문에 뛰어난 사람을 높이어 이르는 말. 詞宗(사종).

【詞賦】しふ(사부) ①사(詞)와 부(賦). ②운자(韻字)를 달아 평측(平仄)을 구별하여 지은 한시의 총칭. ¶陳梁薦士特尙—<事物起原>

【詞章】しょう(사장) 시가와 문장.

【詞藻】しそう(사조) ①시문을 짓는 재능. ②시가(詩歌)나 문장. 詞華(사화). 文藻(문조). ¶時俗— 猶多淫麗<北史>

【詞兄】しけい(사형) 문인들끼리 상대를 높이어 부르는 호칭.

【詞華】しか(사화) 시문의 재화(才華). 뛰어난 시문. 詞藻(사조). ¶志業過玄晏 —似禰衡<白居易>

▷歌—, 感嘆—, 冠形—, 宮—, 代名—, 動—, 名—, 文—, 副—, 賞—, 誓—, 聲—, 數—, 心—, 雅—, 獄—, 自動—, 塡—, 接續—, 制—, 助動—, 弔—, 助—, 祝—, 枕—, 他動—, 品—, 賀—, 恨—, 形容—

12【䛐】 詞(p.1378)와 同字

5/12【訴】 ①하소연할 소 ②헐뜯을 척 | ㊁ㄙㄨˋ ㊁(su) | そ せき

㊄ 訢 ㊇ 愬

풀이 ①①하소연하다. ㉮알리다. 고(告)함. ¶—告. ㉯헐뜯어 말하다. 참소(讒訴)함. ¶而—公于晉侯<左氏傳> ㉰불평을 털어 놓으며 동정을 구하다. ¶舒憤—穹蒼<古樂府> ㉱변명하다. 원통함을 호소함. ¶擧頭若欲自—<後漢書> ②송사(訟事)하다. 관청에 고(告)하여 판결을 청함. ¶—訟. ③하소연. 호소. ¶子輿困臧倉之—<劉峻> ②헐뜯다. 배척함. ¶— 毁也<集韻>

【訴人】そにん(소인) 소송하는 사람. ¶案牘公明 —不遠<太平廣記>

【訴狀】そじょう(소장) ①하소연하는 글. ②소송을 제기하는 취지를 써서 법원에 내는 문서. 訴牒(소첩). ¶公—.

【訴陳】そちん(소진) 하소연하여 진술함. ¶屢—卑職之前<福惠全書>

【訴請】そせい(소청) 하소연하여 바른 판결을 청함.

【訴追】そつい(소추) ①검사가 이미 제기한 소송에 추가하여 공소(公訴)를 제기함. ②탄핵(彈劾) 발의(發議)를 하여 파면(罷免)을 요구하는 일. ¶彈劾—.

▷告—, 公—, 控—, 起—, 密—, 煩—, 上—, 愁—, 勝—, 仰—, 哀—, 獄—, 怨—, 寃—, 越—, 自—, 提—, 嘲—, 直—, 讒—, 投—, 敗—, 呼—

12【訢】 訴(p.1378)의 本字

5/12【訹】 꾈 술 | ㊁ㄒㄩˋ (xu) | しゅつ(サソウ) lure

5/12【詠】 읊을 영 | ㊁ㄩㄥˇ (yong) | えい(ウタウ) recite

㊇ 咏 詠

풀이 ①읊다. 노래함. ㉮시가(詩歌)를 읊다. ¶搏拊琴瑟以—<書經> ㉯사물에 빗대어 노래하다. ¶則文—物以行之<國語> ㉰새가 노래하다. ¶耳悲—時禽<陸機> ②시가를 짓다. ¶夫令聞令望 詩人所作—<南史> ③시가(詩歌). 노래의 가사. ¶綷以藻—<左思>

【詠歌】えいか(영가) ①목소리를 길게 뽑아 읊음. 永歌(영가). ②감동하여 기림. ③심원(深遠)·강렬(強烈)한 감정을 문장으로 나타내는 일.

▷歌—, 高—, 歸—, 朗—, 談—, 舞—, 賦—, 賞—, 嘯—, 誦—, 愛—, 玩—, 謠—, 遺—, 吟—, 題—, 諷—

5/12【詍】 수다스러울 예 세 | ㊁ㄧˋ (yi) | えい talkative せい

5/12【詒】 ①줄 이 ②게으를 태 | ㊁ㄧˊ (yi) ㊁ | い たい

풀이 ①①주다. 증여함. ㊂貽 遺. ②보내다. ¶叔向使—子產書<左氏傳> ③전하다. 전언함. ¶—厥孫謀<詩經> ④끼치다. 남김. ㊂貽 遺. ¶自—伊阻<詩經> ⑤부치다. 기탁(寄託)함. ¶夫請者非可—託而往也<穀梁傳> ⑥속이다. 기만함. ¶吾笑龍之—孔穿<列子> ②게으르다. 나태한 모양. ㊂駘. ¶誒—爲病數日<莊子>

12〖⿰言呂〗 詒(p. 1378)와 同字

12〖⿰言匜〗 訑(p. 1373)의 俗字

5 12〖訾〗 1 헐뜯을 자 ㉰ㄗˇ (zi) 紙 し(ソシル) *defame*

풀이 1 ①헐뜯다. 훼손(毁損)함. 通 呰. ¶不苟—<禮記> ②생각하다. ¶不—重器<禮記> ③헤아리다. 요량(料量)함. 通 咨. ¶擧吳兵以—於漢<漢書> ④직무에 태만한 모양. ⑤한정하다. 通 次. ¶吏嗇夫盡有—程事律<管子> ⑥재보(財寶). 자본. 通 資 貲. ¶選郞吏又以富—<漢書> ⑦병폐. 흉터. 通 疵. ¶子之所刺於禮者 亦非禮之—也<禮記> ⑧한탄하다. ¶四荒至 莫有怨—<逸周書> ⑨아아. 탄식하는 소리. ¶—黃其何不徠下<漢書> 2 ①나쁘다. 거칠. ¶—食者不肥其體<管子> ②앓다. ¶歲凶 庸人—厲<管子> ③방자하다. 멋대로 함. ¶離縱而跂—者也<荀子>

▷謗—, 非—, 誹—, 怨—, 詔—, 訢—, 毁—

12〖訿〗 訾(p. 1379)와 同字

5 12〖詆〗 꾸짖을 저 ㉰ㄉㄧˇ (di) 薺 てい(シカル) *scold*

풀이 ①꾸짖다. 비난함. ¶—訶. ②욕하다. 모욕함. ¶巧言醜—<漢書> ③들추어 내다. 적발함. ¶—訾孔子<史記> ④속이다. ⑤법. 규범. ⑥걸리다. 저촉(抵觸)됨. ¶—罪. ⑦근본. 요긴한 일. 通 柢. ¶兵有三—<淮南子>

▷訶—, 巧—, 譏—, 面—, 誣—, 排—, 相—, 深—, 歷—, 峻—, 醜—, 嗤—, 劾—, 顯—, 毁—

5 12〖詛〗 저주할 저 本 조 御 ㄗㄨˇ 遇 (zu) しょ(ノロウ) *curse* しゅ

同 禮 謯

풀이 ①저주(詛呪)하다. 남이 못 되도록 빎. ¶否則厥口—祝<書經> ②맹세하다. 맹세함. ㉮서약하다. ¶—諸五父之衢<左氏傳> ㉯지나간 일을 맹세하다. ¶盟—主於要誓<周禮> ③맹세. 작은 일에 대한 맹세. ¶大事曰盟 小事曰—<周禮·注> ④욕하다. 원망함. ¶匈詈腹—<後漢書>

▷盟—, 謗—, 厭—, 怨—, 呪—, 匈詈腹—

5 12〖詀〗 1 수다스러울 점 鹽 ㄓㄢ (zhan) てん *talkative* 2 희학질할 잠 咸 たん 3 속삭일 첩 葉 しょう

풀이 1 ①수다스럽다. ②교묘한 말. 2 ①희학질하다. 실없는 말로 농지거리함. 같 謙. ¶—讘. ②수다스럽다. ¶—喃. 3 속삭이다. ¶—讘.

5 12〖詔〗 1 고할 조 嘯 ㄓㄠˋ (zhao) 2 소개할 소 蕭 しょう(ツゲル) *inform*

풀이 1 ①고하다. 通 告. ㉮알리다. ¶出入有—於國<禮記> ㉯웃사람이 아랫사람에게 알리다. ㉰신(神)에게 고하다. ¶司勳—之<周禮> ㉱말하다. ¶若唯無—<莊子> ②가르치다. ¶問而不—<呂覽> ③돕다. ¶以八柄—王馭群臣<周禮> ④부르다. 초빙(招聘)함. ¶—伊尹於亳郊兮<後漢書> ⑤조서(詔書). 조칙(詔勅). 임금의 명령. ¶陛下發德音 下明—<漢書> ⑥문체의 한 가지. 임금의 명령을 기록하는 데 쓰는 문체. ¶秦并天下 改命曰制 令曰— 於是—興焉<文體明辯> ⑦나라 이름. 당(唐)대 남만(南蠻)의 왕조. ¶南—. 2 소개하다. 通 紹. ¶禮有擯—<禮記>

【詔命】しょうめい (조명) 임금의 명령. 詔令(조령). 詔敕(조칙).

【詔書】しょうしょ (조서) 조명(詔命)을 적은 문서. 制書(제서). 詔命(조명). ¶—每下 民欣然若更生<漢書>

▷大—, 待—, 明—, 拜—, 璽—, 聖—, 手—, 嚴—, 玉—, 優—, 六—, 恩—, 制—, 草—

5 12〖註〗 주낼 주 遇 ㄓㄨˋ (zhu) ちゅう(トキアカス) *annotate*

풀이 通 注. ①주(注)내다. 뜻을 풀어 밝힘. ¶—解. ②주(注). 주해. ¶向秀欲—莊子<晋書> ③적다. 기술(記述)함. ¶重黎記—<後漢書>

【註文】ちゅうぶん (주문) ☞注文(주문)①.

【註書】ちゅうしょ (주서) ☞注書(주서)①.

【註釋】ちゅうしゃく (주석) ☞注釋(주석).

【註疏】ちゅうそ (주소) ☞注疏(주소).

【註解】ちゅうかい (주해) ☞注釋(주석).

▷脚—, 頭—, 旁—, 點—, 側—, 標—, 解—

12〖詋〗 呪(p. 288)와 同字

5 12〖証〗 1 증거 증 本 정 庚 徑 ㄓㄥˋ (zheng) 2 간할 정 しょう(アカシ) *evidence* せい

풀이 1 증거. 흔히 證의 약자로 씀. 通 證. ¶皆有典—<晋書> 2 간(諫)하다. ¶士尉以—靖郭君<戰國策>

5 12〖診〗 볼 진 軫 ㄓㄣˇ (zhen) しん(ミル) *see*

俗 訡 同 訬

풀이 ①보다. 通 眕. ㉮눈으로 보다. ¶乃自—兮在茲<楚辭> ㉯엿보다. ¶群臣怪而—之<後漢書> ㉰맥(脈)을 보다.

진찰함. ¶一切其脈<史記> ②증상. 병의 징후(徵候). ¶願聞其一<素問> ③고(告)하다. 通畛. ¶匠石覺而一其夢<莊子> ④점(占)치다.

【診斷】しんだん(진단) 의사가 환자를 진찰하여 병의 상태를 판단함.

「찰과 치료.

【診療】しんりょう(진료) 진찰하고 치료함. 또는, 진

【診脈】しんみゃく(진맥) 환자의 맥을 짚어 병을 진찰함. ¶特以一爲名耳<史記>

【診切】しんせつ(진절) 맥을 짚어 증세를 살핌.

【診察】しんさつ(진찰) 병의 원인과 증상을 살펴봄. 診候(진후).

【診候】(진후) ☞診察(진찰).

▷檢一, 來一, 問一, 誤一, 往一, 聽一, 初一, 觸一, 打一, 宅一, 表一, 回一, 休一

12〖⿰言尒〗診(p.1379)과 同字

12〖⿰言尓〗診(p.1379)의 俗字

5 12〖詄〗 잊을 질 | 圈ㄉㄧㄝˊ (die) | てつ(ワスレル) *forget*

풀이 ①잊다. 소홀히 함. ②천체(天體)가 단단하고 맑은 모양. ¶天門開一蕩蕩<前漢禮樂志>

5 12〖評〗 꼲을 평 | 圈ㄆㄧㄥˊ (ping) | ひょう(トキハカル) *evaluate*

풀이 ①꼲다. ㉮잘잘못을 살피어 정하다. ㉯됨됨이를 평하다. ¶初劭與靖俱有高名…故汝南俗有月旦一焉<後漢書> ㉰의논하여 평정(評定)하다. ¶一議. ②품평. ¶品古今詩爲一<南史> ③문체의 한 가지. 사관(史官)이 군신(君臣)의 언행을 평론하는 글. ¶一 品論也 史家褒貶之詞<文體明辯>

【評價】ひょうか(평가) ①물건의 값을 정(定)함. 정한 가격. ¶一發貨<福惠全書> ②사물(事物)의 가치나 선악·미추(美醜) 따위를 정함. 평정한 가치.

【評決】ひょうけつ(평결) 평론하여 결정함. ¶一獄訟不加捶楚<魏書>

【評論】ひょうろん(평론) 사물의 가치, 시비, 선악 등을 비평하여 논함. 또는, 그 글. ¶一家/一集.

【評釋】ひょうしゃく(평석) 시가(詩歌), 문장을 해석하고 비평함. 또는, 그 글.

【評語】ひょうご(평어) ①비평하는 말. 評言(평언). ②성적을 나타내는 말. 수(秀)·우(優), 미(美), 양(良), 가(可) 따위.

【評議】ひょうぎ(평의) 의론해서 결정함. 모여서 서로 의론함. ¶一乃殺之<後漢書> 「記).

【評傳】ひょうでん(평전) 평론을 곁들인 전기(傳

【評點】ひょうてん(평점) ①시문을 꼲을 때 표하는 점. 批點(비점). ②실력의 정도를 평정(評定)한 점수. ③물건의 가치를 평하여 매기는 점수.

【評定】ひょうてい(평정) 평의(評議)하여 결정함.

【評判】ひょうばん(평판) ①비평하여 판정함. ②세상 사람의 비평(批評). ③명성(名聲). ④유명한 것.

▷苛一, 考一, 高一, 公一, 譏一, 論一, 短一, 妄一, 批一, 世一, 細一, 惡一, 月旦一, 月一, 異一, 適一, 定一, 嘲一, 寸一, 品一, 下馬一, 合一, 好一, 酷一

5 12〖詖〗 치우칠 피 | 圈ㄅㄧˋ 圈(bi) | ひ(カタヨル) *one-sided*

풀이 ①치우치다. 편파(偏頗)함. 通頗. ¶一辭知其所蔽<孟子>/一行. ②기울다. ¶不從俗而一行兮<楚辭> ③판단하여 설명하다. 분석(分析)함. ④교활(巧猾)하다. 간사한 꾀가 많음. ¶趙敬險一<漢書> ⑤아첨하다. ¶險一陰賊<漢書> ⑥비뚤어지다. 공정하지 못함. ⑦비뚤어진 말. 공정하지 못한 말. ¶壞散險一之聚<漢書> ⑧멋대로 죄를 씌우다. ¶險一 妄加人以罪也<詩經> ⑨비탈. 通陂. ¶讒人罔極 險一傾側<荀子>

▷傾一, 險一

5 12〖詗〗 염탐할 형 | 圈ㄒㄩㄥˋ (xiong) | けい(サグル) *spy upon*

풀이 ①염탐하다. 몰래 탐지함. 또는, 염탐꾼. ¶爲中一長安<漢書>/一察. ②구(求)하다. 탐구함. ③익히 깨달아 알다.

▷窺一, 覘一, 中一

13〖⿰⿱夂言又〗誥(p.1386)의 古字

6 13〖誇〗 1 자랑할 과 2 노래할 구 | 圈ㄎㄨㄚ 圈(kua) | か, こ(ホコル) *pride* く

古 夸

풀이 1 ①자랑하다. 자만함. ¶上將大一胡人以多禽獸<揚雄> ②자랑. 자만(自慢). ¶青紫今爲里巷一<蘇軾> ③거칠다. 베 따위가 굵고 성김. ¶妾一布服<漢書> ④친절한 모양. ¶一一. 2 노래하다.

【誇矜】こきょう(과긍) 자랑함. ¶心一勢能之榮<史記>

【誇大】こだい(과대) ①작은 것을 크게 과장(誇張)하여 말함. 풍을 떪. ②턱없이 자만(自慢)함. ¶一妄想.

【誇示】こじ(과시) 뽐내어 보임. 자만하여 실제보다 크게 나타내어 보임.

【誇張】こちょう(과장) 실제보다 지나치게 나타냄. 허풍으로 불려 자랑하며 떠벌림. ※虛張聲勢(허장성세).

【誇讚】(과찬) 높이 칭찬함.

▷驕一, 矜一, 陵一, 浮一, 自一

13〖⿰言夸〗誇(p.1380)와 同字

6 13【註】 그르칠 괘 | 国ㄍㄨㄚˋ (gua) | かい (アヤマル) *spoil*

풀이 ①그르치다. 잘못되게 함. ¶一誤吏民<漢書> ②속이다. 기만함. ¶一亂天下<史記> ③훼방(毁謗)하다. 남의 일을 헐뜯어 방해함.

6 13【詭】 속일 궤 | 紙ㄍㄨㄟˇ (gui) | き (ソムク) *cheat*

풀이 ①속이다. 기만함. ¶一辭而出<穀梁傳> ②꾸짖다. 책망함. 같譌. ¶今臣得出守郡 自一效功<漢書> ③어기다. 위배(違背)함. ¶一自然之性<淮南子> ④이상하다. 이상하게 여김. 通恑. ¶一文回波<淮南子> ⑤다르다. 특수함. ¶卓一切至<漢書> ⑥가지런하지 않다. 通觤. ¶尺寸雖齊必有一<淮南子> ⑦바르지 않다. 정도(正道)에 벗어남. ¶爲之一遇<孟子> ⑧헐뜯다. 비방함. ¶若固之序事 不激一不抑抗<後漢書>

【詭計】きけい (궤계) 거짓으로 꾸민 꾀. 사람을 속이는 계략. 간사한 꾀. 詭策(궤책). 詭謀(궤모).

【詭辯】きべん (궤변) ①교묘하게 둘러대어 사람을 미혹(迷惑)되게 하는 말. ②형식적인 논리만으로써 도리를 무시하고 거짓을 진실처럼 교묘하게 꾸며대는 변론. ③옳은 전제(前提)에서, 그릇된 결론을 이끌어 내는 논법. ¶設一於懷王之寵姬鄭袖<史記>/一學派.

【詭言】きげん (궤언) 간사스럽게 속여 꾸미는 말. 거짓말. 詭辭(궤사).

▷激一, 輕一, 怪一, 瑰一, 奇一, 卓一, 特一, 虛一, 譎一

6 13【詷】 더덜거릴 동 | 東ㄉㄨㄥˋ 董(dong) | とう *stammer*

풀이 ①더덜거리다. 말을 더듬음. ¶輕薄謥一<後漢書> ②한가지. 공동(共同). 通同. ¶同之言 一也<禮記·注> ③큰소리. 허풍. ④사동(使童). 通僮.

6 13【誄】 뇌사 뢰 | 紙ㄌㄟˇ (lei) | るい (シノビゴト) *eulogy*

풀이 ①뇌사. 죽은 이의 생전의 공덕을 칭송하며 조상하는 글. ¶一者道死人之志也<墨子> ②조문(弔文)을 읽다. ¶碑披文以相質 一纏緜而悽愴<陸機> ③빌다. 사람의 공덕을 말하며 신에게 복을 빎. 通讄 讔. ¶一曰 禱爾于上下神祇<論語>

【誄詞】るいし (뇌사) 죽은 이의 생전의 공덕을 칭송하며 조상(弔喪)하는 말이나 글. 誄辭(뇌사). 弔詞(조사). 弔文(조문).

【誄讚】るいさん (뇌찬) 뇌(誄)와 찬(讚). 誄는 죽은 이의 생전의 행적(行蹟)을 적은 글, 讚은 살아있는 사람의 미덕(美德)을 기린 글. ¶一以昭其懿德<後漢書>

▷銘一, 私一, 哀一, 制一, 鍼一

13【誙】 誙(p. 1386)와 同字

13【誎】 謎(p. 1400)와 同字

6 13【詳】 1 자세할 상 2 속일 양 | 陽ㄒㄧㄤˊ 陽(xiang) | しょう よう *detail*

풀이 1 ①자세하다. ㉮자세히 헤아리다. ¶一計. ㉯자세히 보다. ¶一考. ㉰자세히 이야기하다. ¶中冓之言 不可一也<詩經> ㉱자세히 알다. ¶亦不一其姓字<陶潛> ㉲자세히 밝히다. ¶一言正色<後漢書> ②자세(仔細)함. 상세함. ¶其一不可得聞也<孟子> ③두루 갖추다. ¶略則擧大 一則擧小<荀子> ④다하다. 남김 없이 함. ¶亦未可一<漢書> ⑤죄다. 모조리. ¶一延特起之士<漢書> ⑥고루 마음을 쓰다. ¶不赦不一<公羊傳> ⑦공평하다. ¶刑戮將甚不一<漢書> ⑧상서롭다. 通祥. ¶六畜生多耳目者不一<淮南子> ⑨길조(吉兆). 좋은 조짐. ¶吉事有一<易經> ⑩날다. 비상(飛翔)함. 通翔. ⑪공문서의 한 가지. 옛날, 하급 관청에서 상급 관청으로 보내는 기밀 문서. ¶一文. 2 속이다. 거짓. 通佯. ¶公子光 一爲足疾<史記>/一醉.

【詳考】しょうこう (상고) ①자세히 참고함. ②상세히 검토함.

【詳論】しょうろん (상론) 자세히 논함. 또는, 그 논설.

【詳報】しょうほう (상보) ①상세히 알림. ②자세한 보고.

【詳說】しょうせつ (상설) 상세하게 설명함. 자세한 풀이.

【詳細】しょうさい (상세) 자상하고 세밀함. 詳密(상밀).

【詳述】しょうじゅつ (상술) 자세하게 진술 또는 서술함.

【詳注】しょうちゅう (상주) 상세한 주석(注釋). 詳註(상주).

【詳解】しょうかい (상해) 자세한 풀이.

【詳狂】ようきょう (양광) 거짓 미친 체함. 미치광이의 흉내를 냄. 佯狂(양광). ¶梅伯受醢 箕子一<楚辭>

▷寬一, 端一, 未一, 不一, 審一, 安一, 姸一, 仔一, 精一, 周一

6 13【詵】 많을 선·신 | 臻ㄕㄣ 眞(shen) | せん, しん *many*

풀이 ①많다. 수가 많은 모양. ¶螽斯羽 一一兮<詩經> ②묻다. 물어봄. ③모이다. 덕을 흠모하여 모여드는 모양. ¶一一衆賢 千載一遇<袁宏>

6 13【誠】 정성 성 | 庚ㄔㄥˊ (cheng) | せい (マコト) *sincerity*

同 誠

풀이 ①정성. ㉮순수한 마음. ¶一者自成也<中庸> ㉯공평 무사한 마음. ¶一者天之道也<中庸> ㉰진심. 참된 마음. ¶開心見一<後漢書> ㉱사실. 실정. ¶以嫗爲不一<史記> ②마음을 참되게 가지다. ¶志操精果謂之一<新書> ③삼가다. 공경함. ④자세하다. ¶繩墨

一陳＜禮記＞ ⑤실(實)답다. 진실함. ¶是之謂一君子＜荀子＞ ⑥만약 …라면. ¶一聽臣之計 可不攻而降城＜史記＞ ⑦정성스럽게 하다. ¶一之者 人之道也＜中庸＞ ⑧참으로. 진실로. ¶是一何心哉＜孟子＞

【誠敬】せいけい(성경) ①정성스러운 마음으로 삼가 공경함. ¶晨夕瞻奉 盡其一＜南史＞ ②정주학(程朱學)에서 중시하는 존성(存誠)과 거경(居敬).

【誠金】(성금) 정성으로 내는 돈.

【誠力】(성력) ①성실한 노력. ②정성과 힘.

【誠實】せいじつ(성실) 성의가 있고 진실함.

【誠心】せいしん(성심) ①참된 마음. 誠意(성의). 誠情(성정). ②마음을 정성스럽게 함. ¶一所到.

【誠意】せいい(성의) ①정성스러운 마음. ②뜻을 정성스럽게 함. ¶欲正其心者 先誠其意＜大學＞

【誠哉是言】マコトナルカナコノげんや(성재시언) 참으로 도리에 합당한 말이로다. ¶善人爲邦百年 亦可以勝殘去殺矣 一也＜論語＞

【誠則形】マコトアレバスナワチアラワル(성즉형) 마음속에 정성스러움이 있으면 반드시 외형에 나타남. ¶一 形則著 著則明 明則動 動則變 變則化 唯天下至誠爲能化＜中庸＞

【誠直】せいちょく(성직) 거짓이 없음. 진실하고 정직함.

【誠忠】せいちゅう(성충) ①진심에서 우러나오는 충의(忠義). ②정성 어린 친절.

【誠惶誠恐】せいこうせいきょう(성황성공) 진실로 황공하다는 뜻으로, 임금에게 상소할 때 쓰는 말. ¶臣植一 頓首頓首＜曹植＞

▷懇一, 潔一, 款一, 巧詐不若拙一, 丹一, 篤一, 純一, 允一, 赤一, 積一, 精一, 存一, 至一, 眞一, 寸一, 忠一, 表一

6 13 【詶】 대답할 수 | 尤 ㄔㄡˊ (chou) | しゅう answer

풀이 ①대답하다. 응답함. ¶彼上人者難爲一對＜南史＞ ②저주(詛呪)하다. 같 譸. ③갚다. 응수함. 通 酬. ④누구. 어느 사람. 通 疇. ¶一咨群寮＜魏元丕碑＞

6 13 【詢】 물을 순 | 眞 ㄒㄩㄣˊ (xun) | じゅん(トウ) inquire

풀이 ①묻다. 자문함. ¶一于四岳＜書經＞/一問. ②꾀하다. 친척에게 물어서 일을 도모함. ¶周爰咨一＜詩經＞/一謀. ③같다. 균평(均平)함. ¶一十有二變＜尙書大傳＞ ④믿다. 또는, 믿음. 진실. 通 洵.

▷博一, 細一, 咨一, 諮一, 許一

6 13 【詩】 시 시 | 支 ㄕ (shi) | し(シ) poetry

同 訨

풀이 ①시. 운문(韻文)의 한 체. 고시(古詩)와 근체시(近體詩)의 둘로 크게 나누어 말함. ¶一所以合意也 歌所以詠一也＜國語＞ ②「시경」(詩經). ¶孔子采萬國之風正雅頌之名 集而謂之一＜皇甫謐＞ ③악보(樂譜). 악장(樂章). ¶投一賦只＜楚辭＞ ④악기에 맞추어 노래하는 소리. ¶一 弦歌諷誦之聲也＜北堂書抄＞ ⑤노래하다. 읊음. ¶一以道之＜國語＞ ⑥받다. 가짐. 通 持. ¶一懷之＜儀禮＞ ⑦생각하다. ¶一 思也＜毛詩指說＞ ⑧말. 언어. ¶一 辭也＜毛詩指說＞ ⑨나라 이름. 춘추 시대 노(魯)의 부용국(附庸國). 通 邿.

【詩歌】しか(시가) 시와 노래. 詩詠(시영).

【詩客】しかく(시객) 시인(詩人).

【詩格】しかく(시격) ①시를 짓는 법칙. ②시의 품격. 시의 품위. 詩品(시품). ¶及荆公蘇黃輩出 然後一極於高古＜捫蝨新話＞

【詩經】しきょう(시경) 오경(五經)의 하나. 중국 최고(最古)의 시집. 중국 각지의 민요를 채집한 3천여 편 중에서 공자(孔子)가 305편을 선정하였다 하며, 한(漢)대에 모형(毛亨)과 모장(毛萇)이 전했으므로 모시(毛詩)라고도 함.

【詩稿】しこう(시고) 시의 원고. 詩草(시초).

【詩窖】しこう(시교) 시의 움집이란 뜻으로, 시재(詩才)가 풍부하고 뛰어난 사람을 이름. 촉(蜀)의 왕인유(王仁裕)가 어느 날 꿈속에서 그의 장(腸)과 위(胃)를 쪼개어 서강(西江)물에 씻고서 강가의 자갈밭을 돌아보니, 모두 전주(篆籒)의 문(文)이었는데, 이로부터 문사(文思)가 날로 전진하여 시(詩) 1만여 수(首)를 남겼으므로, 사람들이 그를 시의 움집이라 했다 함.

【詩卷】しかん(시권) ☞詩集(시집).

【詩壇】しだん(시단) 시인의 사회. ※文壇(문단).

【詩侶】しりょ(시려) ☞詩友(시우).

【詩禮之訓】しれいのくん(시례지 훈) 시(詩)와 예(禮)의 훈계라는 뜻으로, 자식이 아버지에게서 받는 교훈을 이름. 노(魯)의 이(鯉)가 아버지인 공자(孔子)에게서 시와 예를 배워야 하는 까닭을 듣고, 당장 배웠다는 옛일에서 유래. ¶不學詩 無以言 鯉退而學詩…不學禮 無以立 鯉退而學禮＜論語＞

【詩論】しろん(시론) 시에 관한 이론. 또는, 그 책.

【詩文】しぶん(시문) ①시와 문장. 시가(詩歌)와 산문(散文). 楮墨(저묵). ②시(詩).

【詩伯】しはく(시백) ①뛰어난 시인. 詩宗(시종). 詩豪(시호). ※詞伯(사백). ②시인을 높여 이르는 말.

【詩癖】しへき(시벽) ①시 짓기를 좋아하는 버릇. 詩魔(시마). ②시 짓기의 글자 사용에서, 그 사람 특유의 편벽(偏僻)된 버릇.

【詩賦】しふ(시부) 시(詩)와 부(賦). 한문에서, 시는 정형시, 부는 산문적인 것을 이름. 韻文(운문). ¶奏議宜雅 書論宜理 銘誄尙實 一欲麗＜曹丕＞

【詩佛】しぶつ(시불) 당(唐) 왕유(王維)의 이칭. 시인으로서 그가 불교를 독실히 믿었으며 불학(佛學)에 밝았기 때문임.

【詩朋】しほう(시붕) ☞詩友(시우).

【詩碑】しひ(시비) 시를 새긴 비석. 시인을 기리

어, 그의 시를 새긴 기념비.

【詩社】しゃ(시사) ☞詩會(시회).

【詩想】そう(시상) ①시를 창작하기 위한 시인의 착상 또는 구상. ②시에 나타난 사상이나 감정. ③시적인 생각이나 상념(想念). 詩心(시심). 詩情(시정). 詩思(시사). 詩趣(시취). 詩興(시흥).

【詩仙】せん(시선) ①선풍(仙風)이 있는 천재적(天才的)인 시인. ②시에 몰두하여 세상일을 잊은 사람. ③당(唐) 시인 이 백(李白)을 이르는 말. ※詩聖(시성)②.

【詩選】せん(시선) 시를 가려 뽑아 모은 책.

【詩聖】せい(시성) ①고금에 가장 뛰어난 시인(詩人). ②당(唐) 시인 두보(杜甫)를 이르는 말. ¶李白神於詩 杜甫聖於詩<楊升菴> ※詩仙(시선)③.

【詩心】しん(시심) 시흥(詩興)이 돋는 마음. 詩情(시정). 詩趣(시취).

【詩語】ご(시어) 시에 쓰는 말. 시에 들어 있는 말. 詩詞(시사).

【詩餘】よ(시여) 한시체(漢詩體)의 하나. 고시(古詩)에서 변하여 악부(樂府)가 되고 악부에서 변하여 장단구(長短句)가 된 것. 당(唐)의 이백(李白)에서 비롯하여 송(宋)대에 성행함. 塡詞(전사). 詞曲(사곡). ¶遂成爲詞 詞之情文節奏 竝皆有餘於詩 故曰一<況周頤>

【詩友】ゆう(시우) 함께 어울려 시를 짓는 벗. 시로써 사귄 벗. 詩伴(시반). 詩朋(시붕). 詩侶(시려).

【詩韻】いん(시운) ①시의 운율. 시의 풍류와 운치. ②운서(韻書). 시(詩) 작법(作法)의 격식(格式)에 따라 시구(詩句)의 끝에 다는 운자(韻字). ¶荆公 東坡 山谷始以用韻奇險爲工 … 於是乎有一等書<四庫提要>

【詩有別才】しゆうべっさいアリ(시유별재) 시를 잘 짓는 데는 학식이 깊고 열음에 매이지 아니하고 본래부터 뛰어난 천분을 타고 나야 함. ¶一非關書也 詩有別趣 非關理也<滄浪詩話>

【詩律】りつ(시율) 시의 음률(音律). 작시(作詩)의 규칙 또는 격조(格調). ¶魏建安後迄江左 一屢變<唐書>

【詩淫】いん(시음) 시를 짓기에 몰두하여 생활에는 무관심함을 이르는 말. 「詩(작시).

【詩作】さく(시작) 시를 지음. 또는, 그 시. 作

【詩才】さい(시재) 시를 짓는 재질.

【詩的】てき(시적) ①시의 흥취가 있어 미감(美感)을 일으키는 모양. ②현실을 떠나 감흥(感興)에 잠기는 모양.

【詩傳】でん(시전) ①「시경」(詩經)을 주석한 책. 傳은 경서(經書) 주해(注解)의 뜻. ¶凡言傳者 謂爲之解說 若今詩毛氏傳也<漢書> ②시를 전함.

【詩情】じょう(시정) 마음에 느낀 생각을 시로 나타내고자 하는 심정. 시적 정서. 詩興(시흥). 「짓는 제재(題材).

【詩題】だい(시제) 시의 제목. 시의 주제. 시를

【詩宗】そう(시종) ①☞詩伯(시백). ②「시경」(詩經)에 통달한 대가(大家).

【詩酒】しゅ(시주) 시와 술. 시를 짓고 술을 마시는 일. ¶獨步園林一自適<南史>

【詩中有畫】しちゅうがアリ(시중유화) 시구(詩句) 가운데 교묘하게 실경(實景)을 묘사한 것을 기린 말. 당(唐)대 왕유(王維)의 시는 실경이 눈에 보이듯 똑똑하게 그려져 있어, 마치 시 가운데 그림을 보는 듯하다고 칭찬한 말. ¶味摩詰之詩 — 觀摩詰之畫 畫中有詩<東坡集>

【詩集】しゅう(시집) 여러 편의 시를 모아 엮은 책. 詩卷(시권).

【詩債】さい(시채) 시의 부채(負債). 마땅히 지어야 할 시를 아직 짓지 아니한 것. 이전부터 배태(胚胎)한 시상을 가지고 있으면서 아직 완성하지 못하고 있는 일종의 부담감(負擔感)같은 것. 또는, 남에게 받은 시(詩)에 수답(酬答)하지 못하고 있는 일. ¶顧我狂酒久 負君一多<白居易>

【詩體】たい(시체) ①「시경」(詩經)의 정신과 일치함. ②한시(漢詩)의 형식과 체재(體裁). 성질과 내용상으로 시(詩)·인(引)·행(行)·가(歌)·가행(歌行)·음(吟)·요(謠)·곡(曲) 등으로 구분, 편법(篇法)상으로 고체(古體)는 악부(樂府)·오고(五古)·칠고(七古), 근체(近體)는 오율(五律)·칠율(七律)·배율(排律)·오절(五絕)·칠절(七絕)로 구분, 구법(句法)상으로 삼언(三言)·사언(四言)·오언(五言)·육언(六言)·칠언(七言)·구언(九言) 등으로 구분하고, 그 밖에 연대상(年代上), 책 이름, 땅 이름 등으로 나누었음. 「은 책.

【詩抄】しょう(시초) 여러 시 가운데서 뽑아 적

【詩趣】しゅ(시취) ①☞詩想(시상)③. ②시에 나타난 정취(情趣). 시적인 흥취.

【詩篇】へん(시편) ①시의 편장(篇章). 시의 한 편. ②시를 모은 책. ③「구약성서」에서 신(神)에 대한 찬가(讚歌)를 모은 편 이름.

【詩評】ひょう(시평) 시에 대한 비평(批評).

【詩風】ふう(시풍) ①시의 격조(格調). 시의 풍격(風格). ¶今日西川無子美 一又起浣花村<章孝標> ②한 시인(詩人)의 작품에 나타나는 독특한 기풍(氣風).

【詩豪】ごう(시호) ☞詩伯(시백)①. 「정신).

【詩魂】こん(시혼) 시를 짓는 마음. 詩精神(시

【詩話】わ(시화) 시(詩)의 평론(評論)이나 시인에 관한 일화(逸話)를 적은 책. ¶東人一<徐居正>

【詩會】かい(시회) 시를 짓기 위한 모임. 詩社(시사). ¶昔遊一滿 今遊一空<孟郊>

【詩興】きょう(시흥) 시의 흥취(興趣). 시정(詩情)을 일으키는 마음.

▷歌一, 古一, 古體一, 舊一, 近體一, 唐一, 四一, 散文一, 敍事一, 抒情一, 聲一, 頌祝一, 新體一, 惡一, 詠一, 零一, 五言一, 律一, 自由一, 作一, 展一, 祭一, 弔一, 采一, 祝一, 七步一, 七言一, 漢一, 廻文一

6
13 〖試〗 시험할 시 | 圓ㄕˋ (shi) | し(タメス) *examine*

풀이 ①시험하다. ㉮징험(徵驗)하다. ¶不可一也<易經> ㉯맛보다. 간을 봄. ㉰시험삼아 해 보다. ¶嘗一言之<莊子>

②성능을 시험해 보다. ¶一其弓弩<周禮> ③찾다. 찾아봄. ¶臣請一之<戰國策> ④견주다. 비교함. ⑤쓰다. 사용함. ¶吾不一故藝<論語> ⑥임명(任命)하다. ¶已而一縣亭長<漢書> ⑦시험. 고사(考査). ¶就禮部一<五代史> ⑧시해(弑害)하다. 通弑. ¶受命之臣專征云一<漢書>

【試官】しかん(시관) ①시험을 관장하는 관리. 시험관(試驗官). 考官(고관). ¶一與擧人對拜 此唐故事也<事文類聚> ②☞試補(시보).

【試金石】しきんせき(시금석) ①금, 은의 품질을 시험하는 데에 쓰는 돌. 층샛돌. 층석(層石). 칭석(稱石). ②가치나 역량(力量)을 알아보는 기회나 사물.

【試圖】しと(시도) ①시험삼아 도모하여 봄. ②무엇을 실현해 보려고 계획하거나 행동함.

【試鍊】しれん(시련) ①시험적으로 곤란에 빠뜨려 심신(心身)의 능력을 단련(鍛鍊)함. ②신앙심 또는 결심의 정도를 시험하는 일.

【試練】しれん(시련) ☞試鍊(시련).

【試補】しほ(시보) 실무(實務)를 연수(硏修)하며 임관(任官)을 기다리는 사람. 수습 관리(修習官吏). 試官(시관)②.

【試射】ししゃ(시사) ①활이나 총 등을 시험삼아 쏘아 봄. ②시험을 보여 명사수(名射手)를 뽑음.

【試寫】ししゃ(시사) 영화나 테레비전 등의 작품을 일반에게 공개하기 전에 관계자들이 모여 특별히 시험적으로 영사(映寫)해 보는 일. ¶一會.

【試乘】しじょう(시승) ①시험삼아 타 봄. ②개통되는 노선(路線)에 처음으로 탈것을 타고 가 보는 일.

【試食】ししょく(시식) 맛이나 요리 솜씨를 보기 위하여 시험적으로 먹어 봄.

【試兒】しじ(시아) 첫돌 때에 어린아이의 성질을 알아보는 일. 첫돌날에 돌상을 차려 여러 가지 물건을 늘어 놓고 마음대로 골라 잡게 하는 일. 돌잡이.

【試案】しあん(시안) 시험삼아 만든 안(案).

【試藥】しやく(시약) 화학적으로 각종 혼합물질을 검출(檢出)하거나 정량(定量)을 시험하는 데에 쓰는 약품.

【試運轉】しうんてん(시운전) 새로 만든 탈것이나 기계 등을 발동하여 시험적으로 운전함.

【試飮】しいん(시음) 음료수나 술 따위의 맛을 보기 위하여 마셔 봄. ¶一場.

【試作】しさく(시작) ☞試製(시제).

【試製】しせい(시제) 시험삼아 만들어 봄. 또는, 그렇게 만든 것. 試作(시작). 「는 일.

【試合】しアイ(시합) 재주를 다투어 승부를 겨루

【試驗】しけん(시험) ①학력(學力)을 필기나 구술(口述)로써 알아보는 일. ¶進學一/一成績. ②사물의 능력 따위를 실지로 따져 알아보는 일.

▷角一, 講一, 考一, 科一, 課一, 校一, 求一, 都一, 明一, 覆一, 嘗一, 選一, 按一, 量一, 御一, 歷一, 入一, 殿一, 點一, 廷一, 庭一, 調一, 策一, 初一, 鄕一, 會一

13【訩】 訩(p.1373)의 古字

13【諺】 諺(p.1396)·唁(p.307)의 古字

13【詠】 詠(p.1378)과 同字

6
13【詣】 이를 예 | 國 丨ˋ (yi) | けい(イタル) early

풀이 ①이르다. ㉮철이 되다. ㉯도착하다. ¶未得一前<漢書> ㉰학예가 깊은 경지에 이르다. ¶造一. ②가다. 나아감. ㉮관청에 출두하다. ¶乃一關令訟老君<列仙傳> ㉯참배하다. ¶元日一佛寺<世說新語>

▷奔一, 率一, 遊一, 前一, 精一, 造一, 重一, 指一, 參一, 馳一, 險一

13【詍】 詍(p.1378)와 同字

13【誉】 譽(p.1407)의 略字

13【諛】 諛(p.1397)의 俗字

13【詠】 寂(p.441)과 同字

6
13【詮】 설명할 전 | 先 ㄑㄩㄢˊ (quan) | せん explain

풀이 ①설명하다. 사리를 밝히어 말함. ¶文帝數與一論<晋書> ②법칙. 도리. 진리. ¶發必中一 言必合數<淮南子> ③갖추다. 사리(事理)를 갖춤. 또는, 사리를 갖춘 말. ¶衣褐向眞一<杜甫>/一言.

【詮議】せんぎ(전의) ①서로 평의(評議)하여 일을 분명히 정함. 評定(평정). ②죄적(罪跡) 또는 죄인(罪人)을 속속들이 조사함.

▷能一, 名一, 妙一, 祕一, 所一, 言一, 眞一, 評一

6
13【誂】 꾈 조 | 嘯 ㄊㄧㄠˇ (tiao) | ちょう(イドム) tempt

풀이 ①꾀다. 유혹함. ¶楚人有兩妻 人一其長者<戰國策> ②희롱하다. 실없이 놀림. ¶一弄. ③별안간. 갑자기. ¶雖一合刃於天下 誰敢在於上者<淮南子> ④경첩하다. 소리가 가볍고 빠른 모양. 通佻. ¶流辟一越慆濫之音出<呂覽>

▷嗷一

6
13【誅】 벨 주 | 虞 ㄓㄨ (zhu) | ちゅう(コロス) cut

풀이 ①베다. ㉮죄인을 죽이다. ¶將義兵行天一<漢書> ㉯풀 같은 것을 베어 없애다. ¶寧一鋤草茅以力耕乎<楚辭> ②치다. 적을 토벌함. ¶天命一之<書經> ③족살(族殺)하다. 죄를 식구에게 연루시켜 다 죽임. 通殊. ¶一不避親戚何<白虎通> ④덜다. 제거함. ¶故以惠一怨<國語> ⑤다스리다. 죄를 다스림. ¶阿上亂法者一<淮南子>/一求. ⑥꾸짖다. ¶一以馭其過<周禮>

⑦벌. 형벌. ¶齒路馬者有一＜禮記＞

【誅戮】ちゅうりく (주륙) 죄인을 죽임. 또는, 죄로 몰아 마구 죽임. 誅殺(주살). 誅僇(주륙). 戮誅(육주). ※屠戮(도륙).

【誅滅】ちゅうめつ (주멸) 죄 지은 사람들을 쳐 죽여 없앰. 誅殄(주진).

【誅伐】ちゅうばつ (주벌) 죄인을 침. 또는, 죄인을 쳐 죽임.

【誅罰】ちゅうばつ (주벌) 죄를 꾸짖어 처벌함.

【誅殺】ちゅうさつ (주살) ☞誅戮(주륙).

▷刻一, 鬼一, 濫一, 自一, 征一, 族一, 罪一, 天一, 筆一, 詰一

6 13 【詹】 1 이를 첨 2 족할 담 | 鹽ㄓㄢ (zhan) | せん(イタル) *reach* | 勘ㄉㄢˋ (dan) | たん *full*

풀이 1 ①이르다. 도달함. 通至. ¶魯邦所一＜詩經＞ ②수다스럽다. 같 詀 譫. ¶大言炎炎 小言一一＜莊子＞ ③보다. 通瞻. ¶顧一有河＜史記＞ ④점(占). 점침. 通占. ¶乃往見太卜鄭一尹＜楚辭＞ ⑤두꺼비. 通蟾. ¶月照天下 蝕於一諸＜淮南子＞ 2 족하다. 충족함. 通淡 憺. ¶不充則不一＜呂覽＞

6 13 【誃】 1 헤어질 치·지 2 속일 타 | 紙ㄔˇ (chi) 哿 | し,ち(ワカレル) *part from* | た(アザムク)

풀이 1 ①헤어지다. 이별함. 또는, 가름. 분리함. ②협문(挾門). 곁문. 같 謻. ¶出一門＜戰國策＞ ③별관(別館). 딴채. ¶周景王作洛陽一臺＜說文＞ 2 속이다. 같 詑.

6 13 【詫】 1 자랑할 타 2 고할 하 | 禡ㄔㄚˋ (cha) 禡 | た(ホコル) *boast*

풀이 1 ①자랑하다. 풍을 침. 같 咤 姹. ¶必列步騎 以自誇一＜宋史＞ ②속이다. 기만함. ¶思明一曰 朝義怯 不能成我事＜唐書＞ 2 알리다. 고(告)함. ¶踵門而一子扁慶子＜莊子＞

6 13 【該】 그 해 本 개 | 灰ㄍㄞ (gai) | がい(ソノ) *that*

풀이 ①그. 사물을 가리키는 말. 같 其. ¶一房開具上任儀注＜福惠全書＞ ②갖추다. 通晐. ¶齊桓聞以一輔＜楚辭＞ ③갖추어지다. ¶四言者一＜管子＞ ④겸하다. ¶旁一終始＜太玄經＞ ⑤포용(包容)하다. ¶夫孔子者 大聖無不一＜孔子家語＞ ⑥마땅히. 당연히. 같 當. ⑦모조리. 죄다. ¶一備. ⑧군호(軍號). 군대에서의 약속.

【該當】がいとう (해당) ①바로 들어맞음. 무엇에 관계되는 바로 그 것. ¶猶言宜也 凡事應如此曰一＜正字通＞ ②㊥ 마땅히 …하여야 함. …하지 않으면 안 됨.

【該博】がいはく (해박) 모든 사물을 두루두루 널리 앎. 학식이 다방면에 풍부함. ¶經書靡不一＜搜神記＞

【該氏】(해씨) 그 양반. 그 분.

▷兼一, 當一, 博一, 備一, 淹一, 遍一

6 13 【話】 말할 화 | 卦ㄏㄨㄚˋ (hua) | わ(ハナス) *talk*

풀이 ①말하다. 이야기함. ¶乃一民之弗率＜書經＞ ②이야기. 좋은 내용의 말이나 이야기. ¶悅親戚之情一＜陶潛＞ ③다스리다. 通 撅 詁. ④사투리. ⑤고르다. ⑥부끄러워하다.

【話頭】わとう (화두) ①이야기의 첫머리. 말의 서두(緖頭). ¶男女各爲一席 食已 必擧一一令家人答＜鶴林玉露＞ ②《佛》참선(參禪) 수행(修行)을 위한 연구 문제로서, 고칙(古則)·공안(公案) 등의 1절(節)이나 1칙(則)을 가리킴.

【話法】わほう (화법) ①말하는 방법. ②문장이나 담화에서 남의 말을 인용하여 재현(再現)하는 방법. 직접 화법과 간접 화법이 있음.

【話術】わじゅつ (화술) 이야기하는 기교(技巧).

【話題】わだい (화제) ①이야깃거리. ②이야기의 제목.

▷佳一, 嘉一, 款一, 茶一, 談一, 對一, 臺一, 獨一, 童一, 面一, 祕一, 俗一, 神一, 哀一, 夜一, 野一, 良一, 逸一, 電一, 情一, 淨一, 靜一, 淸一, 閑一, 會一

6 13 【詤】 잠꼬대 황 | 陽ㄏㄨㄤ 養 (huang) | こう (ネゴト)

풀이 ①잠꼬대. 섬어(譫語). ②지각(知覺)이 흐려지다. ¶無狀之狀 無象之象 是謂忽怳 怳與一通＜老子·注＞ ③망령된 말.

6 13 【詼】 조롱할 회 | 灰ㄏㄨㄟ (hui) | かい (カラカウ)

풀이 ①조롱하다. 비웃음. 通悝. ¶一嘲譏刺＜宋史＞ ②기롱(譏弄)하다. 실없는 말로 농락함. ¶好一諧＜晉書＞

▷詭一, 俳一, 嘲一

6 13 【詡】 자랑할 후 | 麌ㄒㄩˇ (xu) | く(ホコル) *boast*

풀이 ①자랑하다. 장담함. ¶誇一衆庶＜漢書＞ ②크다. ¶尙泰奢 麗誇一＜漢書＞ ③두루 미치다. ¶德發揚 一萬物＜禮記·注＞ ④화하다. 의좋게 모여드는 모양. ¶魴鱮一＜易林＞ ⑤날래다. 행동이 재빠름. ¶會同主一＜禮記＞ ⑥말씨가 분명하고 떳떳하다. ¶一者 辭氣明盛之貌＜禮記·注＞ ⑦말. 언어. ⑧예쁘다. 아름다움. 通嫵. ¶北方人謂媚好爲一畜＜漢書·注＞

▷誇一, 詡一

6 13 【詬】 꾸짖을 후 구 | 宥ㄍㄡˋ 宥 (gou) | こう *scold*

풀이 ①꾸짖다. 욕을 하며 책망함. ¶曹人一之＜左氏傳＞ ②욕보이다. 망신시킴. ¶常以儒相一病＜禮記＞ ③부끄러

욺. 치욕(恥辱). ¶一莫大於卑賤＜史記＞
▷尤一, 虞一, 威一, 嘲一, 責一, 笞一

6 13〖訩〗 1 송사할 흉 2 협박할 흉 | 冬ㄒㄩㄥ (xiong) | きょう(アラソウ)

풀이 1 ①송사하다. 다툼. ②수군거리다. 여러 사람이 지껄여 시끄러움. ¶一一. ③차다. 가득함. 2 협박하다. 으름.

13〖詾〗 訩(p.1386)과 同字

6 13〖詰〗 물을 힐 | 質ㄐㄧㄝˊ (jie) | きつ(ナジル) *ask*

풀이 ①묻다. 따져 물음. ¶此三者不可致一＜老子＞ ②따지다. ㉮꾸짖다. ¶取之不一＜淮南子＞ ㉯공격하다. ¶一姦慝＜左氏傳＞ ③금지하다. 못하게 함. ¶以一邦國＜周禮＞ ④다스리다. ¶子盍一盜＜左氏傳＞ ⑤조사하여 바로잡다. ¶以一邦國＜周禮＞ ⑥경계하다. 삼가게 함. ¶一四方＜周禮＞ ⑦벌(罰)하다. ¶取之不一＜呂覽＞ ⑧채우다. 충당함. ¶其克一爾戎兵＜書經＞ ⑨굽다. 펴지 못함. ¶研桑不能數其一屈＜晋書＞ ⑩새벽. 아침. 通昕. ¶一旦還攻東門克之＜北史＞

【詰難】きつなん(힐난) 힐문(詰問)하여 비난함.
【詰問】きつもん(힐문) 힐책(詰責)하여 물음.
【詰責】きっせき(힐책) 잘못을 따져 꾸짖음.
▷訶一, 究一, 窮一, 難一, 面一, 密一, 辯一, 彈一

7 14〖誡〗 경계할 계 | 卦ㄐㄧㄝˋ (jie) | かい(イマシメル)

풀이 ①경계하다. ㉮훈계하다. ¶小懲而大一＜易經＞ ㉯스스로 조심하고 삼가다. ¶必不一＜左氏傳＞ ②훈계. 경계하는 교훈. ¶設四一 以定大親長幼之禮＜後漢書＞ ③명검(名劍)의 이름. ¶秦昭王鑄一劍 長三尺 名曰一＜刀劍錄＞

【誡命】かいめい(계명) ①도덕상, 종교상 마땅히 지켜야 할 규율. ②훈계나 경계의 명령. ¶遲速不過一＜司馬法＞
▷家一, 誥一, 教一, 軍一, 十一命, 嚴一, 女一, 立一, 箴一, 訓一

7 14〖誥〗 알릴 고 | 號ㄍㄠˋ (gao) | こう(ツゲル) *inform*

풀이 ①알리다. ㉮말하여 알리다. ㉯아랫사람에게 알리다. ¶中讀符策一戒之昭＜蔡邕＞ ㉰사람을 모아서 알리는 일. ¶會同曰一＜書經·注＞ ㉱가르치다. ¶文王一教小子＜書經＞ ㉲삼가도록 훈계하다. ¶一戒之昭＜蔡邕＞ ②경계. 대중을 깨우치는 훈계. ¶二曰一 用之于會同＜周禮＞ ③「서경」(書經)의 편(篇) 이름. 전모(典謨) 이외의 8편 訓, 誥, 誓, 命, 歌, 貢, 征, 範의 총칭. ④직첩(職牒). 사령(辭令). 송(宋)대 이후 1품(品)에서 5품 사이의 벼슬아치를 임명할 때 주던 사령. ⑤문체의 하나. 임금의 포고문(布告文). ⑥다스리다. ¶一四方＜後漢書＞

【誥戒】こうかい(고계) 웃사람이 아랫사람에게 알리는 것 또는 경계한 말. ¶中讀符策一之詔非臣才量所能祗奉＜蔡邕＞
▷論一, 申一, 雅一, 遺一, 典一, 制一, 酒一, 訓一

7 14〖誑〗 속일 광 | 漾ㄎㄨㄤˊ (kuang) | きょう(タブラカス)

풀이 ①속이다. 기만함. 通誆. ¶幼子常視無一＜禮記＞ ②호리다. 유혹함. ¶天又一之＜國語＞
▷欺一, 自一, 譎一

14〖[孝言]〗 教(p.681)의 古字

7 14〖誋〗 경계할 기 | 寘ㄐㄧˋ (ji) | き(イマシメル)

풀이 ①경계하다. ¶不可以昭一＜淮南子＞ ②알리다. ③멈추게 하다.

14〖読〗 讀(p.1408)의 略字

7 14〖誣〗 속일 무 | 虞ㄨ (wu) | ふ(シイル) *deceive*

풀이 ①속이다. ¶非一告殺傷人 佗皆勿坐＜漢書＞ ②깔보다. 업신여김. ¶一上行私而不可止也＜禮記＞ ③법을 굽히다. 무죄한 사람을 벌함. ¶其刑矯一＜國語＞ ④능력없이 벼슬을 하다. ¶不一於上＜管子＞ ⑤실천이 따르지 못하는 말. ¶不能行而言之 一也＜大戴禮＞ ⑥악을 선으로 가장하는 일. ¶欒氏之一晋國也久矣＜國語＞ ⑦공 없이 상(賞)을 탐내는 일. ¶今功伐甚薄而所望厚 一也＜呂覽＞ ⑧거짓말하다. ¶是邪說一民＜孟子＞ ⑨함부로 하다. ¶今之祭者 不省其義 故一於祭也＜禮記＞ ⑩헐뜯다. 비방함. ¶未敢一明府也＜漢書＞ ⑪남의 명예 등을 훼손하다. ¶陰嘯不逞百輩 使飛語一衊公卿＜唐書＞

【誣告】ぶこく(무고) 없는 일을 꾸며 내어 고소(告訴)하는 일.
【誣構】ぶこう(무구) 터무니없이 남을 죄로 얽음. 죄 없는 사람을 죄 있는 것처럼 꾸밈.
【誣罔】ぶもう(무망) 허위 사실을 꾸며 남을 속임. 誣妄(무망).
【誣說】ぶせつ(무설) 터무니없는 말. 뜬소문. 誣言(무언). 浪說(낭설).
【誣獄】ぶごく(무옥) 무고(誣告)하여 일으킨 옥사(獄事).
【誣陷】ぶかん(무함) 허물이 없는 사람을 모함함. ¶與后成謀 一太子＜晋書＞
▷矯一, 欺一, 詆一, 讒一, 虛一

7 14〖誓〗 맹세할 서 | 霽ㄕˋ (shi) | せい(チカウ) *swear*

풀이 ①맹세하다. 약속함. ¶信一旦旦＜詩經＞ ②임명하다. 또는, 임명됨. ¶凡諸侯之適子 一於天子 攝其君＜周禮＞ ③경계하다. 훈계함. ¶禹乃會群后 一于師＜書經＞ ④알리다. 고함. ¶司射西面一之＜儀禮＞ ⑤삼가다. 조심함. (通)悊. ¶曲藝皆一之以待＜禮記＞ ⑥맹세. 약속. ¶封爵之一＜史記＞ ⑦경계. 훈계. ¶以五戒先 … 一曰一 用之于軍旅＜周禮＞ ⑧문체(文體)의 한 가지. 임금이 군대나 여러 신하들에게 계고(戒告)하는 글. ¶湯一/泰一.

【誓詞】せいし(서사) 맹세하는 말. 誓言(서언).

【誓約】せいやく(서약) 맹세하여 약속함. 굳은 약속. ¶一書.

【誓言】せいごん(서언) ☞誓詞(서사).

【誓願】せいがん(서원) ①맹세하고 기원함. ②《佛》 부처, 보살(菩薩) 등이 중생(衆生)을 제도(濟度)하려는 소원이 달성되도록 기원하는 일.

▷擧楫之一, 起一, 盟一, 牧一, 默一, 宣一, 信一, 約一, 言一, 泰一, 弘一

14【譱】 善(p. 306)과 同字

7
14【說】 [1] 말씀 설 [2] 기쁠 열 [3] 달랠 세 [4] 벗을 탈 | 屑 ㄕㄨㄛ (shuo) 屑 ㄩㄝˋ (yue) 霽 曷 | せつ(ハナシ) *word* えつ *glad* ぜい

풀이 [1] ①말씀. 말. ㉮언설(言說). 언론(言論). ¶游於一＜禮記＞ ㉯가르침. 학설(學說). ¶學百家之一＜史記＞ ㉰생각. 의견(意見). ¶王不聞夫管與之一乎＜戰國策＞ ㉱변명. 해명. ¶是欲以我爲一於匈奴也＜漢書＞ ㉲맹세하는 말. ¶與子成一＜詩經＞ ㉳풀어서 하는 말. 해설(解說). ¶孰能一王之意＜莊子＞ ㉴뜻풀이. 경서(經書)의 주해(註解). ¶一 所以明也＜墨子＞ ②도(道). 도리(道理). ¶原始反終 故知死生之一＜易經＞ ③말하다. ㉮이야기하다. ¶口吃不能道一＜史記＞ ㉯논(論)하다. 왈가왈부함. ㉰서술하다. 진술함. ¶通習能一＜漢書＞ ㉱알리다. 고함. ¶使人一于子胥＜國語＞ ㉲풀어 밝히다. 해석함. ¶博學而詳一之＜孟子＞ ㉳타이르다. 설유(說諭)함. ¶女之耽兮 不可一也＜詩經＞ ㉴가르치다. 교육함. ¶上一下教＜莊子＞ ㉵변명하다. 해명함. ¶素服廟臨 以一於衆＜淮南子＞ ④문체(文體)의 한 가지. 사물에 대한 이치를 풀어 밝히고 자기의 의견을 진술하는 형식의 글. ¶師一/愛蓮一. ⑤제사 이름. 사설(辭說)로써 잡귀를 쫓는 제사. ¶掌六祈以同鬼神示 … 六曰一＜周禮＞ [2] ①기쁘다. 기뻐함. (通)悅. ¶我心不一＜詩經＞ ②기쁨. 희열(喜悅). ¶達萬民之一＜周禮＞ ③즐거워하다. ¶平公一新聲＜國語＞ ④따르다. 복종함. ¶我心則一＜詩經＞ ⑤즐기다. 좋아함. ¶厲王一榮夷公＜國語＞ ⑥아첨하다. 아유(阿諛)함. ¶又能上下一于鬼神＜國語＞ ⑦공경하다. 남을 높임. ¶孟嘗君有舍人而弗一＜戰國策＞ ⑧쉽다. 용이(容易)함. ¶以爲其禮煩擾而不一＜淮南子＞ ⑨수(數). 또는, 헤아리다. (通)閱. ¶與子成一＜詩經＞ [3] 달래다. 유세(遊說)함. ¶一大人則藐之＜孟子＞ [4] ①벗다. 빼앗김. (通)脫 奪. ②놓아 주다. 용서함. ¶女覆一之＜詩經＞ ③제거하다. 풀어 벗김. ¶用一桎梏＜易經＞

【說卦】せっけ(설괘) 「주역」의 편명. 십익(十翼)의 하나로 팔괘(八卦)의 변화 및 법상(法象)을 설(說)한 것.

【說教】せっきょう(설교) 종교의 교의(教義)를 강설(講說)하는 일.

【說得】せっとく(설득) 여러 모로 알아 듣도록 깨우쳐 말함.

【說鈴】せつれい(설령) 방울처럼 작은 소리. 대아(大雅)에 맞지 않는다는 뜻에서, 소설(小說)을 가리킴. ¶好說而不見諸仲尼 一也＜法言＞

【說明】せつめい(설명) 풀이하여 밝힘. 또는, 그 말.

【說文】せつぶん(설문) ①한자(漢字)의 한 자 한 자에 대하여 그 성립 과정과 원뜻을 설명하는 일. ②책 이름. 「설문해자」(說文解字)의 준말.

【說法】せっぽう(설법) ①《佛》 불법(佛法)을 강설(講說)하여 밝히는 일. ②도교(道教)에서 그 도(道)에 대한 이야기를 함. ¶末世道士講經一＜道藏大上經＞

【說伏】せっぷく(설복) 알아 듣도록 말하여 수긍(首肯)하게 함. 설명하여 좇게 함.

【說往說來】(설왕설래) 서로 변론을 주고 받고 하여 옥신각신하는 일.

【說諭】せつゆ(설유) 말로 타이름.

えつゆ(열유) 기쁘게 깨달음. ¶每事凡議 必與及之 指爲誠發 出於將軍 則孰敢不一＜漢書＞

【說破】せっぱ(설파) ①사물의 이론을 밝혀 이의(異議)가 없도록 말함. ②상대방의 이론(理論)을 뒤엎어 깨뜨림.

【說話】せつわ(설화) ①말함. ②신화나 전설 등을 줄거리로 한, 사실과는 좀 먼 옛 이야기.

【說客】ぜいかく(세객) 유세(遊說)하는 사람. 說者(세자). ¶鄕非刺客 顧一耳＜十八史略＞

【說樂】えつらく(열락) 기쁘고 즐거움. 또는, 그렇게 함.

えつがく(열악) 음악을 즐김.

【說懷】えつかい(열회) 기쁜 마음으로 즐겁게 복종함. 悅服(열복). ¶諸侯一 海外來服＜司馬法＞

【說喜】えっき(열희) 만족하여 기뻐함. 喜悅(희열). ¶衆庶翕然 莫不一＜漢書＞

▷各一, 諫一, 講一, 概一, 經一, 古一, 高一, 曲一, 怪一, 口一, 舊一, 論一, 談一, 道一, 道聽塗一, 妄一, 聞一, 辯一, 浮一, 邪一, 社一, 師一, 辭一, 序一, 細一, 小一, 騷一, 俗一, 言一, 力一, 演一, 筵

一, 云一, 怨一, 遊一, 誘一, 繆一, 異一, 一一, 一字不一, 自一, 雜一, 長短一, 前一, 傳一, 縱橫一, 重一, 衆一, 珍一, 陳一, 讒一, 總一, 叢一, 卓一, 通一, 評一, 學一, 巷一, 解一, 虛一, 話一, 橫說竪一, 訓一

14【説】 說(p.1387)과 同字

14【誠】 誠(p.1381)과 同字

7/14【誦】 욀 송 | 宋ㄙㄨㄥˋ (song) | しょう (ソランズル) *recite*

풀이 ①외다. ㉮암송하다. ¶一習之<史記>/一經. ㉯거침없이 줄줄 읽어 내려가다. ¶或曰 大功一可也<禮記> ②말하다. 여쭘. ¶臣請爲王一之<孟子> ③해설하다. ¶惜一以致愍兮<楚辭> ④왈가왈부(曰可曰否)하다. ⑤악곡에 맞추어 노래하다. ¶春一夏弦<禮記> ⑥노랫말. 가사(歌詞). 시가(詩歌). ¶家父作一<詩經> ⑦경계하는 글. ¶瞍賦矇一<國語> ⑧원망하다. 비방함. ¶國人一之<左氏傳> ⑨소송하다. 通訟.

【誦經】じゅきょう①·ずきょう②(송경) ①경서(經書)를 읽음. ②(佛) 불교의 경전을 송독함. 讀經(독경).
【誦讀】しょうどく(송독) 암송함. 또는, 암송. 讀誦(독송).
【誦詩】しょうし(송시) 시를 욈.
▷口一, 謳一, 記一, 讀一, 背一, 覆一, 暗一, 諳一, 念一, 傳一, 晝耕夜一, 諷一

14【䜪】 訟(p.1375)의 古字

7/14【誐】 1 착할 아 2 읊을 아 | 歌 ㄜˊ 箇 (e) | が(ヨイ) が

7/14【語】 1 말씀 어 2 알릴 어 | 語 ㄩˇ (yu) 御 ㄩˋ (yu) | ご(コトバ) ご(ツゲル)

풀이 1 ①말씀. 말. ㉮말. 이야기. ¶僕以口一 遇遭此禍<漢書> ㉯말씨. ¶教其鮮卑一<顏氏家訓> ㉰어구(語句). 문구(文句). ¶十歲爲詩 往往有警一<宋史> ㉱속담(俗談). ¶一曰 脣亡則齒寒<穀梁傳> ㉲말 비슷한 소리. 새, 벌레 등의 소리. ¶獸居鳥一之類<後漢書> ②말하다. ㉮담화(談話)하다. ¶樂年反而一功<戰國策> ㉯논란하다. 시비를 변론함. ¶于時言言 于時一一<詩經> ㉰대답하다. ¶教國子興道 諷誦 言一<周禮> ③깨우치다. 通悟. ¶甚矣子之難一<莊子> ④'논어'(論語)의 약칭(略稱). ¶學者先須讀一孟<程氏遺書> ⑤기뻐하는 모양. ¶一一. 2 ①알리다. 고함. ¶公一之故<左氏傳> ②가르치다. 설득함. ¶言而不一<禮記>

【語感】ごかん(어감) 말이 주는 느낌.
【語句】ごく(어구) ①말. 언어. ②문구(文句). 또는, 숙어(熟語)와 구(句).
【語訥】(어눌) 말을 더듬어 부드럽지 못함.
【語錄】ごろく(어록) 유현(儒賢)의 언행을 기록한 책. 또는, 고승의 가르침이나 유명한 사람이 남긴 말을 기록한 책.
【語文一致】(어문일치) 말과 글이 일치함. 말하듯이 글을 쓰는 일. 言文一致(언문일치).
【語法】ごほう(어법) ①말의 법칙. 文法(문법). 口語法(구어법). ②법(法)을 말함. ¶鳥來還一 客去更安禪<王維>
【語不成說】(어불성설) 말하는 것이 전혀 이치에 맞지 않음.
【語辭】(어사) ①말. 언사(言辭). ②문사(文辭).
【語塞】ごそく(어색) ①말이 막힘. 語窮(어궁). ②韓 ㉮보기에 서투름. ㉯열적거나 겸연쩍어 서먹서먹함. 부자연함.
【語勢】ごせい(어세) ①말의 가락. 語調(어조). ②말의 기운. 語氣(어기).
【語源】ごげん(어원) 말의 성립된 근원. 語原(어원).
【語意】ごい(어의) 말의 뜻. 語義(어의).
【語調】ごちょう(어조) 말의 가락. 語勢(어세).
【語套】(어투) 말투. 말버릇.
【語弊】ごへい(어폐) ①말의 결점. 말의 병폐(病弊). 語病(어병). ②남의 오해를 받기 쉬운 말.
【語彙】ごい(어휘) ①일정한 범위 안에서 쓰이는 낱말의 총체(總體). ②일정한 순서로 배열한 단어의 집단. ③어떤 부문(部門)에서 쓰는 말의 전체.
▷街談巷一, 感歎一, 古一, 款一, 口一, 國一, 禽一, 綺一, 大言壯一, 獨一, 妄一, 面一, 目一, 文一, 密一, 反一, 梵一, 佛一, 飛一, 鄙一, 死一, 沙中偶一, 常套一, 世界一, 笑一, 俗一, 手一, 述一, 術一, 詩一, 言一, 譯一, 英一, 囈一, 外國一, 外來一, 偶一, 原一, 危一, 流一, 類一, 隱一, 耳一, 俚一, 一轉一, 壯一, 底一, 傳一, 齊東野人一, 鳥一, 勅一, 標一, 標準一, 閒一, 漢一, 巷一, 好一, 豪一

7/14【誤】 그릇할 오 | 遇 ㄨˋ (wu) | ご(アヤマル) *mistaken*

同 誤 悞

풀이 ①그릇하다. ㉮잘못하다. 실수함. ¶使者聘而一 主君弗親饗食也<禮記> ㉯틀리다. 뒤바뀜. ¶時天逢連陰 海師相望僻一<佛國記> ㉰도리에 어긋나다. ¶君何言之一<漢書> ②그릇되게 하다. 오도함. ¶詿一吏民<漢書> ③미혹(迷惑)되게 하다. ¶熒一上心<唐書> ④잘못. 과오(過誤). ¶草章奏 坐字一<金史> ⑤미혹(迷惑). ¶再尋畏迷一<王維>

【誤記】ごき(오기) 잘못 씀. 잘못된 기록.
【誤讀】ごどく(오독) 잘못 읽음.
【誤謬】ごびゅう(오류) 그릇됨. 잘못됨. 틀림. 過誤(과오). 錯誤(착오). 舛誤(천오).
【誤發】(오발) ①총기를 잘못 쏨. ¶一彈. ②실

수한 말을 농(弄)으로 일컫는 말.
【誤報】ごほう(오보) 그릇 알려짐. 잘못된 보도.
【誤算】ごさん(오산) ①잘못 계산함. 틀린 계산. ②그릇된 예측(豫測).
【誤植】ごしょく(오식) 활자를 잘못 꽂음. 또는,
【誤信】ごしん(오신) 잘못 믿음. 「그 글자.
【誤審】ごしん(오심) 그릇된 심판. 그릇된 심리
【誤譯】ごやく(오역) 잘못된 번역. 「(審理).
【誤用】ごよう(오용) 잘못 씀.
【誤認】ごにん(오인) ①잘못 인식함. 錯認(착인). ②짐작이 틀림.
【誤入】ごにゅう(오입) ①잘못 들어감. ¶一桃源. ②韓 사내가 노는 계집과 관계하는 일. 外入(외입). 外道(외도).
【誤字】ごじ(오자) 잘못된 글자.
【誤傳】ごでん(오전) 잘못 전해짐. 또는, 그런 보도. 誤報(오보). 訛傳(와전).
【誤診】ごしん(오진) 잘못 진단함. 그릇된 진단.
【誤差】ごさ(오차) ①상이(相異). 차이(差異). 차(差). ②관측(觀測)한 수와 실제 수와의 차이.
【誤判】ごはん(오판) 잘못 판단함. 또는, 그러한 판단이나 판결(判決). 「석함.
【誤解】ごかい(오해) ①뜻을 잘못 앎. ②그릇 해
▷刊一, 過一, 闕一, 魯魚之一, 辨一, 訛一, 謬一, 正一, 錯一, 舛一, 脫一

14【誤】 誤(p.1388)와 同字

7/14【誘】 꾈 유 | 宥 ㄧㄡˋ (you) | ゆう(サソウ) *tempt*

源 會意·形聲. 秀의 변음이 음을 나타내며, 이는 권한다는 뜻의 어원 侑에서 유래됨.

풀이 ①꾀다. ㉮꾀어내다. 유인함. ㉯유혹하다. ¶以女樂一之<淮南子> ㉰인도하다. ¶天一其衷<孔子家語> ㉱달래다. 권유함. ¶夫子循循然善一人<論語> ㉲가르치다. ¶一射<儀禮> ㉳앞장서다. 선도(先導)함. ¶步及驟處兮一騁先<楚辭> ㉴감동하게 하다. ¶好憎成形 而知一於外<淮南子> ㉵호리다. 미혹(迷惑)되게 함. ¶不一於人<淮南子> ㉶농락(籠絡)하다. ¶彼一其名<荀子> ㉷속이다. ¶一 巧詐也<風俗通> ②꾐. 유인. ¶庶馮嘉一<沈約> ③아름다운 모양. ¶一然與日月爭光<淮南子>
【誘拐】ゆうかい(유괴) 꾀어 냄. 속여서 데려감. 拐引(괴인). 「침.
【誘導】ゆうどう(유도) 달래어 이끎. 이끌어 가르
【誘發】ゆうはつ(유발) 어떤 일에 이끌리어 다른 일이 덩달아 일어남.
【誘兵】ゆうへい(유병) 패주(敗走)하는 체하면서 적병을 우군의 복병 쪽으로 유인하는 군사.
【誘殺】ゆうさつ(유살) 유괴하여 살해함.
【誘引】ゆういん(유인) 꾀어냄.
【誘因】ゆういん(유인) 어떤 작용을 일으키게 한 원인. 유발(誘發)하게 된 동인(動因).
【誘入】ゆうにゅう(유입) 꾀어들임. ↔誘出(유출).
【誘衷】ゆうちゅう(유충) 진심을 이끌어 내어 선(善)에 나아가게 함. ¶今天誘其衷 使皆降心以相從也<左氏傳>
【誘致】ゆうち(유치) 꾀어서 이끌어 들임.
【誘惑】ゆうわく(유혹) 나쁜 길로 이끌어 들임.
▷開一, 誑一, 勸一, 導一, 善一, 外一, 慰一, 招一, 化一, 誨一

14【誼】 誼(p.1393)의 本字

7/14【認】 알 인 | 震 ㄖㄣˋ (ren) | にん(ミトメル) *recognize*

同 認

풀이 ①알다. ㉮인식하다. ㉯발견하여 알다. ¶陌頭遙一顏光祿<司馬光> ㉰분별하여 알다. ¶細一苔間字<劉克莊> ㉱자기의 것으로 인정하다. ¶一禾/一展/一馬. ㉲허가하다. 승인함. ¶一許. ②행하다. ¶一眞. ③中 ㉮체념하다. ㉯자백(自白)하다.
【認可】にんか(인가) 인정하여 허가함. 認許(인허). 認容(인용). 認准(인준).
【認諾】にんだく(인낙) ①인정하여 승낙함. ②상대자가 말하는 것을 정당하다고 인정함.
【認得】にんとく(인득) ①인정하여 납득(納得)함. ②中 얼굴을 앎. 안면이 있음.
【認識】にんしき(인식) 사물을 감지(感知)하거나 의식하는 마음의 작용.
にんし(인지) 표. 표지(標識).
【認容】にんよう(인용) 인정하여 허락함. 認可(인가). 認許(인허). 「로 알아줌.
【認定】にんてい(인정) 옳다고 여겨 정함. 그런 줄
【認准】(인준) 승인함. 認可(인가).
【認證】にんしょう(인증) 인정하여 증명함.
【認知】にんち(인지) ①인정하여 앎. ②사생아의 부 또는 모가 계출하여, 법률상으로 친자관계(親子關係)를 발생시키는 일.
【認許】にんきょ(인허) ☞認可(인가).
▷公一, 官一, 默一, 否一, 承一, 是一, 識一, 誤一, 諦一, 現一

14【認】 認(p.1389)과 同字

7/14【誌】 기록할 지 | 寘 ㄓˋ (zhi) | し(シルス) *record*

풀이 ①기록하다. ㉮적어 두다. ㉯기억하다. ¶一經目 輒一于心<唐書> ㉰목표로 삼다. ¶以白幣自一<唐書> ②표. 표지(標識). 갈 識. ¶隣居種桑樹於界上爲一<南齊書> ③기록. 기사(記事). 사록(史錄). ¶元和郡縣一 五十四卷<唐書> ④문체의 이름. 사적 기사문(史的記事文). 갈 志. ¶碑一/墓一. ⑤사마귀. 通 痣. ¶高宗胛上有赤一<南齊書>
【誌面】しめん(지면) 잡지의 글이나 그림 등을 게재하는 곳.
【誌銘】しめい(지명) 묘지명(墓誌銘)을 이름. 誌는 사적을 서술한 글, 銘은 그 끝에 붙이는 운문(韻文).

【誌上】しじょう(지상) 잡지 등의 기사. 잡지의 지면(紙面).
【誌石】(지석) 죽은 사람의 신원을 알 수 있게 적어서 무덤 앞에 묻는 판석(板石)이나 도판(陶板). 墓誌石(묘지석).
▷銘一, 墓一, 碑一, 日一, 雜一, 地一, 會一

7/14 【誫】 움직일 진 | 震 ㄓㄣˋ (zhen) | しん (ウゴク)

7/14 【誚】 꾸짖을 초 | 嘯 ㄑㄧㄠˋ (qiao) | しょう (シカル) *scold*

7/14 【誕】 태어날 탄 | 旱 ㄉㄢˋ (dan) | たん (ウマレル) *born*

풀이 ①태어나다. 탄생함. ¶一生/一降. ②거짓. 또는, 거짓말하다. ¶乃逸乃諺既一<書經> ③속이다. ¶多聞而難一<孔子家語> ④크다. 크게. 매우. ¶一告萬邦<書經> ⑤넓다. ¶旄丘之葛兮 何一之節兮<詩經> ⑥바르지 아니하다. ¶弦高一而存鄭<淮南子> ⑦방종하다. 제멋대로 굶. ¶子姑憂子晳之欲背一也<左氏傳>/放一. ⑧발어사. 진실로. 참으로. 이에. ¶一敢紀其敍<書經> ⑨어구 중간에 쓰는 조사(助辭). ¶肆朕一以爾東征<書經> ⑩기르다. ¶一靈物以瑞德<晉書>
【誕降】たんこう(탄강) 제왕·성인의 탄생. 降誕(강탄).
【誕生】たんじょう(탄생) 남. 태어남. 出生(출생). ¶一日.
【誕辰】たんしん(탄신) ①출생한 날. 생일. 생신. 誕日(탄일). ②생일의 경칭. ¶孔子一.
【誕日】たんじつ(탄일) ☞誕辰(탄신)①. ¶一鐘.
▷降一, 寬一, 誑一, 怪一, 詭一, 矜一, 欺一, 妄一, 放一, 背一, 浮一, 生一, 聖一, 傲一, 妖一, 迂一, 縱一, 虛一, 華一, 荒一, 恢一

7/14 【䛠】 말 머뭇거릴 투 | 宥 ㄉㄡˋ (dou) | とう

7/14 【誖】 어지러울 패·발 | 隊 ㄅㄟˋ 月 (bei) | はい (ミダレル) *confused*

풀이 ①어지럽다. 마음이 산란함. ¶或一其心<史記> ②도리에 어그러지다. 위배(違背)됨. ¶誣罔一大臣節<漢書> ③거스르다. 반역함. (같)悖. ¶刑罰深刻 它政一亂<漢書> ④어기다. 도리를 어김. ¶一天犯祖<漢書> ⑤미혹되다. ¶愍學者不達其意而師一<漢書> ⑥어둡다. 어리석음.
▷驕一, 師一

14 【[言冏]】 詗(p. 1380)과 同字

14 【[言𠯑]】 話(p. 1385)의 本字

7/14 【誨】 가르칠 회 | 隊 ㄏㄨㄟˋ (hui) | かい (オシエル) *instruct*

풀이 ①가르치다. ¶教一爾子<詩經> ②보이다. 교시(教示)함. ③가르침. ¶朝夕納一 以輔台德<書經>
【誨誘】かいゆう(회유) 가르쳐 인도함.
【誨諭】かいゆ(회유) 가르쳐 타이름. 教誨(교회). 訓誨(훈회).
▷誡一, 高一, 教一, 勸一, 規一, 善一, 聖一, 往一, 慰一, 誘一, 仁一, 慈一, 提一, 胎一, 訓一

7/14 【誒】 탄식할 희 | 支 ㄒㄧ (xi) | き (アア) *sigh*

풀이 ①탄식하는 소리. 아! ¶在予小子 勤一厥生<漢書> ②응낙하는 말. 예. (通)唉. ③억지로. 마음에 없이. 일설에는, 웃으며 즐거워함. ¶一笑狂只<楚辭>

8/15 【諐】 허물 건 | 先 ㄑㄧㄢ (qian) | けん (アヤマチ) *fault*

8/15 【課】 매길 과 | 箇 ㄎㄜˋ (ke) | か (ワリアテル) *impose*

풀이 ①매기다. 조세(租稅)를 부과함. ¶羊則當年一之<輟耕錄> ②조세. 세금. ㉮인두세(人頭稅). ¶其一 丁男調布絹各二丈<隋書> ㉯잡세(雜稅). ¶茶稅雜稅錢及酒一增羨<蘇轍> ③시험하다. ¶何不一而行之<楚辭> ④고과(考課)하다. 벼슬아치의 근무 성적을 평정(評定)함. ¶集一上計於所屬郡國<後漢書> ⑤과정(課程). 배당한 일이나 학업의 정도. ¶百工作役 竝加程一<隋書> ⑥고시(考試). 벼슬아치 임용 시험. ¶常綢繆於結一<孔稚珪> ⑦벼슬아치의 성적 고사. ¶坐一累府<漢書> ⑧일과(日課). 일상의 일. ¶日併園蔬一<杜甫> ⑨점(占). ¶有日者能一 使之一 無不奇驗<冷齊夜話>
【課目】かもく(과목) 과정(課程)을 세분(細分)한 항목(項目).
【課稅】かぜい(과세) 세금을 매김. 또는, 그 세금.
【課業】かぎょう(과업) 일을 부과함. 또는, 부과된 일이나 학업.
【課外】かがい(과외) 정한 과정 이외에 하는 일이나 공부. 과외 공부.
【課員】かいん(과원) 한 과(課)에 속해 있는 직원.
【課程】かてい(과정) 할당된 일이나 학과의 정도. ¶教育一.
【課題】かだい(과제) 부과된 제목이나 문제. 또는, 제목을 부과함. ¶一物.
▷考一, 功一, 局一, 勸一, 論一, 賦一, 祕一, 詩一, 日一, 精一, 學一

8/15 【詘】 굽을 굴 | 物 ㄑㄩ (qu) | くつ (カガム) *bend*

풀이 ①굽다. 굽힘. (같)屈. ¶一寸而伸尺 聖人爲之<淮南子> ②막히다. 말이 막힘. (같)訥. ③괴이하다. 괴상함. ¶一詭

之殊事＜左思＞ ④거역(拒逆)하다. 버티어 굽히지 않음. ㉠倔. ¶一強.

8
15【諆】 속일 기 | 因ㄑㄧ (qi) | き(アザムク) deceive

풀이 ①속이다. 거짓말. ②꾀하다. 도모(圖謀)함. ¶回志揭來從玄一＜後漢書＞

15【諾】 諾(p. 1395)과 同字

8
15【談】 말씀 담 | 圍ㄊㄢˊ (tan) | だん(カタル) speak

풀이 ①말씀. 말. 담화(談話). 언론(言論). ¶魯人至今以爲美一＜公羊傳＞ ②말하다. 담론(談論)함. ¶博通墳籍善一論＜後漢書＞ ③농담하다. ④안일(安逸)하고 방종한 모양.

【談論】だんろん(담론) 이야기함. 담화하고 논의함.
【談笑】だんしょう(담소) 이야기도 하고 웃기도 함. 웃으며 이야기함.
【談判】だんぱん(담판) 결말을 짓기 위하여 논의함. 흥정. 交涉(교섭).
【談話】だんわ(담화) 이야기. 또는, 이야기함.
▷街一, 講一, 高一, 怪一, 軍一, 劇一, 奇一, 對一, 漫一, 面一, 文一, 美一, 放一, 史一, 私一, 相一, 笑一, 言一, 餘一, 政一, 嘲一, 從一, 眞一, 珍一, 淸一, 快一, 閑一, 虛一, 歡一, 會一

8
15【誻】 수다스러울 답 | 㕣ㄊㄚˋ (ta) | とう

8
15【諒】 1믿을 량 2어질 량 | 㴩ㄌㄧㄤˋ 陽(liang) | りょう(マコト) believe

풀이 1 ①믿다. 의심하지 아니함. 通亮. ¶不一人只＜詩經＞ ②참. 진실(眞實). ㉮신실(信實). 거짓이 없음. 또는, 그런 사람. ¶友直友一友多聞益矣＜論語＞ ㉯작은 일에 구애되는 진실. 하찮은 의리를 지키는 일. ¶豈若匹夫匹婦之爲一也＜論語＞ ③진실로. 참으로. ¶一不我知＜詩經＞ ④알다. 총명함. ⑤돕다. 보좌(補佐)함. ¶一彼武王＜詩經＞ ⑥완고. 고집. 通勍. ¶君子貞而不一＜論語＞ ⑦양찰(諒察)하다. 속사정을 꿰뚫어 봄. 조찰(照察). 2 ①어질다. 通良. ¶易直子一之心生則樂＜禮記＞ ②흉하다. 상서롭지 못함. ¶高宗一陰 三年不言＜論語＞/一闇.

【諒闇】りょうあん(양암) 임금이 부모의 상중에 있음. 諒陰(양음).
【諒陰】りょういん(양음) ☞諒闇(양암).
【諒知】りょうち(양지) 살펴 앎.
【諒察】りょうさつ(양찰) 속사정을 살펴 알아 줌. 諒燭(양촉).
【諒燭】(양촉) ☞諒察(양찰).
【諒解】りょうかい(양해) 진의를 살펴 이해함.
▷簡一, 直一, 忠一

8
15【論】 1의논할 론 2도리 륜 | 元願、ㄌㄨㄣˋ (lun) 眞 | ろん(アゲツラウ) consult りん

풀이 1 ①의논하다. 서로 좋은 의견을 말하여 논함. ¶一議. ②말하다. ㉮서술하다. ¶不可勝一＜張衡＞ ㉯고(告)하다. 여쭘. ¶臣請一其故＜史記＞ ㉰해명하다. ¶一道經邦＜書經＞ ③토론(討論)하다. 왈가왈부함. ¶世叔討一之＜論語＞ ④헤아리다. ㉮사물의 이치를 생각하다. 通倫. ¶於一鼓鐘＜詩經＞ ㉯덕예(德藝)의 우열을 헤아리다. ¶凡官民材 必先一之＜禮記＞ ㉰사람의 재능을 추측하여 알다. ¶此賢主之所以一人也＜呂覽＞ ㉱정사(政事)를 헤아리다. ¶或坐而一道＜周禮＞ ⑤정하다. ㉮판결하여 정하다. ¶坐事下獄 司寇一＜後漢書＞ ㉯의논하여 정하다. 의정함. ¶一功行封＜史記＞ ⑥알다. ¶以近一遠＜淮南子＞ ⑦경륜(經綸)하다. 通綸. ¶一 本又作綸＜禮記·注＞ ⑧가리다. 선택(選擇)함. 通掄. ¶一比協材＜國語＞ ⑨견해(見解). 학설. ¶不可以不熟察此一也＜呂覽＞ ⑩차서(次序). 윤리(倫理). ⑪문체(文體)의 한 가지. 자기의 의견을 논술한 글. ¶一文/史一/政一. 2 도리(道理). 通倫. ¶必卽天一＜禮記＞

【論客】ろんきゃく·ろんかく(논객) 논설(論說)을 일삼는 사람. 議論家(의론가). 論士(논사).
【論據】ろんきょ(논거) 논의 또는 논설의 근거.
【論告】ろんこく(논고) ①자기의 의견을 진술함. ②공판정(公判廷)에서 검사가 죄를 논하여 형을 구하는 일.
【論功】ろんこう(논공) 공로의 정도를 조사함.
【論功行賞】ろんこうこうしょう(논공행상) 공로를 조사하여 상을 주는 일. ¶一 各有差＜魏志＞
【論究】ろんきゅう(논구) 사리(事理)를 궁구하여 논함. ¶可令群官更加一＜北齊書＞
【論及】ろんきゅう(논급) 논하여 그 일에 미침. 言及(언급).
【論壇】ろんだん(논단) ①토론을 하는 장소. ¶市民一. ②논객(論客)들의 사회. 言論界(언론계). 評論界(평론계).
【論斷】ろんだん(논단) 논의하여 결정함. 論決(논결).
【論難】ろんなん(논란←논난) 비난함. 결점을 공격함. 論駁(논박). 辯難(변란).
【論文】ろんぶん(논문) ①의견을 논술한 글. ②문장을 논함. ¶重與細一＜杜甫＞ ③연구 결과를 발표하는 글. ¶學位一.
【論駁】ろんばく(논박) 다른 사람의 말을 반박함. 論難(논란).
【論辨】ろんべん(논변) ①사리를 논하여 밝힘. ②문체의 한 가지. 論說(논설).
【論辯】ろんべん(논변) 의견을 논하여 말함.
【論士】ろんし(논사) ☞論客(논객).
【論說】ろんせつ(논설) ①사리를 밝혀 논하거나 설명함. 또는, 그런 글. ¶一委員. ②문체의 한 가지. 論說文(논설문).

【論述】ろんじゅつ(논술) 논하여 의견을 진술함.
【論語】ろんご(논어) 사서(四書)의 하나. 공자(孔子)와 그의 제자, 제자들끼리, 또는 당시 사람들과의 문답을 통하여, 인(仁)·예(禮)·정치·교육 등을 밝힌 유가(儒家)의 성전(聖典). 공자 몰후(沒後) 그의 제자들이 편수함. 총 20편.
【論外】ろんがい(논외) ①논의의 범위 밖. ②논의할 가치가 없음.
【論議】ろんぎ(논의) 문답하여 사리를 밝히는 일. 議論(의논).
【論爭】ろんそう(논쟁) ①서로 의견을 굽히지 않고 논란함. 말다툼. ②시비를 따져 말이나 글로써 다툼. 論戰(논전).
【論著】ろんちょ(논저) 의견을 논하여 저술함. 또는, 그 저술.
【論戰】ろんせん(논전) ☞論爭(논쟁)②.
【論點】ろんてん(논점) 논의의 요점(要點).
【論定】ろんてい(논정) 논의하여 정함.
【論題】ろんだい(논제) 논의의 제목 또는 주제.
【論調】ろんちょう(논조) ①논설의 경향. ②논의하는 투.
【論罪】ろんざい(논죄) 범죄를 심리(審理)하여 형벌을 정함.
【論症】(논증) 병의 증세를 논함.
【論證】ろんしょう(논증) ①논의하여 증명함. ②논리학(論理學)에서, 주어진 판단의 진위(眞僞)를 밝히기 위하여, 그 전제(前提)나 논거(論據)를 제공하는 일. 또는, 논의의 증거. 證明(증명). 立證(입증).
【論旨】ろんし(논지) 논의의 취지(趣旨).
【論陣】ろんじん(논진) 논설(論說)의 필진(筆陣).
【論叢】ろんそう(논총) 여러 사람들의 논문을 모은 책.
【論評】ろんぴょう(논평) 논의하여 비평함.
【論詰】ろんきつ(논힐) 논하여 힐난(詰難)함. 따져서 나무람.
▷各—, 講—, 概—, 激—, 經—, 鯁—, 高—, 公—, 空—, 口—, 國—, 詭—, 多元—, 談—, 黨—, 讜—, 名—, 毋—, 勿—, 物—, 駁—, 反—, 放—, 放言高—, 汎—, 辯—, 史—, 私—, 序—, 緖—, 世—, 俗—, 時—, 言—, 餘—, 輿—, 謬—, 議—, 異—, 理—, 二元—, 一元—, 立—, 爭—, 切—, 正—, 定—, 衆—, 持—, 總—, 討—, 通—, 抗—, 確—

8 15【誷】 속일 망 | 圏ㄨㄤˇ (wang) | ぼう(シイル) *deceive*

15【誂】 謠(p. 1400)의 訛字

15【謗】 謗(p. 1400)의 本字

8 15【誹】 헐뜯을 비 | 尾ㄈㄟˇ (fei) | ひ(ソシル) *backbite*

【誹謗】ひぼう(비방) 헐뜯음. 남을 헐뜯어 말함. 誹訕(비산). ¶—放送.
【誹謗之木】ひぼうノき(비방지 목) 다리 위에 나무를 세워 두고, 백성들에게 그릇된 정치를 비방하는 글을 적도록 하여 반성의 자료로 삼았다는 요순(堯舜)의 옛일. 華表木(화표목). 華表柱(화표주). ¶古之治天下 朝有進善之旌 —<史記>
▷腹—, 怨—, 沮—

8 15【誰】 누구 수 | 因ㄕㄨㄟˊ (shui) | すい(タレ) *who*

풀이 ①누구. ☞ 句法 ②묻다. 물어봄. ¶漢帝宜—差天下 求索賢人<漢書> ③옛날. 접때. 일설에는, 발어사(發語辭). 通疇. ¶—昔然矣<詩經>

句法
의문·반어
㉮[誰…] 누가 …인가. 누군가. 孰과 쓰임이 같음. ¶夫執輿者爲誰<論語>/誰能出不由戶<論語>
㉯[誰…] 누구의…. 어디의…. ¶誰家玉笛暗飛聲<李白>

【誰某】(수모) 누구. 아무개. 誰何(수하)①.
【誰昔】すいせき(수석) 옛날. 疇昔(주석). ¶夫也不良 國人知之 知而不已 —然矣<詩經>
【誰怨誰咎】(수원수구) 누구를 원망하며 누구를 탓하랴. 남을 원망하거나 탓할 일이 아니라는 뜻.
【誰知烏之雌雄】タレカカラスノシユウヲシラン(수지 오지자웅) 누가 까마귀의 암수를 알랴의 뜻으로, 시비·선악을 가리기 어려움을 비유하여 이르는 말. ¶具曰予聖 —<詩經>
【誰何】すいか(수하) ①누구. 아무개. 誰某(수모). ②「누구냐」 하고 신분을 밝히도록 따져 묻는 말. ¶陳利兵而—<史記>
▷共—爭歲月, 始—, 阿—, 爲—, 何—

8 15【誶】 1 꾸짖을 수 | 寘ㄙㄨㄟˋ | すい(ノノシル) *scold*
2 말더듬을 쇄 | 隊(sui)
3 물을 신 | 震

풀이 1 ①꾸짖다. 힐책함. 욕함. ¶—申胥<國語> ②고(告)하다. ③말하다. ④묻다. 물어봄. 같訊. ¶察士无淩—之事則不樂<莊子> ⑤간(諫)하다. ¶謇朝—而夕替<楚辭> 2 ①말을 더듬는 모양. ¶淩—. ②꾸짖다. ¶立而—語<漢書> ③고(告)하다. 3 묻다. 물어봄. 같訊. ¶虞人逐而—之<莊子>

8 15【諔】 1 속일 숙 | 屋ㄔㄨˋ | しゅく(イツワル) *deceive*
2 고요할 적 | 錫(chu)

8 15【諄】 1 타이를 순 | 眞ㄓㄨㄣ | しゅん *admonish*
2 삼갈 순 | 震(zhun)

풀이 1 ①타이르다. 거듭 타일러 깨우침. ¶誨爾——<詩經> ②정성스럽다. 곡진(曲盡)한 모양. ¶勞心—— 視民如子<後漢書> ③돕다. 보좌함. ¶以—趙鞅之故<國語> ④두텁다. 돈독함. 通惇. ⑤거짓. 기만(欺瞞). 같哼. 2 ①삼가다. 충근한 모양. ¶勞心——<後漢書> ②타이르다. ③죄. 허물. 通憝. ④흐트러지다. 通惷. ⑤굼뜨다. 둔(鈍)함. ¶年未盈五十 而——焉如八九

十者<漢書>

15【戠】 識(p. 1404)의 古字

15【詾】 訊(p. 1373)의 古字

8
15【諗】 간할 심 | 寢ㄕㄣˇ (shen) | しん(イサメル) expostulate

풀이 ①간(諫)하다. 웃사람에게 간곡히 말함. ¶辛伯一周桓公<春秋> ②고하다. ¶使果敢者一之<國語> ③꾀하다. 도모(圖謀)함. ④숨다. 몸을 숨김. 通 閃 湛. ¶而魚鮪不一<孔子家語> ⑤생각하다. 通念. ¶將母來一<詩經>

15【謁】 謁(p. 1396)의 略字

15【詄】 訞(p. 1376)와 同字

8
15【諉】 핑계할 위 | 因ㄨㄟˇ 寘(wei) | い excuse

풀이 ①핑계하다. ¶尙有可一者<漢書> ②맡기다. 通委. ③떠넘기다. 전가(轉嫁)함. ¶一混. ④번거롭게 하다. 번거로운 모양. ¶執事不一上<漢書>

8
15【誾】 화평할 은 | 眞ㄧㄣˊ (yin) | ぎん(オタヤカ) peaceful

풀이 ①화평하다. 화평하게 이야기하는 모양. 또는, 온화하게 삼가는 모양. ¶一一. ②중정(中正)한 모양. ¶與上大夫言 一一如也<論語> ③향기가 성한 모양. ¶一一.

8
15【誼】 옳을 의 | 寘ㄧˋ (yi) | ぎ(ヨイ) right

本 誼

풀이 ①옳다. 모두가 옳다고 생각하는 바. 같 義. ¶摩民以一<漢書> ②의논하다. 通議. ¶論一考問<漢書> ③정분. 교분. ¶交一/世一. ④도리(道理).
▷古一, 高一, 交一, 道一, 禮一, 友一, 仁一, 正一, 情一, 行一

15【誃】 誃(p. 1403)와 同字

15【諡】 謚(p. 1401)·諡(p. 1396)와 同字

8
15【諍】 1 간할 쟁 2 송사할 쟁 | 敬 庚 ㄓㄥˋ (zheng) | そう

풀이 1 ①간(諫)하다. ¶諫一. ②간하는 말이나 글. ¶有能盡言於君 用則可生 不用則死 謂之一<說苑> ③다투다. 通 爭. ¶一論/一訟. 2 ①송사(訟事)하다. ¶平理一訟<後漢書> ②다투다.

【諍訟】そうしょう(쟁송) 송사하여 다툼. 또는, 송사. 爭訟(쟁송). ¶虛館絶一<謝靈運>

【諍臣】そうしん(쟁신) 임금의 잘못을 간(諫)하는 신하. 爭臣(쟁신).
▷諫一, 苦一, 紛一, 念一, 廷一

8
15【諓】 말 잘할 전 | 銑ㄐㄧㄢˇ (jian) | せん(ヨクイウ)

풀이 ①말을 잘하다. 교묘하게 변설함. 또는, 그 말. ¶安知是一一者乎<國語> ②알랑거리다. 아첨(阿諂)하는 꼴. ¶習一一之辭<後漢書> ③참소하다. 교묘하게 중상하는 모양. ¶一一. ④천박(賤薄)한 모양. ¶一一. ⑤하찮은 모양. ¶一一. ⑥귀엣말을 하는 모양. ¶一一.

15【諸】 諸(p. 1397)의 略字

8
15【調】 1 고를 조 2 뽑을 조 3 아침 주 | 蕭 嘯 ㄊㄧㄠˊ (tiao) 尤 ㄉㄧㄠˋ (diao) | ちょう(トトノウ) even ちょう

풀이 1 ①고르다. ㉮알맞다. 알맞게 함. ¶帝賜食 親爲一羹<唐書> ㉯어울리다. 어울리게 함. ¶琴瑟不一<漢書>/一和. ㉰균형이 잡히다. ¶弓矢旣一<詩經> ㉱화합하다. ¶一於四時<素問> ㉲고르다. 평균(平均)되게 함. ¶以一盈虛<漢書> ㉳길들다. 길들임. 조습(調習)함. ¶不能一駟馬<鹽鐵論> ②적합(適合)하다. ¶皆一於口<淮南子> ③지키다. 수호함. ¶一護太子<史記> ④비웃다. 通 啁. ¶王丞相每一之<世說新語> ⑤속이다. 기만함. ⑥바람에 나뭇잎이 흔들리는 모양. ¶一一. 2 ①뽑다. 선임(選任)함. ¶一爲隴西都尉<史記> ②부르다. 불러냄. ¶特選橫一<後漢書> ③거두다. 징발함. ¶勅諸郡 不肯應一<後漢書> ④옮기다. 전근함. ¶一爲隴西都尉<漢書> ⑤헤아리다. 헤아려 살핌. ¶一立城邑<漢書>/一査. ⑥갖추다. 준비함. ¶豫爲一棺<漢書> ⑦곡식을 내다. 通糶. ⑧공물(貢物). 포백(布帛) 따위 토산물로 바치는 것. ¶租庸一. ⑨악기로 연주하다. ¶玉管初一<庾信> ⑩음률(音律). ¶異代可同一<謝靈運> ⑪취향(趣向). 운치(韻致). ¶義心多苦一<顔延之> 3 ①아침. 通朝. ¶惄如一飢<詩經> ②무겁다. 심함.

【調貢】ちょうこう(조공) ①공물(貢物). ②공물을 바침.

【調達】ちょうたつ·ちょうだつ③(조달) ①조화되어 통달함. ¶陰陽一<阮籍> ②미적(美的) 정서(情緖)가 창달(暢達)됨. ¶風流一<鍾嶸> ③자금이나 물자를 대어 줌. 調進(조진).

【調練】ちょうれん(조련) ①병사를 훈련함. 操鍊(조련). 練兵(연병). ②훈련을 거듭하여 쌓음. ¶一師.

【調理】ちょうり(조리) ①조화되게 다스림. ¶然後一四時<莊子> ②치료함. 양생(養生)함. 보양(保養)함. ¶一痊可<還魂記>/産後一. ③훈련함. ④음식물을 요리함. ¶一臺.

【調味】ちょうみ(조미) 음식의 맛을 알맞게 맞춤. ¶一料.

【調査】ちょうさ(조사) 실정을 알기 위하여 자세히 살펴봄. 「서.
【調書】ちょうしょ(조서) 조사한 사항을 기록한 문
【調攝】ちょうせつ(조섭) 몸을 조리하여 건강하도록 힘씀. 攝生(섭생).
【調藥】ちょうやく(조약) ☞調劑(조제).
【調律】(조율) 악기의 음을 표준음에 맞추어 고르는 일. 調弦(조현). ¶一師.
【調印】ちょういん(조인) 도장을 찍음. 捺印(날인). 押印(압인). ¶一式.
【調節】ちょうせつ(조절) 사물을 알맞게 고름.
【調停】ちょうてい(조정) 중간에 서서 화해시킴.
【調整】ちょうせい(조정) ①정돈하여 바르게 함. ②가락을 맞춤.
【調劑】ちょうざい(조제) 약을 지음. 처방에 따라 여러 약제를 배합하는 일. 調藥(조약).
【調和】ちょうわ(조화) ①알맞게 고름. 서로 화합함. ②음악의 가락이 잘 어울림. ③간이 잘 맞음. ④빛깔이 잘 어울림.
▷歌一, 格一, 古一, 高一, 曲一, 課一, 口一, 舊一, 均一, 基一, 亂一, 短一, 單一, 同一, 變一, 不一, 賦一, 悲一, 聲一, 順一, 時一, 詩一, 神一, 新一, 哀一, 逆一, 律一, 長一, 低一, 節一, 鄙一, 情一, 租庸一, 租一, 風一, 諧一, 懸一, 協一, 好一, 和一

8 15【諑】 헐뜯을 착 |覺ㄓㄨㄛˊ (zhuo)|たく(ソシル) *slander*
풀이 ①헐뜯다. ②참소하다. ¶謠一謂予以善淫＜楚辭＞ ③꾸짖다.
▷巧一, 謠一

15【諿】 唱(p. 302)과 同字

8 15【諂】 아첨할 첨 |琰ㄔㄢˇ (chan)|てん(ヘツラウ) *flatter*
※諂(p. 1400)는 딴 자.
풀이 ①아첨하다. 같 讇. ¶先意成欲者一也＜鬼谷子＞ ②아양떨다. ¶公子翬一乎隱公＜公羊傳＞ ③사특하다. 부정한 짓을 함. ¶貧而無一＜論語＞
【諂佞】てんねい(첨녕) 아첨함. 諂諛(첨유).
▷姦一, 欺一, 邪一, 阿一, 諛一, 讒一

15【諜】 諜(p. 1398)과 同字

8 15【請】 1 청할 청 2 진실 정 |梗ㄑㄧㄥˇ 庚(qing)|せい(コウ) *request*
풀이 1 ①청하다. ㉮구하다. ¶一求. ㉯빌다. 구걸(求乞)함. ㉰고(告)하다. ¶乃一＜儀禮＞ ㉱여쭈다. ¶奏一. ㉲원하다. ¶上書自一擊吳＜漢書＞ ㉳빌다. 기원(祈願)함. ¶余得一於帝矣＜左氏傳＞ ㉴묻다. 문의함. ¶客一之王子光＜呂覽＞ ㉵부르다. 초청함. 通 靚. ¶迺置酒一之＜漢書＞ ㉶청컨대. 원컨대. ¶一與孔子適周＜史記＞ ②청. 청탁. ¶顚蹶之一＜戰國策＞ ③뵙다. 알현(謁見)함. 한(漢)대에 제후(諸侯)가 하던, 가을철의 알현. 봄철의 알현은 朝. ¶春日朝 秋日一＜史記·注＞ ④삶을 좋아하다. 살상(殺傷)을 꺼리는 마음. 호생(好生). ¶巴人一訟於孟涂之所 其衣有血者乃執之 是一生＜山海經＞ ⑤주청(奏請)하다. 임금을 뵙고 청원함. ⑥연청(延請)하다. 청하여 맞음. 2 ①진실. 사실. 通 情. ②받다. 말을 받아들임. ¶大夫自受命以出 則其餘事莫不復一＜周禮＞
【請簡】(청간) ①청촉(請囑)하는 편지. ②☞請牒(청첩).
【請求】せいきゅう(청구) 청하여 구함. 要求(요구).
【請期】せいき(청기) ①재래식 혼례에서 육례(六禮)의 한 가지. 납폐(納幣) 후에 신랑집에서 택일(擇日)하여 그 가부(可否)를 묻는 편지를 신부집으로 보내는 의식(儀式). ②기한을 청하는 일.
【請兵】(청병) 원병(援兵)을 청함.
【請負】うけおい(청부) 비용·기일 등을 견적(見積)하여 그 사업을 도거리로 맡는 일. ¶一殺人/一業者. 「託)함.
【請謁】せいえつ(청알) ①뵙기를 청함. ②청탁(請
【請願】せいがん(청원) ①청하여 바람. ②국민이 소정의 절차에 따라 무슨 일을 해달라고 관부(官府)에 청함. ¶一書.
【請誘】(청유) 무엇을 함께 하자고 꾐. 청하여 유인함.
【請牒】(청첩) 초청하는 편지. 請簡(청간)②.
【請招】(청초) ☞招請(초청). 「¶一狀.
【請囑】せいしょく(청촉) 청을 들어 주기를 부탁함. 일을 의뢰함. 請屬(청촉). 請託(청탁).
【請託】せいたく(청탁) 권력 있는 사람에게 청을 넣어 일을 부탁함. 또는, 그 부탁. ¶一排擊.
【請婚】(청혼) 혼인을 청함.
▷懇一, 強一, 固一, 勸一, 謹一, 祈一, 禱一, 辟一, 普一, 聘一, 受一, 申一, 要一, 再一, 提一, 造一, 朝一, 奏一, 陳一

15【請】 請(p. 1394)과 同字

8 15【諏】 꾀할 추 |虞ㄗㄡ (zou)|しゅう(ハカル)
풀이 ①꾀하다. 모여서 의논함. 같 緅. ②묻다. 자문함. ¶軍中事多所一訪＜唐書＞
▷咨一, 諮一

15【緅】 諏(p. 1394)와 同字

8 15【諈】 번거로울 추 |寘ㄓㄨㄟˋ (zhui)|すい
풀이 ①번거롭다. 번거롭게 함. 남의 신세를 짐. ¶一諉. ②둔하게 정체되다. 둔체(鈍滯). ¶一諉. ③핑계하다. 남의 탓으로 돌림.

15【誕】 誕(p. 1390)과 同字

15【諷】 諷(p. 1399)의 俗字

16【訶】 訶(p. 1377)와 同字

9
16【諫】 간할 간 | 諫ㄐㄧㄢˋ (jian) | かん(イサメル) *expostulate*

풀이 ①간하다. ㉮웃사람에게 직언(直言)하여 잘못을 고치게 하다. ¶掌一王惡<周禮>/忠一/直一. ㉯못하게 하다. 제지(制止)함. ¶內之則一其君之過也<呂覽> ㉰간범(干犯)하다. 임금의 뜻을 범하여 아룀. ¶又能聽其規一<詩經> ㉱고치다. 잘못을 고치게 함. ㉲사이를 띄우다. 악(惡)을 가까이하지 않음. ②간하는 말. 간언(諫言). ¶一曰譎一 二曰戇一 三曰降一 四曰直一 五曰風一<孔子家語>

【諫官】かんかん (간관) ①임금을 간하는 벼슬. 諫職(간직). ②조선 때 사간원(司諫院), 사헌부(司憲府) 벼슬의 총칭. 諫臣(간신)②. 言官(언관).

【諫士】かんし (간사) 과실을 간하는 사람. 諫者(간자).

【諫臣】かんしん (간신) ①임금의 과실을 간하는 신하. ②☞諫官(간관)②.

【諫言】かんげん (간언) 간하는 말.

【諫院】かんいん (간원) ①간관(諫官)의 관청. 진(秦)대에 설치함. ②송(宋)대 문하성(門下省)의 별칭. ③㊘ 조선 때 사간원(司諫院)의 약칭. 諫垣(간원).

【諫而不逆】イサメテサカラワズ (간이불역) 간하기는 하나 거스르지는 아니한다는 뜻으로, 부모에 대한 자식의 도리의 한 가지. ¶父母有過一<禮記>

【諫争】かんそう (간쟁) 간하여 다툼. 굳게 간함. 諫諍(간쟁).

【諫諍】かんそう (간쟁) ☞諫争(간쟁).

▷強一, 苦一, 固一, 匡一, 規一, 極一, 幾一, 密一, 尸一, 身後之一, 力一, 泣一, 箴一, 切一, 正一, 至一, 直一, 忠一, 諷一, 顯一, 譎一

16【誓】 監(p. 1052)의 古字

16【詧】 啓(p. 299)와 同字

16【誋】 記(p. 1372)와 同字

9
16【諾】 대답할 낙 | 藥ㄋㄨㄛˋ (nuo) | だく (コタエル) *respond*

풀이 ①대답하다. ㉮대답하는 말. 예. ¶莫敢不一<詩經> ㉯응낙하는 말. 좋소. ¶大師曰 一<禮記> ㉰승인하는 말. 알았소. ¶輕一必寡信<老子> ㉱실의(失意)하는 말. 아! 모든 일이 글렀도다. 休哉, 已矣와 같음. ㉲허락하는 말. 그리하오. ¶一朝許人一<袁淑> ㉳머리를 끄덕이는 일. 수긍(首肯). ¶拜跪讀之 每句應一<吳志> ②승낙(承諾)하다. ¶得黃金百斤 不如得季布一一<史記> ③허락(許諾)하다. ¶子路無宿一<論語>/刑賞已一<荀子> ④따르다. 순종함. ¶敬一. ⑤화압(花押). 문서 끝에 쓰는 수결(手決)과 함자(銜字).

【諾否】だくひ (낙부) 승낙함과 아니함.

▷敬一, 季布一一, 謹一, 嘯一, 受一, 宿一, 承一, 然一, 唯一, 應一, 千鈞之一, 快一, 許一

9
16【諵】 수다스러울 남 | 覃ㄋㄢˊ (nan) | なん(カマビスシイ) *talkative*

풀이 ①수다스럽다. ㉸喃 嫐. ¶論詩說賦相一一<韓愈> ②재잘거리는 소리. 시끄러운 말.

16【謟】 謟(p. 1400)의 略字

16【謍】 詈(p. 1377)의 俗字

9
16【謀】 꾀할 모 | 尤ㄇㄡˊ (mou) | ぼう(ハカル) *scheme*

풀이 ①꾀하다. ㉮일을 물어 의논하다. 자문함. ¶周爰咨一<詩經>/咨事爲一<國語> ㉯정사(政事)를 도모하다. ¶嗣王一於廟也<詩經> ㉰의논하다. 논의함. ¶二人對議 謂之一<晉書> ㉱자세히 고찰하다. ¶疇克一而從諸<張衡> ㉲꾸미다. 모의(謀議)함. ¶貪必一人<左氏傳> ②꾀. ㉮모책. 계책. ¶弗詢之一勿庸<書經> ㉯모략. 책략. ㉰정책. 묘산(廟算). ¶明明廟一<范曄>

【謀計】ぼうけい (모계) 계교를 꾸밈. 또는, 그 계략. 謀略(모략). 謀劃(모획).

【謀略】ぼうりゃく (모략) ☞謀計(모계).

【謀利】(모리) 부정한 이익만을 꾀함. ¶一輩.

【謀免】(모면) 꾀를 써서 면함.

【謀反】ぼうはん・むほん (모반) ①배반을 꾀함. ②역적(逆賊) 도모. 謀叛(모반). 叛逆(반역). ¶一人/一者.

【謀叛】ぼうはん・むほん (모반) ☞謀反(모반).

【謀士】ぼうし (모사) 꾀를 잘 내는 사람. 계략을 잘 꾸미는 사람. 策士(책사).

【謀事】ぼうじ (모사) 일을 꾀함. 어떤 일을 계획함.

【謀事在人成事在天】(모사재인 성사재천) 어떤 일의 도모는 사람이 하나, 일의 성취는 천운에 매여 있음.

【謀殺】ぼうさつ (모살) ①살인을 모의함. ②계획적으로 사람을 죽임.

【謀臣】ぼうしん (모신) ①지모(智謀)가 있는 신하. ②책략(策略)에 참여하는 신하.

【謀逆】ぼうぎゃく (모역) 반역(叛逆)을 꾀함.

【謀議】ぼうぎ (모의) 일을 계획하여 그 계책을 의논함.

【謀主】ぼうしゅ (모주) 주모자(主謀者). 謀首(모수).

【謀策】ぼうさく (모책) 계책(計策).

【謀陷】(모함) 꾀를 써서 남을 함정(陷穽)에 빠뜨림.

【謀害】ぼうがい (모해) 해칠 것을 꾀함. 꾀를 써서 남을 해침.

▷嘉一, 計一, 寡一, 軍一, 權一, 奇一, 老一, 廟一, 無一, 密一, 祕一, 詐一, 善一, 首一, 詢一, 深一, 勇一, 遠一, 陰一, 疑一, 人一, 智一, 參一, 策一, 淺一, 忠一,

通一, 獻一, 謠一

16【諨】 辯(p. 1472)과 同字

16【諩】 譜(p. 1406)와 同字

16【諪】 詾(p. 1382)과 同字

16【諄】 諄(p. 1392)의 俗字

9
16【謚】 시호 시 |圓尸(shi)| し(オクリナ) posthumous title

풀이①시호(謚號). 생전의 공덕을 칭송하여 임금이 추증(追贈)하는 칭호. ㉥諡. ¶先王 一以尊名 節以壹惠 恥名之浮於行也<禮記> ②시호를 내리다. ¶死而一<禮記> ③고요하다. ㉧諡. ④삼가다. 근신(謹愼)함.

【謚號】しごう(시호) 임금, 고관, 학자 들이 죽은 후 그 공을 기려 추증하던 호.
▷美一, 賜一, 善一, 佘一, 追一

9
16【諰】 두려워할 시 |紙T丨ˇ(xi)| し(オソレル) afraid

풀이①두려워하다. 두려워하는 모양. 또는, 두려움. ¶一一常恐天下之久不安<王安石> ②직언(直言)하다. ③생각하다. 말하면서 생각함.

9
16【諟】 1이 시 2자세히 할 체 |紙尸ˋ(shi) 霽| し(コノ) this てい

풀이1①이. ㉧是. ¶顧一天之明命<大學> ②바루다. 바로잡음. ¶一正文字<陳書> ③자세히 하다. 2자세히 하다. ㉥諦.

9
16【諶】 참 심 |侵彳ㄣˊ(chen)| しん(マコト) truth

풀이㉧訦 忱. ①참. 진실. ¶天難一 命靡常<書經>/匪一. ②참으로. 진실로. ¶一荏弱而難持<楚辭>

9
16【諤】 직언할 악 |藥さˋ(e)| がく

【諤諤之臣】がくがくのしん(악악지 신) 직언(直言)하는 신하. ¶願爲一 墨筆操牘<韓詩外傳>
【諤然】がくぜん(악연) 꺼리지 않는 모양. ¶在朝一有敖朕之色<列子>

9
16【謁】 뵐 알 |月丨ㄝ(ye)| えつ(マミエル)

풀이①뵈다. ㉮임금이나 신분 높은 이를 만나 보다. ¶一見吳王<越絕書>/拜一. ㉯참배하다. ¶百姓至者 先拜而後一佛<世說新語>/一廟. ②여쭈다. 아뢰. ¶臣請一其故<戰國策> ③알리다. 고(告)함. ¶事至而戰 又何一焉<左氏傳> ④묻다. 방문함. ⑤청하다. 구함. ¶弟子敢有所一<列子> ⑥명함(名銜). 면회를 청할 때 내놓는, 성명을 적은 쪽지. ¶使者懼而失一<史記>/一刺. ⑦전알(典謁). 손과 주인 사이에서 말을 전달하는 일. 또는, 그 사람. ¶一者 掌賓讚受事<漢書>

【謁廟】えつびょう(알묘) 사당에 참배함.
【謁舍】えつしゃ(알사) 손을 접대하는 곳. 면회소. 객사(客舍).
【謁聖】(알성) 임금이 성균관(成均館) 문묘(文廟)에 참배함.
【謁聖科】(알성과) 조선 때 임금이 알성한 뒤, 성균관(成均館)에서 보이던 과거(科擧). 謁聖試(알성시).
【謁聖及第】(알성급제) 알성과에 급제함. 또는, 그 사람.
【謁刺】えつし(알자) 알현을 청할 때 내놓는 명함. ¶閱一 置案上不問<事文類聚>
【謁者】えつしゃ(알자) ①알현을 청하는 사람. ②전알(典謁). 빈객(賓客)의 응접(應接)을 맡은 벼슬. ③중국에서, 사방에 사신(使臣) 간 벼슬.
【謁見】えっけん(알현) 임금이나 귀인을 뵙는 일.
【謁候】えっこう(알후) 알현하여 문후(問候)함.
▷啓一, 內一, 拜一, 伏一, 私一, 上一, 女一, 迎一, 入一, 典一, 朝一, 請一, 親一

9
16【諳】 욀 암 |覃ㄢ(an)| あん(ソランズル) learn by heart

풀이①외다. ㉧暗. ㉮글을 외다. 암송함. ¶羅什多所一誦<晋書> ㉯기억하다. 잊지 아니함. ②알다. ¶皆一其數<後漢書> ③깨닫다. 깨달아 앎. ¶一曉故事<南史>
▷事事一, 詳一, 熟一

16【諳】 諳(p. 1396)과 同字

9
16【諺】 1상말 언 2사나울 안 |霰丨ㄢˋ 翰(yan)| げん(コトワザ) proverb

풀이1①상말. 속담(俗談). 이언(俚諺). ¶故一有之曰<禮記> ②조상(弔喪)하다. ㉧唁 喭. ¶子游揚裘而一<新論> 2①사납다. 사납고 굳셈. ¶畔一. ②스스로 자랑하다. 자긍(自矜). ③공손하지 못하다. 불공(不恭). ¶叛一.

【諺文】オンムン·オンモン(언문) 한글의 속칭.
【諺語】げんご(언어) 속담(俗談). 諺言(언언).
【諺解】げんかい(언해) 한문을 한글로 풀이함. 또는, 그 글이나 책. 諺譯(언역). ¶論語一/杜詩一.
▷古一, 貴一, 鄙一, 俗一, 野一, 里一, 俚一

16【諺】 諺(p. 1396)과 同字

16【謡】 謠(p. 1401)의 略字

9
16【諢】 농담할 원 |願厂ㄨㄣˋ(hun)| こん(オドケ) joke

풀이①농담하다. ¶雜以談笑一語<明道雜志> ②익살꾼. 해학가(諧謔家). ¶

思明愛優一＜唐書＞
▷科一, 優一, 打一

9
16〖謂〗 이를 위 |困メㄟˋ (wei)|い(イウ) *speak*

풀이①이르다. ㉮말하다. 진술함. ¶此乃公孫衍之所一也＜戰國策＞ ㉯알리다. 고함. ¶子一子夏曰＜論語＞ ㉰설명하다. ¶人心不可一兮＜楚辭＞ ㉱비평하다. 논평함. ¶孔子一季氏 八佾舞於庭＜論語＞ ㉲가리키다. 손가락질함. ¶子一仲弓曰＜論語＞ ㉳일컫다. …라고 말함. ¶婦人一嫁曰歸＜公羊傳＞ ②생각하다. 생각하건대. ¶人皆一 卿但知經術 不曉時務＜宋史＞ ③이름. ㉮이르는 일. 이른바. ¶甚斯之一與＜論語＞ ㉯취의(趣意). 취지(趣旨). ¶唯知言之一者乎＜列子＞ ㉰까닭. 이유(理由). ¶甚無一也＜漢書＞ ㉱일컬음. 명칭. ¶不損財於亡一＜漢書＞ ④하다. 通爲. ㉮하다. ¶是一災眚＜易經＞ ㉯때문에. ¶有一人不得其所 則一之不樂＜鹽鐵論＞ ⑤함께. 通與. ¶鄭文公恐不敢一叔詹言＜史記＞ ⑥어찌하랴. 如何, 奈何와 같음. ¶天實爲之 一之何哉＜詩經＞/一何. ⑦부지런하다. 근면(勤勉)함. ¶迨其一之＜詩經＞
▷可一, 無一, 所一, 意一, 稱一

9
16〖諭〗 깨우칠 유 |囲ㄩˋ (yu)|ゆ(サトス) *admonish*

풀이①깨우치다. ㉮타이르다. ¶一罪刑于邦國＜周禮＞ ㉯밝히다. 명확히 함. ¶欲客之必一寡人之志也＜戰國策＞ ㉰이끌다. 인도함. ¶此教訓之所一也＜淮南子＞ ②깨닫다. ¶其言多當矣 而未一也＜荀子＞ ③간(諫)하다. ④견주다. 비유함. ¶因以自一＜漢書＞ ⑤비유하여 간하다. 풍간(諷諫). ⑥행해지다. 두루 미침. ¶而威已一矣＜呂覽＞ ⑦타이르다. 설유(說諭)함. ¶持節宣一＜北史＞ ⑧비유. ¶必假一以達 其旨＜傅玄＞ ⑨청(淸)대 공문(公文)의 한 가지. 유지(諭旨). 황제가 자기 의사를 관청에 유시하는 공문.

【諭告】ゆこく(유고) ①타이름. 諭示(유시). ②문체(文體)의 이름. 웃사람이 아랫사람을 깨우치는 글.

【諭示】ゆし(유시) 웃사람이 아랫사람에게, 또는 관부(官府)에서 백성에게 타일러 깨우침. 또는, 그 문서. 諭告(유고). 諭達(유달).

【諭旨】ゆし(유지) ①취지(趣旨)를 알려 줌. ②임금이 신민(臣民)에게 내리는 유고(諭告). ③유(諭)와 지(旨). 청(淸)대의 공문서들임.

【諭蜀】ゆしょく(유촉) 지방 장관이 인민에게 고유(告諭)하는 글. 諭告(유고).
▷諫一, 開一, 告一, 高一, 教一, 譬一, 上一, 宣一, 說一, 申一, 審一, 慰一, 獎一, 詔一, 譙一, 勅一, 褒一, 諷一, 誨一, 曉一

16〖諭〗 諭(p. 1397)와 同字

9
16〖諛〗 알랑거릴 유 |囲ㄩˊ 圖(yu)|ゆ(ヘツラウ) *flatter*

풀이①알랑거리다. 아첨함. ¶一詔用事良臣斥疎＜戰國策＞ ②알랑거리는 말. 상대방의 비위를 맞추는 말. ¶唯一是信＜漢書＞ ③흔연히 따르는 모양. ¶一然告民有事＜管子＞

【諛佞】(유녕) 남에게 붙어 아첨하는 일. 諛媚(유미).

【諛言】ゆげん(유언) 알랑거리는 말. 諛辭(유사).
▷姦一, 傾一, 恐一, 巧一, 面一, 善一, 阿一, 佞一, 從一, 諂一

9
16〖諮〗 물을 자 |因ㄗ (zi)|し(トウ) *consult*

풀이①묻다. 자문(諮問)함. 웃사람이 아랫사람에 묻는 일. ¶周爰一謨＜淮南子＞ ②꾀하다. 의논함. ¶引見一議＜魏志＞/一謀.

【諮問】しもん(자문) ①웃사람이 아랫사람에게 의견을 물음. 諮詢(자순). ②일을 바르게 처리하기 위해 전문가 또는 그러한 사람들로 이루어진 기관이나 단체에 의견을 물음. 또는, 묻는 일.

9
16〖諸〗 1모든 제 本저 2어조사 저 |魚ㄓㄨ (zhu) 魚|しょ (モロモロ) *every*

풀이1①모든. 여러. 通庶. ¶邦人一友＜詩經＞ ②간수하다. 갈무리함. 通儲. ¶桃一. ③말려서 저장한 과일. 건도(乾桃)·건매(乾梅) 따위. ④절인 것. 김치 따위. 通菹. ¶桃一梅一＜禮記＞ ⑤땅 이름. 춘추 시대 노(魯)의 고을. 산동성(山東省) 제성현(諸城縣). ⑥두꺼비. 2어조사(語助辭). ☞句法

句法
①구별
[…諸] …은. …는. …것은. 者와 쓰임이 같음. ¶或諸遠人乎＜禮記＞
②대명사
[…諸] …이. …이를. …이에. 之와 쓰임이 같음. ¶堯舜其猶病諸＜論語＞
③강조
[其諸…] …그야말로. 之와 쓰임이 같음. ¶其諸異乎人之求之與＜論語＞
④諸의 음이 두 자의 합음과 비슷하므로 之於·之乎에 대용(代用).
㉮이를. 이에. 대명사 之와 於를 합친 것. ¶兄弟吾哭諸廟＜禮記＞
㉯이를 …는가? …은가? 之와 乎를 합친 것. ¶子路問 聞斯行諸＜論語＞/山川其舍諸＜論語＞
⑤위치·목적
㉮[…諸…] …에. …에서. …에게서. 於와 쓰임이 같음. ¶射求正諸己＜禮記＞
㉯[…諸…] …에. …에서. 乎와 쓰임이

같음. ¶孝弟發諸朝廷 行乎道路<禮記>
⑥영탄
[…諸] …여. …이여. …저. …인저. ¶日居月諸<詩經>
⑦형용
[…諸] …로운. …다운. 焉, 乎와 쓰임이 같음. ¶齊齊乎其敬也 愉愉乎其忠也 勿勿諸其欲其饗之也<禮記>

【諸葛亮】しょかつりょう (제갈양)《人》 중국 삼국 시대 촉(蜀)의 재상. 자는 공명(孔明). 융중(隆中)에 은거하다가 유비(劉備)의 삼고초려(三顧草廬)로 촉한(蜀漢)을 일으킴. 후주(後主) 유선(劉禪) 때, 위(魏)의 사마의(司馬懿)와 오장원(五丈原)에서 대전(對戰) 중 병사함. 그의 출사표(出師表)는 명문임. 시호는 충무(忠武). (181~234).

【諸公】しょこう (제공) ①제후(諸侯)의 최상위(最上位). ②☞諸位(제위)①. ③후한(後漢) 두무(杜茂)의 자(字).

【諸具】(제구) 여러 가지 도구.

【諸國】しょこく (제국) 여러 나라. 諸邦(제방). 萬國(만국). 萬邦(만방).

【諸君】しょくん (제군) 여러분. 그대들.

【諸島】しょとう (제도) ①여러 섬. ②모든 섬.

【諸禮】しょれい (제례) 여러 가지 예식. 예의 범절(禮儀凡節).

【諸母】しょぼ (제모) ①당내친(堂內親)의 숙모들. ②여러 고모(姑母). ③중국에서, 아주머니들이나 부인을 높여 정답게 부르는 말. ¶一漂 有一母 見信飢飯信<史記>

【諸般】しょはん (제반) 여러 가지. 萬般(만반).

【諸法】しょほう (제법) ①여러 가지 법률. ②《佛》우주간에 존재하는 유형, 무형의 모든 사물. 萬法(만법).

【諸法無我】しょほうむが (제법무아)《佛》 삼법인(三法印)의 하나. 우주 만물은 다 인연 화합(因緣和合)에 의하여 나타났기 때문에 실체(實體)로서의 나라는 것은 없다는 뜻으로, 자성(自性)이니 자체(自體)니 하는 것을 인정하지 않는 말.

【諸父】しょふ (제부) ①당내친(堂內親)의 숙부들. ②천자가 동성(同姓) 제후(諸侯)를, 제후가 동성 대부(大夫)를 이른 말. ¶旣有肥羜 以速一<詩經>

【諸士】しょし (제사) 여러 선비.

【諸事】しょじ (제사) 모든 일. 諸般事(제반사).

【諸說】しょせつ (제설) 여러 가지 학설. 여러 의견.

【諸氏】しょし (제씨) ☞諸位(제위)①.

【諸惡】しょあく (제악) 모든 악. 온갖 나쁜 일.

【諸彥】しょげん (제언) ①많은 뛰어난 사람. ②여러분. 諸君(제군).

【諸位】しょい (제위) ①여러분. 諸公(제공). 諸氏(제씨). 諸彥(제언). 諸賢. ②여러 벼슬 자리. ¶一散設 三公最崇<謝觀>

【諸儒】しょじゅ (제유) 여러 유자(儒者).

【諸子】しょし (제자) ①여러 자식. ②너희. 너희들. 웃어른이 손아랫사람을 부르는 말. ③주(周)대의 벼슬 이름. 제후의 세자(世子)의 일을 맡음. ④제자 백가(諸子百家)의 약칭.

【諸子百家】しょしひゃっか (제자백가) 춘추 시대의 유교(儒教) 이외의 많은 학자, 학파(學派). 또는, 그 학자들의 저서. 노자(老子), 장자(莊子), 묵자(墨子) 따위.

【諸節】(제절) ①모든 절차. ¶針線一. ②韓 ㉮웃사람의 기거 동작의 존칭. ㉯상대방의 존칭. 그 집안 사람들의 기거 동작의 존칭. ¶宅內一.

【諸行無常】しょぎょうむじょう (제행무상)《佛》 만물은 항상 변전(變轉)하여 잠시도 상주(常住)함이 없음. 인생은 무상하다는 불교의 근본 사상.

【諸賢】しょけん (제현) ①여러 현인(賢人). 群賢(군현). ②☞諸位(제위)①.

【諸侯】しょこう (제후) 봉건 시대에 천자에게서 봉토(封土)를 받아, 그 영내의 백성을 다스리던 임금. ※藩國(번국).

▷居一, 桃一, 望一, 梅一, 方一, 蟾一, 于一, 因一, 偏一, 忽一

9
16【諜】 염탐할 첩 | 漢ㄉㄧㄝˊ (die) | ちょう (サグル) *spy*

풀이 ①염탐(廉探)하다. 정탐함. ¶使女艾一澆<左氏傳> ②염탐. 간첩. ¶掌斬殺賊一而搏之<周禮> ③편안하다. 평온함. ¶大多政法而不一<莊子> ④우아하다. 세련됨. ¶形一成光<莊子> ⑤계보(系譜). 계도(系圖). 기록(記錄). 通牒. ⑥재재거리다. 늘 지껄이는 모양. 通喋. ¶嗇夫一一<史記>

【諜報】ちょうほう (첩보) 적정(敵情)을 탐색하여 보고함. 또는, 그 보고. ¶一戰.

【諜者】ちょうじゃ (첩자) 염탐꾼. 探偵(탐정). 間者(간자). 間諜(간첩). 諜人(첩인).

▷間一, 怪一, 貴一, 防一, 譜一, 訟一, 良一, 偵一, 解一

9
16【諦】 1 살필 체 本제 2 울 제 | 漢ㄉㄧˋ (di) 廣 | てい, たい (ツマビラカニスル)

풀이 1 ①살피다. 자세히 조사함. 같 諟. ¶一毫末者不見天地之大<關尹子> ②자세히 알다. 명확함. ¶雖入於耳 而不一於心<新論> ③《佛》진리. 오도(悟道). ¶莫非第一義一<梁武帝> 2 울다. 호곡(號哭)함. 通啼. ¶哭泣一號<荀子>

【諦念】ていねん (체념) ①자세하게 생각함. 諦思(체사). ②희망을 버리고 생각하지 않음. 斷念(단념).

▷明一, 妙一, 三一, 詳一, 世一, 俗一, 審一, 要一, 第一義一, 眞一

16【[言+忽]】 謥(p. 1403)의 俗字

16【[言+奏]】 諏(p. 1394)와 同字

9
16【諞】 교묘히 둘러댈 편·변 | 漢ㄆㄧㄢˊ 銑 (pian) | へん べん

9
16【諷】 욀 풍 |送ㄈㄥˋ 東(feng)| ふう(ソランジル) *learn by heart*

풀이 ①외다. 암송(暗誦)함. ¶一詩崇禮＜孔子家語＞/一味. ②풍자하다. 비유로써 깨우침. 通風. ¶不及一諭＜風俗通＞ ③풍간(諷諫)하다. ¶一諫. ④고하다. ¶一告.

【諷諫】ふうかん(풍간) 넌지시 잘못을 고치도록 깨우침. 風諫(풍간). ¶常以談笑一＜史記＞ ↔直諫(직간).

【諷諭】ふうゆ(풍유) 타이름. 風諭(풍유).

【諷刺】ふうし(풍자) 빗대어 남의 결점을 찌름. ¶詩有一之詞 禮有嫌疑之誡＜顏氏家訓＞/一劇/一文學.

▷譏一, 朗一, 微一, 玩一, 吟一, 箴一, 傳一, 嗟一

9
16【諴】 화할 함 |咸ㄒㄧㄢˊ (xian)| かん(ヤワラグ) *harmonize*

풀이 ①화하다. 화합함. 화동함. ¶其丕能一于小民＜書經＞ ②정성. 지성(至誠). ¶至一感神＜書經＞ ③농하다. 익살부림. 또는, 익살.

9
16【諧】 화할 해 |佳ㄒㄧㄝˊ (xie)| かい(ヤワラグ) *harmonize*

풀이 ①화하다. 화합함. ¶克一以孝＜周禮＞ ②고르다. 조화로움. ¶八音克一＜書經＞ ③알맞다. 적합함. ¶卽妄爲一語＜漢書＞ ④값을 적정하게 하다. ¶一價 然後得去＜後漢書＞ ⑤가리다. 분별함. ¶予一人不盈于德 而一於樂＜列子＞ ⑥농담하다. 익살부림. 또는, 해학. 익살. ¶上以朔口一辭給 好作問之＜漢書＞

【諧聲】かいせい(해성) 한자 육서(六書)의 하나. 두 자가 합하여 한 글자를 이룰 때 한쪽은 음을, 다른 한쪽은 뜻을 나타내는 글자. 形聲(형성). ¶六書 象形 會意 轉注 處事 假借 一也＜周禮＞

【諧語】かいご(해어) ①농담. 익살. 특히 가락을 붙여서 운율미(韻律美)가 있게 하는 농을 이름. ¶一者 和韻之言也＜漢書·注＞ ②터놓고 이야기함. 歡談(환담).

【諧調】かいちょう(해조) ①잘 조화된 곡조. ②잘 조화됨.

【諧謔】かいぎゃく(해학) 농지거리.

▷嘲一, 和一, 歡一, 詼一

9
16【諠】 잊을 훤 |元ㄒㄩㄢ (xuan)| けん(ワスレル) *forget*

풀이 ①잊다. ¶一己. ②속이다. 같諼. ¶有斐君子 終不可一兮＜禮記＞ ③떠들썩하다. 시끄러움. 같喧 讙. ¶諸侯皆一譁疾晁錯＜史記＞ ④빛나다. 명성이나 위세가 장한 모양. ¶威譻一赫＜後漢書＞

【諠擾】けんじょう(훤요) 떠들썩함. 소란(騷亂)함. 喧擾(훤요).

【諠傳】けんでん(훤전) 소문이 널리 퍼짐. 喧傳(훤전).

9
16【諼】 속일 훤 |元ㄒㄩㄢ 阮(xuan)| けん(イツワル) *deceive*

풀이 ①속이다. 거짓말을 함. ¶虛造詐一之策＜漢書＞ ②잊다. 망각(忘却)함. 같諠. ¶終不可一兮＜詩經＞ ③풀 이름. 원추리. 훤초(萱草). 망우초(忘憂草). 같萱 蘐. ¶焉得一草＜詩經＞ ④떠들썩하다. 通讙. ¶少詐一＜禮記＞

▷弗一, 詐一

9
16【諱】 꺼릴 휘 |未ㄏㄨㄟˋ (hui)| き(イム) *shun*

풀이 ①꺼리다. ㉮싫어하다. 증오함. ㉯피하다. 기피함. ¶罰不一強大＜戰國策＞ ㉰숨기다. 은폐함. ¶春秋爲尊者一 爲親者一 爲賢者一＜公羊傳＞ ㉱두려워하다. ¶擊斷無一＜史記＞ ㉲죽은 이의 이름을 기휘하다. ¶卒哭乃一＜禮記＞ ②휘. 죽은 이의 이름. 생전의 이름은 名. ¶周人以一事神＜左氏傳＞ ③제삿날. 기일(忌日). ¶先王崩日 忌一之辰 故云一日＜楞嚴經·注＞

【諱忌】きき(휘기) 꺼리어 피함. 忌諱(기휘).

【諱日】きにち(휘일) 제삿날. 忌日(기일). ¶一復臨.

▷拒一, 忌一, 犯一, 不可一, 不一, 隱一, 疑一, 藏一, 尊一, 觸一, 偏一, 避一

17【謌】 歌(p.804)와 同字

10
17【講】 1강론할 강 2화해할 구 |講ㄐㄧㄤˇ 看(jiang)| こう(トク) *preach*

풀이 1 ①강론(講論)하다. 사리(事理)를 풀어 밝힘. ¶一於仁＜禮記＞ ②화해하다. 강화함. ¶割河東而一＜戰國策＞ ③서로 의논하다. 논의함. ¶仁者一功＜國語＞ ④꾀하다. 모의(謀議)함. ¶一事不令＜左氏傳＞ ⑤검토하고 연구하다. 토구(討究)함. ¶學之不一＜論語＞ ⑥익히다. 학습함. ¶乃一學之＜左氏傳＞ ⑦읽다. 강독(講讀)함. ⑧해석(解釋). 강의. ¶于鐘山聽一＜梁書＞ ⑨정리하다. 정돈함. ¶蕭何爲法 一若畫一＜漢書＞ 2 화해하다. 通媾. ¶與魏一罷兵＜史記＞

【講究】こうきゅう(강구) 조사하여 규명함.

【講壇】こうだん(강단) 강의, 강연, 설교 등을 할 때 서는 단.

【講堂】こうどう(강당) 강의나 설경(說經), 설교 등을 하는 방.

【講讀】こうどく(강독) 글을 설명하여 가며 읽음. ¶漢文一.

【講論】こうろん(강론) 학술을 강의하고 토론함.

【講師】こうし(강사) ①강의하는 사람. ②강연을 하는 사람.

【講席】こうせき(강석) 강의, 강연, 설법, 설교 등을 하는 자리. 講筵(강연)①. 講座(강좌)①.

【講釋】こうしゃく(강석) 풀어 밝힘. 설명함.

【講習】こうしゅう(강습) 학문·예술을 연구·학습하

는 일. 또는, 그 지도를 하는 일. ¶一所.
【講筵】こうえん(강연) ①☞講席(강석). ②韓 어전에서 경서(經書)를 진강(進講)하는 일. 經筵(경연).
【講義】こうぎ(강의) ①학문이나 기술의 일정한 내용을 체계적으로 설명하여 가르침. ¶一錄. ②문장이나 학설 등의 의미를 해석하는 일. 또는, 그것을 풀이한 책. 講解(강해)②. 解義(해의). 釋義(석의).
【講座】こうざ(강좌) ①☞講席(강석). ②대학에서 교수가 담당하는 학과나 교수 내용. ③몇몇 전문 분야로 나누어 강습하는 계몽적인 강습회. 또는, 그러한 출판물이나 방송 프로그램 등. ¶女性一.
【講評】こうひょう(강평) 강론하여 비평함. ¶一會.
【講學】こうがく(강학) ①학문을 닦고 연구함. ②강설(講說)하고 학습함.
【講解】こうかい(강해) ①화해(和解)함. 講和(강화). ②☞講義(강의)②.
【講和】こうわ(강화) 교전국이 전쟁을 끝내기 위해 화의(和義)함. 講解(강해)①.
【講話】こうわ(강화) 쉽게 풀어 강의하듯 설명하는 일. 또는, 그 말.
▷開一, 缺一, 勸一, 代一, 都一, 名一, 受一, 始一, 侍一, 按一, 研一, 熱一, 輪一, 終一, 進一, 聽一, 特一, 廢一, 會一

10 17【謇】 떠듬거릴 건 | 銑 ㄐㄧㄢˇ 阮 (jian) | けん(ドモル) stammer
풀이 ①떠듬거리다. ②어렵다. 힘듦. ¶一吾法夫前修兮<楚辭> ③아! 감탄의 발어사. ¶一不可釋<楚辭> ④직언(直言)하는 모양. ¶一其有意些<楚辭>
▷剛一, 勤一, 博一, 謌一, 忠一

10 17【謙】 1 겸손할 겸 2 험의 혐 3 족할 협 本겸 | 鹽 ㄑㄧㄢ 豔 (qian) 葉 | けん(へりクダル) humble けん
同謙
풀이 1 ①겸손하다. 자기를 낮춤. ¶一卑退爲義 屈己下物也<易經·注> ②덜다. 감함. ¶爵位不一<逸周書> ③공손하다. 삼감. ¶一敬博愛<後漢書> ④겸괘(謙卦). 64괘의 하나. 간하 곤상(艮下坤上). ䷎. 남에게 겸양하는 상(象). 2 험의. 通嫌. ¶信而不忘處一<荀子> 3 족하다. 만족함. 通慊. ¶此之謂自一<大學>
【謙辭】けんじ(겸사) 겸손한 말. 謙詞(겸사).
【謙遜】けんそん(겸손) 남 앞에서 자기를 낮춤. 謙巽(겸손). 謙讓(겸양). 謙退(겸퇴). 謙抑(겸억).
【謙讓】けんじょう(겸양) 겸손하여 양보함.
【謙柔】けんじゅう(겸유) 겸손하고 유순함.
【謙稱】けんしょう(겸칭) 겸손하여 일컬음. 겸손하여 일컫는 호칭.
【謙虛】けんきょ(겸허) 잡념이 없이 겸손함. 겸손하고 허심 탄회함. 謙沖(겸충).
▷恭一, 勞一, 卑一, 柔一, 自一, 和一, 虧 盈益一,

17【謙】 謙(p.1400)과 同字

17【謎】 詸(p.1386)의 本字

17【謹】 謹(p.1402)의 略字

10 17【謟】 의심할 도 | 豪 ㄊㄠ 號 (tao) | とう doubt
풀이 ①의심하다. ¶天道不一<左氏傳> ②틀리다. 어긋남. ¶帝命不一<逸周書>

10 17【謄】 베낄 등 | 蒸 ㄊㄥˊ (teng) | とう(ウツス) transcribe
【謄本】とうほん(등본) 원본을 베낀 서류. 원본의 사본(寫本).
【謄寫】とうしゃ(등사) 베껴 씀. 사본(寫本)을 뜸.
【謄抄】とうしょう(등초) ①원본에서 베껴 냄. 謄草(등초). ②등본(謄本)과 초본(抄本). 謄抄本(등초본).

17【謄】 謄(p.1400)과 同字

10 17【謎】 1 수수께끼 미 2 헛갈릴 미 | 霽 ㄇㄧˊ 霽 (mi) | めい(ナゾ) めい

10 17【謐】 고요할 밀 | 質 ㄇㄧˋ (mi) | ひつ(シズカ) quiet
풀이 ①고요하다. ¶內外寂一<漢武帝內傳>/靜一. ②조용한 말. ③자세하다. 상밀(詳密)함. ④삼가다. 근신(謹愼)함. ⑤평온(平穩)하다. 안온함. 通宓.
▷曠一, 恬一, 安一, 寧一, 寂一, 靜一, 澄一, 清一, 平一

10 17【謗】 헐뜯을 방 | 漾 ㄅㄤˋ 陽 (bang) | ぼう(ソシル) defame
풀이 ①헐뜯다. ㉮큰 소리로 비방하다. ¶大言曰一微言曰誹<說文通訓定聲> ㉯몰래 비방하다. ¶國人一王<國語> ㉰대면하여 꾸짖다. ¶一 對人道其惡<一切經音義> ㉱저주하며 욕하다. ¶進胙者 莫不一令尹<左氏傳> ②헐뜯는 말. 욕. ¶反離一而見攘<楚辭> ③대답하다.
▷群一, 譏一, 誣一, 分一, 非一, 誹一, 訕一, 猜一, 怨一, 造一, 嘲一, 讒一, 虛一, 毁一

10 17【謝】 사례할 사 | 禡 ㄒㄧㄝˋ (xie) | しゃ(オモナウ) thank
풀이 ①사례하다. 감사의 뜻을 나타냄. ¶嘗有所薦 其人來一<漢書> ②사과하다. 사죄함. ¶從而一焉<禮記> ③말하다. 서로 이야기함. ¶有廝養卒 一其舍曰<漢書> ④진술하다. 서술함. ¶

二者代一舛馳<淮南子> ⑤물러나다. 사퇴함. ¶青春受一 白日昭只<楚辭> ⑥죽다. 사세(辭世)함. ¶形一則神滅<南史> ⑦물리치다. 사절함. ¶若必筮予之 恐後之一<楚辭> ⑧시들다. 조락(凋落)함. ¶刺桷花一芳草歇<李郢> ⑨받아들이다. 용납함. ¶大夫七十而致事 若不得一 則必賜之几杖<禮記> ⑩갚다. 보상함. ¶臣私報諸羌一其錢貨<後漢書> ⑪바뀌다. 대사(代謝)함. ¶若春秋有代一<淮南子> ⑫부끄러워하다. ¶屬美一繁翰<顏延之> ⑬고을 이름. 주(周)대의 읍(邑) 이름. ⑭정자(亭子). 通 榭. ¶臺一甚高<荀子>

【謝過】しゃか(사과) 잘못에 대하여 용서를 빎.

【謝禮】しゃれい(사례) 고마운 뜻을 나타내는 말이나 금품. ¶一金.

【謝恩】しゃおん(사은) 은혜를 감사히 여기어 사례함. ¶一會.

【謝意】しゃい(사의) ①감사히 여기는 마음. ②사과하는 마음.

【謝絶】しゃぜつ(사절) 거절함. 받아들이지 아니함.

【謝罪】しゃざい(사죄) 죄과에 대해 용서를 빎.

【謝表】しゃひょう(사표) 군은(君恩)에 사례하는 상주문(上奏文). 謝章(사장). ¶手書一 深陳不足以奉宗廟克小君之位<東觀漢記>

▷懇一, 感一, 開一, 固一, 賂一, 多一, 代一, 鳴一, 薄一, 拜一, 報一, 伏一, 辭一, 新陳代一, 深一, 月一, 占一, 凋一, 陳一, 慙一, 遷一, 遞一, 追一, 悔一, 厚一

10 17 【謆】 부추길 선 | 霰 ㄕㄢˋ (shan) | せん(オダテル)

17 【謝】 訴(p. 1378)와 同字

10 17 【謏】 [1] 적을 소 [2] 꾸짖을 수 | 篠 ㄒㄧㄠˇ 宥 (xiao) | しょう small そう

풀이 ①적다. 조금. ¶足以一聞<禮記> ②작다. ③권하다. ④꾸짖다. 성내어 말함. ¶謏一.

10 17 【謖】 일어날 속 | 屋 ㄙㄨˋ (su) | しょく(タツ) stand up

풀이 ①일어나다. 기립(起立)함. ¶神醉而尸一<詩經·注> ②높이 빼어난 모양. ¶一一. ③바람이 부는 모양. ¶一一. ④솔바람 소리. ¶一一.

17 【謥】 息(p. 568)의 古字

10 17 【謍】 [1] 작은 소리 영 [2] 큰 소리 횡 | 庚 ㄧㄥˊ 庚 (ying) | えい こう

풀이 [1] ①작은 소리. 가느다란 소리. ¶一一青蠅<詩經> ②왕래가 분주한 모양. [2]큰 소리. 큰 소리의 형용. ¶聲激越 一厲天<班固>

10 17 【謠】 노래 요 | 蕭 ㄧㄠˊ (yao) | よう(ウタウ) song

풀이 ①노래. 속요. 유행가. ¶辨祅祥於一<國語> ②노래하다. 악기의 반주 없이 육성으로 노래함. 通 繇. ¶徒歌謂之一<爾雅> ③소문. 풍문(風聞). 유언(流言). ¶聽民庶之一吟<後漢書> ④헐뜯다. 비방(誹謗)함. ¶一諑謂余以善淫<楚辭>

【謠言】ようげん(요언) 유행가. 風謠(풍요).

▷歌一, 謳一, 童一, 民一, 俗一, 詩一, 詠一, 訛一, 吟一, 俚一, 風一

10 17 【謚】 [1] 웃을 익 [2] 시호 시 | 陌 ㄕˋ 寘 (shi) | えき(ワラウ) し(オクリナ)

풀이 [1]웃다. 웃는 소리. 웃는 모양. [2]시호(謚號). 諡의 뜻으로 씀.

17 【謕】 嗁(p. 308)와 同字

10 17 【謘】 말 느릴 지 | 支 ㄔˊ (chi) | ち

10 17 【謓】 성낼 진 | 眞 ㄔㄣ (chen) | しん(イカル) get angry

10 17 【謎】 딴말할 차 | 麻 ㄐㄧㄝ (jie) | しゃ

10 17 【謅】 [1] 농담할 초 [2] 속삭일 추 | 巧 ㄓㄡ 尤 (zhou) | そう しゅう

풀이 [1] ①농담하다. ②친압(親狎)하다. 무람없이 굶. [2]속삭이다. 귀엣말을 함.

10 17 【謈】 부르짖을 포 | 皓 ㄅㄠˋ 豪 (bao) | ほう shout

풀이 ①부르짖다. ②아파서 지르는 소리. 아야. ¶痛甚稱阿一<集韻>

10 17 【謞】 [1] 간특할 학 [2] 부르짖을 효 | 覺 ㄒㄩㄝˋ 效 (xue) | かく こう

10 17 【謔】 기롱할 학 | 藥 ㄏㄜˋ (he) | ぎゃく(タワムレル) joke

풀이 ①기롱(譏弄)하다. 농담함. ¶善戲一兮<詩經> ②익살. 기롱. 농담. ¶是謂君臣爲一<禮記>/諧一. ③즐거워하는 모양. ¶一一.

▷乖一, 侮一, 善一, 笑一, 哂一, 調一, 嘲一, 醜一, 諧一, 歡一, 嬉一, 戲一

10 17 【謑】 [1] 욕할 혜 [2] 바르지 못할 혜 | 薺 ㄒㄧˇ 齊 (xi) | けい abuse

풀이 [1] ①욕(辱)하다. 욕하여 부끄럽게 함. ¶違群小兮一詬<楚辭>/一詬. ②치욕. 수치. [2]바르지 못하다. ¶一髁無任 而笑天下之尙賢也<莊子>

10 17〖謋〗 재빠를 획 |陌ㄏㄨㄛˋ (huo)|かく *quick*

풀이 ①재빠르다. 재빠른 모양. ¶一然. ②뼈를 발라 내는 소리. ¶動刀甚微 一然已解<莊子>

11 18〖謦〗 기침 경 |迥ㄑㄧㄥˇ (qing)|けい (シワブキ)

풀이 ①기침. 기침 소리. ¶一咳. ②웃으며 소곤거리다. ¶昆弟親戚之一欬其側乎<莊子>

11 18〖謳〗 1 노래할 구 本우 |尤ㄡ (ou)|おう (ウタウ) 2 품을 후 |麌|く

풀이 1 ①노래하다. ㉮노래를 부르다. ¶以宮中善歌一者爲媵<史記> ㉯합창하다. ¶皆歌一思東歸<漢書> ㉰악기의 반주 없이 노래하다. ¶一和揚阿<楚辭> ㉱읊조리다. 흥얼거림. ②노래. ¶需役聞之於一<莊子> ③어린애의 말소리. 通嘔. 2 ①품다. 품어서 따뜻해짐. 通煦. ②부화(孵化)하려는 모양. ③기뻐하다. ④화(和)하다.

【謳歌】おうか (구가) 노래를 부름. 공덕을 칭송함. ¶不一丹朱<史記>

▷歌一, 謠一, 樵一

11 18〖謹〗 1 삼갈 근 2 찰흙 근 |吻 震ㄐㄧㄣˇ (jin)|きん (ツツシム) *cautious*

풀이 1 ①삼가다. ㉮조심하다. ¶一權量<論語> ㉯엄하게 하다. ¶一其時禁<荀子> ㉰경계하다. ¶以一無良<左氏傳> ㉱금하다. 엄금함. ¶一盜賊<荀子> ㉲엄숙하게 하다. ¶丞相醇一而已<史記> ㉳청렴 결백하게 하다. ㉴지키다. 침묵함. ¶各一其所聞<荀子> ②삼감. 근신(謹愼). ¶大行不顧細一<史記> ③삼가. 정중히. ¶案一募選閱材伎之士<荀子> 2 찰흙. 질흙. 通墐. ¶塗之以一塗<禮記>

【謹啓】きんけい (근계) 삼가 아뢴다는 뜻으로, 편지 서두에 쓰는 말. 拜啓(배계). 肅啓(숙계).

【謹告】きんこく (근고) 삼가 아룀.

【謹拜】(근배) 삼가 절한다는 뜻으로, 편지 끝의 자기 이름 밑에 쓰는 말.

【謹白】きんぱく・ツツシミテモウス (근백) 삼가 아룀. 편지 끝에 쓰는 말. 謹言(근언).

【謹封】(근봉) 삼가 봉한다는 뜻으로, 보내는 편지나 물품의 겉봉에 쓰는 말.

【謹愼】きんしん (근신) 삼감. 언행을 조심함.

【謹嚴】きんげん (근엄) 삼가고 엄숙함. ¶春秋一 左氏浮誇<韓愈>

【謹呈】きんてい (근정) 삼가 드린다는 뜻으로, 남에게 주는 물건 겉봉에 쓰는 말.

【謹製】きんせい (근제) 삼가 만듦. 정성들여 만듦.

【謹賀】きんが (근하) 삼가 하례함. ¶一新年.

▷恪一, 謙一, 敬一, 恭一, 篤一, 細一, 醇一, 愼一, 良一, 廉一, 溫一, 柔一, 忠一, 和一, 孝一

11 18〖謬〗 그릇될 류 本무 |宥ㄇㄧㄡˋ (miu)|びゅう (アヤマル) *mistaken*

풀이 ①그릇되다. 오류(誤謬). ¶繩愆糾一<書經> ②어긋나다. 차이가 남. ¶差以豪釐 一以千里<漢書> ③속이다. 거짓말함. ¶一其說 絀其辭<史記>

▷愆一, 詭一, 糾一, 迷一, 紛一, 誤一, 訛一, 愚一, 違一, 僞一, 遺一, 差一, 錯一, 舛一, 蚩一, 脫一, 悖一, 偏一, 行與言一

11 18〖謾〗 1 속일 만 2 업신 여길 만 |寒ㄇㄢˊ (man) 諫|ばん, まん (アザムク) *deceive*

풀이 1 ①속이다. ¶是面一也<漢書>/欺一. ②거짓말하다. ¶廼一好謝蚡<漢書> ③헐뜯다. 비방(誹謗)함. ¶而後相一<史記> ④느리다. 게으름. 둔함. ⑤넓다. 아득함. ¶大一 願聞其要<莊子> ⑥두려워하다. ¶一台. ⑦영리하다. 슬기로움. ¶慧也 秦謂之一<方言> 2 ①업신여기다. 通慢. ¶輕一宰相<漢書> ②무람없다. 버릇없음. 通慢. ¶長書有詩一<漢書> ③게으르다. 태만(怠慢)함. 通慢. ¶謾一亡狀<漢書> ④거드름 피우다. 교만(驕慢)함. ¶故桀紂暴一<漢書> ⑤넓다. 아득함. ¶大一. ⑥속이다. ⑦거짓말. ⑧공연히. 만연히. 어쩐지. 通漫. ¶甚醉或漫歌 甚閒亦一吟<元結>

▷夸一, 欺一, 面一, 詑一, 誕一, 譠一, 誇一

18〖⿰言㒼〗 謾(p.1402)과 同字

11 18〖謨〗 꾀 모 |虞ㄇㄛˊ (mo)|ぼ(ハカリゴト) *plan*

풀이 ①꾀. 계책. 광범위한 모책. ¶夏宗以陳天下之一<周禮> ②꾀하다. 도모(圖謀)함. ㉮광범위한 계책을 세움. ¶大禹一/皋陶一. ㉯획책하다. 계획함. ¶一蓋都君咸我績<孟子> ③거짓말하다. 속임. ¶一而不忠<爾雅> ④없다. 通無. ¶越人一信<南唐書> ⑤그릇 이름. 通甒. ¶甒 或爲一<周禮·注>

▷嘉一, 高一, 宏一, 奇一, 謀一, 廟一, 聖一, 宸一, 良一, 淵一, 英一, 令一, 睿一, 雄一, 遠一, 典一, 帝一, 朝一, 忠一, 玄一, 皇一

18〖謩〗 謨(p.1402)와 同字

18〖謪〗 商(p.301)과 同字

11 18〖謵〗 익힐 습 |緝ㄒㄧˊ (xi)|しゅう (ナラウ)

18〖⿰言酓〗 諳(p.1396)과 同字

11 18 〖謷〗 1 헐뜯을 오 2 오만할 오 | [豪]ㄠˊ [號](ao) | ごう (ソシル) *defame*

풀이 1 ①헐뜯다. 같 嗸. 通 囂. ¶囂囂 猶——也<詩經·注> ②비통해하는 소리. 通 嗷. ③심하다. 심히. ④큰 모양. ¶一乎大哉<莊子> ⑤방자(放恣)한 모양. 通 敖. ⑥어리석은 사람. ⑦번거로운 말. 2 ①오만하다. 通 傲. ¶一然不顧<莊子> ②뜻이 높고 먼 모양. ¶一乎其未可制也<莊子> ③희롱하다. ¶歌謠一笑<荀子>

18 〖謸〗 謷(p. 1397)와 同字

11 18 〖繇〗 1 부역 요 2 말미암을 유 | [蕭] よう [尤] ゆう

풀이 1 부역(賦役). 通 徭. 2 말미암다. 通 由 繇.

11 18 〖謣〗 1 망령될 우 2 대답하는 소리 후 | [虞]ㄩˊ (yu) [虞]ㄒㄩ (xu) | う (イツワル) く

풀이 1 망령되다. 망언(妄言)함. ¶一言敗俗<法言> 2 ①대답하는 소리. 예. 通 許. ②이영차. 무거운 물건을 들어올릴 때 힘을 돋구는 소리. ¶一輿.

11 18 〖謻〗 1 문 이름 이 2 헤어질 치 | [支]ㄧˊ [紙](yi) | い し

풀이 1 ①문(門) 이름. ¶一門曲榭<張衡> ②누대(樓臺) 이름. ¶一臺. 2 ①헤어지다. 이별함. ②궁실(宮室)이 잇닿아 있다.

18 〖謯〗 詛(p. 1379)와 同字

11 18 〖謫〗 귀양갈 적 | [陌]ㄓㄜˊ (zhe) | たく (ナガス) *go into exile*

풀이 ①귀양가다. 유배(流配)됨. ¶一守巴陵郡<范仲淹> ②벌하다. ¶一戍之衆<賈誼> ③꾸짖다. 견책함. ¶國子一我<左氏傳> ④꾸지람. 견책. ¶自取一于日月之災<左氏傳> ⑤잘못. 죄. 과실. ⑥괴상한 운기(雲氣). ¶日始有一<左氏傳>

【謫降】たっこう(적강) ①옛날, 죄과로 말미암아 강등(降等)되어 먼 지방으로 좌천되던 일. 左遷(좌천). 遷謫(천적). ②신선이 죄를 지어 인간 세계로 귀양 옴. ¶本是五雲閣下之仙卿 何年一在人間<高啓>

【謫客】(적객) 귀양살이하는 사람.

【謫仙】たくせん(적선) ①귀양 와서 인간 세상에 사는 신선이란 뜻으로, 옛 중국에서 재주와 행실이 뛰어난 사람의 비유. 謫仙人(적선인). ②동방삭(東方朔)을 이름. ¶世人不識東方朔 大隱金門是一<李白> ③이백(李白)을 이름. ④소식(蘇軾)을 이름.

【謫所】たくしょ(적소) 귀양살이하는 곳. 配所(배소).

▷譴一, 遠一, 流一, 遷一, 貶一, 瑕一

18 〖謕〗 諦(p. 1398)의 俗字

11 18 〖謥〗 더덜거릴 총 | [送]ㄘㄨㄥˋ (cong) | そう

俗 謥

【謥詷】そうどう(총동) 경박하게 빨리 말하는 모양. ¶輕薄一<後漢書>

11 18 〖謼〗 1 부를 호 2 부르짖을 효 | [遇]ㄏㄨ (hu) [肴] | こ (ヨブ) *call* こう

풀이 1 ①부르다. 通 嘑. ②부르짖다. 같 呼. ¶一夫大一<漢書> 2 ①부르짖다. ②울다. 소리 내어 욺. ¶一服謝罪<漢書>

18 〖謗〗 讓(p. 1408)과 同字

19 〖警〗 警(p. 1405)의 略字

19 〖譂〗 辜(p. 1470)와 同字

12 19 〖譑〗 들추어낼 교 | [篠]ㄐㄧㄠˇ (jiao) | きょう *expose*

풀이 ①들추어내다. 남의 죄를 적발함. ¶必有貪利糾一之名<荀子> ②바루다. 바로잡음. ③수다스럽다. ④비웃다. ⑤농(弄)하다.

12 19 〖譏〗 나무랄 기 | [微]ㄐㄧ (ji) | き (ソシル) *scold*

풀이 ①나무라다. 헐뜯다. ¶微文刺一 貶損當世<班固> ②간하다. 충고함. ¶殷有惑婦 何所一<楚辭> ③원망하다. ④싫어하다. ⑤묻다. 질문함. ⑥살피다. 조사함. ¶關市一而不征<孟子> ⑦꾸짖다. 비난(非難)함. ¶誅惡伐無道無伯夷之一<論衡>

▷群一, 誹一, 刺一, 嘲一, 訴一

12 19 〖譊〗 고함칠 뇨 | [肴]ㄋㄠ (nao) | どう *shout*

풀이 ①고함치다. 성내어 소리 침. ②떠들다. ¶臨時諠一<晋書> ③말하다. 이야기함. ¶——. ④하소연하는 소리. ⑤울다.

12 19 〖譚〗 이야기 담 | [覃]ㄊㄢˊ (tan) | たん (ハナシ) *talk*

풀이 ①이야기. ¶一話. ②이야기하다. 같 談. ¶夫子何不一我於王<莊子> ③크다. ④깊다. 通 覃. ¶袞獨一思經典<魏志> ⑤닿다. 도착함. ¶參一雲屬<成公綏> ⑥느긋하다. 바쁠 것이 없음. ¶修業居久而一<大戴禮> ⑦뻗다. 뻗어 미침. ¶祀一次祖<管子> ⑧나라 이름. 주(周)의 제후국. 지금의 산동성(山東省)에 있었음. ¶齊師滅一<春

秋＞
【譚笑】たんしょう(담소) 이야기하기도 하고 웃기도 함. 談笑(담소).
【譚叢】たんそう(담총) 여러 가지 이야기를 모은 「책.
【譚話】たんわ(담화) 이야기. 이야기함. 談話(담화).
▷怪—, 奇—, 民—, 參—

12 19【譈】원망할 대 |㊅ㄉㄨㄟˋ (dui)| たい(ウラム) *grudge*
풀이 ①원망하다. ㊂憝. ②죽이다. ¶凡民罔不—＜孟子＞

12 19【譕】[1] 꾀 모 [2] 꾀는 말 무 |㊅ㄇㄛˊ (mo) ㊅ ㊅| ぼ(ハカリゴト) ぶ
풀이 [1]꾀. 또는, 꾀하다. 謨의 古字. ¶—臣者 可以遠擧＜管子＞ [2]꾀는 말. 감언이설(甘言利說).

19【譜】譜(p.1406)와 同字

12 19【譅】말 더듬을 삽 |㊅ㄙㄜˋ (se)| しゅう

12 19【譔】[1] 가르칠 선 ㊍ 전 [2] 지을 찬 |㊅ㄓㄨㄢˋ (zhuan) ㊅ ㊅| せん(オシエル) *teach*
풀이 [1] ①가르치다. ②달리하다. ③아름답다. ④기리다. ¶銘者論—先祖之有德善＜禮記＞ ⑤갖추다. ¶聽歌—只＜楚辭＞ [2]짓다. 찬술(撰述)함. ㊅撰. ¶遠託—述 迨今而成＜白居易＞

12 19【識】[1] 알 식 [2] 적을 지 [3] 기 치 |㊅ㄕˋ (shi) ㊅ㄓˋ (zhi) ㊅| しき(シル) *recognize* し(シルス)
풀이 [1] ①알다. ㉮분별하여 알다. ¶君子是—＜詩經＞/—別. ㉯시인하다. 인식함. ㉰깨달아 알다. 알아차림. ¶不—不知＜詩經＞ ㉱자세히 알다. ¶壹有曰不—＜周禮＞ ㉲명확히 하다. ¶多聞見而—乎正道者 至識也＜法言＞ ㉳면식(面識)이 있다. 사귐. ¶見子產 如舊相—＜左氏傳＞ ②지혜. 시비·선악을 분별하는 능력. ¶—密鑒亦洞＜顏延之＞ ③아는 것. 지식(知識). ¶鄙夫寡—＜張衡＞ ④타고난 성품. 천성. ¶—能匡欲者鮮矣＜後漢書＞ ⑤식견. 분별력(分別力). ¶史有三長 才學— 世罕兼之＜唐書＞ ⑥지각(知覺). 감각. ¶觀耳—之愛聲 亦如飛鳥之歸林＜梁武帝＞ ⑦지덕이 높은 중. 고승(高僧). ¶爲善知—＜楞嚴經＞ ⑧친지(親知). 친밀한 사이. ¶嘗謂親—＜梁書＞ [2] ①적다. 기록함. ㊅志 誌. ¶以計—其人衆畜牧＜漢書＞ ②나타내다. ¶故以其旗—之＜漢書＞ ③표(標). ㉮표지(表識). ¶進止皆有表—＜後漢書＞ ㉯기호. 암호. ¶二曰 圖— 字學是也＜名畫記＞ ④종정(鐘鼎) 등에 새긴 글자. ¶文縷無款—＜史記＞/—文. ⑤책의 제목. [3]기. 기치(旗幟). ㊂幟. ¶旌旗表—＜漢書＞
【識見】しきけん(식견) 사물의 진상을 분별하여 아는 능력. 見識(견식).
【識別】しきべつ(식별) 분별함. 鑑別(감별).
【識者】しきしゃ(식자) 사물의 이치를 잘 아는 사람. 식견이 있는 사람.
【識字憂患】しきじゆうかん(식자우환) ①글을 알아 학문을 하면 고생길이 시작된다는 뜻으로, 제 성명이나 겨우 쓸 정도면 행복하리라는 뜻. ¶人生—始 姓名粗記可以休＜蘇軾＞ ②㊅ 보잘것없는 학식을 잘못 응용하여 도리어 우환을 부르게 됨을 이름.
【識韓】しきかん(식한) 명사(名士)를 만나보게 되는 영광. 한(韓)은 당(唐)대의 형주 태수(荊州太守) 한조종(韓朝宗)을 이름. 識荊(식형). ¶生不用封萬戶侯 但願一—荊州 ＜李白＞
【識荊】しきけい(식형) ☞識韓(식한).
▷鑒—, 鑑—, 強—, 見—, 款—, 舊—, 器—, 達—, 面—, 明—, 沒常—, 無意—, 默—, 美意—, 博—, 半面—, 不知不—, 不—, 相—, 常—, 新—, 眼—, 良—, 遠—, 有—, 意—, 認—, 潛在意—, 題—, 知—, 淺—, 表—, 標—, 學—, 玄—, 顯意—

12 19【譌】거짓말 와 |㊅ㄜˊ (e)| か(ウソ) *lie*
풀이 ①거짓말. ㊂訛. ¶民之—言＜詩經＞ ②깨다. 잠에서 깸. ③이상하다. 괴이함. ¶名曰畢方 見則其邑有—火＜山海經＞ ④괴이한 말. 요언(妖言). ⑤속이다. 거짓.

19【譋】嘲(p.313)와 同字

19【譐】噂(p.313)과 同字

12 19【證】증거 증 |㊅ㄓㄥˋ (zheng)| しょう(アカシ) *evidence*
풀이 ①증거. ¶采前世成事 以爲—驗＜後漢書＞ ②증명하다. ¶所以—之不遠＜楚辭＞ ③법칙. 규칙. ¶人不攻之 自然—也＜太玄經＞ ④간(諫)하다. ¶不可—移＜呂覽＞ ⑤병의 증세. ㊅症. ¶因告其子之—＜列子＞ ⑥깨닫다. 체득함. ¶涅槃之—幽讚于宸階＜陳子昂＞
【證據】しょうこ(증거) ①사실에 의하여 증명하는 일. ②사실을 증명할 만한 근거. 證憑(증빙). ③재판(裁判)의 기초가 되는 사실 인정에 필요한 자료(資料).
【證果】しょうか(증과)《佛》수행(修行)에 의하여 얻은 깨달음의 결과.
【證明】しょうめい(증명) 증거를 들어 밝힘.
【證憑】しょうひょう(증빙) 증거로 들 만함. 또는, 그것. 證據(증거)②. ¶—書類.
【證書】しょうしょ(증서) 증거가 될 만한 문서. 證文「(증문).
【證言】しょうげん(증언) ①말로써 증명함. 또는, 그

말. ②증인(證人)이 진술하는 말.

【證人】しょうにん(증인) ①증거를 드는 사람. ②보증을 서는 사람. 保證人(보증인). ③법정에서 증언(證言)하는 사람.

【證跡】しょうせき(증적) 증거가 될 만한 흔적. 證迹(증적).

【證左】しょうさ(증좌) ①사건 현장에서 목격한 사람. 證人(증인). ②증거가 될 만한 것. 證據(증거).

【證票】しょうひょう(증표) 증거로서 주는 표찰(標札).

【證驗】しょうけん(증험) ①증거. 또는, 증거를 세움. ②실지로 경험함. 徵驗(징험).

【證候】しょうこう(증후) ①증거가 될 만한 기틀. ②☞症候(증후).

▷檢一, 考一, 內一, 明一, 反一, 傍一, 保一, 實一, 心一, 例一, 誤一, 僞一, 引一, 認一, 立一, 典一, 左一, 虛一, 確一

12 19 【譖】 헐뜯을 참 | 沁ㄗㄣˋ (zen) | しん *slander*

풀이 ①헐뜯다. ¶王赧聽一＜韋孟＞ ②하리놀다. 참소(讒訴)함. ③하소연하다. ④속이다. 通僭. ¶朋友已一＜詩經＞

▷蝎一, 巧一, 構一, 誣一, 猜一, 冤一, 詆一, 聽一, 醜一, 浸潤之一, 猾一, 毁一

12 19 【譙】 1 꾸짖을 초 2 망루 초 3 누구 수 | 嘯ㄑㅣㄠˋ 蕭(qiao) 支 | しょう(セメル) *scold* すい

풀이 1 꾸짖다. 책망(責望)함. ¶子孫有過失 不一讓＜史記＞ 2 ①망루. 높은 누각. 通巢 樵. ¶與戰一門中＜漢書＞ ②해치다. 죽임. ¶予羽一一＜詩經＞ ③고을 이름. 안휘성(安徽省)에 둔 한(漢)대의 현(縣) 이름. 3 누구. 신문(訊問)하는 말. ¶一阿 音誰何＜史記·注＞

▷門一, 麗一, 連一, 危一, 重一

12 19 【譓】 슬기로울 혜 | 霽ㄏㄨㄟˋ (hui) | けい(サトイ)

풀이 ①슬기롭다. ②좇다. 따름. ¶義征不一＜漢書＞

12 19 【譁】 1 시끄러울 화 2 바뀔 와 | 麻ㄏㄨㄚˊ 麻(hua) | か(カマビスシイ) *clamour*

풀이 1 시끄럽다. 소란함. 같嘩. ¶士卒在陳而一＜國語＞ 2 바뀌다. 그릇 전해짐. 같譌 訛. ¶一化也 燕朝鮮洌水之間曰涅 或曰一＜方言＞

▷紛一, 囂一, 喧一, 諠一, 讙一

12 19 【譮】 그칠 회 | 隊ㄏㄨㄟˋ (hui) | かい(トドマル) *stop*

풀이 ①그치다. 머묾. ¶師多則民一＜司馬法＞ ②풀다. 해석함. ③벌이다. 나열(羅列)함. ¶一列. ④깨닫다. 각오(覺悟). ⑤불러 모으다. ⑥속이다. ⑦생각하다.

12 19 【譎】 속일 휼 本결 | 屑ㄐㄩㄝˊ (jue) | けつ(イツワル)

풀이 ①속이다. 기만함. 같矞. ¶晉文公一而不正＜論語＞ ②속임수. 거짓. ¶權一自在＜漢書＞ ③바뀌다. 변화함. ¶瑰異一詭＜張衡＞ ④다르다. 상이(相異)함. ¶瑰姿一起＜傅毅＞ ⑤어긋나다. 위배(違背)됨. ¶倍一不同＜莊子＞ ⑥풍간(諷諫)하다. 넌지시 간함. ¶一諫. ⑦해무리. 일훈(日暈). ¶君臣乖心 則背一見於天＜淮南子＞ ⑧굽다. 굴절(屈折)함. ¶紆一. ⑨가르다. 시비, 선악을 판단함. 通決. ¶一與決同＜荀子·注＞

【譎諫】けっかん(휼간) 사물에 비유하여 넌지시 간함. ¶主文而一 言之者無罪＜詩經＞

【譎計】けっけい(휼계) 속임수. 남을 속이는 계략. 僞計(위계). 譎謀(휼모). 譎權(휼권).

【譎詭】けっき(휼궤) ①속임. 기만함. ¶一不經 好爲大言＜漢書＞ ②기이한 물체. 물건의 형상이 기이함. 또는, 변화(變化)를 이름. ¶瑰異一 燦爛炳煥＜張衡＞

▷怪一, 巧一, 狡一, 權一, 詭一, 奇一, 背一, 詐一, 紆一, 陰一, 智一, 誕一

12 19 【譆】 감탄할 희 | 支ㄒㄧ (xi) | き(アア) *admire*

풀이 ①감탄하다. 아! ㉮탄식하는 소리. ㉯두려워하는 소리. ㉰찬탄하는 소리. ㉱원한에 사무친 소리. ㉲간곡히 타이를 때 나는 소리. ②웃으며 즐기는 소리. ¶一一. ③뜨겁다. 通熹. ¶一一出出＜左氏傳＞ ④만족해하는 모양. ¶一一旭旭＜漢書＞

20 【譾】 謇(p. 1400)과 同字

13 20 【警】 경계할 경 | 梗ㄐㄧㄥˇ (jing) | けい(イマシメル) *warn*

풀이 ①경계하다. ㉮타이르다. 조심하게 함. ¶今天或者將大一晋也＜左氏傳＞ ㉯방비하다. 대비함. ¶謹一 敵人旦暮且至＜韓非子＞ ㉰경보(警報)하다. ¶邊虜告一＜南齊書＞ ②놀라다. 놀라게 함. 通驚. ¶節循虛而一立＜陸機＞ ③깨우치다. ¶大昕鼓徵所以一衆也＜禮記＞ ④두려워하다. 계구(戒懼)함. ¶以一懼夷狄＜左氏傳＞ ⑤경계(警戒). ㉮타이름. 계칙(戒飭). ¶天地有一 民何與焉＜元史＞ ㉯대비(對備). 방비. ¶陰山息一 弱水無塵＜北史＞ ㉰경보. 사변의 통보. ¶明烽燧之一＜後漢書＞ ㉱경고(警告). ¶疆場無羽書之一＜楊億＞ ㉲변고(變告). 사변. ¶河北有一＜宋史＞ ⑥경계하는 말. ¶一戒群吏＜周禮＞ ⑦벽제(辟除). 귀인의 행차 앞에 길을 치우는 일. 또는, 그 소리. ¶出稱一 入言蹕＜漢書＞/一蹕. ⑧영리하다. 현명함. ¶太祖少機一＜魏志＞

⑨빼어나다. 절호(絕好)의 문구(文句). ¶乃一篇之一策<陸機>

【警覺】けいかく(경각) 경계하여 깨닫게 함. ¶一心.

【警戒】けいかい(경계) ①타일러 주의하게 함. ②긴장하여 조심함.

【警告】けいこく(경고) 경계하도록 알림. 주의시킴. ¶一標識/一文.

【警句】けいく(경구) 진실을 꿰뚫는 기발한 문구. 짧은 글귀 속에 날카로운 의미를 담고 있는 문구. 警人句(경인구).

【警防】けいぼう(경방) 경계하여 방어함.

【警報】けいほう(경보) 위험한 일이 발생하였을 때 경계하도록 알리는 일. 또는, 그 통보. ¶暴風一.

【警備】けいび(경비) 경계하여 수비함. 또는, 그 수비. ¶一員.

【警世】けいせい(경세) 세상을 깨우침. 세인의 주의를 환기시킴.

【警笛】けいてき(경적) 비상시에 일을 알리거나 주의를 주기 위하여 울리는 고동.

【警鐘】けいしょう(경종) 비상을 경계하기 위하여 울리는 종.

【警責】(경책) 정신을 차리도록 꾸짖음. 戒責(계책).

【警護】けいご(경호) 경계하여 호위함. 또는, 그 사람. 警衛(경위). ¶一員.

▷開一, 寇一, 軍一, 奇一, 機一, 邊一, 烽一, 備一, 巡一, 市一, 夜一, 威一, 天一, 聽一

20〖譤〗警(p. 1405)과 同字

13 20〖警〗부르짖을 교 | 嘯ㄐㄧㄠˋ (jiao) | きょう(サケブ)

풀이 ①부르짖다. 큰 소리로 말하거나 소리침. ②원통해하는 소리. ③들추어내다. 적발함. 通 徼. ¶及一者爲之 則苟鉤鈲析亂而已<漢書>

13 20〖譨〗말 많을 누 | 尤ㄋㄡˊ (nou) | どう

20〖譚〗譚(p. 1403)의 訛字

20〖譡〗讜(p. 1411)과 同字

13 20〖譪〗자랑할 매 | 卦ㄇㄞˋ (mai) | ばい boast

13 20〖譜〗족보 보 | 麌ㄆㄨˇ (pu) | ふ genealogy

풀이 ①족보. 계보. ¶一系以統世俗繼序<唐書> ②계통을 따라 벌여 적다. ¶自殷以前 諸侯不可得而一<史記> ③악보(樂譜). ¶以候節氣 作律一<隋書>

【譜錄】ふろく(보록) 계보(系譜). 족보(族譜). 譜牒(보첩).

【譜學】ふがく(보학) 계보 또는 족보에 관한 학문.

▷系一, 曲一, 琴一, 圖一, 世一, 氏一, 樂一, 年一, 音一, 印一, 族一, 花一

13 20〖譬〗비유할 비 | 寘ㄆㄧˋ (pi) | ひ(タトエル) compare

풀이 ①비유(譬喩)하다. ¶一如北辰居其所 而衆星共之<論語> ②비유. 비유하는 말. ¶能近取一<論語> ③타이르다. 사물에 견주어 넌지시 타이름. ¶自往一說<資治通鑑> ④깨닫다. 깨달아 앎. ¶言之者雖誠 而聞之未一<後漢書>

【譬喩】ひゆ(비유) 어떠한 사물의 의미를 다른 사물에 견주어 말함. 譬諭(비유). 譬類(비류).

【譬諭】ひゆ(비유) ①비유하여 알도록 함. ②☞譬喩(비유).

▷空一, 慰一, 證一, 罕一而喩, 曉一

20〖譱〗善(p. 306)의 本字

13 20〖譫〗헛소리 섬 本 점 | 鹽ㄓㄢ (zhan) | せん(タワゴト) falsehood

풀이 ①헛소리. ㉮병중에 정신없이 지껄이는 말. ¶不欲食一言<素問>/一語. ㉯실없는 말. ¶一妄. ②말이 많다.

【譫妄】せんもう(섬망) 실없는 말. 잠꼬대 같은 소리.

【譫語】せんご(섬어) 헛소리. 병중에 정신 없이 중얼거리는 말. 譫言(섬언).

13 20〖譣〗1 물을 섬 2 교활할 험 | 鹽ㄒㄧㄢˇ 琰 (xian) | けん (トウ)

풀이 1 ①묻다. 따져 물음. 추궁함. ②피하다. 2 ①교활하다. 通 憸. ¶勿以一人<周書> ②교활한 말. 간언(姦言).

13 20〖譝〗기릴 승 | 蒸ㄕㄥˊ (sheng) | しょう(ホメル) praise

풀이 ①기리다. 칭찬함. ②천진(天眞)한 모양. 말에 꾸밈이 없는 모양. ¶一一兮如將孩<子華子>

13 20〖譪〗힘 다할 애 | 泰ㄞˋ (ai) | あい endeavour

풀이 ①힘을 다하다. 신하가 충성으로 임금을 섬기는 모양. 같 藹. ¶一一王多吉士<詩經> ②말씨가 아름답다. ¶仁義之人 其言一如<說文通訓定聲>

20〖譲〗讓(p. 1410)의 略字

13 20〖譯〗통변할 역 | 陌ㄧˋ (yi) | やく(ヤクス) interpret

풀이 ①통변(通辯)하다. 통역함. ¶越裳氏重一貢白雉一<漢書> ②뜻. 뜻을 풀이함. ¶賢者爲聖一<潛夫論> ③가리다. 선택함. 通 擇.

【譯經】やっきょう(역경) 불경을 번역함.

【譯官】やっかん(역관) ①통역이나 번역을 맡아 보는 구실아치. 通譯官(통역관). ②韓 고려, 조선 시대 사역원(司譯院) 구실아치의 총

칭.

【譯文】やくぶん(역문) 글을 번역함. 또는, 번역한 글. ↔原文(원문).

【譯書】やくしょ(역서) 번역한 책. 譯本(역본). ↔原書(원서).

【譯者】やくしゃ(역자) 번역한 사람.

【譯註】やくちゅう(역주) 원문을 번역하고 주해를 붙임.

【譯解】やっかい(역해) 번역하고 풀이함.

▷共一, 國一, 對一, 名一, 飜一, 佛一, 新一, 英一, 誤一, 完一, 意一, 全一, 拙一, 重一, 直一, 抄一, 通一

20【譯】 譯(p.1406)의 本字

20【譍】 應(p.597)과 同字

13/20【議】 의논할 의 | 寘 ㄧˋ (yi) | ぎ(ハカル) *discuss*

풀이 ①의논하다. 상의함. ¶徒持文墨一論<漢書> ②꾀하다. ㉮자문하다. 자의함. ¶一事以制 政乃不迷<書經> ㉯평의(評議)하다. ㉰여러 모로 두루 생각하다. ¶唯酒食是一<詩經> ㉱계획을 세우다. 입안(立案)함. ¶非天子不一禮<中庸> ③토론하다. 논쟁함. ¶必當義然後一<呂覽> ④강론하다. 설명함. ¶法而不一<荀子> ⑤간하다. 간쟁(諫諍)함. ¶子胥力於戰伐 死於諫一<吳越春秋> ⑥나무라다. 문책함. ¶大功言而不一<禮記> ⑦가리다. 선택함. ¶乃一侑于賓 以異姓<儀禮> ⑧의견(意見). 논설(論說). ¶始皇下其一丞相<史記> ⑨논죄하다. 죄의 성립이나 경중(輕重)을 논함. ¶法有八一<玉篇> ⑩기울다. 通俄. ¶法制不一<管子> ⑪문체(文體) 이름. 일을 논하여 사리를 밝히는 글.

【議決】ぎけつ(의결) 평의하여 정함. 議定(의정). ¶一權.

【議論】ぎろん(의론) 의견을 논함. 또는, 그 의견.

【議事】ぎじ(의사) ①일을 의논함. ②의회에서 논의하는 일. ¶一錄/一日程.

【議席】ぎせき(의석) ①회의하는 자리. ②의회에서 각 의원의 자리. ③의원의 정수(定數).

【議案】ぎあん(의안) ①토의할 안건(案件). ②의회에 제출하는 원안(原案).

【議場】ぎじょう(의장) 회의하는 장소. 會議場(회의장).

【議政】ぎせい(의정) ①정사(政事)를 논의함. ②韓 조선 때 의정부(議政府)의 영의정·좌의정·우의정의 총칭. ③의회 정치(議會政治)의 약칭.

【議題】ぎだい(의제) ①논의할 문제. 의안(議案)의 제목. ②시문 등의 제목을 논의하여 정함. ¶作來歲狀元賦 當一<葉夢得>

▷諫一, 講一, 建一, 決一, 計一, 公一, 共一, 譏一, 論一, 談一, 黨一, 動一, 謀一, 廟一, 物一, 民一, 密一, 發一, 不可思一, 非一, 私一, 詐一, 審一, 異一, 諮一, 爭一, 詮一, 廷一, 提一, 朝一, 奏一, 衆一, 參一, 討一, 破一, 評一, 抗一, 巷一, 協一, 和一, 會一, 橫一

13/20【譟】 시끄러울 조 本 소 | 號 ㄗㄠˋ (zao) | そう(サワグ) *chatter*

풀이 ①시끄럽다. 소란함. 같 噪. ¶魏人一而還<左氏傳>/喧一. ②기뻐하다. ¶車徒皆一<周禮> ③울다. 새, 벌레 등이 욺. ④부르짖다. ¶爲絲竹歌舞之聲則若一<呂覽> ⑤북을 치다. ¶齊使萊人以兵鼓一<孔子家語> ⑥소리. 음성(音聲).

▷驚一, 鼓一, 狂一, 群一, 叫一, 蟬一, 鴉一, 譁一, 喧一, 諠一, 讙一

20【護】 護(p.1408)와 同字

20【譩】 噫(p.315)와 同字

20【譼】 監(p.1052)의 古字

14/21【譴】 꾸짖을 견 | 霰 ㄑㄧㄢˇ (qian) | けん(セメル) *reprimand*

풀이 ①꾸짖다. ㉮힐문(詰問)하다. ¶太卜一之<戰國策> ㉯나무라다. ¶天洒出災害 以一告之<漢書> ㉰노하다. ¶畏此一怒<詩經> ②꾸지람. 견책. ¶後承朝一 各自東西<韋嗣立> ③죄. 허물. ¶臣有大一 則造室請死<北史> ④재앙. 재액. ¶何以和穆陰陽 消伏災一<後漢書> ⑤굳다. 둚. ¶一喘 轉也<方言>

【譴責】けんせき(견책) 잘못을 꾸짖음. 책망함.

▷加一, 呵一, 怒一, 大一, 微一, 嚴一, 罪一, 斥一, 天一, 禍

21【譵】 1 懟(p.598)와 同字 2 對(p.456)의 俗字

21【辯】 ☞辛部 14획(p.1472)

21【譢】 ☞言部 12획(p.1404)

14/21【譽】 기릴 예 | 御 ㄩˋ (yu) | よ *praise*

풀이 ①기리다. 칭찬함. ¶好而一人者 亦好背而毁之<莊子> ②바로잡다. ¶君子不以口一人 則民作忠<禮記> ③가상히 여기다. ¶經誹一<淮南子> ④영예. 명성. ¶一望所歸<任昉> ⑤즐기다. 通豫. ¶韓姞燕一<詩經> ⑥시호(諡號). ¶狀古述今曰一<逸周書>

【譽髦】よぼう(예모) 명망 있는 준사(俊士).

▷功一, 光一, 廣一, 德一, 妄一, 名一, 妙一, 謗一, 誹一, 聲一, 時一, 令一, 榮一, 要一, 薦一, 推一, 稱一, 歎一, 虛一, 毁一, 喜一

21【議】 議(p.1407)의 本字

14/21【譺】 1 희롱할 의 2 삼갈 억 | 紙 ㄞ 職 (ai) | ぎ *joke* ぎょく

풀이 1 ①희롱하다. 놀림. ②속이다. ③

헤아리다. ㉠擬. **2**삼가다. 삼가는 모양. ¶—然.

21〖𧮂〗 譺(p.1407)와 同字

14
21〖譸〗 저주할 주 | ㊥ㄓㄡ (zou) | ちゅう(ノロウ) *curse*

풀이 ①저주(詛呪)하다. 남을 못 되도록 빎. ㉠詛. ②속이다. ¶民無或胥—張爲幻<書經> ③꾀하다. ㊉籌. ¶以詶—之 知其無能爲也<後漢書>
▷改—, 爲—

21〖譾〗 診(p.1379)과 同字

21〖譺〗 讒(p.1410)의 俗字

21〖譹〗 號(p.1320)와 同字

14
21〖護〗 보호할 호 | ㊥ㄏㄨˋ (hu) | ご(マモル) *protect*

풀이 ①보호하다. 감쌈. ¶何數以吏事—高祖<史記> ②통솔하다. 거느림. ¶於是并—趙楚韓魏燕之兵以伐齊<史記> ③지키다. ㉮감시하다. ¶有白馬將 出—兵<漢書> ㉯근신(謹愼)하다. ¶適而自—<素問> ④돕다. 구제함. ¶如此—宥者數十<唐書> ⑤경호. 수비. ¶成定東周郊境 使有保—<書經> ⑥대호(大護). 악곡의 이름. ¶湯乃命伊尹作大—<呂覽>

【護國】ごこく(호국) 나라를 외적으로부터 지킴.
【護法】ごほう(호법) ①법을 수호함. ②《佛》 불법(佛法)을 지키는 일.
【護喪】ごそう(호상) ①장사(葬事)에 관한 모든 일을 주관함. 또는, 그 사람. ②영구(靈柩)를 지킴.
【護送】ごそう(호송) ①위해(危害)에 대비하여 호위하여 보냄. ②죄인을 압송함.
【護身】ごしん(호신) 자기 몸을 지킴. ¶—術/—策.
【護衛】ごえい(호위) 보호하기 위하여 지킴.
▷加—, 看—, 監—, 救—, 大—, 都—, 防—, 辯—, 保—, 輔—, 庇—, 守—, 愛—, 擁—, 衛—, 蔽—, 回—

15
22〖讀〗 **1**읽을 독 **2**구두점 두 **3**㊍이두 두 | ㊥ㄉㄨˊ (du) ㊥ㄉㄡˋ (dou) | どく(ヨム) *read* とう

풀이 **1**①읽다. ㉮소리를 내어 글을 읽다. ¶荊卿好—書擊劍<史記> ㉯문장 구절의 뜻을 해독하다. ¶得紫文金簡之書不能—<抱朴子> ②풀다. 설명함. ¶中冓之言 不可—也<詩經> ③읽기. ¶從昭受—<吳志> ④잇다. 이어짐. ㊉續. ⑤문체(文體)의 한 가지. 발문(跋文)에 속하는 것으로, 독후감을 적는 글. **2**구두점(句讀點). 구절과 구절 사이에 찍어, 읽기에 편리하게 한 점. **3**㊍ 이두(吏讀·吏頭). 삼국 시대부터 한자의 음이나 뜻을 빌어 우리말을 적는 데 쓰던 문자.

【讀經】どっきょう·どきょう(독경) ①경서(經書)를 읽음. ②《佛》 불경을 소리 내어 읽음.
【讀法】どくほう(독법) ①법령을 독송(讀誦)하는 일. ②주(周)대에, 지방 장관이 정월과 시제(時祭)에 주민(州民)을 모아 놓고 정령(政令)과 사도(司徒)의 12교법(敎法)을 읽어 주던 의식(儀式).
【讀本】どくほん(독본) 글을 배우기 위하여 읽는 책. ¶國語—.
【讀書】どくしょ(독서) ①책을 읽음. ②학문을 함.
【讀書百遍義自見】どくしょひゃっぺんぎおのずからあらわる(독서백편의자현) 여러 번 되풀이하여 읽으면 뜻을 저절로 알게 됨.
【讀書三到】どくしょさんとう(독서삼도) 독서할 때는 세 가지를 한 곳에 기울임. 입으로 딴 말을 하지 않고[口到], 한눈을 팔지 말며[眼到], 마음에 딴 생각을 하지 않음[心到]. 송(宋)나라 주희(朱熹)의 독서 지침임. 三到(삼도). ¶余謂 讀書有三到 心到眼到口到 三到之中 心到最急<朱熹>
【讀書三昧】どくしょざんまい(독서삼매) 잡념이 없이 오직 책을 읽는 데만 골몰한 경지.
【讀書三餘】どくしょさんよ(독서삼여) 독서하기 좋은 세 가지 여가. 겨울, 밤, 비 올 때. ¶愚言冬者歲之餘 夜者日之餘 陰雨者時之餘也<魏志>
【讀書尙友】どくしょしょうゆう(독서상우) 글을 읽어 옛 현인(賢人)과 벗함.
【讀書人】どくしょじん(독서인) ①책을 읽는 사람. ②학자.
【讀誦】どくしょう①·どくじゅ②(독송) ①소리를 내어 읽거나 욈. ②《佛》 소리를 내어 경을 읽음.
【讀心】どくしん(독심) 남의 마음을 알아냄. ¶—術.
【讀者】どくしゃ(독자) 책, 신문, 잡지 등을 읽는 사람.
【讀破】どくは(독파) 처음부터 다 읽어 냄.
【讀解】どっかい(독해) 글을 읽어 이해함. ¶—力.
【讀點】とうてん(두점) 글의 뜻을 분명히 하기 위하여 찍는 쉼표. 가로쓰기에서는「,」, 세로쓰기에서는「、」.
▷講—, 購—, 句—, 亂—, 濫—, 朗—, 多—, 代—, 目—, 默—, 味—, 色—, 細—, 素—, 誦—, 熟—, 侍—, 愛—, 夜—, 音—, 吏—, 一—, 再—, 轉—, 精—, 靜—, 耽—, 通—, 偏—, 諷—, 披—, 訓—

22〖變〗 變(p.1409)의 俗字

22〖譶〗 審(p.448)과 同字

22〖讁〗 謫(p.1403)과 同字

15
22〖讇〗 천박할 전 | ㊥ㄐㄧㄢˇ (jian) | せん

22〖譇〗 諸(p.1397)와 同字

22〖讃〗 讚(p.1411)의 略字

22〖識〗 讖(p.1411)의 略字

22【謈】 謈(p. 1401)와 同字

16/23【變】 1 변할 변 ② 바를 변 | 㱿ㄅ丨ㄢˋ (bian) | へん(カワル) *change*

풀이 1 ①변하다. ㉮바뀌다. 변경됨. ¶則楚之計一<戰國策> ㉯변해 가다. 변천함. ¶動則一 一則化<中庸> ㉰화(化)하다. ¶夏道衰而公劉失其稷官一于西戎<漢書> ㉱움직이다. ¶待呂氏一 而共誅之<漢書> ㉲쇠해지다. 여윔. ¶顏色不一<呂覽> ②고치다. ㉮변경하다. 새롭게 함. ¶一成而不可一<禮記> ㉯바꾸다. 갊. ¶四時一國火以救時疾<周禮> ㉰완전히 바꾸다. ¶一宮生徵 一徵生商<淮南子> ㉱움직이다. 옮김. ¶夫子之病革矣 不可以一<禮記> ③전변(轉變). 전화(轉化). ¶而五音之一 不可勝聽也<淮南子> ④어지러워지다. ¶奴客持刀兵 入市鬪一<漢書> ⑤어그러지다. 어김. ¶無一天之道<呂覽> ⑥보통이 아니다. 기이함. ¶盡一態乎其中<張衡> ⑦갑자기 일어난 현상(現象). ⑧편법(便法). ㉮그 순간만을 위한 바르지 않은 방법. ¶皆徼一時之權一<漢書> ㉯정도(正道)는 아니나, 허용되는 방법. ¶非君子不可與語一<文中子> ⑨재앙(災殃). 천변지이(天變地異). ¶災一數見<漢書> ⑩모반. 반란. ¶夫邊日一 不可以常知觀也<管子> ⑪죽음. 상사(喪事). ¶君在祭樂之中 大夫有一 以聞可乎<穀梁傳> ⑫귀신. 악령(惡靈). ¶精飛爲物 遊魂爲一<易經> ②바르다. 정상(正常)임. ¶君死社稷 謂之義 大夫死宗廟 謂之一<禮記>

【變改】へんかい(변개) 바꿔서 고침. 變換改易(변환개역). 變更(변경).

【變格】へんかく(변격) 보통과 다른 양식. 색다른 격식. ↔正格(정격).

【變更】へんこう(변경) 다르게 고침. 變改(변개).

【變故】へんこ(변고) 재변(災變)이나 사고.

【變塊】へんかい(변괴) 재변(災變)이 될 만한 괴이한 일.

【變德】(변덕)㊚ 이랬다 저랬다 하여 변하기 잘하는 마음이나 태도.

【變動】へんどう(변동) 변하여 움직임.

【變亂】へんらん(변란) 사변으로 일어난 소란. 亂離(난리).

【變名】へんめい(변명) 이름을 바꿈. 또는, 그 이름.

【變貌】へんぼう(변모) 모양이 달라짐. 또는, 모양을 달리함.

【變法】へんぽう(변법) 법규나 제도를 고침. 또는, 그 고친 법규나 제도.

【變服】へんぷく(변복) 남의 눈을 속이기 위하여 옷을 달리 차려 입음. ¶一視察.

【變死】へんし(변사) 불의의 재난 또는 자해(自害) 등으로 죽는 일. 橫死(횡사). ¶一體.

【變事】へんじ(변사) 변스러운 일. 異變(이변).

【變色】へんしょく(변색) ①빛깔이 변함. 또는, 변한 빛깔. ②흥분 등으로 얼굴빛이 변함.

【變姓】へんせい(변성) 성을 갊. 또는, 그 성. ¶一名.

【變聲】へんせい(변성) ①오음(五音)에서, 치(徵)와 우(羽). ②변궁(變宮)과 변치(變徵). ③목소리가 변함. 또는, 목소리를 바꿈.

【變速】へんそく(변속) 속도를 바꿈.

【變身】へんしん(변신) 몸의 모양을 바꿈. 또는, 그렇게 한 몸. ¶一術.

【變心】へんしん(변심) 마음이 변함. 변한 마음.

【變容】へんよう(변용) 용모를 바꿈. 바뀐 용모.

【變異】へんい(변이) ①괴상한 일. 불가사의한 일. 이변(異變). ②달리 변함. ¶突然一.

【變移】へんい(변이) ☞ 變遷(변천).

【變裝】へんそう(변장) 옷차림이나 모습을 달리 바꿈. 또는, 그런 옷차림이나 모습.

【變災】へんさい(변재) ①재앙(災殃). ②사변(事變)과 재난(災難).

【變轉】へんてん(변전) 변하여 달라짐. 變遷(변천).

【變節】へんせつ(변절) ①절개를 굽힘. ②종래의 주장을 바꿈. ③계절이 바뀜.

【變造】へんぞう(변조) 다른 모양이나 물건으로 바꾸어 만듦. 變作(변작).

【變種】へんしゅ(변종) ①종류가 달라짐. ②원종(原種)에서 변하여 달라진 종(種).

【變質】へんしつ(변질) 성질이나 물질이 변함. 또는, 그 변한 성질이나 물질. ¶一品.

【變遷】へんせん(변천) ☞ 變轉(변전).

【變則】へんそく(변칙) ①원칙에서 벗어남. ②달라진 법칙. ↔正則(정칙).

【變態】へんたい(변태) ①형태가 변함. 또는, 그 형태. ②생물의 여러 가지 기관이 보통 것과는 뚜렷하게 다른 형태로 변하는 현상.

【變通】へんつう(변통) ①임기 응변으로 일을 처리함. ②㊚ 돈이나 물품 등을 돌려 씀.

【變革】へんかく(변혁) 근본적으로 바꿈. 또는, 바뀜. 改革(개혁).

【變形】へんけい(변형) 형상이 바뀜. 또는, 바뀐 형태.

【變化】へんか(변화) 사물의 모양·성질·상태 등이 변하여 다르게 됨.

【變化無常】へんかむじょう(변화무상) 변화가 심하여 종잡을 수가 없음.

【變換】へんかん(변환) 변하여 바뀜. 또는, 다르게 하여 바꿈.

▷權一, 詭一, 機一, 大一, 萬一, 百一, 不一, 事一, 時一, 神一, 運一, 雲蒸龍一, 應一, 異一, 移一, 一一, 臨機應一, 災一, 地一, 滄桑之一, 千一, 天一, 豹一, 合一, 禍一, 譎一

16/23【讋】 두려워할 섭 | 㱿ㄓㄜˊ (zhe) | しょう *fear*

풀이 ①두려워하다. 두려워서 기가 꺾여 말함. ¶莫不陸一水慄 奔走而來賓<後漢書> ②떠는 목소리. ③꺼리다. 기(忌)함. ¶故因其資以一之<淮南子> ④겁치다. ㊐襲. ⑤자꾸 지껄이다.

▷懾一, 竦一, 憂一, 戰一, 震一

16/23【讐】 1 원수 수 ② 팔 수 | 尤イヌ (chou) 宥 | しゅう(アダ) *enemy*

㊐讎

풀이 1 ①원수. 通仇. ¶反以我爲一＜詩經＞ ②원수 지다. ¶衆兆之所一＜楚辭＞ ③견주어 바로잡다. 교정(校正)함. ¶一挍篆籀＜左思＞ ④대답하다. ¶無言不一＜詩經＞ ⑤갚다. ㉮원수를 갚다. ¶難相與仇一＜周禮＞ ㉯값을 치르다. 보상(報償)함. ¶子許買物 隨價一直＜魏志＞ ㉰대접하다. 通酬. ¶著之盤盂 屬之一柞＜戰國策＞ ⑥팔다. 팔림. 通售. ¶高祖每酤 留飮酒 一數倍＜史記＞ ⑦주다. 通授. ⑧효험이 있다. 효험. ¶其方盡多不一＜史記＞ ⑨쓰다. 사용함. ¶民之一之若性＜呂覽＞ ⑩동아리. 동배(同輩). 通儔. ¶予小臣敢以王之一民百君子＜書經＞ ⑪가장하다. ¶夫欲一僞者必假眞＜法言＞ ⑫같다. 비슷함. ¶皆一有功＜漢書＞ 2 팔다.

【讐校】しゅうこう(수교) 문장을 교정(校正)함. 둘이 마주 앉아 원본과 대조하며 교정하는 모양이 원수를 대하듯 진지한 데서 이르는 말. 讐正(수정).

【讐仇】しゅうきゅう(수구) 원수(怨讐).

【讐正】しゅうせい(수정) ☞讐校(수교).

▷校一, 仇一, 寇一, 舊一, 國一, 黨一, 報一, 復一, 不俱戴天之一, 私一, 世一, 深一, 怨一, 恩一, 敵一

23【讎】讐(p.1409)와 同字

23【譌】謌(p.1396)과 同字

16 23【讌】잔치 연 ㉠ㄧㄢˋ (yan) えん(ウタゲ) *banquet*

풀이 ①잔치하다. 주연(酒宴). 같 醼. 通宴 燕. ¶欲與親知 時坐歡一＜晉書＞ ②모여 환담(歡談)하다. ¶與穰人蔡少公等一語＜後漢書＞

▷談一, 歡一

23【讌】讌(p.1410)과 同字

16 23【讏】잠꼬대 위 ㉠ㄨㄟˋ (wei) えい(ネゴト)

풀이 ①잠꼬대. 헛소리. ②속이다. 거짓말함. ¶是一言也＜左氏傳＞ ③못난이를 기리는 일. ¶推譽不肖 之謂一管子＞ ④어리석다. ¶訾一之人＜管子＞

16 23【讇】 1 아첨할 첨 ㉠ㄔㄢˇ (chan) てん / 염 えん / 2 잠꼬대 섬 せん

24【讆】謇(p.1400)과 同字

17 24【讕】헐뜯을 란 ㉠ㄌㄢˊ (lan) らん(ソシル) *slander*

풀이 ①헐뜯다. 서로 모함하여 헐뜯음. ¶不可以相一已＜春秋繁露＞ ②무의식중에 발설(發說)하다. ¶亮一辭曰 四等畏死見誣耳＜唐書＞ ③속이다. 거짓말을 함. ¶滿一誣天＜漢書＞ ④간(諫)하다. 通諫.

▷滿一, 相一, 抵一, 詆一

17 24【讓】사양할 양 ㉠ㄖㄤˋ (rang) じょう(ユズル) *hand over*

풀이 ①사양하다. ㉮양보하다. 通攘. ¶退一以明禮＜禮記＞ ㉯겸손하다. ¶其尊一 有如此者＜禮記＞ ㉰주다. 넘겨줌. ¶堯以天下一舜＜呂覽＞ ㉱응하지 아니하다. ¶知死不可一兮＜楚辭＞ ㉲거절하다. 좇지 아니함. ¶治斧鉞者 不敢一刑＜管子＞ ㉳물러나다. ②사양. 양보. ¶一家讓 一國興一＜大學＞ ③꾸짖다. 힐책함. ¶一不貢＜國語＞ ④욕하다. 매도함. 같 嚷. ⑤절의 한 가지. 손을 모아 어깨 높이로 올려 상대방 앞으로 몸을 굽히는 절. ¶升堂一＜儀禮＞ ⑥제사 이름. 왕후(王侯)가 산천에 지내는 제사. ⑦빚다. 通釀. ¶消渴歐逆欬懣一＜急就篇＞

【讓渡】じょうと(양도) 권리·재산 따위를 남에게 넘겨줌. 讓與(양여). ↔讓受(양수).

【讓步】じょうほ(양보) ①남에게 길을 비켜 주어 먼저 가게 함. 讓先(양선). ②제 주장을 굽혀 남의 의견을 좇음. 또는, 남을 위하여 자기의 이익을 희생함.

【讓位】じょうい(양위) 임금의 자리를 물려줌. 讓禪(양선).

▷謙一, 敬一, 交一, 卑一, 辭一, 禪一, 遜一, 飾一, 廉一, 禮一, 溫良恭儉一, 僞一, 揖一, 責一, 誚一, 推一, 退一, 虛一, 互一, 確一

17 24【讔】수수께끼 은 ㉠ㄧㄣˇ (yin) いん(ナゾ) *riddle*

풀이 ①수수께끼. 은어(隱語). 通隱. ¶荊莊王立三年 不聽而好一＜呂覽＞ ②저주하다. 악담함.

24【讔】讔(p.1410)과 同字

17 24【讒】참소할 참 ㉠ㄔㄢˊ (chan) ざん(ソシル) *slander*

俗 讒

풀이 ①참소하다. ¶好言人之惡 謂之一＜莊子＞ ②해치다. 중상함. ¶傷良曰一＜荀子＞ ③거짓말하다. 큰소리를 침. ¶一 誕也＜韓詩外傳＞ ④알랑거리다. 아첨함. ⑤사특하다. 마음이 바르지 못함. ¶一慝勝良＜呂覽＞

【讒訴】ざんそ(참소) 간사한 말로 남을 헐뜯어 웃사람에게 일러 바침.

【讒言】ざんげん(참언) 거짓 꾸며서 남을 나쁘게 일러 바치는 말. 讒口(참구). 讒舌(참설). 讒說(참설).

▷巧言一, 口一, 譏一, 內一, 謗一, 掩鼻一, 毁一

17〖讖〗 ①참서 참 沁イㄣ しん(シルシ)
24 ②뉘우칠 참 陷(chen) さん(クイル)

풀이①①참서(讖書). 비결. 미래기(未來記). ¶以圖一說孝武<後漢書> ②조짐. 미래의 길흉 화복의 전조(前兆). ¶光武善一<後漢書> ②뉘우치다. ㉠懺.

【讖錄】しんろく(참록) 미래의 일을 예언한 기록. 미래기(未來記). 讖記(참기). 讖文(참문). 讖書(참서).

【讖術】しんじゅつ(참술) 미래의 일을 아는 술법. 讖法(참법).

【讖言】しんげん(참언) 예언. 讖語(참어).

【讖緯】しんい(참위) 도참(圖讖)과 위서(緯書). 「정감록」(鄭鑑錄) 따위.

▷當一, 圖一, 符一, 祕一, 詩一, 謠一

18〖讙〗 ①시끄러울 환 寒ㄏㄨㄢ かん
25 ②부를 환 翰(huan) noisy
③부르짖을 훤 元 けん

풀이①①시끄럽다. 시끄럽게 떠듦. ¶百姓一敖<荀子> ②시끄럽게 말다툼하다. ¶諸將盡一<漢書> ③꾸짖다. 책망함. ④기뻐하다. ㉡歡. ¶鼓鞞之聲一<禮記> ⑤울다. 새가 지저귐. ②①부르다. ㉠喚. ②기뻐하다. ㉠懽. ③부르짖다. 놀라서 부름. ㉠喧 諠.

▷叫一, 譟一, 衆一

25〖讚〗 噫(p. 315)와 同字

19〖讚〗 기릴 찬 諫ㄗㄢ さん(タタエル)
26 (zan) praise
㉱讃

풀이①기리다. 칭찬함. ¶下詔褒一<魏志>②밝히다. 명백히 함. ③적다. 기록함. ¶凡所一述 百餘萬言<晋書> ④돕다. 보좌(補佐)함. ¶光一納言<潘岳> ⑤문체(文體)의 한 가지. 선행(善行)을 찬양하는 글. ㉡贊. ¶著詩賦碑誄銘一<後漢書> ⑥(佛) 찬불가(讚佛歌).

【讚歌】さんか(찬가) 예찬하는 노래.

【讚美】さんび(찬미) 아름다운 것을 기림.

【讚佛】さんぶつ(찬불) 부처의 공덕을 기림. ¶一歌.

【讚辭】さんじ(찬사) 칭찬하는 말이나 글.

【讚頌】さんしょう(찬송) 덕을 기림. ¶一歌.

【讚揚】さんよう(찬양) 칭찬하여 드러냄. ¶一隊.

【讚歎】さんたん(찬탄) 칭찬하며 감탄함. 讚嘆(찬탄). 贊歎(찬탄).

▷圖一, 賞一, 書一, 頌一, 禮一, 自一, 自畫自一, 絕一, 題一, 推一, 稱一, 畫一

20〖讜〗 곧은 말 당 養ㄉㄤˇ とう
27 (dang)

27〖譱〗 善(p. 306)의 古字

20〖讞〗 평의할 언 銑ㄧㄢˋ げん, げつ
27 얼 屑(yan) (サバク)

풀이①평의하다. 죄의 경중을 의논하여 정함. ¶屢爲法官 數以一議<宋史> ②피의자(被疑者)를 조사하다. ¶州郡甑習 又欲避請一之煩<後漢書> ③재결(裁決)을 청하다. ¶郡縣疑不能決 乃上一之<後漢書> ④아뢰다. 여쭘. ¶獄成 有司一于公<禮記> ⑤바르고 곧은 모양. ¶惟修與靖 立朝一一<石介>

22〖讟〗 원망할 독 屋ㄉㄨˊ とく(ウラム)
29 (du) grudge

풀이①원망하다. 매우 한스럽게 여기며 탓함. ¶民無怨一<左氏傳> ②헐뜯다. 비방함. ¶君無謗一<左氏傳> ③미워하다. ④원망하는 말. ¶怨一動於民<漢書>

谷<골 곡>部

谷 ④ 谹 ⑥ 谼 ⑦ 谽 ⑧ 谾 ⑩ 豁 豀 豁 ⑫ 豃

0〖谷〗 ①골 곡 屋ㄍㄨˇ こく(タニ)
7 ②흉노 임금 (gu) valley
록 屋 ろく

풀이①①골. 골짜기. 계곡. ¶緬察一底<王勃> ②우묵한 골짜기. ¶取竹之解一<漢書> ③길. 좁은 길. ¶橫飛一而南征<楚辭> ④살이 깊은 곳. 겨드랑이, 샅 따위. ¶肉之大會爲一<素問> ⑤좋다. ㉡穀. ⑥다하다. 앞이 막힘. ¶進退維一<詩經> ⑦기르다. ¶一神不死<老子> ⑧성장(成長)시키다. ¶一風. ②흉노(匈奴)의 임금. ¶一蠡.

【谷閣】こっかく(곡각) 골짜기에 놓은 잔도(棧道)나 적교(弔橋).

【谷神】こくしん(곡신) ①도(道)의 공허함을 골짜기에 비유한 말로, 현묘(玄妙)한 도를 이름. ②신(神)을 기름. 谷은 養, 神은 오장(五臟)의 신.

【谷王】こくおう(곡왕) 골짜기의 왕자(王者)라는 뜻으로, 바다의 이칭. 모든 골짜기의 물이 아래로 흘러 바다로 들어가기 때문임. ¶以其善下之 故能爲百一<老子>

【谷風】こくふう(곡풍) ①동풍. 만물의 성장을 돕는 바람. 谷은 穀으로, 만물을 기르는 일. 春風(춘풍). 穀風(곡풍). ¶東風謂之一<爾雅> ②골짜기에 부는 바람.

▷澗一, 嵌一, 溪一, 谿一, 空一, 廣一, 窮一, 陵一, 昧一, 山一, 深一, 巖一, 暘一, 幽一, 進退維一, 川一, 壑一, 解一, 虛一, 峽一

9〖郤〗 ☞卩部 7획(p. 247)

10〖郤〗 ☞邑部 7획(p. 1508)

10〖容〗 ☞宀部 7획(p. 437)

11〖欲〗 ☞欠部 7획(p. 802)

4 11 【谹】 깊을 횡 | 庚 ㄏㄨㄥˊ (hong) | こう(フカイ) *deep*

풀이 ①깊다. 뜻이 깊음. ¶崇論—議<漢書> ②소리가 큰 모양. ¶或問大聲 曰 非雷非霆 隱隱——<法言> ③산울림.

6 13 【谼】 큰 골 홍 | 東 ㄏㄨㄥˊ (hong) | こう

14 【㕡】 壑(p. 360)의 本字

7 14 【谽】 골 휑할 함 | 覃 ㄏㄢ (han) | かん

8 15 【谾】 1 골 휑할 홍 | 東 ㄏㄨㄥ | こう 2 골 깊을 롱 | 東 (hong) | ろう

10 17 【谿】 시내 계 | 齊 ㄒㄧ (xi) | けい(タニガワ) *stream, brook*

同 溪 嵠

풀이 ①시내. 개울. 같 磎. ¶種藥老—澗<元結> ②텅 비다. ③살이 모인 곳. 샅, 오금 따위. ¶肉之小會爲—<素問> ④송장메뚜기. 토종(土螽). ¶蠰—.

【谿谷】けいこく(계곡) ①골짜기. 溪谷(계곡). ②몸에서 살이 모인 곳. 샅, 겨드랑이, 오금 따위. 많이 모인 곳을 谷, 적게 모인 곳을 谿라 함.

▷澗—, 深—, 淸—

10 17 【豀】 1 휩들 혜 | 齊 ㄒㄧ | けい 2 시내 계 | 齊 (xi) | *quarrel*

풀이 1 ①휩들다. 서로 대들어서 말다툼함. ¶婦姑勃—<莊子> ②공허하다. 2 시내. 같 谿.

10 17 【豁】 뚫린 골 활 | 曷 ㄏㄨㄛˋ (huo) | かつ(ヒラク) *opened*

풀이 ①뚫린 골. 탁 트인 골짜기. ②열리다. ¶—若天開<郭璞> ③통하다. 소통(疏通)함. ¶開南端之—達<何晏> ④달(達)하다. 미침. ¶意—如也<史記> ⑤텅 비다. 공허(空虛)함. ¶谽呀—閜<漢書> ⑥크다. 도량이 큼. ¶意—如也<史記> ⑦깊은 모양. ¶—險呑若巨防<左思> ⑧용서하다. 면제함. ¶明季加派三餉及召買津糧 概予—除<淸會典>

【豁達】かったつ(활달) ①사방이 탁 트여 넓은 모양. ②도량이 넓은 모양.

【豁如】かつじょ(활여) 도량이 넓은 모양.

【豁然】かつぜん(활연) ①탁 트인 모양. ②의문을 밝게 깨달은 모양. ¶—大悟.

【豁悟】かつご(활오) 환히 깨달음.

▷開—, 空—, 頭童齒—, 舒—, 疏—, 深—, 恬—, 寥—, 敞—, 洞—, 通—, 軒—

17 【䜪】 豁(p. 1412)의 本字

18 【𧯈】 隙(p. 1585)과 同字

19 【𧯉】 澗(p. 915)과 同字

19 【𧯊】 壑(p. 360)과 同字

12 19 【䜲】 열릴 함 | 鑑 ㄎㄢˋ (kan) | かん *open*

풀이 ①열리다. 열리는 모양. ¶—如地裂豁始天開<郭璞> ②골짜기가 깊은 모양. ③가파르게 뚫린 모양.

豆<콩 두>部

豆 ③ 豈 ④ 豉 ⑥ 豋 豊 ⑧ 豎 豌 䜺 ⑪ 豐 ⑳ 豔 ㉑ 豓

0 7 【豆】 콩 두 | 宥 ㄉㄡˋ (dou) | とう(マメ) *soybean*

同 𧯛

源 象形. 굽이 높은 제기(祭器) 모양을 본뜸.

풀이 ①콩. 또는, 팥. ¶奴當飯—飮水 不得嗜酒<王褒> ②제기(祭器) 이름. 나무로 만든 굽이 높은 제기. 같 梪. ¶卬盛于—<詩經> ③제수(祭需). 제물. ¶爲—孔庶<詩經> ④잔대. 잔받침. ⑤양(量)의 단위. 너 되. ¶四升爲—<左氏傳> ⑥무게의 단위. ¶十六黍爲一—六—爲一銖<說苑>

【豆粕】マメカス(두박) 콩깻묵.

【豆籩】とうへん(두변) 제사에 쓰는 굽이 높은 그릇. 豆는 목제(木製), 籩은 죽제(竹製). 둘 다 기장을 담음.

【豆腐】とうふ(두부) 콩으로 만든 식품의 한 가지.

【豆肉】とうにく(두육) 두에 담은 제삿고기. 豆는 제기 이름.

【豆人】とうじん(두인) 작은 사람. 멀리서 바라본 사람의 형용.

【豆太】(두태) 韓 콩과 팥.

【豆花雨】とうかう(두화우) 콩노굿이 필 무렵인 음력 8월에 오는 비.

【豆黃】(두황) 韓 볶은 콩을 간 가루. 콩가루.

▷豇—, 篤—, 綠—, 大—, 豚肩不掩—, 登—, 木—, 籩—, 小—, 粟—, 菽—, 野—, 豌—, 鼊—, 俎—, 䍐—, 竹—, 芻—

9 【𧯛】 豆(p. 1412)와 同字

3 10 【豈】 1 어찌 기 | 尾 ㄑㄧˇ (qi) | き(アニ) *why* 2 즐길 개 | 賄 | かい

풀이 1 ①☞ 句法 ②바라다. 通 覬. ¶君不垂眷 —云其誠<曹植> ③일찌기. 通 曾. 2 ①즐기다. 通 愷. ¶—樂飮酒<詩經> ②개가(凱歌). 개선(凱旋)하여 부르는 노래. 通 凱. ③화(和)하다. 화락함. ¶—弟君子<詩經>

句法

의문·반어

혼히 구(句) 끝에 乎, 哉 따위를 둠.
㉮[豈…]어째서 …인가. 어찌 …일 것인가. ¶若聖與仁 則吾豈敢<論語>/是豈水之性哉<孟子>
㉯[豈能…] 어찌 …할 수 있겠는가(할 수 없다). ¶豈能獨樂哉<孟子>
㉰[豈徒…] 결코 …뿐만은 아니다. ¶豈徒順之 又從爲之辭<孟子>
㉱[豈不…] 어찌 …가 아니겠는가. ¶豈不誠大丈夫哉<孟子>

4/11〖豉〗 메주 시 |寘ㄔˇ (chi)| し soybean malt
풀이①메주. ②물매암이.

12〖短〗 ☞矢部 7획(p.1073)
12〖登〗 ☞癶部 7획(p.1036)
12〖裋〗 ☞衣部 7획(p.1350)
12〖𧯞〗 豉(p.1413)와 同字
12〖壹〗 ☞士部 9획(p.363)

6/13〖豋〗 제기 이름 등 |蒸ㄉㄥ (deng)| とう
※登(p.1036)은 딴 자.
풀이제기(祭器) 이름. 제사나 예식 때 음식물을 담는 데에 쓰던, 도제(陶製)의 굽 높은 그릇. 通鐙. ¶于豆于豋<詩經>

6/13〖豊〗 1풍년 풍 2굽 높은 그릇 례 |東ㄈㄥ (feng) 薺ㄌㄧˇ (li)| ほう (ユタカ) れい
풀이1①풍년. 풍년 듦. ¶視年之豊耗<禮記> ②넉넉하다. ㉮차다. 가득함. ¶其五穀豊滿<管子> ㉯성하다. 푸짐함. ¶仁洽道豊<張衡> ㉰많다. 족함. 푸짐함. ¶豊年多黍多稌<詩經> ㉱무성하다. ¶在彼豊草<詩經> ㉲크다. ¶羽豊則遲<周禮> ㉳두껍다. ¶豊肉微骨<楚辭>㉴굵다. ㉵살찌다. ¶貌豊盈以莊姝兮<宋玉> ③제기(祭器) 이름. ④잔대(盞臺). 잔받침. ¶飮酒實於觶 加于豊<儀禮> ⑤풍괘(豊卦). 64괘의 하나. ䷶. 이하 진상(離下震上). 성대 광충(盛大光充)의 상(象). ¶雷電皆至豊<易經> 2①굽이 높은 그릇. 의식(儀式) 때 쓰는 그릇. ②예. 禮의 古字.
【豊年】ほうねん(풍년) 농사가 잘 된 해. ↔凶年(흉년).
【豊登】ほうとう(풍등) 풍년이 듦. 豊稔(풍임).
【豊滿】ほうまん(풍만) ①물자가 풍족함. ②몸이 비대함.
【豊富】ほうふ(풍부) 넉넉하고 많음.
【豊碑】ほうひ(풍비) ①공덕을 찬양하여 세우는 큰 비. ②하관(下棺)할 때 쓰던 옛날 장구(葬具)의 하나. 광중(壙中)의 네 모퉁이에 세우는 나무 기둥.
【豊上銳下】ほうじょうえいか(풍상예하) 이마는 살지고 빰은 여윔. 豊上殺下(풍상쇄하).
【豊盛】ほうせい(풍성) 넉넉하고 많음.
【豊城劍氣】ほうじょうけんき(풍성검기) 중국 예장(豫章)의 풍성(豊城) 땅에 묻힌 용천(龍泉)과 태아(太阿)의 두 명검(名劍)이 빛을 내어 자기(紫氣)가 천상(天象)에 나타났다는 옛일.
【豊漁】(풍어) 물고기가 많이 잡힘. ¶豊期.
【豊艶】ほうえん(풍염) 얼굴이 통통하고 아리따움. 豊豔(풍염). 豊美(풍미).
【豊饒】ほうじょう(풍요) 매우 넉넉함.
【豊作】ほうさく(풍작) 농작물이 잘 됨.
【豊足】ほうそく(풍족) 부족함이 없이 넉넉함.
【豊下】ほうか(풍하) 턱이 도톰함. 부귀의 상이라 함.
【豊凶】ほうきょう(풍흉) 풍년과 흉년. 凶豊(흉풍).
▷極豊, 大豊, 登豊, 歲豊, 時和年豊, 新豊, 年豊, 隆豊, 珍豊, 抽豊, 厚豊, 凶豊

15〖䝂〗 其(p.1284)와 同字
15〖豎〗 竪(p.1123)의 本字

8/15〖豌〗 완두 완 |寒ㄨㄢ (wan)| えん pea
풀이①완두. ②콩엿. 콩으로 만든 엿.
【豌豆】えんどう(완두) 콩과의 한해살이 밭작물의 한 가지.
【豌豆瘡】えんどうそう(완두창) 어린아이 전염병의 한 가지. 완두 모양으로 허는 종기. 痘瘡(두창).

15〖𧯸〗 豌(p.1413)과 同字

8/15〖䝃〗 탄 콩 책 |陌ㄘㄜˋ (ce)| さく
풀이탄 콩. 멧돌에 간 콩. 일설에는 비지. 또는, 볶은 콩을 간 콩가루.

15〖𧯰〗 豐(p.1413)의 古字
16〖𧯾〗 吞(p.246)과 同字
16〖頭〗 ☞頁部 7획(p.1624)
18〖𧰅〗 懿(p.601)와 同字
18〖豐〗 豊1(p.1413)의 本字
18〖䟆〗 畢(p.1020)과 同字
19〖艶〗 ☞色部 13획(p.1265)
24〖艷〗 ☞色部 18획(p.1265)
27〖𧰟〗 豔(p.1413)의 本字
28〖豔〗 艶(p.1265)과 同字

豕<돼지 시>部

豕 ③ 豖 豗 ④ 豜 豚 豝 ⑤ 象 象 ⑥ 豤 豣 豢 ⑦ 豪 豨 ⑨ 豭 豫 豬 ⑩ 豳 ⑪ 豵 豵 ⑬ 豶

0 7 【豕】 돼지 시 |國ㄕˇ (shi)|し *pig*

㊐ 豸

풀이 돼지. 돼지류의 총칭. 역(易)에서는 감(坎), 오행(五行)에서는 수(水)에 속함.

【豕視】しし (시시) 돼지의 눈매로 사물을 봄. 불인(不仁)의 상(相). 또는, 체방 심원(體方心圓)의 상.

【豕彘】してい (시체) 돼지.

【豕喙】しかい (시훼) 돼지 주둥이. 욕심이 많은 상(相).

▷封一, 肥一, 蛇一, 野一, 魚一, 遼東一

9 【彖】 ☞ 크部 6획 (p. 537)

10 【豕】 豕(p. 1414)와 同字

3 10 【豗】 칠 회 |灰ㄏㄨㄟ (hui)|かい *beat*

풀이 ①치다. 때림. ¶磊匒匌而相一<木華> ②돼지가 땅을 뒤지다. ③떠들썩하다. 시끄러움. ¶飛湍瀑流爭喧一<李白> ④병든 모양. 또는, 말[馬]의 병. ㉠ 虺.

4 10 【豜】 1 돼지 견 2 노루 견 |先ㄐㅣㄢ 銑 (jian)|けん *pig*

풀이 1 ①돼지. 큰돼지. ②세 살 난 돼지. ㉠ 猏 豣. 通 肩. ¶竝驅從兩一兮<詩經> 2노루. 몹시 힘이 센 노루.

4 11 【豚】 1 돼지 돈 2 지척거릴 돈 |元ㄊㄨㄣˊ 阮 (tun)|とん *pig*

㊐ 豘

풀이 1 ①돼지. 새끼돼지. ¶一肩不掩豆<禮記> ②흙부대. 둑 따위를 막기 위해 부대에 흙을 넣은 것. ¶豫作土一 遏斷湖水<魏志> ③복. 복어. 하돈(河豚). ㉠ 魨. 2지척거리다. 지쳐서 발을 끌며 걸음. ㉠ 豘 腯.

▷家一, 江一, 鷄一, 養一, 土一, 河一, 海一

11 【豘】 豚(p. 1414)과 同字

11 【豗】 熊(p. 950)과 同字

4 11 【豝】 암퇘지 파 |麻ㄅㄚ (ba)|は *female pig*

풀이 ①암퇘지. ¶壹發五一<詩經> ②두 살 난 돼지. ③큰 돼지. ④포(脯). 말린 고기. ¶晋人謂之帝一<五代史>

5 12 【象】 코끼리 상 |養ㄒㅣㄤˋ (xiang)|しょう, ぞう (ゾウ) *elephant*

㊗ 象

源 象形 코끼리의 귀·엄니·발·꼬리를 본뜸.

풀이 ①코끼리. ¶禱過之山多一<山海經> ②상아(象牙). 코끼리의 엄니. ¶笏 諸侯以一<禮記> ③모양. 通 像. ㉮모양. 생김새. 형상(形象). ¶不可爲一<傳毅> ㉯초상(肖像). ¶身著圖一名垂後世<魏志> ④조짐. 징후(徵候). ¶見乃謂之一<易經> ⑤점괘(占卦). ¶兆有口一<史記> ⑥일월 성신. ¶在天成一<易經> ⑦역(曆). 달력. ¶欽翼皇一<尙書中候> ⑧도(道). 도리(道理). ¶執大一<老子> ⑨법칙. 법도. ¶聲者樂之一也<史記> ⑩본뜨다. ㉮닮게 하다. ¶一龍之致雨也<法言> ㉯본받다. ㉰비기다. ¶火如一之 不火何爲<左氏傳> ⑪문궐(門闕). 궁문 바깥 양옆에 만든 대(臺). 여기에 법령을 내걸었음. ¶乃懸治一之灋于一魏<周禮> ⑫악곡(樂曲) 이름. 주(周) 무왕(武王)이 주(紂)를 치고 지었다는 음악. ¶下管一<禮記> ⑬춤 이름. 창과 방패를 쥐고 춤. ¶成童舞一<禮記> ⑭술두루미. 술독의 한 가지. 코끼리 형상으로 만들거나 코끼리를 새김. ¶犧一不出門<左氏傳> ⑮통역관. 또는, 외국으로 가는 사신. ¶一來致福<漢書> ⑯장인(匠人). 만듦. 通 匠. ⑰상수리나무. 通 橡. ⑱상전(象傳). 10익(十翼)의 하나. ¶孔子晩而喜易 序彖繫一說卦文言 讀易韋編三絶<史記> ⑲사람 이름. 순(舜)의 이복 형제.

【象嵌】ぞうがん (상감) ①금속·도자기 등의 표면에 무늬 등을 음각하고 그 자리에 금·은 따위를 박아 넣는 기술. 또는, 그 작품. ¶一細工/一靑瓷. ②연판(鉛版)의 잘못된 글자를 도려내고 바른 글자를 끼워 넣는 일. 象眼(상안).

【象教】しょうきょう (상교) 불교의 이칭. 석가가 죽은 뒤에 제자들이 석가의 초상을 새겨 숭배하였기 때문임.

【象棋】しょうぎ (상기) 장기(將棋). 본래는 장기짝을 상아(象牙)로 만들었으므로 이름. 象戲(상희).

【象寄鞮譯】しょうきていやく (상기제역) 남·동·서·북방의 말을 통역함을 이름. 象譯(상역). 通辯(통변). 通譯(통역).

【象事】しょうじ (상사) 육서(六書)의 하나인 지사(指事).

【象聲】しょうせい (상성) ①육서(六書)의 하나인 형성(形聲). ②㊥ 한 사람이 동시에 여러 가지 소리를 흉내내는 일.

【象牙塔】ぞうげのとう (상아탑) ①예술 지상주의자들이 세속을 떠나 오직 미의 세계에 도취하는 경지. ②학자가 현실 사회에서 도피하여 관념적 학구 생활(學究生活)을 함을 이름.

【象譯】しょうやく (상역) ☞ 象寄鞮譯(상기제역).

【象王】しょうおう (상왕)《佛》 코끼리. ¶佛有八十種相好 進止如一<法苑珠林>

【象魏】しょうぎ (상위) 대궐의 문. 象은 法, 魏는 高. 옛 중국에서, 법령을 높은 성문에 내건 데서 온 말. 象闕(상궐).

【象意】しょうい (상의) 한자 육서(六書)의 하나인 회의(會意).

【象人】しょうにん (상인) ①인형. 허수아비. ②제례(祭禮) 때 탈을 쓰고 놀이하는 사람.

【象徵】しょうちょう(상징) 추상적인 내용을 표현하는 수단으로, 유사성(類似性)이 있는 구체적 사물을 끌어대어 연상(聯想)하게 하는 일. 表象(표상). ¶一劇/一詩/一主義.

【象刑】しょうけい(상형) 국법. 천도(天道)를 본받아 만든 데서 온 말. 또는, 옛날 형벌은 죄인의 옷을 달리하여 부끄러움을 주었기 때문에 이에서 유래된 말이라고도 함.

【象形】しょうけい(상형) ①형상을 본뜸. 像形(상형). ②육서(六書)의 하나. 물건의 모양을 본뜬 글자. 日, 月, 山, 川 따위. ¶一文字.

【象笏】ぞうこつ(상홀) 상아로 만든 홀.

【象戲】しょうぎ(상희) ☞象棋(상기).

▷巨一, 具一, 氣一, 對一, 萬一, 物一, 法一, 變一, 非具一, 事一, 森羅萬一, 想一, 星一, 易一, 曆一, 龍一, 印一, 天一, 體一, 抽一, 太平無一, 表一, 現一, 形一, 畫一, 犧一

12〖象〗 象(p. 1414)의 俗字

6 13〖豤〗 씹을 간 |[阮]ㄎㄣˇ (ken)|こん masticate

풀이 ①씹다. 돼지가 물어 씹음. ②돼지가 땅을 뒤지다. ③돼지가 먹는 모양. ④정성스러운 모양. 간절한 모양. ㉠懇. ¶一一數奸死亡之誅<漢書>

13〖豣〗 豜(p. 1414)의 本字

6 13〖豢〗 기를 환 |[諫]ㄏㄨㄢˋ (huan)|かん raise

풀이 ①기르다. 새나 짐승을 침. ¶蠶桑一收<晏子> ②곡식으로 가축을 기르다. 또는, 그 가축. ¶案芻一<禮記> ③이익을 앞세워 꾀다. ¶子胥懼曰 是一吳也夫<左氏傳>

【豢龍】かんりゅう(환룡) 옛 중국의 벼슬 이름. 말을 기르는 일을 맡아보았음. 순(舜)임금 때 동씨(董氏)가 용(龍)을 잘 키웠으므로 환룡씨(豢龍氏)라 하였음.

▷酣一, 芻一

7 14〖豪〗 호걸 호 |[豪]ㄏㄠˊ (hao)|ごう hero

풀이 ①호걸. 걸출한 사람. ¶虬鬚一客狐白裘<陸游> ②귀인. 지체가 높은 사람이나 부자. ¶對鄉一稱之<列子> ③호협(豪俠). 임협(任俠). ¶平原君之遊 徒一擧耳<史記> ④장(長). 우두머리. ¶先零一言<漢書> ⑤빼어나다. 뛰어남. ⑥강건하다. 용감함. ⑦성(盛)하다. 웅대함. ¶要當鬪僧淸 未足當韓一<蘇軾> ⑧사치. 호사(豪奢). ¶相競誇一<梁書> ⑨거드름을 피우다. 업신여겨 오만하게 굶. ¶不得一奪吾民矣<漢書> ⑩거느리다. 통솔함. ¶雁門馬邑一聶翁壹<史記> ⑪호저(豪豬). 호저과의 짐승. ⑫물고기 이름. ⑬털. ㉠毫. ¶若一之末<墨子>

【豪傑】ごうけつ(호걸) ①재덕(才德)이 뛰어난 사람. ②무용(武勇)이 걸출한 사람. 豪는 백 명 중, 傑은 열 명 중에 뛰어남. 豪雄(호웅). 豪俊(호준).

【豪氣】ごうき(호기) ①재질(才質)이 있고 남에게 굽히지 않는 기질. ②호방(豪放)한 기상.

【豪農】ごうのう(호농) 고장에서 세력이 있고 많은 땅을 가진 농가. 또는, 그 농사.

【豪膽】ごうたん(호담) 매우 대담함. 간이 큼.

【豪末】ごうまつ(호말) 가는 털의 끝. 털끝만한 일. 미소(微小)함의 비유.

【豪民】ごうみん(호민) 세력이 있는 백성.

【豪放】ごうほう(호방) 걸걸하고 소탈함. 豪宕(호탕).

【豪奢】ごうしゃ(호사) 지나치게 호화로운 사치.

【豪商】ごうしょう(호상) 대규모로 장사하는 상인. 밑천이 많은 장사꾼.

【豪言】ごうげん(호언) 의기 양양하여 호기스럽게 하는 말. 豪語(호어). ¶一壯談.

【豪雨】ごうう(호우) 줄기차게 내리는 비. 大雨(대우). 猛雨(맹우). ¶一警報.

【豪遊】ごうゆう(호유) 호화롭게 놂. 또는, 그 놀이.

【豪飮】ごういん(호음) 술을 많이 마심.

【豪族】ごうぞく(호족) 부유하고 세력이 있는 집안. 豪家(호가).

【豪宕】ごうとう(호탕) ☞豪放(호방).

▷強一, 拳一, 權一, 文一, 富一, 詩一, 英一, 人一, 粗一, 酒一, 俊一, 土一, 鄕一, 賢一

7 14〖豨〗 멧돼지 희 |[微]ㄒㄧ (xi)|き wild boar

풀이 ①멧돼지. ¶封一脩蛇<淮南子> ②멧돼지가 달리는 모양. 일설에는, 달리며 희롱하는 모양. ③봉희(封豨). 큰 돼지. 신령스러운 짐승 이름. ¶封一是射<楚辭>

15〖豤〗 豤(p. 1415)과 同字

15〖豣〗 豜(p. 1414)과 同字

9 16〖豭〗 수퇘지 가 |[麻]ㄐㄧㄚ (jia)|か male pig

9 16〖豫〗 1미리 예 2펼 서 |[御]ㄩˋ (yu) [魚]ㄒㄧㄝˋ (xie)|よ (アラカジメ) beforehand しょ

풀이 1 ①미리. 사전(事前)에. ¶君子以思患而一防之<易經> ②미리 하다. 사전에 대비함. ¶凡事一則立 不一則廢<中庸> ③즐기다. ㉮즐겁게 지내다. ¶逸一無期<詩經> ㉯기뻐하다. ¶何問之不一也<莊子> ㉰마음이 평화롭고 즐겁다. ¶心中和悅 謂之一<華嚴經音義> ㉱놀다. ¶吾王不一<孟子> ㉲게을리하다. 태만함. ④즐거움. 열락(悅樂). ¶而瞽瞍底一<孟子> ⑤가을철의 행락(行樂). ¶度秋一以收成<張衡> ⑥크다. ¶楩柟一章<漢書> ⑦에

누리하다. ¶市不一賈＜史記＞ ⑧진심으로. 충심으로. ¶將相和則士一附＜漢書＞ ⑨미적거리다. 주저함. ¶壹心而不一兮＜楚辭＞ ⑩꺼리다. 싫어함. ¶行婞直而不一兮＜楚辭＞ ⑪참여하다. ㊀通與. ¶亦來一盟＜後漢書＞ ⑫괘(卦) 이름. 64괘의 하나. 곤하진상(坤下震上). ䷏. 인심(人心)이 화락(和樂)한 상(象). ⑬땅 이름. 우공(禹貢) 구주(九州)의 하나. 지금의 하남성(河南省). ¶荊河惟一州＜書經＞ 2펴다. 通舒. ¶一恒燠若＜書經＞

【豫感】よかん(예감) 미리 육감(六感)으로 감지(感知)함. 또는, 그 느낌.
【豫見】よけん(예견) 미리 앞일을 내다봄.
【豫告】よこく(예고) 미리 알림.
【豫期】よき(예기) 앞일에 대해서 그러리라고 미리 기대하거나 예상함.
【豫納】よのう(예납) 기한 전에 미리 납부(納付)함. 낼 것을 미리 냄.
【豫斷】よだん(예단) 미리 판단함.
【豫買】(예매) 미리 삼. ↔豫賣(예매).
【豫賣】(예매) 미리 팖. ↔豫買(예매).
【豫防】よぼう(예방) 탈이 나기 전에 미리 방비함. ¶一接種.
【豫報】よほう(예보) 앞일을 미리 알림. 미리 보도함. ¶日氣一.
【豫備】よび(예비) ①미리 준비함. 사전에 미리 마련함. ¶一考査/一檢束/一知識. ②범죄 실행의 착수 직전에 있어서의 일체의 준비 행위.
【豫想】よそう(예상) 미리 그러리라고 생각하거나 상상함. 豫測(예측). ¶一外.
【豫選】よせん(예선) 결선(決選)에 앞서 미리 후보(候補)를 일차적으로 선발함.
【豫習】よしゅう(예습) 미리 학습함. ↔復習(복습).
【豫審】よしん(예심) 본 심사나 재판에 앞서 미리 조사하는 일.
【豫約】よやく(예약) ①미리 약속함. 또는, 그 약속. ②앞으로 성립시킬 본 계약에 관하여 미리 약속해 두는 계약.
【豫讓】よじょう(예양)《人》전국 시대 진(晋) 사람. 지백(智伯)을 섬겼으나 그가 조(趙)의 양자(襄子)에게 죽자 원수를 갚으려고 몸에 옻칠을 하여 문둥병 환자처럼 행장을 꾸미고 숯을 머금어 벙어리가 되어 양자를 죽이려 하였으나, 뜻을 이루지 못하고 도리어 잡혀 죽음.
【豫言】よげん(예언) 앞일을 미리 내다 보고 하는 말. ¶一者.
【豫定】よてい(예정) 미리 작정함.
【豫題】よだい(예제) 예상한 문제. 넌지시 미리 알려준 문제나 글제.
【豫測】よそく(예측) 미리 헤아림. 豫料(예료). 豫度(예탁). 豫想(예상).
【豫行】よこう(예행) 본 행사를 위하여 미리 연습으로 행함. ¶一演習.
【豫後】よご(예후) ①의사가 환자를 진찰한 후 미리 병세의 진전을 단정하는 일. ②병이 일단 나은 뒤의 경과.

▷暇一, 不一, 備一, 安一, 悅一, 游一, 猶一, 怡一, 逸一, 底一, 閑一, 和一, 懽一, 戲一

9/16【豬】 1돼지 저 | 魚 ㄓㄨ | ちょ
2암돼지 차 | 麻 (zhu) | pig
※숙어는 猪(p.981)를 참조.
풀이 1①돼지. 한 털구멍에서 세 털이 난 돼지. ②돼지 새끼. ③멧돼지. ④물이 괸 데. 通瀦. ¶大野旣一＜書經＞ ⑤못 이름. 通諸. ¶孟一. 2암돼지. 암내 내는 암돼지. ¶旣定爾婁一＜左氏傳＞

17【[illegible]】 鳳(p.1676)의 古字

10/17【豳】 1나라이름 빈 | 眞 ㄅㄧㄣ | ひん
2얼룩질 반 | 刪 (bin) | はん
풀이 1나라 이름. 주(周) 시조 공류(公劉)가 세운 나라. 섬서성(陝西省) 빈주(邠州). 같 邠. 2얼룩지다. 여러 빛깔로 아롱짐.

11/18【貗】 암돼지 루 | 尤 ㄌㄡˊ (lou) | ろう

11/18【豵】 돼지 새끼 종 | 東 ㄗㄨㄥ (zong) | そう
풀이 ①돼지 새끼. ¶壹發五一＜詩經＞ ②한 배에 세 마리 낳은 돼지. ③작은 돼지.

13/20【豶】 불깐 돼지 분 | 文 ㄈㄣˊ (fen) | ふん

豸＜갖은 돼지 시＞部

豸 ③ 豻 豺 豹 ⑤ 貁 貂 𧲝 ⑥ 貊 貉 貆 貅 ⑦ 貍 貌 ⑨ 貒 貓 ⑩ 貔 ⑪ 貘 貙 ⑬ [illegible] ⑱ 貛 ⑳ 貜

0/7【豸】 1발없는 벌레 치 | 紙 ㄓˋ | ち
本지 | (zhi) |
2해태 태 | 蟹 | たい
풀이 1①발 없는 벌레의 총칭. 지렁이 따위. 같 [illegible]. ②먹이를 노리는 짐승 꼴. 같 [illegible]. ③풀다. 느슨하게 함. 通解. ¶庶有一乎＜左氏傳＞ 2해태(獬豸). 시비·선악을 판단한다는 신수(神獸). 通廌. ¶角解一終＜太玄經＞

3/10【豻】 1들개 간 | 寒 ㄢˋ | かん
한 | 寒 (an) | wild dog
2옥 안 | 翰 | がん
풀이 1들개. 여우 비슷한 야생 개. 같 干犴. ¶玄豹黃羆青一＜淮南子＞ 2옥(獄). 지방에 있는 감옥. ¶獄一不平之所致也＜漢書＞
【豻侯】かんこう(한후) 과녁의 한 가지. 들개의 가죽으로 장식한 과녁. ¶士以三耦射一＜周禮＞

3 10【豺】 승냥이 시 |佳彳ㄞ(chai) |さい(オオカミ)

【豺狼】さいろう(시랑) 승냥이와 이리. 욕심이 많고 무자비하거나, 간악하고 잔혹한 사람의 비유. ¶嫂溺不援 是—也<孟子>

【豺狼當路】さいろうミチニアタル(시랑당로) 악인이 요직(要職)을 차지하고 마음대로 권세를 부림의 비유. ¶— 則麒麟遐逝<抱朴子>

3 10【豹】 표범 표 |效ㄅㄠˋ(bao) |ひょう leopard

【豹脚】ひょうきゃく(표각) 모기의 이칭. 각다귀. 다리와 배에 흰 빛깔의 반점이 있으므로 이르는 말.

【豹騎】ひょうき(표기) 날래고 용감한 기병(騎兵).

【豹文】ひょうぶん(표문) 표범의 털 무늬. 또는, 그와 같은 아름다운 무늬.

【豹尾】ひょうび(표미) ①표범의 꼬리. ②표범 꼬리로 장식한 수레. 임금의 수레. ¶大駕屬車八十一乘 最後一車懸—<後漢書> ③점술가(占術家)가 말하는 팔신(八神)의 하나.

【豹變】ひょうへん(표변) ①군자가 지난날의 잘못을 뉘우쳐 선(善)으로 옮는 것이 표범의 무늬가 빛나는 것처럼 현저하다는 뜻으로, 개과천선(改過遷善)의 비유. 또는, 빈천(貧賤)에서 출세하여 고관에 오름의 비유. ¶君子— 小人革面<易經> ②태도(態度)가 갑자기 변함.

【豹隱】ひょういん(표은) 세상에 나타나지 않고 숨음. 은거함. 표범은 자기 털을 아끼므로 비가 오거나 안개가 낄 때는 산골에 숨음에서 이름. ¶雖無玄—南山 姿終—南山霧<資暇錄>

▷管中窺—, 文—, 獅—, 水—, 全—, 虎—

11【豣】 豜(p.1414)과 同字

11【豼】 貔(p.1418)와 同字

11【豩】 貅(p.1417)와 同字

12【豿】 貊(p.1417)과 同字

5 12【貁】 긴꼬리 원숭이 유 |宥ㄧㄡˋ(you) |ゆう

5 12【貂】 담비 초 |蕭ㄉㄧㄠ(diao) |ちょう(テン) marten

【貂璫】ちょうとう(초당) ①한(漢)대 중상시(中常侍)의 관(冠). 담비꼬리와 금고리로 꾸몄음. ②환관(宦官). 뒷날, 환관을 중상시로 등용한 데서 이름. 貂寺(초시).

【貂蟬】ちょうせん(초선) ①담비의 꼬리와 매미의 날개. 군자의 덕을 상징하는 말. ¶青紫—充盈幄內<漢書> ②벼슬 이름. ③후한(後漢) 때 왕윤(王允)의 가희(歌姬). 윤이 여포(呂布)와 동탁(董卓)을 이간시킬 때 미인계(美人計)로 이용함.

【貂寺】ちょうじ(초시) 환자(宦者). 담비 꼬리로 관을 장식하였으므로 이름. 貂璫(초당).

▷狗尾續—, 金—, 白—, 續—, 玉—, 黑—

12【貇】 狐(p.977)와 同字

13【貇】 貇(p.1415)과 同字

13【豣】 豣(p.1415)과 同字

13【貁】 狗(p.976)와 同字

6 13【貊】 종족 이름 맥 |陌ㄇㄛˋ(mo) |ばく

풀이 ①종족 이름. ¶濊—. ②고요하다. 조용함. ¶—其德音<詩經> ③맹수 이름. 나귀 만한 크기의 곰 비슷한 짐승. ¶—獸. ④나라 이름. 부여국(扶餘國). ¶—國在漢水東北<山海經>

13【貒】 豸(p.1416)와 同字

6 13【貉】 1 담비 학 2 오랑캐 맥 |藥ㄏㄜˊ(he) 陌ㄇㄛˋ(mo) |かく marten ばく

풀이 1 ①담비. 족제비과의 동물. ㉠貈. ¶與衣狐—者立<論語> ②튼튼하다. 굳셈. 2 ①오랑캐. 북방 오랑캐. ②고요하다. ③정(定)하다. ④실. 끈. 묶음. ㉬絡. ⑤나쁘다. 악(惡)한 모양. ¶——.

▷睡—, 狐—

13【貈】 貉(p.1417)의 訛字

6 13【貆】 담비 새끼 환 훤 |寒ㄏㄨㄢˊ 元(huan) |かん けん

풀이 ①담비 새끼. ¶胡瞻爾庭有縣—兮<詩經> ②너구리. ㉠貛. ¶凡糞種鹹潟用—<周禮> ③호저(豪豬). 등에 각질(角質) 털이 나는 동물. ¶譙明之山有獸焉 其狀如—而赤豪<山海經> ④짐승 이름. 담비의 유(類).

6 13【貅】 비휴 휴 |尤ㄒㄧㄡ(xiu) |きゅう

7 14【貍】 1 삵 리 2 묻을 매 |支ㄌㄧˊ 佳(li) |り wild cat ばい

풀이 1 ①삵. 살쾡이. 야묘(野貓). ¶捕鼠不如—<莊子> ②너구리. 개과에 딸린 동아시아 특산의 짐승. ¶以—毛爲筆<唐書> ③죽이다. 2 ①묻다. 매장함. ¶以相葬—<周禮> ②희생을 묻다. 희생을 땅에 묻어 산천에 제사지냄. ㉬埋. ¶以—沈祭山林川澤<周禮>

【貍奴】りど(이노) ①고양이의 이칭. ②수달의 이칭.

▷家—, 猫—, 文—, 魚—, 佩—, 海—, 香—, 虎—, 狐—

7 14【貌】 1 얼굴 모 2 본뜰 막 |效ㄇㄠ 覺(mao) |ぼう(カオ) face ばく

㊀䫉 同貌 貌 皃

풀이 1 ①얼굴. ㉮형상(形象). 의용(儀容). ¶一曰恭<書經> ㉯얼굴. 안색(顔色). ¶情與一其不變<楚辭> ㉰외모. 행동거지(行動擧止). ¶一思恭<論語> ㉱표면에 나타나는 것. ¶禮節者仁之一也<禮記> ㉲겉보기. 외관. ¶王一受之<逸周書> ㉳모습. 자태. ¶察其一而不察其形<穀梁傳> ②다스리다. ③행동에 공경하는 뜻을 나타내는 일. ¶雖褻必以一<論語> ④사당. 通廟. ¶疏房樬一<荀子> 2 ①본뜨다. 초상을 그림. ¶畫工如山一不同<杜甫> ②멀다. 아득함. 通邈 藐 完.

【貌言】ぼうげん(모언) 겉치레뿐 실속이 없는 말.

【貌執】ぼうしつ(모집) 예로써 사람을 대함. 정중히 대우함. 執은 대우. ¶一之士百有餘人<荀子>

【貌侵】ぼうしん(모침) 몸집과 키가 작음. 또는, 용모가 추(醜)함. 貌寢(모침). ¶爲人一<史記>

【貌寢】ぼうしん(모침) ☞貌侵(모침).

▷面一, 美一, 狀一, 色一, 聲一, 聲音笑一, 鬚一, 顔一, 言一, 禮一, 玉一, 外一, 容一, 異一, 姿一, 才一, 體一, 風一, 形一, 花一

14【䫉】 貌(p.1417)의 古字

14【貌】 貌(p.1417)와 同字

14【貎】 狻(p.979)과 同字

14【䝯】 猗(p.979)와 同字

15【䝞】 虢(p.1320)와 同字

16【貇】 ☞土部 13획(p.358)

9
16【貒】 1 오소리 단 2 너구리 환 | 㝡ㄊㄨㄢ (tuan) | たん badger かん

풀이 1 ①오소리. 同貛. ②각단(角貒). 전설상의 동물. 通端. ¶角端似猪 或云似牛 角在鼻上<爾雅·注> 2 너구리.

16【䝨】 貒(p.1418)과 同字

16【貓】 猫(p.980)와 同字

16【豬】 豬(p.1416)와 同字

10
17【貔】 비휴 비 | 支ㄆㄧˊ (pi) | ひ

【貔貅】ひきゅう(비휴) ①맹수의 이름. 貔는 수컷, 貅는 암컷. 모양은 범이나 곰 비슷한데, 옛날에는 길들여 전쟁에 썼음. ②용맹한 군대의 비유. ¶命一之士 鳴檄前驅 大軍後至<晉書>

11
18【貘】 짐승 이름 맥 | 陌ㄇㄛˋ (mo) | ばく tapir

풀이 ①짐승 이름. 곰처럼 생겼고 쇠와 동(銅)을 잘 먹는다는 전설상의 동물. ②표범의 이칭. ¶中國謂之豹 越人謂之一<列子·注> ③민족 이름. 通貊.

11
18【貙】 맹수 이름 추 | 虞ㄔㄨ (chu) | ちゅ

【貙虎】ちょこ(추호) ①맹수 이름. 표범 비슷한 짐승. ②용맹한 군대·군사의 비유. ¶熊羆一之士<韓愈>

19【貍】 貍(p.1417)와 同字

19【貔】 嗥(p.314)와 同字

13
20【獩】 종족 이름 예 | 隊ㄏㄨㄟˋ (hui) | れい

풀이 종족 이름. 우리 나라 선민(先民)의 총칭. 또는, 고구려의 전신(前身)으로 고조선 안에 있던 나라. 通濊. ¶一貊.

18
25【貛】 오소리 환 | 寒ㄏㄨㄢ (huan) | かん badger

풀이 ①오소리. 同貒 貆. 通犿. ②이리. 이리의 수컷. 암컷은 狼.

20
27【玃】 큰원숭이 확 | 藥ㄐㄩㄝˊ (jue) | きゃく monkey

貝<조개 패>部

貝 ② 負 貞 ③ 貢 貤 財 貣 ④ 貫 貧 責 貪 販 貨 ⑤ 貴 貸 買 貿 賁 費 貰 貳 貽 貲 貯 貼 貶 賀 貺 ⑥ 賈 賂 賃 資 賊 賎 賅 賄 ⑦ 賕 賓 賒 賖 賚 賑 ⑧ 賡 賚 賣 賠 賦 賜 賞 賨 賙 質 賛 賤 賢 ⑨ 賭 賴 賵 賱 ⑩ 購 賻 賽 賾 賸 賺 贈 ⑪ 贄 贅 ⑫ 贉 贇 贋 贍 贊 ⑬ 贍 贏 ⑭ 贔 贓 贜 ⑮ 贖 ⑰ 贛 ⑱ 贜

0
7【貝】 조개 패 | 泰ㄅㄟˋ (bei) | ばい(カイ) shell

풀이 ①조개. ㉮물에 사는 개충류(介蟲類)의 총칭. ¶齒如含一<宋玉> ㉯소라. 또는, 소라 껍데기로 만든 피리. 나각(螺角). ¶施一來江佔<高啓> ㉰조가비. 조개 껍데기. ¶婦人則多貫蠶一以爲耳及頸飾<周書> ②돈. 옛 중국에서 화폐로 유통되던 조가비. ¶農工商交易之路通 而龜一金錢 刀布之幣興焉<史記> ③무늬. 조개 껍데기의 무늬. ¶成是一錦<詩經> ④장신구(裝身具). 패물(貝物). ¶一胄朱綅<詩經> ⑤(佛) 패다라엽(貝多羅葉)의 약칭. ¶一葉梵經四十夾<宋史> ⑥敗의 古字.

【貝殼】かいかく(패각) 조개 껍데기. 조가비.

【貝多羅葉】(패다라엽) 옛 인도에서 글자를 쓰는 데에 사용한 다라수(多羅樹)의 잎. 여기에 불교의 경전(經典)을 새겼음. 貝葉(패엽). 貝書(패서). 패다라는 범어 pattra의 음역.

【貝勒】ばいろく(패륵) ①조가비로 장식한 말굴레.

¶纓轡一＜儀禮＞ ②만주어로 부장(部長)이란 뜻. 청(淸)대에는 만주 및 몽고 출신자의 작호(爵號). 패자(貝子)의 윗계급. 다라패륵(多羅貝勒)의 준말.

【貝物】(패물)㊗산호(珊瑚), 호박(琥珀), 수정, 대모(玳瑁) 따위로 만든 장신구의 총칭.

【貝玉】ばいぎょく(패옥) ①보물. 보옥류(類). ②옛날 장례 때에 죽은 사람의 입에 물린 옥. 含玉(함옥). ¶一曰含 錢財曰賻＜穀梁傳＞

【貝子】ばいし(패자) ①옛 중국에서 화폐로 쓰던 조가비. 子는 조자(助字). ②청(淸)대 작위(爵位)의 이름. 패륵(貝勒)의 다음 계급. ③말썹조개. 말조개. 생김새가 암말의 썹을 닮았기 때문임.

【貝塚】かいづか(패총) 먼 옛날 원시인(原始人)들이 조개를 까 먹고 버린 조가비의 무덤. 조개무덤. 조개무지.

【貝編】ばいへん(패편)《佛》불경 또는 불서(佛書). 글을 패다라엽에 썼기 때문임. ¶微槃一 飛英露溥＜袁桷＞ ※貝多羅葉(패다라엽).

【貝貨】ばいか(패화) 먼 옛날의 조가비로 된 화폐. ¶是爲一五品＜漢書＞

▷龜一, 螺一, 梵一, 紫一, 珠一

2 9 〖負〗질 부 | 囹ㄈㄨˋ (fu) | ふ(オウ) bear

풀이 ①지다. ㊥背. ㉮등에 짐을 지다. ¶是任是一＜詩經＞ ㉯책임을 지다. 짐을 떠맡음. ㉰빚을 지다. ¶一責數鉅萬＜漢書＞ ㉱등을 지다. 배후(背後)에 둠. ¶天子一斧依＜禮記＞ ②지다. 경쟁에서 짐. 싸움에 패함. ¶一勝一一＜孫子兵法＞ ③씌우다. 덮어 씌움. ¶一之以不義之名＜史記＞ ④업다. ¶一子而登牆＜淮南子＞ ⑤입다. 당함. ¶必一以恥＜管子＞ ⑥믿다. ¶趙固一其衆庶＜戰國策＞ ⑦기대다. 의지함. ¶虎一嵎＜孟子＞ ⑧빚. ¶寬其一算＜後漢書＞ ⑨짐. ㉮등에 진 물건. ¶昭公出奔 民如釋重一＜穀梁傳＞ ㉯책임. 부담. ¶當官苟在於免一＜魏志＞ ⑩저버리다. ㉮은덕을 배반하다. ¶魏必一之＜戰國策＞ ㉯약속·명령 등을 지키지 아니하다. ¶一命毁族＜史記＞ ⑪잃다. 잃어버림. ¶一義於時＜後漢書＞ ⑫부끄러워하다. ¶一一無可言者＜後漢書＞ ⑬근심. 걱정. ¶不以爲一＜後漢書＞ ⑭늙은 여자. ㊥婦. ¶常從王媼武一貰酒＜漢書＞ ⑮하지 아니하다. 부정(否定)의 조동사. ㊥不. ¶天子疾稱不豫 諸侯稱一子＜白虎通＞

【負郭田】ふかくのでん(부곽전) 성을 등진 밭이란 뜻으로, 성 근처의 토지. ¶使吾有洛陽一二頃＜史記＞

【負笈】ふきゅう(부급) 책고리를 진다는 뜻으로, 유학(遊學)하는 일. 옛날, 타향으로 공부하러 갈 때, 책을 넣은 고리짝을 지고 간 데서 유래.

【負笈從師】きゅうをおいてしにしたがう(부급종사) 부급하고 스승을 좇는다는 뜻으로, 먼 곳에 유학함을 이름. ¶遊學曰一＜書言故事＞

【負擔】ふたん(부담) ①짐을 짐. 또는, 그 짐. ②어떤 일을 맡음. 책임짐. ③법률 행위의 부관(附款)의 한 가지. 주된 의사 표시에 부수(附隨)하여 그 상대방에게 이것에 따르는 특별한 의무를 지우는 의사 표시. ④㊗부담농(負擔籠)의 준말.

【負擔籠】(부담농)㊗옷, 책 따위를 담아 말, 곧 부담마(負擔馬) 잔등에 싣는 농. 負擔(부담)④.

【負袋】(부대)㊗ 자루. 包袋(포대). 「처.

【負傷】ふしょう(부상) 상처를 입음. 또는, 그 상

【負薪之憂】ふしんのうれい(부신지 우) 섶나무를 졌던 피로로써 난 병. 제 병의 겸칭. 또는, 병으로 섶나무를 질 수 없게 됨. 采薪之憂(채신지 우). ¶君使士射 不能則辭以疾 言曰 某有一＜禮記＞

【負債】ふさい(부채) 빚을 짐. 또는, 그 빚.

【負販】ふはん(부판) 도붓장사. 물건을 지고 돌아다니며 팖. 負商(부상).

【負荷】ふか(부하) ①짐을 등에 지고 어깨에 멤. 負擔(부담). ②선조(先祖)의 업(業)을 계승하는 일.

【負荊】ふけい(부형) 스스로 가시나무의 매를 때려줄 것을 청함. 깊이 사죄(謝罪)하는 일. 荊은 죄인을 때리는 가시나무의 매. ¶謝罪曰一＜書言故事＞

▷襁一, 孤一, 辜一, 愧一, 矜一, 欺一, 擔一, 蚊一, 鼠一, 宿一, 勝一, 一勝一一, 任一, 自一, 重一, 佗一, 甫一, 抱一, 逋一, 荷一, 欠一

9 〖貟〗 負(p.1419)의 俗字

9 〖貞〗 貝(p.298)의 略字

2 9 〖貞〗곧을 정 | 囹ㄓㄣ (zhen) | てい(タダシイ) virtuous

풀이 ①곧다. ㊥正. ¶君子一而不諒＜論語＞ ②정하다. 안정함. ㊥定. ¶萬邦以一＜書經＞ ③정조. 여자의 절개. ¶一婉有志節＜晋書＞ ④진실한 마음. 정성(精誠). ¶一固足以幹事＜易經＞ ⑤점치다. 점을 쳐서 알아봄. ㊥偵. ¶以一來歲之媺惡＜周禮＞ ⑥역(易)의 사덕(四德)의 하나. 만물 성숙(成熟)의 덕. ¶乾 元亨利一＜易經＞ ⑦당하다. ㊥當. ¶我二人共一＜書經＞ ⑧내괘(內卦). 64괘에서 아래 3효(爻). ¶內卦爲一 外卦爲悔＜左氏傳·注＞

【貞潔】ていけつ(정결) 정조가 곧고 결백함.

【貞觀之治】ていかんのち(정관지 치) 태평성대(太平聖代). 정관은 당(唐) 태종(太宗)의 연호(年號). 그가 위징(魏徵), 방현령(房玄齡), 두여회(杜如晦) 등의 현상(賢相)과 이정(李靖), 이적(李勣) 등의 명장을 등용하여 정치를 잘한 것에서 이름.

【貞女】ていじょ(정녀) ①정조와 절개가 굳은 여자. 貞婦(정부). ②남자와 아직 한번도 정교하지 아니한 처녀. 童貞女(동정녀). ↔貞男(정남).

【貞女不更二夫】ていじょはにふをかえず(정녀 불경이부) 정조를 지키는 여자는 재혼(再婚)하지 아니함. ¶忠臣不事二君 一<史記>

【貞亮】ていりょう(정량) 마음이 곧고 성실함. 貞諒(정량). 貞信(정신). ¶此悉一死節之臣也<諸葛亮>

【貞婦】ていふ(정부) ☞貞女(정녀)①.

【貞婦石】ていふせき(정부석) 옛 중국 북도(僰道) 땅에서, 남편이 죽고 자식도 없이 정절을 지키며 홀시어미를 효성스레 섬기던 여자가 죽은 뒤에 그 방에서 솟아났다는 큰 돌. 지금의 사천성 의빈현(宜賓縣)에 있음.

【貞節】ていせつ(정절) 굳은 마음과 변하지 아니하는 절개. 貞操(정조)②.

【貞操】ていそう(정조) ①여자가 성생활에서 지켜야 할 절조(節操). 純潔(순결). ②☞貞節(정절).
▷堅一, 潔一, 端一, 不一, 女一, 元亨利一, 利居一, 淸一, 忠一

9〖則〗☞刀部 7획(p. 210)

9〖頁〗部首 글자

9〖貭〗貨(p. 1422)의 本字

3
10〖貢〗바칠 공 | 送 ㄍㄨㄥˋ (gong) | こう(ミツグ) *offer*

풀이 ①바치다. 드림. 공물을 바침. ¶任土作一<書經> ②공물(貢物). 나라에 바치는 지방 산물(產物). ¶五官致一<禮記> ③천거하다. 어진 사람을 조정에 추천함. ¶將以允應一選 待問金門<何遜> ④알리다. 고함. 通告. ¶六爻之義易以一<易經> ⑤무너지다. 혼란해짐. 通訌. ¶周賈盪而一憤兮<班固> ⑥빠지다. 빠뜨림. 通坎. ¶爾無以釗冒一于非幾<書經> ⑦내리다. 하사함. ¶一 賜也<爾雅> ⑧구실. 하(夏)대의 조세(租稅) 이름. 수확의 10분의 1을 바치던 조세. ¶一者自治其所受田 貢其稅穀<周禮>

【貢擧】こうきょ(공거) 주군(州郡)에서 공사(貢士)를 선발하여 천거함. ¶遂移一于禮部<舊唐書>

【貢納】こうのう(공납) ①공물(貢物)을 바침. ②세제(稅制)의 하나. 지방에서 나는 특산물을 현물(現物)로 바침.

【貢緞】(공단) 바탕이 두껍고 올이 가늘며 윤기 있는 고급 비단.

【貢物】こうぶつ(공물) 백성이 궁중이나 나라, 관청에 세금으로 바치던 물건. 종속국이나 약한 나라가 종주국이나 강한 나라에 바치던 물건.

【貢賦】こうふ(공부) ①공물(貢物)과 부세(賦稅). 貢은 밑에서 바침, 賦는 위에서 거둠. ¶繕一而共從者<國語> ②韓 지방의 토산물(土產物)을 나라에 바치던 세제(稅制). 고려 4대 광종 때부터 비롯됨.

【貢士】こうし(공사) ①제후가 중앙 정부에 재학(才學)이 있는 선비를 천거하던 일. 또는, 그 천거된 사람. 貢生(공생)①. ¶諸侯歲獻一於天子<禮記> ②韓 지방에서 선발하여 중앙에 천거하던 재주가 뛰어난 사람. 고려 때는 토공(土貢)·향공(鄕貢)·빈공(賓貢)으로 구분함.

【貢生】こうせい(공생) ①☞貢士(공사)①. ②韓 조선 때 향교의 심부름꾼. 校生(교생).

【貢試】こうし(공시) 공사(貢士)를 선발하던 시험.

【貢御】こうぎょ(공어) 공물(貢物). 御는 천자가 쓰는 물건. ¶驕心轉盛 一稀簡<後漢書>

【貢獻】こうけん(공헌) ①공물을 바침. ¶遣使一<後漢書> ②국가·사회를 위하여 이바지함.
▷供一, 九一, 奇一, 納一, 來一, 奉一, 賦一, 賓一, 歲一, 輸一, 時一, 年一, 外一, 禹一, 雜一, 租一, 朝一, 珍一, 秋一, 土一, 鄕一

10〖貣〗得(p. 547)의 俗字

10〖員〗☞口部 7획(p. 298)

3
10〖貤〗1 더할 이 寘 ㄧˊ (yi) い(カサネル) *add*
2 옮을 이 支

풀이 1 ①더하다. 보탬. ②거듭하다. 차례로 겹쳐 나감. ¶一 重次弟物也<說文> ③주다. 가져다 줌. ④뻗다. 길게 이어 나감. ¶一于子孫<漢書> 2 옮다. 옮김. ¶無所流一<漢書>

3
10〖財〗재물 재 | 灰 ㄘㄞˊ (cai) | ざい(タカラ) *wealth*

풀이 ①재물. 재화. ¶輕一而重禮<禮記> ②녹(祿). 봉록(俸祿). ¶率部校長官佐各一足<管子> ③마르다. 처리함. 通裁. ¶一天下一萬物<荀子> ④재주. 재능. 通才. ¶有達一者<孟子> ⑤거리. 재료. 通材. ¶一以工化<左思> ⑥겨우. 通纔. ¶士一有數千<漢書>

【財界】ざいかい(재계) 재화의 생산 및 교환이 행하여지는 사회. 경제계(經濟界), 금융계(金融界) 등. ¶一人士.

【財團】ざいだん(재단) 어떤 목적을 달성하기 위하여 결합된 재산의 집단. 財團法人(재단법인).

【財力】ざいりょく(재력) ①재산에 의한 세력. ②비용을 감당할 수 있는 힘.

【財利】ざいり(재리) 재물과 이익. 금전상의 이익.

【財務】ざいむ(재무) 재정에 관한 사무. ¶一部.

【財物】ざいぶつ(재물) 돈이나 재산이 되는 물건.

【財閥】ざいばつ(재벌) 대자본을 가지고 경제계에 큰 세력을 미치는 자본가·기업가의 무리. 또는, 일가나 친척으로 구성된 투자 기구(投資機構). ¶新興一.

【財寶】ざいほう(재보) 보배로운 재물. 귀중한 재화(財貨). 금, 은, 주옥, 보석 따위.

【財產】ざいさん(재산) ①개인이나 단체가 소유한 재물. ②오래 두고 소중하게 여길 만한 값어치가 있는 것. 資產(자산).

【財數】(재수) 재물에 대한 운수. 財運(재

운).
【財運】ざいうん(재운) ☞財數(재수).
【財源】ざいげん(재원) 재물을 얻는 근원. 재화를 생산하는 근원.
【財貨】ざいか(재화) 사람의 물질적 욕망을 채워 주는 것의 총칭. 財幣(재폐).
▷家—, 公—, 多—, 燈花得錢—, 文化—, 寶—, 阜—, 私—, 散—, 餘—, 以身發—, 理—, 自—, 資—, 至富不待—, 積—, 蓄—, 貪夫徇—, 貨—

3/10【貣】 빌 특 | ㄊㄜˋ (te) | とく(カリル)

풀이 ①빌다. 빌림. ㉠貸. ②구하다. 찾아 구함. ¶行—而食<荀子> ③어긋나다. 틀림. ㉤忒. ¶卜五 占之用二 衍—<史記>

10【屓】 ☞ 尸部 7획(p.470)

4/11【貫】 1 꿸 관 2 당길 만 | ㄍㄨㄢˋ (guan) | かん (ツラヌク) pierce わん

풀이 1 ①꿰다. ㉮꿰뚫다. ¶—魚以宮人寵<易經> ㉯입다. 착용(着用)함. ¶—鉀跨馬<晋書> ㉰통하다. 통과함. ¶—大人之國<淮南子> ㉱맞다. 적중(的中)함. ¶射則—兮<詩經> ㉲변하지 아니하다. 일관(一貫)함. ¶峻節—秋霜<顏延之> ㉳이어지다. 연속함. ¶以次—行<漢書> ㉴거치다. 경유함. ¶—四時而不改柯易葉<禮記> ㉵거느리다. 통괄함. ¶吾道—以—之<論語> ㉶거듭하다. 겹침. ¶—薜荔之落蕊<楚辭> ㉷쌓다. 시간이 오래됨. ¶若夫—日而治詳<荀子> ㉸따르다. 뒤따름. ¶奉承—行<後漢書> ㉹같다. 다르지 않음. ¶亡國之主——<呂覽> ㉺깨닫다. 잘 알게 됨. ¶—乎人情矣<史記> ㉻이르다. 한계에 이름. ¶商罪—盈<書經> ②돈꿰미. 엽전을 꿰던 꿰미. ¶累百鉅萬 —朽而不可校<漢書> ③지위. 관직. ¶使各有經紀條—<淮南子> ④호적(戶籍). 이름을 적은 장부. ¶戍者多死 邊將諱不以聞 故—籍不除<唐書> ⑤전례(前例). 관례(慣例). ¶仍舊—<論語> ⑥섬기다. 모시어 받듦. ¶三歲—女<詩經> ⑦기관(羈貫). 성동(成童)이 된 남녀 아이의 묶은 머리. ㉤丱. ¶羈—成童<穀梁傳> ⑧익다. 익숙해짐. ¶我不—與小人乘<孟子> ⑨익히다. 배움. ㉤慣. ¶晝而講—<國語> 2 ①당기다. 잡아당김. ㉤彎. ¶士亦不敢—弓而報怨<史記> ② ㉻ 단위. 화폐나 무게의 단위. ㉮쾌. 엽전 열 꾸러미. ㉯관. 1관은 3.75kg.
【貫祿】かんろく(관록) 행동에 따른 무게. 인격에 구비된 위엄. 貫目(관목).
【貫流】かんりゅう(관류) 꿰뚫어 흐름.
【貫魚】かんぎょ(관어) ①물고기를 나란히 꿺. 또는, 그 물고기. ②여관(女官)의 차서(次序)를 바로잡음. 또는, 여관의 바른 차서. 물고기는 음물(陰物)로 여자를 상징한 데서 이르는 말. ¶宮闈有—之美<北史>
【貫子】(관자)㉻망건에 달아 당줄을 꿰는 작은 단추 모양의 고리.
【貫徹】かんてつ(관철) 끝까지 뚫어 통하게 함. ¶樹之根固有生氣 然—首尾<朱子語類>
【貫通】かんつう(관통) 꿰뚫음. 조리가 분명히 섬. 문맥의 전후가 일관하여 통함.
【貫行】かんこう(관행) 일을 계속하여 행함. 끝까지 해냄. ¶以次— 固執無違<漢書>
【貫鄕】(관향)㉻개인의 시조(始祖)가 태어났거나 임금이 봉(封)해 준 땅. 本(본). 本貫(본관). 籍貫(적관). 族本(족본).
【貫革】かんかく(관혁) ①활을 쏘아 갑옷을 뚫음. ②㉻ 과녁의 원말. 射的(사적).
▷綱—, 講—, 舊—, 羈—, 條—, 滿—, 名—, 本—, 斜—, 世—, 習—, 始終——, 魚—, 淹—, 盈—, ——, 錢—, 條—, 淸—, 洞—, 通—, 包—, 鄕—, 橫—, 朽—

4/11【貧】 가난할 빈 | ㄆㄧㄣˊ (pin) | ひん (マズシイ) poor

※貪(p.1422)은 딴 자.

풀이 ①가난하다. 빈곤함. ¶終窶且—<詩經> ②가난. 곤궁. ¶宣子憂—<國語> ③가난한 사람. 재물이 없는 사람. ¶無財謂之—<莊子> ④적다. 모자람. ¶富于萬篇 而—于一字<文心雕龍>
【貧苦】ひんく(빈고) ☞貧困(빈곤).
【貧困】ひんこん(빈곤) 가난함. 살림이 어려움. 貧苦(빈고). 貧窮(빈궁).
【貧交】ひんこう(빈교) 가난할 때의 사귐. 또는, 가난한 친구. 貧時交(빈시교).
【貧國】ひんこく(빈국) 가난한 나라. ↔富國(부국).
【貧窮】ひんきゅう(빈궁) ☞貧困(빈곤).
【貧道】ひんどう(빈도) 덕(德)이 적다는 뜻으로, 중이나 도사(道士)가 자신을 일컫는 겸칭.
【貧到骨】ひんホネニイタル(빈도골) 가난이 뼈에 사무침. 극빈(極貧). 貧徹骨(빈철골).
【貧民】ひんみん(빈민) 가난한 백성. 細民(세민).
【貧民窟】ひんみんくつ(빈민굴) 가난한 사람들이 모여 사는 구역.
【貧富】ひんぷ(빈부) 가난함과 부유함.
【貧相】ひんそう(빈상) 가난이 나타나 보이는 상. 궁상스러운 얼굴. ↔福相(복상).
【貧弱】ひんじゃく(빈약) ①가난하고 약함. ②보잘것없음. 내용이 충실하지 못함.
【貧者之一燈】ひんじゃのいっとう(빈자지 일등) 가난한 사람이 어려운 생활 속에서도 지극한 정성으로 신불에 바치는 하나의 등. 부자의 만등(萬燈)보다 귀하고 공덕이 있다 함. 貧者一燈(빈자일등).
【貧賤】ひんせん(빈천) ①가난하고 천함. 貧陋(빈루). ¶—而知好禮<禮記> ②자기를 낮추어서 이르는 말. ¶阿母白媒人 —有此女 始

適還家門＜古詩＞

【貧村】ひんそん(빈촌) 가난한 마을. 寒村(한촌). ↔富村(부촌).

【貧寒】ひんかん(빈한) ①가난하고 쓸쓸함. ②의식(衣食)이 곤궁함.

【貧血】ひんけつ(빈혈) ①몸속의 혈액이 일정량보다 적어지는 일. ↔多血(다혈). ②피속의 적혈구(赤血球)나 혈색소(血色素)가 줄어든 상태. 또는, 그 병. ¶一症.

▷甘一, 窶一, 極一, 樂一, 奢者心嘗一, 素一, 素寒一, 守一, 安一, 力勝一, 赤一, 賤一, 淸一, 寒一

11〖貢〗 賖(p.1428)와 同字

11〖貰〗 貰(p.1424)와 同字

11〖貦〗 玩(p.993)과 同字

11〖貯〗 財(p.1420)와 同字

11〖貭〗 質(p.1430)의 略字

4 11〖責〗 ①꾸짖을 책 ②빚 채 | 圖ㄗㄜ́ 圖(ze) | せき(セメル) reproach

풀이 ① ①꾸짖다. ㉮요구하다. 강요함. ¶宋多一賂於鄭＜左氏傳＞ ㉯꾸지람하다. 힐문(詰問)함. 또는, 비방함. ¶痛自刻一＜漢書＞ ㉰따져 밝히다. 규명함. ¶督一之術者也＜史記＞ ②바라다. 권장(勸奬)함. ¶一善朋友之道也＜孟子＞ ③책임. 해야 할 임무. ¶任其事而自當其一＜莊子·注＞ ④책망. 꾸지람. ¶是有丕子之一于天＜書經＞ ②빚. 부채(負債). ㉠債. ¶負一數百萬＜漢書＞

【責望】せきぼう(책망) ①구하여 바람. 요구함. 또는, 어떤 일을 요구하여 뜻대로 되지 않음을 원망함. ②허물을 들어 꾸짖음.

【責務】せきむ(책무) 맡은 바 일.

【責善】せきぜん(책선) 착한 일을 하도록 권고함.

【責任】せきにん(책임) ①맡아서 해야 할 임무. 마땅히 해야 할 일. ②행위의 결과에서 생기는 손실이나 제재(制裁)를 받는 일. ¶一能力.

▷刻一, 譴一, 諾一, 督一, 默一, 文一, 問一, 薄一, 罰一, 簿一, 償一, 塞一, 收一, 宿一, 言一, 峻一, 重一, 職一, 叱一, 質一, 稱一, 笞一, 貶一, 戱一, 詰一

4 11〖貪〗 탐할 탐 | 圖 ㄊㄢ 圖(tan) | たん(ムサボル) covet

※貧(p.1421)은 딴 자.

풀이 ①탐하다. 지나치게 욕심을 냄. ¶暴戾頑一＜呂覽＞ ②더듬어 찾다. 탐지(探知)함. ㉠探. ¶捨狀以一情＜後漢書＞

【貪官汚吏】たんかんおり(탐관오리) 욕심이 많고 부정하게 재물을 탐하는 관리. 貪吏(탐리).

【貪溺】たんでき(탐닉) 부정적 일에 지나치게 마음이 쏠리어 빠짐. ¶以一取禍＜顔氏家訓＞ ※耽溺(탐닉).

【貪讀】たんどく(탐독) ①욕심내어 읽음. 마구 읽음. ②특별히 즐겨 읽음.

【貪婪】たんらん(탐람) 욕심이 많음. 貪은 금전(金錢), 婪은 음식(飮食)을 탐하는 일.

【貪心】たんしん(탐심) 탐하는 마음. 탐욕의 마음.

【貪欲】たんよく(탐욕) 욕심이 많음. 탐함. 貪慾(탐욕). ¶一無厭＜史記＞

【貪慾】たんよく(탐욕) ☞貪欲(탐욕).

【貪虐】たんぎゃく(탐학) 욕심이 많고 포학함.

▷慳一, 強一, 狼一, 沓一, 叨一, 猛一, 不一, 色一, 小一大失, 食一

4 11〖販〗 팔 판 | 圖ㄈㄢ̀ (fan) | はん(ヒサグ) deal in

풀이 ①팔다. 사다. 매매함. 장사함. ¶一夫一婦爲主＜周禮＞ ②장사. 상업. ¶子貢好一 與時轉貨＜孔子家語＞

【販路】はんろ(판로) 상품이 팔려 나가는 길.

【販賣】はんばい(판매) ①팖. ②매매함.

▷街一, 沽一, 共一, 屠一, 買一, 貿一, 負一, 商一, 市一, 營一, 外一, 傭一, 總一

11〖敗〗 ☞攴部 7획(p.683)

11〖贒〗 賢(p.1431)의 略字

4 11〖貨〗 재화 화 | 圖ㄏㄨㄛ̀ (huo) | か(タカラ) goods

풀이 ①재화(財貨). 돈값을 지닌 모든 물건의 총칭. ¶不貴難得之一＜老子＞ ②물품. 상품(商品). ¶日中爲市 致天下之民 聚天下之一 交易而退＜易經＞ ③뇌물을 주다. ¶曹伯之豎侯獳一筮史＜左氏傳＞ ④팔다. ¶今遂有一者＜輟耕錄＞

【貨物】かもつ(화물) ①물품. 物貨(물화). 財物(재물). ②비행기·차·배 따위로 실어 나르는 짐.

【貨主】かしゅ(화주) 화물의 임자.

【貨車】かしゃ(화차) 화물 운반을 주로 하는 차. 화물 열차. ↔客車(객차).

【貨泉】かせん(화천) 한(漢)대 왕망(王莽)이 만든 돈. 동전 표면에 貨泉 두 자를 새긴 데서 온 말.

【貨幣】かへい(화폐) 사회에 유통하여 교환의 매개, 지불의 수단, 가격의 표준, 축적의 목적물로 쓰이는 물건. 돈. 通貨(통화).

▷硬一, 金一, 奇一, 銅一, 百一, 物一, 寶一, 惡一, 良一, 外一, 銀一, 雜一, 贓一, 財一, 楮一, 錢一, 紙一, 珍一, 通一, 貝一

5 12〖貴〗 귀할 귀 | 困ㄍㄨㄟ̀ (gui) | き(タットイ) honorable

풀이 ①귀하다. ㉮신분이 높다. ¶不挾一＜孟子＞ ㉯값이 비싸다. ¶糴甚一傷民＜漢書＞/一買. ㉰소중하다. 중요함. ¶禮之用 和爲一＜論語＞ ㉱빼어나다. 우수함. ¶養心爲一＜呂覽＞ ②귀히 여기다. 존경함. ¶賤貨而一德＜中庸＞ ③귀하게 되다. 번영함. ¶當時則一＜太玄經＞ ④자랑하다. 거드름을 피움. ¶爲府卿一驕<後漢書> ⑤두려워하다. 경외(敬畏)함. ¶一大患若身<老子> ⑥사랑하다. ¶下安則一上<荀子> ⑦바라다. 원함. ¶一合於秦以伐齊<戰國策> ⑧벼슬이 높은 사람. 경대부(卿大夫). ¶以辨其一賤老幼廢疾<周禮> ⑨존칭의 접두어. ¶一國/一意.

【貴骨】きこつ(귀골) ①귀하게 자란 사람. ↔賤骨(천골). ②귀하게 될 골상(骨相). ③뼈대가 잔약(孱弱)한 사람의 별명.

【貴公】きこう(귀공) ①신분이 높은 사람. ②2인칭 대명사. 처음에는 어른에게 썼으나, 지금은 같은 또래나 손아랫사람에게 씀.

【貴公子】きこうし(귀공자) 신분이 높은 집안의 자제.

【貴官】きかん(귀관) ①지위가 높은 사람. ②관리인 상대방에 대한 존칭.

【貴冠履忘頭足】かんりヲタットビテとうそくヲワスル(귀관리 망두족) 갓과 신은 소중히 여기고, 그 근본인 머리와 발은 잊어버린다는 뜻으로, 근본은 망각하고 지엽적(枝葉的)인 것에만 정신을 씀을 이르는 말. ¶法之生也 以輔仁義 今重法而棄義 是貴其冠履而忘其頭足也<淮南子>

【貴國】きこく(귀국) ①존귀한 나라. ②상대자를 높이어 그의 나라를 일컫는 말. 貴邦(귀방).

【貴宅】きたく(귀댁) 상대자를 높이어 그의 집안을 이르는 말.

【貴門】きもん(귀문) ①존귀한 집안. ②상대방을 높이어 그의 집안을 이르는 말.

【貴物】(귀물)韓 귀중한 물건. 진기한 물건.

【貴婦人】きふじん(귀부인) 신분이 높은 부인.

【貴妃】きひ(귀비) 여관(女官)의 하나. 귀빈(貴嬪), 귀인(貴人)과 아울러 삼부인(三夫人)이라 이르며, 상국(相國)에 해당하여 정일품(正一品)으로 황후(皇后) 다음 지위임.

【貴賓】きひん(귀빈) 존귀한 손[客]. 貴客(귀객).

【貴社】きしゃ(귀사) 상대를 높이어 그의 회사(會社)를 이르는 말.

【貴人】きじん(귀인) ①신분이 존귀한 사람. ②☞貴妃(귀비). ③韓 조선 때 종일품(從一品) 내명부(內命婦)의 봉작(封爵).

【貴中】きちゅう(귀중) 편지나 물품을 보낼 때 받는 편의 단체 이름 밑에 쓰는 말.

【貴重】きちょう(귀중) ①매우 소중함. ②신분이 높음. 또는, 귀하고 소중함.

【貴地】きち(귀지) ①높은 지위. 귀한 신분(身分). ¶及居隆重 不以一自高<南史> ②상대자를 높이어 그의 사는 곳을 이르는 말. 貴處(귀처).

【貴紙】きし(귀지) 상대를 높이어 그의 기관에서 발행하는 신문을 이르는 말.

【貴誌】きし(귀지) 상대를 높이어 그의 기관에서 발행하는 잡지를 이르는 말.

【貴賤】きせん(귀천) ①귀함과 천함. 또는, 귀인과 천인. 尊卑(존비). ②값의 비쌈과 쌈.

【貴體】きたい(귀체) 귀한 몸. 또는, 상대자를 높이어 그의 몸을 이르는 말.

【貴下】きか(귀하) 상대를 높이어 이르는 말.

【貴翰】きかん(귀한) ☞貴函(귀함).

【貴函】きかん(귀함) 상대를 높이어 그의 편지를 이르는 말. 貴簡(귀간). 貴書(귀서). 貴札(귀찰). 貴翰(귀한).

▷高一, 功一, 窮一, 權一, 騰一, 蒙一, 富一, 翔一, 盛一, 勝一, 良一, 榮一, 踊一, 隆一, 朝一, 尊一, 至一, 寵一, 暴一, 顯一

5/12 〖貸〗 **1** 빌릴 대 **2** 틀릴 특 | 廣 ㄉㄞˋ 職 (dai) | たい(カス) *lend* とく(タガウ)

풀이 **1** ①빌리다. ㉮베풀다. ㉯금품을 빌려주다. ¶盡其家一於公<左氏傳> ㉰바치다. 높은 사람에게 재물을 바침. ¶以財投長曰一<大戴禮> ②느슨하다. 관대(寬大)히 다스림. ¶然亦縱舍 時有大一<漢書> ③빌린 금품. ¶逋一未入者勿收<漢書> **2** ①틀리다. 어긋남. 通忒. ¶無有差一<禮記> ②빌다. 차용함. 通貣. ③빌다. 구걸함. ¶行一而食<荀子>

【貸家】カシや(대가) 셋집.

【貸本】カシホン(대본) 돈을 받고 책을 빌려 줌. 또는, 그 책. 貰冊(세책).

【貸與】たいよ(대여) 돈이나 물건을 빌림. 貸假(대가). 貸給(대급).

【貸用】(대용) 꾸어 씀. 借用(차용).

【貸主】カシヌシ(대주) 빌리는 사람.

【貸出】カシダシ(대출) 꾸어 줌. 貸付(대부).

▷假一, 寬一, 赦一, 賒一, 貰一, 容一, 優一, 原一, 恩一, 賃一, 賑一, 稱一, 逋一, 稟一

5/12 〖買〗 살 매 | 蟹 ㄇㄞˇ (mai) | ばい(カウ) *buy*

풀이 사다. ㉮값을 치르고 넘겨 받다. ¶一犢一破車<元稹> ㉯세내다. 고용(雇用)함. ¶一舟乘興過滄浪<薩都剌> ㉰불러오다. 화(禍), 원망 따위를 자초(自招)함. ¶所謂市怨而一禍者也<戰國策>

【買價】ばいか(매가) 사는 값. ↔賣價(매가).

【買氣】(매기) ①물건을 사려는 기운. ②상품이 팔리는 기세.

【買死馬骨】しばノほねヲカウ(매사마골) 죽은 말뼈를 삼. ※從隗始(종외시).

【買收】ばいしゅう(매수) ①사들임. ②남의 마음을 사서 자기 편으로 삼음.

【買食】(매식) 음식을 사서 먹음. 또는, 그 음식.

【買入】カイいれ(매입) 사들임. ↔賣渡(매도).

【買占】カイシメ(매점) 물건을 휩쓸어 사 둠. ¶一賣惜.

【買春】ばいしゅん(매춘) 술을 삼. 春은 당(唐)대의 말로, 술의 이칭. ¶玉壺一 賞雨茅屋<司空圖>

【買春錢】ばいしゅんせん(매춘전) 주육비(酒肉費). 당(唐)대에, 진사(進士)로 승진 시험 때 성적이 불량(不良)한 사람의 친지(親知)가 시험관에 주던 술값. ¶進士不第者 親知供酒肉費 號一<承平舊纂>

【買辦】ばいべん(매판) ①근대 중국에서 외국 상점, 영사관 등에 고용된 중국인 중개인. ②외국 자본에 붙어 제 나라와 이해를 잊고 사리(私利)를 탐하는 일. 또는, 그 사람. ¶—資本.
▷競—, 估—, 故—, 購—, 貴—, 多—, 賣—, 不—, 市—, 零—, 糴—, 賤—, 淸風明月不用一錢—

5
12【貿】 바꿀 무 | 圕ㄇㄠˋ (mao) | ぼう(カエル) *trade*

풀이 ①바꾸다. 무역함. 물품을 교역(交易)함. ¶男女—功以長生<呂覽> ②장사하다. 매매(賣買)함. ¶抱布—絲<詩經> ③바뀌다. 갈마듦. ¶炎涼始—<梁昭明太子> ④흐트러지다. 뒤섞여 어지러워짐. ¶是非相— 眞僞舛雜<裴駰> ⑤눈이 어두운 모양. ¶有餓者 蒙袂輯屨 ——然來<禮記>
【貿首之讎】ぼうしゅのしゅう(무수지 수) 서로 상대의 머리를 얻고자 하는 깊은 원수. 不俱戴天之讎(불구대천지 수). ¶甘茂與樗里疾 —也<戰國策>
【貿易】ぼうえき(무역) ①재화를 교환하여 유무 상통(有無相通)함. 오늘날에는 외국과의 교역(交易)을 이름. 互市(호시). ②변역(變易). ¶星辰錯謬 高下—<漢書>
▷交—, 賦—, 易—, 賤—, 販—

12【貿】 貿(p. 1424)의 俗字

5
12【賁】
1 꾸밀 비 | 圕ㄅㄧˋ | ひ
2 클 분 | 因(bi) | *adorn*
3 성낼 분 | 圕ㄅㄣˋ | ふん
4 땅 이름 륙 | 圕(ben) | りく

풀이 1 ①꾸미다. 장식함. ¶—其趾<易經> ②섞이다. 빛이 순수하지 않음. ¶孔子卜得—<呂覽> ③64괘(卦)의 하나. 이하 간상(離下艮上). ䷕. 강(剛), 유(柔)가 교차하며 무늬를 이루는 상(象). ¶山下有火—<易經> 2 ①크다. 거대함. ¶用宏茲—<書經> ②큰 북. 通鼖. ¶—鼓維鏞<詩經> ③달리다. 通奔. ¶虎—三千人<孟子> ④아름답다. 3 ①성내다. 노함. 通憤 忿. ¶奮末廣—之音作<禮記> ②끓다. 끓어 오름. 通濆. ¶覆酒於地而地—<穀梁傳> ③무찌르다. 通僨. ¶—軍之將<禮記> ④패배(敗北)하다. 4 땅 이름. ¶楚子伐—渾之戎<公羊傳>
【賁鼓】ふんこ(분고) 길이가 8척(尺)인 큰 북.
【賁軍】ふんぐん(분군) 패전(敗戰). 패배(敗北)한 군대. 敗軍(패군). ¶—之將 亡國之大夫 與爲人後者不入 其餘皆入<禮記>
【賁育】ほんいく(분육) 맹분(孟賁)과 하육(夏育). 춘추 전국 시대의 용사(勇士).
【賁來】ひらい(비래) 남의 내방(來訪)의 존칭. 賁臨(비림).
【賁星】ふんせい(비성) 살별. 彗星(혜성). 客星(객성).
▷孟—, 白—, 寵—, 褒—, 顯—, 虎—

5
12【費】 쓸 비 | 圕ㄈㄟˋ (fei) | ひ(ツイヤス) *expend*

풀이 ①쓰다. ㉮금품을 소비하다. ¶君子惠而不—<論語> ㉯손상하다. 해침. ¶—神傷魂<呂覽> ㉰닳다. 소모됨. ¶志乎期—<莊子> ②비용. 용도. ¶君子有三— 飮食不在其中<曾子> ③재화. 재보(財寶). ¶非愛其—也<呂覽> ④빛나다. 빛나는 모양. ¶—白日皆<楚辭> ⑤쓸데없는 말을 지껄이는 일. ¶口—而煩<禮記> ⑥효용(效用)이 넓다. ¶君子之道 —而隱<中庸> ⑦땅 이름. 춘추 시대 노(魯)의 고을. 지금의 산동성(山東省) 어대현(魚臺縣) 서남(西南).
【費目】ひもく(비목) 비용을 지출하는 명목. 비용의 세목.
【費用】ひよう(비용) ①드는 돈. 비발. ②씀. 소비함.
【費隱】ひいん(비은) ☞費而隱(비이은).
【費而隱】ひにしていん(비이은) 성인(聖人)의 도(道)는 그 효용(效用)이 광대하여 두루 미치나 그 자체는 은미(隱微)하여 드러나지 아니함. ¶君子之道 —<中庸>
▷鉅—, 經—, 經常—, 工—, 公—, 空—, 官—, 國—, 給—, 機密—, 亂—, 濫—, 浪—, 勞—, 路—, 煩—, 邊—, 私—, 奢—, 辭—, 歲—, 消—, 食—, 旅—, 冗—, 游—, 淫—, 人件—, 臨時—, 入—, 匠—, 衆—, 出—, 土—, 學—, 橫—

5
12【貰】 세낼 세 | 圕ㄕˋ (shi) | せい(カリル) *hire*

풀이 ①세내다. 돈을 주고 남의 것을 빎. 외상으로 삼. ¶常從王媼武負—酒<史記> ②놓아 주다. 용서함. ¶不—不忍<國語> ③관대하게 대하다. ¶良久廼—之<漢書>
【貰家】(세가) 셋집. 貸家(대가).
【貰錢】(세전) 셋돈.
▷家—, 貸—, 物—, 賒—, 朔月—, 月—, 傳—

5
12【貳】 두 이 | 圕ㄦˋ (er) | に, じ(フタツ) *two*
古弍

풀이 ①두. 둘. 通二. ¶因—以濟民行<易經> ②두 마음. 겉과 속이 다른 마음. ¶諸侯朝而歸者 皆有—心<左氏傳> ③거듭하다. 재차 함. ¶行不—過<孔子家語> ④배반하다. 모반함. ¶修道而不—<荀子> ⑤의심하다. 믿지 못함. ¶不可以—<國語> ⑥떠나다. 헤어짐. ¶則諸侯—<左氏傳> ⑦변하다. ㉮바뀌다. 대신함. ¶其卜—圉也<左氏傳> ㉯변화하다. 달라짐. ¶衣服不—<詩經> ⑧배신하다. 내응(內應)함. ¶大叔命西鄙北鄙—於己<左氏傳> ⑨돕다. 보좌함. ¶副—. ⑩짝. 적수(敵手). ¶君之—也<左氏傳> ⑪곁들임.

예비로 곁따르게 하는 것. ¶一車九乘<周禮> ⑫업(業). 하는 일. ¶載幽一執夷內<太玄經> ⑬더럽히다. ㉮膩. ⑭채우다. 가득함. ⑮타다. 불탐.

【貳公】じこう(이공) 삼공(三公)의 부관(副官). 소사(少師)·소부(少傅)·소보(少保).

【貳相】(이상)㊛ 좌우찬성(左右贊成)을 삼정승의 다음 가는 정승이라는 뜻으로 일컫는 말.

【貳適】じてき(이적) 군주(君主)를 바꾼다는 뜻으로, 이심(貳心)을 가지고 모반함을 이르는 말. 適은 主. ¶惟我事不一<書經>

▷間一, 介一, 繼一, 乖一, 副一, 不一, 參一, 猜一, 違一, 應一, 疑一, 離一, 儲一, 嫌一, 攜一

5 12【貽】 끼칠 이 | 因 ㅣ´ 圓(yi) | い(ノコス) *cause*

풀이 ①끼치다. 남김. 전함. ㉢詒. ¶一厥子孫<書經>/一訓. ②주다. 증여함. 通 飴. ¶作師說以一之<韓愈> ③검은 조개 이름. ¶一貝.

▷彤管一, 相一

12【貤】 貤(p.1420)와 同字

5 12【貲】 재물 자 | 因 ㄗ (zi) | し(タカラ) *property*

풀이 ①재물. 재화. 자본. 通 資. ¶以一爲騎郞<史記>/一產. ②대속(代贖)하다. 재화를 주고 속죄(贖罪)함. 벌금을 묾. ③값. 물건의 값. ¶之龜爲無一<管子> ④세다. 측량함. 通 咨. ¶不可一計<後漢書>

▷家一, 傾一, 高一, 不一, 先一, 貨一

5 12【貯】 쌓을 저 | 語 ㄓㄨˇ (zhu) | ちょ(タクワエル) *store up*

풀이 ①쌓다. 쌓아 둠. 저축함. 또는, 갈무리해 둠. ㉢著. 通 褚. ¶一積. ②두다. 같이 있게 함. ③우두커니 서다. ㉢佇. ¶飾新宮以延一兮<漢書> ④가게. 상점. ⑤복. 행복.

【貯金】ちょきん(저금) 돈을 모아 둠. 또는, 그 돈.

【貯水】ちょすい(저수) 물을 저장함. 물을 가두어 둠. ¶一池.

【貯藏】ちょぞう(저장) 쌓아서 간직하여 둠.

【貯蓄】ちょちく(저축) 절약하여 모아 둠.

▷窖一, 滿一, 積一, 糴一, 苞一

12【䝰】 頂(p.1619)과 同字

12【賐】 賑(p.1428)과 同字

12【䝯】 賑(p.1428)과 同字

5 12【貼】 붙을 첩 | 葉 ㄊㄧㄝ (tie) | ちょう(ツク) *adhere*

풀이 ①붙다. ㉮접근(接近)하여 닿다. ¶低茅水上一<徐渭> ㉯달라붙다. ②붙이다. 달라붙게 함. ¶書之屛風 以時揭一<宋史>/一付. ③전당잡히다. 물건을 저당(抵當)함. ¶身自販一與隣里<南史> ④따르다. ㉢怗. ¶卒怗荊<公羊傳> ⑤깁다. 보충함. ¶補一平生得事遲<白居易> ⑥알맞게 하다. 편의에 따라 행함. ¶熨一朝衣抛戰袍<王建> ⑦㊛ 한약 봉지를 세는 말.

【貼夫】ちょうふ(첩부) 서방질함. 또는, 샛서방. ¶皆從其私通 謂之一<莊綽>

【貼付】ちょうふ(첩부) 붙임. 풀로 붙임.

【貼藥】(첩약)㊛ 조제하여 첩으로 지은 약.

▷揭一, 補一, 熨一, 裝一, 典一, 簽一, 妥一, 販一

5 12【貶】 떨어뜨릴 폄 | 琰 ㄅㄧㄢˇ (bian) | へん(オトス) *drop*

풀이 ①떨어뜨리다. ㉮관직을 깎아 낮추다. ¶一不朝則一其爵<孟子> ㉯덜다. 감함. ¶不可一也<司馬相如> ㉰물리치다. 내침. ¶一諸侯 討大夫<漢書> ㉱벌하다. 귀양 보냄. ¶高宗赫怒 連一竄之<林鶴梁> ㉲헐뜯다. 폄(貶)함. ¶片言之一 辱過市朝之撻<范甯> ②떨어지다. 지위가 낮아짐. ¶我位孔一<詩經> ③줄다. 감해짐. ¶則令邦國都家縣鄙慮刑一<周禮>

【貶降】へんこう(폄강) 벼슬의 등급을 떨어뜨림. 물러나게 함. 貶退(폄퇴). ¶和帝無異葬之議 順朝無一之文<後漢書>

【貶論】へんろん(폄론) 남을 헐뜯어 말함. 또는, 그 말.

【貶下】へんか(폄하) 치적(治績)이 좋지 못한 원(員)의 벼슬을 떨어뜨림.

【貶毁】へんき(폄훼) 깎고 헐뜯음. 貶斥(폄척). 毁譽(훼예).

▷損一, 抑一, 自一, 懲一, 竄一, 褒一, 顯一

5 12【賀】 하례할 하 | 圖 ㄏㄜˋ (he) | か(コトホグ) *congratulate*

풀이 ①하례하다. ㉮축사(祝辭)로 경축하다. ¶群臣聞見者畢一<戰國策> ㉯예물을 보내어 경축하다. ¶昏禮不一 人之序也<禮記> ②경축. 경사. ¶每月朔歲首 爲大朝受一<後漢書> ③위로하다. 노고를 치하함. ¶景公迎而一之<晏子> ④가상(嘉尙)히 여기다. 기특하게 여김. 通 嘉. ⑤더하다. 보탬. 通 加. ¶一之結于後<儀禮> ⑥메다. 둘러멤. 通 何 荷. ¶群臣皆一戟侍<唐書> ⑦주석(朱錫)의 이칭.

【賀客】がかく(하객) 축하하는 손님.

【賀禮】がれい(하례) 축하하는 예식. 賀儀(하의).

【賀正】がせい·がしょう(하정) 새해를 축하함.

【賀表】がひょう(하표) 조정 또는 국가에 경사가 있을 때 신하가 임금에게 올리던, 축하하는 글. 賀箋(하전). ¶高帝卽位 方鎭皆有一<南史>

▷慶一, 來一, 大廈成燕雀相一, 拜一, 上一, 年一, 弔一, 朝一, 參一, 祝一, 陞一, 表一

12【貺】 衒(p.1341)과 同字

5
12【貺】 줄 황 | 漢ㄎㄨㄤˋ (kuang) | きょう(タマウ) give

풀이 ①주다. ㉮하사(下賜)하다. ¶中心一之<詩經> ㉯남에게 주다. ¶更統世而自一<楚辭> ②남에게서 받은 선물이나 하사품. ¶不敢求一<左氏傳>

6
13【賈】 ①장사 고 ②값 가 | 漢ㄍㄨˇ (gu) 廣ㄐㄧㄚˇ (jia) | こ(アキナイ) trade か(アタイ)

풀이 ① ①장사. 상업. 가게를 차리고 하는 장사. ¶坐賣曰一<漢書·注> ②장수. 상인(商人). 특히 좌상(坐商). ¶百一震動<漢書> ③장사하다. 상품을 매매함. ¶善一市<史記> ④팔다. ㉮값을 받고 물건을 주다. ¶一不至千萬<漢書> ㉯속여서 부당한 이득(利得)을 얻다. ¶極賞則一其上<逸周書> ⑤사다. ㉮값을 치르고 물건을 받다. ¶多錢善一<韓非子> ㉯속여서 부당하게 손에 넣다. ¶用此以一害<左氏傳> ⑥구하다. 찾음. ¶謀於衆 不以一好<國語> ⑦파는 물건. 상품. ¶一用不售<詩經> ② ①값. 가격. ㉠價. ¶命市納一<禮記>/一貴. ②나라 이름. 가백(賈伯). 지금의 산서성(山西省) 임분현(臨汾縣)의 가향(賈鄉).

【賈船】こせん(고선) 장삿배. 商船(상선).
【賈害】こがい(고해) 스스로 재앙을 삼. 화를 자초(自招)함. 賈禍(고화).
▷待一, 富一, 商一, 商農工一, 善一, 市一, 良一, 行一, 豪一

13【賨】 寮(p.444)와 同字

6
13【賂】 뇌물줄 뢰 ㊍로 | 漢ㄌㄨˋ (lu) | ろ(マイナウ) bribe

풀이 ①뇌물 주다. ㉮재물을 주다. 재물을 증여(贈與)함. ¶大一南金<詩經> ㉯몰래 금품을 보내어 청탁하다. ¶驪姬一二五 使言於公<國語> ②뇌물. ㉮선물. ¶齊陳鄭皆有一<左氏傳> ㉯청탁하기 위한 선물. ¶吏有因事受一者 嵩更以錢物賜之<後漢書> ③재화(財貨). ¶以王命 取一而還<左氏傳>

【賂物】(뇌물) 일정한 직무에 있는 사람을 매수(買收)할 목적으로, 넌지시 주는 부정(不正)한 돈이나 물건. 賂賜(뇌사). 賄賂(회뢰).
▷納一, 寶一, 受一, 緩一, 重一, 取一, 貨一, 賄一, 厚一

13【貿】 買(p.1423)의 本字
13【賁】 賁(p.1424)의 本字
13【賁】 賁(p.1424)와 同字

6
13【賃】 품팔이 임 | 漢ㄌㄧㄣˋ (lin) | ちん(ヤトイ) wage

풀이 ①품팔이. 더부살이. 고용인(雇傭人). ¶爲人僕一<史記> ②품팔이하다. 고용됨. ¶徒行負一<揚雄> ③고용(雇用)하다. 삯을 주고 사람을 부림. ④품삯. 노동한 값. ¶一書以營事<南史> ⑤세(貰)내다. 돈을 주고 물건을 임시로 빌어 씀. ¶微生芰葑 即許劌一<蘇軾>

【賃金】ちんぎん(임금) 품삯. 勞賃(노임). 賃銀(임은). 「(임차).
【賃貸】ちんたい(임대) 삯을 받고 빌려 줌. ↔賃借
【賃借】ちんしゃく(임차) 삯을 주고 물건 따위를 빌어 씀. ↔賃貸(임대).
▷家一, 工一, 勞一, 僕一, 負一, 船一, 傭一, 運一, 租一, 車一, 借一, 馱一

6
13【資】 ①재물 자 ②방종할 자 | 漢ㄗ (zi) | し(モト) property

풀이 ① ①재물. 재화. ¶喪亂蔑一<詩經> ②밑천. 자본. ¶受一於上而祠之<管子> ③비용(費用). ¶致馬一於有司<禮記> ④장사하다. 상품(商品)을 매매함. ¶宋人一章甫 而適諸越<莊子> ⑤쌓다. 저장함. ¶如姬一之三年<史記> ⑥주다. 금품을 줌. 또는, 땅을 떼어 줌. ¶王一臣萬金<戰國策> ⑦돕다. 도와 줌. ¶堯何以一汝<莊子> ⑧취(取)하다. 가짐. ¶萬物一始<易經> ⑨의지하다. 의뢰함. ¶一此夙知<顏延之> ⑩보내다. ⑪가져오다. ㊁齎 致. ¶不以翣一<莊子> ⑫의지할 곳. ¶以水爲一<淮南子> ⑬도움. 조력(助力). ¶不善人善人之一<老子> ⑭양식. 양도(糧道). ㉠齎. ¶一窮困<國語> ⑮지위. 관직. ¶不得任清一<唐書> ⑯때. 기회. ¶隨其天一<淮南子> ⑰상복 이름. 재최(齊衰). ㊁齊. ¶爲后服一衰<禮記> ⑱바탕. 재질. 타고난 품성. ㊁齎. ¶又有能致之一<漢書> ⑲날카롭다. 예리함. ¶故陳一斧 而人靡畏<後漢書> ⑳묻다. 물어 봄. ㊁咨. ¶事君先一其言<禮記> ㉑줄다. 줄임. ¶一黍于羊俎兩端<儀禮> ㉒이르다. ㊁至. ¶一冬祈寒<禮記> ② 방종하다. 제멋대로 함. ㉠恣.

【資格】しかく(자격) ①신분. 지위. ②어떠한 신분이나 지위를 얻는 데, 또는 무엇을 가지는 데 필요한 조건.
【資金】しきん(자금) 밑천. 자본금. 資銀(자은).
【資力】しりょく(자력) ①바탕이 되는 힘. ②자산(資産)의 힘. 재력(財力).
【資料】しりょう(자료) 바탕이 되는 재료.
【資本】しほん(자본) 사업의 기본이 되는 돈이나 물자. 밑천. 자본금(資本金). ¶一家/一主義. 「체. 財產(재산).
【資產】しさん(자산) 경제적 가치가 있는 것의 총
【資性】しせい(자성) 타고난 성질. 천성(天性). ¶君侯一喜善疾惡<史記>

【資源】しげん(자원) ①재화(財貨)의 근원. 재원(財源). ②매장되어 있는 광물 또는 수산물 등의 총칭.
【資蔭】しいん(자음) 조상의 덕으로 하는 벼슬. 蔭補(음보). 資廕(자음). ¶今之選擧者 當不限一 唯在得人<周禮>
【資材】しざい(자재) ①만드는 데 필요한 재료. ②타고난 성질. 資財(자재). ¶及能與不能 自有一 何可學也<漢書>
【資質】ししつ(자질) 타고난 성질. 天性(천성). 資性(자성). 資稟(자품). 資品(자품).
▷嫁一, 故一, 軍一, 勞一, 短一, 馬一, 門一, 物一, 班一, 本一, 負薪之一, 不善人者善人之一, 師一, 山一, 英一, 糧一, 天一, 淸一, 投一, 脯一, 稟一, 學一, 合一

13【⿰貝欠】 資(p.1426)와 同字
13【⿱此貝】 ☞貝部 5획(p.1425)
13【賍】 贓(p.1434)의 俗字
13【⿰貝守】 財(p.1420)와 同字

6 13【賊】 도둑 적 | 匣ㄗㄟˊ(zei) ㄗㄜˊ(ze) | ぞく *thief*
풀이 ①도둑. ¶一盜如豺虎<張載> ②해치다. 상하게 함. ¶一夫人之子<論語> ③죽이다. 해침. ¶寇一姦宄<書經> ④훔치다. 강탈함. ⑤으르다. 협박함. ⑥학대하다. 모질게 굶. ¶一賢害民 則伐之<周禮> ⑦헐뜯다. 비방함. ¶稱人之惡 謂之一<春秋繁露> ⑧요괴(妖怪)하다. 요사함. ¶一星不行<淮南子> ⑨역적(逆賊). 반역자. 불충불효(不忠不孝)한 자. ¶誅一臣辟陽侯<史記> ⑩원수. 구적(寇敵). ¶上陣看一<陳書> ⑪적(敵). 전쟁의 상대방. ¶先帝慮漢一不兩立 王業不偏安<諸葛亮> ⑫마디충. 명충(螟蟲)의 애벌레. 벼의 마디를 좀먹는 해충.
【賊魁】ぞくかい(적괴) 적도(賊徒)의 두목(頭目). 賊酋(적추).
【賊黨】ぞくとう(적당) 도적의 무리. 賊徒(적도).
【賊徒】ぞくと(적도) ☞賊黨(적당).
【賊反荷杖】ぞくカエッテツエヲニナウ(적반하장) 도적이 도리어 매를 든다는 뜻으로, 잘못한 사람이 도리어 아무 잘못도 없는 사람에게 시비나 트집을 잡음을 이르는 말.
【賊兵】ぞくへい(적병) 도둑이나 역적의 군대. 또는, 그 병졸.
【賊星】ぞくせい(적성) ①요성(妖星). ¶有天干 有一<呂覽> ②혜성(彗星).
【賊勢】ぞくせい(적세) 적군(賊軍)의 세력. ¶議者欲兩道竝進 以分一<晋書>
【賊臣】ぞくしん(적신) 모반(謀反)한 신하. 또는, 불충(不忠)한 신하. 逆臣(역신). 叛臣(반신). ¶乙巳五一.
【賊心】ぞくしん(적심) 남을 해치려는 마음. ¶嫉妬之人 不得用其一<管子>
【賊子】ぞくし(적자) 아버지를 반역한 흉악한 불효자. 또는, 반역자. ¶孔子成春秋 而亂臣一懼矣<孟子>
▷姦一, 劫一, 寇一, 國一, 老一, 大一, 盜一, 毒一, 鈍一, 木一, 蟊一, 民一, 邦一, 白波一, 山一, 深一, 蛾一, 野一, 女一, 覘一, 逆一, 汚一, 烏一, 妖一, 六一, 陰一, 殘一, 戕一, 長髮一, 讒一, 諜一, 剽一, 海一, 險一, 紅巾一, 禍一, 猾一, 黃巾一, 虧一

13【⿰貝戎】 賊(p.1427)의 本字
13【⿱朿貝】 責(p.1422)의 古字
13【賎】 賤(p.1431)의 略字

6 13【賅】 족할 해 | 匣ㄍㄞ 因(gai) | かい
풀이 ①족하다. 갖추어짐. ¶百骸九竅六藏一而存焉<莊子> ②재화. 재물. ③이상하다. 기이함.

13【⿰亻⿱七貝】 貨(p.1422)와 同字
13【⿰貝光】 貺(p.1426)과 同字
13【⿰貝兇】 貺(p.1426)의 古字

6 13【賄】 뇌물 회 | 匣ㄏㄨㄟˋ (hui) | わい(マイナイ) *bribe*
풀이 ①뇌물. 청탁하려고 주는 재물. ¶亂獄滋豐 一賂竝行<左氏傳> ②선물(膳物). 예물. 호의(好意)로 주는 재물. ¶先事後一禮也<左氏傳> ③예물을 주다. 뇌물을 줌. ¶一用束紡<儀禮> ④재보(財寶). 재화. ¶爾有利市寶一<左氏傳>
【賄賂】わいろ(회뢰) 뇌물(賂物). 사리(私利)를 꾀하여 몰래 보내는 부정(不正)한 재물.
▷方一, 收一, 容一, 貪一, 財一, 贈一, 貨一

13【賉】 卹(p.246)과 同字

7 14【賕】 뇌물 구 | 因ㄑㄧㄡˊ (qiu) | きゅう(マイナイ)
풀이 ①뇌물. 부당 이득을 얻으려고 주는 금품. ¶又恐受一枉法<史記> ②뇌물을 주다. ¶一客楊明<漢書> ③구하다. 담보를 내고 구함. ④바라다. 청(請)함.

14【⿱丣貝】 貿(p.1424)의 本字
14【⿰貝式】 ☞貝部 8획(p.1429)

7 14【賓】 1 손 빈 2 물리칠 빈 | 匣ㄅㄧㄣ 匣 (bin) | ひん(マイナイ) *guest*
풀이 1 ①손. 손님. ¶相敬如一<左氏傳>/國一. ②손으로서 묵다. 체류함.

¶鴻雁來―＜禮記＞ ③손으로 대우하다. ¶以―寡人久矣＜莊子＞ ④존경하다. ¶以禮禮―之＜周禮＞ ⑤인도하다. 通儐. ¶―者以告＜列子＞ ⑥따르다. 복종함. 通并. ¶其不―也久矣＜國語＞ ⑦따르게 하다. 굴복시킴. ¶遣中郎將往―之＜史記＞ ⑧어울리다. 화친함. ¶諸侯―服＜禮記＞ ⑨늘어서다. ¶啓棘―商＜楚辭＞ ⑩사위. ¶―東面答拜＜儀禮＞ ⑪물가. 通濱. ¶率土之―＜漢書＞ ⑫사물의 모양. ⑬살쩍. 뺨 위 귀 앞에 난 털. 通鬢. 2①물리치다. 버림. 通擯 姘. ¶予惟四方罔攸―＜書經＞ ②빈객을 모으다. ¶金路以―＜周禮＞

【賓客】ひんかく(빈객) ①손. 흔히, 賓은 지체가 높은 손, 客은 보통 손을 가리킴. ②문하(門下)의 식객(食客). ③태자(太子)의 시중을 들며 보도(輔導)하던 벼슬.

【賓貢】ひんこう(빈공) ①옛날, 향시(鄕試)를 보려는 선비들을 위해 지방관(地方官)이 잔치를 베푼 일. 賓興(빈흥). ②외국인이 입조(入朝)하여 공물을 바침. ③옛 중국에서, 다른 나라 출신의 공사(貢士). 貢士는 과거(科擧)를 볼 만한 자격자.

【賓雀】ひんじゃく(빈작) 참새. 인가(人家)의 지붕, 처마 등에 집을 지어 마치 손님 같다는 데서 붙인 이름.

【賓天】ひんてん(빈천) 하늘의 빈객(賓客)이 된다는 뜻에서, 천자의 죽음을 이름. ¶度宗―＜齊東野語＞

【賓廳】(빈청) 대신과 비국(備國)의 당상관들이 모여서 회의하던 곳.

▷嘉―, 國―, 群―, 貴―, 內―, 來―, 凡―, 上―, 俗―, 惡―, 野―, 英―, 外―, 龍―, 雜―, 主―, 衆―

14【賔】 賓(p.1427)의 俗字

7/14【賖】 외상으로 살 사 麻ㄕㄜ (she) しゃ (オキノル)

풀이 ①외상으로 사다. ¶凡―者 祭祀無過旬日＜周禮＞ ②멀다. 아득함. ¶寂寂漏方―＜何遜＞ ③느리다. 느릿함. ¶徒使春帶―＜謝朓＞ ④사치하다. 사치. (같)奢. ¶楚楚衣服 戒在窮―＜後漢書＞

14【賒】 賖(p.1428)의 俗字

14【實】 ☞宀部 11획(p.445)

14【賫】 齎(p.1701)와 同字

7/14【賑】 구휼할 진 震ㄓㄣˋ (zhen) しん(スクウ) *relieve*

풀이 ①구휼(救恤)하다. 기민(飢民)을 먹임. 通振. ¶虛郡國倉廩 以―貧民＜史記＞ ②가멸다. 재물이 넉넉함. ¶鄕邑殷―＜張衡＞

【賑貸】しんたい(진대) 생활이 어려운 사람에게 물건을 빌려 줌. ¶―法.

【賑贍】しんせん(진섬) 고아, 과부 등 어려운 사람에게 물건을 나누어 줌. ¶稟郵貧人 ―孤寡＜後漢書＞

【賑恤】しんじゅつ(진휼) 고아, 과부 등 어려운 사람을 불쌍히 여겨 구제함. 救恤(구휼). ¶存問孤寡 ―貧弱＜後漢書＞

▷矜―, 富―, 贍―, 施―, 殷―, 隱―, 存―

14【賄】 賄(p.1427)와 同字

8/15【賡】 이을 갱 庚ㄍㄥ (geng) こう(ツグ) *connect*

풀이 ①잇다. 계승함. ¶―載歌＜書經＞ ②갚다. 보상(補償)함. ¶愚者有不―本之事＜管子＞

【賡酬】こうしゅう(갱수) 남과 시가(詩歌)를 주고받음.

15【賛】 貫(p.1421)과 同字

15【賈】 貴(p.1422)와 同字

8/15【賚】 줄 뢰/래 隊ㄌㄞˋ 灰(lai) らい(タマウ) *bestow*

풀이 ①주다. 하사함. ¶予其大―汝＜書經＞ ②사물(賜物). 하사품. ¶周有大―＜論語＞ ③위로하다. 通勑. ④「시경」(詩經)의 편 이름. 주(周) 무왕(武王)이 주(紂)를 치고 공신을 봉한 일을 노래한 것.

▷眷―, 勞―, 大―, 頒―, 普―, 賻―, 分―, 賜―, 祥―, 賞―, 錫―, 恩―, 振―, 寵―, 褒―, 惠―, 犒―

15【賚】 賚(p.1428)와 同字

8/15【賣】 팔 매 卦ㄇㄞˋ (mai) ばい(ウル) *sell* 本買 略売

풀이 팔다. ㉮값을 받고 물건을 주다. ¶聽―買以質劑＜周禮＞ ㉯속이다. 기만함. ¶自知見―＜史記＞ ㉰배신하다. 내통(內通)함. ¶欲秦趙之相―乎＜戰國策＞ ㉱넓히다. 널리 퍼뜨림. ¶―名聲于天下＜莊子＞

【賣却】ばいきゃく(매각) 팔아 버림.

【賣官賣職】ばいかんばいしょく(매관매직) 돈을 받고 벼슬을 시킴. 賣官鬻爵(매관육작).

【賣國奴】ばいこくど(매국노) 나라를 판 놈.

【賣國賊】ばいこくぞく(매국적) 나라를 판 역적.

【賣渡】ウリワタシ(매도) 팔아 넘김. ↔買入(매입).

【賣買】ばいばい(매매) 팔고 사는 일. 買賣(매매).

【賣名】ばいめい(매명) 이름을 팖. ㉮명의(名義)를 팖. ㉯이름을 세상에 퍼뜨리려고 애씀. ¶以―聲於天下者乎＜莊子＞

【賣文】ばいぶん(매문) 글을 팖. 문장을 지어 주고 보수를 받는 일.

【賣笑婦】ばいしょうふ(매소부) 웃음을 파는 여자.

※賣春婦(매춘부).

【賣藥】ばいやく(매약) ①약을 팖. ②조제하지 않고 상품(商品)으로 포장하여 파는 약.

【賣淫】ばいいん(매음) 여자가 돈을 받고 남자에게 몸을 허락함. 賣春(매춘). 賣姦(매간). ¶一女.

【賣店】ばいてん(매점) 물건을 파는 가게.

【賣主】ばいしゅ(매주) ①파는 사람. ↔買主(매주). ②임금을 팔아먹는 행위. ¶終則一規利 其死固有餘罪<資治通鑑>

【賣盡】(매진) 물건이 전부 팔림.

【賣春】ばいしゅん(매춘) ☞賣淫(매음).

【賣春婦】ばいしゅんふ(매춘부) 매음하는 여자. 娼女(창녀). ※賣笑婦(매소부).

【賣票】(매표) 표를 팖. ¶一所.

▷競一, 沽一, 故一, 叫一, 買一, 發一, 放一, 商一, 略一, 零一, 佑一, 鬻一, 專一, 轉一, 斥一, 投一, 特一, 販一, 衒一

8 15〖賠〗 물어줄 배 | 因ㄆㄟˊ (pei) | ばい(ツグナウ) *indemnify*

【賠償】ばいしょう(배상) 남에게 끼친 손해를 물어 줌. ¶一金.

8 15〖賦〗 구실 부 | 週ㄈㄨˋ (fu) | ふ(ミツギ) *levy*

풀이①구실. 조세(租稅). ¶有一有稅<漢書> ②부역(賦役). 부역에 징발된 사람. ¶以任地事而令貢一<周禮> ③공물(貢物). 세금으로 내는 특산물. ¶厥一惟上上錯<書經> ④공사(貢士). 옛 과거(科擧) 시험 때, 주군(州郡)의 공거(貢擧)에서 뽑힌 선비. ¶迺以臣錯充一<漢書> ⑤펴다. 베풂. ㊂敷. ¶明命使一<詩經> ⑥주다. 나누어 줌. ¶一醫藥<漢書> ⑦받다. 천생적으로 타고남. ¶氣以成形 而理亦一焉<中庸章句> ⑧매기다. 부과함. ¶一於民 食人二鷄子<十八史略> ⑨읊다. 영송(詠誦)함. ¶人有所極 同心一些<楚辭> ⑩시가(詩歌)를 짓다. ¶橫槊一詩<蘇軾> ⑪한문체(漢文體)의 한 가지. 글귀 끝에 운(韻)을 달고 흔히 대(對)를 맞춤. ¶阿房宮一/弔屈原一. ⑫「시경」(詩經) 6의(義)의 하나. 느낀 대로 읊은 것. 육시(六詩). ¶興一比.

【賦課】ふか(부과) ①세금을 매김. 조세를 할당함. ¶一金. ②부담하여 맡게 함.

【賦金】ふきん(부금) ①부과된 돈. ②분납금(分納金). 나누어 내는 돈.

【賦與】ふよ(부여) 나누어 줌. 안겨 줌.

【賦役】ふえき(부역) ①조세(租稅)와 부역(夫役). 국세(國稅)의 총칭. ②청(淸)대의 전조(田租).

▷更一, 貢一, 課一, 九一, 口一, 丘一, 薄一, 辭一, 算一, 常一, 稅一, 詩一, 年一, 月一, 田一, 征一, 租一, 天一, 逋一, 會一, 厚一

15〖貸〗 賦(p.1429)와 同字

8 15〖賜〗 줄 사 | 寘ㄙˋ (si) | し(タマウ) *bestow*

풀이①주다. ㉮하사하다. ¶凡一君子與小人 不同日<禮記> ㉯은혜를 베풀다. ¶非相爲一<公羊傳> ㉰분부하다. 명령함. ¶一卿大夫士爵<周禮> ②은덕(恩德). 은혜. ¶報一以力<國語> ③다하다. ㊂澌. ¶若循環之無一<潘岳>

【賜暇】しか(사가) 휴가를 줌. 말미를 줌.

【賜暇讀書】(사가독서) 조선 때, 임금이 젊은 중신(重臣)에게 독서할 말미를 줌. 또는, 그 독서. ※湖堂(호당).

【賜鈇鉞】ふえつをたまわる(사부월) 도끼를 하사(下賜)한다는 뜻으로, 임금이 출정(出征)하는 장수에게 생살 여탈권(生殺與奪權)의 상징으로 부월을 주던 일. 대장군으로 임명함을 이름. 鈇鉞은 작은 도끼와 큰 도끼. ¶諸侯賜弓矢然後征 一然後殺<禮記>

【賜不趨】ふすうをたまわる(사불추) 조정 안에서 추창(趨蹌)하지 않아도 좋다는 허락을 내림. 공신(功臣)에 대한 특별한 예우. 趨蹌은 웃사람 앞에서 예도(禮度)에 맞추어 허리를 굽혀 빨리 걷는 것.

【賜死】しし(사사) 임금이 중죄인에게 자결을 명함. ※賜藥(사약).

【賜姓】しせい(사성) 나라에서 성(姓)을 내림.

【賜顔】しがん(사안) 밝은 얼굴로 신하를 대함.

【賜謁】しえつ(사알) 임금이 신하에게 알현(謁見)할 기회를 줌.

【賜額】しがく(사액) 임금이 사원(祠院) 등에 이름을 지어 내려 줌. 또는, 그 현액(懸額). ¶一書院.

【賜藥】しやく(사약) 임금이 독약을 내려 죽게 함. ※賜死(사사).

【賜田】しでん(사전) 공신(功臣)에게 하사한 전지(田地).

【賜第】(사제) ①특별히 과거 급제자와 똑같은 자격을 내려 줌. ②나라에서 집을 하사(下賜)함.

▷嘉一, 顧一, 眷一, 給一, 勞一, 拜一, 分一, 散一, 賞一, 膳一, 受一, 飫一, 榮一, 遺一, 恩一, 贈一, 賑一, 天一, 寵一, 特一, 褒一, 下一, 惠一, 厚一

8 15〖賞〗 상줄 상 | 養ㄕㄤˇ (shang) | しょう(ホメル) *praise*

풀이①상을 주다. ¶一上報下之功也<墨子> ②기리다. 찬양함. ¶善則一之<左氏傳> ③상(賞). 기리는 뜻에서 주는 표적. ¶一延于世<書經> ④즐기다. 완상(玩賞)함. ¶奇文共欣一<陶潛> ⑤주다. 증여(贈與)함. ¶一越人章甫<淮南子> ⑥높이다. 숭상함. ㊂尙. ¶一賢使能以次之<荀子> ⑦권하다. 권장함. ¶一韓王以近河外<戰國策> ⑧품평(品評)하다. ¶眞一殆絕<南史> ⑨감식(鑑識)하다. 감상(鑑賞)함. ¶一識之下 率爲聞人<宋史>

【賞味】しょうみ(상미) 칭찬하며 맛봄. 맛있게 먹음.

【賞盃】しょうはい(상배) 상으로 주는 잔. 우승컵.

【賞罰】しょうばつ(상벌) 상과 벌. 賞刑(상형).

【賞與】しょうよ(상여) ①상으로 물품을 줌. 또는, 그 물품. ②☞賞與金(상여금).
【賞與金】しょうよきん(상여금) 일정한 급료 이외에 노고를 위로하여 주는 돈. 보너스. 賞與(상여)②.
【賞狀】しょうじょう(상장) 상으로 주는 증서.
【賞典】しょうてん(상전) ①상으로 받은 물품. 賞品(상품). ②상여의 규정. 賞格(상격).
【賞讚】しょうさん(상찬) 기림. 칭찬함.
【賞歎】しょうたん(상탄) 탄복하여 크게 칭찬함. ¶爲翰林學士 敏文辭 憲宗特所—<唐書>
【賞牌】しょうはい(상패) 상으로 주는 패.
【賞刑】しょうけい(상형) ☞賞罰(상벌).
【賞勳】しょうくん(상훈) 공훈을 칭찬함. 공훈이 있는 사람에게 상을 줌.
▷嘉—, 鑑—, 激—, 擊—, 觀—, 購—, 軍—, 濫—, 妄—, 懋—, 拔—, 上—, 受—, 授—, 信—必罰, 幽—, 游—, 恩—, 爵—, 旌—, 誅—, 重—, 嗟—, 讚—, 稱—, 擢—, 歎—, 探—, 褒—, 行—, 懸—, 厚—, 欣—

15〖賬〗帳(p.504)의 俗字

8 15〖賨〗공물 종 | 图ㄘㄨㄥˊ(cong) | そう *tribute*

풀이 ①공물(貢物). 중국의 남만(南蠻)에서 바치는 공물과 부세(賦稅). ¶歲令大人輸布一匹 小口二丈 是謂—布<後漢書> ②파이(巴夷). 중국 파주(巴州)에 살고 있는 토인(土人). ¶奮之則—旅<左思>

15〖賩〗賨(p.1430)과 同字

8 15〖賙〗진휼할 주 | 㘝ㄓㄡ(zhou) | しゅう *relieve*

풀이 ①진휼(賑恤)하다. 기민(飢民) 먹임. 通周. ¶欲令—餼之<詩經·注> ②주다. 나누어 줌. ③보태다. 보태어 채움. ¶五黨爲州 使之相—<周禮> ④거두다. 손에 넣음.

8 15〖質〗
1 바탕 질 | 質ㄓˊ(zhi) | しつ(モト) *disposition*
2 볼모 질 本지 | 質ㄓˋ(zhi) | しち
3 폐백 지 | 質 | ち

풀이 1 ①바탕. 꾸미지 않은 본연 그대로의 성질. ¶大圭不磨 美其—也<禮記> ②진실. 通實. ㉮사실(事實). ¶子貢以其—告<大戴禮> ㉯성실(誠實). ¶要盟無—<左氏傳> ㉰맹세. 맹약(盟約). ¶先主與吳王有—<左氏傳> ③순진하다. 순박함. ¶遺華反—<陸雲> ④본성(本性). 품성(稟性). ¶太素者—之始也<列子> ⑤뿌리. 근본(根本). ¶君子義以爲—<論語> ⑥몸. 실체(實體). ¶原始要終 以爲—也<易經> ⑦모양. 형체. ¶此人者—壯以秋冬<素問> ⑧적게 하다. ¶君子多聞—而守之<禮記> ⑨진중하다. ¶雖齊魯諸儒—行 皆自以爲不及也<漢書> ⑩아름답다. 좋음. ¶青黃白墨 莫不—良<淮南子> ⑪슬기롭다. 현명함. ¶王公之子弟之—<國語> ⑫바르다. 通準. ¶—明行事<儀禮> ⑬바루다. 바로잡음. ¶喜—我於人中<呂覽> ⑭이루다. 이루어짐. ¶虞芮—厥成<詩經> ⑮정하다. 경정함. ⑯당하다. 맞섬. ¶君子於其所尊弗敢—<禮記> ⑰묻다. 따져 물음. 通詰. ¶爰—所疑<太玄經> ⑱답하다. 응답함. ¶雖—君之前<禮記> ⑲과녁. 표적. ¶先者則後者之弓矢—的也<淮南子> ⑳어음. 증권. 通札. ¶聽賣買以—劑<周禮> ㉑모탕. 형구(刑具)의 한 가지. 죄인의 목을 자를 때 받치는 나무 토막. ¶解衣伏—<史記> ㉒칼. 도끼. ¶今臣之智 不足以當椹—<史記> ㉓줌통. 활의 손잡이. ¶弓繡—<公羊傳> ㉔주인. 우두머리. ¶因以己爲—<莊子> ㉕삼가다. 조심함. ㉖주춧돌. 기초(基礎). ¶以鍊銅爲柱—<戰國策> ㉗보증하다. 보증. ¶以順子爲—<戰國策> 2 ①볼모. 인질(人質). ¶周鄭交—<左氏傳> ②저당. 저당 잡힘. 3 폐백(幣帛). 예물(禮物). 通贄 摯. ¶錯—之臣<荀子>

【質家】しつか(질가) 실질(實質)에 중점을 둔 왕조(王朝). ¶王者受命 —先伐 文家先改正朔何<白虎通> ↔文家(문가).
【質訥】しつとつ(질눌) 꾸밈이 없고 눌변(訥辯)임. 진실하고 입이 무거움. 木訥(목눌). ¶性—而好學<魏志>
【質問】しつもん(질문) 모르거나 의심나는 점을 물음. ¶—大義<漢書>
【質朴】しつぼく(질박) 꾸밈이 없이 순박함. 검소함. 素朴(소박). 質樸(질박). ¶賢爲人—少欲<漢書>
【質勝文則野】しつぶんにカテバスナワチや(질승문즉 야) 실질이 예문(禮文)을 앞지르면 상스럽고 천하다는 뜻으로, 바탕과 문식(文飾)이 어우러져야 함을 이름. ¶子曰 — 文勝質則史 文質彬彬 然後君子也<論語>
【質疑】しつぎ(질의) 의심나는 것을 물음.
【質而不俚】しつニシテリナラズ(질이불리) 질박(質朴)하면서도 저속하지 아니함. 俚는 鄙. ¶辨而不華 —<漢書>
【質子】ちし(질자) ①볼모. ②자식을 볼모로 잡힘.
【質的】しつてき(질적) ①과녁. 射的(사적). ②실질의 방면. 내용의 방면.
【質正】しっせい(질정) 시비(是非)를 바로잡음.
【質定】しってい(질정) 여러 모로 사리를 따지고 헤아려서 작정함.
▷剛—, 交—, 謹—, 奇—, 氣—, 器—, 陋—, 文—, 物—, 美—, 朴—, 樸—, 訪—, 伏鈇—, 本—, 上—, 尙—, 瑞—, 纖—, 性—, 聖—, 誠—, 素—, 淑—, 淳—, 實—, 心—, 弱—, 麗—, 軟—, 廉—, 艷—, 叡—, 玉—, 瑤—, 容—, 委—, 遺華反—, 異—, 咨—, 資—, 才—, 材—, 載—, 柱—, 直—, 天—, 賤—, 體—, 稚—, 蒲

柳—, 品—, 稟—, 形—

15〖賛〗 贊(p.1433)의 略字

8/15〖賤〗 천할 천 | ㄐㄧㄢˋ (jian) | せん(イヤシイ) *mean*

풀이 ①천하다. ㉮값이 싸다. ¶穀—傷農<漢書> ㉯신분이 낮다. ¶貧與— 是人之所惡也<論語> ㉰자기 겸칭(謙稱)의 접두어. ¶—子歌 — 言<鮑照>/—妾. ②천히 여기다. ㉮업신여기다. 경멸함. ¶不貴異物—用物<書經> ㉯미워하다. 증오함. ¶下危則—上<荀子> ㉰버리다. 쓰지 아니함. ¶是以君子—之也<禮記> ③신분이 낮은 사람. ¶以辨其貴—老幼廢疾<周禮> ④쓰이지 않게 되다. 쓸모 없게 됨. ¶已用則—<太玄經>

【賤格】せんかく(천격) ①천한 품격. ②☞賤骨(천골).

【賤骨】せんこつ(천골) 비천하게 생긴 골격. 賤格(천격)②. ↔貴骨(귀골).

【賤妓】せんぎ(천기) ①천한 기생. ②기생이 저를 낮추어 이르는 말.

【賤奴】せんど(천노) ①천한 종. ②남을 멸시하여 이르는 말.

【賤待】(천대) 업신여겨 푸대접함. 함부로 다룸.

【賤民】せんみん(천민) 천한 백성.

【賤視】(천시) 업신여김. 천하게 여김.

【賤役】せんえき(천역) 천한 일. 또는, 천한 일을 하는 사람.

【賤人】せんじん(천인) 천한 사람. 신분이 낮은 사람. ↔貴人(귀인).

【賤質】せんしつ(천질) ①천한 품성(品性). 천한 바탕. 賤品(천품). ¶以— 自絕豪友耳<後漢書> ②자기 자질의 겸칭.

【賤妾】せんしょう(천첩) ①천한 계집종. 下女(하녀). ②편지 등에서, 아내가 남편에 대해 스스로를 낮추는 말.

【賤出】(천출) 천한 출신. 庶出(서출).

▷困—, 窮—, 貴—, 羈—, 陋—, 微—, 卑—, 貧—, 幽—, 下—

15〖賫〗 賤(p.1431)의 古字

8/15〖賢〗 어질 현 | ㄒㄧㄢˊ (xian) | けん(カシコイ) *wise*

풀이 ①어질다. ㉮재지(才智)와 덕행(德行)이 있다. ¶使仁者佐—者<穀梁傳> ㉯성인(聖人) 버금갈 만한 재덕(才德)이 있다. ¶—者 亞聖之名<荀子·注> ②어진 사람. 재지와 덕행이 뛰어난 사람. ¶野無遺—<書經> ③착하다. 선량함. ¶必以肆奢爲—<張衡> ④낫다. 서로 견주어 좋은 점이 더 많음. ¶某—於某若干純<禮記> ⑤가멸다. 재물이 넉넉함. ¶— 貨貝多於人也<六書故> ⑥많다. ¶—於千里之地<呂覽> ⑦지치다. 애씀. ¶我從事獨—<詩經> ⑧두텁다. 정의(情誼)가 남다름. ¶—於兄弟<戰國策> ⑨존경하다. 어진이로 대우함. ¶—賢易色<論語> ⑩재물을 나누어 어려운 사람을 구제하는 일. ¶以財分人 謂之—<莊子> ⑪남에 대한 존칭. ¶此—何獨如此<魏書>

【賢關】けんかん(현관) 현자(賢者)가 되기 위하여 통과하는 관문이라는 뜻으로, 현인의 자리에 있음. 또는, 학행(學行)이 깊어짐을 이르는 말. ¶幾年深道要 —擧過—<錢起>

【賢君】けんくん(현군) 어진 임금. 賢主(현주).

【賢能】けんのう(현능) ①똑똑하고 유능함. 또는, 그 사람. ②덕(德)이 있는 사람과 재능이 있는 사람.

【賢達】けんたつ(현달) 현명하고 사물에 통달함. 또는, 그 사람. ¶自來彌世代 —不可紀<謝靈運>

【賢臺】けんだい(현대) 편지 등에서, 남에 대한 존칭. 賢兄(현형). 大兄(대형).

【賢良】けんりょう(현량) ①어질고 착함. ②한(漢), 당(唐) 이후 과거(科擧) 과목의 한 가지. 賢良科(현량과).

【賢明】けんめい(현명) 어질고 사리에 밝음.

【賢母】けんぼ(현모) ①어진 어머니. ¶—良妻. ②남의 어머니에 대한 경칭.

【賢輔】けんぽ(현보) 어진 보좌역(輔佐役). 어진 재상. 賢相(현상). 賢佐(현좌).

【賢相】けんそう(현상) 어진 재상. 賢輔(현보). 賢宰(현재).

【賢聖】けんせい(현성) ①현명하고 성스러움. 또는, 지덕(智德)이 뛰어난 사람. ②현인(賢人)과 성인(聖人).

【賢淑】けんしゅく(현숙) 여자가 어질고 착함. 현명하고 정숙함.

【賢臣】けんしん(현신) 어진 신하.

【賢彥】けんげん(현언) 어진 선비. 賢士(현사). 俊彥(준언). 英彥(영언).

【賢英】けんえい(현영) 어질고 뛰어난 사람. 훌륭한 인물. 賢豪(현호). ¶致天下—士大夫<漢書>

【賢愚】けんぐ(현우) 어짊과 어리석음. 영리함과 우둔함. 또는, 현인(賢人)과 우인(愚人).

【賢人】けんじん(현인) ①어진 사람. 현명한 사람. 賢者(현자). ②재덕(才德)을 겸비하여 성인(聖人) 버금가는 사람. ③탁주(濁酒)의 이칭. ¶淸者爲聖人 濁者爲—<魏志> ↔聖人(성인).

【賢者】けんじゃ(현자) 어진 사람. 賢人(현인)①.

【賢弟】けんてい(현제) 어진 아우라는 뜻으로, 아우뻘이 되는 사람을 대접하여 이르는 말. 편지 등에서 씀.

【賢察】けんさつ(현찰) 남의 살핌의 겸칭. ¶高第—數人校出<潘岳>

【賢哲】けんてつ(현철) ①어질고 사리에 밝음. ¶無私—之臣 無私智能之士<韓非子> ②현인(賢人)과 철인(哲人).

【賢閤】(현합) 남의 아내의 존칭.

▷高—, 群—, 矜—, 大—, 名—, 上—, 尙—, 先—, 聖—, 英—, 雄—, 遺—, 儒—, 自—, 前—, 竹林七—, 俊—, 衆—, 至—, 眞—, 忠—

16〖貿〗 貴(p.1422)의 本字

9 16 【賭】 걸 도 | 漢ㄉㄨˇ (du) | と(カケル) *gamble*

풀이 ①걸다. 승부(勝負)에 금품 따위를 댐. ¶與玄圍棊 一別墅＜晋書＞ ②노름. 내기. 도박(賭博). ¶一博.

【賭博】とばく(도박) 노름. 賭賽(도새).

【賭賽】とさい(도새) ☞賭博(도박).

【賭租】(도조)韓 남의 논밭을 얻어 부치고 세(貰)로 해마다 내는 벼. 賭地(도지).

【賭地】(도지)韓 ①도조(賭租)를 내는 논밭이나 집터. ②☞賭租(도조).

▷決一, 競一, 交一, 攤一

9 16 【賴】 힘입을 뢰 | 漢ㄌㄞˋ (lai) | らい(タヨル) *rely on*

풀이 ①힘입다. 의뢰함. ㉮믿다. 의지함. ¶萬世永一＜書經＞ ㉯입다. 도움을 입음. ¶實永饗而一之＜國語＞ ㉰얻다. 이득을 봄. ¶臣何一於鼓＜國語＞ ②기댐. 의지(依支). 의뢰. ¶百姓嗷然無生一矣＜晋書＞ ③이득. 이익. ¶君得其一＜國語＞ ④착하다. 선량함. ¶富歲子弟多一＜孟子＞ ⑤게을리 하다. 通 嬾. ⑥다행히. ¶一其徒相與守之 卒有立於天下＜韓愈＞ ⑦문둥병. 나병(癩病). 같 癩. ⑧원수. 적(敵). ⑨나라 이름. 춘추 시대 나라. 通 厲. ¶遂滅一＜春秋＞

【賴子】らいし(뇌자) 이익을 가로채고도 부끄러움을 모르는 사내. 나쁜 짓만 하고 뻔들거리는 사내. 無賴漢(무뢰한).

【賴天】らいてん(뇌천) 하늘의 은혜를 입음. ¶皇子一 能勝衣趨拜＜史記＞

【賴婚】らいこん(뇌혼) 약혼한 뒤에 그 혼사를 후회하는 일. ¶甚至釀成強娶一之訟＜吾學錄＞

▷嘉一, 慶一, 多一, 戴一, 無一, 附一, 庇一, 憑一, 屬一, 順一, 恃一, 信一, 安一, 悅一, 永一, 委一, 依一, 倚一, 親一, 忻一

16 【頼】 賴(p.1432)의 俗字

9 16 【賵】 보낼 봉 | 漢ㄈㄥˋ (feng) | ぼう *send*

풀이 ①보내다. ②선물. 장례를 돕기 위해 거마, 비단 따위를 보내는 것. ¶一者蓋以馬以乘馬束帛＜公羊傳＞

【賵賻】ぼうふ(봉부) 부의(賻儀)를 보냄. 또는, 그 물건. 賵은 거마(車馬), 賻는 재화(財貨). 賵贈(봉증). ¶車馬曰賵 貨財曰賻 衣被曰襚＜公洋傳＞

【賵弔】ぼうちょう(봉조) 부의(賻儀)를 보내어 조상(弔喪)함.

【賵贈】ぼうぞう(봉증) ☞賵賻(봉부).

▷艱一, 歸一, 賻一, 禮一, 贈一

16 【䞍】 賾(p.1432)과 同字

10 17 【購】 살 구 | 漢 ㄍㄡˋ 因(gou) | こう(アガナウ) *buy*

풀이 ①사다. ㉮값을 치르고 사들이다. ¶一買斷缺揮練繒＜蘇軾＞ ㉯현상금(懸賞金)을 내걸고 구하다. ¶吾聞漢一我頭千金邑萬戶＜漢書＞ ㉰보상(補償)하다. 상당한 값을 물어 줌. ②물쑥. 엉거시과의 여러해살이풀. ③화해하다. 화친(和親)함. 通 講. ¶北一於單于＜史記＞

【購讀】こうどく(구독) 서적, 신문, 잡지 등을 사서 읽음. 購覽(구람).

【購買】こうばい(구매) 물건을 삼. 購入(구입).

【購入】こうにゅう(구입) 물품을 사들임. 購買(구매).

▷開一, 急一, 博一, 希一

17 【䞇】 贅(p.1428)와 同字

17 【𧶠】 賣(p.1428)의 本字

10 17 【賻】 부의 부 | 漢ㄈㄨˋ (fu) | ふ

【賻儀】ふぎ(부의) 초상집에 부조로 보내는 돈이나 물건. ¶一金.

▷給一, 薄一, 法一, 賵一, 弔一, 助一, 贈一

10 17 【賽】 굿할 새 | 漢ㄙㄞˋ (sai) | さい *exorcise*

풀이 ①굿하다. 베풀어 준 은혜에 감사하여, 신불(神佛)에게 올리는 제사. 通 塞. ¶冬一禱祠＜史記＞ ②우열(優劣)을 겨루다. 승부를 겲. ¶一饌木盤簇＜韓愈＞

【賽社】さいしゃ(새사) 농사가 끝나고 토지의 신에게 감사하는 굿.

【賽神】さいしん(새신) 신(神)에게 감사하는 제사. ¶到家更約西隣女 明日湖橋看一＜陸游＞

【賽錢】さいせん(새전)(佛) 신불(神佛)에게 참배하고 돈을 바침. 또는, 그 돈.

▷告一, 祈一, 答一, 禱一, 報一, 嗣一, 秋一, 春一

10 17 【賾】 깊숙할 색 | 漢ㄗㄜˊ (ze) | さく(オギロ) *profound*

풀이 깊숙하다. 심오(深奧)함. 또는, 그 도리(道理). 通 嘖. ¶聖人有以見天下之一＜易經＞

10 17 【賸】 남을 잉·싱 本 승 | 漢ㄕㄥˋ 漢(sheng) | よう(アマル) じょう *remain*

풀이 ①남다. 나머지. 같 剩. ②늘다. 증가함. ③둘. 쌍(雙). ④보내다. ⑤되는 대로 맡기다. 그대로 둠. 같 儘. ¶景陽宮井一堪悲＜李商隱＞

【賸魄殘魂】ようはくざんこん(잉백잔혼) 아직 살아 남은 노인.

【賸馥】ようふく・じょうふく(잉복) 남은 향기. 餘香(여향). ¶殘膏一 沾丐後人多矣＜唐書＞

【賸語】じょうご(잉어) 허튼 소리. 쓸데없는 말. 贅言(췌언). ¶至三百餘言 其文無一一 世

尤以爲難也<聞見後錄>

17【贅】 資(p.1426)와 同字

10
17【賺】 속일 잠·렴 | 陷ㄓㄨㄢˋ 鹽(zhuan) | たん *deceive* れん

17【賫】 齎(p.1701)와 同字

18【賞】 商(p.301)과 同字

18【賾】 賾(p.1432)의 俗字

18【贓】 臟(p.1434)의 本字

18【贈】 贈(p.1433)의 略字

11
18【贄】 1 폐백 지 2 움직이지 않을 얼 | 寘ㄓˋ 屑(zhi) | し *gift* げつ

풀이 1 폐백(幣帛). 면회할 때 가지고 가는 예물(禮物). ¶男— 大者玉帛…女— 不過榛栗棗脩<左氏傳> 2 움직이지 아니하다. 움직이지 않는 모양.

▷禮—, 委—, 執—

11
18【贅】 혹 췌 | 霽ㄓㄨㄟˋ (zhui) | ぜい(コブ) *lump*

풀이 ①혹. 영류(癭瘤). ¶附—縣疣<莊子> ②군더더기. ㉮쓸모 없다. ¶無用之—言也<近思錄> ㉯번거롭다. 말이 장황함. ¶問一告二 謂之—<曾鞏> ㉰행동이 온당하지 않다. ¶餘食—行<老子> ③전당 잡히다. 물품이나 사람을 저당하고 금전을 빎. ¶民待賣爵—子 以接衣食<漢書> ④회유(懷柔)하다. 물건을 주어 달램. ¶大臣之—下而射人心者必多矣<管子> ⑤꿰매다. 옷을 기움. 通綴. ¶虎賁—衣<後漢書> ⑥데릴사위가 되다. 데릴사위. ¶家貧子壯則出—<漢書> ⑦잇다. 연속함. ¶—路在阼階面<書經> ⑧꾸짖다. 미워함. ¶反離群而—肬<楚辭> ⑨목뼈. 경추(頸椎). ¶句—指天<莊子> ⑩모이다. 모음. 通最. ¶又置大—官<漢書> ⑪얻다. 취득(取得)함. ⑫붙다. 속(屬)함. ¶具—卒荒<詩經> ⑬정(定)하다. ⑭갖추다.

【贅客】(췌객) 韓 어떤 집안에 장가든 사람을, 그 집에 대한 관계로 일컫는 말.

【贅居】(췌거) 처가살이를 함. 또는, 처가살이.

【贅辭】ぜいじ(췌사) ☞贅言(췌언).

【贅壻】ぜいせい(췌서) ①처가에서 기식(寄食)하는 일. ②데릴사위. 贅子(췌자).

【贅言】ぜいげん(췌언) 군말. 실없는 말. 贅談(췌담). 贅辯(췌변). 贅辭(췌사). 贅語(췌어). ¶無用之—也<近思錄>

▷句—, 附—, 疣—, 瘤—, 出—

19【賸】 購(p.1432)와 同字

12
19【贉】 선금 담 | 感ㄉㄢˋ (dan) | たん *prepayment*

풀이 ①선금(先金). 선돈. ②옥지(玉池). 두루마리를 표구하는 비단. 또는, 그 표구. ¶隋唐藏書 皆金題錦—<米芾>

12
19【贇】 예쁠 빈 本윤 | 眞ㄩㄣ (yun) | いん

19【賦】 贇(p.1433)과 同字

19【贗】 贗(p.1434)의 訛字

19【贘】 遺(p.1499)의 俗字

19【賊】 財(p.1420)와 同字

12
19【贈】 보낼 증 | 徑ㄗㄥˋ (zeng) | そう(オクル) *send*

풀이 ①보내다. ㉮선물(贐物)하다. ¶雜佩以—之<詩經> ㉯일러 보내다. 글을 적어 보냄. ¶何以—我<禮記> ㉰관위(官位)를 추사(追賜)하다. ¶薄葬不受爵—<後漢書> ㉱조상(弔喪)하다. ¶主人—而祝宿虞尸<禮記> ㉲내몰다. 내쫓음. ¶以—惡夢<周禮> ②선물. ③보태다. 재물을 주어 늘림. ¶以—申伯<詩經> ④맞다. 적합함.

【贈封】ぞうほう(증봉) 봉호(封號)를 내림.

【贈諡】ぞうし(증시) 임금이 시호(諡號)를 내림.

【贈與】ぞうよ(증여) ①선물로 줌. ②재산을 거저 남에게 주는 법률상의 행위. ¶—稅.

【贈呈】ぞうてい(증정) 남에게 물품 등을 드림. 寄贈(기증). ¶—品.

【贈職】ぞうしょく(증직) 종 2 품 이상 관원의 부(父)·조부·증조부나, 충신·효자 및 학행이 높은 이가 죽은 뒤에 관직과 품계를 추증(追贈)한 일. ↔顯職(현직).

【贈賄】ぞうわい(증회) ①선물함. 또는, 그 물품. ¶自郊勞至于—<左氏傳> ②뇌물(賂物)을 보냄.

▷寄—, 賵—, 分—, 受—, 酬—, 宸—, 遺—, 賻—, 追—, 顯—, 貺—, 賄—

19【贈】 贈(p.1433)과 同字

12
19【贊】 도울 찬 | 翰ㄗㄢˋ (zan) | さん(タスケル) *assist*

풀이 ①돕다. 조력함. ¶能—大事<左氏傳> ②뵙다. 뵘. ③이끌다. 인도함. ¶太史—王<國語> ④추천하다. 드러냄. ¶朔自—<漢書> ⑤알리다. 고(告)함. ¶伊陟—于巫咸<書經> ⑥밝히다. ¶—大行曰圭<禮記> ⑦기리다. 칭찬함. ¶下詔褒—<魏志> ⑧전달하다. 군명(君命)을 출납(出納)함. ¶宰自主人之 —命<儀禮> ⑨찬성하다. 같 讚. ¶明賢—成<魏書> ⑩참가하다. 참여함. ⑪문체(文體)의 한 가지. 인물의 행적을 가리거나 역사를 논평하는 글. 通讚. ¶雜—/哀—/史—. ⑫시중

들다. 옆에서 도움. ¶吾未嘗敢不從賓一也＜史記＞
【贊同】さんどう(찬동) 다른 사람의 의견에 동의함. 贊成(찬성)①.
【贊否】さんぷ(찬부) 찬성과 불찬성.
【贊成】さんせい(찬성) ①☞贊同(찬동). ②㊥ 조선 때 의정부(議政府)의 종1품 벼슬. 3정승 바로 밑으로 좌·우찬성이 있었음. 貳相(이상).
【贊揚】さんよう(찬양) 칭찬하여 드러냄. 讚揚(찬양).
【贊意】さんい(찬의) 찬성하는 뜻.
【贊畫】さんかく(찬획) 도와서 꾀함.
▷光一, 勸一, 輔一, 扶一, 敷一, 毗一, 宣一, 異一, 翊一, 自一, 絶一, 參一, 天一, 稱一, 協一, 弘一, 恢一

19〖贅〗 弊(p.528)와 同字

20〖寶〗 ☞宀部 17획(p.449)

13/20〖贍〗 넉넉할 섬 |豔ㄕㄢˋ (shan)|せん enough
풀이 ①넉넉하다. ㉮부족함이 없다. ¶力不一也＜孟子＞ ㉯많다. 풍부함. ¶文一而事詳＜後漢書＞ ②구휼(救恤)하다. 기민(飢民) 먹임. ¶祿俸所資 皆以一給九族＜晉書＞ ③돕다. 구조함. ¶賁自一育＜吳志＞ ④보태다. 부족한 것을 채움. ¶動合無形 一足萬物＜史記＞
【贍富】せんぷ(섬부) 흡족하고 풍부함.
【贍振】せんしん(섬진) 물품을 주어 도움. 진휼(賑恤)함. 贍賑(섬진). ¶散財竭產 以相一＜北史＞
【贍學田】(섬학전)㊥ 고려·조선 때의 장학(奬學) 제도. 국자감(國子監) 또는 성균관(成均館) 등에 경비(經費) 충당으로 지급한 토지. 學位田(학위전). 學田(학전).
【贍學錢】(섬학전)㊥ 고려 때의 장학금. ※贍學田(섬학전).
▷富一, 賑一, 豊一

20〖罌〗 ☞缶部 14획(p.1196)

13/20〖贏〗 남을 영 |庚ㄧㄥˊ (ying)|えい remain
풀이 ①남다. 나머지. 잉여(剩餘). ¶常須稍存一餘 以備不虞＜小學＞ ②벌다. 돈을 벎. 이득(利得). ¶賈而欲一 而惡囂乎＜左氏傳＞ ③지나치다. 과도(過度)함. ¶撟幹欲孰於火而無一＜周禮＞ ④나아가다. ¶一縮轉化＜國語＞ ⑤자라다. 성장함. ¶孟春始一＜淮南子＞ ⑥성(盛)하다. ¶天地始肅 不可以一＜淮南子＞ ⑦풀다. 通緢. ⑧받다. 자리잡음. 通廮. ¶以隸人之垣 以一諸侯＜左氏傳＞ ⑨싸다. 通籯. ¶一糧而趣之＜莊子＞ ⑩지다. 짊어짐. ¶一三日之糧＜荀子＞ ⑪이기다. 나음. ¶爭言鬪草一＜陸游＞ ⑫넘치다. 가득참. 通嬴.

▷薄一, 輸一, 餘一, 縮一, 豊一

14/21〖贔〗 힘쓸 비 |寘ㄅㄧˋ (bi)|ひ put forth
풀이 ①힘쓰다. 노력하는 모양. ¶一屭. ②성내다. 노(怒)함. ㉠悲. ¶奸回內一＜左思＞ ③큰 거북. 일설에는 암자라. ¶雌鼇爲一＜集韻＞ ④편들다. 역성듦.

14/21〖贐〗 전별할 신 |震ㄐㄧㄣˋ (jin)|しん
풀이 ①전별(餞別)하다. ②노자(路資). ¶行者必以一＜孟子＞ ③예물(禮物). 모임 때 주는 재물.

21〖贉〗 遺(p.1499)와 同字

14/21〖贓〗 장물 장 |陽ㄗㄤ (zang)|ぞう plunder
풀이 ①장물(贓物). 부정한 수단으로 얻은 물품. 훔친 물품. ¶今一物先得而後訊其辭＜魏志＞ ②숨기다. 감춤. ③뇌물을 받다. 수회(收賄)함. ¶欵犯一私反叛＜福惠全書＞
【贓物】ぞうぶつ(장물) 범죄 행위로 얻은 물건. 부정한 수단으로 얻은 물건. 贓品(장품). ¶一取得罪.
【贓錢】(장전) 부정하게 취한 돈.
▷姦一, 犯一, 宿一

21〖贒〗 賢(p.1431)의 古字

22〖贕〗 贍(p.1434)과 同字

15/22〖贖〗 속 바칠 속 |沃ㄕㄨˊ (shu)|しょく hedeem
풀이 ①속 바치다. 재물을 바치고 죄를 면제받음. ¶金作一刑＜書經＞ ②바꾸다. 물물 교환함. 무역함. ¶解左驂一之＜史記＞ ③잇다. 通續. ¶昔原大夫一桑下絶氣＜後漢書＞ ④가다. 떠남. ¶一蟄蟲卵菱＜管子＞ ⑤전당 잡힌 것을 되찾다.
【贖良】しょくりょう(속량) ①노예를 풀어 주어 양민(良民)이 되게 함. 贖身(속신). ②☞贖罪(속죄). ③남의 환난(患難)을 대신하여 받음. 「또는, 그 돈.
【贖錢】しょくせん(속전) 돈을 내고 형벌을 벗어남.
【贖罪】しょくざい(속죄) ①재물을 내고 죄를 면하는 일. 贖良(속량)②. 贖刑(속형). ②예수가 인류를 대신하여 십자가(十字架)에 못 박혀 죽음으로써 인류의 죄를 대속(代贖)한 일. ¶一羊.
▷極一, 赦一, 收一, 助一, 重一, 厚一

15/22〖贗〗 거짓 안 |諫ㄧㄢˋ (yan)|がん
풀이 ①거짓. 가짜. 위조(僞造). ¶居然見眞一＜韓愈＞/一金/一書/一造/一札. ②옳지 않다.

23【贖】遺(p. 1499)와 同字

17 24【贛】 1 줄 공 ⓖ《ㄨㄥˋ (gong) こう give
2 강 이름 감 かん

풀이 1 주다. 하사(下賜)함. ¶一朝用三千鐘一<淮南子> 2 ①강 이름. 강서성(江西省)을 거쳐 파양호(鄱陽湖)로 흘러 들어가는 강. ㉠灨. ②강서성(江西省)의 이칭.

24【贛】贛(p. 1435)의 本字

25【贜】贓(p. 1434)의 俗字

赤<붉을 적>部

赤 ④ 赦 ⑤ 赧 ⑥ 赩 ⑦ 赫 ⑨ 赭 赬

0 7【赤】 붉을 적 ⓖㄔˋ (chi) せき(アカ) red

풀이 ①붉다. 붉은빛. ¶崢嶸一雲西<杜甫> ②발가숭이. 적나라(赤裸裸). ¶兩脚得暫一<蘇軾> ③비다. ㉮아무것도 없다. ¶一地數千里<漢書> ㉯손에 가진 것이 없다. ¶一手降於菟<蘇軾> ㉰나무에 지엽(枝葉)이 없다. ¶山木一立無春容<元好問> ④멸하다. 모두 죽임. ¶不知一跌將一吾之族也<揚雄> ⑤가뭄. 한발(旱魃). ¶殺不辜則國一<淮南子> ⑥진심(眞心). 충심(衷心). ¶以玆報主寸心一<杜甫> ⑦염탐하다. 척후(斥候). ㉩斥. ¶虜秦將一<史記> ⑧털어 없애다. 제거함. ¶一犮氏<周禮> ⑨경기(京畿). 기내(畿內). ¶畿一十九邑<宋史>

【赤痢】せきり(적리) 적리균에 의한 급성 전염병의 한 가지.

【赤眉】せきび(적미) 붉은 눈썹. 왕망(王莽)이 한실(漢室)을 찬탈하자 번숭(樊崇)이 병사를 일으켜 망의 군사와 구별하기 위하여 눈썹에 붉은 칠을 하였음.

【赤壁】せきへき(적벽) ①호북성(湖北省) 가어현(嘉魚縣) 동북, 양자강(揚子江) 남안에 있는 산 이름. 삼국 시대 오(吳)의 주유(周瑜)가 위(魏)의 조조(曹操)를 격파한 곳. ②호북성 황강현(黃岡縣) 성 밖의 명승지. 적비기(赤鼻磯)라고도 함. 소식(蘇軾)이 ①로 잘못 알고 적벽부(赤壁賦)를 지은 곳.

【赤伏符】せきふくふ(적복부) 미래를 예언한 붉은 부서(符書). 한(漢) 무제(武帝) 때 나타났음.

【赤奮若】せきふんじゃく(적분약) ①축년(丑年)의 이칭. ②천신(天神) 이름.

【赤貧】せきひん(적빈) 몹시 가난하여 아무것도 없음.

【赤色】せきしょく・アカいろ(적색) ①붉은 빛깔. ②혁명. 또는, 공산주의의 상징.

【赤誠】せきせい(적성) 참된 정성. 赤心(적심).

【赤松子】せきしょうし(적송자) 중국 전설에 나오는 신선(神仙) 이름. 신농씨(神農氏) 때의 우사(雨師)로, 곤륜산(崑崙山)에 들어가 신선이 되었다 함.

【赤手空拳】(적수공권) 아무것도 없는 빈손. 赤手(적수).

【赤繩】せきじょう(적승) 붉은 끈. 부부의 연을 맺는 일. 결혼. ¶料想一不曾綰<琵琶記>

【赤信號】アカしんごう(적신호) ①교통 기관의 정지 신호. 붉은 깃발이나 등(燈)을 이용함. ②앞길에 위험이 있다는 경계의 표지(標識) 또는 신호.

【赤鴉】せきあ(적아) 붉은 갈가마귀라는 뜻으로, 태양의 별칭. 해 속에 세 발 달린 까마귀가 있다는 전설에서 유래. 金烏(금오). ¶日者陽精之宗 積而成烏 象烏而有三趾<張衡>

【赤羽】せきう(적우) ①붉은 날개. ②태양. ¶東陸蒼龍駕 南郊一馳<李嶠> ③붉은 깃이 달린 화살.

【赤衣使者】せきいししゃ(적의사자) 고추잠자리의 이칭. ¶一名一 好集水上 亦名赤弁丈人<古今注>

【赤子】せきし(적자) ①갓난아이. 젖먹이. 嬰兒(영아). ¶含德之厚 比於一<老子> ②제왕에 대하여 그 치하(治下)에 있는 백성을 이르는 말. 國民(국민). 庶民(서민). ¶故使陛下一盜弄陛下之兵於潢池中耳<漢書>

【赤子之心】せきしのしん(적자지 심) 세속의 죄악에 물들지 아니한 맑은 마음. 갓난아이처럼 순진하고 거짓없는 마음. ¶大人者 不失其一者也<孟子>

【赤帝】せきてい(적제) 오천제(五天帝)의 하나. 남방(南方)의 신(神). 또는, 여름의 신. 오행설(五行說)에서 여름과 남쪽을 적(赤)에 배당시킨 데서 유래.

【赤帝子】せきていし(적제자) 전한(前漢)의 고조(高祖). 오행설(五行說)에 한(漢)은 화덕(火德)에 속한다 하여, 붉은 색을 숭상한 데서 유래.

【赤潮】せきちょう・アカしお(적조) 바닷물 속에 있는 미생물의 이상 증식(異常增殖)으로 물빛이 붉게 변하는 현상.

【赤卒】せきそつ(적졸) 고추잠자리.

【赤憎】せきぞう(적증) 공교롭게. 계제 사납게. 生憎(생증). ¶一輕薄遮人懷 珍重分明不來接<杜甫>

【赤墀】せきち(적지) 황궁(皇宮)의 뜰. 층계 위를 붉게 칠했으므로 이름.

【赤仄】せきそく(적측) 한(漢)대의 동전. 赤側(적측).

【赤側】せきそく(적측) ☞赤仄(적측).

【赤幟】せきし(적치) ①붉은 기(旗). ②한(漢)의 기(旗). 한(漢)은 화덕(火德)으로 붉은 빛을 숭상하였음.

【赤土】せきど(적토) ①붉은 빛깔의 땅. ②초목이 전혀 자라지 않는 땅. 赤地(적지). ¶不見青苗空一<白居易>

【赤兔馬】せきとば(적토마) 삼국 시대 위(魏)의 여포(呂布)가 탔다는 준마(駿馬) 이름. 후에 관우(關羽)의 소유가 되었음.

【赤化】せっか(적화) ①붉어짐. ②공산주의에 물듦. 공산화(共產化). 좌익화(左翼化). ¶一野慾.

▷畿一, 丹一, 面一, 心一, 紅一, 纁一

4 11【赦】 1 용서할 사 2 채찍질할 책 | 禡ㄕㄜˋ 陌(she) | しゃ forgive さく

풀이 1 ①용서하다. 잘못을 책하지 아니함. ¶一免罪人<史記> ②사면(赦免). 죄과를 용서하는 일. ¶宜因郊祀作一 以蕩滌瑕穢<晋書> 2 채찍질하다. 말[馬]을 채찍질함. ㉠敕.

【赦令】しゃれい(사령) 사면(赦免)의 명령. 은사(恩赦).

【赦免】しゃめん(사면) ①지은 죄를 용서하여 벌을 면제하는 일. ②국가 원수의 특권에 의하여 공소권(公訴權)을 소멸하거나 선고한 형의 일부 또는 전부를 소멸하는 일. 免赦(면사).

【赦文】しゃぶん(사문) 문체(文體) 이름. 사면(赦免)의 글.

▷寬一, 郊一, 大一, 免一, 放一, 肆一, 三一, 原一, 恩一, 裁一, 誅一, 擅一, 特一

5 12【赧】 얼굴 붉힐 난 | 潸ㄋㄢˇ(nan) | だん blush

풀이 ①얼굴을 붉히다. 무안해함. 부끄러워함. ㉠赧. ¶果然 鬼一愧而退<世說新語> ②두려워하다. ¶自進則敬 不則一<國語>

▷愧一, 羞一, 慚一. 寘一, 歎一

6 13【赩】 새빨갈 혁 | 陌ㄒㄧˋ(xi) | かく deep red

풀이 ①새빨갛다. 진한 적색(赤色). ②붉은 모양. ¶丹沙一熾出其坂<左思> ③민둥산의 붉은 모양. ¶北有寒山逴龍一只<楚辭>④검푸른빛. ¶青黑曰一<一切經音義> ⑤두려워하다. ⑥화난 모양.

7 14【赫】 1 붉을 혁 2 꾸짖을 하 | 陌ㄏㄜˋ 禡(he) | かく red か

풀이 1 ①붉다. 붉은 빛. 붉은 모양. ¶一如渥赭<詩經> ②빛나는 모양. 덕(德)이 밝은 모양. ¶盛位無一一之光<韓愈> ③성(盛)한 모양. 위세가 대단한 모양. ¶一一天子 恩不遺物<魏志> ④나타나다. 나타냄. ¶以一厥靈<詩經> ⑤성내다. 노하는 모양. ¶王一斯怒<詩經> ⑥겁내다. 두려워함. ¶一一在上<詩經> ⑦비다. 아무것도 없음. ¶一河曜<太玄經> ⑧깨닫다. 깨우침. ⑨마르다. 가물음. ⑩불에 굽다. 생선을 구움. ⑪손발이 산산 조각이 난 모양. ¶則一然死人也<公羊傳> 2 꾸짖다. ㉠嚇. ¶反予來一<詩經>

【赫胥氏】かくしょし(혁서씨) 중국 전설상의 제왕 이름. 염제(炎帝)를 이름.

【赫世公卿】(혁세공경) 대대로 내려오는 높은 벼슬아치.

【赫赫】かくかく(혁혁) ①빛나는 모양. ②왕성한 모양. 또는, 위명(威名)을 떨치는 모양. ③열기(熱氣)가 대단한 모양. 햇볕이 쨍쨍 쬐는 모양. ¶一炎炎 云我無所<詩經>

▷光一, 貴一, 暖一, 彤一, 丕一, 扇一, 炎一, 榮一, 隆一, 電一, 震一, 嘆一, 洪一, 煥一, 歊一, 薰一, 烜一, 輝一

16【赮】 煆(p. 947)과 同字

9 16【赭】 붉은 흙 자 | 馬ㄓㄜˇ(zhe) | しゃ red earth

풀이 ①붉은 흙. ¶若山多一<山海經> ②붉은 빛. ¶赫如渥一<詩經> ③벌거벗기다. 초목을 베어 민둥산으로 만듦. ¶伐湘山樹一其山<史記> ④붉은 흙 빛깔의 수의(囚衣). ¶田叔鉗一<宋書> ⑤다하다. 바닥 남. ¶群飲源槁 廻食野一<柳宗元>

【赭白馬】しゃはくば(자백마) 옛 준마(駿馬) 이름. 붉은 털과 흰 털이 섞인 것.

【赭鞭】しゃべん(자편) 붉은 채찍. 옛날 신농씨(神農氏)가 이 채찍으로 백초(百草)를 쳐서 그 약성(藥性)을 알아 내어 의약(醫藥)의 길을 열었다는 옛일에서, 한방 의약가(漢方醫藥家)를 자편가(赭鞭家)라 이름.

▷鉗一, 丹一, 代一, 山一, 渥一

9 16【赬】 붉을 정 | 庚ㄔㄥ(cheng) | てい red

【赬尾】ていび(정미) 붉은 꼬리. 물고기가 지치면 꼬리가 붉어진다는 뜻으로, 학정(虐政)에 시달리는 백성의 괴로움이나 군자(君子)의 노고(勞苦)를 비유한 말. ¶魴魚一 王室如燬<詩經>

▷童一, 微一, 發一, 朱一, 含一

19【䞓】 熾(p. 956)의 古字

走<달릴 주>部

走 ② 赳 赴 ③ 赶 起 赸 ⑤ 越 趁 超 ⑦ 趕 趙 ⑧ 趣 趣 趠 ⑩ 趨 ⑫ 趫 ⑬ 趮 ⑭ 趯

0 7【走】 달릴 주 | 有ㄗㄡˇ(zou) | そう(ハシル) run

풀이 ①달리다. 빨리 감. 뛰어 감. ¶在位者皆反一辟<大戴禮> ②가다. 향하여 감. ¶水出於山 而一於海<呂覽> ③달아나다. 도망침. ¶棄甲曳兵而一<孟子> ④뜨다. 떠남. ¶百姓咸有一情<南史> ⑤나가다. 밖으로 나옴. ¶將一見<儀禮> ⑥달아나게 하다. 쫓음. ¶死孔明一生仲達<十八史略> ⑦짐승. 네 발 달린 동물. ¶飛禽一獸. ⑧종. 노비(奴婢). 하인. ¶吏一問諸朝<左氏傳> ⑨종종걸음. 빠른 걸음. ¶庶人一<左氏傳> ⑩꾸짖어 보내다. 또는, 그 소리. ㉠呪. ¶酈生瞋目案劍叱使者曰 一<史記> ⑪저. 자기의 비칭(卑稱). ¶一雖不敏<張衡> ⑫㊥ ㉮깨다. 눈이 뜨임. ㉯빠지다. 벗겨짐. ㉰잘못하다. 틀림.

【走介】そうかい(주개) 심부름 다니는 하인.

【走价】そうかい(주개) ☞走介(주개).
【走狗】そうく(주구) ①사냥개. 남의 앞잡이 노릇을 하는 사람을 욕으로 이르는 말. ¶狡兔死一烹<史記> ②개를 부리어 사냥함. ③개를 경주(競走)시키는 놀이.
【走力】そうりょく(주력) 달리는 힘. 또는, 그 능력.
【走馬加鞭】(주마가편)㊥ 달리는 말에 채찍질하기. ㉮형편이나 힘이 한창 좋을 때 더욱 힘을 냄의 비유. ㉯힘껏 하는데도 자꾸 더 하라고 격려함의 비유.
【走馬看山】(주마간산) 말을 타고 달리며 산을 본다는 뜻으로, 사물의 외면만을 슬쩍 지나쳐 볼 뿐 깊은 내용을 음미하지 못함의 비유. 走馬看花(주마간화).
【走馬燈】そうばとう(주마등) ①안팎 이중으로 된 등롱(燈籠). 안쪽 틀에 갖가지 그림을 붙이고 복판에 축(軸)을 세워 위쪽에 풍차(風車)를 달면 등불의 상승 기류로 안쪽 틀이 돌아 그림이 바깥 틀에 비치게 되어 있음. ②사물이 빨리 변함의 비유.
【走破】(주파) 끝까지 달림. 完走(완주).
【走筆】そうひつ(주필) 붓을 움직여 가게 한다는 뜻으로, 글씨를 씀을 이름. ¶興酣不疊紙一操狂詞<白居易>
▷却一, 輕一, 競一, 驚一, 狂一, 驅一, 逃一, 遁一, 亡一, 帆一, 奔一, 飛一, 跳一, 送一, 迅一, 遠一, 僞一, 爭一, 疾一, 趨一, 逐一, 馳一, 脫一, 退一, 敗一, 暴一, 下一, 滑一

6【赱】走(p.1436)의 略字
8【奞】走(p.1436)의 本字
8【赳】赳(p.1437)와 同字

2/9【赳】헌걸찰 규 |㊥ㄐㄧㄡˇ (jiu)|きゅう brave
[풀이]①헌걸차다. 용맹함. ¶一一武夫 公侯干城<詩經> ②재능(才能). ③용이 목을 길게 늘이고 가는 모양.

9【赳】赳(p.1437)의 訛字

2/9【赴】나아갈 부 |㊣ㄈㄨˋ (fu)|ふ(オモムク) proceed
[풀이]①나아가다. ㉮향하여 가다. ¶何以一敵<隋書> ㉯이르다. 도달함. ¶夢有小飛蟲無數 一著身<後漢書> ㉰들다. 들어감. ¶於是一江刺蛟<呂覽> ㉱가다. 또는, 밟음. ㊇踣. ¶一水則接腋持頤<莊子> ㉲달려가다. 빨리 감. ¶一疾也<小爾雅> ㉳바삐 다니다. 분주(奔走)함. ¶能自曲直以一禮者 謂之成人<左氏傳> ②알리다. ¶一日 君之臣某死<儀禮> ③부고(訃告). ㊂訃. ¶一告策書<杜預> ④넘어지다. ㊇仆.
【赴告】ふこく(부고) 달려가서 알림. 특히 불길한 기별을 이름. 사망 통지. 訃告(부고). ¶其卒不一 諱之也<史記>
【赴任】ふにん(부임) ①임지(任地)로 감. ②가서 취임(就任)함. 「(부적).
【赴討】ふとう(부토) 치러 감. 토벌하러감. 赴敵
▷騰一, 奔一, 速一, 迅一, 掩一, 往一, 臨一, 爭一, 電一, 走一, 臻一, 馳一, 嚮一

10【赶】趕(p.1439)과 同字

3/10【起】일 기 |㊣ㄑㄧˇ (qi)|き(オキル) rise
[풀이]①일다. ㉮일어서다. ¶僵柳復一<漢書> ㉯걷기 시작하다. ㉰뛰어오르다. ¶鵠一登吳山<謝朓> ㉱내닫다. ¶則知所兔一鳧擧死殙之地矣<呂覽> ㉲행하다. ¶氣志旣一<禮記> ㉳기동(起動)하다. ¶粗厲猛一<史記> ㉴분기(奮起)하다. ¶東山終爲蒼生一<温庭筠> ㉵기상(起床)하다. ¶孺子早寢晏一<禮記> ㉶출세하다. 입신함. ¶皆一秦刀筆吏<漢書> ㉷비롯하다. ¶韻一西國<江淹> ㉸일을 시작하다. ¶君一江東<史記> ㉹나오다. ¶孤峰秀一<廬山記> ㉺발생하다. ¶邊風一兮城上寒<鮑照> ②일으키다. ㉮일으켜 세우다. ¶泝然一毫毛<素問> ㉯기용(起用)하다. ¶一樗里子于國<戰國策> ㉰파견(派遣)하다. ¶王一師于滑<左氏傳> ㉱계발(啓發)하다. ¶一予者商也<論語> ㉲세우다. 지음. ¶復一屋必以大<漢書> ㉳소생(蘇生)시키다. ¶繄一死人<國語> ㉴병을 고치다. ¶一癈疾<後漢書> ㉵돕다. 부지(扶持)함. ¶世相一也<國語> ③값이 오르다. ¶白一金用<素問> ④더욱. 한층 더. ¶諫若不入 一敬一孝<禮記>
【起居動作】(기거동작) 사람의 살아가는 일상의 모든 행동. 起臥(기와).
【起居注】ききょちゅう(기거주) 임금의 언행을 적음. 또는, 그 벼슬 이름. 주(周)대의 좌사(左史)·우사(右史) 따위.
【起結】きけつ(기결) 시작과 끝맺음. 또는, 시문의 기구(起句)와 결구(結句). 「(탈고).
【起稿】きこう(기고) 원고를 쓰기 시작함. ↔脫稿
【起工】きこう(기공) 토목·건축 등의 공사를 시작함. ↔竣工(준공).
【起句】きく(기구) ①한시(漢詩)의 첫 구. ②문장의 첫 어구. ↔結句(결구).
【起單】きたん(기단)《佛》 명단을 일으켜 뗀다는 뜻으로, 선가(禪家)에서 안거(安居)를 마치고 중이 절을 떠남.
【起動】きどう(기동) ①행동 거지(行動擧止). 기거동작(起居動作). ¶世祿久長 一安寧<易林> ②움직임. ¶眞理寂然 無一相<梁昭明太子>
【起聯】きれん(기련) 율시(律詩)의 첫 두 구(句)를 이름 發句(발구). 首聯(수련).
【起立】きりつ(기립) 일어섬. ¶一拍手. 「사).
【起兵】きへい(기병) 군대를 일으킴. 興師(흥
【起伏】きふく(기복) 일어섬과 엎드림. 높음과 낮음. 성함과 쇠함. 起陷(기함). ¶物之興衰

情之一 理有固然矣<後漢書>

【起復】きふく(기복) ①상중에 있는 관리를 탈상(脫喪) 전에 복직시켜 기용(起用)하는 일. 奪情(탈정). ②청(淸)대의 제도로서, 상기(喪期)를 마친 뒤에 현관(現官)으로 복직(復職)하는 일.

【起峰】(기봉) 연봉(連峰) 중의 주봉(主峰).

【起死回生】きしかいせい(기사회생) 소생시켜 생명을 줌. 큰 행복을 줌의 비유.

【起算】きさん(기산) 세기 시작함. 계산하기 시작함.

「(기상).

【起牀】きしょう(기상) 잠자리에서 일어남. 起床

【起色】きしょく(기색) ①韓 어떠한 일이 일어날 낌새. ②점차 좋아지는 방향으로 나감. 경기가 좋아짐. ③진보(進步). 개선(改善).

【起承轉結】きしょうてんけつ(기승전결) 한시(漢詩)의 절구(絶句) 및 율시(律詩)의 구성. 곧, 시구(詩句)의 배열상의 명칭. 절구의 첫머리를 起, 그 뜻을 이어받은 둘째 구를 承, 한번 뜻을 돌린 세째 구를 轉, 끝맺음을 結 또는 合이라 함. 율시에서는 2구씩 4분하여 배당함.

【起身】きしん(기신) ①발족(發足)함. 출발(出發)함. ②서서 절을 함. 자리에서 일어서서 경의를 표함.

【起案】きあん(기안) 초안(草案)을 잡음. 起草(기초).

「(연기).

【起緣】きえん(기연) 사물의 원인이나 유래. 緣起

【起用】きよう(기용) 벼슬에 등용함. 민간인이나 휴직자 또는 면직자를 다시 등용함. ¶電擊一/再一.

【起原】きげん(기원) 사물의 시초(始初). 根源(근원). 起源(기원).

【起源】きげん(기원) ☞起原(기원).

【起因】きいん(기인) 일이 일어나는 원인(原因).

【起點】きてん(기점) 시작하는 곳. 출발점. ↔終點(종점).

【起債】きさい(기채) ①빚을 냄. 돈을 빎. ②공채(公債)를 발행함.

【起草】きそう(기초) 글의 초(草)를 잡음.

【起枕】きしん(기침) ☞起寢(기침).

【起寢】きしん(기침) 잠자리에서 일어남. 起牀(기상). ↔就寢(취침).

【起爆】きばく(기폭) 화약이 압력이나 열 따위의 충동으로 폭발 반응을 일으키는 일. ¶一劑.

▷更一, 揭一, 決一, 敬一, 驚一, 繼一, 屈一, 蹶一, 累一, 猛一, 勃一, 發一, 蜂一, 扶一, 紛一, 奮一, 飛一, 秀一, 睡一, 夙一, 晨一, 晏一, 躍一, 緣一, 湧一, 蝟一, 隆一, 早一, 蚤一, 朝一, 坐一, 峻一, 重一, 迭一, 吹一, 特一, 暴一, 喚一, 曉一, 興一

10【赴】徒(p. 546)와 同字

3
10【赸】뛸 산 | 圖ㄕㄢ (shan) | さん leap

풀이 ①뛰다. 도약(跳躍)함. ②헤어져 가다. 떠남. ¶倆也一 我也一<西廂記>

11【赻】鮮(p. 1671)과 同字

11【赶】趣(p. 1440)와 同字

5
12【越】1 넘을 월 2 부들 활 | 圓ㄩㄝˋ 圓(yue) | えつ(コエル) overpass かつ

풀이 1 ①넘다. ㉮건너다. ¶嚴何一兮<楚辭> ㉯앞지르다. ¶油然若將可一而不可及者<孔子家語> ㉰거치다. ¶一十七阨<呂覽> ㉱달아나다. ¶天子播一<後漢書> ㉲멀어지다. ¶一在他境<左氏傳> ㉳떠나다. ¶精一裂而衰耄<楚辭> ㉴어긋나다. ¶率禮不一<後漢書> ㉵분수에 넘치다. ¶一躋天祿<後漢書> ㉶빼어나다. ¶筋力一勁<荀子> ㉷밟다. ¶爲一紼而行事<禮記> ②멀다. 사정에 어두움. ¶一哉臧孫之爲政也<國語> ③잃다. ¶處義不一<呂覽> ④빠르다. ¶太白發一犯庫<漢書> ⑤오르다. 올림. ¶叩之其聲淸一以長<禮記> ⑥흩어지다. 흩뜨림. ¶精神勞則一<淮南子> ⑦떨어지다. 떨어뜨림. 通 墜. ¶顚一不恭<書經> ⑧작다. ¶一鷄不能伏鵠卵<莊子> ⑨빼앗다. ¶殺一人於貨<孟子> ⑩…와(과). 및. 通 與. ⑪이에. 通 粤. ¶一不可載已<漢書> ⑫…에. 위치, 목적을 나타내는 말. ¶對一在天<詩經> ⑬바로. 발어사(發語辭). ¶一予小子<書經> ⑭미치다. 이름. ¶惟四月旣望 一六日乙未<書經> ⑮점점. 더욱더. 通 愈. ⑯나라 이름. 춘추 시대 14열국(列國)의 하나. ⑰종족(種族) 이름. 중국 남쪽에 살던 종족의 하나. 백월(百越). ¶南定百一<史記> 2 ①부들. 향포(香蒲). ¶大路一席<左氏傳> ②구멍. 큰 거문고의 아래쪽에 있는 구멍. 通 穴. ¶朱弦而疏一<禮記>

【越境】えっきょう(월경) 국경이나 경계선을 넘음.

【越權】えっけん(월권) 자기 직권의 범위를 넘음.

【越女】えつじょ(월녀) ①월(越)의 미녀. ②서시(西施)가 월의 절세미인이었으므로, 후세에는 미녀를 뜻함.

【越年】えつねん(월년) 해를 넘김.

【越冬】えっとう(월동) 겨울을 넘김. 겨울을 남. 겨울나기. 過冬(과동).

【越等】(월등) 사물의 정도의 차이가 현저함. 훨씬 나음.

【越畔之思】えつはんノオモイ(월반지 사) 자기의 직분을 성실히 지키고 남의 직권을 침범하지 않도록 조심함. ¶今大國一而造於弊邑之軍疊<國語>

「을 넘김.

【越朔】えっさく(월삭) ①달을 넘김. ②산월(產月)

【越牆】えっしょう(월장) ①담을 넘음. ②바르지 못한 남녀의 교제.

【越鳥巢南枝】えっちょうなんしにスクウ(월조 소남지) 월에서 날아온 새는 남쪽 가지에 둥지를 튼다는 뜻으로, 고향을 그리워함의 비유. 월은 옛 중국의 남쪽 지방. ¶胡馬依北風 一<古詩>

【越次】えつじ(월차) 차례를 뛰어넘음.
▷葛—, 隔—, 激—, 跨—, 乖—, 貴—, 南—, 淩—, 檀—, 度—, 騰—, 發—, 白—, 飛—, 疏—, 秀—, 殊—, 吳—, 優—, 隕—, 踰—, 逸—, 溢—, 顚—, 秦—, 僭—, 淸—, 超—, 楚—, 卓—, 播—, 胡—

12【䞨】越(p.1438)의 古字

5
12【趁】1 좇을 진 震 ㄔㄣˋ ちん
2 떠들 진 眞(chen) *follow*
풀이 1①좇다. 따름. ¶好—春風入殿衛<朱熹> ②뒤좇아 따라붙다. ¶驅—制不禁<杜甫> ③나아가지 못하다. ④향하여 가다. ¶綠荷包飯—墟人<柳宗元> ⑤편승(便乘)하다. ¶—車/—勢. ⑥달리다. 2①떠들다. ②밟다. ③넘다.
▷驅—, 尋—, 遠—, 參—, 追—

12【趂】趁(p.1439)과 同字

5
12【超】1 넘을 초 蕭 ㄔㄠ ちょう
2 달음질칠 초 篠(chao)
풀이 1①넘다. ㉮뛰어넘다. ¶挾泰山以—北海<孟子> ㉯밟고 넘다. ¶—五嶺兮嵯峨<楚辭> ㉰지나가다. 건넘. ¶—略陽而不反<後漢書> ㉱멀어지다. ¶雖有榮觀 燕處—然<老子> ㉲낫다. 뛰어남. ¶功—古初<唐書> ㉳오르다. 올라감. ¶逸翮方— 國南輟軌<梁元帝> ㉴앞으로 나아가다. ②멀다. 아득함. ③높다. ④빠르다. 재빠름. ¶—旣離虖皇波<漢書> ⑤근심하다. 通 惆. ¶武侯—然不對<莊子> 2달음질치다. 구보(驅步)함. 같 趫.

【超過】ちょうか(초과) 한도를 넘음. 예정했던 수를 넘어섬.
【超克】ちょうこく(초극) 어려움을 이겨냄.
【超拜】ちょうはい(초배) 순서를 뛰어넘어 임관(任官)됨.
【超然】ちょうぜん(초연) ①세속(世俗) 따위에 얽매이지 않는 모양. 또는, 높이 뛰어난 모양. ¶雖有榮觀 燕處—<老子> ②실의(失意)한 모양. ¶武侯—不對<莊子>
【超越】ちょうえつ(초월) ①보통보다 뛰어남. ¶聖敬日躋 —周成<魏志> ②세속에서 벗어남. ③뛰어넘음. ¶常有—江湖呑吳會之志<魏志> ④가볍고 빠른 모양. ¶溟漲無端倪 虛舟有—<謝靈運> ⑤인식, 경험의 범위 밖에 있음.
【超人】ちょうじん(초인) 범속(凡俗)을 초탈하여 완전하고 위대한 사람. 비상한 능력을 가진 사람. ¶—主義.
【超絶】ちょうぜつ(초절) ①남보다 뛰어남. ②인식이나 경험의 범위를 넘어섬.
【超脫】ちょうだつ(초탈) 세속에서 벗어남. ¶從今詩律應— 盡吸瀟湘入肺腸<劉克莊>
▷高—, 騰—, 飛—, 入—, 出—, 風—

12【趋】趨(p.1440)의 俗字

12【趄】趣(p.1440)와 同字

13【𧼮】跪(p.1444)와 同字

7
14【趕】달릴 간 旱 ㄍㄢˇ かん
(gan) *run*
풀이 ①달리다. 달려감. ②좇다. 뒤를 좇음. ¶事主知覺—散<福惠全書>

14【趏】仆(p.81)와 同字

7
14【趙】조나라 조 篠 ㄓㄠˋ ちょう
(zhao)
풀이 ①조나라. ㉮전국(戰國) 시대에 한(韓)·위(魏)와 더불어 진(晉)을 삼분(三分)하여 세운 나라. 칠웅(七雄)의 하나. 진(秦)에 망함. ㉯진(晉)대에 유요(劉曜)가 세운 나라. 전조(前趙). 오호십육국(五胡十六國)의 하나. ㉰진(晉)대에 석늑(石勒)이 전조를 멸하고 세운 나라. 후조(後趙). 오호십육국의 하나. ②느린 걸음걸이. ¶趁—. ③넘다. 뛰어넘음. ¶天子北征—行<穆天子傳> ④찌르다. 通 鈔 擣. ¶其鎛斯—<詩經> ⑤흔들다. 通 掉. ¶頭銛達而尾—繚者邪<荀子> ⑥엉터리. 허망(虛妄)한 것. ¶今人以虛妄不實 斥之曰—<通俗編> ⑦되돌리다. 받들고 돌아옴. 인상여(藺相如)가 화씨벽(和氏璧)을 온전히 갖고 조(趙)로 되돌아 온 데서 유래. ¶敬—聖容<唐釋迦寺碑> ⑧미치다. ⑨재빠르다. 민첩(敏捷)함. ⑩작다. 通 小. ⑪적다. ⑫오래 되다.
【趙高】ちょうこう(조고)《人》 진(秦)의 환관(宦官). 시황제(始皇帝)가 죽자 이사(李斯)와 더불어 원자(元子) 부소(扶蘇)를 죽이고 차자 호해(胡亥)를 이세(二世)로 세움. 뒤에 이사를 죽이고 스스로 승상(丞相)이 되었으며, 다시 호해를 죽이고 자영(子嬰)을 세운 후 그마저 죽이고 스스로 황제가 되려다가 삼족이 주륙됨. ※指鹿爲馬(지록위마).
【趙飛燕】ちょうひえん(조비연)《人》 후한(後漢) 성양후(成陽侯) 임(臨)의 딸. 가무(歌舞)에 능한 미인으로 성제(成帝)의 후궁(後宮)이 됨.
【趙雲】ちょううん(조운)《人》 삼국 시대 촉한(蜀漢)의 무장. 자(字)는 자룡(子龍).
▷燕—, 前—, 後—

14【趡】趣(p.1440)와 同字

14【𧼈】透(p.1487)와 同字

8
15【趢】좁을 록 屋 ㄌㄨˋ ろく
(lu) *narrow*
풀이 ①좁다. 국량(局量)이 좁은 모양. ¶狹三王之—趗<張衡> ②웅크리고 달리는 모양. 조심하며 가는 모양. ③잰

걸음으로 걷다. ¶一趄. ④몸을 웅크리다. ⑤어린 아이의 걷는 모양.

15【[走+芻]】 趨(p.1440)와 同字

8/15【趣】 ①달릴 취 [遇] ㄑㄩˋ (qu) しゅ (オモムク) ㊍추 ②재촉할 촉 [沃] run ③벼슬이름 추 [宥] そく

풀이 1 ①달리다. 목적지를 향하여 빨리 달려감. ¶左右一之＜詩經＞ ②향하다. ¶一途遠有斯＜謝惠連＞ ③미치다. 다다름. ¶趣讀曰一 及也＜漢書·注＞ ④뜻. ㉮취향(趣向). 마음이 이끌리는 곳. ¶聖哲之通一＜後漢書＞ ㉯까닭. 취지(趣旨). ¶但得琴中一＜晋書＞ ㉰멋. 자태(姿態). 풍정(風情). ¶頗有媚一＜晋書＞ ⑤취하다. (通)取. ¶一舍滑心＜莊子＞ 2 ①재촉하다. 촉구함. (通)促. ¶一趙兵亟入關＜史記＞ ②빠르다. ¶一數煩志＜史記＞ ③서두르다. ¶一使使下令＜史記＞ 3 벼슬 이름. 말에 대한 일을 맡은 벼슬. (通)騶. ¶蹶惟一馬＜詩經＞

【趣織】そくしょく(촉직) 귀뚜라미. 促織(촉직).
【趣味】しゅみ(취미) 마음에 끌리어 일정한 지향성을 가지는 흥미. 興趣(흥취).
【趣意】しゅい(취의) ☞趣旨(취지).
【趣旨】しゅし(취지) 일정한 일에 대한 기본적인 목적이나 의도. 趣意(취의).
【趣向】しゅこう(취향) ①목표를 정하고 그곳을 향하여 감. ¶是一之反也＜唐書＞ ②하고 싶은 마음이 쏠리는 방향.
▷佳一, 嘉一, 景一, 鷄一, 高一, 巧一, 舊一, 歸一, 奇一, 大一, 同一, 妙一, 美一, 媚一, 別一, 本一, 奔一, 善一, 殊一, 勝一, 詩一, 新一, 深一, 雅一, 野一, 餘一, 遠一, 有一, 幽一, 義一, 意一, 理一, 異一, 逸一, 情一, 諸一, 酒一, 旨一, 志一, 眞一, 淸一, 醉一, 表一, 風一, 筆一, 閒中一, 閑一, 逈一, 懽一, 興一

8/15【趠】 ①멀 탁 [覺] ㄔㄠˋ (chao) たく far ②뛸 초 [嘯] ちょう

풀이 1 ①멀다. ②끊다. 자름. ③가는 모양. ④멀리 달리다. ¶一不希騄駬之蹤＜晋書＞ ⑤빨리 달리다. 질주(疾走)함. ⑥놀라 달아나다. (같)逴. ⑦날다. ¶騰一飛超＜左思＞ ⑧절뚝발이. 2 뛰다. 넘음.

17【[走+秦]】 臻(p.1254)과 同字

10/17【趨】 ①달릴 추 [虞] ㄑㄩ (qu) すう run ②재촉할 촉 [沃] しょく

풀이 1 ①달리다. ㉮빨리 가다. ¶過之必一＜論語＞ ㉯향하여 가다. ¶秦人皆一令＜史記＞ ㉰성큼성큼 걷다. ¶走而不一＜禮記＞ ②좇다. ¶於是相與一之＜呂覽＞ ③취향(趣向). 취지(趣旨). (같)趣. ¶未知指一＜宋書＞ ④가지다. 취택함. (通)取. ¶一舍有時＜史記＞ ⑤손짓. 춤출 때의 손놀림. ¶手會綠水之一＜淮南子＞ 2 ①재촉하다. (通)促. ¶馳傳督一＜漢書＞ ②빨리. 서둘러. ¶王命相者一射之＜莊子＞ ③빠르다. ¶一駕召顏淵＜荀子＞ ④줄이다. 짧게 함. ¶修上而一下＜莊子＞ ⑤급하다. ¶衛音一數煩志＜禮記＞

【趨拜】すうはい(추배) 추보(趨步)로 나아가서 절함. 「※驅步(구보).
【趨步】すうほ(추보) 빨리 종종걸음으로 나아감.
【趨勢】すうせい(추세) ①대세의 지향하는 바. ②권세에 붙좇음. 세가(勢家)에 아부함. ¶國士不以孝悌淸修爲首 乃以一游利爲非＜魏志＞
【趨廝】すうし(추시) 심부름 하는 아이. 하인.
【趨炎附熱】すうえんふねつ(추염부열) 권세 있는 자에게 나아가 알랑거리며 따름. ¶焉能一 看人眉睫 以冀推輓乎＜宋史＞
▷徑一, 競一, 巧一, 歸一, 急一, 起一, 騰一, 拜一, 竝一, 步一, 赴一, 奔一, 賜不一, 翔一, 徐一, 迅一, 爭一, 走一, 進一, 疾一, 參一

18【[走+專]】 摶(p.659)과 同字

12/19【趪】 헌걸찰 황 [陽] ㄏㄨㄤˊ (huang) こう powerful

13/20【趮】 조급할 조 [號] ㄗㄠˋ (zao) そう hurry

풀이 ①조급하다. 매우 급함. (같)躁. ¶用兵靜 一凶＜漢書＞ ②움직이다. 동요함. ¶羽殺則一＜周禮＞

21【[走+犇]】 奔(p.390)과 同字

14/21【趯】 ①뛸 약 [藥] ㄩㄝˋ (yue) やく jump ②뛸 적 [錫] ㄊㄧˋ (ti) てき

풀이 1 뛰다. (같)躍. ¶南一朱垠＜後漢書＞/涌一. 2 ①뛰다. (같)𧽃. ¶一一阜螽＜詩經＞ ②놀라다.

足＜발 족＞部

足 ③ 趵 趿 ④ 趼 趹 跂 趺 跀 趾 趻 ⑤
跏 距 跔 踇 跋 跛 跗 跸 跚 跚 跙 跕 跌
跅 跖 跎 跆 跛 跑 ⑥ 跲 跫 跨 跬 跪 跬
跟 跳 路 跣 跡 跧 跦 跮 跱 ⑦ 踁 踃 跽
踀 踉 踂 踊 踆 踉 ⑧ 踞 踝 踘 踞 跪 踦
踑 踏 踣 踥 踠 踖 踧 踤 踪 踟 踢 踐 踕
踔 ⑨ 踹 踴 踽 踰 蹂 蹀 踶 蹄 踵 踳 踸
踼 蹁 ⑩ 蹇 蹋 蹈 蹎 蹍 蹏 蹉 蹌 蹐 蹊
⑪ 蹛 蹣 蹝 蹔 蹡 蹟 蹤 蹢 蹠 蹜 蹩 蹙
蹕 ⑫ 蹺 蹻 蹶 蹬 蹳 蹯 蹩 蹼 蹰 蹲 蹴

躄 蹭 ⑬ 蹏 躉 躇 躁 躅 ⑭ 躍 躋 躊 ⑮ 躒 躐 躔 躕 躓 躑 ⑯ 躝 躚 躛 ⑰ 躞 躟 ⑱ 躡 躤 ⑲ 躦 ⑳ 躩 躪

0 7〖足〗 1 발 족 | 沃 ㄗㄨˊ | そく(アシ) foot
2 지나칠 주 | 遇 (zu) | しゅ exceed

源象形. 무릎에서 발끝까지를 본뜸.

풀이 1 ①발. ㉮사람이나 동물의 하지(下肢). ¶不知一之蹈之 手之舞之<孟子> ㉯하지의 복사뼈부터 아래쪽 부분. ¶漢王傷胸 乃捫一<史記> ㉰그릇 따위에서 발처럼 생긴 것. ¶鼎折一<易經> ㉱뿌리. 근본. ¶木以根爲一也<釋名> ㉲산기슭. 산족(山足). 산록(山麓). ¶吾得歸骨山一<南史> ②족하다. ㉮충족하다. 가득 참. ¶學然後知不一<禮記>/知一. ㉯감당하다. 소임을 다함. ¶恐不一任使<戰國策> ㉰분수를 알다. ¶知一不辱<老子> ㉱물리다. 싫증 남. ¶不一於文<呂覽> ㉲가(可)하다. 그 일이 옳다는 뜻을 나타냄. ¶必許吾成 而不吾一也<國語>/不一論. ③족하게 하다. ㉮충분하게 하다. 모자라는 것을 채움. ¶一食一兵<論語> ㉯이루다. 되게 함. ¶言以一志 文以一言<左氏傳> 2 ①지나치다. 과도함. 아첨함. ¶巧言令色一恭<論語> ②북돋우다. 배양(培養)함. ¶苗一本<管子> ③더하다. 첨가함. ¶以晝一夜<列子>

【足上首下】そくじょうしゅか(족상수하) 발이 위에 있고 머리가 아래에 있음의 뜻으로, 순서·위치가 뒤바뀜의 비유. ¶足反居上 首顚居下<賈誼>

【足鎖】そくさ(족쇄) 죄인이나 피의자의 발목에 채우던 쇠사슬. 차꼬. 足枷(족가).

【足衣】そくい(족의) 버선.

【足跡】そくせき(족적) ①발자국. ②지내 오거나 겪어온 자취. 발자취. 足迹(족적). ¶一接諸侯之境<莊子>

【足迹】そくせき(족적) ☞足跡(족적). ¶一所及 靡不畢至<鹽鐵論>

【足債】(족채)韓 먼 곳에 심부름하는 사람에게 주는 품삯.

【足下】そっか(족하) ①발 아래. ¶一躡絲履<古詩> ②서 있는 곳. ¶千里之行 始于一<老子> ③비슷한 또래에 대한 존칭. 편지 따위를 받는 사람의 성명 아래에 썼음. 옛 중국에서는 임금에 대해서도 썼음. ¶再拜獻大王一<史記>

【足恭】しゅきょう(주공) 지나친 공경. 아첨함을 이름. 足은 過의 뜻. 過恭(과공). ¶過於禮貌曰一<故事成語考>

▷家給人一, 擧一, 蹇一, 輕一, 高一, 踝一, 蹻一, 翹一, 具一, 跼一, 禁一, 給一, 跂一, 驥一, 駑一, 蹈一, 獨一, 頓一, 頭一, 鈍一, 滿一, 忘一, 妙一, 捫一, 百一, 補一, 不一, 不知一, 不失一, 備一, 蛇一, 山一, 三分鼎一, 上一, 跣一, 雪一, 躡一, 洗一, 手一, 首一, 雁一, 駃一, 厭一, 饜一, 鐃一, 遠一, 刖一, 殷一, 義一, 裹一, 人一, 一擧手一投一, 逸一, 赭一, 長一, 張一, 趯一, 全一, 纏一, 絕一, 鼎一, 蹄一, 駿一, 重一, 止一, 知一, 疾一, 捷一, 充一, 聚一, 濯一, 土一, 投一, 跛一, 豊一, 畫蛇添一

9〖⿱人足〗 企(p. 89)의 訛字

9〖趴〗 爬(p. 961)와 同字

10〖⿸尸足〗 居(p. 466)와 同字

10〖⿰⻊爪〗 踑(p. 1447)와 同字

3 10〖趵〗 1 차는 소리 박 | 覺 ㄅㄛˋ | はく kick
2 뛸 표 | 效 (bo) | ほう

10〖⿰⻊山〗 趾(p. 1442)와 同字

3 10〖䟕〗 갈림길 차 | 禡 ㄔㄚˋ (cha) | さ branch

풀이 ①갈림길. 기로(岐路). ¶一 歧道也<集韻> ②밟다.

4 11〖趼〗 1 못 견 | 先 ㄐㄧㄢˇ | けん
2 틀 견 | 銑 (jian) | corn

풀이 1 ①못. 발에 생기는 딱딱한 군살. ¶久行傷足 謂之一<集韻> ②짐승의 발자국. ¶一 獸跡也<集韻> 2 ①트다. 추위로 살갗이 틈. ¶足指約中斷傷爲一<集韻> ②부르트다. 발바닥이 부르터서 생긴 물집. ¶百舍重一而不敢息<莊子>

4 11〖趹〗 1 달릴 결 | 屑 ㄐㄩㄝˊ | けつ run
2 밟을 계 | 霽 (jue) | けい

풀이 1 ①달리다. 말이 뒷발로 땅을 내리차며 빨리 달리는 모양. ¶探前一後 蹄間三尋<史記> ②빠르다. 걸음이 빠름. ¶一 一日 步疾也<集韻> ③발이 아프다. 2 밟다. ¶有蹶有一<淮南子>

4 11〖跂〗 1 육발이 기 | 支 ㄑㄧˊ | き(ムツユビ)
2 발돋움할 기 | 紙 (qi) | き
3 힘쓸 지 | 支 | し

풀이 1 ①육발이. 발가락이 여섯 개 있는 사람. ¶枝者不爲一<莊子> ②가다. 벌레가 기어 감. ¶一一脈脈 善緣壁至<漢書> 2 ①발돋움하다. ¶吾嘗一而望矣<荀子> ②나아가다. ¶一者不立<老子> ③어긋나다. ¶夫挾依於一躍之術<淮南子> 3 힘쓰다. 심력(心力)을 기울이는 모양. ¶踶一爲義<莊子>

▷蹇一, 跂一, 基一, 踦一, 竦一, 離一, 踶一, 蹲一

11〖䟫〗 踑(p.1447)의 古字

4
11〖趺〗 책상다리할 부 |廣ㄈㄨ (fu)|ふ sit cross-legged
풀이①책상다리하다. 한쪽 다리를 다른쪽 다리에 포개어 앉음. ¶結跏一坐＜法華經＞ ②발등. ㉿跗. ¶跗 足上也 一 同上＜玉篇＞ ③발뒤꿈치. ¶倚立庭磚 歲久雙一隱然＜宋史＞ ④받침돌. 대(臺). ¶有方其一 有剡其首＜姚燧＞/龜一. ⑤구부리다. ¶一者 俯也＜匡謬正俗＞
▷跏一, 絳一, 結跏一坐, 龜一, 金一, 盧一, 石一, 細一, 僧一, 重一, 花一

11〖㪅〗 奔(p.390)과 同字

4
11〖䟈〗 벨 월 |月ㄩㄝ (yue)|げつ(アシキル) cut
풀이①베다. 형벌로서 죄인의 뒤꿈치를 자름. ㉿刖. ¶一者 行步危＜韓非子·注＞ ②비뚤다. 찌그러짐. ¶一 謂器不正敧邪者也＜周禮·注＞

4
11〖趾〗 발 지 |紙ㄓ (zhi)|し(アシ) foot
풀이①발. 복사뼈 이하의 부분. ¶麟之一＜詩經＞/擧一高＜左氏傳＞ ②발가락. ¶足一之所不蹈＜左思＞ ③발자국. 종적(踪跡). ¶松崖聖一餘＜王勃＞ ④걸음걸이. 보조(步調). ¶發一自高 理翔以遠＜溫子昇＞ ⑤터. ㉿址. ¶略基一＜左氏傳＞/城一. ⑥예의. 법도. ¶姜本支乎三一＜班固＞ ⑦끝. 마침. ¶凡有首有一 無心無耳者衆＜莊子＞
【趾甲】しこう(지갑) 발톱.
▷擧一, 翹一, 基一, 跂一, 丹一, 斷一, 臺一, 方一, 山一, 城一, 聖一, 修一, 雙一, 巖一, 玉一, 踠一, 刖一適屨, 遺一, 林一, 爪一, 足一

4
11〖趻〗 앙감질할 침 |寢ㄔㄣ (chen)|ちん hop
풀이앙감질하다. 한 발을 들고 한 발로 뛰어감. 또는, 절뚝거리며 가는 모양. ¶吾以一足 一踔而行 予無如矣＜莊子＞

5
12〖跏〗 책상다리할 가 |麻ㄐㄧㄚ (jia)|か
▷結一, 結一趺坐

5
12〖距〗 떨어질 거 |語ㄐㄩ (ju)|きょ(ヘダタル) distant
풀이①떨어지다. ㉮공간적으로 서로 떨어져 있다. ¶相一萬餘里/一離. ㉯시간적으로 동안이 뜨다. ¶一今千餘年前. ②며느리발톱. 닭의 뒷발톱. ㉿鯸 鉅. ¶雌鷄化爲雄 而不鳴不將無一＜漢書＞/一爪. ③이르다. 도달함. ¶一陸而止＜莊子＞/予決九川一四海＜書經＞ ④어기다. 따르지 않음. ¶不一眹行＜書經＞ ⑤겨루다. 대항함. ㉩拒. ¶敢一大邦＜詩經＞ ⑥뛰다. 도약함. ㉩躍. ¶一躍三百＜左氏傳＞ ⑦크다. ¶蹠一者擧遠＜淮南子＞ ⑧어찌. ㉩詎. ¶衛奚一然哉＜韓非子＞
【距今】きょこん(거금) 지금으로부터 거슬러 올라가서. ¶一九日＜國語＞
【距堙】きょいん(거인) 적의 성 안을 정찰하거나 공격하기 위해 적의 성벽에 붙여 쌓은 토산(土山). ¶三月而後一成＜孫子＞
▷冠一, 鉤一, 金一, 老一, 芒一, 毛一, 拔一, 鋒一, 上一, 銷一, 心一, 雙一, 牙一, 利一, 長一, 折一, 爪一, 超一, 觜一, 脫一, 畢一, 筆一, 亢一, 黃一

12〖跨〗 跨(p.1443)와 同字

5
12〖跔〗 곱을 구 |虞ㄐㄩ (ju)|く(カガム) numb
풀이①곱다. 추위에 손발이 얼어 안 펴짐. ¶一 寒凍手足不伸也＜玉篇＞ ②뛰다. ③한쪽 발을 들다.

5
12〖跇〗 엄지 발가락 무 |宥ㄇㄨ (mu)|ぼう(アシノオヤユビ)

5
12〖跋〗 밟을 발 |曷ㄅㄚ (ba)|ばつ(フム) tread
풀이①밟다. 짓밟음. ¶狼一其胡＜詩經＞ ②가다. 산야(山野)를 지나감. ¶大夫一涉＜詩經＞ ③밑동. 물건의 맨 밑의 동아리. 뿌리짬. ¶燭不見一＜禮記＞ ④거칠다. 난폭함. ㉩暴. ¶黑山一扈＜魏志＞ ⑤비틀거리다. ¶一前疐後＜韓愈＞ ⑥발문(跋文). 문체의 하나. 책 끝에 적음. ¶題一者 簡編之後語也＜文體明辯＞
【跋文】ばつぶん(발문) 책의 끝에 그 책의 대강이나 내력 등을 간략하게 적은 글. 뒷글. 跋辭(발사). 跋語(발어). 跋題(발제). ↔序文(서문).
【跋扈】ばっこ(발호) 제멋대로 날뛴다는 뜻으로, 세력이 강하여 제어(制御)하기 힘듦을 이르는 말.
▷狼一, 序一, 題一, 草一, 馳一

12〖跛〗 跋(p.1442)과 同字

5
12〖跗〗 발등 부 |虞ㄈㄨ (fu)|ふ instep
풀이①발등. ¶蹶泥則沒足滅一＜莊子＞ ②받침. 물건을 받치어 놓은 밑바탕. 기대(基臺). ㉩趺 柎. ③꽃받침. 화악(花蕚). ¶朱一黃實＜管子＞ ④초목 열매의 껍질. ¶家童掃栗一＜庾信＞
▷栗一

5
12〖跸〗 달릴 불 |物ㄈㄨ (fu)|ふつ run

풀이①달리다. 급히 가는 모양. ㉠跡. ② 뛰다. ㉠趀. ¶— 跳也<說文>

5/12〖跚〗 비틀거릴 산 | [寒]ㄕㄢ (shan) | さん(ヨロメク) stagger

12〖跚〗 跚(p.1443)과 同字

5/12〖跙〗 1 머뭇거릴 저 2 절뚝거릴 조 | [魚]ㄐㄩˇ [御](ju) | しょ / しょ, そ

12〖跛〗 蹑(p.1450)의 本字

5/12〖跕〗 밟을 접 | [葉]ㄊㄧㄝ (tie) | ちょう(フム) *step*

풀이①밟다. 가볍게 밟음. 신을 아무렇게나 신음. ¶鼓鳴瑟—屣<史記> ②떨어지다. 떨어뜨림. 낙하(落下)함. ¶矧玆—鳶之隅<宋史>/—墮. ③천천히 가다. 서행(徐行)함. ¶— 一曰 徐行<集韻>

12〖跮〗 作(p.1574)와 同字

5/12〖跌〗 넘어질 질 | [屑] ㄉㄧㄝˊ (die) | てつ (ツマズク) *stumble*

풀이①넘어지다. 비틀거림. 발끝이 채이거나 발을 헛디디어 중심을 잃음. ㉠蹶. ¶若—而據<淮南子>/—而不振<漢書> ②넘다. 건넘. ㊉軼. ¶— 一曰 越也<說文> ③달리다. ¶墨子—蹏而趨千里<淮南子> ④방종하다. 제멋대로임. ¶—蕩放言<後漢書> ⑤잘못하다. 틀림. ¶覺—千里者 夫哀哭之<荀子> ⑥발바닥. ¶跗蹋摩—<傳毅>

【跌宕】てっとう(질탕) ①행동이 단정하지 못하고 제멋대로임. ¶延年爲人— 任氣質<宋史> ②사물에 무관심함.
▷傾—, 踠—, 顚—, 蹉—, 側—

5/12〖跅〗 1 해이할 척 2 물리칠 척 | [藥]ㄊㄨㄛˋ (tuo) [陌] ㄔˇ (chi) | たく(ユルム) *slackening* / せき *reject*

풀이1해이하다. 긴장이 풀려 방종해짐. ¶光獨—弛 交通輕俠<北史>/—落. 2 ①물리치다. 배척함. ②맨발. ¶— 一曰 跣也<集韻>

【跅弛之士】たくしノ(척이지 사) 절도(節度)가 없고 예의를 지키지 않는 사람. ¶夫泛駕之馬 — 亦在御之而已<漢書>

5/12〖跖〗 발바닥 척 | [陌]ㄓˊ (zhi) | せき(アシノウラ) *sole*

풀이①발바닥. ㉠蹠. ¶善學者若齊王之食鷄 必食其—數十而後足<淮南子> ②밟다. ¶—魂負沴<漢書> ③사람 이름. 춘추 시대 큰 도둑떼의 우두머리. ¶盜—/—蹻.

【跖犬吠堯】せきノイヌぎょうニホユ(척견폐요) 도척(盜跖)의 개가 요임금을 보고 짖음. ㉮받드는 주인에게 충성을 다함의 비유. ㉯악인과 한패거리가 되어 현인을 시기함의 비유. 桀犬吠堯(걸견폐요). ¶吠非其主 —<書言故事>
▷巨—, 桀—, 蹻—, 老—, 盜—, 顏—, 夷—

5/12〖跎〗 헛디딜 타 | [歌]ㄊㄨㄛˊ (tuo) | た (ツマズク)

12〖跑〗 跎(p.1443)와 同字

5/12〖跆〗 밟을 태 | [灰]ㄊㄞˊ (tai) | たい(フム) *trample down*

풀이①밟다. 짓밟음. 유린함. ¶兵相—藉 秦遂以亡<漢書> ②손에 손을 잡고 노래하다. ¶蹋—.

【跆拳】(태권)㊛ 우리 나라 특유의 무예(武藝)의 한 가지. 맨손과 맨주먹으로 찌르기, 치기, 발로 차기 등을 중심으로 함. 跆拳道(태권도).

5/12〖跛〗 1 절뚝발이 파 2 기대설 피 | [哿]ㄅㄛˇ (bo) [寘]ㄅㄧˋ (bi) | は / ひ

풀이1 ①절뚝발이. ¶—者不踊<禮記>/—足. ②절뚝거리다. 절며 걸음. ¶衛孫良夫—<穀梁傳> 2 기대서다. 기우듬히 섬. ¶有司—倚以臨祭<禮記>

【跛蹇】はけん(파건) 절뚝발이. 절뚝발. 蹇跛(건파). ¶聾盲—<莊子>

【跛行】はこう(파행) 절뚝거리며 걸음. ¶—的.
▷蹇—, 眇—, 笑—, 羸—, 偏—

5/12〖跑〗 허빌 포 | [肴]ㄆㄠˊ (pao) | ほう (アガク)

풀이①허비다. 새, 짐승이 발톱으로 땅을 긁어 팜. ¶是夜二虎—地作穴<臨安新志> ②차다. 발로 참. ¶— 蹴也<集韻> ③달리다.

6/13〖跲〗 넘어질 겁 | [洽]ㄐㄧㄚˊ (jia) | こう (ツマズク) *fall down*

풀이①넘어지다. 헛디디거나 걸리어 넘어짐. ¶言前定則不—<中庸> ②갈마들다. 교체(交替)함. ㊉拾 迨.

13〖跰〗 跰(p.1441)과 同字

6/13〖跫〗 발자국 소리 공 | [冬]ㄑㄩㄥˊ (qiong) | きょう (アシオト)

6/13〖跨〗 1 타넘을 과 2 걸터앉을 고 | [禡]ㄎㄨㄚˋ (kua) [遇] | こ(マタグ) *stride*

풀이 1 ①타넘다. 샅을 벌려 타넘어 감. ¶一橫河一海與天通＜李白＞ ②사타구니. 두 넓적다리 사이. ¶能死刺我 不能出一下＜漢書＞ ③자랑하다. 오만함. 通誇. ¶欲尊禮義以一人＜說文通訓＞ 2 ①걸터앉다. 샅을 넓게 벌리고 탐. ¶一野馬＜史記＞/一馬. ②양편에 걸치다. 이쪽에서 저쪽까지 뻗음. ¶去秋以來 沈雨一年＜晋書＞ ③차지하다. 빼앗아 가짐. ¶不一其國＜國語＞

【跨年】こねん (고년) 연말(年末)에서 연초에 걸침. 이태에 걸침.

【跨下】こか (과하) 사타구니 밑. ¶俛出一＜漢書＞

▷駕一, 兼一, 盜一, 白一, 飛一, 陸一, 出一, 醉一

13【踤】 跨(p.1443)와 同字

6 13【跓】 허둥지둥 갈 광 | 陽ㄎㄨㄤ (kuang) | きょう (アワテテユク)

6 13【跪】 꿇어앉을 궤 | 紙ㄍㄨㄟˋ (gui) | き (ヒザマズク)

풀이 ①꿇어앉다. ㉮무릎을 꿇고 앉다. ¶授立不一＜禮記＞/一坐. ㉯무릎을 꿇고 절하다. ¶噲一拜送迎＜史記＞ ②발. 게의 발. ¶蟹六一而二螯＜荀子＞

▷擎一, 起一, 拜一, 長一, 超一

6 13【跬】 1 반걸음 규 2 지칠 설 | 紙ㄎㄨㄟˇ (kui) 屑 | き step せつ

풀이 1 ①반 걸음. 한 발 내디딘 거리. 반보(半步). ¶故君子一步而不忘孝也＜禮記＞ ②가깝다. 시간적으로 짧은 동안. 잠시. ¶敝一譽無用之言非乎＜莊子＞ ③근소(僅少). 적다. ¶故一步不休 跛鱉千里＜淮南子＞ 2 ①지치다. 피곤한 모양. ¶敝一. ②과분하게 힘쓰는 모양. ¶一 一日 分外用力貌＜集韻＞

6 13【跟】 뒤꿈치 근 | 元ㄍㄣ (gen) | こん (カカト) heel

풀이 ①뒤꿈치. 발뒤꿈치. 같 眼. ¶蹲踝一踵相近聚＜急就篇＞/一脛. ②따르다. 수행(隨行)함. ¶一隨僕隸 隨主足踵行＜品字箋＞/一從. ③섬기다. 시중듦. ¶僕屬事主亦日 一＜中華大字典＞

▷脚一, 肩一, 排一, 刖一, 足一

13【跫】 旡(p.707)와 同字

13【跧】 企(p.89)와 同字

6 13【跳】 1 뛸 도 本 조 2 달아날 도 | 蕭ㄊㄧㄠˋ 篠 (tiao) | ちょう (ハネル) jump (ニゲル)

풀이 1 ①뛰다. 도약함. ¶一往助之＜列子＞/一躍. ②빨리 가다. ¶一驅至長安＜史記＞ ③놀리다. ¶一丸劍之揮霍 走索上而相逢＜張衡＞ 2 달아나다. 通逃. ¶漢王一＜史記＞

【跳開橋】ちょうかいきょう (도개교) 배가 지나갈 수 있도록 다리의 한 끝 또는 양 끝이 들리면서 열리게 된 다리.

【跳躍】ちょうやく (도약) 뛰어오름. 훌쩍 뜀. ¶一揚號 翹尾而走＜淮南子＞

【跳脫】ちょうだつ (도탈) ①뛰어 달아남. ¶一東西 獨得生完＜易林＞ ②빼낼 수 있게 만든 팔찌. 條脫(조탈). 條達(조달). ¶何以致契闊 繞腕雙一＜繁欽＞

▷距一, 驚一, 高一, 白魚一, 飛一

6 13【路】 길 로 | 遇ㄌㄨˋ (lu) | ろ (ミチ) road

풀이 ①길. ㉮통행하는 길. 도로. ¶一遙知馬力 日久見人心＜通俗編＞ ㉯사람이 행하여야 할 길. 도리(道理). ¶義者人之正一也＜孟子＞ ㉰연줄. 의뢰할 길. ¶僕懷欲陳之 而未有一＜司馬遷＞ ㉱중요한 자리. ¶夫子當一於齊＜孟子＞/要一. ㉲방도. 방법. ¶無一請纓＜王勃＞ ㉳사물의 조리. 문맥. ¶有筆力有筆一＜玉海＞ ㉴방면. ¶荊湖北一＜宋史＞ ②겪는 일. 가는 도중. ¶崎嶇官一多危機＜陸游＞ ③크다. 주로 임금에 관한 사물에 씀. 通奕 碩. ¶厥聲載一＜詩經＞/一門/一寢. ④고달프다. 동분서주하여 피로함. ¶率天下而一也＜孟子＞ ⑤길손. 나그네길. 通客. ¶國家乃一＜管子＞/一室. ⑥수레. 왕자의 수레. 通輅. ¶絻而乘一者＜荀子＞/鸞一. ⑦행정 구획의 명칭. 송(宋)대의 이름으로, 지금의 성(省)에 해당함. ¶一 宋分天下爲四京二十三一＜正字通＞

【路鼓】ろこ (노고) 사면을 가죽으로 싼 북. 종묘(宗廟) 제사 때 씀. ¶一 四面鼓也＜周禮·注＞

路 鼓 (三才圖會)

【路衢】ろく (노구) 성곽(城郭) 안 거리.

【路毒】ろどく (노독) 여행에서 오는 피로. 旅毒(여독).

【路頭】ろとう (노두) 길가. 路邊(노변). 路傍(노방). ¶一立一石人＜風俗通＞

【路柳墻花】ろりゅうしょうか (노류장화) 길가의 버들이나 담 밑에 핀 꽃이란 뜻으로, 노는 계집, 창녀(娼女) 따위의 비유.

【路面】ろめん (노면) 길바닥.

【路文】(노문) 韓 조선 때, 출장하는 관원에게 마패 대신 발급한 문서.

【路門】ろもん (노문) 천자의 오문(五門)이나 제후의 삼문(三門) 중 가장 안쪽에 있는 궁문. 노전(路殿)의 문.

【路傍】ろぼう (노방) ☞路頭(노두).

【路邊】ろへん (노변) ☞路頭(노두).

【路不拾遺】ミチオチタルヲヒロハズ (노불습유) ☞道不拾遺(도불습유). ¶數年之後 一 商旅野宿焉＜十八史略＞
【路費】ろひ (노비) 여비(旅費). 路資(노자).
【路上】ろじょう (노상) 길바닥. 길 가는 도중. 中途(중도). ¶一行人欲斷魂＜杜牧＞
【路線】ろせん (노선) ①도로, 철도 선로, 자동차 선로 등의 교통선. 線路(선로). 徑路(경로). ¶一圖. ②목표하여 나아갈 방침. ¶黨略一.
【路需】ろじゅ (노수) ☞路資(노자).
【路室】ろしつ (노실) 여관. 客舍(객사).
【路資】ろし (노자) 여행하는 데에 드는 돈. 여비(旅費). 路錢(노전). 路用(노용).
【路奠】ろてん (노전) ☞路祭(노제).
【路殿】ろでん (노전) 임금이 정사(政事)를 보는 궁전의 정전(正殿). 路寢(노침). 正寢(정침).
【路節】ろせつ (노절) 사자(使者)에 주는 기(旗). ¶以一 達諸四方＜周禮＞ ※旌節(정절).
【路程】ろてい (노정) ①길의 이수(里數). ②여행의 경로. 行程(행정). ③여행의 일정(日程). 旅程(여정).
【路祭】ろさい (노제) 발인(發靷) 때, 문 앞에서 지내는 제사. 遣奠祭(견전제). 路奠(노전). ¶明皇朝 海內殷贍 送葬者或當衝設祭＜王讜＞
【路寢】ろしん (노침) ☞路殿(노전).
【路標】ろひょう (노표) 길가에 세워 길의 방향·거리 등을 알리는 표.
▷街一, 間一, 澗一, 開一, 客一, 兼一, 徑一, 經一, 古一, 故一, 谷一, 空一, 廣一, 舊一, 衢一, 饋一, 歸一, 逵一, 金一, 汲一, 岐一, 當一, 大一, 塗一, 道一, 末一, 覓一, 木一, 問一, 薄一, 返一, 白一, 別一, 分一, 仕一, 邪一, 思一, 斜一, 絲一, 山一, 象一, 塞一, 生一, 船一, 世一, 細一, 小一, 水一, 殊一, 修一, 熟一, 順一, 新一, 失一, 惡一, 隘一, 野一, 讓一, 御一, 言一, 驛一, 沿一, 迎一, 盈一, 榮一, 玉一, 往一, 要一, 迂一, 雲一, 運一, 原一, 遠一, 越一, 危一, 陸一, 戎一, 利一, 異一, 理一, 引一, 長一, 載一, 爭一, 磧一, 前一, 正一, 征一, 潮一, 朱一, 峻一, 中一, 卽一, 直一, 進一, 借一, 遮一, 鑿一, 讒一, 川一, 天一, 鐵一, 捷一, 淸一, 村一, 充一, 就一, 通一, 坂一, 販一, 遍一, 平一, 蔽一, 避一, 筆一, 華一, 遐一, 旱一, 航一, 海一, 行一, 險一, 革一, 賢一, 血一, 夾一, 峽一, 狹一, 荊一, 宦一, 還一, 皇一, 荒一, 回一

13【跚】 拜(p.628)의 俗字

6
13【跣】 1 맨발 선 2 돌아다닐 선 | 銑 ㄒㄧㄢˇ (xian) 先 | せん(スアシ, ハダシ)

풀이 1 맨발. 通踐. ¶越人一行＜韓非子＞/裸一. 2 ①돌아다니다. ¶蹁一. ②춤추는 모양.
▷揭一, 跣一, 裸一, 露一, 袒一, 徒一, 蹁一

6
13【跡】 자취 적 | 陌 ㄐㄧ (ji) | せき(アト) *trace*
同迹 蹟

풀이 ①자취. ㉮발자국. ¶將皆必有車轍馬一焉＜左氏傳＞/足一/踪一. ㉯흔적(痕跡). ¶畫空而尋一＜新論＞/筆一/痕一. ②뒤를 밟다. 미행(尾行)함. ¶自然遭一捕＜范成大＞/一衰敝之所由致＜後漢書＞/追一.
【跡捕】せきほ (적포) 뒤를 밟아 잡음.
▷刻一, 去一, 檢一, 古一, 舊一, 權一, 軌一, 屐一, 奇一, 紀一, 墨一, 門一, 史一, 事一, 聖一, 垂一, 蝸一, 禹一, 遺一, 人一, 潛一, 杖一, 掌一, 藏一, 戰一, 鳥一, 足一, 踪一, 蹤一, 草一, 追一, 筆一, 行一, 形一, 弘一, 痕一

6
13【跧】 엎드릴 전 | 先 ㄑㄩㄢˊ (quan) | せん(フクスル) *prostrate*

풀이 ①엎드리다. ¶如虬如鳳 若一若動＜白居易＞/一伏. ②굽다. 구부러짐. ③기다. 포복함. ¶一莊. ④차다. 발로 참. ¶一 蹴也＜說文＞ ⑤밟다. ¶一 蹋也＜一切經音義＞

6
13【跦】 머뭇거릴 주 | 虞 ㄓㄨ (zhu) | ちゅ *hesitate*

풀이 ①머뭇거리다. 갈팡질팡함. 通蹰. ¶踟一. ②새가 깡총깡총 뛰는 모양. ¶鸜鵒一一＜左氏傳＞

13【跨】 蹲(p.1452)과 同字
13【践】 踐(p.1448)의 略字

6
13【跮】 머뭇거릴 치 질 | 寘 ㄔˋ 質 (chi) | ち *linger*

6
13【跱】 머뭇거릴 치 | 紙 ㄓˋ (zhi) | ち *linger*

풀이 ①머뭇거리다. 같峙. ②모아 둠. 비축(備蓄). ¶所經道上郡縣無得設儲一＜後漢書＞ ③두다. ¶一遊極於浮柱＜張衡＞ ④멈춰 서다. 우두커니 섬. 머무름. ¶松喬高一孰能離＜後漢書＞

14【踋】 脚(p.1235)과 同字

7
14【踁】 1 종아리 경 2 소인 모양 경 | 徑 ㄐㄧㄥˋ (jing) 庚 | けい(ハギ)

풀이 1 종아리. 같脛. 2 소인(小人)의 모양. 같硜. ¶雖有一一之稱 而非大雅之致＜晋書＞

7 14【跼】 구부릴 국 | 因ㄐㄩˊ (ju) | きょく (セグクマル)

풀이 ①구부리다. ¶一高天 蹐厚地<後漢書>/一蹐. ②굽다. 펴지지 않음. ¶跪一. ③한쪽 발을 들다.

【跼蹐】きょくせき(국척) ☞跼天蹐地(국천척지).

【跼天蹐地】きょくてんせきち(국천척지) 머리가 하늘에 닿을까 두려워 허리를 굽혀 걷고, 땅이 꺼질까 염려하여 발소리를 죽여 살살 걷는다는 뜻으로, 몹시 두려워 몸 둘 바를 모름의 비유. 跼蹐(국척). ¶一若無所容<陸機>

【跼躅】きょくちょく(국촉) 빙빙 돌며 앞으로 나아가지 못함. 躑躅(척촉). ¶騏驥之一 不如駑馬之安步<史記>

▷高一, 曲一, 跪一, 羈一, 躑一

7 14【跽】 꿇어앉을 기 | 紙ㄐㄧˋ (ji) | き (ヒザマズク) kneel down

풀이 ①꿇어앉다. 무릎을 꿇고 앉아 궁둥이를 들고 몸을 폄. 장궤(長跪). ¶項王按劍而一<史記> ②굽다. 몸을 앞으로 구부림.

14【跳】 跳(p.1444)와 同字

7 14【跿】 뛸 도 | 虞ㄊㄨˊ (tu) | と jump

7 14【踉】 1 뛸 량 | 陽ㄌㄧㄤˊ (liang) | りょう (オドル)
2 천천히 걸을 량 | 漾ㄌㄧㄤˋ (liang) | jump りょう
3 허둥지둥 갈 랑 | 漾 | ろう

풀이 1 ①뛰다. ¶跳一 高蹈也<六書故> ②가려고 하다. ¶一蹡 欲行也<集韻> 2 ①천천히 걷다. 서행(徐行)함. ②가려고 하는 모양. ¶一蹡 行不迅也<廣韻> 3 허둥지둥 가다. ¶一 蹡 行遽貌<集韻>

▷跳一, 蹌一

14【䟆】 趺(p.1442)와 同字

7 14【踂】 오그라붙은 발 섭 ㊍녑 | 葉ㄋㄧㄝˋ (nie) | じょう

풀이 오그라붙은 발. 두 다리가 합쳐져 떨어지지 않는 발. ¶一 兩足不相過也 楚謂之一<集韻>

14【踈】 疎(p.1025)의 訛字

7 14【踊】 뛸 용 | 腫ㄩㄥˇ (yong) | よう (オドル) jump

풀이 ①뛰다. 도약함. ¶擊鼓其鏜 一躍用兵<詩經> ②죽음을 슬퍼하는 도약 의식. ¶辟斯一矣<禮記> ③춤추다. 무용함. ¶霓裳一于河上<劉禹錫>/舞一. ④오르다. ㉮대(臺)나 나무 위에 오르다. ¶一于棓而窺客<公羊傳> ㉯물건 값이 오르다. ¶價一魚蝦市<程可中> ⑤신. 월형(刖刑)을 받은 사람이 신는 신. ¶國之諸市 屨賤一貴<左氏傳> ⑥심하다. 매우. ¶物一騰糶<史記> ⑦미리. ㉠豫. ¶晋之不言出入者一爲文公諱也<公羊傳>

▷驚一, 曲一, 哭一, 袒一, 騰一, 舞一, 辟一, 憤一, 飛一, 翔一, 駭一, 號一, 喜一

7 14【踆】 1 마칠 준 | 眞ㄑㄩㄣ (qun) | じゅん (オワル) finish
2 쭈그리고 앉을 준 ㊍존 | 元 | そん

풀이 1 ①마치다. 끝냄. ㉠竣. ②물러나다. ¶千品萬官 已事而一<張衡> ③사물의 모양. ¶一一. 2 ①쭈그리고 앉다. 무릎을 세우고 앉음. 蹲의 古字. ¶日中有一烏<淮南子> ②짓밟다. 차서 넘어뜨림. ¶祁彌明逆而一之<公羊傳>

【踆烏】そんう(준오) 태양 속에 쭈그리고 앉아 있다는, 세 발 달린 까마귀. ¶一奮迅而演成<李邕>/一始照<何遜>

7 14【䟺】 넘어질 패 | 泰ㄅㄟˋ (bei) | はい fall down

풀이 ①밟다. ②넘어지다. 헛디디거나 걸려 넘어짐. 또는, 일이 잘못됨. ㉠狽. ③비스듬히 가다.

8 15【踞】 쭈그리고 앉을 거 | 御ㄐㄩˋ (ju) | きょ (ウズクマル) crouch

풀이 ①쭈그리고 앉다. ㉮무릎을 세우고 앉다. ¶獨處而一<大戴禮>/蹲一. ㉯짐승이 앞발을 세우고 앉다. ¶一 獸直前足坐也<正字通> ②걸터 앉다. 걸어앉음. ¶沛公方一牀<漢書> ③기좌(箕坐)하다. ¶高祖箕一罵言 甚慢之<漢書> ④기대다. 의지함. ¶漢王下馬一鞍而問<史記> ⑤거만하다. 거드름을 피움. ¶輕人士而一傲者 驕人也<抱朴子> ⑥놀다. ¶執氷而一<左氏傳>

▷箕一, 盤一, 龍蟠虎一, 夷一, 蹲一, 虎一

8 15【踝】 복사뼈 과 | 馬ㄏㄨㄚˇ (hua) | か (クルブシ) ankle

풀이 ①복사뼈. 거골(距骨). ¶內一/外一. ②뒤꿈치. 발뒤꿈치. ¶負繩及一以應直<禮記> ③딴딴한 모양. 또는, 단독인 모양.

▷踝一, 內一, 沒一, 膝一, 兩一, 外一

8 15【踘】 밟을 국 | 屋ㄐㄩˊ (ju) | きく (フム) step

풀이 ①밟다. ¶一蹋<玉篇> ②공차기. 축국(蹴鞠). 옛날, 가죽공을 차던 놀이. ㉠鞠. ¶一 亦作鞠 蹋鞠戲<篇海>/蹴一.

8 15〖𨂿〗 힘 굴 | ㊀ㄐㄩㄝˊ (jue) | くつ(チカラ) strength

풀이 힘. 또는, 힘이 세다. ¶律—.

8 15〖踡〗 구부릴 권 | ㊀ㄑㄩㄢˊ (quan) | けん (セグクマル)

8 15〖踦〗 1 절뚝발이 기 2 기댈 의 | ㊀ㄑㄧ (qi) ㊀ㄧˇ (yi) | き (アンナエ) lame person い(ヨル)

풀이 1 ①절뚝발이. 한쪽 발이 부자유하여 몸이 기우는 사람. ¶兔跛鹿—<易經>/—跂. ②한 짝. 쌍으로 된 물건의 한 쪽. ¶亦足以復鴈門之—<漢書> ③불구(不具). 병신. ¶凡全物而體不具謂之—<方言> ④왼쪽 앞발이 흰 말. ¶左白—<爾雅> ⑤부족하다. 通 畸. ¶或贏或—<太玄經> ⑥사악(邪惡)하다. ¶失言勿—<大戴禮> ⑦험준하다. 같 崎. ¶山阜猥積而—嶇<左思> 2 기대다. 의지함. 通 倚. ¶相與—閭而語<公羊傳>
▷勿—, 雁門之—, 禹—, 長—, 切—

8 15〖踑〗 1 기좌할 기 2 발자국 기 | ㊀ き (ナゲズワリ)

풀이 1 기좌(箕坐)하다. 까부르는 키 모양으로, 두 다리를 앞으로 벌려 뻗고 앉음. ¶奮髯—踞<劉伶> 2 발자국. ¶—跡也<集韻>

8 15〖踏〗 밟을 답 | ㊀ㄊㄚˋ (ta) | とう(フム) tread

풀이 ①밟다. 같 蹋. ㉮발로 땅을 디디다. ¶握臂連—而唱<誠齋雜記> ㉯밟아 누르다. ¶以足—其頭<仇池筆記> ㉰걷다. 밟고 감. ¶—青拾翠<書繼> ②발판. 밟고 올라서는 대. ¶以水晶飾脚—<宋史> ③신. 발에 신는 것. ¶瑤—動芳塵<温庭筠> ④확인하다. ¶—勘驗也<中華大字典>/—勘.

【踏橋】(답교)韓 다리밟이. 음력 정월 보름날 밤에, 재앙을 물리친다 하여 부녀자들이 다리를 밟으며 놀던 민속.

【踏步】とうほ(답보) 제자리걸음이란 뜻으로, 일의 진전이 없음을 비유하는 말. ¶—狀態.

【踏査】とうさ(답사) 현장에 가서 살핌. 踏勘(답감). ¶古蹟—/—班.

【踏山】(답산)韓 묏자리를 잡으려고 산을 돌아다님.

【踏碎】とうさい(답쇄) 밟아 부숨.

【踏青】とうせい(답청) ①푸른 풀 위를 걷는다는 뜻으로, 봄날에 야외로 소풍하는 일. ¶江上氷消岸草青 三三五五—行<蘇轍> ②옛 중국에서, 음력 정월 초이렛날, 남녀가 서로 즐기며 놀던 민속 놀이. ③음력 3월 3일의 곡수연(曲水宴). ④삼짇날의 답청절(踏青節).

【踏破】とうは(답파) ①걸어다님. 破는 조자. 蹈破(도파). ②먼 길이나 험한 길을 걸어서 돌파함.

▷檢—, 歐—, 亂—, 騰—, 舞—, 攀—, 扶—, 附—, 連—, 履—, 踐—, 超—

15〖𨂍〗 蹈(p. 1450)의 古字

8 15〖踣〗 1 넘어질 복 2 넘어질 부 | ㊀ㄅㄛˊ (bo) | ぼく (タオレル) ほう

풀이 1 ①넘어지다. 넘어뜨림. 같 仆 殕. ¶與晋—之<左氏傳>/顚—/傾—. ②망하다. 멸망함. ¶故設用無度 國家—<管子> ③효수(梟首)하다. ¶凡殺人者 —諸市<周禮> 2 ①넘어지다. 같 仆. ②패하다. ¶擧矣而不—<呂覽>
▷僵—, 傾—, 困—, 頓—, 顚—, 躓—, 竄—, 斃—

15〖𨂂〗 跗(p. 1442)의 俗字

15〖𨃂〗 奔(p. 390)과 同字

8 15〖𨂁〗 발꿈치 벨 비 | ㊀ㄈㄟˋ (fei) | ひ amputate

15〖踙〗 躧(p.1446)의 訛字

8 15〖踠〗 1 구부릴 원 2 헛디딜 와 | ㊀ㄨㄢˇ (wan) | えん bend わ

풀이 1 구부리다. 굽음. 다리와 몸을 굽히거나, 그것이 굽음. ¶馬—餘足<後漢書>/廻毛起—膝<齊民要術> 2 헛디디다. 같 跒.
▷馬—, 攣—

8 15〖踖〗 밟을 적 | ㊀ㄐㄧˊ (ji) | せき(フム) step

풀이 ①밟다. ¶毋踐屨 毋—席<禮記> ②짓밟다. ¶— 踐也<集韻> ③공경하여 나긋나긋한 모양. ④부끄러워하는 모양.

8 15〖踧〗 1 평평할 적 2 삼갈 축 | ㊀ ㊀ㄘㄨˋ (cu) | てき flat しゅく

풀이 1 평평하다. 길이 평탄하여 가기 쉬움. 또는, 그 모양. ¶——周道<詩經> 2 ①삼가다. 조심하거나 공경하거나 공손한 모양. ¶君在—踖如也<論語> ②놀라는 모양. ¶或人—爾曰<法言> ③곤궁핍박(困窮逼迫)하다. 같 蹙. ¶窮—歸命 猶加盛寵<魏志>
▷驅—, 窮—, 踖—, 逼—

15〖𨂔〗 躋(p. 1453)의 古字

8 15〖踤〗 1 찰 졸 2 모일 취 | ㊀ㄗㄨˊ (zu) | そつ(ケル) すい

풀이 1 ①차다. 발로 참. 발을 디딤. ¶帥

軍一陸＜漢書＞ ②닿다. 부딪힘. ¶衝一而斷筋骨＜左思＞ ③당황하다. 갑자기. ¶蒼一. ④놀라다. ¶一 一曰 駭也＜說文＞ 2모이다. 모여듦. ¶驚一于林＜太玄經＞/一林.

8 15【踪】 자취 종 | 图ㄗㄨㄥ (zong) | そう(アト) *trace*
▷失一

15【踨】 蹤(p. 1451)과 同字

8 15【踟】 머뭇거릴 지 | 因ㄔˊ (chi) | ち(タメラウ)

8 15【踢】 1찰 척 2당황할 삭 | 錫ㄊㄧ 藥(ti) | てき(ケル) しゃく

풀이 1 ①차다. 발로 참. ¶一毬一 翻四大海＜五燈會元＞ ②전설적인 짐승 이름. 좌우로 머리 둘이 달렸다 함. ¶跡一. 2당황하다. 놀라 허둥지둥하는 모양. ¶河靈矍一＜漢書＞

8 15【踐】 밟을 천 | 銑ㄐㄧㄢˋ 銑(jian) | せん(フム) *tread*

풀이 ①밟다. ㉮발로 디디다. 발로 누름. ¶毋一屨＜禮記＞/蹂一. ㉯따르다. 좇음. ¶不一迹＜論語＞ ㉰걸어가다. 보행(步行)함. ¶經宜陽而東一＜江淹＞ ㉱이행(履行)하다. 실천함. ¶不足以一禮＜儀禮＞/實一. ㉲오르다. 자리에 나아감. ¶一其位＜禮記＞/往一乃職＜左氏傳＞/一祚. ㉳지키다. ¶佩一義方＜張說＞ ②차리다. 진설(陳設)함. ¶籩豆有一＜詩經＞ ③다치다. 손상함. 通殘. ¶凡有血氣之類 弗身一也＜禮記＞ ④베다. 仝翦. ¶成王東伐淮夷 遂一奄＜古文尙書＞ ⑤얕다. 얕음. ¶有一家室＜詩經＞

【踐極】せんきょく(천극) 천자의 지위에 오름. 踐阼(천조). 踐祚(천조). ¶聖上天飛一 迄茲二十有四載＜鮑照＞

【踐年】せんねん(천년) 해를 지냄. 歷年(역년). ¶一四百二十有六＜魏文帝＞

【踐阼】せんそ(천조) ☞踐極(천극). ¶武王一 「＜墨子＞

【踐統】せんとう(천통) 천자의 자리에 오름. 또는, 천자가 되어 통치함.

【踐行】せんこう(천행) 실천함. 履行(이행).
▷徒一, 蹈一, 登一, 騰一, 升一, 實一, 蹂一, 履一, 踵一, 眞一, 侵一

8 15【踥】 오가는 모양 첩 | 葉ㄑㄧㄝˋ (qie) | しょう

8 15【踔】 1달릴 초 2멀 탁 | 效ㄓㄨㄛ 覺(zhuo) | ちょう(ハシル) *run* たく(トオイ)

풀이 1 ①달리다. 질주(疾走)함. ¶一夭蹻＜漢書＞/趫一. ②넘다. 뛰어넘음. ¶一宇宙而遺俗兮＜後漢書＞ ③뛰다. 도약함. ¶捷垂條 一稀間＜史記＞ 2①멀다. 멀리 떨어짐. 아득함. ¶上谷至遼東地一遠 人民希 數被寇＜史記＞ ②뛰어나다. 탁월(卓越)함. 通卓. ¶非有一絕之能 不相踰越＜漢書＞ ③절름발이. 절름거림. ¶吾以一足趻一而行＜莊子＞
▷趫一, 踸一, 略一, 勇一, 卓一

15【[illegible]】 楚(p. 780)와 同字

9 16【踹】 뒤꿈치 단 | 翰ㄕㄨㄢˋ (shuan) | たん(カカト) *heel*

풀이 ①뒤꿈치. 발뒤꿈치. ¶一 足踵也＜集韻＞ ②발을 구르다. 발을 구르며 성냄. ¶一足而怒＜淮南子＞ ③밟다. 번디딤. 짓밟음. ¶俗語謂用力踏地曰一＜說文·注＞ ④발.

16【踲】 遯(p. 1497)과 同字

16【[illegible]】 履(p. 470)의 古字

16【[illegible]】 齷(p. 1703)과 同字

16【踴】 踊(p. 1446)의 俗字

9 16【踽】 홀로갈 우 本구 | 麌ㄐㄩˇ (ju) | く *go alone*

풀이 ①홀로 가다. 외로이 가는 모양. ¶獨行一一 豈無他人＜詩經＞ ②성기게 가는 모양. ¶一 疏行貌＜說文＞ ③곱사등이. 구루(傴僂). ¶旁行一僂 又疥且痔＜宋玉＞

9 16【踰】 1넘을 유 2멀 요 | 虞ㄩˊ (yu) 蕭 | ゆ(コエル) *over pass* よう(ハルカ)

풀이 1 ①넘다. 通逾 踰. ㉮지나가다. 거쳐 감. ¶無一我里＜詩經＞/一嶺. ㉯건너다. ¶一江五里以須＜國語＞ ㉰한정에서 벗어나 지나다. ¶吾年一七十＜世說新語＞/一越. ㉱낫다. 이김. ¶子發攻蔡一之＜淮南子＞ ㉲뛰어넘다. ¶一垣上屋＜素問＞/一獄. ㉳나아가다. ¶固難一也＜呂覽＞ ②뛰다. 도약함. ¶一波趨浥＜漢書＞/超一跳躍. ③더욱. 한층 더. ¶亂乃一甚＜淮南子＞ 2멀다. 通遙. ¶毋一言 若是浮＜禮記＞

【踰檢】ゆけん(유검) 몸을 검속하지 않고 제멋대로 굶. ¶將以觀治 而豪滑一＜唐書＞

【踰年】ゆねん(유년) 해를 넘김. ¶一歷歲 未見一城也＜戰國策＞

【踰歷】ゆれき(유력) 넘음. 지남. 경과(經過). ¶拂衣歸耕 一三紀＜南史＞

【踰輪】ゆりん(유륜) 준마(駿馬)의 이름. 주(周) 목왕(穆王)이 가지고 있던 팔준(八駿)의 하나.

【踰邁】ゆまい(유매) 세월이 흐름. 逾邁(유매).

【踰獄】(유옥) 옥의 담을 넘음. 옥을 빠져 달

아님. 脫獄(탈옥).
【踰月】ゆげつ(유월) 달을 넘김. 그 달이 지남. ¶士—外姻至＜左氏傳＞
【踰越】ゆえつ(유월) ①넘어 감. 超踰(초유). ¶—險阻＜後漢書＞ ②자기 분수에 지나침. 본분을 넘어섬. ¶明分職 不得相—＜史記＞
▷升—, 遠—, 越—, 竊—, 超—

9 16 【蹂】 ①밟을 유 ②축일 유 | 宥尤 ㄖㄡˊ (rou) | じゅう(フム) tread
풀이 ①①밟다. 짓밟음. ¶百姓奔走相—躪＜漢書＞/—踐. ②빠르다. ¶— 疾也＜廣雅＞ ②①축이다. ¶潤米必當—之使濕＜詩經·注＞ ②벼를 짓밟다. 벼를 짓밟아 왕겨를 벗김. ¶或簸或—＜詩經＞
【蹂躪】じゅうりん(유린) ①짓밟음. ②폭력으로 남의 권리를 침해함. ¶人權—.
▷攻—, 芟—, 殘—, 雜—, 踐—, 馳—

9 16 【蹀】 밟을 접 本첩 | 葉 ㄉㄧㄝˊ (die) | ちょう(フム) tread
풀이 ①밟다. 밟아 누름. 땅을 밟고 감. ¶足—陽阿之舞＜淮南子＞ ②잔걸음으로 걷다. ¶躡—而容與＜張衡＞ ③잔걸음으로 걷는 모양. ¶—— 恐顚墜＜范成大＞ ④허리띠의 장식. ¶緋衣金塗革帶佩—躞解錐＜遼史＞ ⑤말이 가거나 왕래가 빈번한 모양.
▷跂—, 蹈—, 騰—, 躞—, 躡—, 蹂—, 蹀—

9 16 【踶】 ①찰 제 ②굽 제 ③힘쓸 치 | 霽 齊 紙 ㄉㄧˋ (di) | てい(ケル) てい(ヒズメ) ち
풀이 ①①차다. 발로 참. ¶怒則分背相—＜莊子＞ ②밟다. 꼿꼿이 발을 뻗쳐 밟음. ¶奔—. ②굽. 마소 따위 짐승의 발굽. 같蹄 蹏. ③힘쓰다. 심력(心力)을 기울이는 모양. ¶—跂爲義＜莊子＞

9 16 【蹄】 ①굽 제 ②밟을 제 | 齊 霽 ㄊㄧˊ (ti) | てい(ヒズメ) hoot
풀이 ①①굽. 마소 따위 동물의 발굽. ¶馬—可以踐霜雪＜莊子＞ ②발. ㉮짐승의 발. ¶獸—鳥迹之道 交於中國＜孟子＞ ㉯말을 세는 단위. 발 4 개를 한 마리로 함. ¶牧馬二百—＜史記＞ ③올무. 토끼 따위를 잡는 올가미. ¶—者所以在兎＜莊子＞ ②밟다. 참. 발로 밟거나 참. ¶爲其壯氣有餘 相—齧也＜禮記·注＞
▷輕—, 奇—, 單—, 豚—, 馬—, 瘦—, 獸—, 躍—, 牛—, 偶—, 圓—, 輪—, 筌—, 枝—, 鐵—, 駝—, 侯—

16 【蹏】 蹄(p.1449)와 同字

9 16 【踵】 뒤꿈치 종 | 腫 ㄓㄨㄥˇ (zhong) | しょう(カカト) heel
풀이 ①뒤꿈치. 발뒤꿈치. ¶擧前曳—＜禮記＞ ②뒤쫓다. 추적(追跡)함. ¶吳—楚＜左氏傳＞/追—. ③잇다. ㉮계승하다. ¶—二皇之遐武＜張衡＞ ㉯계속하다. ¶—軍後數十萬人＜漢書＞ ④이르다. 도달함. ¶—門而告文公曰＜孟子＞ ⑤밟다. ¶相—以爲故事＜漢書＞ ⑥말미암다. ¶—秦而置材官於郡國＜漢書＞ ⑦찾다. ¶—介旅＜後漢書＞ ⑧자주. 번번이. ¶—見仲尼＜莊子＞ ⑨오가는 모양. ¶— —日 往來貌＜說文＞
▷擧—, 繼—, 企—, 箕—, 踏—, 比—, 旋—, 接—, 重—, 追—

9 16 【踳】 뒤섞일 준 | 軫 ㄔㄨㄣˇ (chun) | しゅん(マザル) mixed
풀이 ①뒤섞이다. ¶諫臣詰逐 政治—亂＜新書＞ ②위배되다. 어그러짐. ¶謀—駮於王義＜左思＞ ③실의(失意)하다. 실망한 모양. ¶容色—— 形神綿綿＜盧照鄰＞

9 16 【踸】 앙감질할 침 | 寢 ㄔㄣˇ (chen) | ちん hop
풀이 ①앙감질하다. 절룩거리며 가는 모양. ¶吾以—足—踔而行＜莊子＞ ②일정하지 아니한 모양. 무상(無常)한 모양. 또는, 머뭇거리는 모양. ¶故—踔於短韻＜陸機＞ ③갑자기 자라는 모양. ¶馬蘭—踔而日加＜楚辭＞

9 16 【踼】 넘어질 탕 당 | 漾 陽 ㄉㄤˋ (dang) | とう とう
풀이 ①넘어지다. ¶魂褫氣懾而自—跌者＜左思＞ ②실종(失踪)되다. ③막다. 저지(沮止)함. 通 踼. ④비틀거리며 가다. ¶跌—.

9 16 【蹁】 비틀거릴 편 | 先 ㄆㄧㄢˊ (pian) | へん stagger
풀이 ①비틀거리다. ¶—躚. ②뒷다리를 끌며 가는 말. ③종지뼈. ④에도는 모양. 너울너울 춤추는 모양. ¶羽衣—躚＜蘇軾＞

16 【𨇨】 夏(p.364)의 古字

10 17 【蹇】 절 건 | 阮 ㄐㄧㄢˇ (jian) | けん lame
풀이 ①절다. 절뚝거림. 또는, 절뚝발이. ¶聾盲跛—＜莊子＞ ②건괘. 64괘(卦)의 하나. 간하 감상(艮下坎上). ䷦. 험준한 데서 고생하는 상(象). ③멈추다. ¶凝—而爲人＜管子＞ ④굳세다. ¶合兩淖則爲—＜呂覽＞ ⑤교만하다. 뽐냄. ¶驕—數不奉法＜漢書＞ ⑥뽑다. 잡아뺌. 通搴. ¶毋—華絶芋＜管子＞ ⑦굽다. 굴절(屈折)함. ¶思—產之不釋兮＜楚辭＞ ⑧바르다. 정직한 모양.

¶終嵬峩以一謇＜潘岳＞ ⑨온전하다. 완전함. 通完. ¶與道大一＜莊子＞ ⑩옷을 걷다. 추어 올림. 通褰. ¶憚一裳而濡足＜楚辭＞ ⑪고생하다. ¶子一困如此 尙暇擇地哉＜剪燈餘話＞ ⑫굼뜬 말[馬]. 어리석은 사람의 비유. ¶策一載馳＜溫子昇＞ ⑬아! 발어사(發語辭). 通謇. ¶一將憺兮壽宮＜楚辭＞

【蹇蹇匪躬】けんけんひきゅう(건건비궁) 신하가 임금을 위하여 괴로움을 무릅쓰고 섬김. ¶王臣一之故＜易經＞

【蹇步】けんぽ(건보) 절뚝거림.
▷剛一, 驕一, 窮一, 駑一, 屯一, 眇一, 偃一, 連一, 駑一, 遲一, 跛一, 疲一

10 17〖蹋〗 밟을 답 |㊀ㄊㄚˋ (ta)|とう tread

풀이 ①밟다. 같踏. ¶乃爲虜一歌＜資治通鑑＞ ②차다. 공 따위를 참. ¶六博一鞠＜史記＞

【蹋鞠】とうきく(답국) 공차기. 본디는 무술(武術)의 한 가지였으나, 후세에 유희의 하나가 됨. 蹴鞠(축국).

10 17〖蹈〗 밟을 도 |㊀ㄉㄠˇ (dao)|とう tread

풀이 ①밟다. ㉮발로 디디다. ¶白刃可一也＜中庸＞ ㉯가다. 밟아 감. ¶深一不測之地＜宋史＞ ㉰행하다. ¶一道則未也＜穀梁傳＞ ㉱지키다. 따름. ¶俯一宗軌＜班固＞ ㉲뛰다. 좋아서 춤을 춤. ¶不知手之舞之 足之一之也＜禮記＞ ②슬퍼하다. 通悼. ③움직이다. 요동함. 通慆. ¶上帝甚一＜詩經＞
▷高一, 跨一, 陵一, 舞一, 犯一, 赴一, 襲一, 蹂一, 履一, 足一, 遵一, 踐一, 築一

10 17〖蹎〗 넘어질 전 |㊀ㄉㄧㄢ (dian)|てん fall down

10 17〖蹍〗 밟을 전 |㊀ㄓㄢˇ (zhan)|てん tread

풀이 ①밟다. 디딤. ¶一市人之足＜莊子＞ ②넘어지다. 헛디디거나 걸려 넘어짐.

17〖蹍〗 蹍(p.1450)과 同字

17〖蹀〗 蹀(p.1449)과 同字

10 17〖蹏〗 굽 제 |㊀ㄊㄧˊ (ti)|てい hoof

풀이 ①굽. 짐승의 발굽. ②토끼 그물. 올가미. ¶罠一連網＜左思＞ ③달리다. ¶墨子跌一而趍千里＜淮南子＞ ④밟다. 디딤. ⑤엷은 종이쪽. ¶中有裹藥二枚赫一書＜漢書＞

10 17〖蹉〗 넘어질 차 |㊀ㄘㄨㄛ (cuo)|さ fall down

풀이 ①넘어지다. ¶轉出旁一＜王褒＞ ②때를 놓치다. 실패함. 중도에 넘어짐. 通差. ¶一跎. ③지나다. 통과함. ¶孟公結重關 賓客不得一＜張華＞ ④어긋나다. 틀림. ¶宗周罔職 日月爽一＜揚雄＞

【蹉跌】さてつ(차질) ①발을 헛디디어 넘어짐. ②실패함. 또는, 난관에 부딪침.
▷旁一, 日一

10 17〖蹌〗 추창할 창 |㊀ㄑㄧㄤ (qiang)|そう

풀이 ①추창하다. 허리를 굽혀 종종걸음으로 걷다. ②걸음걸이에 위의(威儀)가 있다. ¶巧趨一兮＜詩經＞ ③흔들리다. 비틀거리는 모양. ¶攻寬擊虛兮 一踔內房＜馬融＞ ④춤추는 모양. ¶鳥獸一一＜書經＞ ⑤말이 빨리 달리는 모양.
▷踉一, 趨一

10 17〖蹐〗 살금살금 걸을 척 |㊀ㄐㄧˊ (ji)|せき

17〖蹆〗 腿(p.1242)와 同字

10 17〖蹊〗 1 지름길 혜 |㊀ㄒㄧ 2 기다릴 혜 |㊀(xi)|けい shorter way

풀이 1 ①지름길. 좁은 길. ¶桃李不言 下自成一＜史記＞ ②건너다. 질러감. ¶牽牛以一人之田＜左氏傳＞ 2 기다리다. 같徯.
▷求一, 山一, 霜一, 成一, 蹊一, 野一, 幽一, 林一, 庭一, 苔一, 花一, 荒一

18〖蹢〗 踃(p.1446)과 同字

18〖蹷〗 蹶(p.1452)과 同字

11 18〖蹛〗 1 밟을 대 |㊀ㄉㄞ 2 쌓을 체 |㊀(dai)|たい tread てい

풀이 1 ①밟다. ②흉노(匈奴)의 제(祭)터. 일설에는 땅 이름. ¶一林. 2 쌓다. 저축함. 같滯. ¶一財役貧＜史記＞

18〖蹛〗 蹛(p.1450)와 同字

11 18〖蹣〗 1 비틀거릴 반 |㊀ㄆㄢˊ 2 넘을 만 |㊀(pan)|はん stagger ばん

18〖蹈〗 匋(p.228)의 俗字

11 18〖蹝〗 천천히 걸을 사 |㊀ㄒㄧˇ (xi)|し

풀이 ①천천히 걷다. 서행(徐行)함. ②짚신. ¶舜視棄天下猶棄敝一也＜孟子＞ ③밟다. 신음. ¶一履起而徬徨＜司馬相如＞

18〖蹔〗 暫(p.727)과 同字

11 18 【蹡】 ①비틀거릴 장 ②갈 장 | 漢 ㄑㄧㄤ (qiang) 陽 | しょう stagger

풀이 ①①비틀거리다. ②달리다. ㊀蹌. ②가다. ㊀蹩.

11 18 【蹟】 자취 적 | 陌 ㄐㄧ (ji) | せき trace

풀이 ①자취. 지나간 자국. ㊀迹. ②좇다. 따름. ¶念彼不一<詩經>
▷古一, 奇一, 文一, 事一, 聖一, 筆一

11 18 【蹤】 자취 종 | 冬 ㄗㄨㄥ (zong) | しょう foot print

풀이 ①자취. 발자취. ㊀踪. ㊉從. ¶無復匹馬之一<後漢書> ②뒤쫓다. ¶質菲薄而難一<隋書> ③놓아 보내다. 풀어 놓음. ㊉縱. ¶發一指示獸處者人也<史記>

【蹤跡】しょうせき (종적) ①발자국. 足跡(족적). ②사람이 간 뒤의 행방(行方). ③고인(古人)의 행적. 事跡(사적). ④뒤를 밟아 쫓음. 追跡(추적). 蹤迹(종적).
▷繼一, 故一, 高一, 舊一, 奇一, 曩一, 墨一, 美一, 發一, 事一, 昔一, 承一, 失一, 遺一, 異一, 履一, 人一, 停一, 追一, 逐一, 萍一, 筆一, 遐一, 休一

11 18 【蹢】 ①머뭇거릴 적 ②굽 적 | 陌 ㄓ (zhi) 錫 | てき undecided

풀이 ①①머뭇거리다. 서성거림. ¶一躅焉 踟蹰焉<禮記> ②발의 때. 발에 묻은 때. ②①굽. 동물의 발굽. ¶有豕白一<詩經> ②던지다. ㊉擿. ¶齊人一子於宋者<莊子>

11 18 【蹠】 ①밟을 척 ②뛸 저 | 陌 ㄓ 御 (zhi) | せき tread しょ

풀이 ①①밟다. ¶一彭咸之所遺<漢書> ②뛰다. ¶跳也 楚曰一<方言> ③가다. 나아감. ¶自無一有 自有一無<淮南子> ④이르다. 도달함. ¶致其所一<淮南子> ⑤발바닥. ㊉跖. ¶必食其一<淮南子> ⑥발[足]. ¶一跛寒風濕之病也<素問> ⑦소원. 희망. ¶各從其一而亂生焉<淮南子> ②뛰다.
▷鷄一, 對一, 遠一

11 18 【蹜】 종종걸음칠 축 | 屋 ㄙㄨㄛ (suo) | しゅく

풀이 ①종종걸음치다. ¶執龜玉 擧前曳踵一一如也<禮記> ②다리가 오그라들다. ㊉縮. ¶噏波則洪漣踧一<木華>

11 18 【蹙】 ①대지를 축 ②쭈그러질 척 | 屋 ㄘㄨ 錫 (cu) | しゅく defy せき

풀이 ①①대지르다. ㉮가까이 대들다. ¶兩軍一兮生死決<李華> ㉯쫓다. 뒤쫓음. ¶步騎驅一 更相蹈藉<後漢書> ㉰오그라들다. ¶今也日一國百里<詩經> ㉱막히다. ¶情隘辭一 不知所裁<韓愈> ㉲재촉하다. ¶待人督責迫一<柳宗元> ㉳궁지(窮地)에 몰리다. ¶群生危一<後漢書> ②오므리다. 움츠림. ¶一口而出聲<詩經·注> ③찌푸리다. 찡그림. ¶擧疾首一頞<孟子> ④삼가다. 공경함. ¶不然則已一<禮記> ⑤차다. ㊉蹴. ¶揚鞭一一破霜蹄<蘇軾> ⑥고통. 시름. ㊉慼. ¶蓋以操之爲已一矣<公羊傳> ⑦줍다. 가짐. 취(取)함. ㊉叔. ¶一 叚借爲叔<說文通訓定聲> ⑧급하다. ⑨죄. 죄줌. 벌함. ②쭈그러지다. 오므라짐. 또는, 그 모양. ¶我瞻四方 一一靡所騁<詩經>
▷困一, 驅一, 跼一, 窘一, 窮一, 紓一, 鬱一, 危一, 攢一, 追一

18 【蹴】 蹙(p.1451)과 同字

18 【蹡】 踼(p.1449)의 俗字

11 18 【蹕】 길 치울 필 | 質 ㄅㄧ (bi) | ひつ

풀이 ①길을 치우다. 벽제(辟除)함. 임금이나 귀인의 행차 때 통행을 금하고 길을 트는 일. ㊀趩. ¶聞一匿橋下<史記> ②거둥. 임금의 나들이. ¶此人犯一<史記> ③외발로 서다. 일설에는 발돋움하여 섬. ¶立不一<列女傳>
▷警一, 歸一, 金一, 鑾一, 犯一, 鳳一, 仙一, 按一, 緩一, 衛一, 入一, 掌一, 前一, 停一, 帝一, 從一, 駐一, 止一, 天一, 扈一

12 19 【蹺】 발돋움 할 교 | 蕭 ㄑㄧㄠ (qiao) | きょう

12 19 【蹻】 ①발돋움할 교 ②교만할 교 ③짚신 갹 ④썰매 곡 | 蕭 ㄑㄧㄠ 篠 (qiao) 藥 沃 | ぎょう きょう きゃく こく

풀이 ①발돋움하다. ㊀蹺. ¶莫不一足抗首<揚雄> ②①교만하다. 소인이 득세하여 뽐내는 모양. ¶一一. ②굳센 모양. 용맹스러운 모양. ¶一一王之造<詩經> ③강성(強盛)한 모양. ¶四牡一一<詩經> ④다리를 높이 들다. 활보(闊步)함. ㊀勪. ③①짚신. ㊀屩. ¶躡一擔簦<史記> ②교만한 모양. ④썰매. 설마(雪馬). 눈덧신. ㊀樺. ¶若能乘一者 可以周流天下<抱朴子>
▷躡一, 乘一, 履一, 跖一, 敝一

12 19 【蹶】 ①넘어질 궐 ②움직일 궤 | 月 ㄐㄩㄝ 霽 (jue) | けつ fall down けい

풀이 ①①넘어지다. ¶竝遘屯一<後漢書> ②엎어지다. 전복(顚覆)됨. ¶國

乃一<荀子> ③기울어져 다하다. 탕진함. ¶天下財產 何得不一<漢書> ④지다. 패함. ⑤각기(脚氣). 다리 병(病)의 한 가지. ¶多陰則一<呂覽> ⑥둘러빼다. 탈취함. 通厥 掘. ¶一六國 兼天下<漢書> ⑦뛰다. ⑧달리다. ¶一而趨之<國語> ⑨일어나다. 뛰쳐 일어나는 모양. ¶一然起坐<史記> ⑩놀라다. ¶一然而起<莊子> ⑪빠르다. 민첩한 모양. ¶師曠一然起<逸周書> ⑫밟다. 通趹. ¶一松柏<揚雄> ⑬넘어뜨리다. 기세를 꺾음. ¶百里而趣利者一上將軍<史記> ⑭사이를 떼어 놓다. ¶魯連飛一矢而一千金<漢書> ⑮짐승 이름. 앞다리는 짧고 뒷다리는 길어 잘 넘어짐. ¶北方有獸 其名曰一<淮南子> **2**①움직이다. ¶文王一厥生<詩經> ②허둥지둥 가는 모양. ¶足毋一<禮記> ③교활하다. 通譎. ④짧다. ¶侈口一顧<漢書> ⑤넘어지다. ⑥달리다. ⑦좋다. ¶一 嘉也<爾雅>

【蹶起】けっき (궐기) ①벌떡 일어섬. ②우쩍 일어남. 발분(發奮)하여 일어남. 奮起(분기). ¶一大會.
▷竭一, 僵一, 擊一, 驚一, 搏一, 熱一, 誤一, 顚一

19【蹷】 蹶(p. 1451)과 同字

19【𨇨】 跪(p. 1444)와 同字

19【䠟】 踏(p. 1447)·蹋(p. 1450)과 同字

19【𨇄】 踏(p. 1447)과 同字

12/19【蹬】 **1** 비틀거릴 등 **2** 오를 등 | 徑 ㄉㄥˋ (deng) | とう stagger

12/19【蹳】 넘어질 발 | 曷 ㄅㄛˊ (bo) | はつ fall down

풀이 ①넘어지다. ②밟다. ¶漢王急 馬罷… 常一兩兒棄之<漢書> ③가다. 걸어감. ④뛰다. 뛰어오름. ¶一刺銀盤欲飛去<李白>

19【𨇁】 蹳(p. 1452)과 同字

12/19【蹯】 짐승발바닥 번 | 元 ㄈㄢˊ (fan) | はん

풀이 ①짐승의 발바닥. 같 番. ¶王請食熊一而死<左氏傳> ②짐승의 발자국.

19【𨇝】 蹯(p. 1452)과 同字

12/19【蹩】 절름발이 별 | 屑 ㄅㄧㄝˊ (bie) | べつ lame

풀이 ①절름발이 通躄. ②밟다. ③애쓰는 모양. ④에도는 모양.

19【𨆍】 蹩(p. 1452)과 同字

12/19【蹼】 물갈퀴 복 | 屋 ㄆㄨˇ (pu) | ほく web

19【蹮】 躚(p. 1454)과 同字

19【蹰】 躕(p. 1453)의 俗字

19【踌】 躊(p. 1453)와 同字

19【蹖】 踳(p. 1449)의 本字

12/19【蹲】 웅크릴 준 本 존 | 元 ㄉㄨㄣ 眞 (dun) | そん crouch しゅん

풀이 ①웅크리다. 쪼그리고 앉음. 같 踆. ¶一夷踞肆<後漢書> ②모으다. 한 곳에 모임. ¶一甲而射之<左氏傳> ③춤추다. 춤추는 모양. ¶一一舞我<詩經> ④단정한 모양. ¶穆穆肅肅一一如也<漢書>

【蹲鴟】そんし (준치) 토란의 이칭. 올빼미가 웅크리고 앉아 있는 모양과 비슷하므로 이름. 鴟蹲(치준).
▷熊一, 夷一, 鴟一, 虎一

19【𨆶】 蹢(p. 1451)과 同字

12/19【蹴】 찰 축 | 屋 ㄘㄨˋ (cu) | しゅく, しゅう kick

풀이 ①차다. 발로 물건을 참. 같 蹵. ¶一爾而與之<孟子> ②밟다. ¶以迫一民<董仲舒> ③좇다. 뒤좇음. ④공경하는 모양. ¶孔子一然辟席<禮記> ⑤얼굴빛이 변하는 모양. 같 愀. ¶諸大夫一然曰<莊子>

【蹴鞠】しゅうきく (축국) 공차기. 꿩깃을 꽂은 공을 땅에 떨어뜨리지 않고 계속 차 올리는, 옛날 귀인들의 유희의 한 가지. 蹴毬(축구). 蹴踘(축국).
▷亂一, 怒一, 迫一, 排一, 顚

19【蹵】 蹴(p. 1452)과 同字

12/19【蹭】 비틀거릴 층 | 徑 ㄘㄥˋ (ceng) | そう stagger

13/20【躆】 번디딜 거 | 御 ㄐㄩˋ (ju) | きょ stand firmly

풀이 ①벋디디다. 다리를 벌리고 버티어 섬. 같 據. ¶超忽荒而一昊蒼也<班固> ②손으로 땅을 짚다. ③움직이다. ¶僑一.

20【𨇤】 蹋(p. 1450)과 同字

13/20【躉】 거룻배 돈 | 阮 ㄉㄨㄣˇ (dun) | とん boat

풀이 ①거룻배. 작은 배. ¶一船. ②정수(整數). ¶零一.

20【蹛】 鈍(p.1534)과 同字

20【蹞】 蹯(p.1452)과 同字

13 20【躇】 1 머뭇거릴 저 2 건너뛸 착 | ㊥ㄔㄨˊ (chu) | ちょ ちく | hesitate

풀이 1 ①머뭇거리다. ㉠躕. ㉮주저하다. ¶躊―. ㉯멈추어 나아가지 못하다. ¶寬明弘潤 優游―跱<嵇康> ②밟다. 대고 디딤. ¶若―步蹯踏<列子> 2 건너뛰다. ㉠踱. ¶―階而走<公羊傳>
▷躊―, 踟―

13 20【躁】 성급할 조 | ㊥ㄗㄠˋ (zao) | そう | hasty

풀이 ①성급하다. 조급함. ¶言未及之而言謂之―<論語> ②떠들다. 왁자함. ㉡譟. ③시끄럽다. 떠들썩함. ¶動搖――<史記> ④빠르다. ¶狗赤股而―臊<禮記> ⑤움직이다. 동요함. ¶人主靜漠而不―<淮南子> ⑥거칠다. 난폭함. ¶―者皆化而慤<荀子> ⑦교활하다. 꾀가 많고 간악함. ¶其魂不―<淮南子> ⑧벼슬자리에서 떠나다. ¶離位之謂―<韓非子> ⑨마르다. ㉠燥.
【躁競】そうきょう (조경) 조급한 마음으로 권세와 부귀를 다툼. ¶議者惜其人才 而譏其―<北史>
【躁狂】そうきょう (조광) 떠들며 미쳐 날뜀.
【躁急】そうきゅう (조급) 참을성 없이 급함. 초조하게 서두름. 躁擾(조요).
▷剛―, 勁―, 輕―, 傾―, 狂―, 驕―, 矜―, 煩―, 浮―, 忿―, 勇―, 靜―, 險―

20【躂】 躓(p.1453)와 同字

13 20【躅】 1 머뭇거릴 촉 2 자취 탁 | ㊥ㄓㄨˊ (zhu) | ちょく たく | undecided

풀이 1 ①머뭇거리다. ㉠躕. ¶躑―. ②밟다. ¶師曠東―其足<逸周書> 2 자취. ㉮밟은 자국. ㉯옛사람의 행적. ¶伏周孔之軌―<漢書>

21【蹼】 蹼(p.1452)과 同字

14 21【躍】 1 뛸 약 2 빠른 모양 적 | ㊥ㄩㄝˋ (yue) | やく てき | lead

풀이 1 ①뛰다. ㉮뛰어오르다. ¶魚―于淵<詩經> ㉯뛰어넘다. ¶距―三百<左氏傳> ㉰가슴이 뛰다. 흥분함. ¶微心竦―<梁簡文帝> ㉱물가(物價)가 뛰다. ¶以稽市物 痛騰―<漢書> ㉲뛰며 좋아하다. ¶欣喜雀―<易經> ②뛰게 하다. ¶搏而―之<孟子> ③빠르다. ④빨리 달리다. 2 빠른 모양.
【躍動】やくどう (약동) ①생기있게 움직임. ②힘차게 활동함.
【躍如】やくじょ (약여) ①뛰어오르는 모양. 생기있는 모양. 힘찬 모양. ¶君子引而不發 ―也<孟子> ②눈앞에 생생하게 나타나는 모양. 躍然(약연).
【躍進】やくしん (약진) 뛰어 나아감. 앞으로 나아감. ¶各個―.
▷距―, 驚―, 高―, 跳―, 蹈―, 騰―, 舞―, 奮―, 竦―, 鳶飛魚―, 勇―, 踊―, ――, 雀―, 駭―, 欣―

21【躍】 躍(p.1453)의 略字

14 21【躋】 오를 제 | ㊥ㄐㄧ (ji) | せい | climb

풀이 ①오르다. 높은 곳에 오름. ¶難以―升<宋史>/―攀. ②진보하다.
▷登―, 上―, 升―, 昇―, 日―

14 21【躊】 머뭇거릴 주 | ㊥ㄔㄡˊ (chou) | ちゅう | hesitate

풀이 ①머뭇거리다. 주저함. ¶―躇. ②느직한 모양. 침착하고 태연한 모양. ③득의(得意)한 모양. 자득(自得)한 모양.

15 22【躒】 1 움직일 력 2 빼어날 락 | ㊥ㄌㄧˋ (li) | れき らく | move

풀이 1 움직이다. ㉠趮. ¶騏驥―― 不能千里<大戴禮> 2 빼어나다. ㉠礫. ㉡犖. ¶逴―諸夏<班固>

15 22【躐】 밟을 렵 | ㊥ㄌㄧㄝˋ (lie) | りょう | step

풀이 ①밟다. 디딤. ¶凌余陣兮―余行<楚辭> ②넘다. 뛰어넘음. ¶學不―等<禮記> ③쥐다. ¶―纓整襟<後漢書>
▷僭―, 超―, 風狎―

15 22【躔】 1 궤도 전 2 자취 전 | ㊥ㄔㄢˊ (chan) | てん でん | track

풀이 1 ①궤도. ¶―度. ②돌다. ㉮궤도를 따라 운행하다. ¶月―二十八宿<呂覽> ㉯두루 돌아다니다. ¶未知英雄之所―也<左思> ③가다. ④지나가다. 통과함. ¶―離弦望<漢書> ⑤있다. 처(處)함. ¶北陸南―<謝莊> ⑥쉬다. 휴식함. ¶―建木於廣都兮<張衡> ⑦밟다. ㉠踐. 2 ①자취. ㉮큰 사슴의 발자국. ㉯지나간 흔적. 궤적(軌跡). ②옮겨 가다. 이행(移行)함.
▷順―, 升―

15 22【躕】 머뭇거릴 주 | ㊥ㄔㄨˊ (chu) | ちゅう | hesitate

15 22【躓】 1 넘어질 지 질 2 못 지 | ㊥ㄓˋ (zhi) | ち しつ | stumble

풀이 1 ①넘어지다. ㉮물건에 걸려 비틀거리다가 넘어지다. ¶一顚蹉足<易林> ㉯실패하다. ㉰곤란을 겪음. ¶牧困一不自振<唐書> ②부딪치다. 물건에 걸림. ¶其行足一株焰<列子> ③밟다. ④멈추다. ¶往反二千 或容一頓<晋書> 2 못. 발바닥의 굳은살. 변지(胼胝). 通 胝. ¶故禹稷駢一<孟子·注>

15/22 〖躑〗 머뭇거릴 척 | 陌 ㄓˊ (zhi) | てき *hesitate*
풀이 ①머뭇거리다. 발을 멈춤. 같 蹢. ¶咏歸歟而一躅<沈約> ②발의 때. ③뛰어오르다. ¶三人悲啼一躅<剪燈新話> ④철쭉. 진달래꽃. ¶勅賜一窠紅一躅<王建>
▷跳一, 躅一, 投一, 號一

23 〖[足+騰]〗 騰(p.1652)과 同字

16/23 〖躙〗 짓밟을 린 | 震 ㄌㄧㄣˋ (lin) | りん
풀이 ①짓밟다. 마구 밟음. ¶蹂一. ②수레의 자국.

16/23 〖躚〗 춤출 선 | 先 ㄒㄧㄢ (xian) | せん *dance*
풀이 ①춤추다. 춤추는 모양. ¶紆長袖而屢舞 翩一一以裔裔<左思> ②비틀거리는 모양. 에도는 모양. 같 躔. ¶蹁一.

16/23 〖躛〗 거짓 위 | 霽 ㄨㄟˋ (wei) | えい *lie*
풀이 ①거짓. 잘못. 通 譌. ¶是一言也<左氏傳> ②밟다. ③호위하다.

24 〖[足+蹇]〗 蹇(p.1449)의 俗字

17/24 〖躞〗 걸을 섭 | 葉 ㄒㄧㄝ (xie) | しょう *walk*
풀이 ①걷다. 걸어가는 모양. 같 躍. ¶一蹀退朝騎<白居易> ②족자(簇子)의 마구리. ¶隋唐藏書 皆金題玉一<米芾書史>

17/24 〖躟〗 바삐 걸을 양 | 陽 ㄖㄤˇ (rang) | じょう

25 〖[足+闕]〗 蹶(p.1452)과 同字

18/25 〖躡〗 밟을 섭 本 녑 | 葉 ㄋㄧㄝˋ (nie) | じょう *tread*
풀이 ①밟다. ¶張良陳平一漢王足<史記> ②오르다. 올라감. ¶登一常著木屐<宋書> ③이르다. 다다름. ¶徑一都廣<淮南子> ④잇다. 뒤를 이어 계속함. ¶勞問相一<唐書> ⑤뒤쫓다. 따름. ¶高一王劉<晋書> ⑥빠르다. 通 駬.
▷跨一, 踏一, 登一, 承一, 尋一

18/25 〖躤〗 밟을 적 | 陌 ㄐㄧˋ (ji) | せき *tread*

19/26 〖躧〗 신 사 | 紙 ㄒㄧˇ (xi) | し *shoes*
풀이 ①신. ㉮뒤축 없는 작은 신. 춤출 때 신는 신. ¶彈弦跕一<漢書> ㉯짚신. 같 蹤 屣. ¶猶釋敝一<漢書> ②신을 끌다. 신을 발끝에만 걸고 빨리 걸음. 같 屣. ¶一履起迎<漢書> ③밟다. ④천천히 걷는 모양.
【躧履】しり(사리) 신을 끌며 감. 서둘러 감의 비유.

20/27 〖躩〗 바삐 갈 곽 | 藥 ㄐㄩㄝˊ (jue) | かく
풀이 ①바삐 가는 모양. ¶蹇裳一步<莊子> ②머뭇거리는 모양. ¶足一如也<論語> ③뛰다. 도약함. ¶一以連卷<漢書>

27 〖躪〗 躙(p.1454)과 同字

身<몸 신>部

身 ③ 躬 ④ 躭 ⑤ 躰 ⑦ 躳 ⑧ 躶 ⑪ 軀 ⑫ 軃 ⑬ 軆

0/7 〖身〗 1 몸 신 2 나라 이름 연 | 眞 ㄕㄣ (shen) | しん(ミ) *body*
풀이 1 ①몸. ㉮몸뚱이. 신체. ¶一也者父母之遺體也<禮記> ㉯머리 이외의 체구(體軀). ¶亥有二首六一<左氏傳> ㉰나. 자신. ¶仰悲先意 府思一愆<盧諶> ㉱자기의 성행(性行). ¶厲一立名<漢書> ㉲자기의 능력. ¶傾一事之<漢書> ㉳자기의 이익. ¶主耳忘一<漢書> ㉴신분. 지위. ¶臣出一而事主<禰衡> ㉵식물의 줄기. 간경(幹莖). ¶託根附樹一<白居易> ㉶물건의 심(心). 고갱이. ¶紫檀軸主 白檀一<法書要錄> ㉷칼날. 도검(刀劍). ¶願用百鍊一 助我王臣節<李咸用> ②몸소. 친히. ¶一不識也<南史> ③애배다. 임신함. 通 傳. ¶大任有一<詩經> ④대(代). 세(世). ¶蓋李氏子祜之前一也<晋書> 2 나라 이름. 연독(身毒). 천축(天竺). ¶天竺國 一名一毒<後漢書>
【身老心不老】(신로 심불로) 몸은 늙었으나 마음은 늙지 않았음.
【身命】しんめい(신명) 몸과 목숨. 육체와 생명. 軀命(구명). ¶以一當國咎<漢書>
【身邊】しんぺん(신변) 몸의 주변. 몸.
【身邊雜記】しんぺんざっき(신변잡기) 작자의 일상생활에서 경험한 자질구레한 일들을 적은 글.
【身病】(신병) 몸의 병. 身恙(신양).
【身分】しんぶん·みぶん(신분) ①상하(上下) 존비(尊卑)의 구분. ②개인의 사회적인 지위.

【身上】しんじょう(신상) ①일신(一身)에 관한 일. ¶一之釁 旣自藉藉<宋書>/一明細書. ②몸. 몸의 표면. ¶慈母手中線 遊子一衣<孟郊> 「생. 생명.
【身世】しんせい(신세) ①이 몸과 이 세상. ②한평
【身手】しんしゅ(신수) ①몸과 손. 무예(武藝)를 이름. ¶雖無一 或聚徒衆<顔氏家訓> ②[韓] ㉮사람의 얼굴에 나타난 건강 상태의 빛. ㉯용모와 풍채.
【身數】(신수)[韓] 일신의 운수.
【身若不勝衣】ミコロモニタエザルガゴトシ(신약불승의) ①몸이 옷의 무게를 감당하지 못하는 듯함. 몸이 대단히 허약함의 형용. ②두려워 삼가는 모양. ¶事無由己 一<韓詩外傳> ③유화(柔和)하고 겸손함의 형용. ¶趙文子其中退然 一<禮記>
【身恙】(신양) ☞身病(신병).
【身言書判】しんげんしょはん(신언서판) 당(唐)대에 관리를 등용할 때의 선발 기준. 身은 몸매가 좋음, 言은 말이 바름, 書는 글씨가 힘차고 아름다움, 判은 판단이 훌륭하고 빼어남. ¶凡擇人之法有四 一曰身 體貌豐偉 二曰言 言辭辯正 三曰書 楷法遒美 四曰判 文理優長<唐書> 「業). 3업(業)의 한 가지.
【身業】しんごう(신업)《佛》 몸으로 지은 죄업(罪
【身役】しんえき(신역) ①몸으로 치르는 노역(勞役)이나 고역(苦役). ②몸이 어떠한 관부(官府)나 권부(權府)에 딸려 있음.
【身熱】しんねつ(신열) ①서역(西域)에 있는 재 이름. 이 재를 넘으려면 몸에서 열이 나기 때문에 붙인 이름. ¶歷赤土一之阪 令人一<漢書> ②병 때문에 나는 몸의 열.
【身元】ミモト(신원) 출생, 신분, 성행(性行), 직업, 본적, 주소 등 일신상의 관계. ¶一照會. ※來歷(내력). 「장).
【身長】しんちょう(신장) 몸의 길이. 키. 身丈(신
【身從居志從義】ミハきょニシタガイココロザシハぎニシタガウ(신종거 지종의) 몸은 그 처하여 있는 바에 따라 임금 또는 어버이에게 바칠 것이요, 뜻은 의(義)를 따름. 충(忠)과 효(孝)가 대립되는 경우에 처신하는 방법을 이름. ¶身從其居 志從其義 可也<五代史>
【身重】ミオモ(신중) 아이를 배어 만삭(滿朔)에 가까운 상태. ¶婦人一<儒門事親>
【身體】しんたい(신체) ①몸. 사람의 체구(體軀). ②[韓] 시체(屍體)를 완곡하게 이르는 말.
【身體髮膚】しんたいはっぷ(신체발부) 몸과 머리털과 살갗. 온몸. ¶一 受之父母 不敢毁傷 孝之始也<孝經>
【身火】しんか(신화)《佛》 자신[身]을 태우는 불이란 뜻으로, 사람의 욕심을 비유하는 말.
【身後】しんご(신후) 몸이 죽은 뒤. 死後(사후).
【身後計】シンゴノハカリゴト(신후계) 사후의 계책. 죽은 뒤의 자손을 위한 배려(配慮).
【身後名】シンゴノナ(신후명) 죽은 뒤의 명예.
【身後之諫】シンゴノイサメ(신후지 간) 죽어서 임금을 간함. 屍諫(시간). ¶吾觀史鰍 以不能進蘧伯玉 而退彌子瑕 故有一<蘇洵>
【身毒】しんどく(연독) 나라 이름. 인도(印度)의 옛 이름. 건독. 天竺(천축). ¶從東南一國<史記> ※けんどく・えんどく

▷潔一, 敬一, 傾一, 輕一, 告一, 屈一, 勤一, 謹一, 寄一, 裸一, 累一, 單一, 短一, 端一, 跳一, 滿一, 免一, 眇一, 文一, 發一, 藩一, 法一, 保一, 佛一, 庇一, 傷一, 纖一, 守一, 修一, 隨一, 樹一, 失一, 心一, 安一, 約一, 厲一, 完一, 外一, 聳一, 危一, 潤一, 濶一, 理一, 頤一, 羸一, 人一, 一一, 立一, 自一, 長一, 藏一, 赤一, 全一, 前一, 挺一, 存一, 終一, 竹一, 中一, 出一, 致一, 漆一, 濯一, 脫一, 便一, 萍一, 獻一, 化一, 後一

3 10〖躬〗 몸 궁 | [東]ㄍㄨㄥ (gong) | きゅう body
[풀이]①몸. 자신(自身). ¶一自悼矣<詩經> ②몸소. 친히. ¶己一命之<儀禮> ③몸소 행하다. ¶弗一弗親 庶民弗信<詩經> ④몸에 지니다. 품수(稟受)함. ¶聖人旣一明悊之性<漢書> ⑤과녁의 아래위의 폭(幅). ¶倍中以爲一 倍一以爲左右舌<儀禮> ⑥활. ㉠弓.
【躬圭】きゅうけい(궁 규) 육서(六瑞)의 한 가지. 사람의 모양을 새겨 꾸민 홀(笏). 주(周)대에 백작(伯爵)의 제후(諸侯)가 지니던 것.

躬圭
(三禮圖)

【躬行】きゅうこう(궁행) 몸소 행함. ¶一君子 則吾未之有得<論語>/實踐一.
▷鞠一, 眇一, 保一, 聖一, 直一, 責一, 賤一, 治一, 飭一, 渙一

10〖射〗 ☞寸部 7획(p.452)
11〖躮〗 膾(p.1244)과 同字
11〖舻〗 爐(p.959)와 同字
11〖躴〗 服(p.738)과 同字
11〖䠌〗 我(p.605)와 同字
11〖躸〗 肞(p.1231)와 同字
11〖躭〗 耽(p.1218)의 俗字
12〖躯〗 軀(p.1456)의 俗字
12〖躭〗 躬(p.1456)과 同字
12〖軡〗 聆(p.1218)의 訛字
12〖躷〗 ☞矢部 7획(p.1075)
12〖躰〗 肞(p.1231)와 同字
12〖躰〗 體(p.1659)의 俗字
13〖躳〗 聒(p.1218)과 同字
13〖躳〗 姙(p.404)과 同字
13〖躲〗 孕(p.415)과 同字
13〖躳〗 自(p.1249)와 同字

6 13〖躲〗 비킬 타 | [陽]ㄉㄨㄛˇ (duo) | た(カワス)

풀이①비키다. 숨음. ¶一開. ②몸. 몸소.

13【躸】骸(p.1658)의 俗字
14【躳】躬(p.1455)의 本字
14【䠶】貊(p.1418)과 同字
14【躿】蹴(p.1452)과 同字

8 15【躶】발가벗을 라 | 圈ㄌㄨㄛˇ(luo) | ら(ハダカ) naked
【躶身】らしん(나신) ☞裸身(나신). ¶臣一來不受金 無以爲資<史記>
【躶體】らたい(나체) ☞裸體(나체).
【躶體黃漢】らたいこうかん(나체황한) 금(金)으로 만든 우상(偶像)을 이름.

15【䠷】射(p.452)와 同字
16【䠸】面(p.1611)과 同字
16【躷】矮(p.1075)와 同字
17【𨉭】聘(p.1218)과 同字
17【䠽】體(p.1659)와 同字

11 18【軀】몸 구 | 團ㄑㄩ(qu) | く(カラダ) body
풀이몸. 신체. ¶七尺之一<荀子>
▷輕一, 棄一, 忘一, 微一, 鄙一, 神一, 安一, 捐一, 頑一, 危一, 賤一, 體一, 投一, 形一

18【躹】窮(p.1118)과 同字
19【軅】樂(p.787)과 同字
19【䠾】聘(p.1218)과 同字
19【䡀】軟(p.1459)과 同字
19【軄】職(p.1222)의 俗字
19【軂】耋(p.1440)과 同字

12 19【軃】넓고 두터울 타 | ㄉㄨㄛˇ(duo) | た
풀이①넓고 두텁다. ②아래로 처지다. 嚲의 訛字. ③몸. ④비키다. 피함.

20【軇】獨(p.983)과 同字
20【軆】體(p.1659)의 俗字
21【軉】嬪(p.413)과 同字
22【軈】軀(p.1456)와 同字

車<수레 거>部

車 ① 軋 ② 軍 軌 ③ 軑 軏 軎 軔 軒 ④ 軘 軛 軟 転 ⑤ 軻 軽 軥 軨 軬 軷 軰 軮 軵 軼 軹 軫 軺 軸 軤 ⑥ 較 輂 輅 軿 軾 輀 載 輇 輢 輊 ⑦ 輕 輓 輔 輐 輎 輒 ⑧ 輥 輠 輨 輬 輛 輦 輪 輘 輞 輩 輧 輗 輚 輤 輟 輙 輜 輣 輝 ⑨ 輵 輻 輹 輸 輴 輭 輶 輮 輳 輯 輲 輺 輷 ⑩ 轂 輿 轅 輾 轄 ⑪ 轇 轆 轈 轉 ⑫ 轎 轑 轔 轓 轐 轒 轏 轍 ⑬ 轗 轘 轕 轙 轋 ⑭ 轟 轜 轞 ⑮ 轢 轠 轡 ⑯ 轤

0 7【車】수레 거 | 魚ㄐㄩ(ju) | きょ(クルマ) cart
수레 차 | 麻ㄔㄜ(che) | しゃ
源象形. 외바퀴 차의 모양을 본뜸
풀이①수레. ②수레의 바퀴. 차륜(車輪). ¶山出器一<禮記> ③도르래. 활차(滑車). ¶齊上溝一蹈河水<曹文晦> ④잇몸. 치은(齒齦). 通頓. ¶輔一相依<左氏傳>
【車駕】しゃが(거가) ①임금이 타는 수레. ②임금의 거둥.
【車同軌書同文】クルマハキヲオナジクシしょハぶんヲオナジクス(거동궤 서동문) 온 천하의 수레는 두 바퀴의 폭이 같고, 문서는 같은 종류의 문자를 사용한다는 뜻으로, 천하가 통일되어 있는 상태를 이르는 말. 同文同軌(동문동궤). ¶今天下一行同倫<中庸>
【車馬費】(거마비)韓 교통비(交通費).
【車輛】しゃりょう(차량) ①수레의 총칭. 車兩(차량). ¶一番號. ②열차(列車) 따위의 하나하나의 차간(車間). ¶一限界.
【車輪】しゃりん(차륜) 수레바퀴.
【車夫】しゃふ(차부) 차를 부리거나 끄는 사람.
【車裂】しゃれつ(차열·거열) 옛 중국 형벌의 한 가지. 죄인의 사지(四肢)를 두 대의 소달구지에 나누어 묶고 좌우로 당겨 찢어 죽이던 혹형(酷刑). 車裂刑(차열형·거열형). ¶商君歸還 惠王一之<戰國策>
【車胤盛螢】しゃいんほたるヲもル(차윤성형) 가난한 가운데 꾸준히 학문을 닦음. 진(晋)의 차윤이 기름을 구할 수 없어 여름이면 개똥벌레를 잡아 비단 주머니에 담아 그 빛에 글을 읽었다는 일. ¶胤 幼恭勤博覽 貧不常得油 夏月以練囊盛數十螢火 照書讀之<晋書> ※螢雪(형설).
【車戰】しゃせん(차전) ①병거(兵車)에 의한 싸움. ②韓 차전놀이.
▷客一, 巾一, 堅一, 牽一, 輕一, 固一, 高一, 公一, 空一, 規一, 機關一, 奇一, 汽一, 棄一, 鸞一, 露一, 鹿一, 綠一, 雷一, 樓一, 單一, 大一, 貸一, 德一, 陶一, 都一, 蹈一, 犢一, 動一, 馬一, 輓一, 滿一, 麵一, 武一, 墨一, 米一, 攀一, 發一, 紡一, 配一, 排一, 藩一, 兵一, 鳳一, 副一, 奔一, 笨一, 飛一, 山一, 小一, 素一, 巢一, 繅一, 水一, 倅一, 乘一, 牙一, 安一, 羊一, 糧一, 輦一, 獵一, 靈柩一, 靈一, 盈一, 王一, 瑤一, 龍骨一, 容一, 牛一, 雲一, 輶一, 戎一, 貳一, 輀一, 人力一, 人奔一, 人一, 紫一, 自動一, 翟一, 田一, 前一, 電一, 傳一, 戰一, 停一, 佐一,

駐—, 衆—, 指南—, 脂—, 遮—, 察—, 軺—, 樵—, 椎—, 墜—, 馳—, 輜—, 侵—, 筒—, 蒲—, 風—, 豊—, 下—, 檻—, 海盤—, 虛—, 貨—, 還—, 後—

1 8 [軋] 삐걱거릴 알 | 圖 l Y (ya) | あつ(キシル) *crush*

풀이 ①삐걱거리다. ㉮바퀴가 달아 삐걱거리다. ㉯두 물건이 서로 마찰하다. 또는, 그 소리. ¶歸櫂何時——鳴<杜牧> ㉰불화(不和)하다. 옥신각신함. ¶不可以—摩<宋濂> ②형벌 이름. 알형(軋刑). ¶有罪 小者— 大者死<史記> ③말을 더듬다. 말더듬이. ④벋디디다. 버티어 디딤. ¶鰓鰓常恐天下之一合 而共—己也<漢書> ⑤꺾다. 또는, 요절(夭折)함. 通 札. ⑥자세하다. 위곡(委曲)함. 또는, 꾸불꾸불함. ⑦사물의 모양. ¶—沕.

【軋轢】あつれき (알력) ①수레가 삐걱거리는 일. ②의견이 맞지 않아 충돌함. 불화를 일으킴. 反目(반목). 紛爭(분쟁).

【軋刑】あつけい (알형) 옛 중국에서, 수레바퀴 밑에 깔아 죽이던 형벌. 또는, 뼈마디를 꺾거나 몽둥이로 치거나 얼굴을 칼로 베는 형벌이었다고도 함.

▷嘔—, 鳴—, 鴉—, 咿—, 侵—

2 9 [軍] 군사 군 | 因 ㄐㄩㄣ (jun) | ぐん(イクサ) *military*

풀이 ①군사(軍士). ㉮군제(軍制)의 명칭. 주(周)의 제도에서는 1만 2천 500명, 제(齊)는 1만 명. ¶五師爲—<周禮> ㉯병사(兵士). ¶水上— 皆殊死戰<史記> ㉰전투. 병사(兵事). ¶韓王成無—功<史記> ②진(陣)치다. 군영(軍營)을 베풂. ¶晉之餘師不能—<左氏傳> ③송(宋)대 행정 구획 이름. ④충군(充軍). 명(明)대 유형(流刑)에 처하여, 그 소재지의 병영(兵營)에서 고역(苦役)에 복무(服務)하게 하던 일.

【軍監】ぐんかん (군감) ①군사 감독을 하던 직책. ②韓 조선 때 군수품(軍需品)을 맡아 보던 관청. 軍資監(군자감).

【軍警】ぐんけい (군경) 군대와 경찰.

【軍功】ぐんこう (군공) 전투에서 세운 공훈. 武功(무공).

【軍官】ぐんかん (군관) ①군인과 관리. ②무관(武官). 장교의 통칭.

【軍區】ぐんく (군구) 군사상의 필요에서 갈라놓은 구역.

【軍國】ぐんこく (군국) ①군대와 국가. ②군사(軍事)를 중요 정책으로 삼는 국가. ¶—主義.

【軍權】ぐんけん (군권) 군대를 통솔하는 권리.

【軍紀】ぐんき (군기) 군대의 기율(紀律).

【軍隊】ぐんたい (군대) ①일정한 규율 아래 조직 편제된 장병의 집단. ②군오(軍伍)를 편성하고 있는 장교와 병사의 총칭. 兵隊(병대).

【軍刀】ぐんとう (군도) 군인이 차는 긴 칼.

【軍亂】ぐんらん (군란) 군대가 일으킨 난리. 兵亂(병란). ¶壬午—. ↔民亂(민란).

【軍略】ぐんりゃく (군략) ①군사에 관한 계략. 戰略(전략). 兵略(병략). ②「육도」(六韜) 호도(虎韜)의 편(篇) 이름.

【軍糧】ぐんりょう (군량) 군대의 양식. 軍餉(군향). 兵糧(병량). 軍糧米(군량미).

【軍令】ぐんれい (군령) 군중(軍中)의 법령. 또는, 군사상의 명령·형벌. ¶—狀.

【軍禮】ぐんれい (군례) ①군사에 관한 의식(儀式). ②中 군대의 경례법.

【軍馬】ぐんば (군마) ①군대와 말. ②군대의 말. 戎馬(융마).

【軍務】ぐんむ (군무) 군사에 관한 직무.

【軍門】ぐんもん (군문) ①군영(軍營)의 문. 옛날, 행군 때 두 개의 정(旌)을 벌여 세워 문으로 삼았음. ②명(明)대의 통병관(統兵官), 청(淸)대의 제독(提督)의 존칭. ③별 이름.

【軍民】ぐんみん (군민) 군대와 민간. 또는, 군인과 민간인.

【軍閥】ぐんばつ (군벌) ①군공(軍功). ¶開元初 錄—<唐書> ②군인의 파벌. ③군부를 배경으로 하거나 중심으로 한 정치적 당파나 세력. ④중화민국 이후, 중국에 할거(割據)한 봉건적 권력자(封建的權力者). 군대 파벌. ¶奉天—.

【軍兵】ぐんぴょう (군병) ☞軍士(군사).

【軍保】(군보) 韓 조선 때 군역(軍役)의 하나. 군인으로 나가지 않는 대신에 군대의 비용을 부담한 보인(保人).

【軍部】ぐんぶ (군부) ①육·해·공군의 총칭. ②군사에 관한 일을 맡아 보는 기관의 총칭. ③韓 조선 말 국방과 군정(軍政) 등에 관한 일을 맡아 본 관청.

【軍備】ぐんび (군비) ①국방상의 모든 설비. ②전쟁 준비. 兵備(병비).

【軍士】ぐんし (군사) 군인. 군병. 병졸. 병사(兵士).

【軍使】ぐんし (군사) ①조정에서 파견한 군사(軍事) 감독관. 軍監(군감). ②교전 중에 어떤 사명을 띠고 상대 편의 군대에 파견되는 사자(使者).

【軍事】ぐんじ (군사) 군대와 전쟁에 관한 일. 兵事(병사). ¶—停戰委員會/—占領.

【軍師】ぐんし (군사) ①군대. ¶謀人之— 敗則死之<禮記> ②주장(主將) 측근에서 군의 기밀을 맡으며 전략을 세우는 참모(參謀). ③교묘하게 책략을 꾸미는 사람. 책략가. 策師(책사).

【軍船】ぐんせん (군선) 군함. 전선(戰船).

【軍需】ぐんじゅ (군수) 군사상의 수요(需要). 또는, 군사상에 필요한 물자. 軍須(군수). ¶—品. ↔民需(민수).

【軍神】ぐんしん (군신) 군인의 무운(武運)을 수호하는 신. 전쟁의 신. 무신(武神). 병가(兵家)에서는 북두성을 이름.

【軍營】ぐんえい (군영) ①군대가 주둔하여 있는 곳. 병영. 진영. ②입의 이칭.

【軍用】ぐんよう (군용) 군사상의 소용. 군수(軍需). ¶—品.

【軍援】ぐんえん (군원) 군사 원조(軍事援助)의 준말.

【軍律】ぐんりつ (군율) ①군대의 기율. ②군인의 형벌에 관한 법률.

【軍醫】ぐんい (군의) 군대에서 환자의 진찰, 치료, 위생을 맡은 군인. 군의관.

【軍資金】ぐんしきん(군자금) ①군사에 필요한 자금. 軍費(군비). 軍用金(군용금). 軍資(군자). ②㊗ 사업이나 일을 시작하는 데에 드는 자금.

【軍裝】ぐんそう(군장) ①군대의 장비. 武裝(무장). 戎裝(융장). ②군인의 복장.

【軍裁】ぐんさい(군재) 군사 재판(軍事裁判)의 준말.

【軍政】ぐんせい(군정) ①병사(兵事)에 관한 정무(政務). 군사에 관한 정책. ②군사에 관한 행정 사무. ③전시에 군사령관이 일정한 구역 안에서 행하는 행정. ↔民政(민정). ④㊗ 조선 때 삼정(三政)의 한 가지.

【軍中】ぐんちゅう(군중) 군대의 안. 진영(陣營)의 안. 陣中(진중). ¶一日記.

【軍職】ぐんしょく(군직) ①군에 속하는 관직. ②조선 때 오위(五衛)에 속하는 상호군(上護軍), 대호군(大護軍) 등 서반(西班) 벼슬의 총칭. 軍銜(군함).

【軍陣】ぐんじん(군진) ①군대의 진영. 軍營(군영). ②전쟁. ¶幼聚兒童 必爲一之戲<張說> ¶一會談.

【軍縮】ぐんしゅく(군축) 군비 축소(軍備縮小)의 준말.

【軍布】(군포)㊗ 조선 때 병역을 면제하여 주고 그 대신 받아들이던 삼베나 무명.

【軍港】ぐんこう(군항) 해군의 근거지로서 특별한 시설을 갖춘 항만.

【軍號】ぐんごう(군호) ①군중(軍中)에서 쓰는 암호나 신호. ②장군이라는 명칭. ③서로 몸짓이나 말 등의 암호로 남몰래 연락하는 일. ④㊗ 군대의 명칭.

【軍候】ぐんこう(군후) 행군할 때 적의 정세를 정찰하는 척후(斥候).

▷劫一, 減一, 監一, 孤一, 空一, 官一, 救世一, 禁一, 旗一, 亂一, 娘子一, 勞一, 單一, 大一, 冬將一, 撫一, 反亂一, 父子一, 司一, 三一, 上一, 船一, 水一, 肅一, 我一, 女一, 友一, 羽林一, 援一, 遊一, 六一, 陸一, 義兒一, 義勇一, 一一, 將一, 賊一, 敵一, 全一, 前一, 制一, 舟一, 酒一, 駐一, 衆一, 親一, 敗一, 進一, 海一, 行一, 後一

9【䡅】軍(p. 1457)의 本字

2/9【軌】길 궤 |㊎ㄍㄨㄟˇ (gui)|き(ワダチ) road

풀이 ①길. ㉮바퀴 자국. ¶城門之一<孟子> ㉯길. 도로. ㉰천체가 운행하는 길. 궤도(軌道). ¶五星循一而不失其行<淮南子> ㉱사람이 행해야 할 도리. 법. 법도. 법칙. ¶不一之臣<漢書> ②바퀴와 바퀴 사이의 거리. 옛날에는 그 폭이 약 8척이 표준이었으므로, 8척의 길이를 이름. 일설에는 6척. ¶車同一<中庸> ③굴대. 차축(車軸). ¶車不濡一<詩經> ④좇다. 법도를 따름. ¶不一常道<後漢書> ⑤내란(內亂). ㊂宄. ¶亂在外爲姦 內爲一<左氏傳> ⑥다섯 집으로 된 조(組). 옛 중국에서, 다섯 집을 한 조(組)로 만들어 서로 협력하고 감시하게 한 제도. ¶五家爲一<國語>/一伍.

【軌道】きどう(궤도) ①차가 다니는 길. 바퀴 자국이 난 길. ②기차나 전차의 길. ¶一車. ③천체가 공전하는 일정한 길. ④물체가 일정한 힘으로 운동할 때에 그리는 일정한 경로. ⑤바른 길을 좇음. 법도를 따름. ※常軌(상궤). ⑥☞軌跡(궤적).

【軌範】きはん(궤범) ①선인(先人)의 올바른 행적(行迹). 본보기. 모범. 軌度(궤도). 法度(법도). ②본받음. 본보기로 삼음. ¶樂學一.

【軌跡】きせき(궤적) ①수레바퀴가 지나간 자국. 軌迹(궤적). ②☞軌範(궤범)①. ③어떤 주어진 조건에 적합한 점의 집합으로 이루어진 도형(圖形).

▷姦一, 繼一, 高一, 共一, 廣一, 同一, 同文同一, 物一, 方一, 範一, 不一, 徐一, 先一, 禦一, 儀一, 異一, 一一, 日一, 正一, 車一, 洪一

9【叀】𨊻(p. 1458)와 同字

10【軖】釭(p. 1533)과 同字

3/10【軑】바퀴통 휘갑쇠 대 |㊆ㄉㄞˋ (dai)|てい

3/10【軏】끌채 끝 월 |㊊ㄩㄝˋ (yue)|げつ

풀이 ①끌채 끝. 멍에를 메우는 부분. ¶小車無一 何以行之哉<論語> ②쐐기. 수레 끌채 맨 끝의 가로나무를 고정하는 쐐기. ¶小車 衡以駕馬 其關鍵則名輗一<戴震>

3/10【軎】굴대 끝 위 |㊆ㄨㄟˋ (wei)|えい

풀이 굴대 끝. 굴대 머리. 굴대의 양쪽 끝으로, 바퀴 바깥쪽에 나와 있는 부분.

3/10【軔】바퀴 굄목 인 |㊆ㄖㄣˋ (ren)|じん(ハドメ)

풀이 ①바퀴 굄목. ¶朝發一於蒼梧兮<楚辭> ②멈추다. 정지시킴. ¶遂以頭一乘輿輪<後漢書> ③단단하다. 견고(堅固)함. ¶攻堅則一<管子> ④게으르다. 게으름 피움. ¶芒一優楛<荀子> ⑤한 길. 어른 키의 길이. ㊂仞. ¶掘井九一<孟子>

3/10【軒】1 처마 헌 2 고기토막 헌 |㊄ㄒㄩㄢ (xuan) ㊃|けん(ノキ) eaves けん

풀이 1 ①처마. 추녀. ¶周一中天<左思> ②집. 가옥. 집을 세는 단위. ¶獨西北隅一亢爽可喜<朱熹> ③수레. ㉮초헌(軺軒). 대부(大夫) 이상이 타는 수레. ¶鶴有乘一者<左氏傳> ㉯수레의 통칭. ¶朱一繡軸<江淹> ㉰수레의, 사람 타는 곳. 차여(車輿). 거상

(車箱). ¶不得乘朱一<尙書大傳> ④행랑. 복도. ¶愁人掩一臥<沈約> ⑤헌함(軒檻). 난간. ¶天子自臨一檻上<漢書> ⑥창(窓). 낭하에 달린 들창. ¶披一臨前庭<左思> ⑦높다. 수레의 앞 부분이 가벼워 높이 들림. ¶如輊如一<詩經> ⑧오르다. 높이 올라감. ¶翔霧連一<木華> ⑨서다. 서서 바라봄. ㊀憲. ¶鬱一翥以餘怒<潘岳> ⑩훨훨 나는 모양. ¶歸雁載一<王粲> ⑪껄껄 웃는 모양. ¶一然仰天<天祿外史> ⑫춤추는 모양. ¶一一然方迎風而舞<淮南子> ⑬만족스러워하는 모양. 자득(自得)하는 모양. ¶一一甚得<唐書> **2**①고기 토막. 크게 썬 고기 토막. ¶麋鹿田豕麕皆有一<禮記> ②수레 앞턱의 가로나무.

【軒駕】けんが(헌가) ①황제 헌원씨(黃帝軒轅氏)를 이름. ¶道光一 聲流姬迹<唐高宗> ②천자 거둥의 비유. 「매달리는 일.

【軒渠】けんきょ(헌거) ①웃는 모양. ②사람의 몸에

【軒岐】けんき(헌기) ①옛 중국의 전설상의 사람으로, 의술(醫術)의 개조(開祖). 軒은 황제 헌원씨(黃帝軒轅氏), 岐는 기백(岐伯). ②의술. 의학.

【軒朗】けんろう(헌랑) ①확 트여 시원스러운 모양. ②활짝 피어 화창한 모양.

【軒昂】けんこう(헌앙) ①의기 양양(洋洋)한 모양. ②높이 오름. ③사물의 기세가 왕성함의 형용. ④거문고 소리가 화창함의 형용. ⑤글씨가 힘참의 형용.

【軒轅氏】けんえんし(헌원씨) 중국 고대 전설상의 임금인 황제(黃帝)의 이름.

【軒軺】(헌초)㊊ 종 2품 이상 고관이 타던 수레. 軺軒(초헌).

【軒檻】けんかん(헌함) 난간(欄干).

【軒軒丈夫】(헌헌장부) 헌칠한 사나이. 외모가 준수하고 쾌활한 남자.

【軒昊】けんこう(헌호) 황제 헌원씨(黃帝軒轅氏)와 태호 복희씨(太昊伏羲氏). 옛 중국 전설 시대의 성군(聖君). 軒羲(헌희).

▷瓊一, 高一, 曲一, 蘿一, 彤一, 騰一, 茅一, 文一, 飛一, 山一, 犀一, 小一, 魚一, 輶一, 戎一, 雕一, 朱一, 竹一, 軺一, 眉一, 皮一, 皇一

11【軣】轟(p.1469)의 俗字

11【軚】軑(p.1458)의 訛字

4 11【軘】 병거 이름 돈 |㊀ㄊㄨㄣˊ (tun)| とん

풀이 병거(兵車) 이름. 돈거(軘車). ¶使一車逆之<左氏傳>

11【軤】轤(p.1470)의 略字

11【軙】輔(p.1462)와 同字

4 11【軛】 멍에 액 |㊅さ(e)| あく(クビキ)

4 11【軟】 연할 연 |㊀ㄖㄨㄢˇ (ruan)| なん (ヤワラカイ) *soft*

㊍ 輭

풀이 ①연(軟)하다. ㉮보들보들하다. 몰랑몰랑함. ㉯하늘거리다. ¶一紅猶戀屬車塵<蘇軾> ㉰부드럽다. 문사(文詞)가 딱딱하지 않음. ¶文詞婉一<柳宗元> ㉱가볍다. 정도가 심하지 않음. ¶一禁. ②연약하다. ㉮몸이 약하다. ㊏耎. ¶妻子一弱<史記> ㉯정신이 굳세지 못하다. ¶或虛劣而一弱<論衡>

【軟骨】なんこつ(연골) 물렁뼈. 의지가 약하여 반대를 하지 못하는 사람. ↔硬骨(경골).

【軟禁】なんきん(연금) 외부와의 일반적인 접촉을 금하거나 혹은 제한하여 행동의 자유를 어느 정도 속박하는 일. ¶家宅一.

【軟性】なんせい(연성) 부드럽고 연한 성질.

【軟弱】なんじゃく(연약) 연하고 약함. 몸이 약하고 마음이 굳지 못함. 柔弱(유약).

【軟化】なんか(연화) ①단단한 것이 부드러워짐. ②강경한 태도나 주장을 굽힘. ↔硬化(경화).

▷甘一, 硬一, 輕一, 嬌一, 芳一, 細一, 温一, 婉一, 柔一, 羸一, 清一, 罷一

11【軏】軵(p.1460)과 同字

11【転】軏(p.1458)과 同字

11【転】轉(p.1467)의 略字

11【軙】陳(p.1581)의 古字

11【軙】陳(p.1581)의 古字

11【斬】☞斤部 7획(p.696)

5 12【軻】 수레 가기 힘들 가 |㊀ㄎㄜ (ke)| か

풀이 ①수레가 가기 힘들다. 뜻이 바뀌어, 일이 뜻대로 진척되지 아니함의 비유. ¶德尊一代常轗一<杜甫> ②굴대. 차축(車軸). ③맹자(孟子)의 이름.

▷轗一, 丘一

12【軽】輕(p.1462)의 俗字

5 12【軥】 멍에 구 |㊀ㄑㄩˊ (qu)| そ *yoke*

풀이 ①멍에. ¶射兩一而退<左氏傳> ②끌다. 당김. ③영구차. ¶鸞一. ④굴대. 차축(車軸).

5 12【軨】 사냥 수레 령 |㊀ㄌㄧㄥˊ (ling)| れい

풀이 ①사냥 수레. ¶太僕以一獵車 奉迎曾孫<漢書> ②틀. 거상(車箱)의 밑바닥에 대는 격자(格子)틀. ③헌함(軒檻) 사이에 끼운 창살. ㊀櫺. ¶據一軒而周流<揚雄> ④굴대 비녀장의 머리에 붙이는 가죽. ¶僕展一效駕<禮記>

⑤작다. (通)零.

5 12〖軬〗 [1]수레덮개 반 [2]수레뜸집 분 | 阮ㄈㄢˋ(fan) 阮 | はん ほん

[풀이][1]수레덮개. 비를 막기 위하여 수레 위를 덮는 물건. [2]수레뜸집. 수레 위에 만든 뜸집.

12〖[車弁]〗 軬(p.1460)과 同字

5 12〖軷〗 발제 발 | 曷ㄅㄚˊ(ba) | はつ

[풀이]발제(軷祭). 도신(道神)에게 지내는 제사. (通)祓. ¶取羝以一<詩經>
▷祀一, 釋一, 舌一, 祭一, 祖一

12〖軰〗 輩(p.1464)의 俗字

12〖[車弗]〗 拂(p.629)과 同字

5 12〖軮〗 [1]수레 삐걱거릴 앙 [2]고을 이름 복 | 養ㄤˇ(ang) 屋 | おう ふく

[풀이][1]①수레가 삐걱거리다. ¶一軋. ②사물의 모양. [2]고을 이름. 옛 중국의 현(縣) 이름. ¶皇女仲 十七年封浚儀公主 適一侯<後漢書>

12〖[車卮]〗 軛(p.1459)의 本字

5 12〖軵〗 [1]수레 용 [2]밀 부 | 腫ㄖㄨㄥˇ 虞(rong) | じょう wagon ふ

[풀이][1]①수레. 가벼운 수레. ②돕다. ¶坤大一發乃應<易乾坤鑿度> ③되밀다. 수레를 되밂. ¶再三發一<漢書> [2]밀다. 수레를 밂. ¶一車奉饟<淮南子>

5 12〖軼〗 [1]지나칠 일 [2]갈마들 질 [3]수레바퀴 철 | 質ㄧˋ(yi) 質 屑 | いつ てつ てつ

[풀이][1]①지나치다. ㉮뒤의 수레가 앞으로 나와 줄을 어지러뜨리다. ¶一鶤鷄於姑餘<淮南子> ㉯찌르다. 범함. ¶懼其侵一我也<左氏傳> ㉰빼어나다. 뛰어남. ¶良樂一能於相馭<漢書> ㉱넘다. 매우 뛰어남. ¶超一絶塵<莊子> ㉲달리다. 함부로 마구 달림. ¶機駭蠭一<漢書> ②흩어지다. 없어짐. ¶其一乃時時見於他說<史記> ③넘치다. (같)溢 泆. ¶一爲滎<漢書> ④지나다. 통과함. ¶一范蠡之絶迹<後漢書> [2]갈마들다. (같)迭. ¶一興一衰<史記> [3]수레바퀴. (같)轍. ¶伏式結一<史記>
▷競一, 跨一, 冠一, 貫一, 樂一, 突一, 亡一, 蠭一, 奔一, 越一, 遺一, 超一, 衝一, 馳一, 侵一

5 12〖軹〗 굴대 끝 지 | 紙ㄓˇ(zhi) | し

[풀이]①굴대 끝. 굴대 머리. ¶一崇三尺有三寸也<周禮> ②바퀴통 구멍. 바퀴통의, 차체에 가까운 부분의 구멍을 賢, 바깥 쪽의 구멍을 軹라 함. ¶五分其轂之長 去一以爲賢 去三以爲一<周禮> ③거상(車箱) 꾸밈새. 수레의 양옆과 앞턱 가로나무 아래쪽에 격자창(格子窓) 모양으로 만든 것. ④어조사. (通)只. ¶而奚來爲一<莊子> ⑤두 갈래. (通)岐 枝 枳.
▷庛一, 軨一, 靈一

5 12〖軫〗 수레 뒤턱나무 진 | 軫ㄓㄣˇ(zhen) | しん

[풀이]①수레의 뒤턱 나무. 거상(車箱) 바닥 둘레의 네 개 나무 중, 좌우와 앞쪽 세 개를 軓, 뒤쪽 한 개를 軫이라 함. 또는, 그 4개의 총칭. (같)轃. ¶加一與轐焉<周禮> ②수레. 수레의 총칭. ¶往車雖折 而來一方遒<後漢書> ③기러기발. 거문고 따위 현악기의 줄을 고르는 기구. ¶拂一弄瑤琴<李白> ④구르다. 빙빙 돎. ¶一轉其道<太玄經> ⑤마음 아파하다. ¶出國門而一懷兮<楚辭> ⑥틀어박히다. 두문불출(杜門不出)함. ¶心鬱結而紆一<楚辭> ⑦사각형. 방형(方形). ¶一石崴嵬<楚辭> ⑧수레가 많아 은성(殷盛)한 모양. ¶士卒殷一<淮南子> ⑨길. 두둑. 경계(境界). (通)畛. ⑩28수(宿)의 하나. ¶一爲車 主風<史記>
【軫念】(진념) 임금의 마음. 백성을 생각하는 임금의 마음. 宸襟(신금). 叡慮(예려).
▷琴一, 鸞一, 發一, 庛一, 瑤一, 紆一, 殷一, 翼一, 接一, 停一, 彫一, 車一

12〖[車尓]〗 軫(p.1460)의 俗字

12〖[車尒]〗 軫(p.1460)과 同字

5 12〖軺〗 수레 초 | 蕭ㄧㄠˊ(yao) | ちょう wagon

[풀이]①수레. 작고 가벼운 수레. ¶立一倂馬<漢書> ②운구(運柩)하는 수레. 영구차(靈柩車).
▷使一, 停一, 軒一

5 12〖軸〗 굴대 축 | 屋ㄓㄡˊ(zhou) | じく(ジク) axle

[풀이]①굴대. ②바디. 바디집. (通)柚. ¶大東小東 杼一其空<詩經> ③두루마리. 두루마리로 된 서화나 서권(書卷). 또는, 그것을 세는 단위. ¶鄴侯家多書 插架三萬一<韓愈> ④두루마리의 끝에 붙인 축(軸). 권축(卷軸). ¶白牙一 紅牙籤<唐書> ⑤사물의 요점. 사북. ¶當一處中<漢書> ⑥앓다. 지침. (通)逐. ⑦나아가다. (通)迪. ¶碩人之一<詩經> ⑧망설이며 나아가지 아니하

다. ⑨나무로 얽다. 수레 앞턱의 가로나무[軾]의 아래쪽을 가로 세로 얽는 나무. ⑩운구(運柩)할 때 관을 얹는 대(臺). 또는, 그 대 밑에 바퀴 대신 구르게 하는 산륜(散輪). ¶遷于祖用一<儀禮> ⑪땅 이름. ¶淸人在一<詩經>
▷坤一, 卷一, 權一, 棘一, 機一, 寶一, 牙一, 雨如車一, 轅一, 杼一, 折一, 中一, 地一, 車一, 樞一, 標一, 衡一, 厚一

5 12 〖軯〗 수레 소리 팽 | 庚ㄆㄥ (peng) | ほう
풀이 ①수레 소리. 수레가 지나가는 소리. 거마(車馬) 소리. ②종고(鐘鼓)의 소리. ¶一礚隱訇<張衡> ③우뢰 소리. 뇌성(雷聲). ¶豊隆一其震霆兮<張衡>

13 〖軨〗 斡(p. 695)과 同字

6 13 〖較〗 1 견줄 교 | 効ㄐㄧㄠˋ | こう(ク
2 수레 귀 각 | 覺(jiao) | ラベル)
풀이 1 ①견주다. 비교함. 通 校. ¶長短相一<老子> ②같지 않다. 대등하지 않음. ③나타내다. 드러냄. ④곧다. 바름. ⑤밝다. 환함. ⑥조금. 거의. ¶春寒花一遲<杜甫> ⑦차(差). 뺄셈을 하여 남은 수. 2 ①수레의 귀. 거상(車箱) 양쪽 윗부분의 가로나무가 고부장하게 양쪽으로 내밀어 나와 있는 부분. 수레 안에 서 있을 때 손잡이가 됨. 갈 較. ¶以其隧之半爲一崇<周禮> ②곧다. 똑바름. ③밝다. 환함. ¶此其尤大彰明一著者也<史記> ④겨루다. 경쟁함. 通 角. ¶魯人獵一<孟子> ⑤법도. 일정한 법식. ¶闇於大一<史記> ⑥대강. 대략. ¶此其大一也<史記>
▷大一, 比一, 獵一, 詮一, 平一

6 13 〖輂〗 수레 국 | 沃ㄐㄩˊ (ju) | きょく wagon
풀이 ①수레. 달구지. ¶正治其徒役與其一輦<周禮> ②손수레. ¶從後推之曰一 從前挽之曰輦<江永> ③가마. 또는, 목도로 흙 따위를 실어 나르는 광주리 같은것. 通 檋. ¶陳畚一<漢書>

6 13 〖輅〗 1 수레 로 | 遇ㄌㄨˋ | ろ wagon
2 끌채 횡목 학 | 陌(lu) | かく
3 임금 수레 락 | 藥 | らく
4 맞이할 아 | 禡 | が
풀이 1 ①수레. ㉮임금의 수레. ¶龍一充庭<張衡> ㉯은(殷)의 수레. ¶乘殷之一<論語> ㉰섶으로 덮개를 한 허술한 수레. ¶乘其華一<列子> ㉱큰 수레. ¶一車十五乘<國語> ②끌채의 횡목(橫木). 끌채 앞에 가로 댄 나무. 2 끌채의 횡목(橫木). 3 임금의 수레. 4 맞이하다. 봉영(奉迎)함. 갈 訝. ¶狂狡一鄭人<左氏傳>
▷鸞一, 大一, 輓一, 副一, 玉一, 篆一, 正一, 彫一, 次一, 車一, 蒼一, 綴一, 翠一

6 13 〖軿〗 1 거마소리 병 | 青ㄆㄧㄥˊ | へい
2 부인수레 변 | 先(ping) | へん
풀이 1 ①거마(車馬)의 소리. ¶一訇. ②가벼운 병거(兵車). 덮개를 덮어 적에게 보이지 않게 한 전차(戰車). ③부인용 수레. 사방에 휘장을 두른 달구지. ¶妃后踰閾 必乘安車輜一<列女傳> 2 부인용 수레.

13 〖軾〗 輹(p. 1465)의 俗字

6 13 〖軾〗 수레 앞턱 가로나무 식 | 職ㄕˋ (shi) | しょく
풀이 수레 앞턱 가로나무. 또는, 그 나무를 잡고 절함. 갈 式. ¶馮一下東藩<魏徵>

6 13 〖輀〗 상여 이 | 支ㄦˊ (er) | じ

6 13 〖載〗 1 실을 재 | 隊ㄗㄞˋ | さい(ノセル) load
2 일 대 | 隊(zai) | たい
풀이 1 ①싣다. ㉮배, 수레에 실어 나르다. ¶大車以一<易經> ㉯짐지우다. 맡김. ¶以國一之<荀子> ㉰적다. 기재(記載)함. ¶冀州旣一<書經> ㉱이다. 머리에 얹음. ¶一弁俅俅<詩經> ②타다. ㉮수레를 타다. ¶卽與同一<史記> ㉯오르다. 벼슬이 높아짐. ¶身寵而一高位<漢書> ③탈것. 수레, 배, 썰매 따위. ¶予乘四一<書經> ④실은 것. 짐. 하물(荷物). ¶不輸爾一終踰絶險<詩經> ⑤베풀다. 설치함. ¶淸酒旣一<詩經> ⑥두다. 놓아 둠. ¶側一臭茝<史記> ⑦쌓다. 거듭함. ¶奕世一德<後漢書> ⑧제사지내다. 받들어 모심. ¶重耳若獲集德而歸一<國語> ⑨행하다. ¶若登年以一 其毒必亡<國語> ⑩이루다. 성취함. ¶攝而一果<周禮> ⑪일. ㉮임무. ¶祗一見瞽瞍<書經> ㉯사업. ¶有能奮庸熙帝之一<書經> ⑫시초(始初). 처음으로 시작함. ¶朕一自亳<孟子> ⑬알다. 인식함. ¶文王初一<詩經> ⑭나다. 출생함. 갈 栽. ¶地重人一<管子> ⑮꾸미다. ¶一以銀錫<淮南子> ⑯차다. 가득함. ¶厥聲一路<詩經> ⑰속이다. ⑱맹약을 적은 문서. ¶一在盟府<左氏傳> ⑲맹세하는 말. ¶掌盟一之灋<周禮> ⑳문서. 전적(典籍). ¶一籍極博<史記> ㉑수레 덮개. ¶帥車之一幾何乘<管子> ㉒발어사. 이에. ¶一馳一驅<詩經> ㉓해. 1년. ¶朕在位七十一<書經> ㉔두. 둘. 通 再. 2 이다. 갈 戴.

【載祀】さい(재사) 해[年]. 년(年). ¶桀有昏德, 鼎遷于商 一六百<左氏傳>
▷刊一, 揭一, 兼一, 具一, 記一, 倒一, 登一, 滿一, 盟一, 負一, 溥一, 寫一, 船一, 收一, 逑一, 連一, 詒一, 積一, 轉一, 舟一, 周一, 重一, 戢一, 持一, 搭一, 偏一, 畢一

6 13【輇】상여 전 | ㊥ㄑㄩㄢˊ (quan) | せん

풀이 ①상여(喪輿). 통바퀴 단 상여차. ②바퀴살 없는 수레바퀴. ③작은 재주. ④달다. 저울질함. 通 銓.

6 13【輈】끌채 주 | ㊥ㄓㄡ (zhou) | ちゅう

풀이 ①끌채. 작은 수레에 메우는, 한 개로 된 굽은 끌채. 큰 수레에 메우는, 두 개로 된 끌채는 轅. ②거여(車輿). 거상(車箱). 수레의, 사람이 타거나 짐을 싣는 곳. ③굳센 모양. 또는, 놀라고 두려워하는 모양. ¶一張. ④자고(鷓鴣)의 우는 소리. ¶鉤一.

輈①(三才圖會)

▷鉤一, 文一, 雙一, 梁一, 停一, 擢一, 挾一, 華一

6 13【輊】앞 숙은 수레 지 | ㊥ㄓˋ (zhi) | ち

풀이 ①앞이 숙은 수레. 수레의 앞이 무거워서 숙음. ¶如一如軒<詩經> ②무겁게 하다. ¶居前不能令人一 居後不能令人軒<後漢書>

13【較】吃(p.279)과 同字

7 14【輕】 1 가벼울 경 2 조급히 굴 경 | ㊥ㄑㄧㄥ (qing) 略 | けい (カルイ) *light*

略 軽

풀이 1 ①가볍다. ㉮무게가 적다. ¶秋庭暮雨類一埃<李商隱> ㉯적다. ¶物曲一少<北史> ㉰모자라다. 경박함. ¶夫萬乘至重 而壯者慮一<後漢書> ㉱신분이 낮다. ¶養德辨一重而已<荀子> ㉲값이 싸다. 값이 없음. ¶爲錢益多而一<漢書> ㉳손쉽다. 홀가분함. ¶出入一單<南齊書> ㉴재빠르다. ¶一車銳騎<戰國策> ㉵경솔하다. ¶喜則一而翾<荀子> ㉶세력이 없다. ¶無勢之謂一<韓非子> ㉷심하지 아니하다. ¶有一罪者 贖以金分<淮南子> ②가벼이하다. ㉮깔보다. 업신여김. ¶益一季氏<史記> ㉯가볍게 하다. 줄임. ¶刑罪世一世重<書經> ③가벼운 수레. ¶前一輬之鏘鏘兮<楚辭> 2 ①조급히 굴다. 경솔함. ¶秦師一而無禮 必敗<左氏傳> ②함부로. 경솔하게. ¶不一得後<漢書>

【輕減】けいげん(경감) 형벌이나 세금을 가볍게 함.
【輕擧妄動】けいきょもうどう(경거망동) ☞輕妄(경망).
【輕騎】けいき(경기) 가볍게 차린 기병(騎兵).
【輕妄】(경망) 말이나 행동이 가볍고 방정맞음. 輕擧妄動(경거망동).
【輕蔑】けいべつ(경멸) 업신여김. 蔑視(멸시).
【輕妙】けいみょう(경묘) 경쾌하고 교묘함.
【輕微】けいび(경미) 가볍고 적음. 些少(사소).
【輕薄】けいはく(경박) ①침착하지 못함. 경솔하고 천박함. 輕佻浮薄(경조부박). ②가볍게 여김. 업신여김. ③가볍고 엷음. 가치가 적음.
【輕犯】けいはん(경범) 가벼운 범죄. ¶一罪.
【輕傷】けいしょう(경상) 가볍게 다침. 또는, 그 상처. ↔重傷(중상).
【輕率】けいそつ(경솔) 언행이 신중하지 못하고 가벼움.
【輕視】けいし(경시) 가볍게 봄. 넘봄. 깔봄.
【輕裝】けいそう(경장) 홀가분한 옷차림.
【輕佻浮薄】けいちょうふはく(경조부박) ☞輕薄(경박)①.
【輕重】けいじゅう·けいちょう(경중) ①가볍게 하거나 무겁게 하는 일. ②신분의 고하. 尊卑(존비). 貴賤(귀천). ③가벼움과 무거움. ④가벼이할 일과 존중히 할 일. 작은 일과 큰 일. 사사(私事)와 공사(公事). ⑤무게. 중량. ⑥무게를 닮. ⑦돈. 금전.
【輕症】けいしょう(경증) 가벼운 병증. ↔重症(중증).
【輕快】けいかい(경쾌) ①가뜬하고 상쾌함. ②가볍고 빠름. ③병세가 조금 나아짐.
【輕便】けいべん(경편) ①간단하고 편리함. 경쾌함. ②홀가분함.
▷群一, 命緣義一, 文人相一, 不可一, 淸一, 叢一, 剽一

7 14【輓】끌 만 | ㊥ㄨㄢˇ 圖 (wan) | ばん *draw, pull*

풀이 ①끌다. 수레를 끎. ¶或一之 或推之<左氏傳> ②만사(輓詞). 죽음을 애도(哀悼)하는 시가(詩歌). ¶一歌出於漢武帝 役人之勞 聲歌哀切 遂以爲送終之禮<晋書>

【輓歌】ばんか(만가) ①상여를 메고 갈 때 부르는 노래. 薤露歌(해로가). ②죽은 사람을 애도(哀悼)하는 노래. 挽歌(만가).
【輓詞】ばんし(만사) 죽은 사람을 애도하는 글. 輓章(만장).
【輓詩】ばんし(만시) 죽은 사람을 애도하는 시.
【輓章】ばんしょう(만장) ☞輓詞(만사).
【輓推】ばんすい·ばんたい(만추) 앞에서 끌고 뒤에서 밂. 남을 추천함을 이름. 推輓(추만).

7 14【輔】도울 보 | ㊥ㄈㄨˇ (fu) | ほ(タスケル) *help*

풀이 ①돕다. ㉮힘을 빌리다. 조력함. ¶齊晋又一之<呂覽> ㉯바루다. 도와서 바르게 함. ¶爾尙一予一人<書經> ②도움. ㉮돕는 일. 보좌(補佐). 도와서 바로잡음. ¶爲之丞一<呂覽> ㉯보조역. 부개(副介). ¶王令向壽一行<戰國策> ㉰벗. 친구. ¶是以雖離師一而不反<禮記> ㉱하급 관리. ¶置其一<周禮> ㉲대신(大臣). ¶稱爲良一<後漢

書> ③덧방나무. ㉮바퀴덧방나무. 무거운 짐을 실을 때 바퀴에 끼워, 바퀴살의 힘을 돕는 나무. ㉯수레덧방나무. 거상(車箱)의 양옆에 덧붙여 짐이 떨어지지 않게 하는 나무. ④경기(京畿). 서울에 인접해 있는 땅. ¶漢興而都長安 關中之郡 號曰三—<晋書> ⑤광대뼈. 협골(頰骨). ¶咸其—頰舌<易經> ⑥턱. 상악(上顎). ¶咸其—<易經> ⑦부목(副木). 골절 치료에 덧대는 작은 나무쪽.

【輔車】ほしゃ(보거) ①수레와 수레의 덧방나무. 상악골(上顎骨)과 하악골을 이름. ②이해관계가 깊음의 비유.

【輔車相依】ほしゃそうい(보거상의) 수레의 덧방나무와 수레처럼 서로 의지함. 떠날 수 없는 긴밀한 관계로 서로 돕고 의지함을 이름. ¶諺所謂— 脣亡齒寒者<左氏傳> ※脣齒輔車(순치보거).

【輔國安民】ほこくあんみん(보국안민) 국정(國政)을 보필하여 백성을 편안하게 함.

【輔導】ほどう(보도) 도와서 인도함. 또는, 그 사람. ¶職業—.

【輔相】ほそう(보상) ①거들고 도움. ②정사(政事)를 도움. 輔弼(보필). ③재상(宰相).

【輔牙】ほが(보아) 광대뼈와 어금니. 서로 의지하여 도움의 비유. 輔車(보거).

【輔翼】ほよく(보익) ☞輔弼(보필). ¶—官.

【輔佐】ほさ(보좌) 도움. 조력함. 또는, 그 사람.

【輔弼】ほひつ(보필) ①임금의 정치를 도움. 또는, 그 사람. 輔翼(보익). ②대신 또는 재상.

▷諫—, 卿—, 鯁—, 公—, 匡—, 口—, 內—, 大—, 藩—, 四—, 三—, 承—, 牙—, 良—, 醫—, 英—, 王—, 龍—, 元—, 衛—, 翼—, 宰—, 鼎—, 雋—, 戚—, 台—, 夾—, 挾—, 后—

7/14【輐】둥글 완 | 翰 ㄨㄢˇ (wan) | かん(マルイ) *round*

7/14【⿰車身】기뻐할 전 | 先 ㄊㄧㄢˊ (tian) | てん(ヨロコブ)

14【⿰車脊】輯(p.1466)과 同字

14【塹】☞土部 11획(p.356)

7/14【輒】문득 첩 | 葉 ㄓㄜˊ (zhe) | ちょう(スナワチ) *suddenly*

풀이 ①문득. 갑자기. ②쉽게. 대수롭지 않게. ¶盜賊不—伏辜 免脫者衆<漢書> ③번번이. 그때마다. ¶張負女五嫁而夫—死<史記> ④오로지. 오로지함. ¶敢引覆餗之刑 甘受專—之罪<晋書> ⑤수레 휘장. 거상(車箱) 양쪽에 두르는 휘장. ⑥움직이지 않는 모양. ¶—然忘吾有四肢形體也<莊子>

【輒然】ちょうぜん(첩연) ①꼿꼿이 서서 움직이지 않는 모양. ②갑자기. 忽然(홀연).

▷專—, 推—

14【⿰車家】軸(p.1460)의 俗字

8/15【輥】빨리 구를 곤 | 阮 ㄍㄨㄣˇ (gun) | こん

풀이 ①빨리 구르다. 수레바퀴가 빨리 돎. ②수레가 정상으로 움직이다. 바퀴통이 가지런하여 수레가 순조롭게 나아가는 모양. ¶望其轂 欲其—<周禮>

8/15【輠】[1] 기름통 과 [2] 굴릴 회 | 哿 ㄏㄨㄛˇ 賄 (huo) | か かい

풀이 [1] ①기름통. 굴대에 치는 기름을 담아 두는 통. (같)輻 楇 過. ②바퀴통의 도는 모양. [2] 굴리다. 수레바퀴를 돌림. ¶關轂而—輪<禮記>

8/15【輨】줏대 관 | 旱 ㄍㄨㄢˇ (guan) | かん *rim*

풀이 (통)錧. ①줏대. 바퀴통의 바깥 끝을 덮어 싸는 휘갑쇠. ②주요한 곳. 사물의 요긴한 것. ¶論語者五經之—鎋<趙岐>

8/15【輬】와거 량 | 陽 ㄌㄧㄤˊ (liang) | りょう *berth car*

풀이 와거(臥車). 누워서 갈 수 있게 만든 수레. (통)涼. ¶置始皇居轀—車中<史記>

8/15【輛】수레 량 | 漾 ㄌㄧㄤˋ (liang) | りょう *wagon*

풀이 ①수레. ②나란하다. 짝함. ③수레의 수를 세는 단위. (통)兩.

8/15【輦】손수레 련 | 銑 ㄋㄧㄢˇ (nian) | れん *handcart*

풀이 ①손수레. ㉮사람이 끄는 수레. ㉯임금이나 황후가 타는 수레. ¶都—般而四奧來<左思> ㉰가마. ㉱상여차(喪輿車). ¶韋穀黃城三邦之事—喪<穆天子傳> ㉲짐수레. ②끌다. 사람을 태우고 끎. ¶以乘車—其母<左氏傳> ③나르다. 운반함. ¶或—賄而違車兮<後漢書> ④손수레를 타다. ¶公叔文子老矣 —而如公<左氏傳> ⑤지다. 짊어짐. ¶負—粟而至<淮南子>

【輦轂】れんこく(연곡) ①임금이 타는 수레. ②임금이 있는 서울. 轂下(곡하). 輦下(연하). 輦轂下(연곡하).

▷肩—, 京—, 輕—, 大—, 都—, 同—, 輓—, 步—, 鳳—, 小—, 乘—, 御—, 驢—, 玉—, 搖—, 停—, 帝—, 彫—, 駐—, 扈—

8/15【輪】바퀴 륜 | 眞 ㄌㄨㄣˊ (lun) | りん(ワ) *wheel*

풀이 ①바퀴. ㉮수레바퀴. ¶君若作大車 —軸材須此<白居易> ㉯수레바퀴의 바깥 테. ¶量徑— 考廣袤<張衡> ②수레. 탈것. ¶副以瑤華之—十乘<拾遺

記＞ ③돌다. 구름. ¶天地車一＜呂覽＞ ④주위. 외곽(外郭). ¶一郭形制＜宋書＞ ⑤둥근 것. ¶圓一旣照水＜梁簡文帝＞ ⑥조륜(釣輪). 낚시 얼레. ¶揮一於懸碕＜郭璞＞ ⑦세로. 남북. ¶周知九州之地域 廣一之數＜周禮＞ ⑧번갈아. 섞바꾸어. ¶使諸弟子隨事一出米絹器物＜神仙傳＞ ⑨높고 큰 모양. ¶美哉一焉＜禮記＞ ⑩구불구불한 모양. ¶一囷蜵蟠＜左思＞ ⑪수레바퀴 장인(匠人). ¶則梓匠一輿＜孟子＞ ⑫낚시줄. ㊣綸. ¶觀其鼓枻廻一＜潘岳＞

【輪姦】りんかん(윤간) 한 여자를 여러 남자들이 돌려가며 강간하는 일.

【輪廓】りんかく(윤곽) ①둘레. 테두리. ②대강의 테두리나 모습. 輪郭(윤곽).

【輪對】りんたい(윤대) 백관(百官)들이 차례로 시정(時政)의 득실을 임금에게 아뢰던 일.

【輪讀】りんどく(윤독) 여러 사람들이 한 권의 책을 차례로 돌려가며 읽음. ¶一會.

【輪舞】りんぶ(윤무) 여럿이 둘러 서서, 또는 돌며 추는 춤. 圓舞(원무).

【輪番】りんばん(윤번) 돌림 차례. ¶一制.

【輪輻】りんぷく(윤복) 수레바퀴의 살.

【輪船】りんせん(윤선) ①수레바퀴 같은 것을 양 옆에 붙인 배. ②기선. 火輪船(화륜선).

【輪作】りんさく(윤작) 양분 조절 및 병충해 감소를 위하여 서로 다른 작물들을 바꾸어 심음. 輪栽(윤재). ↔連作(연작).

【輪轉】りんてん(윤전) ①바퀴처럼 구름. 回轉(회전). ¶一機. ②삼계(三界)에 생사(生死)를 거듭하는 일.

【輪禍】りんか(윤화) 수레에 의한 재화(災禍). 곧, 교통 사고.

【輪廻】りんかい①·りんえ②·りんね(윤회) ①순환(循環)하여 돎. 한없이 돎. ②《佛》 수레바퀴가 돌고 돌아 끝이 없듯이, 몸은 죽어 없어져도 넋은 길이 살아 다른 몸에 옮아 새로 태어나는 형식으로 끝없이 반복함. ¶一生死.

▷徑一, 競一, 輕一, 廣一, 扣一, 金一, 半一, 法一, 覆一, 奔一, 飛一, 氷一, 雙一, 安一, 御一, 如意一, 軟一, 五一, 玉一, 臥一, 月一, 揉一, 軔一, 日一, 轉一, 征一, 蹄一, 釣一, 朱一, 珠一, 持一, 車一, 斲一, 隻一, 鐵一, 摧一, 漆一, 偏一, 蒲一, 護一, 火一

8 15【輘】 수레 소리 릉 | 蒸 ㄌㄧㄥˊ (ling) | ろう りょう

풀이 ①수레 소리. 수레의 덜컹대는 소리. ②밟다. ¶一轢宗室＜漢書＞ ③수레가 물건을 깔아 뭉개다.

8 15【輞】 바퀴테 망 | 養 ㄨㄤˇ (wang) | ぼう

8 15【輩】 무리 배 | 隊 ㄅㄟˋ (bei) | はい(ヤカラ) fellow

㊗ 軰

풀이 ①무리. ㉮반열(班列). ㉯동아리. 패. ¶或出倖臣一＜李商隱＞ ㉰같은 또래. 동류(同類). ¶使者十一來＜史記＞ ㉱떼. 떼거리. ¶破賊大一＜魏志＞ ②수레가 늘어섰을 때의 그 한 줄. ¶車以列分爲一＜六書故＞ ③같은 계열에 넣다. ¶時人以一前世趙張＜後漢書＞ ④번(番). 회수를 나타내는 말. ¶高使人請子嬰數一＜史記＞

【輩出】はいしゅつ(배출) 인재가 쏟아져 나옴.

【輩行】はいこう(배항) ①선·후배의 차례. ②항렬(行列). 형제의 서열. 排行(배항). (배행) 같은 나이 또래의 친구. 동배(同輩).

▷卿一, 群一, 奴一, 黨一, 徒一, 同一, 等一, 凡一, 鼠一, 先一, 俗一, 我一, 兒一, 汝一, 年一, 吾一, 庸一, 流一, 倫一, 爾一, 前一, 儕一, 曹一, 儔一, 後一

15【軿】 輧(p.1461)의 本字

8 15【輗】 끌채 끝쐐기 예 | 齊 ㄋㄧˊ (ni) | げい

8 15【輚】 와거 잔 | 諫 ㄓㄢˋ (zhan) | さん

풀이 ①와거(臥車). 누워서 갈 수 있게 만든 수레. ¶乘一路＜後漢書＞ ②병거(兵車). 전차(戰車).

15【暫】 ☞日部 11획(p.726)

8 15【輤】 상여차덮개 천 | 霰 ㄑㄧㄢˋ (qian) | せん

8 15【輟】 그칠 철 | 屑 ㄔㄨㄛˋ (chuo) | てつ stop

풀이 ①그치다. 하던 일을 멈춤. ㉠掇. ¶耰而不一＜論語＞ ②꿰매다. 기움. 수선(修繕)함. ㉠綴. ③조금 부서진 데를 고친 수레.

▷不一, 作一, 暫一, 中一

15【𨌣】 輟(p.1464)의 古字

15【輙】 輒(p.1463)의 俗字

8 15【輜】 1 짐수레 치 | 支 ㄗ(zi) | し wagon
2 바퀴살끝 치 | 寘

풀이 1 ①짐수레. 군량(軍糧) 따위 짐을 나르는 수레. 또는, 뒤쪽이나 앞쪽에 휘장을 둘러 보이지 않게 한 승용(乘用)의 작은 수레. ②관(棺)을 싣는 수레. 영구차(靈柩車). ③수레의 총칭. ¶雲一蔽路＜後漢書＞ ④고요함. 조용함. ¶是以聖人終日行 不離一重＜老子＞ 2 바퀴살 끝. 바퀴살 끝이 바퀴테에 박히는 부분.

【輜重】しちょう(치중) ①나그네의 짐. ②군수품. ¶一兵.

【輜車】ししゃ(치차) ①군수품을 나르는 수레. 輜駕(치가). ②포장(布帳)을 친 수레.

▷列一, 盈一, 雲一

8
15【輣】 병거 팽 |圓ㄆㄥˊ (peng)|ほう chariot

풀이 ①병거(兵車). 전거(戰車). ¶作一車鏃矢<史記> ②누거(樓車). 운거(雲車). 위에 망대(望臺)를 마련한 수레. ¶衝一撞城<後漢書> ③물결 소리. ¶一軋.

8
15【輝】 빛날 휘 |圓ㄏㄨㄟ (hui)|き(カガヤク) shine
同煇

풀이 ①빛나다. ¶一光燭我牀<古樂府> ②빛. ㉮아침 햇빛. ¶朝旦爲一 日中爲光<魏志·注> ㉯불빛. ㉰광채. 광휘. ¶虹蜺揚一<後漢書>

【輝煌】きこう(휘황) 광채가 눈부시게 빛남. 輝赫(휘혁). 輝煥(휘환). ¶一燦爛.

▷慶一, 瓊一, 光一, 明一, 發一, 伏一, 鳳一, 素一, 烈一, 映一, 玉一, 潛一, 爭一, 澄一, 吐一, 洪一, 紅一

15【䡾】 揮(p. 655)와 同字

9
16【輵】 ①수레 소리 갈|圓かつ ②구를 알|圓あつ

풀이 ①①수레 소리. 여러 대의 수레가 지나가는 시끄러운 소리. ¶轇一. ②거마(車馬)의 번잡한 모양. ㉠轕. ③달리는 모양. ¶轇一. ④높고 험한 모양. ¶嶃峨一嶰<揚雄> ②①구르다. 굴러 흔들리는 모양. ¶一轄. ②몹시 성내어 호통치는 모양. ¶跮踱一轄<史記>

9
16【輻】 바퀴살 복·부|圓ㄈㄨˊ (fu)|ふく,ふう spoke
俗폭|宥

풀이 ①바퀴살. 바퀴통에서 바퀴를 향하여 방사선 모양으로 뻗은 나무. 한 끝은 바퀴통에 박히고, 다른 한 끝은 아위(牙圍)에 박힘. ②모여들다. 바퀴살이 바퀴통으로 모여들듯이 많은 것이 한 곳으로 모임. ¶四方一輳<漢書>

【輻射】ふくしゃ(복사) 빛이나 열이 바퀴살 모양으로 한 점에서 사방으로 직사(直射)하는 현상. 放射(방사).

【輻輳】ふくそう(폭주) 바퀴살이 바퀴통에 모이듯이, 사물이 한 곳으로 모임.

▷員一, 輪一, 折一, 車一, 脫一

9
16【輹】 복토 복|圓ㄈㄨˋ (fu)|ふく hub

풀이 복토(伏兔). 굴대 중앙에서 거상(車箱)과 굴대를 연결하는 물건. 좌우에 있는 것은 복(轐)인데, 당토(當兔)라고도 함.

9
16【輸】 ①나를 수 本유 ②경혈 수 本유|處ㄕㄨ (shu) 遇|しゅ, ゆ (イタス) carry しゅ, ゆ

풀이 ①①나르다. ㉮수레로 물건을 나르다. ㉯이쪽의 물건을 저쪽으로 옮기다. ¶秦一之粟<左氏傳> ㉰일러 두다. 사정을 통보함. ¶常以國情一楚<戰國策> ②다하다. ㉮힘내다. 애씀. ¶一力於王室<左氏傳> ㉯동나다. 바닥남. ¶一積聚以貸<左氏傳> ③깨뜨리다. 떨어뜨리다. ¶載一爾載<詩經> ④돌아오다. 귀환(歸還)함. ¶及其受兵一亦如之<周禮> ⑤지다. 패배(敗北)함. ¶一贏須待局終頭<白居易> ⑥바꾸다. 고침. 通渝. ⑦모으다. 뭉뚱그림. ⑧어리석다. 게으름 피움. 通偸. ②①경혈(經穴). 경맥(經脈)의 혈(穴). ¶五臟之一<史記> ②선물하다. 선물.

【輸肝】しゅかん(수간) 진심을 다함. 정성을 다 쏟음.

【輸送】ゆそう(수송) 사람이나 물건을 실어 보냄.

【輸贏】ゆえい·しゅえい(수영) 짐과 이김. 輸는 짐, 贏은 이김. 勝敗(승패).

【輸一籌】いっちゅうヲゆス(수일주) 산가지 한 개를 보낸다는 뜻으로, 승부에서 짐을 이르는 말.

【輸籌】しゅちゅう(수주) 수일주(輸一籌)의 준말.

【輸血】ゆけつ(수혈) 남의 피를 혈관으로 넣는 일.

▷罄一, 空一, 交一, 均一, 禁一, 代一, 輓一, 運一, 委一, 流一, 陸一, 轉一

16【輸】 輸(p. 1465)와 同字

9
16【輴】 상여 순 本춘|圓ㄔㄨㄣ (chun)|ちゅん hearse

풀이 ①상여(喪輿). 通輇. ¶世俗之行喪載之以大一<周禮> ②썰매. 진흙 위를 달리는 썰매. ¶泥乘一<書經·注> ③관굄차. 하관(下棺)할 때 관을 괴어 얹는, 침상(寢牀) 모양의 바퀴 없는 수레. ¶天子之殯也 菆塗龍一以椁<禮記> ④바퀴통을 꾸민 장식물.

16【輭】 軟(p. 1459)의 本字

9
16【輶】 가벼울 유|尤ㄧㄡˊ 宥(you)|ゆう(カルイ) light

풀이 ①가볍다. ¶德一如毛<詩經> ②가벼운 수레. ¶一車鸞鑣<詩經> ③임금의 사자(使者)가 타는 수레. ¶一軒東踐<陸機>

9
16【輮】 바퀴테 유|尤ㄖㄡˊ 宥(rou)|じゅう

풀이 ①바퀴테. ②짓밟다. 수레바퀴로 마구 갊. 通蹂. ¶亂相一踏<漢書> ③휘다. 휘어 굽힘. 通揉. ¶坎爲矯一<易經>

9
16【輳】 모일 주|宥ㄘㄡˋ (cou)|そう(アツマル) gather

풀이 모이다. 바퀴의 살이 한곳으로 모여듦. 通湊. ¶四方輻一<漢書>

▷載一, 輻一

9 16【輯】 모을 집 本 즙 | 國 ㄐㄧˊ (ji) | しゅう(アツメル) *compile*

풀이 ①모으다. 通集. ¶門人相與一而論纂 故謂之論語<漢書> ②모이다. 모여 화목함. 通揖. ¶和協一睦 於是乎興<國語> ③합치다. ¶比一其議<漢書> ④화(和)하다. 안색을 부드럽게 함. ¶一柔爾顏<詩經> ⑤바람이 부드럽게 부는 모양. 通習. ¶一一和風<東晳>

【輯錄】しゅうろく(집록) 수집하여 기록함.

【輯佚】しゅういつ(집일) 흩어진 것을 모음.

▷撫一, 補一, 裒一, 收一, 安一, 寧一, 完一, 綴一, 招一, 統一, 編一, 和一, 懷一

16【𨍏】 輯(p.1466)과 同字

9 16【輲】 1 통바퀴 수레 천 2 상여 천 | 先 ㄔㄨㄢˊ (chuan) 銑 | せん せん

풀이 1 통바퀴 수레. 널빤지를 둥글게 도린, 바퀴살이 없는 조잡(粗雜)한 수레. 같 輇. 2 상여(喪輿). 같 槫. ¶載以一車<禮記>

16【輺】 輜(p.1464)의 本字

16【䡛】 輜(p.1464)와 同字

16【輪】 軒(p.1458)과 同字

9 16【輷】 수레 소리 횡 | 庚 ㄏㄨㄥ (hong) | こう

풀이 ①수레 소리. 수레가 지나갈 때 울리는 소리. 같 轟. ¶一一殷殷<史記> ②큰 소리. ¶輘一佚豫<王褒>

17【擊】 ☞ 手部 13획(p.666)

10 17【轂】 바퀴통 곡 | 屋 ㄍㄨˇ (gu) | こく (コシキ)

풀이 ①바퀴통. 바퀴의 한가운데에 있으며 바퀴살로 버팀. ¶三十輻共一一<老子> ②수레. ¶轉一百數<漢書> ③밀다. 추천함. ¶推一趙綰 爲御史大夫<史記> ④모으다. 한데 모아 통괄함. 바퀴살이 한군데로 모임에서 유래. ¶唯褒斜綰一其口<史記>

【轂擊肩摩】こくげきけんま(곡격견마) 바퀴통이 부딪치고 어깨가 스침. 시가(市街)가 번화함의 형용.

【轂下】こっか(곡하) 천자의 연하(輦下). 제도(帝都)를 이름. 輦轂下(연곡하).

▷綰一, 方一, 飛一, 輦一, 遊一, 輪一, 長一, 轉一, 接一, 輘一, 車一, 暢一, 推一, 華一

17【𨎮】 轎(p.1468)와 同字

17【輡】 韜(p.1616)의 訛字

17【𨎾】 轢(p.1469)과 同字

10 17【輿】 1 수레 여 2 가마 여 | 魚 ㄩˊ 御 (yu) | よ(コシ) *wagon*

풀이 1 ①수레. ㉮수레의 총칭. ¶一者 車之總名也<後漢書·注> ㉯관괴차. 공축(輁軸). ¶一藏而馬反 告不用也<荀子> ②거상(車箱). 옛 수레의, 사람이 타거나 짐을 싣는 곳. ③싣다. ¶扶傷一死 履腸涉血<呂覽> ④메다. 짊어짐. ¶君子道消 善人一尸<晉書> ⑤들다. 마주 듦. ¶一轎而隃嶺<漢書> ⑥땅. 대지(大地). ¶堪一日相之屬<後漢書> ⑦수레를 모는 종. 마부(馬夫). ¶廝一之卒<漢書> ⑧많다. 대중. ¶聽一人之誦<左氏傳> ⑨시작. 시초. ¶權一. 2 가마. 두 사람이 마주 메는 가마. 같 轝. ¶乘籃一<晉書>

【輿臺】よだい(여대) 머슴. 하인. 종. 輿隷(여예).

【輿圖】よと(여도) ①천하. 세계. 疆土(강토). ②☞輿地圖(여지도).

【輿論】よろん(여론) 여러 사람의 공통된 의견.

【輿望】よぼう(여망) 세상의 인망(人望). 세상 사람들의 기대. 衆望(중망).

【輿士軍】(여사군) 韓 인산(因山) 때 대여(大輿)·소여(小輿)를 메고 끌던 상여군.

【輿地】よち(여지) 수레처럼 만물을 싣고 있는 땅. 대지(大地). 온 세계. 「②.

【輿地圖】よちず(여지도) 세계 지도. 輿圖(여도)

▷堪一, 肩一, 權一, 錦一, 機一, 蘭一, 鸞一, 籃一, 扶一, 仙一, 素木一, 手一, 乘一, 宸一, 神一, 連一, 輦一, 腰一, 雲母一, 梓匠輪一, 竹一, 地一, 車一, 板一, 編一, 篌一

10 17【轅】 끌채 원 | 元 ㄩㄢˊ (yuan) | えん(ナガエ) *thill*

풀이 ①끌채. 큰 수레 양쪽 앞에 내민 두 개의 나무. 그 끝에 멍에를 걺. ¶何異北一將適楚<白居易> ②수레. ¶姹女乘河車 黃金充一軛<李白>

【轅門】えんもん(원문) 수레의 끌채를 마주 세워 문처럼 만든 것이란 뜻으로, 병영(兵營)을 이르는 말.

【轅中客】えんちゅうかく(원중객) 끌채 사이의 손이란 뜻으로, 우마(牛馬)를 이름.

【轅下】えんか(원하) 끌채의 밑이란 뜻으로, 남의 부하를 이름.

【轅下駒】えんかく(원하구) 끌채에 매인 망아지. 속박되어 자유롭지 못함의 비유. 轅駒(원구).

▷丹一, 斷一, 攀一, 方一, 折一, 車一, 摧一, 軒一

10 17【輾】 1 돌 전 2 연자매 년 | 銑 ㄓㄢˇ 銑 (zhan) | てん *turn* でん

풀이 1 ①돌다. 절반(折半)을 돌아 누움. 같 展. ¶一轉反側<詩經> ②韓

타작(打作)하다. 곡식을 떨어서 거둠. **2**①연자매. ㉠碾. ②수레바퀴가 치어 갈다.

【輾轉反側】てんてんはんそく(전전반측) 잠이 오지 않아 엎치락 뒤치락 함. 輾은 절반 돎, 轉은 한 바퀴 돎. 反은 輾을 넘는 것, 側은 轉이 멈춰짐.

輾①(農政全書)

10 17〖轄〗 비녀장 할 | 黠ㄒㄧㄚˊ (xia) | かつ (クサビ)

풀이①비녀장. 바퀴가 벗어나지 않게 굴대머리 구멍에 끼우는 큰 못. ㉠鎋. ¶取客車一投井中＜漢書＞ ②관장(管掌)하다. 지배함. ¶管一/統一. ③바퀴통과 굴대가 마찰하는 소리. ④별 이름. 진수(軫宿) 가운데에 있는 할성(轄星). ¶一星傳軫內兩旁＜晋書＞ ⑤굴러 흔들리는 모양. ¶輵一.
▷管一, 所一, 輪一, 直一, 樞一, 統一, 投一

17〖轄〗 轄(p.1467)과 同字

11 18〖轇〗 시끄러울 교 | 肴ㄐㄧㄡ (jiu) | こう noisy

풀이①시끄럽다. 거마(車馬) 소리가 요란한 모양. ②달리는 모양. ③앞서거니 뒤서거니 하는 모양. ¶闒戟一轕＜張衡＞ ④뒤섞여 난잡하다. ¶一轕. ⑤검극(劍戟)의 모양. ¶一轕. ⑥아득한 모양. ¶一轕. ⑦방 안이 휑뎅그렁하고 인기척이 없는 모양. ¶洞一轕兮其無垠也＜王延壽＞

11 18〖轆〗 도르래 록 | 屋ㄌㄨˋ (lu) | ろく pulley

풀이①도르래. 활차(滑車). ¶引弦一轤收＜墨子＞ ②물레. ㉮실을 잣는 물레. ¶轣一. ㉯도자기를 만드는 물레. ㊃櫝. ¶一轤. ③수레가 지나가는 길. 궤도(軌道). ④요란한 수레 소리의 형용. ¶一一. ⑤상여. 관을 싣는 수레. ¶載喪車 謂之一轖＜太平御覽＞

轆轤(農政全書)

【轆轤】ろくろ(녹로) ①고패. 도르래. 滑車(활차). ②㊐ 도자기를 만들 때, 발로 돌리며 모양을 잡는 물레.

【轆轤頭】ろくろとう(녹로두) 목이 매우 긴 인종. 괴물 같은 인종.
▷孛一, 轣一, 賀一

11 18〖轈〗 망수레 소 | 肴ㄔㄠˋ (chao) | そう

풀이망수레. 망루를 설치하여 적을 망보는 수레. ㊃巢.

11 18〖轉〗 **1** 구를 전 **2** 돌릴 전 | 銑ㄓㄨㄢˇ (zhuan) 霰 | てん (コロブ) roll

풀이**1**①구르다. ㉮둥글게 돌다. 한 바퀴 돎. ¶輾一反側＜詩經＞ ㉯빙빙 돌다. 회전함. ¶雖一旋而屈橈＜杜篤＞ ㉰돌아서 방향이 바뀌다. ¶岸廻知舳一＜劉孝綽＞ ㉱굴러 넘어지다. ¶蟾兔爲之倒一＜拾遺記＞ ②옮다. 변함. ㉮옮다. 옮김. ¶勞罷死一＜左氏傳＞ ㉯빠지다. 박힘. ¶將一於溝壑＜國語＞ ㉰거처(居處)가 바뀌다. ¶春生南嶽早 日一大荒遲＜張喬＞ ㉱움직이다. 행동함. ¶隨皓腕以徐一 發惠風之微寒＜曹植＞ ㉲가다. 옮겨감. ¶百里奚一鬻＜淮南子＞ ㉳화(化)하다. 변화함. ¶昔公牛哀一病也 七日化爲虎＜淮南子＞ ㉴관직이 바뀌다. 전직됨. ¶密有才能 常望內一 而朝廷無援 乃遷漢中太守＜晋書＞ ㉵펄럭이다. 바람에 나부낌. ¶婀娜隨風一＜古詩＞ ③목소리. 음성. ¶異一而皆樂＜淮南子＞ ④도리어. 반대로. ¶女一棄予＜詩經＞ ⑤자못. 한결. 더욱더. ¶高談一淸＜李白＞ **2**①돌리다. 굴림. ㉮한쪽으로 틀다. ¶佛 謂取首戾一之 恐其喙害人也＜禮記·注＞ ㉯생각을 돌리다. 마음을 움직임. ¶我心匪石 不可一也＜詩經＞ ②옮기다. ㉮운반하다. ¶漕一山東粟＜史記＞ ㉯전하다. 체전(遞傳)함. ¶一送其家＜漢書＞ ㉰관직을 옮기다. ¶補一一官＜宋史＞ ㉱옮기다. 딴 데로 바꿈. ¶胡一予于恤＜詩經＞ ③버리다. ¶死無一尸＜淮南子＞ ④피하다. 기피함. ¶偸儒一脫＜荀子＞ ⑤수레 위의 옷 궤. ¶踞一而鼓琴＜左氏傳＞ ⑥선약(仙藥)을 불리는 회수. ¶九一之丹 服之三日得仙＜抱朴子＞

【轉嫁】てんか(전가) ①다른 데로 다시 시집 감. 再婚(재혼). ②자기 허물이나 책임 따위를 남에게 덮어씌움. ¶責任一.

【轉交】てんこう(전교) 다른 사람의 손을 거쳐서 전달함.

【轉句】てんく(전구) 한시 절구(絶句)에서, 세째 구.

【轉勤】てんきん(전근) 근무하는 직장을 옮김.

【轉機】てんき(전기) 전환점을 이루는 기회나 고비.

【轉對】てんたい(전대) ☞輪對(윤대).

【轉落】てんらく(전락) ①굴러 떨어짐. ②사상적, 도덕적으로 타락한 상태에 빠짐.

【轉輪王】てんりんおう(전륜왕)《佛》범어 Cakravratiraja의 역어. 옛 인도의 이상적인 임금. 즉위할 때 하늘에서 윤보(輪寶)를 감득(感得)하여 이것으로 사방을 항복받았다 함.

【轉賣】てんばい(전매) 산 물건을 다시 딴 곳에 팖.

【轉迷開悟】てんめいかいご(전미개오)《佛》 번뇌의 미망(迷妄)에서 벗어나 열반의 경지에 이르는 일. 轉迷解悟(전미해오).

【轉迷解悟】てんめいかいご(전미해오) ☞轉迷開悟(전미개오).

【轉凡爲聖】てんぼんいせい(전범위성) 범인을 일약 성자(聖者)가 되게 함. 革凡成聖(혁범성성).

【轉法輪】てんぽうりん(전법륜)《佛》 부처가 설법하여 미혹(迷惑)에 빠진 중생(衆生)을 구제함.

【轉變】てんぺん(전변) ①변천함. 변천. ②《佛》 일체 만유(萬有)는 무상하게 변하여 바뀜. ¶有爲—.

【轉補】てんぽ(전보) 다른 자리에 보직(補職)됨. ¶—發令.

【轉寫】てんしゃ(전사) 옮겨 베낌.

【轉業】てんぎょう(전업) ①직업을 바꿈. 轉職(전직). ②사업을 바꿈.

【轉用】てんよう(전용) 다른 데로 돌려 씀.

【轉位】てんい(전위) 위치가 바뀜. 위치를 바꿈.

【轉義】てんぎ(전의) 본래의 뜻에서 바뀌어 다시 생긴 뜻. ↔本義(본의).

【轉移】てんい(전이) ①옮김. ②변화함.

【轉日回天】ヒヲテンジてんヲメグラス(전일회천) 해나 하늘을 돌림. 세력이 매우 큼의 비유.

【轉任】てんにん(전임) ①근무하는 곳이 바뀜. 轉勤(전근). ②맡아보는 일이 바뀜.

【轉入】てんにゅう(전입) ①다른 곳에서 옮겨 옴. ↔轉出(전출). ②다른 학교에서 옮겨 입학함. 轉入學(전입학). ¶—生.

【轉載】てんさい(전재) 이미 발표된 글을 다른 지면에 옮겨 실음.

【轉籍】てんせき(전적) 적(籍)을 옮김.

【轉注】てんちゅう(전주) ①강물이 굽이굽이 흐름. ②한자의 육서(六書)의 하나. 글자의 뜻이 바뀌어 딴 뜻으로 쓰이는 것. ※六書(육서).

【轉地療養】てんちりょうよう(전지요양) 치료법의 한 가지. 그 병의 치료에 적당한 곳으로 잠시 이주하여 요양하는 일.

【轉職】てんしょく(전직) 직책 또는 직업을 바꿈.

【轉借】てんしゃく(전차) 남이 빌려 온 물건을 다시 빌림.

【轉出】てんしゅつ(전출) 다른 곳으로 옮겨 감. ¶—者. ↔轉入(전입).

【轉學】てんがく(전학) 다른 학교로 옮겨 감.

【轉向】てんこう(전향) ①방향을 바꿈. ②종래의 사상을 다른 방향으로 바꿈. ¶—文學.

【轉禍爲福】ワザワイヲてんジテふくトナス(전화위복) 화를 바꾸어 복으로 함. 언짢은 일이 계기가 되어 오히려 좋은 일이 됨.

【轉換】てんかん(전환) 다른 상태나 방향으로 바뀌거나 바꿈.

▷公—, 空—, 內—, 倒—, 反—, 變—, 四—, 旋—, 循—, 升—, 戾—, 宛—, 運—, 圓—, 流—, 移—, 自—, 展—, 輾—, 漕—, 軫—, 遷—, 環—, 回—, 廻—

19〖轚〗 ☞糸部 13획(p.1191)

12 19〖轎〗 가마 교 | [嘯] ㄐㄧㄠˋ (jiao) | きょう(カゴ)

풀이 ①가마. 교자. 두 사람이 앞뒤에서 메는 작은 가마. ㉠橋. ¶輿—而隃領＜漢書＞ ②사람이 타는 작은 수레.

【轎軍】(교군)㉥ 가마를 메는 사람.

▷空—, 大—, 兜—, 山—, 小—, 迓—, 輿—, 便—

12 19〖轑〗 1 바퀴살 로 [晧] ㄌㄠˇ | ろう
2 긁을 로 [豪] (lao) | ろう
3 불태울 료 [篠] | りょう

풀이 1 ①바퀴살. 바퀴와 바퀴통 사이를 버티는 살. ②서까래. 연목(椽木). ㉯橑. ¶果得之殿屋重—中＜漢書＞ ③수레의 덮개살. 수레 위에 차일산(遮日傘)처럼 가리는 덮개의 살. 2 ①긁다. 솥 밑바닥 같은 것을 긁음. ¶陽爲羹盡—釜＜漢書＞ ②굽히다. 휨. 3 불태우다. ㉯燎. ¶欲以熏—天下＜漢書＞

12 19〖轔〗 1 수레 소리 린 [眞] ㄌㄧㄣˊ | りん
2 밟을 린 [震] (lin) | りん

풀이 1 ①수레 소리. 수레가 지나가는 요란한 울림 소리. ¶車—— 馬蕭蕭＜杜甫＞ ②바퀴. 수레바퀴. ③수레 앞뒤의 간막이 판자. 또는, 문턱. ¶牛車絶—＜淮南子＞ 2 ①밟다. ㉠躪 𨏔 轥. ②은성(殷盛)한 모양. ¶振殷—而軍裝＜揚雄＞

12 19〖轓〗 수레 바람막이 번 | [元] ㄈㄢ (fan) | はん

풀이 ①수레의 바람막이. 풍진(風塵)을 막기 위해 수레 양옆에 친 가리개. 흔히 돗자리 같은 것을 침. ㉠藩. ¶令長吏二千石車朱兩—＜漢書＞ ②거여(車輿). 거상(車箱).

12 19〖轐〗 복토 복 | [屋] ㄅㄨˊ (bu) | ほく

풀이 복토(伏兔). 거여(車輿)와 굴대를 연결 고정하는 물건. ㉯僕. ¶—在輿底而銜於軸上＜阮元＞

12 19〖轒〗 병거 분 | [文] ㄈㄣˊ (fen) | ふん *chariot*

풀이 ①병거(兵車). 전차(戰車). ¶攻城圍邑 則有—轀臨衝＜六韜＞ ②흉노(匈奴)의 수레. 또는, 성(城)을 공격할 때 쓰는 병거. ¶軒—轀破穹廬＜漢書＞ ③수레의 덮개 살. 거궁(車弓). ④상여(喪輿).

12 19〖轏〗 수레 잔 | [諫] ㄓㄢˋ (zhan) | さん *wagon*

풀이 수레. ㉮수레 이름. 잔거(轏車). ㉯사(士)가 타는 수레. ㉠棧. ¶丑父寢於

一中<左氏傳> ㉰병거(兵車). 전거(戰車). ㉱와거(臥車). 와상(臥牀)이 달린 수레.

12 19 【轍】 바퀴 자국 철 |㊄ㄔㄜˋ (che) |てつ (ワダチ)

풀이 ①바퀴 자국. 수레바퀴가 지나간 자국. ㊀軼 蹾. ㊂徹. ¶跨中州之一迹<顏延之> ②흔적. 행적(行蹟). 옛날의 법도. ¶總會舊一 創立新意<潘徽>

【轍鮒之急】てっぷノきゅう(철부지 급) 수레바퀴 자국의 괸 물에 있는 붕어의 위급함이란 뜻으로, 절박한 곤경(困境)의 비유. 涸轍鮒魚(학철부어).

【轍環天下】てつてんかヲメグル(철환천하) 수레를 타고 두루 천하를 돌아다님.

▷改一, 故一, 軌一, 螳螂拒一, 同一, 覆一, 易一, 危一, 異一, 一一, 前一, 車一, 涸一

13 20 【轗】 가기 힘들 감 |國ㄎㄢˇ (kan) |かん

풀이 가기 힘들다. 길이 험난하여 수레가 가기 힘든 모양. 뜻을 얻지 못하여 불우(不遇)한 모양. ㊂坎. ¶一軻長苦辛<古詩>

【轗軻】かんか(감가) 길이 험하여 수레가 잘 나아가지 못한다는 뜻으로, 일이 뜻대로 되지 않는 모양이나 때를 얻지 못한 경우의 비유. 轗軻不遇(감가불우). ¶無爲守窮賤一長苦辛<古詩>

13 20 【轥】 가기 힘들 람 |國ㄌㄢˊ (lan) |らん

13 20 【轖】 기 맺힐 색 |職ㄙㄜˋ (se) |しょく

풀이 ①기(氣)가 맺히다. 인체의 기가 울결(鬱結)하여 소통되지 않는 증세. ¶邪氣襲逆 中若結一<枚乘> ②수레의 격자창(格子窓). 일설에는 격자창을 가리는 가죽.

13 20 【轙】 수레 고삐 고리 의 |紙ㄧˇ (yi) |ぎ *link of rein*

풀이 ①수레 고삐의 고리. 수레 앞쪽에 고정해 놓고, 수레를 끄는 여러 마리 말의 고삐를 꿰어 마부가 쥐고 조종하기에 편리하도록 한 고리. ②대령하다. 마부가 떠날 차비를 하고 기다림. ¶靈褪褪象輿一<漢書>

20 【轗】 輯(p. 1466)의 俗字

13 20 【轘】 환형 환 |諫ㄏㄨㄢˋ (huan) |かん

풀이 ①환형(轘刑). 차열(車裂)하는 형벌. 두 다리를 서로 다른 방향의 수레에 묶어 찢어 죽이는 극형. ¶一諸栗門<左氏傳> ②하남성(河南省)에 있는 산 이름. 또는, 관소(關所)의 이름. 환원(轘轅). ¶因張良遂略地一轅<史記>

▷車一

14 21 【轟】 울릴 굉 本횡 |庚ㄏㄨㄥ (hong) |ごう (トドロク)

풀이 ①울리다. ㉮수레의 요란한 소리. ¶車馬電駭 一一闐闐<左思> ㉯천둥 소리. ¶霆一電娗數聲頻<元稹> ㉰폭발하는 소리. 또는, 폭발함. ㉱요란한 물소리. 폭포 소리. ¶懸流一一射水府<韓愈> ㉲관현악의 요란한 소리. ¶絲竹徒一一<韓愈> ②뒤흔들어 울려 무너뜨리다. ¶駭浪幾一山石破<元好問> ③쫓다. 구축(驅逐)함.

【轟然】ごうぜん(굉연) 몹시 크게 울리는 소리의 형용.

【轟音】ごうおん(굉음) 크게 울리는 소리.

▷雷一, 嘲一, 車一, 喧一

14 21 【輀】 상여 이 |支ㄦˊ (er) |じ *hearse*

14 21 【轞】 함거 함 |豏ㄒㄧㄢˋ (xian) |かん

풀이 ①함거(轞車). 사방을 널빤지로 막아 죄수를 호송하는 수레. ¶一車傳豊送洛陽<後漢書> ②수레 울리는 소리.

【轞車】かんしゃ(함거) 사방을 널빤지로 둘러친 수레. 죄수를 호송하거나 맹수(猛獸)를 잡는 데 썼음.

21 【轚】 轞(p. 1469)과 同字

21 【轜】 衡(p. 1342)과 同字

15 22 【轢】 삐걱거릴 력 |錫ㄌㄧˋ (li) |れき (ヒク)

풀이 ①삐걱거리다. 수레바퀴가 쓸려 소리를 냄. 또는, 마찰함. 반목(反目)함. ¶軋一. ②치다. 바퀴 밑에 깔아 갈아 부수다. ㊀轣. ㊂櫟. ¶值輪被一<張衡> ③짓밟다. 업신여김. ¶刻一宗室 侵辱功臣<漢書>

【轢死】れきし(역사) 차에 치여 죽음.

【轢殺】れきさつ(역살) 차로 깔아서 죽임.

▷刻一, 陵一, 軋一, 輮一, 轔一, 車一

15 22 【轠】 잇닿을 뢰 |灰ㄌㄟˊ (lei) |らい

풀이 ①잇닿다. 수레가 잇닿은 모양. 연락부절한 모양. ②치다. 들이받음. ③섶나무 수레. 섶나무를 실어 나르는 데 쓰는 수레. ¶運柴必用一車<元陳椿>

15 22 【轡】 고삐 비 |寘ㄆㄟˋ (pei) |ひ (クツワ) *rein*

풀이 ①고삐. ¶六一如絲<詩經> ②재갈. 말 입에 가로 물리는 쇠줄. ¶執法者 國之一銜<鹽鐵論>

▷金一, 急一, 攬一, 頓一, 返一, 方一, 秉一, 竝一, 騁一, 連一, 偉一, 柔一, 操一, 策一

16 23〖轤〗고패 로 | 園ㄌㄨˊ (lu) | ろ pulley

풀이①고패. 도르래. 활차(滑車). ¶轒—/轆—. ②물레. ③잇닿은 모양. ¶轞—.

23〖[illegible]〗軫(p.1460)과 同字

23〖[illegible]〗轍(p.1469)과 同字

24〖[illegible]〗轡(p.1469)와 同字

辛<매울 신>部

辛 ⑤ 辜 ⑥ 辟 辞 ⑦ 辣 辡 ⑧ 辤 ⑨ 辨 辧 辦 ⑬ 辭 ⑭ 辯

0 7〖辛〗매울 신 | 園ㄒㄧㄣ (xin) | しん(カライ) hot

풀이①맵다. 매운맛. ¶—甘行些<楚辭> ②고생하다. 신고(辛苦)함. ¶以匡—苦<逸周書>/自古多艱—<李白> ③살상(殺傷)하다. ④천간(天干) 이름. 10간(干)의 여덟째. ¶朔日—卯<詩經> ⑤새. 새것. 通新. ⑥허물. 큰 죄. ⑦임금 이름. 은(殷) 주왕(紂王)의 이름.

【辛艱】しんかん(신간) 힘이 들고 고생함. 신고(辛苦). 艱苦(간고).

【辛苦】しんく(신고) ①맵고 씀. 신미(辛味)와 고미(苦味). ②고되고 괴로움. 艱難(간난). 辛勞(신로). ¶艱難—.

【辛辣】しんらつ(신랄) ①맛이 맵고 아림. ②가혹하고 매서움.

【辛味】しんみ(신미) 매운 맛.

【辛盤】しんばん(신반) 매운 맛을 가진 다섯 가지 양념을 넣어서 만든 음식. 정월 초하루에 먹으면 오장의 기(氣)를 틔워 건강해진다 함.

【辛方】かのとのかた(신방) 24 방위의 스무째. 곧, 서서북북(西北北).

【辛酸】しんさん(신산) ①매운 맛과 신맛. ②고되고 힘듦. 辛苦(신고). 辛楚(신초).

【辛時】かのとのとき(신시) 24 시의 스무째. 곧, 오후 6시 30분에서 7시 사이.

【辛夷】しんい(신이) 백목련의 한 가지.

▷艱—, 季—, 苦—, 悲—, 酸—, 上—, 細—, 少—, 愁—, 五—, 下—

8〖辛〗辛(p.1470)의 訛字

11〖辛斤〗新(p.697)과 同字

5 12〖辜〗허물 고 | 園ㄍㄨ (gu) | こ(ツミ) crime

풀이①허물. 죄(罪). ¶與其殺不—焉<書經> ②희생의 각(脚)을 뜨는 일. ¶凡沈—侯禳<周禮> ③책형(磔刑). 책형에 처함. ¶殺王之親者—之<周禮> ④막다. 방해함. ¶豪右—權<後漢書> ⑤오로지하다. 이익 따위를 독점함. ¶沒入—權財物<漢書> ⑥까닭. 때문. 通故. ¶亦夫子之—也<史記> ⑦반드시. 꼭. ⑧저버리다. ¶—負教育之意<朱子全書> ⑨동짓달의 별칭.

【辜月】こげつ(고월) 음력 11월의 별칭.

【辜人】こじん(고인) 중죄인. 사형수.

▷蒙—, 無—, 伏—, 不—, 非—, 死有餘—, 速—, 深—, 罪—, 沈—, 恤—

6 13〖辟〗
1 임금 벽 | 陌ㄅㄧˋ | へき emperor
2 견줄 비 | 寘(bi) | ひ
3 피할 피 | 寘ㄆㄧˋ | ひ
4 썰 백 | 陌(pi) | はく
5 그칠 미 | 紙 | び

풀이1 ①임금. ㉮군상(君上). 주군(主君). ¶下民之—<詩經> ㉯천자(天子). ¶—遇有德<漢書> ㉰제후(諸侯). ¶百—卿士<詩經> ②장관. ¶三卿—長曰—<逸周書> ③지아비. 아내가 남편을 일컫는 말. ¶夫曰皇—<禮記> ④하늘. 신(神). ¶蕩蕩上帝 下民之—<詩經> ⑤법. 법률. ¶以攷司空之—<周禮> ⑥허물. 죄. ¶司寇正刑明—<禮記> ⑦본받다. ¶—爾爲德<詩經> ⑧다스리다. 죄를 다스림. 通髀. ¶—獄刑<左氏傳> ⑨구슬. 通璧. ¶於樂—廱<詩經> ⑩벽. 또는, 담. 通壁. ¶欲築壘—<左氏傳> ⑪크다. ⑫밝히다. 명백히 함. ¶對揚以—之<禮記> ⑬닫히다. 열리지 않음. 通襞. ¶口—焉而不能言<莊子> ⑭포개다. 접음. ¶萬—千灌<張協> ⑮모이다. 모여듦. ¶則邪氣—矣<史記> ⑯붙다. 떨어지지 않음. ¶形之與形亦—矣<莊子> ⑰없애다. ¶—除. ⑱실을 잣다. 길쌈함. 通㯲. ¶妻—纑<孟子> ⑲절름발이. 通躄 躄. ¶—馬毁輿<荀子> ⑳피하다. 通僻. ¶主人般還曰—<禮記> ㉑빗나가다. 엇나감. ¶畏馬之—也 不敢騎<淮南子> ㉒기울이다. 주의를 집중함. ¶負劍—咡詔之<禮記> ㉓멀다. ¶今使人生於—陋之國<淮南子> ㉔작다. ¶—米不得恃<呂覽> ㉕부르다. 초빙함. ¶—書始下<阮籍> ㉖속이다. 사실과 맞지 않음. ¶凡失財用物—名者<周禮> ㉗사특하다. ¶其命多—<詩經> ㉘막다. 방어함. ㉙열다. 개간함. 通闢. ¶—土地<孟子> ㉚편벽(偏僻)되다. 通僻. ㉮마음이 치우치다. ¶人之其所親愛而—焉<大學> ㉯땅이 궁벽하다. ¶國小處—<史記> ㉛가슴을 치다. 通擗. ¶寤—有摽<詩經> ㉜첩. 소실(小室). ¶事其便—<荀子> ㉝놀라 피하다. ¶人馬俱驚 —易數里<史記> 2견주다. 通譬. ¶—如行遠<中庸> 3피하다. 通避. ¶內稱不—親 外擧不—怨<禮記> 4①썰다. ¶麕爲—鷄<禮記> ②주름. 치마 주름 따위. 5그치다. 그만둠. 通弭 彌. ¶有由—焉<禮記>

【辟穀】へきこく(벽곡) ①신선이 되려고 곡식 먹기를 그만둠. ②화식(火食)을 피하고 생식만

하는 것. 「祉福＜詩經＞

【辟公】へきこう(벽공) 제후(諸侯). ¶烈文— 錫玆

【辟宮】へききゅう(벽궁) 도마뱀붙이의 이칭. 守宮 ⌊(수궁).

【辟歷】へきれき(벽력) ☞霹靂(벽력).

【辟邪】へきじゃ·ひじゃ(벽사) ①사귀(邪鬼)를 몰아내는 일. ②짐승 이름. 한인(漢人)이 그 모양을 새겨 장신구의 장식으로 했음. 이것을 지니면 사악(邪惡)을 피한다고 믿었음. ③부정(不正). 사악.

【辟書】へきしょ(벽서) 소환장(召喚狀).

【辟說】へきせつ(벽설) 편벽된 논설.

【辟易】へきえき(벽역) ①놀라서 물러섬. 기세에 눌려 피함. ②개간(開墾)함. ③광질(狂疾). 狂症(광증).

【辟雍】へきよう(벽옹) 주(周)대 천자의 도성(都城)에 설립한 대학. 남을 성균(成均), 북을 상상(上庠), 동을 동서(東序), 서를 고종(瞽宗), 중앙을 벽옹이라고 함. 벽옹은 저수지로 둘렸음. 辟은 明. 雍은 和. 辟廱(벽옹). 璧廱(벽옹).

天子辟雍圖(三才圖會)

【辟廱】へきよう(벽옹) ☞辟雍(벽옹).

【辟王】へきおう(벽왕) 임금.

【辟除】へきじょ(벽제) ①불러내어 관에 임명함. ②떨어 없앰. 掃除(소제). ③귀인의 행차에 여러 사람의 통행을 금하여 길을 트는 일.

▷黜—, 群—, 宮—, 斷—, 大—, 東—, 網—, 百—, 復—, 剕—, 常—, 召—, 列—, 英—, 禮—, 應—, 劓—, 重—, 徵—, 招—, 便—, 憲—, 賢—, 刑—, 皇—, 后—

13〖辞〗 辭(p. 1471)의 略字

7/14〖辣〗 매울 랄 | 圓ㄌㄚˋ (la) | らつ hot

▷老—, 毒—, 辛—, 惡—, 香—, 罄—, 酷—

14〖辢〗 辣(p. 1471)과 同字

15〖辨〗 辣(p. 1471)과 同字

15〖辤〗 辭(p. 1471)의 俗字

9/16〖辨〗 1분별할 변 2두루 변 3폄할 폄 4갖출 판 本변 | 圓ㄅㄧㄢˋ 圓(bian) 圓 圓 | べん (ワキマエル) divide へん

풀이 1 ①분별하다. 판단. 분별. ¶忠信調和均—之至也＜荀子＞ ②분명히 하다. ¶說不喩 然後—＜荀子＞ ③나누다. ㉮쪼개다. 부판(剖判)함. ㉯따로하다. 구별함. ¶—方正位＜周禮＞ ④나누어지다. ㉮따로따로 하다. 분리함. ¶蔡人男女以—＜左氏傳＞ ㉯끊어지다. 중절(中絕)함. ⑤다스리다. 경륜하여 처리함. ¶實—天下＜呂覽＞ ⑥바루다. 바로잡음. ¶水之以—其陰陽＜周禮＞ ⑦따지다. 물어서 밝힘. ¶論—然後使之＜禮記＞ ⑧미리 갖추다. 준비함. ¶—三酒之物＜周禮＞ ⑨근심하다. 걱정함. ⑩바꾸다. 바뀜. 通辯. ⑪쓰다. 부림. ⑫손가락 끝. 또는, 손가락 사이. ¶剝牀以—＜易經＞ ⑬고르다. 通平. 2 두루. 널리. 通徧. ¶—舍爵於季氏之廟＜左氏傳＞ 3 폄하다. 通貶. ¶立容—卑毋謟＜禮記＞ 4 갖추다. 通辦. ¶以—民器＜周禮＞

【辨理】べんり(변리) 판별하여 처리함. 분별하여 다스림.

【辨明】べんめい(변명) ①시비를 가려 밝힘. 辨白(변백). ②잘못이 없음을 밝힘. 辯明(변명).

【辨誣】べんぶ(변무) 그 말이 진실이 아님을 변명함. ¶宗系—＜宣祖實錄＞

【辨償】べんしょう(변상) ①물어 줌. 賠償(배상). ②빚을 갚음. ③재물로 죄과를 갚음. 辦償(판상).

【辨濟】べんさい(변제) 빚을 갚음. 辦濟(판제).

【辨證】べんしょう(변증) ①변별(辨別)하여 증명함. ②직각(直覺) 또는 경험에 의하지 않고 개념을 분석하여 사리를 연구함. ¶—法.

▷強—, 論—, 明—, 分—, 審—, 廉—, 愚智—, 精—, 澄—, 治—

16〖辧〗 辨(p. 1471)과 同字

9/16〖辦〗 힘쓸 판 本변 | 圓ㄅㄢˋ (ban) | べん(ツトメル) make efforts

풀이 ①힘쓰다. 힘써 일함. ¶縫紉連夜—＜趙庚夫＞ ②갖추다. 준비함. ¶家貧燈燭難—＜顏氏家訓＞ ③주관(主管)하다. ¶項梁嘗爲主—＜史記＞ ④판별하다. 같辨.

【辦公】べんこう(판공) 공무에 종사함. 공무를 집행함. ¶—費.

【辦償】べんしょう(판상) ☞辨償(변상).

【辦裝】べんそう(판장) 여장(旅裝)을 갖춤.

【辦濟】べんさい(판제) ☞辨濟(변제).

▷咄嗟—, 密—, 精—, 整—, 主—, 總—, 趣—, 會—

12/19〖辭〗 말씀 사 | 圓ㄘˊ (ci) | じ(コトバ) words

略辞 俗辤

풀이 ①말씀. 말. 通詞. ㉮언어(言語). 언변. 논술. ¶無—不相接也＜禮記＞ ㉯어구(語句). 성구(成句). ¶不以文害—＜孟子＞ ㉰일러바치는 말. 한쪽으로 치우치는 말. 단사(單辭). ¶明淸于單—＜書經＞ ②하소연하다. ③말하다. ¶故仁者之過易—也＜禮記＞ ④알

리다. 고(告)함. ¶使人—於狐突曰<禮記> ⑤쓰다. 글을 씀. ¶其—石尙士也<穀梁傳> ⑥청하다. 원함. ¶大夫—之<國語> ⑦꾸짖다. 책망(責望)함. ¶王使詹桓伯—於晋<左氏傳> ⑧면회를 거절하다. ¶且—焉<左氏傳> ⑨떠나다. ¶願—不爲臣<呂覽> ⑩사양하다. ¶禹拜稽首固—<書經> ⑪말을 걸다. 말을 건넴. ¶入不言兮出不—<楚辭>⑫타이르다. 교훈(敎訓). ¶—之輯矣<詩經> ⑬헤어지다. 이별함. ¶過北郭騷之門而—<呂覽> ⑭보내다. 파견함. ¶—八人者而後王安之<左氏傳> ⑮빌다. 사죄함. ¶嬰可以—而無棄乎<呂覽> ⑯문체(文體)의 하나. 운문(韻文)의 한 가지로, 소(騷)의 변체. ¶秋風—/漁父—. ⑰효사(爻辭).「주역」(周易)의 각 효(爻)에 관하여 설명한 말. ¶辯吉凶者存乎—<易經> ⑱제사지내다. [通]祠. ¶將—帝堯<堯廟碑> ⑲달리하다. [通]異.

【辭訣】じけつ(사결) 작별 인사를 함. 헤어짐. 辭決(사결). 辭別(사별).

【辭令】じれい(사령) ①말씨. 응대하는 말. ②관직에의 임명.

【辭令狀】じれいじょう(사령장) 관직에의 임명서.

【辭林】じりん(사림) ①☞辭典(사전). ②문장가들이 모이는 곳. 문인들의 사회.

【辭賦】じふ(사부) 문체(文體)의 이름. 辭는 서정적인 것, 賦는 서사적인 것.

【辭謝】じしゃ(사사) 사양함. 사퇴함.

【辭書】じしょ(사서) ☞辭典(사전).

【辭說】じせつ(사설) ①말함. 설명함. ②[韓] 길게 늘어 놓는 잔소리나 푸념.

【辭讓】じじょう(사양) 겸손하여 응하지 않거나 받지 아니함.

【辭源】じげん(사원) ①말의 근원. ②육이규(陸爾奎), 방의(方毅) 등이 편찬한 사전(辭典).

【辭意】じい(사의) ①사임할 의사. ②사퇴할 마음.

【辭任】じにん(사임) 맡아보던 일자리를 그만둠. 辭職(사직).

【辭典】じてん(사전) 단어를 일정한 순서로 벌여 주석, 설명 등을 해 놓은 책. 辭書(사서). 辭林(사림)①. 辭彙(사휘)①.

【辭條】じじょう(사조) 말의 조리.

【辭職】じしょく(사직) 직무를 내놓고 물러남. 辭任(사임). ¶—書.

【辭退】じたい(사퇴) ①어떤 일을 그만두고 물러남. ②응하지 아니하고 물리침.

【辭表】じひょう(사표) 사직의 뜻을 적은 문서.

【辭彙】じい(사휘) ①☞辭典(사전). ②어휘.

▷歌—, 嘉—, 甘—, 謙—, 告—, 固—, 瞽—, 怪—, 瑰—, 交—, 嬌—, 舊—, 詭—, 勞—, 多—, 答—, 讜—, 同—, 遁—, 曼—, 文—, 美—, 媚—, 駁—, 芳—, 繁—, 辯—, 浮—, 卑—, 肥—, 邪—, 詐—, 屬—, 孫—, 遜—, 頌—, 碎—, 修—, 式—, 飾—, 失—, 深—, 兩—, 言—, 輿—, 禮—, 温—, 玩—, 婉—, 雄—, 偉—, 僞—, 遊—, 諛—, 音—, 淫—, 俚—, 異—, 離—, ——, 傳—, 折—, 接—, 正—, 弔—, 陳—, 淺—, 綴—, 祝—, 致—, 置—, 誕—, 吐—, 片—, 便—, 片言隻—, 虛—, 好—, 華—, 訓—, 休—

19【瓣】☞瓜部 14획(p. 1005)

14/21【辯】 [1]말 잘할 변 [銑]ㄅㄧㄢˋ べん
[2]편녕할 편 [先](bian) べん
[3]두루 변 [霰] へん

[풀이][1] ①말을 잘하다. [通]論. ¶—者不善<老子> ②다스리다. 말로 다스림. ¶主齊盟者 誰能—焉<左氏傳> ③바루다. 바로잡음. ¶有司不—也<禮記> ④밝히다. ¶—吉凶者存乎辭<易經> ⑤분별하다. [通]辨. ¶君子以—上下<易經> ⑥나누다. 나눔. ¶則君臣父子夫婦之道—矣<太玄經> ⑦말다툼하다. ¶—而不德<左氏傳> ⑧말하다. 이야기함. ¶言臧之三牙甚—<呂覽> ⑨슬기롭다. 지혜로움. ⑩민첩하다. ¶言去其—<應貞> ⑪변하다. [通]變. ¶若夫乘天地之正 而御六氣之—<莊子> ⑫송사(訟事)하다. 맞고소함. [같]辨. ⑬문체(文體) 이름. 언행의 시비(是非)와 진위(眞僞)를 논하는 글. [2] ①편녕(便佞)하다. 말만 앞세우고 실속이 없음. [通]便. ¶友—佞<公羊傳·注> ②말을 교묘히 하다. ③고르다. [通]平. [3]두루. 두루 미침. [通]徧. ¶大夫—受酬<儀禮>

【辯論】べんろん(변론) ①사리(事理)를 밝혀 논함. ②논쟁함. ③소송 당사자가 법정에서 하는 진술(陳述). 또는, 피고인과 변호사가 하는 진술.

【辯明】べんめい(변명) ①시비(是非)를 가려 밝힘. 辯解(변해). ¶慮思定物—禮義<管子> ②잘못 아님을 사리(事理)로 따져 밝힘. 辨明(변명). 發明(발명).

【辯士】べんし(변사) ①변설(辯舌)에 능한 사람. ¶—無談說之序 則不樂<莊子> ②연설이나 웅변을 하는 사람. ③무성 영화(無聲映畫)를 상영할 때, 화면에 맞추어 줄거리를 설명하는 사람.

【辯舌】べんぜつ(변설) 말솜씨. 구변. ¶—家.

【辯護】べんご(변호) 당사자에게 유리하도록 주장하여 옹호함. ¶—士.

▷剛—, 強—, 堅白之—, 謷—, 高—, 曲—, 宏—, 閎—, 巧—, 口—, 詭—, 譏—, 論—, 訥—, 能—, 多—, 談—, 大—, 代—, 明—, 妙—, 文—, 敏—, 博—, 浮—, 分—, 飛—, 邪—, 辭—, 善—, 小—, 心—, 佞—, 英—, 温—, 雄—, 伊管之—, 逸—, 任—, 才—, 廷—, 精—, 俊—, 聰—, 贅—, 馳—, 駄—, 豊—, 筆—, 抗—, 覈—, 懸河之—, 好—, 弘—, 華—

辰<별 진>部

辰 ③ 辱 ⑥ 農

0 7 【辰】 1 별 진 本 신 2 때 신 | 圓 ㄔㄣˊ (chen) | しん star

풀이 1 ①별. 다섯째 지지. 띠로는 용, 방위로는 동남동, 달로는 3월, 시각으로는 오전 7에서 9시 사이에 해당함. ¶一宿列張<千字文>/一緯. ②지지(地支). 12지(支)의 총칭. ¶十有二一之號<周禮> ③별 이름. ㉮방성(房星). ¶奇傅說之託一星兮<楚辭> ㉯대화(大火). ¶大火謂之大一<爾雅> ④해와 달, 별이 서로 만나는 곳. ¶一在斗柄<國語> ⑤임금. ¶一駕. 2 ①때. 시각. 기회. ¶我生不一<詩經> ②아침. 새벽. ¶不能一夜<詩經> ③별. 성신(星辰). ¶建一旒之太常<張衡> ④북극성. 북신(北辰). ¶星一不相觸<太玄經> ⑤날. 날을 받음. 택일. ¶乃擇元一<呂覽>/生一.

【辰晷】(신구) 해와 달, 별의 빛이란 뜻으로, 임금의 비유. ¶一重光 協風應律<陸雲>

【辰夜】(신야) 밤 시각을 재는 일. 辰은 時. ¶不能一 不夙則莫<詩經>

【辰極】しんきょく(진극) 북극성. 북두 칠성.

【辰方】タツノカタ(진방) 동남동의 방위.

【辰砂】しんしゃ(진사) 수은과 유황과의 화합물. 朱砂(주사). 丹砂(단사). 「성(房星).

【辰星】しんせい(진성) ①수성(水星)의 이칭. ②방

【辰宿】しんしゅく(진수) 온갖 별자리의 별들. 星宿(성수). ¶一列張<千字文>

【辰時】タツノトキ(진시) 오전 7시에서 9시 사이. 辰刻(진각).

【辰月】しんげつ(진월) ①월건(月建)이 진(辰)인 달. ②음력 3월의 이칭.

【辰緯】しんい(진위) 별. 星辰(성신).

▷佳一, 嘉一, 甲一, 剛一, 考一, 忌一, 吉一, 大一, 芳一, 北一, 司一, 三一, 參一, 上一, 霜一, 星一, 聖一, 時一, 十二一, 良一, 嚴一, 令一, 靈一, 五一, 儀一, 日一, 匝一, 凄一, 測一, 誕一, 浹一

6 【𠩳】 辰(p.1473)의 古字

7 【辰】 辰(p.1473)의 本字

8 【𨑃】 辰(p.1473)의 古字

3 10 【辱】 욕될 욕 | 因 ㄖㄨˋ (ru) | よく (ハズカシメル) disgrace

풀이 ①욕되게 하다. 남에게 대한 겸사(謙辭). ¶曩者一賜書 教以順於接物<司馬遷>/一友. ②욕보이다. ¶不一其身 不羞其親<禮記> ③욕. 수치. ¶吾幽囚受一<史記> ④거스르다. 거역함. ¶一擧其死<管子> ⑤더럽히다. 通 黷. ¶大白若一<老子> ⑥무덥다. 通 溽. ¶土潤一暑<禮記> ⑦미워하다. 싫어함. ⑧실패하다. 잃음. ¶寵一若驚<老子> ⑨가장자리. 근처. 通 脣 漘.

【辱臨】じょくりん(욕림) 상대편을 높이어, 그가 찾아와 줌을 이름. 賁臨(비림). 枉臨(왕림). 光臨(광림). ¶唯襄公之一我喪<左氏傳>

【辱說】(욕설) 韓 욕하는 말. 모욕적인 말.

【辱知】じょくち(욕지) 자기를 알게 된 것이 그 사람에게는 욕이 된다는 뜻으로, 교제를 하는 상대에 대한 자기의 겸칭. 辱友(욕우). 辱交(욕교).

▷訶一, 譴一, 困一, 媿一, 窘一, 屈一, 窮一, 憤一, 勞一, 陵一, 撻一, 大一, 罵一, 侮一, 逢一, 小一, 守一, 羞一, 榮一, 汚一, 憂一, 謬一, 詈一, 忍一, 詆一, 折一, 點一, 廷一, 挫一, 衆一, 差一, 誚一, 寵一, 黜一, 恥一, 侵一, 笞一, 敗一, 廢一, 禍一, 詬一, 毁一, 詰一

10 【唇】 ☞ 口部 7획(p.298)

11 【脣】 ☞ 肉部 7획(p.1236)

11 【晨】 ☞ 日部 7획(p.721)

6 13 【農】 농사 농 | 图 ㄋㄨㄥˊ (nong) | のう agriculture

풀이 ①농사. 농업. 경작(耕作). ¶闢土殖穀曰一<漢書> ②농부. 농민. ¶吾不如老一<論語> ③백성. ¶一者民也<春秋繁露> ④전답. 농지. 경지(耕地). ¶三一生九穀<周禮> ⑤경작하다. ⑥힘쓰다. 노력함. 通 努. ¶小人一力以事其上<左氏傳> ⑦두텁다. ¶一用八政<書經>

【農耕】のうこう(농경) 논밭을 경작하는 일. ¶一地.

【農具】のうぐ(농구) 농사 짓는 데 쓰는 기구. 農器(농기). 「(농절).

【農期】のうき(농기) 농사철. 農時(농시). 農節

【農旗】のうき(농기) 기(旗)의 한 가지. 농촌에서, 주요한 농사일을 할 때 풍물을 치며 세우던 기. 「구의 총칭.

【農機具】のうきぐ(농기구) 농사에 쓰는 기계나 도

【農路】のうろ(농로) 농사일을 위하여 만든 길. 農道(농도).

【農幕】(농막) 韓 농사에 편리하도록 농토 가까이 지은 간단한 집.

【農末】のうまつ(농말) 농업과 상업. 농민과 상인. 末은 말리(末利)를 추구한다는 뜻으로, 商을 이름. ¶一俱利<史記>

【農民】のうみん(농민) 농사 짓는 사람. 農夫(농부). ¶一文學.

【農繁期】のうはんき(농번기) 농사일이 가장 바쁜 시기. ↔農閑期(농한기).

【農夫】のうふ(농부) ☞農民(농민).

【農婦】のうふ(농부) 농사 짓는 부녀자.

【農事】のうじ(농사) 경작하는 일. 農功(농공).

【農産】のうさん(농산) 농업상의 산물. 農産物(농산물).

【農穡】のうしょく(농색) 농업. 稼穡(가색).

【農書】のうしょ(농서) 농사에 관한 책.

【農時】のうじ(농시) ☞農期(농기).

【農謠】のうよう(농요) 농부들이 부르는 속요. 農夫歌(농부가).

【農牛】のうぎゅう(농우) 경작에 부리는 소.

【農園】のうえん(농원) 주로 원예 작물(園藝作物)을 가꾸는 농장.
【農資】のうし(농자) 농사에 드는 밑천.
【農作物】のうさくぶつ(농작물) 논밭에 경작하는 식용 작물.
【農蠶】のうさん(농잠) 농업과 잠업.
【農庄】(농장)韓 농사의 편의를 위하여 농토 근처에 여러 가지 설비를 해 놓은 집. 또는, 그 농토.
【農場】のうじょう(농장) ①농업을 경영하는 데 필요한 시설을 갖춘 곳. ②농사 짓는 땅.
【農節】のうせつ(농절) ☞農期(농기).
【農帝】のうてい(농제) 신농씨(神農氏). ¶唐稷播其根 一嘗其華<張協>
【農酒】(농주)韓 농사일을 할 때에 농부들이 먹는 탁주.
【農地】のうち(농지) 농사 짓는 땅. 농토(農土). ¶絶對一.
【農草】(농초)韓 자기 집에서 쓰려고 가꾼 담배.
【農村】のうそん(농촌) 농민들이 사는 마을.
【農土】のうど(농토) ☞農地(농지).
【農圃】のうほ(농포) 밭. 田圃(전포).
【農閑期】のうかんき(농한기) 농사일이 한가한 시기. ↔農繁期(농번기).
▷耕一, 經一, 勸一, 勤一, 酪一, 老一, 勞一, 大一, 妨一, 富一, 司一, 三一, 傷一, 善一, 小一, 良一, 力一, 窳一, 自作一, 中一, 惰一, 豪一

13〖莀〗農(p.1473)의 古字
13〖蕽〗農(p.1473)의 古字
20〖襛〗農(p.1473)의 本字

辵(辶)<책받침>部

辵 ② 辺 ③ 迅 迂 迆 辿 迄 ④ 近 迖 迒 返 迓 迎 迕 迋 迍 ⑤ 迦 迸 迫 述 迯 迤 迹 迪 迱 迭 迮 迢 迠 迨 迥 ⑥ 适 迺 逃 迴 迾 迷 逄 迸 送 逆 迻 迹 追 退 迴 逅 ⑦ 逕 逑 途 逗 連 逞 逢 逝 逍 速 逌 這 逖 造 逡 逐 通 透 逋 ⑧ 逫 逵 逯 迸 逶 逸 逷 進 逮 逴 逭 ⑨ 過 達 道 遁 遂 遌 遏 遇 運 違 遊 逾 遉 遒 遄 遑 遍 逼 遐 遑 ⑩ 遣 遘 遝 遛 遡 遜 遙 遠 遞 ⑪ 遯 遫 遨 適 遭 遮 遰 ⑫ 遼 遴 選 遻 遶 遺 遵 遲 遷 遹 ⑬ 遽 邁 邉 邀 邅 避 邂 還 ⑭ 邈 邃 邇 ⑮ 邋 邊 ⑲ 邏 邐

0/7〖辵〗쉬엄쉬엄 갈 착 | 藥ㄔㄨㄛˋ(chuo) | ちゃく
풀이 ①쉬엄쉬엄 가다. ②달리다. ③뛰어넘다. 通踖. ¶一階而走<公羊傳> ④부수(部首) 글자. 책받침.

6〖辷〗軌(p.1458)의 古字
6〖辺〗邊(p.1503)의 略字
6〖边〗邊(p.1503)의 略字

7〖过〗過(p.1489)의 略字
10〖迟〗起(p.1437)의 古字
7〖迡〗起(p.1437)의 古字
7〖迏〗徒(p.546)의 本字
7〖巡〗☞ 巛部 4획(p.488)

3/7〖迅〗빠를 신 | 震ㄒㄩㄣˋ(xun) | じん(ハヤイ) *quick*
풀이 ①빠르다. 신속함. ¶九侯淑女 多一衆些<楚辭> ②이리의 새끼. 힘이 센 새끼. ¶狼 其子獥 絶有力一<爾雅>
【迅雷】じんらい(신뢰) 맹렬한 뇌우(雷雨). 疾雷(질뢰). ¶一風列 必變<論語>
【迅速】じんそく(신속) 매우 빠름. 迅急(신급). ¶一正確.
▷激一, 勁一, 輕一, 趫一, 奮一, 獅子奮一, 振一

3/7〖迂〗1 멀 우 2 굽을 오 | 虞ㄩ 遇(yu) | う(マワリドオイ) *far*
풀이 1 ①멀다. ㉮길이 멀다. 빙 돌아 멂. ¶其次一塗<太玄經> ㉯현실에 둔하다. 물정에 어두움. ¶不我知者 將謂之一<後漢書> ②돌아가는 길. 지름길이 아닌 길. ¶捨逕而就一<宋史> ③굽히다. ㉮마음을 비뚤어지게 하다. 자포(自暴)하게 함. ¶一乃心<書經> ㉯기세를 꺾다. 억제함. ¶民流通則一之<管子> ④비뚦. 사곡(邪曲). ¶不度而一求<國語> ⑤에두르다. 넌지시 함. ¶言神事如一誕<漢書> ⑥잘못하다. 실수함. ¶失之己反之人 豈不一乎哉<荀子> ⑦과장하다. 通誇. ¶叔一季伐<漢書> ⑧넓다. 광대함. ¶易則易 一則于<禮記> ⑨이윽고. 양구(良久)에. ¶一久 大醉而還<後漢書> 2 굽다. 빙 돎.
【迂路】うろ(우로·오로) 멀리 돌아가게 된 길. ↔捷徑(첩경).
【迂餘曲折】うよきょくせつ(우여곡절) ①구불구불 얽히고 설킴. ②사정이 복잡하게 뒤얽힘. 경과가 복잡함.
【迂闊】うかつ(우활) 실정(實情)에 어두움. 迂遠(우원). ¶今之學者 師商韓 而上法術 競以儒家爲一<魏志>
【迂回】うかい(우회) 돌아서 감. 빙 둘러 감. 迂迴(우회).
▷怪一, 老一, 疎一, 逶一, 惷一, 迴一

7〖迃〗迂(p.1474)의 本字
7〖迂〗遊(p.1494)와 同字
7〖迆〗迤(p.1477)와 同字

3/7〖辿〗천천히 걸을 천 | 囲ㄔㄢ(chan) | てん

7〖迁〗遷(p. 1501)의 俗字

3/7〖迄〗이를 흘 | 㽞く丨ˋ (qi) | きつ (イタル)

풀이 ①이르다. 도달함. ¶一用有成<詩經> ②미치다. 끊임없이 이어짐. ¶以一于今<詩經> ③마침내. 드디어. ¶一無成功<後漢書>

4/8〖近〗1 가까울 근 2 가까이 할 근 3 어조사 기 | 㽞ㄐ丨ㄣˋ 問(jin) 寘 | きん, こん (チカイ) *near to* きん

풀이 1 ①가깝다. ㉮거리가 멀지 않다. ¶爲其一于道也<禮記> ㉯알기 쉽다. ¶言一而指遠者 善言也<孟子> ㉰속되다. 비근(卑近)함. ¶語言俚一<唐書> ㉱닮다. 근사함. ¶好學者一乎知<中庸> ㉲꼭 들어맞다. ¶撥亂世反諸正 莫一諸春秋<公羊傳> ②근처. 가까운 데. ¶能一取譬<論語> ③요사이. 근자에. ¶獻一所爲復志賦已下十首<韓愈> ④가까운 것. ㉮집안. 친척. ¶外無朞功彊一之親<李密> ㉯친근한 사람. 조신(朝臣). ¶雖有貴戚一習<禮記> ㉰땅. 대지(大地). ¶无有遠一幽深<易經> ㉱몸. 신체(身體). ¶求之一者<淮南子> ⑤곁. 근방. ¶側一. 2 ①가까이하다. 친하게 지냄. ¶民可一不可下<書經>/親一. ②사랑하다. 총애함. ¶有七孺者皆一<戰國策> ③다그다. 핍박함. ¶二多譽 四多懼 一也<易經> ④알다. ¶唯有其材者 爲一之<呂覽> 3 어조사(語助辭). 어세(語勢)를 고름. ¶往一王舅<詩經>

【近刊】きんかん(근간) 가까운 시일 내에 간행(刊行)함. 또는, 최근에 간행된 책.

【近間】(근간) ☞近來(근래).

【近景】きんけい(근경) 가까이 보이는 경치. ↔遠景(원경).

【近古】きんこ(근고) ①가까운 옛날. 그리 멀지 않은 옛날. ②역사상의 시대 구분으로, 중고(中古)와 근세(近世)의 중간 시대.

【近郊】きんこう(근교) 가까운 교외(郊外). ↔遠郊(원교).

【近畿】きんき(근기) 서울이 가까운 지방. ※京畿(경기).

【近年】きんねん(근년) 최근의 몇해. 近歲(근세). 頃年(경년). 比年(비년).

【近代】きんだい(근대) ①가까운 시대. ②요즘의 시대. ¶一化.

【近東】きんとう(근동) 유럽에 가까운 동양. ↔極東(극동).

【近來】きんらい(근래) 요사이. 요즘. 近者(근자). 近間(근간).

【近隣】きんりん(근린) 가까운 이웃.

【近名】きんめい(근명) 명예를 구함. 要名(요명). 要譽(요예). ¶學者須是務實 不要 一<近思錄>

【近墨者黑】きんぼくしゃこく(근묵자 흑) 먹을 가까이하면 검어진다는 뜻으로, 악인과 사귀면 악하게 되기 쉬움을 이름. 近朱者赤(근주자 적). 近墨者墨(근묵자 묵). 近朱近墨(근주근묵).

【近傍】(근방) 가까운 곁. 썩 가까운 곳.

【近似】きんじ(근사) ①아주 비슷함. ②㊥그럴싸하게 멋짐.

【近思】きんし(근사) 신변의 가까운 곳을 생각한다는 뜻으로, 자기 몸에 근본을 두고 반성함. ¶博學而篤志 切問而一 仁在其中矣<論語>

【近事男】ごんじなん(근사남)《佛》 남자 중. 優婆塞(우바새).

【近事女】ごんじにょ(근사녀)《佛》 여자 중. 優婆夷(우바이).

【近似値】きんじち(근사치) 근사 계산에 의하여 얻어진 수치(數値). 어떤 일정한 수치에 가장 가까운 수. 근사값.

【近歲】きんさい(근세) ☞近年(근년).

【近侍】きんじ(근시) ①가까이 모심. ②임금을 측근에서 모시는 신하. 近臣(근신). 近習(근습). ¶一納言左右<後漢書>

【近視】きんし(근시) 먼 데 있는 물상을 잘 보지 못하는 눈. 近視眼(근시안). ↔遠視(원시).

【近臣】きんしん(근신) ☞近侍(근시)②.

【近影】きんえい(근영) 최근에 찍은 인물 사진.

【近衛】きんえい(근위) 임금을 측근에서 호위함.

【近因】きんいん(근인) 가까운 원인. 직접적인 원인. ↔遠因(원인).

【近者】きんしゃ(근자) ①요사이. 頃者(경자). ②가까이 있는 사람. ¶小人務知小者一<左氏傳>/一之所行.

【近者不親不敢求遠】(근자불친 불감구원) 가까운 사람들과 친하지 못하면, 먼 데 사람들과 친하기를 바랄 수 없다는 뜻으로, 인(仁)을 행함은 가까운 데서부터 시작할 것임을 이른 말. ¶一 小者不審 不敢言大<大戴禮>

【近作】きんさく(근작) 근간에 지은 작품. 近業(근업).

【近接】きんせつ(근접) 접근함. 또는, 가까이함.

【近族】きんぞく(근족) 가까운 친족. 近親(근친). 近屬(근속). ↔遠族(원족).

【近處】きんしょ(근처) 가까운 곳.

【近體】きんたい(근체) 한시의 율시(律詩)와 절구(絶句)를 고시(古詩)와 구별하여 이름. 近體詩(근체시). 今體詩(금체시). ↔古體(고체).

【近親】きんしん(근친) ☞近族(근족). ↔遠親(원친).

【近況】きんきょう(근황) 요즘의 상황이나 형편. 近狀(근상).

▷強一, 權一, 貴一, 朞功強一, 晩一, 輓一, 附一, 卑一, 媟一, 瑣一, 狎一, 遠一, 姻一, 隣一, 昵一, 接一, 知遠不知一, 戚一, 淺一, 側一, 親一, 孌一, 逼一

4/8〖迚〗㊥무지 두

풀이 ①무지. 완전하게 한 섬이 못 되는 곡식의 양(量). ②마투리.

4/8〖迍〗머뭇거릴 둔 | 圓ㄓㄨㄣ (zhun) | ちゅん (タチモトオル)

4 8【返】돌아올 반 |阮ㄈㄢˇ (fan)| へん(カエル) *return*

풀이 通 反. ①돌아오다. 되돌아옴. ¶往者不一<漢書> ②돌려 주다. 되돌림. ¶一之於天<漢書> ③고치다. 다시 함. ¶一瑟而弦<呂覽>

【返納】へんのう(반납) 도로 돌려 바침.
【返戾】へんれい(반려) 되돌림.
【返送】へんそう(반송) 되돌려 보냄. 還送(환송).
【返潮】へんちょう(반조) 썰물.
【返品】へんぴん(반품) 물품을 되돌림.
【返魂】へんこん(반혼) 장사지낸 뒤, 신주(神主)를 집으로 모셔 오는 일. 返虞(반우).
【返還】へんかん(반환) ①도로 갚음. 返濟(반제). 償還(상환). ②되돌아감. ¶一點. ③돌려 보냄.
▷忘一, 復一, 旋一, 往一, 還一

8【迂】徐(p.547)와 同字

4 8【迓】마중할 아 |禡ㄧㄚˋ (ya)| が(ムカエル) *meet*

4 8【迎】1 맞을 영 2 마중할 영 |庚ㄧㄥˊ (ying) 敬ㄧㄥˋ (ying)| げい (ムカエル) *meet*

풀이 1 ①맞다. ㉮장차 올 것을 기다리다. ¶以一歲于東郊<淮南子> ㉯마음으로 따르다. ¶則民嚴而不一<孔子家語> ②헤아리다. 추산(推算)함. ¶一日推策<史記> 2 마중하다. 마중 나감. ¶親一于渭<詩經>

【迎擊】げいげき(영격) 적(敵)을 맞아 침. 邀擊(요격).
【迎年】げいねん(영년) ①신년을 맞음. 迎歲(영세). ②풍년이 되기를 빎. 祈年(기년).
【迎賓】げいひん(영빈) 손을 맞음. 손님을 영접함. ¶一館.
【迎送】げいそう(영송) 맞이함과 보냄. 출영(出迎)과 전송(餞送). 送迎(송영).
【迎神】げいしん(영신) 신을 맞아들임. ¶一歌.
【迎新】げいしん(영신) ①새로운 것을 맞아들임. ②새해를 맞음. 迎年(영년). ¶送舊一.
【迎入】げいにゅう(영입) 맞아들임.
【迎接】げいせつ(영접) 손을 맞아 응접함. 迎引(영인).
【迎春花】げいしゅんか(영춘화) 개나리꽃. 連翹花(연교화).
【迎合】げいごう(영합) ①미리 기일을 약속하고 회합함. ②남의 비위를 맞춤. 알랑거림. 아첨함. 逢迎(봉영). ¶一苟容 以竊富貴<資治通鑑>
▷郊一, 來一, 拜一, 奉一, 逢一, 屣一, 送一, 馳一, 親一, 歡一, 候一

4 8【迕】거스를 오 |遇ㄨˇ (wu)| ご(サカラウ) *go against*

풀이 ①거스르다. ¶莫敢復一<漢書> ②어긋나다. 위배됨. ¶好惡乖一而欲國富法立<漢書> ③등지다. 배반함. ¶國家有悖逆反一之行<管子> ④범하다. 침범함. ⑤저촉(抵觸)하다. ¶上聖一而後拔兮<班固> ⑥지나치다. 도를 넘음. 같 遻. ⑦섞이다. 뒤섞임. ¶迴穴錯一<宋玉> ⑧만나다. 상봉함. ¶王甫時出 與蕃相一<後漢書>

【迕視】ごし(오시) 거꾸로 봄. 잘못 앎.
▷乖一, 旁一, 錯一

4 8【迋】1 돌아갈 왕 2 속일 광 |漾ㄨㄤˋ (wang) 養| おう (ユク) きょう

풀이 1 ①돌아가다. ②가다. ¶使子展一勞於東門之外<左氏傳> ③위로하다. 2 ①속이다. 같 誑. ¶是我一 不幸而後亡吾兄也<左氏傳> ②두려워하다. 通 恇. ¶子無我一 不幸而後亡<左氏傳> ③호리다. 유혹함. 通 誑. ¶人實一女<詩經>

8【这】這(p.1484)의 俗字
11【䢔】從(p.549)과 同字
8【迌】退(p.1480)의 古字

4 8【迒】발자국 항 |陽ㄏㄤˊ (hang)| こう(アシアト) *footprint*

풀이 ①발자국. 짐승의 발자국. ②길. 오솔길. ¶結罝百里 一杜蹊塞<張衡> ③길다.

8【还】還(p.1502)의 俗字

5 9【迦】부처 이름 가 |麻ㄐㄧㄚ (jia)| か, が *Buddha*

풀이 ①부처 이름. 범어 kya의 차음자(借音字). ¶釋一. ②만나다. 通 邂. ¶次七…迎父一逅<太玄經> ③막다. 차단(遮斷)함. ¶一互.

【迦藍】がらん(가람) 절. 중이 사는 집. 僧舍(승사). 僧房(승방). 佛寺(불사). 寺刹(사찰). 伽藍(가람).
【迦陵頻伽】かりょうびんが(가릉빈가)《佛》극락 정토(極樂淨土)에 있다는 새 이름. 아름다운 소리를 냄. 迦陵은 아름다움, 頻伽는 소리를 뜻함.
【迦葉】かしょう(가섭) kasyapa의 음역. 석가(釋伽)의 10고제(高弟) 중 한 사람.

9【迯】逃(p.1478)의 俗字
9【迣】迾(p.1478)의 古字

5 9【迫】다그칠 박 |陌ㄆㄛˋ (po)| はく(セマル) *press*

풀이 ①다그치다. 핍박함. ¶一害. ②궁하다. 군색함. ¶悲時俗之一阨兮<楚辭> ③급하다. 다급함. ¶切一. ④재촉하다. ¶一生爲下<呂覽> ⑤허둥거리다. 서두름. ¶惶一伏地<後漢書> ⑥줄어들다. 위축(萎縮)됨. ¶陰一而不能蒸＜史記＞ ⑦다가오다. 임박함. ¶外一公事＜漢書＞/促一.

【迫頭】(박두) 절박하게 닥쳐 옴. 가까이 닥침.

【迫力】はくりょく(박력) 다그치는 힘. 일을 밀고 나가는 힘.

【迫眞】はくしん(박진) 예술 작품의 표현 등에 나타난 진실감. 逼眞(핍진). ¶一感.

【迫害】はくがい(박해) 옳지 못한 짓으로 핍박하여 해를 입힘. 못살게 굶.

▷強一, 驅一, 局一, 窘一, 窮寇勿一, 窮一, 急一, 督一, 壓一, 優游不一, 切一, 卒一, 倉一, 促一, 催一, 追一, 蹙一, 侵一, 逼一, 脅一, 惶一

5 9【述】 지을 술 |圈ㄕㄨˋ (shu)| じゅつ(ノベル) *write*

풀이 ①짓다. 글을 지음. ¶著一. ②말하다. ㉮거듭 말하다. ¶不一命＜儀禮＞ ㉯잇다. 선인(先人)의 설(說)을 이어 논술함. ¶一而不作＜論語＞/祖一. ㉰해석하다. 뜻을 풀이함. ¶識禮樂之文者能一＜禮記＞ ㉱밝히다. 분명히 함. ¶一職方以除九丘＜孔安國＞ ③행하다. ¶故可一而多學也＜禮記＞ ④기록(記錄). 언설(言說). ¶前人之一備矣＜范仲淹＞ ⑤문체(文體)의 한 가지. 언행(言行)을 기록하는 글.

【述聖】じゅっせい(술성) ①선인(先人)의 설(說)을 논술한 성인(聖人)이란 뜻으로, 공자(孔子)를 이름. ¶一魯宣父＜錢起＞ ②자사(子思)의 봉호(封號).

【述作】じゅっさく(술작) ①전인(前人)의 설(說)을 논술하는 일과 새로운 설을 창작하는 일. ②저작(著作). 저술(著述).

【述職】じゅっしょく(술직) 제후(諸侯)가 천자를 뵈고 자기의 직무를 아룀. ¶諸侯朝於天子曰一＜孟子＞

【述懷】じゅっかい(술회) 소회(所懷)를 폄. 평소에 품고 있던 생각을 말함.

▷考一, 口一, 記一, 縷一, 覆一, 奉一, 詳一, 序一, 敍一, 宣一, 紹一, 頌一, 修一, 祖一, 撰一, 贊一, 纂一, 纘一, 追一, 稱一

9【述】 述(p.1477)과 同字

9【迋】 往(p.541)의 古字

5 9【越】 넘을 월 |月ㄩㄝ (yue)| えつ(コエル)

5 9【迤】 1 비스듬할 이 |紙ㄧˇ 2 굽을 이 |支(yi)| い(ナナメ) *incline*

풀이 1 ①비스듬하다. ㉮비스듬히 가다. ¶東一北會于匯＜書經＞ ㉯비스듬하게 하다. ¶立戈一戛＜張衡＞ ㉰비스듬히 평평한 모양. ¶不可以上 其下一衍＜黃佐＞ ②이어져 있는 모양. ¶一邐. 2 ①굽다. 구불구불함. ㉦蛇. ¶道固逶一也＜後漢書＞ ②길게 뻗어 있는 모양. ¶逶一.

9【迩】 邇(p.1503)와 同字

5 9【迪】 나아갈 적 |錫ㄉㄧˊ (di)| てき(ススム) *advance*

풀이 ①나아가다. ¶弗求弗一＜詩經＞ ②밟다. ¶允一厥德＜書經＞ ③이르다. 다다름. ¶漢一于秦＜漢書＞ ④교도(教導)하다. ¶啓一後人＜書經＞ ⑤길. ⑥도덕(道德). ¶惠一吉 從逆凶＜書經＞ ⑦가르치다. 교육함. ⑧말미암다. ¶蠢一檢押＜漢書＞ ⑨쓰다. 사용(使用)함. ⑩따르다. 순종함. ⑪발어사(發語辭). 뜻이 없는 허두(虛頭). ¶一高后丕乃崇降弗祥＜書經＞

▷啓一, 棐一, 由一, 惠一, 訓一

5 9【迡】 놀랄 제 |霽ㄉㄧˋ (di)| てい(オドロク)

9【迌】 徂(p.541)와 同字

9【迫】 迌(p.1477)와 同字

9【迟】 遲(p.1501)와 同字

9【迧】 陳(p.1581)과 同字

5 9【迭】 갈마들 질 |屑ㄉㄧㄝˊ (die)| てつ(カワルガワル) *alternate*

풀이 ①갈마들다. 번갈아 듦. ¶弟兄一爲君＜公羊傳＞ ②지나치다. 도(度)를 넘음. ㉧泆. ¶藐以一遏＜張衡＞ ③달아나다. ㉧逸. ¶其馬將一＜孔子家語＞ ④범(犯)하다. 침범함. ¶一我殽地＜左氏傳＞

▷更一, 交一, 迷一

5 9【迮】 다그칠 책 |陌ㄗㄜˊ (ze)| さく(セマル) *press*

풀이 ①다그치다. 핍박함. ¶隣舍比里 共相壓一＜後漢書＞ ②일어나다. ㉧作. ③갑자기. 잠깐. ㉧乍. ¶今若是一而與季子國＜公羊傳＞ ④줄어들다. 위축(萎縮)됨. ㉦窄. ¶囂勢排一 不得進退＜後漢書＞

5 9【迢】 멀 초 |蕭ㄊㄧㄠˊ (tiao)| ちょう(ハルカ) *remote*

풀이 ①멀다. 아득함. ㉧超. ¶漫漫三千里 一一遠行客＜潘岳＞ ②높은 모양. ¶一一/一遰.

5 9【迱】 1 비스듬할 이 |紙| い 2 가는 모양 타 |歌| た

5 9【迨】 미칠 태 |賄ㄉㄞˋ (dai)| たい(オヨブ) *reach*

풀이 ①미치다. 이름. ㉦逮. ¶一其吉兮

<詩經> ②바라다. 원함. ¶—其吉兮<詩經>

5/9【迥】 멀 형 | 迥ㄐㄩㄥˇ (jiong) | けい(ハルカ) *far*

풀이 ①멀다. 아득함. ¶—遠. ②빛나다. 광휘(光輝).
▷江—, 高—, 修—, 遼—, 幽—, 遐—

6/10【适】 빠를 괄 | 圓ㄍㄨㄚ (gua) | かつ(ハヤイ) *quick*

6/10【迺】 이에 내 | 賄ㄋㄞˇ (nai) | だい, ない(スナワチ) *namely*

풀이 ①이에. 곧. ㉮乃. ¶—復變而爲一<列子> ②이. 이에. 지시대명사. 근칭(近稱). ¶非—子邪<晏子春秋> ③너. 대명사. 이인칭(二人稱). ¶必欲烹—翁<漢書> ④비로소. 처음으로. ¶太子—生<漢書> ⑤이르다. 도달함.
【迺公】だいこう(내공) ①나. 임금이 신하에게 하는 자칭(自稱). 乃公(내공). ¶豎儒 幾敗—事<漢書> ②☞迺翁(내옹)②.
【迺翁】だいおう(내옹) ①너의 아버지란 뜻으로, 남의 아버지를 이르는 말. ¶約爲兄弟 吾翁卽汝翁 必欲烹—<漢書> ②아버지가 자식에게하는자칭(自稱). 乃翁(내옹). 乃公(내공).
【迺日】だいじつ(내일) 그날. 卽日(즉일).
【迺者】だいしゃ(내자) 요사이. 요즈음. 近者(근자). 近日(근일). ¶—火災<漢書>

6/10【逃】 달아날 도 | 豪ㄊㄠˊ (tao) | とう(ノガレル) *escape*

풀이 ①달아나다. ㉮도망치다. ¶乃惟四方之多罪逋—<書經> ㉯피하다. 도피함. ¶季札讓—去<史記> ㉰가다. 떠나감. ¶—墨必歸於楊<孟子> ㉱벗어나다. 면함. ¶漢王—<史記> ㉲숨다. 달아나 숨음. ¶—竄. ②눈을 깜작이다. 눈동자를 굴려 위험물을 피함. ¶北宮黝之養勇也 不膚撓 不目—<孟子> ③숨기다. 실정(實情)을 숨김. 通陶. ④장수가 달아나다. 패전함. ¶—軍.
【逃去】とうきょ(도거) 도망하여 물러감. 달아남. 도망함. 遁去(둔거).
【逃難】とうなん(도난) 재난(災難)을 피하여 달아남. 避難(피난).
【逃亡】とうぼう(도망) 달아남. 出奔(출분).
【逃暑飮】とうしょいん(도서음) 더위를 피하기 위하여 여는 주연(酒宴). ¶酒正行逃暑之飮<唐玄宗>
【逃走】とうそう(도주) 달아남. 逃亡(도망).
【逃脫】とうだつ(도탈) 달아나 곤경(困境) 등을 벗어남.
【逃避】とうひ(도피) 달아나 피함.
▷遁—, 目—, 奔—, 三諫不聽—, 竄—, 逋—

6/10【迵】 통달할 동 | 送ㄉㄨㄥˋ 東(dong) | とう(トオル)

6/10【迾】 막을 렬 | 屑ㄌㄧㄝˋ (lie) | れつ(サエギル)

풀이 ①막다. 가로막음. ¶遮—出入<後漢書> ②벽제(辟除)하다. 귀인의 행차에 길을 치움. ¶—卒.

6/10【迷】 미혹할 미 | 齊ㄇㄧˊ (mi) | めい(マヨウ) *confused*

풀이 ①미혹하다. ㉮헷갈리다. 판단이 흐림. ¶先—後得<易經> ㉯길을 잃어 헤매다. ¶實—途其未遠<陶潛> ㉰혹하다. 정신이 빠짐. ¶趙純節性喜芭蕉…時稱爲蕉—<淸異錄> ㉱덩둘하다. 혼미(昏迷)함. ¶俗鑑之—者<文心雕龍> ㉲흐트러지다. ¶—亂. ㉳그르치다. ¶—錯. ②호리다. 유혹(誘惑)함. ¶嫣然一笑 惑陽城 —下蔡<宋玉> ③미혹. ¶—身之— 不足傾一家<列子>
【迷宮】めいきゅう(미궁) ①들어가면 쉽게 출구를 찾을 수 없게 지은 궁전. ②사건 따위가 쉽게 해결될 수 없게 되는 일.
【迷路】めいろ(미로) ①헷갈리기 쉬운 길. 迷道(미도). ②안귀. 내이(內耳).
【迷妄】めいもう(미망) ①마음이 미혹함. ②현실에 어두움. 迷罔(미망).
【迷信】めいしん(미신) 허망한 것을 믿음. 바르지 못한 신앙.
【迷兒】(미아) ①길을 잃은 아이. ②변변치 못한 아이란 뜻으로, 남에게 대한 자기 자식의 겸칭. 迷息(미식).
【迷惑】めいわく(미혹) ①길을 잃어 헤맴. ②마음이 흐리어 판단을 하지 못함. ③남의 마음을 헷갈리게 함.
▷當局者—, 瞀—, 低—, 執—, 沈—, 昏—, 混—

6/10【逄】 막을 방 | 江ㄆㄤˊ (pang) | ほう(フサグ)

6/10【迸】 솟아나올 병 | 敬ㄅㄥˋ (beng) | ほう(ホトバシル)

풀이 ①솟아나오다. 세차게 흘러 나옴. ¶淚橫—而霑衣<潘岳> ②달아나다. 도주함. ¶海盜奔—<魏志> ③물리치다. 通屛.
▷奔—, 流—, 橫—

6/10【送】 보낼 송 | 送ㄙㄨㄥˋ (song) | そう(オクル) *send*

풀이 ①보내다. ㉮사람을 보내다. ¶—逆無禮<荀子> ㉯전송하다. ¶遠—于野<詩經> ㉰물품을 보내다. 증정(贈呈)함. ¶他—亦千金<史記> ㉱사람을 보내어 치사(致謝)하다. ¶遣生—敬<後漢書> ㉲뒤를 좇다. ¶仰縱—忌<詩經> ㉳몰아내다. ¶出土牛以—寒氣<禮記> ②선물. 또는, 뇌물. ¶裝—資賄甚盛<後漢書> ③전송(餞送). 전별. ¶百姓將—塞道<後漢書>
【送舊迎新】きゅうをおくりしんをむかう(송구영신) ①묵은 해를 보내고 새해를 맞음. ②구관(舊官)을 보

내고 신관을 맞음. 送故迎新(송고영신).
【送金】そうきん(송금) 돈을 부쳐 보냄.
【送年】そうねん(송년) 묵은 해를 보냄. ¶一會.
【送達】そうたつ(송달) 편지, 물건 따위를 부쳐 보냄. 送付(송부). ¶一吏.
【送料】そうりょう(송료) 물건 따위를 보내는 데에 드는 요금.
【送別】そうべつ(송별) 떠나는 사람을 보냄. 배웅. 餞別(전별). ↔留別(유별).
【送信】そうしん(송신) 통신을 보냄. ¶一所. ↔受信(수신). 「임).
【送迎】そうげい(송영) 보냄과 맞음. ※離任(이
【送還】そうかん(송환) 돌려 보냄. 還送(환송).
▷裹一, 郊一, 急一, 輓一, 目一, 發一, 放一, 奉一, 對一, 輸一, 贐一, 郵一, 運一, 衛一, 資一, 裝一, 葬一, 前一, 傳一, 電一, 餞一, 轉一, 祖一, 縱一, 贈一, 集一, 遞一, 抽一, 托一, 託一, 解一, 互一, 護一, 還一, 回一, 後一

10〖送〗送(p.1478)과 同字

6 10〖逆〗거스를 역 | 陌ㄋ丨(ni) | ぎゃく, げき (サカラウ) *disobey*

풀이 ①거스르다. ㉠屰. ㉮웃사람을 넘보다. ¶爲下而勝一也＜管子＞ ㉯배반하다. ¶勇而不中禮 謂之一＜禮記＞ ㉰도리에 벗어나다. ㉱어지럽히다. ¶一氣戾物＜淮南子＞ ②맞이하다. ㉮마중하다. ¶上卿一於境＜國語＞ ㉯불러 오다. ¶一時雨＜周禮＞ ㉰받다. ¶以一群吏之徵令＜周禮＞ ③거절하다. ¶故事兵一志 以一秦＜戰國策＞ ④생각하다. ¶以一其役事＜周禮＞ ⑤헤아리다. 미리 앎. ¶知來者一 是故易一數也＜易經＞ ⑥만나다. 합류(合流)함. ¶同爲一河＜書經＞ ⑦미리. 일찌감치. ¶何一計未然之事乎＜宋史＞ ⑧불행. 불운(不運). ¶入關先見父老喜 出節始通氓隸一＜柳貫＞ ⑨사악(邪惡). 죄악. ¶從一凶＜書經＞ ⑩역(逆). 사리, 순서가 뒤바뀌는 일. 거꾸로. ¶吾故倒行而一施之＜史記＞ ⑪악한(惡漢). ¶退惡攘一＜後漢書＞ ⑫상기(上氣)하다. 피가 머리로 몰림. ¶所謂一者手足寒＜素問＞ ⑬내치다. 물리침. ㉠斥. ¶一牆六分＜周禮＞ ⑭돌다. 선회(旋回)함. ¶設驅一之車＜周禮＞
【逆境】ぎゃっきょう(역경) 뜻대로 되지 않는 불운한 처지. ↔順境(순경).
【逆徒】ぎゃくと(역도) 반역의 무리. 逆黨(역당).
【逆旅】げきりょ(역려) 여관. 旅舍(여사). 客舍(객사). ¶夫天地者萬物之一＜李白＞
【逆流】ぎゃくりゅう(역류) ①물을 거슬러 올라감. ②물이 거꾸로 흐름. 또는, 그 물. ¶大溢一＜呂覽＞ ③《佛》생사의 흐름을 거슬러, 깨달음의 길로 나아감. ¶名爲一 逆生死流 三途生死＜大乘義章＞
【逆理】ぎゃくり(역리) 도리에 어긋남. 背理(배리) ↔順理(순리).
【逆謀】ぎゃくぼう(역모) 반역을 꾀함. 모반할 계략. 역적 모의(逆賊謀議).
【逆說】ぎゃくせつ(역설) ①반대되는 의론. 異說(이설). 異論(이론). ②언뜻 보기에는 진리에 어긋나는 것 같으나, 음미해 보면 진리가 내포되어 있는 말. 패러독스(paradox).
【逆順】ぎゃくじゅん(역순) ①거꾸로 된 순서. ¶一辭典. ②거역함과 순종함. 順逆(순역). ¶一之分 不得不然＜陳琳＞
【逆襲】ぎゃくしゅう(역습) 공격을 당하고 있던 편이 도리어 공격에 나섬. 「신).
【逆臣】ぎゃくしん(역신) 반역하는 신하. ↔忠臣(충
【逆心】ぎゃくしん(역심) 반역을 꾀하는 마음.
【逆耳】ぎゃくじ(역이) 귀에 거슬린다는 뜻으로, 듣기에 거북한 말을 이름. 충간(忠諫), 충고 따위. ¶忠言一利於行 毒藥苦口利於病＜史記＞
【逆賊】ぎゃくぞく(역적) ①자기 나라를 반역한 사람. ②옛날, 자기 나라 임금을 반역한 자. ¶一謀議.
【逆轉】ぎゃくてん(역전) 형세가 뒤바뀜. ¶一勝.
【逆情】(역정)㊕ 감정을 거스른다는 뜻으로, 성냄을 이르는 말. 逆症(역증).
【逆天】ぎゃくてん(역천) 천명을 거스름. 천리(天理)를 거역함. ¶一者亡＜孟子＞
【逆風】ぎゃくふう(역풍) ①거슬러 부는 바람. ②바람을 안고 감. ↔順風(순풍).
【逆行】ぎゃっこう(역행) ①거꾸로 감. 반대 쪽으로 감. ②도리에 어긋난 행동. ③거슬러 행해짐. ¶一同化. ↔順行(순행).
【逆效果】ぎゃっこうか(역효과) 정반대의 효과.
▷拒一, 大一, 莫一, 謀一, 目一, 反一, 叛一, 畔一, 背一, 復一, 順一, 惡一, 五一, 忤一, 違一, 六一, 錯一, 舛一, 醜一, 吐一, 悖一, 暴一, 欸一, 橫一, 凶一

6 10〖迻〗옮길 이 | 因丨(yi) | い(ウツル)

6 10〖迹〗자취 적 | 陌ㄐ丨(ji) | せき(アト) *trace*

풀이 ①자취. ㉮발자국. ¶夫一 履之所出而一豈履哉＜莊子＞ ㉯자취. 지나간 자리. ¶芒芒禹一＜左氏傳＞ ㉰인적(人迹). 왕래(往來). ¶人一所絶＜漢書＞ ㉱행한 자취. 행적. ¶見伯夷之放一＜楚辭＞ ㉲길. 갈길. ¶昏微遵一＜楚辭＞ ㉳전인(前人)이 끼쳐 놓은 것. 유적. 구적(舊迹). ¶不踐一＜論語＞ ㉴공업(功業). 공적. ¶太王肇基王一＜書經＞ ㉵뒷자국. 흔적. ¶筆一未工＜北齊書＞ ㉶소문. 명문(名聞). ¶匿名一 避權勢＜漢書＞ ㉷형체가 남아 있는 것. 형적. ¶循一者非能生一者也＜淮南子＞ ②좇다. 뒤를 따름. ¶深一其道＜漢書＞ ③사실에 의거하여 상고(詳考)하다. ¶一漢功臣＜漢書＞ ④찾다. 종적을 찾음. ¶一且至臣家＜漢書＞ ⑤불안한 모양. ¶一一.
▷警一, 舊一, 軌一, 馬一, 邁一, 名一, 茂

一, 發一, 放一, 善行無轍一, 手一, 垂一, 勝一, 王一, 禹一, 遺一, 人一, 前一, 鳥一, 足一, 蹤一, 陳一, 疾行無善一, 轍一, 超一, 治一, 萍一, 風一, 筆一, 遐一, 行一, 形一, 勳一, 休影息一, 痕一

10【逨】 迹(p.1479)과 同字

10【迸】 庭(p.517)과 同字

10【迣】 逃(p.1478)의 古字

10【逕】 卒(p.238)과 同字

6 10【追】 ①쫓을 추 ②갈 퇴 | 因ㄓㄨㄟ 灰(zhui) | つい(オウ) *pursue* たい

풀이 ① ①쫓다. ㉮뒤쫓아가다. ¶公無所一<漢書> ㉯쫓아 버리다. ¶公一戎於濟西<春秋> ㉰미치다. 추급(追及)함. ¶雖悔可一<書經> ㉱따르다. 추종함. ¶背繩墨以一曲兮<楚辭> ②이루다. ¶歸獄不解 慈謂一非<漢書> ③구(救)하다. ¶往者不可諫 來者猶可一<論語> ④보충(補充)하다. ¶一伸. ⑤옛날로 거슬러 올라가다. ¶一尊/一敍. ⑥추모(追慕)하다. ¶愼終一遠<論語>/一遠感時 昊天罔極. ⑦보내다. 전송함. ¶薄言一之<詩經> ⑧부르다. 불러 들임. ¶馳車充國者 一寇之馬也<管子> ⑨잇닿다. 연속함. ¶一趙陳越代滕五王入朝<周書> ⑩뒤쫓는 사람. 추격자. ¶命左右 燒逆旅舍 以絕後一<南史> ⑪나라 이름. ¶其一其貊<詩經> ② ①갈다. 탁마(琢磨)함. 通彫. ¶一琢其章<詩經> ②종(鐘)을 매어 다는 끈. 또는, 종의 용두(龍頭). 通縋. ¶以一蠡<孟子> ③언덕. ¶毋一<儀禮>

【追加】ついか(추가) ①나중에 더하여 보탬. ②죽은 뒤 관등(官等)을 높임. 追贈(추증). ¶一尊號<漢書>

【追擊】ついげき(추격) 뒤쫓아 침. 追討(추토).

【追啓】ついけい(추계) ☞追伸(추신).

【追究】ついきゅう(추구) 사리를 추리하여 끝까지 궁구(窮究)함.

【追窮】ついきゅう(추궁) 끝까지 따져 밝힘.

【追及】ついきゅう(추급) 본문에 추가하여 적음. 또는, 그 글. 追錄(추록).

【追念】ついねん(추념) 지나간 일을 생각함. 追思(추사). 追想(추상). 追憶(추억). 追懷(추회).

【追悼】ついとう(추도) 죽은 후에 그 사람을 사모하여 애도(哀悼)함. ¶一辭.

【追慕】ついぼ(추모) 죽은 사람이나 멀리 떠나간 사람을 생각하여 그리워함.

【追放】ついほう(추방) 쫓아 버림. 내쫓음. 放逐(방축). 逐出(축출).

【追肥】ついひ·おいごえ(추비) 씨를 뿌리거나 모종을 옮긴 뒤에 추가로 주는 비료. ↔基肥(기비).

【追想】ついそう(추상) ☞追念(추념).

【追敍】ついじょ(추서) ①지난 일을 이야기함. ¶一始終之遭逢 以託鄕隣之父老<蘇軾> ②죽은 뒤에 관작을 내리거나 품계를 높이는 일.

【追善】ついぜん(추선)《佛》명복(冥福)을 빌고 생전에 행한 그의 착한 일과 훌륭한 덕을 추모함. 追福(추복). 追薦(추천). ¶一供養.

【追隨】ついずい(추수) ①추모함. ¶淸夜遊淸園 飛蓋相一<曹植> ②뒤를 따름. 追從(추종). ¶看君多道氣 從此數一<杜甫>

【追諡】ついし(추시) 시호(諡號)를 내림. 추증(追贈)한 시호. 追號(추호).

【追伸】ついしん(추신) 편지에서, 본문에 더하여 적는 사연의 첫머리에 쓰는 상투어(常套語). 追啓(추계). 追書(추서). 追白(추백).

【追尋】ついじん(추심) 옛일을 더듬어 생각함. ¶朱華振芬芬 高蔡相一<阮籍>

【追憶】ついおく(추억) ☞追念(추념).

【追遠】ついえん(추원) ①먼 옛일을 생각함. ②선조의 미덕(美德)을 추모함. 조상의 제사에 성경(誠敬)을 극진히 함을 이름. ¶愼終一 民德歸厚<論語>/一感時 不勝永慕.

【追認】ついにん(추인) ①기왕의 사실을 뒤늦게 인정함. ②불완전한 법률 행위를 뒷날 보충하는 것.

【追跡】ついせき(추적) 뒤를 밟아 쫓아감.

【追尊】ついそん(추존) 세자(世子), 세손, 세제(世弟), 왕의 아버지 등으로 왕위(王位)에 오르지 못하고 죽은 이에게 임금의 칭호를 주던 일. 追崇(추숭).

【追從】ついじゅう(추종) ①☞追隨(추수). ②韓 권력, 금력이 있는 사람에게 알랑거려 붙좇음.

【追贈】ついぞう(추증) 옛날, 죽은 뒤에 관위(官位)를 내린 일. 追榮(추영). ↔追奪(추탈)①.

【追徵】ついちょう(추징) 추가하여 징수함.

【追薦】ついぜん(추천) ☞追善(추선).

【追奪】ついだつ(추탈) ①죽은 뒤에 그 관작(官爵)을 내리깎기나 거둠. 追削(추삭). ↔追贈(추증). ②일단 남의 권리에 속했던 것을 자기에게로 되돌리는 일.

【追懷】ついかい(추회) ☞追念(추념).

【追後】(추후) ①이 다음. 앞으로. 나중. 後日(후일). ②뒤를 좇음.

▷窮一, 急一, 來者不拒 去者不一, 訴一, 往者不可諫 來者猶可一, 遠一, 逐一

6 10【退】 ①물러날 퇴 ②바랠 퇴 本톤 | 㬥ㄊㄨㄟˋ (tui) 願 | たい (シリゾク) *withdraw*

풀이 ① ①물러나다. ㉮뒤로 물러나다. 후퇴함. ¶賓三一負序<儀禮> ㉯그만두다. 은퇴함. ¶功遂自却 謂之一<新書> ㉰피하다. ¶主人少一<儀禮> ㉱떠나가다. ¶一去. ㉲돌아가다. ¶臨淵羨魚 不如一而結網<漢書> ㉳물러오다. 퇴근함. ¶一思補過<左氏傳> ㉴옮기다. 이동함. ¶以袂拘而一<禮記> ㉵되돌아오다. 본자리로 돌아옴. ¶君不許乃一<儀禮> ㉶겸손하다. 겸퇴함. ¶夫子踐位則一<國語> ㉷소극적으로 행동하다. ¶求也一<論語> ㉸줄다. 감퇴(減退)함. ㉹쇠약해지다. ¶

外強火未— 中鋭金方戰<白居易> ㉺다시 뉘우치다. ¶雖欲有— 衆將責焉<國語> ②물리치다. ㉮내치다. 버림. ¶公—之<左氏傳> ㉯내쫓다. ¶誰能—敵<國語> ㉰관직을 깎아 물리치다. 폄퇴함. ¶多所貶—<漢書> ㉱줄이다. 적게 함. ¶—食自公<詩經> ㉲그치다. 그만둠. ¶—嗜慾<呂覽> ③유화(柔和)한 모양. ¶—然. [2]①바래다. 빛깔이 변함. (갈)褪. ¶—色. ②옅다. 바랜 듯한 엷은 빛깔. ¶肉色—紅嬌<王建>

【退却】たいきゃく(퇴각) ①뒤로 물러남. 退去(퇴거). ②(韓) 물리쳐 받지 않음.

【退去】たいきょ(퇴거) ①살고 있던 곳을 떠나감. ②☞隱居(은거). ③退却(퇴각)①.

【退官】たいかん(퇴관) 관직에서 물러남. 退職(퇴직).

【退闕】(퇴궐) 하루의 근무를 마치고 대궐에서 물러나옴. ↔詣闕(예궐).

【退勤】たいきん(퇴근) 근무를 마치고 물러나옴. ↔出勤(출근).

【退妓】(퇴기) 옛날, 기안(妓案)에서 물러난 기생. 妓生退物(기생퇴물).

【退老】たいろう(퇴로) 늙어 은퇴함.

【退路】たいろ(퇴로) 뒤로 물러갈 길. 도망갈 길. ¶—遮斷.

【退物】(퇴물)(韓) ①퇴물림. 웃사람이 물려 준 물건. ②퇴박맞은 물건. ③그 직업에서 물러난 사람을 낮추어 이르는 말. ¶妓生—.

【退步】たいほ(퇴보) ①뒤로 물러감. 後退(후퇴). ②전의 상태보다 나빠짐. ↔進步(진보).

【退社】たいしゃ(퇴사) ①근무하는 회사를 그만둠. ↔入社(입사). ②사원(社員)이 하루의 근무를 마치고 집으로 돌아옴.

【退色】たいしょく(퇴색) 빛이 바램. 褪色(퇴색).

【退送】(퇴송) 보낸 것을 되돌려 보냄. 返送(반송). 還送(환송). 回送(회송).

【退役】たいえき·たいやく(퇴역) 현역(現役)에서 물러남. 退職(퇴직). ¶—軍人.

【退嬰】たいえい(퇴영) 뒤로 물러남. 퇴보함. ↔進取(진취).

【退院】たいいん(퇴원) 입원 생활을 끝내고 병원, 갱생원(更生院) 등에서 나옴. ↔入院(입원).

【退位】たいい(퇴위) ①왕위에서 물러남. ↔卽位(즉위). ②관위에서 물러남.

【退任】たいにん(퇴임) ☞退職(퇴직).

【退場】たいじょう(퇴장) ①그 장소에서 물러감. 退席(퇴석). ↔入場(입장). ②배우가 무대에서 물러감. ↔登場(등장).

【退潮】たいちょう(퇴조) ①썰물. 干潮(간조). 落潮(낙조). ②한때 성하던 기세가 차츰 쇠퇴해짐의 비유.

【退酒】(퇴주)(韓) ①제사의 초헌(初獻)과 아헌(亞獻)에서 물린 술. ②남이 마시다 남겨 놓은 술.

【退職】たいしょく(퇴직) 직임(職任)에서 물러남. 辭職(사직). 退任(퇴임). 退役(퇴역).

【退陣】たいじん(퇴진) ①진지(陣地)를 뒤로 물림. 退軍(퇴군). ②필진(筆陣)에서 물러남.

【退廳】たいちょう(퇴청) 관청에서 근무를 마치고 물러나옴. 退廷(퇴정).

【退出】たいしゅつ(퇴출) 물러서 나감.

【退治】たいじ(퇴치) 전염병이나 부정적 현상 따위를 물리쳐 없애 버림. ¶文盲—.

【退敗】たいはい(퇴패) 싸움에 패하여 물러남. 敗退(패퇴). ※敗走(패주).

【退行】たいこう(퇴행) ①물러감. 退去(퇴거). ②☞退化(퇴화)①. ③생물체가 진화(進化) 이전의 상태로 되돌아감. 退化(퇴화). ¶—性. ④행성(行星)이 천구(天球)를 서쪽으로 운행하는 일. 逆行(역행).

【退化】たいか(퇴화) ①진보 이전의 상태로 되돌아감. 退行(퇴행). ②생물체의 어떤 기관이나 조직이 쇠퇴하거나 없어지는 현상. ↔進化(진화).

▷却—, 減—, 擊—, 謙—, 恭—, 急流勇—, 遁—, 滅—, 排—, 屛—, 奔—, 辭—, 抑—, 旅進旅—, 廉—, 勇—, 懦—, 隱—, 引—, 一進一—, 早—, 潮—, 知進不知—, 進—, 斥—, 淸—, 寸進尺—, 脫—, 罷—, 敗—, 貶—, 廢—, 後—

10【⿺辶灰】恢(p.570)와 同字

10【逥】回(p.328)·廻(p.527)와 同字

6 10【逅】[1]만날 후 [2]터놓을 후 | (有)ㄏㄡˋ (去)(hou) | こう (アウ)

(풀이)[1]만나다. 기약 없이 만남. ¶邂—相遇<詩經>/邂—相逢. [2]터놓다. 허물없이 사귐. (갈)覯.

10【⿺辶⿱幺夂】後(p.544)의 古字

7 11【逕】좁은 길 경 | (徑)ㄐㄧㄥˋ (jing) | けい (コミチ)

(풀이)①좁은 길. 소로(小路). (通)徑. ¶劍—羞前檢<江淹> ②지르다. 지름길. (通)徑. ¶李斯之奏驪山 事略而意—<文心雕龍> ③곧. 즉각(卽刻). ④지나다. 경과함. ¶東—馬邑縣<水經·注> ⑤이르다.

【逕庭】けいてい(경정) ①서로 큰 차이가 남. ②큰 차이. ¶大有— 不近人情焉<莊子>

11【⿺辶⿱氏口】适(p.1478)의 本字

7 11【逑】짝 구 | (尤)ㄑㄧㄡˊ (qiu) | きゅう (ツレアイ)

(풀이)①짝. 부부(夫婦). 배필(配匹). (通)仇. ¶窈窕淑女 君子好—<詩經> ②모으다. 모임. (갈)鳩. ¶以爲民—<詩經> ③구하다. (갈)求. ④핍박하다. 급박함.

11【迲】棄(p.773)의 古字

7 11【途】길 도 | (虞)ㄊㄨˊ (tu) | と(ミチ) *road*

(풀이)길. 도로. (通)塗 涂. ¶掃河漢而淸天

—＜晋書＞

【途上】とじょう (도상) ①길. 길가. 路頭(노두). ②일의 진행중. 途中(도중). 中途(중도). ¶開發—國.

【途中】とちゅう (도중) ①길을 가고 있는 중. 또는, 길의 중간 정도. 道中(도중). ②사물의 반 정도. 또는, 일의 진행중. 半途(반도). 中途(중도). 中道(중도). ③여행중. ¶馬上逢寒食 —送暮春＜古詩＞

▷窮—, 半—, 首—, 前—, 中—, 坦—

7 11 【逗】 1 머무를 두 2 피해 돌아갈 기 | 宥 ㄉㄡˋ (dou) 紙 | とう (トドマル) き

풀이 1 ①머무르다. 묵음. ¶—華陰之湍渚＜後漢書＞/—留. ②던지다. ㉠投. ¶遠—錦江波＜杜甫＞ ③헛간. 문짝이 없는 광. ④무덤. 흉노(匈奴)의 말. ¶—落. ⑤㊥ 희롱하다. 놀림. ¶我說甚麼來 直—的相公惱了＜元曲＞ ⑥피하여 돌아가다. 2 피하여 돌아가다. ¶當恢—橈＜漢書＞

7 11 【連】 1 이을 련 2 잇닿을 련 3 손숫물 련 4 산이름 란 | 先 ㄌㄧㄢˊ 銑 (lian) 霰 翰 | れん (ツラナル) connect らん

풀이 1 ①잇다. ㉮연속하다. 通聯. ¶—步以上＜禮記＞ ㉯맺다. 연결함. ¶兵讐—結 百姓愁怨＜漢書＞ ㉰닿다. 잇닿음. ¶雲—徒洲＜國語＞ ㉱끌다. 끌어 올림. ¶從流上而忘反 謂之—＜孟子＞ ㉲길다. 긴 모양. ¶—乎其似好閑也＜莊子＞ ㉳모이다. ¶十國以爲—＜禮記＞ ②연합(聯合)하다. ¶—諸侯者次之＜孟子＞ ③동행. 동반자. ¶爲報阿—寒食下＜白居易＞ ④인척. 친척. ¶及蒼梧秦王有—＜史記＞ ⑤연속하다. 자주. ¶—徵不至＜後漢書＞ ⑥더디다. 힘듦. ¶往蹇來—＜易經＞ ⑦주살을 쏘아 새를 잡다. ¶—駕鵝＜史記＞ ⑧손수레. 通輦. ¶行服—軺輦者＜管子＞ ⑨제기(祭器) 이름. 호련(瑚璉). 通璉 槤. ¶夏后氏之四—＜禮記＞ ⑩구리. 동(銅). 通鏈. ¶長沙出—錫＜史記＞ ⑪난간. 헌함. 通闌. ¶刻方—㦸＜楚辭＞ ⑫풀 이름. 개나리. 연교(連翹). ⑬열 나라. 주(周)대의 제도로, 10국(國)을 한 구역으로 한 일컬음. ¶十國以爲—＜禮記＞ ⑭사물의 모양. ㉮구부러진 모양. ¶—卷. ㉯가냘픈 모양. ¶—娟. ㉰곤궁한 모양. ¶—蹇. 2 ①잇달다. 연속함. ¶民相—而從之＜莊子＞ ②교만하다. 오만함. ¶其容簡—＜荀子＞ ③힘들다. 애먹음. ¶往蹇來—＜易經＞ 3 ①손숫물. 손을 씻는 물. 通瀾. ¶—用湯＜禮記＞ ②미치다. 이름. 4 산 이름. ¶—石.

【連結】れんけつ (연결) 서로 이어 맺음. 또는, 서로 맺어서 이음. 結連(결련).

【連境】(연경) 경계가 맞닿음. 또는, 그 곳. 接境(접경).

【連繫】れんけい (연계) ①잇달아 맴. ②서로 매임. ③다른 사람의 죄에 연루됨. 連坐(연좌). 聯繫(연계).

【連關】れんかん (연관) 서로 걸려 얽힘. 서로 의존하거나 제약하는 관계. 聯關(연관).

【連翹】れんぎょう (연교) ①개나리. ②개나리의 열매. 진통, 살충, 이뇨(利尿) 등의 약재로 씀.

【連記】れんき (연기) 연이어 적음.

【連年】れんねん (연년) ①해마다. 每年(매년). ②몇 해를 계속하여.

【連帶】れんたい (연대) ①서로 연결함. ②공동으로 책임을 짐. ¶—保證.

【連絡】れんらく (연락) ①잇대어 계속함. ¶—不絕. ②서로 관계함. 關聯(관련). 聯絡(연락). ¶—船. ③통보(通報)함. ¶—網.

【連累】れんるい (연루) 남의 범죄에 관련됨. 連坐(연좌).

【連陸】(연륙) 강, 호수, 바다 등이 육지에 잇닿음.

【連理枝】れんりし (연리지) ①가지가 다른 나뭇가지끼리 맞닿아서 하나로 된 것. ②서로 애정이 깊은 부부. 또는, 남녀의 결합의 비유. 比翼連理(비익연리). 連理(연리). ¶在天願作比翼鳥 在地願爲—＜白居易＞

【連盟】れんめい (연맹) 동맹을 맺음. 聯盟(연맹). ¶國際—.

【連綿】れんめん (연면) 길게 이어져 끊이지 않는 모양. 聯綿(연면). 綿綿(면면).

【連名】れんめい (연명) 두 사람 이상의 이름을 한 곳에 이어 적음. 連署(연서). ¶—簿.

【連發】れんぱつ (연발) ①잇달아 일어남. ¶盜賊—＜後漢書＞ ②연달아 활이나 총을 쏨. ¶—銃.

【連峰】れんぽう (연봉) 연이은 산봉우리. 連山(연산). 連嶂(연장).

【連署】れんしょ (연서) ☞連名(연명).

【連席】(연석) 여러 사람들이 자리에 늘어앉음. 또는, 그 자리. ¶—會議.

【連續】れんぞく (연속) 연달아 계속함. 連屬(연속). ¶—上映. ↔斷絕(단절).

【連鎖】れんさ (연쇄) ①양쪽을 연결하는 사슬. ②여러개가 사슬처럼 맺어 이룬 통일체. ¶—反應. ③㊥ 사슬로써 채움. 서로 관련되어 묶임.

【連勝】れんしょう (연승) 잇달아 이김. 連捷(연첩). ¶連戰—. ↔連敗(연패).

【連夜】れんや (연야) ①밤마다. 매일 밤. 連宵(연소). 每夜(매야). ¶連日—. ②밤 내내. 밤새도록.

【連姻】れんいん (연인) 혼사로 이루어진 인척(姻戚). 連婚(연혼).

【連日】れんじつ (연일) 날마다. 매일. 累日(누일). ¶—連夜.

【連作】れんさく (연작) ①같은 땅에 같은 작물을 연속하여 경작하는 일. ↔輪作(윤작). ②몇 사람의 작가가 한 부분씩 나누어 맡아 한 작품을 창작하는 일. 또는, 그 작품. 聯作(연작). ¶—小說.

【連載】れんさい (연재) 신문, 잡지 따위에 긴 글을 여러 번에 나누어 연달아 싣는 일. ¶—小說.

【連戰連勝】れんせんれんしょう (연전연승) 여러 번 연속하여 싸울 때마다 이김. 싸우는 족족 이김. 連

戰連捷(연전연첩).
【連接】れんせつ(연접) 서로 잇닿음. 서로 맞닿음.
【連坐】れんざ(연좌) ①잇달아 벌여 앉음. ¶一示威. ②다른 사람의 범죄에 관련되어 같이 처벌되는 일. 連繫(연계). 連累(연루).
【連珠】れんじゅ(연주) ①꿰 놓은 구슬. ¶五星如一＜漢書＞ ②문체 이름. 의(義)를 물(物)에 가탁(假託)하여 풍유(風諭)함으로써, 정리(情理)를 꿰뚫음이 마치 꿰어 놓은 구슬 같다 하여 이르는 말. 후한(後漢)의 반고(班固) 등이 시작한 체. 聯珠(연주). ¶一詩.
【連珠瘡】(연주창) 결핵균으로 목 둘레에 구슬 목걸이를 건 듯하게 나는 부스럼. 瘰癧(나력).
【連綴】れんてつ(연철) ①잇달아 닿음. 죽 이음. ②韓 한 음절의 종성(終聲)을 다음 자(字)의 초성(初聲)으로 내려 쓰는 방법. 의미부와 형태부의 구별이 없이 연달아 소리 나는 대로 적던 옛 철자법. 주로 안편지 등에 썼음.
【連打】れんだ(연타) 연달아 침. ↔分綴(분철).
【連判】れんぱん(연판) 연명(連名)하여 날인(捺印)함. ¶一狀.
【連敗】れんぱい(연패) 연달아 짐. 續敗(속패). ↔連勝(연승).
【連行】れんこう(연행) ①줄 지어 헤엄쳐 간다는 뜻으로, 어류(魚類)를 이름. ¶一紆行＜周禮＞ ②피의자(被疑者) 등을 형사가 데리고 감.
【連環計】れんかんけい(연환계) 적에게 첩자를 보내어 계교를 꾸미게 하여 승리를 거두는 전술. 중국 삼국 시대, 오(吳)의 주유(周瑜)가 위(魏)의 조조(曹操) 군사를 화공(火攻)할 때, 미리 방통(龐統)을 보내어 조조의 많은 전선(戰船)들을 쇠사슬로 서로 이어 놓게 한 옛일에서 유래. 連環은 고리를 여러 개 잇대어 꿰어 만든 사슬, 計는 계책이란 뜻.
【連橫】れんこう(연횡) ☞連衡說(연횡설).
【連衡說】れんこうせつ(연횡설) 전국 시대에 장의(張儀)가 주장한 외교책. 진(秦)의 동쪽에 있는, 한(韓), 위(魏), 조(趙), 초(楚), 연(燕), 제(齊) 여섯 나라를 가로로 연합하여 진을 섬길 것을 주장한 설. ↔合從說(합종설).
▷蹇一, 牽一, 結一, 貫一, 關一, 鉤一, 國一, 祁一, 綿一, 嬋一, 蟬一, 藕斷絲一, 流一, 留一, 纏一, 錯一, 參一, 綴一, 下三一, 合一, 黃一

7 11〖逞〗 굳셀 령 ㊍정 | 㘝ㄔㄥˇ(cheng) | てい(タクマシイ) strong

풀이 ①굳세다. ㉮강하다. 용감함. ¶其意驕一而不可摧＜蘇軾＞ ㉯성하다. 왕성함. ¶其志未一＜晋書＞ ㉰즐겁다. 쾌함. 通盈. ¶求一於人 不可＜左氏傳＞ ②굳세게 하다. ¶嗟我懷歸 弗克弗一＜王粲＞ ③통하다. ④빠르다. 잽쌈. ⑤멋대로 하다. 멋대로하여 만족을 느낌. ¶不克一志於我＜左氏傳＞/不一.

⑥다하다. 극진히 함. 通窮. ¶一欲畋敘＜張衡＞ ⑦풀다. 근심을 없앰. 通紓. ¶乃可以一＜左氏傳＞ ⑧펴다. 화하게 함. ¶一顏色＜論語＞ ⑨단속하다. 검속(檢束)함.
▷勁一, 驕一, 不一, 億一, 橫一

7 11〖逢〗 1 만날 봉 2 성할 봉 | 㘝ㄈㄥˊ 㘝(feng) | ほう(アウ) meet

풀이 1 ①만나다. 상봉함. ¶卒然一之＜素問＞ ②맞다. 영합(迎合)함. ¶一君之惡＜孟子＞ ③점치다. ¶乃一是吉＜論衡＞ ④크다. 通豊. ¶衣一掖之衣＜禮記＞ ⑤볶은 보리. 通麷. ⑥봉화(烽火). 通㷭. ¶大漢之德 一涌原泉＜漢書＞ 2 성(盛)하다. ㉮성한 모양. 구름, 연기 따위가 이는 모양. ¶一一白雲＜墨子＞ ㉯소리의 화(和)한 모양. 또는, 북 치는 소리. ¶一一.
【逢年】ほうねん(봉년) 풍년을 만남.
【逢蒙】ほうもう(봉몽)《人》하(夏)의 사람. 궁술(弓術)의 명수. 逢門子(봉문자). ※后羿(후예).
【逢變】(봉변) ①뜻밖의 변을 당함. ②남에게 욕을 봄.
【逢別】ほうべつ(봉별) 만남과 헤어짐. 상봉과 이별. 逢離(봉리).
【逢迎】ほうげい(봉영) 마중나가 영접함. ¶一楚軍＜史記＞
【逢辱】(봉욕) 욕을 봄. 욕되는 일을 당함.
【逢着】ほうちゃく(봉착) 만남. 遭逢(조봉). 着은 조자(助字). ¶僧房一款冬花＜張籍＞
▷相一, 闕一, 迎一, 遇一, 遭一, 萍水相一

7 11〖逝〗 갈 서 ㊍제 | 㘝ㄕˋ(shi) | せい(ユク) pass away

풀이 ①가다. ㉮앞으로 가다. ¶騅不一兮可奈何＜史記＞ ㉯시간이 가다. 또는, 빠르다. ¶日月一矣 歲不我延＜朱熹＞ ㉰떠나가다. ¶龍俛耳低尾而一＜呂覽＞ ㉱영원히 가다. 죽음. ¶一去/長一. ②미치다. 이름. ¶行與子一兮＜詩經＞ ③날다. ¶還至其曾一萬仞之上＜淮南子＞ ④돌다. ⑤피하다. 방향을 바꿈. ¶翼殷不一＜莊子＞ ⑥이에. 발어사(發語辭). 通噬. ¶一不古處＜詩經＞ ⑦맹세하다. 通誓.
【逝去】せいきょ(서거) 세상을 떠남. 죽음. 長逝(장서). 別世(별세). 逝世(서세).
【逝世】(서세) ☞逝去(서거).
▷高一, 急一, 永一, 遠一, 流一, 日月一, 長一, 電一, 徂一, 遷一, 騅一

7 11〖逍〗 거닐 소 | 㘝ㄒㄧㄠ(xiao) | しょう(サマヨウ) ramble

【逍遙】しょうよう(소요) ①기분 내키는 대로 이리저리 거닒. 바람을 쐼. ¶河上乎一＜詩經＞ ②자적(自適)하여 즐김. ¶一於天地之間 而心意自得＜莊子＞
【逍風】(소풍)韓 ①바람을 쐼. 散策(산책). 消風(소풍). ②운동, 자연 관찰 등을 위하

여 야외의 먼 길을 걷는 일.

7 11 〖速〗 빠를 속 | 屋 ㄙㄨˋ (su) | そく(スミヤカ) *fast*

풀이 ①빠르다. 신속(迅速)함. ¶其去之必—<禮記> ②빨리 하다. ¶可以—則—<孟子> ③빨리. 신속히. ¶王—出令<孟子> ④부르다. ㉮초청하다. ¶不—之客<易經> ㉯초래하다. ¶—福/—禍. ⑤삼가다. 通 姝. ¶吾與君兮齋—<楚辭> ⑥자주. 종종. 通數. ¶則莫能以—中<周禮> ⑦에워싸다. 通束. ¶處曲沃以—縣<國語> ⑧사물의 형용. ¶——.

【速決】そっけつ(속결) 신속히 결정함. 速斷(속단). ¶速戰—.
【速攻】そっこう(속공) 신속히 공격함.
【速記】そっき(속기) ①빠른 속도로 기록함. ②속기 기호로써 기록하는 일. ¶—錄.
【速斷】そくだん(속단) ①신속히 결단함. ※速決(속결). ②성급한 결단. 깊이 생각하지 않고 내린 결단.
【速達】そくたつ(속달) ①빨리 도달함. ②빨리 전달함. ¶—郵便. ③빨리 달성함. ¶君愼終赴義行宜—<後漢書> ※早達(조달).
【速度】そくど(속도) 빠른 정도. 빠르기.
【速步】そくほ(속보) 빠른 걸음. 疾步(질보). ↔緩步(완보).
【速報】そくほう(속보) 빨리 알림. 또는, 빠른 보도. ※號外(호외). 「—砲.
【速射】そくしゃ(속사) 빨리 쏨. 빨리 잇달아 쏨. ¶
【速成】そくせい(속성) ①빨리 일을 이룸. ¶—速敗. ②정해진 시기보다 이룸. ¶—科.
【速戰速決】そくせんそっけつ(속전속결) 급속하게 들이쳐서 빨리 결판을 냄.
【速筆】そくひつ(속필) 글씨 쓰는 것이 빠름. 또는, 빨리 쓰는 글씨.
【速效】そっこう(속효) 효과가 빠름. 빠른 효과.
▷加—, 輕—, 高—, 急—, 機—, 等—, 敏—, 兵貴神—, 不等—, 瞻—, 時—, 迅—, 神—, 嚴—, 音—, 早—, 拙—, 遲—, 疾—, 捷—, 秒—, 快—, 火—

11 〖逄〗 逢(p. 1496)와 同字

7 11 〖逌〗 빙그레 웃을 유 | 尤 ㄧㄡˊ (you) | ゆう *beamingly*

풀이 ①빙그레 웃는 모양. 스스로 만족스러워하는 모양. (같)攸. ¶主人—爾而笑曰<班固>/—然. ②바. 攸의 古字. ¶梟取弔于—吉兮<漢書> ③말미암다. 由의 古字. ¶國非士無—安強<新序>

7 11 〖這〗 [1]이 저 [2]맞을 언 | 馬 霰 ㄓㄜˋ (zhe) | しゃ(コノ) *this* げん(ムカウ)

俗 这

풀이 [1]이. (같)此. ¶—間/—般/—番. [2]맞다. 맞이함.

【這間】(저간) 요사이. 근간.

7 11 〖逖〗 멀 적 | 錫 ㄊㄧˋ (ti) | てき(トオイ) *distant*

풀이 ①멀다. 아득함. 逷의 古字. ¶—矣西土之人<書經> ②멀리하다. 멀어짐. ¶糾—王慝<左氏傳> ③근심하다. ¶渙其血 去—出 无咎<易經> ④사물의 모양. ¶——.
▷糾—, 疏—, 離—

7 11 〖造〗 [1]지을 조 [2]이를 조 | 皓 號 ㄗㄠˋ (zao) | ぞう(ツクル) *create*

풀이 [1]①짓다. 만듦. 通作. ¶予—天役<書經> ②세우다. 건립(建立)함. ¶凡我—邦<書經> ③거짓말하다. 지어 말함. ¶—言之刑<周禮> ④시작하다. 처음. 通俶. ¶—攻自鳴條<書經> ⑤만나다. 通遭. ¶兩—具備<史記> ⑥때. 시세(時世). ¶諸侯之有冠禮 夏之末—也<禮記> [2]①이르다. 다다름. ㉮가다. ¶而—大國之城下<戰國策> ㉯오다. ¶凡四方之賓客—焉<周禮> ㉰나아가다. ②이루다. ¶君子深—之以道<孟子> ③오르다. ¶升於學者不征於司徒 曰—士<禮記> ④되다. 이루어짐. 通就. ¶遭家不—<詩經> ⑤넣다. 속에 담음. 通窖. ¶君設大盤—氷焉<禮記> ⑥제사 이름. ¶天子將出 類乎上帝 宜乎社 —乎禰<禮記> ⑦알리다. 고(告)함. 通告. ¶密—鄧析而謀之<列子> ⑧갑자기. 通猝. ¶—次必於是<論語> ⑨벌이다. 늘어놓음. ¶—舟淸池<張衡> ⑩다리. 배다리. 주교(舟橋). 通橋. ⑪화덕. 점을 치기 위하여 거북의 등껍질을 태우는 화로. ¶卜先以—灼鑽<史記> ⑫출생한 해, 달, 날, 시(時)의 간지(干支). ¶男曰乾— 女曰坤—<中華大字典>

【造景】(조경) 환경을 아름답게 꾸며 경관(景觀)을 조성함. ¶—工事/—學.
【造林】ぞうりん(조림) 나무를 심어 숲을 만듦. ¶—事業/—學.
【造立】ぞうりつ(조립) 만들어 세움. 建築(건축). ¶—第舍 窮極工巧<南史>
【造物主】ぞうぶつしゅ(조물주) 천지 만물을 창조하고 주재(主宰)하는 신. 造物者(조물자). 造化翁(조화옹).
【造辟】ぞうへき(조벽) 임금 곁에 이름. 辟은 君. ¶故士—而言 詭辭而出<穀梁傳>
【造父】ぞうほ(조보) 주(周) 목왕(穆王)의 어자(御者). 말몰이꾼의 명수였음.
【造船】ぞうせん(조선) 배를 만듦. 선박을 건조함. ¶—所.
【造成】ぞうせい(조성) 만들어 이룸. 또는, 양성(養成)함. ¶其蟲化出 延緣枝上 —白臘<本草綱目>
【造語】ぞうご(조어) ①어법에 맞게 새 말을 만듦. ②근거 없는 말을 조작함. 造言(조언).
【造言】ぞうげん(조언) ☞造語(조어). 「造(영조).
【造營】ぞうえい(조영) 가옥 등을 지음. 건축함. 營
【造詣】ぞうけい(조예) ①학문이나 기예(技藝)가 깊은 경지에 다다름. ②남의 집에 가는 일.

訪問(방문). ③발자취가 이르는 곳. ¶咸一嶄遠 間游終南山＜唐書＞

【造作】ぞうさく(조작) ①물건을 만듦. ②韓 ㉮일을 꾸며서 만듦. ㉯진짜와 비슷한 가짜를 만듦.

【造次】ぞうじ(조차) 매우 짧은 동안. 창졸간. 造次間(조차간). ¶君子無終食之間違仁 一必於是 顚沛必於是＜論語＞/仁慈隱惻 一弗離＜千字文＞

【造幣】ぞうへい(조폐) 화폐를 만듦.

【造形】ぞうけい(조형) 물건의 형상을 만듦. ¶一美術.

【造化】ぞうか(조화) ①천지 만물을 창조·육성하는 신. 造物者(조물자). 造物主(조물주). 造化翁(조화옹). ②우주(宇宙). 자연(自然). ③천지 자연의 이치. ④韓 사람의 힘으로 어찌할 수 없는, 사물의 신통함.

【造花】ぞうか(조화) 종이나 천 등으로 만든 꽃. 假花(가화).

【造化翁】(조화옹) ☞造物主(조물주).

▷改一, 建一, 構一, 捏一, 大一, 登一, 末一, 模一, 變一, 不一, 繕一, 修一, 神一, 新一, 深一, 贋一, 兩一, 釀一, 營一, 原被兩一, 僞一, 人一, 裝一, 再一, 爭一, 制一, 製一, 肇一, 俊一, 刱一, 創一, 天一, 築一, 馳一, 虛一, 興一

7/11【逡】 ①뒷걸음칠 준 ②빠를 준 | 圓 ㄑㄩㄣ (qun) 震 | しゅん (シサル)

풀이 ①①뒷걸음치다. 퇴각함. ¶一巡. ②달의 운행. ¶月運爲一＜方言＞ ③차례가 있다. ¶有功者上 無功者下 則群臣一＜漢書＞ ④토끼. 교토(狡兎)의 이름. 通 㕙. ¶東郭一者 海內之狡兎也＜戰國策＞ ②①빠르다. 通 迅駿. ¶一奔走在廟＜詩經＞ ②현(縣) 이름. ¶一遒.

【逡巡】しゅんじゅん(준순) ①차츰 뒤로 물러섬. 단행하지 못하고 머뭇거림. 逡遁(준준). ¶一遁逃而不敢進＜史記＞ ②달무리. 月暈(월훈). ③술 이름.

11【逓】 遞(p. 1497)의 俗字

11【递】 遞(p. 1497)와 同字

7/11【逐】 ①쫓을 축 ②빠를 적 ③멧돼지 돈 | 屋 ㄓㄨˊ (zhu) 錫 元 | ちく(オウ) expel てき とん

풀이 ①①쫓다. ㉮뒤를 쫓다. ¶子都拔棘以一之＜左氏傳＞ ㉯구축(驅逐)하다. ¶非秦者去 爲客者一＜史記＞ ㉰물리치다. 배척함. ¶吾嘗三仕三見一於君＜史記＞ ㉱내쫓다. ¶吏議一客＜戰國策＞ ㉲따르다. 추종함. ¶乘白黿兮一文魚＜楚辭＞ ㉳정처 없이 떠나가다. ¶故風之所以爲不一者＜荀子＞ ㉴구(求)하다. ¶厭邇一遠＜國語＞ ②다투다. 경쟁함. ¶諸侯一進＜左氏傳＞ ③달리다. 질주함. ¶群士放一＜張衡＞ ④앓다. 번민함. ¶其欲一一＜易經＞ ⑤돈독하다. 독실(篤實)한 모양. ¶一一. ②빠르다. 빠른 모양. ¶一一. ③①멧돼지. 돼지. 通 豚. ¶苦山 有獸焉 名曰山膏 其狀如一＜山海經＞ ②돌고래.

【逐客】ちっかく(축객) ①손을 쫓음. ¶門前一. ②세객(說客)을 추방함. 또는, 추방된 객신(客臣).

【逐鬼】ちっき(축귀) 잡귀(雜鬼)를 쫓음.

【逐鹿】ちくろく(축록) ①사슴을 뒤쫓음. ②임금의 자리나 정권을 다툼의 비유. 나아가, 널리 경쟁함의 비유.

【逐鹿者不見山】ちくろくしゃやまをみず(축록자 불견산) 사슴을 쫓는 사람은 산악의 험악함도 안중(眼中)에 없다는 뜻으로, 한 가지 일에 열중하거나 이욕에 눈이 어두운 사람은 다른 것을 돌볼 여지가 없음의 비유. ¶一 攫金者不見人＜虛堂錄＞

【逐邪】(축사) 사기(邪氣)나 악귀(惡鬼) 따위를 내쫓음.

【逐條】ちくじょう(축조) 조목마다. 조목별(條目別)로. 법 조문 따위를 하나하나 차례대로 검토하는 일. ¶一審議.

【逐次】ちくじ(축차) 차례를 좇아 순서대로. 차례차례로. 逐條(축조).

【逐出】ちくしゅつ(축출) 쫓아냄. 내쫓음.

▷角一, 競一, 驅一, 牡馳牝一, 放一, 排一, 徙一, 隨一, 爭一, 誅一, 徵一, 斥一, 追一, 馳一, 討一

7/11【通】 통할 통 | 東 ㄊㄨㄥ (tong) | つう(トオル) go through

풀이 ①통하다. ㉮꿰뚫다. ¶貫一. ㉯이르다. 닿음. ¶潛逵傍一＜郭璞＞ ㉰두루 미치다. ¶孔墨博一＜淮南子＞ ㉱경유(經由)하다. 통과함. ¶而反在一達之國＜莊子＞ ㉲널리 퍼지다. 두루 화창함. ¶四時和爲一正＜爾雅＞ ㉳탈 없이 가다. 원활함. ¶血脈欲其一也＜呂覽＞ ㉴투명하다. 환히 들여다보임. ¶表裏瑩一＜杜陽雜編＞ ㉵깨닫다. 통달함. ¶此不一乎兵者之論＜呂覽＞ ㉶좇다. 따름. ¶則治道一矣＜淮南子＞ ②통하게 하다. ¶開一道路＜禮記＞ ③오가다. 왕래함. ¶書信恒一＜梁元帝＞ ④사귀다. 교제함. ¶非長者勿與一＜漢書＞ ⑤몰래 정을 통하다. 간통함. ¶私一. ⑥말하다. 진술함. ¶先生一正言＜漢書＞ ⑦끊이지 않다. 무궁함. ¶往來不窮謂之一＜易經＞ ⑧즐비하다. 연접함. ¶與田疇皆一＜逸周書＞ ⑨함께 쓰다. 통용함. ¶不一寢席＜禮記＞ ⑩영달하다. 출세함. ¶上一而不困＜禮記＞ ⑪열다. 개설함. ¶一三公官＜漢書＞ ⑫알다. 두루 앎. ¶聖人以一天下之志＜易經＞ ⑬지식인. 학자. ¶博覽古今者爲一人＜論衡＞ ⑭전하다. 통보함. ¶以金鐸一鼓＜周禮＞ ⑮속이 비다. 공동(空洞). ¶中一外直＜周敦頤＞ ⑯오로지. 전적으로. ¶一帛爲旜＜周禮＞ ⑰널리. 죄다. ¶匡章 一國皆稱不孝焉＜孟子＞ ⑱합계(合計). 총계. ¶

以三十年之一制國用＜禮記＞ ⑲중개. 중개인. ¶乃誠門下人 不爲一＜史記＞ ⑳풀이. 해석. 또는, 그 책. ¶白虎一/風俗一/史一/一論. ㉑통. 서류나 악기를 세는 말. ㉮수미(首尾)가 완결한 편장(篇章). ¶宜寫一一 置之坐側＜後漢書＞/書信一一. ㉯악기(樂器) 한 조(組)의 명칭. ¶每一皆施三絃＜隋書＞ ㉒말똥. 마분(馬糞). ¶以馬一薰之＜後漢書＞ ㉓토지 구획의 이름. 10리(里) 사방. ㉔사팔눈. 사팔뜨기. ¶一視.

【通經】つうけい(통경) ①경의(經義)에 통함. ②처음으로 월경이 시작되거나 막혔던 월경이 트이어 정상으로 됨을 이름.

【通告】つうこく(통고) ☞通知(통지).

【通過】つうか(통과) ①들르지 않고 지나감. ②의안(議案)이 가결됨. ③시험이나 검사(檢査)에 합격함. ④어려운 일을 치러 넘김.

【通關】つうかん(통관) ①관문을 열어 교통을 편하게 하는 일. ¶一去塞 不孽諸侯＜漢書＞ ②범죄에 연루(連累)됨. ¶諸弟子皆以一被繫＜後漢書＞ ③규정된 절차를 밟아 세관(稅關)을 통과함.

【通券】つうけん(통권) 통행권(通行券).

【通勤】つうきん(통근) 가정에서 직장으로 출퇴근함. ¶一車.

【通禁】(통금) 통행금지(通行禁止)의 준말.

【通念】つうねん(통념) ①늘 생각함. ¶往往一 而不以爲非＜蘇軾＞ ②일반적으로 통하는 생각.

【通達】つうたつ(통달) ①꿰뚫어 통함. 사물의 이치를 환히 앎. 達通(달통). ②통지하여 전달함.

【通讀】つうどく(통독) 처음부터 끝까지 내쳐 읽음.

【通覽】つうらん(통람) 처음부터 끝까지 훑어 봄.

【通例】つうれい(통례) 일반적인 관례(慣例)나 규례(規例).

【通路】つうろ(통로) ①길을 개통함. ②통행하는 길.

【通論】つうろん(통론) ①도리에 합당한 의론. ②어떤 사물에 대한 일반적인 의론. 개론(槪論) 따위.

【通辯】つうべん(통변) ☞通譯(통역).

【通報】つうほう(통보) 알림. 통지(通知).

【通寶】つうほう(통보) 천하에 통용되는 보배란 뜻으로, 돈을 이름. 通貨(통화).

【通史】つうし(통사) 역사 기술의 한 양식. 전시대(全時代)·전지역에 걸쳐 통관(通觀)한 종합적인 역사.

【通事】つうじ(통사) ①나라 사이에 교제하는 일. 國交(국교). ②조정에 있어, 빈객(賓客)과의 사이에 중간 역할을 하는 벼슬. 謁者(알자). ③일을 처리함. ¶劬勞一 多歷年所＜梁元帝＞ ④통변(通辯). 통역관(通譯官).

【通事情】(통사정)㊕ 말하기 거북한 비밀스러운 속사정을 터놓고 남에게 이야기하여 은근히 동정을 구하는 일. 通情(통정)④.

【通算】つうさん(통산) 전체를 통틀어 계산함. 通計(통계).

【通常】つうじょう(통상) 특별하지 않고 일상적임. 普通(보통). 尋常(심상). ¶一的.

【通商】つうしょう(통상) 상거래(商去來)를 함. 외국과 무역(貿易)함. 交易(교역).

【通說】つうせつ(통설) ①널리 통하는 언설(言說). ②도리에 통달한 학설. ③전반에 걸쳐 해설함. 또는, 그 책.

【通性】つうせい(통성) 일반에 공통으로 가지고 있는 성질. 通有性(통유성). 共通性(공통성). ↔特性(특성).

【通姓名】(통성명) 서로 성명을 통함. 초대면의 인사를 교환함.

【通俗】つうぞく(통속) ①누구나 알 수 있는 평이(平易)한 일. ②흔히 있는 세상 일. 世俗(세속). ¶一小說. ③세상 일반의 습속(習俗).

【通信】つうしん(통신) ①우편·전화·전신 등으로 의사를 통하는 일. ②신문·잡지 등에 실을 기사를 본사에 보내는 일. ¶一員.

【通譯】つうやく(통역) 갑의 나라 말을 을의 나라 말로 바꾸어 양자의 의사를 통하게 하는 일. 또는, 그 사람. 通辯(통변). 通事(통사)④.

【通用】つうよう(통용) ①일반에 널리 쓰임. ②서로 넘나들며 쓰임.

【通運】つううん(통운) 화물을 운송하는 일. 運送(운송).

【通韻】つういん(통운) 한자(漢字)에서, 두 운(韻) 또는 그 이상의 운이 서로 통용되는 일. 東, 冬, 江, 支, 微등이 서로 통용되는 따위.

【通義】つうぎ(통의) 세상 어디에서도 통용되는 도리. 通誼(통의). 通則(통칙). ¶冠而後娶 古今之一也＜孔叢子＞

【通引】(통인)㊕ ①고려 때 중추원(中樞院)의 이속(吏屬). ②조선 때 지방 관아에 딸린 잔심부름꾼. ¶一 小吏之稱＜中宗實錄＞

【通帳】つうちょう·かよいちょう(통장) ①예금한 사람에게 출납(出納)을 밝힌 증서로 주는 장부. ②외상 거래의 내용을 적는 장부.

【通情】つうじょう(통정) ①마음을 통함. 애정을 통함. ②누구에게나 공통된 인정. ③일반적인 사정. ④☞通事情(통사정).

【通知】つうち(통지) 기별하여 알림. 通告(통고).

【通察】つうさつ(통찰) 전체를 보는 일. 通見(통견). 洞察(통찰).

【通天冠】つうてんかん(통천관) ①거여(車輿)로 거둥할 때 쓴 관. 卷雲冠(권운관). ②임금이 조칙(詔勅)을 내리거나 정무(政務)를 볼 때 쓴 관.

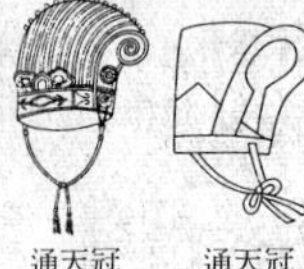

通天冠 (三禮圖)　通天冠 (三才圖會)

【通徹】つうてつ(통철) ①깊이 살피어 환하게 깨달음. 洞徹(통철). ②한(漢)대에, 제후(諸侯)를 이름. 通侯(통후).

【通牒】つうちょう(통첩) 서면(書面)으로 통지함. 관아의 통지문. 公文(공문).

【通則】つうそく(통칙) 두루 공통되는 법칙이나 규칙. 通義(통의).

【通稱】つうしょう(통칭) ①일반에 통용되는 호칭. ②널리 통하는 언설(言說). ¶一畝十斛 謂之良田 此天下之一也＜嵇康＞

【通透】つうとう(통투) 꿰뚫어 통함.

【通弊】つうへい(통폐) 일반적인 폐단. 通病(통

병). ※病弊(병폐).
【通風】つうふう(통풍) ①바람이 통함. 또는, 바람을 통하게 함. 換風(환풍). ②㊥ 밀고(密告)하는 일.
【通學】つうがく(통학) ①널리 통하여 배움. ¶一小中大乘法<白居易> ②집에서 학교로 매일 다니며 공부함. ¶汽車一.
【通航】つうこう(통항) 배나 항공기가 다님. ¶一權.
【通行】つうこう(통행) ①길을 통하여 왕래함. ¶一路/一方一. ②일반적으로 널리 행하여짐.
【通好】つうこう(통호) 우호적(友好的)인 관계를 맺음.
【通婚】つうこん(통혼) 혼인길을 틈. 혼인 관계를 맺음.
【通貨】つうか(통화) ①재화(財貨)를 유통(流通)함. ②법률로 제정하여 국내에 유통하는 화폐. 돈. 通寶(통보).
【通話】つうわ(통화) 전화로 이야기함.
【通曉】つうぎょう(통효) ①환하게 깨달아 앎. ②새벽까지 깨어 있음. 밤을 샘. 徹夜(철야). ¶夜省文書 或一不寐<吳志>
▷姦一, 感一, 開一, 共一, 貫一, 交一, 窮一, 均一, 多一, 大一, 木一, 默識心一, 博一, 旁一, 便一, 變一, 普一, 不一, 四一, 私一, 疏一, 神一, 略一, 淹一, 乳一, 流一, 六一, 融一, 自一, 全一, 知一, 遐一, 該一, 玄一, 亨一, 瑩一, 曉一

11【逋】 通(p. 1485)과 同字

11【逷】 退(p. 1480)와 同字

7/11【透】 ①통할 투 ②놀랄 숙 | 宥ㄊㄡˋ 屋(tou) | とう(トオル) pass through
풀이 ①①통하다. 통하게 함. ¶淸光旋一省郎闈<李商隱> ②꿰뚫어 보다. 무엇을 통하여 내부를 봄. ¶焜燿金紋一<梅堯臣>/一視. ③뛰다. 뛰어넘음. 또는, 지나감. 투과(透過)함. ¶事窮奔一 自然沈溺<南齊書> ④극도에 이르다. ¶哀猿一却墜 死鹿力所窮<杜甫> ⑤새다. 누설됨. ¶壞牆雨一蝸生角<袁桷> ②①놀라다. ¶驚一沸亂<左思> ②희롱하다. ③문란하다.
【透過】とうか(투과) 지나감. 통과함. 광선이 물체를 뚫고 지나감. ¶一性/一率.
【透明】とうめい(투명) ①환히 속까지 비쳐 보임. ②흐린 데가 없이 맑음.
【透寫】とうしゃ(투사) 글씨나 그림을 얇은 종이를 포개어 대고 그대로 베낌.
【透視】とうし(투시) ①속에 있는 것을 꿰뚫어 비추어 봄. ¶一圖. ②밀폐된 기물 안에 있는 물건을 특수한 감각에 의하여 알아내는 일종의 심리 작용. ¶一力.
【透徹】とうてつ(투철) ①환히 비쳐 보임. ②철저(徹底)함.
▷驚一, 冷一, 騰一, 明一, 奔一, 騁一, 滲一, 陽氣發處金石亦一, 浸一, 通一

7/11【逋】 달아날 포 ㊍보 | 虞ㄅㄨ (bu) | ほ(ニゲル) flee
풀이 ①달아나다. 도주함. ¶六年其一<左氏傳> ②숨다. 은닉함. ③과세(課稅)를 바치지 아니하다. 체납함. ¶其口賦一稅 而廬宅尤破壞者 勿收責<後漢書> ④미납한 조세(租稅). ¶今夏稅當寬爲之期 尙可理舊一耶<宋史> ⑤동떨어지다. ¶一懸. ⑥체포하다. ㊟捕.
【逋竄】ほざん(포찬) 도망하여 숨음. 逃竄(도찬).
【逋脫】ほだつ(포탈) ①도망쳐 벗어남. ②세원(稅源)을 숨겨 부과(賦課)를 면함. 脫稅(탈세). 逋稅(포세). 逋租(포조).
▷亡一, 負一, 宿一, 詩一, 流一, 酒一

8/12【逫】 ①멀 결 ②입김 느리게 날 줄 | 屑 (トオイ) 質 | けつ ちゅつ

12【逕】 過(p. 1489)의 俗字

12【逞】 輕(p. 1462)의 古字

12【逯】 歸(p. 814)와 同字

8/12【逵】 한길 규 | 因ㄎㄨㄟˊ (kui) | き(オオジ) throughfare
풀이 ①한길. 큰길. ㉮아홉 갈래진 길. ¶神一昧其難覆兮<張衡> ㉯아홉 승(乘)의 수레가 나란히 다닐 수 있는 길. ¶至于一路<左氏傳> ②수중(水中)에 길처럼 뚫려 있는 동굴. ¶半石之山 合水出于其陰 多騰魚 居一<山海經>
▷康一, 九一, 大一, 神一, 通一

8/12【逯】 갈 록 | 因ㄌㄨˋ (lu) | りょく(ユク) go
풀이 ①가다. 조심하여 가는 모양. ¶一一. ②수효가 많은 모양. ¶一一. ③하는 일이 없는 모양. ¶渾然而來 一然而往<淮南子>

12【迸】 迸(p. 1478)의 本字

12【迬】 往(p. 541)의 古字

12【逺】 遠(p. 1496)의 俗字

8/12【逶】 구불구불 갈 위 | 因ㄨㄟ (wei) | い
풀이 ①구불구불 가는 모양. ¶一迤. ②사물의 형용. ¶一迤/一蛇.

12【遊】 遊(p. 1494)의 俗字

8/12【逸】 숨을 일 | 質ㄧˋ (yi) | いつ(ニゲル) hide
풀이 ①숨다. ¶一民/隱一. ②달아나다. 도주함. ¶以一逃於褒<國語> ③없어지다. 잃음. ¶凡官署舊記 壁壞文一而未克繼之<柳宗元> ④달리다. 빗나가다. ¶馬一不能止<國語> ⑤풀어 놓

다. 석방(釋放)함. ¶乃一楚囚＜左氏傳＞ ⑥빠르다. ¶一足. ⑦빼어나다. 뛰어남. ¶繼絶世 擧一民＜論語＞ ⑧재덕(才德)이 뛰어난 사람. ¶必擢時雋 搜揚英一＜魏志·注＞ ⑨은사(隱士). ¶擧一拔才＜南史＞ ⑩잘못하다. 과실(過失). (通)失. ¶天吏一德＜書經＞ ⑪즐기다. 기뻐함. (通)佚. ¶民莫不一＜詩經＞ ⑫난잡하다. 음란함. (通)泆. ¶耳不樂一聲＜國語＞ ⑬제멋대로 하다. 방자(放恣)함. ¶性致狂一＜北史＞ ⑭쌓이다. (通)秩.

【逸樂】いつらく(일락) 놀며 즐김. 놀며 지냄. 佚樂(일락).

【逸文】いつぶん(일문) ①뛰어난 문장. 名文(명문). ②전해지지 않는 문장. ③세상에 알려지지 않은 문장. 佚文(일문).

【逸聞】いつぶん(일문) 세상에 별로 알려져 있지 않은 진기한 소문. 逸話(일화).

【逸史】いっし(일사) 정사(正史)에 누락된 사실(史實)을 기술한 역사.

【逸事】いつじ(일사) 세상에 알려져 있지 않은 일.

【逸書】いっしょ(일서) ①산일(散逸)하여 세상에 전해지지 아니하는 책. 佚書(일서). ②「서경」(書經)에 누락된 글.

【逸才】いっさい(일재) 뛰어난 재능. 빼어난 재주. 또는, 그 사람. 逸材(일재).

【逸走】いっそう(일주) 달아남. 도주함.

【逸脫】いつだつ(일탈) 벗어남. 빠져 나감.

【逸品】いっぴん(일품) 썩 빼어난 물품 또는 작품.

【逸話】いつわ(일화) 숨은 이야기. 세상에 별로 알려져 있지 않은 이야기. 에피소드.

▷驚一, 高一, 狂一, 矜一, 奇一, 逃一, 遯一, 亡一, 無一, 槃一, 放一, 富一, 奔一, 焚一, 邪一, 散一, 爽一, 瞻一, 秀一, 迅一, 安一, 麗一, 豔一, 英一, 傲一, 龍蟠鳳一, 優一, 越一, 游一, 隱一, 淫一, 一勞永一, 恣一, 縱一, 遒一, 竹溪六一, 儁一, 天一, 超一, 卓一, 蕩一, 飄一, 閒一, 橫一

8
12【週】 돌 주 | ㄓㄡ (zhou) | しゅう(メグル) *turn*

풀이 ①돌다. 회전함. (같)周. ¶一期. ②주일. 요일(曜日). ¶一間.

【週刊】しゅうかん(주간) 한 주일마다 한 호씩 출간함. 또는, 그 간행물. ¶一雜誌.

【週間】しゅうかん(주간) 한 주일 동안. 7일간.

【週期】しゅうき(주기) ①한 바퀴 도는 시기. 周期(주기). ②천체(天體)가 같은 위치로 복귀하는 데 소요되는 시간. ¶公轉一/自轉一.

【週年】しゅうねん(주년) 돐이 돌아온 해. 周年(주년). ¶光復四十二一.

【週末】しゅうまつ(주말) 한 주일의 끝. 토요일. 또는, 토요일 오후에서 일요일까지. ↔週初(주초).

【週番】しゅうばん(주번) 일주일마다 교대하는 근무. 또는, 그 당번이 된 사람.

【週報】しゅうほう(주보) 주간(週刊)으로 발행하는 신문이나 잡지.

【週日】しゅうじつ(주일) ①월요일에서 일요일까지의 7일간. ②한 주일의 어느날부터 이레되는 날. ③1주간 동안에 일요일 외의 날. 平日(평일).

【週初】しゅうしょ(주초) 한 주의 첫머리. 월요일. ↔週末(주말).

▷隔一, 今一, 來一, 每一, 一一, 前一, 後一

8
12【進】 나아갈 진 | ㄐㄧㄣˋ (jin) | しん(ススム) *advance*

풀이 ①나아가다. ㉮앞으로 가다. ¶徒銜枚而一＜周禮＞ ㉯앞에 나서다. ¶一受命於主人＜儀禮＞ ㉰오르다. ¶昇一. ㉱벼슬하다. 출사함. ¶君子一則能益上之譽＜荀子＞ ㉲힘쓰다. ¶禮減而一＜禮記＞ ㉳움직이다. 동작. 동정. ¶一退可度＜孝經＞ ㉴좋다. 잘함. ¶因一距衰＜張衡＞ ㉵이기다. 나음. ¶相隨博弈 數負一＜漢書＞ ㉶선(善)으로 나아가다. 차차 좋아짐. ¶漸一/一步. ②올리다. ㉮인재를 추천하다. ¶貴則觀其所一＜呂覽＞ ㉯드리다. 받들어 올림. ¶侍飮於長者 酒一則起＜禮記＞ ③가까이하다. ¶止聲色毋或一＜禮記＞ ④내보내다. 전진시킴. ¶遂一軍攻之＜魏志＞ ⑤다하다. 진력(盡力)함. (通)盡. ¶竭聰明一智力＜列子＞ ⑥선물. 돈. 연회비(宴會費). ¶一用不饒＜呂覽＞ ⑦세수(稅收). 수입(收入). ¶蕭何爲主吏主一＜史記＞

【進甲】(진갑)(韓) 환갑(還甲) 이듬해의 생일. ※古稀(고희).

【進講】しんこう(진강) 임금 앞에서 글을 강론함.

【進擊】しんげき(진격) 나아가 적을 침.

【進攻】しんこう(진공) ☞進擊(진격).

【進供】(진공) 토산물(土産物)을 진상(進上)함.

【進貢】しんこう(진공) 공물(貢物)을 바침.

【進軍】しんぐん(진군) 군대를 전진시킴.

【進級】しんきゅう(진급) 등급, 계급, 학년 등이 오름. 昇給(승급).

【進度】しんど(진도) 나아가는 정도 또는 속도.

【進路】しんろ(진로) 나아가는 길. 나아갈 길.

【進發】しんぱつ(진발) 출발함.

【進步】しんぽ(진보) ①앞으로 나아감. ②한 발짝 내디딤. ¶百丈竿頭須一 十方世界是全身＜傳燈錄＞ ③점차 향상하고 발전함. ↔退步(퇴보).

【進奉】しんぽう(진봉) 올림. 바침. 進獻(진헌).

【進封】しんぽう(진봉) ①봉작(封爵)을 높임. ②봉물(封物)을 올림.

【進士】しんし(진사) ①주(周)대에, 조사(造士) 중에서 발탁하여 사마(司馬)로 등용하던 일. ②과거 과목의 하나. 진사과(進士科). ③과거에 급제하여 임관될 자격이 있는 사람. ④(韓) ㉮고려 때 제술과(製述科)에 합격한 사람의 호칭. ㉯조선 때 소과(小科)·진사과에 급제한 사람의 호칭. 上舍(상사). ⑤선비를 천거함. ¶推賢一＜魏志＞

【進上】しんじょう(진상) 드림. 올림. 進呈(진정).

【進水】しんすい(진수) ①새로 만든 배를 처음으로

물에 띄우는 일. ¶—式. ②물을 흘려 통하게 함. ¶若天暘旱增堰—<水經>
【進言】しんげん(진언) 의견을 아룀. 또는, 그 의견.
【進入】しんにゅう(진입) 전진하여 어느 경계내로 들어감.
【進展】しんてん(진전) 진보하고 발전함.
【進駐】しんちゅう(진주) 군대가 나아가 주둔함.
【進陟】しんちょく(진척) ①관등(官等)을 높임. ②일이 잘되어 감. 進行(진행)②. 進步(진보)③.
【進出】しんしゅつ(진출) ①앞으로 나아감. ②어떤 새로운 일을 위하여 그 방면으로 나섬. ¶政界—.
【進取】しんしゅ(진취) 나아가 공명(功名)을 취득함. 또는, 적극적으로 나아가 일을 함. ¶狂者— 狷者有所不爲也<論語>/—的氣象.
【進退】しんたい(진퇴) ①나아감과 물러섬. ②벼슬자리에 나아감과 물러남. 去就(거취). ③행동 거지(行動擧止). ¶小子 當灑掃應對—則可矣<論語>
【進退兩難】しんたいりょうなん(진퇴양난) 나아가기도 물러서기도 둘 다 어려움.
【進退維谷】しんたいこれきわまる(진퇴유곡) 궁지에 들어, 나아갈 수도 물러날 수도 없는 처지. 谷은 窮. ¶人亦有言 —<詩經>
【進學】しんがく(진학) ①학문의 길에 나아감. ②상급 학교에 들어감.
【進行】しんこう(진행) ①앞으로 나아감. ②일을 처리하여 나감.
【進獻】しんけん(진헌) 바침. 드림. 進上(진상).
【進化】しんか(진화) ①생물이 점차 진보 변화하는 현상. ¶—論. ②사물이 점차 나은 방향으로 발전하는 일. ↔退化(퇴화).
▷強—, 更—, 輕—, 競—, 鼓—, 供—, 勸—, 急—, 頓—, 妄—, 驀—, 冒—, 博—, 拔—, 奮—, 仕—, 先—, 升—, 昇—, 盈科後—, 盈—, 榮—, 勇—, 月—, 誘—, 引—, 日—, 長—, 奬—, 爭—, 前—, 轉—, 漸—, 精—, 躁—, 疾—, 尺—, 薦—, 促—, 寸—, 寵—, 抽—, 推—, 趨—, 特—, 行—, 懸—, 後—, 彙—

8 12 【逮】 [1]미칠 체 [本]대 [2]편안할 체 [3]미칠 태 | [隊]ㄉㄞˋ(dai) [霽] [賄] | たい(オヨブ) てい たい seize

[풀이][1]①미치다. 이름. ¶恐不—事也<禮記> ②쫓다. ③잡다. 체포함. ¶—諸證者<漢書> ④죄수를 호송하다. ¶—繫長安<漢書> [2]편안한 모양. ¶威儀—— 不可選也<禮記> [3]미치다. 다다름. [같]迨. ¶—夜.
【逮捕】たいほ(체포) 죄인을 잡음.
▷及—, 未—, 訪—, 心欲言口不—, 連—, 染—, 沓—, 傳—, 津—, 追—

8 12 【逴】 멀 탁 | [覺]ㄔㄨㄛˋ(chuo) | たく(トオイ) far

[풀이]①멀다. 아득함. [通]卓. ¶—行殊遠<史記> ②넘다. 뛰어넘음. ¶—犖. ③비추다. [通]燭. ¶—龍艴只<楚辭>
▷郭—, 卓—

8 12 【逭】 달아날 환 | [翰]ㄏㄨㄢˋ(huan) | かん(ノガレル) escape

9 13 【過】 [1]지날 과 [2]허물 과 [3]기름통 과 | [歌]ㄍㄨㄛˋ(guo) [箇] [哿] | か(スギル) pass by
[略]过

[풀이][1]①지나다. ㉮건너다. ㉯거치다. 경유함. ¶東—洛汭<書經> ㉰넘다. 넘어감. ¶皆—栗姬<史記> ②들르다. ㉮이르다. 다다름. ㉯방문하다. ¶趙禹來—衛將軍<史記> ㉰뵙다. 알현(謁見)함. ¶狐援聞而蹶往—之<呂覽> ③떠나다. 떠나감. ¶—小善不克<太玄經> ④두루미치다. ¶逆行——<素問> ⑤내 이름. ¶遡其—澗<詩經> ⑥나라 이름. 하(夏)의 제후인 요(澆)의 나라. 지금의 산동성(山東省)에 있었음. ¶處澆于—<左氏傳> [2]①허물. ㉮실수. 과실. ¶不貳—<論語> ㉯고의(故意)가 아닌 범죄. ¶宥—無大<書經> ㉰죄. 죄과. ¶著有—<禮記> ②잘못하다. ㉮그르치다. ¶—則勿憚改<論語> ㉯바르지 않다. ¶所以論之—<淮南子> ㉰잘못하여 법을 범하다. ¶凡—而殺傷人者<周禮> ㉱분수를 잃다. ¶日月不— 而四時不忒<易經> ③책망하다. 꾸짖음. ¶煩爲教而—不識<呂覽> ④취(取)하다. ¶治亂安危—勝之所在也<呂覽> ⑤패(敗)하다. 또는, 복종하다. [3]기름통. 수레바퀴의 굴대에 치는 기름을 담는 통.
【過客】かかく(과객) 길손. 나그네. 旅客(여객). 遊子(유자). ¶光陰者百代之—<李白>
【過去】かこ(과거) ①지나감. 지나가버림. ②지나간 때. 往時(왕시). ↔未來(미래).
【過激】かげき(과격) 지나치게 격렬함.
【過恭】(과공) 지나치게 공손함. 足恭(주공).
【過恭非禮】(과공비례) 지나치게 공손함은 도리어 결례가 됨.
【過隙】かげき(과극) 내다보는 틈새로 지나간다는 뜻으로, 매우 빠름의 비유. ¶人生一世間 如白駒—<史記>
【過期】かき(과기) ①시기를 놓침. ②기한이 지남.
【過年】(과년) ①해를 넘김. ②지난 해. 客年(객년). ③[韓] 처녀가 시집갈 나이가 지남. ④[中] 내년. 명년(明年).
【過多】かた(과다) 너무 많음. ↔過少(과소).
【過當】かとう(과당) ①타당(妥當)하지 않음. ¶公擧錯有—<魏志>/—競爭. ②아군보다 적군의 사상(死傷)이 더 많음을 이름. 균형이 잡히지 않는 일.
【過大】かだい(과대) 지나치게 큼.
【過度】かど(과도) 정도에 넘침.
【過渡】かと(과도) ①나루. 또는, 나루를 건너감. ②옮아가거나 바뀌어 가는 상태. ¶—期/—政府.
【過冬】(과동) 겨울을 남. 겨울을 넘김. 越冬(월동).
【過濫】からん(과람) 분수에 넘침. 지나치게 외람됨.

【過勞】かろう(과로) 지나치게 일함.
【過敏】かびん(과민) 신경 따위가 지나치게 예민함. 반응이 지나치게 날카로움.
【過半】かはん(과반) 반이 넘음. 반 이상. ¶一數.
【過不足】かふそく(과부족) 남음과 모자람.
【過分】かぶん(과분) 분에 넘침. ↔應分(응분).
【過不及】かふきゅう(과불급) 지나침과 미치지 못함.
【過歲】(과세) 묵은 해를 보냄. 설을 쇰.
【過少】かしょう(과소) 너무 적음. ↔過多(과다).
【過食】かしょく(과식) 너무 많이 먹음.
【過失】かしつ(과실) ①실수. 잘못. 허물. 失策(실책). 過誤(과오). 過謬(과류). ②잘못하여 죄를 범함. ¶壹宥曰不識 再宥曰一 三宥曰遺忘<周禮>
【過言】かげん・かごん(과언) ①지나친 말. ②잘못 말함. 본의 아니게 말이 헛나옴. 失言(실언). ¶君子一則民作辭<禮記>
【過熱】かねつ(과열) ①지나치게 닮. 과도하게 뜨거워짐. ②지나치게 흥분하거나 경쟁이 심함의 비유. ¶一競爭.
【過誤】かご(과오) 잘못. 過失(과실)①.
【過用】(과용) 과도하게 씀. 너무 많이 씀. ※濫用(남용).
【過猶不及】スギタルハナオオヨバザルガゴトシ(과유불급) 지나침은 미치지 못함과 같다는 뜻으로, 중용이 가장 중함을 강조한 말. ¶子曰 師也過 商也不及曰 然則師愈與 子曰一<論語> ※過不及(과불급).
【過飮】かいん(과음) ①술을 과도하게 마심. ②지나는 길에 들러서 마심. ¶他日一隨家風<白居易>
【過人】かじん(과인) 보통 사람보다 뛰어남. ¶勇力一.
【過剩】かじょう(과잉) ①나머지. 餘分(여분). ②너무 많음. ¶一人口/一生産.
【過程】かてい(과정) ①정도를 넘음. ②일이 되어 가는 경로.
【過重】かじゅう・かちょう(과중) ①너무 무거움. ②힘에 겨움.
【過次】(과차) 지나는 길. 지날 결.
【過讚】かさん(과찬) 지나친 칭찬. 過稱(과칭).
【過怠】かたい(과태) 태만. 과실. ¶一料.
▷改一, 經一, 口一, 論大功者不錄小一, 旦一, 大一, 督一, 微一, 白一, 細一, 小一, 愆一, 優一, 隆一, 貳一, 再一, 傳一, 罪一, 通一, 風一, 聞一, 行一

9 13【達】통할 달 | 圓ㄉㄚˊ (da) | たつ(トオル) *reach to*

풀이 ①통하다. ㉮통달하다. ¶理塞則氣不一<呂覽> ㉯이르다. 다다름. ¶專一於川<周禮> ㉰미치다. 닿음. ¶奔而易一<國語> ㉱눈트다. 새싹이 돋아남. ¶驛驛其一<詩經> ㉲꿰뚫다. ¶蹠一膝<淮南子> ㉳자라다. 성장함. ¶先生如一<詩經> ㉴깨닫다. 통효(通曉)함. ¶能一虛實之數者<素問> ㉵막힘 없이 통하다. ¶賜也一<論語> ②통하게 하다. 이르게 함. ¶寡人其一王於甬句東<國語> ③엇갈리다. 길이 엇갈려 못 만남. ¶挑兮一兮<詩經> ④헤아려 결정하다. ¶小事則專一<周禮> ⑤널리. 두루. ¶則一觀于新邑營<書經> ⑥다. 모두. ¶君子一亹亹焉<禮記> ⑦좋다. 괜찮음. ¶受小國是一 受大國是一<詩經> ⑧갖추어지다. ¶非一禮也<禮記> ⑨공공연(公公然)한. 일반적인. 떳떳한. 불변하는. ¶夫三年之喪 天下之一喪也<禮記> ⑩영달하다. ¶一則兼善天下<孟子> ⑪천거하다. ¶在位多所薦一<後漢書> ⑫내리다. 추증(追贈)함. ¶一之以節<周禮> ⑬슬기롭다. 사리(事理)에 밝음. ¶性明一好謀<漢書> ⑭현인(賢人). 지자(智者). ¶先一宿德<晉書> ⑮창(窓). ¶八一九房<張衡> ⑯곁방. 협실(夾室). ¶天子之閣 左一五 右一五<禮記> ⑰새끼 양. ¶先生如一<詩經> ⑱크다. ¶一聲贏<周禮> ⑲방자(放恣)하다. ¶挑兮一兮<詩經> ⑳달아나다.

【達見】たっけん(달견) 뛰어난 식견(識見). 도리를 꿰뚫어 봄.
【達觀】たっかん(달관) 널리 바라봄. 전체를 내다봄. 大觀(대관).
【達德】たつとく(달덕) ①고금을 통하여 사람이 떳떳이 지켜서 행해야 할 덕. ¶知仁勇三者 天下一也<禮記> ②유덕한 사람을 거용(擧用)함. ¶尊賢一<白虎通>
【達魯花赤】ダルガチ(달로화지) 다루가치. 원(元)대의 벼슬 이름. 몽고 말로, 장관(長官).
【達摩】ダルマ(달마) ①《人》 양(梁)의 고승(高僧). 본래 남천축(南天竺)의 왕자. 중국에 들어가서 소림사(少林寺)에서 면벽 수도(面壁修道) 9년 만에 도를 깨달아 선종(禪宗)의 시조(始祖)가 되었음. 시호는 원각대사(圓覺大師). 보리달마(菩提達摩)의 준말. ②《佛》 범어 Dharma의 음역. 진리(眞理). 일체 만법(萬法).
【達辯】たつべん(달변) 말을 잘함. 능란한 말.
【達士】たっし(달사) 널리 사리에 통달한 사람. 達人(달인)①.
【達成】たっせい(달성) 목적한 바를 이룸.
【達人】たつじん(달인) ①☞達士(달사). ②도(道)나 기예(技藝)에 정통한 사람. ③다른 사람에게 미침. ¶以達而能一者 欲窮不可得也<孔子家語> ④남을 영달하게 해 줌. ¶己欲達而一<論語>
【達筆】たっぴつ(달필) 익숙하게 잘 쓰는 글씨.
▷高一, 曠一, 闊一, 口一, 窮一, 貴一, 朗一, 到一, 挑一, 道一, 導一, 騰一, 晩一, 邁一, 萌一, 明一, 聞一, 敏一, 博一, 放一, 旁一, 倍一, 配一, 不一, 四一, 死諸葛走生仲一, 四通八一, 上一, 舒一, 先一, 疏一, 速一, 送一, 秀一, 熟一, 示一, 識一, 約而一, 亮一, 連一, 練一, 英一, 榮一, 睿一, 要而一, 欲速不一, 任一, 專一, 早一, 條一, 調一, 綜一, 俊一, 進一, 踼一, 薦一, 超一, 推一, 稱一, 洞一, 通一, 特一, 布一, 下學上一, 閑一, 闔一, 豁一, 恢一

13【逹】達(p.1490)과 同字

9 13 〖道〗 ①길 도 ②말할 도 | 㗊 ㄉㄠˋ (dao) | どう(ミチ) road とう(イウ)

풀이 ①①길. ㉮다니는 길. 도로. ¶一聽而塗說<論語> ㉯이치. 도리. ¶一也者 不可須臾離也<中庸> ㉰근본. 근원. 우주의 본체. ¶一者 萬物之始<韓非子> ㉱작용. 기능. 묘용(妙用). ¶一陰一陽之謂一<易經> ㉲방법. 방도(方道). ¶吾未知吾一<左氏傳> ㉳주의(主義). 사상(思想). ¶吾一非耶 吾何爲於此<史記> ㉴예악(禮樂). ¶一謂禮樂<禮記·注> ㉵인의(仁義). 덕행(德行). ¶君子樂得其一<禮記> ㉶기예(伎藝). ¶凡有一者 有德者<周禮> ㉷정령(政令). ¶顧瞻周一<詩經> ㉸교설(敎說). ¶設何一何行而可<荀子> ㉹방향. 방면. ¶北一姚氏<史記> ㉺도정(道程). 행정(行程). ¶倍一赴援<南史> ㉻조리(條理). 필연적인 경로. 또는, 바둑·장기에서 행마(行馬)의 길. ¶鳳旂亂烟一 龍駕溢雲區<王融> ②다니다. 통행함. ¶不如小決使一<左氏傳> ③가다. ¶一涉山谷<史記> ④따르다. 길을 따라 감. ¶九河旣一<書經> ⑤행하다. ¶故古之人有大功名者 必一是者也<荀子> ⑥길의 신. 도조신(道祖神). ¶郊止乎天子 而社止於諸侯 一及士大夫<荀子> ⑦도조신에게 지내는 제사. ¶一而出<禮記> ⑧도교(道敎). ¶造作一書 以惑百姓<魏志> ⑨도사(道士). ¶一服不必立異<遵生八牋> ⑩불교(佛敎). ¶十三慕一 遵懷削之儀<劉禹錫> ⑪중. 승려(僧侶). ¶一俗五萬餘人<南史> ⑫수미(首尾)가 갖추어진 글. ¶凡明經答時務策三一<唐書> ⑬오랑캐 나라. ¶有蠻夷曰一<漢書> ⑭당(唐)대 행정 구획의 이름. 주(州)·현(縣)을 통할하는 최상의 구획. ¶唐之盛時 雖名天下爲十一 而其勢未分<五代史> ⑮나라 이름. 하남성(河南省)에 있던, 춘추 시대의 나라. ⑯벼슬 이름. ¶一員. ⑰《佛》 ㉮유루도(有漏道). ㉯무루도(無漏道). ㉰열반. 불과(佛果). ②①말하다. ¶故君子一其常 而小人一其怪<荀子> ②다스리다. ¶一千乘之國<論語> ③말미암다. ¶故君子尊德性而一問學<禮記> ④…을 따라. …로부터. ¶諸使者一長安來<漢書> ⑤인도하다. 通 導. ¶先一之以德<論語·注> ⑥인도(引導). 선도(先導). ¶飛輶軒以戒一<顏延之> ⑦가르치다. 타이름. ¶智者之一善矣<國語> ⑧열다. 깨우침. ¶敎之詩而爲之一<國語> ⑨정통(精通)하다. ¶夫成子一前志以佐先君<國語>

【道家】どうか (도가) ①선진(先秦) 시대, 무위 자연(無爲自然)을 주장한 노장(老莊) 학파의 총칭. ¶一哲學. ②도교(道敎)를 신봉하는 사람.

【道經】どうきょう (도경) 도교(道敎)의 경전(經典).

【道觀】どうかん (도관) 도교의 절. 道院(도원).

【道敎】どうきょう (도교) ①황제(黃帝), 노자(老子), 장자(莊子) 등을 교조(敎祖)로 받드는 종교. 노장 철학(老莊哲學)에 음양 오행(陰陽五行), 신선설(神仙說) 등을 혼합하여 불로 장생(不老長生)을 구하며, 저주(詛呪)·기도(祈禱) 등을 행하여, 중국의 민간 습속에 깊은 영향을 끼침. ②도(道)의 교(敎). 윤리(倫理), 도덕(道德)의 교. 유교(儒敎)의 가르침. ¶儒者以爲一<墨子>

【道具】どうぐ (도구) ①《佛》 중이 쓰는 기구. ②기구(器具). 기물(器物). ③남에게 이용만 당하는 사람.

【道君】どうくん (도군) 도교(道敎)의 신(神)의 존호(尊號).

【道德】どうとく (도덕) ①사람이 행해야 할 바른 길. 道理(도리). 道義(도의). ②노자(老子)가 주장한 도(道)와 덕(德).

【道力】どうりょく (도력) 도(道)를 닦아 얻은 힘.

【道路】どうろ (도로) ①길. 사람이 통행하는 길. 通行路(통행로). ②일[事]. 동작(動作). 직업(職業). ¶又摸不著他的一<紅樓夢>

【道理】どうり (도리) ①사람이 지켜야 할 바른 길. 도덕(道德). ②사물(事物)의 이치. 事理(사리).

【道無終始】ミチしゅうしナシ (도무종시) 도(道)에는 끝도 시작도 없다는, 장자의 설(說). ¶一物無死生<莊子>

【道傍】どうぼう (도방) 길 가. 길거리. 路傍(노방). 道旁(도방).

【道伯】(도백) 韓 도(道)의 장관. 觀察使(관찰사). 監司(감사). 道知事(도지사).

【道服】どうふく (도복) ①도사(道士)가 입는 옷. 道衣(도의). ②☞道袍(도포)③. ③《佛》 가사(袈裟)의 별칭. 僧衣(승의).

【道不拾遺】ミチオチタルヲヒロワズ (도불습유) 길에 떨어진 물건을 주워 가지지 않는다는 뜻으로, 백성들이 정직하고 풍속이 돈후(敦厚)함의 비유. 또는, 형벌이 준엄하여 백성들이 법을 범하지 않음의 비유. 路不拾遺(노불습유).

【道士】どうし (도사) ①도의(道義)를 체득한 사람. 君子(군자). ②도교(道敎)를 닦는 사람. 道人(도인). 方士(방사). ③선술(仙術)을 행하는 사람. 仙人(선인). ④불도(佛道)를 수행(修行)하는 사람. 僧侶(승려).

【道上】どうじょう (도상) ①길 위. 路上(노상). ②도중(途中).

【道俗】どうぞく (도속) 도인(道人)과 속인(俗人). 또는, 승려(僧侶)와 속인.

【道術】どうじゅつ (도술) ①무위 자연(無爲自然)의 도(道)를 체득함. ¶魚相忘乎江湖 人相忘乎一<莊子> ②도가(道家)의 방술(方術). 仙術(선술). ③도술(道術)과 학술(學術).

【道僧】(도승) 《佛》 도(道)를 깨친 중. 도통한 중.

【道院】どういん (도원) ☞道觀(도관).

【道義】どうぎ (도의) 사람으로서 마땅히 행해야 할 도리. 도덕과 의리. 道誼(도의). 道德(도덕).

【道人】どうじん (도인) ①☞道士(도사)②. ②불문(佛門)에 들어간 사람. 중. 僧侶(승려). ③

속계(俗界)를 떠난 사람. 隱士(은사). ④아첨하는 사람. ¶謂己— 則勃然作色<莊子>
【道引】どういん(도인) ①대기(大氣)를 체내로 끌어 들이는 도가(道家)의 양생법(養生法). 導引(도인). ②[中] 인도함.
【道場】どうじょう(도장) ①무예(武藝)를 교습(敎習)하는 곳. ②수양, 훈련을 목적으로 하여 단체 생활을 하는 곳.
(도량)《佛》①불도(佛道)를 닦는 곳. 또는, 부처를 공양(供養)하는 곳. 절. 寺院(사원). ②석가(釋迦)가 성불(成佛)한 곳.
【道在屎溺】みちはしにょうニアリ(도재시뇨) 도(道)는 어디에나 있음의 비유. 屎溺는 똥과 오줌. ¶東郭子問於莊子曰 所謂道 惡乎在 莊子曰 無所不在… 在屎溺<莊子>
【道程】どうてい(도정) ①길의 이수. 道里(도리). 路程(노정). 里程(이정). ②여행의 경로. 旅程(여정).
【道中】どうちゅう(도중) ①길을 가는 중. 여행중. 途中(도중). ②길 가운데.
【道聽塗說】どうちょうとせつ(도청도설) 길에서 들은 이야기를 길에서 이야기한다는 뜻으로, 좋은 말을 듣고도 마음에 깊이 간직하지 못함의 비유. ¶— 強事飾辭<顏氏家訓>
【道通】(도통) 사물의 이치를 깨달아 통함.
【道統】どうとう(도통) 전해 이어 온 도학(道學)의 계통(系統). 유학(儒學)의 계통.
【道袍】どうほう(도포) ①옛날, 집안에서 입던 상복(常服). ②도사(道士)의 옷. ③[韓] 남자가 예복으로 입던 겉옷. 道服(도복)②.
【道標】どうひょう(도표) 길표. 길을 안내하는 표지.
【道學】どうがく(도학) ①송(宋)의 정자(程子), 주자(朱子) 등이 주장한 학문. 程朱學(정주학). 性理學(성리학). ②도덕(道德)을 논하는 학문. 儒學(유학). ③도교(道敎)의 가르침. 道敎(도교).
【道學先生】どうがくせんせい(도학선생) ①도학을 닦은 학자. ②도덕에 구애되어 세정(世情)에 어둡고 융통성이 없는 학자를 조롱하여 이르는 말.
▷街—, 嘉—, 閣—, 姦—, 間—, 喝—, 乾—, 劍—, 古—, 故—, 苦集滅—, 坤—, 孔—, 公—, 光—, 敎—, 嶠—, 軌—, 汲—, 技—, 難行—, 達—, 大—, 盜亦有—, 同—, 明—, 妙—, 武—, 無—, 無上—, 聞—, 倍—, 白—, 兵者詭—, 步—, 報—, 複—, 不—, 夫子自—, 不窺牖見天—, 佛—, 非—, 貧—, 邪—, 師—, 斯—, 山—, 三—, 上—, 常—, 書—, 石牛—, 仙—, 善—, 禪—, 聖—, 成—, 誠—, 聖人德非取——, 小慧害—, 水—, 修—, 隧—, 順—, 市—, 食—, 神—, 失—, 雅—, 惡—, 陽—, 糧—, 御—, 王—, 外—, 尿—, 祆—, 右—, 運—, 遠—, 袁—, 有—, 乳—, 柔—, 游—, 儒—, 誘—, 六—, 二河白—, 易行—, 人—, 入—, 棧—, 赤—, 前—, 傳—, 轉—, 正—, 定—, 政—, 帝—, 祖—, 鳥—, 左—, 中—, 中庸之—, 證—, 至—, 車—, 遮—, 倡—, 鐵—, 淸—, 馳—, 太平—, 通—, 霸—, 便—, 海—, 饟—, 險—, 黃—, 孝—

13【逌】道(p. 1491)와 同字

9/13【遁】 [1] 달아날 둔 [本]돈 [2] 뒷걸음질할 준 | [願]ㄉㄨㄣˋ(dun) [眞] | とん(ノガレル) escape しゅん

[풀이][1] [같]遯. ①달아나다. ㉮도망치다. ¶齊軍—<孔子家語> ㉯닫다. 달림. ¶淖溺流—<淮南子> ㉰숨다. ¶後悔—而有他<楚辭> ㉱잃다. ¶博則無所—矣<呂覽> ㉲피하다. ¶上下相—<後漢書> ㉳가다. 떠나 버림. ②속이다. ¶非自—<淮南子> [2]뒷걸음질하다. 머뭇거림. [같]巡 逡. ¶—巡不敢進<漢書>
【遁甲】とんこう(둔갑) 술수(術數)의 한 가지. 남의 눈을 현혹시켜 자기 몸을 숨기는 술법. ¶—術/—藏身.
【遁辭】とんじ(둔사) 핑계대어 발뺌하는 말.
【遁世】とんせい(둔세) 속세(俗世)를 떠나 은둔함. 遯世(둔세).
【遁走】とんそう(둔주) 피하여 달아남.
▷驚—, 逃—, 懾—, 逡—, 逐—, 敗—, 逋—, 駭—

13【逯】遯(p. 1497)과 同字

9/13【遂】 드디어 수 | [寘]ㄙㄨㄟˋ(sui) | すい(ツイニ) at last

[풀이]①드디어. 마침내. ¶—誥諸侯<書經> ②이루다. ㉮성취하다. ¶置而不—<國語> ㉯마치다. 끝냄. ¶逡巡而退 其不—<逸周書> ㉰이르다. 두루 미침. ¶—於四方<呂覽> ㉱통하다. 통달함. ¶百姓以仁—焉<禮記> ㉲뻗다. 신장(伸張)함. ¶節文終—焉<禮記> ㉳자라다. 또는, 키우다. ¶氣衰則生物不—<禮記> ㉴나아가다. 전진함. ¶不能退 不能—<易經> ㉵다하다. ¶有後入者 闔而勿—<禮記> ㉶궁구(窮究)하다. ¶幽深—知來物<漢書> ㉷두루. 널리. ¶—視旣發<詩經> ㉸전행(專行)하다. ¶大夫無—事<公羊傳> ㉹명예와 지위가 이루어지다. ¶弟子—之者<漢書> ③맞다. 적합함. ¶不—其媾<詩經> ④따르다. 순응(順應)함. ¶而行之以—八風<國語> ⑤머뭇거리다. 망설임. ¶小事殆乎—<荀子> ⑥길. 도로. ¶禽夫差於干—<史記> ⑦건널목. 냇물의 얕은 곳. ¶溺者不問—<荀子> ⑧도랑. 밭 사이의 작은 수로. ¶以—均水<周禮> ⑨주(周)대 행정 구획의 이름. ㉮다섯 현(縣). ¶五鄙爲縣 五縣爲—<周禮> ㉯왕기(王畿)에서 백 리 밖 2백 리 이내의 땅. ¶—士掌四郊<周禮> ㉰교외(郊外)의 땅. ¶魯人三郊三—<書經>

⑩깊다. 멂. ㊂邃. ¶一古之初<楚辭> ⑪편안하다. ㊂綏. ¶飢成不一<詩經> ⑫결정하다. ㊂揣. ¶以能一疑計惡<國語> ⑬늦다. 오램. ㊂久. ¶言旣一矣<詩經> ⑭느긋한 모양. 거리낌이 없는 모양. ¶容兮一兮<詩經> ⑮떨어지다. ㊂隊. ¶一泥<易經> ⑯사구(射鞲). 활을 쏠 때 왼팔에 끼는 것. ¶袒決一<儀禮> ⑰화경(火鏡). ㊂鐩. ⑱나라 이름. 산동성(山東省)에 있던 주(周)대의 나라. ¶齊人滅一<春秋>

【遂古】すいこ(수고) 먼 옛날. 上古(상고). ¶一之初 誰傳道之<楚辭>

【遂成】すいせい(수성) 이룸. 드디어 이룸.

【遂行】すいこう(수행) 일을 이루어 냄. 해 냄.

▷甘一, 功成名一, 功成事一, 郊一, 旣一, 陶一, 茂一, 未一, 生一, 成一, 玉一, 完一, 容一, 六一, 已一, 豊一, 鄕一

13【遂】 遂(p. 1492)와 同字

13【遀】 隨(p. 1588)의 古字

13【遌】 遻(p. 1490)과 同字

9/13【遏】 막을 알 | 圓さ (e) | あつ(トドメル) *obstruct*

풀이 ①막다. ㉮저지하다. 못 가게 함. ¶爰整其旅 以一徂莒<孟子> ㉯금하다. 못하게 함. ¶四海一密八音<書經> ㉰끊다. 중지함. ㉱누르다. 억제함. ㊂按. ㉲절제하다. ㊂節. ②해치다. 병들게 함. ㊂害. ¶無一爾躬<詩經>

【遏惡】あつあく(알악) 악(惡)을 막음. ¶君子以一揚善<易經>

▷檢一, 禁一, 斷一, 防一, 綏一, 肅一, 抑一, 擁一, 夭一, 靜一, 止一, 鎭一, 遮一

9/13【遇】 1 만날 우 2 땅이름 옹 | 圓ㅡ 图(yu) | ぐう(アウ) *meet*

풀이 1 ①만나다. ㉮길에서 만나다. ¶公及宋公一于淸<春秋> ㉯우연히 만나다. ¶一丈人以杖荷蓧<論語>/遭一. ㉰뜻이 맞다. 합치함. ¶王何不與寡人一<戰國策> ㉱때를 만나다. 등용됨. ¶論其任一 實當時之良選也<北史> ②알현(謁見). 회합(會合). ㉮제후(諸侯)의 임시 회견. ¶諸侯未及期相見曰一<禮記> ㉯주(周)의 제도로서, 겨울철의 알현. ¶冬見曰一<周禮> ③맞서다. 상대함. ¶以與王一<戰國策> ④대우하다. 예우함. ¶禹未之一<呂覽> ⑤대우(待遇). 예우. ¶蓋追先帝之殊一<諸葛亮> ⑥때. 기회. ¶千載一一 賢智之嘉會<袁宏> ⑦우연히. 때마침. ⑧…을 당하다. 피동의 어조사. ¶一奪釜鬲於塗<史記> ⑨어리석다. ㊂愚. ¶一犬獲之<詩經> 2 땅 이름. 하남성(河南省)에 있음. ¶曲一.

【遇合】ぐうごう(우합) ①현명한 임금을 만나 등용됨. 偶合(우합). 偶會(우회). ②우연히 만남. 기약 없이 상봉함. 遭遇(조우).

【遇害】(우해) 해를 당함. 살해 당함. 遇賊(우적).

▷客一, 敬一, 顧一, 遣一, 眷一, 詭一, 奇一, 器一, 冷一, 待一, 逢一, 不一, 賞一, 善一, 殊一, 崇一, 禮一, 優一, 恩一, 接一, 遭一, 知一, 千載一一, 寵一, 値一, 親一, 會一, 厚一

9/13【運】 돌 운 | 圓ㅣㅡㄣ (yun) | うん(メグル) *turn round*

풀이 ①돌다. 돌리다. ¶凡日月一行四極之道<周髀算經> ②옮기다. 운반함. ¶卒徒轉一<後漢書> ③쓰다. 운용함. ¶公神謀內一<南史> ④운반. 운송. ¶大轉糧一<後漢書> ⑤움직이다. 운전함. ¶一物之泄也<莊子> ⑥가다. 나아가게 하다. ¶終身一枯形于連嶁列埒之門<淮南子> ⑦어루만지다. 완롱(玩弄)함. ¶君子欠伸一笏<禮記> ⑧멀리까지 미치다. ¶帝德廣一<書經> ⑨오행(五行)의 유전(流轉). ¶漢承堯一<漢書> ⑩운수(運數). 운명. ¶漢一方微<晋書> ⑪세로[縱]. 남북. ¶東西爲廣 南北爲一<國語·注> ⑫햇무리. 일훈(日暈). ㊂暈. ¶一 叚借爲暈<說文通訓定聲>

【運柩】(운구) 관(棺)을 옮김.

【運斤成風】うんきんかぜヲナス(운근성풍) 도끼를 휘두르는데 바람이 일었다는 뜻으로, 재주가 훌륭한 장인(匠人)을 이르는 말. 영인(郢人)의 옛일에서 유래. ¶使匠石斲之 匠石一 聽而斲之 盡堊而鼻不傷 郢人立不失容<莊子>

【運氣】うんき(운기) 운명. 운세. 운수.

【運命】うんめい(운명) 운. 운수. 運勢(운세). 運氣(운기).

【運搬】うんぱん(운반) 물건을 나름.

【運甓】うんぺき(운벽) 벽돌을 나른다는 뜻으로, 체력을 단련함을 이름. 진(晋)의 도간(陶侃)이 벽돌 백 장을 아침에는 집 밖으로, 저녁에는 집 안으로 옮기는 일을 매일 반복했다는 옛일에서 유래.

【運勢】うんせい(운세) ☞運命(운명).

【運送】うんそう(운송) 물건을 운반하여 보냄.

【運數】うんすう(운수) 운명(運命). 數는 명수(命數).

【運輸】うんゆ·うんしゅ(운수) 실어 나름. 비행기나 선박 등으로 수송(輸送)함. ¶一業.

【運身】(운신) 몸을 움직임.

【運營】うんえい(운영) 조직(組織), 기구(機構) 등을 운용(運用)하여 경영함.

【運用】うんよう(운용) 부리어 씀. 활용(活用)함.

【運賃】うんちん(운임) 운반하는 삯.

【運轉】うんてん(운전) ①돎. 돌림. 圓轉(원전). 輪轉(윤전). ②기차·자동차 따위를 조종함. ③자본 등을 활용함. 運用(운용).

【運筆】うんぴつ(운필) 붓놀림. 붓의 사용법. 또는, 붓을 놀려 글씨를 씀.

【運河】うんが(운하) 배가 다닐 수 있도록 인공으로 만든 수로(水路).

【運航】うんこう(운항) 선박, 항공기를 운전하여 항행(航行)함.

【運行】うんこう(운행) ①돌아감. 천체가 궤도를 따라 돎. ②운전하여 다님.
【運休】うんきゅう(운휴) 교통 기관이 운전이나 운항을 중지하는 일.
▷家—, 開—, 啓—, 廣—, 國—, 餽—, 動—, 武—, 文—, 薄—, 搬—, 不—, 丕—, 非—, 四—, 社—, 聖—, 世—, 衰—, 水—, 輸—, 惡—, 年—, 五—, 陸—, 征—, 遭—, 天—, 頹—, 布—, 海—, 幸—, 餉—

13【遖】 運(p. 1493)의 古字

9
13【違】 어길 위 | 國ㄨㄟˊ (wei) | い(チガウ) *violate*

풀이 ①어기다. 위반함. 通 韋. ¶靜言庸—<書經> ②다르다. 틀림. ¶江海事多—<沈約> ③잘못. 과실. ¶故光武鑒前事之—<後漢書> ④떠나다. ㉮떨어지다. ¶中心有—<詩經> ㉯멀어지다. ㉰떠나 버리다. ¶—穀七里<左氏傳> ㉱피하다. ¶未能—難<國語> ㉲달아나다. ¶凡諸侯之大夫—<左氏傳> ⑤원망하다. ¶—世業之可懷<班固> ⑥사특(邪慝). 사악. ¶將昭德塞—<左氏傳> ⑦머뭇거리다. 배회함. ¶中心有—<詩經>
【違令】いれい(위령) 명령을 어김.
【違反】いはん(위반) 법률, 규칙, 약속 등을 어김. 違背(위배).
【違背】いはい(위배) 어김. 違反(위반).
【違法】いほう(위법) 법을 어김. 犯法(범법).
【違約】いやく(위약) 약속을 어김. 背約(배약). 食言(식언).
【違憲】いけん(위헌) ①법에 위배됨. 違法(위법). ¶—審査. ②헌법(憲法)에 위배되는 행동을 함.
【違和】いわ(위화) ①몸의 조화가 흐트러짐. 기분이 언짢음. ②남과 조화되지 아니함. ¶—感.
▷乖—, 睽—, 遁—, 無—, 非—, 相—, 先天天弗—, 心事—, 心與口—, 依—, 猗—, 避—

9
13【遊】 놀 유 | 因ㄧㄡˊ (you) | ゆう(アソブ) *play*

풀이 ①놀다. ㉮즐겁게 지내다. 일락(逸樂)함. ¶乃盤—無度<書經> ㉯여행하다. ¶王資臣萬金而—<戰國策> ㉰공부하다. 유학(遊學)함. ¶—於聖人之門<孟子> ㉱한가로이 지내다. 자적(自適)함. ¶息焉—焉<禮記> ㉲벼슬하지 아니하다. ¶凡國之貴—子弟學焉<周禮> ㉳사환(仕宦)하다. 벼슬을 구함. ¶王獨不聞吳人之—楚者乎<戰國策> ㉴흩어지다. 정처 없이 떠돎. ¶—魂爲變<易經> ㉵사귀다. 교유함. ¶雅—人多爲之言<史記> ㉶유세(遊說)하다. ¶吾語子—<孟子> ②놀이. ¶門絕賓— 不交世事<晋書> ③협기(俠氣). 유협(遊俠). ④헤엄치다. ⑤뜨다. 물 위에 뜸. ¶羅半茸之—樹兮<司馬相如> ⑥방탕하다. 주색에 빠짐.
【遊擊】ゆうげき(유격) ①전열(戰列) 밖에 있어서, 그때그때 우군을 도와 적을 치는 일. 또는, 적지(敵地)를 기습하는 일. ¶—隊. ②야구의 유격수(遊擊手).
【遊廓】ゆうかく(유곽) 창녀(娼女)들이 매춘(賣春)하는 집. 또는, 그런 집이 모여 있는 곳. 紅燈街(홍등가). 淪落街(윤락가).
【遊軍】ゆうぐん(유군) ①필요에 따라 출동하기 위하여 후진(後陣)에 대기하고 있는 군사. ② 韓 놀고 먹는 사람. 遊食者(유식자).
【遊女】ゆうじょ(유녀) 논다니. 노는 계집. 창녀(娼女). 「(유관). ¶—船.
【遊覽】ゆうらん(유람) 돌아다니며 구경함. 遊觀
【遊離】ゆうり(유리) ①떨어짐. 분리함. ②원소(元素)가 다른 원소와 화합하지 아니하고 단체(單體)로 존재하거나, 화합물에서 분리되는 일.
【遊牧】ゆうぼく(유목) 정주(定住)하는 곳이 없이 물과 풀을 따라 이주하며 목축(牧畜)을 함. 또는, 그런 목축. ¶—民.
【遊絲】ゆうし(유사) 아지랑이. 野馬(야마). ¶—映空轉 高楊拂地垂<沈約>
【遊山】ゆさん(유산) 산에서 놂. 산놀이를 함. ¶五月遊船 十月—<宋史>/—歌.
【遊星】ゆうせい(유성) 태양의 주위를 도는 별. 惑星(혹성). ↔恒星(항성).
【遊說】ゆうぜい(유세) ①사방으로 돌아다니며 자기 의견을 설명하는 일. 遊談(유담). ②자기 또는 자기 정당의 주의, 주장, 정견(政見) 따위를 연설하고 다님. ¶選擧—.
【遊言】ゆうげん(유언) 근거없는 말. 헛말. 流言(유언). ¶大人不倡—<禮記>
【遊泳】ゆうえい(유영) 헤엄. 또는, 헤엄침. 水泳(수영). ¶宇宙—.
【遊佚】ゆういつ(유일) 즐겁게 놂. 遊逸(유일).
【遊蕩】ゆうとう(유탕) 방탕하게 놂. 도락(道樂)에 탐닉(耽溺)함.
【遊學】ゆうがく(유학) ①타향이나 외국에 가서 공부함. 留學(유학). ②학문을 함. 공부함. ¶結髮—<漢書> ③학문을 한 사람. ¶諸侯竝爭厚招—<史記>
【遊俠】ゆうきょう(유협) 의협심(義俠心)이 있어 남을 위해 용력(勇力)을 떨침. 또는, 그 사람. 義俠(의협). 任俠(임협). 俠客(협객).
【遊興】ゆうきょう(유흥) ①흥치(興致)있게 놂. 재미있게 놂. ¶—費/—場/—業. ②화류계(花柳界)에서 놂.
【遊戲】ゆうぎ(유희) ①장난하며 놂. 즐겁게 놂. 놀이. ②음률에 맞추어 율동적으로 움직이는 몸놀림. 유치원·국민학교 어린이의 무용.
▷客—, 溪—, 交—, 舊—, 同—, 慢—, 汎—, 浮—, 朋—, 山—, 上—, 先—, 遡—, 夜—, 冶—, 野—, 臥—, 外—, 優—, 絕—, 秋—, 春—, 出—, 惰—, 下—, 回—

9
13【逾】 넘을 유 | 國ㄩˊ (yu) | ゆ(コエル) *pass over*

풀이①넘다. ㉮넘어가다. ¶日月一邁<書經> ㉯건너다. 물을 건넘. ¶一于洛<書經> ㉰지나다. 나음. ¶勢甚疾雷鋒一駭電<隋書> ②더욱. 점점 더. ¶此所以欲榮而一辱也<呂覽> ③멀다. 아득함. ¶福一刺鳳<漢書>
【逾越】(유월) 한도를 넘음. 超越(초월). 踰越(유월).

13【逌】 逌(p.1484)의 古字

9 13【遉】 엿볼 정 | [敬]ㄓㄣ (zhen) | てい(ウカガウ)

9 13【遒】 굳셀 주 | [尤]ㄑㄧㄡˊ (qiu) | しゅう(ツヨイ) *strong*
풀이①굳세다. 용맹함. ¶力一不窒千鈞石<劉子翬> ②굳다. 견고함. ③다그치다. [같]遒. ¶分曹竝進 一相迫些<楚辭> ④바쁘다. 급함. ⑤모이다. [通]揫. ¶百祿是一<詩經> ⑥끝나다. 마침. [通]酋. ¶說難既一<班固> ⑦가다. 돌아다님. ¶一人以木鐸徇于路<書經> ⑧달라들어 잡는 모양.
▷警一, 道一, 力一, 淸一, 逼一

13【遅】 遲(p.1501)의 俗字

9 13【遄】 빠를 천 | [先]ㄔㄨㄢˊ (chuan) | せん(スミヤカ)
풀이①빠르다. 빨리. ¶胡不一死<詩經> ②자주. 빈번히 왕래함. ¶已事一往<易經>

9 13【逿】 1 넘어질 탕 [漾]ㄉㄤˋ 2 찌를 당 [陽](dang) | とう
풀이1①넘어지다. 쓰러짐. ¶陽醉一墜<漢書> ②움직이다. 흔듦. ¶重陽者一心主<史記> ③지나가다. 2①찌르다. 충돌함. ¶爛漫麗靡 藐以迭一<張衡> ②지나가다.

9 13【遍】 두루 편 변 | [霰]ㄅㄧㄢˋ (bian) | へん(アマネシ)
풀이①두루. 두루 미침. [같]徧. ¶鶯嶺春光一<陰鏗> ②처음부터 끝까지 한 번 하는 일. ¶常自課讀之 月常一一<魏志> ③곡조(曲調) 이름. ¶其聲本宮調有大一小一<唐書>
【遍歷】へんれき(편력) 널리 돌아다님. 遍踏(편답).
【遍滿】へんまん(편만) 두루 가득함.
【遍身】へんしん(편신) 온 몸. 全身(전신).
【遍在】へんざい(편재) 두루 존재함. ↔偏在(편재).
【遍照】へんしょう(편조) 두루 비춤.
▷讀書百一義自見, 普一, 用一, 優一

9 13【逼】 다그칠 핍 [本]벽 | [職]ㄅㄧ (bi) | ひょく(セマル) *press*
풀이다그치다. ㉮다그다. 바싹 다금. ¶一迫. ㉯강제하다. 강박함. ¶自誓不嫁其家一之<古詩> ㉰황급하다. 급박함. ¶勢危事一<梁武帝> ㉱으르다. 협박함. ¶不患權之我一<陸機> ㉲몰아 쫓다. 구박함. ㉳좁혀지다. 좁아짐. ¶人稠網密 地一勢脅<曹植>
【逼迫】ひょくはく・ひっぱく(핍박) ①다그침. 바싹 다가 대듦. 切迫(절박). ②다그쳐 독촉함.
【逼眞】ひょくしん・ひっしん(핍진) 실물과 흡사함. 迫眞(박진).
▷攻一, 驅一, 內一, 事一, 我一, 畏一, 威一, 進一, 脅一

9 13【遐】 멀 하 | [麻]ㄒㄧㄚˊ (xia) | か(トオイ) *distant*
풀이①멀다. 아득함. [通]假. ¶若陟一 必自邇<書經> ②멀리하다. 멀어짐. ¶不我一棄<詩經> ③가다. ¶俟閶風而西一<張衡> ④길다. 오램. ¶以知命爲一齡<魏書> ⑤어찌. [通]何. ¶一不眉壽<詩經>
【遐年】かねん(하년) 오래 삶. 長壽(장수). 遐齡(하령). ¶庶幾一 攜手同征<曹植>
【遐鄕】(하향) 먼 시골. 서울에서 멀리 떨어진 지방. 遐方(하방).
【遐荒】かこう(하황) 왕성(王城)에서 멀리 떨어진 오랑캐의 땅.
▷登一, 升一, 幽一, 邇一, 荒一

9 13【遑】 허둥거릴 황 | [陽]ㄏㄨㄤˊ (huang) | こう *flurry*
풀이①허둥거리다. 황망한 모양. [通]皇. ¶一一. ②겨를. 여가. ¶莫敢或一<詩經>/一暇.
【遑急】こうきゅう(황급) 당황하여 서두름. 몹시 급박함.
【遑遑】こうこう(황황) 몹시 다급하여 어찌할 줄을 모르는 모양. 皇皇(황황).
▷未一, 不一, 栖一, 怠一

10 14【遣】 1 보낼 견 [銑]ㄑㄧㄢˇ 2 하사품 견 [霰](qian) | けん(ヤル) *send*
풀이1①보내다. ㉮파견하다. ¶姜氏與子犯謀 醉而一之<左氏傳> ㉯놓아 주다. 석방함. ¶輒平一囚徒 除王莽苛政<後漢書> ㉰이혼하여 아내를 보내다. ¶爲夫家所一<穀梁傳> ㉱내쫓다. 축출(逐黜)함. ㉲가다. 떠나감. ②시름을 풀다. 마음을 달램. ¶消一世慮<王禹偁> ③증물(贈物). 선물. ¶書一於策<儀禮> ④심부름꾼. 사자(使者). ¶若逢賊 但道李元忠一<北齊書> ⑤…로 하여금 …하게 하다. ¶故一佳人在空谷<蘇軾> 2하사품(下賜品). 신하의 장례에 임금이 보내는 거마(車馬) 따위. ¶一車一乘<禮記>
【遣使】けんし(견사) ①사자를 보냄. ②외국으로 파견하는 사자.
▷勞一, 發一, 放一, 謝一, 消一, 原一, 慰一, 殷一, 裝一, 縱一, 差一, 斥一, 黜一,

擇—, 派—, 罷—, 會—, 休—

10 14【遘】 만날 구 | 宥ㄍㄡˋ (gou) | こう(アウ) meet

풀이 ①만나다. 흉사(凶事)를 당함. 조우(遭遇)함. ¶—厲虐疾<書經> ②뵙다. 알현(謁見)함. 通 覯. ③자세를 취하다. 태세를 갖춤. 通 冓 構. ¶豺虎方—患<王粲>
▷頻—, 嬰—, 遠—, 潛—

14【[illegible]】 及(p. 254)의 古字

10 14【遝】 뒤섞일 답 | 合ㄊㄚˋ (ta) | とう(イリマジル)

풀이 ①뒤섞이다. ¶紛—. ②많이 모여 시끄러운 모양. ¶雜—.
【遝至】(답지) 한군데로 몰려듦. ¶義捐金—.
▷紛—, 颯—, 雜—, 追—, 合—

14【道】 道(p. 1491)의 本字

10 14【遛】 머무를 류 | 尤ㄌㄧㄡˋ (liu) | りゅう(トドマル) stay

10 14【遡】 거스를 소 | 遇ㄙㄨˋ (su) | そ(サカノボル)

풀이 ①거스르다. ㉮물을 거슬러 올라가다. ¶御輕舟而上—<曹植> ㉯시간을 거슬러 올라가다. ¶—及. ㉰바람을 거슬러 가다. ¶—風. ②하소연하다. 通 愬. ¶—九秋之鳴飈<張協>
【遡及】そきゅう(소급) 지나간 일에까지 거슬러 올라가 미침. ¶—力/—效.

10 14【遜】 겸손할 손 | 願ㄒㄩㄣˋ (xun) | そん(ヘリクダル) humble

풀이 ①겸손하다. 자기를 낮춤. ¶惟學—志<書經> ②사양하다. 양보함. ¶皇帝—位於魏<後漢書> ③따르다. 순종함. ¶五品不—<書經> ④달아나다. 피하여 감. ¶吾家耄—于荒<書經> ⑤못하다. 뒤떨어짐.
【遜辭】そんじ(손사) ①발뺌하는 말. 遁辭(둔사). ¶—以避咎<晏子> ②겸손한 말.
【遜色】そんしょく(손색) 서로 견주어 좀 못한 점.
【遜位】そんい(손위) 제왕의 자리를 물려줌. 讓位(양위). ¶疾病 屢乞—<魏志>
▷謙—, 敬—, 恭—, 不—, 讓—

10 14【遙】 멀 요 | 蕭ㄧㄠˊ (yao) | よう(ハルカ) distant

풀이 ①멀다. 아득함. ¶千里而—<禮記> ②서성거리다. 소요(逍遙)함. ③길다. ¶故—而不悶<莊子> ④빨리 가다. ⑤음란(淫亂)하다. ¶謂淫曰—<方言>
【遙望】ようぼう(요망) 멀리서 바라봄. 遠望(원망).
【遙拜】ようはい(요배) 멀리서 바라보며 절함.
【遙遠】ようえん(요원) 아득히 멂.
▷翹—, 逍—, 遼—, 迢—

10 14【遠】 1 멀 원 | 阮ㄩㄢˇ (yuan) 2 멀리할 원 | 願ㄩㄢˋ (yuan) | えん(トオイ) distant

풀이 1 ①멀다. ㉮아득하다. ¶日暮途—<史記> ㉯길이 멀다. ¶糧少入— 又不曉道徑<後漢書> ㉰세월이 오래다. ¶音樂之所由來者—矣<呂覽> ㉱넓다. ¶巡彼—方<呂覽> ㉲깊다. 심오함. ¶其旨—<易經> ㉳많다. ¶其輕於韓又—<呂覽> ㉴끝이 없다. 무궁함. ㉵다하다. 궁극(窮極)에 이름. ¶逝曰—曰反<老子> ㉶이목(耳目)이 미치지 못하다. ¶言無—<國語> ㉷버성기다. 소원(疏遠)함. ¶令疏—卑賤 共承尊祀<漢書> ㉸번거롭다. ¶陛下以此事潤— 竟不施用<北史> ②선조(先祖). ¶愼終追—<論語> ③하늘. ¶无有—近幽深<易經> 2 ①멀리하다. ㉮사이를 띄우다. ¶是以君子—庖廚也<孟子> ㉯가까이하지 아니하다. ¶敬鬼神—之<論語> ㉰쫓아 버리다. ¶驅虎豹犀象而—之<孟子> ㉱소원하게 대하다. 정을 붙이지 않음. ¶黜—外戚<漢書> ②멀어지다. ¶不仁者—矣<論語> ③어긋나다. ¶法不—義 則民服而不離<漢書>
【遠距離】えんきょり(원거리) 먼 거리. 長距離(장거리).
【遠隔】えんかく(원격) 멀리 떨어짐. 懸隔(현격). ¶—誘導/—操作.
【遠景】えんけい(원경) 먼 경치. ↔近景(근경).
【遠交近攻】えんこうきんこう(원교근공) 먼 나라와 사귀어 가까운 나라를 침. 전국 시대 진(秦)의 범저(范雎)가 세운 정략(政略).
【遠近】えんきん(원근) ①멂과 가까움. 이곳 저곳. 여기저기. 遐邇(하이). ②먼뎃 사람과 가까운뎃 사람.
【遠大】えんだい(원대) 뜻이 깊고 큼.
【遠路】えんろ(원로) 먼 길. 긴 여로(旅路). 遠程(원정).
【遠孫】えんそん(원손) 먼 후대의 자손. 後裔(후예). 遠胄(원주). 遠裔(원예).
【遠視】えんし(원시) ①멀리까지 보임. ¶—邊誼囂<謝惠連> ②먼 곳은 잘 보이나 가까운 곳이 잘 보이지 않는 눈. 遠眼(원안). ↔近視(근시).
【遠洋】えんよう(원양) 육지에서 멀리 떨어진 바다. 遠海(원해). ¶—漁業. ↔近海(근해)·沿海(연해).
【遠因】えんいん(원인) 먼 원인. 간접적 원인. ↔近因(근인).
【遠謫】えんたく(원적) 먼 곳으로 귀양감. 遠竄(원찬)①.
【遠征】えんせい(원정) ①☞遠行(원행). ¶陛下乘桴—<吳志> ②먼 곳을 정벌(征伐)함. ③운동 경기 등을 하기 위해 먼 곳으로 감. ¶

一競技.

【遠族】えんぞく(원족) 먼 일가. 먼 친척. 遠親(원친).

【遠竄】えんざん(원찬) ①먼 곳에 귀양감. 遠謫(원적). 遠配(원배). 遠流(원류). ②먼 곳으로 달아나 숨음. ¶圖欲一 望不及此＜吳志＞ 「征(원정)①.

【遠行】えんこう(원행) 먼 곳에 감. 멀리 여행함. 遠

▷隔一, 敬一, 高一, 廣一, 宏一, 鉤深致一, 久一, 道在邇求諸一, 望一, 明一, 博一, 放一, 僻一, 邊一, 鄙一, 四一, 性相近習相一, 疏一, 疎一, 雖不中不一, 修一, 綏一, 邃一, 愼終追一, 深一, 言近旨一, 淵一, 永一, 英一, 迂一, 奧一, 遙一, 遼一, 幽一, 柔一, 悠一, 隱一, 凝一, 以近知一, 日暮途一, 任重道一, 長一, 淸一, 迢一, 黜一, 沈一, 遐一, 險一, 玄一, 迥一, 弘一, 闊一, 荒一, 恢一, 懷一

14【遅】 遷(p.1501)의 俗字

10
14【遞】 갈마들 체 | 圖ㄉㄧˋ (di) | てい(カワル) alternate

㊗逓 ㊐逓

풀이 ①갈마들다. 교대함. ¶一代. ②번갈아. 교대로. ¶詐術一用＜呂覽＞ ③전하다. 여러 곳을 거쳐 전하여 보냄. ¶一送. ④역참(驛站). ¶定賦租立站一＜元史＞ ⑤역말. ¶發馬一上之＜宋史＞ ⑥두르다. 둘러쌈. ¶絳侯依諸將之一 據相扶之埶＜漢書＞ ⑦가다. 떠남. ¶儀形長一＜王儉＞ ⑧오그라붙다. ¶握一.

【遞減】ていげん(체감) 점차로 줄임. ¶收穫一. ↔遞增(체증).

【遞夫】ていふ(체부) 우편 집배원(集配員). 遞傳夫(체전부). 郵遞夫(우체부).

【遞送】ていそう(체송) 경로(經路)를 따라 차례차례로 전하여 보냄. 遞傳(체전). 傳送(전송).

【遞信】ていしん(체신) ①우편이나 전신(電信) 따위의 통신. ②차례로 여러 곳을 거쳐서 전화, 전보, 편지 따위를 통하는 일. 음신(音信)을 전하는 일. ¶一部.

【遞傳】(체전) ☞遞送(체송).

【遞增】ていぞう(체증) 점차로 더함. 遞加(체가). ↔遞減(체감).

▷更一, 急一, 馬一, 步一, 驛一, 郵一, 傳一, 轉一, 站一, 迢一

15【遡】 瞉(p.822)과 同字

11
15【遯】 달아날 둔 ㊗돈 | 圖ㄉㄨㄣˋ 阮(dun) | とん escape

풀이 ①달아나다. ¶莫得一隱＜柳宗元＞ ②물러나다. 피함. ㊐遁. ¶一世无悶＜易經＞ ③속이다. ¶審於形者不可一以狀＜淮南子＞ ④옮기다. ⑤둔괘(卦). 64괘(卦)의 하나. ䷠. 간하 건상(艮下乾上). 군자는 은퇴하여 형통(亨通)하고, 소인은 바른 길을 지켜 이(利)를 보는 상(象).

【遯世】とんせい(둔세) 세상을 피해 삶. 遁世(둔세). ¶一不見知而不悔＜中庸＞

▷嘉一, 亂一, 肥一, 深一, 隱一

11
15【遬】 빠를 속 | 屋ㄙㄨˋ (su) | そく quick

풀이 ①빠르다. ㊐速. ¶欲疾以一＜淮南子＞ ②변하다. ¶士之一弊＜呂覽＞ ③오그라들다. ㊐促. ¶見所尊者齊一＜禮記＞ ④잘다. 촘촘함. ¶別苗莠 列疏一＜管子＞ ⑤삼가다.

▷僕一, 齊一, 剽一

15【遻】 我(p.605)와 同字

15【遫】 御(p.549)와 同字

11
15【遨】 놀 오 | 豪ㄠˊ (ao) | ごう play

15【遙】 遙(p.1496)와 同字

11
15【適】 1 갈 적 ㊗석 2 원수 적 3 다만 적 ㊗시 | 陌ㄕˋ (shi) 錫ㄉㄧˊ (di) 寘 | せき, てき (カナウ) go てき し

풀이 1 ①가다. ㉮목적지로 향하다. ¶子一衛＜論語＞ ㉯이르다. 도달함. ¶以二缶鍾惑而所一不得矣＜莊子＞ ㉰따르다. ¶民知所一＜左氏傳＞ ㉱시집가다. ¶少喪父母一人＜潘岳＞ ㉲접근하다. ②만나다. ¶以爲一遭暴亂＜班彪＞ ③마땅하다. 당연(當然)함. ¶以爲是一然耳＜漢書＞ ④향하게 하다. ¶以葉一己＜管子＞ ⑤애초. 시작함. ⑥맞다. 적합함. ㉮좋다. ¶不能用威一＜呂覽＞ ㉯알맞다. ¶此六者非一也＜呂覽＞ ㉰갖추다. 알맞게 함. ¶歲穀不熟不能一＜史記＞ ㉱같다. 수효가 같음. ¶軍馬不一士＜漢書＞ ㉲일치하다. ¶邂逅相遇 一我願兮＜詩經＞ ㉳화합하다. 계절에 맞음. ¶寒暑一＜呂覽＞ ㉴따르게 하다. ¶截趾一屨＜後漢書＞ ㉵기뻐하다. 즐김. ㉶편안하다. 상쾌함. ¶以一其欲也＜漢書＞ ㉷마음대로. ¶處分一兄意＜古詩＞ ㉸동작이 예의에 맞다. ¶莫敢不應不一也＜呂覽＞ ㉹인재를 얻다. ¶諸侯貢士壹一＜漢書＞ ⑦바로. 틀림없이. ¶其知一足以知人＜莊子＞ ⑧조금. 약간. ¶一啓其口 匕首已陷其胸矣＜漢書＞ ⑨마침. 우연히. ¶鳳鳥一至＜左氏傳＞ ⑩만일. ¶臣一不幸而有過 願君幸而告之＜韓非子＞ ⑪이. ¶一人之所以來我也＜荀子＞ ⑫주름. ㊐積. ¶負廣出於一寸＜儀禮＞ ⑬반항하다. 말다툼함. ⑭깨닫다. 2 ①원수. 적. ㊐敵. ¶與戰却一＜史記＞ ②

상대자. ¶大夫訃於同國一者<禮記> ③정실(正室). 적자(嫡子). ㊀嫡. ¶一庶不明<漢書> ④임자. 주인. ¶帝也者天下之一也<呂覽> ⑤상위(上位). ¶一士二廟一壇<禮記> ⑥홀로. 혼자. ¶心私慮一<逸周書> ⑦오로지. ¶無一也 無莫也 義之與比<論語> ⑧놀라는 모양. ¶一一然驚<莊子> ⑨책망하다. 공박함. ㊀謫 讁. ¶勿予禍一<詩經> ⑩허물. 책벌. ¶一見於天<禮記> **3**다만. ㊀啻. ¶疑臣者不一三人<戰國策>

【適格】てきかく(적격) 자격이 갖추어져 있음. ¶一者.

【適口之餠】てきこうノもち(적구지 병) 입에 맞는 떡이란 뜻으로, 꼭 마음에 드는 사물의 비유.

【適期】てっき(적기) 알맞은 시기. ¶一播種.

【適當】てきとう(적당) 알맞음. ¶足食成軍 亦一爾<魏志>

【適量】てきりょう(적량) 알맞은 분량.

【適齡】てきれい(적령) 표준이나 규정에 맞는 나이. ¶就學一/一期.

【適法】てきほう(적법) 법규의 정하는 바에 맞음. 合法(합법). ↔違法(위법)·不法(불법).

【適否】てきひ(적부) 적합 여부. 적합함과 적합하지 아니함. ¶一審査.

【適性】てきせい(적성) 특정한 활동이나 일에 적합한 자질. ¶一檢査.

【適時】てきじ(적시) 알맞은 때. 또는, 시기에 적절함. ¶一安打.

【適役】てきやく(적역) 알맞은 배역. 또는, 적임자(適任者).

【適用】てきよう(적용) ①맞추어 씀. ②법률의 규정을 구체적으로 특정한 사람, 행위 등에 작용시킴.

【適應】てきおう(적응) ①일정한 조건·환경에 알맞게 됨. ¶一力/一性. ②생물의 형태·습성이 주위 환경에 적합하도록 달라지는 현상.

【適宜】てきぎ(적의) ①알맞고 마땅함. 適當(적당). ②편의에 따름. 隨意(수의).

【適人】てきじん①·せきじん②(적인) ①원수. 적. ¶一開戶<史記> ②시집감. ¶女子十五許嫁 有一之道<孔子家語>

【適任】てきにん(적임) 임무에 알맞음. 또는, 알맞은 임무. ¶一者.

【適者生存】てきしゃせいぞん(적자생존) 환경에 적응하는 생물은 번성하고, 환경의 변화에 적응하지 못하는 생물은 점차 소멸하는 현상. ※自然淘汰(자연도태).

【適長公主】てきちょうこうしゅ(적장공주) 한(漢)대에는 천자의 적녀(嫡女), 당(唐)대에는 천자의 고모를 이르던 말.

【適材適所】てきざいてきしょ(적재적소) 알맞은 인재를 알맞은 자리에 배치함. 適才適處(적재적처).

【適切】てきせつ(적절) 꼭 맞음.

【適正】てきせい(적정) 알맞고 바름. ¶一價.

【適合】てきごう(적합) 꼭 들어맞음. 잘 어울림.

▷佳一, 酣一, 曠一, 均一, 妙一, 嗣一, 舒一, 順一, 娛一, 貳一, 自一, 調一, 暢一, 淸一, 快一, 閑一, 偕一, 好一, 和一, 歡一, 戲一

15【遺】 迹(p.1479)과 同字

11/15【遭】 만날 조 | ㊥ㄗㄠ (zao) | そう(アウ) *meet*

풀이 ①만나다. 상봉함. 흉사를 당함. ¶一先生於道<禮記> ②돌다. 순회함. ¶山圍故國周一在<劉禹錫> ③번. 차례. ¶盧繞千萬一<孟郊> ④되다. 당함. 피동사. ¶一呂太后虧損至德<漢書>

【遭故】そうこ(조고) 부모의 상을 당함. 當故(당고). 「志>

【遭難】そうなん(조난) 재난을 만남. ¶一必濟<魏

【遭遇】そうぐう(조우) ①우연히 만남. ¶一戰. ②난세(亂世)를 만남. ③높은 벼슬에 오름. 遭逢(조봉).

▷逢一, 相一, 周一

15【遲】 遲(p.1501)의 俗字

11/15【遮】 **1**막을 차 **2**이 자 | ㊥ㄓㄜ (zhe) | しゃ (サエギル) *intercept*

풀이 **1**①막다. ㉮못하게 하다. ¶子不一乎親<呂覽> ㉯가로지르다. 가로챔. ¶一說漢王<史記> ㉰목을 지키다. ¶伏兵一擊<後漢書> ㉱침범하다. ¶露含寒色濕一門<方干> ㉲가리다. 가로막음. ¶樹陰一景<李商隱雜纂> ②많다. 겸함. ㊀庶. ¶五穀一熟<管子> **2**이. 이것. ㊀這. ¶祗緣疑一箇<王安石>

【遮光】しゃこう(차광) 광선을 가리어 막음. ¶一幕.

【遮斷】しゃだん(차단) 막아서 끊음. 遮絶(차절). ¶紅塵一長安陌<韋莊>

【遮莫】サモアラバアレ(차막) 어쨌든간에. 어찌 되었든. 遮渠(차거). ¶一隣鷄下五更<杜甫>

【遮遏】しゃあつ(차알) 막음. 遮止(차지). ¶一風寒<李尤>

【遮陽】(차양)㊀韓 ①처마 끝에 덧대어 볕이나 비를 막는 가리개. ②모자 앞에 달린 볕가리개.

【遮日】しゃじつ(차일) 볕을 가림. 또는, 볕을 가리기 위해 치는 장막. ¶一向西秦<蘇軾>

【遮止】しゃし(차지) ☞遮遏(차알).

【遮蔽】しゃへい(차폐) 막아 가림. 또는, 막아서 지킴. 遮掩(차엄). 蔽遮(폐차).

▷要一, 周一, 重一, 蔽一

11/15【遰】 **1**떠날 체 ㊁제 **2**칼집 서 ㊁제 | ㊥ㄉㄧˋ (di) | てい *leave* せい

풀이 **1**①떠나다. ¶九月一鴻雁<大戴禮> ②멀리. ¶迢一. ③피하다. **2**①칼집. ¶右佩玦捍管一<禮記> ②가다. ㊀逝.

12/16【遼】 멀 료 | ㊥ㄌㄧㄠˊ (liao) | りょう *distant*

풀이 ①멀다. ¶眷故鄉之一隔＜潘岳＞ ② 느슨하게 하다. ¶少一緩之＜公羊傳＞ ③얼룩조릿대. ④강 이름. ¶一河. ⑤나라 이름. 10세기 초, 거란족이 만주, 몽고에 세운 나라.

【遼東帽】りょうとうぼう(요동모) 중국 삼국 시대 위(魏)의 관령(管寧)이 한(漢)에 대한 굳은 절개를 지켜 요동에 은거하며 검은 두건을 쓴 일에서, 청빈 정절의 생활을 이름.

【遼東豕】りょうとうのし(요동시) 요동의 돼지란 뜻으로, 세상 물정에 어두워 혼자서만 뛰어난 인물로 자만하는 어리석음을 풍자(諷刺)한 말. 遼東之豕(요동지 시).

유래 후한(後漢) 광무제(光武帝) 때 어양(漁陽) 태수 팽총(彭寵)이 역모를 하자, 주부(朱浮)가 망상을 떨쳐 버리라고 한 이야기다. 요동(遼東)의 한 농부가 자기 집 돼지가 흰 새끼를 낳았으므로 진기하게 여겨 임금께 바치기 위해 하동(河東)에 이르니, 집집마다 흰 돼지가 있으므로 부끄러워 길을 돌아섰다는 것이다. ＜後漢書＞

【遼遠】りょうえん(요원) 아득히 멂. 悠遠(유원). 遼遙(요요). ¶楚師一 糧食將盡＜左氏傳＞
▷廣一, 幽一, 征一, 阻一, 迥一

12/16 【遴】 1 어려워할 린 2 가릴 린 | 廣 ㄌㄧㄣˋ (lin) | りん uneasy

풀이 1 ①어려워하다. ¶一柬布章＜漢書＞ ②머뭇거리다. ¶誠難以忽 不可以一＜漢書＞ ③탐하다. 通吝. ¶晩節一惟恐不足于財＜漢書＞ ④모이다. 通遴. ¶鶊明一集＜法言＞ 2 가리다. 선발함. 通掄. ¶太平多士 則一柬俊髦而使之＜唐書＞

12/16 【選】 1 가릴 선 2 뽑을 선 3 셀 산 4 금 무게 이름 솰 | 銑 ㄒㄩㄢˇ (xuan) 霰 旱 黠 | せん(エラブ) select せん さん さつ

풀이 1 ①가리다. 같撰. 通柬. ¶遂一馬而進＜荀子＞ ②보내다. 파견함. ③당기다. 通援. ④좋다. 通善. ¶夫民群居而無一＜逸周書＞ ⑤잠시. 通旋. ¶一間食熟＜呂覽＞ ⑥약하다. 주저함. ¶恐議者一耎＜漢書＞ ⑦돈 이름. ¶白一. ⑧수(數) 이름. 경(經)의 천배. ¶十補謂之一＜太平御覽＞ 2 ①뽑다. 인재를 선발함. ¶一賢與能＜禮記＞ ②뛰어나다. ¶十人曰一＜白虎通＞ ③한결같다. 가지런함. 通巽. ¶舞則一兮＜詩經＞ 3 세다. 通算. ¶世一爾勞＜書經＞ 4 금의 무게 이름. ¶有金一之品＜漢書＞

【選揀】せんかん(선간) 가려 뽑음. 選拔(선발). 揀選(간선).

【選擧】せんきょ(선거) ①많은 사람 가운데서 합당한 사람을 가려 뽑음. ¶郡國皆謹一＜後漢書＞ ②시험을 통해 관리를 선발함. 科擧(과거). ③투표에 의하여 의원(議員) 등을 선출함. ¶總一.

【選官】せんかん(선관) ①관리의 선발을 담당하는 벼슬. 選事(선사). ¶勉居一＜南史＞ ②관리를 선임함.

【選良】せんりょう(선량) 훌륭한 인물을 선발함. 또는, 그 선발된 인물. ¶一次兵＜司馬法＞

【選民】せんみん(선민) ①선거권을 가지는 국민. ②하나님의 특별한 은총을 입은 선택된 백성이라는 뜻으로, 유태 민족의 자칭. ¶一意識. ③사회적으로 특별한 혜택을 받아 남달리 잘 사는 사람을 이름.

【選手】せんしゅ(선수) 운동 경기나 기술 경쟁에 대표로 뽑혀 출전하는 사람. ¶一團.

【選任】せんにん(선임) 뽑아 직무를 맡김.

【選者】せんじゃ(선자) 선발한 사람.

【選定】せんてい(선정) 골라서 정함.

【選集】せんしゅう(선집) ①골라서 모음. ¶一衆至十不收一＜唐書＞ ②많은 글 가운데서 특별히 가려 뽑은 글을 엮은 책.

【選出】せんしゅつ(선출) 가려냄. 가려 뽑음. 選拔(선발).

【選擇】せんたく(선택) 골라서 뽑음. ¶一權.
▷嘉一, 間一, 簡一, 改一, 更一, 擧一, 決一, 公一, 官一, 魁一, 落一, 當一, 募一, 妙一, 美一, 民一, 拔一, 辟一, 普一, 補一, 詳一, 少一, 殊一, 搜一, 蒐一, 良一, 豫一, 人一, 入一, 自一, 精一, 俊一, 直一, 徵一, 招一, 察一, 淸一, 特一, 被一, 互一

16 【暹】 ☞ 日部 12획 (p. 728)

12/16 【遻】 1 만날 악 2 저촉될 오 | 藥 ㄨˋ 遇 (wu) | がく meet

풀이 1 ①만나다. 우연히 만남. ¶幸二八一虞兮＜張衡＞ ②찾아보다. 뵘. 2 저촉(抵觸)되다. 위반함. ¶掌距劫一＜馬融＞

12/16 【遶】 두를 요 | 篠 ㄖㄠˋ (rao) | じょう surround

12/16 【遺】 1 남길 유 本 이 2 보낼 유 3 따를 수 | 支 ㄧˊ (yi) 寘 支 | い(ノコス) bequeath い すい

풀이 1 ①남기다. 남아 있게 함. ¶見馬一財足＜史記＞ ②버리다. 내버림. ¶一華反質＜陸雲＞ ③실수. 빠뜨림. ¶拾一補過＜史記＞ ④잊다. ¶長幼無序而一敬讓＜孔子家語＞ ⑤떠나다. 뗌. ¶一余佩兮澧浦＜楚辭＞ ⑥떨어지다. 떨어뜨림. 通隤. ¶目眇眇而一泣＜楚辭＞ ⑦쇠퇴하다. ¶歡樂不一＜呂覽＞ ⑧도망하다. ⑨소변. ¶小一殿上＜漢書＞ ⑩빠르다. ¶追奔電逐一風＜王褒＞ 2 ①보내다. 通饋. ¶凡一人弓者＜禮記＞ ②더하다. ¶政事一埤一我

<詩經> ③따르다. ¶莫肯下—<詩經>

【遺家族】いかぞく(유가족) 죽은 이의 뒤에 남은 가족. 遺族(유족).

【遺憾】いかん(유감) 마음에 섭섭함.

【遺稿】いこう(유고) 죽은 뒤에 남은 원고. 遺藁(유고). ¶以公—見屬爲序<蘇軾>

【遺藁】いこう(유고) ☞遺稿(유고).

【遺骨】いこつ(유골) ①죽어서 남긴 뼈. ¶齊人收永安上黨二王—葬之<資治通鑑> ②뼈를 남김. ¶埋形而—<阮籍>

【遺教】いきょう(유교) ☞遺訓(유훈).

【遺構】いこう(유구) ①선제(先帝)가 남긴 계책. ¶仰遵—<陳後主> ②황폐한 옛 궁전. ¶—絕壁下<杜甫>

【遺棄】いき(유기) 내버리고 잊음. ¶—毀與譽<阮籍>/—罪.

【遺德】いとく(유덕) 고인(故人)이 남긴 덕(德). 또는, 사후(死後)에 남는 혜택. ¶以光先帝— 恢弘志士之氣<諸葛亮>

【遺漏】いろう(유루) 새어 버림. 遺脫(유탈). 漏落(누락). ¶罔有—<晉書>

【遺留】いりゅう(유류) 남겨 둠. 또는, 남아 머무름. ¶策書—<杜預>/—品.

【遺命】いめい(유명) 죽으면서 남긴 명령. ¶—令素棺<吳志>

【遺墨】いぼく(유묵) 고인(故人)의 글씨. 사후에 남긴 서화(書畫). 遺芳(유방)②. ¶三歎—妙<朱熹>

【遺文】いぶん(유문) 고인(故人)이 생전에 쓴 글.

【遺物】いぶつ(유물) ①물건을 잊음. 또는, 잊은 물건. ¶行路得— 必訪主歸之<宋史> ②고인(故人)이 남긴 물건. 또는, 옛사람이 쓰던 물건. 遺品(유품).

【遺民】いみん(유민) 살아 남은 백성. 또는, 망국(亡國)의 백성. ¶招集—<魏志>

【遺芳】いほう(유방) ①후세에 남긴 명예. 사후(死後)의 영예. ¶—百歲. ↔遺臭(유취). ②☞遺墨(유묵).

【遺腹】いふく(유복) 아비가 죽은 후에 태어난 자식. 遺腹子(유복자).

【遺腹子】いふくし(유복자) ☞遺腹(유복).

【遺事】いじ(유사) ①생전에 다 이루지 못하여 사후에 남긴 사업. 아직 성취하지 못한 사업. ¶司馬法是其—也<漢書> ②예로부터 전해 오는 사실. ¶三國—<一然>

【遺產】いさん(유산) 고인(故人)이 남긴 재산. 遺財(유재). ¶家無— 子孫困匱<後漢書>

【遺算】いさん(유산) 실수. 失策(실책). 遺策(유책). 遺計(유계).

【遺書】いしょ(유서) ①유언(遺言)으로 적은 글. ②없어진 책. ③고인(故人)이 생전에 소장했던 책. ④남에게 문서를 보냄. ¶吳楚相—曰<史記>

【遺緖】いしょ(유서) ☞遺業(유업).

【遺俗】いぞく(유속) ①지금까지 남아 있는 옛날의 풍속. 流風(유풍). ¶其故家—<孟子> ②세속(世俗)을 잊음. ¶踔宇宙而—兮<後漢書>

【遺習】いしゅう(유습) 옛날부터 전해 오는 풍습. 遺風(유풍).

【遺臣】いしん(유신) ①선대(先代)부터 섬기는 신하. 舊臣(구신). ②나라가 망하고 난 뒤에 남은 신하.

【遺兒】いじ(유아) ①부모가 죽고 없는 아이. 遺子(유자)②. 遺胤(유윤). ②내버려진 아이. 棄兒(기아).

【遺言】いげん①②·ゆいごん②③(유언) ①옛사람이 남긴 말. 성현(聖賢)의 유훈(遺訓). ¶古人有—<王粲> ②죽으면서 자손 등에게 당부하여 말함. 또는, 그 남긴 말. ¶—謂子庚 必城郢<左氏傳> ③자기 사후에 법률상 효력을 발생시킬 목적으로 생전에 행하여 두는 의사 표시(意思表示). ¶—狀.

【遺業】いぎょう(유업) 선인(先人)이 남긴 사업. 遺緖(유서). ¶受父—<晉書>

【遺詠】いえい(유영) 고인(古人)이 지어 읊던 시가(詩歌). ¶—在民<晉書>

【遺子】いし(유자) ①유복자(遺腹子). ②부모와 사별(死別)한 아이. 遺兒(유아)①. ③버려진 아이. 棄兒(기아).

【遺作】いさく(유작) 사후에 발표된 작품. ¶—展.

【遺著】いちょ(유저) 죽은 뒤에 나온 책. 遺編(유편).

【遺跡】いせき(유적) 옛날 사건이나 건물 등이 있었던 자취. 또는, 그 곳. 遺迹(유적). 遺蹟(유적). 遺址(유지). ¶先民— 來世之矩<王粲>

【遺蹟】いせき(유적) ☞遺跡(유적).

【遺傳】いでん(유전) ①후세에 전함. ¶—黃帝扁鵲之脈書<史記> ②부모나 조상의 체질, 성격 등이 자손에게 전해지는 현상. ¶—子.

【遺制】いせい(유제) ①옛부터 전해 내려오는 제도. ¶遵周公之—<杜預> ②고인(古人)이 남긴 제작(制作). ¶母之—<南史>

【遺詔】いしょう(유조) 임금의 유언. ¶受始皇—<史記>

【遺族】いぞく(유족) ☞遺家族(유가족).

【遺址】いし(유지) ☞遺跡(유적).

【遺志】いし(유지) 고인(故人)이 생전에 이루지 못하고 남긴 뜻. ¶申祖宗之—<高允> ※遺訓(유훈).

【遺體】いたい(유체) ①부모가 남겨놓은 몸. 곧, 내 몸. ②시체(屍體).

【遺臭萬載】いしゅうばんさい(유취만재) 악명(惡名)을 후세에 길이 남김. 遺臭萬年(유취만년). ¶既不能流芳後世 亦不足復—邪<世說新語>

【遺編】いへん(유편) ☞遺著(유저).

【遺品】いひん(유품) 고인(故人)이 생전에 사용하던 물건. 遺物(유물)②.

【遺風】いふう(유풍) ①옛모습. 옛부터 내려오는 풍습. 여풍(餘風). 또는, 후세에 남긴 명성. ¶修正法文武成康之—<史記> ②빠른 바람. 疾風(질풍). ¶追奔電 逐—<王褒> ③빨리 달리는 말. 駿馬(준마). ¶乘—射遊騏<漢書>

【遺風餘烈】いふうよれつ(유풍여열) 전인(前人)이 남긴 풍도(風度)와 공적. 風은 풍화(風化), 烈은 공업(功業). ¶— 事極江右<宋書>

【遺恨】いこん(유한) 원한이 남음. 또는, 남은 원한. 殘恨(잔한). ¶死無—<後漢書>

【遺香】いこう(유향) 남은 향기. 고인(故人)이 남

긴 미덕. 遺薰(유훈). 殘香(잔향).
【遺訓】いくん(유훈) 옛사람이 끼친 교훈. 고인(故人)이 남긴 훈계. 遺誡(유계). ¶誦周孔之一<阮籍>
▷闕一, 補一, 拾一, 贍一, 滯一, 脫一, 孑一

16〖[illegible]〗遺(p.1499)와 同字

16〖[illegible]〗遺(p.1499)의 古字

12 16〖遵〗좇을 준 | 圓ㄗㄨㄣ (zun) | じゅん (シタガウ)

풀이 ①좇다. 순종함. ¶一先王之法<孟子>/一守. ②거느리다. 이끎. ¶大夫若有一者則入門左<儀禮> ③따라 배우다. ④연유하다. ⑤뛰어나다. ⑥가다.
【遵據】じゅんきょ(준거) 의거하여 따름.
【遵法】じゅんぽう(준법) 법을 지킴. 법률이나 규칙이 정한 바에 따름.
【遵守】じゅんしゅ(준수) 좇아 지킴. 遵奉(준봉). ¶諸君其相與講明一<朱熹>
【遵養時晦】じゅんようじかい(준양시회) 도(道)를 좇아 덕을 기르고, 때가 오지 않을 때는 삼가며 언행을 숨김.
【遵用】じゅんよう(준용) 좇아 씀. ¶行喪嫁娶禮 百姓一其教<漢書>
【遵行】じゅんこう(준행) 좇아 행함. 따라 그대로 행함.
▷奉一, 準一, 陳一

12 16〖遲〗①늦을 지 ②기다릴 지 本치 | 因ㄔ 圓(chi) | ち (オクレル) *late*

풀이 ① ①늦다. 더딤. ㉮천천히 가다. ¶行道一一<詩經> ㉯완만하다. ¶一歸有待<易經> ㉰천천히 하다. ¶公作則一<呂覽> ㉱느리다. ¶非爲織作一<古詩> ㉲둔하다. ¶周少言重一<漢書> ㉳오래다. ②늦어지다. 시기를 놓침. ¶恐美人之一暮<楚辭> ③게을리하다. ¶陵一故也<荀子> ④휴식하다. 소요(逍遙)함. ¶可以棲一<詩經> ② ①기다리다. ¶故學曰一<荀子> ②생각하다. ¶一奉聖顔<曹植> ③원하다. 희망함. ¶朕思一直士<後漢書> ④맞다. 바로. 通直. ⑤무렵. ¶一帝還趙王死<漢書> ⑥곧. 즉. ¶一令韓魏歸帝重於齊<史記>
【遲刻】ちこく(지각) 정한 시각에 늦음. ¶一生.
【遲旦】ちたん(지단) ☞遲明(지명).
【遲鈍】ちどん(지둔) 느리고 둔함. 굼뜸. ¶一之畜而今貴之<後漢書>
【遲明】ちめい(지명) 동틀 무렵. 黎明(여명).
【遲暮】ちぼ(지모) ①점차 나이를 먹음. 遲莫(지모). 暮年(모년). ¶能忘一心<張說> ②느리고 더딤. ¶遷延一<鮑照>
【遲延】ちえん(지연) ①늦어짐. 지체됨. ②기일(期日)에 늦음. ¶一逾限<福惠全書>
【遲疑】ちぎ(지의) 우물쭈물하여 결행하지 못함. 의심하여 망설임. 狐疑(호의). ¶一未知間<白居易>
【遲日】ちじつ(지일) 봄날. 해가 길므로 이름. 永日(영일). ¶一曠久<商子>
【遲遲不振】ちちふしん(지지부진) 매우 더디어 일이 진척되지 아니함.
【遲參】ちさん(지참) 정각에 늦게 참석함. 遲刻(지각).
【遲滯】ちたい(지체) 꾸물거려 늦어짐. 질질 끌어 일의 진도를 늦춤.
▷稽一, 工一, 巧一, 陵一, 舒一, 棲一, 淹一, 倭一, 委一, 拙一

12 16〖遷〗옮길 천 | 囻ㄑㄧㄢ (qian) | せん (ウツス) *move*

풀이 ①옮기다. 옮음. ㉮자리를 바꾸다. ¶一樂于下<儀禮> ㉯바꾸다. 바뀜. ¶一正黜色<後漢書> ㉰교환하다. ¶一有無<書經> ㉱물리치다. 물러남. ¶我絶慮無一<國語> ㉲떠나다. 추방함. ¶何一乎有苗<書經> ㉳벼슬이 바뀌다. ¶歲中四一<漢書> ㉴나아가다. 좋은 데로 옮김. ¶君子以見善則一有過則改<易經> ②천도. 서울을 옮김. ¶詢國一<周禮> ③비방(誹謗)하다. 通訕. ¶旣其女一<詩經>
【遷喬】せんきょう(천교) 꾀꼬리가 높은 나무로 옮겨 앉음. 뜻이 바뀌어, 관위(官位)가 오름의 비유. ¶出自幽谷 遷于喬木<詩經>/自卑昇高曰一<書言故事>
【遷怒】せんど(천노) 마구잡이로 화풀이를 함. 분풀이를 엉뚱한 데에 함. ¶不一 不貳過<論語>
【遷都】せんと(천도) 도읍을 옮김.
【遷善】せんぜん(천선) 악한 마음을 고쳐 착하게 됨. 改過遷善(개과천선). ¶民化而一<淮南子>
【遷延】せんえん(천연) ①물러남. 움츠림. ¶一遲暮<鮑照> ②꾸물거림. ¶一而入之<淮南子> ③지연됨.
【遷移】せんい(천이) 옮김. 遷徙(천사). ¶今賊臣作亂 朝廷一<後漢書>
【遷職】せんしょく(천직) 직업을 바꿈. 移職(이직). 轉職(전직).
▷國一, 累一, 孟母三一, 美一, 變一, 升一, 斡一, 轉一, 左一, 超一, 播一, 下一

12 16〖遹〗①좇을 휼 本율 ②간사할 술 | 圓ㄩˋ (yu) 圓 | いつ *follow* しゅつ

풀이 ① ①좇다. 의지함. ¶一追來孝<詩經> ②비뚤다. ¶謀猶回一<詩經> ③그대로 따르다. 通述. ¶今民將在祗一乃文考<書經> ④이에. 발어사(發語辭). ¶一駿有聲<詩經> ⑤왕래하는 모양. ¶一皇. ② 간사하다. 간휼함. ¶回一.

13 17〖遽〗①갑자기 거 ②패랭이꽃 거 | 圓ㄐㄩˋ 魚(ju) | きょ *suddenly*

풀이 ① ①갑자기. ㉮재빠르게. ¶一出見之<國語> ㉯황급하다. 어수선함. ¶萬物窮一<太玄經> ㉰군색하다. ¶百

禽㥄—＜張衡＞ ②파발마(擺撥馬). ¶乘—而至＜左氏傳＞ ③경쟁하다. ¶萬物—只＜楚辭＞ ④두려워하다. ¶豈不一止＜左氏傳＞ ⑤곳. ㊣處. ¶則其自爲—＜莊子＞ ⑥어찌. ㉢詎. ¶何—不爲福乎＜史記＞ 2패랭이꽃. ㉢蘧. ¶一麥.

【遽人】きょじん(거인) ①역참(驛站)에서 일하는 사람. 驛卒(역졸). ②왕명 등을 전하는 사자(使者). ¶使—謁之＜列子＞

13 17【邁】 갈 매 |㊥ㄇㄞˋ (mai) | まい go

풀이 ①가다. ㉮멀리 가다. ¶行—靡靡＜詩經＞ ㉯돌아다니다. ¶時—其邦＜詩經＞ ②지나다. ㉮늙다. ¶非官爵之不高 年齒之不—＜後漢書＞ ㉯넘다. ¶後予—焉＜詩經＞ ㉰뛰어나다. ¶三王可—＜魏志＞ ③힘쓰다. ㊣勱. ¶皐陶—種德＜左氏傳＞

【邁進】まいしん(매진) 힘써 나아감. 邁往(매왕). ¶一路—.

▷傑—, 高—, 陵—, 敏—, 放—, 爽—, 衰—, 迅—, 英—, 傲—, 遙—, 流—, 俊—, 超—, 馳—, 豪—

17【邉】 邊(p.1503)의 俗字

13 17【邀】 맞을 요 |㊥ㄧㄠ (yao) | よう receive

풀이 ①맞다. 기다림. ¶—擊大破之＜魏志＞ ②부르다. 초대함. ¶擧杯—明月＜李白＞ ③구하다. 찾음. ¶—潤屋之微澤＜劉峻＞ ④만나다. ¶吾與之—樂於天＜莊子＞ ⑤막다. ㊣徼.

【邀喝】ようかつ(요갈) 벽제(辟除)함. 또는, 그 사람. 喝道(갈도). ¶—三人＜金史＞

【邀擊】ようげき(요격) 적을 기다리다가 침. 要擊(요격). 邀討(요토). ¶發兵—之＜漢書＞

▷固—, 同—, 奉—, 相—, 遮—, 招—

13 17【邅】 1머뭇거릴 전 2돌아다닐 전 3변천할 전 |㊥ㄓㄢ (zhan) | てん hesitate てん てん

▷蹇—, 屯—, 回—

17【遳】 鑿(p.1555)과 同字

13 17【避】 피할 피 |㊥ㄅㄧˋ (bi) ㄅㄟˋ (bei) | ひ(サケル) avoid

풀이 ①피하다. ¶相如引車—匿＜史記＞ ②떠나다. ¶願—位以禳之＜王禹偁＞ ③벗어나다. ¶拜請以—死＜呂覽＞ ④숨다. ¶—地敎授＜後漢書＞ ⑤꺼리다. ¶匈奴號曰飛將軍 —之＜漢書＞ ⑥물러나다. ¶桓公—席再拜＜呂覽＞

【避穀】ひこく(피곡) 신선술(神仙術)에서 불로장생하기 위하여 곡식을 먹지 아니하는 일. 辟穀(벽곡).

【避難】ひなん(피난) 재난을 피하여 딴 곳으로 옮겨감. 「信＞

【避亂】ひらん(피란) 난리를 피함. ¶司徒—＜庾

【避雷】ひらい(피뢰) 낙뢰(落雷)를 피함. ¶—針.

【避三舍】さんしゃを さく(피삼사) ①90리를 물러섬. 진(晋)의 문공(文公)이 정적(政敵)을 피하여 망명할 때, 그를 도와준 초(楚)의 성왕(成王)에게 그 보답으로 나중에 초와 진이 마주쳤을 때 피삼사(避三舍)하겠다고 약속한 옛일에서 유래. 舍는 옛날 군대의 하룻길로서 30리. ¶晋楚治兵 遇於中原 其避君三舍＜左氏傳＞ ②상대방을 두려워하여 피함.

【避暑】ひしょ(피서) 더위를 피함. ¶嘗病欲—＜漢書＞ ↔避寒(피한).

【避世】ひせい(피세) 세상을 피해 숨어 삶. 또는, 난세(亂世)를 피함. 辟世(피세). 隱遁(은둔). ¶—離俗＜論衡＞

【避身】ひしん(피신) 몸을 피함.

【避姙】ひにん(피임) 임신되지 않도록 함. ¶—藥.

【避脫】ひだつ(피탈) 피하여 벗어남.

【避寒】ひかん(피한) 추위를 이김. 또는, 추위를 피해 따스한 곳으로 옮김. ¶夷人冬則—＜後漢書＞ ↔避暑(피서).

【避禍】ひか(피화) 재화(災禍)를 피함.

▷忌—, 待—, 逃—, 圖—, 遁—, 謀—, 辭—, 旋—, 遜—, 厭—, 畏—, 隱—, 走—, 憚—, 退—, 回—

13 17【邂】 만날 해 |㊥ㄒㄧㄝˋ (xie) | かい meet by chance

풀이 ①만나다. 우연히 만남. ¶—逅逢喜＜論衡＞ ②기뻐하는 모양.

【邂逅】かいこう(해후) ①우연히 만남. ¶—相遇 適我願兮＜詩經＞ ②기뻐하는 모양. ¶見此—＜詩經＞

13 17【還】 1돌아올 환 2돌 선 3영위할 영 |㊥ㄏㄨㄢˊ (huan) ㊥ㄒㄩㄢˊ (xuan) | かん, げん (カエス) return せん えい

풀이 1 ①돌아오다. ¶—而不入＜詩經＞ ②뒤돌아보다. ¶無所—忌＜左氏傳＞ ③물러나다. ¶主人答拜—＜儀禮＞ ④돌려보내다. ¶—圭. ⑤갚다. 보상(報償)함. ¶其事好—＜老子＞ ⑥둘러보다. ¶視無—＜國語＞ ⑦도리어. ¶盡忠竭節 —被患禍＜魏志＞ ⑧또. 다시. ¶王業—起＜荀子＞ 2 ①돌다. 돌아감. ㊣旋 轉. ¶左—授師＜禮記＞ ②에워싸다. ¶師—齊侯＜公羊傳＞ ③두르다. 감음. ㊣繯. ¶比周—主黨與施＜荀子＞ ④재빠르다. ¶子之—兮＜詩經＞ ⑤곱다. 예쁨. ⑥줄다. 짧음. 3영위하다. ㊣營. ¶不—秩 不反君＜荀子＞

【還甲】(환갑) ㊕ 시초가 돌아온다는 뜻으로, 자기가 난 간지(干支)의 해가 돌아옴을 이름. 61세. 회갑(回甲). 周甲(주갑). 華甲(화갑). 甲年(갑년).

【還穀】(환곡) ㊕ 조선 때, 봄에 사창(社倉)의

곡식을 백성에게 꾸어 주었다가 가을에 돌려 받던 일.

【還國】かんこく(환국) 본국으로 귀환함. 歸國(귀국).

【還軍】かんぐん(환군) 군사를 되돌림. 回軍(회군). ¶一覇上<史記>

【還宮】かんぐう(환궁) 임금이 대궐로 돌아옴. 還幸(환행). 還御(환어).

【還給】かんきゅう(환급) 물건을 소유자에게 돌려줌.

【還都】かんと(환도) 피난갔던 임금이나 정부가 서울로 돌아옴.

【還流】かんりゅう(환류) 감돌아 흐름. 또는, 그 물.

【還付】かんぷ(환부) 도로 돌려 줌. 還附(환부).

【還附】かんぷ(환부) ☞還付(환부).

【還生】かんせい(환생) ①되살아남. 回生(회생). ②다시 사람으로 태어남.

【還俗】げんぞく(환속) 중이 도로 속인(俗人)이 됨. 歸俗(귀속). 退俗(퇴속). ¶時有沙門釋惠休 … 世祖命使一<宋書>

【還收】かんしゅう(환수) 내놓은 것을 도로 거두어들임.

【還御】かんぎょ(환어) ☞還宮(환궁).

【還元】かんげん(환원) 본래의 상태로 돌아감. ¶一劑.

【還鄕】かんきょう(환향) 고향으로 돌아감. 歸鄕(귀향). ¶錦衣一.

▷凱一, 歸一, 返一, 盤一, 賠一, 償一, 生一, 召一, 送一, 往一, 已一, 長一, 折一, 周一, 奪一

14 18 【邈】 멀 막 |魘ㄇㄧㄠˇ(miao)|まく far off

풀이 ①멀다. 아득함. 같 邈. ¶一而不可慕<楚辭> ②업신여기다. ¶顧一同列<陸機> ③근심하는 모양.

▷高一, 曠一, 宏一, 綿一, 冥一, 徐一, 蕭一, 崇一, 淵一, 寥一, 遼一, 悠一, 隆一, 絕一, 淸一, 沖一, 遐一, 玄一, 懸一

18 【邉】 邊(p. 1503)의 俗字

14 18 【邃】 깊을 수 |寘ㄙㄨㄟˋ(sui)|すい deep

풀이 ①깊다. ¶穴室窮一深<劉克莊> ②심오(深奧)하다. ¶無所不通 而尤一律歷<漢書> ③멀다. ¶伊考自一古<後漢書>

▷高一, 杳一, 祕一, 崇一, 神一, 深一, 幽一, 靜一, 淸一, 沖一, 沈一, 閑一, 嶮一

14 18 【邇】 가까울 이 |紙ㄦˇ(er)|じ(チカイ) near

풀이 ①가깝다. ¶父母孔一<詩經> ②가까이하다. ¶惟王不一聲色 不殖貨利<書經> ③통속적이다. ¶好察一言<中庸>

【邇來】じらい(이래) ①요즈음. 近來(근래). ②그 후. 爾來(이래).

【邇言】じげん(이언) ①통속적인 말. ¶維一是爭<詩經> ②책 이름. ㉮송(宋)의 유염(劉炎)이 천도(天道)와 인륜(人倫)을 논한 책. 12권. ㉯청(淸)의 전대소(錢大昭)가 속어와 속사(俗事)의 유래를 밝혀 엮은 책. 6권.

▷密一, 遠一, 遐一, 嚮一

15 19 【邋】 1 나부끼는 소리 렵 2 가는모양 랍 |葉ㄌㄚˊ(la)|りょう flutter 合 そう

풀이 1 나부끼는 소리. 깃발이 펄럭이는 소리. ¶一一員旊<周宣王> 2 ①가는 모양. ②깨끗하지 못하다.

15 19 【邊】 가 변 |先ㄅㄧㄢ(bien)|へん(アタリ) border

略 辺 俗 邉

풀이 ①가. 가장자리. ¶續衽鉤一<禮記> ②변방. 국경. ¶頓顙於一<國語> ③곁. 근처(近處). ¶人從日一來<晉書> ④변두리. 시골. ¶其在一邑<禮記> ⑤끝. ¶無始無一<南齊書> ⑥모퉁이. 구석. ¶阻之一而高視<晉書> ⑦치우침. 바르지 못함. ¶齊衰不以一坐<禮記> ⑧이웃하다. 잇닿음. ¶齊一楚<史記> ⑨ 韓 변리(邊利).

【邊疆】へんきょう(변강) ①☞邊境(변경). ②외국. ¶好於一<左氏傳>

【邊境】へんきょう(변경) 나라의 경계(境界)가 되는 변두리의 땅. 邊方(변방). 邊疆(변강). ¶匈奴竝暴一<漢書>

【邊利】(변리) 韓 변돈의 이자. 金利(금리).

【邊方】(변방) ☞邊境(변경).

【邊塞】へんさい(변새) 변경의 요새. 邊壘(변루). ¶擅雄一<晉書>

【邊戍】へんじゅ(변수) 국경을 지킴. 또는, 그 사람. 邊守(변수). 邊防(변방). ¶山川萬里復一<劉商>

【邊愁】へんしゅう(변수) 벽지나 변경에서 머무는 나그네의 시름. ¶今春花鳥作一<杜審言>/一酒上寬<蘇武>

【邊臣】へんしん(변신) 오랑캐를 쳐서 공을 세운 신하.

▷江一, 開一, 輕一, 界一, 近一, 路一, 爐一, 道一, 無一, 四一, 斜一, 水一, 守一, 身一, 岸一, 緣一, 低一, 底一, 周一, 池一, 天一, 川一, 河一, 海一

20 【邍】 邈(p. 1503)과 同字

19 23 【邏】 1 돌 라 2 가로막을 라 |箇ㄌㄨㄛˊ(luo)|ら(メグル) 哿

풀이 1 ①돌다. 순행(巡行)함. ¶宜遠偵一<晉書> ②감돌다. 안개 따위가 낌. ¶雲山紫一深<杜甫> ③순찰원. ¶遣一子<唐書> ④기슭. ¶翠一森戍削<范成大> 2 가로막다. ¶蛛蝥結網工遮一<黃庭堅>

【邏卒】らそつ(나졸) 순찰하는 병졸. 邏子(나자). 巡兵(순병).

▷街一, 警一, 烽一, 巡一, 夜一, 游一, 紫一, 偵一, 候一

19/23【邐】 이어질 리 | 紙ㄌㄧˇ (li) | り connect

30【鸛】 鸛(p. 1683)과 同字

邑<고을 읍>部

邑 ③ 邛 邔 邙 邕 邘 邗 ④ 那 邦 邠 邪 邞 邡 邢 邤 ⑤ 邱 邴 邳 邵 邸 邰 邶 邯 ⑥ 郊 郄 郎 郉 郇 郈 郁 郏 郅 郃 郉 郈 ⑦ 郟 郠 郜 郡 郤 郎 郛 郕 郔 郢 郚 郗 郝 ⑧ 郭 郯 郲 部 郫 郳 郵 郰 郰 郴 鄉 ⑨ 鄋 鄄 都 鄅 鄂 鄀 鄓 鄍 鄆 鄃 鄎 ⑩ 鄎 鄋 鄎 鄔 鄏 鄐 鄖 鄒 鄗 鄉 鄗 ⑪ 鄛 鄝 鄤 鄜 鄙 鄚 鄞 鄟 鄠 鄣 鄖 ⑫ 鄲 鄧 鄰 鄮 鄯 鄱 鄭 鄦 鄬 鄱 鄦 ⑬ 鄶 鄴 鄸 鄶 ⑭ 鄹 ⑮ 鄻鄺 ⑰ 酃 ⑱ 酆 酅 ⑲ 酈 酇

0/7【邑】 **1** 고을 읍 | 緝ㄧˋ (yi) | ゆう village **2** 흐느낄 압 | 洽 | おう

풀이 **1** ①고을. 마을. ¶皆奔走盡歸一落<吳志> ②도읍. 서울. ¶率割夏一<書經> ③제후(諸侯) 등의 식읍(食邑). ¶作一于豊<詩經> ④행정 구역 이름. 주(周)대에는 9부(夫)를 정(井), 4정을 읍이라 함. ¶九夫爲井 四井爲一<周禮> ⑤근심하다. 通悒. ¶忿一非之<漢書> **2** ①흐느끼다. 같唈. ②알랑거리다. ¶阿一. ③마음. 通意.

【邑君】ゆうくん(읍군) 옛 중국에서, 여자의 봉호(封號). 황태후(皇太后), 황후, 공주 등에게 식읍(食邑)을 주었으므로 이름. ¶男皆封侯 女爲一<後漢書>

【邑內】(읍내) ①읍의 안. ②관찰 관아(觀察官衙) 이외의 지방 관아가 있던 마을. 邑底(읍저). 邑中(읍중). 邑下(읍하).

【邑落】ゆうらく(읍락) 마을. 村落(촌락). 部落(부락). ¶一各自有長<北史>

【邑閭】ゆうりょ(읍려) 마을의 문. 또는, 마을. 閭門(여문). 邑閈(읍한).

【邑名勝母曾子不入】ゆうしょうぼそうしイラズトナヅクレバ(읍명승모 증자불입) 읍의 이름이 승모(勝母 : 어미를 짓누름)이므로 증자는 그 마을에 들어가지 않았음. 증자의 양지(養志)하는 방법을 이름. ¶一 水名盜泉孔子不飮<說苑>

【邑民】ゆうみん(읍민) 읍의 주민. 읍내에 사는 사람. 邑人(읍인).

【邑庠】ゆうしょう(읍상) 현(縣)에 설립한 학교. 縣學(현학).

【邑人】ゆうじん(읍인) ☞邑民(읍민).

【邑長】ゆうちょう(읍장) 읍의 행정을 통할하는 벼슬. 읍의 우두머리. 邑宰(읍재).

【邑宰】ゆうさい(읍재) ☞邑長(읍장).

【邑誌】ゆうし(읍지) 고을의 연혁·지리·풍속 등을 기록한 책.

▷佳一, 改一, 京一, 公一, 國一, 大一, 都一, 邊一, 封一, 富一, 私一, 城一, 小一, 食一, 新一, 阿一, 巖一, 良一, 爵一, 井一, 宗一, 州一, 采一, 村一, 聚一, 下一, 鄕一, 縣一

3/6【邛】 언덕 공 | 图ㄑㄩㄥˊ (qiong) | きょう hill

풀이 ①언덕. ¶一有旨苕<詩經> ②피로하다. ¶惟王之一<禮記> ③앓다. ¶亦孔之一<詩經> ④오랑캐 이름. 중국 서남(西南)의 나라. ¶一都最大<史記> ⑤강 이름. ¶一水所出 東入青衣<漢書> ⑥땅 이름. ¶一成. ⑦짐승 이름. 通蛩. ¶一一距虛走百里<穆天子傳>

3/6【邔】 고을 이름 기 | 紙ㄑㄧˇ (qi) | き

풀이 고을 이름. 진(秦)대의 현(縣). 지금의 호북성(湖北省) 동북부. ¶封長子柱爲一侯<後漢書>

3/6【邙】 산 이름 망 | 陽ㄇㄤˊ (mang) | ぼう

풀이 산 이름. 하남성(河南省) 낙양(洛陽) 북쪽에 있는데 귀인, 명사 등의 무덤이 많음. 북망산(北邙山). ¶貴人冢多在北一山<正字通>

3/10【邕】 **1** 화할 옹 | 图ㄩㄥ **2** 막을 옹 | 腫 (yong) | よう **3** 땅 이름 옹 | 宋

풀이 **1** ①화하다. 화목함. ¶閨門一穆<晋書> ②사방을 강물이 두른 땅. ③싣다. 짐을 얹음. ¶一 載也<爾雅> **2** 막다. 같壅. **3** ①땅 이름. ¶一州. ②현(縣) 이름. ¶一寧.

3/6【邘】 땅 이름 우 | 虞ㄩˊ (yu) | う

풀이 땅 이름. 주(周) 무왕(武王)이 아들들을 봉한 곳. 춘추 시대의 정읍(鄭邑)으로, 지금의 하남성 심양현(沁陽縣). ¶一晋應韓 武之穆也<左氏傳>

6【郱】 邘(p. 1504)의 本字

3/6【邗】 **1** 땅 이름 한 | 寒ㄏㄢ | かん **2** 월나라 간 | 寒 (han)

※邘(p. 1504)는 딴 자.

풀이 **1** ①땅 이름. 강소성(江蘇省) 강도현(江都縣). ¶一城. ②운하 이름. ¶吳城一 溝通江淮<左氏傳> **2** 월(越)나라. 월(越)의 별칭. 通干.

4/7【那】 **1** 어찌 나 | 歌ㄋㄚˇ (na) | だ,な how **2** 무엇 나 | 箇ㄋㄟˇ (nei) **3** 어조사 내 | 箇

풀이 **1** ①어찌. ☞ 句法 ②나라 이름. 서이(西夷)의 하나. ③땅 이름. ¶一處/朝

一. ④많다. ⓣ多. ¶受福不一<詩經> ⑤아름답다. ⓣ姼. ¶使富都一豎贊焉<國語> ⑥편안한 모양. ¶有一其居<詩經> ⑦…에 있어서. ¶吳人之一不穀 亦又甚焉<國語> ②①무엇. 무슨. ¶君家阿一邊<李白> ②저. 저것. ¶一廂<紅樓夢> ③어조사(語助辭). 어세를 고름. ¶公是韓伯休一<後漢書>

句法

①의문
[…那]·[那…何] 어찌. 어떻게. 奈와 쓰임이 같음. ¶棄甲則那<左氏傳>/所向全勝 要那後無繼何<魏志>

②반어
[那…] 어찌…할 수 있겠는가. 哪와 쓰임이 같음. ¶那得自任專<古詩>

③영탄
[…那] 어찌 하랴. 애석하게도. ¶醉眠花裏香無那<趙長卿>

【那落】なら<(나락) ①《佛》 범어 Naraka의 음역. 지옥. 또는, 거기서 고통을 당하는 죄인. 那落迦(나락가). 奈落(나락). ②사물의 밑바닥. ③지옥으로 떨어짐. 구원할 수 없는 마음의 구렁텅이.

【那邊】なへん(나변) ①어디. 어느 곳. ¶君家阿一<李白> ②㊥ 저기. 저 부근.

【那中】(나중) 그 속. 그곳.

【那何】ナカン(나하) 어찌. 어떠하냐. 如何(여하). 何如(하여). 奈何(내하).

▷伽一, 落一, 檀一, 舍一, 阿一, 維一, 任一, 支一, 刹一, 陀一

7【㸗】 那(p.1504)의 本字

4/7【邦】 나라 방 | ㊥ㄅㄤ (bang) | ほう(クニ) *nation, country*

풀이 ①나라. ¶王此大一<詩經>/友一. ②도읍. ¶至于一門<儀禮> ③제후의 봉토(封土). ¶一國若否 仲山甫明之<詩經> ④천하. ¶顏淵問爲一<論語> ⑤제후로 봉(封)하다. ¶乃命諸王一之蔡<書經> ⑥형. 누나. ¶呼兄及姊 均爲一<稱謂錄>

【邦交】ほうこう(방교) 나라 사이의 교제. 國交(국교). ¶諸侯之一<周禮>

【邦畿】ほうき(방기) 서울에 가까운 땅. 京畿(경기). 畿內(기내). ¶一千里 惟民所止<詩經>

【邦人】ほうじん(방인) ①국인(國人). ②오랑캐에 대한 한인(漢人). ③봉강(封疆)을 지키는 벼슬아치. 封人(봉인).

▷舊一, 萬一, 盟一, 本一, 聯一, 友一, 異一, 他一, 合一

7【邫】 邦(p.1505)과 同字

4/7【邠】 나라 이름 빈 | ㊥ㄅㄧㄣ (bin) | ひん

풀이 ①나라 이름. ¶大王居一<孟子> ②빛나다. 문채(文彩)가 아름다운 모양. ⓣ份. ¶斐如一如<太玄經>

4/7【邪】

①간사할 사	㊥ㄒㄧㄝˊ (xie)	しゃ, じゃ
②고을 이름 야	㊥ㄧㄝˊ (ye)	(ヨコシマ)
③나머지 여	㊥ㄩˊ (yu)	や, よ
④느릿할 서	㊥ㄒㄩˊ (xu)	しょ

풀이 ①①간사하다. ¶方直不曲謂之正反正爲一<新書>/奸一. ②어긋나다. ¶流辟一散<禮記> ③바르지 않다. ¶愚亂之一臣<宋玉> ④속이다. ¶杜絶一僞<後漢書> ⑤비뚤다. 악함. ¶雖有奇一而不治者<禮記> ⑥사사로움. ¶則臣有所匿其一矣<呂覽> ⑦감기(感氣). ¶其有一者<素問> ⑧요사스런 기운. ¶百善至 百一去<呂覽> ⑨비끼다. ⓣ斜. ⑩길. ⓣ除. ②①고을 이름. ¶琅一. ②의문·부정(不定)을 나타내는 조사(助辭). ⓣ耶. ¶怨一非一<史記> ③메마른 농토. ¶汙一滿車<史記> ③나머지. ⓣ餘. ¶歸一於終<史記> ④느릿하다. 완만함. ⓣ徐. ¶其虛其一<詩經>

【邪教】じゃきょう(사교) ①올바르지 못한 가르침. ②사람을 현혹하고 사회에 해악을 끼치는 종교. 邪宗(사종).

【邪氣】じゃき(사기) 사악한 기운. 요사한 기운. ¶小人行一<淮南子>

【邪念】じゃねん(사념) 간악한 생각.

【邪道】じゃどう(사도) 부정한 길. 邪路(사로). ¶王路廢而一興<史記> ↔正道(정도).

【邪戀】じゃれん(사련) 떳떳하지 못한 남녀간의 사랑.

【邪不犯正】じゃせいヲオカセズ(사불범정) 바르지 못한 것은 바른 것을 이기지 못함.

【邪神】じゃしん(사신) 재앙을 가져오는 못된 신. 惡神(악신). ¶巫覡假託一下降<六部成語>

【邪心】じゃしん(사심) 간사한 마음. ¶抑天下之一<史記>

【邪惡】じゃあく(사악) ①간사하고 악독함. ¶防閑一<易經> ②악인. 죄인. ¶誅一而養正善<潛夫論>

【邪淫】じゃいん(사음) ①간사하고 음란함. 또는, 바르지 못하며 예에 어긋남. ¶毋教一奇謀<史記> ②《佛》 자기 아내나 남편이 아닌 자와 간음하는 일. 欲邪行(욕사행).

▷奸一, 姦一, 群一, 奇一, 莫一, 辟一, 妖一, 正一, 忠一, 破一

4/7【邥】 땅 이름 심 | ㊥ㄕㄣˇ (shen) | しん

풀이 ①땅 이름. ¶敗戎于一垂<左氏傳> ②나라 이름. ㉠沈.

7【邨】 村(p.752)과 同字

4/7【邧】 고을 이름 원 | ㊥ㄩㄢˊ (yuan) | げん

풀이 고을 이름. 진(秦)의 읍. ¶晉侯伐秦圍一新城<左氏傳>

4 7【邢】 1 나라 이름 형 2 땅 이름 경 | 靑ㄒㄧㄥˊ (xing) 梗ㄍㄥˇ (geng) | けい こう

풀이 1 나라 이름. 주(周)대의 봉국(封國). 2 땅 이름. 通耿. ¶祖乙遷于一<史記>

5 8【邱】 땅 이름 구 | 尤ㄑㄧㄡ (qiu) | きゅう

풀이 ①땅 이름. ②언덕. 청(淸)대에, 공자의 이름을 피하여 丘자 대신 씀.

8【祁】 ☞示部 3획 (p. 1087)

8【郱】 邢(p. 1505)의 訛字

5 8【邴】 고을 이름 병 | 梗ㄅㄧㄥˇ (bing) | へい

풀이 ①고을 이름. 춘추 시대 송(宋)의 고을. 또는, 정(鄭)의 고을. ②명백한 모양. 또는, 기뻐하는 모양. ¶一一乎其似喜乎<莊子>

5 8【邳】 클 비 | 支ㄆㄟˊ (pei) | ひ *big*

풀이 ①크다. 通丕. ¶檽檻一張<何晏> ②나라 이름. 은(殷)대의 봉국(封國). ¶奚仲遷于一<左氏傳> ③언덕. 通陪. ¶至于大一<史記>

8【邪】 邪(p. 1505)와 同字

5 8【邵】 고을 이름 소 | 嘯ㄕㄠˋ (shao) | しょう

5 8【邸】 1 집 저 2 무게 단위 지 | 薺ㄉㄧˇ 支(di) | てい *house* ち

풀이 1 ①집. 저택. ¶至一而議之<漢書> ②여관. ¶因留客一<宋史> ③곳집. 창고(倉庫). ¶盈衍儲一<王融> ④묵다. 유숙(留宿)함. ¶一余車兮方林<楚辭> ⑤이르다. 通底. ¶自中山西一瓠口爲渠<史記> ⑥돌아가다. ¶亡一父客<漢書> ⑦근본. 밑동. 通柢. ⑧닿다. 通抵. ¶一華葉而振氣<宋玉> ⑨왕족. ¶擇才以佐諸一<元稹> ⑩홀(笏)에 다는 구슬. ¶四圭有一以祀天旅上帝<周禮> ⑪병풍. ¶張氈案設皇一<周禮> 2 무게의 단위. ¶絲三一<周禮>

四圭有邸⑩ (名物圖)

【邸宅】ていたく (저택) 집. 큰 집. 邸第(저제).

【邸下】(저하) 왕세자(王世子)나 대원군(大院君)의 존칭.

▷京一, 公一, 官一, 舊一, 別一, 私一, 御一, 旅一, 潛一, 築一

8【邹】 鄒(p. 1512)의 俗字

5 8【邰】 나라 이름 태 | 灰ㄊㄞˊ (tai) | たい

풀이 나라 이름. 상고(上古) 때 강성(姜姓)의 봉국(封國). ¶舜封棄於一<史記>

5 8【邶】 나라 이름 패 | 隊ㄅㄟˋ (bei) | はい

풀이 ①나라 이름. 주(周)대의 봉국(封國). ¶一城在湯陰縣東南<淸一統志> ②땅 이름. 제(齊)의 읍으로, 지금의 산동성(山東省)에 있음. ¶一殿.

5 8【邯】 1 땅 이름 한 2 현 이름 함 3 풍성할 함 | 寒ㄏㄢˊ 覃(han) 感 | かん がん かん

풀이 1 ①땅 이름. 전국 시대 조(趙)의 도읍지. 지금의 하북성 한단현(邯鄲縣). ¶進至一鄲<後漢書> ②강 이름. ¶一川河水逕<水經> 2 현(縣) 이름. 한(漢)이 우리 나라 북쪽 국경 지대에 두었던 현. 3 풍성하다. ¶一淡.

【邯鄲夢】かんたんノユメ (한단몽) 노생(盧生)이 한단(邯鄲)에서 도사(道士) 여옹(呂翁)의 베개를 빌려 잠깐 눈을 붙인 사이에 꾼 부귀 영화의 꿈. 당(唐)대의 소설에 나오는 이야기로, 인간 세상의 영고 성쇠가 잠시의 꿈처럼 덧없음의 비유. 邯鄲之夢(한단지 몽). 邯鄲枕(한단침). 黃粱夢(황량몽). 盧生夢(노생몽).

【邯鄲枕】かんたんノマクラ (한단침) ☞邯鄲夢(한단몽).

【邯鄲學步】かんたんガクホ (한단학보) 한단의 걸음걸이를 배웠다는 뜻으로, 남의 흉내만 내다가는 이것도 저것도 아닌 줏대 없는 인간이 됨의 비유. 邯鄲之步(한단지 보).

【유래】 춘추 전국 시대에 연(燕)의 한 젊은이가 조(趙)의 서울 한단에 가서 그곳 사람들의 걸음걸이를 배우다가 익숙하기 전에 고향으로 돌아갔으므로, 한단의 걸음걸이도 제대로 걷지 못하고 제 나라 걸음걸이도 잊었다는 옛일에서 유래. <莊子>

6 9【郊】 성 밖 교 | 肴ㄐㄧㄠ (jiao) | こう *suburb*

풀이 ①성 밖. ¶不出國一<呂覽> ②국경. ¶軍於邯鄲之一<戰國策> ③끝. 가장자리. ¶同人于一<易經> ④들. 전야(田野). ¶悉爲農一<司馬相如> ⑤시골. ¶回頭梁楚一永與中原隔<蘇軾> ⑥하늘과 땅에 지내는 제사. ¶昔

者周公一祀后稷以配天<孝經> ⑦지방관(地方官). ¶一野載旐<周禮> ⑧땅 이름. 춘추 시대 진(晉)의 땅.

【郊歌】こうか(교가) 교사(郊祀) 때 부르는 노래.

【郊壇】こうだん(교단) 천자가 교사(郊祀)를 지내던 단. 郊丘(교구). 圜丘(원구). 泰壇(태단).

【郊社】こうしゃ(교사) ☞郊祀(교사).

【郊祀】こうし(교사) 천자가 도성 밖에서 하늘·땅에 올리는 제사. 동지(冬至)에는 하늘에, 하지에는 땅에 제사를 지냈음. 郊祭(교제). 郊社(교사).

【郊外】こうがい(교외) 도회지에 인접한 지대. 도시 가까이에 있는 전원(田園). 郊坰(교경). 野外(야외). ¶一 誰相送<王維>

▷近一, 農一, 大一, 芳一, 四一, 遠一, 帝一, 地一, 天一, 禘一, 春一, 荒一

9〖邶〗 邱(p.1506)와 同字

9〖郄〗 隙(p.1585)과 同字

9〖郎〗 郞(p.1508)의 略字

9〖邦〗 邦(p.1505)과 同字

6 9〖郱〗 땅 이름 병 |周 ㄆㄧㄥˊ (ping)| ひょう

풀이 땅 이름. 춘추 시대의 땅 이름. 지금의 산동성(山東省) 임구현(臨朐縣). ¶齊師遷紀一鄑郚<春秋>

6 9〖郇〗 나라 이름 순 |眞 ㄒㄩㄣˊ (xun)| しゅん

풀이 나라 이름. 주(周)대의 봉국(封國). ¶盟于一<左氏傳>

6 9〖邿〗 나라 이름 시 |支 ㄕ (shi)| し

풀이 ①나라 이름. 주(周)대 노(魯)의 부용국(附庸國). ¶取一<春秋> ②산 이름. 지금의 산동성 평음현(平陰縣) 서쪽의 산. ¶一山.

9〖耶〗 ☞耳部 3획(p.1217)

6 9〖郁〗 성할 욱 |屋 ㄩˋ (yu)| いく *prosperous*

풀이 ①성하다. ¶祥雲爲之一靄<王起> ②향기롭다. 通 鬱. ¶踐椒塗之一烈<曹植> ③명쾌하다. ¶一一乎文哉<論語> ④따뜻하다. ¶叙温一<劉峻> ⑤과수(果樹) 이름. 산이스랏. ¶一李. ⑥과일. 육질(肉質)뿐이고 중핵(中核)이 없는 과일. ⑦고을 이름. ¶一夷.

▷蘭一, 芳一, 馥一, 芬一, 紛一, 淑一, 鬱一

6 9〖邾〗 나라 이름 주 |虞 ㄓㄨ (zhu)| ちゅ

풀이 ①나라 이름. 주(周)의 봉국(封國). ¶一婁. ②고을 이름. ¶毛寶爲南豫州刺史 治一城<宋書>/一縣.

6 9〖郅〗 1 고을 이름 질 |質 ㄓˋ| しつ 2 깃대 길 |質 (zhi)| きつ

풀이 1 ①고을 이름. ¶郁一. ②이르다. 通 至. ③크다. 성함. ¶文王改制 爰周一隆<史記> ④오르다. 通 陟. 2 깃대. ¶一偈<揚雄>

9〖刍阝〗 鄒(p.1512)와 同字

6 9〖郃〗 고을 이름 합 |合 ㄍㄜˊ (ge) ㄏㄜˊ (he)| こう

풀이 ①고을 이름. ¶一陽. ②맞다. 일치(一致)함.

9〖郉〗 邢(p.1506)의 本字

6 9〖郈〗 고을 이름 후 |宥 ㄏㄡˋ (hou)| こう

풀이 고을 이름. 춘추 시대 노(魯)의 읍.

9〖血阝〗 ☞血部 3획(p.1338)

7 10〖郟〗 고을 이름 겹 本 협 |洽 ㄐㄧㄚˊ (jia)| こう

풀이 ①고을 이름. 지금의 하남성(河南省) 보성현(輔城縣). 춘추 시대 정(鄭)의 땅. 뒤에 초(楚)에 속함. ¶一縣. ②땅 이름. 주(周)의 옛 서울. 지금의 하남성 낙양현(洛陽縣) 서쪽. ¶成王定鼎于一鄏<左氏傳> ③행랑(行廊). 대문 양쪽에 붙은 방. 通 夾. ¶一室.

7 10〖郠〗 고을 이름 경 |梗 ㄍㄥˇ (geng)| こう

풀이 고을 이름. 춘추 시대 거(莒)의 읍. ¶季平子伐莒取一<左氏傳>

7 10〖郜〗 1 나라 이름 고 |號 ㄍㄠˋ| こう 2 성 곡 |沃 (gao)| こう

풀이 1 ①나라 이름. 주(周)의 봉국(封國). ¶以一大鼎賂公<左氏傳> ②고을 이름. ㉮춘추 시대 송(宋)의 읍. ㉯춘추 시대 진(晉)의 읍. 2 성(姓).

7 10〖郡〗 고을 군 |問 ㄐㄩㄣˋ (jun)| ぐん, くん *prefecture*

풀이 ①고을. 행정 구역의 하나. 주(周)는 현(縣) 아래, 한(漢)은 주(州) 아래에 군(郡)을 두었고, 진(秦)은 전국을 36 군으로 나누었음. ②관서(官署)의 하나. 군청(郡廳). ¶乘驢到一<晉書> ③쌓다. 通 薀.

【郡界】ぐんかい(군계) 군과 군의 경계.

【郡國】ぐんこく(군국) 한(漢)대에 봉건(封建)과 군현(郡縣)을 병용한 제도. 천자에 직속한 땅은 군(郡), 제후의 땅은 국(國)이라 불렀

음.

【郡君】ぐんくん(군군) ①여자의 봉호(封號). 당(唐)대에는 4품 벼슬아치의 아내, 송(宋) 이후는 황실 여자의 호칭. ②기녀(妓女).

【郡馬】ぐんば(군마) 군주(郡主 : 왕녀 따위)의 남편. ¶宗室女封郡主者 夫爲一<趙葵>

【郡民】ぐんみん(군민) 군(郡)의 주민.

【郡丞】ぐんじょう(군승) 진(秦)·한(漢)의 벼슬. 군수(郡守)를 보좌하고, 변경에서는 병마도 관장했음.

【郡衙】ぐんが(군아) 군(郡)의 행정을 맡아보는 관아.

【郡王】ぐんおう(군왕) 봉작(封爵)의 하나. 왕 다음의 작위. 수(隋)대에 비롯되어 청(清)대까지 쓰였음.

【郡邑】(군읍) ①옛날 지방 행정 구역인 주(州), 부(府), 군(郡), 현(縣)의 총칭. 郡縣(군현). ②군과 읍.

【郡主】ぐんしゅ(군주) ①신라 초기의 지방 관직. ②조선 때 세자빈의 딸의 칭호. ③당(唐)대에 태자의 딸을, 원(元)·명(明)대에 친왕(親王)의 딸을 이르던 칭호.

【郡廳】ぐんちょう(군청) 군의 행정을 관장하는 관청.

【郡縣】ぐんけん(군현) 군(郡)과 현(縣). 지방 행정 구역의 개칭. 郡邑(군읍)②.

▷國一, 僻一, 邊一, 隣一, 州一, 遐一, 荒一

7/10 【郤】 틈 극 | 陌ㄒㄧˋ (xi) | げき(スキマ) *gap*

※卻(p. 247)은 딴 자.

풀이 ①틈. 사이. 간극(間隙). ㊎隙. ㉮벌어진 자리. 간격. ¶諸侯相見於一地曰會<禮記> ㉯다툼. 불화. ¶令將軍與臣有一<史記> ②뼈와 살 사이. ¶批大一 導大窾<莊子> ③우러르다. ¶一于敦南<儀禮> ④고을 이름.

▷內一, 大一, 無一, 批一導窾, 有一

7/10 【郎】 사내 랑 | 陽ㄌㄤˊ (lang) | ろう(オトコ) *man*

풀이 ①사내. ㉮남자의 미칭. ¶僕閱人多矣 無如此一者<唐書> ㉯중, 어부 등의 호칭. ¶漁一/緇一. ②낭군. 남편의 호칭. ¶天壤之中 乃有王一<晋書>/一君/新一. ③주인. 주공(主公). 하인의 주인에 대한 호칭. ¶君非其家奴 何一之云<唐書> ④아버지. 아비에 대한 호칭. ¶按 北朝人子呼其父 亦謂之一<日知錄> ⑤아들. 남의 아들에 대한 호칭. ¶二老白接羅 兩一烏角巾<蘇軾>/令一. ⑥벼슬 이름. 진한(秦漢)대 숙위(宿衛)를 맡은 벼슬. ⑦땅 이름. 춘추 시대 노(魯)의 땅. 지금의 산동성(山東省). ¶費伯帥師城一<左氏傳> ⑧행랑. ㊂廊. ¶築一臺<史記>

【郎君】ろうくん(낭군) ①젊은 남자의 존칭. 귀공자. ②새로 진사에 급제한 사람의 호칭. ③남편에 대한 호칭. 「에 타고 가는 말.

【郎騎馬】ろうきば(낭기마) 혼인 때 신랑이 신부집

【郎子】ろうし(낭자) 옛날, 남의 집 총각을 점잖게 이르던 말. 令息(영식). 令郎(영랑).

【郎潛】ろうせん(낭잠) 한(漢)의 안사(顔駟)가 오랫동안 낭관(郎官)으로 있으면서 등용되지 않았던 데서 침륜 불우(沈淪不遇)의 뜻.

▷佳一, 檀一, 白面一, 不一不秀, 壻一, 蕭一, 侍一, 新一, 夜一, 野一, 漁一, 女一, 令一, 員外一, 遊冶一, 花一, 黃頭一

7/10 【郛】 외성 부 | 虞ㄈㄨˊ (fu) | ふ(クルワ) *castle walls*

풀이 외성(外城). 성곽(城郭). ¶伐宋入其一<左氏傳>

10 【郚】 邳(p. 1506)와 同字

7/10 【郕】 땅 이름 성 | 庚ㄔㄥˊ (cheng) | せい

풀이 ①땅 이름. 춘추 시대 정(鄭)의 땅. 지금의 하남성(河南省) 무척현(武陟縣). ¶王與鄭人之田溫原隰一<左氏傳> ②나라 이름. 춘추 시대 주(周) 무왕(武王)이 아우 숙무(叔武)를 봉한 나라. 지금의 산동성(山東省) 문상현(汶上縣). ¶衞師入一<左氏傳>

【郕國宗聖公】せいこくそうせいこう(성국종성공) 원(元)대에 추봉(追封)한 증삼(曾參)의 시호(諡號). ¶封加顏回 爲充國復成公曾參一<大學衍義補>

7/10 【郔】 땅 이름 연 | 先ㄧㄢˊ (yan) | えん

풀이 땅 이름. ㉮춘추 시대 정(鄭)의 땅. 지금의 하남성(河南省) 정현(鄭縣). ¶晋侯伐鄭及一<左氏傳> ㉯춘추 시대 초(楚)의 땅. 지금의 하남성 항성현(項城縣). ¶楚左尹子重侵宋 王待諸一<左氏傳>

7/10 【郢】 땅 이름 영 | 梗ㄧㄥˇ (ying) | えい

풀이 ①땅 이름. 춘추 시대 초(楚)의 서울. 지금의 호북성(湖北省) 강릉현(江陵縣) 북쪽. ¶遂至于一<國語> ②절기(節氣) 이름. ¶十二小一 十二中一<管子> ③가다. ㊂逞. ¶左人一 字行<史記>

【郢客】えいかく(영객) ☞郢人(영인)①.

【郢曲】えいきょく(영곡) 초(楚)나라 영(郢)의 악곡. 뜻이 바뀌어, 천한 노래를 이름. 郢聲(영성). ¶蜀琴抽白雪 一發陽春<鮑照>

【郢書燕說】えいしょえんせつ(영서연설) 이치에 맞지 않는 일을 억지로 끌어다 붙여 합리적인 것처럼 말함. 영(郢) 땅의 사람이 쓴 글을 연(燕)의 사람이 잘못 해석 설명하여 연을 다스렸다는 옛일에서 유래. 牽強附會(견강부회).

【郢人】えいじん(영인) ①속요(俗謠)를 잘 부르는 사람. 유행 가수. 郢客(영객). ②《人》영(郢) 사람으로 토공(土工)의 명인.

【郢斲】えいたく(영착) 남에게 시문(詩文)을 첨삭(添削)해 달라 할 때 쓰는 말. ¶郢人堊漫其鼻端…使匠石斲之<莊子>

7 10【郚】 고을 이름 오·어 |廣ㄨˊ 魚(wu)| ご ぎょ

풀이 고을 이름. ㉮춘추 시대 제(齊)의 땅. 지금의 산동성(山東省) 안구현(安丘縣) 서남쪽. ¶齊師遷紀幷郚一<春秋> ㉯춘추 시대 노(魯)의 읍. 지금의 산동성 사수현(泗水縣) 동남쪽. ¶遂城一<春秋>

7 10【郗】 고을 이름 치 |支ㄔ (chi)| ち

풀이 고을 이름. 주(周)의 읍. 지금의 하남성(河南省) 심현(沁縣).

7 10【郝】 1 고을 이름 학 2 갈 석 |藥ㄏㄠˇ (hao) 陌| かく せき (タガヤス)

풀이 1 고을 이름. 한(漢)대의 향(鄕). 지금의 섬서성(陝西省) 호현(鄠縣)과 주질현(盩厔縣)의 경계. 2 갈다. 밭을 갊. ¶一一 耕也<爾雅>

14【郶】 巷(p. 495)과 同字

8 11【郭】 성곽 곽 |藥ㄍㄨㄛ (guo)| かく(クルワ) *castle*

풀이 ①성곽. 도읍을 둘러싼 성(城). 밭재. 외성(外城). ¶城一溝池以爲固<禮記>/一田. ②둘레. 한 구역의 바깥 둘레. 외위(外圍). ¶天地之爲萬物一<法言>/輪一. ③돈 따위의 가장자리. ¶鑄五銖錢 周一其下<史記> ④가죽. 살갗. 피부(皮膚). ¶津液充一<素問> ⑤칼집이나 쇠뇌 활고자의 바깥쪽. ¶一 劒削也<廣雅>/弩牙外曰一<釋名> ⑥넓히다. 확장함. ㉠廓. ¶堅嶠之後 達夫一之<韓愈>

【郭巨】かくきょ(곽거)(人) 후한(後漢) 때 사람으로 중국 24효(孝)의 한 사람. 늙은 홀어머니를 모시고 몹시 가난하게 살았는데, 어머니가 매양 밥을 덜어서 손자에게 주므로, 아들 때문에 어머니가 굶주리게 됨을 슬퍼하여 아이를 죽이기로 아내와 작정하고 구덩이를 팠는데 난데 없이 황금솥이 그 속에서 나왔다 함. ¶一之孝.

【郭公】かっこう(곽공) ①뻐꾸기의 이칭. 우는 소리의 의성(擬聲)에서 이름. ②허수아비. 꼭두각시. 「의).

【郭汾陽】かくふんよう(곽분양)(人) ☞郭子儀(곽자

【郭隗】かくかい(곽외)(人) 전국 시대 연(燕)의 현인(賢人). ※從隗始(종외시).

【郭子儀】かくしぎ(곽자의)(人) 당(唐) 숙종(肅宗) 때의 명장(名將). 안사(安史)의 난(亂)을 평정한 공으로 분양왕(汾陽王)에 봉해짐. 郭令公(곽영공). 郭汾陽(곽분양).

▷匡一, 規一, 羅一, 內一, 東一, 負一, 郛一, 膚一, 西一, 城一, 外一, 輪一, 鄽一, 周一, 鐵一, 恢一

8 11【郯】 나라 이름 담 |覃ㄊㄢˊ 勘(tan)| たん

풀이 나라 이름. 춘추 시대의 나라. 지금의 산동성(山東省) 담성현(郯城縣) 서남쪽. ¶公及齊侯 平莒及一<春秋>

11【都】 都(p. 1511)의 略字

8 11【郲】 1 땅 이름 래 2 평평하지 않을 뢰 |灰ㄌㄞˊ (lai) 賄| らい

풀이 1 땅 이름. ㉮춘추 시대 정(鄭)의 땅. 지금의 하남성(河南省) 형양현(滎陽縣). ㉯촉(蜀)의 땅. 2 평평하지 않다. ¶郲一.

11【郱】 邦(p. 1507)의 本字

8 11【部】 나눌 부 |麌ㄅㄨˋ 宥(bu)| ぶ(ワケル) *divide* ほう

풀이 ①나누다. 구분함. 또는, 작은 부분으로 나누어 처리함. ㊣剖. ¶一署諸將<漢書>/一門. ②거느리다. ㉮통솔하다. 지배함. ¶一陳從事<後漢書>/一十三州<漢書> ㉯통솔하는 일. 관할하는 곳. ¶行一乘傳<漢書> ③분류. ㉮물건을 세분하는 것. ¶典籍混亂 充以類相從 分爲四一<晋書>/一類. ㉯지역. 구역. ¶河東二十八縣 分爲兩一<漢書> ㉰조(組). 항오(行伍). ¶校隊案一<後漢書> ④마을. 관청. ¶還一白府君<古詩>/吏一/六一/外務一. ⑤떼. 사람의 한 떼. 촌락. ¶率其諸一入居遼西<晋書>/行無一曲<漢書> ⑥부(部). 구분한 물건이나 서적을 세는 단위. ¶譯出新經十四一<魏志> ⑦부수(部首). 한자(漢字) 자전에서, 문자를 공통 부분으로 분류한 하나하나의 덩어리. 「강희자전」(康熙字典)은 214부임. ¶一首. ⑧언덕. 튀어나온 둥그런 구릉. ¶一婁無松柏<左氏傳>

【部曲】ぶきょく(부곡) ①군대의 단위별 편성. 行伍(항오). 部伍(부오). ¶種別群分 一有種<班固> ②사유(私有)하는 군대. ③사사 집에서 부리는 종 또는 노비(奴婢). 家僕(가복).

【部落】ぶらく(부락) ①동네. 마을. 인가(人家)가 모여 있는 곳. ②종족. 야만인의 집단. ③사람의 집단. ¶天下各士有一 東南無與常匹儔<龔自珍>

【部婁】ほうろう(부루) 작은 언덕. 小阜(소부). 附婁(부루). ¶一之未登 善登之無蹊 惟有 楚棘而已<晏子>

【部婁無松柏】ほうろうにしょうはくナシ(부루 무송백) 작은 장소에는 큰 것이 나지 않음의 비유.

【部署】ぶしょ (부서) ①여럿으로 나누어 분담시키는 사무의 부문. ¶一已定<史記> ②각기 할 일을 분담시킴. ¶一諸將<漢書>

【部首】ぶしゅ (부수) 한자 자전(字典)에서 글자를 찾는 길잡이가 되는 글자의 한 부분. 鉉의 부수는 金인 따위.

【部數】ぶすう (부수) 서책, 문서 등의 수효. ¶販賣一.

【部員】ぶいん (부원) 어느 부서에 딸린 사람. 부를 구성하는 일원(一員).

【部位】ぶい (부위) ①전체에 대한 부분의 위치. ②얼굴의 눈·코·입 따위 각 부분의 위치. ③부대의 위치.

【部將】ぶしょう (부장) ①군대에서 한 부대의 우두머리. ②㉮조선 때 오위(五衛)의 종육품(從六品) 무관 벼슬. ㉯포도청(捕盜廳) 군관(軍官).

【部曹】ぶそう (부조) 육부(六部)의 벼슬아치. 육조(六曹)의 관료(官僚).

【部族】ぶぞく (부족) 미개 민족 등에서, 같은 조상에서 나온 단위별로 부락을 형성하여 사는 집단. ¶一社會. ※氏族(씨족).

【部下】ぶか (부하) 남의 밑에서 그의 명령에 따라 움직이는 사람. ↔上官(상관).

▷幹一, 經一, 工一, 軍一, 內一, 文一, 民一, 百一, 兵一, 分一, 四一, 司令一, 兩一, 營一, 外一, 六一, 吏一, 立一, 坐一, 八一, 編輯一, 刑一, 戶一, 回一

15【部邑】 部(p. 1509)와 同字

8 11【郫】 고을 이름 비 | 支 ㄆㄧˊ (pi) | ひ

풀이 ①고을 이름. 촉(蜀)의 한 현. 지금의 사천성. ¶一縣. ②춘추 시대 진(晋)의 읍. 지금의 하남성(河南省) 제원현(濟源縣) 서쪽. ¶趙孟使殺諸一<左氏傳>

8 11【郳】 나라 이름 예 | 齊 ㄋㄧˊ (ni) | げい

풀이 나라 이름. 노(魯)의 부용국(附庸國). 지금의 산동성(山東省) 등현(滕縣). ¶一犂來來朝<春秋>

8 11【郵】 역참 우 | 尤 ㄧㄡˊ (you) | ゆう (シュクバ) *posthouse*

풀이 ①역참(驛站). 역말을 갈아 타던 곳. 관(館). 일설에는 역말로 전달하는 것을 置, 걸어서 전달하는 것을 郵라 함. ¶德之流行 速於置一而傳命<孟子>/一驛. ②역체(驛遞). 역참에서 역참으로 편지 따위를 차례로 전하던 일. ¶因一上封事<漢書> ③오막살이. 농막(農幕). 농사를 감독하기 위해 논밭 사이에 지은 집. ¶饗農及一表畷禽獸<禮記> ④탓하다. 허물. 과실(過失). ㉠尤. ¶不知其一<詩經> ⑤지나다. 통과함. ⑥가장 심하다. ¶魯之君子 迷之一者<列子>

【郵驛】ゆうえき (우역) 역. 중앙 관청의 공문(公文)을 지방 관청에 전달할 때나 외국 사신의 왕래 및 관리의 출장 또는 부임(赴任) 때 마필(馬匹)을 공급하던 곳. 郵置(우치).

【郵子】ゆうし (우자) 역졸(驛卒). 우체부(郵遞夫).

【郵傳】ゆうでん (우전) 역참(驛站)에서 역참으로 사람과 말을 갈아 가며 화물을 보냄. 驛傳(역전).

【郵政】ゆうせい (우정) 우편에 관한 행정. ¶一局.

【郵便】ゆうびん (우편) 정부 관리하에, 위탁된 편지나 물품 따위를 배달하는 통신 제도. 또는, 그 제도를 이용하여 보내는 편지나 물품. ¶一物/一葉書.

▷官一, 軍一, 督一, 邊一, 傳一, 置一

11【邸】 邸(p. 1506)의 俗字

8 11【郪】 고을 이름 처 | 齊 ㄑㄧ (qi) | せい

풀이 고을 이름. ㉮위(魏)의 현(縣). 지금의 안휘성(安徽省) 태화현(太和縣). ¶大王之地 南有新一<史記> ㉯제(齊)의 현(縣). 지금의 산동성(山東省) 동아현(東阿縣). ¶公子遂及齊侯盟于一丘<春秋>

8 11【郰】 고을 이름 추 | 尤 ㄗㄡ (zou) | しゅう

풀이 고을 이름. 춘추 시대 노(魯)의 읍. 공자(孔子)가 태어난 곳. 지금의 산동성(山東省) 곡부현(曲阜縣) 동쪽의 추성(郰城). ¶一人紇抉之 以出門者<左氏傳>/一人之子.

15【郰】 聚(p. 1220)와 同字

8 11【郴】 고을 이름 침 | 侵 ㄔㄣ (chen) | ちん

풀이 고을 이름. 한(漢)의 계양군(桂陽郡)의 한 현(縣). 지금의 호남성(湖南省) 침현(郴縣). 진(秦) 말에 항우(項羽)가 초(楚)의 의제(義帝)를 이곳에 옮긴 후 죽임. ¶追殺之一縣<史記>

11【鄉】 鄉(p. 1513)의 略字

9 12【郹】 고을 이름 격 | 錫 ㄐㄩˊ (ju) | けき

풀이 고을 이름. 춘추 시대 채(蔡)의 읍. 지금의 하남성(河南省) 상채현(上蔡縣). ¶一陽封人之女奔之<左氏傳>

9 12【鄄】 땅 이름 견 / 진 | 霰 ㄐㄩㄢˋ (juan) / 眞 | けん / しん

풀이 땅 이름. 춘추 시대 위(衛)의 읍. 지금의 산동성(山東省) 복현(濮縣) 동쪽. ¶單伯會齊侯宋公衛侯鄭伯于一<左氏傳>

12 〖鄉〗 卿(p. 247)과 同字

9 12 〖都〗 도읍 도 | ㊥ㄉㄨ (du) | と(ミヤコ) *capital*

풀이 ①도읍. 서울. ㉮나라의 중심이 되는 큰 거리. ¶遊一邑以永久<潘岳>/遷一. ㉯제후나 경대부(卿大夫)의 봉읍(封邑). ¶一城不過百雉<禮記>/大一. ㉰큰 고을. ¶王不如因而賂一名一<戰國策>/一會/一市. ㉱도읍하다. 서울을 정함. ②있다. 자리 잡음. ¶一卿相之位<漢書> ③모이다. ㉮군집하다. 모임. ¶其西則有平樂一場<張衡> ㉯모으다. 모이게 함. 한데 합침. ¶大一授時<漢書>/頃撰遺文 一爲一集<魏文帝> ④거느리다. 통솔함. 또는, 그 구실. ¶一督中外諸軍事<晋書>/一督. ⑤모두. 다. 모조리. ¶一受天下委輸<史記>/一凡. ⑥우아하다. 아름다움. ¶洵美且一<詩經>/雍容閒雅甚一<史記> ⑦시험해 보다. ¶光出一肄郎羽林<漢書> ⑧아아. 감탄사. ¶驩兜曰 一共工<書經>

【都家】とか(도가) ①주(周)대 왕의 자제(子弟) 및 공경(公卿) 대부(大夫)의 채읍(采邑). ¶方士掌一<周禮> ②㊔ ㉮동업자들이 모여서 계나 그 밖의 상의를 하는 집. ㉯도매상(都賣商). 또는, 세물전(貰物廛).

【都君】とくん(도군) 순(舜)임금. 순임금이 사는 곳은 3년이면 도회를 이루었다 함.

【都給】(도급) 일정한 기간 안에 완성해야 할 일을 도거리로 맡기는 일.

【都堂】とどう(도당) ①㊔ ㉮시골 사람들이 그곳의 수호신(守護神)을 모셔 놓고 위하는 단(壇). ¶一祭. ㉯의정부(議政府)의 이칭. ②당(唐)대의 상서성(尙書省). 또는, 명(明)대 도찰원(都察院)의 당상관(堂上官). 「<唐書>

【都輦】とれん(도련) 서울. ¶自朱泚亂 一數驚

【都令】とれい(도령) 도승지(都承旨)의 이칭.

【都盧】とろ(도로) ①서역(西域)의 나라 이름. 그 나라 사람은 몸이 가벼워서 높은데 오르기를 잘 한다 함. 나아가, 곡예사(曲藝師)를 이름. ②《佛》 모두. 다. ¶寒不聞寒 熱不聞熱 一是箇大解脫門<碧巖錄>

【都錄】とろく(도록) 사람이나 물건 이름을 통틀어 적은 목록.

【都賣】(도매) 도거리로 팖. ¶一商.

【都目】ともく(도목) ①요점(要點). 중요한 조목(條目). 사북. ¶司徒一<後漢書> ②도목정사(都目政事)의 준말.

【都目狀】(도목장) 지방 관청의 공천(公賤) 및 시정(侍丁), 봉족(奉足), 호수(戶首) 등의 명부.

【都目政事】(도목정사) 해마다 음력 6월과 12월에 벼슬아치의 성적 고과(成績考課)에 따라 승진(昇進)시키거나 좌천(左遷)시키던 일. 都目(도목). 都目政(도목정). 都政(도정). 京察(경찰).

【都門】ともん(도문) ①도성(都城)의 출입문. 서울·경사(京師)를 뜻함. ¶東望一信馬歸<白居易> ②도중(都中)의 이문(里門).

【都散賣】(도산매) 도매(都賣)와 산매(散賣). 장사꾼이 물건을 모개로도 팔고 낱으로도 파는 일.

【都城】とじょう(도성) ①서울. 도읍. ②주(周)대에 제후(諸侯)의 자제 및 경대부(卿大夫)의 영지(領地)에 있던 성.

【都是】(도시) ①모두 해서. ②원래. 본시. ③전연. 도무지.

【都心】としん(도심) 도시의 중심부. ¶一地帶.

【都有司】(도유사) 향교(鄕校), 서원(書院), 종중(宗中), 계중(契中)에 관한 사무를 맡은 우두머리.

【都兪吁咈】とゆくふつ(도유우불) 넉자 다 감탄사로 都·兪는 찬성, 吁·咈은 불찬성을 뜻함. 요(堯)임금이 군신(群臣)과 정치를 의논할 때에 쓰인 말로, 임금과 신하가 함께 정치에 대해서 토론함을 이름.

【都邑】とゆう(도읍) ①서울. 도시. ②도시와 시골. ③본래, 토지 구별의 이름. ¶五里爲邑 十邑爲都<晋書>

【都壯元】(도장원) 과거(科擧)에서 갑과(甲科)에 첫째로 급제함. 또는, 그 사람.

【都亭】とてい(도정) 군현(郡縣)의 관청이 있는 곳.

【都下】とか(도하) 서울의 안. 서울 지방.

【都下記】(도하기)㊔ 내어 쓴 돈머리를 몰아서 적은 문서.

【都合】つごう(도합) 모두. 都統(도통). 總計(총계). ¶八柱之外 柱脩總有三等 一百一十柱<文獻備考>

【都會】とかい(도회) 사람이 많이 사는 번화한 곳. 都市(도시). 大處(대처). ¶一地.

▷江一, 建一, 京一, 古一, 舊一, 大一, 省一, 聖一, 松一, 首一, 信一, 麗一, 王一, 雄一, 幽一, 奠一, 帝一, 遷一, 玄一, 還一, 皇一

9 12 〖郿〗 고을 이름 미 | ㊥ㄇㄟˊ 圍(mei) | び

풀이 고을 이름. ㉮주(周)의 읍. 지금의 섬서성(陝西省) 미현(郿縣)의 옛 칭호. ¶王餞于一<詩經>/一塢. ㉯춘추 시대 노(魯)의 읍. 지금의 산동성(山東省) 동평현(東平縣)의 경계. ¶冬 築一<春秋>

9 12 〖鄂〗 땅 이름 악 | 圍ㄜˋ (e) | がく

풀이 ①땅 이름. ㉮춘추 시대 초(楚)의 악왕(鄂王)의 구도(舊都). 지금의 호북성(湖北省) 악성현(鄂城縣). ¶中子紅爲一王<史記> ㉯은(殷)대의 나라 이름. 지금의 하남성(河南省) 심양현(沁陽縣) 서북의 우대진(邘臺鎭). ¶鬼侯一侯文王 紂之三公也<戰國策> ㉰춘추 시대 진(晋)의 읍. 지금의 산서성(山西省) 향녕현(鄕寧縣) 남쪽. ¶逆晋侯於隨 納諸一 晋人謂之一侯<左氏傳> ②경계. 한계. ¶紛被麗其亡一<漢書>/垠一. ③꽃받침. 通 萼. ¶

一不韡韡<詩經> ④놀라다. 通遻 愕. ¶群臣皆驚一失色<漢書> ⑤바른말하다. 직언(直言)함. 通諤. ¶不占成節一<馬融>

【鄂鄂】ㄜ`ㄜ`(악악) ①엄격하게 말하는 모양. ¶君子出言以一<大戴禮> ②직언하는 모양. 諤諤(악악). ¶子於父母 尙和順 不用一<禮記> ③말이 많은 모양. 시끄러운 모양. ¶晝夜一 漫遊是好<潛夫論>

▷驚一, 沂一, 圻一, 鄂一, 垠一, 作一, 柞一, 題一

9 12 〖鄀〗 나라 이름 약 | [藥] ㄖㄨㄛ` | じゃく
작 | [藥] (ruo) | ちゃく

풀이 나라 이름. 주(周)대 진(秦)과 초(楚)의 경계에 있던 나라. 지금의 하남성(河南省) 내석천현(內淅川縣) 서쪽. ¶秦晉伐一<左氏傳>

9 12 〖郾〗 고을 이름 언 | [願] ㄧㄢˇ (yan) | えん

풀이 고을 이름. 옛 언자국(郾子國)의 땅. 지금의 하남성(河南省) 언성현 남쪽.

9 12 〖鄅〗 나라 이름 우 | [麌] ㄩˇ | う
구 | [麌] (yu) | く

풀이 나라 이름. 주(周)대에 지금의 산동성(山東省) 임기현(臨沂縣) 북쪽에 있던 나라. ¶邾人入一<春秋>

12 〖郵〗 郵(p. 1510)와 同字

16 〖郵〗 郵(p. 1510)의 俗字

9 12 〖鄆〗 고을 이름 운 | [問] ㄩㄣˋ | うん
| [文] (yun) |

풀이 고을 이름. 춘추 시대 노(魯)의 읍. 동·서 두 운(鄆)이었는데, 동운은 산동성(山東省) 기수현(沂水縣) 북쪽에, 서운은 산동성 운성현(鄆城縣) 동쪽에 있었음. ¶待于一<左氏傳>

9 12 〖鄃〗 고을 이름 유 | [虞] ㄕㄨ (shu) | ゆ

풀이 고을 이름. ㉮한(漢)대에 지금의 산동성(山東省) 평원현(平原縣) 서남쪽에 둔 현(縣). ¶田蚡爲丞相 其奉邑食一<漢書> ㉯수(隋)대에 산동성 하진현(夏津縣) 동북쪽에 둔 현. ¶隋置一縣 亦仍舊治<讀史方輿紀要>

12 〖鄽〗 廛(p. 522)과 同字

12 〖郷〗 巷(p. 495)과 同字

9 12 〖鄇〗 땅 이름 후 | [宥] ㄏㄡˊ | こう
| [尤] (hou) |

풀이 땅 이름. 춘추 시대 진(晉)의 땅. 지금의 하남성(河南省) 무척현(武陟縣). ¶晉郤至與周爭一田<左氏傳>

12 〖郿〗 郿(p. 1338)과 同字

13 〖鄓〗 郹(p.1510)의 訛字

10 13 〖鄍〗 고을 이름 명 | [靑] ㄇㄧㄥˊ | べい
(ming) | みょう

풀이 고을 이름. 춘추 시대 우(虞)의 읍. 지금의 산서성(山西省) 평륙현(平陸縣) 동북쪽. ¶入自顚軨 伐一三門<左氏傳>

10 13 〖鄋〗 나라 이름 수 | [尤] ㄙㄡ (sou) | しゅう

풀이 나라 이름. 춘추 시대의 오랑캐 나라. 지금의 산동성(山東省) 역성현(歷城縣)의 북쪽 경계. 장적(長狄). ¶一瞞侵齊<左氏傳>

10 13 〖鄎〗 나라 이름 식 | [職] ㄒㄧ (xi) | しょく

풀이 나라 이름. ㉮주(周)대에 지금의 하남성(河南省)에 있던 나라. ㉯주(周)대 지금의 하남성(河南省)에 있던 제(齊)의 땅. ¶公會吳 伐齊南鄙 師于一<左氏傳>

10 13 〖鄔〗 1 땅 이름 오 | [麌] ㄨ | お
2 성 우 | [虞] (wu) | う

풀이 1 땅 이름. ㉮춘추 시대 진(晋)의 읍. 지금의 산서성(山西省) 개휴현(介休縣) 동북쪽. ¶司馬彌牟爲一大夫<左氏傳> ㉯춘추 시대 정(鄭)의 땅. 지금의 하남성(河南省) 언사현(偃師縣) 서남쪽. ¶王取一劉蒍邘之田于鄭<左氏傳> 2 성(姓).

10 13 〖鄏〗 땅 이름 욕 | [沃] ㄖㄨˇ (ru) | じょく

풀이 땅 이름. 지금의 하남성(河南省) 낙양현(洛陽縣) 서쪽에 있던, 주(周)의 땅. ¶成王定鼎于郟一<左氏傳>

10 13 〖鄖〗 나라 이름 운 | [文] ㄩㄣˊ | うん
| [問] (yun) |

풀이 ①나라 이름. 주(周)대의 나라. 춘추 시대 초(楚)에 망함. 지금의 호북성(湖北省) 안륙현(安陸縣). ¶一人軍於蒲騷<左氏傳> ②땅 이름. 춘추 시대 위(衛)의 땅. 지금의 강소성(江蘇省) 여고현(如皐縣) 동쪽. ¶公會衛侯宋皇瑗於一<春秋>

10 13 〖鄑〗 땅 이름 자 | [支] ㄐㄧㄣˋ | し
진 | [震] (jin) | しん

풀이 땅 이름. ㉮춘추 시대 송(宋)과 노(魯) 사이의 땅. ㉯춘추 시대 기(紀)의 읍.

10 13 〖鄒〗 나라 이름 추 | [尤] ㄗㄡ (zou) | すう

풀이 나라 이름. 주(周)대의 나라 또는 고

을 이름. 지금의 산동성(山東省) 추현(鄒縣) 동남쪽의 주성(邾城). ¶邾婁爲一 後爲楚所滅<說文通訓定聲>
【鄒魯】すうろ(추로) ①공자(孔子)와 맹자(孟子). 鄒는 맹자의, 魯는 공자의 출생지. ②공맹(孔孟)의 학(學). 鄒魯學(추로학). ¶濟濟一 禮儀唯恭<韋孟>

10 13 **〖鄐〗** 고을 이름 축 | 屋 ㄔㄨˋ | ちく
흑 | 屋 (chu) | きく

풀이 고을 이름. 춘추 시대에, 진(晋) 옹자(雍子)의 읍. ¶雍子奔晋 晋人與之一<左氏傳>

10 13 **〖鄕〗** 1 시골 향 2 대접할 향 | 陽 ㄒㄧㄤ (xiang) | きょう (サト) *country*

풀이 1 ①시골. ¶一稱善人<陳師道>/一邑. ②마을. 옛 중국의 행정 구역의 이름. 주(周)·한(漢)대에는 1만 2천 5백호. 향대부(鄕大夫)를 둠. ¶五州爲一 使之相賓<周禮> ③고향. ¶富貴不歸故一 如衣繡夜行<史記>/同一. ④곳. ¶于此中一<詩經> ⑤방향. ¶哀一逝而異一<曹植> ⑥동아리. 동료(同僚). ¶故君子之朋友有一<禮記> 2 ①대접하다. 향응함. 通饗. ¶專一獨美其福<漢書> ②향하다. 通向嚮. ¶樂行而民一方<禮記> ③소리가 울리다. 음향. 通響. ¶如影一之應形聲也<漢書> ④접때. 通曏. ¶一也吾見於夫子而問知<論語>
【鄕歌】(향가)韓 신라 중엽에서 고려 초기에 걸쳐 민간에 널리 유행한 우리 나라 고유의 시가(詩歌). 모두 향찰(鄕札)로 기록됨.
【鄕擧】きょうきょ(향거) 주(周)대에 향학(鄕學)의 어진 사람을 향음주(鄕飮酒)의 예로써 중앙에 천거하던 일. ¶一里選之法.
【鄕曲】きょうきょく(향곡) 시골. 벽촌. ¶出婦嫁一者良婦也<戰國策>
【鄕貢】きょうこう(향공) ①당(唐)대에 선비를 뽑는 데 있어, 주현(州縣)의 장관이 경사(京師)에 천거하는 사람. 鄕貢進士(향공진사). ②송(宋)대 고려(高麗) 공사(貢士)의 하나. 군읍(郡邑)에서 천거된 사람을 이름.
【鄕貢進士】きょうこうしんし(향공진사) ☞鄕貢(향공)①.
【鄕官】きょうかん(향관) ①지방의 관청. ¶使郵亭一皆畜鷄豚<漢書> ②한 향(鄕)을 다스리는 관리. 삼로색부(三老嗇夫) 따위.
【鄕貫】きょうかん(향관) ①태어난 고향의 호적. 本籍(본적). ②시조(始祖)가 태어난 땅. 本貫(본관). 貫鄕(관향).
【鄕關】きょうかん(향관) 고향. 향리. ¶日暮一何處是<崔顥>
【鄕校】きょうこう(향교) ①향(鄕)에 두었던 학교. 지방 학교. ②각 고을에 있는 문묘(文廟)와 거기에 딸린 한문 교습소.
【鄕舊】きょうきゅう(향구) 고향의 옛 벗. ¶久戀一<後漢書> 「祜>
【鄕國】きょうこく(향국) 고향. ¶一不知何處是<張

【鄕禁】(향금) 그 지방의 금제(禁制).
【鄕黨】きょうとう(향당) 향(鄕: 12,500호)과 당(黨: 500호). 뜻이 바뀌어, 향리(鄕里). 마을. ¶朝廷莫如爵 一莫如齒<孟子>
【鄕黨尙齒】きょうとうしょうし(향당상치) 향당에 있어서는 나이가 많은 사람을 높임. ¶一 行事尙賢<莊子>
【鄕大夫】きょうたいふ(향대부) 주(周)대에 한 고을의 정교금령(政敎禁令)을 맡아본 벼슬.
【鄕導】きょうどう(향도) 길을 인도함. 또는, 그 사람. 嚮導(향도). 「<漢書>
【鄕吏】きょうり(향리) 향(鄕)의 관리. ¶一亭長
【鄕里】きょうり(향리) ①시골. 촌락. 또는, 고향. ②시골 사람. 또는, 고향 사람. 鄕民(향민). ¶許允爲吏部郞 多用一<世說新語> ③옛날, 부부가 서로 부르던 호칭. ¶我不忍令一落他處<南史>
【鄕民】きょうみん(향민) 시골 사람. 고향 사람.
【鄕班】(향반)韓 낙향(落鄕)하여 여러 대(代)에 걸쳐 다시 벼슬길에 오르지 못한 양반.
【鄕士】きょうし(향사) ①시골 선비. 또는, 시골에 사는 인사(人士). ②주(周)대에 육향(六鄕)의 형옥(刑獄)을 맡던 사람.
【鄕射】きょうしゃ(향사) ①주(周)대의 제도로, 향대부(鄕大夫)가 시골의 어진 사람을 선발하기 위해 행하는 활 쏘는 의식. ¶一之禮. ②韓 시골 한량(閑良)들이 모여 편을 갈라 활쏘기를 겨루던 일.
【鄕俗】きょうぞく(향속) 시골 또는 고향의 풍속. 鄕風(향풍). ¶異俗非一<孟浩然>
【鄕愁】きょうしゅう(향수) 고향을 그리워하는 마음. ¶孤燈然客夢 寒杵搗一<岑參>
【鄕遂】きょうすい(향수) ①주(周)의 제도로, 왕성(王城)에서 떨어지기 50리에서 100리 사이를 鄕, 100리에서 200리 사이를 遂라 함. 이를 각각 여섯으로 나누어 육향(六鄕) 육수(六遂)라 함. ②☞鄕大夫(향대부). ¶一載物<周禮>
【鄕試】きょうし(향시) 청(淸)의 과거 제도로 3년에 한 번씩 각 성(省) 수도(首都)에서 실시하였음. 합격자를 거인(擧人)이라 함. 會試(회시). 殿試(전시).
【鄕樂】きょうがく(향악) ①향음주(鄕飮酒)의 악(樂). ②우리 나라 고유의 풍류. ↔唐樂(당악).
【鄕約】きょうやく(향약) 같은 마을 사람들이 함께 지켜야 할 규약. 송(宋)대의 여씨 향약(呂氏鄕約)을 본떠, 조선 시대 이황(李滉)의 예안 향약(禮安鄕約), 이이(李珥)의 해주 향약(海州鄕約) 등이 있었음.
【鄕藥本草】(향약본초) 우리 나라에서 나는 약용(藥用) 식물·동물·광물 따위의 총칭.
【鄕飮酒禮】きょういんしゅれい(향음주례) ①韓 조선 때, 해마다 10월 길일(吉日)을 가려 온 고을의 유생들이 모여 향약(鄕約)을 읽고 술을 마시며 잔치한 일. 중국에서 온 풍속. ②「의례」(儀禮)의 편명(篇名).
【鄕邑】きょうゆう(향읍) 마을. 향리(鄕里). 鄕曲(향곡). 鄕村(향촌). ¶以旗物辨一<周禮>

【鄕人】きょうじん(향인) ①한 마을에 사는 사람. 고향 사람. ②덕이 없는 사람. 俗人(속인). ¶我由未免爲一也<孟子>
【鄕長】きょうちょう(향장) ①향(鄕)의 우두머리.. 村長(촌장). ②그 고을에서 훌륭한 사람의 존칭. ③㊐ 조선 고종(高宗) 32년(1894)에, 좌수(座首)를 고친 이름.
【鄕井】きょうせい(향정) 고향. 향리. ¶白髮還一<崔峒>
【鄕弟】(향제) 동향인(同鄕人)에 대한 자기의 겸칭.
【鄕札】(향찰) 신라 때 한자(漢字)의 음과 뜻을 빌려 우리 말을 표음식으로 적던 글. ※吏讀(이두)·口訣(구결).
【鄕廳】(향청) 고려 말에 수령(守令)을 보좌하던 자문 기관. 鄕所(향소). 留鄕所(유향소).
【鄕村】きょうそん(향촌) ☞鄕邑(향읍).
【鄕土】きょうど(향토) ①자기가 태어난 곳. 고향. ②서울에서 떨어져 있는 마을이나 지방. ¶一藝術.
【鄕風】きょうふう(향풍) ☞鄕俗(향속).
▷家一, 去一, 故一, 貫一, 舊一, 君子一, 歸一, 錦衣還一, 同一, 望一, 無何有之一, 白雲一, 思一, 射一, 色一, 仙一, 水雲一, 水一, 殊一, 憶一, 熱一, 溫柔一, 遠一, 異一, 杖一, 在一, 氈一, 帝一, 醉一, 他一, 遐一, 寒一, 狹一, 懷一, 黑甛一

13【鄉】 鄕(p.1513)의 訛字

10/13【鄗】 ①땅 이름 호 ㉠ㄏㄠ ②산 이름 교 ㉡(qiao) こう
풀이 ① ①땅 이름. ㉮춘추 시대 진(晉)의 읍. 후한(後漢)의 광무제(光武帝)가 즉위(卽位)한 곳. 지금의 하북성(河北省) 백향현(柏鄕縣) 북쪽. ¶國夏伐晋取邢任欒一<左氏傳> ㉯춘추 시대 제(齊)의 땅. 지금의 산동성(山東省) 몽음현(蒙陰縣) 서북. ¶公會齊侯于一<公羊傳> ②호경(鎬京). 서주(西周)의 서울. 지금의 섬서성(陝西省) 장안(長安). ㊀鎬. ¶武王以一<荀子>/酆一. ② ①산 이름. 하남성(河南省) 성고현(成皐縣)의 경계에 있는 산. ¶晋師在敖一之間<左氏傳> ②땅 이름. ㊁郊. ¶取王官及一<史記>

11/14【鄡】 고을 이름 교 ㉠ㄑㄧㄠ(qiao) きょう
풀이 ①고을 이름. 한(漢)대 교현(鄡縣)의 땅. 지금의 하북성(河北省) 속록현(束鹿縣) 동쪽. ¶繫銅馬於一<後漢書> ②역참(驛站) 이름. ¶時析宰將兵數千屯一亭<漢書>

14【鄥】 鄡(p.1514)와 同字
14【郒】 郞(p.1508)과 同字

11/14【鄝】 나라 이름 료 ㉠ㄌㄧㄠˇ(liao) りょう
풀이 나라 이름. 춘추 시대의 나라. 지금의 하남성(河南省) 고시현(固始縣) 동북 요성강(蓼城岡)에 있었음. ¶楚子燮滅一<左氏傳>

11/14【鄚】 고을 이름 막 ㉠ㄇㄛˋ(mo) ばく
풀이 고을 이름. 본래는 조(趙)의 읍. 한(漢)대에는 현(縣)을 두었음. 지금의 하북성(河北省) 임구현(任丘縣) 북쪽. ¶與燕一易<史記>

18【鄨】 黎(p.1692)와 同字

11/14【鄤】 땅 이름 만 ㉠ㄇㄢˋ(man) ばん まん
풀이 땅 이름. 춘추 시대 정(鄭)의 땅. 지금의 하남성(河南省) 범수현(氾水縣)의 경계. ¶使東鄙覆諸一<左氏傳>

11/14【鄜】 고을 이름 부 ㉠ㄈㄨ(fu) ふ
풀이 고을 이름. 한(漢)대에 설치한 고을. 지금의 섬서성 낙천현(洛川縣)의 동남쪽. ¶用三百牢於一時<漢書>

11/14【鄙】 시골 비 ㉠ㄅㄧˇ(bi) ひ(イナカ) *country*
풀이 ①시골. 두메. 서울에서 떨어진 곳. 변방의 마을. ¶伐我西一<春秋>/邊一. ②마을. 주(周)대 행정 구역의 하나. 현(縣) 바로 아래 단위. 500호(戶). 5비(鄙)로 현(縣)이 됨. ¶縣一. ③식읍(食邑). 주(周)의 제도로, 왕기(王畿) 안에 있던 채지(采地). 왕자와 공경 대부(公卿大夫)의 소유였음. ¶以八則治都一<周禮> ④촌스럽다. 시골뜨기 같음. ⑤저. 나의 겸칭. ¶一見/一孫/一軀/一夫. ⑥다랍다. 비루함. ¶在位貪一<詩經>/一陋/一劣/野一. ⑦고집세다. 완고함. ¶一哉予乎<張衡> ⑧질박하다. 우아하지 못함. ¶焚符破璽 而民朴一<莊子> ⑨천하게 여기다. 멸시함. 수치로 여김. ¶夫猶一我<左氏傳>/君子所一<史記> ⑩천하다. 신분이 낮음. ¶魯之一家也<呂覽> ⑪천한 사람. ¶賞一以招賢<潛夫論>
【鄙見】ひけん(비견) 천한 견해. 또는, 자기 견해의 겸칭. 卑見(비견). ↔高見(고견).
【鄙軀】ひく(비구) 천한 몸. 자기 몸의 겸칭. ¶妾願以一 易父之死<烈女傳>
【鄙老】ひろう(비로) 노인이 자기를 일컫는 겸칭.
【鄙陋】ひろう(비루) ①마음이 고상하지 못하고 하는 짓이 다라움. ②학문이나 지식이 천박함. ¶其詞一 因爲作九歌<楚辭>
【鄙俗】ひぞく(비속) ①천한 풍습. ②속되거나 촌

스러움.
【鄙語】ひご(비어) 항간에 흔히 쓰이는 속된 말. 상스러운 말. 鄙言(비언)①. 鄙諺(비언). 俚語(이어).
【鄙言】ひげん(비언) ①☞鄙語(비어). ②자기 언사(言辭)의 겸사(謙辭).
【鄙諺】ひげん(비언) ☞鄙語(비어). ¶一日 寧爲鷄口 勿爲牛後<史記>
【鄙劣】ひれつ(비열) 성품과 행실이 천하고 용렬함. 卑劣(비열).
【鄙人】ひじん(비인) ①언행이 상스러운 사람. ②지위가 낮은 사람. ③시골뜨기. 촌뜨기. ④자기의 겸칭.
▷郊一, 陋一, 都一, 昧一, 蒙一, 微一, 樸一, 凡一, 邊一, 卑一, 四一, 俗一, 羞一, 野一, 頑一, 愚一, 陰氣一, 田一, 草一, 貪一, 寒一

14〖啚阝〗 鄙(p.1514)의 俗字

14〖商阝〗 商(p.301)과 同字

11 14〖鄛〗 고을 이름 소 肴ㄔㄠˊ (chao) そう
풀이 고을 이름. 한(漢)대에 화제(和帝)가 환관(宦官) 정중(鄭衆)을 봉한 땅. 지금의 하남성(河南省) 신야현(新野縣). ¶帝念衆功美 封爲一鄕侯<後漢書>

11 14〖鄢〗 고을 이름 언 先ㄧㄢ 願(yan) えん
풀이 ①고을 이름. 춘추 시대 초(楚)의 서울. 뒤에 한(漢) 혜제(惠帝)가 의성(宜城)이라 고침. 지금의 호북성(湖北省) 의성현(宜城縣) 서남쪽. ¶見一郢兮舊宇<楚辭> ②나라 이름. 주(周)대의 나라. 춘추 시대에 정(鄭)에 망한 후 언릉(鄢陵)이라 고침. 지금의 하남성(河南省) 언릉현의 일부. ¶鄭伯克段于一<春秋>

11 14〖鄘〗 나라 이름 용 冬ㄩㄥ (yong) よう
풀이 ①나라 이름. ㉮남이(南夷)의 나라. 춘추 시대 초(楚)의 부용국(附庸國). 지금의 호북성(湖北省) 죽산현(竹山縣) 동쪽. ㉯주(周)대의 나라. 무왕(武王)이 상(商)을 친 뒤에 조가(朝歌) 이남을 나누어 용(鄘)이라 하고, 관숙(管叔)에게 맡겼음. 옛 성(城)은 지금의 하남성(河南省) 급현(汲縣) 동북쪽. ②벽. 성(城)의 담. 通墉. ¶宋城舊一<左氏傳>

11 14〖鄞〗 땅 이름 은 眞ㄧㄣˊ (yin) ぎん
풀이 땅 이름. 한(漢)대 회계군(會稽郡)의 한 현. 지금의 절강성(浙江省) 영파부(寧波府) 봉화현(奉化縣) 동쪽. ¶東至于一<國語>

11 14〖鄣〗 1 나라 이름 장 2 막을 장 陽ㄓㄤ (zhang) 漾 しょう (フセグ)
풀이 1 나라 이름. 춘추 시대의 나라. 제(齊)에 망함. 산동성(山東省) 동평현(東平縣) 동쪽. ¶莒師奔紀一<左氏傳> 2 ①막다. 通障. ¶鯀一鴻水而殛死<禮記> ②성채(城砦) 위의 성. ¶居一一間<漢書>
【鄣泥】しょうでい(장니) 말의 옆구리 사이에 늘어뜨려 말 탄 사람에게 진흙 따위가 튀는 것을 막는 기구. 말다래. 障泥(장니). ¶一熊皮一 數十年不易<北史>
【鄣癘】しょうれい(장려) 산중의 독기. 瘴癘(장려). ¶寄命一之地<劉峻>

11 14〖鄟〗 나라 이름 전 단 先ㄊㄨㄢˊ (tuan) 寒 せん たん
풀이 ①나라 이름. 춘추 시대 노(魯)의 부용국(附庸國). 지금의 산동성(山東省) 담성현(郯城縣)의 동북쪽. ¶取一<春秋> ②성문(城門) 이름. 정(鄭)의 성문. ¶諸侯伐鄭 門于一門<左氏傳>

11 14〖鄠〗 땅 이름 호 麌ㄏㄨˋ (hu) こ
풀이 땅 이름. 하(夏)대의 호국(扈國). 진(秦)의 호읍(鄠邑). 한(漢) 대에 호현(鄠縣)을 둠. 지금의 섬서성(陝西省) 호현 북쪽. ¶右扶風 縣二十一 一<漢書>

12 15〖鄲〗 1 조나라 서울 단 2 나라 이름 다 寒ㄉㄢ 歌(dan) たん た
풀이 1 조(趙)나라 서울. ¶趙國 縣四 邯一<漢書> 2 ①나라 이름. 한(漢)대의 후국(侯國). 지금의 하남성(河南省) 녹읍현(鹿邑縣) 동남쪽. ¶封周隱爲一侯<史記> ②현(縣) 이름.

12 15〖鄧〗 나라 이름 등 徑ㄉㄥˋ (deng) とう
풀이 ①나라 이름. 주(周)대의 나라로 초(楚)에 망함. 지금의 하남성(河南省) 등현(鄧縣). ¶一侯吾離來朝<春秋> ②땅 이름. ㉮춘추 시대 노(魯)의 땅. 지금의 산동성(山東省) 연주부(兗州府)의 경계. ¶盟于一<左氏傳> ㉯전국 시대 위(魏)의 읍. ¶左更錯取軹及一<史記> ③나무 이름. 通橙. ¶夸父棄其策 是爲一林<淮南子>

15〖黎阝〗 黎(p.1692)와 同字

15〖鄰〗 隣(p.1587)과 同字

19〖粦邑〗 鄰(p.1515)과 同字

12 15〖鄮〗 고을 이름 무 宥ㄇㄠˋ (mao) ぼう

풀이고을 이름. 한(漢)대에 설치. 지금의 절강성(浙江省) 은현(鄞縣) 동쪽.

12 15 〖鄪〗 고을 이름 비 | 寘ㄅㄧˋ (bi) | ひ

풀이고을 이름. 노(魯)의 읍. 산동성(山東省) 어대현(魚臺縣) 서남쪽. ¶以汶陽一封季友<史記>

12 15 〖鄯〗 나라 이름 선 | 霰ㄕㄢˋ (shan) | せん

풀이①나라 이름. 한(漢)대 서역(西域)에 있던 나라. ¶一善國 本名樓蘭王<漢書> ②주(州) 이름.

12 15 〖鄩〗 고을 이름 심 | 侵ㄒㄩㄣˊ (xun) | しん

풀이고을 이름. 춘추 시대 주(周)의 읍. 지금의 하남성(河南省) 공현(鞏縣)의 서남쪽.

12 15 〖鄬〗 땅 이름 위 | 支ㄨㄟˊ 紙(wei) | い

풀이땅 이름. 춘추 시대 정(鄭)의 땅. 지금의 하남성(河南省) 노산현(魯山縣)의 경계. ¶公會晋侯…邾子于一<春秋>

12 15 〖鄭〗 나라 이름 정 | 敬ㄓㄥˋ (zheng) | てい

풀이①나라 이름. ㉮주(周)대의 나라 이름. 선왕(宣王)의 서제(庶弟) 환공(桓公) 우(友)를 봉한 나라. 지금의 섬서성(陝西省) 화현(華縣) 서북쪽. ¶一伯克段于鄢<春秋> ㉯수(隋)대 말엽에 왕세충(王世充)이 하남(河南)에 세운 나라. 당(唐)에 망함. ¶僭卽皇帝位 建元曰開明 國號一<隋書> ②정(鄭)의 풍류. ¶雅一異音聲<曹植>/一聲. ③겹치다. 通仍.

【鄭聲】ていせい(정성) 춘추 시대 정(鄭)의 음악. 정(鄭)에 음란한 음악이 유행하였으므로, 음탕한 음악의 뜻으로 씀. ¶罷倡樂 絕一<漢書>

【鄭衛桑間】ていえいそうかん(정위상간) 정(鄭)과 위(衛) 두 나라의 음란한 음악. 상간(桑間)은 음란한 망국의 음악. 鄭衛之音(정위지음). ¶一韶虞武象者 異國之樂也<李斯>

【鄭重】ていちょう(정중) ①은근함. 점잖고 묵직함. ②자주. 빈번히. ¶吾亦不能一<顏氏家訓>

▷南一, 新一, 雅一, 流一

19 〖鼅〗 鄭(p.1516)과 同字

12 15 〖鄫〗 나라 이름 증 | 蒸ㄘㄥˊ (ceng) | しょう

풀이①나라 이름. 주(周)대의 나라. 하우(夏禹)의 자손을 봉한 곳. 거(莒)에 망함. 지금의 산동성(山東省) 역현(嶧縣) 동쪽. ¶季姬及一子遇于防<春秋> ②땅 이름. 춘추 시대 정(鄭)의 땅. 지금의 하남성(河南省) 자성현(柘城縣) 북쪽. ¶次于一<左氏傳>

12 15 〖鄱〗 1 고을 이름 파 | 歌ㄆㄛˊ | は
비 | 支(po) | ひ
2 땅 이름 반 | 寒 | はん

풀이1 ①고을 이름. ㉮한(漢)대의 고을. 지금의 강서성(江西省) 여간현(餘干縣) 북쪽, 파양호(鄱陽湖) 동쪽 기슭. ¶一陽. ㉯춘추 시대 노(魯)의 한 현(縣). ②호수(湖水) 이름. 강서성(江西省)에 있는 호수. 옛날의 팽려(彭蠡). 중국 5대호의 하나. ¶一陽湖. 2 땅 이름. 춘추 시대 조(趙)의 땅.

12 15 〖鄦〗 나라 이름 허 | 語ㄒㄩˇ (xu) | きょ

풀이나라 이름. 전국(戰國) 시대 초(楚)에게 망함. 지금의 하남성(河南省) 허창현(許昌縣). ¶一公惡鄭於楚<史記>

19 〖䣱〗 鄦(p.1516)의 本字

13 16 〖鄳〗 땅 이름 맹 | 庚ㄇㄥˊ | ぼう
명 | 梗(meng) | べい

풀이땅 이름. 춘추 시대 초(楚)의 땅. 한(漢)대에 맹현(鄳縣)을 둠. 지금의 하남성(河南省) 나산현(羅山縣)의 서남쪽. 험준한 요해처(要害處)로 유명함. ¶殘均陵 塞一阨<史記>

13 16 〖鄴〗 땅 이름 업 | 葉ㄧㄝˋ (ye) | ぎょう

풀이땅 이름. 춘추 시대 제(齊)의 읍. 환공(桓公)이 업성(鄴城)을 쌓음. 한(漢)대에 업현(鄴縣)을 둠. 삼국 시대에는 위(魏)의 서울. 지금의 하남성(河南省) 임장현(臨漳縣)의 서쪽.

13 16 〖鄵〗 땅 이름 조 | 號ㄘㄠˋ (cao) | そう

풀이땅 이름. 춘추 시대 정(鄭)의 땅. 지금의 하남성(河南省) 신정현(新鄭縣)과 노산현(魯山縣)에 걸쳐 있었음. ¶丙戌卒于一<春秋>

13 16 〖鄶〗 나라 이름 회 | 泰ㄎㄨㄞˋ (kuai) | かい

풀이나라 이름. 주(周)대 초에 축융(祝融)의 자손을 봉한 땅. 정(鄭) 무공(武公)이 정벌함. 지금의 하남성(河南省) 밀현(密縣)의 동북쪽. ¶一由叔妘<國語>

20 〖鄶〗 鄶(p.1516)와 同字

17 〖鄰〗 鄰(p.1515)의 本字

14 17 【鄸】 땅 이름 몽 |㊥ㄇㄥˋ (meng)| ぼう

풀이 땅 이름. 춘추 시대 조(曹)의 읍. 지금의 산동성(山東省) 조현(曹縣)의 북쪽. ¶曹公孫會自—出奔宋<春秋>

17 【鄵】 劋(p.216)와 同字

15 18 【鄾】 땅 이름 우 |㊥ㄧㄡ (you)| ゆう

풀이 땅 이름. 춘추 시대 등(鄧)의 땅. 옛 우자국(鄾子國). 지금의 호북성(湖北省) 양양현(襄陽縣) 북쪽. ¶鄧南鄙—人攻而奪之幣<左氏傳>

15 18 【鄽】 가게 전 |㊥ㄔㄢˊ (chan)| てん

풀이 가게. 상점. ㉠廛. ¶隘—亦隘衢<元稹>

▷市—, 隘—, 通—

18 【鄼】 酇(p.1517)의 俗字

19 【鄿】 郭(p.1509)의 本字

17 20 【酃】 고을 이름 령 |㊥ㄌㄧㄥˊ (ling)| れい りょう

풀이 고을 이름. ㉮한(漢)대에 호남성(湖南省) 형양현(衡陽縣) 동쪽에 있던 현(縣). ¶—縣. ㉯송(宋)대에 지금의 호남성(湖南省) 다릉현(茶陵縣) 남쪽에 있던 현. ¶湖南 衡州府 縣七 —<清史稿>

17 20 【酁】 땅 이름 참 |㊥ㄔㄢˊ (chan)| さん

풀이 땅 이름. 춘추 시대 송(宋)의 땅. ¶奪其兄—般邑以與之<左氏傳>

18 21 【酆】 나라 이름 풍 |㊥ㄈㄥ (feng)| ほう

풀이 ①나라 이름. 주(周)대의 나라. 문왕(文王)이 도읍한 곳. 지금의 섬서성(陝西省) 호현(鄠縣) 동쪽. ¶畢原—郇 文之昭也<左氏傳> ②강 이름. ¶西顧—鄗<後漢書>/—水.

18 21 【酅】 땅 이름 휴 |㊥ㄒㄧ (xi)| けい

풀이 ①땅 이름. ㉮춘추 시대 기(紀)의 읍. 지금의 산동성(山東省) 임치현(臨淄縣)의 동쪽. ¶紀季以—入于齊<春秋> ㉯춘추 시대 제(齊)의 땅. 지금의 산동성(山東省) 동아현(東阿縣) 서남쪽. ¶公追齊師至—<春秋> ②벼랑. 절벽. ㉠崖. ¶楚師背—而舍<左氏傳>

19 22 【酈】 ①땅 이름 리 ②고을 이름 력 |㊥ㄌㄧˋ (li)| り れき

풀이 ①땅 이름. 춘추 시대 노(魯)의 땅. 지금의 산동성(山東省) 연주부(兗州府) 부근. ¶公子友帥師 敗莒師于—<春秋> ②고을 이름. 춘추 시대 초(楚)의 역읍(酈邑). 한(漢)대에 설치. 지금의 하남성(河南省) 내향현(內鄉縣) 동북쪽. ¶與偕攻析— 皆降<漢書>

19 22 【酇】 ①나라 이름 찬 ②고을 이름 차 |㊥ㄗㄨㄢ (zuan)| さん さ

풀이 ① ①나라 이름. 한(漢)대 제후의 나라. 소하(蕭何)를 봉한 땅. 호북성(湖北省) 광화현(光化縣) 북쪽. ¶封爲—侯<漢書> ②행정 구역의 명칭. 마을. 100호(戶)가 사는 구역. ¶五家爲隣 五隣爲里 四里爲—<周禮> ② ①고을 이름. 한(漢)대 제후의 나라. 소하(蕭何)를 봉한 읍. ②백주(白酒). 희고 걸쭉한 술.

酉<닭 유>部

酉 ② 酊 酋 ③ 配 酏 酌 酒 酎 ④ 酕 酓 酙 酔 酖 酗 ⑤ 酣 酤 酥 酢 酡 酌 ⑥ 截 酪 酩 酬 酧 酭 ⑦ 酴 酹 酸 酳 酲 酺 酷 酷 酵 ⑧ 醁 醂 醅 醇 醃 醋 醆 醊 醉 ⑨ 醓 醑 醒 醙 醌 醍 醎 醐 ⑩ 醔 醞 醡 醜 醢 ⑪ 醪 醨 醫 醬 ⑫ 醰 醱 醭 醮 醯 ⑬ 醵 醲 醴 醳 ⑭ 醹 醺 ⑰ 醽 釀 釀 ⑱ 醻 釁 ⑳ 釅

0 7 【酉】 닭 유 |㊥ㄧㄡˇ (you)| ゆう(トリ) *cock*

㊟象形. 술두루미의 모양을 본뜸.

풀이 ①닭. 12지(支)의 열째. 방위로는 서쪽, 계절로는 가을, 시각으로는 오후 5시에서 7시 사이에 해당됨. ¶—時/—方. ②배 부르다. ③오래 되다. ¶—者 萬物之老也 故曰—<史記> ④물을 대다. ¶下—猶濡上—枯<陳造>

【酉方】(유방) 24방위의 하나. 정서(正西)를 중심으로 한 15° 안의 방위.

【酉時】(유시) 하오 5시에서 7시까지.

【酉月】(유월) 음력 8월의 이칭.

【酉日將軍】(유일장군) 닭.

【酉坐】(유좌) 묘나 집터가 서쪽을 등지고 동쪽을 바라보는 자리. ¶—卯向.

【酉仲】(유중) 태초(太初)에 만물의 기(氣)가 처음 생겨나는 곳. ¶陽生— 陰生戌仲<宋均>

【酉初】(유초) 유시(酉時)의 처음. 곧, 하오 5시경.

▷上—, 二—, 日沒—

2 9 【酊】 술 취할 정 |㊥ㄉㄧㄥˇ (ding)| てい(ヨウ) *intoxicated*

풀이 술 취하다. ㉠仃.

▷酩—, 酒—

2
9〖酋〗 두목 추 | ㊥ㄑㄧㄡˊ (qiu) | しゅう(カシラ) *boss*

풀이 ①두목. 우두머리. ㊂豪. ¶一非首<漢書> ②묵은 술. 오래 된 술. ③이루다. ¶說難旣一<漢書> ④끝나다. 마침. ¶似先公一矣<詩經> ⑤익다. 성숙함. ¶毒之一腊者<國語> ⑥뛰어나다. ⑦닥치다. 다가 섬. ⑧모이다. 모음. ¶陰一西北<太玄經> ⑨죽이다. ¶直一相敕 <太玄經> ⑩술 양조를 관장하는 벼슬. ¶乃命大一<禮記> ⑪서쪽. 또는, 가을. ⑫발어사(發語辭).

【酋長】しゅうちょう(추장) ①만인(蠻人)의 우두머리. 酋渠(추거). 酋帥(추수). 首帥(수수). ¶一悉授大官<貞觀政要> ②도둑의 두목. 魁帥(괴수). 賊魁(적괴).

▷羌一, 魁一, 大一, 蠻一, 蕃一, 氐一, 諸一, 悍一, 豪一

3
10〖配〗 짝 배 | ㊥ㄆㄟˋ (pei) | はい(ツレアイ) *mate*

풀이 ①짝. 상대. ¶追一于前人<書經> ②아내. ㊂妃. ¶天位厥一<詩經> ③짝 지어 주다. ¶先一而後祖<左氏傳> ④부부가 되다. ¶男女相一<詩經> ⑤비금비금하다. 비견(比肩). 적수(敵手). ¶推光武以爲一<張衡> ⑥배향(配享)하다. ¶以某妃一某氏<儀禮> ⑦배당하다. 분배함. ¶割一鄕村<舊唐書> ⑧부과(賦課)하다. ¶舊苦科一<宋史> ⑨거느리다. 예속함. ¶均爲差一<金史> ⑩귀양 보내다. 정배(定配)함. ¶流一. ⑪보충하다. ⑫술의 빛깔.

【配給】はいきゅう(배급) 별러 줌. 분배 급여(分配給與)의 준말.

【配達】はいたつ(배달) 우편물이나 상품 따위를 날라다 줌.

【配達夫】はいたつふ(배달부) ①우편 집배원(郵便集配員)의 속칭. 遞夫(체부). ②상품 따위의 배달을 업으로 하는 사람.

【配當】はいとう(배당) ①사물을 별러서 몫몫이 나누어 줌. 또는, 그 몫. ②출자자(出資者)에게 이익을 나누어 줌. ¶一金.

【配慮】はいりょ(배려) 관심을 기울여 살핌. 마음을 써서 도와 줌.

【配本】はいほん(배본) 책을 배달함.

【配付】はいふ(배부) 나누어 줌.

【配分】はいぶん(배분) 몫몫으로 나눔. 分配(분배).

【配色】はいしょく(배색) 색을 알맞게 배합함. 또는, 그 배합한 색.

【配所】はいしょ(배소) 유배된 곳. 귀양살이하는 곳. 謫所(적소). ¶省定一<刑部省式>

【配屬】はいぞく(배속) 배치하여 그 소속으로 일하게 함. ¶一將校.

【配役】はいやく(배역) 연극 따위에서 배우에게 특정한 등장 인물의 역(役)을 맡기는 일. 또는, 그 맡은 구실.

【配偶】はいぐう(배우) ①남편과 아내. 부부(夫婦). 配匹(배필). ¶一者. ②짝을 지어 줌. 配耦(배우).

【配耦】はいぐう(배우) ☞配偶(배우).

【配位】(배위) 부부가 다 죽었을 때의 그 아내에 대한 경칭.

【配定】はいてい(배정) ①나누어 몫을 정함. 배치하여 일할 자리를 정함. 排定(배정). ②㊥기혼(旣婚).

【配車】はいしゃ(배차) 차량(車輛)을 배당함. ¶一員.

【配置】はいち(배치) 사람, 물건을 적당한 자리에 나누어 둠. 또는, 그 자리.

【配布】はいふ(배포) 일반에게 널리 나누어 줌.

【配匹】はいひつ(배필) ☞配偶(배우).

【配合】はいごう(배합) ①서로 걸맞음. ②짝을 지어 줌. 또는, 부부. 匹配(필배). 合配(합배). 婚配(혼배). ③한데 알맞게 섞어 합침. ¶一飼料.

【配享】はいきょう(배향) ①서로 배합하여 짝이 됨. ¶天地一<易林> ②종묘(宗廟)에 공신(功臣)을 부제(祔祭)함. ③문묘(文廟)나 사원(祠院)에 학덕 높은 사람을 부제(祔祭)함. 從祀(종사).

▷科一, 分一, 四一, 散一, 喪一, 流一, 作一, 定一, 支一, 迭一, 差一, 匹一, 合一, 刑一, 婚一

3
10〖酏〗 단술 이 | ㊥ㄧˊ (yi) ㊥紙 | い

풀이 ①단술. 감주(甘酒). ¶惑以一爲醴<禮記> ②맑은 술. ③기장술. ④묽은 죽. 미음.

▷餠一, 醴一

3
10〖酌〗 따를 작 | ㊥ㄓㄨㄛˊ (zhuo) | しゃく(クム) *pour out*

풀이 ①따르다. 술을 따름. ¶取爵一<儀禮> ②술. ¶酒曰清一<禮記> ③주연(酒宴). ¶蘭氣薰春一<王勃> ④술잔. ㊂爵. ¶古文一爲爵<儀禮·注> ⑤함께 술을 마시다. ¶東第良晨一<韓愈> ⑥술 따위를 퍼내다. ¶一而飮之<南史> ⑦취택하다. ¶上一民言<禮記> ⑧가려서 쓰다. ¶參一秦法<後漢書> ⑨늘다. 더함. ⑩양치질하다. ⑪토하다. 내뱉음.

【酌量】しゃくりょう(작량) 술, 쌀 따위의 양을 닮. 뜻이 바뀌어, 사물의 형편이나 경중(輕重)을 짐작하여 처결함을 이름. ¶一事理<白居易>

【酌婦】しゃくふ(작부) 술집에서 술을 따르며 시중드는 여자.

【酌水成禮】(작수성례) 물을 떠놓고 혼례를 올린다는 뜻으로, 가난하여 간소하게 올리는 혼인 예식을 이름.

【酌定】しゃくてい(작정) 알맞게 정함. 사정을 참작하여 정함. 按排(안배).

▷佳一, 傾一, 孤一, 對一, 獨一, 晩一, 滿一, 杯一, 觴一, 小一, 酬一, 數一, 飮一, 挹一, 離一, 樽一, 斟一, 參一, 淺一, 添一, 清一, 品一

3
10〖酒〗 술 주 | ㊥ㄐㄧㄡˇ (jiu) | しゅ(サケ) *liquor*

풀이 ①술. ¶一百藥之長<漢書>/飮一. ②물. ¶玄一在室<禮記> ③주연(酒宴). ¶一酣 高祖擊筑<史記>

【酒家】しゅか(주가) ①술집. 酒幕(주막). 酒店(주점). ¶借問一何處有<杜牧> ②술꾼. 酒客(주객).

【酒果脯醯】(주과포혜) 술, 과실, 포, 식혜. 곧, 간략한 제물(祭物)을 이름.

【酒氣】しゅき(주기) ①술 냄새. ¶頭巾多一<貫休> ②술 기운. ¶終身不以一加人<柳宗元>

【酒毒】しゅどく(주독) 음주로 인하여 몸에 나타나는 중독 증상. ¶葛花消一<王績>

【酒量】しゅりょう(주량) 마시고 견디어 낼 만한 술의 양. 酒數(주수). ¶天必賜卿一試飮之 勿憚也<宋史>

【酒類】しゅるい(주류) 술에 속하는 것의 총칭.

【酒幕】(주막)㊚韓 시골 길목에서 술과 밥을 팔고 나그네를 재우기도 하는 집. 주막집. 炭幕(탄막).

【酒母】しゅぼ(주모) ①누룩. 酒媒(주매). ¶剩留官屋貯一<王安石> ②韓 술청에서 술을 파는 여자. 술어미. 酌婦(작부).

【酒百藥之長】サケハひゃくやくノちょう(주 백약지장) 술은 온갖 약 가운데에서 으뜸이라는 뜻으로, 술을 찬미하는 말. ¶一 嘉會之好<漢書>

【酒癖】しゅへき(주벽) ①술을 좋아하는 버릇. ¶妻仍嫌一<皮日休> ②술을 마신 뒤 드러나는 버릇. 술버릇. 酒習(주습). 酒性(주성).

【酒甫】(주보)韓 술에 곁은 사람.

【酒保】しゅほ(주보) ①술집 심부름꾼. 酒家保(주가보). ②술을 빚는 사람. 또는, 술을 파는 사람. ¶一先貴酒者<鶡冠子> ③韓 병영(兵營) 안에서 음식 따위를 하는 가게. 영내 매점.

【酒朋】しゅほう(주붕) 술친구. 酒友(주우).

【酒邪】(주사) ☞ 酒酊(주정).

【酒色】しゅしょく(주색) ①술과 여색(女色). ¶一游宴<漢書> ②얼굴에 나타나는 술기운. ¶昭先有一<吳志> ③술의 빛깔. ¶一注鵝黃<白居易>

【酒色雜技】しゅしょくざつぎ(주색잡기) 술과 여자와 여러 가지 노름.

【酒席】しゅせき(주석) 술자리. 酒筵(주연).

【酒仙】しゅせん(주선) 술을 좋아하는 사람에 대한 미칭(美稱). ¶賴有一相暖熱<白居易>/自稱臣是酒中仙<杜甫>

【酒聖】しゅせい(주성) ①주량이 커서 술을 잘 마시는 사람. 酒豪(주호). ¶詩豪一難爭鋒<黃庭堅> ②맑은 술. 청주(淸酒).

【酒案床】(주안상)韓 술상. 酒案(주안).

【酒宴】しゅえん(주연) 술잔치. 飮宴(음연).

【酒有別腸】サケニべつちょうアリ(주유별장) 술 들어가는 배는 따로 있다는 말로, 주량(酒量)은 몸집의 크기와 별개임을 이름. ¶一 不必長大<十國春秋>

【酒店】しゅてん(주점) 술 파는 가게. 酒肆(주사). 酒廛(주전). 酒鋪(주포).

【酒酊】(주정) 술에 취하여 함부로 하는 말이나 남을 괴롭히는 짓. 酒邪(주사).

【酒精】しゅせい(주정) 술의 주성분. 알콜.

【酒造】しゅぞう(주조) 술을 빚어 만듦.

【酒池肉林】しゅちにくりん(주지육림) 술못에 고기숲이란 뜻으로, 질탕하게 마시고 놂을 이르는 말. 은(殷)의 주왕(紂王)이 술로 못을 이루어 배를 띄우고 고기 안주를 숲처럼 걸어 놓고, 그 속에서 수많은 남녀들을 나체로 어울려 밤새도록 마시고 즐기게 한 옛일에서 유래. ¶以酒爲池 懸肉爲林…爲長夜之飮<史記>

【酒天之美祿】サケハてんノびろく(주 천지미록) 술은 하늘이 내린 좋은 녹봉(祿俸)이란 뜻으로, 술을 찬미하는 말.

【酒淸者爲聖人濁者爲賢人】(주청자위성인 탁자위현인) 청주는 성인(聖人)에 비유되고 탁주는 현인에 비유됨.

【酒滯】(주체) 음주(飮酒)로 인한 체증.

【酒豪】しゅごう(주호) 주량이 매우 큰 사람.

【酒肴】しゅこう(주효) 술과 안주. 또는, 술안주. ¶陳一以娛之<仲長統>

【酒興】しゅきょう(주흥) 술에 얼근하여 느끼는 흥취. 醉興(취흥).

▷甘一, 擧一, 傾一, 鷄一, 古一, 苦一, 酤一, 穀一, 菊一, 勸一, 琴一, 禁一, 嗜一, 冷一, 綠一, 漉一, 大一, 斗一, 杜一, 賣一, 麥一, 名一, 銘一, 文一, 美一, 杯一, 白一, 罰一, 法一, 別一, 奉一, 使一, 觴一, 牲一, 燒一, 醇一, 侍一, 詩一, 新一, 惡一, 洋一, 釀一, 御一, 醴一, 玉一, 温一, 醞一, 飮一, 淫一, 離一, 酌一, 殘一, 藏一, 載一, 節一, 祭一, 縱一, 佐一, 樽一, 旨一, 珍一, 斟一, 澄一, 天一, 薦一, 淸一, 醉一, 置一, 濁一, 耽一, 葡萄一, 被一, 幸一, 獻一, 好一, 荒一, 葷一

3 10 【酎】 전국술 주 | ㊥ㄓㄡˋ (zhou) | ちゅう

풀이 ①전국술. 세 번 빚은 진한 술. 순주(醇酒). ¶天子飮一<禮記> ②전국술을 종묘(宗廟)에 올리다. ¶高廟一<漢書> ③술을 빚다.

▷芳一, 燒一, 醇一, 温一, 淸一

4 11 【酕】 만취할 모 | ㊥ㄇㄠˊ (mao) | ぼう

4 11 【酓】
1 술맛 쓸 염 ㊥ㄧㄢˇ (yan) えん
2 술맛 쓸 함 かん
3 술 양에 찰 염 えん
4 마실 음 いん

풀이 1 ①술맛이 쓰다. ②산뽕나무. ¶厭篚一絲<史記> 2 술맛이 쓰다. 3 ①술이 양에 차다. ②쓰다. 4 마시다. 홀짝홀짝 마심.

11 【[覀+水]】 酒(p. 1518)와 同字

11 【酛】 斟(p. 695)과 同字

11 【酙】 斟(p. 695)과 同字

11 【酔】 醉(p. 1522)의 俗字

4 11 【酖】 1 술에 빠질 탐 | 覃ㄉㄢ (dan) | たん (フケル) 2 독조 이름 짐 | 沁ㄓㄣˋ (zhen) | ちん

풀이 1 술에 빠지다. 술에 탐닉(耽溺)함. ¶荒一于酒<漢書> 2 ①독조(毒鳥) 이름. 通鴆. ②독주(毒酒). 짐새의 독이 든 술. 짐주(酖酒·鴆酒).

11 【酛】 酖(p.1520)과 同字

4 11 【酗】 주정할 후 | 遇ㄒㄩˋ (xu) | く (サカカリ)

5 12 【酣】 즐길 감 | 覃ㄏㄢ 勘 (han) | かん enjoy

풀이 ①즐기다. 술을 마시며 즐김. ¶一歌于室<書經> ②주연(酒宴)이 한창 무르익다. ¶酒一. ③한창 성하다. ¶戰一日暮<淮南子>

▷半一, 善一, 睡一, 樂一, 宴一, 長一, 戰一, 酒一, 沈一, 興一

12 【酟】 醵(p.1524)와 同字

5 12 【酤】 1 계명주 고 | 虞ㄍㄨ | こ 2 계명주 호 | 虞 (gu) | こ 3 술 팔 고 | 遇 | こ

풀이 1 ①계명주(鷄鳴酒). 하룻밤 사이에 익는 술. ¶無酒一我<詩經> ②사다. 술을 삼. 通賈. 2 계명주. 3 ①술을 팔다. ②훔치다. 빼앗음.

▷芳一, 淸一, 村一, 香一

5 12 【酥】 연유 소 수 | 虞ㄙㄨ (su) | そ condensed milk

풀이 ①연유(煉乳). ¶成一油<本草綱目> ②술의 이칭. ¶天竺國謂酒爲一<竇革酒譜> ③깨끗하고 매끄러운 것의 비유. ¶小雨潤如一<韓愈> ④무르고 연한 음식.

5 12 【酢】 1 초 초 本조 2 잔 돌릴 작 | 遇ㄘㄨˋ (cu) 藥ㄗㄨㄛˋ (zuo) | そ(ス) vinegar さく

풀이 1 ①초. 식초. 通醋. ¶寧飮三升一<隋書> ②시다. ¶酸鹹一淡<急就篇> 2 ①잔을 돌리다. 손이 주인에게 잔을 되돌림. 通醋. ¶或獻或一<詩經> ②보제(報祭). 보답하는 제사. ¶秉璋以一<書經> ③응대하다. ¶可與酬一<易經>

▷交一, 賓一, 酬一, 獻一

5 12 【酡】 1 불그레해질 타 | 歌ㄊㄨㄛˊ 2 취기 오를 타 | 箇 (tuo) | た

풀이 1 불그레해지다. 술에 얼굴이 홍조(紅潮)가 됨. ¶朱顔一些<楚辭> 2 취기(醉氣)가 오르다.

5 12 【酗】 주정할 후 | 遇ㄒㄩˋ (xu) | く

6 13 【酨】 식초 대 재 | 隊ㄗㄞ 賄 (zai) | たい, さい vinegar

풀이 ①식초. ¶一漿. ②쌀뜨물.

6 13 【酪】 1 진한 유즙 락 2 단술 로 | 藥ㄌㄨㄛˋ (luo) 號ㄌㄠ (lao) | らく ろ

풀이 1 ①진한 유즙(乳汁). 연유(煉乳), 치즈 따위. ¶乳一/乾一. ②식초. ¶以爲醴一<禮記> ③술. ④과즙(果汁) 달인 것. ¶教民煑木爲一<漢書> ⑤흰죽. ¶無鹽一不能食<禮記> 2 단술.

【酪奴】らくど (낙노) 차(茶)의 별칭.

【酪農】らくのう (낙농) 젖소, 젖양을 쳐서 우유 등을 생산하거나 이를 가공하여 유제품(乳製品)을 제조하는 농업.

【酪母】らくぼ (낙모) 지게미.

【酪酥】らくそ (낙소) 가축의 젖을 정제한 식품.

【酪蒼頭】らくそうとう (낙창두) 차(茶)의 별칭.

▷甘一, 乾一, 糖一, 馬一, 羊一, 醴一, 牛一, 乳一, 肉一, 飮一, 酒一, 杏一

6 13 【酩】 술 취할 명 | 迥ㄇㄧㄥˇ (ming) | めい(ヨウ) get drunk

【酩酊】めいてい (명정) ①술에 몹시 취함. 滿醉(만취). 大醉(대취). 泥醉(이취). 極醉(극취). 爛醉(난취). ¶一無所知<晋書> ②사물의 궁극(窮極).

6 13 【酬】 1 갚을 수 2 보답할 주 | 尤ㄔㄡˊ (chou) 宥 | しゅう (ムクイル) repay ちゅう

풀이 1 ①갚다. 보답함. ¶即數錢一之<北史> ②잔을 되돌리고 술을 권하다. 같醻. ③응대하다. ¶問不虛一<唐書> ④시문(詩文)을 주고 받다. ¶不相一答<嵇康> 2 보답하다. ¶國士終期國士一<周曇>

【酬價】しゅうか (수가) 값을 치름. 또는, 그 값. ¶買魚一<莊綽>/醫療一.

【酬酌】(수작) ①응대함. ¶是故可與一<易經> ②주객(主客)이 서로 술잔을 주고받음. 酬酢(수작). ¶酌獻一<孔子家語>

【酬酢】しゅうさく (수작) ☞酬酌(수작).

【酬唱】しゅうしょう (수창) 시문(詩文)을 지어 서로 증답(贈答)함. 唱和(창화). 唱酬(창수).

▷對一, 報一, 侑一, 應一, 重一, 唱一, 餉一, 獻一, 和一, 厚一

13 【酧】 酬(p.1520)의 俗字

6 13 【酭】 갚을 유 | 宥ㄧㄡˋ (you) | ゆう(ムクイル)

풀이 갚다. 잔을 되돌리며 술을 권함. 通侑.

7 14【酴】 술밑 도 | 圖ㄊㄨˊ (tu) | と,ど(コウジ) yeast

풀이 ①술밑. 누룩. 주모(酒母). ②탁주. 막걸리. ¶一酥.

【酴酒】とじゅ(도주) 탁주. 白酒(백주). ¶蜀人作一法<齊民要術>

【酴淸】とせい(도청) 술의 한 가지.

7 14【酹】 1 부을 뢰 2 제주 랄 | 圖ㄌㄟˋ 圖(lei) | らい(ソソグ) らつ pour

풀이 1 붓다. 제사 때 술을 땅에 부음. ¶以酒一地<後漢書>/一酒之制 古稱祼<辭源> 2 제주(祭酒).

【酹詩】らいし(뇌시) 시를 모아 놓고 땅에 술을 붓는다는 뜻으로, 자위(自慰) 방법의 한 가지. 당(唐)의 가도(賈島)가 섣달 그믐날에 한 해 동안 지은 시를 모아 놓고 땅에 술을 부으며 스스로를 달랜 옛일에서 유래.

7 14【酸】 초 산 | 圖ㄙㄨㄢ (suan) | さん(ス) acid

풀이 ①초. 식초. ¶以一養骨<周禮> ②시다. 신맛. ¶其味一<呂覽> ③신 기운. 무더운 기운. ¶一奇臭<荀子> ④신물. 위액(胃液). ¶嘔一善飢<素問> ⑤고통스럽다. ¶辛一. ⑥비통하다. ¶復切夜蟲一<鮑照>⑦주저하다. ¶山高谷深 不覺脚一<古樂府> ⑧나른하다. ¶四肢一重<晋書> ⑨가난하다. ¶寒一. ⑩㊥ 산소(酸素)의 약칭.

【酸味】さんみ(산미) ①신맛. ②고통. 고생.

【酸性】さんせい(산성) 산(酸)이 지니는 성질. 신맛을 내고 청색 리트머스 시험지를 붉게 만드는 성질.

【酸素】さんそ(산소) 공기의 5분의 1을 차지하는 무색·무미·무취의 원소.

【酸化】さんか(산화) 산소와 화합하는 일.

▷甘一, 梅一, 微一, 芳一, 悲一, 辛一, 哀一, 鹽一, 乳一, 蟻一, 凄一, 青一, 硝一, 醋一, 寒一, 黃一

7 14【酳】 입 가실 인 | 圖ㄧㄣˋ (yin) | いん

풀이 ①입을 가시다. 술로 입을 가심. ¶執爵而一<漢書> ②시동(尸童)에게 술을 드리다. ¶升酌一尸<儀禮> ③나머지. ④조금 마시다.

7 14【酲】 숙취 정 | 圖ㄔㄥˊ (cheng) | てい(ワルヨイ) hangover

풀이 ①숙취(宿醉). ¶憂心如一 誰秉國成<詩經> ②술병. 술로 인한 병. ¶終無痟一<管子> ③싫증나다. ¶心一醉<張衡> ④길다. ㊉長. ⑤술이 깨다.

▷宿一, 餘一, 酒一, 解一

7 14【酺】 잔치 포 | 圖ㄆㄨˊ 圖(pu) | ほ(サカモリ) banquet

풀이 ①잔치. 연회(宴會). ¶天不大一<史記> ②신령 이름. 재앙을 내리는 신령. ¶春秋祭一<周禮> ③주식(酒食)을 하사하다. 또는, 그 주식. ¶一宴.

【酺宴】ほえん(포연) 옛 중국에서, 임금이 신민(臣民)에게 잔치를 윤허(允許)함. 또는, 주식(酒食)을 하사하는 일. 酺燕(포연). ¶觀百司一<舊唐書>

【酺燕】ほえん(포연) ☞酺宴(포연).

▷酣一, 大一, 頒一, 賜一

7 14【酷】 독할 혹 本곡 | 圖ㄎㄨˋ (ku) | こく(ムゴイ) cruel

풀이 ①독하다. ㉮술이 독하다. ¶一烈淑郁<司馬相如> ㉯향기가 짙다. ②모질다. 학대함. ¶時吏橫一<唐書> ③준엄하다. ¶其使民也一烈<荀子> ④애처롭다. ¶吳人傷子胥之冤一<魏志> ⑤원한. ¶銜一茹恨<顔氏家訓> ⑥고통. 신고(辛苦). ¶幼丁艱一<晋書> ⑦형벌. ¶殘其身以加楚一也<晋書> ⑧익다. 곡식이 여묾.

【酷毒】(혹독) ①몹시 심함. ②성질, 행실이 매우 모질고 독함.

【酷吏】こくり(혹리) ①무자비한 관리. 苛吏(가리). ¶高后時 一獨有侯封<史記> ②심한 무더위.

【酷似】こくじ(혹사) 아주 비슷함. 酷肖(혹초).

【酷暑】こくしょ(혹서) 심한 무더위. 酷炎(혹염). 極暑(극서). 酷熱(혹열).

【酷政】こくせい(혹정) ☞虐政(학정).

【酷評】こくひょう(혹평) 혹독한 비평. 苛評(가평).

【酷寒】こっかん(혹한) 모진 추위. 嚴寒(엄한).

【酷刑】こっけい(혹형) 가혹한 형벌. 嚴刑(엄형). ¶嚴威一<史記>

▷苛一, 冷一, 嚴一, 烈一, 枉一, 怨一, 冤一, 殘一, 峻一, 慘一, 貪一, 暴一, 禍一, 橫一

14【酤】 酷(p. 1521)과 同字

7 14【酵】 술밑 효 本교 | 圖ㄒㄧㄠˋ (xiao) | こう(サケノモト) ferment

풀이 ①술밑. ¶一母. ②술이 괴다. ¶發一. ③술지게미. ¶遂以酒一作湯<癸辛雜識>

【酵母】こうぼ(효모) 술밑. ¶一所引起的變化曰發酵<辭源>

【酵素】こうそ(효소) 생물체 안에서 화학 반응을 촉진하는, 단백질 같은 유기화합물.

▷發一, 糟一, 酒一

8 15【醁】 좋은 술 록 | 圖ㄌㄨˋ (lu) | りょく(ウマザケ)

풀이 ①좋은 술. ¶一酒. ②술 이름.

8 15【醂】 복숭아 절임 림 本람 | 圖ㄌㄢˇ (lan) | りん

풀이 ①복숭아 소금절임. ②감을 우리다. 우린 감. ¶一柹.

8 15【醅】 1 막걸리 배 |[灰]ㄆㄟ| はい
2 흠뻑 취할 부 |[有](pei)| ほう

8 15【醇】 진한 술 순 |[眞]ㄔㄨㄣˊ (chun)| じゅん (コイサケ)

풀이 ①진한 술. ¶一醴殊味<列仙傳>/一酒. ②순수하다. ¶政事惟一<書經> ③변함이 없다. ¶非一粹之方壯<左思> ④자세하다. ¶萬物化一<易經> ⑤순박하다. 通淳. ¶古者人一工龐<淮南子>

【醇味】じゅんみ(순미) 좋은 술의 맛. ¶上樽一<梅堯臣>

【醇化】じゅんか(순화) ①정성어린 가르침의 교화(敎化). 또는, 순박하고 후덕하게 교화함. 淳化(순화). ②잡스런 것을 없애고 순수하게 함.

▷甘一, 醲一, 芳一, 貞一, 淸一, 化一

8 15【醃】 절인 남새 엄 / 암 |[鹽]ㄧㄢ [豔](yan)| えん pickle あん

풀이 ①절인 남새. 절인 채소. ¶一菜. ②소금에 절인 생선. ③채소 절임. 김치 따위.

8 15【醋】 1 술 권할 작 / 2 초 조 / 本조 |[藥] [遇]ㄘㄨˋ (cu)| さく (ムクイル) そ(ス)

풀이 1 술을 권하다. 손이 주인에게 술잔을 되돌림. 같酢. ¶尸以一主人<儀禮> 2 초. 식초. 通酢.

【醋大】さくだい(초대) 대사를 맡아 처리한다는 뜻으로, 선비를 이르는 말.

【醋酸】さくさん(초산) 식초의 주성분. 酢酸(초산).

【醋意】さくい(초의) 시기하는 마음.

【醋敗】(초패) 술이 변질하여 시어짐.

▷薄一, 鹽一, 醬一, 酒一

8 15【醆】 술잔 잔 |[潸]ㄓㄢˇ (zhan)| さん(サカズキ)

풀이 ①술잔. 하(夏)대에 쓰던 이름. ¶一斝及尸君<孔子家語> ②약간 맑은 술. ¶醴一在戶<禮記>/一酒.

8 15【醊】 제사 이름 철 / 체 |[屑]ㄔㄨㄛˋ [霽](chuo)| てつ てい

풀이 제사 이름. 술을 땅에 부어 여러 신(神)들에게 올리는 제사. ¶其下四方地爲一食<史記>

8 15【醉】 취할 취 |[寘]ㄗㄨㄟˋ (zui)| すい(ヨウ) get drunk

풀이 ①취하다. 술이 알맞게 취함. 또는, 몹시 취함. ¶一客逃席<李商隱>/泥一. ②정신을 빼앗기다. ¶列子見之而心一<莊子> ③사물에 마음이 쏠리다. ¶心若一六經<文中子>/陶一. ④도리를 분별하지 못하다. ¶衆人皆一 我獨醒<楚辭> ⑤취하게 하다. ¶飮先從者酒一之<左氏傳> ⑥취기(醉氣). ¶託一肆忿<晉書> ⑦술에 담그다. ⑧지치다. 通悴. ¶乞言勞一<大戴禮>

【醉客】すいかく(취객) 술에 취한 사람. 주정꾼. 술꾼. ¶一辱其母<漢書>

【醉氣】すいき(취기) 술에 취하여 얼근한 기운. 술기운.

【醉生夢死】すいせいむし(취생몽사) 의미 없이 한평생을 흐리멍덩하게 살아감. ¶一 不自覺也<程子語錄>

【醉眼】すいがん(취안) 술에 취하여 흐리멍덩한 눈. ¶花牽一迷<白居易>

【醉日】すいじつ(취일) 술에 취해 있는 날. ↔醒日(성일).

【醉中】すいちゅう(취중) 술에 취한 동안. ↔生中(생중).

【醉中無天子】すいちゅうてんしなし(취중 무천자) 취중에는 천자가 없다는 뜻으로, 술 취한 동안은 두려워하는 것이 없음을 이름.

【醉態】すいたい(취태) 술에 취하여 거칠어진 거동. 술 취한 꼴. 醉貌(취모). ¶一不能支<徐鉉>

【醉漢】すいかん(취한) 술취한 사나이.

【醉興】すいきょう(취흥) 취중의 흥취. 술이 얼근하여 느끼는 흥겨움. 醉趣(취취).

▷酣一, 骨一, 狂一, 極一, 亂一, 爛一, 大一, 陶一, 獨一, 痲一, 滿一, 微一, 放一, 宿一, 熟一, 心一, 佯一, 僞一, 泥一, 長一, 沈一, 飽一, 暴一, 昏一, 洪一, 歡一, 荒一

9 16【醓】 장 담 / 本탐 |[感]ㄊㄢˇ (tan)| たん (ヒシオ)

풀이 ①장(醬). 간장. ②고기 절임. 육장(肉醬). ¶一醢以薦<詩經> ③수분이 많은 젓갈. 육즙(肉汁). ④진한 술. ⑤시다.

9 16【醑】 좋은 술 서 |[語]ㄒㄩˇ (xu)| しょ (ウマザケ)

풀이 ①좋은 술. 미주(美酒). ¶中山一淸<庾信>/一醾. ②거른 술. 通湑. ¶濁一亦以揮<高啓>

9 16【醒】 1 깰 성 / 2 별이름 정 |[迥]ㄒㄧㄥˇ [庚](xing)| せい (サメル) せい

풀이 1 ①깨다. 술이 깸. ¶彌日不一<宋書> ②잠에서 깨다. ¶午夢頓能一<朱熹> ③깨닫다. 미망(迷妄)에서 벗어남. ¶鐘撞大夢一<章孝標> ④도리에 밝고 성실하다. ¶衆人皆醉 我獨一<楚辭> 2 별 이름.

【醒悟】せいご(성오) 깨달음. ¶心覺一<論衡>

【醒日】せいじつ(성일) 술에 취해 있지 않은 날. ¶略少一<南史> ↔醉日(취일).

【醒酒】せいしゅ(성주) 술에서 깸.

【醒酒花】せいしゅか(성주화) 모란(牡丹)의 이칭. ¶此花香豔 尤能醒酒<王仁裕>

▷覺一, 夢一, 半一, 睡一, 酒一

9 16【醙】 백주 수 |[尤]ㄙㄡ (sou)| しゅう (シロザケ)

풀이 ①백주(白酒). 흰 빛깔의 술. ②배

갈. 고량주(高粱酒).

16〖醕〗 醇(p.1522)과 同字

16〖醶〗 食(p.1635)과 同字

9〖醍〗 ①맑은술 제 ②우락 제 (ti) てい だい
16
풀이 ① ①맑은 술. 맛이 순한 술. ¶一酒. ②빛깔이 붉은 술. ② 질 좋은 우락(牛酪). 버터. ㉠ 醍. ¶一醐.

16〖醎〗 鹹(p.1685)의 俗字

9〖醐〗 제호 호 ㄏㄨˊ (hu) ご
16
풀이 제호(醍醐). 질 좋은 버터.

16〖醫〗 醐(p.1523)와 同字

16〖醑〗 嗜(p.309)와 同字

10〖醟〗 주정할 영 형 ㄧㄥˊ (ying) えい けい
17

10〖醞〗 빚을 온 ㄩㄣˋ (yun) うん(カモス) *brew*
17
풀이 ①빚다. 술을 빚음. ¶春一夏成<曹植>/一酒. ②거듭하여 빚다. ¶酒則九一<張衡> ③조화(調和)하다. ¶一釀<淮南子> ④술밑. ⑤너그럽다. 온화(温和)함. 通 蘊. ¶温雅有一藉<漢書>/一言.
▷九一, 春一

17〖醟〗 醫(p.1523)의 俗字

10〖醡〗 ①주자틀 자 ②주자틀 채 ㄓㄚˋ (zha) さ (サケコシ) さい
17
풀이 ① ①주자틀. 술 짜는 틀. ㉠ 榨 笮. ②기름짜는 틀. ③술을 빚다. ② 주자틀. ㉠ 醋.

10〖醝〗 ①술 차 ②곡식 이름 차 ㄘㄨㄛˊ (cuo) さ *liquor*
17
풀이 ① ①술. ②백주(白酒). 흰 빛깔 나는 술. ② 곡식 이름. ¶山一.

10〖醜〗 더러울 추 ㄔㄡˇ (chou) しゅう (ミニクイ) *ugly*
17
풀이 ①더럽다. 추함. ¶行莫一於辱先<司馬遷> ②보기 흉하다. ¶狀肥一而黑<後漢書> ③미워하다. 싫어함. ¶惡直一正<左氏傳> ④나쁘다. ¶盜賊之輩一<淮南子> ⑤악인(惡人). 흉하게 생긴 것. ¶群一破滅<晋書> ⑥괴이하다. ¶記一而博<荀子> ⑦부끄러워하다. ¶寡人一乎<莊子> ⑧창피를 주다. ¶欲一之以辭<呂覽> ⑨부끄러움. 수치(羞恥). ¶皆有詬一大誹<戰國策> ⑩성내다. ¶莫不一於色<淮南子> ⑪동류(同類). 비등(比等)하다. ¶今天下地一德齊<孟子> ⑫견주다. ¶比物一類<禮記> ⑬무리. 여럿. ¶戎一攸行<詩經> ⑭항문(肛門). 通 尻. ⑮머무르다. 通 留. ¶燕周一子家<漢書>

【醜女】しゅうじょ (추녀) 얼굴이 못생긴 여자. 醜婦(추부). 惡女(악녀). ↔美人(미인).

【醜聞】しゅうぶん (추문) 추잡한 풍문. 행실이 추하다는 소문. 醜聲(추성).

【醜物】(추물) ①더러운 물건. ②행실이 추잡한 사람의 비칭.

【醜惡】しゅうあく (추악) ①용모가 몹시 추함. ¶或一而宜 大官<史記> ②보기 흉하고 나쁨. ¶辭甚一<魏志>

【醜雜】(추잡) 언행이 지저분하고 잡스러움.

【醜態】しゅうたい (추태) 창피스럽고 보기 흉한 모습.

【醜行】しゅうこう (추행) 더럽고 부끄러운 행위. 또는, 음란한 짓. ¶婦女一.

▷群一, 奇一, 陋一, 短一, 大一, 美一, 比一, 肥一, 小一, 戎一, 里一, 殘一, 醜一, 好一, 詬一, 凶一

10〖醢〗 젓갈 해 ㄏㄞˇ (hai) かい *pickled fish*
17
풀이 ①젓갈. 물고기 절인 것. ¶鱣鮪之一<呂覽>/一醢. ②소금에 절이는 형벌. ¶宋人皆一之<左氏傳>
▷魚一, 烹一, 脯一, 醯一

11〖醪〗 막걸리 료 本로 ㄌㄠˊ (lao) ろう
18
풀이 ①막걸리. 탁주(濁酒). ¶醇一/一醴. ②술.
▷甘一, 濃一, 美一, 芳一, 醇一, 新一, 酒一, 澄一, 淸一, 村一, 濁一

11〖醨〗 묽은 술 리 ㄌㄧˊ (li) り
18
▷薄一, 醇一

11〖醫〗 ①의원 의 ②단술 의 ㄧ (yi) い(イヤス) *doctor*
18
略 医 俗 毉
풀이 ① ①의원(醫員). 의사. ¶一不三世<禮記>/洋一. ②병을 고치다. 구(救)하다. ¶上醫一國<國語> ③무당. ㉠ 毉. ④보살피는 사람. 유모(乳母). ¶公令一守之<國語> ② ①단술. 감주(甘酒). ②매실(梅實)로 빚은 초.

【醫官】いかん (의관) ①의료(醫療)를 직무로 하는 벼슬. ②의원(醫員)의 속칭.

【醫國】いこく (의국) 나라를 잘 다스림. ¶上醫一其次醫疾人也<國語>

【醫國手】いこくしゅ (의국수) ①나라를 훌륭히 다스리는 재상(宰相). ②명의(名醫).

【醫療】いりょう (의료) 의술(醫術)로 병을 고침.

治療(치료). ¶疾祗傾財 一數年<蜀志>/一保險.

【醫務】いむ(의무) 의료에 관한 사무. ¶一課/一室.

【醫方】いほう(의방) ☞醫術(의술). ¶岐伯造一<鄭玄>

【醫師】いし(의사) ①주(周)대의 벼슬. 의관(醫官)의 우두머리. ②병을 고치는 사람. 醫人(의인). 醫生(의생). 醫員(의원). 醫者(의자).

【醫書】いしょ(의서) 의학에 관한 책.

【醫術】いじゅつ(의술) 병을 고치는 기술. 醫方(의방).

【醫藥】いやく(의약) ①의술과 약품. 또는, 의사와 약사(藥師). ②의약품의 준말.

【醫業】いぎょう(의업) 병을 진료(診療)하는 직업.

【醫院】いいん(의원) 의료 시설을 갖추고 진료를 업으로 하는 곳.

【醫員】いいん(의원) 의사(醫師).

【醫者意也】いしゃいなり(의자의야) 의술의 진수(眞髓)는 마음으로 터득하는 것이지 말로써 전할 수는 없다는 말.

▷家庭一, 京一, 高一, 巧一, 校一, 軍一, 內科一, 大一, 東一, 馬一, 名一, 巫一, 泄一, 上一, 善一, 獸一, 侍一, 新一, 眼科一, 良一, 洋一, 女一, 外科一, 庸一, 牛一, 俚一, 專門一, 典一, 拙一, 衆一, 草一, 村一, 漢一, 韓方一

11 18 【醬】 육장 장 | 漾ㄐㄧㄤˋ (jiang) | しょう (ヒシオ)

풀이 ①육장(肉醬). 마른 고기를 썰어 절인 것. ¶不得其一不食<論語> ②된장. ¶一油/一缸.

▷豆一, 美一, 魚一, 肉一, 脯一, 鰕一, 醢一, 醯一

18 【醿】 祭(p. 1094)와 同字

18 【醇】 烹(p. 940)과 同字

12 19 【醰】 술맛 좋을 담 | 勘ㄊㄢˊ 覃(tan) | たん

풀이 ①술맛이 좋다. 같 膻. ②좋다. 아름답다. ¶宅心一醉<左思>

12 19 【醱】 술 괼 발 | 曷ㄆㄛˋ (po) | はつ (カモス)

【醱酵】はっこう(발효) 미생물에 의하여 유기물이 분해되는 현상. 發酵(발효).

12 19 【醭】 골마지 복 | 屋ㄅㄨˊ (bu) | ほく scum

풀이 ①골마지. 술, 간장, 초의 골마지. ¶白一. ②곰팡이. ¶梅天筆墨多生一<楊萬里>

19 【醦】 鹽(p. 1685)과 同字

12 19 【醮】 1 초례 초 2 여윌 초 | 嘯ㄐㄧㄠˋ 蕭(jiao) | しょう marriage

풀이 1 ①초례. 혼례(婚禮). 같 樵. ②제사지내다. ¶一諸神<宋玉> ③제단을 차려놓고 제(祭)를 올리다. ¶聞說開元齋一日<王建> ④시집 가다. ¶一門女不再一<北齊書> ⑤다하다. 바닥 남. ¶利爵之不一也<荀子> 2 여위다. 같 憔.

【醮禮】(초례) ①혼례(婚禮). ②혼례에서 술잔을 받아 마시는 의식. ¶一廳.

【醮婦】しょうふ(초부) 기혼(旣婚) 여자.

▷加一, 冠一, 再一, 秋一

12 19 【醯】 초 혜 | 齊ㄒㄧ (xi) | けい vinegar

풀이 ①초. 초장. ¶或乞一焉<論語> ②위태롭다. ¶傒一.

【醯雞】けいけい(혜계) 초파리. 蠛蠓(멸몽).

19 【醶】 酵(p. 1521)와 同字

13 20 【醵】 술잔치 갹 거 | 藥ㄐㄩˋ 魚(ju) | きゃく きょ

풀이 ①술잔치. ¶合一爲歡<唐書> ②술추렴. 돈을 거둬 벌이는 술잔치. 같 酤. ¶周禮其猶一與<禮記>/一飮. ③추렴하다. ¶一金.

【醵金】きょきん(갹금·거금) 돈을 추렴함.

【醵飮】(갹음·거음) 술추렴.

【醵出】きょしゅつ(갹출·거출) 돈이나 물건을 각자 내어 거둠.

13 20 【醲】 진한 술 농 | 冬ㄋㄨㄥˊ (nong) | じょう

풀이 ①진한 술. ¶玄淸白一<張衡> ②진하다. 후(厚)함. 通 濃. ¶明主一於用賞<後漢書>/一郁.

▷舊一, 肥一, 醇一, 新一, 淸一, 村一

13 20 【醴】 단술 례 | 薺ㄌㄧˇ (li) | れい sweet drink

풀이 ①단술. 계명주(鷄鳴酒). ¶或以酏爲一<禮記>/一漿. ②달다. ¶一泉出山<太平御覽> ③맛이 좋다. ¶一酒. ④맑은 술. ¶一酸在戶<孔子家語> ⑤강 이름. ¶一河.

【醴泉】れいせん(예천) ①단맛이 나는 샘. 甘泉(감천). ¶一湧出<後漢書> ②침. 타액(唾液). ③샘 이름. ④땅 이름.

【醴泉侯】れいせんこう(예천후) 술의 이칭. 당(唐)대에 육서(陸諝)를 술장사꾼들이 추천하여 예천후로 봉한 옛일에서 유래.

▷甘一, 凍一, 芳一, 醇一, 酒一

20 【醸】 釀(p. 1525)의 略字

13 20 【醳】 1 진한 술 역 2 풀 석 | 陌ㄧˋ 陌(yi) | えき せき

풀이 1 ①진한 술. ¶肴一順時<左思> ②쓴 술. ③오래 묵은 술. ④겨울에 빚어 봄에 익은 술. ⑤위로하다. ¶以饗士大夫一兵<史記> 2 ①풀다. 通 釋. ¶農

夫一耒<北海相景君碑> ②용서(容恕)하다. ③버리다. ④적시다. 담그다. ㊉液.
▷舊一, 觴一, 新一, 清一, 村一

14 21 【醹】 진한 술 유 | 㕚ㄖㄨˊ (ru) | じゅ | thick wine

14 21 【醺】 취할 훈 | ㄒㄩㄣ (xun) | くん
풀이 ①취하다. 얼근히 취함. ¶傾一盞即一人<杜甫>/一然. ②냄새 나다. 술냄새가 남. ③즐거워하는 모양. ¶終日醉一一<張祜> ④물들다. ¶不僞世所一<蘇軾>
▷微一, 小一, 宿一, 餘一

23 【醿】 酥(p. 1520)와 同字

17 24 【醽】 좋은 술 령 | ㄌㄧㄥˊ (ling) | れい

17 24 【醾】 막걸리 미 | ㄇㄧˊ (mi) | び

17 24 【釀】 빚을 양 ㊍냥 | ㄋㄧㄤˋ (niang) | じょう(カモス) | brew
풀이 ①빚다. 술을 빚음. ¶索得一具<蜀志>/一造. ②술. ¶渚茶野一<宋史>/一酒/一母. ③뒤섞다.
【釀造】じょうぞう(양조) 술, 장 따위를 빚어 만듦. ¶一場.
▷家一, 嘉一, 冬一, 私一, 新一, 野一, 醞一, 自一, 造一, 重一, 村一, 春一

18 25 【釂】 다 들이킬 조 | ㄐㄧㄠˋ (jiao) | しょう | drink

18 25 【釁】 틈 흔 | ㄒㄧㄣˋ (xin) | きん | gap
풀이 ①틈. 사이. 균열(龜裂). ¶國多一矣<漢書> ②피를 바르다. 희생의 피를 그릇에 발라 제사 지냄. ¶上春一寶鎮<周禮>/一鐘. ③구멍. ¶惡有一 雖貴罰<國語> ④흠. 결점(缺點). ¶久約而無一<國語> ⑤허물. 죄(罪). ¶觀一而動<左氏傳> ⑥늦. 조짐(兆朕). ¶若鮑氏有一<國語> ⑦움직이다. ¶一於勇<左氏傳> ⑧그을다. 태움. ㊉熏. ⑨향료를 바르다. ㊉薰. ¶祓除一浴<周禮> ⑩큰 짐승이 울다.
▷奸一, 間一, 過一, 垢一, 國一, 待一, 乘一, 妖一, 疵一, 摘一, 罪一, 瑕一

20 27 【釅】 초 엄 | ㄧㄢˋ (yan) | げん | vinegar
풀이 ①초. 식초. ㊎醶. ②술. ¶屠蘇一<陸游> ③맛이 진하다. ¶酸一不堪調衆口<蘇軾> ④빛깔이 진하다. ¶紅一海棠<葛長庚>

31 【醽】 醽(p. 1525)과 同字

釆<분별할 변>部

釆 采 ④ 釈 ⑤ 釉 ⑬ 釋

0 7 【釆】 분별할 변 | ㄅㄧㄢˋ (bian) | へん(ワケル)
풀이 분별하다. 나누다. 辨의 本字.

0 8 【采】 1 캘 채 2 채읍 채 | ㄘㄞˇ (cai) | さい(トル) | pluck
※釆(p. 1525)은 딴 자.
풀이 1 ①캐다. 땀. 뽑음. 채취(採取)함. ㊎採. ¶薄言一之<詩經> ②가리다. 선택함. ㊎採. ¶捋一其劉<詩經> ③채지(采地). 식읍(食邑). ④벼슬. 관직(官職). ¶疇咨若予一<書經> ⑤일. ㊉事. ¶疇咨若予一<書經> ⑥장관(長官). ¶九一之國<禮記> ⑦폐백(幣帛). ¶召公奭贊一<史記> ⑧빛깔. 채색(彩色). ㊉彩. ¶以五一 彰施于五色<書經> ⑨무늬. 문채(文彩). ¶衆不知余之異一<楚辭> ⑩꾸미다. 꾸밈이 실질을 지남. ¶禮失而一<漢書> ⑪겉모습. 용모. 풍채. ¶天下想聞其風一<漢書> ⑫주사위. 쌍륙의 주사위. ⑬덩굴풀. ㊉菜. ¶葛一爲緎<後漢書> ⑭사물(事物)의 모양. ¶一一. 2 ①채읍(采邑). ㊎埰. ¶大夫有一以處其子孫<禮記> ②푸성귀. 채소. ㊉菜. ¶春入學 舍一合舞<周禮>
【采緞】(채단)㊞ 혼인 때 신랑집에서 신부집으로 미리 보내는 청색, 홍색의 치마 저고리감.
【采田】さいでん(채전) ☞采地(채지).
【采地】さいち(채지) 경대부(卿大夫)의 봉읍(封邑). 그 땅의 조세(租稅)로 녹(祿)을 삼았음. 領地(영지). 采邑(채읍). 食邑(식읍). 采田(채전).
▷喝一, 納一, 丹一, 大一, 文一, 服一, 色一, 誦一葛之詩, 神一, 新一, 薪一, 五一, 六一, 異一, 姿一, 爭一, 精一, 衆一, 七一, 風一, 筆一, 華一, 畫一

11 【釈】 釋(p. 1525)의 略字

5 12 【釉】 광택 유 | ㄧㄡˋ (you) | ゆう(ツヤ) | gloss
【釉藥】ゆうやく(유약) 도자기를 굽기 전에 그 표면에 발라 광택이 나게 하는 재료. 釉灰(유회).

13 20 【釋】 1 풀 석 2 기뻐할 역 | ㄕˋ (shi) | しゃく(トク) | release | えき
㊕釈
풀이 1 ①풀다. ㉮풀어 내다. ㉯다스리다. 처리함. ¶太子不肯自一<呂覽> ㉰흩뜨리다. ¶慰一皇太后之憂慍<漢

書> ㉣떼어 내다. ¶其出致一駕而僵<淮南子> ㉤벗다. ¶主人一服<儀禮> ㉥그만두다. ¶一玆在玆<書經> ㉦없애다. ¶一玆在玆<左氏傳> ㉧버리다. ¶一智謀<呂覽> ㉨설명하다. ¶右傳之首章 一明明德<大學> ㉩해설하다. ¶一言於齊<國語> ②풀리다. ㉮깨닫다. ¶惑不一也<國語> ㉯녹아 없어지다. ¶渙兮若氷之將一<老子> ③버리다. 通捨. ¶視一天下 若一蹝<呂覽> ④놓다. 둠. ¶一舟陵行<楚辭> ⑤남기다. ¶俎一三个<儀禮> ⑥놓아 주다. 석방함. 通赦. ¶一有罪誅亡辜<漢書> ⑦쫓기다. 추방(追放)함. ¶一廬蒲嫳于北竟<左氏傳> ⑧쏘다. 활을 쏨. ¶若虞機張 往省括于度則一<書經> ⑨깔다. 폄. 通敍. ¶出祖一軷<儀禮> ⑩씻다. 쌀을 씻음. ¶一之叟叟<詩經> ⑪적시다. ¶欲濡肉則一而煎之以醢<禮記> ⑫따르다. 좇음. ⑬어림 잡다. 추측(推測)함. ⑭풀이. 해석. ⑮석가(釋迦)의 교(敎). 불교(佛敎). ¶挺贇惠學該儒一<盧綸> ⑯성(姓). 석씨(釋氏). 석가(釋迦)의 법손(法孫)임을 뜻함. **2**기뻐하다. 즐거워함. 通悅. ¶則敀愉歡一<嵇康>

【釋迦】しゃか(석가) 범어(梵語) Sākya의 음역(音譯). 능인(能仁)이라 번역함. ㉮인도(印度)의 아리아 족(族)에 속하는 한 종족. 석존(釋尊)은 이 종족에 속함. ㉯《佛》 불교의 개조(開祖) 석가.

【釋家】しゃっけ(석가) 불교를 믿는 사람들의 사회. 佛家(불가).

【釋迦牟尼】しゃかむに(석가모니) 범어(梵語) Sakyamuni의 음역(音譯). 불교의 개조(開祖). 세계 4대 성인(聖人)의 한 사람. 35세에 정각(正覺)을 얻어 부처가 됨. 釋迦如來(석가여래). 佛陀(불타).

【釋迦如來】しゃかにょらい(석가여래) ☞釋迦牟尼(석가모니).

【釋教】しゃっきょう(석교) 석가(釋迦)의 가르침.

【釋明】しゃくめい(석명) 자기의 언론이 오해되었을 경우, 한 말의 참뜻을 새삼 설명하는 일.

【釋門】しゃくもん(석문) 불문(佛門). 불도(佛道).

【釋放】しゃくほう(석방) 구속하였던 사람을 놓아 줌. 放免(방면). 放釋(방석).

【釋氏】しゃくし(석씨)《佛》 ①석가(釋迦). 또는, 석가의 가르침. 불교(佛敎). ②불가(佛家)의 총칭. 석가를 스승으로 하여 그 법손(法孫)임을 나타내기 위하여 석모(釋某)라고 함. 佛門(불문). 僧(승). ¶一休靜.

【釋然】しゃくぜん(석연) ①의문이나 의심이 풀려 개운한 모양. ②녹아 없어지는 모양.
えきぜん(역연) 기뻐하는 모양. ¶南面而不一<莊子>

【釋義】しゃくぎ(석의) ①교리(敎理)나 진리(眞理)를 풀어 밝힘. ②불교의 의의(意義).

【釋子】しゃくし(석자) 중. 불자(佛子). 사문(沙門).

【釋藏】しゃくぞう(석장) 대장경(大藏經).

【釋典】しゃくてん・しゃくでん(석전) 불교의 경전.

【釋奠】せきてん・しゃくてん(석전) ①옛날, 산천(山川), 묘사(廟社) 및 선성 선사(先聖先師)를 학교에서 제사 지낼 때 행한 예. ②문묘(文廟)에서 공자(孔子)를 제사 지내는 의식(儀式). 음력 2월, 8월의 상정일(上丁日)에 거행함. 釋奠祭(석전제). 釋菜(석채).

【釋尊】しゃくそん(석존) 석가(釋迦)의 존칭.

▷講一, 孔一, 老一, 放一, 辨一, 保一, 剖一, 分一, 氷一, 散一, 舒一, 消一, 慰一, 儒一, 融一, 詮一, 注一, 註一, 評一, 解一, 歡一, 會一, 訓一, 稀一

里<마을 리>部

里 ② 重 ④ 野 ⑤ 量 ⑪ 釐

0
7 【里】 마을 리 | 紙カ lǐ (li) | り(サト) village

源會意. 밭[田]과 땅[土]이 있어 사람이 살 만한 곳을 뜻함.

풀이 ①마을. 촌락(村落). 사람이 사는 곳. ¶無踰我一<詩經> ②거리. 집이 군집(群集)한 곳. ¶連一竟街<後漢書> ③주거(住居). 저택. ¶然後收其田一<孟子> ④상점. 점포. ¶賦一以入<國語> ⑤이웃. ¶一 猶鄰也<論語·注> ⑥행정 구획의 명칭. ㉮주(周)대 25호(戶). ¶五家爲鄰 五鄰爲一<周禮> ㉯50호. ¶五家爲伍 伍爲之長 十伍爲一<鶡冠子> ㉰72호. ¶三朋爲一<尙書大傳> ㉱80호. ㉲100호. ¶則一尹主之<禮記> ㉳110호. ⑦길이의 명칭. ㉮300보(步). ¶古者三百步爲一<穀梁傳> ㉯360보. ¶今以三百六十步爲一<日知錄> ⑧살다. 거주함. ¶靈公奪而一之<莊子> ⑨헤아리다. 이수(里數)를 헤아림. 通釐. ¶乃一西土之數<穆天子傳> ⑩속. 안. 通裏. ¶肉一之脉<素問> ⑪시골에서 사는 아내. ¶我不忍鄉一落它處<南史>/鄉一. ⑫묻다. 희생을 묻음. 通薶. ¶靈公奪而一之<莊子> ⑬근심하다. 通悝. ¶云如何一<詩經>

【里閭】りりょ(이려) ①동구(洞口)에 세운 문. 里門(이문). 里閈(이한). ②마을. 시골.

【里門】りもん(이문) ☞里閭(이려)①.

【里俗】りぞく(이속) 마을의 풍속. ¶一祖風儀<李賀>

【里數】りすう(이수) ①도정(道程). 거리를 이(里)의 단위로 측정한 수. ②마을의 수.

【里長】りちょう(이장) 마을 일을 맡아보는 우두머리. 里正(이정).

【里宰】りさい(이재) 주(周)의 관명. 지관(地官)에 속하여 이(里)의 정령(政令)을 맡음.

【里正】りせい(이정) ☞里長(이장).

【里程】りてい(이정) 길의 이수(里數). ¶一標.

▷故一, 郊一, 舊一, 窮一, 道一, 同一, 洞一, 鵬程萬一, 閭一, 沃野千一, 邑一, 仁一, 鄰一, 一瀉千一, 梓一, 田一, 廛一, 志在千一, 戚一, 村一, 下一, 巷一, 鄉一, 墟一

2/9 〖重〗 1 무거울 중 / 2 거듭할 중 / 3 아이 동 / 4 젖 중 | 運ㄓㄨㄥˋ 图(zhong) 東ㄔㄨㄥˊ 図(chong) | じゅう (オモイ) *heavy* ちょう とう

풀이 1 ①무겁다. ㉮두텁다. ¶九鼎一味<淮南子> ㉯크다. ¶引一鼎不程其力<禮記> ㉰깊다. ¶君其一圖之<呂覽> ㉱많다. ¶其取威也一矣<張衡> ㉲무게가 나가다. ¶寒谷梨當一<庾信> ㉳소중하다. 귀중함. ¶不訾一器<禮記> ㉴높다. ¶名一中朝<晋書> ㉵드레지다. ¶君子不一則不威<論語> ㉶엄숙하다. ¶語言傖一<陳書> ㉷느슨하다. 느림. ¶足容一<禮記> ㉸융숭하다. 정중함. ¶禮之甚一<晋書> ㉹필요하다. 긴급(緊急)함. 소중함. ¶其爲任亦一矣<司馬光> ㉺좋다. ¶一賜無數<儀禮> ㉻교묘하다. ¶君第一射<史記> ㉼바르다. 곧음. ¶古者人醇 工龐 商樸 女一<淮南子> ②무겁게 하다. 소중히 함. ㉮존중하다. ¶尊其位 一其祿<中庸> ㉯애석히 여기다. ¶一自刑以絶從<史記> ㉰소중하게 하다. 정중히 함. ¶一而使之<戰國策> ㉱더하다. ¶是一我罪也<呂覽> ㉲괴롭히다. ¶事發相一<漢書> ㉳삼가다. 조심함. ③무게. 중량. ¶鼎之輕一 未可問也<左氏傳> ④무거운 것. ¶以一縷之任 係千鈞之一<漢書> ⑤위세(威勢). 권력(權力). ¶吾徒得君一<漢書> ⑥아이를 배다. ¶一馬傷耗<漢書> ⑦짐. 짐바리. 치중(輜重). ¶楚一至于邲<左氏傳> ⑧어려워하다. 꺼림. 두려워함. ¶秦欲攻魏 一楚<史記> ⑨생각하다. ¶一無怨而生離兮<楚辭> ⑩두 번. 또다시. ⑪자주 하다. 거듭함. ¶武不可一<左氏傳> ⑫사형(死刑). ¶斷獄報一<後漢書> ⑬임금. ¶一者重<管子> ⑭궁성(宮聲)의 이칭. 그 소리가 탁하고 느린 데서 이름하였음. 2 ①거듭하다. ¶一會期<史記> ②보태다. 곁들임. ¶一醴<禮記> ③붓다. 부어 오름. ¶祇自一兮<詩經> ④거듭되다. 겹침. ㊀緟. ¶蓋二以一<儀禮> ⑤많다. ¶一備器<左氏傳> ⑥임시 신위(神位). 가신위(假神位). ¶一 主道也<禮記> ⑦늦곡식. 만생종(晩生種). ㊀種. ¶黍稷一穋<詩經> 3 아이. 어린이. ㊀僮童. ¶與其鄰一汪踦往<禮記> 4 젖. 유즙(乳汁). ¶不如一酪之便美<漢書>

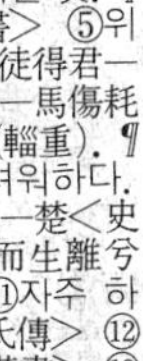

重 2 ⑥ (三禮圖)

【重刊】じゅうかん(중간) 거듭 발간함. 重刻(중각). 再刊(재간). ↔開刊(개간).

【重慶】じゅうけい(중경) ①조부모, 부모가 모두 생존함. ②중국의 시(市) 이름. 사천성(四川省) 중남부에 있는 도시.

【重輕傷】(중경상) 중상과 경상.

【重光】じゅうこう(중광) ①앞뒤 연이어서 덕을 빛냄. 덕이 높은 임금이 잇달아 나옴. ②10간(干)의 신(辛)의 이칭. ③두 빛이 겹침. 일월의 빛이 겹침.

【重九】ちょうきゅう(중구) ☞重陽(중양).

【重九登高】ちょうきゅうタカキニノボル(중구등고) 옛 중국에서, 음력 9월 9일에 붉은 주머니에 수유(茱萸)를 넣어 팔에 걸고 높은 산에 올라 국화주를 마시어 재액을 없애는 행사. 登高(등고). ※花煎(화전).

【重勞動】じゅうろうどう(중노동) 무척 힘드는 노동.

【重農】じゅうのう(중농) 모든 산업에서 농업을 근본으로 삼아 가장 소중하게 다스림. ¶一政策.

【重大】じゅうだい(중대) 매우 중요함. 중요하고 큼.

【重臺】じゅうだい(중대) ①비복(婢僕)에 딸린 비복. 종의 종. ②겹으로 된 꽃잎.

【重量】じゅうりょう(중량) 무게.

【重力】じゅうりょく(중력) ①지구가 그 표면의 물체를 잡아당기는 힘. ②무거운 힘. ¶以一相壓猶烏獲之與嬰兒<史記>

【重門】ちょうもん(중문) 대문 안에 다시 세운 문.

【重罰】じゅうばつ(중벌) ①무거운 형벌. ②형벌을 중히 여김.

【重犯】じゅうはん(중범) ①큰 범죄. ↔輕犯(경범). ②두 번 이상 거듭 죄를 지음. 또는, 그 사람. 累犯(누범).

【重辟】じゅうへき(중벽) ☞重罪(중죄).

【重病】じゅうびょう(중병) 중한 병. 重患(중환).

【重寶】じゅうほう(중보) ①귀중한 보배. ②전에, 화폐에 붙이던 이름.

【重複】じゅうふく(중복) 거듭함. 거듭됨.

【重三】ちょうさん(중삼) 음력 3월 3일. 삼짇날.

【重喪】(중상) 탈상(脫喪) 전에 거듭 친상(親喪)을 당함.

【重傷】じゅうしょう(중상) 심한 부상(負傷). ↔輕傷(경상).

【重賞】じゅうしょう(중상) 상을 후히 줌. 또는, 후한 상.

【重稅】じゅうぜい(중세) ①과중한 세금. ②조세(租稅)를 중히 여김.

【重修】ちょうしゅう·じゅうしゅう(중수) ①낡은 건조물(建造物)을 다시 고침. 改修(개수). ②거듭 편수(編修)함.

【重視】じゅうし(중시) 소중하게 여김. 중요시함.

【重試】(중시) 과거에 급제한 사람에게 다시 보이던 시험. 이 시험에 급제하면 정3품 당상관(堂上官)이 되었음.

【重侍下】(중시하) 부모와 조부모를 다 모시고 있음. 부모와 조부모가 모두 살아 계심의 뜻. ¶往年在一<呂本中>

【重臣】じゅうしん(중신) ①중직(重職)을 맡은 신하. ②정이품(正二品) 이상의 관원.

【重壓】じゅうあつ(중압) 무겁게 내리누름. 무거운 압력. ¶一感.

【重陽】じゅうよう(중양) ①음력 9월 9일. 9는 양수(陽數)로, 이것이 거듭되는 날이므로 이르는 말. 重陽節(중양절). 重九(중구). ②하늘. 구중(九重)의 하늘.

【重言復言】(중언부언) 한 말을 되풀이함.

【重役】じゅうやく(중역) ①중한 직분. ②중요한 구

실. ③회사의 이사(理事), 감사(監事)의 통칭. ¶—會議/—陣.

【重譯】ちょうやく·じゅうやく (중역) 원어(原語)에서 한 번 다른 국어로 번역된 것을, 다시 다른 말로 번역하는 일. 이중 번역.

【重五】ちょうご (중오) 음력 5월 5일. 端午(단오). 重午(중오).

【重午】ちょうご (중오) ☞重五(중오).

【重屋】ちょうおく (중옥) ①이층집. ②지붕을 겹으로 하여 지은 집.

【重雍襲熙】じゅうおうしゅうき (중옹습희) 옹희(雍熙)를 중습(重襲)한다는 뜻으로, 태평한 세월이 계속됨을 이름. 옹희는 화락(和樂). ¶盛哉大漢 重雍而襲熙＜崔駰＞

【重用】じゅうよう (중용) ①중요한 직책을 맡겨 씀. ②거듭 씀. 다시 임용함.

【重闈】じゅうい (중위) ①겹겹의 궁문(宮門). ②깊은 궁전. 深宮(심궁). ③부녀(婦女)가 거처하는 곳. 閨中(규중).

【重音】じゅうおん (중음) ①한 자(字)에 두 음이 있는 것. ②겹으로 된 소리. 複音(복음). 겹소리.

【重以周】オモクシテモッテアマネクス (중이주) 스스로 성현(聖賢)의 도의 실현을 자임(自任)하여 일예 일선(一藝一善)이라도 소홀히 하지 않는 일. ¶古之君子 其責己也 — 其待人也 輕以約＜韓愈＞

【重任】じゅうにん (중임) ①임기가 끝나고 거듭 선임(選任)됨. ②중대한 역할. 중요한 직책. ③무거운 적재물(積載物).

【重點】じゅうてん (중점) ①중시해야 할 점. ②지렛대에, 움직이려 하는 물체의 무게가 걸리는 점. 力點(역점). 支點(지점).

【重罪】じゅうざい (중죄) 무거운 죄. 重科(중과). 重辟(중벽).

【重症】じゅうしょう (중증) 위중(危重)한 병세.

【重職】じゅうしょく (중직) 중요한 직무. 중대한 직책.

【重鎭】じゅうちん (중진) ①병권(兵權)을 잡고 요해처를 지키는 사람. ②일정한 분야에서 지도적 영향력을 가진 중요한 인물.

【重疊】じゅうじょう (중첩) 거듭 겹쳐지거나 겹침.

【重親】ちょうしん (중친) ①인척(姻戚) 관계가 겹침. 重婚(중혼). ②조부모와 부모의 병칭. ③서로 친교(親交)를 거듭함.

【重態】じゅうたい (중태) 병이 위급한 상태. 위독(危篤).

【重版】じゅうはん (중판) 출판물의 판수(版數)를 거듭하여 간행함.

【重荷】オモニ (중하) ①무거운 짐. ②분에 넘치는 부담. 무거운 임무. 重任(중임).

【重刑】じゅうけい (중형) ①무거운 형벌. ②형벌을 무겁게 함.

【重婚】じゅうこん (중혼) ①배우자가 있는 사람이 다시 딴 사람과 결혼하는 일. 이중 혼인. 重緣(중연). ¶—罪. ②두번째 혼인함. 再婚(재혼). ③사돈간에 다시 사돈 관계를 맺음. 겹사돈. 重親(중친).

【重患】じゅうかん (중환) 중한 병. 重病(중병).

【重厚】じゅうこう (중후) ①두터움. ②점잔하고 너그러움.

▷加—, 苛—, 輕—, 過—, 寬—, 九—, 貴—, 內—, 累—, 端—, 莫—, 萬—, 樸—, 方—, 愼—, 嚴—, 危—, 威—, 陰—, 倚—, 自—, 積—, 鄭—, 尊—, 至—, 志—, 持—, 珍—, 質—, 疊—, 體—, 置—, 輜—, 沈—, 荷—, 顯—, 厚—, 後—

11 〖腥〗 李(p. 750)와 同字

4/11 〖野〗
1 들 야 — 馬 ㅣㅓ̌ — や(ノ)
2 변두리 여 — 語 (ye) — field
3 농막 서 — 語 — よ / しょ

풀이 1 ①들. ㉮시내의 외곽 지대. 성밖. 교외(郊外). ¶遠送于—＜詩經＞ ㉯주(周)대에 도성(都城) 밖 200리에서 300리 이내의 사이. ¶掌—＜周禮＞ ㉰주(周)대에 도성 밖에 있던 공경대부(公卿大夫)의 채지(采地). ¶以歲時徵—之賦貢＜周禮＞ ㉱들판. 논밭. ¶沃—千里＜戰國策＞ ㉲마을. 시골. ¶出入廛—＜唐書＞ ㉳민간(民間). ¶朝—淸晏＜晉書＞ ㉴지역(地域). 장소. ¶上游霄雿之—＜淮南子＞ ②촌스럽다. 꾸밈새가 없음. 예문(禮文)이 없음. 질박(質朴)함. ¶質勝文則—＜論語＞ ③거칠다. ④비천(卑賤)하다. ⑤등한(等閑)하다. 사리에 어두움. ¶—哉由也＜論語＞ ⑥서투르다. 익숙하지 못함. ¶容志審道謂之僩 反僩爲—＜新書＞ ⑦길들지 않다. 따르지 않음. ¶狼子—心＜左氏傳＞ ⑧박. 이외. ¶有—心者＜淮南子＞ ⑨별자리. 분야(分野). ¶七宿畫—以分區＜張衡＞ 2 변두리. 교외. 3 농막. ㉠墅.

【野談】(야담) 야사(野史) 이야기. ¶於于—＜柳夢寅＞

【野黨】やとう (야당) 현 정권(政權)에 가담하지 않은 정당. 野는 민간. 在野黨(재야당). ↔與黨(여당).

【野老】やろう (야로) ①시골에 사는 늙은이. 野翁(야옹). ②노인이 자기를 일컫는 겸칭.

【野錄】やろく (야록) ☞野史(야사).

【野蠻】やばん (야만) ①문화가 미개한 상태. 또는, 그 종족. ¶—族/—人. ↔文明(문명). ②예의를 모름. 버릇이 없음.

【野望】やぼう (야망) 큰 포부. 또는, 분을 넘는 욕망.

【野猫】やびょう (야묘) 너구리의 이칭.

【野薄】(야박)㊕ 야멸치고 박정함.

【野卑】やひ (야비) ①야하고 비루함. ②속(俗)되고 천함. ↔高尙(고상).

【野史】やし (야사) 민간(民間)에서 찬술(撰述)한 역사. 사찬(私撰)한 역사. 外史(외사). 野錄(야록). 野乘(야승). ↔正史(정사).

【野山】やさん (야산) ①들과 산. 山野(산야). ②들녘에 있는 낮은 산.

【野生】やせい (야생) ①산야에서 저절로 생장함. ②남자의 자기 겸칭. 小生(소생).

【野性】やせい (야성) ①거칠고 촌스러운 성질. ②전원을 사랑하는 마음. ③자연 또는 본능 그대로의 성질. ¶—美.

【野獸】やじゅう (야수) 들짐승.

【野宿】やしゅく·しじゅく(야숙) 한데서 잠. 한둔함. 露宿(노숙). ¶林棲一不常 厥居至今尙在<南唐近事>
【野乘】やじょう(야승) ☞野史(야사). ¶大東一.
【野心】やしん(야심) ①잘 길들지 아니하고 사람을 해치고자 하는 마음. ②전원 생활을 즐기고자 하는 마음. ③분에 넘치는 욕망. 또는, 야비한 욕심. 野慾(야욕)①.
【野營】やえい(야영) ①들에서 밤을 지냄. 野宿(야숙). ¶一場. ②들에 진(陣)을 침. 또는, 그 진영.
【野外】やがい(야외) 들. 郊外(교외).
【野慾】やよく(야욕) ①분에 넘치는 욕망. 野心(야심)③. ②야비한 정욕(情慾).
【野人】やじん(야인) ①예절을 모르는 사람. ¶此非君子之言 齊東一之語也<孟子> ②꾸밈이 없는 진실한 사람. ¶先進於禮樂 一也 後進於禮樂 君子也<論語> ③일반 백성. 벼슬하지 않고 야(野)에 있는 사람. 庶人(서인). ④야만인. 蕃人(번인). ⑤韓 압록강, 두만강 이북에 살던 만주족 또는 여진족(女眞族).
【野人無曆日】やじんにれきじつナシ(야인 무역일) 시골에 살며 세상일에 관계하지 아니하는 사람에게는 책력이 필요하지 아니함. ¶一 鳥啼知四時<陸游>
【野戰】やせん(야전) 들판에서 싸움. 또는, 그 싸움. 野合(야합)③. ¶一軍/一病院.
【野地】やち(야지) 들. 평원(平原).
【野菜】やさい(야채) ①들나물. 野蔌(야속). ②남새. 菜蔬(채소).
【野趣】やしゅ(야취) 시골의 정취(情趣). 野情(야정).
【野合】やごう(야합) ①정식 혼인을 하지 아니하고 부부 관계를 맺음. 또는, 부부 아닌 남녀가 정을 통함. 일설에는 아주 늙어서 하는 결혼을 이름. ¶紇女顔氏女 一而生孔子<史記> ②야외(野外)에서의 합주(合奏). ③☞野戰(야전). ④옳지 못한 목적으로 한데 어울림.
【野火】やか(야화) ①들에 난 불. ②도깨비불. 鬼火(귀화). 燐火(인화).
【野話】やわ(야화) 항간에 떠도는 이야기. 또는, 그것을 적은 책. 野談(야담).
▷廣一, 郊一, 綠一, 大一, 牧一, 文一, 樸一, 分一, 卑一, 鄙一, 四一, 山一, 桑一, 霜一, 疎一, 視一, 涼一, 淹一, 沃一, 外一, 燎一, 原一, 匿一, 林一, 在一, 田一, 廛一, 粗一, 朝一, 中一, 質一, 草一, 村一, 平一, 蔽一, 豊一, 下一, 荒一

5 12 〖量〗 1 헤아릴 량 2 되 량 | 陽カ丨尢 (liang) 漾 | りょう (ハカル) *measure*

풀이 1 ①헤아리다. ㉮무게를 달다. ㉯용적(容積)을 셈하다. ¶一粟而舂<淮南子> ㉰길이를 재다. ¶不一鑿而正枘兮<楚辭> ㉱넓이를 재다. ¶一地遠近<禮記> ㉲다소(多少)를 헤아리다. ¶一計運漕<晉書> ㉳나누다. ㉴어림잡다. 가늠함. ¶一功命日<左氏傳> ㉵추측하다. 미루어 헤아림. ¶其多所裁一若此<後漢書> ㉶생각하다. ¶閒坐思一小來事<元稹> ㉷의논하다. ¶與三郞商一<大唐嘉話> ②길이. 장단(長短). ¶制其從獻脯燔之數一<周禮> ③좋다. 通良. ¶有文馬 … 名曰吉一<山海經> 2 ①되. 말. ¶同律度一衡<書經> ②양. 되로 되는 양. ¶一者龠合升斗斛也 所以一多少也<漢書> ③수. 수효. ④한계. 분한(分限). ¶月以爲一<禮記> ⑤정도. ¶惟酒無一 不及亂<論語> ⑥역량(力量). 일을 해낼 수 있는 재량. ¶以亮有殊一 乃三顧亮於草廬之中<蜀志> ⑦법규. 제도(制度). ¶釐改制一<國語> ⑧물건의 좋고 나쁨. ¶命工師 令百工 審五庫之一<禮記> ⑨구덩이. 물을 받는 곳. ¶主一必平 似法<荀子> ⑩차다. 가득 참. ¶其死者一於澤矣<呂覽> ⑪결레. ㉠緉. ¶未知一生當著幾一屐<晉書>

量① (三禮圖)

【量感】りょうかん(양감) ①화면에 실물의 부피나 무게의 느낌이 나도록 그리는 일. 또는, 그런 느낌. 볼륨(volume). ②크고 풍만한 느낌.
【量案】(양안)韓 조선 때의 토지 대장(土地臺帳). 논밭의 자호(字號), 위치, 등급, 형상, 면적, 소유주 등을 기록하였음. 田籍(전적). 執記(집기).
【量入計出】りょうにゅうけいしゅつ(양입계출) 수입을 헤아려 지출을 조절함. 수지(收支)를 알맞게 함.
▷計一, 過一, 局一, 權一, 氣一, 器一, 大一, 德一, 度一, 斗一, 無一, 分一, 比一, 思一, 商一, 碩一, 少一, 殊一, 數一, 食一, 識一, 雅一, 力一, 料一, 宇一, 遠一, 偉一, 踰一, 才一, 裁一, 適一, 酒一, 斟一, 推一, 測一, 稱一, 狹一, 弘一

11 18 〖釐〗 1 다스릴 리 支カ丨(li) り 2 길할 희 支T丨(xi) き 3 풀 벨 래 灰 らい 4 땅 이름 태 灰 たい 5 줄 뢰 隊 らい

풀이 1 ①다스리다. ¶允一百工<書經> ②고치다. 바로잡음. ¶豈一朝所一<後漢書> ③탐하다. 한없이 욕심 부림. 通俚. ④복. 행복. 通禧. ¶詞官祝一<漢書> ⑤쌍동이. 通孿. ⑥명아주. 通萊. ⑦홀어미. 과부(寡婦). 通嫠. ¶隣之一婦<詩經·注> ⑧제육(祭肉). 제사지낸 고기. ¶孝文帝 方受一坐宣室<史記> ⑨수량(數量)의 이름. 기준 단위(基準單位)의 100분의 1. 푼[分]의 10분의 1. 척(尺)의 1천분의 1. 묘(畝)의 100분의 1. 양(兩)의 1천분의 1. ㉠氂. ¶失之毫一<漢書> 2 ①길(吉)하다. 복(福). ㉠禧. ②시호(諡號). 通僖. ¶魏安一王<漢書> 3 ①

풀을 베다. ㉠萊. ②보리. ㉠來. ¶貽我一麰<漢書> **4**땅 이름. ㉡郲. **5**주다. ㉠賚. ¶一爾女士<詩經>
▷毫一, 鴻一

金<쇠 금>部

金 ② 釛 釜 釡 釗 釘 針 ③ 釭 釦 釤 釪 釣 釵 釧 釱 釥 釬 釫 ④ 鈐 鈞 釿 鈕 鈍 鈲 鈇 鈚 鈒 鈔 鈀 鈑 鈃 鈜 ⑤ 鉀 鉅 鉗 鈷 鉤 鈴 鉧 鈸 鉢 鉈 鉏 鉥 鉛 鉠 鉛 鉞 鉮 鈿 鉦 鉒 鉄 鉆 鉊 鉋 鈹 鉍 鉉 ⑥ 銎 銙 鉸 銅 銘 銘 銑 銛 銖 銚 銀 銁 銭 銓 銍 銃 銔 銜 銂 銗 ⑦ 銶 鋃 鋁 鋝 鋂 鋒 鈔 鋤 銷 鋙 鋋 銳 鋈 鋊 鋌 銼 鋠 鋟 鋪 鋧 鋗 鋏 鋘 ⑧ 鋼 鋸 錮 錕 錧 錦 錡 錟 錄 錑 錫 錞 錏 錺 錚 錢 錠 錯 錣 錘 錐 錙 錔 ⑨ 鍇 鍵 鍥 鍋 鍠 鍧 鍛 鍍 鍊 錨 鍪 鍣 鍑 鍦 鍤 鍱 � 鍔 鍚 鍮 鍉 鍾 鍐 鍬 鍼 鍖 鍜 鍰 鍭 ⑩ 鎧 鎌 鎒 鎛 鎊 鎴 鎖 鎪 鎢 鎔 鎰 鎡 鎗 鎭 鎚 鎋 鎣 鎬 ⑪ 鏃 鏗 鏡 鏜 鏈 鏤 鏐 鏌 鏝 鏻 鏠 鏟 鏇 鏉 鏨 鏖 鏞 鏘 鏑 鏚 鏃 鏦 鏢 ⑫ 鐗 鐖 鐃 鐓 鐙 鐐 鐖 鐇 鐷 鐔 鐕 鐘 鐏 鐎 鐿 鐄 鐍 ⑬ 鐻 鐺 鐼 鐳 鏈 鐫 鐵 鐲 鐸 鐶 ⑭ 鑑 鑒 鑋 鑄 鑊 ⑮ 鑛 鑢 鑠 鑕 鑽 鑣 鑼 ⑯ 鑪 ⑰ 鑮 鑰 鑲 鑱 鑯 ⑱ 鑵 鑷 鑴 ⑲ 鑼 鑾 鑽 ⑳ 鑿 ㉑ 钃

08 〖金〗 **1**쇠 금 **2**입다물 금 **3**㉦성 김 | ㊟ㄐㄧㄣ ㊥(jin) | きん, こん (カネ) *gold*

풀이 **1**①쇠. ㉮금속(金屬). 광물(鑛物)의 총칭. ¶一作贖刑<書經> ㉯구리. 동(銅). ¶厥貢惟一三品<書經> ㉰철(鐵). ¶分府庫之一<呂覽> ㉱돈. 금전(金錢). ¶位高而多一<戰國策> ㉲금. 황금(黃金). ¶構以一銀 絡以珠玉<列子> ②오행(五行)의 하나. 방위로는 서(西), 계절로는 가을, 오음(五音)으로는 상(商), 간지(干支)로는 경신(庚申)에 해당함. ¶商爲一<漢書> ③통화(通貨)의 단위. ¶遺蘇代百一<史記> ④단단하다. 단단한 것의 비유. ¶得一矢<易經> ⑤좋다. 아름다움. 아름다운 것의 비유. ¶失一匱<太玄經> ⑥귀하다. 고귀한 것의 비유. ¶懿律嘉量一科玉條<揚雄> ⑦황금색. ¶赤芾一舃<詩經> ⑧금속으로 만든 그릇. 종정(鐘鼎). ¶故功績銘乎一石<呂覽> ⑨악기. 팔음(八音)의 하나. 종(鐘)의 유(類). ¶一石土革絲木匏竹<周禮> ⑩형구(刑具). 칼, 톱, 도끼 따위. ¶爲外刑者一與木也<莊子> ⑪무기(武器). 도검(刀劍)의 유. ¶砥石不利而可以利一<淮南子> ⑫말방울. 마구(馬具)의 한 가지. ¶一革轡靷而不入<荀子> ⑬인(印). 인장(印章). ¶懷一垂紫<後漢書> ⑭나라 이름. 여진(女眞)의 아골타(阿骨打)가 세운 나라. **2**입을 다물다. ㉠噤. **3**㉦ ①성(姓). ¶一氏. ②땅 이름. ¶一浦/一泉/一海.

金⑨ (淸會典圖·武備圖)

金⑨ (淸會典圖·樂器圖)

【金閣】きんかく (금각) 금으로 꾸민 누각(樓閣). 화려한 누각.

【金剛】こんごう (금강) ①오행(五行)의 금(金)의 기(氣). ②금강석(金剛石)의 준말. 다이아몬드. ③《佛》 ㉮금강저(金剛杵)의 준말. ㉯금강저(金剛杵)를 가진 역사(力士). 執金剛(집금강). ㉰여래(如來)의 지덕(智德)이 견고하여 일체의 번뇌를 깨뜨림의 비유.

【金剛心】こんごうしん (금강심)《佛》 ①보살(菩薩)의 큰 마음은 견고하여 깰 수 없음을 이름. 뜻이 바뀌어, 변하지 않는 마음. ②등각(等覺)의 보살이 일체(一切)의 번뇌(煩惱)를 깨뜨려버리는 마지막 마음. ③진종(眞宗)에서, 아미타(阿彌陀)의 본원(本願)을 믿는 신앙심을 이름.

【金剛杵】こんごうしょ (금강저)《佛》 외도 악마(外道惡魔)를 깨뜨리는 무기로, 밀교(密敎)의 제불(諸佛)이 가진 법구(法具). 金剛(금강)③.

【金庫】きんこ (금고) ①금은보화(金銀寶貨)를 넣어 두는 창고. ②돈이나 귀중품을 간직하는 견고한 궤. ③국가 또는 공공 단체의 공금의 출납 기관.

【金昆】きんこん (금곤) 은(銀).

【金科玉條】きんかぎょくじょう (금과옥조) 귀중한 법률. 금이나 옥과 같이 훌륭한 과조(科條). ¶一神卦靈兆<揚雄>

【金冠】きんかん (금관) 금으로 만든 관.

【金貫子】(금관자)㉦ ①금으로 만든 관자. 2품 이상의 벼슬아치가 달았음. ②고관(高官)을 이름.

【金鑛】きんこう (금광) ①금을 캐내는 광산. ②금을 함유하고 있는 광석.

【金塊】きんかい (금괴) 순금 덩어리. 금덩이.

【金口木舌】きんこうぼくぜつ (금구목설) 옛날, 교령(敎令)을 낼 때 흔들어서 청중의 주의를 환기하는 요령(搖鈴). 뜻이 바뀌어, 학자가 지위를 얻어 가르침을 베풂의 비유. 木鐸(목탁).

【金權】きんけん (금권) ①재력(財力)의 권세. 돈의 위력(威力). 金力(금력). ②금력(金力)과 권력(權力).

【金闕】きんけつ (금궐) ①도교(道敎)에서, 천제(天帝)가 있는 곳. 黃金闕(황금궐). ②천자의 궁궐. 禁闕(금궐). ③황금으로 꾸민 문.

【金櫃】きんき (금궤) ①금으로 만든 궤. ②옛날, 책서(策書) 등 중요한 문서(文書)를 보관

하는, 쇠로 만든 궤. 金匱(금궤). 鐵櫃(철궤).
【金女】きんじょ(금녀) 서왕모(西王母)의 이칭.
【金丹】きんたん(금단) 선인(仙人), 도사(道士)가 금과 단사(丹砂)로 조제했다는 불로장수의 묘약. 仙藥(선약). 仙丹(선단).
【金堂】こんどう(금당) ①화려한 전당(殿堂). ②《佛》 절의 본당(本堂). 본존(本尊)을 안치하는 곳.
【金璫】きんとう(금당) ①황금 귀엣고리. ②후한(後漢) 때 환관(宦官)의 관(冠) 장식. ③환관. ④가장자리를 금으로 장식한 기와. ⑤금관에 붙이는 장식.
【金帶】きんたい(금대) 황금으로 꾸민 띠.
【金德】きんとく(금덕) ①오덕(五德)의 하나. 천자(天子)의 수명(受命)이 오행(五行)의 금(金)에 해당함을 이름. ②가을의 이칭. 또는, 가을의 기운. 숙살(肅殺)의 기(氣). 秋氣(추기).
【金刀】きんとう(금도) ①당(唐)대의 화폐 이름. 모양이 칼같이 생긴 데서 유래. ②금으로 꾸민 칼.
【金蘭契】きんらんノちぎり(금란계) ①☞金蘭之交(금란지 교). ②친목을 위해 뜻이 맞는 벗끼리 모은 계. 親睦契(친목계).
【金蘭簿】きんらんぼ(금란부) 친밀한 벗의 주소, 성명 등을 적는 장부.
【金蘭之交】きんらんノまじわり(금란지 교) 극히 친밀한 사귐을 이름. 두 사람의 마음이 합쳐지면 그 날카로움이 쇠를 자르고, 그 향기가 난초와 같다는 데서 유래. 金蘭(금란). 金蘭契(금란계)①. ¶二人同心 其和斷金 同心之言 其臭如蘭<易經>
【金力】きんりょく(금력) 돈의 힘. 돈의 위력(威力). 金權(금권)①.
【金蓮步】きんれんぽ(금련보) 미인의 아름다운 걸음걸이. 제(齊)의 동혼후(東昏侯)의 총희(寵姬) 반비(潘妃)의 옛일에서 온 말. ¶鑿金爲蓮華 以帖地 令潘妃行其上曰 此步步生蓮花也<南史>
【金利】きんり(금리) 이자(利子). 또는, 이율(利率).
【金脈】きんみゃく(금맥) ①금이 나오는 광맥(鑛脈). ②돈줄.
【金物】きんぶつ(금물) 금으로 만든 물건.
【金箔】きんぱく(금박) 금을 얇은 종이 모양으로 늘인 조각.
【金髮】きんぱつ(금발) 황금색 머리털.
【金榜】きんぼう(금방) ①과거(科擧)에 급제한 사람의 이름을 게시한 방. ②과거에 급제함.
【金盃】きんぱい(금배) 금으로 만든 잔.
【金魄】きんぱく(금백) ①달[月]의 이칭. ¶一遂淪沒<李白> ②순금(純金).
【金鳳】きんぽう(금봉) ①금빛 봉황. 금으로 봉황의 형상을 만든 장식품. ②봉선화(鳳仙花). ¶一染指.
【金絲酒】きんしじゅ(금사주) 달걀을 풀어 넣고 데운 술.
【金商】きんしょう(금상) 가을. 가을 하늘.
【金相】きんそう(금상) ①바탕을 갈고 닦아 아름답게 함. 金玉(금옥)②. ¶追琢其章 金玉其相<詩經> ②뛰어난 자질(資質). ¶妙演發一<謝朓>/一玉質.
【金色】きんしょく・きんいろ・こんじき(금색) ①황금색. 또는, 황색(黃色)의 미칭. ②《佛》 부처의 몸에서 발산한다는 빛.
【金石契】きんせきノちぎり(금석계) ☞金石交(금석교).
【金石交】きんせきノまじわり(금석교) 매우 굳은 교분(交分). 斷金之交(단금지 교). 金石契(금석계).
【金石文】きんせきぶん(금석문) ①금문(金文)과 석문(石文). 곧 종정(鐘鼎), 비갈(碑碣)에 새긴 문자. ②명(明)의 서헌충(徐獻忠)이 삼대(三代) 이래의 금석문을 수록한 책.
【金石之言】きんせきノげん(금석지 언) 금석같이 굳은 언약. 확고한 말. ¶贈人以言 重於金石珠玉<荀子>
【金仙】きんせん(금선) ①신선(神仙). ②부처. 불신(佛身)은 금색이며 생사를 초월하므로 이름.
【金蟾】きんせん(금섬) 달의 이칭. 달 속에 두꺼비가 있다는 전설에서 유래. ¶一著未出 玉樹悲稍破<令孤楚>
【金城湯池】きんじょうとうち(금성탕지) 방비가 매우 견고한 성(城)을 이름. 탕지는 끓는 물이 괴어 있어 사람이 가까이 갈 수 없는 성지(城池). ¶一 不可攻也<漢書>
【金素】きんそ(금소) 가을. 가을은 오행(五行)에서는 金, 오색(五色)에서는 白에 해당함에서 이름.
【金粟】きんぞく(금속) ①돈과 곡식. ②월계화(月桂花)의 이칭. ③국화(菊花)를 형용하는 말.
【金屬】きんぞく(금속) ①쇠붙이. ②금속 원소(金屬元素).
【金翅鳥】こんじちょう(금시조) 인도 전설에 나오는 괴조(怪鳥). 입에서 불을 토하며 용을 잡아먹는다는 새. 迦樓羅(가루라).
【金飾】きんしょく(금식) 황금으로 된 장식.
【金身】こんしん(금신) 불상. 金色神(금색신).
【金娥】きんが(금아) ①달의 이칭. 월궁(月宮)에 항아(姮娥)가 살고 있다는 전설에서 온 말. ¶一納月於璇題<李白> ②악곡(樂曲) 이름.
【金額】きんがく(금액) 돈의 액수.
【金言】きんげん(금언) ①짧은 말 속에 깊은 교훈을 담고 있는 귀중한 말. 格言(격언). ②굳게 맹세한 말. 金石之言(금석지 언). ③《佛》 부처의 법어(法語).
【金吾】きんご(금오) ①상서롭지 못함을 잘 피(避)한다는 새 이름. ②한(漢)대 천자의 호위병(護衛兵). ③조선 때 의금부(義禁府)의 이칭.
【金烏】きんう(금오) 해의 이칭. 태양 속에 세 발 가진 까마귀가 산다는 전설에서 온 말. 金鴉(금아). ¶一海底初飛來<韓愈>
【金烏玉兎】きんうぎょくと(금오옥토) 해와 달. ¶金烏東上人皆貴 玉兎西沈佛祖迷<禪林類聚>
【金玉】きんぎょく(금옥) ①황금과 주옥(珠玉). 귀중한 것. 또는, 찬미할 만한 것의 비유. ②새기고 쪼아 아름답게 함. 金相(금상)①. ¶追琢其章 一其相<詩經> ③㊖금관자(金貫子)와 옥관자. 또는, 그 관자를 붙인 고관(高官).
【金旺之節】きんおうノせつ(금왕지 절) 오행의 금(金)

이 왕성한 절후. 곧, 가을.
【金牛宮】きんぎゅうきゅう(금우궁) 황도(黃道) 12궁(宮)의 하나.
【金員】きんいん(금원) 돈. 돈의 액수(額數). 金錢(금전).
【金融】きんゆう(금융) ①돈의 융통. ②경제 사회의 자금의 대차(貸借) 및 수요 공급의 관계. ¶一界/一機關/一業.
【金銀】きんぎん(금은) ①금과 은. ②금화(金貨)와 은화(銀貨). 돈. 화폐(貨幣).
【金衣公子】きんいこうし(금의공자) 꾀꼬리의 이칭.
【金字塔】きんじとう(금자탑) ①피라밋. 그 모양이 金자 비슷하므로 이르는 말. ②후세에 길이 남을 만한 저작(著作)이나 사업의 비유.
【金粧刀】(금장도) 금으로 장식한 작은 칼.
【金狄】きんてき(금적) ①쇠를 부어 만든 사람. 진시황(秦始皇)이 주조한 것. 동상(銅像). 金人(금인). ②부처.
【金殿】きんでん(금전) 금으로 장식한 전각(殿閣).
【金製】きんせい(금제) 금으로 만듦. 또는, 그 물건. 금제품.
【金枝玉葉】きんしぎょくよう(금지옥엽) ①아름다운 구름의 비유. ¶玉葉依巖聚 金枝觸石分<唐太宗> ②제실(帝室)의 일족(一族). 瓊枝玉葉(경지옥엽). ③귀한 자손을 소중하게 이르는 말.
【金瘡】きんそう(금창) 쇠붙이에 다쳐 쇳독이 든 상처. 金痍(금이). 金創(금창).
【金天】きんてん(금천) 가을 하늘. 또는, 서쪽 하늘. 가을. 오행(五行)으로 金은 秋, 西에 해당함. 秋天(추천). ¶爽氣一豁 淸談玉露繁<杜甫>
【金貂】きんちょう(금초) ①금당(金璫)과 초미(貂尾)로 장식한 관(冠). 한(漢) 이후의 근시무관(近侍武官)의 관. ②지위가 높은 근신(近臣).
【金幣】きんぺい(금폐) 금화(金貨).
【金品】きんぴん(금품) 돈. 또는, 돈과 물품.
【金風】きんぷう(금풍) 가을 바람. 秋風(추풍).
【金革】きんかく(금혁) ①병기(兵器). 金은 창(槍), 革은 갑옷과 투구 따위. ②전쟁. 간과(干戈). 兵革(병혁). ¶一之危<說苑>
【金革之世】きんかくノよ(금혁지 세) 전란이 끊이지 아니하는 세상. ¶當今玉燭調和 旣非一<庾信>
【金貨】きんか(금화) 금으로 만든 돈.
【金丸】きんがん(금환) ①달의 이칭. 金鏡(금경). ②금속으로 만든 탄환.
▷醵一, 擊一, 兼一, 公一, 掘一, 斷一, 代一, 貸一, 鍍一, 銅一, 萬一, 亡一, 滅一, 募一, 美一, 璞玉渾一, 返一, 白一, 罰一, 備一, 私一, 砂一, 詐一, 賜一, 謝一, 上一, 屑一, 誠一, 稅一, 銷一, 送一, 碎一, 受一, 純一, 惡一, 愛一, 冶一, 捐一, 料一, 燿一, 鬱一, 元一, 僞一, 柔一, 遺一, 義捐一, 利一, 泥一, 一刻千一, 一攫千一, 資一, 齎一, 貯一, 赤一, 積一, 積立一, 鎸一, 雕一, 酎一, 鑄一, 衆口鑠一, 眞一, 借一, 靑一, 投一, 合一, 獻一, 現一, 懸一, 好一, 渾一, 還一, 黃一, 懷一, 黑一

10【釖】 刀(p.195)와 同字

10【釓】 亂(p.52)의 俗字

2/10【釜】 가마 부 | 麌 ㄈㄨˇ (fu) | ふ(カマ) *cauldron*

同 鬴 釡

풀이 ①가마. 발 없는 큰 솥. 또는, 솥의 총칭. 갈 鬴. ¶維錡及一<詩經> ② 용량의 단위. 6말 4되. ¶豆區一鍾<左氏傳>

釜② (三禮圖) 釜② (三才圖會)

【釜鼓】ふこ(부고) 옛날에 쓰던 말[斗] 이름.
【釜庾】ふゆ(부유) 얼마 되지 않는 양. 釜는 6말 4되, 庾는 16말. 중국의 한 말은 0.2리터. ¶烈乃分一之儲 以救邑里之命<魏志>
【釜中生魚】ふちゅうウオヲショウズ(부중생어) 오래도록 밥을 짓지 못하여 솥 안에 물고기가 생긴다는 뜻으로, 극빈(極貧)의 비유. ¶甑中生塵范史雲 一范萊蕪<後漢書>
【釜中魚】ふちゅうのうお(부중어) 솥 안에 든 물고기란 뜻으로, 명(命)대로 못 살고 머지않아 죽게 됨의 비유. ¶相聚偸生 若魚遊釜中 知其不可久<資治通鑑>
▷鍋一, 破一甑, 破一沈船

10【釡】 釜(p.1532)와 同字

2/10【釗】 1 힘쓸 소 本 초 2 韓 쇠 쇠 | 蕭 ㄓㄠ (zhao) | しょう *endeavor*

※釖(p.1532)는 딴 자.

풀이 1 ①힘쓰다. 갈 劭. ②밝다. 드러남. 通 昭. ③멀다. 갈 超. ④깎다. 모를 죽여 둥긋하게 함. ⑤쇠뇌 고동. 쇠뇌를 쏘는 장치. ⑥보다. 만나봄. ¶一我周王<逸周書> ⑦사람 이름. 주(周)의 강왕(康王) 이름. 2 韓 쇠. 옛날, 주로 어린아이나 종들의 이름에 씀. ¶乭一.

2/10【釘】 1 못 정 2 못박을 정 | 靑 ㄉㄧㄥ 徑 (ding) | てい(クギ) *nail*

풀이 1 못. 쇠, 대, 나무 따위로 가늘고 끝이 뾰족하게 만든 물건. 通 丁. ¶以所貯竹頭爲一 裝船<晋書>/一頭. 2 ①못을 박다. ¶以棘針 一其心<晋書> ② 금. 황금.
▷撞一, 拔一, 眼中一, 竹一, 朽一

2/10【針】 1 바늘 침 2 바느질할 침 | 侵 ㄓㄣ 沁 (zhen) | しん(ハリ) *needle*

同 鍼

풀이 1 바늘. 가 바느질하는 데에 쓰는 도구. ¶月下穿一覺最難<庾信> 나 침. 한방에서 의료용으로 쓰는 바늘. 현재는 주로 鍼자를 씀. ¶一藥所不能及<魏

志> ㉰바늘처럼 생긴 물건. ¶磁一/時一. [2]①바느질하다. 재봉(裁縫)함. ¶因命染人與一女<白居易> ②침 놓다. ¶刺一.
【針母】(침모) 남의 집에 고용되어 바느질을 맡아 하던 여인.
【針小棒大】しんしょうぼうだい(침소봉대) 바늘만한 것을 몽둥이만하다고 한다는 뜻으로, 과장이 심함을 이름.
【針葉樹】しんようじゅ(침엽수) 잎이 바늘처럼 생긴 나무의 총칭. 소나무, 잣나무 따위. ↔闊葉樹(활엽수).
【針才】(침재) 바느질 솜씨.
▷古一, 棘一, 短一, 磨一, 方一, 縫一, 分一, 細一, 時一, 磁一, 長一, 藏一, 注射一, 中一, 指一, 秒一, 玄一

3 11 〖釭〗 [1]등잔 강 [2]살촉 공 |江ㄍㄤ (gang)|こう lamp
풀이 [1]①등잔. 또는, 등잔의 기름 접시. ②등불. 등잔불. ¶冬一凝兮夜何長<江淹> ③바퀴통쇠. 수레바퀴 한가운데에 고정되어 굴대가 꿰뚫는 쇠대롱. ¶方內而員一 如何<劉向> [2]①살촉. 화살촉. ②가시새. 벽의 외(椳)를 얽을 때 중깃에 가로 대는 나무 오리. 通橫. ¶壁帶往往爲黃金一<漢書>

3 11 〖釦〗 금테 두를 구 |宥ㄎㄡˋ (kou)|こう
풀이 ①금테를 두르다. 그릇에 금테를 두름. 또는, 그 그릇. ¶雕鐫一器 百伎千工<揚雄> ②구슬을 박아 꾸미다. ¶玄墀一砌<班固> ③떠들다. 쇠붙이를 두드리며 고함침. 通呴. ¶三軍皆譁一以振旅<國語> ④단추.

11 〖釷〗 鈍(p. 1534)과 同字

3 11 〖釤〗 낫 삼 |陷ㄕㄢ(shan) ㄒㄧㄢ(xian)|さん sickle

3 11 〖釪〗 악기 이름 우 |虞ㄩˊ (yu)|う
풀이 ①악기의 이름. ¶錞一. ②바리때. 중의 밥그릇. ¶自是鉢一後王何人也<世說新語> ③창 고달. 창 자루 끝에 박은 원추형 쇠붙이. ¶鐏謂之一<方言> ④양날 보습. 같 芋.

3 11 〖釣〗 낚시 조 |嘯ㄉㄧㄠˋ (diao)|ちょう(ツリ) fishing
同 銱
풀이 ①낚시. 또는, 낚시질하다. 같 魡. ¶其一誰何<詩經>/屠一卑事也<宋書> ②낚다. ㉮낚시로 고기를 낚다. ¶一千歲之鯉<淮南子> ㉯꾀다. 유혹함. ¶虞君好寶 而晉獻以璧馬一之<淮南子> ③구하다. 탐냄. ¶欲以一名<漢書>
【釣竿】ちょうかん・ツリザオ(조간) 낚싯대.
【釣師】ちょうし・ツリシ(조사) 고기잡이하는 사람. 어부(漁夫). ¶滄江負一<鄭谷>
【釣詩鉤】(조시구) 술의 이칭. 술은 시정(詩情)을 끌어 내는 갈고리라는 뜻. ¶應乎一亦號掃愁帚<蘇軾>
【釣魚】ちょうぎょ(조어) ①물고기를 낚음. ②낚시질.
▷耕一, 屠一, 獨一, 晩一, 垂一, 魚一, 弋一, 沈一, 投一, 閑一, 好一

3 11 〖釵〗 비녀 차·채 |佳ㄔㄞ (chai)|さい (カンザシ)
▷金一, 寶一, 玉一, 銀一, 翠一, 荊一, 攫一

3 11 〖釧〗 팔찌 천 |霰ㄔㄨㄢˋ (chuan)|せん(ウデワ) bracelet

3 11 〖釱〗 차꼬 체 |霽ㄉㄧˋ (di)|てい(アシカセ) fetters
풀이 ①차꼬. 족가(足枷). 죄인의 발목에 채우던 옛 형구(刑具). ¶一左趾 沒入其器物<史記> ②비녀장. 수레의 굴대 머리에 내리질러 바퀴가 벗어나지 못하게 하는 쇠. ¶肆玉一而下馳<漢書>

3 11 〖釥〗 좋은 쇠 초 |篠ㄑㄧㄠˇ (qiao)|しょう gold
풀이 ①좋은 쇠. ②아름답다. ③정결하다. ④날카롭다. ⑤잘다. 미세함.

3 11 〖釬〗 [1]팔찌 한 [2]급할 간 |翰ㄏㄢˋ 寒(han)|かん
※釺(p. 1533)는 딴 자.
풀이 [1]①팔찌. 활을 쏠 때 활을 쥔 팔 소매를 걷어 매는 띠. ¶弛弓脫一而迎之<管子> ②갑옷의 토시. ③땜납. 땜질하는 데 쓰는 납. 납과 주석의 합금. ④물미. 땅에 꽂기 위하여 깃대나 창대 따위의 끝에 끼우는, 끝이 뾰족한 쇠. [2]①급하다. 아주 급함. 通悍. ¶有緩而一<莊子> ②그릇. 철물로 만든 그릇.

3 11 〖釫〗 [1]양날가래 화 [2]흙손 오 |麻ㄏㄨㄚˊ (hua) 虞ㄨ(wu)|か お

4 12 〖鈐〗 비녀장 검 |鹽ㄑㄧㄢˊ (qian)|けん linchpin
풀이 ①비녀장. 수레의 굴대머리에 내리꽂아 바퀴가 벗어나지 못하게 하는 쇠못. ②자물쇠. 또는, 열쇠. ¶六藝之一鍵<郭璞> ③도장. 인형(印形). ④도장을 찍다. ⑤쟁기. 농기구의 한 가지. ⑥억누르다. 진압함. ¶仁護鰥惸 知一豪右<呂溫> ⑦차를 볶는 도구. ¶茶一. ⑧제기(祭器) 이름. ¶一而不糈<山海經>
▷鉤一, 韜一, 兵一, 玉一, 樞一

4 12 〖鈞〗 서른 근 균 |眞ㄐㄩㄣ (jun)|きん

㊂鈞

풀이①서른 근. 30근(斤). ¶洪鐘萬—<張衡> ②고르다. 고르게 함. 通均. ¶善—從衆<左氏傳> ③가락. 음조(音調). ④저울추. ¶細—有鐘無鏄<國語> ⑤달다. 저울질함. ⑥녹로(轆轤). 도자기를 만드는 물레. ¶獨化於陶—之上<史記> ⑦만물 조화(造化)의 신(神). 조물주(造物主). ¶鎔—所被<梁書>/大—. ⑧하늘. 천공(天空). ¶大—. ⑨존경의 뜻을 나타내는 접두어. 상관(上官)에게 많이 씀. ¶—安.

【鈞旨】きんし(균지) 천자(天子)의 뜻. 천자의 명령. ¶小生接介云 領—<長生殿>

【鈞天】きんてん(균천) ①구천(九天)의 하나. 하늘의 중앙. 상제(上帝)의 궁(宮). ②☞鈞天廣樂(균천광악).

【鈞天廣樂】きんてんこうがく(균천광악) 균천에서 연주하는 음악. 鈞天(균천)②.

【鈞樞】きんすう(균추) 가장 요긴하고 중요한 자리. 또는, 그 자리에 있는 사람. 樞는 문의 지도리. 鈞軸(균축). ¶凡此座中人 十九持—<韓愈>

【鈞軸】きんじく(균축) 저울추와 굴대. 대신(大臣)의 비유. 鈞樞(균추). ¶大邦— 至則委汝<呂溫>

【鈞衡】きんこう(균형) ①인재를 헤아려 뽑음. ②정치의 공평을 지킴. 재상(宰相)을 이르는 말. ③어느 한쪽으로 치우치지 아니함. 차별이 없는 일. 平均(평균).

▷國—, 大—, 陶—, 萬—, 秉—, 韶—, 淳—, 運—, 千—, 洪—

4 12【釿】 1 큰 자귀 근 2 대패 은 | 因ㄐㄧㄣ 軫 (jin) | きん ぎん

풀이1①큰 자귀. 자귀는 나무를 깎는 연장. 같斤. ¶—鋸制焉<莊子> ②끊다. ㉮도끼로 쇠붙이를 끊다. ㉯단단한 물건을 비틀어 끊다. 2①대패. ②그릇의 가장자리.

4 12【鈕】 1 인꼭지 뉴 2 칼 추 | 有ㄋㄧㄡˇ 有(niu) | じゅう ちゅう

풀이1①인(印)꼭지. 도장의, 손으로 잡는 부분. ¶皇帝六璽皆玉 螭虎—<漢舊儀> ②단추. 2칼. 차꼬. 형구(刑具)의 한 가지. 같杻.

4 12【鈍】 무딜 둔 | 願ㄉㄨㄣˋ (dun) | どん(ニブイ) *blunt*

풀이①무디다. 둔함. ¶莫邪爲—兮<漢書> ②어리석다. 우둔함. ¶棗膏昏—甲前淺俗<宋書> ③완고하고 둔하다. ¶士之頑—嗜利無恥者<史記> ④느리다. 행동이 굼뜸. ¶臣宣吶—於辭<漢書>

【鈍感】どんかん(둔감) 감각이 무딤. 또는, 무딘 감각. ↔敏感(민감).

【鈍器】どんき(둔기) ①무딘 연장. ②둔한 재주. 鈍才(둔재).

【鈍刀】どんとう(둔도) 날이 무딘 칼.

【鈍馬】どんば(둔마) 굼뜬 말. 둔한 말.

【鈍朴】(둔박) 둔하고 순박함.

【鈍才】どんさい(둔재) 둔한 재주. 또는, 그러한 사람. 鈍器(둔기)②.

【鈍筆】(둔필) 필적이 서투름. 또는, 그런 사람.

▷老—, 駑—, 魯—, 磨—, 蒙—, 樸—, 鄙—, 銛—, 闇—, 銳—, 愚—, 利—, 遲—, 椎—, 癡—, 朽—

4 12【釽】 갈이박 벽 | 錫ㄆㄧ (pi) | へき *wooden ware*

풀이①갈이박. 파서 만든 나무 그릇. 또는, 나무로 그릇을 만듦. ¶—摫兼呈<左思> ②파다. 자름. 깎음. ③째다. 쪼갬. ④깨뜨리다. 부숨. ¶苟鉤—析亂而已<漢書>

4 12【鈇】 도끼 부 | 虞ㄈㄨ (fu) | ふ(オノ) *ax*

풀이①도끼. 큰 도끼. 通斧. ¶諸侯賜弓矢 然後征 賜—鉞 然後殺<禮記> ②작두. 작도(斫刀). 마소의 꼴 따위를 써는 연장.

【鈇鑕】ふしつ(부질) ①도끼와 모탕. ②도끼로 허리를 베는 형벌. 刑戮(형륙). 誅戮(주륙). 鈇質(부질).

12【釡】 釜(p.1532)의 本字

4 12【鈚】 화살 비 | 支ㄆㄧ (pi) | ひ *arrow*

풀이①화살의 한 가지. ¶長—逐狡兔<杜甫> ②무쇠. 생철(生鐵). ③쟁기의 날. ④살촉. 비전(鈚箭).

4 12【鈒】 창 삽 | 合ㄙㄜˋ (se) | そう *spear*

풀이①창. 찌르는 무기의 한 가지. ¶擧—成雲 下—成雨<陸雲> ②새기다. 아로새김. ¶—鏤.

12【鈆】 鉛(p.1536)의 俗字

12【鈟】 釣(p.1533)와 同字

4 12【鈔】 1 노략질할 초 2 돈 초 | 肴ㄔㄠ (chao) 效 | しょう *plunder*

풀이1①노략질하다. 약탈함. ¶攻—郡縣<後漢書> ②집어내다. 손으로 움켜잡음. ③베끼다. ㉮그대로 옮겨 쓰다. ¶手自—寫<晋書> ㉯필요한 곳만 뽑아 적다. 通抄. ¶—錄. 2①돈. 지폐(紙幣). ②어음. 유가증권(有價證券). ③끝. 아득함. 또는, 심원(深遠)함. 通眇 秒. ¶聽於— 故能聞未極<管子>

【鈔錄】しょうろく(초록) ①베껴 씀. ②필요한 부분만 가려 적음. 抄錄(초록).

▷劫—, 交—, 寇—, 漏用—印, 盜—, 銀—, 造—, 暴—, 昏—

4 12【鈀】 병거 파 | 𠈌ㄆㄚˊ(pa) ㄅㄚˋ(ba) | は chariot

풀이 ①병거(兵車). 전쟁에 쓰는 수레. ②망보기 위한 수레. 후거(候車). ③쇠로 거죽을 입힌 그릇. ④화살 이름. 우는 살. 효시(嚆矢). 명적(鳴鏑). 향전(響箭). ⑤쇠스랑. 농기구의 한 가지. ㉠耙.

4 12【鈑】 금박 판 | ㄅㄢˇ(ban) | はん gold leaf

풀이 금박(金箔). 얇게 편 황금. ㉠版. ¶旅于上帝則共其金一<周禮>

4 12【鈃】 1 술그릇 형 2 사람 이름 견 | ㄒㄧㄥˊ(xing) ㄐㄧㄢ(jian) | けい bottle けん

풀이 1 ①술그릇. 목이 긴 술병. ¶其求一鍾也以束縛<莊子> ②국을 담는 제기(祭器). ㉣鉶. ¶一羹<禮記> 2 사람 이름. 전국 시대의 사상가. ㉣牼. ¶是墨翟 宋一也<荀子>

4 12【鈜】 쇳소리 횡 | ㄏㄨㄥˊ(hong) | こう

12【欽】 ☞ 欠部 8획(p. 804)

5 13【鉀】 갑옷 갑 | ㄐㄧㄚˇ(jia) | こう

5 13【鉅】 클 거 | ㄐㄩˋ(ju) | きょ(オオキイ) gigantic

풀이 ①크다. ㉠巨. ¶創一者其日久<禮記> ②강하다. 단단함. 또는, 강철(剛鐵). ¶宛之一鐵<史記> ③높다. 존귀한 사람. ¶吾欲見一公<漢書> ④낚시 바늘. ¶於是弛靑鯤於網一<潘岳> ⑤어찌. 어찌하여. ㉣遽 詎. ¶是豈一知見侮之爲不辱哉<荀子> ⑥희다. ⑦활 이름.

【鉅卿】きょけい(거경) 남의 존칭. 大兄(대형).

【鉅公】きょこう(거공) ①천자(天子). 巨公(거공). ¶群臣有言 見一老夫牽鉤 君欲見一<漢書> ②존귀한 사람의 총칭.

【鉅闕】きょけつ(거궐) 옛날 명검(名劍)의 이름. ¶干將莫邪一辟閭 此皆古之良劍也<荀子>

【鉅鹿】きょろく(거록) 전국 시대 조(趙)의 땅 이름. 지금의 하북성(河北省) 평향현(平鄉縣). 항우(項羽)가 진(秦)의 군사를 무찌른 곳.

【鉅萬】きょまん(거만) 아주 많음. 몇 만인지 헤아릴 수 없는 많은 수. 巨萬(거만).

【鉅黍】きょしょ(거서) 옛 양궁(良弓) 이름. 鉅는 拒, 黍는 來로, 굳센 궁노(弓弩)는 오는 적(敵)을 막을 수 있다는 뜻. ¶繁弱一 古之良弓也<荀子>

【鉅纖】きょせん(교섬) 큼과 작음.

▷剛一, 纖一, 細一, 몀一, 紬一, 最一

5 13【鉗】 칼 겸 | ㄑㄧㄢˊ(qian) | けん pillory

풀이 ①칼. 항쇄(項鎖). 죄인의 목에 씌우는 형구(刑具). ㉠箝. ¶以印佩爲一鐵<中論> ②칼을 씌우다. 죄인을 잡쥠. ¶楚人將一我於市<漢書> ③집다. 또는, 집게. ¶燒鐵一灼<漢書> ④다물다. 말을 아니함. ㉠箝. ㉣拑. ⑤쉽게 대답하여 성실성이 없다. ¶無取一一<孔子家語> ⑥남을 시기하여 가혹하게 대하다. ¶壽性一忌<後漢書>

【鉗子】けんし(겸자) ①목에 칼을 쓴 죄인. 鉗奴(겸노). 鉗徒(겸도). ②못뽑이. ③족집게.

【鉗制】けんせい(겸제) 남을 억눌러 자유를 구속함. ¶一于吏<易林>

▷髡一, 口一, 足一

5 13【鈷】 1 다리미 고 2 제기 호 | ㄍㄨˇ ㄍㄨ(gu) | こ(ヒノシ) iron そ

풀이 1 다리미. ¶一鉧. 2 제기(祭器). 서직(黍稷)을 담는 제기. ㉠瑚.

13【鉱】 鑛(p. 1553)의 略字

5 13【鉤】 갈고리 구 | ㄍㄡ(gou) | こう(カギ) hook

풀이 ①갈고리. ㉮끝이 꼬부라진 기구의 총칭. ㉯적을 갉아죽이는 낫 같은 무기. ¶作刀劍一鐔<漢書> ㉰낚시 바늘. 조구(釣鉤). ¶一餌罔罟罾笱之知<莊子> ㉱대구(帶鉤). 혁대의 두 끝을 끼워 맞추는 자물 단추. ¶申孫之矢集於桓一<國語> ㉲막(幕)을 거는 고리. ¶以銀爲幔一<隋書> ②낫. ¶木一而樵<淮南子> ③창. 가지 있는 창. ¶矛有小枝刃者 謂之一釨<方言> ④걸음쇠. 원을 그리는 도구. ¶帶一矩而佩衡兮<漢書> ⑤걸다. 갈고리에 걸어서 취(取)함. ¶一深致遠<易經> ⑥찾아내다. 숨은 속내를 찾아 내어 밝힘. ¶善爲一距 以得事情<漢書> ⑦꾀다. 유인함. ¶引一箝之辭<鬼谷子> ⑧굽다. 구부림. ㉣句. ¶續衽一邊<禮記> ⑨굽히다. 굴곡(屈曲). ¶弓撥矢一<戰國策> ⑩돌다. 회전함. ¶豫則一楹內<儀禮> ⑪멈추게 하다. 머무르게 함. ㉣拘. ¶使吏一止丞相掾史<漢書> ⑫배반하다. ¶上且一乎君<莊子> ⑬바림. 색칠할 때, 한쪽을 진하게 하고 다른 쪽으로 갈수록 차츰 엷게 칠하여 흐리게 하는 일. 선염(渲染). ¶妙墨雙一帖<陸游> ⑭움직이다. 움직이게 함. ¶寵又一校律令條法溢於甫刑者除之<後漢書> ⑮제비. ¶不待探籌投一而公<荀子> ⑯가마를 수레의 굴대에 고정하는 것. ¶以鑿其一<周禮> ⑰풀 이름. 엉겅퀴 따위. ⑱병 이름. ¶緺病一 身大臂短 不能及地<戰國策> ⑲필법 이름. 가운뎃손가락으로 붓대

앞쪽을 누르고 쓰는 법.
【鉤陳】こうちん(구진) ①별 이름. 자미원(紫微垣) 안에 있어, 북극성에 가장 가까움. ②후궁(後宮).
▷交一, 籠一, 大一, 帶一, 芒一, 鉏一, 銛一, 垂一, 純一, 鑰一, 簾一, 刈一, 吳一, 玉一, 銀一, 長一, 藏一, 釣一, 中一, 沈一, 呑一, 香一, 懸一

5 13【鈴】 방울 령 | 靑ㄌㄧㄥˊ (ling) | れい(スズ) small bell
풀이 ①방울. ¶天靜無風 而塔上一一獨鳴<晋書>/一鐸. ②휘장. 수레의 좌우를 가리는 휘장. ¶疏轂飛一<張衡>
▷撼一, 金一, 鸞一, 絢一, 鳴一, 門一, 說一, 掩耳盜一, 驛一, 搖一, 電一, 振一, 檐一, 鐸一, 風一, 懸一, 和一

5 13【鉧】 다리미 무 | ㄇㄨˇ (mu) | ぼう(ヒノシ) iron
▷鈷一

5 13【鈸】 방울 발 | 曷ㄅㄛˊ (bo) | はつ bell
풀이 ①방울. ②동발(銅鈸). 자바라, 제금(提琴), 향발(響鈸) 따위의 총칭. ¶鐃一.
▷螺一, 銅一, 鈴一, 鐃一, 鋪一

5 13【鉢】 바리때 발 | 曷ㄅㄛ (bo) | はつ(ハチ) brass bowl
풀이 ①바리때. 범어 Pātra의 음역. 같 盋. ¶牀下一盂藏一龍<岑參> ②불가(佛家)의 세전지 물(世傳之物). 절에서 대대로 전하는 가사와 바리때. 대대로 전하는 물건 또는 법도. ¶衣一. ③중이 되는 일. ¶托一.
【鉢盂】はつう(발우) 중의 밥그릇. 바리때. ¶牀下一藏一龍<岑參>
▷金一, 銅一, 飯一, 瓶一, 棒一, 佛一, 食一, 玉一, 瓦一, 優曇一, 盂一, 銀一, 衣一, 磁一, 杖一, 周一, 鐵一, 托一, 瓠一

5 13【鉈】 창 사 | 麻 | しゃ(ホコ) spear

13【鉇】 鍦(p.1545)와 同字

5 13【鉏】 1 호미 서 | 魚ㄔㄨˊ (chu) | しょ hoe
2 어긋날 서 | 語ㄒㄩˇ (xu) | そ
3 제석 조 | 虞
풀이 1 ①호미. 또는, 괭이. 같 鋤. ②김매다. ¶帶經而一<漢書>/一耘. ③죽이다. 주멸(誅滅)함. ¶衆之所誅一<韓詩外傳> ④땅 이름. 춘추 시대 허(許)의 땅. 지금의 하남성(河南省) 허창현(許昌縣). ¶鄭伯伐許 取一<左氏傳> 2 어긋나다. 通 齟. ¶一鋙. 3 제석(祭席). 제사 지낼 때 펴는 자리. 같 苴.
▷舂一, 耰一, 誅一

5 13【鉥】 돗바늘 술 | 質ㄕㄨˋ (shu) | しゅつ needle
풀이 ①돗바늘. 길고 굵은 바늘. ¶一女必有一鍼一一<管子> ②이끌다. 인도(引導)함. ¶子盍入乎 吾請爲子一<國語>

5 13【鈶】 1 창 시 | 紙ㄙˋ (si) | し spear
2 쟁기날 이 | 支 |
3 자루 사 | 支 | い

5 13【鉠】 방울 소리 앙·영 | 陽ㄧㄤ 庚 (yang) | よう, えい tinkling

5 13【鉛】 납 연 | 先ㄑㄧㄢ (qian) | えん(ナマリ) lead
풀이 ①납. 광물의 한 가지. ¶一刀爲銛<史記> ②분. 백분. 연화(鉛華). 산화(酸化)한 납으로 만든 화장품의 한 가지. ¶一粉坐相誤 照來空悽然<李白> ③따르다. 따라 내려감. 通 沿. ¶一之重之<荀子>
【鉛毒】えんどく(연독) 납 중독. 또는, 분 중독.
【鉛槧】えんざん(연참) 글자를 지우는 데에 쓰는 호분(胡粉)과 글씨를 쓰는 분판이란 뜻으로, 문필(文筆)을 이름.
【鉛筆】えんぴつ(연필) ①흑연으로 심을 박은 목필(木筆). ②연분(鉛粉)으로 글씨를 쓰는 붓.
【鉛黃】えんこう(연황) 글을 쓰는 연분(鉛粉)과 오자를 지우는 자황(雌黃)이란 뜻으로, 교정(校正)을 이름.
▷金一, 丹一, 亞一, 銀一, 粧一, 朱一, 蒼一, 黑一

5 13【鉞】 도끼 월 | 月ㄩㄝˋ (yue) | えつ(マサカリ) ax
풀이 ①도끼. 큰 도끼. 부월(斧鉞). 옛날, 장군이 출정(出征)할 때 임금이 부신(符信)으로 주던 도끼. 通 戉. ¶一人冕執一<書經> ②수레의 방울 소리. ¶鑾聲一一<詩經> ③뛰어넘다. 通 越. ¶文一碧砮之琛<王融>
【鉞下】えっか(월하) 부월(斧鉞)을 받은 장군의 휘하(麾下).
▷戈一, 弓一, 大一, 旄一, 文一, 兵一, 秉一, 斧一, 小一, 杖一, 將一, 節一, 旌一, 朱一, 執一, 天一, 鐵一, 把一, 玄一, 黃一

5 13【鉔】 향로 잡 | 合ㄗㄚ (za) | そう censer

5 13【鈿】 비녀 전 | 先ㄉㄧㄢˋ 霰 (dian) | でん(カンザシ) hairpin
풀이 ①비녀. 화잠(花簪). ¶誰忍去金一<庾肩吾> ②금 장식. 황금 장식. ¶一車迎妓樂<元績>/一帶. ③전세공(鈿細工). 나전 세공. ¶一軸金泥誥一通<白居易>/螺一.

【鈿頭銀篦】でんとうぎんへい(전두은비) 황금으로 장식한 은제(銀製)의 작은 빗.
▷金一, 螺一, 芳一, 碎一, 青一, 翠一, 花一

5 13〖鉦〗 징 정 |庚ㄓㄥ (zheng)|せい, しょう (ドラ)
【鉦鼓】せい・しょうこ(정고) 징과 북. 징은 전투 중지의 신호, 북은 진군(進軍)의 신호.
▷擊一, 鼓一, 叩一, 銅一, 小一, 神一, 曉一

5 13〖鉒〗 쇳돌 주 |遇ㄓㄨˋ (zhu)|ちゅ ore
풀이①쇳돌. 광석(鑛石). ¶上有鉛者 其下有一銀<管子> ②두다. 놓아둠. ③유희의 한 가지. 둥근 구슬 따위를 던져 승부를 겨루는 놀이. ¶以瓦一者全<淮南子> ④제기(祭器) 이름. ⑤장례 때 쓰는 기구의 한 가지.

13〖鉁〗 珍(p.994)과 同字

13〖鉄〗 1 鉄(p.1165)의 古字 2 鐵(p.1551)의 俗字

5 13〖鉆〗 1 족집게 첨 |鹽ㄔㄢ|てん 2 경첩 겸 |鹽(chan)|けん 3 침 침 |侵|ちん
풀이1 ①족집게. 鉗은 기물 따위를 집는 집게, 鉆은 털 같은 것을 집는 집게. ②기름복자. 2 ①경첩. 돌쩌귀처럼 문짝에 다는 장식. ②집다. 가짐. ③집게. 쇠를 집는 집게. ㉠鉗. 3 침. 바늘. ㉠鍼

5 13〖鉊〗 낫 초 |蕭ㄓㄠ (zhao)|しょう scythe

5 13〖鉋〗 대패 포 |效ㄅㄠ (bao)|ほう(カンナ) plane

5 13〖鈹〗 바소 피 |支ㄆㄧ (pi)|ひ
풀이①바소. 곪는 곳을 째는 데 쓰는 침. ②창. 긴 창. ③바늘. 또는, 송곳. ④양날 칼. ¶羽族以觜距爲刀一<左思> ⑤헤치다. ¶吏謹將之無一滑<荀子>

5 13〖鉍〗 창자루 필 |質ㄅㄧˋ (bi)|ひつ
풀이창(槍)의 자루. ㉠柲

5 13〖鉉〗 솥귀 현 |銑ㄒㄩㄢˋ (xuan)|げん
풀이①솥귀. 솥귀의 구멍에 꿰어 들 수 있게 만든 고리. ¶鼎黃耳金一<易經> ②삼공(三公)의 지위. 정(鼎)을 제위(帝位)에, 세 솥발은 삼공에 비유한 것. ¶三一. ③활시위. ㉠弦. ¶鐶一絕<戰國策>
【鉉司】げんし(현사) 삼공(三公)의 직(職). ¶一崇貴 袞位淵嚴<江淹>
【鉉席】げんせき(현석) 삼공(三公)의 직위. 또는, 그 지위에 있는 사람.
【鉉台】げんたい(현태) 삼공(三公). 台鉉(태현). ¶納旌弓於一<潘岳>
▷槐一, 金一, 三一, 玉一, 鼎一, 台一

6 14〖銎〗 도끼 구멍 공 |冬ㄑㄩㄥ (qiong)|きょう
풀이①도끼 구멍. 도끼 자루를 박는 구멍. ②창(槍) 구멍. 창자루를 박는 구멍. ③두려워하다. ④물건을 치는 모양. ¶一一.

6 14〖銙〗 대구 과 |馬ㄎㄨㄚˇ (kua)|か clasp
풀이대구(帶鉤). 혁대의 두 끝을 마주 걸어 잠그는 자물단추.

6 14〖鉸〗 1 가위 교 |巧ㄐㄧㄠˇ|こう(ハサミ) 2 장식 교 |效(jiao)|scissors
풀이1 ①가위. ¶細束龍髯一刀翦<李賀> ②가위질하다. ¶美錦同翦一<梅堯臣> 2 ①장식(粧飾). 쇠장식. ¶寶一星纏<顏延之> ②가위.
▷金一具, 寶一, 翦一

14〖銁〗 釣(p.1533)의 古字

6 14〖銅〗 구리 동 |東ㄊㄨㄥˊ (tong)|どう(アカガネ) brass
풀이①구리. ¶以一爲鑑<唐書> ②도장. 동인(銅印). ¶五兩之綸 半通之一<法言> ③돈. 동화(銅貨). ¶論者嫌其一臭<後漢書> ④구리 그릇. 동기(銅器). ¶一工稍絕<江淹>
【銅磬】(동경) 청동으로 만든 경쇠.
【銅鏡】どうきょう(동경) 청동으로 만든 옛 거울.
【銅鼓】どうこ(동고) ①꽹과리. ②청동으로 만든, 진중(陣中)에서 쓰던 북. 제갈양(諸葛亮)이 쓴 것이라 하여 제갈고(諸葛鼓)라고도 함.
【銅鑛】どうこう(동광) ①구리를 캐는 광산. 銅山(동산). ②구리가 들어 있는 광석.
【銅鑼】どうら(동라) 놋쇠로 만든 쟁반 모양의 군용 징. 銅鉦(동정).
【銅鉢】どうばち(동발) ①놋쇠로 만든 중의 주발. ②《佛》 구리로 만든 방울. 근행(勤行)할 때 침.
【銅鈸】どうばち(동발) 구리로 만든 쟁반 비슷한 악기. 두 개의 짝을 마주 쳐서 소리를 냄. 鐃鈸(요발).

銅鈸 (三才圖會)

【銅色】どうしょく(동색) 구릿빛. 황갈색.
【銅雀臺】どうじゃくだい(동작대) 중국 삼국 시대, 위(魏)의 조조(曹操)가 만든 전망대. 청동으로 만든 봉황을 옥상에 장식한 것으로, 하남성(河南省) 임장현(臨漳縣)에 있었음.
【銅臭】どうしゅう(동취) ①동전에서 나는 냄새. 돈

냄새. ②돈으로 벼슬을 산 사람을 비웃어 이르는 말. ③부자(富者). ④통때 오른 사람. 돈에 탐닉만하거나 다라운 사람.
▷鉛—, 練—, 紫—, 赤—, 精—, 鑄—, 採—, 青—, 廢—, 黃—

6 14【銘】깎을 락 ㊥ らく cut

6 14【銘】새길 명 ㊥ㄇㄧㄥˊ(ming) めい(シルス) engrave
풀이 ①새기다. ㉮금석에 새기다. ¶是—是刻<傳玄> ㉯마음에 새기다. 명심함. ¶—心立報<吳志> ②금석에 새긴 글자. ¶其—有之<國語> ③명정(銘旌). 죽은 사람의 성명과 관위(官位)를 쓴 깃발. ¶置—<周禮> ④문체(文體) 이름. 쇠나 돌, 그릇 따위에 새겨 그 사람의 공덕을 쓰거나 새겨 뒷날의 자손에게 훈계 또는 경계(警戒)하는 글. ¶湯之盤—<大學>

周子孫卣蓋銘 (金石索)

【銘念】めいねん(명념) ☞銘心(명심).
【銘心】めいしん(명심) 마음에 새김. 잊지 아니함. 銘肝(명간). 銘記(명기). 銘念(명념). 銘意(명의). 銘佩(명패).
【銘旌】めいせい(명정) 장구(葬具)의 한 가지. 죽은 그 사람의 관직, 성명을 쓴 깃발. 銘旗(명기).
▷刻—, 刊—, 感—, 鑑—, 鏡—, 勒—, 刀—, 墓碣—, 墓誌—, 盤—, 碑—, 箴—, 篆—, 鼎—, 座右—, 座左—

6 14【銑】끌 선 ㊥ㄒㄧㄢˇ(xian) せん small chisel
풀이 ①끌. 작은 끌. ②윤이 나는 쇠. 야금(冶金)한 금속. ③활고자의 금장식(金裝飾). ④쇠북의 귀. ¶兩欒謂之—<周禮> ⑤㊥ 무쇠. 선철(銑鐵).
▷溶—, 熔—, 鎔—

6 14【銛】1 가래 섬 2 도끼 첨 ㊥ㄒㄧㄢ ㊥(xian) せん spade てん
풀이 1 ①가래. 농기구의 한 가지. ②작살. 물고기를 찔러 잡는 기구. ③날카롭다. 날이 예리함. 通鐵. ¶鉛刀爲—<賈誼> 2 ①도끼. ②빼앗다. 通撿括. ③끊다. 자름.
▷內—, 銍—, 鋒—

6 14【銖】무게 단위 수 ㊥ㄓㄨ(zhu) しゅ
풀이 ①무게의 단위. 1냥(兩)의 24분의 1. 아주 적은 양. ¶雖分國如錙—<禮記> ②무디다. 둔(鈍)함. 通鈍. ¶其兵戈—而無刃<淮南子>
▷毛—, 分—, 五—, 錙—

6 14【銚】1 남비 요 2 가래 조 ㊥ㄧㄠˊ(yao) よう ㊥ㄉㄧㄠˋ(diao) pot ちょう
풀이 1 ①남비. 또는, 쟁개비. ②사물의 상태. ¶—憺. 2 ①가래. 또는, 쟁기. ¶耕者必有一耒一耜——<管子> ②창. 긴 창. ¶可以勝人之長—利兵<呂覽>
▷茶—, 銅—, 瓦—, 銀—, 長—, 湯—, 把—

6 14【銀】은 은 ㊥ㄧㄣˊ(yin) ぎん(シロガネ) silver
풀이 ①은. 귀금속의 한 가지. ¶賜房玄齡黃—帶<唐書> ②돈. 화폐. ¶路—. ③도장. 은인(銀印). ¶懷—黃垂三組夸鄕里<漢書> ④지경(地境). 경계(境界). 通垠. ¶刑稱陳守其—<荀子> ⑤날카로운 칼날. ¶—手如斷<大戴禮> ⑥희고 광택이 있는 것의 총칭. ¶—燭.
【銀臺】ぎんだい(은대) ①조선 때 승정원(承政院)의 이칭. ②옛 중국의 한림학사원(翰林學士院). ③신선이 산다는 곳. ④은으로 지은 누각이란 뜻으로, 화려한 집을 이름.
【銀輪】ぎんりん(은륜) ①아름다운 수레. ②☞銀蟾(은섬). ③자전거의 미칭. 「나기 때문임.
【銀鱗】ぎんりん(은린) 물고기. 비늘이 은빛으로 빛
【銀灣】ぎんわん(은만) 은하수. 銀漢(은한).
【銀箔】ぎんぱく(은박) 은을 종이같이 얇게 만든 조각. ¶—紙.
【銀盤】ぎんばん(은반) ①은으로 만든 쟁반. 은쟁반. ②☞銀蟾(은섬). ③얼음판.
【銀髮】ぎんぱつ(은발) 새하얗게 센 머리털. 白髮(백발). 「盞).
【銀盃】ぎんぱい(은배) 은으로 만든 술잔. 은잔(銀
【銀蟾】ぎんせん(은섬) 달의 이칭. 달 속에 두꺼비가 있다는 전설에서 유래. 銀輪(은륜)②. 銀盤(은반)②.
【銀世界】ぎんせかい(은세계) 눈이 와서 은빛같이 흰
【銀子】ぎんす(은자) ☞銀貨(은화). 「천지.
【銀粧刀】(은장도) ①㊥ 은장식을 한 작은 칼. 옛 귀인의 부녀가 지녔음. ②의장(儀仗)의 한 가지. 칼자루와 칼집에 여러 가지 무늬를 아로새겨 은으로 장식하고 끈을 닮.
【銀錢】ぎんせん(은전) ☞銀貨(은화).
【銀竹】ぎんちく(은죽) 세차게 쏟아지는 비의 형용. 소나기. ¶白雨映寒山 森森似—<李白>
【銀河】ぎんが(은하) ①은하수의 이칭. 銀漢(은한). 銀潢(은황). 天河(천하). 星河(성하). ②도가(道家)에서 눈을 이름. ¶道家以目爲—<趙絢>
【銀漢】ぎんかん(은한) ☞銀河(은하)①.
【銀杏】ぎんきょう·イチョウ(은행) ①은행과의 낙엽 교목. 은행나무. 公孫樹(공손수). ②은행나무의 열매. 白果(백과). 玉果(옥과).
【銀貨】ぎんか(은화) 은으로 만든 돈. 은돈. 銀子(은자). 銀錢(은전).
▷假—, 金—, 路—, 勞—, 白—, 賦—, 善—, 碎—, 水—, 熟—, 純—, 冶—, 洋—, 烏—, 鎔—, 僞—, 凝鉛爲—, 賃—, 采—, 賀—, 黃—

6 14【鉺】 갈고리 이 | 㒷ㄦˇ (er) | じ hook

14【銭】 錢(p. 1543)의 俗字

6 14【銓】 저울질할 전 | 㒷ㄑㄩㄢˊ (quan) | せん(ハカル) weigh

풀이①저울질하다. 무게를 닮. 또는, 사람을 뽑음. 전형(銓衡)함. ¶無以一度天下之衆寡＜國語＞/一曹. ②저울. ¶考量以一＜漢書＞ ③평평하다. 평형(平衡)함. ④대패. ⑤차례를 세우다. 차례를 정함. ¶一次.

【銓考】せんこう(전고) 인물을 헤아려 정함. 銓校(전교).

【銓官】(전관)㊗ 조선 때 문무관을 전형하는 직위에 있는 관원. 이조 당상관(吏曹堂上官) 및 병조판서 등을 이름.

【銓校】せんこう(전교) ☞銓考(전고).

【銓衡】せんこう(전형) 저울. 또는, 사람을 시험하여 골라 뽑음. 銓은 저울추. 衡은 저울대. ¶一委員.

▷末一, 分一, 釘一, 執一, 判一

6 14【銍】 낫 질 | 㒷ㄓˋ (zhi) | ちつ(カマ) sickle

풀이①낫. 벼를 베는 짧은 낫. ②베다. 벼를 벰. ㊂銍. ¶奄觀一艾＜詩經＞ ③벼이삭. ¶二百里納一＜書經＞ ④땅 이름. 춘추 시대 송(宋)의 현(縣) 이름. 지금의 안휘성(安徽省) 숙현(宿縣) 서남쪽. ¶一縣.

6 14【銃】 총 총 | 㒷ㄔㄨㄥˋ (chong) | じゅう(ツツ) gun

풀이①총. 화총(火銃). ②도끼 구멍. 도끼 자루를 박는 구멍. ㊀銎.

【銃劍】じゅうけん(총검) ①총과 칼. ②소총 끝에 꽂는 칼.

【銃擊】じゅうげき(총격) 총을 쏨. ¶一戰.

【銃口】じゅうこう(총구) 총부리.

【銃器】じゅうき(총기) 총 종류의 총칭.

【銃殺】じゅうさつ(총살) 총을 쏘아 죽임.

【銃傷】じゅうしょう(총상) 총에 맞은 상처. 銃創(총창).

【銃聲】じゅうせい(총성) 총소리.

【銃身】じゅうしん(총신) 총열.

【銃眼】じゅうがん(총안) 보루(堡壘)나 성벽에 뚫어 놓은, 총을 내 쏘는 구멍.

【銃創】じゅうそう(총창) ☞銃傷(총상).

【銃彈】じゅうだん(총탄) 총알. 탄알.

【銃砲】じゅうほう(총포) ①총. ②총과 대포.

▷空氣一, 拳一, 機關一, 機一, 多發一, 短一, 小一, 獵一, 長一, 鳥一, 火繩一

6 14【鈚】 기 이름 피 | 㒷ㄆㄧ (pi) | ひ

6 14【銜】 재갈 함 | 㒷ㄒㄧㄢˊ (xian) | がん(クツワ) bit

㊆啣

풀이①재갈. ¶伏軾撙一＜戰國策＞ ②머금다. 입에 묾. ¶獸則相負渡江 蟲則相一出境＜庾信＞/一枚. ③받들다. ¶一君命而使＜禮記＞ ④느끼다. 감지(感知)함. ¶令出而民一之＜管子＞ ⑤마음에 품다. 원망함. ¶景帝心一之＜漢書＞ ⑥이어지다. 연속(連續)함. ¶首尾接一. ⑦직함(職銜). ¶南宮起請無消息 朝散何時得入一＜白居易＞

【銜尾相隨】かんびアイシタガウ(함미상수) 마치 뒤의 짐승이 앞 짐승의 꼬리를 문 것처럼 줄 지어 가는 꼴.

【銜璧輿櫬】かんぺきよしん(함벽여츤) 옛 중국에서 항복의 예(禮). 팔을 뒤로 묶고 헌물(獻物)로 구슬을 입에 머금고, 죽음을 당하여도 이의가 없다는 뜻으로 관(棺)을 메고 감.

【銜字】(함자)㊗ 남의 이름의 존칭. ※諱字(휘자).

【銜華佩實】がんかはいじつ(함화패실) 꽃이 피고 열매를 맺는다는 뜻으로, 문(文)과 질(質)이 겸비됨을 이름.

▷羈一, 馬一, 名一, 密一, 轡一, 新一, 深一, 鞍一, 弛一, 人一, 紫鸞一, 前一, 轉一, 縱一, 鑣一

14【銒】 鈃(p. 1535)의 本字

6 14【鉶】 국그릇 형 | 㒷ㄒㄧㄥˊ (xing) | けい soup bowl

풀이①국그릇. 국을 담는, 세 발 달린 솥. ¶籩豆一羹＜孔子家語＞ ②국. ¶設一一于豆南＜儀禮＞

6 14【鉤】 항통 후 | 㒷ㄏㄡˋ (hou) | こう

풀이①항통(缿筩). 관청에 마련한 투서함. ¶少年投一購告言姦＜漢書＞/一筩. ②칼. 죄인의 목에 씌우는 형구(刑具). 항쇄(項鎖).

7 15【銶】 끌 구 | 㒷ㄑㄧㄡˊ (qiu) | きゅう(ノミ) chisel

풀이끌. 나무에 구멍을 뚫는 연장. ㊂鈂. ¶又缺我一＜詩經＞

7 15【鋃】 쇠사슬 랑 | 㒷ㄌㄤˊ (lang) | ろう chain

7 15【鋁】 줄 려 | 㒷ㄌㄩˇ (lü) | りょ(ヤスリ) file

풀이줄. 쇠붙이를 깎거나 쓰는 연장. ㊀鑢.

7 15【鋝】 엿냥쭝 렬 | 㒷ㄌㄩㄝˋ (lüe) | れつ

풀이엿냥쭝. 무게 6냥(兩). ¶戈戟皆重三一＜周禮＞

7 15【鋂】 쇠사슬 매 | 㒷ㄇㄟˊ (mei) | ばい link

풀이쇠사슬. 자모환(子母環). 하나의 큰 고리에 두 개의 작은 고리를 끼운 사슬.

¶盧重一<詩經>

7 15【鋒】 칼끝 봉 |㊄ㄈㄥ (feng)|ほう(ホコサキ) edge

풀이 ①칼 끝. 병기(兵器)의 날. ¶礪乃一刃<書經> ②물건의 뾰족한 끝. 첨단(尖端). ¶抽一擢穎<晋書>/一端. ③날카로운 기세. 예기(銳氣). ¶機警有一<晋書>/一利. ④군대의 앞장. 선봉(先鋒). ¶布常爲軍一<史記> ⑤병기. 칼, 창 따위. ¶天下精銳持一<史記> ⑥가래. 흙을 파헤치거나 떠서 던지는 농기구.

▷姦一, 劍一, 戈一, 交一, 軍一, 機警有一, 機一, 談一, 不露一, 先一, 新一, 銳一, 利一, 藏一, 爭一, 折一, 精一, 挫一, 鋮一, 筆一

鋒⑥(農政全書).

7 15【鈔】 동라 사 |㊆ㄕㄚ (sha)|さ gong

풀이 동라(銅鑼). 징의 한 가지. 일설에는, 구리로 만든 동이. ¶一鑼.

15【銿】 訾(p.1386)의 古字

7 15【鋤】 1 호미 서 2 어긋날 서 |㊀ㄔㄨˊ ㊁(chu)|じょ(スキ) hoe

풀이 1 ①호미. 자루가 긴 호미. ㉠鉏. ②김매다. 또는, 밭을 갊. ¶一禾日當午汗滴禾下土<李紳> ③없애다. 제거함. ¶誅一民害<春秋合成圖> 2 어긋나다. ㉠鉏. ¶一鋙.

▷耕一, 耨一, 短一, 負一, 芟一, 舂一, 耰一, 耘一, 犂一, 誅一, 荷一

7 15【銷】 녹일 소 |㊄ㄒㄧㄠ (xiao)|しょう melt

풀이 ①녹이다. 녹음. 쇠붙이를 녹임. ¶收天下兵 聚之咸陽 一以爲鍾鐻金人十二<史記>/一金. ②흩어지다. 흩뜨림. ¶一落湮沈<江淹> ③다하다. 다하여 없어짐. ¶膏以明自一<漢書> ④쇠하다. 스러짐. ¶禮減而不進則一<禮記> ⑤사라지다. 모습을 감춤. ¶虹一雨霽<王勃>/一失. ⑥망하다. 망침. 망하게 함. ¶積毁一骨<史記> ⑦작다. 가늘다. ¶其聲一<莊子> ⑧큰 호미. ㉿銚. ¶剞劂一鋸<淮南子>

【銷損】しょうそん(소손) 손상함. 지워 없앰.

【銷沈】しょうちん(소침) ①쇠퇴함. 消沈(소침). ¶意氣一. ②삭아 없어짐. 銷殘(소잔).

▷燈一, 兵一, 廢一, 魂一, 虹一

7 15【鋙】 1 어긋날 어 2 호미 어 3 산 이름 오 |㊀ㄨˊ ㊁(wu) ㊂|ぎょ ぎょ ご

풀이 1 ①어긋나다. ¶鉏一. ②땜납. ③악기 이름. ④불안한 모양. 2 호미. 자루가 긴 호미. 3 산 이름. ¶西戎獻錕一之劍<列子>

7 15【鋋】 작은 창 연 선 |㊄ㄕㄢ (shan)|えん せん

풀이 ①작은 창. ¶短兵則刀一<史記> ②찌르다. ¶格蝦蛤 一猛氏<漢書>

7 15【銳】 1 날카로울 예 2 창 태 |㊄ㄖㄨㄟˋ (rui) ㊅|えい たい sharp

㊗鋭

풀이 1 ①날카롭다. ㉮쇠붙이 따위가 날카롭다. ¶一而不挫<淮南子> ㉯군대가 날래고 용맹하다. ¶使輕車一騎衝雍門<戰國策> ㉰뾰족하고 가늘다. ¶一喙決吻<周禮> ㉱똑똑하다. 예민(銳敏)함. ¶子羽一敏<左氏傳> ㉲재빠르다. 민첩함. ¶其進一者 其退速<孟子> ②창 끝. 칼 끝. 또는, 날카로운 병기. ③나아가다. 전진함. ¶赤卉方一<太玄經> ④조급히 굴다. 소동(騷動)함. ¶一則挫矣<莊子> 2 창(槍). ¶一人冕執一<書經>

【銳角】えいかく(예각) 직각보다 작은 각. ↔鈍角(둔각).

【銳氣】えいき(예기) 날카로운 기상(氣象). 힘찬 기세.

【銳刀】えいとう(예도) 날카로운 칼. 잘 드는 칼.

【銳利】えいり(예리) ①날연장 따위가 날카롭고 잘 듦. ②재기(才氣)가 날카로움.

【銳敏】えいびん(예민) ①날쌔고 민첩함. 느낌이 빠름. ②똑똑함.

【銳鋒】えいほう(예봉) 날카로운 창 끝.

【銳意】えいい(예의) 주의를 집중함. 또는, 열심히. 한마음으로써. 銳精(예정). 銳志(예지). ¶一注視.

▷剛一, 勁一, 輕一, 果一, 極一, 芒一, 猛一, 明一, 敏一, 鋒一, 銛一, 纖一, 盛一, 細一, 養一, 練一, 完一, 勇一, 圓一, 意一, 利一, 長一, 折一, 精一, 進一, 尖一, 聰一, 蓄一, 被堅執一, 悍一, 陷一, 豪一, 驍一

15【鋭】 銳(p.1540)의 俗字

7 15【鋈】 도금 옥 |㊅ㄨˋ (wu)|よく gilt

풀이 ①도금(鍍金). ¶一器. ②은(銀).

7 15【鋊】 구리 가루 욕 |㊅ㄩˋ (yu) ㄍㄨˇ (gu)|よく

풀이 ①구리 가루. 동설(銅屑). ¶盜摩錢質而取一<漢書> ②쇠부지깽이. ③갈다. 갈아서 윤을 냄.

7 15【鋌】 쇳덩이 정 |㊃ㄉㄧㄥˋ (ding)|てい

풀이 ①쇳덩이. 정련하지 않은 동철(銅

鐵)의 덩이. ¶耶谿之━<張協> ②판금(板金). ¶至內庫閱珍物 見金━<南史> ③살촉의 슴베. 살촉이 살대에 꽂히는 부분. 通莖. ④비다. 다 됨. ⑤빨리 달리는 모양. 通逕.

7 15 【銼】 가마 좌 / 족 | 歌ㄘㄨㄛˋ 屋(cuo) | さい, そく kettle

풀이 ①가마. 작은 가마솥. ②꺾다. 같 挫. ¶兵━藍田<史記> ③살촉. 같 鏃. ④ 中 줄. 쇠를 쓰는 기구.

15 【鋳】 鑄(p.1553)의 略字

15 【銭】 鐵(p.1551)의 訛字

7 15 【鉶】 1 집게 첩 2 족집게 섭 本 녑 | 葉ㄓㄜˊ (zhe) 葉 | ちょう tongs じょう

7 15 【鋟】 새길 침 | 寢ㄑㄧㄣˇ (qin) | しん carve

풀이 ①새기다. 판각함. ¶━其板<公羊傳> ②날카롭다. ③송곳.

【鋟梓】しん(침재) 판목을 새김. 책을 인쇄함. 上梓(상재). 鋟板(침판).

7 15 【鋪】 1 펼 포 2 가게 포 俗 舖 | 虞ㄆㄨ 遇(pu) | ほ shop

풀이 1 ①펴다. 깖. 늘어놓음. 通敷. ¶━敦淮濆<詩經> ②베풀다. 설비함. ③배목. 문고리를 거는 쇠. ¶銅龜蛇━首鳴<漢書> ④두루 미치다. 通溥. ¶淪胥以━<詩經> ⑤앓다. 병듦. 앓게 함. 通痡. ¶淮夷來━<詩經> ⑥제기(祭器) 이름. 두(豆)의 한 가지. 2 ①가게. 점포. ¶店━/星貨━. ②역참(驛站). 역말을 갈아 타는 곳. ¶設急遞━以達四方文書之往來<元史>

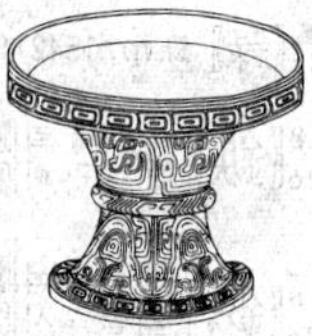

周旅鋪⑥(西淸古鑑)

【鋪道】ほどう(포도) 포장한 길.
【鋪石】ほせき(포석) 길바닥에 깐 돌.
【鋪裝】ほそう(포장) 길에 돌, 콘크리트, 아스팔트 등을 깖. ¶非━.
▷金━, 錦━, 老━, 豆━, 門━, 密━, 雲━, 銀━, 店━, 竹━, 花━

7 15 【鋧】 작은 끌 현 | 銑ㄒㄧㄢˋ (xian) | けん small chisel

7 15 【鋗】 1 노구솥 현 2 쓸 견 | 先ㄒㄩㄢ 先(xuan) | けん けん

풀이 1 ①노구솥. 남비. 쟁개비. ②작은 동이. 소분(小盆). ③옥(玉) 소리. 옥돌이 부딪혀 나는 소리. ¶展詩應律━玉鳴<漢書> 2 쓸다. 청소함. 또는, 그 사람. 같 涓. ¶逢其故━人<史記>

【鋗鍋】けんか(현과) 노구솥. 노쇠나 구리쇠로 만듦. 노구.

7 15 【鋏】 집게 협 | 葉ㄐㄧㄚˊ (jia) | きょう(ハサミ) scissors

풀이 ①집게. 부집게. ②가위. ¶衣夾━<管子>/━刀. ③칼. 장검(長劍). ¶帶長━之陸離兮<楚辭> ④장검의 몸. 도신(刀身). ¶毛群以齒角爲矛━<左思> ⑤칼자루. 검파(劍把). ¶長━歸來乎<戰國策>
▷劍━, 擊━, 短━, 矛━, 長━, 鐵━, 彈━

7 15 【鋘】 1 가래 화 2 산 이름 오 | 麻ㄏㄨㄚˊ 虞(hua) | か spade ご

풀이 1 가래. 쌍날 가래. ¶燒━斧<後漢書> 2 ①산 이름. 또는, 칼 이름. ¶錕━. ②흙손. 같 杇.

8 16 【鋼】 1 강철 강 2 강할 강 | 陽ㄍㄤ 漾(gang) | こう(ハガネ) steel

풀이 1 강철. ¶鍊━赤刃 用之切玉 如切泥焉<列子> 2 강하다. 단단함.

【鋼鐵】こうてつ(강철) 무쇠를 불리어, 더 굳고 인성(靭性)이 많아지도록 한 쇠.
【鋼板】(강판) 韓 ①강철판. ②줄판.
▷銛━, 純━, 鍊━, 精━, 製━, 眞━, 鐵━, 特殊━

8 16 【鋸】 톱 거 | 御ㄐㄩˋ (ju) | きょ(ノコギリ) saw

풀이 ①톱. ¶用刀━<國語> ②톱질하다. 톱으로 켬. ¶顧而指曰━彼 執鋸者趨而左<柳宗元>/━斷. ③톱처럼 생긴 형구(刑具). 정강이뼈를 자르는 데에 씀. ¶奈何令刀━之餘薦天下豪雋哉<漢書> ④정강이뼈를 자르는 형벌.
▷新━, 刀━, 斧━, 削━, 細齒━, 執━, 鐵━

8 16 【錮】 땜질할 고 | 遇ㄍㄨˋ (gu) | こ tinker

풀이 ①땜질하다. ¶冶銅━其內<漢書> ②가두다. 붙들어 맴. ¶其在位者 免官禁━<後漢書>/━身. ③가로막다. 저지(沮止)함. ¶子反請以重幣━之<左氏傳> ④고질병. 같 痼. ¶身有━疾<禮記> ⑤단단하다. 通固.
▷久━, 禁━, 黨━, 廢━

8 16 【錕】 붉은 쇠 곤 | 元ㄎㄨㄣ (kun) | こん red iron

풀이 ①붉은 쇠. 붉은빛의 금속. ¶━鋙. ②수레의 바퀴통쇠.

【錕刀】こんとう(곤도) 곤오(錕鋙)의 쇠로 만든 칼.

명검(名劍).
【錕鋙】こんご(곤오) ①칼 이름. 옥(玉)도 자른다고 함. ②명도(名刀). 보검(寶劍). ③붉은 쇠. ④돌산. 좋은 칼을 만드는 쇠가 산출되는 산.

8
16【錧】 비녀장 관 | 㗊ㄍㄨㄢˇ (guan) | かん *linchpin*

풀이 ①비녀장. 수레 굴대머리에 꽂는 쇠. ㉠ 錧. ②중요한 곳. ③쟁기.

8
16【錦】 비단 금 | 㗊ㄐㄧㄣˇ (jin) | きん(ニシキ) *silk*

풀이 ①비단. 여러 빛깔로 무늬를 넣어 짠 비단. ¶子有美一<左氏傳> ②아름답다. 아름다운 것의 비유. ¶一鳥雲翔<梁簡文帝>
【錦囊】きんのう(금낭) ①비단 주머니. ②가작(佳作)의 시(詩). 당(唐)의 이하(李賀)가 좋은 시를 지을 때마다 비단 주머니에 넣어 둔 데서 유래. 詩囊(시낭). ③칠면조(七面鳥)의 이칭. 「이칭.
【錦帶】きんたい(금대) ①비단 띠. ②순채(蓴菜)의
【錦伯】(금백)㊕ 충청도 관찰사의 이칭.
【錦上添花】きんじょうてんか(금상첨화) 비단에 꽃을 더함. 아름다운 일에 아름다운 것을 보탬. 좋은 일에 또 좋은 일이 겹침.
【錦繡江山】(금수강산) ①비단에 수를 놓은 듯이 아름다운 강산. 경치가 좋은 산천(山川). ②우리 나라의 별칭.
【錦心繡口】きんしんしゅうこう(금심수구) 아름다운 마음과 고운 말. 글재주에 빼어난 사람을 기리는 말. 錦心繡腸(금심수장).
【錦心繡腸】きんしんしゅうちょう(금심수장) ☞錦心繡口(금심수구).
【錦衣還鄉】きんいきょうにカエル(금의환향) 비단옷을 입고 고향에 돌아간다는 뜻으로, 출세하여 고향에 돌아감을 이름. 衣錦還鄉(의금환향).
【錦字】きんじ(금자) 아내가 남편에게 보내는 시(詩). 전진(前秦) 두도(竇滔)의 아내 소씨(蘇氏)가 회문선도시(廻文旋圖詩)를 비단에 짜 넣어 남편에게 보낸 옛일에서 유래. ¶誰家挑一 燭滅翠眉嚬<杜甫>
▷縑一, 古一, 燈籠一, 文一, 美一, 反一, 蕃一, 舒一, 素一, 紫一, 晝一, 晝如一, 重一, 萋斐貝一, 蜀江一, 翠一, 奪一, 貝一, 鋪一, 匹一, 紅一, 廻文一

8
16【錡】 1 솥 기 2 톱 의 | 㗊ㄑㄧˊ (qi) | き *kettle* ぎ

풀이 1솥. 세발솥. ㉠ 鬲. ¶維一及釜<詩經> 2①톱. ②끌. ¶又缺我一<詩經> ③쇠뇌틀. 쇠뇌를 걸어 두는 틀. ¶設在蘭一<張衡> ④기울어지다. ㊂ 敧. ¶巖陁甗一<司馬相如>

8
16【錟】 1 창 담 2 날카로울 섬 | 㗊ㄊㄢˊ (tan) | たん *spear* せん *keen*

8
16【錄】 1 기록할 록 2 사실할 려 | 㗊ㄌㄨˋ (lu) | ろく(シルス) *record* りょ

㊎ 録

풀이 1 ①기록하다. 적음. ¶春秋一內而略外<公羊傳> ②베끼다. 등사함. ¶集書吏一本<宋史> ③기록. 문서. ¶皆辨其物 而奠其一<周禮> ④가지다. 취(取)함. ¶餘子瑣瑣 亦焉足一哉<魏志> ⑤다스리다. 통괄함. ¶萬方之事大一于君<漢書> ⑥살피다. 성찰(省察)함. ¶一德而定位<漢書> ⑦차례. ㊂ 逯. ¶大國越一<國語> ⑧단속하다. 검속(檢束)함. ¶程役而不一<荀子> ⑨칼 이름. ㊂ 綠. ¶文王之一<荀子> ⑩주화(鑄貨)에 새긴 무늬. ⑪범용(凡庸)한 모양. ㉠ 碌 鹿 逯. ¶當時一一 未有奇節<漢書> 2 사실(査實)하다. 조사함. 정상을 살핌. ㊂ 慮. ¶一囚徒<漢書>
【錄錄】ろくろく(녹록) 무능(無能), 범용(凡庸)한 모양. 碌碌(녹록).
【錄事】ろくじ(녹사) ①벼슬 이름. 문부(文簿)를 기록하고 선악을 규명하는 일을 맡았음. ②술자리를 단속하는 사람. ③기녀(妓女)의 이칭. ④당(唐)대 과거에 급제한 사람 가운데서 뽑혀, 급제에 관한 여러 가지 행사를 주선하던 사람.
【錄音】ろくおん(녹음) 소리를 레코드나 테이프에 수록함.
▷鬼一, 記一, 納一, 大一, 登一, 漫一, 目一, 防一, 附一, 簿一, 詳一, 識一, 實一, 歷一, 領一, 著一, 迹一, 詮一, 旌一, 存一, 輯一, 撰一, 天一, 抄一, 總一, 褒一

16【録】 錄(p. 1542)의 略字

8
16【錑】 1 대패 뢰 2 송곳 뢰 | 㗊ㄌㄟˋ (lei) | らい *plane*

8
16【錫】 1 주석 석 2 줄 사 3 다리 체 | 㗊ㄒㄧˊ (xi) | しゃく, せき(スズ) *tin* し

※錫(p. 1545)은 딴 자.

풀이 1 ①주석. 은백색. 금속 원소의 한 가지. ¶如金如一<詩經> ②땜납. 납과 주석의 합금. 백랍(白鑞). ③주다. ㊂ 賜. ¶或一之鞶帶<易經> ④가는 베. 보름 새의 고운 삼베. 15승포(升布). ¶衣阿一<列子> ⑤석장(錫杖). 도사(道士)나 중의 지팡이. ¶飛一淩空而行<高僧傳> 2 주다. 하사(下賜)함. ㉠ 賜. 3 다리. 덧드리는 딴 머리. 월내(月乃). 월자(月子). ¶主婦被一<儀禮>
【錫杖】しゃくじょう(석장) 도사(道士)나 중이 짚는 지팡이. 禪杖(선장).
▷挂一, 九一, 賚一, 銅一, 瓶一, 飛一, 賞一, 巡一, 阿一, 優一, 恩一, 銀一, 杖一,

赤一, 珍一, 天一, 寵一, 追一, 褒一, 犒一

8 16【錞】 1 악기 이름 순 2 물미 대 圓ㄔㄨㄣˊ (chun) 隊ㄉㄨㄟˋ (dui) じゅん たい (イシヅキ)

錞①

풀이 1 ①악기 이름. 순우(錞釪). 종 비슷한데, 위쪽은 크고 아래는 작은 타악기. ¶以金一和鼓<周禮> ②낮다. 2 물미. 창의 물미. ¶厹矛鋈一<詩經>

【錞于】じゅんう(순우) 북과 어울려 울리는, 공이 모양의 금속 악기. 錞釪(순우).

8 16【錏】 투구 목가림 아 麻ㄧㄚˊ 禡(ya) あ

8 16【錗】 저울판 원 阮ㄨㄢˇ (wan) えん scale pan

풀이 ①저울판. 칭판(秤板). 달 물건을 올려 놓는, 접시꼴의 그릇. ②호미 목의 구부러진 쇠.

8 16【錚】 쇳소리 쟁 庚ㄓㄥ (zheng) そう

풀이 ①쇳소리. ¶一鏦謦嗃<馬融> ②징[鉦]. 풍물의 한 가지. ¶介士鼓吹一鐸<東觀漢記> ③사물의 형용. ¶鏦鏦一一<歐陽脩>

【錚錚】そうそう(쟁쟁) ①금속의 소리. 또는, 그와 비슷한 소리의 형용. ②범인 가운데서 조금 빼어난 사람. ③투호(投壺)의 화살 소리. ④옥(玉)의 맑은 소리. ⑤거문고나 비파의 맑은 소리. ⑥韓 지난날의 정다운 이의 목소리가 잊혀지지 않고 귀에 울리는 듯한 환각(幻覺).

▷鏗一, 鏦一, 鐵中一一

8 16【錢】 돈 전 先ㄑㄧㄢˊ (qian) せん(ゼニ) money

略 銭

풀이 ①돈. 通 泉. ¶下有積一<史記> ②가래. 농기구의 한 가지. ¶庤乃一鎛<詩經> ③안주. 주효(酒肴). ¶列侯幸得賜餐一奉邑<漢書> ④잔. 술잔. 通 盞. ⑤무게의 단위. 1돈쭝. 한 냥(兩)의 10분의 1. ⑥조세(租稅). 세금. ¶度田屋一糧之數<宋史> ⑦韓 화폐의 단위. 원의 100분의 1.

【錢穀】せんこく(전곡) ①돈과 곡식. ②재물의 총칭. ③청(清)대의 재정상의 고문. 전곡 사야(錢穀師爺)의 준말. 「자.

【錢文】せんぶん(전문) ①돈. ②돈 표면에 새긴 글

【錢引】せんいん(전인) 송(宋)대의 지폐(紙幣).

【錢主】せんしゅ(전주) 채권자. 자본주.

【錢票】(전표) 제시하는 사람에게 돈을 치르도록 되어 있는 쪽지. 돈표. 어음.

▷姦一, 慳一, 更一, 醵一, 絲一, 輕一, 古一, 庫一, 口一, 舊一, 軍一, 金一, 禁一, 給一, 男一, 濫一, 綠一, 賚一, 多一, 大一, 銅一, 買山一, 母一, 無一, 緡一, 半兩一, 壁一, 本一, 俸一, 市一, 息一, 新一, 惡一, 女一, 餘一, 連一, 斂一, 葉一, 用一, 鎔一, 僞一, 楡一, 遺一, 銀一, 意一, 異一, 子一, 藏一, 齎一, 儲一, 積一, 鑄一, 餐一, 青苗一, 攤一, 苔一, 破一, 荷一, 香一, 莢一, 昏寓一, 換一

8 16【錠】 제기 이름 정 徑ㄉㄧㄥˋ (ding) じょう てい

풀이 ①제기(祭器) 이름. 익힌 제수를 담는, 세 발 달린 제기. ¶漢虹燭一<博古圖> ②신선로(神仙爐). ③은화(銀貨). ¶一幅梅價不下百十一<洞天清錄> ④정제(錠劑). 동글납작하게 굳힌 환약(丸藥).

周素錠①
(西清古鑑)

【錠劑】じょうざい(정제) 가루약을 동글납작하게 뭉쳐 만든 약. 타블레트(tablet).

▷糖衣一, 銀一, 砵一, 虹燭一

8 16【錯】 1 섞일 착 2 둘 조 藥ㄘㄨㄛˋ (cuo) 遇ㄘㄨˋ (cu) さく (マジル) mingle そ

풀이 1 ①섞이다. 섞음. ¶翹翹一薪<詩經> ②어지러워지다. 어지럽힘. ¶殷既一天命<書經> ③등지다. 어긋남. ¶劉向治穀梁春秋 與仲舒一<漢書> ④잘못하다. ¶鑄一 介 一不成<五代史> ⑤갈마들다. 번갈아. 교대로. ¶譬如四時之一行<中庸> ⑥뒤를 잇다. 뒤따름. ¶而一皆不拜<儀禮> ⑦나머지. 쓰거나 먹다 남은 것. ¶於是與始飯之一<儀禮> ⑧무늬. 문채(文彩). ¶約軝一衡<詩經> ⑨숫돌. 通 厝. ¶錫貢磬一<書經> ⑩줄. 톱니 따위를 쓰는 연장. ¶一者 所以治鋸<列女傳> ⑪도금(鍍金)하다. 금 도금. ⑫갈다. 연마함. ⑬다스리다. ¶鉤一矩成<何晏> ⑭무늬를 놓다. ¶一臂左衽<史記> ⑮행동에 질서가 없다. ¶動靜攝次謂之比 反比爲一<新書> ⑯작은 솥. ¶鼎一日用<淮南子> ⑰사물의 모양. ¶一然. 2 ①두다. 그대로 둠. ¶刑逐罰<尙書大傳> ②간직하다. 갈무리함. 通 措. ③시행(施行)하다. ¶禮義有所一<易經> ④베풀다. ¶展采一事<史記> ⑤버리다. 그만둠. ¶擧直一諸枉<論語> ⑥만족해하다. 안도(安堵)함. ¶萬民之生 各有所一兮<楚辭> ⑦당황하는 모양. ¶二人一愕不能對<後漢書>

【錯覺】さっかく(착각) 외계(外界)의 사물(事物)을 잘못 지각(知覺)하는 일.

【錯刀】さくとう(착도) 전한(前漢)말 왕망(王莽)

때의 화폐. 칼 모양에 금니(金泥)로 글자를 새김.

【錯亂】さくらん(착란) 뒤섞여 어수선함. ¶一狀態/精神一.

【錯誤】さくご(착오) ①착각으로 인한 잘못. ②실제와 표상(表象)이 다름. 錯繆(착류). 錯謬(착류).

【錯雜】さくざつ(착잡) 뒤섞임. 뒤얽힘. 混雜(혼잡). 亂雜(난잡).

【錯綜】さくそう(착종) 여러 가지를 섞음.

▷擧一, 乖一, 交一, 糾一, 倒一, 迷一, 駁一, 盤一, 煩一, 紛一, 失一, 搖一, 謬一, 疑一, 差一, 參一, 舛一, 合一, 溷一

8 16【錣】 물미 철 | 屑ㄓㄨㄟˋ (zhui) | てつ ferrule

풀이 ①물미. 채찍 끝에 박은 뾰죽한 쇳조각. ¶倒杖策 一上貫頤＜淮南子＞ ②산대. 산가지. ¶引一量用＜管子＞

8 16【錘】 1 저울추 추 | 支ㄔㄨㄟˊ | つい
2 드리울 수 | 支 (chui) | weight

풀이 1 ①저울추. 분동(分銅). 通垂. ②무게의 단위. 8수(銖)의 무게. 일설에는, 12냥쭝. ¶六兩曰錙 倍錙曰一＜淮南子＞ ③마치. 달군 쇠붙이를 두드려 물건을 만드는 연장. ¶爐烹物之具 一成物之具＜莊子＞ ④나라 이름. 한(漢)의 제후국. 지금의 산동성(山東省) 문등현(文登縣) 서쪽. ¶一侯呂通＜史記＞ 2 드리우다. 현수(懸垂)함. 같垂. ¶一以玉鐶＜太玄經＞

▷鉛一, 玉一, 錙一

8 16【錐】 송곳 추 | 支ㄓㄨㄟ (zhui) | すい(キリ) awl

풀이 ①송곳. 구멍을 뚫는 연장. ¶引一自刺期股＜戰國策＞ ②바늘. ③작은 화살. 일설에는, 쇠붙이의 살촉에 깃을 붙인 화살. ¶疾如一矢＜戰國策＞ ④싹. 맹아(萌芽). 화본류(禾本類)의 뾰족한 싹의 형용. ¶氷銷田地蘆一短＜元稹＞

▷囊中之一, 磨一, 三稜一, 銛一, 利一, 立一, 置一, 鍼一, 脫穎一

8 16【錙】 저울눈 치 | 支ㄗ (zi) | し graduation

풀이 ①저울눈. 무게의 단위. 6수(銖), 8수 또는 6냥(兩), 8냥 등 여러 설이 있음. ②적은 양(量). 근소(僅少)함의 비유. ¶他餘一介之妖近＜吳志＞/一銖/一錘.

8 16【錔】 휘감아 쌀 탑 | 合ㄊㄚˋ (ta) | とう

17【鍳】 鑑(p. 1552)과 同字

9 17【鍇】 쇠 개 | 佳ㄎㄞˇ (kai) | かい iron

풀이 ①쇠. 질이 좋은 쇠. 백철(白鐵). ¶銅一之垠＜左思＞ ②단단하다. 견고(堅固)함.

9 17【鍵】 열쇠 건 | 阮ㄐㄧㄢˋ (jian) | けん(カギ) key

풀이 ①열쇠. 자물쇠를 여는 쇠. ¶修一閉＜禮記＞ ②솥을 들어 올리는 막대. 솥의 두 귀에 꿰어 들어 올리는 데 쓰는 막대. ③비녀장. 바퀴가 벗어지지 않게, 굴대 머리에 내리지르는 큰 못. ¶六藝之鈐一＜郭璞＞ ④부러지다. 절단됨. ¶萿一挈挈＜太玄經＞ ⑤건반(鍵盤). 피아노, 오르간 등의, 쳐서 소리가 나게 한 부분.

【鍵盤】けんばん(건반) 피아노, 오르간 등 악기의 건(鍵)이 늘어 있는 바닥. 키보드.

【鍵閉】けんぺい(건폐) 열쇠와 자물쇠. 閉는 자물쇠, 鍵은 열쇠. ¶孟冬之月 脩一＜禮記＞

▷鈐一, 扃一, 管一, 關一

9 17【鍥】 1 새길 계 | 霽ㄑㄧㄝˋ | けい carve
2 낫 결 | 屑 (qie) | けつ

풀이 1 ①새기다. 조각함. ¶一而不舍 金石可鏤＜荀子＞ ②끊다. 같契. ¶一朝涉之脛＜戰國策＞ ③모질다. 악함. ¶道德之旨未弘 而一薄之風先搖＜唐書＞ 2 낫. 풀을 베는 낫.

9 17【鍋】 노구솥 과 | 歌ㄍㄨㄛ (guo) | か(ナベ) pan

풀이 ①노구솥. 또는, 남비. ¶盈一玉泉沸＜陸龜蒙＞ ②대통. 장죽(長竹)의 담배를 담는 부분. ¶其煙一絶大 能裝三四兩＜芝音閣雜記＞ ③바퀴통쇠. 수레의 바퀴통 한가운데 박아 굴대가 관통하는 철관. ¶一錕. ④기름통. 수레의 굴대에 칠 기름을 담는 귀때그릇.

【鍋戶】かこ(과호) 소금을 굽는 백성. ¶浮鹽出於一＜宋史＞

▷茶一, 銀一

9 17【鍠】 종고 소리 굉 | 陽ㄏㄨㄤˊ | こう
本 횡 | (huang)

풀이 ①종고 소리. 종소리나 북소리. 같喤. ¶鐘鼓一一＜詩經＞ ②도끼. 의장(儀仗)에 쓰는 나무 도끼.

▷鏗一, 儀一, 渾一

9 17【鍧】 종고 소리 굉 | 庚ㄏㄨㄥ | こう
本 횡 | (hong)

풀이 종고(鐘鼓) 소리. 종소리나 북소리. ¶鐘鼓鏗一＜班固＞

9 17【鍛】 쇠 불릴 단 | 翰ㄉㄨㄢˋ (duan) | たん temper

同 煅

※鍜(p. 1546)는 딴 자.

풀이 ①쇠를 불리다. ㉮쇠를 단련하다. ¶一乃戈矛＜書經＞ ㉯교묘하게 죄에 얽어 넣다. ¶一鍊之吏<後漢書> ②숫돌. ¶取厲取一<詩經> ③포(脯). 건어(乾魚). ¶婦人之贄 棗栗一脩<穀梁傳>
【鍛工】たんこう(단공) 대장장이.
【鍛鍊】たんれん(단련) ①쇠를 불림. 쇠붙이를 불에 달구어 두드림. ②몸과 마음을 닦음. ③머리를 써서 문장의 자구(字句)를 다듬는 일. ④혹리(酷吏)가 억지로 남을 죄에 빠뜨림. ¶一而周內之<漢書>
【鍛石】たんせき(단석) ①숫돌. ¶一所以爲鍛質也<詩經> ②석회(石灰)의 이칭.
▷百一, 鍊一, 鑄一, 千一, 椎一

9/17【鍍】 도금할 도 |遇ㄉㄨˋ(du)|と gild
【鍍金】ときん(도금) 금, 은, 니켈, 크롬 따위의 얇은 막을 다른 금속의 표면에 올리는 일.
▷金一, 銀一, 眞金不一

9/17【鍊】 1 불릴 련 2 바퀴통 끝 휘갑쇠 간 |霰ㄌㄧㄢˋ(lian)|れん forge かん 諫
同 煉
풀이 1 ①불리다. ㉮쇠붙이를 달구어 두드리다. 정련(精鍊)함. ¶金百一然後精<皇極經世書> ㉯몸, 정신 등을 단련하다. ¶養一歲月長<蘇軾> ㉰사물을 익숙하게 하다. 습련(習鍊)함. ¶一土生木 一木生火<淮南子> ㉱사물을 정미롭게 다듬다. ¶詞人取佳句 刷一始堪傳<杜甫> ②불린 쇠. 정금(精金). ¶指鏘鏘之一 取中於玆<楊弘員> ③쇠사슬. ㉠ 鏈. 2 바퀴통 끝의 휘갑쇠.
【鍊句】れんく(연구) 머리를 짜서 좋은 어구를 생각함. 어구를 가다듬음.
【鍊金】れんきん(연금) ①쇠를 단련함. 또는, 그 쇠붙이. ②정련(精鍊)한 황금. ¶荊王大說 以一百鎰遺晋<韓非子> ③선약(仙藥)인 금을 불림. ¶一宿明館<鮑照>/一術.
【鍊丹】れんたん(연단) 도교(道敎)에서, 불로 불사(不老不死)의 약을 만드는 일. 또는, 그 약. 鍊藥(연약). 煉丹(연단). ¶號曰葛仙公 以其一祕術授弟子鄭隱<晋書>
【鍊達】れんたつ(연달) 숙련(熟鍊)하여 통달함.
【鍊磨】れんま(연마) 갈고 닦음. 깊이 그 도(道)를 닦음. 練磨(연마). 研磨(연마).
【鍊武】れんぶ(연무) 무예(武藝)를 연마함.
【鍊師】れんし(연사) 고덕(高德)한 도사(道士).
【鍊石補天】れんせきほてん(연석보천) 옛 중국의 전설. 서북쪽 하늘이 뚫린 것을 보고, 여와씨(女媧氏)가 5색의 돌을 불리어 그곳을 기웠다고 함. ※補天浴日(보천욕일).
▷敎一, 鍛一, 陶一, 百一, 洗一, 修一, 冶一, 研一, 煮一, 砥一, 精一, 操一, 鑄一, 鑽一, 採一, 烹一, 訓一

9/17【錨】 닻 묘 |蕭ㄇㄠˊ(mao)|びょう(イカリ) anchor
【錨地】びょうち(묘지) 정박(碇泊)하는 곳.
▷拔一, 鐵一, 投一

9/17【鍪】 투구 무 |尤ㄇㄡˊ(mou)|ぼう helmet
풀이 ①투구. 옛 군인이 쓰던 쇠모자. ¶甲盾鞮一<戰國策> ②가마. 발 없는 큰 솥. ③갓모자. ¶薦器則冠有一而毋縱<荀子> ④관(冠)의 위쪽으로 올라간 부분.

9/17【鍲】 돈꿰미 민 |眞ㄇㄧㄣˊ(min)|びん
同 鍲
풀이 ①돈꿰미. ㉠ 緡. ②생업(生業). 가업(家業). ③공물(貢物). 조세. 세금.

9/17【鍑】 솥 복 |屋ㄈㄨˋ(fu)|ふく iron pot

9/17【鍦】 짧은 창 사 |麻ㄕㄜˊ(she)|しゃ short spear

9/17【鍤】 가래 삽 |洽ㄔㄚ(cha)|そう spade
풀이 ①가래. 흙을 파헤치거나 떠서 던지는 농기구. 通 插 鈒. ¶負籠荷一<漢書> ②바늘. 시칠 때 쓰는 돗바늘.

9/17【鍹】 가래 선 |先ㄒㄩㄢ(xuan)|せん spade

9/17【鍱】 쇳조각 섭 엽 |葉ㄧㄝˋ(ye)|しょう よう 葉

9/17【鎪】 아로새길 수 |尤ㄙㄡ(sou)|しゅう carve

9/17【鍔】 칼날 악 |藥ㄜˋ(e)|がく(ハ) blade
풀이 ①칼날. ¶底厲鋒一<漢書> ②칼끝. 검단(劍端). ③칼등. 칼날의 반대쪽. ¶齊岱爲一<莊子> ④높은 모양. ¶一一列列<張衡> ⑤가. 끝. 단애(端崖). ¶前後無有垠一<張衡>
▷劍一, 露一, 鋩一, 寶一, 鋒一, 氷一, 銛一, 礪一, 垠一, 皓一

9/17【鍚】 당노 양 |陽ㄧㄤˊ(yang)|よう
※錫(p.1542)은 딴 자.
풀이 ①당노. 말 이마에 대는 금속 장식. ㉠ 鐊. ¶鉤膺鏤一<詩經> ②방패 뒤쪽의 장식. ¶朱干設一<禮記> ③땅 이름. 춘추 시대 송(宋)과 정(鄭)의 국경 지대. 지금의 하남성(河南省). ¶宋鄭之間 有隙地焉 曰彌作 頃丘 玉暢 嵒戈 一<左氏傳>

9/17【鍮】 놋쇠 유 本 투 |尤ㄊㄡˊ(tou)|ちゅう brass
풀이 ①놋쇠. 구리와 아연(亞鉛)의 합금. ②금빛 나는 자연동(自然銅). 자연동 중 최상품. ¶一石 自然銅之精也<格古要論>

【鍮器】(유기) 놋그릇.
【鍮尺】(유척) ㉿ 어사(御使)에게 하사(下賜)하던 놋자. 자막대처럼 곧고 바르게 일을 처결(處決)하라는 상징물(象徵物). 일설에는, 검시(檢屍)에 쓰는 놋자. 또는, 표준척(標準尺).

9 17【鍉】 ① 피 그릇 저 ② 숟가락 시 ③ 살촉 적 | ㄉㄧ (di) | てい し てき

9 17【鍾】 술병 종 | ㄓㄨㄥ (zhong) | しょう wine bottle

풀이 ①술병. 술그릇. 흔히 술을 따르는 잔(盞)으로 씀. ¶堯舜千一<孔叢子> ②모이다. 모음. 通叢. ¶澤 水之一也<國語> ③거듭하다. 늘림. 通重. ④주다. 부여(賦與)함. ¶未知命所一<曹植> ⑤당(當)하다. ¶方今一百王之季<劉琨> ⑥용량(容量)의 단위. 6곡(斛) 4두(斗),8곡,10곡 등,여러 설이 있음. ⑦종. 通鐘. ⑧시부모(媤父母). 通翁. ¶婦呼舅姑爲 一<漢書·注> ⑨아우. 당(唐)대 토번(吐蕃)이 쓰던 말. ¶吐蕃以爲弟 夷謂弟一<唐書>

漢食官鍾① (西淸古鑑)

【鍾官】(종관) 한(漢)대에 돈의 주조(鑄造)를 맡은 벼슬.
【鍾馗】(종규) 역귀(疫鬼)를 잡아 먹는 귀신. 그 그림은 마귀(魔鬼)를 쫓는 데에 주로 씀. 모습은 왕눈이 텁석부리로, 당(唐) 현종(玄宗)이 꿈에 본대로 이야기한 것을, 칙령(勅令)에 의하여 오도자(吳道子)가 그린 데서 비롯됨.
【鍾念】(종념) 자애(慈愛)를 모음. 극진히 사랑하고 아낌. ¶希烈之母 一幼子 目不絶泣<唐書>
【鍾憐】(종련) 가엾이 여겨 귀여워함.
【鍾子期】(종자기)《人》 춘추 시대 초(楚)의 음악가. 백아(伯牙)의 거문고 소리를 듣고 그의 악상(樂想)을 일일이 알아 맞혔으므로, 지음(知音)이란 말이 이에서 비롯됨.
▷釜一, 瑤一, 龍一, 千一, 靑一, 特一, 琥珀一

9 17【鍐】 말굴레 종 | ㄗㄨㄥ (zong) | そう bridle

9 17【鍬】 가래 초 | ㄑㄧㄠ (qiao) | しょう(スキ)

9 17【鍼】 침 침 | ㄓㄣ (zhen) | しん(ハリ) needle

同針

풀이 ①침. ㉮한방(韓方)에서 놓는 침. ¶一一二藥. ㉯재봉용 바늘. ¶以執斲執一織紝<左氏傳> ②찌르다. 침을 놓음. ¶以鐵鍼一之<漢書>/一術. ③경계(警戒). 잠계(箴戒). ¶一艾/一砭.
【鍼灸】(침구) 병을 고치기 위한 침과 뜸. 針灸(침구).
【鍼術】(침술) 침을 놓아 병을 고치는 의술.
▷曲一, 金一, 大一, 芒一, 旋一, 良一, 銀一, 直一, 穿一, 鐵一, 靑一, 置一, 打一, 砭一

9 17【鍖】 ① 모탕 침 ② 소리 느릴 침 | ㄔㄣˇ (chen) | ちん

9 17【鍜】 목투구 하 | ㄒㄧㄚ (xia) | か

※鍛(p. 1544)은 딴 자.

풀이 목투구. 목까지 깊숙이 감추게 만든 투구. 일설에는 투구 뒤에 늘이어 목을 가리게 된 부분. 경개(頸鎧). ¶錏一.

9 17【鍰】 무게 단위 환 | ㄏㄨㄢ (huan) | かん

풀이 ①무게의 단위. 6냥쭝. ¶六兩曰一<書經·注> ②고리. 通環. ¶謂宮門銅一<漢書>

9 17【鍭】 화살 후 | ㄏㄡˊ (hou) | こう(ヤ) arrow

풀이 ①화살. 쇠붙이의 활촉에 깃을 단 화살. ¶四一旣鈞<詩經> ②쇠뇌에 쓰는 화살. ¶殺矢一矢<周禮>

10 18【鎧】 갑옷 개 | ㄎㄞˇ (kai) | がい (ヨロイ) armor

풀이 ①갑옷. 갑의(甲衣). ¶被一扞 持刀兵<漢書> ②갑옷을 입다. 무장함. ¶一馬二百五十匹<晋書>
【鎧馬】(개마) 무장한 말. 鐵馬(철마).
▷申一, 頸一, 弩一, 頭一, 馬一, 鎖一, 首一, 御一, 玉一, 忍辱一, 重一, 紙一, 鐵一, 弊一, 玄一

10 18【鎌】 낫 겸 本렴 | ㄌㄧㄢˊ (lian) | れん(カマ) sickle

풀이 ①낫. 풀을 베는 연장. ¶腰一刈葵藿<鮑照> ②모. 모서리. ¶凡箭鏃胡合嬴者四一<方言>
▷鉤一, 短一, 磨一, 腰一, 利一, 火一

10 18【鎒】 ① 괭이 누 ② 풀벨 호 | ㄋㄡˋ (nou) | どう hoe こう

18【鋊】 銘(p.1538)의 訛字

10 18【鎛】 종 박 | ㄅㄛˊ (bo) | はく bell

풀이 ①종. 악기의 한 가지. ㉮큰 종. ¶一如鐘而大<周禮·注> ㉯작은 종. ¶細鈞有鐘無一<國語> ②괭이. 호미. ¶庤乃錢一<詩經> ③금으로 만든 술그릇. 금준(金樽). ¶華藻一鮮<淮南子>

10 18【鎊】 깎을 방 |陽ㄅㄤˋ (bang)|ほう *cut*

풀이①깎다. 같削. ②中 영국의 화폐 이름. 파운드(pound)의 음역(音譯).

10 18【鎞】 비녀 비 |齊ㄅㄧ (bi)|へい

풀이①비녀. 같釵. ②빗. ¶髮短不勝—<杜甫> ③빗치개. 빗살 사이에 낀 머리 때를 빼 내는 데에 쓰는 기구. ¶金—不用且閑行<劉禹錫> ④살촉. 전촉(箭鏃). ⑤콩잎. ⑥보습의 날.

10 18【鎖】 쇠사슬 쇄 |哿ㄙㄨㄛˇ (suo)|さ(クサリ) *chain*

俗鎻 同鏁

※銷(p.1540)은 딴 자.

풀이①쇠사슬. ¶以鐵—琅當其頸<漢書> ②자물쇠. ¶扃—甚固<酉陽雜俎> ③잠그다. 닫아 겲. ¶反—衡門守環堵<杜甫> ④매다. 쇠사슬로 붙들어 맴. ¶不可使塵網名韁拘—<東方朔> ⑤찡그리다. 얼굴을 찌푸림. ¶眉—將詩解<曹伯啓> ⑥수갑(手匣). ¶去枷脫—<淨住子>

【鎖甲】さこう(쇄갑) 쇠사슬을 이어 만든 갑옷. 鎖鎧(쇄개). 鎖子甲(쇄자갑). ¶沈槍臥—拋<燕子箋>

【鎖骨】さこつ(쇄골) 가슴 위쪽에 수평 방향으로 구부러진 좌우 한 쌍의 어깨뼈.

【鎖國】さこく(쇄국) 나라의 문호를 굳게 닫고 외국과의 교제를 트지 아니함. ¶—主義. ↔ 開國(개국).

【鎖子甲】さしこう(쇄자갑) ☞鎖甲(쇄갑).

▷枷—, 扃—, 關—, 拘—, 金—, 羈—, 縻—, 封—, 細—, 魚—, 長—, 鐵—, 閉—, 緘—, 解—

10 18【鎪】 아로새길 수 |尤ㄙㄡ (sou)|そう *engrave*

풀이①아로새기다. 조각함. ¶木無彫—<左思> ②말 귀에 다는 쇠붙이 장식. ③녹. 쇠의 표면이 산화(酸化)하여 생기는 것.

10 18【鎢】 작은 가마솥 오 |虞ㄨˋ (wu)|お *small kettle*

10 18【鎔】 녹일 용 |冬ㄖㄨㄥˊ (rong)|よう(トカス) *melt*

俗熔

풀이①녹이다. 쇠를 녹임. 쇠가 녹음. ¶金膏未—<徐陵> ②거푸집. 주물(鑄物)의 모형. ¶冶—炊炭<漢書> ③붓다. 쇳물을 거푸집에 부어 기물을 주조(鑄造)함. ④검(劍). 양날칼. ¶鈒戟鈹—劍鐔鍭<急就篇>

【鎔鑄】ようちゅう(용주) 쇳물을 거푸집에 부어 기물을 만듦. 일을 이룩함의 비유. ¶—品類陶汰淸虛<張仲甫>

▷陶—, 范—, 冶—, 鑄—

10 18【鎰】 중량 일 |質ㄧˋ (yi)|いつ *weight*

풀이①중량. 무게의 단위. ㉮20냥. ¶二十兩爲—<孟子·注> ㉯24냥. ¶金二十四兩爲—<左思·注> ②쌀 1되의 24분의 1.

10 18【鎡】 호미 자 |支ㄗ (zi)|じ *hoe*

10 18【鎗】 1종소리 쟁 |庚ㄑㄧㄤ|そう 2창 창 |陽(qiang)|しょう

풀이1①종소리. 금석(金石)의 소리. 같鏘. ②술그릇. 주기(酒器). ③솥. 세 발 달린 솥. 2①창(槍). ¶—頭長共六寸<武備志> ②총. 화총(火銃). ③쇳물. 거푸집에 부어 넣는 쇠붙이의 용액(鎔液). ¶—金. ④옥(玉)소리. 옥이 부딪혀 나는 소리. 같瑲. ⑤금속의 소리. ⑥금으로 장식한 모양.

▷鏗—, 茶—, 樂—, 錚—, 酒—

10 18【鎭】 1진압할 진 |震ㄓㄣˋ|ちん 2지킬 진 |眞(zhen)|*suppress* 3메울 전 |先|てん

俗鎮

풀이1①진압하다. ㉮적을 억눌러서 조용하게 하다. ¶—國家. ㉯어루만져 눌러서 편안하게 하다. ¶—撫. ㉰지덕(地德)으로써 한 지방을 편안하게 하는 명산(名山). ¶其山—日會稽<周禮> ②누르다. 무거운 것으로 누름. ¶以白玉—坐席<楚辭> ③눌러 두는 물건. ¶白玉兮爲—<楚辭>/文—. ④무겁다. 무겁게 함. ¶爲摯幣瑞節以—之<國語> ⑤안택(安宅)하다. 굿하여 터주를 위로함. ¶—宅神以薤石<庾信> ⑥진정(鎭靜)하다. ¶三途—而九派分<王勃> ⑦요해지(要害地). 전략상(戰略上)의 요긴한 곳. ¶臨難棄城—<唐書> ⑧진영(陣營). 둔영(屯營). ¶至—未幾 桓振襲江陵<晋書> ⑨언제나. 늘. 오래. ¶莫言春稍晩 自有—開花<褚亮> 2지키다. 3메우다. 멤. 通塡. ¶譬之如室 旣—其藁矣<國語>

【鎭圭】ちんけい(진규) 주(周)대 육서(六瑞)의 하나. 천자가 가지는 홀. 사진(四鎭)의 산(山)을 새기고 5색 끈으로 가운데를 묶었음. 사방을 안정한다는 뜻을 가짐. 瑱圭(진규).

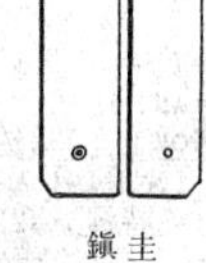
鎭圭

【鎭撫】ちんぶ(진무) 난리를 평정하고 백성을 편안하게 함. 민심을 진정시켜 위무(慰撫)함. 鎭安(진안). 鎭慰(진위).

【鎭山】ちんざん(진산) 도성(都城)이나 고을을 진호(鎭護)하는 주산(主山).

【鎭星】ちんせい(진성) 토성(土星)의 이칭.

【鎭守】ちんじゅ(진수) ①변경(邊境)을 지킴. 鎭戍(진수). ②《佛》 사원(寺院)을 지키는 신

(神).
【鎭壓】ちんあつ(진압) ①진정시켜 억누름. ¶一策. ②억눌림. 鎭厭(진엽). ③포개어져 쌓임. ¶禽相一 獸相枕藉<班固>
【鎭日】ちんじつ(진일) ①온종일. 또는, 긴 해. ②평상. 평상시.
【鎭子】ちんし(진자) 책장이나 가벼운 종이쪽이 바람에 날리지 않도록 누르는 물건. 書鎭(서진). 文鎭(문진).
【鎭將】ちんしょう(진장) 수(隋)·당(唐) 때 지방 군대의 장.
【鎭靜】ちんせい(진정) 가라앉아 조용함. 흥분된 것을 가라앉혀 조용하게 함. ¶一劑.
【鎭重】(진중) 점잖고 무게가 있음. 鄭重(정중).
【鎭痛】ちんつう(진통) 아픔을 가라앉힘. ¶一劑.
【鎭咳】ちんがい(진해) 기침을 가라앉힘. ¶一劑.
【鎭護】ちんご(진호) 난리를 진압하여 나라를 수호함.
【鎭火】ちんか(진화) 불을 끔. 불길을 잡음.
▷國一, 軍一, 撫一, 文一, 藩一, 邊一, 四一, 山一, 書一, 外一, 要一, 雄一, 留一, 六一, 州一, 重一, 至一, 八一

10 18 【鎚】 1 쇠망치 추 2 갈 퇴 | 因ㄔㄨㄟ 囚(chui) | つい(ツチ) *hammer* たい *polish*

풀이 1 ①쇠망치. ¶以鐵一鍛 其頭數千下<抱朴子> ②치다. 망치질함. ¶一琴而破之<古琴疏> ③저울추. ㉠錘. ¶擧秤一投之<山堂肆考> 2 ①갈다. 옥(玉)을 갈고 닦음. ②불리다. 단련함.
▷鉗一, 金一, 鍛一, 鐵一, 秤一

10 18 【鎋】 비녀장 할 | 黠ㄒㄧㄚˊ (xia) | かつ *linchpin*

풀이 비녀장. 수레의 바퀴가 빠져 나가지 않도록 굴대 끝에 내리꽂는 쇠못. 뜻이 바뀌어, 사물(事物)의 총괄(總括). 또는, 추요(樞要). ㉠轄. ¶孝道者萬世之桎一<孝經鉤命決>

10 18 【鎣】 1 줄 형 2 그릇 영 | 徑ㄧㄥˋ 庚(ying) | えい *file*

풀이 1 ①줄. 쇠붙이를 갈아 광택을 내는 연장. ②꾸미다. ③갈다. 문지름. 2 ①그릇. ②철(鐵)을 캐다.

10 18 【鎬】 호경 호 | 晧ㄏㄠˋ (hao) | こう

풀이 ①호경(鎬京). 서주(西周)의 무왕(武王)이 처음 도읍했던 곳. ¶一京辟雍<詩經> ②남비. 쟁개비. ③빛나는 모양. 밝은 모양. ¶故其華表 則一一鑠鑠<何晏>
【鎬京】こうけい(호경) 서주(西周) 무왕(武王)이 연 도읍. 지금의 섬서성(陝西省) 장안현(長安縣) 서남쪽. 宗周(종주). 西都(서도).

11 19 【鏹】 돈 강 | 養ㄑㄧㄤˇ (qiang) | きょう *money*

풀이 ①돈. 꿰미에 꿴 돈. ¶藏一巨萬<左思> ②금(金)의 이칭. ¶白一.

11 19 【鏗】 금옥 소리 갱 本경 | 庚ㄎㄥ (keng) | こう

풀이 ①금옥의 소리. ¶鐘聲一<禮記>/一鏘/一然. ②거문고 타는 소리. ③종 따위를 치다. 거문고 등 악기를 탐. ¶一華鐘<班固> ④기침 하는 소리. ¶其動一禁瞀厥<素問>

11 19 【鏡】 거울 경 | 敬ㄐㄧㄥˋ (jing) | きょう (カガミ) *mirror*

풀이 ①거울. ㉮형상을 비춰 보는 물건. ¶清水明一不可以形逃<漢書> ㉯거울삼다. 본받음. 또는, 경계삼음. ¶以一考己行<漢書> ②비추다. 조람(照覽)함. ¶孰當可而一<呂覽> ③밝히다. 광명(光明). ¶榮一宇宙<後漢書> ④길. 밝은 길. ¶萬流仰一<顏延之> ⑤못. 수면(水面). ¶風廻一一揉藍淺<耶律楚材> ⑥달. 명월(明月). ¶圓靈水一<謝莊> ⑦말의 두 눈 사이에 있는 가마. ¶雙瞳夾一<顏延之> ⑧시력(視力)을 조절하는 기구. ¶眼一/顯微一/望遠一.
▷古一, 掛一, 皎一, 鸞一, 銅一, 磨一, 望遠一, 明一, 反一, 反射一, 方一, 寶一, 氷一, 水一, 雙眼一, 眼一, 瑩一, 王一, 圓一, 胃一, 潛望一, 粧一, 照一, 地一, 塵一, 千里一, 鐵一, 清一, 破一, 海一, 向一, 懸一, 顯微一, 喉頭一

11 19 【鏜】 종고 소리 당 | 陽ㄊㄤ (tang) | とう

풀이 ㉠鏜. ①종고(鐘鼓) 소리. 종이나 북의 소리. ¶擊鼓其一<詩經> ②쇠꼬챙이로 물건을 꿰다.

11 19 【鏈】 쇠사슬 련 | 先ㄌㄧㄢˋ (lian) | れん(クサリ) *chain*

풀이 ①쇠사슬. ②구리의 한 가지. ③납의 광석.

11 19 【鏤】 1 새길 루 2 칼이름 루 | 宥ㄌㄡˋ (lou) 虞 | ろう *engrave* る

풀이 1 ①새기다. 아로새김. ㉤婁. ¶器不彤一<左氏傳> ②강철. 강한 쇠. ¶厥貢璆鐵銀一砮磬<書經> ③쇠붙이 장식. ¶虎韔一膺<詩經> ④뚫다. 개통(開通)함. ¶一靈山<漢書> ⑤가마솥. 발 없는 큰 솥. 2 칼 이름. ¶賜子胥屬一之劍<史記>
【鏤梓】ろうし(누자) ①판목(板木)에 새김. ②책을 출판함. 鏤板(누판). 上梓(상재).
▷刻一, 丹一, 鐫一, 彫一, 青一

11 19 【鏐】 금 류 | 尤ㄌㄧㄡˊ 宥(liu) | りゅう pure gold

풀이 금. 질이 좋은 황금. 通璆. ¶黃金之美者 謂之一<史記·注>

11 19 【鏌】 칼 이름 막 | 藥ㄇㄛˋ (mo) | ばく

【鏌鋣】ばくや(막야) ①큰 미늘창. 莫邪(막야). ②옛날, 오(吳)의 명검(名劍) 이름. ¶一傳體 不敢弗摶<韓非子>

11 19 【鏝】 흙손 만 | 寒ㄇㄢˋ 翰(man) | ばん(コテ) trowel

풀이 ①흙손. 벽을 바르는 데에 쓰는 도구. 같 墁. ¶泥一. ②날이 없는 창(槍). 같 縵. ③돈의 뒷면.
▷手一, 操一, 畫一

11 19 【鏋】 다리미 무 本모 | 虞ㄇㄨˇ (mu) | ぼ flatiron

11 19 【鏠】 칼끝 봉 | 冬ㄈㄥ (feng) | ほう plane

11 19 【鏟】 대패 산 本찬 | 潸ㄔㄢˇ (chan) | さん plane

풀이 ①대패. 일설에는, 큰 자귀. 같 產. ¶乃剗乃一 旣剞旣斲<鮑照> ②깎다. 대패나 자귀 따위로 깎아 냄. ¶一山葦石<唐書> ③낫. ④쇳덩이. 판금. 금속판.

【鏟幣】さんぺい(산폐) 옛 중국의 화폐. 대패처럼 생겼음, 空心幣(공심폐).

11 19 【鏇】 1 갈이틀 선 2 고패 선 | 霰ㄒㄩㄢˋ 先(xuan) | せん

풀이 1 ①갈이틀. 선기(鏇機). 나무를 깎는 기계. ②선반(鏇盤). 쇠를 깎는 기계. ③술을 데우는 남비. ④금속제 대야. 2 고패. 오지그릇을 만들 때, 발로 돌려 거푸집을 뜨는 물레. 녹로(轆轤).

11 19 【鎩】 창 쇄·살 | 卦ㄕㄚ 黠(sha) | さい, さつ spear

풀이 ①창. ㉮양날 창. ¶植一懸瞂<張衡> ㉯긴 창. ¶非錟於句戟長一也<史記> ②날밑이 있는 검(劍). ③자르다. 잘림. ④날개가 상하다. ¶鳥一翮<左思> ⑤날개를 펴다. ¶飛鳥一翼<淮南子>

11 19 【鏊】 번철 오 | 號ㄠˋ (ao) | ごう

11 19 【鏖】 무찌를 오 | 豪ㄠˊ (ao) | おう annihilate

풀이 ①무찌르다. 모조리 죽임. ¶合短兵一皋蘭下<漢書> ②구리 동이. 놋동이. ③남비. ④힘써 싸우다. ⑤떠들썩하다. 시끄러움. ¶市聲一午枕<黃庭堅>

11 19 【鏞】 종 용 | 冬ㄩㄥ (yong) | よう large bell

풀이 ①종. 큰 종. 같 庸. ¶大鐘謂之一<爾雅> ②서국(西國)의 음악. ¶西方之樂 謂之一<書經·注>

11 19 【鏘】 금옥소리 장 | 陽ㄑㄧㄤ (qiang) | しょう tinkling

풀이 ①금옥(金玉) 소리. 금옥이 부딪혀 나는 소리. ¶然後玉一鳴也<禮記>/鏗一. ②사물의 형용. ¶一一.
▷鏗一, 凄一

11 19 【鏑】 살촉 적 | 錫ㄉㄧˊ (di) | てき arrowhead

풀이 ①살촉. 전촉(箭鏃). ¶馥焉中一<潘岳> ②우는 살. 명전(鳴箭). 효시(嚆矢). ¶作爲鳴一<史記>
▷鳴一, 鋒一, 飛一, 矢一, 流一, 箭一, 响一

11 19 【鏚】 도끼 척 | 錫ㄑㄧˋ (qi) | せき ax

11 19 【鏃】 살촉 촉 本족 | 屋ㄗㄨˊ (zu) | ぞく(ヤジリ) arrowhead

풀이 ①살촉. 화살촉. 같 族 鋜. ¶秦無亡矢遺一之費<賈誼> ②작은 가마솥. 같 銼. ③날카롭다. 예리(銳利)함. ④새로운 모양. ¶一一.

11 19 【鏦】 1 창 종 2 칠 창 | 冬ㄘㄨㄥ (cong) 江 | しょう spear そう

풀이 1 ①창(槍). 작은 창. ¶修鎩短一<淮南子> ②찌르다. ¶使人一殺吳王<漢書> 2 ①치다. 종, 북 따위를 침. ②쇠붙이가 울리는 소리. ¶一一錚錚 金鐵皆鳴<歐陽脩>

11 19 【鏢】 칼끝 표 | 蕭ㄅㄧㄠ (biao) | ひょう

풀이 ①칼끝. 通 標. ②칼집 끝의 장식.

12 20 【鐗】 1 굴대덧방쇠 간 2 韓 쇳덩이 간 | 諫ㄐㄧㄢˇ (jian) | かん

풀이 1 ①굴대 덧방쇠. 수레 굴대의 바퀴통 속으로 들어가는 부분에 감아서 덧대는 쇠. ②창(槍). 채찍. 병기의 한 가지. 2 韓 쇳덩이. 철의 조광(粗鑛).

12 20 【鐖】 낫 기 | 微ㄐㄧ (ji) | き sickle

풀이 ①낫. 큰 낫. ¶一鑿棘矜<史記> ②미늘. 낚시 바늘의 거스른 갈고리. ¶無一之鉤 不可以得魚<淮南子> ③용수철. 탄력(彈力)으로 튀기는 기구. ¶若夫工匠之爲連一<淮南子>/一發.

12 20 【鐃】 1 징 뇨 2 굽힐 뇨 | 肴ㄋㄠˊ 效(nao) | どう, にょう gong

풀이 1 ①징. 진영(陣營)에서 쓰는 작은 징. ¶以金一止鼓<周禮> ②동발(銅鈸). 자바라의 한 가지. ¶初集鳴一鈸唱佛歌讚<僧史略> ③떠들썩하다. 시끄러움. ¶今年尙可 後年一<後漢書> 2 굽히다. 通撓. ¶萬物無足以一心者<莊子>

鐃鈸
(淸會典圖)

【鐃鈸】ほはつ(요발)《佛》 놋쇠로 만든 바리 모양의 악기로, 양손에 하나씩 들고 서로 맞부딪쳐 울림. 銅鈸(동발).
▷金一, 鐲一, 鐸一

12 20 【鐓】 1 창고달 대 2 철퇴 퇴 |dui| たい
풀이 1 창고달. 창의 물미. 같 錞. ¶進矛戟者前其一<禮記> 2 ①철퇴(鐵槌). 쇠방망이. 쇠망치. ②아래로 늘어지다. 하수(下垂)함.

12 20 【鐙】 등자 등 |deng| とう stirrup
풀이 ①등자(鐙子). ②등잔 접시. 등유(燈油)를 담는 그릇. ¶華一錯些<楚辭> ③등불. 등화(燈火). 같 燈. ¶明一熺炎光<劉楨> ④오지 제기(祭器). 와두(瓦豆). ¶執醴授之執一<禮記> ⑤굽 높은 그릇. 금속제로, 음식을 담는 데에 씀.

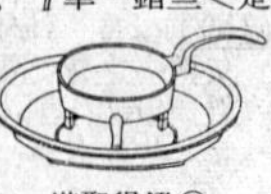
漢聖得鐙②
(西淸古鑑)

【鐙子】(등자) 말을 탔을 때 양 발을 각각 꿰어 디디는 물건. 말등자.

12 20 【鐐】 은 료·로 |liao| りょう, ろう silver
풀이 ①은(銀). 천은(天銀). 미은(美銀). ¶大夫一琫而鏐珌<詩經·注> ②족쇄(足鎖). 죄인의 발을 묶는 쇠사슬. ¶一鐵連環之以縶足<明史> ③화로. 밑에 구멍을 뚫은 화로.

12 20 【鏺】 낫 발 |po| はつ sickle
풀이 ①낫. 쌍날로 된 낫. ②베다. 풀 따위를 벰. ③진압(鎭壓)하다. 화란(禍亂)을 다스려 편안하게 함. ¶一廣濟<韓愈>

12 20 【鐇】 도끼 번 |fan| はん ax
풀이 ①도끼. 날이 넓은 도끼. ②자귀. 큰 자귀. ③깎다. 끊음. 제거(除去)함. ¶一钁株林<後漢書> ④망치. 망치로 침.

12 20 【鏷】 무쇠 복 |pu| ほく cast iron
풀이 ①무쇠. 동철(銅鐵)의 조광(粗鑛). ②화살 이름. 通 僕.

12 20 【鐔】 날밑 심 |xin| しん sword guard
풀이 ①날밑. ¶鑄作刀劍鉤一<漢書> ②칼. 작은 검(劍). ③요해처(要害處). 요새지(要塞地).

12 20 【鐕】 못 잠 |zan| さん nail
풀이 ①못. 대가리가 없는 못. ¶用朱綠 用雜金一<禮記> ②꿰매다. 옷을 꿰맴. 通 簪. ③갈다. 연마(硏磨)함. ④바늘. 바느질함.

12 20 【鐘】 종 종 |zhong| しょう(カネ) bell
풀이 通 鍾. ①종. 쇠북. 악기의 한 가지. ¶一鼓樂之<詩經> ②시계(時計). ¶自鳴一.
【鐘閣】しょうかく(종각) 큰 종을 매달아 놓은 누각(樓閣).
【鐘樓】しょうろう(종루) 종을 달아 놓은 다락집.
【鐘銘】しょうめい(종명) 종에 새긴 글.
【鐘鳴漏盡】しょうめいろうじん(종명누진) 시각을 알리는 종이 울리고, 물시계의 물이 다했다는 뜻으로, 밤이 깊거나 늙어서 여생(餘生)이 얼마 남지 않음의 비유. ¶臣桑楡之年 一<魏書>
【鐘鳴鼎食】しょうめいていしょく(종명정식) 종을 쳐서 식구를 모아 솥을 벌여 놓고 먹는다는 뜻으로, 식구가 많고 부유한 사람의 생활을 이르는 말. 擊鐘鼎食(격종정식). ¶閭閻撲地 一之家<王勃>
【鐘鼎款識】しょうていかんし(종정관지) 종정에 새긴 금석문(金石文). 款은 음문(陰文), 識는 양문(陽文).
【鐘鼎文】しょうていぶん(종정문) ①은(殷)·주(周) 시대의 종정(鐘鼎)에 새긴 고문(古文). ¶如見數千年前 科斗鳥跡所記鐘鼎之文<張耒> ②법문(法文). 종정(鐘鼎)에 법령을 새겼으므로 이름.
▷鏗一, 巨一, 擊一, 古一, 撾一, 掛一, 亂一, 撞一, 晩一, 飯後之一, 梵一, 山一, 醒一, 小一, 神一, 晨一, 掩耳盜一, 午一, 五一, 遠一, 應一, 林一, 自鳴一, 鼎一, 朝一, 坐一, 編一, 夾一, 昏一, 洪一, 鴻一

12 20 【鐏】 창고달 준 |zun| そん
풀이 창고달. 창의 물미. ¶進戈者前其一<禮記>

12 20 【鐎】 초두 초 |jiao| しょう pan
【鐎斗】しょうと(초두) 자루가 있고 발이 세 개 달린 쟁개비. 옛날, 군영(軍營)에서 썼는데, 낮에는 음식을 데우고 밤에는 두드려 야경의 신호로 삼았음.

12〖鐬〗 1 날카로울 혜 2 병기 예 |㊀ㄏㄨㄟ (hui) ㊁ |けい sharp えい

12〖鐄〗 종 횡 |㊀ㄏㄨㄤˊ (huang) |こう bell

풀이 ①종. 큰 종. ②종소리. ③낫. 풀을 베는 큰 낫. ④크게 울리는 소리. ㉠鍠. ¶錚—謍嗃<馬融>

12〖鐍〗 걸쇠 휼 ㊄결 |㊀ㄐㄩㄝˊ (jue) |けつ latch

풀이 ①걸쇠. 고리를 거는 쇠. 자물쇠. ¶固扃—<莊子> ②요처(要處). 추요(樞要). ¶提六合之樞紐 扣二儀之—鑰<李嶠> ③햇무리. 일훈(日暈). ㊉穴. ¶有氣刺日爲—<漢書·注> ④고리. 가운데에 혀가 있는 고리. 대구(帶鉤) 따위. ¶得施玉鐶—<後漢書>

13〖鐻〗 1 악기 걸이 거 2 금은 장신구 거 |㊀ㄐㄩ ㊁(ju) |きょ

풀이 1 ①악기 걸이. 편경(編磬), 편종(編鐘)을 거는 기구. ㉠簴. ¶銷鋒鑄—<史記> ②악기 이름. 나무로 만든, 협종(夾鐘) 비슷한 악기. ¶削木爲—<莊子> ③톱. ㊉鋸. 2 금은(金銀)으로 만든 장신구. ¶穿耳以—<山海經> ▷金—, 鑄—

13〖鐺〗 1 쇠사슬 당 2 솥 쟁 |㊀ㄉㄤ (dang) ㊁ |とう chain そう kettle

풀이 1 ①쇠사슬. 철쇄(鐵鎖). ②종, 북의 소리. ㉠鏜. ¶鏗鎗—鼕<史記> ③쇠꼬챙이로 물건을 꿰다. 2 솥. 노구솥. ㊉鎗. ¶折脚—中煨淡粥<蘇軾> ▷空—, 銀—, 茶—, 藥—, 鼎—, 鐵—, 土—, 破—

13〖鑪〗 부레 그릇 로 |㊀ㄌㄨˇ (lu) |ろ

풀이 ①부레 그릇. 부레를 끓이는 그릇. 아교(阿膠) 그릇. ②칼자루.

13〖鐳〗 병 뢰 |㊀ㄌㄟˊ (lei) |らい jar

풀이 병(瓶). 목이 잘록하고 배가 불룩한 그릇. ¶寘壺—瓶甒以偵之<潘岳>

【鐳柚】らいゆう (뇌유) 가장 큰 유자.

13〖鏖〗 솥 오 |㊀ㄠ (ao) |おう kettle

풀이 ①솥. 음식을 익히는 그릇. ㉠鏊. ②익히다. 끓임. ③금속제 기물. ④무찌르다. 모조리 죽임. ㊉熬 鏖.

13〖鐫〗 새길 전 |㊀ㄐㄩㄢ (juan) |せん engrave

풀이 ①새기다. 쫌. 팜. ¶—山石<淮南子>/—刻/—切. ②끌. 나무에 구멍을 파는 연장. ③내치다. 폄출(貶黜)함. ¶—黜. ④송곳.

13〖鐵〗 쇠 철 |㊀ㄊㄧㄝˇ (tie) |てつ(クロガネ) iron

㊂銕 鐡 ㊃鉄

풀이 ①쇠. 금속의 한 가지. ¶厥貢璆— 銀鏤砮磬<書經> ②검다. 검은 빛. ¶駟—孔阜<詩經> ③단단하다. 견고함. ¶劉琨—誓 精貫霏霜<文心雕龍> ④굳세다. 날카로움. ¶安得—翅穿秋旻<王令> ⑤곧다. 바름. ¶京師目爲—面御史<宋史> ⑥갑옷. 갑의(甲衣). ¶吳人號爲—龍<宋史> ⑦병기. 무기. ¶人無尺—<李陵> ⑧땅 이름. 춘추(春秋) 시대 위(衛)의 땅. 지금의 하북성(河北省) 복양현(濮陽縣) 북쪽. ¶鄭罕達戰于—<左氏傳>

【鐵甲】てっこう (철갑) 쇠로 만든 갑옷. 鐵鎧(철개). 鐵衣(철의). 戎衣(융의).

【鐵甲船】てっこうせん (철갑선) 쇠로 거죽을 싼 병선(兵船).

【鐵冠】てっかん (철관) 철주(鐵柱)를 세운 관(冠). 어사(御史)의 관. 법관(法冠).

【鐵鑛】てっこう (철광) 철을 함유한 광물이나 광산. 鐵礦(철광). ¶—石.

【鐵橋】てっきょう (철교) ①철재(鐵材)로 놓은 다리. ②철도를 가설한 다리.

【鐵券】てっけん (철권) 한(漢) 고조(高祖)가 공신(功臣)을 봉(封)할 때 준 부신(符信). 표면에 금니(金泥)로 공적을 새기고 반을 갈라 왼쪽 것을 공신에게 주고 오른쪽 것은 내부(內府)에 보관함.

【鐵拳】てっけん (철권) 쇠같이 단단한 주먹.

【鐵筋】てっきん (철근) 콘크리트 속에 박는 긴 철선(鐵線). 鐵骨(철골). 「—時代.

【鐵器】てっき (철기) 쇠로 만든 기물(器物). ¶

【鐵騎】てっき (철기) ①철갑을 입은 기병(騎兵). ②용맹한 기병.

【鐵道】てつどう (철도) 철제 궤도(軌道)를 깐 길. 기차·전차의 선로(線路). 鐵路(철로).

【鐵路】てつろ (철로) 철길. 鐵道(철도).

【鐵馬】てつば (철마) ①철갑(鐵甲)으로 무장한 기마(騎馬). ②풍령(風鈴)의 이칭. ③기차(汽車)의 별칭.

【鐵網】てつもう (철망) 철사로 얽어 만든 그물.

【鐵面皮】てつめんぴ (철면피) 부끄러워할 줄 모르는 사람을 이르는 말. 厚顔(후안). 厚顔無恥(후안무치). 「자.

【鐵帽】てつぼう (철모) 전투할 때 쓰는 쇠로 만든 모

【鐵門】てつもん (철문) 쇠로 만든 문. 鐵扉(철비).

【鐵物】てつぶつ (철물) 쇠로 된 물건. ¶—店.

【鐵壁】てっぺき (철벽) 쇠로 만든 성벽(城壁). 견고한 성벽.

【鐵棒】てつぼう (철봉) ①쇠몽둥이. ②기계 체조에 쓰이는 용구의 한 가지.

【鐵浮圖】てつふと (철부도) 금(金)의 태조(太祖)의 둘째 아들 올출(兀朮)의 군대. 무거운 갑옷을 입은 데서 이름. 쇠부처.

【鐵分】てつぶん(철분) 어떤 물질 속에 들어 있는 철의 성분.
【鐵貧】(철빈) 몹시 심한 가난.
【鐵絲】てつし(철사) 쇠로 만든 가는 줄. 鐵線(철선).
【鐵山】てつざん(철산) 철광석(鐵鑛石)이 나는 산.
【鐵石】てっせき(철석) ①철이 들어 있는 광석(鑛石). 철광석. ②쇠와 돌. 의지가 굳고 변하지 않음의 비유. ¶守一之深衷 厲松柏之雅操<晉書>
【鐵石肝腸】てっせきかんちょう(철석간장) 매우 단단한 의지를 이르는 말.
【鐵石心腸】てっせきしんちょう(철석심장) ☞鐵心石腸(철심석장).
【鐵石人】てっせきじん(철석인) ①송(宋)의 소식(蘇軾)이 유기지(劉器之)의 의지가 쇠하지 아니함을 칭송한 말. ②㊥ 무정한 사람. 냉정한 사람.
【鐵船】てっせん(철선) 쇠로 만든 배.
【鐵爇】(철설) ☞刀煙(도연).
【鐵心石腸】てっしんせきちょう(철심석장) 의지가 굳음의 비유. 鐵石心腸(철석심장). ¶僕本以一待公<蘇軾>
【鐵牛】てつぎゅう(철우) ①쇠를 부어 만든 소의 형상. 수재(水災)를 치방(治防)한다는 부적으로, 우왕(禹王)이 만들어 황하(黃河)에 넣었다 함. ②강견(强堅)하여 굴하지 아니함의 비유. ③장갑차(裝甲車). 자동차. 전차(戰車).
【鐵材】てつざい(철재) 철로 된 재료.
【鐵錢】てっせん(철전) 쇠돈.
【鐵製】てっせい(철제) 쇠로 만듦. 또는, 그 물건.
【鐵條網】てつじょうもう(철조망) 철사를 그물 모양으로 얽기설기 엮은 물건. 또는, 그것을 친 울타리.
【鐵柱】てっちゅう(철주) 쇠기둥.
【鐵中錚錚】てっちゅうのそうそう(철중쟁쟁) 쇠 중에 좋은 소리가 나는 것. 보통사람보다 조금 나은 사람의 비유. 후한(後漢)의 광무제(光武帝)가 서선(徐宣)을 평한 말. 錚錚은 조금 단단한 무쇠의 소리.
【鐵鑕】てっしつ(철질) 별 이름. 머리를 자르는 일을 맡아 보는 별. ¶一星主誅斬<晉書>
【鐵窓】てっそう(철창) ①쇠창살문. ②감방(監房). 감옥(監獄). 獄窓(옥창).
【鐵柵】てっさく(철책) 쇠로 만든 울짱.
【鐵椎】てっつい(철추) 쇠몽치. 鐵鎚(철퇴).
【鐵則】てっそく(철칙) ①엄격한 규칙. ②절대적인 원칙.
【鐵桶】てっとう(철통) 쇠로 만든 통.
【鐵鎚】てっつい・カナヅチ(철퇴) 쇠몽치. 鐵椎(철추).
【鐵板】てっぱん(철판) 쇠로 만든 판대기.
【鐵片】てっぺん(철편) 쇳조각.
【鐵砲】てっぽう(철포) 대포, 소총 등의 총칭.
【鐵筆】てっぴつ(철필) ①조각할 때 쓰는 새김칼. 印刀(인도). ②등사지 위에 쓰는, 송곳 모양의 필기구. ※骨筆(골필). ③펜(pen).
▷鋼一, 古一, 金一, 鍛一, 砂一, 索一, 鑠一, 生一, 銑一, 熟一, 冶一, 良一, 鍊一, 鹽一, 柔一, 利一, 磁一, 炙一, 精一, 蹄一, 製一, 鑄一, 尺一, 寸一, 廢一, 黑一

13 21 【鐲】 징 탁 | 覺ㄓㄨㄛˊ (zhuo) | たく(スズ) gong

풀이 ①징[鉦]. 행군(行軍)할 때 북 소리를 조절하기 위하여 치는 징. ¶金一節鼓<周禮> ②방울. ③팔찌.

13 21 【鐸】 방울 탁 | 藥ㄉㄨㄛˊ (duo) | たく(スズ) bell

풀이 ①방울. ㉮옛 중국에서, 교령(敎令)을 펼 때 흔들어 백성을 경계(警戒)하는 데 쓰던 큰 방울. ¶以金一通鼓<周禮> ㉯마소의 목에 다는 방울. ¶逢趙賈人牛一識其聲<晉書>/一鈴. ②풍경(風磬). 처마 끝에 다는 작은 경쇠. ③독(毒)을 바른 창(槍). ¶南蠻有毒槊 … 蠻中呼爲一刀<酉陽雜俎>

漢 鐸 ① (金石索)

▷鼓一, 金一, 大一, 銅一, 鳴一, 木一, 鈴一, 鐘一, 執一

13 21 【鐶】 고리 환 | 刪ㄏㄨㄢˊ (huan) | かん(ワ) link

풀이 ①고리. 쇠고리. ㊔環. ¶金爲鎖一<洛陽伽藍記> ②귀고리. 귀에 거는, 귀금속 장신구. ¶玉一穿耳誰家女<張籍> ③가락지. 지환(指環). ¶以金同心指一爲娉<晉書> ④목걸이. 목에 거는 장신구. ¶狗兒金油一<元稹>
▷金一, 銅一, 鎖一, 指一

14 22 【鑑】 거울 감 | 陷ㄐㄧㄢˋ (jian) | かん(カガミ) mirror

㊐鑒 鑒

풀이 ①거울. ㉮물체의 형상을 비추어 보는 물건. ㊔鏡. ¶我心匪一<詩經> ㉯본보기. 모범. ¶追憑皇一 忠承淵範<宋書> ㉰훈계(訓戒). 교훈. ¶言成規一<晉書> ②보다. ㉮거울에 비춰 보다. ¶無一於水<國語> ㉯살피다. 성찰(省察)함. ¶試加省一<梁書> ㉰생각하다. 감안함. ¶魏不審一<諸葛亮> ③견식(見識). 안식(眼識). ¶才一淸遠<晉書> ④비치다. 비춤. ¶黰黑而甚美 光可以一<左氏傳> ⑤윤. 광택(光澤). ¶貌一淸溢匣<韓愈>
【鑑念】かんねん(감념) 전례에 비추어 생각함. ¶一前世 可爲寒心<後漢書>
【鑑寐】かんび(감매) 낮잠. 假寐(가매). 假睡(가수).
【鑑銘】かんめい(감명) 거울에 새긴 명(銘).
【鑑別】かんべつ(감별) 감정하여 양부(良否)·진위(眞僞)를 가림. 鑑定(감정). ¶一士.
【鑑賞】かんしょう(감상) ①감정(鑑定)함. ②예술 작품의 가치를 음미하고 이해함. ¶美術一.
【鑑識】かんしき(감식) ①선악(善惡)을 분간함. 또는, 그 힘. 인재(人材)를 식별(識別)함. ¶一力. ②범죄 수사에서, 지문(指紋)·필적(筆跡) 기타 증거물을 과학적으로 감정하는 일.
【鑑定】かんてい(감정) 서화(書畫)나 골동품(骨董品), 또는 어떤 자료(資料)에 대해서 그 진위(眞僞)와 가치를 분별하여 판정함. 鑑識(감식).
【鑑止】かんし(감지) 비추어 봄. 환히 봄. 止는 조자(助字).
【鑑札】かんさつ(감찰) 인가(認可)의 표지(標識)로

관청 또는 관계 기관에서 발행하는 증표. ¶營業一/一料.
▷鏡一, 古一, 窮一, 龜一, 金一, 明一, 門一, 寶一, 氷壺玉一, 商一, 省一, 識一, 神一, 宸一, 深一, 靈一, 睿一, 殷一, 以人爲一, 臨一, 才一, 寂一, 前一, 精一, 智一, 總一, 卓一, 品一, 下一, 玄一, 惠一, 皇一

22〖鑒〗 鑑(p. 1522)과 同字

14/22〖轚金〗 1 쇳소리 경 2 끊을 경 | 圈くㅣㄥ 庚(qing) | けい
풀이 1 ①쇳소리. ②앙감질하다. 한쪽 발로 뛰어감. ¶斷其足 一而乘於他車以歸<左氏傳> 2 ①끊다. ②쇳소리. 금속의 소리.

22〖鑎〗 貫(p. 232)와 同字

22〖鑃〗 銚(p. 1538)과 同字

14/22〖鑄〗 쇠 부어 만들 주 | 遇ㄓㄨˋ(zhu) | ちゅう(イル) *cast*
古 𨰉 略 鋳
풀이 ①쇠를 부어 만들다. 주조(鑄造)함. ¶美金以一劍戟<國語> ②감화 도야(感化陶冶)하다. 인재를 양성함. ¶孔子一顔淵矣<法言> ③녹. 쇠 거죽에 생기는 산화철(酸化鐵). ④나라 이름. 황제(黃帝) 자손의 채지(采地). 지금의 산동성(山東省) 비성현(肥城縣) 주향(鑄鄉). ¶封黃帝之後於一<呂覽>
【鑄物】ちゅうぶつ (주물) 쇠를 녹여 만든 물건.
【鑄顔】ちゅうがん (주안) 공자(孔子)가 안회(顔回)를 도야(陶冶)한다는 뜻으로, 인재를 양성함을 이름. 鑄人(주인).
【鑄人】ちゅうじん (주인) 사람을 만든다는 뜻으로, 인재를 양성함을 이름. 陶鑄人才(도주인재). 「함. ¶一所.
【鑄字】ちゅうじ (주자) 활자(活字)를 주조(鑄造)
【鑄造】ちゅうぞう (주조) 쇠를 녹여 기물을 만듦.
【鑄貨】ちゅうか (주화) 주조(鑄造)된 화폐(貨幣). 鑄幣(주폐).
▷改一, 更一, 盜一, 陶一, 私一, 新一, 冶一, 鎔一, 造一, 彫一

14/22〖鑊〗 가마 확 | 藥ㄏㄨㄛˋ(huo) | かく *iron kettle*
풀이 가마. 발 없는 큰 솥. ㉮고기를 삶는 가마. ¶嘗一臠肉知一一之味<淮南子> ㉯죄인을 삶아 죽이는 형기(刑器). ¶一亨之刑<漢書>
鑊(禮器圖)
▷鉅一, 大一, 斧一, 沸一, 鼎一, 鐵一, 湯一

15/23〖鑛〗 쇳돌 광 | 梗ㄎㄨㄤˋ(kuang) | こう(アラガネ) *ore*
略 鉱 同 磺 礦
풀이 쇳돌. 광석(鑛石). 조광(粗鑛). ¶精練藏於一朴<王褒>
【鑛區】こうく (광구) 정부에서 광물의 채굴을 허가한 구역. 「줄기. 쇳줄.
【鑛脈】こうみゃく (광맥) 광물의 맥. 광물이 매장된
【鑛物】こうぶつ (광물) 지각(地殼)을 형성하고 있는 천연적인 무기물(無機物). 금, 철, 흙, 모래, 물, 소금 따위. 「夫(갱부).
【鑛夫】こうふ (광부) 광산에서 일하는 노동자. 坑
【鑛山】こうざん (광산) 유용한 광물을 채굴하는 곳.
【鑛床】こうしょう (광상) 지각(地殼)의 유용한 광물을 함유하고 있는 부분.
【鑛石】こうせき (광석) 광상(鑛床)에서 채굴되는, 유용한 물질을 함유하고 있는 암석.
【鑛業】こうぎょう (광업) 광물을 채굴·정련하는 일. 또는, 그 사업. 「一水.
【鑛泉】こうせん (광천) 광물질이 들어 있는 샘. ¶
▷金一, 銅一, 銀一, 採一, 鐵一

15/23〖鑢〗 줄 려 | 御ㄌㄩˋ(lü) | りょ(ヤスリ) *file*
풀이 ①줄. 쇠붙이를 쓰는 연장. 같 鋁. ¶磋以一錫<大學·注> ②줄로 쓸다. 갊. ¶玉之缺 尙可磨一而平<詩經> ③다스리다. ¶躬自一<太玄經>

15/23〖鑠〗 녹일 삭 | 藥ㄕㄨㄛˋ(shuo) | しゃく(トカス) *melt*
풀이 ①녹이다. 쇠붙이를 녹임. 같 爍. ¶故衆口其一金兮<楚辭> ②녹다. 녹아 없어짐. 멸망함. ¶秦先得齊宋 則韓氏一<戰國策> ③달구다. 태움. ¶一絕竽瑟<莊子> ④갈다. 닦음. ⑤비방(誹謗)하다. 비방. ¶累負謗一<唐書> ⑥빛나다. 通 爍. ⑦아름답다. 좋음. ¶於一王師<詩經>
▷景一, 瑰一, 鍛一, 陶一, 謗一, 閃一, 燒一, 鎖一, 鍊一, 鎔一, 懿一, 矍一

23〖鐯〗 櫡(p. 798)와 同字

15/23〖鑕〗 모루 질 | 質ㄓˋ(zhi) | しつ(カナトコ) *anvil*
풀이 ①모루. 쇠로 만든 모탕. ¶一砧. ②형구(刑具)의 한 가지. 참요대(斬腰臺). 아래위에 달린 도끼날이 맞닿아 몸을 자르게 만든 형구. 같 質. ¶君不忍加之以鈇一<公羊傳>

23〖鑚〗 鑽(p. 1554)의 俗字

15/23〖鑣〗 재갈 표 | 蕭ㄅㄧㄠ(biao) | ひょう *bit*
풀이 ①재갈. 말 입에 물리는 쇠. ¶斷一銜以馳騖兮<楚辭> ②성(盛)한 모양. ¶四牡有驕 朱幩一一<詩經>
▷驅一, 金一, 連一, 玉一, 龍一, 停一, 朱一, 華一

15 23 【鑼】 1 쟁기 피 ㊥ㄅㄚˋ ひ
2 쇠막대 패 ㊥(ba) plow
3 밭갈 파 はい は

23 【鑑】 鑑(p. 1552)과 同字

16 24 【鑪】 화로 로 ㊥ㄌㄨˊ ろ (lu) brazier
풀이 ①화로. 향로. 화덕. ¶膏—絶沈燎<江淹> ②큰 독. 오지로 만든, 춤이 높은 큰 그릇. ㉠鑪. ¶在一捶之間<莊子> ③풀무. 불을 피울 적에 바람을 일으키는 기구. ¶一橐 埵 坊 設<淮南子> ④목로. 주막(酒幕). 술단지 얹는 곳이 풀무 비슷하므로 이름. ¶令文君當—<史記> ⑤술항아리. 주항(酒缸).
▷金—, 當—, 大—, 冶—, 藥—, 銀—, 風—, 洪—, 火—, 薰—

唐薰鑪 ①
(西淸古鑑)

17 25 【鑮】 종 박 ㊥ㄅㄛˊ はく (bo) bell
풀이 ①종. 큰 종. ¶其南—<儀禮> ②호미. ㉠鎛.

17 25 【鑰】 자물쇠 약 ㊥ㄩㄝˋ やく (yue) lock
풀이 ①자물쇠. ㉠籥. ¶門—必以魚<芝田錄> ②빗장. 문을 잠그는 고리. ¶不爲墻垣扃—<唐書> ③문에 빗장을 걸어 단속하는 일. ④마음의 단속(團束). ¶外要名利 內無關—<魏志> ⑤진수(鎭守)하는 일. ¶北門鎖— 非準不可<宋史> ⑥닫다. 잠금. ⑦들어가다. ¶一天門<淮南子> ⑧깨닫다. 각성. ¶參同得靈—<蘇軾> ⑨추요(樞要). 기비(機祕). ¶扣二儀之鐍—<李嶠>
▷扃—, 庫—, 管—, 關—, 宮—, 金—, 禁—, 牡—, 門—, 鎖—, 魚—, 玉—, 衆—, 重—, 下—, 緘—

17 25 【鑲】 거푸집속 양 ㊥ㄒㄧㄤ じょう (xiang) mold
풀이 ①거푸집속. 거푸집을 만들 때, 쇳물을 부어 넣을 공간을 위해 채워 넣는 물건. ②가선 두르다. ㉠廂. ③병기 이름. 양쪽에 쇠갈고리, 복판에 창날이 달렸음. ¶鉤—. ④끼우다. 빈 곳을 채움.

17 25 【鑱】 보습 참 ㊥ㄔㄢˊ さん (chan) plow
풀이 ①보습. 쟁기의 날. ¶長—長—白木柄 我生託子以爲命<杜甫> ②침. 돌침. ¶一石撟引<史記> ③끌. 나무에 구멍을 파는 따위에 쓰는 연장. ④송곳. ¶施鐵—<宋書> ⑤파다. 뚫음. ¶九疑—天荒是非<韓愈> ⑥날카롭다. 예리함. ⑦찌르다.
▷藥—, 長—, 鑴—, 天—, 鐵—

17 25 【鑯】 날카로울 첨 ㊥ㄐㄧㄢ せん (jian) sharp
풀이 ①날카롭다. 예리함. ㉠銛. ②새기다. 조각함. ③쇠그릇. 금속제 기물.

18 26 【鑵】 두레박 관 ㊥ㄍㄨㄢˋ かん(ツルベ) (guan) well bucket

18 26 【鑷】 족집게 섭 ㊥ㄋㄧㄝˋ じょう ㊍녑 (nie) tweezers
풀이 ①족집게. 털 따위를 뽑는 작은 집게. ¶左右進銅—<雲仙雜記> ②뽑다. 족집게로 털을 뽑음. ¶一白坐相看<李白> ③머리 장식의 한 가지. 비녀에 걸어 늘이는 것. ¶寶—間珠花<江洪>
【鑷工】(섭공) 이발사(理髮師).
▷釘—, 金—, 刀—, 銅—, 休—

18 26 【鑴】 솥 휴 ㊥ㄒㄧˊ けい (xi) kettle
풀이 ①솥. 큰 솥. ②독. 오지로 만든 큰 단지. ③종. 큰 종. ④햇무리. 해 둘레에 생기는 운기(雲氣). ¶一曰祲 二曰象 三曰—<周禮> ⑤송곳.

19 27 【鑼】 징 라 ㊥ㄌㄨㄛˊ ら (luo) gong
풀이 ①징. 구리로 만든 악기의 한 가지. ¶鳴— 擊鼓<元史> ②동발(銅鈸). 자바라의 한 가지. ¶鈔—.
▷銅—, 小—, 鈔—

19 27 【鑾】 1 방울 란 ㊥ㄌㄨㄢˊ らん
2 ㊥보습 거 (luan)
풀이 1 ①방울. 어가(御駕)를 끄는 말의 고삐에 다는 방울. ¶一聲噦噦<張衡> ②임금이 타는 수레. 또는, 임금. ㉠鸞. ¶隨—摅玉珂<李賀> 2 ㊥ 보습. 쟁기의 날.
【鑾駕】らん(난가) ☞鑾輿(난여).
【鑾輅】らん(난로) 난(鑾)과 화(和)가 달린 수레. 곧, 천자의 수레.
【鑾輿】らん(난여) 임금의 수레. 鑾駕(난가). 鑾輅(난로). 「레에 다는 방울.
【鑾和】らん(난화) 난(鑾)과 화(和). 천자의 수
▷陪—, 保—, 駐—, 淸—, 華—, 廻—, 後—

27 【鑠】 鑠(p. 1553)과 同字

19 27 【鑽】 끌 찬 ㊥ㄗㄨㄢ さん (zuan) chisel
㊍鑚
풀이 ①끌. 강철로 만든 끌. 또는, 송곳. ¶

利汝椎與一<蘇軾> ②뚫다. 자름. ㉮송곳으로 구멍을 내다. ¶堅不可一<陸雲> ㉯깊이 연구하다. ¶一之彌堅<論語> ㉰술책이나 청탁으로 벼슬길을 찾다. ¶商鞅挾三術以一孝公<班固> ③빈형(臏刑). 종지뼈를 끊어 내는 형벌. ¶其次用一鑿<漢書> ④부시. 부싯돌과 마주 쳐서 불을 일으키는 쇳조각. ¶隊具火一<唐書> ⑤살촉. 또는, 창끝. ¶施一如蠭蠆<史記> ⑥모으다. ㊣攢.

【鑽灼】さんしゃく(찬작) ①거북 등껍데기를 불에 태워 점을 침. ②연구함.

▷金剛一, 研一, 雕一

20
28 〖鑿〗 [1]뚫을 착 [2]쌀 쓿을 착 [3]새길 족 [4]구멍 조 | 藥ㄗㄨㄛˋ 藥(zuo) 屋 號 | さく pierce そく そう

풀이 [1] ①뚫다. 팜. ㉮구멍을 내다. ¶喉中有病 無害於息 不可一也<淮南子> ㉯끊다. 자름. ¶二之日一氷冲冲<詩經> ㉰열다. 소통함. ¶然騫一空<漢書> ㉱끝까지 캐다. 또는 멋대로 억측함. ¶所惡於智者 爲其一也<孟子> ㉲멋대로 억측하다. ②끌. 나무에 구멍을 파는 연장. ¶一所以入木者 槌叩之也<論衡> ③오형(五刑)의 한 가지. 경형(黥刑). 죄명을 죄인의 이마나 팔뚝, 귓전에 자자(刺字)하던 형벌. 묵형(墨刑). ¶次用鑽一<漢書> ④구멍. 눈구멍·귓구멍 따위. ¶五一爲正<荀子> ⑤마음. 생각. ¶六一相攘<莊子> [2] ①쌀을 쓿다. 쓿은 쌀. 백미(白米). ¶粗糲米每一石 … 又舂得八斗爲一<越絕書> ②선명한 모양. ¶白石一一<詩經> [3]새기다. 아로새김. [4] ①구멍. ¶凡輻量其一深 以爲輻廣<周禮> ②움. 움막. ¶牧兒亡羊 羊入其一<漢書>

【鑿井】さくせい(착정) 우물을 팜.

▷刻一, 墾一, 開一, 巨一, 鉅一, 耕一, 剞一, 孔一, 空一, 洞一, 方枘圓一, 斧一, 石一, 疏一, 六一, 翦一, 精一, 鑽一, 穿一, 樵一

21
29 〖钃〗 호미 촉 | 沃ㄓㄨˊ (zhu) | しょく hoe

풀이 ①호미. ②끊다. ¶以狐父之戈 一牛矢也<荀子>

長<길 장>部

長 镸 ③ 套 ⑥ 镺 肆 ⑪ 镻 ⑭ 镽

0
8 〖長〗 [1]길 장 [2]어른 장 | 陽ㄔㄤˊ (chang) 養ㄓㄤˇ (zhang) | ちょう (ナガイ) long

풀이 [1] ①길다. ㉮짧지 않다. ¶布帛一短同 則賈相若<孟子> ㉯오래다. ¶以民生之不一<國語> ㉰멀다. ¶道阻且一<詩經> ㉱깊다. ¶赴一莽<張衡> ㉲크다. ¶一澤之卵<呂覽> ㉳많다. ¶亂世之所以一也<呂覽> ㉴성(盛)하다. ¶此神農之所以一也<呂覽> ㉵높다. ¶幾然而一<史記> ㉶아름답다. ¶使一鬣之士相焉<國語> ②길이. 오래도록. 늘. ¶一發其祥<詩經> ③늘이다. 길게 함. ¶歌之爲言也 一言之也<禮記> ④키. 신장(身長). ¶身一九尺<後漢書> ⑤지나가다. 통과함. ¶矢行一<周禮> ⑥낫다. 우수함. ¶敢問夫子惡乎一<孟子> [2] ①어른. 성인(成人). ¶隱一而卑<公羊傳> ②연장(年長). 나이가 위인 사람. ¶十年以一則兄事之<禮記> ③우두머리. ㉮수령(首領). 두목(頭目). ¶外薄四海 咸建五一<書經> ㉯임금. 제후. 또는, 현(縣)의 장관. ¶一以貴得民<周禮> ㉰맏아들. 한 집안의 계승자. ㉱모든 기관(機關)의 책임자. ④형(兄). ¶立敬自一始<禮記> ⑤존귀한 사람. 공경(公卿). ¶若賓若一<儀禮> ⑥앞장. 시초. ¶吳晋爭一<國語> ⑦근본(根本). 종주(宗主). ¶元者善之一也<易經> ⑧늙다. 노년이 됨. ¶齊侯一矣<國語> ⑨어른이 되다. 성인이 됨. ¶及一爲委吏<史記> ⑩수령(首領)이 되다. ¶君一齊<戰國策> ⑪더하다. 늚. ¶不日引 不月一<國語> ⑫나아가다. 전진(前進)함. ¶君子道一<易經> ⑬쌓다. 축적(蓄積)함. ¶唯一舊怨<國語> ⑭기르다. 양육(養育)함. ¶一我育我<詩經> ⑮자라다. 생장함. ¶苟得其養 無物不一<孟子> ⑯가르치다. 이끎. ¶克一克君<詩經> ⑰존귀하다. 존중함. ¶廢奢一儉<漢書> ⑱길이. 키. ⑲나머지. 여분(餘分). ¶無取乎冗一<陸機>

【長江】ちょうこう(장강) ①긴 강. ②양자강(揚子江)의 별칭.

【長劍】ちょうけん(장검) 긴 검.

【長頸烏喙】ちょうけいちょうかい(장경조훼) 긴 목과 입이 튀어 나온 인상(人相). 범여(范蠡)가 월왕(越王) 구천(句踐)을 두고, 그와 환난(患難)은 함께 할 수 있으나 안락은 같이 할 수 없는 인상이라고 한 말에서 유래. ¶越王爲人 一 鷹視狼步 可以共患難 而不可共處樂<吳越春秋>

【長股】ちょうこ(장고) 개구리의 이칭. 뒷다리가 몸통에 비하여 길기 때문임.

【長空】ちょうくう(장공) 높고 먼 하늘.

【長公主】ちょうこうしゅ(장공주) 임금의 자매. 또는, 공주의 존칭.

【長官】ちょうかん(장관) ①한 관청의 으뜸 벼슬. 또는, 벼슬의 우두머리가 됨. ②행정 각부의 우두머리.

【長廣舌】ちょうこうぜつ(장광설) 대단한 웅변(雄辯). 또는, 쓸데없이 길게 늘어놓는 말. 長舌(장설). 饒舌(요설). 廣長舌(광장설).

【長久】ちょうきゅう(장구) 길고 오램. 永久(영구).

【長君】ちょうくん(장군) ①성년이 된 임금. 또는,

나이 많은 공자(公子). ②남의 장형(長兄)을 이름.
【長技】ちょうぎ(장기) 특히 잘하는 재주. 特技(특기).
【長期】ちょうき(장기) 오랜 기간. 長期間(장기간). ¶一計劃.
【長男】ちょうなん(장남) 맏아들. 큰아들. 長子(장자).
【長女】ちょうじょ(장녀) 맏딸. 큰딸.
【長年】ちょうねん(장년) ①나이가 위임. 年上(연상). ②오래 삶. 長壽(장수). ③늙은이. 老人(노인). ④뱃사공.
【長短】ちょうたん(장단) ①길과 짧음. 길기도 하고 짧기도 함. ¶權然後知輕重 度然後知一<孟子> ②장점과 단점. 長短點(장단점). ¶一不飾 以情自竭<荀子> ③전국 시대의 합종 연횡(合縱連衡)의 설(說). ④韓 노래, 춤 따위의 길고 짧은 박자(拍子).
【長大】ちょうだい(장대) ①길고 큼. ↔短小(단소). ②키가 크고 몸집이 큼. 또는, 그런 사람. ¶生而一 美好無雙 少長貴賤見而皆說之<莊子> ↔矮小(왜소).
【長刀】ちょうとう(장도) 긴 칼.
【長途】ちょうと(장도) ①먼 길. ②여행길.
【長燈】ちょうとう(장등) ①밤새도록 등불을 밝혀 둠. ②《佛》 불전(佛前)에 등을 켬.
【長老】ちょうろう(장로) ①나이 많고 학덕이 높은 사람의 존칭. ②㉮《佛》 중에 대한 존칭. ㉯기독교 교직(敎職)의 하나.
【長律】ちょうりつ(장률) ①가락이 느린 음률(音律). ②한시(漢詩)의 배율(排律)이나 칠언율(七言律)의 일컬음.
【長吏】ちょうり(장리) ①지위가 높은 관리. ②한(漢)대에 비교적 녹(祿)이 많은 하급 관리. ③수령(守令)의 별칭.
【長利】ちょうり(장리) ①장기간에 걸친 이익. 영구(永久)한 이익. 또는, 큰 이익. ②韓 곡식을 꾸어 주고 받을 때 본래 곡식의 절반을 붙이는 이자.
【長明燈】ちょうみょうとう(장명등) ①대문 밖이나 처마 끝에 다는 등. ②무덤 앞이나 절 안 따위에 세우는, 돌로 만든 등. 石燈(석등). 石燈籠(석등롱).
【長文】ちょうぶん(장문) ①긴 글. ↔短文(단문). ②줄글. ③문덕(文德)을 존중함. 일설에 문덕 있는 사람을 존경함.
【長物】ちょうぶつ(장물) ①쓸모 없는 물건. 무용지장물(無用之長物). 무용지 물(無用之物). 冗物(용물). 餘物(여물). ②만물을 기름. ¶燠以一 寒以成物<書經>
【長髮】ちょうはつ(장발) 길게 기른 머리털. ¶一族/一賊. ↔短髮(단발).
【長方形】ちょうほうけい(장방형) 가로와 세로의 길이가 다른 직사각형. 矩形(구형).
【長病】ちょうびょう(장병) 오랜 병. 길게 끄는 병.
【長服】ちょうふく(장복) 같은 약이나 음식을 오래 두고 늘 먹음.
【長婦】ちょうふ(장부) ①형수(兄嫂). ②키가 큰 며느리.
【長蛇陣】ちょうだじん(장사진) ①많은 사람이 줄을 지어 길게 늘어선 모양. ②길게 늘어선 군진(軍陣).
【長衫】ちょうさん(장삼) 긴 적삼이란 뜻으로, 검은 베로 소매를 넓게 만든, 중의 긴 웃옷.
【長栍】(장생)韓 나무에 사람의 형상을 새겨 마을 또는 절 입구에 세운 기둥. 이정표(里程標) 또는 수호신 구실을 함. 天下大將軍, 地下女將軍이라고 새겼음. 장승(長丞).
【長生不死】ちょうせいふし(장생불사) 오래 살아 죽지 아니함.
【長逝】ちょうせい(장서) ①먼 곳에 감. ¶乃冉一而不顧<後漢書> ②가서 영구(永久)히 돌아오지 아니함. 곧, 죽음. 長眠(장면).
【長成】ちょうせい(장성) 자라서 성인이 됨. 또는, 성장(成長)함.
【長星】ちょうせい(장성) 살별. 彗星(혜성).
【長城】ちょうじょう(장성) ①긴 성. ②중국의 만리장성(萬里長城). ③나라의 중진(重鎭)이 될 사람의 비유. ④시문(詩文)에 뛰어난 사람의 비유. ⑤별 이름. 天市垣(천시원).
【長孫】ちょうそん(장손) 맏손자.
【長嫂】ちょうそう(장수) 맏형수.
【長壽】ちょうじゅ(장수) 오래 삶. 수명이 김. 長命(장명). 長齡(장령).
【長身】ちょうしん(장신) 키가 큼. 큰 키.
【長安】ちょうあん(장안) ①옛날의 도성(都城). 지금의 섬서성(陝西省) 장안현(長安縣) 서북쪽. 주(周), 진(秦) 전한(前漢), 수(隋), 당(唐)의 도읍지. ②수도(首都)라는 뜻에서, 도읍 또는 서울의 이칭.
【長夜眠】ちょうやみん(장야면) ①일생을 꿈 속에서 삶. ②《佛》 번뇌(煩惱)로 깨달음을 얻지 못하여 생사의 고경을 벗어나지 못하는 일.
【長夜室】ちょうやしつ(장야실) 무덤.
【長髯主簿】ちょうぜんしゅぼ(장염주부) 양(羊)의 아칭(雅稱).
【長幼】ちょうよう(장유) 어른과 어린이. 손위와 손아래.
【長幼有序】ちょうようゆうじょ(장유유서) 연장자와 연소자 사이에는 지켜야 할 순서가 있음. 오륜(五倫)의 하나.
【長音】ちょうおん(장음) 길게 나는 소리. 긴 음.
【長日】ちょうじつ(장일) ①해가 긴 날. 여름날. ②동지(冬至)의 절기. 동지를 지나면 해가 하루하루 길어지므로 이르는 말.
【長子】ちょうし(장자) 맏아들. 장남(長男).
【長者】ちょうじゃ(장자) ①키가 큰 사람. ②나이 많은 사람. 노인. ③덕이 높은 사람. 근후(謹厚)한 사람. ④신분이 높은 사람. ⑤부자(富者). ¶貧女一燈 一萬燈<阿闍世王受決經>
【長者風】ちょうじゃふう(장자풍) ☞長者風度(장자풍도).
【長者風度】ちょうじゃふうど(장자풍도) 덕망이 있는 노성(老成)한 사람의 점잖은 태도. 長者風(장자풍).
【長斫】(장작)韓 통나무를 길쭉길쭉하게 쪼갠 땔나무. 장적.
【長嫡】ちょうちゃく(장적) 정실(正室)이 낳은 장남. 嫡長子(적장자).
【長銓】(장전)韓 이조판서(吏曹判書)의 이칭. 전조(銓曹)의 장(長)이란 뜻.
【長點】ちょうてん(장점) 다른 것과 비교하여 특히 좋은 점. 美點(미점). 長所(장소). 長處(장처). ↔短點(단점).
【長征】ちょうせい(장정) 멀리 감. 또는, 멀리 정벌

(征伐)을 떠남. 遠征(원정). ¶秦時明月漢時關 萬里一人未還<王昌齡>

【長足】ちょうそく(장족) ①긴 다리. ②빠른 걸음. ③진보(進步)가 매우 두드러짐.

【長竹】(장죽)㊕ 긴 담뱃대. 긴 대.

【長至】ちょうし(장지) ①하지(夏至). ②동지(冬至).

【長指】ちょうし(장지) 가운뎃손가락. 將指(장지). 中指(중지).

【長姪】ちょうてつ(장질) 맏형의 맏아들. 장조카.

【長槍】ちょうそう(장창) 긴 창.

【長處】ちょうしょ(장처) ☞長點(장점). ↔短處(단처).

【長天】ちょうてん(장천) ①한없이 먼 하늘. ¶九萬里—. ②㊕ ㉮낮이 긴 날. ㉯종일(終日). ¶晝夜—.

【長秋】ちょうしゅう(장추) 후한(後漢) 때의 벼슬 이름. 황후궁(皇后宮)의 일을 맡아 봄.

【長秋宮】ちょうしゅうきゅう(장추궁) ①후한(後漢) 때 황후가 거처한 궁전. ②황후.

【長醉】ちょうすい(장취) 늘 술에 취해 있음. ¶鐘鼓饌玉不足貴 但願—不願醒<李白>

【長針】ちょうしん(장침) ①긴 바늘. ②시계의 분침(分針). ↔短針(단침).

【長嘆息】ちょうたんそく(장탄식) 크게 탄식(嘆息)함. 길게 한숨을 쉼.

【長恨歌】ちょうこんか(장한가) 당(唐)의 백거이(白居易)가 지은, 칠언(七言) 120구의 장편 서사시(敍事詩). 현종(玄宗)이 양귀비(楊貴妃)를 잃고 자나깨나 잊지 못하여 길이 한(恨)한 것을 읊음. ¶天長地久有時盡 此恨綿綿無絶期<白居易>

【長兄】ちょうけい(장형) ①맏형. 伯兄(백형). ②연장자(年長者)에 대한 존칭.

【長靴】ナガグツ(장화) 목이 긴 신. 주로, 가죽이나 고무로 만듦. ↔短靴(단화).

【長喙】ちょうかい(장훼) 긴 주둥이라는 뜻으로, 쓸데없는 말을 길게 지껄임의 비유.

【長休告】ちょうきゅうこく(장휴고) 길이 쉼을 알린다는 뜻으로, 벼슬아치가 사직함을 이르는 말.

▷家—, 街—, 渠—, 係—, 課—, 官—, 館—, 魁—, 宏—, 校—, 久—, 局—, 君—, 郡—, 短—, 團—, 隊—, 班—, 坊—, 兵—, 部—, 副—, 師團—, 舍短取—, 社—, 山高水—, 山靜日—, 生—, 署—, 成—, 細—, 少—, 所—, 消—, 帥—, 修—, 遂—, 瘦—, 市—, 身—, 深—, 養—, 讓—, 驛—, 年—, 延—, 永—, 靈—, 伍—, 冗—, 優—, 院—, 園—, 悠—, 邑—, 意味深—, 一日之—, 日—, 任—, 才學識三—, 亭—, 助—, 組—, 宗—, 增—, 次—, 參謀—, 村—, 總—, 酋—, 取—, 齒—, 太—, 統—, 學—, 賢—, 會—, 訓—

7【镸】 長(p. 1555)의 古字

10【套】 ☞ 大部 7획(p. 392)

13【镺】 髮(p. 1662)과 同字

13【肆】 ☞ 聿部 7획(p. 1223)

18【镻】 鏟(p. 1549)과 同字

21【鬢】 鬢(p. 1664)과 同字

門<문 문>部

門 ②閃 ③閉 閈 ④間 開 閎 閔 閏 閒 閑 閌 ⑤閘 閙 閞 閟 閛 ⑥閣 関 閨 閩 閥 閡 閤 ⑦閫 閬 閭 閱 ⑧閶 閼 閹 閾 閻 閶 閽 ⑨闃 闋 闇 闌 闈 闍 闉 闆 闊 闒 ⑩闓 闕 闐 闑 闖 闔 闆 ⑪關 闚 ⑫闞 闡 闞 闟 ⑬闤 闢 闥

0
8【門】 문 문 |㊥ㄇㄣˊ (men) | もん(カド) door

㊂閅

㊙象形. 두 문짝을 닫아 놓은 모양을 본뜸.

※鬥(p. 1664)는 딴 자.

풀이 ①문. 출입문. ¶在堂旁曰戶 在區域曰—<玉篇> ②문간. 문전. ¶有荷蕢而過—者<史記> ③집안. ¶將興我—<宋書> ④가문. 문벌. ¶將—必有將 相—必有相<史記> ⑤일가. 친척. ¶一—淸貴古今稀<李中> ⑥인재를 기르는 곳. 기예(技藝)를 가르치는 곳. ¶—下不見一賢者<史記> ⑦배움터. 가르치는 곳. ¶願留而受業於—<孟子> ⑧사물이 생겨나는 곳. ¶乾坤是易之—<易經> ⑨사물의 요소(要所). ¶獨知守其—<淮南子> ⑩들머리. 어귀. ¶開其—<管子> ⑪구별. 유별(類別). ¶號曰通典 書凡九— 計二百卷<舊唐書> ⑫직업이나 학술의 분야. ¶中世儒— 賈鄭名學<後漢書> ⑬문을 지키다. ¶勇士入其大門 則無人—焉者<公羊傳> ⑭문을 공격하다. ¶偪陽人啓門 諸侯之士—焉<左氏傳> ⑮장문. 바둑 수법의 명칭. ⑯대포를 세는 단위. ¶自走砲 五—. ⑰생물 분류학상의 한 단위. 계(界)의 아래, 강(綱)의 위. ¶脊椎動物—.

【門客】もんかく(문객) ①집안에 있는 식객(食客). ¶—恒有數百<宋書> ②글방의 스승. ③한림원(翰林院)의 벼슬아치. ④㊕ 같은 가문에 장가든 사람. ※贅客(췌객).

【門內】もんない(문내) ①대문의 안. ②㊕ 동성동본(同姓同本)으로 가까운 집안. 문중(門中).

【門徒】もんと(문도) ①이름난 학자의 제자. 門人(문인). ②불가(佛家)나 도가(道家)의 신자(信者). ③문지기.

【門閥】もんばつ(문벌) 대대로 내려온 가문(家門)의 지체. 門素(문소). 門資(문자). 門閱(문열). 閥閱(벌열).

【門塾】もんじゅく(문숙) ①대문(大門) 좌우에 붙은 방. 예전에는 이곳에서 글을 가르쳤음. ②사인(私人)이 세운 학교. 서당(書堂). 家塾(가숙).

【門外漢】もんがいかん(문외한) 어떤 일에 직접 관계하지 않는 사람. 또는, 그 분야에 전문이 아

닌 사람의 자칭.

【門蔭】もんいん(문음) 부조(父祖)의 여덕(餘德). 또는, 그에 따라 벼슬이 주어진 일. 門庇(문비). 門功(문공).

【門人】もんじん(문인) ①☞門下生(문하생). ②문지기. 門衞(문위). 門士(문사). ③식객(食客). 門客(문객)①.

【門子】もんし(문자) ①문지기. ②경대부(卿大夫)의 후사(後嗣). 문하(門下)의 사람.

【門刺】もんし(문자) 명함(名銜). ¶偕一先進＜歐陽脩＞

【門資】もんし(문자) ☞門閥(문벌).

【門前乞食】もんぜんしょくヲコウ(문전걸식) 이집 저집 돌아다니며 빌어먹음.

【門前成市】もんぜんイチヲナス(문전성시) 대문 앞이 시장이 되었다는 뜻으로, 사람들이 많이 찾아옴을 이르는 말. 門庭若市(문정약시). 門庭如市(문정여시).

【門弟子】もんでし(문제자) 제자. 門生(문생). 門弟(문제).

【門中】もんちゅう(문중) ①동성 동본(同姓同本)의 가까운 친척. ②문의 안. ③유복친(有服親) 가운데 죽은 사람. ¶世父 叔父則稱從兄弟一＜顏氏家訓＞

【門牌】もんぱい(문패) 대문에 거는 주소, 성명을 적은 패. 門札(문찰). 名牌(명패).

【門下】もんか(문하) ①집안. 또는, 거기에 있는 가족 이외의 사람으로, 사용인, 식객(食客), 제자 등. 門人(문인). ②스승의 아래. ③육조(六朝) 때 제(齊)의 벼슬. 侍中(시중).

【門下生】もんかせい(문하생) 제자. 門生(문생). 門人(문인). 門弟(문제).

【門限】もんげん(문한) 문지방.

【門戶】もんこ(문호) ①문(門)과 호(戶). 대문과 지게문. 또는, 문의 개폐나 단속. ②입구(入口). 집의 드나드는 곳. ③매우 주요한 지위. ④지세가 험하고 중요한 땅. 요해지(要害地). ⑤집. ¶不出於一 而天下治者＜呂覽＞ ⑥좋은 집안. 훌륭한 가문(家門). ⑦동료(同僚). 붕당(朋黨). ¶今朝廷多山東人 自作一＜唐書＞

【門戶開放】もんこかいほう(문호 개방) 문을 활짝 열어 놓음. 출입(出入), 통상(通商), 자격(資格) 등에 제한을 두지 않음.

【門候】もんこう(문후) 시각(時刻)에 맞추어 성문(城門)을 여닫는 벼슬. 문지기. ¶布令一於營門＜魏志＞

▷家一, 閣一, 姦一, 開一, 凱旋一, 叩一, 庫一, 高一, 公一, 款一, 關一, 國一, 軍一, 闕一, 鬼一, 貴一, 閨一, 棘一, 金一, 南一, 壘一, 大一, 到一, 道一, 突一, 同一, 東一, 杜一, 登龍一, 名一, 廟一, 梵一, 法一, 部一, 北一, 四一, 私一, 寺一, 沙一, 師一, 山一, 桑一, 西一, 城一, 聖一, 小一, 素一, 巢一, 衰一, 水一, 守一, 詣一, 玉一, 王一, 外一, 雲一, 衛一, 儒一, 倚一, 里一, 一一, 入一, 專一, 正一, 旌一, 朱一, 竹一, 中一, 柵一, 天一, 鐵一, 出一, 雉一, 閉一, 畢一, 寒一, 闔一, 肛一, 夾一, 荆一, 禍福同一, 後一, 興一

10 〚門〛 門(p. 1557)과 同字

2/10 〚閃〛 번쩍일 섬 | 國ㄕㄢˇ (shan) | せん *flash*

源會意. 문 안에 사람이 어른거린다는 뜻.

풀이 ①번쩍이다. 깜박거림. 어른거림. ¶寒鴉一一前山去＜唐彥謙＞ ②문을 나가는 모양. ③몸을 비키다. 피신함. ④언뜻 보이다. ¶蜩象暫曉而一屍＜木華＞ ⑤알랑거리다. 아첨(阿諂)함. ¶榮納由於一榆＜後漢書＞ ⑥번개. ¶金蛇飛狀霍一過＜顧雲＞ ⑦결국. 종말에는. ¶一的你無依靠＜元典＞

【閃光】せんこう(섬광) 번쩍이는 빛.

▷騰一, 一一, 電一, 倏一, 回一

11 〚問〛 ☞ 口部 8 획 (p. 300)

3/11 〚閉〛 1 닫을 폐 2 막을 별 | 國ㄅㄧˋ (bi) 圓 | へい(トジル) *close* へつ

俗閇

풀이 1 ①닫다. 닫힘. ㉮문을 잠그다. ㉯끊다. 단절함. 자름. ¶予不敢一於天降威用＜書經＞ ㉰덮다. ㉱오므라들다. ¶寒則腠理一＜素問＞ ㉲지키다. ¶釋其一修＜國語＞ ㉳간직하다. ¶主父一之＜史記＞ ②자물쇠. ¶修鍵一＜禮記＞ ③맺음. 매듭. ¶魯鄙人遺 宋元王一＜呂覽＞ ④도지개. ¶竹一緄縢＜詩經＞ ⑤폐. 건제 십이신(建除十二神)의 하나. 흉(凶)의 일진(日辰). ⑥입추(立秋), 입동(立冬)의 두 절기. ¶凡分至啓一 必書雲物＜左氏傳＞ ⑦끝. 종결. ⑧견주다. 비교함. 通比. 2 ①막다. 막힘. ¶一而不通＜國語＞ ②감추다. 거두어들임. ¶寒以一也＜春秋考異郵＞

【閉幕】へいまく(폐막) ①연극을 마치고 막을 내림. ②어떤 일이 다 끝남의 비유. ↔開幕(개막).

【閉門】へいもん(폐문) ①문을 닫음. 閉戶(폐호). ↔開門(개문). ②욕망(慾望)의 출입구를 막음. ¶塞其兌一其門＜老子＞

【閉塞】へいそく(폐색) 막음. 또는, 막힘. ¶天地不通 一而成冬＜禮記＞

【閉鎖】へいさ(폐쇄) 문을 닫고 잠금. 鎖閉(쇄폐).

【閉蟄】へいちつ(폐칩) 동면(冬眠). ↔啓蟄(계칩).

【閉會】へいかい(폐회) 모임을 끝냄. ↔開會(개회). ¶一式.

▷開一, 鍵一, 啓一, 噤一, 凍一, 杜一, 密一, 封一, 否一, 偃一, 掩一, 壅一, 鬱一, 幽一, 隱一, 凝一, 潛一, 藏一, 竹一, 重一

11 〚閇〛 閉(p. 1558)의 俗字

3/11 〚閈〛 이문 한 | 國ㄏㄢˋ (han) | かん *wall*

풀이 ①이문(里門). 마을 어귀에 세운 문. ¶綰自同一<漢書> ②마을. 촌락. ③주거(住居). 거처. ④담. ¶一庭詭異<張衡> ⑤문. 문 앞. ¶高其一閎<左氏傳> ⑥닫다.

4 12 【間】 1 틈 간 2 사이 간 | 删ㄐㄧㄢ 諫(jian) | けん(アイダ) *gap* かん

本 閒

풀이 1 ①틈. ②사이. ㉮중간. ¶一者諸呂用事擅權<漢書> ㉯안. 속. ¶攘臂於其一<莊子> ㉰주변(周邊). ¶載酒肴於田一<後漢書> ③들이다. 받아들임. ¶遠近一三席<禮記> ④때. 무렵. ¶七八月之一<孟子> ⑤요즈음. 요사이. ¶帝一顔色瘦黑<漢書> ⑥잠깐. ¶夷子憮然爲一日<孟子> ⑦줄이다. 간략하게 함. ⑧몰래. 가만히. ¶一行. ⑨나누다. 분별함. ⑩방(房). 방 넓이의 단위. ¶一一茅屋祭昭王<韓愈> ⑪사물의 상태. ¶一關. 2 ①사이. 간격. 상거(相距). ¶醜美有一<淮南子> ②틈. ㉮빈틈. ¶彼節者有一<莊子> ㉯불화(不和). ¶君臣多一<左氏傳> ㉰계제. 기회. ¶狂狡乘一相詿誤耳<後漢書> ③떨어지다. 사이를 둠. ¶一歲而給<漢書> ④다르다. 구별됨. ¶雖未及嬰亥之全方 於少壯一矣<列子> ⑤멀어지다. 사이가 멂. ¶且夫一之愛<國語> ⑥바뀌다. ¶皇以一之<詩經> ⑦갈마들다. ¶笙鏞以一<書經> ⑧헐뜯다. 비방(誹謗)함. ¶人不一於其父母昆弟之言<論語> ⑨엿보다. 간첩(間諜). ¶用一有立<孫子> ⑩관여하다. 참여함. ¶肉食者謀之 又何一焉<左氏傳> ⑪섞다. 섞임. ¶遠一親 新一舊<左氏傳> ⑫엷. 다름. 부당함. ¶一道. ⑬막다. 막힘. ¶願以一執讒慝之口<左氏傳> ⑭병이 조금 낫다. ¶病一<論語> ⑮많다. ¶謹察一甚<素問>

【間隔】かんかく(간격) ①떨어짐. 또는, 서로 떨어져 있는 거리. 間隙(간극). ②둘 사이. 서로가 사귀는 사이.

【間關】かんかん(간관) ①길이 험하여 걷기 힘든 모양. 생활의 간난신고(艱難辛苦)를 이름. ¶一險難<後漢書> ②새가 지저귀는 모양. ¶一林中鳥<韓愈> ③수레가 삐걱거리는 소리. ④글자의 어려움의 비유. ¶姑固狡獪加一<蘇軾>

【間隙】かんげき(간극) ☞間隔(간격).

【間氣】かんき(간기) ①호걸(豪傑)은 세대(世代)를 걸러 한 번 태어나고, 특수한 기운에 의한다고 하는 그 기운. ¶正氣爲帝 一爲臣<春秋演孔圖>/一豪傑. ②천지간의 기운. ③쓸데없이 성을 냄.

【間氣人物】かんきじんぶつ(간기인물) 세상에 드문, 썩 뛰어난 기품(氣稟)을 타고난 인물.

【間年】かんねん(간년) 한 해씩 거름.

【間斷】かんだん(간단) 계속되지 않고 잠시 끊어짐. ¶從事於斯 無少一<朱熹> 「어서 감.

【間道】かんどう(간도) ①샛길. 間路(간로). ②숨

【間路】かんろ(간로) ☞間道(간도)①.

【間方】かんぽう(간방) 사이 방위라는 뜻으로, 동, 서, 남, 북 각 방의 사이인 건(乾), 곤(坤), 간(艮), 손(巽)의 방위.

【間夫】かんぷ·まぶ(간부) 샛서방. 情夫(정부). 密夫(밀부). 貼夫(첩부).

【間不容髮】かんはつをいれず(간불용발) 털 한 오라기가 들어갈 틈이 없다는 뜻으로, 일이 다급함의 비유.

【間不容息】かんいきをいれず(간불용식) 일이 몹시 급하여 숨 쉴 틈이 없음. ¶將軍毋失時 時一<史記>

【間使】かんし(간사) ☞間諜(간첩).

【間色】かんしょく(간색) 두 가지 이상의 원색이 섞여 이루어진 색. 中間色(중간색). 雜色(잡색).

【間世之材】かんせいのざい(간세지 재) 여러 세대를 통하여 드물게 뛰어난 인재.

【間食】かんしょく(간식) ①군음식. ②샛밥.

【間然】かんぜん(간연) 결점을 지적하여 비난함. 남의 실수를 들춤. ¶吾無一矣<論語>

【間作】かんさく(간작) 주되는 작물 사이에 딴 작물을 재배함. 사이짓기.

【間接】かんせつ(간접) 중간에 매개(媒介)를 두어 연락하는 관계. ↔直接(직접).

【間朝】かんちょう(간조) 3년에 한 번 입조(入朝)하는 일.

【間紙】かんし(간지) ①접어서 맨 책의 각 장 속에 넣어 받치는 종이. ②속장. ¶新聞一. ③책장 사이에 끼워 두는 종이.

【間執】かんしゅう(간집) 막음. 못하게 함. ¶願以一讒慝之口<左氏傳>

【間諜】かんちょう(간첩) 적(敵)의 내정(內情)을 몰래 살피는 사람. 염탐꾼. 스파이(spy). 間者(간자). 間使(간사). 間人(간인).

【間出】かんしゅつ(간출) ①남의 눈을 피하여 몰래 다님. 間行(간행). 微行(미행). ②가끔 나옴.

【間行】かんこう(간행) ①몰래 감. 또는, 샛길로 감. 微行(미행). ②그릇된 행동. 부정한 행위. ¶神無一<國語>

【間歇】かんけつ(간헐) 일정한 시간을 두고 주기적으로 일어났다 멎었다 함. ¶一泉/一的/一熱.

【間或】(간혹) 가끔. 이따금. 어쩌다가.

▷居一, 空一, 區一, 民一, 反一, 坊一, 伯仲之一, 兵一, 病一, 伺一, 山一, 舒一, 世一, 少一, 俗一, 瞬息一, 承一, 時一, 心一, 顔一, 腋一, 夜一, 兩一, 年一, 用一, 爲一, 游一, 離一, 人一, 林一, 田一, 貞一, 週一, 中一, 讒一, 巷一, 行一

4 12 【開】 1 열 개 2 산 이름 견 | 㕣ㄎㄞ 㕣(kai) | かい(ヒラク) *open* けん

풀이 1 ①열다. 열림. ㉮닫힌 것, 막힌 것을 트다. ¶善閉 無關楗而不可一<老子> ㉯통하다. 통달함. ¶教誨一導成王<荀子> ㉰비롯하다. 시작함. ¶

—歲發春兮<後漢書> ㉱피다. 꽃이 핌. ¶滿—. ㉲논밭을 일구다. 개간(開墾)함. ¶秦—阡陌<戰國策> ㉳넓어지다. ¶江望南—<晉書> ㉴펴다. 늘어놓음. ¶—瓊筵以坐花<李白> ㉵헤어지다. 떨어짐. ¶天地解兮六合—<阮籍> ㉶일으키다. ¶曩者爾心或—予<禮記> ㉷깨우치다. 타이름. ¶君子之教喩也 —而弗達<禮記> ㉸권장하다. ¶—其源<荀子> ㉹말하다. 개진(開陳)함. ¶終莫得—說<史記> ㉺해설하다. ¶特作文言 以—釋之<易經·注> ㉻놓아 주다. 사면함. ¶—釋無辜<書經> [거] 움직이다. ¶凡物—靜<管子> [너] 활달하다. ¶奮性—朗<晉書> ②사라지다. ¶幾度呼童掃不—<朱熹> ③끓다. 비등(沸騰)함. ④출발하다. ¶—車. ⑤개(開). 일진(日辰)의 하나. 건제십이신(建除十二神)의 하나로 길진(吉辰). [2]산 이름.

【開刊】(개간) ①책을 처음 간행함. ↔重刊(중간). ②㊥ 문서를 발행함.

【開墾】かいこん(개간) 논밭을 일굼. 起墾(기간). 開拓(개척)①. ¶—地/—事業.

【開講】かいこう(개강) 강의를 시작함. ↔終講(종강).

【開缺】かいけつ(개결) 관리(官吏)가 사임(辭任)함. 退職(퇴직). ¶署員—<清會典>

【開京】(개경) [韓] 개성(開城)의 이칭.

【開館】かいかん(개관) ①객사(客舍)를 엶. ②기관이나 업소의 문을 엶. ③처음으로 사업을 시작하거나 그날의 일을 시작함.

【開校】かいこう(개교) 새로 세운 학교에서 처음으로 학교 일을 시작함. ¶—式/—紀念日. ↔閉校(폐교).

【開口】かいこう(개구) ①입을 엶. 말을 함. 이야기를 시작함. ¶——聲. ②웃음. ③음식을 먹음.

【開國】かいこく(개국) ①봉(封)하여 제후(諸侯)로 삼음. ②나라를 처음으로 세움. 建國(건국). 肇國(조국). 開運(개운). ¶—功臣. ③나라의 문호를 열어 외국과 국교, 통상(通商) 등을 시작함. ↔鎖國(쇄국).

【開卷】かいかん(개권) ①책을 폄. 책을 펴서 읽음. ②책의 첫째 장. 권두(卷頭). ③폄과 맒. 卷舒(권서).

【開金】(개금) [韓] 열쇠.

【開基】かいき(개기) ①터전을 닦음. 어떤 일을 맨 먼저 시작함. 또는, 그 사람. ②《佛》 불사(佛寺)를 창립(創立)한 사람. 開山(개산). 開祖(개조).

【開年】かいねん(개년) 그 해의 처음. 세시(歲始). 세초(歲初). 開歲(개세).

【開冬】かいとう(개동) 초겨울. 초동(初冬).

【開東】(개동) [韓] 동이 틈. 새벽. 밝을녘.

【開幕】かいまく(개막) ①무대의 막을 엶. ↔閉幕(폐막). ②일을 시작함.

【開明】かいめい(개명) ①인지(人智)가 열리고 문화가 발달함. ②열어서 밝힘. ③내용을 명세(明細)하게 씀. ④샛별. 啓明星(계명성). 金星(금성).

【開門納賊】かいもんのうぞく(개문납적) 문을 열고 도적을 들인다는 뜻으로, 제 스스로 화를 부름을 이르는 말. 自禍自招(자화자초).

【開門方】かいもんカタ(개문방) 술가(術家)에서 길(吉)한 방위를 이르는 말.

【開物成務】かいぶつせいむ(개물성무) 점을 쳐서 길흉을 알아 내어 일을 성취함. 開濟(개제). 開成(개성). ¶夫易— 冒天下之道 如斯而已者也<易經>

【開發】かいはつ(개발) ①개척하여 발전시킴. ¶農漁村 —. ②☞開封(개봉)①. ③☞啓發(계발). ④널리 폄. ¶卽位而—大志<新論> ⑤논밭을 개간(開墾)함. 開拓(개척).

【開放】かいほう(개방) ①활짝 열어 놓음. ¶門戶—. ②속박(束縛), 경계(警戒)를 풀어 자유롭게 함. ③용서하여 놓아 줌.

【開闢】かいびゃく(개벽) 천지가 열린 맨 처음. 천지창조의 때. ¶至—而未聞<潘岳>

【開復】かいふく(개복) ①회복(恢復). ②휴직(休職)중인 관리가 복직됨.

【開腹】かいふく(개복) 수술을 하기 위하여 배를 가름.

【開封】かいふう(개봉) ①봉한 것을 엶. 開發(개발)①. ②새 영화를 처음으로 상영함. ③지명(地名). 지금의 하남성(河南省) 개봉현(開封縣).

【開府】かいふ(개부) ①관아(官衙)를 설치하고 관원을 배치함. ②순무(巡撫), 총독(總督) 등의 존칭.

【開山】かいさん(개산) ①《佛》 ☞開祖(개조)②. ②사업을 처음으로 일으킨 사람. 創始者(창시자).

【開設】かいせつ(개설) 새로 설치함. 新設(신설). ¶支店—.

【開歲】かいさい(개세) ☞開年(개년).

【開市】かいし(개시) ①장이나 가게를 엶. 閉市(폐시). ②장사를 시작함. 무역을 시작함.

【開始】かいし(개시) 시작함.

【開式】かいしき(개식) 의식(儀式)을 시작함. ¶—辭. ↔閉式(폐식).

【開眼】かいがん(개안) ①눈을 뜨고 봄. ②《佛》 ㉮불도의 진리를 깨달음. ㉯불상(佛像)을 만든 뒤에 처음으로 불공(佛供)을 드리는 의식(儀式). 入眼(입안). 開眼供養(개안공양). ※點眼(점안).

【開悟】かいご(개오) 깨달음. 깨닫게 함. 解悟(해오).

【開運】かいうん(개운) 운이 트임. 행운이 열림.

【開元】かいげん(개원) ☞開國(개국).

【開諭】かいゆ(개유) 알아듣도록 말함. 타이름.

【開議】かいぎ(개의) 토의를 시작함.

【開場】かいじょう(개장) ①일정한 장소를 개방함. ②시장(市場)을 엶. ↔閉場(폐장).

【開戰】かいせん(개전) 전쟁을 시작함. ↔終戰(종전).

【開店】かいてん(개점) ①처음으로 가게를 엶. ②가게의 문을 열어 그날의 일을 시작함. ↔閉店(폐점).

【開濟】かいさい(개제) ①☞開物成務(개물성무). ②임금을 보필하며 백성을 구제함.

【開祖】かいそ(개조) ①《佛》 한 종문(宗門)을 처음으로 연 사람. 개종조(開宗祖)의 준말. ②개산조사(開山祖師)의 준말. 開山(개산)①.

【開宗】かいそう(개종) 한 교파(教派)를 개창(開創)함. 또는, 그 사람.

【開陳】かいちん(개진) 자기의 의견을 말함. 진술(陳述). [함.
【開札】かいさつ(개찰) 입찰(入札)한 내용을 조사
【開創】かいそう(개창) 일을 처음으로 엶. 일을 창시(創始)함. 創業(창업).
【開拓】かいたく(개척) ①☞開墾(개간). ②새로운 분야에 처음으로 손을 대어 발전시킴. 開發(개발).
【開天】かいてん(개천) 천성(天性)에 따라 움직임. ¶一者德生 開人者賊生＜莊子＞
【開廳】かいちょう(개청) 관청을 새로 시작함. 또는, 관청이 사무를 시작함.
【開催】かいさい(개최) 주최하여 엶.
【開通】かいつう(개통) 열어 통함. 처음으로 낸 길이나 다리의 통행을 개시함. ¶一式.
【開閉】かいへい(개폐) 엶과 닫음. 여닫음.
【開票】かいひょう(개표) 투표함을 열어 투표의 결과를 조사함. ¶一所/一狀況.
【開學】かいがく(개학) 학교의 수업을 시작함.
【開港】かいこう(개항) ①항구를 개설함. ②항구를 열어 외국과의 통상(通商)을 허용함. 또는, 그 항구. ¶一場.
【開婚】かいこん(개혼) 자녀 중에서 처음으로 시키는 혼인. ↔畢婚(필혼).
【開化】かいか(개화) ①사람의 지혜가 열리고 문화가 진보함. 開明(개명). 文明(문명). ②풍화 교도(風化教導)하여 세운(世運)의 진보를 꾀함.
【開花】かいか(개화) 핀 꽃. 또는, 꽃이 핌.
【開豁】かいかつ(개활) ①마음이 넓고 여유가 있음. 도량(度量)이 큼. 豁達(활달). 開朗(개랑). ②앞이 탁 트여 시야(視野)가 넓음. ¶登嶺既一 入林更淸涼＜范成大＞/一地. ③용서함.
【開會】かいかい(개회) 회의나 회합을 시작함. ¶一辭. ↔閉會(폐회).
▷公一, 廣一, 爛一, 滿一, 未一, 半一, 散一, 新一, 運一, 展一, 打一, 洞一, 廓一

4〖閎〗 이문 굉 | 庚 ㄏㄨㄥˊ | こう
12 本횡 | (hong) |

풀이 ①이문(里門). 마을의 좁은 길에 세운 문. ②대궐문. 사당문. 성곽(城郭)의 문. ③문. ¶高其閈一＜左氏傳＞ ④하늘의 문. ¶騰九一＜漢書＞ ⑤문설주. ¶所以止扉 謂之一＜爾雅＞ ⑥크다. ¶山峻高以無根兮 遂曾一而迫身＜楚辭＞ ⑦안이 넓다. ¶其器圜以一＜禮記＞ ⑧넓히다. ¶可謂一其中而肆其外矣＜韓愈＞ ⑨공허하다. 넓음. ¶彷徨乎馮一＜莊子＞ ⑩사물의 모양. ¶一一/一廓.
▷高一, 魁一, 深一, 閈一

12〖悶〗 ☞心部 8획(p.574)

4〖閔〗 1 위문할 민 | 軫 ㄇㄧㄣˇ | びん
12 2 가을 하늘 민 | 眞 (min) | console

풀이 1 ①위문하다. 문병함. 조문(弔問)함. ②마음 아프게 여기다. 가엾게 여김. ¶婦人能一其君子＜詩經＞ ③걱정하다. 근심함. ④근심. 걱정. ¶少遭一凶＜左氏傳＞ ⑤고민하다. 고통으로 여김. ¶一一有司＜禮記＞ ⑥병(病). ¶覯一既多＜詩經＞ ⑦아둔하다. 사리(事理)에 어두움. ¶竊一然不敏＜史記＞ ⑧노력하다. 힘씀. ¶予惟用一于天越民＜書經＞ ⑨땅 이름. ¶齊侯伐宋圍一＜穀梁傳＞ 2 ①가을 하늘. 같 旻. ②병들다. 앓음. ¶恩斯勤斯 鬻子之一斯＜詩經＞
【閔子騫】びんしけん(민자건)《人》 춘추 시대 노(魯)의 사람. 자건(子騫)은 자(字). 이름은 손(損). 효(孝)로써 이름났으며, 공문 십철(孔門十哲)의 한 사람.
▷覯一, 顔一, 憂一, 偕一

4〖閏〗 윤달 윤 | 震 ㄖㄨㄣˋ | じゅん(ウルウ)
12 | (run) | intercalate

풀이 ①윤달. 윤년. 여분(餘分)의 월일(月日). ②윤위(閏位). 정통이 아닌 왕위. ¶區別正一爲十二卷＜宋史＞
【閏餘】じゅんよ(윤여) ①나머지. ②윤달. 윤월(閏月). ¶一成歲 律呂調陽＜千字文＞
【閏位】じゅんい(윤위) 정통이 아닌 왕위(王位). ¶帝王之興 必以一＜晉書＞
【閏音】じゅんおん(윤음) 지방 특유의 음. 方音(방음). ※方言(방언).
【閏集】じゅんしゅう(윤집) 원집(原集)에 수록되지 않은 글을 따로 모아 편집한 문집. 遺補集(유보집).
【閏刑】じゅんけい(윤형) 옛날, 선비나 작위(爵位)가 있는 사람, 승려(僧侶), 부녀자, 노유(老幼), 폐질자(廢疾者) 등에게 본형(本刑)에 대치하여 과(科)하던 형벌.
▷歷一, 榮一, 立一, 再一, 正一

4〖閒〗 1 한가할 한 | 刪 ㄒㄧㄢˊ | かん
12 2 틈 간 | (xian) | leisure

※숙어는 閑(p.1561)·間(p.1559)을 참조.

풀이 1 ①한가하다. 편안함. ¶孔子一居＜禮記＞ ②조용하다. ¶待君之一些＜楚辭＞ ③쉬다. 휴식함. ¶可以少一＜國語＞ ④느긋하다. ¶笑而不答心自一＜李白＞ 2 틈. 間의 本字.
【閒民】かんみん(한민) 일정한 직업이 없이 놀고 있는 백성. 閑民(한민). 遊民(유민). 游民(유민). 逸民(일민). ¶一無常職 轉移執事＜周禮＞
【閒雅】かんが(한아) ☞閑雅(한아).
【閒吟】かんぎん(한음) 한가롭게 시를 읊음. 閑吟(한음). ¶每逢風月一一＜白居易＞

4〖閑〗 한가할 한 | 刪 ㄒㄧㄢˊ | かん(シズカ)
12 | (xian) | leisure

풀이 ①한가하다. 느긋함. 틈이 있음. 通 閒. ¶貌甚一暇＜賈誼＞ ②막다. 막힘. ¶文言曰 一邪存其誠＜易經＞ ③문지방. ④가로막다. 닫음. 차단함. ¶曰一輿衛＜易經＞ ⑤한정하다. 경계지음. ¶中心一也＜太玄經＞ ⑥법규. 규칙. ¶大德不踰一＜論語＞ ⑦바르다. ⑧크다. ¶旅楹有一＜詩經＞ ⑨익숙해지다. 익힘. ¶旣一且馳＜詩經＞ ⑩고요하다. ¶無風樹盡一＜許棠＞ ⑪아름답다. 우아(優雅)함. ¶美女妖且一＜曹植＞ ⑫말 울짱. ¶舍則守王一＜周禮＞ ⑬마굿간. ¶天子十有二一＜周禮＞ ⑭사물의 모양. ¶一一.

【閑暇】かんか(한가) ①조용하고 시간 여유가 있음. 틈. 짬. 여가. ¶聊及一＜後漢書＞ ②행동거지가 침착하고 여유가 있음. 놀라지 않는 모양. 閒暇(한가). ¶且其容止一＜禰衡＞

【閑居】かんきょ(한거) ①한가히 있음. ¶一靜思則通＜荀子＞ ②한적한 곳에 삶. 또는, 그 거처. 閒居(한거).

【閑談】かんだん(한담) ①조용히 이야기함. 또는, 그 이야기. ②쓸데없는 말. 閑話(한화).

【閑談屑話】かんだんせつわ(한담설화) 심심풀이로 하는, 쓸데없는 이야기.

【閑良】かんりょう(한량) ①우아하고 좋음. ¶音性一＜班婕妤＞ ②韓 ㉮서반(西班) 출신으로 아직 무과(武科)에 급제하지 못한 사람. ㉯무과 및 잡과(雜科)의 응시자. ㉰돈 잘 쓰고 풍류로운 멋이 있는 사람.

【閑僻】(한벽) 한적하고 구석짐. 또는, 그런 곳.

【閑書】かんしょ(한서) ①쓸모 없는 책. 도움이 되지 않는 책. ②시, 소설처럼 한가할 때 힘 안 들이고 읽는 책.

【閑雅】かんが(한아) ①정숙하고 우아(優雅)함. ②한적하고 아취(雅趣)가 있음.

【閑雲野鶴】かんうんやかく(한운야학) 한가로이 떠도는 구름과 들에서 노는 학이라는 뜻으로, 속세를 떠나 아무런 속박 없이 한가한 생활로 유유자적(悠悠自適)하는 경지의 비유. 閑雲孤鶴(한운고학).

【閑人】かんじん(한인) 한가한 사람. 일 없는 사람. 閒人(한인). 散人(산인). ¶一勿入.

【閑日】かんじつ(한일) 한가한 날. 일이 없는 날. 閒日(한일).

【閑日月】かんじつげつ(한일월) ①한가한 세월. ②사물(事物)에 악착하지 않음. 閑歲月(한세월).

【閑寂】かんじゃく(한적) 한가하고 고요함. 閒寂(한적).

【閑中忙】(한중망) 한가한 가운데에도 바쁨. ↔忙中閑(망중한).

【閑適】かんてき(한적) 한가하게 살며 마음 편히 지냄. 閒適(한적).

【閑地】かんち(한지) ①빈터. 空地(공지). ②한적한 곳.

【閑職】かんしょく(한직) 한가한 벼슬자리. 散官(산관). 閒官(한관).

【閑話休題】かんわきゅうだい(한화휴제) 그것은 그렇다 하고. 쓸데없는 말은 그만두고. 화제를 돌릴 때 쓰는 말. 閒話休題(한화휴제).

▷寬一, 給一, 佶一, 農一, 等一, 安一, 有一, 自一, 帝一, 投一, 偷一

4 12 【閌】 높은 문 항 本강 | 漢ㄎㄤˋ 廣(kang) | こう *high gate*

풀이 ①높은 문. ¶一閬. ②문이 높은 모양. ¶一閬閬其寥廓兮＜揚雄＞ ③왕성한 모양.

5 13 【閘】 1수문 갑 2문 여닫을 압 | 漢ㄓㄚˊ (zha) 廣 | こう *sluice* おう

【閘門】こうもん(갑문) 수문(水門). 물문. ¶一港.

13 【閞】 開(p.1559)의 古字

13 【閗】 關(p.1568)과 同字

13 【閙】 鬧(p.1664)의 訛字

5 13 【閞】 문기둥 접시받침 변·반 | 漢ㄅㄧㄢˋ 廣(bian) | はん

5 13 【閟】 문닫을 비 | 漢ㄅㄧˋ (bi) | ひ *close*

풀이 ①문을 닫다. ¶公築臺臨黨氏 見孟任 從之 一而以夫人言 許之＜左氏傳＞ ②닫다. 닫힘. ¶陰雲晝一＜宋璟＞ ③멈추다. 그침. ¶我思不一＜詩經＞ ④끝나다. 끝냄. ¶今命以時卒 一其事也＜左氏傳＞ ⑤숨기다. 숨음. ¶竹溪其珍一之 十五城勿輕換＜劉克莊＞ ⑥변비증(便祕症)이 있다. ⑦삼가다. ¶天一毖我成功所＜書經＞ ⑧신(神). ¶一宮有侐＜詩經＞ ⑨맑다. 깨끗함. ¶一宮 清淨之宮 謂姜嫄之廟＜孟子音義＞ ⑩깊숙하다. 그윽함.

【閟宮】ひきゅう(비궁) 혼령을 모시는 사당(祠堂). 神堂(신당). 靈廟(영묘).

▷深一, 永一, 幽一, 隱一, 潛一

13 【閛】 闌(p.1569)과 同字

5 13 【閜】 1크게 열릴 하 2서로 도울 가 | 漢ㄒㄧㄚˇ 廣(xia) | か か

풀이 1 ①크게 열리다. ②크게 찢어지다. ③크다. ④사물의 모양. ⑤큰 술잔. 2 ①서로 돕다. ¶一砢. ②문이 기울다.

6 14 【閣】 문설주 각 | 漢ㄍㄜˊ (ge) | かく *doorjamb*

풀이 ①문설주. ②세우다. 멈춤. ③싣다. ④시렁. 음식물을 얹어 놓는 시렁. ¶大夫七十而有一＜禮記＞ ⑤문갑(文匣). ¶東之高一＜晉書＞ ⑥부엌. ⑦관청. ¶絜身躋祕一＜陸機＞ ⑧궁전(宮殿). ¶信謂左右一都尉曰＜史記＞ ⑨편전(便殿). ⑩다락집. 누각(樓閣). ¶高臺層榭 接屋連一＜淮南子＞ ⑪가교(假橋). 잔도(棧道). ¶而施版梁爲一＜崔浩＞ ⑫복도. 두 건물 사이의 복도. ¶周馳爲一道＜史記＞ ⑬가게. 상점. ¶時方鎭設邸一 居茶取直＜唐書＞ ⑭주저하다. 보류함. ¶一筆不能措手＜魏志·注＞

【閣道】かくどう(각도) ①높게 건너지른 골마루. 다

락집의 복도. ②잔도(棧道). ③북두칠성(北斗七星) 중의 한 별.
【閣老】かくろう(각로) ①당(唐)대의 중사인(中舍人) 및 급사중(給事中). ②당(唐), 명(明)대의 재상(宰相).
【閣僚】かくりょう(각료) 내각(內閣)을 조직하는 각부의 장관. 大臣(대신).
【閣免】かくめん(각면) 묵인하여 용서함.
【閣手】かくしゅ(각수) 팔짱을 낀다는 뜻으로, 아무 일도 하지 않는 모양을 이르는 말. ¶秉與袁粲一仰成矣<資治通鑑>
【閣臣】かくしん(각신) ①명(明)대의 대학사(大學士). ¶一兼掌部院 非舊規也<觚不觚錄> ②韓 규장각(奎章閣)의 벼슬아치.
【閣員】かくいん(각원) 내각의 장관. 大臣(대신). 閣僚(각료).
【閣議】かくぎ(각의) 내각의 회의.
【閣下】かく①·かっか②(각하) ①전각의 아래. ②귀인에 대한 경칭.
▷傑一, 劍一, 階一, 高一, 曲一, 谷一, 空中樓一, 觀一, 橋一, 闕一, 金一, 內一, 樓一, 臺一, 梵一, 複一, 佛一, 飛一, 祕一, 碑一, 山一, 上一, 禪一, 連一, 雲一, 危一, 入一, 殿一, 組一, 朱一, 峻一, 重一, 池一, 層一, 畫一, 廓一

14【開】開(p.1559)의 本字

14【関】關(p.1568)의 俗字

6
14【閨】도장방 규 | 圍ㄍㄨㄟ (gui) | けい (ネヤ)
풀이 ①도장방. 규방(閨房). 부녀자의 거실. ¶一房肅雍 險謁不行<後漢書> ②독립한 작은 문. 위는 둥글고 아래는 네모져 홀(笏)과 비슷함. ③궁중의 작은 문. 편전(便殿)의 앞문. ¶念靈一兮隩重深<楚辭> ④이문(里門). 마을 길목에 세운 문. ¶至中一<戰國策> ⑤남녀간의 사랑. ¶二八三五一心切<王琚> ⑥소녀. ⑦부인(婦人). ¶一妾起縫素<王維> ⑧규방을 지키다. ¶入其閨則無人一焉者<公羊傳>
【閨房】けいぼう(규방) 안방. 침실(寢室). 閨閤(규합)②. ¶一文學.
【閨聲】けいせい(규성) 여자. 여색(女色). ¶毋近一以撩旅思<福惠全書>
【閨秀】けいしゅう(규수) ①재학(才學)이 빼어난 부녀자. 才媛(재원). 賢夫人(현부인). ¶一作家. ②남의 집 처녀를 점잖게 이르는 말.
【閨心】けいしん(규심) 남녀가 서로 연모(戀慕)하는 정. 春情(춘정). ¶二八三五一切 褰簾捲幔迎春節<王琚>
【閨愛】けいあい(규애) 따님. 令愛(영애). ¶其一中夜來奔 堅拒不納<輟耕錄>
【閨怨】けいえん(규원) 남편에게 버림받은 여자의 원한(怨恨). 또는, 그 원한을 노래한 시가(詩歌). ¶善吟一斷人腸 二妙風流不可當<黃庭堅>
【閨庭】けいてい(규정) 침실 안. 집안. ¶撫訓諸弟一之中 怡怡如也一<北史>
【閨中】けいちゅう(규중) 여자가 거처하는 방 안. 침실(寢室). 閨內(규내). 閨裏(규리). 中閨(중규). ¶一七友爭論記.
【閨閤】けいこう(규합) ①궁중의 작은 문. 또는, 침전(寢殿). 內殿(내전). ②☞閨房(규방). ¶一叢書<憑虛閣 李氏>
【閨閤之臣】けいこうのしん(규합지 신) 가까이서 모시는 신하.
▷孤一, 空一, 金一, 蘭一, 深一, 幽一, 秋一, 春一, 寒一, 香一, 紅一

14【聞】☞耳部 8획(p.1219)

6
14【閩】종족 이름 민 | 圓ㄇㄧㄣˊ (min) | びん
풀이 ①종족 이름. 옛 중국 미개 민족의 하나. 지금의 복건성(福建省) 지방에 삶. ②민족(閩族)이 살던 지방. 지금의 복건성. ¶八蠻七一<周禮> ③나라 이름. 오대 십국(五代十國)의 하나. ¶延鈞自稱帝 國號大一<舊五代史> ④복건성의 옛 이름. ¶兩江之南爲一浙 其省二 曰福建 曰浙江<淸會典> ⑤모기. 通 蟁. ¶白鳥也者 謂一蚋也<大戴禮>
▷南一, 東一, 七一

6
14【閥】공훈 벌 | 圓ㄈㄚˊ (fa) | ばつ *exploit*
풀이 ①공훈(功勳). ¶不繫一閱<後漢書> ②공을 쌓다. 공적의 내력을 밝힘. ③대문 왼쪽에 세운 기둥. 당(唐)·송(宋) 이후 작위(爵位) 있는 집 대문에 세웠음. ④문벌(門閥). 집안의 지체. ¶子孫衆盛 實爲名一<唐書> ⑤문지방. ¶側門而與之言 皆不踰一<孔子家語>
【閥閱】ばつえつ(벌열) ①대문의 양쪽 기둥. 당(唐)·송(宋) 이후 작위(爵位) 있는 집 대문에 세웠음. 왼쪽을 閥, 오른쪽을 閱이라 함. 기둥간의 거리는 10척(尺). 기둥 위에는 기와통을 얹었는데, 이를 오두 벌열(烏頭閥閱)이라 함. ②공적(功績)과 경력(經歷). 공적이 있는 집안. ③귀족.
【閥族】ばつぞく(벌족) 신분이 높은 가문의 일족.
▷家一, 功一, 官一, 軍一, 閨一, 黨一, 名一, 門一, 藩一, 財一, 積一, 派一, 學一

6
14【閡】 1 문 잠글 애 | 2 가득찰 해 | 3 밀릴 핵 | 4 열 개 | ㄏㄜˊ (he) | がい かい こく かい
풀이 1 ①문을 잠그다. 밖에서 문을 잠금. ②한정하다. 한정. ③멈추다. ④밀리다. 지체함. ¶凌風蹈雲 不蹤不一者 以其六翮之輕勁也<抱朴子> ⑤거리끼다. 방해(妨害)함. 通 礙. ¶勿令有所拘一而已<後漢書> ⑥상(傷)하다. ¶和者大同於物 物無得傷一者<列子> 2 가득차다. ¶該臧萬物 而雜陽一種<漢書> 3 밀리다. 막힘. 4 열다.

14〖閤〗 闔(p. 1569)과 同字

6/14〖閤〗 쪽문 합 | 㑹《ㄜˊ(ge) ㄏㄜˊ(he) | こう wicket

풀이①쪽문. 대문 곁에 달린 작은 문. ¶開東一<漢書> ②궁중의 작은 문. ③침실(寢室). 규방(閨房). ¶蘭房椒一夜方開<梁元帝> ④누각(樓閣). ¶待餘春於北一<梁簡文帝> ⑤관청. 관공서. ¶初擧秀才 歷官府一<南齊書> ⑥모두. 전부. ㊣合.

【閤內】ごうない(합내) ①어전(御殿) 안. ②남을 높여, 그의 집안 식구를 이르는 말.

【閤門】こうもん(합문) ①온 집안. 家中(가중). ②㊅ ㉮편전(便殿)의 앞문. 閣門(각문). ㉯고려 때 조회(朝會)의 의례(儀禮)를 맡은 관아. ㉰조선 초기의 통례원(通禮院).

【閤夫人】(합부인)㊅ 상대방을 높여 그의 부인을 이르는 말.

【閤中】こうちゅう(합중) 송(宋)대에 쓰던 남의 아내의 호칭. ¶忽聞一臥病 何爲遽至此也<孫覿>

【閤下】こうか(합하) 신분이 높은 사람에 대한 경칭. 옛날, 삼공(三公), 대신(大臣)의 집에 합(閤 : 샛문)이 있던 데서 유래. 閣下(각하)②.

▷開一, 官一, 閨一, 內一, 大一, 房一, 迎一, 幽一, 紫一, 中一, 重一, 閉一, 後一

7/15〖閫〗 문지방 곤 | 阮ㄎㄨㄣˇ 願(kun) | こん(シキイ) threshold

풀이①문지방. ②문지방 한가운데의 턱. 문이 문지방 안으로 들어오지 못하게 한 장치. ③왕후(王后)가 거처하는 곳. 또는, 후비(后妃). ¶妃竝先殂 更不更椒一<南史> ④궁중의 작은 문. 또는, 궁중. ㊣壼.

閫臬(곤얼)㊅ 감사(監司), 병사(兵使), 수사(水使)의 영문(營門).

【閫外】こんがい(곤외) ①문지방 바깥. 문 밖. 또는, 성 밖. 도성(都城) 밖. 조정(朝廷) 밖. ②출정군(出征軍). ↔閫內(곤내).

【閫外之臣】こんがいのしん(곤외지 신) 조정 밖의 신하라는 뜻으로, 장군을 이르는 말.

【閫外之事】こんがいのこと(곤외지 사) 대궐 밖의 일이란 뜻으로, 병마(兵馬)를 통제하는 일.

【閫外之任】こうがいのにん(곤외지 임) 도성(都城) 밖의 임무란 뜻으로, 군대를 이끌고 출정하는 장군의 임무. ※閫外之臣(곤외지 신).

【閫宇】こんう(곤우) 사방(四方)을 이름.

▷桂一, 閨一, 門一, 天一

15〖閬〗 闕(p. 1567)과 同字

7/15〖閬〗 [1]솟을대문 랑 [2]넓고 밝을 랑 [3]괴물 낭 [4]㊅ 불알 랑 | 漾ㄌㄤˋ (lang) 養 養 | ろう tall gate ろう りょう

풀이[1]①솟을대문. ②문이 높다. ③높은 모양. ④휑뎅그렁하다. ¶集太微之一一<後漢書> ⑤넓다. ¶胞有重一<莊子> ⑥해자(垓字). ¶城外爲之郭 郭外爲之土一<管子> [2]넓고 밝다. 넓고 밝은 모양. ¶鴻爌熀以爣一<王延壽> [3]괴물. 목석(木石)의 괴물. ¶木石之怪夔罔一<史記> [4]㊅ 불알. ㊣囊.

【閬風瑤池】ろうふうようち(낭풍요지) 신선이 산다는 곳. 낭풍은 낭풍원(閬風苑), 요지는 아름다운 못인데, 둘 다 곤륜산(崑崙山)에 있다 함.

7/15〖閭〗 이문 려 | 魚ㄌㄩˊ (lü) | りょ gate of a village

풀이①이문(里門). 마을 어귀의 문. 주(周)의 제도에 25호를 리(里)라 하고, 반드시 문을 세워 閭라 부름. ②길에 세운 문. ¶相與踦一而語<公羊傳> ③문. ¶州綽門于東一<左氏傳> ④마을. ㉮주의 제도로 25호의 호칭. ㉯24호의 호칭. ¶八家爲隣 三隣爲一<尙書大傳> ⑤거리. ¶都市多俠少年 劚剝坊一<唐書> ⑥주거. 거처. ⑦모이다. ¶泄之以尾一<嵇康> ⑧진(陣) 이름. ¶左右一卒 日一<逸周書> ⑨뱃머리. 이물. ⑩관(冠) 이름. ¶北唐以一 一似隃冠<逸周書> ⑪짐승 이름.

閭 ⑪ (古今圖書集成)

【閭胥】りょしょ(여서) 주(周)대의 벼슬 이름. 마을의 징령(徵令)을 맡아보았음.

【閭閻】りょえん(여염) 마을. 촌리(村里). 또는, 촌민(村民). 民間人(민간인).

【閭伍】りょご(여오) ①주(周)대 마을의 단위. 閭는 25가(家). 伍는 5가. ②서민(庶民)의 무리.

【閭左】りょさ(여좌) 진(秦)대에 부역(賦役) 따위를 면제하여 이문(里門) 왼쪽에 살게 한 빈민.

▷衢一, 踦一, 門一, 尾一, 民一, 坊一, 僻一, 比一, 市一, 邑一, 倚一, 里一, 異一, 田一, 旌一, 州一, 表一, 閻一, 鄉一

7/15〖閱〗 검열할 열 | 屑ㄩㄝˋ (yue) | えつ(ケミスル) inspect

풀이①검열하다. 조사함. ㉮하나하나 수효를 세어 확인하다. ¶商人一其禍敗之釁 必始於火<左氏傳> ㉯고르다. 뽑음. ¶一人庶物<太玄經> ㉰차례차례로 거치다. ¶一天下之義理多矣<漢書> ㉱문서를 견주며 교감(校勘)하다. ㉲보다. ¶祕閣書籍 披一皆遍<唐書> ㉳돌보다. ¶常以秋歲末之時一其民<管子> ②점검. 검열. ¶中冬敎大一<周禮> ③벌열(閥閱). 공적. 또는, 근무 경력(經歷). ¶積日曰一<史記> ④갖추다. 구비함. ⑤거느리다. ¶川一水而成川<陸機> ⑥받아들이다. 용납함. ¶我躬不一 遑恤我後<詩經>

⑦빠지다. 빠져 나옴. ¶蜉蝣掘一<詩經> ⑧구멍. ⑨문기둥. 당(唐), 송(宋) 이후 벼슬 있는 집 대문에 세운 오른쪽 기둥. 왼쪽 것은 벌(閥)이라 함. ⑩주다. 부여(賦與)함. ¶以一衆甫<老子> ⑪모으다. ¶有亡荒一<左氏傳> ⑫값. 파는 값. ¶良賈不爲折一不市<荀子> ⑬곧고 긴 서까래. 처마까지 나오는 서까래.

【閱覽】えつらん(열람) 살펴서 봄. 읽음. 閱見(열견). 閱讀(열독). ¶必通夕一 是以答甲皆中<宋史>/一室.

【閱歷】えつれき(열력) ①겪어온 이력. 經歷(경력). ②지나감. 경과함.

【閱兵】えっぺい(열병) 군대를 점검(點檢)·훈련(訓鍊)하는 일. 閱武(열무). ¶一式.

▷簡一, 檢一, 校一, 鳩一, 大一, 敦一, 貌一, 門一, 閥一, 査一, 省一, 熟一, 精一, 靜一, 陳一, 鑽一, 親一, 採一, 披一

16〖閗〗 鬪(p.1567)과 同字

16〖閝〗 琴(p.997)과 同字

16〖閞〗 闌(p.1566)과 同字

8/16〖閵〗 새 이름 린 |震カ丨ㄣ(lin)|りん

풀이 ①새 이름. ¶今一/一鵲. ②밟다. ¶徒車之所一轢<漢書>

8/16〖閼〗 1 가로막을 알 |圜さ(e)|あつ block
2 완만한 모양 어 |御丨ㄢ|よ
3 선우 왕비 연 |先(yan)|えん

풀이 1 ①가로막다. ②그치다. 멈추게 함. ¶而莫之夭一者<莊子> ③막다. 못하게 함. ¶謂之一聽<列子> ④끝나다. ¶志一絕兮安如<楚辭> ⑤막히다. 쌓임. 굄. ¶州有孟瀆久游一<唐書> ⑥수문(水門)의 널빤지. ¶起水門提一<漢書> ⑦문발. ¶以象槾茨番一也<荀子> ⑧태세(太歲). 묘년(卯年)의 이칭. 고갑자(古甲子)에서 씀. 2 ①완만한 모양. ②땅 이름. ¶一與. 3 선우(單于)의 왕비. ¶一氏.

【閼氏】えんし(연지) 흉노(匈奴) 임금 선우(單于)의 비(妃)의 호칭.

▷單一, 淤一, 抑一, 夭一, 塡一, 提一

8/16〖閹〗 내시 엄 |鹽丨ㄢ(yan)|えん eunuch
|琰|

풀이 ①내시. 환관(宦官). ②거세(去勢)한 남자. 고자. ③궁문(宮門) 여닫이를 맡아 보는 하인. ④가리다. 덮음.

【閹尹】えんいん(엄윤) 환관(宦官)의 우두머리. 尹은 正. ¶命一申宮令<呂覽>

【閹人】えんじん(엄인) 궁형(宮刑)으로 거세(去勢)된 사람. 환관(宦官). 閹奴(엄노). 閹寺(엄시). 閹宦(엄환).

8/16〖閾〗 문지방 역·혁 |職ㄩˋ(yu)|よく, いき door sill きょく

풀이 ①문지방. ¶行不履一<論語> ②한정하다. 안팎을 구별지음. ¶喉咽九州閫一中夏<賈至>

8/16〖閻〗 1 이문 염 |鹽丨ㄢ|えん
2 땅 이름 염 |琰(yan)|せん
3 예쁠 염 |豔|えん

풀이 1 ①이문(里門). ¶隱於窮一漏屋<荀子> ②한길. 번화한 거리. ③열다. 문을 엶. ④권하다. 강요함. ⑤마을. ¶閭一. 2 ①땅 이름. 춘추 시대 진(晋)의 땅. 산서성(山西省) 안읍현(安邑縣) 서쪽. ¶周甘人與晋一嘉 爭一田<左氏傳> ②춘추 시대의 땅 이름. 하남성(河南省) 서화현(西華縣) 서쪽. ¶戰于鬼一<左氏傳>/鬼一. 3 ①예쁘다. 아름다움. 通 豔. ¶哀褒一之爲郵<漢書> ②옷이 긴 모양. ¶一易.

【閻羅】えんら(염라)《佛》 염라대왕(閻羅大王).

【閻羅大王】えんらだいおう(염라대왕) 지옥(地獄)의 임금으로 사람 생전의 죄를 판정하여 상벌(賞罰)을 내린다 함. 閻魔(염마). 「卒).

【閻羅人】えんらじん(염라인)《佛》 지옥의 옥졸(獄

【閻魔】えんま(염마) ☞閻羅大王(염라대왕).

【閻浮提】えんぶだい(염부제)《佛》 수미(須彌) 4주(洲)의 하나. 수미산 남쪽 7금산과 대철위산의 중간, 짠물바다에 있는 대주(大洲) 이름. 염부나무가 무성함. 閻浮提鞞波(염부제비파). 贍部洲(섬부주). 人間界(인간계). 現世(현세).

▷窮一, 食一, 衡一, 閭一

8/16〖閶〗 1 천문 창 |陽彳ㄤ|しょう
2 북소리 탕 |陽(chang)|とう

풀이 1 ①천문(天門). ¶一闔. ②문. ¶一闔. ③가을 바람. ¶一風. ④권하다. 인도함. ¶一者倡也<史記> ⑤크다. ¶西方曰西極之山 曰一闔之門<淮南子> ⑥왕성하다. ¶一闔. 2 북 소리. ¶鼓聲不過一<周禮·注>

【閶風】しょうふう(창풍) 서쪽 바람. 가을 바람. 閶闔(창합)③. ¶俟一而西遐<張衡>

【閶闔】しょうこう(창합) ①천상계(天上界)의 문(門). ②궁궐(宮闕)의 정문(正門). ③☞閶風(창풍). ④성한 모양. ⑤초(楚) 사람이 말하는 문.

16〖閲〗 閱(p.1665)의 俗字

8/16〖閽〗 문지기 혼 |元ㄏㄨㄣ(hun)|こん door keeper

풀이 ①문지기. ¶吳人伐楚 獲俘焉以爲一<左氏傳> ②궁문(宮門). 대궐문. ¶重一洞出<左思> ③환관(宦官). 내시(內侍). ¶一 門者也 寺人也<穀梁傳> ④묵형(墨刑)을 받은 자. 옛 중국에서, 묵형을 받은 자를 대궐의 중문지기로

삼음. ¶一者守中門之禁<後漢書>
【閽寺】こんじ(혼시) 대궐 중문지기와 내시(內侍). ¶閽掌守中門之禁也 寺掌內人之禁令也<周禮·注>
【閽人】こんじん(혼인) 궁문(宮門)의 문지기. 閽者(혼자). ¶一 掌守王宮中門之禁<周禮>
▷內一, 守一

9 17 〖闃〗 고요할 격 | ㄑㄩˋ(qu) | げき *quiet*
▷空一, 寥一, 幽一, 虛一

9 17 〖闋〗 ①쉴 결 ②마칠 계 | ㄑㄩㄝˋ(que) | けつ けい *rest*
풀이 ①①쉬다. 휴식함. ¶俾民心一<詩經> ②마치다. 끝남. ¶繁肴旣一 亦有寒羞<張協> ③다하다. ¶物物卬市 日一亡儲<漢書> ④한 곡(曲)이 끝나다. ¶有司告以樂一<禮記> ⑤탈상(脫喪)하다. ¶服一 拜全椒長<後漢書> ⑥일이 끝나서 문을 닫다. ⑦공허하다. ¶瞻彼一者 虛室生白<莊子> ⑧문이 열리다. ⑨말 이름. ¶一廣. ②마치다.
▷歌一, 眠一, 樂一, 宴一, 雨一

9 17 〖闍〗 ①망루 도 ②화장할 사 | ㄉㄨ(du) ㄕㄜ(she) | と じゃ
풀이 ①①망루(望樓). (같)堵. ¶出其闉一<詩經> ②서울 외곽 안쪽의 거리. ¶一 謂國外曲城之中之市里也<詩經·注> ②①화장(火葬)하다. ②성곽(城郭)의 문. (같)闉.
【闍梨】じゃり(사리)(佛) 범어(梵語) Ācārya의 음역(音譯). 중들에게 몸소 덕행을 가르치는 스승. 또는, 모범 승려. 고승(高僧)의 칭호. 阿闍梨(아사리).

9 17 〖闌〗 ①가로막을 란 ②무늬 란 | ㄌㄢˊ(lan) | らん *obstruct*
풀이 ①①가로막다. 차단함. ¶晉國之去梁也 千里有餘 有河山以一之<戰國策> ②빗장. 대문에 가로질러 출입을 막는 나무. ③방지하다. ④쇠퇴하다. 바램. ⑤저물다. 늦음. ¶白露凝兮歲將一<謝莊> ⑥다하다. ¶述職期一暑<謝靈運> ⑦잃다. 잃어버림. ⑧한창. ¶酒一<史記> ⑨드물다. 성김. ¶拭眼瞻星一<古詩> ⑩함부로. 마구. ¶一入尙方掖門<漢書> ⑪난간(欄干). ¶沈香亭北倚一干<李白> ⑫칼걸이. 병가(兵架). ¶扃 車上兵一<左氏傳·注> ⑬마루 귀틀. 문틀. ¶乃更爲井一百尺 以射城中<魏志> ⑭바자울. 성긴 울타리. 가축을 치는 곳. ¶造睹一于宅側<晉書> ⑮팔찌. ¶人獻翠腕一<元氏掖廷記> ②무늬. (같)爛.
【闌駕上書】らんがじょうしょ(난가상서) 거둥하는 수레를 가로막고 소장(訴狀)을 올림. 闌轎(난교).
▷門一, 兵一, 歲一, 夜一, 宴一, 腕一, 酒一

9 17 〖闇〗 ①닫힌 문 암 ②어두운 모양 암 ③큰물 질 음 ④말 아니할 음 ⑤여막 암 | ㄢˋ(an) | あん (ヤミ) いん いん あん
풀이 ①①닫힌 문. 잠긴 문. ②어렴풋하다. 그윽함. ③어둡다. ¶日一月散<後漢書> ④어둡게 하다. 가림. ¶進則揜蔽賢良以陰一其主<韓非子> ⑤날씨가 흐리다. ¶正月以來 陰一連日<後漢書> ⑥어리석다. ¶蒙者 微昧一弱之名<易經> ⑦숨다. ¶不可久一<後漢書> ⑧어두움. 밤. (통)暗. ¶使小民一行<呂覽> ⑨해질 무렵. 땅거미 때. ¶夏后氏祭其一<禮記> ⑩어두운 곳. ¶孝子不服一<禮記> ⑪일식(日蝕). 월식(月蝕). ¶五曰一<周禮> ⑫많은 모양. ¶一藹. ②①어두운 모양. ¶一然而日章<禮記> ②걸음이 빠른 모양. ¶一跳. ③덮다. 가림. ¶不下比以一上<荀子> ③큰물이 지다. ④말을 아니하다. ¶思慕諒一<漢書> ⑤여막(廬幕). ¶諒一.
【闇然而日章】(암연이 일장) 겉은 어두우나 속은 날로 밝아짐의 뜻으로, 군자(君子)는 겉모습을 꾸미지 않고 안으로 도(道)를 닦음을 이름.
【闇弱】あんじゃく(암약) 어리석고 약함.
【闇票】(암표) 뒷거래되는 차표, 극장표 따위.
▷狂一, 懦一, 駑一, 微一, 鄙一, 昭一, 諒一, 頑一, 愚一, 幽一, 至一, 淺一, 退一, 昏一

9 17 〖闈〗 대궐 작은문 위 | ㄨㄟˊ(wei) | い
풀이 ①대궐의 작은 문. 궁중 통로에 세운 문. ¶使其屬守王一<周禮> ②쪽문. 대문 옆에 있는 작은 문. 통용문(通用門). ¶夫人至 入自一門<禮記> ③명당(明堂)의 문. ¶古大明堂之禮 日中出南一 日側出西一 日入出北一<明堂月令> ④종묘(宗廟)안의 문. ¶一門容小扃參个<周禮> ⑤거리의 문. ¶愚諸棘一以歸<左氏傳> ⑥왕후궁의 안채. ¶庶儀廢椒一<宋書> ⑦관청. 관공서. ¶入虎一而齒冑<王融> ⑧공원(貢院). 옛 중국의 관리 등용 시험장.
【闈墨】いぼく(위묵) 옛 중국의 향시(鄕試)와 회시(會試)에서 우수 합격자의 답안.
【闈編郞】いへんろう(위편랑) 장주(莊周)의 이칭. ¶太極眞仙中 莊周爲一<海錄碎事>

9 17 〖闉〗 성곽문 인 | ㄧㄣ(yin) | いん *castle gate*
풀이 ①성곽(城郭)의 문. 그 위에 감시망루(監視望樓)를 세움. ¶登一訪川陸<顏延之> ②구부러지다. ¶一跂支離

無脈<莊子> ③막다. 가로막음. ¶以共一壙之蜃<周禮>

9
17〖闛〗 韓문바람 팽

17〖闥〗 闥(p.1568)과 同字

9
17〖闊〗 넓을 활 圓ㄎㄨㄛˋ(kuo) かつ(ヒロイ) broad
本괄
俗濶

풀이 ①넓다. ㉮면적(面積)이 넓다. ¶迥一泳沫<史記> ㉯도량(度量)이 넓다. ¶武爲人嗜酒 一達敢言<後漢書> ②멀다. ¶于嗟一兮<詩經> ③트이다. 통함. ④느슨하다. 늦춤. ¶一其租賦<漢書> ⑤손쉽다. 간이(簡易)함. ¶文體簡一<後漢書> ⑥드물다. ¶頃所以一無大害者<漢書> ⑦비다. 빠짐. ¶朝請希一<漢書> ⑧오활(迂闊)하다. 서먹서먹함. ¶上以其言迂一 不甚寵異也<漢書> ⑨격조(隔阻)하다. 오래 만나지 못함. ¶間何一<漢書> ⑩사이가 떨어지다. ¶洪答曰 隔一相思 發於寤寐<後漢書> ⑪사치(奢侈)하다. 분에 넘치는 호사를 함. ¶偉二儀之奓一<成公綏> ⑫애쓰고 고생하다. ¶死生契一<詩經>

【闊達】かったつ(활달) 마음이 넓어 작은 일에 마음 쓰지 않음. 豁達(활달). ¶其民一多匿知<史記>

【闊略】かつりゃく(활략) ①대강대강 하고 철저하지 못함. 粗略(조략). ②눈감아 줌. 관용(寬容)함. ¶人情不能不有過差 宜可一<漢書>

【闊別】かつべつ(활별) 오랫동안 헤어져 만나지 못함.

【闊步】かっぽ(활보) ①큰 걸음으로 걸음. ②거리낌 없이 행동함. 橫行(횡행).

【闊疏】かっそ(활소) ①세정(世情)에 어둡고 주의가 부족함. 迂闊(오활). ¶周法一 不可因也<論衡> ②촘촘하지 아니함. 성김. 엉성함.

【闊葉樹】かつようじゅ(활엽수) 넓은잎나무. ↔針葉樹(침엽수).

▷簡一, 契一, 廣一, 久一, 疎一, 迂一, 快一

9
17〖闟〗 작은 문 휼 物ㄒㄩˋ(xu) くつ small gate

10
18〖闓〗 열 개 賄ㄎㄞ(kai) かい open
灰

풀이 ①열다. 계도(啓導)함. ¶與漢一大關<漢書> ②생각하다. 바라다. ③풀다. ④즐기다. 좋아함. ¶昆蟲一懌<漢書> ⑤시작하다. 개시함. ⑥밝다. 분명함.

18〖闗〗 關(p.1568)의 俗字

10
18〖闕〗 대궐 궐 月ㄑㄩㄝ(que) けつ palace

풀이 ①대궐(大闕). ¶詣一上書 書久不報<漢書> ②궁궐문 양옆에 설치한 두 개의 대(臺). 그 위는 망대(望臺). 옛날 중국에서 여기에 법령을 게시하였는데, 이를 상위(象魏)라 함. ③문(門). ¶天阿者群神之一也<淮南子> ④빠지다. 모자람. 이지러짐. ㉮빼다. 제외함. ¶亡者一之<周禮> ㉯줄이다. 깎음. ¶欲一翦我公室<左氏傳> ㉰부족하다. ¶聚必有一<國語> ㉱포위한 한 곳이 터지다. ¶圍城爲之一<漢書> ㉲상처내다. ¶子不敢一<呂覽> ㉳부수다. 헒. ¶入自一<禮記> ㉴다하다. 달빛이 이지러져 없어짐. ¶三五而盈 三五而一<禮記> ㉵적다. 적어짐. ¶故博聞之人 彊識之士一矣<呂覽> ⑤틈. 틈새기. ¶以當其一<左氏傳> ⑥허물. 실수. ¶其晋實有一<左氏傳> ⑦결원(缺員). ⑧성채(城砦) 이름. ¶於是乃摩燕烏集一<戰國策> ⑨뚫다. 팜. ㉰掘. ¶一地及泉<左氏傳>

【闕內】けつない(궐내) 대궐의 안. 宮內(궁내). 宮中(궁중). 闕中(궐중).

【闕略】けつりゃく(궐략) 뺌. 생략함. 缺略(결략).

【闕里】けつり(궐리) 땅 이름. 산동성(山東省) 곡부현(曲阜縣)에 있는 공자(孔子)의 출생지.

【闕門】けつもん(궐문) 대궐의 문. 宮門(궁문).

【闕本】けつほん(궐본) 질(帙)에서 권수가 모자람. 또는, 그 빠진 책. 缺本(결본).

【闕席】けっせき(궐석) 자리가 빔. 또는, 출석하지 아니함. 缺席(결석). ¶一裁判.

【闕如】けつじょ(궐여) 이지러져서 불완전한 모양. 빠짐. 누락(漏落)함. 또는, 뺌. 생략함. 如는 조자(助字). 缺如(결여). ¶禮儀制度一也<後漢記>

【闕員】けついん(궐원) 정원(定員)에서 사람이 빠져 모자람. 缺員(결원).

【闕字】けつじ(궐자) ①문장 중에서 임금 또는 귀인의 이름을 쓸 때 경의를 표하기 위하여 한두 자 쓸 자리를 비우거나 줄을 바꾸는 일. ②문장 중의 빠진 글자.

【闕下】けっか(궐하) 대궐 아래라는 뜻으로, 천자(天子) 또는 조정(朝廷)을 이름.

【闕劃】けっかく(궐획) ①글자의 획을 빠뜨림. ②옛 중국의 피휘(避諱)의 한 방법. 주로, 임금의 이름자 쓰기를 꺼려 그 글자의 한두 획을 생략하여 쓴 일. 民이 당(唐) 태종(太宗) 이세민(李世民)의 이름자이므로 巳으로 쓴 따위. 缺劃(결획).

▷鉅一, 京一, 宮一, 金一, 禁一, 丹一, 大一, 亡一, 門一, 犯一, 補一, 鳳一, 赴一, 北一, 城一, 崇一, 拾遺補一, 宸一, 詣一, 游一, 入一, 塡一, 帝一, 朱一, 天一, 趨一, 頹一, 退一, 荒一

10
18〖闑〗 문에 세운 말뚝 얼 圓ㄋㄧㄝˋ(nie) げつ

풀이 문에 세운 말뚝. ㉮두 문짝이 맞닿는 곳에 세운 짧은 말뚝. 문짝이 문지방 안에 드는 것을 막음. ¶君入門 介拂一 大

夫中榐與一之間 士介拂榐<禮記> ㉯ 문설주 사이에 세운 두 말뚝.

10/18 【闐】 ① 성할 전 ② 못 이름 기 | 㖊ㄊㄧㄢˊ(tian) 圚 | てん intact き

풀이 ① ①성하다. ②차다. 가득함. ¶賓客一門<史記> ③사물의 형용. ¶——. ④거마(車馬) 소리. ⑤북소리. 通嗔. ¶振旅——<詩經> ② 못 이름. 오늘날의 소련땅인 중앙 아시아의 이스시크쿨(Issikkul : 亦息庫爾).

10/18 【闖】 엿볼 츰·틈 | 㖊ㄔㄨㄤˇ(chuang) | ちん

풀이 ①엿보다. ¶儒門雖大啓 奸首不敢一<韓愈> ②말이 문을 나오는 모양. ③머리를 내미는 모양. ¶開之則一然公子陽生也<公羊傳> ④갑자기 들어가다. 불쑥 들어감.

【闖王】ちんおう(틈왕) 명말(明末)의 유적(流賊) 고영상(高迎祥)의 칭호. 또는, 뒷날 그의 사위 이자성(李自成)의 칭호.

【闖入】ちんにゅう(틈입) 느닷없이 난폭하게 들어감. 亂入(난입).

10/18 【闒】 ① 용렬할 탑 ② 다락문 탑 | 㕣ㄊㄚˋ 㕣(ta) | とう mediocre ろう

풀이 ① ①용렬하다. 비천함. ¶在一茸之中<漢書> ②어리보기. 얼뜬 사람. ¶雜班駮與一茸<楚辭> ② ①다락문. ②마을. ③북소리. 종소리. ㉠鞳. ④비천하다. 어리석음.

10/18 【闔】 문짝 합 | 㕣ㄏㄜˊ(he) | こう(トビラ)

풀이 ①문짝. 나무로 만든 것을 闔, 갈대나 대로 만든 것을 扇이라 함. ¶乃修一扇<禮記> ②문을 닫다. ¶閏月則一門左扉<禮記> ③간직하다. 간수함. ¶一者 藏也<史記> ④막다. 못하게 함. ¶陽明爲一<素問> ⑤맺다. 연결함. ¶一之者 結其誠也<鬼谷子> ⑥통할(統轄)하다. ¶今或至一郡而不薦一人<漢書> ⑦맞다. 같음. ¶意者臣愚而不一王心耶<戰國策> ⑧숨쉬다. ¶天門開一<老子> ⑨뜸. 거적. ¶茨牆則翦一<周禮> ⑩어찌 아니하느냐. 何와 不을 합한 것. 通盍. ¶夫子一行耶<莊子>

【闔閭】こうりょ(합려) ☞闔廬(합려)②.

【闔廬】こうろ(합려) ①집. 가옥(家屋). ②(人) 춘추 시대 오(吳)의 임금. 이름은 광(光). 초(楚)를 크게 이겨 위세를 떨치다가 월왕(越王) 구천(句踐)에게 패하여 죽음. 闔閭(합려).

【闔門】こうもん(합문) ①문을 닫음. ¶一教授<後漢書> ②韓 제사 때 유식(侑食)하는 차례에서 문을 닫거나 병풍으로 가리어 막는 일.

▷開一, 門一, 闢一, 城一, 閶一, 披一, 戶一

11/19 【關】 ① 빗장 관 ② 활 당길 완 | 㖊ㄍㄨㄢ(guan) 㖊ㄨㄢ(wan) | かん(セキ) bolt わん

풀이 ① ①빗장. ¶善閉無一楗而不可開<老子> ②기관(機關). 자동 장치. ¶施一發機<後漢書> ③잠그다. 막음. ㉮문을 닫다. ¶城郭不一<淮南子> ㉯막다. ④사이를 띄우다. 거리를 둠. ¶有所一說於景帝<史記> ⑤관문. 요해처의 검문소. ¶先王以至日閉一<易經> ⑥역참(驛站). ⑦묘문(墓門). 무덤으로 통하는 길. 또는, 그 문. ¶及墓嘑啓一 陳車<周禮> ⑧인체(人體)의 요처. ㉮오금의 위. ¶膕上爲一<素問> ㉯경맥(經脈)의 한 부위(部位). ㉰배꼽에서 2치 되는 곳. ㉱귀, 눈, 입. ¶夫目妄視則淫 耳妄聽則惑 口妄言則亂 夫三一者 不可不愼守也<淮南子> ⑨매듭. 결속. ¶腎者胃之一也<素問> ⑩관계하다. ㉮관여하다. 참여함. ¶遺財祿秩 一不一豫<宋書> ㉯걸다. 걸림. ¶萬曲不一心<鮑照> ㉰말미암다. ¶太學者賢士之所一也<漢書> ㉱들다. 안에 듦. ¶雖禽獸之聲 猶盡一於律<尚書大傳> ㉲엇갈리다. ¶升降相一<太玄經> ㉳거치다. 겪음. ¶升少好學多一覽<後漢書> ㉴연락되다. 계속됨. ⑪아뢰다. 고함. ¶進退得一其忠<漢書> ⑫통하게 하다. ¶公卿皆因一說<史記> ⑬고르다. 평평하게 함. ¶一石龢鈞 王府則有<國語> ⑭뚫다. ¶見輪人以其杖一轂而輠輪者<禮記> ⑮꿰뚫다. ¶大臣括髮一械<漢書> ⑯구하다. 찾음. ¶因巫爲主人一飮食<史記> ⑰받다. 받아들임. ⑱병사(兵士)의 급료. 또는, 그 지급일. ⑲바둑 용어. 한 간 띄어서 정상대(正相對)하는 점. 단관(單關), 쌍관(雙關)이 있음. ⑳세관(稅關). ㉑사물의 모양. ¶——/間一. ㉒관문서(官文書) 이름. 당(唐)대 문서의 한 가지. ¶一羽. ② 활을 당기다. 시위를 당김. 通彎. ¶豹則一矣<左氏傳>

【關鍵】かんけん(관건) ①빗장과 자물쇠. 문호(門戶)의 단속. 關楗(관건). ②사물의 가장 중요한 부분. 關鑰(관약).

【關東】かんとう(관동) ①함곡관(函谷關) 이동(以東). 곧, 하남성(河南省)과 산동성(山東省). ②요동(遼東) 일대. ¶一州. ③韓 대관령(大關嶺) 동쪽. 곧, 강원도 지방. ¶一別曲/一八景.

【關聯】かんれん(관련) 서로 걸리어 얽힘. 서로 관계됨. 聯關(연관).

【關樓】かんろう(관루) 성(城)의 망루(望樓).

【關門】かんもん(관문) ①경계(境界)에 세운 문. 국

경이나 요새의 문. ②문을 닫음. ③무덤의 문. ④난관(難關). ¶入試一.

【關防印】かんぼういん (관방인) 공문서의 위조를 막기 위하여 찍는 직사각형 도장.

【關白】かんぱく (관백) 정무(政務)를 통괄하고 일체의 주문(奏文)을 올리기 전에 의견을 아뢰는 일. ¶諸事皆先一光 然後奏御天子<漢書>

【關北】(관북)㊙ 마천령(摩天嶺) 이북(以北) 지방. 함경도(咸鏡道).

【關鼻】かんび (관비) 급할 때 잡아 끌기 위하여 기물(器物) 따위에 달아놓은 끈.

【關山】かんざん (관산) ①관문(關門)과 산. ②향리(鄕里)의 사방을 두른 산. ③고향(故鄕).

【關塞】かんさい (관새) 국경에 있는 관문(關門)과 요새(要塞). ¶守邊城一 備蠻夷<墨子>

【關西】かんさい (관서) ①함곡관(函谷關) 서쪽 지방. 지금의 섬서성(陝西省)·감숙성(甘肅省). ②㊙ 마천령(摩天嶺) 서쪽 지방. 평안남·북도. ¶一地方.

【關稅】かんぜい (관세) ①옛날, 관문(關門)에서 물품에 부과하던 세금. 關征(관정). ②세관(稅關)에서 수출입품(輸出入品)에 부과하는 세금.

【關市】かんし (관시) ①관문과 저자. 사람이 많이 모이는 곳. ②국경 지대에서 만이(蠻夷)와 교역(交易)한 시장.

【關與】かんよ (관여) 관계하여 참여함.

【關右】かんゆう (관우) 함곡관(函谷關) 서쪽 지방. 關西(관서).

【關羽】かんう (관우)《人》 촉한(蜀漢)의 명장(名將). 자는 운장(雲長). 유비(劉備)·장비(張飛)와 도원결의(桃園結義)한 일로 유명함. 關帝(관제).

【關雎之化】かんしょのか (관저지 화) 부부가 화목하여 가정이 잘 다스려짐의 비유. ¶關關雎鳩 在河之洲 窈窕淑女 君子好逑<詩經>

【關帝】かんてい (관제) 촉(蜀)의 관우(關羽)를 민간에서 일컫는 칭호.

【關左】かんさ (관좌) 함곡관(函谷關) 동쪽 지방. 關東(관동).

【關中】かんちゅう (관중) 지금의 섬서성(陝西省).

【關津】かんしん (관진) 관문과 나루. 수륙(水陸)의 요처(要處)를 이름.

【關河】かんか (관하) ①함곡관(函谷關) 등의 관소와 황하(黃河). 전쟁터가 되는 요해처(要害處)를 이름. ②산하(山河). ③어려운 여행길. 또는, 먼 여로(旅路).

▷距一, 鍵一, 係一, 古一, 款一, 翹一, 機一, 難一, 內一, 武一, 門一, 四一, 司一, 三一, 塞一, 稅一, 陽一, 五一, 楡一, 天一, 抱一, 閒一, 海一, 鄕一, 荆一, 荒一

11 19【闚】 엿볼 규 | 因ㄎㄨㄟ (kui) | き steal a glance

풀이 ①엿보다. 가웃이 엿봄. ㊂窺. ¶一其戶<易經> ②잠깐 보다. 언뜻 봄. ③훔쳐보다. 몰래 봄. ¶一觀女貞 亦可醜也<易經> ④조사하다. 검사함. ¶秦人不敢一兵于西河<後漢書> ⑤꾀다. 유인함. ¶一以重利<史記>

19【⿵門孰】 塾(p. 355)과 同字

19【⿵門憲】 憲(p. 1393)과 同字

20【⿵門報】 闞(p. 1567)의 俗字

12 20【⿵門爲】 1 문 열 위 | 紙 | い
2 문 반쯤 열릴 괘 | 佳 | かい

12 20【闡】 열 천 | 銑 ㄔㄢˇ (chan) | せん open

풀이 ①열다. ㉮닫힌 것을 열다. ¶一幽<易經> ㉯널리 퍼지게 하다. ¶一者弘廣之言<易經·注> ㉰넓히다. 땅을 넓힘. ¶一廣土地也<史記·注> ②분명하다. 드러남. ¶隱則勝一矣<呂覽> ③밝히다. 분명하게 함. ¶夫易彰往而察來 而微顯一幽<易經> ④크게 하다. ¶以一大猷<孔安國> ⑤느슨하게 하다. 늦춤. ⑥관여하다. ¶靈寶未一<陸雲> ⑦땅 이름. 춘추 시대 노(魯)의 읍(邑). 지금의 산동성(山東省) 동아현(東阿縣) 북쪽.

【闡明】せんめい (천명) 분명히 함. 드러내어 밝힘. 闡揚(천양). ¶徒章句訓詁是守 不能一周孔之本意<弘道館記述義>

【闡士】せんし (천사) 고승(高僧)의 존칭. 開士(개사). ¶衡嶽有一 五峰秀眞骨<李白>

▷開一, 光一, 昭一, 翼一, 禎一, 遐一, 恢一

12 20【闞】 1 범소리 함 | 豏 ㄏㄢˇ (han) | かん
2 바랄 감 | 勘 ㄎㄢˋ (kan)
3 개소리 함 | 陷

풀이 1 ①범의 소리. ②성내는 모양. 소리치며 성내는 모양. ¶一如虓虎<詩經> 2 ①바라다. ②보다. ¶俯一海湄<嵇康> ③사물의 모양. ¶一然. ④노(魯)의 고을 이름. 지금의 산동성(山東省) 문상현(汶上縣) 서남쪽. ¶公會宋公于一<左氏傳> 3 ①개의 소리. ②짐승의 성내는 소리.

12 20【闟】 1 창 흡 | 緝 ㄒㄧ (xi) | きゅう spear
2 골짜기 이름 탑 | 合 ㄊㄚˋ (ta) | とう

풀이 1 ①창. 찌르는 무기의 한 가지. ②경호용 창. 수레를 경호하는 데 쓰던 가지 달린 창. ¶鳳凰一戟 皮軒鸞旗<後漢書> ③자리잡다. 안정(安定)함. ④닫다. ⑤사물의 모양. ¶一一/一然. 2 ①골짜기 이름. 사천성(四川省) 강안현(江安縣). ②땅 이름. 한(漢) 때 흉노의 땅. ¶一敦.

13 21【闥】 1 문 달 | 曷 ㄊㄚˋ (ta) | たつ door
2 네모진 나무 건 | 阮 | けん

풀이 1 ①문. ㉮문의 총칭. ㉯위문(闈門). 궁중의 좁은 길에 세운 문. ㉰규문(閨門). 위문보다 작은 궁중의 문. ㉱

작은 문. ¶斧敬法一＜漢書＞ ②문 안. 문과 담 사이. ¶在我一兮＜詩經＞ ③문병(門屛). 외부 사람의 시선(視線)을 막는 작은 담. ¶噲廼排一直入＜漢書＞ ④관청. ¶晝夜不離省一＜後漢書＞ ⑤침실. 잠자는 곳. ¶椒一珮琚遺白草＜王逢＞ ⑥빠른 모양. ¶一爾奮逸＜嵆康＞ 2네모진 나무. 누(樓) 위에 튀어나온 네모진 나무. ¶上飛一而仰眺＜張衡＞
▷階一, 闈一, 禁一, 門一

13 21〖闢〗 열 벽 | 陌 ㄆㄧˋ (pi) | へき open

풀이 ①열다. 열림. ¶寢門一矣＜左氏傳＞ ②물리치다. 제거함. ¶是以一耳目之欲＜荀子＞ ③피하다. 멀리함. ¶凡外內命夫命婦出入 則爲之一＜周禮＞ ④깨우치다. 계발(啓發)함. ⑤개간(開墾)하다. ¶地可墾一＜司馬相如＞ ⑥나누어지다. 갈라짐. ¶混茫旣判 天地一矣＜元包經傳＞ ⑦넓어지다. 퍼짐. ¶四塗洞一＜三輔黃圖＞ ⑧흐름. 흐르는 물.
▷墾一, 開一, 廣一, 排一, 翦一, 洞一, 判一, 闔一, 軒一, 翕一

21〖[illegible]〗 闞(p. 1569)와 同字

13 21〖闤〗 거리 환 | 刪 ㄏㄨㄢˊ (huan) | かん street

풀이 ①시가(市街)를 둘러싼 담. ②성시(城市)의 문. ¶通一帶闠＜張衡＞ ③거리. 시가(市街). ¶一闠之裏＜左思＞

22〖⿵門塾〗 塾(p. 355)과 同字

26〖[illegible]〗 鬧(p. 1563)과 同字

阜＜언덕 부＞部

阜 ②阞 ③阡 阤 ④阬 阧 防 阨 阮 阱 阯 阪 ⑤阹 附 阿 阸 阽 阺 阻 阼 陀 陁 陂 ⑥陋 陌 限 降 陔 陒 ⑦陡 陜 陛 院 除 陖 陣 陟 陗 陞 陝 陘 ⑧陶 陸 陵 陪 陴 陰 陳 陬 陷 ⑨階 隊 隆 隋 陽 隉 隈 隅 隃 陾 陼 隄 隁 隍 ⑩隔 隙 隘 隒 隖 隗 隕 隑 ⑪⿰阝區 隟 障 際 ⑫隥 隣 隤 ⑬隨 隧 隩 險 ⑭隰 隱 隮 ⑮⿰阝察 ⑯隴

0 8〖阜〗 언덕 부 | 有 ㄈㄨˋ (fu) | ふ(オカ) hill
本 𠂤

源 象形. 토산(土山)을 본뜸. 부수(部首)로 쓸 때는 좌부방(左阜旁)이라 함.

풀이 ①언덕. 대륙(大陸). ¶如山如一＜詩經＞ ②크다. ¶百物殷一＜張衡＞ ③커지다. ¶韓氏其昌一於晋乎＜左氏傳＞ ④크게 하다. ¶一其財求 而利其器用＜國語＞ ⑤번성하다. ¶人一昌只＜楚辭＞ ⑥성하게 하다. ¶以一人民＜周禮＞ ⑦두텁다. ¶不義則利不一＜國語＞ ⑧두텁게 하다. ¶其所以一財用衣食者也＜國語＞ ⑨높다. ¶上曰敦一＜素問＞ ⑩많다. ¶爾殺旣一＜詩經＞ ⑪살찌다. ¶駟驖孔一＜詩經＞ ⑫젊다. ¶以一馬＜周禮＞ ⑬자라다. 성장함. ¶助生一也＜國語＞ ⑭태평하다. 편안함. ¶政平民一＜國語＞ ⑮메뚜기. ¶趯趯一螽＜詩經＞

8〖𠂤〗 阜(p. 1570)의 本字

2 5〖阞〗 지맥 륵 | 職 ㄌㄜˋ (le) | ろく

풀이 ①지맥(地脈). 땅의 맥락(脈絡). ¶凡溝逆地一 謂之不行＜周禮＞ ②우수리. 셈한 나머지. 3분의 1. ¶以其圍之一 捎其數＜周禮＞

3 6〖阡〗 두렁 천 | 先 ㄑㄧㄢ (qian) 霰 | せん furrow

풀이 ①두렁. 두렁길. ¶出入一陌＜漢書＞ ②길. 도로. ¶看花南陌復東一＜陸游＞ ③무덤길. 묘도(墓道). ¶始克表於其一＜歐陽脩＞ ④무성하다. 通 仟 芊. ¶遠樹曖一一＜謝朓＞ ⑤1천. 通 千.

【阡陌】せんぱく(천맥) 두렁. 논밭 가장자리에 낮게 쌓은 둑이나 언덕. 동서로 낸 것을 陌, 남북으로 낸 것을 阡이라 함.

【阡眠】せんめん(천면) ①멀리 바라봄. ②초목이 무성한 모양. 阡阡(천천).

3 6〖阤〗
1 비탈 치 | 紙 ㄓˋ (zhi) | ち slope
2 허물어질 타 | 哿
3 비스듬할 이 | 紙 | たい
4 비탈 타 | 歌

풀이 1 ①비탈. 고개. ¶及其登一＜周禮＞ ②벼랑. 낭떠러지. ¶巖一甗錡＜漢書＞ ③무너지다. 조금 무너짐. ¶山陵崩一二＜漢書＞ ④깨지다. 부서짐. ⑤경사(傾斜). 通 迤. 2 허물어지다. 같 陁. 3 비스듬하다. 기운 모양. 같 陁. 4 비탈. 같 陀.

4 7〖阬〗
1 문 높은 모양 갱 | 庚
本 강 | ㄎㄥ (keng) | こう high gate
2 큰 언덕 갱
本 강 | 陽
3 문 항 | 漾

풀이 1 ①문이 높은 모양. ②구덩이. 通 壙 隍 抗. ¶在谷滿谷 在一滿一＜莊子＞ ③생매장하다. 구덩이에 묻어서 죽임. ¶犯禁者四百六十餘人 皆一之咸陽＜史記＞ ④산골짜기. ¶馳一谷＜史記＞ ⑤도랑. 개천. ¶霪霖翳日月 窮巷變溝一＜林寬＞ ⑥못. 연못. ¶南康上隴左一一 有石人＜南康記＞ ⑦높은 언덕. ¶跐巒一＜揚雄＞ ⑧사물(事物)의

모양. ¶一衡. ㉮똑바른 모양. ㉯나무의 가지나 줄기가 얽힌 모양. ②①큰 언덕. ¶陳衆車於東一兮<漢書> ②땅 이름. ③①문. 출입문. ②구덩이. ③겨루다. 대항함. 通抗.

4/7 〖阧〗 치솟을 두 | 宥ㄉㄡˇ (dou) | とう

풀이①치솟다. 우뚝 솟음. 같陡. ②가파르다. 험(險)함.

4/7 〖防〗 1둑 방 2방비할 방 | 陽ㄈㄤˊ (fang) 漾 | ぼう(フセグ) bank, protect

풀이 1①둑. 제방(堤防). ¶修彭蠡之一<淮南子> ②막다. ㉮물을 막다. ¶不一川<國語> ㉯말리다. 금(禁)함. ¶又敢與知一<禮記> ㉰대비하다. ¶君子以思患而豫一之<易經> ㉱방호하다. ¶陰以一雨<淮南子> ㉲덮다. 가림. ¶上葳蕤而一露兮<楚辭> ③수비(守備). 방비(防備). ¶尋陽接蠻 宜示有遏一<晋書> ④요새(要塞). ¶攻佼彊於西一<後漢書> ⑤법도. 법률. ¶法一繁多 則苟免之行興<後漢書> ⑥가리개. 울타리. 칸막이. ¶容謂之一<爾雅> ⑦경계(境界). ¶艾蘭以爲一<穀梁傳> ⑧맞서다. 당해냄. 通當. ¶百夫之一<詩經> ⑨견주다. 通竝 方. ⑩땅 이름. ⑪산 이름. 노(魯)의 도읍(都邑) 근처. 공자(孔子)가 부모를 이곳에 합장(合葬)함. 지금의 산동성(山東省) 곡부현(曲阜縣) 동쪽. 2①방비하다. 방지함. ②둑.

【防空】ぼうくう(방공) 공중으로 오는 적의 공격을 막음.
【防犯】ぼうはん(방범) 범죄가 일어나지 않게 막음. ¶一隊員/一費.
【防腐】ぼうふ(방부) 썩지 않도록 함. ¶一劑.
【防備】ぼうび(방비) 미리 막아서 지킴. 또는, 그 설비나 수단.
【防水】ぼうすい(방수) ①홍수를 막음. ②물이 스며들지 않게 특수한 도료(塗料)를 칠함. ¶一處理.
【防禦】ぼうぎょ(방어) 침입을 막아냄. ¶一線.
【防疫】ぼうえき(방역) 전염병이 퍼지지 않게 미리 예방함.
【防衛】ぼうえい(방위) 적의 공격을 막아 지킴. 또는, 그 일. 防守(방수). 扞衛(한위).
【防僞私通】(방위사통) 아전들이 보내는 공문(公文). 防僞라고 적어서 사서(私書)가 아님을 표시하였음.
【防音】ぼうおん(방음) 소음(騷音)이 들리지 않게 막음. ¶一壁.
【防止】ぼうし(방지) 막아서 그치게 함. 防遏(방알).
【防諜】ぼうちょう(방첩) 간첩(間諜)의 침투를 막음. ¶一隊.
【防秋】ぼうしゅう(방추) 이적(夷狄)을 막음. 북방의 이적이 가을철이면 침입한 데서 유래. ¶一 西北邊常以重兵守備謂之<舊唐書>
【防彈】ぼうだん(방탄) 탄환을 막음. ¶一服/一車.
【防波堤】ぼうはてい(방파제) 거친 파도를 막기위하여 쌓은 둑.
【防牌】(방패) 전쟁 때 적의 칼·창·화살 등을 막는 무기. 원(圓)방패와 장(長)방패가 있음.
【防風】ぼうふう(방풍) ①바람을 막음. ¶一林. ②미나리과에 속하는 세해살이풀. ③주(周)대의 나라 이름. ④복성(複姓).
【防寒】ぼうかん(방한) 추위를 막음. ¶一服/一靴.
【防火】ぼうか(방화) 화재를 예방함.
▷警一, 國一, 邊一, 備一, 砂一, 消一, 遏一, 豫一, 堤一, 重一, 鎭一, 捍一, 海一

7〖阩〗 序(p.514)와 同字

7〖阺〗 氏(p.830)와 同字

4/7 〖阨〗 1좁을 애 2막힐 액 | 囯ㄞˋ 陌(e) | あい narrow やく

풀이 1좁다. 좁고 험함. 또는, 그 길. 같隘 阸. ¶且地狹一 裁數百里<唐書> 2①막히다. 같阸. ¶邦有湫一而蹺蹻<左思> ②험하다. 험한 길. ¶魏居嶺一之西<史記> ③시달리다. 고생함. ¶一窮而不憫<孟子> ④곤란. 어려움. ¶是時孔子當一<孟子>
▷困一, 窮一, 迫一, 災一, 阻一, 褊一, 險一, 狹一, 凶一

7〖阦〗 陽(p.1583)의 俗字

7〖阳〗 陽(p.1583)과 同字

4/7 〖阮〗 관문 이름 완 本원 | 阮ㄖㄨㄢˇ 元(ruan) | げん

풀이①관문(關門) 이름. 지금의 하북성(河北省) 울현(蔚縣) 동북쪽. ¶五一. ②나라 이름. 주(周) 문왕(文王)에게 망함. 감숙성(甘肅省) 동남쪽에 있었음. ¶侵一徂共<詩經> ③산 이름. ④월금(月琴). 악기의 한 가지. ¶今琴瑟塤篪笛簫笙一箏筑<宋史>

7〖阴〗 陰(p.1580)과 同字

7〖队〗 陰(p.1580)의 俗字

4/7 〖阱〗 함정 정 | 梗ㄐㄧㄥˇ (jing) | せい(オトシアナ) pitfall

4/7 〖阯〗 터 지 | 紙ㄓˇ (zhi) | し site

풀이①터. 토대(土臺). ¶牆峭一<太玄經> ②산기슭. 通址. ¶禪泰山下一<漢書> ③작은 섬. 주(洲), 저(渚)보다 작은 섬. 通沚. ¶黑水玄一<張衡> ④발. 다리. 通趾.

4/7 〖阪〗 비탈 판 | 阮ㄅㄢˇ (ban) | はん(サカ) slope

同皈

[풀이]①비탈. 고개. (같)坂. ¶一有漆<詩經> ②둑. 제방(堤防). ③산모퉁이. ④높은 언덕. ¶茹藘在一<詩經> ⑤험하다. ¶瞻彼一田<詩經> ⑥기울다. ¶一險原濕<呂覽> ⑦비스듬하다. 비낌. ⑧돌이키다. (通)反. ¶患難哉 一爲先<荀子>

【阪上走丸】はんじょうにタマヲハシラス(판상주환) 비탈 위에서 공 굴리기라는 뜻으로, 세(勢)를 타고 일을 하면 손쉬움의 비유. 또는, 일이 자연의 추세를 따라 이루어짐의 비유.

▷急一, 山一, 上一, 升一, 長一, 峻一, 峭一, 險一

10〖𠂤反〗 阪(p. 1571)과 同字

5 8〖阹〗 우리 거 | [魚]ㄑㄩ(qu) | きょ corral

[풀이]우리. 산골짜기의 지형을 이용하여 막은, 마소의 우리. ¶江河爲一<司馬相如>

5 8〖附〗 [1] 붙을 부 [2] 알 깔 부 | [遇]ㄈㄨˋ [虞](fu) | ふ(ツク) *stick to*

[풀이][1] ①붙다. ㉮달라붙다. 접착함. ¶是故塗不一<周禮> ㉯기대다. 의지함. 힘입음. ¶一於諸侯曰附庸<孟子> ㉰따르다. 마음을 줌. 친하게 지냄. ¶一於楚則晋怒 一於晋則楚來伐<史記> ㉱가깝다. 가까이함. ¶一耳之言 聞於千里也<淮南子> ㉲걸리다. 매임. 관련됨. ¶其一于刑者 歸于士<周禮> ㉳모이다. 합침. ¶是我一擧而名實一也<史記> ②붙이다. ㉮달라붙게 하다. 접착시킴. ¶如塗塗一<詩經> ㉯부치다. 보냄. ¶路逢相識人 一書與六親<杜甫> ㉰따르게 하다. 데림. ¶是時朝廷意在招一<宋史> ㉱더하다. 늘림. ¶一之以韓魏之家<孟子> ㉲형벌을 내리다. ¶一從輕<禮記> ③합사(合祀)하다. (같)祔. ¶猶是一於王父也<禮記> ④장부(臟腑). 내장. (通)腑. ¶臣幸得託肺一<漢書> ⑤지저깨비. 목찰(木札). ¶如塗塗一<詩經> ⑥썩다. (通)腐. ¶兌 爲毀折 爲一決<易經> ⑦작은 토산(土山). (같)培. ¶一婁. [2] 알을 까다. 부화(孵化)함. (같)孚.

【附加】ふか(부가) 덧붙임. ¶一稅.

【附款】ふかん(부관) ①정의(情誼)로써 통하고 따름. ②법률 행위에 따라 생기는 효과를 제한하기 위하여 법률 행위의 당사자가 부가한 제한. 조건·기한 따위.

【附近】ふきん(부근) 가까운 언저리. 近處(근처). 傅近(부근).

【附記】ふき(부기) 원문에 덧붙여 적음. 또는, 그 기록.

【附驥】ふき(부기) 천리마에 달라붙음의 뜻으로, ㉮후진이 선배에 붙어 명성을 얻음. ¶顔淵雖篤學 一尾而行益顯<史記> ㉯남과 동행함의 겸칭. 附驥尾(부기미). ¶參逐人行云一<書言故事>

【附帶】ふたい(부대) 기본되는 것에 곁달아서 덧붙임. ¶一事件/一事業.

【附錄】ふろく(부록) ①주된 문서에 딸린 기록. ②신문·잡지 등에서 규정 외에 덧붙여 발행하는 지면(紙面) 또는 책자.

【附鳳翼】ほうよくニツク(부봉익) 봉(鳳)의 날개에 매달린다는 뜻으로, 유력한 사람에게 붙어서 출세함을 이름.

【附設】ふせつ(부설) 덧붙여 설치함.

【附屬】ふぞく(부속) ①주(主)되는 일이나 물건에 딸려 있음. ¶一圖書館. ②부속품. ¶自動車一.

【附隨】ふずい(부수) 주되는 것 또는 기본적인 것에 붙어 따름. ¶一物.

【附言】ふげん(부언) 덧붙여 말함. 또는, 그 말.

【附與】ふよ(부여) 지니거나 가지도록 하여 줌.

【附逆】(부역)(韓) 국가에 반역하는 일에 가담함.

【附庸】ふよう(부용) ①천자에 직속하지 않고 제후국에 딸린 소국(小國). 庸은 작은 성(城)으로, 50리 이내의 나라. ¶不能五十里者附于諸侯 曰一<孟子> ②남에게 의지하여 따로 독립하지 못함.

【附議】ふぎ(부의) 토의에 붙임.

【附耳】ふじ(부이) ①귀에 대고 소곤거림. ②별 이름. 필수(畢宿) 곁에 있는 작은 별.

【附子】ふし(부자) 바곳의 구근(球根). 오한·신경통 등에 유효하나 극약임.

【附葬】(부장) 합장(合葬)함. 祔葬(부장).

【附箋紙】ふせんし(부전지) 서류에 간단히 의견을 써서 덧붙이는 쪽지. 찌지. 附箋(부전).

【附着】ふちゃく(부착) 딱 붙어서 떨어지지 아니함. 傅著(부착).

【附則】ふそく(부칙) 덧붙인 규칙.

【附合】ふごう(부합) 마주대어 붙임.

【附和雷同】ふわらいどう(부화뇌동) 주견(主見) 없이 무조건 남의 주장에 동조하는 일.

▷降一, 景一, 高一, 交一, 歸一, 給一, 寄一, 內一, 來一, 毒一, 媚一, 藩一, 朋一, 比一, 疏一, 送一, 承一, 新一, 阿一, 畏一, 依一, 倚一, 蟻一, 招一, 親一, 便一, 肺一, 下一, 闔一, 和一, 驢一, 懷一

8〖阝帀〗 帥(p. 498)와 同字

5 8〖阿〗 [1] 언덕 아 [2] 호칭 옥 | [歌]ㄜ(e) ˋ•ˇ•ˉ ㄚ(a) | あ(オカ) *hill* おく

[풀이][1] ①언덕. 구릉. ¶在彼中一<詩經> ②구석. 모퉁이. 후미. ¶考槃在一<詩經> ③산비탈. ¶天子獵于鈃山之西一<穆天子傳> ④기슭. 산기슭. ¶流目眺夫衡一兮<張衡> ⑤물가. 냇가. ¶天子飮于河水之一<穆天子傳> ⑥치우치다. 높낮이가 다름. ¶偏高一丘<爾雅> ⑦비스듬하다. 경사짐. 비낌. ⑧굽다. 구부러짐. ¶行叩誠而不一兮<楚辭> ⑨아첨하다. 웃사람에게 알랑거림. ¶弗諫而一之<國語> ⑩집.

저택. ⑪마룻대. 마룻도리. ¶賓升西階當一<儀禮> ⑫차양(遮陽). 처마에 내어 댄 차양. ¶被髮闟一門<莊子> ⑬기대다. 의지함. ㊂倚. ¶惟嗣王不惠乎一衡<書經> ⑭가깝다. 거리가 가까움. ¶一房之殿<漢書> ⑮얇은 비단. ㊂羅. ¶衣一錫<淮南子> ⑯아보(阿保). 예의 범절을 가르치는 여자. ¶一保 謂傅母也<後漢書·注> ⑰가지가 길게 벋어 아름다운 모양. ¶隰桑有一<詩經> ⑱길게 대답하는 소리. ¶唯之與一 相去幾何<老子> ⑲이. 저. ⑳부드러운 모양. ㉠猗. ㉑불제자(佛弟子) 이름. ¶一難. [2]호칭. 남을 부를 때 친근감을 나타내기 위하여 성이나 이름 위에 붙이는 말. ¶一兄得聞之 悵然心中煩<古詩>

【阿伽陀】あかだ(아가타)《佛》 범어 agada의 음역. 온갖 병을 고친다는 영약(靈藥).

【阿姑】あこ(아고) 시어미.

【阿家】あこ(아고) 시어미를 일컫는 말
 (아가) 군주(郡主)·현주(縣主)를 궁중에서 부르는 말.

【阿家阿翁】あこあおう(아고아옹) 시어미·시아비에 대한 호칭. 阿는 조자(助字). 阿家翁(아고옹).

【阿公】あこう(아공) ①시아버지. ②할아버지.

【阿嬌】あきょう(아교) ①《人》 한(漢) 무제(武帝)의 비(妃). 무제의 사랑을 한몸에 받았으나 자식을 낳지 못하고 질투가 심하여 폐위됨. 陳后(진후). ②미인. ③계집아이. 처녀.

【阿膠】あこう(아교) 갖풀. 동물의 가죽·뼈 따위를 고아 굳힌, 황갈색의 접착제.

【阿難陀】あなんだ(아난다←아난타)《佛》 범어 Ananda의 음역. 석가의 10대 제자의 하나. 16나한(羅漢)의 하나로 기억력이 매우 좋아, 석가 열반 후에 경전을 엮는 데 공이 컸다고 함.

【阿爹】あた(아다) ①아비. 아버지의 속어(俗語). 한유(韓愈)가 지은 제문(祭文)에서 유래. 阿多(아다). ¶一阿八<韓愈> ②장자(長者)에 대한 경칭.

【阿黨】あとう(아당) 아첨하고 편듦.

【阿堵】あと(아도) ①이것. 이 물건. 진(晋)·송(宋)의 속어. ②돈의 이칭. 진(晋)의 왕연(王衍)이 돈을 더럽다 하여 돈이란 말조차 입에 담지 않아, 그의 아내가 일부러 돈을 상에 늘어놓았더니, 연(衍)이 이것[阿堵]을 치우라고 했다는 옛일에서 유래. ③눈[眼].

【阿斗箇】(아두개)㊍ 늙은 대신에게 특별히 주던, 표범 가죽으로 만든 긴 요.

【阿賴耶】あらや(아라야←아뢰야)《佛》 범어 Alaya의 음역. 모든 사물이 일어나는 근원이 되는 것. 곧, 자아(自我)라고 생각되는 것. 第八識(제팔식). ¶一識.

【阿羅漢】あらかん(아라한)《佛》 범어 Arhan의 음역. 살적(殺賊)·진인(眞人)이란 뜻. 소승불교(小乘佛敎)의 수행자로서 깨달음의 극치에 도달한 최고의 지위. 羅漢(나한).

【阿媽】あぼ(아마) ①어머니. ②㊥ 화남(華南) 지방에서 식모 또는 유모를 이름.

【阿摩】あま(아마)《佛》 여자. 어머니.

【阿妹】あまい(아매) 여동생을 정답게 이르는 말.

【阿母】あぼ(아모) ①유모의 미칭(美稱). 阿姆(아모). ②어머니를 정답게 이르는 말.

【阿蒙】あもう(아몽) 어린아이. 중국 삼국시대 오(吳)의 여몽(呂蒙)의 옛일에서 유래.

【阿彌陀】あみだ(아미타)《佛》 범어 Amitābha의 음역. 무량불(無量佛). 중생을 제도하는 서방 극락 정토의 여래(如來). 阿彌陀佛(아미타불).

【阿房宮】あほうきゅう·あぼうきゅう(아방궁) 진(秦) 시황제(始皇帝)가 세운 궁전. 후에 항우(項羽)가 불을 질렀는데 석 달 동안 탔다고 함.

【阿父】あふ(아부) ①아버지. ②백숙부(伯叔父). ③백숙부의 자칭.

【阿附】あふ(아부) 남의 비위를 맞추려고 알랑거림. 阿付(아부).

【阿鼻】あび(아비)《佛》 범어 Avici의 음역. 8대 지옥에서 오역죄(五逆罪)를 범한 극악인이 떨어지는 최하·최고(最古)의 지옥. 아비지옥. 無間地獄(무간지옥). 阿鼻至(아비지).

【阿鼻叫喚】あびきょうかん(아비규환)《佛》 아비 지옥에 떨어져서 큰 소리로 부르짖음. 또는, 아비 지옥과 규환 지옥. 끊임없이 고통으로 울부짖음의 비유.

【阿奢】あしゃ(아사) 유모의 남편.

【阿修羅】あしゅら(아수라)《佛》 범어 Asura의 음역. 고대 인도의 싸움을 일삼던 악신(惡神). 非天(비천). 非類(비류).

【阿僧祇】あそうぎ(아승기)《佛》 범어 Asamkhya의 음역. 阿는 無, 僧祇는 數. 長時間(장시간). 無數(무수).

【阿僧祇劫】あそうぎこう(아승기겁) 끝이 없는 시간. 無量劫(무량겁).

【阿爺】あや(아야) 아버지를 정답게 부르는 말. 阿耶(아야).

【阿翁】あおう(아옹) ①할아버지. ②아버지. ③시아버지. ↔阿家(아고).

【阿婉】あえん(아완) 아리따운 여자.

【阿諛】あゆ(아유) 빌붙음. 아첨함. 阿媚(아미). 阿諂(아첨).

【阿姨】あい(아이) ①이모(姨母)를 정답게 이르는 말. ②처형. 처제. ③서모(庶母).

【阿姊】あし(아자) 누이를 정답게 부르는 말.

【阿字觀】あじかん(아자관)《佛》 범어에서, 모든 말은 阿에서 나오므로, 阿자를 좌선(坐禪)하여 달관하면 모든 법(法)의 본의(本義)를 깨닫게 된다는 교의(敎義). 阿字本不生(아자본불생).

【阿字本不生】あじほんぷしょう(아자본불생) 阿는 모든 말의 근원으로, 일체가 불생 불멸 곧 공(空)임을 나타냄의 뜻.

【阿弟】あてい(아제) 동생을 정답게 부르는 말.

【阿洲】あしゅう(아주) 아프리카주.

【阿諂】あてん(아첨) 남의 환심을 사기 위해 알랑거림. 阿諛(아유).

【阿婆】あば(아파) 늙은 부인.

【阿片】あへん(아편) 덜 익은 양귀비의 진액을 말린 것. 鴉片(아편). ¶一戰爭.

【阿呀】あが (아하) 앗 또는 아차 하고 놀라 지르는 소리.

【阿含】あごん (아함) 《佛》 범어 Agama의 음역. 석가가 설(說)한 소승(小乘)의 가르침. 소승교(小乘敎). ¶一經.

【阿香】あこう (아향) 우뢰[雷]의 별칭. 아향이라는 여자가 뇌거(雷車)를 밀었다는 옛일에서 유래. 阿香車(아향거).

【阿兄】あけい (아형) ①형(兄)을 친근하게 부르는 말. ②숙부(叔父).

【阿衡】あこう (아형) 은(殷) 때의 재상. 일설에, 이윤(伊尹)의 호. 널리, 재상을 뜻함.
▷曲一, 陪一, 山一, 纖一, 水一, 順一, 巖一, 迎一, 中一, 太一, 偏一

5 8 〖阨〗 1 좁을 애 | 國さ̀(e) | あい
2 막힐 액 | 陌 | あく

풀이 1 ①좁다. 通隘. ¶乘一據險＜後漢書＞ ②험하다. ¶一塞. 2 ①막히다. ②방해하다. ③다가오다. ④위험하다. ¶凶一.

5 8 〖阽〗 1 벽 무너지려 할 염 | 鹽 丨ㄢˊ (yan) | えん
2 떨어지려 할 점 | 豔 ㄉ丨ㄢˋ (dian) | てん

풀이 1 ①벽이 무너지려하다. ②위태롭다. 위태롭게 함. ¶一余身而危死兮＜楚辭＞ ③숨이 넘어가려 하다. 위독함. ¶或一於死亡＜漢書＞ ④다다르다. 임(臨)함. ¶一焦原而跟止＜張衡＞ ⑤처마. ¶一危賴宗袞＜謝朓＞ 2 ①떨어지려 하다. ¶爲天下一危者＜漢書＞ ②내려가다. 빠짐. 같墊.

【阽危】えんき (염위) 매우 위험함. ¶安有爲天下一者＜漢書＞

5 8 〖阺〗 1 비탈 저 | 薺 ㄉ丨ˇ (di) | てい slope
2 비탈 지 | 支 | ち

풀이 1 비탈. 언덕. 通坻. ¶復助矗拒隴一＜後漢書＞ 2 ①비탈. ②조리(條理). 이치. ③내려가다.

5 8 〖阻〗 1 막힐 조 | 語 ㄗㄨˇ | そ
2 비껴 걸을 조 | 御 (zu) | (ハバム)

풀이 1 ①막히다. 기운을 꺾음. 通沮. ¶一之以兵＜禮記＞ ②험하다. ¶以周知其山林川澤之一＜周禮＞ ③사이가 떨어지다. ¶遡洄從之 道一且長＜詩經＞ ④걱정하다. ⑤피로와하다. 시달림. ¶黎民一飢＜書經＞ ⑥괴로움. 어려움. ¶德行恒簡以知一＜易經＞ ⑦의심하다. 이상히 여김. ¶狂夫一之＜左氏傳＞ ⑧말리다. 저지함. ¶故非之弗爲一＜呂覽＞ ⑨의지하다. ¶一丘而保威也＜呂覽＞ ⑩믿다. 남의 힘을 입어 든든함. ¶一兵而安息＜左氏傳＞ ⑪가지다. 쥠. ¶一兵安忍 僵屍道路＜後漢書＞ ⑫요해(要害). 험한 땅. ¶山越恃一＜吳志＞ ⑬경계(境界). ¶南山天下之一也＜漢書＞ ⑭비스듬하다. 비낌. ⑮비롯하다. 비로소. 通祖. ¶黎民一飢＜書經＞ 2 ①비껴 걷다. 비스듬히 걸음. ②말발굽의 병(病). ③발굽. ④저주하다. 通詛. ¶狂夫一之衣也＜國語＞

【阻害】そがい (조해) 방해(妨害)함. 沮害(저해).
▷艱一, 妨一, 崇一, 猜一, 深一, 惡一, 巖一, 峻一, 重一, 天一, 險一, 廻一

5 8 〖阼〗 동편 섬돌 조 | 遇 ㄗㄨㄛˋ | そ
| 歲 (zuo) |

풀이 ①동편 섬돌. 주인이 당(堂)에 오르는 층계. ¶立于一階下＜儀禮＞ ②보위(寶位). 임금의 자리. ¶成王幼 不能涖一＜禮記＞ ③제육(祭肉). 음복(飮福)으로 나눠 주는 고기. 通胙. ¶祝命徹一俎＜儀禮＞

【阼階】そかい (조계) 주인이 오르는 층계. 동편 섬돌. 객(客)은 서계로 오름. 東階(동계).
▷涖一, 踐一

5 8 〖陀〗 1 비탈질 타 | 歌 ㄊㄨㄛˊ | だ
2 허물어질 타 | 哿 (tuo) | slope

풀이 1 ①비탈지다. 通陁. ②험하다. 평탄하지 않은 모양. ③무너지다. 떨어짐. ¶岸崝者必一＜淮南子＞ ④벼랑. 낭떠러지. ¶巖一甗錡＜漢書＞ 2 허물어지다. 같阤.

【陀羅尼】だらに (다라니←타라니) 《佛》 범어 dhārani의 음역. 총지(總持). ㉮중덕(衆德)을 구비함의 일컬음. ㉯주문(呪文).
▷伽一, 頭一, 曼一, 彌一, 槃一, 佛一, 沙一, 薛延一, 首一, 阿彌一, 韋一, 逶一, 圍一, 陂一

8 〖阷〗 [阝孕] 隊(p. 1575)와 同字

5 8 〖陂〗 1 비탈 피 | 支 ㄆ丨ˊ (pi) | ひ
2 비탈 파 | 歌 ㄆㄛ (po) | slope
3 기울 피 | | は
本 지 | 寘 | ひ

풀이 1 ①비탈. 고개. ②보. 못. ¶毋漉一池＜禮記＞ ③막다. 물을 막음. ¶一漢以象帝舜＜國語＞ ④물가. 냇가. ¶故濱於東海之一＜國語＞ ⑤가. 부근(附近). 곁. ¶騰雨師 洒路一＜漢書＞ ⑥비스듬함. 비낌. ⑦기울다. ¶比岡隒而無一＜左思＞ ⑧따르다. 끼고 돎. ¶一山谷而閒處兮＜後漢書＞ ⑨곳. ¶是故百姓曼衍於淫荒之一＜淮南子＞ ⑩한쪽 옆이 무너지는 모양. ⑪그르다. 옳지 않음. 2 ①비탈. ②산모퉁이. 산의 한쪽 옆. ③평탄하지 않다. ¶一陁. 3 ①기울다. ¶商亂則一＜禮記＞ ②비낌. 비스듬함.
▷山一, 長一, 偏一, 險一

9 〖陶〗 陶(p. 1578)와 同字

6
9〖陋〗 좁을 루 | [宥]ㄌㄡˋ [遇](lou) | ろう(セマイ) *narrow*

[풀이]①좁다. ㉮장소가 좁다. ¶在一巷＜論語＞ ㉯견문이 좁다. ¶此臣淺一之罪也＜漢書＞ ②낮다. ㉮신분이 낮다. ¶門族寒一＜北齊書＞ ㉯키가 작다. ¶以陋一不肯行＜晉書＞ ㉰부피가 작다. ¶淩恒山其若一兮＜楚辭＞ ③천하다. ㉮품격(品格)이 낮다. ¶辭令就得 謂之雅 反雅爲一＜新書＞ ㉯보기 흉하다. 얼굴이 못생김. ¶納之爲貴嬪 姿一無寵＜晉書＞ ④조악(粗惡)하다. 나쁨. ¶衣裘器服 皆擇其一者＜宋書＞ ⑤숨다. ⑥가벼이 보다. 함부로. ¶今殷民乃一淫神祇之祀＜史記＞ ⑦다랍다. 구두쇠. 인색(吝嗇)함. ¶小人儉一＜漢書＞

【陋名】ろうめい(누명) 이름을 더럽힐 만큼 억울한 평판.

【陋屋】ろうおく(누옥) ①좁고 더러운 집. ②자기 집의 겸칭.

【陋地】ろうち(누지) 자기가 사는 곳의 겸칭.

【陋醜】ろうしゅう(누추) 천하고 보기 흉함.

【陋巷】ろうこう(누항) 좁고 지저분한 거리. 가난한 사람들이 사는 좁은 골목. ¶簞瓢一.

▷固一, 孤一, 寡一, 短一, 單一, 薄一, 凡一, 卑一, 鄙一, 貧一, 闇一, 野一, 愚一, 幽一, 淺一, 賤一, 蕞一, 醜一, 側一, 寢一, 褊一, 寒一, 狹一

6
9〖陌〗 두둑 맥 | [陌]ㄇㄛˋ (mo) | はく *ridge*

[풀이]①두둑. 밭두둑. 논밭의 동서로 통한 길. ¶出入阡一＜漢書＞ ②길. 거리. ¶東乘日千餘兩 塡塞街一＜楚辭＞ ③경계(境界). ¶率彼兮畛一＜楚辭＞ ④머리띠. ⑤수 이름. 1백. ㊇百. ¶今之數錢 百錢謂之一者 借一字用之＜夢溪筆談＞

【陌上】はくじょう(맥상) 밭두둑 가까이. 밭.

【陌阡】はくせん(맥천) 밭두둑 길. 阡陌(천맥).

▷街一, 畎一, 郊一, 綺一, 省一, 繡一, 御一, 紫一, 畛一, 阡一, 靑雲紫一, 巷一

9〖陜〗 [1]陝(p.1576)의 古字 [2]陝(p.1578)의 俗字

9〖陚〗 陽(p.1583)과 同字

9〖陰〗 陰(p.1580)과 同字

9〖陎〗 降(p.1575)와 同字

9〖陎〗 垜(p.345)와 同字

6
9〖限〗 [1]한정 한 [2]심할 은 | [潸]ㄒㄧㄢˋ (xian) [阮] | げん(カギル) *limit* ごん

[풀이][1]①한정. 한계. 지경. ㉮목. 요소(要所). ¶南有巫山黔中之一＜戰國策＞ ㉯경계. 구획. ¶地空迷界一 砌滿接高卑＜韓愈＞ ㉰정도. ¶婚姻奢靡 喪葬過度 詔有司 更爲科一＜北史＞ ㉱규정. ¶以守常一＜國史補＞ ㉲제한. ¶官守有一＜魏文帝＞ ㉳끝. 궁극. ¶散有一之微財 供無期之久客＜徐陵＞ ㉴기한(期限). ¶六年之一 日月淺近＜晉書＞ ㉵문지방. 문턱. ¶漁陽千里道 近如門中一＜孟郊＞ ㉶원한. 걱정. 환란(患難). ¶足以爲一＜戰國策＞ ②한정하다. ㉮경계(境界)로 삼다. ¶天一內外 分以流沙＜郭璞＞ ㉯헤아리다. 잼. ¶一之以大故＜楚辭＞ ③사북. 급소(急所). ¶九三 艮其一＜易經＞ ④같다. 가지런함. [2]①심하다. 매우 급함. ②말리다. 못 하게 함.

【限界】げんかい(한계) ①땅의 경계. ②사물의 정해 놓은 범위.

【限度】げんど(한도) ①한정함. ②제한된 기준.

【限量】げんりょう(한량) 일정한 분량.

【限死】(한사)㊗ 죽기로 한함. 목숨을 내걺.

【限定】げんてい(한정) 제한하여 정함. ¶一版.

▷刻一, 疆一, 界一, 局一, 極一, 期一, 無一, 門一, 分一, 壽一, 涯一, 量一, 年一, 有一, 日一, 節一, 定一, 程一, 制一, 齊一, 阻一, 準一, 品一, 戶一

6
9〖降〗 [1]항복할 항 [2]내릴 강 | [江]ㄒㄧㄤˊ (xiang) [絳]ㄐㄧㄤˋ (jiang) | こう(クダル) *surrender* こう(フル) *descend*

[풀이][1]①항복하다. ㊌夅. ¶成一于齊師＜公羊傳＞ ②항복받다. ¶齊人一鄣＜公羊傳＞ ③크다. ㊇洪. ¶一通漻水以導河＜呂覽＞ ④떨어지다. 새가 죽음. ¶羽鳥曰一＜禮記＞ ⑤기뻐하다. 마음이 자리잡다. ¶我心則一＜詩經＞ ⑥내[川] 이름. ¶一水. [2]①내리다. ㉮낮은 곳으로 옮다. ¶一西階一等＜儀禮＞ ㉯임하다. 다다름. ¶於是我皇乃一靈壇＜潘岳＞ ㉰공주가 강가(降嫁)하다. ¶公主出一＜唐書＞ ㉱물러나다. ¶中聲以一＜左氏傳＞ ㉲겸손하다. 자기를 낮춤. ¶其能一以相從也＜左氏傳＞ ㉳숨다. ¶乃一于巫山＜山海經＞ ㉴돌아가다. 향함. ㉵드리워지다. ¶侯齋室簾一＜宋史＞ ㉶뒤. 나중. 다음. ¶自兹以一＜梁昭明太子＞ ②비가 오다. ¶如時雨一 民大悅＜孟子＞ ③물이 넘쳐 흐르다. ④별 이름. 규루(奎婁). ¶一婁.

【降嫁】こうか(강가) 공주(公主)가 신하에게 시집감. 降婚(강혼). 下嫁(하가).

【降臨】こうりん(강림) ①신(神), 불(佛) 등이 세상에 내려옴. 下臨(하림). ¶一節. ②존귀한 사람이 참석함.

【降福】こうふく(강복) 하늘이 인간에게 복을 내림.

【降雪】こうせつ(강설) 눈이 내림. 또는, 내린 눈. ¶一量.

【降神】こうしん(강신) ①신(神)을 부름. 제사 지낼 때 신이 내리게 하는 뜻으로, 향을 피우고 술을 모사(茅沙) 그릇에 붓는 일. ¶一術. ②신령이 화기(和氣)를 내려 큰 인물을 나게 함.

【降雨】こうう (강우) 비가 옴. 또는, 내린 비. ¶一量.
【降誕】こうたん (강탄) 성인, 귀인 등이 탄생함.
【降下】こうか (강하) 내려감. 떨어짐. ¶血壓一/國旗一式.
(항하) 항복함.
【降婚】こうこん (강혼) 귀한 집안이 천한 집안과 혼인함. 落婚(낙혼). ↔仰婚(앙혼).
【降旗】こうき (항기) 항복의 뜻을 나타내는 흰 기(旗). 白旗(백기). 降旛(항번).
【降魔劍】こうまけん (항마검)《佛》 악마를 물리치고 항복을 받는 칼. 부동명왕(不動明王)이 쥐고 있는 것.
【降兵】こうへい (항병) 항복한 병사. 降卒(항졸).
【降伏】こうふく (항복) ①적의 힘에 눌려 굴복함. ②《佛》 악귀 등을 제어함.
【降書】こうしょ (항서) 항복하는 뜻을 써서 보내는 글.
【降將】こうしょう (항장) 항복한 군대의 장수.
【降卒】こうそつ (항졸) ☞降兵(항병).
▷減一, 黜一, 歸一, 內一, 登一, 讐一, 霜一, 昇一, 嶽一, 以一, 釐一, 左一, 阻一, 陟一, 貶一, 下一, 脅一

6
9〖陔〗 층층대 해 | 因《ㄞ (gai) | がい stairway
㊍개
풀이 ①층층대. 계단(階段). ②겹침. 포개짐. 겹. ¶泰一壇三一<漢書> ③언덕. ¶南一 孝子相戒以養也<束皙> ④음악 이름. 해하(陔夏). ¶賓出奏一<儀禮>

6
9〖陒〗 1 허물어진 담 해 | 紙《ㄨㄟˇ (gui) | きき
㊍궤
2 무너질 희 | 支Tㅣ (xi)
풀이 1 ①허물어진 담. ㉠垝. ②산 이름. 2 ①무너지다. ②험하다. ¶業因勢而抵一<漢書>

10〖谸〗 隙(p.1585)과 同字

7
10〖陡〗 험할 두 | 有ㄉㄡˇ (dou) | とう steep
풀이 ①험하다. 높이 솟음. ②갑자기. ¶夜來一覺霜風急<汪莘>/一然. ③땅 이름.

10〖陋〗 陋(p.1575)의 本字
10〖陰〗 隆(p.1583)과 同字
10〖陵〗 陵(p.1579)과 同字
10〖陼〗 防(p.1571)과 同字
10〖陪〗 序(p.514)와 同字

7
10〖陜〗 고을 이름 섬 | 琰ㄕㄢˇ (shan) | せん
㊂陝
※陝(p.1578)은 딴 자.
풀이 ①고을 이름. 현(縣) 이름. 괵(虢)의 옛 땅. 지금의 하남성(河南省) 섬현(陝縣). ②섬서성(陝西省)의 약칭. ¶一塞餘陰薄 關河舊色微<鄭審> ③사물의 형용. ¶一輪.

7
10〖陞〗 오를 승 | 蒸ㄕㄥ (sheng) | しょう(ノボル) ascend
풀이 ①오르다. ㊇升. ②나아가다. ③관위(官位)가 오르다.
【陞階】しょうかい (승계) 품계(品階)가 오름. 昇階(승계).
【陞級】しょうきゅう (승급) 등급이 오름. 昇級(승급).
【陞等】しょうとう (승등) 관등(官等)이 오름.
【陞六】(승륙) 7품 이하의 벼슬아치가 6품에 오름.
【陞廡】(승무) 학덕(學德)이 있는 사람을 문묘(文廟)에 올려 합사(合祀)함.
【陞補】(승보) ☞陞補試(승보시).
【陞補試】(승보시) ㊌ ①조선 때 매년 10월에 성균관 대사성(大司成)이 사학(四學)의 유생을 모아 12일 동안 보이던 초시(初試). ②고려 때 생원(生員)을 뽑던 시험. 陞補(승보).
【陞敍】しょうじょ (승서) 관위(官位)를 올림.
【陞任】しょうにん (승임) ☞陞職(승직).
【陞資】しょうし (승자) 정 3품 이상의 품계(品階)에 오름. 陞秩(승질).
【陞爵】しょうしゃく (승작) 작위(爵位)를 올림.
【陞職】しょうしょく (승직) 벼슬이나 직위가 오름. 陞任(승임). ↔降職(강직).
【陞秩】しょうちつ (승질) ☞陞資(승자).
【陞品】しょうひん (승품) 종 3품 이상의 품계에 오름.

7
10〖院〗 원집 원 | 霰ㄩㄢˋ (yuan) | いん public building
풀이 ①원집. 빙 둘러 담을 친 집. ¶作丘王一 以處王子之幼者<唐書> ②단단하다. ③담. ¶其類在一下之鼠<墨子> ④내전(內殿). ¶元年築西苑 其內造十六一<大業雜記> ⑤동산. 원림(園林). ¶看花竹西一<柳貫> ⑥뜰. 정원(庭園). ¶竹陰疎柰一 山翠傍蕪城<錢起> ⑦관청. 관해(官廨). ¶御史臺有三一<唐書> ⑧공장. ¶始建錦一於府治三東 募軍匠五百人織造<蜀錦譜> ⑨학교. 유학자(儒學者)의 거처. ¶鵝湖書一在鉛山縣<方隅勝略> ⑩불사(佛寺). 절. ¶藍山露秋一 灞水入春池<喩鳧> ⑪도관(道觀). 도원(道院). ¶看一祇留雙白鶴<白居易> ⑫기생집. 기루(妓樓). ¶妓女入宜春一 謂之內人<敎坊記> ⑬극중(劇中)의 심부름꾼.
【院公】いんこう (원공) 하인을 대접하여 이르는 말.
【院落】いんらく (원락) 집의 안뜰. 또는, 담을 두른 집.
【院本】いんぽん (원본) 중국의 금(金)·원(元) 시대의 연극. 또는, 그 각본(脚本).
【院相】(원상) ㊌ 임금이 죽은 뒤 어린 임금을 보좌하여 대소 정무를 행하던 승정원의 임시 벼슬.
【院議】いんぎ (원의) 院자가 붙은 기관의 토의 또

는 결의.

【院長】いんちょう (원장) ①당(唐)대의 어사 습유(御史拾遺)의 이칭. ②학사원(學士院)의 장(長). 서원(書院)의 장(長). ③院자가 붙은 기관의 장(長).

【院中】いんちゅう (원중) 집의 울안.

▷諫—, 監査—, 孤兒—, 禁—, 臺—, 大學—, 道—, 法—, 病—, 分—, 寺—, 山—, 上—, 書—, 禪—, 小—, 僧—, 審計—, 養老—, 幽—, 醫—, 議—, 尼—, 入—, 竹—, 樞密—, 退—, 下—, 學—, 翰林—, 抗訴—, 香火—, 畫—

7/10【除】 ①덜 제 ㊍저 ②사월 여 ③갈 제 | [魚]ㄔㄨˊ(chu) [魚]ㄩˊ [御](yu) | じょ(ノゾク) subtract よ じょ

풀이 ①①덜다. ㉮없애다. 제거함. ¶—惡務本<書經> ㉯깨끗이 쓸다. 쓸어서 깨끗이 함. ¶帥其屬而修—<周禮> ㉰내쫓다. 몰아냄. ¶—阸其下<荀子> ㉱탈상(脫喪)하다. ¶親喪外— 兄弟之喪內—<禮記> ㉲죽이다. 없앰. ¶以—慝<周禮> ㉳닦다. 다스리다. ¶君子以—戎器 戒不虞<易經> ㉴고치다. 치료함. ¶扁鵲請—<戰國策> ㉵빌어서 재앙을 쫓다. ¶振—火災<左氏傳> ㉶재앙을 물리치다. 불제(祓除)함. ¶掌歲時祓—釁浴<周禮> ㉷열다. 개통함. ¶姦人—路<呂覽> ㉸털이 빠지다. ¶是故春夏則群獸—<淮南子> ㉹조세(租稅)를 면제하다. ¶有可蠲—減省以便萬姓者<漢書> ②섬돌. 층계. ¶凝霜依玉—<曹植> ③길. ④뜰. ¶扶輦下—<漢書> ⑤정결한 제단(祭壇). ¶令諸侯日中造于—<左氏傳> ⑥깨끗하다. 결백함. ¶朝甚—<老子> ⑦벼슬을 주다. ¶初—之官<漢書> ⑧나누다. 나눗셈. ¶盈元法—之<漢書> ⑨쌓다. 여툼. ㊙儲. ¶君子以—戎器<易經> ⑩건제(建除). 점술가(占術家)가 그날 그날의 길흉을 12지(支)에 배열하여 정한 것. ¶卯爲—<淮南子> ⑪섣달 그믐날 밤. ¶—夕. ②4월의 이칭. ㊙余. ¶日月方—<詩經> ③①가다. 떠남. ¶風雨攸—<詩經> ②열다. 폄. ㊙舒. ¶何福不—<詩經>

【除去】じょきょ (제거) 없앰. 치움. 「함.

【除官】じょかん (제관) 벼슬을 내림. 임관(任官)

【除禮】(제례)韓 예를 다 갖추지 못한다는 뜻으로, 편지 첫머리나 초면 인사 때 쓰는 말.

【除幕】じょまく (제막) 막을 제거한다는 뜻으로, 동상이나 기념비 등의 완공을 공포하기 위하여, 둘러 쳐 놓은 막을 벗김. ¶—式.

【除名】じょめい (제명) 명단에서 이름을 빼어버림. 어떤 사람을 그가 속하는 단체에서 내쫓음.

【除拜】じょはい (제배) 벼슬을 내림. 관직을 줌. 除任(제임). 除官(제관). 除授(제수).

【除百事】(제백사)韓 다른 일은 다 젖혀 놓음. 除萬事(제만사).

【除煩】(제번)韓 번거로운 인사말은 그만두고 할 말만 한다는 뜻으로, 편지 첫머리에 쓰는 말.

【除法】じょほう (제법) 나눗셈. ↔乘法(승법).

【除巳】じょし (제사) 음력 3월 3일. 삼짇날.

【除夕】じょせき (제석) ☞除夜(제야)①.

【除雪】じょせつ (제설) 쌓인 눈을 치움. ¶—車.

【除授】じょじゅ (제수) 임금이 직접 관직을 내림. 除拜(제배).

【除夜】じょや (제야) ①섣달 그믐날 밤. 除夕(제석). ②동지(冬至)의 전야(前夜).

【除外】じょがい (제외) 범위 밖에 빼어 놓음.

【除月】じょげつ (제월) 음력 12월의 이칭.
よげつ (여월) 음력 4월의 이칭.

【除日】じょじつ (제일) 섣달 그믐날. 歲除(세제).

【除籍】じょせき (제적) 등록되어 있는 적에서 뺌. ¶—生. 「¶—劑.

【除草】じょそう (제초) 잡초를 뽑아 없앰. 김을 맴.

【除蟲菊】じょちゅうぎく (제충국) 약초로 심는 여러해살이 풀의 한 가지. 꽃은 살충제.

▷建—, 蠲—, 階—, 禊—, 控—, 驅—, 反—, 排—, 拜—, 辟—, 糞—, 祓—, 削—, 芟—, 洗—, 歲—, 掃—, 修—, 乘—, 刈—, 剗—, 剪—, 庭—, 振—, 滌—, 淸—, 盪—, 解—

7/10【陖】 가파를 준 | [震]ㄐㄩㄣˋ(jun) | しゅん steep

풀이 ①가파르다. ¶徑—赴險<史記> ②높이 솟다. ¶修路—險<張衡> ③험하다. ④서두르다. 급박함. ⑤역참(驛站) 이름. 지금의 섬서성(陝西省)의 지경에 있음.

7/10【陣】 진칠 진 | [震]ㄓㄣˋ(zhen) | じん battle formation

풀이 ①진치다. ¶信乃使萬人先行 出背水—<史記> ②줄. 열(列). 대오(隊伍). ¶官兵皆肄孫吳兵法六十四—<後漢書> ③방비. 포병(布兵). ¶若在軍— 貶損自居<顏氏家訓> ④진영. 둔영(屯營). ¶勒兵安—<魏志> ⑤전쟁. 병법(兵法). 군사(軍事). ¶親臨—督戰<南史> ⑥필진(筆陣). 문장으로 의견을 겨루는 일. 문진(文陣). ⑦새의 떼. ⑧사물의 형용. ¶——.

【陣頭】じんとう (진두) ①진(陣)의 선두. 선봉(先鋒). ②투쟁의 선두. 일의 선두. ¶—指揮.

【陣沒】じんぼつ (진몰) 싸움터에서 죽음. 陣歿(진몰).

【陣法】じんぽう (진법) 진(陣)을 치는 법.

【陣勢】じんせい (진세) ①군진(軍陣)의 세력. ②진영(陣營)의 형세. 陣形(진형).

【陣營】じんえい (진영) 진을 친 곳. 군영(軍營).

【陣容】じんよう (진용) ①군진(軍陣)의 벌림새. ②단체나 집단의 사람들의 짜임새.

【陣中】じんちゅう (진중) 진(陣) 가운데. 陣上(진상). 戰線(전선).

【陣地】じんち (진지) 진을 친 지역. 陣壘(진루).

【陣痛】じんつう (진통) ①출산(出産) 전의 복통. ②일이 성숙될 무렵의 어려움.

【陣形】じんけい (진형) 포진(布陣)의 형태.

▷強一, 堅一, 軍一, 奇一, 對一, 文一, 方一, 背水一, 兵一, 鵝一, 雁一, 魚鱗一, 完一, 圓一, 戎一, 一一, 戰一, 着鎧入之一, 八一, 布一, 筆一, 鶴翼一, 蝴蝶一, 圜一

7 10〖陟〗 1 오를 척 2 얻을 득 | 職 ㄓˋ (zhi) 職 ㄉㄜˊ (de) | ちょく ascend とく

풀이 1 ①오르다. ¶一彼崔嵬<詩經> ②올리다. 추천함. ¶三考黜一幽明<書經> ③나아가다. ④높다. ⑤겹치다. 포개진 산. ¶四方悉平 周以喬一<列子> ⑥상마. 수말. 모마(牡馬). 通 騭. 2 얻다. 받음. ¶掌三夢之法 一曰致夢 二曰觭夢 三曰咸一<周禮>

【陟方】ちょくほう (척방) 천자가 순수(巡狩)의 길에 오름. 方은 道. 일설에는 천자의 죽음. ¶五十載 一乃死<書經>

【陟岵陟屺】ちょっこちょっき (척호척기) 객지에 나간 아들이 부모를 그리워하여 자주 산에 올라 고향쪽을 바라보는 일.

▷降一, 喬一, 濫一, 登一, 昇一, 仰一, 優一, 進一, 黜一

7 10〖陗〗 가파를 초 | 嘯 ㄑㄧㄠˋ (qiao) | しょう steep

풀이 ①가파르다. 우뚝 솟음. ②험하다. ③높다. ④서두르다. 촉박함. ⑤숨다. ⑥성급하다. 조급함. ¶錯爲人一直刻深<漢書> ⑦산비탈.

7 10〖陛〗 섬돌 폐 | 霽 ㄅㄧˋ (bi) | へい(キザハシ) stepping stone

풀이 ①섬돌. ㉮높은 곳에 오르는 계단. ㉯궁전(宮殿)에 오르는 계단. ¶大王一下<漢書> ㉰차례. 품급(品級). ¶擧傑壓一<楚辭> ②섬돌 곁에 시립(侍立)하다. ¶殿中郎吏一者皆聞焉<漢書> ③사물의 형용. ¶一一.

【陛下】へいか (폐하) 섬돌 아래라는 뜻으로, 황제를 일컫는 말. 직접 임금에게 주상(奏上)함을 피하고 호위하는 근신(近臣)을 통하여 주상한 데에서 유래.

▷階一, 宮一, 禁一, 納一, 飛一, 玉一, 雲一, 殿一, 天一

7 10〖陜〗 좁을 협 | 治 ㄒㄧㄚˊ (xia) | きょう narrow

※陝(p. 1576)은 딴 자.

풀이 ①좁다. 같 狹. ¶一室/一坐. ②산골짜기. 通 峽. ③땅 이름.

【陜隘】きょうあい (협애) 좁음. 陜阸(협애).

7 10〖陘〗 1 지레목 형 2 지레목 경 | 青 ㄒㄧㄥˊ 徑 (xing) | けい けい

풀이 1 ①지레목. 산줄기가 끊어진 곳. ¶太行山首始於河北 北至於幽州 凡有八一<元和郡縣志> ②비탈. ③부뚜막의 대(臺). 물건을 얹는 데 씀. ¶祀竈之禮 設主于竈一<禮記> ④땅 이름. 하남성(河南省) 언성현(郾城縣)의 동남쪽 지방. ¶遂伐楚 次于一<春秋> ⑤산 이름. 하남성(河南省) 신정현(新鄭縣)의 경계. ¶魏聞楚喪 伐楚取我一山<史記> 2 지레목.

▷井一, 竈一

11〖陠〗 岡(p. 477)의 俗字

8 11〖陶〗 1 질그릇 도 2 화락할 요 3 달릴 도 | 豪 ㄊㄠˊ (tao) 蕭 ㄧㄠˊ 號 (yao) | とう earthenware よう

同 陶

풀이 1 ①질그릇. 도기(陶器). ¶一器必良<呂覽> ②질그릇을 만들다. 도자기를 구움. ¶一於河濱<呂覽> ③옹기장이. ¶一工. ④변화시키다. ¶而天地彌一 之謂神明不窮<太玄經> ⑤교화(敎化)하다. ¶化之所一者廣 而德之所被者大<宋書> ⑥바로잡다. ⑦기르다. ¶資一虛無 而生乎規<太玄經> ⑧없애다. 제거함. ⑨부엌. 아궁이. 通 窯. ¶一復一穴<詩經> ⑩기뻐하다. ¶共一暮春時<謝靈運> ⑪자라다. ¶粳稻一遂<後漢書> ⑫걱정하다. ⑬속으로 기뻐하다. ¶人喜則斯一<禮記> ⑭성(盛)하다. 심(甚)함. ¶憩炎天之所一<後漢書> ⑮이중(二重) 언덕. ¶東出于一丘北<書經> ⑯우의(羽衣). ¶王皮冠 秦復一<左氏傳> 2 ①화락(和樂)하다. 화평하게 즐김. ¶一一. ②사람 이름. 通 繇. ¶皋一. 3 달리다. 달리는 모양. ¶一一.

【陶家】とうか (도가) ①도기(陶器)를 굽는 일과 농사 짓는 일. 家는 稼. ②도기(陶器)를 만드는 집.

【陶甄】とうけん (도견) 도공(陶工)이 오지그릇을 만든다는 뜻으로, 성인(聖人)이 천하를 다스림의 비유. 또는, 조물주의 조화(造化) 육성의 비유.

【陶工】とうこう (도공) 도기(陶器)를 만드는 사람. 옹기장이. 陶人(도인). 土工(토공).

【陶鈞】とうきん (도균) 도기를 만드는 데 쓰는 녹로(轆轤). 陶均(도균).

【陶唐】とうとう (도당) 요(堯)임금. 처음에 도(陶)에 봉(封)해졌다가 뒤에 당(唐)에 나라를 세웠기 때문에 이름.

【陶冶】とうや (도야) ①도기(陶器)를 굽고 금속을 불림. ②도기를 굽고 금속을 불리듯이 스승이 제자의 재능을 육성함. 陶鑄(도주). ③선정(善政)을 베풀어 백성에게 편안한 생활을 누리게 함. ④몸과 마음을 닦아 기름. ¶人格一.

【陶淵明】とうえんめい (도연명) ☞陶潛(도잠).

【陶染】とうせん (도염) 질그릇을 만들고 옷에 물을 들임. 사람을 감화(感化)함.

【陶窯】とうよう (도요) 도기(陶器)를 굽는 가마.

【陶猗】とうい (도의) 도주(陶朱)와 의돈(猗頓). 옛날 중국의 큰 부자인 데서, 부호(富豪)를

이름. 陶朱猗頓之富(도주의돈지 부).

【陶瓷器】とうじき(도자기) 도기와 자기. 질그릇과 사기그릇.

【陶者用缺盆】とうしゃけつぼんヲモチウ(도자 용결분) 도공 자신은 흠집난 동이를 씀. 남을 위하여 하고 자기를 위하여 하지 않음의 비유. ¶一匠人處狹廬<淮南子>

【陶潛】とうせん(도잠)《人》동진(東晋)말의 문호(文豪). 자(字)는 연명(淵明)·원량(元亮). 작품으로 귀거래사(歸去來辭)가 유명하며 저서「도연명집」(陶淵明集)이 있음. (365~427).

【陶鑄】とうちゅう(도주) ☞陶冶(도야).

【陶朱公】とうしゅ(도주공) 월왕(越王) 구천(句踐)의 신하 범여(范蠡)의 변명(變名). 이재(理財)에 뛰어나 세 번 천금(千金)을 벌었음.

【陶朱猗頓之富】とうしゅいとんノトミ(도주의돈지 부) ☞陶猗(도의). 「열중함.

【陶醉】とうすい(도취) ①기분 좋게 취함. ②무엇에

▷甄一, 皐一, 鈞一, 復一, 鬱一, 蒲一, 薰一

11【陶】陶(p. 1578)와 同字

8
11【陸】뭍 륙 |圜カㄨˋ (lu)| りく(クガ) *land*

※六의 갖은자로도 썼음.

풀이 ①뭍. 육지. ¶而田於大一<左氏傳> ②언덕. 큰 언덕. ¶巡一夷之曲衍兮<楚辭> ③높고 평평한 산꼭대기. ¶鴻漸于一<易經> ④길. ¶古者日在北一而藏氷<左氏傳> ⑤한가운데. 중앙. ⑥두텁다. ⑦화목하다. 通睦. ¶內和一兮外奔赴<唐扶頌> ⑧뛰다. 껑충껑충 뜀. 通踛. ¶翹足而一<莊子> ⑨성(姓).

【陸繫島】りくけいとう(육계도) 사주(沙洲)로 육지와 이어진 섬.

【陸橋】りっきょう(육교) 도로나 철로를 가로질러 놓은 구름다리.

【陸梁】りくりょう(육량) 멋대로 날뛰는 모양.

【陸路】りくろ(육로) 육지 위의 길. ↔海路(해로).

【陸離】りくり(육리) ①빛이 눈부시게 아름다운 모양. ②많은 모양. 또는, 아름다운 모양. ③길고 짧아 가지런하지 않은 모양. 또는, 뒤섞여 흩어진 모양. ④분산(分散)함. ⑤아름다운 옥(玉).

【陸味】りくみ(육미) 육지에서 나는 음식물. ↔海味(해미).

【陸上】りくじょう(육상) 뭍 위. ¶一競技.

【陸續】りくぞく(육속) 잇닿아 끊이지 않는 모양.

【陸松】りくしょう(육송) 솔. 소나무.

【陸王學】りくおうがく(육왕학) 송(宋)의 육구연(陸九淵)과 명(明)의 왕수인(王守仁) 학문의 병칭.

【陸運】りくうん(육운) 육상에서 하는 운송.

【陸戰】りくせん(육전) 육지에서 하는 전투. ※海戰(해전)·空戰(공전).

【陸地】りくち(육지) 뭍. 대지(大地).

【陸沈】りくちん(육침) ①뭍에 가라앉음. 속인과 함께 생활하여 겉보기에 속인과 조금도 다름이 없는 은자(隱者). 大隱(대은). ②예는 알고 지금은 모르거나 도(道)를 지켜 세속을 따르지 않는 등, 세상과 서로 어긋남을 이름. ③가라앉아 망함. 세상이 몹시 어지러워짐의 비유.

▷魁一, 大一, 博一, 阜一, 上一, 商一, 西一, 水一, 雙一, 離一, 着一, 推舟於一, 平一, 海一, 覓一, 薰一

11【隆】隆(p. 1583)의 略字

8
11【陵】큰 언덕 릉 |圜カㄧㄥˊ (ling)| りょう(オカ)

풀이 ①큰 언덕. ¶如岡如一<詩經> ②언덕. ¶鴻漸于一<易經> ③무덤. 임금의 무덤. ¶一爲之終<國語> ④능가하다. 通夌. ㉮높이 오르다. ¶一重巘獵昆駼<張衡> ㉯넘다. 순서를 뛰어넘음. ¶喪事雖遽不一節<禮記> ⑤범(犯)하다. 침범함. ⑥깔보다. ¶在上位不一下<中庸> ⑦속이다. ¶一轢同列<後漢書> ⑧더하다. 보탬. ¶少一長<左氏傳> ⑨지나다. 건넘. 通淩. ¶一水經地<史記> ⑩밀어내다. 떠밂. ¶一歷鬭食<漢書> ⑪달리다. ⑫느슨해지다. 또는, 쇠퇴하다. ¶朝綱日一<後漢書> ⑬쪼들리다. ¶寃伏一窘<枚乘> ⑭두려워하다. ⑮엄하다. ⑯갈다. 날을 세움. ¶兵刃不待一而勁<荀子>

【陵駕】(능가) ☞凌駕(능가).

【陵京】りょうけい(능경) 높고 큰 언덕.

【陵谷之變】りょうこくノへん(능곡지 변) 언덕이 골이 되고 골짜기가 언덕이 됨. 세상 일의 변천이 심함의 비유. 滄桑之變(창상지 변). ¶高岸爲谷 深谷爲陵<詩經>

【陵官】(능관)韓 조선 때 능(陵)을 지키던 관리의 총칭.

【陵蔑】りょうべつ(능멸) 업신여김. 얕봄. 陵侮(능모).

【陵侮】りょうぶ(능모) ☞陵蔑(능멸).

【陵墓】りょうぼ(능묘) 천자 또는 제후의 무덤. 陵園(능원). 陵寢(능침).

【陵廟】りょうびょう(능묘) 임금의 영(靈)을 모신곳.

【陵師】りょうし(능사) 육군(陸軍). 陸師(육사).

【陵域】りょういき(능역) 능의 지역 안.

【陵雲】りょううん(능운) 구름을 능가함. 용기가 대단함. 凌雲(능운). ¶一之志.

【陵遲】りょうち(능지) ①성(盛)한 것이 점점 쇠퇴해 감. 陵夷(능이). ②언덕이 차츰 낮아짐. ③팔, 다리, 머리 등을 도려내는 형벌. ¶一處斬.

【陵寢】りょうしん(능침) ☞陵墓(능묘).

【陵幸】(능행)韓 임금이 능(陵)에 거둥함.

▷江一, 岡一, 京一, 古一, 高一, 魁一, 丘一, 金一, 馬一, 秣一, 武一, 馮一, 山一, 崇一, 王一, 春一, 堙一, 侵一, 頹一, 巴一, 懷山襄一

8 11 【陪】 모실 배 | ㊥ㄆㄟˊ (pei) | ばい

풀이 ①모시다. 따름. ¶鎬京一樂飮 柏殿奉文飛<張說> ②쌓아올리다. 흙을 쌓아 올림. ③늘다. 불어남. 通培. ¶分之土田一敦<左氏傳> ④더하다. 보탬. ¶飧有一鼎<左氏傳> ⑤돕다. 거듦. ¶皆秉德以一朕<漢書> ⑥버금. 삼공(三公). ¶以無一無卿<詩經> ⑦종자(從者). 수행원. ¶儼前導兮紛後一<蘇軾> ⑧배신(陪臣). 가신(家臣). ¶饔飧浹乎家一<張衡> ⑨조참(朝參)하다. ¶殷薦三神享 明禋萬國一<李嶠> ⑩석이다. ¶天然根性異 萬物盡難一<朱慶餘> ⑪보상(補償)하다. 배상함. ¶嬾不作詩君錯料 舊逋應許過時一<蘇軾> ⑫차다. 가득함. ⑬사물의 형용. ¶一鰓.

【陪客】ばいかく(배객) 귀인을 수행하여 온 손.

【陪京】ばいけい(배경) ☞陪都(배도).

【陪哭】ばいこく(배곡) ①남에게 곡례(哭禮)를 돕게 함. ②주인이 손을 따라 곡을 함.

【陪都】ばいと(배도) 국도(國都) 외에 따로 정하여 둔 서울. 명(明)의 금릉(金陵), 청(淸)의 봉천(奉天) 따위. 陪京(배경).

【陪僕】ばいぼく(배복) 사환(使喚). 종. 하인. 陪隸(배례). 陪僚(배료).

【陪祀】ばいし(배사) 임금이 제례(祭禮)를 행할 때, 대신 이하의 고관이 단하에서 요배(遙拜)하던 일.

【陪席】ばいせき(배석) 웃사람과 자리를 함께 함. 陪位(배위). ¶一者.

【陪臣】ばいしん(배신) ①제후의 대부(大夫)가 천자에 대하여 일컫는 자칭. ②대부의 가신(家臣).

【陪行】ばいこう(배행) 웃어른을 모시고 감.

8 11 【陴】 성가퀴 비 | ㊥ㄆㄧˊ (pi) | ひ(ヒメガキ) *parapet*

풀이 ①성가퀴. ¶閉門登一<左氏傳> ②돕다. 보비(補裨)함. 같 裨.

11 【陚】 域(p. 348)의 古字

11 【隈】 隅(p. 1584)와 同字

8 11 【陰】 1 응달 음 2 말 않을 암 3 가릴 음 | 㲀ㄧㄣ (yin) 㲀ㄢ (an) 㲀 | いん(カゲ) *shadow* あん いん

古 侌 黔

풀이 1 ①응달. ㉮산의 북쪽 땅. ¶杻陽之山 其陽多赤金 其一多白金<山海經> ㉯하천의 남쪽 기슭. ②음(陰). ㉮우주의 근원이 되는 두 원소(元素)의 하나. 양(陽)에 대하여 소극적임. 여성적 원기. ㉯곤(坤). ㉰땅. ㉱추동(秋冬), 밤, 달, 비, 신하, 자식, 여자, 신(腎), 오장(五臟), 뇌(腦), 형(刑), 육려(六呂), 소인, 안, 조용함, 부드러움, 추위, 물, 짝수. ③습기. 축축함. ¶子能藏其惡而揖之以一乎<呂覽> ④어둡다. 通暗. ⑤깊숙하다. 그윽함. ¶幽無形深不測 之謂一也<太玄經> ⑥잠기다. ¶一 猶沈也<春秋繁露> ⑦흐려지다. 그늘짐. ¶以一以雨<詩經> ⑧볕. 햇살. ¶故審堂下之一<呂覽> ⑨그늘. 뒤쪽. ¶漢碑一題名頗多<集古錄> ⑩사람의 외부 생식기. 치부(恥部). ¶一部. ⑪몰래. 살짝. ¶一合於秦<戰國策> ⑫남녀의 교정(交情). ¶以一禮教親<周禮> ⑬덮다. 通蔭. ¶惟天一騭下民<書經> ⑭숨다. ¶臣聞 有一德者必饗其樂 以及子孫<漢書> ⑮작다고 하다. ¶天下一燕陽魏<戰國策> ⑯낮은 구름. ¶曾一萬里生<江淹> ⑰수레의 가리개. ¶一靷鋈續<詩經> ⑱거무스름하다. 通黯. ⑲잔인하다. 참혹함. ⑳빙실(氷室). 빙고(氷庫). ¶三之日納于凌一<詩經> ㉑학(鶴). ¶墠上張赤帝一羽<逸周書> 2 ①말을 않다. 通噤 喑. ¶亮一三祀<書經> ②여막(廬幕). 通闇. ¶諒一三年不言<禮記> 3 ①가리다. ¶既之一女<詩經> ②묻히다. 숨겨짐. ¶骨肉斃于下 一爲野土<禮記>

【陰刻】いんこく(음각) 표면에서 그림이나 글씨 따위가 들어가게 새김. 또는, 그런 조각. ↔陽刻(양각).

【陰姦】いんかん(음간) 숨어서 하는 나쁜 짓.

【陰莖】いんけい(음경) ①자지. ↔陰門(음문). ②산의 북쪽에서 난 나무의 줄기.

【陰記】いんき(음기) 비갈(碑碣)의 뒷면에 새긴 글.

【陰氣】いんき(음기) ①음랭한 기운. 습기, 한기(寒氣) 등을 이름. ↔陽氣(양기). ②음험한 기운.

【陰基】いんき(음기) 토대. 밑에 있으므로 陰이라 함.

【陰器】いんき(음기) 남녀의 생식기.

【陰囊】いんのう(음낭) 불알을 싸고 있는 주머니. 불주머니.

【陰德】いんとく(음덕) ①남에게 알려지지 아니한 덕행. 陰惠(음혜). ②땅의 덕. 땅이 만물을 자라게 하는 덕. ③여성(女性)의 덕. 또는, 여성의 일. ④별 이름.

【陰德陽報】いんとくようほう(음덕양보) 남몰래 행한 덕행에 드러나게 선보(善報)가 있음.

【陰道】いんどう(음도) ①음(陰)의 도(道). ②군신(君臣)·부자(父子)·부부의 의(義)를 음양의 도(道)에 비유하여, 신하·자식·아내의 도를 이름. ③오른쪽. ④달의 궤도(軌道). ⑤방사(房事)의 술(術). ⑥질(膣). ⑦응달진 길.

【陰童】いんどう(음동) 종손으로 어려서 죽은 사람.

【陰呂】いんりょ(음려) 12율(律) 중의 육려(六呂).

【陰曆】いんれき(음력) 달이 지구를 한 바퀴 도는 시간을 기본으로 하여 만든 달력. 舊曆(구력). ↔陽曆(양력).

【陰令】いんれい(음령) 왕이 후궁에게 내리는 명령. 재봉·직조(織造) 따위.

【陰禮】いんれい(음례) ①부인의 예의. ②혼인의 예(禮).

【陰燐】いんりん(음린) 도깨비불. 鬼火(귀화). 陰火(음화).

【陰林】いんりん(음림) 산의 북쪽 기슭의 숲. 응달의 숲.
【陰毛】いんもう(음모) 생식기 주위에 난 털. 거웃.
【陰謀】いんぼう(음모) 남 모르게 꾸미는 계략. 陰計(음계).
【陰文】いんぶん(음문) ①도장의 도도록하게 새긴 글자. 찍힌 자리가 들어가기 때문에 이름. ②음각한 글자. 「(음경).
【陰門】いんもん(음문) 보지. 陰戶(음호). ↔陰莖
【陰府】いんぷ(음부) 염라 대왕이 있는 곳. 저승. 冥土(명토). 黃泉(황천). 冥府(명부).
【陰符】いんぷ(음부) ①병서(兵書) 이름. ②㊥부적(符籍).
【陰部】いんぶ(음부) ①숨은 부분. 감추어진 부분. ②사람의 외부 생식기. 恥部(치부).
【陰朔】いんさく(음삭) 북쪽 오랑캐의 땅. 幽朔(유삭).
【陰散】いんさん(음산) 날씨가 흐리고 으스스함.
【陰性】いんせい(음성) ①음(陰)에 해당하는 성질. ②그늘을 좋아하는 성질.
【陰蝨】いんしつ(음슬) 주로 샅의 거웃에 붙어 사는 이의 한 가지. 사면발이.
【陰濕】いんしつ(음습) 그늘지고 습함.
【陰蝕瘡】(음식창)㊐ 음부에 나는 성병의 한 가지. 하감(下疳) 따위. 「(婦人).
【陰臣】いんしん(음신) 사신(私臣). 일설에는 부인
【陰液】いんえき(음액) ①이슬[露]. ②몸엣것. 月水(월수). ③정액(精液).
【陰陽】いんよう(음양) ①음과 양. 역학(易學)에서, 만물을 생성하는 대가 되는 두 기운. ②겉과 안. ③숨음과 나타남. ④음양가. 또는, 음양가의 술법. ⑤여자와 남자의 생식기. ⑥전기 또는 자기(磁氣)의 음극과 양극.
【陰陽五行】いんようごぎょう(음양오행) 陰陽은 천지간에 있어서 만물을 생성하는 두 기운, 五行은 천지간에 순환 유행(循環流行)하여 만물을 만들어 내는 다섯 가지 물질로 수(水), 화(火), 금(金), 목(木), 토(土).
【陰影】いんえい(음영) ①그림자. ②그늘. ③뉘앙
【陰霓】いんえい(음예) 무지개. 虹霓(홍예). 　└스.
【陰曀】いんえい(음예) 날이 흐리어 어둡다는 뜻으로, 난세(亂世)를 이르는 말.
【陰翳】いんえい(음예) ①구름이 끼어 하늘을 가림. ②초목의 그늘.
【陰羽】いんう(음우) 학(鶴)의 깃. 또는, 학의 별칭. 陰은 鶴.
【陰鬱】いんうつ(음울) ①음침하고 우울함. ②날씨가 흐리고 무더움. 후덥지근함.
【陰月】いんげつ(음월) 음력 4월의 이칭.
【陰痿】いんい(음위) 남자의 생식기가 위축되어 방사(房事)가 되지 않는 병.
【陰中】いんちゅう(음중) ①음기의 계절의 중간. 가을. ②은밀히 남을 모함하여 중상함.
【陰地】いんち(음지) ①볕이 들지 않는 곳. 응달. ↔陽地(양지). ②문벌(門閥).
【陰兎】いんと(음토) 달[月]의 이칭. 陰宗(음종). 陰魄(음백).
【陰險】いんけん(음험) 속마음이 험악함. 겉은 부드러우나 심지가 고약함.
【陰刑】いんけい(음형) 거세하는 형벌. 宮刑(궁형). 腐刑(부형).
【陰戶】いんこ(음호) ☞陰門(음문).
【陰黃】いんこう(음황) 양기는 줄고 음기가 성하여 일어나는 병. 피부가 누래지고 몸이 느른하며 오슬오슬 춥고 소화가 잘 되지 아니하고 땀과 오줌이 많이 나며 맥박이 몹시 빠름.
【陰凶】いんきょう(음흉) 마음이 컴컴하고 내흉함.
▷光一, 綠一, 暮一, 茂一, 薄一, 碧一, 分一, 庇一, 碑一, 山一, 夕一, 惜一, 歲一, 樹一, 諒一, 積一, 朝暉夕一, 中一, 簷一, 滯一, 寸一, 秋一, 春一, 翠一, 太一, 華一, 淮一

11〖陡〗 隄(p. 1585)의 古字

8
11〖陳〗 1 늘어놓을 진 | 眞 ㄔㄣˊ | ちん
2 방비 진 | 震 (chen) | *display*

풀이 1 ①늘어놓다. ¶一竽瑟兮浩倡＜楚辭＞ ②늘어서다. ¶利害一于前＜淮南子＞ ③펴다. 넓게 베풂. ¶一錫哉周＜詩經＞ ④벌여 놓다. 진열(陳列)함. ¶一魚而觀之＜左氏傳＞ ⑤베풀다. 줌. ¶一漆其間＜漢書＞ ⑥두다. 있음. ¶不成三瓦 而一之＜史記＞ ⑦말하다. 설명함. ¶事君欲諫不欲一＜禮記＞ ⑧보이다. 나타내 보임. ¶相一以功＜國語＞ ⑨조사하다. 채집(採集)함. ¶命大師一詩 以觀民風＜禮記＞ ⑩줄. 뒷줄. ¶總輕武於後一＜張衡＞ ⑪길. 당하(堂下)에서 문까지의 길. ¶胡逝我一＜詩經＞ ⑫묵다. 오래 됨. ㊂塵. ¶或以一粟＜漢書＞/新一代謝. ⑬많다. ⑭나라 이름. 주(周)대 제후국. 지금의 하남성(河南省)과 안휘성(安徽省)의 일부. ⑮왕조(王朝) 이름. 남조(南朝)의 하나. 진패선(陳霸先)이 양(梁)의 선위(禪位)를 받아 세운 나라. 2 방비. 진법(陣法). ㊂陣. ¶衛靈公問一於孔子＜論語＞

【陳蕃下榻】ちんぱんとうヲクダス(진번하탑) 빈객(賓客)을 공경함의 비유. 후한(後漢)의 진번이 특별히 의자 하나를 걸어 두었다가 주구(周璆), 서치(徐穉)가 오면 내려서 우대한 옛일에서 유래.
【陳腐】ちんぷ(진부) ①오래 되어 썩음. 케케묵음. ②낡아서 새롭지 못함. 陳套(진투).
【陳謝】ちんしゃ(진사) ①까닭을 말하고 사죄함. ②사례함.
【陳設】ちんせつ(진설) ①☞陳列(진열). ②제수(祭需)를 젯상 위에 차려 놓음. 排設(배설). ¶一圖.
【陳述】ちんじゅつ(진술) ①구두로 말함. 口述(구술). ②자세히 말함. 陳說(진설).
【陳列】ちんれつ(진열) 물건 따위를 죽 벌여 놓음. 陳設(진설)①. ¶一欌.
【陳外家】(진외가)㊐ 아버지의 외가. 「一書.
【陳情】ちんじょう(진정) 자세히 사정을 말함. ¶
【陳蔡之厄】ちんさいのやく(진채지 액) 공자(孔子)가 진과 채 사이에서 당한 봉변. 그가 채에 있을 때 초(楚)에 초빙되자 진·채의 대부(大

夫)들이 결점이 드러날까 두려워 무리를 내어 국경 지대에서 공자의 일행을 포위한 1일.

【陣編】ちんぺん(진편) 옛날 책. 古書(고서).

【陳平宰肉】ちんぺいさいにく(진평재육) 한(漢)의 진평이 향리의 연회에 숙수(熟手)가 되어 고기를 골고루 손에게 나누면서, 자기가 재상이 되면 이 고기를 분배하는 것처럼 국가를 공평하게 다스리겠다고 한 옛일에서 유래.

【陳皮】ちんぴ(진피) 말린 귤 껍질. 건위제(健胃劑)·발한제(發汗劑)로 씀.

【陳玄】ちんげん(진현) 먹의 이칭. ¶毛穎與絳人一友善<韓愈>

▷開一, 具一, 羅一, 方一, 部一, 敷一, 疏一, 訴一, 列一, 營一, 前一, 指一, 錯一, 鋪一, 披一, 行一, 橫一

8
11〖陬〗 모퉁이 추 | 因ㄗㄡ (zou) | すう(スミ) corner

풀이 ①모퉁이. 구석. ¶後吳奔壁東南一<史記> ②굽이진 곳. ③모. 각(角). ④산기슭. ¶在陵之一<東晳> ⑤정월. ¶攝提貞于孟一兮<楚辭> ⑥마을. 촌락. 通聚. ¶蠻一夷落<左思> ⑦거처. 장소. 구역(區域). ¶天封大狐 列仙之一<張衡> ⑧노(魯)의 읍(邑) 이름. 공자(孔子)의 출생지. 지금의 산동성(山東省) 사수현(泗水縣). ¶孔子生魯昌平鄕一邑<史記>

【陬月】すうげつ(추월) 정월(正月)의 이칭.

【陬邑】すうゆう(추읍) ①시골 구석. 邊鄕(변향). ②공자(孔子)의 출생지. 산동성(山東省) 사수현(泗水縣)에 있음.

▷窮一, 蠻一, 孟一, 邊一, 山一, 遠一, 遐一, 海一, 荒一

11〖陎〗 陞(p.1578)와 同字

8
11〖陷〗 빠질 함 | 陷ㄒㄧㄢ (xian) | かん(オチイル) fall into
同 陥

풀이 ①빠지다. ㉮땅이 움푹 패다. ㉯떨어지다. 추락함. ¶上一而不振<國語> ㉰가라앉다. 물에 빠짐. ¶表不明則一<荀子> ㉱파묻히다. ¶毋使其首一焉<禮記> ㉲실수하다. ¶一而入於恭<國語> ㉳나쁜 것에 빠져 들다. 사도(邪道), 곤경(困境), 모략(謀略) 따위에 빠짐. ¶臣孤恩負義 自一重刑<後漢書> ㉴무너지다. 궤멸(潰滅)함. ¶卽時潰一<宋書> ㉵함락(陷落)하다. 항복(降服)함. ¶城一 紹生執洪<魏志> ㉶해치다. ¶淫辭知其所一<孟子> ②빠뜨리다. ㉮속여 넘기다. ¶君子可逝也 不可一也<論語> ㉯움푹 패게 하다. ¶風搖缾影碎 沙一履痕端<李洞> ㉰궁지(窮地)에 몰아넣다. 해침. ¶然謀一湯罪者 三長史也<史記> ㉱공략(攻落)하다. ¶戰常一堅<史記> ㉲무너뜨리다. 헒. ¶雖有大山之塞 則一之<呂覽> ㉳끼우다. 박아 넣음. ¶梳一鈿麒麟<唐無名氏> ③허방다리. 함정. ¶驅而納諸罟擭一阱之中<中庸> ④모자라다. 이지러짐. 通歉. ¶滿如一實如虛<淮南子> ⑤험하다. ¶坎 一也<易經>

【陷落】かんらく(함락) ①땅 같은 것이 움푹 꺼져 들어감. 陷沒(함몰). 陷入(함입). ¶一地震. ②성(城)이나 요새(要塞) 등이 적의 수중에 들어감. 陷沒(함몰).

【陷沒】かんぼつ(함몰) ①재난을 당하여 멸망함. ②☞陷落(함락).

【陷人坑】かんじんこう(함인갱) 사람, 곧 사내를 빠뜨리는 구덩이란 뜻으로, 여자를 이름. 도교(道敎)의 책에 미인은 사람을 빠뜨리는 구덩이라 함. ¶惡貫已盈 罪名不宥 一從今塡滿<剪燈新話>

【陷穽】かんせい(함정) 짐승 등을 잡기 위하여 파놓은 구덩이. 허방다리. 계략을 써서 사람을 궁지에 빠뜨림의 비유. 陷阱(함정). ¶落一不一引手救<韓愈>

【陷地】かんち(함지) 움푹 꺼진 땅.

▷坑一, 傾一, 缺一, 攻一, 構一, 潰一, 陵一, 謀一, 排一, 枉一, 寃一, 圍一, 淪一, 讒一, 摧一, 墜一, 隤一, 破一

11〖陥〗 陷(p.1582)과 同字

11〖険〗 險(p.1588)의 略字

12〖隂〗 乾(p.51)과 同字

9
12〖階〗 섬돌 계 本개 | 囯ㄐㄧㄝ (jie) | かい stairs

풀이 ①섬돌. 층계. 당(堂)에 오르는 층계. ¶舞干羽于兩一<書經> ②사닥다리. ¶虞人設一<禮記>/一梯. ③사다리를 놓다. ¶猶天之不可一而升也<論語> ④품계(品階). 등위(等位). 관등(官等). ¶但以無一朝廷 故隨牒在遠方<漢書> ⑤길. ¶誰生厲一<左氏傳> ⑥실마리. ¶夫婚姻禍福之一也<國語> ⑦오르다. 나아감. ¶不得一主<禮記> ⑧이끌다. 인도(引導)함. ¶而一太平之治<韓愈> ⑨연고. 인연(因緣). ¶漢無尺土之一<漢書> ⑩겹치다. 층층으로 쌓임. ¶平生爲有安邦術 便別秋曹最上一<張蠙>

【階級】かいきゅう(계급) ①층층대. 층계(層階). ②사물의 순서, 관위(官位), 신분 등의 순위. ③주로 경제상의 이해, 지위, 성질 등을 같이하는 사회 집단. ¶一鬪爭/資産一.

【階段】かいだん(계단) ①층계. 또는, 그 낱낱의 단. ②순서. 또는, 차례. 段階(단계). 階序(계서).

【階節】(계절)韓 무덤 앞에 평평하게 만들어 놓은 곳. 除節(제절). ※拜階節(배계절).

【階梯】かいてい(계제) ①사닥다리. ②실마리. 근원. ③일의 되어 가는 순서·단계. ④일을 하게 된 좋은 기회.

【階層】かいそう(계층) ①층. ②☞階段(계단). ③사회적 지위가 거의 같은 사람들의 집군(集

群). ¶社會一.

【階陛】かいへい(계폐) 궁전의 섬돌.

【階下】かいか(계하) 섬돌 아래.

▷貴一, 亂一, 得一, 武一, 文一, 石一, 歷一, 玉一, 位一, 二一, 寅一, 殿一, 庭一, 淸一, 層一, 苔一, 土一, 品一

9
12〘隊〙 1 대 대 | 隊ㄉㄨㄟˋ | たい
2 떨어질 추 | 寘(dui) | party
3 대 수 | 寘 | つい
すい

풀이 1 ①대(隊). 동아리를 이룬 무리. ¶分爲二一＜左氏傳＞ ②줄. 늘어선 줄. ③무리. 떼. ④옛 병제(兵制). ㉮병사(兵士) 100인의 호칭. ㉯병사 200인의 호칭. ¶襄子疏一而擊之＜淮南子＞ 2 ①떨어지다. 높은 곳에서 떨어짐. ㉣墜. ②떨어뜨리다. ¶俾一其師＜左氏傳＞ ③잃다. ¶敬不一命＜國語＞ 3 ①대(隊). 부류 구분. ¶爲六一郡＜漢書＞ ②길. ㉮작은 길. 골짜기의 험로. ¶于是得絶鈃山之一＜穆天子傳＞ ㉯무덤길. 묘도(墓道). ㉣隧.

【隊商】たいしょう(대상) 사막 등에서 대오(隊伍)를 짜서 코끼리, 낙타 따위를 이용하여 상품을 나르는 교역(交易) 단체. 캐러밴(caravan). 商隊(상대).

【隊列】たいれつ(대열) ①대오(隊伍)를 지어 늘어선 행렬. ¶軍人一. ②어떤 활동 목적으로 이루어진 한 떼. ¶示威一.

【隊伍】たいご(대오) 군대의 항오(行伍). 편성된 대열(隊列). 伍는 5인조(人組).

【隊員】たいいん(대원) 대(隊)의 구성원. ¶探險一.

【隊長】たいちょう(대장) 한 대(隊)의 우두머리. 부대의 장(長). 隊主(대주).

▷啓蒙一, 鼓笛一, 軍一, 部一, 樂一, 聯一, 一一, 入一, 全一, 除一, 縱一, 中一, 陣一, 編一, 艦一, 橫一, 後一

9
12〘隆〙 클 륭 | 東ㄌㄨㄥˊ(long) | りゅう big

풀이 ①크다. 풍성하고 큼. ②두텁다. 넉넉하고 두터움. ¶以一殺爲要＜荀子＞ ③높다. 높임. ¶雖一薛之城到於天＜戰國策＞ ④길다. 길게 함. ⑤기르다. 육성(育成)함. ¶臣莽夙夜養育 一就孺子＜漢書＞ ⑥성(盛)하다. ¶道一則從而一＜禮記＞ ⑦많다. 많게 함. ¶頒禽一諸長者＜禮記＞ ⑧갖추다. 비치함. ¶皇天一物以示下民＜荀子＞ ⑨존귀하다. ¶君者國之一也＜荀子＞ ⑩복판이 높다. 또는, 그 산. ⑪앉다. ¶九子見龍驚走 獨小子不能去 … 謂背爲九 謂坐爲一 因名子曰九一＜後漢書＞ ⑫사물(事物)의 형용. ¶一積/一一.

【隆起】りゅうき(융기) 평면보다 불룩하게 일어남. ¶一部. ↔沈降(침강).

【隆老】りゅうろう(융로) 70, 80살의 노인. 융노인. 耋老(질로).

【隆盛】りゅうせい(융성) 번영(繁榮)하여 성함. 隆昌(융창).

【隆崇】りゅうすう(융숭) ①대우나 태도가 정중하고 극진함. ¶陛下宜加一之恩＜後漢書＞ ②높음.

▷高一, 穹一, 基一, 汚一, 蘊一, 優一, 夷一, 豊一, 興一, 熙一

9
12〘隋〙 1 나라 수 | 支ㄙㄨㄟˊ | ずい
2 제사 고기 나머지 타 | 哿(sui) | た
3 중앙이 높을 타 | 歌 | た

풀이 1 수 나라. ㉮주(周)대의 나라 이름. 지금의 호북성(湖北省) 수현(隋縣) 지방. ㉣隨. ¶一侯之珠＜淮南子＞ ㉯양견(楊堅)이 북주(北周)의 선위(禪位)를 받아 세운 나라. 2 ①제사 고기 나머지. 제사지낸 고기의 나머지. ¶旣祭則藏其一＜周禮＞ ②묻다. 제수(祭需)의 남은 고기를 묻음. ③떨어지다. ㉤墮. ④드리워지다. ¶廷藩西有一星五＜史記＞ ⑤타원형(楕圓形). ㉤楕. ¶一銎曰斧＜詩經·注＞ ⑥게을리하다. ㉤惰. ⑦돌아오다. ⑧아름답다. 예쁨. 3 중앙이 높다.

【隋和之材】ずいわのざい(수화지 재) 수후(隋侯)의 주(珠)와 화씨(和氏)의 벽(璧). 이 구슬들은 매우 진귀(珍貴)한 보배이므로, 뛰어난 재주의 비유. ¶雖材懷隋和 行若由夷 終不可以爲榮＜司馬遷＞

【隋侯之珠】ずいこうのしゅ(수후지 주) 수후(隋侯)가 뱀을 살려 준 보답으로 얻었다는 보주(寶珠). 夜光珠(야광주).

12〘随〙 隨(p.1588)의 略字

9
12〘陽〙 1 볕 양 | 陽ㄧㄤˊ | よう(ヒ)
2 나 장 | 陽(yang) | sunshine
ちょう

㊐陽

풀이 1 ①볕. 양지(陽地). ㉮산의 남쪽 땅. ¶在南山之一＜詩經＞ ㉯내의 북쪽. ¶水北爲一 山南爲一＜穀梁傳＞/漢一. ②양(陽). ㉤易. ㉮태극(太極)이 나뉜 두 기운 중의 하나. 음(陰)에 대하여 적극적, 능동적인 면을 상징함. 밝음, 하늘, 해, 임금, 아버지, 수컷, 더움 등을 나타냄. ¶陰一者氣之大者也＜莊子＞ ㉯홀수. 기수(奇數). ③밝다. ¶我朱孔一＜詩經＞ ④나타나다. ¶考其陰一＜大戴禮＞ ⑤열다. ¶順陰一以開闔＜後漢書＞ ⑥바깥. 밖. ¶外爲一＜左氏傳·注＞ ⑦앞. ¶前爲一＜儀禮·注＞ ⑧맑다. ¶一 淸也＜玉篇＞/欲赤黑而一聲＜周禮＞ ⑨고귀하다. ⑩길하다. 상서로움. ⑪크다. 크다고 함. ¶天下陰燕一魏＜戰國策＞ ⑫높다. ⑬살다. ¶莫使復一也＜莊子＞ ⑭기르다. ⑮따뜻하다. ¶春日載一＜詩經＞ ⑯낮. 정오(正午). ¶殷人祭其一＜禮

記＞ ⑰가물다. ¶典致時一＜漢書＞ ⑱늘. 항상. ¶今公一從數騎＜漢書＞ ⑲함께. 전체. 공공(公共). ¶以一禮敎讓＜周禮＞ ⑳벌. 쌍(雙). ㉑속이다. 通佯. ¶僞一爲縛其奴＜漢書＞ ㉒주(周)대의 나라 이름. 지금의 산동성(山東省)에 있었음. ㉓고을 이름. 춘추(春秋) 시대 연(燕)의 읍(邑) 이름. 하북성(河北省)에 있었음. ¶齊高偃帥師納北燕伯於一＜春秋＞ 2나. 通姎.

【陽刻】ようこく(양각) 철형(凸形)으로 새김. 돋을새김. 凸彫(철조). 浮彫(부조). ↔陰刻(음각).

【陽開陰閉】ようかいいんぺい(양개음폐) 양이 열리듯 이(利)를 일으키고, 음이 닫히듯 해(害)를 물리침. ¶春生秋殺 一＜韓愈＞

【陽界】ようかい(양계) 사람이 사는 세상. 이 세상. 이승. ↔陰界(음계).

【陽光】ようこう(양광) ①태양의 빛. 따뜻한 햇볕. ②양기(陽氣)의 빛.

【陽九】ようきゅう(양구) 재앙(災殃). 음양가가 오행(五行)의 수리(數理)로 풀어 낸 말. 양액(陽厄) 5와 음액 4를 합하여 9로 함. ¶今天下遭一之厄＜漢書＞

【陽氣】ようき(양기) ①양(陽)의 기운. 만물이 맹동(萌動)하는 기운. 봄기운. ②맑고 환한 기운. ③남자의 정력(精力).

【陽曆】ようれき(양력) 지구가 태양 주위를 한 번 공전(公轉)하는 시간을 1년으로 하는 역법(曆法). 太陽曆(태양력). ↔陰曆(음력).

【陽明學】ようめいがく(양명학) 명(明)의 양명 왕수인(王守仁)이 육구연(陸九淵)의 학을 이은 철학. 주자학(朱子學)을 공리공론(空理空論)이라 비판하고, 심즉리(心卽理), 치량지(致良知), 지행합일(知行合一)을 주창함. 陸王學(육왕학).

【陽事】ようじ(양사) ①양기(陽氣)가 이루는 일. ¶男敎不修 一不得＜禮記＞ ②성교(性交). 媾合(구합).

【陽繖】(양산) 의장(儀仗)의 한 가지. 일산(日傘)과 비슷한데 가에 넓은 헝겊을 둘러서 아래로 늘어뜨림.

【陽傘】(양산) 주로 볕을 가리기 위하여 쓰는, 우산처럼 만든 여자용 물건. 파라솔. 涼傘(양산).

【陽聲】ようせい(양성) ①양(陽)에 속하는 소리. ②우뢰소리. ③맑은 소리. ¶欲黑赤而一＜周禮＞

【陽烏】ようう(양오) 태양의 이칭. 해 속에 세 발 달린 까마귀가 있다는 전설에서 유래. 陽宗(양종). 金烏(금오).

【陽月】ようげつ(양월) 음력 10월의 이칭. 陰이 다하여 陽이 생긴다는 데서 이름.

【陽宗】ようそう(양종) ☞陽烏(양오).

【陽中】ようちゅう(양중) 봄의 이칭. ¶春爲一 萬物以生 秋爲陰中 萬物以成＜漢書＞ ↔陰中(음중).

【陽地】ようち(양지) 볕이 바로 드는 곳.

【陽天】ようてん(양천) 구천(九天)의 하나. 동남쪽의 하늘. ¶東南曰一＜呂覽＞

【陽秋】ようしゅう(양추) 공자(孔子)가 지은 「춘추(春秋)의 이칭. 진(晋) 간문제(簡文帝)때 정후(鄭后)의 휘(諱) 아춘(阿春)을 피하여 쓴 데서 유래.

【陽春】ようしゅん(양춘) ①따뜻한 봄. ¶一佳節. ②은택, 은혜 등의 비유. ③음력 정월의 이칭.

【陽宅】ようたく(양택) ①사람이 사는 집. 陽基(양기). ②마을이나 고을의 터. 음양가(陰陽家)들의 말. ↔陰宅(음택).

【陽夏】ようか(양하) 여름. 양기(陽氣)가 성함에서 이름.

【陽侯】ようこう(양후) ①전설상의 수신(水神). 뜻이 바뀌어, 물결을 이름. ¶淩一之氾濫兮＜楚辭＞ ②유황(硫黃)의 이칭.

【陽煦山立】ようくさんりつ(양후산립) 햇살이 따스하고 산이 말끔하듯, 인품이 온화하고 단아함을 형용하는 말. ¶楊億目之曰 王君一 宗廟器也＜書言故事＞

▷昆一, 九一, 洛一, 落一, 孟一, 明一, 補一, 斜一, 夕一, 昭一, 首一, 睢一, 漁一, 炎一, 龍一, 陰一, 殘一, 正一, 精一, 朝一, 重一, 秋一, 春一, 太一, 咸一

9/12【隉】 위태할 얼 | 圓ㄋㄧㄝˋ (nie) | げつ *danger*

풀이 ①위태롭다. ②불안하다. 안정되지 못함. ③불길하다. ④법규. 법도(法度).

9/12【隈】 굽이 외 | 因ㄨㄟ 㒸(wei) | わい(クマ) *bend*

풀이 ①굽이. ㉮물굽이. ¶因復指河曲之淫一＜列子＞ ㉯산의 굽이진 곳. ¶大山之一＜管子＞ ②낭떠러지. 벼랑. ¶憑高望之陽一＜潘岳＞ ③소(沼). 물이 깊고 고기가 모이는 곳. ¶漁者不爭一＜淮南子＞ ④모퉁이. ¶考之四一＜左思＞ ⑤그늘. 가려진 곳. ¶一入而係輿人＜左氏傳＞ ⑥활[弓]의 휜 곳. ¶順左右一＜儀禮＞ ⑦가랑이. 사타구니. 고간(股間). ¶奎蹏曲一＜莊子＞

【隈曲】わいきょく(외곡) ①구석진 곳. ②물가의 굽이진 곳. 물굽이.

▷澗一, 江一, 曲一, 四一, 山一, 城一, 水一, 岸一, 巖一, 林一

12【隈】 隈(p. 1584)와 同字

9/12【隅】 모퉁이 우 | 虞ㄩˊ (yu) | ぐう(スミ) *corner*

풀이 ①모퉁이. 귀퉁이. 通嵎. ¶至于海一蒼生＜書經＞ ②구석. 깊숙한 곳. ③언덕. 벼랑. ¶齊之海一＜呂覽＞ ④곁. 옆. ¶豺狼鬭兮我之一＜楚辭＞ ⑤방향. ¶經營四一＜淮南子＞ ⑥모서리. 모난 귀퉁이. ¶擧一一 不以三一反＜論語＞ ⑦염우(廉隅). 염치. ¶維德之一＜詩經＞ ⑧튀어 나온 곳. ¶城一之制九雉＜周禮＞ ⑨방형(方形). 네모. ¶周無一＜太玄經＞ ⑩분수(分數). 분한

(分限). ¶安知廉恥一積<荀子> ⑪직각삼각형의 빗변. 현(弦). ¶徑一五<周髀算經>
【隅谷】ぐうこく(우곡) 해가 지는 곳. 虞淵(우연). ¶欲追日影 逐之放一之際<列子>
【隅目】ぐうもく(우목) 맹수(猛獸)가 무섭게 성낸 형용. ¶一高眶 威儡兕虎<張衡>
【隅反】ぐうはん(우반) 네 모서리가 있는 물건의 한 모서리만 들어도 나머지 세 모서리를 앎. 유추(類推)함을 이름. ¶擧一隅 不以三一則不復也<論語>
▷區一, 四一, 城一, 廉一, 一一, 坐一, 海一

9/12【隃】 1 넘을 유 虞ㄩˊ(yu) ゆ / 2 멀 요 蕭ㄧㄠˊ(yao) cross / 3 능이름 수 虞 よう / 4 땅이름 수 遇 しゅ

풀이 1 ①넘다. 넘어감. 通踰. ¶卑不一尊<漢書> ②현(縣) 이름. ¶一麋. 2 ①멀다. 거리가 멂. 通遙. ②가다. ¶兵難一度<漢書> 3 ①능(陵) 이름. ②넘다. 4 땅 이름. 안문(雁門). 지금의 산서성(山西省) 대현(代縣)의 서북쪽. ¶西一.

12【隂】 陰(p.1580)과 同字

9/12【陾】 1 담 쌓는 소리 잉 蒸ㄖㄥˊ(reng) しょう / 2 많을 누 宥 どう

9/12【陼】 1 삼각주 저 語ㄓㄨˇ(zhu) しょ / 2 물가 도 麌 delta / 3 역참 이름 도 虞 と

풀이 1 삼각주. 사주(沙洲). 물 속의 작은 섬. 2 ①물가. 수애(水涯). 通渚. ¶且齊東一鉅海<漢書> ②담. ㉠堵. 3 역참 이름. ㉠都.

9/12【隄】 1 둑 제 齊ㄊㄧˊ(ti) てい / 本저 ㄉㄧ(di) bank / 2 대개 시 齊 し

풀이 1 ①둑. 제방. 방죽. ㉠堤. ¶修一梁<荀子> ②언덕. 벼랑. ③다리. 교량(橋梁). ④한계(限界). ¶夫一日之樂不足以危無一之輿<漢書> 2 대개. 대강. 通堤. ¶一封.

12【陿】 陜(p.1576)과 同字

9/12【隍】 해자 황 陽ㄏㄨㄤˊ(huang) こう, えい moat / 영 敬

풀이 ①해자(垓字). 성(城) 밖에 둘러판 마른 못. ¶城復于一<易經> ②산골짜기. ③비다. 공허(空虛)함.

10/13【隔】 사이 뜰 격 陌ㄍㄜˊ(ge) かく(ヘダタル) separate

풀이 ①사이가 뜨다. 또는, 사이를 뗌. ㉮막다. 막힘. ㉯저지하다. ¶外戚杜一恩不得通<後漢書> ㉰멀어지다. ¶司部懸一 斜臨寇境<任昉> ㉱바뀌다. ¶稱爲遷一<後漢書> ㉲멀리하다. 등한히 함. ¶因被疎一<晋書> ㉳나누다. 구획 지음. ¶置雲母屛風分一其間<後漢書> ㉴가리다. 숨김. ¶以釉一之<舊唐書> ②거리(距離). ㉮장해(障害). ¶秦無韓魏之一<戰國策> ㉯경계. 구분. ¶素粒紅液 金房緗一<張協> ㉰사이. 간격. ¶御億兆者 門庭無九重之一<唐高宗> ㉱차이(差異). ¶卑散自知霄漢一<王建> ③치다. 通擊. ¶拮一鳴球<揚雄> ④풀다. 通融. ⑤살창. 살이 있는 창문.
【隔年】かくねん(격년) ①해를 거름. 한 해를 건너뜀. 해거리. ¶一制. ②한 해가 지남. 해를 달리함.
【隔離】かくり(격리) ①사이를 막거나 또는 떼어 놓음. ②전염병 환자를 떨어진 곳으로 옮겨 병의 전염을 막는 일. ¶一法.
【隔世之感】かくせいのかん(격세지 감) 아주 바뀌어, 딴 세상 또는 딴 세대 같은 느낌. 격세감. ※桑田碧海(상전벽해).
【隔月】かくげつ(격월) 한 달씩 거름. ¶一刊.
【隔意】かくい(격의) 서로 터놓지 않는 속 마음. 생각에 거리가 있음. 隔心(격심).
【隔日】かくじつ(격일) 하루씩 거름. ¶一制.
【隔絶】かくぜつ(격절) 멀리 떨어짐. 멀리 헤어짐. 隔越(격월).
【隔阻】かくそ(격조) ①오랫동안 소식이 막힘. ②서로 멀리 떨어져 있음.
【隔地】かくち(격지) 멀리 떨어진 지방.
【隔轍雨】かくてつう(격철우) 음력 5월에 내리는 비. 말의 등 하나를 사이에 두고 비가 오고 아니오고 하는 여름의 소나기.
【隔靴搔痒】かっかそうよう(격화소양) 신을 신고 발을 긁는다는 뜻으로, 일을 하느라고 애는 쓰는데 성에 차지 않는다는 말. ¶詩不著題 如一<詩話總龜>
▷間一, 杜一, 疏一, 遠一, 離一, 懸一

10/13【隙】 틈 극 陌ㄒㄧˋ(xi) げき(スキ) gap
古隟 俗隙

풀이 ①틈. ㉮벌어져 사이가 난 자리. 벽틈. ¶若駟之過一<荀子> ㉯구멍. ㉰동안. ¶秦文孝繆居雍一<史記> ㉱겨를. 여가. ¶皆於農一以講事也<左氏傳> ㉲놀리는 땅. ¶宋鄭之間 有一地焉<左氏傳> ㉳사이가 틀어짐. 티격남. ¶令將軍與臣有一<漢書> ②흠. 결점. ¶則可以上下無一矣<國語> ③갈라지다. ¶牆之一壞 誰之咎也<左氏傳> ④이어지다. 경계가 닿음. ¶北一烏丸夫餘<漢書> ⑤기회(機會). ¶覬一乘使<唐德宗> ⑥싸움. 분쟁(紛爭). ¶遭王莽簒位 始開邊一<漢書>
【隙間】げきかん(극간) 빈틈. 틈새.
【隙駒】げきく(극구) 달리는 말을 문 틈으로 보는

것과 같다는 뜻으로, 세월이 빠름의 비유. 隙駟光陰(극사광음). 隙駟(극사). ¶人生天地之間 若白駒之一<莊子>
▷間一, 孔一, 空一, 過一, 仇一, 駒一, 農一, 怨一, 牆一, 寸一, 穴一, 嫌一, 荒一

13〖隚〗塘(p.352)과 同字
13〖隌〗陪(p.1580)와 同字
13〖随〗隨(p.1588)의 訛字
13〖陘〗隰(p.1589)과 同字

10 13〖隘〗 1 좁을 애 | 卦 ㄞˋ(ai) | あい(セマイ) narrow
2 막을 액 | 陌 ㄜˋ(e) | あく

풀이 1 ①좁다. ㉮땅이 좁다. ¶誕寘之一巷<詩經> ㉯기량(器量)이 좁다. ¶伯夷一<孟子> ②험하다. ¶不恃一害<張衡> ③작다. ¶湫一囂塵<左氏傳> ④궁지(窮地)에 빠지다. ¶不至於一懾傷生<荀子> ⑤성급(性急)하다. ¶性甚狷一<南史> ⑥괴로와하다. ¶常思困一之時 必不驕矣<新序> ⑦요해지(要害地). ¶有三關之一<南齊書> ⑧성채(城砦). 2 막다. 가로막음. 通阸. ¶三國一秦<戰國策>
【隘口】あいこう(애구) 좁고 요긴(要緊)한 길목.
【隘路】あいろ(애로) ①좁은 산길. ¶要我一 擊武便處<六韜> ②일의 진행을 가로막는 장애. 걸림새. 難關(난관).
▷狷一, 困一, 陋一, 貧一, 危一, 塡一, 墊一, 峻一, 湫一, 褊一, 險一, 陜一

10 13〖隒〗 낭떠러지 엄 / 렴 | 琰 ㄧㄢˇ / 琰 (yan) | げん, れん cliff

풀이 ①낭떠러지. 벼랑. ②물가. 냇가. ③산 모양. 시루 둘을 포갠 듯하게 생긴 산. ④비탈. 가풀막. ⑤모. 모서리. 通廉.

10 13〖隖〗 작은 성채 오 | 麌 ㄨˋ (wu) | お small castle

풀이 ①작은 성채(城砦). ②작은 성(城). 같塢. ③둑. 제방.

18〖䧘〗 隖(p.1586)와 同字

10 13〖隗〗 험할 외 | 賄 ㄨㄟˇ (wei) | かい steep

풀이 ①험하다. 높음. ②산 이름. ¶又有一山<山海經> ③나라 이름. 춘추(春秋) 시대 나라 이름. 지금의 호북성(湖北省)에 있었음. ¶楚人滅一 以一子歸<公羊傳>

10 13〖隕〗 1 떨어질 운 | 軫 ㄩㄣˇ (yun) | いん(オチル) fall
2 둘레 원 | 先 | えん

풀이 1 ①떨어지다. 떨어뜨림. 같殞. ¶夜中星一如雨<春秋> ②잃다. ¶亦不一厥問<孟子> ③무너뜨리다. 쓰러짐. ¶景公臺一<淮南子> ④쓰러뜨리다. 쓰러짐. ¶巢一諸樊<左氏傳> ⑤사로잡다. 사로잡힘. ¶一子辱矣<左氏傳> ⑥죽다. 같殞. 2 둘레. 원주(圓周). 通均 運 圓. ¶幅一既長<詩經>
【隕命】いんめい(운명) 목숨이 끊어짐. 殞命(운명). 絶命(절명).
【隕石】いんせき(운석) 공중에서 떨어진 돌. 유성(流星)이 땅에 떨어진 것. 隕星(운성).
▷飛一, 星一, 失一, 沈一, 幅一, 隍一

13〖隂〗陰(p.1580)과 同字
13〖墬〗地(p.337)의 古字
13〖䧟〗陷(p.1582)의 訛字

10 13〖隑〗 1 길 해 | 灰 ㄑㄧˊ (qi) | かい
2 후미 기 | | き
3 언덕 굽이질 기 | 微 | ぎ
本 의 | 微

11 14〖䧢〗 치솟을 구 | 虞 ㄑㄩ (qu) | く tower up

풀이 ①치솟다. ¶至虖隴一河洛之間<漢書> ②편안하지 않다. ③기울어져 오래 서지 못하다. 通嶇. ④깊이 내려가는 모양. ¶一嶔.

14〖隟〗隙(p.1585)의 俗字
14〖𨻶〗隙(p.1585)의 古字
14〖䧌〗崩(p.481)과 同字
14〖𨼌〗隰(p.1589)과 同字
14〖𨼆〗隰(p.1589)과 同字
14〖𨼒〗隘(p.1586)의 訛字
14〖墉〗墉(p.355)과 同字
14〖隠〗隱(p.1589)의 略字
14〖隠〗隱(p.1589)의 俗字

11 14〖障〗 1 막을 장 | 漾 ㄓㄤˋ (zhang) | しょう(フセグ) stop up
2 꼭대기 평 / 평할 장 | 陽 |

풀이 1 ①막다. ㉮구멍으로 물건이 통하지 못하게 하다. ¶是一其源而欲其水也<呂覽> ㉯방어하다. ¶太華之高 會稽之險 不能一矣<呂覽> ②가리다. ¶以腰扇一日<南史> ③덮다. ¶錯廁翳一<西京雜記> ④한계. 경계. 구분. ⑤둑. 방죽. ¶澤不陂一 川無舟梁<國語> ⑥울타리. 장지. 간막이. ¶左張金鷄大一<唐書> ⑦지키다. 방비. ¶且成孟氏之保一也<左氏傳> ⑧성채(城砦). 작은 성. ¶居一一間<漢書> ⑨

막(幕). 장막. ¶高搴素錦芙蓉一<沈明臣> ⑩지장. 장애. 훼방. ¶習一從塵染<沈約> ⑪나쁜 행실. 업장(業障). ¶猶當洗業一 更作臨水禊<蘇軾> **2**① 꼭대기가 평평하다. 또는, 그런 언덕이나 산. ¶一 丘山頂上平<廣韻> ②막다. ③안장의 장식. ④고을 이름. 춘추(春秋) 시대의 읍(邑) 이름. 通鄣.

【障泥】しょうでい(장니) 마구(馬具)의 하나. 등자(鐙子)와 말 옆구리 사이에 드리워 흙이 튀어 오르는 것을 막는 물건. 말다래. 鄣泥(장니). 泥障(이장). 蔽泥(폐니).

【障壁】しょうへき(장벽) ①간막이 벽. 둘러싼 벽. ②보루(保壘). 요새(要塞). 障塞(장새).

【障礙】しょうがい(장애) ☞障碍(장애).

【障碍】しょうがい(장애) 거리껴서 거치적거림. 障礙(장애). 障害(장해). ¶一物.

▷故一, 茅一, 藩一, 邊一, 屛一, 保一, 堡一, 業一, 五一, 肉一, 理一, 泥一, 罪一, 支一, 行一

11
14 〖際〗 사이 제 | 霽ㄐㄧˋ (ji) | さい(キワ) *border* せい

풀이 ①사이. ㉮벽과 벽의 이음매. ㉯서로 만나는 지점. ¶唐虞之一<論語> ㉰두 사물의 중간. ¶天地一也<易經> ㉱교제(交際). ¶敢問交一何心也<孟子> ㉲무렵. 때. 시기. ¶常以三伏之一 晝夜咁飮<魏文帝> ㉳기회(機會). ¶因事一以逞其志<晉書> ②가. ㉮정도. ¶明天人分一<史記> ㉯가장자리. 변두리. ¶太白之精 降於水一<拾遺記> ㉰경계(境界). ¶迫而視之 端一不可得見<晉書> ㉱방향. ¶鼓洪流于八一<晉書> ③만나다. 마주침. ¶剛柔一也<易經> ④당하다. 맞음. ¶喜一風雲會<貢奎> ⑤사귀다. ¶苟善其禮一矣<孟子> ⑥다다르다. 이름. ¶高不可一<淮南子> ⑦이어지다. 접속됨. ¶南一滄冥北枕江<周伯琦>

【際可之仕】さいかのし(제가지 사) 임금의 예우(禮遇)를 받으며 벼슬함. ¶孔子有見行可之仕 有一 有公養之仕<孟子>

【際會】さいかい(제회) ①마침 서로 만남. 임금과 신하가 뜻이 맞아 만남. 際遇(제우). ②혼례(婚禮)에 관한 모임. 맞선보기 따위.

▷交一, 國一, 極一, 金輪一, 端一, 邊一, 分一, 水一, 實一, 涯一, 天一

12
15 〖隥〗 고개 등 | 徑ㄉㄥˋ (deng) | とう *steep slope*

풀이 ①고개. 험한 고갯길. 通嶝. ¶乃絕隃之關一<穆天子傳> ②계단. 층계.

15 〖隬〗 鄘(p. 1517)와 同字

12
15 〖隣〗 **1** 이웃 린 **2** 닮을 린 同鄰 粦 | 眞ㄌㄧㄣˊ 震(lin) | りん(トナリ) *neighbor*

풀이 **1** ①이웃. ㉮이웃집. ¶洽比其一<詩經> ㉯이웃 지역. ¶服不羈之遐一<李尤> ㉰이웃 나라. ¶睦乃四一<書經> ㉱연결. 이어짐. ¶與德爲一<淮南子> ㉲반려(伴侶). 같은 부류(部類). ¶德不孤 必有一<論語> ㉳친근한 사이. ¶倍其一者恥乎<左氏傳> ②이웃하다. 이웃이 됨. ¶一於善<左氏傳> ③도움. 보필(輔弼). ¶臣哉一哉<書經> ④마을. 동네. ¶武義動於南一<漢書> ⑤단단하다. 여묾. 通緊. ¶五穀一熟<管子> ⑥행정 구획(行政區劃) 이름. ㉮주(周)대의 제도. 5가(家)를 隣, 5린을 리(里), 4리를 찬(酇), 5찬을 비(鄙), 5비를 현(縣), 5현을 수(遂)라 함. ¶五家爲一<周禮> ㉯8가(家)의 이름. ¶八家爲一<韓詩外傳> ⑦인(燐). 도깨비불. 인화(燐火). 通燐. ¶馬血之爲轉一也<列子> ⑧사물(事物)의 형용. ¶有車一一 有馬白顚<詩經> **2**닮다. 해어짐.

【隣家】りんか(인가) 이웃집.

【隣曲】りんきょく(인곡) 이웃. 또는, 이웃 사람. 隣里(인리).

【隣國】りんこく(인국) 이웃 나라. 隣邦(인방).

【隣國爲壑】りんごくをがくとなす(인국위학) 전국 시대 백규(白圭)가 둑을 쌓아 물을 이웃 나라로 흐르게 한 일에서, 자기의 이익만 도모하고 화(禍)는 남에게 돌림을 이름. 壑은 물바다. ¶禹以四海爲壑 今吾子以一<孟子>

【隣近】りんきん(인근) 이웃. 근처. 附近(부근).

【隣里鄕黨】りんりきょうとう(인리향당) 이웃. 향리(鄕里). 주(周)의 제도. 5가(家)를 隣, 25가를 里, 500가를 黨, 1만 2천 500가를 鄕이라 함. ¶以與爾一乎<論語>

【隣邦】りんぽう(인방) ☞隣國(인국).

【隣保事業】りんぽじぎょう(인보사업) 빈민의 실제 생활을 조사하여 개선과 교화(教化)를 도모하는 사회 사업.

【隣比】(인비) 처마를 맞댐. 이웃함.

【隣伍】りんご(인오) 이웃. 주(周)대에 5호(戶)를 단위로 한 제도.

【隣友】りんゆう(인우) 가까운 이웃 벗.

【隣接】りんせつ(인접) 이웃함. 지경이 맞닿아 있음.

▷近一, 買一, 騈一, 卜一, 比一, 四一, 善一, 淵一, 擇一, 必有一

15 〖陦〗 陽(p. 1583)과 同字

15 〖隂〗 陰(p. 1580)과 同字

12
15 〖隤〗 **1** 무너뜨릴 퇴 **2** 무너질 타 | 灰ㄊㄨㄟˊ 哿(tui) | たい *destroy* た

풀이 **1** ①무너뜨리다. 무너짐. 허물어짐. 갈頹. ¶因一其土 以附苗根<漢書> ②내리다. ¶發祥一祉<漢書> ③떨어지다. 잃음. ¶士衆滅兮名已一<漢書> ④남기다. 잊음. ¶樂一心其如忘<陸機> ⑤기울다. 경사짐. ⑥편

안하다. ¶夫坤—然示人簡矣<易經> ⑦유순하다. ¶欲令其下曲—然順也<禮記·注> ⑧넘어지다. ¶先者—陷<淮南子> ⑨종기. 부스럼. ¶陰腫曰—<釋名> ⑩앓다. ¶我馬虺—<詩經> ⑪땅 이름. 주(周)대의 땅. 2무너지다.

【隤舍】たいしゃ(퇴사) 낡아서 부서진 집. 頹舍(퇴사).
▷傾—, 壞—, 隆—, 崔—, 陂—

16〖隫〗 墳(p. 357)과 同字

13 16〖隨〗 따를 수 | 因ㄙㄨㄟˊ (sui) | ずい(シタガウ) follow

略随

풀이 ①따르다. ㉮따라가다. 수행함. ¶行而無— 則亂於塗也<禮記> ㉯연(沿)하다. ¶—山刊木<書經> ㉰뒤를 좇다. ¶行國—畜 與匈奴同俗<史記> ㉱맡기다. …을 따라. ¶意之所之 —卽記錄<洪邁> ㉲들어 주다. 허락함. ¶—安陵氏而亡之<史記> ㉳잇다. 이어짐. ¶公亦—手亡矣<史記> ②거느리다. 동반함. ③몸에 지니다. ¶印似嬰兒常—身<李商隱雜纂> ④따라서. 때마다. 일마다. ¶—亂—失<韓愈> ⑤하급 관리. 속관(屬官). ¶伊臣限監國 卽事阻倍—<梁昭明太子> ⑥시중드는 사람. 수행원. ¶—輩栖遲<後漢書> ⑦수괘. 64괘(卦)의 하나. ䷐. 진하태상(震下兌上). 물건과 물건이 서로 따르는 상(象). ¶澤中有雷 —<易經> ⑧발. ¶不拯其—<易經> ⑨가다. 걸어감. ⑩나라 이름. 주(周)대의 나라. 춘추 후기 초(楚)의 부용국. ¶楚武王侵—<左氏傳> ⑪땅 이름. 춘추 시대 진(晋)의 읍(邑). 지금의 산서성(山西省) 개휴현(介休縣). ¶翼侯奔—<左氏傳>

【隨想】ずいそう(수상) 그때그때 떠오르는 생각이나 느낌. ¶—錄. ※隨筆(수필).
【隨時】ずいじ(수시) ①그때그때. 때때로. ②때를 따름. 臨機(임기).
【隨員】ずいいん(수원) ☞隨行員(수행원).
【隨意】ずいい(수의) ①어찌 되었든지. ¶—春芳歇 王孫自可留<王維> ②뜻대로. 마음대로. 거리낌이 없음. ¶遊塵滿床不用拂 細草橫階—生<庾信>/—契約.
【隨行】ずいこう(수행) ①따라 감. 뒤를 따라 감. 隨從(수종). ②따라 행함. 뒤좇아 실행함. ¶蓋吉凶亡常 —而成禍福也<漢書>
【隨行員】ずいこういん(수행원) 수행하는 관원. 隨員(수원). 從者(종자).
【隨鄕入鄕】ごうニイラバごうニシタガウ(수향입향) 향리에 들어가면 그 곳의 풍속, 습관을 따라야 함. 入鄕從鄕(입향종향). ¶且復隨鄕便入鄕<范成大>
【隨喜】ずいき(수희)《佛》①남이 행한 선근공덕(善根功德)을 보고 함께 기뻐함. ②절에 참예(參詣)하는 일. 또는, 중이 불사(佛事)에 참가하는 일.
▷詭—, 伴—, 附—, 夫唱婦—, 追—

13 16〖隧〗 1길 수 2떨어질 추 | 寘ㄙㄨㄟˋ 寘(sui) | すい road つい

同[illegible]

풀이 1①길. ㉮통로. 도로. ¶大風有—<詩經> ㉯무덤 길. 묘도(墓道). ¶請— 弗許<左氏傳> ㉰샛길. 옆길. 비밀 통로. ¶起亭—<漢書> ㉱산길. ¶山無蹊—<莊子> ㉲마을의 길. ¶輕輿按轡以經—<左氏傳> ㉳굴길. 수도(隧道). 터널. ¶—而相見<左氏傳> ㉴핏줄. 혈관(血管). ¶五臟之道 皆出于經—<素問> ②교외(郊外). ¶魯人三郊三—<史記> ③행정 구획 이름. 오현(五縣). ¶令—正納郊保<左氏傳> ④도랑 이름. 주(周)대의, 너비와 깊이 2척(尺)인 도랑. ¶廣二尺 深二尺 謂之—<周禮> ⑤북통의 홈. ¶銑間謂之于… 于上之攠 謂之—<周禮> ⑥거상(車箱)의 깊이. ¶參分車廣去一以爲—<周禮> ⑦돌다. 회전함. ¶若磨石之—<莊子> ⑧봉화(燧火). 通燧. ¶登障—而遙望兮<班彪> ⑨깊숙하다. 심오(深奧)함. 通邃. 2떨어지다. 떨어뜨림. 通墜. ¶不—如髮<漢書>

【隧道】すいどう·トンネル(수도) ①지하(地下) 통로. 터널. 地下道(지하도). ②무덤길. 관(棺)을 매장하기 위하여 평지에서 묘혈(墓穴)까지 비스듬히 낸 길.
【隧埏】すいえん(수연) 무덤길. 묘도(墓道). 땅 속을 隧, 땅 위를 埏이라 함.
▷徑—, 古—, 郊—, 丘—, 大—, 墓—, 門—, 邪—, 埏—, 障—, 亭—, 出—, 蹊—

13 16〖隩〗 1굽이 오 2굽이 욱 | 號ㄠˋ(ao) 屋ㄩˋ(yu) | おう cove いく

풀이 1①굽이. 뭍으로 굽어든 물가. ②간직하다. 숨김. 通奧. ¶其—愛太子 亦必可知也<國語> ③깊다. ¶其塗—矣<莊子> ④방의 서남쪽 구석. ¶目巧之室則有—阼<孔子家語> 2①굽이. 굽어든 안쪽. 同澳. ②따뜻하다. 따뜻하게 함. ¶厥民—<書經> ③땅. 토지. 通墺. ¶四—旣宅<書經>

16〖[illegible]〗 墜(p. 358)와 同字

13 16〖險〗 1험할 험 2고생할 삼 3낭떠러지 암 | 琰ㄒㄧㄢˇ (xian) 鹽 咸 | けん steep さん かん

略険

풀이 1①험하다. ㉮다니기에 위태롭다. 준조(峻阻)함. ¶修路峻—<張衡> ㉯높다. ¶天—不可升也<易經> ㉰깊다.

헤아리기 힘듦. ¶上幽—則下漸詐矣<荀子> ㉱멀다. ¶幽野—塗<淮南子> ㉲기울다. ¶此言上幽而下—也<荀子> ㉳위태롭다. ¶其可謂不—矣<孔子家語> ㉴비끼다. 경사짐. ㉵비뚤다. 부정(不正)함. ¶小人行— 以徼幸<中庸> ㉶거짓. ¶起信—膚<書經> ㉷나쁘다. ¶以—徼幸者 其求無饜<左氏傳> ㉸다스리다. ¶蹈—聖之—易<後漢書> ②요해지(要害地). ¶憑—作守 兵食兼資<南史> ③깨뜨리다. 상하게 함. ¶疢疾—中<周禮> ④고민. 고통. ¶所以持—奉凶也<荀子> ⑤얇다. ¶蝌大而—<爾雅> ⑥절약하다. 절검(節儉)함. (通) 儉. ¶—而易行<左氏傳> ⑦넓다. 평평하고 넓음. (通) 掩. ¶—聲斂<周禮> ⑧산 모양. 시루 두 개를 포개 놓은 것처럼 생긴 산. ⑨거의. 대부분. [2]고생하다. 괴로와함. [3]낭떠러지. 험함. (같) 巖. ¶得說於傅—中<史記>

【險口】(험구) 남의 흠을 들추어 내어 헐뜯거나 험한 욕을 잘하는 입. ¶—家.

【險難】けんなん(험난) 험하고 어려움.

【險談】(험담) 남을 헐뜯어 말함. 또는, 그 말. 險言(험언).

【險路】けんろ(험로) 험한 길.

【險相】けんそう(험상) 험상스러운 인상(人相).

【險惡】けんあく(험악) ①험하고 사나움. ②형세(形勢)가 좋지 않음. 형세가 어렵게 됨. ③생김새나 태도가 험상스럽고 모짊.

【險隘】けんあい(험애) 험하고 좁음. 險阻(험조).

【險語破鬼膽】けんごきたんヲヤブル(험어 파귀담) 놀라운 말로 귀신의 간담을 서늘하게 함. ¶— 高詞媲皇墳<韓愈>

【險要】けんよう(험요) 험악한 요해지(要害地).

【險阻】けんそ(험조) ①험함. 또는, 그 곳. 險阨(험액). 險澀(험삽). ②인심이 험함.

【險峻】けんしゅん(험준) 험하고 높음. 험함. 峻險(준험). 峻阻(준조). 「곳.

【險地】けんち(험지) ①험한 땅. ②험조(險阻)한

▷姦—, 艱—, 輕—, 窮—, 詭—, 奇—, 冒—, 保—, 浮—, 恃—, 隘—, 要—, 危—, 隣—, 絕—, 阻—, 峻—, 天—, 趨—, 行—, 兇—

17〖隣〗 隣(p. 1587)의 本字

14 17〖隰〗 진펄 습 | 國 T丨ˊ (xi) | しつ(サワ) *marsh*

풀이 ①진펄. 지세가 낮고 습한 땅. (같) 濕. ¶—有栗<詩經> ②따비밭. 새로 개간한 밭. ¶徂—徂畛<詩經> ③땅 이름. ㉮주(周)대 기내(畿內)의 읍(邑). ¶與鄭人蘇忿生之田—<左氏傳> ㉯춘추(春秋) 시대 제(齊)의 읍(邑). 이구(犂丘). 지금의 산동성(山東省) 임읍현(臨邑縣). ¶濟南有—陰縣<左氏傳·注>

▷卑—, 原—, 下—

14 17〖隱〗 [1]숨을 은 [2]기댈 은 | 國 丨ㄣˇ (yin) | いん(カクス) *hide*

(略)隠 (俗)隐

풀이 [1] ①숨다. ㉮가리다. 드러나지 아니함. ¶雖形—而草動<潘岳> ㉯벗어나다. ¶龍德而—者也<易經> ㉰떠나다. ¶今大道旣—<禮記> ㉱숨어 있다. 잠재(潛在)함. ¶天地閉 賢人—<易經> ㉲그늘지다. 흐려짐. ¶日—澗疑空 雲聚岫如複<謝朓> ②숨기다. ㉮가리다. ¶弗能—矣<呂覽> ㉯비밀로 하다. ¶則事可以—令<國語> ㉰속에 넣어 두다. ¶—五刃<國語> ㉱닫다. 잠금. ¶—之如尸<儀禮> ㉲사사로이 하다. ¶分定則下不相—<呂覽> ㉳감추다. 자랑하지 않음. ¶事親有—而無犯<禮記> ㉴아끼다. ¶以我爲—乎<論語> ③희미하다. ¶君子之道費而—<中庸> ④깊숙하다. 그윽함. ¶則盤紆—深<嵇康> ⑤응달. 구석. 가려진 곳. ¶入白鹿山 居—修道<洛陽伽藍記> ⑥깊은 속. 숨은 사리(事理). ¶探賾索—<易經> ⑦은사(隱士). ¶謂之潯陽之三—<宋書> ⑧수수께끼. 은어(隱語). ¶迺與爲—耳<漢書> ⑨음부(陰部). ¶—曲常瘡<唐書> ⑩고요하다. 조용함. ¶篤行—約<後漢書> ⑪평온하다. 편안함. ⑫안정되다. ⑬괴로와하다. 고생함. ¶—民多取食焉<左氏傳> ⑭불쌍히 여기다. (通)慇. ¶如有—憂<詩經> ⑮근심하다. 걱정함. ¶孰能思而不—兮<楚辭> ⑯헤아리다. 짐작함. (通)億 意. ¶下觀不及者以自—也<管子> ⑰생각하다. ¶—情以虞<禮記> ⑱점치다. ¶— 占也<爾雅> ⑲바루다. 교정(矯正)함. ¶尙皆—哉<書經> ⑳번성하다. 번창함. (通)殷. ¶邑居—賑<左思> ㉑위엄(威嚴)이 있다. ¶—若一敵國矣<後漢書> ㉒크다. 높음. ¶帶—虹之逶蛇<楚辭> ㉓물러나다. 주저함. (通)逡. ¶—辟而后屨<儀禮> ㉔해치다. 상하게 함. ¶外溫仁謙遜而內—<漢書> ㉕보(洑). 봇둑. (通)匽. ¶士不—塞<詩經> ㉖도지개. 활을 바로잡는 틀. (通)檃. ¶故逡—括<何休> ㉗담. 낮은 담. ¶踰—而待之<左氏傳> ㉘병. 병환(病患). ¶相結以—<莊子> ㉙더위먹다. ¶—將芘其所藾<莊子> ㉚거문고의 장식. ¶孤子之鉤以爲—<枚乘> ㉛시호(諡號). ¶不顯尸國曰—<逸周書> [2]①기대다. 의지함. ¶—几而臥<孟子> ②쌓다. 성을 쌓음. ③구석. 깊숙한 곳.

【隱居】いんきょ(은거) 세상을 피하여 삶. 또는, 벼슬을 그만두고 한가한 곳에서 지냄. 隱棲(은서). ※蟄居(칩거).

【隱君子】いんくんし(은군자) ①부귀 공명을 구하지 아니하고 숨어 사는 군자. ②국화의 이칭. ③(韓) 은근짜. 매춘부.

【隱宮】いんきゅう(은궁) 궁형(宮刑). 궁형(宮刑)에 처한 뒤 100일 동안 은실(隱室)에 가둔 데

서 유래.

【隱匿】いんとく(은닉) 숨기어 감춤. 또는, 숨어 있는 사람. ¶一良道 不以相教<墨子>

【隱遁】いんとん(은둔) ①세상을 피해 숨음. 隱遯(은돈). ¶一生活/一處. ②모습을 감춤.

【隱密】いんみつ(은밀) 숨겨 비밀히 함.

【隱士】いんし(은사) ①벼슬하지 않고 숨어 사는 선비. 隱者(은자). 隱人(은인). ¶天下無一 無遺善<荀子> ②은어(隱語)를 잘하는 사람. ¶平公召一十二人<說苑> 「一處.

【隱身】いんしん(은신) 몸을 숨김. 또는, 그 일. ¶

【隱語】いんご(은어) ①사물(事物)을 바로 말하지 않고 은연중에 그 뜻을 깨닫게 하는 말. ②수수께끼.

【隱然】いんぜん(은연) ①위엄이 있는 모양. 무게가 있는 모양. ¶彈擊無所回畏 威望一<唐書> ②은은(隱隱)한 모양.

【隱忍自重】いんにんじちょう(은인자중) 참고 견디어 겉으로 나타내지 아니하고 몸가짐을 신중히 함.

【隱逸】いんいつ(은일) ①세상을 피하여 숨음. 또는, 그 사람. ②임금이 특별히 벼슬을 내린 숨은 선비.

【隱逸花】いんいつか(은일화) 국화(菊花)의 이칭 ㄴ(雅稱).

【隱者】いんじゃ(은자) ☞隱士(은사).

【隱退】いんたい(은퇴) 물러나 한가히 삶. 退隱(퇴은). 隱居(은거).

【隱見】いんけん(은현) 숨음과 나타남. 보였다 안보였다 함. 隱現(은현). 隱顯(은현).

【隱化】いんか(은화) 남의 죽음의 경칭. ¶先生六十而一<李白>

▷姦一, 大一, 逃一, 民一, 屛一, 祕一, 索一, 雪一, 小一, 市一, 深一, 抑一, 幽一, 朝一, 惻一, 痛一, 退一, 回一

14 17【隮】 오를 제 | 𠆤ㄐㄧ(ji) 𠆤 | せい ascend

풀이①오르다. 높은 곳으로 올라감. ¶由賓階一<書經> ②올리다. 기록에 올림. ¶一祔爾于爾皇祖某甫<儀禮> ③무지개. ¶九日 一<周禮> ④떨어지다. 떨어뜨림. 通躋. ¶今爾無指 告予顚一<書經>

17【隯】 鷲(p.1653)의 訛字

17【隟】 阨(p.1582)와 同字

18【隊】 墜(p.358)와 同字

15 18【隳】 무너뜨릴 휴 | 因ㄏㄨㄟ(hui) | き destroy

풀이①무너뜨리다. 무너짐. 같 墮. ¶一人之城郭<呂覽> ②깨뜨리다. 깨짐. ¶或載或一<老子> ③쓸모 없게 되다. 쇠퇴함. ¶愛則一<呂覽> ④위태하다.

16 19【隴】 고개 이름 롱 | 匯ㄌㄨㄥˇ(long) | ろう

풀이①고개 이름. 한(漢)대 천수군(天水郡) 고개 이름. ②땅 이름. 감숙성(甘肅省)의 남쪽. ¶既平一 復望蜀<後漢書> ③산 이름. ¶一山. ④밭두둑. 언덕. 通壟. ¶封比干之丘一<楚辭> ⑤사물(事物)의 형용. 유실(遺失)하는 모양. ¶一種. ⑥中 섬서성(陝西省)의 이칭.

【隴廉】ろうれん(농렴) 옛 중국 추녀(醜女)의 이름. ¶一與孟娵同宮<楚辭>

19【隮】 濱(p.924)의 古字

19【隵】 隤(p.1587)와 同字

20【騺】 ☞馬部 10획(p.1653)

隶<미칠 이>部

隶 ⑧ 隸 ⑨ 隷

0 8【隶】
1 미칠 대 | 𠆤ㄉㄞˋ(dai) | たい
2 근본 이 | 寘 | い
3 남을 시 | 寘 | し
4 여우 새끼 제 | 霽 | てい
5 미칠 태 | 賄 | たい

15【隸】 肄(p.1224)와 同字

8 16【隸】 종 례 | 霽ㄌㄧˋ(li) | れい(シモベ) slave

同隷 隸

풀이①종. 천한 것. 천한 벼슬. 부하. 노예. ¶社稷之常一也<左氏傳> ②죄인. ¶一人. ③붙다. 서로 맞닿음. ④좇다. 따름. ⑤분속(分屬)하다. ¶割此三郡配一益州<晉書> ⑥부리다. 사역(使役)함. ⑦조사하다. 검열함. ¶關東吏一郡國出入關者<史記> ⑧익히다. 배움. ¶迺令群臣習一<史記> ⑨서체(書體) 이름. ¶一書. ⑩마노(瑪瑙)의 이칭. ¶摩羅迦一<本草綱目>

【隸古】れいこ(예고) ①예서(隸書)와 고문(古文). ②과두 문자(蝌蚪文字), 고문 등을 예체의 필법(筆法)으로 베낌.

【隸農】れいのう(예농) 농노(農奴). 佃戶(전호).

【隸書】れいしょ(예서) 한자 붓글씨 서체(書體)의 한 가지. 전서(篆書)의 자획(字畫)을 간략하게 고친 것. 진시황(秦始皇) 때 정막(程邈)이 소전(小篆)을 간략하게 하여 만듦. 한(漢)대에 다시 고쳐 팔분(八分)이라 했으며, 송(宋)대 구양수(歐陽脩)의 「집고록」(集古錄)에서 처음으로 예서라 일컬음. 眞書(진서).

【隸屬】れいぞく(예속) ①붙여서 매임. ②지배나 지휘를 받음. ③부하(部下).

【隸人】れいじん(예인) ①종. 하인. 隸御(예어). 隸役(예역). ②죄인(罪人).

▷奴一, 臺一, 徒一, 僮一, 陪一, 僕一, 俘一, 私一, 女一, 篆一, 罪一, 直一, 賤一, 奚一

17【隸】 隸(p.1590)와 同字

0 8 【隹】 1 새 추 ｜ 㕣ㄓㄨㄟ (zhui) ｜ すい
2 산 모양 최 ｜ さい

源象形. 꽁지가 짧은 새 모양을 본뜸. 꽁지 긴 새의 총칭은 조(鳥).

풀이 1 ①새. 꽁지 짧은 새의 총칭. ②뻐꾸기. ③비둘기의 한 가지. 通鵻. ¶翩翩者一<詩經> ④높고 크다. 같崔. ¶一一. 2 산 모양.

10 【𨾊】 鳩(p.1675)와 同字

10 【隽】 雋(p.1594)과 同字

2 10 【隼】 새매 준 ｜ ㄓㄨㄣˇ (zhun) ｜ じゅん (ハヤブサ)

풀이 ①새매. ¶公用射一于高墉之上<易經> ②맹금(猛禽)의 총칭. ¶隰有翔一<潘岳>

2 10 【隻】 외짝 척 ｜ ㄓ (zhi) ｜ せき(ヒトツ) *single*

俗隻

풀이 ①외짝. ¶匹馬一輪無反者<公羊傳> ②새 한 마리. ¶如彼翰林鳥 雙栖一朝一<潘岳> ③척. 생물이나 배 따위를 세는 단위. ¶賜馬百匹羊千一<唐書>/軍艦 百一.

【隻鷄絮酒】せきけいじょしゅ(척계서주) 닭 한 마리와 솜 술이란 뜻으로, 제수(祭需)는 비록 간단하나 정의가 매우 깊음을 이르는 말. 후한(後漢)의 서치(徐穉)가 벗 황경(黃瓊)이 죽자 닭 한 마리를 볶고 솜을 술에 담갔다가 말려서, 그 솜으로 닭을 싸서 무덤에 이르러 솜을 물에 적셔 술 기운이 우러나게 한 다음 닭을 놓고 제사 지낸 뒤, 이름을 밝히지 않은 채 돌아온 옛일에서 유래. 조사(弔詞)에서 흔히 인용함.

【隻句】せきく(척구) 글의 한 귀. 짧은 문구(文句). ¶片言一.

【隻愛】せきあい(척애) 짝사랑. ※偏愛(편애).

【隻語】せきご(척어) ☞隻言(척언).

【隻言】せきげん(척언) 한마디 말. 간단한 말. 隻語(척어). 片言(편언).

【隻影】せきえい(척영) ☞孤影(고영). ¶鳥藏日暗行人息 空棲一長相憶<岑之敬>

【隻日】せきじつ(척일) ①기수(奇數)의 날. 奇日(기일). ↔雙日(쌍일). ②음양 사상에서의 양일(陽日). 바깥일은 이 날 하는 것이 좋다고 함. 剛日(강일).

【隻字】せきじ(척자) 한 글자. 一字(일자).

▷數一, 一一, 形單影一

11 【售】 ☞口部 8 획(p.301)

11 【隿】 鴟(p.1676)와 同字

11 【𨿅】 鴟(p.1676)와 同字

11 【帷】 ☞巾部 8 획(p.503)

11 【惟】 ☞心部 8 획(p.576)

11 【唯】 ☞口部 8 획(p.302)

11 【雌】 雌(p.1594)의 古字

3 11 【雀】 참새 작 ｜ 㫒ㄑㄩㄝˋ (que) ｜ じゃく (スズメ) *sparrow*

풀이 ①참새. 通爵. ¶誰謂一無角<詩經> ②검붉은 빛깔. 적흑색(赤黑色). ¶二人一弁執惠<書經>

【雀卵斑】(작란반) ☞雀斑(작반).

【雀斑】じゃくはん(작반) 주근깨. 雀卵斑(작란반).

【雀弁】じゃくべん(작변) 주(周)대의 관(冠). 다갈색으로 참새 모양임.

【雀鼠之爭】じゃくそのそう(작서지 쟁) 쟁송(爭訟)함. 雀角鼠牙(작각서아). ¶棟梁徒自保堅貞 毁穴難防雀鼠爭<周曇>

【雀舌】じゃくぜつ(작설) 차 이름. 차잎이 참새 혀를 닮았다 하여 이름. 雀舌茶(작설차).

▷鷄一, 孔一, 鸛一, 鳩一, 群一, 羅一, 桃一, 銅一, 負一, 山一, 小一, 鶉一, 燕一, 雲一, 乳一, 鳥一, 簷一, 青一, 楚一, 黃一

11 【隻】 隻(p.1591)의 俗字

11 【推】 ☞手部 8 획(p.649)

11 【堆】 ☞土部 8 획(p.349)

12 【雄】 鳰(p.1676)과 同字

4 12 【雇】 1 품 살 고 ｜ 㫒ㄍㄨˋ (gu) ｜ こ(ヤトウ)
2 뻐꾸기 호 ｜ 㫒 ｜ こ

풀이 1 ①품을 사다. 고용함. 通賈. ¶以人僦直一借傭者<後漢書> ②갚다. 값을 치름. ¶以見錢一直<後漢書> 2 뻐꾸기.

【雇用】こよう(고용) 삯을 주고 사람을 부림. ¶一主. ※使用(사용).

【雇傭】こよう(고용) 삯을 받고 남의 일을 함.

【雇直】こち(고치) 품삯. 賃金(임금). 庸錢(용전).

▷常一, 月一, 日一, 解一

12 【𨾴】 鴾(p.1676)와 同字

12 【隻】 售(p.301)와 同字

12 【𨿜】 雙(p.1591)의 俗字

4 12 【雅】 1 바를 아 ｜ 㫒ㄧㄚˇ (ya) ｜ が (ミヤビヤカ) *straight*
2 떼까마귀 아 ｜ 㫒 ｜ あ

풀이 1 ①바르다. 通譜. ¶子所一言<論語> ②우아하다. 고상함. ¶從車騎雍容閑一甚都<史記> ③좋다. 아름다

움. ¶及見一以爲美＜後漢書＞ ④아리땁다. 요염함. ¶一步擢纖腰＜陸雲＞ ⑤종명하다. ¶荀彧清秀通一 有王佐之風＜魏志＞ ⑥본디. 본디부터. 通素故. ¶一不欲屬沛公＜史記＞ ⑦늘. 항상. ¶無一日之一＜漢書＞ ⑧바른 음악. ¶使夷俗邪音不敢亂一＜荀子＞ ⑨「시경」(詩經) 육의(六義)의 하나. 엄정(嚴正)한 시(詩)라는 뜻. 천하의 정사를 노래한 것으로, 천자나 제후의 제사 음향(飮享)에 씀. ⑩악기 이름. 칠통(漆桶) 모양의 타악기. ¶春牘應一＜周禮＞ ⑪술잔. ¶今日歲首 請上一壽＜東觀漢記＞ ⑫떼까마귀. **2**떼까마귀. 큰부리까마귀. 通鴉.

雅⑩ (古今圖書集成)

【雅歌】がか(아가) ①바른 노래. 바른 노래를 함. ②☞雅樂(아악)②. ③「구약성서」(舊約聖書) 중 한 책.

【雅鑑】がかん(아감) 뵈어 드린다는 뜻으로, 자작(自作) 서화를 남에게 선물할 때 쓰는 말. 淸鑑(청감).

【雅故】がこ(아고) ①바른 훈고(訓詁). 바른 뜻. 故는 詁. ¶函一 通古今＜漢書＞ ②옛 벗. 舊友(구우). ③평소.

【雅詁】がこ(아고) 바른 훈계.

【雅曲】がきょく(아곡) ☞雅樂(아악).

【雅淡】がたん(아담) 고상하고 담박함. 우아하고 산뜻함.

【雅量】がりょう(아량) ①너그러운 도량(度量). 관대한 기상(氣像). ②주호(酒豪). 후한(後漢) 유표(劉表)의 두 아들이 술을 즐겨, 1말들이, 7되들이, 5되들이의 잔을 만들게 한 옛일에서 유래. 雅는 술잔.

【雅素】がそ(아소) ①평소. 또는, 평소의 행동. ②평소의 친교 또는 은애(恩愛).

【雅樂】ががく(아악) ①바른 음악. 종묘·궁정(宮廷)에서 연주하는 음악. ②우리 나라의 고전 음악 및 중국에서 전래한 음악의 총칭. 雅歌(아가)②. 雅曲(아곡).

【雅言】がげん(아언) 우아한 말. 雅語(아어). ¶覺其非奈何 于一覺之爾＜雅言覺非＞ ↔俗言(속언).

【雅人深致】がじんしんち(아인심치) 고상한 뜻을 품은 사람의 심원(深遠)한 의취.

【雅趣】がしゅ(아취) ①풍아(風雅)한 정취. ②고상한 취미. 雅致(아치).

【雅稱】がしょう(아칭) 풍아하게 일컫는 말.

【雅兄】がけい(아형) 벗의 존칭.

【雅號】がごう(아호) ①학자, 예술가의 호, 별호를 문예적으로 이르는 말. ↔俗名(속명). ②남의 호(號)의 존칭.

▷間一, 古一, 高一, 寬一, 端一, 都一, 敦一, 文一, 博一, 麗一, 姸一, 溫一, 優一, 幽一, 儒一, 典一, 正一, 淸一, 通一, 風一, 閑一

4 12 〖雁〗 기러기 안 | 諺 ㅣ ㄢ (yan) | がん(カリ) *wild goose* 同鴈

【雁奴】がんど(안노) 기러기가 떼지어 잘 때 경계(警戒)를 맡은 기러기.

【雁堂】がんどう(안당) 불당(佛堂). 그 모양이 기러기 비슷한 데서 이름.

【雁來客】がんらいかく(안래객) 나그네. 유랑하는 사람. 기러기가 늦가을에 손님처럼 찾아왔다가 봄에 떠나는 데서 유래.

【雁帛】がんぱく(안백) 편지. 한(漢)의 소무(蘇武)가 흉노(匈奴) 땅에 붙들려 있을 때, 비단에 쓴 편지를 기러기 발에 묶어 무제(武帝)에게 보낸 옛일에서 유래. 雁報(안보). 雁使(안사). 雁書(안서). 雁素(안소). 雁信(안신). 雁札(안찰).

【雁報】がんぽう(안보) ☞雁帛(안백).

【雁序】がんじょ(안서) ①나는 기러기의 차례. ②형제. 雁行(안항).

【雁書】がんしょ(안서) ☞雁帛(안백).

【雁信】がんしん(안신) ☞雁帛(안백).

【雁字鶯梭】がんじおうさ(안자앵사) 기러기가 줄지어 나는 것을 글자에, 꾀꼬리가 나무 사이를 나는 것을 베틀에서 북이 왔다갔다 하는 데에 비유한 말. 시문(詩文)에서 자구의 수식을 이름.

【雁奠】がんてん(안전) 약혼 때, 신랑 집에서 신부 집에 보내는 예물. 옛날, 납채(納采)에 기러기를 보낸 데서 유래. 雁幣(안폐). ¶揖讓升堂 再拜一＜禮記＞

【雁柱】がんちゅう(안주) 기러기발. 거문고, 가야금 따위 현악기의 줄을 고르는 기구. 그것이 놓인 모양이 기러기가 줄지어 나는 모양과 비슷한 데서 유래. 琴柱(금주). 雁足(안족).

【雁陣】がんじん(안진) ①기러기의 행렬을 군진(軍陣)에 비유한 말. ②기러기 행렬처럼 치던 진법(陣法). 雁行(안행)①.

【雁札】がんさつ(안찰) ☞雁帛(안백).

【雁塔】がんとう(안탑) ①탑(塔)의 아칭(雅稱). 옛날 한 비구니가 기러기 한 쌍이 노는 것을 보고 「저것을 잡아 먹으면 좋겠다」고 생각했더니 갑자기 기러기 한 마리가 떨어져 죽었는데, 사람들은 기러기가 죽어 살생을 금하는 계(戒)를 남겼다고 하여 그것을 묻고 위에 탑을 세웠다 함. ②중국 섬서성(陝西省) 장안현(長安縣)에 있는 두 탑 이름. 자은사(慈恩寺)의 대안탑(大雁塔)과 천복사(薦福寺)의 소안탑(小雁塔).

【雁塔題名】がんとうだいめい(안탑제명) 진사 급제. 당(唐)의 위조(韋肇) 이래로, 진사에 급제한 사람은 낙양(落陽)의 자은사(慈恩寺) 탑에 이름을 적은 데서 유래.

【雁幣】がんぺい(안폐) ☞雁奠(안전).

【雁行】がんこう(안항) 남을 높이어, 그의 형제를 이르는 말.

(안행) ①☞雁陣(안진)②. ②기러기처럼 차례로 조금씩 빗겨 뒤떨어져서 감. ③앞장 서 감. 顔行(안행). ④기러기발의 나란한 모양.

【雁鴻】がんこう(안홍) ①기러기. 鴻雁(홍안). ②☞鴈帛(안백).

▷江一, 孤一, 歸一, 落一, 茶一, 病一, 鳧一, 飛一, 鴴一, 野一, 旅一, 征一, 早一, 地一, 秋一, 春一, 鵠一, 鴻一, 候一

4 12 **〖雄〗** 수컷 웅 | 東ㄒㄩㄥˊ (xiong) | ゆう(オス) *male*

풀이 ①수컷. ㉮새의 수컷. ¶誰知烏之雌一＜詩經＞ ㉯짐승의 수컷. ¶一狐綏綏＜詩經＞ ㉰웅성(雄性)인 것. ¶有雌一竹＜仇池筆記＞ ②이기다. 승리함. ¶願與漢王挑戰決雌一＜史記＞ ③우수하다. 뛰어남. ¶韓信是一＜人物志＞ ④어른. 우두머리. ¶常爲諸侯一＜賈誼＞ ⑤인걸(人傑). 달인(達人). 용기가 있는 사람. ¶非命世之一 不能取之矣＜干寶＞ ⑥씩씩하다. 용감함. ¶是寡人之一也＜左氏傳＞ ⑦강성(強盛)하다. ¶一張南道＜後漢書＞ ⑧선명하다. ¶建一虹之旌夏＜後漢書＞

【雄據】ゆうきょ(웅거) 한 지역을 차지하고 위력을 폄.

【雄健】ゆうけん(웅건) ①뛰어나게 힘이 셈. 씩씩하고 건장함. ②시문·서화 등의 필력이 뛰어나고 힘참.

【雄劍】ゆうけん(웅검) ①춘추 시대 간장(干將)이 만들어 오왕(吳王)에게 바친 명검. ②잘 드는 칼. 명검(名劍).

【雄大】ゆうだい(웅대) 웅장하고 큼.

【雄圖】ゆうと(웅도) 웅대한 계획. 雄算(웅산). 雄略(웅략). 雄謀(웅모).

【雄略】ゆうりゃく(웅략) ☞雄圖(웅도).

【雄文】ゆうぶん(웅문) 웅장한 글.

【雄伯】ゆうはく(웅백) 잡귀(雜鬼)를 잡아 먹는다는 신(神).

ゆうは(웅패) ☞雄霸(웅패).

【雄藩】ゆうはん(웅번) 웅대한 방비. 웅진(雄鎭).

【雄辯】ゆうべん(웅변) 힘 있고 유창한 변설. 雄談(웅담).

【雄步】ゆうほ(웅보) 씩씩하게 걸음. 또는, 그런 걸음걸이. 거창한 사업의 첫 출발의 비유.

【雄蜂】ゆうほう(웅봉) 수펄.

【雄飛】ゆうひ(웅비) 기운차게 낢. 매우 용감하게 활동함을 이름.

【雄性】ゆうせい(웅성) 수컷. 또는, 수컷이 가진 속성(屬性). ↔雌性(자성).

【雄壯】ゆうそう(웅장) 굉장히 우람스러움.

【雄志】ゆうし(웅지) 웅대한 뜻. 壯志(장지).

【雄霸】ゆうは(웅패) 뛰어난 패자(霸者). 雄伯(웅패).

▷奸一, 姦一, 群一, 萬夫之一, 文一, 詞一, 兩一, 英一, 饒一, 六一, 一世之一, 雌一, 才一, 豪一

12 **〖雄〗** 鴆(p. 1677)과 同字

4 12 **〖集〗** 모일 집 | 緝ㄐㄧˊ (ji) | しゅう(アツマル) *assemble*

풀이 ①모이다. ㉮떼 지어 모이다. ¶黃鳥于飛 一于灌木＜詩經＞ ㉯만나다. 회동(會同)함. ¶予又一于蓼＜詩經＞ ②모으다. ¶收一降卒＜後漢書＞ ③이르다. 도달함. ¶不其一亡＜國語＞ ④머무르다. ¶一于苞栩＜詩經＞ ⑤화살이 맞다. ¶親一矢於其目＜左氏傳＞ ⑥편안하다. 안정함. ¶辰不一于房＜左氏傳＞ ⑦즐기다. ¶每攜中外子姪 往來游一＜晉書＞ ⑧밀리다. 막힘. ¶陰而不一＜漢書＞ ⑨마찬가지. 같음. ⑩가지런해지다. 고름. ¶動靜不一＜漢書＞ ⑪바르다. ⑫섞이다. ¶是一義所生者＜孟子＞ ⑬이루다. 성취함. 通就. ¶有命既一＜詩經＞ ⑭화목하다. 구순함. 通輯. ⑮줍다. 가짐. 通拾. ⑯내리다. 비가 옴. ¶雨之一無能霑＜淮南子＞ ⑰성채(城砦). ¶險其走一＜左氏傳＞ ⑱모임. 회합. ¶因宴一醉臥＜晉書＞ ⑲떼. 군중. ¶足能撫一＜晉書＞ ⑳시문(詩文)을 모은 책. ¶誰將家一過幽都＜蘇轍＞ ㉑저자. 시장. ㉒해[年]. ㉓서적 분류상의 명칭. 집부(集部). 정부(丁部). ¶以甲乙丙丁爲次 列經史子一四庫＜唐書＞

【集結】しゅうけつ(집결) 한데 모임. 또는, 모음.

【集計】しゅうけい(집계) 이미 된 계산들을 한데 모아서 계산함. 또는, 그 계산.

【集古】しゅうこ(집고) 옛 것을 모음. 옛 글을 모음. ¶一錄＜歐陽脩＞

【集句】しゅうく(집구) 한시(漢詩)의 한 체(體). 옛사람의 구(句)를 모아 한 편의 시(詩)나 문장을 만듦.

【集團】しゅうだん(집단) 모임. 떼. 단체. ¶一生活.

【集大成】しゅうたいせい(집대성) 여럿을 모아서 크게 하나로 완성함. 또는, 그 완성한 것. 集成(집성).

【集錄】しゅうろく(집록) 여러 책들에서 모아 기록함. 또는, 그 기록.

【集配】しゅうはい(집배) 모아 배달함. ¶一員.

【集部】しゅうぶ(집부) 서적 분류의 하나. 개인의 시문(詩文)을 모은 책의 총칭. 丁部(정부). ¶經史子一. ※文集(문집).

【集成】しゅうせい(집성) ☞集大成(집대성).

【集約】しゅうやく(집약) 한데 모아서 요약함.

【集義】しゅうぎ(집의) ①모이고 쌓여서 합쳐진 뜻. ②도의(道義) 선행이 쌓임.

【集字】しゅうじ(집자) 글씨를 쓰거나 시문(詩文)을 짓기 위하여 선인의 비첩(碑帖)이나 시부(詩賦) 중의 글자를 모음. 또는, 모아 한 문장을 이루는 일.

【集積】しゅうせき(집적) 모아 쌓음. 또는, 모이어 쌓임. ¶一所/一回路.

【集注】しゅうちゅう·シッちゅう(집주) ①주석을 모음. 또는, 그 책. 集註(집주). ¶四書一. ②한 곳으로 주입(注入)함.

【集註】しゅうちゅう(집주) ☞集注(집주)①.

【集中】しゅうちゅう(집중) ①한 군데로 모이거나 모음. ②시문집(詩文集) 가운데.

【集會】しゅうかい(집회) 모임. 會合(회합).

▷家一, 歌一, 結一, 經史子一, 群一, 募一, 撫一, 文一, 私一, 選一, 召一, 收一, 綏一, 蒐一, 拾一, 詩一, 安一, 烏一, 雨一, 雲一, 鱗一, 全一, 走一, 撰一, 採一, 招一, 叢一, 聚一, 驟一, 和一, 會一, 懷一

12 **〖焦〗** ☞火部 8획(p. 946)

13〖雄〗 鴆(p. 1677)와 同字

5
13〖雊〗 장끼 울 구 |㊥ㄍㄡˋ (gou)|く crowing

13〖碓〗 ☞石部 8획(p. 1081)

5
13〖雍〗 1 화할 옹 2 화목할 옹 3 땅 이름 옹 |㊥ㄩㄥ (yong)|よう gentle

풀이 1 ①화(和)하다. 온화함. ¶黎民於變時一<書經> ②기뻐하다. 환성(歡聲)을 지르는 모양. ¶言乃一<孔子家語> ③막다. 메움. ㊇壅. ¶毋一泉<穀梁傳> ④안다. 껴안음. ㊇擁. ¶一天下之國<戰國策> ⑤충분히 익힌 음식. ㊇饔. ¶一人. ⑥벽옹(辟雍). 반궁(泮宮). 학교. ㊇廱. ¶盛三一之上儀<班固> ⑦음악 이름. 식후에 울리는 음악. ¶以一徹<論語> ⑧황하(黃河)의 지류 이름. ¶是以申徒狄蹈一之河<漢書> 2 ①화목하다. ②돕다. ③둑. 제방. ④가리다. 덮음. ¶隱忌一蔽之人<荀子> 3 ①땅 이름. 우(禹)임금 때 주(州)의 하나. ¶黑水西河 惟一洲<書經> ②나라 이름. 주(周)의 제후국. ③진(秦)의 서울.

【雍齒】ようし (옹치) ①(人) 한(漢)의 패(沛) 사람. 유방(劉邦)의 기병(起兵)에 참여하였으나 후에 등졌다가 다시 귀순함. 고조(高祖) 유방은 그가 싫었으나 장양(張良)의 말을 따라 각 공신(功臣)의 무마책으로 그를 제후에 봉했음. ※沙中偶語(사중우어). ②㊥ 늘 싫고 미운 사람. 옹추.

▷難一, 辟一, 著一, 咸一, 熙一

13〖雄〗 雄(p. 1593)과 同字

5
13〖雌〗 암컷 자 |㊥ㄘ (ci)|し(メス) female

㊍ 雌

풀이 ①암컷. ㉮새의 암컷. 암탉. ¶誰知烏之一雄<詩經> ㉯짐승의 암컷. ¶一兎眼迷離<古詩> ㉰암무지개. ¶一蜺. ㉱암나무. ¶竹有一雄 一者多筍<仇池墨記> ㉲여성(女性). ¶孀一憶故雄<李白> ②지다. 패배. ¶願與漢王挑戰決一雄<史記> ③약하다. 쇠약해짐. ¶是故淸人守淸道而抱一節<淮南子>

【雌伏】しふく (자복) ①날짐승의 암컷이 수컷에 복종한다는 뜻으로, 남에게 스스로 굴복함을 이름. ②은퇴함.

【雌性】しせい (자성) 암컷. 또는, 암컷이 지니는 성질. ↔雄性(웅성).

【雌雄】しゆう (자웅) ①암컷과 수컷. 암수. ②약자와 강자. 強弱(강약). 優劣(우열). 勝敗(승패).

5
13〖雎〗 물수리 저 |㊥ㄐㄩ (ju)|しょ(ミサゴ) osprey

【雎鳩】しょきゅう (저구) 물수리. 징경이. 물고기를 잡아 먹는 새. 예부터 자웅(雌雄)의 구별이 엄정하다 하여, 정다운 부부(夫婦)의 관계에 비유. ¶關關一 在河之洲 窈窕淑女 君子好逑<詩經>

5
13〖雋〗 1 새 살질 전 2 훌륭할 준 3 땅 이름 취 |㊥ㄐㄩㄢˋ (juan)|せん fat|㊥ㄐㄩㄣˋ (jun)|しゅん すい

㊐ 隽

풀이 1 ①새가 살지다. ②살지다. ③살진 고기. ¶號曰一永<漢書> 2 훌륭하다. 뛰어남. 준걸. ㊇俊 儁. ¶至武帝卽位進用英一<漢書> 3 땅 이름.

【雋永之論】せんえいのろん (전영지 론) 감미롭고 심장(深長)한 언론. 雋永은 살지고 맛 좋은 고기.

13〖雑〗 雜(p. 1597)의 俗字

5
13〖雉〗 1 꿩 치 2 짐승 이름 사 3 땅 이름 이 4 키 작을 개 |㊥ㄓˋ (zhi)|ち(キジ) pheasant|し|い|かい

풀이 1 ①꿩. ¶士執一<周禮> ②척도(尺度)의 하나. 높이 1장, 길이 3장의 명칭. ¶王宮門阿之制五一<周禮> ③담. 장원(牆垣). ¶欲藉於臺一<管子> ④고삐. ⑤주사위에서 둘째 높은 끗수. ¶得一 大喜<晉書> ⑥풀을 베다. 후려쳐 벰. ㉠薙. ⑦평평하게 하다. ㊇夷. ¶五一爲五工正 夷民者也<左氏傳> ⑧다스리다. ⑨벌여 놓다. ⑩물건의 모양. 2 짐승 이름. 3 땅 이름. ¶下一. 4 키가 작다.

【雉經】ちけい (치경) 목 매어 자살함.

【雉媒】ちばい (치매) 들꿩을 꾀는 후림새로 쓰는, 길들인 꿩.

【雉門】ちもん (치문) ①왕성(王城)의 남문. ②제후의 궁문(宮門).

▷白一, 飛一, 山一, 察中一, 城一, 馴一, 新一, 野一, 雄一, 雌一

13〖稚〗 ☞禾部 8획(p. 1108)

6
14〖雒〗 수리부엉이 락 |㊥ㄌㄨㄛˋ (luo)|らく owl

풀이 ①수리부엉이. ②가리온. 털이 희고 갈기가 검은 말. ㊇駱. ¶有騂有一<詩經> ③강 이름. ④읍 이름. 지금의 하남성(河南省) 낙양현(洛陽縣). ㉠洛. ⑤두르다. 걸침. ㊇絡. ¶刻之一之<莊子> ⑥깎다. 밂. ⑦낙인(烙印). 화인(火印). 낙인을 찍음. ㊇烙.

14【毹】毨(p. 828)과 同字
14【翟】鴐(p. 1678)와 同字
14【雔】鴯(p. 1678)와 同字
14【雜】雜(p. 1596)의 俗字
14【截】☞ 戈部 10획(p. 608)
14【䧿】鴟(p. 1677)와 同字
14【奪】☞ 大部 11획(p. 393)
14【雒】鴿(p. 1678)과 同字
15【雎】鵑(p. 1679)과 同字
15【雖】鵠(p. 1679)과 同字
15【雈】鵟(p. 1679)과 同字
15【雃】鵝(p. 1679)와 同字
15【雞】鵔(p. 1679)과 同字
16【雐】鶇(p. 1679)과 同字
16【雑】鶌(p. 1679)의 俗字
16【䨍】雖(p. 1595)의 俗字
16【雓】鶉(p. 1680)과 同字

8
16【雕】 독수리 조 |圖ㄉㄧㄠ (diao)|ちょう eagle

풀이 ①독수리. ㉠鵰. ¶是必射一者也<史記> ②새기다. 아로새김. 通彫. ¶一玉仍几<書經>/文心一龍<劉勰> ③시들다. 쇠약해짐. 通凋. ¶民力一盡<國語> ④사물의 모양.

【雕輅】ちょうろ(조로) 왕후(皇后)의 수레.

【雕龍】ちょうりょう(조룡) ①용의 무늬를 새기듯이 문장을 아름답게 꾸밈. ②쓸데 없는 방면에 부질없이 힘씀의 비유.

▷刻一, 鏤一, 玉一, 篆一, 漆一, 琢一

16【雗】鶾(p. 1680)과 同字
17【雝】離(p. 1598)의 訛字

9
17【雖】 ①비록 수 ②짐승이름 유 |因ㄙㄨㄟ (sui)|すい(イエドモ) though い

俗 䨍

풀이 ① ①비록. ㉮…기는 하나. 확정의 말. ¶門一設而常關<陶潛> ㉯…라도. 가정의 말. ¶一日未學 吾必謂之學矣<論語>/心誠求之 一不中 不遠矣<大學> ②만일. 만약. ㉠若. ¶一無娣 媵先<儀禮> ③하물며. 황차. ¶一戎狄其何有予一人<左氏傳> ④곧. 즉. ¶一微晋而已 天下其孰能當之<禮記> ⑤밀다. 추천함. ¶吾一之不能 去之不忍<國語> ⑥이. 발어사. 通惟. ¶一敝邑之事君也<左氏傳> ⑦오직. 다만. 通唯. ¶一有明君能決之<管子> ⑧벌레 이름. 도마뱀과 비슷함. ②짐승 이름. 원숭이와 비슷함.

【雖然】シカリトイエドモ(수연) 비록 그러하나. …라 하더라도.

17【雟】鸞(p. 1410)와 同字
17【䨍】鶚(p. 1680)과 同字

10
18【雞】 닭 계 |齊ㄐㄧ (ji)|けい(ニワトリ) chicken

※숙어는 鷄(p. 1681)를 볼 것.

풀이 ①닭. ㉠鷄. ¶時則有一禍<尙書大傳> ②폐백(幣帛)의 한 가지. 옛 중국에서, 상공인(商工人)이 면회할 때 가지고 감. ¶工商執一<周禮> ③산 이름. ④물 이름.

18【雛】難(p. 1597)과 同字
18【雜】難(p. 1597)의 略字

10
18【雙】 ①쌍 쌍 ②견줄 쌍 |江ㄕㄨㄤ 釋(shuang)|そう pair

俗 双 隻 雙

源 會意. 손[又]에 두 마리 새를 쥐고 있다는 뜻.

풀이 ① ①한 쌍. ㉮두 마리. ㉯둘. ㉰짝으로 이루어진 것. ¶作牙管筆一一<史記> ②짝. 유례(類例). ¶至如信者 國士無一<史記> ③짝이 되다. ¶冠緌一止<詩經> ④짝수. 우수(偶數). ¶隻日視事 一日不坐<宋史> ⑤가다. ¶天下一也<文子> ⑥밭의 넓이. 5묘(畝), 50묘, 4묘 등의 설이 있음. ⑦돛. ②견주다. 비견함. 필적(匹敵)함. ¶精妙世無一<古詩>

【雙關】そうかん(쌍관) ①두 관문(關門). ②바둑 용어. 두 점씩 쌍립하여 연결하는 법. 雙點(쌍점). 雙立(쌍립).

【雙關法】そうかんほう(쌍관법) 문장 구성법의 한 가지. 상대되는 문구를 늘어놓아, 한 편 또는 한 단의 골자로 삼는 법.

【雙鉤】そうこう(쌍구) ①운필법의 한 가지. 엄지손가락과 집게손가락, 가운뎃손가락으로 붓대를 받쳐 잡는 법. ②글자를 빗돌 따위에 새길 때, 획 주위로 가늘게 줄을 그어 표하는 법. ③가는 선으로 옛 글씨의 획과 자형을 베껴 내는 법.

【雙弓米】そうきゅうべい(쌍궁미) 죽(粥)의 은어(隱語). 粥을 파자(破字)하여 이른 말.

【雙南】そうなん(쌍남) 금(金). 갑절의 가치가 있는 남금(南金). 중국 남금은 형주(荊州), 양주(楊州) 지방에서 나는 품질이 좋은 황금. 兼金(겸금).

【雙六】そうろく·すごろく(쌍륙) 주사위를 굴려 말이 먼저 궁(宮)에 들어가기를 겨루는 놀이. 雙陸(쌍륙).

【雙陸】そうりく·すごろく(쌍륙) ☞ 雙六(쌍륙).

【雙林】そうりん(쌍림)《佛》 사라쌍수(沙羅雙樹)의 「숲.

【雙方】そうほう(쌍방) 양쪽 편. 兩方(양방). 兩者

(양자).

【雙罰罪】(쌍벌죄)㊙ 간통죄를 범한 상간자(相姦者) 쌍방을 처벌하는 죄.

【雙璧】そうへき(쌍벽) ①한 쌍의 구슬. ②양자(兩者)가 우열(優劣)을 가릴 수 없을 만큼 훌륭함.

【雙斧伐孤樹】そうふこじゅヲキル(쌍부 벌고수) 두 도끼로 한 나무를 벤다는 뜻으로, 주색(酒色)에 곯음을 이름. 「덤.

【雙墳】(쌍분)㊙ 나란히 묻은, 부부의 두 무

【雙飛】そうひ(쌍비) 짝 지어 낢. 부부 사이가 떨어지지 않음의 비유.

【雙雙】そうそう(쌍쌍) 둘 이상의 쌍. 쌍쌍이. ※三三五五(삼삼오오).

【雙生】そうせい(쌍생) 쌍동이를 낳음.

【雙生兒】そうせいじ(쌍생아) 쌍동이. 雙童(쌍동). 雙童兒(쌍동아).

【雙聲疊韻】そうせいちょういん(쌍성첩운) 쌍성과 첩운. 쌍성은 숙어에서, 위아래 글자의 첫 자음(字音)이 같은 것. 蒹葭(겸가), 文明(문명) 따위, 첩운은 두 글자가 같은 운으로 된 것. 逍遙(소요), 嬋娟(선연) 따위.

【雙手】そうしゅ(쌍수) 좌우의 두 손.

【雙月】そうげつ(쌍월) ①짝수달. 2.4.6.8.10.12월. ↔單月(단월). ②두 개의 달. 곧, 하늘의 달과 물에 비친 달.

【雙日】そうじつ(쌍일) 짝수날. ↔隻日(척일).

【雙全】そうぜん(쌍전) 양쪽이 모두 온전함. 兼全(겸전). ¶文武―. 「태아.

【雙胎】(쌍태) 한 태에 두 아이를 밷. 또는, 그

▷無等―, 無―, 白鷗―, 少―, 三―

18【𩀱】雙(p.1595)의 俗字

10
18【雝】 1 화락할 옹 ㊅ㄩㄥ (yong) | よう harmony
2 막을 옹

풀이 1 ①화락하다. ¶曷不肅―<詩經> ②할미새. 척령(鶺鴒). ③푹 삶다. 푹 삶은 음식물. ㊉饔. ④늪. ㊉邕. ¶于彼西―<詩經> ⑤「시경」의 편(篇) 이름. 무왕(武王)이 문왕(文王)을 제사 지낸 시. ¶― 禘大祖也<詩經> ⑥사물의 모양. 2 막다. ㊉壅. ¶維塵―兮<詩經>

▷僻―, 肅―, 佐―得嘗

18【䧺】鴿(p.1682)와 同字

10
18【雜】 섞일 잡 | ㊇ㄗㄚˊ (za) | ざつ, ぞう (マジル) mixed

풀이 ①섞이다. 뒤섞임. ㊔襍. ㉮빛깔이 섞이다. ¶―佩以贈之<詩經> ㉯뒤얽히다. ¶六爻相―<易經> ㉰어지러워지다. 흩어짐. ¶上下僭―<後漢書> ㉱얼룩. ¶貂裘而―<淮南子> ㉲순수하지 않다. ¶―種. ㉳잘다. 장황함. ¶其稱名也 ―而不越<易經> ②섞다. 섞임. 잡동사니. ¶故不得―焉<淮南子> ③만나다. 만나게 함. ④모으다. 모임. ¶四方來―<呂覽> ⑤함께. 같이. ¶二千石―識視<漢書> ⑥모두. ¶―然相許<列子> ⑦돌다. 한 바퀴. ¶以數―之壽<淮南子> ⑧갑자기. ⑨많다. 여러 가지. ¶―能旁魄而無用<荀子> ⑩거칠다. ¶―布與錦不知異也<荀子> ⑪천하다. 야비함. ¶交遊醜―<唐書> ⑫남다. 낭비. ¶不見其重複冗―<圖繪寶鑑> ⑬옆. 곁. ¶以瓌碩之材 樹室―之地<符戴> ⑭뚫다. ⑮장식. ¶―帶 君朱綠<禮記> ⑯가장. 아주. ⑰단역(端役)으로 분장한 배우. ⑱시(詩)의 한 체(體). ¶―歌.

【雜歌】(잡가)㊙ ①정식 규정이나 원칙에 얽매이지 않는 노래. ②구전 문학(口傳文學)으로 발전한 가사체의 노래. ③잡스러운 노래. 속된 노래.

【雜居】ざっきょ(잡거) 갖가지 사람이나 여러 나라 사람이 한데 섞여 삶. 雜處(잡처).

【雜件】ざっけん(잡건) 그리 대수롭지 않은 갖가지의 일.

【雜穀】ざっこく(잡곡) 쌀 이외의 온갖 곡식.

【雜鬼】(잡귀)㊙ 온갖 잡된 귀신.

【雜給】(잡급) 정한 급료 밖에 더 받는 돈.

【雜技】ざつぎ(잡기) ①하찮은 기예. ②여러 가지 기예. ③화투, 골패, 투전 따위 잡스러운 여러 가지 노름. ¶酒色―.

【雜記】ざつき(잡기) 여러 가지 일을 적음. 또는, 그 문서. 雜錄(잡록). ¶―帳.

【雜念】ざつねん(잡념) 잡스러운 생각. 잡생각. 雜慮(잡려).

【雜多】ざった(잡다) 여러 가지가 뒤섞여 많음.

【雜談】ざつだん(잡담) 쓸데 없이 지껄이는 말.

【雜沓】ざっとう(잡답) 많은 사람들이 붐빔. 混雜(혼잡).

【雜遝】ざっとう(잡답) ☞雜沓(잡답).

【雜類】ざつるい(잡류) ①잡된 무리. 잡것들. 雜輩(잡배). ②잡동사니.

【雜木】ざつぼく(잡목) ①긴하게 쓰이지 못하는 온갖 나무. ¶―林. ②어떤 주되는 나무와 함께 섞여서 자라는 여러 가지 나무. 잡나무.

【雜務】ざつむ(잡무) 여러 자질구레한 일. 잡일. ※庶務(서무).

【雜文】ざつぶん(잡문) ①일정한 체계 없이 쓴 글. ②예술적 가치가 없는 잡스러운 문학.

【雜費】ざっぴ(잡비) 자질구레한 비용.

【雜事】ざつじ(잡사) 잡다한 일. 잡일.

【雜收入】ざつしゅうにゅう(잡수입) 정한 수입 이외의 자질구레한 수입.

【雜役】ざつえき(잡역) 허드렛일. ¶―夫.

【雜音】ざつおん(잡음) ①뒤섞인 여러 가지 소리. ②불유쾌한 느낌을 주는, 시끄러운 소리. ③부당한 간섭이나 방해가 되는, 좋지 않은 말이나 소문의 비유.

【雜人】ざつじん·ぞうにん(잡인) 일정한 장소나 일에 관계가 없는 사람. 가욋사람.

【雜卒】ざっそつ(잡졸) 신분이 낮은 병사(兵士).

【雜種】ざっしゅ(잡종) ①여러 가지 잡다한 종류. ②여러 종족. 또는, 민족. ③품종이 서로 다른 암수 사이에서 난 생물. 트기. ¶―交配. ④다른 종족을 욕하여 이르는 말.

【雜誌】ざっし(잡지) ①잡다한 일을 실은 책. ②호수(號數)를 따라 정기적으로 간행되는 책. 주간, 월간, 계간(季刊) 등이 있음. ¶學術—.
【雜草】ざっそう(잡초) ①작물에 섞여 난 풀. ②저절로 나서 자라는, 대수롭지 않은 풀.
【雜則】ざっそく(잡칙) 여러 가지 자질구레한 규칙.
【雜學】ざつがく(잡학) 여러 학설이 뒤섞여 계통이 없고 통일이 안 된 학문.
【雜婚】ざっこん(잡혼) 원시 시대에 동물적으로 행해졌다고 추측되는 결혼.
【雜貨】ざっか(잡화) 여러 가지 상품. ¶—商.
【雜話】ざつわ(잡화) 잡담. 세상 이야기.
【雜戲】ざつぎ(잡희) 여러 가지 놀이. 온갖 장난.
▷亂—, 濫—, 來—, 蕪—, 駁—, 龐—, 煩—, 繁—, 複—, 紛—, 擾—, 糅—, 粗—, 稠—, 重—, 錯—, 參—, 潜—, 舛—, 醜—, 麤—, 夾—, 挾—, 混—, 淆—, 囂—

18〖雛〗 鶬(p. 1682)과 同字

10 18〖雛〗 1 병아리 추 虞 ㄔㄨˊ すう
2 사람 이름 추 遇 (chu) (ヒナ)
俗 雏

풀이 1 ①병아리. ㉮닭의 새끼. ¶天子乃以—嘗黍＜禮記＞ ㉯날짐승의 새끼. ¶哀枯楊之怨—＜楚辭＞ ㉰짐승, 물고기의 새끼. ¶不食—鼈＜禮記＞ ㉱준수한 자제(子弟). ¶丈夫生兒有如此二—者＜杜甫＞ ②큰 새. 봉(鳳) 따위. 2 사람 이름. ¶孔子弟子有顏濁—＜史記＞
▷鸞—, 伏龍鳳—, 鳳—, 僧—, 鶯—, 龍—, 鵷—, 衆—, 哺—

10 18〖雘〗 진사 확 藥 ㄏㄨㄛˋ かく, こ
호 遇 (huo)

풀이 진사(辰砂). 질 좋은 적황색 찰흙. ¶惟其塗丹—＜書經＞

10 18〖巂〗 1 제비 휴 齊 ㄙㄨㄟˇ けい
2 고을 이름 (sui) swallow
수 紙 すい
3 땅 이름 전 銑 せん

풀이 1 ①제비. ¶—周. ②소쩍새. 자규(子規). ¶子—. ③돌다. 수레바퀴의 한 회전. 通 規. ¶立視五—＜禮記＞ ④땅 이름. 춘추 시대 제(齊)의 땅. ¶公追齊師至—＜公羊傳＞ 2 고을 이름. 한(漢)의 군(郡). 通 嶲. ¶越—. 3 땅 이름.

11 19〖難〗 1 어려울 난 寒 ㄋㄢˊ なん
2 잎 우거질 (nan) (ムズカ
나 歌 ㄋㄨㄛˊ シイ)
3 나무 우거질 (nuo) difficult
나 哿 な
4 근심 난 翰 なん
略 難 俗 難 同 䧔

풀이 1 ①어렵다. 곤란함. ¶爲君— 爲臣不易＜論語＞ ②어려워하다. ¶惟帝其—之＜書經＞ ③어려운 사정. ¶責—於君＜孟子＞ ④고생하다. ¶瞋目而語—＜莊子＞ ⑤꺼리다. 피함. ¶陰簡—之＜戰國策＞ ⑥새 이름. 2 ①잎이 우거진 모양. ¶隰桑有阿 其葉有—＜詩經＞ ②액막이 행사. 구나(驅儺). 通 儺. ¶遂令始—歐疫＜周禮＞ 3 나무가 우거지다. 4 ①근심. ¶君子以儉德辟—＜易經＞ ②재앙. 고통. ¶臨—毋苟免＜禮記＞ ③원수. 적(敵). ¶穀圭以和—＜周禮＞ ④전쟁. 싸움. ¶請作—＜公羊傳＞ ⑤괴롭히다. 고통을 줌. ¶而藩其君舍以—之＜左氏傳＞ ⑥거절하다. ¶而—任人＜書經＞ ⑦따지다. 힐문함. ¶詰—之 以風天子＜史記＞ ⑧꾸짖다. ¶於禽獸又何—焉＜孟子＞ ⑨까다롭다. ¶臨機答— 酬報如響＜北史＞ ⑩문체(文體) 이름. 논변류(論辯類). ⑪「한비자」(韓非子)의 편(篇) 이름.
【難堪】なんかん(난감) ①견디기 어려움. ②韓 이러기도 어렵고 저러기도 어려워 매우 딱함.
【難境】なんきょう(난경) 어려운 처지. 곤란한 상황. 困境(곤경).
【難攻不落】なんこうふらく(난공불락) 성(城) 따위가 공격하기 어려워 함락되지 아니함.
【難關】なんかん(난관) ①통과하기 어려운 관문(關門). ②수월하게 넘기기 어려운 일이나 고비.
【難局】なんきょく(난국) 어려운 판국. 간난(艱難)한 시국.
【難事】なんじ(난사) ①어려운 일. ②섬기기 힘듦. ¶小人—而易說也＜論語＞
【難產】なんざん(난산) ①순조롭지 않은 해산(解產). ↔順產(순산). ②일이 순조롭게 진행되지 아니함의 비유.
【難澁】なんじゅう(난삽) ①어렵고 빡빡하여 순조롭게 진행되지 못함. ②글뜻이 어려움. 어렵고 껄끄러움.
【難澀】なんじゅう(난삽) ☞難澁(난삽).
【難色】なんしょく(난색) ①난처한 기색. ②연기(演技)하기 힘든 각색(脚色).
【難易】なんい(난이) 어려움과 쉬움. ¶—度.
【難點】なんてん(난점) 어려운 점. 곤란한 점.
【難題】なんだい(난제) ①해결하기 어려운 문제. ②시부(詩賦)의 짓기 어려운 제목.
【難處】なんしょ(난처) ①다니기 어려운 곳. 험준한 곳. ②처지가 어려움. 처리하기 어려움.
【難治】なんち(난치) ①다스리기 어려움. ②병을 고치기 어려움. ¶—病.
【難航】なんこう(난항) ①항행하기 어려움. ↔順航(순항). ②일이 순조롭게 되어 가지 않음의 비유. ¶改憲會談 —.
【難解】なんかい(난해) ①해석하기 어려움. 이해하기 어려움. ②난이 풀림. 곧, 싸움이 그침. 전쟁이 끝남.
【難兄難弟】けいタリガタク ていタリガタシ(난형난제) 서로 서로 엇비슷하여 어느 것이 낫거나 못함을 구별하기 어려움의 비유.
▷家—, 艱—, 戡—, 劍—, 苦—, 困—, 關山—, 匡—, 救—, 寇—, 國—, 克—, 極—, 劇—, 急—, 奇—, 難中之—, 內—, 論—, 多—, 大—, 盜—, 無—, 木—, 辨

一, 辯一, 兵一, 非一, 死一, 釋一, 水一, 殉一, 厄一, 女一, 外一, 憂一, 危一, 益一, 臨一, 災一, 定一, 濟一, 阻一, 遭一, 嘲一, 至一, 天步艱一, 七一, 脫一, 八一, 避一, 行路一, 險一, 火一, 禍一, 患一, 詰一

19【難】 難(p. 1597)의 俗字

11
19【離】 1 떠날 리 因 ㄌㄧˊ(li) り(ハナレル) 2 교룡 치 因 3 이어질 리 紙 leave 4 과실 이름 리 寘 ち 5 나란할 려 霽 れい

풀이 1 ①떠나다. 떼놓음. ㉮떠나가다. ¶進退無恒非一群<易經>/別一. ㉯가르다. 잼. ¶一肺<儀禮> ㉰끊다. ¶一年視一經辨志<禮記> ㉱나누다. 구별함. ¶合則弗能一<呂覽> ㉲열다. ¶一朱唇而微笑兮<張衡> ㉳헤어지다. 떨어짐. ¶性情不一<莊子> ㉴조금 물러나다. ¶近曰一 遠曰別<字彙> ㉵어긋나다. ¶形性相一<呂覽> ㉶배반하다. ¶民人一落<國語> ㉷화합하지 아니하다. ¶上下一心<淮南子> ㉸피하다. ¶無所一死<後漢書> ㉹잃다. ¶聽淫日一其名<國語> ㉺흩어지다. 떨어짐. ②붙다. 들어붙음. ㊀通 麗. ¶五枝一如<太玄經> ③나란히 하다. 벌여놓음. ¶設服一衛<左氏傳> ④거치다. 지내옴. ¶我一兩周<史記> ⑤짝. 쌍. ⑥나란하다. 즐비(櫛比)함. ¶一坐一立 毋往參焉<禮記> ⑦네 마리의 짝. ¶四聚爲一一<管子> ⑧그물. 通 羅. ⑨걸리다. 당함. ¶鴻則一之<詩經> ⑩기다리다. ⑪당하다. 응(應)함. ¶非新家其疇一之 ⑫물건이 생기다. ¶物生亦曰一<周禮·注> ⑬밝다. 분명함. 通 曬. ¶一也者 明也<易經·注> ⑭불. ¶一爲火<易經> ⑮해. 달. ¶一爲日<易經>/二一揚淸暉<傅咸> ⑯남쪽. ¶夏至從一<周髀算經> ⑰울타리. 바자울. ¶孤用親聽命於藩一之外<國語> ⑱두 나라의 회합(會合). ¶一不言會<公羊傳> ⑲근심. ¶亂一瘼矣<詩經> ⑳돌벼. 자생(自生)한 벼. ¶一先稻熟<淮南子> ㉑큰 거문고. ㉒현악기 소리. ㉓괘(卦) 이름. ㉮8괘의 하나. ☲. 화(火), 중녀(中女), 남(南) 등을 상징함. ㉯64괘의 하나. 이하이상(離下離上). ䷝. ¶明兩作一<易經> ㉔꾀꼬리. 通 鸝 鴷. ㉕산돌배. 通 棃. ¶檗一朱楊<漢書> ㉖향초 이름. ¶扈江一離與辟芷兮<楚辭> ㉗사물의 모양. 2 교룡(蛟龍). ¶如豺如一<史記> 3 ①이어지는 모양. ¶一靡. ②팔을 걸어 붙이다. ¶一跂. 4 과실 이름. ㉠荔. 5 나란하다. 짝함. 通 儷. ¶司天日月星辰之行 宿一不貸<禮記>

【離間】りかん(이간) 두 사람 사이를 멀어지게 함.
【離居】りきょ(이거) 떨어져 따로 삶.
【離苦】りく(이고) ①이별의 고통. ②《佛》 번뇌나 괴로움에서 벗어남.
【離宮】りきゅう(이궁) 임금의 별장(別莊). 行宮(행궁).
【離婁】りろう(이루) ①《人》 황제(黃帝) 때 사람. 혹은 춘추 시대 사람이라고도 함. 눈이 아주 밝은 사람. 백 보(步) 바깥에서 털끝을 분간했다 함. 離朱(이주). ②무늬 따위가 선명한 모양. ③「맹자」(孟子)의 편(篇) 이름.
【離陸】りりく(이륙) 육지를 떠남.
【離叛】りはん(이반) 등짐. 배반함. 離背(이배). 離畔(이반). 離貳(이이).
【離別】りべつ(이별) 서로 갈라짐. 헤어짐. 別離(별리). 分袂(분메).
【離散】りさん(이산) 헤어져 흩어짐. 睽索(규삭). ¶一家族.
【離騷】りそう(이소) ①근심을 만남. ②「초사」(楚辭)의 편(篇) 이름. 전국 시대 초(楚)의 충신 굴원(屈原)이 지은 부(賦). 참소를 당해 조정에서 쫓겨난 몸으로 연군(戀君)의 정을 읊은 서정시. 「초사」의 기초가 됨.
【離愁】りしゅう(이수) 이별의 슬픔. 이별의 시름. 別愁(별수). 離恨(이한).
【離着陸】りちゃくりく(이착륙) 이륙과 착륙.
【離脫】りだつ(이탈) 떨어져 벗어남. ¶軌道一.
【離合集散】りごうしゅうさん(이합집산) 헤어짐과 만남. 모임과 흩어짐.
【離鄕】りきょう(이향) 고향을 떠남. ↔歸鄕(귀향). ※落鄕(낙향).
【離婚】りこん(이혼) 부부의 인연을 끊음. 離緣(이연). ↔結婚(결혼).
▷距一, 隔一, 乖一, 睽一, 別一, 不卽不一, 分一, 茀一, 不忍一, 仳一, 散一, 纖一, 遠一, 違一, 流一, 陸一, 淋一, 侏一, 支一, 披一, 合一

20【鵞】 鷺(p. 1683)와 同字

20【䳏】 鶉(p. 1683)와 同字

20【雙】 雙(p. 1595)의 俗字

21【䴈】 鸇(p. 1684)과 同字

24【䴇】 鸕(p. 1684)와 同字

25【䴉】 鸚(p. 1684)과 同字

28【雧】 集(p. 1593)과 同字

雨<비 우>部

雨 ③ 雪 雩 ④ 雯 雱 雰 雲 ⑤ 零 雷 雺 雹 電 ⑥ 需 ⑦ 霉 霂 霄 霅 霆 震 霈 ⑧ 霍 霖 霏 霎 霓 霑 ⑨ 霜 霙 霚 霞 ⑩ 霤 霣 ⑪ 霧 霫 霪 霩 ⑫ 露 霰 ⑬ 霹 霸 ⑭ 霾 霾 霽 ⑯ 靂 靈 靇 靄 靃 ⑰ 靉

0
8【雨】 1 비 우 麌 ㄩˇ(yu) う(アメ) 2 비 올 우 遇 rain
㊉ 𠕲

源象形. 하늘[一]을 덮은 구름[冂] 사이로 물방울이 떨어짐을 본뜸.

풀이①비. 역(易)에서는 감(坎) 또는 태(兌), 오행에서는 수(水) 또는 목(木), 음양에서는 음. ②많은 모양의 비유. ¶其從如一<詩經> ③흩어지는 모양의 비유. ¶風流雲散 一別如一<王粲> ④은혜가 두루 미침의 비유. ¶敎一化風<宋史> ⑤벗. ¶舊一來 今一不來<杜甫> ⑥온화한 기운. ¶地之含氣 和者爲一<淮南子> ⑦거북점의 상(象). 불에 구운 거북 껍데기에 비가 오는 듯한 형상이 나타나는 것. **2**①비가 오다. ¶一我公田<詩經> ②눈이 내리다. ¶一雪其雱<詩經> ③물건이 떨어지다. ¶一螽于宋<春秋> ④적시다. ¶吾不能以夏雨一人<說苑>

【雨景】うけい(우경) 비 올 때의 경치.

【雨季】うき(우계) ☞雨期(우기). ↔乾季(건계).

【雨具】うぐ·アマグ(우구) 비를 가리는 데에 쓰는 기구. 雨備(우비). 雨裝(우장).

【雨期】うき(우기) 일년 중 비가 가장 많이 오는 시기. 雨季(우계).

【雨露】うろ(우로) ①비와 이슬. ②비와 이슬이 만물을 기르듯이, 은혜가 골고루 미침을 이름. 큰 은혜. 雨露之恩(우로지은). 雨露之澤(우로지 택).

【雨露之恩】うろノおん(우로지 은) ☞雨露(우로)②.

【雨霖】うりん(우림) 장마짐.

【雨雹】うはく(우박) 봄 또는 여름에 기상의 급변으로 오는, 싸라기눈보다 굵고 딴딴한 덩이.

【雨備】(우비)韓 ☞雨具(우구).

【雨師】うし(우사) 비를 맡아 다스린다는 신(神). 雨祇(우기). ¶將風伯一雲師<三國遺事>

【雨傘】うさん·アマガサ(우산) 양산 모양으로 생긴 우비.

【雨水】うすい(우수) ①빗물. ②24절기의 하나. 양력 2월 18일경.

【雨月】うげつ(우월) 비가 많이 오는 달. 음력 5월의 이칭.

【雨衣】うい(우의) 비 올 때 입는 겉옷. 비옷.

【雨裝】(우장) ☞雨具(우구).

【雨中】うちゅう(우중) 비가 오는 가운데. 비가 올 때. 雨裏(우리).

【雨天】うてん(우천) ①비가 오는 날씨. ②비가 오는 하늘.

【雨濯】うたく(우탁) ①음력 6월에 오는 큰 비. ②비가 쏟아짐. ¶一萬木鮮<李華>

【雨澤】うたく(우택) 비의 혜택. 천자의 은택의 비유. 沛澤(패택).

【雨後竹筍】うごノタケノコ(우후죽순) 비 온 뒤의 죽순. 어떠한 일이 한때에 많이 일어남의 비유. 雨後春筍(우후춘순).

【雨後春筍】(우후춘순)中 ☞雨後竹筍(우후죽순).

▷甘一, 降一, 膏一, 穀一, 蛟龍得雲一, 久一, 劇一, 急一, 雷一, 大一, 凍一, 梅一, 猛一, 冒一, 暮一, 沐一, 微一, 密雲不一, 白一, 翻雲覆一, 氷一, 絲一, 山一, 署一, 細一, 小一, 疏一, 時一, 夜一, 五風十一, 雲一, 陰一, 霖一, 慈一, 殘一, 長一, 積一, 朝一, 朝雲暮一, 櫛風沐一, 疾一, 晴一, 秋一, 春一, 翠一, 驟一, 土一, 暴一, 暴風一, 風一, 夏一, 汗一, 寒一, 好一, 豪一

3/11 【雪】 눈 설 | 현ㄒㄩㄝˇ(xue) | せつ(ユキ) snow

本䨮

풀이①눈. ¶琴詩酒伴皆抛我 一月花時最憶君<白居易> ②눈이 오다. ¶于時始一 五處俱賀<世說新語> ③씻다. ㉮훔치다. 닦음. ¶黍者所以一桃<孔子家語> ㉯누명이나 치욕을 벗다. ¶以一先王之恥<戰國策> ㉰더러움을 씻다. ¶沛公遽一足杖矛曰 延客入<史記> ④희다. 흰 것의 비유. ¶振一羽而臨風<盧思道> ⑤깨끗하다. 고결(高潔)함. ¶松品落落 一格索索<貫休>

【雪景】せっけい(설경) 눈이 내리거나 눈이 쌓인 경치.

【雪膚花容】せっぷかよう(설부화용) 눈처럼 흰 살결에 꽃같이 아름다운 얼굴. 미인의 형용.

【雪憤】(설분) 분함을 풂. 분풀이.

【雪山】せつざん(설산) ①눈이 쌓인 산. ②1년 내내 눈이 쌓여 있는 산. ③산같이 이는 흰 물결. 눈을 산에 비유. ④히말라야(Himalaya) 산 또는 그 산맥의 별칭. 만년설이 있어 붙인 이름.

【雪上加霜】せつじょうシモヲクワウ(설상가상) ①눈 위에 서리를 더함. 환난이 거듭됨의 비유. ※禍不單行(화불단행). ②《佛》 쓸데없는 짓을 거듭함의 뜻.

【雪辱】せつじょく(설욕) 치욕을 씻음. 雪恥(설치).

【雪寃】せつえん(설원) ①원통함을 풂. ②누명을 벗음.

【雪中君子】せっちゅうノくんし(설중군자) 매화(梅花)의 이칭.

【雪中梅】せっちゅうばい(설중매) 눈 속에 핀 매화.

【雪中四友】せっちゅうノしゆう(설중사우) 왕매(王梅), 납매(臘梅), 수선(水仙), 산다화(山茶花)의 통칭.

【雪中松柏】せっちゅうノしょうはく(설중송백) 눈 속의 소나무와 잣나무. 늘 빛이 변하지 않음에서 굳은 절개, 지조의 비유.

【雪恥】せっち(설치) ☞雪辱(설욕).

【雪糖】(설탕) 사탕 가루.

【雪害】せつがい(설해) 눈의 피해.

▷降一, 大一, 凍一, 冒一, 暮一, 白一, 飛一, 霜一, 瑞一, 洗一, 小一, 伸一, 深一, 夜一, 陽春白一, 玉一, 浣一, 殘一, 積一, 澡一, 初一, 吹一, 風一, 含一, 香一, 皓一, 紅爐上一點一

3/11 【雩】 **1** 기우제 우 | 廣遇 ㄩˊ | う
2 땅 이름 우 | 廣(yu)

同𩁹

풀이**1**①기우제(祈雨祭). ¶一祭. ②기우제를 지내다. ¶龍見而一<左氏傳> ③춘추 필법. 기우제를 지내어 비가 내리면 雩 자를 쓰고, 안 내리면 한(旱) 자를 씀. ④무지개. ⑤우무(羽舞). 무악(舞樂)의 한 가지. ⑥땅 이름. 춘추 시대 송(宋)의 땅. 지금의 하남성(河南省) 수현(睢縣). **2**땅 이름. 춘추 시대

오(吳)의 땅. ¶楚子秦人 侵吳及一婁<左氏傳>

11【[illegible]】雩(p. 1599)와 同字

11【[illegible]】雨(p. 1598)의 古字

11【[illegible]】虐(p. 1318)과 同字

4/12【雯】구름무늬 문 | 因ㄨㄣˊ(wen) | ふん

4/12【雱】눈 올 방 | 陽ㄆㄤˊ(pang) | ほう

풀이 ①눈이 오다. 눈이 펑펑 쏟아짐. ¶北風其涼 雨雪其一<詩經> ②비가 줄기차게 내리다. ㉠滂.

4/12【雰】안개 분 | 因ㄈㄣ(fen) | ふん *fog*

풀이 ①안개. ¶寒一結爲霜雪<素問>/一霧. ②서리가 내린 모양. ¶漱凝霜之一一<楚辭> ③비나 눈이 내리는 모양. ¶上天同雲 雨雪一一<詩經> ④먼지. ¶一埃. ⑤나쁜 기운. ㉠氛. ¶炎一是扇 以啓鬱隆<郭璞> ⑥어지럽다. 通紛.

【雰圍氣】ふんいき(분위기) ①지구 또는 다른 천체(天體)를 싸고 있는 대기(大氣). 공기. ②그 자리 또는 모임의 기분. ③개인의 주변 상황. 環境(환경).

▷降一, 濃一, 霧一, 碧一, 霜一, 朱一

12【[illegible]】需(p. 1602)와 同字

4/12【雲】구름 운 | 因ㄩㄣˊ(yun) | うん(クモ) *cloud*

풀이 ①구름. ②습기. 축축한 기운. ¶風一竝興<素問> ③높음의 비유. ¶一車十餘丈<後漢書> ④많음의 비유. ¶一輜蔽路<後漢書> ⑤구름같이 덩이져 보이는 것의 비유. ¶俯人煙於萬井 小一樹於五陵<錢起> ⑥훌륭함의 비유. ¶張子房青一之士 誠非陳平之倫<魏志> ⑦멀다. 멀리 떨어진 구름에 비유. ¶仍孫之子曰一孫<釋名>

【雲架】うんか(운가) 높은 지붕. 雲棟(운동).

【雲駕】うんが(운가) 임금이 타는 수레.

【雲客】うんかく(운객) 구름 속의 사람. 神仙(신선). 隱者(은자).

【雲車】うんしゃ(운거) ①망루(望樓)가 있는 수레. 樓車(누거). ②구름 무늬를 새긴 수레. ③구름 수레. 신선은 구름을 수레로 삼음.

【雲劍】(운검)韓 ①의장(儀仗)에 쓰는 큰 칼. ②별운검(別雲劍)의 준말.

【雲泥之差】うんでいノさ(운니지 차) 하늘과 땅의 차이란 뜻으로, 엄청나게 동떨어짐을 이름. 天壤之差(천양지 차).

【雲堂】うんどう(운당) ①《佛》 중들이 있는 산골의 집. 구름집. ②도사(道士)나 은자(隱者)가 사는 산중의 방.

【雲臺】うんだい(운대) ①후한(後漢) 명제(明帝)때 공신 28명의 초상을 건 곳. ②韓 조선 때 관상감(觀象監)의 이칭.

【雲霧】うんむ(운무) 구름과 안개.

【雲半】うんぱん(운반) 음력 동짓달의 이칭.

【雲翻雨覆】うんぽんうふく(운번우복) 남녀의 환락과 인정의 변하기 쉬움을 아울러 이름. ¶翻手作雲覆手雨 紛紛輕薄何須數<杜甫>

【雲榭】うんしゃ(운사) 높은 정자.

【雲山】うんざん·うんさん(운산) 구름이 걸려 있는 높은 산. 또는, 구름처럼 보이는 먼 산.

【雲消霧散】うんしょうむさん(운소무산) 구름처럼 사라지고 안개처럼 흩어짐. 자취 없이 사라짐의 비유. 雲散鳥沒(운산조몰). 雲散霧消(운산무소).

【雲水】うんすい(운수) ①구름과 물. ②☞雲水僧(운수승).

【雲水僧】うんすいノそう(운수승) 동냥중. 행각승(行脚僧). 雲水(운수)②. 雲僧(운승).

【雲僧】うんそう(운승) ☞雲水僧(운수승)②.

【雲心月性】うんしんげっせい(운심월성) 욕심이 없고 세속의 명예나 이익 따위를 구하지 않는 심성.

【雲心鶴眼】うんしんかくがん(운심학안) ①무욕 무심(無欲無心)함. ②선인(仙人). 도사(道士)의 비유.

【雲液】うんえき(운액) ①술. ¶一灑六腑 陽和生四肢<白居易> ②운모(雲母)의 이칭.

【雲雨巫山】うんうふざん(운우무산) 남녀의 정회(情懷). ※巫山之夢(무산지 몽).

【雲雨之夢】うんうノユメ(운우지 몽) 남녀의 정사(情事). 雲雨之情(운우지 정). ※巫山之夢(무산지 몽).

【雲雨之情】うんうノじょう(운우지 정) ☞雲雨之夢(운우지 몽).

【雲仍】うんじょう(운잉) 운손(雲孫)과 잉손(仍孫). 먼 후손. 遠孫(원손).

【雲程】うんてい(운정) 만리 청운(靑雲)의 도정(道程).

【雲梯】うんてい(운제) ①구름에 닿을 듯한 높은 사닥다리. 옛날, 성(城)을 공격하는 데에 씀. ②높은 곳에 오름의 비유.

【雲際】うんさい(운제) 구름이 걸린 가장자리. 높은 하늘 또는 높은 산을 이름.

【雲從龍風從虎】クモハリュウニシタガイ カゼハトラニシタガウ(운종룡 풍종호) 용 가는 데 구름 가고 범 가는 데 바람 간다는 뜻으로, 서로 긴밀한 관계에 있는 처지를 이름. ¶同朋相照 同類相求 一<史記>

【雲中白鶴】うんちゅうはっかく(운중백학) 구름 속의 학이란 뜻으로, 고상한 인품의 비유.

【雲蒸龍變】うんじょうりゅうへん(운증용변) 물이 증발하여 구름이 되고, 뱀이 변하여 용이 되어 하늘로 오른다는 뜻으로, 영웅이나 호걸이 시운을 만나 일어남을 이름.

【雲脂】うんし(운지) 머리 비듬.

【雲集】うんしゅう(운집) 구름같이 모여듦. 사람들이 사방에서 많이 모여듦. 雲聚(운취).

【雲陛】うんぺい(운폐) 높은 층계. 궁중의 석계(石階).

【雲翰】うんかん(운한) 남의 편지에 대한 경칭.

【雲海】うんかい(운해) ①구름이 덮인 바다. ②물이

구름에 닿아 보이는 수평선. ③산이 구름에 싸여 꼭대기만 섬같이 보이는 모양. 「신.
【雲鞋】(운혜) 구름 무늬를 놓은, 여자의 마른
▷絳—, 卿—, 景—, 慶—, 卷層—, 奇—, 亂—, 綠—, 斷—, 暮—, 密—, 白—, 浮—, 山—, 祥—, 瑞—, 鮮—, 星—, 垂天—, 煙—, 嶺—, 流—, 陰—, 紫—, 殘—, 棧—, 積—, 停—, 青—, 叢—, 層—, 朶—, 頹—, 片—, 風—, 夏—, 行—, 紅—, 火—, 黃—, 黑—

5 13 【零】 1 조용히 오는 비 령 | 靑 カ丨ㄥ́ (ling) | れい drizzle
2 종족이름 련 | 先 | れん
3 떨어질 령 | 徑 | れい
同 霝

풀이 1 ①조용히 오는 비. ②떨어지다. ㉮비가 오다. ¶靈雨既—<詩經> ㉯이슬이 맺히다. ¶—露漙兮<詩經> ㉰영락(零落)하다. ¶失時者—落<班固> ㉱위에서 떨어지다. ㉲풀이 마르다. ¶惟草木之—落兮<楚辭> ③우수리. 남은 수. ¶數既奇—<宋史> ④수가 없음. 제로(zero). 2 종족 이름. 서강(西羌)의 이름. ¶先—豪言 願時渡湟水北<漢書> 3 떨어지다.
【零絹】れいけん(영견) ①한 조각의 명주. ②한 조각의 서화(書畫). 零墨(영묵). 「點).
【零度】れいど(영도) 도수(度數) 계산의 기점(基
【零落】れいらく(영락) ①초목의 잎이 시들어 떨어짐. 凋落(조락). ②세력이나 살림살이가 보잘것없이 됨. 零星(영성)③. ③죽음.
【零星】れいせい(영성) ①진일(辰日)에 동남에서 별에 제사 지내는 일. ②적음. 얼마 되지 않음. ③☞영락(零落)②.
【零細】れいさい(영세) ①매우 잚. 매우 적음. ②가난함. ¶—民/—企業.
【零時】れいじ(영시) ①밤 12시에서 1시 사이. ②정오(正午) 또는 자정(子正).
【零雨】れいう(영우) ①부슬부슬 내리는 비. 부슬비. 細雨(세우). ¶疾雨日驟雨 徐雨日—<太平御覽> ②큰 빗방울이 뚝뚝 떨어지는 모양.
▷奇—, 蜚—, 凋—, 墮—, 飄—

5 13 【雷】 1 우뢰 뢰 | 灰 カㄟ́ (lei) | らい (カミナリ) thunder
2 돌 내리굴릴 뢰 | 隊

풀이 1 ①우뢰. 천둥. 오행(五行)으로는 토(土), 역(易)으로는 진(震). ㉮임금의 상(象). ㉯제후(諸侯)의 상. ㉰맏아들의 상. ②큰소리의 형용. ¶鳴泉百—<李覯> ③사나운 모양의 비유. ¶性行暴如—<古詩> ④빠른 모양. ¶—奔電逝三千兒<李羣玉> ⑤위엄이 있는 모양. ¶震驚徐方 如—如霆<詩經> ⑥한(漢)의 후국(侯國) 이름. 2 돌을 내리굴리다. 성을 지킬 때 쓰는 방법.
【雷車】らいしゃ(뇌거) ①천둥을 치는듯한, 수레 달리는 소리. ②☞雷神(뇌신).
【雷巾】らいきん(뇌건) 도사(道士)의 두건.
【雷鼓】らいこ(뇌고) ①천둥 소리. ②시끄럽게 북을 침. ③8면(面)이 있는 북.

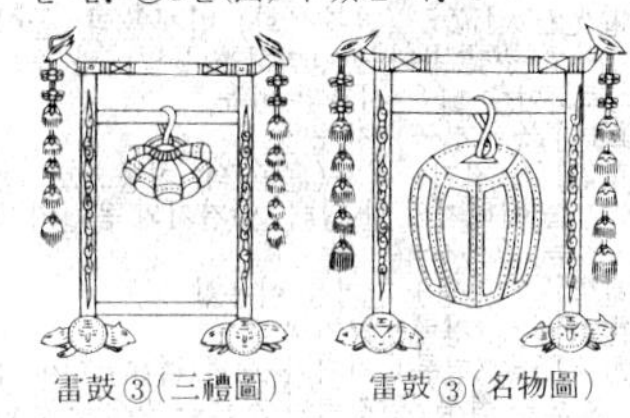

雷鼓③(三禮圖) 雷鼓③(名物圖)

【雷公】らいこう(뇌공) ①천둥님이란 뜻으로, 천의(天意)를 외경(畏敬)하는 호칭. ②☞雷神(뇌신).
【雷管】らいかん(뇌관) 포탄, 탄환 등 폭발물의 화약에 불이 붙도록 하기 위한 금속으로 만든 관.
【雷同】らいどう(뇌동) 천둥 소리가 울려 퍼지듯, 아무 주견(主見) 없이 남의 의견에 붙좇아 함께 어울림. 덩달. ¶附和—.
【雷名】らいめい(뇌명) ①세상에 널리 알려진 명성. ②남의 성명나 명성의 경칭.
【雷鳴】らいめい(뇌명) ①천둥이 울림. 雷吼(뇌후). ②천둥 소리처럼 나는 큰소리. ③코고는 시끄러운 소리.
【雷紋】らいもん(뇌문) 번개 모양을 본뜬 무늬.
【雷逢電別】らいほうでんべつ(뇌봉전별) 우뢰같이 만났다가 번개처럼 헤어진다는 뜻으로, 잠깐 만났다가 이내 헤어짐의 비유.
【雷聲】らいせい(뇌성) 천둥 소리. 「락.
【雷聲霹靂】らいせいへきれき(뇌성벽력) 천둥 소리와 벼
【雷神】らいじん(뇌신) 우뢰를 주관하는 신. 雷師(뇌사). 雷車(뇌거)②. 雷公(뇌공)②.
【雷雨】らいう(뇌우) 천둥, 번개를 치며 내리는 비.
▷輕—, 驚—, 黔—, 機—, 落—, 大忽—, 濤—, 晚—, 蚊—, 百—, 小忽—, 水—, 迅—, 魚—, 厭—, 遠—, 殷—, 霆—, 地—, 疾—, 聚蚊成—, 避—, 鼾—

5 13 【雺】 안개 몽 | 東 ㄨ (wu) | ぼう fog

5 13 【雹】 우박 박 | 覺 ㄅㄠ́ (bao) | はく(ヒョウ) hail
▷霜—, 雨—, 風飛—散

5 13 【電】 번개 전 | 霰 カ丨ㄢ̀ (dian) | でん lightning
本 電

풀이 ①번개. ¶閃—. ②빠름의 비유. ¶飛騰掣弓—<王正貞> ③남에게 경의를 표하는 말. ¶—覽. ④번쩍이다. ¶雷乃發聲始—<禮記> ⑤전기(電氣). ¶送—.
【電車】でんしゃ(전거) ①길게 이어진 수레. ②번개처럼 빠른 수레.
(전차) 전력(電力)으로 궤도(軌道) 위를 달리는 차.

【電擊】でんげき(전격) ①번개처럼 단숨에 들이 침. ¶一的. ②감전(感電)된 충격.
【電光石火】でんこうせっか(전광석화) 번갯불과 돌이 서로 부딪쳐 나는 번쩍하는 불빛이란 뜻으로, 아주 짧은 시간의 비유.
【電球】でんきゅう(전구) 전등알.
【電氣】でんき(전기) 전자(電子)의 이동으로 생기는 에너지의 한 형태. 양전기와 음전기가 있음. ¶一分解.
【電燈】でんとう(전등) 전기를 이용한 등.
【電力】でんりょく(전력) 전기의 힘.
【電流】でんりゅう(전류) 전기가 도체(導體) 안에서 흐르는 현상. 양전기가 흐르는 방향을 전류의 방향으로 함. 실용 단위는 암페어(ampere).
【電文】でんぶん(전문) 전보의 글귀.
【電報】でんぽう(전보) 전기의 매개(媒介)에 의하여 문자나 부호(符號)를 보내는 문서. ※電信(전신).
【電線】でんせん(전선) 전류(電流)가 흐르게 만든 줄. 전기줄.
【電送】でんそう(전송) 전류나 전파(電波)를 이용하여 보냄.
【電信】でんしん(전신) 문자나 숫자를 전기 신호로 바꾸어, 전파나 도선(導線) 등을 이용하여 보내는 통신. ※電報(전보).
【電柱】でんちゅう(전주) 전선(電線)을 가설하기 위하여 세운 기둥. 전봇대.
【電波】でんぱ(전파) 전기의 파동. 電氣波(전기파).
【電化】でんか(전화) 전기를 이용하여 다른 열원(熱源)이나 동력원(動力源)을 대신하는 일.
【電話】でんわ(전화) ①전화기를 이용하여 먼 곳의 사람과 통화(通話)하게 만든 장치. ②전화로 이야기함.
▷感一, 急一, 露一, 雷一, 漏一, 無一, 返一, 放一, 奔一, 飛一, 瑞一, 閃一, 送一, 迅一, 如一, 外一, 耀一, 流一, 入一, 呈一, 停一, 霆一, 弔一, 祝一, 逐一, 蓄一, 打一, 回一, 訓一

13【霅】 陜(p. 1578)의 古字

6
14【需】 1 구할 수 (廣)ㄒㄩ (xu) じゅ
2 부드러울 유 (廣) じゅ
3 부드러울 연 (銑) せん

풀이 1 ①구하다. 바람. ¶君才適時一 正若當暑扇<高啓> ②비가 그치다. ③기다리다. ¶一 須也<易經> ④머뭇거리다. 의심함. ¶子行抽劍曰 一事之賊也<左氏傳> ⑤기르다. ¶物穉不可不養也 故受之以一 一者飮食之道也<易經> ⑥쓰다. ¶公家百一<宋史> ⑦공급하다. ¶與民均納供一<元史> ⑧수괘(卦). 64괘의 하나. 건하감상(乾下坎上). ䷄. 때를 기다리면 이루어질 상(象). 2 부드럽다. 다룸가죽이 부드러운 모양. 3 ①부드럽다. 나약(懦弱)함. ¶欲其柔滑 而腥脂之則一<周禮> ②덜 차다. ¶薄其帤則一<周禮>

【需給】じゅきゅう(수급) 수요와 공급.
【需事之賊】じゅじのぞく(수사지 적) 의심하여 머뭇거리면 그 일을 망침. 需는 지의(遲疑).
【需要】じゅよう(수요) ①필요해서 구함. 소용됨. ②구매력(購買力)에 따라 상품을 가지고자 하는 욕망. ↔供給(공급).
【需弱】じゅじゃく(연약) 약함. 懦弱(나약). 軟弱(연약).
▷供一, 軍一, 貴一, 內一, 民一, 百一, 不時之一, 應一, 特一, 必一, 婚一

14【霄】 霽(p. 1606)와 同字
14【霦】 處(p. 1318)와 同字
15【霊】 靈(p. 1606)의 略字

7
15【霉】 매우 매 (因)ㄇㄟˊ (mei) ばい

풀이 ①매우(梅雨). 초여름의 장마. 通梅. ②곰팡이. 매우기에 곰팡이가 잘 슬기 때문.

7
15【霂】 가랑비 목 (屋)ㄇㄨˋ (mu) ぼく, もく drizzle

15【霓】 霞(p. 1605)과 同字
15【霞】 霞(p. 1605)과 同字

7
15【霄】 1 하늘 소 (蕭)ㄒㄧㄠ (xiao) しょう
2 닮을 초 (ヨイ)
本소 (篠) しょう
同䨭

풀이 1 ①하늘. ¶中一日天子 半座寶如來<李從遠> ②진눈개비. ③태양 곁에 일어나는 운기(雲氣). 해무리. ¶騰清一而軼浮景兮<漢書> ④밤. 通宵. ¶晝一. ⑤구름. ¶涉清一而升遐兮<後漢書> ⑥꺼지다. 다 됨. 通消. ⑦땅 이름. 산동성(山東省) 거현(莒縣)의 경계. 2 닮다. 간肖.

【霄壤】しょうじょう(소양) 하늘과 땅. 격차(隔差)가 아주 심함의 비유. 天壤(천양). 天地(천지). 雲泥(운니). ¶一之判.
【霄元】しょうげん(소원) ☞霄漢(소한).
【霄漢】しょうかん(소한) 하늘. 한없이 높고 넓음의 비유. 가장 높은 곳. 霄는 구름, 漢은 은하(銀河). 霄元(소원). 蒼天(창천).
▷九一, 陵一, 丹一, 半一, 碧一, 鵬一, 雲一, 遠一, 紫一, 絕一, 晝一, 中一, 澄一, 青一, 晴一, 層一, 逼空一, 遐一, 寒一

7
15【霅】 1 번개칠 잡 (洽)ㄓㄚˊ (zha) とう
2 빛날 합 (洽)ㄒㄧㄚˊ (xia) こう
3 빗소리 읍 (緝) ゆう
4 흩어질 삽 (洽) そう

7
15【霆】 천둥소리 정 (青)ㄊㄧㄥˊ (ting) てい thunder

풀이 ①천둥 소리. 심한 천둥 소리. ¶迺爲

雷一<素問> ②번개. ③떨다. 펄럭임. ¶天冬雷 地冬一<管子> ④세차고 빠름의 비유. ¶一激.

▷驚一, 雷一, 奔一, 威一, 震一, 疾一

7 15 【震】 1 벼락 진 2 아이 밸 신 | 圓ㄓㄣˋ (zhen) 圓 | しん (フルウ) しん

풀이 1 ①벼락. ¶大雨一電<春秋> ②천둥. ¶爗爗一電<詩經> ③떨다. ㉮벼락치다. ¶一夷伯之廟<春秋> ㉯움직이다. ¶一驚朕師<書經> ㉰놀라다. 놀램. ¶旁一八鄙<張衡> ㉱두려워하다. ¶玩則無一<國語> ㉲두려워 떨다. ¶子女內一<晋書> ㉳성내다. ¶一于廷<太玄經> ㉴권위가 떨치다. ¶權一天下<唐書> ④지진. ¶地一者何 動地也<公羊傳> ⑤괘(卦) 이름. ㉮8괘의 하나. ☳. 떨쳐 나오려는 상(象). ㉯64괘의 하나. ䷲. 진상진하(震下震上). 만물이 발동하는 상. ⑥구제(救濟)함. 通振. ⑦사물의 모양. ¶一一. ㉮진동하는 모양. ㉯빛나는 모양. ㉰바쁜 모양. 2 ①아이 배다. 通娠. ¶邑姜方一大叔<左氏傳> ②성내다. ¶電擊雷一<漢書>

【震宮】しんきゅう (진궁) 황태자의 궁전. 東宮(동궁).

【震怒】しんど (진노) 하늘이나 임금이 몹시 성냄. 또는, 그 노여움. ¶上天一 災異婁降<漢書>

【震旦】しんたん (진단) ①범어(梵語) Chinistan의 음역. 옛날 인도에서 옛 중국을 일컫던 말. 일설에는 진의 땅이라는 뜻. 震은 秦, 旦은 坦. ②범어로, 천자.

【震檀】(진단)韓 우리 나라의 이칭. 震壇(진단). 槿域(근역).

【震悼】しんとう (진도) ①매우 슬퍼함. ②임금이 신하의 죽음을 슬퍼함.

【震動】しんどう (진동) ①흔들려 움직임. ②놀라 두려워함.

【震方】しんぽう (진방) 동방(東方).

【震央】しんおう (진앙) 진원지(震源地).

【震域】しんいき (진역) ①지진의 진동을 느끼는 지역. ②우리 나라의 이칭.

【震源】しんげん (진원) 지진이 발생하는 곳. ¶一地.

【震駭】しんがい (진해) 떨며 놀람. 놀라 두려워함. 振駭(진해).

▷強一, 激一, 驚一, 懼一, 雷一, 大一, 微一, 竦一, 弱一, 餘一, 遠一, 威一, 地一

7 15 【霈】 비 쏟아질 패 | 圏ㄆㄟˋ (pei) | はい

풀이 ①비가 쏟아지다. 비가 억수로 옴. 通沛. ¶于斯之時 雲油雨一<李白>/一然. ②물이 흐르는 모양. ③큰비. ④젖다. 배어듦. ¶雨露深仁 霑一及于蕭艾<李邕> ⑤은택(恩澤)의 비유. ¶仁育爲心 一澤無涯<柳宗元>

▷甘一, 滂一, 流一, 恩一, 澧一

8 16 【霍】 빠를 곽 本확 | 藥ㄏㄨㄛˋ (huo) | かく *quickly*

풀이 ①빠르다. 갑자기. ¶一焉離耳<荀子> ②푸드덕 하는 소리. ③콩잎. 通藿. ¶漿酒一肉<漢書> ④작은 산을 에워싼 큰 산. ⑤주(周)의 나라 이름. 문왕(文王)의 아들 곽숙(霍叔)을 봉한 나라. 지금의 산동성(山東省) 곽주(霍州).

【霍去病】かくきょへい (곽거병)《人》 전한(前漢)의 장군. 무제(武帝) 때 여섯 차례 흉노(匈奴)를 쳐서 표기대장군(驃騎大將軍), 관거후(冠車侯)가 되었으나 24세로 요절(夭折)함. 시호는 경환(景桓). (?~B.C. 117).

【霍霍】かくかく (곽곽) ①칼날이 번쩍이는 모양. ②소리가 빠른 모양.

【霍光】かくこう (곽광)《人》 전한(前漢)의 명신. 거병(去病)의 배다른 아우. 자는 자맹(子孟). 무제(武帝)의 유조(遺詔)를 받들어 어린 소제(昭帝)를 보필하다, 그가 죽자 대사마 대장군(大司馬大將軍)으로 창읍왕(昌邑王)을 즉위시켰으나 음란하므로 폐위하고, 선제(宣帝)를 세움. 시호는 선성(宣成).

【霍亂】かくらん (곽란) 흔히 여름철에 갑자기 토사(吐瀉)가 일어나는 급성 위장병.

▷雷一, 伊一, 揮一

8 16 【霖】 장마 림 | 侵ㄌㄧㄣˊ (lin) | りん(ナガアメ) *long rain*

【霖雨】りんう (임우) 장마. 淫雨(음우). 霖霪(임음).

▷甘一, 膏一, 梅一, 霡一, 愁一, 連一, 靈一, 沃一, 幽一, 陰一, 霪一, 秋一, 春一, 夏一, 洪一

8 16 【霏】 눈 펄펄 흩날릴 비 | 微ㄈㄟ (fei) | ひ

풀이 ①눈이 펄펄 흩날리는 모양. ¶雨雪其一<詩經> ②조용히 오는 비. ¶雙臺絕壁鎖林一<何夢桂> ③연기가 오르다. ¶煙一霧結<晋書> ④구름이 움직이는 모양. ¶林壑斂暝色 雲霞收夕一<謝靈運>

▷霧一, 紛一, 霽一, 夕一, 水一, 晨一, 連一, 煙一, 陰一, 林一, 飄一

16 【⿱雨⿰衤殳】 霰(p. 1605)과 同字

8 16 【霎】 1 가랑비 삽 2 비 오는 소리 삽 | 洽ㄕㄚˋ (sha) 洽 | そう *drizzle* そう

풀이 1 ①가랑비. 지나가는 비. ¶一雨. ②빗소리. ③소나기. ④잠시. 잠깐. ¶昨夜一一雨 天意蘇萬物<孟郊> 2 비 오는 소리. ¶猛風飄電黑雲生 一一高林簇雨聲<韓偓>

【霎時】(삽시) 잠깐 동안. 별안간(瞥眼間). 暫時(잠시). ¶一間.

▷半一, 瞬一, 一一

8 16〖霓〗 무지개 예 역 | 齊ㄋ丨ˊ 錫(ni) | けい, げき (ニジ) *rainbow*

풀이 ①무지개. 암무지개. 쌍무지개가 섰을 때 흐린 쪽. 通蜺. ②가. 가장자리. ¶何謂和之以天—<莊子>

【霓衣】げいい(예의) 무지개처럼 아름다운 신선의 옷. 霓裳(예상).

【霓旌】げいせい(예정) 의장(儀仗)의 한 가지. 깃을 오색으로 물들인 기(旗). 蜺旌(예정).

▷潤—, 絳—, 斷—, 白—, 素—, 雲—, 長—, 彩—, 紅—, 虹—

16〖電〗 電(p. 1601)의 本字

8 16〖霑〗 젖을 점 | 鹽ㄓㄢ (zhan) | てん (ウルオス) *wet*

풀이 通沾. ①젖다. ㉮비에 젖다. ㉯축이다. 축축함. ¶旣—旣足<詩經> ㉰적시다. ¶—體塗足<國語> ㉱두루 미치다. ¶仁—而恩洽<揚雄> ②잠기다. ¶候遼—醉時<漢書>

▷均—, 露—, 淚—, 普—, 潤—

16〖霈〗 霽(p. 1606)와 同字

17〖霛〗 靈(p. 1606)의 古字

17〖霚〗 霧(p. 1604)의 本字

9 17〖霜〗 서리 상 | 陽ㄕㄨㄤ (shuang) | そう (シモ) *frost*

풀이 ①서리. ②해. 연(年). 세(歲). ¶陛下之壽三千—<李白> ③머리털이 셈의 비유. ¶艱難苦恨繁—鬢<杜甫> ④날카로움의 비유. ¶剛鏃潤 —刃染<左思> ⑤차가움의 비유. ¶心懍懍以懷—<陸機> ⑥법이 엄함의 비유. ¶請置—典<唐無名氏> ⑦깨끗한 절개의 비유. ¶—操日嚴<南齊書> ⑧멸망하다. 흩어져 없어짐. ⑨흰 가루. ¶遠寄蔗—知有味<黃庭堅> ⑩가루. 곶감 거죽에 돋은 흰 가루. 시설(柹雪). 시상(柹霜).

【霜降】そうこう(상강) ①서리가 옴. ②24절기의 하나. 양력 10월 22일경.

【霜劍】そうけん(상검) 날이 시퍼런 긴 칼. 霜刀(상도).

【霜臺】そうだい(상대) ①어사대(御史臺)의 아칭(雅稱). 어사대는 법률을 관장하는 추관(秋官)이므로 霜이라 함. ②사헌부의 이칭.

【霜信】そうしん(상신) 기러기의 이칭. 기러기가 올 때면 서리가 내리므로 이름.

【霜月】そうげつ(상월) ①차갑게 느껴지는 달. 겨울에 뜨는 달. ②음력 7월의 이칭. 相月(상월). ③음력 11월의 이칭.

【霜刃】そうじん(상인) 서슬 퍼런 칼날. 相刀(상도).

【霜下傑】そうかけつ(상하걸) 서리가 내려도 의젓하다는 뜻으로, 국화(菊花)의 이칭.

▷降—, 琨玉秋—, 微—, 薄—, 半成—, 繁—, 鬢—, 氷—, 雪—, 星—, 肅—, 晨—, 新—, 嚴—, 零—, 早—, 朝—, 淸—, 秋—, 板橋—, 風—, 寒—, 皓—, 曉—

17〖霱〗 霱(p. 1607)와 同字

9 17〖霙〗 1 진눈깨비 영 2 흰 구름 앙 | 庚丨ㄥ 陽(ying) | えい *sleet* よう

9 17〖霒〗 흐릴 음 | 侵丨ㄣ (yin) | いん *cloudy*

9 17〖霞〗 놀 하 | 麻ㄒ丨ㄚˊ (xia) | か (カスミ) *haze*

풀이 ①놀. 이내. ¶舒丹氣而爲—<左思> ②멀다. 아득함. 通遐. ¶載營魄而登—兮<楚辭> ③새우. 通鰕. ¶啄—矯翮兮雲間<吳越春秋> ④무지개. 햇무리. ㉮赮. ⑤요염하다. 짙은 화장. ¶郁—腴之春姿<郝經> ⑥옷의 붉은 것의 비유. ¶—衣轉席上<李嶠>

【霞洞】かどう(하동) 신선(神仙)이 산다는 곳. 仙洞(선동).

【霞雰】かふん(하분) 동쪽의 붉은 운기(雲氣).

【霞觴】かしょう(하상) ①신선(神仙)이 쓴다는 술잔. ②아름다운 술잔.

▷絳—, 落—, 晩—, 暮—, 夕—, 燒—, 晨—, 雲—, 流—, 赤—, 朝—, 餐—, 彩—, 春—, 形—, 紅—, 曉—

18〖霝〗 靈(p. 1606)과 同字

10 18〖霤〗 낙수물 류 | 宥ㄌ丨ㄡˋ (liu) | りゅう (アマダレ) *eavesdrop*

풀이 ①낙수물. ②물이 흐르다. ¶瀠瀠甘—<束晳> ③처마. ¶觀絶—只<楚辭> ④낙수받이. ¶池視重—<禮記> ⑤물방울. 通溜.

▷甘—, 階—, 修—, 長—, 中—

18〖霶〗 滂(p. 904)과 同字

18〖霻〗 豈(p. 1046)와 同字

10 18〖霣〗 1 떨어질 운 2 우뢰 곤 | 軫ㄩㄣˇ 阮(yun) | いん *fall* こん

풀이 1 ①떨어지다. 떨어뜨림. 通隕. ¶夜中星—如雨<公羊傳> ②구름이 비를 몰아오다. ③쓰러지다. ¶受命以出有死無—<左氏傳> ④구름이 뭉게뭉게 일다. ⑤비. 2 우뢰. 천둥.

18〖霸〗 覇(p. 1605)와 同字

11 19〖霧〗 안개 무 | 遇ㄨˋ (wu) | む (キリ) *fog*

本 霚

풀이 ①안개. ¶會瘴一昏塞<宋史> ②어둡다. ¶三精一塞<後漢書> ③검은 빛의 비유. ¶一鬢雪貌人難見<何景明> ④가볍고 잚의 비유. ¶廁一穀<漢書> ⑤모임의 비유. ¶雄州一列<王勃> ⑥흩어짐의 비유. ¶萬累煙消 百災一滅<王僧孺> ⑦젖음의 비유. ¶一唾香難盡<李商隱>

【霧散】むさん(무산) ①안개가 흩어짐. 안개가 갬. ②안개가 개듯 흔적 없이 흩어짐.

【霧笛】むてき(무적) 짙은 안개 속에서 충돌을 피하기 위하여 울리는, 배의 경적(警笛).

▷輕一, 濃一, 醲一, 斷一, 大一, 毒一, 密一, 薄一, 白一, 氛一, 三里一, 祥一, 瑞一, 夕一, 細一, 宿一, 晨一, 深一, 烟一, 五里一中, 妖一, 雨一, 雲一, 鬱一, 陰一, 瘴一, 貯雲含一, 朝一, 塵一, 秋一, 香一, 紅一, 花庭一, 黃一, 曉一, 曛一, 黑一

19【霻】雪(p.1599)의 本字

19【霄】霄(p.1602)와 同字

11
19【霫】비 올 습 |圓T丨ˊ(xi)|しゅう

풀이 ①비가 오다. ②비가 오는 모양. ③큰 비. ④동북의 오랑캐 이름. ¶奚一.

11
19【霪】장마 음 |圓丨ㄣˊ(yin)|いん(ナガアメ) long rain

풀이 장마. 10일 이상 계속되는 비. 通淫. ¶禹沐浴一雨<淮南子>

▷陰一, 霖一

11
19【霩】갤 확 |圓ㄎㄨㄛˋ(kuo)|かく clear up

풀이 ①개다. 날이 갬. ②탁 트이어 시원한 모양. ¶道始于虛一 虛一生宇宙<淮南子>

12
20【露】이슬 로 |圓ㄌㄨˋ(lu) ㄌㄡˋ(lou)|ろ(ツユ) dew

풀이 ①이슬. ②적시다. 젖음. ③은혜를 베풀다. ¶陛下垂德惠 以覆一之<漢書> ④드러나다. 드러냄. ¶今樂遠出以一威靈<漢書> ⑤고달프게 하다. ¶勿使有所壅閉湫底 以一其體<左氏傳> ⑥화초를 쪄서 얻은 진액. ¶鍊花一仙醞訣一卷<宋史> ⑦향기가 진하고 좋은 술. ¶壽皇時禁中供御酒 名薔薇一 賜大臣酒 謂之流香酒<老學庵筆記> ⑧향수(香水). ⑨허무함의 비유. ¶人生如朝一<漢書> ⑩보잘것 없음의 비유. ¶爲朝一之行 而思傳世之功<後漢書> ⑪허물어지다. 부서짐. ¶都邑一<荀子> ⑫새다. 흘러나옴. ¶事遂漏一<後漢書>

【露骨】ろこつ(노골) 뼈를 드러낸다는 뜻으로, 속내를 나타냄을 이름. ¶一的.

【露臺】ろだい(노대) ①지붕이 없는 누대. ②망대(望臺). ③서양식 건축의 발코니(balcony).

【露頭】ろとう(노두) ①머리를 드러낸다는 뜻으로, 아무것도 쓰지 않은 맨머리. 露首(노수). ②지표(地表)에 드러난 광맥(鑛脈)의 실마리.

【露西亞】ロシア(노서아) 러시아(Russia)의 음역. 露國(노국). 俄國(아국).

【露宿】ろしゅく(노숙) 한데서 잠. 野宿(야숙). 露眠(노면). 露臥(노와). 露次(노차). 露寢(노침).

【露店】ろてん(노점) 한데에 상품을 벌여 놓은 가게.

【露呈】ろてい(노정) 드러냄. 드러남.

【露天】ろてん(노천) 한데. 지붕이 없는 곳. 野天(야천). ¶一劇場.

【露出】ろしゅつ(노출) ①드러남. 또는, 드러냄. ¶馬脚一. ②사진술에서, 촬영·인화·확대 때, 감광면(感光面)에 적당한 양의 빛을 쬐는 일.

【露布】ろふ(노포) ①봉하지 않은 문서. ②문체(文體) 이름. ③한(漢)대에는 사령(赦令)·속령(贖令)·대상(大喪) 등의 공포문, 후한(後漢)말에는 군사상의 격문(檄文), 북위(北魏) 이후는 승전문(勝戰文)의 뜻으로 씀. 露板(노판).

▷甘一, 罄一, 庫一, 膏一, 矜一, 冷一, 濃一, 漏一, 沐一, 霧一, 白一, 繁一, 祥一, 霜一, 瑞一, 泄一, 渥一, 夜一, 如一, 零一, 玉一, 溽一, 雨一, 月一, 銀一, 人生如朝一, 呈一, 朝一, 珠一, 陳一, 塵一, 清一, 草一, 墜一, 湛一, 吐一, 暴一, 曝一, 表一, 風一, 披一, 華一, 寒一, 薤一, 泫一, 浩一, 花上一, 曉一

12
20【霰】싸라기눈 산 本선 |圓T丨ㄢˋ(xian)|さん(アラレ) hail

同霓 霰 䨘

풀이 ①싸라기눈. ¶如彼雨雪 先集維一<詩經> ②떡을 말려 썬 것.

▷輕一, 驚一, 急一, 微一, 雹一, 飛一, 霜一, 雪一, 雨一, 流一, 霖一, 滋一, 馳一, 漂一, 風一, 曉一

21【霛】靈(p.1606)과 同字

21【霶】滂(p.904)과 同字

13
21【霹】벼락 벽 |圓ㄆ丨(pi)|へき thunder

풀이 ①벼락. 천둥. 通辟. ②뇌신(雷神). ③벼락이 떨어지다. ¶雷霆一長松 骨大郤生筋<杜甫>

【霹靂】へきれき(벽력) ①벼락. 또는, 벼락이 침. ②천둥. 또는, 천둥 소리가 시끄러움.

13
21【霸】1 으뜸 패 本파 2 처음 달빛 백 |圓ㄅㄚˋ(ba) 陌ㄆㄛˋ(po)|は(ハタガシラ) top はく

俗覇 同霸

[풀이] **1** 으뜸. 우두머리. ¶以力假仁者一<孟子> **2** 처음 달빛. 달이 처음으로 빛을 얻는 일. 달의 넋. (같)魄. ¶已上皆謂月初生明爲一<說文·注>

【霸功】はこう(패공) 패자(霸者)로서의 공적.

【霸橋】はきょう(패교) 섬서성(陝西省) 장안현(長安縣) 동쪽의 패수(霸水)에 놓인 다리. 한(漢)·당(唐)대에, 이 다리 위에서 송별을 많이 함. 灞橋(파교). 鎖魂橋(소혼교).

【霸權】はけん(패권) 패자(霸者)가 가지는 권력.

【霸氣】はき(패기) ①패자(霸者)가 되려는 기개. ②의기에 찬 야망(野望).

【霸道】はどう(패도) 패자(霸者)가 취하는 도라는 뜻으로, 인의(仁義)보다 권모술수(權謀術數)나 무력(武力)으로 나라를 다스리는 방법을 이름. ↔王道(왕도).

【霸府】はふ(패부) 패자(霸者)가 국정(國政)을 보는 곳. 藩府(번부).

【霸業】はぎょう(패업) 제후의 우두머리가 되는 사업이란 뜻으로, 천하를 통일하려는 대업을 이름.

【霸王】はおう(패왕) ①㉮패자(霸者)와 왕자(王者). ㉯패도(霸道)와 왕도(王道). ②제후의 우두머리.

【霸者】はしゃ(패자) ①제후의 우두머리. 伯主(패주). ②패도(霸道)로 나라를 통치하는 사람. ③최고의 승리자.

【霸楚】はそ(패초) 초(楚)의 우두머리란 뜻으로, 항우(項羽)를 이름. 楚霸王(초패왕).

▷彊一, 死一, 生一, 連一, 英一, 五一, 王一, 雄一, 爭一, 定一, 制一, 偏一

21【霰】 霰(p.1361)과 同字

14/22【䨲】 토끼 새끼 누 | ㊥ㄋㄡ (nou) | どう

22【𩅰】 零(p.1601)과 同字

14/22【霾】 흙비 올 매 | ㊥ㄇㄞˊ (mai) | ばい

▷霿一, 翳一, 雲一, 陰一, 積一, 風一

14/22【霽】 갤 제 | ㊥ㄐㄧˋ (ji) | せい(ハレル) *clear up*

(同)霋 霽

[풀이] ①개다. ㉮비가 개다. ¶曰雨 曰一<書經> ㉯서리나 눈이 그치다. ¶氛霧霜雪不一<淮南子> ㉰운무(雲霧)가 걷히다. ¶去賊壘一里許 霧一<唐書> ㉱화나 불쾌감 같은 것이 풀리다. 한이 가심. ¶哲宗爲之少一<宋史> ②날씨가 화창하다. ③명랑하다. ¶胸懷灑落如光風一月<宋史>

【霽月】せいげつ(제월) 비 갠 날의 달. 나아가, 산뜻한 심경의 비유.

【霽月光風】せいげつこうふう(제월광풍) 비 갠 뒤의 달과 화창한 날의 바람이란 뜻으로, 도량이 넓고 시원시원함의 비유. 光風霽月(광풍제월).

▷開一, 暖一, 晩一, 夕一, 晨一, 新一, 曖一, 雲一, 林一, 澄一, 天一, 淸一, 秋一, 曉一

16/24【靂】 벼락 력 | ㊥ㄌㄧˋ (li) | れき *bolt*

16/24【靈】 신령 령 | ㊥ㄌㄧㄥˊ (ling) | れい(タマ) *spirit*

(古)霛 (略)霊 灵 (同)靇 靈

[풀이] ①신령. ㉮팔방의 신(神). ¶合五嶽與八一兮<楚辭> ㉯하늘의 신. ¶一祇之所保綏<張衡> ㉰구름의 신. ¶一皇皇兮既降 猋遠擧兮雲中<楚辭> ②신령하다. 신묘함. ¶惟人萬物之一<書經> ③영혼. ㉮죽은 사람의 혼백. ¶爲酒爲醴 烝彼祖一<蔡邕> ㉯만유(萬有)의 정기(精氣). 원기(元氣). ¶神一者 品物之本也<大戴禮> ㉰인체의 정기. ¶不可入於一府<莊子> ㉱죽은 사람의 존칭. ¶一柩/一位. ④정성. ¶橫大江兮揚一<楚辭> ⑤마음. 생각. ¶小則申舒性一<南史> ⑥산 것. 인류. ¶道庇生一 志匡宇宙<南史> ⑦목숨. 명수(命數). ¶竊國一也<法言> ⑧빼어난 것. 걸출한 것. ¶江漢英一 燕趙奇俊<隋書> ⑨좋다. 아름다움. ¶一雨既零<詩經> ⑩정교(精巧)한 것. ¶一動/一巧. ⑪영험(靈驗). 신불(神佛)이 베푸는 신기한 보람. ⑫효험. 징험. ¶一草冬榮<後漢書> ⑬위엄. 위광(威光). 존엄(尊嚴). ¶以寡君之一<國語> ⑭빛. ¶二女之一 能照此所方百里<山海經> ⑮행복. 은총. ⑯도움. ⑰어짊. ¶積仁爲一<說苑> ⑱밝음. 밝게 앎. ¶大愚者終身不一<莊子> ⑲무당. ¶思一保兮賢姱<楚辭>

【靈感】れいかん(영감) ①신불의 영묘한 감응(感應). ②신불의 깨우침을 받은 듯한 느낌. 神來(신래). ③신령스러운 예감.

【靈驗】れいげん(영검←영험) 사람의 기원(祈願)에 대한 신불(神佛)의 영묘한 감응(感應).

【靈界】れいかい(영계) 정신의 세계. ↔肉界(육계).

【靈柩】れいきゅう(영구) 시체를 넣은 관(棺). ¶一車.

【靈氣】れいき(영기) 영묘한 기운이나 효험.

【靈壇】れいだん(영단) ①신을 제사 지내는 단. 祭壇(제단). ②기우제를 지내는 단.

【靈堂】れいどう(영당) ①신불(神佛)을 모신 당. ②사당(祠堂). 靈殿(영전).

【靈臺】れいだい(영대) ①☞靈府(영부). ②주(周) 문왕이 세운 대. ¶經始一<詩經> ③천문대(天文臺). ¶登一 望雲物<後漢書>

【靈媒】れいばい(영매) 신령이나 사자(死者)의 영과 의사를 통하게 매개한다는 사람. 박수, 무당 따위.

【靈木】れいぼく(영목) 신령이 깃들어 있다는 나무. 신령스러운 나무.

【靈妙】れいみょう(영묘) 신령스럽고 기묘함.

【靈苗】れいびょう(영묘) 훌륭하게 잘 자란 모종이나 묘목.

【靈廟】れいびょう(영묘) 사당(祠堂). 靈殿(영전).

【靈武】れいぶ(영무) 인간으로서는 상상할 수 없는 뛰어난 무용.
【靈物】れいぶつ(영물) ①신령스러운 짐승이나 물건. ②귀신.
【靈峰】れいほう(영봉) 신령스러운 봉우리. 또는, 신령이 깃들여 있다는 산. 靈山(영산). ¶白頭山一.
【靈府】れいふ(영부) 영혼이 깃들여 있는 곳. 곧 마음, 정신. 靈臺(영대)①.
【靈砂】れいさ(영사) 수은(水銀)을 고아서 결정체(結晶體)로 만든 약재. 곽란·토사 등에 씀.
【靈山】れいざん(영산) ①영묘한 산. ②도교(道教)에서, 산의 이칭. ③《佛》 영취산(靈鷲山). ¶一會相.
【靈獸】れいじゅう(영수) 신령스러운 짐승. 기린, 용, 봉 따위.
【靈辰】れいしん(영신) ①좋은 때. ②경사스러운 날. 음력 1월 7일을 이름. 人日(인일).
【靈藥】れいやく(영약) 영검이 있는 약. 신기한 효험이 있는 약.
【靈長】れいちょう(영장) 영묘한 지능을 가진 것 중 가장 뛰어난 존재란 뜻으로, 사람을 이름. 만물의 으뜸.
【靈前】れいぜん(영전) ①신령의 앞. ②혼령의 앞.
【靈芝】れいし(영지) 버섯의 한 가지. 산 중의 나무 뿌리가 썩은 곳에 나며, 자루 위에 구름 무늬의 균산(菌傘)이 있음. 복초(福草)라 하여 상서로운 것으로 여김.
【靈泉】れいせん(영천) ①영묘한 효험이 있는 샘. 神泉(신천). ②온천의 아칭(雅稱).
【靈草】れいそう(영초) 영묘한 풀. 죽은 사람을 살리며 불로장생(不老長生)한다는 가상(假想)의 풀.
【靈寵】れいちょう(영총) 신불(神佛) 등의 은총.
【靈通】れいつう(영통) ①감초(甘草)의 이칭. ②민첩함. ③서로 느끼어 통함.
【靈魂】れいこん(영혼) 넋. 정신. 靈爽(영상). 靈魄(영백). ¶一不滅說. ↔肉體(육체).
▷乾一, 坤一, 光一, 群一, 穹一, 萬一, 亡一, 妄一, 明一, 冥一, 廟一, 民一, 百一, 炳一, 伏一, 不一, 四一, 山一, 上一, 祥一, 生一, 仙一, 性一, 聖一, 秀一, 粹一, 淑一, 神一, 心一, 陽一, 嚴一, 英一, 五一, 曜一, 月一, 威一, 慰一, 幽一, 人傑地一, 資一, 情一, 帝一, 祖一, 尊一, 衆一, 至一, 淸一, 葱一, 芻一, 河一, 含一, 海一, 魂一, 皇一

16 24〖靇〗 우뢰 소리 롱 | 東 | ろう *thunder*

16 24〖靄〗 아지랭이 애 알 | 泰 ㄞˇ (ai) 曷 | あい *haze* あつ
풀이 ①아지랭이. 연무(煙霧). ②자욱하게 낀 기운. ¶一一. ③구름이 모이는 모양. ④구름이 길게 낀 모양. ⑤눈이 오는 모양.
▷江一, 嵐一, 淡一, 暮一, 山一, 夕一, 野一, 烟一, 遙一, 遠一, 林一, 朝一, 蒼一, 彩一, 川一, 淺一, 靑一, 春一, 和氣一一, 曉一

16 24〖靃〗 1 나는 소리 확 2 이슬 수 | 藥 ㄏㄨㄛˋ (huo) 紙 ㄙㄨㄟˇ (sui) | かく すい
풀이 1 나는 소리. 새가 빗속을 나는 소리. 2 ①이슬. ②풀이 보드라운 모양. ¶一靡. ③자잘한 모양. ¶一一.

25〖靍〗 鶴(p.1201)의 俗字

17 25〖靉〗 구름 낄 애 | 隊 ㄞˋ (ai) | あい *cloud*
풀이 ①구름이 끼다. 구름이 끼는 모양. ②돋보기의 이칭. ¶一靆. ③구름이 성한 모양.
【靉靆】あいたい(애체) ①구름이 많이 낀 모양. ¶朝雲一<潘尼> ②구름이 해를 덮는 모양. ¶雲覆日爲一<通俗文> ③안경(眼鏡)의 이칭.

靑<푸를 청>部

靑 青 ③ 晴 ⑤ 靖 ⑥ 靘 ⑦ 靚 ⑧ 靛 靜

0 8〖靑〗 푸를 청 | 靑 ㄑㄧㄥ (qing) | せい(アオ) *blue*
同青
풀이 ①푸르다. 푸른빛. 청색. 봄, 동쪽, 젊음 등을 뜻함. ¶一取之於藍 而一於藍<荀子> ②푸른 흙. 안료(顔料)나 벽장식 따위에 씀. ¶其土則丹一赭堊<漢書> ③녹청(綠靑). 동록(銅綠). 구리에 생기는 푸른빛 녹. ¶掌凡金玉錫石丹一之戒令<周禮> ④물총새. ¶前有水則載一旌<禮記> ⑤대의 겉껍질. 죽간(竹簡). ¶欲殺一簡以寫經書<後漢書> ⑥무성(茂盛)한 모양. ¶綠竹一一<詩經> ⑦고요하다. ¶涉一林以游覽兮<潘岳>
【靑簡】せいかん(청간) 옛날 종이가 없을 때, 푸른 대쪽을 불에 쬐어 물기를 빼고 글씨를 쓴 데서 서적(書籍)을 이름. ¶恢欲殺一 以寫經書<後漢書>
【靑果】せいか(청과) ①신선한 과일. 鮮果(선과). ②과일과 채소. ¶一物/一類. ③감람(橄欖)의 속칭.
【靑丘】せいきゅう(청구) ①중국의 남해(南海) 가운데에 있는, 신선이 산다는 곳. 長洲(장주). ②우리 나라의 옛 이름.
【靑宮】せいきゅう(청궁) 태자(太子)의 이칭. 오행설(五行說)에서, 청색이 계절로는 봄, 방위로는 동(東)에 해당하므로 이르는 말. 東宮(동궁). 春宮(춘궁).
【靑囊】せいのう(청낭) ①약을 넣는 주머니. 후세에 의술(醫術)을 이름. ②화타(華陀)의 의서(醫書)인 청낭비결(靑囊祕訣). 지금은 전하지 않음. ③천문(天文), 복서(卜筮), 의술(醫術)에 관한 서적. 진(晋)의 곽박(郭

璞)이 도인(道人) 곽공(郭公)에게서 받은 푸른 주머니에서, 그 분야의 책 9권이 나왔다는 데서 유래. ④도장 주머니.

【靑娘子】せいじょうし(청낭자) 잠자리. 蜻蛉(청령).

【靑女】せいじょ(청녀) ①서리와 눈의 여신(女神). ¶至秋三月 一乃出 以降霜雪<淮南子> ②서리의 이칭. ¶常遭一殺<寒山>

【靑年】せいねん(청년) 젊은 사람. 젊은이.

【靑奴】せいど(청노) 대오리로 결어 만든 등신대(等身大)의 기구. 여름밤에 끼고 누워 시원한 기운을 취함. 竹夫人(죽부인).

【靑銅】せいどう(청동) ①구리와 주석의 합금. 褐銅(갈동). ¶一器. ②청동으로 만든 돈. 銅錢(동전). ③거울.

【靑燈】せいとう(청등) 푸른 등불. 청사 초롱. 靑紗燈籠(청사등롱).

【靑嵐】せいらん(청람) ①여름 바람. 녹음(綠陰)에 부는 바람. ¶未夜一入 先秋白露團<白居易> ②푸른 산의 기운. 이내. 嵐氣(남기).

【靑藍】せいらん(청람) ①제자가 스승보다 나음. 出藍(출람). ¶靑取之於藍 而靑於藍<荀子> ②쪽잎에서 뽑은 푸른 물감.

【靑龍】せいりゅう(청룡) ①푸른 용. 蒼龍(창룡). ②사신(四神)의 하나. 동방(東方)의 신. ¶左一而右白虎<禮記> ↔白虎(백호). ③갯가재의 이칭.

【靑龍刀】せいりゅうとう(청룡도) 칼자루에 청룡을 새긴 큰 칼. 청룡언월도(靑龍偃月刀).

【靑樓】せいろう(청루) ①푸른 누각. ¶武帝興光樓上施靑漆 世人謂之一<南史> ㉮현귀(顯貴)한 사람의 집. ㉯귀인(貴人)의 딸이 거처하는 고루(高樓). ②논다니가 사는 집. 기생(妓生)집. 妓樓(기루).

【靑馬】せいば(청마) ①푸른 말. ②장기나 쌍륙 따위의, 푸른 빛깔을 칠한 말. ↔紅馬(홍마).

【靑盲】せいもう(청맹) ①뜨고도 보지 못하는 눈. 청맹과니. 당달봉사. ②색맹(色盲)의 한 가지. 청색을 못보는 눈.

【靑史】せいし(청사) 역사(歷史). 사서(史書). 종이가 발명되기 이전 푸른 대껍질에 기록하였으므로 이르는 말.

【靑詞】せいし(청사) 도교(道敎)에서 제사에 쓰는 문체(文體). 또는, 그 문장(文章). 청등지(靑藤紙)에 붉은 글씨로 쓴 데서 이름. ¶凡太淸宮道觀薦告詞文 用靑藤紙朱字 謂之一<翰林志>

【靑紗燈籠】せいしゃとうろう(청사등롱) 푸른 깁으로 싼 등롱. 청사초롱. 靑燈(청등).

【靑寫眞】アオじゃしん(청사진) ①도면(圖面) 등의 복사에 쓰이는 사진의 한 가지. 靑色寫眞(청색사진). ②구체적인 계획.

【靑山】せいざん(청산) ①푸른 산. 碧山(벽산). ②묘지(墓地). ¶人間到處有一<月性>

【靑山可埋骨】せいざんホネヲウズムベシ(청산가매골) 도처에 청산이 있어 뼈를 묻을 수 있음. 남자는 반드시 고향에 묻혀야 하는 법은 없다는 말. ¶是處一 他年夜雨獨傷神<蘇軾>

【靑山流水】せいざんりゅうすい(청산유수) 말을 막힘없이 잘함을 이름.

【靑孀】(청상) 나이가 젊은 과부(寡婦).

【靑孀寡婦】(청상과부) ☞靑孀(청상).

【靑色】アオイロ(청색) 푸른 빛깔.

【靑石】アオイシ(청석) 푸른 돌.

【靑少年】せいしょうねん(청소년) 청년과 소년. 젊은이. ¶一敎育.

【靑眼】せいがん(청안) ①친밀한 감정으로 대하는 눈매. 진(晉)의 완적(阮籍)이 친한 사람은 청안으로, 거만한 사람은 백안(白眼)으로 대했다는 옛일에서 유래. ↔白眼(백안). ②뜻과 마음이 맞는 벗. 知己(지기). ¶與君一客 共有白雲心<王維>

【靑蒻笠】(청약립) 푸른 갈대로 만든 삿갓.

【靑陽】せいよう(청양) ①봄. 陽春(양춘). ②천자(天子)의 동당(東堂). 천자의 거실(居室). ¶孟春之月 天子居一左个<禮記>

【靑瓦】(청와) 푸른 기와. 청기와. ¶一臺.

【靑雲】せいうん(청운) ①푸른 구름. 갠 하늘. 靑天(청천). ②학덕이 있고 명망이 높음의 비유. ③고위 고관(高位高官). ④풍월(風月)을 벗삼는 은일(隱逸)의 생활. 또는, 고상한 지조의 비유. ⑤입신 출세(立身出世). ¶一之志.

【靑瓷】せいじ(청자) 엷은 녹색의 유약(釉藥)을 칠한 도기(陶器). 靑沙器(청사기). 靑磁(청자). 靑陶(청도). ¶高麗一.

【靑帝】せいてい(청제) 동쪽 또는 봄을 맡은 신(神). 靑皇(청황).

【靑鳥】せいちょう(청조) ①푸른 새. ②사자(使者), 서간(書簡), 선녀(仙女) 등의 뜻. 세 발 가진 푸른 새가 온 것을 보고 동방삭(東方朔)이, 서왕모(西王母)의 사자가 편지를 가지고 왔다고 한 옛일에서 유래. 靑雀(청작). ¶忽有一 飛集殿前 東方朔曰 此西王母欲來<漢武故事>

【靑州從事】せいしゅうじゅうじ(청주종사) 좋은 술. 미주(美酒). ¶有酒輒令先嘗 好者謂一 惡者謂平原督郵<世說新語>

【靑天白日】せいてんはくじつ(청천백일) ①맑게 갠 대낮. 쾌청(快晴)한 하늘. ②심사(心事)가 명백함의 비유. ¶大丈夫心事 當如一<朱子文集> ③억울한 누명이 풀림.

【靑天霹靂】せいてんノへきれき(청천벽력) 맑은 하늘의 벼락. ㉮필세(筆勢)가 약동함의 형용. ¶忽起作醉墨 正如久蟄龍 靑天飛霹靂<陸游> ㉯갑작스레 생기는 일. 변(變).

【靑春】せいしゅん(청춘) ①봄. ②젊은 나이. 청년기(靑年期). 인생의 봄에 비유됨.

【靑出於藍】せいらんヨリイズ(청출어람) 쪽에서 나온 물감이 쪽보다 더 푸르다는 뜻으로, 제자가 스승보다 나음의 비유.

【유래】 전국 시대 조(趙)의 순황(荀況)이 면학을 권하여, 「푸른 물감은 쪽에서 나왔으나 쪽보다 더 푸르고(靑取之於藍 而靑於藍), 얼음은 물로 이루어졌으나 물보다 차다(氷水爲之 而寒於水). 사람도 이와 같아, 제자가 스승보다 학문이 뛰어나곤 한다」고 말했다. <荀子>

【靑苔】せいたい(청태) ①푸른 이끼. ②갈파래.

【靑黃不接之候】せいこうふせつノこう(청황 부접지후) ①靑은 햇곡식, 黃은 묵은 곡식. 묵은 곡식이 다하고 햇곡식이 나지 않은 때. 보릿고개.

端境期(단경기). ②구화(舊貨)가 매진(賣盡)되고 신하(新荷)가 입하(入荷)되지 않는 일.
▷紺一, 空一, 群一, 男一, 綠一, 丹一, 淡一, 踏一, 黛一, 冬一, 萬年一, 白一, 碧一, 殺一, 石一, 水一, 純一, 深一, 女一, 遙一, 田一, 曾一, 葱一, 翠一, 扁一, 縹一, 汗一

8【青】 青(p. 1607)과 同字

3 11【啨】 1 속삭일 영 庚 えい 2 뜻 정 庚 せい

12【靝】 天(p. 380)과 同字

5 13【靖】 편안할 정 梗 ㄐㄧㄥˋ (jing) せい peaceful
풀이 ①편안하다. ¶一共爾位<左氏傳> ②고요하다. 通 靜. ¶旣防溢而一志兮<張衡> ③다스리다. ¶俾予一之<詩經>/一難. ④꾀하다. ¶實一夷我邦<詩經> ⑤온화하다. ¶肆其一之<詩經> ⑥삼가다. 조심함. ¶士處一<管子> ⑦그치다. 그만둠. ¶諸侯一兵<左氏傳> ⑧꾸미다. ⑨자세한 모양. 通 精. ⑩족(足)하다. 충분함.
【靖國】(정국) 나라를 편안하게 다스림. 鎭國(진국). ¶一功臣.
【靖難】せいなん(정난) 국난(國難)을 평정함. ¶融負其高氣 志在一<後漢書>/一功臣.
▷嘉一, 簡一, 綏一, 安一, 恬一, 寧一, 底一, 淸一, 祝一, 閑一

6 14【靘】 검푸른 빛 정 徑 ㄑㄧㄥˋ (qing) せい dark blue
풀이 ①검푸른 빛. ②그늘진 곳.

14【静】 靜(p. 1609)의 略字

7 15【靚】 치장할 정 敬 ㄐㄧㄥˋ (jing) せい
풀이 ①치장하다. 화장함. ¶曉日一粧千騎女<陸龜蒙> ②조용하다. 通 靜. ③요염하다. ④부르다. ⑤밝다.
【靚妝】せいしょう(정장) 아름답게 꾸밈. 또는, 화장함. 靚粧(정장). 靚飾(정식).
▷深一, 妝一, 華一

8 16【靛】 쪽 전 霰 ㄉㄧㄢˋ (dian) てん indigo
풀이 쪽. 남색 물감. 청대(靑黛). 또는, 쪽으로 물들임.

8 16【靜】 고요할 정 梗 ㄐㄧㄥˋ (jing) せい(シズカ) quiet
略 静
풀이 ①고요하다. ㉮움직이지 아니하다. ¶至一而德方<易經> ㉯침착하다. 차분함. ¶怒則手足不一<淮南子> ㉰소리가 없다. ¶一閒安些<楚辭> ㉱조용한 환경. ¶臣好棲一<南史> ㉲낫다. ¶壹人唱一<江總> ②맑다. ¶一其巾冪<國語> ③단청(丹靑)이 정밀하다. ④바르다. ¶一女其姝<詩經> ⑤따르다. 복종함. ¶民乃一<逸周書> ⑥온화하다. ¶樂由中出 故一<禮記> ⑦꾀하다. ¶一言庸違<書經> ⑧쉬다. 휴식함. ⑨간(諫)하다. 通 諍. ⑩수련하다. 도교(道敎)에서 이르는 수업(修業). ¶修練之士 當須入一<雲笈七籤>
【靜觀】せいかん(정관) 조용히 사물을 관찰함.
【靜物】せいぶつ(정물) ①정지(靜止)하여 움직이지 않는 물건. ②식물(植物). ③정물화(靜物畫)의 준말.
【靜謐】せいひつ(정밀) ①고요하고 편안함. ②세상이 편안함. 太平(태평). ¶江外一<宋書>
【靜心】せいしん(정심) 고요한 마음. 또는, 마음을 고요히 가라앉힘. ¶必齋以一<莊子>
【靜養】せいよう(정양) 심신을 조용히 하여 병을 요양함. 靜攝(정섭).
【靜寂】せいじゃく(정적) 고요하고 괴괴함.
【靜坐】せいざ(정좌) ①고요히 앉음. ②마음을 가라앉히고 단정히 앉음.
【靜中動】せいちゅうのどう(정중동) 정(靜) 가운데 동(動)을 감추고 있는 것이 참된 정이요, 정 가운데의 정은 참된 정이 아니라는 설. 靜中有動(정중유동). ¶靜中靜非眞靜 動處樂非眞樂 苦中樂得來 纔見心體之眞機<菜根譚>
【靜止】せいし(정지) 고요히 그침. 정지(停止)하여 움직이지 않음. 靜息(정식).
▷簡一, 空一, 寬一, 端一, 澹一, 動一, 密一, 綏一, 肅一, 愼一, 安一, 淵一, 寧一, 隱一, 寂一, 貞一, 躁一, 至一, 鎭一, 淸一, 沈一, 湛一, 退一, 平一, 閑一, 虛一, 玄一, 和一

18【靝】 天(p. 380)과 同字

非<아닐 비>部

非 ⑦ 靠 ⑪ 靡

0 8【非】 1 아닐 비 微 ㄈㄟ (fei) ひ(アラズ) be not 2 비방할 비 尾
풀이 1 ①아니다. ☞ 句法 ②등지다. 배반함. ③거짓. 진실이 아님. ¶一禮之禮一義之義 大人弗爲<孟子> ④나쁘다. 옳지 않음. ¶辨是與一<易經> ⑤사악(邪惡). ¶憫然念外人之有一<史記> ⑥허물. 잘못. ¶辯足以飾一<莊子> ⑦없다. ¶夫子則一罪<史記> ⑧숨다. ⑨책하다. 꾸짖음. ¶一隱也<穀梁傳> ⑩벌하다. ¶將以一不穀<呂覽> ⑪원망하다. ¶今旣無事矣而一鮢<國語> ⑫아닌가. 아니한가. ¶兵數百人 遮橋曰 是天子一<後漢書·注> 2 비방(誹謗)하다. 通 誹. ¶百姓怨一而不用<荀子>

句法

①부정

[非…] …이 아니다. ¶無是非之心 非人也<孟子>/非敵百姓也<孟子>

②가정

[非…] …이 없다면. …이 아니라면. ¶民非水火 不生活<孟子>/非其君 不事<孟子>

③한정

[自非…] …이 아닌 한. ¶自非聖人 外寧必有內憂<左氏傳>

【非據】ひきょ(비거) 있어서는 안 될 곳에 있다는 뜻으로, 재능이 없이 높은 지위에 있음을 이름. 「濟(불경제).

【非經濟】ひけいざい(비경제) 경제적이 아님. 不經

【非計】ひけい(비계) 나쁜 방법. 나쁜 계획. 非謀(비모). 「↔公開(공개).

【非公開】ひこうかい(비공개) 널리 알리지 않음.

【非公式】ひこうしき(비공식) 공식이 아님. 사사(私私)로움. 또는, 드러난 것이 아님. ↔公式(공식).

【非幾】ひき(비기) 불선(不善)의 기미(幾微). 좋지 못한 징조. ¶爾無以釗冒貢于一<書經>

【非器】ひき(비기) 그릇이 아님. 어떤 일을 맡을 만한 인물이 못 됨.

【非難】ひなん(비난) 남의 잘못이나 흠 따위를 책잡아서 나쁘게 말함. ¶一調.

【非但】(비단) 다만이란 뜻으로, 부정(否定)하는 말 앞에 쓰는 말.

【非道】ひどう(비도) ①도리에 어긋남. 非理(비리). ②인정에 벗어남. 殘酷(잔혹).

【非禮】ひれい(비례) 예의에 어긋남. 無禮(무례). ¶一勿視 一勿聽 一勿言 一勿動<論語>/過恭一.

【非禮之禮】ひれいのれい(비례지 례) 예의에 맞는 듯하면서 실상은 위배된 예의. 사이비례(似而非禮). ¶一 非義之義 大人弗爲<孟子>

【非類】ひるい(비류) ①동류가 아님. 또는, 같은 종족(種族)이 아님. ②행동이 바르지 않은 사람. 匪人(비인). ¶抗節五王 不交一<嵇康> ③사람이 아닌 동물. 禽獸(금수).

【非理】ひり(비리) 도리가 아님. 非道(비도).

【非賣品】ひばいひん(비매품) 팔지 않는 물건.

【非命】ひめい(비명) ①천명(天命)을 다하지 못하고 뜻밖에 죽음. 非命橫死(비명횡사). 橫死(횡사). ¶此三者死一也<孔子家語> ↔천명(天命). ②정명(定命)의 설(說)을 비난함. ¶墨家者流 順四時而行 是以一<漢書> ③「묵자」(墨子)의 편 이름.

【非夢似夢】(비몽사몽) 꿈인지 생시인지 어렴풋한 상태. 似夢非夢(사몽비몽). ¶一間. ※幻覺(환각). 「번).

【非番】ひばん(비번) 당번이 아님. ↔當番(당

【非凡】ひぼん(비범) 평범하지 않음. 뛰어남. 不凡(불범). 非常(비상)①. ¶君狀貌一<後漢書> ↔平凡(평범).

【非常】ひじょう(비상) ①예사롭지 않고 특별함. ↔尋常(심상). ②☞非凡(비범). ③뜻밖의 일. 事變(사변). 急變(급변). ¶一警戒. ④《佛》 덧없음. 無常(무상).

【非常口】ひじょうぐち(비상구) 평상시에 쓰지 않는 출입구.

【非常時】ひじょうじ(비상시) 평상과 다른 때. 중대한 위기. 전쟁 또는 사변이 일어난 때. ↔平常時(평상시). 「(僧侶).

【非俗】ひぞく(비속) 속인(俗人)이 아님. 승려

【非僧非俗】ひそうひぞく(비승비속) 중도 아니고 속인도 아님. 얼치기의 비유.

【非運】ひうん(비운) 운수가 나쁨. 不幸(불행). ※否運(비운). 「一事實.

【非違】ひい(비위) 법에 어긋남. 또는 그 일. ¶

【非陰則陽】ひいんそくよう(비음즉 양) 음이 아니면 양이란 뜻으로, 천지간에는 음과 양 이외에는 없음을 이름. 음양을 불변 불멸의 진리로 봄. ¶天地之道 一<列子>

【非一非再】ひいつひさい(비일비재) ①한두 번이 아님. 번번이 그러함. ②한둘이 아님. 많음. 수두룩함.

【非才】ひさい(비재) ①재능이 없음. ②자기 재능의 겸칭. 菲才(비재). ¶淺學一.

【非情】ひじょう(비정) ①목석(木石)처럼 희로애락(喜怒哀樂)의 감정이 없음. ②인정이 없음. 沒人情(몰인정).

【非合理】ひごうり(비합리) 이치에 맞지 않음. 이성(理性)으로 파악할 수 없음. ¶一的/一主義.

▷覺一, 姦一, 格一, 禁一, 百一, 辯足飾一, 似而一, 先一, 是一, 心一, 養一, 悟一, 匿一, 昨一, 前一, 節一

9 〖韭〗 部首 글자

10 〖剕〗 ☞刀部 8획(p. 211)

12 〖悲〗 ☞心部 8획(p. 574)

12 〖斐〗 ☞文部 8획(p. 693)

13 〖砦〗 苦(p. 1270)와 同字

13 〖𢦟〗 我(p. 605)와 同字

14 〖裴〗 ☞衣部 8획(p. 1352)

14 〖翡〗 ☞羽部 8획(p. 1208)

14 〖蜚〗 ☞虫部 8획(p. 1327)

7/15 〖靠〗 기댈 고 | 號 ㄎㄠˋ (kao) | こう depend on

풀이 ①기대다. 의지함. 맡김. ②어긋나다. 배반함. ㉠搞.

15 〖𩇼〗 靠(p. 1610)와 同字

15 〖輩〗 ☞車部 8획(p. 1464)

11/19 〖靡〗 1 쓰러질 미 2 문지를 마 | 紙 ㄇㄧˇ (mi) 歌 | び(ナビク) fall down ば

풀이 1 ①쓰러지다. 쏠림. 기욺. ¶望其旗一<左氏傳> ②복종하다. 순응함. ¶燕從風而一<史記> ③연루(連累)되

다. ¶胥—. ④괴롭히다. ¶無封—于爾邦<詩經> ⑤사치하다. 낭비(浪費)함. [通]侈. ¶以政令禁物—而均市<周禮> ⑥없다. 부정하는 말. ¶之死矢—他<詩經> ⑦다하다. ¶以相顚傾 以—敝之<荀子> ⑧물가. [通]湄. ¶江—. ⑨함께하다. ¶吾與爾—之<易經> ⑩늦추다. 느슨히 함. ¶—之儇之<荀子> ⑪사랑하다. ¶喜則交頸相—<莊子> ⑫잘다. 작음. ¶國雖—止<詩經> ⑬곱다. 아름다움. [通]麗 儷. ¶—衣媮食<漢書> ⑭고운 옷감. 발이 고운 피륙. ¶東齊言布帛之細者曰綾 秦晋曰—<方言> ⑮덩굴풀. 번음. [通]蔓. ¶尋—滸於中逵<左思> [2]①문지르다. 비빔. [通]摩. ¶喜則交頸相—<文選> ②흩다. 흩어짐.

▷江—, 綺—, 妙—, 封—, 浮—, 奢—, 胥—, 麗—, 姸—, 妖—, 委—, 淫—, 猗—, 迤—, 離—, 雕—, 織—, 草—, 摧—, 侈—, 風—, 披—

面<낯 면>部

面 ⑤ 靤 ⑦ 靦 靦 ⑫ 靧 ⑭ 靨

0
9【面】 낯 면 | [霰]ㄇㄧㄢˋ (mian) | めん(オモ) *face*

[本]靣 [俗]靣

[源]象形. 원래의 글자 꼴은靣. 목과 얼굴의 윤곽을 본뜸.

[풀이]①낯. 얼굴. ②앞. ¶大輅在賓階—<書經> ③겉. 표면. ¶古人結交唯結心 今人結交唯結—<明心寶鑑> ④쪽. 방향(方向). ¶令四—騎馳下<史記> ⑤탈. 가면(假面). ¶用鐵—自衛<晋書> ⑥눈앞. 면전(面前). ¶汝無—從退有後言<書經> ⑦뵈다. ¶—不升<儀禮> ⑧향하다. ¶東—而征 西夷怨<孟子> ⑨겉으로 하다. ¶覆之—葉<儀禮> ⑩얼굴빛을 부드럽게 하다. ¶君子之於子 愛之而勿— 使之而勿貌<荀子> ⑪얼굴을 돌리다. [通]偭. ¶爲涕泣 —而對之<漢書> ⑫면. 다면체(多面體)의 한계를 이루는 평면. ⑬[韓]행정 구획의 하나.

【面鏡】(면경) 얼굴이나 볼 정도의 작은 거울. 石鏡(석경).

【面愧】(면괴) 대면하기가 부끄러움. 面灸(면구). 面赧(면난).

【面談】めんだん(면담) 대면하여 이야기함. 面話(면화).

【面對】めんたい(면대) 서로 얼굴을 대함. 對面(대면). 面當(면당).

【面刀】(면도) 얼굴의 잔털과 수염을 깎는 칼. 면도칼. 또는, 그 일.

【面面】めんめん(면면) ①각 방면(方面). ②사람마다. 앞앞이. 各自(각자).

【面貌】めんぼう(면모) ①얼굴의 모양. 낯. 面相(면상). ②모습이나 상태.

【面目】めんもく(면목) ①얼굴의 생김새. 容貌(용모). ②체면(體面). 명예(名譽). ¶何—復見寡人<戰國策> ③태도나 모양. ¶不識廬山眞—<蘇軾>

【面駁】(면박) 면전에서 반박함.

【面壁】めんぺき(면벽)《佛》①벽을 마주 보고 앉음. 坐禪(좌선). ¶—九年. ②개의(介意)하지 아니함의 비유. ¶迹無所應 惟—而已<晋書> ③무위한거(無爲閑居)함의 비유.

【面紗布】めんしゃふ(면사포) ①공주가 결혼식 때 쓰던 금박으로 수놓은 홍사(紅紗). ②결혼식 때 신부(新婦)가 쓰는 흰빛의 긴 사(紗).　「닥.

【面上】めんじょう(면상) 얼굴 위. 얼굴 바닥. 낯 바

【面識】めんしき(면식) 얼굴을 서로 앎. 相識(상식). ¶——/—犯.　「화장. 단장.

【面飾】めんしょく(면식) ①겉치레. ②얼굴의 장식.

【面如冠玉】めんかんぎょくノゴトシ(면여관옥) 용모가 아름다움. 美如冠玉(미여관옥). ¶— 還疑木偶<南史>

【面柔】めんじゅう(면유) ①안색을 부드럽게 하여 남을 꾀어 냄. ②얼굴이 추악하여 항상 얼굴을 숙이고 있는 사람. 또는, 내향적(內向的)인 사람. ③늘 몸을 굽히고 있는 데서, 곱추를 이름.

【面諭】めんゆ(면유) 대면하여 타이름.

【面子】めんし·めんつ(면자) 면목(面目). 체면(體面). 威信(위신). ¶賊平之後 方見—<舊唐書>

【面積】めんせき(면적) ①지면(地面)의 넓이. ②물건의 평면이나 겉면의 넓이. ¶表—.

【面前】めんぜん(면전) 면대한 앞. 눈앞. 目前(목전). 眼前(안전).

【面接】めんせつ(면접) 직접 대면함. 接面(접면). 對面(대면). ¶—考査.

【面從腹背】めんじゅうふくはい(면종복배) 겉으로는 따르는 체하며 속으로는 배반함.

【面奏】めんそう(면주) 뵈고 아뢺.

【面紙】めんし(면지) ①《佛》 위패(位牌)의 이름을 가리는 오색 종이. ②책의 앞뒤 겉장과 안겉장 사이의 지면(紙面).

【面叱】(면질) 대면하여 꾸짖음.　「힐).

【面責】めんせき(면책) 면대하여 책망함. 面詰(면

▷假—, 鏡—, 黥—, 刮—, 廣—, 嬌—, 垢—, 球—, 舊—, 南—, 藍—, 內—, 露—, 多—, 當—, 對—, 黛—, 韜—, 東—, 馬—, 磨—, 滿—, 文—, 反—, 半—, 方—, 背—, 白—, 屛—, 覆—, 北—, 粉—, 四—, 私—, 斜—, 上—, 相—, 書—, 西—, 晳—, 扇—, 雪—, 沼—, 素—, 笑—, 小—, 水—, 羞—, 瘦—, 繡—, 鬚—, 識—, 顔—, 仰—, 玉—, 外—, 凹—, 圓—, 月—, 裏—, 梨—, 人—, ——, 字—, 赭—, 粧—, 牆—, 全—, 前—, 正—, 照—, 池—, 地—, 塵—, 凸—, 鐵—, 剃—, 皺—, 醜—, 醉—, 側—, 他—, 唾—, 土—, 八—, 便—, 平—, 表—, 皮—, 下—, 海—, 花—, 畫—, 黃—, 後—, 毀—

8【靣】面(p.1611)의 俗字

9【靣】面(p.1611)의 本字

12〖靬〗 奸(p.1048)과 同字

12〖耐〗 耐(p.1215)의 訛字

14〖靼〗 靦(p.1612)과 同字

5
14〖靤〗 면종 포 | 囪ㄆㄠˋ (pao) | ほう

7
16〖䩉〗 뺨 부 | 㱰ㄈㄨˇ (fu) | ふ *cheeks*

7
16〖靦〗 부끄러워할 전 | 銑ㄊㄧㄢˇ (tian) | てん *ashamed*

同 靼 靧

源 **會意・形聲**. 서로 얼굴[面]을 마주 볼[見] 때의 몸가짐을 뜻함.

풀이 ①부끄러워하다. ②뻔뻔한 얼굴. 부끄러워하지 않는 모양. ¶余雖一然而人面哉<國語>

▷愧一, 有一面目, 慙一

12
21〖靧〗 세수할 회 | 隊ㄏㄨㄟˋ (hui) | かい

22〖䩒〗 慈(p.585)와 同字

22〖靦〗 靦(p.1612)과 同字

14
23〖靨〗 1 보조개 엽 | 葉ㄧㄝˋ (ye) | よう *dimple*
2 사마귀 염 | 琰 | えん

풀이 1 보조개. ¶一䩉在頰則好<淮南子> 2 사마귀. 흑자(黑子).

▷嬌一, 媚一, 寶一, 笑一, 兩一, 淺一, 歡一

革<가죽 혁>部

革 ③ 靬 靭 靮 靫 ④ 靳 靸 靷 靶 靴 ⑤ 鞃 靼 鞀 靺 靽 靾 鞅 靿 鞄 鞁 ⑥ 鞏 鞍 鞌 鞇 鞈 鞋 ⑦ 鞔 鞓 鞗 鞘 ⑧ 鞚 鞟 鞠 鞞 鞛 ⑨ 鞨 鞬 鞫 鞪 鞣 鞮 鞦 鞭 ⑩ 鞲 鞶 鞳 鞵 ⑪ 鞹 ⑫ 鞼 鞿 ⑬ 韁 韃 ⑭ 韄 ⑮ 韇 韈 韆 ⑰ 韉 ㉑ 韊

0
9〖革〗 1 가죽 혁 | 陌ㄍㄜˊ (ge) | かく(カワ) *hide*
2 엄할 극 | 職ㄐㄧˊ (ji) | きょく

풀이 1 ①가죽. ㉮무두질만 한 가죽. ㉯가죽의 총칭. ¶羔羊之一<詩經> ㉰다루지 않은 가죽. ¶每見曳一履<漢書> ㉱피부(皮膚). ¶膚一充盈<禮記> ②북. 팔음(八音)의 하나. ¶金石土一絲木匏竹<周禮> ③갑주(甲冑). 투구. ¶利射一與質<周禮> ④가죽으로 꾸미다. 수레앞턱 가로나무의 가죽 장식(裝飾). ⑤늙다. ¶老一荒悖<蜀志> ⑥고치다. 고쳐짐. 通改 更. ¶天地陰陽不一而成<呂覽> ⑦경계하다. ¶風美所扇 訓一千載<袁宏> ⑧날개. ¶如鳥斯一<詩經> ⑨혁괘(卦). 64괘의 하나. 이하태상(離下兌上). ䷰. 2 ①엄하다. 심함. 지독함. ¶夫子之病一矣<禮記> ②빠르다. ③사람 이름. ¶殷湯問於夏一<列子>

【革帶】かくたい(혁대) 가죽으로 만든 띠.

【革面】かくめん(혁면) ①얼굴만 고치고 마음은 아니 고침. ¶君子豹變 小人一<易經> ②임금에게 복종함. ③가죽의 겉.

【革命】かくめい(혁명) ①천명(天命)이 바뀜. 한 왕통(王統)이 다른 왕통으로 바뀌는 일. ¶湯武一 順乎天 而應乎人<易經> ②헌법의 범위를 벗어난 행위에 의하여 국체(國體) 또는 정체(政體)를 변혁함. ③어떤 상태가 급격하게 변동 또는 발전함. ¶一的. ④역법(曆法)에서 신유년(辛酉年)을 이름. 이 해에 변란이 많다고 함. ⑤태세(太歲)가 오(午), 해(亥)에 해당하는 때.

【革新】かくしん(혁신) 묵은 풍속, 습관, 조직, 방법 등을 바꾸어 새롭게 함. 개혁(改革)하여 새롭게 함. ¶一主義/技術一.

▷甲一, 改一, 檢一, 堅一, 矯一, 金一, 變一, 兵一, 刪一, 三一, 修一, 偃一, 沿一, 韋一, 鞶一, 製一, 皮一

11〖勒〗 ☞力部 9획(p.222)

3
12〖靬〗 가죽 간 | 翰ㄐㄧㄢ (jian) | かん *leather*

풀이 ①가죽. 말린 가죽. ②동개. 활과 화살을 꽂아 등에 지는 물건. ③전동(前筒).

12〖靭〗 韌(p.1616)과 同字

3
12〖靮〗 고삐 적 | 錫ㄉㄧˊ (di) | てき *rein*

3
12〖靫〗 전동 차·채 | 佳ㄔㄚˊ (cha) | さい *quiver*

4
13〖靳〗 가슴걸이 근 | 問ㄐㄧㄣˋ (jin) | きん

풀이 ①가슴걸이. ¶吾從子 如驂之一<左氏傳> ②수레의 채. 나릇. 채. ③인색하다. 아낌. ¶悔不小一 可至千萬<後漢書> ④부끄러워하다. 수줍어함. 通 听. ¶宋人請之 宋公一之<左氏傳> ⑤원망하다. ¶恥而惡之曰一<左氏傳>

▷淩一, 笞一

13〖靵〗 紐(p.1157)의 俗字

4
13〖靸〗 1 신 삽 | 合ㄊㄚ (ta) | そう *shoes*
2 韓 제사신 급

풀이 1 ①신. ②가볍게 오르는 모양. ¶汩淢一然以永逝兮<漢書> ③빨리 달리는 모양. ¶一霅警捷<左思> 2 韓 제사신. 제사 때 신는 신.

4 13【靷】 가슴걸이 인 | 震 ㄧㄣˇ (yin) | いん martingale

풀이 가슴걸이. 마소의 가슴에 걸어 매는 가죽끈.

▷靳一, 挽一, 發一

4 13【靶】 고삐 파 | 禡 ㄅㄚˇ (ba) | は rein

풀이 ①고삐. ¶王良執一<漢書> ②자루. ¶劍連於一 盤鳳龍之狀<王度> ③과녁. ④덮다. 가림.

4 13【靴】 가죽신 화 | 歌 ㄒㄩㄝ (xue) | か(クツ)

▷軍一, 短一, 洋一, 長一, 製一, 着一

5 14【鞃】 수레앞턱에 맨 가죽 굉 | 蒸 ㄏㄨㄥˊ (hong) | こう bridle

5 14【靼】 다룸가죽 단 달 | 旱 ㄉㄚˊ 曷 (da) | たん leather

풀이 ①다룸가죽. ②부드럽다. ③오랑캐 이름. ¶韃一.

5 14【鞀】 노도 도 | 豪 ㄊㄠˊ (tao) | とう small drum

풀이 노도(路鼗). 소고(小鼓).

5 14【靺】 버선 말 | 曷 ㄇㄛˋ (mo) | まつ

풀이 ①버선. 通 袜 韤. ②북방 종족 이름. 말갈(靺鞨).

【靺鞨】まっ(말갈) ①말갈(靺鞨)에서 나는 보석. ¶紅一 大如巨栗<唐寶記> ②만주(滿洲) 동북 지방에 살던 퉁구스족의 일족. 肅愼(숙신). 挹婁(읍루). 勿吉(물길).

5 14【靽】 밀치끈 반 | 翰 ㄅㄢˋ (ban) | はん bridle

5 14【靾】 1 고삐 설 2 조위안장 예 | 屑 ㄒㄧㄝˋ (xie) 霽 | せつ えい saddle

풀이 1 고삐. 같 紲. 2 ①조위(弔慰)안장. 장례(葬禮)에 보내는 말의 안장. ②사나운 말의 안장.

14【鞅】 紳(p.1163)과 同字

5 14【鞅】 1 가슴걸이 앙 2 교활할 앙 | 養 ㄧㄤˇ 陽 (yang) | おう

풀이 1 ①가슴걸이. ¶抽劍斷一<左氏傳> ②배때끈. ③원망하다. 通 怏. ¶心常一一<漢書> ④짊어지다. ⑤소의 고삐. ¶或王事一掌<詩經> 2 ①교활하다. ②불한당(不汗黨).

▷歸一, 馬一, 鬱一, 塵一, 解一

5 14【韷】 가죽신 요 | 效 ㄧㄠˋ (yao) | よう

5 14【鞄】 혁공 포 | 肴 ㄅㄠ (bao) | ほう(カバン)

풀이 ①혁공(革工). 가죽을 다루는 사람. ②가방.

5 14【鞁】 가슴걸이 피 | 寘 ㄅㄟˋ (bei) | ひ martingale

풀이 ①가슴걸이. 안장 또는 멍에에 매는 끈. ②고삐. ③뱃대끈. 마소의 배에 매는 끈. ④안갑(鞍匣). ⑤메우다. 말을 수레에 맴.

6 15【鞏】 묶을 공 | 腫 ㄍㄨㄥˇ (gong) | きょう bind

풀이 ①묶다. 가죽으로 단단하게 묶음. ¶一用黃牛之革<易經> ②굳다. 단단함. ¶藐藐昊天 無不克一<詩經> ③볶다. 조림. 通 烘. ¶凡有汁而乾 謂之煎 東齊謂之一<方言> ④두려워하다. ¶故君子恭而不難 敬而不一<荀子> ⑤나라 이름. 주(周)의 혜공(惠公)이 아들을 봉한 땅.

【鞏固】きょう(공고) 단단하고 튼튼함. 확고하여 움직이지 않음. 堅固(견고). 確固(확고).

6 15【鞍】 안장 안 | 寒 ㄢ (an) | あん(クラ) saddle

▷據一顧盼, 金一, 乘一, 玉一, 銀一, 吟一, 征一, 馱一, 解一

6 15【鞌】 안장 안 | 寒 ㄢ (an) | あん saddle

풀이 ①안장. 같 鞍. ¶匈奴至者投一<漢書> ②땅 이름. 지금의 산동성(山東省) 역성현(歷城縣). ¶及齊侯戰于一<春秋>

6 15【鞇】 자리 인 | 眞 ㄧㄣ (yin) | いん cushion

풀이 자리. 수레 안에 까는 자리. 같 茵.

6 15【鞈】 1 굳을 협 2 아이 신 삽 3 북소리 탑 | 洽 ㄍㄜˊ 合 (ge) 合 | こう そう とう

풀이 1 ①굳다. 굳은 모양. ¶楚人鮫革犀兕以爲甲 一如金石<荀子> ②화살을 막는 기구. 가죽을 여러 겹으로 하여 만듦. 2 아이 신. 3 북소리. ¶鏗鎗闛一<司馬相如>

6 15【鞋】 신 혜 本 해 同 鞵 | 佳 ㄒㄧㄝˊ (xie) | あい(ワラジ) shoes

풀이 ①신. 짚신. ¶著一臥床上<李商隱> ②목이 짧은 신.

▷麻一, 芒一, 絲一, 僧一, 草一, 太史一

7 16【鞔】 1 신울 만 2 괴로워할 만 | 寒 ㄇㄢˊ 阮 (man) | ばん ぼん

풀이 1 ①신울. 신 양옆의 발등 높이로

올라온 부분. ②신. ¶南家工人也 爲一者也<呂覽> ③수레를 끄는 밧줄. ㊀輓. ④가죽을 켕기다. ¶寧王當夏中揮汗一鼓<酉陽雜俎> ②괴로워하다. ㊀懣 悶. ¶味衆珍則胃充 胃充則中大一<呂覽>

7 16【鞓】 가죽띠 정 |庚ㄊㄧㄥ (ting)|てい strap
풀이 ①가죽띠. ②인끈. ㊂綎

16【鞕】 鞓(p.1614)과 同字

7 16【鞗】 고삐 조 |蕭ㄊㄧㄠˊ (tiao)|ちょう

7 16【鞘】 ①칼집 초 ②선후걸이 초 |嘯ㄑㄧㄠˋ (qiao) 肴|しょう sheath そう
풀이 ①칼집. ②①선후걸이. 가슴걸이와 후걸이의 병칭. ②말 채찍의 끝. ¶長一馬鞭擊左股<晉書>
▷劍一, 刀一, 鳴一, 長一, 鞭一

8 17【鞚】 재갈 공 |送ㄎㄨㄥˋ (kong)|こう

17【鞟】 鞹(p.1615)의 略字

8 17【鞠】 ①공 국 ②궁궁이 궁 |屋ㄐㄩˊ (ju) 東|きく(ケマリ) ball きゅう
풀이 ①①공. ¶連翩擊一壤<曹植> ②궁하다. ¶爾惟自一自苦<書經> ③국문(鞠問)하다. ㊂鞫. ¶一獄不實<漢書>/一問. ④굽히다. 삼감. ¶一躬履方<漢書> ⑤기다. ¶塊一兮當道宿<楚辭> ⑥기르다. ㊀育. ¶母兮一我<詩經> ⑦알리다. ㊀告. ¶陳師一旅<詩經> ⑧가득 차다. ¶降此一訩<詩經> ⑨높은 모양. ㊀穹. ¶一巍巍其隱天<張衡> ⑩국화. ㊀菊. ¶一有黃華<禮記> ⑪제기. 발로 차는 어린이 장난감의 한 가지. ⑫어리다. ⑬살다. ⑭별 이름. ㊀鉤. ②궁궁이. ㊀芎. ¶有山一窮乎<左氏傳>
【鞠躬】きっきゅう(국궁) ①몸을 굽혀 경의(敬意)를 표함. ¶執圭入門 一焉<儀禮> ②☞鞠躬盡瘁(국궁진췌).
【鞠躬盡瘁】きっきゅうじんすい(국궁진췌) 마음과 몸을 바쳐 나랏일에 이바지함. 鞠躬(국궁). ¶一死而後已<諸葛亮>
【鞠問】きくもん(국문) 임금이 중대한 죄인을 국청(鞠廳)에서 신문함. 鞫問(국문). 鞫訊(국신). 訊鞫(신국).
▷曲一, 撫一, 訊一, 育一, 蹴一, 戲一

17【鞡】 倔(p.118)과 同字

17【鞡】 撻(p.666)의 俗字

8 17【鞞】 ①칼집 병 ②마상북 비 |迥ㄅㄧㄥˇ (bing) 齊|へい ひ
풀이 ①①칼집. ¶請令以魚皮之一爲獻<逸周書> ②칼집 두겁의 장식. ¶一琫容刀<詩經> ②①마상북. 말을 타고 치는 북. ¶命樂師 修鞀一鼓<禮記> ②중국의 옛 땅 이름. ¶牛一縣.

8 17【鞛】 칼집장식 봉 |董ㄅㄥˇ (beng)|ほう
풀이 ①칼집의 장식. ②병기. 군기(軍器). ③가죽신.

17【鞥】 琫(p.998)과 同字

17【鞬】 韉(p.1615)과 同字

9 18【鞨】 ①말갈 갈 ②두건 말 |曷ㄏㄜˊ (he) 黠|かつ ばつ
풀이 ①①말갈(靺鞨). 중국 북방 종족의 하나. ②가죽신. ②두건(頭巾). ¶北國之人一巾而裘<列子>

9 18【鞬】 동개 건 |元ㄐㄧㄢ (jian) 阮|けん quiver
풀이 ①동개. 활과 화살을 넣는 통이나 전대(纏帶). 동아(筒兒). ¶遠則雙帶一服<晉書> ②공. ¶裝以鷄羽 呼爲一子<事物原始>

9 18【鞫】 국문할 국 |屋ㄐㄩˊ (ju)|きく
풀이 ①국문하다. ㊂鞠. ¶訊一論報<史記> ②궁구(窮究)하다. 깊이 파고 듦. ¶一哉庶正<詩經> ③물가. 수애(水涯).
▷考一, 窮一, 訊一, 案一, 育一, 逮一, 推一, 親一

18【鞦】 鞔(p.1613)의 俗字

9 18【鞪】 ①투구 무 ②끝채동인 가죽 목 |尤ㄇㄡˊ (mou) 屋|ぼう helmet ぼく
풀이 ①투구. ㊀牟 鍪. ¶被甲鞮一<漢書> ②①끝채 동인 가죽. ②긴 자루 동이개.
▷鞨一

9 18【鞣】 다룸가죽 유 |尤ㄖㄡˊ (rou) 宥|じゅう (ナメシガワ) leather
풀이 ①다룸가죽. ②부드럽다. ③마른 가죽. ④무두질하다.

9 18【鞮】 가죽신 제 |齊ㄉㄧ (di)|てい leather shoes
풀이 ①가죽신. ¶絡一. ②장식 없는 신. ¶一屨. ③통역하다. ¶一譯. ④억센 날개.

18【鞦】紂(p. 1156)와 同字

9
18【鞦】 그네 추 |㊀くㄧㄡ (qiu) |しゅう swing

풀이 ①그네. ②밀치끈. ¶馬―.

【鞦韆】しゅうせん (추천) 그네. 한(漢) 무제(武帝) 때 후궁(後宮)에서 시작된 놀이라 함. 鞦千(추천). 秋千(추천). ¶―院落夜沈沈<蘇軾>
▷馬―, 轡―, 玉―, 紫金―

9
18【鞭】 채찍 편 |㊀ㄅㄧㄢ (bian) |べん(ムチ) whip

풀이 ①채찍. 회초리. 말채찍. ¶其左執―弭<國語> ②매질하다. ¶―之見血<左氏傳> ③매질하는 형벌. ¶―作官刑<書經> ④대의 뿌리. ¶新―暗入庭<張蠙>

【鞭撻】べんたつ (편달) ①채찍질하여 마소를 부림. ②격려함. ¶―宇內<魏志>/指導―.

【鞭尸】べんし (편시) 시체를 매질하여 평소의 원한을 푸는 일.
▷擧―, 敎―, 驅―, 掉―, 馬―, 先―, 揚―, 長―, 停―, 走馬加―, 執―, 著―, 投―, 蒲―, 揮―

19【鞲】韝(p. 1616)와 同字

19【鞱】韜(p. 1616)와 同字

10
19【鞶】 큰띠 반 |㊀ㄆㄢˊ (pan) |はん

풀이 ①큰띠. ¶或錫之―帶<易經> ②말의 뱃대끈. ③작은 주머니. ¶男―革 女―絲<禮記>
▷矜―, 錫―, 旋―, 羊―

10
19【鞳】 종고 소리 탑 |㊀ㄊㄚˋ (ta) |とう

풀이 ①종고(鐘鼓) 소리. ¶若韃之與―<淮南子> ②병기(兵器).

10
19【鞵】 생가죽신 혜 ㊉해 |㊀ㄒㄧㄝˊ (xie) |かい
▷芒―, 革―

11
20【鞹】 가죽 곽 |㊀ㄎㄨㄛˋ (kuo) |かく skin

풀이 ①가죽. 털을 없앤 가죽. ㉠韓. ¶虎豹之― 猶犬羊之―<論語> ②생가죽. 털째 말린 가죽.

20【鞸】鞄(p. 1613)와 同字

12
21【鞼】 수놓은 가죽끈 궤 |㊀ㄍㄨㄟˋ (gui) |き

풀이 ①수놓은 가죽끈. ¶輕罪贖以―盾―戟<國語> ②고삐. ③강하다. ㉣勃. ④격파하다. 꺾이다. ¶堅強而不―<淮南子>

12
21【鞿】 재갈 기 |㊀ㄐㄧ (ji) |き bit

풀이 ①재갈. ¶猶以―而御駻突<漢書> ②고삐. ③굴레. ④단속하다.
▷絆―, 轉―, 脫―

21【韉】橇(p. 790)·屩(p. 471)과 同字

22【韁】羈(p. 1614)의 俗字

13
22【韁】 고삐 강 |㊀ㄐㄧㄤ (jiang) |きょう rein
▷飛―, 紅―

13
22【韃】 종족 이름 달 |㊀ㄉㄚˊ (da) |たつ, たち

【韃靼】だったん (달단) 종족 이름. 몽고족(蒙古族)의 한 갈래.

22【韣】韣(p. 1617)와 同字

23【韥】韇(p. 1615)와 同字

14
23【韄】 칼끈 호 획 |㊀ㄏㄨㄛˋ ㊀(huo) |こ

풀이 ①칼끈. 칼집에 달린 끈. ②칼자루에 감은 가죽. ③가죽으로 동이다. ¶夫外―者 不可繁而捉<莊子>

15
24【韇】 전동 독 |㊀ㄉㄨˊ (du) |とく quiver

풀이 ①전동(箭筒). 화살통. ②점대통. 서죽통(筮竹筒).

24【韈】韤(p. 1617)과 同字

15
24【韆】 그네 천 |㊀くㄧㄢ (qian) |せん

25【韇】韇(p. 1615)의 本字

25【韉】韗(p. 1616)과 同字

26【韀】韃(p. 1614)과 同字

26【韊】氈(p. 830)과 同字

26【韊】籣(p. 1146)과 同字

17
26【韉】 언치 천 |㊀ㄐㄧㄢ (jian) |せん

21
30【韊】 전동 란 |㊀ㄌㄢˊ (lan) |らん quiver

韋<다룸가죽 위>部

韋 ③ 韌 ⑤ 韍 韎 ⑥ 韐 ⑧ 韔 韓 ⑨ 韘 韗 韙 ⑩ 韝 韜 韞 ⑪ 韛 韠 ⑫ 韡 ⑬ 韣 ⑮ 韤

0
9【韋】 다룸가죽 위 |㊀ㄨㄟˊ (wei) |い(ナメシガワ) leather

풀이 ①다룸가죽. 무두질한 가죽. ¶着一衣入山澤<晉書> ②어기다. 틀림. 通違. ③부드러운 것. ¶如脂如一<楚辭> ④울타리. 원둘레. 주위(周圍). 通圍.

【韋袴布被】いこふひ(위고포피) 무두질한 가죽으로 만든 바지와 무명옷. 후한(後漢)의 채준(祭遵)이 검소하게 지낸 옛일에서 유래.

【韋駄天】いだてん(위태천)《佛》 본디 바라문(婆羅門)의 신인데 절의 수호신이 됨. 마왕(魔王) 첩질귀(捷疾鬼)가 불사리(佛舍利)를 훔쳐 도망할 때 재빠르게 달려가서 빼앗아 왔다 함. 韋天將軍(위천장군). 違陀天(위타천).

【韋編三絶】いへんミタビタツ(위편삼절) 글을 매우 많이 읽음. 정독(精讀)함. 공자가 노년(老年)에 「역경」(易經)을 즐겨 읽어, 죽간(竹簡)을 엮은 가죽끈이 세 번 끊어졌다는 옛일에서 유래. ¶孔子晩而喜易 … 讀易一<史記>

▷靺一, 依一, 脂一, 佩一, 布一

3 12 【韌】 질길 인 | 震ㄖㄣˋ (ren) | じん tough

풀이 질기다. 부드럽고 질김. 通靭. ¶故凡用兵者 攻堅則一<管子>/彊一.

5 14 【韎】 1 가죽 매 2 양말 말 | 隊ㄇㄟˋ (mei) 月ㄇㄛˋ (mo) | ばい leather ばつ

풀이 1 ①가죽. 붉게 물들인 가죽. ¶一韋之跗注<左氏傳> ②다룸가죽으로 지은 군복. ¶一韋. ③음악 이름. ㉮동이(東夷)의 음악. ¶韎師掌敎一樂<周禮> ㉯북적(北狄)의 음악. 2 양말.

5 14 【韍】 폐슬 불 | 物ㄈㄨˊ (fu) | ふつ

풀이 ①폐슬(蔽膝). (같) 黻 紱 韍. ¶有虞氏服一<禮記> ②인끈. ¶一如相國<漢書>

▷韠一, 緼一, 赤一

5 14 【⿰韋必】 도지개 비 | 寘ㄅㄧˋ (bi) | ひ

풀이 도지개. 궁경(弓檠). 활을 바로잡는 틀.

14 【⿰韋包】 鞄(p.1613)와 同字

6 15 【韐】 1 슬갑 겹 2 띠 갑 | 洽ㄐㄧㄚˊ (jia) 合ㄍㄜˊ (ge) | こう こう

풀이 1 슬갑(膝甲). (같) 帢 鞅. ¶韎一. 2 띠. ¶設一帶<儀禮>

15 【⿰韋各】 韝(p.1616)와 同字

16 【韒】 韐(p.1616)과 同字

16 【韒】 鞘(p.1614)와 同字

8 17 【韔】 활집 창 / 량 | 漾ㄔㄤˋ (chang) 漾 | ちょう bow case りょう

17 【⿰韋枼】 諜(p.1398)과 同字

8 17 【韓】 나라 이름 한 | 寒ㄏㄢˊ (han) | かん

풀이 ①나라 이름. ㉮춘추 전국 시대 제후(諸侯)의 나라. 전국 칠웅(戰國七雄)의 하나. ㉯삼한(三韓). ㉰조선 고종(高宗) 때 선포한 국호. ㉱대한 민국. ②우물 귀틀. 井자 모양의 우물 귀틀.

【韓盧】かんろ(한로) 전국 시대 한(韓)에서 난 털이 검은 양견(良犬) 이름.

【韓子】かんし(한자) ①《人》 ㉮전국 시대 한비자(韓非子)의 경칭. 韓非子(한비자). ㉯당(唐)의 한유(韓愈)의 경칭. ②「한비자」(韓非子)의 옛 이름.

▷大一, 馬一, 弁一, 三一, 辰一

18 【⿰韋舀】 韜(p.1616)와 同字

9 18 【韘】 깍지 섭 | 葉ㄕㄜˋ (she) | しょう

풀이 깍지. 활 쏠 때 엄지에 끼우는 것.

18 【⿰韋昷】 韞(p.1617)의 俗字

9 18 【韗】 가죽 장인 운 | 問ㄩㄣˋ (yun) | うん

풀이 ①가죽 장인(匠人). 가죽으로 북을 만드는 사람. ②가죽신. 갖신.

18 【⿰韋宣】 韗(p.1616)과 同字

18 【⿰韋爰】 韗(p.1616)과 同字

9 18 【韙】 옳을 위 | 尾ㄨㄟˇ (wei) | い right

풀이 옳다. 바름. ¶犯五不一<左氏傳>

18 【⿰韋是】 韙(p.1616)와 同字

10 19 【韝】 깍지 구 | 尤ㄍㄡ (gou) | こう

풀이 ①깍지. 활을 쏠 때 오른쪽 엄지손가락에 끼는 기구. ②팔찌. 활 쏠 때 왼팔 소매를 걷어 묶는 띠. ¶一蔽.

10 19 【韜】 1 감출 도 2 팔찌 도 | 豪ㄊㄠ 號(tao) | とう(ツツム) hide

(同) 鞱 縚

풀이 1 ①감추다. 갈무리함. ¶一藏抑鬱<歐陽脩> ②활집. ¶櫜者弓衣 一名一<詩經·注> ③칼 전대. 검을 넣어 두는 자루. ④느슨하다. 너그러움. ⑤옳다. 바름. ⑥병법의 비결. ¶一略豈鷹揚<丁鶴年>/六一三略. 2 팔찌. 활 쏠 때 시위에 다치지 않도록 활 쥔 팔에 끼는 팔찌.

【韜略】とうりゃく (도략) ①「육도」(六韜)와 「삼략」(三略). ②병서(兵書). 또는, 군략(軍略). ¶一又縱橫<崔日用>

【韜晦】とうかい (도회) ①재지(才智), 학문 등을 감추고 드러내지 아니함. 韜藏(도장). 韜光(도광). 韜隱(도은). ②구름, 안개 따위로 날이 어스레함. ¶愁霖一涼暑未平<南史>

▷劍一, 囊一, 兵一, 六一, 戎一

10 19 【韞】 감출 온 | 阮ㄩㄣˋ (yun) | おん hide

풀이 ①감추다. 갈무리함. ¶石一玉而山暉<陸機> ②활집. 활을 넣어 두는 자루. ③주황색. 또는, 붉은색. ④상자. 빗접 따위의 작은 상자. ¶今子一櫝六經<後漢書> ⑤싸다. 둘러덮어서 쌈.

19 【韓】 韓(p. 1616)의 本字

11 20 【韛】 1 허풍선 비 2 전동 복 | 卦ㄅㄞˋ (bai) 屋 | はい bellows ふく

풀이 1 허풍선. 풀무. 불을 피울 때 바람을 일으키는 기구. 2 전동(箭筒). 같 箙.

20 【韛】 韛(p. 1617)와 同字

11 20 【韠】 폐슬 필 | 質ㄅㄧˋ (bi) | ひつ

풀이 ①폐슬(蔽膝). 조복(朝服) 차림 때 가슴에서 늘여 무릎을 가리는 것. 같 韍. ¶玄冠朝服緇帶素一<儀禮> ②슬갑(膝甲). 다룸가죽으로 된 무릎 가리개. 通 畢.

▷素一, 爵一, 緇一

12 21 【韡】 활짝 필 위 | 尾ㄨㄟˇ (wei) | い

풀이 ①활짝 피다. 꽃이 만발한 모양. ¶非群華之一蕚也<文心雕龍> ②빛나는 모양. 찬란한 모양. ¶流景曜之一曄<張衡>

▷斐一

13 22 【韣】 활집 독 촉 | 屋ㄉㄨˊ (du) 沃ㄔㄨˋ (chu) | とく bow case しょく

풀이 ①활집. ¶載龍旂弧一<儀禮> ②묶다. 다발지음. ③자루.

15 24 【韤】 버선 말 | 月ㄨㄚˋ (wa) | べつ(クツシタ) socks

▷羅一, 洋一, 履一, 布一, 解一

韭<부추 구>部

韭 ④ 韮 ⑦ 韱 ⑩ 䪢 韲

0 9 【韭】 부추 구 | 有ㄐㄧㄡˇ (jiu) | きゅう(ニラ) leek

同 韮

源 象形. 자라고 있는 부추 모양을 본뜸.

풀이 ①부추. ¶豚春用一<禮記> ②산부추. ¶山一.

【韭菹】きゅうしょ (구저) 부추 김치.

【韭黃】きゅうこう (구황) 부추 뿌리. 韭青(구청). ¶根名一<本草綱目>

▷鹿一, 山一, 禹一

13 【韮】 韭(p. 1617)와 同字

16 【韱】 季(p. 417)의 古字

10 19 【䪢】 채나물 제 | 齊ㄐㄧ (ji) | せい

풀이 ①채나물. ¶懲於羹者而吹一兮<楚辭> ②섞다. 화(和)함. ¶以是非相一也<莊子> ③어지럽다. ¶一其所患<莊子> ④부수다. ¶一萬物而不爲義<莊子>/一粉.

19 【韲】 齏(p. 1701)와 同字

音<소리 음>部

音 ④ 韵 韹 意 歆 ⑤ 韶 ⑨ 韺 ⑩ 韻 ⑪ 韽 ⑫ 響 ⑬ 響 ⑭ 頀

0 9 【音】 1 소리 음 2 그늘 음 | 侵ㄧㄣ (yin) 沁ㄧㄣˋ (yin) | いん, おん (オト) sound

풀이 1 ①소리. ¶合氣而爲一<淮南子> ②음조. 가락 ¶與之琴操南一<左氏傳> ③음악. ¶治世之一<禮記> ④말. 글. ¶一辭淸暢<晉書> ⑤글읽는 소리. ⑥소식. 음신(音信). ¶一息曠不達<陸機> 2 그늘. 通 蔭. ¶鹿死不擇一<左氏傳>

【音價】(음가) 소리값.

【音感】おんかん (음감) ①음에 대한 감각. ②음이 주는 느낌.

【音階】おんかい (음계) 일정한 음정의 순으로 악음(樂音)을 배열한 것. ¶五音一/七音一/長一/短一.

【音曲】おんきょく (음곡) ①가락. 음악의 곡조. ②음악. ¶歌舞一.

【音讀】おんどく (음독) ①소리내어 읽음. ↔默讀(묵독). ②한자(漢字)를 음으로 읽음. ↔訓讀(훈독). ③한자의 자음(字音). ¶漢魏諸儒 正一<朱熹>

(음두) 韓 자음(字音)과 구두(句讀).

【音量】おんりょう (음량) 악기나 사람 목소리의 울리는 크기의 정도.

【音律】おんりつ (음률) ①음악의 가락. 音調(음조). ¶協一 作詩樂<漢書> ②음악.

【音物】いんもつ (음물) 선물. 예물.

【音盤】おんばん (음반) 축음기의 동그란 판. 소리판. 디스크.

【音譜】おんぷ (음보) ①음에 관한 책. ②악보(樂譜). 曲譜(곡보).

【音符】おんぷ (음부) 악보(樂譜)에서 음의 장단, 고저 등을 나타내는 기호. 音標(음표).
【音色】おんしょく (음색) 발음체(發音體)의 종류를 나타낼 만한 소리의 성질.
【音書】おんしょ①・いんしょ② (음서) ①☞信書(신서). ¶嶺外一斷＜宋之問＞ ②음운학(音韻學)의 책.
【音聲】おんせい (음성) 목소리. 聲音(성음). ¶一相和＜老子＞ ※おんじょう
【音信】おんしん・いんしん (음신) 소식. 편지. 音問(음문). 音訊(음신). 音書(음서). ¶海闊天長一稀＜宋之問＞
【音樂】おんがく (음악) 음을 미적(美的)으로 조화시켜 사상, 정서를 표현하는 예술.
【音譯】おんやく (음역) 한자의 음을 빌어 외국어를 표기하는 일. 파리를 巴里로 적는 따위.
【音韻】おんいん (음운) ①소리. 音色(음색). ②한자(漢字)의 음과 운. ③언어의 외형을 구성하는 목소리. ④음절(音節)을 구성하는 음의 단위. 자음(字音)과 모음(母音).
【音義】おんぎ (음의) ☞音訓(음훈).
【音字】おんじ (음자) 소리 글자. 表音文字(표음문자). 音標文字(음표문자). ↔義字(의자).
【音程】おんてい (음정) 두 악음 사이의 높낮이의 차.
【音調】おんちょう (음조) ①음의 가락. 음곡의 곡조. 節調(절조). ②시문(詩文)의 가락. 格調(격조).
【音叉】おんさ (음차) 발음체(發音體)의 진동수를 측정하는 데 쓰이는 기구.
【音癡】おんち (음치) 음에 대한 감각이 부족하여 노래를 바르게 부르지 못하는 일. 또는, 그러한 사람.
【音吐】おんと (음토) 말하는 소리. 음성. ¶一洪亮＜元史＞
【音波】おんぱ (음파) 발음체(發音體)의 진동에 의하여 생기는 공기의 진동파(振動波). ¶超一.
【音響】おんきょう (음향) ①소리와 그 울림. ②소리. ¶一若鐘＜南史＞
【音訓】おんくん (음훈) 한자(漢字)와 같은 표의(表意) 문자의 음과 뜻. 音義(음의).
▷佳一, 強一, 激一, 鯨一, 高一, 孤一, 觀世一, 管一, 觀一, 轟一, 單一, 唐一, 德一, 讀一, 同一, 蠻一, 母一, 妙一, 美一, 半一, 發一, 防一, 梵一, 福一, 複一, 訃一, 鼻一, 邪一, 石一, 舌一, 聲一, 昭一, 騷一, 殊一, 愁一, 樂一, 哀一, 弱一, 語一, 餘一, 五一, 玉一, 訛一, 原一, 遺一, 擬一, 溺一, 子一, 字一, 雜一, 長一, 低一, 全一, 正一, 噪一, 調一, 足一, 知一, 集一, 淸一, 促一, 齒一, 七一, 八一, 濁一, 爆一, 表一, 好一, 和一, 花一, 徽一

11【竟】☞立部 6획(p. 1122)

11【章】☞立部 6획(p. 1122)

13【韵】韻(p. 1618)과 同字

13【韹】吟(p. 283)과 同字

13【意】☞心部 9획(p. 584)

13【歆】☞欠部 9획(p. 804)

5
14【韶】 아름다울 소 | 簡ㄕㄠˊ (shao) | しょう beautiful

풀이 ①아름답다. ¶一顏慘驚節＜鮑照＞ ②악곡 이름. 순(舜) 임금의 음악. ¶簫一九成＜書經＞ ③잇다.
▷大一, 聞一, 鳳一, 虞一, 儀一

15【韾】響(p. 1619)과 同字

17【闇】☞門部 9획(p. 1566)

9
18【韺】 풍류 이름 영 | 粵ㄧㄥ (ying) | えい

풀이 풍류 이름. 제곡(帝嚳)의 음악. 通英. ¶五一＜集韻＞

10
19【韻】 운 운 | 圖ㄩㄣˋ (yun) | うん, いん(ヒビキ) rhyme

同韵

풀이 ①운. 음운(音韻). ¶一文/頭一. ②울림. 여운. 음의 끝울림. ¶凡詩必有一＜六書故＞ ③소리. 음향. ¶溪聲迷竹一＜寇準＞ ④시부(詩賦). 가곡. ¶或託言於短一＜陸機＞ ⑤풍도(風度). 운치. ¶雅有遠一＜晉書＞ ⑥취향. 기호(嗜好). ¶每齊一而等徑＜江淹＞ ⑦용모가 잘난 여자. ¶婦人有標致者 俗目之爲一＜通俗編＞
【韻脚】いんきゃく (운각) 시부(詩賦)의 구말(句末)에 쓰는 운자(韻字).
【韻度】いんど (운도) 풍류스러운 마음. 인품. 風度(풍도). 韻宇(운우). ¶風氣一似父＜世說新語＞
【韻目】いんもく (운목) 한시(漢詩)에서, 끝 구가 두 자 또는 석 자의 운으로 된 글.
【韻府】いんぷ (운부) 운목(韻目)을 모아 엮은 책.
【韻士】いんし (운사) 운치가 있는 사람. 雅士(아사). 韻人(운인).
【韻事】いんじ (운사) 운치가 있는 일. 시가(詩歌), 서화(書畫)에 관한 일. ¶美人一＜長生殿＞
【韻書】いんしょ (운서) 운(韻)에 따라 분류, 배열한 자전(字典).
【韻律】いんりつ (운율) 운문(韻文)의 음성적 형식.
【韻字】いんじ (운자) ①운문(韻文)에서 운각(韻脚)에 쓰이는 글자. ②시부(詩賦) 따위의 운문. ¶機女猶挑一紗＜劉子翬＞
【韻致】いんち (운치) 고상하고 우아한 풍치(風致). 風致(풍치). 風雅(풍아). 雅致(아치). 興致(흥치).
【韻統】いんとう (운통) 운자(韻字)의 계통. 진(東)자 운통, 월(月)자 운통 따위.
▷脚一, 強一, 琴一, 襟一, 氣一, 器一, 頭一, 詞一, 聲一, 性一, 俗一, 松一, 詩一, 神一, 雅一, 押一, 哀一, 餘一, 遠

一, 音一, 操一, 竹一, 次一, 泉一, 疊一, 清一, 探一, 風一, 險一, 和一

11 20【韽】 작은 소리 암 |覃ㄢ 陷(an)| あん low voice

풀이 ①작은 소리. ②소리가 작아 잘 들리지 않는 일. 通瘖. ¶微聲一<周禮> ③이상해진 종소리. ④여운이 그윽한 모양. ¶一一.

20【響】 響(p. 1619)의 略字

21【黯】 ☞ 黑部 9획(p. 1695)

21【韺】 響(p. 1619)과 同字

13 22【響】 울림 향 |養ㄒㄧㄤˇ (xiang)| きょう(ヒビキ) echo

略響 同嚮 韺

풀이 ①울림. ¶炎光飛一<揚雄>/音一. ②울리다. ¶震一山谷<南史> ③명성(名聲). ¶肅雍碩一<陸雲> ④대답. 응답. ¶略尋聲投一<魏志·注> ⑤소식. 전갈. ¶思聞嘉一<蜀志·注> ⑥소리. 가락. ¶振鴞一而挻災沴<晉書>

【響卜】きょうぼく(향복) ①물체가 울리는 소리로 길흉을 점치는 일. ¶一二同人聽一<摭言> ②제야(除夜)에 사람의 말하는 소리를 듣고 길흉을 점치는 일.

【響應】きょうおう(향응) 소리를 지르자 곧 메아리가 따라 울림. 뜻이 바뀌어, 남이 움직이자 곧 따라 움직임을 이름. ¶天下雲合而一<新書>

【響箭】きょうせん(향전) 우는 화살. 嚆矢(효시). 鳴鏑(명적).

▷歌一, 鼓一, 管一, 弓一, 奇一, 妙一, 美一, 反一, 沸一, 悲一, 錫一, 睡一, 樹一, 餘一, 影一, 吟一, 音一, 清一, 灘一

14 23【頀】 구할 호 |遇ㄏㄨˋ (hu)| ご rescue

풀이 ①구하다. 구호함. ②지키다. ③악곡 이름. 탕왕(湯王)의 음악. ¶大一.

—頁<머리 혈>部—

頁 ② 頃 頄 頂 ③ 須 順 項 ④ 傾 頍 頎 頓 頒 頌 煩 頌 預 頑 頊 頏 ⑤ 頚 領 頔 頗 頗 頤 ⑥ 頫 頞 頟 頮 頠 頣 頜 頦 頡 ⑦ 頸 頹 頭 頼 頻 頽 頳 頺 頹 頷 頰 ⑧ 顆 顛 頻 顉 頿 頲 頼 ⑨ 類 顊 顋 顎 顏 額 顒 顓 顗 題 顑 顕 ⑩ 顛 類 顡 顦 願 顗 顚 顛 顥 ⑪ 顜 顢 ⑫ 顧 顦 顥 ⑬ 顩 顫 顪 ⑭ 顬 顯 ⑮ 顰 ⑯ 顱 ⑰ 顲 ⑱ 顴

0 9【頁】 ①머리 혈 ②쪽 엽 |屑ㄧㄝˋ (ye)| けつ(カシラ) head よう

源 象形. 사람의 머리 모양을 본뜸.

풀이 1 ①머리. 首의 古字. ②목. 목덜미. 2 쪽. 페이지. 通葉.

2 11【頃】 ①밭넓이 경 ②기울 경 ③반 걸음 규 |梗ㄑㄧㄥˇ 庚(qing) 紙| けい (コロ) き

源 會意. 고개[頁]가 기욺[匕]의 뜻.

풀이 1 ①밭 넓이. 100묘(畝) 또는 12묘 반의 면적. ②잠시. ¶不待一矣<荀子> ③요즘. 근래. ¶一積雪凝寒<王羲之>/一年. 2 ①기울다. 기울어짐. 通傾. ¶不盈一筐<詩經> ②망치다. 여자가 국정을 뒤흔듦. ¶婦人擅國 玆謂一<漢書> 3 반 걸음. 通跬. ¶故君子一步而弗敢忘孝也<禮記>

【頃刻】けいこく(경각) 잠시. 잠깐 동안. ¶一而集<歐陽脩>

▷萬一, 半一, 西一, 少一, 數一, 食一, 俄一, 有一, 電一, 彈一

2 11【頄】 광대뼈 구 |尤ㄎㄨㄟˊ (kui)| きゅう cheekbone

풀이 ①광대뼈. 通馗. ②얼굴. ¶壯于一<易經>

2 11【頂】 정수리 정 |迥ㄉㄧㄥˇ (ding)| てい, ちょう (イタダキ)

풀이 ①정수리. ¶一門一鍼<蘇軾> ②머리. ¶過涉滅一<易經> ③꼭대기. ¶山一/一上. ④머리에 이다. 소중히 받듦. ¶一戴奉持<梁武帝> ⑤관(冠)을 세는 단위. ⑥치다. 공격함. 通鼎. ⑦바꾸다. 대체(代替)함. ¶一替. ⑧속이다. ¶冒一.

【頂戴】ちょうだい(정대) ①머리에 임. 또는, 고개 숙여 받듦. 敬禮(경례). ¶一曲私<梁簡文帝> ②☞頂子(정자). ※ちょうだい

【頂禮】ちょうらい(정례)《佛》고대 인도의 가장 정중한 인사법. 부처 앞에서 이마를 땅에 대고 하는 절. ¶繞足一<沈約>

【頂老】ちょうろう(정로) 배우(俳優)의 별칭.

【頂門】ちょうもん(정문) 정수리. 숫구멍.

【頂門一鍼】ちょうもんいっしん(정문일침) 정수리에 침을 놓는다는 뜻으로, 사람의 급소를 찔러 통절히 훈계함의 비유. 頂門一針(정문일침). 頂門金椎(정문금추).

【頂上】ちょうじょう(정상) ①꼭대기. 또는, 산꼭대기. 山頂(산정). 頂點(정점). ¶一霜花濃似剪<秦觀> ②최상. 극점(極點).

【頂心】ちょうしん(정심) 정수리. 숫구멍.

【頂子】ちょうし(정자) 청(淸)대에 일품에서 구품까지의 관리가 모자 꼭대기에 달던 주옥. 빛깔과 품질로 품급을 구별함. 頂戴(정대).

【頂點】ちょうてん(정점) ①꼭대기. 맨 위. 가장 높은 곳. ②수학에서, 각을 이룬 두 직선이 만난 점. 꼭지점.

▷高一, 骨一, 露一, 丹一, 摩一, 峰一, 山一, 嶽一, 巖一, 嶺一, 銳一, 屋一, 圓一, 絕一, 尖一, 塔一

3 12【須】 모름지기 수 |虞ㄒㄩ (xu)| しゅ, す (スベカラク)

풀이 ①모름지기. 마땅히. 당연의 뜻. ¶適

有事務 一自經營<應璩> ②수염. ¶美一髯<漢書> ③기다리다. ¶卬一我友<詩經> ④느슨히 하다. 늦게 하다. ¶且復一留<後漢書> ⑤머무르다. 그침. ¶一于洛汭<書經> ⑥바라다. 구함. ¶居靜言其何一<陸雲> ⑦쓰다. 필요로 함. ¶軍一期會爲急<唐書> ⑧잠시. ¶聊一臾以婆娑<班彪> ⑨재지(才智)가 있음. ¶歸妹以一<易經> ⑩해지다. ¶衣被醜弊 謂之一捷<方言> ⑪아래로 늘어진 것. ㊟蘇. ⑫순무. ⑬고을 이름.

【須眉】じゅび(수미) 턱수염과 눈썹. 鬚美(수미).

【須彌壇】しゅみだん(수미단) 절의 불전(佛殿)에 불상을 안치한 단. 佛座(불좌).

【須彌山】しゅみせん(수미산)《佛》 범어 Sumeru의 음역. 꼭대기에 제석천(帝釋天)이, 중턱에 사천왕(四天王)이 있다는 상상의 산. 妙高山(묘고산). ※すみせん

【須臾】しゅゆ(수유) ①잠시. 잠깐 동안. ¶道也者不可一離也<中庸> ②《佛》 시간의 단위. 눈 깜짝할 사이. 刹那(찰나).

【須至】しゅし(수지) 꼭 전달되어야 한다는 뜻으로, 공문서 끝에 쓰는 관용어.

【須捷】しゅしょう(수첩) 해지고 더러워진 옷. 누더기. ¶凡人貧 衣被醜弊 謂之一<方言>

▷軍一, 急一, 密一, 賓一, 斯一, 應一, 資一, 必一, 何一

3 12 〖順〗 순할 순 | 圜アメㄣ (shun) | じゅん (シタガウ) *docile*

㊄ 㥯

㊃**會意**. 경로를 따라서 물이 흐르듯이 머리를 돌려서 나아감을 뜻함.

풀이 ①순하다. 온순함. ¶師衆以一爲武<左氏傳>/柔一. ②좇다. ㉮도리를 따르다. ¶以一王與儀之策<戰國策>/一理. ㉯거스르지 아니하다. ¶六十而耳一<論語> ㉰복종하다. 따름. ¶四國一之<詩經>/歸一. ㉱듣다. 청종(聽從)함. ¶祗一德意<李覯> ㉲본받다. 모방함. ¶以袂一左石隈<儀禮> ③잇다. 이어받음. ¶上不一天<呂覽> ④만족하다. 기뻐함. ¶父母其一矣乎<中庸> ⑤화하다. 화순(和順)함. ¶豫一而動<易經> ⑥차례. 차서(次序). ¶陰陽一序<王勃>/一次/式一.

【順刀】じゅんとう(순도) 양날의 칼. 쌍날칼.

【順理】じゅんり(순리) 도리를 좇음. 또는, 올바른 이치. ¶委命一 與物無患<張華>

【順命】じゅんめい(순명) ①명령에 따름. ¶國有道則一<史記> ②천명에 순종함. ¶一重始也<白虎通>

【順番】じゅんばん(순번) 차례대로 번듦. 또는, 그 순서.

【順產】(순산) 순조롭게 아이를 낳음. 順娩(순만). ↔難產(난산).

【順序】じゅんじょ(순서) 차례. 次第(차제).

【順成】じゅんせい(순성) 순조롭게 잘 이룸.

【順孫】じゅんそん(순손) 조부모를 잘 섬기는 손자. 孝孫(효손).

【順順】じゅんじゅん(순순) 차례차례 순서를 따르는 모양.

【順延】じゅんえん(순연) 순차로 연기함.

【順緣】じゅんえん(순연) ①나이 많은 사람부터 차례로 죽음. ②《佛》 불도(佛道)에 자진하여 들어가는 일. ↔逆緣(역연).

【順應】じゅんおう(순응) ①환경이나 형편에 따라 이에 적응함. ②순하게 대응함. ③생물에 동일 자극이 계속됨에 따라 그에 대한 감각이 점점 약화하는 현상.

【順調】じゅんちょう(순조) 아무 탈 없이 잘 되어 감. 차질이 없이 잘 됨. ¶風雨一 國家安泰<雲笈七籤>

【順從】じゅんじゅう(순종) 순순히 복종함. 순하게 따름.

【順次】じゅんじ(순차) ①차례. 順序(순서). 次第(차제). ②차례를 따름.

【順坦】(순탄)㊕ ①길이 평탄함. ②성질이 까다롭지 않음. 順平(순평).

【順風】じゅんぷう(순풍) ①순하게 부는 바람. ②뒤에서 불어오는 바람. ↔逆風(역풍). ③바람이 부는 방향을 따름.

【順風耳】じゅんぷうじ(순풍이) 서양에서 발명된 음성을 멀리까지 전하는 기구. 메가폰.

【順行】じゅんこう(순행) ①차례대로 감. 따라 감. ②당연한 행동. 순직한 행동. ¶三日一 以事師長<周禮> ③유성(遊星)이 동쪽에서 서쪽으로 흐르는 것처럼 보이는 일.

【順化】じゅんか(순화) ①따르고 화함. 조화(造化)에 순응함. ②중의 죽음을 이름. ¶是年一<佛祖統紀>

▷恭一, 歸一, 奉一, 温一, 柔一, 耳一, 忠一

3 12 〖頉〗 1 기를 이 2 탈 탈 | 因い *rear*

풀이 1 ①기르다. 양육함. ②턱. 2㊕ 탈. ㉮뜻밖의 사고. ¶一免/一稟. ㉯병(病). ㉰핑계.

3 12 〖項〗 목 항 | 講ㄒㄧㄤˋ (xiang) | こう (ウナジ) *nape*

풀이 ①목. 목덜미. ¶脩頷短一<張衡> ②관(冠)의 뒤쪽. ¶賓右手執一<儀禮> ③크다. ¶四牡一領<詩經> ④사항(事項). 조목(條目). 분류한 종목의 이름. ¶依逐一名目<宋史> ⑤수학 용어. ㉮다항식(多項式)을 이루는 각 단위. ㉯두 양의 비(比)에 있어서 각 양(量). ㉰급수(級數)를 이루는 각 수.

【項領之功】こうれいのこう(항령지공) 가장 큰 공. 項은 大, 領은 頸. ¶沈昇之謂徐孝嗣曰 昇之與君 有一<南史>

【項目】こうもく(항목) 세분한 여러 갈래. 條目(조목).

【項羽】こうう(항우) ☞項籍(항적).

【項籍】こうせき(항적)《人》 진(秦)말의 초(楚)의 장수. 자(字)는 우(羽). 한(漢) 고조(高祖)와 천하를 다투다가 해하(垓下)에서 패하고 오강(烏江)에서 자살하였음. 項羽(항우).

▷款一, 別一, 事一, 要一, 條一

13【傾】☞ 人部 11획 (p. 133)

4
13【頍】머리 들 규 | 紙ㄎㄨㄟˇ (kui) | き

풀이①머리를 들다. ¶有一者弁<詩經> ②머리 장식. ¶滕薛名 爲一<儀禮>

4
13【頎】1 헌걸찰 기 2 지극할 간 | 微ㄑㄧˊ (qi) 阮ㄎㄣˇ (ken) | き こん

풀이1①헌걸차다. 키가 크고 풍채가 좋은 모양. ¶碩人其一<詩經> ②머리 모양이 아름답다. ¶一 頭佳貌<說文> 2①지극하다. 정중함. ¶稽顙而后拜 一乎其至也<禮記> ②가엾다. 측은한 모양. ¶一 惻隱之貌<禮記·注> ③작다. ¶哨與一皆是少小之義<周禮·注>

4
13【頓】1 조아릴 돈 2 둔할 둔 | 願ㄉㄨㄣˋ 願(dun) | とん (ヌカズク) bow てん

풀이1①조아리다. 이마가 땅에 닿도록 절함. ¶句踐一首再拜<史記> ②넘어지다. 발이 걸려 자빠짐. ¶顚狽一躓<後漢書> ③꺾이다. 좌절함. ¶箴一挫而清壯<陸機> ④패하다. 무너짐. ¶甲兵不一<左氏傳> ⑤머무르다. 묵음. ¶就善水草一舍<漢書> ⑥가지런히 하다. 정비함. ¶一網探淵<陸機> ⑦멈추다. 그침. ¶一足託幽深<張翰> ⑧끌다. 잡아당김. ¶詘五指而一之<荀子> ⑨버리다. ¶於是撤圍一罔<張協> ⑩갑자기. 급작스레. ¶精神一生<世說新語>/一悟/一死. ⑪숙식하는 곳. 비상용으로 식량, 무기를 비축해 두는 곳. ¶輒數道置一<隋書> ⑫끼니. 한 끼니. 끼니마다. ¶欲乞一一食耳<世說新語> ⑬서법(書法) 용어. 붓 끝에 힘을 주어 빳빳하고 굳세게 눌러 긋는 필법. 2둔하다. 예리하지 못함. 通鈍. ¶莫邪爲一兮<史記>

【頓首】とんしゅ(돈수) ①머리를 땅에 닿도록 숙여 절함. 또는, 그 경례. 叩頭(고두). 頓顙(돈상). ②편지 끝에 써서 경의를 표시하는 말. ¶一百拜.

【頓悟】とんご(돈오)《佛》문득 깨달음. 수행(修行) 단계를 거치지 않고 갑자기 깨달음의 경지에 도달함. ¶立一義 時人推服之<宋書>/一漸修. ↔漸悟(점오).

【頓絶】とんぜつ(돈절) 갑자기 끊어짐. 소식이 끊김. ¶名言一 幽泉之路莫開<薛道衡>

▷撼一, 困一, 踣一, 倒一, 頓一, 登一, 冒一, 仆一, 上一, 營一, 頑一, 愚一, 委一, 猗一, 一一, 顚一, 停一, 整一, 挫一, 止一, 遲一, 掣一, 摧一, 沈一, 寢一, 廢一, 乏一, 虛一, 號一, 荒一, 毁一

4
13【頒】1 나눌 반 2 머리 클 분 | 刪ㄅㄢ (ban) 文 | はん(ワケル) divide ふん

同 扮

풀이1①나누다. ㉮나누어 주다. 하사함. ¶一度量而天下大服<禮記>/一賜. ㉯반포하다. 널리 퍼뜨림. ¶布政一常<張衡>/一布. ㉰구분하다. ¶一禽隆諸長者<禮記> ②반백(斑白). 通斑. ¶一白者不負戴於道路矣<孟子> 2머리가 크다. 물고기의 머리가 큰 모양. ¶魚在在藻 有一其首<詩經>

【頒布】はんぷ(반포) 법률, 명령 따위를 널리 펴서 알게 함. ¶訓民正音一.

▷戴一, 散一, 時一, 平一

13【頿】髮(p. 1662)의 古字

13【煩】☞ 火部 9획 (p. 947)

4
13【頌】1 기릴 송 2 얼굴 용 | 宋ㄙㄨㄥˋ (song) 冬ㄖㄨㄥˊ (rong) | しょう(ホメタタエル) praise よう

풀이1①기리다. 칭송함. ¶一而無諂<禮記>/一德. ②「시경」(詩經)의 육의(六義)의 하나. 종묘 제사 때 조상의 덕을 기리는 노래. ¶一者 美盛德之形容 以其成功 告於神明者也<詩經> ③문체의 하나. 공적이나 인품을 칭송하는 글. ¶伯夷一/酒德一. ④점사(占辭). 점조(占兆)의 말. ¶其一皆千有二百<周禮> 2①얼굴. 용모. 通容. ¶而魯徐生善爲一<漢書> ②용서하다. 관용함. ¶有罪當盜械者 皆一繫<漢書> ③공변되다. 공공(公共). ¶一共禁不與<漢書>

【頌歌】しょうか(송가) ①공덕을 칭송하여 노래함. 또는, 그 노래. 謳歌(구가). ②신불(神佛)을 찬양하는 노래. 讚頌歌(찬송가). ¶一隊. 「운 비(碑). ¶善政一.

【頌德碑】しょうとく(송덕비) 공덕을 칭송하여 세

【頌禱】しょうとう(송도) ☞頌祝(송축).

【頌讀】しょうどく(송독) 외어 읽음.

【頌辭】しょうじ(송사) 칭송하는 말. 「禱(송도).

【頌祝】しょうしゅく(송축) 경사(慶事)를 축하함. 頌

▷歌一, 偈一, 讀一, 廟一, 善一, 詩一, 詠一, 吟一, 從一, 讚一, 推一, 稱一, 褒一, 賀一

4
13【預】미리 예 本여 | 御ㄩˋ (yu) | よ(アラカジメ) beforehand

풀이①미리. 미리 함. 준비함. 通豫. ¶禁於其未發之日一<說苑>/一慮. ②참여하다. 간여함. ¶凡事相及爲一<華嚴經音義>/干一. ③관계하다. 관련함. ¶公榮者無一焉<世說新語>/一參. ④즐기다. ¶虎丘時游一<白居易> ⑤맡기다. 금품을 맡김. ¶一金/一置.

【預金】よきん(예금) 금융 기관에 돈을 예치(預置)하는 일. 또는, 그 돈. ¶定期一/一通帳.

【預置】(예치) 맡겨 둠. ¶—期間.
▷干—, 參—

4
13【頑】 완고할 완 | 刪ㄨㄢˊ (wan) | がん(カタクナ) *obstinate*

풀이 ①완고하다. 고루하여 고집이 셈. ¶心不則德義之經爲—＜書經·注＞/—陋. ②무디다. ㉮물건 끝이 날카롭지 않다. ¶—鈍. ㉯재주가 없다. ¶— 愚也＜廣雅＞ ③탐하다. 욕심이 많음. ¶—夫廉 懦夫有立志＜孟子＞
【頑強】がんきょう(완강) ①태도가 검질기고 굳셈. ②자기 건강의 겸칭. 頑健(완건).
【頑固】がんこ(완고) ①성질이 검질기고 고집이 셈. ②고루하여 도리를 모름.
【頑命】がんめい(완명) 차마 죽지 못하여 모질게 살아 있는 목숨.
【頑迷】がんめい(완미) 완고하고 사리에 어두움. 頑冥(완명).
▷強—, 驕—, 頓—, 冥—, 石—, 傲—, 癡—, 昏—

4
13【頊】 ①삼갈 욱 ②뒤통수 옥 | 沃ㄒㄩˋ (xu) 沃 | きょく(ツツシム) *discreet*

풀이 ①①삼가다. 삼가느라 심신이 딱딱해진 상태. ¶——. ②망연 자실(茫然自失)한 모양. ¶——然不自得＜莊子＞ ③옛 중국 전설상의 임금. ¶顓—. ②뒤통수. 머리 뒷부분.

4
13【頏】 날아 내릴 항 | 陽ㄏㄤˊ (hang) | こう(マイオリル)

풀이 ①날아 내리다. 새가 날개를 펴고 곧바로 날아 내림. ¶燕燕于飛 頡之—之＜詩經＞/頡—. ②목. 목구멍. (같)亢.

14【頚】 頸(p. 1623)의 俗字

14【頋】 顧(p. 1628)의 俗字

5
14【領】 옷깃 령 | 梗ㄌㄧㄥˇ (ling) | りょう, れい *collar*

풀이 ①옷깃. ㉮의금(衣襟). 웃옷의 목을 싸는 부분. ¶若挈裘—＜荀子＞ ㉯가장 요긴한 점. 중요한 부분. ¶扼東南咽—＜唐書＞/要—. ②목. 경항(頸項). ¶天下之民 皆引—而望之矣＜孟子＞ ③벌. 옷가지를 세는 단위. ¶衣衾三—＜荀子＞ ④거느리다. ¶而相總—衆職＜漢書＞/統—. ⑤다스리다. ¶—惡而全好者與＜孔子家語＞ ⑥깨닫다. 마음속으로 알아차림. ¶接要心已—＜杜甫＞/—會. ⑦받다. 영수함. ¶獨—殘兵千騎歸＜李白＞/受—. ⑧적다. 기록함. ¶沈迷簿—書＜劉楨＞ ⑨우두머리. 두목(頭目). ¶腹心酋—＜宋史＞/首—. ⑩재능. 장기(長技). ¶本—何雜＜劉賓客嘉話錄＞ ⑪재. 영(嶺). (通)嶺. ¶輿轎而踰—＜漢書＞
【領空】りょうくう(영공) 영토와 영해의 상공(上空). 한 나라의 주권이 미치는 공간의 범위.
【領揆】りょうき(영규) ☞領相(영상).
【領内】りょうない(영내) 영토 안. 領域(영역).
【領導】りょうどう(영도) 거느려 이끎. ¶—者.
【領略】りょうりゃく(영략) ☞領解(영해). ¶硏尋物理—淸言＜梁昭明太子＞
【領相】(영상)(韓) 영의정(領議政)의 이칭. 領閤(영합). 首相(수상). 領揆(영규).
【領水】りょうすい(영수) ☞領海(영해).
【領收】りょうしゅう(영수) 돈이나 물품 따위를 받아들임. 領受(영수). ¶—證.
【領受】りょうじゅ(영수) ☞領收(영수).
【領袖】りょうしゅう(영수) ①옷깃과 소매. ②많은 사람을 통솔하는 우두머리. ¶—會談.
【領域】りょういき(영역) ①영유하는 구역. 영지의 범위. ¶—侵害. ②관계되는 분야나 범위.
【領有】りょうゆう(영유) ①점령하여 소유함. ②영지(領地)로 가짐. ¶—權.
【領主】りょうしゅ(영주) ①영지(領地)나 장원(莊園)의 소유주. ②지주(地主).
【領地】りょうち(영지) 한 나라의 통치권이 미치는 범위. 領土(영토).
【領置】りょうち(영치) 법률상 압수(押收)의 한 가지. 소유자, 소지자, 또는 보관자가 임의(任意)로 제출한 물건이나 남겨둔 물건을 법원 또는 수사 기관에서 압수하는 행위. ¶—金.
【領土】りょうど(영토) 한 나라의 통치권이 미치는 지역. 領地(영지).
【領閤】りょうこう(영합) ☞領相(영상).
【領海】りょうかい(영해) 한 나라의 연안에 있어 통치권이 미치는 수역(水域). 딸린 바다. 領水(영수). ↔公海(공해).
【領解】りょうかい(영해) ①깨달음. 이해가 감. 領會(영회). 領悟(영오). 領略(영략). ②당(唐)대에, 향시(鄕試)에 급제함. 또는, 그 사람.
▷監—, 綱—, 頸—, 交襟—, 裘—, 頭—, 拜—, 本—, 不得要—, 簿—, 所—, 少—, 屬—, 受—, 首—, 要—, 引—, 咽—, 將—, 占—, 正—, 中—, 總—, 酋—, 統—, 項—

5
14【頖】 학교 이름 반 | 翰ㄆㄢˋ (pan) | はん

풀이 학교 이름. 주(周)대 제후의 학교. 반궁(泮宮). ¶天子曰 辟雍 諸侯曰—宮＜禮記＞

14【碩】 ☞石部 9획(p.1082)

14【頉】 施(p. 703)와 同字

5
14【䫇】 구레나룻 염 | 鹽ㄖㄢˊ (ran) | ぜん(ホオヒゲ) *whiskers*

5
14【頗】 ①자못 파 ②치우칠 파 | 歌ㄆㄛ (po) 箇 | は(スコブル)

풀이 ①①자못. ㉮조금. 약간. ¶臣願—采古禮 與秦儀雜就之＜史記＞ ㉯매우. 꽤. 심히. ¶舊本—有錯簡＜大學·注＞/—多. ②바르지 못하다. ¶— 不正也

<集韻> 2치우치다. ㉮공평하지 않다. ¶天不一覆 地不偏載<漢書>/偏一. ㉯기울다. ¶循繩墨而不一<楚辭> ㉰사곡(邪曲)하다. ¶正義之臣設則朝廷不一<荀子>

【頗牧】はぼく(파목) ①《人》 전국 시대 조(趙)의 명장(名將) 염파(廉頗)와 이목(李牧)의 병칭. ②명장의 비유. ¶帝悅曰 孰謂一在吾禁署<唐書>

▷兩一, 側一, 偏一, 險一

15【熲】 ☞火部 11획(p.951)

15【⿰匡頁】 眶(p.1064)과 同字

6/15【頫】 1숙일 부 2뵐 조 | 麌ㄈㄨˇ(fu) 嘯ㄊㄧㄠˋ(tiao) | ふ(ウツムク) ちょう

풀이 1숙이다. 머리를 숙임. 몸을 구부림. (같)俛 俯. ¶一首係頸<漢書> 2①뵈다. 알현(謁見)함. (通)覜. ¶一聘. ②보다. 살펴봄. ③숙이고 듣다. 고개를 숙인 채 들음. ¶伏檽檻而一聽<張衡>

6/15【頞】 콧마루 알 | 曷ㄜˋ(e) | あつ(ハナバシラ)

풀이 ①콧마루. 콧대. 비경(鼻莖). ¶擧疾首蹙一<孟子> ②짐승 이름. 원숭이의 일종. ¶幽一似猴<郭璞>

▷幽一, 縮一, 蹙一

6/15【頟】 이마 액 | 陌ㄜˊ(e) | がく(ヒタイ) *forehead*

풀이 ①이마. (같)額. ¶髮下眉上爲一<六書故> ②쉬지 아니하다. 나쁜 짓을 쉴 새 없이 하는 모양. ¶罔晝夜一一<書經> ③문책하다. 이름을 조사하여 문책함. ¶査名該訶爲一<封氏聞見記> ④수레를 미는 소리. ¶一 推車聲<正韻>

15【潁】 ☞水部 11획(p.912)

6/15【頠】 조용할 외/위 | 賄ㄨㄟˇ(wei) 紙 | がい, ぎ(シズカ) *quiet*

풀이 ①조용하다. 고요함. ¶一 靜也<爾雅> ②머리. ¶一 頭也<廣韻> ③얌전하다. 몸가짐이 세련되고 정숙함.

6/15【頤】 턱 이 | 支ㄧˊ(yi) | い(アゴ) *jaw*
(俗)⿰𦣝頁

풀이 ①턱. ㉮아래위 턱 및 그 부분. (같)𦣝. ¶一霤垂拱<禮記>/擢項一<漢書> ㉯턱으로 부리다. ¶一指如意<漢書> ②기르다. 봉양함. ¶百年曰期一<禮記>/一養. ③후히 대접하다. 손님을 잘 대접함. ¶觀享一賓<左思> ④어조사. 어세(語勢)를 도움. ¶夥一 涉之爲王沈沈者<史記> ⑤괘(卦) 이름. 64괘의 하나. 진하간상(震下艮上). ䷚. 음식을 주어 남을 구제할 상(象). ¶一 貞吉<易經>

【頤使】いし(이사) 턱으로 부린다는 뜻으로, 사람을 마음대로 부림. 頤指(이지). 頤令(이령). ¶趙高擅權於內 一如意<蘇轍>

【頤神養性】いしんようせい(이신양성) 마음을 가다듬어 정신을 수양하고 천성(天性)을 바르게 기름. 頤養(이양).

【頤養】いよう(이양) ☞頤神養性(이신양성). ¶取樂琴書 一神性<北史>

▷夥一, 廣一, 期一, 方一, 垂一, 拄一, 揞一, 朶一, 脫一, 解一

6/15【頜】 1턱 함 2귀밑뼈 합 | 感ㄍㄜˊ(ge) 合 | かん(アゴ) こう

6/16【頦】 턱 해 | 灰ㄏㄞ(hai) 賄 | かい(アゴ)

풀이 ①턱. 아래턱. ¶我手承一肘拄坐<韓愈>/一頜. ②볼. ¶頰一<廣韻> ③보기 흉하다. 추함. ¶一 醜也<說文>

6/15【頡】 1목덜미 힐 2겁략할 갈 | 屑ㄒㄧㄝˊ(xie) 黠 | けつ(クビスジ) かつ

풀이 1①목덜미. ¶一 直項也<說文> ②날아 올라가다. ¶燕燕于飛 一之頏之<詩經>/一頏. ③크다. ¶長短一啎百疾<呂覽> ④사람 이름. 창힐(倉頡). 황제(黃帝) 때 사람. 새·짐승의 발자국을 보고 한자(漢字)를 만들었다고 함. ⑤짐승 이름. 청구(青狗). ¶葴山 視水出焉 多一<山海經> 2①겁략하다. 폭력으로 빼앗음. ¶盜一資糧<唐書> ②삐걱거리다. ¶一 轢也<正韻>

【頡頏】けっこう(힐항) ①새가 오르락내리락하는 모양. ②대항하여 굴하지 아니하는 모양. ¶史弼一嚴吏<後漢書> ③막상 막하(莫上莫下)하여 팽팽히 맞섬. ¶力相上下曰一<故事成語考> ④멋대로 변설(辯舌)을 조종함.

7/16【頸】 목 경 | 梗ㄐㄧㄥˇ(jing) 庚 | けい(クビ) *neck*

풀이 ①목. ㉮머리와 몸을 잇는 부분. ¶延一而鳴<史記>/刎一/長一. ㉯물건의 목 모양으로 된 부분. ¶韠 其一五寸<禮記> ②멱. 목줄기의 앞부분. ¶一在前 項在後<廣韻> ③별 이름. ¶七星一爲員官 主急事<史記>

【頸聯】けいれん(경련) 율시(律詩)에서, 제5·6구(句). 後聯(후련). ※頷聯(함련).

【頸部】けいぶ(경부) 목. 목줄기.

▷繫一以組, 短一, 頭一, 刎一, 駢一, 伸一, 延一, 咽一, 長一, 鶴一

7
16 【頍】 ①광대뼈 규 ②드러날 괴 | 支ㄎㄨㄟˊ 隊(kui) | き(ホホオボ) かい

풀이 ①광대뼈. 관골(顴骨). ②①드러나다. 높이 드러나 아름다운 모양. ¶而目衝然 而頍一然<莊子> ②질박하다. ¶其容淑 其頍一<莊子>

7
16 【頭】 머리 두 | 尤ㄊㄡˊ (tou) | とう, ず(アタマ) *head*

풀이 ①머리. ㉮인체의 목 위 부분. ¶一容直<禮記>/短一. ㉯머리털. ¶蓬一王霸之子<庾信>/一髮. ㉰꼭대기. 최상부. ¶乘白鶴 駐山一<列仙傳> ㉱맨 앞. 선단(先端). ¶矛一淅米劍一炊<晋書>/舌一. ㉲시초. 첫머리. ¶年一月尾<唐書> ㉳우두머리. 장(長). ¶以彊幹者爲番一<唐書>/一領. ㉴첫째. 상위. ¶山水打一<湯垕>/一等. ②지혜. 재능. ¶只是有箇一腦<傳習錄> ③가. 옆. 근방. ¶暮宿黑山一<古詩> ④물건을 세는 단위. ㉮사람을 세는 말. ¶安城王餉胡子一一<梁簡文帝> ㉯동물을 세는 말. ¶牛千一. ⑤접미사. 명사 밑에 붙어서 어세(語勢)를 도움. ¶指一/眉一/鼻一.

【頭角】とうかく(두각) ①우뚝 뛰어남. 또는, 뛰어난 재능. ②처음. 단서.
【頭巾】ずきん(두 건) ①건(巾). ②韓 복인(服人)이 쓰는 삼베로 만든 건(巾).
【頭腦】ずのう(두뇌) ①머릿골. 腦(뇌). ②사물을 판단하는 힘. ③조리(條理). ④사물의 주요 부분. ⑤우두머리. 두목.
【頭領】とうりょう(두령) 여러 사람들을 거느리는 사람. 우두머리. 首領(수령).
【頭目】とうもく(두목) ①머리와 눈. ②우두머리. 또는, 불순분자의 우두머리. ③원(元)대 군중(軍中)의 장관(將官). ④韓 조선 때, 중국 사신(使臣) 일행과 함께 무역을 목적으로 따라 온 북경(北京)의 장사꾼.
【頭髮】とうはつ(두발) 머리털. ¶一檢查.
【頭髮上指】とうはつじょうし(두발상지) 머리털이 곤두선다는 뜻으로, 격노(激怒)한 모양을 이름. ¶一 目眦盡裂<史記>
【頭顙】とうそう(두상) 머리와 이마.
【頭緖】とうしょ(두서) ①일의 단서. ②조리(條理). 전후 순서. ¶庶知其一<福惠全書> ③여러 생각. 염두(念頭)의 감상(感想). ¶心似亂絲一多<黃庭堅>
【頭韻】とういん(두운) 시행(詩行)의 첫머리에 있는 화운(和韻). 머리운. ↔脚韻(각운).
【頭注】とうちゅう(두주) 본문 위쪽에 단 주해(註解). 頭註(두주). ↔脚注(각주).
【頭痛】ずつう·とうつう(두통) 머리가 아픔. 또는, 그 증세. ¶偏一.
【頭風】とうふう(두풍) ①두통. ②백설풍(白屑風).
▷街一, 竿一, 擧一, 傾一, 鷄一, 叩一, 科一, 口一, 龜一, 亂一, 路一, 露一, 樓一, 單一, 短一, 擡一, 到一, 渡一, 禿一, 等一, 馬一, 饅一, 毛一, 冒一, 沒一, 白一, 蓬一, 埠一, 社一, 巳一, 山一, 先一, 船一, 舌一, 搔一, 蠅一, 心一, 岳一, 案一, 鴨一, 驛一, 年一, 燕頷虎一, 念一, 烏一, 鼇一, 甕一, 人一稅, 作一, 杖一, 低一, 纏一, 店一, 點一, 提一, 座一, 朱一, 竹一, 地一, 津一, 陣一, 蒼一, 焦一, 出一, 鴟一, 平一, 解一, 懸一刺股, 話一, 黑一

16 【頼】 賴(p. 1432)의 略字

16 【頩】 貌(p. 1417)와 古字

7
16 【頻】 자주 빈 | 眞ㄆㄧㄣˊ (pin) | ひん, びん(シキリニ) *frequently*

풀이 ①자주. 여러 번. 잇달아. ¶三顧一煩天下計<杜甫>/去來之一. ②물가. 同 濱. ¶池之渴矣 不云自一<詩經> ③급하다. 급박함. 절박함. ¶國步斯一<詩經> ④늘어서다. 나란히 섬. ¶群臣一行<國語> ⑤찡그리다. 通 顰. ¶一復厲無咎<易經> ⑥친하다. 사이가 가까움. 通 比. ⑦콧날. ¶一巽吝<易經>

【頻伽】びんが(빈가) ①(佛) 범어 kalavinka의 음역. 가릉빈가(迦陵頻伽)의 준말. 극락정토(極樂淨土)에서 아름다운 소리로 운다는 인두 조신(人頭鳥身)의 새. 妙音鳥(묘음조). ②옛 중국의 양마(良馬) 이름.
【頻度】ひんど(빈도) 잦은 도수. ¶一數.
【頻發】ひんぱつ(빈발) 자주 생김.
【頻煩】ひんぱん(빈번) 자주. 여러 번. 頻繁(빈번).
【頻繁】ひんぱん(빈번) ☞頻煩(빈번).
▷國步斯一, 大一, 風雨一

16 【頩】 髯(p. 1662)과 同字

16 【穎】 ☞禾部 11획(p. 1112)

16 【頥】 頤(p. 1623)의 俗字

7
16 【頲】 곧을 정 | 迥ㄊㄧㄥˇ (ting) | てい(マッスグ) *straight*

풀이 ①곧다. 바름. ¶一 直也<爾雅> ②머리가 좁고 긴 모양.

7
16 【赬】 붉을 정 | 庚ㄔㄥ (cheng) | てい(アカイ) *red*

▷微一, 辟一, 深一, 含一

7
16 【頹】 무너질 퇴 | 灰ㄊㄨㄟˊ (tui) | たい(クズレル) *collapse*

풀이 ①무너지다. 무너뜨림. ¶泰山其一乎<禮記>/一其土<漢書> ②기울다. 기울어짐. ¶歲云暮兮日西一<潘岳> ③쇠하다. 쇠퇴함. ¶採藥救一<謝靈運>/一運. ④떨어지다. 낙하함. ¶星辰隕兮日月一<阮籍> ⑤쓰러지다. 넘

어짐. ¶民氣不舒兮僵踣顚—＜柳宗元＞ ⑥느슨해지다. 해이(解弛)함. ¶憲綱其—＜宋書＞ ⑦덜해지다. 차차로 줄어듦. ¶榮進之心日—＜嵇康＞ ⑧좇다. 순종함. ¶—乎其順也＜禮記＞ ⑨흐르다. 물이 흘러내림. ¶水—以絶商顏＜史記＞ ⑩머리가 벗어지다. 대머리가 됨. ¶— 首禿也＜六書故＞ ⑪마음에 품다. 생각함. ¶遂—思而就牀＜司馬相如＞ ⑫질풍(疾風). 몹시 세게 부는 바람. ¶焚輪謂之—＜爾雅＞

【頹落】たいらく(퇴락) 무너져 내림. 허물어짐. ¶堂階— 牛羊入室＜韓愈＞

【頹齡】たいれい(퇴령) 노쇠한 나이. 頹年(퇴년). 老年(노년).

【頹廢】たいはい(퇴폐) 쇠퇴하여 결딴남. 頹敗(퇴패). ¶—的.

▷老—, 衰—, 顚—, 敗—, 廢—

16【頽】 頹(p. 1624)의 俗字

7 16【頷】 1턱 함 2끄덕일 암 | 感ㄏㄢˋ (han) 感 | かん(アゴ) chin がん

풀이 1 ①턱. 아래턱. ¶燕—虎頭＜後漢書＞ ②부황들다. 굶주려 얼굴이 누렇게 뜬 모양. ¶長顑—亦何傷＜楚辭＞ 2 ①끄덕이다. ¶逆於門者 —之而已＜左氏傳＞ ②함련(頷聯). 율시(律詩)의 제3·4구(句).

【頷聯】がんれん(함련) 율시(律詩)의 제3·4구(句). 前聯(전련). ※頸聯(경련).

▷滿—, 燕—, 龍—, 豐—, 虎—

7 16【頰】 빰 협 本겹 | 葉ㄐㄧㄚˊ (jia) | きょう(ホオ) cheeks

【頰輔】きょうほ(협보) 빰. ¶小兒豊—＜黃庭堅＞

【頰適】きょうてき(협적) 얼굴빛을 부드럽게 하여 남의 비위에 맞도록 함.

【頰車】きょうしゃ(협차) 턱. 顎骨(악골).

▷高—, 口—, 曼—, 方—, 批—, 鬚—, 牙—, 兩—, 緩—, 赤—, 拄—, 豊—, 紅—

8 16【顆】 낟알 과 | 哿ㄎㄜ (ke) | か(ツブ) grain

풀이 ①낟알. ㉮작고 둥근 물건의 낱개. ¶—粒. ㉯작고 둥근 물건의 낱개를 세는 단위. ¶凡圜物以—計＜六書故＞/三—. ②흙덩이. ¶使其後世曾不得蓬—蔽家而託葬焉＜漢書＞ ③작은 머리. 머리통이 작은 것. ¶— 小頭也＜說文＞

【顆粒】かりゅう(과립) ①알. 낟알. ¶田禾—無收＜福惠全書＞ ②마마, 홍역(紅疫) 등을 앓을 때 피부에 돋는 것.

▷幾—, 半—, 飯—, 蓬—, 熟—, 玉—, 圓—, 殘—, 珠—, 紅—

8 17【⿰其頁】 못생길 기 | 支ㄑㄧ (qi) | き(ミニクイ) ugly

17【⿰步頁】 頻(p. 1624)과 同字

8 17【顉】 1끄덕일 암 2주걱턱 금 | 感ㄏㄢˋ 侵(han) | がん nod きん

풀이 1 끄덕이다. 머리를 끄덕임. 通頷. ¶迎于門 —之而已＜左氏傳＞/—頤. 2 ①주걱턱. 굽은 턱. 하관(下顴)이 빨다. ¶巧夫—其頤 則歌合律＜列子＞ ②움직이다. ¶— 動也＜廣雅＞

8 17【顁】 이마 정 | 徑ㄉㄧㄥˋ (ding) | てい(ヒタイ) forehead

8 17【顇】 파리할 췌 | 寘ㄘㄨㄟˋ (cui) | すい(ヤツレル) thin

풀이 ①파리하다. 야윔. 通悴 瘁. ¶羸馬—奴＜顔氏家訓＞ ②병들다. ¶— 病也＜爾雅＞ ③근심하다. 시름겨움. ¶僶以頓—＜王褒＞ ④순수(純粹)하다. 섞인 것이 없음. 순일함. ¶貞—＜太玄經＞

17【⿰委頁】 1 隤(p. 1558)와 同字 2 頹(p. 1624)의 俗字

18【⿰类頁】 類(p. 1627)와 同字

18【⿰香頁】 馥(p. 1645)과 同字

18【⿰杀頁】 顡(p. 1627)의 俗字

9 18【顋】 빰 시 本새 | 灰ㄙㄞ (sai) | さい(ホオ) cheeks

풀이 ①빰. 볼. ¶紛紅—頰露春寒＜林逋＞ ②아가미. 물고기의 숨쉬는 기관. 같 腮. ¶曝—之魚＜南史＞ ③턱. 아래턱.

9 18【顎】 턱 악 | 藥ㄜˋ (e) | がく(アゴ) chin

풀이 ①턱. 구강(口腔) 아래위에 있는 뼈 및 그 위에 있는 부분. ¶上—/下—. ②코뼈가 굳고 높은 모양. ¶— 面高貌＜玉篇＞ ③근엄하다. ¶— 恭嚴也＜集韻＞

9 18【顏】 얼굴 안 | 刪ㄧㄢˊ (yan) | がん(カオ) face

풀이 ①얼굴. ㉮머리의 앞면. ¶—若茗之榮＜史記＞/—面. ㉯낯빛. 얼굴표정. 안색. ¶—如渥丹＜詩經＞/—色. ㉰면목. 체면. ¶何—謝桓公＜世說新語＞ ㉱낯가죽. ¶巧言如簧 —之厚矣＜詩經＞ ②이마. ¶隆準而龍—＜史記＞ ③편액(扁額). 현판의 제자(題字). 현판. ¶—曰大成殿. ④채색. 색채. ¶—料. ⑤산이 높은 모양. ¶壓河連華勢孱—＜李商隱＞ ⑥나타나다. 드러남. ⑦선봉(先鋒). 선진. 通雁. ¶以逆執事之—行＜漢書＞

【顔料】がんりょう(안료) ①연지(臙脂)·분(粉) 따위의 화장 재료. ②그림 물감. ③염료(染料). 도료(塗料). ¶合成—/天然—.
【顔面】がんめん(안면) ①얼굴. 顔貌(안모). ②서로 알 만한 친분. ¶—不知/—薄待.
【顔色】がんしょく(안색) ①낯빛. 얼굴에 나타난 기색. ②빛깔. 색. 색채.
【顔之徒】がんしのと(안지 도) 안회(顔回)의 무리란 뜻으로, 도덕을 닦아 안회처럼 되려고 원하는 사람은 다 안회의 무리라는 말. ¶睎顔之人 亦—也<法言>
【顔行】がんこう(안행) ①앞장서서 감. 雁行(안행). ②군대의 전열(前列). ¶若此則士爭前 戰爲—<管子>
【顔回】がんかい(안회)《人》 자(字)는 자연(子淵). 안빈낙도(安貧樂道)하여 덕행이 뛰어났으므로 아성(亞聖)이라 불림. 공문십철(孔門十哲)의 으뜸으로 꼽힘. 공자보다 앞서 32세에 죽음. (B.C. 518~B.C.482).
▷彊—, 開—, 苦—, 孔—, 嬌—, 權—, 那—, 奴—, 童—, 拜—, 犯—, 別—, 似—, 夕—, 聖—, 洗—, 素—, 笑—, 韶—, 衰—, 秀—, 愁—, 承—, 新—, 麗—, 玉—, 溫—, 瑤—, 容—, 龍—, 憂—, 二—, 怡—, 赭—, 赤—, 靦—, 正—, 尊—, 朱—, 塵—, 眞—, 戚—, 天—, 淸—, 悴—, 醉—, 稚—, 酡—, 頹—, 破—, 汗—, 抗—, 解—, 紅—, 和—, 花—, 華—, 厚—

18〖彥頁〗 顔(p. 1625)의 俗字

9 18〖額〗 이마 액 | 陌 ㄜˊ (e) | がく(ヒタイ) *forehead*

풀이 ①이마. ¶被創中—<後漢書> ②머릿수. 일정한 양(量). ¶租有定—<五代史>/—數/—面. ③편액(扁額). 현판(懸板). 액자(額子). ¶前世牌—必先挂而後書<捫蝨新話>
【額面】がくめん(액면) ①편액(扁額). ②유가 증권(有價證券) 등에 적힌 금액. ¶—價. ③표면에 내세운 사물의 가치.
【額數】がくすう(액수) ①돈 따위의 머릿수. 定額(정액). 定數(정수). ②정원(定員).
【額字】(액자) 현판에 쓴 큰 글씨.
▷價—, 減—, 巨—, 高—, 廣—, 鳩—, 金—, 爛—, 多—, 同—, 半—, 方—, 兵—, 稅—, 少—, 手—, 月—, 殘—, 全—, 篆—, 點—, 定—, 租—, 差—, 焦—, 總—, 勅—, 扁—, 豊—

9 18〖顒〗 엄숙할 옹 | 冬 ㄩㄥˊ (yong) | ぎょう(ツツシム)

풀이 ①엄숙하다. 엄격하고 근신하는 모양. ¶有孚—若<易經> ②온화하다. ¶——卬卬 如圭如璋<詩經> ③크다. 머리가 큼. ¶四牡修廣 其大有—<詩經> ④우러르다. 덕을 우러름. ¶蒼生—然 莫不欣戴<劉琨>

18〖顓〗 顓(p. 1626)과 同字

9 18〖顐〗 농담 원 | 願 ㄨㄣˋ (wen) | ごん(ジョウダン) *joke*

풀이 ①농담(弄談). 웃음엣소리. ㊎ 諢. ¶諧臣—官 怡愉天顔<唐書> ②대머리.

9 18〖顓〗 전단할 전 | 先 ㄓㄨㄢ (zhuan) | せん *arbitrary*

풀이 ①전단(專斷)하다. 제 마음대로 함. ㊈ 專. ¶—兵秉政<漢書> ②어리석다. ¶天降生民 倥侗—蒙<法言> ③착하다. ¶猛獸食—民<淮南子> ④작거나 둥근 모양. ㊈ 團. ¶——獨居一海之中<漢書> ⑤공손하다. 삼가는 모양.
【顓頊】せんぎょく(전욱) 옛 중국 전설상의 임금. 황제(黃帝)의 손자. 高陽氏(고양씨).
【顓臾】せんゆ(전유) 춘추 시대 노(魯)의 부용국(附庸國).

9 18〖題〗 1 이마 제 2 볼 제 | 齊 ㄊㄧˊ 霽 (ti) | だい(ヒタイ) *forehead*

풀이 1 ①이마. ¶雕—交趾<禮記> ②표제(表題). 시문(詩文)이나 서책의 제목. ¶分—賦詩<燃黎餘筆>/—目. ③맨 앞머리. 선단(先端). ¶榱—數尺<孟子> ④물음. 문제. ¶遂換試—<國史補>/問—. ⑤품평(品評). 평정(評定)함. ¶—經品— 便作佳士<李白>/—評. ⑥문체 이름. 글 내용을 요약하여 책머리에 적는, 한문 문체의 한 가지. ¶—跋/—辭. ⑦적다. 기록함. ¶石上—詩掃綠苔<白居易> 2 보다. 자세히 봄. ¶—彼脊令<詩經>
【題名】だいめい(제명) ①한문의 한 체(體). 명승고적이나 절 등을 유람한 날짜와 같이 간 사람의 이름을 적음. ②성명을 사람의 눈에 잘 띄는 곳에 적음. ③책이나 작품의 표제. ④과거에 합격한 사람들의 성명, 본적, 연령 따위를 적은 명부. 題名錄(제명록).
【題銘】だいめい(제명) 책 첫머리에 쓰는 제사(題辭)와 기물에 새기는 명(銘).
【題目】だいもく(제목) ①책이나 시문 등의 표제. 題名(제명). ②사물이나 인물에 대한 평가. 품평(品評). ¶凡所— 皆如其言<世說新語> ③시험 문제. 물음. ④글제.
【題跋】だいばつ(제발) ①책의 제(題)와 발(跋). 서문(序文)과 발문(跋文). ②책 끄트머리에 쓰는 글. 跋文(발문). 跋(발).
【題詞】だいし(제사) 문체 이름. 책 첫머리에 그 책과 관계되는 일을 적는 글.
【題辭】だいじ(제사) ①책머리나 빗돌 위쪽에 쓰는 글. 題詞(제사). ②관청에서, 백성이 제출한 소장(訴狀)이나 원서(願書)에 대한 판결이나 지령.
【題字】だいじ(제자) 책머리 또는 빗돌, 족자 따위의 위쪽에 쓰는 글자. 또는, 그 글자를 씀. 題書(제서).
【題材】だいざい(제재) ①문예 작품의 주제가 되는 재료. ②작품의 제목과 재료.
【題號】だいごう(제호) 책 따위의 제목. 表題(표제).
【題畫】だいが(제화) 그림에 시문(詩文)을 씀.
▷改—, 結—, 兼—, 季—, 課—, 難—, 內

—, 論—, 名—, 命—, 無—, 問—, 本—, 書—, 旋—, 省—, 宿—, 失—, 御—, 演—, 例—, 玉—, 外—, 類—, 議—, 雕—, 主—, 初—, 榱—, 探—, 破—, 平—, 標—, 品—, 解—, 話—

9
18【顑】 부황들 함 | 國ㄎㄢˇ (kan) | かん *starve*

18【顕】 顯(p. 1629)의 略字

10
19【顜】 밝을 강 각 | 講ㄐㄧㄤˇ (jiang) 覺 | こう *bright* かく

풀이 ①밝다. ¶— 明也＜集韻＞ ②바르다. 곧음. 명직(明直)함. ¶蕭何爲法—若畫—＜史記＞ ③화(和)하다. ¶— 和也＜集韻＞

10
19【類】 1 무리 류 | 類ㄌㄟˋ | るい
2 치우칠 뢰 | 隊 (lei) | らい

풀이 1 ①무리. ㉮동아리. 동렬(同列). ¶引—呼朋＜歐陽脩＞/同—. ㉯떼. 패. ¶以養群—＜淮南子＞ ㉰서로 비슷한 것. 동종. ¶方以—聚＜易經＞/種—. ②닮다. 비슷함. ¶非君也 不—＜左氏傳＞/—似. ③품별(品別). 비슷한 것들을 모아 종별로 나눈 것. ¶晋君—能而使之＜左氏傳＞ ④착하다. 좋음. ¶克明克—＜詩經＞ ⑤견주다. 비교함. ¶比—以成其行＜禮記＞ ⑥대개. 대략. 대체로. ¶—常如翁歸言＜漢書＞ ⑦제사 이름. ㉮사교(四郊)에서 해, 달, 별에 지내는 정제(正祭). ¶四望四—亦如之＜周禮＞ ㉯출사(出師), 천재(天災) 때 지내는 임시 제사. ¶—乎上帝＜禮記＞/—祭. ⑧선례(先例). 전례. ¶以—度—＜荀子＞ ⑨모양. 형상(形象). ¶又況未有—也＜淮南子＞ ⑩법. ¶吾將以爲—兮＜楚辭＞ 2 치우치다. 편파적임. (通) 類. ¶刑之頗—＜左氏傳＞

【類例】るいれい(유례) ①같거나 비슷한 사례. ②전례(前例).

【類萬不同】(유만부동) 비슷한 것이 많기는 하나 같지 않음.

【類別】るいべつ(유별) 종류에 따라 구별함. 分類(분류). 種別(종별).

【類本】るいほん(유본) 유사한 책. 같은 유의 책.

【類書】るいしょ(유서) ①여러 가지 서적들을 종류별로 분류한 책. ②같은 종류의 책. 同類書(동류서).

【類苑】るいえん(유원) 같은 종류를 모은 문장. 또는, 그런 문장을 모아 만든 책. 類林(유림). ¶使撰— 未及成 復以去＜南史＞

【類類相從】るいるいアイシタガウ(유유상종) 같은 동아리끼리 서로 왕래하며 사귐.

【類人猿】るいじんえん(유인원) 원숭이 중에서 가장 진화한 것으로, 원시인(原始人)과 외모가 비슷한 것의 총칭. 고릴라, 침팬치, 성성이 따위.

【類推】るいすい(유추) 서로 비슷한 것으로써 그 밖의 일을 어림잡음. ¶—解釋.

【類聚】るいしゅう·るいじゅ(유취) 같은 부류끼리 모이거나 모음. 類集(유집).

【類見】るいけん(유현) 제후(諸侯)의 대를 이은 아들이 아버지의 장례를 마치고 천자를 뵈던 일. ¶諸侯…旣葬 見天子 曰—＜禮記＞

【類型】るいけい(유형) ①비슷한 형(型). ②비슷한 것 가운데 공통되는 특징을 나타내는 본보기. 전형(典型).

▷群—, 黨—, 同—, 萬—, 名—, 毛—, 無—, 法—, 部—, 分—, 不—, 朋—, 比—, 非—, 譬—, 似—, 生—, 庶—, 善—, 殊—, 獸—, 植—, 魚—, 緣—, 遺—, 衣—, 異—, 人—, 姻—, 絕—, 儕—, 鳥—, 族—, 種—, 儔—, 噍—, 觸—, 醜—, 畜—, 出—, 親—, 頗—, 品—, 酷—, 動—, 凶—

10
19【顙】 이마 상 | 養ㄙㄤˇ (sang) | そう(ヒタイ) *forehead*

풀이 ①이마. ¶其—有泚＜孟子＞/廣—. ②조아리다. 이마를 땅에 대어 절함. ¶再拜—＜公羊傳＞/稽—. ③머리. ¶天撲之—＜太玄經＞ ④뺨. 볼. ¶河目隆—＜孔子家語＞

▷稽—, 廣—, 頭—, 博—, 方—, 龍—, 潤—, 隆—

19【顖】 囟(p. 324)의 古字

10
19【願】 원할 원 | 願ㄩㄢˋ (yuan) | がん(ネガウ) *desire*

풀이 ①원하다. 바람. ㉮하고자 하다. ¶敬修其可—＜書經＞ ㉯남이 해 주기를 바라다. ¶不—於大家＜禮記＞ ㉰빌다. 기원(祈願)함. ¶衆僧祝—＜晋書＞/祈—. ㉱청하다. 부탁함. ¶斯石之文 但敍見—＜白居易＞ ②부러워하다. 선망(羨望)함. ¶國人稱—然曰 幸哉有子如此＜禮記＞ ③소원. 소망. ¶弘宣誓—＜王勃＞/豈非士之—哉＜史記＞ ④원컨대. 바라건대. 원하노니. ¶—陛下親之信之＜諸葛亮＞ ⑤큰 머리. ¶— 大頭也＜說文＞

【願力】がんりき(원력) 《佛》 ①신불(神佛)에게 기원하여 소원을 이루려는 욕망. ¶香火徒勤—違＜陸游＞ ②아미타불(阿彌陀佛)의 서원(誓願)의 힘.

【願絲】がんし(원사) 옛 중국에서, 칠석날 여자들이 장대 끝에 실을 매어 바느질 솜씨가 능숙해지기를 견우·직녀에게 빌던 민속 행사. 乞巧(걸교).

【願書】がんしょ(원서) 청원하는 내용을 기록한 서류. ¶入學—.

【願海】がんかい(원해) ①소원의 큼을 바다에 비유한 말. ②《佛》 보살의 서원(誓願)의 깊고 넓음을 바다에 비유한 말. ¶顯示一切大—＜八十華嚴經＞

▷嘉—, 懇—, 巨—, 結—, 群—, 歸—, 祈—, 冀—, 大—, 滿—, 冥—, 微—, 發—,

福—, 本—, 悲—, 鄙—, 私—, 三—, 上—, 常—, 誓—, 誠—, 所—, 素—, 訴—, 宿—, 心—, 哀—, 良—, 念—, 禮—, 遠—, 情—, 至—, 志—, 請—, 出—, 稱—, 嘆—, 歎—, 弘—, 希—

10
19 〖顗〗 근엄할 의 | 尾 ㄧˇ (yi) | ぎ(ウヤウヤシイ) *grave*

풀이 ①근엄하다. 엄격하고 점잖음. ¶—謹莊貌<說文> ②조용하다. ¶— 靜也<爾雅> ③편안하다. 안온함. 평화로움. ¶— 靖也<廣韻> ④즐겁다. 유쾌함. ¶— 樂也<廣韻>

10
19 〖顚〗 1 넘어질 전 2 우듬지 진 | 先 ㄉㄧㄢ 眞 (dian) | てん *fall* ちん

俗 顛 蹎 同 巔

풀이 1 ①넘어지다. ¶—沛之揭<詩經> ②거꾸로 하다. ¶—裳以爲衣<楚辭> ③떨어지다. ¶—越不恭<書經> ④내리다. 떨어뜨림. ¶—疑遇斡客<太玄經> ⑤당황하다. ¶—狽如是<晋書> ⑥혼미하다. ¶固—冥乎富貴之地<莊子> ⑦꼭대기. ¶山頂 謂之—<王篇> ⑧정수리. ⑨이마. ¶有馬白—<詩經> ⑩실성. 미친 사람. ¶對花歌詠似狂—<張籍> ⑪근심하는 모양. ⑫잠시. ¶—沛匪虧<千字文> ⑬땅 이름. ¶—縣. 2 우듬지. ¶偃蹇杪—<漢書>

【顚倒】てんとう(전도) ①거꾸로 함. 또는, 거꾸로 됨. ¶—相配<南史>/主客—. ②넘어짐. 또는, 넘어뜨림. 顚仆(전부). ¶—其敵<荀子> ③당황함. 顚狽(전패). ④큰 잘못. 옳고 그름이 뒤바뀜.

【顚落】てんらく(전락) ☞轉落(전락).

【顚末】てんまつ(전말) 일의 처음과 끝. 시초부터의 경위. ¶題詩記—<戴復古>/—書.

【顚覆】てんぷく(전복) ①뒤집힘. 또는, 뒤집어 엎음. 傾覆(경복). ¶—厥德<書經>/車輛—. ②쳐부숨. 멸망시킴. 또는, 멸망함. ¶太甲—湯之典刑<孟子>

【顚實揚休】てんじつようきゅう(전실양휴) 기력이 체내에 차도록 호흡함. ¶盛氣—<禮記>

【顚隕】てんいん(전운) 굴러 떨어짐.

【顚越不恭】てんえつふきょう(전월불공) 도리를 벗어나 웃사람의 명령을 받들지 아니함.

【顚委】てんい(전위) 강물의 수원(水源)과 하류(下流). ¶其—勢峻<柳宗元>

【顚飮】てんいん(전음) 술을 폭음함. 狂飮(광음). 痛飮(통음).

【顚跌】てんてつ(전질) ①발이 걸려 넘어짐. ②일이 어긋나 틀어짐. 顚躓(전질). 顚蹶(전궐). ※失足(실족).

【顚躓】てんち(전질) ☞顚跌(전질)②.

▷傾—, 狂—, 倒—, 山—, 樹—, 隕—, 酒—, 躓—, 風—

19 〖頙〗 顚(p.1628)의 俗字

19 〖顕〗 顯(p.1629)의 俗字

11
20 〖顢〗 얼굴 클 만 | 寒 ㄇㄢˊ (man) | ばん *broad face*

11
20 〖顣〗 찡그릴 축 | 屋 ㄘㄨˋ (cu) | しゅく *grimace*

12
21 〖顧〗 돌아볼 고 | 遇 ㄍㄨˋ (gu) | こ (カエリミル) *look back*

풀이 ①돌아보다. 둘러봄. ¶—我復我<詩經> ②응시하다. 관찰함. ¶行者不—<呂覽> ③생각하다. 반성함. ¶—乃德<書經> ④방문하다. 찾아옴. ¶三—臣於草廬之中<諸葛亮>/—客. ⑤보살핌. 돌봄. 온정. ¶久承恩—<舊唐書> ⑥돌아오다. ¶子以死爲—<呂覽> ⑦순회하다. ¶—步佇三芝<沈約> ⑧도리어. 반대로. ¶白之—益黑<呂覽> ⑨품을 사다. ¶以—其功<漢書> ⑩끌다. 이끎. ¶—者 言能以德行引人者也<後漢書> ⑪기다리다. ¶有—之辭也<穀梁傳> ⑫가다. 떠남. ¶— 將去之意也<書經·注> ⑬및. ¶恬然肆志 —嘗好倣儻之策<後漢書> ⑭그러므로. ¶—上先下後耳<禮記> ⑮또. ¶吾—見汝<穆天子傳> ⑯발어사. 생각하건대. ¶—安所得酒乎<蘇軾> ⑰춘추 시대 나라 이름. ¶—國.

【顧客】こかく(고객) 영업의 상대로 찾아오는 손. 단골 손님. 「우면). 回視(회시).

【顧眄】こべん·こめん(고면) 돌아 봄. 左顧右眄(좌고

【顧命】こめい(고명) ①임금이 임종 때 뒷일을 부탁하는 유언. 顧託(고탁). 遺詔(유조). ¶相康王 作—<書經>/—之臣. ②돌보아 명함. ¶—書諸策<後漢書> ③목숨을 돌봄. ¶奮不—<宋史> ④「서경」(書經) 주서(周書)의 편 이름.

【顧問】こもん(고문) ①천자가 신하에게 의견을 묻거나 상의함. ¶誅賞制斷 無所—<淮南子> ②자문에 응하여 의견을 말함. 또는, 그 직에 있는 사람. ¶—辯護士. ※諮問(자문). ③고려함. 마음을 씀. ④찾음. 심방함. 「—<張衡>

【顧本】こほん(고본) 근본을 돌아봄. ¶旣垂穎而

【顧額】(고액) 근심하는 빛이 얼굴에 드러남.

【顧而言他】かえりみてたをいう(고이언타) 대답할 말이 없어 얼굴을 돌리고 딴소리를 함.

【顧託】こたく(고탁) ☞顧命(고명)①

【顧兔】こと(고토) ①달의 별칭. ¶—羊藏身<李白> ②토끼를 돌아봄. ¶逐鹿者不—<淮南子>

▷眷—, 內—, 返—, 反—, 不—, 四—, 思—, 仰—, 愛—, 枉—, 恩—, 一—, 左—, 指—, 瞻—, 寵—, 惠—, 回—, 懷—, 後—

21 〖顤〗 預(p.1621)의 俗字

12
21 〖顦〗 파리할 초 | 蕭 ㄑㄧㄠˊ (qiao) | しょう *pale*

풀이 ①파리하다. ¶容色—顇 服膳減損

＜顔氏家訓＞ ②근심하는 모양.

12 21 【顥】 큰 호 | [皓] ㄏㄠˋ (hao) | こう big

풀이 ①크다. ¶遊戲一興濃＜孟郊＞ ②머리털이 흰 모양. ¶天白一一＜楚辭＞ ③빛나는 모양. ④하늘에 떠도는 호기(浩氣). ¶鮮一氣之淸英＜班固＞ ⑤하늘. 通 昊. ¶一天.

【顥天】こうてん(호천) 서쪽 하늘. ¶西方曰一＜呂覽＞

13 22 【顩】 1 하관 빨 엄 2 추한 모양 검 | [琰] ㄧㄢˇ [感] (yan) | げん げん

풀이 1 ①하관(下顴)이 빨다. 하관이 좁음. 턱이 뾰족함. ②치열(齒列)이 고르지 못한 모양. 2 추한 모양. ¶一頤.

13 22 【顫】 1 떨릴 전 2 냄새 잘 맡을 선 | [霰] ㄓㄢˋ (zhan) [先] ㄔㄢˋ (chan) | せん tremble

풀이 1 ①떨리다. ¶懼者亦一＜淮南子＞ ②놀라다. ¶天下一恐而患之＜呂覽＞ 2 냄새를 잘 맡다. ¶鼻徹爲一＜莊子＞

22 【鼎頁】 頂(p. 1619)과 同字

13 22 【顪】 턱수염 훼 | [隊] ㄏㄨㄟˋ (hui) | かい beard

풀이 ①턱수염. ¶接其鬢 壓其一＜莊子＞ ②뺨.

23 【愿頁】 願(p. 1627)과 同字

14 23 【顬】 관자놀이 움직일 유 | [虞] ㄖㄨˊ (ru) | じゅ

14 23 【顯】 나타날 현 | [銑] ㄒㄧㄢˇ (xian) | けん appear

略 顕 俗 顕

풀이 ①나타나다. 드러남. ¶其令鳴一＜素問＞ ②영달하다. ¶未嘗有一者來＜孟子＞ ③나타내다. ¶以一父母 孝之終也＜孝經＞ ④광명. 분명함. 현저함. ¶齊戒之暮 神光一著＜漢書＞ ⑤명백하다. 노골적임. ¶一然善樂者＜呂覽＞ ⑥바깥. 표면. ¶隱一有常＜荀子＞ ⑦보다. 주시함. ¶天維一思＜詩經＞ ⑧바뀌다. 변함. ⑨찬란한 머리 장식. ⑩죽은 부조(父祖)의 경칭. ¶一考.

【顯界】けんかい(현계) 이 세상. ↔幽界(유계).

【顯考】けんこう(현고) ①고조(高祖)의 경칭. ②망부(亡父)의 경칭. ¶一康侯 無祿早終＜潘岳＞/一學生府君.

【顯官】けんかん(현관) 높은 벼슬. 또는, 그 사람. 高官(고관). 顯仕(현사). 顯宦(현환). ¶尙書一 皆出庸伍＜後漢書＞

【顯教】けんきょう(현교)《佛》 석가가 알기 쉽게 설법(說法)한 가르침. ↔密教(밀교).

【顯軌】けんき(현궤) 뚜렷한 수레바퀴 자국. 뜻이 바뀌어, 남의 이력(履歷)을 이름. ¶一莫殊轍＜王僧達＞

【顯貴】けんき(현귀) 지위 따위가 높고 귀함. 또는, 그 사람.

【顯達】けんたつ(현달) 출세하여 신분이 높아짐. ¶不因高據以一＜論衡＞

【顯戮】けんりく(현륙) 중죄인(重罪人)을 죽여 그 시체를 일반에게 보임. ※梟首(효수).

【顯明】けんめい(현명) ①밝음. 환함. ②명백히 나타냄. ③해돋이.

【顯命】けんめい(현명) ☞天命(천명).

【顯父】けんぷ(현부) 덕망이 뛰어난 사람. ¶一餞之＜詩經＞

【顯妣】けんぴ(현비) 죽은 어머니의 경칭. ¶一孺人豊川任氏. ↔顯考(현고).

【顯示】けんじ(현시) 명시함. ¶以此一衆庶＜漢書＞

【顯揚】けんよう(현양) 이름을 세상에 떨침. ¶一先祖＜禮記＞

【顯異】けんい(현이) 높이어 특별히 대우함. ¶行純茂而不一＜漢書＞

【顯爵】けんしゃく(현작) 높은 작위. 榮爵(영작). 顯位(현위).

【顯著】けんちょ(현저) ①뚜렷이 드러남. 두드러짐. ¶才學一＜魏志＞ ②환히 나타남. 著明(저명). ¶一綱紀＜史記＞

【顯正】けんせい(현정)《佛》 바른 법리(法理)를 나타내어 보임. ¶破邪一. ※けんしょう

【顯祖】けんそ(현조) ①조상의 명예를 나타냄. 또는 이름이 높이 드러난 조상. ¶一揚名＜陳琳＞ ②선조(先祖)의 경칭. ¶一曜德＜潘岳＞

【顯朝】けんちょう(현조) 당시 조정(朝廷)의 경칭. 聖朝(성조). ¶一惟淸＜曹植＞

【顯祖考】けんそこう(현조고) 죽은 조부(祖父)의 경칭. ¶一學生府君. ↔顯祖妣(현조비).

【顯祖妣】けんそひ(현조비) 죽은 조모(祖母)의 경칭. ↔顯祖考(현조고).

【顯職】けんしょく(현직) 높은 벼슬. 顯官(현관).

【顯彰】けんしょう(현창) 세상에 환히 드러남. 또는, 환히 드러냄. 顯章(현장). ¶霸功一＜史記＞

【顯現】けんげん(현현) ①환한 모양. 명백한 모양. ②밝히 나타남. 또는, 나타냄.

▷高一, 光一, 貴一, 露一, 明一, 否一, 富一, 昭一, 榮一, 隆一, 隱一, 旌一, 尊一, 彰一, 淸一, 通一, 褒一, 表一, 赫一, 晦一

15 24 【顰】 찡그릴 빈 | [眞] ㄆㄧㄣˊ (pin) | ひん grimace

【顰蹙】ひんしゅく(빈축) 이맛살을 찌푸림. 불쾌한 표정을 지음. 頻顣(빈축).

▷嬌一, 慕一, 效一

16 25 【顱】 머리뼈 로 | [虞] ㄌㄨˊ (lu) | ろ skull

▷禿一, 頭一, 圓一

26 【龥】 ☞ 龠部 9획(p. 1707)

18/27 〖顴〗 광대뼈 관 ㊥ㄑㄩㄢˊ(quan) けん cheekbone ㊍권
▷高—, 頰—

風<바람 풍>部

風 ⑤ 颯 颭 颱 颳 ⑧ 颶 ⑨ 颺 ⑩ 颻 飆 ⑪ 飂 飄 ⑫ 飃 飈

0/9 〖風〗 1 바람 풍 ㊐ㄈㄥ ふう(カゼ) 2 풍자할 풍 ㊎(feng) wind
㊀ 飌

풀이 1 ①바람. ¶—雨/南—. ②바람 불다. ¶終—且暴<詩經> ③바람을 쐬다. 납량(納涼)함. ¶—乎舞雩<論語> ④움직이다. 흩어짐. ⑤떨어지다. ¶如此者不—<呂覽> ⑥달아나다. 놓침. ¶馬牛其—<書經> ⑦발정(發情)하다. ¶唯是—馬牛不相及也<左氏傳> ⑧빠르다. ¶免胄而趨—<左氏傳> ⑨가르치다. ¶從—而服<戰國策> ⑩관습. ¶此亡國之—也<呂覽> ⑪분부(吩咐). ¶聲與—翔<張衡> ⑫품성. 기질. ¶德有盛衰 —先萌焉<淮南子> ⑬기세. ¶威—遠暢<後漢書> ⑭「시경」(詩經) 육의(六義)의 하나. 여러 나라의 민요. ⑮풍악. 노래. 악곡. ¶祝融生太子長琴 是處搖山 始作樂—<山海經> ⑯풍채. 모습. ¶有國士之—<史記> ⑰풍치. 경관. ¶—景不殊<晋書> ⑱병명(病名). ㉮감기. ㉯중풍(中風). ㉰풍전(風顚). ㉱학질. ¶—淫末疾<左氏傳> ㉲문둥병. ⑲소리. 음성. ¶孤—絶侶<王僧達> 2 ①풍자하다. ㊂諷. ㉮넌지시 말하다. ㉯빗대어 충고하다. 풍간(諷諫)함. ②외다. 암송함.

【風角】ふうかく(풍각) ①각적(角笛) 부는 소리. ¶—聲—夕陽低<賈島> ②사방의 바람을 살펴 길흉을 점치는 법. 風氣(풍기)④. ③㊥ 음악을 통속적으로 이름.

【風鑑】ふうかん(풍감) ①사람을 알아보는 눈. ¶—弘敏<庾信> ②관상술(觀相術).

【風概】ふうがい(풍개) ①절개(節概). 節操(절조). ¶終明—<袁宏> ②☞風度(풍도)①. ¶少有— 好屬文<南齊書>

【風格】ふうかく(풍격) ①인품. ¶—峻整<晋書> ②☞風度(풍도)①. ¶有— 善自位置<魏書> ③시문(詩文) 등의 운치. ¶詩有唐人—<貢父詩話>

【風景】ふうけい(풍경) ①경치. 風光(풍광). ¶訪—於崇阿<王勃> ②☞風采(풍채)①. ¶國望—<魏志>

【風磬】(풍경) 처마 끝에 달아 바람에 울리게 하는 경쇠. 檐馬(첨마). 風鈴(풍령). 風鐸(풍탁).

【風骨】ふうこつ(풍골) 풍채와 골격(骨格). 風力(풍력)③.

【風光】ふうこう(풍광) ①해가 비치고 바람이 불어 초목에 광채가 남. ¶—草際浮<謝脁> ②경치. 風景(풍경). ¶—引步酒開顔<白居易> ③☞風采(풍채)①. ④덕화(德化)가 빛남. ¶—宸掖<宋書> ⑤옛모습. ¶六代—無問處<李咸用> ⑥광영(光榮).

【風琴】ふうきん(풍금) ①건반 악기의 한 가지. 오르간. ②거문고 소리가 산들바람을 부름. ¶猶欠——再行<元好問>

【風紀】ふうき(풍기) 풍속이나 사회 도덕에 관한 기율. ¶—紊亂.

【風氣】ふうき(풍기) ①바람. ②생물에 미치는 자연계의 영향. ¶夫蟲—所生<論衡> ③풍속. 民風(민풍). ¶—如未開<劉因> ④☞風角(풍각)②. ⑤☞風度(풍도)①. ¶俊邁有—<小名錄> ⑥병 이름. 중풍(中風) 따위. ¶—殊未痊<高適> ⑦칼날 따위의 서슬. ⑧기후. 천후(天候).

【風度】ふうど(풍도) ①풍채와 태도. 고상한 인품. 風概(풍개)②. 風體(풍체). 風格(풍격)②. 風氣(풍기)⑤. ¶—凝遠<宋史> ②바람이 붊. ¶—引疎鐘<慧淨>

【風濤】ふうとう(풍도) ①바람과 큰 파도. 風浪(풍랑)①. ¶淮海—起<皇甫曾> ②힘드는 세상살이의 비유. ¶世路—八節灘<劉因>

【風浪】ふうろう(풍랑) ①바람과 파도. ②바람이 불어 사나와진 파도. 風波(풍파). ¶—暴起<吳志>

【風力】ふうりょく(풍력) ①바람의 힘. ¶—發電. ②바람의 강도. 風勢(풍세). ③☞風骨(풍골). ¶—精強<宋史>

【風爐】ふうろ(풍로) 아래쪽에 바람 구멍이 있는 화로. ¶—以銅鐵鑄之<茶經>

【風流】ふうりゅう(풍류) ①품격이 우아한 모양. 또는, 속된 일을 벗어나서 고상한 놀이를 즐기는 일. 風雅(풍아). ¶有— 善談論<蜀志>/—客. ②유풍(遺風). ¶體制—<嵆康> ③운치(韻致). 韻味(운미). ¶盡得—<司空圖> ④은총을 입음. ¶—三接令公香<李頎> ⑤바람이 세게 부는 일. ¶—雨散<左思> ⑥기녀(妓女)가 있는 곳. 妓樓(기루). ⑦남녀간 정사(情事).

【風磨雨洗】ふうまうせん(풍마우세) 바람에 닳고 빗물에 씻김의 뜻으로, 오랜 동안 자연에 침식(浸蝕)됨을 이름.

【風貌】ふうぼう(풍모) 용모. 풍채. ¶—清嚴<宋書>

【風聞】ふうぶん(풍문) ①떠도는 소문. 風說(풍설). ¶采聽—<晋書> ②익명(匿名)으로 어사(御史)에게 관리의 비행을 고발하는 글. 風采(풍채)③.

【風物】ふうぶつ(풍물) ①경치와 산물. 風光(풍광). ¶三川—是家園<劉禹錫> ②고장의 생활·행사에 관계 있는 사물. ③㊥ 농악에 쓰이는 악기.

【風靡】ふうび(풍미) ①바람이 솔솔 붊. ¶—雲披<張衡> ②풀이 바람에 나부끼듯 저절로 쏠려 복종함. ¶百姓—<後漢書>

【風伯】ふうはく(풍백) ①바람의 신(神). 風師(풍사). ¶將—雨師雲師<三國遺事>/祠—于戌地<後漢書> ②소리개.

【風病】ふうびょう(풍병) ①감기(感氣). ②중풍(中風). 風氣(풍기)⑥. 風疾(풍질)①. 風症(풍증). 傷寒(상한). ¶每飮連日 遂遇—<魏書> ③정신병. 정신의 병적(病的) 상태. 風癲(풍전). ④㊥ 문둥병.

【風師】ふうし(풍사) ☞風伯(풍백)①.
【風霜】ふうそう(풍상) ①바람과 서리. ¶一以別草木之性<後漢書> ②세월. 星霜(성상). ③많이 겪은 세상의 고난. ¶萬古一. ④문장의 엄숙한 기개. ¶字中皆挾一<西京雜記> ⑤준엄한 모양. ¶情若一 義貫金石<宋書>
【風霜之任】ふうそうのにん(풍상지 임) 준엄한 직무. 곧, 사법관(司法官)을 이름. 御史(어사).
【風船】ふうせん(풍선) ①바람을 타고 달리는 빠른 배. ¶一火艦<庾信> ②경기구(輕氣球). 고무풍선 따위.
【風說】ふうせつ(풍설) 소문. 風聞(풍문)①.
【風聲鶴唳】ふうせいかくれい(풍성학려) ①바람 소리와 학 우는 소리. 온갖 소리. ¶雖一 鷄鳴狗吠 皆可得而書矣<訓民正音解例> ②동진(東晋) 때 부견(苻堅)이 비수(肥水)에서 대패하고 바람 소리와 학 우는 소리에도 적의 추격이 아닌가 하여 놀랐다는 옛일에서, 겁을 먹은 사람이 하찮은 일에도 놀라 떪의 비유. ¶聞一 皆以爲王師已至<晋書>
【風俗】ふうぞく(풍속) ①옛부터 그 사회에서 행하여 온 생활 풍습. ¶正一通文雅<新語> ②그 지방의 시가(詩歌). 유행가. 國風(국풍). 유행가. ¶博採一<史記> ③옷차림. 복장.
【風速】ふうそく(풍속) 바람의 속도. ¶一計.
【風水】ふうすい(풍수) ①바람과 물. 풍력(風力)과 수력(水力). ¶因一之勢<宋書>/一害. ②비바람. 風雨(풍우). ¶一損毛衣<李遠> ③음양가(陰陽家)에서, 산천의 지세(地勢) 등으로 무덤, 집터 따위의 길흉을 가려 택하는 술법. 地術(지술). ¶葬法有一山岡之說<張子全書>/一地理.
【風樹之歎】ふうじゅのたん(풍수지 탄) 부모가 죽어 효도할 길 없는 슬픔. 風木之悲(풍목지비).
【風習】ふうしゅう(풍습) 풍속. 습관.
【風神】ふうじん(풍신) ①바람의 신. 風伯(풍백). ②☞風采(풍채)①. ¶一軒擧<庾信> ③운치. 氣韻(기운). ¶一諧暢<南史> ④글자의 기품.
【風雅】ふうが(풍아) ①멋. 風流(풍류)①. ¶高文有一<王維> ②시문(詩文). 詞章(사장). ¶一不墜地<歐陽詹> ③「시경」(詩經)의 국풍(國風)과 대아(大雅), 소아.
【風樂】ふうがく(풍악) ①(韓) 음악. 기악(器樂). ②오르간 따위.
【風岸】ふうがん(풍안) ①바람 부는 강변. ¶折葦鳴一<無可> ②모나서 가까이하기 어려운 모양. 또는, 씩씩하고 늠름한 풍채. ¶稜稜有一<唐書>
【風岸孤峭】ふうがんこしょう(풍안고초) 인품이 엄하고 성정(性情)이 과격하여 고독하게 지냄. ¶一 不能與世軒輊<續通鑑綱目>
【風壓】ふうあつ(풍압) ①바람의 압력. ②바람이 밀어 붙임. ¶一輕雲<蘇軾>
【風謠】ふうよう(풍요) ①민요. 俗謠(속요). ¶採問一<後漢書> ②「시경」(詩經) 국풍(國風)에 실린 시. ③(韓) 신라 때 사구체(四句體) 향가(鄕歌)의 한 가지.
【風雨對牀】ふううたいしょう(풍우대상) 비바람 치는 밤에 침상을 마주 대한다는 뜻으로, 형제가 오랜만에 만남을 이름.
【風雲】ふううん(풍운) ①바람과 구름. ¶其乘一而上天<史記> ②지세(地勢)가 고원(高遠)함의 비유. ¶徑路絶 一通<左思> ③높은 지위의 비유. ¶跨騰一<潘岳> ④시세(時勢)의 비유. ¶感會一<後漢書> ⑤기세가 성함. ⑥재기(才氣)가 호탕함. ¶才壯一<徐陵> ⑦변화무쌍한 책략의 비유. ¶心藏一世莫知<李白> ⑧풍채가 숭고함의 비유. ¶一溢乎惟席<沈約> ⑨날씨가 험악함. 또는, 세상이 어지러움. ¶一暗百蠻<杜甫> ⑩자유자재로움의 비유. ¶行步如一<晋書> ⑪군진(軍陣) 이름.
【風雲兒】ふううんじ(풍운아) 난시(亂時)에 위험을 무릅쓰고 활약하여 공을 세운 사나이.
【風雲月露】ふううんげつろ(풍운월로) 세도인심(世道人心)에 조금도 유익하지 않은 풍월만을 읊은 시문(詩文). ¶惟是一之狀<隋書>
【風月】ふうげつ(풍월) ①바람과 달. 야경(夜景)의 아름다움. 淸風明月(청풍명월). ¶初秋涼夕 一甚美<南史> ②바람, 달 등에 부쳐 시가를 지음. 또는, 그 시가. 吟風詠月(음풍영월). ③풍류를 즐김의 비유. ¶可談一<南史> ④남녀간의 정사(情事).
【風月主人】ふうげつのしゅじん(풍월주인) 청풍명월(淸風明月)의 주인이란 뜻으로, 좋은 자연 경관을 관상하는 사람을 이름. ¶作詩飮酒爲一<五代蜀史>
【風儀】ふうぎ(풍의) ①아름다운 용모. 美貌(미모). ¶帝少有一<晋書> ②모습. 행동 거지. ¶一秀整<晋書>
【風簪】(풍잠)(韓) 갓이 움직이지 않도록 망건에 꽂는 장식물.
【風前燈火】ふうぜんのとうか(풍전등화) 바람을 받는 등불이라는 뜻으로, 매우 위급함 또는 인생의 덧없음의 비유. 風前燈(풍전등). 風中燭(풍중촉).
【風情】ふうじょう・ふうせい(풍정) ①모양. 정취(情趣). ¶一都雅<晋書> ②품고 있는 뜻. 抱負(포부). ③풍월의 정취. 風趣(풍취). 風致(풍치).
【風潮】ふうちょう(풍조) ①바람과 조수(潮水). ¶來往接一<孟浩然> ②폭풍과 거센 파도. ¶一奔迅<宋書> ③세상의 경향. 시대의 흐름. ¶奢侈一.
【風症】ふうしょう(풍증) ☞風病(풍병)②.
【風塵】ふうじん(풍진) ①바람과 티끌. 바람에 이는 티끌. ¶春不得避一<漢書> ②전란(戰亂). 兵亂(병란). 兵塵(병진). ¶萬世無一<繆襲> ③인간 세상. 俗世(속세). ④속된 일. 俗累(속루). 俗事(속사). ⑤벼슬길의 어려움. 또는, 속리(俗吏)의 직무. ⑥지방관(地方官). ↔京官(경관). ⑦객지에서 겪는 고생. ⑧나쁜 소문. 비방하는 말. ⑨기녀(妓女). 또는, 화류계(花柳界). ¶妾失身一<摭靑雜說>
【風鎭】ふうちん(풍진) 족자(簇子) 따위가 흔들리지 않도록 양 끝에 다는 추.
【風疾】ふうしつ(풍질) ①☞風病(풍병). ¶多苦一<唐書> ②바람이 세게 붊.

【風車】ふうしゃ(풍차) ①바람을 동력으로 이용하는 기계 장치. ②팔랑개비. ③곡물에서 쭉정이, 겨, 먼지 따위를 제거하는 농기구. 풍구. 「의 한 가지.

【風遮】(풍차)㊐ 머리에 쓰는 방한구(防寒具)

【風餐露宿】ふうさんろしゅく(풍찬노숙) 바람을 먹고 한데서 잔다는 뜻으로, 객지 생활의 고달픔을 이름. 露臥(노와). ¶露宿風餐未覺非<陸游>

【風窓破壁】ふうそうはへき(풍창파벽) 뚫어진 창문과 헐은 벽. 돌보지 않아 허술한 집을 이름.

【風采】ふうさい(풍채) ①사람의 외모. 風姿(풍자). 風貌(풍모). 風標(풍표)②. 風致(풍치)①. 風神(풍신)②. 風景(풍경)②. 風光(풍광)③. ¶仰其一<後漢書> ②풍속과 사물. ¶明九夷之一<淮南子> ③☞風聞(풍문)②. 「<梁書>

【風體】ふうてい(풍체) ☞風度(풍도)①. ¶一如玆

【風草德】ふうそうのとく(풍초덕) 군자(君子)의 덕. 풀이 바람에 쓸리듯 소인이 군자의 덕에 교화됨의 비유. ¶君子之德風也 小人之德草也 草尙之風必偃<論語>

【風致】ふうち(풍치) ①☞風采(풍채). ¶一整峻<白孔六帖> ②정취. 風趣(풍취). ¶一林. 「<白居易>

【風鐸】ふうたく(풍탁) ☞風磬(풍경). ¶一鳴四端

【風土】ふうど(풍토) ①기후와 토질. ¶一病. ②기후와 토지의 관계. 풍속(風俗). ¶樂其一<晉書>

【風波】ふうは(풍파) ①바람과 파도. 또는, 바람이 불어 파도가 읾. 風浪(풍랑). 風濤(풍도)①. ②동요하여 평온하지 못함의 비유. 紛擾(분요). 紛亂(분란). ¶不作一于世上<邵雍>/平地一. ③별리(別離)의 비유. ④속세의 번뇌.

【風波之民】ふうはのたみ(풍파지 민) 마음이 흔들리기 쉬운 백성. ¶我之謂一<莊子>

【風便】ふうびん(풍편) 바람결 또는 소문으로 들리는 소식. ¶一惟聞五袴謳<羅隱>

【風評】ふうひょう(풍평) 소문. 風說(풍설).

【風標】ふうひょう(풍표) ①풍치가 있는 표지(標識). ②☞風采(풍채)①. ¶一秀擧<沈約>

【風寒】ふうかん(풍한) ①바람과 추위. 또는, 바람이 불어 추움. ¶以禦一<魏志> ②음력 11월의 별칭. ③감기(感氣). 傷寒(상한).

【風漢】ふうかん(풍한) ①미친 사나이. ②건달. 바람둥이.

【風害】ふうがい(풍해) 바람으로 인한 재해. 風災(풍재). 風損(풍손). 「一旗.

【風向】ふうこう(풍향) 바람의 부는 방향. ¶一計/

【風憲】ふうけん(풍헌) ①풍기를 단속하는 규칙. ¶一逾薄<後漢書> ②장엄한 모양. ¶果然一<還魂記> ③㊐ 조선 때 향소직(鄕所職)의 하나. 면(面)이나 이(里)의 일을 보았음.

【風化】ふうか(풍화) ①덕으로 백성을 교화함. 風俗敎化(풍속교화). 感化(감화). ¶聖德之一也<漢書> ②풍유(諷喩)로써 교화함. ③물체가 공기의 작용을 받아 변화함. ¶一作用.

【風候】ふうこう(풍후) ①기후. 時候(시후). ¶向南一暖<岑參> ②바람새. ③바람의 방향을 관측하는 기구. 바람개비. 風向計(풍향계).

▷家一, 強一, 凱一, 巨一, 勁一, 景一, 輕一, 古一, 高一, 谷一, 光一, 狂一, 校一, 颶一, 舊一, 國一, 金一, 氣一, 棋一, 暖一, 南一, 冷一, 大一, 道一, 突一, 東一, 冬一, 馬耳東一, 滿面春一, 晚一, 蠻一, 望一, 盲一, 猛一, 美一, 微一, 民一, 反一, 防一, 背一, 扶一, 北一, 悲一, 師一, 朔一, 上一, 相一, 商一, 祥一, 西一, 瑞一, 旋一, 細一, 世一, 松一, 修一, 順一, 習一, 濕一, 迅一, 晨一, 惡一, 野一, 洋一, 良一, 凉一, 御一, 嚴一, 餘一, 麗一, 逆一, 軟一, 煙一, 鍊一, 烈一, 炎一, 英一, 温一, 威一, 流一, 遺一, 陸一, 淫一, 陰一, 仁一, 長一, 整一, 終一, 中一, 眞一, 疾一, 且一, 凄一, 清一, 秋一, 春一, 颱一, 頹一, 破一, 弊一, 暴一, 爆一, 學一, 寒一, 好一, 花一, 畫一, 回一, 懷一, 橫一, 曉一, 候一, 薰一, 暄一

12【嵐】☞ 山部 9획(p. 482)

5
14【颯】 바람 소리 삽 | 合ㄙㄚˋ (sa) | さつ

풀이 ①바람 소리. ¶有風一然而至<宋玉> ②바람 불다. 질풍(疾風). ③기세를 꺾다. 바람이 물건을 짜부라뜨림. ④어지러워지다. ⑤쇠하다. ¶庭樹日衰一<張九齡> ⑥떨어지다. ¶生涯都塌一<范成大> ⑦단단하다. 견고함. ¶肅一秋江鶚<郝經>

【颯爽】さっそう(삽상) ①씩씩하고 시원스러움. ¶英姿一來酣戰<杜甫> ②바람이 시원하게 불어 상쾌함. ¶一動秋骨<杜甫> ③바람이 한바탕 부는 소리. ¶風一兮木蕭蕭<楚辭>

▷蕭一, 衰一

14【䬃】 颯(p. 1632)과 同字

14【颬】 颯(p. 1632)과 同字

5
14【颭】 물결 일 점 | 㷟ㄓㄢˇ (zhan) | せん *billow*

풀이 ①물결이 일다. ¶驚風亂一芙蓉水<柳宗元> ②바람이 살랑거리다. 바람에 가볍게 흔들림. ¶廻一一其冷冷<劉歆>

5
14【颱】 태풍 태 | ㄊㄞ (tai) | たい *typhoon*

5
14【颮】 1 회오리바람 표 | 蕭ㄆㄠ | ひょう
2 많을 박 | 覺(pao) | はく

풀이 1 ①회오리바람. 거센 바람. ¶風一雷激<班固> ②바람 소리. 2 ①많다. ¶一一紛紛 繒繳相纏<班固> ②물

건이 공중에서 떨어지는 모양.

15〖颿〗 帆(p. 497)의 古字

8 17〖颶〗 구풍 구 |週ㄐㄩˋ (ju)| ぐ typhoon

【颶風】ぐふう(구풍) ①강렬(強烈)한 바람. 초속(秒速) 29m 이상의 가장 센 바람. ②태풍(颱風).

17〖颷〗 飆(p. 1633)의 俗字

9 18〖颺〗 날릴 양 |陽ㄧㄤˊ (yang)| よう fly

풀이①날리다. 바람이 물건을 날림. ¶風一電激＜漢書＞ ②새가 날아오르다. ¶德明野心不急折其翮 後必一去＜宋史＞ ③일다. 일어남. ¶上則波一＜宋玉＞ ④배가 느리게 가는 모양. ¶舟搖搖以輕一＜陶潛＞ ⑤소리 높여 빨리 말하다. ¶皐陶拜手稽首 一言曰＜書經＞ ⑥풍모가 빼어나다. ¶今子少不一＜左氏傳＞ ⑦버리다. ¶待一下教人乍一＜西廂記＞

▷激一, 輕一, 高一, 騰一, 飛一, 颻一, 飄一

18〖飏〗 颺(p. 1633)과 同字

19〖颸〗 魑(p. 1668)의 俗字

10 19〖颿〗 돛 범 |國ㄈㄢˊ 陷(fan)| はん sail

풀이①돛. ㉠帆. ¶祥颸送一＜韓愈＞ ②말이 질주하다. ③바람이 배를 달리게 하다.

▷擧一, 驚一

10 19〖颻〗 불어 오르는 바람 요 |蕭ㄧㄠˊ (yao)| よう

풀이①불어 오르는 바람. ②질풍(疾風). 通搖. ③바람에 불려 흔들리다. ¶與風一颺＜左思＞

19〖颾〗 颻(p. 1633)와 同字

11 20〖飂〗 1 높이 부는 바람 류 |尤ㄌㄧㄡˋ (liu)| りゅう 2 바람 소리 료 |蕭ㄌㄧㄠˊ (liao)| りょう

풀이1 ①높이 부는 바람. ②서풍. 여합풍(閶闔風). ¶西方曰一風＜淮南子＞ ③헛되다. 2바람 소리. ¶一戾長風振＜鮑照＞

20〖飃〗 飂(p.1633)와 同字

11 20〖飄〗 회오리 바람 표 |蕭ㄆㄧㄠ (piao)| ひょう whirlwind

풀이①회오리바람. ¶其爲一風＜詩經＞ ②질풍(疾風). ¶一至風起＜漢書＞ ③바람 부는 모양. ¶東風一兮＜楚辭＞ ④나부끼다. ¶浮香一舞衣＜隋煬帝＞ ⑤눈이 조금씩 날리는 모양. ¶雨雪一一＜張衡＞ ⑥새가 나는 모양. ¶雁一一而南飛＜潘岳＞ ⑦방황하다. ¶羈旅一泊＜北史＞ ⑧떨어지다. ¶雖有忮心者 不怨一瓦＜莊子＞ ⑨소리가 맑고 긴 모양. ¶一眇. ⑩재촉하다. ¶聖人則不可以一矣＜呂覽＞

【飄客】ひょうかく(표객) 화류계에 들뜬 방탕한 남자. 蕩兒(탕아).

【飄零】ひょうれい(표령) ①나뭇잎이 바람에 나부껴 떨어짐. ¶從風一＜謝惠連＞ ②몰락함. 零落(영락). 落魄(낙백). 落託(낙탁). ¶兄弟一寄海邊＜劉滄＞

【飄翎】ひょうれい(표령) 빼깃. 매 꽁지에 표하기 위해 꽂는 새의 깃.

【飄然】ひょうぜん(표연) ①나부끼는 모양. ¶一翼然＜新書＞ ②정처 없이 떠돌아 다니는 모양. ③세상 일에 구애됨이 없는 모양. ¶一思不群＜杜甫＞

【飄逸】ひょういつ(표일) ①뛰어난 모양. 俊逸(준일). ¶英銳一＜晋書＞ ②높이 날아 오르는 모양. ¶蒼鷹一＜王粲＞ ③표연히 속세를 버리고 세상일에 상관하지 않음. ¶酒仙一不知茶＜耶律楚材＞

【飄飄】ひょうひょう(표표) ①나부끼는 모양. 날아 오르는 모양. ¶雁一而南飛＜潘岳＞ ②바람이 부는 모양. 바람에 가볍게 날려 오르는 모양. ③방황하는 모양. ¶一何所似＜杜甫＞

【飄風】ひょうふう(표풍) 회오리바람. 旋風(선풍). ¶一自南＜詩經＞

【飄風不終朝】ひょうふうちょうをおえず(표풍 부종조) 회오리바람은 아침이 지나기 전에 그친다는 뜻으로, 강성한 세력은 이내 쇠멸함의 비유. ¶一 驟雨不終日＜老子＞

▷孤一, 急一, 流一, 淪一

20〖飃〗 飄(p. 1633)와 同字

12 21〖飀〗 바람 소리 류 |尤ㄌㄧㄡˊ (liu)| りゅう

풀이①바람 소리. ②바람이 솔솔 부는 모양. ¶一一微扇＜湛方生＞ ③높이 부는 바람. ㉠飂.

12 21〖飆〗 폭풍 표 |蕭ㄅㄧㄠ (biao)| ひょう gale

俗 颷 同 飇 飈 飊

풀이①폭풍. 광풍. ②회오리바람. ③어지러워지다. ¶九懸一回 三精霧塞＜後漢書＞

【飆起】ひょうき(표기) 바람처럼 갑자기 일어남. ¶一之師跨邑＜陸機＞

▷輕一, 驚一, 狂一, 盲一, 猛一, 微一, 朔一, 商一, 旋一, 迅一, 晨一, 涼一, 炎一, 清一, 秋一, 寒一, 駭一, 洪一, 回一

21〖飈〗 飆(p.1633)와 同字

21〖飊〗 飆(p.1633)와 同字

21〖飇〗 飆(p.1633)와 同字

27〖飍〗 風(p.1630)의 古字

—— 飛＜날 비＞部 ——

飛 ⑫ 飜

0 9〖飛〗 날 비 | 微 ㄈㄟ (fei) | ひ(トブ) *fly*

㊄飛

源 象形. 새가 날개를 편 모양을 본뜸.

풀이 ①날다. ㉮하늘을 날다. ¶鳶一戾天＜詩經＞ ㉯지다. 떨어짐. ¶雨一露垂＜獨孤及＞ ㉰뛰다. ¶關動牡一＜漢書＞ ㉱떠오르다. ¶大風起兮雲一揚＜史記＞ ㉲빠르게 가다. ¶挾槊彎弧馬上一＜許渾＞ ㉳넘다. ¶使行一揚＜淮南子＞ ㉴뒤집히다. ¶屋瓦皆一＜後漢書＞ ㉵소문이 떠돌다. ¶廼有一語＜漢書＞ ②날리다. 빨리 닿게 함. ¶馳檄一翰＜後漢書＞ ③높다. 지붕 따위가 높이 솟은 모양. ¶排一闥而上出＜後漢書＞ ④빠르다. ¶惆悵瞻一駕＜陵機＞ ⑤새. ¶明珠彈于一肉＜太玄經＞ ⑥빨리 달리는 말. ¶騁六一＜漢書＞ ⑦무늬. 通斐. ⑧비방하다. 通非. ¶一其學也＜孔耽碑＞ ⑨행마(行馬). 바둑에서, 날 일(日) 자로 뛰는 법.

【飛舸】(비가) 빠른 배. 走舸(주가). 輕舸(경가).

【飛價】ひか(비가) 값을 올림. ¶一于王侯＜劉勰＞

【飛閣】ひかく(비각) ①높은 전각. ¶淸風飄一＜曹植＞ ②☞飛橋(비교).

【飛客】ひかく(비객) ①화살의 별칭. ¶矢爲一＜吳越春秋＞ ②신선(神仙). ¶一結靈交＜謝靈運＞

【飛檄】ひげき(비격) ①급한 격문. 馳檄(치격). 羽檄(우격). ②격문을 사방으로 보냄. ¶冀州一傲英雄＜陳琳＞

【飛谷】ひこく(비곡) 해가 도는 길. 태양의 궤도. ¶橫一以南征＜楚辭＞

【飛橋】ひきょう(비교) 높은 데에 건너 지른 잔교(棧橋). 飛棧(비잔). 弔橋(적교). 飛閣(비각)②.

【飛禽走獸】ひきんそうじゅう(비금주수) 나는 새와 달리는 짐승. 금수의 총칭. 飛走(비주).

【飛奴】ひど(비노) 하늘을 나는 심부름꾼이란 뜻으로, 편지를 전하는 비둘기를 이름. 傳書鳩(전서구).

【飛廉】ひれん(비렴) ①바람의 신(神). 風伯(풍백). ¶後一使奔屬＜楚辭＞ ②날개 있는 괴수(怪獸). ¶騎一而從敦圄＜淮南子＞ ③《人》은(殷) 주왕(紂王)의 간신(奸臣). 蜚廉(비렴).

【飛龍乘雲】ひりゅうくもにのる(비룡승운) 용이 구름을 타고 하늘에 오른다는 뜻으로, 영웅이 때를 만나 세력을 얻음의 비유. ¶一 騰蛇遊霧＜韓非子＞

【飛樓】ひろう(비루) ①높은 누각. ¶獨立縹緲之一＜杜甫＞ ②망루(望樓) 있는 병거(兵車). 樓車(누거). ¶視城中則有一＜六韜＞ ③신기루(蜃氣樓).

【飛流】ひりゅう(비류) ①빠른 흐름. 또는, 폭포. ¶一直下三千尺＜李白＞ ②빨리 흐름. 빨리 낢. ¶彗孛一＜晉書＞

【飛輪】ひりん(비륜) ①해의 별칭. ¶一頓勢＜許堯佐＞ ②中 비행기의 프로펠러.

【飛馬】ひば(비마) ①나는 듯이 달리는 말. ¶一看來影＜鄭愔＞ ②별 이름.

【飛沫】ひまつ(비말) 튀어오르는 물방울. 물보라. 散沫(산말). ¶一起濤＜木華＞

【飛文】ひぶん(비문) ①근거 없는 말을 적은 문서. ¶流言一＜漢書＞ ②뛰어난 글.

【飛文染翰】ひぶんせんかん(비문염한) 뛰어난 글. 훌륭한 글. ¶一則卷盈乎緗帙＜梁昭明太子＞

【飛白】ひはく(비백) 서체(書體)의 한 가지. 후한(後漢) 때 채옹(蔡邕)이 쓰기 시작함. 필세(筆勢)가 나는 듯하고 붓자국이 비로 쓴 자리처럼 보이는 서체.

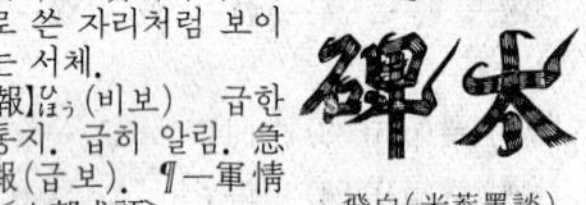

飛白(米菴墨談)

【飛報】ひほう(비보) 급한 통지. 급히 알림. 急報(급보). ¶一軍情＜六部成語＞

【飛翔】ひしょう(비상) 공중을 훨훨 낢. ¶禽之一皆在虛空中＜關尹子＞

【飛書】ひしょ(비서) ①편지를 화살 따위에 매어서 날려 전함. 또는, 그 편지. ②급한 편지. 또는, 편지를 급히 보냄. 飛札(비찰). ¶一告諭＜晉書＞ ③익명(匿名)의 편지. ¶爲一所謗＜南史＞

【飛錫】ひしゃく(비석)《佛》 석장(錫杖)을 날린다는 뜻으로, 중이 순유(巡遊)하는 일. ¶一淩雲而行＜高僧傳＞

【飛洒】ひさい(비쇄) 날아 흩어짐. ㉮자기의 부역(賦役) 의무를 남에게 나누어 지게 함. ㉯비목(費目)의 일부를 다른 비목에 나누어 옮김.

【飛躍】ひやく(비약) ①높이 뛰어오름. ②급속히 진보함. ③힘차게 활동함.

【飛言】ひげん(비언) ①뜬소문. 飛語(비어). 流言(유언). ②말을 함. 지껄임. ¶一如雨＜易林＞

【飛草】ひそう(비초) 초서(草書)의 한 체(體). 산필(散筆)로 쓴 초서. 散草(산초).

【飛行】ひこう(비행) 공중을 날아다님. ¶一機.

【飛虎】ひこ(비호) ①나는 듯이 달리는 범. 肉翅虎(육시호). ②동작이 용맹스럽고 날쌤의 비유.

【飛火】ひか(비화) ①불길이 타오름. 또는, 그 튀는 불똥. ②피부병의 한 가지.

▷輕一, 孤一, 高一, 群一, 突一, 奮一, 雙一, 聯一, 燕雁代一, 龍一, 雄一, 六一, 翰一

12 21 〖飜〗 뒤칠 번 | 元ㄈㄢ (fan) | はん(ヒルガエル) *turn*

同翻

※숙어는 翻(p.1211)을 볼 것.

풀이 ①뒤치다. 엎어짐. ②날다. ③넘치다. 물이 넘쳐 거슬러 흐름. ¶一潮.

食<밥 식>部

食 ② 飢 飡 飣 ③ 飧 飥 ④ 飩 飯 飫 飲 飪 飭 ⑤ 飦 飼 飾 飴 飽 飶 ⑥ 餅 養 餌 餈 餂 餉 ⑦ 餒 餖 餑 餗 餓 餘 餕 餐 餔 ⑧ 館 餤 餠 餝 餦 餞 餟 餡 餛 餚 ⑨ 餳 餴 餲 餫 餮 餬 餱 ⑩ 餽 餹 餺 饁 饃 ⑪ 饉 饅 饇 ⑫ 饋 饑 饍 饒 饐 饌 饎 ⑬ 饕 饔 饘 饗 饛 ⑭ 饜 饜 ⑰ 饞

0 9 〖食〗 **1** 밥 식 | 職ㄕ (shi) | しょく(タベル) *meal*
2 밥 사 | 寘ㄙ (si) | し
3 사람이름 이 | 寘ㄧ (yi) | い

古 𠊊 本 飠 倉 俗 食

풀이 **1** ①밥. 음식. ¶乞一於西周<戰國策> ②먹다. ㉮씹어 삼키다. ¶一而不知其味<大學> ㉯밥을 먹다. ¶庶艱一<書經> ㉰갉다. ¶鼷鼠一郊牛角<春秋> ㉱뱉은 것을 되삼키다. ¶吐而復吞曰一<韻會> ㉲속이다. 식언(食言)함. ¶言不可一<國語> ㉳녹(祿)을 받다. ¶一萬錢<王禹偁> ③마시다. ㉮술을 많이 마시다. ¶定國一酒<漢書> ㉯젖을 먹다. ¶適見㹠子一於其死母者<莊子> ④식사. ¶發憤忘一<論語> ⑤녹(祿). ¶以制其一<周禮> ⑥생활하다. 생계를 세움. ¶背本而趨末 一者甚衆<漢書> ⑦기르다. 양육됨. ¶穀也一子<左氏傳> ⑧받아들이다. ¶不一膚受之愬<漢書> ⑨쓰다. 사용함. ¶始君之所行於世者 一高麗也<戰國策> ⑩현혹하다. ¶不能一其意<管子> ⑪지우다. 없앰. ¶我一吾言<左氏傳> ⑫농사 짓다. 경작함. ¶擇不一之地而葬<禮記> ⑬제사. ¶薦其時一<禮記·注> ⑭제사지내다. 제사를 받음. ¶宗臣則廟一<杜甫> ⑮일식. 월식. 通蝕. ¶日有一之<春秋> ⑯길조(吉兆). ¶惟洛一<書經> **2** ①밥. ¶飯疏一飮水<論語> ②양식(糧食). ¶廩人賙稍一<周禮> ③먹이다. 기름. ¶飮之一之<詩經> ④우제(虞祭). ¶旣葬而一之<禮記> **3**사람 이름. ¶審一其.

【食客】しょっかく(식객) ①옛날, 문객(門客). ¶一數千人<史記> ②남의 집에 얹혀 지내는 사람. ③차린 음식을 먹으러 오는 손.

【食頃】しょくけい(식경) 한 끼의 밥을 먹는 데에 걸릴 정도의 시간. 잠깐 동안. 一食頃(일식경). ¶不過一<漢書>

【食口】しょっこう(식구) 한집에서 살며 끼니를 함께 하는 사람. 眷食(권식). 眷口(권구). 眷屬(권속). ¶秩卑俸薄一衆<韓愈>

【食器】しょっき(식기) 음식을 담는 그릇.

【食單】しょくたん(식단) 마련한 음식 이름을 적은 쪽지. 차림표. 메뉴. 菜單(채단).

【食啖】しょくたん(식담) ①음식을 먹음. ②매우 거친 음식을 먹고 지냄. 食淡(식담). ¶攻苦一<史記>

【食淡】しょくたん(식담) ☞食啖(식담)②.

【食堂】しょくどう(식당) ①밥 먹는 방. ②밥과 술을 파는 음식점.

【食祿】しょくろく(식록) ①녹(祿). 俸祿(봉록). ¶一千鍾<史記> ②녹을 받아 생활함. ¶得列宿衛 一五年<漢書>

【食母】しょくぼ(식모) ①유모(乳母). ¶大夫之子有一<禮記> ②생명의 근원. ¶貴一<老子> ③韓 부엌일을 맡아 하는 여자 고용인. 家政婦(가정부).

【食傷】しょくしょう(식상) ①음식물의 중독이나 과식으로 인한 배앓이. ②같은 것만을 오래 먹거나 대하여 싫증이 남.

【食性】しょくせい(식성) 음식물에 대한 기호(嗜好). 먹성.

【食少事煩】ショクスクナクシテコトシゲシ(식소사번) 먹는 것은 적고 일만 많음.

【食率】(식솔) 딸린 식구. 家率(가솔). 眷率(권솔).

【食水】しょくすい(식수) ①물을 마심. ¶一者多力而不治<孔子家語> ②먹는 물.

【食言】しょくげん(식언) 언약한 말을 지키지 아니함. 또는, 거짓말을 함. 虛言(허언). ¶約分明而無一<史記>

【食鹽】しょくえん(식염) 식용(食用) 소금.

【食慾】しょくよく(식욕) 먹고 싶어하는 욕망. 밥맛. 食念(식념). 食思(식사).

【食用】しょくよう(식용) 음식물로 씀. 또는, 그 음식물. ¶給其一<戰國策>/一油.

【食牛之氣】しょくぎゅうの(식우지 기) 소를 삼킬 만한 큰 기상. ¶虎豹之駒未成文 已有一<太平御覽>

【食肉】しょくにく(식육) ①짐승의 고기를 먹음. 肉食(육식). ¶一者勇毅而悍<孔子家語> ②먹는 고기.

【食飮】しょくいん(식음) 먹고 마심. 또는, 먹을것과 마실 것. 飮食(음식). ¶一衣服<荀子>/一全廢.

【食邑】しょくゆう(식읍) 공신(功臣)등에게 논공행상(論功行賞)으로 준 영지(領地). 食封(식봉). ¶賜一<史記>

【食餌】しょくじ(식이) ①먹을 것. 음식. 食物(식물). ¶一療法. ②먹이. 모이. ¶魚食其一乃牽於緡<六韜>

【食前】しょくぜん(식전) ①밥 먹기 전. ↔食後(식후). ②이른 아침. ¶一站. ③음식상 앞.

【食前方丈】しょくぜんほうじょう(식전방장) 자기 앞에 맛난 음식을 사방 10자 가량 차려 놓음. 음식이 매우 호사함의 비유. ¶一 侍妾數百人<孟子>

【食指】しょくし(식지) 집게손가락. 검지. 人指(인지).

【食滯】しょくたい(식체) 먹은 음식이 체함. 食傷(식상)①. 滯症(체증).

【食醋】(식초) 조미료(調味料)로 쓰는 초.

【食醯】(식혜) 쌀밥에 엿기름 우린 물을 부어 삭힌 음식. 주로, 기제사(忌祭祀) 음식으로 많이 씀. 「①.
【食後】しょくご(식후) 밥 먹은 뒤. ↔食前(식전)
▷旰―, 間―, 甘―, 減―, 強―, 丐―, 乞―, 過―, 禁―, 錦衣玉―, 給―, 寄―, 難―, 祿―, 廩―, 多―, 茶―, 斷―, 大―, 對―, 徒―, 斗―, 馬―, 末―, 眠―, 目―, 廟―, 米―, 美―, 伴―, 飯―, 配―, 陪―, 副―, 粉―, 菲―, 三―, 尙―, 生―, 小―, 疏―, 蔬―, 宿―, 試―, 侍―, 惡―, 夜―, 約―, 藥―, 糧―, 御―, 旅―, 寓―, 月―, 侑―, 遊―, 肉―, 飮―, 衣―, 耳―, 日―, 蠶―, 雜―, 財―, 爭―, 絕―, 節―, 早―, 粗―, 朝―, 坐―, 主―, 晝―, 酒―, 中―, 餐―, 菜―, 草―, 寢―, 貪―, 偏―, 飽―, 暴―, 寒―, 血―, 火―, 會―

9〖飠〗 食(p.1635)의 俗字

10〖飢〗 饐(p.1642)와 同字

2
11〖飢〗 주릴 기 |團ㄐㅣ (ji) |き(ウエル) *hunger*
同饑
풀이 ①주리다. 굶주림. ¶―餓不能出門戶<孟子> ②굶주림. 기아(飢餓). ¶黎民阻―<書經> ③흉년. 기근. ¶歲且荐―<蘇軾> ④모자라다. ¶民多―乏<後漢書>
【飢渴】きかつ(기갈) ①배고프고 목마름. 饑渴(기갈). ¶士卒―<漢書> ②갈망함. ¶以副―懷<應瑒>
【飢饉】ききん(기근) 흉년으로 양식이 매우 부족함. 饑饉(기근). ¶―無食<逸周書>
【飢寒】きかん(기한) 굶주리고 추위에 떪. 饑寒(기한). ¶―切於民之肌膚<新書>
▷凍―, 療―, 泣―, 朝―, 調―

11〖飠刃〗 饕(p.1643)와 同字

2
11〖飧〗 1 저녁밥 손 |园ㄙㄨㄣ (sun) |そん
2 ㊕벼슬이름 찬
本飱 俗飡
풀이 1 ①저녁밥. ¶賓賜之―牽<周禮> ②밥. 간식(間食). ¶致―如致積之禮<周禮> ③말다. 밥을 물이나 국에 맒. 또는, 그 밥. ¶君未覆手 不堪―<禮記> ④익힌 음식. ¶饔―而治<孟子> ⑤음식을 권하다. 2 ㊕벼슬 이름. 신라 때의 벼슬. 飡의 俗字. 飡은 餐. ¶伊伐―.
【飧饔】そんよう(손옹) ①저녁밥과 아침밥. ¶吾小人輟―<柳宗元> ②좋은 음식. ¶賓客之―<周禮>
▷盤―, 素―, 晨―, 饔―, 朝―

2
11〖飣〗 쌓아둘 정 |徑ㄉㄧㄥ (ding) |てい *pile up*
풀이 ①쌓아 두다. 저장(貯藏)함. ¶―坐<楊萬里> ②음식을 늘어 놓다. ③음식을 그릇에 담다.

12〖飬〗 饕(p.1643)의 俗字

12〖飱〗 飧(p.1636)의 本字

12〖飾〗 飾(p.1637)의 俗字

3
12〖飥〗 수제비 탁 |團ㄊㄨㄛ (tuo) |たく
풀이 ①수제비. ②떡. ¶作飯及餅―<齊民要術>

4
13〖飩〗 만두 돈 |园ㄊㄨㄣˊ (tun) |とん

13〖飫〗 餺(p.1642)과 同字

4
13〖飯〗 밥 반 |阮ㄈㄢˋ (fan) |はん(メシ) *meal*
同飰
풀이 ①밥. ¶毋摶―<禮記> ②밥을 먹다. ¶君祭先―<論語> ③먹이다. 기름. ¶見信飢―信<史記> ④낮잠. ¶黃門謂午睡爲攤―<書堂詩話>
【飯囊】はんのう(반낭) 밥주머니. 무위도식하는 사람을 비웃는 말. 飯袋(반대). ¶―酒甕紛紛是<陸游>/肉帒―.
【飯床器】(반상기) 밥상 하나를 차리는 데에 필요한 한 벌의 그릇.
【飯店】はんてん(반점) 음식점.
【飯酒】(반주)㊕ 밥에 곁들여 마시는 술.
【飯饌】(반찬) 밥에 곁들여 먹는 여러 가지 음식. 副食物(부식물).
【飯含】はんがん(반함) 염습(殮襲)할 때 죽은 사람의 입에 구슬, 쌀을 물리는 일. 飯玉(반옥). 反唅(반함). 飯珠(반주). ¶死則不得―<戰國策>
▷羹―, 乾―, 喫―, 冷―, 多―, 晚―, 麥―, 米―, 美―, 噴―, 夕―, 蔬―, 粟―, 殘―, 粗―, 朝―, 酒―, 餐―, 菜―, 炊―, 飽―, 曉―

13〖飰〗 飯(p.1636)과 同字

13〖飱〗 飧(p.1636)의 俗字

4
13〖飫〗 포식할 어 |御ㄩˋ (yu) |よ
풀이 ①포식하다. 실컷 먹음. ¶飮酒之―<詩經> ②서서 하는 주연(酒宴). ¶王公立―<國語> ③사사로운 주연. ④편안히 먹다. 편안한 식사. ¶飮酒―宴有節<漢書> ⑤주다. 하사함. ¶―賜.
▷酣―, 厭―, 飮―, 飽―

4
13〖飮〗 마실 음 |寢ㄧㄣˇ (yin) |いん(ノム) *drink*

㊁飮 歙

풀이①마시다. ㉮물을 마시다. ¶以一食宴樂＜易經＞ ㉯술을 마시다. ¶僧解一則犯戒律＜李商隱雜纂＞ ㉰머금다. 마음에 품음. ¶一恨而終＜蔣防＞ ②주연(酒宴). ¶張樂設一＜戰國策＞ ③음료(飮料). ¶一簞食一瓢一＜論語＞ ④붓다. 잔에 따름. ¶一奠於豊上＜儀禮＞ ⑤숨기다. ¶一其德＜漢書＞ ⑥마시게 하다. ¶酌而一寡人＜禮記＞ ⑦병 이름. 천식(喘息).

【飮毒】(음독) 독약을 먹음. ¶一自殺.

【飮料】いんりょう(음료) 마시는 것의 총칭. ¶一水.

【飮福】いんぷく(음복) 제사지낸 뒤 제관이 제물을 나누어 먹음. ¶一移樽＜庾信＞

【飮水思源】いんすいしげん(음수사원) 물을 마시며 수원(水源)을 생각한다는 뜻으로, 사물의 근본을 잊지 아니함을 이름.

【飮食】いんしょく(음식) ①음식물. ②먹고 마심. ¶人莫不一也＜中庸＞

【飮子】いんし(음자) 탕약(湯藥). ¶一頻通汗＜杜甫＞

【飮章】いんしょう(음장) 필자의 이름을 밝히지 않은 글. 익명(匿名)의 문서. ¶趣以一＜後漢書＞

【飮酒】いんしゅ(음주) 술을 마심. ¶一湛樂＜莊子＞/一高會.

【飮至策勳】いんしさくくん(음지책훈) 개선(凱旋)하여 종묘에 고한 뒤 술을 마시며 그 공을 기록함.

▷酣一, 鯨一, 競一, 谷一, 過一, 狂一, 爛一, 簞食瓢一, 對一, 米一, 肆一, 侍一, 夜一, 牛一, 溜一, 泥一, 長夜之一, 適一, 縱一, 淺一, 痛一, 暴一, 浩一, 豪一, 洪一

13【飠今】 飮(p.1636)의 古字

4
13【飪】 익힐 임 |㊥ㄖㄣˋ (ren)|じん boil

풀이①익히다. ¶失一不食＜論語＞ ②잘 익은 음식. ¶賜饔唯羹一＜儀禮＞

4
13【飭】 신칙할 칙 |㊥ㄔˋ (chi)|ちょく(タダス) admonish

풀이①신칙하다. 훈계함. ¶欲令戒一富平侯延壽＜漢書＞ ②삼가다. 조심하는 모양. ¶愛敬一盡＜漢書＞ ③갖추다. 정비함. ¶匡一天下＜漢書＞ ④가르치다. ¶以一其子弟＜國語＞ ⑤다스리다. ¶周軍一壘＜國語＞ ⑥힘쓰다. ¶百工一化八材＜周禮＞ ⑦바루다. ¶戎車既一＜詩經＞ ⑧재주 있다. ¶文士竝一＜戰國策＞ ⑨단단하게 하다.

▷謙一, 敬一, 戒一, 匡一, 具一, 謹一, 修一, 嚴一, 整一

14【號食】 饕(p.1643)와 同字

5
14【飯+半】 싸라기떡 반 |㊥ㄅㄢˋ (ban)|はん

5
14【飼】 먹일 사 |㊥ㄙˋ (si)|し(カウ) feed

【飼料】しりょう(사료) 가축의 먹이.

【飼育】しいく(사육) 짐승을 기름. 飼養(사양). ¶一場.

▷放一, 養一

5
14【飾】 꾸밀 식 |㊥ㄕˋ (shi)|しょく(カザル) adorn

㊀餝

풀이①꾸미다. ㉮청소하다. 정결(淨潔)히 함. ¶凡祭祀一其牛牲＜周禮＞ ㉯치장하다. ¶一城而請罪＜穀梁傳＞ ㉰옷을 차려 입다. ¶婦人不一 不敢見舅姑＜禮記＞ ㉱덮다. ¶一羔鴈者＜禮記＞ ㉲속이다. 겉만을 꾸며 속임. ¶情者不一 而事實見矣＜呂覽＞ ㉳손을 대어 좋게 만들다. ¶其事素而不一＜淮南子＞ ㉴옷의 가선을 두르다. ¶君子不以紺緅一＜論語＞ ②꾸밈. 장식. ¶羔裘豹一＜詩經＞ ③나타내다. 나타남. ¶所以爲至痛一也＜禮記＞ ④말의 재갈. ¶橛一之患＜莊子＞ ⑤병기(兵器), 갑주(甲冑) 따위. ¶設其一器＜周禮＞

▷假一, 矯一, 落一, 滿一, 面一, 文一, 美一, 服一, 扮一, 粉一, 鮮一, 盛一, 修一, 厲一, 麗一, 緣一, 豫一, 外一, 容一, 裝一, 整一, 雕一, 侈一, 豹一, 虛一, 華一

5
14【飴】 1 엿 이 |㊥ㄧˊ (yi)|い(アメ)
2 먹이 사 |㊥|し

풀이1 ①엿. ¶菫荼如一＜詩經＞ ②달다. 단맛. ¶甘而不一＜酉陽雜俎＞ ③맛 좋은 음식. ¶干于丘一＜太玄經＞ ④온순하고 약한 사람. ⑤보내다. 선사함. ㊂貽. 2 ①먹이. 양식(糧食). ②먹이다. 기름. ¶以一餓者＜晋書＞

14【飠以】 飴(p.1637)와 同字

5
14【飽】 배부를 포 |㊥ㄅㄠˇ (bao)|ほう(アキル) satiated

풀이①배부르다. 물림. ㉮포식하다. ¶無醉一之心＜左氏傳＞ ㉯음식이 많다. ㉰가득 차다. 만족함. ¶耳一從諛之說＜陸機＞ ②물리게 하다. ¶既一以德＜詩經＞ ③실컷. 배불리. ¶一食煖衣＜孟子＞

【飽暖生淫欲】ほうだんいんよくヲしょうズ(포난 생음욕) 배부르고 따뜻하게 입으면 음욕이 생긴다는 뜻으로, 안일한 생활을 하면 저절로 음탕한 생각을 하게 됨을 이름. ¶一 飢寒發善心＜事林廣記＞

【飽滿】ほうまん(포만) 먹어서 배가 가득함. 배가 부름. ¶飮食一＜風俗通＞/一感.

【飽食】ほうしょく(포식) 배 부르게 먹음. 실컷 먹음. 飽腹(포복). ¶一安步＜漢書＞

【飽和】ほうわ(포화) ①가득 차서 부족함이 없음. ¶於焉一 百骸自理＜梁肅＞ ②최대 한도의 기체나 액체 속에 다른 물질이 극도의 양까

지 채워져 가득함. ¶一狀態.
▷饑一, 宿一, 厭一, 盈一, 温一, 饒一, 糟糠不一, 酔一

5
14【飶】음식 냄새 필 |圓ㄅㄧˋ (bi)|ひつ
풀이①음식 냄새. ②향기롭다. ¶有一其香＜詩經＞

14【餂】餬(p.1641)와 同字

6
15【餅】떡 병 |梗ㄅㄧㄥˇ (bing)|へい(モチ) *rice cake*
㊍餠
풀이①떡. ¶所設惟一果＜北史＞ ②먹다. ③떡처럼 얇고 편편한 것. ¶一金.
▷硬一, 麥一, 米一, 柿一, 月一, 煎一, 湯一, 畫一

15【蝕】☞ 虫部 9획(p.1329)

6
15【養】기를 양 |圏ㄧㄤˇ (yang)|よう(ヤシナウ) *nourish*
풀이①기르다. ㉮성장시키다. ¶一育. ㉯튼튼하게 하다. ¶我善一吾浩然之氣＜孟子＞ ㉰젖먹이다. ¶父能生之 不能一之＜荀子＞ ㉱사육하다. ¶一畜. ㉲오래 살게 하다. ¶吾聞庖丁之言 得一生＜莊子＞ ㉳기민먹이다. 진휼(賑恤)함. ¶一略而動罕＜荀子＞ ㉴가르치다. ¶立太傅少傅 以一之＜禮記＞ ㉵다스리다. 치료함. ¶一心莫善於寡欲＜孟子＞ ㉶회유하다. ¶蔭一奸徒＜魏書＞ ②양육. ¶雨露之一＜孟子＞ ③밥을 짓다. ¶廝役扈一＜公羊傳＞ ④부양하다. ¶常爲弟子都一＜史記＞ ⑤취하다. ¶遵一時晦＜詩經＞ ⑥숨기다. ¶若不中道則一之＜大戴禮＞ ⑦하인. 부하. ¶監門之一＜史記＞ ⑧풍우(風雨). ¶各得其一以成＜荀子＞ ⑨아이를 낳다. ¶王季遂立而一文王＜韓詩外傳＞ ⑩유모(乳母). ⑪가렵다. ㉷癢. ¶疾一滄熱＜荀子＞ ⑫길다. ¶時有一夜＜大戴禮＞ ⑬봉양하다. 받들어 모심. ¶不顧父母之一＜孟子＞ ⑭근심하다. ¶忠心一一＜詩經＞

【養家一樣道路各別】(양가일양 도로각별) 가족을 부양하는 일은 누구나 다 같지만, 그 방법, 곧 직업은 사람에 따라 다름.
【養鷄】ようけい(양계) 닭을 기름. ¶一場.
【養女】ようじょ(양녀) 남의 딸을 길러 내 딸로 삼음. 또는, 그 딸. 수양딸.
【養大】ようだい(양대) 큰 것 곧 마음을 기름. ¶養其大者爲大人＜孟子＞
【養豚】ようとん(양돈) 돼지를 기름.
【養老】ようろう(양로) 노인을 돌보아 편안히 지내게 함. ¶一院.
【養母】ようぼ(양모) ①양가(養家)의 어머니. ↔生母(생모). ②수양어머니. 義母(의모)③. ③어머니를 봉양함. ¶傭賃以一＜南史＞ ↔養父(양부).
【養兵】ようへい(양병) 군사를 양성함. ¶一不用之可畏＜蘇洵＞
【養蜂】ようほう(양봉) 꿀벌을 침.
【養父】ようふ(양부) ①양가(養家)의 아버지. ↔生父(생부). ②수양아버지. 義父(의부). ③아버지를 봉양함.
【養父母】ようふぼ(양부모) 양부(養父)와 양모.
【養分】ようぶん(양분) 영양이 되는 성분. 營養分(영양분).
【養士】ようし(양사) ①군사를 양성함. ¶良將之一 不易於身＜三略＞ ②선비를 양성함. ¶君之美者 善一＜漢書＞
【養嗣】ようし(양사) 양자. 또는, 양자를 들임.
【養生】ようせい(양생) ①장수하도록 건강 증진에 힘씀. 攝生(섭생). ②부모를 생존시에 잘 봉양함. ¶一喪死 無憾 王道之始也＜孟子＞
【養生送死】ようせいそうし(양생송사) 산 사람을 잘 봉양하고, 죽은 이를 후하게 장사지냄. ¶一事鬼神之大端也＜禮記＞
【養成】ようせい(양성) 능력을 길러 냄. 양육함. ¶一之者人也＜呂覽＞/一所.
【養殖】ようしょく(양식) 인공(人工)으로 길러 번식시킴. ¶一漁業.
【養夜】ようや(양야) 긴 밤. 동지(冬至). ¶時有一＜大戴禮＞ ↔養日(양일).
【養魚】ようぎょ(양어) 물고기를 기름. ¶一場.
【養由基】ようゆうき(양유기)〖人〗춘추 시대 초(楚)의 대부(大夫). 활을 잘 쏘아 100보 떨어진 데서 버들잎을 명중시켰다 함. 養游基(양유기). ※后羿(후예).
【養由號猨】ようゆうごうえん(양유호원) 춘추 시대에 초왕(楚王)이 활쏘기 명인 양유기(養由基)에게 명하여 흰 원숭이를 쏘게 하자, 그가 활을 쏘기도 전에 원숭이가 울부짖었다는 일.
【養育】よういく(양육) 잘 자라도록 기름.
【養子】ようし(양자) ①양아들. 過房子(과방자). ②자식을 기름.
【養子方知父母恩】コヲヤシナイテマサニふぼノおんヲシル(양자 방지부모은) 제 자식을 길러 보고서야 바야흐로 부모의 은혜를 앎. ¶一 立身方知人辛苦＜明心寶鑑＞
【養蠶】ようさん(양잠) 누에를 침.
【養庭】ようてい(양정) 양가(養家)의 존칭. ↔生庭(생정).
【養地】ようち(양지) 왕후, 왕족의 특별 사유지(私有地). 食邑(식읍).
【養賢】ようけん(양현) 현재(賢才)를 양성함. ¶一齋.
【養護】ようご(양호) 양육하고 보호함. ¶一室.
【養虎遺患】ようこいかん(양호유환) 호랑이를 길러 후환을 남김의 뜻으로, 없애야 할 것을 두었다가 화를 입음의 비유.
▷供一, 敎一, 鞠一, 牧一, 撫一, 培一, 保一, 奉一, 扶一, 負一, 飼一, 色一, 生一, 素一, 收一, 修一, 馴一, 視一, 愛一, 營一, 療一, 乳一, 育一, 恩一, 頤一, 滋一, 長一, 將一, 靜一, 存一, 遵一, 畜一, 抱一, 哺一, 涵一, 休一, 恤一

6 15〖餌〗 먹이 이 | 紙ㄦˇ (er) | じ(エサ) *bait*

풀이 ①먹이. 모이. ¶無一之釣 不可以得魚<淮南子> ②먹다. ¶常一薏苡實<後漢書> ③미끼를 던지다. ④먹히다. ¶適足以一大國耳<漢書> ⑤즐겁게 하다. ¶我以宜陽一王<戰國策> ⑥경단(瓊團). ¶餅一麥飯<急就篇> ⑦삼식(糝食). 쌀과 고기를 섞어 찐 음식으로 궁중의 제사에 씀. ¶糗一粉餈<周禮> ⑧이익. 부정한 방법으로 얻은 것. ¶五一三表粉食<漢書> ⑨고기 심줄. ¶去其一<禮記> ⑩좋아하다. ⑪아름답다.
▷糗一, 食一, 藥一, 香一, 好一

15〖餁〗 飪(p.1637)과 同字

6 15〖餈〗 인절미 자 | 支ㄘˊ (ci) | し

15〖餞〗 餞(p.1641)의 俗字

6 15〖銍〗 벼 베는 사람 질 | 質ㄓˋ (zhi) | ちつ

15〖飱〗 餐(p.1640)과 同字

6 15〖餂〗 낚을 첨 | 琰ㄊㄧㄢˇ (tian) | てん

6 15〖餉〗 건량 향 本상 | 漾ㄒㄧㄤˇ 養 (xiang) | しょう
同饟

풀이 ①건량(乾糧). 도시락. ¶乃葛伯仇一<書經> ②군량(軍糧). ¶一乾之款<淸會典> ③세금. ④식경(食頃). 밥 한 끼 먹을 정도의 짧은 시간. ¶雖得一一樂<韓愈> ⑤보내다. 음식이나 물건을 보냄. ¶以黍肉一<孟子> ⑥양식을 보내다. ¶老弱轉一<漢書>

【餉饋】しょうき(향궤) 군량(軍糧). 糧饋(양궤). 餉餽(향궤). ¶給一<史記>

【餉酬】しょうしゅう(향수) 금전, 주식(酒食) 따위를 답례로 보냄. ¶以金繒相一<唐書>

【餉遺】しょうい(향유) 음식을 선사함. 饋遺(궤유). ¶訊問其母 并致一<吳志>
▷軍一, 餽一, 糧一, 午一, 一一, 朝一

7 16〖餒〗 주릴 뇌 | 賄ㄋㄟˇ (nei) | だい *famished*

풀이 ①주리다. 같 餧. ②굶기다. ¶凍一其妻子<孟子> ③굶주림. ¶吾有一而已<左氏傳> ④썩다. ¶魚一而肉敗不食<論語>
▷困一, 窮一, 饑一, 凍一, 貧一, 魚一, 萎一, 羸一, 飽一, 豊一, 乏一, 寒一

7 16〖餖〗 늘어놓을 두 | 宥ㄉㄡˋ (dou) | とう *arrange*

【餖飣】とうてい(두정) ①음식을 늘어놓고 먹지 않음. ②한자(漢字)로 글을 지을 때 고어, 고자(古字) 따위를 일부러 늘어놓는 일.

7 16〖餑〗 떡 발 | 月ㄅㄛˊ (bo) | ほつ *rice cake*

풀이 ①떡. 보리떡. ¶麵一. ②길다. ③차(茶) 위에 뜬 거품. ¶沫一 蕩之華也<茶經>

7 16〖餗〗 죽 속 | 屋ㄙㄨˋ (su) | そく *rice gruel*

풀이 ①죽. 通 粥. ②솥 안에 든 음식. ¶鼎折足 覆公一<易經> ③국밥.

7 16〖餓〗 주릴 아 | 箇ㄜˋ (e) | が(ウエル) *starve*

풀이 ①주리다. 몹시 굶주림. ¶飢一. ②굶기다. ¶一其體膚<孟子> ③굶주림. ¶伯夷守一<後漢書> ④양식이 모자라 고생함. ¶無一旬一<淮南子>

【餓鬼】がき(아귀) ①《佛》 항상 굶주림에 시달리는 귀신. ¶一身如太山<理趣六度經> ②韓 게걸 든 사람. 탐욕이 많고 사나운 자의 비유. 「不食而一<韓非子>

【餓死】がし(아사) 굶어 죽음. 饑死(기사). ¶因
▷困一, 窮一, 飢一, 饑一, 凍一, 殍一, 寒一

7 16〖餘〗 남을 여 | 魚ㄩˊ (yu) | よ(アマル) *remain*

풀이 ①남다. 넉넉함. ¶不求其一<荀子> ②나머지. ㉮여분. 잉여. ¶有一不敢盡言<中庸>/歲計有一<淮南子> ㉯여가(餘暇). 틈. ¶用天下而有一<莊子> ㉰딴일. 그밖의 것. ¶焉知其一<劉伶> ㉱뒤. 결말. ¶此世之一事/一慶. ㉲그 이상. ¶食客三千一<張華> ③남기다. ¶一棄梁肉<史記> ④죄다. 남김 없이. ⑤오래다. ⑥틀리다. ⑦소금. ¶越人謂鹽曰一<越絶書>

【餘暇】よか(여가) 겨를. 틈. 餘閑(여한).

【餘慶】よけい(여경) 조상의 적선(積善)으로 자손이 받는 경사(慶事). 餘福(여복). ¶積善之家 必有一<易經>

【餘敎】よきょう(여교) ①뒤에 남긴 가르침. 遺訓(유훈). ②그 밖의 가르침. ¶未嘗得聞一<史記> ③후세에 전해진 가르침. ¶一未衰<史記>

【餘技】よぎ(여기) 전문 이외의 기예(技藝).

【餘年】よねん(여년) ①남은 삶. 殘年(잔년). 餘命(여명). 餘生(여생). ②다른 해. 他年(타년). ¶倍庸於一<北史>

【餘念】よねん(여념) 딴 생각. 他念(타념).

【餘談】よだん(여담) ①용건(用件) 이외의 이야기. ¶每假借於一<陸游> ②잡담.

【餘力】よりょく(여력) 남은 힘. 힘의 여유. ¶行有一 則以學文<論語>

【餘命】よめい(여명) ☞ 餘年(여년)①.

【餘白】よはく(여백) 글씨를 쓰고 남은 빈 자리. 남은 자리.

【餘分】よぶん(여분) 남은 분량. 나머지.
【餘生】よせい(여생) ①☞餘年(여년)①. ②아직 붙어 있는 목숨.
【餘勢】よせい(여세) 남은 기운. 또는, 대단한 기세. ¶軍蘯一<曹植>
【餘炎】よえん(여염) ①꺼져 가는 불꽃. ②늦더위. 餘暑(여서). 殘暑(잔서). ¶三伏一 九折成用<梁簡文帝>
【餘榮】よえい(여영) ①조상이 남긴 영예. 또는, 죽은 뒤의 영예. ②분에 넘치는 영광. 대단한 명예.
【餘姚之學】よようのがく(여요지 학) 왕수인(王守仁)의 학파. 그가 절강성(浙江省) 여요 출신인 데서 이름. 陽明學(양명학).
【餘韻】よいん(여운) ①소리가 그친 뒤에도 남아 있는 울림. 餘音(여음)①. ②뒤에 남는 운치. 餘情(여정). ¶至於流風一<歐陽脩>
【餘裕】よゆう(여유) ①넉넉하고 남음이 있음. 餘地(여지)②. ②느긋하고 대범함.
【餘音】よいん(여음) ①☞餘韻(여운)①. ¶終詩卒曲尙一兮<王褒> ②남은 기록. 전대(前代)로부터 전해진 가곡. ¶詠蓼莪之一<潘岳> ③그쳤다가 다시 나는 소리. 또는, 희미한 소리. ¶寒蟬無一<張載>
【餘滴】よてき(여적) ①남은 물방울. 그림을 그리거나 글씨를 쓰고 남은 먹물. 餘墨(여묵). 殘滴(잔적). ②여록(餘錄).
【餘罪】よざい(여죄) ①나머지 죄. 그밖의 다른 죄. ¶一追窮. ②평생을 두고도 갚지 못할 큰 죄. ¶國亡不能救 爲人臣者 死有一<宋史記事本末>
【餘地】よち(여지) ①남은 땅. ②☞餘裕(여유)①.
【餘震】よしん(여진) 큰 지진에 이어 일어나는 작은 지진.
【餘蓄】よちく(여축) 여분의 저축. ¶公家要一<陳造>
【餘他】よた(여타) 그밖의 다른 것.
【餘澤】よたく(여택) 선인(先人)이 남긴 혜택. ¶獲蒙一<曾鞏>
【餘波】よは(여파) ①큰 파도에 뒤이어 이는 작은 물결. ¶一入於流沙<書經> ②주변 또는 후세에 미치는 영향. ③남아 넘침. 풍족함. ¶一德照隣<杜甫>
【餘恨】よこん(여한) 남은 원한. 풀지 못한 한.
【餘興】よきょう(여흥) ①넘치는 흥취. 끝없이 이는 흥미. ②모임에서 할 일을 끝낸 뒤, 흥취를 위해 가지는 놀이.
▷公一, 刀鋸之一, 俸一, 夫一, 三一, 羨一, 睡一, 旬一, 年一, 盈一, 雨一, 迂一, 月一, 有一, 遺一, 剩一, 自一, 殘一, 祝一, 春一, 豐一, 閑一, 刑一

7 16〖餕〗 대궁 준 | 震 ㄐㄩㄣˋ (jun) | しゅん leftovers
풀이 ①대궁. 먹다 남은 밥. ¶一餘不祭<禮記> ②대궁을 먹다. ¶尸亦一鬼神之餘也<禮記> ③익힌 음식. ¶一饔.
▷御一, 餘一, 飮一

7 16〖餐〗 1 먹을 찬 2 밥 말 손 | 寒 ㄘㄢ (can) 元 | さん eat そん
(同)飡
풀이 1 ①먹다. 마심. ¶願將軍彊一食<漢書> ②음식. ¶幸得賜一錢<漢書> ③곁두리. ¶令其裨將傳一<漢書> ④점심. ¶晝飯爲一<方言·注> ⑤칭찬하다. ¶一東野之祕寶<王儉> 2 ①밥을 물에 말다. ¶一以餔之<列子> ②저녁밥. (같)飧.
▷加一, 佳一, 晩一, 賜一, 常一, 聖一, 素一, 午一, 正一, 朝一, 風一

7 16〖餔〗 새참 포 | 虞 ㄅㄨ (bu) | ほ
풀이 ①새참. 끼니와 끼니 사이에 먹는 음식. ¶一至下晡<呂覽> ②밥. ¶凡食皆曰一<說文> ③먹다. ¶何不一其糟<楚辭> ④먹이다. 기름. ¶呂后因一之<漢書> ⑤하사하다. ¶或益之一<太玄經> ⑥씹다. 음식을 깨물어 먹음. (通)哺. ⑦엿. ⑧저녁 무렵. (같)晡. ¶非朝一 不得通<後漢書>
▷玉一, 饌一, 下一, 含一

16〖䬵〗 飽(p. 1637)의 古字

8 17〖館〗 객사 관 | 旱 ㄍㄨㄢˇ (guan) | かん(ヤカタ) lodge
(俗)舘
풀이 ①객사. ¶適子之一兮<詩經>/旅一. ②큰 건물. 관공서, 학교 등 사람이 상주하지 않는 건물. ¶府署第一<後漢書>/成均一. ③객사에서 묵다. 유숙함. ¶帝一甥于貳室<孟子> ④감실(龕室).
【館閣】かんかく(관각) ①귀인(貴人)의 저택. ②송(宋)대 한림원(翰林院)의 별칭. ③(韓) 조선 때 홍문관(弘文館), 예문관(藝文館)을 이름.
【館閣氣】かんかくのき(관각기) 문장이 장중전아(莊重典雅)함. ¶子文章有一<靑箱雜記>
【館舍】かんしゃ(관사) ①저택. 館宇(관우). ②객사. 旅舍(여사). ¶一布於州郡<後漢書>
【館甥】かんせい(관생) 사위. 女壻(여서). ¶帝一于貳室<孟子>
【館職】かんしょく(관직) ①송(宋)대 관각(館閣)의 벼슬. 또는, 그 벼슬아치. ②(韓) 조선 때 홍문관, 예문관의 벼슬.
▷開一, 客一, 瓊一, 公一, 空一, 公使一, 舊一, 宮一, 貴賓一, 陋一, 大使一, 圖書一, 美術一, 博物一, 別一, 本一, 分一, 賓一, 舍一, 商一, 書一, 水族一, 僧一, 新一, 旅一, 麗一, 驛一, 領事一, 映畫一, 第一, 閉一, 學一, 華一, 會一

8 17〖餤〗 1 권할 담 2 먹을 담 | 覃 ㄊㄢˊ 勘 (tan) | たん offer
풀이 1 ①권하다. 음식을 권함. ②나아가다. ¶盜言孔甘 亂是用一<詩經> 2 ①먹다. 먹임. (같)啗. ¶以齊一天下<史記> ②떡.

17【餳】 餳(p.1642)의 訛字

17【餅】 餠(p.1638)의 本字

17【餝】 飾(p.1637)과 同字

17【食+於】 飫(p.1636)와 同字

8/17【餧】 ①먹일 위 [寘]ㄨㄟ | い
②주릴 뇌 [賄](wei) | だい

풀이 ① ①먹이다. ②밥. 음식물. ② ① 주리다. 기아. ¶一死. ②생선이 썩다. ¶魚一而肉敗＜論語＞

8/17【餦】 산자 장 [陽]ㄓㄤ (zhang) | ちょう

풀이 ①산자. 유과. ¶有一餭＜楚辭＞ ②떡. ③엿.

8/17【餞】 전별할 전 [霰]ㄐㄧㄢˋ (jian) | せん | send off
㊀俗 餞

풀이 ①전별하다. 음식을 대접하여 보냄. ¶飮一于禰＜詩經＞ ②송별연(送別宴). 송별 예물. ¶賓饗贈一＜國語＞ ③음식을 권하다. ④보내다. ¶一春之杪＜崔駰＞

【餞別】せんべつ(전별) ①떠나는 사람을 배웅함. 잔치를 베풀어 작별함. 餞送(전송). 送別(송별). 祖送(조송). ¶一宴. ②송별 때 선물로 주는 돈이나 물품.

【餞送】せんそう(전송) ☞餞別(전별)①. ¶具饌一＜北史＞

【餞筵】せんえん(전연) 송별연(送別宴).

▷供一, 郊一, 送一, 勝一, 宴一, 偉一, 飮一, 臨一, 祖一, 贈一, 追一, 親一

8/17【餟】 군신제 체 [霽]ㄔㄨㄛˋ | てい
철 [屑](chuo) | てつ

풀이 ①군신제(群神祭). 여러 신들에게 지내는 제사. ¶其下四方地爲一食＜史記＞ ②선물 따위를 보내다.

17【餷】 饎(p.1643)와 同字

8/17【餡】 소 함 [陷]ㄒㄧㄢˋ (xian) | かん(アン)

풀이 ①소. 떡의 소. ¶實以雜味曰一＜正字通＞ ②맛이 너무 달다. ¶一 味過甘也＜集韻＞

17【食+尚】 餉(p.1639)과 同字

8/17【餛】 떡 혼 [元]ㄏㄨㄣˊ (hun) | こん(モチ) | rice cake

8/17【餚】 반찬 효 [肴]ㄒㄧㄠˊ (xiao) | こう(サカナ) | side dish

풀이 ①반찬. 안주. ㉠肴 殽. ¶親戚宴饗則有一烝＜國語＞/一席. ②먹다. ¶一覈仁義之林藪 以望元符之臻焉＜班固＞

9/18【餳】 엿 당 [陽]ㄒㄧㄥˊ | とう(アメ)
성 [庚](xing) | せい

풀이 ①엿. 굳힌 엿. ¶乾枯者名一＜本草綱目＞ ②강정. 쌀강정. ㉠餹.

9/18【餴】 고두밥 분 [文]ㄈㄣ (fen) | ふん(ムシメシ)

풀이 고두밥. 고들고들한 밥. ¶挹彼注玆可以一饎＜詩經＞

9/18【餲】 쉴 애 [泰]ㄞˋ (ai) | あい(スエル) | spoil

풀이 ①쉬다. 음식 따위가 상하여 맛이 변함. ¶食饐而一＜論語＞ ②유밀과(油蜜果). 유과. 밀과.

18【食+尭】 饒(p.1642)의 略字

9/18【餫】 ①보낼 운 [問]ㄩㄣˋ (yun) | うん | send
②만두 혼 [元]ㄏㄨㄣˊ (hun) | こん

풀이 ①보내다. 음식이나 양식을 보냄. ¶宣伯一諸穀＜左氏傳＞/一夫. ②만두. 빵. ¶一飩.

18【餎】 飻(p.1639)와 同字

18【食+巺】 饌(p.1643)의 本字

9/18【餮】 탐식할 철 [屑]ㄊㄧㄝˋ (tie) | てつ(ムサボリクウ) | greedy

9/18【餬】 기식할 호 [虞]ㄏㄨˊ (hu) | こ(イソウロウ)

풀이 ①기식(寄食)하다. 식객으로 붙어 삶. ¶使一其口於四方＜左氏傳＞ ②죽. 죽을 먹음. 가난하게 삶. ¶以一余口＜左氏傳＞/一饘. ③먹다. ¶足以一口＜莊子＞ ④험한 음식. 조식(粗食). ¶一 薄食也＜六書故＞

▷飦一

9/18【餱】 건량 후 [尤]ㄏㄡˊ (hou) | こう(ホシイイ)

풀이 건량. 말린 밥. ¶或負其一＜詩經＞

10/19【餽】 보낼 궤 [寘]ㄎㄨㄟˋ (kui) | き(オクル) | send

풀이 ①보내다. 보내는 선물. ㉮음식을 보내다. ¶函一鼎肉＜孟子＞ ㉯금품을 보내다. ¶王一兼金一百＜孟子＞ ㉰보내주다. 운송함. ¶蒙惠利者一送之＜福惠全書＞ ②제사. ¶吳人謂祭曰一＜說文＞ ③흉년. 수확량이 적음. 황년(荒年). ¶四穀不收 謂之一＜墨子＞

▷恭一, 輸一

19【⿰食耆】嗜(p. 309)의 俗字

10 19【餹】엿 당 | 陽 ㄊㄤˊ (tang) | とう(アメ)

10 19【餺】수제비 박 | 藥 ㄅㄛˊ (bo) | はく

10 19【饁】들밥 엽 | 葉 ㄧㄝˋ (ye) | よう(カレイイ)

풀이 ①들밥. 들에서 먹는 밥. ¶有嗿其―＜詩經＞ ②들밥 내 가다. 들에 밥을 내감. ¶―彼南畝＜詩經＞

10 19【餼】보낼 희 | 未 ㄒㄧˋ (xi) | き(オクル) send

풀이 ①보내다. ㉮음식을 보내다. ¶是歲晋又饑 秦伯又―之粟＜左氏傳＞ ㉯희생(犧牲)을 보내다. ¶―之以其禮＜儀禮＞ ②선물(膳物). ㉮쌀. ¶廩人獻―＜周禮＞ ㉯꼴. 마소의 먹이. ¶馬―不過稂莠＜國語＞ ㉰희생. 희생으로 쓰는, 살아 있는 소, 양 따위. ¶過則―之＜儀禮＞ ③급여. 녹미. ¶皆有常―＜禮記＞ ④배부르다. ⑤날음식. ¶問死事之寡 其―廩何如＜管子＞

▷軍―, 饋―, 牢―, 常―, 生―, 饔―, 獻―

11 20【饉】흉년 들 근 | 震 ㄐㄧㄣˇ (jin) | きん(ウエル)

▷歉―, 飢―, 饑―, 餒―, 餓―, 疲―, 荒―, 凶―

20【餭】餹(p. 1642)과 同字

11 20【饅】만두 만 | 寒 ㄇㄢˊ (man) | まん

【饅頭】まんとう・まんじゅう(만두) 밀가루를 반죽하여 소를 넣고 둥글게 빚어 찌거나 삶은 음식. 曼頭(만두). 蠻頭(만두).

11 20【饇】배부를 어 우 | 御 遇 ㄩˋ (yu) | よ, う(アク) satiated

풀이 ①배부르다. ¶如食宜― 如酌孔取＜詩經＞ ②편안히 먹다. ㉟飫.

20【饗】漿(p. 912)과 同字

12 21【饋】먹일 궤 | 寘 ㄎㄨㄟˋ (kui) | き(ススメル)

풀이 ①먹이다. 음식을 대접함. 호궤(犒饋)함. ¶齊人―之餼＜左氏傳＞ ②보내다. 음식이나 물건을 보냄. ¶老弱―食＜孟子＞ ③권하다. ㉮음식을 권하다. ¶主人親―則拜而食＜禮記＞ ㉯물건을 어른에게 드리다. ¶進物於尊者曰―＜周禮·注＞ ④음식. ㉮밥. ¶一―而十起＜淮南子＞ ㉯끼니. ¶蒸養―羞 湯沐之饌＜儀禮＞ ⑤선물. ¶朋友之―＜論語＞ ⑥제사 이름. ¶敬陳尊―＜王僧達＞

▷佳―, 薄―, 野―, 糧―, 奠―, 中―, 饌―, 餉―, 獻―, 厚―

12 21【饑】주릴 기 | 微 ㄐㄧ (ji) | き(ウエル) hunger

풀이 ①주리다. 굶주림. ¶寧―月―＜淮南子＞/―渴/―民. ②흉년. 흉년 듦. ¶五穀不收 謂之―＜墨子＞/―饉/荒―.

【饑饉】ききん(기근) 자연의 재해로 농작물이 결딴나서 먹을 거리가 모자라 굶주리는 현상. 오곡이 익지 않은 것이 饑, 채소가 자라지 않은 것이 饉. 饑荒(기황).

【饑餓】きが(기아) 모자람. 굶주림. 飢餓(기아).

【饑荒】きこう(기황) ☞饑饉(기근).

▷大―, 兵―, 歲―, 豊―, 荒―

12 21【饊】산자 산 | 旱 ㄙㄢˇ (san) | さん

풀이 산자(饊子). 유밀과. 밥풀과자. ㉟糤.

21【饍】膳(p. 1244)과 同字

12 21【饒】넉넉할 요 | 蕭 嘯 ㄖㄠˊ (rao) | じょう(ユタカ) abundant

풀이 ①넉넉하다. ㉮충분하다. 많음. ¶資用益―＜漢書＞/豊―/―乏. ㉯배불리 먹다. 포식함. ¶― 飽也＜說文＞ ②넉넉하게 하다. 시혜(施惠)함. ¶大王能―人以爵邑＜漢書＞ ③너그럽다. 관대함. ¶寬―之道＜書經·注＞/―恕. ④두텁다. 후함. ¶情―. ⑤기름지다. 비옥함. ¶地肥― 可都以覇＜史記＞/―沃. ⑥더하다. 점점 더해 감. ¶初雖微有加―法行 卽當就實＜唐書＞ ⑦용서하다. 받아들임. ¶日月不相― 節序昨夜隔＜杜甫＞ ⑧심하다. ¶今年尙可後年―＜說文·注＞ ⑨양보하다. 다투지 않음. ¶得―人處且―人＜西溪叢話＞ ⑩놀다. 안일하게 지냄. ¶沃地之民 多不才者―也＜淮南子＞ ⑪풍요. 부유함. ¶因天地之利 而總山海之―＜晋書＞ ⑫여유. ¶子孫衣食 自有餘―＜諸葛亮＞/―羨.

【饒舌】じょうぜつ(요설) 쓸데없는 말을 자꾸 지껄임. 多辯(다변). 弄舌(농설). ¶指多言曰―＜書言故事＞

▷佳―, 寬―, 廣―, 富―, 肥―, 上―, 餘―, 優―, 茗―, 豊―, 洪―

12 21【饐】[1]쉴 의 애 [2]목멜 열 | 寘 卦 屑 ㄧˋ (yi) | い, えい(スエル) spoil えつ

풀이 [1]쉬다. 상하여 맛이 변함. ¶食―而餲＜論語＞ [2]목이 메다. 음식이 목에 걸림.

12 21 【饌】 반찬 찬 | 潸ㄓㄨㄢˋ (zhuan) | さん (ソナエモノ) *side dishes*

풀이 ①반찬. ¶以共王之四飮三酒之―<周禮> ②차리다. 음식을 차림. ¶具―于西塾<儀禮> ③음식. ¶具官―于寢東<儀禮> ④먹다. ¶有酒食 先生―<論語>

【饌母】(찬모) 남의 집에 고용되어 반찬 따위를 만드는 여자. ※針母(침모).

【饌欌】(찬장) 식기나 반찬 등을 넣어 두는 장.

▷飯―, 盛―, 素―, 午―, 酒―, 珍羞盛―, 淸―, 豊―, 華―

12 21 【饎】 주식 치 희 | 寘ㄔˋ 因(chi) | し, き (サケサカナ)

풀이 ①주식(酒食). 술과 음식. 술과 밥. ¶吉蠲爲― 是用孝享<詩經> ②익히다. 음식을 익힘. ¶―爨在西壁<儀禮> ③익힌 음식. ¶― 熟食也<爾雅·注> ④기장. 기장을 찜. ¶―爨于東壁<儀禮>

13 21 【饕】 탐할 도 | 豪ㄊㄠ (tao) | とう (ムサボル)

풀이 ①탐하다. ㉮음식을 탐하다. ¶貪嗜飮食 曰―<韻會> ㉯재물을 탐하다. ¶貪財曰―<左氏傳·注>/―餮. ②탐욕이 과하다. ¶貪―險詖<漢書> ③흉악한 짐승 이름. 옛날에 종정(鐘鼎) 따위에 그 모양을 장식함. ¶―餮.

【饕餮】とうてつ(도철) ①흉악한 짐승 이름. 악인(惡人)의 비유. ②음식이나 재물을 탐냄. ¶貪財爲饕 貪食爲餮<左氏傳·注>

▷老―, 吏―, 餮―, 貪―

22 【饘】 瞻(p. 1434)과 同字

13 22 【饔】 아침밥 옹 | 冬ㄩㄥ (yong) | よう (アサメシ) *breakfast*

풀이 ①아침밥. 조반(朝飯). ¶―飧而治<孟子> ②익은 음식. 잘 익힌 음식. ¶有母之尸―<詩經> ③익은 고기. ¶餕―未就<公羊傳> ④요리. ¶佐―得嘗<顔氏家訓> ⑤희생. 죽인 희생. ¶君使卿韋弁歸―餼五牢<儀禮>

【饔膳】ようぜん(옹선) 잘 차린 좋은 음식.

【饔飧】ようそん(옹손) 아침밥과 저녁밥. 또는, 조석의 밥을 지음. 饔은 아침밥, 飧은 저녁밥. ¶― 熟食也 朝曰饔 夕曰飧<孟子·注>

【饔子】ようし(옹자) 요리하는 사람. 熟手(숙수). ¶―左右揮雙刀<杜甫>

【饔餼】ようき(옹희) 죽인 희생과 산 희생. ¶殺曰饔 生曰餼<儀禮·注>

▷佐―, 餕―

13 22 【饘】 죽 전 | 先ㄓㄢ 銑(zhan) | せん (カユ) *gruel*

▷羹―, 麥―, 粱―, 餬―

13 22 【饗】 ①대접할 향 ②흠향할 향 | 養ㄒㄧㄤˇ 陽(xiang) | きょう *treat*

풀이 ①①대접하다. 주식(酒食)을 차려 대접함. ¶一朝―之<詩經>/―應. ②잔치하다. 연회함. ¶疑殺牛―宴<蜀志> ③권하다. 신(神)에게 음식을 권함. ¶祝― 命佐食祭<儀禮> ④대접하여 반례(返禮)하다. ¶而后―冠者<禮記> ⑤마시다. 주식(酒食)을 먹음. ¶先祭而後―<淮南子>/王乃淳濯―醴<國語> ⑥제사지내다. ¶合聚萬物 而索―之也<禮記> ⑦누리다. 향유(享有)함. ¶―用五福<漢書>/―慶. ⑧향식하는 예(禮). ¶賓―贈餞<國語> ⑨주식(酒食). 차려 올리는 술과 음식. ¶以共皇天上帝社稷之―<禮記> ⑩제사 이름. ¶大―之禮<禮記> ②흠향(歆饗)하다. 신이 제사 음식을 받음. 운감(殞感). ¶賓百寮山河―<漢書>/歆―.

【饗禮】きょうれい(향례) 빈객에게 잔치를 베풀어 대접하는 예(禮).

【饗宴】きょうえん(향연) 향응(饗應)하는 잔치.

【饗應】きょうおう(향응) 음식을 차려 융숭하게 대접함. 또는, 그 대접.

▷降―, 大―, 祠―, 宴―, 禮―, 再―, 祭―, 尊―, 贊―, 歆―

22 【饟】 饎(p. 1643)·糦(p. 1153)와 同字

14 23 【饛】 수북이 담을 몽 | 東ㄇㄥˊ (meng) | ぼう

14 23 【饜】 물릴 염 | 豔ㄧㄢˋ (yan) | えん (アク) *be fed up*

풀이 ①물리다. 음식을 많이 먹어 싫증을 느낌. ¶以險徼幸者 其求無―<左氏傳> ②실컷 먹다. 포식함. ¶必―酒食而後反<孟子> ③흐뭇하다. 만족함. ¶不奪不―<孟子>

23 【饝】 烝(p. 938)과 同字

17 26 【饞】 탐할 참 | 咸ㄔㄢˊ (chan) | さん (ムサボル) *covet*

【饞嗜】さんし(참기) 어떤 일에 깊이 마음을 쏟아 즐김. ¶―者 必忘於痛苦<譚子化書>

【饞獠】さんりょう(참료) 걸신장이. 식충이. 걸신들린 사람을 욕하는 말.

▷老―, 舌―, 貪―

首<머리 수>部

首 茴 ② 馗 ⑧ 馘 ⑪ 馘

0 9 【首】 머리 수 | 有ㄕㄡˇ (shou) | しゅ (クビ) *head*

源 象形. 머리털이 나 있는 머리 모양을 본뜸.

풀이 ①머리. ㉮두부(頭部). ¶搔―踟躕<詩經>/頓―再拜. ㉯목. 고개. ¶或

延—以鶴顧<潘尼> ㉰머리털. ¶皓—而歸<李陵>/白—翁. ②첫머리. ㉮사물의 시작. ¶—時過則書<公羊傳>/歲—. ㉯앞. 먼저. 선두. ¶陳於軍中 而疏行—<左氏傳>/—尾相關. ③우두머리. ㉮임금. 군주. ¶元—起哉<書經> ㉯주장(主長). ¶毋爲戎—<禮記>/—領. ㉰첫째. ¶慮爲功—<魏武帝>/—席. ④칼자루. 칼의 손잡이. ¶進劍者左—<禮記>/劍—. ⑤요처(要處). 사물의 중요로운 곳. ¶予誓告汝群言之—<書經> ⑥시작하다. 비롯함. ¶張蒼—律歷事<漢書> ⑦근거로 삼다. 근거를 둠. ¶不—其義<禮記> ⑧나타내다. 내색함. ¶所以—其內 而見諸外也<禮記> ⑨자백하다. 자수함. ¶不—主令<漢書>/自—. ⑩좇다. 복종함. 항복함. ¶雖有降—<後漢書> ⑪향하다. 머리를 그쪽으로 돌림. ¶北—爭死敵<漢書> ⑫단위. 시가(詩歌) 문장을 세는 말. ¶漢詩 十—.

【首稼】しゅか(수가) 메기장. 여러 곡식 중 메기장을 맨 먼저 파종하는 데서 이름. 首種(수종). ¶雨霜大雹 —不入<淮南子>

【首鎧】しゅがい(수개) 투구. 首甲(수갑).

【首功】しゅこう(수공) ①첫째 가는 공. ②적군(敵軍)의 목을 벤 공. ¶彼秦者 棄禮義 而上—之國也<戰國策>

【首科】しゅか(수과) ①제일의 등급. ②장원(壯元)으로 급제함. 首選(수선). ¶連擢— 迭居顯職<柳宗元>

【首魁】しゅかい(수괴) 우두머리. 괴수(魁首). 두목(頭目).

【首句】しゅく(수구) 첫째 구. 첫머리의 글귀.

【首丘初心】しゅきゅうしょしん(수구초심) 근본을 잊지 아니하는 마음. 또는, 고향을 생각하는 마음. 여우가 죽을 때에 제가 살던 언덕이 있는 쪽으로 머리를 두고 죽는다는 데서 유래.

【首卷】しゅかん(수권) 한 질로 된 책의 첫째권.

【首揆】(수규)[韓] 영의정(領議政)의 이칭. 首相(수상). ※貳相(이상).

【首級】しゅきゅう(수급) ①으뜸가는 급. ②싸움터에서 벤 적군의 머리.

【首肯】しゅこう(수긍) 그렇다고 고개를 끄덕임. 옳다고 인정함. 승낙함. 首頷(수함).

【首腦】しゅのう(수뇌) 주요한 자리에 있는 사람. 우두머리.

【首都】しゅと(수도) 한 나라의 중앙 정부가 있는 도시. 서울. 首府(수부).

【首途】しゅと(수도) 여행길에 오름. 여행을 떠남. 首路(수로).

【首聯】しゅれん(수련) ①첫머리의 연구(聯句). ②율시(律詩) 첫머리의 두 구(句).

【首領】しゅりょう(수령) ①머리. ¶是以三軍之衆 皆得保其—<管子> ②우두머리. 首長(수장). 頭目(두목).

【首虜】しゅりょ(수로) 수급(首級)과 포로.

【首望】(수망) 조선 시대 관원을 임명할 때 이조(吏曹), 병조(兵曹)가 올리는 삼망(三望: 세 후보자) 중 첫째. ※備三望(비삼망).

【首尾相應】しゅびあいおうず(수미상응) 서로 응하여 도움.

【首尾相接】しゅびあいせっす(수미상접) 서로 이어져 끊이지 아니함.

【首班】しゅはん(수반) 우두머리. 수석(首席). ¶內閣—.

【首伏】しゅふく(수복) 자수(自首)하여 복죄(伏罪)함. 首服(수복).

【首服】しゅふく(수복) ①☞首伏(수복). ②목걸이. 또는, 관(冠).

【首府】しゅふ(수부) ☞首都(수도).

【首相】しゅしょう(수상) ①내각(內閣)의 우두머리. ②영의정(領議政).

【首鼠兩端】しゅそりょうたん(수서양단) 요리 조리 살피는 쥐라는 뜻으로, 어쩔 줄을 몰라 머뭇거리며 행방을 결정 짓지 못하고 살피기만 하는 상태를 이름.

【首席】しゅせき(수석) 맨 윗자리. 또는, 그 자리에 있는 사람. 首班(수반). ¶—判事.

【首善】しゅぜん(수선) ①교화(敎化)의 시작. 천하의 모범을 세움. 본보기. ¶故敎化之行也 建— 自京師始<史記> ②궁성이 있는 곳. 서울. ¶—之地.

【首選】しゅせん(수선) ☞首科(수과).

【首歲】しゅさい(수세) 그 해의 처음. 정월(正月). 歲首(세수).

【首時】しゅじ(수시) 춘하추동 사철의 처음.

【首惡】しゅあく(수악) 악인의 우두머리. 원흉(元兇). ¶推捕反賊 誅其—<唐書>

【首位】しゅい(수위) 첫째 자리.

【首子】しゅし(수자) 처음 낳은 아들. 맏아들. 첫아이. 長子(장자). ※元子(원자).

【首長】しゅちょう(수장) ☞首領(수령)②.

【首章】しゅしょう(수장) 첫째 장. 제1장.

【首弟子】しゅでし(수제자) 으뜸 가는 제자.

【首種】しゅしゅ(수종) ☞首稼(수가).

【首座】しゅざ(수좌) ①좌석 중에서 첫째 가는 자리. 上座(상좌). ②《佛》 좌선할 때 상좌에 앉는 중. 또는, 중의 직명.

【首秋】しゅしゅう(수추) 초가을. 음력 7월의 이칭. 孟秋(맹추).

【首陀】しゅだ·スダ(수타) 범어(梵語) Sūdra의 음역(音譯). 인도의 네 계급 중 최하급인 농노(農奴).

【首夏】しゅか(수하) 초여름. 初夏(초하). 孟夏(맹하).

▷甲—, 黔—, 驟—, 稽—, 功—, 空—, 冠—, 魁—, 馘—, 絞—, 鳩—, 屈—, 卷—, 歸—, 落—, 亂—, 黨—, 頓—, 頭—, 馬—, 盟—, 貿—, 反—, 頒—, 白—, 蓬—, 部—, 俛—, 匕—, 相—, 船—, 歲—, 犀—, 搔—, 碎—, 豕—, 抑—, 年—, 元—, 濡—, 戎—, 尼—, 貍—, 鶂—, 自—, 陣—, 斬—, 靑—, 稱—, 鋪—, 抗—, 咳—, 皓—, 化—, 梟—

10〖𦣻〗 首(p.1643)의 古字

2/11〖馗〗 광대뼈 규 [支]ㄎㄨㄟˊ き(ホオボネ)
구 [尤](kuí) きゅう

[풀이]①광대뼈. 협골(頰骨). ②길. 거리. 구방(九方)으로 통하는 길. ¶士女滿莊—<王粲> ③귀신 이름. 액을 물리친다고 함. ¶鍾—. ④버섯의 일종. ¶中

一.

11〖𩠐〗 頂(p.1619)과 同字

14〖𩠚〗 髮(p.1662)의 古字

14〖𩠟〗 頬(p.1625)과 同字

8/17〖馘〗 1 벨 괵 2 낯 혁 陌ㄍㄨㄛˊ(guo) 錫 かく(ミミヲキル) けき(カオ)
▷俘一, 鑿一, 劓一, 斬一, 黃一

18〖𩠠〗 首(p.1643)와 同字

20〖𩠫〗 馘(p.1645)의 俗字

香＜향기 향＞部
香 ⑧ 馞 ⑨ 馥 ⑪ 馨

0/9〖香〗 향기 향 陽ㄒㄧㄤ(xiang) こう(カオリ) *fragrance*
풀이①향기. 향내. ¶既謂善氣爲一＜左氏傳＞/芳一/芬一. ②향기롭다. 향기가 남. ¶水泉必一＜呂覽＞ ③향. ㉮불에 태워 좋은 냄새 나게 하는 물건. ¶焚一默坐＜王禹偁＞/燒一/薰一. ㉯불에 태우지 않는 향. ¶麝一/丁一/鬱金一. ④아름다움. 소리, 모양, 빛깔, 맛 등의 좋은 것. ¶一輪/一唾壺/一夢/一刹.
【香界】こうかい(향계) 절. 사찰(寺刹).
【香國】こうこく(향국) ①《佛》극락 세계. ②꽃의 나라. ¶黃金爲地香爲國＜楊萬里＞
【香氣】こうき(향기) 향기로운 냄새. 향내.
【香囊】こうのう(향낭) 향을 넣어 차는 주머니. 향주머니.
【香娘閣氏】(향낭각씨)韓 노래기의 별칭. ¶一速去千里.
【香娘子】こうじょうし(향낭자) 바퀴벌레의 별칭.
【香徒】(향도)韓 장례 때 상여를 메는 사람. 상두꾼.
【香奩體】こうれんたい(향렴체) 미인(美人)과 염정(艷情)을 읊은 시의 한 체. 당(唐)의 시인 한악(韓偓)의 시집「향렴집」(香奩集)에서 유래. 香匳體(향렴체).
【香爐】こうろ(향로) 향을 피우는 기구.
【香爐石】(향로석) 상석(床石) 앞에 있는, 향로를 올려 놓는 돌.
【香料】こうりょう(향료) ①향을 만드는 원료. ②향유(香油)나 향수(香水) 등의 원료.
【香附子】こうぶし(향부자) 동방사니과의 여러해살이풀. 뿌리는 한약재.
【香山居士】こうざんこじ(향산거사) 당(唐) 백거이(白居易)의 별호(別號).
【香雪】こうせつ(향설) ①향기로운 흰 꽃을 눈에 비유한 말. ②차(茶)의 이칭. ③중국 호서 삼승지(湖墅三勝地) 중 서계(西溪)의 매화.
【香水】こうすい(향수) ①진한 향기를 풍기는 화장품의 한 가지. ②향내가 나는 물. ③《佛》불전(佛前)에 바치는 물.
【香辛料】こうしんりょう(향신료) 음식물에 매운 맛이나 향기를 풍기게 하는 조미료(調味料). 고추, 후추, 마늘, 파 따위.
【香魚】こうぎょ(향어) 은어(銀魚)의 이칭.
【香煙】こうえん(향연) ①향불의 연기. ②☞香草(향초)②.
【香油】こうゆ(향유) 향기가 나는 기름.
【香餌之下必有死魚】こうじノもとカナラズしぎょアリ(향이지하필유사어) 물고기는 향기로운 미끼에 낚여 죽는다는 뜻으로, 이득에 유혹되어 몸을 망침의 비유. ¶一 重賞之下 必有勇夫＜三略＞
【香奠】こうでん(향전) ☞香錢(향전).
【香錢】こうせん(향전)《佛》불사(佛事), 법회(法會) 따위에 바치는 돈. 香奠(향전).
【香草】こうそう(향초) ①향기가 나는 풀. 芳草(방초). ②향기로운 담배. 香煙(향연).
【香魂】こうこん(향혼) 꽃의 정령(精靈). 또는, 미인(美人)의 혼(魂). ¶偕老言何謬 一事永違＜沈佺期＞
【香火】こうか(향화) ①향불. ②향불을 피우고 서약함. 부부간의 일을 이름. ¶親兄弟尙難信何論一＜北史＞ ③불공(佛供) 또는 제사(祭祀)의 이칭.
【香火情】こうかノじょう(향화정) 향을 피우고 부처 앞에서 서약한 마음. 옛날, 서약할 때 향을 피웠기 때문에 이름. ¶爾往與我盟 急難相助今無一耶＜唐書＞
【香火兄弟】こうかけいてい(향화형제) 기녀(妓女)들끼리 맺은 의형제. ¶坊中諸女 似氣類相以 約爲一＜教坊記＞ 「의 비유.
【香薰】こうくん(향훈) ①좋은 향기. ②미인(美人)
▷古一, 國一, 奇一, 暖一, 蘭一, 檀一, 抹一, 名一, 銘一, 聞一, 密一, 芳一, 芬一, 焚一, 麝一, 書一, 線一, 蘇合一, 燒一, 神一, 安息一, 暗一, 餘一, 芸一, 鬱金一, 幽一, 異一, 轝一, 丁一, 酒一, 天一, 淸一, 千里一, 七里一, 沈一, 荷一, 含一, 行一, 馨一, 花一, 茴一

17〖馞〗 馥(p.1645)과 同字

9/18〖馥〗 향기 복 屋ㄈㄨˋ(fu) ふく(カオリ) *fragrance*
풀이①향기. ㉮향내. 좋은 냄새. ¶流香吐一＜洛陽伽藍記＞ ㉯명성(名聲). 덕화(德化). ¶凝華重一 良在關西之彥＜江淹＞ ②향기가 나다. ㉮좋은 냄새를 풍기다. ¶一一蕙芳＜嵇康＞ ㉯덕화나 명성이 전해지다. ¶譽一區中＜江淹＞ ③향기롭다. 향기가 진한 모양. ④향.
▷芳一, 馥一, 幽一, 殘一, 香一

19〖䭯〗 馥(p.1645)과 同字

11/20〖馨〗 향기 형 靑ㄒㄧㄣ(xin) けい(カオリ) *fragrance*
풀이①향기. ㉮향내. ¶一爾夕膳＜束皙＞ ㉯꽃향기. ¶建芳一兮廡門＜楚辭＞ ㉰명성. 덕화. ¶化盛隆周 垂一千祀＜晋書＞ ㉱진미(珍味)의 냄새. ¶五味乃一＜山海經＞ ②향기 나다. ㉮향기가 멀

리 퍼지다. ¶爾殺旣一<詩經> ㉯덕화나 명성이 멀리 미치다. ¶明德惟一<書經>/似蘭斯一 如松之盛<千字文>

▷潔一, 芳一, 芬一, 餘一, 寧一, 遺一, 椒一

馬<말 마>部

馬 ② 馮 馭 ③ 馴 羿 馳 馯 ④ 駃 駆 駮 馺 駅 馹 駄 ⑤ 駕 駏 駉 駒 駈 駑 駙 駓 駟 駛 駔 駐 駝 駘 駊 駜 ⑥ 駱 駮 駢 駪 駰 駭 ⑦ 駶 駹 騁 騂 騋 騀 騃 駿 駸 駾 騂 駴 駽 ⑧ 騎 騏 騊 騋 騄 騈 騑 騒 騌 騅 騐 験 ⑨ 騧 騤 騖 騕 騠 騣 騙 騢 ⑩ 騫 騰 騮 騸 騷 騪 騵 騭 騶 騯 ⑪ 驅 騾 驀 驁 驂 驄 驃 ⑫ 驕 驔 驑 驎 驈 驏 驒 驊 驍 ⑬ 驚 驛 驖 驗 ⑭ 驞 驟 ⑯ 驢 ⑰ 驥 ⑱ 驩 ⑲ 驪

0
10 〖馬〗 말 마 | 㐮ㄇㄚˇ (ma) | ば(ウマ) *horse*

풀이 ①말. ㉮가축의 한 가지. ¶一者所乘以行野也<管子>/牛一. ㉯들말. 야생마(野生馬). ¶罷差之山 多一<山海經> ㉰키 6척 이상의 제후 승용마. ¶諸侯曰一 高六尺以上<公羊傳·注> ②산가지. 투호(投壺)할 때 득점을 세는 물건. ¶請爲勝者立一<禮記> ③크다. 큰 것의 비유. ¶一蜩. ④나쁘다. 나쁜 것의 비유. ¶一蘭. ⑤양마(陽馬). 지붕 네 귀에 짧은 추녀를 받치는 나무.

【馬脚】ばきゃく(마각) ①말의 다리. ②말의 탈을 뒤집어 쓴 사람의 다리. 가식(假飾)하여 숨긴 본성이나 진상(眞相). 「고자.

【馬褂子】(마괘자) 저고리 위에 덧입는 옷. 마

【馬具】ばぐ(마구) 말에 딸리는 기구. 안장, 재갈, 고삐, 등자(鐙子) 따위.

【馬券】ばけん(마권) 경마장에서 발행하는 승마투표권(勝馬投票券).

【馬瑙】めのう(마노) 보석 이름. 瑪腦(마뇌).

【馬鐙】ばとう(마등) 마구(馬具)의 한 가지. 鐙子(등자).

【馬力】ばりき(마력) 동력(動力)의 단위. 말 한 필의 힘이란 뜻으로, 746와트에 상당함.

【馬鈴薯】ばれいしょ(마령서) 감자.

【馬夫】ばふ(마부) ①말을 먹이는 사람. ②말을 부리는 사람. 馬丁(마정).

【馬糞紙】ばふんし(마분지) 짚으로 만든, 질이 나쁜 누른 종이.

【馬史】ばし(마사) 「사기」(史記)의 이칭. 사마천(司馬遷)이 지은 사서(史書)란 뜻.

【馬上】ばじょう(마상) ①말등 위. ¶一誰家白面郞<杜甫> ②말에 올라탐. ③말을 타고 싸움터를 오감.

【馬上客】ばじょうノきゃく(마상객) 말을 탄 사람.

【馬上才】ばじょうノさい(마상재) 달리는 말 위에서 부리는 재주. 馬技(마기). 馬藝(마예). 猿騎(원기).

【馬床廛】(마상전) 마구(馬具), 관복(官服) 따위를 팔던 가게.

【馬洗】ばせん(마선) 임금이나 귀인이 탄 말 앞에 서서 길을 인도하는 사람. 洗馬(선마). 馬前(마전). ¶一者 馬前引導之人也<日知錄>

【馬乘】ばじょう(마승) 네 필의 말. ¶畜一 不察于鷄豚<大學>

【馬纓】ばえい(마영) 말의 가슴걸이. ¶黃金鏤一<盧照鄰>

【馬杌】ばごつ(마올) 황후나 귀비(貴妃) 등이 사용한 걸상의 한 가지.

馬杌(淸會典圖)

【馬援】ばえん(마원)〘人〙 후한(後漢)의 정치가, 명장. 자(字)는 문연(文淵). 광무제(光武帝) 때 촉(蜀)을 쳐서 복파장군(伏波將軍)이 되고, 교지(交趾)를 쳐서 신식후(新息侯)에 봉해짐. 시호는 충성(忠成). 馬伏波(마복파).

【馬耳東風】ばじとうふう(마이동풍) 말 귀에 봄바람이란 뜻으로, 남의 말을 귀담아 듣지 아니함. ¶一格. ※牛耳讀經(우이독경).

【馬場】ばば(마장) 말을 놓아 먹이는 곳. 또는, 경마장.

【馬腸】ばちょう(마장) 전설상의 짐승. 얼굴은 사람 같고 몸은 호랑이 같은데, 사람을 잡아먹는다는 짐승.

【馬賊】ばぞく(마적) ①말을 탄 비적(匪賊). ¶一團. ②말을 훔치는 도적.

【馬蹄銀】ばていぎん(마제은) 청(淸)대 은화(銀貨) 이름. 말굽 모양이므로 이름.

【馬蹄鐵】ばていてつ(마제철) ①말굽에 대갈로 박아 붙인 쇠. 말편자. 馬鐵(마철). ②대접쇠.

【馬祖】ばそ(마조) 천사성(天駟星)의 이칭. 房星(방성).

【馬祖壇】(마조단)㊕ 마제(馬祭)를 지내는 단. 서울에는 동대문 밖에 있었음.

【馬牌】ばはい(마패) 조선 시대 관리가 지방으로 출장할 때 역마를 징발할 수 있도록 상서원(尙瑞院)에서 주던, 말 모양을 새긴 동패(銅牌).

【馬幣】ばへい(마폐) ①말 모양을 새긴, 한(漢)대의 화폐. ②말과 예물. ¶譔書詞 具一<韓

【馬匹】ばひつ(마필) 말. ⌊愈>

【馬革裹屍】ばかくシカバネヲツツム(마혁과시) 말가죽으로 자신의 시체를 싼다는 뜻으로, 전사(戰死)를 결의함의 비유.

▷介一, 健一, 犬一, 牽一, 競一, 狂一, 駒一, 軍一, 弓一, 擒奔一, 騎一, 騾一, 落一, 老一, 怒一, 路一, 駑一, 露一脚, 童一, 鈍一, 輓一, 猛一, 名一, 髦一, 木一, 木牛流一, 巫一, 文一, 樸一, 班一, 方一, 白一, 凡一, 寶一, 泛駕之一, 肥一, 飛一, 牝一, 司一, 駟一, 塞翁之一, 善一, 騂一, 洗一, 乘一, 迅一, 惡一, 鞍一, 野一, 良一, 麗一, 驢一, 驛一, 劣一, 騧一, 牛一, 庸一, 龍一, 六一, 戎一, 倚一可待, 立仗之一, 赭白一, 赤一, 傳一, 戰一, 征一, 停一, 調一, 種一, 走一看

花, 走一燈, 竹一, 駿一, 指鹿爲一, 斬一, 瘠一, 千里一, 天一, 千兵萬一, 鐵一, 奮一, 驄一, 趣一, 打一, 疲一, 匹一, 汗一, 悍一, 行一, 胡一

2 12〖馮〗 1 업신여길 빙 2 성 풍 | 蒸ㄆㄧㄥˊ 東(ping) | ひょう(シノグ) *insult*

풀이 1 ①업신여기다. 능멸(凌蔑)함. ¶小人伐其技 以一君子<左氏傳>/一弱. ②타다. 오름. 通登. ③다그치다. 핍박함. ¶一陵我城郭<左氏傳> ④기대다. 의지함. ¶君一軾而觀之<左氏傳>/一几. ⑤힘 입다. 도움을 받음. 의뢰함. ¶衆庶一生<史記>/一依. ⑥걸어 건너다. 도섭(徒涉)함. ¶不敢一河<詩經> ⑦성내다. 진노함. ¶今君奮焉 震電一怒<左氏傳>/一氣. ⑧탐하다. 분수에 지나치게 욕심을 부림. ¶品庶一生<史記> ⑨돕다. 보좌함. 通倗. ¶更名左一翊<漢書> ⑩끼우다. ¶一珧利決<楚辭> ⑪부딪혀 나는 소리. 2 ①성(姓). ¶一異. ②이름. 벼슬·귀신·고을의 이름.

2 12〖馭〗 말 부릴 어 | 御ㄩˋ(yu) | ぎょ

풀이 ①말을 부리다. 말을 몲. ¶王良告父善服一者也<荀子> ②말을 부리는 법. ¶四曰 五一<周禮> ③마부(馬夫). 말을 부리는 종. ¶僕一憔悴<集異記> ④탈것. 수레. ¶烟一雲車 春心日客<歐陽脩> ⑤이끌다. 통솔함. ¶臨一萬方<南史>

【馭者】ぎょしゃ(어자) 말을 부리는 사람.

【馭風之客】ぎょふうノきゃく(어풍지 객) 바람을 타고 날아다니는 사람이란 뜻으로, 신선(神仙)을 이름. 御風之客(어풍지 객).

▷駕一, 經一, 控一, 騎一, 撫一, 善一, 失一, 弛一, 臨一, 接一, 總一, 統一

3 13〖馴〗 1 길들 순 2 가르칠 훈 | 眞ㄒㄩㄣˊ(xun) 問 | じゅん *tame* くん

源 **會意·形聲.** 냇물 줄기가 일정한 길을 따라 흐르듯이, 말이 길들어 사람을 좇음의 뜻.

풀이 1 ①길들다. 새, 짐승이 시키는 대로 함. ¶馬先一而後求良<淮南子> ②길들이다. ¶大費佐舜 調一鳥獸<史記> ③따르다. 순종함. ¶一致其道<易經> ④좋다. 올바름. ¶其文不雅一<史記>/一行. 2 ①가르치다. 通訓. ¶列侯亦無由敎一其民<史記> ②따르다.

【馴鹿】じゅんろく(순록) ①시베리아산(產) 사슴의 한 가지. 암수 모두 뿔이 있음. ②길든 사슴. ¶一不知誰結侶<方干>

【馴致】じゅんち(순치) 짐승을 길들임. 또는, 점차로 변하여 어떤 상태에 이르게 함. ¶一服習天下之心<蘇軾>

▷敎一, 雅一, 柔一, 調一, 風一

13〖馸〗 駟(p. 1648)과 同字

3 13〖馵〗 발 흰 말 주 | 遇ㄓㄨˋ(zhu) | しゅ

풀이 ①발이 흰 말. ㉮왼쪽 뒷발이 흰 말. ¶駕我騏一<詩經> ㉯무릎 위가 흰 말. ¶馬膝以上皆白曰一<集韻> ②매다. 말의 발을 붙들어 맴.

3 13〖馳〗 달릴 치 | 支ㄔˊ(chi) | ち(ハシル) *run*

풀이 ①달리다. ㉮거마를 빨리 몰다. ¶弗一弗驅<詩經>/一馬. ㉯질주하다. ¶羌戎來一<晋書>/一走. ㉰다투어 달려가다. ¶煌火一而星流<張衡> ②향하다. ¶情一魏闕<隋書> ③전해지다. 전파됨. ¶露布朝一玉關塞<蘇軾> ④지나가다. 경과함. ¶年與時一<諸葛亮> ⑤뒤쫓다. ¶公將一之<左氏傳> ⑥멋대로 하다. 방자함. ¶無敢一驅<詩經>

【馳驅】ちく(치구) ①분주하게 뛰어다님. ¶皆一以告天子<墨子> ②말을 달리게 함. ¶吾爲之範我一<孟子> ③멋대로 함.

【馳騁】ちてい(치빙) ①말을 빨리 몲. 사냥함. ¶一鐘鼓之樂<新書> ②말을 몰아 뒤쫓음. ¶一野獸<史記> ③일을 시키거나 부림. ¶天下之至柔 一天下之至堅<老子> ④지위나 명예를 구하려고 분주함. ¶此布衣一之時 而游說者之秋也<史記> ⑤섭렵(涉獵)함. ¶一極於六藝<晋書>

▷競一, 高一, 驅一, 鶩一, 背一, 奔一, 飛一, 星一, 爭一, 箭一, 周一, 匹一

13〖馱〗 馱(p. 1648)의 本字

3 13〖馯〗 1 사나운 말 한 2 동이 별종 한 3 검푸른 말 간 | 翰ㄏㄢˋ 寒(han) 刪 | かん(アラウマ)

풀이 1 사나운 말. 같 騂. 2 동이(東夷)의 별종. 동방 종족의 한 갈래. 3 검푸른 말. 돗총이. ¶一馬青黑色<集韻>

4 14〖駃〗 1 버새 결 2 빠를 쾌 | 屑ㄐㄩㄝˊ(jue) 卦ㄎㄨㄞˋ(kuai) | けつ *hinny* かい(ハヤイ) *fast*

풀이 1 ①버새. 암나귀와 수말 사이에 난 트기. ②준마(駿馬) 이름. ¶一駃騠馬也 生七日超其母<玉篇> 2 ①빠르다. ¶一雨東南來<元好問> ②말이 빨리 달리다. ¶一馬行疾<集韻>

14〖駆〗 驅(p. 1653)의 略字

14〖馿〗 驢(p. 1656)의 略字

4 14〖駁〗 얼룩말 박 | 覺ㄅㄛˊ(bo) | ばく(マダラウマ) *spotted horse*

源 **會意.** 얼룩 반점(斑點)이 뒤섞인 [爻]

말[馬]을 뜻함.
풀이 ①얼룩말. ¶皇一其馬＜詩經＞ ②섞이다. 잡것이 섞임. ¶粹一不分＜薛道衡＞/雜一. ③어긋나다. 그릇됨. ¶典章差一＜唐書＞ ④논박하다. ¶常彈一公卿＜魏書＞/論一/辨一. ⑤치우치다. 두루 못 미침. ¶解偏一之愛＜漢書＞
▷詭一, 難一, 論一, 面一, 反一, 斑一, 辯一, 駢一, 雜一, 彈一, 痛一, 評一

14〖馬卞〗 駢(p.1651)의 俗字

4 14〖馺〗 달릴 삽 | 圖ㄙㄚˋ (sa) | そう(ハシル) *run*
풀이 ①달리다. 말이 질주함. ¶輕先疾雷而一遺風＜揚雄＞/一娑. ②따라 미치다. 말이 달리어 따라잡음. ¶一 馬行相及也＜說文＞ ③들쭉날쭉 둘려 있는 모양. ¶一娑.

14〖駅〗 驛(p.1655)의 略字

14〖馬夭〗 騕(p.1652)와 同字

4 14〖馹〗 역말 일 | 圖ㄖˋ (ri) | じつ(ツギウマ) *post-horse*
풀이 역말. 역마(驛馬). 역참(驛站)에 둔 말. ¶楚子乘一 會師于臨品＜左氏傳＞

4 14〖馱〗 짐 실을 태 本타 | 圖ㄊㄨㄛˊ 圖(tuo) | た(ノセル) *load*
本駄
풀이 ①짐 싣다. 마소에 짐을 실음. ¶吳姬十五細馬一＜李白＞ ②짐. 마소의 등에 싣거나 사람이 지는 물건. ¶疲馬欣解一＜陸游＞ ③짐 싣는 말. 복태(卜馱). 태마(馱馬). ¶大兒牽韁陸挽一＜李夢陽＞ ④바리. 마소의 등에 가득 실은 짐을 세는 단위. ¶今年金繪滿千一＜許衡＞
【馱價】(태가) 짐을 날라 준 삯. 馱賃(태임).
【馱作】ださく(태작) 잘 되지 못한 작품. 보잘것없는 작품.

5 15〖駕〗 멍에 가 | 圖ㄐㄧㄚˋ 圖(jia) | が *yoke*
풀이 ①멍에. 수레에 말을 메움. ¶戎車既一＜詩經＞ ②탈것. 거마(車馬). ¶車一. ③임금의 수레. 또는, 임금. ¶出卽奉一＜漢書＞ ④타다. 탈것에 오름. ¶始知一鶴乘雲外＜白居易＞ ⑤말. ¶六一. ⑥부리다. 수레를 타고 말을 부림. ¶君車將一＜禮記＞ ⑦다스리다. ¶一御英雄＜吳志＞ ⑧전하다. ¶仲尼一說者也＜法言＞ ⑨더하다. 通加. ⑩능가하다. ¶猶詐晉而一焉＜左氏傳＞ ⑪군사를 일으키다. 기병(起兵)함. ¶三一而楚不能與爭＜左氏傳＞ ⑫재목(材木). ¶大構一 興宮室＜淮南子＞ ⑬남을 부르는 경칭. ¶尊一.
▷車一, 來一, 凌一, 大一, 騰一, 晚一, 法一, 別一, 鳳一, 聖一, 小一, 宸一, 晏一, 輿一, 枉一, 龍一, 停一, 從一, 駐一, 千里命一, 鶴一

5 15〖駏〗 버새 거 | 圖ㄐㄩˋ (ju) | きょ *hinny*
【駏驉】きょきょ(거허) 버새. 수말과 암나귀 사이에 난 트기. 岠虛(거허). ¶從小奚奴騎一＜唐書＞ ※驢騾(여라).

5 15〖駉〗 목장 경 | 圖ㄐㄩㄥ (jiong) | けい *ranch*
풀이 ①목장. ②말의 건장한 모양. ¶一一牡馬＜詩經＞ ③「시경」 노송(魯頌)의 편(篇) 이름.

5 15〖駒〗 망아지 구 | 圖ㄐㄩ (ju) | く(コマ) *foal*
풀이 ①망아지. ¶鳴鳳在樹 白一食場＜千字文＞ ②짐승의 새끼. ¶虎豹之一＜尸子＞ ③젊은이. ¶卿名家一＜後漢書＞ ④말. ¶寧昻昻若千里之一乎＜楚辭＞ ⑤흩어진 모양. ¶一一然未有聚＜靈樞經＞
【駒隙】くげき(구극) 내달리는 부루말을 틈새로 본다는 뜻으로, 세월이 빨리 감의 비유. 白駒過隙(백구과극). 隙駟光陰(극사광음).
【駒齒】くし(구치) ①젖니. 乳齒(유치)②. ②젖니를 갈지 않았다는 뜻으로, 유년(幼年)을 이름. 어린아이.
▷隙一, 犢一, 騰一, 白一, 驪一, 龍一, 異一, 株一, 千里一, 春一, 玄一

15〖駈〗 驅(p.1653)의 俗字

5 15〖駑〗 둔할 노 | 圖ㄋㄨˊ (nu) | ど *dull*
풀이 ①둔하다. 어리석고 느린 모양. ¶相如雖一 獨畏廉將軍哉＜史記＞ ②둔하고 느린 말. ¶一駿雜而不分兮＜楚辭＞
【駑鈍】どどん(노둔) 저능하고 우둔함. 아둔함. ¶顧省一 終於無益＜魏志＞
▷愚一, 羸一, 策一, 罷一

15〖駠〗 騮(p.1650)와 同字

15〖罵〗 ☞ 网部 10획 (p.1199)

15〖馬弁〗 駢(p.1650)의 俗字

5 15〖駙〗 곁말 부 | 圖ㄈㄨˋ (fu) | ふ *spare horse*
풀이 ①곁말. 부마(副馬). ②가깝다. 접근함. ③빠르다. 通赴. ④덧방나무. 수레의 양쪽 가장자리에 덧댄 나무. 通輔. ¶車之左一＜史記＞
【駙馬】ふば(부마) ①부거(副車)에 메운 말. ②부마도위(駙馬都尉)의 준말.
【駙馬都尉】ふばとい(부마도위) ①벼슬 이름. 천자

(天子)의 부마(副馬)를 관장하던 벼슬. ¶一掌駙馬＜漢書＞ ②임금의 사위. 임금의 사위를 부마도위에 임명한 데서 유래. 駙馬(부마)②.

5 15〖駓〗 황부루 비 | 因ㄆㄧ (pi) | ひ chestnut, bay

풀이 ①황부루. 토황마(土黃馬). ¶有騅有一＜詩經＞ ②달리는 모양. ¶逐人一一些＜楚辭＞

5 15〖駟〗 사마 사 | 寘ㄙˋ (si) | し coach-and-four

풀이 ①사마(駟馬). 한 수레에 메운 네 마리의 말. 또는, 그 수레. ¶一介百乘＜左氏傳＞ ②말 네 필. ¶乃獻良馬十一＜穆天子傳＞ ③말. ¶若一之過隙＜禮記＞ ④용 네 마리. ¶木偶龍一一＜漢書＞ ⑤넷이서 한 수레를 타다. ¶富父終甥一乘＜左氏傳＞ ⑥별 이름. ¶一見而隕霜＜國語＞ ⑦쫓다.

【駟介】しかい(사개) 무장(武裝)한 사마(駟馬). ¶淸人在彭 一帝帝＜詩經＞

【駟馬】しば(사마) 말 네 필이 끄는 수레. 또는, 그 말. 四頭馬車(사두마차). ¶雖有拱璧以先一＜老子＞

【駟不及舌】しもシタニオヨバズ(사불급설) 일단 입 밖에 낸 말은 사마(駟馬)도 미치지 못한다는 뜻으로, 말을 삼가야 함의 비유. 駟馬不能追(사마 불능추). ¶夫子之說君子也 一＜論語＞

▷介一, 文一, 房一, 飛一, 騂一, 瘦一, 良一, 逸一, 天一, 華一

5 15〖駛〗 달릴 사 | 紙ㄕˇ (shi) | し run

풀이 ①달리다. 말이 빨리 달림. ¶君馬何一＜益都耆舊傳＞ ②빠르다. ¶鶯啼春欲一＜梁簡文帝＞

▷急一, 奔一, 迅一, 淸一

5 15〖駔〗 1 준마 장 | 養ㄗㄤˇ (zang) | そう
2 끈 끈 조 | 麌ㄗㄨˇ (zu) | そ

풀이 1 ①준마(駿馬). ¶冀馬塡廐而一駿＜左思＞ ②좋은 말. ¶同駑贏與乘一兮＜楚辭＞ ③크다. 거칠다. ¶此則一工庸師＜論衡＞ ④중도위. 거간꾼. ¶節一儈＜漢書＞ 2 끈 끈. 끈목. 通 組. ¶一琮五寸＜周禮＞

5 15〖駐〗 머무를 주 | 遇ㄓㄨˋ (zhu) | ちゅう halt

풀이 ①머무르다. ¶車駕少一＜元史＞ ②머물러 서다. ¶惟見馬一＜宋之問＞ ③머무르게 하다. ¶一魂仰講＜江淹＞

【駐屯】ちゅうとん(주둔) 군대가 진(陣)을 치고 머무름. 屯駐(둔주). 留駐(유주). ¶一軍/一地.

【駐錫】ちゅうしゃく(주석) 석장(錫杖)을 멈춘다는 뜻으로, 중이 포교(布敎)하기 위해 체류함을 이름.

【駐在】ちゅうざい(주재) ①머물러 있음. ②파견되어 그곳에 머무름. 駐箚(주차). ¶一武官.

【駐箚】ちゅうさつ(주차) ☞駐在(주재)②.

▷屯一, 留一, 暫一, 停一, 進一, 偸一

5 15〖駝〗 낙타 타 | 歌ㄊㄨㄛˊ (tuo) | た, だ camel

同 駞

풀이 ①낙타. ¶指洛陽宮門銅一＜晋書＞ ②타조(駝鳥). ¶秋浦錦一鳥＜李白＞ ③곱사등이. ¶一女淺步腰半一＜薩都刺＞ ④싣다. 가축에 짐을 실음. ¶騊駼橐一＜漢書＞ ⑤경칭(敬稱). 중국에서, 부모를 부를 때 붙이는 조자. ¶巴一.

【駝峰】だほう(타봉) ①낙타 등처럼 생긴 산 봉우리. 임평산(臨平山). ②낙타의 육봉(肉峰).

【駝鳥】だちょう(타조) 새 이름. 열대에 사는 큰 새. 駝鷄(타계).

▷駱一, 橐一

15〖駞〗 駝(p. 1649)와 同字

5 15〖駘〗 1 둔마 태 | 灰ㄊㄞˊ (tai) | たい
2 들피질 태 | 賄ㄉㄞˋ (dai) | dull

풀이 1 ①둔마(鈍馬). ¶騁駑一於修路＜蔡邕＞ ②둔하다. 어리석음. ¶伊余朽一＜王詔之＞ ③벗다. 말이 재갈을 벗음. ¶馬一其銜＜崔寔＞ ④밟다. ¶兵相一藉＜史記＞ ⑤넓다. ¶一蕩. ⑥땅 이름. 춘추 시대 제(齊)의 고을. ¶遷孺子于一＜左氏傳＞ 2 ①들피지다. 여위고 지침. ②한가로운 모양.

▷駑一, 哀一, 弱一, 羸一, 朽一

5 15〖駊〗 머리 내두를 파 | 哿ㄆㄛˇ (po) | は shake head

풀이 ①머리를 내두르다. ②날뛰다. 말이 날뛰며 앞으로 가지 않음. ¶一騀揚旆旌＜杜甫＞

5 15〖駜〗 말 살질 필 | 質ㄅㄧˋ (bi) | ひつ swift

풀이 ①말이 살지다. ②말이 배불리 먹다.

6 16〖駱〗 낙타 락 | 藥ㄌㄨㄛˋ (luo) | らく camel

풀이 ①낙타. ¶一駝. ②가리온. 검은 갈기의 흰 말. ¶嘽嘽一馬＜詩經＞ ③종족 이름. ¶一越之人 父子同川而浴＜漢書＞ ④이어지다. 잇닮. ¶一驛道路＜漢書＞ ⑤달리다. ¶一漠以歸＜傅毅＞

【駱駝】らくだ(낙타) 약대.

6 16〖駮〗 짐승 이름 박 | 覺ㄅㄛˊ (bo) | はく

풀이 ①짐승 이름. 말과 비슷하며 범을 잡아 먹는다는 맹수. ②나무 이름. 자유(梓楡). ¶隰有六一＜詩經＞ ③풀 이

름. ④섞이다. 얼룩짐. 通駁. ⑤논박하다. ¶兄弟相—不可<漢書>

【駁牛】はくぎゅう(박우) 얼룩소.

▷馴—, 六—, 朱—, 青—

6/16【駢】나란히 할 변/병 | 因ㄆㄧㄢˊ 圕(pian) | へん, べん(ナラブ) へい

本駢 俗駢

풀이①나란히 하다. 늘어섬. ¶—交錯而曼衍兮<揚雄> ②겹치다. 이어짐. ¶齷項—幹<春秋元命苞> ③합치다. ¶曹共公聞其—脅<左氏傳> ④이웃. 또는, 동아리. ¶以—隣從<史記> ⑤한 동아리가 되다. ¶出則黨—<管子> ⑥쓸모 없는 것. ¶—拇枝指<莊子> ⑦굳은살. 못. 혹. 通蹁 胼. ⑧땅 이름. 춘추 시대 제(齊)의 고을. ¶奪伯氏—邑三百<論語>

【駢儷】べんれい(변려·병려) 문체(文體)의 한 가지. 사자구(四字句)와 육자구(六字句)의 대구(對句)를 써서 음조를 살린 화려한 문체. 駢儷體(변려체). 駢四儷六(변사여륙). 四六文(사륙문). 駢文(변문). 駢體(변체). ¶六朝—體<東觀餘論> ※べんれい

【駢儷體】べんれいたい(변려체·병려체) ☞駢儷(변려·병려).

【駢拇】べんぼ(변무) 엄지발가락과 둘째발가락이 붙어서 네 발가락이 된 것.

【駢拇枝指】べんぼしし(변무기지) 네 발가락과 육손이. 무용지물의 비유. ¶—出於性哉而侈於德<莊子>

【駢文】べんぶん(변문·병문) ☞駢儷(변려·병려).

【駢四儷六】べんしれいろく(변사여륙) ☞駢儷(변려·병려).

【駢田】べんでん(변전) 모여 나란히 늘어섬. 나열(羅列)함. 또는, 많은 모양. ¶—接連<劉楨>

【駢體】べんたい(변체·병체) ☞駢儷(변려·병려).

6/16【駪】말 많을 신 | 圓ㄕㄣ (shen) | しん

풀이①말이 많은 모양. ②많은 말이 내닫는 모양.

6/16【駰】오총이 인 | 圓ㄧㄣ (yin) | いん

풀이오총이. 흰 털이 섞인 거무스름한 말. ¶我馬維—<詩經>

16【駗】馳(p.1647)와 同字

6/16【駭】놀랄 해 | 圓ㄏㄞˋ (hai) | がい(オドロク) *startle*

풀이①놀라다. ¶馬— 遂驅之<左氏傳> ②놀래다. 놀라게 함. ¶鳴將—人<呂覽> ③어지러워지다. ¶國人大—<戰國策> ④흩어지다. 흩뜨림. ¶協風旁—<陸機> ⑤경계(警戒)하다. ¶吳釁深而六師—<陸機> ⑥움직이다. ¶回猋肆其碭—兮<漢書> ⑦일어서다. ⑧발굽이 흰 돼지.

【駭怪】がいかい(해괴) 놀라 이상히 여김. 매우 괴이함. ¶—罔測.

【駭懼】がいく(해구) 놀라고 두려워함.

【駭人耳目】がいじんじもく(해인이목) 기괴한 짓으로 남의 이목을 놀라게 함.

▷傾—, 驚—, 奔—, 色—, 危—, 慄—, 沮—, 振—, 震—, 歎—, 貽—, 怖—, 暴—, 歡—, 惶—

7/17【駵】월따말 류 | 因ㄌㄧㄡˊ (liu) | りゅう

同騮 驑

풀이월따말. 털이 붉고 갈기가 검은 말. ¶騏—是中<詩經>

7/17【駹】찬간자 방 | 江ㄇㄤˊ (mang) | ぼう

풀이①찬간자. 낯짝과 이마만 흰 말. ②푸른 말. ¶其西方盡白 東方盡—<漢書> ③잡색 희생. 通尨. ¶用—可也<周禮> ④꾸미다. 칠하여 장식함. ¶—車萑蔽<周禮>

7/17【騁】달릴 빙 本정 | 梗ㄔㄥˇ (cheng) | てい *drive*

풀이①달리다. 말을 몲. ¶—馳若騖<淮南子> ②펴다. 늘임. ¶遊目—懷<王羲之> ③제멋대로 하다. ¶時—而要其宿<莊子> ④다하다. ¶蹙蹙靡所—<詩經> ⑤평평하다. 通坪. ¶登白薠兮—望<楚辭>

▷驅—, 縱—, 馳—

7/17【騂】절따말 성 | 庚ㄒㄧㄥ (xing) | せい

풀이①절따말. 조금 누른빛을 띤 붉은 말. ¶有—有騏<詩經> ②붉은 소. ¶牲用— 尙赤也<禮記> ③붉다. ¶—剛用牛<周禮> ④활의 조화된 모양. ¶——角弓<詩經>

7/17【駷】재갈 채쳐 달릴 송 | 腫ㄙㄨㄥˇ (song) | しょう *drive to*

풀이재갈을 채쳐서 말을 달리다. ¶臨南—馬<公羊傳>

7/17【騀】머리 내두를 아 | 哿ㄜˇ (e) | が

7/17【騃】1 어리석을 애 2 짐승 가는 모양 사 | 蟹ㄞˊ (ai) 紙 | がい *stupid* し

▷朴—, 鄙—, 愚—, 拙—, 癡—, 貪—

7/17【駿】준마 준 | 震ㄐㄩㄣˋ (jun) | しゅん *swift horse*

풀이①준마. ¶昂昂皆—駒<岑參> ②뛰어나다. 뛰어난 사람. ¶誹—疑桀兮<史記> ③크다. 通峻. ¶—命不易<詩經> ④길다. 길게 함. ¶不—其德

<詩經> ⑤빠르다. ¶一發爾私<詩經> ⑥높다. 通峻. ¶一極于天<禮記> ⑦힘차다. 굳셈. ¶筆力勁一<南史>

【駿骨】しゅんこつ (준골) ①준마의 뼈. 뜻이 바뀌어, 현인(賢人)을 이름. ¶無人貴一<李白> ②준마. ¶瞻彼一<杜甫>

【駿駒】しゅんく (준구) ①뛰어난 망아지. ②남의 아들의 경칭.

【駿馬】しゅんば・しゅんめ (준마) 잘 달리는 좋은 말. ¶君之一盈外廐<戰國策>

【駿敏】しゅんびん (준민) 뛰어나고 총명함.

【駿足】しゅんそく (준족) 발이 빠른 좋은 말. 뜻이 바뀌어, 뛰어난 재능. 俊才(준재). ¶利刃一<張協>

【駿足思長阪】しゅんそくちょうはんヲオモウ (준족 사장판) 준마는 긴 잿길을 그리워한다는 말로, 뛰어난 인재가 어려운 고비를 만나 재능을 실험해 보고 싶어함의 비유.

▷傑一, 勁一, 奇一, 奔一, 秀一, 神一, 良一, 英一, 龍一, 逸一, 精一

7 17 〖駸〗 1 달릴 침 2 말 모이는 모양 참 | 侵ㄑㄧㄣ (qin) 覃 | しん *run*

풀이 1 ①달리다. 말이 질주하는 모양. ②빨리 지나는 모양. ¶斜日晚一一<梁簡文帝> 2 말이 모이는 모양.

7 17 〖駾〗 달릴 태 | 隊ㄊㄨㄟˋ (tui) | たい *run*

풀이 ①달리다. 말이 달려 오는 모양. ②부딪치다. ¶混夷一矣<詩經>

7 17 〖駻〗 사나운 말 한 | 翰ㄏㄢˋ (han) | かん

7 17 〖駴〗 놀랄 해 | 卦ㄒㄧㄝˋ (xie) | かい *startle*

풀이 ①놀라다. 놀램. 駭의 古字. ¶子列子之徒一之<列子> ②고치다. 개선(改善)함. ¶聖人之所以一天下<莊子> ③북을 빠르고 크게 울리다. ¶疾雷擊鼓曰一<周禮·注>

7 17 〖駽〗 철총이 현 | 霰ㄒㄩㄢ (xuan) | けん *dapplegray*

풀이 철총이. 돗총이. 털이 검푸른 말. ¶駜彼乘一<詩經>

8 18 〖騎〗 1 말 탈 기 2 기병 기 | 支ㄑㄧˊ (qi) 寘ㄐㄧˋ (ji) | き (ノル)

俗 騎

풀이 1 ①말 타다. ¶乃上馬一<史記> ②걸터앉다. ¶不一衡<漢書> 2 ①기병. ¶前有車一<禮記> ②기마(騎馬). ¶車一輜重<史記>

【騎馬】きば (기마) ①말을 탐. 乘馬(승마). ¶延之好一<南史>/一隊. ②타는 말. 乘用馬(승용마). ¶一駿馬<漢書>

【騎兵】きへい (기병) 말 탄 군사. ¶一隊.

【騎士】きし (기사) ①말 탄 무사(武士). 馬兵(마병). ②중세기 유럽의 무사 계급의 하나. ¶一道.

【騎手】きしゅ (기수) 말 타는 사람.

【騎月雨】きげつう (기월우) 두 달에 걸쳐 내리는 비. ¶爽氣收回一<陸游>

【騎曹】(기조) 병조(兵曹)의 별칭. 騎省(기성).

【騎判】(기판) 韓 병조 판서(兵曹判書)의 별칭.

【騎鶴上揚州】ツルニノリテようしゅうニノボル (기학 상양주) 학을 타고 양주에 오른다는 뜻으로, 한꺼번에 많은 복락을 지니려고 하는 일. 실현할 수 없는 망상(妄想)의 비유. 揚州鶴(양주학).

【騎虎之勢】きこノイキオイ (기호지 세) 호랑이를 탄 것처럼, 중도에서 포기할 수 없는 형세.
유래 남북조 시대에 주(周)의 선제(宣帝)가 죽고 재상 양견(楊堅)이 어린 왕자 대신 제위(帝位)를 양도받아 수(隋)를 건국할 때, 그의 아내 독고씨(獨孤氏)가 집권 공작을 하는 남편 견을 격려하며, 「달리는 호랑이 등에 올라 탄 것이니 결코 중도에서 내리지 마십시오. 내리면 호랑이 밥이 됩니다」 하였다.<隋書>

▷健一, 勁一, 輕一, 單一, 獨一, 突一, 屯一, 萬一, 步一, 飛一, 善一, 良一, 羽一, 遊一, 壯一, 前一, 殿一, 偵一, 精一, 卒一, 從一, 車一, 隻一, 鐵一, 追一, 探一, 驃一, 虎一, 胡一, 梟一, 驍一, 後一, 候一

8 18 〖騏〗 털총이 기 | 支ㄑㄧˊ (qi) | き

풀이 ①털총이. 푸르고 검은 무늬가 장기판처럼 줄이 진 말. ¶駕我一馵<詩經> ②준마(駿馬). ¶一驥黃金<管子> ③검푸른 빛. ④기린. 通麒. ¶一驎不至<戰國策>

【騏驥】きき (기기) ①하루에 천 리를 달리는 말. 千里馬(천리마). 駿馬(준마). ¶夫一 千里一日而通<淮南子> ②현인(賢人)의 비유.

【騏馵】きしゅ (기주) 뒤쪽 왼발이 흰 검푸른 말. ¶駕我一<詩經>

▷驥一, 素一, 秀一, 龍一, 朱一, 蒼一

8 18 〖騊〗 말 이름 도 | 豪ㄊㄠˊ (tao) | とう

8 18 〖騋〗 큰 말 래 | 灰ㄌㄞˊ (lai) | らい

8 18 〖騄〗 말 이름 록 | 屋ㄌㄨˋ (lu) | りょく

【騄耳】りょくじ (녹이) 준마(駿馬) 이름. 주(周) 목왕(穆王)이 탔다는 팔준마(八駿馬)의 한 가지. 騄駬(녹이). ¶騏驎一 每一日走千里<商子>

18 〖騈〗 駢(p.1650)의 本字

8
18〖騑〗 곁말 비 | 圝ㄈㄟ (fei) | ひ *spare horse*

풀이 ①곁말. 부마(副馬). ¶一馬可輟解<後漢書> ②세 살 난 말. ¶馬三歲曰一<本草綱目> ③계속 달리는 모양. ¶四牡一一<詩經>
▷右一, 征一, 左一, 驂一, 馳一

18〖騒〗 騷(p.1653)의 略字

18〖騌〗 騣(p.1652)의 俗字

18〖騘〗 驄(p.1654)의 俗字

8
18〖騅〗 오추마 추 | 因ㄓㄨㄟ (zhui) | すい

풀이 ①오추마. 철청총이. 검푸른 바탕에 흰 털이 섞인 말. ¶有一有駓<詩經> ②말 이름. 항우(項羽)의 애마 이름. ¶一不逝兮<項羽> ③풀 싹.
【騅不逝】ㄓㄨㄟㄅㄨˋㄕˋ(추불서) 초(楚)의 항우(項羽)가 한(漢)의 유방(劉邦)에게 패하여 해하(垓下)에 고립되자, 그의 애마 추(騅)도 움직이려 하지 않았다는 옛일. 운이 다하여 어찌할 수 없는 경우를 비유하여 이름. ¶一兮可奈何<項羽>
▷神一, 烏一, 駿一, 黃一

18〖騐〗 驗(p.1655)의 俗字

18〖験〗 驗(p.1655)의 略字

9
19〖騧〗 공골말 과/와 | 麻ㄍㄨㄚ 佳(gua) | か

풀이 ①공골말. 입 가장자리가 검은 누른 말. ②담황색 말. ③지나다. 通過. ④달팽이. 通蝸.

9
19〖騤〗 말 끌밋할 규 | 因ㄎㄨㄟˊ (kui) | き

풀이 ①말이 끌밋하다. 미끈한 모양. ②말이 시원하게 달리는 모양. ¶一瞿奔觸<張衡> ③쉬지 않고 힘쓰는 모양. ④창의 한 가지.

19〖騎〗 騎(p.1651)의 俗字

9
19〖騖〗 달릴 무 | 遇ㄨˋ (wu) | ぶ *run*

▷競一, 駈一, 騰一, 犇一, 星一, 迅一, 電一, 馳一

19〖[illegible]〗 騪(p.1653)와 同字

9
19〖騕〗 말 이름 요 | 篠ㄧㄠˇ (yao) | よう

9
19〖騠〗 말 이름 제 | 齊ㄊㄧˊ (ti) | てい

풀이 ①말 이름. 좋은 말의 한 가지. ¶駃一. ②버새. 수말과 암나귀 사이에 난 트기. ¶駃一.

19〖[illegible]〗 騠(p.1652)의 俗字

9
19〖騣〗 갈기 종 | 東ㄗㄨㄥ (zong) | そう *mane*

풀이 ①갈기. 말의 갈기. ②말고깔. 말 머리에 씌우는 장식. ¶金一.

19〖騘〗 驄(p.1654)과 同字

9
19〖騙〗 속일 편 | 霰ㄆㄧㄢˋ (pian) | へん(タマカス) *cheat*

풀이 ①속이다. ¶大奸大惡一害鄕民<福惠全書>/一取. ②말을 타다. 말에 뛰어 올라 탐.
【騙取】ㄆㄧㄢˋㄑㄩˇ(편취) 속여서 남의 재물을 빼앗음. 詐取(사취).

9
19〖騢〗 적부루마 하 | 麻ㄒㄧㄚˊ (xia) | か

풀이 적부루마. 홍사마(紅紗馬). 붉은 바탕에 흰 털이 섞인 말. ¶薄言駉者 有駰有一<詩經>

10
20〖騫〗 이지러질 건 | 先ㄑㄧㄢ 銑(qian) | けん *wane*
俗 騝

풀이 ①이지러지다. ¶不一不崩<詩經> ②손상하다. ¶外無一汚之名<漢書> ③그르치다. 잘못함. 通愆. ¶惟昔李一期<劉琨> ④틀리다. 어긋남. ¶專爲生則一義<後漢書> ⑤허물. 과실. ¶永思一兮<荀子> ⑥뽑아 가지다. ¶一旗之實<漢書> ⑦높이 올리다. ⑧뛰다. 경솔한 모양. ¶沓沓一一<柳宗元> ⑨고개를 드는 모양. ¶王雎一只<楚辭> ⑩두려워하다. ¶人靈一都野鱗翰聳淵丘<顏延之> ⑪말의 뱃병. ¶一腹.
▷騰一, 遐一

10
20〖騰〗 오를 등 | 蒸ㄊㄥˊ (teng) | とう(アガル) *rise*

풀이 ①오르다. 오르게 함. ¶地氣上一<禮記> ②올리다. ¶一文魚以警乘<曹植> ③타다. ¶一駕步遊<楚辭> ④도약하다. ¶暫一而上胡兒馬<漢書> ⑤앙등하다. ¶美價斯一<張仲素> ⑥넘다. ¶乃奮翅而一驤<張衡> ⑦지나가다. ¶一衆車使徑待<楚辭> ⑧달리다. ¶一駕步遊<楚辭> ⑨전하다. ¶子產一辭<淮南子> ⑩수말이 발정(發情)하다. ¶季春之月 乃合累牛一馬<禮記> ⑪역마(驛馬). ⑫이기다. 通滕. ¶四一屬威衆<逸周書> ⑬말을 거세(去勢)하다. ⑭솟아나다. 通滕. ¶百川沸一<詩經> ⑮보내다. ¶衆人一羞者<儀禮> ⑯물건을 놓다. 옮기다. ¶蠹生一藥篋<王建> ⑰빠르

다.

【騰貴】とうき(등귀) 물건 값이 오름. 비싸짐. 仰騰(앙등). 昂騰(앙등). 騰踊(등용).

【騰達】とうたつ(등달) 위로 오름. 출세(出世)함.

【騰落】とうらく(등락) 값의 오름과 내림. 등귀(騰貴)와 하락(下落).

▷騫一, 高一, 蹻一, 翹一, 滔蹈一, 奔一, 沸一, 上一, 升一, 昂一, 龍一, 威一, 蒸一, 振一, 超一, 波一, 暴一, 喧一

20〖騮〗 駵(p.1650)와 同字

10 20〖騸〗 불 깔 선 | 霰ㄕㄢˋ (shan) | せん castrate

풀이 ①불 까다. 거세(去勢)함. ¶一馬不可復乘<舊五代史> ②접붙이다. 접목(接木)함.

10 20〖騷〗 1 떠들 소 2 쓸 소 | 豪ㄙㄠ 皓(sao) | そう(サワグ) make noise

略騒

풀이 1 ①떠들다. 떠들썩함. ¶王室方一<國語> ②움직이다. ¶徐方繹一<詩經> ③긁다. 通搔. ④근심하다. 通愁. ¶憂愁幽思而作離一<史記> ⑤비린내 나다. 通臊. ¶一臭. ⑥절뚝발이. ⑦운문(韻文)의 한 체(體). 초(楚) 굴원(屈原)의 이소(離騷)에서 비롯됨. ⑧시부(詩賦). 풍류(風流). ¶笑話和風一<劉長卿> 2 쓸다. 제거함. 通掃. ¶大王宜一淮南之兵<史記>

【騷客】そうかく(소객) 시(詩)를 짓는 사람. 시인. 문사(文士). 騷人(소인). ¶或製裳于一<梅堯臣>

【騷動】そうどう(소동) ①법석을 떪. 騷亂(소란). 騷擾(소요). ¶邦內一<史記> ②마음이 산란함. 불안함. ¶形神一<史記>

【騷亂】そうらん(소란) ☞騷動(소동)①.

【騷然】そうぜん(소연) 떠들썩한 모양. 어수선한 모양. ¶使邊一不安<漢書>

【騷擾】そうじょう(소요) ☞騷亂(소란).

【騷音】そうおん(소음) 시끄러운 소리.

【騷人】そうじん(소인) ①초(楚)의 굴원(屈原)과 송옥(宋玉) 등 일파의 문사. ¶一之清深<蘇洵> ②☞騷客(소객). ¶遷客一<范仲淹> ③근심을 품은 사람.

【騷人墨客】そうじんぼっかく(소인묵객) 시문, 서화(書畫)를 일삼는 사람. ¶運思高妙 如一<宣和畫譜>

【騷體】そうたい(소체) 문체(文體)의 한 가지. 굴원(屈原)의 이소(離騷)를 본뜬 시부(詩賦)로, 어미(語尾)에 혜(兮) 자를 쓰는 것이 특징.

▷驚一, 牢一, 變一, 賦一, 蕭一, 詩一, 離一, 莊一, 震一, 楚一, 風一, 喧一

10 20〖騪〗 큰 말 수 | 尤ㄙㄡ (sou) | しゅう

풀이 ①큰 말. ②찾다. 수색함. ¶一粟都尉<漢書>

10 20〖騵〗 흰 배 월따말 원 | 元ㄩㄢˊ (yuan) | げん

풀이 흰 배 월따말. 배가 희고 갈기가 검은 붉은 말. ¶騎一馬<淮南子>

10 20〖騭〗 수말 즐 本질 | 質ㄓˋ (zhi) | しつ male horse

풀이 ①수말. 말의 수컷. ②말을 부리다. ③오르다. 通陟. ④정하다. ¶惟天陰一下民<書經> ⑤이루다.

10 20〖騶〗 말 먹일 추 | 尤ㄗㄡ (zou) | しゅう, すう coachman

풀이 ①말을 먹이다. 또는, 마부(馬夫). ¶孟氏之御一<左氏傳> ②말을 타는 사람. ¶武士一比外郎<漢書> ③타는 말. ¶其鳴一入谷<孔稚珪> ④원유(苑囿). 대궐 안에 있는 동산. ⑤화살. ¶材官一發<漢書> ⑥달리다. 通趨. ¶一中韶護<荀子> ⑦나라 이름. 通郰 鄒. ⑧인수(仁獸) 이름. ¶一虞.

【騶御】すうぎょ(추어) 마부(馬夫). 御者(어자).

【騶虞】すうぐ(추우) ①인수(仁獸). 성인(聖人)의 덕에 감화하여 나타난다는 상서로운 동물. ②악장(樂章) 이름. ¶王以一爲節<周禮> ③원유(苑囿)의 짐승을 관리하던 사람. ④「시경」 소남(召南)의 편(篇) 이름.

騶虞①
(古今圖書集成)

▷絳一, 群一, 列一, 前一, 停一, 駿一

10 20〖騯〗 말 성할 팽 | 庚ㄆㄥˊ (peng) | ほう

풀이 ①말이 성한 모양. ¶四牡一一<詩經> ②말이 걷는 모양.

11 21〖驅〗 몰 구 | 虞ㄑㄩ 遇(qu) | く(カケル) drive away

古敺 略駆 俗駈

풀이 ①몰다. ㉮채찍질하여 달리게 하다. ¶弗馳非一<詩經> ㉯빨리 달리다. ¶順流長一<晉書> ㉰쫓다. 몰아냄. ¶一獸毋害五穀<禮記> ㉱대지르다. 핍박함. ¶饑來一我去<陶潛> ②군대의 배차(排次). ¶先一/中一.

【驅遣】くけん(구견) ①쫓아 냄. ②아내와 이혼함. ③해고(解雇)함. ¶官司一 然後始退<顏氏家訓>

【驅儺】くな(구나) 제야(除夜)에 역귀(疫鬼), 잡신을 몰아내는 의식. 追儺(추나).

【驅步】くほ(구보) 뛰어감. 또는, 그 걸음.

【驅除】くじょ(구제) 몰아냄. 제거함. ¶爲漢一<風俗通>/害蟲一.

【驅從】(구종) ①옛날, 관리를 모시고 다니던 하인. ②말구종.

【驅逐】くちく(구축) 몰아냄. 쫓아냄. ¶王志在一<史記>/一艦. 「충). ¶一藥.

【驅蟲】くちゅう(구충) 기생충을 없앰. 除蟲(제

▷競一, 跳一, 先一, 星一, 長一, 前一, 中

一, 疾一, 馳一, 風一

11 21 〖騾〗 노새 라 |歌ㄌㄨㄛˊ (luo)| ら mule
▷駿一, 白一, 素一, 青一, 駝一

11 21 〖驀〗 말 탈 맥 |陌ㄇㄛˋ (mo)| ばく(ノル)
풀이 ①말을 타다. ¶一六駿<左思> ②갑자기. 곧장. ③쏜살같다. 힘차게 나아감. ¶一地刺桐花<馬莊父> ④뛰어넘다. ¶一越.

11 21 〖驁〗 준마 오 |豪ㄠ 號 (ao)| ごう swift horse
풀이 ①준마(駿馬). ②말이 사나와지다. ¶驕一. ③오만하다. 通傲. ¶辭以放一<莊子> ④깔보다. ¶士一祿爵者 固輕其主<呂覽> ⑤크다. ⑥악장(樂章)의 이름.
▷驕一, 雄一, 駿一, 悍一

21 〖䮯〗 驁(p. 1654)와 同字

11 21 〖驂〗 곁말 참 |覃ㄘㄢ (can)| さん spare horse
풀이 ①곁말. 사마(駟馬)에서 바깥쪽 두 말. ¶兩一如舞<詩經> ②수레에 말 세 필을 메우다. 또는, 그 수레. ③배승(陪乘). ¶使職一乘<左氏傳> ④승용마의 총칭.
【驂乘】さんじょう(참승) 귀인(貴人)을 모시고 수레에 탐. 또는, 그 사람. 옛날, 수레를 탈 때 웃사람은 어자(御者)의 왼쪽에 앉고 수행자는 어자 오른쪽에 탔음. 陪乘(배승). 車右(거우).
▷去一, 騑一, 兩一, 龍一, 征一, 疲一

11 21 〖驄〗 총이말 총 |東ㄘㄨㄥ (cong)| そう
㊇騘 騐
풀이 총이말. 청총이. 흰 바탕에 푸른 빛깔이 섞인 말. ¶一馬.

11 21 〖驃〗 표절따 표 |嘯ㄆㄧㄠˋ (piao)| ひょう
풀이 ①표절따. 누런 바탕에 흰 털이 섞인 말. 또는, 갈기와 꼬리가 흰 황마(黃馬). ②말이 빨리 달리는 모양. ③날래고 강하다. ¶漢有一將軍<玉篇> ④나라 이름. 버마.
【驃騎】ひょうき(표기) ①장군의 명칭. 한(漢) 무제(武帝) 때 곽거병(霍去病)을 표기장군으로 삼은 데서 비롯됨. 驃騎將軍(표기장군). ②곽거병을 이름.

12 22 〖驕〗 1 교만할 교 2 사냥개 효 |蕭ㄐㄧㄠ 蕭 (jiao)| きょう(オゴル) proud
풀이 1 ①교만하다. 자만함. ㉮남을 업신여기다. ¶富而無一<論語> ㉯무례하다. ¶在上而不一<孝經> ②교만. ¶得志而覺一<韓詩外傳> ③속이다. 通矯. ¶果而不一<老子> ④길들지 않다. 배우지 않음. ¶譬若畋犬 一用逐禽<逸周書> ⑤강하다. 건장한 모양. ¶四牡有一<詩經> ⑥긁다. 通搔. ⑦방자(放恣)하다. ⑧말. 두 살 난 말. 通駒. 2 사냥개.
【驕客】(교객) 남의 사위의 이칭.
【驕代】きょうだい(교대) 사치 풍조가 성한 시대. ¶一如浮華<張華>
【驕吝】きょうりん(교린) 교만하고 인색함.
【驕慢】きょうまん(교만) 뽐내며 건방짐. 驕傲(교오). 倨慢(거만). ¶奢淫一<漢書>
【驕兵】きょうへい(교병) 교만한 군사. 다수를 믿고 자만하는 군대.
【驕疾】(교질) 교만한 태도. 疾은 성벽(性癖).
▷矜一, 狼一, 寵一, 悍一

12 22 〖驔〗 정강이 흰 말 담·점 |霰ㄉㄧㄢˋ (dian) 感ㄊㄢˊ (tan)| たん てん
풀이 ①정강이가 흰 말. 정강이에 길고 흰 털이 난 말. ¶有一有魚<詩經> ②검은 말. 등이 누런 검은 말.

22 〖驑〗 1 騄(p. 1650)와 同字 2 騮(p. 1653)의 本字

12 22 〖驎〗 워라말 린 |震ㄌㄧㄣˊ 眞 (lin)| りん
풀이 ①워라말. 화마(花馬). ②입이 검은 흰 말. ③준마(駿馬). ¶騏一.

12 22 〖驈〗 가랑이 흰 말 율 |質ㄩˋ (yu)| いつ
풀이 가랑이가 흰 말. 가랑이가 흰 검은 말. 쌍창워라. ¶一皇.
【驈皇】いつこう(율황) 쌍창워라와 황부루. 驈騜(율황).

12 22 〖驏〗 안장 없는 말 잔 |潸ㄔㄢˇ (chan) ㄓㄢˋ (zhan)| さん

12 22 〖驒〗 연전총 탄 |寒ㄊㄨㄛˊ (tuo)| たん
풀이 ①연전총(連錢驄). 검푸른 바탕에 둥글고 흰 점이 박힌 말. ¶有一有駱<詩經> ②헐떡거리다. 말이 지쳐서 헐떡거리는 모양. ③야생마.
▷驒一

12 22 〖驊〗 준마 이름 화 |麻ㄏㄨㄚˊ (hua)| か
풀이 준마 이름. 주(周) 목왕(穆王)의 팔준마(八駿馬)의 한 가지.
【驊騮】かりゅう(화류) ①천리마. 준마. ②준마(駿馬) 이름. 주(周) 목왕(穆王)이 타던 팔준마(八駿馬)의 한 가지. ¶騏驥一 一日而馳千里<莊子>

12/22〖驍〗 날랠 효 | 蕭ㄒㄧㄠ (xiao) | ぎょう quick

풀이 ①날래다. 굳셈. 용맹함. ¶兵皆一銳＜魏志＞/一將. ②양마(良馬). ¶一一牡馬＜詩經＞

【驍勇】ぎょうゆう(효용) 굳세고 용맹함. 또는, 그러한 사람. 梟勇(효용). ¶一百萬 畜力恃時＜孫楚＞

【驍將】ぎょうしょう(효장) 용맹한 장수. 勇將(용장). 猛將(맹장). 梟將(효장). ¶吳耿一 雲集四境＜後漢書＞

【驍悍】ぎょうかん(효한) 날래고 사나움.

13/20〖驚〗 놀랄 경 | 庚ㄐㄧㄥ (jing) | けい, きょう (オドロク) surprise

풀이 ①놀라다. ㉮말이 겁내다. ¶馬一車敗＜史記＞ ㉯당황하며 두려워하다. ¶擧坐客皆一下＜史記＞ ㉰뜻밖의 일에 가슴이 두근거리다. ¶宮庭震一＜楚辭＞ ㉱움직이다. ¶軍一師駭＜揚雄＞ ㉲어지러워지다. ¶其生若一＜呂覽＞ ㉳떠들다. ¶匍匐稚兒一＜趙抃＞ ㉴일어서다. ②놀래다. 놀라게 함. ¶震一百里＜易經＞ ③놀람. ¶龍子聞而息一＜法苑珠林＞ ④빠르다. ¶忽覺徂歲一＜韋應物＞ ⑤경풍(驚風). 경기(驚氣).

【驚氣】(경기) ☞驚風(경풍)②.

【驚倒】きょうとう(경도) 놀라 넘어짐. 몹시 놀람. ¶忽然一鳴一人＜蘇軾＞

【驚龍】きょうりょう(경룡) 놀란 용. 빼어난 초서(草書) 필치의 비유. 驚蛇入草(경사입초).

【驚蛇入草】きょうだにゅうそう(경사입초) 놀란 뱀이 풀숲으로 들어간다는 뜻으로, 뛰어난 초서(草書) 필치의 비유. 驚龍(경룡). ¶飛鳥出林一＜法書苑＞

【驚愕】きょうがく(경악) 몹시 놀람. 놀라 당황함. 驚駭(경해). ¶群臣一＜戰國策＞

【驚異】きょうい(경이) 놀라 이상스럽게 여김. ¶一的.

【驚天動地】きょうてんどうち(경천동지) ①하늘을 놀래고 땅을 움직인다는 뜻으로, 크게 세상을 놀라게 함의 비유. ¶曾有一文＜白居易＞ ②어사(御史)가 처음으로 부임(赴任)함.

【驚蟄】けいちつ(경칩) ①24절기의 하나. 양력 3월 5일경. ②놀라 움직이는 벌레. ¶一飛競＜左思＞

【驚歎】きょうたん(경탄) ①놀라 탄식함. ¶無不一＜白居易＞ ②매우 감탄함. ¶鄕里一＜晉書＞

【驚風】きょうふう(경풍) ①사나운 바람. ¶凌一＜司馬相如＞ ②어린아이가 놀라며 경련을 일으키는 병. 驚氣(경기).

【驚喜】きょうき(경희) 놀라 기뻐함.

▷喫一, 勿一, 奔一, 陽一, 憂一, 震一, 魂一, 吃一

13/23〖驛〗 역참 역 | 陌ㄧˋ (yi) | えき (ウマヤ) posting station
略駅

풀이 ①역참(驛站). ¶寒一遠如點＜岑參＞ ②역마(驛馬). ¶馳命走一＜後漢書＞ ③인도하다. ④이어지다. 왕래가 끊이지 않음. 通繹. ⑤싹이 나는 모양. ¶一一其達＜詩經＞

【驛馬】えきば(역마) 역참에서 쓴 말. ¶帝親御一＜周書＞ ※擺撥(파발).

【驛馬直星】(역마직성)韓 늘 분주하게 떠돌아다니는 사람을 이르는 말.

【驛夫】えきふ ①역에서 일하는 인부. ②역의 하급 직원.

【驛舍】えきしゃ(역사) ①역참(驛站)의 여관. 驛館(역관). ②역으로 쓰는 건물.

【驛使】えきし(역사) ①역참(驛站)에서 공문서를 전달하던 사람. ②매화의 이칭.

【驛前】(역전) 정거장 앞. 역 앞.

【驛傳】えきでん(역전) ①역마(驛馬). ②역참(驛站)에서 다음 역참으로 보내는 일. 驛遞(역체)①. ¶一競走.

【驛站】えきたん(역참) 역(驛)과 참(站). 둘 다 옛날의 통신기관으로, 역마를 갖추어 관리의 왕래를 돕고 공문서 체송을 담당하던 것이 역, 군보(軍報)를 위해 설치된 것이 참인데, 대개 같은 곳에서 겸무함. 驛亭(역정).

【驛遞】えきてい(역체) ①☞驛傳(역전)②. ②역참에서 공문서를 체송(遞送)하는 일. 또는, 그 일을 하는 사람.

▷古一, 駱一, 飛一, 水一, 宿一, 傳一, 終着一, 津一, 置一, 破一, 荒一

13/23〖驖〗 구렁말 철 | 屑ㄊㄧㄝˇ (tie) | てつ bay

풀이 구렁말. 밤색 빛깔의 말. ¶駟一孔阜＜詩經＞

13/23〖驗〗 증험할 험 | 豔ㄧㄢˋ (yan) | けん (タメス) try
略験 俗騐

풀이 ①증험하다. 시험함. ¶檢一果然＜晉書＞ ②시험. ¶乃先設一＜史記＞ ③표징(表徵). ㉮증거. ¶何以爲一＜史記＞ ㉯효능. ¶一在近而求之遠＜淮南子＞ ㉰조짐. ¶表瑞一＜金甫㳿＞ ㉱응보(應報). ¶雲雨之一＜論衡＞ ㉲점괘(占卦). ¶以星爲一＜左氏傳＞ ④말 이름.

【驗覆】けんぷく(험복) 거듭 조사하여 밝힘. ¶一果信＜吳志＞

【驗左】けんさ(험좌) 증거. 證左(증좌). 左驗(좌험). ¶一明白＜漢書＞

▷簡一, 勘一, 檢一, 經一, 考一, 奇一, 明一, 夢一, 辨一, 覆一, 符一, 瑞一, 受一, 試一, 實一, 案一, 靈一, 應一, 占一, 左一, 證一, 徵一, 參一, 體一, 該一, 効一, 顯一, 效一

24〖驝〗 禂(p. 1096)와 同字

14/24〖驞〗 떠들썩할 빈 | 眞ㄆㄧㄣˊ (pin) | ひん noisy

14
24【驟】 달릴 취 | 圈ㄗㄡˋ (zou) | しゅう(ハシル)
㊌추 | run

풀이①달리다. ¶步及一處兮<楚辭> ②빠르다. 신속함. 갑자기. ¶一雨不終日<老子>/一雨. ③자주. 종종. ¶一戰而一勝<呂覽>

【驟雨】しゅうう(취우) 소나기.
【驟雨不終日】しゅううふしゅうじつ(취우 부종일) 소나기는 하루 종일 오는 일이 없다는 뜻으로, 권세가 오래 가지 못함의 비유. ¶飄風不終朝 一<老子>
【驟集】しゅうしゅう(취집) 갑자기 모으거나 모임.
▷急一, 馳一

25【[illegible]】 驪(p. 1656)의 略字
25【[illegible]】 𪊨(p. 1553)와 同字

16
26【驢】 당나귀 려 | 魚ㄌㄩˊ (lü) | りょ, ろ (ウサギウマ) ass

【驢年】ろねん(여년) 12지(支) 가운데 당나귀 해가 없으므로, 끝내 만날 기회가 없음을 이름. ¶一會麼<雲門錄>
▷蹇一, 騾一, 跛一, 罷一, 海一

27【[illegible]】 騫(p. 1652)과 同字

17
27【驥】 천리마 기 | 寘ㄐㄧˋ (ji) | き swift horse

풀이①천리마. 하루에 천 리를 달린다는 준마. ¶一不稱其力 稱其德<論語>/一驁. ②뛰어난 인물. 준재(俊才). ¶附一尾而行益顯<史記>

【驥尾】きび(기미) 천리마의 꼬리. 뜻이 바뀌어, 뛰어난 사람의 뒤. ¶附蒼蠅于一<陸倕>
【驥服鹽車】きふくえんしゃ(기복염거) 준마가 소금 실은 수레를 끈다는 뜻으로, 유능한 사람이 천역(賤役)에 종사하여 그 재능을 발휘하지 못함을 이름. ¶夫一 而上大行<戰國策>
▷渴一, 騏一, 老一, 駑一, 白一, 病一, 附一, 奔一, 良一, 牛一, 逸一, 展一, 駿一, 天一, 馳一

18
28【驩】 기뻐할 환 | 寒ㄏㄨㄢ (huan) | かん (ヨロコブ) delight

풀이①기뻐하다. 기쁨. ¶霸者之民 一虞如也<孟子>/交一. ②말이 평화롭게 즐기는 모양.

【驩兜】かんとう(환두) 전설상의 악인(惡人). 요(堯)임금 때 사람. 공공(共工)과 함께 그르고 못된 짓을 하여 순(舜)임금이 숭산(崇山)으로 내쫓았다 함. 讙兜(환두).
▷結一, 交一, 舊一, 悲一, 合一, 欣一

19
29【驪】 가라말 려 | 霽ㄌㄧˊ (li) | れい(クロウマ)
리 | 支 | black horse り

풀이①가라말. 온몸의 털빛이 검은 말. ¶夏后氏尙黑 戎事乘一<禮記> ②검다. 흑색. ¶一龍頷<莊子> ③나란히 하다. 멍에에 말이나 사슴 따위를 여러 마리 나란히 메움. ¶一駕四鹿<張衡> ④쌍두마차(雙頭馬車). ¶一 一曰 駕二馬<集韻>

【驪歌】りか(여가) 송별의 노래.
【驪駒】りく(여구) ①가라말. 검은 말. ②송별 때 부른 노래. 驪歌(여가). ¶客別歌一<書言故事>
【驪山】りざん(여산) 섬서성(陝西省) 임동현(臨潼縣) 동남쪽 옛 장안(長安) 부근에 있는 산. 진시황(秦始皇) 능이 있고, 당(唐) 현종(玄宗)이 여궁(驪宮)을 세운 곳. 麗山(여산). 麗戎之山(여융지 산).
【驪戎】りじゅう(여융) 주(周)대 섬서성(陝西省)에 있던 나라. ¶晋伐一<左氏傳>
【驪姬】りき(여희) 여융(驪戎)의 계집. 춘추 전국 시대 진(晋) 헌공(獻公)의 비(妃). 태자 신생(申生)을 참살하고, 제 소생을 왕위에 앉힘. 麗姬(여희).
【驪龍】りょう·りりゅう(여룡·이룡) 검은 용. 흑룡(黑龍). ¶綴以一之珠<曹植>
▷駕一, 四一, 騂一, 烏一, 温一

30【驫】 騁(p. 1650)의 古字

骨<뼈 골>部

骨 ③ 骭 骪 ④ 骰 骯 ⑤ 骲 骳 骴 骵 骸 ⑥ 骼 骻 骹 骸 ⑦ 骾 骽 ⑧ 髁 髀 髀 ⑨ 髂 ⑩ 髆 髇 ⑪ 髏 ⑫ 髐 ⑬ 髓 髒 體 髑 ⑭ 髕 ⑮ 髖

0
10【骨】 뼈 골 | 月ㄍㄨˇ·ˊ (gu) | こつ(ホネ) bone

풀이①뼈. ㉮근육 속에 있어 몸을 지탱하는 물질. ¶一暴其肉<太玄經>/一肉. ㉯몸. 구간(軀幹). ¶病一猶能在<李賀> ㉰심. 중심이 되는 것. 골수. ¶貶官厭路 讒日到一<杜甫> ㉱골격(骨格). 골상(骨相). ¶小史有封侯一 當以經術進<漢書>/仙一. ㉲해골. 촉루(髑髏). ¶流血積一<晉書>/恕一. ②사람의 품격. 풍도. ¶風一奇偉<南史>/奇一. ③강직하다. ¶一直以立<周禮>/一鯁. ④서체(書體)가 날카롭고 힘차다. ¶見周穆王書七日 興歎患其無一<衛夫人> ⑤문장의 체격(體格). ¶沈吟鋪辭 莫先於一<文心雕龍> ⑥의기(意氣). ¶眞一凌霜<詩品>/氣一. ⑦신라의 골품 제도. ¶新羅名其王族爲第一一 餘貴族爲第二一<唐書>/聖一/眞一.

【骨角器】こっかくき(골각기) 석기 시대에 동물의 뼈, 뿔 따위로 만든 기구.
【骨幹】こっかん(골간) ☞骨格(골격).
【骨格】こっかく(골격) ①뼈의 조직. ②뼈대. 骨幹(골간). 骨骼(골격).

12 22【驍】 날랠 효 | 蕭 ㄒㄧㄠ (xiao) | ぎょう *quick*

풀이 ①날래다. 굳셈. 용맹함. ¶兵皆—鋭＜魏志＞/—將. ②양마(良馬). ¶——牡馬＜詩經＞

【驍勇】ぎょうゆう(효용) 굳세고 용맹함. 또는, 그러한 사람. 梟勇(효용). ¶—百萬 畜力恃時＜孫楚＞

【驍將】ぎょうしょう(효장) 용맹한 장수. 勇將(용장). 猛將(맹장). 梟將(효장). ¶吳耿— 雲集四境＜後漢書＞

【驍悍】ぎょうかん(효한) 날래고 사나움.

13 20【驚】 놀랄 경 | 庚 ㄐㄧㄥ (jing) | けい, きょう (オドロク) *surprise*

풀이 ①놀라다. ㉮말이 겁내다. ¶馬—車敗＜史記＞ ㉯당황하며 두려워하다. ¶擧坐客皆—下＜史記＞ ㉰뜻밖의 일에 가슴이 두근거리다. ¶宮庭震—＜楚辭＞ ㉱움직이다. ¶軍—師駭＜揚雄＞ ㉲어지러워지다. ¶其生若—＜呂覽＞ ㉳떠들다. ¶匍匐稚兒—＜趙抃＞ ㉴일어서다. ②놀래다. 놀라게 함. ¶震—百里＜易經＞ ③놀람. ¶龍子閒而息—＜法苑珠林＞ ④빠르다. ¶忽覺徂歲—＜韋應物＞ ⑤경풍(驚風). 경기(驚氣).

【驚氣】(경기) ☞驚風(경풍)②.

【驚倒】きょうとう(경도) 놀라 넘어짐. 몹시 놀람. ¶忽然一鳴—人＜蘇軾＞

【驚龍】きょうりょう(경룡) 놀란 용. 빼어난 초서(草書) 필치의 비유. 驚蛇入草(경사입초).

【驚蛇入草】きょうだクサニイル(경사입초) 놀란 뱀이 풀숲으로 들어간다는 뜻으로, 뛰어난 초서(草書) 필치의 비유. 驚龍(경룡). ¶飛鳥出林—＜法書苑＞

【驚愕】きょうがく(경악) 몹시 놀람. 놀라 당황함. 驚駭(경해). ¶群臣—＜戰國策＞

【驚異】きょうい(경이) 놀라 이상스럽게 여김. ¶—的.

【驚天動地】きょうてんどうち(경천동지) ①하늘을 놀래고 땅을 움직인다는 뜻으로, 크게 세상을 놀라게 함의 비유. ¶曾有一文＜白居易＞ ②어사(御史)가 처음으로 부임(赴任)함.

【驚蟄】けいちつ(경칩) ①24절기의 하나. 양력 3월 5일경. ②놀라 움직이는 벌레. ¶—飛競＜左思＞

【驚歎】きょうたん(경탄) ①놀라 탄식함. ¶無不—＜白居易＞ ②매우 감탄함. ¶鄕里—＜晋書＞

【驚風】きょうふう(경풍) ①사나운 바람. ¶凌—＜司馬相如＞ ②어린아이가 놀라며 경련을 일으키는 병. 驚氣(경기).

【驚喜】きょうき(경희) 놀라 기뻐함.

▷喫—, 勿—, 奔—, 陽—, 憂—, 震—, 魂—, 吃—

13 23【驛】 역참 역 | 陌 ㄧˋ (yi) | えき(ウマヤ) *posting station*

略 駅

풀이 ①역참(驛站). ¶寒—遠如點＜岑參＞ ②역마(驛馬). ¶馳命走—＜後漢書＞ ③인도하다. ④이어지다. 왕래가 끊이지 않음. 通 繹. ⑤싹이 나는 모양. ¶——其達＜詩經＞

【驛馬】えきば(역마) 역참에서 쓴 말. ¶帝親御—＜周書＞ ※擺撥(파발).

【驛馬直星】(역마직성) 韓 늘 분주하게 떠돌아 다니는 사람을 이르는 말.

【驛夫】えきふ ①역에서 일하는 인부. ②역의 하급 직원.

【驛舍】えきしゃ(역사) ①역참(驛站)의 여관. 驛館(역관). ②역으로 쓰는 건물.

【驛使】えきし(역사) ①역참(驛站)에서 공문서를 전달하던 사람. ②매화의 이칭.

【驛前】(역전) 정거장 앞. 역 앞.

【驛傳】えきでん(역전) ①역마(驛馬). ②역참(驛站)에서 다음 역참으로 보내는 일. 驛遞(역체)①. ¶—競走.

【驛站】えきたん(역참) 역(驛)과 참(站). 둘 다 옛날의 통신기관으로, 역마를 갖추어 관리의 왕래를 돕고 공문서 체송을 담당하던 것이 역, 군보(軍報)를 위해 설치된 것이 참인데, 대개 같은 곳에서 겸무함. 驛亭(역정).

【驛遞】えきてい(역체) ①☞驛傳(역전)②. ②역참에서 공문서를 체송(遞送)하는 일. 또는, 그 일을 하는 사람.

▷古—, 駱—, 飛—, 水—, 宿—, 傳—, 終着—, 津—, 置—, 破—, 荒—

13 23【驖】 구렁말 철 | 屑 ㄊㄧㄝˇ (tie) | てつ *bay*

풀이 구렁말. 밤색 빛깔의 말. ¶駟—孔阜＜詩經＞

13 23【驗】 증험할 험 | 豔 ㄧㄢˋ (yan) | けん(タメス) *try*

略 験 俗 騐

풀이 ①증험하다. 시험함. ¶檢—果然＜晋書＞ ②시험. ¶乃先設—＜史記＞ ③표징(表徵). ㉮증거. ¶何以爲—＜史記＞ ㉯효능. ¶—在近而求之遠＜淮南子＞ ㉰조짐. ¶表瑞—＜金甫沕＞ ㉱응보(應報). ¶雲雨之—＜論衡＞ ㉲점괘(占卦). ¶以星爲—＜左氏傳＞ ④말 이름.

【驗覆】けんぷく(험복) 거듭 조사하여 밝힘. ¶—果信＜吳志＞

【驗左】けんさ(험좌) 증거. 證左(증좌). 左驗(좌험). ¶—明白＜漢書＞

▷簡—, 勘—, 檢—, 經—, 考—, 奇—, 明—, 夢—, 辨—, 覆—, 符—, 瑞—, 受—, 試—, 實—, 案—, 靈—, 應—, 占—, 左—, 證—, 徵—, 參—, 體—, 該—, 効—, 顯—, 效—

24【驕】 禱(p. 1096)와 同字

14 24【驞】 떠들썩할 빈 | 眞 ㄆㄧㄣˊ (pin) | ひん *noisy*

14 24 【驟】 달릴 취 ㊅추 | 宥ㄗㄡˋ (zou) | しゅう(ハシル) run

풀이 ①달리다. ¶步及一處兮＜楚辭＞ ②빠르다. 신속함. 갑자기. ¶一雨不終日＜老子＞/一雨. ③자주. 종종. ¶一戰而一勝＜呂覽＞

【驟雨】しゅう う(취우) 소나기.

【驟雨不終日】しゅうう ひをおえず(취우 부종일) 소나기는 하루 종일 오는 일이 없다는 뜻으로, 권세가 오래 가지 못함의 비유. ¶飄風不終朝 一＜老子＞

【驟集】しゅうしゅう(취집) 갑자기 모으거나 모임.
▷急一, 馳一

25 【驪】 驪(p. 1656)의 略字

25 【驦】 驌(p. 1553)와 同字

16 26 【驢】 당나귀 려 | 魚ㄌㄩˊ (lü) | りょ, ろ (ウサギウマ) ass

【驢年】ろねん(여년) 12지(支) 가운데 당나귀 해가 없으므로, 끝내 만날 기회가 없음을 이름. ¶一會麼＜雲門錄＞
▷蹇一, 騾一, 跛一, 罷一, 海一

27 【驥】 騫(p. 1652)과 同字

17 27 【驥】 천리마 기 | 寘ㄐㄧˋ (ji) | き swift horse

풀이 ①천리마. 하루에 천 리를 달린다는 준마. ¶一不稱其力 稱其德＜論語＞/一驁. ②뛰어난 인물. 준재(俊才). ¶附一尾而行益顯＜史記＞

【驥尾】きび(기미) 천리마의 꼬리. 뜻이 바뀌어, 뛰어난 사람의 뒤. ¶附蒼蠅于一＜陸倕＞

【驥服鹽車】きえんしゃに ふくす(기복염거) 준마가 소금 실은 수레를 끈다는 뜻으로, 유능한 사람이 천역(賤役)에 종사하여 그 재능을 발휘하지 못함을 이름. ¶夫一 而上大行＜戰國策＞
▷渴一, 騏一, 老一, 駑一, 白一, 病一, 附一, 奔一, 良一, 牛一, 逸一, 展一, 駿一, 天一, 馳一

18 28 【驩】 기뻐할 환 | 寒ㄏㄨㄢ (huan) | かん (ヨロコブ) delight

풀이 ①기뻐하다. 기쁨. ¶霸者之民 一虞如也＜孟子＞/交一. ②말이 평화롭게 즐기는 모양.

【驩兜】かんとう(환두) 전설상의 악인(惡人). 요(堯)임금 때 사람. 공공(共工)과 함께 그르고 못된 짓을 하여 순(舜)임금이 숭산(崇山)으로 내쫓았다 함. 讙兜(환두).
▷結一, 交一, 舊一, 悲一, 合一, 欣一

19 29 【驪】 가라말 려 리 | 齊ㄌㄧˊ 支(li) | れい(クロウマ) black horse り

풀이 ①가라말. 온몸의 털빛이 검은 말. ¶夏后氏尙黑 戎事乘一＜禮記＞ ②검다. 흑색. ¶一龍頷＜莊子＞ ③나란히 하다. 멍에에 말이나 사슴 따위를 여러 마리 나란히 메움. ¶一駕四鹿＜張衡＞ ④쌍두마차(雙頭馬車). ¶一 一日 駕二馬＜集韻＞

【驪歌】りか(여가) 송별의 노래.

【驪駒】りく(여구) ①가라말. 검은 말. ②송별 때 부른 노래. 驪歌(여가). ¶客別歌一＜書言故事＞

【驪山】りざん(여산) 섬서성(陝西省) 임동현(臨潼縣) 동남쪽 옛 장안(長安) 부근에 있는 산. 진시황(秦始皇) 능이 있고, 당(唐) 현종(玄宗)이 여궁(驪宮)을 세운 곳. 麗山(여산). 麗戎之山(여융지 산).

【驪戎】りじゅう(여융) 주(周)대 섬서성(陝西省)에 있던 나라. ¶晋伐一＜左氏傳＞

【驪姬】りき(여희) 여융(驪戎)의 계집. 춘추 전국 시대 진(晋) 헌공(獻公)의 비(妃). 태자 신생(申生)을 참살하고, 제 소생을 왕위에 앉힘. 麗姬(여희).

【驪龍】りょう・りりゅう(여룡・이룡) 검은 용. 흑룡(黑龍). ¶綴以一之珠＜曹植＞
▷駕一, 四一, 騂一, 烏一, 温一

30 【驫】 騁(p. 1650)의 古字

骨＜뼈 골＞部

骨 ③ 骭 骫 ④ 骰 骯 ⑤ 骲 骴 骶 骵 骸 ⑥ 骼 骻 骹 骸 ⑦ 骾 骽 ⑧ 髁 髀 髀 ⑨ 髂 ⑩ 髆 髇 ⑪ 髏 ⑫ 髐 ⑬ 髓 髒 體 髑 ⑭ 髕 ⑮ 髖

0 10 【骨】 뼈 골 | 月ㄍㄨˇ (gu) | こつ(ホネ) bone

풀이 ①뼈. ㉮근육 속에 있어 몸을 지탱하는 물질. ¶一纍其肉＜太玄經＞/一肉. ㉯몸. 구간(軀幹). ¶病一猶能在＜李賀＞ ㉰심. 중심이 되는 것. 골수. ¶貶官厭路 讒日到一＜杜甫＞ ㉱골격(骨格). 골상(骨相). ¶小史有封侯一 當以經術進＜漢書＞/仙一. ㉲해골. 촉루(髑髏). ¶流血積一＜晋書＞/怨一. ②사람의 품격. 풍도. ¶風一奇偉＜南史＞/奇一. ③강직하다. ¶一直以立＜周禮＞/一鯁. ④서체(書體)가 날카롭고 힘차다. ¶見周穆王書七日 興歎患其無一＜衛夫人＞ ⑤문장의 체격(體格). ¶沈吟鋪辭 莫先於一＜文心雕龍＞ ⑥의기(意氣). ¶眞一凌霜＜詩品＞/氣一. ⑦신라의 골품 제도. ¶新羅名其王族爲第一一 餘貴族爲第二一＜唐書＞/聖一/眞一.

【骨角器】こっかくき(골각기) 석기 시대에 동물의 뼈, 뿔 따위로 만든 기구.

【骨幹】こっかん(골간) ☞骨格(골격).

【骨格】こっかく(골격) ①뼈의 조직. ②뼈대. 骨幹(골간). 骨骼(골격).

【骨董】こっとう(골동) ①애완(愛玩)할 만한, 옛 세간이나 미술품. ¶一品. ②여러 가지 물건이 한데 섞인 것. ¶一羹. ③물건이 물에 빠지는 소리. ¶若逼我不已 一一聲卽了矣＜北里志＞

【骨盤】こつばん(골반) 엉덩이 부분을 이루는 큰 뼈. 배 속의 장기(臟器)를 싸고 있으며 깔때기 모양임.

【骨法】こっぽう(골법) ①골격. ¶貴賤在于一＜史記＞ ②서화(書畫) 등의 필력(筆力). 骨力(골력). ¶吾臨古人書 殊不學其形勢 惟在求一＜唐會要＞

【骨相】こっそう(골상) ①입체의 골격. ②골격에 나타난 성격이나 운명의 상(相). ¶一學.

【骨髓】こつずい(골수) ①뼈 속에 차 있는 황색의 연한 조직. 골. ②마음속. 심중. 충심(衷心). ¶慕思之積 痛於一＜鹽鐵論＞

【骨肉】こつにく(골육) ①뼈와 살. ②☞骨肉之親(골육지 친).

【骨肉相殘】こつにくアイソコナウ(골육상잔) ①부자, 형제 사이에 서로 해침. ②같은 민족끼리 서로 살상함.

【骨肉之親】こつにくのしん(골육지 친) 부자, 형제 사이. 肉親(육친). 骨肉(골육). ¶一 無絕也＜禮記＞

【骨子】こつし(골자) ①뼈. ②심. 요점(要點). 요긴한 부분. ¶三經是賦比興 是做詩底一＜朱子語類＞

【骨折】こっせつ(골절) 뼈가 부러짐. 折骨(절골). ¶一傷.

【骨牌】こっぱい(골패) 뼈로 만든 노름 도구의 한 가지. 손가락 마디만한 네모진 나무 바탕에 흰 뼈를 붙였음. 32짝이 한 벌임.

【骨品】(골품)㊞ 신라 때 혈통에 의한 왕족의 신분 제도. 성골(聖骨), 진골(眞骨) 따위.

【骨筆】こっぴつ(골필) 복사(複寫)할 때 쓰는 뼈로 만든 붓.

▷刻一, 乞骸一, 枯一, 筋一, 肌一, 奇一, 氣一, 鏤一, 肋一, 買一, 買死馬一, 銘肌鏤一, 沒一, 白一, 凡一, 病一, 腐一, 氷肌玉一, 頹一, 仙一, 聖一, 壽一, 尸一, 弱一, 英一, 玉一, 柳一, 異一, 眞一, 曝一, 風一, 解一, 骸一, 俠一, 朽一, 喉一, 胸一

12〖骪〗 肌(p.1226)와 同字

12〖骩〗 骫(p.1657)의 訛字

3 13〖骭〗 정강이뼈 간 한 | ㉮ㄍㄢˋ (gan) ㉯ | かん (スネノホネ) shinebone

풀이 ①정강이뼈. 경골(脛骨). ¶短布單衣適至一＜甯戚＞ ②정강이. ¶一 脛也＜玉篇＞ ③무릎 아래. 정강이 위의 한 부위. ¶易一之一毛＜淮南子＞ ④갈비. 늑골(肋骨). ¶顱項骿一＜新論＞

▷露一, 衣至一

3 13〖骫〗 굽을 위 | ㉮ㄨㄟˇ (wei) | い(マガル) bend

풀이 ①굽다. ㉮뼈가 굽다. ¶一 骨曲也＜玉篇＞ ㉯곧지 못하다. ¶直則一＜呂覽＞ ㉰문세(文勢)가 완곡(婉曲)하다. ¶其文一骳＜漢書＞ ②모이다. 모여듦. ¶禍所一也＜太玄經＞ ③버려 두다. 방기(放棄)함. ¶一屬而還＜揚雄＞ ④좇다. ¶一靡兮成俗＜楚辭＞/一麗.

▷茂一, 盤一, 發一, 橈一

13〖骪〗 骫(p.1657)의 俗字

13〖骮〗 跂(p.1441)와 同字

13〖骯〗 肪(p.1227)의 俗字

4 14〖骰〗 1 주사위 투 2 허벅다리 고 | ㉮ㄊㄡˊ (tou) ㉯ | とう dice こ(モモ)

4 14〖骯〗 살찔 항 | ㉮ㄤ (ang) | こう gain weight

풀이 ①살찌다. 몸이 비대해짐. ②드세다. 태도가 강직하여 뜻을 얻지 못하는 모양. ¶一髒倚門邊＜後漢書＞

5 15〖骲〗 살촉 박 | ㉮ㄅㄠˋ (bao) | はく(ホネノヤジリ)

풀이 ①살촉. 뼈로 만든 살촉. ¶帝乃更以一箭射 正中其齊＜資治通鑑＞ ②치다. 때림. ¶一 骲擊也＜玉篇＞

5 15〖骳〗 1 어깨뼈 발 2 뼈끝 폐 | ㉮ㄅㄛˊ ㉯(bo) | はつ はい

풀이 1 ①어깨뼈. ¶一 一曰 肩髆骨＜集韻＞ ②뼈가 높다. 2뼈끝. ¶一 骨耑也＜集韻＞

5 15〖骴〗 삭은 뼈 자 | ㉮ㄘ (ci) | し decayed bone

풀이 ①삭은 뼈. 육탈(肉脫)이 덜 된, 죽은 사람의 뼈. 후골(朽骨). ¶掌除一＜周禮＞ ②새·짐승의 살이 붙은 뼈. ㉠ 胔. ¶鳥獸殘骨曰一＜說文＞

15〖骵〗 體(p.1659)의 俗字

5 15〖骳〗 굽을 피 | ㉮ㄅㄧˋ (bi) | ひ(マガル) crooked

6 16〖骼〗 뼈 격 | ㉮ㄍㄜˊ (ge) | かく(サレボネ) bone

풀이 ①뼈. ㉮골격. 뼈대. 뼈의 통칭. ¶一 骨骼＜字彙＞ ㉯허벅다리뼈. 대퇴골(大腿骨). ¶髆一. ㉰백골(白骨). ¶掩一埋胔＜禮記＞ ②치다. 때림. ¶嵩嵩笑而被一＜左思＞

6 16〖骻〗 허리뼈 과 | ㉮ㄎㄨㄚˋ (kua) | か(コシボネ) waist bone

풀이 ①허리뼈. 요골(腰骨). ②샅. 사타구니. ㉠ 胯. ③허벅다리뼈. 대퇴골(大腿骨). ㉠ 髁.

6
16【骹】 발회목뼈 교 | 肴 ㄑㄧㄠ (qiao) | こう (アシクビ) *ankle*

풀이 ①발회목뼈. 발목의 잘록한 부분. ¶ 一 脛近足者＜六書故＞ ②정강이. ③우는살. 명적(鳴鏑). ¶鳴箭曰一＜唐六典＞ ④그릇 따위의 다리. 通校.

16【䯧】 腦(p.1239)와 同字

16【骿】 骿(p.1658)의 略字

6
16【骸】 해골 해 | 佳 ㄏㄞˊ (hai) | がい(ムクロ) *skeleton*

풀이 ①해골. 뼈만 남은 시신(屍身). ¶暴一骨於草澤＜史記＞ ②뼈. 사람의 뼈. ¶析一而炊之＜公羊傳＞ ③정강이뼈. 경골(脛骨). ¶治其一關＜素問＞ ④몸. 신체. ¶逸身熯一＜呂覽＞/形一.

【骸骨】がいこつ(해골) ①육탈(肉脫)이 된 시체의 뼈. 白骨(백골). 死骸(사해). 髑髏(촉루). ②몸. 신체. ¶乞一.

▷乞一, 乞一骨, 軀一, 筋一, 熯一, 死一, 衰一, 遺一, 羸一, 殘一, 形一

16【骳】 骸(p.1658)의 俗字

7
17【骾】 걸릴 경 | 梗 ㄍㄥˇ (geng) | こう

풀이 ①걸리다. 가시뼈가 목에 걸림. ¶一食骨留咽中也＜說文＞ ②기골이 차다. 모나서 세속을 따르지 않음. ¶骨一不動於物＜晋書＞

▷剛一, 骨一

17【䯏】 綵(p.1671)과 同字

17【䯒】 髀(p.1658)와 同字

17【䯐】 腿(p.1242)의 俗字

17【䯔】 髇(p.1658)와 同字

8
18【髁】 1 넓적다리뼈 과 2 부정할 과 | 箇 ㄎㄜ (ke) 馬 | か(モモノホネ) *thigh bone*

풀이 1 ①넓적다리뼈. 대퇴골(大腿骨). ¶一 髀骨也＜說文＞ ②종지뼈. 슬골(膝骨). ¶一 膝骨＜廣韻＞ 2 부정(不正)하다. 바르지 않은 모양. ¶謑一無任＜莊子＞

▷謑一

8
18【骿】 통갈비 변 | 先 ㄆㄧㄢˊ (pian) | へん(イチマイアバラ) *rib*

풀이 ①통갈비. 여러 갈비뼈들이 한데 이어져 통뼈로 보이는 것. ¶晋文公一脅＜說文＞ ②굳은살. ¶手足一胝 以養其親＜荀子＞

8
18【髀】 넓적다리 비 | 紙 ㄅㄧˋ (bi) | ひ (モモ, ソトモモ) *thigh*

풀이 ①넓적다리. 넓적다리의 바깥쪽. ¶一肉之歎. ②넓적다리뼈. 대퇴골(大腿骨). ¶至於髖一之所＜漢書＞ ③장딴지. 종아리의 뒤쪽. ¶脛後爲一也＜太玄經·注＞ ④비장(脾臟). 通脾. ¶一不升＜儀禮＞

髀肉之歎ひにくの(비육지 탄) 재능을 발휘할 기회를 얻지 못하여 세월만 헛되이 보냄에 대한 탄식.

유래 삼국 시대 촉(蜀)의 유비(劉備)가 조조(曹操)에게 쫓겨 형주(荊州)의 유표(劉表)에게 가서 객장(客將)으로 있을 때 일이다. 하루는 유비가 유표와 함께 술을 마시다가 뒷간을 다녀오더니 눈물을 흘렸다. 표가 의아하여 까닭을 묻자 유비는 「내 늘 말 타고 싸움터를 달려야 할 몸이 이렇게 앉아만 지내니 넓적다리가 굵어졌습니다. 뜻을 이루지 못하고 세월만 허송하는 것이 슬퍼서 그럽니다」하고 탄식했다. ＜蜀志＞

▷肩一, 拍一, 拊一, 肫一, 腰一

18【髀】 髀(p.1658)의 俗字

9
19【髂】 허리뼈 가 | 禡 ㄎㄚˋ (ka) | か(コシボネ) *hipbone*

19【䯛】 髏(p.1658)의 略字

19【髄】 髓(p.1659)의 略字

19【髈】 髓(p.1659)와 同字

10
20【髆】 어깻죽지뼈 박 | 藥 ㄅㄛˊ (bo) | はく(カタボネ) *shoulder blade*

【髆骨】(박골) 어깨뼈. 肩胛骨(견갑골).

10
20【髇】 우는살 효 | 肴 ㄒㄧㄠ (xiao) | こう(カブラヤ)

풀이 우는살. 명적(鳴鏑). 같 骹. ¶冏一矢與流星兮＜杜甫＞

21【髑】 膕(p.1242)과 同字

21【髓】 軀(p.1456)와 同字

11
21【髏】 해골 루 | 尤 ㄌㄡˊ (lou) | ろう, ろ (コウベノホネ) *skeleton*

▷髑一

12
22【髐】 백골 효 | 肴 ㄒㄧㄠ (xiao) | こう *skeleton*

풀이 ①백골. 백골이 땅 위에 있는 모양. ¶莊子之楚 見空髑髏一然有形＜莊子＞ ②우는살. 명적(鳴鏑). ¶一 髐箭也＜玉篇＞

13 〚髓〛 골수 수 | ㊥ㄙㄨㄟˇ (sui) | ずい(ズイ) *marrow*
23

풀이 ①골수. ㉮뼛속에 차 있는 누른 즙액(汁液). ¶浹肌膚而臧骨—＜漢書＞/腦—. ㉯마음속. ¶德淪于骨—＜史記＞ ㉰사물의 중심이 되는 주요한 부분. 요점(要點). ¶筆下滴滴文章—＜李咸用＞/精—. ②응고체(凝固體). ¶烈嘗得石—如飴＜晋書＞

【髓海】ずいかい(수해) 뇌(腦). ¶腦爲—＜素問·注＞

▷骨—, 肌—, 腦—, 得—, 神—, 心—, 怨入骨—, 精—, 脊—

23 〚[illegible]〛 膺(p. 1245)과 同字

13 〚髒〛 살질 장 | ㊥ㄗㄤ (zang) | そう
23

풀이 ①살지다. ¶骯—. ②엿보며 서 있는 모양. ¶骯—倚門邊＜後漢書＞

13 〚體〛 몸 체 | ㊥ㄊㄧˇ (ti) | てい, たい(カラダ) *body*
23

㊖体 ㊗躰 軆

풀이 ①몸. 신체. ¶身也者 父母之遺—＜禮記＞/肉—. ②사지(四肢). 팔 다리. 수족(手足). ¶四—不勤＜論語＞ ③모양. ㉮형상. ¶易无—＜易經＞ ㉯용모. ¶姿—雄偉＜北史＞ ㉰체재. ¶延年之—裁明密＜宋書＞ ㉱점괘(占卦). ¶君占—＜周禮＞ ④근본. ㉮근경(根莖). ¶無以下—＜詩經＞ ㉯진요(眞要). ¶錄其根—＜晋書＞ ㉰본성(本性). ¶其情——也＜呂覽＞ ㉱본체(本體). ¶凡禮之— 主於敬＜論語·注＞ ⑤법. 규칙. ¶大哉—乎＜揚雄＞ ⑥도리. 이세(理勢). ¶辭尙—要＜書經＞ ⑦물건. ¶物—/液—. ⑧행동. ¶師從同—＜呂覽＞ ⑨차례. 차서(次序). ¶官得其—＜禮記＞ ⑩친하다. 가까이 함. ¶就賢—遠＜禮記＞ ⑪자라다. 형태가 갖추어짐. ¶方苞方—＜詩經＞ ⑫몸에 붙이다. 몸소. ¶—行德本 正性也＜後漢書＞/—意/—得. ⑬본받다. ¶帝者—太一＜淮南子＞ ⑭나누다. ㉮구획하다. ¶—國經野＜周禮＞ ㉯가르다. ¶—其犬豕牛羊＜孔子家語＞ ⑮받아들이다. 용납함. ¶—群臣也＜禮記＞ ⑯의거하다. 바탕을 둠. ¶則君—法而立矣＜管子＞ ⑰맺다. 연결함. ¶—異姓也＜禮記＞ ⑱혈통(血統). ¶正—於上＜儀禮＞

【體格】たいかく(체격) ①인체의 골격. ②시문(詩文)의 체재. ¶二詩—高逸 才藻相隣＜釋皎然＞ ③글씨의 윤곽과 품격. ¶李邕得其氣而失于—＜硏北雜誌＞

【體鏡】(체경) 몸 전체를 비추어 볼 수 있는 큰 거울. ※面鏡(면경).

【體系】たいけい(체계) ①낱낱의 것을 그 구성 부분에 따라 계통적인 것으로 통일한 조직. 계통이 서게 한 조직. ¶理論—/—的. ②일정한 원리에 따라 낱낱의 부분을 이룩한 통일되어 있는 전체.

【體軀】たいく(체구) 몸. 몸뚱이. 몸집.

【體局】たいきょく(체국) 인품. 인물. 사람됨. ¶—沈隱 累任著績＜宋書＞

【體得】たいとく(체득) 체험하여 터득함. 몸소 경험하여 얻음. ¶—章.

【體力】たいりょく(체력) 몸이 일을 감당하는 힘. 몸의 힘.

【體面】たいめん(체면) ①남을 대하는 낯. 면목(面目). ②체재(體裁). ¶此書— 與他經不同＜朱子全書＞

【體貌】たいぼう(체모) ①모습. 형체(形體)와 상모(相貌). ¶—多奇異＜班彪＞ ②예(禮)로 대접함. ¶—以左右之＜國語＞

【體罰】たいばつ(체벌) 몸에 직접 고통을 주는 벌. 體刑(체형)①.

【體法】たいほう(체법) ①법규를 좇음. ¶則君—而立矣＜管子＞ ②글씨체와 붓을 놀리는 법. ¶書楷遒媚 有—＜唐書＞

【體府】(체부) 조선 시대 체찰사(體察使)의 주영(駐營).

【體膚】たいふ(체부) 몸과 살갗. 몸. 身體髮膚(신체발부). ¶餓其— 空乏其身＜孟子＞

【體相】たいそう(체상) ①체격과 용모. 體格相貌(체격상모). ¶—雖假 用表眞谷＜法苑珠林＞ ②조선 시대 도체찰사(都體察使)의 이칭.

【體語】たいご(체어) 반절(反切)로 말하는 은어(隱語). 문(門)을 막분(莫奔)이라 하는 따위.

【體温】たいおん(체온) 몸의 따뜻함. 몸의 온도.

【體要】たいよう(체요) ①사물의 중요한 곳. 요점(要點). ¶政貴有恒 辭尙—＜書經＞ ②대체(大體)와 강요(綱要).

【體用】たいよう(체용) ①본체와 작용. ②원리와 응용. ③체언(體言)과 용언(用言).

【體用一原】たいよういちげん(체용일원) 본체와 작용은 하나임. ¶知行混合 — 以聖援聖 故不待言工夫也＜聖學格物通＞

【體元】たいげん(체원) 선덕(善德)을 몸에 지님. ¶—立制 繼天而作＜班固＞

【體元居正】たいげんきょせい(체원거정) 선(善)을 몸에 지니고 정도(正道)를 지킴. 공양학자(公羊學者)들에 의하면, 「춘추」(春秋)에 '元年春王正月'이라 하여, 첫 해를 원년(元年), 첫 달을 정월(正月)이라고 한 것은 임금이 즉위 초에 체원거정(體元居正)하고자 한 마음에서라 함.

【體位】たいい(체위) ①신체의 위치. ②체격·건강의 정도. ¶—向上.

【體育】たいいく(체육) 몸의 발달을 도와 건전한 생활을 영위하는 태도 등을 기르는 교육. ※德育(덕육)·知育(지육).

【體長】たいちょう(체장) 몸의 길이. 身長(신장).

【體裁】たいさい·ていさい(체재) ①이루어진 본새나 됨됨이. ②시문의 격식. 體制(체제)①.

【體積】たいせき(체적) 물체의 부피. 물체가 차지하는 공간의 크기. ※容積(용적).

【體制】たいせい(체제) ①☞體裁(체재)②. ②정치 지배의 형식. 사회 조직의 양식. ¶民主主

義一. ③생물체의 모든 기관의 구성.

【體操】たいそう(체조) 신체의 발육과 단련을 목적으로 하는 규칙적인 운동. ¶保健一.

【體重】たいじゅう(체중) 몸의 무게. 體量(체량). ¶一調節.

【體質】たいしつ(체질) ①몸의 바탕. 몸의 타고난 성질. ¶特異一. ②성질. ¶一方剛<吳志> ③육체와 기질. 곧, 신체.

【體臭】たいしゅう(체취) ①몸에서 풍기는 냄새. ②그 사람만의 독특한 기분이나 버릇. 가장 개성적인 것의 비유.

【體統】たいとう(체통) ①체면(體面). 품위(品位). ②체재(體裁)와 통리(統理). ¶攝其一 歸諸詁訓焉<左思>

【體驗】たいけん(체험) 자기가 실제로 경험함. 또는, 그 경험. ¶一談.

【體現】たいげん(체현) 형상화함. 구체적으로 표현함.

【體刑】たいけい(체형) ①직접 몸에 가하는 형벌. 身體刑(신체형). 體罰(체벌). ↔罰金刑(벌금형). ②통속적으로, 자유형의 뜻으로 씀.

【體形】たいけい(체형) ①몸의 형상. 形體(형체). ②실천함. 행동으로 나타냄. ¶心順性命一格訓<獨孤良弼>

【體候】たいこう(체후) 안부를 물을 때, 기거(起居)의 존칭. 옛 서간체(書簡體)의 상투어(常套語). 體度(체도). 體節(체절). ¶氣一.

▷個一, 客一, 繼一, 古一, 固一, 具一, 軀一, 國一, 菌一, 近一, 根一, 今一, 企業一, 氣一, 機一, 裸一, 老一, 團一, 大一, 道一, 同心一一, 同字異一, 同一, 胴一, 得一, 萬一, 媒一, 文一, 物一, 柏梁一, 騈儷一, 變一, 本一, 佛一, 肥一, 卑一, 四一, 死一, 上一, 常一, 西崑一, 書一, 船一, 小一, 尸一, 屍一, 時一, 詩一, 侍一, 身一, 雅一, 安一, 液一, 良導一, 業一, 染色一, 五一, 玉一, 拗一, 容一, 偉一, 流動一, 流一, 遺一, 六一, 肉一, 儀一, 異一, 人一, 一心同一, 一一, 立一, 自一, 字一, 雜一, 全一, 正一, 政一, 主一, 支一, 肢一, 眞一, 車一, 天一, 編年一, 風一, 下一, 合議一, 解一, 香奩一, 形一

13
23 〖髑〗 해골 촉 ㊥독 | 圕ㄉㄨˊ (du) | とく, どく (サレコウベ) *skeleton*

【髑髏】どくろ(촉루) 백골이 된 머리뼈. 骸骨(해골).

14
24 〖髕〗 종지뼈 빈 | 圕ㄅㄧㄣˋ (bin) | ひん (ヒザサラ) *kneecap*

풀이 ①종지뼈. 슬개골(膝蓋骨). ㉠臏. ②종지뼈를 베다. 월형(刖刑). 일설에는 죄인의 뒤꿈치를 자름. ¶一罰之屬五百<漢書>/一脚.

15
25 〖髖〗 허리뼈 관 | 圕ㄎㄨㄢ (kuan) | かん (コシボネ) *waist bone*

풀이 ①허리뼈. 요골(腰骨). 일설에는, 엉덩이뼈. ②샅. 사타구니. 고간(股間). ¶至一髀之所 非斤則斧矣<新書>

26 〖髗〗 顱(p. 1629)와 同字

28 〖髒〗 髒(p. 1630)과 同字

高<높을 고>部

高 高 ③ 部 ④ 膏

0
10 〖高〗 1 높을 고 2 높이 고 | 圕ㄍㄠ (gao) | こう (タカイ) *high*

풀이 1 ①높다. ㉮얕지 아니하다. ¶山一水長<范希文>/一低長短. ㉯신분이 높다. 존귀함. ¶位一年艾<唐書> ㉰고상하다. 비속하지 않음. ¶一雅/一尙/一潔. ㉱물가가 높다. 값이 비쌈. ¶物下而估一<宋史>/一價. ㉲나이가 많다. ¶年又最一<歐陽脩>/一齡. ㉳한창때에 이르다. ¶秋一馬肥. ㉴최상위에 있다. ¶以一第五人補郎中<後漢書> ㉵성조(聲調)가 높다. ¶柘枝聲引管絃一<白居易> ㉶크다. 훌륭함. ¶勞苦而功一如此<史記> ㉷소리가 멀리 울려 퍼지다. ¶一唱/一聲放歌. ㉸뛰어나다. 세속에서 벗어남. ¶語一而旨深<韓愈>/一行. ②높이다. 존숭함. ¶雖死天下愈一之<呂覽> ③높게 하다. ¶惟先生以節一之<范仲淹> ④높아지다. 쌓임. 늙음. ¶春秋逴逴而日一兮<楚辭> ⑤뽐내다. ¶矜一浮誕<晋書> ⑥높은 곳. 높은 자리. ¶登一作賦<王勃> ⑦높은 것. ¶豈能逐先生之一哉<范仲淹> ⑧세속을 벗어난 사람. ¶世謂之何氏三一<南史> ⑨경의를 나타내는 접두사. ¶請觀一製<徐陵>/一見. 2 높이. 높낮이. ¶長三丈 一一丈<左氏傳·注>

【高架】こうか(고가) 높이 건너 걸침. 또는, 높은 선반이나 시렁. ¶一道路.

【高價】こうか(고가) ①비싼 값. 값이 비쌈. 귀중한 물품. ↔低價(저가). ②높은 평판. 좋은 평. 聲價(성가). ¶一傾宇宙 餘輝照江湖<李白>

【高見】こうけん(고견) 뛰어난 식견(識見). 남의 의견의 존칭.

【高潔】こうけつ(고결) ①고상하고 깨끗함. 이욕(利欲)에 끌리지 않고 청백함. ¶井丹一 不慕榮貴<嵇康> ②풍경 따위가 고상하고 깨끗함. ¶風霜一 水落而石出者 山間之四時也<歐陽脩>

【高官】こうかん(고관) 높은 관직. 또는, 그 벼슬아치. ¶一大爵.

【高觀】こうかん(고관) ①높은 곳에서 봄. ¶登百尺以一<郭璞> ②높은 누각. ③도교(道教)의 큰 사원(寺院).

【高貴】こうき(고귀) ①신분이 높고 귀함. 또는, 그런 사람. ↔卑賤(비천). ②값이 비쌈. 또는, 그런 물건.

【高級】こうきゅう(고급) ①높은 등급 또는 계급. ¶ 一將校. ②정도가 높음. ↔低級(저급).

【高談峻論】こうだんしゅんろん(고담준론) ①고상하고 준엄한 말. ②자만하고 과장하여 하는 말.

【高踏的】こうとうてき(고답적) ①실사회와 동떨어진 태도를 가지는 (것). ②예술 창작에서, 형식을 존중하고 범속(凡俗)에 얽매이지 않는 초연한 태도를 가지는 (것).

【高堂】こうどう(고당) ①높은 집. 훌륭한 집. ¶君不見一明鏡悲白髮<李白> ②남의 집의 존칭. ③부모. 부모 슬하. ¶抱劍辭一 將投崔冠軍<李白>

【高臺廣室】こうだいこうしつ(고대광실) 높은 누대와 넓은 집. 크고 좋은 집을 이르는 말.

【高德】こうとく(고덕) ①높은 덕. 덕이 높음. ②학덕(學德)이 높은 사람. 大德(대덕). ¶漢魏以來 多用宿儒一 蓋重其任也<常袞>

【高度】こうど(고도) ①높이. 높이의 정도. ¶ 一計. ②지평(地平)에서 천체(天體)까지의 각거리(角距離).

【高覽】こうらん(고람) ①높이 봄. 우러러봄. ¶怡顏一 弭翼鳳戢<陸機> ②남이 보아 줌의 존칭. 貴覽(귀람). 惠覽(혜람). ¶急有御下著 可有一歟<庭訓往來>

【高齡】こうれい(고령) 나이가 많음. 老年(노년). 高年(고년). 老齡(노령).

【高嶺土】こうれいど(고령토) 장석류(長石類)의 암석이 풍화되어 생긴 점토(粘土). 도자기 따위를 만드는 데에 씀.

【高樓巨閣】こうろうきょかく(고루거각) 높고 큰 누각.

【高利債】(고리채) 높은 이자로 얻은 빚. 고리(高利)의 부채(負債). ↔低利債(저리채).

【高邁】こうまい(고매) 뛰어나게 품위가 높음. ※超邁(초매).

【高名】こうめい(고명) ①세상에 널리 알려진 이름. 盛名(성명). ¶一人士. ②남의 이름의 존칭.

【高峰峻嶺】こうほうしゅんれい(고봉준령) 높은 산봉우리와 험한 재.

【高士】こうし(고사) 덕이 높은 선비. 또는, 은군자(隱君子). ¶楚山有一<儲光羲>

【高山景行】こうざんけいこう(고산경행) 높은 산과 큰 길. 사람이 산을 우러러보고 큰길에 많이 다니므로, 만인에게 존경받는 사물의 비유. ¶高山仰止 景行行止<詩經>

【高尙】こうしょう(고상) 품위가 있고 격이 높음. 뜻이 높고 거룩함.

【高世】こうせい(고세) ①일세에 뛰어남. ¶一之德. ②세속을 초탈함. 超世(초세).

【高速】こうそく(고속) 속도가 빠름. ¶一道路.

【高手】こうしゅ(고수) 기예(技藝)에 뛰어남. 또는, 그런 사람. 名手(명수). 上手(상수). ↔下手(하수).

【高僧】こうそう(고승) 덕행이 높은 중. ¶一大德.

【高雅】こうが(고아) 고상하고 우아함.

【高壓】こうあつ(고압) ①높은 곳에서 억누름. 산이나 수목 따위가 높이 솟아 주위의 물건을 억누르는 듯한 느낌을 주는 일. ¶柳陰一漢營春<溫庭筠> ②권력, 위력 따위로 억누름. ¶一的. ③강한 압력. 또는, 높은 전압(電壓). ¶一線.

【高額】こうがく(고액) ①많은 액수. 많은 금액. ¶一券/一納稅者. ↔小額(소액). ②높은 이마. ¶縮鼻一<輟耕錄>

【高揚】こうよう(고양) ①높이 선양(宣揚)함. ②높이 게양(揭揚)함. ③높은 단계로 지양(止揚)함.

【高力士】こうりきし(고역사)《人》 당(唐)의 환관(宦官). 어릴 때 고자가 되고 위씨(韋氏)의 난(亂)을 평정하여 현종(玄宗)의 총애를 받음. 그 영화(榮華)는 왕후(王侯)에 못지 않았으며, 당(唐)대 환관의 발호는 그에서 비롯됨.

【高臥】こうが(고와) 세속의 번거로움을 피하여 마음 내키는 대로 삶. 또는, 은거하여 한가로이 지냄. ¶夏月虛閑 一北窓之下 淸風颯至<晋書>

【高位】こうい(고위) 높은 지위. 또는, 그런 자리에 있는 사람. ¶一職.

【高諭】こうゆ(고유) ①존귀한 타이름. 또는, 뛰어난 설유(說諭). ②남의 설유의 존칭. 高敎(고교).

【高低長短】こうていちょうたん(고저장단) 자음(字音)의 높낮이와 길고 짧음. 한자(漢字) 사성(四聲)의 구별을 이름.

【高節】こうせつ(고절) ①높은 절개. ②절개를 높이 함. ¶抗志一 以爲氣勢<六韜>

【高弟】こうてい(고제) 뛰어난 제자. 高足(고족). 고족제자(高足弟子)의 준말. ¶子夏 門人之一也<史記>

【高第】こうてい(고제) ①수석으로 과거에 급제함. 高科(고과). 壯元(장원). ¶其一可以爲郞中者<史記> ②관리(官吏)의 성적이 우수한 사람.

【高帝】こうてい(고제) ①한(漢) 고조(高祖). ②전진(前秦)의 제5대 임금 부등(苻登). ③남제(南齊)의 태조.

【高製】こうせい(고제) 남이 지은 시문(詩文)의 경칭.

【高祖】こうそ(고조) ①조부의 조부. 高祖父(고조부). ②창업한 임금의 시호(諡號). 중국에서 씀. ¶漢一.

【高潮】こうちょう(고조) ①밀물이 꽉 들어찼을 때. 滿潮(만조). ②시세(時勢)나 감정이 가장 앙양된 상태. ↔低潮(저조).

【高祖考】こうそこう(고조고) 죽은 고조부.

【高祖妣】こうそひ(고조비) 죽은 고조모.

【高足】こうそく(고족) ①☞高弟(고제). ②좋은 말. 駿馬(준마). ¶何不策一 先據要路津<古詩> ③빠른 걸음. 捷足(첩족).

【高唱】こうしょう(고창) ①소리를 높여 노래 부르거나 외침. 청높임. ②의견을 강력히 주장함.

【高層】こうそう(고층) ①2층 이상의 높은 층. ¶一建物. ②위쪽의 층. ¶長影臨雙闕 一出九城<庾信> ↔單層(단층).

【高下】こうげ(고하) ①높음과 낮음. 높낮이. 高低(고저). ②위아래. 上下(상하). ③나음과 못함. 優劣(우열). ④존귀와 비천. 貴賤(귀천). 尊卑(존비). ⑤비쌈과 쌈. ¶一間. ⑥많고 적음.

【高喊】こうかん(고함) 크게 외치는 소리. 높은 함성(喊聲). ※吶喊(납함).

▷孤一, 矜一, 登一, 等一, 攀一, 崇一, 崧一, 嵩一, 升一, 養一, 年一, 韻一, 隆一,

義一, 日一, 潮一, 尊一, 坐一, 增一, 澄一, 至一, 淸一, 最一, 特一, 波一, 標一

11【髙】 高(p. 1660)의 俗字

13【鄗】 ☞ 邑部 10획(p. 1514)

14【膏】 ☞ 肉部 10획(p. 1241)

髟<터럭발 머리>部

髟 ② 髡 ③ 髠 髢 ④ 髤 髦 髧 髣 髥 髯 ⑤ 髫 髮 髴 髯 髱 髩 髪 ⑥ 髻 髭 髹 ⑦ 髾 鬀 ⑧ 鬅 鬆 鬈 鬃 鬁 鬄 ⑨ 鬍 鬌 鬉 ⑩ 鬐 鬒 ⑪ 鬘 鬖 ⑫ 鬚 鬙 ⑬ 鬟 ⑭ 鬢 ⑮ 鬣

0 10【髟】 머리털 늘어질 표 | 廣ㄅㄧㄠ (biao) | ひょう

풀이 ①머리털이 늘어지다. 긴 머리털이 늘어진 모양. ¶眉一一而競長<庾信> ②흑백 머리털이 뒤섞이다. 반백(斑白)의 상태. ¶斑鬢一以承弁兮<潘岳> ③갈기. 말갈기. ¶特麗昏一<馬融> ④깃털이 가볍게 날리는 모양. ¶羽毛紛其一颸<後漢書>

12【髠】 髡(p. 1662)의 俗字

3 13【髡】 머리 깎을 곤 | 元ㄎㄨㄣ (kun) | こん(ソル) *cut*

풀이 ①머리를 깎다. ㉮삭발(削髮)함. 머리를 빡빡 깎음. ¶褐衣一首<鄭愚> ㉯형벌로서 머리를 깎다. 또는, 그런 형벌이나 머리를 깎인 죄인. ¶皆自一鉗<史記> ②가지를 치다. 전지(剪枝)함. ¶十年以後一一樹 得一載<齊民要術>

3 13【髢】 다리 체 | 霽ㄉㄧˋ (di) | てい(カモジ) *hairpiece*

풀이 ①다리. 숱이 적은 머리에 덧대는 가발(假髮). 월자(月子). ¶鬒髮如雲 不屑一也<詩經>/珍一. ②다리를 드리다. 다리를 덧대어 땋음. ¶斂髮毋一<禮記>

▷施一, 珍一

4 14【髤】 쪽찐머리 개 | 卦ㄐㄧㄝˋ (jie) | かい

풀이 ①쪽찐 머리. 혹은, 상투. ¶男女皆露一<南史> ②천. 다발로 묶은 머리 위에 덮어 싸는 엷은 천. ¶一 一日 覆髻巾<類篇> ③가발(假髮). ¶一 一日 假髻<篇海>

4 14【髧】 늘어질 담 | 感ㄉㄢˋ (dan) | たん *hang*

4 14【髦】 1다팔머리 모 | 豪ㄇㄠˊ 2오랑캐 무 | 尤(mao) | ぼう(タレガミ)

풀이 1 ①다팔머리. 아이들의 눈썹까지 늘어진 앞머리. ¶髧彼兩一<詩經> ②긴머리. 머리털 중에서 유달리 긴 머리. ¶士中之俊 如毛中之一<爾雅·注> ③뛰어나다. 걸출함. ④뛰어난 사람. ¶時一允集<後漢書>/俊一. ⑤갈기. ㉮말의 갈기. ¶馬不齊一<儀禮>/一馬. ㉯멧돼지갈기의 억센 털. ¶一間有豪如箭 能射人<本草綱目> 2오랑캐 이름. ¶如蠻如一<詩經>

【髦士】ぼうし(모사) 뛰어난 인물. 俊士(준사). 髦俊(모준). 髦彥(모언).

▷群一, 馬一, 鬚一, 時一, 兩一, 英一, 才一, 雋一, 朱一, 俊一, 賢一

14【髪】 髮(p. 1662)의 略字

4 14【髣】 비슷할 방 | 養ㄈㄤˇ (fang) | ほう(ニル) *resemble*

【髣髴】ほうふつ(방불) ①매우 비슷한 모양. 彷彿(방불). 仿佛(방불). ¶曹操智計 殊絶於人 其用兵也 一孫吳<蜀志> ②희미하여 선명하지 않은 모양.

14【髥】 鬢(p. 1664)의 俗字

4 14【髯】 구레나룻 염 | 鹽ㄖㄢˊ 豔(ran) | ぜん(ホオヒゲ) *whiskers*

俗 髥

【髯蘇】ぜんそ(염소) 송(宋) 소식(蘇軾)의 별칭. 구레나룻이 많아 붙은 별명.

▷綠一, 美一, 霜一, 雪一, 素一, 衰一, 赤一, 晧一

15【髩】 鬢(p. 1664)과 同字

5 15【髳】 다박머리 모 | 尤ㄇㄠˊ (mao) | ぼう

풀이 ①다박머리. 다보록하게 난 짧은 머리털. 또는, 그런 아이. ②오랑캐. 중국에서, 서쪽 오랑캐의 하나. 지금의 운남성 남부. ㉠髦. ¶如蠻如一<詩經>

5 15【髮】 터럭 발 | 月ㄈㄚˇ (fa) | はつ(カミ) *hair*

풀이 ①터럭. 머리털. ¶一沐三握一<史記> ②초목. 산의 초목은 사람 몸의 털과 같으므로 이름. ¶窮一之北<莊子> ③길이의 단위. 1치의 100분의 1. ¶十一爲程 一程爲分 十分爲寸<說文>

【髮匪】はっぴ(발비) 청(淸) 말엽 태평천국(太平天國)의 난(亂) 때 홍수전(洪秀全)이 거느린 장발적(長髮賊). 髮逆(발역).

▷假一, 間不容一, 結一, 窮一, 卷一, 金一, 落一, 亂一, 怒一, 綠一, 短一, 斷一, 禿一, 童一, 頭一, 毛一, 美一, 白一, 辮

一, 蓬一, 鬢一, 削一, 散一, 霜一, 洗一, 素一, 梳一, 疎一, 束一, 垂一, 鬚一, 握一, 烏一, 有一, 銀一, 理一, 一一, 長一, 電一, 翦一, 捉一, 剃一, 髻一, 齠一, 祝一, 翠一, 吐哺握一, 編一, 披一, 被一, 鶴一, 皓一, 毫一, 黃一, 黑一

15〖髮〗髮(p.1662)의 訛字

5
15〖髴〗[1]비슷할 불 [2]산발 비 | 物ㄈㄨˊ (fu) 未 | ふつ (サモニタリ) ひ

풀이[1]①비슷하다. 흡사하여 구별하기 어려움. ㉮佛佛. ¶髣一. ②여자의 머리꾸미개. 여자의 머리 장식. ㉮髻. ¶蓬首不加一<歐陽脩> [2]산발(散髮). 머리가 흐트러짐. ¶一 髣髴 髮亂<集韻>

15〖髯〗髥(p.1662)의 俗字

5
15〖髫〗다박머리 초 | 蕭ㄊㄧㄠˊ (tiao) | ちょう

풀이다박머리. 다보록하게 난 짧은 머리털. 또는, 그런 아이. ¶黃髮垂一 怡然自樂<陶潛>
▷髦一, 垂一, 雙一, 蝸一, 齓一

5
15〖髱〗수염 많을 포 | 效ㄆㄠˋ (pao) | ほう (ヒゲムシャ)

5
15〖髲〗다리 피 | 寘ㄅㄧˋ (bi) | ひ (カモジ) hairpiece

풀이다리. 숱이 적은 여자 머리에 덧대는 가발. 월자(月子). ¶陶侃母湛氏 頭髮委地下 爲二一 賣得數斛米<世說新語>

6
16〖髻〗[1]상투 계 [2]부엌귀신 길 | 霽ㄐㄧˋ 質(ji) | けい topknot きつ

풀이[1]상투. 머리털을 끌어올려서 정수리 위에 잡아 맨 것. ¶城中好高一<後漢書>/一子. [2]부엌 귀신. 조왕신(竈王神). ¶竈有一<莊子>
【髻根】けいこん(계근) 상투 밑.
▷高一, 螺一, 義一, 椎一, 解一, 花一

6
16〖髷〗고수머리 곡 | 因ㄑㄩ (qu) | きょく (マゲ) curly hair

6
16〖髺〗머리 묶을 괄 | 曷ㄍㄨㄚ (gua) | かつ bind

17〖鬂〗鬢(p.1664)의 俗字

7
17〖髾〗상투 소 | 肴ㄕㄠ 效(shao) | そう topknot

풀이①상투. 또는, 상투 뒤에 드리워진 머리털. ¶散垂一於後<宋史> ②기드림털. 정기(旌旗)에 늘어뜨린 깃털. ¶曳長庚之飛一<後漢書> ③옷의 장식. ¶華袿飛一而雜纖羅<傅毅>

7
17〖髽〗복상투 좌 | 麻ㄓㄨㄚ (zhua) | さ

풀이복상투. 옛 중국에서, 부인이 상중(喪中)에 묶는 머리. ¶婦人一于室<儀禮>
【髽髻】ざけい(좌계) 묶기만 하고 싸개를 씌우지 않은 상투. ¶男子一 女人被髮<唐書>
【髽幗】ざかく(좌곽) 상중(喪中) 부인의 쓰개. ¶狀如一<隋書>

8
18〖髷〗소매 없는 옷 굴 | 物 | くつ

8
18〖鬈〗아름다울 권 | 先ㄑㄩㄢˊ (quan) | けん beautiful

풀이①아름답다. ㉮머리털이 아름답다. ㉯용모가 아름답다. ¶其人美且一<詩經> ②길다. ③쌍 갈래 머리를 땋다. ¶燕則一首<禮記> ④머리털이 곱슬곱슬해지다.

8
18〖鬅〗머리털 흐트러질 붕 | 蒸ㄆㄥˊ (peng) | ほう

풀이①머리털이 흐트러지다. 또는, 그 모양. ②사물이 헝클어짐의 비유. ¶稺子驚起頭一鬙<陸游>

8
18〖鬆〗더벅머리 송 | 冬ㄙㄨㄥ (song) | しょう

풀이①더벅머리. 더부룩한 머리털. 또는, 그런 남자. ②거칠다. 부실(不實)함. 또는, 느슨함. ¶略與一動<福惠全書> ③느슨하다. ④기법(棋法)의 한 가지. 바둑 두기에서, 상대방의 돌을 멀리서 은근히 둘러싸는 전법(戰法).

8
18〖鬃〗상투 종 | 冬ㄗㄨㄥ (zong) | そう topknot

풀이①상투. 높이 틀어 올린 상투. ②말의 갈기. ㉮鬉.

18〖鬇〗鬔(p.1664)와 同字

8
18〖鬄〗다리 체 척 | 霽ㄊㄧˋ 錫(ti) | てい てき

풀이①다리. 숱이 적은 여자 머리에 덧대는 가발. 월자(月子). ㉮髢. ②깎다. 머리를 깎음. ㉲鬀. ¶其次一髦髮 嬰金鐵受辱<漢書> ③뼈를 바르다. 각(脚)을 뜨다. ¶四一去蹄<儀禮> ④다스리다. 제거함. ㉲剔.

19〖鬒〗鬒(p.1664)와 同字

9
19〖鬋〗살쩍 늘어질 전 | 先ㄐㄧㄢ (jian) | せん

풀이①살쩍이 늘어지다. 여자의 귀밑머리가 늘어진 모양. ¶盛—不同制<楚辭> ②깎다. 자름. ㉮살쩍을 깎다. ¶不蚤—<禮記> ㉯머리털을 자르다. ¶越人鬋—<淮南子> ㉰초목을 베다. ¶—茅作堂<漢書>

9 19 【鬌】 머리털 빠질 타 | 哿 ㄉㄨㄛˇ (duo) | た

풀이①머리털이 빠지다. ②황새머리. 머리를 깎을 때 아래쪽을 남기는 어린이의 머리. ¶擇日剪髮爲—<禮記> ③머리털이 아름답다.

9 19 【鬍】 수염 호 | ㄈㄨˊ (fu) | こ beard

10 20 【鬐】 갈기 기 | 支 ㄑㄧˊ (qi) | き mane

풀이①갈기. 말갈기. ②등지느러미. ¶鶩揚而奮— 白波若山<莊子> ③무지개가 굽은 모양. ¶瞰宛虹之長—<張衡> ④다하다.

10 20 【鬒】 숱 많을 진 | 軫 ㄓㄣˇ (zhen) | しん thick hair

풀이①숱이 많다. ¶有君子 白晳—鬚眉 甚口<左氏傳> ②머리털이 검고 윤이 나는 모양. ¶—髮如雲<詩經> ③강하다.

11 21 【鬘】 영락 만 | 刪 ㄇㄢˊ (man) | まん

풀이①영락(瓔珞). 또는, 화만(華鬘). ¶藤深垂花—<皮日休> ②머리가 아름다운 모양. ③옷.

11 21 【鬖】 헝클어질 삼 | 覃 ㄙㄢ (san) | さん

풀이①헝클어지다. ②머리털 따위가 늘어진 모양. ¶綠苔—髿乎硏上<郭璞> ③털이 긴 모양.

12 22 【鬚】 수염 수 | 虞 ㄒㄩ (xu) | しゅ(ヒゲ) beard
同須

풀이①수염. ¶—鬢盡白<晋書> ②식물의 수염. 가시랭이 또는 털처럼 생긴 것. ¶又有苔— 垂於枝間<范成大> ③까끄라기. ¶短穗麥生—<王廷珪> ④술. 유소(流蘇). ¶又好帛繩纏—<晋書>

【鬚眉】しゅび(수미) ①수염과 눈썹. 須眉(수미). ¶拔其—<史記> ②사나이. ¶何我堂堂—<紅樓夢>

【鬚眉皓白】(수미호백) 수염과 눈썹이 모두 흼. 늙은이의 형용

【鬚髯】しゅぜん(수염) 턱수염과 구레나룻. 須髯(수염). ¶—如神<韓愈>

▷驚—, 頭—, 美—, 白—, 拂—, 霜—, 魚—, 饒—, 龍—, 髭—, 苔—, 好—, 虎—

12 22 【鬙】 머리 헝클어질 승 | 蒸 ㄙㄥ (seng) | そう

풀이①머리가 헝클어지다. 또는, 그 모양. ②머리털이 짧다.

13 23 【鬟】 쪽찐 머리 환 | 刪 ㄏㄨㄢˊ (huan) | かん

풀이①쪽찐 머리. ¶窈窕雙—女<白居易> ②계집종. ¶—小—迎先生<列仙傳> ③산 모양. 또는, 산 빛깔. ¶髣髴隔簾青玉—<楊萬里>

14 24 【鬢】 살쩍 빈 | 震 ㄅㄧㄣˋ (bin) | びん

풀이살쩍. 귀밑 털. ¶蓬頭突—<莊子>/—毛.

【鬢毛】びんもう(빈모) 살쩍. 귀밑에 난 털. ¶—颯已蒼<岑參>

【鬢髮】びんぱつ(빈발) 살쩍과 머리털. 또는, 머리털.

▷老—, 綠—, 禿—, 雪—, 疎—, 鬚—, 雙—, 雅—, 兩—, 雲—, 翠—

15 25 【鬣】 갈기 렵 | 葉 ㄌㄧㄝˋ (lie) | りょう mane

풀이①갈기. 말갈기. ¶—尾布分<李尤> ②머리털이 치솟은 모양. ③수염. 턱수염. ¶使長—者相<左氏傳> ④옆지느러미. ¶鯨—掀東海<杜牧> ⑤새의 머리털. ⑥뱀의 비늘. ¶長蛇百尋 厥—如彘<郭璞> ⑦비. 청소 기구의 한 가지. ¶拚席不以—<禮記> ⑧솔잎. ¶堂前有五—松<酉陽雜俎>

▷剛—, 棘—, 馬—, 美—, 奮—, 紫—, 長—, 豬—, 赤—, 振—, 黑—

鬥<싸울 투>部

鬥 ⑤ 鬧 ⑥ 鬨 ⑧ 鬩 ⑩ 鬪 ⑫ 鬫 ⑭ 鬬

0 10 【鬥】 ①싸울 투 ②다툴 각 | 宥 ㄉㄡˋ (dou) 覺 | とう fight かく

풀이①싸우다. 通鬪. ②다투다.

【鬥姑娘】とうこじょう(투고낭) 계집아이의 장난감. 모양이 작은 가지 비슷하며 붉고 광택이 있음.

14 【鬪】 鬭(p. 1665)의 俗字

5 15 【鬧】 시끄러울 뇨 | 效 ㄋㄠˋ (nao) | どう noisy

풀이①시끄럽다. 들렘. ¶平生厭喧—<陳與義> ②흐트러지다. ¶紅紛綠—<方岳> ③무르익다. ¶紅杏枝頭春意—<宋祁> ④잦다. 빈번(頻煩)함. ⑤다투다. 노(怒)함. ¶以召—取怒乎<柳宗元>

【鬧熱】どうねつ(요열) 시끄러움. 떠들썩함. 喧噪(훤조). 熱鬧(열뇨). ¶紅塵—白雲冷<白居易>

【鬧裝】どうそう(요장) ①여러 가지 보석으로 화려

하게 장식함. ¶一香帶斬新雕＜宋濂＞ ②비단 헝겊으로 꽃, 나비 등의 모양을 만든 머리 꾸미개.
▷怒一, 蜂一, 熱一, 衆一, 浩一, 喧一

6 16【鬨】 싸울 홍 항 |送 ㄏㄨㄥˋ 絳(hong)| こう fight
풀이 ①싸우다. ¶鄒與魯一＜孟子＞ ②함성. 함성을 지르다. ¶若萬軍屯一＜名山記＞ ③떠들다. 시끄러움. ¶煮簀宜笑一＜岑安卿＞
▷屯一, 笑一, 市一, 喧一

17【⿵鬥豈】 鬪(p.1665)와 同字

8 18【鬩】 다툴 혁 |錫 ㄒㄧˋ (xi)| げき quarrel
풀이 ①다투다. ¶兄弟一于牆＜詩經＞ ②원망하다. ③두려워하다. ④울다. ⑤조용한 모양.
【鬩牆】げきしょう(혁장) 담장 안에서 싸운다는 뜻으로, 형제간의 싸움을 이름. ¶兄弟不協爲一＜書言故事＞
▷忿一, 訟一, 離一, 鬪一, 脅一

18【⿵鬥巷】 鬨(p.1665)과 同字

10 20【鬪】 싸움 투 |宥 ㄉㄡˋ (dou)| とう(タタカウ) fight
本 鬭 俗 鬬 閗
풀이 ①싸움. 通 鬥. ¶猶兩鼠一於穴中＜史記＞ ②싸우게 하다. ¶一鷄走犬＜戰國策＞ ③전쟁. ¶怒有戰一＜左氏傳＞ ④만나다. ¶穀洛一 將毁王宮＜國語＞ ⑤모이다. ⑥겨루다. ¶吾寧一智＜史記＞ ⑦별이 상극하다. ¶與太白一＜史記＞ ⑧새의 집.
【鬪鷄】とうけい(투계) ①닭싸움. ②싸움닭. ¶一走狗＜史記＞
【鬪技】とうぎ(투기) ①재주를 다툼. 競技(경기). ¶一場. ②맞붙어 싸우는 경기.
【鬪士】とうし(투사) ①전투나 투쟁에 나선 사람. 戰士(전사). ¶一倍我＜左氏傳＞/抗日一/獨立一. ②투지(鬪志)가 왕성한 사람. ③사회 운동 등에서 정의(正義)를 위해 투쟁하는 사람. ¶民主一.
【鬪詩】とうし(투시) 시를 지어 그 우열(優劣)을 다툼. 戰詩(전시).
【鬪牛】とうぎゅう(투우) ①소를 싸우게 하고 구경하는 놀이. ¶一之戲＜事物紀原＞ ②투우사(鬪牛士)가 소와 싸우는 경기. ¶一場. ③싸움 잘하는 소.
【鬪爭】とうそう(투쟁) 싸우고 다툼. 싸움. 爭鬪(쟁투). ¶鼓作一＜李衛公問對＞
【鬪牋】(투전) 노름 도구의 한 가지. 또는, 그것으로 하는 노름.
【鬪志】とうし(투지) 싸우려는 마음. 경쟁에 이기려는 패기(霸氣). ¶士卒驕富 莫有一＜後漢書＞
▷敢一, 健一, 格一, 決一, 苦一, 拳一, 亂一, 奮一, 死一, 私一, 善一, 殊一, 暗一, 力一, 爭一, 戰一, 衆一

21【鬬】 鬭(p.1665)의 俗字

12 22【鬫】 범 우는 소리 함 |陷 ㄏㄢˇ (han)| かん roar
풀이 ①범 우는 소리. ¶一如虓虎＜詩經＞ ②용맹하다. ¶七雄虓一＜漢書＞ ③큰 소리로 외치는 모양.

24【鬭】 鬪(p.1665)의 本字

鬯＜울창주 창＞部

鬯 ⑲ 鬱

0 10【鬯】 울창주 창 |漾 ㄔㄤˋ (chang)| ちょう
풀이 ①울창주(鬱鬯酒). 검은 기장에 울금초를 섞어 빚은 술. ¶不喪匕一＜易經·注＞ ②활집. ¶抑一弓忌＜詩經＞ ③자라다. 通 暢. ¶草木一茂＜漢書＞
【鬯酒】ちょうしゅ(창주) 검은 기장으로 빚은 술. 또는, 검은 기장에 창초(鬯草)를 섞어 빚은 술. 창초는 울금향(鬱金香). 鬱鬯酒(울창주).
▷介一, 秬一, 明一, 鬱一, 條一

19 29【鬱】 답답할 울 |物 ㄩˋ (yu)| うつ(フサガル)
俗 欝
풀이 ①답답하다. 가슴이 막힘. 通 淤 薀. ¶一湮不育＜左氏傳＞ ②우거지다. 초목이 무성함. 通 宛 菀. ¶一彼北林＜詩經＞ ③성(盛)하다. ¶一沏迭而隆頽＜木華＞ ④무덥다. ¶土一之發＜素問＞ ⑤노하다. ¶或有宛足一怒＜傳毅＞ ⑥근심하다. ¶志紆一其難釋＜楚辭＞ ⑦원망하다. ¶故樂愈侈而民愈一＜呂覽＞ ⑧일다. 오름. ¶玄靈泱一＜漢書＞ ⑨변화하다. ¶藏一於泉＜太玄經＞ ⑩썩어 냄새가 나다. 通 菸. ¶香臭芬一＜荀子＞ ⑪울금향(鬱金香). 鬯草(창초). ¶一人＜周禮＞ ⑫연기가 오르다. ¶時一律其如煙＜郭璞＞ ⑬산앵도나무. ¶六月食一＜詩經＞
【鬱結】うっけつ(울결) ①마음이 울울하여 기분이 나지 않음. 鬱屈(울굴)①. ¶民愁一＜後漢書＞ ②기운이 막혀 못 펴는 모양. ¶地氣一＜莊子＞ ③혹처럼 부풀어 오른 모양.
【鬱屈】うっくつ(울굴) ①☞鬱結(울결)①. ¶一尙不平＜韓愈＞ ②지세(地勢) 따위가 구불구불한 모양. 鬱紆(울우). ¶一如長蛇＜蘇軾＞
【鬱憤】うっぷん(울분) 분한 마음이 가슴에 쌓임. 또는, 쌓여 풀리지 않는 분노. 鬱怒(울노). ¶一徒極＜李商隱＞
【鬱然】うつぜん(울연) ①초목이 무성한 모양. ②사

물이 왕성한 모양. ③울적한 모양.
【鬱鬱蒼蒼】うつうつそうそう(울울창창) 수목이 울창한 모양.
【鬱寂】うつせき(울적) 마음이 답답하고 쓸쓸함.
【欝蒸】うつじょう(울증) 무더움.
【鬱蒼】うつそう(울창) ①나무가 우거져 푸른 모양. ②해가 저물어 어둑어둑한 모양.
【鬱鬯酒】うっちょうしゅ(울창주) 검은 기장에 울금향(鬱金香)을 넣어 빚은 술. 강신(降神)에 씀. 紫酒(자주). 鬯酒(창주).
【鬱血】うっけつ(울혈) 정맥의 피가 충혈을 이루는 증세. 充血(충혈).
【鬱火】(울화) 속이 답답하여 일어나는 심화(心火). ¶一病.
【鬱懷】(울회) 울적한 회포.
▷決一, 陶一, 勃一, 煩一, 芬一, 弗一, 暑一, 衰一, 深一, 哀一, 炎一, 窈一, 紆一, 憂一, 幽一, 隆一, 陰一, 悒一, 伊一, 堙一, 蒸一, 沈一

鬲<다리굽은 솥 력>部
鬲 ⑥ 鬳 ⑦ 鬴 ⑧ 鬵 ⑨ 鬷 ⑫ 鬻

0 10【鬲】 ①솥 력 ②막을 격 | 錫ㄌㄧˋ(li) 陌ㄍㄜˊ(ge) | れき kettle かく

源象形. 굽은 다리를 단 솥 모양을 본뜸.
풀이 ①솥. 굽은 다리 셋을 단 솥. ¶一實五穀<周禮> ②①막다. 사이를 막음. 通隔. ¶一閉門戶<漢書> ②손잡이. 움큼. ¶苴絰大一<儀禮> ③목이 메다. ¶一咽不通<素問>

周尊鬲 ① (西淸古鑑)

【鬲如】かくじょ(격여) 분묘(墳墓)가 높은 모양.
▷寶一, 釜一, 瓦一, 有一, 鼎一, 周一

14【䰛】 鍋(p.1544)와 同字
15【䰝】 鬲(p.1666)과 同字

6 16【鬳】 시루 권 | 願ㄐㄩㄢˋ(juan) | けん

16【融】 ☞虫部 10획(p.1330)

7 17【鬴】 가마솥 부 | 麌ㄈㄨˇ(fu) | ふ
풀이 ①가마솥. ㉠釜. ¶衡其一六七枚<漢書> ②옛 중국의 양기(量器) 이름. 6말 4되 들이 그릇. ¶量之以爲一深尺 內方尺<周禮>

8 18【鬵】 용가마 심 | 侵ㄒㄧㄣˊ(xin) | しん cauldron
풀이 ①용가마. 큰 가마솥. ¶誰能亨魚 漑之釜一<詩經> ②시루처럼 생긴 솥. 위가 크고 아래가 작음. ③시루. ④빠르다. 通鬵.

9 19【鬷】 가마솥 종 | 東ㄗㄨㄥ(zong) | そう kettle
풀이 ①가마솥. ②모이다. ¶穀旦于逝 越以一邁<詩經>

12 22【鬻】 ①죽 죽 ②팔 육 ③어릴 국 | 屋ㄓㄨˋ(zhu) 屋ㄩˋ(yu) 屋 | しゅく rice gruel いく きく
풀이 ①죽. 묽은 죽. ㉠粥. ②①팔다. ¶有一踊者<左氏傳> ②속이다. ¶一五國<戰國策> ③자랑하다. ¶自一輔商<後漢書> ④시집보내다. ¶請一庶弟之母<禮記> ⑤자라다. ¶毛者孕一<禮記> ⑥기르다. ¶四者天一也<莊子> ⑦튀하다. ¶以湯去毛曰一<一切經音義> ⑧개울물이 흐르는 모양. ¶允溶淫一<漢書> ③어리다. ¶一子之閔斯<詩經>
▷酤一, 賣一, 私一, 深一, 自一, 轉一, 販一

23【鬷】 鬷(p.1666)과 同字
25【䰞】 煮(p.948)와 同字
27【䰡】 淋(p.884)과 同字
28【䰢】 甑(p.1006)과 同字

鬼<귀신 귀>部
鬼 ④ 魁 魂 ⑤ 魅 魃 魄 ⑦ 魈 ⑧ 魎 魍 魏 ⑪ 魑 魔 ⑫ 魖 ⑭ 魘 魗

0 10【鬼】 귀신 귀 | 尾ㄍㄨㄟˇ(gui) | き(オニ) ghost
풀이 ①귀신. ㉮죽은 사람의 넋. ¶人死曰一<禮記> ㉯신으로서 제사받는 망령(亡靈). ㉰음(陰)의 신령. ¶子曰 一神之爲德 其盛矣乎<中庸> ㉱몰래 사람에게 앙화를 준다는 요귀. ¶貧一守門<易林> ㉲도깨비. ¶爲一爲蜮<詩經> ②지혜롭다. 교활함. ③멀다. ¶高宗伐一方<易經> ④별 이름. 28수(宿)의 하나. ⑤(佛) 야차(夜叉), 아귀(餓鬼) 따위.
【鬼谷子】きこくし(귀곡자) ①(人) 전국 시대의 학자. 본래의 성명은 왕후(王詡). 소진(蘇秦), 장의(張儀)의 스승으로, 종횡가(縱橫家)의 시조. ②종횡가의 이론서. 귀곡의 저작이라고 하나 확실하지 않음.
【鬼哭鳥】きこくちょう(귀곡조) 부엉이의 한 가지. 귀곡새.
【鬼氣】きき(귀기) ①귀신이라도 나타날 듯한 음산한 분위기. ②귀신 붙은 기색.
【鬼錄】きろく(귀록) ①저승에서 명관(冥官)이 죽은 사람의 이름을 기록한다는 장부. 귀신

의 호적. 鬼簿(귀부). 鬼籍(귀적). ②사람의 죽음.

【鬼面】きめん(귀면) ①귀신의 얼굴을 상상하여 만든 탈. ②험상궂고 무서운 얼굴. 鬼臉(귀검).

【鬼門】きもん(귀문) ①귀성(鬼星)이 있다는 방위로 동북쪽을 이름. ②《佛》 저승으로 들어가는 문. 鬼關(귀관). ③변경(邊境)의 험악한 지대.

【鬼門關】きもんかん(귀문관) 중국 광서성(廣西省) 변경에 있는 관의 속칭. 이 관문 밖으로 추방되면 살아 돌아오기 어렵다 하여 붙인 이름.

【鬼斧】きふ(귀부) 귀신의 도끼로 다듬은 것처럼 교묘한 세공(細工). 鬼工(귀공). ¶錯落一鐫<吳萊> 「성).

【鬼宿】きしゅく(귀수) 28수(宿)의 하나. 鬼星(귀

【鬼市】きし(귀시) 밤시장. 밤에 열려 사람들이 모여들었다가 새벽이 되면 흩어지는 시장. ¶一半夜而合 鷄鳴而散<避暑錄話>

【鬼神】きしん(귀신) ①죽은 사람의 혼령. 또는, 조상의 신령. ¶季路問事一<論語> ②신령(神靈). ¶一饗德<禮記> ③혼백(魂魄). ④몰래 사람에게 화(禍)를 미친다는 정령(精靈). ⑤천지 창조의 신(神).

【鬼神避之】きしんもこれをさく(귀신피지) 귀신도 피한다는 뜻으로, 과감하게 행하면 귀신도 피하여 해치지 않는다는 말. ¶斷而敢行 一<史記>

【鬼才】きさい(귀재) ①세상에 드물게 시문(詩文)에 뛰어난 재주. 또는, 그 사람. ¶李賀爲一絶<南部新書> ②세상에 드문 재주. 또는, 그 사람. 「與居處<墨子>

【鬼妻】きさい(귀처) 남편을 여읜 아내. ¶一不可

【鬼畜】きちく(귀축) ①아귀(餓鬼)와 축생(畜生). ②잔인무도한 사람.

【鬼火】きか(귀화) 도깨비불. 묘지나 늪 같은 데서 나는 푸른 인(燐)의 빛. ¶一燒白楊<李益>

【鬼話】きわ(귀화) ①도깨비 이야기. ②엉터리 이야기. 거짓말.

▷强一, 舊一, 窮一, 魔一, 百一, 邪一, 山一, 水一, 新一, 餓一, 惡一, 厲一, 靈一, 妖一, 冤一, 人一, 赤一, 債一, 恨一

13【塊】 ☞土部 10획 (p.352)

13【愧】 ☞心部 10획 (p.587)

13【媿】 ☞女部 10획 (p.409)

14【槐】 ☞木部 10획 (p.782)

14【瑰】 ☞玉部 10획 (p.1000)

4 14【魁】 으뜸 괴 | 因ㄎㄨㄟˊ (kui) | かい(カシラ) *leader*

풀이 ①으뜸. 우두머리. 수석(首席). ¶一首. ②선구(先驅). ¶閭里之俠 原涉爲一<漢書> ③크다. 큰 것. ④빼어나다. ¶一岸豪傑<左思> ⑤안도하다. 자랑하다. ¶始以薛公爲一然也<史記> ⑥갈무리하다. ⑦작은 언덕. ¶一陵糞土<國語> ⑧대합조개. ⑨뿌리. 근본. ⑩토란의 어미줄기. ¶羹芋一<漢書> ⑪국자. ⑫별 이름. ¶平旦建者一<史記>

【魁甲】かいこう(괴갑) 과거(科擧)에서 1등으로 급제한 사람. 狀元(장원). 「科(괴과).

【魁榜】(괴방) 갑과(甲科)의 장원(壯元). 魁

【魁柄】かいへい(괴병) 국자의 자루란 뜻으로, 권병(權柄)의 비유. ¶授以一<漢書>

【魁首】かいしゅ(괴수) ①우두머리. 두목(頭目). 渠魁(거괴). 首魁(수괴). 魁帥(괴수). ②명(明)대, 과거(科擧)에 장원(壯元) 급제한 사람을 이름.

【魁帥】かいすい(괴수) ☞魁首(괴수).

【魁岸】かいがん(괴안) ①슬기와 용맹이 뛰어남. 魁壘(괴루). ¶充爲人一 容貌甚壯<漢書> ②몸집이 우람하고 헌걸참.

▷渠一, 黨一, 首一, 雄一, 元一, 里一, 酒一, 俠一

14【蒐】 ☞艸部 10획 (p.1297)

4 14【魂】 넋 혼 | 圆ㄏㄨㄣˊ (hun) | こん(タマシイ) *soul*

同 䰟

풀이 ①넋. 정신. 혼백(魂魄). ¶魄問於一<淮南子> ②마음. 생각. ¶費神傷一<呂覽> ③많은 모양. ¶一一萬物<太玄經>

【魂怯】(혼겁)韓 혼이 빠지게 겁을 냄.

【魂轎】(혼교) 장사(葬事) 때, 그 고인이 생전에 쓰던 의관 따위를 싣고 따르는 가마. 魂輦(혼련).

【魂靈】こんれい(혼령) 혼. 넋. 靈魂(영혼).

【魂馬】こんば(혼마) 반혼 의식(返魂儀式)의 하나로, 안장을 갖추고 영여(靈輿) 앞을 가는 말.

【魂帛】こんぱく(혼백) 신주(神主)를 만들기 전, 명주를 접어서 만들어 쓰는 임시적인 신위(神位). 흔히 모시 조각으로 대용(代用)하는데, 초상 때만 쓰고 장사 뒤에는 신주를 모심.

【魂魄】こんぱく(혼백) 사람의 정령(精靈). 넋. 魂은 정신을, 魄은 육체를 주관함. ¶精神一固守不動<鬼谷子>

【魂飛魄散】こんぴはくさん(혼비백산) 몹시 놀라거나 두려워서 넋을 잃음. 魂銷魄散(혼소백산).

【魂遊石】(혼유석) 무덤 앞, 상석(床石) 뒤에 놓는 직사각형의 돌.

▷客一, 怯一, 驚一, 斷一, 亡一, 返一, 芳一, 別一, 傷一, 鎖一, 詩一, 神一, 心一, 旅一, 英一, 靈一, 幽一, 離一, 精一, 鎭一, 淸一, 招一, 忠一, 鬪一, 花一

14【䰟】 魂(p.1667)과 同字

5 15【魅】 도깨비 매 | 圜ㄇㄟˋ (mei) | み *phantom*
本 미

풀이 ①도깨비. ②홀리다. 또는, 호리다.

¶狐百歲善蠱一＜玄中記＞
【魅力】みりょく(매력) 마음을 호리어 끄는 힘. ¶一的女人.
【魅了】みりょう(매료) 완전히 호림 또는 홀림.
【魅虛】みきょ(매허) 도깨비. ¶電發電舒…斫一捎魍魎＜王延壽＞
【魅惑】みわく(매혹) 호리어 현혹시킴.
▷蠱一, 鬼一, 魍一, 木一, 物一, 山一, 野一, 妖一, 陰一, 魑一, 精一, 衆一, 詔一, 孤一

5 15 〖魃〗 가뭄귀신 발 圓ㄅㄚˊ (ba) ばつ drought demon
풀이 가뭄귀신. 한발(旱魃)의 신. ㉠妭. ¶旱一爲虐＜詩經＞
▷老一, 暑一, 炎一, 妖一, 旱一

5 15 〖魄〗 1 넋 백 2 찌꺼기 박 3 영락할 탁 陌ㄆㄛˋ (po) はく soul 藥ㄅㄛˊ (bo) はく 藥ㄊㄨㄛˋ (tuo) たく
풀이 1 ①넋. ¶魂一. ②몸. 형체. ¶其一兆乎民矣＜國語＞ ③달. 달빛. ¶皓一流露空＜權德輿＞ ④밝다. ⑤달의 윤곽의, 빛나지 않는 부분. 2 ①찌꺼기. 通粕. ¶古人糟一＜莊子＞ ②물건이 찢어지는 소리. ¶一然. ③팍 차서 막힌 모양. ¶旁一. 3 영락(零落)하다. 通託. ¶落一.
【魄門】はくもん(백문) 항문(肛門). 穀道(곡도).
▷落一, 桂一, 亡一, 旁一, 死一, 生一, 素一, 心一, 厲一, 靈一, 玉一, 妖一, 月一, 精一, 體一, 形一, 皓一, 魂一

7 17 〖魈〗 이매 소 蕭ㄒㄧㄠ (xiao) しょう
풀이 이매. 산의 요괴(妖怪). ㉠獢.
【魈魅】しょうみ(소매) 산에 산다는 외다리 도깨비.

17 〖醜〗 ☞酉部 10획 (p. 1523)

8 18 〖魎〗 도깨비 량 養ㄌㄧㄤˇ (liang) りょう phantom

8 18 〖魍〗 도깨비 망 養ㄨㄤˇ (wang) もう phantom
풀이 도깨비. ㉠罔.
【魍魎】もうりょう(망량) ①도깨비. 두억시니. ②악당(惡黨). 악한(惡漢).
【魍魅】もうみ(망매) 도깨비. 산수(山水), 목석(木石) 따위의 요정(妖精). ¶一暫出沒＜韓愈＞

8 18 〖魏〗 1 나라 이름 위 2 빼어날 위 외 困ㄨㄟˋ 微(wei) 灰 ぎ ぎ がい
풀이 1 ①나라 이름. ㉮주(周)의 제후국. ㉯진(秦)말 진섭(陳涉)이 세운 나라. ㉰한(漢)말 조비(曹丕)가 세운 나라. ㉱동진(東晉) 때 탁발규(拓拔珪)가 세운 나라. ㉲수(隋)말 이밀(李密)이 세운 나라. ②높다. ㉠巍. ③대궐. ¶一闕. ④능히 하다. 2 ①빼어나다. ¶一然. ②큰 모양. 通巍. ¶一一乎 其終則復始也＜莊子＞
【魏闕】ぎけつ(위궐) 높고 큰 문이란 뜻으로, 대궐의 정문. 뜻이 바뀌어, 조정을 이름. ¶心居乎一之下＜莊子＞
▷東一, 房一, 三一, 象一, 西一, 阿一, 曹一, 後一

11 21 〖魑〗 도깨비 리 本치 支ㄔ (chi) ち plantom
【魑魅】ちみ(이매) 산도깨비. ¶投諸四裔 以禦一＜漢書＞
【魑魅魍魎】ちみもうりょう(이매망량) 도깨비. 두억시니. ¶一 莫能逢旃＜張衡＞

11 21 〖魔〗 마귀 마 歌ㄇㄛˊ (mo) ま devil
풀이 ①마귀. ¶一界. ②마술. 요술. ¶師巫一媼＜南史＞ ③한 가지 일에 열중하여 본성을 잃는 일. ¶成僻成一＜李中＞ ④《佛》 수도(修道)를 방해하는 악귀. ¶一軍.
【魔軍】まぐん(마군) ①마귀 떼. 일이 잘못되도록 헤살 부리는 무리. ②《佛》 불도(佛道)를 방해하는 모든 악사(惡事)의 비유.
【魔窟】まくつ(마굴) ①악마가 사는 곳. 뜻이 바뀌어, 악당의 소굴. ②매음녀(賣淫女)가 있는 곳.
【魔鬼】まき(마귀) 못된 잡귀의 총칭. 惡鬼(악귀). 惡魔(악마). ②여자 마귀.
【魔女】まじょ(마녀) ①마력(魔力)을 가진 여자.
【魔力】まりょく(마력) 마술(魔術)의 힘. 또는, 신비스런 힘. 怪力(괴력).
【魔物】まもの(마물) 사람에게 재앙을 미치는 요물. 妖怪(요괴). ※魔軍(마군).
【魔法】まほう(마법) 마력(魔力)으로 행하는 기괴한 술법. 魔術(마술)②. ¶有善一者 名曰明教＜老學庵筆記＞/一師.
【魔術】まじゅつ(마술) ①사람의 눈을 어리게 하는 술법. 妖術(요술). ②☞魔法(마법).
【魔障】ましょう(마장)《佛》 수행 득도(修行得道)에 장애가 되는 것.
【魔漿】ましょう(마장) 술. 정신을 마비시키는 데서 이름. ¶酒是一＜梁武帝＞
【魔鄕】まきょう(마향)《佛》 마장(魔障)의 고장이란 뜻으로, 속세(俗世)를 이름. ¶一不可停＜觀經定善義＞
▷夢一, 百一, 病一, 邪一, 色一, 睡一, 詩一, 心一, 惡一, 闇一, 妖一, 諸一, 酒一, 衆一, 天一

12 22 〖魖〗 역귀 허 魚ㄒㄩ (xu) きょ
풀이 역귀(疫鬼). 염병 귀신.

14 24 〖魘〗 가위눌릴 염 엽 |㊀ㄧㄢˇ ㊁(yan)| えん
▷驚—, 夢—, 昏—

14 24 〖䰻〗 미워할 추 수 |㊀ㄔㄡˇ ㊁(chou)| しゅう *hate*

魚<고기 어>部

魚 ④ 魪 魥 魶 魨 魯 魬 魴 魭 ⑤ 鮒 鮏 鮂 鮓 鮎 鮆 鮀 鮐 鮃 鮑 鮭 ⑥ 鮫 鮭 鮚 鮩 鮬 鮮 鮟 鮪 鮰 ⑦ 鯁 鯉 鯀 鯉 鯇 鯍 鯊 鯈 鯆 鮹 鯆 鯇 ⑧ 鯨 鯝 鯤 鯥 鯪 鯡 鯗 鯢 鯖 鯛 鯫 鰡 ⑨ 鰒 鰓 鰐 鰋 鯷 鰕 鯽 鰍 鰈 鰕 鰉 鯸 ⑩ 鰜 鰭 鰧 鰣 鰩 鰨 鰥 ⑪ 鰹 鰱 鰻 鱅 鱄 鰶 鰷 鱁 鰾 ⑫ 鱖 鱗 鱉 鱘 鱒 ⑬ 鱧 鱢 鱐 鱣 鱟 ⑭ 鱨 鱮 ⑮ 鱵 ⑯ 鱸 鱺 ⑲ 鱺 ㉒ 鱻

0 11 〖魚〗 고기 어 |㊀ㄩˊ (yu)| ぎょ(ウオ, サカナ) *fish*
㊁ 𩵋 ㊃ 奥

源象形. 물고기 모양을 본뜸.
풀이①고기. 물고기. ¶—上氷<呂覽> ②물 속에서 사는 짐승의 총칭. ③바다 짐승 이름. ¶象弭—服<詩經> ④고기 잡이하다. 通漁. ¶以佃以—<易經> ⑤어대(魚袋). 당(唐)대의 고관(高官)이 허리에 차던, 물고기 모양의 패물(佩物). ¶五品以上賜新—袋<舊唐書>/紫金—. ⑥말 이름. 두 눈이 흰 말. ¶有驔有—<詩經> ⑦나. 通吾.
【魚介】ぎょかい(어개) 물고기와 조개, 고둥 따위. 어류(魚類)와 패류(貝類). 魚貝(어패).
【魚群】ぎょぐん(어군) 물고기 떼. 魚隊(어대).
【魚頭肉尾】(어두육미) 물고기는 대가리, 짐승은 꼬리쪽이 맛있다는 말. 魚頭鳳尾(어두봉미).
【魚梁】ぎょりょう(어량) 물줄기를 막고 통발을 놓아 고기를 잡는 장치.
【魚魯不辨】ぎょろふべん(어로불변) 魚자와 魯자를 분간하지 못한다는 뜻으로, 무식함을 이름. 目不識丁(목불식정). ※魯魚之謬(노어지 류).
【魚雷】ぎょらい(어뢰) 공격용 수뢰의 하나. 魚形水雷(어형수뢰). ¶—艇.
【魚類】ぎょるい(어류) 물고기 등속(等屬). 魚族(어족). 魚屬(어속).
【魚鱗】ぎょりん(어린) ①물고기의 비늘. ②구름의 형용. ③집 또는 기와 등이 비늘처럼 죽 잇대어 있는 모양. ④잔물결의 형용. ⑤진형(陣形) 이름. 물고기 비늘처럼 사다리꼴로 배열한 진. ¶—鶴翼.
【魚網】ぎょもう(어망) 물고기를 잡는 그물. 漁網(어망). ¶古戍懸—<章八元>
【魚物】ぎょぶつ(어물) ①잡은 물고기의 총칭. ↔肉物(육물). ②말린 생선.
【魚物廛】(어물전) 어물을 파는 가게.
【魚白】ぎょはく(어백) ①물고기의 부레. ②물고기의 이리. ③물고기가 힘. 또는, 흰 물고기. ¶蟹紅—憶江鄉<貢師泰>
【魚鼈】ぎょべつ(어별) ①물고기와 자라. ②어류(魚類). ¶水煩則—不大<禮記>
【魚符】ぎょふ(어부) 당(唐)대에 관리가 지니던 부신(符信)의 하나. 나무나 구리로 물고기 모양을 만들어 글을 새겨서 몸에 지님. 魚書(어서).
【魚山】ぎょさん(어산)《佛》①범패(梵唄)의 한 가지. 위(魏)의 진사왕(陳思王) 조식(曹植)이 어산(魚山)에서 놀다가 범천(梵天)의 소리를 듣고 그 음률을 본떠서 만들었다 함. ②범패의 이칭.
【魚須】ぎょしゅ(어수) ①상어 수염. 옛 중국에서, 이것으로 대부(大夫)의 홀(笏)을 장식했음. 魚笏(어홀). ¶大夫以—文竹 士竹本<禮記> ②상어 수염으로 만든 깃대. 魚鬚(어수). ※ぎょはえ
【魚眼】ぎょがん(어안) ①물고기의 눈. ②옥(玉)과 비슷하나 옥이 아닌 것. 魚目(어목). ③차(茶)를 끓일 때 일어나는 물거품의 형용. ¶灘聲起—<李群玉>
【魚肉】ぎょにく(어육) ①생선과 짐승 고기. ②생선의 살. ¶毋反—<禮記> ③살육(殺戮) 또는 멸시당함의 비유.
【魚族】ぎょぞく(어족) ☞魚類(어류).
【魚質龍文】ぎょしつりょうぶん(어질용문) 물고기 바탕에 용 무늬란 뜻으로, 옳은 듯하나 실제는 그름을 비유하여 이르는 말. ¶— 似是而非<抱朴子> 「리.
【魚缸】(어항) 물고기를 넣어 기르는 유리 항아
【魚軒】ぎょけん(어헌) 옛날 제후(諸侯)의 아내가 타던 수레.
【魚虎】ぎょこ(어호) ①악어와 범. ②물총새. ③복어의 한 가지. ¶—名— —名魚師<辭源>
【魚笏】ぎょこつ(어홀) 옛 중국에서, 대부(大夫)가 지니던 홀. 상어 가죽으로 장식함. 일설에는, 고래 수염으로 꾸몄다고 함. 魚須(어수)①. ¶從官—正書思<柳貫>
▷嘉—, 乾—, 鯨—, 枯—, 金—, 淡水—, 大—, 木—, 文—, 白—, 釜中—, 飛—, 生—, 鮮—, 小—, 深海—, 鰐—, 養—, 熱帶—, 游—, 人—, 釣—, 池—, 紙—, 川—, 呑舟—, 鮑—, 河—, 海—, 香—

10 〖奥〗 魚(p. 1669)의 俗字

13 〖𩵋〗 魚(p. 1669)의 古字

4 15 〖魪〗 넙치 개 |㊀ㄐㄧㄝˋ (jie)| かい(カレイ) *flatfish*

4 15 〖魥〗 말린 물고기 겁 |㊀ㄑㄩㄝˋ (que)| こう (ホシウオ) *dried fish*

4 15 〖魶〗 도롱뇽 납 |㊀| どう (サンショウウオ) *salamander*

4 15〖魨〗 복어 돈 | [元] ㄊㄨㄣˊ (tun) | とん(フグ) *globefish*

4 15〖魯〗 노둔할 로 | [麌] ㄌㄨˇ (lu) | ろ *dull*

풀이 ①노둔하다. 어리석고 둔함. ¶一質. ②나라 이름. 주공(周公) 단(旦)을 봉한 곳. 산동성(山東省)에 있었으며, 공자(孔子)의 출생지. ¶鄒一之鄕.

【魯男子】(노남자) 여색(女色)을 좋아하지 않는 사람. 노(魯)의 한 독신 남자가 이웃집 홀어미에게 너무 야박하게 한 옛일에서 유래.

【魯鈍】ろどん(노둔) 어리석고 둔함. 미련함. 愚鈍(우둔).

【魯論】ろろん(노론) ①노(魯)나라 사람이 전한 「논어」(論語). 「제론」(齊論), 「고론」(古論)과 함께 세 「논어」의 한 가지. ②「논어」의 이칭.

【魯般之巧】ろはんのこう(노반지 교) 교묘한 재주나 솜씨. 노반은 노(魯)의 사람으로 기계를 잘 만든 공수반(公輸班).

【魯叟】ろそう(노수) 노(魯)나라의 장로(長老)란 뜻으로, 공자(孔子)를 이름. ¶一何常師 <朱熹>

【魯陽之戈】ろようのほこ(노양지 과) 전국 시대 초(楚)의 노양공(魯陽公)이 한(韓)과 격전 중 날이 저물려 하자 창을 들어 해를 멈추게 했다는 옛일에서, 대단한 위세를 이름.

【魯魚之謬】ろぎょのあやまり(노어지 류) 글자를 잘못 적는 일. 魯 자와 魚 자는 모양이 비슷하여 틀리기 쉬움에서 이름. 魯魚之誤(노어지 오). 魯魚帝虎之謬(노어제호지 류). 焉馬之誤(언마지 오). 亥豕之誤(해시지 오). 魯魚陶陰(노어도음). ※魚魯不辨(어로불변).

【魯酒】ろしゅ(노주) 노(魯)의 술이 싱거웠던 데서, 싱거운 술. 薄酒(박주). ¶一薄而邯鄲圍 <莊子> ※老酒(노주).
▷東一, 朴一, 淳一, 頑一, 愚一, 鄒一, 椎一

15〖魳〗 鱸(p. 1674)의 俗字

4 15〖魬〗 가자미 반 | [潸] ㄅㄢˇ (ban) | はん(ハマチ) *flatfish*

4 15〖魴〗 방어 방 | [陽] ㄈㄤˊ (fang) | ほう *gurnard*

15〖魦〗 鯊(p. 1672)와 同字
15〖魣〗 鱮(p. 1674)와 同字
15〖魰〗 漁(p. 911)와 同字

4 15〖魭〗 ①큰자라 원 ②원만할 완 | [元] ㄩㄢˊ (uan) [旱] ㄨㄢˇ (wan) | げん(オオウミガメ) がん

4 15〖魱〗 준치 호 | [虞] ㄏㄨˊ (hu) | こ

16〖魚瓜〗 魵(p. 1669)의 訛字
16〖鮌〗 鯀(p. 1671)과 同字

5 16〖鮒〗 붕어 부 | [遇] ㄈㄨˋ (fu) | ふ(フナ) *crucian carp*

5 16〖鮏〗 비릴 성 | [青] ㄒㄧㄥ (xing) | せい(ナマグサイ) *fishy*

16〖魚号〗 鰐(p. 1673)의 訛字

5 16〖鮋〗 ①가시망둑 유 ②납자루 요 | [尤] ㄧㄡˊ [蕭] (you) | ゆう(ダボハゼ) よう

5 16〖鮓〗 젓 자 | [馬] ㄓㄚˇ (zha) | さ(ツケウオ)

풀이 ①젓. 새우, 멸치 따위로 담근 젓. ②해파리. ㉮蚱.

5 16〖鮎〗 메기 점 ㉻념 | [鹽] ㄋㄧㄢˊ (nian) | でん(ナマズ) *catfish* ねん

5 16〖鮆〗 갈치 제 | [薺] ㄐㄧˋ (ji) | せい(エツ) *hairtail*

16〖魚此〗 鮆(p. 1670)와 同字

5 16〖鮀〗 모래무지 타 | [歌] ㄊㄨㄛˊ (tuo) | た(スナフキ)

16〖魚也〗 鮀(p. 1670)와 同字

5 16〖鮐〗 복 태 이 | [灰] ㄊㄞˊ [支] (tai) | たい(フグ) *globefish* い

【鮐背】たいはい(태배) 늙은이. 노인의 살갗에 복어 등의 얼룩과 비슷한 검버섯이 생기므로 이름.

5 16〖鮃〗 넙치 평 | [庚] ㄆㄧㄥˊ (ping) | ひょう(ヒラメ) *flatfish*

5 16〖鮑〗 절인 어물 포 | [巧] ㄅㄠˋ (bao) | ほう(シオヅケ)

풀이 ①절인 어물. 소금에 절인 바닷물고기. ②전복. 석결명(石決明). ③피혁공(皮革工). ㉺鞄.

【鮑叔牙】ほうしゅくが(포숙아) ☞管鮑之交(관포지 교).

【鮑肆】ほうし(포사) ①절인 어물 가게. ②냄새가 심한 곳의 비유. ③소인배들이 모여드는 곳의 비유. 鮑魚之肆(포어지 사).

16〖鯑〗 鯆(p. 1672)와 同字

5 16〖鮕〗 ①넙치 허 ②아가미 협 | 魚くㄩ (qu) | きょ (カレイ) きょう

16〖罛〗 鱳(p. 1673)의 古字

16〖鮰〗 回(p. 324)와 同字

6 17〖鮫〗 상어 교 | 肴ㄐㄧㄠ (jiao) | こう(サメ) *shark*

【鮫人】こうじん(교인) 얼굴은 사람, 몸뚱이는 물고기인 상상적인 동물. 바다에 산다 함. 人魚(인어).
▷大—, 馬—, 鰐—, 魚—, 舟—

6 17〖鮭〗 ①복어 규 ②어채 해 | 齊ㄍㄨㄟ (gui) | けい(フグ) かい

【鮭菜】かいさい(해채) 어채(魚菜) 요리의 총칭.
▷乾—, 生—, 鹽—

6 17〖鮚〗 대합 길 | 質ㄐㄧㄝˊ (jie) | きつ *clam*

6 17〖鮩〗 뱅어 병 | 梗ㄅㄧㄥˇ (bing) | ほう, びょう *whitebait*

6 17〖鮬〗 ①납자루 보 ②알젓 고 | 遇ㄅㄨˋ(bu) | 遇ㄎㄨ(ku) | ほ こ

17〖鮽〗 鮬(p. 1671)의 俗字

17〖鮺〗 鮺(p. 1672)의 俗字

6 17〖鮮〗 ①고울 선 ②적을 선 | 先ㄒㄧㄢ (xian) | 銑ㄒㄧㄢˇ (xian) | せん (アザヤカ) *fine*

풀이 ① ①곱다. ㉮선명하다. ¶五色一何—<魏文帝> ㉯아름답다. 보기 좋음. ¶皆—車怒馬 以財貨自達<後漢書> ㉰산뜻하다. 맑고 깨끗함. ¶一耀於陽春<謝惠連> ②새롭다. ¶盥浣塵穢 服飾—潔<後漢書> ③㉮싱싱하다. ¶芳草—美<陶潛> ㉯날것. 생선이나 날고기. ¶割芳—<左思> ② ①적다. ㉮작다. ¶巧言令色—矣仁<論語> ㉯드물다. ¶惡而知其美者 天下—矣<大學> ②다하다. 없어짐. ¶君子之道—矣<易經> ③일찍 죽다. 요사(夭死)함. ¶葬—者自西門<左氏傳> ④바치다. 올림. ㊣獻. ¶天子乃—羔開氷<禮記> ⑤멀리 있는 작은 산. ¶度其—原<詩經>

【鮮度】せんど(선도) 고기나 채소 따위의 싱싱한 정도.
【鮮明】せんめい(선명) 산뜻하고 분명함.
【鮮卑】せんぴ(선비) 옛 몽고 퉁구스계(系)의 유목 민족.
【鮮姸】せんけん(선연) 산뜻하고 고움.
【鮮血】せんけつ(선혈) 신선한 피. 선지피.
▷嘉—, 群—, 明—, 芳—, 碧—, 肥—, 生—, 纖—, 小—, 新—, 精—, 朝—, 珍—, 澄—, 淺—

17〖鮘〗 鰣(p. 1673)와 同字

6 17〖鮟〗 아귀 안 | 翰ㄢ (an) | あん(アンコウ) *angler*

【鮟鱇】あんこう(안강) 아귀과의 바닷물고기. 琵琶魚(비파어).

6 17〖鮪〗 다랑어 유 | 尾ㄨㄟˇ (wei) | い(マグロ) *tuna*

17〖鮂〗 鮞(p. 1671)의 訛字

6 17〖鮞〗 곤이 이 | 支ㄦˊ (er) | じ(ハラゴ) *hard roe*

풀이 ①곤이(鯤鮞). 물고기 뱃속에 있는 알. ②물고기 이름. 이어(鮞魚). ¶魚之美者 洞庭之鱄 東海之—<呂覽>/—魚.

17〖鮙〗 鰨(p. 1673)의 俗字

7 18〖鯁〗 생선뼈 경 | 梗ㄍㄥˇ (geng) | こう

풀이 ①생선뼈. ¶乾魚近腴多骨—<儀禮·注> ②가시가 목에 걸리다. ㊣哽. ③바르다. 곧음. 강직함. ㊣骾. ④막히다. 재앙(災殃). ㊣梗. ¶除—而避强<國語>
▷强—, 剛—, 高—, 骨—, 端—, 誠—, 峭—, 蟲—

7 18〖鯉〗 방어 경 | 庚 | けい *gurnard*

7 18〖鯀〗 곤어 곤 | 阮ㄍㄨㄣˇ (gun) | こん

풀이 ①곤어. 큰 물고기의 한 가지. ②사람 이름. 우왕(禹王)의 아버지.

7 18〖鯉〗 잉어 리 | 紙ㄌㄧˇ (li) | り(コイ) *carp*

풀이 ①잉어. 鯉魚(이어). ②편지.

【鯉素】りそ(이소) 편지. 멀리서 보내온 잉어의 뱃속에서 흰 비단에 쓴 편지가 나왔다는 옛일에서 유래.
【鯉魚風】りぎょふう(이어풍) 음력 9월의 철바람. 가을 바람. ¶九月—<提要錄>
【鯉庭】りてい(이정) 아버지의 교훈을 받는 곳. 공자(孔子)가, 마당으로 지나가는 아들 이(鯉)를 불러 세우고 훈계한 옛일에서 유래. ¶鯉趨而過庭<論語>
▷江—, 健—, 錦—, 緋—, 氷—, 鮮—, 雙—, 赤—, 紅—, 黑—

7 18 〖鮸〗 참조기 면 | 銑ㄇㄧㄢˇ (mian) | べん (クチ)

7 18 〖鮃〗 1 노부 부 2 돌고래 부 | 虞ㄈㄨ 尤(fu) | ふ, ほう

7 18 〖鯊〗 모래무지 사 | 麻ㄕㄚ (sha) | さ (ハゼ) *goby*

18 〖魦〗 鯊(p. 1672)와 同字

7 18 〖鯈〗 1 피라미 조 2 곤이 주 | 蕭ㄔㄡˊ 尤(chou) | ちょう ちゅう

7 18 〖鮿〗 건어 첩 | 葉ㄓㄜˊ (zhe) | ちょう (ホシウオ)

풀이 ①건어(乾魚). 말린 물고기. 또는, 절인 물고기. ②납자루. 잉어과의 민물고기.

7 18 〖鮹〗 물고기 이름 초 本 소 | 肴ㄕㄠ (shao) | しょう そう

풀이 물고기 이름. 말채찍 비슷하고, 꼬리가 두 갈래진 민물고기.

7 18 〖鯆〗 돌고래 포 | 虞ㄆㄨ (pu) | ほ (イルカ) *dolphin*

7 18 〖鯇〗 산천어 혼 완 | 阮ㄏㄨㄢˇ 旱(huan) | かん

8 19 〖鯨〗 고래 경 | 庚ㄐㄧㄥ (jing) | けい, げい (クジラ) *whale*

풀이 ①㉮고래. ¶一魚跋波滄溟開<杜甫> ㉯수코래. 암컷은 鯢. ②들다. 쳐듦. ¶一牙低族 心平望畬<潘岳>

【鯨鯢】げいげい(경예) ①수코래와 암코래. ②고래가 작은 물고기를 잡아 먹으므로, 악인의 우두머리 또는 강자가 약자를 병탄(倂呑)함의 비유. ③죽임을 당하는 사람. ¶妻子無辜 竝爲一<李陵>

【鯨音】げいおん(경음) 종(鐘) 소리. 鯨吼(경후). ¶不似琵琶不似箏 一歷歷似秋清<宋斐>

【鯨飮】げいいん(경음) 고래가 물을 들이킨다는 뜻으로, 술을 많이 마심의 비유.

▷巨一, 蛟一, 奔一, 修一, 鯢一, 長一, 捕一, 海一

8 19 〖鯝〗 창자 고 | 遇ㄍㄨˋ (gu) | こ *gut*

풀이 ①창자. 물고기의 창자. ②참마자. 잉어과의 민물고기. 황고어(黃鯝魚).

8 19 〖鯤〗 곤이 곤 | 元ㄎㄨㄣ (kun) | こん (ハラゴ) *roe*

풀이 ①곤이(鯤鮞). 물고기 뱃속에 있는 알. ¶魚禁一鮞<國語> ②물고기 이름. 곤어(鯤魚). 북극 바다에 산다는, 어마어마하게 큰 고기. ㉠鰥. ¶北冥有魚 其名爲一 一之大不知其幾千里也<莊子>

8 19 〖鯥〗 물고기 이름 륙 | 屋ㄌㄨˋ (lu) | りく

풀이 물고기 이름. 소처럼 생긴 몸뚱이에 꼬리는 뱀 비슷하고 날개가 있다는 괴이한 고기.

8 19 〖鯪〗 천산갑 릉 | 蒸ㄌㄧㄥˊ (ling) | りょう (センザンコウ) *pangolin*

풀이 ①천산갑(穿山甲). 천산갑과의 젖먹이동물. ¶一魚/一鯉. ②큰 물고기 이름. 바다의 배를 삼킬 정도라 함. ¶呑舟之魚 其名曰一<臨海異魚圖贊>

19 〖鯭〗 蜢(p. 1327)과 同字

19 〖鯩〗 魴(p. 1670)과 同字

19 〖鮒〗 鮒(p. 1670)의 俗字

19 〖鰤〗 鮒(p. 1670)와 同字

8 19 〖鯡〗 곤이 비 | 未ㄈㄟˋ (fei) | ひ *roe*

풀이 ①곤이(鯤鮞). ②날치. ㉠鯡.

8 19 〖鯗〗 말린 생선 상 | 養ㄒㄧㄤˇ (xiang) | しょう (ホシウオ)

8 19 〖鯢〗 도롱뇽 예 | 齊ㄋㄧˊ (ni) | げい (サンショウウオ) *salamander*

풀이 ①도롱뇽. 산초어(山椒魚). ②암코래. 수코래는 鯨. ③작은 물고기. ④늙은이의 이. ㉤齯. ¶一齒.

▷鯨一

8 19 〖鯖〗 1 오후정 정 2 청어 청 | 庚ㄓㄥ (zheng) 青ㄑㄧㄥ (qing) | せい せい (ニシン)

풀이 1 오후정(五侯鯖). 열구자탕(悅口子湯) 비슷한 요리. ㉠脠. ¶世稱五侯一 以爲奇味焉<西京雜記> 2 청어(青魚).

【鯖車】せいしゃ(청거) 영구차(靈柩車). ¶殯則謂之一<詞林海錯>

8 19 〖鯛〗 도미 조 | 蕭ㄉㄧㄠ (diao) | ちょう (タイ) *sea bream*

8 19 〖鯫〗 1 뱅어 추 2 작을 추 | 尤ㄗㄡˇ 有(zou) | そう, しゅう (ミゴヒ)

8 19 〖鯔〗 숭어 치 | 支ㄗ (zi) | し (ボラ) *mullet*

20 〖鰻〗 鯁(p. 1671)의 本字

9/20 〖鰒〗 전복 복 | 屋ㄈㄨˋ (fu) | ふく(アワビ)

9/20 〖鰓〗 1 아가미 새 2 두려워할 시 | 灰ㄙㄞ (sai) 紙 | さい(エラ) し

20 〖鯹〗 鮏(p.1670)과 同字

9/20 〖鰐〗 악어 악 | 藥ㄜˋ (e) | がく(ワニ) *crocodile*

9/20 〖鰋〗 메기 언 | 阮ㄧㄢˇ (yan) | えん(ナマズ) *catfish*

20 〖鯶〗 鯇(p.1672)과 同字

9/20 〖鯷〗 큰메기 제 | 齊ㄊㄧˊ (ti) | てい(オオナマズ)

【鯷岑】(제잠) 우리 나라의 이칭. ¶惟鴨綠之成形 劃一而爲限<朴寅亮>

9/20 〖鯼〗 조기 종 | 東ㄗㄨㄥ (zong) | そう(イシモチ) *white croaker*

9/20 〖鯽〗 1 붕어 즉·적 2 오징어 적 | 陌ㄐㄧˋ 職 (ji) | せき, しゃく *crucian carp*

9/20 〖鰍〗 미꾸라지 추 | 尤ㄑㄧㄡ (qiu) | しゅう(ドジョウ) *loach*

풀이 ①미꾸라지. 같 鰌. ②밟다. 능가하다. 通 遒.

【鰍魚】(추어) 미꾸라지. 鰌魚(추어). ¶一湯.

20 〖鰌〗 鰍(p.1673)와 同字

9/20 〖鰈〗 1 가자미 탑·첩 2 납자루 첩 3 비늘나란한 모양 삽 | 合ㄉㄧㄝˊ 葉 (die) 葉 葉 合 | とう(カレイ) ちょう しょう そう

【鰈域】ちょういき (첩역) 우리 나라의 이칭. 우리 나라에 가자미가 많이 나므로 이름.

9/20 〖鰕〗 새우 하 | 麻ㄒㄧㄚ (xia) | か(エビ) *shrimp*

20 〖鰥〗 鰥(p.1673)의 訛字

9/20 〖鰉〗 철갑상어 황 | 陽ㄏㄨㄤˊ (huang) | こう

9/20 〖鯸〗 복어 후 | 尤ㄏㄡˊ (hou) | こう(フグ) *globefish*

10/21 〖鰜〗 넙치 겸 | 鹽ㄐㄧㄢ (jian) | けん(カレイ)

10/21 〖鰭〗 지느러미 기 | 支ㄑㄧˊ (qi) | き(ヒレ) *fin*

▷硬一, 鼓一, 尾一, 修一, 鱗一, 振一, 脊一, 捷一, 軒一

10/21 〖鰧〗 쑤기미 등 | 蒸ㄊㄥˊ (teng) | とう(オコゼ)

21 〖鰟〗 魴(p.1670)과 同字

10/21 〖鰣〗 준치 시 | 支ㄕˊ (shi) | じ(ハス)

21 〖魰〗 漁(p.911)와 同字

21 〖鰀〗 鰋(p.1673)과 同字

10/21 〖鰩〗 날치 요 | 蕭ㄧㄠˊ (yao) | よう(トビウオ) *flyingfish*

▷文一

21 〖鮺〗 鮓(p.1670)의 俗字

10/21 〖鰨〗 1 가자미 탑 2 도롱뇽 납 | 合ㄊㄚˋ 合 (ta) | とう(カレイ) のう

10/21 〖鰥〗 1 홀아비 환 本관 2 곤이 곤 | 刪ㄍㄨㄢ (guan) 阮ㄎㄨㄣ (kun) | かん(ヤモオ) こん

풀이 1 ①홀아비. 通 矜 憐. ¶老而無妻曰一<孟子> ②앓다. 通 瘝. ¶一病也<爾雅> ③잠이 오지 않는 모양. ¶一一. ④환어(鰥魚). 눈이 감기지 않는다는 물고기. 근심으로 밤잠을 자지 못하여 뜬눈으로 있다 함. ¶愁似一魚夜不眠<陸游> 2 곤이(鯤鮞). 물고기의 알. 通 鯤.

【鰥寡孤獨】かんかこどく (환과고독) 외롭고 쓸쓸한 사람들. 鰥은 아내 없는 늙은이, 寡는 과부, 孤는 부모가 없는 어린이, 獨은 늙어서 자식 없는 사람. 四窮(사궁).

▷窮一, 貧一, 孀一, 早一

11/22 〖鰹〗 가물치 견 | 先ㄐㄧㄢ (jian) | けん

22 〖鯤〗 鯤(p.1672)과 同字

22 〖鰧〗 鰧(p.1673)과 同字

11/22 〖鰱〗 연어 련 | 先ㄌㄧㄢˊ (lian) | れん *salmon*

11/22 〖鰻〗 뱀장어 만 | 寒ㄇㄢˊ (man) | まん, ばん(ウナギ) *eel*

22 〖鰻〗 鰻(p.1673)과 同字

22【鰒】 鰒(p.1673)과 同字

22【鱄】 鮒(p.1670)와 同字

22【鰲】 鼇(p.1697)의 俗字

11 22【鱅】 용어 용 | 图ㄩㄥˊ (yong) | よう(コノシロ) *hickory shad*

풀이 ①용어. 연어 비슷한 검은 민물고기. ②물고기 이름. 용용(鱅鱅).

22【鯆】 鯆(p.1672)와 同字

11 22【鱄】 1 전어 전 2 물고기 이름 단 | 先ㄓㄨㄢ (zhuan) 寒 | せん たん

풀이 1 ①전어(鱄魚). ¶魚之美者 洞庭之ー<呂覽> ②용상어. 철갑상어과의 물고기. 通鱣. 2 물고기 이름. 붕어 비슷하며 털이 있고 돼지 소리를 내며 흑수(黑水)에 사는데, 이것이 나타나면 큰 가뭄이 든다 함. 같 鱄.

11 22【鰶】 전어 제 | 霽ㄐㄧˋ (ji) | せい(コノシロ) *gizzard shad*

풀이 전어(鰶魚).

22【鰷】 鯈(p.1672)와 同字

11 22【鱁】 창난젓 축 | 屋ㄓㄨˊ (zhu) | ちく

11 22【鰾】 부레 표 | 篠ㄅㄧㄠˇ (biao) | ひょう(ウオノフエ) *air bladder*

12 23【鱖】 쏘가리 궐 궤 | 月ㄍㄨㄟˋ 霽(gui) | けつ けい

12 23【鱗】 비늘 린 | 眞ㄌㄧㄣˊ (lin) | りん(ウロコ) *scale*

풀이 ①비늘. 물고기, 뱀 따위의 비늘. ¶ー甲. ②비늘 있는 동물의 총칭. 특히 물고기, 용 따위. ¶ー潛羽翔<千字文>/ー介. ③비늘 꼴로 된 물건. 이끼. ¶歲久蒼ー甓<蘇軾> ④배열하다. 늘어서 있음. ¶ー集.

【鱗文】(인문) 비늘 무늬.

【鱗物】(인물) 물고기. 鱗蟲(인충).

【鱗鴻】(인홍) 편지. 이소(鯉素)와 안백(雁帛)의 옛일에서 유래.

▷介ー, 巨ー, 驚ー, 枯ー, 錦ー, 文ー, 伏ー, 常ー, 細ー, 魚ー, 逆ー, 龍ー, 銀ー, 片ー, 活ー

23【鱉】 鼈(p.1697)과 同字

23【鱐】 ☞ 魚部 13획(p.1674)

12 23【鱘】 칼철갑상어 심 | 侵ㄒㄩㄣˊ (xun) | しん じん

23【鰐】 鰐(p.1673)의 俗字

12 23【鱒】 송어 준 | 阮ㄗㄨㄣˋ (zun) | そん(マス) *trout*

13 24【鱧】 가물치 례 | 薺ㄌㄧˇ (li) | れい

24【鰻】 鰻(p.1673)과 同字

24【鱨】 嘗(p.312)과 同字

13 24【鱢】 비릴 소 | 豪ㄙㄠ (sao) | そう(ナマグサイ) *fishy*

13 24【鱐】 건어 숙 수 | 屋ㄙㄨˋ 尤(su) | しゅく しゅう

13 24【鱣】 1 철갑상어 전 2 두렁허리 선 | 先ㄓㄢ (zhan) 銑ㄕㄢˋ (shan) | てん せん

【鱣堂】(선당) 교실. 후한(後漢) 때 양진(楊震)이 강의하는 곳에 황새들이 두렁허리 세 마리를 물고 날아왔다는 옛일에서 유래. 講堂(강당). 鱣序(선서).

24【䲒】 蟹(p.1335)와 同字

24【鱞】 鰥(p.1673)과 同字

13 24【鱟】 참게 후 | 宥ㄏㄡˋ (hou) | こう(カブトガニ) *horseshoe crab*

풀이 ①참게. ¶ー狀如惠文冠及熨斗之形<本草綱目> ②무지개. 무지개의 속칭. ¶東ー晴 西ー雨<農政全書>

14 25【鱨】 자가사리 상 | 陽ㄔㄤˊ (chang) | しょう

풀이 자가사리. 황상어(黃鱨魚). 동자개과의 민물고기.

14 25【鱮】 연어 서 | 語ㄒㄩˇ (xu) | しょ *salmon*

15 26【鱵】 공미리 침 | 侵ㄓㄣ (zhen) | しん(サヨリ) *halfbeak*

16 27【鱸】 농어 로 | 虞ㄌㄨˊ (lu) | ろ(スズキ) *sea bass*

27【鱷】 鰐(p.1673)과 同字

29【鱱】 蠣(p.1337)와 同字

19 30【鱺】 1 뱀장어 리 2 가물치 례 | 齊ㄌㄧˊ 霽(li) | れい *eel*

32【鱻】 鱧(p. 1674)와 同字

22【鱻】 1 생선 선 |先 ㄒㄧㄢ | せん
33 2 드물 선 |銑 (xian) | *fish*

鳥<새 조>部

鳥 ① 鳦 ② 鳩 鳯 鳧 鳬 鳫 ③ 鳲 鳴 鳳
鳵 鳶 ④ 鴃 鳺 鴎 鳻 鴇 鴉 鴈 鴆 鴒 鴂
鴆 ⑤ 鴣 鴠 鴒 鴨 鴦 鴐 鴥 鴡 鴟 鴕 鴞
⑥ 鴴 鴲 鴳 鵃 鴽 鴯 鵀 鵄 鴹 鴿 鵆 鴻
鵂 ⑦ 鵑 鵓 鵠 鵟 鵡 鵜 鵝 鵞 鵒 鵓 鵔
⑧ 鶊 鵾 鵯 鵬 鵬 鶄 鵫 鵪 鵷 鵲 鵰 鶉
鵻 ⑨ 鶘 鶩 鶚 鶏 鶗 鶖 鶡 ⑩ 鶲 鶏 鶻
鷇 鶹 鶯 鶵 鶼 鶬 鶬 鶬 鶴 鶴 鶱 ⑪ 鷗
鷞 鷔 鷓 鷟 鷙 ⑫ 鷸 鷺 鷯 鷭 鷩 鷸 鷤
鷦 鷲 鷳 鷯 ⑬ 鸂 鷽 鷹 鸇 鸇 鸄 ⑭ 鸑
鸎 鸒 ⑯ 鸕 ⑰ 鸚 ⑱ 鸛 鸜 ⑲ 鸞 鸝

0【鳥】 1 새 조 |篠 ㄋㄧㄠˇ | ちょう(トリ)
11 2 땅이름 작 |藥 (niao) | *bird*
3 섬 도 |晧 | しゃく とう

풀이 1 ①새. ¶一歌花舞太守醉<歐陽脩> ②별 이름. 주조(朱鳥). 2 땅 이름. 현재의 감숙성(甘肅省) 무위현(武威縣) 남쪽. 3 섬. 通島.

【鳥瞰】ちょうかん(조감) 높은 곳에서 아래를 내려다 봄. 俯瞰(부감). ¶一圖.

【鳥道】ちょうどう(조도) 새의 길이란 뜻으로, 몹시 험하거나 좁은 길. ¶一四百里 以其險絕<華陽國志>

【鳥路】ちょうろ(조로) 새가 날아가는 길이란 뜻으로, 일직선의 길. ¶風雲有一 江漢恨無梁<謝朓>

【鳥籠】ちょうろう(조롱) 새장.

【鳥媒】ちょうばい(조매) ①사냥할 때 다른 새를 꾀어 들이는 새. 후림새. ②새가 꽃가루를 이 꽃 저 꽃으로 매개함. ¶一花.

【鳥面鵠形】ちょうめんこっけい(조면곡형) 굶주려 몹시 야윈 몰골의 형용. 鵠面鳥形(곡면조형). ¶其絕粒久者 一<海錄碎事>

【鳥獸】ちょうじゅう(조수) 날짐승과 길짐승의 총칭. 새, 짐승. 禽獸(금수). ¶一不可與同群<論語>

【鳥語】ちょうご(조어) ①새 울음 소리. 禽語(금어). ②새 소리처럼 알아들을 수 없는 말. ※鴃舌(격설).

【鳥葬】ちょうそう(조장) 시체를 새가 쪼아 먹도록, 들에 내놓는 장사(葬事).

【鳥迹】ちょうせき(조적) ①새 발자국. ②글자. 창힐(蒼頡)이 짐승의 발자취와 새의 발자국을 본떠 한자(漢字)를 만들었다는 옛일에서 유래. 鳥跡(조적).

【鳥篆】ちょうてん(조전) 전자(篆字). 모양이 새의 발자국 비슷하므로 이름.

【鳥中之曾參】ちょうちゅうのそうしん(조중지 증삼) 새들 가운데에 증삼이란 뜻으로, 까마귀를 이름. 증삼은 공자의 고제(高弟)로서 효행이 뛰어났으며, 까마귀는 반포지효(反哺之孝)를 하는 데서 이르는 말. ¶慈鳥復慈烏一<白居易>

【鳥銃】ちょうじゅう(조총) 옛날의 소총. 화승총(火繩銃). ¶宗對馬守義智獻一 朝鮮之有一始此<懲毖錄>

【鳥革翬飛】ちょうかくきひ(조혁휘비) 새가 날개를 펴고, 장끼가 나는 것 같다는 뜻으로, 궁전의 화려함을 이름. 革은 날개, 翬는 꿩. ¶如鳥斯革 如翬斯飛<詩經>

【鳥喙】ちょうかい(조훼) ①새의 부리. ②새의 부리처럼 뾰족한 입. 탐욕적인 인상(人相). ③별 이름. 柳宿(유수).

▷怪一, 窮一, 禽一, 籠一, 丹一, 猛一, 鳴一, 文一, 白一, 凡一, 飛一, 蜚一, 山一, 傷弓之一, 翔一, 瑞一, 小一, 水一, 時一, 野一, 陽一, 魚一, 烏一, 乙一, 益一, 征一, 啼一, 朱一, 翠一, 駝一, 海一, 害一, 玄一, 好一, 花一, 黃一, 孝一, 候一

12【鳥】 焉(p. 939)과 同字

1【鳦】 제비 을 |質 ㄧˋ | いつ(ツバメ)
12 (yi) | *swallow*

13【鳮】 鷄(p. 1681)의 俗字

2【鳩】 비둘기 구 |尤 ㄐㄧㄡ | きゅう, く(ハト)
13 (jiu) | *dove*

同 雄

풀이 ①비둘기. ②모이다. 모음. 通逑. ¶況以一奪耕耘<范椁>/一財. ③편안하게 하다. 편안함. ¶敢使魯無一乎<左氏傳> ④버섯 이름.

【鳩居鵲巢】きゅうきょじゃくそう(구거작소) 비둘기가 제 집을 짓지 않고 까치 집에 들어 산다는 뜻으로, 아내가 남편의 집을 자기 집으로 삼는 데에 비유. 또는, 남의 집을 빌어 사는 일의 비유.

【鳩尾】きゅうび(구미) 명치. 命門(명문).

【鳩槃茶】くはんだ(구반다) ①《佛》 사람의 정기(精氣)를 빼 먹는다는 귀신. 말대가리에 사람의 몸. 범어(梵語) 이름은 동과(冬瓜). ②추물(醜物) 여자를 욕으로 이르는 말.

【鳩首會議】きゅうしゅかいぎ(구수회의) 머리를 맞대고 하는 회의.

【鳩杖】きゅうじょう(구장) ①머리에 비둘기를 새긴, 노인의 지팡이. 옛 중국에서, 나라에 공이 큰 늙은 신하에게 주었음. ②쥐는 쪽에 비둘기를 새긴, 노인의 젓가락. 비둘기처럼 밥을 잘 넘기기를 비는 뜻이 담김.

▷鶻一, 隴上一, 鳴一, 蒙一, 斑一, 爽一, 鳲一, 雎一, 傳書一, 蒼一

13【鳯】 鳳(p. 1676)의 俗字

2【鳧】 오리 부 |虞 ㄈㄨˊ | ふ(アヒル)
13 (fu) | *wild duck*

㊗鳬 ⓓ鳧
풀이①오리. 들오리. ¶—乙. ②산 이름. ¶—繹/—山.
【鳧翁】ふおう(부옹) ①물오리의 목털. ②물오리의 수컷.
【鳧藻】ふそう(부조) 물속의 마름을 만난 물오리라는 뜻으로, 기뻐서 떠듦을 이름. 將帥和睦 士卒—<後漢書>
【鳧趨雀躍】ふすうじゃくやく(부추작약) 뛰며 기뻐함. 鳧趨(부추). ¶聞之者 —<梁涉>
▷家—, 輕—, 飛—, 水—, 睡—, 信—, 野—, 魚—, 游—, 弋—, 渚—, 春—

9【鳬】 鳧(p. 1675)의 俗字

13【鳧】 鳧(p. 1675)와 同字

13【鳫】 雁(p. 1592)과 同字

14【鳰】 鳩(p. 1675)의 訛字

3 14【鳴】 1울 명 2부를 명 |㊥ㄇㄧㄥˊ (ming) | めい(ナク) chirp
풀이1①울다. 새, 짐승의 울음. ¶—鳳在樹<千字文>/—鷄吠狗<史記> ②울리다. ㉮소리가 나다. 소리를 냄. ¶叩之以大者則大—<禮記> ㉯명성을 들날리다. ¶以文—江東<元史> 2부르다. 새가 짝을 부름. ¶—儔嘯匹侶<曹植>
【鳴珂里】めいかり(명가리) ①말굴레 장식 소리가 울리는 마을이란 뜻으로, 귀인이 사는 곳을 이름. ②남의 향리(鄕里)의 존칭. 珂里(가리). 珂鄕(가향). ③당(唐)의 장가정(張嘉貞)이 살던 곳.
【鳴謙】めいけん(명겸) 겸허한 덕이 언행이나 용모에 나타남. ¶— 貞吉<易經>
【鳴鼓攻之】ツヅミヲナラシテコレヲセム(명고공지) 죄를 들추어 공박함. ¶子曰 求 非吾徒也 小子鳴鼓而攻之可也<論語> 「子>
【鳴金】めいきん(명금) 징을 울림. ¶—振旅<孔叢
【鳴禽類】めいきんるい(명금류) 고운 소리로 우는 새의 총칭.
【鳴箭】めいせん(명전) 화살의 한 가지. 살대에 작은 구멍을 뚫어, 날 때에 바람을 받아 소리 나게 한 것. 우는 살. 鳴鏑(명적).
【鳴條】めいじょう(명조) 은(殷)의 탕왕(湯王)이 하(夏)의 걸왕(桀王)을 무찌른 곳. 지금의 산서성 안읍현(安邑縣) 북쪽.
▷鷄—, 孤掌難—, 共—, 群—, 鹿—, 雷—, 飛—, 悲—, 哀—, 嚶—, 蛙—, 牛—, 猿—, 陰—, 耳—, ——, 自—, 長—, 鶴—, 和—

3 14【鳳】 봉새 봉 |㊥ㄈㄥˋ (feng) | ほう(オオトリ) phoenix
㊗凤 ㊗凬
풀이봉새. 봉황의 수컷. 성인(聖人)이 세상에 날 때 함께 나타난다 함. 암컷은 凰. 임금, 신선 등에 관계된 것의 상징으로 씀. ¶—凰/—駕/—車/—蓋/—闕.
【鳳閣】ほうかく(봉각) ①궁궐의 누각. ②당(唐)대 중서성(中書省)의 별칭. ③화려한 누각. ④고관(高官).
【鳳擧】ほうきょ(봉거) ①사신(使臣)이 떠남. ②벼슬 등에서 은퇴함. ③승진함.
【鳳毛】ほうもう(봉모) 뛰어난 문재(文才)나 풍채의 비유. 鳳毛龍角(봉모용각). 鳳毛麟角(봉모인각).
【鳳友】ほうゆう(봉우) 공작(孔雀)의 별칭.
【鳳蝶】ほうちょう(봉접) 호랑나비. 鳳子(봉자).
【鳳凰】ほうおう(봉황) 성인(聖人)이 세상에 나올 때 함께 나타난다는 상상적인 새. 鳳은 수컷, 凰은 암컷. 머리는 닭, 목은 뱀, 턱은 제비, 등은 거북, 꼬리는 물고기 모양이며, 다섯 가지의 빛과 소리를 낸다 함. 鳳皇(봉황). ¶—臺.
【鳳凰來儀】ほうおうらいぎ(봉황내의) 봉황이 와서 의용(儀容)을 보인다는 뜻으로, 태평 세상이 될 조짐. ¶蕭韶九成 —<書經>
▷龜—, 鸞—, 飛—, 祥—, 瑞—, 神—, 靈—, 麟—, 綵—, 翠—

14【鳱】 鳱(p. 1676)와 同字

3 14【鳲】 뻐꾸기 시 |㊥ㄕ (shi) | し cuckoo
【鳲鳩】しきゅう(시구) 뻐꾸기. 郭公(곽공). 尸鳩(시구). 布穀(포곡). ¶—之仁.

14【鳸】 鳲(p. 1676)와 同字

3 14【鳶】 소리개 연 |㊥ㄩㄢ (yuan) | えん(トビ) kite
풀이①소리개. 매과의 새. ②연. 날리는 연. ¶紙—/風—.
【鳶肩】えんけん(연견) 연처럼 위로 솟은 어깨. ¶爲人—豺目<後漢書>
【鳶色】とびいろ(연색) 다갈색.
▷鳴—, 木—, 防牌—, 飛—, 魚—, 鷹—, 鵰—, 紙—, 風—

4 15【鴃】 때까치 격 |㊥ㄐㄩˊ (ju) | げき(モズ)
【鴃舌】げきぜつ(격설) 때까치 소리란 뜻으로, 알아들을 수 없는 데서 오랑캐의 말을 이름. ¶南蠻—之人<孟子>/箇中最是傷心事 —蠻童任意行<松雲遺稿> ※鳥語(조어)②.

4 15【鴂】 1뱁새 결 2접동새 계 |㊥ㄐㄩㄝˊ (jue) | けつ けい

15【鴎】 鷗(p. 1682)의 略字

4 15【鴌】 1㊗성 궉 2봉새 봉
풀이1㊗성(姓). 2봉새. 鳳의 古字.

4 15【鴇】 능에 보 |㊥ㄅㄠˇ (bao) | ほう(ノガン) bustard
풀이①능에. 너새. ㉠鮑. ¶—羽. ②오총

이. 흰 털이 섞인 검은 말. ③창부(倡婦). 너새는 음란하다 함. ④늙은 기생. ¶妓女之老者曰一<通俗編> ⑤기생의 양어미. ¶一母.

4 15【鴉】 갈가마귀 아 |麻 | ㄚ (ya)| あ(ハシブト カラス)

풀이 ①갈가마귀. 같 雅. ②검푸르다. 야청. ¶一幕掛一團氷<楊萬里>/一青.

【鴉鬟】あかん(아환) ①검은 머리. 鴉鬢(아빈). ②쌍상투. ③계집종.

【鴉黃】おう(아황) 누른 분(粉). 옛 여자들이 이마에 발랐음.

▷群一, 歸一, 金一, 亂一, 晚一, 鳴一, 暮一, 鬢一, 山一, 曙一, 赤一, 村一, 雛一, 昏一, 曉一

4 15【鴈】 기러기 안 |諫 | ㄢ (yan)| がん(ガン) wild goose

풀이 ①기러기. 같 雁. ②가짜. 通 贋. ③거위. ¶舒一.

15【鳿】 雄(p.1593)과 同字

15【鳹】 雀(p.1591)과 同字

4 15【鳷】 새매 지 |支 ㄓ (zhi)| し

풀이 ①새매. ②새 이름.

【鳷鵲】しじゃく(지작) ①새 이름. 한(漢) 장제(章帝) 때 조지국(條支國)에서 바친 새. 키가 7척(尺)이며 말을 알아들었다 함. ②한(漢) 무제(武帝) 때 감천궁(甘泉宮) 안에 세운 누대. 鳷鵲觀(지작관). ¶過一 望露塞<史記>

4 15【鴆】 짐새 짐 |沁 ㄓㄣˋ (zhen)| ちん

풀이 ①짐새. 올빼미 비슷한데 중국 남쪽에서 남. 깃에 독이 있어, 그것으로 담근 술을 마시면 죽음. ②짐새 깃으로 담근 술. 짐주(鴆酒). ¶太后怒 乃令人酌兩卮一置前<漢書> ③짐주로 사람을 독살함. ¶一殺.

5 16【鴣】 자고 고 |虞 ㄍㄨ (gu)| こ(シャコ) partridge

5 16【鴠】 산박쥐 단 |翰 ㄉㄢˋ (dan)| たん

5 16【鴒】 할미새 령 |青 ㄌㄧㄥˊ (ling)| れい wagtail

16【鴝】 鴝(p.1676)와 同字

5 16【鴨】 오리 압 |洽 | ㄚ (ya)| おう(アヒル) duck

풀이 ①오리. 집오리. ¶一黃. ②계집종. 비(婢). ¶俗貴鵝賤鴨 故呼婢爲一<中吳紀聞>

【鴨脚樹】おうきゃくじゅ(압각수) 은행나무의 이칭. 公孫樹(공손수).

▷家一, 放一, 鳧一, 水一, 野一, 雛一, 土一, 黃一

16【鴨】 鴨(p.1677)과 同字

5 16【鴦】 원앙 앙 |陽 | ㄤ (yang)| おう(オシドリ) mandarin duck

풀이 원앙. 원앙새의 암컷. 수컷은 원(鴛).

5 16【鴛】 원앙 원 |元 ㄩㄢ (yuan)| えん(オシドリ) mandarin duck

풀이 원앙. 원앙의 수컷. 암컷은 앙(鴦). ¶一鴦交谷 虎澗龍山<左思>

【鴛侶】えんりょ(원려) ①동료 벼슬아치. ②원앙의 자웅(雌雄). 짝. 부부(夫婦).

【鴛鷺】えんろ(원로) ①원앙새와 해오라기. ②관리의 서열. 鵷鷺(원로).

【鴛鴦】えんおう(원앙) ①원앙새. 鴛은 수컷, 鴦은 암컷. ②화목한 부부(夫婦)의 비유. ¶一契/一之契. ③「시경」(詩經) 소아(小雅)의 편 이름.

【鴛鴦衾枕】えんおうきんちん(원앙금침) 원앙을 수놓은 이불과 베개. 부부의 침구.

【鴛列】えんれつ(원열) 조정 백관(百官)의 서열. 鴛行(원항).

【鴛鴦塚】えんおうちょう(원앙총) 서로 사랑하여 간절히 그리워하다 죽은 남녀를 합장한 무덤. 주로 총각, 처녀 사이를 말함.

5 16【鴥】 날 율 |質 ㄩˋ (yu)| いつ fly

풀이 날다. 송골매 따위가 휙 나는 모양. 빨리 낢. 通 鷸. ¶一彼飛隼 其飛戾天<詩經>/一彼晨風 鬱彼北林<詩經>

16【鴪】 鴥(p.1677)과 同字

5 16【鴡】 물수리 저 |魚 ㄐㄩ (ju)| しょ(ミサゴ) osprey

5 16【鴟】 소리개 치 |支 ㄔ (chi)| し(トビ) kite

풀이 ①소리개. 매과의 새. ②올빼미. ③수리부엉이. ④술 담는 그릇. ¶一夷. ⑤방자(放恣)하다. 위세를 부림. ¶一義姦宄<書經>/一肩.

【鴟顧】しこ(치고) ①올빼미처럼 몸은 움직이지 않고 고개만 돌려 돌아봄. ②머리만 좌우로 돌리며 심호흡하는, 양생법(養生法)의 한 가지.

【鴟目虎吻】しもくこふん(치목호문) 올빼미 눈에 호랑이 입술. 사납고 탐욕스러운 인상(人相)의 비유.

【鴟義】しぎ(치의) 올빼미의 짓이란 뜻으로, 악행(惡行)을 이름. ¶罔不寇賊 一姦宄<書經>

【鴟夷】しい(치이) ①말가죽으로 만든 술부대. ②월(越)을 떠난 뒤, 범여(范蠡)의 바꾼 이

름. ※陶朱公(도주공).
【鴟張】しちょう(치장) 올빼미가 날개를 편 것처럼 위세를 부림.
【鴟梟】しきょう(치효) ①올빼미. ②간악한 사람. 鴟鴞(치효).
▷茅一, 伏一, 餓一, 蹲一, 梟一

5 16【鴕】 타조 타 | 歌ㄊㄨㄛˊ (tuo) | だ(ダチョウ) *ostrich*

5 16【鴞】 부엉이 효 | 蕭ㄒㄧㄠ (xiao) | きょう (フクロウ) *owl*

풀이 ①부엉이. ㉠梟. ②수리부엉이. ③짐승 이름. 구오산(鉤吾山)에 깃든다는 동물. 몸은 양, 얼굴은 사람, 이빨은 호랑이, 발톱은 사람 모양인데, 어린아이 같은 소리를 낸다 함. ¶狗一. ④망성어. 물고기 이름.
【鴞音】きょうおん(효음) 흉포(凶暴)한 사람.
【鴞炙】きょうしゃ(효적) 부엉이 구이. 맛이 좋거나 진귀한 음식의 비유.

17【鴴】 鵃(p. 1679)의 俗字

6 17【鴰】 재두루미 괄 | 曷ㄍㄨㄚ (gua) | かつ

6 17【鵁】 해오라기 교 | 肴ㄐㄧㄠ (jiao) | こう

17【鵉】 鸞(p. 1684)의 略字

6 17【鴾】 세가락메추라기 모 | 尤ㄇㄡˊ (mou) | ぼう (フナシウズラ)

6 17【鴽】 세가락메추라기 여 | 魚ㄖㄨˊ (ru) | じょ (フナシウズラ)

17【鴺】 鵜(p. 1679)과 同字

6 17【鴯】 제비 이 | 支ㄦˊ (er) | じ(ツバメ) *swallow*

6 17【鵀】 오디새 임 | 侵ㄖㄣˊ (ren) | じん

6 17【鴺】 1 산계 제 | 齊ㄊㄧˊ | てい 2 날다람쥐 이 | 紙 (ti) | い
풀이 1 ①산계(山鷄). 꿩의 한 가지. ¶鶖一. ②사다새. ¶一胡. 2 날다람쥐. ㉧夷.

17【鵄】 鴟(p. 1677)와 同字

6 17【鴿】 집비둘기 합 | 合ㄍㄜ (ge) | こう (イエバト)

6 17【鴴】 참새 행 | 庚ㄏㄥˊ (heng) | こう(スズメ) *sparrow*

6 17【鴻】 큰기러기 홍 | 東ㄏㄨㄥˊ (hong) | こう (ヒシクイ) *wild goose*

同 鳿

풀이 ①큰기러기. 기러기 비슷한데, 그보다 큰 물새. ¶一鵠高飛<列子> ②㉮크다. ㉠洪. ¶絹一百疋 以表一誠<三國遺事>/一水. ㉯훌륭하다. 뛰어남. ¶永保一名<史記> ③굳세다. 강(强)함. ¶橈之以眡其一殺之稱也<周禮> ④번성하다. ¶神農以一<呂覽> ⑤같다. 같게 함. ¶搏身而一<周禮>
【鴻鵠之志】こうこくノこころざシ(홍곡지 지) 큰 뜻. ¶燕雀安知一哉<史記>
【鴻溝】こうこう(홍구) ①강 이름. 변수(汴水). 지금의 가로하(賈魯河). 하북성(河北省) 형양현(滎陽縣)의 동남을 흐름. 유방(劉邦)과 항우(項羽)가 이 강을 경계로 중국을 둘로 나누어 차지했음. ②경계(境界)를 정하거나 구분하는 일. ※鴻門(홍문).
【鴻均】こうきん(홍균) 세상이 잘 다스려짐. 昇平(승평). ¶夫一之世 何物不樂<王褒>
【鴻基】こうき(홍기) ☞丕基(비기).
【鴻圖】こうと(홍도) ①큰 계획. 鴻謨(홍모). 鴻猷(홍유). ②넓은 영토.
【鴻洞】こうどう(홍동) ①크고 빈 모양. ②깊고 먼 모양. ③연이어 있는 모양.
【鴻臚】こうろ(홍려) 주(周)대 이래 청(淸)말까지 있던, 옛 중국 역대의 벼슬 이름. 주로 외국에서 온 빈객을 접대하는 직무 등을 맡았음. ¶一寺.
【鴻毛】こうもう(홍모) 기러기 털이란 뜻으로, 아주 가벼이 여기는 사물의 비유. ¶是以國權輕於一<戰國策>
【鴻蒙】こうもう(홍몽) ①천지 자연의 원기(元氣). 鴻濛(홍몽). ¶開一之先<淮南子> ②천지가 나누어지기 이전의 상태. 混沌(혼돈). ¶天地未判曰一<書言故事>/一世界.
【鴻門】こうもん(홍문) 중국의 옛 땅 이름. 지금의 섬서성(陝西省) 임동현(臨潼縣)의 동쪽. 유방(劉邦)과 항우(項羽)가 회견한 곳. 우가 방을 죽이려 했으나 실패했음. 鴻門坂(홍문판). ¶一之會.
【鴻生】こうせい(홍생) 큰 선비. 대학자.
【鴻緒】こうしょ(홍서) ①국가 통치의 대업(大業). ②제왕(帝王)의 혈통. 大統(대통). 皇統(황통).
【鴻漸之翼】こうぜんノよく(홍점지 익) 차츰 위로 오르게 하는 날개란 뜻으로, 높은 자리에 오를 수 있는 재능, 또는 큰일을 할 수 있는 기량(器量)의 비유. ¶公孫弘兒寬 皆以一<漢書>
【鴻號】こうごう(홍호) ①크게 드러나는 이름. ②임금의 이름. ¶致吾君於堯舜 熙一於無窮<韓愈>
【鴻荒】こうこう(홍황) 아주 오랜 옛날. 태고(太古). 上古(상고). 洪荒(홍황). 荒古(황고). ¶一之世 聖人惡之<法言>
▷高一, 九一, 歸一, 來一, 飛一, 蜚一, 賓一, 霜一, 小一, 嘶一, 征一, 寒一, 戲一

6
17【鵂】 수리부엉이 휴 | ㉠ㄒㄧㄡ (xiu) | きゅう (ミミズク)

17【鵀】 鵂(p. 1679)와 同字

7
18【鵑】 소쩍새 견 | ㉠ㄐㄩㄢ (juan) | けん (ホトトギス)
㉥鵑 ㉢雗

7
18【鵊】 소쩍새 겹 | ㉠ㄐㄧㄚˊ (jia) | こう (ホトトギス)
풀이 ①소쩍새. 자규(子規). ②떼까마귀. 하계(夏鷄). 최명조(催明鳥). ¶鶪—. ③사람 이름. ¶—治.

7
18【鵠】 1 고니 곡 ㊀혹 2 정곡 곡 3 넓을 호 | ㉠ㄏㄨˊ (hu) ㉠ㄍㄨˇ ㉡(gu) | こく (クグイ) swan こく
㉢雗
풀이 1 ①고니. 백조. ¶鴻—. ②희다. 희게 함. ¶大儀—髮<後漢書> ③땅 이름. ¶從子于—<詩經> 2 ①정곡. 과녁의 한가운데. ¶設其—<周禮>/正—. ②깨닫다. 곧다. ¶—者 覺也 直也<詩經·注> ③까치. ¶鳱—. 3 넓다. 큼. ㉣浩.
【鵠企】こっき (곡기) 고니처럼 목을 빼고 발돋움하여 기다림. 鵠望(곡망). 鵠立(곡립). 鶴望(학망). ¶蒼生所以—西望<晉書>
【鵠面】こくめん (곡면) 굶주려 고니처럼 된 얼굴. 鵠形(곡형). ¶—鳥形猶努力<王惲>
【鵠髮】こくはつ·こうはつ (곡발) 흰 머리털. 白髮(백발). 鶴髮(학발).
【鵠不浴而白】こくはよくセズシテシロシ (곡 불욕이백) 고니는 목욕하지 않아도 희. 바탕이 좋으면 꾸미지 않아도 훌륭함을 이르는 말.
【鵠逝】こくせい (곡서) 고니처럼 멀리 가 버림.
【鵠侍】こくじ (곡시) 고니처럼 꼿꼿이 서서 곁에서 모심. ¶從官皆—於中外<董越>
▷丹—, 白—, 翔—, 正—, 海—, 鴻—, 黃—, 侯—

18【鵄】 鴟(p. 1678)의 本字

7
18【鵟】 수리부엉이 광 | ㉠ㄎㄨㄤˊ (kuang) | きょう (ヨタカ) owl

7
18【鵡】 앵무새 무 | ㉠ㄨˇ (wu) | お (オウム) parrot

7
18【鵓】 집비둘기 발 | ㉠ㄅㄛˊ (bo) | ぼつ (イエバト) dove

7
18【鵝】 거위 아 | ㉠ㄜˊ (e) | が (ガチョウ) goose
㉢鵞 䳘
풀이 ①거위. ②진(陣) 이름.
【鵝口瘡】(아구창) 어린아이의 입 안이나 혓바닥 또는 잇몸이 허는 병. 牙口瘡(아구창).
【鵝眼】ががん (아안) 질이 낮은 돈 이름. 남조(南朝) 송(宋)대에 사주(私鑄)한 구멍 있는 쇠돈. 鵝眼錢(아안전).
【鵝湖】がこ (아호) 주희(朱熹)가 여조겸(呂祖謙) 및 육구연(陸九淵)의 형제와 학문을 강(講)하던 산 이름. 강서성(江西省) 연산현(鉛山縣)의 북쪽.
【鵝黃】がこう (아황) ①거위 새끼. ②거위 새끼의 털빛처럼 노랗고 아름다운 것의 형용. ③ ☞鵝黃酒(아황주). ¶— 漢中酒名<陸游> ④국화. ⑤버들.
【鵝黃酒】がこうしゅ (아황주) 노랑빛이 도는 좋은 술. 거위 새끼가 노란 것에 비유. 鵝黃(아황)③.
▷駕—, 鶴—, 白—, 野—, 銀—, 鬪—, 換—

18【鵞】 鵝(p. 1679)와 同字
18【鵶】 鴉(p. 1682)과 同字
18【鴨】 鴨(p. 1677)과 同字
18【鵖】 鴨(p. 1677)과 同字

7
18【鵒】 구관조 욕 | ㉠ㄩˋ (yu) | よく (キュウカンチョウ)

7
18【鵜】 접동새 제 | ㉠ㄊㄧˊ (ti) | てい (ガランチョウ)
풀이 ①접동새. 두견이. ¶—鴂. ②사다새. ¶—鶘.

7
18【鵔】 금계 준 | ㉠ㄒㄩㄣˋ (xun) | しゅん (キンケイチョウ)
풀이 ①금계(錦鷄). 적치(赤雉). ¶—鸃. ②관(冠) 이름.

18【鵜】 雉(p. 1594)의 古字

8
19【鶊】 꾀꼬리 경 | ㉠ㄍㄥ (geng) | こう (ウグイス) oriole

19【鶏】 鷄(p. 1681)의 略字

8
19【鵾】 곤계 곤 | ㉠ㄎㄨㄣ (kun) | こん (コンケイ)
풀이 곤계(鵾鷄). 댓닭. 두루미 비슷한 황백색의 새. ㉤昆 鶤.
【鵾絃】こんげん (곤현) 거문고 줄. 곤계의 울음 소리가 거문고 소리처럼 구슬픈 데에 비유. 昆弦(곤현).

8
19【鵼】 새 이름 공 | ㉠ㄎㄨㄥ (kong) | こう
풀이 새 이름. 이것이 나타나면 불길하다는 괴조(怪鳥).

8 19 【鵩】 새 이름 복 | 屋ㄈㄨˊ (fu) | ふく

풀이 새 이름. 올빼미 비슷하며 그 우는 소리를 들으면 불길하다는 흉조(凶鳥). ¶一似鴞 不祥鳥也<賈誼>

8 19 【鵬】 1 붕새 붕 | 蒸ㄆㄥˊ (peng) | ほう (オオトリ)
2 봉새 봉 | 送

풀이 1 붕새. 전설적인 새 중 가장 큰 것. 날개 길이가 3천리인데, 그것을 한 번 치면 9만 리를 난다고 함. ¶一之背 不知其幾千里也<莊子>/一鯤/一擧. 2 봉새. ㉠鳳.

【鵬圖】ほうと (붕도) 붕새가 한 번에 구만리 장천을 날고자 하는 큰 계획이란 뜻으로, 큰 사업 또는 큰 뜻의 비유.

【鵬程】ほうてい (붕정) ①붕새가 날아간 길이란 뜻으로, 머나먼 길을 이름. ¶一萬里. ②대인(大人)의 행실.

▷鯤一, 大一, 圖南一, 搏一, 垂天一

8 19 【鵯】 갈가마귀 비 | 支ㄅㄟ (bei) | ひ
필 | 質ㄆㄧ (pi) | ひつ

【鵯鶋】ひきょう (비겹) 갈가마귀. 夏鷄(하계). 催明鳥(최명조).

8 19 【鶉】 1 메추라기 순 | 眞ㄔㄨㄣˊ (chun) | じゅん (ウズラ) *quail*
2 수리 단 | 寒 | たん(ワシ)

풀이 1 ㉠雜. ①메추라기. ②별 이름. ¶一火. ③해지다. ¶一衣. ④아름답다. 通醇. 2 수리. 매과의 새.

【鶉居】じゅんきょ (순거) ①메추라기처럼 집 없이 떠돌며 삶. ②관중(關中). 위수(渭水) 유역의 들. ¶關中謂之一<漢書>

▷丹一, 百一, 飛一, 鵪一, 懸一, 化一

19 【鵶】 雅(p.1591)와 同字

8 19 【鵪】 세가락메추라기 암 | 覃ㄢ (an) | あん (フナシウズラ)

8 19 【鵷】 원추새 원 | 元ㄩㄢ (yuan) | えん

【鵷鷺】えんろ (원로) ①원추새와 해오라기. 이것들의 움직임이 조용하고 생김새가 우아(優雅)한 데서, 조정에 늘어선 백관의 질서 정연함을 이름. 鴛鷺(원로). 鵷鴻(원홍). ②문관(文官)의 비유.

【鵷扶】えんぷ (원부) 토끼의 이칭.

【鵷雛】えんすう (원추) 원추새. 상상적인 새. 봉황의 한 가지.

【鵷閤】えんこう (원합) 중서성(中書省)의 별칭.

【鵷行】えんこう (원항) 백관의 반열(班列).

8 19 【鵲】 까치 작 | 藥ㄑㄩㄝˋ (que) | じゃく (カササギ) *magpie*

【鵲鏡】じゃっきょう (작경) 뒷면에 까치 모양을 주조(鑄造)한 옛 동경(銅鏡). 옛날, 한 부부가 헤어질 때 이 거울을 깨어 반쪽씩 가지고 신표(信標)로 삼았는데, 아내가 딴 남자와 관계하자, 그 거울 조각이 까치로 변하여 남편 앞에 날아왔다는 전설에 따라, 거울 뒷면에 까치를 새겨 넣게 됨.

【鵲報】じゃくほう (작보) 까치 소리는 길조(吉兆)라 하여, 기쁜 소식을 이름. ¶皆爲喜兆 故謂靈一喜<開元天寶遺事>

【鵲巢】じゃくそう (작소) ①까치 둥우리. ②남편의 집. 또는, 그것을 아내가 제 집으로 삼고 삶. ③「시경」의 편 이름.

【鵲巢鳩居】じゃくそうきゅうきょ (작소구거) 까치집에서 비둘기가 산다는 뜻으로, 남의 지위를 빼앗음의 비유.

【鵲巢大理之庭】カササギだいりノニワニスクウ (작소 대리지정) 까치가 감옥 뜰에 집을 짓다는 뜻으로, 죄인이 없는 태평 세월을 이름.

【鵲語】じゃくご (작어) 까치가 우는 소리. 길조(吉兆)라 함. 鵲聲(작성). 鵲噪(작조).

▷乾一, 孤一, 鵠一, 群一, 山一, 宋一, 馴一, 烏一, 月下一, 乳一, 朱一, 扁一, 喜一

8 19 【鵰】 수리 조 | 蕭ㄉㄧㄠ (diao) | ちょう(ワシ) *vulture*

【鵰鶚】ちょうがく (조악) ①수리와 물수리. 사나운 새들인데, 재력(才力)이 큼의 비유. ②골짜기 이름. 하북성(河北省) 용관현(龍關縣) 동쪽에 있으며, 교통의 요지.

8 19 【鶄】 해오라기 청 | 庚ㄐㄧㄥ (jing) | せい (ゴイサギ) *white heron*

8 19 【鵻】 염주비둘기 추 | 支ㄓㄨㄟ (zhui) | すい(ジュズカケバト)

풀이 ①염주비둘기. 호도애. 청구(青鳩). ¶一其. ②메추라기.

9 20 【鶤】 댓닭 곤 | 元ㄎㄨㄣ (kun) | こん

풀이 ①댓닭. 곤계(鶤鷄). ㉠鵾. ¶一鷄飛八百里<李善> ②봉황의 이칭.

9 20 【鶩】 집오리 목 | 屋ㄨˋ (wu) | ぼく(アヒル) *duck*
무 | 遇

풀이 ①집오리. ¶刻鵠不成 尙類一<後漢書> ②순일(純一)하다. 마음 따위가 한결같음. ¶一一無它心 故庶人以鶩爲贄<說苑> ③달리다. 通騖. ¶騁一兮江皐<楚辭>

20 【鵞】 鵝(p.1676)의 俗字

20 【鶏】 鷄(p.1683)과 同字

9 20 【鶚】 물수리 악 | 藥ㄜˋ (e) | がく(ミサゴ) *osprey*

【鶚薦】がくせん (악천) 뛰어난 사람을 천거함.

20【鷔】 鳶(p.1676)과 同字

20【鶡】 顋(p.1626)과 同字

9 20【鶢】 새 이름 원 |㊥ㄩㄢˊ (yuan)|えん
풀이 새 이름. 봉황 비슷한 바다새. ㉠ 爰.
¶—鶋避風 候雁造江<左思>

9 20【鶗】 접동새 제 |㊥ㄊㄧˊ (ti)|てい (ホトトギス) *cuckoo*
풀이 ①접동새. 두견이. ②매.
【鶗肩】ていけん(제견) 매. 매과의 사나운 새.

20【鶗】 鶗(p.1676)와 同字

9 20【鶖】 무수리 추 |㊥ㄑㄧㄡ (qiu)|しゅう (シマツドリ)
풀이 무수리. 황새과의 물새. ¶有—在梁<詩經>

9 20【鶡】 ①새 이름 할 ㊥ㄏㄜˊ (he) かつ ②파랑새 분 ㊥ ふん
풀이 ①새 이름. 성질이 용맹하여 옛날 무관들이 그 꽁지 깃을 관의 장식으로 씀. ¶—鴠晤夜鳴<鹽鐵論> ②파랑새. 몸집이 큰 영조(靈鳥).
【鶡冠】かつかん(할관) 할새의 꽁지 깃으로 꾸민 관. 옛날, 무관(武官)이나 은사(隱士)가 썼음.

20【鳳】 凰(p.191)과 同字

10 21【鶼】 ①비익조 겸 ㊥ㄐㄧㄢ (jian) けん ②쫄 감 ㊥ かん
풀이 ①비익조(比翼鳥). 암수가 짝을 지어야 날 수 있다는 새. 오리 비슷하며 청홍색이라 함. 금실 좋은 부부의 비유로 씀. ¶南方有比翼鳥焉 不比不飛 其名謂之——<爾雅> ②쪼다. 새가 모이 따위를 쫌.

10 21【鷄】 닭 계 |㊥ㄐㄧ (ji)|けい(ニワトリ) *chicken*
㊣鶏 ㊞雞
【鷄姦】けいかん(계간) 비역. 남색(男色).
【鷄冠】けいかん(계관) ①닭의 볏. ②맨드라미. ③닭털로 장식한 관(冠). ¶冠雄鷄 佩豭豚<史記>
【鷄口】けいこう(계구) ①닭의 부리. ②작은 무리 중 우두머리의 비유. ¶寧爲— 無爲牛後<戰國策> ↔牛後(우후).
【鷄肋】けいろく(계륵) ①닭의 갈비뼈. ②쓸모 없지만 버리기는 아까운 것. ¶夫— 食之則無所得 棄之則如可惜<後漢書>
【鷄林】けいりん(계림) ①경주(慶州)에 있는 숲 이름. 김알지(金閼知)가 태어난 곳이라 함. 시림(始林). 구림(鳩林). ¶有鷄怪 改始林名—<東國通鑑> ②경주의 이칭. ③우리 나라의 이칭. ¶—雜傳<金大問>/—類事<孫穆>
【鷄林八道】けいりんはちどう(계림팔도) 우리 나라의 이칭. 鷄林(계림)③.
【鷄盲】けいもう(계맹) ☞夜盲(야맹).

【鷄鳴狗盜】けいめいくとう(계명구도) 천한 재주. 또는, 그런 재주도 쓰일 때가 있음의 비유.
유래 전국 시대 제(齊)의 맹상군(孟嘗君)이 진(秦)의 소왕(昭王)에게 초빙되었다가 갇혔을 때, 수행한 식객 중에 절도질 잘하는 재주를 가진 자가 값진 흰 여우 갖옷을 훔쳐 왕의 총희에게 바쳐 맹상군을 풀려나게 했고, 일행이 도망 중 밤에 함곡관(函谷關)에 이르렀을 때, 새벽이 되지 않았는데 식객 하나가 닭 울음 소리를 흉내 내니, 집집의 닭들이 덩달아 울어 관문이 열려서 무사히 빠져 나갔다.<史記>

【鷄鳴狗吠】けいめいこうはい(계명구폐) ①닭이 울고 개가 짖는다는 뜻으로, 인가(人家)가 있음을 이르는 말. ②모든 소리. ¶雖風聲鶴唳 —皆可得而書矣<訓民正音>
【鷄鳴酒】けいめいしゅ(계명주) 하룻밤새에 빚은 술. 一夜酒(일야주). ¶今日作 明日鷄時熟 謂之—<食經>
【鷄鳴之助】けいめいノタスケ(계명지 조) 현명한 내조(內助). 후비(后妃)의
【鷄晨】けいしん(계신) 닭이 울어 새벽을 알림. 또는, 새벽.
【鷄眼】けいがん(계안) 티눈.
【鷄窓】けいそう(계창) 독서실의 이칭. ¶—夜可讀<范成大>
【鷄初鳴】ニワトリハジメテナク(계초명) 새벽에 닭이 처음으로 시간을 알림. 또는, 닭이 처음 울 무렵. ¶婦事舅姑 如事父母 —咸盥漱 櫛縰笄總<禮記>
【鷄皮鶴髮】けいひかくはつ(계피학발) 오톨도톨한 닭살 피부와 학의 털처럼 흰 머리란 뜻으로, 노인을 이름. ¶刻木牽絲作老翁 —與眞同<梁鍠>
▷家—, 軍—, 群—, 金—, 牡—, 伏—, 野—, 養—, 矮—, 長尾—, 黃—

10 21【鶻】 ①송골매 골 ㊥ㄍㄨˇ (gu) こつ (カムリドリ) *hawk* ②나라이름 홀 ㊥ㄏㄨˊ (hu)
풀이 ①①송골매. ¶犬馬鷹—<唐書> ②산비둘기. 반구(斑鳩). ¶—鳩. ②나라 이름. 회흘(回紇). 위구르(Uigur). ¶回—.

10 21【鷇】 ①새 새끼 구 ㊥ㄎㄡˋ (kou) こう (ヒナ) ②깰 각 ㊥ かく
풀이 ①①새의 새끼. 여새과의 새끼. 꿩과의 새끼는 雛. ¶鳥翼—卵<國語> ②기르다. 먹이를 먹여 기름. ¶風胎雨—<揚雄> ②깨다. 알에서 갓 깨어난 새끼. ¶其以爲異於—音<莊子>

21〖鵞〗 鶯(p. 1680)의 俗字

10 21〖鶠〗 세가락메추라기 안 |諫 ㄧㄢ (yan)|あん(フナシウズラ)

10 21〖鶯〗 꾀꼬리 앵 |庚 ㄧㄥ (ying)|おう(ウグイス)

풀이 ①꾀꼬리. 황조(黃鳥). ¶一燕從雙棲<喬知之>/綠樹——語<杜牧> ②새 깃의 아름다운 모양. ¶交交桑扈 有一其羽<詩經>

【鶯燕】おうえん(앵연) ①꾀꼬리와 제비. ¶一春一不曾來<鄭起> ②기녀(妓女). 창녀. ¶鏡中一老年華<楊維楨>/一地.

【鶯遷】おうせん(앵천) 꾀꼬리가 골짜기에서 나와 높은 나뭇가지로 옮겨 앉는다는 뜻으로, 과거(科擧) 급제를 이름. 또는, 승진 등을 축하하는 말로도 씀. ¶姓名舊在一榜<王禹偁> ↔鶯谷(앵곡).

▷籠一, 晚一, 殘一, 啼一, 春一, 黃一

10 21〖鶸〗 댓닭 약 |藥 ㄖㄨㄛˋ (ruo)|じゃく(トウマル)

풀이 댓닭. 곤계(鶤鷄). 크고 기운이 세며 사나와 투계(鬪鷄)로 씀.

10 21〖鷁〗 칠면조 역 |錫 ㄧˋ (yi)|げき(シチメンチョウ) *turkey*

풀이 ①칠면조. ¶綬鳥 一名一 亦或謂之吐綬<埤雅> ②타래난초. 수초(綬草). ¶邛有旨一<詩經>

10 21〖鷂〗 새매 요 |嘯 ㄧㄠˋ (yao)|よう(ハイタカ)

풀이 ①새매. ¶布穀久復爲一也<列子> ②오색의 꿩. ¶五采皆備成章 曰一<爾雅>

10 21〖鷁〗 새 이름 익 本 역 |錫 ㄧˋ (yi)|げき

풀이 ①새 이름. 익조(鷁鳥). 백로 비슷한 물새. 풍파에 잘 견딤. ②배.

【鷁首】げきしゅ(익수) 익조(鷁鳥)의 머리. 또는, 뱃머리에 익조를 새기거나 그린 배. ¶龍舟一 浮吹以娛<淮南子>

10 21〖鶬〗 왜가리 창 |陽 ㄘㄤ (cang)|そう(マナヅル) *heron*

풀이 ①왜가리. 백로과의 두루미. ¶一鴰. ②꾀꼬리.

10 21〖鶺〗 할미새 척 |錫 ㄐㄧˊ (ji)|せき(セキレイ) *wagtail*

10 21〖鶴〗 학 학 |藥 ㄏㄜˋ (he)|かく(ツル) *crane*

풀이 ①학. 두루미. ¶一壽千年也未神<王建> ②희다. 또는, 흰색의 비유. ¶清秋一髮翁<杜甫> ③호미의 머리. ¶其柄曰欘 頭曰一<釋名>

【鶴駕】かくが(학가) ①태자(太子)가 타는 수레. ②신선(神仙)이 탄다는 수레.

【鶴宮】かくきゅう(학궁) ①태자(太子)의 궁전. ②태자의 존칭. 東宮(동궁). 鶴禁(학금).

【鶴禁】かくきん(학금) ☞鶴宮(학궁).

【鶴唳】かくれい(학려) ①학이 우는 소리. ¶風聲一. ②처절하고 쓸쓸한 문장이나 말의 비유. ¶華亭一 豈可復聞乎<晋書>

【鶴林】かくりん(학림) ①《佛》 석가가 입적(入寂)한 사라쌍수(娑羅雙樹) 숲의 이칭. ②절. 사찰(寺刹).

【鶴壽】かくじゅ(학수) 학이 천 년 동안 산다 하여, 사람의 장수(長壽)를 이름.

【鶴首苦待】かくしゅくたい(학수고대) 학의 목처럼 목을 길게 빼어 기다린다는 뜻으로, 몹시 애타게 기다림을 이름.

【鶴膝】かくしつ(학슬) ①한시(漢詩) 팔병(八病)의 하나. 오언시(五言詩)에서 제1구 제5자와 제3구 제5자에 같은 성음의 평성자(平聲字)를 쓰는 일. ②한시 평측법(平仄法)의 한 가지. 칠언시(七言詩)에서 제5자, 오언시에서 제3자에 측성(仄聲)을 쓰는 일. ③창날. 그 모양이 학의 정강이와 비슷하므로 이름.

【鶴翼】かくよく(학익) ①학의 날개. ②학이 날개를 활짝 편 것처럼 좌우로 벌인 진형(陣形). 鶴列(학렬). 鶴翼陣(학익진). ※魚鱗(어린).

「鵠鼎(곡정).

【鶴鼎】かくてい(학정) 대신(大臣)의 직위를 이름.

【鶴頂】かくちょう(학정) ①학의 정수리. ②탕건(宕巾)의 윗이마. ③명아주의 이칭. 학정초(鶴頂草).

【鶴氅衣】かくしょうい(학창의) 전에 선비들이 입던 겉옷의 하나. 흰 창의에 검은 헝겊으로 가선을 대어 만든 옷.

▷孤一, 群鷄一一, 琴一, 舞一, 白一, 飛一, 翔一, 瑞一, 野一, 唳一, 玄一, 皓一, 黃一

10 21〖騫〗 날아오를 헌 |元 ㄒㄧㄢ (xian)|けん *fly up*

11 21〖鷗〗 갈매기 구 우 |虞 尤 ㄡ (ou)|く(カモメ) *sea gull* おう

【鷗盟】おうめい(구맹) ①속세를 떠난 풍류적인 사귐. 鷺約(노약). ¶浩蕩一久未寒<朱熹> ②은거하여 갈매기와 벗함. ¶此心吾與白一<黃庭堅>

▷輕一, 鷺一, 盟一, 白一, 飛一, 沙一, 翔一, 水一, 夜一, 海一

22〖鷗〗 鷗(p. 1682)와 同字

22〖鷞〗 鸍(p. 1684)와 同字

11 22〖鷞〗 1 새 이름 상 2 매 상 |陽 ㄕㄨㄤ (shuang) 養|そう しょう

풀이 1 새 이름. 서방(西方)을 지키는 신조(神鳥). 2 매. 通爽.

【鷞鳩】しょうきゅう(상구) ①매의 한 가지. ②옛 중국

의 벼슬 이름. 소호씨(少皥氏) 때의 사구(司寇)의 직(職). 爽鳩(상구).

11 22 【鷖】 1 갈매기 예 (yi) えい(カモメ) sea gull
2 검푸른빛 예

풀이 1 ①갈매기. ¶鳧一在涇<詩經> ②봉황의 별칭. ¶駟玉虬以乘一兮 溘埃風余上征<楚辭> 2 검푸른빛. ¶彫面一總<周禮>

【鷖轄】えい(예로) 영구차(靈柩車). ¶懷蜃衛而延首 想一而撫心<謝朓>

11 22 【鷓】 자고 자 ㄓㄜˋ (zhe) しゃ(シャコ) partridge

11 22 【鷟】 자색 봉황 작 ㄓㄨㄛˊ (zhuo) さく phoenix

풀이 ①자색 봉황. ¶紫鳳曰一<禽經> ②오리 비슷하나 몸이 더 큰 새.

11 22 【鷙】 1 맹금 지 ㄓˋ (zhi) し(アラドリ)
2 순종 아니할 치

풀이 1 ①맹금. 매, 수리 따위. ¶一鳥之不群兮 自前世而固然<楚辭> ②치다. 공격함. ¶湯武善御衆 故無忿一之師<後漢書> ③사납다. 용맹함. 2 순종하지 않다. 반발하다. ¶闌扼一曼 距扼頓遲也<釋文>

▷剛一, 擊一, 趫一, 猛一, 搏一, 猜一, 勇一, 忍一, 殘一, 沈一, 卓一, 虎一

22 【𪈁】 雉(p.1594)와 同字

12 23 【鷮】 긴꽁지꿩 교 ㄐㄧㄠ (jiao) きょう(オオヤマドリ) pheasant

풀이 긴꽁지꿩. 通 喬. ¶依彼平林 有集維一<詩經>

【鷮息】きょうそく(교식) 도가(道家)의 양생법(養生法)의 한 가지. 목을 구부리고 호흡을 길고 깊게 함.

12 23 【鷺】 해오라기 로 ㄌㄨˋ (lu) ろ(サギ) heron

【鷺約】ろやく(노약) 속세를 떠난 풍류적인 사귐. 鷗盟(구맹)①. ¶一堤風月 六橋煙水 一鷗盟在<高觀國>

▷鷗一, 鸞一, 眠一, 白一, 鳧一, 飛一, 沙一, 翔一, 烏一, 汀一

12 23 【鷯】 1 뱁새 료 ㄌㄧㄠˊ (liao) りょう
2 메추라기 료

12 23 【鷭】 새 이름 번 ㄈㄢˊ (fan) はん

풀이 새 이름. 칠면조 비슷한 새. ¶一鵲.

12 23 【鷩】 금계 별 ㄅㄧˋ (bi) べつ(キンケイチョウ)

풀이 금계(錦鷄·金鷄). 볏이 누런 꿩의 한 가지.

12 23 【鷫】 새 이름 숙 ㄙㄨˋ (su) しゅく

풀이 새 이름. 서쪽을 지킨다는 신조(神鳥). 같 肅. ¶西風涼透一鷞袍<剪燈新話>

12 23 【鷣】 새매 음 ㄧㄣˊ (yin) いん(ハイタカ)

12 23 【鷦】 뱁새 초 ㄐㄧㄠ (jiao) しょう(サザキ)

【鷦鷯】しょうりょう(초료) ①뱁새. 황두조(黃脰鳥). 巧婦鳥(교부조). ¶一巢於深林 不過一枝<莊子> ②굴뚝새.

12 23 【鷲】 독수리 취 ㄐㄧㄡˋ (jiu) しゅう(ワシ) eagle

풀이 독수리. 같 就. ¶鷲悍多力 盤旋空中 無細不覩 阜鵰 卽一也<本草綱目>

【鷲瓦】(취와) 대마루 양쪽 끝에 세우는 장식 기와. 망새. 鷲頭(취두).

23 【鹫】 鷲(p.1683)와 同字

12 23 【鷳】 소리개 한 ㄒㄧㄢˊ (xian) かん(トビ) kite
同 鷴

풀이 ①소리개. 매과에 딸린 사나운 새. ②흰꿩. 백한(白鷳). 흰 빛에 검은 점이 있으며, 부리와 발톱이 붉은 꿩의 한 가지.

23 【鷴】 鷳(p.1683)과 同字

23 【鷼】 鴻(p.1678)과 同字

12 23 【鷸】 1 도요새 휼 ㄩˋ (yu) いつ(シギ) snipe
本 율
2 새매 술 しゅつ

풀이 1 ①도요새. ¶兩爭不解 一蚌相持<書言故事> ②물총새. 물새의 한 가지. ¶鄭子華之弟子臧出奔宋 好聚一冠<左氏傳> 2 새매. ¶一子.

【鷸冠】いっかん(휼관) 물총새의 깃으로 장식한 관(冠). 그 새는 비가 내릴 줄을 미리 안다고 하여 천문(天文)을 담당한, 옛 중국의 관리가 썼음.

【鷸蚌之爭】いつぼうのあらそい(휼방지 쟁) 도요새와 조개의 다툼이란 뜻으로, 둘이 서로 다투다가 이익을 제삼자에게 빼앗김의 비유. 鷸蚌相持(휼방상지). 蚌鷸之勢(방휼지 세). 鷸蚌相爭(휼방상쟁). ※漁父之利(어부지 리).

13 24 【鸂】 비오리 계 ㄒㄧ (xi) けい goosander

24 【鸍】 鶺(p.1681)과 同字

13 24 【鷿】 농병아리 벽 | 錫ㄆㄧˋ (pi) | へき (カイツムリ) dabchick

【鷿鷈】へきてい(벽제) 농병아리. 되강오리. 鸊鷉(벽제).

24 【鸊】 鷿(p.1684)과 同字

13 24 【鷹】 매 응 | 蒸ㄧㄥ (ying) | よう(タカ) *hawk*

【鷹犬】ようけん(응견) ①매와 개. ②매와 사냥개를 부려 사냥함. ③하수인(下手人). 走狗(주구). ④부릴 만한 재능이 있는 사람의 비유.

【鷹揚】ようよう(응양) ①매처럼 높이 날아오른다는 뜻으로, 무용(武勇)을 떨침의 비유. ②이름을 떨침. ③용감한 병사. ¶一之校 螭虎之士<班固>

【鷹鸇之志】ようせんのこころざし(응전지 지) 매나 새매가 새를 잡듯이, 위세를 떨치고자 하는 지기(志氣).

【鷹爪】ようそう(응조) ①매발톱. ②차의 이칭. 차잎의 눈 모양이 매 발톱처럼 생겼으므로 이름. ¶自攜一芽 來試魚眼湯<黃庭堅>

▷角一, 勁一, 奇一, 饑一, 籠一, 名一, 放一, 白一, 鴿一, 飛一, 眼如一, 野一, 良一, 養一, 魚一, 如養一, 雀一, 顫一, 鵰一, 隼一, 蒼一, 秋一, 虎一, 黃一, 黑一

13 24 【鷾】 제비 의 | 寘ㄧˊ (yi) | い(ツバメ) *swallow*

【鷾鴯巾】いじきん(의이건) 제비 꼬리처럼 생긴 건(巾).

13 24 【鸇】 새매 전 | 先ㄓㄢ (zhan) | せん (ハヤブサ)

13 24 【鷽】 메까치 학 | 覺ㄒㄩㄝˊ (xue) | かく (ウソ)

풀이 ①메까치. 산작(山鵲). ②작은 비둘기. ¶一鳩.

14 25 【鸑】 새 이름 악 | 覺ㄩㄝˋ (yue) | がく

풀이 ①새 이름. 신조(神鳥)의 한 가지. ¶一鷟鳴岐 周道隆興<魏志> ②오리 비슷한 새.

14 25 【鸎】 꾀꼬리 앵 | 庚ㄧㄥ (ying) | おう (ウグイス) *oriole*

풀이 ①꾀꼬리. 황조(黃鳥). ㉠鶯. ②굴뚝새. 초료(鷦鷯).

14 25 【鸒】 갈가마귀 여 | 御 魚 ㄩˊ (yu) | よ(ハシブト ガラス) *jackdaw*

25 【鸓】 鸒(p.1684)와 同字

26 【鸖】 鸛(p.1684)의 略字

16 27 【鸕】 가마우지 로 | 虞ㄌㄨˊ (lu) | ろ (シマツドリ)

27 【鸛】 燕(p.954)과 同字

27 【鸖】 鶴(p.1682)과 同字

28 【鸘】 鷞(p.1682)과 同字

17 28 【鸚】 앵무새 앵 | 庚ㄧㄥ (ying) | おう(オウム) *parrot*

【鸚哥】おうか(앵가) 잉꼬.

【鸚鵡】おうむ(앵무) 앵무새.

18 29 【鸛】 ①황새 관 ②구관조 권 | 翰ㄍㄨㄢˋ (guan) 先 | かん (コウノトリ) *stork* けん

풀이 1 ①황새. ②떼까마귀. 2 구관조. ¶有一鵒來巢<公羊傳>

18 29 【鸜】 구관조 구 | 虞ㄑㄩˊ (qu) | く *myna bird*

【鸜鵒】くよく(구욕) 구관조(九官鳥).

【鸜鵒眼】くよくがん(구욕안) 구관조의 눈 모양을 아로새긴 진귀한 벼루 이름.

19 30 【鸞】 난새 란 | 寒ㄌㄨㄢˊ (luan) | らん

풀이 ①난새. 봉황의 한 가지인 영조(靈鳥). 닭 비슷한데, 털은 붉은 바탕에 오채(五彩)가 섞였으며, 소리는 오음(五音)에 맞는다 함. ¶和一雝雝<詩經> ②방울. 천자 수레의 말고삐에 다는 방울. ¶以一和爲節<周禮> ③임금의 수레. ¶一輿迴出仙門柳<王維>

【鸞駕】らんが(난가) 임금의 수레. 鸞輿(난여). 鸞車(난거)②. 鸞輅(난로). 鸞軫(난진). 輦(연).

【鸞閣】らんかく(난각) 누각(樓閣). 누각의 지붕 위에 난새 형상을 세우므로 이름.

【鸞車】らんしゃ(난거) ①순(舜)임금의 수레. ②☞鸞駕(난가).

【鸞鏡】らんきょう(난경) 난새를 뒷면에 새긴 거울. 또는, 거울의 총칭.

【鸞旗】らんき(난기) 천자의 기.

【鸞鷺】らんろ(난로) 난새와 해오라기라는 뜻으로, 귀인이나 현관(顯官)의 위의(威儀)의 비유. ¶一振羽儀 飛翻拂旆旌<楊衡>

▷鳴一, 文一, 鳳一, 飛一, 祥一, 錫一, 繡一, 神一, 紫一, 彩一

19 30 【鸝】 꾀꼬리 리 | 支ㄌㄧˊ (li) | り (ウグイス) *oriole*

35 【鸜】 鴿(p.1677)과 同字

鹵<염전 로>部

鹵 ⑨ 鹹 ⑩ 鹺 ⑬ 鹼 鹽

0
11【鹵】 소금 로 | ㊥ㄌㄨˇ (lu) | ろ salt

풀이 1 ①소금. 천연의 소금. 인조(人造) 소금은 鹽이라 함. ¶天生曰— 人生曰鹽<說文> ②소금밭. 염밭. 염전(鹽田). ¶常困於蓮勺—中<漢書> ③어리석다. 우둔(愚鈍)함. ¶小臣信頑—<劉楨> ④거칠다. 조잡(粗雜)함. ¶—莽. ⑤노략질하다. ¶—御物<史記> ⑥방패. ㊀櫓. ¶流血漂—<戰國策>

【鹵掠】ろりゃく(노략) 사람과 재물을 약탈함. 擄掠(노략). ¶所過毋得—<漢書>

【鹵簿】ろぼ(노부) 거둥 행렬.

【鹵楯】ろじゅん(노순) 화살막이 큰 방패. ¶四面推— 竝入土城中<漢書>

【鹵獲】ろかく(노획) 적의 군용품 등을 빼앗음. 또는, 그 물품. ¶—物.

▷大—, 莽—, 沙—, 鹽—, 磧—, 斥—, 瘠—, 澤—, 土—, 荒—

15【⿰鹵毛】 接(p.647)과 同字

16【⿱鹵皿】 鹽(p.1685)과 同字

19【⿰土⿱鹵皿】 鹽(p.1685)과 同字

9
20【鹹】 짤 함 | ㊥ㄒㄧㄢˊ (xian) | かん(カライ) salty

풀이 ①짜다. 짠맛. 소금기. ¶潤下作—<書經> ②쓰다. 쓴맛.

▷甘—, 大—, 酸—, 辛—, 海—

20【⿱咸鹵】 鹹(p.1685)과 同字

21【⿰土⿱鹵皿】 鹽(p.1685)과 同字

10
21【鹺】 소금 차 | ㊥ㄘㄨㄛˊ (cuo) | さ salt

풀이 ①소금. ②소금기가 많음.

21【⿱差鹵】 鹺(p.1685)와 同字

13
24【鹼】 1 소금기 감 2 잿물 감 ㊍첨 | ㊥ㄐㄧㄢˇ (jian) | けん saltiness

풀이 1 소금기. 땅 속의 소금기. 2 ①잿물. ②소금물. ③석감(石鹼). 잿물에 녹말을 넣어 응고시킨 비누.

13
24【鹽】 1 소금 염 2 절일 염 | ㊥ㄧㄢˊ (yan) | えん(シオ) salt

풀이 1 소금. 인공 소금. 천연 소금은 로(鹵). ¶掌—之政令 以共百事之—<周禮> 2 ①절이다. 소금에 담금. ¶屑桂與薑 以洒諸上而—之<禮記> ②매료하다. ㊀豔. ¶而—諸利<禮記>

【鹽梅】えんばい・あんばい(염매) 음식의 간을 맞춤. 소금이 지나치면 짠맛이 되고 매실이 지나치면 신맛이 되는 데서 이름. 뜻이 바뀌어, 선정(善政)을 베풀도록 알맞게 임금을 도움. 按排(안배). ¶若作和羹 爾惟—<書經>

【鹽分】えんぶん(염분) 소금기.

【鹽田】えんでん(염전) 염밭.

【鹽鐵利】えんてつり(염철리) 옛 중국에서, 소금과 쇠를 전매(專賣)하여 얻는 이익.

▷苦—, 米—, 白—, 山—, 散—, 石—, 食—, 岩—, 陽—, 魚—, 飴—, 井—, 製—, 天日—, 海—, 醢—, 形—, 胡—

26【⿰鹵⿱此臼】 鹺(p.1685)의 本字

鹿<사슴 록>部

鹿 ② 麂 麀 麁 ④ ⿸鹿夫 麃 ⑤ 麇 麈 ⑥ 麋 ⑦ 麌 ⑧ 麕 麒 麗 麓 麑 ⑨ 麛 ⑩ 麝 ⑪ 麞 ⑫ 麟 ㉒ 麤

0
11【鹿】 사슴 록 | ㊥ㄌㄨˋ (lu) | ろく(シカ) deer

풀이 ①사슴. ¶指—爲馬<後漢書> ②권좌(權座)의 비유. ¶秦失其— 天下共逐之<史記> ③곳집. 네모난 쌀창고. ㊀簏. ¶市無赤米 而囷—空虛<國語> ④산기슭. ㊀麓. ¶卽—无虞<易經>

【鹿角】ろっかく(녹각) ①수사슴 뿔. ②녹채(鹿砦). ③물건을 거는 갈고리.

【鹿角膠】ろっかくこう(녹각교) 녹각을 고아 풀처럼 만든 보약(補藥).

【鹿角菜】ろっかくさい(녹각채) 해초(海草)의 하나. 청각채(靑角采).

【鹿車】ろくしゃ(녹거) 사슴 한 마리나 실을 만한 수레. 곧, 작은 수레.

【鹿巾】ろくきん(녹건) 사슴 가죽으로 만든 두건. 은자(隱者)의 건(巾).

【鹿骨膏】ろっこつこう(녹골고) 사슴 뼈를 곤 국물. 보약(補藥)으로 씀.

【鹿臺】ろくだい(녹대) 은(殷)의 주왕(紂王)이 보화(寶貨)를 쌓아 두던 곳.

【鹿洞】ろくどう(녹동) 주희(朱熹)가 학문을 강(講)하던 곳. 白鹿洞(백록동).

【鹿盧】ろくろ(녹로) ①도르래. 轆轤(녹로). 滑車(활차). ②녹로 모양의 구슬 장식을 붙인 칼. ③대추의 한 가지.

【鹿鳴之宴】ろくめいのえん(녹명지 연) 과거 시험을 치른 뒤 벌인 잔치. 당(唐), 송(宋)대에 이 시험에서 급제한 사람들을 주현(州縣)의 원이 대접할 때 녹명의 시를 읊은 데서 유래.

【鹿皮】ろくひ(녹비←녹피) 사슴 가죽.

【鹿死不擇音】シカノシスルおんヲエラバズ(녹사 불택음) 사슴의 울음 소리는 우아하지만 죽음이 임박했을 때에는 좋은 소리를 고를 틈이 없다는 뜻으로, 위급할 때는 절도(節度)를 잃음의 비유.

【鹿死誰手】シカタレガてニシスト(녹사수수) 사슴이 누구의 손에 죽을 것인가의 뜻으로, 천하가 누구에게로 돌아갈 것인가의 비유.

【鹿野苑】ろくやおん(녹야원)(佛) 중부 인도에 있는 숲. 석가가 성도(成道) 후 처음으로 다섯 제자에게 설법한 곳. 鹿苑(녹원).

【鹿茸】ろくじょう(녹용) 사슴의 새로 돋은 연한 뿔. 보약으로 씀.

【鹿中】ろくちゅう(녹중) 투호(投壺) 때 산가지로 쓰이는 화살을 담는 사슴 모양의 그릇. ¶釋獲者執一<儀禮>

【鹿砦】ろくさい(녹채) 사슴의 뿔처럼 대나무를 세워 적의 침입을 막는 대나무 울타리. 鹿角(녹각)②.

▷驚一, 困一, 馬一, 麋一, 奔一, 牝一, 山一, 馴一, 神一, 野一, 中原之一, 逐一, 衡一

11〖廘〗 鹿(p.1685)과 同字

2 13〖麂〗 큰노루 궤 | 紙 ㄐㄧˇ (ji) | き(オオノロ)

13〖䴟〗 麂(p.1686)와 同字

2 13〖麀〗 암사슴 우 | 尤 ㄧㄡ (you) | ゆう (メジカ) *doe*

【麀聚】ゆうしゅう(우취) 혼인에 예(禮)가 없음. ¶一瀆天倫 牝晨司禍凶<朱熹>

13〖麁〗 麤(p.1688)의 俗字

14〖塵〗 ☞土部 11획(p.356)

15〖䴵〗 麒(p.1686)와 同字

15〖丽〗 麗(p.1687)의 略字

4 15〖麇〗 꽃사슴새끼 오 | 晧 ㄠˇ (ao) | おう (ナレシカノコ)

15〖麇〗 麇(p.1686)와 同字

15〖麄〗 麤(p.1688)의 俗字

15〖䴯〗 表(p.1344)와 同字

4 15〖麃〗 1 굳셀 표 | 蕭 | ひょう
2 고라니 포 | 肴 ㄅㄧㄠ | ほう
3 변할 표 | 篠 (biao) | (オオシカ)

풀이 1 ①굳세다. 씩씩함. ¶志氣一一<逸周書> ②풀을 베다. ¶緜緜其一<詩經> 2 고라니. 뿔이 하나 나는 마록(馬鹿). ㉠麅. ¶獲一角獸 若一然<史記> 3 변하다. 털 빛이 변함.

5 16〖麇〗 1 노루 균 | 眞 ㄐㄩㄣ (jun) | きん(ノロ) *deer*
2 떼지을 군 | 吻 ㄑㄩㄣˊ (qun) | くん

풀이 1 ①노루. ¶逢澤有介一焉<左氏傳> ②나라 이름. 주(周)의 제후국. 지금의 호남성 악양현(岳陽縣). ¶楚子伐一<左氏傳> 2 ①떼 짓다. 通群. ¶求諸侯而一至<左氏傳> ②묶다. 결박(結縛)함. ¶羅無勇一之<左氏傳>

16〖麍〗 麀(p.1686)와 同字

5 16〖麈〗 고라니 주 | 麌 ㄓㄨˇ (zhu) | しゅ(オオシカ) *elk*

풀이 ①고라니. 마록(馬鹿). ¶翳旄一<左思> ②먼지떨이. 고라니 꼬리의 털로 만든 먼지떨이. 중이 번뇌(煩惱)를 떨어 버리는 상징으로 씀. ¶清談對僧一<蘇軾>

【麈談】しゅだん(주담) 먼지떨이를 잡고 이야기한다는 뜻으로, 청담(清談)함을 이름.

【麈尾】しゅび(주미) 고라니 꼬리의 털로 만든 먼지떨이. 拂子(불자).

▷談一, 僧一, 揮一

6 17〖麋〗 고라니 미 | 支 ㄇㄧˊ (mi) | び(ナレシカ) *reindeer*

풀이 ①고라니. 주로, 지의류(地衣類)를 먹고 사는 사슴. ¶西皇之山 其獸多一<山海經> ②눈썹. 通眉. ¶伊尹之狀 面無須一<荀子>/一壽. ③물가. 通湄. ¶居河之一<詩經> ④궁궁이. ⑤짓무르다. ¶上爲口一<素問> ⑥늙다.

【麋侯】びこう(미후) 순록(馴鹿)의 가죽으로 만든 과녁. ¶天子熊侯白質 諸侯一赤質<儀禮>

▷射一, 山一, 鬚一, 野一, 秋一

17〖麀〗 牝(p.969)과 同字

17〖䴯〗 表(p.1344)의 古字

18〖麆〗 猣(p.979)과 同字

7 18〖麌〗 수사슴 우 | 麌 ㄩˇ (yu) | ぐ(オジカ)
虞 | *buck*

풀이 ①수사슴. ¶麀一顧其子<陳師道> ②떼지어 모이는 모양. ¶一一.

19〖麕〗 麇(p.1686)과 同字

8 19〖麒〗 기린 기 | 支 ㄑㄧˊ (qi) | き(キリン) *giraffe*

【麒麟】きりん(기린) ①초식 동물의 한 가지. 아프리카 특산. 목이 길. ②성군(聖君)에 의해 왕도(王道)가 행해지면 나타난다는 상상적인 동물. 몸은 사슴, 이마는 이리, 꼬리는 소, 굽은 말과 비슷하고 뿔 하나가 있다 함. 살아 있는 풀을 밟지 않고 생물을 먹지 않으며, 몸에서 오색 빛을 낸다 함. 수컷을 麒, 암컷을 麟이라 함. 仁獸(인수). ③준재(俊才)의 비유. ¶此吾家一 興吾宗者<晋書>

【麒麟閣】きりんかく(기린각) 한(漢) 무제(武帝)가 기린을 획득하고 지었다는 누각. 선제(宣帝) 때 이곳에 공신 11인의 초상을 걸었음. 麟閣(인각).

【麒麟兒】きりんじ(기린아) 재지(才智)가 뛰어난 젊은 사람. 재간동이. 麟兒(인아). 鳳雛(봉추). 龍駒(용구). ¶並是天上一<杜甫>

8 19 〖麗〗 ①고울 려 ㊀カ丨` (lì) ㊁ 려 ㊂ れい (ウルワシイ) らい り
②나라 이름 려
③꾀꼬리 리
略 丽

풀이 ①①곱다. ㉮아름답다. 예쁨. ¶佳一人之所出也＜戰國策＞/美一. ㉯빛나다. 화려함. ¶藍田一采＜梁簡文帝＞ ②맑다. 깨끗함. ¶清一之志＜後漢書＞ ③짝. 둘. ¶一馬一圉＜周禮＞ ④매다. ¶既入廟門一于碑＜禮記＞ ⑤붙다. 부착시킴. ¶草木一乎土＜易經＞ ⑥베풀다. 시행함. ¶越玆一刑＜書經＞ ⑦마룻대. 通 欐. ¶居則連一＜列子＞ ⑧걸리다. 通 羅. ¶日月一乎天＜易經＞ ⑨함께 가다. 짝지어 감. ¶涉患一禍＜論衡＞ ⑩지나다. ¶猶條風之時一兮＜淮南子＞ ⑪수(數). ¶其一不億＜詩經＞ ②나라 이름. 고구려(高句麗) 및 고려. ③①꾀꼬리. 通 鸝. ②진(陣) 이름. ¶魚一之陣＜左氏傳＞ ③사팔뜨기. ¶一視.

【麗代】(여대)韓 고려(高麗) 시대.
【麗都】れいと(여도) 곱고 화려함. ¶妻子衣服一＜戰國策＞
【麗末】(여말)韓 고려 말(高麗末). 麗季(여계). ¶一鮮初.「근).
【麗木】れいぼく(여목) 무궁화의 이칭. 木槿(목
【麗水生金】れいすいきんヲしょうズ(여수생금) 중국 여수강에서 사금(沙金)이 많이 남. ¶麗水之中生金＜韓非子＞/金生麗水＜千字文＞
【麗謠】(여요)韓 고려 가요.
【麗月】れいげつ(여월) 음력 2월의 이칭.
【麗朝】(여조)韓 고려 왕조.
【麗譙】れいしょう·りしょう(여초) 망루. 누각(樓閣). 戰樓(전루). ¶鶴列於一之間＜莊子＞
【麗春花】れいしゅんか(여춘화) 개양귀비. 虞美人草(우미인초). 仙女蒿(선녀호).
【麗澤】れいたく·りたく(여택) 잇닿아 있는 두 못의 물이 서로 어울려 풍부하다는 뜻으로, 글벗이 피차 학문과 덕을 쌓음을 이름. ¶一兌 君子以朋友講習＜易經＞
【麗風】れいふう(여풍) 서북풍(西北風). 厲風(여풍). ¶何爲八風…西北曰一＜淮南子＞
【麗皮】れいひ(여피) 두 장의 사슴 가죽. 옛날 옷감이 있기 전에 혼인(婚姻)의 폐백(幣帛)으로 썼음. 儷皮(여피).
【麗視】りし(이시) 사팔뜨기. 斜視(사시).
【麗黃】れいこう(이황) 꾀꼬리. 鸝黃(이황).
▷佳一, 巨一, 怪一, 姣一, 驕一, 極一, 奇一, 綺一, 朗一, 端一, 曼一, 緜一, 明一, 妙一, 文一, 美一, 靡一, 配一, 駢一, 富一, 奢一, 鮮一, 纖一, 盛一, 秀一, 純一, 崇一, 雅一, 哀一, 粱一, 魚一, 妍一, 艷一, 英一, 婉一, 妖一, 偉一, 流一, 淫一, 壯一, 典一, 絕一, 精一, 遒一, 珍一, 清一, 晴一, 醜一, 侈一, 豊一, 顯一, 豪一, 弘一, 華一, 暉一

8 19 〖麓〗 산기슭 록 ㊀カㄨ` (lù) ろく (フモト)

풀이 ①산기슭. ¶山一. ②산감(山監). 산림 간수(山林看守). ③숲.
▷大一, 山一, 城一, 嶽一, 巖一, 林一, 蒼一, 翠一, 層一, 旱一

8 19 〖麑〗 사슴 새끼 예 ㊀ㄋ丨´ (ní) げい fawn

풀이 ①사슴 새끼. ¶素衣一裘＜論語＞ ②사자(獅子). ㊐ 猊.

19 〖鏖〗 ☞金部 11획(p. 1549)

9 20 〖麛〗 사슴 새끼 미 ㊀ㄇ丨´ (mí) べい fawn

풀이 ①사슴 새끼. ②새끼. 짐승의 새끼. ¶士不取一卵＜禮記＞
【麛夭】べいよう(미요) 짐승의 새끼.
▷羔一, 麋一, 少一

20 〖麤〗 麀(p. 1686)와 同字
20 〖虪〗 虎(p. 1317)와 同字
21 〖麗〗 麗(p. 1687)의 古字

10 21 〖麝〗 사향노루 사 ㊀ㄕㄜˋ (shè) じゃ(ジャコウジカ) musk deer

【麝煤】じゃばい(사매) 향기로운 그을음 덩이란 뜻으로, 먹[墨]의 이칭.
▷蘭一, 腦一, 龍一, 沈一, 香一

11 22 〖麞〗 노루 장 ㊀ㄓㄤ (zhāng) しょう(ノロ) roe deer

【麞頭鹿耳】しょうとうろくじ(장두녹이) 노루 대가리에 사슴의 귀란 뜻으로, 시골뜨기의 몰골. ¶一 草野之夫＜故事成語考＞
【麞牙】しょうが(장아) ①벼의 이칭. ¶祿米一稻＜白居易＞ ②노루의 어금니.

12 23 〖麟〗 기린 린 ㊀カ丨ㄣ´ (lín) りん(キリン) giraffe

【麟角】りんかく(인각) ①기린의 뿔. ②희귀, 희소함의 비유. ¶故爲者如牛毛 獲者如一也＜抱朴子＞
【麟閣功臣】りんかくこうしんノ(인각공신) 기린각(麒麟閣)에 초상이 걸린 공신. ※麒麟閣(기린각).
【麟經】りんけい(인경) 「춘추」(春秋)의 별칭. 이 책을 획린(獲麟)에서 끝맺었으므로 이름. 麟史(인사). ¶孔子作春秋 因獲麟而絕筆 故曰一＜故事成語考＞
【麟臺】りんだい(인대) ①☞麒麟閣(기린각). ②당(唐)대의 비서성(祕書省).
【麟鳳】りんぽう(인봉) ①기린과 봉황. ¶一在郊藪＜漢書＞ ②성인(聖人)의 비유. 麟凰(인황). ¶一在郊藪 河洛出圖書＜漢書＞
【麟史】りんし(인사) ☞麟經(인경).
【麟孫】りんそん(인손) 남을 높여 그 집 자손(子孫)을 이르는 말.
【麟趾呈祥】りんししょうヲていス(인지정상) 남의 득남

(得男)을 축하하는 말.

【麟趾之化】りんしノか(인지지 화) 주(周) 문왕(文王)의 비(妃)가 덕을 쌓아 자손과 종족이 다 선량하니, 그때 사람이 인지지(麟之趾)의 시를 지어 칭송한 일에서, 후비(后妃)의 덕을 기리는 말.

【麟吐玉書】りんときょくしょヲハク(인토옥서) 기린이 옥서(玉書)를 토한다는 뜻으로, 성인(聖人)이 태어날 조짐을 이름. 공자(孔子)가 나기 직전에 그의 고향 마을 어느 집에서 그런 일이 있었다는 데에서 유래. ¶夫子未生時 有一於闕里人家<拾遺記>

【麟筆】りんぴつ(인필) ①사관(史官)의 붓. 또는, 사관. ¶偶持一侍金閨<吳融> ②역사를 기록하는 필법. 史筆(사필).

【麟獲】りんかく(인획) 기린을 잡음. 공자(孔子)가 이를 세상이 쇠망한 증거라 하여 슬퍼하였음. 獲麟(획린). ¶亦何悲乎一 亦何嗟乎豹藏<皇甫松>

▷龜一, 麒一, 鳳一, 祥一, 神一, 天一, 獲一

23【[illegible]】 麝(p. 1687)의 本字

25【[illegible]】 麞(p. 1686)와 同字

28【[illegible]】 麟(p. 1687)과 同字

29【[illegible]】 麢(p. 1687)와 同字

22
33【麤】 거칠 추 | [虞]ㄘㄨ (cu) | そ(アライ) *rough*

[俗]麁

[풀이]①거칠다. ㉮조잡하다. ¶布帛精一<禮記> ㉯자세하지 않다. ¶年少一疎<吳志> ㉰난폭하다. ¶一中少親<戰國策> ②대략. 대강. ¶一述存亡之徵<史記> ③석새베. 올이 굵은 베. 1새가 우리 나라는 날시 40올, 중국은 80올. ¶一縗斬<左氏傳> ④짚신. ⑤현미(玄米). 메좁쌀. [通]粗. ¶一米.

【麤功】そこう(추공) 상례(喪禮) 복제(服制)의 대공(大功). 9개월복.

【麤官】そかん(추관) ①무관(武官). 무(武)를 낮보는 데서 이름. ②무인의 겸칭.

▷微一, 細一, 疏一, 精一, 縗一, 貪一, 豪一

36【[illegible]】 塵(p. 356)과 同字

麥<보리 맥>部

麥 麦 ④ 麪 麩 麨 ⑤ 麮 麭 ⑥ 麯 麰 ⑧ 麴 ⑨ 麵

0
11【麥】 보리 맥 | [陌]ㄇㄞˋ (mai) | ばく(オオムギ) *barley*

[俗]麦

[풀이]①보리. 맥류(麥類)의 총칭. ¶一秋生夏死<淮南子>/一粉/小一. ②묻다. 매장함. ③작다.

【麥藁】むぎワラ(맥고) 보릿짚. 밀짚.

【麥曲之英】(맥곡지 영) 술. 麥曲은 누룩. 그것이 술을 띄우는 데에 정수(精髓)이므로 이름. ¶一 米泉之精<白居易>

【麥光】ばっこう(맥광) 종이의 한 가지.

【麥丘人】ばくきゅうじん(맥구인) 제(齊)의 환공(桓公)이 맥구에서 만난 늙은이. 뜻이 바뀌어, 노인(老人). ¶齊桓公逐白鹿 遇麥丘之邦人<韓詩外傳>

【麥麴】ばくきく(맥국) 엿기름.

【麥氣】ばくき(맥기) ①보리 이삭이 팰 무렵의 기후. ②보리밭을 지나는 바람의 향기.

【麥奴】ばくど(맥노) 깜부기.

【麥農】ばくのう(맥농) 보리 농사.

【麥浪】ばくろう(맥랑) 밭에 서 있는 보리가 바람을 받아 물결처럼 일렁이는 모양. ¶一水前空<蘇軾>

【麥涼】ばくりょう(맥량) 보리누름 무렵의 서늘한 날씨.

【麥門冬】ばくもんとう(맥문동) 맥문아재비과의 풀. 뿌리는 약재로 씀. 겨우살이풀. 계전초(階前草).

【麥秀歌】ばくしゅうノウタ(맥수가) 망국(亡國)의 슬픔을 읊은 노래. 은(殷)이 망한 후 그 후예인 기자(箕子)가 은(殷)의 옛 도읍지를 지나다가 궁터에 보리가 팬 것을 보고 슬픈 시가를 읊었다는 옛일에서 유래. 麥秀之歌(맥수지 가). ¶麥秀漸漸兮 禾黍油油兮 彼狡僮兮 不與我好兮<史記> ※麥秀之歎(맥수지 탄).

【麥秀之歎】ばくしゅうノたん(맥수지 탄) 망국에 대한 슬픈 탄식. ※麥秀歌(맥수가).

【麥秀寒】ばくしゅうかん(맥수한) 보리가 자랄 무렵의 추위.

【麥雨】ばくう(맥우) 보리누름에 오는 비.

【麥人】ばくじん(맥인) 보리의 심(心).

【麥作】ばくさく(맥작) 보리 농사.

【麥秋】ばくしゅう(맥추) ①보리가 익어 거두어 들이는 철. 보릿가을. ②음력 5월의 이칭.

【麥皮】ばくひ(맥피) 밀기울. 麥麩(맥부).

【麥候】ばっこう(맥후) 음력 4월의 이칭.

▷枯一, 蕎一, 瞿一, 裸一, 大一, 稻一, 豆一, 麻一, 晩一, 麰一, 米一, 粉一, 小一, 秀一, 菽一, 熟一, 野一, 燕一, 俚一, 雀一, 精一, 陳一, 炊一, 翠一, 胡一, 禾一

7【麦】 麥(p. 1688)의 俗字

13【[illegible]】 麴(p. 1689)과 同字

14【[illegible]】 芒(p. 1266)의 俗字

14【[illegible]】 飥(p. 1636)과 同字

4
15【麪】 밀가루 면 | [霰]ㄇㄧㄢˋ (mian) | めん(コムギコ)

[同]麵

[풀이]①밀가루. 또는, 보릿가루. ②㊥ 국수.

▷麥一, 索一, 線一, 新一, 雜一, 粥一

15【麫】 麪(p. 1688)의 俗字

4
15〖麩〗 밀기울 부 | [虞]ㄈㄨ (fu) | ふ(フスマ)
▷麥—

15〖⿰麥夬〗 蘖(p.1316)과 同字

4
15〖麨〗 보릿가루 초 | [篠]ㄔㄠˇ (chao) | しょう

5
16〖麮〗 보리죽 거 | [御]ㄑㄩˋ (qu) | きょ(ムギガユ)
풀이 ①보리죽. ②무우. 나복(蘿葍).

16〖⿰麥禾〗 麴(p.1689)과 同字
16〖⿰麥弁〗 麰(p.1689)와 同字
16〖麬〗 麩(p.1689)의 俗字

5
16〖麭〗 떡 포 | [效]ㄆㄠˋ (pao) | ほう(コナモチ)
풀이 ①떡. 경단. ②㊥ 빵.

6
17〖麯〗 누룩 곡 ㊍국 | [屋]ㄑㄩˊ (qu) | きく(コウジ)
풀이 누룩. 곡자(曲子). ¶—子.

17〖⿰麥米〗 麴(p.1689)과 同字

6
17〖麰〗 보리 모 | [尤]ㄇㄡˊ (mou) | ぼう(オオムギ) *barley*
풀이 ①보리. ¶今夫—麥播種而耰之<孟子> ②누룩. 곡자(曲子).

17〖⿰麥并〗 餠(p.1638)과 同字
18〖⿰麥甫〗 麩(p.1689)와 同字
18〖⿰麥孚〗 麩(p.1689)와 同字
18〖⿰麥孛〗 餑(p.1639)과 同字

8
19〖麴〗 누룩 국 | [屋]ㄑㄩˊ (qu) | きく(コウジ) *yeast*
㊐麯
풀이 ①누룩. ¶枕—藉糟<晉書> ②술. ¶憑買家家—<元稹> ③청황색(青黃色). ¶天子乃薦—衣于先帝<周禮> ④누에 채반. 잠박(蠶箔).
【麴君】きくくん(국군) 술. 麴生(국생).
【麴生】きくせい(국생) ☞麴君(국군).
【麴糵】きくげつ(국얼) 누룩. 또는, 술. ¶若作酒醴爾惟—<書經>
【麴子】(국자) 누룩. 麯子(곡자).
【麴塵】きくじん(국진) ①화초 이름. 鶴子草(학자초). ②용포(龍袍)가 이 꽃 빛깔처럼 담황색이므로 이름. 麴塵衣(국진의). 麴衣(국의).
【麴塵絲】きくじんノイト(국진사) 황록색의 버들가지의 형용.
▷麥—, 米—, 麩—, 神—, 新—, 酒—, 香—

19〖⿰麥备〗 糒(p.1152)와 同字
20〖麵〗 麪(p.1688)과 同字
21〖⿰麥俻〗 糒(p.1152)와 同字
22〖⿰麥曼〗 饅(p.1642)과 同字

麻<삼 마>部

麻 麻 ③ 麼 麽 ④ 麾

0
11〖麻〗 삼 마 | [麻]ㄇㄚˊ (ma) | ま(アサ) *hemp*
㊗麻
풀이 ①삼. 삼베의 원료가 되는 식물. ¶—衣如雪<詩經>/大—. ②삼실로 만든 옷감이나 옷의 총칭. ¶免—于序東<禮記> ③조칙(詔勅). 당(唐)대에 칙명을 마지(麻紙)에다 쓴 데서 이름. ¶弘景草—<舊唐書> ④참깨. ¶胡—/油—. ⑤마비되다. ㊉痲. ¶手足頑—<朱熹> ⑥악기의 한 가지. 두 개의 북을 장대자루에 끼우고 흔들어 소리를 냄.
【麻姑】まこ(마고) ①중국의 옛적 선녀(仙女) 이름. 새 발톱 모양의 긴 손톱을 가졌다 함. ②산 이름. ③일이 잘 됨의 비유.
【麻姑搔痒】まこそうよう(마고소양) 마고가 가려운 곳을 긁어 준다는 뜻으로, 일이 뜻대로 잘 되어감의 비유. 후한(後漢)의 채경(蔡經)이, 마고는 손톱이 길므로 어디든 긁을 수 있으리라고 생각했다는 데서 온 말.
【麻袋】またい(마대) 굵고 거친, 아마(亞麻)로 짠 부대.
【麻兩】まりょう(마량)㊖ 저울 눈금 40을 이름. ¶四十曰—<雞林類事>
【麻立干】(마립간)㊖ 신라(新羅) 때 임금 칭호의 한 가지. ※尼師金(이사금).
【麻冕】まべん(마면) 검은 베로 만든 관(冠)의 한 가지. 緇布冠(치포관). ¶— 禮也<論語>
【麻藥】まやく(마약) 특히 습관성인 마취약. 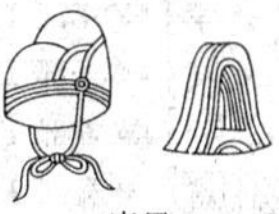
【麻魚】(마어) 삼치.
【麻雀】マジャン(마작) 실내 오락의 한 가지.

麻冕
(四書引蒙略圖解)

【麻中之蓬】まちゅうのよもぎ(마중지 봉) 삼 속에 난 쑥이 촘촘히 자라는 삼과 함께 곧게 되듯이, 환경에 따라 악(惡)한 사람도 선(善)한 사람이 됨의 비유. ¶蓬生麻中 不扶而直<荀子>
【麻疹】ましん(마진) 홍역. 痲疹(마진).
【麻醉】ますい(마취) 신체 따위의 감각을 없애는 일. ¶—藥/—劑.
【麻搭】まとう(마탑) 두들겨서 불을 끄는 기구. 먼지떨이 모양임.
【麻風】まふう(마풍) ①마파람. ②문둥병.
▷交—, 大—, 牡—, 白—, 絲—, 山—, 桑—, 疏—, 升—, 亞—, 雄—, 油—, 子—, 苴—, 苧—, 詔—, 脂—, 天—, 披—, 胡—, 禾—, 黃—

11〖麻〗 麻(p. 1689)의 俗字

3
14〖麽〗 잘 마 | 㒵ㄇㄛˊ(mo) ㄇㄚ˙(ma) ㄇㄜ˙(me) | ま, ば (コマカイ) *small*

풀이 ①잘다. ㉮가늘다. 작음. ¶江浦之間生—蟲<列子> ㉯하찮다. ②그런가. 속어(俗語)에서 의문사. ③어조사. 어조(語調)를 고르는 말. ¶那—/這—.
▷那—, 眇—, 細—, 什—, 甚—, 幺—, 恁—, 作—, 這—

14〖麽〗 麽(p. 1690)의 俗字

15〖麽〗 麋(p. 1152)와 同字

4
15〖麾〗 대장기 휘 | 㘈ㄏㄨㄟ (hui) | き (サシズバタ)

㊗麾

풀이 ①대장기(大將旗). ¶置五—<穀梁傳> ②지휘하다. ¶自手旗—軍引兵去<史記> ③부르다. 손짓하여 부름. ¶—而呼<左氏傳> ④쾌하다. ¶祭祀不祈 不—蚤<禮記>

【麾下】きか(휘하) ①통솔 아래에 있음. 또는, 그 병사. ¶—壯士<史記>/—將兵. ②무관(武官)의 미칭. ¶帳下— 竝美武官<故事成語考>
▷戒—, 軍—, 幢—, 大—, 矛—, 旄—, 指—, 招—

麾①(中和樂器圖)

15〖摩〗 ☞手部 11획(p. 659)
16〖磨〗 ☞石部 11획(p. 1085)
16〖麾〗 麾(p. 1690)의 俗字
17〖糜〗 ☞米部 11획(p. 1152)
17〖縻〗 ☞糸部 11획(p. 1186)
19〖靡〗 ☞非部 11획(p. 1610)
21〖魔〗 ☞鬼部 11획(p. 1668)

黃<누를 황>部

黃 黄 ⑤ 黈 ⑬ 黌

0
12〖黃〗 누를 황 | 陽ㄏㄨㄤˊ (huang) | こう, おう (キイロ) *yellow*

同黄

풀이 ①누르다. 누른 빛. 5색(色)의 하나. 방위로는 중앙, 5행(行)으로는 토(土), 계절로는 여름에 해당. 중국에서 가장 고귀한 색으로 여김. ¶天地玄—<千字文>/—色. ②누래지다. 누렇게 됨. ¶草木—落<禮記> ③어린아이. ¶民三歲以下爲— 十歲以下爲小<唐書>/—口. ④누른 말. 황마(黃馬). ¶有驪有—<詩經> ⑤금(金). 황금. ¶銀—垂三組<漢書> ⑥누른 옥(玉). 황옥. ¶充耳以—乎而<詩經> ⑦중앙. ¶鼎—耳<易經> ⑧웅황(雄黃). 약재(藥材)의 한 가지. ¶朱—不去手<唐書> ⑨황제 헌원씨(黃帝軒轅氏). 또는, 그의 교(教). ¶少好—老<後漢書> ⑩주(周)대 제후국의 하나. ¶楚滅—<左氏傳>

【黃閣】こうかく(황각) ①승상(丞相)의 관서(官署). ¶丞相聽事門曰—<漢舊儀> ②재상(宰相). 黃扉(황비). ¶三公—<宋書> ③당(唐)대의 급사중(給事中). ④㊥ 의정부(議政府)의 이칭.

【黃蓋】こうがい(황개) 누른 빛의 일산(日傘).

黃蓋(三才圖會)

【黃姑】こうこ(황고) 견우성(牽牛星)의 이칭.

【黃公】こうこう(황공) 꾀꼬리의 별칭. ¶苦厭—聒晝眠<蘇軾>

【黃冠】こうかん(황관) ①풀로 만든 의관. 또는, 평민. 옛 중국의 농민이 착용했음. ¶野夫— — 草服也<禮記> ②도사(道士)가 쓰는 관. 또는, 도사. ¶棄官爲道士 號—子<唐書>

【黃口】こうこう(황구) ①참새 새끼의 부리가 노란데서, 어린아이를 이름. ¶—簽丁. ②새새끼. ③경험이 적고 미숙한 사람. 黃吻(황문). 黃口小兒(황구소아).

【黃狗】こうく(황구) 누른 개. 누렁이. ¶—腎.

【黃耇】こうこう(황구) 아주 늙은 사람. 黃은 희어졌다가 다시 누래지는 노인의 머리털, 耇는 검버섯. 黃髮(황발). ¶樂只君子 遐不—<詩經>

【黃宮】こうきゅう(황궁) 도가(道家)에서 정수리를 이름.

【黃卷】こうけん·こうかん(황권) 서적(書籍). 옛날에 누른색 종이로 책을 만들었으므로 이름. ¶古人寫書 盡用黃紙 故謂之—<宋景文公筆記>

【黃嬭】こうだい(황내) ①낮잠. ¶唐人呼晝睡爲—<正字通> ②책. ¶呼書卷爲—<正字通>

【黃闥】こうたつ(황달) 궁궐의 문. 또는, 궁궐.

【黃堂】こうどう(황당) ①태수(太守)가 집무하는 곳. ¶— 太守之廳事<後漢書·注> ②태수(太守)의 이칭.

【黃道】こうどう(황도) ①태양의 운행 궤도. ¶日有中道 月有九行 中道者— 一曰光道<漢書> ②거둥하는 길.

【黃頭郎】こうとうろう(황두랑) ①한(漢)대에 사공(沙工) 업무를 맡은 구실아치. ¶以櫂船爲—<史記> ②뱃사공.

【黃粱一炊夢】こうりょういっすいのゆめ(황량 일취몽) 부귀영화의 덧없음의 비유. 당(唐)의 노생(盧生)이 도사(道士) 여옹(呂翁)을 만나 곤궁한

신세를 한탄하자 도사가 베개 하나를 주었는데, 노생이 그것을 베고 누워 잠이 들어 꿈속에서 온갖 부귀영화를 누리다가 깨어 보니 메조밥이 다 지어져 있었다 함. 邯鄲夢(한단몽). ※南柯一夢(남가일몽).
【黃老】こうろう(황로) 황제(黃帝)와 노자(老子). 또는, 그들이 세운 도가(道家)의 학문. 黃老之學(황로지 학). 黃老學(황로학).
【黃壚】こうろ(황로) ☞黃泉(황천).
【黃陵廟】こうりょうびょう(황릉묘) 순(舜)임금의 두 비(妃)가 묻힌 곳. 황릉은 상남성(湘南省) 상음현(湘陰縣) 북쪽에 있는 산.
【黃麻】こうま(황마) ①삼의 한 가지. ②조서(詔書). 당(唐)대에 내사(內事)에 관한 조서는 백마지(白麻紙)에, 외사(外事)에 관한 조서는 황마지(黃麻紙)에 쓴 데서 이름. 黃榜(황방). ¶翰林專掌白麻 中書獨得用一<翰林志>
【黃梅雨】こうばいう(황매우) ☞梅雨(매우).
【黃面老子】こうめんろうし(황면노자) 석가(釋迦)의 별칭. ¶一無心筆.
【黃毛】こうもう(황모) 족제비 꼬리털. 붓을 만듦.
【黃霧四塞】こうむしそく(황무사색) 누른 안개가 사방을 메움. 세상이 어지러워질 조짐(兆朕)이라 함. ¶大寧元年 一 王敦之應也<王隱晋書>
【黃吻】こうふん(황문) ①☞黃口(황구)③. ②화장(化粧)한 입술.
【黃門】こうもん(황문) ①대궐문을 맡아보는 관리. ②환관(宦官). ③대궐문.
【黃米】こうまい(황미) 찹쌀.
【黃髮】こうはつ(황발) ☞黃耇(황구).
【黃榜】こうぼう(황방) ☞勅書(칙서)②.
【黃醅】こうばい(황배) 막걸리. 濁酒(탁주).
【黃白之術】こうはくのじゅつ(황백지 술) 도사(道士)가 단사(丹砂)로 금(金)과 은(銀)을 만드는 술법.
【黃扉】こうひ(황비) ☞黃閣(황각)②.
【黃鼠】こうそ(황서) 족제비.
【黃石公】こうせきこう(황석공)《人》 진(秦)대의 은사(隱士). 장양(張良)에게 태공망(太公望)의 병서(兵書)를 주었다 함. ※圯橋書(이교서).
【黃巢】こうそう(황소)《人》 당(唐)말의 반란자.
【黃冶】こうや(황야) 도교(道教)에서 단사(丹砂)를 불리어 황금을 만든다는 술법.
【黃楊】こうよう(황양) 회양목.
【黃壤】こうじょう(황양) ①누런 흙. ¶厥土惟一<書經> ②저승. 黃泉(황천). ¶一詎知我白頭徒憶君<白居易>
【黃楊厄】こうようやく(황양액) 회양목이 해마다 한 치씩 크다가 윤년(閏年)에 들어 세 치가 준다는 속설(俗說). 학문이 퇴보함을 이름. ¶只有一閏年<蘇軾>
【黃屋】おうおく(황옥) ①韓 신라(新羅)의 왕궁을 이름. ¶金城窘忽 一震驚<三國遺事> ②천자(天子)의 수레 덮개. ③천자의 경칭. ¶一稱制<漢書>
【黃熊】こうゆう(황웅) 전설적인 동물. 우(禹)임금의 아버지 곤(鯀)의 영(靈)이 화(化)했다 함. 이를 제사 지내면 흉(凶)이 바뀌어 길(吉)이 된다 함.
【黃庭經】こうていけい(황정경) 도교(道教)의 경서. ¶老子一一卷<唐書>
【黃帝】こうてい(황제) ①중국 전설상의 제왕. 軒轅氏(헌원씨). ②5천제(天帝)의 하나. 중앙을 주재함.
【黃鳥】こうちょう(황조) 꾀꼬리. 黃鸝(황리). 黃雀(황작). ¶一歌.
【黃鐘】こうしょう・おうしょう(황종) ①고악(古樂) 12율(律)의 하나인 양률(陽律). ②군자의 비유. ¶一毀棄 瓦釜雷鳴<楚辭> ③음력 11월의 이칭.
【黃中內潤】こうちゅうないじゅん(황중내윤) 재덕(才德)을 깊이 간직하고 겉으로 나타내지 않음. ¶高子一 文明外照<魏書>
【黃塵】こうじん(황진) ①누른 먼지. ②싸움터나 세속의 잡사(雜事). 戰塵(전진). ¶寸心明白日 千里暗一<楊炯>
【黃泉】こうせん(황천) ①땅 속의 샘. ②저승. 黃廬(황려). 黃壚(황로). 黃土(황토)②. 黃墟(황허). ¶潛寐一下<文選>
【黃燭】こうしょく(황촉) 밀(蜜)로 만든 초.
【黃土】こうど(황토) ①황색의 점토. ②☞黃泉(황천)②. ③토지(土地). 대지(大地).
【黃袍】こうほう(황포) 수(隋)대 이후 천자의 예복인 황금빛의 곤룡포.
【黃河】こうが(황하) 중국 제2의 강. 물빛이 흐림.
【黃河千年一淸】こうがせんねんいっせい(황하 천년일청) 황하가 천 년에 한 번 맑을지 모르겠다는 뜻으로, 성인(聖人) 출현의 어려움이나 이루기 어려운 일의 비유. 百年河淸(백년하청). 黃河淸(황하청). ¶丹丘千年一燒 一<拾遺記>
【黃河淸】こうがせい(황하청) ☞黃河千年一淸(황하천년일청).
【黃昏】こうこん・たそがれ(황혼) 해가 져 어둑어둑할 무렵.
【黃花】こうか(황화) ①국화(菊花). 黃華(황화). ②채화(菜花). ③황색의 꽃.
▷渠一, 卵一, 大一, 騰一, 麻一, 飛一, 蘇一, 松一, 純一, 乘一, 蠶一, 外一, 牛一, 雄一, 硫一, 銀一, 離一, 雌一, 中一, 地一, 倉一, 淺一, 帖一, 玄一, 昏一, 纁一

11【黄】 黃(p.1690)과 同字

5/17【黈】 누를 주 ㊥두 |圖ㄊㄡˇ (tou)| とう(キイロ)
풀이 ①누르다. 누른빛. ¶大夫倉 士一<穀梁傳> ②귀막이솜. ¶一纊. ③늘이다. 보탬. 증가시킴. ¶二皇聖哲一益<馬融>
【黈纊】とうこう(주광) 귀막이솜. 노란 솜. 갓이나 면류관의 귀 양쪽에 늘어뜨려 함부로 아무 말이나 듣지 않도록 경계하는 것. ¶一充耳所以塞聰<大戴禮>

20【黊】 曜(p.728)와 同字
21【䵌】 黈(p.1691)와 同字
21【黴】 輝(p.1465)와 同字

24〖黌〗 煌(p. 749)과 同字

13
25〖黌〗 글방 횡 | 庚ㄏㄨㄥˊ (hong) | こう, おう (マナビヤ)

▷庠—, 脩—, 春—, 鄕—

黍<기장 서>部

黍 ③ 黎 ⑤ 黏 ⑪ 黐

0
12〖黍〗 기장 서 | 語ㄕㄨˇ (shu) | しょ(キビ) *millet*

풀이 ①기장. 오곡(五穀)의 한 가지. ②무게의 단위. 기장 10알의 무게를 루(絫), 100 알의 무게를 수(銖)라 함. ③술그릇. 서 되들이 술그릇.

【黍絫】(서루) 기장 10 알의 무게. 극히 적은 양의 무게. ¶權輕重者 不失—<漢書>

【黍離之歎】(서리지 탄) 나라가 망하여 그 궁궐, 종묘 터가 기장밭이 된 탄식. 離는 離離로, 기장이 이삭을 늘어뜨린 모양. ※麥秀之歎(맥수지 탄).

【黍稷】(서직) 메기장과 찰기장. 또는, 기장과 피.

▷角—, 鉅—, 鷄—, 團—, 搏—, 麥—, 食—, 委—, 稷—, 薦—, 春—, 炊—, 禾—, 黃—, 黑—

3
15〖黎〗 검을 려 | 齊ㄌㄧˊ (li) | れい(クロイ) *black*

풀이 ①검다. ㉮黧. ¶—民 黑髮之人<書經·注> ②많다. 뭇. ¶群—百姓<詩經> ③녘. 무렵. ¶—明. ④가지런하다. 通齊. ¶民靡有—<詩經> ⑤나라 이름. 은(殷)대 제후국의 하나. ¶—侯寓于衞<詩經> ⑥종족 이름. 광동성(廣東省) 경주도(瓊州島)에 살던 종족. 이인(俚人). ⑦불의 신. 축융(祝融). ¶覩有—之屺墳<張衡>

【黎明】(여명) 밝을 무렵. 새벽. ¶— 圍宛城三匝<史記>

【黎明期】(여명기) 새로운 것이 시작되려는 시기.

【黎民】(여민) 백성. 검은 맨머리의 백성. 서민(庶民). 黎元(여원). 黎庶(여서). 黎首(여수). 黎蒸(여증). 黔首(검수). ¶—不飢不寒<孟子>

【黎獻】(여헌) 어진 백성. 獻은 賢. ¶萬邦— 共惟帝臣<書經>

▷黔—, 九—, 群—, 氓—, 庶—, 遠—, 遺—, 重—, 蒸—, 懸—

15〖黐〗 黎(p. 1692)와 同字

15〖黍+科〗 犂(p. 973)와 同字

16〖香〗 香(p. 1645)의 本字

5
17〖黏〗 차질 점 本념 | 鹽ㄋㄧㄢˊ (nian) | でん, ねん (ネバル) *sticky*

※속어는 粘(p. 1148)을 볼 것.

풀이 ①차지다. 끈기가 있음. 끈끈함. ㉮粘. ②풀. 접착제. ③떡. ④죽. ⑤붙다. 들러붙음.

11
23〖黐〗 끈끈이 치 | 支ㄔ (chi) | ち(ネバリ)

黑<검을 흑>部

黑 ① 黖 ④ 黔 默 ⑤ 黛 黝 點 黈 黜 ⑥ 黟 黠 ⑦ 黣 ⑧ 黥 黨 黧 黤 黦 ⑨ 黫 黮 黯 黭 黬 ⑩ 黰 ⑪ 黴 黲 ⑬ 黵 ⑭ 黶 ⑮ 黷

0
12〖黑〗 검을 흑 | 職ㄏㄟ (hei) | こく(クロイ) *black*

本𪐗 同黒

풀이 ①검다. ㉮빛이 검다. ¶轉老而少—髮更生<神仙傳> ㉯마음이 검다. ¶心不染—<法苑珠林> ㉰어둡다. ¶日— 大風起天<漢書> ㉱마음이 어둡다. 어리석음. ¶言—闇心者謂痴心也<南山戒疏> ②검은빛. ㉮5색(色)의 하나. 방위로는 북, 오행으로는 수(水), 계절로는 겨울에 해당. ㉯나쁜 것. 옳지 않은 것. ¶—白論理. ③검게 되다. ㉮검은빛으로 변하다. ¶近墨者—. ㉯어두워지다. 날이 저묾. ¶行明白而日—兮<楚辭> ㉰눈이 어두워지다. ¶耳聾目—<景德傳燈錄> ④양(羊). ⑤돼지. ⑥기장. 볶은 기장. ¶黍曰—<周禮·注>

【黑角】(흑각) 코뿔소의 뿔. 무소뿔. 犀角(서각).

【黑尻】(흑고) 황새의 별칭. 背竈(배조). 負釜(부부). 阜帬(조군).

【黑頭公】(흑두공) ①☞黑頭宰相(흑두재상). ②붓의 별칭.

【黑頭宰相】(흑두재상) 검은 머리의 재상이란 뜻으로, 장년(壯年)에 삼공(三公)이 된 사람을 이름.

【黑幕】(흑막) 겉으로 드러나지 않은 음흉한 내막. ¶—政治.

【黑白】(흑백) ①검정빛과 흰색. ②옳은 것과 그른 것. 善惡(선악). ¶—論理. ③흑인과 백인.

【黑石】(흑석) ①검은 빛깔의 돌. ②흑요석(黑曜石). ③검은 바둑돌.

【黑心】(흑심) ①검은 마음. 음흉한 마음. ②질투심.

【黑曜石】(흑요석) ☞烏石(오석)②.

【黑衣】(흑의) ①검은 옷. ②궁중을 지키던 장교(將校). 검은 옷을 입은 데서 이름. ③중의 옷. 또는, 중. ¶—宰相.

【黑帝】(흑제) 5천제(天帝)의 하나. 북방을 맡음.

【黑鳥】(흑조) 까마귀의 이칭.

【黑風】(흑풍) 하늘이 흐린 뒤에 부는 거센 바람. 거센 풍파.

▷黛—, 黴—, 白—, 純—, 深—, 暗—, 黯—, 黧—, 窈—, 陰—, 赤—, 塵—, 黰—, 蒼—, 淺—, 靑—, 漆—, 昏—, 曛—

11【黒】黑(p.1692)과 同字

14【𪐗】黑(p.1692)의 本字

1
13【𪐀】시커멀 알 | 黠 ㄧˋ (yi) | あつ(マックロ)

4
16【黔】 ①검을 검 ②귀신 이름 금 | 鹽 ㄑㄧㄢˊ (qian) 侵 | けん black きん

풀이 ①①검다. ¶安一首<戰國策> ②그을다. 검어짐. ¶黑突不得一<韓愈> ③거무스름하다. ④땅 이름. ¶一州/一地. ②귀신 이름. ¶召一嬴而見之兮<楚辭>

【黔驢之技】けんろのわざ (검려지 기) 검주(黔州) 나귀의 재주라는 뜻으로, ㉮제 기량이 졸렬함을 모르고 나섰다가 욕을 봄, ㉯기능이 졸렬하여 쓸모가 없음, ㉰시시한 재주 한 가지뿐, 별다른 기능이 없음의 비유.
【유래】중국의 검(黔) 땅에는 본래 나귀가 없었는데, 어떤 사람이 나귀 한 마리를 실어다가 산 밑에 놓아 두었더니, 호랑이가 그 큰 몸집을 보고 두려워서 접근하지 못하였다. 그러다가 오랜 뒤, 범이 나귀에게 차츰 가까이하며 함부로 굴자 나귀가 발끈하여 호랑이를 뒷발길질하였다. 그제야 호랑이는 나귀의 재주가 그것뿐이라는 것을 알아차리고, 곧바로 달려들어 나귀를 죽여 그 고기를 다 먹고 가 버렸다.<柳宗元>

【黔首】けんしゅ (검수) 관을 쓰지 않아 검은 머리를 드러내고 있다는 뜻에서, 일반 백성을 이름. 서민. 平民(평민). 黔庶(검서). 黔細(검세). ¶憂其一<呂覽>
【黔愚】けんぐ (검우) 백성. 서민.
【黔嬴】けんえい (금영) 조화신(造化神)의 이름. 黔雷(금뢰). ¶召一而見之兮<楚辭>

4
16【默】 잠잠할 묵 | 職 ㄇㄛˋ (mo) | もく(ダマル) *be silent*

풀이 ①잠잠하다. 침묵(沈默)함. ¶其一足以容<中庸> ②조용하다. ㉮인기척이 없다. ¶恭一思道<書經> ㉯입이 무겁다. ¶靜一有遠志<晉書> ㉰들리지 않다. 나타나지 않음. ¶顯一之際<任昉> ③없다. ¶一之成之<列子> ④어둡다. 희미함. ⑤범하다. 탐함. ¶貪以敗官爲一<孔子家語> ⑥검다. 通黑.

【默契】もっけい (묵계) 은연중에 서로 뜻이 맞음. 말 없는 가운데 서로 승락함. ¶坐看吳越兩山秀 一義文千古心<名賢集>
【默藁】もっこう (묵고) 마음속에서 짓는 시문의 초안(草案). 默稿(묵고). 腹稿(복고). ¶袖手獨不言 一已在腹<蘇軾>
【默過】もっか (묵과) 묵묵히 지나감. 또는, 모르는 체하고 그대로 넘김.
【默念】もくねん (묵념) ①묵묵히 생각함. 默考(묵고). 默想(묵상). ②마음속으로 빎. 默禱(묵도).
【默讀】もくどく (묵독) 소리없이 읽음. ↔音讀(음독)·朗讀(낭독).
【默禮】もくれい (묵례) 말 없이 고개를 숙여 하는 인사.
【默默】もくもく (묵묵) ①입을 다물고 말을 하지 아니하는 모양. 默然(묵연). ¶一不答. ②공허한 모양. ¶至道之精 窈窈冥冥 至道之極 昏昏一一<莊子> ③불만스럽게 여기는 모양. ¶一不得志<史記> ④고요한 모양.
【默祕】もくひ (묵비) 잠자코 비밀로 함.
【默殺】もくさつ (묵살) 어떠한 일에 대하여 문제삼지 않음.
【默想】もくそう (묵상) ☞默念(묵념)①.
【默示】もくし (묵시) ①말 없이 은연중에 의사를 표시함. ¶一的. ②종교에서, 신(神)의 계시(啓示)를 이름. ¶一錄.
【默認】もくにん (묵인) 말없는 가운데 승인함. 또는, 그대로 보아 넘김. 默諾(묵낙). 默許(묵허).
【默珠】もくじゅ (묵주) 염주(念珠).
【默重】もくじゅう (묵중) 과묵(寡默)하고 신중함.
▷恭一, 寡一, 愼一, 暗一, 語一, 淵一, 靜一, 沈一, 退一, 緘一, 玄一

16【黙】黑(p.1692)과 同字

5
17【黛】 눈썹 그릴 대 | 隊 ㄉㄞˋ (dai) | たい(マユズミ)

풀이 ①눈썹을 그리다. 눈썹먹. ¶粉白一黑<楚辭> ②그린 눈썹. 눈썹먹으로 그린 눈썹. ¶願在眉而爲一<陶潛> ③여자의 눈썹. ¶怨一舒還斂<梁元帝> ④검푸르다. 멧갓이나 숲의 짙푸른 모양.

【黛螺】たいら (대라) ①청록색의 안료(顔料). 그림 물감. ¶贈君千一<虞集> ②여자의 그린 눈썹과 소라 꼴로 쪽찐 머리. ③검푸르게 보이는 산의 형용.
【黛面】たいめん (대면) 눈썹을 그린 얼굴. ¶一黑衣<唐書>
▷綠一, 濃一, 眉一, 薄一, 粉一, 鉛一, 青一, 秋一, 春一, 翠一, 紅一

5
17【黝】 검푸를 유 | 有 ㄧㄡˇ (you) | ゆう *dark blue*

풀이 ①검푸르다. ¶一牛. ②검다. ¶天子諸侯一堊<穀梁傳>/一堊丹漆. ③검은 흙. ④검은 기둥.
▷紺一, 騂一, 深一

5
17【點】 점 점 | 琰 ㄉㄧㄢˇ (dian) | てん(ポチ) *dot*
略 奌 点

풀이 ①점. ㉮작은 흔적. ¶紫一爲文<詩經> ㉯문장의 구절이나 사물의 표시로 찍는 점. ¶凡所讀 無不加標一<宋史> ㉰자획(字畫)의 하나인 점. ¶每作一一<王羲之> ㉱점을 찍은 것 같은 작은 것. ¶連珠疎一<庾信> ②글자를 지우다. 자구의 정정(訂正). ¶文無加一<後漢書> ③세다. 점검(點檢)함. ¶一檢兵馬<舊唐書> ④그리다. ¶眉目如一<南史> ⑤가볍게 스치다. ¶一水

蜻蜓款款飛<杜甫> ⑥더럽히다. 오점(汚點). ¶百行無一<劉孝標> ⑦흉터. ¶以掩一跡<談苑> ⑧작은 조각. ¶風飄萬一正愁人<杜甫> ⑨물방울. ¶雨一墮車軸<陸游> ⑩시각을 세는 말. ¶鷄三號 更五一<韓愈> ⑪물건의 개수를 나타내는 말. ¶衣類三一. ⑫장소를 나타내는 말. ¶起一/終一/要一. ⑬한도를 나타내는 말. ¶氷一/沸一. ⑭평가를 나타내는 말. ¶長一/評一. ⑮등불을 켜다. ¶火一伊陽村<岑參> ⑯가리키다. ¶時遭人指一<白居易> ⑰고개를 끄덕이다. ¶一頭. ⑱붓다. ¶露一蜜飴<梁簡文帝> ⑲점 찍다. ¶一其點<王羲之> ⑳파호(破戶). 바둑에서, 상대의 말을 잡기 위해, 두 집이 나지 못하게 하는 수법. 파가(破家). ¶深入而破其眼曰一旁<圍棋義例>

【點勘】てんかん(점감) ①책을 읽을 때, 표를 해 가며 면밀히 읽음. 校勘(교감). ②일일이 조사함.

【點檢】てんけん(점검) 일일이 검사함. 또는, 그 검사. 檢點(검점).

【點景】てんけい(점경) ①풍경화 등에 정취를 더하기 위해 그려 넣는 사람이나 동물 따위. ②점철(點綴)한 분경(盆景).

【點考】てんこう(점고) 명부에 일일이 점을 찍어 가며 사람의 수효를 조사함.

【點鬼簿】てんきぼ(점귀부) 죽은 사람의 이름을 적은 장부. 뜻이 바뀌어, 시문(詩文)에 고인(故人)의 이름 사용하기를 좋아하는 병폐를 이름.

【點頭】てんとう(점두) 고개를 끄덕임. 首肯(수긍). ¶無不一服義<李衛公問對>

【點燈】てんとう(점등) 등불을 켬.

【點滅】てんめつ(점멸) ①등불이 깜박깜박함. ②등불을 켰다 껐다 함.

【點名】てんめい(점명) ☞點號(점호). ¶照批一<福惠全書>

【點描】てんびょう(점묘) ①점을 찍어 그림을 그림. 또는, 그 화법(畫法). ¶一法. ②부분적으로 묘사함.

【點發】てんぱつ(점발) 한 글자에 여러 음이 있어, 그 음에 따라 뜻이 달라지는 경우, 글자의 옆에 점 또는 동그라미를 하여 사성(四聲)을 나타내는 일. 圈發(권발).

上 去
平 入
點發

【點線】てんせん(점선) 점으로 이룬 선.

【點數】てんすう(점수) ①물건의 수효. ②숫자로 나타낸 평가. ③점의 수효.

【點心】てんしん(점심) ①《佛》 선가(禪家)에서, 간식(間食)을 이름. ②낮끼니로 먹는 음식. 晝食(주식).

【點眼】てんがん(점안) ①눈에 안약을 넣는 일. ②☞點睛(점정).

【點額】てんがく(점액) ①이마를 물들임. 이마에 글씨를 쓰거나 그림을 그림. ②시험에 낙제함. ¶五度龍門一廻<白居易>

【點字】てんじ(점자) 봉사가 쓰는 글자. 두꺼운 종이 위에 도드라진 점들을 일정한 방식으로 짜모아, 손으로 만져 읽는 부호. 현재 삼점 이행식(三點二行式)을 씀.

【點滴】てんてき(점적) ①점점이 듣는 물방울. ¶一侵寒夢<杜牧> ②시료(試料)에 시약(試藥)을 한 방울씩 떨어뜨림.

【點睛】てんせい(점정) 눈동자를 그려넣는다는 뜻으로, 사물의 가장 중요한 부분을 이루어 완성시킴을 이름. 點眼(점안)②. ※畫龍點睛(화룡점정).

【點指】(점지) 신불(神佛)이 자식을 갖게 해 줌. 우리 말의 취음(取音)임.

【點綴】てんてい・てんてつ(점철) ①점을 찍은 것처럼 여기저기 널려 있는 모양. 또는, 알맞게 구색(具色)을 맞추어 장식함. ¶雪雲虛一<杜甫> ②점을 찍고 선을 그림. ③그림의 운필(運筆).

【點行】てんこう(점행) 정역(丁役) 따위에 징발됨. ¶行人但云一頻<杜甫>

【點穴】てんけつ(점혈) ①뜸 뜰 자리에 먹으로 표하는 일. ¶一法. ②풍수(風水)에서, 묏자리를 잡음.

【點呼】てんこ(점호) 이름을 불러 일일이 인원(人員)을 점검함. 點名(점명).

【點火】てんか(점화) 불을 붙임. 등불을 켬.

【點畫】てんかく(점획) 글자의 점과 획.

▷絳一, 據一, 缺一, 觀一, 起一, 基一, 難一, 論一, 到着一, 同一, 得一, 滿一, 盲一, 無一, 美一, 半一, 斑一, 批一, 沸一, 氷一, 弱一, 汚一, 要一, 爭一, 終一, 朱一, 中心一, 重一, 地一, 指一, 採一, 總一, 出發一, 評一, 標一, 合一, 血一, 紅一一, 黑一

5/17 【黗】 점 주 | ㊥ㄓㄨˇ (zhu) | ちゅ speck

풀이 점. 붓으로 찍는 점. ㉮구두점(句讀點). ㉯자획(字畫)으로서의 점.

5/17 【黜】 내칠 출 | ㊥ㄔㄨˋ (chu) | ちゅつ reject

풀이 ①내치다. 물리침. ¶湯旣一夏命<書經> ②떨어뜨리다. 벼슬을 낮춤. ¶直士抗言 我將一之<王禹偁> ③쫓다. 축출(逐出)함. ¶一公者 非吾意也<公羊傳>/勸賞一陟<千字文> ④떠나다. 제거(除去)함. ¶君將一嗜欲<莊子> ⑤폐지하다. ¶公將一太子申生<國語> ⑥줄이다. ¶而一其車<左氏傳> ⑦끊다. 없앰. ¶周公相成王 將一殷<書經>

【黜敎】ちゅうきょう(출교) 종교에서, 교인을 제명(除名)하여 내쫓음.

【黜陟】ちゅっちょく(출척) 내치고 올린다는 뜻으로, 인재를 등용하고 무능한 자를 축출함. 黜升(출승). ¶一幽明<書經>

【黜學】ちゅつがく(출학) 퇴학(退學).

【黜享】(출향) 종묘나 문묘(文廟)의 배향(配享)을 철거함.

【黜會】ちゅっかい(출회) 단체나 모임에서 내쫓음.

▷減一, 降一, 譴一, 糾一, 免一, 放一, 屛一, 削一, 陞一, 抑一, 裁一, 竄一, 責一,

斥一, 遷一, 罷一, 貶一, 廢一, 褒一, 顯一

6 18 〖黟〗 검을 이 | 因丨 (yi) | い(クロイ) *black*

풀이 ①검다. ¶一然黑者爲星星<歐陽脩> ②흑단(黑檀).

18 〖黓〗 黟(p.1695)와 同字

6 18 〖黠〗 약을 힐 本할 | 國T丨Y̌ (xia) | かつ(サトイ) *wise*

풀이 ①약다. 영리(怜悧)함. ¶此一兒也當有所成<顔氏家訓> ②교활(狡猾)하다. ¶吐蕃一獪<唐書>

【黠奴】かつど(힐노) ①노비(奴婢)의 별칭. ②교활한 놈이란 뜻으로, 욕하는 말.
▷姦一, 桀一, 輕一, 狡一, 敏一, 汚一, 陰一, 捷一, 慧一, 豪一, 凶一

7 19 〖黣〗 검을 매 | ㄇㄟˇ (mei) | ばい(クロイ) *black*

8 20 〖黥〗 묵형할 경 | 庚ㄑ丨ㄥˊ (qing) | げい *tattoo*

풀이 묵형(墨刑). 얼굴에 죄명을 자자(刺字)하던 형벌. ¶一首刖足繼成漢史<後漢書>

【黥徒】げいと(경도) 묵형(墨刑)을 받은 죄인.
▷面一, 墨一, 私一, 印一, 灼一, 天一

8 20 〖黨〗 무리 당 略党 | 養ㄉㄤˇ (dang) | とう(トモガラ) *company*

풀이 ①무리. 한동아리. ¶各於其一<論語> ②마을. ¶惟此一人其獨異<楚辭> ③일가. 친척. ¶睦於父母之一 可謂孝矣<禮記>/妻一. ④곁. 측근. ¶居俟一之一<儀禮> ⑤친하게 지내다. ¶一學者<荀子> ⑥많다. 많은 사람들. ¶私門成一<淮南子> ⑦사귀다. 접함. ¶無所交一<後漢書> ⑧돕다. ¶群而不一<論語> ⑨불공평하다. ¶無偏無一<書經> ⑩알랑거리다. 아부(阿附)함. ¶比而不一<國語> ⑪분명하지 않다. ⑫거듭하여. 빈번히. ¶怪星之一見<荀子> ⑬곳. 때. ¶何一之乎<左氏傳> ⑭착하다. 아름다움. ¶博而一正<荀子> ⑮알다. 깨달음. ⑯혹은. 원컨대. 通儻. ¶一可以徼幸<漢書>

【黨規】とうき(당규) 당의 규칙. 黨則(당칙).

【黨旗】とうき(당기) 당의 기(旗).

【黨同伐異】とうどう(당동벌이) 잘잘못에 관계없이 같은 무리에 가담하여 반대자를 공격하는 일. ¶一 此妍彼醜<周邦彦>

【黨論】とうろん(당론) 그 당파가 주장하는 의론. 黨議(당의).

【黨類】とうるい(당류) 같은 패거리. ¶親其一 用和親<後漢書>

【黨勢】とうせい(당세) 당파의 세력.

【黨首】とうしゅ(당수) 당파의 우두머리. 黨魁(당괴).

【黨與】とうよ(당여) 동료. 黨類(당류). 徒黨(도당). ¶察其一<淮南子>

【黨員】とういん(당원) 그 당에 속하는 사람.

【黨人】とうじん(당인) ①한동아리. ¶惟夫一之偸樂兮<楚辭> ②같은 향당(鄕黨)의 사람. ¶其一毁而死者半<莊子>

【黨爭】とうそう(당쟁) 당파 싸움.

【黨籍】とうせき(당적) ①당원으로서의 적(籍). ¶陷於一 政事興廢 拘於紀年<宣和遺事> ②당원의 명부.

【黨派】とうは(당파) ①당의 분파(分派). ②주의와 목적을 같이하는 한동아리.
▷强一, 結一, 公一, 魁一, 洛一, 內一, 徒一, 同一, 母一, 父一, 不一, 夫一, 婦一, 朋一, 比一, 私一, 邪一, 俗一, 樹一, 新一, 阿一, 惡一, 野一, 與一, 吾一, 僚一, 友一, 僞一, 入一, 殘一, 敵一, 政一, 從一, 創一, 妻一, 戚一, 黜一, 親一, 脫一, 偏一, 害一, 鄕一, 凶一

8 20 〖黧〗 검을 리·려 | 因ㄌ丨ˊ 齊(li) | り

풀이 ①검다. ¶顔黴一而沮敗兮<楚辭> ②검누렇다. ¶面目一黑<戰國策> ③얼룩. 반점(斑點).

【黧黑】りこく(이흑) 누런 빛을 띤 검은 색. 초췌한 얼굴.
▷垢一, 黴一, 緇一

8 20 〖黤〗 검푸를 암 | 琰丨ㄢˇ (yan) | あん

풀이 ①검푸르다. 청흑색. ②어둡다.

【黤黮】あんたん(암담) 어두운 모양.

8 20 〖黦〗 1 검을 울 2 퇴색할 알 | 物ㄩˋ(yu) 月丨ㄝˋ(ye) | うつ えつ

9 20 〖黮〗 1 검을 담 2 오디 심 3 어두울 탐 | 感ㄉㄢˇ (dan) 寢ㄕㄣˋ 勘(shen) | たん *black* しん たん

풀이 1 ①검다. 오디가 검음. ②까맣다. ¶黑何若 曰 一然<淮南子> ③흑황색(黑黃色). ④사사로움. ⑤구름 따위의 검은 모양. 2 오디. 뽕나무 열매. 같葚. ¶食我桑一<詩經> 3 어둡다. 밝지 못한 모양. ¶人固受其一闇<莊子>
▷桑一, 黯一

9 21 〖黫〗 검을 안 | 刪丨ㄢ (yan) | あん *black*

9 21 〖黯〗 검을 암 | 豏ㄢˋ (an) | あん *black*

풀이 ①검다. ¶玄雲一以凝結兮<蔡邕> ②슬퍼하다. 슬픔. ¶一然鎖魂者 唯別而已矣<江淹>
▷波一, 雲一, 慘一, 沈一

9 21【黭】 검을 암 感ㄧㄢˇ (yan) あん black

풀이 ①검다. 과일이 썩어 검은 모양. ¶一黯. ②어둡다. ¶鄙人一淺<王褒> ③갑자기. 별안간. ¶一然而雷擊之<荀子>

9 21【黬】 1 검댕 암 2 기 모일 암 感ㄐㄧㄢ (jian) 豏 かん soot あん

풀이 1 검댕. 솥 밑의 그을음. 2 ①기(氣)가 모이다. 모이는 기. ¶有生一也<莊子> ②흉터.

21【⿰黑貞】 黰(p.1696)과 同字

10 22【黰】 1 검은 머리 진 2 검을 안 軫ㄓㄣˇ (zhen) 刪 しん black hair あん

11 23【黴】 1 곰팡이 미 2 붓 적실 매 支ㄇㄟˊ (mei) 隊 び(ガビ) mold ばい

풀이 1 ①곰팡이. 곰팡이가 핌. ¶一中久雨青黑<說文>/一菌. ②검다. ¶一黑. ③썩다. ④때가 끼다. 얼굴에 때가 끼어 빛이 검음. ¶舜一黑<淮南子> 2 붓을 먹에 적시다.

11 23【黲】 검푸르죽죽할 참 感ㄘㄢˇ (can) さん dark blue

풀이 ①검푸르죽죽하다. 물건이 썩을 때의 빛깔. ②검다. ③날씨가 흐리다. ¶陰氣不一黷<杜甫>

24【⿰黑臽】 黵(p.1696)과 同字

24【⿱猒黑】 黶(p.1696)과 同字

13 25【黵】 자자할 담 感ㄉㄢˇ (dan) たん tattoo

풀이 ①자자(刺字)하다. 죄인의 이마에 먹물로 죄명을 찍어 넣는 일. ¶除一面之刑<梁書> ②때 묻다. 더러워짐. ③검게 칠하다.

14 26【黶】 1 검정 사마귀 염 2 검은 점 암 琰ㄧㄢˇ (yan) 豏 えん black mole あん

풀이 1 ①검정사마귀. ¶一子. ②속이 검다. ③검다. 2 검은 점.

15 27【黷】 더럽힐 독 屋ㄉㄨˊ (du) とく soil

풀이 ①더럽히다. 더러워짐. ¶以故得媟一貴幸<漢書> ②욕을 당하다. ¶穢一之累<南史> ③친압(親押)하다. 자주 행하여 사물을 소홀히 하게 됨. ¶患其一武<後漢書> ④검게 되다. ¶林木爲之潤一<左思> ⑤검푸른 모양. ⑥검다.

【黷武】とくぶ (독무) 무덕(武德)을 더럽힌다는 뜻으로, 부질없이 군사를 일으켜 명분 없는 전쟁을 함을 이르는 말.

▷干一, 慢一, 冒一, 煩一, 私一, 褻一, 穢一, 塵一, 侵一, 貪一, 喧一, 囂一

黹<바느질 치>部

黹 ⑤ 黻 ⑦ 黼

0 12【黹】 바느질할 치 紙ㄓˇ (zhi) ち sew

源 象形. 바늘, 실로써 수놓은 모양을 본뜸.

풀이 ①바느질하다. ②수를 놓다. ③수놓은 옷.

5 17【黻】 수 불 物ㄈㄨˊ (fu) ふつ embroidery

풀이 ①수. 옛날 예복에 놓은, 弓 자 둘이 서로 등진 모양의 수. ②폐슬(蔽膝). ¶致美乎一冕<論語>

【黻冕】ふつべん (불면) 제복(祭服). 黻은 가죽으로 만든 폐슬, 冕은 관(冠). ¶惡衣服而致美乎一<論語>

【黻文】ふつぶん (불문) 弓 자 둘이 서로 등진 모양의 무늬.

【黻黼】ふつほ (불보) 임금의 예복. 黼黻(보불).

【黻翣】ふつしょう (불삽) 불문(黻文)을 그린 널빤지에 자루를 단 것. 옛날, 장례 때 상여 앞뒤에 들고 가던 것.

▷圭一, 黼一, 華一

7 19【黼】 수 보 麌ㄈㄨˇ (fu) ふ,ほ embroidery

풀이 ①수(繡). 옛날, 예복에 놓은 수로, 자루 없는 도끼 모양의 흑백색 꽃무늬. ¶白與黑 謂之一<周禮> ②수놓은 옷. ¶身拖一繪<潘岳> ③무늬. 광채(光彩).

【黼裘】ふきゅう (보구) 흑백의 도끼 무늬를 수놓은 갖옷으로, 옛 중국 임금이 사냥할 때 입은 예복. ※ほきゅう

【黼黻】ふふつ (보불) ①옛날, 임금의 예복에 놓은 수(繡) 이름. 黻黼(불보). ¶一之美 在於杼軸<淮南子> ※ほふつ ②문장(文章)의 비유.

【黼扆】ふい (보의) ①붉은 비단에 흑백 도끼 무늬를 수 놓은 병풍. ②천자(天子). 천자가 제후(諸侯)의 알현(謁見)을 받을 때 보의를 둘러친 데서 이름. 黼依(보의). ¶狄設一綴衣<書經> ※ほい

▷黻一, 繡一, 刺一

黽<맹꽁이 맹>部

黽 ④ 黿 ⑤ 鼂 ⑥ 鼅 鼃 ⑪ 鼇 ⑫ 鼈

0 13【黽】 1 맹꽁이 맹 梗 2 힘쓸 민 軫ㄇㄧㄣˇ 3 고을이름 면 銑 (min) びん ぼう べん

源象形. 맹꽁이 모양을 본뜸.
▷耿一, 求一, 水一

8〖黾〗 黽(p.1696)의 俗字

4
17〖黿〗 자라 원 |冠ㄩㄢˊ (yuan)| げん sea turtle

풀이 ①자라. 바다거북. ¶乘白一兮<楚辭> ②영원(蠑蚖). 도롱뇽류의 동물. 같 蚖. ¶化爲玄一<國語>
▷蛟一, 伏一, 浮一, 潛一, 天一, 海一

5
18〖鼂〗 아침 조 |蕭ㄓㄠ (zhao) ㄔㄠˊ (chao)| ちょう

6
19〖鼃〗 개구리 와 |佳ㄨㄚ (wa)| わい, あ frog

풀이 ①개구리. 같 蛙. ¶埳井之一<莊子> ②두꺼비. ③음란한 소리. ¶紫色一聲<漢書> ④처음. 通規.

19〖鼄〗 鼃(p.1697)와 同字

20〖鼅〗 蝁(p.1326)과 同字

21〖鼆〗 蜘(p.1328)와 同字

11
24〖鼇〗 큰자라 오 |豪ㄠˊ (ao)| ごう
俗鰲

【鼇禁】ごうきん(오금) 한림원(翰林院)의 이칭. 鼇翰(오한). 鼇掖(오액). ¶珥筆遊一<馬祖常>

【鼇頭】ごうとう(오두) ①큰 바닷자라의 대가리. ②벼슬아치 등용 시험에 수석으로 급제한 사람. 壯元(장원). 龍頭(용두). ③책의 본문 위 난(欄)에 써 넣은 주석(注釋). 頭注(두주).

【鼇峰】ごうほう(오봉) 오산(鼇山)의 봉우리.

【鼇山】ごうざん(오산) ①큰 바닷자라가 등에 지고 있다는 바닷속의 산. 신선(神仙)이 산다 함. ¶鼇背三山天外落 鷺邊二水眼前青<松雲遺稿> ②호남성(湖南省)에 있는 산. ③송(宋)대, 설날 밤 경축에서 불을 켠 꽃등을 산처럼 쌓아 둔 것.

【鼇掖】ごうえき(오액) ☞鼇禁(오금).
▷巨一, 鯨一, 鵬一, 神一, 靈一, 海一

12
25〖鼈〗 자라 별 |屑ㄅㄧㄝ (bie)| べつ(スッポン) terrapin
▷巨一, 龜一, 老一, 木一, 魚一, 將一, 釣一, 天一, 土一

鼎<솥 정>部

鼎 ② 鼐 ③ 鼒

0
13〖鼎〗 솥 정 |迥ㄉㄧㄥˇ (ding)| てい(カナエ) iron kettle
俗鼑

源象形. 발이 셋, 귀가 둘인 솥 모양을 본뜸.

풀이 ①솥. ㉮발이 셋이고 귀가 둘 달린 솥. ㉯하(夏)의 우(禹)임금이 9주(州)의 구리를 모아 만든 아홉 개의 솥. 왕위 전승의 보기(寶器)로 삼은 데서 왕위, 제업(帝業)을 뜻하는 말로 씀. ¶定一之業<徐陵> ㉰경상(卿相)의 자리. ¶位登台一<後漢書> ㉱옛날, 죄인을 삶아 죽이던 형구(刑具). ¶勤大命施于烝彝一<禮記> ②존귀하다. ¶西河一族<庾信> ③바로. 바야흐로. 通當. ¶天子春秋一盛<漢書> ④배를 매는 말뚝. 通定 朾. ⑤세 발 달린 의자. ⑥바르다. 곧음. 通貞. ⑦느슨한 모양. ¶一一爾則小人<禮記> ⑧괘(卦) 이름. 64괘의 하나. 손하이상(巽下離上). ䷱. 바른 지위에 처(處)할 상(象).

【鼎甲】ていこう(정갑) ①뛰어나고 성대함. ¶一華宗<薛廷珪> ②과거에 최우등으로 급제한 세 사람.

【鼎鼐】ていだい(정내) ①솥과 가마솥. ¶夕調乎一<戰國策> ②재상(宰相) 자리의 비유. ¶有官居一<國老談苑>

【鼎談】ていだん(정담) 솥발처럼 벌려 앉아 하는 이야기란 뜻으로, 세 사람의 좌담(坐談)을 이르는 말. 또는, 그 이야기.

【鼎呂】ていりょ(정려) 구정(九鼎)과 대려(大呂). 매우 존귀한 보물의 비유. 구정은 우(禹)임금이 만든 아홉 개의 솥, 대려는 주(周)의 종묘에 있는 큰 종. ¶安國如一<范成大>

【鼎立】ていりつ(정립) 솥발처럼 벌여 섰다는 뜻으로, 육지로 이어진 이웃에 세 세력이 공존함을 비유. ¶漢之衰末 三家一<吳志>/三國一.

【鼎味】ていみ(정미) ①음식맛. ¶操刀膾鯉和一<唐書> ②천하의 정사(政事). ¶必一斯和<宋書>

【鼎輔】ていほ(정보) 삼공(三公). 鼎은 구정, 輔는 수레의 덧방나무. 鼎司(정사). 大臣(대신). ¶後咸至一<魏志>

【鼎沸】ていふつ(정비) 솥의 물이 끓는다는 뜻으로, 의론이 들끓어 떠들썩함이나 군중이 소란해짐 또는 천하가 어지러워짐의 비유. ¶群下一<漢書>

【鼎司】ていし(정사) ①☞鼎輔(정보). ②사공(司空)의 별칭.

【鼎臣】ていしん(정신) 삼공(三公) 등의 대신. ¶上帝震怒 貶黜一<後漢書>

【鼎新】ていしん(정신) 낡은 사물을 개혁하여 새롭게 함. ¶一革故<參同契>

【鼎業】ていぎょう(정업) 임금의 사업. 王業(왕업). 帝業(제업). ¶應報明君一新<姚崇>

【鼎運】ていうん(정운) 임금의 운수. 聖運(성운). 帝運(제운).

【鼎位】ていい(정위) 대신, 재상(宰相)의 자리. 또는, 대신·재상.

【鼎彝】ていい(정이) 정(鼎)과 이(彝). 종묘에 갖추어 놓는 제기(祭器)로, 공식을 담는 그릇. ¶功銘一<宋書>

【鼎足】ていそく(정족) ①솥발. ②삼공(三公)의 자

리. ③세 사람이 협력함의 비유. ¶三公一承君<漢書> 「<徐陵>
【鼎族】ていぞく(정족) 크고 번성한 집안. ¶五陵一
【鼎革】ていかく(정혁) 왕자(王者)의 역성 혁명(易姓革命). ¶一固天啓<徐浩>
【鼎鉉】ていげん(정현) ①솥귀. 솥의 손잡이. ②솥. ¶功銘一<史岑> ③대신, 재상(宰相)의 지위. ¶弱冠步一<潘尼>
▷間一, 擧一, 槐一, 九一, 寶一, 列一, 殷一, 鐘一, 周一, 重一, 台一

11〚鼑〛 鼎(p. 1697)의 俗字

2
15〚鼐〛 가마솥 내 | 隊 ㄋㄞˋ (nai) | だい cauldron

2
15〚鼏〛 소댕 멱 | 錫 | べき

3
16〚鼒〛 옹달솥 자 | 支 ㄗ (zi) | じ small kettle

鼓<북 고>部

鼓 鼔 ⑥ 鼖 ⑧ 鼛 鼙 鼜 ⑩ 鼟

0
13〚鼓〛 북 고 | 麌 ㄍㄨˇ (gu) | こ(ツヅミ) *drum*
俗皷

풀이 ①북. ¶掌土一<周禮>/長一. ②북을 치다. 通鼔. ③맥박(脈搏). ¶一動. ④용량(容量)의 단위. 10말. 일설에는, 12곡(斛). ¶百一之粟<管子> ⑤무게의 단위. 480근. ¶賦晋國一一鐘<孔子家語> ⑥시보(時報). ¶夜四一<宋史> ⑦악기를 타다. ¶一瑟一琴<詩經> ⑧부추기다. ¶一舞.
【鼓角】こかく(고각) ①진영(陣營)에서 호령을 내리는 데에 쓴 북과 호각(號角). ¶五更一聲悲壯<杜甫> ②북을 쳐서 울리고 호각을 붊. ¶一而角動<呂覽>
【鼓女】(고녀) 생식기가 완전하지 못한 여자. ↔鼓子(고자). ※瞽女(고녀).
【鼓怒】こど(고노) ①크게 노함. 激怒(격노). ②물이 소리를 내며 세차게 흐름. ¶一而作濤<郭璞> 「는 여울.
【鼓湍】こたん(고단) 북소리처럼 울리면서 흐르
【鼓刀】ことう(고도) 칼 소리를 낸다는 뜻으로, 가축 도살을 이름. ¶呂望之一兮 遭周文而得擧<楚辭>
【鼓動】こどう(고동) ①북을 울리는 소리. ¶一出新昌<白居易> ②진동함. ¶以一流俗<後漢書> ③심장 뛰는 소리.
【鼓膜】こまく(고막) 귓속의 얇은 막. 귀청.
【鼓舞】こぶ(고무) 북을 쳐서 춤추게 한다는 뜻으로, 격려해서 분발하게 함을 이르는 말. ¶一萬民者號令乎<法言>/一的.
【鼓腹擊壤】こふくげきじょう(고복격양) 배를 두드리고 땅을 친다는 뜻으로, 태평성대(太平聖代)를 구가(謳歌)함을 이르는 말. 요(堯)임금 때, 한 노인이 포식(飽食)한 뒤, 배를 두드리고 땅을 치며 노래했다는 옛일에서 유래. 擊壤(격양). ¶有老人 含哺一而歌<十八史略>
【鼓盆】こぼん(고분) 질장구를 친다는 뜻으로, 상처(喪妻)를 이르는 말. 장주(莊周)가 아내를 잃었을 때 질장구를 치며 노래했다는 옛일에서 유래. ¶莊子妻死 … 一而歌<莊子>/一之歎.
【鼓手】こしゅ(고수) 북을 치는 사람.
【鼓唱】こしょう(고창) ①북을 치며 노래함. ②남보다 먼저 주장함. 또는, 극력 주장함. ¶論其一撰造<宋史>
【鼓吹】こすい(고취) ①북을 치고 피리를 붊. 또는, 군악(軍樂). ②격려함. 고무함. ③밝힘. 밝혀서 알림. 선양(宣揚)함. ¶臣之述作 雖不足一六經<唐書> ④사상(思想) 등을 선전하여 이에 공명(共鳴)하도록 권함.
【鼓篋】こきょう(고협) 북을 쳐서 학생을 격려하고, 상자를 풀어 책을 꺼낸다는 뜻으로, 학교에서 공부를 시작하거나 취학(就學)함을 이르는 말. ¶一 擊鼓警衆 乃發篋出所治經業也<禮記·注>
▷諫一, 羯一, 擊一, 軍一, 金一, 急一, 旗一, 騎一, 路一, 雷一, 漏一, 樓一, 擔一, 銅一, 小一, 申聞一, 楹一, 靈一, 腰一, 長一, 杖一, 旌一, 鉦一, 鐘一, 晋一, 天一, 土一, 敗一, 枹一, 河一, 懸一, 曉

0
13〚鼔〛 북칠 고 | 麌 ㄍㄨˇ (gu) | こ
※鼓(p. 1698)는 본래 딴 자였으나 지금은 혼용함.

풀이 ①북 치다. ¶塡然一之<孟子> ②연주하다. ¶一瑟<論語> ③두드리다. ¶以其尾一其腹<呂覽> ④움직이다. ¶一之舞之<易經> ⑤떨다. ¶乃作寒慄一頷<素問> ⑥일으키다. 부채질함. ¶一鑄鹽鐵<漢書> ⑦울리다. ¶呂望之一刀兮<楚辭> ⑧어루만지다. ⑨변화하다. ¶一舞而天下從<易略例>

14〚皷〛 鼓(p. 1698)의 本字

17〚鼕〛 鼓(p. 1698)와 同字

6
19〚鼖〛 큰북 분 | 文 ㄈㄣˊ (fen) | ふん *big drum*

8
21〚鼛〛 큰북 고 | 豪 ㄍㄠ (gao) | こう *big drum*

【鼛鼓】こうこ(고고) 역사(役事)의 시작과 마침의 신호로 치는, 길이 12척의 큰 북. ¶以一鼓鼓役事<周禮>

8
21〚鼙〛 마상고 비 | 齊 ㄆㄧˊ (pi) | へい

풀이 ①마상고(馬上鼓). 기병(騎兵)이 마상에서 울리는 북. ¶漁陽一鼓動地來<白居易> ②작은북. ¶應一在其東<儀禮> ③비파. 通琵.
▷鼓一, 戰一, 征一, 寒一

8 21【鼘】 북소리 연 |㊥ㄩㄢ (yuan)|えん

22【鼙】 鼓(p.1698)와 同字

10 23【鼜】 순찰북 척 |㊥ㄑㄧˋ (qi)|せき
풀이 순찰북. 군진(軍陣)에서 야경을 돌 때 치는 북. ¶一 夜戒守鼓也<周禮·注>

鼠<쥐 서>部

鼠 鼡 ④ 鼢 ⑤ 鼪 鼫 鼬 鼦 ⑦ 鼯 ⑧ 鼱 ⑩ 鼷 ⑮ 鼺

0 13【鼠】 쥐 서 |㊥ㄕㄨˇ (shu)|そ(ネズミ) rat
俗 鼡
源 象形. 쥐의 형상을 본뜸.
풀이 ①쥐. ¶一穴依城社<徐鉉> ②임금 측근의 간신의 비유. ¶社一不可熏去<晏子> ③근심하다. ¶一思泣血<詩經> ④질병 이름. ¶一瘻.
【鼠肝蟲臂】そかんちゅうひ(서간충비) 쥐의 간과 벌레의 앞다리라는 뜻으로, 하찮은 것의 비유.
【鼠姑】そこ(서고) ①벌레 이름. 쥐며느리. 鼠婦(서부). ②모란(牧丹)의 이칭.
【鼠狼】そろう(서랑) 족제비.
【鼠量】そりょう(서량) 주량(酒量)이 적음. 술을 먹을 줄 모른다고 양해를 구하는 말.
【鼠李】そり(서리) 갈매나무.
【鼠目】そもく(서목) 탐욕스러운 눈. 鼠眼(서안). ¶一求官空自忙<元好問>
【鼠輩】そはい(서배) ①쥐의 떼. ¶欺人一 爭出頭<李俊民> ②하찮은 사람들. 小人輩(소인배). 鼠子(서자).
【鼠婦】そふ(서부) ☞鼠姑(서고).
【鼠思】そし(서사) 근심. 걱정. 또는, 근심함. 슬퍼함. 늘 걱정함. 鼠憂(서우). ¶一泣血 無言不疾<詩經>
【鼠首僨事】そしゅコトヲヤブル(서수분사) 주저하다가 일을 그르침. 결단력이 없음을 비난하는 말. 首鼠兩端(수서양단).
【鼠鬚筆】そしゅひつ(서수필) 쥐의 수염으로 맨 붓. ¶用蠶繭紙一<太平廣記>
【鼠矢】そし(서시) ①쥐똥. ②산수유(山茱萸)의 이칭.
【鼠疫】そえき(서역) 흑사병(黑死病).
【鼠賊】そぞく(서적) 좀도둑. 鼠盜(서도). 小賊(소적). 狗盜(구도).
【鼠竄】そざん(서찬) 살금살금 도망하여 숨음. ¶棄我師旅 挺身一<遼史>
【鼠蹊】そけい(서혜) 샅. 사타구니.
▷嫁一, 甘一, 鷇一, 窮一, 苗一, 辟毒一, 腐一, 飛一, 氷一, 社一, 鼪一, 仙一, 水一, 首一兩端, 輪一, 禮一, 鼯一, 栗一, 隱一, 陰一, 耳一, 田一, 昌一, 蒼一, 天一, 香一, 鼷一, 狐一, 火一

11【鼡】 鼠(p.1699)의 俗字

15【鼦】 貂(p.1417)와 同字

4 17【鼢】 두더지 분 |㊥ㄈㄣˊ (fen)|ふん mole

5 18【鼪】 족제비 생 |㊥ㄕㄥ (sheng)|せい weasel
풀이 ①족제비. 유서(鼬鼠). ②날다람쥐. 오서(鼯鼠).

5 18【鼫】 석서 석 |㊥ㄕˊ (shi)|せき squirrel
풀이 ①석서(鼫鼠). 다람쥐의 일종. ¶一鼠貞厲<易經> ②날다람쥐. ③땅강아지. 누고(螻蛄).

5 18【鼬】 족제비 유 |㊥ㄧㄡˋ (you)|ゆう weasel

18【鼦】 貂(p.1417)와 同字

7 20【鼯】 날다람쥐 오 |㊥ㄨˊ (wu)|ご flying squirrel

8 21【鼱】 새앙쥐 정 |㊥ㄐㄧㄥ (jing)|せい mouse

10 23【鼷】 새앙쥐 혜 |㊥ㄒㄧ (xi)|けい mouse

15 28【鼺】 날다람쥐 뢰 |㊥ㄌㄟˊ (lei)|るい

鼻<코 비>部

鼻 ② 鼽 ③ 鼾 ④ 齀 ⑤ 齁 齃 ⑨ 齆 ⑩ 齇 ⑪ 齈

0 14【鼻】 코 비 |㊥ㄅㄧˊ (bi)|び(ハナ) nose
同 鼻
풀이 ①코. ¶掩一而過之<孟子>/一腔. ②구멍. ¶針一細而穿空<庾信> ③코꿰다. 짐승의 코에 코뚜레 따위를 꿤. ¶一赤象<張衡> ④손잡이. ¶銅印銅一<隋書> ⑤시초. 처음. ¶一祖. ⑥종. 노비(奴婢). ¶吳俗諱奴爲一<通俗編>
【鼻腔】びこう(비강) 콧구멍.
【鼻頭出火】びとうヒヲイダス(비두출화) 코끝에서 불이 난다는 뜻으로, 기운이 펄펄한 모양을 이름. ¶覺耳後生風 一<南史>
【鼻梁】びりょう(비량) 콧등의 우뚝한 줄기. 콧대. 콧마루. 鼻莖(비경).
【鼻笑】びしょう(비소) 코웃음. 冷笑(냉소).
【鼻息】びそく(비식) ①코로 쉬는 숨. 呼吸(호흡). ¶一如雷撼四鄰<蘇軾> ②남의 기분. 남의 의향(意向). ¶仰我一<後漢書>
【鼻哂】びシン(비신) 코웃음을 침. ¶少年一輕流俗<劉子翬>
【鼻炎】びえん(비염) 비강(鼻腔)의 점막에 생기

는 염증(炎症). 비(鼻)카타르.

【鼻子】びし(비자) ①코. ②처음으로 낳은 자식. ¶始生子爲一<稱謂錄>

【鼻祖】びそ(비조) 처음으로 사업을 일으킨 사람. 始祖(시조). 元祖(원조). 創始者(창시자). ¶闕里傳一<元好問>

▷巨一, 高一, 犢一, 沒色一, 反一, 酸一, 盾一, 阿一, 掩一, 有一, 類一, 隆一, 耳一, 長一, 赤一, 指一, 尖一, 炊一, 亢一

14〖𪖐〗 鼻(p.1699)와 同字

2 16〖鼽〗 코 막힐 구 | 囨くㄧㄡˊ (qiu) | きゅう

풀이 ①코가 막히다. ¶民多一窒<漢書> ②콧물이 나다. ¶春不一衄<素問> ③광대뼈. ¶一骨下各一<素問>

16〖劓〗 ☞ 刀部 14 획(p.216)

17〖𪖑〗 鼽(p.1700)와 同字

17〖𪖒〗 䶊(p.1700)의 訛字

3 17〖鼾〗 코골 한 | 翰ㄏㄢ 寒(han) | かん(イビキ) snore

풀이 ①코를 골다. ②코 고는 소리. ¶鼻一如雷<黃庭堅>

4 18〖䶊〗 코피 뉵 | 屋ㄋㄩˋ(nü) ㄋㄧㄡˋ(niu) | じく (ハナヂ)

18〖𪖓〗 劓(p.216)의 訛字

5 19〖皰〗 여드름 포 | 效ㄆㄠˋ (pao) | ほう pimple

5 19〖齁〗 1 코 고는 소리 후 2 매부리코 고 | 尤ㄏㄡ (hou) 遇 | こう snore こ

22〖𪖔〗 嚏(p.315)와 同字

23〖𪖕〗 齇(p.1700)와 同字

9 23〖齃〗 콧대 알 | 曷ㄜˊ (e) | あつ

23〖𪖖〗 匾(p.233)과 同字

10 24〖齅〗 냄새 맡을 후 | 宥ㄒㄧㄡˋ (xiu) | きゅう smell

11 25〖齇〗 주부코 사 本차 | 麻ㄓㄚ (zha) | さ red nose

풀이 주부코. 비사증(鼻齇症)이 있는 코. ¶王氏世一鼻<魏書>

齊<가지런할 제>部

齊 ③ 齋 ④ 齌 ⑤ 齍 ⑦ 齎 ⑨ 齏

0 14〖齊〗 1 가지런할 제 2 조화할 제 3 옷자락 자 4 재계할 재 5 자를 전 | 齊くㄧˊ(qi) 霽 支ㄗ(zi) 佳ㄓㄞ 銑(zhai) | せい さい し さい せん

略斉 俗齐 同亝亣

풀이 1 ①가지런하다. ¶房屋一均<何晏> ②같다. 같게 함. ¶一死生<淮南子> ③갖추다. 정비함. ¶脩禮以一朝<荀子> ④다 같이. 모두. ¶民不一出於南畝<史記> ⑤바르다. ¶一明而不竭<荀子> ⑥가운데. 한복판. ¶與一俱入<莊子> ⑦나누다. 나뉨. ¶一小大者存乎卦<易經> ⑧잇닿다. ¶一靡曼之色<淮南子> ⑨한정하다. 제한. ¶無復一限<晉書> ⑩자르다. ¶馬不一髦<儀禮> ⑪취하다. ¶旣一旣稷<詩經> ⑫빠르다. 재빠름. ¶幼而徇一<史記> ⑬삼가다. 엄숙함. ¶子雖一聖 不先父食<左氏傳> ⑭힘쓰다. 부지런함. ¶一言而萬民一<淮南子> ⑮소용돌이. ⑯배꼽. 通臍. ⑰오르다. 通躋. ¶地氣上一<禮記> ⑱나라 이름. ㉮주(周)의 제후국. 전국 시대 7웅(七雄)의 하나. ㉯남제(南齊). ㉰북제(北齊). 2 ①조화하다. 음식의 간을 맞춤. 또는, 그 요리. ¶八珍之一<周禮> ②더하다. ¶和之一之以味<左氏傳> ③한도. ¶百年壽之大一<列子> ④여러 가지를 섞어 조제한 약. ¶調百藥一和之所宜<漢書> 3 옷자락. ¶攝一升堂<論語> 4 ①재계(齋戒)하다. 같 齋. ¶一必變食<論語> ②공손하다. 삼가는 모양. ¶廟中一一<禮記> 5 자르다. 가지런히 하여 자름. 通剪.

【齊疏】そ(재소·자소) ☞齊衰(재최). ¶三年之喪 一之服<孟子>

【齊衰】しさい(재최·자최) 거친 베로 지어 아랫단을 혼 상복(喪服). 齊疏(재소). ¶大功之經一之帶<儀禮>

【齊契】せいけい(제계) 함께 서약함. 또는, 그 사람. ¶天人一<晉書>

【齊國】せいこく(제국) ①중국의 별칭. 中華(중화). 中州(중주). 齊州(제주). ②춘추전국 시대의 나라 이름. 별칭.

【齊女】せいじょ(제녀) ①제(齊)의 여자. ②매미의

【齊岱】せいだい(제대) 중국 오악(五嶽)의 하나인 태산(泰山)의 이칭. 東嶽(동악).

【齊梁體】せいりょうたい(제량체) 시(詩)의 한 체. 남북조(南北朝) 시대 제(齊), 양(梁)에 성했던 시체(詩體)로, 성조 수사(聲調修辭)가 특징임.

【齊魯】せいろ(제로) 춘추시대 제(齊)와 노(魯). 공자, 맹자의 탄생국으로 문교(文敎)가 흥성한 지역.

【齊論】せいろん(제론) 삼논어(三論語 : 古論·魯論·齊論)의 하나. 제(齊)의 사람들이 전한 「논어」로, 현존하는 것보다 문왕(問王), 지도(知道) 두 편이 더 많음.

【齊眉之案】せいびの あん (제미지 안) 눈썹 높이와 나란히 든 밥상이란 뜻으로, 삼가 남편을 받드는 예의. 후한(後漢) 양홍(梁鴻)의 아내 맹광(孟光)이 남편을 공경하여, 밥상을 눈썹 높이로 받쳐 든 옛일에서 유래. 齊眉之禮(제미지 례). 擧案齊眉(거안제미). ¶對一 皤腹果然<李滉>

【齊州】せいしゅう (제주) ①중국의 별칭. 中州(중주). ②주(州) 이름. 지금의 산동성(山東省).

【齊唱】せいしょう (제창) 여러 사람이 함께 노래를 부름. ¶愛國歌一.

【齊楚】せいそ (제초) 정제(整齊)되어 아름다움. ¶衣冠一<西廂記>

【齊齒】せいし (제치) 가지런히 늘어섬. 齊列(제열).

▷敬一, 均一, 散一, 愼一, 夷一, 正一, 整一, 斬一, 總一, 火一

3 17 【齋】 1 재계할 재 | 佳 ㄓㄞ (zhai) | さい
2 상복 재 | | し
本 자 | 支 |

俗 斎

풀이 1 ①재계하다. 술과 육식 따위 음식을 삼가고 마음과 몸가짐을 깨끗이하여 부정(不淨)을 타지 않게 함. ¶祭祀之一<莊子> ②공경하다. 엄숙함. ¶黔首一莊<史記> ③깨끗하다. ④삼가다. ¶明一肅以道之敎<新書> ⑤집. 방. ¶造大一<南史>/一室. ⑥공부하는 곳. ¶一一可容三十人<宋史>/書一. ⑦(佛) 열심히 불도를 닦다. ⑧(佛) 법회(法會) 때의 음식. 2 ①상복(喪服). ¶一疏之服<孟子> ②기장.

【齋戒】さいかい (재계) 부정(不淨)한 일을 멀리하고 심신을 깨끗이 함. 齊戒(재계). ¶一沐浴 則可以祀上帝<孟子>

【齋宮】さいきゅう (재궁) ①천자가 태묘(太廟)의 제사 전에 재계하는 곳. ¶燭燿一<論衡> ②각 고을에 있는 문묘(文廟). 鄕校(향교). 校宮(교궁).

【齋米】ときまい (재미) 중에게 보시(布施)로 주는 쌀.

【齋牓】さいぼう (재방) 서재에 거는 편액(扁額). ¶揮毫爲君作一<陸游>

【齋食】さいしょく①・さいじき② (재식) ①정결하게 한 음식물. ¶厚供一<顏氏家訓> ②(佛) 오전중에 먹는 음식. 또는, 점심밥. ③(佛) 재공(齋供)했던 음식물.

【齋室】さいしつ (재실) ①능(陵)과 묘 옆에 제사의 소용으로 지은 집. 齋閣(재각). 齋宮(재궁)①. ②유생(儒生)들이 공부하는 집.

【齋日】さいじつ (재일) 재계(齋戒)하는 날.

【齋長】さいちょう (재장) 재임(齋任)의 우두머리.

【齋主】さいしゅ (재주) (佛) 불공을 올리는 시주(施主).

【齋會】さいえ (재회) (佛) ①독경(讀經)과 불공으로, 죽은 사람을 제도(濟度)하는 일. ②부처에게 공양하는 법회(法會).

▷潔一, 山一, 書一, 禪一, 淸一, 致一, 寢一

4 18 【齌】 대로할 제 | 霽 ㄐㄧˋ (ji) | せい

풀이 ①대로(大怒)하다. 매우 성냄. 通 齊. ¶反信讒而一怒<楚辭> ②음식을 익히는 솥. ③저녁밥을 빨리 짓다.

5 19 【齍】 1 제기 자 | 支 ㄗ (zi) | し
2 조리할 제 | 霽 | せい

풀이 1 ①제기(祭器). 서직(黍稷)을 담는 제기. ¶奉玉一<周禮> ②육곡(六穀)의 미칭. 같 粢. ③제사에 올리는 음식물. 2 조리(調理)하다. 정돈함. 같 齊.

【齍號】しごう (자호) 곡류(穀類)에 붙이는 미칭. 수수를 향합(香合), 벼를 가소(嘉疏)라 하는 따위.

▷玉一, 六一

7 21 【齎】 1 가져올 재 | 霽 ㄐㄧ | せい
2 탄식할 자 | 支 (ji) | bring
3 휴대물 자 | 霽 | し

풀이 1 ①가져 오다. ¶人所一操<史記> ②주다. ¶一貸子錢<史記> ③보내다. 선사함. ¶設道一之奠<周禮>/一送/一貸. ④가지다. 지님. ⑤갖추다. ¶願以技一一卒<淮南子> ⑥권하다. ¶王何不以地一周最<戰國策> ⑦물이 소용돌이치는 모양. ¶與一俱入<列子> 2 탄식하다. ¶一咨涕洟<易經> 3 휴대물. 지니는 물건. ¶行者一<漢書>

【齎咨】しし (자자) 탄식하는 소리. ¶一涕洟<易經>

【齎來】さいらい (재래) 어떤 현상이나 결과를 가져옴.

▷輕一, 技一, 道一, 私一, 重一, 幣一

9 23 【齏】 회 제 | 霽 ㄐㄧ (ji) | せい

풀이 ①회(膾). ②부수다. ③섞다. 양념을 다져서 조미료와 혼합함.

▷淡一, 玉一, 黃一

齒<이 치>部

齒 ② 齔 ③ 齕 ④ 齘 齖 齗 ⑤ 齡 齞 齟 齣 齠 ⑥ 齩 齹 齧 齦 ⑦ 齬 齫 齪 ⑧ 齰 齯 齮 齱 ⑨ 齷 齶 齴 齲 齵 齳

0 15 【齒】 이 치 | 紙 ㄔˇ (chi) | し(ハ) *teeth*

源 象形. 나란히 난 이 모양을 본뜸.

풀이 ①이. ¶一其齒牙<漢書> ②어금니. 상아(象牙) 따위. ¶一革羽毛<書經> ③이 모양으로 생긴 것. ④나이. ¶貴德而尙一<禮記> ⑤주사위. ⑥수(數). 나이를 세다. ¶一路馬有誅<禮記> ⑦나란히 서다. 비견(比肩)함. ¶不敢與諸任一<左氏傳> ⑧시작. 처음. ⑨적다. 기록함. ¶終身不一<禮記> ⑩닿다. 접촉함. ¶腐肉之一利劍<漢書> ⑪동류(同類). ¶同嗛以一<管子>

【齒劍】しけん (치검) 칼에 닿음. 자살하거나 살해됨을 이름. ¶一如歸<晋書>

【齒科】しか (치과) 치아의 병을 고치는 의학의 한 분야. ¶ 一醫師.
【齒德】しとく (치덕) 나이와 덕행. 또는, 많은 나이와 높은 덕. ¶ 一俱尊<故事成語考>
【齒冷】しれい (치랭) 냉대함. 얕봄.
【齒錄】しろく (치록) ①수록함. ¶ 以臣年小、不及一<魏書> ②과거에 함께 급제한 사람들의 이름, 나이, 본관 및 3대(代)의 부조(父祖) 이름 등을 인쇄한 책자. 登錄(등록). ¶ 身名已蒙一<本事詩>
【齒輪】しりん (치륜) 톱니바퀴. 齒車(치차).
【齒髮不及】しはつおよばず (치발불급) 이와 머리털이 미치지 못한다는 뜻으로, 나이가 어려서 경험이 부족함을 이름. 「<顏延之>
【齒算】しさん (치산) 나이. 年齒(연치). ¶ 一延長
【齒序】しじょ (치서) 나이의 차례. 齒次(치차). ¶ 名公一相朝參<曹伯啓>
【齒石】しせき (치석) 이똥. 齒垢(치구).
【齒宿】しじゅく (치숙) 나이가 많음. 늙은이. ¶ 一而意之新乎<唐書>
【齒牙】しが (치아) 이와 어금니란 뜻으로, 사람 이의 총칭. ¶ 一完堅<後漢書>
【齒列】しれつ (치열) ①나란히 박힌 이의 열. 잇바디. ②같은 반열(班列). 同列(동렬). 齒次(치차)①. ¶ 不得一<後漢書>
【齒杖】しじょう (치장) 나이 70이 된 신하에게 임금이 내리는 지팡이. 王杖(왕장). ¶ 敢期一賜<柳宗元>
【齒長】しちょう (치장) 노인. 年長(연장). ¶ 一輯睦<管子> 「序(치서).
【齒次】しじ (치차) ①☞齒列(치열)②. ②☞齒
【齒車】はぐるま (치차) ☞齒輪(치륜).
【齒痛】しつう (치통) 이앓이.
【齒敝舌存】はやぶれしたそんす (치폐설존) 이는 빠져도 혀는 남는다는 뜻으로, 강(剛)한 자는 망해도 유(柔)한 자는 나중까지 남음의 비유. 齒亡舌存(치망설존). 齒墮舌存(치타설존). ¶ 一 含垢藏疾<顏氏家訓>
▷鋸一, 犬一, 堅一, 臼一, 舊一, 明眸皓一, 暮一, 門一, 拔一, 不一, 尙一, 素一, 宿一, 脣一, 兒一, 雁一, 羊一, 年一, 玉一, 齲一, 幼一, 乳一, 義一, 壯一, 切一, 齊一, 種一, 蟲一, 含一, 皓一, 黑一

2 17【齔】 이 갈 츤 |震 ㄔㄣˋ (chen)| しん
풀이 ①이를 갈다. 젖니가 빠지고 영구치(永久齒)가 남. 또는, 젖니. ②어리다. 어린애. 이를 갈 무렵의 나이. ¶ 一童.
▷童一, 齠一, 沖一

18【齓】 齠(p. 1703)의 俗字

3 18【齕】 깨물 흘 |月 ㄏㄜˊ (he)| こつ bite

18【齕】 齕(p. 1702)과 同字

4 19【齘】 이 갈 계 ㊍해 |卦 ㄒㄧㄝˋ (xie)| かい
풀이 ①이를 갈다. 이를 갈며 노함. ②고르지 못함의 비유. ¶ 衣之欲其無一<周禮>

19【齘】 齘(p. 1702)의 本字

4 19【齖】 이 고르지 못할 아 |麻 ㄧㄚˊ (ya)| が
풀이 ①이가 고르지 못하다. 이가 바르지 못함. ¶ 一齵. ②남의 말을 듣지 않다. ¶ 能學聱一<唐書> ③아래윗니가 꼭 맞지 않다. ¶ 齟一.

4 19【齗】 1 잇몸 은 2 웃을 언 |文 ㄧㄣˊ (yin) 銑| ぎん the gum げん
풀이 1 ①잇몸. 치은(齒齦). ②말다툼하는 모양. ¶ 洙泗之間 一一如也<史記> 2 웃다.

19【齕】 齕(p. 1702)과 同字

5 20【齡】 나이 령 |青 ㄌㄧㄥˊ (ling)| れい(ヨワイ) age

5 20【齞】 이 드러낼 언 |銑 ㄧㄢˇ (yan)| げん
풀이 ①이를 드러내다. ②건순(乾脣). 위로 들린 입. ¶ 一露齒.
【齞脣】げんしん (언순) 언청이. 缺脣(결순). 兎脣(토순). ¶ 一歷齒<宋玉>

20【齗】 齗(p. 1702)과 同字

5 20【齟】 어긋날 저 서 |語 ㄐㄩˇ 語 (ju)| しょ, そ discrepant
풀이 ①어긋나다. ¶ 一齬於其中<白居易> ②씹다. ¶ 一齧者九竅而胎生<孔子家語>

5 20【齣】 구절 척 |ㄔㄨ (chu)| せき paragraph
풀이 구절(句節). 희곡(戲曲)의 한 단락. 연극의 한 장면 또는 한 막.

5 20【齠】 이 갈 초 |蕭 ㄊㄧㄠˊ (tiao)| ちょう
풀이 ①이를 갈다. 또는, 젖니. ②이를 갈 나이의 어린이. ¶ 昔在一齔<顏氏家訓>
【齠耋】ちょうてつ (초질) 어린아이와 노인. ¶ 存問一<宗祁>
【齠齔】ちょうしん (초츤) 이를 갈 나이의 어린이. 또는, 갈 무렵의 젖니. ¶ 一七八歲<白居易>

6 21【齩】 깨물 교 |巧 ㄧㄠˇ (yao)| こう bite

6 21【齤】 옥니 권 |先 ㄑㄩㄢˊ (quan)| けん

풀이①옥니. 안으로 옥게 난 이. ②이를 드러내고 웃는 모양. ¶一然而笑<淮南子>

6 21【齧】 물 설 |屑ㄋㄧㄝˋ (nie)|けつ(カム) bite

풀이①물다. 깨묾. ¶毋一骨<禮記> ②물어뜯다. 씹음. ¶一索且斷<後漢書> ③벌레가 먹다. ¶蟲來一桃根<相和歌> ④이를 갈다. 절치(切齒)함. ¶自一其齒<南史> ⑤먹다. ¶可以持醪而一肥<劉禹錫> ⑥침식하다. ¶欒水一其墓<戰國策> ⑦흠. 결함. ¶於隙劍之折必有一<淮南子> ⑧풀 이름. ㉮다북쑥. ㉯고근(苦董).

▷齩一, 啗一, 剝一, 齚一, 齰一, 食一, 踶一, 觸一, 侵一

6 21【齦】 ①잇몸 은 ②물을 간 |文ㄧㄣˊ(yin) 阮ㄎㄣˇ(ken)|ぎん gum こん

풀이①①잇몸. ㉠齗. ¶香一皓齒疑貝編<李禎>/齒一. ②웃다. ¶琢齒依一<太玄經> ③희롱하여 웃는 모양. ②①물다. 깨묾. ¶還自一割<郭璞> ②탐하여 먹다. ③뼈 사이의 살을 발라 먹다. ④이가 솟아나는 모양.

7 22【齬】 어긋날 어 |語ㄩˇ (yu)|ご discrepant

7 22【齫】 ①이 없을 운 ②이 날 곤 |吻ㄎㄨㄣˇ (kun) 阮|ぐん toothless こん

풀이①이가 없다. 이가 빠지는 모양. ¶一然而齒墮矣<荀子> ②①이가 나다. ②물다. 깨묾. ㉠齦.

22【齸】 齗(p.1702)과 同字

7 22【齪】 악착할 착 |覺ㄔㄨㄛˋ (chuo)|さく stubborn

풀이①악착하다. 끈기 있고 모짊. ¶小人自齷一<鮑照> ②이가 맞부딪치는 소리. ③구멍을 뚫는 기구. ④청렴하고 삼가는 모양. ¶其民一一<史記>

22【𪘲】 齪(p.1703)과 同字

8 23【齰】 물 색 |陌ㄗㄜˊ (ze)|さく bite

풀이①물다. 깨묾. ②이가 서로 맞다. ㉠齚.

23【齸】 齶(p.1703)과 同字

8 23【齯】 다시 난 이 예 |齊ㄋㄧˊ (ni)|げい

풀이①다시 난 이. 노인의 이. ②90세의 노인. ¶一齒.

23【齫】 齳(p.1703)과 同字

8 23【齮】 깨물 의 |紙ㄧˇ (yi)|き, ぎ bite

23【齸】 齪(p.1703)과 同字

8 23【齱】 ①이 바르지 못할 추 ②악착할 착 |尤ㄗㄡ (zou) 覺|しゅ, しゅう さく

▷齷一

24【齸】 齶(p.1703)과 同字

9 24【齷】 잘달 악 |覺ㄨㄛˋ (wo)|あく(コマカイ) small

풀이①잘달다. 작음. ¶小人自一齪 寧知曠士志<鮑照> ②악착하다. ¶一齪.

【齷齪】あくさく·あくせく(악착) ①잇새가 좁은 모양. ¶一 齒相近也<廣韻> ②마음이 좁은 모양. 또는, 작은 일에 구애하여 아득바득 다투는 꼴. ¶獨儉嗇以一<張衡>

9 24【齶】 잇몸 악 |藥ㄜˋ (e)|がく(ハグキ) gums

9 24【齴】 웃을 언 |銑ㄧㄢˇ (yan)|げん(ワラウ) laugh

풀이①웃다. ¶一 愽雅 笑也<集韻> ②이가 드러나다. ¶齒䶨䶨以一一<王延壽>

9 24【齲】 충치 우 |麌ㄑㄩˇ (qu)|ク(ムシバ)

풀이①충치. 벌레 먹은 이. ¶治齊中大夫病一齒<史記> ②이가 아프다. ③덧니. 포개져 난 이. ¶一 齒重生也<一切經音義>

9 24【齵】 ①이 바르지 못할 우 ②덧니 날 우 |尤ㄩˊ(yu) 虞ㄡˊ(ou)|ごう ぐ

풀이①이가 바르지 못하다. 위아랫니가 서로 맞지 않음. 치열(齒列)이 고르지 못함. ¶察其菑蚤不一<周禮> ②①덧니가 나다. 또는, 덧니. ¶一齒. ②이가 쏠리다.

▷不一, 齱一

24【齫】 齵(p.1703)와 同字

9 24【齳】 이 빠질 운 |吻ㄩㄣˇ (yun)|ぐん (ハガ ヌケル)

풀이①이가 빠지다. ¶一然而齒墮矣<韓詩外傳> ②이가 없다. 갓나서 이가 나지 않거나 노인이 되어 다 빠짐. ¶一 無齒也<說文>

24【齸】 切(p.198)과 同字

25【齾】 齧(p.1703)과 同字

龍<용 룡>部

龍 ③ 龐 ⑥ 龕 龔 龖

0/16【龍】 1 용 룡 图カメㄥ(long) りゅう(タツ) dragon
2 얼룩 방 江 ぼう
3 언덕 롱 腫 りょう
4 사랑할 총 腫 ちょう

풀이 1 ①용. 상상적인 신령한 동물. 구름을 일으켜 비를 내리게 한다 함. ¶以一致雨<呂覽>/一師火帝<千字文> ②임금. 제왕의 비유. ¶海東六一飛<龍飛御天歌>/一顔. ③뛰어난 인물. ¶諸葛孔明者臥一也<蜀志>/伏一. ④높이 8척 이상 되는 말. ¶駕蒼一<禮記> ⑤대형(大型)인 것. ¶水斷一舟陸剸犀甲<淮南子> ⑥산맥의 모양. 풍수설에서 주산(主山)의 맥. ¶左靑一右白虎/主一. ⑦화(和)하다. ¶我一受之<詩經> ⑧별 이름. 세성(歲星)인 목성(木星). ¶一見而雩<左氏傳> 2 얼룩. 흑백의 반점(斑點). ¶革路一勒<周禮> 3 언덕. 通 壟. ¶有私一斷<孟子> 4 사랑하다. 은총(恩寵). 通 寵. ¶爲一爲光<詩經>

【龍駕】りょうが(용가) 임금의 수레. 御駕(어가). 鳳駕(봉가).

【龍骨車】りゅうこつしゃ(용골차) 농기구의 한 가지. 발로 밟아 돌려서 물을 길어 올려 논밭에 대는 수차(水車).

【龍光】りょうこう(용광) ①군자의 덕. ¶德爲一 聲化鶴鳴<水經> ②남의 풍채(風采)의 경칭. ¶冀一見一 以敍腹心之願<後漢書> ③용천검(龍泉劍)의 광채. ¶一射斗牛之墟<王勃> ④문재(文才)가 있는 것. ¶彫琢瓊瑤 刻削杞梓 竝爲一 俱稱鴻翼<北史>

【龍駒】りょうく(용구) ①뛰어난 말. 駿馬(준마). ②뛰어난 아이. 기린아(麒麟兒).

【龍宮】りゅうぐう·りょうきゅう(용궁) 바다 속에 있다고 하는 용왕(龍王)의 궁전.

【龍忌】りょうき(용기) ①불 때기를 꺼리는 날. 한식(寒食)날. ②제삿날. 귀신의 날.

【龍女】りょうじょ(용녀) ①용궁에 산다는 선녀. 또는, 용왕의 딸. ②현녀(賢女).

【龍腦】りゅうのう·りょうのう(용뇌) ①용뇌향과(龍腦香科)의 늘푸른큰키나무. 보르네오, 수마트라 원산(原產). ②용뇌수(龍腦樹)에서 뽑은 무색 투명한 판상 결정(板狀結晶). 향료의 원료나 훈향(薰香), 방충제 등으로 씀. 龍腦香(용뇌향).

【龍德】りょうとく(용덕) 천자의 덕. 俊德(준덕).

【龍圖】りょうと(용도) ①길한 조짐. 신룡(神龍)이 하도(河圖)를 업고 나왔다는 데서 유래. ※河圖洛書(하도낙서). ②임금의 계책. 또는, 고매한 계책.

【龍韜】りょうとう(용도) ①「육도」(六韜)의 편(篇) 이름. ②병서(兵書). 또는, 병법(兵法).

【龍頭】りゅうず(용두) ①용의 머리. ②과거(科擧)의 수석 급제자. 壯元(장원). ③기물의 장식으로 용의 머리처럼 생긴 것. ④용의 머리 모양을 새긴 배. ⑤수도 꼭지. ⑥팔뚝시계의 태엽을 감는 꼭지. ⑦종을 매다는 부분의 용머리 모양의 장식.

【龍頭蛇尾】りゅうとうだび(용두사미)〔佛〕용의 머리에 뱀의 꼬리란 뜻으로, 처음은 성(盛)하나 나중은 쇠함. 또는, 처음은 좋으나 나중은 나빠짐을 이름.

【龍馬】りょうば·りゅうめ(용마) ①준마(駿馬). 龍媒(용매). ②복희씨(伏羲氏) 때 황하(黃河)에서 55점이 찍힌 그림을 업고 나왔다는 신마(神馬). 그 그림을 하도(河圖)라 함. ③늙어서도 건강한 사람을 비유해 이르는 말.

【龍媒】りょうばい(용매) ①준마(駿馬)의 이칭. 龍馬(용마). 龍駒(용구). ②흙으로 만든 용. 옛날, 기우제(祈雨祭) 때 씀. 土龍(토룡). ③두더지.

【龍文】りょうぶん(용문) ①용의 무늬. 龍紋(용문). ②준마(駿馬). ③신동(神童). ④시문(詩文) 필력(筆力)의 웅건함의 형용. ⑤필적(筆跡)의 형용. ¶削簡一見<李嶠>

【龍門】りゅうもん(용문) ①명망(名望)이 높은 사람의 비유. ②황하(黃河) 상류에 있는 산 이름. ③여울목 이름. 잉어가 이곳을 거슬러 오르면 용이 된다 함. 登龍門(등용문). ④과거 시험장의 정문. ⑤한(漢)의 사마천(司馬遷). 그가 용문에서 났기 때문임. ¶一史.

【龍門扶風】りょうもんふふう(용문부풍) 사마천(司馬遷)의 「사기」(史記)와 반고(班固)의 「한서」(漢書). 사마천은 용문, 반고는 부풍 사람인 데서 이르는 말.

【龍門點額】りょうもんてんがく(용문점액) 용문에 이마를 스친다는 뜻으로, 용문에 모인 물고기가, 오르면 용이 되고, 오르지 못하면 이마를 부딪쳐 아가미를 드러낸다는 뜻. 진사(進士) 시험에 낙방(落榜)하고 돌아오는 사람의 비유.

【龍門之遊】りゅうもんノアソビ(용문지 유) 인품이 훌륭한 사람들의 회유(會遊).

【龍尾】りゅうび(용미) ①용의 꼬리. ②별 이름. 箕宿(기수). ③무덤의 뒤를 꼬리처럼 만든 부분.

【龍味鳳湯】(용미봉탕) 맛이 썩 좋은 음식의 비유. ※山海珍味(산해진미).

【龍返其淵】リュウソノフチニカエル(용반기연) 용이 그 못으로 돌아간다는 뜻으로, 훌륭한 사람이 제 고향으로 돌아감을 이르는 말.

【龍蟠虎踞】りょうばんこきょ(용반호거) ①용이 서리고 호랑이가 웅크렸다는 뜻으로, 기세가 대단한 모양을 이르는 말. ②지세가 험준하여 적(敵)을 막아내기 쉬운 지형. 要害地(요해지). 蟠은 蟠.

【龍蛇飛騰】りょうだひとう(용사비등) 용과 뱀이 날아오르는 듯하다는 뜻으로, 붓글씨에서 필세가 활기 찬 대자(大字) 초서를 이름. ↔平沙落雁(평사낙안).

【龍牀】りょうしょう(용상) 임금이 정사(政事)할 때 앉

는 평상. 龍平床(용평상).

【龍象】りゅうぞう(용상)《佛》 용과 코끼리. 물 속을 가는 용과 뭍 위를 가는 코끼리는 그 힘이 가장 크고 뛰어나므로, 현성(賢聖)의 위력이 자재(自在)함의 비유. 또는, 학덕(學德)을 겸비한 고승(高僧)을 이름. 龍象之力(용상지 력).

【龍星】りょうせい(용성) 28수(宿) 중 각성(角星)과 항성(亢星).

【龍城】りょうじょう(용성) ①흉노(匈奴)의 땅. ②중국 북쪽의 땅. ③흉노의 추장(酋長)들이 모여 하늘에 제사지낸 곳.

【龍沼】りょうしょう(용소) 폭포가 떨어지는 곳에 있는 웅덩이.

【龍孫】りょうそん(용손) ①☞龍雛(용추). ¶竹祖一渭上居<楊萬里> ②대의 한 가지. ③남을 높여, 그의 손자를 이르는 말. ④고추잠자리의 별칭.

【龍鬚】りょうしゅ(용수) ①용의 수염. ②임금의 수염. ③맥문동(麥門冬)의 별칭. 龍鬚草(용수초).

【龍顔】りょうがん(용안) ①임금의 얼굴. 天顔(천안). ②용처럼 생긴 얼굴. 눈썹 부위(部位)가 불룩하게 솟은 상(相). ¶高祖爲人 隆準而一<史記>

【龍陽】りょうよう(용양)《人》 ①전국 시대 위(魏) 임금의 총신(寵臣). 남색(男色)으로 총애를 받음. ②남색을 파는 자의 별칭.

【龍淵】りょうえん(용연) ①용이 산다는 깊은 못. ②초(楚)의 보검(寶劍) 이름. 삼검(三劍) 중의 한 가지. 龍泉(용천).

【龍王】りゅうおう(용왕) 용궁(龍宮)의 임금.

【龍簪】りょうしん(용잠) 용머리 형상의 비녀.

【龍潛】りょうせん(용잠) 임금이 될 사람의 즉위 전의 일컬음. 潛龍(잠룡). ※潛邸(잠저).

【龍章】りょうしょう(용장) ①용무늬. 또는, 용의 형상. 龍文(용문). ②뛰어난 풍채. ③용의 형상을 그린 기(旗). ④용을 그리거나 수놓은 옷. 임금이 입던 옷. 袞龍袍(곤룡포). 龍袍(용포).

【龍庭】りょうてい(용정) ①흉노(匈奴)의 도읍. 龍廷(용정). ¶焚老上之一<後漢書> ②인상(人相)이 남달리 뛰어난 사람.

【龍座】りゅうざ(용좌) ①임금이 앉는 자리. ②《佛》 무릎을 꿇고 앉음.

【龍湫】りょうしゅう(용추) ①폭포(瀑布). ¶一出於荆谷<隋書> ②못 이름. 강서성(江西省) 풍성현(豊城縣)에 있음.

【龍雛】りょうすう(용추) 죽순의 별칭. 龍孫(용손)①. ¶鄰里亦知偏愛竹 春來相與護一<蘇軾>

【龍袍】りょうほう(용포) ☞袞龍袍(곤룡포).

【龍虎】りょうこ(용호) ①용과 범. ②뛰어난 인물. 헌칠한 풍채. ¶一之姿. ③힘이 비슷하게 센 두 사람. ④훌륭한 문장. ⑤필세의 용경(勇勁)함의 비유. ⑥도가(道家)에서, 물과 불. ⑦풍수설에서, 무덤의 왼쪽 산줄기인 청룡(青龍)과 오른쪽 산줄기인 백호(白虎)의 병칭. 좌청룡 우백호의 준말.

【龍虎相搏】りょうこそうはく(용호상박) 용과 범이 서로 싸운다는 뜻으로, 씨름 경기 등에서 두 장사(壯士)가 승패를 겨룸을 이르는 말. 龍虎之爭(용호지 쟁).

【龍火】りょうか(용화) ①화성(火星). ②용과 불. 임금의 옷에 수놓은 무늬. ③하늘의 음화(陰火). ¶天之陰火二 一 雷火也<本草綱目>

【龍華三會】りゅうげさんえ(용화삼회)《佛》 용화수(龍華樹) 밑에서 세 번 모인다는 뜻으로, 석가(釋迦) 다음에 출현할 미륵불(彌勒佛)이 그 나무 아래에서 세 번 행할 것이라는 설법(說法). 龍華會(용화회).

▷降一, 袞一, 恐一, 蛟一, 虬一, 獨眼一, 馬如一, 蟠一, 伏一, 飛一, 水一, 升一, 魚一, 蝘一, 臥一, 應一, 麟鳳龜一, 殘一, 潛一, 雕一, 竹一, 天一, 青一, 燭一, 翠一, 亢一, 見一, 黃一

15【龍】 龍(p.1704)의 略字

18【龐】 龐(p.1705)의 俗字

3/19【龐】 ①클 방 ②찰 롱 | 江ㄆㄤˊ (pang) 東 | ほう(オオキイ) ろう(ミチル)

풀이 ①①크다. ㉮두텁고 크다. 후대(厚大)함. ¶湛恩一鴻<司馬相如> ㉯높고 크다. 또는, 그러한 집. ¶形之一也類有德<柳宗元> ②어지럽다. 난잡함. ¶不和政一<書經> ②①차다. 충실함. ②비대하다. ¶四牡一一<詩經>

【龐統】ほうとう(방통)《人》 삼국 시대 촉한(蜀漢) 사람. 유비(劉備)에게 벼슬하여 치중종사(治中從事)가 되고, 제갈양(諸葛亮)과 함께 복룡봉추(伏龍鳳雛)라 병칭됨.

19【壟】 ☞土部 16획(p.361)

20【龕】 龕(p.1705)의 俗字

20【竉】 籠(p.1145)과 同字

21【礱】 ☞石部 16획(p.1087)

21【龒】 龍(p.1704)의 古字

6/22【龕】 감실 감 | 覃ㄎㄢ (kan) | がん(ズシ)

풀이 ①감실(龕室). 사당 안에 신주를 모시어 두는 장(欌). ¶莊嚴一像<江總>/佛一/啓一. ②탑(塔). 또는, 그 아래쪽의 방. ¶禪一只晏如<杜甫> ③이기다. 사악(邪惡)을 물리치고 남을 평정함. ¶一暴資神理<謝靈運>/一世. ④담다. 通含. ¶銘一 受也<方言> ⑤담는 그릇.

【龕室】がんしつ(감실) ①사당 안에 신주를 모셔 두는 장(欌). ②《佛》 불탑 밑에 만든 작은 방. ③천주교에서, 성체(聖體)를 모시는 방.

▷啓一, 佛一, 山一, 石一, 禪一

6/22【龔】 공손할 공 | 冬ㄍㄨㄥ (gong) | きょう

풀이 ①공손하다. 通恭. ¶象一滔天<漢

書> ②이바지하다. 通供. ¶一 給也<說文> ③받들다. ¶一 奉也<玉篇>

6 22【龓】 함께 가질 롱 | 團ㄌㄨㄥˊ (long) | ろう
풀이 ①함께 가지다. 겸하여 가짐. ¶一貨物<漢書> ②우리. 짐승을 가두는 시설. 通櫳. ¶沈虎潛鹿 罼一窘束<左思> ③집어 넣다. 포괄함. 通籠.

22【龒】 龓(p.1706)과 同字
22【聾】 ☞ 耳部 16획(p.1222)
22【襲】 ☞ 衣部 16획(p.1357)
23【讋】 ☞ 言部 16획(p.1409)

龜<거북 귀>部

龜 龜 ⑤ 穐

0 16【龜】 1 거북 귀 2 나라이름 구 3 틀 균 | 因ㄍㄨㄟ (gui) 尤 眞 | き(カメ) *tortoise* きゅう きん(ヒビ)
略亀
源 象形. 거북 모양을 본뜸.
풀이 1 ①거북. 파충류(爬蟲類)의 한 가지. 옛날에 신령한 동물로 여겨, 그 등껍데기를 거북점에 썼음. ¶麟鳳一龍 謂之四靈<禮記> ②거북 등껍데기. 귀갑(龜甲). ¶攻一用春時<周禮>/一卜. ③거북점. 거북등껍데기를 태워 길흉을 점치는 일. ¶放山淵之一玉兮<楚辭>/十朋之一<易經> ④등뼈. 척골(脊骨). ¶射麋麗一<左氏傳> ⑤화폐. 옛날, 귀갑을 화폐로 썼음. ¶人用莫如一<漢書> ⑥인끈. 옛날, 벼슬아치가 임금에게서 받았는데, 관인(官印)을 차는 데에 썼음. ¶牽絲及元興 解一在景平<謝靈運> ⑦인장. 귀형(龜形) 장식. 인문(印文). ¶先馴 則賞籯金 而賜一綬<後漢書> ⑧오래 되다. ¶一之言 久也<洪範五行傳> 2 나라 이름. ¶一茲. 3 트다. 살갗 따위가 갈라짐. ¶宋人有善爲不一手之藥者<莊子>/一裂.

【龜鑑】きかん(귀감) 사물의 거울. 본보기. 龜는 길흉(吉凶)을 알고, 鑑은 연추(姸醜)를 분별한다는 뜻. ¶此先賢之格言 乃後人之一<司馬光>
【龜甲】きこう(귀갑) 거북의 등껍데기. 龜殼(귀각).
【龜甲文】きこうぶん(귀갑문) 귀갑에 새긴 은(殷)대의 문자. ※甲骨文字(갑골문자).
【龜紐】きちゅう(귀뉴) 거북의 형상을 새긴 인(印)의 꼭지. ¶解一於城邑 反褐衣於丘窟<謝靈運>

龜紐(漢晉印章圖譜)

【龜頭】きとう(귀두) ①음경(陰莖)의 머리. 음경 상사목의 바깥쪽 부분. ② ☞龜趺(귀부).
【龜齡】きれい(귀령) ①거북의 나이. ②거북은 오래 산다는 뜻에서, 장수(長壽)를 이름.
【龜毛兔角】きもうとかく(귀모토각) 거북털과 토끼 뿔이란 뜻으로, 절대로 있을 수 없는 사물의 비유. 또는, 바야흐로 난리가 일어남의 비유.
【龜文】きぶん(귀문) ①신귀(神龜)가 등에 업고 있었다는 글. 龜書(귀서). 洛書(낙서). ②귀갑(龜甲)의 6각형 무늬.
【龜文鳥跡】きぶんちょうせき(귀문조적) 귀갑의 무늬와 새의 발자국이란 뜻으로, 문자의 기원(起源)을 이르는 말. ¶俯察一之象<書斷>
【龜背】きはい(귀배) ①거북의 등. ¶一刮毛. ②곱사등이. 痀瘻(구루). ③벽 위에 식물(食物)을 얹어 두는 선반.
【龜卜】きぼく(귀복) 귀갑을 태워, 거기서 생기는 모양을 보고 길흉을 판단하던 일. ¶決若燭照一 無秋毫疑滯<陸游>
【龜趺】きふ(귀부) 거북 모양을 새긴, 비석의 받침돌. 龜頭(귀두)③. ¶唐葬令五品以上螭首一<古今事物考>
【龜書】きしょ(귀서) ☞龜文(귀문)①.
【龜船】(귀선)韓 거북선. 조선 선조(宣祖) 때 이순신(李舜臣)이 만든, 거북 모양을 한 철갑선.
【龜鼎】きてい(귀정) 원귀(元龜)와 구정(九鼎). 옛 중국, 나라의 보기(寶器)들로, 제위(帝位)의 상징. ¶一 國之守器 以諭帝位也<後漢書·注>
【龜鶴】きかく(귀학) 거북과 학. 남의 장수(長壽)를 축하할 때 쓰는 말.
【龜裂】きんれつ・きれつ(균열) ①추위로 손발이 트거나 땅 같은 것이 갈라짐. ¶破袖迎風手一<韓駒> ②거북의 등껍데기 모양으로 갈라진 틈이나 금. ③사귀는 정이 버성겨짐.
▷大一, 螺一, 綠毛一, 文一, 寶一, 山一, 筮一, 旋一, 攝一, 水一, 蓍一, 神一, 靈一, 五總一, 玉一, 元一, 灼一, 占一, 天一, 澤一, 火一, 環一

17【龜】 龜(p.1706)와 同字
21【穐】 秋(p.1103)의 古字

龠<피리 약>部

龠 ④ 龡 ⑤ 龢 ⑨ 龥 ⑯ [illegible] ⑳ [illegible]

0 17【龠】 피리 약 | 藥ㄩㄝˋ (yue) | やく(フエ) *flute*
源 會意. 여러 개의 죽관(竹管)을 갖추어 합친 피리를 뜻함.
풀이 ①피리. 구멍이 8개인 죽제(竹製) 악기. 같籥. ¶左手執籥<詩經> ②용량(容量)의 단위. ㉮한 홉(合)의 10분의 1. 곧, 1작(勺). ¶一 一曰 量名 合一爲合<集韻> ㉯1약(龠)들이 되.
【龠合】やくごう(약홉) 곡량(穀量)의 적은 수량. ¶合龠爲合 十合爲升<漢書>/不獲沾一<福惠全書>
▷執一, 合一

4 21 〖龡〗 1 불 취 2 피리 불 취 | 因イメㄟ 寘(chui) | すい (フク) *blow*

5 22 〖龢〗 조화될 화 | 歌厂さ (he) | か *harmonize*

풀이 ①조화되다. 풍류 소리가 조화됨. ¶聲應相係曰―<國語> ②고르다. 조화함. ¶言惠必及―<國語> ③소생(小笙). 13관(管)의 작은 생황(笙簧). ¶― 一日小笙 十三管也<集韻> ④한 악기로 취주(吹奏)하다. ¶― 一日徒吹<集韻> ⑤和의 古字. ¶師古曰 ― 古和字也<漢書·注>

9 26 〖龥〗 부를 유 | 遇ㄩ (yu) | ゆ(ヨブ) *call*

풀이 ①부르다. ¶―號不聞<柳宗元>/舞辜―天<書經> ②고르다. 조화함. ¶率―衆慼<書經>

33 〖龘〗 籥(p.1142)와 同字

37 〖䶵〗 籥(p.1142)와 同字

附 錄

1. 總劃索引 ··················1710

2. 字音索引 ··················1799

3. 簡體字表 ··················1913

4. 中國의 固有名詞 ··········1929

5. 眞草千字文 ················1936

6. 中國古典參考圖 ··········1949

宮殿/城/天壇·社稷壇·祈年殿/孔子廟와 學堂/家廟·陵墓·墳墓/石碑·石人·跪拜/住居/服裝/수레/다리·배/器物/樂器/兵車·武具/武具/試驗場·書册/貨幣·度量衡/佛像/道教神圖/農耕圖/染織圖/製紙圖/製鐵·製銅圖/製陶圖/年中行事參考圖/六十四卦의 圖象과 그 名稱

總畫索引

1 획

2 획

3 획

4 획

5 획

9 획

10획

12획

13획

14획

15획

19획

21획

字音索引

렴

렵

령

례

로

료

룡

루

류

밀

박

반

변

별

병

보

삭

산

살

삼

삽

상

알

암

압

앙

애

열

염

오

욕

용

우

욱

운

족

줄

중

즉

즐

즘

즙

증

지

직

진

창

채

책

픽

필

핍

하

학

한

簡體字表(Ⅰ)

중국의 문자 즉 漢字는 字體가 복잡하고, 특히 筆寫하는 경우는 매우 번잡하여 예로부터 자연히 이를 생략한 이른바「簡體字」가 만들어져 왔다. 中華民國이 수립된 후에도 簡體字의 연구가 있었으나, 특히 中華人民共和國이 성립된 이래 文字改革의 일환으로서 신중히 검토되어 오다가, 1955년 1월「文字改革委員會」에서「漢字簡易化方案」을 발표하였다. 이것을 같은 해 10월「全國文字改革會議」에서 수정 가결되어 1956년 1월 國務院이 정식으로 공포하였다. 그 제1표 230字는 즉각 전국적으로 사용되었고, 그 밖의 285字는 점차 실시하기로 했었다. 그것이 다시 수정되어 전·후 3차례, 제1표를 합하여 4차례에 걸쳐 모두 517字가 실시되었다. 여기에 든 것은「文字改革出版社」가 발행한「已推行的四批簡化漢字表」에 의한 簡體字의 表이다.

ai
爱(愛)
碍(礙)
ao
袄(襖)
ba
罢(罷)
bai
摆(擺)
(襬)
ban
办(辦)
板(闆)
bang
帮(幫)
bao
宝(寶)
报(報)
bei
备(備)
bi
笔(筆)
币(幣)
毕(畢)
毙(斃)
bian
边(邊)
变(變)
biao
标(標)
表(錶)
bie
别(彆)
bin
宾(賓)
bu
卜(蔔)
补(補)
cai
才(纔)
can
参(參)
惨(慘)
蚕(蠶)
cang
仓(倉)
ceng
层(層)
chan
产(產)
搀(攙)
谗(讒)
馋(饞)
chang
尝(嘗)
偿(償)
厂(廠)
长(長)
che
彻(徹)
chen
陈(陳)
尘(塵)
衬(襯)
cheng
称(稱)
惩(懲)
chi
迟(遲)
齿(齒)
chong
冲(衝)
虫(蟲)
chou
丑(醜)
筹(籌)
chu
处(處)
触(觸)
出(齣)
础(礎)
刍(芻)
chuang
疮(瘡)
ci
辞(辭)
cong
从(從)
聪(聰)
丛(叢)
cuan
窜(竄)
da
达(達)
dai
带(帶)
dan
担(擔)
胆(膽)
单(單)
dang
当(當)
(噹)
档(檔)
党(黨)
dao
导(導)
deng
灯(燈)
邓(鄧)
di
敌(敵)
籴(糴)
递(遞)
dian
淀(澱)
点(點)
电(電)
垫(墊)
dong
冬(鼕)
东(東)
冻(凍)
栋(棟)
动(動)
dou
斗(鬥)
du
独(獨)
duan
断(斷)
dui
对(對)
队(隊)
dun
吨(噸)
duo
夺(奪)
堕(墮)
e
恶(惡)
(噁)
er
尔(爾)
儿(兒)
fa
发(發)
(髮)
fan
范(範)
矾(礬)
fei
飞(飛)
fen
奋(奮)
粪(糞)
坟(墳)
feng
丰(豐)
凤(鳳)
fu
妇(婦)
复(復)
(複)
(覆)
麸(麩)
肤(膚)
gai
盖(蓋)
gan
干(幹)
(乾)
赶(趕)
ge
个(個)
gong
巩(鞏)
gou
沟(溝)
构(構)
购(購)
gu
谷(穀)
顾(顧)
gua
刮(颳)

guan
关(關)
观(觀)
guang
广(廣)
gui
归(歸)
龟(龜)
柜(櫃)
guo
过(過)
国(國)
han
汉(漢)
hao
号(號)
hong
轰(轟)
hou
后(後)
hu
护(護)
壶(壺)
沪(滬)
hua
画(畫)
划(劃)
华(華)
huai
怀(懷)
坏(壞)
huan
欢(歡)
环(環)
还(還)
hui
会(會)
秽(穢)
汇(匯)
(彙)
huo
伙(夥)
获(獲)
(穫)
ji
几(幾)
机(機)
击(擊)
际(際)
剂(劑)
济(濟)
挤(擠)
积(積)
饥(饑)
鸡(鷄)
极(極)
继(繼)
jia
家(傢)
价(價)
夹(夾)
jian
艰(艱)
荐(薦)
坚(堅)
歼(殲)
监(監)
茧(繭)
舰(艦)
鉴(鑒)
拣(揀)
jiang
姜(薑)
将(將)
奖(獎)
浆(漿)
桨(槳)
酱(醬)
讲(講)
jiao
胶(膠)
jie
借(藉)
阶(階)
节(節)
疖(癤)
洁(潔)
jin
尽(盡)
(儘)
紧(緊)
仅(僅)
进(進)
烬(燼)
jing
惊(驚)
竞(競)
jiu
旧(舊)
ju
举(舉)
剧(劇)
据(據)
惧(懼)
juan
卷(捲)
jue
觉(覺)
kai
开(開)
ke
克(剋)
ken
垦(墾)
恳(懇)
kua
夸(誇)
kuai
块(塊)
kuang
矿(礦)
kui
亏(虧)
kun
困(睏)
kuo
扩(擴)
la
腊(臘)
蜡(蠟)
lai
来(來)
lan
兰(蘭)
拦(攔)
栏(欄)
烂(爛)
lao
劳(勞)
痨(癆)
le
乐(樂)
lei
类(類)
累(纍)
垒(壘)
li
里(裏)
礼(禮)
丽(麗)
厉(厲)
励(勵)
离(離)
历(曆)
(歷)
隶(隸)
lia
俩(倆)
lian
帘(簾)
联(聯)
恋(戀)
怜(憐)
炼(煉)
练(練)
liang
粮(糧)
两(兩)
辆(輛)
liao
了(瞭)
疗(療)
辽(遼)
lie
猎(獵)
lin
临(臨)
邻(鄰)
ling
灵(靈)
龄(齡)
岭(嶺)
liu
刘(劉)
浏(瀏)
long
龙(龍)
lou
楼(樓)
娄(婁)
lu
录(錄)
陆(陸)
虏(虜)
卤(鹵)
(滷)
卢(盧)
庐(廬)
泸(瀘)
芦(蘆)
炉(爐)
luan
乱(亂)
luo
罗(羅)
(囉)
lü
屡(屢)
虑(慮)
滤(濾)
驴(驢)
mai
迈(邁)
买(買)
卖(賣)
麦(麥)
man
蛮(蠻)
me
么(麼)
mei
霉(黴)
meng
蒙(濛)
(懞)
(矇)
梦(夢)
mi
弥(彌)
(瀰)
mian
面(麵)
miao
庙(廟)
mie
灭(滅)
蔑(衊)
mu
亩(畝)
nan
难(難)
nao
恼(惱)
脑(腦)
ni
拟(擬)
niang
酿(釀)
nie
镊(鑷)
ning
宁(寧)
nong
农(農)
ou
欧(歐)
pan
盘(盤)
pi
辟(闢)
ping
苹(蘋)
凭(憑)
pu

朴(樸)
扑(撲)
qi
齐(齊)
气(氣)
启(啓)
岂(豈)
qian
千(韆)
迁(遷)
签(簽)
(籤)
牵(牽)
qiang
墙(墻)
蔷(薔)
枪(槍)
qiao
乔(喬)
侨(僑)
桥(橋)
壳(殼)
窍(竅)
qie
窃(竊)
qin
亲(親)
寝(寢)
qing
庆(慶)
qiong
穷(窮)
琼(瓊)
qiu
秋(鞦)
qu
区(區)
趋(趨)
quan
权(權)
劝(勸)
que
确(確)
rang
让(讓)
rao
扰(擾)
re
热(熱)
ren
认(認)
rong
荣(榮)
sa
洒(灑)
san
伞(傘)
sang
丧(喪)
sao
扫(掃)
se
啬(嗇)
sha
杀(殺)
shai
晒(曬)
shang
伤(傷)
she
舍(捨)
摄(攝)
shen
沈(瀋)
审(審)
渗(滲)
sheng
声(聲)
胜(勝)
圣(聖)
绳(繩)
shi
湿(濕)
适(適)
时(時)
实(實)
势(勢)
师(師)
shou
寿(壽)
兽(獸)
shu
数(數)
术(術)
树(樹)
书(書)
shuai
帅(帥)
shuang
双(雙)
song
松(鬆)
su
苏(蘇)
肃(肅)
sui
虽(雖)
随(隨)
岁(歲)
sun
孙(孫)
tai
态(態)
台(臺)
(檯)
(颱)
tan
摊(攤)
滩(灘)
瘫(癱)
坛(壇)
(罎)
叹(嘆)
teng
誊(謄)
ti
体(體)
tiao
条(條)
粜(糶)
tie
铁(鐵)
ting
听(聽)
厅(廳)
tou
头(頭)
tu
图(圖)
tuan
团(團)
(糰)
wa
袜(襪)
洼(窪)
wan
万(萬)
弯(彎)
wang
网(網)
wei
为(爲)
伪(僞)
韦(韋)
卫(衛)
wen
稳(穩)
wu
务(務)
无(無)
雾(霧)
xi
牺(犧)
系(係)
(繫)
戏(戲)
习(習)
xia
吓(嚇)
虾(蝦)
xian
献(獻)
咸(鹹)
显(顯)
宪(憲)
县(縣)
xiang
向(嚮)
响(響)
乡(鄉)
xie
协(協)
写(寫)
胁(脅)
泻(瀉)
亵(褻)
xin
衅(釁)
xing
兴(興)
xuan
选(選)
旋(鏇)
悬(懸)
xue
学(學)
xun
寻(尋)
逊(遜)
ya
压(壓)
亚(亞)
哑(啞)
yan
艳(艷)
严(嚴)
盐(鹽)
厌(厭)
yang
养(養)
痒(癢)
样(樣)
阳(陽)
yao
尧(堯)
钥(鑰)
药(藥)
ye
叶(葉)
爷(爺)
业(業)
yi
医(醫)
义(義)
仪(儀)
艺(藝)
亿(億)
忆(憶)
yin
隐(隱)
阴(陰)
ying
蝇(蠅)
应(應)
营(營)
yong
拥(擁)
佣(傭)
踊(踴)
痈(癰)
you
优(優)
犹(猶)
邮(郵)
忧(憂)
yu
余(餘)
御(禦)
吁(籲)
郁(鬱)
与(與)
誉(譽)
屿(嶼)
yuan
远(遠)
园(園)
yue
跃(躍)
yun
云(雲)
运(運)
酝(醞)
za
杂(雜)

zang

赃(贜)

zao

灶(竈)

凿(鑿)

枣(棗)

zhai

斋(齋)

zhan

战(戰)

毡(氈)

zhao

赵(趙)

zhe

这(這)

折(摺)

zheng

征(徵)

症(癥)

证(證)

郑(鄭)

zhi

只(祇)

(隻)

帜(幟)

职(職)

致(緻)

制(製)

执(執)

滞(滯)

质(質)

zhong

种(種)

众(衆)

钟(鐘)

(鍾)

肿(腫)

zhou

昼(晝)

zhu

朱(硃)

筑(築)

烛(燭)

zhuan

专(專)

zhuang

庄(莊)

壮(壯)

装(裝)

妆(妝)

状(狀)

桩(樁)

zhun

准(準)

zhuo

浊(濁)

zong

总(總)

纵(縱)

zuan

钻(鑽)

簡體字表 (II)

1964 년 3 월, 中國文字改革委員會, 中華人民共和國文化部・教育部가「簡化字總表」를 공포하고, 다시 1964 년 12 월, 中華人民共和國文化部와 中國文字改革委員會에 의해「印刷通用漢字字形表」가 공표되었다. 이에 의해「簡體字表(I)」에 실린 517 字 외에 새로운 簡體字가 추가되어 字形이 제정되었다.

이 표에는「簡化字總表(제2 판)」와「印刷通用漢字字形表」을 근거로 簡體字를 게재하고, 아울러 變音을 덧붙였다.「簡體字表(I)」의 글자 가운데는 字形이 바뀐 것도 있는데, 이 책에서는 모두 중복해서 실었다.

2 劃

厂(廠) chǎng
卜(蔔) bo
儿(兒) ér
儿(幾) jǐ, jī
了(瞭) liǎo, liào

3 劃

干(乾) gān
(幹) gàn
亏(虧) kuī
才(纔) cái
万(萬) wàn
与(與) yǔ, yù, yú
千(韆) qiān
亿(億) yì
个(個) gè, gě
么(麼) me
广(廣) guǎng
门(門) mén
义(義) yì
卫(衛) wèi
飞(飛) fēi
习(習) xí
马(馬) mǎ
乡(鄉) xiāng

4 劃

【一】

丰(豐) fēng
开(開) kāi
无(無) wú
韦(韋) wéi
专(專) zhuān
云(雲) yún
艺(藝) yì
厅(廳) tīng
历(歷) lì
(曆) lì
区(區) qū, ōu
车(車) chē, jū

【丨】

冈(岡) gāng
贝(貝) bèi
见(見) jiàn, xiàn

【丿】

气(氣) qì
长(長) cháng, zhǎng
仆(僕) pú
币(幣) bì
从(從) cóng, cōng
仑(侖) lún
仓(倉) cāng
风(風) fēng
仅(僅) jǐn, jìn
凤(鳳) fèng
乌(烏) wū

【丶】

闩(閂) shuān
为(爲) wéi, wèi
斗(鬥) dòu
忆(憶) yì
订(訂) dìng
计(計) jì
讣(訃) fù
认(認) rèn
讥(譏) jī

【乛】

丑(醜) chǒu
队(隊) duì
办(辦) bàn
邓(鄧) dèng
劝(勸) quàn
双(雙) shuāng
书(書) shū

5 劃

【一】

击(擊) jī
戋(戔) jiān
扑(撲) pū
节(節) jié, jiē
术(術) shù
龙(龍) lóng
厉(厲) lì
灭(滅) miè
东(東) dōng
轧(軋) yà, zhá, gá

【丨】

卢(盧) lú
业(業) yè
旧(舊) jiù
帅(帥) shuài
归(歸) guī
叶(葉) yè
号(號) hào, háo
电(電) diàn
只(隻) zhī
(祇) zhǐ
叽(嘰) jī
叹(嘆) tàn

【丿】

们(們) men
仪(儀) yí
丛(叢) cóng
尔(爾) ěr
乐(樂) lè, yuè

处(處) chù, chǔ
冬(鼕) dōng
鸟(鳥) niǎo
务(務) wù
刍(芻) chú
饥(饑) jī
【丶】
冯(馮) féng
闪(閃) shǎn
兰(蘭) lán
汇(滙) huì
(彙) huì
头(頭) tóu
汉(漢) hàn
宁(寧) níng, nìng
讧(訌) hòng
讨(討) tǎo
写(寫) xiě
让(讓) ràng
礼(禮) lǐ
讪(訕) shàn
训(訓) xùn
议(議) yì
讯(訊) xùn
记(記) jì
【乛】
辽(遼) liáo
边(邊) biān
出(齣) chū
发(發) fā
(髮) fà
圣(聖) shèng
对(對) duì
台(臺) tái
(檯) tái
(颱) tái
纠(糾) jiū
丝(絲) sī

6 劃

【一】
动(動) dòng
执(執) zhí
巩(鞏) gǒng
扩(擴) kuò
扫(掃) sǎo, sào
扬(揚) yáng
场(場) cháng, chǎng
亚(亞) yà
朴(樸) pǔ
机(機) jī
权(權) quán
过(過) guò, guō
协(協) xié
压(壓) yā
厌(厭) yàn
页(頁) yè
夸(誇) kuā
夺(奪) duó
达(達) dá
夹(夾) jiā, jiá, gā
轨(軌) guǐ
尧(堯) yáo
划(劃) huà, huá, huai
迈(邁) mài
毕(畢) bì
【丨】
贞(貞) zhēn
师(師) shī
当(當) dāng, dàng
(噹) dāng
尘(塵) chén
吁(籲) yù
吓(嚇) xià, hè
虫(蟲) chóng
曲(麯) qū
团(團) tuán
(糰) tuán
吗(嗎) ma, má, mǎ
屿(嶼) yǔ
岁(歲) suì
回(迴) huí
岂(豈) qǐ
则(則) zé
刚(剛) gāng
网(網) wǎng
【丿】
朱(硃) zhū
迁(遷) qiān
乔(喬) qiáo
伟(偉) wěi
传(傳) chuán, zhuàn
伛(傴) yǔ
优(優) yōu
伤(傷) shāng
价(價) jià, jie
伦(倫) lún
伧(傖) cāng, chen
华(華) huá, huà, huā
伙(夥) huǒ
伪(僞) wěi
向(嚮) xiàng
后(後) hòu
会(會) huì, kuài
杀(殺) shā
众(衆) zhòng
爷(爺) yé
伞(傘) sǎn
创(創) chuàng, chuāng
杂(雜) zá
负(負) fù
邬(鄔) wū
【丶】
壮(壯) zhuàng
冲(衝) chōng, chòng
妆(妝) zhuāng
庄(莊) zhuāng
庆(慶) qìng
刘(劉) liú
齐(齊) qí
产(產) chǎn
闭(閉) bì
问(問) wèn
闯(闖) chuǎng, chuàng
关(關) guān
灯(燈) dēng
汤(湯) tāng
忏(懺) chàn
兴(興) xīng, xìng
讲(講) jiǎng
讳(諱) huì
讴(謳) ōu
军(軍) jūn
讶(訝) yà
许(許) xǔ
讹(訛) é
论(論) lùn, lún
讼(訟) sòng
讽(諷) fěng
农(農) nóng
设(設) shè
访(訪) fǎng

诀(訣) jué
【乛】
寻(尋) xún, xín
尽(盡) jìn
(儘) jǐn
导(導) dǎo
孙(孫) sūn
阵(陣) zhèn
阳(陽) yáng
阶(階) jiē
阴(陰) yīn
妇(婦) fù
妈(媽) mā
戏(戲) xì
观(觀) guān, guàn
欢(歡) huān
买(買) mǎi
红(紅) hóng, gōng
纣(紂) zhòu
驮(馱) tuó, duò
纤(縴) qiàn
(纖) xiān
纥(紇) hé, gē
驯(馴) xún
约(約) yuē, yāo
级(級) jí
纪(紀) jì, jǐ
驰(馳) chí
纫(紉) rèn

7 劃

【一】
寿(壽) shòu
麦(麥) mài
玛(瑪) mǎ
进(進) jìn
远(遠) yuǎn
违(違) wéi
韧(韌) rèn
运(運) yùn
抚(撫) fǔ
坛(壇) tán
(罎) tán
抟(摶) tuán
坏(壞) huài
抠(摳) kōu
扰(擾) rǎo
坝(壩) bà
贡(貢) gòng
折(摺) zhé
抡(掄) lūn, lún
抢(搶) qiǎng, qiāng
坞(塢) wù
坟(墳) fén
护(護) hù
壳(殼) ké, qiào
块(塊) kuài
声(聲) shēng
报(報) bào
拟(擬) nǐ
扨(攏) sǒng
芜(蕪) wú
苇(葦) wěi
苋(莧) xiàn
苍(蒼) cāng
严(嚴) yán
芦(蘆) lú
劳(勞) láo
克(剋) kè
苏(蘇) sū
(囌) sū
极(極) jí
杨(楊) yáng
两(兩) liǎng
丽(麗) lì, lí
医(醫) yī
励(勵) lì
还(還) huán, hái
矶(磯) jī
奁(奩) lián
歼(殲) jiān
来(來) lái
轩(軒) xuān
连(連) lián
【丨】
卤(鹵) lǔ
(滷) lǔ
坚(堅) jiān
时(時) shí
县(縣) xiàn
里(裏) lǐ
呓(囈) yì
呕(嘔) ǒu
园(園) yuán
旷(曠) kuàng
围(圍) wéi
吨(噸) dūn
邮(郵) yóu
困(睏) kùn
员(員) yuán, yún, yùn
呗(唄) bei, bài
听(聽) tīng
呛(嗆) qiāng, qiàng
呜(嗚) wū
别(彆) biè
财(財) cái
囵(圇) lún
岖(嶇) qū
岗(崗) gǎng
帐(帳) zhàng
【丿】
针(針) zhēn
钉(釘) dīng, dìng
乱(亂) luàn
体(體) tǐ, tī
佣(傭) yōng
彻(徹) chè
余(餘) yú
佥(僉) qiān
谷(穀) gǔ
邻(鄰) lín
肠(腸) cháng
龟(龜) guī, jūn, qiū
犹(猶) yóu
狈(狽) bèi
鸠(鳩) jiū
条(條) tiáo
岛(島) dǎo
邹(鄒) zōu
饨(飩) tún
饪(飪) rèn
饬(飭) chì
饭(飯) fàn
饮(飲) yǐn, yìn
系(係) xì
(繫) jì
【丶】
冻(凍) dòng
状(狀) zhuàng
亩(畝) mǔ
库(庫) kù
疖(癤) jiē
疗(療) liáo
应(應) yīng, yìng
这(這) zhè, zhèi
庐(廬) lú

闰(閏) rùn
闲(閑) xián
间(間) jiān, jiàn
闵(閔) mǐn
闷(悶) mèn, mēn
灿(燦) càn
灶(竈) zào
炀(煬) yáng
沤(漚) òu, ōu
沥(瀝) lì
沦(淪) lún
沟(溝) gōu
沪(滬) hù
沈(瀋) shěn
怀(懷) huái
怄(慪) òu
忧(憂) yōu
怅(悵) chàng
怆(愴) chuàng
穷(窮) qióng
证(證) zhèng
诃(訶) hē
启(啓) qǐ
评(評) píng
补(補) bǔ
诅(詛) zǔ
识(識) shí, zhì
诈(詐) zhà
诉(訴) sù
诊(診) zhěn
诋(詆) dǐ
诌(謅) zhōu
词(詞) cí
译(譯) yì

【𠃌】

灵(靈) líng
层(層) céng
迟(遲) chí
张(張) zhāng
际(際) jì
陆(陸) lù, liù
陈(陳) chén
坠(墜) zhuì
妩(嫵) wǔ
劲(勁) jìn, jìng
鸡(鷄) jī
纬(緯) wěi
驱(驅) qū
纯(純) chún
纰(紕) pī
纱(紗) shā
纲(綱) gāng
纳(納) nà
驳(駁) bó
纵(縱) zòng
纶(綸) lún, guān
纷(紛) fēn
纸(紙) zhǐ
纹(紋) wén, wèn
纺(紡) fǎng
驴(驢) lǘ
纽(紐) niǔ
纾(紓) shū

8 劃

【一】

环(環) huán
责(責) zé
现(現) xiàn
表(錶) biǎo
规(規) guī
匦(匭) guǐ
拢(攏) lǒng
拣(揀) jiǎn
担(擔) dān, dàn
顶(頂) dǐng
拥(擁) yōng
势(勢) shì
拦(攔) lán
㧟(擓) kuǎi
拧(擰) nǐng, níng, nìng
拨(撥) bō
择(擇) zé, zhái
苹(蘋) píng
范(範) fàn
茎(莖) jīng
枢(樞) shū
柜(櫃) guì
板(闆) bǎn
松(鬆) sōng
枪(槍) qiāng
枫(楓) fēng
构(構) gòu
丧(喪) sāng, sàng
画(畫) huà
枣(棗) zǎo
卖(賣) mài
郁(鬱) yù
矾(礬) fán
矿(礦) kuàng
码(碼) mǎ
厕(厠) cè, si
奋(奮) fèn
态(態) tài
欧(歐) ōu
殴(毆) ōu
垄(壟) lǒng
轰(轟) hōng
顷(頃) qǐng
转(轉) zhuǎn, zhuàn
斩(斬) zhǎn
轮(輪) lún
软(軟) ruǎn

【丨】

齿(齒) chǐ
虏(虜) lǔ
肾(腎) shèn
贤(賢) xián
昙(曇) tán
国(國) guó
畅(暢) chàng
咙(嚨) lóng
虮(蟣) jǐ
黾(黽) mǐn
鸣(鳴) míng
咛(嚀) níng
罗(羅) luó
(囉) luó, luo, luō
帜(幟) zhì
岭(嶺) lǐng
凯(凱) kǎi
败(敗) bài
账(賬) zhàng
贩(販) fàn
贬(貶) biǎn
图(圖) tú
购(購) gòu
贮(貯) zhù

【丿】

钍(釷) tǔ
钓(釣) diào
制(製) zhì
迭(叠) dié
刮(颳) guā
侠(俠) xiá
侥(僥) jiǎo, yáo
侦(偵) zhēn
侧(側) cè, zhāi, zè

凭(憑) píng
侨(僑) qiáo
侩(儈) kuài
货(貨) huò
质(質) zhì
征(徵) zhēng
径(徑) jìng
舍(捨) shě
刽(劊) guì
怂(慫) sǒng
籴(糴) dí
觅(覓) mì
贪(貪) tān
贫(貧) pín
戗(戧) qiāng, qiàng
肤(膚) fū
肿(腫) zhǒng
胀(脹) zhàng
肮(骯) āng
胁(脅) xié
鱼(魚) yú
狞(獰) níng
备(備) bèi
枭(梟) xiāo
饯(餞) jiàn
饰(飾) shì
饱(飽) bǎo
饲(飼) sì
饴(飴) yí

【丶】

变(變) biàn
庞(龐) páng
庙(廟) miào
疟(瘧) nüè, yào
疠(癘) lì
疡(瘍) yáng
剂(劑) jì
废(廢) fèi
闸(閘) zhá
闹(鬧) nào
郑(鄭) zhèng
卷(捲) juǎn
单(單) dān, shàn, chán
炝(熗) qiàng
炉(爐) lú
浅(淺) qiǎn
泸(瀘) lú
泞(濘) nìng
泻(瀉) xiè
泼(潑) pō
泽(澤) zé
怜(憐) lián
学(學) xué
宝(寶) bǎo
宠(寵) chǒng
审(審) shěn
帘(簾) lián
实(實) shí
诓(誆) kuāng
试(試) shì
诖(詿) guà
诗(詩) shī
诙(詼) huī
诚(誠) chéng
衬(襯) chèn
视(視) shì
话(話) huà
诞(誕) dàn
诠(詮) quán
诡(詭) guǐ
询(詢) xún
诣(詣) yì
该(該) gāi
详(詳) xiáng
诧(詫) chà

【乛】

肃(肅) sù
隶(隸) lì
录(錄) lù
弥(彌) mí
(瀰) mí
陕(陝) shǎn
驾(駕) jià
参(參) cān, shēn, cēn
艰(艱) jiān
线(綫) xiàn
练(練) liàn
组(組) zǔ
绅(紳) shēn
细(細) xì
驶(駛) shǐ
驹(駒) jū
终(終) zhōng
织(織) zhī
绉(縐) zhòu
驻(駐) zhù
绊(絆) bàn
驼(駝) tuó
绍(紹) shào
绎(繹) yì
经(經) jīng
贯(貫) guàn

9 劃

【一】

帮(幫) bāng
珑(瓏) lóng
顸(頇) hān
挝(撾) zhuā, wō
项(項) xiàng
挞(撻) tà
挟(挾) xié
挠(撓) náo
赵(趙) zhào
挡(擋) dǎng, dàng
垫(墊) diàn
挤(擠) jǐ
挥(揮) huī
荐(薦) jiàn
荚(莢) jiá
带(帶) dài
茧(繭) jiǎn
荞(蕎) qiáo
荠(薺) jì, qi
荡(蕩) dàng
荣(榮) róng
荤(葷) hūn
胡(鬍) hú
荫(蔭) yīn, yìn
药(藥) yào
标(標) biāo
栈(棧) zhàn
栋(棟) dòng
栏(欄) lán
柠(檸) níng
树(樹) shù
郦(酈) lì
咸(鹹) xián
砖(磚) zhuān
砚(硯) yàn
面(麵) miàn
牵(牽) qiān
鸥(鷗) ōu
残(殘) cán
轱(軲) gū
轲(軻) kē
轳(轤) lu
轴(軸) zhóu,

zhòu
轻(輕) qīng
鸦(鴉) yā
【丨】
战(戰) zhàn
点(點) diǎn
临(臨) lín
览(覽) lǎn
竖(竪) shù
尝(嘗) cháng
呕(嘔) kōu
哑(啞) yǎ, yā
显(顯) xiǎn
哒(噠) dā
哔(嗶) bì
贵(貴) guì
虾(蝦) xiā
蚁(蟻) yǐ
蚂(螞) mǎ, mā, mà
虽(雖) suī
骂(罵) mà
哕(噦) yuě
剐(剮) guǎ
勋(勛) xūn
哗(嘩) huá, huā
响(響) xiǎng
哝(噥) nóng
哟(喲) yō, yo
峡(峽) xiá
罚(罰) fá
贱(賤) jiàn
贴(貼) tiē
贻(貽) yí
【丿】
钙(鈣) gài
钝(鈍) dùn
钞(鈔) chāo
钟(鐘) zhōng
(鍾) zhōng
钢(鋼) gāng, gàng
钥(鑰) yuè, yào
钦(欽) qīn
钧(鈞) jūn
钨(鎢) wū
钩(鈎) gōu
钮(鈕) niǔ
毡(氈) zhān
氢(氫) qīng
选(選) xuǎn
适(適) shì
种(種) zhǒng, zhòng
秋(鞦) qiū
复(復) fù
(複) fù
(覆) fù
笃(篤) dǔ
俨(儼) yǎn
俩(倆) liǎ, liǎng
贷(貸) dài
顺(順) shùn
俭(儉) jiǎn
剑(劍) jiàn
须(須) xū
(鬚) xū
胧(朧) lóng
胆(膽) dǎn
胜(勝) shèng
鸨(鴇) bǎo
狭(狹) xiá
狮(獅) shī
独(獨) dú
狱(獄) yù
贸(貿) mào
饵(餌) ěr
饶(饒) ráo
蚀(蝕) shí
饷(餉) xiǎng
饺(餃) jiǎo
饼(餅) bǐng
【丶】
峦(巒) luán
弯(彎) wān
孪(孿) luán
将(將) jiāng, jiàng
奖(獎) jiǎng
疠(癘) lì
疮(瘡) chuāng
疯(瘋) fēng
亲(親) qīn, qìng
闺(閨) guī
闻(聞) wén
闽(閩) mǐn
闾(閭) lǘ
阀(閥) fá
阁(閣) gé
阂(閡) hé
养(養) yǎng
姜(薑) jiāng
类(類) lèi
娄(婁) lóu
总(總) zǒng
炼(煉) liàn
烁(爍) shuò
烂(爛) làn
洼(窪) wā
洁(潔) jié
洒(灑) sǎ
浇(澆) jiāo
浊(濁) zhuó
测(測) cè
浏(瀏) liú
济(濟) jì, jǐ
浑(渾) hún
浓(濃) nóng
恸(慟) tòng
恺(愷) kǎi
恼(惱) nǎo
举(舉) jǔ
觉(覺) jué, jiào
宪(憲) xiàn
窃(竊) qiè
诫(誡) jiè
诬(誣) wū
语(語) yǔ, yù
袄(襖) ǎo
诮(誚) qiào
误(誤) wù
诱(誘) yòu
诲(誨) huì
诳(誑) kuáng
说(說) shuō, shuì, yuè
诵(誦) sòng
诶(誒) ē, é, éi, ě, ěi, è, èi
【乛】
垦(墾) kěn
昼(晝) zhòu
费(費) fèi
逊(遜) xùn
陨(隕) yǔn
险(險) xiǎn
贺(賀) hè
垒(壘) lěi
娇(嬌) jiāo
绑(綁) bǎng
绒(絨) róng
结(結) jié, jiē

骁(驍) xiāo
绕(繞) rào, rǎo
骄(驕) jiāo
绘(繪) huì
骆(駱) luò
骈(駢) pián
绞(絞) jiǎo
骇(駭) hài
统(統) tǒng
绗(絎) háng
给(給) gěi, jǐ
络(絡) luò, lào
绝(絕) jué

10 劃

【一】
艳(艷) yàn
珲(琿) hún, huī
蚕(蠶) cán
顽(頑) wán
盏(盞) zhǎn
捞(撈) lāo
载(載) zài, zǎi
赶(趕) gǎn
盐(鹽) yán
损(損) sǔn
埚(堝) guō
捡(撿) jiǎn
热(熱) rè
捣(搗) dǎo
壶(壺) hú
聂(聶) niè
莱(萊) lái
莲(蓮) lián
莴(萵) wō
获(獲) huò
(穫) huò
恶(惡) è, wù, ě, wū
茔(塋) yíng
莺(鶯) yīng
档(檔) dàng
桥(橋) qiáo
桦(樺) huà
桧(檜) guì, huì
桩(樁) zhuāng
样(樣) yàng
贾(賈) jiǎ; gǔ
砾(礫) lì
础(礎) chǔ
砻(礱) lóng
顾(顧) gù
轼(軾) shì
轿(轎) jiào
较(較) jiào
顿(頓) dùn, dú
趸(躉) dǔn
毙(斃) bì
致(緻) zhì

【丨】
鸬(鸕) lú
虑(慮) lǜ
监(監) jiān, jiàn
紧(緊) jǐn
党(黨) dǎng
晒(曬) shài
晓(曉) xiǎo
唠(嘮) lào, láo
鸭(鴨) yā
晕(暈) yùn, yūn
唢(嗩) suǒ
鸯(鴦) yāng
罢(罷) bà, ba
圆(圓) yuán
贼(賊) zéi
贿(賄) huì
赂(賂) lù
赃(贓) zāng

【丿】
钱(錢) qián
钳(鉗) qián
钵(鉢) bō
钹(鈸) bó
钻(鑽) zuān, zuàn
钿(鈿) diàn, tián
铁(鐵) tiě
铃(鈴) líng
铄(鑠) shuò
铅(鉛) qiān, yán
铆(鉚) mǎo
铊(鉈) tā
铎(鐸) duó
牺(犧) xī
敌(敵) dí
积(積) jī
称(稱) chēng, chèn
笔(筆) bǐ
债(債) zhài
借(藉) jiè
倾(傾) qīng
赁(賃) lìn
舰(艦) jiàn
舱(艙) cāng
耸(聳) sǒng
爱(愛) ài
颁(頒) bān
颂(頌) sòng
脏(臟) zàng
(髒) zāng
脐(臍) qí
脑(腦) nǎo
胶(膠) jiāo
脓(膿) nóng
鱽(魛) dāo
鸵(鴕) tuó
袅(裊) niǎo
鸳(鴛) yuān
皱(皺) zhòu
饽(餑) bō
饿(餓) è
馁(餒) něi

【丶】
栾(欒) luán
挛(攣) luán
恋(戀) liàn
桨(槳) jiǎng
浆(漿) jiāng
症(癥) zhēng
痈(癰) yōng
斋(齋) zhāi
痉(痙) jìng
准(準) zhǔn
离(離) lí
资(資) zī
竞(競) jìng
阄(鬮) jiū
阅(閱) yuè
郸(鄲) dān
烦(煩) fán
烧(燒) shāo
烛(燭) zhú
烩(燴) huì
烬(燼) jìn
递(遞) dì
涛(濤) tāo
涝(澇) lào
涡(渦) wō, guō
涂(塗) tú
涤(滌) dí
润(潤) rùn

涧(澗) jiàn
涨(漲) zhǎng, zhàng
烫(燙) tàng
涩(澀) sè
悯(憫) mǐn
宽(寬) kuān
家(傢) jiā
宾(賓) bīn
窍(竅) qiào
请(請) qǐng
诸(諸) zhū
诺(諾) nuò
读(讀) dú, dòu
诽(誹) fěi
袜(襪) wà
课(課) kè
诿(諉) wěi
谀(諛) yú
谁(誰) shuí, shéi
调(調) tiáo, diào
谄(諂) chǎn
谅(諒) liàng
谆(諄) zhūn
谈(談) tán
谊(誼) yì
【乛】
恳(懇) kěn
剧(劇) jù
难(難) nán, nàn
预(預) yù
骋(騁) chěng
绢(絹) juàn
绣(綉) xiù
验(驗) yàn
绥(綏) suí
绦(縧) tāo
继(繼) jì
骏(駿) jùn
鸶(鷥) sī

11劃

【一】
琐(瑣) suǒ
麸(麩) fū
掳(擄) lǔ
掷(擲) zhì, zhī
掸(撣) dǎn, shàn
据(據) jù
掺(摻) chān
掼(摜) guàn
职(職) zhí
萝(蘿) luó
萤(螢) yíng
营(營) yíng
萧(蕭) xiāo
萨(薩) sà
梦(夢) mèng
检(檢) jiǎn
棂(欞) líng
啬(嗇) sè
匮(匱) kuì
酝(醞) yùn
聋(聾) lóng
龚(龔) gōng
袭(襲) xí
殒(殞) yǔn
殓(殮) liàn
辅(輔) fǔ
辆(輛) liàng
堑(塹) qiàn
【丨】
颅(顱) lú
啧(嘖) zé
悬(懸) xuán
跃(躍) yuè
跄(蹌) qiàng
蛎(蠣) lì
蛊(蠱) gǔ
累(纍) léi
啸(嘯) xiào
崭(嶄) zhǎn
逻(邏) luó
赈(賑) zhèn
婴(嬰) yīng
赊(賒) shē
【丿】
铐(銬) kào
铛(鐺) dāng, chēng
铝(鋁) lǚ
铜(銅) tóng
铠(鎧) kǎi
铡(鍘) zhá
铣(銑) xiǎn, xǐ
铧(鏵) huá
铫(銚) diào, yáo
铭(銘) míng
铰(鉸) jiǎo
铲(鏟) chǎn
铳(銃) chòng
银(銀) yín
矫(矯) jiǎo
鸹(鴰) guā
秽(穢) huì
笺(箋) jiān
笼(籠) lóng, lǒng
偿(償) cháng
偻(僂) lǚ, lóu
躯(軀) qū
衅(釁) xìn
衔(銜) xián
盘(盤) pán
龛(龕) kān
鸽(鴿) gē
敛(斂) liǎn
领(領) lǐng
脸(臉) liǎn
象(像) xiàng
猎(獵) liè
馃(餜) guǒ
馄(餛) hún
馅(餡) xiàn
馆(館) guǎn
【丶】
鸾(鸞) luán
痒(癢) yǎng
旋(鏇) xuàn
阉(閹) yān
阎(閻) yán
阐(闡) chǎn
盖(蓋) gài, gě
断(斷) duàn
兽(獸) shòu
焖(燜) mèn
渍(漬) zì
鸿(鴻) hóng
渎(瀆) dú
渐(漸) jiàn, jiān
渊(淵) yuān
渔(漁) yú
淀(澱) diàn
渗(滲) shèn
惬(愜) qiè
惭(慚) cán
惧(懼) jù
惊(驚) jīng
惮(憚) dàn
惨(慘) cǎn
惯(慣) guàn
祷(禱) dǎo
谋(謀) móu

谍(諜) dié
谎(謊) huǎng
皲(皸) jūn
谐(諧) xié
谑(謔) xuè
裆(襠) dāng
祸(禍) huò
谓(謂) wèi
谕(諭) yù
谗(讒) chán
谚(諺) yàn
谜(謎) mí
谝(諞) piǎn
【乛】
弹(彈) dàn, tán
堕(墮) duò
随(隨) suí
粜(糶) tiào
隐(隱) yǐn
婶(嬸) shěn
颇(頗) pō
颈(頸) jǐng
绩(績) jī
绪(緒) xù
绫(綾) líng
续(續) xù
骑(騎) qí
绯(緋) fēi
绰(綽) chuò, chāo
绳(繩) shéng
维(維) wéi
绵(綿) mián
绷(繃) bēng, běng
绸(綢) chóu
绺(綹) liǔ
综(綜) zōng, zèng
绽(綻) zhàn
绾(綰) wǎn
绿(綠) lǜ, lù
缀(綴) zhuì

12 劃

【一】
琼(瓊) qióng
辇(輦) niǎn
趋(趨) qū
揽(攬) lǎn
揿(撳) qìn
搀(攙) chān
蛰(蟄) zhé
搁(擱) gē, gé
搂(摟) lǒu, lōu
搅(攪) jiǎo
联(聯) lián
蒋(蔣) jiǎng
韩(韓) hán
椭(橢) tuǒ
硷(鹼) jiǎn
确(確) què
颊(頰) jiá
雳(靂) lì
暂(暫) zàn
辎(輜) zī
翘(翹) qiáo, qiào
【丨】
辈(輩) bèi
凿(鑿) záo, zuò
辉(輝) huī
赏(賞) shǎng
喷(噴) pēn, pèn
畴(疇) chóu
践(踐) jiàn
遗(遺) yí, wèi
蛲(蟯) náo
蛳(螄) sī
鹃(鵑) juān
喽(嘍) lou, lóu
赋(賦) fù
赌(睹) qíng
赌(賭) dǔ
赎(贖) shú
赐(賜) cì
赔(賠) péi
【丿】
铸(鑄) zhù
铺(鋪) pū, pù
链(鏈) liàn
铿(鏗) kēng
销(銷) xiāo
锁(鎖) suǒ
锄(鋤) chú
锅(鍋) guō
锈(銹) xiù
锉(銼) cuò
锋(鋒) fēng
锌(鋅) xīn
锐(鋭) ruì
锑(銻) tī
锔(鋦) jú, jū
犊(犢) dú
鹅(鵝) é
筑(築) zhù
筛(篩) shāi
傧(儐) bīn
储(儲) chǔ
惩(懲) chéng
御(禦) yù
释(釋) shì
腊(臘) là
鲁(魯) lǔ
惫(憊) bèi
馈(饋) kuì
馊(餿) sōu
馋(饞) chán
【丶】
亵(褻) xiè
装(裝) zhuāng
蛮(蠻) mán
痨(癆) láo
痾(痾) kē
阑(闌) lán
阔(闊) kuò
阕(闋) què
粪(糞) fèn
窜(竄) cuàn
窝(窩) wō
愤(憤) fèn
滞(滯) zhì
湿(濕) shī
溃(潰) kuì
溅(濺) jiàn
湾(灣) wān
裢(褳) lian
裤(褲) kù
禅(禪) chán, shàn
谢(謝) xiè
谣(謠) yáo
谤(謗) bàng
谥(謚) shì
谦(謙) qiān
【乛】
属(屬) shǔ, zhǔ
屡(屢) lǚ
骘(騭) zhì
缄(緘) jiān
缅(緬) miǎn
缆(纜) lǎn
缉(緝) jī, qī

缎(緞) duàn
缓(緩) huǎn
缔(締) dì
缕(縷) lǚ
骗(騙) piàn
编(編) biān
骚(騷) sāo
缘(緣) yuán

13 劃

【一】
鹉(鵡) wǔ
摄(攝) shè
摆(擺) bǎi
(襬) bǎi
摈(擯) bìn
摊(攤) tān
鹊(鵲) què
蓝(藍) lán, la
蒙(矇) mēng
(濛) méng
颐(頤) yí
献(獻) xiàn
榄(欖) lǎn
楼(樓) lóu
赖(賴) lài
碍(礙) ài
碜(磣) chěn
鹌(鵪) ān
尴(尷) gān
雾(霧) wù
辐(輻) fú
辑(輯) jí
输(輸) shū
【丨】
频(頻) pín
龃(齟) jǔ
龄(齡) líng
龅(齙) bāo
鉴(鑒) jiàn
跷(蹺) qiāo
蜗(蝸) wō
【丿】
错(錯) cuò
锚(錨) máo
锛(錛) bēn
锞(錁) kè
锟(錕) kūn
锡(錫) xī
锣(鑼) luó
锤(錘) chuí
锥(錐) zhuī
锦(錦) jǐn
锨(鍁) xiān
锭(錠) dìng
键(鍵) jiàn
锯(鋸) jù
锰(錳) měng
辞(辭) cí
颓(頽) tuí
筹(籌) chóu
签(簽) qiān
(籤) qiān
简(簡) jiǎn
腻(膩) nì
腾(騰) téng
鲇(鮎) nián
鲈(鱸) lú
鲍(鮑) bào
颖(穎) yǐng
飕(颼) sōu
触(觸) chù
雏(雛) chú
馍(饃) mó
馏(餾) liù, liú
馐(饈) xiū
【丶】
酱(醬) jiàng
鹑(鶉) chún
阗(闐) tián
誊(謄) téng
粮(糧) liáng
数(數) shù, shǔ, shuò
满(滿) mǎn
滤(濾) lǜ
滥(濫) làn
滗(潷) bì
滦(灤) luán
滨(濱) bīn
滩(灘) tān
誉(譽) yù
骞(騫) qiān
寝(寢) qǐn
窥(窺) kuī
窦(竇) dòu
谨(謹) jǐn
谩(謾) màn, mán
谬(謬) miù
【乛】
辟(闢) pì
缚(縛) fù
缝(縫) féng, fèng
缠(纏) chán
骟(騸) shàn

14 劃

【一】
瑷(璦) ài
赘(贅) zhuì
韬(韜) tāo
墙(墻) qiáng
(牆) qiáng
蔷(薔) qiáng
蔑(衊) miè
蔺(藺) lìn
蔼(藹) ǎi
槛(檻) jiàn, kǎn
槟(檳) bīn, bīng
酽(釅) yàn
酾(釃) shī, shāi
酿(釀) niàng
愿(願) yuàn
殡(殯) bìn
辕(轅) yuán
辖(轄) xiá
辗(輾) zhǎn
【丨】
龇(齜) zī
颗(顆) kē
䁖(瞜) lōu
暧(曖) ài
踌(躊) chóu
踊(踴) yǒng
蜡(蠟) là
蝈(蟈) guō
蝇(蠅) yíng
蝉(蟬) chán
鹗(鶚) è
赚(賺) zhuàn, zuàn
【丿】
锹(鍬) qiāo
锻(鍛) duàn
镀(鍍) dù
镁(鎂) měi
镂(鏤) lòu
稳(穩) wěn
箩(籮) luó
箫(簫) xiāo
舆(輿) yú

鲜(鮮) xiān, xiǎn
飗(飀) liú
馑(饉) jǐn
馒(饅) mán
【丶】
阚(闞) kàn, hǎn
鹚(鶿) cí
潇(瀟) xiāo
潍(濰) wéi
赛(賽) sài
谭(譚) tán
褛(褸) lǚ
谰(讕) lán
谱(譜) pǔ
【乛】
骠(驃) piào, biāo
骡(騾) luó
缨(纓) yīng
缩(縮) suō, sù
缪(繆) miào, móu, miù
缫(繅) sāo

15 劃

【一】
撵(攆) niǎn
撺(攛) cuān
聪(聰) cōng
蕴(蘊) yùn
樱(櫻) yīng
飘(飄) piāo
魇(魘) yǎn
霉(黴) méi
辘(轆) lù
【丨】
龉(齬) yǔ
龊(齪) chuò
觑(覷) qù
瞒(瞞) mán
题(題) tí
踯(躑) zhí
蝼(螻) lóu
噜(嚕) lū
嘱(囑) zhǔ
颛(顓) zhuān
【丿】
镊(鑷) niè
镇(鎮) zhèn
镌(鐫) juān
镍(鎳) niè
镏(鎦) liú, liù
镐(鎬) gǎo, hào
镑(鎊) bàng
篓(簍) lǒu
鹞(鷂) yào
鲥(鰣) shí
鲤(鯉) lǐ
鲫(鯽) jì
【丶】
瘪(癟) biě, biē
瘫(癱) tān
颜(顏) yán
鲨(鯊) shā
澜(瀾) lán
额(額) é
褴(襤) lán
谴(譴) qiǎn
鹤(鶴) hè
谵(譫) zhān
【乛】
缭(繚) liáo
缮(繕) shàn

16 劃

【一】
擞(擻) sòu, sǒu
颟(顢) mān
薮(藪) sǒu
颠(顛) diān
橹(櫓) lǔ
錾(鏨) zàn
辙(轍) zhé
【丨】
鹦(鸚) yīng
赠(贈) zèng
【丿】
镖(鏢) biāo
镗(鏜) tāng, táng
镜(鏡) jìng
镞(鏃) zú
氇(氌) lu
赞(贊) zàn
篮(籃) lán
篱(籬) lí
鲸(鯨) jīng
獭(獺) tǎ
【丶】
瘾(癮) yǐn
辩(辯) biàn
濒(瀕) bīn
懒(懶) lǎn
【乛】
缲(繰) qiāo
缴(繳) jiǎo, zhuó

17 劃

【一】
藓(蘚) xiǎn
【丨】
龌(齷) wò
蹒(蹣) pán
蹑(躡) niè
羁(羈) jī
赡(贍) shàn
【丿】
镢(鐝) jué
镣(鐐) liào
镪(鏹) qiǎng, qiāng
镫(鐙) dèng
鳃(鰓) sāi
鳄(鰐) è
鳅(鰍) qiū
【丶】
辫(辮) biàn
赢(贏) yíng
【乛】
骤(驟) zhòu

18 劃

【丨】
颢(顥) hào
鹭(鷺) lù
嚣(囂) xiāo
髅(髏) lóu
【丿】
镭(鐳) léi
镯(鐲) zhuó
镰(鐮) lián
雠(讎) chóu
鳍(鰭) qí
鳏(鰥) guān
【丶】
鹰(鷹) yīng
癞(癩) lài

19 劃

攒(攢) zǎn, cuán
鳖(鱉) biē
蹿(躥) cuān
髌(髕) bìn
镲(鑔) chǎ

鳔(鰾) biào
鳗(鰻) mán
颤(顫) chàn, zhàn
癣(癬) xuǎn

20 劃

鬓(鬢) bìn

镳(鑣) biāo
镴(鑞) là
臜(臢) za
鳝(鱔) shàn
鳞(鱗) lín

21 劃

躏(躪) lìn

癫(癲) diān
赣(贛) gàn

22 劃

镶(鑲) xiāng

23 劃

颧(顴) quán

25 劃

戆(戇) zhuàng, gàng

中國의 固有名詞

(1) 中國과 그 朝代의 이름　(2) 中國의 地名　(3) 中國의 民族 이름
(4) 中國人의 姓　(5) 中國의 人名　(6) 中國人의 著作
(7) 外國의 地名　(8) 外國의 人名

(1) 中國과 그 朝代의 이름

chén 陈(陳) chǔ 楚 dōngjìn 东(東)晉 hán 韓 hàn 汉(漢) hòuhàn 后汉(後漢) hòuwèi 后(後)魏 jīn 金 jìn 晉 liáng 梁 liáng 凉 liáo 辽(遼) míng 明 nánběicháo 南北朝 qí 齐(齊) qiánhàn 前汉(漢) qìdān 契丹 qín 秦 qīng 清 sānguó 三国 shǔhàn 蜀汉(漢) sòng 宋 suí 隋 táng 唐 wèi 魏 wèi 卫(衛) wú 吳 wǔdài 五代 wǔhúshíliùguó 五胡十六国 xià 夏 xījìn 西晉 yān 燕 yīn 殷 yuán 元 zhào 赵(趙) zhèng 郑(鄭) zhōnghuámínguó 中华(華)民国 zhōnghuárénmíngònghéguó 中华(華)人民共和国 zhōu 周 zhōngguó 中国

(2) 中國과 地名

àihuī 瑷珲 āndōng 安东(東) ānhuī 安徽 ānqìng 安庆(慶) ānshān 鞍山 ānshùn 安順 ānyáng 安阳(陽) bǎilíngmiào 百灵庙(靈廟) bàngbù 蚌埠 bǎodìng 保定 bǎojī 宝鸡(鷄) bāotóu 包头(頭) bātáng 巴塘 bāyīnhàotè 巴音浩特 běi'ān 北安 běijīng 北京 běnxī 本溪 bóhǎiwān 渤海灣 bósè 百色 bóshān 博山 cháhā'ěr 察哈尔(爾) cháng'ān 长(長)安 chángbáishān 长(長)白山 chángchūn 长(長)春 chángdé 常德 chāngdū 昌都 chángjiāng 长(長)江 chānglí 昌黎 chángshā 长(長)沙 chángzhì 长(長)治 chángzhōu 常州 cháohú 巢湖 cháoyáng 朝阳(陽) cháozhōu 潮州 chéngdé 承德 chéngdū 成都 chóngqìng 重庆(慶) dàbiéshān 大別山 dàlǐ 大理 dàtóng 大同 dàyě 大冶 dèngkǒu 磴口 dézhōu 德州 díhuà 迪化 dòngtínghú 洞庭湖 dūlán 都兰(蘭) dūnhuáng 敦煌 duōlún 多倫 fēngzhèn 丰(豐)鎮 fényáng 汾阳(陽) fóshān 佛山 fújiàn 福建 fúniúshān 伏牛山 fǔshùn 撫順 fùxīn 阜新 fúyú 扶余 fúzhōu 福州 fǔzhōu 撫州 gānsù 甘肃(肅) gànzhōu 贛州 gāoxióng 高雄 gēbì 戈壁 gédàkè 噶大克 gèjiù 箇旧 guǎngdōng 广东(廣東) guǎngxī 广(廣)西 guǎngyuán 广(廣)元 guǎngzhōu 广(廣)州 guìdé 貴德 guìlín 桂林 guìpíng 桂平 guīsuī 归(歸)綏 guìxiàn 貴县(縣) guìyáng 貴阳(陽) guìzhōu 貴州 hā'ěrbīn 哈尔(爾)濱 hǎikǒu 海口 hǎilā'ěr 海拉尔(爾) hǎilún 海倫 hǎinándǎo 海南島 hāmì 哈密 hándān 邯鄲 hángzhōu 杭州 hànkǒu 汉(漢)口 hànyáng 汉阳(漢陽) háogǎng 鶴崗 héběi 河北 héféi 合肥 hēihé 黑河 hēilóngjiāng 黑龙(龍)江 hékǒu 河口 hénán 河南 héngshān 恆山 héngshān 衡山 héngyáng 衡阳(陽) hétián 和闐 hézé 荷澤 hóngzéhú 洪澤湖 hù 沪(滬) huáihé 淮河 huáinán 淮南 huáiyīn 淮阴(陰) huánghé 黃河 huángshí 黃石 huángyuán 湟源 huàshān 华(華)山 húběi 湖北 hūhéhàotè 呼和浩特 huīzhōu 徽州 húlúdǎo 葫芦(蘆)島 húnán 湖南 húnchūn 琿春 húzhōu 湖州 jiājī 嘉积(積) jiāmùsī 佳木斯 jiāngsū 江苏(蘇) jiāngxī 江西 jiāngzī 江孜 jiāozhōu 膠州 jiāozuò 焦作 jiāxīng 嘉兴(興) jiāyì 嘉义(義) jiégǔ 結古 jílín 吉林 jīlóng 基隆 jìnán 济(濟)南 jīngzhōu 荆州 jīnhuá 金华(華) jíníng 集宁(寧) jìníng 济宁(濟寧) jìnjiāng 晉江 jǐnzhōu 錦州 jiǔjiāng 九江 jiǔquán 酒泉 jūlǐ 車里 kāifēng 开(開)封 kāngdìng 康定 kàshí 喀什 kūnmíng 昆明 lánzhōu 兰(蘭)州 lǎohékǒu 老河口 lāsà 拉薩 léizhōu 雷州 liángshān 凉山 liáochéng 聊城 liáodōng 辽东(遼東) liáohé 辽(遼)河 liáoníng 辽宁(遼寧) liáoyáng 辽阳(遼陽) liáoyuán 辽(遼)源 línchuān 临(臨)川 línfén 临(臨)汾 língyuán 凌源 línxià 临(臨)夏 lítáng 黎塘 liǔzhōu 柳州 lóngkǒu 龙(龍)口 luánhé 灤河 lǚdà 旅大 luòyáng 洛阳(陽) lúzhōu 泸(瀘)州 mǎnzhōulǐ 滿州里 méngzì 蒙自 mǐnhóu 閩侯 mǐnjiāng 閔江 mǔdānjiāng 牡丹江 nánchāng 南昌 nánchōng 南充 nánjīng 南京 nánlǐng 南嶺 nánníng 南宁(寧) nánpíng 南平 nántōng 南通 nányáng 南阳(陽) nánzhèng 南郑(鄭) nèiměnggǔ 內蒙古 nènjiāng 嫩江 níngbō 宁(寧)波 nùjiāng 怒江 pénghúdǎo 澎湖島 píngliáng 平凉 píngxiāng 萍乡(鄉) píngxíngguān 平型关(關) póyánghú 鄱阳(陽)湖 púzhōu 蒲州 qīngdǎo 青島 qīnghǎi 青海 qīngjiāng 清江 qínhuángdǎo 秦皇島 qínlǐng 秦嶺 qīnzhōu 欽州 qióngzhōu 瓊州 qíqíhā'ěr 齐齐哈尔(齊齊哈爾) quánzhōu 泉州 qūfù 曲阜 qúzhōu 衢州 rèhé 热(熱)河 rìkèzé 日喀則 ruìjīn 瑞金 sāndū'ào 三都澳 shāndōng 山东(東) shànggé 尙格 shànghǎi 上海 shāngqiū 商邱 shàngráo 上饒 shàntóu 汕头(頭) shānxī 山西 shǎnxī 陜西 sháoguān 韶关(關) shàoxīng 紹兴(興) shàoyáng 邵阳(陽) shāshì 沙市 shěnyáng 沈阳(瀋陽) shèxiàn 歙县(縣) shíjiāzhuāng 石家庄(莊) shízuǐshān 石嘴山 sìchuān 四川 sìpíng 四平 sōngshān 嵩山 suīhuà 綏化 suīyuǎn 綏远(遠) suōjū 莎車 sūzhōu 苏(蘇)州 tǎchéng 塔城 tài'ān 泰安 táiběi 台北 tàiháng 太行 tàihú 太湖 táinán 台南 tàishān 泰山 táiwān 台灣 tàiyuán 太原 táizhōng 台中 táizhōu 台州 tǎlǐmùhé 塔里木河 tánggū 塘沽 tángshān 唐山 tiānjīn 天津 tiānshuǐ 天水 tóngguān 潼关(關) tōnghuà 通化 tōngliáo 通辽(遼) tóngrén 銅仁 túmén 图(圖)們 túnxī 屯溪 wànxiàn 万县(縣) wéifāng 濰坊 wēihǎi 威海 wénchāng 文昌 wēnzhōu 溫州 wǔchāng 武昌 wǔhàn 武汉

(漢) wúhú 蕪湖 wūlánhàotè 烏兰(蘭)浩特 wūlǔmùqí 烏魯木齐(齊) wǔwēi 武威 wúxī 无(無)錫 wǔyuán 五原 wúzhōng 吳忠 wúzhōu 梧州 xiàguān 下关(關) xiàhé 夏河 xiàmén 廈門 xī'ān 西安 xiāngfán 襄樊 xiāngtán 湘潭 xiāngyáng 襄阳(陽) xiányáng 咸阳(陽) xīchāng 西昌 xīhú 西湖 xīng'ānlǐng 兴(興)安嶺 xīníng 西宁(寧) xīnjiāng 新疆 xīnxiāng 新乡(鄉) xìnyáng 信阳(陽) xīnzhú 新竹 xīzàng 西藏 xuānhuà 宣化 xǔchāng 許昌 xuēchéng 薛城 xúzhōu 徐州 yǎ'ān 雅安 yàdōng 亚东(亞東) yán'ān 延安 yángquán 阳(陽)泉 yángzhōu 揚州 yánjí 延吉 yāntái 烟台 yíbīn 宜宾(賓) yíchāng 宜昌 yīchūn 伊春 yīlán 依兰(蘭) yīlí 伊犁 yínchuān 銀川 yíngkǒu 营(營)口 yīníng 伊宁(寧) yīnshān 阴(陰)山 yuè 粤 yuèjiāng 粤江 yuèyáng 岳阳(陽) yúlín 榆林 yùlín 郁(鬱)林 yùnchéng 运(運)城 yúnnán 云(雲)南 zhālántún 扎兰(蘭)屯 zhāngjiākǒu 張家口 zhāngyè 張掖 zhāngzhōu 漳州 zhànjiāng 湛江 zhèjiāng 浙江 zhèngyángguān 正阳关(陽關) zhèngzhōu 郑(鄭)州 zhènjiāng 鎮江 zhènyuǎn 鎮远(遠) zhōngshān 中山 zhōngwèi 中卫(衛) zhōushān 舟山 zhūjiāng 珠江 zīchuān 淄川 zìgòng 自貢 zūnyì 遵义(義)

(3) 中國의 民族 이름

āchāng 阿昌 bái 白 bǎo'ān 保安 bēnglóng 崩龙(龍) bùlǎng 布朗 bùyī 布依 cháoxiān 朝鮮 dǎi 傣 dáwò'ěr 达斡尔(達斡爾) dòng 侗 dōngxiāng 东乡(東鄉) dúlóng 独龙(龍) èlúnchūn 鄂倫春 éluósī 俄罗(羅)斯 èwēnkè 鄂溫克 gāoshān 高山 gēlǎo 仡佬 hàn 汉(漢) hāní 哈尼 hāsàkè 哈薩克 hèzhé 赫哲 huí 回 jīng 京 jǐngpō 景頗 kǎwǎ 佧佤 kē'ěrkèzī 柯尔(爾)克孜 lāhù 拉祜 lí 黎 lìsù 傈僳 mǎn 滿 máonán 毛难(難) měnggǔ 蒙古 miáo 苗 mùlǎo 仫佬 nàxī 納西 nù 怒 qiāng 羌 sālā 撒拉 shē 畲 shuǐ 水 tǎjíkè 塔吉克 tǎtǎ'ěr 塔塔尔(爾) tǔ 土 tǔjiā 土家 wéiwú'ěr 維吾尔(爾) wūzībiékè 烏孜別克 xíbó 錫伯 yáo 瑤 yí 彝 yùgù 裕固 zàng 藏 zhuàng 僮

(4) 中國人의 姓

ài 艾 ān 安 áo 敖 bái 白 bǎilǐ 百里 bān 班 bāo 包 bào 鮑 bèi 貝 bì 毕(畢) biān 边(邊) biàn 卞 bó 薄 bǔ 卜 cài 蔡 cáo 曹 cén 岑 chái 柴 cháng 常 cháo 巢 cháo 晁 chē 車 chén 陈(陳) chéng 成 chéng 程 chǔ 儲 chǔ 褚 chúnyú 淳于 cuī 崔 dài 戴 dèng 邓(鄧) dí 狄 diāo 刁 dīng 丁 dǒng 董 dōngfāng 东(東)方 dōngguō 东(東)郭 dòu 竇 dù 杜 duàn 段 duàngān 段干 duānmù 端木 fán 樊 fàn 范 fāng 方 fáng 房 fèi 費 fēng 封 fēng 丰(豐) féng 馮 fú 符 fú 伏 fù 富 fù 傅 gān 甘 gān 干 gāo 高 gē 戈 gě 盖(蓋) gě 葛 gěng 耿 gōng 宫 gōng 龔 gōng 公 gǒng 巩(鞏) gòng 貢 gōngsūn 公孙(孫) gōngxī 公西 gōngyáng 公羊 gōngyě 公冶 gǔ 谷 gù 顾(顧) guān 关(關) guǎn 管 guǎng 广(廣) guì 桂 gǔliáng 谷(穀)梁 guō 郭 hán 韓 háng 杭 hǎo 郝 hé 何 hé 和 hè 賀 hóng 洪 hóu 侯 hòu 后(後) hú 胡 hù 扈 huā 花 huà 华(華) huán 桓 huáng 黃 huángfǔ 皇甫 huì 惠 huò 霍 hūyán 呼延 jī 嵇 jī 姬 jí 汲 jì 季 jì 紀 jì 計 jiǎ 賈 jiǎn 簡 jiāng 江 jiāng 姜 jiǎng 蔣 jiāo 焦 jīn 金 jìn 靳 jīng 荊 jǐng 景 jú 鞠 kǎn 闞 kāng 康 kē 柯 kǒng 孔 kòu 寇 kuǎi 蒯 kuāng 匡 kuí 隗 lài 賴 lán 藍 láng 郎 láo 劳(勞) léi 雷 lěng 冷 lí 黎 lǐ 李 lì 酈 lì 历(歷) lián 連 lián 廉 liáng 梁 liángqiū 梁丘 liào 廖 lín 林 lìn 藺 líng 凌 línghú 令狐 liú 刘(劉) liǔ 柳 lóng 龙(龍) lóu 娄(婁) lú 卢(盧) lǔ 魯 lù 陆(陸) lù 路 lǚ 呂 luán 欒 luó 罗(羅) luò 駱 lǘqiū 閭丘 má 麻 mǎ 馬 máo 毛 máo 茅 méi 梅 méng 蒙 mèng 孟 mí 糜 mǐ 米 mì 宓 miáo 苗 miào 繆 mǐn 閔 míng 明 mò 莫 mòqí 万俟 mù 穆 mùróng 慕容 ní 倪 niè 聶 níng 宁(寧) niú 牛 niǔ 鈕 ōu 欧 ōuyáng 欧阳(陽) pān 潘 páng 龐 péi 裴 péng 彭 pí 皮 píng 平 pú 濮 pú 蒲 pǔ 浦 púyáng 濮阳(陽) qí 祁 qí 齐(齊) qì 戚 qián 錢 qiáng 强 qiáo 乔(喬) qīdiāo 漆雕 qín 秦 qiū 丘 qiú 仇 qiú 裘 qū 瞿 qū 屈 qú 麴 quán 全 quán 权(權) rǎn 冉 ráo 饒 rén 任 róng 戎 róng 容 róng 荣(榮) rú 茹 ruǎn 阮 ruì 芮 sāng 桑 shā 沙 shān 山 shàn 單 shàng 尙 shàngguān 上官 shào 邵 shēn 申 shěn 沈 shèn 愼 shèng 盛 shēntú 申屠 shī 施 shī 师(師) shí 石 shí 时(時) shǐ 史 shū 舒 shù 束 shuǐ 水 sīkōng 司空 sīmǎ 司馬 sòng 宋 sū 苏(蘇) sūn 孙(孫) suǒ 索 tán 談 tán 譚 tāng 湯 táng 唐 tántái 澹台 táo 陶 téng 滕 tián 田 tóng 董 tú 屠 tuòbá 拓拔 wàn 万 wāng 汪 wáng 王 wēi 危 wéi 韦(韋) wèi 魏 wèi 卫(衛) wēishēng 微生 wēn 溫 wén 文 wén 聞 wēng 翁 wénrén 聞人 wū 烏 wū 鄔 wú 毋 wú 吳 wǔ 伍 wǔ 武 wūmǎ 巫馬 xī 郗 xī 奚 xí 习(習) xí 席 xì 郤 xià 夏 xiàhóu 夏侯 xiàng 向 xiàng 項 xiānyú 鮮于 xiāo 蕭 xiè 解 xiè 謝 xīmén 西門 xīn 辛 xíng 邢 xióng 熊 xū 須 xū 胥 xú 徐 xǔ 許 xuān 宣 xuānyuán 軒轅 xuē 薛 xún 荀 yān 燕 yán 閻 yán 顔 yán 严(嚴) yàn 晏 yáng 楊 yáng 羊 yǎng 养(養) yángshé 羊舌 yáo 姚 yè 叶(葉) yēlǜ 耶律 yī 伊 yì 易 yīn 阴(陰) yīn 殷 yǐn 尹 yìn 印 yīng 应(應) yōng 雍 yóu 游 yóu 尤 yú 魚 yú 於 yú 虞 yú 俞 yú 余 yú 于 yǔ 庾 yǔ 禹 yù 郁 yù 喩 yuán 元 yuán 袁 yùchí 尉迟(遲) yuè 岳 yuè 乐(樂) yuèzhèng 乐(樂)正 yǔwén 宇文 zǎi 宰 zāng 臧 zēng 曾 zhā 查 zhái 翟 zhān 詹 zhàn 湛 zhāng 章 zhāng 張 zhǎngsūn 长孙(長孫) zhào 赵(趙) zhēn 甄 zhèng 郑(鄭) zhī 支 zhōng 終 zhōng 钟(鍾) zhòng 仲 zhōnglí 钟离(鍾離) zhòngsūn 仲孙(孫) zhōu 周 zhū 諸 zhū 朱 zhù 祝 zhuāng 庄(莊) zhuānsūn 顓孙(孫) zhūgé 諸葛 zhuō 卓 zǐjū 子車 zōng 宗 zōu 鄒 zǔ 祖 zuǒ 左 zuǒqiū 左丘

(5) 中國人의 人名

ān lùshān 安祿山 bái chóngxǐ 白崇禧 bái

jūyì 白居易 bái lètiān 白乐(樂)天 bājīn 巴金 bān chāo 班超 bān gù 班固 bāosì 褒姒 bào zhào 鮑照 cài yōng 蔡邕 cài yuánpéi 蔡元培 cáo cāo 曹操 cáo kūn 曹錕 cáo xuěqín 曹雪芹 cáoyú 曹禺 cáo zhí 曹植 cén shēn 岑参 chén dúxiù 陈(陳)独秀 chéng hào 程顥 chéng yí 程頤 chén lín 陈(陳)琳 chén yì 陈(陳)毅 chǔ suìliáng 褚遂良 dài zhèn 戴震 dīnglíng 丁玲 dǒng bìwǔ 董必武 dōngfāng shuò 东(東)方朔 dǒng qíchāng 董其昌 dǒng zhòngshū 董仲舒 dǒng zhuó 董卓 duàn qíruì 段祺瑞 duàn yùcái 段玉裁 dù fǔ 杜甫 dù mù 杜牧 dù yù 杜預 fàn lí 范蠡 fàn zhòngyān 范仲淹 féng guózhāng 馮国璋 féng yùxiáng 馮玉祥 fúchā 夫差 fú jiān 苻坚(堅) fúxī 伏羲 gāo míng 高明 gāo qǐ 高启(啓) gāo shì 高适(適) gāozōng 高宗 gāozǔ 高祖 gōujiàn 勾踐 guāngwǔdì 光武帝 guān hànqīng 关汉(關漢)卿 guān yǔ 关(關)羽 guǎn zhòng 管仲 guī yǒuguāng 归(歸)有光 guō mòruò 郭沫若 gù wéijūn 顾(顧)維鈞 gù yánwǔ 顾(顧)炎武 hánshān 寒山 hán xìn 韓信 hán yù 韓愈 hé yīngqīn 何应(應)欽 hóng shēng 洪昇 hóng xiùquán 洪秀全 hòuzhǔ 后(後)主 huáng cháo 黃巢 huángdì 黃帝 huángōng 桓公 huáng shāngǔ 黃山谷 huáng tíngjiān 黃庭坚(堅) huáng xīng 黃兴(興) huáng zōngxī 黃宗羲 huán wēn 桓溫 huīzōng 徽宗 huò guāng 霍光 huò qùbìng 霍去病 hú shì 胡适(適) jì 稷 jiāng báishí 姜白石 jiǎng jièshí 蔣介石 jiāng kuí 姜夔 jiǎ yì 賈誼 jié 桀 jī kāng 嵇康 jīng kē 荆軻 jīn shèngtàn 金圣叹(聖嘆) kāng yǒuwéi 康有为(爲) kǒngmíng 孔明 kǒng shàngrèn 孔尚任 kǒng yǐngdá 孔穎达(達) kǒngzǐ 孔子 lǎoshě 老舍 liáng qǐchāo 梁启(啓)超 lǐ bó 李白 lǐ chángjí 李长(長)吉 lǐ hóngzhāng 李鴻章 lǐ jì 李勣 lǐ jìng 李靖 lǐ líng 李陵 lín shū 林紓 lín yǔtáng 林語堂 lín zéxú 林則徐 lǐ qīngzhào 李清照 lǐ shàn 李善 lǐ shāngyǐn 李商隐(隱) lǐ sī 李斯 liú bèi 刘备(劉備) liú è 刘(劉)鶚 liú shàoqí 刘(劉)少奇 liǔ yǒng 柳永 liú zhīyuǎn 刘知远(劉知遠) liǔ zōngyuán 柳宗元 lǐ yú 李漁 lǐ yù 李煜 lí yuánhóng 黎元洪 lǐ zhuówú 李卓吾 lǐ zìchéng 李自成 lù fǎyán 陆(陸)法言 lù jī 陆机(陸機) lù jiǔyuān 陆(陸)九淵 luó guànzhōng 罗(羅)貫中 lǔxùn 鲁迅 lù yóu 陆(陸)游 máodùn 茅盾 máo zédōng 毛澤东(東) mǎ zhìyuǎn 馬致远(遠) méi chéng 枚乘 méi lánfāng 梅兰(蘭)芳 mèngchángjūn 孟尝(嘗)君 mǐ fèi 米芾 ōuyáng xiū 欧阳(陽)修 ōuyáng yúqiàn 欧阳(陽)予倩 pángēng 盘(盤)庚 pān yuè 潘岳 pú sōnglíng 蒲松龄(齡) qián qiānyì 錢謙益 qín guān 秦观(觀) qín guì 秦檜 qū qiūbái 瞿秋白 qū yòu 瞿佑 qū yuán 屈原 ruǎn dàchéng 阮大鍼 ruǎn jí 阮籍 ruǎn yuán 阮元 shāng yǎng 商鞅 shàogōng 召公 shěn fù 沈复(復) shèngzǔ 圣(聖)祖 shénnóng 神农(農) shěn yuē 沈約 shǐhuángdì 始皇帝 shǐ kěfǎ 史可法 shí lè 石勒 shìzǔ 世祖 shùn 舜 sīmǎ guāng 司馬光 sīmǎ qiān 司馬迁(遷) sīmǎ yì 司馬懿 sòng yù 宋玉 sòng zhéyuán 宋哲元 sū chè 苏(蘇)轍 sū dōngpō 苏东(蘇東)坡 sūn jiān 孙坚(孫堅) sūn wén 孙(孫)文 sūn yìxiān 孙(孫)逸仙 sūn zhōngshān 孙(孫)中山 sū qín 苏(蘇)秦 sū shì 苏(蘇)軾 sū wǔ 苏(蘇)武 tàizōng 太宗 tàizǔ 太祖 tāng 湯 táng shàoyí 唐紹仪(儀) táng shēngzhì 唐生智 tāng xiǎnzǔ 湯显(顯)祖 táo yuānmíng 陶淵明 tián hàn 田汉(漢) wáng ānshí 王安石 wáng bó 王勃 wáng chānglíng 王昌龄(齡) wáng chōng 王充 wáng guówéi 王国維 wáng mǎng 王莽 wáng niànsūn 王念孙(孫) wáng shífǔ 王实(實)甫 wáng shìzhēn 王士禛 wáng shìzhēn 王世貞 wáng shǒurén 王守仁 wáng wéi 王維 wáng xiānqiān 王先謙 wáng xīzhī 王羲之 wáng yángmíng 王阳(陽)明 wáng yǐnzhī 王引之 wāng zhàomíng 汪兆銘 wèi qīng 卫(衛)青 wèi zhēng 魏徵 wèi zhōngxián 魏忠賢 wéndì 文帝 wéngōng 文公 wén tiānxiáng 文天祥 wēn tíngyún 溫庭筠 wénwáng 文王 wén yìduō 聞一多 wén zhēngmíng 文徵明 wú chéng'ēn 吳承恩 wǔdì 武帝 wǔhòu 武后 wú jìnghéng 吳敬恆 wú jìngzǐ 吳敬梓 wú pèifú 吳佩孚 wú sānguì 吳三桂 wǔwáng 武王 wú wěiyè 吳偉业(業) wú wòyáo 吳沃堯 wú yùzhāng 吳玉章 wǔ zǐxū 伍子胥 xiàndì 献帝 xiàng yǔ 項羽 xiāo tǒng 蕭統 xiè 契 xiè bīngxīn 謝冰心 xiè língyùn 謝灵运(靈運) xīn qìjí 辛弃疾 xītàihòu 西太后 xuánzōng 玄宗 xǔ guǎngpíng 許广(廣)平 xú guāngqǐ 徐光启(啓) xǔ shèn 許愼 xú shìchāng 徐世昌 xú wèi 徐渭 xú wénchāng 徐文长(長) yán fù 严复(嚴復) yángdì 煬帝 yángguìfēi 楊貴妃 yáng xióng 楊雄 yán huìqìng 颜惠庆(慶) yán shīgǔ 颜师(師)古 yán sōng 严(嚴)嵩 yán xíshān 閻錫山 yán zhēnqīng 顏眞卿 yáo 尧(堯) yáo nài 姚鼐 yēlǜ chǔcái 耶律楚材 yè shàojūn 叶(葉)紹鈞 yīng bù 英布 yīyǐn 伊尹 yǔ 禹 yuán méi 袁枚 yuán shìkǎi 袁世凱 yuán zhěn 元稹 yuè fēi 岳飞(飛) yú píngbó 俞平伯 yǔ xìn 庾信 yú yuè 俞樾 zēng gǒng 曾巩(鞏) zēng guófán 曾国藩 zhāng bǐnglín 章炳麟 zhāng fēi 張飞(飛) zhāng liáng 張良 zhāng qiān 張騫 zhāng tiānyì 張天翼 zhāng xuéliáng 張学良 zhāng xūn 張勳 zhāng yí 張仪(儀) zhāng zhīdòng 張之洞 zhāng zōngchāng 張宗昌 zhāng zuòlín 張作霖 zhào mèngfǔ 赵(趙)孟頫 zhào shùlǐ 赵树(趙樹)理 zhào yuánrèn 赵(趙)元任 zhèng chénggōng 郑(鄭)成功 zhèng xuán 郑(鄭)玄 zhèng zhènduó 郑(鄭)振鐸 zhōngzhǔ 中主 zhòu 紂 zhōu bāngyàn 周邦彥 zhōu ēnlái 周恩来 zhōugōng 周公 zhōu lìbō 周立波 zhōu yáng 周揚 zhōu zuòrén 周作人 zhū dé 朱德 zhūgé liàng 諸葛亮 zhū quánzhōng 朱全忠 zhū xī 朱熹 zǐchǎn 子产(產) zǐlù 子路 zuǒ zōngtáng 左宗棠

(6) 中國人의 著作

à Q zhèngzhuàn 阿Q正傳 bàofēngzòuyǔ 暴風驟雨 běijīngrén 北京人 chuánxílù 傳习录(習錄) chūnqiū 春秋 dōngjīngmènghuálù 东京梦华录(東京夢華錄) èrmǎ 二馬 érnǚyīngxióngzhuàn 儿(兒)女英雄傳 fúshēngliùjì 浮生六記

guānchǎngxiànxíngjì 官場現形記 **guǎngyùn** 广(廣)韻 **guīqùláicí** 归(歸)去来辞 **guóyǔ** 国語 **gǔshīshíjiǔshǒu** 古詩十九首 **hǎishànghuā** 海上花 **hánfēizǐ** 韓非子 **hàngōngqiū** 汉(漢)宫秋 **hànshū** 汉书(漢書) **hónglóumèng** 紅楼梦(夢) **hòuhànshū** 后汉书(後漢書) **huáinánzǐ** 淮南子 **huājiānjí** 花間集 **huánhúnjì** 还(還)魂記 **huìzhēnjì** 会眞記 **jiā** 家 **jīngběntōngsúxiǎoshuō** 京本通俗小說 **jìnghuāyuán** 鏡花緣 **jǐngshìtōngyán** 警世通言 **jīngǔqíguān** 今古奇观(觀) **jīnpíngméi** 金瓶梅 **jiǔgē** 九歌 **kǒngquèdōngnánfēi** 孔雀东南飞(孔雀東南飛) **kǒngyǐjǐ** 孔乙己 **kuángrénrìjì** 狂人日記 **lǎocányóujì** 老殘遊記 **léiyǔ** 雷雨 **liáozhāizhìyì** 聊斋(齋)志异 **lièzǐ** 列子 **líhūn** 离(離)婚 **lǐjì** 礼記 **lǐjiāzhuāng de biànqiān** 李家庄的变迁(李家莊的變遷) **lísāo** 离(離)騷 **liǔyìchuánshū** 柳毅傳书(書) **lǐwázhuàn** 李娃傳 **lǐyǒucáibǎnhuà** 李有才板話 **lùnhéng** 論衡 **lúnyǔ** 論語 **luòtuoxiángz** 駱駝祥子 **máodùnlùn** 矛盾論 **máoshī** 毛詩 **mèngzǐ** 孟子 **míngyídàifǎnglù** 明夷待訪录(錄) **mòzǐ** 墨子 **mǔdāntíng** 牡丹亭 **mùláncí** 木兰(蘭)辞 **níhuànzhī** 倪焕之 **qièyùn** 切韻 **rúlínwàishǐ** 儒林外史 **sānguózhì** 三国志 **sānlǐwān** 三里灣 **sānmínzhǔyì** 三民主义(義) **sānxiáwǔyì** 三侠五义(義) **shàngshū** 尙书(書) **shǐjì** 史記 **shíjiànlùn** 实(實)踐論 **shījīng** 詩經 **shuāngyè hóngsì èryuèhuā** 霜叶(葉)紅似二月花 **shuǐhǔzhuàn** 水滸傳 **shūjīng** 书(書)經 **sìshēngyuán** 四声猿 **sìshìtóngtáng** 四世同堂 **sìshū** 四书(書) **wénxuǎn** 文选(選) **wényìbào** 文艺报(藝報) **wényìjiǎnghuà** 文艺讲(藝講)話 **wǔjīng** 五經 **wǔjīngzhèngyì** 五經正义(義) **wútóngyǔ** 梧桐雨 **xiǎo'èrhēijiéhūn** 小二黑結婚 **xiàojīng** 孝經 **xiǎoshuōyuèbào** 小說月报(報) **xúnzǐ** 荀子 **yìjīng** 易經 **yílǐ** 仪(儀)礼 **yuánqǔxuǎn** 元曲选(選) **yǔchuāngqīzhěnjí** 雨窗欹枕集 **yuèfǔshījí** 乐(樂)府詩集 **zhōulǐ** 周礼 **zhōuyì** 周易 **zhuāngzǐ** 庄(莊)子 **zǐyè** 子夜 **zǐyègē** 子夜歌 **zīzhìtōngjiàn** 資治通鑑 **zuǒzhuàn** 左傳

(7) 外國의 地名

àbǐxīníyà 阿比西尼亚(亞) 에티오피아
à'ěrbāníyà 阿尔(爾)巴尼亚(亞) 알바니아
à'ěrbēisī 阿尔(爾)卑斯 알프스
à'ěrjílìyà 阿尔(爾)及利亚(亞) 알제리
āfùhàn 阿富汗 아프가니스탄
āgēntíng 阿根廷 아르헨티나
ài'ěrlán 爱尔兰(愛爾蘭) 아일랜드
āijí 埃及 이집트
ālābó 阿拉伯 아랍
ālāsījiā 阿拉斯加 알래스카
àmǔsītèdān 阿姆斯特丹 암스테르담
āndìsī 安第斯 안데스
āngēlā 安哥拉 앙골라
ānkālā 安卡拉 앙카라
àodàlìyà 澳大利亚(亞) 오스트레일리아
áodésà 敖德薩 오데사
àodìlì 奥地利 오스트리아
àosīlù 奥斯陆(陸) 오슬로
àozhōu 澳洲 오세아니아
àpàlāqì'ān 阿帕拉契安 애팔래치아
báilínghǎi 白令海 베링해
bājīsītǎn 巴基斯坦 파키스탄
bālāguī 巴拉圭 파라과이
bālí 巴黎 파리
bānámǎ 巴拿馬 파나마
bǎojiālìyà 保加利亚(亞) 불가리아
bāxī 巴西 브라질
běibīngyáng 北冰洋 北極海 북극해
bèi'ěrgéláidé 貝尔(爾)格萊德 베오그라드
bèijiā'ěrhú 貝加尔(爾)湖 바이칼호
běimínghàn 北明翰 버밍엄
bǐlìshí 比利时(時) 벨기에
bìlǔ 秘鲁 페루
bīngdǎo 冰島 아이슬란드
bō'ěrduō 波尔(爾)多 보르도
bó'ěrní 伯尔(爾)尼 베른
bōlán 波兰(蘭) 폴란드
bólín 柏林 베를린
bōlìwéiyà 波利維亚(亞) 볼리비아
bōsī 波斯 페르시아
bùdápèisī 布达(達)佩斯 부다페스트
bùjiālèsītè 布加勒斯特 부쿠레슈티
bùlāgé 布拉格 프라하
bùlǔsè'ěr 布鲁塞尔(爾) 브뤼셀
bùyínuòsī'àilìsī 布宜諾斯艾利斯 부에노스아이레스
cháoxiān 朝鮮 조선
chēlǐyǎbīnsīkè 車里雅宾(賓)斯克 첼랴빈스크
chìtǎ 赤塔 치타
dàbǎn 오사카
dàmǎshìgé 大馬士革 다마스쿠스
dānmài 丹麦 덴마크
dàxīyáng 大西洋 대서양
débólín 德伯林 더블린
déguó 德国 독일
déhēilán 德黑兰(蘭) 테헤란
dékǎn 得坎 데칸
délǐ 德里 델리
dénípǔ'ěr 得尼普尔(爾) 드네프르
déyìzhì 德意志 독일
dǐgélǐsī 底格里斯 티그리스
dōngjīng 东(東)京 도쿄
dùnhé 頓河 돈강
èbìhé 鄂毕(畢)河 오브강
è'ěrduōsī 鄂尔(爾)多斯 오르도스
èguāduō'ěr 厄瓜多尔(爾) 에콰도르
éguó, èguó 俄国 러시아
èhuòcìkèhǎi 鄂霍次克海 오호츠크해
èmùsīkè 鄂木斯克 옴스크
fǎguó, fàguó 法国 프랑스
fēilǜbīn 菲律宾(賓) 필리핀
fēizhōu 非洲 아프리카
fēnlán 芬兰(蘭) 핀란드
fúlādífúsītèkè 佛拉迪伏斯特克 블라디보스토크
fú'ěrjiā 伏尔(爾)加 볼가
gāngguǒ 剛果 콩고
gāolí 高丽(麗) 朝鮮 조선
gāomián 高棉 캄푸치아
gēběnhāgēn 哥本哈根 코펜하겐
gélínglán 格陵兰(蘭) 그린란드
gēlúnbǐyà 哥倫比亚(亞) 콜롬비아
gǔbā 古巴 쿠바
hǎidì 海地 아이티

hǎiyá 海牙 헤이그
hànchéng 汉(漢)城 서울
hánguó 韓国 한국
hǎoláiwù 好莱塢 할리우드
hāwǎnà 哈瓦那 아바나
hè'ěrxīnjī 赫尔(爾)辛基 헬싱키
hēihǎi 黑海 흑해
hélán 荷兰(蘭) 네덜란드
hénèi 河内 하노이
hóngdūlāsī 洪都拉斯 온두라스
huáshā 华(華)沙 바르샤바
huáshèngdùn 华(華)盛頓 워싱턴
jiā'ěrgèdá 加尔(爾)各答 캘커타
jiānà 加納 가나
jiānádà 加拿大 캐나다
jiǎnbǔzhài 柬埔寨 캄푸치아
jiékèsīluòfákè 捷克斯洛伐克 체코슬로바키아
jīfǔ 基輔 키예프
jīnèiyà 几内亚(幾內亞) 기니
jīngdū 京都 교토
jiùjīnshān 旧金山 샌프란시스코
kàbù'ěr 喀布尔(爾) 카불
kāiluó 开罗(開羅) 카이로
kāipǔdūn 开(開)普墩 케이프타운
kàlāchī 喀喇蚩 카라치
kàmàilóng 喀麦隆 카메룬
kānchájiā 堪察加 캄차카
kēlúnpō 科倫坡 콜롬보
kùyèdǎo 庫頁島 가라후토
lādīngměizhōu 拉丁美洲 라틴아메리카
láiyīn 萊茵 라인
lǎowō 老撾 라오스
lènáhé 勒拿河 레나강
lì'àobōdéwéi'ěr 利奥波德維尔(爾) 레오포르드빌
liáoguó 寮国 라오스
líbānèn 黎巴嫩 레바논
lìbǐlǐyà 利比里亚(亞) 라이베리아
lìbǐyà 利比亚(亞) 리비아
lièníngélè 列宁(寧)格勒 레닌그라드
lǐhǎi 里(裏)海 카스피해
lìmǎ 利馬 리마
lǐsīběn 里斯本 리스본
lìwùpǔ 利物浦 리버풀
lǐyuērènèilú 里約热内卢(熱內盧) 리우데자네이루
lúndūn 倫敦 런던
luódéxīyà 罗得西亚(羅得西亞) 로디지아
luòjī 落磯 로키
luómǎ 罗(羅)馬 로마
luómǎníyà 罗馬尼亚(羅馬尼亞) 루마니아
luòshānjī 洛杉磯 로스앤젤레스
lúsēnbǎo 卢(盧)森保 룩셈부르크
mǎdájiāsījiā 馬达(達)加斯加 마다가스카르
mǎdélāsī 馬德拉斯 마드라스
mǎdélǐ 馬德里 마드리드
mǎ'ěrjiāshí 馬尔(爾)加什 마다가스카르
mǎláiyà 馬来亚(亞) 말레이
mànchèsītè 曼彻(徹)斯特 맨체스터
màngǔ 曼谷 방콕
mǎnílā 馬尼拉 마닐라
měiguó 美国 아메리카
méngdéwéidìyà 蒙得維的亚(亞) 몬테비데오
měnggǔ 蒙古 몽고
mèngmǎi 孟买(買) 봄베이
miǎndiàn 緬甸 버마
mìxiēgēnhú 密歇根湖 미시간호
mìxīxībǐhé 密西西比河 미시시피강
mò'ěrběn 墨尔(爾)本 멜버른
mó'ěrmànsīkè 摩尔(爾)曼斯克 무르만스크
móluògē 摩洛哥 모로코
mónàgē 摩納哥 모나코
mòsīkē 莫斯科 모스크바
mòxīgē 墨西哥 멕시코
nà'ěrwéikè 那尔(爾)維克 나르비크
nánbīngyáng 南冰洋 남극해
nánfēiliánbāng 南非联(聯)邦 남아프리카 공화국
nánsīlāfū 南斯拉夫 유고슬라비아
níbó'ěr 尼泊尔(爾) 네파르
níjiālāguā 尼加拉瓜 니카라과
níkēláifūsīkè 尼科来夫斯克 니코라예프스크
níluóhé 尼罗(羅)河 나일강
niǔfēnlán 紐芬兰(蘭) 뉴펀들랜드
niǔyuē 紐約 뉴욕
nuówēi 挪威 노르웨이
ōuzhōu 欧洲 유럽
pàmǐ'ěr 帕米尔(爾) 파미르
píngrǎng 平壤 평양
póluózhōu 婆罗(羅)州 보르네오
pútáoyá 葡萄牙 포르투갈
qièníyà 怯尼亚(亞) 케냐
rìběn 日本 일본
rìnèiwǎ 日内瓦 주네브
ruìdiǎn 瑞典 스웨덴
ruìshì 瑞士 스위스
sà'ěrwǎduō 薩尔(爾)瓦多 살바도르
sāhālāshāmò 撒哈拉沙漠 사하라 사막
sàidégǎng 塞得港 포트사이드
sàlìsībùlì 薩利斯布利 솔즈베리
sāmǎ'ěrhǎn 撒馬尔(爾)罕 사마르칸트
sānfánshì 三藩市 샌프란시스코
shātè'ālābó 沙特阿拉伯 사우디아라비아
shèngbǎoluó 圣保罗(聖保羅) 상파울루
shèngdìyàgē 圣地亚哥(聖地亞哥) 산티아고
shènglùyì 圣(聖)路易 세인트루이스
sīdégē'ěrmó 斯德哥尔(爾)摩 스톡홀름
sīlāfū 斯拉夫 슬라브
sīpǐcìpéigēn 斯匹次培根 스피츠베르겐
sōnghuājiāng 松花江 순가리
sūdān 苏(蘇)丹 수단
sūlián 苏联(蘇聯) 소련
sūméndálà 苏門答腊(蘇門答臘) 수마트라
suǒmǎlǐlán 索馬里兰(蘭) 소말릴란드
tàiguó 泰国 타이
tàipíngyáng 太平洋 태평양
tánxiāngshān 檀香山 하와이
tǎshígān 塔什干 타슈켄트
tiánnàxī 田納西 테네시
tǔ'ěrqí 土耳其 터키
túnísī 突尼斯 튀니지
tuōmùsīkè 托木斯克 톰스크
wēidìmǎlā 危地馬拉 과테말라
wěinèiruìlā 委内瑞拉 베네수엘라
wéiyěnà 維也納 빈
wēngēhuá 溫哥华(華) 밴쿠버
wūkèlán 烏克兰(蘭) 우크라이나

wūlāguī 烏拉圭 우루과이
wūlánbātuō 烏兰(蘭)巴托 울란바토르
xiàwēiyí 夏威夷 하와이
xībānyá 西班牙 스페인
xībólìyà 西伯利亚(亞) 시베리아
xīgòng 西貢 사이공
xīlà 希腊(臘) 그리스
xílán 錫兰(蘭) 실론
xīlǐbó 西里伯 셀레베스
xǐmǎlāyǎshān 喜馬拉雅山 히말라야산
xīn'ào'ěrliáng 新奥尔(爾)良 뉴올리언스
xīndélǐ 新德里 뉴델리
xīnjiāpō 新加坡 싱가포르
xīnjīnèiyà 新几內亚(新幾內亞) 뉴기니
xīnxīlán 新西兰(蘭) 뉴질랜드
xiōngyálì 匈牙利 헝가리
xīyǎtú 西雅图(圖) 시애틀
xùlìyà 叙利亚(亞) 시리아
yǎdiǎn 雅典 아테네
yàdīng 亚(亞)丁 아덴
yàdìsīyàbèibā 亚(亞)的斯亚貝巴 아디스아바바
yǎjiādá 雅加达(達) 자카르타
yǎkùcìkè 雅庫次克 야쿠츠크
yālùjiāng 鴨綠江 압록강
yǎngguāng 仰光 랑군
yàzhōu 亚(亞)洲 아시아
yēlùsālěng 耶路撒冷 예루살렘
yěmén 也門 예멘
yènísàihé 叶(葉)尼塞河 예니세이강
yìdàlì 意大利 이탈리아
yī'ěrkùcìkè 伊尔(爾)庫次克 이르쿠츠크
yīlākè 伊拉克 이라크
yīlǎng 伊朗 이란
yìndù 印度 인도
yìndùhé 印度河 인더스강
yìndùníxīyà 印度尼西亚(亞) 인도네시아
yìndùzhīnà 印度支那 인도차이나
yīngguó 英国 영국
yìnní 印尼 인도네시아
yǐsèliè 以色列 이스라엘
yòufālādì 幼发(發)拉的 유프라테스
yuēdàn 約旦 요르단
yuènán 越南 베트남
zhǎowā 爪哇 자바
zhíbùluótuó 直布罗(羅)陀 지브롤터
zhījiāgē 支加哥 시카고
zhìlì 智利 칠레

⑻ 外國의 人名

àdēngnà 阿登納 아데나워
àiluóxiānkē 爱罗(愛羅)先珂 에로센코
àisēnháowēi'ěr 艾森豪威尔(爾) 아이젠하워
àisījīlèsī 爱(愛)斯基勒斯 아이스킬로스
àiyīnsītǎn 爱(愛)因斯坦 아인슈타인
àjīmǐdé 阿基米得 아르키메데스
āntúshēng 安徒生 안데르센
àosītuōluòfūsījī 奥斯托洛夫斯基 오스트로프스키
bā'ěrzhākè 巴尔(爾)扎克 발자크
bāhā 巴哈 바흐
bàilún 拜崙 바이론
bāsīgé 巴斯格 파스칼
bèiduōfēn 貝多芬 베토벤
bìdágēlāsī 毕达(畢達)哥拉斯 피타고라스
bǐdé 彼得 피터
bìjiāsuǒ 毕(畢)加索 피카소
bōduōyè'ěr 波多叶尔(葉爾) 보들레르
bógésēn 伯格森 베르크송
bójiāqiū 薄加邱 복카치오
bólètú 柏乐图(樂圖) 플라톤
cháihuòfǔ 柴霍甫 체호프
cháihuòfūsījī 柴霍甫斯基 차이코프스키
cháiménhuòfǔ 柴門霍甫 자멘호프
dá'ěrwén 达尔(達爾)文 다윈
dáfēnqí 达(達)芬奇 다빈치
dàigāo'ěr 戴高尔(爾) 드골
dàndīng 但丁 단테
dà zhòngmǎ 大仲馬 대뒤마
diégēngsī 迭更斯 디킨스
dífú 狄孚 디포
díkǎ'ěr 笛卡尔(爾) 데카르트
dùmǐ'āi 杜米埃 도미에
dùwēi 杜威 듀이
ēngésī 恩格斯 엥겔스
fǎlǎngshì 法朗士 프랑스
fèidélín 費德林 페드렌코
fèi'ěrbāhā 費尔(爾)巴哈 포이어바흐
fèixītè 費希特 피히테
fólánkèlín 佛兰(蘭)克林 프랭클린
fóluóbèi'ěr 佛罗貝尔(佛羅貝爾) 플로베르
fú'ěrtài 福尔(爾)泰 볼테르
fúluòyīdé 弗洛伊德 프로이드
gāndì 甘地 간디
gāoběnhàn 高本汉(漢) 베른하르트 카를그렌
gāo'ěrjī 高尔(爾)基 고리키
gēbóní 哥伯尼 코페르니쿠스
gēdé 歌德 괴테
gélínmǔ 格林姆 그림
gēlúnbù 哥倫布 콜럼버스
géluómǐkē 葛罗(羅)米柯 그로미코
guǒgēlǐ 果戈里 고골리
hādài 哈代 하디
hǎiniè 海涅 하이네
hǎisāi 海塞 헤세
hēigé'ěr 黑格尔(爾) 헤겔
hèlǔxiǎofū 赫魯曉夫 흐루시초프
hémǎ 荷馬 호머
hèxūlí 赫胥黎 헉슬리
huágénà 华(華)格納 바그너
huáshèngdùn 华(華)盛頓 워싱턴
huázīhuásī 华(華)滋华斯 워즈워스
jiālái'ěr 加萊尔(爾) 칼라일
jìcí 济(濟)慈 키츠
jìdé 紀德 지드
jīdū 基督 크리스트
jūlǐ 居礼 퀴리
kǎisā 愷撒 시저
kāngdé 康德 칸트
kǎsītèluó 卡斯特罗(羅) 카스트로
kèlǔpàotèjīn 克魯泡特金 크로포트킨
kěnnídí 肯尼迪 케네디
kǒngdé 孔德 콩트
lābóléi 拉勃雷 라블레
lāfěi'ěr 拉斐尔(爾) 라파엘로
lā fēngdēng 拉封登 라폰텐

láibùnízī 萊布尼茲 라이프니츠
làixiào'ěr 賴肖尔(爾) 라이샤워
lāmǎkè 拉馬克 라마르크
lánkǎi 兰(蘭)凱 랑케
láolúnsī 劳(勞)倫斯 로렌스
lièníng 列宁(寧) 레닌
lǐ'ěrkè 里尔(爾)克 릴케
lìmǎdòu 利瑪竇 마테오 리치
línbōlántè 林波兰(蘭)特 렘브란트
línkěn 林肯 링컨
lùdé 路得 루터
luóbósībì'ěr 罗(羅)伯斯庇尔(爾) 로베스피에르
luódān 罗(羅)丹 로댕
luómàn luólán 罗曼罗兰(羅曼羅蘭) 로맹 로랑
luósù 罗(羅)素 러셀
lúsuō 卢(盧)梭 루소
mǎ'ěrsàsī 馬尔(爾)薩斯 맬서스
mǎgēbóluó 馬哥孛罗(羅) 마르코 폴로
màikèmǐlún 麦克米倫 맥밀런
mǎkèsī 馬克思 마르크스
mǎlìyà 馬利亚(亞) 마리아
mǎyǎkēfūsījī 瑪雅柯夫斯基 마야코프스키
méitèniè 梅特涅 메테르니히
mèngdé'ěr 孟德尔(爾) 멘델
mèngdésījiū 孟德斯鳩 몽테스키외
ménluó 門罗(羅) 몬로
mí'ěr 弥尔(爾) 밀
mí'ěrdūn 弥尔(爾)敦 밀턴
mǐgāoyáng 米高揚 미코얀
mǐkāilánjīluó 米开兰基罗(米開蘭基羅) 미켈란젤로
mǐlái 米萊 밀레
mǐqiūlín 米丘林 미추린
mòlǐ'āi 莫里哀 몰리에르
mòzhā'ěrtè 莫扎尔(爾)特 모차르트
mùhǎnmòdé 穆罕默德 마호메트
nàitínggěi'ěr 奈亭給尔(爾) 나이팅게일
nápòlún 拿破侖 나폴레옹
nàsài'ěr 納賽尔(爾) 나세르
nícǎi 尼采 니체
níhèlǔ 尼赫魯 네루
niúdùn 牛頓 뉴턴
nuòbèi'ěr 諾貝尔(爾) 노벨
ōuwén 欧(歐)文 오언
péigēn 培根 베이컨
pǔlièhānuòfū 普列哈諾夫 플레하노프
pǔxījīn 普希金 푸슈킨
qiélìlüè 伽利略 갈릴레오
qìhēfū 契訶夫 체호프
qiūjí'ěr 丘吉尔(爾) 처칠
sàishàng 塞尚 세잔
sàizhēnzhū 賽珍珠 펄 벅
shādì 沙地 사드
shāngé'ěr 山格尔(爾) 생어
shāshìbǐyà 莎士比亚(亞) 셰익스피어
shèngxīmén 圣(聖)西門 생 시몽
shǐdìwénsēn 史蒂文森 스티븐슨
shūběnhuá 叔本华(華) 쇼펜하워
sībīnnuòshā 斯宾(賓)諾莎 스피노자
sībīnsè 斯宾(賓)塞 스펜서
sīdàlín 斯大林 스탈린
sīmìsī 斯密司 스미스
sītǎnyīn 斯坦因 슈타인
sītuó 斯陀 스토
sūgélādǐ 苏(蘇)格拉底 소크라테스
suínà 隋那 제너
sūjiānuò 苏(蘇)加諾 스카르노
suǒluómén 索罗(羅)門 솔로몬
suǒluóyàsīdé 索罗亚(羅亞)斯德 조로아스터
suǒxù'ěr 索緒耳 소쉬르
tàigē'ěr 泰戈尔(爾) 타고르
tiětuō 铁(鐵)托 티토
tuō'ěrsītài 托尔(爾)斯泰 톨스토이
tuōmǎsīmàn 托馬斯曼 토마스 만
tuósītuǒyēfūsījī 陀斯妥以夫斯基 도스토예프스키
wéiduōlìyà 維多利亚(亞) 빅토리아
wēi'ěrsī 威尔(爾)斯 웰스
xiāobāng 蕭邦 쇼팽
xiāobónà 蕭伯納 버나드 쇼
xiāoluòhuòfū 蕭洛霍夫 숄로호프
xīlè 席勒 실러
xītèlè 希特勒 히틀러
xīwàntísī 西万提斯 세르반테스
yàdānsīmì 亚(亞)丹斯密 아담 스미스
yàlìshāndà 亚历(亞歷)山大 알렉산더
yàlǐshìduōdé 亚(亞)里士多德 아리스토텔레스
yàlǐsīduōfēn 亚(亞)里斯多芬 아리스토파네스
yàlúnpō 亚(亞)倫坡 알란 포
yēsīpāixùn 耶斯拍逊(遜) 예스페르센
yēsū 耶苏(蘇) 예수
yìbǔshēng 易卜生 입센
yī'ěrwén 伊尔(爾)文 어빙
yīlì'àotuō 伊丽(麗)奧脫 엘리엇
yīsuǒ 伊索 이솝
yǔguǒ 雨果 위고
zuǒlā 左拉 졸라

眞草千字文 勅員外散騎侍郎周興嗣次韻

眞草千字文 勅員外散騎侍郎周興嗣次韻

天地玄黃宇宙洪荒日月

天地玄黃宇宙洪荒日月

盈昃辰宿列張寒来暑往

盈昃辰宿列張寒來暑往

秋收冬藏閏餘成歲律呂

秋收冬藏閏餘成歲律呂

調陽雲騰致雨露結為霜

調陽雲騰致雨露結爲霜

金生麗水玉出崑岡劒號

金生麗水玉出崑岡劒號

巨闕珠稱夜光菓珍李柰

巨闕珠稱夜光菓珍李柰

菜重芥薑海鹹河淡鱗潛

菜重芥薑海鹹河淡鱗潛

羽翔龍師火帝鳥官人皇

羽翔龍師火帝鳥官人皇

始制文字乃服衣裳推位

始制文字乃服衣裳推位

讓國有虞陶唐弔民伐罪

讓國有虞陶唐弔民伐罪

周發殷湯坐朝問道垂拱

周發殷湯坐朝問道垂拱

平章愛育黎首臣伏戎羌

平章愛育黎首臣伏戎羌

遐邇壹體率賓歸王鳴鳳

遐邇壹體率賓歸王鳴鳳

在樹白駒食場化被草木

在樹白駒食場化被草木

必改得能莫忘罔談彼短

必改得能莫忘罔談彼短

女慕貞絜男效才良知過

女慕貞絜男效才良知過

五常恭惟鞠養豈敢毀傷

五常恭惟鞠養豈敢毀傷

賴及萬方蓋此身髮四大

賴及萬方蓋此身髮四大

名立形端表正空谷傳聲

名立形端表正空谷傳聲

景行維賢剋念作聖德建

景行維賢剋念作聖德建

難量墨悲絲染詩讚羔羊

難量墨悲絲染詩讚羔羊

靡恃己長信使可覆器欲

靡恃己長信使可覆器欲

虛堂習聽禍因惡積福緣
虛堂習聽禍因惡積福緣
善慶尺璧非寶寸陰是競
善慶尺璧非寶寸陰是競
資父事君曰嚴與敬孝當
資父事君曰嚴與敬孝當
竭力忠則盡命臨深履薄
竭力忠則盡命臨深履薄

夙興溫清似蘭斯馨如松
夙興溫清似蘭斯馨如松
之盛川流不息淵澄取暎
之盛川流不息淵澄取暎
容止若思言辭安定篤初
容止若思言辭安定篤初
誠美慎終宜令榮業所基
誠美慎終宜令榮業所基

下睦夫唱婦隨外受傅訓
下睦夫唱婦隨外受傅訓
樂殊貴賤禮別尊卑上和
樂殊貴賤禮別尊卑上和
從政存以甘棠去而益詠
從政存以甘棠去而益詠
籍甚無竟學優登仕攝職
籍甚無竟學優登仕攝職

隱惻造次弗離節義廉退
隱惻造次弗離節義廉退
交友投分切磨箴規仁慈
交友投分切磨箴規仁慈
比兒孔懷兄弟同氣連枝
比兒孔懷兄弟同氣連枝
入奉母儀諸姑伯叔猶子
入奉母儀諸姑伯叔猶子

顛沛匪虧性靜情逸心動
顛沛匪虧性靜情逸心動
神疲守真志滿逐物意移
神疲守真志滿逐物意移
堅持雅操好爵自縻都邑
堅持雅操好爵自縻都邑
華夏東西二京背芒面洛
華夏東西二京背芒面洛

浮渭據涇宮殿盤鬱樓觀
浮渭據涇宮殿盤鬱樓觀
飛驚圖寫禽獸畫綵仙靈
飛驚圖寫禽獸畫綵仙靈
丙舍傍啓甲帳對楹肆筵
丙舍傍啓甲帳對楹肆筵
設席鼓瑟吹笙升階納陛
設席鼓瑟吹笙升階納陛

弁轉疑星右通廣內左達
弁轉疑星右通廣內左達

承明既集墳典亦聚羣英
承明既集墳典亦聚羣英

杜稾鍾隸漆書壁經府羅
杜稾鍾隸漆書壁經府羅

將相路俠槐卿戶封八縣
將相路俠槐卿戶封八縣

家給千兵高冠陪輦驅轂
家給千兵高冠陪輦驅轂

振纓世祿侈富車駕肥輕
振纓世祿侈富車駕肥輕

筞功茂實勒碑刻銘磻溪
筞功茂實勒碑刻銘磻溪

伊尹佐時阿衡奄宅曲阜
伊尹佐時阿衡奄宅曲阜

微旦孰營桓公匡合濟弱
微旦孰營桓公匡合濟弱
扶傾綺迴漢惠說感武丁
扶傾綺迴漢惠說感武丁
俊乂密勿多士寔寧晉楚
俊乂密勿多士寔寧晉楚
更霸趙魏困橫假途滅虢
更霸趙魏困橫假途滅虢

踐土會盟何遵約法韓弊
踐土會盟何遵約法韓弊
煩刑起翦頗牧用軍最精
煩刑起翦頗牧用軍最精
宣威沙漠馳譽丹青九州
宣威沙漠馳譽丹青九州
禹跡百郡秦幷嶽宗恒岱
禹跡百郡秦幷嶽宗恒岱

於農務茲稼穡俶載南畝
於農務茲稼穡俶載南畝
曠遠綿邈巖岫杳冥治本
曠遠緜邈巖岫杳冥治本
赤城昆池碣石鉅野洞庭
赤城昆池碣石鉅野洞庭
禪主云亭鴈門紫塞雞田
禪主云亭鴈門紫塞雞田

察理鑑貌辨色貽厥嘉猷
察理鑑貌辨色貽厥嘉猷
庶幾中庸勞謙謹勅聆音
庶幾中庸勞謙謹勅聆音
黜陟孟軻敦素史魚秉直
黜陟孟軻敦素史魚秉直
我藝黍稷稅熟貢新勸賞
我藝黍稷稅熟貢新勸賞

閑處沉默寂寥求古尋論
閑處沉默寂寥求古尋論
兩疏見機解組誰逼索居
兩疏見機解組誰逼索居
抗極殆辱近恥林皐幸即
抗極殆辱近恥林皐幸即
勉其祗植省躬譏誡寵增
勉其祗植省躬譏誡寵增

委翳落葉飄颻遊鵾獨運
委翳落葉飄颻遊鵾獨運
枇杷晚翠梧桐早凋陳根
枇杷晚翠梧桐早凋陳根
歡招渠荷的歷園莽抽條
歡招渠荷的歷園莽抽條
散慮逍遙欣奏累遣慼謝
散慮逍遙欣奏累遣慼謝

淩摩絳霄耽讀翫市寓目

淩摩絳霄耽讀翫市寓目

囊箱易輶攸畏屬耳垣墻

囊箱易輶攸畏屬耳垣墻

具膳湌飯適口充腸飽飫

具膳湌飯適口充腸飽飫

烹宰飢厭糟糠親戚故舊

烹宰飢厭糟糠親戚故舊

老少異粮妾御績紡侍巾

老少異粮妾御績紡侍巾

帷房紈扇圓潔銀燭煒煌

帷房紈扇圓潔銀燭煒煌

晝眠夕寐藍筍象床絃歌

晝眠夕寐藍筍象床絃歌

酒讌接杯舉觴矯手頓足

酒讌接杯舉觴矯手頓足

想浴執熱願涼驢騾犢特
想浴執熱願涼驢騾犢特
牋牒簡要顧答審詳骸垢
牋牒簡要顧答審詳骸垢
蒸嘗稽顙再拜悚懼恐惶
蒸嘗稽顙再拜悚懼恐惶
悅豫且康嫡後嗣續祭祀
悅豫且康嫡後嗣續祭祀

利俗並皆佳妙毛施淑姿
利俗並皆佳妙毛施淑姿
恬筆倫紙鈞巧任釣釋紛
恬筆倫紙鈞巧任釣釋紛
叛亡布射遼丸嵇琴阮嘯
叛亡布射遼丸嵇琴阮嘯
駭躍超驤誅斬賊盜捕獲
駭躍超驤誅斬賊盜捕獲

引領俯仰廊廟束帶矜莊
引領俯仰廊廟束帶矜莊

指薪脩祜永綏吉劭矩步
指薪脩祜永綏吉劭矩步

朗曜琁璣懸斡晦魄環照
朗曜琁璣懸斡晦魄環照

工嚬研咲年矢每催羲暉
工嚬研咲年矢每催羲暉

等誚謂語助者焉哉乎也
等誚謂語助者焉哉乎也

徘徊瞻眺孤陋寡聞愚蒙
徘徊瞻眺孤陋寡聞愚蒙

千字文은 이름 그대로 1千字의 다른 글자에 의한 4言 250句의 詩이다. 作者로는 秦의 商鞅(?-338), 魏의 鐘繇(151-230), 梁의 周興嗣(502-519) 등의 갖가지 설이 있고, 한편으로는 武帝의 명에 따라 周興嗣가 종래의 것을 개편하여 王羲之의 필적을 모아 만들었다고도 한다. 아뭏든 앞의 두 사람에 대한 확실한 것은 알 수 없고, 현재의 千字文은 모두 周興嗣가 개편하여 만든 것이다. 周興嗣는 字를 思纂이라 하는데, 散騎侍郎이 되어 國史編纂에도 관여했던 사람이다. 千字文의 내용은 중복되는 글자 하나 없이 우주의 대소, 인륜의 대도를 멋진 韻으로 노래한 것으로서, 우리 나라에도 오래 전부터 전해 내려 오고 있다. 유명한 것으로는 王羲之의 7대손 智永의 千字文(楷書·草書) 외에 懷素의 것, 褚遂良의 行書 千字文, 그 밖에도 여러 가지가 있다. 왼쪽이 草書이다.

宮 殿 (Ⅰ)

北京의 紫禁城은 1407년부터 1420년 사이에 明의 成祖가 축조했다. 그후 전각이 개축·개명되어 현재는 舊禁城, 故宮 등으로 불리며, 중국의 전통적인 皇城制度를 알 수 있는 곳이다.

주위에 垓字를 두르고 네 구석에 누각을 배치하였으며 남북 1,000m, 동서 760m의 땅을 성벽으로 둘러싸고 있다. 남쪽에는 午門을 비롯하여 太和門·中和殿·保和殿·乾淸門·乾淸宮·交泰殿·坤寧宮·均寧門·欽安門의 차례로 늘어섰고, 북쪽은 神武門에 이르는 중앙부가 가장 중요한 부분으로, 保和殿에서 남쪽의 전각을 外廷, 乾淸門에서 북쪽의 전각을 內廷으로 하고 있다. 또한 이들 궁전은 흰 대리석 난간을 두르거나 황색 유리기와를 번쩍이게 하여 朱門·朱柱와 어울려 건축미를 살리고 있다.

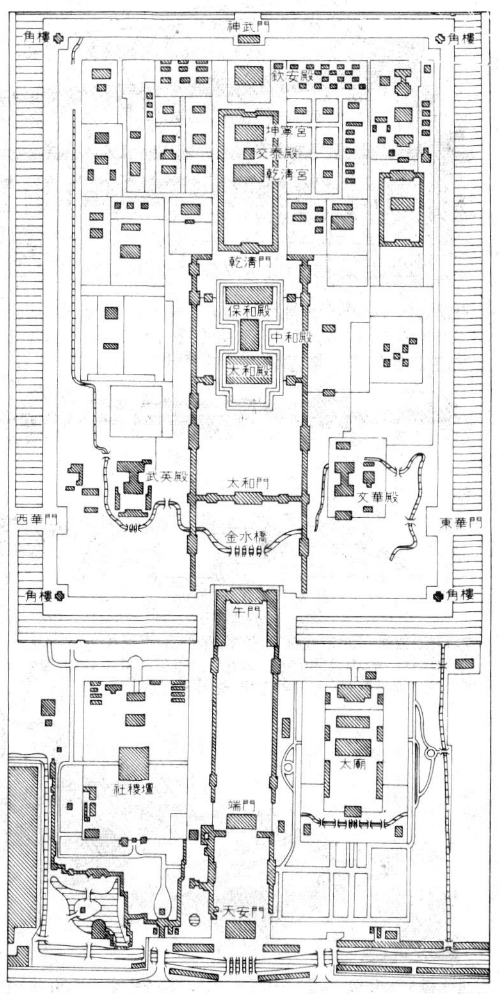

北京紫禁城平面圖

宮 殿 (II)

乾淸宮 거듭되는 화재로 그때마다 재건된 乾淸宮은 明朝 말에는 황제의, 침전으로 쓰이기도 했으나 淸朝에 들어와서는 외국사절의 접견장으로, 혹은 공식적인 정사를 보는 장소로 사용되었다.

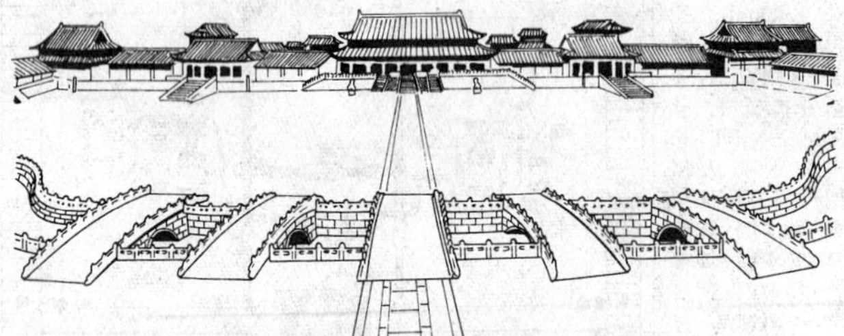

太和殿 앞뜰 紫禁城의 정문인 午門을 들어서면 金水橋까지 펼쳐진 앞뜰을 사이에 두고 太和門이 보인다. 이곳에서부터 正殿인 太和殿을 비롯한 수많은 궁전들이 내·외정에 늘어서 있다.

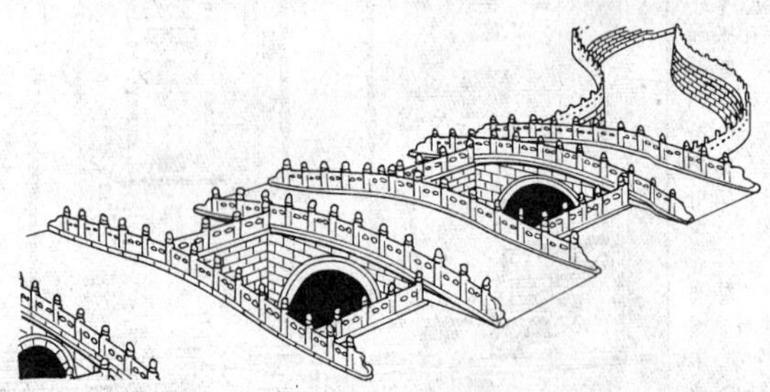

金水橋 太和殿 앞뜰, 午門과 太和門 사이에 金水川이 완만한 곡선을 그리며 흐르고, 그 위에 흰 대리석의 五橋가 걸려 있다. 정교함의 극치를 이룬 五橋의 기교는 太和門의 황색 유리기와와 조화를 이루고 있다.

城(Ⅰ)

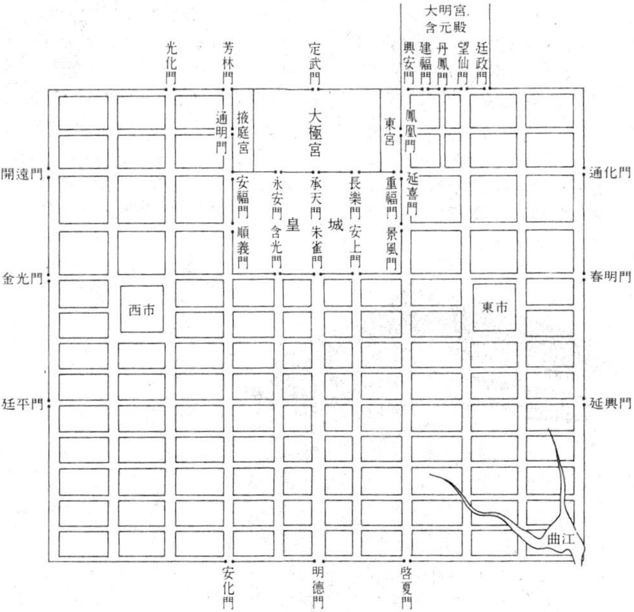

大明宮 含元殿

光化門 芳林門 定武門 興安門 建福門 丹鳳門 望仙門 延政門

通明門 掖庭宮 大極宮 東宮 鳳凰門

開遠門 通化門

安福門 永安門 承天門 長樂門 重福門 延喜門

皇城

順義門 含光門 朱雀門 安上門 景風門

金光門 春明門

西市 東市

延平門 延興門

曲江

安化門 明德門 啓夏門

唐 長 安 城 坊 圖

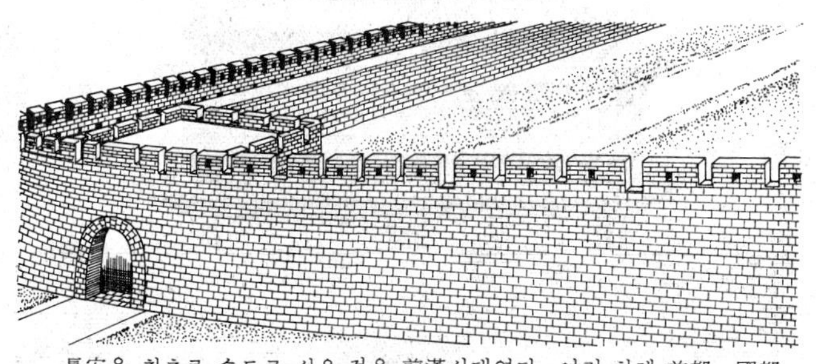

長安을 최초로 수도로 삼은 것은 前漢시대였다. 여러 차례 首都·國都로 정해져 904년 唐의 昭宗帝 때까지 계속되었다. 漢代의 長安은 군사적 도시의 전 단계에 불과했으나 唐代에 와서는 그림에서 보는 바와 같이 도시계획이 이루어져, 城壁으로 둘러싸인 남북 8km, 동서 9km의 땅에 북부에는 宮城(大極殿)·皇城을 두고, 시가지는 朱雀門街를 중심으로 정연하게 구획하여 그 한 구획을 坊이라 부르는 문화도시로 번창했다.

城 (II)

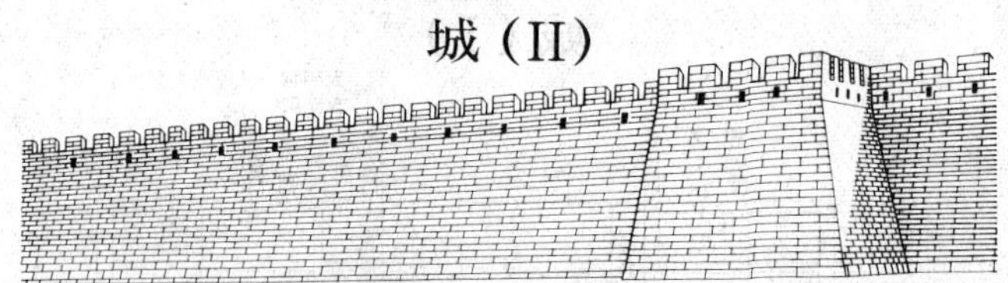

城壁 중국의 도시는 城郭안에서 영위되었다. 성은 외적을 막기 위해 周·漢 시대부터 생겨나, 처음에는 土城이었던 것이 점차 塼造(벽돌조)로 발전했다. 성벽의 높이는 10 m 남짓했다. 왼쪽 페이지의 아래 그림은 南京에 남아 있는 성벽이다.

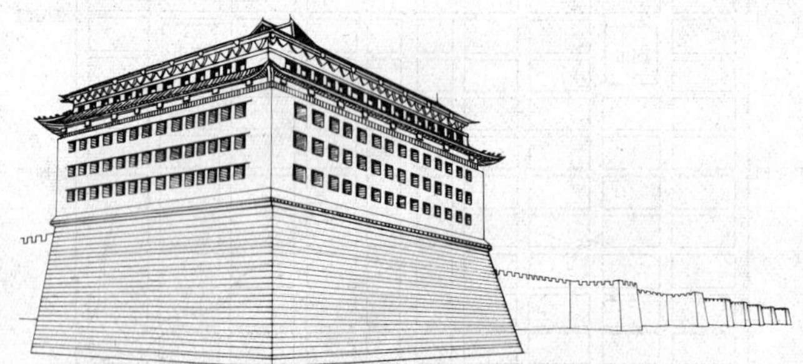

角樓 성곽의 네 구석에 세워져 망루의 역할을 한, 말하자면 방어탑이라고도 할 수 있는 것이 角樓이다. 연면히 이어지는 성벽의 끝에 육중하게 자리잡고 있는 모습은 그것만으로도 일종의 위압감을 느끼게 한다.

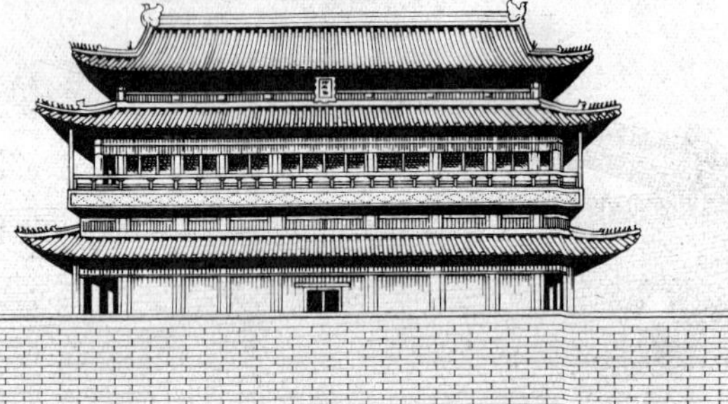

城門 성곽에는 큰 성에 9개의 城門, 작은 성에 4개의 城門이 있어 밤이 되면 닫힌다. 그림은 北京 內城의 9개의 城門 중 가장 중요한 正陽門으로 그 규모도 크고 당당하여 3층의 樓閣을 갖추고 있다.

天壇·社稷壇·祈年殿

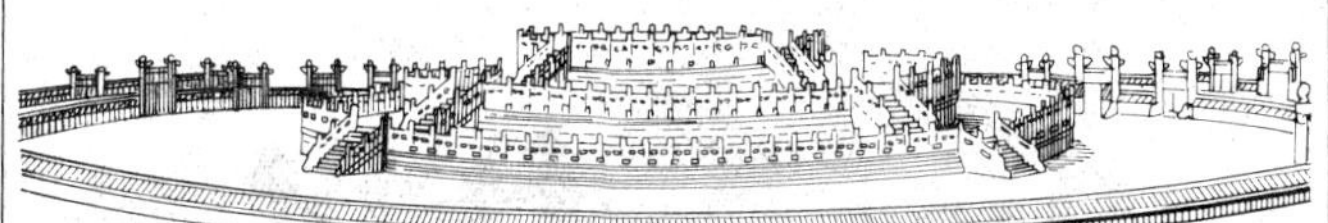

天壇 圜丘라고도 하며, 하늘에 제사 지내는 祭壇이다. 北京에 남아 있는 것은 백대리석 3층으로, 상층 직경 27 m, 중층 45 m, 하층 63 m나 되는 거대한 건축물이다.

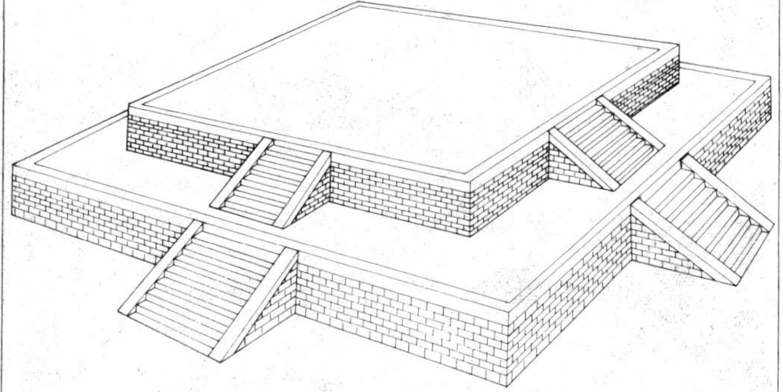

社稷壇 太廟에 대응하여 皇宮의 전방 오른쪽에 있으며, 토지·오곡의 신에 제사지낸다. 단상에는 중앙에 황색, 동쪽에 청색, 남쪽에 적색, 서쪽에 백색, 북쪽에 검은색의 흙이 깔린다.

祈年殿 황제 스스로 오곡 풍양을 기원하던 곳으로 北京의 3중원형, 높이 38 m에 이르는 祈年殿이다. 둘레 5,900 m^2의 基臺에 세워진 이 祈年殿에는 짙푸른 색의 유리기와가 빛나고 있다.

孔子廟와 學堂
大成殿
西廡

孔子는 聖人으로서 각 府縣에서 祭享되며 그 廟를 孔子廟(孔廟·聖廟·文廟)라 한다. 孔廟의 중심을 이루는 곳이 大成殿으로, 孔子와 顏子·曾子·子思·孟子 등 4聖·12賢의 위패를 봉안하고, 좌우의 東廡·西廡에는 先賢·先儒 120여명의 위패가 놓여 있다. 또 孔廟에는 동시에 학교를 부설하고 府學·縣學이라 불렀으며, 그 학교 학생을 秀才라 했다. 그러나 사회에 진출하는 데는 국가시험을 거쳐야 했는데, 省에서 실시하는 鄕試 합격자를 擧人, 다시 중앙의 會試에 합격한 사람을 進士라 했다.

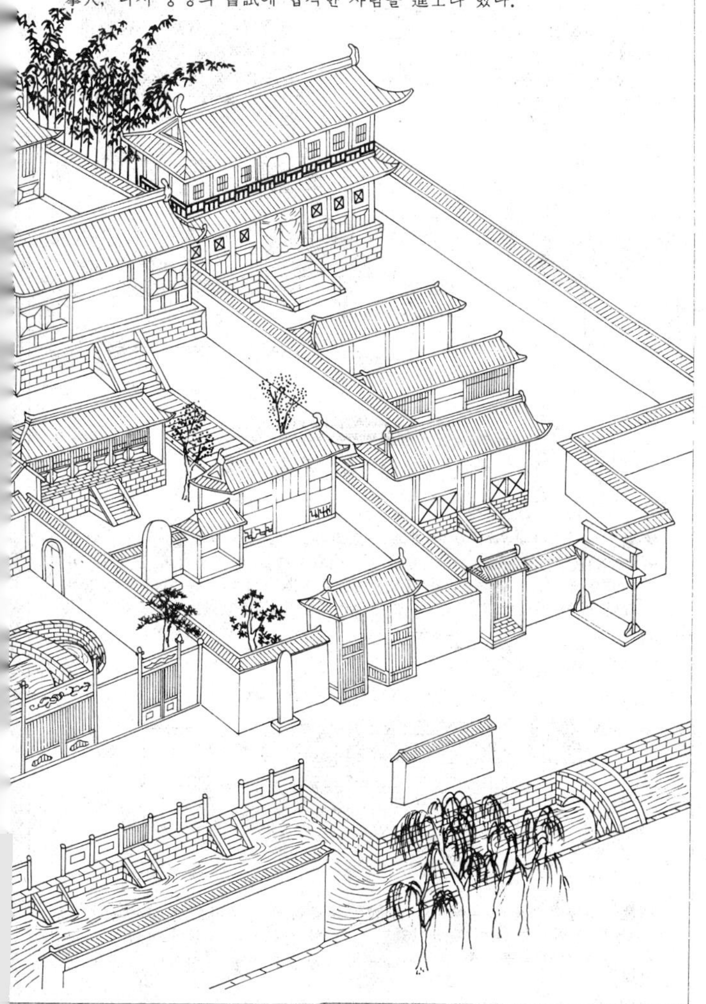

家廟 · 陵墓 · 墳墓

家廟 가족주의인 중국에서는 族譜를 존중함과 동시에 宗廟를 세워 종족의 중심인 조상을 제사지냈다. 皇室의 경우는 이를 太廟라 하여 궁전의 왼쪽에 세우고, 역대의 神主(위패)를 모셨다. 그림은 지방 부호의 家廟이다.

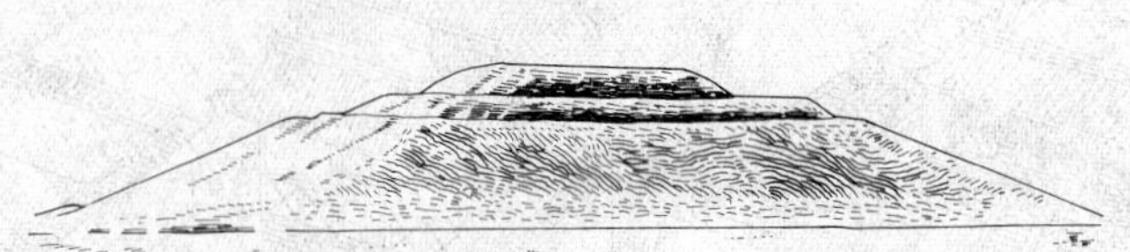

陵墓 殷·周시대부터 왕후 귀족은 호화롭고 장엄한 분묘를 만드는 관습이 있었다. 副葬品으로는 생활용구·악기·酒器를 비롯하여 武具와 마차·마부에 이르기까지 함께 매장했다. 秦·漢시대 이후는 지하에 塼造의 널찍한 방을 만들었고, 지상에는 흙을 구릉처럼 쌓았다.

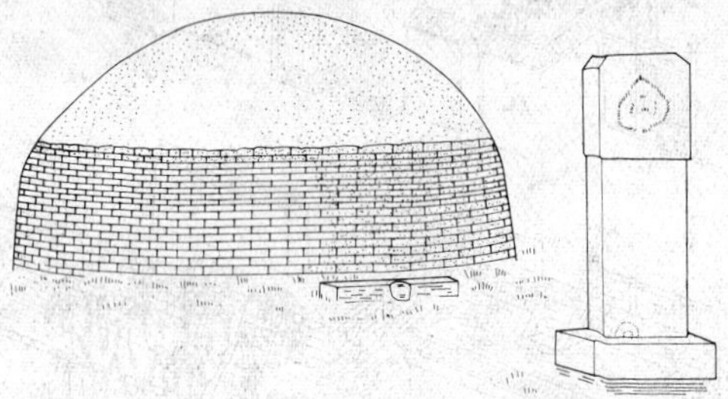

墳墓 일반적으로 중국에서는 棺槨은 훌륭하게 만들어도 지상에는 간단히 봉분만 만드는 것이 관습이었다. 그러나 신분이나 지위가 높았던 사람은 그림에서처럼 분묘를 만들고, 그 앞에 비석을 세워 경력이나 공적을 새겼다.

石碑·石人·跪拜

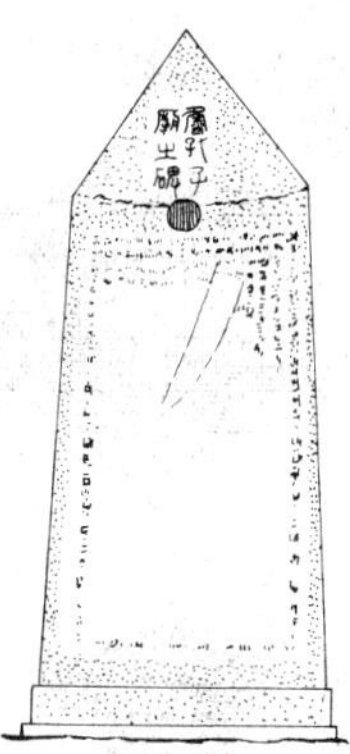

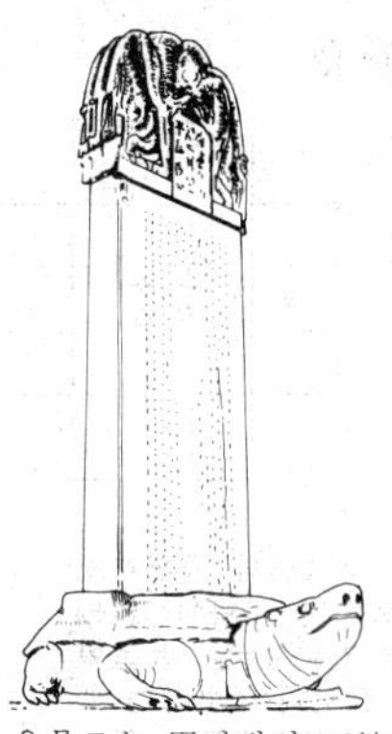

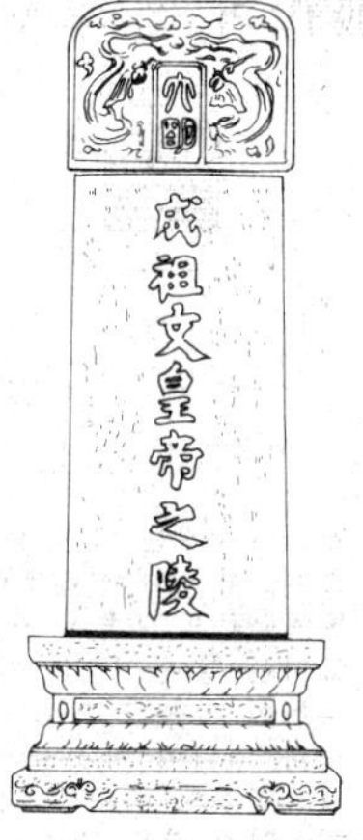

石碑 돌에 글자를 새긴 유물로는 周시대의 石鼓文과 秦시대의 始皇巡狩紀念碑 등이 있다. 漢시대로 접어들면서 묘 앞에 石碑가 세워졌으며, 그 뒤로는 石碑밑에 龜趺가 추가되었다. 그림은 왼쪽부터 漢碑·龜趺碑·明시대의 묘비이다.

拱手

興

石人 陵墓로 가는 길 좌우에 石人·石獸를 세운 것은 漢시대부터이다. 그후 왕후·귀족은 돌로 깎은 文官·武官·石獅子·石馬 등을 세워 위엄을 더했다.

跪拜 중국도 고대에는 우리 나라처럼 앉아서 생활했으나, 南北朝 시대에 의자를 사용하면서부터 立禮가 성행하게 되었다. 三跪九拜의 예도 이때 생겼다.

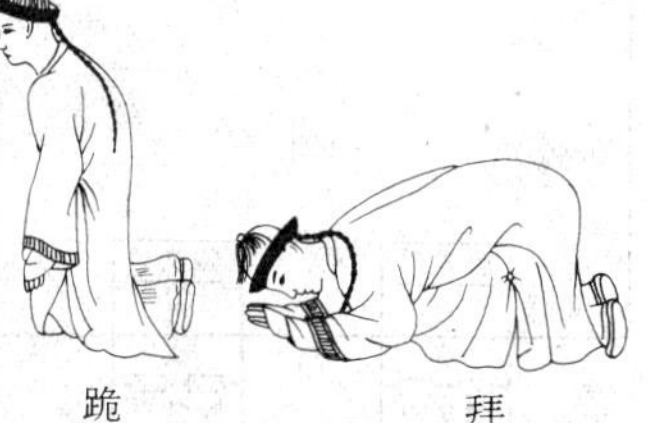

跪 拜

住 居

殷代의 亞字型墳墓　明堂　辟雍

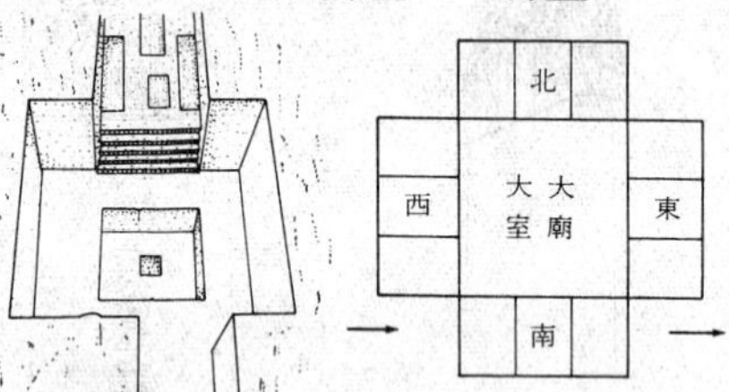

石器時代에는 穴居 또는 半穴居의 생활이었으며, 이 시대에 亞字形으로 판 무덤이 있다. 周漢時代의 明堂은 五室이었다는 설, 九室이었다는 설 등이 있는데, 五室說에 따르면 亞字形이 되는 것으로 생각된다. 明堂은 왕이 신과 만나며 제사를 지내는 신성한 장소였다. 周漢의 辟雍은 天子의 大學이라고 하는데, 역시 같은 구조로 되어 있다.

漢代陶製樓閣(부장품)

樓閣 그림은 漢代의 墳墓에서 발굴된 陶製의 누각이다. 당시 귀족의 저택내에 세워졌던 것으로 보인다.

士大夫堂室 平面圖

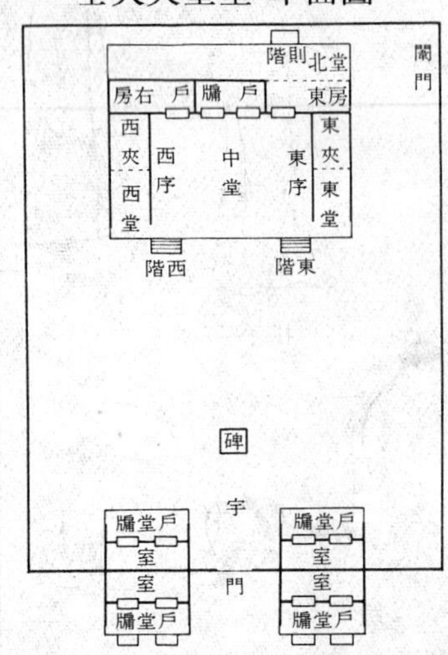

士大夫의 堂室 「儀禮」 등을 읽고 淸朝의 학자가 복원한 士大夫의 일반적인 堂室의 그림이다. 문을 빠져나가 안마당을 통해 계단에 올라 堂上에서 손님을 맞거나 의식을 거행하기도 했다. 射禮를 할 때에는 문 안쪽에 과녁을 붙이고 堂上에서 화살을 쏘았다. 堂의 안쪽에는 室 또는 房이라 칭하는 방이 있었다.

服 裝

皇帝禮服 황제가 天地祖上에게 제사지낼 때의 예복. 冠은 冕冠이라 한다. 衣(겉옷)는 검정색으로 12章 가운데 日·月·星辰·龍·山·火·萃虫을 그리고 裳(아래옷)은 적황색으로 水藻·粉米·黼·黻을 수놓는다.

皇后禮服 겉옷은 청색, 치마는 縹色으로 상하가 연결되어 帶를 두른다. 옷깃·소매는 다른 천의 테를 두른다. 머리에 쪽을 얹고 步搖·비녀를 꽂는다.

朝服 관리가 政事를 볼 때 입는 의상.

官吏 깃·소매를 검은 천으로 테를 두른 붉은 색의 홑옷을 입는다. 혁대를 하고 장검을 차며 그 위에 큰 대를 두른다.

儒者 進賢冠으로, 풀빛의 홑옷에 혁대를 띠며 검정가죽신을 신는다.

綬 관직의 표시로서 두르는 것.

佩玉 허리에 구슬 등을 띠는 것.

수 레

大輅

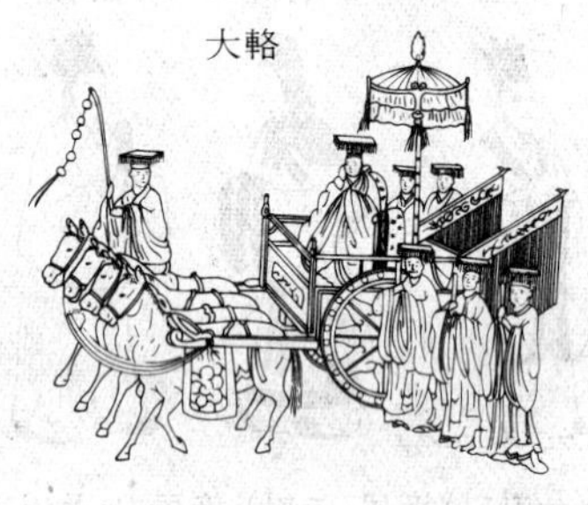

墨車

厭翟車

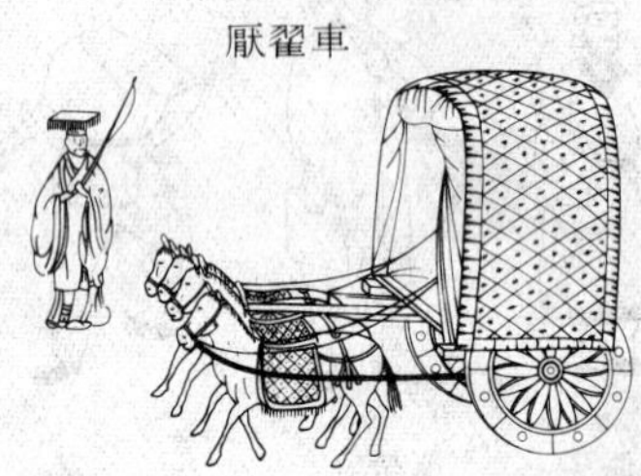

安車

馬車의 構造

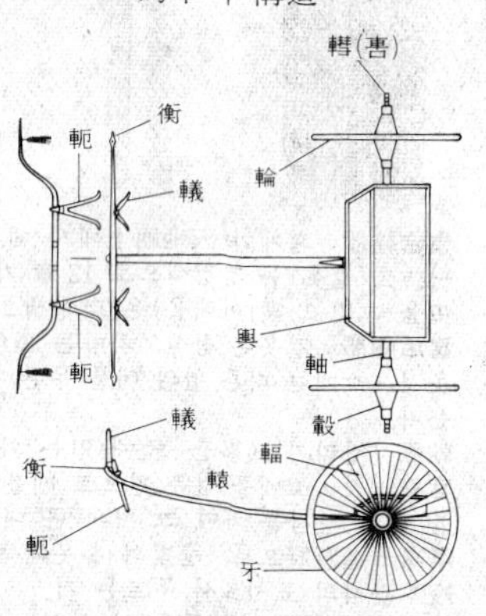

大輅 大禮때 天子가 타는 수레.

墨車 周代의 大夫가 탔던 검은 수레. 남자는 선채로 타는 것이 보통이며 해를 가리는 차일이 있었다. 선비의 혼례에는 신랑이 탔다.

厭翟車 신분이 높은 여인이 타는 수레. 새의 깃털로 장식한 포장이 덮여 있다. 새색시가 타는 수레이기도 하다.

安車 노인이나 부인이 타는 수레. 흔들리는 것을 완화하기 위해 자작나무 껍질로 바퀴를 쌌다.

다리 · 배

다리 중국의 다리는 石造 또는 塼造로 된 것이 많은데, 건축이 자유롭고 도시 미관의 관점에서 건설되어 그 모습이 아름답다. 다리 중앙에 亭子가 있기도 하며, 길이가 2,458 m나 되는 긴 돌다리도 볼 수 있다.

배 하천이 많은 江南지방에서는 배가 유일한 교통기관이기 때문에 자연히 여러 가지 양식의 배가 생겨났으며, 廣東에는 배를 살림집으로 쓰는 수십만명의 사람도 있다. 또한 연안무역에는 정크라고 하는 오른쪽 위 그림 같은 대형 배가 예로부터 사용되어 왔다.

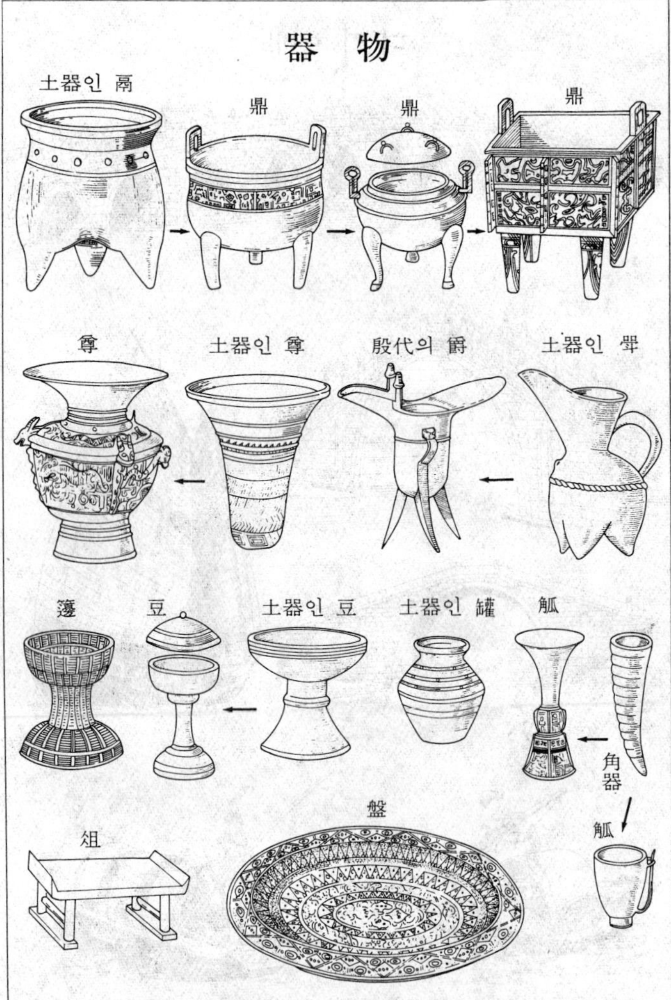

器物 殷·周 시대에는 훌륭한 청동기가 만들어졌는데 이는 석기시대의 토기에서 점차 발달한 것이다. 예를 들어 세발 솥은 태고의 鬲에서 발달하여 마침내 宗廟의 祭器로 쓰이기에 이르렀다. 술통인 尊이나 술잔인 爵·觚土器인 尊이나 斝, 들소의 뿔에서 발달한 것이다. 음식을 담는 굽달린 그릇인 豆도 마찬가지이다(→은 발달의 순서를 가리킴). 籩은 대나무로 짠 것으로 야채 등을 담아 두는 것. 俎도 요리를 담는 것이다.

樂 器

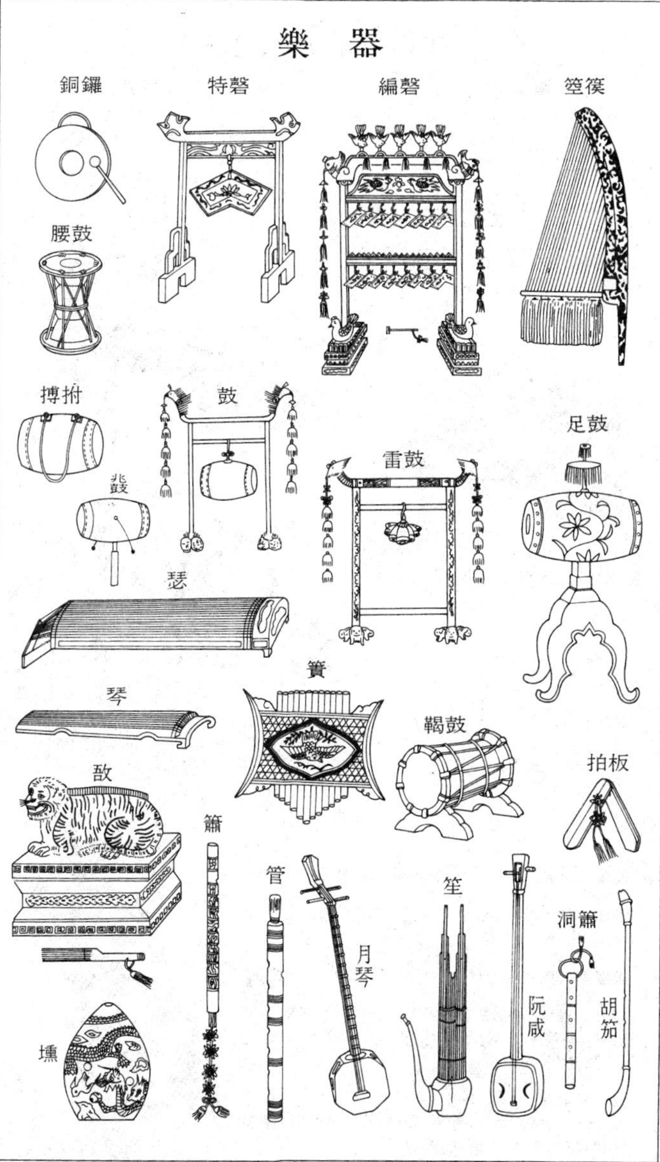

兵車・武具(Ⅰ)

撞車

駟介

矛

戟

白旆

鳥章

戈

戈

雲梯

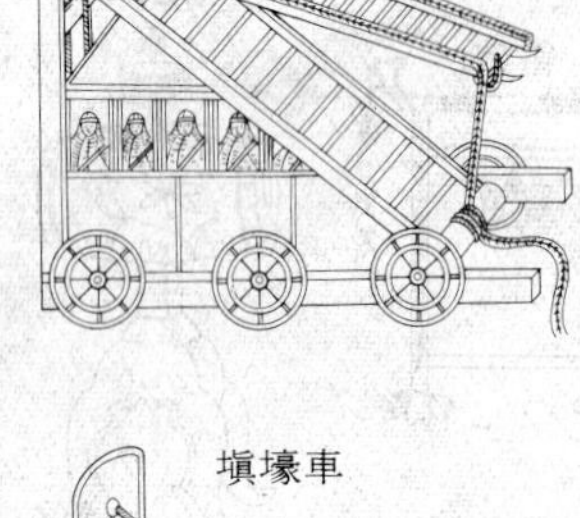

각종의 弩

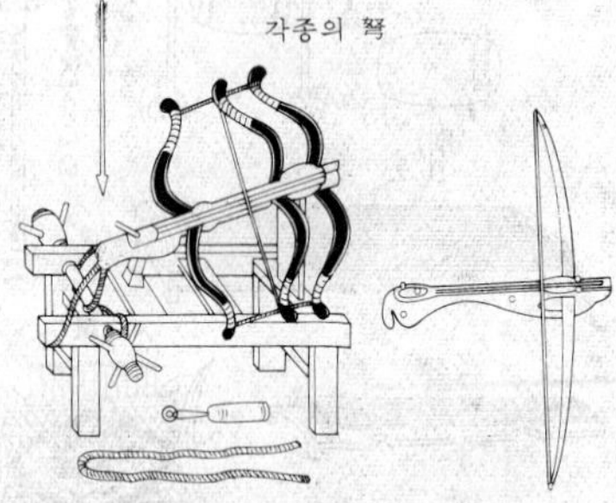

塡壕車

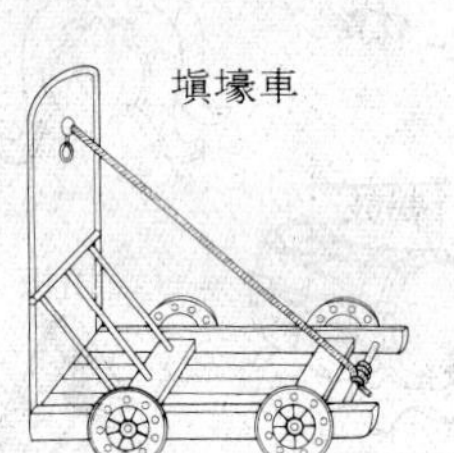

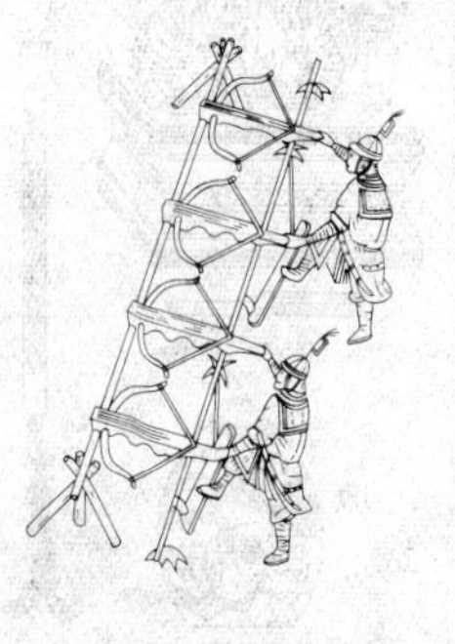

撞車 성벽 등의 장해물을 깨뜨리기 위한 수레.

雲梯 墨子가 雲梯를 만들었다고 한다. 성벽 등을 오를 때 사용했다.

塡壕車 垓字를 건너거나 메울 때에 사용했다.

駟介 春秋時代 중엽까지는 수레가 전쟁의 단위였다. 사두 마차와 무장한 병사. 이 수레 뒤에 병졸 72명이 붙는다.

弩 시위를 당겨 화살·돌을 쏘며, 2연발의 큰 것도 있었다. 그 기원은 동남 아시아이며, 戰國時代에 급속히 中原에 퍼졌다.

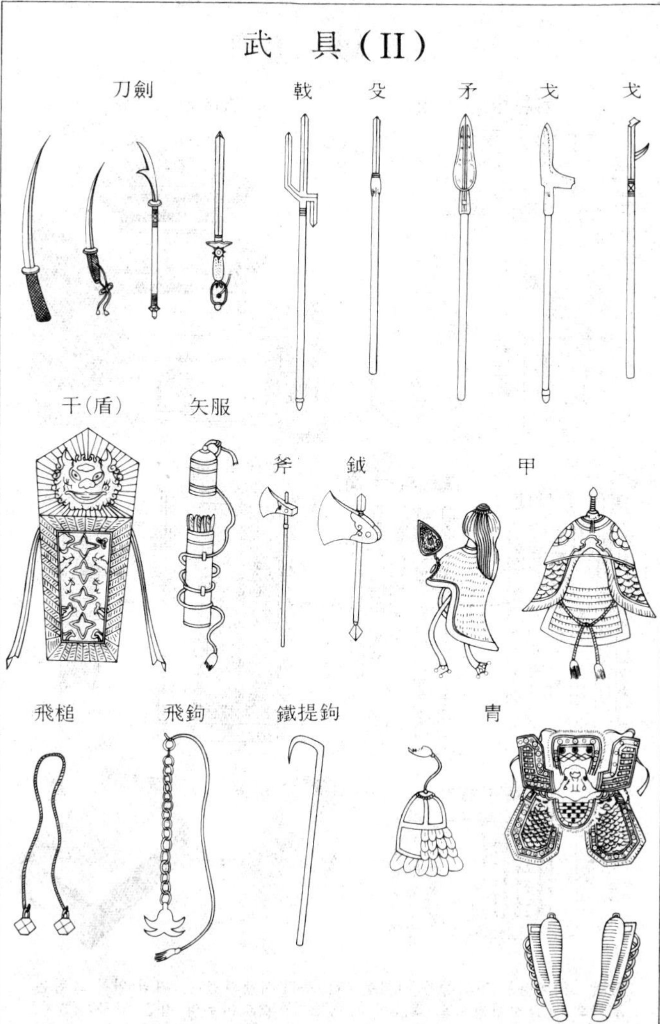

殷·周 이래의 전통적인 전투법은 戰車가 주를 이루었다. 그러나 春秋時代 중엽 후 인구의 증가와 함께 步兵戰이 급속히 보급되었다. 楚나라와 秦나라에서는 무쇠를 녹여 거푸집에 넣어 만든 鑄鐵 대신에 鍛鐵로 된 무기가 만들어졌다. 鍛鐵로 만든 무기의 사용은 秦의 천하통일에 큰 영향을 미쳤다. 방어용구로서의 甲冑도 차츰 가벼운 것이 사용되었다.

試驗場 · 書册

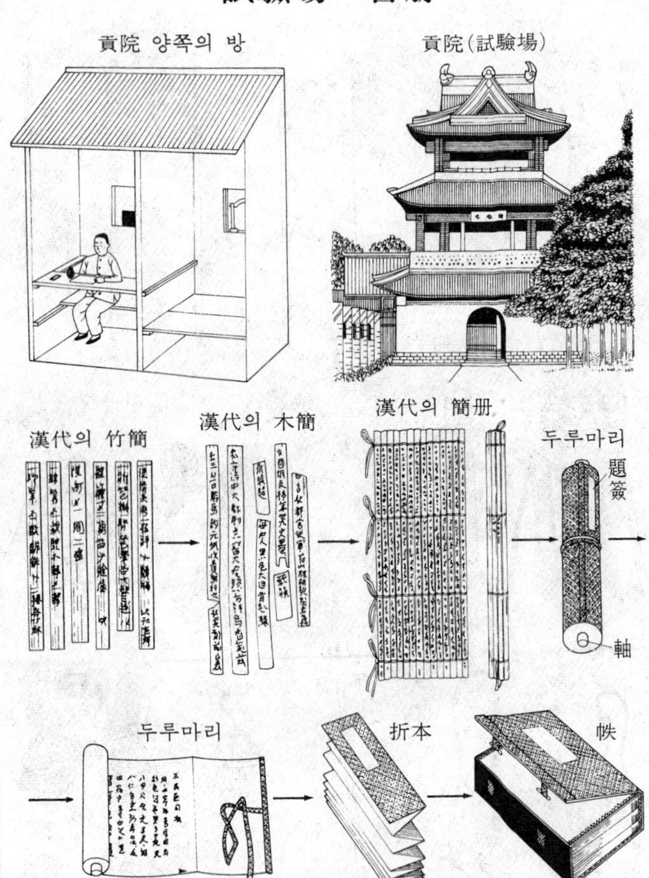

貢院 科擧라는 관리등용 시험은 隋代부터 시행되었다. 위의 왼쪽 그림은 清代의 北京시험장으로 貢院이라 칭했다. 貢院내부의 방은 입구가 3자, 안길이가 4자이고, 3일씩 이곳에 기거하며 시험치렀다. 위의 오른쪽 그림 좌측은 낮동안의 수험광경, 우측은 책상을 낮추어 마루로 고친 것.

書册의 變遷 周代까지는 竹簡이나 木簡에 옻으로 글씨를 쓰고 韋(유피)로 철했다. 그 뒤 布帛이나 종이에 써서 두루마리로 만들고, 마침내 접는 책이 만들어져 封綴한 唐本이 등장하기에 이르렀다.

貨幣·度量衡

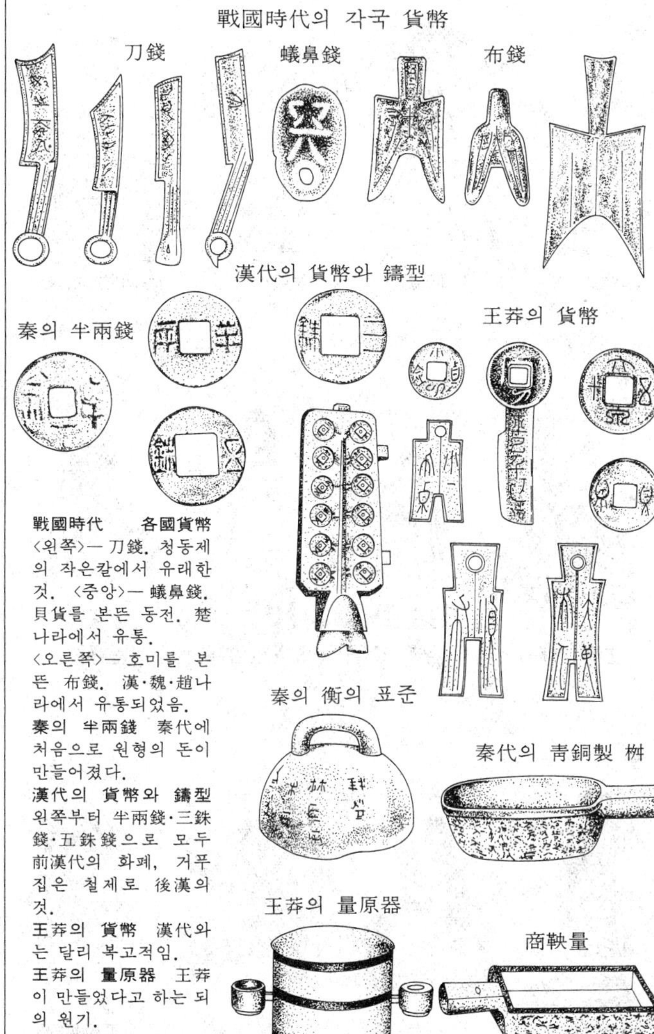

戰國時代 各國貨幣 〈왼쪽〉— 刀錢. 청동제의 작은칼에서 유래한 것. 〈중앙〉— 蟻鼻錢. 貝貨를 본뜬 동전. 楚나라에서 유통.
〈오른쪽〉— 호미를 본뜬 布錢. 漢·魏·趙나라에서 유통되었음.
秦의 半兩錢 秦代에 처음으로 원형의 돈이 만들어졌다.
漢代의 貨幣와 鑄型 왼쪽부터 半兩錢·三銖錢·五銖錢으로 모두 前漢代의 화폐, 거푸집은 철제로 後漢의 것.
王莽의 貨幣 漢代와는 달리 복고적임.
王莽의 量原器 王莽이 만들었다고 하는 되의 원기.
商鞅量 商鞅이 만들었다는 되.

佛 像

韋駄天

阿修羅

愛染明王

阿彌陀(如來)

普賢(菩薩)

帝釈天

虛空藏(菩薩)

吉祥天

藥師(如來)

文殊(菩薩)

辯才天

不動明王

道教神圖

女神

男神

門神

門神

일반 민중 사이에는 道敎의 神이 신앙되었다. 道敎神에는 天帝·天后·關帝·藥王 등 여러 神이 있어, 寺廟와 가정에서 제사지냈는데, 이들 神의 의관은 고대 제왕·왕비의 복장을 모방하였다. 또, 재앙을 막고 가정을 지켜 주는 門神에게 제사지내며, 특히 정월에는 새로운 門神의 그림을 문에 붙이고 새해를 맞는 풍습이 오래 전부터 전해 오고 있다.

農耕圖(I)

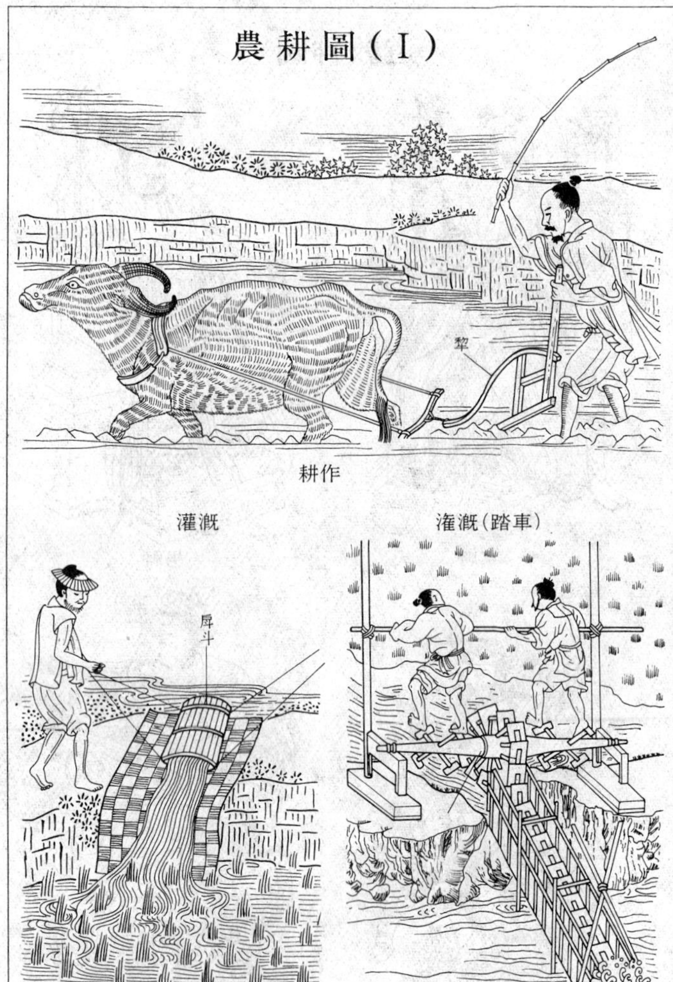

耕作

灌漑

灌漑(踏車)

중국의 북방에서는 平地가 많아 소와 말을 사용하여 논밭을 경작하지만, 水利를 이용했던 남방에서는 물소를 사용했다. 江南지방에서는 일찍부터 관개용구가 생겨나 戽斗와 같은 간단한 물 푸는 기구를 사용했으며, 강 근처에서는 筒車·龍骨車·轆轤 등을 장치하는 경우가 많고, 농업뿐만 아니라 공업에도 중요한 역할을 했다. 龍骨車에는 그림의 踏車 외에 소가 돌리는 牛車, 손으로 돌리는 拔車 등이 있어 오늘날에도 사용되고 있다.

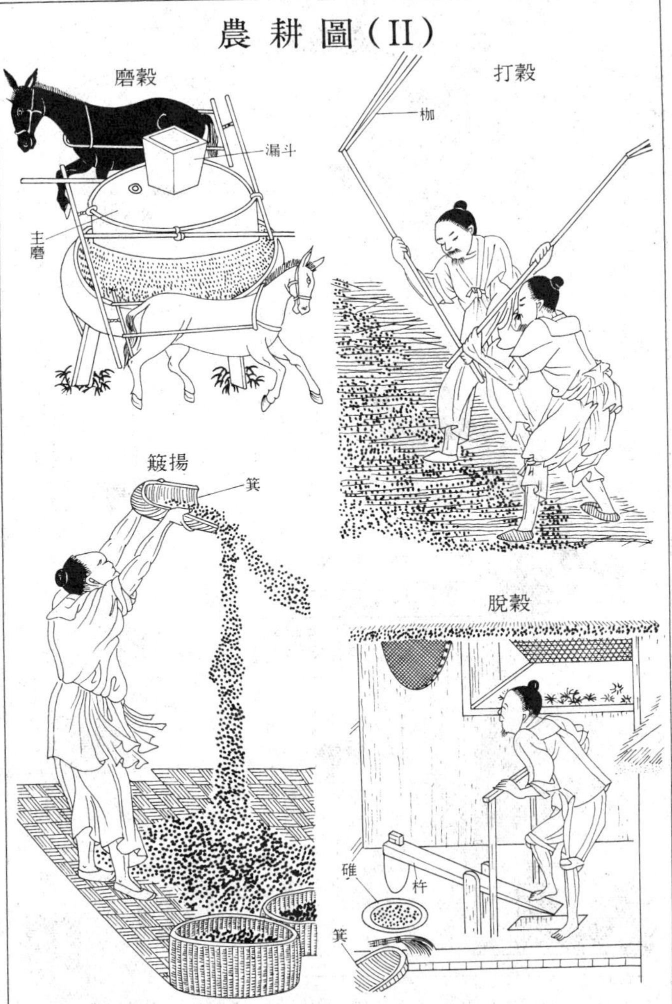

중국에서는 漢代에 粉食을 시작한 것으로 보이는데, 수확물은 打穀·脫穀·簸揚·磨穀의 순서로 製粉된다. 打穀은 枷(도리깨)로 두드려 낟알을 터는 것을 말하는데, 짚단을 손에 들고 두드려서 터는 방법도 썼다. 脫穀에는 礱도 사용되었다. 탈곡된 낟알은 체로 치거나 簸揚에 의해서 껍질을 날려 보내고 磨(맷돌)로 탄다. 맷돌에는 인력으로 돌리는 것도 있지만 그림처럼 소나 말로 하여금 돌리게 하는 것도 있다.

染織圖

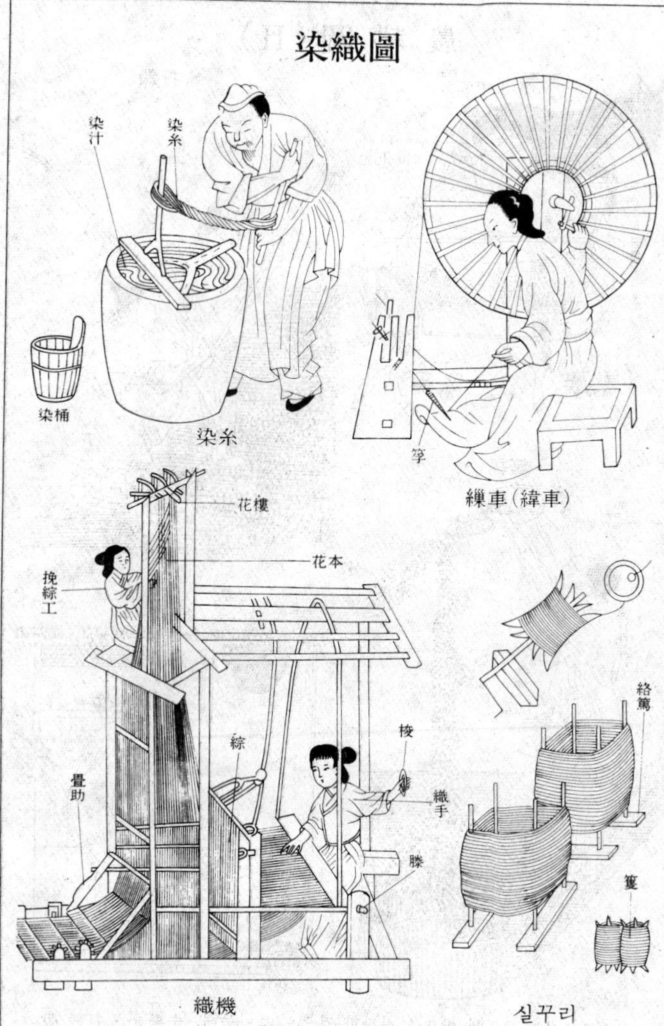

元·明시대의 染織道具를 몇 가지 들었는데, 漢代와 별로 다를바가 없고 또 우리나라에서도 비슷한 것들을 사용했다. 纅車(물레)는 篗(꾸릿대)에 씨실을 감거나 삼·목화 등을 잣는데 쓰였다. 그림의 織機는 紋織物을 짜는 데 썼으며, 花機·大機라고도 했다. 주로 큼직한 무늬를 짜는데 썼으며 무늬가 없는 직물은 腰機나 小機가 쓰였다.

고대에는 글씨를 나무나 대쪽에 썼는데 後漢 무렵 蔡倫이 종이를 발명하였다. 재료는 삼·뽕나무·부용·닥나무·등나무·대나무 등이며, 나무껍질을 사용한 것을 皮紙, 대나무 섬유로 만든 것을 竹紙라 했다. 그림은 남방의 竹紙의 제조과정으로, 어린 대나무를 100일 이상 물에 담근 후 껍질을 벗겨 석회를 녹인 물을 발라 찐다. 이 작업을 되풀이하여 穀粉상태로 되면 맑은 물에 넣고 대나무발로 뜬 다음 말려서 판자로 누른다. 皮紙의 제조법도 이와 비슷하다.

製鐵·製銅圖

爐

鞴

製鐵

爐

鞴

鍛冶

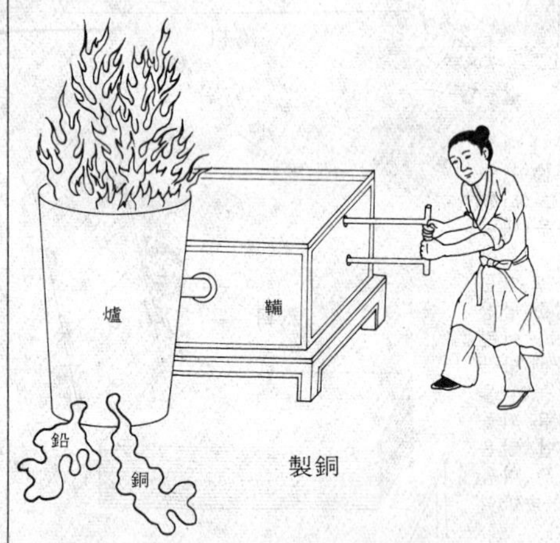

製銅

쇠는 周시대에 쓰이기 시작하여 漢代에 일반화되었다. 각지에서 산출된 쇠는 爐에 넣어 녹여 生鐵과, 生鐵을 다시 정련하여 熱鐵을 만들었다.

구리는 殷시대부터 祭具·세발솥·병기·수레 등의 장식용으로 사용되었다. 戰國時代에는 화폐나 징을 만드는 데에도 쓰였고, 약품에 의한 白銅·青銅의 제조나 합금에 의한 硬度의 강화방법도 일찍부터 알려져 있었다.

製陶圖

중국의 陶器는 석기시대에 彩陶·黑陶가 있었고, 청동기시대에 들어선 殷시대에는 灰陶가 많이 제작되었다. 釉藥을 칠한 陶器도 이때에 나타났으며, 釉藥은 陶土속에 들어 있는 長石과 제작과정에서 우연히 불탄 재 등이 도기에 들러붙어 釉藥化된 데서 비롯되었다고 한다.

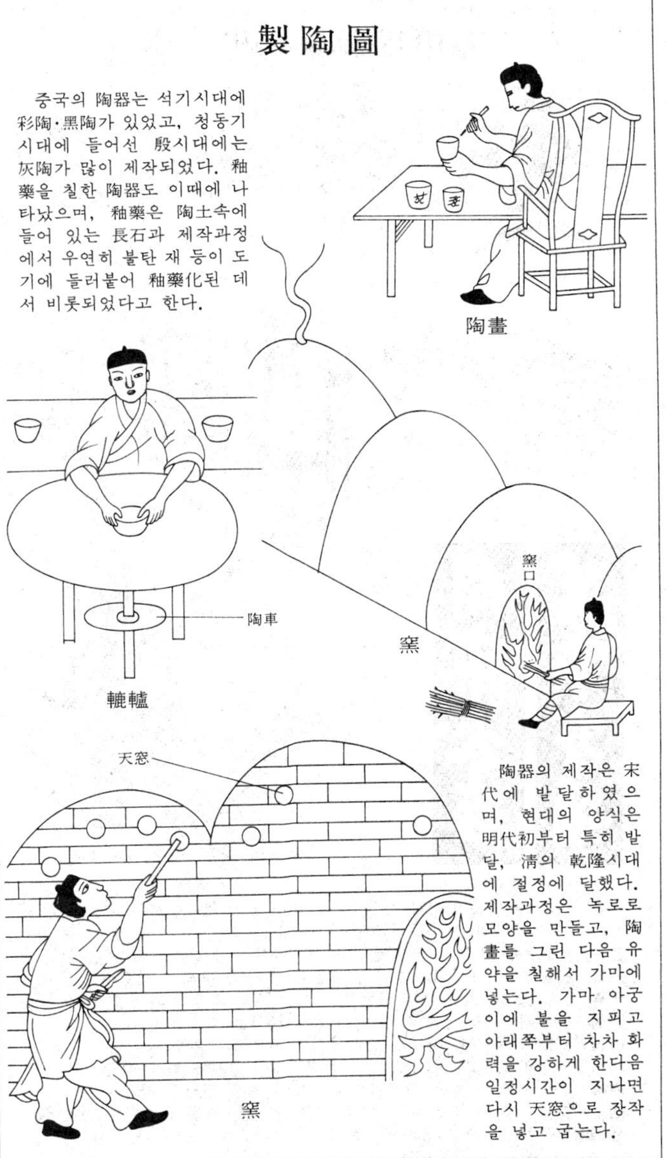

陶器의 제작은 宋代에 발달하였으며, 현대의 양식은 明代初부터 특히 발달, 清의 乾隆시대에 절정에 달했다. 제작과정은 녹로로 모양을 만들고, 陶畫를 그린 다음 유약을 칠해서 가마에 넣는다. 가마 아궁이에 불을 지피고 아래쪽부터 차차 화력을 강하게 한다음 일정시간이 지나면 다시 天窓으로 장작을 넣고 굽는다.

年中行事參考圖 (I)

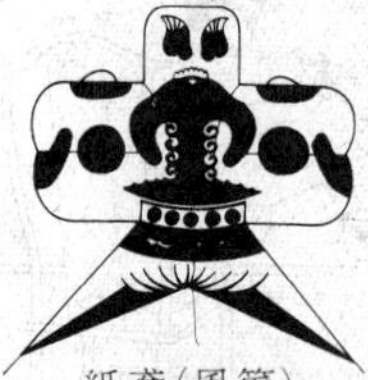

紙鳶(風箏)

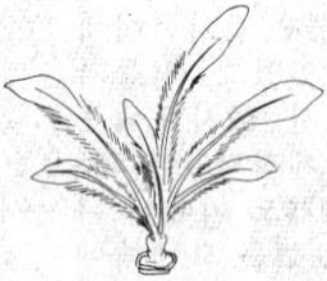

見踢

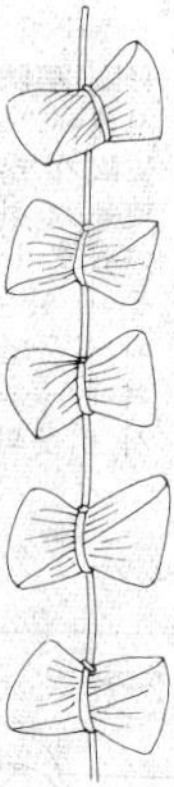

粽子

燈籠

萬事亨通

開市大吉

門聯

競艇

元旦　1월 1월. 조상에 제사지내고 가족·친지와 새해인사를 나눈다. 가정에선 年糕라는 떡을 만들어 먹는다. 아이들은 연을 날리며 장사하는 집은 문앞에 붉은 종이에 금박 글씨를 써 붙이고, 옛날엔 屠蘇를 마셨다.

人日　1월 7일. 옛날에는 7가지 나물을 넣고 국을 끓여 먹었다.

元宵　1월 25일. 燈節이라 하여 갖가지 등롱을 내걸고 관등을 즐김.

淸明　춘분뒤의 15일. 교외에 나가 봄을 즐기고 성묘도 한다.

釋奠　2월 첫째 丁의 날. 각 府縣에서 공자묘에 제향을 올린다.

曲水　3월 3일. 禊祭의 날로 문무백관이 曲水에서 연회를 베풂.

佛誕　4월 8일. 사찰에서 석가의 탄신을 기리는 행사를 갖는다.

端午　5월 5일. 약주를 마셔 악을 쫓고, 粽子를 먹는다. 가정에서는 鍾馗·關帝에 제사지내고 남방에서는 龍船을 띄워 경주를 한다.

年中行事參考圖 (II)

乞巧奠

鍾馗

月

登高

正月의 물장수

爆竹

七夕　7월 7일. 乞巧의 날이라 하여 과일을 바치고 牽牛·織女에 제사 지내고 여자들은 새벽에 바늘에 실을 꿰는 행사를 갖는다.
中元　7월 15일. 불교의 盂蘭盆節을 맞아 조상에 제사지낸다.
中秋　8월 15일. 옥외의 제단에 제물인 月餠을 올리고 제사를 지낸다.
重陽　9월 9일. 登高라 하여 누대에서 국화주를 따르며, 시를 짓는다.
臘八　12월 8일. 밤·대추·붉은 팥 등 곡물을 넣고 납팔죽을 만든다.
祀竈　12월 24일. 竈神에 제사지내며, 엿을 바치고 폭죽을 터뜨린다.
年關　12월 15일-30일. 단오·추석과 함께 3대 명절. 수지를 결산한다.
除夕　12월 30일. 새해맞이를 준비하고, 폭죽을 울리며 잠을 자지 않고 새벽을 기다리는 것을 守歲라 한다. 또 오후가 되면 정월 5일간의 물을 퍼내기 위해 우물에 뚜껑을 한다.

六十四卦의 圖象과 名稱

卦象	독음	卦名
乾下乾上 (爲天)	건건 하상	乾
坤下坤上 (爲地)	곤곤 하상	坤
震下坎上 (水雷)	진감 하상	屯
坎下艮上 (山水)	감간 하상	蒙
乾下坎上 (水天)	건감 하상	需
坎下乾上 (天水)	감건 하상	訟
坎下坤上 (地水)	감곤 하상	師
坤下坎上 (水地)	곤감 하상	比
乾下巽上 (風天)	건손 하상	小畜
兌下乾上 (天澤)	태건 하상	履
乾下坤上 (地天)	건곤 하상	泰
坤下乾上 (天地)	곤건 하상	否
離下乾上 (天火)	이건 하상	同人
乾下離上 (火天)	건이 하상	大有
艮下坤上 (地山)	간곤 하상	謙
坤下震上 (雷地)	곤진 하상	豫
震下兌上 (澤雷)	진태 하상	隨
巽下艮上 (山風)	손간 하상	蠱
兌下坤上 (地澤)	태곤 하상	臨
坤下巽上 (風地)	곤손 하상	觀
震下離上 (火雷)	진이 하상	噬嗑
離下艮上 (山火)	이간 하상	賁
坤下艮上 (山地)	곤간 하상	剝
震下坤上 (地雷)	진곤 하상	復
震下乾上 (天雷)	진건 하상	无妄
乾下艮上 (山天)	건간 하상	大畜
震下艮上 (山雷)	진간 하상	頤
巽下兌上 (澤風)	손태 하상	大過
坎下坎上 (爲水)	감감 하상	坎
離下離上 (爲火)	이이 하상	離
艮下兌上 (澤山)	간태 하상	咸
巽下震上 (雷風)	손진 하상	恆
艮下乾上 (天山)	간건 하상	遯
乾下震上 (雷天)	건진 하상	大壯
坤下離上 (火地)	곤이 하상	晉
離下坤上 (地火)	이곤 하상	明夷
離下巽上 (風火)	이손 하상	家人
兌下離上 (火澤)	태이 하상	睽
艮下坎上 (水上)	간감 하상	蹇
坎下震上 (雷水)	감진 하상	解
兌下艮上 (山澤)	태간 하상	損
震下巽上 (風雷)	진손 하상	益
乾下兌上 (澤天)	건태 하상	夬
巽下乾上 (天風)	손건 하상	姤
坤下兌上 (澤地)	곤태 하상	萃
巽下坤上 (地風)	손곤 하상	升
坎下兌上 (澤水)	감태 하상	困
巽下坎上 (水風)	손감 하상	井
離下兌上 (澤火)	이태 하상	革
巽下離上 (火風)	손이 하상	鼎
震下震上 (爲雷)	진진 하상	震
艮下艮上 (爲山)	간간 하상	艮
艮下巽上 (風山)	간손 하상	漸
兌下震上 (雷澤)	태진 하상	歸妹
離下震上 (雷火)	이진 하상	豐
艮下離上 (火山)	간이 하상	旅
巽下巽上 (爲風)	손손 하상	巽
兌下兌上 (爲澤)	태태 하상	兌
坎下巽上 (風水)	감손 하상	渙
兌下坎上 (水澤)	태감 하상	節
兌下巽上 (風澤)	태손 하상	中孚
艮下震上 (雷山)	간진 하상	小過
離下坎上 (水火)	이감 하상	旣濟
坎下離上 (火水)	감이 하상	未濟

部首索引